Lexikon für das Lohnbüro

Arbeitslohn · Lohnsteuer · Sozialversicherung
von A bis Z

Wolfgang Schönfeld
Regierungsdirektor a.D., Bayerisches Staatsministerium der Finanzen,
Diplom-Finanzwirt (FH),
Jürgen Plenker
Oberregierungsrat, Ministerium der Finanzen Nordrhein-Westfalen,
Diplom-Finanzwirt (FH)
und
Heinz-Willi Schaffhausen
Regierungsrat, Ministerium der Finanzen Nordrhein-Westfalen,
Diplom-Finanzwirt (FH)

63. Auflage

Rechtsstand 1. Januar 2021

rehm

Bibliografische Informationen der Deutschen Nationalbibliothek
Die Deutsche Nationalbibliothek verzeichnet diese Publikation in der Deutschen Nationalbibliografie; detaillierte bibliografische Daten sind im Internet über http://dnb.d-nb.de abrufbar.

ISBN 978-3-8073-2744-0

Verlagsgruppe Hüthig Jehle Rehm GmbH
Im Weiher 10, 69121 Heidelberg
Unsere Homepage: www.rehm-verlag.de

Satz und Druck: Druckerei C.H. Beck, Berger Straße 3, 86720 Nördlingen

Arbeitslohn Lohnsteuer Sozialversicherung von A bis Z

Inhalt

Teil A
Die Aufgaben des Arbeitgebers im Lohnsteuerabzugsverfahren

Teil B
Grundsätzliches zur Kranken-, Pflege-, Renten- und Arbeitslosenversicherung

Teil C
Arbeitslohn – Lohnsteuer – Sozialversicherung von A bis Z

Der alphabetische Hauptteil des Lexikons behandelt unter den einzelnen Stichworten den Lohnsteuerabzug durch den Arbeitgeber und die Berechnung der Sozialversicherungsbeiträge.
Damit der **Praktiker** ohne Hilfe von Paragraphen an die Lohnabrechnung herangehen kann, wurden für die gängigen Fälle **Beispiele einer vollständigen Lohnabrechnung** (Lohn- und Kirchensteuer, Solidaritätszuschlag sowie Sozialversicherungsbeiträge) eingearbeitet. Dabei wurde der ab 1.1.2021 geltende **Zusatzbeitrag zur GKV** mit **1,3 %** angenommen. Auf folgende vollständige Lohnabrechnungen „vom Bruttolohn zum Nettolohn" wird besonders hingewiesen:

Anhänge

Abkürzungen

AAG = Aufwendungsausgleichsgesetz
a. a. O. = am angegebenen Ort
Abs. = Absatz
AEntG = Arbeitnehmerentsendegesetz
AfA = Absetzungen für Abnutzung
AFG = Arbeitsförderungsgesetz
AGG = Allgemeines Gleichbehandlungsgesetz
AktG = Aktiengesetz
AltTZG = Altersteilzeitgesetz
AltvDV = Altersvorsorge-Durchführungsverordnung
AltZertG = Gesetz über die Zertifizierung von Altersvorsorgeverträgen
AO = Abgabenordnung
AOK = Allgemeine Ortskrankenkasse
ArbZG = Arbeitszeitgesetz
AStG = Außensteuergesetz
AtG = Altersteilzeitgesetz
ATE = Auslandstätigkeitserlass
AÜG = Arbeitnehmerüberlassungsgesetz
AUV = Auslandsumzugskostenverordnung
AVmG = Altersvermögensgesetz
BA = Bundesanstalt für Arbeit
BAföG = Bundesausbildungsförderungsgesetz
BAG = Bundesarbeitsgericht
BAT = Bundes-Angestelltentarifvertrag
BB = Betriebsberater (Zeitschrift)
BBesG = Bundesbesoldungsgesetz
BBG = Beitragsbemessungsgrenze
BBiG = Berufsbildungsgesetz
BeamtVG = Beamtenversorgungsgesetz
BEEG = Gesetz zum Elterngeld und zur Elternzeit
BetrAVG = Gesetz zur Verbesserung der betrieblichen Altersversorgung (Betriebsrentengesetz)
BewG = Bewertungsgesetz
BfA = Bundesversicherungsanstalt für Angestellte
BFH = Bundesfinanzhof
BFH/NV = Sammlung amtlich nicht veröffentlichter Entscheidungen des Bundesfinanzhofs (Zeitschrift)
BFH-Urteil = Urteil des Bundesfinanzhofs
BGB = Bürgerliches Gesetzbuch
BGBl. I = Bundesgesetzblatt Teil I
BGH = Bundesgerichtshof
BKK = Betriebskrankenkasse
BMF-Schreiben = Schreiben des Bundesministeriums der Finanzen
BRKG = Bundesreisekostengesetz
BSG = Bundessozialgericht
BSGE = Entscheidungen des Bundessozialgerichts
BSHG = Bundessozialhilfegesetz
BStBl. II (I) = Bundessteuerblatt Teil II (Teil I)
BUKG = Bundesumzugskostengesetz
BVerfG = Bundesverfassungsgericht
BVerwG = Bundesverwaltungsgericht
BVG = Bundesversorgungsgesetz
BVV = Beitragsverfahrensverordnung
BZSt = Bundeszentralamt für Steuern
DB = Der Betrieb (Zeitschrift)
DBA = Doppelbesteuerungsabkommen
DEÜV = Datenerfassungs- und -übermittlungsverordnung
d. h. = das heißt
DStR = Deutsches Steuerrecht (Zeitschrift)
DStRE = Deutsches Steuerrecht/Entscheidungen (Zeitschrift)
DStZ = Deutsche Steuer-Zeitung (Zeitschrift)
DStZ/E = Deutsche Steuer-Zeitung/Eildienst (Zeitschrift)
DÜVO = Datenübertragungsverordnung
EFG = Entscheidungen der Finanzgerichte (Zeitschrift)
EFZG = Entgeltfortzahlungsgesetz
ELStAM = Elektronische Lohnsteuerabzugsmerkmale
EStDV = Einkommensteuer-Durchführungsverordnung
EStG = Einkommensteuergesetz
EStH = Einkommensteuer-Hinweis
EStR = Einkommensteuer-Richtlinien
EU = Europäische Union
EuGH = Europäischer Gerichtshof
EWR = Europäischer Wirtschaftsraum
FA = Finanzamt
FG = Finanzgericht
FPfZG = Familienpflegezeitgesetz
FR = Finanz-Rundschau (Zeitschrift)
FRG = Fremdrentengesetz
FVG = Finanzverwaltungsgesetz
GbR = Gesellschaft bürgerlichen Rechts
GenG = Genossenschaftsgesetz
GewO = Gewerbeordnung
GG = Grundgesetz
ggf. = gegebenenfalls
GKV = Gesetzliche Krankenversicherung
GmbH = Gesellschaft mit beschränkter Haftung
GrS = Großer Senat beim Bundesfinanzhof
GVBl. = Gesetz- und Verordnungsblatt
H = Hinweis
HAG = Heimarbeitergesetz
HFR = Höchstrichterliche Finanzrechtsprechung (Zeitschrift)
HGB = Handelsgesetzbuch
IKK = Innungskrankenkasse
InsO = Insolvenzordnung
i. d. F. = in der Fassung
i. S. d. = im Sinne des/der
i. V. m. = in Verbindung mit
JAEG = Jahresarbeitsentgeltgrenze
KG = Kommanditgesellschaft
KiSt = Kirchensteuer
KStG = Körperschaftsteuergesetz
KStR = Körperschaftsteuer-Richtlinien
KSVG = Künstlersozialversicherungsgesetz
KWG = Kreditwesengesetz
LFZG = Lohnfortzahlungsgesetz
LKK = Landwirtschaftliche Krankenkasse
LSG = Landessozialgericht
LSt = Lohnsteuer
LStDV = Lohnsteuer-Durchführungsverordnung
LStH = Lohnsteuer-Hinweis
LStR = Lohnsteuer-Richtlinien
LVA = Landesversicherungsanstalt
m. E. = meines Erachtens
m. w. N. = mit weiteren Nachweisen
NWB = Neue Wirtschafts-Briefe (Zeitschrift)
OFD = Oberfinanzdirektion
OHG = Offene Handelsgesellschaft
PflZG = Pflegezeitgesetz
RStBl. = Reichssteuerblatt
RVO = Reichsversicherungsordnung
SchwbG = Schwerbehindertengesetz
SFN-Zuschläge = Zuschläge für Sonntags-, Feiertags- und Nachtarbeit
SGB I = Erstes Buch Sozialgesetzbuch – Allgemeiner Teil
SGB II = Zweites Buch Sozialgesetzbuch – Grundsicherung für Arbeitsuchende
SGB III = Drittes Buch Sozialgesetzbuch – Arbeitsförderung
SGB IV = Viertes Buch Sozialgesetzbuch – Gemeinsame Vorschriften für die Sozialversicherung
SGB V = Fünftes Buch Sozialgesetzbuch – Gesetzliche Krankenversicherung
SGB VI = Sechstes Buch Sozialgesetzbuch – Gesetzliche Rentenversicherung
SGB VII = Siebtes Buch Sozialgesetzbuch – Gesetzliche Unfallversicherung
SGB VIII = Achtes Buch Sozialgesetzbuch – Kinder- und Jugendhilfe
SGB IX = Neuntes Buch Sozialgesetzbuch – Rehabilitation und Teilhabe behinderter Menschen
SGB X = Zehntes Buch Sozialgesetzbuch – Verwaltungsverfahren
SGB XI = Elftes Buch Sozialgesetzbuch – Soziale Pflegeversicherung
SGB XII = Zwölftes Buch Sozialgesetzbuch – Sozialhilfe
SolZ = Solidaritätszuschlag
Stpfl = Steuerpflichtiger
SV-Tage = Sozialversicherungstage
SvEV = Sozialversicherungsentgeltverordnung
SVG = Soldatenversorgungsgesetz
TV-L = Tarifvertrag für den öffentlichen Dienst der Länder
USG = Unterhaltssicherungsgesetz
USK = Urteilssammlung für die gesetzliche Krankenversicherung
UStAE = Umsatzsteuer-Anwendungserlass
UStDV = Umsatzsteuer-Durchführungsverordnung
UStG = Umsatzsteuergesetz
u. a. = unter anderem
u. U. = unter Umständen
VAG = Versicherungsaufsichtsgesetz
VBL = Versorgungsanstalt des Bundes und der Länder
VermBDV = Durchführungsverordnung zum Vermögensbildungsgesetz
VermBG = Vermögensbildungsgesetz
VO = Verordnung
VRG = Vorruhestandsgesetz
VVG = Versicherungsvertragsgesetz
VZ = Veranlagungszeitraum
WoFG = Wohnraumförderungsgesetz
WoPG = Wohnungsbau-Prämiengesetz
WoPR = Richtlinien zum Wohnungsbau-Prämiengesetz
z. B. = zum Beispiel
ZDG = Zivildienstgesetz
ZfA = Zentrale Zulagenstelle für Altersvermögen
ZPO = Zivilprozessordnung

A. Die Aufgaben des Arbeitgebers im Lohnsteuerabzugsverfahren

1. Einführung

a) Rechtsgrundlagen

Die Rechtsgrundlage für den Lohnsteuerabzug durch den Arbeitgeber ist das **Einkommensteuergesetz** (EStG). Darin ist festgelegt, dass die Einkommensteuer für die Einkünfte aus nichtselbstständiger Arbeit vom Arbeitgeber durch Abzug vom Arbeitslohn zu erheben und für Rechnung des Arbeitnehmers an das Finanzamt abzuführen ist (§ 38 EStG). Zum Einkommensteuergesetz ist die **Lohnsteuer-Durchführungsverordnung** (LStDV) ergangen, in der weitere Einzelheiten geregelt sind. Wichtige ergänzende Bestimmungen, insbesondere für die im Zuge der Lohnsteuererhebung anzuwendenden Verfahrensvorschriften (vor allem über die Erstattung und Verjährung der Lohnsteuer, über das Rechtsbehelfsverfahren, Strafverfahren usw.) enthält die **Abgabenordnung** (AO). Zur Klärung von Zweifels- und Auslegungsfragen bei der Anwendung der gesetzlichen Vorschriften sowie zur Sicherstellung einer möglichst gleichmäßigen Besteuerung aller Arbeitnehmer und eines möglichst einfachen Vollzugs des Lohnsteuerrechts sind zahlreiche **Verwaltungserlasse** der obersten Finanzbehörden des Bundes und der Länder ergangen. Die wichtigsten Verwaltungsanweisungen sind in den **Lohnsteuer-Richtlinien** zusammengefasst, die von der Bundesregierung mit Zustimmung des Bundesrates erlassen werden. Den Erläuterungen dieses Lexikons liegen die nach wie vor geltenden Lohnsteuer-Richtlinien 2015 in der Fassung der Lohnsteuer-Änderungsrichtlinien 2015 (LStÄR 2015) vom 22.10.2014 (BStBl. I S. 1344) zugrunde[1]. Die Lohnsteuer-Richtlinien gliedern sich in die eigentlichen Richtlinien einerseits, das heißt die Verwaltungsanweisungen, die mit Zustimmung des Bundesrates erlassen werden, und die sog. **Hinweise** zu den Richtlinien andererseits. In den Hinweisen kann wiederum auf Verwaltungserlasse verwiesen werden, die im Bundessteuerblatt (Teil I) veröffentlicht worden sind. Diese Verwaltungserlasse können dann ohne Zustimmung des Bundesrats geändert werden (z. B. die Übernachtungs- und Verpflegungspauschalen bei Auswärtstätigkeiten im Ausland oder die Pauschbeträge für Umzugskosten). Dies ist mit ein Grund dafür, dass die Lohnsteuer-Richtlinien im Regelfall nur alle paar Jahre geändert werden, wohingegen die amtlichen Hinweise zu den Lohnsteuer-Richtlinien jährlich aktualisiert werden. Den Erläuterungen dieses Lexikons liegen die **Lohnsteuer-Richtlinien 2015** (LStR) und die amtlichen **Lohnsteuer-Hinweise 2021**[1] (LStH) zugrunde. Die amtlichen Hinweise enthalten in erster Linie die im Bundessteuerblatt veröffentlichte **Rechtsprechung des Bundesfinanzhofs.** Denn durch die Veröffentlichung im Bundessteuerblatt Teil II werden die Finanzämter angewiesen, die Entscheidungen auch in vergleichbaren Fällen anzuwenden. Eine allgemeine Anwendung ist nur dann ausgeschlossen, wenn gleichzeitig ein sog. **Nichtanwendungserlass** ergangen ist oder die Rechtsprechung aufgrund von Gesetzesänderungen überholt ist. Da es häufig länger dauern kann, bis eine Veröffentlichung von Urteilen und Beschlüssen des Bundesfinanzhofs im Bundessteuerblatt Teil II erfolgt (und damit eine allgemeine Anwendung durch die Finanzämter sichergestellt ist), haben die obersten Finanzbehörden des Bundes und der Länder beschlossen, die zur Veröffentlichung im Bundessteuerblatt Teil II vorgesehenen BFH-Entscheidungen vorab **auf der Internetseite des Bundesministeriums der Finanzen zu veröffentlichen** (www.bundesfinanzministerium.de unter Service/Publikationen/BFH-Entscheidungen). Die zum Abdruck im Bundessteuerblatt Teil II bestimmten BFH-Entscheidungen sind damit bereits ab dem Zeitpunkt der Veröffentlichung auf der Internetseite des Bundesfinanzministeriums allgemein anzuwenden.

Nicht im Bundessteuerblatt veröffentlichte Entscheidungen (z. B. nur in der Zeitschrift BFH/NV veröffentlichte Urteile) können, soweit sie nicht im Widerspruch zu veröffentlichten Entscheidungen stehen, in gleich gelagerten Fällen herangezogen werden. Im Gegensatz zu den Gesetzen, Verordnungen und den im Bundessteuerblatt veröffentlichten Urteilen des Bundesfinanzhofs, binden die Verwaltungsanweisungen einschließlich der Lohnsteuer-Richtlinien und Lohnsteuer-Hinweise nur die Verwaltungsbehörden (Finanzämter, Oberfinanzdirektionen, Landesämter für Steuern); die Steuergerichte sind weder an die mit Zustimmung des Bundesrats erlassenen Richtlinien noch an die im Bundessteuerblatt veröffentlichten Verwaltungserlasse gebunden. Allerdings sind Vereinfachungsregelungen und typisierende Bewertungsvorschriften auch von den Steuergerichten unter dem Gesichtspunkt der nach außen hin publizierten **Selbstbindung der Verwaltung** und im Hinblick auf das Prinzip der Gleichmäßigkeit der Besteuerung zu beachten (BFH-Urteil vom 6.11.2001, BStBl. 2002 II S. 370).

b) Quellenbesteuerung und Arbeitgeberhaftung

Die Erhebung der Lohnsteuer durch den Abzug vom Arbeitslohn (Quellenbesteuerung) weist dem Arbeitgeber im Lohnsteuerverfahren eine wichtige Stellung zu. Dem Arbeitgeber werden Aufgaben übertragen, die sonst bei der Steuererhebung weitgehend vom Finanzamt selbst wahrgenommen werden oder vom Steuerschuldner zu erfüllen sind. Der Arbeitgeber muss prüfen, ob die von ihm beschäftigten Personen Arbeitnehmer sind oder nicht, ob Zuwendungen an die Arbeitnehmer Arbeitslohn sind oder nicht, ob der Arbeitslohn steuerfrei oder steuerpflichtig ist. Außerdem hat er bei Sachbezügen die zutreffende Höhe des Arbeitslohns durch die Bewertung der Sachzuwendung zu ermitteln. Er muss zudem die Lohnsteuer richtig berechnen und für die rechtzeitige Anmeldung und Abführung der Lohnsteuer sorgen. Außerdem hat er eine ganze Reihe von Aufzeichnungs- und Bescheinigungsvorschriften zu beachten. In der Wahrnehmung all dieser Aufgaben wird der Arbeitgeber vom Finanzamt überwacht. Der Arbeitgeber kann sich dieser ihm gesetzlich auferlegten Pflichten nicht entziehen. Sie sind unabdingbar, d. h. der Arbeitgeber kann nicht etwa mit dem Arbeitnehmer vertraglich vereinbaren, dass dieser selbst für eine zutreffende Berechnung und Abführung der von ihm geschuldeten Steuer zu sorgen habe. Der Arbeitgeber ist auch gezwungen, die ihm im Lohnsteuerverfahren übertragenen Aufgaben sorgfältig und gewissenhaft zu erledigen, weil er andernfalls für die nicht oder nicht in voller Höhe entrichteten Lohnsteuerbeträge selbst in Anspruch genommen werden kann und zwar auch dann, wenn ihn an der falschen Berechnung der Lohnsteuer **kein Verschulden** trifft. Die Haftung des Arbeitgebers für unzutreffend einbehaltene Lohnsteuer ist also verschuldensunabhängig (vgl. „Haftung des Arbeitgebers"); wegen der Möglichkeit, die Haftung des Arbeitgebers zu beschränken, wird auf das Stichwort „Auskunft" hingewiesen. Der Arbeitgeber ist nur dann in der Lage, die ihm gesetzlich zugewiesenen Aufgaben im Lohnsteuerverfahren richtig zu lösen und damit einerseits seine Arbeitnehmer vor ungerechtfertigten Lohnabzügen sowie andererseits sich selbst vor einer eigenen Haftung zu schützen, wenn er sich ausreichende Kenntnisse über das Lohnsteuerrecht aneignet und auftretende Zweifelsfragen anhand geeigneter Nachschlagewerke und Hilfsmittel klären kann. Diesem Zweck soll neben den im selben Verlag erschienenen amtlichen Lohnsteuertabellen auch das vorliegende Lexikon sowie das jährliche Steuerhandbuch für das Lohnbüro, in dem die unter dem vorstehenden Buchstaben a beschriebenen Rechtsgrundlagen enthalten sind, dienen.

2. Wer ist Arbeitgeber?

Arbeitgeber ist, wer aufgrund eines – mündlichen oder schriftlichen – Arbeitsvertrags **Anspruch auf die Arbeitskraft eines Arbeitnehmers hat und berechtigt ist, diesem Weisungen zu erteilen.** Der Begriff des Arbeitgebers ist gesetzlich nicht definiert, wohl aber der Begriff des Arbeitnehmers (§ 1 LStDV[2]). Das bedeutet in der Praxis, dass immer derjenige Arbeitgeber ist, der einen Arbeitnehmer beschäftigt (vgl. die Erläuterungen unter der nachfolgenden Nr. 3). Arbeitgeber können natürliche oder juristische Personen (Privatpersonen, Einzelunternehmer, Kapitalgesellschaften, Körperschaften des öffentlichen Rechts), Personenzusammenschlüsse mit oder ohne eigener Rechtspersönlichkeit (Personengesellschaften, Vereine, Interessengemeinschaften) sowie Stiftungen und Vermögensmassen sein; auf die Rechtsform kommt es danach nicht an. Arbeitgeber ist auch, wer Arbeitslohn aus einem früheren oder für ein künftiges Dienstverhältnis zahlt (vgl. „Bachelor-Abschluss", „Diplomanden", „Master-Abschluss" sowie „Versorgungsbezüge, Versorgungsfreibetrag").

Bei Behörden und sonstigen Körperschaften des öffentlichen Rechts hat die steuerlichen Pflichten eines Arbeitgebers stets die auszahlende öffentliche Kasse wahrzunehmen (§ 38 Abs. 3 Satz 2 EStG); es ist insoweit ohne Bedeutung, wer im arbeitsrechtlichen oder bürgerlich-rechtlichen Sinn Arbeitgeber ist oder wer im steuerlichen Sinn die Rechte eines Arbeitgebers (z. B. Anspruch auf die Arbeitsleistung) beanspruchen kann.

Die Arbeitgeberpflichten treffen grundsätzlich nur einen **inländischen Arbeitgeber.** Lediglich im Fall der Arbeitnehmerüberlassung (vgl. dieses Stichwort) ist der ausländische Verleiher zum Lohnsteuerabzug verpflichtet.

Inländischer Arbeitgeber ist, wer im Inland

- einen Wohnsitz,
- einen gewöhnlichen Aufenthalt,
- eine Geschäftsleitung,
- einen Sitz,
- eine Betriebsstätte oder
- einen ständigen Vertreter

hat. Ob diese Voraussetzungen vorliegen, richtet sich nach den §§ 8 bis 13 der Abgabenordnung (AO). Ein im Ausland ansässiger Arbeitgeber ist hiernach zum Lohnsteuerabzug verpflichtet, wenn er im Inland eine

1) Sowohl die Lohnsteuer-Richtlinien 2015 als auch die amtlichen Lohnsteuer-Hinweise 2021 sind im **Steuerhandbuch für das Lohnbüro 2021** abgedruckt, das im selben Verlag erschienen ist.

2) Die Lohnsteuer-Durchführungsverordnung (LStDV) ist als Anhang 1 im **Steuerhandbuch für das Lohnbüro 2021** abgedruckt, das im selben Verlag erschienen ist.

Betriebsstätte unterhält oder einen ständigen Vertreter hat (§§ 12 und 13 AO). Ein ständiger Vertreter im Sinne von § 13 AO kann auch ein im Inland ansässiger Arbeitnehmer sein, der bei einem ausländischen Arbeitgeber beschäftigt ist und für diesen die Aufträge einholt oder Verträge abschließt bzw. vermittelt. Eine Abschlussvollmacht ist aber nicht zwingende Voraussetzung für das Vorliegen der Eigenschaft als ständiger Vertreter (§ 13 Satz 2 Nr. 1 AO). Auch eine Person, die eine Filiale leitet oder die Aufsicht über einen Bautrupp ausübt, kann ständiger Vertreter sein. Hingegen ist ein einzelner Monteur, der von Fall zu Fall Montagearbeiten in Deutschland ausübt, kein ständiger Vertreter.

Inländischer Arbeitgeber ist in den Fällen der Arbeitnehmerentsendung auch das in Deutschland ansässige aufnehmende Unternehmen, das den Arbeitslohn für die ihm geleistete Arbeit wirtschaftlich trägt oder nach dem Fremdvergleichsgrundsatz hätte tragen müssen; Voraussetzung hierfür ist nicht, dass das Unternehmen dem Arbeitnehmer den Arbeitslohn im eigenen Namen und für eigene Rechnung auszahlt (§ 38 Abs. 1 Satz 2 EStG). Durch die Einbeziehung des „Fremdvergleichsgrundsatzes" besteht seit 2020 eine Lohnsteuerabzugsverpflichtung des inländischen aufnehmenden Unternehmens auch dann, wenn tatsächlich kein finanzieller Ausgleich an das ausländische Unternehmen geleistet wird, aber unter Fremden ein Ausgleich vereinbart worden wäre.

Auf die Stichwörter „Lohnsteuerabzug durch einen Dritten" und „Lohnzahlung durch Dritte" im Hauptteil des Lexikons wird hingewiesen.

Die vorstehenden Ausführungen gelten – mit Ausnahme der Aussagen zur Arbeitnehmerentsendung – grundsätzlich auch für die Beantwortung der Frage, wer Arbeitgeber im Sinne der Sozialversicherung ist.

3. Wer ist Arbeitnehmer?

a) Allgemeines

Die Feststellung der Arbeitnehmereigenschaft spielt sowohl im Lohnsteuerrecht als auch im Sozialversicherungsrecht eine zentrale Rolle. Leider stimmt die lohnsteuerliche Definition des Arbeitnehmers nicht mit dem im Sozialversicherungsrecht verwendeten Begriff der abhängigen Beschäftigung überein. Der wichtigste Unterschied besteht darin, dass Arbeitnehmer im lohnsteuerlichen Sinne auch Personen sind, denen Arbeitslohn aus einem **früheren** Arbeitsverhältnis zufließt. Arbeitnehmereigenschaft im lohnsteuerlichen Sinne liegt sogar dann vor, wenn jemand Arbeitslohn als Rechtsnachfolger (Erbe) eines Arbeitnehmers erhält. Der Rechtsnachfolger (Erbe) wird selbst zum Arbeitnehmer (obwohl er gar nicht beim „Arbeitgeber" gearbeitet hat) das heißt, für den Lohnsteuerabzug sind die individuellen Lohnsteuerabzugsmerkmale des **Erben** maßgebend und nicht die des verstorbenen Arbeitnehmers (vgl. das Stichwort „Rechtsnachfolger").

Vergleicht man nur die gegenwärtige (aktive) Beschäftigung eines Arbeitnehmers im lohnsteuerlichen Sinne mit dem sozialversicherungsrechtlichen Begriff der abhängigen Beschäftigung, ergibt sich eine weitgehende Übereinstimmung (mit Ausnahme von Grenzfällen wie z. B. bei **Gesellschafter-Geschäftsführern einer GmbH** und bei **Scheinselbstständigkeit**). Im Einzelnen gilt zur lohnsteuerlichen und sozialversicherungsrechtlichen Arbeitnehmereigenschaft Folgendes:

b) Steuerlicher Arbeitnehmerbegriff

Für das Lohnsteuerrecht ist die Arbeitnehmereigenschaft in § 1 LStDV[1] definiert. Danach sind Arbeitnehmer Personen, die im öffentlichen oder privaten Dienst angestellt oder beschäftigt sind oder waren und die aus diesem Dienstverhältnis oder einem früheren Dienstverhältnis Arbeitslohn beziehen. Arbeitnehmer sind auch die Rechtsnachfolger dieser Personen, soweit sie Arbeitslohn aus dem früheren Dienstverhältnis ihres Rechtsvorgängers beziehen. Ein Dienstverhältnis in diesem Sinne liegt vor, wenn der Beschäftigte dem Arbeitgeber seine Arbeitskraft schuldet. Dies ist der Fall, wenn die tätige Person in der Betätigung ihres geschäftlichen Willens unter der Leitung des Arbeitgebers steht oder im geschäftlichen Organismus des Arbeitgebers dessen Weisungen zu folgen verpflichtet ist (= Eingliederung in den Betrieb des Arbeitgebers). Bei dieser Definition ist es in der Praxis oft schwierig, die Arbeitnehmereigenschaft von einer selbstständig ausgeübten Tätigkeit abzugrenzen, insbesondere dann, wenn keine klaren und eindeutigen Merkmale einer unselbstständigen Tätigkeit vorhanden sind. In solchen Zweifelsfällen ist nach der Rechtsprechung des Bundesfinanzhofs das **Gesamtbild der Verhältnisse** maßgebend. Das bedeutet, dass die für und gegen eine Arbeitnehmereigenschaft sprechenden Merkmale des Beschäftigungsverhältnisses gegeneinander abgewogen werden müssen. Die vertraglichen Regelungen sind in die Würdigung einzubeziehen, sofern die Vereinbarungen ernsthaft gewollt und tatsächlich durchgeführt worden sind (vgl. hierzu auch die Ausführungen bei den Stichwörtern „Freie Mitarbeiter" und „Scheinselbstständigkeit").

Für die Arbeitnehmereigenschaft ist es von entscheidender Bedeutung, ob der Arbeitnehmer

- **in den Betrieb des Arbeitgebers eingegliedert** und
- **weisungsgebunden** ist, und ob er ein
- **eigenes Unternehmerrisiko** trägt (dies spricht nämlich für eine selbstständige Tätigkeit).

Im Einzelnen gilt Folgendes:

c) Eingliederung in den Betrieb des Arbeitgebers

Diese kann sich bereits aus der **genau geregelten Arbeitszeit** ergeben, da sich hieraus eine organisatorische Eingliederung und damit eine Arbeitnehmereigenschaft ableiten lässt; die heute üblichen flexiblen Arbeitszeiten (z. B. Gleitzeitrahmen) sowie die immer häufiger anzutreffenden Heim- und Telearbeitsplätze („Home-Office") sind aufgrund der erforderlichen Absprachen kein Indiz gegen eine organisatorische Eingliederung. Weitere Anhaltspunkte für die Eingliederung in den Betrieb des Arbeitgebers sind

- ein fester Arbeitsplatz mit Arbeitsmitteln, die vom Arbeitgeber zur Verfügung gestellt werden;
- Urlaubsanspruch und Überstundenvergütung;
- eine Fortzahlung der Vergütung im Urlaubs- oder Krankheitsfall;
- eine Einbeziehung in die Sozialleistungen des Betriebs (Jubiläumszuwendungen, betriebliche Altersversorgung usw.);
- Notwendigkeit der engen ständigen Zusammenarbeit mit anderen Mitarbeitern;
- ein stundenweise festgelegter Arbeitslohn.

Die Art der Entlohnung ist jedoch kein Abgrenzungsmerkmal, das für sich allein ausschlaggebend ist, da auch selbstständig Tätige nicht selten nach Stundensätzen abrechnen. Andererseits ist eine an die Leistung anknüpfende Entlohnung auch bei Arbeitnehmern möglich (Akkordlohn, Provisionen, Umsatzbeteiligung, Stücklohn bei Heimarbeit, zusätzliche Erfolgsprämien neben dem Grundgehalt).

d) Weisungsgebundenheit und fehlendes Unternehmerrisiko

Eines der wichtigsten Abgrenzungsmerkmale ist, ob der Beschäftigte ein eigenes **Unternehmerrisiko** trägt (= Selbstständigkeit) oder ob der Erfolg der Tätigkeit ausschließlich dem Auftraggeber zugutekommt, der Beschäftigte also selbst insoweit kein Risiko trägt (= Arbeitnehmer). Arbeitnehmer schulden ihrem Arbeitgeber nämlich ihre Arbeitskraft und nicht einen bestimmten Arbeitserfolg. Rückschlüsse hierauf ergeben sich sowohl aus der Art als auch aus dem Umfang der Tätigkeit bei demselben Arbeitgeber. Bei einfachen Arbeiten trägt der Beschäftigte im Allgemeinen kein unternehmerisches Risiko, auch wenn er nur kurzfristig und gelegentlich eingesetzt ist. Bei solchen Tätigkeiten unterliegt der Beschäftigte besonders stark den Weisungen des Auftraggebers, die eine eigene unternehmerische Initiative unterbinden. Der Bundesfinanzhof hat deshalb entschieden, dass bei einfacheren Arbeiten auch dann ein Arbeitsverhältnis vorliegt, wenn es sich nur um kurzfristige Einsätze handelt (BFH-Urteil vom 24.11.1961, BStBl. 1962 III S. 37).

Anders verhält es sich bei gehobeneren Tätigkeiten, die besondere persönliche Fähigkeiten verlangen und deshalb auch Raum für unternehmerische Initiativen lassen. Wichtig ist in solchen Fällen der Umfang der Tätigkeit. Ist die mit solchen Aufgaben beschäftigte Person gleichzeitig für **mehrere Auftraggeber** tätig, spricht dies gegen die Arbeitnehmereigenschaft (BFH-Urteil vom 3.8.1978, BStBl. 1979 II S. 131 und vom 14.6.1985, BStBl. II S. 661). Vgl. hierzu auch die Ausführungen bei den Stichwörtern „Freie Mitarbeiter" und „Scheinselbstständigkeit".

Allerdings spielt auch bei sog. gehobenen Tätigkeiten die Weisungsgebundenheit eine ausschlaggebende Rolle. So steht es der Weisungsgebundenheit bei einem leitenden Angestellten nicht entgegen, wenn dem Arbeitnehmer im Rahmen des Dienstverhältnisses ein hohes Maß eigener Verantwortlichkeit und Entscheidungsfreiheit übertragen ist (z. B. dem Vorstand einer Aktiengesellschaft, dem Gesellschafter-Geschäftsführer einer GmbH, dem Intendanten eines Theaters oder dem Chefarzt eines Krankenhauses). Eine derartige Eigenverantwortlichkeit beruht in aller Regel nicht auf eigener Machtvollkommenheit, sondern auf dem Willen des Arbeitgebers und ist deshalb kein Merkmal der Selbstständigkeit.

Ein eigener, nennenswerter **Kapitaleinsatz** (z. B. in der Franchise-Branche) spricht wegen des Unternehmerrisikos für eine selbstständige Tätigkeit.

Die arbeitsrechtliche Fiktion eines Dienstverhältnisses ist steuerlich nicht maßgebend (BFH-Urteil vom 8.5.2008, BStBl. II S. 868). Der steuerliche Arbeitnehmerbegriff war im Streitfall nicht erfüllt, obwohl der

1) Die Lohnsteuer-Durchführungsverordnung (LStDV) ist als Anhang 1 im **Steuerhandbuch für das Lohnbüro 2021** abgedruckt, das im selben Verlag erschienen ist.

Steuerpflichtige vor dem Arbeitsgericht mit Erfolg nachträglich eine Vergütung für geleistete Dienste wegen fehlgeschlagener Vergütungserwartung (hier fehlgeschlagene Vermögensübergabe im Rahmen der vorweggenommenen Erbfolge) geltend gemacht hatte. Der Bundesfinanzhof entschied, dass ein steuerliches Dienstverhältnis nicht rückwirkend mit einer Person begründet werden kann, die zunächst auf familienrechtlicher Grundlage tätig geworden ist. Die Zahlungen führten allerdings zu steuerpflichtigen sonstigen Einkünften (§ 22 Nr. 3 EStG).

e) Sozialversicherungsrechtlicher Arbeitnehmerbegriff

In der Sozialversicherung ist die **persönliche und wirtschaftliche Abhängigkeit** vom Arbeitgeber das entscheidende Abgrenzungsmerkmal. Auch bei der Sozialversicherung kommt es nicht darauf an, wie die Vertragsparteien das Rechtsverhältnis beurteilen, sondern wie es sich von der tatsächlichen Durchführung her darstellt. Das Merkmal der persönlichen und wirtschaftlichen Abhängigkeit führt im Wesentlichen zum gleichen Ergebnis, wie die vorstehend für die Lohnsteuer dargestellten Beurteilungskriterien. Allerdings misst die Sozialversicherung im Rahmen der Gesamtbeurteilung der **Weisungsgebundenheit** als maßgebliches Kennzeichen der persönlichen Abhängigkeit größere Bedeutung zu. Dies führt z. B. bei Gesellschafter-Geschäftsführern einer GmbH zu einer unterschiedlichen Beurteilung. In der Praxis stimmen jedoch auch in vielen Grenzfällen die steuerliche und sozialversicherungsrechtliche Beurteilung überein. Zur **Scheinselbstständigkeit** vgl. dieses Stichwort.

f) Alphabetische Übersicht

Im alphabetischen **Hauptteil des Lexikons** ist die lohnsteuerliche und sozialversicherungsrechtliche Beurteilung folgender Grenzfälle abgehandelt:

Adressenschreiber
Agenten (vgl. Vertreter)
Amateursportler
Ansager
Anzeigenwerber
(vgl. auch Zeitungsausträger)
Artisten
Arzt
Arztvertreter
AStA-Mitglieder (AStA = Allgemeiner Studentenausschuss)
Aufsichtsratsmitglieder
(vgl. Aufsichtsratsvergütungen)
Aushilfskräfte
Bedienungen (vgl. Kellner/Kellnerin)
Behinderte Menschen
Beitragskassierer
Berufsboxer
Berufsmotorsportler
Berufsradrennfahrer
Berufsringer
Berufssportler
Betriebshelfer in der Landwirtschaft
(vgl. Betriebshelfer)
Bezirksleiter von Bausparkassen
(vgl. Bezirksleiter)
Bezirksstellenleiter
Blogger
Buchführungshelfer
(vgl. Stundenbuchhalter)
Buchgemeinschaft,
Vertrauensleute
Buchhalter (vgl. Stundenbuchhalter)
Buchmachergehilfen
Bühnenangehörige (vgl. Künstler)
Bürgermeister (vgl. Ehrenämter)
Catcher (vgl. Berufsringer)
Chorleiter
Diakonissen (vgl. Ordensangehörige)
Dienstmänner
Diplomanden
Doktoranden
Ehegattenarbeitsverhältnis
Ehrenamtlich Tätige (vgl. Ehrenämter)
Ermittler
Fahrlehrer
Fensterputzer
Fernsehkünstler
Filmkünstler
Fleischbeschauer
Fotomodelle
Freie Mitarbeiter
Fremdgeschäftsführer
Fußballspieler
Fußballtrainer
Gastschauspieler (vgl. Künstler)
Gepäckträger
Gesellschafter-Geschäftsführer
Handelsvertreter (vgl. Vertreter)
Hausgehilfin
Hausgewerbetreibende
Hausmeister
Hausverwalter
Heimarbeiter
Journalisten
Kassenverwalter
Kassierer (vgl. Beitragskassierer)
Kellner/Kellnerin
Kinderdorfmütter
Kirchenbedienstete
Kirchenmusiker
Kommanditisten
(vgl. Gesellschafter- Geschäftsführer)
Künstler
Kurierfahrer
Lehrbeauftragte
Lehrlinge
Lehrtätigkeit
(vgl. auch Nebentätigkeit für gemeinnützige Organisationen)
Mannequins (vgl. Fotomodelle, Künstler)
Marktforscher
Masseure
Musiker
Nebenberufliche Prüfungstätigkeit
Nebentätigkeit
Nebentätigkeit für gemeinnützige Organisationen
Ordensangehörige
Organisten
Plakatkleber
Podcaster
Praktikanten
Prostituierte
Prüfungsvergütungen
(vgl. Nebenberufliche Prüfungstätigkeit)
Rechtsnachfolger
Regalauffüller
Reiseleiter
Rentenberater
Rettungsschwimmer
Richter
Sänger (vgl. Künstler)
Schauspieler (vgl. Künstler)
Schiedspersonen
Schiedsrichter
Schöffen
Schriftsteller
Schüler
Sechstagerennfahrer
Servicekräfte
Skilehrer
Sportler (vgl. Amateursportler, Berufssportler, Fußballspieler)
Standesbeamte
Stromableser
Studenten
Stundenbuchhalter
Synchronsprecher (vgl. Künstler)
Tagesmütter
Telefoninterviewer
Trainer
Übungsleiter
Vereinsvorsitzender
Versicherungsvertreter (vgl. Vertreter)
Vertrauensleute, Buchgemeinschaft
Vertreter
Volkszähler (vgl. Zensus)
Vorstandsvorsitzende und Vorstandsmitglieder
Werbedamen
Werbezettelausträger
Werkstudenten (vgl. Studenten)
YouTuber
Zeitungsausträger
Zensusbeauftragte (vgl. Zensus)

g) Feststellung der Arbeitnehmereigenschaft im Lohnsteuerrecht

Wegen der dem Arbeitgeber im Lohnsteuerverfahren auferlegten Pflichten ist die zutreffende Entscheidung der Frage, ob ein Beschäftigter selbstständig tätig wird oder als Arbeitnehmer anzusehen ist, für den Arbeitgeber von erheblicher Bedeutung. In Zweifelsfällen haben die Arbeitgeber zur Vermeidung eigener Nachteile (Haftung für unzutreffend einbehaltene Lohnsteuer) die folgenden Möglichkeiten, die Arbeitnehmereigenschaft feststellen zu lassen:

- Der Arbeitgeber holt eine entsprechende Anrufungsauskunft beim Finanzamt ein (vgl. „Auskunft"). Gegen eine negative Anrufungsauskunft des Finanzamts legt der Arbeitgeber Einspruch und gegen die ablehnende Einspruchsentscheidung des Finanzamts Klage beim Finanzgericht ein; er erwirkt so eine Entscheidung der Steuergerichte.
- Der Arbeitgeber behält vom Beschäftigten, den er nicht als Arbeitnehmer ansieht, keine Lohnsteuer ein, teilt dies dem Finanzamt mit und legt gegen den daraufhin vom Finanzamt erlassenen Haftungsbescheid Einspruch und gegen die ablehnende Einspruchsentscheidung Klage beim Finanzgericht ein; er erwirkt auch so eine Entscheidung der Steuergerichte.
- Der Arbeitgeber behält Lohnsteuer ein und teilt dies dem Arbeitnehmer mit. Der Arbeitnehmer kann gegen die vom Arbeitgeber abgegebene Lohnsteuer-Anmeldung aus eigenem Recht Einspruch einlegen und gegen die ablehnende Einspruchsentscheidung Klage beim Finanzgericht einreichen. Der Arbeitnehmer erwirkt so eine Entscheidung der Steuergerichte.
- Der Arbeitgeber behält Lohnsteuer ein und überlässt es dem betreffenden Arbeitnehmer, beim Finanzamt die Erstattung der Lohnsteuer zu beantragen und gegen einen ablehnenden Bescheid des Finanzamts im Rechtsbehelfsverfahren vorzugehen; auch in diesem Falle wird eine Entscheidung der Steuergerichte über die etwaige Arbeitnehmereigenschaft erzielt.

h) Feststellung der Arbeitnehmereigenschaft bei der Sozialversicherung

Ist sich ein Arbeitgeber in Zweifelsfällen nicht sicher, ob eine abhängige Beschäftigung oder eine selbstständige Tätigkeit vorliegt, kann er das Anfrageverfahren zur Statusklärung bei der Deutschen Rentenversicherung Bund nach § 7a SGB IV einleiten. Auf die ausführlichen Erläuterungen beim Stichwort „Scheinselbstständigkeit" wird Bezug genommen.

4. Was ist Arbeitslohn?

Arbeitslohn sind alle Einnahmen, die einem Arbeitnehmer oder seinem Rechtsnachfolger aus einem gegenwärtigen oder früheren Dienstverhältnis zufließen. Auch Einnahmen im Hinblick auf ein künftiges Dienstverhältnis gehören zum Arbeitslohn. Einnahmen sind alle Güter in Geld oder Geldeswert, also auch Sachbezüge (z. B. Zurverfügungstellung eines Firmenwagens zur privaten Nutzung oder freie Unterkunft und/oder Verpflegung). Es ist gleichgültig, ob es sich um laufende oder um einmalige Einnahmen handelt, ob ein Rechtsanspruch auf sie besteht, unter welcher Bezeichnung oder Form sie gewährt werden und ob sie dem ursprünglich Bezugsberechtigten oder seinem Rechtsnachfolger zufließen. Zum Arbeitslohn gehören auch Vergütungen von dritter Seite für die vom Arbeitnehmer gegenüber seinem Arbeitgeber erbrachte Arbeitsleistung (Bar- und Sachzuwendungen, vgl. das Stichwort „Lohnzahlung durch Dritte"). Sachbezüge sind für den Steuerabzug vom Arbeitslohn grundsätzlich mit dem üblichen Endpreis am Abgabeort zu bewerten (= Einzelhandelspreis). Dieser Preis beinhaltet auch die Umsatzsteuer. Alternativ ist auch eine Bewertung mit dem „günstigsten Marktpreis" (Internetpreis) möglich. Im Interesse einer einfachen und gleichmäßigen Bewertung gelten für bestimmte Sachbezüge einheitliche Werte (vgl. „Sachbezüge" unter Nr. 3 Buchstabe d). Besondere Bewertungsvorschriften gelten bei einer Firmenwagenüberlassung zur privaten Nutzung sowie bei einer Wohnungsüberlassung (vgl. diese Stichworte).

Der **steuerliche Arbeitslohnbegriff** wird aus § 19 Abs. 1 in Verbindung mit § 8 Abs. 1 EStG sowie aus § 2 LStDV[1] abgeleitet. Danach sind grundsätzlich alle Einnahmen in Geld oder Geldeswert, die durch das individuelle Dienstverhältnis veranlasst sind, Arbeitslohn **(sog. Veranlas-**

1) Die Lohnsteuer-Durchführungsverordnung (LStDV) ist als Anhang 1 im **Steuerhandbuch für das Lohnbüro 2021** abgedruckt, das im selben Verlag erschienen ist.

sungszusammenhang). Dies ist der Fall, wenn die Einnahmen dem Empfänger nur mit Rücksicht auf das Dienstverhältnis zufließen und Ertrag seiner nichtselbstständigen Arbeit sind. Dazu reicht es aus, wenn die Einnahmen **im weitesten Sinne** Gegenleistung für die Zurverfügungstellung der individuellen Arbeitskraft sind (BFH-Urteile vom 11.3.1988, BStBl. II S. 726, vom 7.7.2004, BStBl. 2005 II S. 367 und vom 24.9.2013, BStBl. 2014 II S. 124).

Nicht zum Arbeitslohn gehören Leistungen, die der Arbeitgeber **im ganz überwiegenden eigenbetrieblichen Interesse** erbringt. Das ist der Fall, wenn sich aus den Begleitumständen wie zum Beispiel Anlass, Art und Höhe des Vorteils, Auswahl der Begünstigten, freie oder nur gebundene Verfügbarkeit, Freiwilligkeit oder Zwang zur Annahme des Vorteils und seine besondere Geeignetheit für den jeweils verfolgten betrieblichen Zweck ergibt, dass diese Zielsetzung ganz im Vordergrund steht und ein damit einhergehendes eigenes Interesse des Arbeitnehmers, den betreffenden Vorteil zu erlangen, vernachlässigt werden kann (BFH-Urteil vom 24.9.2013, BStBl. 2014 II S. 124 und die dort zitierte Rechtsprechung). Ein ganz überwiegendes betriebliches Interesse muss über das an jeder Lohnzahlung bestehende betriebliche Interesse **deutlich hinausgehen** (BFH-Urteil vom 2.2.1990, BStBl. II S. 472). Hierbei handelt es sich vor allem um Fälle, in denen der **Belegschaft als Gesamtheit** ein Vorteil zugewendet wird, wie dies bei Leistungen des Arbeitgebers zur Verbesserung der Arbeitsbedingungen der Fall ist (z. B. durch Bereitstellung von Aufenthalts-, Erholungs- und Fitnessräumen, Dusch- und Badeanlagen; BFH-Urteil vom 25.7.1986; BStBl. II S. 868). Außerdem kommen Fälle in Betracht, in denen dem Arbeitnehmer ein **Vorteil aufgedrängt** wird, ohne dass ihm eine Wahl bei der Annahme des Vorteils bleibt und ohne dass der Vorteil eine Marktgängigkeit besitzt, z. B. Personenschutz oder ggf. Vorsorgeuntersuchungen.

Außerdem gehören sog. Aufmerksamkeiten begrifflich nicht zum Arbeitslohn (R 19.6 LStR). Hiernach ergibt sich für den Arbeitslohnbegriff folgendes Schema:

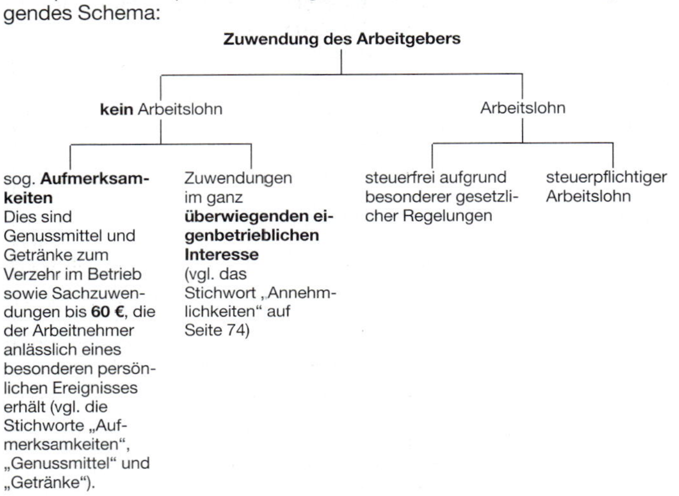

Bestehen neben dem Arbeitsverhältnis zwischen Arbeitgeber und Arbeitnehmer Sonderrechtsbeziehungen (z. B. Miet-, Darlehens- oder Kaufverträge), sind diese steuerlich gesondert zu würdigen und führen nicht allein wegen der „Arbeitnehmerstellung" zu Arbeitslohn. In solch einem Fall kann aber Arbeitslohn vorliegen, wenn die Sonderrechtsbeziehung an das Arbeitsverhältnis anknüpft oder damit verbunden wird (vgl. hierzu insbesondere das Stichwort „Vermögensbeteiligungen" unter Nr. 1).

5. Was ist Arbeitsentgelt?

Der **sozialversicherungsrechtliche** Begriff des **Arbeitsentgelts** ist in § 14 SGB IV geregelt. Hiernach gehören zum Arbeitsentgelt alle laufenden oder einmaligen Einnahmen aus einer Beschäftigung, gleichgültig, ob ein Rechtsanspruch auf die Einnahmen besteht, unter welcher Bezeichnung oder in welcher Form sie geleistet werden und ob sie unmittelbar aus der Beschäftigung oder im Zusammenhang mit ihr erzielt werden. Der Begriff des steuerpflichtigen Arbeitslohns und des beitragspflichtigen Arbeitsentgelts sind bereits deshalb nicht identisch, weil unter den steuerlichen Begriff „Arbeitslohn" im Gegensatz zum sozialversicherungspflichtigen Arbeitsentgelt nicht nur Einnahmen aus einem gegenwärtigen Arbeitsverhältnis, sondern auch Einnahmen aus einem **früheren** Arbeitsverhältnis fallen (vgl. „Versorgungsbezüge, Versorgungsfreibetrag") und zwar sogar dann, wenn sie dem Rechtsnachfolger (Erben) zufließen (vgl. „Rechtsnachfolger"). Vergleicht man nur den steuerpflichtigen Arbeitslohn für die gegenwärtige (aktive) Beschäftigung mit dem sozialversicherungsrechtlichen Begriff „Arbeitsentgelt", können sich aber auch hierbei Unterschiede ergeben (z. B. im Bereich der betrieblichen Altersversorgung; vgl. die Übersichten in Anhang 6 unter den Nrn. 18 und 19). Die Verbindung dieser beiden Begriffe wird durch die Sozialversicherungsentgeltverordnung (SvEV[1]) hergestellt, die nach der Verordnungsermächtigung des § 17 SGB IV „eine möglichst weitgehende Übereinstimmung mit den Regelungen des Steuerrechts sicherstellen soll". Zur Entscheidung der Frage, inwieweit der Arbeitslohn lohnsteuerpflichtig und als Arbeitsentgelt auch sozialversicherungspflichtig ist oder nicht, wird auf den alphabetischen **Hauptteil des Lexikons** hingewiesen.

6. Wie werden die Lohnsteuer und die Sozialversicherungsbeiträge berechnet?

Für die Berechnung der Lohnsteuer hat der Arbeitgeber die Höhe des steuerpflichtigen Arbeitslohns und den in Betracht kommenden Lohnzahlungszeitraum festzustellen (= im Regelfall der Kalendermonat). Dabei ist steuerlich das sog. Zuflussprinzip maßgebend (vgl. „Zufluss von Arbeitslohn" unter Nr. 1). Vom Arbeitslohn sind ggf. der auf den Lohnzahlungszeitraum entfallende Anteil des Versorgungsfreibetrags, der Anteil des Zuschlags zum Versorgungsfreibetrag und der Anteil des Altersentlastungsbetrags abzuziehen, wenn die Voraussetzungen für den Abzug dieser Beträge jeweils erfüllt sind (vgl. diese Stichworte). Ist beim Arbeitnehmer nach seinen individuellen Lohnsteuerabzugsmerkmalen ein Freibetrag oder Hinzurechnungsbetrag zu berücksichtigen, muss der Arbeitgeber den Freibetrag vom Arbeitslohn abziehen bzw. den Hinzurechnungsbetrag dem Arbeitslohn hinzurechnen, bevor er die Lohnsteuer für den laufenden Arbeitslohn nach der Monats-, Wochen- oder Tagestabelle ermittelt. Bei sonstigen Bezügen (einmaligen Zuwendungen) ist die Lohnsteuer nach einem besonderen Verfahren unter Anwendung der Jahreslohnsteuertabelle zu berechnen (vgl. „Sonstige Bezüge").

Bei der Berechnung der Sozialversicherungsbeiträge ist zu beachten, dass die lohnsteuerlichen Freibeträge das beitragspflichtige Arbeitsentgelt nicht mindern und Hinzurechnungsbeträge nicht erhöhen dürfen. Außerdem ist bei laufend gezahltem Arbeitsentgelt – im Gegensatz zum Steuerrecht – das Entstehungsprinzip und damit auch der jeweilige Tarif-/Arbeitsvertrag bzw. der gesetzliche Mindestlohn zu beachten (vgl. „Zufluss von Arbeitslohn" unter Nr. 2 Buchstabe b sowie das Stichwort „Mindestlohn"). Das Arbeitsentgelt wird zudem – im Gegensatz zur Lohnsteuer – nur bis zu bestimmten Höchstbeträgen (den sog. Beitragsbemessungsgrenzen) der Beitragspflicht unterworfen. Hiernach ergibt sich folgende Übersicht:

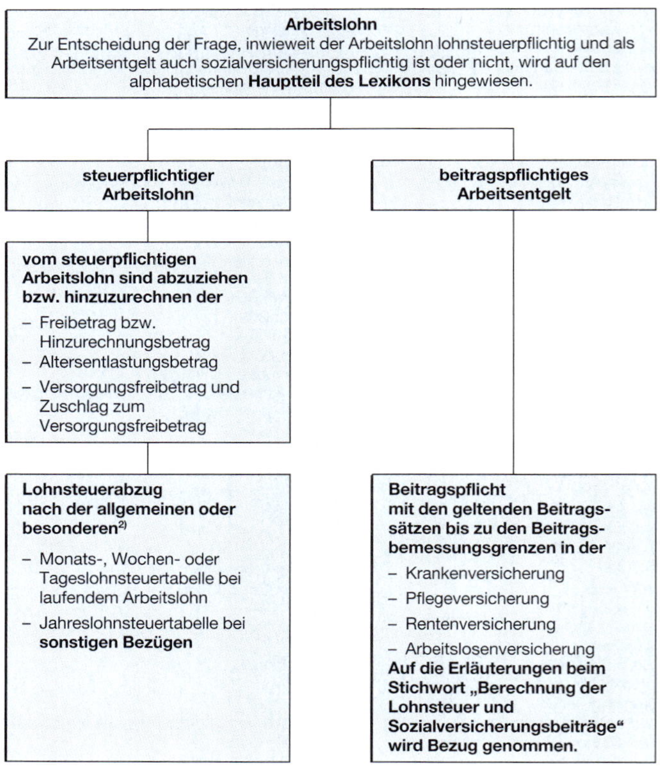

1) Die Sozialversicherungsentgeltverordnung (SvEV) ist als Anhang 2 im **Steuerhandbuch für das Lohnbüro 2021** abgedruckt, das im selben Verlag erschienen ist.

2) **Auf die im selben Verlag erschienenen Allgemeinen und Besonderen Lohnsteuertabellen für Tag, Monat, Jahr wird besonders hingewiesen.**

Schaubild zur Systematik des Lohnsteuerabzugs

Arbeitgeber
Zum Begriff des Arbeitgebers
vgl. die Erläuterungen auf Seite 5.

Arbeitnehmer
Zum Begriff des Arbeitnehmers
vgl. die Erläuterungen auf Seite 6.

Arbeitslohn
Zum Begriff des Arbeitslohns vgl. die Erläuterungen auf Seite 7.
Zur Entscheidung der Frage, inwieweit der Arbeitslohn lohnsteuer- und sozialversicherungspflichtig ist oder nicht, wird auf den alphabetischen **Hauptteil des Lexikons** hingewiesen.

Unbeschränkt steuerpflichtige Arbeitnehmer
Unbeschränkt steuerpflichtig sind alle Arbeitnehmer, die in Deutschland einen Wohnsitz oder gewöhnlichen Aufenthalt haben. Für den Lohnsteuerabzug müssen dem Arbeitgeber die individuellen Lohnsteuerabzugsmerkmale des Arbeitnehmers vorliegen (Steuerklasse, Zahl der Kinder, Freibeträge, Religionszugehörigkeit usw.). Vgl. das Stichwort „Elektronische Lohnsteuerabzugsmerkmale (ELStAM)".

Beschränkt steuerpflichtige Arbeitnehmer
Beschränkt steuerpflichtig sind Arbeitnehmer, die in Deutschland keinen Wohnsitz und auch keinen gewöhnlichen Aufenthalt haben. Sie nehmen ab 2020 ebenfalls am ELStAM-Verfahren teil oder müssen dem Arbeitgeber noch eine besondere „Bescheinigung für beschränkt steuerpflichtige Arbeitnehmer" vorlegen (vgl. das Stichwort „Beschränkt steuerpflichtige Arbeitnehmer").

Pauschalierung der Lohnsteuer
- mit **2 %** für **450-Euro-Jobs,** für die ein pauschaler Rentenversicherungsbeitrag von 15 % oder 5 % entrichtet wird;
- mit **20 %** für **450-Euro-Jobs,** für die **kein** pauschaler Rentenversicherungsbeitrag von 15 % oder 5 % entrichtet wird;
- mit **25 %** für **Aushilfskräfte;**
- mit **5 %** für **Aushilfskräfte in der Land- und Forstwirtschaft**

(vgl. das Stichwort „Pauschalierung der Lohnsteuer bei Aushilfskräften und Teilzeitbeschäftigten").

Lohnsteuerabzug
Der Lohnsteuerabzug erfolgt
- für laufenden Arbeitslohn nach der **Monatslohnsteuertabelle** (bzw. Wochen- oder Tagestabelle bei wöchentlicher oder täglicher Abrechnung)
- für **sonstige Bezüge** nach der **Jahreslohnsteuertabelle**
- für Teillohnzahlungszeiträume nach der **Tageslohnsteuertabelle**
- für bestimmte **Teile des Arbeitslohns** kann auch die Lohnsteuer **pauschaliert** werden (vgl. das Stichwort „Pauschalierung der Lohnsteuer").

Lohnkonto
Zu den Eintragungen im Lohnkonto vgl. das Stichwort „Lohnkonto".

Anmeldung und Abführung des Lohnsteuer
Vgl. die Ausführungen beim Stichwort „Abführung und Anmeldung der Lohnsteuer".

Lohnsteuer-Jahresausgleich
(vgl. das Stichwort „Lohnsteuer-Jahresausgleich durch den Arbeitgeber")

Lohnsteuerbescheinigung
Vgl. das Stichwort „Lohnsteuerbescheinigung"

Ausgleich der Lohnsteuer durch das Finanzamt
Ein Ausgleich der Lohnsteuer durch das Finanzamt wird nach Ablauf des Kalenderjahres im Rahmen einer sog. Antragsveranlagung für diejenigen Arbeitnehmer durchgeführt, die einen Wohnsitz oder gewöhnlichen Aufenthalt in Deutschland haben. In bestimmten Fällen sind Arbeitnehmer zur Abgabe einer Einkommensteuererklärung verpflichtet (sog. Pflichtveranlagung; vgl. „Veranlagung von Arbeitnehmern"). Zur Veranlagung von beschränkt steuerpflichtigen Arbeitnehmern in bestimmten Fällen vgl. „Beschränkt steuerpflichtige Arbeitnehmer" unter Nr. 18 auf Seite 217.

B. Grundsätzliches zur Kranken-, Pflege-, Renten- und Arbeitslosenversicherung

Gliederung:

1. Allgemeines

Die gesetzlichen Krankenkassen (AOK, Betriebskrankenkassen, Innungskrankenkassen, Ersatzkassen und Deutsche Rentenversicherung Knappschaft – Bahn – See als Träger der Krankenversicherung) sind als Einzugsstellen der Beiträge zur Kranken-, Pflege-, Renten- und Arbeitslosenversicherung sowie der Umlage für das Insolvenzgeld ein wichtiger Ansprechpartner für den Arbeitgeber. Denn die Krankenkassen beraten den Arbeitgeber in allen beitragsrechtlichen Zweifelsfragen.

Der Arbeitgeber hat den Arbeitnehmerbeitragsanteil am Sozialversicherungsbeitrag vom Lohn oder Gehalt einzubehalten und diesen zusammen mit dem Arbeitgeberanteil an die Krankenkasse zu entrichten. Beitragsschuldner gegenüber der Krankenkasse ist der Arbeitgeber sowohl hinsichtlich des Arbeitgeber- als auch des Arbeitnehmeranteils.

Für die Berechnung der Kranken-, Pflege-, Renten- und Arbeitslosenversicherungsbeiträge gelten weitgehend dieselben Grundsätze. Daher werden die Beiträge als Gesamtsozialversicherungsbeitrag bezeichnet. Für die Beitragsberechnung sind bei versicherungspflichtigen Arbeitnehmern in den einzelnen Versicherungszweigen das Arbeitsentgelt und der jeweilige Beitragssatz maßgebend. Das Arbeitsentgelt wird jedoch nur bis zur jeweiligen Beitragsbemessungsgrenze berücksichtigt, die jährlich der Entwicklung von Löhnen und Gehältern angepasst wird.

Die ermittelten Gesamtsozialversicherungsbeiträge teilt der Arbeitgeber der Krankenkasse mit einem Beitragsnachweis mit. Bei der Beitragsentrichtung ist der Fälligkeitstermin zu beachten, weil anderenfalls Säumniszuschläge erhoben werden müssen. Außerdem hat der Arbeitgeber die im Gesetz vorgeschriebenen Melde- und Auskunftspflichten zu erfüllen sowie die entsprechenden Geschäftsunterlagen bei Betriebsprüfungen seitens der Versicherungsträger vorzulegen.

2. Versicherungspflichtiger Personenkreis

a) Grundsätze der Versicherungspflicht

Die Versicherungspflicht entsteht kraft Gesetzes und erfasst in erster Linie Arbeitnehmer, die gegen Entgelt beschäftigt sind und die zu ihrer Berufsausbildung Beschäftigten. In der Rentenversicherung gibt es einen einheitlichen Arbeitnehmerbegriff. Auch in diesem Versicherungszweig wird nicht zwischen Arbeitern und Angestellten unterschieden. In der **Renten- und Arbeitslosenversicherung** besteht – abgesehen von dem Tatbestand einer geringfügigen Beschäftigung – Versicherungspflicht ohne Rücksicht auf die Höhe des Arbeitsentgelts. In der Krankenversicherung sind Arbeitnehmer dagegen nur dann versicherungspflichtig, wenn ihr regelmäßiges Jahresarbeitsentgelt die sog. Jahresarbeitsentgeltgrenze nicht übersteigt. Dies gilt einheitlich für die alten und neuen Bundesländer.

Für die Beurteilung der Versicherungspflicht in der Krankenversicherung gibt es zwei verschiedene Jahresentgeltgrenzen. Ab 1. Januar 2021 gilt Folgendes:

Die Grenze von **58 050 €** gilt für alle Arbeitnehmer, die am 31.12.2002 wegen Überschreitens der bisherigen Jahresarbeitsentgeltgrenze versicherungsfrei und in der **privaten Krankenversicherung** versichert waren. Die Grenze von **64 350 €** gilt für alle in der **gesetzlichen Krankenversicherung** freiwillig versicherten Arbeitnehmer, die die bisherige Jahresarbeitsentgeltgrenze überschritten haben. Beide Grenzen werden jährlich fortgeschrieben.

Ob ein Arbeitnehmer aus der Krankenversicherungspflicht ausscheidet oder krankenversicherungsfrei ist, hängt zunächst grundsätzlich davon ab, ob sein regelmäßiges Jahresarbeitsentgelt die Jahresarbeitsentgeltgrenze überschreitet. Welche Grenze für den jeweiligen Arbeitnehmer einschlägig ist, hängt davon ab, wie er am 1.1.2003 versichert war. Arbeitnehmer, die am 1.1.2003 bereits wegen Überschreitens der Jahresarbeitsentgeltgrenze versicherungsfrei und privat krankenversichert waren gilt die besondere Verdienstgrenze von 58 050 €. Für Arbeitnehmer, die am 1.1.2003 gesetzlich krankenversichert waren, gilt die allgemeine Jahresarbeitsentgeltgrenze von 64 350 €.

Versicherungsfreiheit bzw. ein Ausscheiden aus der Krankenversicherungspflicht kann nur dann eintreten bzw. erfolgen, wenn die Jahresarbeitsentgeltgrenze überschritten wird.

Beim Ausscheiden aus der Krankenversicherungspflicht schließt sich automatisch eine freiwillige Mitgliedschaft an die Pflichtversicherung an. Erst wenn der Beschäftigte der Krankenkasse mitteilt, dass er diese freiwillige Versicherung nicht möchte, endet auch die Mitgliedschaft. Es ist allerdings der Nachweis eines anderweitigen Versicherungsschutzes erforderlich.

Zur **Berechnung des Jahresarbeitsentgeltes** vgl. die ausführlichen Erläuterungen anhand von Beispielen beim Stichwort „Jahresarbeitsentgeltgrenze".

Für die Versicherungspflicht in der sozialen **Pflegeversicherung** gilt Folgendes:

Nach § 20 Abs. 1 Nr. 1 SGB XI unterliegen die gegen Arbeitsentgelt beschäftigten **Arbeitnehmer und Auszubildenden** der Versicherungspflicht in der sozialen Pflegeversicherung, vorausgesetzt, sie sind aufgrund ihrer Beschäftigung versicherungspflichtige Mitglieder der gesetzlichen Krankenversicherung. Das bedeutet, dass Versicherungspflicht in der sozialen Pflegeversicherung nicht in Betracht kommt, wenn aufgrund der Beschäftigung nach § 6 oder § 7 SGB V Krankenversicherungsfreiheit besteht oder der Arbeitnehmer nach § 8 SGB V von der Krankenversicherungspflicht befreit ist. Dies bedeutet weiterhin, dass z. B. Arbeitnehmer, die eine wegen Überschreitens der Jahresarbeitsentgeltgrenze krankenversicherungsfreie Beschäftigung oder eine nach § 8 SGB IV geringfügige Beschäftigung ausüben, aufgrund dieser Beschäftigung nicht der Versicherungspflicht in der sozialen Pflegeversicherung unterliegen.

Für **Studenten** und **Praktikanten** besteht Versicherungspflicht in der gesetzlichen **Rentenversicherung,** sofern sie nicht eine geringfügige Beschäftigung ausüben (vgl. die Stichworte „Schüler", „Studenten" und „Praktikanten").

b) Krankenkassenwahlrecht

Seit der Einführung der freien Krankenkassenwahl zum 1. Januar 1996 für alle Versicherten ist in den §§ 173 bis 175 SGB V für alle Krankenkassen ein einheitlich anzuwendendes Krankenkassenwahlrecht der Mitglieder der gesetzlichen Krankenversicherung geregelt.

Das Kassenwahlrecht hat seitdem durch Rechtsprechung und Gesetz mehrere Ergänzungen und Anpassungen erfahren.

Zum 1.1.2021 erfolgt nun eine weitere gesetzliche Änderung. Hierzu gehören insbesondere die Reduzierung der Bindungsfrist von 18 Monaten auf 12 Monate, die Erleichterung des Krankenkassenwechsels bei Eintritt der Versicherungspflicht sowie die Einführung eines elektronischen Meldeverfahrens zwischen den Krankenkassen zur Abwicklung des Krankenkassenwechsels. Darüber hinaus wird eine elektronische Mitgliedsbescheinigung im Arbeitgeber-Meldeverfahren eingeführt. Detaillierte Informationen zu nahezu allen Sachverhalten, die das neue Kassenwahlrecht betreffen, sind in den „Grundsätzlichen Hinweisen Kassenwahlrecht vom 20.11.2020" enthalten (vgl. www.aok.de/fk/sozialversicherung/rundschreiben/jahrgang-2020/).

Grundsätzlich können alle Versicherungspflichtigen und freiwillig Versicherten weiterhin zwischen verschiedenen Krankenkassen wählen.

Sie sind Mitglied der von ihnen gewählten Krankenkasse. Für bestimmte Personenkreise gibt es abweichende Vorschriften. Wählbar sind folgende Krankenkassen

1. die AOK des Beschäftigungs- oder Wohnorts,
2. jede Ersatzkasse,
3. eine Betriebskrankenkasse, wenn sie in einem Betrieb beschäftigt sind, für den diese Betriebskrankenkasse besteht,
4. jede Betriebs- oder Innungskrankenkasse des Beschäftigungs- oder Wohnorts, deren Satzung eine „Öffnungsregelung" für alle Versicherten enthält,
5. die KNAPPSCHAFT,
6. die Krankenkasse, bei der vor Beginn der Versicherungspflicht oder Versicherungsberechtigung zuletzt eine Mitgliedschaft oder Familienversicherung bestanden hat,
7. die Krankenkasse, bei der der Ehegatte oder der Lebenspartner versichert ist.

Bereits seit dem 1.1.2008 ist die Sonderzuständigkeit für die in der Seeschifffahrt Beschäftigten weggefallen. Diese Personen haben seitdem das Recht, die Mitgliedschaft bei einer der in § 173 SGB V genannten Krankenkassen zu wählen. Davon ausgenommen sind Seeleute im Sinne von § 2 Abs. 3 SGB IV, die ausschließlich bei der KNAPPSCHAFT krankenversichert werden (§ 28i Satz 4 SGB IV).

Die Versicherten können die Mitgliedschaft bei einer bestimmten Krankenkasse grundsätzlich nur durch eine entsprechende Willenserklärung (Wahl) erlangen. Das heißt, dass sie die Wahl gegenüber der jeweiligen Krankenkasse erklären müssen. Diese darf die Mitgliedschaft nicht ablehnen, sofern alle versicherungsrechtlichen Voraussetzungen erfüllt sind.

Für den Bereich der landwirtschaftlichen Krankenkasse gibt es Sonderzuständigkeit bzw. besondere Regelungen für die Wählbarkeit.

Für bestimmte Personengruppen (z. B. Rentner, Behinderte in Werkstätten, Rehabilitanden) gelten darüber hinaus ergänzende Möglichkeiten bei der Wahl der Krankenkasse.

Die Ausübung des Krankenkassenwahlrechts ist in § 175 SGB V geregelt. Die Wahlausübung ist an ein bestimmtes Verfahren gebunden. Dabei sind Fristen für die Abgabe der Wahlerklärungen einzuhalten. Aus der Wahl ergeben sich dann Bindungsfristen. Den Versicherten sind außerdem Mitwirkungshandlungen sowie den beteiligten Krankenkassen bestimmte Verpflichtungen auferlegt.

Das Krankenkassenwahlrecht setzt im Regelfall grundsätzlich das Zusammenwirken der Kündigung der Mitgliedschaft gegenüber der bislang zuständigen Krankenkasse sowie die Wahlerklärung gegenüber der gewählten Krankenkasse voraus. Nach der Rechtslage ab dem 1.1.2021 wird die Kündigung gegenüber der bisherigen Krankenkasse durch die gewählte Krankenkasse im Rahmen eines elektronischen Meldeverfahrens umgesetzt.

Es ist vorgesehen, dass die gewählte Krankenkasse die bisherige Krankenkasse im elektronischen Meldeverfahren unverzüglich über die Wahlentscheidung des Mitglieds informiert, sofern vor der Ausübung des Wahlrechts zuletzt eine Mitgliedschaft bei einer anderen Krankenkasse bestanden hat. Die bisherige Krankenkasse bestätigt der gewählten Krankenkasse unverzüglich, spätestens jedoch innerhalb von zwei Wochen nach Eingang der Meldung, das Ende der Mitgliedschaft. In den Fällen, in denen die allgemeine Bindungsfrist und/oder die Bindungsfrist bei Inanspruchnahme von Wahltarifen rechtlich relevant und noch nicht erfüllt ist/sind, wird das Ende der Mitgliedschaft zum Ende der Bindungsfrist(en) bestätigt.

Der GKV-Spitzenverband legt die Inhalte des elektronischen Meldeverfahrens fest. Einzelheiten zur Umsetzung des Meldeverfahrens ergeben sich aus der Verfahrensbeschreibung für das elektronische Meldeverfahren zwischen den Krankenkassen nach § 175 Abs. 2 SGB V bei Durchführung des Krankenkassenwechsels in der jeweils geltenden Fassung.

Im Hinblick auf das Inkrafttreten der Neufassung des § 175 Abs. 2 SGB V durch das MDK-Reformgesetz zum 1.1.2021 sind alle Sachverhalte, in denen ein Krankenkassenwechsel nach dem 31.12.2020 vollzogen wird und eine entsprechende Wahlerklärung ebenfalls nach diesem Zeitpunkt bei der Krankenkasse eingeht, grundsätzlich im Rahmen des elektronischen Meldeverfahrens abzuwickeln. Für die Umsetzung des Krankenkassenwechsels in der Übergangszeit gelten die Anforderungen, die aus der bis zum 31.12.2020 geltenden Rechtslage resultieren.

Ein Mitglied ist an das ausgeübte Krankenkassenwahlrecht nach der Rechtslage ab 1.1.2021 im Allgemeinen für 12 Monate (bisher 18 Monate) gebunden. Bei einem unveränderten Versicherungsverhältnis kann das Mitglied daher sein Wahlrecht grundsätzlich erst mit Ablauf dieser Bindung erneut ausüben.

Abweichend von dem vorgenannten Grundsatz erlischt die Bindung eines Mitglieds an die gewählte Krankenkasse, wenn die Mitgliedschaft kraft Gesetzes endet.

Es ist also zu unterscheiden zwischen einem Krankenkassenwahlrecht bei unverändertem Versicherungsverhältnis und der Möglichkeit eines sofortigen Krankenkassenwahlrechts.

Der Versicherte hat sein Krankenkassenwahlrecht ausschließlich gegenüber der von ihm gewählten Krankenkasse auszuüben. Eine gegenüber dem Arbeitgeber abgegebene Wahlerklärung erlangt dagegen keine Rechtswirkung.

Eine bestimmte Form der Wahlerklärung ist weder für Versicherungspflichtige noch für freiwillig Versicherte vorgeschrieben. Aus Gründen der Verfahrenssicherheit ist jedoch eine Wahlerklärung in Textform empfehlenswert.

Die Frist für die Abgabe einer Wahlerklärung im Rahmen eines Krankenkassenwechsels bei unverändertem Versicherungsverhältnis beträgt zwei volle Kalendermonate, gerechnet von dem Monat, in dem das Mitglied die Kündigung erklärt.

Mit Wirkung ab dem 1.1.2021 wurde die Verpflichtung des Mitglieds, den Arbeitgeber noch innerhalb der Kündigungsfrist über den Krankenkassenwechsel zu informieren, als Voraussetzung für dessen Wirksamkeit ersatzlos gestrichen. Eine verspätete Information des Mitglieds an den Arbeitgeber bleibt deshalb ohne rechtliche Konsequenzen; der Krankenkassenwechsel vollzieht sich zum angestrebten Termin. Der Arbeitgeber muss bei Bedarf die notwendigen Korrekturen (z. B. in den Entgeltabrechnungen und Beitragsnachweisen) vornehmen sowie die erforderlichen Ab- und Anmeldungen rückwirkend nachholen.

Beim Vorliegen eines sofortigen Krankenkassenwahlrechts anlässlich des Eintritts einer Versicherungspflicht kann die Ausübung des Wahlrechts durch den Versicherungspflichtigen nur bis zum Ablauf von zwei Wochen nach Eintritt der Versicherungspflicht rechtswirksam erfolgen.

Wird das Wahlrecht vom Versicherten nicht selbst wahrgenommen oder eine entsprechende Information nicht rechtzeitig vorgelegt, ist der Arbeitgeber verpflichtet, den Versicherten bei der Krankenkasse anzumelden, bei der er zuletzt versichert war.

Versicherungspflichtige haben bei Eintritt der Versicherungspflicht dem Arbeitgeber unverzüglich formlos Angaben über die gewählte Krankenkasse (Name, Adresse, Datum des Beginns der Mitgliedschaft) zu machen. Die Vorlage eines wie auch immer gearteten Nachweises über die zuständige Krankenkasse durch das Mitglied ist nicht mehr vorgesehen; anstelle dessen tritt künftig eine elektronische Mitgliedsbescheinigung der Krankenkasse.

Damit einher geht der Wegfall der Verpflichtung zur Ausstellung von papiergebundenen Mitgliedsbescheinigungen durch die Krankenkasse. Künftig haben die Krankenkassen aus Anlass einer Anmeldung wegen Aufnahme einer Beschäftigung oder aufgrund eines Krankenkassenwechsels dem Arbeitgeber in elektronischer Form das Bestehen oder das Nichtbestehen der Mitgliedschaft zu bestätigen; dies gilt auch bei einer gleichzeitigen An- und Abmeldung des Arbeitgebers. Anders als die papiergebundenen Mitgliedsbescheinigungen, die aus Anlass der Wahlerklärung des Mitglieds im Vorgriff auf den anstehenden Krankenkassenwechsel ausgestellt wurden, wird die elektronische Mitgliedsbescheinigung als Antwort auf die vorgenannten Anmeldungen des Arbeitgebers erstellt. Die elektronischen Mitgliedsbescheinigungen gehören nach § 8 Abs. 2 Nr. 1 Beitragsverfahrensverordnung (BVV) zu den Entgeltunterlagen.

Die neue elektronische Mitgliedsbescheinigung ist in den „Gemeinsamen Grundsätzen nach § 28b Abs. 1 Satz 1 Nr. 1 – 3 SGB IV" in der Fassung ab dem 1.1.2021 umgesetzt worden (vgl. www.gkv-datenaustausch.de/media/dokumente/arbeitgeber/deuev/gg/GG_28b_01.2021.pdf). Die nähere Ausgestaltung des Verfahrens ist in das gemeinsame Rundschreiben „Meldeverfahren zur Sozialversicherung" (vgl. www.gkv-datenaustausch.de/arbeitgeber/deuev/gemeinsame_rundschreiben/gemeinsame_rundschreiben.jsp) aufgenommen worden.

Die Krankenkasse kann bei einer ununterbrochen bestehenden Mitgliedschaft nur gewechselt werden, wenn die Mitgliedschaft bei der bisherigen Krankenkasse wirksam gekündigt wurde. Sofern hierbei eine Mitgliedschaft bei einer anderen Krankenkasse begründet werden soll, ersetzt ab dem 1.1.2021 die elektronische Meldung der gewählten Krankenkasse die Kündigungserklärung des Mitglieds.

Neben dem allg. Kündigungsrecht gibt es verschiedene Fallkonstellationen, in denen ein Sonderkündigungsrecht besteht. Dies kann z. B. wegen der erstmaligen Erhebung eines Zusatzbeitrages bzw. Erhöhung des Zusatzbeitragssatzes oder bei Schließung bzw. Insolvenz einer Krankenkasse der Fall sein.

3. Besonderheiten bei einer Beschäftigung in den neuen Bundesländern

a) Allgemeines

In der Kranken- und Pflegeversicherung gelten im gesamten Bundesgebiet einheitliche Rechen- und Bezugsgrößen. In der **Renten- und Arbeitslosenversicherung** gelten hingegen noch bis maximal 31.12.2024 unterschiedliche Rechengrößen. Dabei zählt **Ost-Berlin** in diesen Versicherungszweigen zu den **neuen Bundesländern.** Im Wesentlichen ergibt sich für das Versicherungs-, Beitrags- und Melderecht folgende Rechtslage:

b) Kranken- und Pflegeversicherung

Bundeseinheitliche Beitragsbemessungs- und Jahresarbeitsentgeltgrenzen.

Sachbezugswerte:

- In allen Bundesländern gelten einheitliche Werte.
- Für die übrigen Beitragsberechnungsgrundlagen gelten bundeseinheitliche Werte, die aus der Bezugsgröße West abgeleitet werden (z. B. Mindestbeitrag für freiwillig Versicherte).

c) Renten- und Arbeitslosenversicherung

Beitragsbemessungsgrenze:

- In den alten Bundesländern einschließlich West-Berlin gelten die West-Grenzen,
- in den neuen Bundesländern einschließlich Ost-Berlin gelten die Ost-Grenzen.

Sachbezugswerte:

- In allen Bundesländern gelten einheitliche Werte.

Bezugsgröße:

Für die übrigen Beitragsberechnungsgrundlagen gelten die Werte des Rechtskreises in dem die Beschäftigung ausgeübt wird, wenn Bemessungsgrundlage die Bezugsgröße ist (z. B. Praktikanten ohne Entgelt, arbeitnehmerähnliche Selbstständige).

Die oben geschilderte Rechtslage wirkt sich in der Krankenversicherung im Einzelnen wie folgt aus:

d) Versicherungsrecht

Die Prüfung der Versicherungspflicht in der Krankenversicherung ist auch für Beschäftigte in den neuen Bundesländern anhand der einheitlich geltenden **Jahresarbeitsentgeltgrenzen** vorzunehmen (siehe hierzu auch das Stichwort „Jahresarbeitsentgeltgrenze").

e) Beitragsrecht

Die **Beiträge zur Krankenversicherung** werden bei Beschäftigten sowohl in den alten als auch in den neuen Bundesländern maximal aus der **Beitragsbemessungsgrenze West** berechnet. In der **Renten- und Arbeitslosenversicherung** ist bei Beschäftigungen in den neuen Bundesländern einschließlich Ost-Berlin die **Beitragsbemessungsgrenze Ost** zu beachten.

Hinsichtlich der **Sachbezugswerte** für die beitragsrechtliche Bewertung unentgeltlich oder verbilligt abgegebener Verpflegung oder freie Unterkunft durch den Arbeitgeber gelten einheitliche Werte. Siehe hierzu die Tabellen in Anhang 3.

Arbeitgeber, die Arbeitnehmer sowohl in den alten als auch in den neuen Bundesländern beschäftigen, haben dies bei der Abführung der Beiträge weiterhin mit **getrennten Beitragsnachweisen** zu dokumentieren, auch wenn sie nur an eine Einzugsstelle abzuführen haben.

Der **Arbeitgeberzuschuss zur Krankenversicherung** (vgl. dieses Stichwort) bei einem privaten Krankenversicherungsunternehmen orientiert sich u. a. an der Beitragsbemessungsgrenze der Krankenversicherung. Diese beträgt ab 1. Januar 2021 für das gesamte Bundesgebiet 4837,50 € monatlich. Für den Höchstzuschuss wird die Hälfte des durchschnittlichen allgemeinen Beitragssatzes aller Krankenkassen herangezogen. Ab 1. Januar 2021 beträgt der Höchstzuschuss für die alten und die neuen Bundesländer 384,58 €.

f) Meldeverfahren

Wegen der Beibehaltung der Rechtskreistrennung in der Renten- und Arbeitslosenversicherung hat der Arbeitgeber wie bisher jeden versicherungspflichtigen Arbeitnehmer bei dessen Wechsel von einer Betriebsstätte in den neuen Bundesländern einschließlich Ost-Berlin zu einer Betriebsstätte in den übrigen Bundesländern oder umgekehrt zu melden.

4. Versicherungsfreiheit

a) Allgemeines

Der Gesetzgeber hat für bestimmte Personenkreise einen Versicherungsschutz nicht für erforderlich gehalten, sodass es Ausnahmen von der Versicherungspflicht gibt. Diese Ausnahmen erstrecken sich nicht immer einheitlich auf alle Versicherungszweige. Die Besonderheiten sind unter den einzelnen Stichworten im Hauptteil des Lexikons abgehandelt. Versicherungsfreiheit – zumindest in einzelnen Versicherungszweigen – besteht für folgende Beschäftigte:

- **Geringfügige Beschäftigungen** (vgl. dieses Stichwort);
- **Studenten** (vgl. dieses Stichwort);
- **Schüler** (vgl. dieses Stichwort);
- **Praktikanten** (vgl. dieses Stichwort);
- **Pensionäre** (vgl. dieses Stichwort);
- **Weiter beschäftigte Altersrentner** (vgl. „Rentner");
- **Beamte, Richter, Soldaten** (vgl. „Beamte").

b) Sonderregelung in der Krankenversicherung für hauptberuflich Selbstständige

Nach § 5 Abs. 5 SGB V besteht in der Kranken- und damit auch in der Pflegeversicherung keine Versicherungspflicht für Arbeitnehmer, die parallel zu ihrer Beschäftigung einer hauptberuflich selbstständigen Tätigkeit nachgehen. Diese Regelung soll verhindern, dass ein Selbstständiger durch die Aufnahme einer untergeordneten Beschäftigung einen u. U. günstigen Versicherungsschutz in der Krankenversicherung erwirbt. In der Renten- und Arbeitslosenversicherung wird dagegen die Versicherungspflicht nicht ausgeschlossen.

Der GKV-Spitzenverband hat dazu sog. Grundsätzliche Hinweise mit Empfehlungscharakter herausgegeben. Nach diesen Grundsätzen prüfen die Krankenkassen (als Einzugsstelle) im Einzelfall und in der Gesamtwürdigung aller relevanten Umstände.

Es empfiehlt sich daher aus Gründen der Rechtssicherheit eine Entscheidung der Einzugsstelle herbeizuführen, sofern Zweifel bestehen.

Aus der Beschäftigung eines hauptberuflich Selbstständigen besteht kein Anspruch auf einen Beitragszuschuss gegenüber dem Arbeitgeber, da die Voraussetzungen des § 257 SGB V regelmäßig nicht vorliegen.

c) Sonderregelung in der Krankenversicherung für über 55 Jahre alte Beschäftigte

In der Krankenversicherung hat der Gesetzgeber bereits seit mehreren Jahren die Trennung zwischen den unterschiedlichen Versicherungssystemen (Private Krankenversicherung – Gesetzliche Krankenversicherung) forciert. So sieht § 6 Abs. 3 SGB V vor, dass sich die Versicherungsfreiheit für bestimmte Personen (z. B. Arbeitnehmer mit einem Entgelt über der Jahresarbeitsentgeltgrenze, Beamte, Geistliche, Lehrer, Pensionisten etc.) auch auf alle anderen Versicherungspflichttatbestände (Beschäftigung, Leistungsbezug durch das Arbeitsamt, Jugendliche in Einrichtungen der Jugendhilfe, Rehabilitanden, behinderte Menschen, Studenten, Praktikanten, Rentner und Rentenantragsteller) erstreckt. Dies bedeutet, dass Personen, die z. B. als Beamte in der Krankenversicherung versicherungsfrei sind, auch in einer Nebenbeschäftigung als (grundsätzlich versicherungspflichtiger) Arbeitnehmer versicherungsfrei in der Krankenversicherung bleiben, solange die Beamteneigenschaft andauert. Darüber hinaus werden die oben genannten Personenkreise in der Krankenversicherung ebenfalls nicht versicherungspflichtig, solange sie daneben als hauptberuflich Selbstständige tätig sind.

Von dieser sog. „absoluten Versicherungsfreiheit" nach § 6 Abs. 3 SGB V sind lediglich Leistungsbezieher der Agenturen für Arbeit, versicherungspflichtige Künstler und Publizisten und Landwirte und ihre mitarbeitenden Familienangehörigen sowie Altenteiler ausgenommen.

Darüber hinaus besteht eine weitere Regelung, die bestimmte Personen von der Versicherungspflicht in der gesetzlichen **Krankenversicherung,** trotz des Vorliegens der grundsätzlichen Voraussetzungen hierfür, generell ausnimmt. Nach § 6 Abs. 3a SGB V sind Personen, die **nach Vollendung des 55. Lebensjahres** versicherungspflichtig werden, **versicherungsfrei,** wenn sie in **den letzten fünf Jahren** vor Eintritt der Versicherungspflicht **nicht** gesetzlich versichert waren. Weitere Voraussetzung ist, dass diese Personen mindestens die Hälfte dieser Zeit versicherungsfrei, von der Versicherungspflicht befreit oder wegen einer hauptberuflichen Selbstständigkeit nicht versicherungspflichtig waren oder in der genannten Zeit mit einer Person verheiratet waren, die diese Voraussetzungen erfüllte.

Die Versicherungsfreiheit setzt also voraus, dass in den letzten fünf Jahren vor Beginn der Versicherungspflicht überwiegend Versicherungsfreiheit bestanden hat. Langzeitarbeitslose, die nach dem Bezug von Sozialhilfe eine versicherungspflichtige Beschäftigung aufnehmen, werden von der Regelung nicht erfasst. Dies gilt auch für Personen, die nach einem längeren Auslandsaufenthalt wieder eine versicherungspflichtige Beschäftigung im Inland aufnehmen (z. B. Entwicklungshelfer). Gleiches gilt für Ausländer, die nach Erreichung der Altersgrenze von 55 Jahren **erstmals** in der Bundesrepublik Deutschland versicherungspflichtig sind.

Durch die Festsetzung des Fünfjahreszeitraums ist außerdem sichergestellt, dass die Versicherungspflicht von Rentnern und Rentenantragstellern, für die eine Vorversicherungszeit bereits gefordert ist (§ 5 Abs. 1 Nr. 11 SGB V), grundsätzlich unberührt bleibt. Wer in den letzten fünf Jahren nicht in der gesetzlichen Krankenversicherung als Mitglied oder Familienangehöriger versichert war, kann auch regelmäßig nicht die Vorversicherungszeit in der Krankenversicherung der Rentner erfüllen.

Nach § 6 Abs. 3a Satz 3 SGB V werden auch die **Ehegatten** der Beamten, Selbstständigen und versicherungsfreien Arbeitnehmer von der Regelung erfasst, wenn sie nach dem 55. Lebensjahr z. B. durch Aufnahme einer mehr als geringfügigen Beschäftigung versicherungspflichtig werden und in der Rahmenfrist vorher nicht gesetzlich versichert waren.

Von der Regelung unberührt bleibt die Verpflichtung des Arbeitgebers zur Zahlung eines Beitragszuschusses zu den Kranken- und Pflegeversicherungsbeiträgen von Beschäftigten nach § 257 SGB V (vgl. die Stichworte „Arbeitgeberzuschuss zur Krankenversicherung" und „Arbeitgeberzuschuss zur Pflegeversicherung").

d) Anschlussversicherung

Bisher wurde die Einbeziehung nahezu aller Bürger in die Krankenversicherung über die sog. Versicherung bisher Nichtversicherter nach § 5 Abs. 1 Nr. 13 SGB V geregelt. Diese bisherige Pflichtversicherung wird zukünftig eher die Ausnahme bleiben. Sie wird vermutlich nur noch in den Fällen Bedeutung haben, in denen jemand bisher gänzlich ohne Versicherung war oder ist.

Durch das Gesetz zur Beseitigung sozialer Überforderung durch Beitragsschulden in der Krankenversicherung wurde zum 1.8.2013 die sog. obligatorische Anschlussversicherung geschaffen (vgl. § 188 Abs. 4 SGB V). D. h., dass sich bei Personen, deren Versicherungspflicht oder Familienversicherung endet, ab dem nächsten Tag grds. eine Mitgliedschaft als freiwillig Versicherter anschließt. Diese Versicherung kommt zunächst ohne Mitwirkung des Versicherten zustande. Die Krankenkasse hat dem Versicherten hierüber eine entsprechende Mitteilung zu machen. Bestandteil dieser Mitteilung ist auch ein Hinweis, dass eine Beendigung der Mitgliedschaft möglich ist, sofern ein anderweitiger Versicherungsschutz oder Leistungsanspruch in der Krankenversicherung besteht und nachgewiesen wird.

Die Anschlussversicherung beinhaltet auch die Versicherung in der Pflegeversicherung. Von ihrer Ausgestaltung her handelt es sich um eine freiwillige Versicherung, für die allerdings keine Vorversicherungszeit erforderlich ist. Für Arbeitnehmer, die aus der Versicherungspflicht wegen Überschreitens der Jahresarbeitsentgeltgrenze ausscheiden, ist es z. B. nicht mehr erforderlich, dass sie mindestens ein Jahr versicherungspflichtig in der Krankenversicherung waren. Zu den Zuschüssen zum Beitrag vgl. das Stichwort „Arbeitgeberzuschuss zur Krankenversicherung".

e) Sonderregelung in der Arbeitslosenversicherung

In der **Arbeitslosenversicherung** sind unter anderem folgende Personengruppen versicherungsfrei:

- Personen, die bei bestimmten Arbeitgebern beschäftigt sind und die bei Krankheit Anspruch auf Fortzahlung der Bezüge nach beamtenrechtlichen Vorschriften und auf Beihilfe haben (vgl. § 27 Abs. 1 Nrn. 1–3 SGB III).
- **Schüler** an allgemeinbildenden Schulen
- Arbeitnehmer, die **das Lebensjahr für den Anspruch auf Regelaltersrente vollendet** haben
- Bezieher einer Rente wegen voller Erwerbsminderung (also nicht bei teilweiser Erwerbsminderung)
- Arbeitnehmer, die wegen einer Minderung ihrer Leistungsfähigkeit dauernd der Arbeitsvermittlung nicht zur Verfügung stehen
- unständig Beschäftigte
- Vorstandsmitglieder einer Aktiengesellschaft
- ehrenamtliche Bürgermeister und ehrenamtliche Beigeordnete
- Personen in einer geförderten Arbeitsbeschaffungsmaßnahme.

5. Arbeitsentgelt im Sinne der Sozialversicherung

Nach § 14 Abs. 1 Satz 1 SGB IV sind Arbeitsentgelt alle **laufenden** oder **einmaligen Einnahmen** aus einer Beschäftigung, gleichgültig, ob ein Rechtsanspruch auf die Einnahmen besteht, unter welcher Bezeichnung oder in welcher Form sie geleistet werden und ob sie unmittelbar aus der Beschäftigung oder im Zusammenhang mit ihr erzielt werden. Neben dem Barlohn gehören zum Arbeitslohn auch die Sachbezüge, wobei die Gewährung freier oder verbilligter Unterkunft in den neuen Bundesländern niedriger bewertet wird als in den alten Bundesländern.

Nicht zum beitragspflichtigen Arbeitsentgelt gehören einmalige Einnahmen, laufende Zulagen, Zuschläge, Zuschüsse sowie ähnliche Einnahmen, die zusätzlich zu Löhnen oder Gehältern gewährt werden, **soweit sie lohnsteuerfrei sind.** Arbeitslohn, der pauschal mit einem freien Pauschsteuersatz versteuert wird, gehört ebenfalls in bestimmten Fällen nicht zum beitragspflichtigen Arbeitsentgelt.

Der Entscheidung der Frage, ob Zuwendungen des Arbeitgebers steuerpflichtiger Arbeitslohn und beitragspflichtiges Arbeitsentgelt sind oder nicht, dient der alphabetische **Hauptteil des Lexikons.** Auf die einzelnen Stichworte wird hingewiesen.

6. Meldepflichten des Arbeitgebers

Die Vorschriften zu den Meldepflichten des Arbeitgebers sind durch viele Änderungen und Ergänzungen in den letzten Jahren zu einem komplexen Bestandteil des Sozialversicherungsrechts geworden. In **Anhang 15** des Lexikons sind alle geltenden melderechtlichen Vorschriften in einer gesonderten Zusammenfassung ausführlich dargestellt.

7. Aufzeichnungspflichten des Arbeitgebers

Bereits nach dem Steuerrecht ist der Arbeitgeber zur Führung von Lohnunterlagen verpflichtet (vgl. das Stichwort „Lohnkonto"); hieran knüpft die Sozialversicherung seit jeher an. Die näheren Einzelheiten ergeben sich aus der Beitragsverfahrensverordnung. Hiernach sind alle Arbeitgeber verpflichtet, für jeden Beschäftigten (getrennt nach Kalenderjahren) Entgeltunterlagen in deutscher Sprache zu führen und geordnet aufzubewahren. Diese Verpflichtung gilt für alle Beschäftigte – unabhängig davon, ob Versicherungspflicht besteht oder nicht. Entgeltunterlagen sind also auch erforderlich für geringfügig und damit versicherungsfrei Beschäftigte. Sammellohnkonten sind nicht zulässig. Die Entgeltunterlagen sind zukünftig ausschließlich in elektronischer Form zu führen (ab 1.1.2022). Hiervon gibt es eine befristete Befreiungsmöglichkeit (bis max. 31.12.2026).

In die Entgeltunterlagen sind im Einzelnen folgende Angaben über den Beschäftigten aufzunehmen:

- der Familien- und Vorname sowie ggf. das Ordnungsmerkmal (Personal-Stammnummer)
- das Geburtsdatum
- bei Ausländern aus Staaten außerhalb des EWR die Staatsangehörigkeit und den Aufenthaltstitel
- die Anschrift
- der Beginn und das Ende der Beschäftigung
- der Beginn und das Ende der Altersteilzeitarbeit
- das Wertguthaben aus flexibler Arbeitszeit einschließlich der Änderungen (Zu- und Abgänge); den Abrechnungsmonat der ersten Gutschrift sowie den Abrechnungsmonat für jede Änderung und ein Nachweis über die getroffenen Vorkehrungen zum Insolvenzschutz; bei auf Dritte übertragenen Wertguthaben sind diese beim Dritten zu kennzeichnen.
- die Beschäftigungsart (ggf. verschlüsselt)
- bei Versicherungsfreiheit oder Befreiung von der Versicherungspflicht die dafür maßgebenden Angaben (ggf. verschlüsselt)
- das Arbeitsentgelt nach § 14 SGB IV, seine Zusammensetzung und zeitliche Zuordnung[1]; ausgenommen sind Sachbezüge und Belegschaftsrabatte, soweit für sie eine Aufzeichnungspflicht nach dem Einkommensteuergesetz nicht besteht
- das beitragspflichtige Entgelt bis zur Beitragsbemessungsgrenze der Rentenversicherung, die Zusammensetzung und zeitliche Zuordnung (mit Summierung für die Meldungen)[1]
- das in der Unfallversicherung beitragspflichtige Arbeitsentgelt, die anzuwendende Gefahrentarifstelle und die jeweilige zeitliche Zuordnung
- der Unterschiedsbetrag zwischen 90 % des Vollarbeitsentgelts und dem Arbeitsentgelt für die Altersteilzeitarbeit[1]
- der Beitragsgruppenschlüssel[1]
- die Einzugsstelle für den Gesamtsozialversicherungsbeitrag (ggf. verschlüsselt)[1]
- den vom Beschäftigten zu tragenden Anteil am Gesamtsozialversicherungsbeitrag, getrennt nach Beitragsgruppen[1]
- die für die Erstattung von Meldungen erforderlichen Daten (soweit nicht schon in anderen Unterlagen enthalten)
- gezahltes Kurzarbeitergeld und die hierauf entfallenden beitragspflichtigen Einnahmen
- bei Entsendung ins Ausland: Eigenart und zeitliche Begrenzung der Beschäftigung
- Wertguthaben aus flexibler Arbeitszeit bis zum 31.12.2009, für die noch Beiträge zur gesetzlichen Unfallversicherung zu entrichten sind.
- bei einem Antrag auf Abschluss einer Ausnahmevereinbarung eine Erklärung, in welcher der Beschäftigte bestätigt, dass der Abschluss einer Ausnahmevereinbarung zur Geltung der deutschen Rechtsvorschriften nach Artikel 16 der Verordnung (EG) Nr. 883/2004 des Europäischen Parlaments und des Rates vom 29.4.2004 in seinem Interesse ist.

Folgende dem Arbeitgeber elektronisch zur Verfügung zu stellende Unterlagen sind ab 1.1.2022 **in elektronischer Form** zu den Entgeltunterlagen zu nehmen:

- Nachweise, aus denen die Angaben zur Versicherungsfreiheit bzw. Befreiung von der Versicherungspflicht, zur Entsendung ins Ausland, die Staatsangehörigkeit und der Aufenthaltstitel ersichtlich sind
- die Daten der erstatteten Meldungen
- die Daten der von den Krankenkassen übermittelten Meldungen, die Auswirkungen auf die Beitragsberechnung des Arbeitgebers haben
- Erklärungen geringfügig Beschäftigter über den Verzicht auf die Rentenversicherungsfreiheit
- der Antrag auf Befreiung von der Versicherungspflicht in der Rentenversicherung aufgrund einer geringfügig entlohnten Beschäftigung, auf dem der Tag des Eingangs beim Arbeitgeber dokumentiert ist
- Erklärungen Beschäftigter, dass auf die Anwendung der Gleitzonenberechnung in der Rentenversicherung verzichtet wird **(bis 30.6.2019)**
- die Erklärung des kurzfristig geringfügig Beschäftigten über weitere kurzfristige Beschäftigungen im Kalenderjahr
- die schriftliche Erklärung des Arbeitnehmers gegenüber dem Arbeitgeber, das die Gleitzonenregelung in der gesetzlichen Rentenversicherung nach der bis 31.12.2012 gültigen Fassung angewandt werden soll **(bis 30.6.2019)**
- die Erklärung des geringfügig entlohnten Beschäftigten über weitere Beschäftigungen
- die Bestätigung, dass von geringfügig entlohnten und kurzfristig Beschäftigten die Aufnahme weiterer Beschäftigungen anzuzeigen ist
- Niederschriften nach § 2 Nachweisgesetz, sowie für Seefahrtsbetriebe der Heuervertrag
- Kopien von Anträgen, Unterlagen und Bescheiden im Zusammenhang mit einem Statusfeststellungsverfahren bei der Deutschen Rentenversicherung Bund (vgl. hierzu das Stichwort „Scheinselbstständigkeit" im Hauptteil des Lexikons)
- den Bescheid der Einzugsstelle über die Feststellung der Versicherungspflicht einer Beschäftigung
- die Entscheidung der Finanzbehörden, dass vom Arbeitgeber getragene oder übernommene Studiengebühren für ein Studium des Beschäftigten steuerrechtlich kein Arbeitslohn sind
- den Nachweis der Elterneigenschaft im Zusammenhang mit dem Zusatzbeitrag zur Pflegeversicherung
- die Erklärung über den Auszahlungsverzicht von zustehenden Entgeltansprüchen
- Aufzeichnungen nach § 19 Abs. 1 des Arbeitnehmer-Entsendegesetzes und nach § 17 Abs. 1 des Mindestlohngesetzes
- die Bescheinigung über den Bezug und die Dauer des Pflegeunterstützungsgeldes
- die Erklärung des Beschäftigten über die Inanspruchnahme einer Pflegezeit i. S. des § 3 Pflegezeitgesetz
- für Seefahrtsbetriebe die Besetzungslisten sowie Seetagebücher nach § 22 des Seearbeitsgesetzes, für Binnenschiffe die Schiffsatteste und für Schiffe der Rheinschifffahrt die Rheinschifffahrtszugehörigkeitsurkunde
- Veranlagungs-, Änderungs- und Nachtragsbescheide der Träger der gesetzlichen Unfallversicherung
- die Daten der übermittelten Bescheinigungen A 1 über die Fortgeltung der deutschen Rechtsvorschriften bei Entsendung
- die schriftliche Erklärung des Verzichts auf die Versicherungsfreiheit nach § 5 Abs. 4 Satz 2 oder § 230 Abs. 9 Satz 2 SGB VI auf der der Tag des Eingangs beim Arbeitgeber dokumentiert ist.

Der Arbeitgeber hat zur Prüfung der Vollständigkeit der Entgeltabrechnung für jeden Abrechnungszeitraum ein Verzeichnis aller Beschäftigten in der Sortierfolge der Entgeltunterlagen mit den folgenden Angaben und nach Einzugsstellen getrennt ab 1.1.2022 elektronisch zu erfassen und lesbar zur Verfügung zu stellen; für die Beitragsgrundlage zur Unfallversicherung erfolgt diese Erfassung nach Mitgliedsnummern (ab 1.1.2022):

- der Familien- und Vorname sowie ggf. das betriebliche Ordnungsmerkmal
- das beitragspflichtige Arbeitsentgelt bis zur Beitragsbemessungsgrenze in der Rentenversicherung
- das in der gesetzlichen Unfallversicherung beitragspflichtige Arbeitsentgelt mit Arbeitsstunden in der angewendeten Gefahrentarifstelle bis zum gültigen Höchstjahresarbeitsverdienst des zuständigen Unfallversicherungsträgers (ab 1.1.2022)
- der Unterschiedsbetrag zwischen 90 % des Vollarbeitsentgeltes und dem Arbeitsentgelt für die Altersteilzeitarbeit
- der Beitragsgruppenschlüssel
- die Sozialversicherungstage
- der Gesamtsozialversicherungsbeitrag nach Arbeitgeber- und Arbeitnehmeranteilen, aufgeschlüsselt nach Beitragsgruppen
- der Summe der in der Unfallversicherung beitragspflichtigen Arbeitsentgelte mit Arbeitsstunden je Gefahrentarifstelle und Anzahl der Versicherten getrennt (ab 1.1.2022)

1) Diese Angaben sind für jeden Entgeltabrechnungszeitraum erforderlich.

- bei Arbeitsausfall durch Kurzarbeit:
  - das gezahlte Kurzarbeitergeld
  - die hierauf entfallenden beitragspflichtigen Einnahmen
- die beitragspflichtigen Sonntags-, Feiertags- und Nachtzuschläge
- die Umlagesätze nach dem Aufwendungsausgleichsgesetz und das umlagepflichtige Arbeitsentgelt
- die Parameter für die Berechnung der voraussichtlichen Höhe der Beitragsschuld.

8. Berechnung der Sozialversicherungsbeiträge

a) Allgemeines

Die Höhe der Beiträge zur Kranken-, Pflege-, Renten- und Arbeitslosenversicherung ist abhängig von dem erzielten **Arbeitsentgelt,** von dem **Beitragssatz** und der **Beitragszeit.**

Die Beiträge sind unmittelbar aus dem tatsächlichen Arbeitsentgelt zu errechnen (vgl. „Berechnung der Lohnsteuer und der Sozialversicherungsbeiträge“).

b) Beitragsbemessungsgrenzen

Das Arbeitsentgelt wird nicht in unbeschränkter Höhe, sondern nur bis zu bestimmten Höchstbeträgen, den so genannten Beitragsbemessungsgrenzen für die Beitragsberechnung herangezogen. Auch in die Versicherungsnachweise der gesetzlichen Rentenversicherung sind Arbeitsentgelte nur bis zu der Beitragsbemessungsgrenze dieses Versicherungszweiges einzutragen.

Für das Kalenderjahr **2021** wurden die Beitragsbemessungsgrenzen wie folgt festgesetzt:

Renten- und Arbeitslosenversicherung

	alte Länder	neue Länder
Jahr	**85 200,– €**	**80 400,– €**
Monat	**7 100,– €**	**6 700,– €**
Woche	**1 656,67 €**	**1 563,33 €**
Kalendertag	**236,67 €**	**223,33 €**

Kranken- und Pflegeversicherung

	alte und neue Länder
Jahr	**58 050,– €**
Monat	**4 837,50 €**
Woche	**1 128,75 €**
Kalendertag	**161,25 €**

Hat ein versicherungspflichtiger Arbeitnehmer nicht während des gesamten Lohnabrechnungszeitraumes gearbeitet, so ist das erzielte Arbeitsentgelt nur bis zu den Teilbetragsbemessungsgrenzen, d. h. den Grenzen, die für den verkürzten Zeitraum gelten, beitragspflichtig. Für die Berechnung der Teilbetragsbemessungsgrenzen gilt folgende Formel:

$$\frac{\text{Jahres-Beitragsbemessungsgrenze} \times \text{Kalendertage}}{360}$$

Die Berechnung der Sozialversicherungsbeiträge bei sog. Teillohnzahlungszeiträumen ist bei diesem Stichwort anhand von Beispielen erläutert. Beim Stichwort „Teillohnzahlungszeitraum“ unter Nr. 4 ist auf Seite 920 auch eine **Tabelle für die anteiligen Beitragsbemessungsgrenzen** bei Teillohnzahlungszeiträumen für die alten und neuen Bundesländer abgedruckt.

Ist der Arbeitnehmer gleichzeitig für mehrere Arbeitgeber tätig, so werden die Arbeitsentgelte aus allen Beschäftigungen zusammengerechnet. Überschreitet die Summe die Beitragsbemessungsgrenze nicht, muss jeder Arbeitgeber die Beiträge von dem bei ihm erzielten Arbeitsentgelt berechnen und abführen. Überschreitet die Summe der Entgelte die Beitragsbemessungsgrenze, müssen die Arbeitsentgelte für die Beitragsberechnung nach dem Verhältnis ihrer Höhe so gekürzt werden, dass die Beitragsbemessungsgrenzen nicht überschritten werden (vgl. das Stichwort „Mehrfachbeschäftigung“).

c) Beitragssätze

Für das Kalenderjahr **2021** gelten folgende Beitragssätze:

– **Rentenversicherung**	**18,6 %**
– **Arbeitslosenversicherung**	**2,4 %**
– **Pflegeversicherung**	**3,05 %**
– **Krankenversicherung**	**14,6 %**

Ab 1.1.2015 wurde der Beitrag zur Krankenversicherung für alle Krankenkassen einheitlich festgelegt.

Beim Krankenversicherungsbeitrag ist zu unterscheiden, zwischen
- dem **allgemeinen** Beitragssatz (14,6 %),
- dem **ermäßigten** Beitragssatz (14,0 %),
- dem Zusatzbeitrag.

Der allgemeine Beitragssatz gilt für alle Arbeitnehmer, die bei Arbeitsunfähigkeit für mindestens sechs Wochen Anspruch auf Fortzahlung des Arbeitsentgelts haben.

Der ermäßigte Beitragssatz gilt für Arbeitnehmer, die keinen Anspruch auf Krankengeld haben (z. B. beschäftigte Altersrentner).

Der Zusatzbeitrag wird von jeder Kasse individuell festgesetzt.

d) Verteilung der Beitragslast

Die Gesamtsumme der Beiträge zur Kranken-, Pflege-, Renten- und Arbeitslosenversicherung wird als **Gesamtsozialversicherungsbeitrag** bezeichnet. Auch wenn nicht in allen Zweigen Versicherungspflicht besteht, oder der Beitrag nur vom Arbeitgeber aufzubringen ist, wird der geschuldete Beitrag als Gesamtsozialversicherungsbeitrag bezeichnet.

Der Gesamtsozialversicherungsbeitrag wird im Regelfall je zur Hälfte vom Arbeitnehmer und Arbeitgeber getragen. Seit 1.1.2019 wird auch der Zusatzbeitrag zur Krankenversicherung wieder hälftig von Arbeitnehmer und Arbeitgeber getragen. Es sind jedoch die unter den Buchstaben e und f genannten Besonderheiten zu berücksichtigen.

	Arbeitnehmeranteil	Arbeitgeberanteil
– Rentenversicherung	9,3 %	9,3 %
– Arbeitslosenversicherung	1,2 %	1,2 %
– Pflegeversicherung	1,525 %	1,525 %
– Krankenversicherung	7,3 %	7,3 %
– Krankenversicherung (Zusatzbeitrag) z. B. 1,3 %	0,65 %	0,65 %

Von dem Grundsatz, dass der **Gesamtsozialversicherungsbeitrag** vom Arbeitnehmer und Arbeitgeber je zur Hälfte getragen wird, gibt es folgende Ausnahmen:

- **Auszubildende und Praktikanten;** bei einem Arbeitsentgelt von nicht mehr als **325 €** monatlich hat **der Arbeitgeber** den gesamten Beitrag allein aufzubringen (vgl. das Stichwort „Auszubildende“);
- **Bezieher von Kurzarbeitergeld;** die auf das gekürzte fiktive Arbeitsentgelt entfallenden Kranken-, Pflege- und Rentenversicherungsbeiträge hat **der Arbeitgeber** allein zu tragen (vgl. die Stichworte „Kurzarbeitergeld“ und „Saison-Kurzarbeitergeld“);
- **Altersrentner** und Pensionsempfänger in einem aktiven Beschäftigungsverhältnis; auch wenn diese Personen nicht der Rentenversicherungspflicht unterliegen, hat der Arbeitgeber den sonst auf ihn entfallenden Anteil zu entrichten. Für Beschäftigungen ab 1.1.2017 gilt, dass der Arbeitnehmer auf die Versicherungsfreiheit verzichten kann. In diesem Fall werden auch die Arbeitgeberanteile rentensteigernd (vgl. das Berechnungsbeispiel beim Stichwort „Rentner“ unter Nr. 5).
- Arbeitnehmer, die das **Lebensjahr für den Anspruch auf Regelaltersrente** vollendet haben, sind in der Arbeitslosenversicherung beitragsfrei. Seit 1.1.2017 entfällt der bisher bei Versicherungsfreiheit von solchen Arbeitnehmern dennoch anfallende Arbeitgeberanteil. Die Regelung ist bis 31.12.2021 befristet (vgl. das Stichwort „Rentner“ unter Nr. 5).
- **Beiträge zur Pflegeversicherung** bei einer Beschäftigung in Sachsen (vgl. das Stichwort „Berechnung der Lohnsteuer und der Sozialversicherungsbeiträge“).
- Beiträge zur Rentenversicherung bei Versicherungspflicht in der Rentenversicherung für geringfügig entlohnte Beschäftigungsverhältnisse werden besonders aufgeteilt, und zwar mit 15 % für den Arbeitgeber und 3,6 % für den Arbeitnehmer (vgl. das Stichwort „Geringfügige Beschäftigung“).
- Arbeitgeber, die mit einem **zuvor Arbeitslosen,** der das **55. Lebensjahr** vollendet hat, vor dem 1.1.2008 erstmalig ein Beschäftigungsverhältnis begründen, das ununterbrochen besteht, sind von der Zahlung des **Arbeitgeberanteils zur Arbeitslosenversicherung befreit.** Es fällt nur der Arbeitnehmeranteil an (vgl. § 418 SGB III).
- Beiträge zur **Krankenversicherung** siehe Buchstabe f).

e) Zusätzlicher Beitrag zur sozialen Pflegeversicherung

Für kinderlose Versicherte ist in der sozialen Pflegeversicherung einen zusätzlichen Beitrag in Höhe von 0,25 % zu entrichten. Nähere Einzelheiten hierzu finden Sie unter dem Stichwort „Beitragszuschlag zur sozialen Pflegeversicherung für Kinderlose".

f) Beitragsteilung in der Krankenversicherung seit 1.1.2019

Der Gesetzgeber hat ab 1.1.2019 die Beitragslastverteilung in der Krankenversicherung erneut modifiziert.

Ab diesem Zeitpunkt werden die Beiträge zur Krankenversicherung wieder paritätisch von Arbeitnehmern und Arbeitgebern getragen. D. h., dass der jeweilige Anteil 7,3 % oder 7,0 % beträgt. Erhebt eine Krankenkasse einen kassenindividuellen Zusatzbeitrag, ist dieser für Lohnabrechnungszeiträume ab 1.1.2019 ebenfalls hälftig von Arbeitgeber und Arbeitnehmer zu tragen. Einzelheiten hierzu siehe unter dem Stichwort „Zusatzbeitrag und Sozialausgleich" im Hauptteil des Lexikons.

g) Besonderheiten bei der Beitragsberechnung

In bestimmten Fällen ergeben sich Besonderheiten bei der Beitragsberechnung. Diese sind im Hauptteil des Lexikons unter dem betreffenden Stichwort erläutert:

- **Einmalig gezahltes Arbeitsentgelt** (vgl. Einmalige Zuwendungen);
- **Krankengeldzuschüsse;**
- **Kurzarbeitergeld;**
- **Saison-Kurzarbeitergeld;**
- **Nachzahlung von Arbeitslohn;**
- **Mehrarbeitslohn/Mehrarbeitszuschläge;**
- **Mutterschaftsgeld;**
- **Unbezahlter Urlaub.**

h) Beitragsgruppen

Die Pflichtbeiträge zur Kranken-, Pflege-, Renten- und Arbeitslosenversicherung werden in ihrer Summe als „Gesamtsozialversicherungsbeiträge" bezeichnet. Um die Gesamtsozialversicherungsbeiträge zu ermitteln, wurden Beitragsgruppen eingeführt, die aussagen, zu welchen Versicherungszweigen der Arbeitnehmer beitragspflichtig ist. In der nachstehenden Übersicht werden die Beitragsgruppen im Einzelnen aufgeführt. Kassenindividuelle Zusatzbeiträge sind unter der Beitragsgruppe zur Krankenversicherung enthalten.

Beitragsgruppen	numerisch
Beiträge zur Krankenversicherung – allgemeiner Beitrag –	1000
Beiträge zur Krankenversicherung – erhöhter Beitrag –[1]	2000
Beiträge zur Krankenversicherung – ermäßigter Beitrag –	3000
Beiträge zur Krankenversicherung für geringfügig Beschäftigte (nur an die Bundesknappschaft)	6000
Beiträge zur Rentenversicherung – voller Beitrag –	0100
Beiträge zur Rentenversicherung der Angestellten – voller Beitrag –[1]	0200
Beiträge zur Rentenversicherung – halber Beitrag –	0300
Beiträge zur Rentenversicherung der Angestellten – halber Beitrag –[1]	0400
Beiträge zur Rentenversicherung für geringfügig Beschäftigte (nur an die Minijob-Zentrale der Deutschen Rentenversicherung Knappschaft-Bahn-See)	0500
Beiträge zur Rentenversicherung der Angestellten für geringfügig Beschäftigte (nur an die Minijob-Zentrale der Deutschen Rentenversicherung Knappschaft-Bahn-See)[1]	0600
Beiträge zur Arbeitsförderung – voller Beitrag –	0010
Beiträge zur Arbeitsförderung – halber Beitrag –	0020
Umlage für das Insolvenzgeld[2]	0050
Beiträge zur sozialen Pflegeversicherung	0001

9. Abführung der Sozialversicherungsbeiträge

Der Arbeitgeber hat den von ihm zu zahlenden Gesamtsozialversicherungsbetrag an die zuständige Einzugsstelle nachzuweisen und zu entrichten. Hierfür gelten sowohl für die Fälligkeit der Zahlung als auch den Zeitpunkt der Abgabe der Beitragsnachweis-Datensätze Fristen und Termine. Auf die detaillierten Ausführungen beim Stichwort „Abführung der Sozialversicherungsbeiträge" im Hauptteil des Lexikons wird verwiesen.

10. Ausgleich der Arbeitgeberaufwendungen (Umlageverfahren U1 und U2)

a) Allgemeines

Nach den Regelungen des Gesetzes über den Ausgleich der Arbeitgeberaufwendungen für Entgeltfortzahlung (Aufwendungsausgleichsgesetz – AAG) erstatten die Krankenkassen den Arbeitgebern, die in der Regel nicht mehr als 30 Arbeitnehmer beschäftigen, grundsätzlich 80 v. H. des für den in § 3 Abs. 1 und 2 und den in § 9 Abs. 1 EFZG bezeichneten Zeitraum an Arbeitnehmer fortgezahlten Arbeitsentgelts sowie darauf entfallende Arbeitgeberbeitragsanteile und die Beitragszuschüsse der Arbeitgeber (U1-Verfahren) sowie – unabhängig von der Anzahl der beschäftigten Arbeitnehmer – den Zuschuss zum Mutterschaftsgeld nach § 20 MuSchG und das bei Beschäftigungsverboten nach § 18 MuSchG gezahlte Arbeitsentgelt (Mutterschutzlohn) sowie darauf entfallende Arbeitgeberbeitragsanteile und die Beitragszuschüsse der Arbeitgeber (U2-Verfahren).

b) Zuständige Ausgleichskasse

Zur Erstattung ist jeweils die Krankenkasse verpflichtet, bei der der Arbeitnehmer versichert ist, sofern eine Mitgliedschaft bei einer Krankenkasse nicht besteht, die zuständige Einzugsstelle für die Beiträge zur Renten- und Arbeitslosenversicherung, sofern sich eine Zuständigkeit danach nicht ergibt, die Krankenkasse, die der Arbeitgeber gewählt hat. Für geringfügig Beschäftigte ist die Deutsche Rentenversicherung Knappschaft-Bahn-See als Träger der knappschaftlichen Krankenversicherung die zur Erstattung verpflichtete Krankenkasse, unabhängig davon, ob und bei welcher Krankenkasse die Krankenversicherung des geringfügig Beschäftigten durchgeführt wird. Bei freiwilligen Mitgliedern der landwirtschaftlichen Krankenkasse und bei saisonal beschäftigten Nebenerwerbslandwirten, die Mitglied der landwirtschaftlichen Krankenkasse sind, wählt der umlagepflichtige Arbeitgeber die Ausgleichskasse.

c) Beteiligte Arbeitgeber

Arbeitgeber ist derjenige, der über die Arbeitskräfte, ihre Einstellung, Verwendung und Entlassung verfügen kann, der Art und Weise der Arbeit bestimmt, für dessen Rechnung Arbeitsentgelt gezahlt wird und dem der Erfolg der Arbeit zugutekommt. Zu den erstattungsberechtigten und umlagepflichtigen Arbeitgebern gehören im U1-Verfahren nur Arbeitgeber, die in der Regel nicht mehr als 30 Arbeitnehmer beschäftigen. Hierzu zählen auch solche Arbeitgeber, die nur Personen beschäftigen (z. B. Auszubildende und/oder schwerbehinderte Menschen im Sinne des SGB IX), die aufgrund der vorgeschriebenen Zählweise nicht auf die Gesamtzahl der Beschäftigten eines Arbeitgebers anzurechnen sind. Am U2-Verfahren nehmen – unabhängig von der Beschäftigtenzahl – grundsätzlich alle Arbeitgeber teil. Dies gilt selbst für Betriebe, die nur männliche Arbeitnehmer beschäftigen und insofern Aufwendungen für Arbeitgeberleistungen nach dem Mutterschutzgesetz nicht geltend machen können (vgl. Urteile des BSG vom 24.6.1992 – 1 RK 34/91 und 1 RK 37/91 –, USK 92117).

Anerkannte Werkstätten für behinderte Menschen (§ 219 SGB IX) sind hinsichtlich der Personen, die im Eingangsverfahren oder im Berufsbildungsbereich der Werkstatt untergebracht sind, nicht als Arbeitgeber anzusehen. Wählen behinderte Menschen, für die die Teilhabemaßnahme in einer Werkstätte für behinderte Menschen (§ 226 SGB IX) in Betracht kommt, nach § 62 SGB XI in Verbindung mit § 60 Abs. 1 SGB IX die Durchführung der Maßnahme bei einem „anderen Anbieter" im Sinne von § 60 Abs. 2 SGB IX, gilt dieser ebenfalls nicht als Arbeitgeber. Dagegen stehen behinderte Menschen im Arbeitsbereich anerkannter Werkstätten, wenn sie nicht bereits Arbeitnehmer sind, in einem arbeitnehmerähnlichen Rechtsverhältnis (§ 221 Abs. 1 SGB IX), auf das arbeitsrechtliche Grundsätze (z. B. Entgeltfortzahlung im Krankheitsfall) anwendbar sind. Insoweit sind die anerkannten Werkstätten mithin als Arbeitgeber anzusehen. Dem steht nicht entgegen, dass über das arbeitnehmerähnliche Rechtsverhältnis lediglich ein Werkstattvertrag, nicht jedoch ein Arbeitsvertrag geschlossen wird. Einrichtungen der beruflichen Rehabilitation (§ 51 SGB IX) sind hinsichtlich der Teilnehmer an Leistungen in derartigen Einrichtungen keine Arbeitgeber im Sinne des AAG. Botschaften und Konsulate ausländischer Staaten in der Bundes-

1) Nur bis 31.12.2007 bzw. 2004 zu verwenden.
2) Gilt nur für den Beitragsnachweis; für das Meldeverfahren ist keine gesonderte Beitragsgruppe vorgesehen.

republik Deutschland nehmen nicht an dem Ausgleichsverfahren teil; die nach § 28m Abs. 1 SGB IV bestehende Verpflichtung für den Beschäftigten zur Zahlung des Gesamtsozialversicherungsbeitrages bei Nichterfüllung der Zahlungspflicht des Arbeitgebers kann bei einer reinen Arbeitgeberversicherung nicht auf den Arbeitnehmer übertragen werden.

Bestimmte Arbeitgeber sind von den Ausgleichsverfahren generell ausgenommen (vgl. BSt. t, „Ausnahmevorschriften").

d) Feststellung der erstattungsberechtigten und umlagepflichtigen Arbeitgeber

Für die Teilnahme am U1-Verfahren ist bei der Prüfung, ob der Arbeitgeber nicht mehr als 30 Arbeitnehmer beschäftigt, von der Gesamtzahl der im Betrieb tatsächlich beschäftigten Arbeitnehmer auszugehen. Dies bedeutet, dass bei der Feststellung der Arbeitnehmerzahl grundsätzlich alle Arbeitnehmer des Betriebes zu berücksichtigen sind. Im U2-Verfahren bedarf es keiner speziellen Feststellung der erstattungsberechtigten und umlagepflichtigen Arbeitgeber, da unabhängig von der Beschäftigtenzahl grundsätzlich alle Arbeitgeber am Ausgleichsverfahren der Arbeitgeberaufwendungen für Mutterschaftsleistungen teilnehmen.

Arbeitnehmer, die einen Anspruch auf Entgeltfortzahlung im Krankheitsfall auf der Grundlage des Entgeltfortzahlungsgesetzes haben, sind bei der Ermittlung der Gesamtzahl der Beschäftigten des Arbeitgebers grundsätzlich zu berücksichtigen. Nicht auf die Gesamtzahl der Beschäftigten eines Arbeitgebers anzurechnen sind folgende Personen:

- Auszubildende, einschließlich Personen, die ein in einer Ausbildungs-, Studien- oder Prüfungsordnung vorgeschriebenes Praktikum ausüben, und Volontäre (vgl. § 1 Abs. 1 AAG)
- Teilnehmer an einem Freiwilligendienst nach dem Jugendfreiwilligendienstegesetz (JFDG) (freiwilliges soziales Jahr/freiwilliges ökologisches Jahr) oder an einem Bundesfreiwilligendienst nach dem Bundesfreiwilligendienstgesetz (BFDG)
- im Ausland beschäftigte Arbeitnehmer, deren Arbeitsverhältnis zum Stammarbeitgeber im Inland aufgelöst und ein neuer Arbeitsvertrag mit dem ausländischen Arbeitgeber begründet, oder deren Arbeitsvertrag zum Stammarbeitgeber im Inland ruht und daneben ein zusätzlicher Arbeitsvertrag mit dem ausländischen Arbeitgeber abgeschlossen wird (dadurch keine Entgeltzahlung bzw. Entgeltfortzahlung durch inländischen Arbeitgeber)
- schwerbehinderte Menschen im Sinne des SGB IX (vgl. § 3 Abs. 1 Satz 5 AAG); hierunter fallen auch die ihnen nach § 2 Abs. 3 SGB IX gleichgestellten Personen
- Menschen mit Behinderungen im Arbeitsbereich von anerkannten Werkstätten für behinderte Menschen in arbeitnehmerähnlichen Rechtsverhältnissen
- Menschen mit Behinderungen im Eingangsverfahren oder im Berufsbildungsbereich von anerkannten Werkstätten für behinderte Menschen
- Heimarbeiter nach § 1 Abs. 1 Buchstabe a Heimarbeitsgesetz, es sei denn, durch Tarifvertrag ist bestimmt, dass sie anstelle der Zuschläge nach § 10 Abs. 1 Satz 2 Nr. 1 EFZG im Falle der Arbeitsunfähigkeit wie Arbeitnehmer Entgeltfortzahlung im Krankheitsfall erhalten
- Vorstandsvorsitzende, Vorstandsmitglieder
- GmbH-Geschäftsführer (auch Gesellschafter-Geschäftsführer) und Fremdgeschäftsführer
- Ordensangehörige, deren Beschäftigung nicht in erster Linie ihrem Erwerb dient, sondern vorwiegend durch Beweggründe religiöser oder karitativer Art bestimmt ist (insbesondere Mitglieder von Orden, Kongregationen der katholischen Kirche, evangelische Diakonissen sowie Novizen und Postulanten)
- ausländische Saisonarbeitskräfte, die im Besitz einer Bescheinigung über die anzuwendenden Rechtsvorschriften des Wohn- oder Herkunftsstaates sind (A1) und im Rahmen dessen auch Anspruch auf Geldleistungen im Krankheitsfall und bei Mutterschaft nach Maßgabe der Verordnung (EG) Nr. 883/2004 haben
- Beschäftigte in der Freistellungsphase der Altersteilzeit sowie in sonstigen Freistellungen von der Arbeitsleistung unter Fortzahlung von Bezügen (einschließlich Freistellungen, die auf einer Wertguthabenvereinbarung entsprechend § 7b SGB IV beruhen), wenn mit dem Ende der Freistellung ein Ausscheiden aus dem Erwerbsleben verbunden ist
- bei Insolvenz des Unternehmens von der Arbeit freigestellte Arbeitnehmer
- Bezieher von Vorruhestandsgeld
- Personen in Elternzeit oder Pflegezeit bei vollständiger Freistellung
- mitarbeitende Familienangehörige eines landwirtschaftlichen Unternehmers (§ 2 Abs. 1 Nr. 3 KVLG 1989)

Hat ein Arbeitgeber als natürliche Person mehrere Betriebe, dann ist die Frage, ob er am Ausgleich der Arbeitgeberaufwendungen teilnimmt, einheitlich für alle Betriebe zu beurteilen. Das geschieht in der Weise, dass die Zahl der in den einzelnen Betrieben beschäftigten Arbeitnehmer zusammengerechnet wird. Dies gilt selbst dann, wenn der Betrieb seinen Sitz im Ausland hat; es kommt nicht darauf an, ob sich dieser ausländische Sitz in einem Land befindet, mit dem ein „Sozialversicherungsabkommen" besteht oder nicht. Seinem Wortlaut nach stellt § 1 Abs. 1 AAG bei der Frage nach der Anzahl der beschäftigten Arbeitnehmer allein auf die Person des Arbeitgebers ab. Auf wie viele Betriebe sich die Arbeitnehmer verteilen, ist unerheblich (vgl. Urteil des BSG vom 16.12.1980 – 3 RK 18/78 –, USK 80279). Dabei sind auch die im Haushalt des Arbeitgebers tätigen Arbeitnehmer zu berücksichtigen. Bei juristischen Personen mit rechtlicher Selbstständigkeit ist dagegen eine eigenständige Beurteilung nach § 1 Abs. 1 in Verbindung mit § 3 Abs. 1 Satz 2 AAG anzustellen, unabhängig davon, ob sie gegebenenfalls einem Konzern angehören oder – im Falle einer GmbH – ob die einzige Gesellschafterin (Trägergesellschaft) ebenfalls Arbeitnehmer beschäftigt bzw. einen wesentlich höheren Personalbestand hat (vgl. Urteil des BSG vom 30.10.2002 – B 1 KR 19/01 R –, USK 2002-37).

Bei der Feststellung der Gesamtzahl der Arbeitnehmer werden Teilzeitbeschäftigte entsprechend ihrer Arbeitszeit berücksichtigt. Arbeitnehmer, die wöchentlich regelmäßig

- nicht mehr als 10 Stunden zu leisten haben, mit dem Faktor 0,25,
- nicht mehr als 20 Stunden zu leisten haben, mit dem Faktor 0,5 und
- nicht mehr als 30 Stunden zu leisten haben, mit dem Faktor 0,75

angesetzt. Dabei ist stets von der regelmäßigen wöchentlichen Arbeitszeit auszugehen. Schwankt die Arbeitszeit von Woche zu Woche, dann ist die regelmäßige wöchentliche Arbeitszeit für die einzelnen Kalendermonate im Wege einer Durchschnittsberechnung zu ermitteln.

e) Feststellungsverfahren

Die Krankenkassen haben die Teilnahme des Arbeitgebers am U1-Verfahren jeweils zu Beginn eines Kalenderjahres für die Dauer dieses Kalenderjahres festzustellen, wobei der Arbeitgeber der zuständigen Krankenkasse die für die Durchführung des Ausgleichs erforderlichen Angaben zu machen hat. Zuständige Krankenkasse ist die Krankenkasse, die auch gegenüber dem Arbeitgeber zur Erstattung seiner Aufwendungen verpflichtet ist und an die Arbeitgeber die Umlagen abzuführen haben. Abweichende Vereinbarungen in den Fällen der Aufgabenübertragung sind grundsätzlich zulässig. Der GKV-Spitzenverband regelt das Nähere über die Durchführung des Feststellungsverfahrens. Auf dieser Grundlage wird festgelegt, dass es grundsätzlich keiner förmlichen Feststellung der Krankenkasse über die Teilnahme eines Arbeitgebers am Ausgleichsverfahren bedarf. Die Teilnahme des Arbeitgebers am Ausgleich der Arbeitgeberaufwendungen ergibt sich unmittelbar aus dem AAG (vgl. § 3 Abs. 1 Sätze 2 bis 4 AAG) und ist nicht von einem rechtsbegründenden Verwaltungsakt der Krankenkasse abhängig. Die Feststellung hat somit lediglich deklaratorischen Charakter (vgl. u. a. Urteil des BSG vom 16.12.1980 – 3 RK 18/79 –, USK 80259 sowie Gesetzesbegründung zu § 3 AAG). Die Umlagepflicht kraft Gesetzes entsteht, sobald die Betriebsgröße den Arbeitnehmergrenzwert unterschreitet (vgl. Urteil des BSG vom 12.3.1996 – 1 RK 11/94 –, USK 9656). Dieser Verfahrensregelung steht jedoch nicht entgegen, dass eine grundsätzlich für die Feststellung zuständige Krankenkasse auf Wunsch des Arbeitgebers, beispielsweise bei Betriebserrichtung, diesem einen entsprechenden Feststellungsbescheid erteilt. Der hiernach von einer Krankenkasse erteilte Feststellungsbescheid gilt gegenüber allen Krankenkassen. Die Feststellung über die Teilnahme am Ausgleichsverfahren hat der Arbeitgeber jeweils zu Beginn eines Kalenderjahres zu treffen; sie gilt für das gesamte Kalenderjahr. Die von dem Arbeitgeber oder der Krankenkasse vorgenommene Feststellung bleibt auch dann maßgebend, wenn sich im laufenden Kalenderjahr die Beschäftigtenzahl erheblich ändert. Wird ein Arbeitgeber mit Beginn eines neuen Kalenderjahres in das Ausgleichsverfahren einbezogen und zählte er im vorausgegangenen Kalenderjahr nicht zum Kreis der erstattungsberechtigten Arbeitgeber, dann entsteht der Erstattungsanspruch für die Zeit vom 1.1. des Kalenderjahres an; dies gilt auch für die vor dem 1.1. eingetretenen Fälle der Entgeltfortzahlung. Endet die Teilnahme am Ausgleichsverfahren mit Ablauf des Kalenderjahres, so endet auch der Erstattungsanspruch mit dem 31.12. dieses Kalenderjahres; dies gilt auch, wenn die tatsächliche Entgeltfortzahlung an den Arbeitnehmer über den 31.12. hinaus geleistet wird. Der Arbeitgeber nimmt am Ausgleich der Arbeitgeberaufwendungen teil, wenn er in dem der Feststellung vorausgegangenen Kalenderjahr für einen Zeitraum von mindestens acht Kalendermonaten, der nicht zusammenhängend zu verlaufen braucht, nicht mehr als 30 Arbeitnehmer beschäftigt hat. Bei dieser Feststellung ist jeweils von der Zahl der am Ersten des Kalendermonats beschäftigten Arbeitnehmer auszugehen. Arbeitgeber, deren Betrieb nicht während des ganzen, der Feststellung vorausgegangenen Kalenderjahres bestanden hat, nehmen am Ausgleich der Arbeitgeberaufwendungen teil, wenn sie während des Zeitraumes des Bestehens des Betriebes in der überwiegenden Zahl der Kalendermonate nicht mehr als 30 Arbeitnehmer beschäftigt haben. Auch bei dieser Feststellung ist jeweils von den Verhältnissen am Ersten des Kalendermonats auszugehen. Bei Errichtung eines Betriebes im Laufe eines Kalenderjahres nimmt der Arbeitgeber in diesem Kalenderjahr am Ausgleichsverfahren teil, wenn nach der Art des Betriebes anzunehmen ist, dass während der überwiegenden Zahl der noch verbleibenden Monate dieses Kalenderjahres nicht mehr als 30 Arbeitnehmer beschäftigt werden. Die voraussichtliche Zahl der Arbeitnehmer ist sorgfältig zu schätzen. Die danach getroffene Entscheidung bleibt auch dann für das gesamte Kalenderjahr maßgebend, wenn später die tatsächlichen Verhältnisse von der Schätzung abweichen. Einer Errichtung steht die Übernahme eines Betriebes durch einen anderen Arbeitgeber gleich, wenn ein neuer Betrieb entstanden ist. Im Falle eines Betriebsübergangs, bei dem infolge eines Rechtsgeschäfts der Betrieb die Person des Betriebsinhabers wechselt und ein neuer Rechtsträger die wirtschaftliche Einheit unter Wahrung ihrer Identität fortführt, bleibt die für das laufende Kalenderjahr getroffene Feststellung maßgebend. Ist vom Übergang nur ein Betriebsteil betroffen, ist die Teilnahme von Ausgleichsverfahren neu festzustellen. Von der Errichtung eines Betriebes ist ebenfalls auszugehen, wenn im Falle der Insolvenz ein Insolvenzverwalter eingesetzt wird, der in die Arbeitgeberstellung einrückt und sämtliche hiermit verbundenen Rechte und Pflichten wahrnimmt, und die Anzahl der weiterbeschäftigten Arbeitnehmer nunmehr den Grenzwert von 30 Beschäftigten nicht überschreitet; die freigestellten Arbeitnehmer sind aufgrund ihres faktisch nicht vorhandenen Entgeltfortzahlungsanspruches nicht anzurechnen, gleichwohl sind für sie die Umlagen abzuführen.

f) Erstattungsfähige Aufwendungen

Dem Arbeitgeber werden die in § 1 Abs. 1 und Abs. 2 AAG konkret aufgeführten Aufwendungen, die er aus Anlass der Arbeitsunfähigkeit oder aus Anlass der Mutterschaft an seine Arbeitnehmer zu zahlen hat, erstattet. Bei der Erstattung des fortgezahlten Arbeitsentgelts und des Zuschusses zum Mutterschaftsgeld ist vom arbeitsrechtlichen Entgeltbegriff auszugehen. Zum Arbeitsentgelt in diesem Sinne zählen grundsätzlich alle Zuwendungen, die nach ihrer Zweckbestimmung zumindest auch als Gegenleistung für geleistete oder noch zu leistende Arbeit aufzufassen sind (vgl. Urteil des Bundessozialgerichts vom 15.4.1997 – 1 RK 13/96 –, USK 97132). Ob es sich bei den vorgenannten Aufwendungen um Arbeitsentgelt handelt, das im Sinne der Sozialversicherung beitragspflichtig ist, ist für die Qualifizierung als erstattungsfähiges Arbeitsentgelt nicht ausschlaggebend. Entscheidend ist vielmehr, dass es sich um Aufwendungen des Arbeitgebers handelt, zu denen er nach den einschlägigen tarif- oder arbeitsrechtlichen Regelungen auch in dem Zeitraum der Entgeltfortzahlung oder eines Beschäftigungsverbots verpflichtet ist und diese mithin zu den entgeltlichen Ansprüchen im Sinne der maßgebenden Regelungen des EFZG und des MuSchG gehören. Die Erstattungsregelungen knüpfen an das vom Arbeitgeber nach dem EFZG fortgezahlte Arbeitsentgelt sowie an den nach dem MuSchG gezahlten Zuschuss zum Mutterschaftsgeld und an das bei Beschäftigungsverboten gezahlte Arbeitsentgelt an, ohne dass das AAG weitere oder eigenständige Bestimmungen zur Ermittlung des Erstattungsbetrags enthält. Ob ein – auch der Höhe nach – rechtmäßiger Anspruch auf das fortgezahlte Arbeitsentgelt oder den Zuschuss zum Mutterschaftsgeld nach Maßgabe der gesetzlichen Regelungen besteht, ist in erster Linie eine arbeitsrechtlich zu klärende (Vor-)Frage. Wird durch den Arbeitgeber nach Prüfung der Sach- und Rechtslage ein rechtmäßiger Anspruch auf das fortgezahlte Arbeitsentgelt oder den Zuschuss zum Mutterschaftsgeld erkannt, ist diese Beurteilung grundsätzlich auch im Erstattungsverfahren von den Krankenkassen zu beachten. Das legt nahe, die für die Berechnung des Zuschusses maßgebenden (arbeitsrechtlichen) Grundsätze auch für das Erstattungsverfahren nach dem AAG entsprechend anzuwenden.

g) Entgeltfortzahlung im Krankheitsfall (U1-Verfahren)

Zu den erstattungsfähigen Aufwendungen gehört nach § 1 Abs. 1 Nr. 1 AAG das nach § 3 Abs. 1 und 2 EFZG sowie das an Arbeitnehmer nach § 9 Abs. 1 EFZG fortgezahlte Arbeitsentgelt, dessen Höhe sich nach den Grundsätzen des § 4 EFZG bestimmt. Die Höhe des fortzuzahlenden Arbeitsentgelts bestimmt § 4 Abs. 1 EFZG nach dem Entgeltausfallprinzip. Danach ist dem Arbeitnehmer das ihm bei der für ihn maßgebenden regelmäßigen Arbeitszeit zustehende Arbeitsentgelt, mithin grundsätzlich die volle Vergütung einschließlich etwaiger Zuschläge, fortzuzahlen (vgl. u. a. Urteil des BAG vom 14.1.2009 – 5 AZR 89/08 – DB 2009 S. 909). Die Methode zur Fortzahlung des Arbeitsentgelts bzw. zur Bestimmung des fortgezahlten Arbeitsentgelts richtet sich nach den konkreten arbeitsrechtlichen Gegebenheiten, die für den Arbeitnehmer gelten. Danach ist eine arbeits-, werk- oder kalendertägliche Berechnungsweise möglich. Einmalig gezahltes Arbeitsentgelt gehört nicht zu den erstattungsfähigen Aufwendungen. Dies ergibt sich zum einen daraus, dass Leistungen, die nicht an die Erbringung der Arbeitsleistung in einem bestimmten Zeitabschnitt gekoppelt sind, sondern hiervon unabhängig aus besonderem Anlass gezahlt werden, bei der Bemessung des fortzuzahlenden Entgelts nach dem Entgeltausfallprinzip ohnehin unberücksichtigt bleiben, und zum anderen aus dem Willen des Gesetzgebers, ein Ungleichgewicht zwischen Beitrag (bei der Umlagebemessung bleiben Einmalzahlungen außen vor) und Leistung zu verhindern (vgl. Gesetzesbegründung zu § 7 AAG in Bundestags-Drucksache 16/39, Seite 13). Bei der Erstattung ist vom Bruttoarbeitsentgelt auszugehen. Das bedeutet, dass zu den erstattungsfähigen Aufwendungen auch gesetzliche Entgeltabzüge (Lohn- und Kirchensteuer, Solidaritätszuschlag, Arbeitnehmerbeitragsanteile zur Kranken-, Pflege-, Renten- und Arbeitslosenversicherung) sowie vermögenswirksame Leistungen und Beiträge für die betrieblichen Versorgungseinrichtungen gehören. Darüber hinaus sind gepfändete, verpfändete, abgetretene oder auf Dritte übergeleitete Entgeltbestandteile erstattungsfähig. Bei der Erstattung von Sachbezügen sind die nach § 17 SGB IV festgesetzten Werte maßgebend. Ferner ist die Vergütung an Volontäre und Praktikanten erstattungsfähig. Gemeint sind Volontäre und Praktikanten, die nicht in einem Arbeitsverhältnis stehen, sondern eingestellt werden, um berufliche Kenntnisse, Fertigkeiten oder Erfahrungen zu erwerben, ohne dass es sich um eine Berufsausbildung im Sinne des Berufsbildungsgesetzes (BBiG) handelt (Vertragsverhältnis im Sinne des § 26 BBiG). Hierunter fallen nicht solche Praktikanten, die ein Praktikum als Bestandteil einer Fachschul- oder Hochschulausbildung absolvieren und nicht unter das BBiG fallen. Die Höhe des zu erstattenden Arbeitsentgelts kann durch eine Satzungsregelung entsprechend § 9 Abs. 2 AAG u. a. auf die Höhe der Beitragsbemessungsgrenze der allgemeinen Rentenversicherung begrenzt werden. Arbeitsentgelt, das nicht auf der Grundlage bzw. nicht für den im EFZG bezeichneten Zeitraum fortgezahlt wird, ist nicht erstattungsfähig. Dazu gehört beispielsweise Arbeitsentgelt, das

- auf der Grundlage tarifvertraglicher Regelungen für einen Zeitraum von mehr als sechs Wochen fortgezahlt wird
- entgegen der Bestimmung des § 3 Abs. 3 EFZG in den ersten vier Wochen eines Beschäftigungsverhältnisses gezahlt wird
- nach § 3a EFZG in Fällen einer Spende von Organen oder Geweben oder einer Blutspende zur Separation von Blutstammzellen oder anderen Blutbestandteilen fortgezahlt wird
- bei Erkrankung des Kindes nach § 616 BGB oder nach § 19 BBiG gezahlt wird
- ohne Beachtung der Anrechnungsregelung des § 3 Abs. 1 Satz 2 EFZG fortgezahlt wird (z. B. bei den zur Berufsausbildung Beschäftigten unter ergänzender Heranziehung des § 19 Abs. 1 Nr. 2 Buchst. b BBiG)

Das bei krankheitsbedingter Einstellung der Arbeitsleistung im Laufe eines Arbeitstages bzw. einer Arbeitsschicht (weiter) gezahlte Arbeitsentgelt (für die ausgefallenen Arbeitsstunden dieses Tages bzw. dieser Schicht) stellt nach herrschender Rechtsmeinung keine Entgeltfortzahlung im Sinne des EFZG dar. Aus diesem Grunde ist es nach den Regelungen des AAG nicht erstattungsfähig. Ein Ausgleich der Arbeitgeberaufwendungen für Entgeltfortzahlung erfolgt frühestens ab dem Folgetag für die weitere Zeit der Entgeltfortzahlung wegen Arbeitsunfähigkeit bis zur Dauer von sechs Wochen. In den Fällen, in denen die Krankenkasse aufgrund einer Satzungsregelung den erstattungsfähigen Betrag der Entgeltfortzahlung im Krankheitsfall auf die Beitragsbemessungsgrenze der allgemeinen Rentenversicherung begrenzt und darüber hinaus Arbeitgeberanteile zum Gesamtsozialversicherungsbeitrag unter Beachtung der Beitragsbemessungsgrenze pauschal oder nach den tatsächlichen Beitragsanteilen erstattet, ist das erstattungsfähige Arbeitsentgelt (auch als Grundlage zur Ermittlung der Arbeitgeberanteile zum Gesamtsozialversicherungsbeitrag) entsprechend den Grundsätzen des § 22 Abs. 2 Satz 1 SGB IV zu ermitteln. Danach werden das im maßgebenden Monat tatsächlich erzielte Arbeitsentgelt und die Entgeltfortzahlung nach dem Verhältnis ihrer Höhe so zueinander vermindert, dass sie zusammen höchstens die Beitragsbemessungsgrenze erreichen. Eine Begrenzung des erstattungsfähigen Arbeitsentgelts auf ein $^1/_{30}$ der monatlichen Beitragsbemessungsgrenze für den Kalendertag findet somit – ungeachtet der arbeits-, werk- oder kalendertäglichen Berechnungsweise der Entgeltfortzahlung – nicht statt. Die vorstehend beschriebene Verfahrensweise übernimmt die Systematik zur Berechnung des Gesamtsozialversicherungsbeitrags. Dieser wird nicht kalendertäglich berechnet, sondern je Kalendermonat für die Kalendertage, an denen eine versicherungspflichtige Beschäftigung besteht. Besteht eine versicherungspflichtige Beschäftigung für den gesamten Kalendermonat, ist das aus der Beschäftigung erzielte Arbeitsentgelt bis zur monatlichen Beitragsbemessungsgrenze die Berechnungsbasis. Wie sich das Arbeitsentgelt dabei zusammensetzt oder für welche Zeitabschnitte des Monats es erzielt wird, ist für die Beitragsberechnung unbedeutend. Die für Zwecke der Erstattung erforderliche Begrenzung der innerhalb des Kalendermonats gezahlten Entgelte findet nicht zeitraumbezogen statt, sondern entsprechend den Grundsätzen des § 22 Abs. 2 Satz 1 SGB IV im Verhältnis der Arbeitsentgelte untereinander; dabei wird davon ausgegangen, dass die Entgeltfortzahlung keinen anderen Rang einnimmt als das tatsächlich erzielte Arbeitsentgelt. Die Krankenkassen haben in diesen Fällen mithin sicherzustellen, dass die Erstattung nicht allein deshalb abgewiesen wird, weil das fortgezahlte Arbeitsentgelt für den Erstattungszeitraum bzw. die darauf entfallenden Arbeitgeberanteile die für den beantragten Zeitraum nach Kalendertagen ermittelte anteilige Beitragsbemessungsgrenze übersteigt.

h) Zuschuss zum Mutterschaftsgeld und Arbeitsentgelt bei Beschäftigungsverboten/Mutterschutzlohn (U2-Verfahren)

Dem Arbeitgeber ist der nach § 20 Abs. 1 MuSchG gezahlte Zuschuss zum Mutterschaftsgeld von den Krankenkassen zu erstatten. Hierbei handelt es sich um den Zuschuss zum Mutterschaftsgeld, den der Arbeitgeber für die Dauer von grundsätzlich sechs Wochen vor dem mutmaßlichen Tag der Entbindung, den Entbindungstag sowie für die Dauer von acht bzw. zwölf Wochen nach der Entbindung gezahlt hat. Außerdem ist dem Arbeitgeber das nach § 18 MuSchG gezahlte Arbeitsentgelt bei Beschäftigungsverboten (Mutterschutzlohn) von den Krankenkassen zu erstatten. Hierbei handelt es sich um das Arbeitsentgelt, das der Arbeitgeber den Arbeitnehmerinnen fortzahlt, die wegen eines Beschäftigungsverbots außerhalb der Schutzfristen vor oder nach der Entbindung teilweise oder gar nicht beschäftigt werden dürfen. Im Unterschied zu dem bei der Entgeltfortzahlung im Krankheitsfall angewandten Entgeltausfallprinzip richtet sich die Höhe des bei einem Beschäftigungsverbot fortzuzahlenden Arbeitsentgelts (als Grundlage für die Berechnung des Erstattungsanspruchs im U2-Verfahren) nach dem sog. Bezugs- oder Referenzprinzip. Danach ist als Arbeitsentgelt ein Betrag in der Höhe zu zahlen, der sich für die Zeit des Beschäftigungsverbots anhand des Durchschnittsverdienstes der letzten drei abgerechneten Kalendermonate vor dem Eintritt der Schwangerschaft errechnet. Das erstattungsfähige Arbeitsentgelt ist nicht auf eine der Beitragsbemessungsgrenzen zu begrenzen. Erstattungsfähig ist auch das Arbeitsentgelt, das Arbeitnehmerinnen erhalten, die wegen eines Beschäftigungsverbots die Beschäftigung oder die Entlohnungsart wechseln und dadurch einen geringeren Verdienst erzielen. Es werden auch die Entgeltbestandteile ersetzt, die der Arbeitgeber für die Arbeitnehmerin an Dritte gezahlt hat, beispielsweise vermögenswirksame Leistungen oder Beiträge für betriebliche Versorgungseinrichtungen. Sonderzuwendungen, die während eines Beschäftigungsverbots zur Auszahlung kommen, können nicht erstattet werden.

Aufwendungen, die ein Arbeitgeber im Falle der Entgeltfortzahlung im Krankheitsfall und bei mutterschutzrechtlichen Beschäftigungsverboten leistet, um dem Arbeitnehmer oder diesem nahestehende Personen für den Fall der Invalidität, des Alters oder des Todes abzusichern, zählen zum Arbeitsentgelt. Folglich gehören Zuwendungen des Arbeitgebers an Pensionskassen, Pensionsfonds und Direktversicherungen grundsätzlich zu den erstattungsfähigen Aufwendungen nach dem AAG. Darüber hinaus zählen auch Zuwendungen an eine Pensionskasse zum Aufbau einer nicht kapitalgedeckten betrieblichen Altersversorgung zu den erstattungsfähigen Aufwendungen (z. B. ZVK- oder VBL-Umlagen); die sich nach den Regelungen der SvEV ergebenden beitragsrechtlich relevanten Hinzurechnungsbeträge nach § 1 Abs. 1 Satz 3 und 4 SvEV bleiben unberücksichtigt, d. h. die Arbeitgeberumlagen sind im Erstattungsfall weder auf diese Beträge zu begrenzen noch sind die Hinzurechnungsbeträge – einschließlich der darauf anfallenden Arbeitgeberbeitragsanteile – zusätzlich erstattungsfähig. Ebenfalls nicht erstattungsfähig ist die vom Arbeitgeber übernommene Pauschalsteuer nach § 40b EStG. Bei der Berechnung des erstattungsfähigen Zuschusses zum Mutterschaftsgeld nach § 20 Abs. 1 MuSchG sind die vom Arbeitgeber im Ausgangszeitraum geleisteten Zuwendungen zu einer betrieblichen Altersversorgung des Arbeitnehmers zunächst dem Bruttoarbeitsentgelt zuzurechnen; dadurch erhöht sich das – um die gesetzlichen Abzüge verminderte – Nettoarbeitsentgelt. Insofern sind die vom Arbeitgeber geleisteten Zuwendungen zu einer betrieblichen Altersversorgung im Erstattungsverfahren zu berücksichtigen. Die im Falle einer Entgeltumwandlung dem Arbeitgeber ersparten Anteile am Gesamtsozialversicherungsbeitrag, die in pauschalierter Form zugunsten des Arbeitnehmers an die Versorgungseinrichtung (Pensionsfonds, Pensionskasse oder Direktversicherung) weiterzuleiten sind (§ 1a Abs. 1a BetrAVG; Inkrafttreten am 1.1.2019), gehören zu den erstattungsfähigen Aufwendungen im Sinne des AAG. Gleiches gilt bei einer reinen Beitragszusage für den an die Versorgungseinrichtung als Arbeitgeberzuschuss nach § 23 Abs. 2 BetrAVG weiterzuleitenden Betrag. Die zusätzlich zum ohnehin geschuldeten Arbeitsentgelt erbrachten Arbeitgeberbeiträge zur kapitalgedeckten betrieblichen Altersversorgung nach § 100 Abs. 3 Nr. 2 EStG sind im Erstattungsverfahren ebenfalls zu berücksichtigen. Die Finanzierungsanteile des Arbeitnehmers zu einer kapitalgedeckten betrieblichen Altersversorgung gehören hingegen nicht zu den erstattungsfähigen Aufwendungen. Zwar stellen die Finanzierungsanteile der Arbeitnehmer, die in dem Gesamtversicherungsbeitrag des Arbeitgebers an eine Pensionskasse enthalten sind, nach dem Urteil des Bundesfinanzhofs vom 9.12.2010 – VI R 57/08 –, USK 2010-214, steuerrechtlich einen Beitrag des Arbeitgebers dar. Wirtschaftlich betrachtet handelt es sich aber um Beiträge des Arbeitnehmers, mit der Folge, dass eine Erstattung im Rahmen des AAG ausscheidet. Sonderzahlungen des Arbeitgebers nach § 19 Abs. 1 Satz 1 Nr. 3 Satz 2 bis 4 EStG an umlagefinanzierte Pensionskassen zur Deckung eines finanziellen Fehlbetrags (sog. Sanierungsgelder) sind nicht erstattungsfähig. Es handelt sich hierbei um Arbeitgeberzahlungen, die nicht als Gegenleistung für geleistete oder noch zu leistende Arbeit zu betrachten sind und somit in keinem unmittelbaren Zusammenhang zu dem fortgezahlten Arbeitsentgelt an die Arbeitnehmer stehen.

Die über das Sozialkassenverfahren im Baugewerbe von den Arbeitgebern abzuführenden Beiträge an die Urlaubs- und Lohnausgleichskasse der Bauwirtschaft (ULAK) stellen keine Zuwendungen des Arbeitgebers dar, die nach ihrer Zweckbestimmung als Gegenleistung für geleistete oder noch zu leistende Arbeit aufzufassen sind. Es handelt sich hierbei um kein Entgelt im Sinne des AAG, sodass eine Erstattung der an die SOKA-BAU zu Gunsten der ULAK abzuführenden Beiträge im Rahmen der AAG-Verfahren ausscheidet. Die Urlaubsansprüche der Arbeitnehmer einschließlich der damit einhergehenden Urlaubsvergütungen bestehen nach dem Bundesurlaubsgesetz sowie den ergänzenden tarifvertraglichen Regelungen im Baugewerbe gegenüber dem jeweiligen Arbeitgeber; originäre Ansprüche gegenüber der ULAK bestehen seitens des einzelnen Arbeitnehmers – abgesehen von den Sonderfällen der Urlaubsabgeltungen und Entschädigungszahlungen – grundsätzlich nicht. Vielmehr werden dem Arbeitgeber die von diesem an den Arbeitnehmer ausgezahlten Urlaubsvergütungen von der SOKA-BAU erstattet; die ULAK tritt damit als eine Art Arbeitgeberversicherung zur Finanzierung der dem Arbeitnehmer zustehenden Urlaubsvergütungen auf.

Zu den erstattungsfähigen Aufwendungen gehören nach § 1 Abs. 1 Nr. 2 und Abs. 2 Nr. 3 AAG auch die auf die an Arbeitnehmer fortgezahlten Arbeitsentgelte entfallenden und von den Arbeitgebern zu tragenden Beitragsanteile zur Bundesagentur für Arbeit, zur gesetzlichen Krankenversicherung, zur gesetzlichen Rentenversicherung, zur sozialen Pflegeversicherung und die Beitragszuschüsse nach § 257 SGB V, § 61 SGB XI und § 172a SGB VI. Hat der Arbeitgeber die Beiträge für Auszubildende in voller Höhe zu tragen (sogenannte Geringverdiener, vgl. § 20 Abs. 3 Satz 1 Nr. 1 SGB IV), dann ist der Gesamtbetrag in die Erstattung einzubeziehen. Nicht erstattungsfähig sind dagegen die vom Arbeitgeber allein aufzubringenden Umlagebeträge nach § 7 AAG und die Insolvenzgeldumlage nach § 358 Abs. 1 SGB III. Beginnt oder endet die Entgeltfortzahlung während eines Entgeltabrechnungszeitraums (im U1-Verfahren) bzw. hat das Beschäftigungsverbot nur für einzelne Tage des Entgeltabrechnungszeitraums bestanden (im U2-Verfahren), sind die erstattungsfähigen Arbeitgeberbeitragsanteile nach den Grundsätzen für die Beitragsberechnung bei Teilentgeltzahlungszeiträumen zu ermitteln; insbesondere sind hierbei die Beitragsbemessungsgrenzen zu beachten. Wird während der Arbeitsunfähigkeit eine Sonderzuwendung gewährt, so sind die darauf entfallenden Arbeitgeberbeitragsanteile nicht erstattungsfähig. Die für die Erstattung zu berücksichtigenden Arbeitgeberbeitragsanteile sind vielmehr aus dem ohne die Sonderzuwendung verbleibenden Arbeitsentgelt, also dem nach den § 3 Abs. 1 und 2 sowie § 9 Abs. 1 EFZG fortzuzahlenden Arbeitsentgelt, zu berechnen. Erstattungsfähig sind ferner nicht die Arbeitgeberbeitragsanteile, die auf fortgezahltes fiktives Arbeitsentgelt zur Rentenversicherung entfallen. Auch die von den Arbeitgebern für geringfügig entlohnte Beschäftigte gezahlte Pauschsteuer wird nicht erstattet. Im U1-Verfahren sind Beschränkungen der Erstattung möglich. Beginnt oder endet ein Beschäftigungsverbot im Laufe eines Monats und übersteigen das tatsächlich erzielte Arbeitsentgelt und das Arbeitsentgelt nach § 18 MuSchG zusammen die Beitragsbemessungsgrenze der allgemeinen Rentenversicherung, ist hinsichtlich der Erstattung zunächst danach zu differenzieren, ob die Krankenkasse aufgrund einer Satzungsregelung Arbeitgeberanteile zum Gesamtsozialversicherungsbeitrag pauschal erstattet, ohne die Beitragsbemessungsgrenze zu beachten, oder unter Beachtung der Beitragsbemessungsgrenze pauschal oder nach den tatsächlichen Beitragsanteilen erstattet. Im ersten Falle werden die auf das Arbeitsentgelt nach § 18 MuSchG (Mutterschutzlohn) entfallenden Arbeitgeberanteile zum Gesamtsozialversicherungsbeitrag pauschal berücksichtigt. Im zweiten Falle ist das Arbeitsentgelt als Grundlage zur Ermittlung der Arbeitgeberanteile zum Gesamtsozialversicherungsbeitrag entsprechend den Grundsätzen des § 22 Abs. 2 Satz 1 SGB IV zu ermitteln. Danach werden das im maßgebenden Monat tatsächlich erzielte Arbeitsentgelt und das Arbeitsentgelt nach § 18 MuSchG nach dem Verhältnis ihrer Höhe so zueinander vermindert, dass sie zusammen höchstens die Beitragsbemessungsgrenze erreichen. Das zuvor beschriebene Verfahren zur Ermittlung der erstattungsfähigen Aufwendungen ist auch in den Fällen anzuwenden, in denen werdende und stillende Mütter wegen eines Beschäftigungsverbots teilweise mit der Arbeit aussetzen und Arbeitsentgelt nach § 18 MuSchG sowie Arbeitgeberanteile zum Gesamtsozialversicherungsbeitrag zu erstatten sind. Auch diese Zulagen stellen laufendes Arbeitsentgelt dar und nehmen den gleichen Rang ein wie das tatsächlich erzielte Arbeitsentgelt.

i) Anderweitige Erstattungsansprüche

Nach § 16g Bundesversorgungsgesetz (BVG) werden privaten Arbeitgebern Aufwendungen für die Fortzahlung des Arbeitsentgelts an arbeitsunfähig aus dem Dienst entlassene Soldaten und Grenzschutzdienstpflichtige – einschließlich der darauf entfallenden vom Arbeitgeber getragenen und abgeführten Beiträge zur Kranken-, Pflege-, Renten- und Arbeitslosenversicherung sowie zu Einrichtungen der zusätzlichen Alters- und Hinterbliebenenversorgung – erstattet, wenn die Gesundheitsschädigung dieses Personenkreises durch eine Schädigung im Sinne des Soldatenversorgungsgesetzes oder des Gesetzes über die Bundespolizei verursacht worden ist. In diesen Fällen entfällt eine Erstattung nach § 1 Abs. 1 AAG. Die Arbeitsunfähigkeit muss ferner nicht nur auf den Dienst nach einem der genannten Dienstpflichtgesetze zurückzuführen sein, sondern auch bereits am Tage nach Beendigung des Dienstverhältnisses und damit in unmittelbarem Anschluss an das Dienstverhältnis bestanden haben. Außerdem muss das Arbeitsverhältnis, aufgrund dessen der Arbeitgeber das Arbeitsentgelt fortzuzahlen hat, schon vor Beginn des Dienstverhältnisses begründet worden sein, nach den Vorschriften des Arbeitsplatzschutzgesetzes während der Dienstverpflichtung geruht haben und nach Beendigung des Dienstverhältnisses fortgesetzt werden. Die Erstattung der Aufwendungen ist bei der Verwaltungsbehörde (Versorgungsamt) zu beantragen. Nach den jeweiligen Katastrophenschutzgesetzen der Bundesländer bzw. dem Gesetz über die Erweiterung des Katastrophenschutzes dürfen Personen aus ihrer Dienstpflicht im Katastrophenschutz keine Nachteile, auch nicht in ihrem Beschäftigungsverhältnis, erwachsen. Im Einzelfall ist daher auch den Arbeitgebern dieser Personen das fortgezahlte Arbeitsentgelt einschließlich der Beiträge zur Sozialversicherung zu erstatten, das sie Arbeitnehmern aufgrund der gesetzlichen Vorschriften während einer Arbeitsunfähigkeit infolge Krankheit fortzahlen, wenn die Arbeitsunfähigkeit auf den Dienst im Katastrophenschutz zurückzuführen ist.

j) Erstattungssätze

Im U1-Verfahren sind dem Arbeitgeber höchstens 80 v. H. der erstattungsfähigen Aufwendungen zu erstatten. Die Satzung der Krankenkasse kann den Erstattungsanspruch jedoch beschränken, wobei die Erstattungssätze 40 v. H. nicht unterschreiten dürfen. Im U2-Verfahren sind dem Arbeitgeber die erstattungsfähigen Aufwendungen in vollem Umfang (100 v. H.) zu erstatten. Die Satzung der Krankenkasse kann hinsichtlich der Arbeitgeberbeitragsanteile eine pauschale Erstattung vorsehen.

k) Fälligkeit des Erstattungsanspruchs/Durchführung der Erstattung

Die Erstattung durch die Krankenkasse wird auf Antrag des Arbeitgebers erbracht. Die Erstattung ist zu gewähren, sobald der Arbeitgeber Arbeitsentgelt nach dem EFZG (gilt für das U1-Verfahren) oder Arbeitsentgelt oder den Zuschuss nach dem MuSchG (gilt für das U2-Verfahren) gezahlt hat, frühestens nach Eingang des Erstattungsantrags. Der Erstattungsanspruch wird demnach mit jeder Zahlung des Arbeitsentgelts fällig, auch wenn der Entgeltfortzahlungszeitraum noch nicht abgelaufen ist. Erstattet werden kann grundsätzlich nur der Teil des Arbeitsentgelts, der für zurückliegende Zeiträume, also für Zeiträume vor dem Antragsdatum, gezahlt wurde. Allerdings ist es zulässig, auch Arbeitsentgelt für die Zeit nach Eingang des Erstattungsantrags zu erstatten, vorausgesetzt, es ist abgerechnet und für den laufenden Abrechnungsmonat bereits gezahlt und die Arbeitsunfähigkeit oder das Beschäftigungsverbot ist für die Dauer des Erstattungszeitraums ärztlich bescheinigt. Gleiches gilt auch für die Erstattung des Zuschusses zum Mutterschaftsgeld.

Die Arbeitgeber legen im Antrag fest, ob sie eine Erstattung in Form einer Überweisung oder Gutschrift zur Verrechnung mit zu zahlenden Gesamtsozialversicherungsbeiträgen wünschen. Eine Verrechnung mit den abzuführenden Gesamtsozialversicherungsbeiträgen durch den Arbeitgeber darf erst erfolgen, nachdem die Krankenkasse über den Erstattungsantrag entschieden hat. Sofern durch eine vorzeitige Verrechnung der zu zahlende Gesamtsozialversicherungsbeitrag zum Fälligkeitstag der Krankenkasse nicht vollständig zur Verfügung steht, hat dies die Erhebung von Säumniszuschlägen nach § 24 SGB IV zur Folge. Die Krankenkassen sehen im Regelfall davon ab, über jede Erstattung schriftlich zu entscheiden. Ein Verwaltungsakt liegt nicht vor, wenn Krankenkassen gegenüber dem Arbeitgeber eine Erstattung in Form einer Überweisung oder Gutschrift zur Verrechnung mit zu zahlenden Gesamtsozialversicherungsbeiträgen vornehmen. Auch die im Rahmen des maschinellen Meldeverfahrens abgegebenen Mitteilungen der Krankenkassen, dass dem Erstattungsantrag vollständig, teilweise oder nicht entsprochen wurde, sind nicht als Verwaltungsakte zu qualifizieren. Um einen Verwaltungsakt handelt es sich formell nur dann, wenn die Krankenkasse – im Ausnahmefall – gegenüber dem Arbeitgeber eine schriftliche Entscheidung über die Erstattung trifft (vgl. Urteil BSG vom 31.5.2016 – B 1 KR 17/15 R –, USK 2016-17).

l) Maschinelles Erstattungsverfahren

Die Arbeitgeber haben ihre Anträge auf Erstattung ausschließlich durch gesicherte und verschlüsselte Datenübertragung aus systemgeprüften Programmen oder mittels maschinell erstellter Ausfüllhilfen an die zuständige Krankenkasse zu übermitteln. Die Krankenkassen haben ihrerseits inhaltliche Abweichungen zwischen dem beantragten und dem von ihnen festgestellten Erstattungsbetrag an die Arbeitgeber durch gesicherte und verschlüsselte Datenübertragung zurückzumelden. Außerdem erhalten die Arbeitgeber von den Krankenkassen eine elektronische Mitteilung, wenn dem Antrag vollständig entsprochen wurde. Die Einzelheiten der maschinellen Verfahren bei den Arbeitgebern und Krankenkassen, insbesondere die fachlichen Inhalte der Datensätze und Datenbausteine der automatisierten Mitteilungen sowie deren Verwendungsregeln, sind in den „Grundsätze(n) für das Antragsverfahren auf Erstattung nach dem Aufwendungsausgleichsgesetz (AAG)“ und in der „Verfahrensbeschreibung für Antragsverfahren auf Erstattung nach dem Aufwendungsausgleichsgesetz (AAG)“ in der jeweils geltenden Fassung dargestellt.

Im Zusammenhang mit dem Erstattungsverfahren hat der Arbeitgeber bestimmte Mitteilungspflichten. Diese umfassen die erforderlichen Angaben in sämtlichen Angelegenheiten des AAG, von der Frage der grundsätzlichen Teilnahme am Ausgleichsverfahren bis zur Erstattung der Aufwendungen. Zwar sind die Erstattungsanträge nach dem AAG ausschließlich auf maschinellem Wege an die zuständige Krankenkasse zu übermitteln, allerdings dürfen die Krankenkassen weitere für die Durchführung der Erstattung erforderliche Unterlagen bei den Arbeitgebern anfordern (z. B. eine Entgeltbescheinigung in Papierform). Kommt der Arbeitgeber dieser Pflicht nicht nach, kann die Krankenkasse gegebenenfalls die Erstattung im Einzelfall versagen. Solange der Arbeitgeber die für die Durchführung des Ausgleichs im Einzelfall erforderlichen Angaben nicht oder nur unvollständig macht, kann die Krankenkasse nach pflichtgemäßem Ermessen die Erstattung versagen. Macht der Arbeitgeber diese Angaben nachträglich, so ist die Erstattung durchzuführen, soweit der Anspruch nicht verjährt ist. Die Rückforderung zu Unrecht gezahlter Erstattungsbeträge ist in § 4 Abs. 2 AAG geregelt. Danach hat die Krankenkasse Erstattungsbeträge vom Arbeitgeber insbesondere zurückzufordern, soweit der Arbeitgeber schuldhaft falsche oder unvollständige Angaben gemacht hat oder Erstattungsbeträge gefordert hat, obwohl er wusste oder wissen musste, dass ein Anspruch nicht besteht. Diese abschließende Regelung geht den allgemeinen Vorschriften des § 50 SGB X vor und schließt deren Anwendung aus (vgl. Urteil des BSG vom 31.5.2016 – B 1 KR 17/15 R –, USK 2016-17). Es liegt nicht im Ermessen der Krankenkasse, ob sie die Erstattung zurückfordert. Vielmehr hat sie bei Vorliegen der Voraussetzungen den Rückforderungsanspruch mit allen geeigneten Mitteln durchzusetzen. Hat die Krankenkasse die Leistung ohne einen Verwaltungsakt erstattet, bedarf es für die Rückforderung gezahlter Erstattungsbeträge keiner vorherigen Aufhebung einer Bewilligungsentscheidung der Krankenkasse (vgl. Urteil des BSG vom 31.5.2016 – B 1 KR 17/15 R –, USK 2016-17). Nach § 6 EFZG geht der Anspruch des Arbeitnehmers auf Schadenersatz im Falle der Entgeltfortzahlung, soweit er mit dieser kongruent ist, auf den Arbeitgeber über. Zudem steht dem Arbeitgeber ein Ersatzanspruch gegen den Schädiger für seinen Anteil an den Beiträgen zur Kranken-, Pflege-, Renten- und Arbeitslosenversicherung zu. Beantragt der Arbeitgeber bei der Krankenkasse die Erstattung der Aufwendungen nach § 1 AAG, so ist diese nur zu gewähren, wenn er seinen Schadenersatzanspruch bis zur anteiligen Höhe des Erstattungsbetrages an die Krankenkasse abtritt. Die Abtretungserklärung des Arbeitgebers darf nicht zurückgewiesen werden. Entsprechendes gilt, wenn bei Schädigung von Auszubildenden ein Anspruch auf Schadenersatz auf den Arbeitgeber übergegangen ist. Die abgetretene Forderung unterliegt allen Einschränkungen, mit denen der nach § 6 EFZG gesetzlich übergegangene Anspruch belastet ist (vgl. §§ 398 bis 412 BGB; Übertragung der Forderung). Der Erstattungsanspruch verjährt in vier Jahren nach Ablauf des Kalenderjahres, in dem er entstanden ist. Da die Entstehung des Anspruchs und seine Fälligkeit zeitlich zusammenfallen, beginnt der Lauf der Verjährungsfrist mit der Fälligkeit des Erstattungsanspruchs. Fälligkeitstag ist der Tag der Zahlung des Arbeitsentgelts. Wann der Anspruch auf Rückforderung zu Unrecht gezahlter Erstattungsbeträge verjährt, ist im AAG nicht geregelt. Mangels einer solchen Regelung kann davon ausgegangen werden, dass § 6 Abs. 1 AAG entsprechend gilt. Die Vier-Jahres-Frist beginnt mit dem Tag nach Ablauf des Kalenderjahres, in dem die Erstattung vorgenommen wurde. § 6 Abs. 2 AAG enthält eine erschöpfende Aufzählung der Aufrechnungsmöglichkeiten; mithin dürfen andere Ansprüche gegen Erstattungsansprüche nicht aufgerechnet werden. Die Reihenfolge der aufrechnungsfähigen Ansprüche enthält keine Aussage über deren Rangfolge. § 6 Abs. 2 AAG geht § 51 SGB I vor. Aufgerechnet werden können nur solche Umlage- und Gesamtsozialversicherungsbeitragsansprüche, die von der Einzugsstelle einzuziehen sind, die den Ausgleich durchzuführen hat. Zu den Beitragsansprüchen zählen auch Säumniszuschläge im Sinne des § 24 SGB IV. Aufrechnungsfähig sind ferner Verfahrenskosten und Geldbußen, auch wenn sie im Zusammenhang mit dem Einzug der Gesamtsozialversicherungsbeiträge stehen.

m) Aufbringung der Mittel (Umlageerhebung)

Die Mittel zur Durchführung des Ausgleichs der Arbeitgeberaufwendungen werden durch gesonderte Umlagen von den am U1- und U2-Verfahren beteiligten Arbeitgebern aufgebracht. Die beteiligten Arbeitgeber unterliegen der Umlagepflicht hinsichtlich der von ihnen beschäftigten Arbeitnehmer. Hierbei ist auf den arbeitsrechtlichen Begriff des Arbeitnehmers abzustellen. Grund dafür ist, dass durch das Verfahren nach dem AAG arbeitsrechtliche Verpflichtungen des Arbeitgebers, die aus dem Entgeltfortzahlungsgesetz und Mutterschutzgesetz resultieren, gegenüber seinen Arbeitnehmern ausgeglichen werden. Das Vorliegen von Versicherungspflicht in einzelnen oder allen Zweigen der Sozialversicherung ist für die Erhebung der Umlage unbedeutend. Zwar ist der arbeitsrechtliche Arbeitnehmerbegriff mit dem Begriff des Arbeitnehmers im Sozialversicherungsrecht, der sich maßgeblich aus der Definition der Beschäftigung (§ 7 Abs. 1 SGB IV) ableitet, nicht identisch; gleichwohl gelten weitestgehend übereinstimmende Abgrenzungskriterien, sodass in aller Regel, insbesondere bei der Abgrenzung von selbstständiger und nichtselbstständiger Arbeit, auf sozialversicherungsrechtliche Bewertungen zurückgegriffen werden kann.

Die Umlagen sind jeweils in einem Prozentsatz des Arbeitsentgelts (Umlagesätze) festzusetzen. Die Höhe der Umlagesätze wird in der Satzung der Krankenkasse festgelegt und ist von der Höhe des Erstattungssatzes abhängig. Die Krankenkasse kann unterschiedliche Erstattungssätze anbieten (z. B. AOK Bayern U1: 2,0 %/2,5 %/2,9 %/4,0 % bei Erstattung von 50 %/60 %/70 % oder 80 %).

Bemessungsgrundlage für die Umlagen ist das Arbeitsentgelt, nach dem die Beiträge zur gesetzlichen Rentenversicherung der im Betrieb beschäftigten Arbeitnehmer und Auszubildenden bemessen werden oder bei Versicherungspflicht zu bemessen wären. Demzufolge können für die Berechnung der Umlagen nur solche Bezüge herangezogen werden, die Arbeitsentgelt im Sinne der Sozialversicherung darstellen. Vergütungen, die nicht zum Arbeitsentgelt im Sinne der Sozialversicherung gehören, bleiben mithin bei der Berechnung der Umlagen außer Ansatz. Eine der Beitragsberechnung in der Rentenversicherung neben dem Arbeitsentgelt zugrunde zu legende fiktive beitragspflichtige Einnahme (z. B. bei Personen in Altersteilzeit, bei Beziehern von Kurzarbeitergeld oder bei Ausübung einer geringfügigen Beschäftigung) wird für die Umlageberechnung nicht herangezogen. Bei Arbeitnehmern mit einem Arbeitsentgelt in der Gleitzone gilt als umlagepflichtiges Arbeitsentgelt die ermittelte reduzierte beitragspflichtige Einnahme, es sei denn, der Arbeitnehmer hat hinsichtlich der Rentenversicherungsbeiträge erklärt, dass das tatsächliche Arbeitsentgelt der Beitragsbemessung zugrunde gelegt werden soll. Umlagen sind nur vom laufenden Arbeitsentgelt zu erheben. Einmalig gezahltes Arbeitsentgelt ist bei der Berechnung der Umlagen nicht zu berücksichtigen. Dies gilt über den Wortlaut der Regelung hinaus nicht nur für das U1-Verfahren, sondern nach dem ausdrücklichen Willen des Gesetzgebers (vgl. hierzu die Gesetzesbegründung zu § 7 AAG in Bundestags-Drucksache 16/39) auch für das U2-Verfahren. Die Umlagen werden von einem Arbeitsentgelt bis zu der in der allgemeinen Rentenversicherung geltenden Beitragsbemessungsgrenze berechnet; hierbei ist deren unterschiedliche Höhe in den Rechtskreisen Ost und West noch bis zum 31.12.2024 zu berücksichtigen. Für Arbeitnehmer, für die die Zuständigkeit der knappschaftlichen Rentenversicherung gegeben ist, sind die Umlagen lediglich aus einem Arbeitsentgelt bis zur Beitragsbemessungsgrenze in der allgemeinen Rentenversicherung und dagegen nicht bis zur Beitragsbemessungsgrenze in der knappschaftlichen Rentenversicherung zu berechnen. Bei Mehrfachbeschäftigten ist § 22 Abs. 2 SGB IV anzuwenden, wenn die dem jeweiligen Kalendermonat zuzuordnenden laufenden Arbeitsentgelte aus den Beschäftigungsverhältnissen zusammen die monatliche Beitragsbemessungsgrenze übersteigen. Einige variable Arbeitsentgeltbestandteile, wie z. B. Mehrarbeits- bzw. Überstundenvergütungen oder Provisionen, können vielfach aus abrechnungstechnischen Gründen nicht in dem Monat abgerechnet werden, in denen der Anspruch auf diese Arbeitsentgeltbestandteile entstanden ist. Sofern dem Arbeitgeber eine Berücksichtigung der variablen Arbeitsentgeltbestandteile in dem Entgeltabrechnungszeitraum, in dem sie entstanden sind, nicht möglich ist, können diese zur Beitragsberechnung dem Arbeitsentgelt des nächsten oder übernächsten Entgeltabrechnungszeitraumes zugeordnet werden. Sie werden damit zeitversetzt für die Berechnung der Gesamtsozialversicherungsbeiträge und Umlagen herangezogen. Werden variable Arbeitsentgeltbestandteile auch nicht im nächsten oder übernächsten Entgeltabrechnungszeitraum ausgezahlt, sondern angespart, wird es im Rahmen von Betriebsprüfungen durch die Rentenversicherungsträger nicht beanstandet, wenn die angesammelten Arbeitsentgelte noch im selben Kalenderjahr oder spätestens bis März des Folgejahres tatsächlich ausgezahlt werden. In diesen Fällen kann für die Nachzahlung aus Vereinfachungsgründen auch die Regelung für einmalig gezahltes Arbeitsentgelt mit der Maßgabe angewendet werden, dass die anteilige Beitragsbemessungsgrenze des Nachzahlungszeitraums zugrunde zu legen ist. Damit wird eine abrechnungstechnisch aufwändige Rückrechnung vermieden. Der Charakter der Nachzahlung als laufendes Arbeitsentgelt bleibt – ungeachtet der Vereinfachungsregel – jedoch unberührt. Das bedeutet, dass derartige Nachzahlungen bei der Berechnung der Umlagen U1 und U2 zu berücksichtigen sind, und zwar grundsätzlich in dem Umfang, in dem auch die Beiträge zur Rentenversicherung bemessen werden. Ist der beitragspflichtige Anteil der Nachzahlung jedoch dadurch gemindert oder auf 0 reduziert, weil ein bereits einmalig gezahltes Arbeitsentgelt mit seinem beitragspflichtigen Teil für die Bemessung der Beiträge zur Rentenversicherung zu berücksichtigen ist, ist für die Bemessung der Umlagen aus der Nachzahlung der variablen Arbeitsentgeltbestandteile eine von der Rentenversicherung abweichende Bemessungsgrundlage zu bilden.

Umlagen zum U1-Verfahren hat der Arbeitgeber grundsätzlich für alle seine Arbeitnehmer im Sinne des Entgeltfortzahlungsgesetzes zu entrichten. Hierzu gehören Arbeiter und Angestellte sowie die zu ihrer Berufsausbildung Beschäftigten (§ 1 Abs. 2 EFZG). Von der Umlagepflicht werden u. a. auch die Arbeitsentgelte folgender im Betrieb Beschäftigter erfasst:

- zur Berufsausbildung Beschäftigte, unabhängig davon, dass sie bei der Feststellung der Teilnahmepflicht des Arbeitgebers am Umlageverfahren nicht berücksichtigt werden
- Praktikanten, die ein freiwilliges Praktikum oder ein im Rahmen der Hochschulausbildung vorgeschriebenes betriebliches Praktikum ableisten, wenn es nicht im Rahmen eines praxisintegrierten dualen Studiums oder aufgrund von landes- oder bundesrechtlichen Vorschriften in die Hochschulausbildung eingegliedert und als Teil des Studiums anzusehen ist (z. B. das Praktische Jahr im Rahmen der ärztlichen Ausbildung nach der Approbationsordnung für Ärzte)
- Beamte, Richter, Soldaten auf Zeit und ähnliche Personen in einer Nebenbeschäftigung außerhalb des Dienstverhältnisses
- Arbeitnehmer, für die nach den Regelungen des europäischen Gemeinschaftsrechts die deutschen Rechtsvorschriften über soziale Sicherheit gelten

Nicht umlagepflichtig sind hingegen die Arbeitsentgelte der Arbeitnehmer mit Beschäftigungsverhältnissen von bis zu vier Wochen, bei denen wegen der Art des Beschäftigungsverhältnisses aufgrund des § 3 Abs. 3 EFZG kein Anspruch auf Entgeltfortzahlung im Krankheitsfall entstehen kann; hierzu zählen die unständig Beschäftigten. Ebenfalls nicht umlagepflichtig sind die Arbeitsentgelte der nicht auf die Gesamtzahl zur Ermittlung der Teilnahme anzurechnenden Personen (siehe weiter oben), mit Ausnahme der zur Berufsausbildung Beschäftigten, schwerbehinderten Menschen im Sinne des SGB IX, Heimarbeiter mit tarifvertraglich bestimmten Anspruch auf Entgeltfortzahlung im Krankheitsfall und Beschäftigten in der Freistellungsphase der Altersteilzeit sowie bei vergleichbaren Freistellungen von der Arbeitsleistung.

Umlagen zum U2-Verfahren hat der Arbeitgeber grundsätzlich für alle seine Arbeitnehmer und Auszubildenden zu entrichten. Keine Umlagen sind allerdings zu entrichten aus dem Arbeitsentgelt bzw. den Vergütungen der

- Beamten, Richter, Soldaten auf Zeit, Berufssoldaten und sonstigen vergleichbaren Beschäftigten, wenn sie nach beamtenrechtlichen Vorschriften oder Grundsätzen bei Krankheit Anspruch auf Fortzahlung der Bezüge und auf Beihilfe oder Heilfürsorge haben; dies gilt auch für beurlaubte Beamte in einem Beschäftigungsverhältnis außerhalb des Dienstverhältnisses, wenn bei Krankheit Anspruch auf Fortzahlung der Bezüge und auf Beihilfe gewährleistet ist
- Ebenfalls nicht umlagepflichtig sind die Arbeitsentgelte der nicht auf die Gesamtzahl zur Ermittlung der Teilnahme anzurechnenden Personen (siehe weiter oben), mit Ausnahme der zur Berufsausbildung Beschäftigten, der schwerbehinderten Menschen im Sinne des SGB IX, der Teilnehmer an einem Freiwilligendienst nach dem JFDG oder BFDG, der Heimarbeiter, der Beschäftigten in der Freistellungsphase der Altersteilzeit sowie bei vergleichbaren Freistellungen von der Arbeitsleistung und der GmbH-Geschäftsführer, sofern sie als Fremdgeschäftsführer oder Minderheiten-Gesellschafter-Geschäftsführer Beschäftigte im Sinne des § 7 Abs. 1 SGB IV sind (vgl. § 1 Abs. 2 Satz 1 MuSchG).

n) Nachweis und Einzug der Umlagen

Die Umlagebeträge für das Ausgleichsverfahren der Arbeitgeberaufwendungen im Krankheitsfall sind im Beitragsnachweis im Datensatzfeld U1 anzugeben. Die Umlagebeträge für das Ausgleichsverfahren der Arbeitgeberaufwendungen für Mutterschaftsleistungen werden dem Datensatzfeld U2 zugeordnet. Die Umlagen sind durch diejenige Krankenkasse zu erheben, die die Erstattung vorzunehmen hat. Für zu Unrecht gezahlte Umlagen kann eine Erstattung durch die zuständige Krankenkasse in Betracht kommen. Hierbei ist entsprechend den gemeinsamen Grundsätzen für die Verrechnung und Erstattung zu Unrecht gezahlter Beiträge zur Kranken-, Pflege-, Renten- und Arbeitslosenversicherung aus einer Beschäftigung zu verfahren.

o) Beschränkung der Erstattung im U1-Verfahren

Die Satzung der Krankenkasse kann die Höhe des in § 1 Abs. 1 AAG festgelegten Erstattungssatzes (80 v. H.) beschränken und verschiedene Erstattungssätze, die effektiv 40 v. H. nicht unterschreiten dürfen, vorsehen. Ein höherer Erstattungssatz als 80 v. H. oder ein völliger Ausschluss der Erstattung ist durch den Begriff „beschränken" nicht gedeckt und daher nicht zulässig. Möglich ist jedoch, dass die Satzung mehrere differenzierte Erstattungssätze vorsieht. Sieht die Satzung der Krankenkasse differenzierte Erstattungssätze vor, hat der Arbeitgeber den von ihm gewählten Erstattungssatz der Krankenkasse anzuzeigen. Damit ist jedoch kein förmliches Feststellungsverfahren über die Teilnahme am Ausgleichsverfahren der Arbeitgeberaufwendungen bei Arbeitsunfähigkeit an sich verbunden. Bei der zulässigen Kürzung ist in erster Linie an eine Kürzung des in § 1 Abs. 1 AAG genannten Vomhundertsatzes (80 Prozent der erstattungsfähigen Aufwendungen) gedacht. Eine andere Möglichkeit, den Erstattungsanspruch zu beschränken, besteht darin, die auf das fortgezahlte Arbeitsentgelt entfallenden Arbeitgeberbeitragsanteile durch einen prozentualen Zuschlag zum erstattungsfähigen Arbeitsentgelt abzugelten oder von der Erstattung auszuschließen. Ferner ist es zulässig, die erstattungsfähigen Aufwendungen auf einen Betrag bis zur Höhe der in der allgemeinen Rentenversicherung geltenden Beitragsbemessungsgrenze zu beschränken. Satzungsregelungen, die einen ausschließlich auf das fortgezahlte Arbeitsentgelt anzuwendenden pauschalen Erstattungssatz vorsehen, sind nichtig, wenn der – unter Einbeziehung der Arbeitgeberbeitragsanteile – ergebende „effektive" Erstattungssatz nicht mindestens 40 v. H. beträgt (vgl. Urteil des BSG vom 13.12.2011 – B 1 KR 3/11 R –, USK 2011-140). Für Erstattungsfälle, die schon eingetreten sind, können durch Satzungsänderung die Erstattungsleistungen nicht herabgesetzt werden, was sich aus dem allgemeinen Rückwirkungsverbot ergibt. Wird dagegen eine bestehende Beschränkung ganz oder teilweise aufgehoben, so gelten vom Zeitpunkt des Inkrafttretens der Änderung an die neuen Erstattungssätze, sofern nicht ausdrücklich die Anwendung auf laufende Fälle ausgeschlossen wird.

p) Pauschalierung der Erstattung im U2-Verfahren

Nach § 1 Abs. 2 Nr. 1 und 2 AAG erstatten die Krankenkassen dem Arbeitgeber den nach § 20 Abs. 1 MuSchG gezahlten Zuschuss zum Mutterschaftsgeld und das vom Arbeitgeber nach § 18 MuSchG bei Beschäftigungsverboten gezahlte Arbeitsentgelt (Mutterschutzlohn) in vollem Umfang. Die Höhe der Erstattung darf eine Krankenkasse nicht durch Satzungsregelungen beschränken. Insofern ist es unzulässig, das Bruttoarbeitsentgelt für die Berechnung des erstattungsfähigen Zuschusses z. B. nur bis zur Höhe der Beitragsbemessungsgrenze in der allgemeinen Rentenversicherung zu berücksichtigen (vgl. Urteil des BSG vom 13.12.2011 – B 1 KR 7/11 R –, USK 2011-141). Hingegen kann eine Satzungsregelung getroffen werden, die eine pauschale Erstattung des von den Arbeitgebern zu tragenden Teils des Gesamtsozialversicherungsbeitrags für das nach § 18 MuSchG gezahlte Arbeitsentgelt vorsieht. Die pauschale Erstattung kann auch ohne Berücksichtigung von Beitragsbemessungsgrenzen ausgestaltet sein.

q) Vorschüsse an Arbeitgeber

Die Satzung kann nach § 9 Abs. 2 Nr. 3 AAG die Zahlung von Vorschüssen vorsehen. Hierbei handelt es sich um Vorschüsse an Arbeitgeber im Hinblick auf die zu erwartende Erstattung nach § 1 AAG. Die Zahlung von Vorschüssen kann an Voraussetzungen geknüpft werden (z. B. durch überdurchschnittliche Belastung des Betriebes durch Arbeitsunfähigkeits- oder Mutterschaftsfälle und dadurch bedingte Zahlungsschwierigkeiten des Arbeitgebers). Der Vorschuss wird auf den endgültigen Erstattungsanspruch angerechnet. Bei einer Überzahlung besteht neben der Rückforderung die Möglichkeit der Aufrechnung nach § 6 Abs. 2 Nr. 2 AAG.

r) Übertragung der Durchführung des Ausgleichsverfahrens

Macht eine Krankenkasse von der Möglichkeit Gebrauch, die Durchführung des Ausgleichsverfahrens der Arbeitgeberaufwendungen auf eine andere Krankenkasse, einen Landes- oder Bundesverband zu übertragen (vgl. § 8 Abs. 2 AAG), ist hierfür nach § 9 Abs. 2 Nr. 5 AAG eine entsprechende Satzungsregelung Voraussetzung. Auch für den Fall, dass die Durchführung des Ausgleichsverfahrens auf eine andere Krankenkasse, einen Landes- oder Bundesverband übertragen wird, obliegt der Einzug der Umlage weiterhin der übertragenden Krankenkasse, die die von den Arbeitgebern gezahlte Umlage an die durchführende Stelle weiterzuleiten hat. Mit der Übertragung erhält die durchführende Stelle auch die Satzungskompetenz, es gelten die Vorschriften des § 9 Abs. 1 bis 4 AAG. D. h., die Satzung der durchführenden Stelle muss dieselben Pflichtinhalte und kann dieselben freiwilligen Satzungsinhalte aufweisen, die auch die Satzung der übertragenden Krankenkasse aufzuweisen hätte bzw. aufweisen könnte. Gleiches gilt für die Höhe der Betriebsmittel sowie für das Zustandekommen der Satzungsregelungen.

s) Anwendung sozialversicherungsrechtlicher Vorschriften

Die Vorschrift des § 10 AAG schreibt als Generalklausel für das AAG die Anwendung der für die gesetzliche Krankenversicherung geltenden Normen – nach der Gesetzesbegründung insbesondere die Vorschriften des Dritten Abschnitts des Vierten Buches Sozialgesetzbuch – insoweit vor, als im AAG nichts anderes bestimmt ist. Dies gilt insbesondere für die Prüfverpflichtung der Träger der Rentenversicherung nach § 28p SGB IV bei den Arbeitgebern hinsichtlich deren Teilnahme am U1-Verfahren sowie der vollständigen Umlageerhebung.

t) Ausnahmevorschriften

aa) U1-Verfahren

Die in § 11 AAG genannten Arbeitgeber, Institutionen und Personen nehmen an dem Ausgleichsverfahren für Arbeitgeberaufwendungen bei Arbeitsunfähigkeit auch dann nicht teil, wenn sie nicht mehr als 30 Arbeitnehmer beschäftigen. Der Anspruch der von diesen Arbeitgebern beschäftigten Arbeitnehmer auf Entgeltfortzahlung nach dem Entgeltfortzahlungsgesetz wird durch diese Ausnahmevorschriften nicht berührt. Die Mittel für die Weiterzahlung des Arbeitsentgelts sind von den einzelnen Arbeitgebern, Institutionen und Personen selbst bereitzustellen. Die Ausnahmevorschrift des § 11 Abs. 1 Nr. 1 AAG nennt drei mögliche Fallkonstellationen:

- Die erste Fallkonstellation erfasst den Bereich des öffentlichen Dienstes, namentlich den Bund, die Länder, die Gemeinden und Gemeindeverbände sowie sonstige Körperschaften, Anstalten und Stiftungen des öffentlichen Rechts. Der Ausschluss vom U1-Verfahren erfolgt ungeachtet einer Tarifbindung (vgl. Urteil des BSG vom 31.5.2016 – B 1 KR 17/15 R –, USK 2016-17).
- Die zweite Fallkonstellation betrifft die von den vorstehend genannten juristischen Personen des öffentlichen Rechts geschaffenen privatrechtlichen Vereinigungen, Einrichtungen und Unternehmungen. Zwingende Voraussetzung für das Greifen der Ausnahmeregelung ist hier jedoch, dass diese Institutionen hinsichtlich der für die Beschäftigten des Bundes, der Länder oder der Gemeinden geltenden Tarifverträge

tarifgebunden sind. Eine mögliche einzelvertragliche Inbezugnahme auf solche Tarifverträge ist nicht ausreichend.

- Auch bei den in der dritten Fallkonstellation genannten Verbänden von Gemeinden, Gemeindeverbänden und kommunalen Unternehmen einschließlich deren Spitzenverbände ist, wie bei der ersten Fallkonstellation, die Tarifgebundenheit keine zwingende Voraussetzung für die Ausnahme vom Ausgleichsverfahren der Arbeitgeberaufwendungen bei Arbeitsunfähigkeit. Soweit hier von kommunalen Unternehmen gesprochen wird, werden nur die Verbände von kommunalen Unternehmen erfasst. Einzelne kommunale Unternehmen werden von Fallkonstellation 2.) erfasst.

Die bloße Eigenschaft eines eingetragenen gemeinnützigen Vereins befreit allein nicht von der Teilnahme am U1-Verfahren. Hierzu müssten weitere Kriterien, wie vorstehende, erfüllt sein. Die Feststellung der Befreiung von der Teilnahmepflicht des Arbeitgebers am U1-Verfahren treffen ausschließlich die Krankenkassen (vgl. Urteil BSG vom 31.5.2016 – B 1 KR 17/15 R –, USK 2016-17).

Politische Parteien sind nach der Definition des Gesetzes über die politischen Parteien (Parteiengesetz) Vereinigungen von Bürgern, die dauernd oder für längere Zeit für den Bereich des Bundes oder eines Landes auf die politische Willensbildung Einfluss nehmen und an der Vertretung des Volkes im Deutschen Bundestag oder einem Landtag mitwirken wollen. Sie sind keine öffentlichen Arbeitgeber im Sinne des § 11 Abs. 1 Nr. 1 AAG. Für sie gelten die Regelungen zur Umlage daher uneingeschränkt.

Die zivilen Arbeitskräfte, die bei Dienststellen und diesen gleichgestellten Einrichtungen der in der Bundesrepublik Deutschland stationierten ausländischen Truppen und der dort aufgrund des Nordatlantikpaktes errichteten internationalen militärischen Hauptquartiere beschäftigt sind (vgl. Art. 56 Abs. 3 ZA-NTS, Art. 5 des Ergänzungsabkommens vom 13.3.1967 zum Hauptquartier-Protokoll vom 28.8.1952 in Verbindung mit Art. 13 Abs. 1 ZA-NTS sowie Art. 7 und Art. 8 Abs. 2 des Ergänzungsabkommens zum Hauptquartier-Protokoll) sind vom U1-Verfahren ausgenommen.

Die Spitzenverbände der freien Wohlfahrtspflege (Arbeiterwohlfahrt, Diakonisches Werk der Evangelischen Kirche in Deutschland, Deutscher Caritasverband, Deutscher Paritätischer Wohlfahrtsverband, Deutsches Rotes Kreuz und Zentralwohlfahrtsstelle der Juden in Deutschland) einschließlich ihrer selbstständigen und nichtselbstständigen Untergliederungen, Einrichtungen und Anstalten sind vom U1-Verfahren ausgenommen, es sei denn, sie erklären schriftlich und unwiderruflich gegenüber einer Krankenkasse mit Wirkung für alle durchführenden Krankenkassen und Verbände ihre Teilnahme am Umlageverfahren.

Die im Rahmen des § 54a SGB III bezuschussten betrieblichen Einstiegsqualifizierungen und die im Rahmen des § 79 Abs. 2 SGB III bezuschussten Berufsausbildungen in außerbetrieblichen Einrichtungen sind vom AAG-Verfahren ausgenommen.

Die nach § 2 Abs. 1 Nr. 3 KVLG 1989 pflichtversicherten mitarbeitenden Familienangehörigen eines landwirtschaftlichen Unternehmers haben grundsätzlich einen Anspruch auf Entgeltfortzahlung nach dem Entgeltfortzahlungsgesetz bzw. nach dem Mutterschutzgesetz. Die Aufwendungen werden dem landwirtschaftlichen Unternehmer jedoch nicht erstattet.

bb) U2-Verfahren

Ausnahmevorschriften für die Teilnahme am Ausgleichsverfahren der Arbeitgeberaufwendungen für Mutterschaftsleistungen sind nach dem Beschluss des Bundesverfassungsgerichtes vom 18.11.2003 – 1 BvR 302/96 –, USK 2003-29, grundsätzlich nicht zulässig. Daher werden nach § 11 Abs. 2 AAG von der Teilnahme an diesem Ausgleichsverfahren lediglich drei Personengruppen ausgenommen:

- Die in der Landwirtschaft mitarbeitenden versicherungspflichtigen Familienangehörigen eines landwirtschaftlichen Unternehmers.
- Bestimmte Personenkreise, für die aufgrund des Zusatzabkommens zum NATO-Truppenstatut (ZA-NTS) vom 13.8.1959 eine Sonderregelung gelten muss. Art. 13 Abs. 1 ZA-NTS nimmt die Mitglieder einer Truppe (= Stationierungsstreitkräfte in Deutschland), das zivile Gefolge (= das die Truppe begleitende Zivilpersonal, das bei den Streitkräften des die Truppe entsendenden Staates beschäftigt ist und weder staatenlos ist noch die deutsche Staatsangehörigkeit besitzt) und deren Angehörige von der Anwendung der im Bundesgebiet geltenden Bestimmungen über die soziale Sicherheit und Fürsorge aus. Zu diesen Bestimmungen gehören auch jene des AAG. Etwas anderes gilt jedoch für die bei den Stationierungsstreitkräften beschäftigten zivilen Arbeitskräfte (vgl. Art. 56 Abs. 3 ZA-NTS), auf welche die Vorschriften des deutschen Rechts über die Sozialversicherung Anwendung finden. Entsprechendes gilt gemäß Art. 5 des Ergänzungsabkommens vom 13.3.1967 zum Hauptquartier-Protokoll vom 28.8.1952 in Verbindung mit Art. 13 Abs. 1 ZA-NTS, gemäß Art. 7 und Art. 8 Abs. 2 des Ergänzungsabkommens zum Hauptquartier-Protokoll für das Personal und die zivilen Arbeitskräfte der internationalen militärischen Hauptquartiere in Deutschland. Aufgrund der Formulierung des § 11 Abs. 1 Nr. 2 AAG werden daher nur die zivilen Arbeitskräfte in das Ausgleichsverfahren der Arbeitgeberaufwendungen für Mutterschaftsleistungen einbezogen. Bei dem übrigen Personal der Stationierungskräfte und der internationalen militärischen Hauptquartiere in Deutschland wird durch § 11 Abs. 2 Nr. 2 AAG notwendigerweise die Anwendung beider Ausgleichsverfahren ausgeschlossen.
- Personen in im Rahmen des § 54a SGB III bezuschussten betrieblichen Einstiegsqualifizierungen und im Rahmen des § 79 Abs. 2 SGB III bezuschussten Berufsausbildungen in außerbetrieblichen Einrichtungen.

u) Freiwilliges Ausgleichsverfahren

Arbeitgeber, die demselben Wirtschaftszweig angehören, können eine eigene Einrichtung zum Ausgleich der Arbeitgeberaufwendungen errichten. Tritt ein Arbeitgeber einem freiwilligen Ausgleichsverfahren bei, so finden für ihn vom Tage des Beitritts an die Vorschriften des AAG keine Anwendung mehr. Beim Ausscheiden aus dem freiwilligen Ausgleichsverfahren gelten die Vorschriften des AAG von dem Tage an, der auf den Tag des Ausscheidens folgt. Im Übrigen bedürfen sowohl die Errichtung sowie die Regelung des freiwilligen Ausgleichsverfahrens der Genehmigung des Bundesministeriums für Gesundheit.

11. Sozialversicherungsausweis

Seit mehreren Jahren gibt es den sog. Sozialversicherungsausweis. Jeder Beschäftigte erhält als Ausweis ein Anschreiben der Deutschen Rentenversicherung, das seine persönlichen Daten und die Versicherungsnummer enthält. Die Daten werden zukünftig auch in verschlüsselter, maschinenlesbarer Form (Barcode) enthalten sein. Der Ausweis wird von der Datenstelle der Rentenversicherung bei der Vergabe einer neuen Versicherungsnummer oder auf eigenen Antrag (z. B. bei Verlust, Zerstörung etc.) ausgestellt. Der Antrag kann bei der zuständigen Einzugsstelle (Krankenkasse) oder dem Rentenversicherungsträger gestellt werden. Der Arbeitnehmer muss das Anschreiben (Sozialversicherungsausweis) zu Beginn der Beschäftigung unaufgefordert vorlegen.

Der Arbeitgeber muss also bei Beginn der Beschäftigung das Anschreiben (Sozialversicherungsausweis) vom Arbeitnehmer verlangen.

Für die Wirtschaftsbereiche des Baugewerbes, des Gaststätten- und Beherbergungsgewerbes, des Personen- und Güterbeförderungsgewerbes, des Schaustellergewerbes, bei Unternehmen der Forstwirtschaft, dem Gebäudereinigungsgewerbe, bei Messebauunternehmen, Betrieben der Fleischwirtschaft, im Prostitutionsgewerbe und im Wach- und Sicherheitsgewerbe bestehen folgende Regelungen:

- während der Beschäftigung ist ein Personalausweis oder Reisepass oder ein entsprechendes Ersatzdokument mitzuführen,
- der Arbeitgeber hat eine **Sofortmeldung** mit dem Tag der Beschäftigungsaufnahme abzugeben.

Auf die Erläuterungen beim Stichwort „Sofortmeldung" wird Bezug genommen.

Die Regelungen über den Sozialversicherungsausweis gelten nicht für Beschäftigte, die in der Kranken-, Pflege-, Renten- und Arbeitslosenversicherung versicherungsfrei sind (z. B. Beamte, Soldaten und Richter) oder die von der Versicherungspflicht befreit wurden (z. B. Geistliche und andere Personen mit Versorgungsanwartschaften nach beamtenrechtlichen Grundsätzen). Üben diese Personen allerdings nebenher eine geringfügige Beschäftigung aus, so gelten hierfür die Regelungen über den Sozialversicherungsausweis und die damit zusammenhängenden Meldungen und sonstigen Pflichten. Die Regelungen über den Sozialversicherungsausweis gelten nicht für Beschäftigte im Haushalt und für Schüler bis zum 16. Lebensjahr, wenn die Entgelt- und Zeitgrenzen einer geringfügigen Beschäftigung nicht überschritten werden. Außerdem gelten die Regelungen über den Sozialversicherungsausweis nicht für mitarbeitende Familienangehörige eines landwirtschaftlichen Unternehmers. Für Beschäftigte im Rahmen einer Einstrahlung (vgl. dieses Stichwort), die in mitführungspflichtigen Branchen tätig sind besteht eine Sonderregelung. Sie haben statt des Sozialversicherungsausweises den Aufenthaltstitel oder die Bescheinigung über die Entsendung mitzuführen.

12. Beiträge zur Kranken- und Pflegeversicherung bei Versorgungsbezügen

a) Allgemeines

Bestimmte **krankenversicherungspflichtige Personen** haben aus ihnen gewährten Versorgungsbezügen grundsätzlich Beiträge zur Kranken- und Pflegeversicherung zu entrichten. Hierbei handelt es sich insbesondere um krankenversicherungspflichtige **Arbeitnehmer** (§ 226 SGB V) und **Rentner** (§ 237 SGB V). Darüber hinaus betreffen diese Regelungen Studenten (§ 236 Abs. 2 SGB V), Künstler und Publizisten (§ 234 Abs. 2 SGB V), Rehabilitanden (§ 235 Abs. 4 SGB V) und Leistungsbezieher nach dem SGB II und SGB III.

Als Versorgungsbezüge im Sinne der Kranken- und Pflegeversicherung (§ 229 SGB V, § 57 Abs. 1 SGB XI) gelten, soweit sie wegen Einschränkung der Erwerbsfähigkeit oder zur Alters- oder Hinterbliebenenversorgung gewährt werden:

- Versorgungsbezüge aus einem öffentlich-rechtlichen Dienstverhältnis oder aus einem Arbeitsverhältnis mit Anspruch auf Versorgung nach beamtenrechtlichen Vorschriften oder Grundsätzen (z. B. Pensionen),
- Bezüge aus der Versorgung der Abgeordneten, Parlamentarischen Staatssekretäre und Minister,
- Renten der Versicherungs- oder Versorgungseinrichtungen, die für Angehörige bestimmter Berufe errichtet sind (z. B. Rente aus dem Architekten-, Ärzte- oder Apothekerversorgungswerk),
- Renten und Landabgaberenten nach dem Gesetz über die Altershilfe der Landwirte mit Ausnahme einer Übergangshilfe,
- Renten der betrieblichen Altersversorgung einschließlich der Zusatzversorgung im öffentlichen Dienst und der hüttenknappschaftlichen Zusatzversorgung (z. B. Betriebsrenten, VBL, ZVK des Baugewerbes),
- Abfindungen bei aufgelösten betrieblichen Altersversorgungsregelungen.

Als Versorgungsbezüge gelten auch Leistungen dieser Art, die aus dem Ausland oder von einer zwischenstaatlichen oder überstaatlichen Einrichtung bezogen werden.

Verfassungsmäßigkeit der Beitragszahlung

Nach Auffassung des Bundesverfassungsgerichts ist die Beitragszahlung durch die Bezieher von Versorgungsbezügen in die gesetzliche Krankenversicherung und soziale Pflegeversicherung verfassungsgemäß.

Besonderheiten können sich aber bei einer Fortsetzung der betrieblichen Altersversorgung nach dem Ende des Arbeitsverhältnisses ergeben. In den Streitfällen waren die Beschwerdeführer über ihren Arbeitgeber bei der als Versicherungsverein auf Gegenseitigkeit ausgestalteten Pensionskasse versichert. Die Satzung sah vor, dass die Versicherung bei einem Ausscheiden aus dem Arbeitsverhältnis freiwillig fortgesetzt werden konnte und in diesem Fall der ehemalige Arbeitnehmer Einzelmitglied in der Pensionskasse und alleiniger Versicherungsnehmer wurde. Die beiden Beschwerdeführer zahlten nach ihrem Ausscheiden aus dem jeweiligen Arbeitsverhältnis 18 bzw. 22 Jahre allein die Beiträge an die Pensionskasse. Für die Berechnung der Kranken- und Pflegeversicherungsbeiträge legte die Pensionskasse die gesamte Rentenzahlung zugrunde und damit auch die Leistungen, die auf den Einzahlungen der Beschwerdeführer nach der Beendigung des jeweiligen Arbeitsverhältnisses beruhten.

Das Bundesverfassungsgericht hat den beiden Verfassungsbeschwerden entsprochen; Kranken- und Pflegeversicherungsbeiträge sind auf die nach dem Ausscheiden geleisteten Beitragszahlungen nicht zu erheben. Die bislang vorgenommene Unterscheidung zwischen privater und betrieblicher Altersvorsorge allein nach der auszahlenden Institution überschreitet in den vorliegenden Fällen die Grenze einer zulässigen Typisierung. Es ist vielmehr darauf abzustellen, ob der Versicherte nach Beendigung des Arbeitsverhältnisses den Rahmen des Betriebsrentenrechts weiterhin unverändert nutzt oder den Vertrag aus dem betrieblichen Bezug löst. Indem der Versicherte nach dem Ende des Arbeitsverhältnisses mit der Pensionskasse einen Lebensversicherungsvertrag ohne Beteiligung des Arbeitgebers abschließt oder einen bestehenden Vertrag in dieser Weise ändert und die Versicherungsleistungen selbst finanziert, wird der Rahmen des Betriebsrentenrechts verlassen. Einzahlungen des Versicherten auf diesen Vertragsteil unterscheiden sich nur unwesentlich von Einzahlungen auf privat abgeschlossene Lebensversicherungsverträge. Eine unterschiedliche Behandlung bei der Beitragspflicht in der gesetzlichen Kranken- und Pflegeversicherung rechtfertigt dies nicht (Beschlüsse des BVerfG vom 9.7.2018 1 BvL 2/18 und vom 27.6.2018 1 BvR 100/15 sowie 1 BvR 249/15). Der Gesetzgeber hat auf diese Urteile reagiert und in § 229 Abs. 1 SGB V die Nr. 5 entsprechend ergänzt. Nunmehr ist auch gesetzlich geregelt, dass Leistungen, die der Versicherte nach dem Ende des Arbeitsverhältnisses als alleiniger Versicherungsnehmer aus nicht durch den Arbeitgeber finanzierten Beiträgen erworben hat, nicht zu den beitragspflichtigen Versorgungsbezügen gehören.

Kapitalleistungen (Versorgungsbezüge als Einmalzahlung)

Alle Kapitalleistungen, die der Alters- oder Hinterbliebenenversorgung oder der Versorgung bei verminderter Erwerbsfähigkeit dienen, unterliegen der Beitragspflicht. Voraussetzung ist ein Bezug zum früheren Erwerbsleben. Dabei macht es keinen Unterschied, ob die Versorgungsleistung als originäre Kapitalauszahlung ohne Wahlrecht zu Gunsten einer Rentenzahlung oder als Kapitalleistung mit Option zu Gunsten einer Rentenzahlung zugesagt wird.

Umfang der Beitragspflicht von kapitalisierten Versorgungsbezügen

Für Versorgungsbezüge, die als Kapitalleistung gewährt werden, gilt $^1/_{120}$ der Kapitalleistung als monatlicher Zahlbetrag, d. h. der Betrag der Kapitalleistung wird auf 10 Jahre umgelegt. Die Frist von 10 Jahren beginnt mit dem Ersten des auf die Auszahlung der Kapitalleistung folgenden Kalendermonats. Wird die Kapitalleistung in Raten ausgezahlt, ist für die Ermittlung des beitragspflichtigen Anteils im Rahmen der $^1/_{120}$-Regelung dennoch der Gesamtbetrag heranzuziehen. Sollte der Versorgungsempfänger vor Ablauf von zehn Jahren (120 Monaten) versterben, endet auch die Beitragspflicht mit diesem Zeitpunkt. Die Erben zahlen keine Beiträge für den Zeitraum zwischen Tod und Ablauf der Zehn-Jahres-Frist. Für die Hinterbliebenen kann eine eigene Beitragspflicht entstehen, wenn diese als Hinterbliebenenversorgung einen eigenen Kapitalbetrag beanspruchen können. Beiträge aus Kapitalleistungen sind nicht zu entrichten, wenn der auf den Kalendermonat umgelegte Anteil $^1/_{20}$ der monatlichen Bezugsgröße (2021 = 164,50 €) nicht übersteigt.

Versorgungsbezüge an Hinterbliebene nach Vollendung des 27. Lebensjahres

Das Bundessozialgericht (BSG) hat mit Urteil vom 26. Februar 2019 – B 12 KR 12/18 R –, USK 2019-4, in dem Fall einer Kapitalleistung aus einer betrieblichen Altersversorgung in Form einer Direktversicherung an das nach dem Tod des Arbeitnehmers bezugsberechtigte Kind entschieden, dass es sich bei dieser Einnahme nicht um Versorgungsbezüge handelte, da das Kind zum Zeitpunkt des Versicherungsfalls bereits das 27. Lebensjahr (Höchstaltersgrenze für eine Waisenrente aus der gesetzlichen Rentenversicherung) vollendet hatte. Die Kapitalleistung sei aufgrund des fehlenden Versorgungszwecks nicht „zur Hinterbliebenenversorgung" im Sinne des § 229 Abs. 1 Satz 1 SGB V erzielt worden.

Mit diesem Urteil stellen sich mehrere Fragen hinsichtlich der Beurteilung von laufenden und einmaligen Leistungen an Hinterbliebene als Versorgungsbezüge i. S. des § 229 SGB V. Dazu hat die Fachkonferenz Beiträge beim GKV-Spitzenverband in der Besprechung vom 19.11.2019 ausführlich Stellung genommen. Die Ergebnisniederschrift der Fachkonferenz Beiträge ist u. a. unter www.aok.de/fk/sozialversicherung/besprechungsergebnisse/jahre-2016-2019/ veröffentlicht worden.

Die Beiträge sind im Normalfall von den so genannten Zahlstellen der Versorgungsbezüge, das sind im Allgemeinen die **ehemaligen Arbeitgeber** der Rentner bzw. deren **Versorgungseinrichtungen oder -kassen,** an die zuständige Krankenkasse abzuführen (§ 256 Abs. 1 SGB V, § 60 Abs. 1 Satz 2 SGB XI). Zahlstellen, die regelmäßig an weniger als 30 beitragspflichtige Mitglieder Versorgungsbezüge auszahlen, können bei der zuständigen Krankenkasse beantragen, dass das Mitglied die Beiträge selbst zahlt (§ 256 Abs. 4 SGB V, § 60 Abs. 1 Satz 2 SGB XI). Für die im Rahmen einer **privaten** Krankenversicherung versicherten Empfänger von Versorgungsbezügen sind keine Beiträge zu entrichten.

b) Pflichten der Zahlstelle

Damit die Krankenkassen die auf die Versorgungsbezüge entfallenden Beiträge ordnungsgemäß erheben können, sind den Versorgungsempfängern, aber auch den Zahlstellen Melde- und Mitteilungspflichten auferlegt worden. Die Zahlstelle hat deshalb zunächst bei der erstmaligen Bewilligung von Versorgungsbezügen sowie bei Mitteilung über die Beendigung der Mitgliedschaft eines Versorgungsempfängers die zuständige Krankenkasse zu ermitteln und dieser Beginn, Höhe, Veränderungen und Ende der Versorgungsbezüge unverzüglich zu melden (§ 202 Abs. 1 Satz 1 SGB V, § 50 Abs. 1 Satz 2 SGB XI). Dabei ist es zunächst unerheblich, ob dann auch tatsächlich Beitragspflicht aus Versorgungsbezügen eintritt.

Der Versorgungsempfänger hat der Zahlstelle seine Krankenkasse anzugeben und einen evtl. Kassenwechsel sowie die Aufnahme einer versicherungspflichtigen Beschäftigung anzuzeigen (§ 202 Abs. 1 Satz 3 SGB V). Die Krankenkasse prüft aufgrund der Meldung, ob, ab wann und ggf. bis zu welcher Höhe Versorgungsbezüge beitragspflichtig sind und hat der Zahlstelle und dem Versorgungsbezieher unverzüglich die Beitragspflicht, deren Umfang und den Beitragssatz aus Versorgungsbezügen mitzuteilen (§ 202 Abs. 1 Satz 4 SGB V, § 50 Abs. 1 SGB XI). Diese Rückmeldung der Krankenkasse erfolgt ebenfalls auf elektronischem Wege.

Der Versorgungsempfänger erhält eine Mitteilung über den Beginn der Beitragspflicht und die Höhe des Beitragssatzes sowie Kenntnis davon, dass die Zahlstelle ggf. die Beiträge zur KV und/oder PV einbehält und an die Krankenkasse abführt.

c) Maschinelles Meldeverfahren

Das Meldeverfahren erfolgte bis 31.12.2010 als „manuelles Verfahren" in Papierform bzw. als optionale Alternative im maschinellen Verfahren. Seit dem 1. Januar 2011 ist das maschinelle Verfahren für Zahlstellen verpflichtend.

Um im Melde- und Beitragsverfahren von Versorgungsbezügen die Zahlstellen eindeutig identifizieren zu können, erhält jede Zahlstelle seit 1.1.2017 neben der bereits bekannten Betriebsnummer eine eigene Nummer, die sogenannte Zahlstellennummer. Diese richtet sich im Aufbau nach der Betriebsnummer. Die Zahlstellennummer wird zukünftig durch den GKV-Spitzenverband vergeben, der auch eine Datei über die Zahlstellennummern und die Angaben zu den Zahlstellen vorhält.

Die Datensatzbeschreibungen zum Verfahren finden sich als Anlage zu den „Grundsätzen zum Zahlstellen-Meldeverfahren nach § 202 Absatz 2 und 3 Fünftes Buch Sozialgesetzbuch" in der seit 1.10.2020 geltenden Fassung vom 13.2.2020 (siehe u. a. unter www.gkv-datenaustausch.de/media/dokumente/zahlstellenverfahren/ZMV_Grundsaetze_102020.pdf).

Diese Grundsätze werden ergänzt durch die Verfahrensbeschreibung zum Zahlstellen-Meldeverfahren in der seit 1.10.2020 gültigen Version. Hier ist das Verfahren für das maschinelle Meldeverfahren detailliert beschrieben.

d) Beitragssatz und Berechnung der Beiträge

Der Beitragssatz für die aus den Versorgungsbezügen zu berechnenden Beiträge zur Krankenversicherung ist der allgemeine Beitragssatz (seit 1.1.2015 **14,6 %**). Für die Beiträge zur Pflegeversicherung beträgt der Beitrag seit 1.1.2019 bundeseinheitlich **3,05 %** bzw. für Versorgungsempfänger mit Anspruch auf Beihilfe oder Heilfürsorge die Hälfte hiervon 1,525 %. Auch kinderlose Versorgungsempfänger haben grundsätzlich den Beitragszuschlag zur sozialen Pflegeversicherung für Kinderlose zu bezahlen. Nähere Einzelheiten, insbesondere zu Altersgrenzen etc., können Sie dem Stichwort „Beitragszuschlag zur sozialen Pflegeversicherung für Kinderlose" im Hauptteil des Lexikons entnehmen.

Keine Beiträge **zur Pflegeversicherung** aus Versorgungsbezügen sind zu entrichten, wenn diese monatlich insgesamt ein Zwanzigstel der monatlichen Bezugsgröße nicht übersteigen. Keine Beiträge **zur Pflegeversicherung** sind also im Kalenderjahr 2021 für Versorgungsbezüge bis zu **164,50 €** monatlich zu zahlen. Auf die oben bereits angesprochene Meldeverpflichtung hat die Höhe der Versorgungsbezüge jedoch keinen Einfluss, diese besteht unabhängig davon immer.

Ab dem 1.1.2020 wurde in der **Krankenversicherung** für Leistungen der betrieblichen Altersversorgung zusätzlich zur Freigrenze ein **Freibetrag** eingeführt. Dieser ist gleichermaßen auf monatliche Zahlungen und bei der Verbeitragung von einmaligen Kapitalauszahlungen anzuwenden. Überschreiten die monatlichen beitragspflichtigen Einnahmen nach § 226 Absatz 1 Satz 1 Nummer 3 und 4 insgesamt ein Zwanzigstel der monatlichen Bezugsgröße (2021: 164,50 €), ist von den monatlichen beitragspflichtigen Einnahmen nach § 229 Absatz 1 Satz 1 Nummer 5 ein Freibetrag in dieser Höhe abzuziehen. Es ergibt sich also eine unterschiedliche Beitragsbemessung in der Pflege- und in der Krankenversicherung. In der Pflegeversicherung gilt eine Freigrenze. In der Krankenversicherung kommt ggf. ein Freibetrag zum Abzug.

Die Zahlstellen haben die Beiträge aus Versorgungsbezügen zu berechnen, von diesen einzubehalten und an die Krankenkasse zu zahlen. Die Berechnung erfolgt gemäß der Bemessungsgrundlage und dem allgemeinen Beitragssatz. Bemessungsgrundlage ist hierbei die Summe der im jeweiligen Abrechnungszeitraum angefallenen laufenden und einmaligen Versorgungsbezüge unter Berücksichtigung eines evtl. Freibetrages bis zur Beitragsbemessungsgrenze der Krankenversicherung unter Berücksichtigung der Renten aus der gesetzlichen Rentenversicherung und des Arbeitsentgeltes aus einer versicherungspflichtigen Beschäftigung. Diese Berechnung erfolgt je Krankenkasse.

Seit 1. Januar 2015 gilt, dass Beiträge zur Kranken- und Pflegeversicherung aus Versorgungsbezügen einheitlich am 15. des Folgemonats der Auszahlung fällig werden. Auch werden ab diesem Zeitpunkt die für Arbeitgeber geltenden Regelungen zur Abgabefrist für Beitragsnachweise und zur Schätzung der beitragspflichtigen Einnahmen für das Zahlstellenverfahren übernommen (Einzelheiten hierzu siehe unter dem Stichwort „Abführung der Sozialversicherungsbeiträge" im Hauptteil des Lexikons).

Der Einbehalt und die Abführung von Beiträgen aus Versorgungsbezügen im Rahmen des Zahlstellenverfahrens umfasst gleichfalls die Zusatzbeiträge. Der Zusatzbeitrag aus Versorgungsbezügen wird vom Versorgungsempfänger allein getragen (vgl. § 250 Abs. 1 Nr. 1 SGB V). Veränderungen des Zusatzbeitragssatzes wirken sich allerdings erst mit einer zweimonatigen Verzögerung aus. Der neue Zusatzbeitragssatz gilt mithin erst vom ersten Tag des zweiten auf die Veränderung folgenden Kalendermonats. Dies gilt nicht für die Fälle, in denen die Krankenkasse den Zusatzbeitrag aus Versorgungsbezügen unmittelbar vom Versicherten erhebt. Letzteres betrifft Versicherungspflichtige, bei denen die Voraussetzungen für das Zahlstellenverfahren nicht erfüllt sind, sowie für Versorgungsbezüge aus dem Ausland sowie Kapitalabfindungen und Kapitalleistungen.

Nachzahlungen von Versorgungsbezügen sind beitragsrechtlich den Monaten zuzuordnen, für die sie bestimmt sind. Dabei ist für die Beitragsberechnung der in dem jeweiligen Monat geltende Beitragssatz, ggf. unter Berücksichtigung der Verzögerung von Veränderungen des Zusatzbeitragssatzes, anzusetzen.

Bei freiwillig versicherten Rentnern wird der Zusatzbeitrag nicht im Quellenabzug durch die Zahlstellen von Versorgungsbezügen abgeführt. Der Zusatzbeitrag ist stattdessen von den freiwillig versicherten Mitgliedern zusammen mit dem übrigen Krankenversicherungsbeitrag an die Krankenkasse selbst abzuführen. Deshalb wirkt sich eine Veränderung des Zusatzbeitragssatzes ohne zeitliche Verzögerung auf die Höhe des Zusatzbeitrages aus. Ein veränderter Zusatzbeitrag aus den Versorgungsbezügen ist vom freiwillig Versicherten somit vom ersten Monat der Änderung an zu zahlen (vgl. § 240 Abs. 2 Satz 5 SGB V).

e) Beitragsnachweis und Beitragsliste

Der Beitragsnachweis ist in elektronischer Form zu übermitteln (vgl. § 256 Abs. 1 Satz 4 SGB V). Hierzu wurden den Spitzenorganisationen der Zahlstellen entsprechende Grundsätze zum Aufbau der Datensätze für die Übermittlung von Beitragsnachweisen der Zahlstellen von Versorgungsbezügen durch Datenübertragung nach § 256 Abs. 1 Satz 4 SGB V in der jeweils gültigen Fassung – siehe www.gkv-datenaustausch.de-Arbeitgeber-Beitragsnachweise). Mit der Verpflichtung, die Meldungen über die Beitragspflicht von Versorgungsbezügen im maschinellen Verfahren abzugeben, geht auch die Verpflichtung einher, Beitragsnachweise nur noch in elektronischer Form zu übermitteln.

Die Zahlstellen haben jeder Krankenkasse die einbehaltenen Beiträge ähnlich wie den Gesamtsozialversicherungsbeitrag nachzuweisen (§ 256 Abs. 1 SGB V).

Die Krankenkassen haben das Recht, die Beitragszahlung zu überwachen (§ 256 Abs. 3 SGB V, § 60 Abs. 1 Satz 2 SGB XI). Bei diesen turnusmäßig stattfindenden sog. Zahlstellenprüfungen überprüfen die Krankenkassen sowohl die ordnungsgemäße Durchführung des Meldeverfahrens als auch die korrekte Beitragsberechnung und -abführung.

	Lohn-steuer-pflichtig	Sozial-versich.-pflichtig

Abfindungen nach dem Gleichbehandlungsgesetz

Wird ein Arbeitnehmer unter Verstoß gegen das Benachteiligungsverbot des Allgemeinen Gleichbehandlungsgesetzes (AGG) entlassen und ist der Arbeitgeber verpflichtet, den hierdurch entstandenen **materiellen Schaden** zu ersetzen (Fall des § 15 Abs. 1 AGG), handelt es sich bei der Zahlung um steuerpflichtigen Arbeitslohn, da diese Entschädigung einen Ersatz für entgehende Einnahmen darstellt (§ 19 Abs. 1 i. V. m. § 24 Nr. 1 Buchstabe a EStG; vgl. auch das Stichwort „Entschädigungen"). ja nein

Handelt es sich hingegen um Entschädigungen, die ein Beschäftigter wegen Verletzung des Benachteiligungsverbots durch den Arbeitgeber für **immaterielle Schäden** (Diskriminierung wegen Geschlecht/Alter, Mobbing, sexuelle Belästigung) verlangen kann (Fall des § 15 Abs. 2 AGG), liegt kein steuerpflichtiger Arbeitslohn vor. Derartige Entschädigungen werden nicht „für eine Beschäftigung" gewährt. Sie sind – wie andere Schadensersatzleistungen auch, zu denen ein Arbeitgeber gesetzlich verpflichtet ist – keine Einnahme aus dem Dienstverhältnis (vgl. auch das Stichwort „Schadensersatz"). nein nein

Das Bundesverwaltungsgericht hat einem Beamten eine Entschädigung in Höhe von 5550 € zugesprochen, weil seine Besoldung über einen Zeitraum von 4½ Jahren gegen das Verbot der Benachteiligung wegen Alters verstoßen hat. Das Gericht hat den Anspruch auf angemessene Entschädigung wegen immaterieller Schäden aus § 15 Abs. 2 AGG hergeleitet und eine pauschale Entschädigung von 100 € pro Monat festgesetzt (Urteil des Bundesverwaltungsgerichts vom 30.10.2014 2 C 6.13). Auch wenn man sicherlich geteilter Meinung darüber sein kann, ob durch die Entschädigung ein materieller Schaden oder ein immaterieller Schaden ausgeglichen werden sollte, lag somit im Streitfall eine nicht steuerpflichtige Schadensersatzleistung vor. nein nein

Abfindung wegen Entlassung aus dem Dienstverhältnis

Wichtiges auf einen Blick:

Die Finanzverwaltung hat ein ausführliches Anwendungsschreiben zur steuerlichen Behandlung von Entlassungsabfindungen herausgegeben.[1] Die sich hieraus ergebende Verwaltungsauffassung ist in die nachfolgenden Erläuterungen eingearbeitet worden.

Gliederung:

1. Allgemeines
2. Gesetzliche Entlassungsabfindungen
3. Lohnsteuerliche Behandlung von Abfindungszahlungen nach dem Gleichbehandlungsgesetz
4. Abfindungen wegen Entlassung aus dem Dienstverhältnis bei geringfügig Beschäftigten
5. Anwendung der Fünftelregelung bei der Besteuerung von Entlassungsabfindungen
   a) Allgemeines
   b) Anwendung der Fünftelregelung beim Lohnsteuerabzug durch den Arbeitgeber
   c) Abgrenzung einer Abfindung gegenüber anderen Einkunftsarten und Schadensersatz
6. Voraussetzungen für die Anwendung der Fünftelregelung bei der Besteuerung von Entlassungsabfindungen
7. Außerordentliche Einkünfte/Zusammenballung von Einkünften als Voraussetzung für die Anwendung der Fünftelregelung
8. Zahlung der Abfindung in einem Kalenderjahr
   a) Allgemeines
   b) Soziale Fürsorgeleistungen
   c) Lebenslängliche Leistungen
   d) Absicherung des Arbeitgebers
9. Vergleichsberechnung
10. Nachzahlung von Entschädigungsleistungen
11. Sonderfälle
    a) Zahlung von Rentenversicherungsbeiträgen durch den Arbeitgeber nach § 187a SGB VI bei Altersteilzeit
    b) Nachteilsausgleich wegen Rentenminderung bei Altersteilzeit
    c) Rückzahlung von Abfindungen
12. Aufzeichnungs- und Bescheinigungspflichten bei Abfindungen
13. Sozialversicherungsrechtliche Behandlung von Abfindungen
    a) Allgemeines
    b) Fortbestand des versicherungspflichtigen Beschäftigungsverhältnisses bei Verzicht des Arbeitgebers auf die Arbeitsleistung unter Fortzahlung des Arbeitsentgelts
14. Auswirkung von Entlassungsabfindungen auf das Arbeitslosengeld
15. Berechnungsbeispiel zur Besteuerung des steuerpflichtigen Teils einer Abfindung

1. Allgemeines

Seit 1.1.2008 ausgezahlte Abfindungen wegen Entlassung aus dem Dienstverhältnis sind in voller Höhe **lohnsteuerpflichtig aber beitragsfrei.** ja nein

Abfindungen gehören zwar in vollem Umfang zum steuerpflichtigen Arbeitslohn. Die Abfindung kann jedoch nach der **sog. Fünftelregelung ermäßigt besteuert** werden, wenn eine Zusammenballung von Einkünften vorliegt (vgl. hierzu die Erläuterungen unter den nachfolgenden Nrn. 5 bis 9).

Sozialversicherungsrechtlich gehören Entlassungsabfindungen nach der Rechtsprechung des Bundessozialgerichts nicht zum beitragspflichtigen Entgelt (vgl. die Erläuterungen unter der folgenden Nr. 13). Zu beachten ist allerdings, dass das Arbeitslosengeld bei der Zahlung von Entlassungsabfindungen durch ein Ruhen des Anspruchs oder eine Sperrzeit ggf. gekürzt wird (vgl. nachfolgend unter Nr. 14).

Ein zusammenfassendes Beispiel zur Lohnabrechnung eines Arbeitnehmers beim Ausscheiden aus dem Arbeitsverhältnis mit Urlaubsabgeltung und Entlassungsabfindung sowie Anwendung der Fünftelregelung ist in der folgenden Nr. 15 enthalten.

2. Gesetzliche Entlassungsabfindungen

Wenn von Abfindungen die Rede ist, wird in erster Linie an den Abschluss eines Aufhebungsvertrags und die zwischen Arbeitgeber und Arbeitnehmer vereinbarte Zahlung einer Abfindung gedacht. Es gibt jedoch auch Entlassungsabfindungen, die dem Grunde und ggf. auch der Höhe nach gesetzlich geregelt sind. Für diese gesetzlich geregelten Abfindungen gab es früher eine eigene Steuerbefreiungsvorschrift in § 3 Nr. 10 EStG in der bis zum 31.12.2005 geltenden Fassung. Hiernach waren gesetzlich festgelegte Entschädigungen (z. B. bei Soldaten), die wegen Entlassung aus dem Dienstverhältnis gewährt wurden, bis zu 10 800 € steuerfrei.

1) BMF-Schreiben vom 1.11.2013 (BStBl. I S. 1326, geändert durch BMF-Schreiben vom 4.3.2016 (BStBl. I S. 277). Dieser sog. Abfindungs-Erlass des Bundesministeriums der Finanzen ist als Anlage zu H 34 LStR im **Steuerhandbuch für das Lohnbüro 2021** abgedruckt, das im selben Verlag erschienen ist.

	Lohn-steuer-pflichtig	Sozial-versich.-pflichtig

Entsprechend der Abschaffung von Steuerfreibeträgen für Abfindungen in der Privatwirtschaft ist auch der Freibetrag für Übergangsgelder im öffentlichen Dienst in Höhe von 10 800 € weggefallen. Lediglich für bestimmte Zeitsoldaten gibt es noch eine Übergangsvorschrift für den Steuerfreibetrag (§ 52 Abs. 4 Satz 3 EStG).

Auf die Erläuterungen beim Stichwort „Übergangsgelder, Übergangsbeihilfen" unter Nr. 3 Buchstabe a wird Bezug genommen.

3. Lohnsteuerliche Behandlung von Abfindungszahlungen nach dem Gleichbehandlungsgesetz

Nach § 15 des Allgemeinen Gleichbehandlungsgesetzes (AGG) ist der Arbeitgeber bei Verstößen gegen das Benachteiligungsverbot verpflichtet, den hierdurch entstandenen Schaden zu ersetzen. Hierzu ist verschiedentlich die Meinung vertreten worden, dass nach dem Wegfall der Steuerfreibeträge für Abfindungen wegen Entlassung aus dem Dienstverhältnis nunmehr Abfindungen wegen (angeblicher) Diskriminierung steuerfrei gezahlt werden könnten. Das Bundesministerium der Finanzen hat deshalb zur steuerlichen Behandlung von Entschädigungen nach § 15 AGG wie folgt Stellung genommen:[1)]

Weder das Allgemeine Gleichbehandlungsgesetz noch das Einkommensteuergesetz enthält eine Regelung zur Steuerbefreiung für Entschädigungen und Schadensersatz nach § 15 AGG. Die steuerliche Beurteilung von Entschädigungen und Schadenersatz richtet sich deshalb nach den allgemeinen steuerlichen Grundsätzen und dem konkreten Sachverhalt im Einzelfall. Hiernach gilt Folgendes:

Wird ein Arbeitnehmer unter Verstoß gegen das Benachteiligungsverbot des Allgemeinen Gleichbehandlungsgesetzes (AGG) entlassen und ist der Arbeitgeber verpflichtet, den hierdurch entstandenen **materiellen Schaden** zu ersetzen (Fall des § 15 **Abs. 1** AGG), handelt es sich bei der Zahlung um **steuerpflichtigen Arbeitslohn,** da diese Entschädigung einen Ersatz für entgehende Einnahmen darstellt (§ 19 Abs. 1 i. V. m. § 24 Nr. 1 Buchstabe a EStG; vgl. das Stichwort „Entschädigungen"). — ja | nein

Handelt es sich hingegen um Entschädigungen, die ein Beschäftigter wegen Verletzung des Benachteiligungsverbots durch den Arbeitgeber für **immaterielle Schäden** (Diskriminierung wegen Geschlecht/Alter, Mobbing, sexuelle Belästigung) verlangen kann (Fall des § 15 **Abs. 2** AGG), liegt kein steuerpflichtiger Arbeitslohn vor. Derartige Entschädigungen werden nicht „für eine Beschäftigung" gewährt. Sie sind – wie andere **Schadensersatzleistungen** auch, zu denen ein Arbeitgeber gesetzlich verpflichtet ist – keine Einnahme aus dem Dienstverhältnis (vgl. das Stichwort „Schadensersatz"). — nein | nein

In diesem Zusammenhang hat das Bundesministerium der Finanzen auch darauf hingewiesen, dass missbräuchliche Umwidmungen von Abfindungen wegen Entlassung aus dem Dienstverhältnis in Entschädigungen wegen Diskriminierung steuerlich nicht anerkannt werden und die Finanzverwaltung derartige Sachverhalte besonders genau prüfen wird. Allerdings geht das Bundesministerium der Finanzen davon aus, dass es sich nur um wenige Einzelfälle handeln könne, weil die notwendige Mitwirkung des Arbeitgebers bei solchen Fallgestaltungen dem freiwilligen Eingeständnis einer schuldhaften Verletzung des Diskriminierungsverbots gleichkommt.

Vgl. im Übrigen auch die Erläuterungen beim Stichwort „Abfindungen nach dem Gleichbehandlungsgesetz".

4. Abfindungen wegen Entlassung aus dem Dienstverhältnis bei geringfügig Beschäftigten

Auch Arbeitnehmer, die im Rahmen eines geringfügig entlohnten Beschäftigungsverhältnisses (sog. 450-Euro-Jobs) tätig werden, können beim Ausscheiden eine Abfindung wegen Entlassung aus dem Dienstverhältnis erhalten. Nach der Rechtsprechung des Bundessozialgerichts gehören Abfindungen wegen Entlassung aus dem Dienstverhältnis nicht zum Arbeitsentgelt im Sinne der Sozialversicherung (vgl. die Erläuterungen unter der nachfolgenden Nr. 13). Bei der Pauschalierung der Lohnsteuer mit 2 % (in Ausnahmefällen 20 %) für 450-Euro-Jobs bleiben Lohnbestandteile außer Ansatz, die nicht zum sozialversicherungspflichtigen Arbeitsentgelt gehören, denn für die Pauschalierung nach § 40a Abs. 2 und 2a EStG gilt der sozialversicherungsrechtliche Arbeitsentgeltbegriff.

Hieraus ist verschiedentlich der Schluss gezogen worden, dass diese Lohnbestandteile gänzlich lohnsteuerfrei seien. Dies trifft jedoch nicht zu. Denn Abfindungen wegen Entlassung aus dem Dienstverhältnis bleiben zwar bei der Pauschalierung der Lohnsteuer mit 2 % (in Ausnahmefällen 20 %) außer Ansatz, sie unterliegen jedoch dem Lohnsteuerabzug nach den allgemeinen Bestimmungen.

Beispiel

Eine geringfügig entlohnte Arbeitnehmerin scheidet nach 10-jähriger Betriebszugehörigkeit aus dem Arbeitsverhältnis aus und erhält aufgrund eines Aufhebungsvertrags eine Abfindung wegen Entlassung aus dem Dienstverhältnis in Höhe von 3000 €.

Die Abfindung ist steuerpflichtig. Bei einer Zusammenballung von Einkünften ist die sog. Fünftelregelung anwendbar (vgl. die Erläuterungen unter den nachfolgenden Nrn. 5 bis 9). Der Arbeitgeber hat den Lohnsteuerabzug für die Abfindung anhand der für die Arbeitnehmerin geltenden individuellen Lohnsteuerabzugsmerkmale – insbesondere der Steuerklasse – durchzuführen. Sind ihm die Lohnsteuerabzugsmerkmale der Arbeitnehmerin nicht bekannt, muss der Arbeitgeber die Lohnsteuer für die Abfindung nach der Steuerklasse VI einbehalten.

Diese Vorgehensweise wurde in den Lohnsteuer-Richtlinien ausdrücklich klargestellt, denn in R 40a.2 Satz 4 LStR heißt es wörtlich:

„Für Lohnbestandteile, die nicht zum sozialversicherungspflichtigen Arbeitsentgelt gehören, ist die Lohnsteuerpauschalierung nach § 40a Abs. 2 und 2a EStG nicht zulässig; sie unterliegen der Lohnsteuererhebung nach den allgemeinen Regelungen."

5. Anwendung der Fünftelregelung bei der Besteuerung von Entlassungsabfindungen

a) Allgemeines

Die Zahlung einer Abfindung wegen einer vom Arbeitgeber veranlassten Auflösung des Dienstverhältnisses stellt in der Regel eine Entschädigung im Sinne des § 24 Nr. 1 Buchstabe a EStG dar. Die Abfindung kann deshalb unter Anwendung der sog. Fünftelregelung ermäßigt besteuert werden, wenn eine **Zusammenballung von Einkünften** vorliegt. Die Voraussetzungen für die Anwendung der sog. Fünftelregelung sind unter den nachfolgenden Nrn. 6 bis 9 erläutert. Die Anwendung der Fünftelregelung bedeutet, dass die steuerpflichtigen außerordentlichen Einkünfte zum Zwecke der Steuerberechnung mit einem Fünftel als sonstiger Bezug versteuert und die auf dieses Fünftel entfallende Lohnsteuer verfünffacht wird. Die Berechnung der Lohnsteuer unter Anwendung der Fünftelregelung ist ausführlich anhand von Beispielen beim Stichwort „Sonstige Bezüge" unter Nr. 6 Buchstabe c auf Seite 882 dargestellt. Außerdem ist unter der nachfolgenden Nr. 15 eine vollständige Lohnabrechnung zur lohnsteuerlichen und sozialversicherungsrechtlichen Behandlung einer Entlassungsabfindung enthalten, die auch die Anwendung der Fünftelregelung beinhaltet.

b) Anwendung der Fünftelregelung beim Lohnsteuerabzug durch den Arbeitgeber

Beim Lohnsteuerabzugsverfahren durch den Arbeitgeber richtet sich die Anwendung der Fünftelregelung nach § 39b Abs. 3 Satz 9 EStG. Das bedeutet, dass der Arbeitgeber verpflichtet ist, die Fünftelregelung anzuwenden,

1) Bundestags-Drucksache 16/3710, Frage Nr. 22.

Lohn-steuer-pflichtig Sozial-versich.-pflichtig

wenn die hierfür erforderlichen Voraussetzungen vorliegen. Ein Antrag des Arbeitnehmers ist **nicht** erforderlich. Allerdings muss der Arbeitgeber in der Lage sein, die für eine Anwendung der Fünftelregelung erforderlichen Voraussetzungen zu überprüfen. Beim Erfordernis der **„Zusammenballung von Einkünften"** kann dies schwierig sein, wenn sich allein aus der Beurteilung der dem Arbeitgeber bekannten Arbeitslöhne noch keine Zusammenballung von Einkünften ergibt. Denn der Arbeitgeber kann zwar die übrigen Einkünfte des Arbeitnehmers in die Beurteilung der Zusammenballung der Einkünfte mit einbeziehen, verpflichtet ist er hierzu allerdings nicht. Für den Arbeitgeber ergibt sich hiernach zur Anwendung der Fünftelregelung folgende Vorgehensweise:

- Kann der Arbeitgeber anhand der **von ihm gezahlten Arbeitslöhne** erkennen, dass der steuerpflichtige Teil der Abfindung zusammen mit dem übrigen Arbeitslohn zu einer Zusammenballung von Einkünften führt, ist er gesetzlich **verpflichtet** die Fünftelregelung anzuwenden, ohne dass es eines Antrags des Arbeitnehmers bedarf.
- Ergibt sich eine Zusammenballung von Einkünften nur unter Berücksichtigung der **übrigen Einkünfte** des Arbeitnehmers, kann der Arbeitgeber die Fünftelregelung anwenden, wenn ihm der Arbeitnehmer diese Einkünfte mitteilt, das heißt, der Arbeitnehmer muss die Anwendung der Fünftelregelung beim Arbeitgeber **beantragen.**

Der Arbeitgeber darf also die Fünftelregelung nur dann anwenden, wenn die hierfür erforderliche Vergleichsberechnung zweifelsfrei ergeben hat, dass eine Zusammenballung von Einkünften vorliegt. Aus Vereinfachungsgründen kann der Arbeitgeber die **Vergleichsberechnung anhand der Einnahmen** (anstelle der Einkünfte) vornehmen. Dies wurde im sog. Abfindungs-Erlass des Bundesministeriums der Finanzen ausdrücklich klargestellt.[1] Die Vergleichsberechnung anhand der Einnahmen ist unter der nachfolgenden Nr. 9 ausführlich erläutert.

Kann der Arbeitgeber die erforderlichen Feststellungen nicht treffen, muss er den Arbeitnehmer auf das Veranlagungsverfahren verweisen und die Abfindung nach den allgemein für sonstige Bezüge geltenden Grundsätzen versteuern. Die Normalbesteuerung nach den allgemein für sonstige Bezüge geltenden Grundsätzen hat allerdings zur Folge, dass die Entlassungsentschädigung nicht gesondert in Zeile 10 der elektronischen Lohnsteuerbescheinigung 2021 eingetragen werden darf. Denn eine Bescheinigung in Zeile 10 der Lohnsteuerbescheinigung ist nur für **ermäßigt** besteuerte Entschädigungen zulässig (vgl. das Stichwort „Lohnsteuerbescheinigung" unter Nr. 10).

Der Arbeitgeber musste früher in diesen Fällen eine **gesonderte Bescheinigung** erteilen, damit der Arbeitnehmer im Veranlagungsverfahren nach Ablauf des Kalenderjahres die Anwendung der Fünftelregelung beim Finanzamt beantragen konnte. Aus diesem Grund ist das Muster der elektronischen Lohnsteuerbescheinigung um eine Zeile erweitert worden, in die der Arbeitgeber die Entlassungsabfindung eintragen kann, wenn diese beim Lohnsteuerabzug **nicht** ermäßigt besteuert wurde. In der Lohnsteuerbescheinigung 2021 ist dies die Zeile 19. Aufgrund der Eintragung in diese Zeile 19 kann der Arbeitnehmer die ermäßigte Besteuerung noch nachträglich im Veranlagungsverfahren beantragen.

c) Abgrenzung einer Abfindung gegenüber anderen Einkunftsarten und Schadensersatz

Sieht eine Aufhebungsvereinbarung zwischen Arbeitgeber und Arbeitnehmer die Zahlung einer Abfindung und eines Nachteilsausgleichs vor, ist eine **getrennte Beurteilung** der beiden Teilbeträge geboten. Während es sich bei der Abfindung für den Verlust des Arbeitsplatzes unstreitig um Arbeitslohn handelt, ist bezüglich des **Nachteilsausgleichs** zu prüfen, ob es sich um steuerpflichtige **sonstige Einkünfte** (z. B. Gegenleistung für vom Arbeitnehmer versprochene Verhaltenspflichten wie z. B. Schweigen im Hinblick auf bestimmte Vorkommnisse) handelt **oder** um nicht steuerpflichtigen **Schadensersatz.** Wird festgestellt, dass der Nachteilsausgleich sowohl steuerbare als auch nicht steuerbare Entschädigungen enthält und ist eine genaue Zuordnung nicht möglich, ist eine sachgerechte Aufteilung im Schätzungswege vorzunehmen (BFH-Urteil vom 11.7.2017, BStBl. 2018 II S. 86).

Ist neben einer Entschädigung für entgangene Einnahmen (= **Abfindung**), die sich ihrer Höhe nach im Rahmen des Üblichen bewegt, eine weitere Zahlung vereinbart worden, die den Rahmen des Üblichen in besonderem Maße überschreitet, spricht dies dafür, dass es sich insoweit nicht um eine Entschädigung für entgangene Einnahmen handelt. Von einer solchen **Überschreitung in besonderem Maße** geht der Bundesfinanzhof aus, wenn durch die zweite Teilzahlung die Höhe der Gesamtzahlung verdoppelt wird (BFH-Urteil vom 9.1.2018, BStBl. II S. 582). Nach dem im Streitfall zwischen Arbeitgeber und Arbeitnehmer geschlossenen Vergleich sollte zum einen eine (steuerpflichtige) Abfindung für die vorzeitige Auflösung des Arbeitsverhältnisses sowie für mögliche Verdienstausfälle und zum anderen ohne Anerkennung einer Rechtspflicht (nicht steuerpflichtiger) Schadensersatz geleistet werden.

6. Voraussetzungen für die Anwendung der Fünftelregelung bei der Besteuerung von Entlassungsabfindungen

Nach den gesetzlichen Vorschriften (§ 34 Abs. 2 Nr. 2 i. V. m. § 24 Nr. 1 EStG) müssen für die Anwendung der Fünftelregelung folgende Voraussetzungen vorliegen:

- **sonstiger Bezug** (vgl. § 39b Abs. 3 Satz 9 EStG) und
- **außerordentliche** Einkünfte.

Begünstigte außerordentliche Einkünfte liegen vor, wenn Entschädigungen als Ersatz für entgangene oder entgehende Einnahmen oder für die Aufgabe oder das Nichtausüben einer Tätigkeit gezahlt werden und eine Zusammenballung von Einnahmen vorliegt.

Hiernach ergibt sich folgendes Schema:

Ersatz für entgangene oder entgehende Einnahmen (§ 24 Nr. 1 Buchst. **a** EStG)	Ersatz für die Aufgabe oder das Nichtausüben einer Tätigkeit (§ 24 Nr. 1 Buchst. **b** EStG)

Zusammenballung von Einkünften

Anwendung der Fünftelregelung

Eine Entschädigung im Sinne des § 24 Nr. 1 Buchstabe **a** EStG, die entgangene oder entgehende Einnahmen ersetzt, liegt nur dann vor, wenn ein „Schaden" ersetzt wird. Es muss sich also um einen Ausgleich für einen Verlust handeln, den der Arbeitnehmer **unfreiwillig** erlitten hat. Von einem unfreiwilligen Eintritt eines Schadens ging die Rechtsprechung früher nur dann aus, wenn der Arbeitnehmer den Schaden ohne oder gegen seinen Willen erlitten hatte. Diese Rechtsprechung wurde ausdrücklich aufgegeben (BFH-Urteil vom 20.10.1978, BStBl. 1979 II S. 176), sodass nunmehr eine Entschädigung auch beim Mitwirken des Arbeitnehmers vorliegen kann. Der Arbeitnehmer kann hiernach also Vereinbarungen zum Ausgleich eines eingetretenen oder drohenden Schadens schließen. Der Arbeitnehmer muss jedoch in diesem Fall unter einem nicht unerheblichen **wirtschaft-**

1) Randnummer 11 Satz 12 des BMF-Schreibens vom 1.11.2013 (BStBl. I S. 1326). Dieser sog. Abfindungs-Erlass des Bundesministeriums der Finanzen ist als Anlage zu H 34 LStR im **Steuerhandbuch für das Lohnbüro 2021** abgedruckt, das im selben Verlag erschienen ist.

Lohn-steuer-pflichtig Sozial-versich.-pflichtig

lichem, rechtlichem oder **tatsächlichem Druck** handeln, das heißt, er darf das schädigende Ereignis nicht aus eigenem Antrieb herbeigeführt haben (BFH-Urteil vom 9.7.1992, BStBl. 1993 II S. 27). Aufgrund dieser Rechtsprechung sind auch Abfindungen, die bei der Auflösung eines Arbeitsverhältnisses vereinbart werden, als Entschädigung anzusehen, wenn die Auflösung **vom Arbeitgeber veranlasst** wird. Keine Entschädigung liegt vor, wenn der Arbeitnehmer selbst kündigt, das schädigende Ereignis also selbst herbeiführt. Er wird dann aber auch nur sehr selten eine Abfindung erhalten. Der Bundesfinanzhof geht aber auch dann von der erforderlichen Zwangssituation des Arbeitnehmers aus, wenn er auf ein Angebot des Arbeitgebers aus Gründen der Loyalität und zur Vermeidung weiterer Streitigkeiten eingeht, obwohl ihm eine andere Lösung lieber gewesen wäre. Es würde der für die ermäßigte Besteuerung geforderten Zwangssituation widersprechen, wenn man bei einer **gütlichen Einigung** einer **gegensätzlichen Interessenlage** einen tatsächlichen Druck verneinen und es auf einen an sich vermeidbaren Rechtsstreit ankommen lassen würde. Es genügt daher, wenn der Arbeitnehmer sich dem Willen des Arbeitgebers nicht weiter widersetzt (BFH-Urteil vom 29.2.2012, BStBl. II S. 569). In seiner neuesten Entscheidung geht der Bundesfinanzhof noch einen Schritt weiter: Zahlt der **Arbeitgeber** im Zuge einer einvernehmlichen Auflösung des Arbeitsverhältnisses eine **Abfindung,** sind **Feststellungen** zu der Frage, ob der Arbeitnehmer unter einem tatsächlichen Druck gestanden hat, regelmäßig **entbehrlich** (BFH-Urteil vom 13.3.2018, BStBl. II S. 709). Würde nämlich ein Arbeitnehmer die Auflösung des Arbeitsverhältnisses allein aus eigenem Antrieb herbeiführen, bestünde für den Arbeitgeber keine Veranlassung, eine Abfindung zu zahlen. Im Streitfall kam hinzu, dass der Arbeitgeber durch einen angekündigten Personalabbau alle in Betracht kommenden Beschäftigten unter tatsächlichen Druck gesetzt hatte.

Des Weiteren ist es für die Annahme einer Entschädigung im Sinne des § 24 Nr. 1 Buchstabe a EStG Voraussetzung, dass die Ersatzleistung auf einer **neuen Rechtsgrundlage** beruhen muss (z. B. einem neuen Vertrag oder einer Vertragsänderung im Zusammenhang mit der Auflösung des Dienstverhältnisses). Die Zahlung muss an die Stelle weggefallener oder künftig wegfallender Einnahmen treten und darf sich bürgerlich-rechtlich **nicht** als **Erfüllung** einer vertraglich – ggf. auch wahlweise – eingegangenen Verpflichtung darstellen (BFH-Urteil vom 9.7.1992, BStBl. 1993 II S. 27). Eine Entschädigung setzt deshalb voraus, dass an Stelle der bisher geschuldeten Leistung eine andere tritt. Diese andere Leistung muss auf einem anderen, eigenständigen Rechtsgrund beruhen. Ein solcher Rechtsgrund wird regelmäßig **Bestandteil der Auflösungsvereinbarung** sein; er kann aber auch bereits bei Abschluss des Dienstvertrags oder im Verlauf des Dienstverhältnisses für den Fall des vorzeitigen Ausscheidens vereinbart werden. Eine Leistung in Erfüllung eines bereits **vor dem Ausscheiden begründeten Anspruchs** des Empfängers ist aber **keine Entschädigung,** auch wenn dieser Anspruch in einer der geänderten Situation angepassten Weise erfüllt wird. Der Entschädigungs**anspruch** darf – auch wenn er bereits früher vereinbart worden ist – erst **als Folge** einer vorzeitigen Beendigung des Dienstverhältnisses entstehen.[1] Der Bundesfinanzhof sieht eine „Teil-Abfindungszahlung" des Arbeitgebers auch dann als Entschädigung an, wenn der Arbeitnehmer seine Wochenarbeitszeit durch Änderung des Arbeitsvertrags unbefristet reduziert (sog. **Änderungskündigung;** BFH-Urteil vom 25.8.2009, BStBl. 2010 II S. 1030). Das Arbeitsverhältnis muss also für die Anwendung des § 24 Nr. 1 Buchstabe a EStG nicht vollständig beendet werden. Der Arbeitnehmer muss aber bei der Änderung des Arbeitsvertrags unter einem nicht unerheblichen rechtlichem, wirtschaftlichem oder tatsächlichem Druck gehandelt haben.

Lohn-steuer-pflichtig Sozial-versich.-pflichtig

Eine Entschädigung im Sinne des § 24 Nr. 1 Buchstabe a EStG, die aus Anlass einer Entlassung aus dem Dienstverhältnis vereinbart wird (Entlassungsentschädigung), setzt den Verlust von Einnahmen voraus, mit denen der Arbeitnehmer rechnen konnte. Weder eine Abfindung noch eine Entschädigung sind deshalb Zahlungen des Arbeitgebers, die **bereits erdiente Ansprüche** abgelten, wie z. B. rückständiger Arbeitslohn, anteiliges Urlaubsgeld, Urlaubsabgeltung, Weihnachtsgeld, Gratifikationen, Tantiemen oder bei rückwirkender Beendigung des Dienstverhältnisses bis zum steuerlich anzuerkennenden Zeitpunkt der Auflösung noch zustehende Gehaltsansprüche. Das gilt auch für freiwillige Leistungen, wenn sie in gleicher Weise den verbleibenden Arbeitnehmern tatsächlich zugewendet werden.

Von einer Entschädigung für entgangene oder entgehende Einnahmen sind diejenigen Entschädigungen zu unterscheiden, die für die **Aufgabe oder Nichtausübung einer Tätigkeit** gezahlt werden (§ 24 Nr. 1 Buchstabe **b** EStG). Auch für solche Entschädigungen kommt die Anwendung der Fünftelregelung in Betracht, wobei es unschädlich ist, wenn

- die Tätigkeit mit Willen oder Zustimmung des Arbeitnehmers aufgegeben wird,
- die Entschädigung **von vornherein** im Tarif- oder Arbeitsvertrag **vereinbart** ist und
- der Arbeitnehmer von seinem tarif- oder arbeitsvertraglich vereinbarten Recht Gebrauch macht, gegen Zahlung der vereinbarten Abfindung aus dem Dienstverhältnis auszuscheiden.

Die Unterschiede zwischen den beiden Entschädigungsarten sind ausführlich beim Stichwort „Entschädigungen" unter den Nrn. 2 und 3 erläutert, da die Fünftelregelung nicht nur für Entlassungsentschädigungen, sondern auch für eine Reihe anderer Entschädigungen gilt (z. B. für Karenzentschädigungen, Entschädigungen wegen Einhaltung eines Wettbewerbsverbots usw.). Vgl. hierzu auch die Erläuterungen bei den Stichwörtern „Konkurrenzverbot" und „Wettbewerbsverbot".

Ist hiernach die Entlassungsabfindung eine „Entschädigung" im Sinne des § 24 Nr. 1 EStG, kommt die Anwendung der Fünftelregelung nur dann in Betracht, wenn es sich um **außerordentliche Einkünfte** handelt. Diese Voraussetzungen sind erfüllt, wenn eine **Zusammenballung von Einkünften** vorliegt (vgl. die Erläuterungen unter den nachfolgenden Nrn. 7 bis 9).

7. Außerordentliche Einkünfte/Zusammenballung von Einkünften als Voraussetzung für die Anwendung der Fünftelregelung

Scheidet ein Arbeitnehmer auf Veranlassung des Arbeitgebers vorzeitig aus einem Dienstverhältnis aus, können ihm folgende Leistungen des Arbeitgebers zufließen, die wegen ihrer unterschiedlichen steuerlichen Auswirkung gegeneinander abzugrenzen sind:

- normal zu besteuernder laufender Arbeitslohn oder normal zu besteuernde sonstige Bezüge;
- außerordentliche Einkünfte, die unter Anwendung der Fünftelregelung ermäßigt besteuert werden, weil eine Zusammenballung von Einkünften vorliegt;
- Arbeitslohn für eine mehrjährige Tätigkeit, der ebenfalls unter Anwendung der Fünftelregelung ermäßigt besteuert wird (vgl. das Stichwort „Arbeitslohn für mehrere Jahre").

Die bei außerordentlichen Einkünften erforderliche „Zusammenballung" ist nach dem sog. **Abfindungs-Erlass**

1) Randziffer 2 des BMF-Schreibens vom 1.11.2013 (BStBl. I S. 1326). Dieser sog. Abfindungs-Erlass des Bundesministeriums der Finanzen ist als Anlage zu H 34 LStR im **Steuerhandbuch für das Lohnbüro 2021** abgedruckt, das im selben Verlag erschienen ist.

Lohn-steuer-pflichtig Sozial-versich.-pflichtig

des Bundesministeriums der Finanzen[1] in zwei Schritten zu prüfen:

1. Prüfung: Die Entschädigung muss insgesamt innerhalb **eines** Kalenderjahres zufließen (vgl. die Erläuterungen unter der nachfolgenden Nr. 8).

2. Prüfung: Der als Entschädigung gezahlte Betrag muss ggf. unter Berücksichtigung weiterer, neuer Einkünfte höher sein als der Betrag, der dem Arbeitnehmer in diesem Kalenderjahr bei Fortsetzung des Arbeitsverhältnisses ohnehin zugeflossen wäre (sog. **Vergleichsberechnung,** vgl. die Erläuterungen unter der nachfolgenden Nr. 9).

Im Einzelnen gilt zur Frage der Zusammenballung von Einkünften Folgendes:

8. Zahlung der Abfindung in einem Kalenderjahr

a) Allgemeines

Entschädigungen im Sinne des § 24 Nr. 1 Buchstabe a EStG können nur dann unter Anwendung der Fünftelregelung ermäßigt besteuert werden, wenn es sich um **außerordentliche** Einkünfte handelt. Außerordentliche Einkünfte liegen nur dann vor, wenn die zu begünstigenden Einkünfte in **einem** Kalenderjahr zu erfassen sind **und** durch die Zusammenballung von Einkünften **erhöhte steuerliche Belastungen entstehen können.** Es ist aber nicht erforderlich, dass tatsächlich eine Verschärfung der Progression eintritt.

Die Anwendung der Fünftelregelung auf eine Entlassungsabfindung ist also nur bei der Zahlung in einem Kalenderjahr möglich, da nur dann eine „Zusammenballung" von Einnahmen vorliegt. Ohne Bedeutung ist dabei, ob die Abfindung innerhalb ein und desselben Kalenderjahres in einem Betrag oder in mehreren Teilbeträgen gezahlt wird. Der Bundesfinanzhof lässt es auch zu, dass Arbeitgeber und Arbeitnehmer den Zufluss einer Abfindung in der Weise steuerwirksam gestalten können, dass sie die **Fälligkeit** der Abfindung vor ihrem Eintritt – ggf. über den Jahreswechsel – **hinausschieben** (BFH-Urteil vom 11.11.2009, BStBl. 2010 II S. 746). Eine von der ursprünglichen Vereinbarung abweichende Fälligkeitsregelung ist aus Nachweisgründen stets schriftlich zu regeln.

Beispiel

Arbeitgeber und Arbeitnehmer haben anlässlich der Auflösung des Arbeitsverhältnisses zum 31.12.2020 eine am 17.12.2020 fällige Abfindung vereinbart. Am 10.12.2020 vereinbaren sie eine Verschiebung dieses Fälligkeitszeitpunkts auf den 14.1.2021. Zu diesem Zeitpunkt wird die Abfindung an den Arbeitnehmer ausgezahlt.

Die Abfindung ist erst am 14.1.2021 zugeflossen.

Ausnahmen von dem Grundsatz, dass die Verteilung des steuerpflichtigen Teils einer Abfindung auf zwei Kalenderjahre zum Verlust der Fünftelregelung führt, hat die Rechtsprechung für den Fall zugelassen, dass ursprünglich die Zahlung in einer Summe beabsichtigt war, später aber aus Gründen, die nicht in der Person des Arbeitnehmers liegen (z. B. Liquidationsprobleme des Arbeitgebers), eine Auszahlung in zwei Raten, verteilt auf zwei Kalenderjahre, erfolgt (BFH-Urteil vom 2.9.1992, BStBl. 1993 II S. 831). Es ist nicht sicher, dass der Bundesfinanzhof an dieser Rechtsprechung festhalten wird, da er in einer weiteren Entscheidung eine ermäßigte Besteuerung ablehnt, wenn die Abfindung dem Arbeitnehmer wegen Insolvenz des Arbeitgebers in zwei Kalenderjahren in zwei nahezu gleich hohen Teilbeträgen zufließt (BFH-Urteil vom 14.4.2015, BFH/NV 2015 S. 1354). Wird eine Entlassungsabfindung ganz oder zum Teil in fortlaufenden Beträgen über mehrere Jahre hinweg gewährt, ist eine Anwendung der Fünftelregelung regelmäßig nicht möglich und zwar auch dann nicht, wenn ein größerer Teilbetrag getrennt von den laufenden Beträgen gezahlt wird (BFH-Urteil vom 21.3.1996, BStBl. II S. 416). Der Bundesfinanzhof geht allerdings auch dann noch von einer Zusammenballung von Einkünften aus, wenn zu einer Hauptentschädigungsleistung (im Streitfall 76 000 €) eine in einem anderen Kalenderjahr zufließende **minimale Teilleistung** (im Streitfall 1000 € = 1,3 %) hinzukommt (BFH-Urteil vom 25.8.2009, BStBl. 2011 II S. 27); ebenso wenn bei einer im anderen Kalenderjahr zufließenden Teilleistung von 3,97 % (= 2800 €; BFH-Urteil vom 26.1.2011, BStBl. 2012 II S. 659). Die Finanzverwaltung geht aus Vereinfachungsgründen von einer unschädlichen Teilleistung aus, wenn die **geringfügige Zahlung** in einem anderen Kalenderjahr **nicht mehr als 10% der Hauptleistung** beträgt. Darüber hinaus kann eine Zahlung unter Berücksichtigung der konkreten individuellen **Steuerbelastung** des Arbeitnehmers als geringfügig anzusehen sein, wenn sie **niedriger** ist **als** die tarifliche **Steuerbegünstigung** der Hauptleistung.[2] Damit folgt die Finanzverwaltung der neueren Rechtsprechung des Bundesfinanzhofs (BFH-Urteil vom 13.10.2015, BStBl. 2016 II S. 214). Auch der Bundesfinanzhof lehnt aber eine ermäßigte Besteuerung der Hauptentschädigungsleistung ab, wenn in zwei anderen Kalenderjahren Teilleistungen in Höhe von insgesamt 10,2 % der Hauptentschädigungsleistung gezahlt werden (BFH-Urteil vom 20.6.2011, BFH/NV 2011 S. 1682) oder in einem anderen Kalenderjahr die Teilleistung 14,4 % der Hauptentschädigungsleistung beträgt (BFH-Urteil vom 8.4.2014, BFH/NV 2014 S. 1514).

Erhält der Arbeitnehmer nach Auflösung des Dienstverhältnisses noch laufende Leistungen, die sich aus dem **ursprünglichen** Arbeitsvertrag ergeben, liegt insoweit keine „Entschädigung" im Sinne des § 24 Nr. 1 Buchstabe a EStG vor, da diese Leistungen nicht wegen der Auflösung des Dienstverhältnisses, sondern aus einem anderen Rechtsgrund erbracht werden. Solche laufenden Einnahmen, die regulär zu besteuern sind, werden deshalb bei der Prüfung der Zusammenballung von Einnahmen nicht berücksichtigt.

Sehen also Entlassungsvereinbarungen zusätzliche Leistungen des früheren Arbeitgebers vor, ist stets zu prüfen, ob es sich um einen Teil der Entlassungsentschädigung handelt. Eine „Entschädigung" setzt voraus, dass an Stelle der bisher geschuldeten Leistung eine andere tritt. Diese andere Leistung muss auf einem anderen, eigenständigen Rechtsgrund beruhen. Ein solcher Rechtsgrund wird regelmäßig Bestandteil der Auflösungsvereinbarung sein; er kann aber auch bereits bei Abschluss des Dienstvertrags oder im Verlauf des Dienstverhältnisses für den Fall des vorzeitigen Ausscheidens vereinbart werden. Handelt es sich bei solchen zusätzlichen Leistungen um einen Teil der Entschädigung, ist dies für eine Anwendung der Fünftelregelung im Grundsatz **schädlich,** wenn die steuerpflichtige Gesamtentschädigung (Einmalbetrag zuzüglich zusätzlicher Entschädigungsleistungen) **nicht in einem Kalenderjahr zufließt.** Eine schädliche Entschädigung liegt allerdings dann **nicht** vor, wenn derartige zusätzliche Leistungen nicht nur bei vorzeitigem Ausscheiden, sondern **auch in anderen Fällen,** insbesondere bei altersbedingtem Ausscheiden, erbracht werden, z. B. Fortführung von Mietverhältnissen, von Arbeitgeberdarlehen, Belegschaftsrabatten oder von Deputatlieferungen. Unschädlich sind stets auch **lebenslängliche** Bar- und Sachleistungen, da sie nicht unter § 24 Nr. 1 EStG, sondern unter § 24 **Nr. 2** EStG fallen.[3]

1) BMF-Schreiben vom 1.11.2013 (BStBl. I S. 1326), geändert durch BMF-Schreiben vom 4.3.2016 (BStBl. I S. 277). Dieser sog. Abfindungs-Erlass des Bundesministeriums der Finanzen ist als Anlage zu H 34 LStR im **Steuerhandbuch für das Lohnbüro 2021** abgedruckt, das im selben Verlag erschienen ist.

2) Randziffer 8 des BMF-Schreibens vom 1.11.2013 (BStBl. I S. 1326), geändert durch BMF-Schreiben vom 4.3.2016 (BStBl. I S. 277). Dieser sog. Abfindungs-Erlass des Bundesministeriums der Finanzen ist als Anlage zu H 34 LStR im **Steuerhandbuch für das Lohnbüro 2021** abgedruckt, das im selben Verlag erschienen ist.

3) Randnummer 13 des BMF-Schreibens vom 1.11.2013 (BStBl. I S. 1326). Dieser sog. Abfindungs-Erlass des Bundesministeriums der Finanzen ist als Anlage zu H 34 LStR im **Steuerhandbuch für das Lohnbüro 2021** abgedruckt, das im selben Verlag erschienen ist.

Lohn- steuer- pflichtig | Sozial- versich.- pflichtig

Es kann deshalb durchaus der Fall eintreten, dass Teilbeträge einer Abfindung, die in einem anderen Kalenderjahr als der „Hauptbetrag" gezahlt werden, zum Verlust der Fünftelregelung führen, und das ggf. rückwirkend (vgl. aber die vorstehenden Ausführungen). Diese Betrachtungsweise hat allerdings auch ihre Grenzen, und zwar bei zusätzlichen Leistungen aus sozialer Fürsorge.

b) Soziale Fürsorgeleistungen

Für zusätzliche Leistungen aus sozialer Fürsorge gilt Folgendes:[1)]

Werden zusätzliche Entschädigungsleistungen, die Teil einer einheitlichen Entschädigung sind, aus Gründen der **sozialen Fürsorge** für eine gewisse **Übergangszeit** in **späteren Veranlagungszeiträumen** gewährt, sind diese für die Beurteilung der Hauptleistung als einer zusammengeballten Entschädigung unschädlich, wenn sie **weniger als 50 % der Hauptleistung** betragen. Die Vergleichsrechnung ist hier durch einen Vergleich der Einnahmen vorzunehmen. Zusatzleistungen aus Gründen der sozialen Fürsorge sind beispielsweise solche Leistungen, die der (frühere) Arbeitgeber dem Arbeitnehmer zur Erleichterung des Arbeitsplatz- oder Berufswechsels oder als Anpassung an eine dauerhafte Berufsaufgabe und Arbeitslosigkeit erbringt. Sie setzen keine Bedürftigkeit des entlassenen Arbeitnehmers voraus. Soziale Fürsorge ist allgemein im Sinne der Fürsorge des Arbeitgebers für seinen früheren Arbeitnehmer zu verstehen. Ob der Arbeitgeber zu der Fürsorge arbeitsrechtlich verpflichtet ist, ist unerheblich. Derartige ergänzende Zusatzleistungen aus sozialer Fürsorge können z. B. sein

- die Übernahme von Kosten für eine Outplacement-Beratung (BFH-Urteil vom 14.8.2001, BStBl. 2002 II S. 180; vgl. auch das Stichwort „Outplacement-Beratung");
- Zuschüsse zur befreienden Lebensversicherung (BFH-Urteil vom 24.1.2002, BFH/NV 2002 S. 715; vgl. auch das Stichwort „Befreiende Lebensversicherung");
- die befristete Übernahme von Versicherungsbeiträgen (BFH-Urteil vom 11.12.2002, BFH/NV 2003, S. 607);
- Zahlungen zur Verwendung für die Altersversorgung (BFH-Urteil vom 15.10.2003, BStBl. 2004 II S. 264);
- die befristete Zahlung von **Zuschüssen zum Arbeitslosengeld** (BFH-Urteil vom 24.1.2002, BStBl. 2004 II S. 442, vgl. die nachfolgenden Beispiele A und C);
- die befristete **Weiterbenutzung des Firmenwagens** (BFH-Urteil vom 3.7.2002, BStBl. 2004 II S. 447, vgl. das nachfolgende Beispiel B);
- die Zahlung einer Jubiläumszuwendung nach dem Ausscheiden, die der Arbeitnehmer bei Fortsetzung des Arbeitsverhältnisses erhalten hätte (BFH-Urteil vom 14.5.2003, BStBl. 2004 II S. 451).

Die aus sozialer Fürsorge erbrachten Entschädigungszusatzleistungen, die in **späteren Kalenderjahren** zufließen, sind im Zeitpunkt des Zuflusses **regulär** und nicht ermäßigt zu **versteuern** (vgl. die nachfolgenden Beispiele A und B).

Beispiel A

Das Dienstverhältnis wird zum 30. 6. 2021 aufgelöst. Danach ist der Arbeitnehmer arbeitslos. Der Arbeitnehmer erhält eine steuerpflichtige Abfindung von 100 000 €. Außerdem wird vereinbart, dass der Arbeitnehmer für die Zeit der Arbeitslosigkeit, längstens bis zum 30. 6. 2022 einen monatlichen Zuschuss von 500 € erhält.

Der monatliche Zuschuss zum Arbeitslosengeld im Jahr 2022 beruht auf Fürsorgeerwägungen des Arbeitgebers und ist angesichts seiner Höhe (2,91 % der Hauptleistung) nicht schädlich für die Anwendung der Fünftelregelung. Sowohl die Abfindung in Höhe von 100 000 € als auch der im Jahr 2021 gezahlte Zuschuss in Höhe von 3000 € (6 Monate × 500 €) sind ermäßigt zu besteuern. Der im Jahr 2022 gezahlte Zuschuss von 3000 € ist dem normalen Lohnsteuerabzug nach den Lohnsteuerabzugsmerkmalen des Arbeitnehmers zu unterwerfen.

Lohn- steuer- pflichtig | Sozial- versich.- pflichtig

Beispiel B

Auf Veranlassung des Arbeitgebers wird einem leitenden Angestellten zum 31. 12. 2020 vorzeitig gekündigt. Der Arbeitnehmer erhält aufgrund der Aufhebungsvereinbarung neben einer noch in 2020 gezahlten einmaligen Barabfindung in Höhe von 150 000 € zusätzlich den ihm zustehenden Firmenwagen für weitere zwei Jahre zur privaten Nutzung überlassen.

Die Firmenwagen-Überlassung nach Auflösung des Dienstverhältnisses ist Bestandteil der Auflösungsvereinbarung. Die Kfz-Gestellung beruht nach der Rechtsprechung des Bundesfinanzhofs im weitesten Sinne auf Fürsorgeerwägungen des Arbeitgebers. Sie ist daher nicht schädlich für eine ermäßigte Besteuerung der einmaligen Barabfindung nach der Fünftelregelung, sofern sie 50 % der Hauptleistung nicht erreicht. Die geldwerten Vorteile aus der Kfz-Gestellung sind ab 2021 dem normalen Lohnsteuerabzug zu unterwerfen.

Wie bereits ausgeführt ist durch eine Vergleichsberechnung anhand der Einnahmen zu prüfen, ob die aus sozialer Fürsorge erbrachten Entschädigungszusatzleistungen **weniger als 50 % der Hauptleistung** betragen. Diese Vergleichsberechnung soll durch ein Beispiel erläutert werden:

Beispiel C

Ein Arbeitnehmer erhält einen Monatslohn von 5000 €. Das Dienstverhältnis wird zum 30.6.2021 gegen Zahlung einer Abfindung in Höhe von 100 000 € aufgelöst. Außerdem wird vereinbart, dass der Arbeitnehmer bis zum 30. 6. 2022 einen Zuschuss zum Arbeitslosengeld in Höhe von 3500 € monatlich erhält. Der Vergleich der Einnahmen ergibt Folgendes:

Arbeitslohn vom 1.1.–30.6.2021	30 000,– €
Abfindung	100 000,– €
monatlicher Zuschuss zum Arbeitslosengeld vom 1.7.–31.12.2021 in Höhe von (3500 € × 6 =)	21 000,– €
Entschädigung insgesamt (= Hauptentschädigung)	121 000,– €
Im Kalenderjahr 2022 erhält der Arbeitnehmer von seinem früheren Arbeitgeber einen monatlichen Zuschuss zum Arbeitslosengeld vom 1.1.–30.6.2022 in Höhe von insgesamt (3500 € × 6 =)	21 000,– €

Die im Jahr 2022 erhaltenen Zahlungen sind zusätzliche Entschädigungsleistungen, die aus sozialer Fürsorge für eine gewisse Übergangszeit gewährt wurden. Sie betragen 21 000 € = 17,36 % von 121 000 € (= Entschädigungshauptleistung) und sind damit unschädlich für die Beurteilung der Hauptleistung als zusammengeballte Entschädigung. Die im Jahr 2021 erhaltenen Entschädigungsleistungen von 121 000 € sind daher nach § 34 EStG unter Anwendung der Fünftelregelung ermäßigt zu besteuern. Die im Jahr 2022 erhaltenen Zusatzleistungen von 21 000 € fallen nicht unter die Tarifbegünstigung des § 34 EStG und sind deshalb regulär zu versteuern. Bei dem vorzunehmenden Vergleich anhand der Einnahmen bleibt der Arbeitnehmer-Pauschbetrag in Höhe von 1000 € außer Betracht.

c) Lebenslängliche Leistungen

Für lebenslängliche **Bar- und Sachleistungen** ist im sog. Abfindungs-Erlass des Bundesministeriums der Finanzen[2)] ausdrücklich klargestellt worden, dass solche Leistungen nach § 24 Nr. 2 EStG zu den Einkünften aus der ehemaligen nichtselbstständigen Arbeit gehören und deshalb keinen Entschädigungscharakter haben. Sie sind deshalb für die ermäßigte Besteuerung einer Entlassungsentschädigung unter Anwendung der Fünftelregelung unschädlich. Deshalb kommt die Anwendung der Fünftelregelung auch dann in Betracht, wenn dem Arbeitnehmer im Rahmen der Ausscheidungsvereinbarung **erstmals** lebenslang laufende Versorgungsbezüge zugesagt werden. Auch eine zu diesem Zeitpunkt erstmals eingeräumte lebenslängliche Sachleistung, wie z. B. ein verbilligtes oder unentgeltliches lebenslängliches Wohnrecht, ist für die Anwendung der Fünftelregelung unschädlich. Entscheidend ist also, ob es sich um **lebenslängliche** Bar- und/oder Sachleistungen handelt. Die Einräumung einer zeit-

1) Randnummer 14 des BMF-Schreibens vom 1.11.2013 (BStBl. I S. 1326). Dieser sog. Abfindungs-Erlass des Bundesministeriums der Finanzen ist als Anlage zu H 34 LStR im **Steuerhandbuch für das Lohnbüro 2021** abgedruckt, das im selben Verlag erschienen ist.

2) Randziffer 4 des BMF-Schreibens vom 1.11.2013 (BStBl. I S. 1326). Dieser sog. Abfindungs-Erlass des Bundesministeriums der Finanzen ist als Anlage zu H 34 LStR im **Steuerhandbuch für das Lohnbüro 2021** abgedruckt, das im selben Verlag erschienen ist.

Lohn-steuer-pflichtig | Sozial-versich.-pflichtig

lich befristeten Versorgungsleistung (z. B. eine Zeitrente) erfüllt diese Voraussetzungen nicht.

Werden betriebliche Versorgungszusagen durch die Kündigungsvereinbarung modifiziert, gelten die späteren Versorgungsleistungen, unabhängig von der zugesicherten Höhe, nicht als Entschädigungen. Denn die Zahlungen verfolgen einen lebenslänglichen Versorgungszweck; sie sind deshalb für die Anwendung der Fünftelregelung unschädlich. Wird z. B. bei Beginn der Rente aus der gesetzlichen Rentenversicherung die lebenslängliche **Betriebsrente** trotz des vorzeitigen Ausscheidens des Arbeitnehmers **ungekürzt** gezahlt, schließt dies die Anwendung der Fünftelregelung für eine Entlassungsentschädigung, die in einem Einmalbetrag gezahlt wird, nicht aus.

Beispiel

Ein Arbeitnehmer scheidet aufgrund eines Sozialplans mit 55 Jahren aus der Firma aus. Er erhält als Abfindung einen Einmalbetrag von 50 000 €. Außerdem verpflichtet sich der Arbeitgeber, die ab dem 65. Lebensjahr zugesagte Werksrente von monatlich 600 € ungekürzt zu zahlen, obwohl wegen des vorzeitigen Ausscheidens lediglich ein Betrag von 500 € monatlich er- und verdient wurde.

Die ungekürzte Zahlung der Betriebsrente führt nicht dazu, dass für den Einmalbetrag von 50 000 € die Anwendung der Fünftelregelung entfällt.

Wird im Zusammenhang mit der Auflösung des Dienstverhältnisses neben einer Einmalzahlung eine **(vorgezogene)** lebenslängliche **Betriebsrente** bereits ab dem Ausscheiden und vor Beginn der Rente aus der gesetzlichen Rentenversicherung gezahlt, schließt auch dies die Anwendung der Fünftelregelung für die Entlassungsentschädigung ebenfalls nicht aus. Dabei ist es unerheblich, ob die vorgezogene Betriebsrente gekürzt, ungekürzt oder erhöht geleistet wird. Wird ein (noch) verfallbarer Anspruch auf lebenslängliche Betriebsrente im Zusammenhang mit der Auflösung eines Dienstverhältnisses in einen unverfallbaren Anspruch umgewandelt, ist die Umwandlung des Anspruchs für die Anwendung der Fünftelregelung auf die Einmalzahlung ebenso unschädlich.

d) Absicherung des Arbeitgebers

Die Frage, ob die Entlassungsabfindung eine Zusammenballung von Einkünften darstellt und deshalb als Entschädigung unter Anwendung der Fünftelregelung ermäßigt besteuert werden kann, ist also insbesondere dann schwierig zu beantworten, wenn die Abfindung nicht in einem Betrag gezahlt wird oder dem Arbeitnehmer neben der Abfindung noch laufende Bezüge (ggf. Sachbezüge) nach Beendigung des Dienstverhältnisses zufließen. Um sich abzusichern, kann der Arbeitgeber bei seinem Betriebsstättenfinanzamt eine kostenlose Anrufungsauskunft einholen (vgl. das Stichwort „Auskunft"). Der Arbeitgeber kann aber auch in den Auflösungsvertrag eine entsprechende Klausel aufnehmen, die folgenden Wortlaut haben könnte:

„Fordert das Finanzamt aufgrund von Vereinbarungen in diesem Aufhebungsvertrag Lohn- und Kirchensteuer sowie Solidaritätszuschlag vom Arbeitgeber nach, verpflichtet sich der Arbeitnehmer zur Erstattung dieser nachgeforderten Steuerbeträge an den Arbeitgeber."

Eine solche Vereinbarung ist aber im Hinblick auf die wirtschaftliche Situation des Arbeitnehmers für den Arbeitgeber mit einem Risiko verbunden.

9. Vergleichsberechnung

Das Erfordernis der Zusammenballung verlangt zum einen das Zufließen in einem Kalenderjahr und zum anderen eine Zusammenballung von Einkünften **im Vergleich zu den wegfallenden Einnahmen.** Eine Zusammenballung von Einkünften liegt nur dann vor, wenn

- durch die Entschädigung der bis zum Jahresende wegfallende Arbeitslohn **überschritten** wird (und sei es auch nur um einen Euro) **oder**
- im Jahr des Zuflusses der Entschädigung noch **weitere Einkünfte** erzielt werden, die der Arbeitnehmer nicht bezogen hätte, wenn das Dienstverhältnis ungestört fortgesetzt worden wäre und er dadurch mehr erhält, als er bei einem normalen Ablauf der Dinge erhalten hätte. Allein ein Tätigkeitswechsel (z. B. vom Arbeitnehmer zum Selbstständigen) genügt für die Anwendung der Fünftelregelung nicht, wenn es hierdurch nicht zu einer Steigerung der Gesamteinkünfte kommt (BFH-Urteil vom 8.4.2014, BFH/NV 2014 S. 1358).

Bei der Berechnung der Einkünfte, die der Arbeitnehmer bezogen hätte, wenn das Dienstverhältnis ungestört fortgesetzt worden wäre, ist im Grundsatz auf die Einkünfte des Vorjahres abzustellen.

Diese im sog. Abfindungs-Erlass des Bundesministeriums der Finanzen[1] vorgeschriebene **Vergleichsberechnung** wird im Veranlagungsverfahren nach Ablauf des Kalenderjahres vom Finanzamt anhand der **Einkünfte** des Arbeitnehmers vorgenommen, wobei negative Einkünfte (= Verluste) des Arbeitnehmers aus einer neu aufgenommenen selbstständigen oder nichtselbstständigen Tätigkeit nicht zu berücksichtigen sind. Da dem Arbeitgeber eine Ermittlung der Einkünfte nicht zugemutet werden kann, ist im Abfindungs-Erlass zugelassen worden, dass der **Arbeitgeber** die **Vergleichsberechnung anhand der Einnahmen** aus nichtselbstständiger Arbeit, das heißt nach dem Bruttoarbeitslohn vornehmen kann. Außerdem kann er andere Einkünfte des Arbeitnehmers aus anderen Einkunftsarten ebenso außer Betracht lassen, wie Arbeitslohn, der dem Arbeitnehmer nach der Entlassung von einem anderen Arbeitgeber gezahlt wird. Der Arbeitgeber kann aber auch die nach Beendigung des Dienstverhältnisses erzielten Einkünfte in die Vergleichsberechnung einbeziehen. In die Vergleichsberechnung anhand des Bruttoarbeitslohns sind auch die dem Progressionsvorbehalt unterliegenden **positiven steuerfreien Lohnersatzleistungen** (z. B. Arbeitslosengeld, Kurzarbeitergeld) mit einzubeziehen, aber auch **pauschalbesteuerte Arbeitgeberleistungen.** Das bedeutet, dass z. B. weiterhin pauschal mit 20 % besteuerte Beiträge zu einer Direktversicherung in die Vergleichsberechnung mit einzubeziehen sind, was sich insbesondere in denjenigen Fällen zugunsten des Arbeitnehmers auswirkt, in denen der Arbeitgeber Beiträge zu Direktversicherungen im Jahr der Beendigung des Dienstverhältnisses im Rahmen der Vervielfältigungsregelung pauschal besteuert hat (vgl. die Erläuterungen beim Stichwort „Zukunftsicherung" unter Nr. 15 auf Seite 1085). Die Auswirkung der Vergleichsberechnung soll anhand von Beispielen verdeutlicht werden:

Beispiel A

Arbeitgeber und Arbeitnehmer vereinbaren am 30. Juni 2021 auf Veranlassung des Arbeitgebers die Auflösung des Dienstverhältnisses mit sofortiger Wirkung. Bei Einhaltung der Kündigungsfrist hätte der Arbeitnehmer noch bis 31. Dezember 2021 beschäftigt werden müssen. Der Monatslohn beträgt 5000 €. Das Weihnachtsgeld ist zeitanteilig zugesichert und wird in Höhe eines Monatslohns gezahlt. Der Arbeitnehmer erhält eine Entlassungsabfindung in Höhe von 35 200 €. Es ist folgende Vergleichsberechnung anhand der **Einnahmen** durchzuführen:

Ohne Ausscheiden aus dem Arbeitsverhältnis hätte der Arbeitnehmer folgende **Einnahmen** aus nichtselbstständiger Arbeit gehabt:

Monatslohn 5000 € × 12	=	60 000,– €
Weihnachtsgeld		5 000,– €
insgesamt		65 000,– €

Aufgrund des Ausscheidens sind dem Arbeitnehmer zugeflossen:

Monatslohn vom 1. 1. – 30. 6. (5000 € × 6 =)	30 000,– €
zeitanteiliges Weihnachtsgeld	2 500,– €
Entlassungsabfindung	35 200,– €
insgesamt	67 700,– €

1) Randziffer 9 ff. des BMF-Schreibens vom 1.11.2013 (BStBl. I S. 1326). Dieser sog. Abfindungs-Erlass des Bundesministeriums der Finanzen ist als Anlage zu H 34 LStR im **Steuerhandbuch für das Lohnbüro 2021** abgedruckt, das im selben Verlag erschienen ist.

Lohn-steuer-pflichtig Sozial-versich.-pflichtig

Eine Zusammenballung von Einnahmen liegt vor, da die Vergleichsberechnung ergeben hat, dass der bis zum Jahresende wegfallende Arbeitslohn (= 32 500 €) durch die gezahlte Entschädigung (= 35 200 €) überschritten wird. Die Entlassungsabfindung in Höhe von 35 200 € kann deshalb unter Anwendung der Fünftelregelung ermäßigt besteuert werden.

Das Beispiel zeigt, dass die Zusammenballung von Einnahmen am einfachsten dadurch gesichert werden kann, dass die Abfindung so hoch angesetzt wird, dass der bis zum Jahresende wegfallende Arbeitslohn überschritten ist (und sei es auch nur um einen Euro).

Noch einfacher kann die für eine ermäßigte Besteuerung erforderliche Zusammenballung allerdings dann gesichert werden, wenn der Arbeitnehmer zum **Jahresende** ausscheidet und ihm die Abfindung **sofort ausgezahlt** wird.

Beispiel B

Arbeitgeber und Arbeitnehmer vereinbaren am 31. Dezember 2020 auf Veranlassung des Arbeitgebers die Auflösung des Dienstverhältnisses mit sofortiger Wirkung. Bei Einhaltung der Kündigungsfrist hätte der Arbeitnehmer noch bis 30. Juni 2021 beschäftigt werden müssen. Der Monatslohn beträgt 5000 €. Der Arbeitnehmer erhält eine Entlassungsabfindung in Höhe von 35 200 €. Wird die Abfindung noch am 31. Dezember 2020 ausgezahlt, liegt eine Zusammenballung ohne Weiteres vor. Wird die Abfindung erst im Januar 2021 ausgezahlt, ist folgende Vergleichsberechnung anhand der Einnahmen durchzuführen:

Einnahmen im Kalenderjahr 2020:		
Jahresarbeitslohn 2020 (5000 € × 12)	=	60 000,– €
Einnahmen im Kalenderjahr 2021:		
laufender Arbeitslohn		0,– €
Entlassungsabfindung		35 200,– €

Der Vergleich anhand der Einnahmen aus nichtselbstständiger Arbeit ergibt, dass die im Kalenderjahr 2021 zufließenden Einnahmen niedriger sind als die Einnahmen des Jahres 2020. Eine Anwendung der Fünftelregelung auf den steuerpflichtigen Teil der Abfindung ist deshalb nicht möglich.

Der Arbeitgeber kann das im Kalenderjahr 2021 ggf. gezahlte Arbeitslosengeld in die Vergleichsberechnung mit einbeziehen, wenn dem Arbeitnehmer die genauen Beträge bei Auszahlung der Abfindung bereits bekannt sind (was allerdings in der Praxis kaum möglich sein dürfte). Sollte das im Kalenderjahr 2021 zu zahlende Arbeitslosengeld (60 000 € – 35 200 € =) 24 800 € übersteigen (auch nur um einen Euro), ergibt sich Folgendes:

Einnahmen in Kalenderjahr 2020:		
Jahresarbeitslohn 2020 (5000 € × 12)	=	60 000,– €
Einnahmen im Kalenderjahr 2021:		
laufender Arbeitslohn		0,– €
Entlassungsabfindung		35 200,– €
Arbeitslosengeld		24 801,– €
Einnahmen insgesamt		60 001,– €

Der Vergleich anhand der Einnahmen aus nichtselbstständiger Arbeit ergibt, dass unter Einbeziehung des Arbeitslosengeldes die im Kalenderjahr 2021 zufließenden Einnahmen den Arbeitslohn des Jahres 2020 **übersteigen** (wenn auch nur um 1 €) mit der Folge, dass der Arbeitgeber die Entlassungsabfindung in Höhe von 35 200 € unter Anwendung der Fünftelregelung ermäßigt besteuern kann. Im Veranlagungsverfahren nach Ablauf des Kalenderjahrs wird allerdings die Fünftelregelung **unter Einbeziehung des Arbeitslosengeldes in den sog. Progressionsvorbehalt** berechnet, was zu einer erheblichen Steuernachzahlung an das Finanzamt führen kann (vgl. hierzu das Beispiel B beim Stichwort „Sonstige Bezüge" unter Nr. 6 Buchstabe c auf Seite 884).

Beispiel C

Arbeitgeber und Arbeitnehmer vereinbaren auf Veranlassung des Arbeitgebers die Auflösung des Dienstverhältnisses zum 30.6.2021; der Jahresarbeitslohn 2020 betrug 50 000 €. Die Entlassungsabfindung beträgt 15 000 €.

Die Entlassungsabfindung von 15 000 € übersteigt nicht den Betrag der entgehenden Einnahmen (= 25 000 €), sodass der Arbeitgeber die Fünftelregelung für die Entlassungsabfindung im Lohnsteuerabzugsverfahren nicht anwendet.

Findet der Arbeitnehmer allerdings z. B. zum 1.7.2021 einen neuen Arbeitsplatz (Arbeitslohn bis Jahresende z. B. 25 000 €), kann er für die Entlassungsabfindung die Fünftelregelung bei seiner Einkommensteuer-Veranlagung beantragen, da unter Berücksichtigung des neuen Arbeitsverhältnisses die Einkünfte 2021 in Höhe von 64 000 € (25 000 € + 15 000 € + 25 000 € abzüglich 1000 € Arbeitnehmer-Pauschbetrag) die Einkünfte 2020 in Höhe von 49 000 € (50 000 € abzüglich 1000 €) übersteigen.

Lohn-steuer-pflichtig Sozial-versich.-pflichtig

Beispiel D

Auflösung des Dienstverhältnisses im März 2021 – Einnahmen i. S. d. § 19 EStG bis dahin 17 000 €, die Entlassungsabfindung beträgt 46 000 €. Anschließend Bezug von Arbeitslosengeld (April 2021 bis Oktober 2021) 9000 €. Gründung eines Gewerbebetriebs im November 2021 (Einkünfte: Verlust von 15 000 €).

Vergleich:

– Jahr 2020

Einkünfte i. S. d. § 19 EStG (65 000 € ./. 1000 €)	64 000 €
Einkünfte aus den übrigen Einkunftsarten	0 €
Summe	64 000 €

– Jahr 2021

Einkünfte i. S. d. § 19 EStG aus bisherigem Dienstverhältnis (17 000 € ./. 1000 €)	16 000 €
Entlassungsabfindung	46 000 €
tatsächlich bezogenes Arbeitslosengeld	9 000 €
Summe	71 000 €

Die Entlassungsabfindung (46 000 €) übersteigt nicht den Betrag der entgehenden Einnahmen (65 000 € ./. 17 000 €) in Höhe von 48 000 €.

Nach dem Vergleich der Einkünfte aus dem früheren Dienstverhältnis des Jahres 2020 (64 000 €) mit den Einkünften des Jahres 2021, die in Zusammenhang mit dem früheren Arbeitsverhältnis (Arbeitslohn und Entschädigung) und dessen Auflösung (Arbeitslosengeld) stehen (71 000 €), liegt jedoch eine Zusammenballung von Einkünften im Jahr 2021 vor.

Die negativen Einkünfte aus dem neu aufgenommenen Gewerbebetrieb sind nicht zu berücksichtigen, da sie nicht im Zusammenhang mit der früheren Tätigkeit stehen.

Der Bundesfinanzhof lehnt es aber ab, ausschließlich auf die **Verhältnisse des Vorjahres** abzustellen, wenn die Einnahmesituation durch **außergewöhnliche Ereignisse** geprägt ist und sich daraus keine Vorhersagen für einen unterstellten normalen Verlauf bei Fortsetzung des Arbeitsverhältnisses ableiten lassen. Im Streitfall hatte der als Anlageberater tätige Arbeitnehmer im Jahr vor seinem Ausscheiden aus dem Arbeitsverhältnis eine **ungewöhnlich hohe Provision** erhalten, die auf einem besonders hohen Anlagebetrag eines Neukunden beruhte. Ein Abstellen ausschließlich auf das Vorjahr hätte daher dazu geführt, dass die Abfindung mangels Zusammenballung von Einkünften nicht nach der Fünftelregelung zu besteuern gewesen wäre. Der Bundesfinanzhof hat es daher nicht beanstandet, dass das Finanzgericht im Streitfall auf die **Verhältnisse der letzten drei Jahre** vor dem Ausscheiden aus dem Arbeitsverhältnis abgestellt und nach dieser Durchschnittsberechnung die Fünftelregelung gewährt hat (BFH-Urteil vom 27.1.2010, BStBl. 2011 II S. 28). Die Finanzverwaltung folgt der Rechtsprechung des Bundesfinanzhofs.[1]

Der Arbeitgeber darf also die Fünftelregelung nur dann anwenden, wenn die hierfür erforderliche Vergleichsberechnung zweifelsfrei ergeben hat, dass eine Zusammenballung von Einnahmen vorliegt. Kann der Arbeitgeber die erforderlichen Feststellungen nicht treffen, muss er den Arbeitnehmer auf das Veranlagungsverfahren verweisen und die Abfindung nach den allgemein für sonstige Bezüge geltenden Grundsätzen versteuern (vgl. hierzu die Erläuterungen unter der vorstehenden Nr. 5 Buchstabe b und das vorstehende Beispiel C).

10. Nachzahlung von Entschädigungsleistungen

Die ermäßigte Besteuerung unter Anwendung der Fünftelregelung entfällt also regelmäßig dann, wenn die Entlassungsabfindung nicht in einem Kalenderjahr zufließt. Dies gilt auch dann, wenn der Arbeitgeber dem Arbeitnehmer in einem späteren Kalenderjahr noch eine **Nachzahlung** auf die ursprünglich vereinbarte Abfindung leistet. Leistet der Arbeitgeber z. B. einen weiteren Teilbetrag in einem von der Zahlung des Abfindungsbetrags abweichenden Kalenderjahr, kann – ggf. rückwirkend – die An-

1) Randnummer 11 Satz 6 des BMF-Schreibens vom 1.11.2013 (BStBl. I S. 1326). Dieser sog. Abfindungs-Erlass des Bundesministeriums der Finanzen ist als Anlage zu H 34 LStR im **Steuerhandbuch für das Lohnbüro 2021** abgedruckt, das im selben Verlag erschienen ist.

Lohn- steuer- pflichtig | Sozial- versich.- pflichtig

wendung der Fünftelregelung entfallen. Eine bereits bestandskräftige Einkommensteuer-Veranlagung wird dann von der Finanzverwaltung nach § 175 Abs. 1 Satz 1 Nr. 2 AO berichtigt, weil die Nachzahlung ein Ereignis ist, das nachträglich eintritt und das steuerliche Wirkung für die Vergangenheit hat. Denn die Nachzahlung bewirkt, dass die ursprünglich in einem Kalenderjahr zusammengeballte Entschädigung nunmehr auf mehrere Kalenderjahre verteilt wird. Dieses rückwirkende Ereignis zwingt zur Änderung des bestandskräftigen Steuerbescheids. Ein solches Ergebnis lässt sich nur dann vermeiden, wenn zunächst eine höhere Gesamtabfindung unter der auflösenden Bedingung gezahlt wird, dass der Arbeitnehmer bei bestimmten Leistungen von dritter Seite einen Teil der Abfindung zurückzahlen muss (vgl. hierzu auch das Stichwort „Rückzahlung von Arbeitslohn" unter Nr. 9). Eine solche Vorgehensweise ist allerdings für den Arbeitgeber im Hinblick auf die (spätere) wirtschaftliche Situation beim Arbeitnehmer mit einem Risiko verbunden.

Da es Fälle gibt, in denen eine Nachzahlung auf die ursprünglich vereinbarte Abfindung von Umständen abhängig ist, die der Arbeitgeber nicht zu vertreten hat, enthält der sog. Abfindungs-Erlass des Bundesministeriums der Finanzen[1] für solche Fälle folgende Billigkeitsregelung:

Da die ermäßigte Besteuerung eine Zusammenballung von Einkünften voraussetzt, ist das Interesse der Vertragsparteien im Regelfall darauf gerichtet, dass der Zufluss der Abfindung planmäßig in einem Kalenderjahr erfolgt. Findet bei

- einer versehentlich zu niedrigen Auszahlung der Entschädigung **oder**
- einer Nachzahlung aufgrund eines Rechtsstreits

ein **planwidriger Zufluss** in mehreren Kalenderjahren statt, obwohl die Vereinbarungen eindeutig auf einen einmaligen Zufluss gerichtet waren, ist **auf Antrag des Arbeitnehmers** eine Korrektur im Veranlagungsverfahren möglich. Das bedeutet, dass die Nachzahlung auf Antrag des Arbeitnehmers in den Veranlagungszeitraum zurückzubeziehen ist, in dem der ermäßigt besteuerte Hauptteil der Abfindung zugeflossen ist. Die ermäßigte Besteuerung wird bei dieser Änderung nach § 163 AO aus Billigkeitsgründen auf die **gesamte** Entschädigung (Hauptentschädigung zuzüglich Korrekturbetrag) angewendet. Stellt der Arbeitnehmer diesen Antrag nicht, wird die ermäßigte Besteuerung mangels Zusammenballung rückwirkend versagt und eine ggf. bestandskräftige (= eigentlich nicht mehr änderbare) Veranlagung für den betreffenden Veranlagungszeitraum zum Nachteil des Arbeitnehmers rückwirkend nach § 175 Abs. 1 Satz 1 Nr. 2 AO geändert.

Die Anwendung der geschilderten Billigkeitsregelung ist auf die Fälle beschränkt, in denen die Entschädigung entweder **versehentlich** zu niedrig ausgezahlt wurde oder es aufgrund eines **Rechtsstreits** zu einer Nachzahlung kommt. Eine versehentlich zu niedrige Auszahlung kann sich z. B. aufgrund eines Rechenfehlers ergeben, der erst im Laufe eines späteren Kalenderjahres erkannt wird und dementsprechend der Differenzbetrag nachgezahlt wird. Eine ursprünglich unzutreffende rechtliche Beurteilung zur Höhe der Entlassungsabfindung ist kein „Versehen" in diesem Sinne. Häufiger sind die Fälle, in denen Arbeitgeber und Arbeitnehmer vor Gericht über die Höhe der Abfindung streiten. Zahlt der Arbeitgeber – wie in diesen Fällen üblich – im Jahr des Ausscheidens nur den seiner Meinung nach zutreffenden Betrag und leistet er ggf. erst Jahre später aufgrund einer gerichtlichen Entscheidung oder eines Vergleichs eine Nachzahlung, kann der Arbeitnehmer bei seinem Finanzamt den oben geschilderten Billigkeitsantrag stellen. Voraussetzung für die Anwendung der Billigkeitsregelung ist allerdings, dass der ausgeschiedene Arbeitnehmer keinen Ersatzanspruch hinsichtlich einer aus der Nachzahlung resultierenden eventuellen ertragsteuerlichen Mehrbelastung gegenüber dem früheren Arbeitgeber hat.

Lohn- steuer- pflichtig | Sozial- versich.- pflichtig

Beispiel

Ein Arbeitnehmer erhält in 2020 aufgrund einer vom Arbeitgeber veranlassten Auflösung des Dienstverhältnisses eine Abfindung in Höhe von 50 000 €. Aufgrund eines arbeitsgerichtlichen Vergleichs in 2021 wird die Abfindungssumme auf 80 000 € erhöht und der Arbeitnehmer erhält eine Nachzahlung von 30 000 €.

Der Arbeitgeber hat den Betrag von 30 000 € in 2021 als sonstigen Bezug regulär zu besteuern und dem Finanzamt anzuzeigen, dass der Teilbetrag von 50 000 € in 2020 wegen fehlender Zusammenballung zu Unrecht ermäßigt besteuert worden ist (§ 41c Abs. 4 Satz 1 Nr. 2 EStG). Vgl. das Stichwort „Anzeigepflichten des Arbeitgebers im Lohnsteuerverfahren".

Der Arbeitnehmer hat aber die Möglichkeit, bei seinem Finanzamt eine Billigkeitsmaßnahme zu beantragen, dass auch der 2021 zugeflossene Teilbetrag in Höhe von 30 000 € in 2020 erfasst wird. Das Finanzamt ändert den ggf. bestandskräftigen Einkommensteuerbescheid 2020 und die Gesamtabfindung von 80 000 € wird in 2020 ermäßigt besteuert.

Bei der Einkommensteuer-Veranlagung 2021 ist die Nachzahlung von 30 000 € nicht als Bruttoarbeitslohn anzusetzen, weil sie ja 2020 versteuert worden ist. Auch die für den Betrag von 30 000 € einbehaltene Lohnsteuer ist u. E. auf die Einkommensteuer 2020 anzurechnen und ggf. (anteilig) zu erstatten.

Auch durch eine Änderung der Sozialgesetzgebung oder durch eine Änderung der Rechtsprechung des Bundessozialgerichts ist in bestimmten Fällen im Nachhinein in bereits bestehende Entschädigungsvereinbarungen eingegriffen und vom Arbeitgeber eine Nachzahlung auf die ursprünglich festgesetzte Abfindung geleistet worden. Der sog. Abfindungs-Erlass des Bundesministeriums der Finanzen lässt deshalb in folgenden Fällen weitere Sonderregelungen zu:

- vom Arbeitgeber übernommene Rentenversicherungsbeiträge nach § 187a SGB VI bei Altersteilzeit;
- Nachteilsausgleich wegen Rentenminderung bei Altersteilzeit.

Diese Sonderfälle sind – neben der (teilweisen) Rückzahlung der Abfindung durch den Arbeitnehmer – unter der nachfolgenden Nr. 11 erläutert.

11. Sonderfälle

a) Zahlung von Rentenversicherungsbeiträgen durch den Arbeitgeber nach § 187a SGB VI bei Altersteilzeit

Die Hälfte der vom Arbeitgeber freiwillig übernommenen Rentenversicherungsbeiträge im Sinne des § 187a SGB VI, durch die Rentenminderungen bei vorzeitiger Inanspruchnahme der Altersrente gemildert oder vermieden werden können, ist steuerfrei (§ 3 Nr. 28 EStG) und unterliegt auch nicht dem Progressionsvorbehalt (vgl. dieses Stichwort). Die Berechtigung zur Zahlung dieser Beiträge und damit die Steuerfreistellung setzen voraus, dass der Versicherte erklärt, eine solche Rente zu beanspruchen. Die Steuerfreistellung ist auf die Hälfte der insgesamt geleisteten zusätzlichen Rentenversicherungsbeiträge begrenzt, da auch Pflichtbeiträge des Arbeitgebers zur gesetzlichen Rentenversicherung nur in Höhe des halben Gesamtbeitrags steuerfrei sind.

b) Nachteilsausgleich wegen Rentenminderung bei Altersteilzeit

Die vom Arbeitgeber zusätzlich geleisteten Rentenversicherungsbeiträge nach § 187a SGB VI einschließlich darauf entfallender, ggf. vom Arbeitgeber getragener Steuerabzugsbeträge sind Teil der Entlassungsabfindung, die im Zusammenhang mit der Auflösung eines Dienstverhältnisses geleistet wird. Leistet der Arbeitgeber diese Beiträge in **Teilbeträgen,** ist dies im Grundsatz für die Anwendung der Fünftelregelung schädlich, da keine Zusammenballung von Einkünften vorliegt.

1) Randziffer 16 ff. des BMF-Schreibens vom 1.11.2013 (BStBl. I S. 1326). Dieser sog. Abfindungs-Erlass des Bundesministeriums der Finanzen ist als Anlage zu H 34 LStR im **Steuerhandbuch für das Lohnbüro 2021** abgedruckt, das im selben Verlag erschienen ist.

Lohnsteuerpflichtig | Sozialversich.-pflichtig

Nach dem sog. Abfindungs-Erlass des Bundesministeriums der Finanzen[1] wird aber aus Billigkeitsgründen eine Ratenzahlung bei den zusätzlich vom Arbeitgeber geleisteten Rentenversicherungsbeiträgen als unschädlich für die Anwendung der ermäßigten Besteuerung auf den Einmalbetrag angesehen. Eine dem Arbeitnehmer zusätzlich zu den ratenweise geleisteten Rentenversicherungsbeiträgen zugeflossene Entlassungsabfindung (Einmalbetrag) kann deshalb **auf Antrag** des Arbeitnehmers ermäßigt besteuert werden.

c) Rückzahlung von Abfindungen

Nach Auffassung des Bundesfinanzhofs ist die Rückzahlung einer Abfindung im Rückzahlungsjahr als negative Einnahme zu behandeln (BFH-Urteil vom 4.5.2006, BStBl. II S. 911). Das gilt selbst dann, wenn sie im Zuflussjahr ermäßigt besteuert worden ist (vgl. auch „Rückzahlung von Arbeitslohn" unter Nr. 9). Eine Rückzahlung von Arbeitslohn ist kein rückwirkendes Ereignis (vgl. hierzu § 175 Abs. 1 Satz 1 Nr. 2 AO), das zur Änderung des Einkommensteuerbescheids im Zuflussjahr berechtigt. Das steuerliche Zu- und Abflussprinzip hat in den Fällen der Rückzahlung von Abfindungen Vorrang.

Durch die Sichtweise des Bundesfinanzhofs kann sich für den Arbeitnehmer eine Steuerentlastung ergeben (Versteuerung der Einnahme mit dem ermäßigten Steuersatz; Auswirkung der Rückzahlung mit dem „vollen" Steuersatz).

12. Aufzeichnungs- und Bescheinigungspflichten bei Abfindungen

Im **Lohnkonto** ist der nach der Fünftelregelung ermäßigt besteuerte Betrag gesondert einzutragen (vgl. „Lohnkonto" unter Nr. 7).

Bei der Bescheinigung des Bruttoarbeitslohns in Zeile 3 der elektronischen **Lohnsteuerbescheinigung 2021** ist darauf zu achten, dass in dem dort bescheinigten Bruttoarbeitslohn eine ermäßigt besteuerte Entlassungsentschädigung nicht enthalten sein darf. Die ermäßigt besteuerte Entlassungsentschädigung ist vielmehr in Zeile 10 und die hierauf entfallenden Steuerabzüge in den Zeilen 11 bis 14 der Lohnsteuerbescheinigung 2021 einzutragen (vgl. das Stichwort „Lohnsteuerbescheinigung" unter Nr. 10).

Beispiel A

Arbeitnehmer A (monatlicher Bruttoarbeitslohn 3000 €) wird zum 30.6.2021 entlassen und erhält eine Abfindungszahlung von 25 000 €.

Die Abfindungszahlung von 25 000 € kann nach der Fünftelregelung ermäßigt besteuert werden, da sie die bis zum Jahresende entfallenden Einnahmen (6 × 3000 € = 18 000 €) übersteigt (vgl. vorstehende Nr. 9). Der Betrag von 25 000 € ist in Zeile 10 zu bescheinigen und darf im Bruttoarbeitslohn in Zeile 3 nicht enthalten sein. Die darauf entfallenden Steuerabzugsbeträge sind in den Zeilen 11 bis 14 einzutragen.

Hat der Arbeitgeber eine Entlassungsabfindung nicht ermäßigt besteuert, weil die Vergleichsberechnung mangels Kenntnis der übrigen Einkünfte oder Einnahmen des Arbeitnehmers zu keiner Zusammenballung von Einkünften führt, soll der Arbeitgeber die Entlassungsabfindung in **Zeile 19** der elektronischen Lohnsteuerbescheinigung 2021 eintragen. Aufgrund der Eintragung in Zeile 19 kann der Arbeitnehmer die ermäßigte Besteuerung noch nachträglich im Veranlagungsverfahren beantragen. Der in Zeile 19 eingetragene Betrag muss zudem in dem in Zeile 3 bescheinigten Bruttoarbeitslohn enthalten sein. Die darauf entfallenden Steuerabzugsbeträge sind in den Zeilen 4 bis 7 der Lohnsteuerbescheinigung 2021 einzutragen.

Beispiel B

Wie Beispiel A. Die Abfindungszahlung beträgt 15 000 €. Der Arbeitgeber hat keine Kenntnis, in welchem Umfang der Arbeitnehmer nach Beendigung des Dienstverhältnisses neue Einkünfte erzielt.

Die Abfindungszahlung von 15 000 € kann nicht nach der Fünftelregelung ermäßigt besteuert werden, da sie die bis zum Jahresende entfallenden Einnahmen (6 × 3000 € = 18 000 €) nicht übersteigt. Der Betrag von 15 000 € soll in Zeile 19 bescheinigt werden und muss im Bruttoarbeitslohn in Zeile 3 enthalten sein. Die darauf entfallenden Steuerabzugsbeträge sind in den Zeilen 4 bis 7 einzutragen.

13. Sozialversicherungsrechtliche Behandlung von Abfindungen

a) Allgemeines

Sozialversicherungsbeiträge sind nur vom Arbeitsentgelt im Sinne des § 14 SGB IV, also von Einnahmen für eine aktive Beschäftigung abzuführen. Das Bundessozialgericht hat durch Urteil vom 21.2.1990 – 12 RK 20/88 – entschieden, dass Entlassungsabfindungen, die für den Wegfall künftiger Verdienstmöglichkeiten gezahlt werden, kein Arbeitsentgelt im Sinne der Sozialversicherung darstellen und daher nicht der Beitragspflicht in der Sozialversicherung unterliegen. Dabei kommt es nicht darauf an, zu welchem Zeitpunkt die Abfindung ausgezahlt wird. Es ist also unerheblich, ob dies im letzten Monat der Beschäftigung oder nach Beendigung des Arbeitsverhältnisses geschieht. Zahlungen zur **Abgeltung vertraglicher Ansprüche,** die der Arbeitnehmer **bis zum Zeitpunkt der Beendigung** der Beschäftigung **erworben hat** (z. B. Nachzahlung von Arbeitslohn sowie Urlaubsabgeltungen), sind dagegen als Arbeitsentgelt dem beendeten Beschäftigungsverhältnis zuzuordnen. ja ja

Eine einheitliche Abfindung muss ggf. entsprechend aufgeteilt werden. Derjenige Teil der Abfindung, der für die **Zeit nach der Auflösung** des Dienstverhältnisses gezahlt wird, **unterliegt nicht der Beitragspflicht** zur Sozialversicherung; er ist also steuerpflichtig aber beitragsfrei (vgl. auch das Beispiel unter der nachfolgenden Nr. 15). ja nein

b) Fortbestand des versicherungspflichtigen Beschäftigungsverhältnisses bei Verzicht des Arbeitgebers auf die Arbeitsleistung unter Fortzahlung des Arbeitsentgelts

Das Bundessozialgericht hat in ständiger Rechtsprechung für den Fortbestand eines versicherungspflichtigen Beschäftigungsverhältnisses gefordert, dass einerseits der Arbeitnehmer seine Arbeitskraft gegen die vereinbarte Vergütung dem Arbeitgeber zur Verfügung stellt und andererseits der Arbeitgeber seine Dispositionsbefugnis bzw. Verfügungsgewalt gegenüber dem Arbeitnehmer bzw. dessen Arbeitskraft rechtlich und tatsächlich ausübt (vgl. u. a. Urteil des Bundessozialgerichts vom 31.8.1976 – 12/3/12 RK 20/74 – USK 7698). Während die Dienstbereitschaft des Arbeitnehmers und die Dispositionsbefugnis des Arbeitgebers bei vorübergehenden Arbeitsunterbrechungen mit Entgeltzahlung – wie etwa bei bezahltem Urlaub oder Entgeltfortzahlung im Falle der Arbeitsunfähigkeit – unzweifelhaft weiterhin vorhanden sind und damit auch von einem Weiterbestehen des versicherungspflichtigen Beschäftigungsverhältnisses auszugehen ist, schreibt § 7 Abs. 3 SGB IV ausdrücklich vor, dass ein Beschäftigungsverhältnis gegen Arbeitsentgelt als fortbestehend gilt, solange das Beschäftigungsverhältnis ohne Anspruch auf Arbeitsentgelt (z. B. bei unbezahltem Urlaub, Arbeitsbummelei, Streik oder Aussperrung) fortdauert, jedoch nicht länger als einen Monat. Darüber hinaus wird von einem Fortbestand des versicherungspflichtigen Beschäftigungsverhältnisses ausgegangen, wenn durch Arbeitsgerichtsurteil oder arbeitsgerichtlichen Vergleich (z. B. bei Umwandlung einer fristlosen in eine fristgerechte Kündigung) das Ende des Arbeitsverhältnisses auf einen Zeitpunkt nach dem letzten Arbeitstag festgelegt und dem Arbeitnehmer für die Zeit nach Beendigung der tatsächlichen Arbeitsleistung das bisherige Arbeitsentgelt oder ein Teilarbeitsentgelt gezahlt wird; in diesen Fällen besteht das versicherungspflichtige Be-

1) Randnummer 21 des BMF-Schreibens vom 1.11.2013 (BStBl. I S. 1326). Dieser sog. Abfindungs-Erlass des Bundesministeriums der Finanzen ist als Anlage zu H 34 LStR im **Steuerhandbuch für das Lohnbüro 2021** abgedruckt, das im selben Verlag erschienen ist.

Lohn-steuer-pflichtig Sozial-versich.-pflichtig

schäftigungsverhältnis bis zu dem durch Urteil oder Vergleich festgesetzten Ende des Arbeitsverhältnisses fort. Außerdem besteht auch bei einer Insolvenz des Arbeitgebers für die von der Arbeit freigestellten und weiterhin dienstbereiten Arbeitnehmer das versicherungspflichtige Beschäftigungsverhältnis nach Eröffnung des Insolvenzverfahrens bis zum Ablauf der für das Arbeitsverhältnis maßgebenden gesetzlichen oder vertraglich vereinbarten Kündigungsfrist fort.

Das Bundessozialgericht hat in zwei Urteilen vom 24.9.2008 (B 12 KR 22/07 R und B 12 KR 27/07 R) unter Hinweis auf das o. g. Urteil vom 18.9.1973 klargestellt und verdeutlicht, dass in diesem Zusammenhang eine Beschäftigung nicht stets den Vollzug des zugrunde liegenden Rechtsverhältnisses durch tatsächliche Erbringung von Arbeit voraussetzt.

Insofern ist bei sogenannten **Abwicklungsverträgen,** bei denen der Arbeitgeber unwiderruflich auf sein Weisungsrecht verzichtet und den Arbeitnehmer von der Arbeitsleistung freistellt, bei weiterer Zahlung des Arbeitsentgeltes weiterhin von einem versicherungspflichtigen Beschäftigungsverhältnis auszugehen.

Anders gestaltet sich die versicherungsrechtliche Beurteilung ggf. bei Aufhebungsvertrag und arbeitsgerichtlichem Vergleich oder Urteil nach einer Kündigung.

Aufhebungsvertrag

Mit einem Aufhebungsvertrag beenden Arbeitgeber und Arbeitnehmer einvernehmlich das Arbeitsverhältnis zu einem bestimmten Zeitpunkt. Dies erfolgt unabhängig von bestehenden Kündigungsfristen. Im Gegensatz zum Abwicklungsvertrag endet hier also das arbeitsrechtliche Verhältnis durch den Aufhebungsvertrag. Dadurch wird auch das sozialversicherungsrechtliche Beschäftigungsverhältnis, das heißt das bestehende Versicherungsverhältnis beendet.

Häufig sind mit einem solchen Aufhebungsvertrag Abfindungszahlungen des Arbeitgebers verbunden. Diese Abfindungen – die sich in aller Regel nach dem zuletzt erzielten Arbeitsentgelt berechnen – sollen den Verlust des Arbeitsplatzes ausgleichen; sie stellen also Zahlungen für die Zeit nach dem Ende des Beschäftigungsverhältnisses dar. Hierzu hat das Bundessozialgericht entschieden, dass solche Zahlungen kein Arbeitsentgelt in der Sozialversicherung darstellen (vgl. die Erläuterungen unter dem vorstehenden Buchstaben a).

Änderung einer fristlosen Kündigung durch Vergleich oder Urteil

Der Arbeitnehmer hat das Recht, gegen eine fristlose Kündigung durch den Arbeitgeber das Arbeitsgericht anzurufen. Diese Kündigungsschutzklage ist die einzige Möglichkeit für den Arbeitnehmer, gegen eine solche Kündigung vorzugehen. Die Frist für eine solche Klage beträgt in der Regel drei Wochen. Durch die fristlose Kündigung endet zunächst sowohl das Arbeitsverhältnis als auch das sozialversicherungsrechtliche Beschäftigungsverhältnis. Wird durch ein Arbeitsgerichtsurteil oder einen arbeitsgerichtlichen Vergleich das Ende des Arbeitsverhältnisses auf einen Zeitpunkt nach der fristlosen Kündigung festgelegt, besteht auch das sozialversicherungsrechtliche Beschäftigungsverhältnis für diese Zeit weiter, wenn dem Arbeitnehmer zumindest ein Teil seines ihm für diese Zeit zustehenden Arbeitsentgelts noch zu zahlen ist.

14. Auswirkung von Entlassungsabfindungen auf das Arbeitslosengeld

Entlassungsabfindungen können unterschiedlichste Auswirkungen auf die Gewährung von Arbeitslosengeld haben. Je nach Lage des Einzelfalls kann es zu einem (teilweisen) Ruhen des Anspruchs, einer Sperrzeit oder aber auch zu einer Erstattungspflicht des Arbeitgebers hinsichtlich der Leistungen der Agentur für Arbeit kommen. Es ist dringend zu empfehlen, in Zweifelsfällen eine verbindliche Auskunft hierüber von der zuständigen Arbeitsagentur einzuholen.

15. Berechnungsbeispiel zur Besteuerung des steuerpflichtigen Teils einer Abfindung

Die Anwendung der lohnsteuerlichen und sozialversicherungsrechtlichen Regelungen soll folgendes Beispiel einer Lohnabrechnung mit Entlassungsabfindung und Urlaubsabgeltung verdeutlichen.

Beispiel

Ein Angestellter mit einem Monatslohn von 5400 € hat die Steuerklasse III/0 sowie das Religionsmerkmal rk. Er ist privat krankenversichert; seine Beiträge hat er dem Arbeitgeber nicht nachgewiesen. Auf Veranlassung des Arbeitgebers wird das Arbeitsverhältnis zum 31. Mai 2021 in gegenseitigem Einvernehmen gelöst. Nach der Auflösungsvereinbarung hat der Arbeitgeber folgende Leistungen zu erbringen:

– eine Urlaubsabgeltung, da der Arbeitnehmer im Kalenderjahr 2021 noch keinen Urlaub genommen hat in Höhe von	3 240,– €
– das anteilig auch für den Fall des Ausscheidens zugesicherte 13. Gehalt in Höhe von 5/12 von 5400 € =	2 250,– €
– eine pauschale Entschädigung für das Gehalt bis zum Ende der Kündigungsfrist (30. 11. 2021) und alle anderen für den Verlust des Arbeitsplatzes künftig entgehenden Einnahmen und sonstige Nachteile	40 000,– €

Urlaubsabgeltung

Kann der Urlaub bis zur Beendigung des Arbeitsverhältnisses nicht mehr in Freizeit gewährt werden, ist er abzugelten. Die Urlaubsabgeltung wird wie das Urlaubsentgelt berechnet (vgl. diese beiden Stichwörter). Bei einem Jahresurlaub von 30 Arbeitstagen ergibt sich ein Anspruch von 5/12 von 30 Arbeitstagen = 12,5 aufgerundet 13 Urlaubstage (aufzurunden sind Bruchteile von Urlaubstagen, die mindestens einen halben Tag ergeben).

$$\text{Abgeltungsbetrag: } \frac{\text{Monatsgehalt } 5400 \text{ €} \times 3 \times 13 \text{ Urlaubstage}}{65 \text{ Arbeitstage}} = 3240 \text{ €.}$$

Die Auszahlung der obigen Beträge erfolgt mit der Gehaltsabrechnung für Mai. Es ergibt sich folgende Lohnabrechnung:

Gehalt Mai		5 400,– €
Urlaubsabgeltung		3 240,– €
anteiliges 13. Gehalt		2 250,– €
Abfindung		40 000,– €
		50 890,– €
Zuschuss zur Kranken- und Pflegeversicherung		458,35 €
insgesamt		51 348,35 €
Abzüge:		
Lohnsteuer für den laufenden Arbeitslohn	741,33 €	
Solidaritätszuschlag für den laufenden Arbeitslohn	0,– €	
Kirchensteuer für den laufenden Arbeitslohn	59,30 €	
Lohnsteuer für Urlaubsabgeltung u. 13. Gehalt	904,– €	
Solidaritätszuschlag hierauf	0,– €	
Kirchensteuer hierauf	72,32 €	
Lohnsteuer für die Abfindung	9 370,– €	
Solidaritätszuschlag hierauf	0,– €	
Kirchensteuer hierauf	749,60 €	
Arbeitnehmeranteil zur Sozialversicherung	1 143,45 €	13 040,– €
Auszahlungsbetrag im Mai 2021		38 308,35 €
Arbeitgeberanteil am Gesamtsozialversicherungsbeitrag		1 143,45 €

Zuschuss zur Kranken- und Pflegeversicherung

Der Angestellte ist bei einer privaten Krankenversicherung versichert (PKV-Mitglied). Der Zuschuss des Arbeitgebers zur Kranken- und Pflegeversicherung beträgt:

A

	Lohn-steuer-pflichtig	Sozial-versich.-pflichtig

Beitragszuschuss zur Krankenversicherung: 7,95 % von 4837,50 € = 384,58 € (vgl. das Stichwort „Arbeitgeberzuschuss zur Krankenversicherung")	384,58 €
Beitragszuschuss zur Pflegeversicherung 1,525 % von 4837,50 €	73,77 €
Zuschuss zur Kranken- und Pflegeversicherung insgesamt	458,35 €

Der Zuschuss ist steuer- und beitragsfrei.

Berechnung der Lohnsteuer für den laufenden Arbeitslohn

laufendes Gehalt	5 400,— €
Lohnsteuer lt. Monatstabelle (Steuerklasse III/0)	741,33 €
Solidaritätszuschlag (5,5 %)	0,— €
Kirchensteuer (8 %)	59,30 €

Berechnung der Lohnsteuer für die Urlaubsabgeltung und das anteilige 13. Gehalt

Zur Besteuerung eines sonstigen Bezugs vgl. das Berechnungsschema auf Seite 882 beim Stichwort „Sonstige Bezüge" unter Nr. 5.

Trifft ein normal zu versteuernder sonstiger Bezug mit einer durch die sog. Fünftelregelung steuerbegünstigten Entlassungsabfindung zusammen, ist zunächst die Lohnsteuer für den normal zu versteuernden sonstigen Bezug und **danach** die Lohnsteuer für die ermäßigt zu besteuernde Entlassungsabfindung zu ermitteln (R 39b.6 Abs. 4 LStR).

Im vorliegenden Fall ist deshalb zu prüfen, welcher Teil der Entlassungsabfindung normal zu versteuern ist. Hierzu gilt Folgendes:

Zur Prüfung der Frage, welche Leistungen des Arbeitgebers als Abfindung anzusehen sind, ist auf die tatsächliche Beendigung des Arbeitsverhältnisses am 31. 5. abzustellen. Danach rechnet das **anteilige 13. Gehalt** nicht zur Abfindung, da der Arbeitnehmer seinen Anspruch hierauf bereits bis zur Auflösung des Arbeitsverhältnisses erlangt hat. Das Gleiche gilt für die **Urlaubsabgeltung.**

Sowohl das anteilige 13. Gehalt als auch die Urlaubsabgeltung sind deshalb normal als sonstiger Bezug zu versteuern.

Es ist zunächst der voraussichtliche laufende Jahresarbeitslohn festzustellen.

bis 31. 5. gezahlter laufender Arbeitslohn 5400 € × 5 =	27 000,— €
Der für den Rest des Kalenderjahres noch anfallende laufende Arbeitslohn muss geschätzt werden. Wenn der Arbeitnehmer nach dem Ausscheiden aus dem Dienstverhältnis den Rest des Jahres arbeitslos ist, kann als laufender Jahresarbeitslohn der bis 31. 5. bezogene Arbeitslohn angesetzt werden.	
maßgebender Jahresarbeitslohn somit	27 000,— €
Lohnsteuer nach Steuerklasse III/0 der Jahreslohnsteuertabelle 2021	
a) vom maßgebenden Jahresarbeitslohn (27 000 €)	200,— €
b) vom maßgebenden Jahresarbeitslohn einschließlich Urlaubsabgeltung und anteiliges 13. Gehalt (27 000 € + 3240 € + 2250 €) = 32 490 €	1 104,— €
Lohnsteuer für diese sonstigen Bezüge	904,— €
Solidaritätszuschlag	0,— €
Kirchensteuer (8 % aus 908 €)	72,32 €

Berechnung der Lohnsteuer für die Abfindung

Als steuerbegünstigte Entschädigung ist dagegen die pauschale Abfindung zu behandeln	40 000,— €

Die Abfindung ist eine steuerbegünstigte Entschädigung, und es liegt eine Zusammenballung von Einkünften vor, da der Arbeitnehmer mit der Entschädigung mehr erhält (nämlich 40 000 € + 27 000 € + 3240 € + 2250 € = 72 490 €), als er bei normaler Fortsetzung des Arbeitsverhältnisses bis zum Ablauf des Kalenderjahrs erhalten würde. Bei Fortsetzung des Arbeitsverhältnisses würde der Arbeitnehmer nicht 72 490 € erhalten, sondern lediglich (5400 € × 13 =) 70 200 €.

Die Abfindung kann deshalb unter Anwendung der Fünftelregelung ermäßigt besteuert werden. Es ergibt sich folgende Berechnung der Lohnsteuer:

Zunächst ist der laufende Jahresarbeitslohn zu ermitteln:

laufender Arbeitslohn (5400 € × 5 =)	27 000,— €
Urlaubsabgeltung	3 240,— €
anteiliges 13. Gehalt	2 250,— €
zusammen (= maßgebender Jahresarbeitslohn)	32 490,— €
Lohnsteuer nach Steuerklasse III/0 der Jahreslohnsteuertabelle 2021	
a) vom maßgebenden Jahresarbeitslohn (32 490 €)	1104,— €
b) vom maßgebenden Jahresarbeitslohn einschließlich eines Fünftels des steuerpflichtigen Teils der Abfindung (32 490 € + 8000 € =) 40 490 €	2 978,— €
Lohnsteuer für ein Fünftel der Abfindung	1 874,— €
Die Lohnsteuer für die gesamte Abfindung beträgt somit (5 × 1874 €)	9 370,— €
Solidaritätszuschlag	0,— €
Kirchensteuer (8 % aus 9370 €)	749,60 €

Berechnung der Sozialversicherungsbeiträge

Zur Berechnung der Sozialversicherungsbeiträge vgl. das Stichwort „Einmalige Zuwendungen".

Beitragspflicht besteht in der Renten- und Arbeitslosenversicherung. Soweit die einmalig gezahlten Entgelte bereits erworbene Ansprüche abgelten, gehören sie zum beitragspflichtigen Arbeitsentgelt. Zum beitragspflichtigen Arbeitsentgelt gehören somit:

Urlaubsabgeltung	3 240,— €
anteiliges 13. Gehalt	2 250,— €
zusammen	5 490,— €

Zur Beitragsabrechnung aus diesem Betrag ist der auf die Beschäftigungsdauer entfallende Teil der Beitragsbemessungsgrenze in der Rentenversicherung zu beachten.

Er beträgt für Januar bis Mai 5 × 7100 € =	35 500,— €
Der anteiligen Jahresbeitragsbemessungsgrenze sind die im gleichen Zeitraum gezahlten beitragspflichtigen Entgelte gegenüberzustellen = das Monatsgehalt von 5400 € für 5 Monate	27 000,— €
Die Beitragsbemessungsgrenze ist somit noch nicht verbraucht in Höhe von	8 500,— €

Die anlässlich des Ausscheidens des Arbeitnehmers gezahlten einmaligen Zuwendungen in Höhe von 5490 € sind somit in voller Höhe beitragspflichtig. Bei einem Beitragssatz von (18,6 % + 2,4 % =) 21,0 % für Renten- und Arbeitslosenversicherung ergibt sich Folgendes:

laufendes Gehalt für Mai	5 400,— €
beitragspflichtiger Teil der Abfindung	5 490,— €
insgesamt	10 890,— €
hiervon 10,5 % Arbeitnehmeranteil	1 143,45 €
und 10,5 % Arbeitgeberanteil	1 143,45 €

Abführung der Sozialversicherungsbeiträge

1. Allgemeines

Der Arbeitgeber hat sowohl den Arbeitgeber- als auch den Arbeitnehmerbeitrag (= Gesamtsozialversicherungsbeitrag) zusammen mit der Insolvenzgeldumlage monatlich zum Fälligkeitstermin unaufgefordert an die Krankenkasse abzuführen.

Der Gesamtsozialversicherungsbeitrag und die Umlage für das Insolvenzgeld sind an die zuständige **Einzugsstelle** zu zahlen. Für die Beantwortung der Frage, welche Einzugsstelle zuständig ist, gilt Folgendes:

- Bei Krankenversicherungspflichtigen ist die gesetzliche Krankenkasse Einzugsstelle, bei der der Arbeitnehmer versichert ist (AOK, Betriebskrankenkasse, Innungskrankenkasse, Ersatzkasse oder Deutsche Rentenversicherung Knappschaft – Bahn – See als Träger der Krankenversicherung).
- Ist der Arbeitnehmer nicht krankenversicherungspflichtig, aber freiwillig z. B. in einer Ersatzkasse versichert, so ist diejenige Krankenkasse Einzugsstelle für den Beitrag zur Renten- und Arbeitslosenversicherung, bei der die freiwillige Krankenversicherung besteht.
- Bei Arbeitnehmern, die bei einem privaten Krankenversicherungsunternehmen versichert sind, ist für den Einzug des Beitrags zur Renten- und Arbeitslosenversicherung die gesetzliche Krankenkasse zuständig, bei der der Arbeitgeber den Arbeitnehmer angemeldet hat.

Lohnsteuerpflichtig Sozialversich.-pflichtig

Als Tag der Zahlung gilt bei Barzahlung der **Tag des Geldeingangs** und bei **Scheckzahlung,** Überweisung oder Einzahlung auf ein Konto der **Tag der Gutschrift** bei der Einzugsstelle.

Wenn die Beiträge und die Umlage nicht fristgerecht entrichtet werden, ist für jeden angefangenen Monat der Säumnis ein Säumniszuschlag von 1 % des rückständigen, auf 50 € nach unten abgerundeten Betrags, zu zahlen (§ 24 SGB IV).

2. Fälligkeit der Beiträge

Der Gesamtsozialversicherungsbeitrag ist nach § 23 Abs. 1 Satz 2 SGB IV spätestens am drittletzten Bankarbeitstag des Monats, in dem die Beschäftigung oder Tätigkeit, mit der das Arbeitsentgelt oder Arbeitseinkommen erzielt wird, ausgeübt worden ist oder als ausgeübt gilt, fällig. Er ist bis zum Fälligkeitstag entweder in tatsächlicher Höhe oder in voraussichtlicher Höhe der Beitragsschuld zu zahlen; bei Zahlung in voraussichtlicher Höhe ist ein eventuell verbleibender Restbeitrag mit der nächsten Fälligkeit zu zahlen.

Die Beiträge sind zum Fälligkeitstag in tatsächlicher Höhe der Beitragsschuld zu zahlen, wenn das Arbeitsentgelt bereits fällig und die Entgeltabrechnung durchgeführt worden ist.

Soweit dem Arbeitgeber eine Abrechnung der tatsächlichen Beiträge nicht möglich ist, sind die Beiträge zum Fälligkeitstag grundsätzlich in voraussichtlicher Höhe der Beitragsschuld zu zahlen, ein verbleibender Restbeitrag wird zum drittletzten Bankarbeitstag des Folgemonats fällig.

Darüber hinaus besteht seit 1.1.2017 nach § 23 Abs. 1 Satz 3 SGB IV die Möglichkeit, anstelle der voraussichtlichen Höhe der Beitragsschuld den Gesamtsozialversicherungsbeitrag in Höhe der Beiträge des Vormonats zu zahlen, ein verbleibender Restbeitrag wird zum drittletzten Bankarbeitstag des Folgemonats fällig.

Für die Fälligkeit der Pauschalbeiträge für versicherungsfreie oder von der Versicherungspflicht befreite geringfügig entlohnte Beschäftigte gilt die o.g. Fälligkeitsregelung ebenfalls. Soweit diese Beiträge im Rahmen des Haushaltsscheckverfahrens zu zahlen sind, sind die Beiträge für das in den Monaten Januar bis Juni erzielte Arbeitsentgelt am 31. Juli des laufenden Jahres und für das in den Monaten Juli bis Dezember erzielte Arbeitsentgelt am 31. Januar des folgenden Jahres fällig

Die Fälligkeitsregelungen gelten auch für die **Umlagen U1 und U2 sowie die Insolvenzgeldumlage.**

3. Voraussichtliche Höhe der Beitragsschuld

a) Allgemeines

Grundsätzlich stellt die Fälligkeitsregelung des § 23 Abs. 1 Satz 2 SGB IV zunächst auf die voraussichtliche Höhe der Beitragsschuld aus der erbrachten Arbeitsleistung des Beschäftigten ab. Bei Zahlung gleichbleibender Arbeitsentgelte wird die Höhe der Beitragsschuld mit nachhaltiger Sicherheit bestimmt werden können, sodass im Allgemeinen die voraussichtliche Beitragsschuld gleichzeitig auch die endgültige Beitragsschuld darstellt. Es bedarf in diesen Fällen mithin keines Differenzbeitrag-Ausgleichs im Folgemonat.

b) Ermittlung

Die voraussichtliche Höhe der Beitragsschuld ist so zu bemessen, dass der Restbeitrag, der erst im Folgemonat fällig wird, so gering wie möglich bleibt. Dies wird dadurch erreicht, dass das Beitragssoll entweder in Form einer Fiktivberechnung auf der Grundlage des absehbaren Entgeltanspruchs jedes Arbeitnehmers im laufenden Monat oder auf der Grundlage des letzten Entgeltabrechnungszeitraums unter Berücksichtigung der eingetretenen Änderungen in der Form des Hinzutritts oder Austritts von Beschäftigten, der Arbeitstage bzw. Arbeitsstunden sowie der einschlägigen Entgeltermittlungsgrundlagen ermittelt wird.

Andere – im Ergebnis vergleichbare – Berechnungen sind zulässig, solange der gesetzlichen Intention Rechnung getragen wird, dass die voraussichtliche Höhe der Beitragsschuld keinen bloßen Abschlag darstellt, sondern der endgültigen Beitragsschuld nahezu entspricht.

Durchschnittsberechnungen sind dagegen grundsätzlich nicht als geeignetes Mittel anzusehen, um die voraussichtliche Höhe der Beitragsschuld zu ermitteln. Insoweit gilt es letztlich zu beachten, dass die voraussichtliche Höhe der Beitragsschuld keine Gesamtsumme aller Beiträge darstellt, sondern dem Grunde nach für jeden einzelnen Arbeitnehmer zu ermitteln ist und somit auch von Einzugsstelle zu Einzugsstelle separat festgestellt werden muss.

Die Parameter, nach denen die voraussichtliche Höhe der Beitragsschuld ermittelt wurde, sind zu dokumentieren. Die angewendeten Verfahrensversionen zur Ermittlung der voraussichtlichen Höhe der Beitragsschuld müssen nur einmalig nachgewiesen werden. Je Anwendung muss zur Beitragsabrechnung allerdings nachprüfbar dokumentiert werden, welche Verfahrensversion angewendet wurde und welche Parameter zugeführt wurden.

c) Berücksichtigung variabler Arbeitsentgeltbestandteile

Bei der Ermittlung der voraussichtlichen Höhe der Beitragsschuld sind grundsätzlich auch variable Arbeitsentgeltbestandteile zu berücksichtigen. Sofern variable Arbeitsentgeltbestandteile kontinuierlich zeitversetzt gezahlt werden und dem Arbeitgeber eine Berücksichtigung dieser Arbeitsentgeltteile bei der Beitragsberechnung für den Entgeltabrechnungszeitraum, in dem sie erzielt wurden, nicht möglich ist, können diese zur Beitragsberechnung dem Arbeitsentgelt des nächsten oder übernächsten Entgeltabrechnungszeitraumes hinzugerechnet werden. Für das Verfahren gelten die Vorgaben entsprechend Punkt 5 der Niederschrift über die Besprechung der Spitzenverbände der Krankenkassen, des Verbandes der Deutschen Rentenversicherungsträger und der Bundesanstalt für Arbeit zu Fragen des gemeinsamen Beitragseinzugs vom 16./17.1.1979 weiterhin (s. Anlage 1).

Sofern im öffentlichen Dienst Entgeltbestandteile, die nicht in Monatsbeträgen festgelegt sind, nach § 24 TVöD zeitversetzt ausgezahlt werden, ist für das Verfahren bei der Beitragsberechnung weiterhin Punkt 2 der Niederschrift über die Besprechung der Spitzenverbände der Krankenkassen, des Verbandes der Deutschen Rentenversicherungsträger und der Bundesanstalt für Arbeit zu Fragen des gemeinsamen Beitragseinzugs vom 20./21.3.1980 (s. Anlage 2) anzuwenden. Derartige Entgeltbestandteile sind mithin auch bei der Ermittlung der voraussichtlichen Höhe der Beitragsschuld zeitversetzt zu berücksichtigen.

d) Einmalig gezahltes Arbeitsentgelt

Bei einmalig gezahltem Arbeitsentgelt entstehen die Beitragsansprüche, sobald dieses ausgezahlt worden ist (§ 22 Abs. 1 Satz 2 SGB IV). Unter dem Gesichtspunkt der Beitragsfälligkeit in Höhe der voraussichtlichen Beitragsschuld kann die Fälligkeit der Beiträge aus einmalig gezahltem Arbeitsentgelt nicht allein am bloßen Vorgang der Auszahlung festgemacht werden. Vielmehr hat der Arbeitgeber bei der Ermittlung der voraussichtlichen Beitragsschuld für den Beitragsmonat festzustellen, ob die Einmalzahlung **mit hinreichender Sicherheit in diesem Beitragsmonat ausgezahlt wird.** Dieser Tatbestand wird dem Arbeitgeber zu dem Zeitpunkt, an dem er die voraussichtliche Höhe der Beitragsschuld festzustellen hat, in aller Regel bekannt sein. Deshalb werden die Beiträge aus einmalig gezahltem Arbeitsentgelt im Rahmen der Regelungen über die Höhe der voraussichtlichen Beitragsschuld in dem Monat fällig, in dem das einmalig gezahlte Arbeitsentgelt ausgezahlt werden soll. Dies gilt auch dann, wenn die Einmalzahlung zwar noch in dem laufenden Monat, aber erst nach dem für diesen Monat geltenden Fälligkeitstermin ausgezahlt wird.

e) Beitragssoll

Die Fälligkeitsregelung des § 23 Abs. 1 Satz 2 SGB IV stellt auf die voraussichtliche Beitragsschuld aus der erbrachten Arbeitsleistung des Beschäftigten ab und ordnet den Ausgleich des Restbeitrags, der sich aus der Differenz zwischen voraussichtlicher und tatsächlicher Beitragsschuld ergibt, im Folgemonat an.

Das Beitragssoll des jeweiligen Abrechnungsmonats, das im Beitragsnachweis abgebildet wird, umfasst dementsprechend

- die voraussichtliche Höhe der Beitragsschuld des jeweiligen Monats, in dem die Beschäftigung, mit der das Arbeitsentgelt erzielt wird, ausgeübt worden ist oder als ausgeübt gilt, sowie
- einen verbleibenden Restbeitrag des Vormonats oder den Ausgleich einer eventuellen Überzahlung aus dem Vormonat.

Der verbleibende Restbeitrag führt mithin nicht rückwirkend zu einer Korrektur des Vormonat-Beitragssolls. Die beitragsrechtliche Zuordnung des sich aus dem Arbeitsentgelt ergebenden Beitrags bleibt jedoch unberührt, das heißt, der verbleibende Restbeitrag bleibt dem Ursprungsmonat der Arbeitsleistung zugeordnet; dementsprechend gelten auch die Beitragsfaktoren des Monats der beitragsrechtlichen Zuordnung und nicht die des Monats, für den der Beitragsnachweis abgegeben wird.

4. Vereinfachungsregelung Beitragshöhe Vormonat

a) Allgemeines

Der Arbeitgeber kann abweichend von der o.g. Regelung zur Bestimmung der voraussichtlichen Höhe der Beitragsschuld den Gesamtsozialversicherungsbeitrag zum Fälligkeitstag in Höhe des Vormonatssolls der Echtabrechnung zahlen. Die Anwendung der Vereinfachungsregelung ist seit 1.1.2017 nicht mehr davon abhängig, dass regelmäßig Änderungen der Beitragsberechnung durch Mitarbeiterwechsel oder Zahlung variabler Entgeltbestandteile zu berücksichtigen sind.

Der Ausgleich zwischen den nach dem Vormonatssoll gezahlten Beiträgen auf Basis der Echtabrechnung und der tatsächlichen Beitragsschuld findet mit der Entgeltabrechnung im Folgemonat statt; ein verbleibender Restbetrag ist in diesen Fällen ebenfalls spätestens zum drittletzten Bankarbeitstag des Folgemonats fällig.

Bei der Vereinfachungsregelung handelt es sich um eine Alternativmöglichkeit. Der Arbeitgeber, dem die tatsächliche Beitragsschuld für den laufenden Kalendermonat noch nicht vorliegt, entscheidet, ob er den Gesamtsozialversicherungsbeitrag auf Grundlage des voraussichtlichen Werts des laufenden Monats oder des tatsächlichen Werts des Vormonats abrechnet. Er ist an die Entscheidung über die Art der Ermittlung des Beitragssolls nicht dauerhaft gebunden. Ein Wechsel zwischen den beiden Verfahrensweisen ist grundsätzlich nach jedem Abrechnungsmonat möglich, wenngleich auch in verfahrenspraktischer Hinsicht von einer gewissen Kontinuität ausgegangen wird. Der Wechsel zwischen den Verfahrensweisen ist nachprüfbar zu dokumentieren.

Sofern kein Vormonatssoll vorhanden ist (z. B. bei Neugründung von Betrieben oder Ausgliederung von Betriebsteilen unter Fortführung als selbstständiger Betrieb), kann die Vereinfachungsregelung nicht angewendet werden. In diesen Fällen ist für den laufenden Kalendermonat die voraussichtliche Beitragsschuld zu ermitteln. Betrug das Vormonatssoll dagegen „0" (z. B. bei Beitragsfreiheit wegen Krankengeldbezugs des einzigen Arbeitnehmers im Betrieb), ist dieser Vormonatswert bei Anwendung der Vereinfachungsregelung im laufenden Monat zu übernehmen.

b) Einmalig gezahltes Arbeitsentgelt

Die Vereinfachungsregelung findet aufgrund des ausdrücklichen Hinweises des Gesetzgebers in der Gesetzesbegründung (vgl. Gesetzentwurf eines Zweiten Bürokratieentlastungsgesetzes in Bundestags-Drucksache 18/9949, Begründung B. Besonderer Teil, zu Artikel 7) auf einmalig gezahltes Arbeitsentgelt keine Anwendung. Beiträge, die im Vormonat auf Einmalzahlungen entfallen sind, werden für die Ermittlung der Beitragsschuld des laufenden Monats in entsprechender Höhe von der Beitragsschuld des Vormonats abgezogen. Damit wird der Intention der Vereinfachungsregelung Rechnung getragen, Beiträge aus laufendem Arbeitsentgelt auf Vormonatsbasis entsprechend der Echtabrechnung zu zahlen, ohne dass dabei die Beiträge aus Einmalzahlungen aus dem Vormonat das Beitragssoll zu Lasten des Arbeitgebers erhöhen. Ist in dem Monat, für den die Beiträge nach der Echtabrechnung des Vormonats gezahlt werden sollen, wiederum eine Einmalzahlung zu berücksichtigen, sind die darauf entfallenden Beiträge in voraussichtlicher Höhe der Beitragsschuld dem auf das laufende Arbeitsentgelt des Vormonats (Echtabrechnung) entfallenden Beitragssoll hinzuzurechnen; insoweit können die Beiträge aus Einmalzahlungen nicht unberücksichtigt bleiben.

Einmalig gezahltes Arbeitsentgelt ist beitragsrechtlich weiterhin grundsätzlich dem Monat zuzuordnen, in dem es tatsächlich gezahlt wurde.

c) Beitragssoll

Unter Berücksichtigung der Vereinfachungsregelung entspricht das Beitragssoll des laufenden Monats dem Beitragssoll aus der Echtabrechnung des Vormonats, soweit es auf Grundlage laufenden Arbeitsentgelts ermittelt wurde. Dazu kommt das Beitragssoll in voraussichtlicher Höhe aus einer ggf. zu berücksichtigenden Einmalzahlung des laufenden Monats sowie ein verbleibender Restbeitrag des Vormonats oder der Ausgleich einer eventuellen Überzahlung aus dem Vormonat. Auch in diesem Fall führt ein bestehender Restbeitrag nicht rückwirkend zu einer Korrektur des Vormonat-Beitragssolls.

5. Drittletzter Bankarbeitstag

Der Gesamtsozialversicherungsbeitrag ist spätestens am drittletzten Bankarbeitstag des Monats der Arbeitsleistung fällig. Die Beitragsforderung ist eine sogenannte Bringschuld (§ 270 Abs. 1 BGB). Der Beitragsschuldner trägt das Risiko des Zahlungsweges. Erfüllungsort ist der Sitz der Einzugsstelle. Deshalb gelten für die tatsächliche Bestimmung des drittletzten Bankarbeitstages auch die Verhältnisse am Sitz der jeweiligen Einzugsstelle (Hauptverwaltung). Dies gilt auch in den Fällen, in denen einer der drei letzten Bankarbeitstage auf einen nicht bundeseinheitlichen Feiertag fällt.

Bei der Definition des Bankarbeitstages sind auch nach Einführung des Euro-Zahlungsverkehrsraums SEPA ausschließlich die nationalen Feiertage zu berücksichtigen. Als Bankarbeitstag gilt „ein Arbeitstag, an dem nach den tarifvertraglichen Regelungen des Kreditgewerbes normal gearbeitet wird" (vgl. Bundestags-Drucksache 13/5108). Die Tarifverträge der Banken und Sparkassen sehen den 24. und den 31.12. als arbeitsfreie Tage vor, sodass diese beiden Tage auch unter den SEPA-Bedingungen nicht als Bankarbeitstage gelten.

Die Fälligkeit am drittletzten Bankarbeitstag bedeutet, dass an diesem Tag der Betrag auf dem Konto der Kran-

Lohn-steuer-pflichtig Sozial-versich.-pflichtig

kenkasse gutgeschrieben sein muss. Der Arbeitgeber hat also dafür zu sorgen, dass die Krankenkasse als Einzugsstelle für den Gesamtsozialversicherungsbetrag spätestens am Fälligkeitstag im Besitz der geschuldeten Beiträge ist. Ist dies nicht der Fall, sind **Säumniszuschläge** zu zahlen.

Beispiel

Der drittletzte Bankarbeitstag für Juni 2021 ist der 28. Juni 2021.

Beiträge für den Monat Juni werden per Scheck gezahlt. Der Scheck wird am 27. Juni um 20.00 Uhr in den Hausbriefkasten der Krankenkasse eingeworfen. Die Krankenkasse reicht den Scheck am nächsten Bankarbeitstag (28.6.) bei der Bank ein (9.00 Uhr) und erhält das Geld mit Wertstellungstag 29. Juni. Die Beiträge sind verspätet gezahlt, das heißt Säumniszuschläge in Höhe von 1 % können von der Krankenkasse berechnet werden.

Für die Fälligkeit des Gesamtsozialversicherungsbeitrags ab 1.1.2021 ergibt sich hiernach folgende Übersicht:

Monat	Fälligkeitstag (= drittletzter Bankarbeitstag)
Januar	27.1.2021
Februar	24.2.2021
März	29.3.2021
April	28.4.2021
Mai	27.5.2021
Juni	28.6.2021
Juli	28.7.2021
August	27.8.2021
September	28.9.2021
Oktober	27.10.2021
November	26.11.2021
Dezember	28.12.2021

6. Beitragsnachweis

a) Inhalt des Beitragsnachweises

Der Beitragsnachweis hat die Funktion, die für den jeweiligen Monat fälligen Beiträge anzuzeigen. Sofern zum Zeitpunkt, zu dem der Beitragsnachweis abzugeben ist, die Beiträge nicht bereits in tatsächlicher Höhe ermittelt werden können, bildet der Beitragsnachweis grundsätzlich die voraussichtliche Höhe der Beitragsschuld ab. In den Folgemonaten besteht das Beitragssoll aus der voraussichtlichen Höhe der Beitragsschuld des aktuellen Monats und einem eventuell verbleibenden Restbeitrag des Vormonats oder dem Ausgleich einer eventuellen Überzahlung aus dem Vormonat.

Dies entspricht der Intention des Gesetzgebers (vgl. Gesetzesbegründung zur Neufassung des § 23 Abs. 1 Satz 2 SGB IV in der Bundestags-Drucksache 15/5574). Danach soll die Fälligkeitsregelung die Anzahl der Abrechnungstermine für den Gesamtsozialversicherungsbeitrag bei den Arbeitgebern und den Einzugsstellen auf zwölf im Jahr begrenzen. Denn Beiträge, die mit der voraussichtlichen Beitragsschuld zum Monatsende nicht abgerechnet werden können, sind jeweils in den Beitragsnachweis des Folgemonats aufzunehmen.

Im Wesentlichen gelten diese Aussagen auch bei Anwendung der Vereinfachungsregelung. Allerdings hat der Arbeitgeber nicht die voraussichtliche Höhe der Beitragsschuld anzuzeigen, sondern das Beitragssoll aus dem laufenden Arbeitsentgelt der Echtabrechnung des Vormonats unter Berücksichtigung ggf. gewährter Einmalzahlungen sowie eines eventuell verbleibenden Restbetrags des Vormonats oder dem Ausgleich einer eventuellen Überzahlung aus dem Vormonat.

Lohn-steuer-pflichtig Sozial-versich.-pflichtig

b) Übermittlung des Beitragsnachweises

Der Arbeitgeber hat der Einzugsstelle die zu zahlenden Beiträge monatlich nachzuweisen. Die Beitragsnachweise sind **durch maschinelle Datenübertragung** an die zuständige Einzugsstelle zu übermitteln. Um die Teilnahme am maschinellen Datenaustausch allen Arbeitgebern zu ermöglichen, bietet z. B. die AOK die kostenfreie Ausfüllhilfe **sv.net** an. Arbeitgeber, die kein systemgeprüftes Entgeltabrechnungsprogramm nutzen, können mit **sv.net** Meldungen und Beitragsnachweise schnell und einfach an die Krankenkassen übermitteln.

Die Beitragsnachweis-Datensätze finden sowohl für den allgemeinen Beitragsnachweis als auch für den Beitragsnachweis für geringfügig Beschäftigte Verwendung.

Im Beitragsnachweis-Datensatz ist jeweils der Rechtskreis anzugeben, für den die Beiträge bestimmt sind. Hat ein Arbeitgeber Beiträge sowohl für Beschäftigte in den alten Bundesländern (einschließlich West-Berlin) als auch für Beschäftigte in den neuen Bundesländern (einschließlich Ost-Berlin) nachzuweisen, so muss er für die Rechtskreise „West" und „Ost" separate Beitragsnachweis-Datensätze erstellen.

Soll der Beitragsnachweis-Datensatz nicht nur für den laufenden Entgeltabrechnungszeitraum, sondern auch für folgende Entgeltabrechnungszeiträume gelten, ist im Beitragsnachweis-Datensatz das Feld „Art des Beitragsnachweises" als Dauer-Beitragsnachweis zu kennzeichnen.

Für eine bessere Dokumentation bzw. Abgrenzung der seit einem Insolvenzereignis entstandenen Beitragsansprüche werden die beitragsrechtlichen Auswirkungen eines Insolvenzereignisses künftig im Beitragsnachweisverfahren dargestellt. Insolvente Arbeitgeber oder Insolvenzverwalter haben nach Eintritt eines Insolvenzereignisses die Gesamtsozialversicherungsbeiträge der freigestellten Arbeitnehmer und weiterbeschäftigten Arbeitnehmern getrennt nachzuweisen.

Bei Eintritt eines Insolvenzereignisses (Eröffnung des Insolvenzverfahrens, Abweisung des Antrages auf Eröffnung des Insolvenzverfahrens mangels Masse, vollständige Beendigung der Betriebstätigkeit ohne Antrag auf Eröffnung eines Insolvenzverfahrens) im Laufe eines Kalendermonats sind die Gesamtsozialversicherungsbeiträge dieses Monats für die Zeit bis zum Vortag des Insolvenzereignisses separat von den Beiträgen vom Tag des Eintritts des Insolvenzereignisses an nachzuweisen.

Für die Zeit vom Tag des Eintritts des Insolvenzereignisses an sind die Beiträge der ggf. freigestellten Arbeitnehmer und der ggf. weiterbeschäftigten Arbeitnehmer vom insolventen Arbeitgeber bzw. Insolvenzverwalter in getrennten Beitragsnachweisen an die beteiligten Einzugsstellen zu übermitteln. Der Beitragsnachweis-Datensatz für die freigestellten Arbeitnehmer ist als solcher zu kennzeichnen.

Für diese Unterscheidung wird ab Januar 2018 im Beitragsnachweis-Datensatz „BW02" für die Beiträge der freigestellten Arbeitnehmer eine Kennzeichnung aufgenommen. Zur Kennzeichnung der Beiträge für die freigestellten Arbeitnehmer wird im Datensatz BW02 an der Stelle 105 das Feld „KENNZEICHEN_INS_BN" eingefügt. Das Feld ist mit „1" zu kennzeichnen, soweit die Beiträge für die freigestellten Arbeitnehmer für die Zeit ab Eintritt des Insolvenzereignisses nachzuweisen sind. Ansonsten bleibt es für die anderen Arbeitnehmer bei der Grundeinstellung „0".

Beitragskorrekturen aus Vormonaten können grundsätzlich in den aktuellen Beitragsnachweis mit einfließen. Eine Verrechnung zu viel gezahlter Beiträge kann im laufenden Beitragsnachweis nur unter den Voraussetzungen für die Verrechnung und Erstattung zu Unrecht gezahlter Beiträge berücksichtigt werden (vgl. hierzu die Ausführungen unter dem Stichwort „Erstattung von Sozialversicherungs-

Lohn-steuer-pflichtig	Sozial-versich.-pflichtig

beiträgen“). Daneben besteht die Möglichkeit, den übermittelten Beitragsnachweis zu stornieren (das Beitragssoll wird vollständig abgesetzt).

Die Abgabe eines Korrektur-Beitragsnachweises ist seit 1.1.2015 nicht mehr zulässig.

Durch das Gesetz zur Weiterentwicklung der Finanzstruktur und der Qualität in der Gesetzlichen Krankenversicherung (GKV-FQWG) wurden die Finanzierungsgrundlagen der gesetzlichen Krankenversicherung zum 1.1.2015 neu geordnet. Die Beitragssätze wurden auf 14,6 % (allgemein) bzw. 14,0 % (ermäßigt) festgesetzt; die Beiträge werden insoweit paritätisch finanziert. Der Arbeitgeberbeitragsanteil beträgt somit 7,3 % bzw. 7,0 %. Soweit der Finanzbedarf einer Krankenkasse durch die Zuweisungen aus dem Gesundheitsfonds nicht gedeckt ist, hat sie in ihrer Satzung zu bestimmen, dass von ihren Mitgliedern ein einkommensabhängiger Zusatzbeitrag als Prozentsatz der beitragspflichtigen Einnahmen erhoben wird (vgl. § 242 Abs. 1 SGB V). Der Zusatzbeitrag wird ab 1.1.2019 hälftig von Arbeitgeber und Arbeitnehmer getragen. Für bestimmte Personenkreise ist anstelle des kassenindividuellen Zusatzbeitragssatzes der durchschnittliche Zusatzbeitragssatz nach § 242a SGB V zu berücksichtigen.

Den aus dem beitragspflichtigen Arbeitsentgelt – unter Ansatz des kassenindividuellen oder des durchschnittlichen Zusatzbeitragssatzes – erhobenen Zusatzbeitrag führt der Arbeitgeber zusammen mit dem übrigen Gesamtsozialversicherungsbeitrag an die zuständige Einzugsstelle ab.

Der Zusatzbeitrag ist im Beitragsnachweis-Datensatz gesondert aufzuführen. Aus dem Arbeitsentgelt einer geringfügig entlohnten Beschäftigung wird kein Zusatzbeitrag erhoben. Somit entfällt gegenüber der Minijob-Zentrale der Nachweis eines Zusatzbeitrags.

Die Beiträge sind im Beitragsnachweis-Datensatz nach Beitragsgruppen getrennt anzugeben.

Folgende Besonderheiten sind dabei zu berücksichtigen:

Die Krankenversicherungsbeiträge der krankenversicherungspflichtigen Arbeitnehmer sind unter der maßgeblichen Beitragsgruppe 1000 oder 3000 ohne die Zusatzbeiträge aufzuführen. Die Summe der Zusatzbeiträge der krankenversicherungspflichtigen Arbeitnehmer ist gesondert auszuweisen. Die Krankenversicherungsbeiträge der freiwillig krankenversicherten Arbeitnehmer, die der Arbeitgeber im Firmenzahlerverfahren abführt, sind ohne die Zusatzbeiträge aufzuführen. Die Summe der Zusatzbeiträge der freiwillig krankenversicherten Arbeitnehmer ist gleichermaßen gesondert auszuweisen. Der Beitragsnachweis-Datensatz sieht für die gesonderte Ausweisung der Zusatzbeiträge die Positionen „Zusatzbeitrag Pflichtbeiträge ZBP“ und „Zusatzbeitrag KV-Freiw ZBF“ vor.

Die Pflegeversicherungsbeiträge aus dem halben Beitragssatz (Beitragsgruppe 0002) sind zusammen mit den übrigen Pflegeversicherungsbeiträgen unter der Beitragsgruppe 0001 auszuweisen. Auch der Beitragszuschlag für Kinderlose ist unter der Beitragsgruppe 0001 mit nachzuweisen.

Die früheren Beitragsgruppen zur Angestellten-Rentenversicherung (0200, 0400, 0600) dürfen seit dem 1.1.2009 nicht mehr verwendet werden. Sofern noch Beiträge für Zeiten vor dem 1.1.2005 nachzuweisen sind, sind die Beiträge zur seinerzeitigen Angestellten-Rentenversicherung in den Beitragsgruppen 0100 (voller Beitrag), 0300 (halber Beitrag) bzw. 0500 (Pauschalbeitrag für geringfügig Beschäftigte) nachzuweisen.

Der Beitrag des Arbeitgebers zur Arbeitslosenversicherung für Arbeitnehmer, die die Altersgrenze für eine Regelaltersrente aus der gesetzlichen Rentenversicherung erreichen und deshalb arbeitslosenversicherungsfrei sind, entfällt seit dem 1.1.2017 für die Dauer von fünf Jahren. Beiträge zur Arbeitslosenversicherung für Zeiten vom 1.1.2017 bis 31.12.2021 dürfen daher in der Beitragsgruppe 0020 nicht nachgewiesen werden. Entsprechende Beiträge noch für Zeiten bis zum 31.12.2016 – z. B. aufgrund von Korrekturen – können in den aktuellen Beitragsnachweis einfließen; hierbei ist die Beitragsgruppe 0020 weiterhin zu verwenden.

Für die nachzuweisende Insolvenzgeldumlage ist die Beitragsgruppe 0050 zu verwenden.

Arbeitgeber mit mehreren Betriebsstätten können die für dieselbe Einzugsstelle bestimmten Beitragsnachweise mit gleicher Rechtskreiszuordnung in Absprache mit der jeweiligen Einzugsstelle in einem Beitragsnachweis-Datensatz unter einer „führenden“ Betriebs- bzw. Beitragskonto-Nr. des Arbeitgebers zusammenfassen, wobei die Einzugsstelle bei der Absprache darüber zu unterrichten ist, für welche Betriebsstätten unter welcher Betriebs- bzw. Beitragskonto-Nr. die Beiträge vom Arbeitgeber zusammengefasst übermittelt werden.

Der Beitragsnachweis-Datensatz ist der Datenannahmestelle – abgesehen vom Dauer-Beitragsnachweis – für jeden Entgeltabrechnungszeitraum zu übermitteln, in dem versicherungspflichtig Beschäftigte oder geringfügig entlohnte Beschäftigte gemeldet sind. Folglich ist ein Beitragsnachweis-Datensatz (mit Nullbeträgen) auch für Entgeltabrechnungszeiträume zu erstellen, in denen ausnahmsweise keine Beiträge anfallen. Hierdurch werden Beitragsschätzungen vermieden, die die Einzugsstelle nach § 28f Abs. 3 Satz 2 SGB IV dann vorzunehmen hat, wenn der Arbeitgeber den Beitragsnachweis-Datensatz nicht oder nicht rechtzeitig übermittelt.

Der Beitragsnachweis-Datensatz gilt gemäß § 28f Abs. 3 Satz 3 SGB IV für die Vollstreckung als Leistungsbescheid der Einzugsstelle und somit auch als Dokument zur Glaubhaftmachung der Forderung der Einzugsstelle in Insolvenzverfahren.

Mit dem seit 1.2.2014 gültigen SEPA-Lastschriftverfahren ist grundsätzlich vom Zahlungsempfänger an den Zahler eine sog. Pre-Notification (Vorankündigung) der bevorstehenden Abbuchungshöhe und des Betrages zu tätigen. Im Beitragsnachweisverfahren ist eine solche Vorabankündigung durch die Einzugsstelle nicht erforderlich, da dem Arbeitgeber durch die Einreichung des Beitragsnachweises als auch durch die gesetzlich festgeschriebene Fälligkeit Zahlungszeitpunkt und Betragshöhe bekannt sind.

Der Beitragsnachweis-Datensatz in der Version 12 ist seit 1.1.2018 zu verwenden und zwar auch für Nachweiszeiträume vor dem 1.1.2018.

Nach § 28f Abs. 3 Satz 1 SGB IV hat der Arbeitgeber der Einzugsstelle den Beitragsnachweis spätestens zwei Arbeitstage vor Fälligkeit der Beiträge zu übermitteln. Die Einreichungsfrist orientiert sich am Fälligkeitstag des § 23 Abs. 1 Satz 2 SGB IV, nach dem der Gesamtsozialversicherungsbeitrag am drittletzten Bankarbeitstag des Monats fällig ist, in dem die Beschäftigung, mit der das Arbeitsentgelt erzielt wird, ausgeübt worden ist oder als ausgeübt gilt. Damit muss der Beitragsnachweis spätestens zu Beginn des fünftletzten Bankarbeitstags des Monats der Einzugsstelle vorliegen. Dies bedeutet, dass der Beitragsnachweis der Einzugsstelle bis spätestens 24:00 Uhr des Vortages vorliegen muss. Der Beitragsnachweis ist also nur dann rechtzeitig eingereicht, wenn die Einzugsstelle am gesamten fünftletzten Bankarbeitstag des Monats über den Beitragsnachweis verfügen kann.

Ist der Beitragsnachweis nicht rechtzeitig übermittelt worden, ist die Krankenkasse berechtigt, die Höhe der zu zahlenden Beiträge zu schätzen.

Lohn- steuer- pflichtig | Sozial- versich.- pflichtig

Hiernach ergibt sich für 2021 folgende Übersicht:

Monat	Termin Beitragsnachweis (= zwei Arbeitstage vor Fälligkeit)
Januar	25. 1.2021
Februar	22. 2.2021
März	25. 3.2021
April	26. 4.2021
Mai	25. 5.2021
Juni	24. 6.2021
Juli	26. 7.2021
August	25. 8.2021
September	24. 9.2021
Oktober	25.10.2021
November	24.11.2021
Dezember	23.12.2021

Detaillierte Informationen zu Aufbau und Beschreibung der Inhalte der Datensätze enthalten die Gemeinsamen Grundsätze zum Aufbau der Datensätze für die Übermittlung von Beitragsnachweisen durch Datenübertragung nach § 28b Abs. 2 SGB IV und die Datensatzbeschreibung und der Fehlerkatalog für die Datenübermittlung des Beitragsnachweises von den Arbeitgebern an die Datenannahmestellen der Einzugsstellen, in der jeweils gültigen Fassung (vgl. z. B. https://www.gkv-datenaustausch.de/arbeitgeber/beitragsnachweise/beitragsnachweis.jsp).

Abführung und Anmeldung der Lohnsteuer

Neues auf einen Blick:

Für Lohnzahlungszeiträume ab Januar 2021 ist die **Lohnsteuer** in der elektronischen Lohnsteuer-Anmeldung **getrennt nach den Kalenderjahren** anzugeben, in denen der Arbeitslohn bezogen wird oder als bezogen gilt. Vgl. hierzu auch das Beispiel unter der nachfolgenden Nr. 2 Buchstabe a.

Gliederung:

1. Lohnsteuer-Anmeldungszeitraum
2. Form der Lohnsteuer-Anmeldung
   a) Elektronische Lohnsteuer-Anmeldung
   b) Abgabe der Lohnsteuer-Anmeldung auf amtlichem Vordruck
   c) Gesonderter Ausweis der pauschalen Kirchensteuer
   d) Förderbetrag zur betrieblichen Altersversorgung bei Geringverdienern
   e) Eigenhändige Unterschrift
   f) Weitere oder abweichende Angaben
3. Befreiung von der Abgabe einer Lohnsteuer-Anmeldung
4. Berichtigung der Lohnsteuer-Anmeldung
5. Frist für die Anmeldung der Lohnsteuer
6. Abführung der Lohnsteuer
   a) Allgemeines
   b) Zahlung per Scheck
   c) Zahlungsschonfrist bei unbarer Zahlung
7. Betriebsstättenfinanzamt
8. Entstehen der Lohnsteuerschuld
9. Folgen verspäteter Anmeldung der Lohnsteuer
10. Lohnsteuer-Anmeldung als Steuerfestsetzung unter dem Vorbehalt der Nachprüfung

Lohn- steuer- pflichtig | Sozial- versich.- pflichtig

1. Lohnsteuer-Anmeldungszeitraum

Im Gegensatz zu den Sozialversicherungsbeiträgen, die stets monatlich abgeführt werden müssen, ist der Zeitraum, für den die Lohnsteuer für den Betrieb oder die jeweilige Betriebsstätte beim Finanzamt angemeldet und abgeführt werden muss – je nach Höhe der im Vorjahr angemeldeten Lohnsteuer –, entweder der Monat, das Vierteljahr oder das Kalenderjahr. Der für die Lohnsteuer geltende Anmeldungszeitraum ist auch für die Kirchensteuer und den Solidaritätszuschlag maßgebend. Im Einzelnen gilt folgende Regelung (§ 41a Abs. 2 EStG):

- Anmeldungszeitraum ist der **Monat,** wenn die abzuführende Lohnsteuer im vorangegangenen Kalenderjahr **mehr als 5000 €** betragen hat,
- Anmeldungszeitraum ist das **Vierteljahr,** wenn die abzuführende Lohnsteuer im vorangegangenen Kalenderjahr zwar nicht mehr als 5000 €, aber **mehr als 1080 €** betragen hat,
- Anmeldungszeitraum ist das **Kalenderjahr,** wenn die abzuführende Lohnsteuer im vorangegangenen Kalenderjahr nicht mehr als 1080 € betragen hat.

Die Betragsgrenze für die jährliche Abgabe von Lohnsteuer-Anmeldungen von 1080 € soll insbesondere Arbeitgeber von geringfügig Beschäftigten entlasten, die – abweichend von der im Regelfall geltenden Pauschalabgabe von 30 % – vom monatlichen Arbeitsentgelt von 450 € die Lohnsteuer mit dem Pauschsteuersatz von 20 % erheben müssen, weil kein Pauschalbeitrag zur gesetzlichen Rentenversicherung anfällt (20 % von 450 € Arbeitsentgelt = 90 € Lohnsteuer × 12 = 1080 €). In diesen Fällen ist seit 2015 – anstelle der früheren vierteljährlichen Abgabe von Lohnsteuer-Anmeldungen – nur noch eine jährliche Lohnsteuer-Anmeldung abzugeben.

Der für den Anmeldungszeitraum (Monat, Vierteljahr oder Jahr) maßgebende Betrag der im Vorjahr abgeführten Lohnsteuer ist die Summe aller **im Vorjahr** angemeldeten **Lohnsteuerbeträge,** ohne Solidaritätszuschlag und Kirchensteuer.

Beispiel A

Der Arbeitgeber hat für das Kalenderjahr 2020 insgesamt 5420 € an Lohn- und Kirchensteuer sowie Solidaritätszuschlag an das Finanzamt abgeführt. Dieser Betrag setzt sich wie folgt zusammen:

Lohnsteuer	4 900,– €
Solidaritätszuschlag	200,– €
Kirchensteuer	320,– €
insgesamt	5 420,– €

Lohnsteuer-Anmeldungszeitraum für das Kalenderjahr 2021 ist das **Kalendervierteljahr,** weil die abzuführende Lohnsteuer für 2020 den Betrag von 5000 € **nicht** übersteigt.

Beispiel B

Der Arbeitgeber hat eine geringfügig Beschäftigte mit einem monatlichen Arbeitsentgelt von 450 € angestellt, für die er allerdings keinen pauschalen Beitrag zur gesetzlichen Rentenversicherung zu entrichten hat. Der Pauschsteuersatz beträgt daher 20 % und die jährliche Lohnsteuer somit 1080 € (90 € monatlich × 12) zuzüglich Solidaritätszuschlag und Kirchensteuer.

Lohnsteuer-Anmeldungszeitraum 2021 ist das Kalenderjahr, weil die abzuführende Lohnsteuer 2020 den Betrag von 1080 € nicht übersteigt.

Hat der Betrieb oder die Betriebsstätte nicht während des ganzen vorangegangenen Kalenderjahres bestanden, ist die im vorangegangenen Kalenderjahr einbehaltene Lohnsteuer für die Feststellung des Anmeldungszeitraums auf einen Jahresbetrag umzurechnen (§ 41a Abs. 2 Satz 3 EStG).

Beispiel C

Betriebseröffnung 1. März 2020

Lohnsteuer für März		460,– €
im Kalenderjahr 2020 insgesamt gezahlt (460 € × 10)	=	4 600,– €
umgerechneter Jahresbetrag (460 € × 12)	=	5 520,– €

	Lohn-steuer-pflichtig	Sozial-versich.-pflichtig

Lohnsteuer-Anmeldungszeitraum für das Kalenderjahr 2021 ist der Kalender**monat,** weil der umgerechnete Jahresbetrag für 2020 den Betrag von 5000 € übersteigt.

Hat der Betrieb oder die Betriebsstätte im vorangegangenen Kalenderjahr noch nicht bestanden, richtet sich der Zeitpunkt für die Anmeldung der Lohnsteuer danach, ob die im ersten vollen Kalendermonat nach der Eröffnung des Betriebs einbehaltene Lohnsteuer nach Umrechnung auf einen Jahresbetrag den Betrag von 5000 € übersteigt oder nicht (§ 41a Abs. 2 Satz 4 EStG).

Beispiel D

Betriebseröffnung 1. November 2021

Lohnsteuer November		450,– €
umgerechneter Jahresbetrag (450 € × 12)	=	5 400,– €

Der umgerechnete Jahresbetrag übersteigt 5000 €; Lohnsteuer-Anmeldungszeitraum ab 1. 11. 2021 ist somit der Kalender**monat.**

Der Lohnsteuer-Anmeldungszeitraum ist je nach Höhe der in einem Kalenderjahr insgesamt anzumeldenden Lohnsteuer gesetzlich vorgeschrieben. Die Finanzämter haben es früher in der Praxis nicht beanstandet, wenn der Arbeitgeber anstelle eines jährlichen oder vierteljährlichen Anmeldungszeitraums die Lohnsteuer-Anmeldung **monatlich** abgegeben hat, wenn er dies für zweckmäßig hielt (z. B. aus betriebsinternen organisatorischen Gründen oder weil er ohnehin die Sozialversicherungsbeiträge monatlich anmelden muss). Da diese Praxis in einigen Fällen bei der Finanzverwaltung zu organisatorischen Schwierigkeiten geführt hat, verlangen manche Finanzämter die strikte Einhaltung der gesetzlich vorgeschriebenen Anmeldungszeiträume und teilen dies den Arbeitgebern mit. Der Arbeitgeber muss sich in diesen Fällen an den vom Finanzamt mitgeteilten Lohnsteuer-Anmeldungszeitraum halten.

2. Form der Lohnsteuer-Anmeldung

a) Elektronische Lohnsteuer-Anmeldung

Seit 1.1.2005 ist die elektronische Übermittlung der Lohnsteuer-Anmeldung gesetzlich vorgeschrieben. Denn § 41a Abs. 1 Sätze 2 und 3 EStG ist mit Wirkung vom 1.1.2005 an geändert worden und hat nunmehr folgende Fassung: „Die Lohnsteuer-Anmeldung ist nach amtlich vorgeschriebenem Datensatz durch Datenfernübertragung zu übermitteln. Auf Antrag kann das Finanzamt zur Vermeidung von unbilligen Härten auf eine elektronische Übermittlung verzichten; in diesem Fall ist die Lohnsteuer-Anmeldung nach amtlich vorgeschriebenem Vordruck abzugeben und vom Arbeitgeber oder von einer zu seiner Vertretung berechtigten Person zu unterschreiben". Hierzu ist Folgendes anzumerken:

Ein maschinelles Verfahren zur elektronischen Übermittlung von Steueranmeldungsdaten (Umsatzsteuer-Voranmeldungen und Lohnsteuer-Anmeldungen) wird bereits seit 1980 angeboten. Obwohl dieses Verfahren im Laufe der Jahre wesentlich vereinfacht wurde, hatte sich die Quote der elektronisch übermittelten Steueranmeldungen nicht wesentlich erhöht. Deshalb wurde die Abgabe der Lohnsteuer-Anmeldung auf elektronischem Wege gesetzlich vorgeschrieben (ebenso wie die Abgabe der elektronischen Lohnsteuerbescheinigung vgl. dieses Stichwort). Heute ist die elektronische Abgabe der Lohnsteuer-Anmeldung der Regelfall. Im Einzelnen gilt für die elektronische Lohnsteuer-Anmeldung Folgendes:

Seit 1.1.2005 ist der Arbeitgeber verpflichtet, die Lohnsteuer-Anmeldung elektronisch zu übermitteln (§ 41a Abs. 1 Sätze 2 und 3 EStG). Die Verpflichtung eines Arbeitgebers, seine Steueranmeldung dem Finanzamt elektronisch zu übermitteln, ist verfassungsgemäß (BFH-Urteil vom 14.3.2012, BStBl. II S. 477).

Übermittler (Datenlieferer) kann sowohl ein Steuerberater sein, der für seine Mandanten die Steueranmeldungen übermittelt, als auch ein Arbeitgeber, der für sich selbst die Daten der Lohnsteuer-Anmeldung übermittelt. Seit dem 1.9.2013 kann die Lohnsteuer-Anmeldung nur noch mit elektronischem Zertifikat übermittelt werden. Unabhängig von der für die Übermittlung ausgewählten Software ist hierfür die Registrierung im ElsterOnline-Portal zwingend notwendig. Es besteht also eine **Verpflichtung zur Authentifizierung.** Datenübermittler (z. B. Lohnbüros oder Steuerberater) müssen sich nur einmal registrieren. Mit einem Zertifikat können Übermittlungen für alle Mandanten in deren Auftrag ausgeführt werden. Die vorstehenden Ausführungen gelten entsprechend für Umsatzsteuer-Voranmeldungen.

Wer erstmalig an dem elektronischen Verfahren teilnehmen möchte, findet Informationen – auch zur Registrierung – unter www.elsteronline.de.

Für Lohnzahlungszeiträume ab Januar 2021 ist die **Lohnsteuer** in der elektronischen Lohnsteuer-Anmeldung **getrennt nach den Kalenderjahren** anzugeben, in denen der Arbeitslohn bezogen wird oder als bezogen gilt (§ 41a Abs. 1 Satz 1 Nr. 1 EStG).

Beispiel

Im Januar 2022 wird nachträglich Lohnsteuer für November 2021 einbehalten.

Die im Januar 2022 nachträglich einbehaltene Lohnsteuer für November 2021 ist – zusammen mit der übrigen Lohnsteuer für das Kalenderjahr 2021 – in die Lohnsteuerbescheinigung für das Kalenderjahr 2021 aufzunehmen. Außerdem ist sie in der elektronischen Lohnsteuer-Anmeldung für den Zeitraum Januar 2022 (Abgabe bis 10. Februar 2022) als Lohnsteuer für das Kalenderjahr 2021 anzugeben und abzuführen.

Familienkassen des öffentlichen Dienstes haben in den Lohnsteuer-Anmeldungen seit dem Kalenderjahr 2019 zwingend einen Familienkassenschlüssel anzugeben, wenn ausgezahltes Kindergeld von der einzubehaltenden und übernommenen Lohnsteuer abgesetzt wird (§ 72 Abs. 7 Satz 2 EStG). Der Familienkassenschlüssel liegt den öffentlichen Arbeitgebern, die gleichzeitig Familienkassen sind, vor. Da **öffentliche Arbeitgeber** zur elektronischen Übermittlung der Lohnsteuer-Anmeldung verpflichtet sind, reicht es aus, dass Eintragungen zum **Familienkassenschlüssel** und zum abzusetzenden Kindergeld ausschließlich in der elektronischen Lohnsteuer-Anmeldung vorgesehen sind. In den elektronischen Formularen ist ein Eintragungsfeld mit der Kennzahl 91 für den Familienkassenschlüssel und ein Eintragungsfeld mit der Kennzahl 43 für das ausgezahlte Kindergeld vorgesehen. Um Fehleintragungen von nicht berechtigten Arbeitgebern zu verhindern, ist eine Eintragung zum abzusetzenden Kindergeld nur dann möglich, wenn eine Eintragung zum Familienkassenschlüssel erfolgt ist.

In Härtefällen kann das zuständige Finanzamt **auf Antrag** des Arbeitgebers weiterhin die Abgabe in **Papierform** zulassen. Einen solchen Härtefall hält der Bundesfinanzhof für gegeben, wenn die elektronische Datenübermittlung **wirtschaftlich** oder **persönlich unzumutbar** ist. Dies ist z. B. der Fall, wenn es dem Arbeitgeber nicht zumutbar ist, die technischen Voraussetzungen für die elektronische Übermittlung einzurichten. Letzteres ist u. a. dann der Fall, wenn der Arbeitgeber finanziell zur Tätigung der Investitionen nicht in der Lage ist, kurzfristig eine Einstellung seiner Tätigkeit beabsichtigt oder in nächster Zeit eine Umstellung der Hard-/Software vorgesehen ist. Persönliche Gründe sind gegeben, wenn der Arbeitgeber nach seinen individuellen Kenntnissen und Fähigkeiten nicht oder nur eingeschränkt in der Lage ist, die elektronischen Möglichkeiten zu nutzen. Dies kann z. B. bei Kleinstbetrieben gegeben sein, aber auch, wenn man aufgrund seines Alters keinen Zugang zur Computertechnik mehr findet (BFH-Urteil vom 14.3.2012, BStBl. II S. 477).

Lohn-steuer-pflichtig	Sozial-versich.-pflichtig

b) Abgabe der Lohnsteuer-Anmeldung auf amtlichem Vordruck

Nach § 41a Abs. 1 Satz 1 Nr. 1 EStG ist die einbehaltene und übernommene (pauschalierte) Lohnsteuer sowie der Solidaritätszuschlag und die Kirchensteuer vom Arbeitgeber beim zuständigen Betriebsstättenfinanzamt (vgl. nachfolgend unter Nr. 7) anzumelden. Für die Lohnsteuer-Anmeldung in Papierform ist der **amtliche Vordruck** zu verwenden, der jährlich im Bundessteuerblatt veröffentlicht wird. Die für das Kalenderjahr 2021 geltenden amtlichen Vordrucke für die Lohnsteuer-Anmeldung sind mit BMF-Schreiben vom 20.8.2020 (BStBl. I S. 665)[1)] bekannt gemacht worden. Vordrucke in Papierform sind beim Finanzamt kostenlos erhältlich. Für die Abgabe der Lohnsteuer-Anmeldung gilt Folgendes:

Für jede lohnsteuerliche Betriebsstätte und für jeden Lohnsteuer-Anmeldungszeitraum ist eine **einheitliche** Lohnsteuer-Anmeldung einzureichen. Die Abgabe mehrerer Lohnsteuer-Anmeldungen für dieselbe Betriebsstätte und denselben Lohnsteuer-Anmeldungszeitraum, etwa getrennt nach den verschiedenen Bereichen der Lohnabrechnung, z. B. gewerbliche Arbeitnehmer, Gehaltsempfänger, Pauschalierungen usw. ist nicht zulässig. Die Höhe der individuellen Lohnsteuer ist insgesamt in Zeile 18 (Kennzahl 42) anzugeben. Pauschale Lohnsteuerbeträge (z. B. für Aushilfen, Betriebsveranstaltungen, Zukunftsicherungsleistungen oder sonstige Bezüge) – ohne die Summe der pauschalen Lohnsteuer nach § 37b EStG – sind in einer Summe in Zeile 19 (Kennzahl 41) gesondert einzutragen. Die Summe der pauschalen Lohnsteuer nach § 37b EStG (vgl. die Erläuterungen beim Stichwort „Pauschalierung der Lohnsteuer für Belohnungsessen, Incentive-Reisen, VIP-Logen und ähnliche Sachbezüge") ist in Zeile 20 (Kennzahl 44) gesondert einzutragen. Die im vereinfachten Verfahren erhobene pauschale Kirchensteuer – auch in den Fällen des § 37b EStG – ist in einer Summe in Zeile 25 (Kennzahl 47) auszuweisen (vgl. auch den nachfolgenden Buchstaben c zum gesonderten Ausweis der pauschalen Kirchensteuer). Die individuelle Kirchensteuer ist u. a. in den Zeilen 26 und 27 (Kennzahl 61/62) anzugeben. Der Solidaritätszuschlag ist hingegen insgesamt – unabhängig davon, ob er auf individuelle oder pauschale Lohnsteuer entfällt – in Zeile 24 (Kennzahl 49) einzutragen.

Ergeben sich durch eine Verrechnung Minusbeträge und somit Erstattungsansprüche für den Arbeitgeber, sind diese Beträge deutlich mit einem **Minuszeichen** zu versehen. Die Eintragung eines Rotbetrags ist nicht zulässig.

c) Gesonderter Ausweis der pauschalen Kirchensteuer

Pauschaliert der Arbeitgeber die Lohnsteuer, ist er auch verpflichtet, die anfallende Kirchensteuer zu pauschalieren. Nur bei geringfügigen Beschäftigungen („450-Euro-Jobs"), für die eine Pauschalsteuer von 2 % gezahlt wird, ist die Kirchensteuer mit dem einheitlichen Pauschsteuersatz von 2 % abgegolten.

Die Pauschalierung der Kirchensteuer erfolgt im Normalfall nach einem **vereinfachten Verfahren,** für das in den einzelnen Ländern des Bundesgebiets niedrigere Prozentsätze als beim normalen Kirchensteuerabzug gelten. Diese niedrigeren Prozentsätze berücksichtigen, dass ggf. nicht alle Arbeitnehmer für die die Lohnsteuer pauschaliert wird, kirchensteuerpflichtig sind (vgl. die Übersicht über die pauschalen Kirchensteuersätze beim Stichwort „Kirchensteuer" unter Nr. 10 Buchstabe b).

Bis zum 31.12.2006 war die mit dem ermäßigten Kirchensteuersatz im vereinfachten Verfahren pauschalierte Kirchensteuer nach einem fest vorgegebenen prozentualen Verteilungsschlüssel auf die katholische und evangelische Kirche aufzuteilen (z. B. in Bayern mit 70 % auf die katholische und mit 30 % auf die evangelische Kirche). Diese prozentuale Aufteilung durch den Arbeitgeber ist seit 1.1.2007 weggefallen, weil die im vereinfachten Verfahren ermittelte pauschale Kirchensteuer in eine besondere Zeile der Lohnsteuer-Anmeldung (Zeile 25 = Kennzahl 47) eingetragen werden muss und das Finanzamt aufgrund dieser Eintragung die Aufteilung der pauschalen Kirchensteuer auf die erhebungsberechtigten Religionsgemeinschaften vornimmt.

Auf die ausführlichen Erläuterungen zum vereinfachten Verfahren beim Stichwort „Kirchensteuer" unter Nr. 10 Buchstabe b) wird Bezug genommen.

d) Förderbetrag zur betrieblichen Altersversorgung bei Geringverdienern

Durch das sog. „Betriebsrentenstärkungsgesetz" vom 17.8.2017 (BGBl. I S. 3214, BStBl. I S. 1278) ist zum 1.1.2018 ein Förderbetrag zur betrieblichen Altersversorgung bei Geringverdienern (= Monatslohn im Kalenderjahr 2021 bis 2575 €; vgl. im Einzelnen das Stichwort „Geringverdienergrenze" unter Nr. 4) eingeführt worden. Zahlt der Arbeitgeber für einen geringverdienenden Arbeitnehmer mit erstem Dienstverhältnis einen **zusätzlichen Arbeitgeberbeitrag** zur kapitalgedeckten betrieblichen Altersversorgung **zwischen 240 € und 960 €** ein, erhält er hiervon über die Lohnsteuer-Anmeldung einen **BAV-Förderbetrag** von **30 %,** der in Zeile 22 (Kennzahl 45) einzutragen ist. Außerdem ist in Zeile 16 (Kennzahl 90) zusätzlich die Zahl der Arbeitnehmer mit BAV-Förderbetrag anzugeben. Zum Förderbetrag zur betrieblichen Altersversorgung bei Geringverdienern im Einzelnen vgl. Anhang 6 unter Nr. 17.

e) Eigenhändige Unterschrift

Wird die Lohnsteuer-Anmeldung in elektronischer Form abgegeben, entfällt die eigenhändige Unterschrift.

Die denkbare qualifizierte elektronische Signatur wird ersetzt durch ein im Rahmen der Datenübermittlung nach einmaliger Registrierung vorgenommenes Authentifizierungsverfahren (vgl. auch die Erläuterungen unter dem vorstehenden Buchstaben a).

Wird die Lohnsteuer-Anmeldung in Papierform auf dem amtlichen Vordruck abgegeben, muss sie vom Arbeitgeber oder von einer zu seiner Vertretung berechtigten Person eigenhändig unterschrieben werden. Die Finanzverwaltung vertrat deshalb früher die Auffassung, dass eine Abgabe der Lohnsteuer-Anmeldung **per Telefax** nicht zulässig sei. Hierzu hat der Bundesfinanzhof entschieden, dass eine Umsatzsteuer-Voranmeldung rechtswirksam per Telefax abgegeben werden kann (BFH-Urteil vom 4.7.2002, BStBl. 2003 II S. 45). Entsprechendes gilt für die Lohnsteuer-Anmeldung.

Im Zeitalter der elektronischen Datenübermittlung wird jedoch die Abgabe der Lohnsteuer-Anmeldungen per Telefax nur noch in Ausnahmefällen vorkommen.

f) Weitere oder abweichende Angaben

Sollen über die Angaben in der Lohnsteuer-Anmeldung hinaus weitere oder abweichende Angaben oder Sachverhalte berücksichtigt werden, ist in Zeile 37 (Kennzahl 23) eine „1" einzutragen. Entsprechendes gilt, wenn bei den Angaben in der Lohnsteuer-Anmeldung eine von der Verwaltungsmeinung abweichende Rechtsauffassung zugrunde gelegt wird. Bei einer Übermittlung in elektronischer Form wird hierfür ein 180-Zeichenfeld zur Erläuterung zur Verfügung gestellt. Erfolgt die Übermittlung in Papierform, hat der Arbeitgeber eine Anlage mit der Überschrift „Ergänzende Angaben zur Steueranmeldung" beizufügen. Angaben zu Änderungen der persönlichen Daten (z. B. Bankverbindung) sind dem Finanzamt aber nicht im Rahmen der Lohnsteuer-Anmeldung, sondern gesondert mitzuteilen.

---

1) Der amtliche Vordruck für die Lohnsteuer-Anmeldung 2021 ist als Anlage 1 zu H 41a.1 LStR im **Steuerhandbuch für das Lohnbüro 2021** abgedruckt, das im selben Verlag erschienen ist.

Lohn- steuer- pflichtig | Sozial- versich.- pflichtig

3. Befreiung von der Abgabe einer Lohnsteuer-Anmeldung

Der Arbeitgeber ist von der Verpflichtung zur Abgabe von Lohnsteuer-Anmeldungen befreit, wenn er dem Betriebsstättenfinanzamt mitteilt, dass er keine Lohnsteuer mehr einbehalten oder übernehmen muss, weil der Arbeitslohn seiner Arbeitnehmer **nicht steuerbelastet** ist (§ 41a Abs. 1 Satz 4 EStG). Die Verpflichtung zur Abgabe einer Lohnsteuer-Anmeldung entfällt also für den Arbeitgeber nicht nur dann, wenn er keine Arbeitnehmer mehr beschäftigt, sondern auch in den Fällen, in denen sich bei Anwendung der maßgebenden Steuerklasse aufgrund der in die Lohnsteuertabellen eingearbeiteten Freibeträge (vgl. „Tarifaufbau") keine Lohnsteuer ergibt.

Beispiel

In einer Metzgerei sind folgende Arbeitnehmer beschäftigt:

Die Ehefrau des Betriebsinhabers (Steuerklasse III) Bruttolohn monatlich 2000 € und eine Teilzeitverkäuferin (Steuerklasse I) Bruttolohn 1000 €.

Es ergibt sich folgende Berechnung der monatlichen Lohnsteuer:

	Lohnsteuer
Ehefrau, Monatslohn 2000 €, Steuerklasse III	0,– €
Teilzeitverkäuferin, Monatslohn 1000 €, Steuerklasse I	0,– €

Da der anfallende Arbeitslohn nicht steuerbelastet ist, ist der Arbeitgeber von der Verpflichtung zur Abgabe von Lohnsteuer-Anmeldungen befreit, wenn er diesen Umstand dem Betriebsstättenfinanzamt mitteilt (R 41a.1 Abs. 1 LStR).

Der Arbeitgeber muss also seinem Betriebsstättenfinanzamt mitteilen, dass der von ihm gezahlte Arbeitslohn nicht steuerbelastet ist. Folgender Inhalt der Mitteilung ist ausreichend:

Mitteilung über den Wegfall der Lohnsteuer-Anmeldung

An das Finanzamt (Adresse)

____

____

____

Steuernummer: ____________________

hier: Beendigung der Abgabe von Lohnsteuer-Anmeldungen

Sehr geehrte Damen und Herren,

hiermit teile ich Ihnen mit, dass ich keine Lohnsteuer einzubehalten oder zu übernehmen habe, weil der von mir gezahlte Arbeitslohn nicht steuerbelastet ist. Eine Lohnsteuer-Anmeldung werde ich daher ab ________ ____ nicht mehr abgeben.

Mit freundlichen Grüßen

Ist der Arbeitgeber nicht mehr zur Abgabe einer Lohnsteuer-Anmeldung verpflichtet, weil er keine Arbeitnehmer mehr beschäftigt, sollte die Mitteilung wie folgt lauten:

Sehr geehrte Damen und Herren,

hiermit teile ich Ihnen mit, dass ich ab dem __________ keine Arbeitnehmer mehr beschäftige Eine Lohnsteuer-Anmeldung habe ich daher zum letzten Mal für __________ abgegeben.

Mit freundlichen Grüßen

Nach R 41a.1 Abs. 1 Satz 2 LStR ist der Arbeitgeber auch in den Fällen von der Abgabe einer Lohnsteuer-Anmeldung befreit, in denen er nur solche Arbeitnehmer beschäftigt, für die er lediglich die 2 %ige Pauschalsteuer an die Deutsche Rentenversicherung Knappschaft-Bahn-See entrichten muss (vgl. das Stichwort „Geringfügige Beschäftigung" besonders unter Nr. 19).

4. Berichtigung der Lohnsteuer-Anmeldung

Stellt der Arbeitgeber nach Abgabe der Lohnsteuer-Anmeldung fest, dass er z. B. durch einen Schreibfehler, Rechenfehler oder durch ein anderes Versehen in der Lohnsteuer-Anmeldung unrichtige Angaben gemacht hat, dann ist beim Betriebsstättenfinanzamt eine berichtigte

Lohn- steuer- pflichtig | Sozial- versich.- pflichtig

Lohnsteuer-Anmeldung einzureichen, die als solche besonders kenntlich zu machen ist; dies geschieht durch Eintragung einer „1" in die Kennzahl 10 der Lohnsteuer-Anmeldung. In die berichtigte Lohnsteuer-Anmeldung sind **alle** Angaben für den entsprechenden Lohnsteuer-Anmeldungszeitraum aufzunehmen, und zwar **auch diejenigen Angaben, die nicht zu berichtigen sind.** Es ist daher nicht möglich, dem Betriebsstättenfinanzamt nur die Unterschiedsbeträge nachzumelden oder nur die korrigierten Beträge anzugeben.

5. Frist für die Anmeldung der Lohnsteuer

Die Lohnsteuer-Anmeldung muss spätestens am **zehnten Tag** nach Ablauf des Lohnsteuer-Anmeldungszeitraumes beim Betriebsstättenfinanzamt eingehen (§ 41a Abs. 1 Satz 1 Nr. 1 EStG). Fällt der zehnte Tag nicht auf einen Arbeitstag, sondern auf einen Samstag, Sonntag oder Feiertag, ist die Lohnsteuer-Anmeldung dann fristgerecht beim Betriebsstättenfinanzamt eingereicht, wenn sie dort am nächsten Arbeitstag (= Werktag) eingeht (§ 108 Abs. 3 AO).

Beispiel

Die Lohnsteuer-Anmeldung für den Lohnsteuer-Anmeldungszeitraum September 2021 ist spätestens am 10. Oktober 2021 beim Finanzamt einzureichen. Da der 10. Oktober 2021 ein Sonntag ist, ist die Lohnsteuer-Anmeldung dann fristgerecht eingereicht, wenn sie am Montag, den 11. Oktober 2021, beim Betriebsstättenfinanzamt eingeht.

Hiernach ergibt sich für die fristgerechte Abgabe der Lohnsteuer-Anmeldung die nachfolgende Übersicht:

Anmeldungszeitraum		Ablauf der gesetzlichen Abgabefrist
Januar	2021	am 10. 2. 2021
Februar	2021	am 10. 3. 2021
März	2021	am 12. 4. 2021
April	2021	am 10. 5. 2021
Mai	2021	am 10. 6. 2021
Juni	2021	am 12. 7. 2021
Juli	2021	am 10. 8. 2021
August	2021	am 10. 9. 2021
September	2021	am 11. 10. 2021
Oktober	2021	am 10. 11. 2021
November	2021	am 10. 12. 2021
Dezember	2021	am 10. 1. 2022

Für Arbeitgeber, die die Lohnsteuer-Anmeldung **vierteljährlich** abgeben müssen, gilt folgende Übersicht:

Anmeldungszeitraum		Ablauf der gesetzlichen Abgabefrist
I. Quartal	2021	am 12. 4. 2021
II. Quartal	2021	am 12. 7. 2021
III. Quartal	2021	am 11. 10. 2021
IV. Quartal	2021	am 10. 1. 2022

Für die Abgabe der Lohnsteuer-Anmeldung kann vom Betriebsstättenfinanzamt im Normalfall **keine Fristverlängerung** eingeräumt werden (die Möglichkeit einer Dauerfristverlängerung wie bei der Umsatzsteuer-Voranmeldung gibt es bei der Lohnsteuer nicht). Eine Fristverlängerung ist nur in Ausnahmefällen denkbar, z. B. wenn wegen Krankheit oder Urlaub der Lohnbuchhalterin/des Lohnbuchhalters die Zusammenstellung der abzuführenden Beträge und deren Übernahme in die Lohnsteuer-Anmeldung nicht möglich ist bzw. der Arbeitgeber oder die zu seiner Vertretung berechtigte Person aus triftigen Gründen nicht in der Lage ist, die Lohnsteuer-Anmeldung rechtzeitig zu unterschreiben bzw. elektronisch zu übermitteln.

Während der **Corona-Pandemie** ist die Abgabefrist für monatliche oder vierteljährliche Lohnsteuer-Ameldungen um bis zu zwei Monate verlängert worden, wenn der Arbeitgeber selbst oder der mit der Lohnbuchhaltung und Lohnsteuer-Anmeldung Beauftragte nachweislich unverschuldet daran gehindert war, die Lohnsteuer-Anmeldungen pünktlich zu übermitteln. Die Entscheidung über eine Fristverlängerung trifft das Betriebsstättenfinanzamt.

6. Abführung der Lohnsteuer

a) Allgemeines

Der Arbeitgeber hat die einbehaltene oder pauschalierte Lohnsteuer sowie den Solidaritätszuschlag und die Kirchensteuer spätestens am zehnten Tag nach Ablauf des Lohnsteuer-Anmeldungszeitraums in einem Betrag an die Finanzkasse des Betriebsstättenfinanzamts abzuführen (§ 41a Abs. 1 Satz 1 Nr. 2 EStG). Die Lohnsteuer ist eine Bringschuld. Ein etwaiger Verlust der Lohnsteuer vor der Abführung (z. B. durch Unterschlagung) geht deshalb zu Lasten des Arbeitgebers.

b) Zahlung per Scheck

Wurde bis zum 31.12.2006 am Tag der gesetzlichen Abgabefrist (vgl. die Übersicht unter der vorstehenden Nr. 5) ein Scheck in den Hausbriefkasten des Finanzamts eingeworfen, galt dies seinerzeit als pünktliche Zahlung. Durch das Jahressteuergesetz 2007 ist § 224 Abs. 2 Nr. 1 AO dahingehend geändert worden, dass bei der Übergabe oder Übersendung eines Schecks eine wirksam geleistete Zahlung erst **drei Tage nach dem Eingang** des Schecks beim Finanzamt vorliegt. Die frühere Regelung verschaffte dem Steuerpflichtigen Zinsvorteile, da die Zahlung mit Hingabe des Schecks als bewirkt galt, während die Gutschrift auf ein Konto des Fiskus erst einige Tage später stattfand. Diese Bevorzugung war nicht mehr vertretbar. Da es **bei Scheckzahlern keine Zahlungsschonfrist** gibt (§ 240 Abs. 3 Satz 2 AO), muss der Scheck bereits **drei Tage vor dem Fälligkeitstermin** (vgl. die Übersicht unter der vorstehenden Nr. 5) in den Hausbriefkasten des Finanzamts eingeworfen werden. Allerdings hat der Scheck aufgrund der modernen Zahlungsverfahren (z. B. Onlinebanking, Lastschrifteinzug) ohnehin an Bedeutung verloren.

c) Zahlungsschonfrist bei unbarer Zahlung

Bei einer **Überweisung** gibt es hingegen weiterhin eine Zahlungsschonfrist von **drei Tagen** (§ 240 Abs. 3 Satz 1 AO). Fällt der dritte Tag nicht auf einen Arbeitstag, sondern auf einen Samstag, Sonntag oder Feiertag, ist der nächstfolgende Werktag maßgebend (§ 108 Abs. 3 AO). Wichtig ist hierbei, dass für eine fristgerechte Überweisung der **Tag der Gutschrift** auf dem Konto des Finanzamts maßgebend ist (§ 224 Abs. 2 Nr. 2 AO). Hiernach ergibt sich bei einer Zahlung durch Banküberweisung folgende Übersicht:

Anmeldungszeitraum		Ablauf der gesetzlichen Abgabefrist	Ende der Zahlungsschonfrist bei Banküberweisung
Januar	2021	am 10. 2. 2021	am 15. 2. 2021
Februar	2021	am 10. 3. 2021	am 15. 3. 2021
März	2021	am 12. 4. 2021	am 15. 4. 2021
April	2021	am 10. 5. 2021	am 14. 5. 2021
Mai	2021	am 10. 6. 2021	am 14. 6. 2021
Juni	2021	am 12. 7. 2021	am 15. 7. 2021
Juli	2021	am 10. 8. 2021	am 13. 8. 2021
August	2021	am 10. 9. 2021	am 13. 9. 2021
September	2021	am 11. 10. 2021	am 14. 10. 2021
Oktober	2021	am 10. 11. 2021	am 15. 11. 2021
November	2021	am 10. 12. 2021	am 13. 12. 2021
Dezember	2021	am 10. 1. 2022	am 13. 1. 2022

Für Arbeitgeber, die die Lohnsteuer-Anmeldung **vierteljährlich** abgeben müssen, gilt folgende Übersicht:

Anmeldungszeitraum		Ablauf der gesetzlichen Abgabefrist	Ende der Zahlungsschonfrist bei Banküberweisung
I. Quartal	2021	am 12. 4. 2021	am 15. 4. 2021
II. Quartal	2021	am 12. 7. 2021	am 15. 7. 2021
III. Quartal	2021	am 11. 10. 2021	am 14. 10. 2021
IV. Quartal	2021	am 10. 1. 2022	am 13. 1. 2022

Bei einer **Überweisung** der Lohn- und Kirchensteuer sowie des Solidaritätszuschlags auf ein Konto der Finanzkasse des Betriebsstättenfinanzamts ist auf dem Überweisungsträger Folgendes anzugeben:

- die Steuernummer des Arbeitgebers,
- der Lohnsteuer-Anmeldungszeitraum (z. B. Januar 2021 oder III. Quartal 2021),
- die getrennten Beträge in Euro für Lohn- und Kirchensteuer sowie den Solidaritätszuschlag, wobei die Kirchensteuer wiederum für die einzelnen Konfessionen getrennt anzugeben ist.

Dabei sollen die folgenden Abkürzungen verwendet werden: LSt, SolZ, KiSt ev., KiSt rk. usw.

Die gleichen Angaben sind bei der Abgabe eines Schecks erforderlich. Es empfiehlt sich sowohl bei Überweisungen als auch bei Scheckzahlungen die pauschale Lohnsteuer und die pauschale Kirchensteuer gesondert anzugeben.

Der Arbeitgeber kann sich die arbeitsaufwendige Überwachung der unterschiedlichen Zahlungsfristen ersparen, wenn er dem Finanzamt einen Abbuchungsauftrag (Einzugsermächtigung) erteilt. Denn bei einer Zahlung durch **Einzugsermächtigung** gilt die Steuer immer als am Fälligkeitstag entrichtet, und zwar auch dann, wenn die Belastung des Kontos erst einige Tage nach dem Fälligkeitstag erfolgt (§ 224 Abs. 2 Nr. 3 AO). Die besondere Regelung für Scheckzahler und die Zahlungsschonfrist spielen also in diesen Fällen keine Rolle.

Wird ansonsten verspätet gezahlt, setzt das Finanzamt einen Säumniszuschlag fest, und zwar je angefangenen Monat der Säumnis 1 % des auf 50 € abgerundeten rückständigen Steuerbetrags. Die Finanzämter können den Säumniszuschlag auf Antrag erlassen, wenn es sich um ein offenbares Versehen **eines ansonsten pünktlichen Steuerzahlers** handelt und in sonstigen Fällen, der sachlichen oder persönlichen Härte.

7. Betriebsstättenfinanzamt

Der Arbeitgeber hat für jede lohnsteuerliche Betriebsstätte die Lohnsteuer beim jeweils zuständigen Betriebsstättenfinanzamt anzumelden und an die Kasse des Betriebsstättenfinanzamts abzuführen. Das Betriebsstättenfinanzamt ist das Finanzamt, in dessen Bezirk sich die lohnsteuerliche Betriebsstätte des Arbeitgebers befindet.

Betriebsstätte im lohnsteuerlichen Sinne ist der in Deutschland befindliche Betrieb oder Teil des Betriebs des Arbeitgebers, **in dem der für die Durchführung des Lohnsteuerabzugs maßgebende Arbeitslohn insgesamt ermittelt wird,** d. h. wo die für den Lohnsteuerabzug maßgebenden Lohnbestandteile insgesamt zusammengestellt oder bei maschineller Lohnabrechnung die für den Lohnsteuerabzug maßgebenden Eingabewerte insgesamt zusammengefasst werden (§ 41 Abs. 2 EStG). Wird der maßgebende Arbeitslohn nicht in dem Betrieb oder einem Teil des Betriebs des Arbeitgebers oder nicht im Inland ermittelt, gilt als Betriebsstätte der Mittelpunkt der geschäftlichen Leitung des Arbeitgebers im Inland. Wegen weiterer Einzelheiten vgl. das Stichwort „Betriebsstätte".

Beispiel

Ein Arbeitgeber hat im Bundesgebiet zehn lohnsteuerliche Betriebsstätten.

Der Arbeitgeber ist verpflichtet, für jede einzelne der zehn lohnsteuerlichen Betriebsstätten und für jeden Lohnsteuer-Anmeldungszeitraum eine gesonderte Lohnsteuer-Anmeldung beim jeweiligen Betriebsstättenfinanzamt abzugeben.

Abweichend von dem Grundsatz, dass die Lohnsteuer beim Betriebsstättenfinanzamt anzumelden und an dieses abzuführen ist, kann die oberste Finanzbehörde des Landes (= Finanzministerium eines Landes, Senator der Finanzen) bestimmen, dass die Lohnsteuer bei einer ande-

	Lohn-steuer-pflichtig	Sozial-versich.-pflichtig

ren öffentlichen Kasse anzumelden und an diese abzuführen ist.

Das Betriebsstättenfinanzamt oder die zuständige andere öffentliche Kasse können auch (abweichend vom 10-Tages-Zeitraum des § 41a Abs. 1 Satz 1 EStG) einen anderen Zeitpunkt für die Anmeldung und Abführung der Lohnsteuer anordnen, wenn die Abführung der Lohnsteuer nicht gesichert erscheint. Dies wird aber nur in Ausnahmefällen (z. B. drohende Insolvenz) geschehen (§ 41a Abs. 3 EStG).

8. Entstehen der Lohnsteuerschuld

Die Lohnsteuerschuld entsteht in dem Zeitpunkt, in dem der Arbeitslohn dem Arbeitnehmer **zufließt** (§ 38 Abs. 2 EStG). Das ist der Zeitpunkt, zu dem der Arbeitgeber den Arbeitslohn an den Arbeitnehmer auszahlt. Wird z. B. für den Monat Januar der Monatslohn am 28. Januar ausgezahlt, ist die Lohnsteuer bis 10. Februar beim Finanzamt anzumelden und an das Finanzamt abzuführen. Wird der Arbeitslohn für Januar z. B. am 2. Februar gezahlt, ist die Lohnsteuer bis 10. März beim Finanzamt anzumelden und an das Finanzamt abzuführen. Bei der Lohnsteuer gilt also das Zuflussprinzip. Anders ist es hingegen bei der Sozialversicherung, denn dort gilt nicht das Zuflussprinzip sondern das Entstehungsprinzip. Zur Fälligkeit der Sozialversicherungsbeiträge wird auf die Erläuterungen beim Stichwort „Abführung der Sozialversicherungsbeiträge" hingewiesen.

Zur Anmeldung und Abführung der Lohnsteuer bei **Abschlagszahlungen** vgl. dieses Stichwort. Dort ist anhand von Beispielen dargestellt, in welchem Anmeldungszeitraum die Steuerabzugsbeträge zu erfassen sind. Wegen Besonderheiten beim Zufließen von laufendem Arbeitslohn zusammen mit sonstigen Bezügen vgl. das Stichwort „Sonstige Bezüge" unter Nr. 2 auf Seite 879.

9. Folgen verspäteter Anmeldung der Lohnsteuer

Bei verspäteter Abgabe der Lohnsteuer-Anmeldung hat das Betriebsstättenfinanzamt die Möglichkeit, nach § 152 AO einen **Verspätungszuschlag** festzusetzen, wenn das Versäumnis nicht entschuldbar erscheint; bezogen auf Lohnsteuer-Anmeldungen handelt es sich nach wie vor um eine Ermessensentscheidung des Finanzamts. Schuldhaft handelt der Arbeitgeber, wenn er die gebotene Sorgfalt außer Acht lässt. Bei der Festsetzung des Verspätungszuschlags sind die Dauer und Häufigkeit der Fristüberschreitung sowie die Höhe der Steuer zu berücksichtigen (§ 152 Abs. 8 AO). Der Verspätungszuschlag darf höchstens 25 000 € betragen (§ 152 Abs. 10 AO).

Gegen die Festsetzung eines Verspätungszuschlags kann Einspruch eingelegt werden. Der Einspruch ist innerhalb eines Monats nach Bekanntgabe des Verwaltungsakts über die Festsetzung des Verspätungszuschlags beim Finanzamt **schriftlich** einzureichen, diesem elektronisch zu übermitteln oder zur Niederschrift zu erklären (auch ein Telefax genügt). Das Finanzamt entscheidet über den Einspruch durch Einspruchsentscheidung. Hiergegen kann innerhalb eines Monats nach Bekanntgabe Klage beim Finanzgericht eingereicht werden.

Kommt der Arbeitgeber seiner Verpflichtung zur Abgabe der Lohnsteuer-Anmeldung überhaupt nicht nach, kann das Finanzamt die Abgabe entweder mit Zwangsgeldern bis zu 25 000 € nach den §§ 328 bis 335 AO durchsetzen oder die geschuldete Lohnsteuer, den Solidaritätszuschlag und Kirchensteuer nach § 162 AO schätzen und mit Steuerbescheid vom Arbeitgeber anfordern. Die wiederholte verspätete Abgabe oder Nichtabgabe der Lohnsteuer-Anmeldung und die wiederholte verspätete Abführung der Steuerabzugsbeträge kann zudem als Steuervergehen strafbar sein.

10. Lohnsteuer-Anmeldung als Steuerfestsetzung unter dem Vorbehalt der Nachprüfung

Die Lohnsteuer-Anmeldung ist eine Steuererklärung im Sinne des § 150 AO. Sie steht als Steueranmeldung einer Steuerfestsetzung unter dem Vorbehalt der Nachprüfung gleich (§§ 164, 168 AO). Der Vorbehalt der Nachprüfung bewirkt, dass die Steuerfestsetzung in Form der vom Arbeitgeber beim Betriebsstättenfinanzamt eingereichten Lohnsteuer-Anmeldung aufgehoben oder geändert werden kann, solange der Vorbehalt wirksam ist. **Auch der Arbeitgeber** kann jederzeit die Aufhebung oder Änderung der Steuerfestsetzung in der Lohnsteuer-Anmeldung sowohl **zu seinen Gunsten** als auch zu seinen Ungunsten beantragen. Diese wichtige Vorschrift ermöglicht es dem Arbeitgeber, etwaige Fehler bei der Lohnabrechnung rückwirkend zu korrigieren. Es genügt hierfür, wenn er für die bereits abgelaufenen Anmeldungszeiträume eine berichtigte Lohnsteuer-Anmeldung abgibt. Handelt es sich um individuelle Lohnsteuer des Arbeitnehmers, sind hierbei allerdings die beim Stichwort „Änderung des Lohnsteuerabzugs" dargestellten Grundsätze zu beachten. Danach ist eine **Minderung** der nach den individuellen Lohnsteuerabzugsmerkmalen (ELStAM) des Arbeitnehmers einbehaltenen Lohnsteuer nach Übermittlung/Ausstellung der elektronischen Lohnsteuerbescheinigung in der Regel nicht mehr möglich. Handelt es sich hingegen um pauschalierte Lohnsteuer, ist die Abgabe einer berichtigten Lohnsteuer-Anmeldung so lange möglich, solange der Vorbehalt der Nachprüfung noch nicht aufgehoben wurde. Der Vorbehalt der Nachprüfung wird bei Lohnsteuer-Anmeldungen regelmäßig so lange aufrechterhalten, bis bei dem Arbeitgeber eine Lohnsteuer-Außenprüfung durchgeführt worden oder die sog. Festsetzungsfrist (§ 169 AO) abgelaufen ist.

Ist die **Festsetzungsfrist** (vgl. hierzu das Stichwort „Verjährung") abgelaufen, entfällt der Vorbehalt der Nachprüfung automatisch, ohne dass es einer formellen Aufhebung durch das Finanzamt bedarf. Die Festsetzungsfrist beträgt **vier Jahre** und beginnt im Normalfall mit Ablauf des Kalenderjahres, in dem die Lohnsteuer-Anmeldung beim Finanzamt eingereicht worden ist.

Beispiel

Die Lohnsteuer-Anmeldung für den Lohnsteuer-Anmeldungszeitraum Dezember 2020 geht fristgemäß am 11. Januar 2021 beim Betriebsstättenfinanzamt ein. Die Festsetzungsfrist von vier Jahren beginnt für die mit der Dezember-Anmeldung angemeldete Steuer erst am 1. Januar 2022 und endet am 31. Dezember 2025. Mit Ablauf des 31. Dezember 2025 fällt der Vorbehalt der Nachprüfung automatisch weg.

Fällt das Jahresende auf einen Samstag, einen Sonntag oder einen gesetzlichen Feiertag, endet die Festsetzungsfrist erst mit Ablauf des nächstfolgenden Werktags (BFH-Urteil vom 20.1.2016, BStBl. II S. 380).

Abgeltung von Urlaubsansprüchen

siehe „Urlaubsabgeltung"

Abgeordnete

Abgeordnete des Bundestags, eines Landtags oder des Europäischen Parlaments erzielen mit ihren Bezügen steuerlich **sonstige Einkünfte.** nein nein

Werden zur Abgeltung der ihnen durch das Mandat entstehenden Kosten Aufwandsentschädigungen gezahlt, dürfen die durch das Mandat entstehenden Aufwendungen nicht als Werbungskosten abgezogen werden.

Auch Wahlkampfkosten zur Erlangung eines solchen Mandats sind nicht als Werbungskosten abziehbar.

Das Werbungskostenabzugsverbot für Wahlkampfkosten hat der Bundesfinanzhof bestätigt. Es gilt zudem un-

Lohn-steuer-pflichtig	Sozial-versich.-pflichtig

abhängig davon, ob die Kandidatur erfolgreich war oder nicht. Zu den nicht abziehbaren Wahlkampfkosten zählen alle Aufwendungen, die zur Erlangung oder Wiedererlangung eines Mandats getätigt werden. Dies gilt auch für die Kosten zur Erlangung des Kandidatenstatus, die organisatorische Vorbereitung als Kandidat sowie für Aufwendungen im Zusammenhang mit dem Nachrückerstatus (BFH-Urteil vom 10.12.2019, BStBl. 2020 II S. 389).

Abordnung

Von einer „Abordnung" wird im öffentlichen Dienst bei einer längerfristigen Tätigkeit an einer anderen Behörde gesprochen. Es kann sich dabei um eine vorübergehende Abordnung oder um eine Abordnung mit dem Ziel der Versetzung handeln. Im lohnsteuerlichen Reisekostenrecht ist die Dauer der Abordnung von entscheidender Bedeutung, da bei befristeten Abordnungen bis 48 Monate eine beruflich veranlasste Auswärtstätigkeit und keine erste Tätigkeitsstätte vorliegt. Auf die Erläuterungen beim Stichwort „Trennungsentschädigungen" wird hingewiesen.

Abrundung des Arbeitslohns

Eine Abrundung des Arbeitslohns vor Anwendung der maßgeblichen Lohnsteuertabelle (Monats-, Wochen-, Tagestabelle) bzw. des maßgeblichen Steuersatzes (z. B. bei einer Lohnsteuerpauschalierung usw.) ist nicht zulässig.

Abschlagszahlungen

1. Lohnsteuerliche Behandlung

In manchen Betrieben ist es üblich, nicht bei jeder Lohnzahlung abzurechnen, sondern innerhalb eines längeren Lohnabrechnungszeitraums eine oder mehrere Abschlagszahlungen in ungefährer Höhe des bereits erdienten Lohnes zu gewähren. Der Arbeitgeber kann in diesen Fällen den Lohnabrechnungszeitraum als Lohnzahlungszeitraum ansehen, d. h. die Lohnsteuer erst bei der Lohnabrechnung einbehalten; das gilt jedoch nicht, wenn der Lohnabrechnungszeitraum über fünf Wochen hinausgeht oder die Lohnabrechnung nicht innerhalb von drei Wochen nach Ablauf des Lohnabrechnungszeitraums erfolgt (§ 39b Abs. 5 EStG). Liegen lohnsteuerliche Abschlagszahlungen vor, handelt es sich nicht um ein Arbeitgeberdarlehen (vgl. hierzu die Erläuterungen beim Stichwort „Zinsersparnisse und Zinszuschüsse").

Beispiel A

Ein Arbeitgeber zahlt jede Woche einen Abschlag auf den Wochenlohn. Er kann maximal fünf Wochen zusammenkommen lassen und dann innerhalb von drei Wochen abrechnen. Dies wäre steuerlich zulässig. Da jedoch die Sozialversicherung eine monatliche Abrechnung verlangt (vgl. „Berechnung der Lohnsteuer und Sozialversicherungsbeiträge" unter Nr. 7), hat die lohnsteuerliche Sondervorschrift kaum noch praktische Bedeutung.

Beispiel B

Ein Arbeitgeber rechnet den Arbeitslohn monatlich ab. Er leistet jeweils am Ende des Monats eine Abschlagszahlung. Die Lohnabrechnung wird am 10. des folgenden Monats mit der Auszahlung der Spitzenbeträge vorgenommen. Der Arbeitgeber braucht von der Abschlagszahlung keine Lohnsteuer einbehalten. Er kann die Lohnsteuer erst bei der Schlussabrechnung einbehalten. In diesem Fall ist die Lohnsteuer spätestens bis zum zehnten Tag des auf die Schlussabrechnung folgenden Monats beim Finanzamt anzumelden und abzuführen. Leistet der Arbeitgeber somit am 25. Februar 2021 für den Monat Februar eine Abschlagszahlung und führt er am 11. März 2021 die Lohnabrechnung mit der Auszahlung der Spitzenbeträge für Februar durch, ist in diesem Fall die Lohnsteuer für den Monat Februar erst bis 12. April 2021 beim Finanzamt anzumelden und abzuführen (Verschiebung der gesetzlichen Abgabefrist vom 10. auf den 12. April).

Beispiel C

Ein Arbeitgeber mit monatlichen Abrechnungszeiträumen leistet jeweils am 28. für den laufenden Monat eine Abschlagszahlung und nimmt die Lohnabrechnung am 28. des folgenden Monats vor. Die Lohnsteuer ist bereits von der Abschlagszahlung einzubehalten, da die Abrechnung nicht spätestens drei Wochen nach Ablauf des Lohnabrechnungszeitraums vorgenommen wird.

Die Lohnabrechnung gilt übrigens als abgeschlossen, wenn die Zahlungsbelege den Bereich des Arbeitgebers verlassen haben. Auf den Zeitpunkt des Zuflusses der Zahlung beim Arbeitnehmer kommt es nicht an.

Wird die Lohnabrechnung für den letzten Abrechnungszeitraum des abgelaufenen Kalenderjahres erst im nachfolgenden Kalenderjahr, aber noch innerhalb der Dreiwochenfrist vorgenommen, handelt es sich um Arbeitslohn und einbehaltene Lohnsteuer dieses Lohnabrechnungszeitraums; der Arbeitslohn und die Lohnsteuer sind deshalb im Lohnkonto und in der Lohnsteuerbescheinigung des abgelaufenen Kalenderjahres zu erfassen. Ungeachtet dessen ist die einbehaltene Lohnsteuer für die Anmeldung und Abführung als Lohnsteuer des Kalendermonats bzw. Kalendervierteljahres zu erfassen, in dem die Abrechnung tatsächlich vorgenommen wird (= nachfolgendes Kalenderjahr).

Beispiel D

Auf den Arbeitslohn für Dezember 2021 werden Abschlagszahlungen geleistet. Die Lohnabrechnung erfolgt am 18. Januar 2022. Die dann einzubehaltende Lohnsteuer ist bis 10. Februar 2022 mit der Lohnsteuer-Anmeldung Januar 2022 als Lohnsteuer für das Kalenderjahr 2021 anzumelden und abzuführen. Sie gehört zum Arbeitslohn des Kalenderjahres 2021 und ist in die Lohnsteuerbescheinigung 2021 aufzunehmen.

In Einzelfällen kann das Betriebsstättenfinanzamt des Arbeitgebers allerdings anordnen, dass die Lohnsteuer bereits von den Abschlagszahlungen einzubehalten und abzuführen ist (§ 39b Abs. 5 Satz 3 EStG). Dies geschieht dann, wenn die Erhebung der Lohnsteuer sonst nicht gesichert erscheint.

2. Sozialversicherungsrechtliche Behandlung

Bei der Sozialversicherung gilt Folgendes: Soweit der Arbeitgeber Abschlagszahlungen auf den Lohn oder das Gehalt zahlt, sind auch Beiträge zur Kranken-, Pflege-, Renten- und Arbeitslosenversicherung einzubehalten und am nächsten Fälligkeitstag abzuführen. Für den Fall, dass Restzahlungen erst in einem späteren Lohnzahlungszeitraum vorgenommen werden, rechnen sie noch zu dem Entgelt des Lohnzahlungszeitraums, in dem sie verdient wurden. Das ist wichtig, wenn in dem Lohnzahlungszeitraum die Beitragsbemessungsgrenze erreicht wird. Für die Berechnung der Beiträge bleibt das Entgelt des Lohnzahlungszeitraums maßgebend, in dem der Rechtsanspruch auf das Entgelt entstanden ist (vgl. „Abführung der Sozialversicherungsbeiträge" und „Berechnung der Lohnsteuer und der Sozialversicherungsbeiträge" unter Nr. 7).

Siehe auch die Stichworte: Abführung und Anmeldung der Lohnsteuer, Vorauszahlungen von Arbeitslohn, Vorschüsse, Zufluss von Arbeitslohn.

Abschlussgratifikation

Zur Berechnung der Lohnsteuer siehe „Sonstige Bezüge"; zur Berechnung der Sozialversicherungsbeiträge siehe „Einmalige Zuwendungen". — Lohnsteuerpflichtig: ja — Sozialversicherungspflichtig: ja

Siehe auch das Stichwort: Gratifikationen.

Abtretung von Arbeitslohn

Tritt der Arbeitnehmer seinen Arbeitslohn ganz oder teilweise an einen Dritten ab, ist dies steuerlich ohne Bedeutung; auch der abgetretene Teil des Arbeitslohns ist dem

	Lohnsteuerpflichtig	Sozialversich.-pflichtig
Arbeitnehmer zugeflossen, da er ihn zur Erfüllung schuldrechtlicher Verpflichtungen verwendet und damit über den Arbeitslohn verfügt (vgl. hierzu auch das Stichwort „Forderungsübergang“).	ja	ja

Abtretung von Forderungen als Arbeitslohn

	Lohnsteuerpflichtig	Sozialversich.-pflichtig
Tritt der Arbeitgeber seinem Arbeitnehmer zur Abgeltung von Lohnansprüchen eine Forderung gegen einen Schuldner des Arbeitgebers ab, geschieht diese Abtretung in der Regel „zahlungshalber“ (= erfüllungshalber), d. h., der Lohnanspruch des Arbeitnehmers wird erst erfüllt, wenn die abgetretene Forderung vom Schuldner beim Arbeitnehmer eingeht. Der Arbeitslohn gilt erst in diesem Zeitpunkt als zugeflossen; bei der Abtretung der Forderung ist Lohnsteuer nicht zu erheben.	nein	nein
Tritt der Arbeitgeber eine Forderung ausnahmsweise ausdrücklich „an Zahlungs statt“ (= „an Erfüllungs statt“) an den Arbeitnehmer ab, ist bereits bei der Abtretung der Forderung zugeflossener Arbeitslohn anzunehmen; der gemeine Wert der Forderung ist dann dem Lohnsteuerabzug zu unterwerfen.	ja	ja

Geht in einem solchen Falle die Forderung später mit einem geringeren oder höheren Betrag beim Arbeitnehmer ein, bleibt der Unterschiedsbetrag auf die Höhe der geschuldeten Lohnsteuer ohne Einfluss (vgl. BFH-Urteil vom 22. 4. 1966, BStBl. III S. 394).

Abwälzung der Pauschalsteuer auf den Arbeitnehmer

Eine Abwälzung der Pauschalsteuer ist im Grundsatz bei allen steuerlichen Pauschalierungsfällen (§§ 40, 40a und 40b EStG) möglich, da die in § 40 Abs. 3 Satz 2 EStG enthaltene Regelung durch entsprechende Verweisungen auch für Pauschalierungen nach § 40a oder § 40b EStG gilt (vgl. § 40a Abs. 5 und § 40b Abs. 5 EStG). Das bedeutet, dass auch die 2 %ige Pauschalsteuer für sog. 450-Euro-Jobs auf den Arbeitnehmer abgewälzt werden kann (vgl. die Erläuterungen beim Stichwort „Pauschalierung der Lohnsteuer bei Aushilfskräften und Teilzeitbeschäftigten“ unter Nr. 2 Buchstabe j). Im Einzelnen gilt zur Abwälzung der Pauschalsteuer auf den Arbeitnehmer Folgendes:

Die Abwälzung der pauschalen Lohnsteuer auf den Arbeitnehmer ist ein **arbeitsrechtlicher Vorgang,** durch den die Pauschalierung als solche nicht unzulässig wird (vgl. die Erläuterungen beim Stichwort „Pauschalierung der Lohnsteuer bei Aushilfskräften und Teilzeitbeschäftigten“ unter Nr. 2 Buchstabe j). Allerdings ist § 40 Abs. 3 Satz 2 EStG zu beachten, der besagt, dass die auf den Arbeitnehmer abgewälzte pauschale Lohnsteuer **als zugeflossener Arbeitslohn gilt und die Bemessungsgrundlage nicht mindern darf.** Wie sich eine steuerlich **unzulässige** Kürzung der Bemessungsgrundlage bei einer Abwälzung der Pauschalsteuer auf den Arbeitnehmer rechnerisch darstellt, soll an einem Beispiel verdeutlicht werden:

Beispiel A

Der Arbeitnehmer erhält eine Erholungsbeihilfe von 156 € und übernimmt im Innenverhältnis die hierauf entfallende pauschale Lohnsteuer von 25 % sowie die Kirchensteuer und den Solidaritätszuschlag. Lohnsteuerabzugsmerkmale des Arbeitnehmers sind die Steuerklasse III und das Kirchensteuermerkmal „rk“. Würde die Bemessungsgrundlage um die vom Arbeitnehmer übernommene pauschale Lohn- und Kirchensteuer sowie um den Solidaritätszuschlag gekürzt, ergäbe sich folgende Berechnung:

Erholungsbeihilfe	156,– €

Hieraus wird die pauschale Lohn- und Kirchensteuer sowie der Solidaritätszuschlag durch Rückrechnung herausgerechnet. Bei 25 % Lohnsteuer, 5,5 % Solidaritätszuschlag und 7 % Kirchensteuer (z. B. in Bayern) ergibt sich eine Netto-Erholungsbeihilfe von 78,0488 %.

Netto-Erholungsbeihilfe (78,0488 % von 156 €)	121,76 €
pauschale Lohnsteuer 25 %	30,44 €
Solidaritätszuschlag (5,5 % von 30,44 €)	1,67 €
pauschale Kirchensteuer (7 % von 30,44 €)	2,13 €
Aufwand für den Arbeitgeber insgesamt	156,– €

An das Finanzamt würden insgesamt 34,24 € (30,44 € + 1,67 € + 2,13 €) Pauschalsteuer abgeführt.

Nach § 40 Abs. 3 Satz 2 EStG **ist diese Rückrechnung nicht zulässig.** Denn die abgewälzte Pauschalsteuer darf die Bemessungsgrundlage nicht mindern, sodass sich tatsächlich folgende Berechnung der pauschalen Lohnsteuer ergibt:

Beispiel B

Sachverhalt wie Beispiel A

Erholungsbeihilfe	156,– €
pauschale Lohnsteuer 25 %	39,– €
Solidaritätszuschlag (5,5 % von 39 €)	2,14 €
pauschale Kirchensteuer (7 % von 39 €)	2,73 €

An das Finanzamt sind insgesamt 43,87 € (39,– € + 2,14 € + 2,73 €) Pauschalsteuer abzuführen. Bei der Lohnabrechnung ist zu beachten, dass auch eine Minderung des steuerpflichtigen **laufenden** Arbeitslohns nicht in Betracht kommt. Die Erholungsbeihilfe kann mit 156 € als „Zulage“ hinzugerechnet und die Pauschalsteuer in Höhe von 43,87 € als „Abzug vom monatlichen Nettolohn“ abgerechnet werden:

Bruttolohn		3 000,– €
zuzüglich Erholungsbeihilfe		156,– €
Summe		3 156,– €
Gesetzliche Abzüge **(errechnet aus 3000,– €):**		
Lohnsteuer (Steuerklasse III/0)	143,66 €	
Solidaritätszuschlag (5,5 %)	0,– €	
Kirchensteuer (z. B. 8 %)	11,49 €	
Sozialversicherung (z. B. 20,225 %)	606,75 €	761,90 €
Nettolohn		2 394,10 €
abzüglich vom Arbeitnehmer übernommene Pauschalsteuer		43,87 €
auszuzahlender Betrag		2 350,23 €

Obwohl eine Rückrechnung nicht zulässig ist, ergibt sich gleichwohl durch die Pauschalierung mit Abwälzung der Pauschalsteuer auf den Arbeitnehmer im Beispielsfall eine Ersparnis bei den Lohnabzügen von rund 20 € insbesondere deshalb, weil die Pauschalierung mit 25 % Sozialversicherungsfreiheit auslöst.

Ist der Arbeitgeber bei der Zahlung der Erholungsbeihilfe arbeitsrechtlich nicht gebunden, das heißt, dass er die Erholungsbeihilfe der Höhe nach beliebig festlegen kann, könnte er daran denken, die Erholungsbeihilfe so weit herabzusetzen, dass er rein rechnerisch zu dem im Beispiel A dargestellten Ergebnis kommt.

Beispiel C

Sachverhalt wie Beispiel A; der Arbeitgeber zahlt jedoch statt einer Erholungsbeihilfe von 156 € eine **in Anlehnung** an den in Beispiel A erläuterten Nettobetrag herabgesetzte Erholungsbeihilfe in Höhe von 120 €.

Erholungsbeihilfe	120,– €
pauschale Lohnsteuer 25 %	30,– €
Solidaritätszuschlag (5,5 % von 30 €)	1,65 €
pauschale Kirchensteuer (7 % von 30 €)	2,10 €

Damit wäre der Arbeitgeber rein rechnerisch wieder beim alten Ergebnis.

In § 40 Abs. 3 Satz 2 EStG ist jedoch bestimmt worden, dass die auf den Arbeitnehmer abgewälzte pauschale Lohnsteuer **als zugeflossener Arbeitslohn gilt.** Das bedeutet Folgendes: Stellt das Finanzamt bei einer Lohnsteuer-Außenprüfung z. B. anhand von arbeitsvertragli-

A

	Lohn-steuer-pflichtig	Sozial-versich.-pflichtig

chen Unterlagen fest, dass die Regelung – wie im Beispiel C dargestellt – durch eine Kürzung des Arbeitslohns um die pauschale Lohnsteuer unterlaufen wurde, kann es die hierauf entfallende Lohnsteuer nachholen, da die in Form der Lohnkürzung auf den Arbeitnehmer abgewälzte Pauschalsteuer als zugeflossener Arbeitslohn gilt. Bei einer solchen Feststellung würde das Finanzamt im Beispielsfall C von einer Erholungsbeihilfe von 153,75 € ausgehen (120 € + 30 € + 1,65 € + 2,10 €).

Eine Abwälzung von pauschalen Steuerbeträgen, die nicht zur Minderung der Bemessungsgrundlage führt, kann sich z. B. aus dem Arbeitsvertrag, einer Zusatzvereinbarung zum Arbeitsvertrag oder aus dem wirtschaftlichen Ergebnis einer Gehaltsumwandlung oder Gehaltsänderungsvereinbarung ergeben. Das ist insbesondere der Fall, wenn die pauschalen Steuerbeträge als Abzugsbetrag in der Lohn- und Gehaltsabrechnung ausgewiesen werden.[1]

Eine Abwälzung der pauschalen Lohnsteuer ist hingegen **nicht** anzunehmen, wenn aus der Gehaltsänderungsvereinbarung alle rechtlichen und wirtschaftlichen Folgerungen für die Zukunft gezogen werden; insbesondere der neu festgesetzte geminderte Arbeitslohn Bemessungsgrundlage für künftige Gehaltserhöhungen oder andere Arbeitgeberleistungen (z. B. Weihnachtsgeld, Tantieme oder Jubiläumszuwendungen) ist. Dies gilt auch dann, wenn die Gehaltsminderung nur in Höhe der Pauschalsteuer vereinbart wird.[1]

Wie auch aus den Beispielen ersichtlich ist, gelten die vorstehenden Grundsätze für die Abwälzung von Solidaritätszuschlag und Kirchensteuer entsprechend.

Adressenschreiber

Adressenschreiber sind in der Regel selbständig tätig. — nein — nein

Zur Frage der Scheinselbständigkeit vgl. dieses Stichwort.

Agenten

siehe „Vertreter"

Akkordlohn

Wenn der Arbeitslohn nicht nur nach der Arbeitszeit, sondern auch nach der Arbeitsleistung berechnet wird, spricht man von Akkordlohn. Vergütungen für Akkordarbeit sind lohnsteuer- und beitragspflichtig. — ja — ja

Auch der Akkordlohn wird in der Regel für einen bestimmten Zeitraum (z. B. einem Kalendermonat) gezahlt und abgerechnet, sodass der für die Anwendung der Lohnsteuertabelle maßgebende Lohnzahlungszeitraum ohne weiteres feststeht. Nur in Ausnahmefällen ist ein bestimmter Lohnzahlungszeitraum nicht gegeben. In diesen Fällen ist die Summe der tatsächlichen Arbeitstage oder Arbeitswochen als Lohnzahlungszeitraum anzusehen (§ 39 b Abs. 5 Satz 4 EStG).

Die Vergütungen für Akkordarbeit sind beitragspflichtiges Arbeitsentgelt der Lohnperiode, in der die Akkordarbeiten durchgeführt wurden. Sofern der Akkordlohn oder Akkordlohn-Spitzenbeträge zu einem späteren Zeitpunkt ausgezahlt werden, sind sie für die Beitragsberechnung grundsätzlich dem Lohnabrechnungszeitraum zuzurechnen, für den sie gezahlt werden (nicht dem Lohnabrechnungszeitraum der tatsächlichen Zahlung). Unter bestimmten Voraussetzungen kann von diesem Grundsatz jedoch abgewichen werden. Die Spitzenorganisationen der Sozialversicherungsträger haben hierzu Vereinfachungsregeln aufgestellt, die beim Stichwort „Mehrarbeitslohn/Mehrarbeitszuschläge" erläutert sind.

Aktienoptionen

Gliederung:

1. Allgemeines
2. Mitarbeiter-Aktienoptionen als Form der Entlohnung
3. Ausgestaltung der Mitarbeiterbeteiligung durch Optionsmodelle
4. Steuerliche Behandlung
   a) Allgemeines
   b) Handelbare Aktienoptionsrechte
   c) Nicht handelbare Aktienoptionsrechte
   d) Zuordnung zum deutschen Besteuerungsrecht bei einem Auslandsaufenthalt
   e) Anwendung der Fünftelregelung
   f) Werbungskosten
5. Sozialversicherungsrechtliche Behandlung

1. Allgemeines

Die Entwicklung der Mitarbeiterbeteiligung geht immer mehr dazu über, sowohl die Führungskräfte als auch das mittlere Management an den Erfolgen des Unternehmens zu beteiligen. Zu diesem Zweck werden den Arbeitnehmern verschiedentlich **Kauf- oder Verkaufsoptionsrechte** für **Aktien** eingeräumt. Unter Aktienoptionen (Stock-Options) versteht man ganz allgemein das Recht, an einem bestimmten Tag zu einem bestimmten Preis Aktien eines Unternehmens erwerben (Call-Option) oder veräußern (Put-Option) zu können. Wie bei allen Börsentermingeschäften ist die unterschiedliche Einschätzung der künftigen Kursentwicklung Beweggrund für die Teilnahme. Die Aktiengesellschaft selbst muss in derartige Optionsgeschäfte nicht unbedingt eingeschaltet sein, der Vertragspartner ist dann ein Dritter (Stillhalter).

2. Mitarbeiter-Aktienoptionen als Form der Entlohnung

Mitarbeiter-Aktienoptionen sind eine Form der Entlohnung der Mitarbeiter. Sie sind gerade bei jungen Unternehmern („Startups") beliebt, bei denen die Finanzmittel knapp sind, aber hoch qualifizierte und deshalb auch hoch bezahlte Spezialisten gewonnen werden müssen. Da vor allem junge Unternehmen die geforderten Gehälter nicht aufbringen können, werben sie mit ihren Entwicklungschancen, indem sie den Mitarbeitern Optionen anbieten. Sie versprechen sich davon neben der längerfristigen Bindung der Mitarbeiter an das Unternehmen ein höheres Engagement für das Unternehmen, weil die Mitarbeiter den Wert der Optionsrechte selbst beeinflussen können und wegen des verhältnismäßig niedrigen Barlohns letztlich das Unternehmensrisiko mittragen. Werden die zu einem späteren Zeitpunkt an die Mitarbeiter ausgegebenen Aktien durch Erhöhung des Aktienkapitals erbracht, spart sich der Arbeitgeber zudem finanziellen Aufwand. Die zusätzliche Entlohnung wird sozusagen durch die Börse finanziert.

Nicht allein die ersparten Gehaltszahlungen sind ein Vorteil für den Arbeitgeber, mit diesem Programm bindet er auch gute Mitarbeiter an das Unternehmen und weckt ihr persönliches Interesse am Erfolg des Unternehmens; dies kann auch zu einer Erhöhung des Unternehmenswertes (shareholder value) führen. Zunehmend machen deshalb auch etablierte Aktiengesellschaften von der Möglichkeit derartiger Anreize Gebrauch (Anreiz = englisch: incentive). In englischsprachigen Ländern wird daher auch von „incentive stock options" gesprochen.

1) BMF-Schreiben vom 10.1.2000 (BStBl. I S. 138). Das BMF-Schreiben ist als Anlage 2 zu H 40.2 LStR im **Steuerhandbuch für das Lohnbüro 2021** abgedruckt, das im selben Verlag erschienen ist.

	Lohn-steuer-pflichtig	Sozial-versich.-pflichtig

Darüber hinaus sind Aktienoptionen bei den Führungskräften der deutschen Aktiengesellschaften üblicherweise Bestandteil der Entlohnung.

Neben den Aktienoptionen gibt es aber auch andere Mitarbeiterbeteiligungsprogramme (vgl. das Stichwort „Mitarbeiterbeteiligungsprogramm nach französischem Recht").

Siehe außerdem das Stichwort „Vermögensbeteiligungen".

3. Ausgestaltung der Mitarbeiterbeteiligung durch Optionsmodelle

Die gängigen Konzeptionen der Mitarbeiterbeteiligungen sehen vor, dass der Arbeitgeber dem Mitarbeiter Optionsrechte auf den Erwerb von Aktien des Unternehmens zu einem bestimmten Termin und zu einem vorher bestimmten Preis einräumt. Die Modelle sind je nach Interessenlage unterschiedlich ausgestaltet. Zum Teil ist dem Mitarbeiter jegliche Verwertung des Optionsrechts bis zum Ausübungszeitpunkt untersagt, in anderen Fällen wird durch eine grundsätzliche Veräußerbarkeit des Optionsrechts formal eine Marktgängigkeit hergestellt, aber ein Vorkaufsrecht des Arbeitgebers vereinbart oder eine Abschöpfung des vorzeitig erzielten Veräußerungsgewinns zugunsten des Arbeitgebers festgelegt. Dem Interesse des Unternehmens und seiner Gesellschafter entsprechend wird bei vielen Modellen dem Mitarbeiter nicht zwingend das Recht auf den Erwerb von Aktien im Ausübungszeitpunkt eingeräumt, sondern dem Unternehmen die Möglichkeit offen gehalten, in Abhängigkeit von der Kursentwicklung nur einen **Barausgleich** zu gewähren; man spricht in diesem Zusammenhang auch von virtuellen Aktienoptionen (Stock Appreciation Rights oder Phantom Stock Awards). In manchen Fällen zahlen die Unternehmen auch auf den vorher bestimmten Preis für den Erwerb der Aktien einen Barausgleich. Hierbei handelt es sich um einen zusätzlichen Rabatt in Form von Geld von Seiten des Arbeitgebers und um steuer- und sozialversicherungspflichtigen **Arbeitslohn.** ja ja

Beispiel

Der Vorstand einer Aktiengesellschaft erhält im Jahr 2021 für seine Aktienoptionen einen Barausgleich in Höhe von 50 000 €.

Der Betrag von 50 000 € (Geldleistung) ist steuerpflichtiger Arbeitslohn.

4. Steuerliche Behandlung

a) Allgemeines

Gewährt der Arbeitgeber seinem Arbeitnehmer aufgrund des Dienstverhältnisses[1] Aktienoptionsrechte, kann steuerlich ein **handelbares oder** ein **nicht handelbares Aktienoptionsrecht** vorliegen. Handelbar im Sinne der steuerlichen Betrachtungsweise ist ein Aktienoptionsrecht, das an einer Wertpapierbörse gehandelt wird.

Andere Aktienoptionsrechte gelten steuerlich – auch wenn sie außerhalb einer Börse gehandelt werden – als nicht handelbar im Sinne der folgenden Ausführungen. Für die steuerliche Beurteilung ist ferner unmaßgeblich, ob die Optionsrechte nach den Optionsbedingungen übertragbar oder vererbbar sind, oder ob sie einer Sperrfrist unterliegen.

Sowohl handelbare als auch nicht handelbare Aktienoptionsrechte sind keine Vermögensbeteiligungen im steuerlichen Sinne (vgl. die Erläuterungen bei den Stichwörtern „Vermögensbeteiligungen" und „Vermögensbildung der Arbeitnehmer").

Die steuerliche Behandlung richtet sich nach den folgenden Grundsätzen:

b) Handelbare Aktienoptionsrechte

Die Finanzverwaltung ist früher davon ausgegangen, dass bei einem handelbaren Aktienoptionsrecht der Arbeitslohn an dem Tag zufließt, an dem der Arbeitnehmer das Aktienoptionsrecht erhält bzw. erwirbt. Dem ist der Bundesfinanzhof nicht gefolgt. Seiner Meinung nach führt – genauso wie bei einem nicht handelbaren Optionsrecht (vgl. hierzu den nachfolgenden Buchstaben c) – auch bei einem handelbaren Optionsrecht erst die **Umwandlung des Rechts in Aktien** zum **Zufluss** eines geldwerten Vorteils. Das Optionsrecht selbst eröffne dem Arbeitnehmer lediglich die Chance, am wirtschaftlichen Erfolg des Unternehmens teilzunehmen. Erst durch die Umwandlung werde ein geldwerter Vorteil auch realisiert. Dieser Grundsatz gelte gleichermaßen für handelbare wie für nicht handelbare Optionsrechte (BFH-Urteil vom 20.11.2008, BStBl. 2009 II S. 382).

Zum Zuflusszeitpunkt und zur Ermittlung des geldwerten Vorteils im Einzelnen und der dabei zu beachtenden Ausnahmen vgl. auch die Erläuterungen unter dem nachfolgenden Buchstaben c).

Beispiel A

Der Arbeitgeber legt im Jahr 2019 selbst ein Aktienoptionsprogramm mit 30 000 Aktienoptionen zu einem Zeichnungskurs von 40 € auf. Aus diesem Programm erhält der Arbeitnehmer 50 handelbare Aktienoptionen. Im Jahr 2021 übt der Arbeitnehmer sein Optionsrecht aus und erwirbt die ihm zustehenden Aktien für 2000 € (50 Aktien à 40 €). Der Kurswert der Aktien bei Ausübung des Optionsrechts beträgt 120 €.

Im Jahr 2021 entsteht beim Arbeitnehmer ein geldwerter Vorteil von 3640 € (50 Aktien à 120 € Kurswert = 6000 € abzüglich 2000 € Erwerbsaufwand des Arbeitnehmers abzüglich 360 € Freibetrag nach § 3 Nr. 39 EStG; vgl. hierzu das Stichwort „Vermögensbeteiligungen"), der als Arbeitslohn für mehrere Jahre nach der Fünftelregelung zu versteuern ist (vgl. hierzu den nachfolgenden Buchstaben e).

Eine Besteuerung im Zeitpunkt der Einräumung des handelbaren Optionsrechts (sog. **Anfangsbesteuerung**) kommt nach Meinung des Bundesfinanzhofs allenfalls dann in Betracht, wenn sich der Arbeitgeber die Optionsrechte am Markt gegenüber einem Dritten verschafft und dann dem Arbeitnehmer überlässt. Dem Arbeitnehmer steht nämlich in solch einem Fall mit der Einräumung des Rechts ein **selbstständiger Anspruch gegenüber** einem **Dritten** zu mit der Folge, dass sich der geldwerte Vorteil bereits bei Einräumung des Rechts realisiert habe; dies ergibt sich eindeutig aus der Pressemitteilung zum BFH-Urteil vom 20.11.2008, BStBl. 2009 II S. 382. In diesem Fall ist der Sachbezug in Form des Optionsrechts mit dem Kurswert der Aktienoptionen bei Überlassung – ggf. gemindert um ein vom Arbeitnehmer gezahltes Entgelt – anzusetzen.

Beispiel B

Der Arbeitgeber überträgt nicht als Optionsgeber eigene Aktien, sondern verschafft sich am Markt gegenüber einem Dritten 50 (handelbare) Aktienoptionen zum Preis von je 40 € und überlässt diese sogleich im Jahr 2021 dem Arbeitnehmer unentgeltlich.

Der geldwerte Vorteil realisiert sich bereits im Jahr 2021 im Zeitpunkt der Einräumung des handelbaren Optionsrechts (sogenannte Anfangsbesteuerung), da dem Arbeitnehmer in diesem Fall mit einer Einräumung des Rechts ein selbstständiger Anspruch gegenüber einem Dritten zusteht. Der Höhe nach ist der geldwerte Vorteil um ein dafür ggf. vom Arbeitnehmer gezahltes Entgelt zu mindern. Im Jahr 2021 ist daher ein geldwerter Vorteil von 2000 € (50 Aktienoptionen × 40 €) als Arbeitslohn zu versteuern.

Wird das handelbare Aktienoptionsrecht nicht ausgeübt sondern **verkauft,** fließt dem Arbeitnehmer im Verkaufszeitpunkt Arbeitslohn in Höhe der Differenz zwischen dem Verkaufserlös und den Erwerbsaufwendungen für das Optionsrecht zu. Entsprechendes gilt auch bei einer **anderweitigen Verwertung** des Rechts, wie z. B. der Über-

1) Nach Auffassung des Bundesfinanzhofs liegt kein Arbeitslohn vor, wenn der Arbeitgeber dem Arbeitnehmer die Aktienoptionsrechte nicht aufgrund des Dienstverhältnisses, sondern wegen anderer Sonderrechtsbeziehungen zwischen Arbeitnehmer und Arbeitgeber gewährt (z. B. wegen der Veräußerung von Wirtschaftsgütern oder der entgeltlichen Nutzungsüberlassung von Sachen und Rechten; BFH-Urteil vom 30.6.2011, BStBl. II S. 948). Arbeitslohn liegt aber vor, wenn die Sonderrechtsbeziehung über die Arbeitnehmerstellung hinaus an das Arbeitsverhältnis anknüpft; vgl. hierzu das Stichwort „Vermögensbeteiligungen" unter Nr. 1 Buchstaben b und d.

Lohn- steuer- pflichtig | Sozial- versich.- pflichtig

tragung des Rechts auf einen Dritten (BFH-Urteil vom 18.9.2012, BStBl. 2013 II S. 289). Im Streitfall war ein **Zufluss** in dem Zeitpunkt gegeben, in dem die Aktienoptionen an eine vom Arbeitnehmer beherrschte Kapitalgesellschaft übertragen wurden. Folglich war die Höhe des geldwerten Vorteils nach dem Wert des Rechts (= Kurswert der Aktie abzüglich Zuzahlung des Arbeitnehmers) **im Zeitpunkt der Übertragung** auf die Kapitalgesellschaft zu bemessen. Auf den Kurswert der Aktie im Zeitpunkt der Ausübung des Aktienoptionsrechts durch die Kapitalgesellschaft – so die Auffassung des Finanzamts – kam es hingegen nicht an. Dies war für den Arbeitnehmer vorteilhaft, da der Kurswert der Aktien nach der Übertragung des Rechts auf die Kapitalgesellschaft weiter gestiegen war und sich somit für den Arbeitnehmer ein noch höherer geldwerter Vorteil ergeben hätte.

Zum Zuflusszeitpunkt und zur Bewertung des geldwerten Vorteils vgl. auch den nachfolgenden Buchstaben c.

c) Nicht handelbare Aktienoptionsrechte

Wird dem Arbeitnehmer vom Arbeitgeber ein nicht handelbares Aktienoptionsrecht eingeräumt, fließt ein **geldwerter Vorteil** nicht bereits bei der Einräumung des Optionsrechts, sondern erst beim **unentgeltlichen oder verbilligten Aktienbezug** nach der Optionsausübung zu (BFH-Urteile vom 24.1.2001, BStBl. II S. 509 und 512 sowie vom 20.6.2001, BStBl. II S. 689). Auf den Zeitpunkt der erstmaligen möglichen Ausübbarkeit des Optionsrechts kommt es für den Zuflusszeitpunkt nicht an.

Im Zuflusszeitpunkt liegt zu versteuernder **Arbeitslohn** vor, und zwar in Höhe der **Differenz** zwischen dem **Kurswert** der überlassenen Aktie am maßgebenden Bewertungsstichtag und den **Aufwendungen des Arbeitnehmers** für die überlassenen Aktien und/oder das Optionsrecht (BFH-Urteil vom 20.6.2001, BStBl. II S. 689).

Der geldwerte Vorteil gilt an dem Tag als **zugeflossen,** an dem dem Arbeitnehmer durch Erfüllung des Anspruchs das **wirtschaftliche Eigentum** an den **Aktien verschafft** wird. Das ist der Tag der Einbuchung der Aktien in das Depot des Arbeitnehmers (= Zuflusszeitpunkt). Für die Höhe des geldwerten Vorteils (= Bewertungszeitpunkt) bestehen aus Vereinfachungsgründen keine Bedenken, wenn auf den Tag der Ausbuchung oder alternativ auf den Vortag der Ausbuchung beim Überlassenden oder dessen Erfüllungsgehilfen abgestellt wird. Ebenso ist es aus Vereinfachungsgründen zulässig, bei allen begünstigten Arbeitnehmern den durchschnittlichen Wert der Vermögensbeteiligung anzusetzen, wenn das Zeitfenster der Überlassung nicht mehr als einen Monat beträgt. Diese Vereinfachungsregelungen gelten sowohl im Lohnsteuerabzugsverfahren als auch im Einkommensteuer-Veranlagungsverfahren.[1] Vgl. auch die Erläuterungen beim Stichwort „Vermögensbeteiligungen" unter Nr. 5 Buchstabe b. Werden die Aktien sofort mit der Ausübung des Optionsrechts verkauft, ist der Zufluss des geldwerten Vorteils bereits im Zeitpunkt der Ausübung des Optionsrechts bewirkt (sog. **„Exercise and Sell"-Ausübungsvariante**).[2] Konkret ist dies der Tag des Zugangs der Ausübungserklärung beim Optionsgeber (= Arbeitgeber).

Der Bundesfinanzhof hat abweichend von dieser Verwaltungsauffassung entschieden, dass bei einem zu Arbeitslohn führenden **verbilligten Aktienerwerb** für die Höhe des geldwerten Vorteils die **Wertverhältnisse** bei Abschluss des für beide Seiten verbindlichen **Kaufvertrags** maßgebend sind (BFH-Urteil vom 7.5.2014, BStBl. II S. 904). Denn positive wie negative Wertveränderungen zwischen schuldrechtlichem Veräußerungsgeschäft und dinglichem Erfüllungsgeschäft seien auf die Marktverhältnisse zurückzuführen und beruhten nicht mehr auf dem Arbeitsverhältnis. Wertveränderungen in dieser Zeitspanne seien daher dem privaten Vermögensbereich zuzuordnen. Allerdings fließt der geldwerte Vorteil auch bei einem verbilligten Aktienerwerb erst mit der **Erlangung der wirtschaftlichen Verfügungsmacht** des Arbeitnehmers über die Aktien zu. Bewertungszeitpunkt und **Zuflusszeitpunkt** fallen demnach auseinander. Die Finanzverwaltung folgt der Rechtsprechung des Bundesfinanzhofs und lässt auch diesen Bewertungszeitpunkt alternativ zu den im vorstehenden Absatz erläuterten Vereinfachungsregelungen zu. Unter Berücksichtigung dieser Rechtsprechung wäre auch bei einem **unentgeltlichen Aktienerwerb** für die Ermittlung der Höhe des als Arbeitslohn anzusetzenden geldwerten Vorteils (= Bewertungszeitpunkt) auf den Tag der Ausübung des Optionsrechts durch den Arbeitnehmer (nicht aber bereits auf die Einräumung des Bezugsrechts!) abzustellen. Zuflusszeitpunkt ist aber auch hier die Erlangung der wirtschaftlichen Verfügungsmacht des Arbeitnehmers über die Aktien (= Einbuchung der Aktien in das Depot des Arbeitnehmers). Bewertungszeitpunkt und Zuflusszeitpunkt würden folglich auch beim unentgeltlichen Aktienerwerb auseinanderfallen.

Die Bewertung der überlassenen Aktien erfolgt grundsätzlich mit dem gemeinen Wert = Kurswert (§ 3 Nr. 39 Satz 4 EStG; vgl. die Erläuterungen beim Stichwort „Vermögensbeteiligungen" unter Nr. 5 Buchstabe b). **Veränderungen des Kurswerts** der Aktien nach dem Bewertungszeitpunkt haben auf die Höhe des Arbeitslohns keine Auswirkungen. Derartige Kursänderungen können sich nur auf die Höhe eines etwaigen Veräußerungsgewinns oder -verlusts im Privatvermögen auswirken. Das gilt auch dann, wenn die durch Ausübung des Optionsrechts erworbenen Aktien einer Verfügungsbeschränkung schuldrechtlicher Natur **(Sperrfrist/Haltefrist)** unterliegen (BFH-Urteil vom 30.9.2008, BStBl. 2009 II S. 282). Die Erlangung der wirtschaftlichen Verfügungsmacht (= steuerlicher Zufluss) erfordert nicht, dass der Arbeitnehmer in der Lage ist, den Vorteil durch Veräußerung der Aktien sofort in Bargeld umzuwandeln. Besonderheiten gelten aber bei einer Vinkulierung von Namensaktien nach dem Aktiengesetz. Denn wenn eine Übertragung von Aktien in ihrer Wirksamkeit von der Zustimmung der Gesellschaft abhängig ist, sind die verfügenden Rechtsgeschäfte nur mit Zustimmung der Gesellschaft wirksam. Hat die Gesellschaft in die Übertragung eingewilligt, ist die Übertragung von Anfang an wirksam; ohne Zustimmung ist die Aktienübertragung zunächst schwebend unwirksam. Wird aber die Einwilligung verweigert, ist die Übertragung von vornherein unwirksam (BFH-Urteil vom 30.6.2011, BStBl. II S. 923). Der Bundesfinanzhof **verneint** daher einen steuerlichen **Zufluss,** solange dem Arbeitnehmer eine Veräußerung der Aktien **rechtlich unmöglich** ist. Dies gilt sowohl bei deutschen als auch bei ausländischen Aktien. Ebenso liegt wegen des fehlenden wirtschaftlichen Eigentums kein Zufluss vor, wenn umfassende Verfügungsbeschränkungen vereinbart wurden (z. B. keine Stimm- und Dividendenbezugsrechte in Kombination mit einem Veräußerungsverbot). Vgl. zum Erfordernis des wirtschaftlichen Eigentums auch das Stichwort „Vermögensbeteiligungen" unter Nr. 1 Buchstabe c.

Die vorstehenden Ausführungen gelten grundsätzlich auch bei handelbaren Optionsrechten (vgl. hierzu den vorstehenden Buchstaben b).

Reicht der Barlohn zur Deckung der Lohnsteuer aus dem geldwerten Vorteil nicht aus, hat der Arbeitgeber gegenüber dem Betriebsstättenfinanzamt eine Anzeigepflicht, sofern der Arbeitnehmer den Fehlbetrag nicht zur Verfügung stellt (§ 38 Abs. 4 EStG).

---

1) Textziffer 1.3 letzter Absatz des BMF-Schreibens vom 8.12.2009 (BStBl. I S. 1513). Das BMF-Schreiben ist als Anlage zu H 3.39 LStR im **Steuerhandbuch für das Lohnbüro 2021** abgedruckt, das im selben Verlag erschienen ist.

2) Vfg. des Bayerischen Landesamtes für Steuern vom 14.5.2009 (Az.: S 2347.1.1-4 St 32/St 33). Die Verfügung ist als Anlage 4 zu H 38.2 LStR im **Steuerhandbuch für das Lohnbüro 2021** abgedruckt, das im selben Verlag erschienen ist.

	Lohn-steuer-pflichtig	Sozial-versich.-pflichtig

Beispiel

Einem Arbeitnehmer fließt im Mai 2021 neben seinem laufenden Arbeitslohn auch der geldwerte Vorteil aus der Ausübung eines Aktienoptionsrechts in Höhe von 15 000 € zu. Der vom Arbeitgeber geschuldete Barlohn reicht zur Deckung der Steuerabzugsbeträge nicht aus. Der Arbeitnehmer ist nicht bereit, dem Arbeitgeber den Fehlbetrag zur Verfügung zu stellen.

Der Arbeitgeber hat an sein Betriebsstättenfinanzamt eine Anzeige über den nicht durchgeführten Lohnsteuerabzug in Höhe des Fehlbetrags zu erstatten (vgl. das Stichwort „Anzeigepflichten des Arbeitgebers im Lohnsteuerverfahren" unter Nr. 2). Die Anzeige des Arbeitgebers ersetzt die Erfüllung der Einbehaltungspflicht in Höhe des Fehlbetrags und führt beim Arbeitgeber in dieser Höhe zum Haftungsausschluss. Das Finanzamt hat in Höhe des Fehlbetrags zu wenig einbehaltene Lohnsteuer beim Arbeitnehmer nachzufordern.

Zum entgeltlichen Verzicht eines Gesellschafter-Geschäftsführers auf ein Aktienankaufs-/Vorkaufsrecht vgl. die Erläuterungen beim Stichwort „Gesellschafter-Geschäftsführer" unter Nr. 6 Buchstabe a.

d) Zuordnung zum deutschen Besteuerungsrecht bei einem Auslandsaufenthalt

Für die Zuweisung des Besteuerungsrechts nach einem Doppelbesteuerungsabkommen (vgl. dieses Stichwort) ist der bei Ausübung der Aktienoptionsrechte zugeflossene geldwerte Vorteil dem gesamten **Zeitraum** zwischen der **Gewährung** (sog. „granting") und dem **Eintritt der Unentziehbarkeit** der Optionsrechte – Zeitpunkt der erstmalig tatsächlich möglichen Ausübung – (sog. „vesting") zuzuordnen (zukunfts- und zeitraumbezogene Leistung[1]); der **Zuflusszeitpunkt** und der **Zeitraum** für die **Zuordnung** des **Besteuerungsrechts weichen** also **voneinander ab** (vgl. das nachfolgende Beispiel C). Befindet sich der Arbeitnehmer jedoch zu diesem Zeitpunkt bereits im Ruhestand, ist für die Aufteilung des geldwerten Vorteils nur der Zeitraum von der Gewährung bis zur Beendigung der aktiven Tätigkeit heranzuziehen; Entsprechendes gilt, wenn das Arbeitsverhältnis aus anderen Gründen beendet wird.

Hält sich der Arbeitnehmer während des maßgeblichen Zeitraums teilweise im Ausland auf und bezieht er für die Auslandstätigkeit Einkünfte, die nach einem Doppelbesteuerungsabkommen steuerfrei sind, ist der auf diesen Zeitraum entfallende Teil des geldwerten Vorteils aus der Ausübung des Optionsrechts ebenfalls steuerfrei (BFH-Urteile vom 24.1.2001, BStBl. II S. 509 und BStBl. II S. 512). Der inländischen Besteuerung wird nur der **anteilige** geldwerte Vorteil unterworfen, für den Deutschland das Besteuerungsrecht hat. Dies gilt unabhängig davon, ob das Optionsrecht während des Bestehens der unbeschränkten Steuerpflicht oder zu einem anderen Zeitpunkt ausgeübt wird.[2]

Beispiel A

Dem Arbeitnehmer wird am 1. 7. 2019 ein Optionsrecht für 100 Aktien eingeräumt, das von der künftigen Arbeitsleistung des Arbeitnehmers beim Arbeitgeber oder bei einer Konzerngesellschaft abhängig ist. Das Optionsrecht ist ab 31. 12. 2021 sowohl ausübbar als auch unentziehbar und verfällt, wenn es nicht bis spätestens 31. 12.2023 ausgeübt wird. Scheidet der Arbeitnehmer vor dem 31. 12. 2021 aus dem Dienstverhältnis aus und wird er auch nicht bei einer Konzerngesellschaft des Arbeitgebers tätig, verfällt das Optionsrecht ebenfalls. Der Arbeitnehmer wird mit Zustimmung des Arbeitgebers ab 1. 7. 2020 zur ausländischen Muttergesellschaft des Arbeitgebers versetzt. Das Optionsrecht wird am 31. 12. 2021 vom Arbeitnehmer ausgeübt. Der Kurswert je Aktie beträgt am 1. 7. 2019 (Einräumungszeitpunkt) 100 €. Dieser Kurswert wird als Basispreis festgelegt (= vom Arbeitnehmer zu zahlender Preis). Am 31. 12. 2021 (Ausübungszeitpunkt) beträgt der Kurswert jeder Aktie 200 €.

Es entsteht pro Aktie bei Ausübung am 31.12.2021 ein geldwerter Vorteil von 100 € (Kurswert 200 € abzüglich vom Arbeitnehmer zu zahlender Preis 100 €). Von den insgesamt 575 Arbeitstagen im gesamten Zuordnungszeitraum 1.7.2019 bis 31.12.2021 unterliegen 230 Arbeitstage dem deutschen Besteuerungsrecht. Damit unterliegt der inländischen Steuerpflicht ein Anteil von $^{230}/_{575}$ von 100 € = 40 €. Somit errechnet sich für Deutschland ein insgesamt steuerpflichtiger Betrag von (40 € × 100 Aktien =) 4000 €. Zur Anwendung der Fünftelregelung vgl. nachfolgenden Buchstaben e).

	Lohn-steuer-pflichtig	Sozial-versich.-pflichtig

Beispiel B

Es gelten die gleichen Daten und Werte wie im Beispiel A. Der Arbeitnehmer, der zunächst bei der ausländischen Muttergesellschaft beschäftigt war und im Ausland wohnte, zieht wegen der Beschäftigung bei der deutschen Tochtergesellschaft am 1. 7. 2020 nach Deutschland und nimmt die neue Tätigkeit auf.

Im gesamten Zuordnungszeitraum 1.7.2019 bis 31.12.2021 sind – wie im vorigen Beispiel – 575 Arbeitstage angefallen. Davon unterliegen 345 Arbeitstage dem deutschen Besteuerungsrecht. Damit unterliegt der inländischen Steuerpflicht ein Anteil von $^{345}/_{575}$ von 100 € = 60 €. Somit errechnet sich für Deutschland ein insgesamt steuerpflichtiger Betrag von (60 € × 100 Aktien =) 6000 €. Zur Anwendung der Fünftelregelung vgl. nachfolgenden Buchstaben e).

Beispiel C

Der Arbeitnehmer erhielt am 1. 1. 2018 ein Optionsrecht für 100 Aktien, das er am 30. 6. 2021 ausübt. Der sich hierbei ergebende geldwerte Vorteil beträgt 20 000 €. Das Optionsrecht ist am 31. 12. 2019 unentziehbar geworden (= Zeitpunkt der erstmalig tatsächlich möglichen Ausübung; sog. „vesting"). Vom 1. 5. 2019 bis 30. 4. 2021 ist der Arbeitnehmer für seinen Arbeitgeber in Italien tätig geworden.

Der geldwerte Vorteil in Höhe von 20 000 € fließt dem Arbeitnehmer mit der Ausübung des Optionsrechts am 30. 6. 2021 zu. Für die Zuordnung des Besteuerungsrechts ist aber lediglich auf den Zeitraum zwischen der Gewährung der Option (sog. „granting" am 1. 1. 2018) und dem Eintritt der Unentziehbarkeit (sog. „vesting" am 31. 12. 2019) abzustellen. Von den insgesamt 432 Arbeitstagen dieses Zeitraums wurden 288 Arbeitstage in Deutschland abgeleistet. Der geldwerte Vorteil unterliegt demnach zu $^{288}/_{432}$ von 20 000 € (= 13 333 €) dem deutschen Besteuerungsrecht. Zur Anwendung der Fünftelregelung vgl. nachfolgenden Buchstaben e).

Der Arbeitnehmer hat bei seiner Einkommensteuer-Veranlagung ggf. nachzuweisen, dass für den auf die Auslandstätigkeit entfallenden geldwerten Vorteil im ausländischen Staat Steuern entrichtet worden sind oder der ausländische Staat auf sein Besteuerungrecht verzichtet hat (§ 50d Abs. 8 EStG). Vgl. hierzu das Stichwort „Doppelbesteuerungsabkommen" unter Nr. 12 Buchstabe a.

Es ist im Einzelfall nicht auszuschließen, dass sich gleichwohl **Doppelbesteuerungen** ergeben, weil hinsichtlich des Besteuerungszeitpunkts von Aktienoptionen Regelungen im nationalen Recht anderer Staaten vom deutschen Steuerrecht abweichen. Diese können nur mithilfe von Verständigungsverfahren beseitigt werden (vgl. das Stichwort „Doppelbesteuerungsabkommen" unter Nr. 15).

e) Anwendung der Fünftelregelung

Die steuerpflichtigen geldwerten Vorteile aus der Ausübung der Aktienoptionsrechte können als Vergütungen für eine mehrjährige Tätigkeit nach der sog. Fünftelregelung ermäßigt besteuert werden, wenn der **Zeitraum** zwischen **Einräumung** und **Ausübung** der Optionsrechte **mehr als zwölf Monate** beträgt **und** der Arbeitnehmer **in dieser Zeit** bei seinem Arbeitgeber **beschäftigt** ist. Das Arbeitsverhältnis muss bei Optionsausübung nicht mehr bestehen; es kann bereits beendet sein (vgl. die Erläuterungen beim Stichwort „Arbeitslohn für mehrere Jahre", „Fünftelregelung" und „Sonstige Bezüge" unter Nr. 6 Buchstabe b auf Seite 883).

Der Bundesfinanzhof wendet die Fünftelregelung auch dann an, wenn dem Arbeitnehmer **wiederholt** Aktienoptionen **eingeräumt** werden und/oder der Arbeitnehmer die jeweils gewährte Option in einem Kalenderjahr **nicht in vollem Umfang ausübt** (BFH-Urteil vom 18.12.2007, BStBl. 2008 II S. 294).

Beispiel A

Der Arbeitnehmer erhält in den Jahren 2014 und 2016 Optionsrechte aus einem Aktienoptionsplan. Er übt die Option in den Jahren 2019 bis 2021 in zwei bzw. drei Tranchen aus.

---

1) Werden Aktienoptionen gewährt, um in der Vergangenheit geleistete Tätigkeiten zu vergüten, ist der geldwerte Vorteil im Zuflusszeitpunkt nach den Verhältnissen des Zeitraums zuzuordnen, für den die Vergütung tatsächlich gewährt worden ist (= Erdienungszeitraum).

2) Die Aufteilung des geldwerten Vorteils auf die einzelnen Staaten ist im Verhältnis der tatsächlichen Arbeitstage in dem jeweiligen Staat zur Gesamtzahl der tatsächlichen Arbeitstage im Erdienungszeitraum vorzunehmen (vgl. die nachfolgenden Beispiele A bis C).

	Lohn-steuer-pflichtig	Sozial-versich.-pflichtig

Nach dem vorstehend erwähnten Urteil des Bundesfinanzhofs ist in dem jeweiligen Jahr der Ausübung des Aktienoptionsrechts die Fünftelregelung auf den als Arbeitslohn steuerpflichtigen geldwerten Vorteil anzuwenden. Hinweis: Bei Arbeitnehmern mit hohen Steuersätzen wirkt sich die Fünftelregelung nicht oder nur in sehr geringem Umfang aus. Das gilt aber nicht, wenn diese Arbeitnehmer – was nicht selten der Fall ist – Verluste aus anderen Einkunftsarten (z. B. Vermietung und Verpachtung) haben. Ein steuerlicher Vorteil ergibt sich dann aber zumeist erst in der Einkommensteuer-Veranlagung und nicht bereits im Lohnsteuerabzugsverfahren.

Beispiel B

Der Arbeitnehmer erhält von seinem Arbeitgeber Aktienoptionsrechte am 1.3.2019, am 1.9.2020 und am 30.1.2021, deren Ausübung jeweils frühestens dreizehn Monate nach Gewährung mit jährlich einem Drittel erfolgen darf. Das Arbeitsverhältnis des Arbeitnehmers zu seinem Arbeitgeber dauert bis zum 31.5.2021.

Die Tarifermäßigung in Form der Fünftelregelung ist nur für die am 1.3.2019 gewährten Aktienoptionsrechte anzuwenden. Die geldwerten Vorteile aus der Ausübung der am 1.9.2020 und am 30.1.2021 gewährten Aktienoptionsrechte sind hingegen regulär ohne Anwendung der Fünftelregelung zu besteuern. Zwischen der Einräumung und der Ausübung dieser Aktienoptionen liegt zwar eine Laufzeit von mehr als zwölf Monaten. Der Arbeitnehmer war jedoch während der Laufzeit der Aktienoptionen nicht mehr als zwölf Monate bei seinem Arbeitgeber beschäftigt.

f) Werbungskosten

Der Bundesfinanzhof hat entschieden, dass die Aufwendungen eines Arbeitnehmers für den Erwerb von Optionsrechten als vergebliche Werbungskosten abziehbar sind, wenn die Optionsrechte nicht ausgeübt werden (BFH-Urteil vom 3.5.2007, BStBl. II S. 647). Maßgeblicher Zeitpunkt ist das Jahr, in dem die Optionsrechte wegen Nichtausübung der Option verfallen.

Beispiel

Der Arbeitnehmer hat im Jahr 2019 von seinem Arbeitgeber Aktienoptionsscheine mit Bezugsrecht auf Inhaber-Stammaktien gegen Zahlung eines Betrags von 30 000 € erworben. Da der Aktienkurs bei Ablauf der Optionszeit im Jahre 2021 unter dem vereinbarten Bezugspreis liegt, macht er von seinem Bezugsrecht keinen Gebrauch und lässt damit die Optionsrechte verfallen.

Die Aufwendungen für den Erwerb der Aktienoptionsscheine in Höhe von 30 000 € können in 2021 (= Jahr des Verfalls der Optionsrechte) als Werbungskosten bei den Einkünften aus nichtselbstständiger Arbeit geltend gemacht werden.

5. Sozialversicherungsrechtliche Behandlung

In Anlehnung an die steuerrechtliche Behandlung erfolgt auch für den Bereich der Sozialversicherung eine beitragsrechtliche Berücksichtigung des geldwerten Vorteils von Aktienoptionen erst bei Ausübung der Option. Somit wird im Monat der Auszahlung bzw. im Monat der Aktienübernahme der geldwerte Vorteil nicht nur steuerrechtlich, sondern auch beitragsrechtlich berücksichtigt. Dabei sind die Regelungen für einmalig gezahltes Arbeitsentgelt (§ 23a SGB IV) anzuwenden. Nach der Auffassung der Spitzenverbände der Sozialversicherungsträger entsteht der Anspruch auf den geldwerten Vorteil aufgrund einer Aktienoption mit dem Tag der Ausbuchung der Aktie aus dem Depot des Arbeitgebers bzw. des Dritten. Sofern der geldwerte Vorteil dem Arbeitnehmer erst nach Beendigung des Beschäftigungsverhältnisses zufließt, ist er dem letzten Entgeltabrechnungszeitraum im laufenden Kalenderjahr zuzuordnen. Hat das Beschäftigungsverhältnis bereits im Vorjahr geendet, unterliegt der geldwerte Vorteil nur dann der Beitragspflicht, wenn er im ersten Quartal des Kalenderjahres anfällt; er ist dann wiederum dem letzten Entgeltabrechnungszeitraum des Vorjahres zuzuordnen. Kann der geldwerte Vorteil aufgrund einer Aktienoption nicht als Arbeitsentgelt aus der Beschäftigung herangezogen werden, bleibt er im Übrigen auch dann beitragsfrei, wenn er nach dem Ausscheiden aus der Beschäftigung neben dem Bezug einer Betriebsrente zufließt. Der durch die Aktienoption erzielte geldwerte Vorteil stellt keinen Versorgungsbezug dar und kann demzufolge nicht zur Beitragsberechnung herangezogen werden (Besprechung der Spitzenverbände der Sozialversicherungsträger vom 26./27.5.1999 und vom 30./31.10.2003).

	Lohn-steuer-pflichtig	Sozial-versich.-pflichtig

Siehe auch die Stichworte: „Mitarbeiterbeteiligungsprogramm nach französischem Recht“, „Vermögensbeteiligungen“, „Vermögensbildung der Arbeitnehmer“, „Virtuelle Aktienoptionen“ und „Wandelschuldverschreibungen und Wandeldarlehensverträge“.

Aktienüberlassung zu einem Vorzugskurs

siehe „Vermögensbeteiligungen“

Allgemeine Lohnsteuertabelle

siehe „Lohnsteuertabellen“

Alter des Arbeitnehmers

Für die Frage der persönlichen Lohnsteuerpflicht ist das Alter eines Arbeitnehmers ohne Bedeutung. Liegen die sachlichen Voraussetzungen für die Lohnsteuerpflicht (Arbeitnehmereigenschaft, Zufluss von Arbeitslohn) vor, unterliegt der Arbeitslohn eines geschäftsunfähigen Kindes (z. B. eines fünfjährigen Kindes, das bei Dreharbeiten für einen Film mitwirkt) ebenso nach den allgemeinen Vorschriften dem Lohnsteuerabzug, wie die Betriebsrente eines 80-jährigen Werkspensionärs.

Allgemeiner Studentenausschuss

siehe „AStA-Mitglieder“

Alterseinkünftegesetz

Vgl. die Stichworte „Altersentlastungsbetrag“, „Renten“, „Versorgungsbezüge, Versorgungsfreibetrag“ sowie die Anhänge 8 und 8a.

Altersentlastungsbetrag

Neues auf einen Blick:

Bei Arbeitnehmern, die das 64. Lebensjahr vor dem 1.1.2021, aber nach dem 31.12.2019 vollendet haben **(Geburtsdatum 2.1.1956 bis 1.1.1957),** beträgt der Altersentlastungsbetrag **15,2 %** der Bemessungsgrundlage, höchstens **722 €** jährlich. Damit hat sich die Abschmelzung gegenüber den Vorjahren erstmals halbiert. Für ältere Geburtsjahrgänge vgl. die tabellarische Übersicht unter der nachfolgenden Nr. 2.

Gliederung:

1. Allgemeines
2. Höhe des Altersentlastungsbetrags
3. Besonderheiten bei weiter beschäftigten Altersrentnern
4. Keine Nachholung nicht ausgeschöpfter Beträge
5. Versorgungsfreibetrag und Altersentlastungsbetrag
6. Altersentlastungsbetrag bei Steuerklasse VI
7. Einzelfälle
8. Reduzierung des Altersentlastungsbetrags
9. Sozialversicherung

1. Allgemeines

Unbeschränkt steuerpflichtige Arbeitnehmer (vgl. hierzu die Erläuterungen beim Stichwort „Unbeschränkte Steuerpflicht“) erhalten einen Altersentlastungsbetrag, wenn sie zu Beginn des Kalenderjahres das 64. Lebensjahr voll-

Lohnsteuerpflichtig Sozialversich.-pflichtig

endet haben (§ 24a EStG). Der Altersentlastungsbetrag ist auch bei **beschränkt** steuerpflichtigen Arbeitnehmern zu berücksichtigen, die zu Beginn des Kalenderjahres das 64. Lebensjahr vollendet haben. Dies gilt unabhängig davon, ob der beschränkt steuerpflichtige Arbeitnehmer die Voraussetzungen des § 1 Abs. 3 EStG erfüllt oder nicht (vgl. hierzu auch die Erläuterungen beim Stichwort „Beschränkt steuerpflichtige Arbeitnehmer"). Im Einzelnen gilt für die Berücksichtigung des Altersentlastungsbetrags beim Lohnsteuerabzug durch den Arbeitgeber Folgendes:

2. Höhe des Altersentlastungsbetrags

Arbeitnehmer, die vor Beginn des Kalenderjahres 2021 das 64. Lebensjahr vollendet haben (also vor dem 2.1.1957 geboren sind), erhalten einen Altersentlastungsbetrag. Dies gilt unabhängig davon, ob der Arbeitnehmer unbeschränkt oder beschränkt steuerpflichtig ist. Der Altersentlastungsbetrag errechnet sich mit einem bestimmten Prozentsatz des Arbeitslohns, soweit es sich nicht um steuerbegünstigte Versorgungsbezüge handelt (vgl. „Versorgungsbezüge, Versorgungsfreibetrag"). Bei der Bemessungsgrundlage für den Altersentlastungsbetrag bleiben bei der Einkommensteuer-Veranlagung auch Leistungen aus der betrieblichen Altersversorgung, die der Ertragsanteilsbesteuerung unterliegen, und Leistungen eines Pensionsfonds, bei denen der Versorgungsfreibetrag abzuziehen ist, unberücksichtigt (§ 24a Satz 2 EStG). Außerdem ist der Altersentlastungsbetrag auf einen Höchstbetrag im Kalenderjahr begrenzt. Sowohl der Prozentsatz als auch der Höchstbetrag werden seit dem Kalenderjahr 2005 stufenweise abgebaut (vgl. die Erläuterungen unter der nachfolgenden Nr. 8). Gegenüber den Vorjahren hat sich dieser Abbau für das Kalenderjahr 2021 erstmals halbiert. Die Höhe des Altersentlastungsbetrags ist deshalb je nachdem, welches Kalenderjahr auf die Vollendung des 64. Lebensjahres folgt, unterschiedlich hoch, das heißt für das Kalenderjahr 2021 gelten folgende unterschiedlichen Altersentlastungsbeträge:

Arbeitnehmer, die das 64. Lebensjahr vollendet haben	Altersentlastungsbetrag	
	Prozentsatz	Höchstbetrag
vor dem 1.1.2005 (Geburtsdatum: vor dem 2.1.1941)	**40,0 %**	**1900 €**
vor dem 1.1.2006, aber nach dem 31.12.2004 (Geburtsdatum: 2.1.1941 bis 1.1.1942)	**38,4 %**	**1824 €**
vor dem 1.1.2007, aber nach dem 31.12.2005 (Geburtsdatum: 2.1.1942 bis 1.1.1943)	**36,8 %**	**1748 €**
vor dem 1.1.2008, aber nach dem 31.12.2006 (Geburtsdatum: 2.1.1943 bis 1.1.1944)	**35,2 %**	**1672 €**
vor dem 1.1.2009, aber nach dem 31.12.2007 (Geburtsdatum: 2.1.1944 bis 1.1.1945)	**33,6 %**	**1596 €**
vor dem 1.1.2010, aber nach dem 31.12.2008 (Geburtsdatum: 2.1.1945 bis 1.1.1946)	**32,0 %**	**1520 €**
vor dem 1.1.2011, aber nach dem 31.12.2009 (Geburtsdatum: 2.1.1946 bis 1.1.1947)	**30,4 %**	**1444 €**
vor dem 1.1.2012, aber nach dem 31.12.2010 (Geburtsdatum: 2.1.1947 bis 1.1.1948)	**28,8 %**	**1368 €**
vor dem 1.1.2013, aber nach dem 31.12.2011 (Geburtsdatum: 2.1.1948 bis 1.1.1949)	**27,2 %**	**1292 €**
vor dem 1.1.2014, aber nach dem 31.12.2012 (Geburtsdatum: 2.1.1949 bis 1.1.1950)	**25,6 %**	**1216 €**
vor dem 1.1.2015, aber nach dem 31.12.2013 (Geburtsdatum: 2.1.1950 bis 1.1.1951)	**24,0 %**	**1140 €**
vor dem 1.1.2016, aber nach dem 31.12.2014 (Geburtsdatum: 2.1.1951 bis 1.1.1952)	**22,4 %**	**1064 €**
vor dem 1.1.2017, aber nach dem 31.12.2015 (Geburtsdatum: 2.1.1952 bis 1.1.1953)	**20,8 %**	**988 €**
vor dem 1.1.2018, aber nach dem 31.12.2016 (Geburtsdatum: 2.1.1953 bis 1.1.1954)	**19,2 %**	**912 €**
vor dem 1.1.2019, aber nach dem 31.12.2017 (Geburtsdatum: 2.1.1954 bis 1.1.1955)	**17,6 %**	**836 €**
vor dem 1.1.2020, aber nach dem 31.12.2018 (Geburtsdatum: 2.1.1955 bis 1.1.1956)	**16,0 %**	**760 €**
vor dem 1.1.2021, aber nach dem 31.12.2019 (Geburtsdatum: 2.1.1956 bis 1.1.1957)	**15,2 %**	**722 €**

Werden Ehegatten oder eingetragene Lebenspartner zusammen zur Einkommensteuer veranlagt, sind die altersmäßigen Voraussetzungen bei jedem Ehegatten/Lebenspartner gesondert zu prüfen.

Bei laufendem Arbeitslohn ist der Altersentlastungsbetrag nur mit dem anteiligen Betrag zu berücksichtigen. Der sich ergebende Anteil wird wie folgt ermittelt:

Bei monatlicher Lohnzahlung ist der Jahresbetrag mit einem Zwölftel, bei wöchentlicher Lohnzahlung der Monatsbetrag mit 7/30 und bei täglicher Lohnzahlung der Monatsbetrag mit 1/30 anzusetzen. Dabei darf der sich hiernach ergebende Monatsbetrag auf den nächsten vollen Euro-Betrag, der Wochenbetrag auf den nächsten durch 10 teilbaren Centbetrag und der Tagesbetrag auf den nächsten durch 5 teilbaren Centbetrag **aufgerundet** werden.

Für das Kalenderjahr 2021 gelten hiernach folgende unterschiedlichen Altersentlastungs-Höchstbeträge:

Lohn-steuer-pflichtig Sozial-versich.-pflichtig

Arbeitnehmer, die das 64. Lebensjahr vollendet haben	Altersentlastungs-Höchstbetrag			
	jährlich	monatlich	wöchentlich	täglich
vor dem 1.1.2005 (Geburtsdatum: vor dem 2.1.1941)	1900 €	**159,00 €**	37,00 €	5,30 €
vor dem 1.1.2006, aber nach dem 31.12.2004 (Geburtsdatum: 2.1.1941 bis 1.1.1942)	1824 €	**152,00 €**	35,50 €	5,10 €
vor dem 1.1.2007, aber nach dem 31.12.2005 (Geburtsdatum: 2.1.1942 bis 1.1.1943)	1748 €	**146,00 €**	34,00 €	4,90 €
vor dem 1.1.2008, aber nach dem 31.12.2006 (Geburtsdatum: 2.1.1943 bis 1.1.1944)	1672 €	**140,00 €**	32,60 €	4,65 €
vor dem 1.1.2009, aber nach dem 31.12.2007 (Geburtsdatum: 2.1.1944 bis 1.1.1945)	1596 €	**133,00 €**	31,10 €	4,45 €
vor dem 1.1.2010, aber nach dem 31.12.2008 (Geburtsdatum: 2.1.1945 bis 1.1.1946)	1520 €	**127,00 €**	29,60 €	4,25 €
vor dem 1.1.2011, aber nach dem 31.12.2009 (Geburtsdatum: 2.1.1946 bis 1.1.1947)	1444 €	**121,00 €**	28,10 €	4,05 €
vor dem 1.1.2012, aber nach dem 31.12.2010 (Geburtsdatum: 2.1.1947 bis 1.1.1948)	1368 €	**114,00 €**	26,60 €	3,80 €
vor dem 1.1.2013, aber nach dem 31.12.2011 (Geburtsdatum: 2.1.1948 bis 1.1.1949)	1292 €	**108,00 €**	25,20 €	3,60 €
vor dem 1.1.2014, aber nach dem 31.12.2012 (Geburtsdatum: 2.1.1949 bis 1.1.1950)	1216 €	**102,00 €**	23,70 €	3,40 €
vor dem 1.1.2015, aber nach dem 31.12.2013 (Geburtsdatum: 2.1.1950 bis 1.1.1951)	1140 €	**95,00 €**	22,20 €	3,20 €
vor dem 1.1.2016, aber nach dem 31.12.2014 (Geburtsdatum: 2.1.1951 bis 1.1.1952)	1064 €	**89,00 €**	20,70 €	3,00 €
vor dem 1.1.2017, aber nach dem 31.12.2015 (Geburtsdatum: 2.1.1952 bis 1.1.1953)	988 €	**83,00 €**	19,30 €	2,75 €
vor dem 1.1.2018, aber nach dem 31.12.2016 (Geburtsdatum: 2.1.1953 bis 1.1.1954)	912 €	**76,00 €**	17,80 €	2,55 €
vor dem 1.1.2019, aber nach dem 31.12.2017 (Geburtsdatum: 2.1.1954 bis 1.1.1955)	836 €	**70,00 €**	16,30 €	2,35 €
vor dem 1.1.2020, aber nach dem 31.12.2018 (Geburtsdatum: 2.1.1955 bis 1.1.1956)	760 €	**64,00 €**	14,80 €	2,15 €
vor dem 1.1.2021, aber nach dem 31.12.2019 (Geburtsdatum: 2.1.1956 bis 1.1.1957)	722 €	**61,00 €**	14,10 €	2,05 €

Der Altersentlastungsbetrag wird dem Arbeitgeber **nicht** als **Lohnsteuerabzugsmerkmal** mitgeteilt (der Arbeitgeber hat also anhand des Geburtsdatums des jeweiligen Arbeitnehmers selbstständig zu prüfen, ob die Voraussetzungen für den Abzug des Altersentlastungsbetrags vorliegen).

Der Arbeitgeber hat den Altersentlastungsbetrag bei der Besteuerung von Arbeitslohn, der nicht zu den begünstigten Versorgungsbezügen gehört, vor Anwendung der Lohnsteuertabelle abzuziehen, wenn der Arbeitnehmer zu Beginn des Kalenderjahres das 64. Lebensjahr vollendet hat. Hiernach ergibt sich für **2021** folgende Übersicht:

Der Arbeitnehmer ist am 1. 1. 2021 64 Jahre alt
(vor dem 2. 1. 1957 geboren)

er erhält Arbeitslohn für eine **aktive Beschäftigung**

- der Altersentlastungsbetrag ist vor Anwendung der Lohnsteuertabelle vom Arbeitslohn abzuziehen
- der Altersentlastungsbetrag ist auch bei **beschränkt steuerpflichtigen** Arbeitnehmern vor Anwendung der Lohnsteuertabelle vom Arbeitslohn abzuziehen. Dies gilt unabhängig davon, ob sie die besonderen Voraussetzungen des § 1 Abs. 3 EStG erfüllen oder nicht

er erhält **Versorgungsbezüge**

- für Versorgungsbezüge, die durch den Versorgungsfreibetrag begünstigt sind, besteht **kein** Anspruch auf den Altersentlastungsbetrag; Entsprechendes gilt bei der Einkommensteuer-Veranlagung für Leistungen aus der betrieblichen Altersversorgung, die der Ertragsanteilsbesteuerung unterliegen

Beispiel

Eine Arbeitnehmerin (geb. 25.6.1956) arbeitet seit Jahren als Verkäuferin beim selben Arbeitgeber und erhält hierfür einen Monatslohn in Höhe von 750 €. Am 15. Juni 2021 scheidet sie aus dem Dienstverhältnis aus. Ab der Lohnabrechnung für Januar 2021 erhält die Arbeitnehmerin einen Altersentlastungsbetrag, weil sie zu Beginn des Jahres 2021 das 64. Lebensjahr vollendet hat. Bei als Lohnsteuerabzugsmerkmal mitgeteilter Steuerklasse V ergibt sich für die Monate Januar bis Juni 2021 folgende Berechnung des Altersentlastungsbetrags und der Lohnsteuer:

Lohn- steuer- pflichtig | Sozial- versich.- pflichtig

	Januar bis Mai 2021	Juni 2021
Arbeitslohn	750,– €	375,– €
abzüglich Altersentlastungsbetrag **Januar bis Mai:** 15,2 % von 750 € = 114 € höchstens jedoch 61 € **für Juni:** 15,2 % von 375 € = 57 €	61,– €	57,– €
steuerpflichtiger Monatslohn	689,– €	318,– €
Die Lohnsteuer nach Steuerklasse V beträgt **Januar bis Mai** nach der **Monatstabelle**		
Lohnsteuer	65,25 €	
Solidaritätszuschlag	0,– €	
Kirchensteuer (8 %)	5,22 €	
für Juni nach der **Tagestabelle**		
für $^1/_{15}$ von 318 € = 21,20 € Lohnsteuer für 21,20 € = 1,97 € × 15		29,55 €
Solidaritätszuschlag für 1,97 € = 0 €		0,– €
Kirchensteuer (8 %) für 1,97 € = 0,15 × 15		2,25 €

Die Arbeitnehmerin kann in den Monaten Januar bis Juni 2021 den ihr zustehenden jährlichen Altersentlastungsbetrag nicht in voller Höhe ausschöpfen. Ein Ausgleich kann erst im Rahmen einer Veranlagung zur Einkommensteuer nach Ablauf des Kalenderjahres erfolgen (vgl. die Erläuterungen unter der nachfolgenden Nr. 4).

Zur Anwendung der Tageslohnsteuertabelle für Juni 2021 vgl. das Stichwort Teillohnzahlungszeitraum.

Die Sozialversicherungsbeiträge errechnen sich für Januar bis Mai aus 750 € und für Juni aus 375 €, in beiden Fällen unter Anwendung des Übergangsbereichs nach § 20 Abs. 2 SGB IV (vgl. dieses Stichwort).

3. Besonderheiten bei weiter beschäftigten Altersrentnern

Bei weiter beschäftigten Altersrentnern mit Regelaltersrente ist zusätzlich zu den sich aus der Anwendung des Altersentlastungsbetrags ergebenden Besonderheiten zu beachten, dass sich bei diesem Personenkreis aufgrund der Versicherungsfreiheit in der gesetzlichen Rentenversicherung eine niedrigere Vorsorgepauschale ergibt. Auf das Beispiel einer vollständigen Lohnabrechnung mit Altersentlastungsbetrag und Anwendung der gekürzten Vorsorgepauschale beim Stichwort „Rentner" unter Nr. 5 auf Seite 834 wird hingewiesen.

4. Keine Nachholung nicht ausgeschöpfter Beträge

Für die Nachholung nicht ausgeschöpfter Beträge gilt Folgendes:

Der dem Lohnzahlungszeitraum entsprechende anteilige Höchstbetrag darf auch dann nicht überschritten werden, wenn in früheren Lohnzahlungszeiträumen desselben Kalenderjahres wegen der damaligen Höhe des Arbeitslohns ein niedrigerer Betrag als der Höchstbetrag berücksichtigt worden ist. Eine Verrechnung des in einem Monat nicht ausgeschöpften Höchstbetrags mit den den Höchstbetrag übersteigenden Beträgen eines anderen Monats ist nicht zulässig. Einzige Ausnahme: Permanenter Lohnsteuer-Jahresausgleich (vgl. dieses Stichwort unter Nr. 2).

Beispiel

Eine Arbeitnehmerin (geb. 5.6.1956) mit der Steuerklasse V bezieht im Kalenderjahr 2021 Arbeitslohn aus einer aktiven Beschäftigung (also keine Versorgungsbezüge). Der Monatslohn beträgt anfänglich 375 € und ab 1.7.2021 550 €. Vor Anwendung der Monatstabelle hat der Arbeitgeber den Altersentlastungsbetrag abzuziehen. Für den verbleibenden Betrag ist die Lohnsteuer nach der maßgebenden Steuerklasse aus der Monatstabelle abzulesen. Die Sozialversicherungsbeiträge sind aus 375 € bzw. 550 € zu berechnen. Der Altersentlastungsbetrag beträgt bei einem Monatslohn von 375 € 15,2 % = 57 € monatlich, und bei einem Monatslohn von 550 € 15,2 % = 84 €, höchstens jedoch 61 € monatlich. Die in der Zeit von Januar bis Juni nicht ausgeschöpften Beträge in Höhe von 61 € – 57 € = 4 € × 6 Monate = 24 € können beim Lohnsteuerabzug ab 1.7.2021 **nicht verrechnet werden** (Ausnahme: Permanenter Lohnsteuer-Jahresausgleich; vgl. dieses Stichwort). Eine Verrechnung ist erst nach Ablauf des Jahres bei einer Veranlagung zur Einkommensteuer möglich.

Lohn- steuer- pflichtig | Sozial- versich.- pflichtig

5. Versorgungsfreibetrag und Altersentlastungsbetrag

Der Altersentlastungsbetrag und der Versorgungsfreibetrag (vgl. dieses Stichwort) werden dann nebeneinander gewährt, wenn ein 64 Jahre alter Arbeitnehmer neben Versorgungsbezügen noch weiteren Arbeitslohn bezieht, der keinen Versorgungsbezug darstellt. Auf die ausführlichen Erläuterungen beim Stichwort „Versorgungsbezüge, Versorgungsfreibetrag" wird Bezug genommen.

6. Altersentlastungsbetrag bei Steuerklasse VI

Der Arbeitgeber hat den Altersentlastungsbetrag auch dann zu berücksichtigen, wenn für den Arbeitnehmer die **Steuerklasse VI** anzuwenden ist. Arbeitnehmer, die Arbeitslohn gleichzeitig aus mehreren Arbeitsverhältnissen bezogen haben, werden stets zur Einkommensteuer veranlagt. Dadurch wird eine ggf. mehrfache Berücksichtigung des Altersentlastungsbetrages wieder rückgängig gemacht (vgl. „Veranlagung von Arbeitnehmern").

7. Einzelfälle

Auf Vergütungen, für die die Lohnsteuer **pauschal** erhoben wird (z. B. auf pauschal besteuerte Vergütungen für Teilzeitbeschäftigte), darf der Altersentlastungsbetrag **nicht** angewendet werden.

Wegen der Berücksichtigung des Altersentlastungsbetrags bei **sonstigen Bezügen** vgl. dieses Stichwort unter Nr. 11 auf Seite 888.

Wegen der Berücksichtigung des Altersentlastungsbetrags beim Lohnsteuer-Jahresausgleich vgl. dieses Stichwort unter Nr. 10 auf Seite 675.

8. Reduzierung des Altersentlastungsbetrags

Durch das Alterseinkünftegesetz vom 5.7.2004 (BGBl. I S. 1427, BStBl. I S. 554) ist die Besteuerung der Altersbezüge mit Wirkung vom 1.1.2005 neu geregelt worden. Die Neuregelung hat das Ziel, eine 100 %ige Besteuerung von Renten und Versorgungsbezügen – abgestuft auf einen Zeitraum von 35 Jahren – herbeizuführen (vgl. die Stichwörter „Renten" und „Versorgungsbezüge, Versorgungsfreibetrag").

Die Einführung des Altersentlastungsbetrags durch das Steuerreformgesetz 1975 hatte das Ziel, bei der Besteuerung solcher Einkünfte einen Ausgleich zu schaffen, die nicht wie Versorgungsbezüge und Leibrenten steuerlich begünstigt sind. Der Altersentlastungsbetrag verliert deshalb seine verfassungsrechtliche Rechtfertigung, wenn in der Endstufe der nachgelagerten Besteuerung die Renten und Versorgungsbezüge zu 100 % besteuert werden. Da die Neuordnung der Besteuerung der Altersbezüge keine Umstellung auf das neue Besteuerungssystem in einem Schritt vorsieht, sondern abgestuft über einen Zeitraum von 35 Jahren, muss der Altersentlastungsbetrag in gleichem Maße abgeschmolzen werden, wie der Versorgungsfreibetrag und der Zuschlag zum Versorgungsfreibetrag bei den Versorgungsbezügen. Dies entspricht dem Umfang, in dem der Besteuerungsanteil der Renten steigt.

Der ursprüngliche Prozentsatz von 40 % wird deshalb in den Jahren 2005 bis 2040 abgeschmolzen, und zwar in den ersten 15 Jahren der Neuregelung um 1,6 % und danach um 0,8 % jährlich bis auf 0 % im Jahre 2040. Ebenso wird der Höchstbetrag des Altersentlastungsbetrages von früher jährlich 1908 € auf 0 € abgeschmolzen; dabei wird die Absenkung in den ersten 15 Jahren – entsprechend dem Anstieg des steuerpflichtigen Anteils bei den Renten – mit doppelt so hohen Beträgen wie in den nachfolgenden 20 Jahren vorgenommen. Ab 2021 vermindert sich also der Prozentsatz nur noch um 0,8 % (zuvor 1,6 %) und der Höchstbetrag um 38 € (zuvor 76 €) jährlich.

Lohn-steuer-pflichtig | Sozial-versich.-pflichtig

Die Neuregelung des Altersentlastungsbetrags erfolgt nach dem Jahrgangsprinzip (sog. **Kohortenprinzip**), das heißt für den einzelnen Bezieher von Alterseinkünften wird die Besteuerungssituation in dem auf die Vollendung des 64. Lebensjahrs folgenden Jahr **„eingefroren".** Der in diesem Jahr anzuwendende **Vomhundertsatz** und der **Höchstbetrag** werden **zeitlebens** berücksichtigt. Für den stufenweisen Abbau sind in § 24a EStG folgende Prozentsätze und Höchstbeträge festgelegt worden:

Für das auf die Vollendung des 64. Lebensjahres folgende Kalenderjahr	Altersentlastungsbetrag	
	Prozent-satz	Höchst-betrag
2005	40,0 %	1 900 €
2006	38,4 %	1 824 €
2007	36,8 %	1 748 €
2008	35,2 %	1 672 €
2009	33,6 %	1 596 €
2010	32,0 %	1 520 €
2011	30,4 %	1 444 €
2012	28,8 %	1 368 €
2013	27,2 %	1 292 €
2014	25,6 %	1 216 €
2015	24,0 %	1 140 €
2016	22,4 %	1 064 €
2017	20,8 %	988 €
2018	19,2 %	912 €
2019	17,6 %	836 €
2020	16,0 %	760 €
2021	**15,2 %**	**722 €**
2022	14,4 %	684 €
2023	13,6 %	646 €
2024	12,8 %	608 €
2025	12,0 %	570 €
2026	11,2 %	532 €
2027	10,4 %	494 €
2028	9,6 %	456 €
2029	8,8 %	418 €
2030	8,0 %	380 €
2031	7,2 %	342 €
2032	6,4 %	304 €
2033	5,6 %	266 €
2034	4,8 %	228 €
2035	4,0 %	190 €
2036	3,2 %	152 €
2037	2,4 %	114 €
2038	1,6 %	76 €
2039	0,8 %	38 €
2040	0,0 %	0 €

Beispiel

Eine Arbeitnehmerin (geb. 25.6.1956) arbeitet seit Jahren als Verkäuferin beim selben Arbeitgeber. Ab der Lohnabrechnung für Januar 2021 erhält die Arbeitnehmerin einen Altersentlastungsbetrag, weil sie zu Beginn des Jahres 2021 das 64. Lebensjahr vollendet hat. Der Prozentsatz und der Höchstbetrag für den Altersentlastungsbetrag werden für diese Arbeitnehmerin **zeitlebens** bei **15,2 %** höchstens **722 €** jährlich festgeschrieben. Würde die Arbeitnehmerin erst im Kalenderjahr 2021 das 64. Lebensjahr vollenden, würde sie einen Altersentlastungsbetrag erst ab Januar 2022 erhalten, der zeitlebens bei 14,4 % höchstens 684 € jährlich festgeschrieben wird.

Wichtiger Hinweis für die Praxis:

Der stufenweise Abbau des Altersentlastungsbetrags und des Versorgungsfreibetrags ist unterschiedlich geregelt. Denn beim Versorgungsfreibetrag werden nicht der Prozentsatz und der Höchstbetrag festgeschrieben, sondern der nach dem Prozentsatz unter Berücksichtigung des Höchstbetrags **im ersten Jahr** mit Versorgungsbezügen **ermittelte Freibetrag.** Beim stufenweisen Abbau des Altersentlastungsbetrags werden hingegen der Prozentsatz und der Höchstbetrag **getrennt** festgeschrieben.

9. Sozialversicherung

Der Altersentlastungsbetrag darf bei der Berechnung des Gesamtsozialversicherungsbeitrags **nicht** abgezogen werden.

Altersgeld für Landwirte

Das Altersgeld für Landwirte ist weder Arbeitslohn noch Arbeitsentgelt. Es handelt sich steuerlich um „sonstige Einkünfte" im Sinne des § 22 EStG. — nein | nein

Zur Besteuerung siehe das Stichwort „Renten".

Altersrente

siehe die Stichworte „Betriebsrente" und „Renten"

Altersteilzeit

Gliederung:

1. Allgemeines
2. Voraussetzungen für begünstigte Altersteilzeit
   a) Allgemeines
   b) Voraussetzungen beim Arbeitnehmer
   c) Voraussetzungen beim Arbeitgeber
   d) Höhe der Förderleistungen
3. Modelle der Altersteilzeit und Insolvenzsicherung
   a) Halbtagsbeschäftigung oder Blockzeitmodell
   b) Insolvenzsicherung
4. Berechnung der Aufstockungsbeträge
   a) Beginn der Altersteilzeit vor dem 1. Juli 2004
   b) Beginn der Altersteilzeit ab 1. Juli 2004
5. Aufstockung der Beiträge zur Rentenversicherung
   a) Beginn der Altersteilzeit vor dem 1. Juli 2004
   b) Beginn der Altersteilzeit ab 1. Juli 2004
6. Steuerliche und beitragsrechtliche Behandlung der Aufstockungsbeträge
7. Steuer- und beitragsrechtliche Behandlung von Blockmodellen
   a) Allgemeines
   b) Steuerrechtliche Behandlung
   c) Sozialversicherungsrechtliche Behandlung
   d) Beitragsverfahren für Störfälle
   e) Insolvenzgeldumlage
8. Überlassung eines Firmenwagens als Aufstockungsbetrag beim Blockmodell
9. Begrenzung des steuerfreien Aufstockungsbetrags auf 100 % des Nettoarbeitslohns
10. Steuerfreiheit des Aufstockungsbetrags bei Störfällen
11. Altersteilzeit und steuerfreie Zuschläge für Sonntags-, Feiertags- und Nachtarbeit
    a) Steuerfreiheit für zeitversetzt gezahlte Zuschläge für Sonntags-, Feiertags- und Nachtarbeit
    b) Ermittlung des Grundlohns für steuerfreie Zuschläge bei Sonntags-, Feiertags- und Nachtarbeit während der Altersteilzeit
12. Steuerliche Behandlung von Zahlungen, die zum Ausgleich von Abschlägen bei der Rente verwendet werden (§ 187a SGB VI)
13. Rückzahlung von Arbeitslohn bei rückwirkender Inanspruchnahme von Altersteilzeit
14. Steuerfreiheit von Aufstockungsbeträgen während der Arbeitsunfähigkeit

15. Keine Kürzung der Werbungskosten wegen steuerfreier Aufstockungsbeträge
16. Meldepflichten bei Altersteilzeit
17. Steuerfreibetrag für Vermögensbeteiligungen

1. Allgemeines

Durch das Dritte Gesetz für moderne Dienstleistungen am Arbeitsmarkt wurde das Altersteilzeitgesetz ab 1. Juli 2004 umfassend geändert. Kernpunkt der Änderung war zum einen eine Vereinfachung der Berechnung des Aufstockungsbetrags durch die **Einführung eines sog. Regelarbeitsentgelts** und zum anderen eine gesetzlich vorgeschriebene **Insolvenzsicherung der Wertguthaben.**

Die Änderung gilt für alle Arbeitnehmer, die nach dem 30. Juni 2004 mit der Altersteilzeit begonnen haben. Wurde mit der Altersteilzeitarbeit vor dem 1. Juli 2004 begonnen, gelten die früheren Vorschriften weiter.

Im Einzelnen gilt Folgendes:

2. Voraussetzungen für begünstigte Altersteilzeit

a) Allgemeines

Die Bundesagentur für Arbeit förderte die Teilzeitarbeit älterer Arbeitnehmer, die ihre Arbeitszeit ab Vollendung des 55. Lebensjahres, spätestens ab **31. Dezember 2009** vermindert, und damit die Einstellung eines sonst arbeitslosen Arbeitnehmers ermöglicht haben. Da die Altersteilzeit am 31.12.2009 spätestens angetreten sein musste, dürfte der sechsjährige Förderzeitraum für Leistungen der Bundesagentur für Arbeit zwischenzeitlich ausgelaufen sein. Die Regelung hat daher nur noch in Einzelfällen Relevanz.

b) Voraussetzungen beim Arbeitnehmer

Folgende Voraussetzungen müssen beim **Arbeitnehmer** auch bei einer nunmehr vereinbarten Altersteilzeit unabhängig von einer Förderung durch die Bundesagentur für Arbeit erfüllt sein:

- Der Arbeitnehmer muss das **55. Lebensjahr** vollendet haben.
- Die Arbeitszeit des Arbeitnehmers muss aufgrund einer Vereinbarung mit dem Arbeitgeber auf **die Hälfte** der bisherigen Arbeitszeit herabgesetzt worden sein. Die Vereinbarung über die Arbeitszeitminderung muss sich zudem mindestens auf die Zeit erstrecken, bis der Arbeitnehmer frühestmöglich eine (ggf. wegen vorzeitiger Inanspruchnahme geminderte) Altersrente beanspruchen kann. Die Teilzeitarbeit muss **mehr** als geringfügig sein, sodass der Arbeitnehmer weiterhin sozialversicherungspflichtig bleibt.
- Der Arbeitnehmer muss innerhalb der letzten fünf Jahre vor der Altersteilzeitarbeit mindestens **1080 Kalendertage** (= drei Jahre) eine in der Arbeitslosenversicherung versicherungspflichtige Beschäftigung ausgeübt haben.

Bei der Herabsetzung der regelmäßigen Arbeitszeit ist Folgendes zu beachten:

Die **Arbeitszeit** des Arbeitnehmers muss in einer Vereinbarung zwischen Arbeitgeber und Arbeitnehmer **auf die Hälfte** der **bisherigen wöchentlichen Arbeitszeit** vermindert werden (§ 2 Abs. 1 Nr. 2 AltTZG[1]).

Bisherige Arbeitszeit ist die wöchentliche Arbeitszeit,

- die mit dem Arbeitnehmer unmittelbar vor dem Übergang in die Altersteilzeit vereinbart war,
- jedoch höchstens die im Durchschnitt der letzten 24 Monate vereinbarte Arbeitszeit.

War mit dem Arbeitnehmer mindestens in den letzten zwei Jahren vor dem Übergang in die Altersteilzeit eine tarifliche regelmäßige wöchentliche Arbeitszeit vertraglich vereinbart (sog. Vollzeitmitarbeiter), ist die unmittelbar vor dem Übergang in die Altersteilzeitarbeit vereinbarte tarifliche regelmäßige wöchentliche Arbeitszeit ohne Weiteres auch Ausgangsbasis für die Verminderung der Arbeitszeit in der Altersteilzeit.

Ist die unmittelbar vor dem Übergang in die Altersteilzeitarbeit vereinbarte Arbeitszeit niedriger als der errechnete Durchschnittswert der letzten 24 Monate, ist nur die unmittelbar vor dem Übergang in die Altersteilzeitarbeit vereinbarte Arbeitszeit Ausgangsbasis für die Halbierung der Arbeitszeit.

Die vorstehenden **Voraussetzungen** müssen auch heute noch in der Person des Arbeitnehmers für die **Steuerfreiheit** der Leistungen nach dem Altersteilzeitgesetz weiterhin erfüllt sein.

c) Voraussetzungen beim Arbeitgeber

Da die Altersteilzeit spätestens am 31.12.2009 angetreten sein musste, dürfte der sechsjährige Förderzeitraum für Leistungen der Bundesagentur für Arbeit zwischenzeitlich ausgelaufen sein.

Zu den Voraussetzungen, die der Arbeitgeber erfüllen musste, um einen Zuschuss der Bundesagentur für Arbeit zu erhalten, vgl. im Lexikon für das Lohnbüro, Ausgabe 2019, die Ausführungen beim Stichwort „Altersteilzeit" unter Nr. 2 Buchstabe c auf Seite 59.

d) Höhe der Förderleistungen

Da die Altersteilzeit spätestens am 31.12.2009 angetreten sein musste, dürfte der sechsjährige Förderzeitraum für Leistungen der Bundesagentur für Arbeit zwischenzeitlich ausgelaufen sein.

Zur Höhe der Förderleistungen sowie zum Nichtbestehen, Erlöschen und Ruhen des Anspruchs vgl. im Lexikon für das Lohnbüro, Ausgabe 2019, die Erläuterungen beim Stichwort „Altersteilzeit" unter Nr. 2 Buchstabe d auf Seite 59.

3. Modelle der Altersteilzeit und Insolvenzsicherung

a) Halbtagsbeschäftigung oder Blockzeitmodell

Die **Dauer der Altersteilzeitarbeit** ist abhängig vom individuellen Rentenbeginn des Arbeitnehmers und kann den früheren Förderzeitraum für Leistungen der Bundesagentur für Arbeit von sechs Jahren überschreiten. Die **Arbeitszeitverteilung** während der Altersteilzeit bleibt den Vertragsparteien überlassen. Sie sind am besten in der Lage zu beurteilen, welche Ausgestaltung der Situation am Arbeitsplatz Rechnung trägt. Denkbar sind kontinuierliche Arbeitszeitmodelle wie „klassische Halbtagsbeschäftigung", aber auch ein täglicher, wöchentlicher, monatlicher oder z. B. saisonalbedingter Wechsel zwischen Arbeit und Freizeit oder eine degressive Arbeitszeitverteilung (vgl. auch das nachfolgende Beispiel). Wesentlich ist die **Halbierung** der Arbeitszeit für die gesamte Dauer der Altersteilzeit.

Im sog. **Blockzeitmodell** werden grundsätzlich zwei gleich große Zeitblöcke gebildet (eine Arbeitsphase und eine sich hieran anschließende Freizeitphase von entsprechender Dauer), die so den Verteilzeitraum für die Arbeitszeit während der vereinbarten Dauer der Altersteilzeitarbeit bestimmen. Auf diese Weise kann der Arbeitnehmer zunächst weiterhin im Umfang der bisherigen Arbeitszeit beschäftigt werden und das für die Freizeitphase notwendige Zeitguthaben/Wertguthaben aufbauen. Der höchstzulässige Verteilzeitraum für Altersteilzeitvereinbarungen beträgt **ohne** tarifvertragliche Grundlage **drei Jahre** (eineinhalb Jahre Arbeit, gefolgt von eineinhalb Jahren Freizeit).

1) Das Altersteilzeitgesetz (AltTZG) ist als Anhang 12 im **Steuerhandbuch für das Lohnbüro 2021** abgedruckt, das im selben Verlag erschienen ist.

Lohn-steuer-pflichtig Sozial-versich.-pflichtig

Der Verteilzeitraum kann im Blockmodell auch über drei Jahre hinausgehen und einen Gesamtzeitraum von **bis zu zehn Jahren** umfassen (bis zu fünf Jahre Arbeit, gefolgt von bis zu fünf Jahren Freizeit). Dies ist allerdings nur dann möglich, wenn eine solche Verteilung der Arbeitszeit in einem **Tarifvertrag** zur Altersteilzeit oder einer Betriebsvereinbarung aufgrund eines Tarifvertrages zur Altersteilzeit oder einer kirchenrechtlichen Regelung ausdrücklich zugelassen ist. Derzeit sehen Tarifverträge in aller Regel Verteilzeiträume von bis zu fünf bzw. bis zu sechs Jahren vor. Im Hinblick auf die Regelaltersgrenze von 67 Jahren (§ 35 SGB VI) sind nunmehr Altersteilzeitvereinbarungen **bis zu zwölf Jahren** möglich.

In keinem Fall darf die durchschnittliche wöchentliche Arbeitszeit im zulässigen Verteilzeitraum **die Hälfte der bisherigen wöchentlichen Arbeitszeit überschreiten.** Die erforderliche (ggf. durchschnittliche) Halbierung der bisherigen Arbeitszeit kann z. B. vereinbart werden in Form

- durchgängig gleichmäßiger Teilzeitarbeit,
- eines durchgängigen Blockmodells oder
- einer Mischung von Blockmodell und Teilzeitarbeit.

Beispiel

Es wird eine Teilzeitvereinbarung von Vollendung des 55. Lebensjahres bis Vollendung des 67. Lebensjahres (= Regelaltersgrenze des Arbeitnehmers) geschlossen, wobei

- 4 Jahre Vollzeit,
- 2 Jahre Teilzeit zu 60 % der bisherigen Arbeitszeit,
- 2 Jahre Teilzeit zu 40 % der bisherigen Arbeitszeit und
- 4 Jahre Freistellungsphase

vereinbart werden.

Die erforderliche (hier durchschnittliche) Halbierung der bisherigen Arbeitszeit durch eine Mischung von Blockmodell und Teilzeitarbeit liegt vor.

Wird ein Arbeitsverhältnis über Altersteilzeit im Blockmodell vorzeitig beendet (sog. **Störfall**), sind Nachzahlungen, die keine Aufstockungsbeträge im Sinne des § 3 Nr. 28 EStG sind, unabhängig von dem Grund der Beendigung dieses Arbeitsverhältnisses **steuerpflichtiger Arbeitslohn.** Die für den Zeitraum bis zur vorzeitigen Beendigung der Altersteilzeit gezahlten Aufstockungsbeträge sowie die Beiträge zur Aufstockung der Rentenversicherung bleiben steuerfrei (vgl. die Erläuterungen unter der nachfolgenden Nr. 10).

b) Insolvenzsicherung

Kernpunkt der zum 1. Juli 2004 eingetretenen Änderungen des Altersteilzeitgesetzes ist die Vorschrift zur Insolvenzsicherung der durch die Vorarbeit entstandenen Wertguthaben (§ 8a AltTZG[1]). Denn früher war nicht immer sichergestellt, dass beim **sog. Blockzeitmodell** die durch Vorarbeit der Arbeitnehmer entstandenen Wertguthaben im Insolvenzfall ausreichend geschützt waren. Seit 1. Juli 2004 ist deshalb vorgeschrieben, dass beim Aufbau eines Wertguthabens der Arbeitgeber **mit der ersten Gutschrift in geeigneter Weise das Risiko seiner Zahlungsunfähigkeit abzusichern hat,** wenn ein Wertguthaben aufgebaut wird, das den Betrag des **dreifachen Regelarbeitsentgelts** (vgl. die Erläuterungen unter der nachfolgenden Nr. 4 Buchstabe b) einschließlich des darauf entfallenden Arbeitgeberanteils am Gesamtsozialversicherungsbeitrag überschreitet. Die Verpflichtung zur Absicherung besteht mit der ersten Gutschrift, das heißt, ab dem Zeitpunkt, in dem der zu sichernde Anspruch auf das in der Entnahmephase (beim Blockmodell also der Freistellungsphase) auszuzahlende Arbeitsentgelt entsteht. Das Gesetz enthält sich einer abschließenden Festlegung, was unter einer geeigneten Insolvenzabsicherung zu verstehen ist. Denn in der Praxis wurde bereits eine Vielzahl unterschiedlicher geeigneter Insolvenzsicherungsmodelle entwickelt. Dies sind etwa Bankbürgschaften, Absicherungen im Wege dinglicher Sicherheiten (z. B. Verpfändung von Wertpapieren, insbesondere Fonds) zu Gunsten der Arbeitnehmer, bestimmte Versicherungsmodelle der Versicherungswirtschaft oder das Modell der doppelseitigen Treuhand (vgl. das Stichwort „Contractual Trust Agreement“). Im Gesetz werden allerdings bestimmte Gestaltungsmodelle ausgeschlossen, die sich in der Vergangenheit in gewissen Konstellationen als nicht insolvenzfest erwiesen haben (z. B. Einstandspflichten zwischen Konzernunternehmen, bilanzielle Rückstellungen).

Eine fehlende oder nicht den gesetzlichen Vorgaben entsprechende Insolvenzsicherung führt nicht zum Verlust der Steuer- und Beitragsfreiheit der Aufstockungsbeträge und der zusätzlichen Rentenversicherungsbeiträge. Im Hinblick auf die strengen gesetzlichen Vorgaben für die seit 1. Juli 2004 geltende Insolvenzsicherung wird es sich hierbei allerdings um seltene Ausnahmefälle handeln.

4. Berechnung der Aufstockungsbeträge

a) Beginn der Altersteilzeit vor dem 1. Juli 2004

Zur Berechnung der Aufstockungsbeträge bei Beginn der Altersteilzeit vor dem 1. Juli 2004 vgl. im Lexikon für das Lohnbüro, Ausgabe 2019, die Ausführungen beim Stichwort „Altersteilzeit“ unter Nr. 4 Buchstabe a auf Seite 60.

b) Beginn der Altersteilzeit ab 1. Juli 2004

Weiterer Kernpunkt der seit 1. Juli 2004 geltenden Regelung ist die Einführung eines **sog. Regelarbeitsentgelts** für die Berechnung des 20 %igen Aufstockungsbetrags. Der Aufstockungsbetrag beträgt wie zuvor 20 % des Arbeitsentgelts, errechnet sich aber seit 1. Juli 2004 aus dem sog. Regelarbeitsentgelt.

Zum **Begriff** des Regelarbeitsentgelts Folgendes: Das Regelarbeitsentgelt ist das auf einen Monat entfallende sozialversicherungspflichtige Arbeitsentgelt, das der Arbeitgeber im Rahmen der Altersteilzeitarbeit regelmäßig zu erbringen hat. Es handelt sich somit grundsätzlich um die Hälfte des ohne Altersteilzeitarbeit maßgeblichen laufenden Arbeitsentgelts (sog. Vollzeitarbeitsentgelt). Bei Vereinbarungen über die Freistellung von der Arbeitsleistung (Blockmodell) ist für Zeiten der tatsächlichen Arbeitsleistung und der Freistellung das in dem jeweiligen Zeitraum fällige laufende Arbeitsentgelt als Regelarbeitsentgelt maßgebend.

Das Regelarbeitsentgelt ist gegebenenfalls jeden Monat neu festzusetzen (z. B. bei variablen Lohnbestandteilen), wobei die monatliche Beitragsbemessungsgrenze der Arbeitslosenversicherung nicht überschritten werden darf. Zum Regelarbeitsentgelt können – neben den laufenden Bezügen – beispielsweise gehören: Vermögenswirksame Leistungen, Prämien und Zulagen, steuer- und beitragspflichtige Zuschläge für Sonntags-, Feiertags- und Nachtarbeit, Sachbezüge und sonstige geldwerte Vorteile wie z. B. die private Nutzung des Firmenwagens.

Arbeitsentgelte, die einmalig (z. B. Jahressondervergütung), nicht regelmäßig oder nicht für die vereinbarte Arbeitszeit (z. B. Mehrarbeitsvergütung) gezahlt werden, bleiben unberücksichtigt. Einmalzahlungen, die arbeitsrechtlich zulässig in jedem Kalendermonat zu einem Zwölftel ausgezahlt werden, verlieren ihren Charakter als Einmalzahlungen. Die entsprechenden Beträge erhöhen daher das laufende Regelarbeitsentgelt.

Zulagen gehören zum Regelarbeitsentgelt, wenn sie für bestimmte Arbeiten gewährt werden, die nach dem Arbeitsvertrag regelmäßig (monatlich) zu leisten sind und auch künftig durch den Arbeitgeber abgefordert werden sollen. Hierzu können beispielsweise Schmutz-, Leistungs- und Erschwerniszulagen sowie Zulagen für Rufbereitschaft gehören. Unschädlich ist, wenn der Arbeit-

1) Das Altersteilzeitgesetz (AltTZG) ist als Anhang 12 im **Steuerhandbuch für das Lohnbüro 2021** abgedruckt, das im selben Verlag erschienen ist.

Lohn-steuer-pflichtig	Sozial-versich.-pflichtig

nehmer die zulagenbegründende Tätigkeit in einzelnen Monaten tatsächlich nicht ausübt.

Zum regelmäßig zu zahlenden sozialversicherungspflichtigen Arbeitsentgelt gehören auch solche Zulagen, deren Anfall nicht von vornherein feststeht, wenn eine rückschauende Betrachtung ergibt, dass sie tatsächlich zuletzt regelmäßig erzielt worden sind. Hierfür ist Monat für Monat, in welchem jeweils eine versicherungspflichtige Zulage erzielt worden ist, festzustellen, ob diese Zulage in den jeweiligen zurückliegenden drei Monaten durchgehend als versicherungspflichtiger Entgeltbestandteil angefallen ist. Ist dies der Fall, zählt die im jeweiligen Abrechnungsmonat zu zahlende Zulage zum Regelarbeitsentgelt, andernfalls nicht. Zeiten einer Abwesenheit des Arbeitnehmers (Urlaub, Krankheit) werden bei der Feststellung des jeweiligen Referenzzeitraums von drei Monaten ausgeklammert.

Für die **Berechnung des Aufstockungsbetrags** gilt Folgendes:

Der Aufstockungsbetrag beträgt **20 %,** das heißt das Regelarbeitsentgelt für die Altersteilzeitarbeit ist um mindestens 20 % aufzustocken, wobei die Aufstockung auch weitere Entgeltbestandteile (z. B. Einmalzahlungen) umfassen kann (§ 3 Abs. 1 Nr. 1 Buchstabe a AltTZG[1]).

Der Aufstockungsbetrag ist gemäß § 3 Nr. 28 EStG steuerfrei und gehört damit nach § 1 SvEV[2] nicht zum Arbeitsentgelt. Dies gilt nach R 3.28 Abs. 3 Satz 1 LStR auch, soweit der Arbeitgeber – zum Beispiel aufgrund tarifvertraglicher Regelungen – einen höheren als den im Altersteilzeitgesetz als Mindestbetrag vorgesehenen Aufstockungsbetrag zahlt. Nach R 3.28 Abs. 3 Satz 2 LStR gilt dies aber nur, soweit die Aufstockungsbeträge zusammen mit dem während der Altersteilzeitarbeit bezogenen Nettoarbeitslohn monatlich 100 % des maßgeblichen Arbeitslohns (das ist der Nettoarbeitslohn, den der Arbeitnehmer im jeweiligen Lohnzahlungszeitraum ohne Altersteilzeit üblicherweise erhalten hätte) nicht übersteigen (vgl. hierzu die Erläuterungen und Beispiele unter der nachfolgenden Nr. 9). Im Übrigen ist die Steuer- und Beitragsfreiheit auch dann gegeben, wenn die Altersteilzeitbeschäftigung erst nach dem 31. Dezember 2009 angetreten worden ist und daher nicht mehr durch die Bundesagentur für Arbeit gefördert wird.

5. Aufstockung der Beiträge zur Rentenversicherung

a) Beginn der Altersteilzeit vor dem 1. Juli 2004

Zur Aufstockung der Beiträge zur Rentenversicherung bei Beginn der Altersteilzeit vor dem 1. Juli 2004 vgl. im Lexikon für das Lohnbüro, Ausgabe 2019, die Erläuterungen beim Stichwort „Altersteilzeit" unter Nr. 5 Buchstabe a auf Seite 61.

b) Beginn der Altersteilzeit ab 1. Juli 2004

Seit 1. Juli 2004 sind für den Arbeitnehmer **zusätzliche Beiträge zur Rentenversicherung** mindestens in Höhe des Betrags zu zahlen, der auf 80 % des Regelarbeitsentgelts für die Altersteilzeit entfällt, begrenzt auf den Unterschiedsbetrag zwischen 90 % der monatlichen Beitragsbemessungsgrenze und dem Regelarbeitsentgelt, höchstens bis zur Beitragsbemessungsgrenze (§ 3 Abs. 1 Nr. 1 Buchstabe b AltTZG[1]). Durch diese Regelung soll die Ermittlung des Rentenaufstockungsbetrags vereinfacht werden, weil ausgehend vom sog. Regelarbeitsentgelt die Beiträge zur gesetzlichen Rentenversicherung um 80 % aufgestockt werden. Das frühere Aufstockungsniveau auf mindestens 90 % bleibt damit im Ergebnis bestehen.

Beispiel A

Das Regelarbeitsentgelt eines Arbeitnehmers in den alten Bundesländern beträgt 1500 €. Es ergibt sich folgende Berechnung:

80 % des Regelarbeitsentgelts (80 % von 1500 € =)	1 200,– €
18,6 % von 1200 €	223,20 €

Die Übernahme dieses Betrags durch den Arbeitgeber ist steuerfrei nach § 3 Nr. 28 EStG und unterliegt **nicht** dem Progressionsvorbehalt.

Die Aufstockung der Beiträge zur Rentenversicherung beträgt 80 % des Regelarbeitsentgelts, weil dieser Betrag niedriger ist als der Unterschiedsbetrag zwischen 90 % der monatlichen Beitragsbemessungsgrenze und dem Regelarbeitsentgelt:

90 % der monatlichen Beitragsbemessungsgrenze (alte Bundesländer) 90 % von 7100 €	6 390,– €
abzüglich Regelarbeitsentgelt	1 500,– €
Unterschiedsbetrag	4 890,– €

Beispiel B

Das Regelarbeitsentgelt eines Arbeitnehmers in den alten Bundesländern beträgt 3600 €.

Es ergibt sich folgende Berechnung:

80 % des Regelarbeitsentgelts (80 % von 3600 € =)	2 880,– €
90 % der monatlichen Beitragsbemessungsgrenze (alte Bundesländer) 90 % von 7100 €	6 390,– €
abzüglich Regelarbeitsentgelt	3 600,– €
Unterschiedsbetrag	2 790,– €

Da der Unterschiedsbetrag niedriger ist als 80 % des Regelarbeitsentgelts, ist der Unterschiedsbetrag beitragspflichtig:

18,6 % von 2790 € =	518,94 €

Die auf die zusätzliche beitragspflichtige Einnahme entfallenden Rentenversicherungsbeiträge hat der Arbeitgeber allein zu tragen. Dies gilt auch dann, wenn der Arbeitgeber eine höhere beitragspflichtige Einnahme als 80 % des Regelarbeitsentgelts der Beitragsberechnung zugrunde legt.

Einmalig gezahltes Arbeitsentgelt kann für Altersteilzeitarbeit, die ab 1. Juli 2004 beginnt, zwar noch bei der Berechnung des Aufstockungsbetrags berücksichtigt werden, jedoch nicht mehr für die Ermittlung der zusätzlichen beitragspflichtigen Einnahme für die Aufstockung der Rentenversicherungsbeiträge.

6. Steuerliche und beitragsrechtliche Behandlung der Aufstockungsbeträge

Die **Steuerfreiheit** der Leistungen nach dem Altersteilzeitgesetz kommt nur in Betracht, wenn die Voraussetzungen des § 2 AltTZG[1] erfüllt sind (z. B. **Vollendung des 55. Lebensjahres** des Arbeitnehmers, **Verringerung** der tariflichen regelmäßigen wöchentlichen **Arbeitszeit auf die Hälfte**). Die Vereinbarung über die Arbeitszeitminderung muss sich zudem mindestens auf die Zeit erstrecken, bis der Arbeitnehmer frühestmöglich eine (ggf. wegen vorzeitiger Inanspruchnahme geminderte) Regelaltersrente (§ 35 SGB VI und § 235 SGB VI) beanspruchen kann. Die Finanzverwaltung hat in den Lohnsteuer-Richtlinien als frühestmöglichen Zeitpunkt die Vollendung des 60. Lebensjahres festgelegt (R 3.28 Abs. 1 Satz 4 LStR).

Sowohl der Aufstockungsbetrag als auch die Aufwendungen des Arbeitgebers für die Höherversicherung in der gesetzlichen Rentenversicherung sind gemäß § 3 Nr. 28 EStG steuerfrei und zwar auch insoweit, als die im Altersteilzeitgesetz[1] genannten Mindestbeträge überschritten werden. **Für die Steuerfreiheit** der Beträge ist es auch **nicht erforderlich, dass der frei gewordene Teilzeitarbeitsplatz wieder besetzt wird.** Die Steuerfreiheit kommt dagegen nicht mehr in Betracht, wenn der Arbeitnehmer die Altersteilzeit beendet oder die für ihn geltende gesetzliche Altersgrenze für die Regelaltersrente (schrittweise Anhebung auf das 67. Lebensjahr; § 35 SGB VI und § 235 SGB VI) erreicht hat. Sie bleibt aber erhalten, wenn der Arbeitnehmer trotz Anspruchs die Rente für besonders langjährig Versicherte (§ 236b SGB VI) nicht in Anspruch nimmt (vgl. auch die Übergangsregelung in § 15h AltTZG[1]). Beendet der Arbeitnehmer die Altersteilzeit auf-

1) Das Altersteilzeitgesetz (AltTZG) ist als Anhang 12 im **Steuerhandbuch für das Lohnbüro 2021** abgedruckt, das im selben Verlag erschienen ist.

2) Die Sozialversicherungsentgeltverordnung (SvEV) ist als Anhang 2 im **Steuerhandbuch für das Lohnbüro 2021** abgedruckt, das im selben Verlag erschienen ist.

	Lohnsteuerpflichtig	Sozialversich.-pflichtig

grund eines sog. Störfalls, bleibt die Steuerfreiheit bis zum Eintritt des Störfalls erhalten (vgl. die Erläuterungen unter der nachfolgenden Nr. 10).

Wenn der Aufstockungsbetrag steuerfrei ist, ist er auch sozialversicherungsfrei (§ 1 SvEV[1]). — nein — nein

Der Aufstockungsbetrag ist zwar steuerfrei, er unterliegt jedoch nach § 32b EStG dem **sog. Progressionsvorbehalt** (vgl. dieses Stichwort). Die steuerfreien Aufwendungen des Arbeitgebers für die Höherversicherung in der Rentenversicherung unterliegen hingegen **nicht** dem Progressionsvorbehalt. Als Lohnersatzleistung, die dem Progressionsvorbehalt unterliegt, muss der Aufstockungsbetrag im Lohnkonto gesondert vermerkt und auf der elektronischen Lohnsteuerbescheinigung in eine besondere Zeile eingetragen werden (und zwar in Zeile 15 der Lohnsteuerbescheinigung 2021). Vgl. auch die Erläuterungen beim Stichwort „Lohnsteuerbescheinigung" unter Nr. 12.

Den Arbeitgeber treffen bei Vereinbarung eines Altersteilzeitvertrags regelmäßig keine gesteigerten Hinweis- und Beratungspflichten hinsichtlich Inhalt und Abgabe daraus resultierender Erklärungspflichten des Arbeitnehmers zur Einkommensteuer (BAG-Urteil vom 23.9.2003 – 3 AZR 658/02). Bei der Vereinbarung zwischen Arbeitgeber und Arbeitnehmer sollte aber auf den Progressionsvorbehalt für den Aufstockungsbetrag hingewiesen werden.

Die steuerliche und beitragsrechtliche Behandlung der Leistungen nach dem Altersteilzeitgesetz[2] soll folgendes Lohnabrechnungsbeispiel verdeutlichen.

Beispiel

Ein Arbeitnehmer (Steuerklasse III/0) mit einem Bruttoarbeitslohn von 3000 € arbeitet aufgrund einer Altersteilzeitregelung nur noch zur Hälfte. Sein Teilzeitarbeitsentgelt beträgt 1500 €.

Für den Bruttoarbeitslohn von 3000 € ergab sich bisher folgende Lohnabrechnung:

Bruttolohn		3 000,— €
abzüglich:		
Lohnsteuer (Steuerklasse III/0)	143,66 €	
Solidaritätszuschlag	0,— €	
Kirchensteuer (z. B. 8 %)	11,49 €	
Rentenversicherung 9,3 %	279,— €	
Arbeitslosenversicherung 1,2 %	36,— €	
Pflegeversicherung 1,775 %	53,25 €	
Krankenversicherung 7,3 %[3]	219,— €	
Krankenversicherung-Zusatzbeitrag (Arbeitnehmer-Anteil z. B. 0,65 %)	19,50 €	761,90 €
Nettolohn		2 238,10 €

Für die Teilzeitarbeit ergibt sich folgende Lohnabrechnung:

a) Berechnung des Aufstockungsbetrags

Vollzeitarbeitsentgelt		3 000,— €
Teilzeitarbeitsentgelt nach Herabsetzung der Arbeitszeit um die Hälfte		1 500,— €
Aufstockungsbetrag hiervon 20 %	=	300,— €

b) Lohnabrechnung

Teilzeitarbeitslohn		1 500,— €
abzüglich:		
Lohnsteuer (Steuerklasse III/0)	0,— €	
Solidaritätszuschlag	0,— €	
Kirchensteuer (z. B. 8 %)	0,— €	
Rentenversicherung 9,3 %	139,50 €	
Arbeitslosenversicherung 1,2 %	18,— €	
Pflegeversicherung 1,775 %	26,63 €	
Krankenversicherung 7,3 %[3]	109,50 €	
Krankenversicherung-Zusatzbeitrag (Arbeitnehmer-Anteil z. B. 0,65 %)	9,75 €	303,38 €
Nettolohn		1 196,62 €
zuzüglich:		
Aufstockungsbetrag (der Aufstockungsbetrag ist steuer- und beitragsfrei)		300,— €
auszuzahlender Betrag		1 496,62 €

Der auszuzahlende Betrag für die Teilzeitarbeit beträgt also bei halber Arbeitsleistung 66,9 % des früheren Nettolohns (ohne Berücksichtigung des Progressionsvorbehalts).

Der Aufstockungsbetrag ist gemäß § 3 Nr. 28 EStG steuerfrei. Er muss jedoch im Lohnkonto und in der Lohnsteuerbescheinigung erfasst werden, da er vom Finanzamt bei der Einkommensteuer-Veranlagung im Rahmen des sog. Progressionsvorbehalts zur Berechnung des Steuersatzes herangezogen wird (vgl. die Stichworte „Lohnkonto" und „Lohnsteuerbescheinigung"). Die Auswirkungen des Progressionsvorbehalts sind bei diesem Stichwort anhand eines Beispiels eingehend dargestellt.

c) Berechnung des Beitrags zur Höherversicherung in der gesetzlichen Rentenversicherung

80 % des Regelarbeitsentgelts (80 % von 1500 € =)	1 200,— €
18,6 % von 1200 €	223,20 €

Die Übernahme dieses Betrags durch den Arbeitgeber ist steuerfrei nach § 3 Nr. 28 EStG und unterliegt **nicht** dem Progressionsvorbehalt.

7. Steuer- und beitragsrechtliche Behandlung von Blockmodellen

a) Allgemeines

Die Altersteilzeit, dass heißt die Reduzierung auf die Hälfte der bisherigen Arbeitszeit, kann auch auf Phasen mit Arbeitsleistung und Phasen der Freistellung für einen Zeitraum von **bis zu zwölf Jahren** (wegen der Regelaltersgrenze von 67 Jahren) verteilt werden (Zeitwertkonten; vgl. die Erläuterungen beim Stichwort „Arbeitszeitkonten"). So ist es möglich, dass ältere Arbeitnehmer zunächst ihre Arbeitsleistung weiter in einer Voll- oder Teilzeittätigkeit erbringen und danach eine längere Phase ohne Arbeitsleistung folgt. Die Verteilung auf einen längeren Zeitraum als drei Jahre ist nur durch Tarifvertrag möglich. Diese sog. Blockmodelle setzen voraus, dass das Entgelt für die Altersteilzeit sowie der Aufstockungsbetrag fortlaufend (also auch in den Zeiten der Nichtbeschäftigung) gezahlt werden. Damit besteht auch in den Phasen der Freistellung ein durchgängiger Versicherungsschutz.

Beispiel

Ein Altersteilzeitmodell sieht vor, dass der Arbeitnehmer die letzten fünf Jahre vor Inanspruchnahme der Rente seine Arbeitszeit auf die Hälfte der regelmäßigen Vollarbeitszeit dergestalt reduziert, dass er 2 1/2 Jahre voll weiterarbeitet und weitere 2 1/2 Jahre von der Arbeit freigestellt wird. Während der gesamten Dauer von fünf Jahren erhält er ein Altersteilzeitentgelt in Höhe der Hälfte seiner bisherigen Bruttobezüge bei Vollzeittätigkeit zuzüglich eines Aufstockungsbetrags auf 85 % seines Nettogehalts bei Vollzeittätigkeit. Außerdem zahlt der Arbeitgeber die Beiträge zur Höherversicherung in der gesetzlichen Rentenversicherung nicht nur bis zum Pflichtbeitrag nach dem Altersteilzeitgesetz, sondern in Höhe des bei einer Vollbeschäftigung anfallenden Beitrags, höchstens aber bis zur Beitragsbemessungsgrenze.

Für dieses Altersteilzeitmodell ergibt sich folgende steuerliche und beitragsrechtliche Beurteilung:

Der Aufstockungsbetrag bis auf 85 % des Nettoarbeitsentgelts bei Vollzeitarbeit ist steuerfrei und damit auch beitragsfrei, unterliegt aber dem sog. Progressionsvorbehalt. Die Steuerfreiheit beschränkt sich nicht auf einen Aufstockungsbetrag von 20 % des Regelarbeitsentgelts.

Steuer- und damit beitragsfrei sind auch die zusätzlichen Beiträge zur Rentenversicherung bis zur Höherversicherung bis zur Höhe des bei einer Vollbeschäftigung anfallenden Beitrags, höchstens aber bis zur Beitragsbemessungsgrenze. Auch bei den im Altersteilzeitgesetz festgelegten zusätzlichen Beiträgen zur Rentenversicherung handelt es sich um eine Mindestbetragsregelung. Die Steuerfreiheit gilt jedoch auch dann, wenn die Mindestbeträge überschritten werden.

---

1) Die Sozialversicherungsentgeltverordnung (SvEV) ist als Anhang 2 im **Steuerhandbuch für das Lohnbüro 2021** abgedruckt, das im selben Verlag erschienen ist.

2) Das Altersteilzeitgesetz (AltTZG) ist als Anhang 12 im **Steuerhandbuch für das Lohnbüro 2021** abgedruckt, das im selben Verlag erschienen ist.

3) Das Bundessozialgericht hat im Urteil vom 25.8.2004 (B 12 KR 22/02 R) entschieden, dass für die während der Freistellungsphase der **Altersteilzeit im sog. Blockmodell** zu leistenden Krankenversicherungsbeiträge nur der **ermäßigte Beitragssatz** gilt. Denn der Anspruch auf Krankengeld ruht während der Freistellungsphase. Im Beispielsfall liegt keine Altersteilzeit im Blockmodell vor, anzuwenden ist deshalb der allgemeine Beitragssatz.

b) Steuerrechtliche Behandlung

Die steuerliche Behandlung der Lohnzahlungen für den Zeitraum der Freistellung von der Arbeit bereitet keine Probleme. Denn bei der Lohnsteuer gilt das Zuflussprinzip. Das bedeutet, dass der in der Freizeitphase weitergezahlte Arbeitslohn dem Lohnsteuerabzug nach den allgemein geltenden Grundsätzen unterliegt. Zur Verwendung des Guthabens auf einem Zeitwertkonto zugunsten betrieblicher Altersversorgung in der Freistellungsphase vgl. das Stichwort „Arbeitszeitkonten" unter Nr. 3 Buchstabe c.

Der Arbeitslohn, der in der Freistellungsphase des Blockmodells gezahlt wird, ist auch **kein Versorgungsbezug,** für den der Versorgungsfreibetrag und der Zuschlag zum Versorgungsfreibetrag in Anspruch genommen werden kann (BFH-Urteil vom 21.3.2013, BStBl. II S. 611). Die Altersteilzeit in Form des Blockmodells betrifft nämlich vor allem die Frage, in welchen Zeiträumen die Arbeitsleistung durch den Arbeitnehmer einerseits und die Arbeitslohnzahlung durch den Arbeitgeber andererseits erbracht werden. Das Modell regelt also Fälligkeit und Zuflusszeitpunkt, nicht aber die grundlegende Qualifikation der beiderseitig geschuldeten Leistungen. Allein eine Freistellung von der Arbeitsleistung bei fortlaufenden Bezügen lässt laufenden Arbeitslohn nicht zu Versorgungsbezügen werden. Dies gilt auch im öffentlichen Dienst, da in solch einem Fall kein begünstigtes Ruhegehalt vorliegt.

Gibt der Arbeitnehmer ab Beginn der Freistellungsphase seinen inländischen Wohnsitz auf und verzieht ins Ausland, wird gleichwohl die Zuteilung des Besteuerungsrechts nach demjenigen Artikel des jeweils anzuwendenden Doppelbesteuerungsabkommens vorgenommen, der für „unselbstständige Arbeit" gilt, weil die Zahlungen aus einer früheren Arbeitnehmertätigkeit herrühren. Damit bleibt das Besteuerungsrecht bei der Bundesrepublik Deutschland (vgl. „Doppelbesteuerungsabkommen").

Bezüge, die ein in Frankreich ansässiger Arbeitnehmer von seinem Arbeitgeber für eine in Deutschland ausgeübte nichtselbstständige Arbeit während der Freistellungsphase nach dem sog. Blockmodell im Rahmen der Altersteilzeit erhält, sind daher als nachträglicher Arbeitslohn in Deutschland zu besteuern. Dies hat der Bundesfinanzhof für das Doppelbesteuerungsabkommen Deutschland – Frankreich bestätigt (BFH-Urteil vom 12.1.2011, BStBl. II S. 446). Es handelt sich nicht um Ruhegehälter, für die nach den Doppelbesteuerungsabkommen häufig der Ansässigkeitsstaat (dies wäre hier Frankreich) das Besteuerungsrecht hat. Vgl. aber auch das Stichwort „Grenzgänger" unter Nr. 2 zur Beibehaltung der Grenzgängereigenschaft in der Freistellungsphase mit der Folge, dass in diesem Fall der Wohnsitzstaat das Besteuerungsrecht hat.

Beispiel

Arbeitnehmer A ist für seinen in Deutschland ansässigen Arbeitgeber B tätig. Zwischen A und B ist für die Jahre 2021 und 2022 eine Altersteilzeit nach dem Blockmodell vereinbart, d. h. im ersten Jahr liegt die Arbeitsphase, das zweite Jahr umfasst die Freistellungsphase.

Variante A

A arbeitet im Jahr 2021 für 60 Arbeitstage auf einer langjährigen Betriebsstätte seines Arbeitgebers in Korea. Der Arbeitslohn wird während dieser Zeit von der Betriebsstätte getragen. Die übrigen 180 Arbeitstage ist A in Deutschland tätig. Seinen deutschen Wohnsitz behält A bei. Die Freistellungsphase verbringt A ausschließlich in Deutschland.

In 2021 steht Korea als Tätigkeitsstaat des Arbeitnehmers das Besteuerungsrecht anteilig mit $^{60}/_{240}$ zu. Deutschland stellt die Vergütungen insoweit unter Beachtung des Progressionsvorbehalts frei. Für die übrigen $^{180}/_{240}$ der Vergütungen steht Deutschland das Besteuerungsrecht zu. Entsprechend der Aufteilung während der Arbeitsphase steht Korea das Besteuerungsrecht für die Vergütungen des A im Jahr 2022 zu $^{60}/_{240}$ und zu $^{180}/_{240}$ Deutschland zu.

Variante B

A ist während der Arbeitsphase und während der Freistellungsphase i. S. des DBA-Dänemark in Dänemark ansässig. Er arbeitet während der Arbeitsphase ausschließlich in Deutschland. Da sich A im Jahr 2021 mehr als 183 Tage in Deutschland aufgehalten hat, steht Deutschland als Tätigkeitsstaat für das Jahr 2021 das Besteuerungsrecht in vollem Umfang zu. Das Besteuerungsrecht in der Freistellungsphase folgt der Aufteilung zwischen dem Ansässigkeitsstaat und dem Tätigkeitsstaat des A während der Arbeitsphase. Entsprechend steht Deutschland auch im Jahr 2022 das volle Besteuerungsrecht zu.

Variante C

Im Jahr 2021 hat A seinen Wohnsitz in Deutschland und arbeitet auch ausschließlich im Inland. Anfang 2022 zieht A nach Spanien. Im Jahr 2021 unterliegt A im Inland der unbeschränkten Steuerpflicht. Ein DBA-Fall ist nicht gegeben. Im Jahr 2022 steht ausschließlich Deutschland das Besteuerungsrecht zu, da die Tätigkeit im Jahr 2021 in Deutschland ausgeübt worden ist.

Der **Aufstockungsbetrag** wird übrigens nicht für eine geleistete Tätigkeit, sondern für die Bereitschaft des Arbeitnehmers gezahlt, eine Altersteilzeitvereinbarung mit dem Arbeitgeber einzugehen. Somit fällt der Aufstockungsbetrag nicht unter das Besteuerungsrecht des Tätigkeitsstaates, sondern steht ausschließlich dem **Ansässigkeitsstaat** zu. Ist Deutschland der Ansässigkeitsstaat, ist der Aufstockungsbetrag steuerfrei (§ 3 Nr. 28 EStG), unterliegt aber dem Progressionsvorbehalt.[1)]

c) Sozialversicherungsrechtliche Behandlung

Sozialversicherungsrechtlich besteht für den gesamten Zeitraum der Vereinbarung über die Altersteilzeit – also auch in der Freizeitphase – ein durchgängiger Versicherungsschutz. Denn das Gesetz zur sozialrechtlichen Absicherung flexibler Arbeitszeitregelungen (sog. Flexigesetz) – das grundsätzlich auch auf Altersteilzeitabreden nach dem Altersteilzeitgesetz anwendbar ist – stellt sicher, dass in Fällen der Vereinbarung von Arbeitszeitkonten der Schutz in der gesetzlichen Kranken-, Pflege-, Renten- und Arbeitslosenversicherung sowohl in den Phasen mit Arbeitsleistung (Ansparphase) als auch in den Phasen der Freistellung (Freizeitphase) aufrechterhalten wird. **Danach liegt auch während der Freizeitphase eine Beschäftigung gegen Entgelt im Sinne des Sozialversicherungsrechts vor.** Der Gesetzgeber hat dies dadurch erreicht, dass er die **Fälligkeit** der Beiträge für die angesparten Löhne und Gehälter auf die Freizeitphase verschoben hat.

d) Beitragsverfahren für Störfälle

Für den Fall, dass es bei der Altersteilzeit im sog. Blockmodell zu einer vorzeitigen Beendigung der Altersteilzeitvereinbarung kommt (sog. Störfall), sind vom Wertguthaben Sozialversicherungsbeiträge zu zahlen. Dabei gilt eine unterschiedliche beitragsrechtliche Behandlung des Wertguthabens für die Rentenversicherung einerseits und die Kranken-, Pflege- und Arbeitslosenversicherung andererseits. Außerdem wird zwischen Alt- und Neufällen (= Beginn der Altersteilzeit ab 1. Juli 2004) unterschieden. Die Spitzenverbände der Sozialversicherung haben zur Altersteilzeit zwei gemeinsame Rundschreiben herausgegeben. Das Rundschreiben vom 6.9.2001 gilt für Altersteilzeitfälle, die vor dem 1.7.2004 begonnen haben. Für Fälle, in denen die Altersteilzeit nach dem 1.7.2004 begonnen hat oder beginnt, gilt das Rundschreiben vom 2.11.2010. Auf die ausführlichen Erläuterungen in diesen Rundschreiben wird Bezug genommen.[2)]

Auch bei einer vorzeitigen Beendigung der Altersteilzeitvereinbarung durch die Beendigung des Arbeitsverhältnisses wegen einer vorzeitigen Rente mit 63 kann es sich um einen sog. Störfall handeln.

---

1) Randnummer 327 des BMF-Schreibens vom 3.5.2018 (BStBl. I S. 643). Das BMF-Schreiben ist als Anlage 2 zu H 39b.10 LStR im **Steuerhandbuch für das Lohnbüro 2021** abgedruckt, das im selben Verlag erschienen ist.

2) Das **PC-Lexikon** für das Lohnbüro 2021 enthält neben den steuerlichen Rechtsgrundlagen auch die aktuellen Rundschreiben und Niederschriften der Spitzenverbände der Sozialversicherung, die mit Mausklick im Volltext abgerufen und ausgedruckt werden können. Eine Bestellkarte finden Sie vorne im Lexikon.

Lohn-steuer-pflichtig | Sozial-versich.-pflichtig

Altersteilzeitvereinbarungen, die bis zum 30. Juni 2014 vereinbart worden sind, sind sozialversicherungsrechtlich wie folgt zu unterscheiden:

Stellen Beschäftigte aufgrund der neuen Rechtslage einen Rentenantrag und **beziehen die Altersrente mit 63 tatsächlich,** tritt bei Altersteilzeit, die als Blockmodell vereinbart wurde, mit der vorzeitigen Beendigung des Arbeitsverhältnisses ein Störfall ein, der dementsprechend abzuwickeln ist.

Wird das Arbeitsverhältnis allein **aufgrund des Anspruchs** auf Altersrente mit 63 beendet, kommt es alleine auf die rechtliche Möglichkeit des Bezugs einer abschlagsfreien Rente an; ob ein Rentenantrag gestellt wird, ist unerheblich. Ob die rentenrechtlichen Voraussetzungen für den Rentenbezug aber erfüllt sind, kann vom Arbeitgeber kaum geprüft werden. Aus diesem Grund bestehen keine Bedenken, laufende Altersteilzeitverhältnisse, die vor dem 1. Juli 2014 vereinbart wurden, im gegenseitigen Einvernehmen bis zum ursprünglich vereinbarten Endzeitpunkt fortzuführen; dies gilt unabhängig davon, ob Beschäftigte Altersteilzeit im Teilzeit- oder Blockmodell vereinbart haben. So wird der sogenannte Störfall vermieden.

Für Altersteilzeitvereinbarungen, die vor dem 1. Januar 2010 begonnen haben und demnach noch eine Förderung erfolgte, sieht der Gesetzgeber eine Sonderregelung vor. Der Anspruch auf die Förderleistungen erlischt nämlich dann nicht, wenn die Voraussetzungen für einen Anspruch auf eine Rente für besonders langjährig Versicherte nach § 236b SGB VI erfüllt sind.

Zur lohnsteuerlichen Behandlung der sog. Störfälle vgl. die Erläuterungen unter der nachfolgenden Nr. 10.

e) Insolvenzgeldumlage

Der Arbeitgeber muss die Insolvenzgeldumlage mit Beitragsnachweis an die Krankenkassen abführen. Während der Altersteilzeit ist das tatsächlich ausgezahlte Arbeitsentgelt in der Arbeits- und Freistellungsphase heranzuziehen. Nicht umlagepflichtig sind

- der Aufstockungsbetrag,
- der zusätzliche Beitrag zur Rentenversicherung sowie
- die zusätzliche beitragspflichtige Einnahme in der Rentenversicherung (vgl. Nr. 5).

Kommt es zu einem sogenannten Störfall, weil das Wertguthaben bei der Altersteilzeit nicht wie vereinbart verwendet werden kann, ist die Umlage auch aus dem Wertguthaben zu berechnen.

Der Umlagesatz beträgt auch ab 1.1.2021 0,12 %.

8. Überlassung eines Firmenwagens als Aufstockungsbetrag beim Blockmodell

Wie bereits vorstehend unter Nr. 4 Buchstabe b ausgeführt, berechnet sich der Aufstockungsbetrag seit 1. Juli 2004 in Höhe von 20 % nach dem für die Altersteilzeit gezahlten Regelarbeitsentgelt, wobei die Aufstockung auch weitere Entgeltbestandteile umfassen kann (z. B. Sachbezüge, sonstige geldwerte Vorteile). Hierzu gehört auch die Überlassung eines Firmenwagens zur privaten Nutzung und zu Fahrten zwischen Wohnung und erster Tätigkeitsstätte.

Zur Frage, ob auch Sachbezüge – z. B. der Wert der Privatnutzung eines Firmenwagens – in der Freistellungsphase der Altersteilzeit im Blockmodell **als Aufstockungsbetrag** angesehen werden können, gilt Folgendes:

Bei Sachbezügen, die der Arbeitnehmer während der Freistellungsphase im Blockmodell erhält, handelt es sich um Arbeitsentgelt, das für die Erbringung der Arbeitsleistung im Rahmen der Altersteilzeit geschuldet wird und daher selbst als Arbeitsentgelt für die Altersteilzeit im Sinne des § 3 Abs. 1 Nr. 1 Buchstabe a AltTZG[1] der Aufstockungspflicht unterliegt. Deshalb können Zuwendungen dieser Art logischerweise nicht selbst Aufstockungsbeträge sein. Ein geldwerter Vorteil, der einem Arbeitnehmer dadurch entsteht, dass ihm der Arbeitgeber einen Firmenwagen zur privaten Nutzung in der Freistellungsphase des Blockmodells überlässt, kann jedoch dann als Aufstockungsbetrag im Sinne des Altersteilzeitgesetzes angesehen werden, wenn in der vertraglichen Abrede ausdrücklich geregelt ist, dass der Aufstockungsbetrag ganz oder teilweise nicht in Geld, sondern in Form von Sachbezügen gewährt werden soll.

Für diese Fälle wurde in R 3.28 Abs. 3 Satz 5 LStR klargestellt, dass Aufstockungsbeträge, die in Form von Sachbezügen gewährt werden, nach § 3 Nr. 28 EStG steuerfrei sind, wenn die Aufstockung betragsmäßig in Geld festgelegt und außerdem vereinbart ist, dass der Arbeitgeber an Stelle der Geldleistung wertgleiche Sachbezüge erbringen darf. Der Wert des Sachbezugs ist nach den steuerlichen Bewertungsregeln zu ermitteln, z. B. die private Nutzung des Firmenwagens nach der sog. 1-%-Methode (vgl. das Stichwort „Firmenwagen zur privaten Nutzung").

Nach R 3.28 Abs. 3 Satz 5 LStR reicht also allein die Regelung im Altersteilzeitvertrag, den Betroffenen bei sog. Blockmodellen den Anspruch auf Nutzungsüberlassung des Firmenwagens für Privatfahrten auch für die Dauer der Freistellungsphase einzuräumen, für eine Steuerfreistellung der Fahrzeuggestellung nicht aus.

9. Begrenzung des steuerfreien Aufstockungsbetrags auf 100 % des Nettoarbeitslohns

Die meisten Tarifverträge sehen eine Aufstockung des Altersteilzeitarbeitsentgelts auf mehr als 70 % des bisher gezahlten Arbeitsentgelts vor. Tarifvertragliche Regelungen zu einer Aufstockung auf über 100 % des bisher gezahlten Arbeitslohns sind bisher nicht bekannt geworden; sie soll es allerdings aufgrund von arbeitsrechtlichen Regelungen außerhalb der Tarifverträge geben. Für diese Fälle gilt Folgendes:

Aufstockungsbeträge sind auch steuerfrei, soweit sie über die im Altersteilzeitgesetz[1] genannten Mindestbeträge hinausgehen (R 3.28 Abs. 3 Satz 1 LStR). Die Steuerfreiheit ist aber auf einen Aufstockungsbetrag begrenzt, der zusammen mit dem Nettolohn für die Altersteilzeitarbeit 100 % des Nettolohns ohne Altersteilzeit nicht übersteigt. Für den steuerfreien Höchstbetrag ist das individuelle Nettogehalt des jeweiligen Lohnzahlungszeitraums maßgebend, also unter Berücksichtigung von z. B. Tariflohnerhöhungen und steuerlichen Freibeträgen. Die Finanzverwaltung hat somit in R 3.28 Abs. 3 Satz 2 LStR festgelegt, dass Aufstockungsbeträge nur insoweit steuerfrei sind, soweit sie zusammen mit dem während der Altersteilzeit bezogenen Nettoarbeitslohn monatlich 100 % des maßgebenden Arbeitslohns nicht übersteigen. Maßgebend ist bei **laufendem** Arbeitslohn der Nettoarbeitslohn, den der Arbeitnehmer im jeweiligen Lohnzahlungszeitraum ohne Altersteilzeit üblicherweise erhalten hätte; unangemessene Erhöhungen vor oder während der Altersteilzeit sind dabei nicht zu berücksichtigen.

Die Hinweise zu R 3.28 LStR enthalten zur Berechnung der **100-%-Grenze** bei **laufend** gezahlten Aufstockungsbeträgen folgendes Berechnungsbeispiel:

Beispiel A

Ein Arbeitnehmer mit einem monatlichen Vollzeit-Bruttogehalt in Höhe von 8750 € nimmt von der Vollendung des 62. bis zur Vollendung des 64. Lebensjahrs Altersteilzeit in Anspruch. Danach scheidet er aus dem Arbeitsverhältnis aus.

---

1) Das Altersteilzeitgesetz (AltTZG) ist als Anhang 12 im **Steuerhandbuch für das Lohnbüro 2021** abgedruckt, das im selben Verlag erschienen ist.

Lohnsteuerpflichtig | Sozialversich.-pflichtig

Der Mindestaufstockungsbetrag nach § 3 Abs. 1 Nr. 1 Buchstabe a AltTZG[1] beträgt 875 €. Der Arbeitgeber gewährt eine weitere freiwillige Aufstockung in Höhe von 3000 € (Aufstockungsbetrag insgesamt 3875 €). Der steuerfreie Teil des Aufstockungsbetrags ist wie folgt zu ermitteln:

a) Ermittlung des maßgebenden Arbeitslohns

Bruttoarbeitslohn bei fiktiver Vollarbeitszeit		8 750 €
gesetzliche Abzüge (Lohnsteuer, Solidaritätszuschlag, Kirchensteuer, Sozialversicherungsbeiträge)		3 750 €
ergibt einen maßgebenden Nettoarbeitslohn von		**5 000 €**

b) Vergleichsberechnung

Bruttoarbeitslohn bei Altersteilzeit (50 % von 8750 €)		4 375 €
gesetzliche Abzüge (Lohnsteuer, Solidaritätszuschlag, Kirchensteuer, Sozialversicherungsbeiträge)		1 725 €
Zwischensumme		2 650 €
zuzüglich Mindestaufstockungsbetrag		875 €
zuzüglich freiwilliger Aufstockungsbetrag		3 000 €
Nettoarbeitslohn		**6 525 €**

Durch den freiwilligen Aufstockungsbetrag von 3000 € ergäbe sich ein Nettoarbeitslohn bei der Altersteilzeit, der den maßgebenden Nettoarbeitslohn um 1525 € übersteigen würde. Demnach sind steuerfrei:

Mindestaufstockungsbetrag		875 €
zuzüglich freiwilliger Aufstockungsbetrag	3 000 €	
abzüglich steuerpflichtiger Teil	1 525 €	1 475 €
ergibt einen steuerfreien Aufstockungsbetrag von		**2 350 €**

c) Abrechnung des Arbeitgebers

Bruttoarbeitslohn bei Altersteilzeit		4 375 €
zuzüglich steuerpflichtiger Aufstockungsbetrag		1 525 €
ergibt einen steuerpflichtigen Arbeitslohn von		5 900 €
gesetzliche Abzüge (Lohnsteuer, Solidaritätszuschlag, Kirchensteuer, Sozialversicherungsbeiträge)		2 300 €
verbleibende Zwischensumme		3 600 €
zuzüglich steuerfreier Aufstockungsbetrag		2 350 €
ergibt einen Nettoarbeitslohn von		**5 950 €**

Werden **sonstige Bezüge** (einmalige Zuwendungen) gezahlt, ist für die Prüfung der 100-%-Grenze anhand des maßgebenden Nettoarbeitslohns, den der Arbeitnehmer ohne Altersteilzeit üblicherweise erhalten hätte, auf den voraussichtlichen Jahres**netto**arbeitslohn unter Einbeziehung der sonstigen Bezüge bei einer unterstellten Vollzeitbeschäftigung abzustellen. Unangemessene Erhöhungen vor oder während der Altersteilzeit sind dabei nicht zu berücksichtigen. Der voraussichtliche Jahresnettoarbeitslohn ist dabei nach den gleichen Grundsätzen zu ermitteln, wie sie auch für die Besteuerung sonstiger Bezüge gelten. Auf das Berechnungsschema beim Stichwort „Sonstige Bezüge" unter Nr. 5 Buchstabe c auf Seite 882 wird Bezug genommen.

Die Hinweise zu R 3.28 LStR enthalten zur Berechnung der 100-%-Grenze bei der Zahlung eines Aufstockungsbetrags in der Form eines sonstigen Bezugs folgendes Berechnungsbeispiel:

Beispiel B

Ein Arbeitnehmer in Altersteilzeit hätte bei einer Vollzeitbeschäftigung Anspruch auf ein monatliches Bruttogehalt in Höhe von 4000 € sowie im März auf einen sonstigen Bezug (Ergebnisbeteiligung) in Höhe von 1500 € (brutto).

Nach dem Altersteilzeitvertrag werden im März folgende Beträge gezahlt:

– laufendes Bruttogehalt	2 000 €
– laufende steuerfreie Aufstockung (einschließlich freiwilliger Aufstockung des Arbeitgebers)	650 €
– Brutto-Ergebnisbeteiligung (50 % der vergleichbaren Vergütung auf Basis einer Vollzeitbeschäftigung)	750 €
– Aufstockungsleistung auf die Ergebnisbeteiligung	750 €

Lohnsteuerpflichtig | Sozialversich.-pflichtig

a) Ermittlung des maßgebenden Arbeitslohns

	jährlich laufender Bruttoarbeitslohn bei fiktiver Vollarbeitszeitbeschäftigung	48 000 €
+	sonstiger Bezug bei fiktiver Vollzeitbeschäftigung	1 500 €
./.	gesetzliche jährliche Abzüge (Lohnsteuer, Solidaritätszuschlag, Kirchensteuer, Sozialversicherungsbeiträge)	18 100 €
=	maßgebender Jahresnettoarbeitslohn	31 400 €

b) Vergleichsberechnung

	jährlich laufender Bruttoarbeitslohn bei Altersteilzeit	24 000 €
+	steuerpflichtiger sonstiger Bezug bei Altersteilzeit	750 €
./.	gesetzliche jährliche Abzüge (Lohnsteuer, Solidaritätszuschlag, Kirchensteuer, Sozialversicherungsbeiträge)	6 000 €
=	Zwischensumme	18 750 €
+	Aufstockung Ergebnisbeteiligung	750 €
+	steuerfreie Aufstockung (12 × 650 €)	7 800 €
=	Jahresnettoarbeitslohn	27 300 €

Durch die Aufstockung des sonstigen Bezugs wird der maßgebende Jahresnettoarbeitslohn von 31 400 € nicht überschritten. Demnach kann die Aufstockung des sonstigen Bezugs (im Beispiel: Aufstockung der Ergebnisbeteiligung) in Höhe von 750 € insgesamt steuerfrei bleiben.

10. Steuerfreiheit des Aufstockungsbetrags bei Störfällen

Altersteilzeit im gesetzlichen Sinne liegt nur dann vor, wenn die Vereinbarung zur Altersteilzeit zumindest bis zu einem Zeitpunkt reicht, zu dem der Arbeitnehmer eine Altersrente beanspruchen kann. Der frühestmögliche Zeitpunkt, zu dem eine Altersrente in Anspruch genommen werden kann, ist nach Auffassung der Finanzverwaltung die Vollendung des 60. Lebensjahrs (R 3.28 Abs. 1 Satz 4 LStR). Vereinbarungen, die eine nur **befristete Altersteilzeit,** z. B. vom 55. bis zum 58. Lebensjahr, vorsehen und von einer anschließenden Freisetzung oder Arbeitslosigkeit bis zum Rentenbeginn ausgehen, erfüllen diese Voraussetzungen **nicht** und können deshalb auch nicht die Steuerfreiheit für den Aufstockungsbetrag begründen.

Die Frage nach der Steuerfreiheit der Aufstockungsbeträge stellt sich auch in den Fällen der Blockzeitmodelle, in denen ein **an sich beabsichtigter Übergang** zur Altersrente durch einen sog. Störfall entfällt. Solche Störfälle sind insbesondere der Tod des Arbeitnehmers oder der Eintritt der Erwerbsunfähigkeit. In R 3.28 Abs. 2 Satz 4 LStR ist hierzu festgelegt worden, dass sich durch eine vorzeitige Beendigung der Altersteilzeit (Störfall) der Charakter der bis dahin erbrachten Arbeitgeberleistungen nicht ändert, weil das Altersteilzeitgesetz keine Rückzahlung vorsieht. Die Steuerfreiheit der Aufstockungsbeträge bleibt daher bis zum Eintritt des Störfalls erhalten (vgl. das nachfolgende Beispiel).

Wird ein im Blockmodell geführtes Altersteilzeitarbeitsverhältnis vor Ablauf der vertraglich vereinbarten Zeit – im Streitfall aufgrund eines Betriebsübergangs – vorzeitig beendet und erhält der Arbeitnehmer für seine in der **Arbeitsphase** erbrachten **Vorleistungen** Ausgleichszahlungen, stellen diese **Ausgleichszahlungen** nach Ansicht des Bundesfinanzhofs Arbeitslohn dar. Sie sind lohnsteuerlich sonstige Bezüge mit der Folge, dass sie im Jahr des Zuflusses zu erfassen sind (BFH-Beschluss vom 15.12.2011, BStBl. 2012 II S. 415). Die beispielhafte Aufzählung für das Vorliegen sonstiger Bezüge in den LStR ist um diese Fallgestaltung ergänzt worden (R 39b.2 Abs. 2 Nr. 9 LStR).

Zahlt der Arbeitgeber bei den sog. Störfällen aufgrund der Auflösung der in der Arbeitsphase angesparten und in der Freistellungsphase noch nicht verbrauchten Wertguthaben Beiträge zur Renten-, Arbeitslosen-, Kranken- oder Pflegeversicherung nach (vgl. die Erläuterungen unter der

1) Das Altersteilzeitgesetz (AltTZG) ist als Anhang 12 im **Steuerhandbuch für das Lohnbüro 2021** abgedruckt, das im selben Verlag erschienen ist.

Lohn- steuer- pflichtig | Sozial- versich.- pflichtig

vorstehenden Nr. 7 Buchstabe d), sind die Beitragsanteile des Arbeitgebers nach § 3 Nr. 62 EStG steuerfrei.[1)]

Ist das Arbeitszeitguthaben über mehr als zwölf Monate angespart worden und wird es in einer Summe ausgezahlt, handelt es sich um Arbeitslohn für mehrere Jahre, der nach der sog. Fünftelregelung ermäßigt besteuert wird (vgl. die Stichwörter „Arbeitslohn für mehrere Jahre" und „Sonstige Bezüge" unter Nr. 6 auf Seite 882).[1)] Entsprechendes gilt, wenn eine Ausgleichszahlung für die in der Arbeitsphase erbrachten Vorleistungen einen Zeitraum von mehr als zwölf Monaten umfasst.

Beispiel

Ein Arbeitnehmer wechselt mit vollendetem 55. Lebensjahr in die Altersteilzeit und zwar in das sog. Blockmodell (volle Arbeitszeit bis 60 Jahre und Freistellung bis 65 Jahre für angenommene 50 % des bisherigen Bruttoarbeitsentgelts zuzüglich 20 % Aufstockungsbetrag). Mit 58 Jahren verstirbt er.

Die in den ersten drei Jahren gezahlten Aufstockungsbeträge bleiben steuerfrei (mit Progressionsvorbehalt). Der anlässlich des Todes an den Rechtsnachfolger nachgezahlte Arbeitslohn (für 3 Jahre 300 % Arbeitszeit abzüglich 210 % Arbeitslohn = 90 %) ist lohnsteuerpflichtig. Er ist allerdings als Arbeitslohn für mehrere Jahre nach der sog. Fünftelregelung ermäßigt zu besteuern.

Endet das Arbeitsverhältnis durch den Tod des Arbeitnehmers, richtet sich die Lohnsteuer nach den individuellen Lohnsteuerabzugsmerkmalen des Erben. Bei der Nachzahlung handelt es sich jedoch nicht um einen Versorgungsbezug, sondern um Arbeitslohn, den der verstorbene Arbeitnehmer bereits verdient hat. Der Versorgungsfreibetrag ist deshalb nicht anwendbar. Auf die Erläuterungen unter der vorstehenden Nr. 7 Buchstabe b und beim Stichwort „Rechtsnachfolger" wird Bezug genommen.

11. Altersteilzeit und steuerfreie Zuschläge für Sonntags-, Feiertags- und Nachtarbeit

a) Steuerfreiheit für zeitversetzt gezahlte Zuschläge für Sonntags-, Feiertags- und Nachtarbeit

Bei Arbeitszeitkonten – z. B. im Rahmen von Altersteilzeit im Blockmodell – werden zur Bildung des Wertguthabens häufig neben steuerpflichtigen Lohnbestandteilen auch nach § 3b EStG steuerfreie Zuschläge verwendet. Dieses Wertguthaben wird während der Freistellungsphase an den Arbeitnehmer ausbezahlt. In diesem Fall bleibt die Steuerfreiheit von Zuschlägen für Sonntags-, Feiertags- oder Nachtarbeit auch bei der zeitversetzten Auszahlung grundsätzlich erhalten. Voraussetzung ist jedoch, dass vor der Leistung der begünstigten Arbeit vereinbart wird, dass ein steuerfreier Zuschlag – ggf. teilweise – als Wertguthaben auf ein Arbeitszeitkonto genommen und getrennt ausgewiesen wird (R 3b Abs. 8 LStR).

Werden die auf Arbeitszeitkonten gutgeschriebenen Zuschläge für Sonntags-, Feiertags- und Nachtarbeit verzinst, kann die Verzinsung nicht ebenfalls als steuerfreier Zuschlag behandelt, sondern muss getrennt von den steuerfreien Zuschlägen gesondert erfasst werden. Denn nach § 3b EStG sind nur Zuschläge, die für **tatsächlich geleistete Sonntags-, Feiertags- oder Nachtarbeit** neben dem Grundlohn gezahlt werden, innerhalb bestimmter Grenzen steuerfrei. Werden diese Zuschläge im Rahmen der Altersteilzeit – ggf. teilweise – auf ein Zeitkonto genommen und wegen der Auszahlung in der Freistellungsphase verzinst, **hat die Verzinsung ihre alleinige Ursache in der späteren Auszahlung.** Sie stellt folglich keine Vergütung für tatsächlich geleistete Sonntags-, Feiertags- oder Nachtarbeit dar, sodass § 3b EStG insoweit nicht anzuwenden ist. Die gezahlten Zinsen sind deshalb steuerpflichtiger Arbeitslohn.[2)]

Entsprechendes gilt für Wertsteigerungen aufgrund von Tariferhöhungen.[3)]

Lohn- steuer- pflichtig | Sozial- versich.- pflichtig

b) Ermittlung des Grundlohns für steuerfreie Zuschläge bei Sonntags-, Feiertags- und Nachtarbeit während der Altersteilzeit

Die Steuerfreiheit von Sonntags-, Feiertags- und Nachtarbeitszuschlägen bestimmt sich nach dem steuerlichen Grundlohn, auf den die vom Gesetzgeber für die begünstigten Arbeiten unterschiedlich festgelegten Zuschlagssätze anzuwenden sind. Auf die Erläuterungen beim Stichwort „Zuschläge für Sonntags-, Feiertags- und Nachtarbeit" wird Bezug genommen. Unter dem Grundlohn ist dabei der auf eine Arbeitsstunde entfallende Anspruch auf laufenden Arbeitslohn zu verstehen, den ein Arbeitnehmer im jeweiligen Monat aufgrund seiner regelmäßigen Arbeitszeit erwirbt. Für Arbeitnehmer mit Altersteilzeitarbeit hätte diese Definition zur Folge, dass sich ein entsprechend reduzierter Grundlohn und damit geringere steuerfreie Zuschläge ergeben würden. Um diese Benachteiligung gegenüber Vollzeitarbeitskräften zu vermeiden, legen die Lohnsteuer-Richtlinien fest, dass **bei einer Beschäftigung nach dem Altersteilzeitgesetz für die Grundlohnberechnung eine Vollzeitbeschäftigung zu unterstellen ist.** Dadurch kann die Altersteilzeitkraft in gleichem Umfang steuerfreie Zuschläge für Sonntags-, Feiertags- oder Nachtarbeit erhalten wie ein vollbeschäftigter Arbeitnehmer (R 3b Abs. 2 Satz 2 Nr. 5 LStR).

12. Steuerliche Behandlung von Zahlungen, die zum Ausgleich von Abschlägen bei der Rente verwendet werden (§ 187a SGB VI)

Die vorzeitige Inanspruchnahme einer Altersrente nach Altersteilzeit kann zu **Abschlägen bei der Rente** führen. Damit die sich aufgrund der längeren Rentenbezugsdauer ergebende Minderung der monatlichen Rente ausgeglichen werden kann, wird den Versicherten, die die Altersrente vorzeitig in Anspruch nehmen wollen, das Recht eingeräumt, zusätzliche Beiträge zu leisten (§ 187a SGB VI).

Durch tarifliche oder innerbetriebliche Regelungen – z. B. durch eine Übernahme bzw. Erstattung der Beiträge durch den Arbeitgeber – kann eine finanzielle Belastung der Arbeitnehmer bzw. Rentner vermieden oder verringert werden.

Insbesondere können und sollen nach den Vorstellungen des Gesetzgebers Sozialplanmittel oder **Abfindungen** für die Beitragszahlungen zum Ausgleich der Rentenminderungen eingesetzt werden. Diese Ausgleichsbeträge werden bei der Abfindungsanrechnung nach dem SGB III nicht auf das Arbeitslosengeld angerechnet.

Für die steuerliche Behandlung solcher Arbeitgeberleistungen gilt Folgendes:

Nach § 3 Nr. 28 EStG sind Zahlungen des Arbeitgebers zur Übernahme von Beiträgen im Sinne des § 187a SGB VI **steuerfrei,** soweit die Zahlungen des Arbeitgebers **50 % der Beiträge** nicht übersteigen. Die Steuerfreiheit ist also auf die Hälfte der insgesamt geleisteten zusätzlichen Rentenversicherungsbeiträge begrenzt, da auch Pflichtbeiträge des Arbeitgebers zur gesetzlichen Rentenversicherung nur in Höhe des halben Gesamtbeitrags steuerfrei sind. Die Berechtigung zur Zahlung solcher Beiträge und damit die Steuerfreistellung setzen voraus, dass der Versicherte erklärt, eine solche Rente zu beanspruchen. Die steuer-

1) BMF-Schreiben vom 28.3.2000 (Az.: IV C 5 – S 2340 – 51/99 V). Das nicht im Bundessteuerblatt veröffentlichte BMF-Schreiben ist als Anlage 1 zu H 3.28 LStR im **Steuerhandbuch für das Lohnbüro 2021** abgedruckt, das im selben Verlag erschienen ist.

2) BMF-Schreiben vom 27.4.2000 (Az.: IV C 5 – S 2343 – 6/00). Das nicht im Bundessteuerblatt veröffentlichte BMF-Schreiben ist als Anlage 2 zu H 3.28 LStR im **Steuerhandbuch für das Lohnbüro 2021** abgedruckt, das im selben Verlag erschienen ist.

3) BMF-Schreiben vom 9.2.2011 (Az.: IV C 5 – S 2343/0 – 02). Das nicht im Bundessteuerblatt veröffentlichte BMF-Schreiben ist als Anlage 7 zu H 3b LStR im **Steuerhandbuch für das Lohnbüro 2021** abgedruckt, das im selben Verlag erschienen ist.

freien Beträge unterliegen übrigens nicht dem Progressionsvorbehalt (vgl. dieses Stichwort).

Der verbleibende steuerpflichtige Teil der vom Arbeitgeber übernommenen Rentenversicherungsbeiträge ist im Grundsatz eine **Entlassungsabfindung,** die zwar steuerpflichtig ist, aber unter Anwendung der sog. Fünftelregelung ermäßigt besteuert werden kann, wenn die hierfür erforderlichen Voraussetzungen vorliegen (vgl. die Erläuterungen beim Stichwort „Abfindung wegen Entlassung aus dem Dienstverhältnis").

Leistet der Arbeitgeber diese Beiträge in Teilbeträgen, ist dies im Grundsatz für die Anwendung der sog. Fünftelregelung schädlich, da keine Zusammenballung von Einkünften vorliegt. Aufgrund bundeseinheitlicher Verwaltungsanweisung[1] wird aber aus Billigkeitsgründen eine Ratenzahlung bei den zusätzlich vom Arbeitgeber geleisteten Rentenversicherungsbeiträgen als unschädlich für die Anwendung der Fünftelregelung auf den Einmalbetrag angesehen. Eine dem Arbeitnehmer **zusätzlich** zu den ratenweise geleisteten Rentenversicherungsbeiträgen zugeflossene Entlassungsabfindung (Einmalbetrag) kann deshalb **auf Antrag des Arbeitnehmers** unter Anwendung der Fünftelregelung ermäßigt besteuert werden.

13. Rückzahlung von Arbeitslohn bei rückwirkender Inanspruchnahme von Altersteilzeit

Es kommt vor, dass die genaue Berechnung des aufgrund der Altersteilzeit verminderten Arbeitslohns einige Zeit in Anspruch nimmt und vorerst vom Arbeitgeber der ungekürzte Arbeitslohn weitergezahlt wird. Wenn sich dies über den Jahreswechsel hinzieht und die Lohnsteuerbescheinigung für das vergangene Kalenderjahr bereits an die Finanzverwaltung übermittelt worden ist, kommt es zur Rückzahlung von versteuerten Arbeitslohn und zur Nachzahlung von steuerfreien Arbeitslohn. Eine Verrechnung des zurückgezahlten steuerpflichtigen Arbeitslohns mit dem nachgezahlten steuerfreien Arbeitslohn ist steuerlich nicht möglich.[2] Wie ein solcher Vorgang bei der Lohnabrechnung abgewickelt wird, soll an einem Beispiel verdeutlicht werden:

Beispiel

Ein Arbeitnehmer mit einem Arbeitslohn von 6000 € beantragt ab 1. November 2020 Altersteilzeit im sog. Blockmodell. Die Ermittlung der genauen Bemessungsgrundlage für den ab 1. November 2020 verminderten Arbeitslohn nimmt einige Zeit in Anspruch. Deshalb steht erst im April 2021 fest, dass der Arbeitslohn ab 1. November 2020 monatlich 3000 € beträgt und der Arbeitnehmer einen steuerfreien Aufstockungsbetrag von (20 % aus 3000 € =) 600 € erhält. Der Arbeitgeber hat vorerst den Arbeitslohn in der bisherigen Höhe weitergezahlt. Im April 2021 muss der Arbeitnehmer den zu viel gezahlten Arbeitslohn für November 2020 bis März 2021 in Höhe von (5 × 3000 € =) 15 000 € zurückzahlen und erhält gleichzeitig eine Nachzahlung von steuerfreiem Arbeitslohn in Höhe von (5 × 600 € =) 3000 €. Wenn die Lohnsteuerbescheinigung für das Kalenderjahr 2020 bereits an die Finanzverwaltung übermittelt wurde, stellt sich die Frage, wie der für die Monate November und Dezember zurückgezahlte Arbeitslohn abrechnungstechnisch zu behandeln ist. Für das Kalenderjahr 2020 wurden zurückgezahlt:

zu viel gezahlter Monatslohn	3 000,– €
abzüglich nachgezahlter steuerfreier Aufstockungsbetrag	600,– €
verbleiben	2 400,– €
für 2 Monate (2 × 2400 € =)	4 800,– €

Nach bundeseinheitlich geltender Auffassung der Finanzverwaltung[2] liegt in Höhe von (2 × 2400 € =) 4800 € die Rückzahlung von steuerpflichtigem Arbeitslohn vor, die nach den hierfür geltenden Grundsätzen zu behandeln ist. Das bedeutet, dass der Betrag von 4800 € im Kalenderjahr 2021 vom steuerpflichtigen Arbeitslohn zu kürzen ist, wie dies beim Stichwort „Rückzahlung von Arbeitslohn" anhand eines Beispiels dargestellt ist.

Die für das Kalenderjahr 2020 nachgezahlten steuerfreien Aufstockungsbeträge in Höhe von (2 × 600 € =) 1200 € wirken sich auf die Lohnabrechnung im Kalenderjahr 2021 nicht aus. Sie führen allerdings dazu, dass sich der für das Kalenderjahr 2020 bescheinigte steuerpflichtige Jahresarbeitslohn um 1200 € vermindert. Wenn der steuerpflichtige Jahresarbeitslohn in der Lohnsteuerbescheinigung für das Kalenderjahr 2020 nicht mehr geändert werden kann, muss der Arbeitgeber dem Arbeitnehmer eine gesonderte Bescheinigung erteilen, damit der Arbeitnehmer die Steuerfreiheit noch im Veranlagungsverfahren beantragen kann. Folgende Gestaltung der Bescheinigung wäre ausreichend:

Bestätigung zur Vorlage beim Finanzamt

Arbeitgeber:

Name der Firma: ______________________________

Anschrift: ______________________________

Arbeitnehmer:

Name, Vorname: ______________________________

Anschrift: ______________________________

Zur Vorlage beim Finanzamt wird bestätigt, dass im steuerpflichtigen Bruttoarbeitslohn, der dem o. a. Arbeitnehmer in Zeile 3 seiner Lohnsteuerbescheinigung für das Kalenderjahr 2020 bescheinigt worden ist, steuerfreie Aufstockungsbeträge nach dem Altersteilzeitgesetz in Höhe von 1200 € enthalten sind.

______________________ ______________________

Ort, Datum Unterschrift des Arbeitgebers

Das Finanzamt des Arbeitnehmers wird aufgrund dieser Bescheinigung den steuerpflichtigen Jahresarbeitslohn bei der Veranlagung für das Kalenderjahr 2020 um 1200 € kürzen und die steuerfreien Aufstockungsbeträge in den Progressionsvorbehalt einbeziehen.

14. Steuerfreiheit von Aufstockungsbeträgen während der Arbeitsunfähigkeit

Nachdem in der Praxis Fälle bekannt geworden sind, in denen Finanzämter Aufstockungsbeträge, die bei Altersteilzeit während der Arbeitsunfähigkeit anstelle der sonst zu zahlenden Krankengeldzuschüsse gewährt werden, als steuerpflichtigen Arbeitslohn behandelt haben, hat das Bundesministerium der Finanzen klargestellt, dass derartige Leistungen steuer- und damit beitragsfrei in der Sozialversicherung sind.[3] Da die Leistungen als steuerfreie Aufstockungsbeträge anzusehen sind, unterliegen sie allerdings dem sog. Progressionsvorbehalt und erhöhen auf diese Weise den Steuersatz für das steuerpflichtige Einkommen (vgl. das Stichwort „Progressionsvorbehalt").

15. Keine Kürzung der Werbungskosten wegen steuerfreier Aufstockungsbeträge

Es sind Fälle aufgetreten, in denen einzelne Finanzämter Arbeitnehmern in Altersteilzeit wegen der steuerfreien Aufstockungsbeträge die Werbungskosten (z. B. Entfernungspauschale für die Wege zwischen Wohnung und erster Tätigkeitsstätte) anteilig gekürzt haben (wegen § 3c Abs. 1 EStG). Die Finanzverwaltung hat deshalb darauf hingewiesen, dass bei einer steuerfreien Zahlung von Aufstockungsbeträgen in Altersteilzeitfällen keine Werbungskostenkürzung vorzunehmen ist, weil die Aufwendungen nicht in einem unmittelbaren wirtschaftlichen Zusammenhang mit den steuerfreien Aufstockungsbeträgen stehen. Um nämlich einen solchen unmittelbaren wirtschaftlichen Zusammenhang annehmen zu können, muss eine erkennbare und abgrenzbare Beziehung zwischen den steuerfreien Einnahmen und Ausgaben vorhanden sein. Dies ist hier aber eindeutig nicht der Fall.[4]

1) Randnummern 20 und 21 des BMF-Schreibens vom 1.11.2013 (BStBl. I S. 1326). Das BMF-Schreiben ist als Anlage zu H 34 LStR im **Steuerhandbuch für das Lohnbüro 2021** abgedruckt, das im selben Verlag erschienen ist.

2) Bundeseinheitliche Regelung z. B. Verfügung der OFD Erfurt vom 23.8.2000 (Az.: S 2333 A – 12 – St 331). Die Verfügung ist als Anlage 3 zu H 3.28 LStR im **Steuerhandbuch für das Lohnbüro 2021** abgedruckt, das im selben Verlag erschienen ist.

3) BMF-Schreiben vom 27.4.2001 (Az.: IV C 5 – S 2333 – 21/01). Das nicht im Bundessteuerblatt veröffentlicht BMF-Schreiben ist als Anlage 4 zu H 3.28 LStR im **Steuerhandbuch für das Lohnbüro 2021** abgedruckt, das im selben Verlag erschienen ist.

4) Verfügung der OFD Hannover vom 20.3.2008 (Az.: S 2350 – 118 – StO 217). Die Verfügung ist als Anlage 5 zu H 3.28 LStR im **Steuerhandbuch für das Lohnbüro 2021** abgedruckt, das im selben Verlag erschienen ist.

Lohnsteuerpflichtig | Sozialversich.-pflichtig

16. Meldepflichten bei Altersteilzeit

Der Übergang in die Altersteilzeit ist ein meldepflichtiger Tatbestand. Das bedeutet, dass der Arbeitnehmer mit dem Tag vor Beginn der Altersteilzeit abzumelden und mit dem Beginn wieder anzumelden ist. Zur Eintragung der Schlüsselzahlen bei der Abmeldung bzw. Anmeldung vgl. die ausführlichen Erläuterungen zu den Meldepflichten des Arbeitgebers in **Anhang 15** des Lexikons. In den Entgeltmeldungen während der Altersteilzeitarbeit ist das gesamte rentenpflichtige Arbeitsentgelt anzugeben.

17. Steuerfreibetrag für Vermögensbeteiligungen

Der steuer- und sozialversicherungsfreie Höchstbetrag von derzeit 360 € für Vermögensbeteiligungen (vgl. dieses Stichwort) gilt für Arbeitnehmer, die in einem gegenwärtigen Dienstverhältnis zu ihrem Arbeitgeber stehen. Hierzu gehören auch Arbeitnehmer, die sich in der **Freistellungsphase** einer **Altersteilzeitvereinbarung** befinden.[1)]

Altersvermögensgesetz

siehe Anhang 6a

Altersversorgung

siehe „Zukunftsicherung" und Anhang 6

Amateursportler

Es ist anhand aller Umstände des Einzelfalles zu entscheiden, ob eine Arbeitnehmertätigkeit vorliegt. Allerdings wird bei Personen, die einen Mannschaftssport betreiben (z. B. Fußball, Handball, Basketball, Volleyball oder Eishockey) eher eine Arbeitnehmertätigkeit in Betracht kommen als bei Einzelsportlern, wie z. B. Leichtathleten. Regelmäßig entlohnte Mannschaftssportler schulden dem Verein ihre Arbeitskraft, sind in den Organismus des Arbeitgebers eingegliedert und weisungsgebunden. In diesen Fällen liegt in aller Regel ein steuer- und beitragspflichtiges Arbeitsverhältnis vor. — ja | ja[2)]

Der Bundesfinanzhof hat hierzu im Urteil vom 23.10.1992 (BStBl. 1993 II S. 303) entschieden, dass der Sportverein Lohnsteuer von dem Arbeitslohn einbehalten muss, den er seinen Amateurspielern zahlt. In diesem Urteil wurde jedoch klargestellt, dass Arbeitslohn dann begrifflich nicht vorliegt, wenn die Vergütungen die mit der Ausübung des Sports zusammenhängenden Aufwendungen nur unwesentlich übersteigen. — nein | nein

Amateursportler haben aber keinen Anspruch auf die steuerfreie Ehrenamtspauschale von nunmehr 840 € jährlich, weil es sich nicht um eine Tätigkeit im „gemeinnützigen Bereich" handelt (vgl. „Nebentätigkeit für gemeinnützige Organisationen" unter Nr. 10).

Vergütungen, die Amateursportler für ihren Einsatz in der Werbung erhalten, sind Einkünfte aus Gewerbebetrieb und unterliegen als solche nicht dem Lohnsteuerabzug. — nein | nein

Die Zahlungen der Deutschen Sporthilfe an Leistungssportler unterliegen nicht dem Lohnsteuerabzug. Es handelt sich um wiederkehrende Bezüge i. S. d. § 22 EStG, die in voller Höhe steuerpflichtig sind. — nein | nein

Zur steuer- und beitragsrechtlichen Behandlung von Berufssportlern vgl. dieses Stichwort.

Änderung der Beitragsberechnung

Bei einer Änderung der bisherigen Berechnung der Sozialversicherungsbeiträge ist zu unterscheiden, ob sich infolge der Änderung eine Beitragserstattung oder eine Nachforderung von Beiträgen ergibt.

1. Erstattung von Beiträgen

Zu viel berechnete und entrichtete Beiträge zur Kranken-, Pflege-, Renten- und Arbeitslosenversicherung können ohne besonderen Antrag vom Arbeitgeber mit den abzuführenden Beiträgen verrechnet werden, wenn

a) der Beginn des Zeitraumes, für den die Beiträge zu viel berechnet wurden, nicht mehr als **6 Kalendermonate** zurückliegt (für die Kranken-, Pflege-, Renten- und Arbeitslosenversicherung hat der Arbeitnehmer jeweils schriftlich zu erklären, dass kein Bescheid über eine Forderung eines Leistungsträgers vorliegt und seit Beginn des Erstattungszeitraumes Leistungen nicht gewährt wurden und die Rentenversicherungsbeiträge nicht als freiwillige Beiträge gelten sollen),

b) der Zeitraum, für den Beiträge zu viel berechnet wurden, nicht mehr als **24 Kalendermonate** zurückliegt und nur **Teile** von Beiträgen zu verrechnen sind, bzw. aus einem ggf. zu hohen Arbeitsentgelt bezahlte Beiträge Grundlage für die Bemessung von Geldleistungen waren.

Wegen weiterer Einzelheiten vgl. die ausführlichen Erläuterungen beim Stichwort „Erstattung von Sozialversicherungsbeiträgen".

2. Nachforderung von Beiträgen

Der Gesamtsozialversicherungsbeitrag ist in voller Höhe (Arbeitnehmer- und Arbeitgeberbeitragsanteil) vom Arbeitgeber zu zahlen (§ 28 e Abs. 1 Satz 1 SGB IV). Er ist damit gleichzeitig Beitragsschuldner. In § 28 g SGB IV wird das **Innenverhältnis** zwischen dem Arbeitgeber und seinem Beschäftigten geregelt. So hat der Arbeitgeber hiernach einen Anspruch auf den vom Beschäftigten zu tragenden Teil des Gesamtsozialversicherungsbeitrags. Diesen Anspruch darf der Arbeitgeber nur im Wege des Abzugs vom Arbeitsentgelt geltend machen. Nicht oder zu niedrig einbehaltene Pflichtbeiträge (Arbeitnehmeranteile) zur gesetzlichen Sozialversicherung können vom Arbeitnehmer **nur bei den drei nächsten Lohn- oder Gehaltszahlungen** nachgeholt werden (§ 28 g Satz 3 SGB IV). Für alle weiter zurückliegenden Lohnzahlungszeiträume muss der Arbeitgeber auch hinsichtlich der Arbeitnehmeranteile selbst einstehen, es sei denn, **es trifft ihn kein Verschulden.** Das ist z. B. der Fall, wenn der Arbeitgeber den Beitragsabzug unterlassen hat, weil er vom Sozialversicherungsträger eine unrichtige Auskunft erhalten hat. Eine schuldlose nachträgliche Beitragsentrichtung liegt

1) Textziffer 1.1.1 des BMF-Schreibens vom 8.12.2009 (BStBl. I S. 1513). Das BMF-Schreiben ist als Anlage zu H 3.39 LStR im **Steuerhandbuch für das Lohnbüro 2021** abgedruckt, das im selben Verlag erschienen ist.

2) Sozialversicherungsrechtlich ist Folgendes zu beachten: In Bezug auf Amateursportler, die ohne gesonderte schriftliche Vertragsvereinbarung allein aufgrund ihrer mitgliedschaftsrechtlichen Bindungen tätig werden, wird die widerlegbare Vermutung zugrunde gelegt, dass bei Zahlungen bis zur Höhe von 200 € im Monat keine wirtschaftliche Gegenleistung erbracht und damit keine sozialversicherungsrechtlich relevante Beschäftigung ausgeübt wird. Dabei sind Prämien für besondere Leistungserfolge bei der Beurteilung der Höhe der Vergütung auch prospektiv (vorausschauend) mit einzubeziehen. Werden Nachweise geführt, die aus besonderen Gründen (z. B. Transportkosten für notwendiges Sportgerät) einen höheren Aufwand belegen, kann im Einzelfall auch trotz monatlicher Zahlung über 200 € eine sozialversicherungsrechtlich relevante Beschäftigung verneint werden. Werden im umgekehrten Fall dagegen niedrigere Aufwände nachweislich geltend gemacht, kann eine sozialversicherungsrechtlich relevante Beschäftigung auch bei einer monatlichen Zahlung bis zu 200 € bestehen, wenn die Vergütung nicht lediglich zur sportlichen Motivation oder zur Vereinsbindung gewährt wird. Die Amateursportler sind dann regelmäßig als geringfügig Beschäftigte anzusehen und bei der Deutschen Rentenversicherung Knappschaft-Bahn-See, Minijob-Zentrale, zu melden.

jedoch nicht schon dann vor, wenn der Arbeitgeber aus Rechtsirrtum den Abzug unterlassen hat. Den Arbeitgeber trifft hier also ein wesentlich höheres Risiko als beim Lohnsteuerabzug (vgl. die Ausführungen beim Stichwort „Änderung des Lohnsteuerabzugs"). Hat der Arbeitgeber den rechtzeitigen Beitragsabzug versäumt (z. B. weil er sich über die Beitragspflicht bestimmter Entgeltzahlungen nicht ausreichend informiert hat), dann muss er den auf den Arbeitnehmer entfallenden Beitragsteil selbst tragen; ein Rückgriffsrecht gegenüber dem Arbeitnehmer steht ihm nicht zu (auch nicht nach bürgerlichem Recht). Im Einzelnen vgl. hierzu die Erläuterungen beim Stichwort „Haftung des Arbeitgebers" unter Nr. 13 auf Seite 558.

Eine Ausnahme von dem Grundsatz, dass nicht oder zu niedrig einbehaltene Arbeitnehmeranteile nur bei den nächsten drei Lohnzahlungen nachgeholt werden können, hat der Gesetzgeber in § 28 g Sätze 3 und 4 SGB IV für folgende Fälle gemacht:

- Wenn der Arbeitnehmer seinen Pflichten, dem Arbeitgeber die zur Durchführung des Meldeverfahrens und der Beitragszahlung erforderlichen Angaben zu machen, **vorsätzlich oder grob fahrlässig nicht nachkommt.** Dem Arbeitgeber wird damit ein Rückgriffsrecht beim Arbeitnehmer außerhalb des Entgeltabzugs eingeräumt, und zwar auch dann noch, wenn das Beschäftigungsverhältnis bereits beendet ist.
- Soweit es sich um Beitragsanteile handelt, die **ausschließlich vom Arbeitnehmer zu tragen** sind. Damit sind z. B. die Beitragsanteile gemeint, die auf den in der Pflegeversicherung zu zahlenden **Beitragszuschlag für Kinderlose** entfallen (0,25 %).
- Solange der Arbeitnehmer **nur Sachbezüge** erhält.

3. Nachzahlung von Arbeitslohn

Wird Arbeitslohn für bereits abgerechnete Zeiträume nachgezahlt, ist auch die Beitragsberechnung entsprechend zu ändern (vgl. das Stichwort „Nachzahlung von laufendem Arbeitslohn").

Änderung der Lohnsteuerpauschalierung

Nach der durch das Gesetz zur Anpassung des nationalen Steuerrechts an den Beitritt Kroatiens zur EU und zur Änderung weiterer steuerlicher Vorschriften vom 25.7.2014 (BGBl. I S. 1266, BStBl. I S. 1126) eingeführten Regelung in § 41c Abs. 3 Satz 4 ff EStG ist eine Minderung der einzubehaltenden und zu übernehmenden Lohnsteuer nach der Übermittlung oder Ausschreibung der Lohnsteuerbescheinigung nur dann zulässig, wenn sich der Arbeitnehmer ohne vertraglichen Anspruch und gegen den Willen des Arbeitgebers Beträge verschafft hat, für die Lohnsteuer einbehalten wurde („veruntreute Beträge"). Die vorgenommene Ergänzung betrifft allerdings – ungeachtet des zu weit gefassten Gesetzeswortlauts – ausschließlich die Minderung des Lohnsteuerabzugs nach den individuellen Lohnsteuerabzugsmerkmalen des Arbeitnehmers (vgl. das Stichwort „Änderung des Lohnsteuerabzugs") und nicht die Änderungsmöglichkeiten bei der Lohnsteuerpauschalierung.

Bei einer Änderung der Lohnsteuerpauschalierung durch den Arbeitgeber besteht gegenüber der Änderung der vom Arbeitslohn einbehaltenen individuellen Lohnsteuer ein gravierender Unterschied. Denn der Arbeitgeber kann die von ihm durchgeführte Pauschalierung der Lohnsteuer ändern, solange noch keine Festsetzungsverjährung eingetreten ist und der Vorbehalt der Nachprüfung für die abgegebenen Lohnsteuer-Anmeldungen noch nicht aufgehoben wurde. Die vom Arbeitslohn einbehaltene Lohnsteuer kann der Arbeitgeber hingegen in der Regel nur so lange ändern, solange er für den betreffenden Arbeitnehmer noch keine elektronische Lohnsteuerbescheinigung übermittelt oder ausgestellt hat (vgl. die Erläuterungen beim Stichwort „Änderung des Lohnsteuerabzugs").

Hiernach ergibt sich folgende Übersicht:

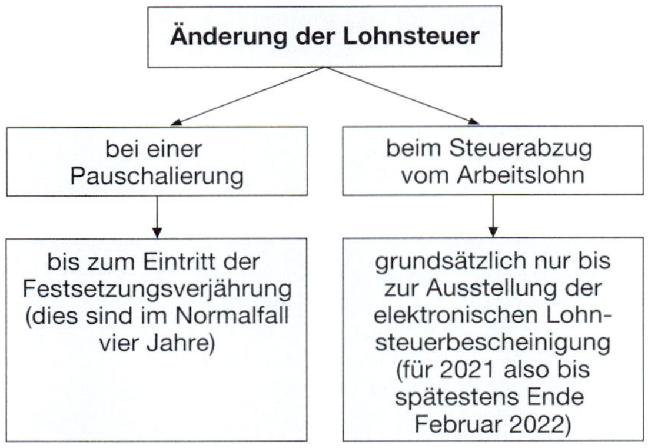

Für eine Änderung der Lohnsteuerpauschalierung gilt im Einzelnen Folgendes:

Die Lohnsteuer-Anmeldung ist eine Steuererklärung im Sinne des § 150 AO. Sie steht als Steueranmeldung einer Steuerfestsetzung unter dem Vorbehalt der Nachprüfung gleich (§§ 164, 168 AO). Der Vorbehalt der Nachprüfung bewirkt, dass die Steuerfestsetzung in Form der vom Arbeitgeber beim Betriebsstättenfinanzamt eingereichten Lohnsteuer-Anmeldung aufgehoben oder geändert werden kann, solange der Vorbehalt wirksam ist. **Auch der Arbeitgeber** kann also jederzeit die Aufhebung oder Änderung der Steuerfestsetzung in der Lohnsteuer-Anmeldung sowohl **zu seinen Gunsten** als auch zu seinen Ungunsten beantragen. Diese wichtige Vorschrift ermöglicht es dem Arbeitgeber, etwaige Fehler bei der Lohnabrechnung rückwirkend zu korrigieren. Es genügt hierfür, wenn er für die bereits abgelaufenen Anmeldungszeiträume eine **berichtigte Lohnsteuer-Anmeldung** abgibt. Handelt es sich um die vom Arbeitslohn einbehaltene individuelle Lohnsteuer des Arbeitnehmers, sind hierbei allerdings die beim Stichwort „Änderung des Lohnsteuerabzugs" dargestellten Grundsätze zu beachten. Danach ist eine **Minderung** der nach den individuellen Lohnsteuerabzugsmerkmalen (ELStAM) des Arbeitnehmers einbehaltenen Lohnsteuer nach Übermittlung/Ausstellung der elektronischen Lohnsteuerbescheinigung in der Regel nicht mehr möglich. Handelt es sich hingegen um **pauschalierte Lohnsteuer,** ist die Abgabe einer berichtigten Lohnsteuer-Anmeldung solange möglich, solange der **Vorbehalt der Nachprüfung noch nicht aufgehoben wurde.** Der Vorbehalt der Nachprüfung wird bei Lohnsteuer-Anmeldungen regelmäßig so lange aufrechterhalten, bis bei dem Arbeitgeber eine Lohnsteuer-Außenprüfung durchgeführt worden oder die **sog. Festsetzungsfrist** (§ 169 AO) abgelaufen ist. Ist die Festsetzungsfrist abgelaufen, entfällt der Vorbehalt der Nachprüfung automatisch, d. h. auch ohne formelle Aufhebung durch das Finanzamt. Die Festsetzungsfrist beträgt **vier Jahre** und beginnt im Normalfall mit Ablauf des Kalenderjahres, in dem die Lohnsteuer-Anmeldung beim Finanzamt eingereicht worden ist (vgl. „Verjährung").

Beispiel

Ein Arbeitgeber möchte die zu Unrecht durchgeführte Pauschalbesteuerung von Beiträgen zu einer Unfallversicherung mit 20 % rückgängig machen und sich die pauschale Lohn- und Kirchensteuer sowie den Solidaritätszuschlag erstatten lassen (vgl. das Stichwort „Unfallversicherung"). Die Lohnsteuer-Anmeldungen wurden stets fristgerecht abgegeben.

Die Festsetzungsfrist beginnt mit Ablauf des Kalenderjahres, in dem die Lohnsteuer-Anmeldung eingereicht wurde. Somit beginnt die Festsetzungsfrist für die Lohnsteuer, die mit der Lohnsteuer-Anmeldung für November 2016 (einzureichen bis zum 10. Dezember 2016) angemel-

Lohn-steuer-pflichtig Sozial-versich.-pflichtig

det werden musste, mit Ablauf des 31. Dezember 2016. Die Festsetzungsfrist beträgt vier Jahre, sie endete also mit Ablauf des 31. Dezember 2020. Im Kalenderjahr 2021 kann daher im Normalfall für die Lohnsteuer-Anmeldungszeiträume November 2016 und früher eine Erstattung der pauschalen Lohnsteuer nicht mehr durchgeführt werden.

Die Lohnsteuer-Anmeldung für Dezember 2016 wurde am 10. Januar 2017 fristgerecht eingereicht. Für die damit anzumeldende Lohnsteuer beginnt die Festsetzungsfrist mit Ablauf des 31. Dezember 2017. Im Kalenderjahr **2021** können daher die Lohnsteuer-Anmeldungszeiträume **ab Dezember 2016** (und später) wegen pauschaler Lohnsteuer noch berichtigt werden.

Fällt das Jahresende auf einen Samstag, einen Sonntag oder einen gesetzlichen Feiertag, endet die Festsetzungsfrist mit Ablauf des nächstfolgenden Werktags (BFH-Urteil vom 20.1.2016, BStBl. II S. 380).

Änderung des Lohnsteuerabzugs

Gliederung:

1. Allgemeines
2. Verpflichtung des Arbeitgebers zur Änderung des Lohnsteuerabzugs
3. Verfahren bei der Änderung des Lohnsteuerabzugs
4. Änderung des Lohnsteuerabzugs rückwirkend nur bis zum Beginn des Dienstverhältnisses
5. Änderung des Lohnsteuerabzugs nach Ablauf des Kalenderjahres
   a) Die elektronische Lohnsteuerbescheinigung wurde noch nicht an das Finanzamt weitergeleitet
   b) Die elektronische Lohnsteuerbescheinigung wurde bereits an das Finanzamt weitergeleitet
   c) Vom Arbeitnehmer veruntreute Beträge
6. Änderung des Lohnsteuerabzugs bei ausgeschiedenen Arbeitnehmern
7. Änderung des Lohnsteuerabzugs bei beschränkt steuerpflichtigen Arbeitnehmern

1. Allgemeines

Früher kam eine rückwirkende Änderung des Lohnsteuerabzugs nur dann in Betracht, wenn der **Arbeitgeber** nachträglich feststellte, dass er – aus welchen Gründen auch immer – den **Lohnsteuerabzug nicht richtig** durchgeführt hatte. Seit 1.1.1999 muss eine rückwirkende Änderung der bisher durchgeführten Lohnabrechnungen auch dann durchgeführt werden, wenn **Gesetzesänderungen rückwirkend in Kraft treten** (§ 41c Abs. 1 Satz 1 Nr. 2 EStG).

Abgesehen von rückwirkenden Gesetzesänderungen werden in der täglichen Praxis der Lohnabrechnungen immer wieder Fälle auftreten, die den Arbeitgeber vor die Frage stellen, ob der bisher von ihm vorgenommene Lohnsteuerabzug berichtigt werden muss. So können z. B. neue Lohnsteuerabzugsmerkmale vorliegen, die auf bereits abgerechnete Monate zurückwirken oder der Arbeitgeber erkennt von sich aus, dass er den Lohnsteuerabzug nicht richtig durchgeführt hat, weil beispielsweise eine Steuerbefreiungsvorschrift unzutreffend ausgelegt wurde oder Unterlagen, die für die Anwendung einer Steuerbefreiungsvorschrift erforderlich sind, vom Arbeitnehmer erst verspätet vorgelegt wurden. Für eine Änderung des Lohnsteuerabzugs gelten nach § 41c EStG folgende Grundsätze:

2. Verpflichtung des Arbeitgebers zur Änderung des Lohnsteuerabzugs

Stellt der Arbeitgeber fest, dass er bisher zu viel oder zu wenig Lohnsteuer einbehalten hat, ist der Arbeitgeber ohne Weiteres **berechtigt,** bei der jeweils nächstfolgenden Lohnzahlung den Lohnsteuerabzug zu ändern,

- wenn ihm (elektronische) Lohnsteuerabzugsmerkmale des Arbeitnehmers mit zeitlicher Rückwirkung bekannt werden oder
- wenn der Arbeitgeber erkennt, dass er die Lohnsteuer bisher nicht vorschriftsmäßig einbehalten hat.

Der Arbeitgeber ist also ganz allgemein und ohne Einschränkung befugt, rückwirkende Fehler bei der Lohnabrechnung zu korrigieren. Dies gilt jedoch nur für **eigene Fehler,** nicht auch für Fehler, die frühere Arbeitgeber gemacht haben (vgl. nachfolgende Nr. 4). Allerdings ist eine Änderung in der Regel nicht mehr möglich, wenn die elektronische Lohnsteuerbescheinigung bereits an die Finanzverwaltung übermittelt und dem Arbeitnehmer ausgehändigt wurde (vgl. nachfolgende Nr. 5).

Die Änderung ist **zugunsten oder zuungunsten des Arbeitnehmers** zulässig. Auf die Höhe der zu erstattenden oder nachträglich einzubehaltenden Steuer kommt es nicht an. Es ist auch ohne Bedeutung, ob es sich um eine Bruttolohnvereinbarung oder um eine Nettolohnvereinbarung handelt. Zur Nettolohnvereinbarung vgl. das Stichwort „Nettolöhne".

Nach früher geltendem Recht war der Arbeitgeber lediglich berechtigt, aber nicht verpflichtet, bei der jeweils nächstfolgenden Lohnzahlung bisher erhobene Lohnsteuer zu erstatten oder noch nicht erhobene Lohnsteuer nachträglich einzubehalten, wenn er erkannte, dass er die Lohnsteuer bisher **nicht vorschriftsmäßig** einbehalten hatte. Diese Berechtigung galt auch bei einer rückwirkenden Gesetzesänderung.

Um vor allem bei rückwirkenden Gesetzesänderungen sicherzustellen, dass Steuerentlastungen allen Arbeitnehmern zeitnah zugute kommen, hat der Gesetzgeber aus der früheren Berechtigung eine **Verpflichtung zur Änderung** gemacht, allerdings mit der Einschränkung, dass die Verpflichtung zur Änderung nur dann besteht, wenn dies dem Arbeitgeber **wirtschaftlich zumutbar** ist. Dies ist regelmäßig bei Arbeitgebern mit maschineller Lohnabrechnung der Fall, deren Lohnabrechnungsprogramme eine rückwirkende Neuberechnung problemlos möglich machen.

Nach der seinerzeitigen Begründung des Gesetzgebers soll der Wegfall des früheren Wahlrechts insoweit die Entwicklung und Erstellung von Lohnabrechnungsprogrammen vereinfachen und deren Anwendung erleichtern, weil eine Anweisung des Arbeitgebers zur Korrektur der Lohnabrechnungen zurückliegender Zeiträume nicht mehr erforderlich ist; sie kann fest programmiert werden und programmgesteuert erfolgen.

Die Art und Weise der Neuberechnung wird durch die gesetzliche Verpflichtung nicht zwingend festgelegt. Sie kann deshalb durch eine Neuberechnung für die zurückliegenden Lohnabrechnungszeiträume oder durch eine Differenzberechnung für diese Monate im nächsten (nächstmöglichen) Lohnzahlungszeitraum erfolgen. Auch eine Erstattung im Rahmen der Berechnung der Lohnsteuer für einen demnächst fälligen sonstigen Bezug ist nicht ausgeschlossen, sofern sie noch im Rahmen des Ziels (schnellstmögliche Erstattung zu viel erhobener Lohnsteuer durch den Arbeitgeber) liegt.

Wirtschaftlich nicht mehr zumutbar ist eine Neuberechnung für zurückliegende Lohnzahlungszeiträume dann, wenn das Lohnabrechnungsprogramm des Arbeitgebers dies nicht kurzfristig und mit vertretbaren Kosten realisieren kann. Andernfalls könnte dies bei kleineren Arbeitgebern zu finanziellen Belastungen führen, insbesondere unter Berücksichtigung weiterer Arbeiten wie z. B. den Ausdruck der geänderten Lohnabrechnungen.

Ändert der Arbeitgeber die zurückliegenden Lohnzahlungszeiträume nicht, ist zu unterscheiden, ob die Änderung zu einer Nachforderung oder Erstattung der Lohnsteuer geführt hätte. Denn bei einer **unterlassenen Nachforderung** von Lohnsteuer für zurückliegende Lohnzahlungszeiträume ist der Arbeitgeber nach § 41c Abs. 4 Satz 1 EStG **verpflichtet,** dies dem Finanzamt **anzuzeigen.**

Diese Anzeige ist für den Arbeitgeber von großer Bedeutung, da sie zu einem Haftungsausschluss führt, d. h. der Arbeitgeber befreit sich durch diese Anzeige von der in Nachforderungsfällen eintretenden Arbeitgeberhaftung.

Eine solche Anzeigepflicht besteht dann **nicht,** wenn zu viel eingehaltene Lohnsteuer zu **erstatten** ist.

Für die Änderung des Lohnsteuerabzugs ergibt sich im Hinblick auf die Anzeigeverpflichtung in Nachforderungsfällen folgendes Schema:

Die Änderung des Lohnsteuerabzugs führt zu einer **Nachforderung** von Lohnsteuer

↓

Der Arbeitgeber **muss** den Lohnsteuerabzug ändern **oder** dem Betriebsstättenfinanzamt **Anzeige erstatten**

↓

Ändert der Arbeitgeber in Nachforderungsfällen den Lohnsteuerabzug nicht und erstattet er keine Anzeige, **haftet** er für die zu wenig einbehaltene Lohnsteuer

Die Änderung des Lohnsteuerabzugs führt zu einer **Erstattung** von Lohnsteuer

↓

Der Arbeitgeber **muss** den fehlerhaften Lohnsteuerabzug nur dann ändern, wenn ihm das **wirtschaftlich zumutbar** ist

↓

Der Arbeitgeber **kann** eine rückwirkende Erstattung auch dann durchführen, wenn sie „wirtschaftlich unzumutbar" ist. Tut er dies nicht, muss er **keine Anzeige** erstatten

Der Inhalt der ggf. zu erstattenden Anzeige ist beim Stichwort „Anzeigepflichten des Arbeitgebers im Lohnsteuerverfahren" unter Nr. 3 erläutert.

3. Verfahren bei der Änderung des Lohnsteuerabzugs

Die Änderung des Lohnsteuerabzugs ist bei der nächsten Lohnzahlung vorzunehmen, die z. B. auf das Bekanntwerden der Lohnsteuerabzugsmerkmale mit zeitlicher Rückwirkung folgt (§ 41c Abs. 1 Satz 1 Nr. 1 EStG).

Beispiel A

Beide Ehegatten stehen in einem Arbeitsverhältnis. Der Ehemann hat die Steuerklasse III. Die Ehefrau hat die Steuerklasse V. Am 25. 5. 2021 stirbt der Ehemann. Erst Anfang Juli 2021 wird dem Arbeitgeber der Ehefrau elektronisch mitgeteilt, dass mit Wirkung ab 1. 6. 2021 für die Ehefrau die Steuerklasse III gebildet worden ist.

Der Arbeitgeber der Ehefrau ist **berechtigt,** die Lohnsteuer für den Monat Juni 2021 unter Anwendung der Steuerklasse III neu zu berechnen. Die bisher zu viel einbehaltene Lohnsteuer ist der Arbeitnehmerin bei der Lohnabrechnung für Juli zu erstatten.

Beispiel B

Anfang September 2021 erhält der Arbeitgeber für seinen Arbeitnehmer eine Änderungsmitteilung im elektronischen ELStAM-Verfahren, wonach bereits ab 1. Juli 2021 erstmals ein monatlicher Freibetrag von 1000 € zu berücksichtigen ist.

Der Arbeitgeber ist **berechtigt,** die Lohnsteuer für die Monate Juli und August 2021 neu zu berechnen. Die bisher zu viel einbehaltene Lohnsteuer ist dem Arbeitnehmer bei der Lohnabrechnung für September zu erstatten.

Bei Lohnzahlungen vor Ende des betreffenden Lohnzahlungszeitraums **(vorschüssige Lohnzahlungen)** sind zunächst die zu diesem Zeitpunkt bereitgestellten Lohnsteuerabzugsmerkmale zugrunde zu legen. Werden nach einer solchen Lohnzahlung Lohnsteuerabzugsmerkmale bekannt, die auf den Lohnzahlungszeitraum zurückwirken, ist der Arbeitgeber zu einer Änderung des Lohnsteuerabzugs berechtigt.

Beispiel C

Arbeitnehmer C erhält sein Gehalt jeweils zum Ende des Vormonats (= vorschüssige Lohnzahlung). Bei der Lohnzahlung Ende Juli 2021 für den Monat August 2021 legt der Arbeitgeber die ihm bisher mitgeteilte Steuerklasse IV zugrunde. Im Laufe des Monats August 2021 wird dem Arbeitgeber bekannt, dass beim Arbeitnehmer C ab August 2021 die Steuerklasse III anzuwenden ist, da die Ehegatten einen Steuerklassenwechsel vorgenommen haben.

Der Arbeitgeber ist **berechtigt,** den Lohnsteuerabzug des C für den Monat August 2021 zu ändern.

Eine rückwirkende Änderung des Lohnsteuerabzugs ist zudem vorzunehmen, wenn der Arbeitgeber erkennt, dass der Lohnsteuerabzug bisher nicht richtig vorgenommen wurde (z. B. geldwerte Vorteile wurden bisher nicht besteuert, Sachbezüge wurden zu niedrig bewertet, Steuerbefreiungsvorschriften wurden falsch ausgelegt) und vor allem auch bei rückwirkenden Gesetzesänderungen (§ 41c Abs. 1 Satz 1 Nr. 2 EStG). Der Arbeitgeber ist in diesen Fällen zur Änderung des Lohnsteuerabzugs verpflichtet, wenn ihm dies wirtschaftlich zumutbar ist (§ 41c Abs. 1 Satz 2 EStG).

Beispiel D

Der Arbeitgeber erkennt im Juli 2021, dass er bei der Lohnabrechnung eines Arbeitnehmers für den Monat Mai 2021 einen Kindergartenzuschuss irrtümlich als steuerpflichtig und nicht als steuerfrei behandelt hat.

Der Arbeitgeber ist **verpflichtet,** die Lohnsteuer für den Monat Mai 2021 zu berichtigen. Die bisher zu viel einbehaltene Lohnsteuer ist dem Arbeitnehmer bei der Lohnabrechnung für Juli 2021 zu erstatten.

Der Arbeitgeber darf in den Fällen, in denen er nachträglich Lohnsteuer einbehält, den einzubehaltenden Lohnsteuerbetrag nicht auf mehrere Lohnzahlungen verteilen. Die Pfändungsschutzbestimmungen der §§ 850 ff. der Zivilprozessordnung sind im Fall der nachträglichen Einbehaltung von Lohnsteuer durch den Arbeitgeber nicht anzuwenden. Das bedeutet, dass durch nachträglich einbehaltene Lohnsteuer der dem Arbeitnehmer für den betreffenden Lohnzahlungszeitraum zustehende Arbeitslohn bis auf 0 Euro gemindert werden kann. Übersteigt die nachträglich einzubehaltende Lohnsteuer den auszuzahlenden Barlohn, ist die nachträgliche Einbehaltung in Höhe des auszuzahlenden Barlohns vorzunehmen und dem Finanzamt **für den übersteigenden Betrag** eine Anzeige zu erstatten (R 41c.1 Abs. 4 Satz 3 LStR).

Eine zu erstattende Lohnsteuer hat der Arbeitgeber dem Lohnsteuerbetrag zu entnehmen, der von ihm insgesamt für alle Arbeitnehmer zum nächsten Abführungszeitpunkt an das Finanzamt abzuführen wäre. Reicht dieser Betrag nicht aus, wird der Fehlbetrag (Minusbetrag) dem Arbeitgeber auf Antrag vom Betriebsstättenfinanzamt erstattet. Als Antrag auf Erstattung eines etwaigen Fehlbetrags reicht es aus, wenn in der Lohnsteuer-Anmeldung der Erstattungsbetrag als Minusbetrag kenntlich gemacht wird. Die Eintragung eines Rotbetrags ist nicht zulässig.

4. Änderung des Lohnsteuerabzugs rückwirkend nur bis zum Beginn des Dienstverhältnisses

Der Arbeitgeber darf den Lohnsteuerabzug nur für diejenigen Lohnzahlungszeiträume ändern, für die er selbst die Lohnsteuer einbehalten hat. Der Arbeitgeber darf also keine Änderungen des Lohnsteuerabzugs vornehmen, die auf einen Zeitpunkt vor Beginn des Dienstverhältnisses zurückwirken.

Beispiel

Der beschränkt steuerpflichtige, wegen eines Freibetrags für Werbungskosten noch nicht in das ELStAM-Verfahren eingebundene Arbeitnehmer hat dem Arbeitgeber zu Beginn des Dienstverhältnisses am 1. Juni 2021 eine Lohnsteuerabzugsbescheinigung mit der Steuerklasse I vorgelegt. In der Zeit vom 1. 1. bis 31. 5. 2021 war der Arbeitnehmer bei einem anderen Arbeitgeber beschäftigt. Der Arbeitnehmer legt seinem neuen Arbeitgeber einen Ausdruck der elektronischen Lohnsteuerbescheinigung vor, die ihm sein bisheriger Arbeitgeber beim Ausscheiden aus dem Dienstverhältnis ausgehändigt hat. Obwohl der Arbeitnehmer bereits am 1. Februar 2021 geheiratet hat,

Lohn- steuer- pflichtig | Sozial- versich.- pflichtig

beantragt er erst im Juni 2021 beim Finanzamt, die Steuerklasse I in die Steuerklasse III zu ändern. Nachdem das Finanzamt mit Wirkung vom 1. Februar 2021 die Steuerklasse III bescheinigt hat, legt der Arbeitnehmer am 1. August 2021 die geänderte Lohnsteuerabzugsbescheinigung vor. Der Arbeitgeber ist nur für die Monate Juni und Juli 2021 **berechtigt,** die Lohnabrechnungen zu ändern und die zu viel einbehaltene Lohnsteuer zu erstatten, obwohl ihm die elektronische Lohnsteuerbescheinigung für das vorangegangene Dienstverhältnis vorliegt. Zur Bescheinigung der Steuerklasse III bei beschränkt steuerpflichtigen Arbeitnehmern vgl. dieses Stichwort unter Nr. 6.

Im ELStAM-Verfahren werden dem Arbeitgeber keine elektronischen Lohnsteuerabzugsmerkmale für Zeiträume vor Beginn des Dienstverhältnisses mitgeteilt.

5. Änderung des Lohnsteuerabzugs nach Ablauf des Kalenderjahres

a) Die elektronische Lohnsteuerbescheinigung wurde noch nicht an das Finanzamt weitergeleitet

Nach Ablauf des Kalenderjahres ist die Änderung des Lohnsteuerabzugs nur zulässig, wenn der Arbeitgeber die Lohnsteuerbescheinigung noch nicht übermittelt oder ausgestellt hat (§ 41c Abs. 3 Satz 1 EStG). Hat der Arbeitgeber die Lohnsteuerbescheinigung bereits elektronisch an das Finanzamt weitergeleitet, ist eine Änderung des Lohnsteuerabzugs durch den Arbeitgeber somit nicht mehr zulässig (vgl. aber den nachfolgenden Buchstaben c). Die bloße Korrektur eines zunächst unrichtig übermittelten Datensatzes ist jedoch jederzeit möglich (R 41c.1 Abs. 7 Satz 2 LStR). Eine solche Korrektur liegt auch vor, wenn der Arbeitgeber eine Lohnsteuerbescheinigung berichtigt, in der bisher Lohnsteuerbeträge ausgewiesen waren, die weder einbehalten noch an das Finanzamt abgeführt worden sind (BFH-Beschluss vom 18.8.2011, BFH/NV 2011 S. 2042). Diese Rechtsprechung kann insbesondere bei Insolvenzfällen von Bedeutung sein. Darüber hinaus kommen Stornierungen von Lohnsteuerbescheinigungen insbesondere bei Angabe einer falschen Person, eines falschen Kalenderjahres oder bei der Zusammenfassung bisheriger Einzel-Bescheinigungen in Betracht (vgl. das Stichwort „Lohnsteuerbescheinigung" unter Nr. 33).

Eine zulässige Änderung des Lohnsteuerabzugs nach Ablauf des Kalenderjahres – also vor Übermittlung der Lohnsteuerbescheinigung an die Finanzverwaltung – ist in der Weise vorzunehmen, dass auf den maßgebenden Jahresarbeitslohn die **Jahreslohnsteuertabelle** anzuwenden ist; dieser Jahreslohnsteuer ist die im Laufe des Kalenderjahres einbehaltene Lohnsteuer gegenüberzustellen. Die Differenz zwischen der Jahreslohnsteuer und der einbehaltenen Lohnsteuer ist die Lohnsteuer, die nachträglich einzubehalten oder aber zu erstatten ist. Eine **Erstattung** darf jedoch nur dann unter Anwendung der Jahreslohnsteuertabelle vorgenommen werden, wenn der Arbeitgeber zur Durchführung des Lohnsteuer-Jahresausgleichs berechtigt ist (vgl. „Lohnsteuer-Jahresausgleich durch den Arbeitgeber"). Wenn der Arbeitgeber den Lohnsteuer-Jahresausgleich nicht durchführen darf, ist nach Ablauf des Kalenderjahres eine Änderung des Lohnsteuerabzugs mit Erstattungsfolge nicht mehr möglich; der Arbeitnehmer kann in diesen Fällen die Erstattung beim Finanzamt im Rahmen einer Einkommsteuer-Veranlagung beantragen.

Soweit der Arbeitgeber aufgrund einer Änderung des Lohnsteuerabzugs nach Ablauf des Kalenderjahres nachträglich Lohnsteuer einbehält, handelt es sich um **Lohnsteuer des abgelaufenen Kalenderjahres,** die zusammen mit der übrigen einbehaltenen Lohnsteuer des abgelaufenen Kalenderjahres in einer Summe in der Lohnsteuerbescheinigung des Arbeitnehmers für das abgelaufene Kalenderjahr anzugeben ist. Die nachträglich einbehaltene Lohnsteuer ist aber für Lohnzahlungszeiträume bis Dezember 2020 in der Lohnsteuer-Anmeldung für den Zeitraum anzugeben und abzuführen, in dem sie einbehalten wurde (für Lohnzahlungszeiträume ab Januar 2021 ist in der elektronischen Lohnsteuer-Anmeldung ein getrennter Ausweis nach Kalenderjahren vorzunehmen, in

Lohn- steuer- pflichtig | Sozial- versich.- pflichtig

denen der Arbeitslohn bezogen wird oder als bezogen gilt; vgl. „Abführung und Anmeldung der Lohnsteuer")

Beispiel

Im Januar 2021 wird nachträglich Lohnsteuer für November 2020 einbehalten.

Die im Januar 2021 nachträglich einbehaltene Lohnsteuer ist – zusammen mit der übrigen einbehaltenen Lohnsteuer für das Kalenderjahr 2020 – in die Lohnsteuerbescheinigung des Kalenderjahres 2020 aufzunehmen. Außerdem ist sie in der Lohnsteuer-Anmeldung für den Zeitraum Januar 2021 (Abgabe bis 10. Februar 2021) anzugeben und für diesen Zeitraum abzuführen.

b) Die elektronische Lohnsteuerbescheinigung wurde bereits an das Finanzamt weitergeleitet

Eine Änderung des Lohnsteuerabzugs ist in der Regel nicht mehr möglich (§ 41c Abs. 3 Satz 1 EStG). In **Erstattungsfällen** muss der Arbeitnehmer die steuermindernden Tatsachen bei seiner Veranlagung zur Einkommensteuer geltend machen. Hierfür benötigt er ggf. eine entsprechende Bescheinigung seines Arbeitgebers. Wie Fälle abgewickelt werden, in denen z. B. wegen eines Urteils des Bundesfinanzhofs die Lohnsteuerpflicht bestimmter Lohnbestandteile **rückwirkend für alle noch nicht bestandskräftigen Fälle entfällt,** ist beim Stichwort „Garagengeld" unter Nr. 6 dargestellt. Vgl. außerdem den Ausnahmefall „veruntreute Beträge" unter dem nachfolgenden Buchstaben c.

Wurde die elektronische Lohnsteuerbescheinigung bereits an das Finanzamt übermittelt, ist auch eine Nachforderung von Lohnsteuer nur noch durch das Finanzamt möglich, d. h. dem Arbeitgeber bleibt in **Nachforderungsfällen** nur das Anzeigeverfahren nach § 41c Abs. 4 EStG um sich von der Arbeitgeberhaftung zu befreien (§ 41c Abs. 4 Satz 1 Nr. 2 EStG, vgl. „Anzeigepflichten des Arbeitgebers im Lohnsteuerverfahren").

Allerdings hat der Bundesfinanzhof mit Urteil vom 30.10.2008 (BStBl. 2009 II S. 354) entschieden, dass das Finanzamt nach Ablauf des Kalenderjahres und Übermittlung der elektronischen Lohnsteuerbescheinigung an die Finanzverwaltung auch durch einen Steuerbescheid gegenüber dem Arbeitgeber den Sollbetrag der Lohnsteuer-Anmeldung erhöhen kann, sofern die Lohnsteuer-Anmeldung selbst noch unter dem Vorbehalt der Nachprüfung steht **(= Erhöhung der Lohnsteuer-Entrichtungssteuerschuld des Arbeitgebers).** Dabei kann das Finanzamt die Erhöhung der Lohnsteuer-Entrichtungssteuerschuld des Arbeitgebers in einer Summe und ohne Zuordnung zu bestimmten Sachverhalten vornehmen. Unerheblich ist, ob die von der Lohnsteuer-Anmeldung abweichende höhere Steuerfestsetzung auf neue tatsächliche Erkenntnisse (z. B. nach einer Lohnsteuer-Außenprüfung) oder auf einer anderen Rechtsauffassung des Finanzamts beruht. Es liegt auf der Hand, dass sich durch dieses Urteil die Möglichkeiten der Finanzverwaltung zur Realisierung von „Mehrsteuern" deutlich erhöht haben.

Die Finanzverwaltung wendet das BFH-Urteil punktgenau an, das heißt eine Änderung der Lohnsteuer-Anmeldung **zugunsten** des Arbeitgebers oder des Arbeitnehmers ist nach Übermittlung der elektronischen Lohnsteuerbescheinigung nicht mehr möglich (vgl. auch § 41c Abs. 3 Satz 4 EStG). Zum Ausnahmefall „veruntreute Beträge" vgl. den nachfolgenden Buchstaben c.

c) Vom Arbeitnehmer veruntreute Beträge

Arbeitsrechtlich nicht zustehende Beträge, die der Arbeitnehmer unter eigenmächtiger Überschreitung seiner Befugnisse auf sein Konto überweist, gehören **nicht** zum steuer- und beitragspflichtigen **Arbeitslohn** (BFH-Urteil vom 13.11.2012, BStBl. 2013 II S. 929). Es fehlt in solch einem Fall bereits an einer Gewährung von Vorteilen durch den Arbeitgeber für eine Beschäftigung des Arbeitnehmers.

Lohn-steuer-pflichtig Sozial-versich.-pflichtig

In einem vor dem Bundesfinanzhof anhängigen Streitfall hatte der Arbeitnehmer durch eine entsprechende Vorgehensweise diese Beträge einem Lohnsteuerabzug unterworfen und in seine Lohnsteuerbescheinigung einfließen lassen. Der Bundesfinanzhof hat eine **Änderung des Lohnsteuerabzugs auch nach Ablauf des Kalenderjahres und Übermittlung der Lohnsteuerbescheinigung** an das Finanzamt zugelassen, sofern die entsprechende Lohnsteuer-Anmeldung noch unter dem Vorbehalt der Nachprüfung steht (§ 164 AO). Die Finanzverwaltung folgte von Beginn an der Rechtsprechung des Bundesfinanzhofs, wenn sich der Arbeitnehmer die Beträge, für die Lohnsteuer einbehalten worden ist, ohne vertraglichen Anspruch gegen den Willen des Arbeitgebers verschafft hat. Im Hinblick auf die nachfolgend beschriebene Gesetzesänderung konnte sie allerdings ihre zunächst erlassene Verwaltungsanweisung (BMF-Schreiben vom 7.11.2013, BStBl. I S. 1474) wieder aufheben.

Durch das Gesetz zur Anpassung des nationalen Steuerrechts an den Beitritt Kroatiens zur EU und zur Änderung weiterer steuerlicher Vorschriften vom 25.7.2014 (BGBl. I S. 1266, BStBl. I S. 1126) ist die Rechtsprechung des Bundesfinanzhofs und die dazu ergangene Verwaltungsanweisung in das EStG übernommen worden. Danach ist eine **Minderung der einzubehaltenden Lohnsteuer** nach der Übermittlung oder Ausstellung der Lohnsteuerbescheinigung nur dann zulässig, wenn sich der Arbeitnehmer ohne vertraglichen Anspruch und gegen den Willen des Arbeitgebers Beträge verschafft hat, für die Lohnsteuer einbehalten wurde („veruntreute Beträge"; § 41c Abs. 3 Satz 4 EStG).

Der Arbeitgeber hat in diesem Fall die bereits übermittelte oder ausgestellte **Lohnsteuerbescheinigung** zu berichtigen und sie als geändert gekennzeichnet an die Finanzverwaltung zu übermitteln. In der berichtigten Lohnsteuerbescheinigung ist der zutreffende Bruttoarbeitslohn und die geminderte Lohnsteuer zu bescheinigen. Außerdem hat der Arbeitgeber seinen Antrag zu begründen und die **Lohnsteuer-Anmeldung** zu **berichtigen.** Berichtigt der Arbeitgeber die Lohnsteuerbescheinigung nicht oder sind die Angaben in der berichtigten Lohnsteuerbescheinigung unzutreffend, haftet er für eine zu niedrige Lohnsteuer (§ 42d Abs. 1 Nr. 3 EStG).

Beispiel

Der Arbeitnehmer A hat im Juli 2017 Beträge seines Arbeitgebers veruntreut. Durch eine entsprechende Vorgehensweise des Arbeitnehmers wurden diese Beträge dennoch dem Lohnsteuerabzug unterworfen und in seine Lohnsteuerbescheinigung übernommen. Im Oktober 2021 deckt der Arbeitgeber das Vergehen des Arbeitnehmers auf und fordert den Nettobetrag von ihm zurück.

Die vierjährige Festsetzungsfrist für die unter dem Vorbehalt der Nachprüfung stehende Lohnsteuer-Anmeldung Juli 2017 ist im Oktober 2021 noch nicht abgelaufen. Sie beginnt am 31.12.2017 und endet am 31.12.2021 (§§ 164, 168, 169 AO). Der Arbeitgeber kann im Oktober 2021 unter Schilderung des Sachverhalts bei seinem Betriebsstättenfinanzamt noch eine berichtigte Lohnsteuer-Anmeldung für Juli 2017 abgeben und erhält daraufhin die zu viel gezahlte Lohnsteuer erstattet. Außerdem hat er für den Arbeitnehmer eine berichtigte Lohnsteuerbescheinigung 2017 zu übermitteln, in der der Bruttoarbeitslohn und die Lohnsteuer in der zutreffenden Höhe – also ohne Berücksichtigung der veruntreuten Beträge und die hierauf entfallende Lohnsteuer – anzugeben sind.

Abwandlung

Wie vorstehendes Beispiel. Allerdings ist im April 2019 nach einer Lohnsteuer-Außenprüfung der Vorbehalt der Nachprüfung für die Lohnsteuer-Anmeldung bis einschließlich Dezember 2018 aufgehoben worden.

Die Lohnsteuer-Anmeldung Juli 2017 kann im Oktober 2021 aus verfahrensrechtlichen Gründen nicht mehr geändert werden, da nach der Lohnsteuer-Außenprüfung der Vorbehalt der Nachprüfung aufgehoben worden ist.

Demgegenüber kommt z. B. in folgenden Fällen eine Erstattung der bisher einbehaltenen Lohnsteuer nach Ablauf des Kalenderjahres und elektronischer Übermittlung der Lohnsteuerbescheinigung nicht in Betracht:

Lohn-steuer-pflichtig Sozial-versich.-pflichtig

- **Versehentliche Überweisungen** des Arbeitgebers an den Arbeitnehmer, auch wenn der Arbeitgeber sie zurückfordern kann. Derartige Zahlungen gehören zum Arbeitslohn (BFH-Urteil vom 4.5.2006, BStBl. II S. 830; vgl. auch das Stichwort „Rückzahlung von Arbeitslohn");
- **Fehlerhafte Rechtsanwendung** durch den Arbeitgeber, z. B., wenn steuerfreie oder einer anderen Einkunftsart zuzurechnende Zahlungen als Arbeitslohn behandelt werden (vgl. das Stichwort „Garagengeld" besonders unter Nr. 6);
- **Fehlende Arbeitgeberschaft,** z. B., wenn Zahlungen als Arbeitslohn des Empfängers behandelt werden, obwohl der Empfänger aufgrund eines bestehenden Gesellschaftsverhältnisses als Mitunternehmer anzusehen ist (vgl. auch vorstehenden Spiegelstrich, da auch hier letztlich eine fehlerhafte Rechtsanwendung vorliegt).

6. Änderung des Lohnsteuerabzugs bei ausgeschiedenen Arbeitnehmern

Erkennt der Arbeitgeber, dass er den Lohnsteuerabzug unzutreffend durchgeführt hat, erst nachdem der Arbeitnehmer bereits aus dem Dienstverhältnis ausgeschieden ist, kann er den Lohnsteuerabzug nicht mehr rückwirkend ändern. In Fällen der Lohnsteuer**nachforderung** bleibt ihm deshalb nur die Möglichkeit der Anzeige nach § 41c Abs. 4 EStG um sich von seiner Arbeitgeberhaftung zu befreien (§ 41c Abs. 4 Satz 1 Nr. 1 EStG). Vgl. das Stichwort „Anzeigepflichten des Arbeitgebers im Lohnsteuerverfahren".

7. Änderung des Lohnsteuerabzugs bei beschränkt steuerpflichtigen Arbeitnehmern

Bei beschränkt steuerpflichtigen Arbeitnehmern ist eine Änderung des Lohnsteuerabzugs nach den vorstehend dargestellten Grundsätzen möglich, allerdings mit der Einschränkung, dass nach Ablauf des Kalenderjahres eine Änderung des Lohnsteuerabzugs durch den Arbeitgeber nur für die Lohnzahlungszeiträume vorgenommen werden darf, auf die sich die Änderungen beziehen (also nicht durch Anwendung der Jahreslohnsteuertabelle). Außerdem ist eine Änderung des Lohnsteuerabzugs bei beschränkt Steuerpflichtigen nach Ablauf des Kalenderjahres nur dann zulässig, wenn der Arbeitgeber Lohnsteuer **nachfordert.** Eine Änderung mit **Erstattungsfolge** kann bei beschränkt Steuerpflichtigen nach Ablauf des Kalenderjahres nur das Finanzamt durchführen. Vgl. auch die Stichworte „Erfindervergütungen" und „Erstattung von Lohnsteuer". Zur Durchführung eines Lohnsteuer-Jahresausgleichs durch den Arbeitgeber bei beschränkt steuerpflichtigen Arbeitnehmern vgl. das Stichwort **„Lohnsteuer-Jahresausgleich durch den Arbeitgeber"** unter Nr. 11.

Anmeldung der Lohnsteuer

siehe „Abführung und Anmeldung der Lohnsteuer"

Anmeldung der Sozialversicherungsbeiträge

siehe „Abführung der Sozialversicherungsbeiträge"

Annehmlichkeiten

Wichtiges auf einen Blick:

Seit dem 1.1.2020 liegt bei **zweckgebundenen Geldleistungen, nachträglichen Kostenerstattungen,** Geldsurrogaten und anderen Vorteilen, die auf einen Geldbetrag

Lohn-steuer-pflichtig | Sozial-versich.-pflichtig

lauten, **Barlohn** und kein Sachlohn vor. **Sachlohn** ist aber weiterhin gegeben bei **Gutscheinen und Geldkarten,** die **ausschließlich** zum Bezug von **Waren oder Dienstleistungen** berechtigen und die Kriterien des § 2 Absatz 1 Nummer 10 des Zahlungsdiensteaufsichtsgesetzes erfüllen. Die monatliche 44-Euro-Freigrenze für Sachbezüge ist bei diesen Gutscheinen und Geldkarten seit dem 1.1.2020 aber nur dann anwendbar, wenn sie zusätzlich zum ohnehin geschuldeten Arbeitslohn gewährt werden.

Zur Abgrenzung der Frage, ob es sich bei der Zuwendung des Arbeitgebers um einen begünstigten Sachbezug oder um Barlohn handelt, vgl. auch die Stichworte „Sachbezüge" und „Warengutscheine".

Gliederung:

1. Allgemeines
2. Aufmerksamkeiten bei besonderen persönlichen Ereignissen
3. Genussmittel und Getränke im Betrieb
4. Leistungen im ganz überwiegenden eigenbetrieblichen Interesse

1. Allgemeines

Der Begriff „steuerfreie Annehmlichkeit" findet sich in keiner gesetzlichen Vorschrift. Er ist durch die Rechtsprechung des Bundesfinanzhofs entwickelt und vom Bundesfinanzhof auch wieder aufgegeben worden. In der neueren Rechtsprechung sieht der Bundesfinanzhof grundsätzlich alles, was der Arbeitgeber im weitesten Sinne als Gegenleistung für die individuelle Arbeitsleistung des Arbeitnehmers erbringt, als steuerpflichtigen Arbeitslohn an. Hiervon ausgenommen sind lediglich

- Aufwendungen des Arbeitgebers im **ganz überwiegenden eigenbetrieblichen Interesse** und — nein | nein
- sog. **Aufmerksamkeiten.** — nein | nein

Diese Zuwendungen des Arbeitgebers sind begrifflich kein Arbeitslohn.

Hiernach ergibt sich folgendes Schema:

Zuwendung des Arbeitgebers

- **kein** Arbeitslohn
  - sog. **Aufmerksamkeiten**
  - Zuwendungen im ganz **überwiegenden eigenbetrieblichen Interesse**
- Arbeitslohn
  - steuerfrei aufgrund besonderer gesetzlicher Regelung
  - steuerpflichtiger Arbeitslohn

2. Aufmerksamkeiten bei besonderen persönlichen Ereignissen

Aufmerksamkeiten sind **Sach**zuwendungen des Arbeitgebers von geringem Wert (Blumen, Buch, CD, DVD), die dem Arbeitnehmer oder seinen Angehörigen anlässlich eines **besonderen persönlichen Ereignisses** im privaten Bereich (z. B. Geburtstag, Hochzeit oder Geburt eines Kindes) oder beruflichen Bereich (z. B. Jubiläum, bestandene Prüfung) gegeben werden. Aufmerksamkeiten sind steuer- und beitragsfrei, wenn der Wert der Sachzuwendung **60 €** einschließlich Umsatzsteuer nicht übersteigt (R 19.6 Abs. 1 Satz 2 LStR). — nein | nein

Beispiel A

Der Arbeitgeber schenkt seiner Sekretärin zum Geburtstag im April 2021 einen Blumenstrauß im Wert von 30 €.

Es handelt sich um eine steuer- und beitragsfreie Aufmerksamkeit, da der Wert dieser Sachzuwendung 60 € nicht übersteigt (R 19.6 Abs. 1 Satz 2 LStR).

Beispiel B

Wie Beispiel A. Die Sekretärin erhält allerdings von ihrem Arbeitgeber zum Geburtstag einen Geschenkgutschein für ein Musikgeschäft über 50 € (ein Eintausch des Gutscheins in Geld ist ausgeschlossen).

Es handelt sich auch in diesem Fall um eine steuer- und beitragsfreie Aufmerksamkeit, da der Wert der Sachzuwendung 60 € nicht übersteigt (R 19.6 Abs. 1 Satz 2 LStR). Zur Abgrenzung von Sachlohn (Sachbezug) und Barlohn bei Gutscheinen vgl. auch die Erläuterungen beim Stichwort „Warengutscheine."

Beispiel C

Die Auszubildenden erhalten von ihrem Arbeitgeber nach bestandener Abschlussprüfung jeweils Buchgeschenke im Wert von 45 €.

Es handelt sich um eine steuer- und beitragsfreie Aufmerksamkeit, da der Wert der Sachzuwendung 60 € nicht übersteigt (R 19.6 Abs. 1 Satz 2 LStR). Unmaßgeblich ist, dass das besondere persönliche Ereignis im beruflichen Bereich eingetreten ist.

Übersteigt der Wert der Sachzuwendung die **Freigrenze** von 60 €, ist die Zuwendung **in vollem Umfang** steuer- und beitragspflichtig (also nicht nur der übersteigende Betrag). Vgl. auch die Erläuterungen beim Stichwort „Gelegenheitsgeschenke". — ja | ja

Beispiel D

Wie Beispiel A. Die Sekretärin erhält von ihrem Arbeitgeber zum Geburtstag im April 2021 einen Bildband über die USA im Wert von 80 €.

Die Sachzuwendung ist in vollem Umfang steuer- und beitragspflichtig, da der Wert der Sachzuwendung die Freigrenze von 60 € übersteigt. Die Sachzuwendung führt in Höhe von 76,80 € zu steuer- und sozialversicherungspflichtigen Arbeitslohn (96 % von 80 € = 76,80 €; vgl. zur Bewertung der Sachzuwendung die Erläuterungen beim Stichwort „Sachbezüge" besonders unter Nr. 3 Buchstaben b und c). Der Arbeitgeber ist aus dem Kauf des Bildbandes nicht zum Vorsteuerabzug berechtigt. Gleichzeitig unterliegt die Sachzuwendung an den Arbeitnehmer nicht der Umsatzsteuer (vgl. das Stichwort „Umsatzsteuerpflicht bei Sachbezügen" unter Nr. 1 Buchstabe a).

Bei der Freigrenze von 60 € handelt es sich **nicht um einen Jahresbetrag,** sondern um eine Regelung, die in Abhängigkeit von den Gegebenheiten unter Umständen mehrfach im Jahr oder gar mehrfach im Monat ausgeschöpft werden kann (z. B. Sachgeschenke zum Namenstag, Geburtstag, zur Verlobung oder zur Einschulung des Kindes).

Beispiel E

Eine Arbeitnehmerin hat im Mai 2021 Geburtstag sowie 10-jähriges Dienstjubiläum. Sie erhält von ihrem Arbeitgeber zum Geburtstag einen Blumenstrauß und zum Dienstjubiläum ein Buchgeschenk im Wert von jeweils 35 €.

Bei beiden Sachzuwendungen handelt es sich um eine steuer- und beitragsfreie Aufmerksamkeit, da der Wert der einzelnen Sachzuwendung 60 € nicht übersteigt. Unmaßgeblich ist, dass der Wert der beiden Sachzuwendungen im Mai 2021 zusammen den Wert von 60 € übersteigt. Maßgebend ist nämlich stets der Wert der einzelnen Sachzuwendung anlässlich des jeweiligen besonderen persönlichen Ereignisses.

Seit dem 1.1.2020 liegt u. a. bei **zweckgebundenen Geldleistungen** und **nachträglichen Kostenerstattungen Barlohn** und kein Sachlohn vor. — ja | ja

Beispiel F

A darf sich anlässlich ihres Geburtstags in einer Buchhandlung Bücher im Wert von bis zu 50 € selbst aussuchen. Den Betrag erhält sie anschließend von ihrem Arbeitgeber gegen Vorlage der Quittung erstattet.

Nachträgliche Kostenerstattungen sind ebenso wie zweckgebundene Geldzuwendungen seit dem 1.1.2020 Barlohn und keine Sachzuwendung. Die Erstattung des Betrags durch den Arbeitgeber an A ist daher steuer- und beitragspflichtig.

3. Genussmittel und Getränke im Betrieb

Auch Getränke und Genussmittel (z. B. Zigaretten, Plätzchen, Schokolade), die der Arbeitgeber **zum Verzehr im Betrieb** unentgeltlich oder verbilligt überlässt, gehören als Aufmerksamkeiten nicht zum steuerpflichtigen Arbeitslohn (R 19.6 Abs. 2 Satz 1 LStR). — nein | nein

Steuerfrei sind hiernach z. B. unentgeltliche oder verbilligte Getränke aus einem im Betrieb aufgestellten Geträn-

A

	Lohn-steuer-pflichtig	Sozial-versich.-pflichtig
keautomaten oder Getränke, die nicht im Zusammenhang mit Mahlzeiten (vgl. dieses Stichwort) unentgeltlich oder verbilligt in der Firmenkantine ausgegeben werden.	nein	nein

Beispiel

Ein Arzt stellt seinen Arzthelferinnen in der Praxis Kaffee und Wasser kostenlos zur Verfügung. Der Wert dieser Zuwendung beläuft sich je Arzthelferin auf ca. 15 € monatlich. Außerdem erhalten die Arzthelferinnen jeden Monat jeweils eine Sachzuwendung in Form eines Einkaufsgutscheins zum Bezug von Waren in Höhe von 44 €.

Bei der Zurverfügungstellung der Getränke handelt es sich um eine nicht zu Arbeitslohn führende Aufmerksamkeit. Aufmerksamkeiten haben dem Grunde und der Höhe nach keine Auswirkung auf die 44-Euro-Freigrenze für Sachbezüge, die hier für den Einkaufsgutschein genutzt werden kann.

Der Bundesfinanzhof geht auch bei der Zurverfügungstellung von unbelegten Backwaren mit einem Heißgetränk im Rahmen des Austauschs beruflicher Angelegenheiten von einer steuerfreien Aufmerksamkeit aus (BFH-Urteil vom 3.7.2019, BFH/NV 2019 S. 1295).

Auch Speisen bis zu einer Freigrenze von 60 €, die der Arbeitgeber **im Betrieb** anlässlich und während eines außergewöhnlichen Arbeitseinsatzes (z. B. kurzfristig zu erledigender oder unerwarteter Arbeitsanfall) unentgeltlich oder verbilligt überlässt, gehören als Aufmerksamkeiten nicht zum steuerpflichtigen Arbeitslohn. Vgl. hierzu das Stichwort „Bewirtungskosten" unter Nr. 6.

4. Leistungen im ganz überwiegenden eigenbetrieblichen Interesse

Leistungen des Arbeitgebers, die im ganz überwiegenden eigenbetrieblichen Interesse erbracht werden, sind von vornherein **kein Arbeitslohn.** Der Arbeitgeber will durch solche Zuwendungen die Arbeitsfreude heben, das allgemeine Betriebsklima verbessern, die Gesundheit der Belegschaftsmitglieder erhalten oder ähnliche betriebliche Belange fördern. Diese Leistungen kommen meist **der Belegschaft als Gesamtheit** zugute (Sportstätten, Parkplätze) oder werden dem Arbeitnehmer geradezu **aufgedrängt.** Das Kriterium des „Aufdrängens" darf jedoch nicht isoliert gesehen werden. Nicht alles was der Arbeitgeber dem Arbeitnehmer aufdrängt ist steuerfrei. Bei aufgedrängten **Bereicherungen** wird ein steuerlich unbeachtlicher Vorgang deshalb nur in seltenen Ausnahmefällen vorliegen und zwar dann, wenn der Arbeitnehmer sich einem **unerwünschten** Vorteil nicht entziehen kann (z. B. Teilnahme der Arbeitnehmer an einer geschäftlich veranlassten Bewirtung). Für die Annahme einer steuerlich unbeachtlichen Leistung im ganz überwiegenden eigenbetrieblichen Interesse des Arbeitgebers ist somit Voraussetzung, dass den Aufwendungen des Arbeitgebers von den Arbeitnehmern kein Wert beigemessen wird, den sie als zusätzliche Entlohnung ansehen; die Arbeitnehmer sehen darin regelmäßig nur die Möglichkeit, an bestimmten Einrichtungen teilzuhaben, die sie als angenehm empfinden, ohne aber dadurch sonst erforderliche eigene Ausgaben in gleicher Höhe einsparen zu können. Eine **objektive Bereicherung** des Arbeitnehmers **liegt** deshalb **nicht vor;** je höher aus der Sicht des Arbeitnehmers aber die Bereicherung ist, desto geringer zählt das eigenbetriebliche Interesse des Arbeitgebers. Als solche Leistungen des Arbeitgebers, die nicht der Lohnsteuer unterliegen, kommen insbesondere in Betracht: Benutzungsrecht für betriebseigene Bäder, Duschgelegenheiten, Sportanlagen, Fitnessräume, Park- und Einstellplätze (nicht aber der Ersatz von verauslagten Parkgebühren bei Fahrten zwischen Wohnung und erster Tätigkeitsstätte; vgl. „Parkgebühren"), Büchereien, Aufenthalts- und Erholungsräume, Betriebskindergärten usw. nein nein

Eine Gehaltsumwandlung des Arbeitnehmers zugunsten von Leistungen des Arbeitgebers im ganz überwiegenden eigenbetrieblichen Interesse erkennt die Finanzverwaltung allerdings nicht an. Der steuer- und sozialversicherungspflichtige Bruttoarbeitslohn ändert sich daher in diesem Fall nicht (vgl. das Stichwort „Gehaltsumwandlung" unter Nr. 2 Buchstabe a, Beispiele B und C).

Die Abgrenzung zu den steuerpflichtigen Sachbezügen oder Sachleistungen ist in der Praxis oft schwierig, wird aber durch den Rabattfreibetrag in Höhe von 1080 € jährlich (vgl. „Rabatte, Rabattfreibetrag") und die monatliche 44-Euro-Freigrenze (vgl. „Sachbezüge") sowie Steuerbefreiungsvorschriften (vgl. die Stichworte „Fürsorgeleistungen" und „Gesundheitsförderung") oftmals entschärft. In besonderen Fällen kann sogar eine Aufteilung der Sachzuwendung in Arbeitslohn und Leistung im ganz überwiegenden eigenbetrieblichen Interesse in Betracht kommen (vgl. das Stichwort „Betriebsveranstaltungen" unter Nr. 4 Buchstabe b). Ob Sachbezüge und andere geldwerte Vorteile im Einzelnen steuer- und beitragspflichtig sind, ist bei dem betreffenden Stichwort dargestellt.

Siehe auch die Stichworte: Arbeitskleidung unter Nr. 3, Aufmerksamkeiten, Badeeinrichtungen, Betriebliches Gesundheitsmanagement, Betriebsveranstaltungen, Einkaufs-App, Eintrittskarten, Firmenkreditkarte, Firmenwagen zur privaten Benutzung, Fitnessraum, Fitnessstudio, Fortbildungskosten, FPZ-Rückenkonzept, Fürsorgeleistungen, Gehaltsumwandlung, Geldwerter Vorteil, Gelegenheitsgeschenke, Gesundheitsförderung, Getränke, Kindergartenzuschüsse, Kreislauftrainingskuren, Parkgebühren, Parkplätze, Prepaid Card, Sportanlagen, Vereinsbeiträge, Vorsorgekuren, Vorsorgeuntersuchungen, Zinsersparnisse und Zinszuschüsse.

Annexsteuer

§ 51a EStG regelt die Erhebung von Steuern, die als Zuschlag zur Einkommensteuer oder Lohnsteuer erhoben werden. Diese Steuern werden deshalb als Zuschlagsteuern oder Annexsteuern bezeichnet. Annexsteuern sind der **Solidaritätszuschlag** und die **Kirchensteuer,** da beide als Zuschlag zur Lohnsteuer bzw. Einkommensteuer erhoben werden. Die Einzelheiten zu diesen Steuern ergeben sich aus dem Solidaritätszuschlaggesetz bzw. dem jeweiligen Kirchensteuergesetz. Vgl. hierzu auch die Stichwörter „Kirchensteuer" und „Solidaritätszuschlag".

Anpassungsgeld

Im Rahmen des sog. **Kohleausstiegsgesetzes** ist das Anpassungsgeld für ältere Arbeitnehmer (mindestens 58 Jahre alt) der Braunkohlekraftwerke, -tagebaue sowie Steinkohlekraftwerke steuerfrei gestellt worden, die aus Anlass der Stilllegungsmaßnahme ihren Arbeitsplatz verloren haben; die Auszahlung läuft bis zum Renteneintritt (regelmäßig 63 Jahre), längstens fünf Jahre. Ebenso wie andere Lohnersatzleistungen unterliegen diese steuerfreien Anpassungsgelder dem Progressionsvorbehalt (vgl. dieses Stichwort) und erhöhen damit den Steuersatz für das übrige steuerpflichtige Einkommen der Arbeitnehmer.

Leistungen aus öffentlichen Mitteln an Arbeitnehmer des Steinkohlen-, Pechkohlen- und Erzbergbaues, des Braunkohlentiefbaues und der Eisen- und Stahlindustrie aus Anlass von Stilllegungs-, Einschränkungs-, Umstellungs- oder Rationalisierungsmaßnahmen sind ebenfalls steuerfrei und unterliegen nicht dem Progressionsvorbehalt.

Anrechnung ausländischer Einkommensteuer (Lohnsteuer)

Werden Einkünfte aus einem ausländischen Staat sowohl in der Bundesrepublik Deutschland als auch in dem ausländischen Staat zu einer der deutschen Einkommensteuer (Lohnsteuer) entsprechenden Steuer herangezogen, wird die **festgesetzte** und **gezahlte ausländische Steuer** auf Antrag auf die deutsche Einkommensteuer (Lohnsteuer), die auf die ausländischen Einkünfte entfällt, angerechnet (§ 34c EStG). Die Bestimmung ist für alle Arbeitnehmer

	Lohnsteuerpflichtig	Sozialversich.-pflichtig

von Bedeutung, die im Ausland für einen ausländischen Arbeitgeber oder in einer ausländischen Betriebsstätte eines deutschen Unternehmens tätig werden und in Deutschland einen Wohnsitz oder ihren gewöhnlichen Aufenthalt beibehalten. Kann der Arbeitslohn dieser Arbeitnehmer nämlich nicht nach einem Doppelbesteuerungsabkommen oder nach dem Auslandstätigkeitserlass steuerfrei gestellt werden, bleibt dem Arbeitnehmer nur noch die Anrechnung der ausländischen Einkommensteuer auf seine Steuerschuld im Inland. Die Anrechnung ausländischer Einkommensteuer auf die deutsche Einkommensteuer (Lohnsteuer) wird nach Ablauf des Kalenderjahres im Wege einer Veranlagung zur Einkommensteuer vorgenommen. Liegt kein Doppelbesteuerungsabkommen vor, kann die Anrechnung ausländischer Einkommensteuer bzw. Lohnsteuer nur für solche Auslandseinkünfte in Betracht kommen, die durch den Auslandstätigkeitserlass nicht von der Besteuerung in der Bundesrepublik Deutschland freigestellt werden (z. B. Arbeitslohn für eine nicht begünstigte Tätigkeit oder für eine zwar begünstigte Tätigkeit, bei der aber die Dreimonatsfrist für eine Steuerfreiheit nicht erfüllt ist). Bei Anwendung eines Doppelbesteuerungsabkommens kommt die Anrechnung ausländischer Einkommensteuer bzw. Lohnsteuer nur dann in Betracht, wenn ausdrücklich die Anrechnungsmethode im Doppelbesteuerungsabkommen vorgesehen ist oder die Doppelbesteuerung des Arbeitslohns in dem betreffenden Doppelbesteuerungsabkommen nicht beseitigt worden ist.

Alternativ zur Anrechnung ausländischer Steuern besteht auch die Möglichkeit des Abzugs der ausländischen Steuern bei der Ermittlung der Einkünfte. Durch diesen, im Wege der Veranlagung zur Einkommensteuer möglichen Abzug der ausländischen Steuern bei der Ermittlung der Einkünfte wird gewährleistet, dass sich dieser Abzug auch im Rahmen eines Verlustabzugs in andere Kalenderjahre auswirkt. Der Abzug der ausländischen Steuer bei der Ermittlung der Einkünfte ist nur zulässig, soweit sie auf ausländische Einkünfte entfällt, die nicht in Deutschland steuerfrei sind.

Nach einigen Doppelbesteuerungsabkommen (z. B. DBA mit Albanien, Algerien, Aserbaidschan, Bulgarien, Costa Rica, Dänemark, Finnland, Frankreich, Italien, Kasachstan, Korea, Kroatien, Norwegen, Polen, Rumänien, Schweden, Slowenien, Tadschikistan, Ungarn, Uruguay oder Zypern) haben bei **Leiharbeitnehmern** beide Vertragsstaaten das Besteuerungsrecht. Eine Doppelbesteuerung wird durch **Steueranrechnung** vermieden. In diesen Fällen kann im Lohnsteuerabzugsverfahren das **Vierfache** der voraussichtlichen **ausländischen Steuer als Freibetrag** bei der Ermittlung der individuellen deutschen Lohnsteuer des Arbeitnehmers berücksichtigt werden. Der Arbeitnehmer hat durch geeignete Unterlagen (z. B. eine Bestätigung des Arbeitgebers) nachzuweisen oder glaubhaft zu machen, dass es zu einem derartigen Steuerabzug kommen wird oder bereits gekommen ist.[1)] Der Freibetrag darf die Einnahmen, die unter die Anrechnungsmethode fallen, nicht übersteigen.

Die vorstehenden Ausführungen zur Bildung eines Freibetrags im Lohnsteuerabzugsverfahren sind **entsprechend** anzuwenden, wenn

- Doppelbesteuerungsabkommen mit anderen Staaten vergleichbare Regelungen enthalten (z. B. DBA mit der Türkei) oder
- mit dem anderen Staat kein Doppelbesteuerungsabkommen besteht, der Auslandstätigkeiterlass aber auch nicht anzuwenden ist

und es deshalb im laufenden Kalenderjahr zu einer **doppelten Besteuerung kommen kann.** Bei der Berechnung des Freibetrags dürfen ausländische Steuern eines Nicht-DBA-Landes nur zugrunde gelegt werden, wenn sie der deutschen Einkommensteuer entsprechen.[1)]

Zur Steuerfreistellung des Arbeitslohns in der Bundesrepublik Deutschland bei Auslandstätigkeit eines Arbeitnehmers vgl. die ausführlichen Erläuterungen bei den Stichwörtern „Auslandstätigkeit, Auslandstätigkeitserlass" und „Doppelbesteuerungsabkommen". Vgl. außerdem die Erläuterungen beim Stichwort „Persönliche Lohnsteuerbefreiungen".

Anrufungsauskunft

siehe „Auskunft"

Ansager

Ansager bei Hörfunk und Fernsehen sind Arbeitnehmer (vgl. „Künstler"). ja ja

Antrittsgebühr

Die Antrittsgebühr im graphischen Gewerbe ist im Grundsatz als Zuschlag für Sonntags- oder Feiertagsarbeit anzusehen, wie der Bundesfinanzhof im Urteil vom 22. 6. 1962 (BStBl. III S. 376) entschieden hat. Sie fällt also unter § 3 b EStG und ist unter den dort bezeichneten Voraussetzungen steuerfrei (vgl. „Zuschläge für Sonntags-, Feiertags- und Nachtarbeit"). nein nein

Die Antrittsgebühr der Packer ist lohnsteuer- und sozialversicherungspflichtig. ja ja

Vgl. außerdem das Stichwort „Antrittsprämie".

Antrittsprämie

Zahlt der Arbeitgeber dem Arbeitnehmer eine sog. Antrittsprämie, damit der Arbeitnehmer mit dem Arbeitgeber ein Dienstverhältnis eingeht, handelt es sich um steuer- und sozialversicherungspflichtigen **Arbeitslohn.** Das gilt auch dann, wenn der Arbeitnehmer das Geld dafür verwendet, um an seinen bisherigen Arbeitgeber eine Rückzahlung zu leisten (vgl. „Rückzahlung von Arbeitslohn" unter Nr. 7). ja ja

Bei grenzüberschreitenden Tätigkeiten ist ein vor Beginn des Dienstverhältnisses gewährtes Antrittsgeld (sog. „Signing Bonus") anhand der vereinbarten Vertragslaufzeit den Tätigkeitsstaaten zuzuordnen.

Anwesenheitsprämien

Hierbei handelt es sich um freiwillige Sonderleistungen an solche Arbeitnehmer, deren Arbeitszeit in einem bestimmten Zeitraum (in der Regel ein Jahr) außer durch regulären Urlaub keine weitere Unterbrechung (etwa durch Krankheit oder unentschuldigte Fehltage) erfahren hat. Solche Zuwendungen sind steuer- und beitragspflichtig. ja ja

Anzeigen

Erhalten Arbeitnehmer von Zeitungsverlagen die Möglichkeit, unentgeltlich oder verbilligt Anzeigen in Zeitungen aufzugeben, ist dieser Vorteil grundsätzlich steuer- und beitragspflichtig. ja ja

1) Randnummer 177 und 178 des BMF-Schreibens vom 3.5.2018 (BStBl. I S. 643). Das BMF-Schreiben ist als Anlage 2 zu H 39b.10 LStR im **Steuerhandbuch für das Lohnbüro 2021** abgedruckt, das im selben Verlag erschienen ist.

	Lohn-steuer-pflichtig	Sozial-versich.-pflichtig
Der geldwerte Vorteil ist jedoch in Anwendung des Rabattfreibetrags (vgl. das Stichwort „Rabatte, Rabattfreibetrag") steuer- und beitragsfrei, soweit er 1125 € im Kalenderjahr nicht übersteigt (1080 € Rabattfreibetrag zuzüglich 4 % Abschlag vom Endpreis).	nein	nein

Beispiel

Ein Arbeitnehmer ist bei einem Zeitungsverlag beschäftigt. Der Arbeitnehmer hat die Möglichkeit, Anzeigen im Wert von 1125 € im Kalenderjahr 2021 kostenlos aufzugeben.

Wert der kostenlosen Anzeigen	1 125,– €
4 % Abschlag vom Endpreis	45,– €
verbleibender geldwerter Vorteil	1 080,– €

Dieser Betrag ist steuer- und beitragsfrei, da der Rabattfreibetrag von jährlich 1080 € nicht überschritten wird.

Ist der Rabattfreibetrag von 1080 € nicht anzuwenden, weil der Vorteil nicht vom Arbeitgeber selbst, sondern von einem mit dem Arbeitgeber verbundenen Unternehmen (Konzerngesellschaft) gewährt wird, bleibt der geldwerte Vorteil nur dann steuer- und beitragsfrei, wenn die Freigrenze für Sachbezüge von 44 € im Kalendermonat nicht überschritten wird (vgl. das Stichwort „Sachbezüge" unter Nr. 4 auf Seite 847).

Anzeigenwerber

Ein Anzeigenwerber kann je nach den im Einzelfall getroffenen Vereinbarungen **selbständig** sein, wenn er gegen Provision arbeitet, ein Unternehmerrisiko trägt und in seiner Arbeits- und Zeiteinteilung frei ist. — nein — nein

Hat der Anzeigenwerber jedoch einen festen Arbeitsplatz im Verlagshaus und trägt der Verlag alle Unkosten des Anzeigenwerbers (Telefon, Büromaterial usw.), ist eine Eingliederung in den betrieblichen Organismus und Weisungsgebundenheit anzunehmen mit der Folge, dass ein abhängiges Beschäftigungsverhältnis vorliegt. — ja — ja

Zur Frage der Scheinselbständigkeit vgl. dieses Stichwort.

Zu den Fällen, dass Zeitungsausträger nebenher Abonnenten werben, vgl. „Zeitungsausträger".

Anzeigepflichten des Arbeitgebers im Lohnsteuerverfahren

1. Geänderte Lohnsteuerabzugsmerkmale und unzutreffender Lohnsteuerabzug

Nach § 41c Abs. 4 EStG ist der Arbeitgeber in bestimmten Fällen zu einer Anzeige an das Betriebsstättenfinanzamt verpflichtet, wenn Umstände eintreten, durch die sich der Lohnsteuerabzug **rückwirkend** erhöhen würde, der Arbeitgeber aber von seiner Berechtigung oder gar Verpflichtung zur rückwirkenden Änderung des Lohnsteuerabzugs **keinen Gebrauch machen will** (vgl. die Erläuterungen beim Stichwort „Änderung des Lohnsteuerabzugs") oder die **Lohnsteuer nicht nachträglich einbehalten kann** (z. B., weil der Arbeitnehmer nicht mehr bei ihm beschäftigt ist). Im Einzelnen gilt Folgendes:

Eine Berechtigung oder gar Verpflichtung, den Lohnsteuerabzug rückwirkend zu ändern oder dem Finanzamt Anzeige zu erstatten, kann für den Arbeitgeber insbesondere dann entstehen,

- wenn ihm **Lohnsteuerabzugsmerkmale** mit zeitlicher **Rückwirkung** elektronisch zur Verfügung gestellt oder vorgelegt werden oder
- wenn der Arbeitgeber (später) erkennt, dass er bisher den **Lohnsteuerabzug falsch durchgeführt** hat. Das gilt selbst dann, wenn Gesetzesänderungen rückwirkend in Kraft treten.

Der Arbeitgeber kann sich also in diesen Fällen nur dadurch von seiner Arbeitgeberhaftung befreien, dass er entweder den Lohnsteuerabzug rückwirkend aufrollt und berichtigt, oder dem Finanzamt eine Anzeige nach § 41c Abs. 4 EStG erstattet. Die Anzeigeverpflichtung des Arbeitgebers nach § 41c Abs. 4 EStG gilt **auch für bereits ausgeschiedene Arbeitnehmer.**

Beispiel A

Arbeitgeber A (maschinelle Lohnabrechnung) werden im Mai 2021 für seinen Arbeitnehmer B geänderte, ungünstigere Lohnsteuerabzugsmerkmale mit zeitlicher Wirkung ab 1. März 2021 mitgeteilt.

A ist berechtigt den Lohnsteuerabzug des B für die Monate März und April 2021 rückwirkend zu ändern (§ 41c Abs. 1 Satz 1 Nr. 1 EStG). Macht A von seiner Berechtigung zum nachträglichen Lohnsteuereinbehalt keinen Gebrauch, hat er den Sachverhalt seinem Betriebsstättenfinanzamt unverzüglich anzuzeigen (§ 41c Abs. 4 EStG).

Beispiel B

Arbeitgeber C (maschinelle Lohnabrechnung) stellt im September 2021 fest, dass er dem Arbeitnehmer D im Juni 2021 versehentlich einen Betrag von 200 € steuerfrei ausgezahlt hat.

C ist verpflichtet den Lohnsteuerabzug des D für Juni 2021 rückwirkend zu ändern (§ 41c Abs. 1 Satz 1 Nr. 2 i. V. m. Satz 2 EStG). Sollte D im September 2021 bei C nicht mehr beschäftigt sein, muss C den Sachverhalt seinem Betriebsstättenfinanzamt unverzüglich anzeigen (§ 41c Abs. 4 Satz 1 Nr. 1 EStG).

Erkennt der Arbeitgeber, dass er den Lohnsteuerabzug falsch durchgeführt hat, ist er zu einer Änderung der bisher durchgeführten Lohnabrechnungen **verpflichtet,** wenn ihm dies **wirtschaftlich zumutbar** ist. Dies dürfte bei maschineller Lohnabrechnung regelmäßig der Fall sein (vgl. die Erläuterungen beim Stichwort „Änderung des Lohnsteuerabzugs" unter Nr. 2 und das vorstehende Beispiel B).

Hält der Arbeitgeber in den vorstehenden Fällen die **Lohnsteuer nicht** nachträglich **ein,** hat er dies seinem Betriebsstättenfinanzamt unverzüglich **anzuzeigen.** Der Arbeitgeber ist darüber hinaus in denjenigen Fällen nach § 41c Abs. 4 EStG zu einer Anzeige beim Betriebsstättenfinanzamt verpflichtet, in denen er die Lohnsteuer deshalb **nicht mehr nachträglich einbehalten kann,** weil

- der Arbeitnehmer vom Arbeitgeber Arbeitslohn nicht mehr bezieht oder
- der Arbeitgeber nach Ablauf des Kalenderjahres bereits die (elektronische) Lohnsteuerbescheinigung übermittelt oder ausgeschrieben hat.

Beispiel C

Wie Beispiel B. C stellt aber erst im April 2022 fest, dass er dem Arbeitnehmer D im Juni 2021 versehentlich einen Betrag von 200 € steuerfrei ausgezahlt hat.

C ist verpflichtet, den Sachverhalt seinem Betriebsstättenfinanzamt unverzüglich anzuzeigen, da die Lohnsteuerbescheinigung 2021 für D im April 2022 bereits elektronisch an die Finanzverwaltung übermittelt worden ist (§ 41c Abs. 4 Satz 1 Nr. 2 EStG).

2. Barlohn niedriger als Lohnsteuerschuld

Weiterhin kann eine Anzeigepflicht des Arbeitgebers in den Fällen entstehen, in denen der Barlohn zur Zahlung der Steuerabzugsbeträge nicht ausreicht, z. B. weil der Arbeitnehmer neben dem Barlohn auch Sachbezüge erhält. Ergibt sich hierbei, dass der vom Arbeitgeber geschuldete **Barlohn zur Deckung der Lohnsteuer nicht ausreicht,** muss der Arbeitnehmer dem Arbeitgeber den Fehlbetrag zur Verfügung stellen. Wenn der Arbeitnehmer seiner Verpflichtung zur Deckung des Fehlbetrags nicht nachkommt und der Arbeitgeber den Fehlbetrag nicht durch Zurückhaltung von anderen Bezügen des Arbeitnehmers aufbringen kann, muss der Arbeitgeber dies dem Betriebsstättenfinanzamt anzeigen (§ 38 Abs. 4 Satz 2 EStG). Vgl. auch das Stichwort „Zinsersparnisse und Zinszuschüsse" unter der Nr. 2.

Lohn-steuer-pflichtig Sozial-versich.-pflichtig

Beispiel

Einem Arbeitnehmer fließt im Mai 2021 neben seinem laufenden Arbeitslohn auch der geldwerte Vorteil aus der Ausübung eines Aktienoptionsrechts in Höhe von 15 000 € zu. Der vom Arbeitgeber geschuldete Barlohn reicht zur Deckung der Steuerabzugsbeträge nicht aus. Der Arbeitnehmer ist nicht bereit, dem Arbeitgeber den Fehlbetrag zur Verfügung zu stellen.

Der Arbeitgeber hat an sein Betriebsstättenfinanzamt eine Anzeige über den nicht durchgeführten Lohnsteuerabzug in Höhe des Fehlbetrags zu erstatten. Die Anzeige des Arbeitgebers ersetzt die Erfüllung der Einbehaltungspflicht in Höhe des Fehlbetrags und führt beim Arbeitgeber in dieser Höhe zum Haftungsausschluss. Das Finanzamt hat in Höhe des Fehlbetrags zu wenig einbehaltene Lohnsteuer beim Arbeitnehmer nachzufordern.

3. Sonstiges

Die Anzeige des Arbeitgebers ersetzt also in den vorstehend beschriebenen Fällen die Erfüllung der Einbehaltungspflichten und führt zum Haftungsausschluss. Das Finanzamt hat in diesem Fall die zu wenig erhobene Lohnsteuer vom Arbeitnehmer nachzufordern (§ 42d Abs. 2 EStG). Bei einer Unterlassung der Anzeige haftet der Arbeitgeber für die Lohnsteuer (vgl. das Stichwort „Haftung des Arbeitgebers“ unter Nr. 4 Buchstabe d).

Darüber hinaus ist bei einer **Lohnzahlung durch Dritte** (vgl. dieses Stichwort) Folgendes zu beachten:

Der Arbeitnehmer hat dem Arbeitgeber die von einem Dritten gewährten Bezüge am Ende des jeweiligen Lohnzahlungszeitraums anzugeben; wenn der Arbeitnehmer offensichtlich zu Unrecht keine Angabe oder eine erkennbar unrichtige Angabe macht, hat der Arbeitgeber dies dem Betriebsstättenfinanzamt unter Angabe der ihm bekannten Tatsachen anzuzeigen (§ 38 Abs. 4 Satz 3 EStG). Die Anzeige hat unverzüglich zu erfolgen. Es ist Aufgabe des Finanzamts den Sachverhalt aufzuklären und die ggf. zu wenig erhobene Lohnsteuer vom Arbeitnehmer nachzufordern.

Die jeweilige Anzeige ist schriftlich zu erstatten. In ihr sind der Name, Identifikationsnummer, Geburtsdatum und die Anschrift des Arbeitnehmers anzugeben sowie die Lohnsteuerabzugsmerkmale, nämlich Steuerklasse/Faktor, Zahl der Kinderfreibeträge, Kirchensteuermerkmal und der ggf. gebildete Freibetrag oder Hinzurechnungsbetrag; weiterhin der Anzeigegrund und die für die Berechnung einer Lohnsteuer-Nachforderung erforderlichen Mitteilungen über Höhe und Art des Arbeitslohns sowie der hierauf entfallenden Steuerabzüge für jeden betroffenen Lohnzahlungszeitraum. Der **Vordruck** ist im Internet unter www.bundesfinanzministerium.de/Service/Formulare/Formular-Management-System/Formularcenter/Steuerformulare/Lohnsteuer (Arbeitgeber) als Vordruck Nr. 85 abrufbar.[1] Es empfiehlt sich, eine Durchschrift der Anzeige als Beleg zum Lohnkonto zu nehmen.

AOK

Die Allgemeinen Ortskrankenkassen (AOK) sind wie die Betriebskrankenkassen, die Innungskassen, die Ersatzkassen, die Deutsche Rentenversicherung Knappschaft – Bahn – See als Träger der Krankenversicherung und die landwirtschaftlichen Krankenkassen selbständige Körperschaften des öffentlichen Rechts und Träger der gesetzlichen Krankenversicherung.

Vorstandsmitglieder bei den Krankenkassen sind keine ehrenamtlich Tätigen eines Selbstverwaltungsorgans, sondern nach § 35a SGB IV hauptamtlich angestellte Mitglieder des Vorstandes der Krankenkasse. Als solche nehmen sie die Aufgaben der Geschäftsführung wahr, wobei sie einer umfassenden Kontrolle des Verwaltungsrates unterliegen. Die Vorstandsmitglieder üben daher eine dem allgemeinen Erwerbsleben zugängliche Verwaltungsfunktion aus und sind nicht nur bloßes Willensorgan, sondern funktionsgerecht dienend in die Organisation der Krankenkasse eingegliedert und unterliegen daher grundsätzlich als Arbeitnehmer der Versicherungspflicht. Die Vorschriften zur Versicherungspflicht von Vorstandsmitgliedern von Aktiengesellschaften (§ 1 Satz 3 SGB VI und § 27 Abs. 1 Nr. 5 SGB III) finden für Vorstandsmitglieder von Krankenkassen keine Anwendung. Ggf. kann wegen beamtenrechtlicher Versorgungsansprüche Versicherungsfreiheit nach § 5 Abs. 1 Nr. 2 SGB VI und § 27 Abs. 1 Nr. 1 SGB III in der Renten- und Arbeitslosenversicherung bestehen. In der Krankenversicherung besteht i. d. R. wegen Überschreiten der Jahresarbeitsentgeltgrenze Versicherungsfreiheit. ja ja

Apothekerzuschüsse

Apothekerzuschüsse aus der Gehaltsausgleichskasse der Apothekerkammern (GAK) an pharmazeutische Angestellte (insbesondere Frauenzulage, Kinderzulage, Dienstalterszulage) sind steuerpflichtiger Arbeitslohn, gleichgültig, ob sie über den Arbeitgeber oder von der GAK unmittelbar an die Angestellten ausgezahlt werden. Sie sind mit ihrem monatlichen Anteil zum Monatsgehalt hinzuzurechnen und mit diesem zusammen zu besteuern. Bei unmittelbarer Auszahlung durch die GAK ist zu diesem Zweck eine entsprechende Mitteilung der GAK an die Arbeitgeber erforderlich (vgl. auch das Stichwort „Lohnzahlung durch Dritte“). ja ja

Arbeitgeber

Zum Begriff des „Arbeitgebers“ vgl. die Erläuterungen im Teil A unter Nr. 2 auf Seite 5.

Arbeitgeberdarlehen

siehe „Darlehen an Arbeitnehmer“ sowie „Zinsersparnisse und Zinszuschüsse“

Arbeitgeberpflichten

siehe die Stichworte: „Abführung und Anmeldung der Lohnsteuer“, „Anzeigepflichten des Arbeitgebers“, „Lohnkonto“, „Lohnsteuerabzug durch einen Dritten“, „Lohnsteuerbescheinigung“ und „Lohnsteuer-Jahresausgleich durch den Arbeitgeber“.

Arbeitgeberzuschuss für Mitglieder berufsständischer Versorgungseinrichtungen

Gliederung:

1. Allgemeines
2. Berufsständische Versorgungseinrichtungen
3. Befreiung von der Rentenversicherungspflicht
4. Höhe des Zuschusses
5. Steuerfreiheit des Zuschusses

1. Allgemeines

Nach § 172a SGB VI zahlt der Arbeitgeber seit 1.1.2012 für Beschäftigte, die nach § 6 Abs. 1 Satz 1 Nr. 1 SGB VI von der Versicherungspflicht in der Rentenversicherung befreit sind, einen Zuschuss in Höhe der Hälfte des Beitrags zu einer berufsständischen Versorgungseinrichtung, höchstens aber die Hälfte des Beitrags, der zu zahlen

1) Ein Muster des amtlichen Vordrucks ist als Anlage zu § 41c EStG im **Steuerhandbuch für das Lohnbüro 2021** abgedruckt, das im selben Verlag erschienen ist.

A

Lohn-steuer-pflichtig | Sozial-versich.-pflichtig

wäre, wenn die Beschäftigten nicht von der Versicherungspflicht in der gesetzlichen Rentenversicherung befreit worden wären. Der Zuschuss ist, sofern er vom Arbeitgeber in der gesetzlich vorgegebenen Höhe bezahlt wird, steuer- und damit sozialversicherungsfrei (§ 3 Nr. 62 EStG). nein nein

2. Berufsständische Versorgungseinrichtungen

Berufsständische Versorgungseinrichtungen existieren im Wesentlichen für freie Berufe (z. B. Ärzte, Apotheker, Architekten, Notare, Patentanwälte, Rechtsanwälte, Steuerberater, Tierärzte, Wirtschaftsprüfer und vereidigte Buchprüfer, Zahnärzte sowie jeweils partiell Psychologische Psychotherapeuten und Ingenieure). Die berufsständischen Versorgungseinrichtungen bieten ihren Mitgliedern eine umfassende Alters-, Berufsunfähigkeits- und Hinterbliebenenversorgung.

3. Befreiung von der Rentenversicherungspflicht

Angestellte Vertreter der unter der vorstehenden Nr. 2 genannten freien Berufe unterliegen als Arbeitnehmer grundsätzlich der Versicherungspflicht in der gesetzlichen Rentenversicherung nach § 1 Satz 1 Nr. 1 SGB VI. Hiervon können sie sich aber zu Gunsten der Pflichtmitgliedschaft in der Versorgungseinrichtung nach § 6 Abs. 1 Satz 1 Nr. 1 SGB VI befreien lassen. Hierüber liegt in der Regel ein Befreiungsbescheid oder sonstiger Nachweis vor. Es empfiehlt sich, diesen zu den Entgeltunterlagen zu nehmen.

Hierbei ist zu beachten, dass das Bundessozialgericht mit Urteilen vom 31.10.2012 (B 12 R 8/10; B 12 R 3/11 und B 12 R 5/10 R) entschieden hat, dass für jede Beschäftigung eine eigene Befreiung erforderlich ist. Eine einmal ausgesprochene Befreiung hat bei einem Arbeitgeberwechsel keine Gültigkeit mehr.

4. Höhe des Zuschusses

Die Mitglieder der Versorgungswerke zahlen in der Regel einkommensabhängige Beiträge; bei Arbeitnehmern vergleichbar den Pflichtbeiträgen zur gesetzlichen Rentenversicherung. Die Höhe des Beitrages zum Versorgungswerk ist entsprechend nachzuweisen. Der Arbeitgeberzuschuss ist dabei maximal auf die Hälfte des Beitrages begrenzt, der bei Versicherungspflicht in der gesetzlichen Rentenversicherung zu zahlen wäre.

Beispiel

Arzt, Mitglied in der Ärzteversorgung,

monatliches Arbeitsentgelt	7500,00 €
Beitrag zur Ärzteversorgung (20 % aus 7500 €)	1500,00 €
Höchstzuschuss des Arbeitgebers (9,3 % aus 7100 € = Beitragsbemessungsgrenze Rentenversicherung)	660,30 €

5. Steuerfreiheit des Zuschusses

Der Arbeitgeberzuschuss ist steuerfrei, solange er die Hälfte der Gesamtaufwendungen des Arbeitnehmers (im obigen Beispiel 750 € = ½ von 1500 €) sowie den bei Rentenversicherungspflicht zu zahlenden Arbeitgeberanteil nicht übersteigt (§ 3 Nr. 62 Satz 2 Buchstabe c und Satz 3 EStG). Diese Voraussetzungen sind im Beispiel unter der vorstehenden Nr. 4 bis zu einem Betrag von 660,30 € erfüllt.

Die Finanzverwaltung lässt die Steuerfreiheit der Arbeitgeberzuschüsse zu einer berufsständischen Versorgungseinrichtung auch dann weiterhin zu, wenn die Zuschüsse wegen der **unterschiedlichen Altersgrenzen** in der gesetzlichen Rentenversicherung und einem berufsständischen Versorgungswerk noch weiter zu zahlen sind. Die entsprechenden Zuschüsse sind selbst dann steuerfrei, wenn durch gleichzeitigen Bezug einer Vollrente wegen Alters aus der gesetzlichen Rentenversicherung nach Erreichen der Regelaltersgrenze dort Versicherungsfreiheit eintritt.

Lohn-steuer-pflichtig | Sozial-versich.-pflichtig

Arbeitgeberzuschuss zum Krankengeld

siehe „Krankengeldzuschüsse“

Arbeitgeberzuschuss zur Krankenversicherung

Neues und Wichtiges auf einen Blick:

Seit dem 1.1.2019 kann aufgrund der paritätischen Finanzierung der Arbeitgeber auch die **Hälfte** des einkommensbezogenen, **prozentualen Zusatzbeitrags** zur Krankenversicherung vom Arbeitgeber **steuer- und beitragsfrei** erstattet werden. Bei privat versicherten Arbeitnehmern ist die Hälfte des durchschnittlichen Zusatzbeitrags maßgebend.

Bei einem angenommenen Zusatzbeitragssatz von 1,3 % (zugleich durchschnittlicher Zusatzbeitragssatz) beträgt der **Beitragszuschuss** des Arbeitgebers für freiwillig in der gesetzlichen Krankenversicherung Versicherte und für Mitglieder eines privaten Versicherungsunternehmens (PKV-Mitglieder) ab **1.1.2021** somit einheitlich in allen Bundesländern **höchstens 384,58 € monatlich.** Bei einem höheren Zusatzbeitragssatz als 1,3 % ergibt sich für einen freiwillig versicherten Arbeitnehmer auch ein höherer Zuschuss (vgl. nachfolgende Nr. 3). Folglich ergibt sich bei einem niedrigen Zusatzbeitragssatz als 1,3 % auch ein niedrigerer Zuschuss.

Gliederung:

1. Allgemeines
2. Beitragszuschuss zur freiwilligen oder privaten Krankenversicherung
3. Höhe des Beitragszuschusses
4. Wegfall des Beitragszuschusses
5. Mehrfachbeschäftigung
6. Beitragszuschuss zur Krankenversicherung für Bezieher von Kurzarbeitergeld oder Saison-Kurzarbeitergeld
7. Beitragszuschuss bei Vorruhestand
8. Steuerliche Behandlung des Beitragszuschusses
   a) Allgemeines
   b) Freiwillige Versicherung in der gesetzlichen Krankenversicherung (GKV-Mitglieder)
   c) Private Versicherung bei einem privaten Krankenversicherungsunternehmen (PKV-Mitglieder)
   d) Beitragszuschuss zur Krankenversicherung für Bezieher von Kurzarbeitergeld oder Saison-Kurzarbeitergeld
   e) Nachweispflichten bei ausländischen Versicherungen

1. Allgemeines

Arbeitnehmer, deren regelmäßiges Jahresarbeitsentgelt die sog. **Jahresarbeitsentgeltgrenze** nicht übersteigt, sind in der gesetzlichen Krankenversicherung grundsätzlich **pflichtversichert.** Der Arbeitgeber hat die Hälfte des gesetzlichen Krankenkassenbeitrags – seit 2019 einschließlich des Zusatzbeitragssatzes – zu übernehmen. Dieser Arbeitgeberanteil ist steuerfrei nach § 3 Nr. 62 EStG. nein nein

Es gibt zwei unterschiedliche Jahresarbeitsentgeltgrenzen, und zwar die allgemeine Jahresarbeitsentgeltgrenze (JAE-Grenze) einerseits und die **besondere** Jahresarbeitsentgeltgrenze andererseits. Die besondere Jahresarbeitsentgeltgrenze gilt für Arbeitnehmer, die am 31. Dezember 2002 als Arbeitnehmer wegen Überschreitens der Jahresarbeitsentgeltgrenze versicherungsfrei und zu diesem Zeitpunkt mit einer **privaten** Krankenkosten-

Lohn- steuer- pflichtig | Sozial- versich.- pflichtig

vollversicherung abgesichert waren (vgl. die Erläuterungen beim Stichwort „Jahresarbeitsentgeltgrenze"). Die Jahresarbeitsentgeltgrenzen **2021** betragen:

- **58 050 €** besondere JAE-Grenze (§ 6 **Abs. 7** SGB V)
- **64 350 €** allgemeine JAE-Grenze (§ 6 **Abs. 6** SGB V).

Die zwei unterschiedlichen Jahresarbeitsentgeltgrenzen von 58 050 € bzw. 64 350 € gelten nur für die Prüfung der Versicherungspflicht. Für die **Berechnung der Beiträge** zur Kranken- und Pflegeversicherung bzw. des Arbeitgeberzuschusses zur Kranken- und Pflegeversicherung gilt eine einheitliche Beitragsbemessungsgrenze von **4837,50 € monatlich bzw. 58 050 € jährlich** (vgl. die Erläuterungen beim Stichwort „Berechnung der Lohnsteuer und der Sozialversicherungsbeiträge" besonders unter Nr. 5). Im Einzelnen gilt für den Beitragszuschuss zur freiwilligen oder privaten Krankenversicherung Folgendes:

2. Beitragszuschuss zur freiwilligen oder privaten Krankenversicherung

Der anspruchsberechtigte Arbeitnehmer erhält einen Beitragszuschuss nur dann, wenn er

- in der gesetzlichen Krankenversicherung freiwillig versichert ist **oder**
- bei einem privaten Versicherungsunternehmen versichert ist und für sich und seine Angehörigen, die bei Versicherungspflicht des Arbeitnehmers nach § 10 SGB V versichert wären, Vertragsleistungen erhält, die ihrer Art nach den Leistungen der gesetzlichen Krankenversicherung nach SGB V entsprechen.

Die Versicherungsleistungen der privaten Versicherung müssen der **Art,** nicht dagegen dem Umfang nach, den Leistungen der gesetzlichen Krankenversicherung entsprechen. Es genügt deshalb, dass die private Krankenversicherung des Arbeitnehmers die wichtigsten Leistungen der gesetzlichen Krankenversicherung abdeckt. Dem Arbeitnehmer bleibt es überlassen, welche Leistungen er im Einzelnen versichern will. Ist z. B. im privaten Krankenversicherungsvertrag statt des Krankengeldes ein Krankenhaustagegeld vereinbart, wird der Anspruch auf den Arbeitgeberzuschuss dadurch nicht ausgeschlossen. Die Absicherung mit Krankengeld oder Krankenhaustagegeld ist überhaupt nicht erforderlich, wenn der privat versicherte Arbeitnehmer keine Absicherung gegen Lohnausfall bei Krankheit benötigt, z. B. weil er Anspruch auf Lohnfortzahlung im Krankheitsfall für mindestens 78 Wochen hat.

Der privat versicherte Arbeitnehmer muss dem Arbeitgeber eine Bescheinigung über die Höhe des zu zahlenden Versicherungsbeitrags vorlegen. Diese Bescheinigung sollte auch eine Bestätigung darüber enthalten, dass die Anspruchsvoraussetzungen des § 257 SGB V vorliegen.

Der Arbeitgeber hat die Bescheinigung bei den Entgeltunterlagen aufzubewahren.

Anspruch auf einen Zuschuss haben grundsätzlich nur abhängig beschäftigte Arbeitnehmer.

Zur Zahlung eines Beitragszuschusses für Vorstandsmitglieder von Aktiengesellschaften und sonstigen Organmitgliedern (z. B. Gesellschafter-Geschäftsführer einer GmbH) vgl. das Stichwort „Gesellschafter-Geschäftsführer" unter den Nrn. 1 Buchstabe g und 2.

3. Höhe des Beitragszuschusses

Als Zuschuss ist der Betrag zu zahlen, den **der Arbeitgeber als Arbeitgeberanteil** bei Krankenversicherungspflicht des Arbeitnehmers zu zahlen hätte (berechnet also auf der Basis des beitragspflichtigen Entgelts). Der Beitragszuschuss ist jedoch höchstens auf die Hälfte des Betrags begrenzt, den ein Arbeitnehmer für seine Krankenversicherung tatsächlich aufwendet.

Lohn- steuer- pflichtig | Sozial- versich.- pflichtig

Für die Bemessung des Arbeitgeberzuschusses bei Arbeitnehmern, **die freiwillig bei einer Krankenkasse versichert** sind, ist also seit 1.1.2019 der für Versicherungspflichtige maßgebliche Arbeitgeberanteil am Beitragssatz von 7,3 % zuzüglich der Hälfte des prozentualen Zusatzbeitrags (z. B. 0,8 %) anzusetzen.

Beispiel

Der allgemeine Beitragssatz beträgt seit 1.1.2015 14,6 %. Der Zusatzbeitragssatz der Krankenkasse soll 1,6 % betragen. Damit beträgt der Höchstzuschuss im Kalenderjahr 2021 für einen freiwillig Versicherten 391,84 € = 8,1 % aus 4837,50 €.

Bei Arbeitnehmern, die bei einem **privaten** Krankenversicherungsunternehmen versichert sind, gilt für die Bemessung des Beitragszuschusses Folgendes:

Nach § 257 Abs. 2 Satz 2 SGB V wird für die Berechnung des Beitragszuschusses für **privat krankenversicherte** Arbeitnehmer der allgemeine Beitragssatz und der durchschnittliche Zusatzbeitragssatz zugrunde gelegt. Der allgemeine Beitragssatz beträgt seit 1.1.2015 14,6 % und der durchschnittliche Zusatzbeitragssatz im Jahr 2021 beträgt 1,3 %. Maßgebend für die Berechnung des Betragsschusses sind also 7,95 % (15,9 % : 2).

Beitragsbemessungsgrundlage für den Beitragszuschuss bei privat krankenversicherten Arbeitnehmern ist das monatliche Arbeitsentgelt bis zur jeweils maßgebenden Beitragsbemessungsgrenze. Hiernach ergibt sich ab 1. 1. 2021 als Beitragszuschuss für privat krankenversicherte Arbeitnehmer sowohl in den alten als auch in den neuen Bundesländern höchstens ein Betrag von (7,3 % + 0,65 % = 7,95 % von 4837,50 € =) **384,58 €** monatlich.

Höchstens erhält der Arbeitnehmer als Beitragszuschuss jedoch die Hälfte des Betrags, den er für seine private Krankenversicherung tatsächlich aufwendet.

4. Wegfall des Beitragszuschusses

Da sich der Beitragszuschuss am Arbeitsentgelt orientiert, besteht für Zeiten, für die der Arbeitnehmer kein Arbeitsentgelt erhält, auch kein Anspruch auf den Beitragszuschuss. Dies bedeutet, dass z. B. für Zeiten der Arbeitsunfähigkeit ohne Fortzahlung von Arbeitsentgelt sowie bei Beginn und Ende der Beschäftigung im Laufe eines Kalendermonats das Arbeitsentgelt nur unter Zugrundelegung einer entsprechend gekürzten Beitragsbemessungsgrenze herangezogen werden kann. Etwas anderes gilt lediglich für Zeiten des unbezahlten Urlaubs oder des unentschuldigten Fernbleibens von der Arbeit sowie für Zeiten des Arbeitskampfes. Denn in diesen Fällen wird der Beitragszuschuss aus dem gezahlten Arbeitsentgelt unter Berücksichtigung der (ungekürzten) monatlichen Beitragsbemessungsgrenze berechnet.

Der Anspruch auf den Beitragszuschuss nach § 257 SGB V besteht also nur für Zeiten, für die bei Krankenversicherungspflicht des Arbeitnehmers ein Arbeitgeberanteil zum Krankenversicherungsbeitrag zu zahlen wäre. Kein Anspruch auf den Beitragszuschuss besteht somit für Zeiten, in denen der Arbeitnehmer Krankengeld, Mutterschaftsgeld oder Elterngeld bezieht und zwar auch dann nicht, wenn der bei einem privaten Krankenversicherungsunternehmen versicherte Arbeitnehmer seinen Beitrag in unverminderter Höhe weiterhin entrichten muss.

Zahlt der Arbeitgeber gleichwohl den Beitragszuschuss in voller Höhe weiter, handelt es sich insoweit um eine freiwillige Leistung, die steuerpflichtig ist. Gleiches gilt für den Beitragszuschuss zur Pflegeversicherung (vgl. das folgende Beispiel). ja nein[1]

1) Der weiter gezahlte Beitragszuschuss ist sozialversicherungsfrei, wenn das anteilige Nettoarbeitsentgelt nicht um mehr als 50 € überschritten wird (vgl. die Erläuterungen beim Stichwort „Arbeitsentgelt" unter Nr. 2).

	Lohn-steuer-pflichtig	Sozial-versich.-pflichtig

Beispiel

Monatsgehalt und Weihnachtsgeld 5000 € (der Arbeitnehmer ist nicht krankenversicherungspflichtig). Der Beitragszuschuss des Arbeitgebers zur freiwilligen Versicherung in der gesetzlichen Krankenversicherung beträgt bei einem Beitragssatz von 14,6 % zuzüglich angenommenen 1,0 % Zusatzbeitragssatz:

7,8 % von der Beitragsbemessungsgrenze in Höhe von 4837,50 €	=	377,33 €
Der Beitragszuschuss zur Pflegeversicherung beträgt 1,525 % von 4837,50 €	=	73,77 €
Beginn der Krankengeldzahlung am 16. Juni. Der Arbeitgeber zahlt für Juni einen Beitragszuschuss in voller Höhe von (377,33 € + 73,77 € =) 451,10 €. Gesetzlich ist er nur bis 15. 6. zur Zahlung eines Beitragszuschusses verpflichtet.		
(7,8 % + 1,525 % =) 9,325 % der Beitragsbemessungsgrenze für 15 Kalendertage (vgl. Tabelle beim Stichwort „Teillohnzahlungszeitraum" unter Nr. 4 auf Seite 920) in Höhe von 2418,75 €	=	225,55 €
steuerpflichtiger Teil des Beitragszuschusses im August (451,10 € – 225,55 € =)		225,55 €

5. Mehrfachbeschäftigung

§ 257 Abs. 1 Satz 3 und Abs. 2 Satz 5 SGB V schreibt vor, dass bei Mehrfachbeschäftigungen die beteiligten Arbeitgeber **anteilig** nach dem Verhältnis der Höhe der jeweiligen Arbeitsentgelte zur Zahlung des Beitragszuschusses verpflichtet sind. Dabei ist in der Weise zu verfahren, dass zunächst die Höhe des insgesamt zu zahlenden Beitragszuschusses festgestellt wird. Der auf den einzelnen Arbeitgeber entfallende Teil des Beitragszuschusses wird sodann ermittelt, indem der Gesamtbeitragszuschuss mit dem Arbeitsentgelt aus der einzelnen Beschäftigung multipliziert und das Ergebnis durch die Summe der Arbeitsentgelte dividiert wird (vgl. das Stichwort „Mehrfachbeschäftigung" unter Nr. 2 besonders Beispiel B).

6. Beitragszuschuss zur Krankenversicherung für Bezieher von Kurzarbeitergeld oder Saison-Kurzarbeitergeld

Soweit für krankenversicherungspflichtige Bezieher von Kurzarbeitergeld oder Saisonkurzarbeitergeld Beiträge zur Krankenversicherung aus einem fiktiven Arbeitsentgelt zu zahlen sind, hat der Arbeitgeber diese Beiträge allein zu tragen (vgl. das Stichwort „Kurzarbeitergeld" unter Nr. 6); der Arbeitnehmer wird insoweit nicht mit Beiträgen belastet. Aus Gründen der Gleichbehandlung ist in § 257 Abs. 1 und 2 SGB V klargestellt worden, dass der Arbeitgeber für die in der gesetzlichen Krankenversicherung freiwillig oder für die bei einem privaten Krankenversicherungsunternehmen versicherten Bezieher von Kurzarbeitergeld oder Saisonkurzarbeitergeld hinsichtlich des fiktiven Arbeitsentgelts den vollen Beitrag zur Krankenversicherung als Zuschuss zu zahlen hat.

7. Beitragszuschuss bei Vorruhestand

Wegen Einzelheiten zum Beitragszuschuss bei Vorruhestand wird auf die Erläuterungen beim Stichwort „Vorruhestand" unter Nr. 3 Bezug genommen.

8. Steuerliche Behandlung des Beitragszuschusses

a) Allgemeines

Für die steuerliche Behandlung von Arbeitgeberzuschüssen zur Krankenversicherung gilt der Grundsatz, dass nur diejenigen Krankenkassenzuschüsse, zu deren Zahlung der Arbeitgeber nach § 257 SGB V gesetzlich verpflichtet ist, nach § 3 Nr. 62 EStG steuerfrei sind.[1] Darüber hinausgehende Zuschüsse des Arbeitgebers zu den Krankenkassenbeiträgen seiner Arbeitnehmer sind steuerpflichtig. Hiernach ergibt sich im Einzelnen Folgendes:

	Lohn-steuer-pflichtig	Sozial-versich.-pflichtig

b) Freiwillige Versicherung in der gesetzlichen Krankenversicherung (GKV-Mitglieder)

Als Zuschuss ist der Betrag zu zahlen, den der Arbeitgeber als Arbeitgeberanteil bei Krankenversicherungspflicht des Arbeitnehmers zu zahlen hätte (berechnet also auf der Basis des beitragspflichtigen Entgelts). nein nein

Für die Bemessung des Arbeitgeberzuschusses ist bei Arbeitnehmern, die freiwillig bei einer gesetzlichen Krankenkasse versichert sind, von dem für Versicherungspflichtige gültigen Arbeitgeberanteil am Beitragssatz von 7,3 % zuzüglich des hälftigen Zusatzbeitragssatzes (z. B. 0,5 %) auszugehen.

Beispiel

Der allgemeine Beitragssatz beträgt 14,6 %. Der Zusatzbeitragssatz soll 1,0 % betragen. Damit beträgt der Höchstbeitragszuschuss für einen freiwillig Versicherten **377,33 €** (7,8 % aus der monatlichen Beitragsbemessungsgrenze von 4837,50 € ergibt 377,33 €).

Übersteigt das Arbeitsentgelt nur aufgrund von einmalig gezahltem Arbeitsentgelt die Beitragsbemessungsgrenze und hat der Arbeitnehmer deshalb für jeden Monat die Höchstbeiträge an die Krankenkasse zu zahlen, sind die Arbeitgeberzuschüsse aus Vereinfachungsgründen bis zum Höchstbetrag steuerfrei. Das bedeutet, dass in Fällen der Überschreitung der Beitragsbemessungsgrenze aufgrund von Sonderzuwendungen und der Zahlung des Höchstbeitrages für jeden Monat der Beitragszuschuss des Arbeitgebers bis zum Höchstbetrag lohnsteuerfrei bleibt. Damit ist die Steuerfreiheit des Höchstzuschusses auch gewährleistet, wenn der laufende Arbeitslohn die Beitragsbemessungsgrenze nicht erreicht (R 3.62 Abs. 2 Nr. 2 Satz 3 und 4 LStR). nein nein

Zur Steuerfreiheit der Zuschüsse des Arbeitgebers zu einer ausländischen gesetzlichen Krankenversicherung vgl. das Stichwort „Zukunftsicherung" unter Nr. 5 Buchstabe a.

c) Private Versicherung bei einem privaten Krankenversicherungsunternehmen (PKV-Mitglieder)

Bei Arbeitnehmern, die bei einem **privaten** Krankenversicherungsunternehmen versichert sind, gilt für die Bemessung des Beitragszuschusses Folgendes:

Nach § 257 Abs. 2 Satz 2 SGB V wird für die Berechnung des Beitragszuschusses für privat krankenversicherte Arbeitnehmer der allgemeine Beitragssatz sowie der durchschnittliche Zusatzbeitragssatz zugrunde gelegt. Der allgemeine Beitragssatz beträgt seit 1.1.2015 14,6 % und der durchschnittliche Zusatzbeitragssatz im Jahr 2021 beträgt 1,3 %. Maßgebend für die Berechnung des Beitragszuschusses sind somit 7,95 % (15,9 % : 2 = 7,95 %).

Bemessungsgrundlage für den Beitragszuschuss bei privat krankenversicherten Arbeitnehmern ist das monatliche Arbeitsentgelt bis zur jeweils maßgebenden Beitragsbemessungsgrenze. Hiernach ergibt sich ab 1.1.2021 als Beitragszuschuss für privat krankenversicherte Arbeitnehmer sowohl in den alten als auch in den neuen Bundesländern höchstens ein Beitrag von (7,95 % von 4837,50 € =) **384,58 €** monatlich.

Höchstens erhält der Arbeitnehmer als Beitragszuschuss jedoch die Hälfte des Betrags, den er für seine private Krankenversicherung tatsächlich aufwendet. Dieser Zuschuss ist steuer- und beitragsfrei. nein nein

Beispiel A

Der Beitrag eines Arbeitnehmers in den alten Bundesländern zu seiner privaten Krankenversicherung beträgt im Januar 2021 700 € monatlich. Die Hälfte des tatsächlich gezahlten Beitrags beträgt somit 350 €. Da

1) Die Zahlung eines steuerfreien Beitragszuschusses kommt daher in der Regel nicht für Arbeitnehmer in Betracht, die parallel zu ihrer Beschäftigung eine hauptberuflich selbstständige Tätigkeit ausüben (vgl. hierzu Teil B Nr. 4 Buchstabe b auf Seite 12).

Lohnsteuerpflichtig Sozialversich.-pflichtig

dieser Betrag niedriger ist als der ab 1. 1. 2021 geltende Höchstbetrag von 384,58 €, ist der Arbeitgeberzuschuss nur in Höhe von 350 € monatlich steuerfrei. Zahlt der Arbeitgeber einen höheren Arbeitgeberzuschuss (z. B. den Höchstbetrag von 384,58 €), ist der Differenzbetrag steuerpflichtig. Bei der Zahlung eines Arbeitgeberzuschusses in Höhe von 384,58 € wären somit (384,58 € – 350 € =) 34,58 € steuerpflichtig. Die 44-Euro-Freigrenze ist nicht anwendbar, da es sich um eine Geldleistung des Arbeitgebers handelt.

Beispiel B

Der Beitrag eines Arbeitnehmers in den alten Bundesländern zu seiner privaten Krankenversicherung beträgt im Januar 2021 800 € monatlich. Der Arbeitgeber kann ab 1. 1. 2021 einen steuerfreien Arbeitgeberzuschuss nur in Höhe von 384,58 € monatlich zahlen. Zahlt er die Hälfte des monatlichen Beitrags (400 €), ist der Differenzbetrag steuerpflichtig. Steuerpflichtig wären also (400 € – 384,58 € =) 15,42 €. Die 44-Euro-Freigrenze für Sachbezüge ist nicht anwendbar, da es sich um eine Geldleistung handelt.

Für die Entwicklung des höchstmöglichen Beitragszuschusses bei **privat krankenversicherten** Arbeitnehmern ergibt sich seit 1.1.2015 folgende Übersicht:

Beitragszuschuss vom . . . bis	**alte und neue Bundesländer**
ab 1.1.2015 bis 31.12.2015	301,13 €
ab 1.1.2016 bis 31.12.2016	309,34 €
ab 1.1.2017 bis 31.12.2017	317,55 €
ab 1.1.2018 bis 31.12.2018	323,03 €
ab 1.1.2019 bis 31.12.2019	351,66 €
ab 1.1.2020 bis 31.12.2020	367,97 €
ab 1.1.2021	**384,58 €**

Die in der Übersicht aufgeführten Beträge sind die gesetzlich festgelegten **Höchstzuschüsse.** Der Arbeitgeber muss jedoch nicht mehr als die Hälfte des tatsächlichen Krankenversicherungsbeitrags des privat versicherten Arbeitnehmers als Zuschuss gewähren.

Voraussetzung für die Steuerfreiheit des Arbeitgeberzuschusses ist es nicht, dass der private Versicherungsschutz einen bestimmten Mindestumfang hat, also sich auf **alle** Leistungen des Fünften Buches Sozialgesetzbuch erstreckt. Die Leistungen müssen weder hinsichtlich ihres Inhalts noch ihres Umfangs identisch mit den Leistungen der gesetzlichen Krankenversicherung sein. Es genügt, wenn sie ihnen im Kerngehalt gleichen. Leistungsart ist nicht gleichzusetzen mit Leistungsumfang, Leistungshöhe und Leistungsinhalt. Daher sind auch höhere Beiträge infolge Absicherung zusätzlicher Leistungen wie Krankentagegeldversicherung in den Beitragszuschuss einzubeziehen. Die für Zwecke des Sonderausgabenabzugs bestehenden Regelungen der Krankenversicherungsbeitragsanteils-Ermittlungsverordnung bilden keine Grundlage für die Bemessung des Arbeitgeberzuschusses (R 3.62 Abs. 2 Nr. 3 Satz 5 LStR; vgl. zum Sonderausgabenabzug die Erläuterungen und Beispiele in Anhang 8a unter Nr. 5 Buchstabe c). Soweit der private Versicherungsschutz allerdings Leistungen umfasst, die der Art nach **nicht** zu den Leistungen des Fünften Buches Sozialgesetzbuch gehören, bleibt der darauf entfallende Teil des Beitrags bei der Bemessung des Arbeitgeberzuschusses unberücksichtigt. Hierunter fallen z. B. Auslandsreisekrankenversicherungen und Sterbegeldversicherungen. Der Arbeitgeber darf Zuschüsse zu einer privaten Krankenversicherung des Arbeitnehmers nur dann steuerfrei lassen, wenn der Arbeitnehmer eine Bescheinigung des Versicherungsunternehmens vorlegt, in der bestätigt wird, dass die Voraussetzungen des § 257 Abs. 2a SGB V vorliegen und es sich bei den vertraglichen Leistungen um Leistungen im Sinne des SGB V handelt. Die Bescheinigung muss außerdem Angaben über die Höhe des für die vertraglichen Leistungen im Sinne des SGB V zu zahlenden Versicherungsbeitrags enthalten. Der Arbeitgeber hat die Bescheinigung als Unterlage zum Lohnkonto aufzubewahren (R 3.62 Abs. 2 Nr. 3 Satz 11 LStR). Soweit der Arbeitgeber die steuerfreien Zuschüsse unmittelbar an den Arbeitnehmer auszahlt, hat der Arbeitnehmer die zweckentsprechende Verwendung durch eine Bescheinigung des Versicherungsunternehmens über die tatsächlichen Krankenversicherungsbeiträge nach Ablauf eines jeden Kalenderjahres nachzuweisen; der Arbeitgeber hat auch diese Bescheinigung als Unterlage zum Lohnkonto aufzubewahren. Kann der Nachweis nicht erbracht werden, sind die Leistungen des Arbeitgebers steuer- und beitragspflichtiger Arbeitslohn. Ab 2024 (Pilotphase ab 2023) sollen die heutigen Papierbescheinigungen durch einen Datenaustausch zwischen Versicherungsunternehmen, Finanzverwaltung und Arbeitgeber ersetzt werden.

Nach § 3 Nr. 62 EStG sind Ausgaben des Arbeitgebers für die Zukunftsicherung des Arbeitnehmers steuerfrei, soweit der Arbeitgeber zu diesen z. B. aufgrund sozialversicherungsrechtlicher Vorschriften verpflichtet ist. Zu den Zukunftsicherungsleistungen in diesem Sinne gehört auch der Zuschuss des Arbeitgebers zum Krankenversicherungsbeitrag nach § 257 Abs. 1 und 2 SGB V. Zahlt der Arbeitgeber einen höheren Zuschuss, stellt der übersteigende Teil lohnsteuerpflichtigen Arbeitslohn und damit beitragspflichtiges Arbeitsentgelt dar. Hieraus war früher auch in Anlehnung an das Rundschreiben vom 9.10.2000 (GMBl. 2000, S. 1175) – D II 2 – 220 707/22 – gefolgert worden, dass bei einem privat versicherten Arbeitnehmer nicht nur seine, sondern auch die Aufwendungen für seine privat krankenversicherten Angehörigen zu berücksichtigen sind, wenn diese im Falle der Krankenversicherungspflicht des Arbeitnehmers nach § 10 SGB V familienversichert wären. Dies galt auch dann, wenn sie bei einem anderen Unternehmen der privaten Krankenversicherung versichert waren. Darüber hinaus wurde unterstellt, dass auch ein Anspruch auf Beitragszuschuss nach § 257 Abs. 2 SGB V für Beiträge bestand, die der Ehegatte des privat versicherten Arbeitnehmers zu zahlen hätte, wenn dieser freiwillig in der gesetzlichen Krankenversicherung versichert wäre und bei einer fiktiven Versicherung in der gesetzlichen Krankenversicherung des privat versicherten Arbeitnehmers in der gesetzlichen Krankenversicherung ein Anspruch auf Familienversicherung für den Ehegatten bestünde. Dementsprechend wurde auch ein Anspruch auf Beitragszuschuss nach § 257 Abs. 2 SGB V unterstellt, für Beiträge von freiwillig versicherten Kindern und sogar für die Beiträge von Kindern privat versicherter Arbeitnehmer, die in der gesetzlichen Krankenversicherung als Studenten oder Praktikanten nach § 5 Abs. 1 Nr. 9 oder 10 SGB V versichert waren. Das Bundessozialgericht hat mit Urteil vom 20.3.2013 – B 12 KR 4/11 R – (USK 2013-8) entschieden, dass der Beitragszuschuss nach § 257 Abs. 2 SGB V eigenständig abgegrenzt ist und vom Wortlaut, Sinn und Zweck nur dann Beitragsaufwendungen des Ehegatten zuschussfähig sind, wenn dieser auch in der privaten Krankenversicherung versichert ist, vorausgesetzt, für den Familienangehörigen würde im Falle der fiktiven Versicherung des privat versicherten Arbeitnehmers in der gesetzlichen Krankenversicherung ein Anspruch auf Familienversicherung bestehen. **Für eine Ausdehnung des Beitragszuschusses auf Beitragsaufwendungen des Ehegatten, der freiwillig in der gesetzlichen Krankenversicherung ist, bestehe kein Raum.** Aufgrund der durch das Bundessozialgericht vorgenommenen Abgrenzung besteht kein Anspruch auf Beitragszuschuss nach § 257 Abs. 2 SGB V für die Beiträge des freiwillig versicherten Ehegatten, der nach § 3 Nr. 62 EStG bzw. § 1 Abs. 1 Satz 1 Nr. 1 erster Halbsatz SvEV[1] begünstigt wäre. Dies gilt auch für die Beiträge von freiwillig versicherten Kindern oder für Beiträge von Kindern, die

1) Die Sozialversicherungsentgeltverordnung (SvEV) ist als Anhang 2 im **Steuerhandbuch für das Lohnbüro 2021** abgedruckt, das im selben Verlag erschienen ist.

Lohn-steuer-pflichtig Sozial-versich.-pflichtig

als Studenten pflichtversichert sind. Nach Ansicht der Spitzenorganisationen der Sozialversicherungsträger ist nach der Entscheidung des Bundessozialgerichts seit 1.1.2014 zu verfahren. Das Steuerrecht folgt der sozialversicherungsrechtlichen Auffassung.

Übersteigt das Arbeitsentgelt nur aufgrund von einmalig gezahltem Arbeitsentgelt die Beitragsbemessungsgrenze und hat der Arbeitnehmer mindestens in Höhe des Höchstbeitrags eines freiwillig gesetzlich Versicherten Beiträge an seine private Krankenversicherung zu zahlen (15,9 % von 4837,50 € = 769,16 €), sind die Arbeitgeberzuschüsse aus Vereinfachungsgründen bis zum Höchstbetrag steuerfrei. Das bedeutet, dass in Fällen der Überschreitung der Beitragsbemessungsgrenze aufgrund von Sonderzuwendungen und der Zahlung von Beiträgen in entsprechender Höhe für jeden Monat der Beitragszuschuss des Arbeitgebers bis zum Höchstbetrag lohnsteuerfrei bleibt. Damit ist die Steuerfreiheit des Höchstzuschusses auch gewährleistet, wenn der laufende Arbeitslohn die Beitragsbemessungsgrenze nicht erreicht (R 3.62 Abs. 2 Nr. 3 Satz 6 i. V. m. Nr. 2 Satz 3 LStR).

d) Beitragszuschuss zur Krankenversicherung für Bezieher von Kurzarbeitergeld oder Saison-Kurzarbeitergeld

Soweit bei Beziehern von Kurzarbeitergeld oder Saison-Kurzarbeitergeld ein fiktives Arbeitsentgelt maßgebend ist (vgl. die Stichwörter „Kurzarbeitergeld" und „Saison-Kurzarbeitergeld"), bleiben die Arbeitgeberzuschüsse in voller Höhe steuerfrei (R 3.62 Abs. 2 Nr. 2 Satz 2 LStR).

e) Nachweispflichten bei ausländischen Versicherungen

Die für die Steuerfreiheit erforderliche gesetzliche Verpflichtung für eine Zukunftsicherungsleistung des Arbeitgebers ergibt sich für den Arbeitgeberzuschuss zu einer privaten Krankenversicherung aus den Vorschriften des SGB V (§ 257 Abs. 2 Satz 1 SGB V). Diese sozialversicherungsrechtlichen Vorschriften sind auch bei Arbeitnehmern anzuwenden, die eine Krankenversicherung bei einem Versicherungsunternehmen abgeschlossen haben, das seinen Sitz in einem anderen Land der **Europäischen Union** hat. Das Vorliegen der gesetzlichen Verpflichtung des Arbeitgebers aufgrund sozialversicherungsrechtlichen Vorschriften zur Bezuschussung ist allerdings vom Arbeitnehmer nachzuweisen.

Nach den sozialversicherungsrechtlichen Vorschriften (§ 257 Abs. 2a Satz 2 SGB V) hat der Arbeitnehmer als Versicherungsnehmer dem Arbeitgeber jeweils nach Ablauf von drei Jahren eine Bescheinigung des Versicherungsunternehmens vorzulegen, dass die Aufsichtsbehörde dem Versicherungsunternehmen bestätigt, dass es die Versicherung, die Grundlage des Versicherungsvertrags ist, nach den entsprechenden sozialversicherungsrechtlichen Voraussetzungen betreibt. Die Vorlage einer solchen Bescheinigung ist aber laut Bundesfinanzhof nicht Voraussetzung für die Steuerfreiheit des Arbeitgeberzuschusses. Der Nachweis des Vorliegens der sozialversicherungsrechtlichen Vorschriften kann auch durch die Vorlage anderer Unterlagen erfolgen. Im Streitfall lehnte der Bundesfinanzhof allerdings die Steuerfreiheit eines Arbeitgeberzuschusses zu einer **privaten** Krankenversicherung in den **Niederlanden** ab, da der Arbeitnehmer keinerlei Unterlagen vorgelegt hatte, woraus sich das Vorliegen der gesetzlichen Verpflichtung aufgrund sozialversicherungsrechtlicher Vorschriften für einen steuerfreien Arbeitgeberzuschuss ergab (BFH-Urteil vom 22.7.2008, BStBl. II S. 894).

Zur Steuerfreiheit der Zuschüsse des Arbeitgebers zu einer ausländischen **gesetzlichen** Krankenversicherung vgl. das Stichwort „Zukunftsicherung" unter Nr. 5 Buchstabe a.

Lohn-steuer-pflichtig Sozial-versich.-pflichtig

Arbeitgeberzuschuss zur Pflegeversicherung

Neues auf einen Blick:

Der Arbeitgeberzuschuss zur Pflegeversicherung beträgt ab 1. 1. 2021 **73,77 €** monatlich. In **Sachsen** beträgt der Beitragszuschuss **49,58 €** monatlich.

Gliederung:

1. Allgemeines

Arbeitnehmer, die aufgrund der Höhe ihres Arbeitsentgelts krankenversicherungsfrei sind, erhalten von ihrem Arbeitgeber einen Zuschuss zum Krankenversicherungsbeitrag (vgl. das Stichwort „Arbeitgeberzuschuss zur Krankenversicherung"). Dieser Grundsatz ist für die Pflegeversicherung übernommen worden.

Die Verpflichtung des Arbeitgebers zur Gewährung eines Zuschusses zu den Beiträgen zur Pflegeversicherung ist in § 61 SGB XI geregelt. Hiernach erhalten folgende Arbeitnehmer einen Beitragszuschuss:

- Arbeitnehmer, die in der gesetzlichen Krankenversicherung freiwillig versichert sind.
- Arbeitnehmer, die nach den Vorschriften des Pflegeversicherungsgesetzes verpflichtet sind, eine private Pflegeversicherung abzuschließen.

Arbeitnehmer, die zwar diese Voraussetzungen erfüllen, die aber nach beamtenrechtlichen Vorschriften oder Grundsätzen bei Krankheit und Pflege Anspruch auf Beihilfe oder Heilfürsorge haben, **erhalten keinen Beitragszuschuss.** An die Stelle des Zuschusses tritt in diesen Fällen die Beihilfe oder Heilfürsorge des Dienstherrn zu den Aufwendungen aus Anlass der Pflege.

Zur Zahlung eines Beitragszuschusses für Vorstandsmitglieder von Aktiengesellschaften vgl. das Stichwort „Gesellschafter-Geschäftsführer" unter Nr. 2.

2. Freiwillige Mitglieder der gesetzlichen Krankenversicherung

Arbeitnehmer, die in der gesetzlichen Krankenversicherung freiwillig versichert sind, sind nach § 20 Abs. 3 SGB XI in der sozialen Pflegeversicherung pflichtversichert. Soweit diese pflegeversicherungspflichtigen Arbeitnehmer einer Krankenkasse angehören, wird die Pflegeversicherung grundsätzlich bei der bei dieser Krankenkasse errichteten Pflegekasse durchgeführt. Arbeitnehmer, die in der gesetzlichen Krankenversicherung freiwillig versichert sind, können jedoch auf Antrag von der (Pflege-)Versicherungspflicht befreit werden, wenn sie nachweisen, dass sie bei einem privaten Versicherungsunternehmen gegen Pflegebedürftigkeit versichert sind. In beiden Fällen besteht ein Anspruch auf einen Arbeitgeberzuschuss (§ 61 Abs. 1 SGB XI) in Höhe der Hälfte der Beiträge zur sozialen Pflegeversicherung, die für einen kranken- und pflegeversicherungspflichtigen Arbeitnehmer bei der Pflegekasse, die bei der Krankenkasse errichtet ist, bei der die freiwillige Mitgliedschaft besteht, zu bezahlen wären. Dieser Arbeitgeberzuschuss ist nach § 3 Nr. 62 Satz 1 EStG steuer- und beitragsfrei. nein nein

Der Beitragssatz beträgt seit 1.1.2019 bundeseinheitlich 1,525 % (3,05 % : 2).

Lohn-steuer-pflichtig Sozial-versich.-pflichtig

Beispiel

Das monatliche Arbeitsentgelt eines Arbeitnehmers beträgt im Mai 2021	5 000,– €
davon sind sowohl in den alten als auch in den neuen Bundesländern beitragspflichtig:	4 837,50 €

Der Arbeitgeber hat im Mai 2021 sowohl in den alten als auch in den neuen Bundesländern folgenden Beitragszuschuss zu zahlen:

1,525 % von 4 837,50 €	**73,77 €**

Zahlt der Arbeitgeber mehr als diesen Betrag, ist der übersteigende Teil steuer- und beitragspflichtig.

Ist der Arbeitnehmer in **Sachsen** tätig, bestand bis zum 30.6.1996 kein Anspruch auf einen Beitragszuschuss, da Sachsen keinen gesetzlichen Feiertag, der stets auf einen Werktag fällt, abgeschafft hat. Somit wäre im Falle des Vorliegens von Pflegeversicherungspflicht kein Arbeitgeberanteil zu zahlen gewesen. Aufgrund der nachfolgenden Erhöhung der Beitragssätze muss jedoch auch in Sachsen bereits seit vielen Jahren ein Beitragszuschuss des Arbeitgebers gezahlt werden, der jedoch wegen des nicht abgeschafften Feiertags um 0,5 % niedriger ist. Seit 1.1.2021 ergibt sich ein maximaler Beitragszuschuss von 1,025 % von 4837,50 € = **49,58 €.**

Übersteigt das Arbeitsentgelt nur aufgrund von einmalig gezahltem Arbeitsentgelt die Beitragsbemessungsgrenze und hat der Arbeitnehmer deshalb für jeden Monat die Höchstbeiträge an die Kranken- und Pflegekasse zu zahlen, sind die Arbeitgeberzuschüsse aus Vereinfachungsgründen bis zum Höchstbetrag steuerfrei. Das bedeutet, dass in Fällen der Überschreitung der Beitragsbemessungsgrenze aufgrund von Sonderzuwendungen und der Zahlung des Höchstbeitrages für jeden Monat der Beitragszuschuss des Arbeitgebers bis zum Höchstbetrag lohnsteuerfrei bleibt. Damit ist die Steuerfreiheit des Höchstzuschusses auch gewährleistet, wenn der laufende Arbeitslohn die Beitragsbemessungsgrenze nicht erreicht.

3. Privat versicherte Arbeitnehmer

Personen, die bei einem privaten Krankenversicherungsunternehmen versichert sind, sind nach § 23 Abs. 1 SGB XI verpflichtet, sich bei diesem Unternehmen, nach § 23 Abs. 2 SGB XI wahlweise auch bei einem anderen privaten Versicherungsunternehmen, gegen das Risiko der Pflegebedürftigkeit abzusichern. Sie erhalten nach § 61 Abs. 2 SGB XI einen Arbeitgeberzuschuss, wenn sie für sich und ihre Angehörigen Vertragsleistungen beanspruchen können, die nach Art und Umfang den Leistungen der sozialen Pflegeversicherung entsprechen; das Versicherungsunternehmen hat dem Arbeitnehmer eine diesbezügliche Bescheinigung auszuhändigen. Der Zuschuss ist in der Höhe begrenzt auf den Betrag, der als Arbeitgeberanteil bei Versicherungspflicht in der sozialen Pflegeversicherung zu zahlen wäre; höchstens erhält der Arbeitnehmer die Hälfte des Betrags, den er für seine soziale Pflegeversicherung tatsächlich aufwendet. Dieser Zuschuss ist steuer- und beitragsfrei. nein nein

Beispiel A

Der Beitrag zur privaten Pflegeversicherung beträgt im Mai 2021 monatlich 150 €. Im Fall der Versicherungspflicht würde der Arbeitgeberanteil 1,525 % von 4837,50 € = 73,77 € betragen. Zahlt der Arbeitgeber als Beitragszuschuss die Hälfte des tatsächlichen Beitrags, also 75 €, sind (75 € – 73,77 € =) 1,23 € steuer- und beitragspflichtig.

Die 44-Euro-Freigrenze ist nicht anwendbar, da es sich um eine Geldzahlung des Arbeitgebers handelt.

Beispiel B

Der Beitrag zur privaten Pflegeversicherung beträgt im Mai 2021 monatlich 60 €. Als Zuschuss kann der Arbeitgeber höchstens die Hälfte des tatsächlich gezahlten Beitrags steuer- und beitragsfrei zahlen. Dies sind monatlich 30 €. Zahlt der Arbeitgeber dem Arbeitnehmer den Betrag als Beitragszuschuss, den er bei einer Versicherungspflicht des Arbeitnehmers als Arbeitgeberanteil zahlen müsste, sind (73,77 € – 30 € =) 43,77 € steuer- und beitragspflichtig.

Die 44-Euro-Freigrenze ist nicht anwendbar, da es sich um eine Geldzahlung des Arbeitgebers handelt.

Lohn-steuer-pflichtig Sozial-versich.-pflichtig

Ist der Arbeitnehmer in Sachsen tätig, beträgt der Beitragszuschuss 1,025 % von 4837,50 € = 49,58 €, höchstens jedoch die Hälfte des Pflegeversicherungsbeitrages.

Der Zuschuss für eine private Pflegeversicherung wird nur dann gezahlt, wenn das Versicherungsunternehmen

- die Pflegeversicherung nach Art der Lebensversicherung betreibt,
- sich verpflichtet, den überwiegenden Teil der Überschüsse, die sich aus dem selbst abgeschlossenen Versicherungsgeschäft ergeben, zugunsten der Versicherten zu verwenden,
- die Pflegeversicherung nur zusammen mit der Krankenversicherung, nicht zusammen mit anderen Versicherungssparten betreibt.

Der Arbeitnehmer hat dem Arbeitgeber seine Zuschussberechtigung durch Vorlage einer Versicherungsbescheinigung nachzuweisen. Diese darf nur dann ausgestellt werden, wenn die zuständige Aufsichtsbehörde dem Versicherungsunternehmen bestätigt hat, dass es die Versicherung, die Grundlage des Versicherungsvertrages ist, nach den vorgenannten Voraussetzungen betreibt (§ 61 Abs. 6 SGB XI).

Zahlt der Arbeitgeber die steuerfreien Zuschüsse unmittelbar an den Arbeitnehmer aus, hat der Arbeitnehmer die zweckentsprechende Verwendung durch eine Bescheinigung des Versicherungsunternehmens über die tatsächlichen Pflege-Pflichtversicherungsbeiträge nach Ablauf eines jeden Kalenderjahres nachzuweisen; der Arbeitgeber hat auch diese Bescheinigung als Unterlage zum Lohnkonto aufzubewahren (R 3.62 Abs. 2 Nr. 3 Satz 12 LStR). Kann der Nachweis nicht erbracht werden, sind die Leistungen des Arbeitgebers steuer- und beitragspflichtiger Arbeitslohn. Ab 2024 (Pilotphase ab 2023) sollen die heutigen Papierbescheinigungen durch einen Datenaustausch zwischen Versicherungsunternehmen, Finanzverwaltung und Arbeitgeber ersetzt werden.

Übersteigt das Arbeitsentgelt nur aufgrund von einmalig gezahltem Arbeitsentgelt die Beitragsbemessungsgrenze und hat der Arbeitnehmer deshalb für jeden Monat die Höchstbeiträge an die Kranken- und Pflegekasse zu zahlen, sind die Arbeitgeberzuschüsse aus Vereinfachungsgründen bis zum Höchstbetrag steuerfrei. Das bedeutet, dass in Fällen der Überschreitung der Beitragsbemessungsgrenze aufgrund von Sonderzuwendungen und der Zahlung des Höchstbeitrages für jeden Monat der Beitragszuschuss des Arbeitgebers bis zum Höchstbetrag lohnsteuerfrei bleibt. Damit ist die Steuerfreiheit des Höchstzuschusses auch gewährleistet, wenn der laufende Arbeitslohn die Beitragsbemessungsgrenze nicht erreicht.

4. Beitragszuschuss für die Bezieher von Kurzarbeitergeld und Saison-Kurzarbeitergeld

Soweit bei Beziehern von Kurzarbeitergeld oder Saison-Kurzarbeitergeld ein fiktives Arbeitsentgelt maßgebend ist (vgl. die Stichwörter „Kurzarbeitergeld“ und „Saison-Kurzarbeitergeld“), bleiben die Arbeitgeberzuschüsse in voller Höhe steuerfrei (R 3.62 Abs. 2 Nr. 2 Satz 2 LStR).

5. Beitragszuschlag für Kinderlose

Der Beitragszuschlag zur sozialen Pflegeversicherung für Kinderlose (vgl. dieses Stichwort) von 0,25 % ist nicht zuschussfähig. Weder Arbeitgeber noch sonstige Zuschussstellen (z. B. Rentenversicherungsträger) müssen einen Zuschuss zum Zuschlag zahlen. Ein etwaig vom Arbeitgeber dennoch hierfür gezahlter Zuschuss ist steuer- und beitragspflichtig. ja ja

Arbeitnehmer

Zum Begriff „Arbeitnehmer“ vgl. Teil A, Nr. 3 auf Seite 6.

Lohnsteuerpflichtig | Sozialversich.-pflichtig

Arbeitnehmerfinanzierte Pensionszusage

Gliederung:

1. Allgemeines

Unter arbeitnehmerfinanzierten Pensionszusagen (sog. **Direktzusage**) werden Modelle verstanden, nach denen der Arbeitgeber dem Arbeitnehmer eine Betriebsrente zusagt, die Mittel zur Sicherung dieser Zusage aber vom Arbeitnehmer ganz oder teilweise durch eine Minderung des vertraglich vereinbarten Gehalts aufgebracht werden (vgl. auch die Erläuterungen beim Stichwort „Gehaltsumwandlung"). Der Vorteil liegt darin, dass durch die Minderung hoch besteuerter Aktivbezüge eine zum Teil erhebliche Steuerersparnis eintritt, während die später zufließende Betriebsrente als Arbeitslohn in Form eines Versorgungsbezugs wegen des niedrigeren Einkommens im Ruhestand geringer besteuert wird (sog. nachgelagerte Besteuerung, vgl. dieses Stichwort). Die tatsächliche steuerliche Belastung im Alter kann jedoch niemand vorhersagen.

Beispiel

Der Arbeitnehmer vereinbart mit seinem Arbeitgeber, dass das monatliche Gehalt von 8500 € auf 7500 € herabgesetzt und dafür eine entsprechende **Pensionszusage** gewährt wird. Der Arbeitnehmer entzieht damit 1000 € der progressiven Besteuerung (vgl. die Tabelle zu den Grenzsteuersätzen beim Stichwort „Tarifaufbau" unter Nr. 6 auf Seite 915) und erhält hierfür eine Altersversorgung, die erst bei der Auszahlung – mit dem dann meist geringeren Steuersatz – versteuert werden muss. Beim Arbeitgeber führt dieses Modell zu einer erheblichen Liquiditätsverbesserung, wobei die Bildung der gewinnmindernden Pensionsrückstellung nach § 6a EStG unverändert erhalten bleibt.

Pensionszusagen sind im Grunde genommen Zukunftsicherungsleistungen des Arbeitgebers für seine Arbeitnehmer. Auf die grundsätzlichen Ausführungen und das Abgrenzungsschema zur Steuerpflicht von Zukunftsicherungsleistungen beim Stichwort „Zukunftsicherung" unter Nr. 1 auf Seite 1067 wird deshalb Bezug genommen. Wegen der besseren Übersicht erfolgt die Erläuterung von **arbeitnehmerfinanzierten** Pensionszusagen unter einem eigenen Stichwort, weil hierfür besondere Verwaltungsanweisungen und Sonderregelungen zu beachten sind.

2. Arbeitnehmerfinanzierte Pensionszusage als Teil der betrieblichen Altersversorgung

Die betriebliche Altersversorgung umfasst seit 1.1.2002 fünf Durchführungswege, nämlich

- Beiträge zu **Pensionskassen,**
- Beiträge zu **Pensionsfonds,**
- Beiträge zu einer **Direktversicherung,**
- **Pensionszusage** (Direktzusage) und
- Beiträge zu **Unterstützungskassen.**

Aus lohnsteuerlicher Sicht ist zu unterscheiden zwischen den Formen der betrieblichen Altersversorgung, die **sofort zufließenden Arbeitslohn** darstellen und denjenigen Formen der betrieblichen Altersversorgung, bei denen erst die künftig zufließenden **Versorgungsleistungen als Arbeitslohn** besteuert werden (sog. **nachgelagerte Besteuerung,** vgl. dieses Stichwort). Denn die Beantwortung der Frage, ob Aufwendungen für eine betriebliche Altersversorgung gegenwärtig zufließender Arbeitslohn des Arbeitnehmers sind oder nicht, ist für die steuerliche Behandlung der späteren Leistungen aus dieser betrieblichen Altersversorgung von entscheidender Bedeutung. Sind die Ausgaben **für** die betriebliche Altersversorgung gegenwärtig zufließender Arbeitslohn, können die späteren Leistungen **aus** der betrieblichen Altersversorgung **kein Arbeitslohn** sein; denn sie beruhen, zumindest teilweise, auf eigenen Beitragsleistungen (nämlich dem Arbeitslohn) des Arbeitnehmers. Handelt es sich bei den Leistungen um Renten, werden sie regelmäßig lediglich mit dem sog. Ertragsanteil besteuert (vgl. das Stichwort „Renten"); Besonderheiten sind bei einer Steuerfreiheit der als Arbeitslohn zu behandelnden Beiträge zur betrieblichen Altersversorgung zu beachten (vgl. hierzu auch Anhang 6 Nr. 11 auf Seite 1184). Lösen die Ausgaben **für** die betriebliche Altersversorgung dagegen keinen Zufluss von Arbeitslohn aus, sind die späteren Leistungen **aus** der Zukunftsicherung **steuerpflichtiger Arbeitslohn,** und zwar auch dann, wenn sie von einer selbstständigen Versorgungseinrichtung erbracht werden.

Wendet man diese Grundsätze auf die fünf Durchführungswege der betrieblichen Altersversorgung an, gilt Folgendes:

Die Gewährung einer **Pensionszusage** und die damit verbundene Bildung einer Pensionsrückstellung in der Bilanz des Unternehmens lösen keine Lohnsteuerpflicht beim Arbeitnehmer aus (vgl. auch BFH-Urteil vom 20.7.2005, BStBl. II S. 890 für Zuführungen zu einer Versorgungsrückstellung). nein nein

Die späteren Versorgungsleistungen (Betriebsrenten) gehören zum steuerpflichtigen Arbeitslohn (§ 19 Abs. 1 Satz 1 Nr. 2 EStG). ja nein[1)]

Für Beiträge des Arbeitgebers zu einer **Unterstützungskasse** gilt das Gleiche wie für die Gewährung einer Pensionszusage (vgl. das Stichwort „Unterstützungskasse").

Bei den übrigen drei Durchführungswegen der betrieblichen Altersversorgung, also bei Beiträgen zu **Direktversicherungen, Pensionskassen** oder **Pensionsfonds** liegt gegenwärtig zufließender Arbeitslohn vor, der allerdings nach § 3 Nr. 63 EStG in bestimmtem Umfang steuerfrei ist bzw. bei Beiträgen zu einer Direktversicherung und Pensionskassen unter bestimmten Voraussetzungen pauschal mit 20 % besteuert werden kann (vgl. die Stichwörter „Direktversicherung", „Pensionsfonds", „Pensionskasse" und „Zukunftsicherung"). Nachfolgend wird nur ein Durchführungsweg der betrieblichen Altersversorgung erläutert, und zwar der spezielle Weg der **arbeitnehmerfinanzierten** Pensionszusage. Die Pensionszusage ganz allgemein ist unter diesem Stichwort dargestellt. Für die arbeitnehmerfinanzierte, das heißt durch Gehaltsumwandlung (= Entgeltumwandlung) finanzierte Pensionszusage gilt im Einzelnen Folgendes:

1) Wegen der Krankenversicherungspflicht von Betriebsrenten vgl. Teil B Nr. 12 auf Seite 24.

	Lohn-steuer-pflichtig	Sozial-versich.-pflichtig

3. Voraussetzungen für eine Entgeltumwandlung zugunsten einer Pensionszusage

a) Fälle, in denen ein Rechtsanspruch auf Entgeltumwandlung besteht

Seit 1.1.2002 haben Arbeitnehmer, die in der gesetzlichen Rentenversicherung pflichtversichert sind, einen individuellen **Anspruch** auf betriebliche Altersversorgung durch Entgeltumwandlung (§ 1a BetrAVG)[1]. Das bedeutet, dass diese Arbeitnehmer die Umwandlung eines Teils ihres künftigen Arbeitslohns zugunsten einer betrieblichen Versorgungsanwartschaft verlangen können. Auch der GmbH-Geschäftsführer kann hiernach in die betriebliche Altersversorgung mit einbezogen werden. Einen Rechtsanspruch auf Entgeltumwandlung hat er jedoch nur dann, wenn er **nicht beherrschend** ist. Zwar sind sowohl der beherrschende als auch der nicht beherrschende Gesellschafter-Geschäftsführer aus steuerrechtlicher Sicht Arbeitnehmer. Aber nur der nicht beherrschende GmbH-Gesellschafter-Geschäftsführer ist in der gesetzlichen Rentenversicherung pflichtversichert (vgl. das Stichwort „Gesellschafter-Geschäftsführer“ besonders unter Nr. 1).

b) Höhe des Anspruchs auf Entgeltumwandlung

Der Anspruch auf Entgeltumwandlung besteht in Höhe von bis zu 4 % der Beitragsbemessungsgrenze (West) in der allgemeinen Rentenversicherung. In 2021 sind dies 4 % von 85 200 € = 3408 € jährlich (284 € monatlich) und zwar unabhängig von der jeweiligen Höhe des individuellen Arbeitslohns. Macht der Arbeitnehmer seinen Entgeltumwandlungsanspruch geltend, muss er jedoch jährlich mindestens einen Betrag in Höhe von $^{1}/_{160}$ der Bezugsgröße nach § 18 Abs. 1 SGB IV, in 2021 also $^{1}/_{160}$ von 39 480 € = 246,75 € für seine betriebliche Altersversorgung verwenden. Außerdem kann der Arbeitgeber verlangen, dass während eines laufenden Kalenderjahres gleich bleibende Beträge verwendet werden.

Der Anspruch auf Entgeltumwandlung ist **ausgeschlossen, soweit** bereits vor dem 1.1.2002 eine durch Entgeltumwandlung finanzierte Zusage auf betriebliche Altersversorgung bestand. Bereits vor diesem Zeitpunkt bestehende Entgeltumwandlungsvereinbarungen werden also auf die 4 %-Grenze angerechnet. Klassische Versorgungszusagen, das heißt rein **arbeitgeberfinanzierte** Zusagen, schließen hingegen den Anspruch auf Entgeltumwandlung nicht aus.

c) Tarifvorrang schließt Anspruch auf Entgeltumwandlung aus

Ein Anspruch auf Entgeltumwandlung besteht nicht, soweit der Entgeltanspruch auf einem Tarifvertrag beruht und der Tarifvertrag nicht ausdrücklich eine Entgeltumwandlung zugunsten von betrieblicher Altersversorgung vorsieht oder zumindest durch Betriebsvereinbarung oder Einzeltarifvertrag zulässt **(Öffnungsklausel).** Dieser Tarifvorrang (§ 20 Abs. 1 BetrAVG)[1] ist auch bei bestehenden Tarifverträgen zu beachten. Liegt eine beiderseitige Tarifbindung oder ein sog. allgemeinverbindlicher Tarifvertrag vor und besteht keine tarifliche Öffnungsklausel, kann somit nur übertarifliches Entgelt Gegenstand des Entgeltumwandlungsanspruchs sein. Die neueren Tarifverträge enthalten jedoch alle zumindest eine solche Öffnungsklausel.

Zum Rechtsanspruch auf Entgeltumwandlung vgl. auch ausführlich die Erläuterungen in Anhang 6 unter Nr. 13 auf Seite 1188.

d) Entgeltumwandlungen zugunsten einer Pensionszusage auf freiwilliger Basis

Arbeitgeber und Arbeitnehmer können auch frei vereinbaren, **künftige** Ansprüche auf Arbeitslohn zugunsten einer betrieblichen Altersversorgung herabzusetzen (sog. Umwandlung in eine wertgleiche Anwartschaft auf Versorgungsleistungen, § 1 Abs. 2 Nr. 3 BetrAVG[1]). Bei der Vereinbarung, welche Teile des künftigen Arbeitslohns herabgesetzt werden sollen, sind Arbeitgeber und Arbeitnehmer im Grundsatz frei. Die Herabsetzung kann für laufenden Arbeitslohn oder auch für Einmal- und/oder Sonderzahlungen vereinbart werden.

Die Herabsetzung von Arbeitslohn (laufender Arbeitslohn, Einmal- und Sonderzahlungen) zugunsten einer betrieblichen Altersversorgung wird von der Finanzverwaltung[2] steuerlich auch dann als Entgeltumwandlung anerkannt, wenn die Gehaltsänderungsvereinbarung **bereits erdiente, aber noch nicht fällig** gewordene Anteile umfasst. Dies gilt auch, wenn eine Einmal- oder Sonderzahlung einen Zeitraum von mehr als einem Jahr betrifft.

Beispiel A

Ein Arbeitnehmer vereinbart am 10.11.2021 mit seinem Arbeitgeber die Herabsetzung seiner am 30.11.2021 fällig werdenden Tantieme für 2020 um 50 % zugunsten einer Pensionszusage.

Die Tantieme 2020 ist nur noch zur Hälfte als Arbeitslohn (sonstiger Bezug) im November 2021 der Lohnsteuer zu unterwerfen. Am 10.11.2021, als die Vereinbarung getroffen wurde, war die Tantieme 2020 zwar bereits erdient, aber noch nicht fällig. Die Gehaltsänderungsvereinbarung wird daher steuerlich als Entgeltumwandlung zugunsten einer Pensionszusage anerkannt.[2]

Beispiel B

Der laufende Arbeitslohn des Arbeitnehmers wird jeweils am Ende eines Monats fällig.

Die Versorgungsvereinbarung zugunsten einer Pensionszusage wird am 13.1.2021 abgeschlossen. Zur Finanzierung soll das laufende Monatsgehalt verwendet werden.

Die Gehaltsumwandlung kann sich erstmals auf die laufenden Bezüge des Monats Januar 2021 beziehen.

Bei einer Herabsetzung des laufenden Arbeitslohns ist es steuerlich unschädlich, wenn der bisherige ungekürzte Arbeitslohn weiterhin Bemessungsgrundlage für künftige Erhöhungen des Arbeitslohns oder andere Arbeitgeberleistungen (wie z. B. Weihnachtsgeld, Tantieme, Jubiläumszuwendungen, betriebliche Altersversorgung) bleibt, die Gehaltsumwandlung zeitlich begrenzt oder vereinbart wird, dass der Arbeitnehmer oder der Arbeitgeber sie für künftigen Arbeitslohn einseitig ändern können.[2]

Selbst eine mögliche **arbeitsrechtliche Unwirksamkeit** der getroffenen Vereinbarung, z. B. wegen eines Verstoßes gegen den Tarifvorrang (vgl. vorstehend unter Buchstabe c), wäre steuerlich unbeachtlich, soweit und solange Arbeitnehmer und Arbeitgeber einvernehmlich handeln und das wirtschaftliche Ergebnis der Vereinbarung eintreten und bestehen lassen (§ 40, § 41 Abs. 1 AO).

4. Betriebliche Altersversorgung im Sinne des Betriebsrentengesetzes (BetrAVG)

a) Allgemeines

Voraussetzung für die steuerliche Anerkennung der Entgeltumwandlung ist, dass Versorgungsleistungen im Sinne des Betriebsrentengesetzes (BetrAVG) zugesagt werden. Abzugrenzen sind hiervon insbesondere **reine Sparvorgänge,** die lediglich eine Ansammlung von Vermögenswerten ggf. mit Wertsteigerung jedoch ohne Abdeckung eines biometrischen Risikos zum Ziel haben. Eine solche Gehaltsumwandlung führt in diesen Fällen allenfalls zur Begründung einer Darlehensforderung gegen den Arbeitgeber. Bei Vereinbarungen dieser Art liegt nämlich regelmäßig eine Lohnverwendungsabrede vor, die zur Folge hat, dass der Arbeitslohn im Zeitpunkt der ursprünglich vereinbarten Fälligkeit zufließt (BFH-Urteil vom 20.8.1997, BStBl. II S. 667). Im Einzelnen gilt Folgendes:

1) Das Betriebsrentengesetz (BetrAVG) ist als Anhang 13 im **Steuerhandbuch für das Lohnbüro 2021** abgedruckt, das im selben Verlag erschienen ist.

2) BMF-Schreiben vom 6.12.2017 (BStBl 2018 I S. 147, 150 f., Randnummer 9 bis 13). Das BMF-Schreiben ist als Anhang 13c im **Steuerhandbuch für das Lohnbüro 2021** abgedruckt, das im selben Verlag erschienen ist.

Lohn-steuer-pflichtig	Sozial-versich.-pflichtig

b) Begriff der betrieblichen Altersversorgung

Um eine betriebliche Altersversorgung nach dem Betriebsrentengesetz (BetrAVG) handelt es sich nur dann, wenn der Arbeitgeber mindestens **ein biometrisches Risiko (Alter, Tod, Invalidität)** übernimmt und Ansprüche auf Versorgungsleistungen erst mit dem Eintritt des biologischen Ereignisses fällig werden. Dies ist bei der Altersversorgung das altersbedingte Ausscheiden aus dem Erwerbsleben, bei der Hinterbliebenenversorgung der Tod des Arbeitnehmers und bei der Invaliditätsversorgung der Invaliditätseintritt. Als Untergrenze für betriebliche Altersversorgungsleistungen bei einem Ausscheiden aus dem Erwerbsleben gilt das **60. Lebensjahr.** Ein früherer Zeitpunkt kann bei Berufsgruppen in Betracht kommen, bei denen schon vor dem 60. Lebensjahr Altersversorgungsleistungen üblich sind (z. B. bei Piloten). Ob solche Ausnahmefälle aufgrund berufsspezifischer Besonderheiten vorliegen, prüft die Finanzverwaltung anhand von Gesetz, Tarifvertrag oder Betriebsvereinbarung (= abschließende Aufzählung). Hat der Arbeitnehmer im Zeitpunkt der Auszahlung zwar das 60. Lebensjahr erreicht,[1] aber seine berufliche Tätigkeit noch nicht beendet, ist dies lohnsteuerlich regelmäßig unschädlich;[2] die bilanzielle Behandlung beim Arbeitgeber bei den Durchführungswegen Direktzusage (Pensionszusage) und Unterstützungskasse ist gesondert zu prüfen. **Für Versorgungszusagen, die nach dem 31.12.2011 erteilt werden, tritt an die Stelle des 60. Lebensjahres das 62. Lebensjahr.**

Auf die **Zahlungsweise** der **Altersversorgungsleistungen** (lebenslange Rentenzahlung, befristete Zahlung, Einmalzahlung, Ratenzahlung) kommt es bei den internen Durchführungswegen der betrieblichen Altersversorgung (Pensions-/Direktzusage, Unterstützungskasse) nicht an. Etwaige Ratenzahlungen an den Arbeitnehmer selbst sind als steuerpflichtiger nachträglicher Arbeitslohn (§ 19 Abs. 1 EStG) bzw. bei Vorliegen der entsprechenden Voraussetzungen als begünstigte Versorgungsbezüge (§ 19 Abs. 2 EStG) zu behandeln (vgl. hierzu auch das Stichwort „Versorgungsbezüge, Versorgungsfreibetrag"). Werden die Altersversorgungsleistungen nicht laufend, sondern in einer Summe gezahlt, handelt es sich um Arbeitslohn für mehrere Jahre (vgl. dieses Stichwort), der bei einer Zusammenballung unter Anwendung der sog. **Fünftelregelung** ermäßig besteuert werden kann. Die Gründe für eine Kapitalisierung sind unerheblich. Bei Teilkapitalauszahlungen ist das Erfordernis der Zusammenballung aber nicht erfüllt. Eine Anwendung der Fünftelregelung kommt für diese Zahlungen nicht in Betracht.[3] Werden nach dem Tod des Arbeitnehmers weitere Raten der Altersversorgungsleistung an seine Erben gezahlt, die zugleich Hinterbliebene im nachfolgenden Sinne sind, liegen auch bei diesen begünstigte Versorgungsbezüge vor. Erfolgt die Auszahlung der restlichen Raten der Altersversorgungsleistung an Personen, die keine Hinterbliebenen des Arbeitnehmers im nachfolgenden Sinne sind, handelt es sich um die Zahlung von nachträglichem Arbeitslohn (§ 19 Abs. 1 EStG) und nicht um Versorgungsbezüge (§ 19 Abs. 2 EStG; R 19.8 Abs. 3 Satz 2 LStR). Zu der erforderlichen Auszahlungsform der Versorgungsleistung für eine Steuerfreiheit der als Arbeitslohn zu behandelnden Beiträge zur betrieblichen Altersversorgung bei den Durchführungswegen Pensionsfonds, Pensionskasse und Direktversicherung in der Ansparphase vgl. Anhang 6 Nr. 5 Buchstabe b auf Seite 1174.

Beispiel

Arbeitnehmer A erhält den Kapitalwert seiner betrieblichen Altersversorgung (100 000 €) seit 2018 in zehn Jahresraten jeweils zum 1.7. eines Jahres ausgezahlt. Ende 2020 ist A verstorben. Die Jahresraten ab 1.7.2021 erhält sein Neffe als Alleinerbe.

Der Neffe erhält für die restlichen, von ihm als Arbeitslohn zu versteuernden Teilkapitalauszahlungen ab 1.7.2021 keinen Versorgungsfreibetrag und Zuschlag zum Versorgungsfreibetrag, da es sich um einen nicht versorgungsberechtigten Erben handelt.

Lohn-steuer-pflichtig	Sozial-versich.-pflichtig

Von einer **Hinterbliebenenversorgung** geht die Finanzverwaltung aus bei Leistungen an die Witwe des Arbeitnehmers bzw. den Witwer der Arbeitnehmerin, die steuerlich zu berücksichtigenden Kinder (inklusive Pflegekind, Enkelkind und [faktisches] Stiefkind), den früheren Ehegatten oder die Lebensgefährtin bzw. den Lebensgefährten (vgl. auch Anhang 6 Nr. 1 auf Seite 1170). Die Möglichkeit, andere als die vorgenannten Personen als Begünstigte für den Fall des Todes des Arbeitnehmers zu benennen, führt steuerrechtlich dazu, dass es sich nicht mehr um eine Hinterbliebenenversorgung handelt, sondern von einer Vererblichkeit der Anwartschaften auszugehen ist (vgl. die Erläuterungen unter dem nachfolgenden Buchstaben c). Handelt es sich bei der begünstigten Person um die **Lebensgefährtin bzw. den Lebensgefährten** gilt zudem nach Auffassung der Finanzverwaltung[4] Folgendes:

Der Begriff der Lebensgefährtin bzw. des Lebensgefährten ist als Oberbegriff zu verstehen, der auch die gleichgeschlechtliche Lebenspartnerschaft mit erfasst. Ob eine gleichgeschlechtliche Lebenspartnerschaft eingetragen wurde oder nicht, ist dabei zunächst unerheblich. Für Partner einer eingetragenen Lebenspartnerschaft besteht allerdings die Besonderheit, dass sie einander nach § 5 Lebenspartnerschaftsgesetz zum Unterhalt verpflichtet sind. Insoweit liegt eine mit der zivilrechtlichen Ehe vergleichbare Partnerschaft vor (zur steuerlichen Gleichstellung von Ehen und Lebenspartnerschaften vgl. auch die Generalklausel in § 2 Abs. 8 EStG). Handelt es sich dagegen um eine andere Form der nicht ehelichen Lebensgemeinschaft, muss anhand der im BMF-Schreiben vom 25. Juli 2002 (BStBl. I S. 706) genannten Voraussetzungen geprüft werden, ob diese als Hinterbliebenenversorgung anerkannt werden kann. Ausreichend ist dabei regelmäßig, dass spätestens zu Beginn der Auszahlungsphase der Hinterbliebenenleistung eine schriftliche Versicherung des Arbeitnehmers vorliegt, in der neben der geforderten namentlichen Benennung des/der Lebensgefährten/-in bestätigt wird, dass eine gemeinsame Haushaltsführung besteht.

Für den **Prüfungszeitpunkt** einer steuerlich **begünstigten Hinterbliebenenversorgung** gilt Folgendes: Die Versorgungsregelung (Satzung, allgemeine Versicherungsbedingungen oder Ähnliches) muss bei Erteilung oder Änderung der Versorgungszusage allgemein vorsehen, dass eine Hinterbliebenenleistung nur an den (früheren) Ehegatten, die Kinder oder Lebensgefährten im vorstehend beschriebenen Sinne möglich ist. Ob die Voraussetzungen zumindest eines begünstigten Hinterbliebenen im Einzelfall erfüllt sind, ist dann im Zeitpunkt der tatsächlichen Auszahlung der Hinterbliebenenleistung vom Arbeitgeber bzw. vom Versorgungsträger zu prüfen.

Das biometrische Risiko **Invalidität** ist mit Invaliditätseintritt verwirklicht. Auf den Invaliditätsgrad kommt es nicht an.

Eine betriebliche Altersversorgung setzt nicht voraus, dass die Versorgungsanwartschaft nach versicherungsmathematischen Grundsätzen berechnet wird. Denn nach

1) Nach § 187 Abs. 2 Satz 2 in Verbindung mit § 188 Abs. 2 BGB wird das 59. Lebensjahr mit Ablauf des Tages vollendet, der dem 59. Geburtstag vorangeht. Die Versorgungsleistungen dürfen dem Arbeitnehmer somit frühestens ab seinem 59. Geburtstag ausgezahlt werden; bei ab 2012 erteilten Versorgungszusagen ab dem 61. Geburtstag.

2) BMF-Schreiben vom 6.12.2017 (BStBl 2018 I S. 147, 148, Randnummer 1 ff.). Das BMF-Schreiben ist als Anhang 13c im **Steuerhandbuch für das Lohnbüro 2021** abgedruckt, das im selben Verlag erschienen ist.

3) BMF-Schreiben vom 6.12.2017 (BStBl 2018 I S. 147, 166, Randnummer 147). Das BMF-Schreiben ist als Anhang 13c im **Steuerhandbuch für das Lohnbüro 2021** abgedruckt, das im selben Verlag erschienen ist.

4) BMF-Schreiben vom 6.12.2017 (BStBl 2018 I S. 147, 149, Randnummer 4). Das BMF-Schreiben ist als Anhang 13c im **Steuerhandbuch für das Lohnbüro 2021** abgedruckt, das im selben Verlag erschienen ist.

Lohn-steuer-pflichtig	Sozial-versich.-pflichtig

§ 1 Abs. 2 Nr. 3 BetrAVG[1] liegt eine betriebliche Altersversorgung vor, wenn künftige Entgeltansprüche in eine **wertgleiche** Anwartschaft auf Versorgungsleistungen umgewandelt werden. Die hiernach erforderliche Wertgleichheit **kann** (muss aber nicht) nach versicherungsmathematischen Grundsätzen berechnet werden.

Der Anerkennung des Versorgungsmodells steht es nicht entgegen, wenn die Ansprüche des Arbeitnehmers **von Beginn an unverfallbar** sind. Denn die Unverfallbarkeit sichert lediglich die bestehenden Ansprüche dem Grunde und der Höhe nach ab; sie hat jedoch keine Auswirkung auf den Zeitpunkt des steuerlichen Zuflusses der zugesagten Versorgungsleistungen als Arbeitslohn.

c) Vererblichkeit der Versorgungsanwartschaften

Keine betriebliche Altersversorgung liegt nach Auffassung der Finanzverwaltung[2] vor, wenn zwischen Arbeitgeber und Arbeitnehmer die Vererblichkeit der Versorgungsanwartschaft vereinbart worden ist. Denn nach den Regelungen des BetrAVG[1] ist im Fall des Todes des Arbeitnehmers lediglich eine Versorgung der „begünstigten" Hinterbliebenen, aber keine Vererbung des „angesparten Kapitals" möglich. Die vorstehenden Ausführungen unter dem Buchstaben b) zur Auszahlung der Leistung in Raten an den Arbeitnehmer oder ggf. an den Erben stehen dem nicht entgegen, da in diesen Fällen das biometrische Risiko „Alter" bereits zuvor eingetreten ist. Auch Vereinbarungen, nach denen Arbeitslohn ganz oder teilweise einem sog. „Versorgungskonto" gutgeschrieben und ohne Abdeckung **mindestens eines** biometrischen Risikos (Alter, Tod, Invalidität) zu einem späteren Zeitpunkt (z. B. bei Ausscheiden aus dem Dienstverhältnis) ggf. mit Wertsteigerung ausgezahlt wird, sind nicht dem Bereich der betrieblichen Altersversorgung zuzuordnen (vgl. das Stichwort „Vorsorgekonto"). Gleiches gilt, wenn von vornherein eine Abfindung der Versorgungsanwartschaft, z. B. zu einem bestimmten Zeitpunkt oder bei Vorliegen bestimmter Voraussetzungen, vereinbart ist und dadurch nicht mehr von der Absicherung eines biometrischen Risikos ausgegangen werden kann. Demgegenüber führt allein die Möglichkeit einer Beitragserstattung einschließlich der gutgeschriebenen Erträge bzw. einer entsprechenden Abfindung für den Fall des Ausscheidens aus dem Dienstverhältnis vor Erreichen der gesetzlichen Unverfallbarkeit und/oder für den Fall des Todes vor Ablauf einer arbeitsrechtlich vereinbarten Wartezeit sowie der Abfindung einer Witwenrente/Witwerrente für den Fall der Wiederheirat noch nicht zur Versagung der Anerkennung als betriebliche Altersversorgung. Derartige Vereinbarungen sind also unschädlich. Ebenfalls unschädlich ist die Abfindung vertraglich unverfallbarer Anwartschaften; dies gilt sowohl bei Beendigung als auch während des bestehenden Dienstverhältnisses. Die Abfindung führt allerdings – je nach Behandlung der Beiträge – regelmäßig zu steuerpflichtigem Arbeitslohn oder zu steuerpflichtigen sonstigen Einkünften.

Der Bundesfinanzhof hat allerdings das Vorliegen einer schädlichen Vererblichkeit verneint, wenn die Vereinbarung im Hinblick auf das biometrische Risiko Tod folgenden Wortlaut hat: „Leistungen im Todesfall erhält auf Antrag der Ehegatte oder ein anderer genannter Begünstigter, wenn das Anstellungsverhältnis zum Unternehmen durch Tod endet". Als begünstigte Person war im Streitfall die Ehefrau des Arbeitnehmers benannt. Auch wenn vom Wortlaut keine Vererblichkeit vorlag, hatte der Arbeitnehmer dennoch die Möglichkeit, jederzeit einen (nicht als Hinterbliebenen begünstigten) Dritten zu benennen. Die Person des Begünstigten war also jederzeit auswechselbar. Der Bundesfinanzhof hat diesem Umstand aber im Streitfall keine entscheidungserhebliche Bedeutung beigemessen (BFH-Urteil vom 29.7.2010, BFH/NV 2010 S. 2296).

Die Finanzverwaltung grenzt durch die vorstehenden Regelungen die zulässige Gehaltsumwandlung zugunsten einer Pensionszusage von den sog. **Spar-Modellen, Sparplänen** oder **Darlehens-Modellen** ab, die lediglich eine Vermögensansammlung zum Gegenstand haben. Denn bei solchen Vereinbarungen handelt es sich um eine sog. Lohnverwendungsabrede zwischen Arbeitgeber und Arbeitnehmer, die im Zeitpunkt der ursprünglich vereinbarten Fälligkeit zum Zufluss von Arbeitslohn führt. Nur bei Absicherung zumindest **eines** biometrischen Risikos (Alter, Tod, Invalidität) wird von der Finanzverwaltung die Umwandlung von Barlohn in Versorgungslohn und damit die Verlagerung des Zuflusszeitpunkts zur nachgelagerten Besteuerung anerkannt.

d) Pensionszusage nur für den Arbeitnehmer persönlich

Nicht um eine betriebliche Altersversorgung handelt es sich dann, wenn der Arbeitgeber oder eine Versorgungseinrichtung dem nicht bei ihm beschäftigten Ehegatten oder anderen Angehörigen eines Arbeitnehmers eigene Versorgungsleistungen zur Absicherung seiner biometrischen Risiken (Alter, Tod, Invalidität) verspricht. Denn nach § 1 BetrAVG[1] kann betriebliche Altersversorgung vom Arbeitgeber nur gegenüber **seinem Arbeitnehmer** versprochen werden. Bei der Zusage eigener Versorgungsleistungen gegenüber anderen nicht beim Arbeitgeber beschäftigten Personen handelt es sich deshalb nicht um eine Versorgungszusage aus Anlass eines Arbeitsverhältnisses im Sinne des § 1 BetrAVG[1], sondern vielmehr um private Altersvorsorge, die lediglich mittels des Arbeitgebers oder einer Versorgungseinrichtung der betrieblichen Altersversorgung durchgeführt wird.

Zu den Besonderheiten beim Versorgungsausgleich vgl. die Ausführungen in Anhang 6 unter Nr. 16.

5. Verwendung von Wertguthaben auf Arbeitszeitkonten zugunsten einer Pensionszusage

Wird das Wertguthaben eines Arbeitszeitkontos aufgrund einer Vereinbarung zwischen Arbeitgeber und Arbeitnehmer **vor Fälligkeit** des entsprechenden Betrags, also vor der planmäßigen Auszahlung während der Freistellungsphase, ganz oder teilweise zugunsten der betrieblichen Altersversorgung herabgesetzt, wird dies steuerlich als Entgeltumwandlung anerkannt. Die Ausbuchung der Beträge aus dem Arbeitszeitkonto führt in diesem Fall also nicht zum Zufluss von Arbeitslohn. Dies gilt selbst dann, wenn bei einer Altersteilzeit im sog. Blockmodell (vgl. die Erläuterungen beim Stichwort „Altersteilzeit" unter Nr. 7) in der **Freistellungsphase** vor Fälligkeit (also vor der planmäßigen Auszahlung) des entsprechenden Betrags vereinbart wird, das Wertguthaben des Arbeitszeitkontos oder den während der Freistellung auszuzahlenden Arbeitslohn zugunsten der betrieblichen Altersversorgung herabzusetzen.[3]

Der Zeitpunkt des Zuflusses dieser zugunsten der betrieblichen Altersversorgung umgewandelten Beträge richtet sich nach dem Durchführungsweg der betrieblichen Altersversorgung.

Zu beachten ist, dass die **beitragsfreie Übertragung** von Wertguthaben zugunsten von betrieblicher Altersversorgung **für Neuverträge (Abschluss nach dem 13.11.2008) abgeschafft** worden ist (§ 23b Abs. 3a letzter Satz SGB IV). Dies gilt unabhängig davon, ob für den Beschäftigungsbetrieb eine tarifliche Regelung oder Be-

1) Das Betriebsrentengesetz (BetrAVG) ist als Anhang 13 im **Steuerhandbuch für das Lohnbüro 2021** abgedruckt, das im selben Verlag erschienen ist.

2) BMF-Schreiben vom 6.12.2017 (BStBl 2018 I S. 147, 150, Randnummer 6). Das BMF-Schreiben ist als Anhang 13c im **Steuerhandbuch für das Lohnbüro 2021** abgedruckt, das im selben Verlag erschienen ist.

3) BMF-Schreiben vom 17.6.2009 (BStBl. I S. 1286), geändert durch BMF-Schreiben vom 8.8.2019, BStBl. I S. 874. Das BMF-Schreiben ist als Anlage 3 zu H 38.2 LStR im **Steuerhandbuch für das Lohnbüro 2021** abgedruckt, das im selben Verlag erschienen ist.

	Lohn-steuer-pflichtig	Sozial-versich.-pflichtig

triebsvereinbarung eine entsprechende Übertragungsmöglichkeit vorsieht. Damit dürfte die Verwendung von Wertguthaben zugunsten einer Pensionszusage in der Praxis für einen großen Personenkreis an Bedeutung verloren haben.

6. Sozialversicherungsrechtliche Beurteilung von arbeitnehmerfinanzierten Pensionszusagen

Auch in der Sozialversicherung wird der Verzicht auf Entgelt während der aktiven Beschäftigung zugunsten von späteren Versorgungsleistungen des Arbeitgebers anerkannt. Bei Arbeitnehmern, deren Bezüge unterhalb der Beitragsbemessungsgrenze liegen, kommt also zur Steuerersparnis noch eine Minderung der Sozialversicherungsbeiträge hinzu. Die Minderung des Arbeitgeberanteils zur Sozialversicherung kann der Arbeitgeber ggf. durch eine wertentsprechende höhere Versorgungszusage abgelten.

Hierbei ist Folgendes zu beachten:

Aufwand des Arbeitgebers, der **nicht** aus einer Entgeltumwandlung stammt, ist in vollem Umfang beitragsfrei.

Aufwand, der aus einer **Entgeltumwandlung** stammt, ist nach § 14 Abs. 1 Satz 2 SGB IV bis zu 4 % der Beitragsbemessungsgrenze in der allgemeinen Rentenversicherung (West) beitragsfrei; **(2021 = 3408 €)**; bis 31.12.2001 bestand auch bei Entgeltumwandlungen Beitragsfreiheit in vollem Umfang.

Werden betriebliche Altersversorgungsregelungen vorzeitig aufgelöst und die daraus entstehenden Ansprüche vom Arbeitgeber abgefunden, gelten diese Abfindungszahlungen als Versorgungsbezüge. Insofern gelten die diesbezüglichen Regelungen zur Meldung von Versorgungsbezügen und zur Zahlung von Beiträgen durch die Zahlstelle (vgl. hierzu unter Abschnitt B „Grundsätzliches zur Kranken-, Pflege-, Renten- und Arbeitslosenversicherung“ unter Nr. 12).

Auf die ausführlichen Erläuterungen zur betrieblichen Altersversorgung in **Anhang 6** des Lexikons wird hingewiesen.

Arbeitnehmer-Jubiläum

siehe „Jubiläumszuwendungen“

Arbeitnehmerkammerbeiträge

Die nur in Bremen und im Saarland bestehenden Arbeitnehmerkammern bzw. Arbeitskammern sind Pflichtzusammenschlüsse der Arbeitnehmer und als Körperschaft des öffentlichen Rechts organisiert. Beitragspflichtig sind alle in diesen Bundesländern tätigen Arbeitnehmer; auch Grenzgänger (vgl. dieses Stichwort). **Die Beiträge sind vom Arbeitgeber einzubehalten** und mit den Steuerabzugsbeträgen über die Lohnsteuer-Anmeldung an das zuständige Betriebsstättenfinanzamt abzuführen. Für die Einbehaltung, Abführung, Haftung usw. gelten im Wesentlichen die gleichen Grundsätze wie für das Lohnsteuerabzugsverfahren (vgl. das Stichwort „Abführung und Anmeldung der Lohnsteuer“).

Übernimmt der **Arbeitgeber** die Beiträge des Arbeitnehmers, liegt steuer- und beitragspflichtiger **Arbeitslohn** vor. — ja — ja

Der Arbeitnehmer kann die versteuerten Beiträge aber als **Werbungskosten** absetzen. Eine Saldierung von Arbeitslohn und Werbungskosten ist im Lohnsteuerabzugsverfahren durch den Arbeitgeber nicht zulässig (vgl. die Erläuterungen beim Stichwort „Auslagenersatz“).

	Lohn-steuer-pflichtig	Sozial-versich.-pflichtig

Arbeitnehmer-Pauschbetrag

siehe „Freibeträge“, Anhang 2 und Anhang 7 Abschnitt B

Arbeitnehmer-Sparzulage

Die Arbeitnehmer-Sparzulage ist steuer- und beitragsfrei (siehe „Vermögensbildung der Arbeitnehmer“). — nein — nein

Arbeitnehmerüberlassung

Neues auf einen Blick:

1. Lohnuntergrenzen in der Arbeitnehmerüberlassung

Seit dem 1.9.2020 gelten für die Arbeitnehmerüberlassung aufgrund einer neuen Rechtsverordnung des Bundesministeriums für Arbeit und Soziales neue **Lohnuntergrenzen.** Der Verleiher ist gesetzlich verpflichtet, dem Leiharbeitnehmer mindestens die nach dieser Rechtsverordnung festgesetzten verbindlichen **Mindeststundenentgelte** zu zahlen (vgl. unter Nr. 4).

2. Beschäftigung ausländischer Fachkräfte

Ein Arbeitgeber darf ausländische Arbeitnehmer grundsätzlich nur beschäftigen, wenn sie über einen Aufenthaltstitel nach § 4 des Aufenthaltsgesetzes (AufenthG) verfügen. Für ausländische Fachkräfte sowie unternehmensintern nach Deutschland transferierte Führungskräfte und Spezialisten aus Staaten außerhalb der EU gelten dabei Besonderheiten (vgl. unter Nr. 9 Buchstabe a).

Gliederung:

Lohn-steuer-pflichtig Sozial-versich.-pflichtig

c) Merkmale des Werkvertrages
d) Merkmale der Arbeitnehmerüberlassung

12. Abgrenzung zu anderen Vertragstypen
    a) Dienstvertrag
    b) Dienstverschaffungsvertrag
    c) Geschäftsbesorgungsvertrag
    d) Subunternehmer
13. Lohnsteuerabzug
    a) Verleiher als Arbeitgeber
    b) Lohnsteuerabzug durch ausländische Verleiher
    c) Arbeitgebereigenschaft nach DBA
    d) Gelegentliche Arbeitnehmerüberlassung zwischen fremden Dritten
    e) Arbeitnehmerentsendung im Konzern
    f) Zuständigkeit des Betriebsstättenfinanzamts
    g) Zuständigkeit für ausländische Verleiher im Baugewerbe
14. Lohnsteuerhaftung
    a) Haftung des Entleihers
    b) Haftungsausschlüsse bei erlaubtem/unerlaubtem Verleih
    c) Haftungsausschluss wegen Bauabzugssteuer
    d) Höhe des Haftungsbetrags
    e) Gesamtschuldnerschaft
    f) Durchsetzung des Zahlungsanspruchs
    g) Haftung des Verleihers
    h) Haftungsverfahren
    i) Sicherungsverfahren

1. Allgemeines

Die (legale) Arbeitnehmerüberlassung hat sich als Mittel für flexiblen Personaleinsatz auf dem Markt durchgesetzt. Sie leistet vor allem einen Beitrag zur Schaffung zusätzlicher Beschäftigungsmöglichkeiten und hat für den Entleiher von Arbeitskräften nicht unerhebliche wirtschaftliche Vorteile, wenn er z. B. vorübergehende Personalengpässe zu überbrücken hat oder wenn für ein spezielles Projekt Fachkräfte benötigt werden, deren dauerhafte Einstellung nicht möglich ist.

Bei der Arbeitnehmerüberlassung sind sowohl vom Verleiher als auch vom Entleiher von Arbeitskräften eine Reihe gesetzlicher Vorschriften zu beachten, insbesondere die Regelungen des **Arbeitnehmerüberlassungsgesetzes** (AÜG).

Die Vorschriften des AÜG gelten auch für Ausländer, die aus dem Ausland im Rahmen ihrer wirtschaftlichen Tätigkeit Arbeitnehmer nach Deutschland entsenden, unabhängig davon, ob sie für die Arbeitnehmerüberlassung eine Erlaubnis ihres Heimatstaates besitzen oder nach seinem Recht nicht benötigen (Beschluss des Bayerischen Oberlandesgerichts vom 26.2.1999)[1]. Bei der Entsendung ausländischer Arbeitnehmer von einem ausländischen Verleiher oder einem ausländischen Werkvertragsunternehmen sind neben dem AÜG verschiedene Sonderregelungen zu beachten (vgl. die Erläuterungen unter Nr. 9).

Eine Arbeitnehmerüberlassung nach § 1 AÜG in Betrieben des **Baugewerbes** für Arbeiten, die üblicherweise von Arbeitern verrichtet werden, ist grundsätzlich unzulässig (§ 1b Satz 1 AÜG).

Sie ist gestattet

- zwischen Betrieben des Baugewerbes und anderen Betrieben, wenn diese Betriebe erfassende, für allgemein verbindlich erklärte **Tarifverträge** dies bestimmen,
- zwischen Betrieben des Baugewerbes, wenn der verleihende Betrieb nachweislich seit **mindestens drei Jahren** von denselben Rahmen- und Sozialkassentarifverträgen oder von deren Allgemeinverbindlichkeit erfasst wird (§ 1b Satz 2 AÜG).

Für Betriebe des Baugewerbes mit **Geschäftssitz** in einem anderen **Mitgliedstaat des Europäischen Wirtschaftsraumes** ist die Arbeitnehmerüberlassung auch dann gestattet, wenn die ausländischen Betriebe nicht von deutschen Rahmen- und Sozialkassentarifverträgen oder für allgemein verbindlich erklärten Tarifverträgen erfasst werden, sie aber nachweislich seit mindestens drei Jahren überwiegend Tätigkeiten ausüben, die unter den Geltungsbereich derselben Rahmen- und Sozialkassentarifverträge fallen, von denen der Betrieb des Entleihers erfasst wird (§ 1b Satz 3 AÜG). Zu den Mitgliedstaaten des Europäischen Wirtschaftsraumes gehören alle Staaten der Europäischen Union sowie Island, Liechtenstein und Norwegen.

2. Begriff

Der Anwendungsbereich von § 1 AÜG erfasst natürliche und juristische Personen, die eine **wirtschaftliche Tätigkeit** ausüben, unabhängig davon, ob sie Erwerbszwecke verfolgen oder nicht. Auf die Gewerbsmäßigkeit der Arbeitnehmerüberlassung im Sinne des Gewerberechts kommt es für die Erlaubnispflicht der Arbeitnehmerüberlassung nicht mehr an. Hiernach benötigen beispielsweise auch konzerninterne Personalservicegesellschaften, die Leiharbeitnehmer zum Selbstkostenpreis anderen Konzernunternehmen überlassen, eine Erlaubnis zum Arbeitnehmerverleih. Ausgenommen sind lediglich solche Konzernarbeitnehmer, die nicht zum Zweck der Überlassung eingestellt oder beschäftigt werden.

Arbeitnehmerüberlassung i. S. d. AÜG setzt voraus, dass sich der drittbezogene Personaleinsatz aufseiten des Verleihers darauf beschränkt, einem Dritten den Arbeitnehmer zur Förderung von dessen Betriebszwecken **vorübergehend** (zur Höchstdauer vgl. unter Nr. 3) zur Verfügung zu stellen. Das ist der Fall, wenn der Verleiher dem Entleiher geeignete Leiharbeitnehmer zeitlich befristet zur Verfügung stellt, die der Entleiher nach eigenen betrieblichen Erfordernissen in seinem Betrieb nach seinen Weisungen einsetzt, der Arbeitnehmer somit in die Arbeitsorganisation des Entleihers eingegliedert ist und seinen Weisungen unterliegt. Für die Einordnung eines Vertrages als Überlassungsvertrag ist die tatsächliche Durchführung maßgeblich (§ 12 Abs. 1 AÜG).

Kennzeichnend für das Vorliegen einer Arbeitnehmerüberlassung ist es, dass keine vertragliche Beziehung zwischen Entleiher und Leiharbeitnehmer bestehen. Es bestehen vielmehr ein Arbeitsvertrag zwischen dem Verleiher und dem Leiharbeitnehmer sowie ein zwischen dem Verleiher und dem Entleiher abgeschlossener Vertrag, der sich auf die entgeltliche Überlassung dieses Arbeitnehmers bezieht (Arbeitnehmerüberlassungsvertrag). Zu den Offenlegungs- und Konkretisierungspflichten im Arbeitnehmerüberlassungsvertrag vgl. unter Nr. 5.

3. Überlassungshöchstdauer

Seit dem 1.4.2017 dürfen Leiharbeitnehmer beim gleichen Entleiher grundsätzlich nur noch **18** aufeinanderfolgende **Monate** beschäftigt werden (§ 1 Abs. 1b Satz 1 AÜG). Das bedeutet, dass ein Leiharbeitnehmer nach einer Beschäftigungsdauer von 18 Monaten beim Entleiher entweder fest eingestellt oder er durch einen anderen Leiharbeitnehmer ersetzt werden muss. Da diese Überlassungshöchstdauer nicht arbeitsplatzbezogen, sondern **arbeitnehmerbezogen** ausgestaltet ist, schließt dies eine erneute Beschäftigung des gleichen Leiharbeitnehmers beim gleichen Entleiher aber nicht aus. Um mögliche Umgehungsstrategien zu vermeiden, ist festgelegt, dass dies erst nach Ablauf von **drei Monaten** wieder möglich ist (§ 1 Abs. 1b Satz 2 AÜG). Dies gilt auch dann, wenn Arbeitsverhältnisse während der Überlassungen zu verschiedenen Verleihern bestanden haben.

1) Beschluss des Bayerischen Oberlandesgerichts vom 26.2.1999 (veröffentlicht in der Zeitschrift „Der Betrieb" 1999 S. 1019).

Lohn- steuer- pflichtig | Sozial- versich.- pflichtig

Beispiel

Der Leiharbeitnehmer A ist beim Entleiher E seit dem 1.4.2020 beschäftigt. Aufgrund der Überlassungshöchstdauer von 18 Monaten kann A längstens bis zum 30.9.2021 bei E eingesetzt werden. Eine erneute Tätigkeit als Leiharbeitnehmer bei E kommt für A erst nach einer Unterbrechungszeit von mindestens drei Monaten wieder in Betracht, also erst ab dem 1.1.2022. Dies gilt auch dann, wenn A während der Tätigkeit bei E zu einem anderen Verleiher wechseln sollte.

Um das Instrument der Arbeitnehmerüberlassung auch weiterhin flexibel und bedarfsgerecht einsetzen zu können, kann durch **Tarifverträge** der Einsatzbranche für tarifgebundene Entleiher die Überlassungshöchstdauer von 18 Monaten verkürzt oder ausgedehnt werden (§ 1 Abs. 1b Satz 3 AÜG). Nicht tarifgebundene Entleiher haben die Möglichkeit abweichende tarifvertragliche Regelungen zur Überlassungshöchstdauer durch Betriebs- oder Dienstvereinbarungen inhaltsgleich zu übernehmen (§ 1 Abs. 1b Satz 4 AÜG). Die Übernahme ist jedoch nur möglich, wenn der Tarifvertrag insbesondere räumlich, fachlich und zeitlich einschlägig ist. Die tarifvertragliche Regelung stellt regelmäßig eine nicht teilbare Einheit dar und kann nur im Ganzen ohne Änderungen übernommen werden. Neben der zeitlichen Bestimmung der Überlassungshöchstdauer kann die tarifvertragliche Regelung insbesondere Bestimmungen zu Übernahmeangeboten oder Differenzierungen nach Einsatzzwecken oder -bereichen enthalten. Ergänzend dazu können durch eine **Betriebs-** oder **Dienstvereinbarung,** die aufgrund einer entsprechenden tarifvertraglichen Regelung der Einsatzbranche mit dem tarifgebundenen Entleiher geschlossen wurde, abweichende Regelungen von der gesetzlichen Überlassungshöchstdauer getroffen werden (§ 1 Abs. 1b Satz 5 AÜG). Voraussetzung hierfür ist, dass der Tarifvertrag eine **Öffnungsklausel** enthält, die abweichende Regelungen in einer Betriebs- oder Dienstvereinbarung zulässt. Dies gilt auch für nicht tarifgebundene Entleiher (§ 1 Abs. 1b Satz 6 AÜG).

Für von der Überlassungshöchstdauer abweichende Regelungen gilt grundsätzlich eine gesetzliche **Obergrenze** von **24 Monaten.** Die Begrenzung auf 24 Monate greift jedoch nicht, wenn der Tarifvertrag selbst eine abweichende Überlassungshöchstdauer für Betriebs- oder Dienstvereinbarungen aufgrund der Öffnungsklausel festlegt. Allerdings muss durch den Tarifvertrag oder die aufgrund eines Tarifvertrages getroffene Betriebs- bzw. Dienstvereinbarung eine zeitlich bestimmte Überlassungshöchstdauer sichergestellt sein. Kirchen und öffentlich-rechtliche Religionsgesellschaften können die Überlassungshöchstdauer von 18 Monaten verkürzen oder ausdehnen, wenn sie dies in ihren Regelungen vorsehen. Zu den Kirchen gehören auch deren karitative und erzieherische Einrichtungen.

Bei einem **Überschreiten** der Überlassungshöchstdauer ist der Arbeitsvertrag zwischen Verleiher und Leiharbeitnehmer **unwirksam** (§ 9 Abs. 1 Nr. 1b AÜG). Das Arbeitsverhältnis geht kraft Gesetzes auf den Entleiher über. Diese Rechtsfolgen treten allerdings nicht ein, wenn der Leiharbeitnehmer dem Übergang des Arbeitsvertrages widerspricht und schriftlich bis zum Ablauf eines Monats nach Überschreiten der zulässigen Überlassungshöchstdauer gegenüber dem Verleiher oder dem Entleiher erklärt, dass er an dem Arbeitsvertrag mit dem Verleiher festhält. Zur Wirksamkeit dieser **Festhaltenserklärung** muss der Leiharbeitnehmer sie persönlich in einer Agentur für Arbeit vorlegen und diese wiederum das Datum der Vorlage und eine Identitätsfeststellung des Leiharbeitnehmers darauf vermerken (§ 9 Abs. 2 AÜG).

4. Gleichbehandlungsgrundsatz

Vereinbarungen, die für den Leiharbeitnehmer für die Zeit der Überlassung an einen Entleiher **schlechtere** als die im Betrieb des Entleihers geltenden wesentlichen Arbeitsbedingungen einschließlich des Arbeitsentgelts vergleichbarer Arbeitnehmer vorsehen, sind grundsätzlich **unwirksam** (§ 9 Abs. 1 Nr. 2 AÜG). Der Leiharbeitnehmer kann von dem Verleiher für die Zeiten des Verleihs die Arbeitsbedingungen vergleichbarer Arbeitnehmer des Entleihers einschließlich des Arbeitsentgelts verlangen **(Grundsatz der Gleichbehandlung).**

Lohn- steuer- pflichtig | Sozial- versich.- pflichtig

Das AÜG verpflichtet hiernach den Verleiher, dem Leiharbeitnehmer das gleiche **Arbeitsentgelt** zu zahlen, das der Entleiher vergleichbaren Stammarbeitnehmern gewährt („equal pay"). Der Entgeltanspruch besteht während der Dauer der Überlassung an ein entleihendes Unternehmen. Zu seiner Berechnung ist ein Gesamtvergleich aller Entgelte im Überlassungszeitraum anzustellen. Dabei bleibt Aufwendungsersatz außer Betracht, es sei denn, es handelt sich um „verschleiertes" und damit steuerpflichtiges Arbeitsentgelt.

Vergleichbar mit dem Leiharbeitnehmer sind solche Arbeitnehmer des Entleihers, die dieselben oder zumindest ähnliche Tätigkeiten wie der Leiharbeitnehmer ausführen. Hierbei sind sowohl die Berufserfahrung und Qualifikation als auch die Kompetenz der Arbeitnehmer und die jeweilige Eingruppierung ihrer Tätigkeit zu berücksichtigen. Nicht vergleichbar sind teilzeit- und vollzeitbeschäftigte Arbeitnehmer oder Arbeitnehmer mit unterschiedlichen Arbeitszeiten. Gibt es keine vergleichbaren Arbeitnehmer, so dürfte auf die üblichen Arbeitsbedingungen einschließlich des Arbeitsentgelts der Stammbelegschaft vergleichbarer Betriebe abzustellen sein.

Unter den Arbeitsbedingungen sind alle nach dem allgemeinen Arbeitsrecht vereinbarten Bedingungen wie z. B. die Dauer der Arbeitszeit oder des Urlaubs zu verstehen. Der Entleiher hat den Leiharbeitnehmer darüber hinaus über neu zu besetzende Arbeitsplätze im Einsatzunternehmen zu unterrichten (§ 13a AÜG) sowie Zugang zu sämtlichen Gemeinschaftseinrichtungen oder -diensten im Unternehmen unter den gleichen Bedingungen wie vergleichbaren Arbeitnehmern des Betriebs zu gewähren, es sei denn, eine unterschiedliche Behandlung ist aus sachlichen Gründen gerechtfertigt (§ 13b AÜG). Gemeinschaftseinrichtungen oder -dienste in diesem Sinne sind insbesondere Kinderbetreuungseinrichtungen, Betriebskantinen und Beförderungsmittel, aber auch Erholungsheime, Sportanlagen, Werkswohnungen, Parkplätze, betriebseigene Tankstellen – an denen Arbeitnehmer kostenlos oder verbilligt auch ihren privaten Pkw betanken können – sowie Einrichtungen zum verbilligten Personaleinkauf. Geldleistungen, die der Entleiher seinen eigenen Arbeitnehmern gewährt (z. B. Leistungen der betrieblichen Altersversorgung sowie Essens-, Fahrtkosten- und Mietzuschüsse) fallen hingegen ebenso wie Geldsurrogate (Essens- und Tankgutscheine) nicht darunter. Sofern sich aus der Nutzung von Gemeinschaftseinrichtungen oder -diensten geldwerte Vorteile beim Leiharbeitnehmer ergeben (z. B. Gemeinschaftsverpflegung, verbilligter Personaleinkauf ohne Rabattfreibetrag) ist der Verleiher als lohnsteuerlicher Arbeitgeber wegen Lohnzahlungen von dritter Seite zum Lohnsteuerabzug verpflichtet, wenn er weiß oder erkennen kann, dass derartige Vergütungen erbracht werden (vgl. unter Nr. 12 Buchst. a sowie die Erläuterungen beim Stichwort „Lohnzahlung durch Dritte" unter den Nrn. 3 und 4).

Mit dem Arbeitsentgelt ist nicht nur das laufende Entgelt gemeint, sondern es sind auch Zuschläge, Ansprüche auf Entgeltfortzahlung und Sozialleistungen und andere Lohnbestandteile erfasst. Beim Arbeitsentgelt ist nicht auf die einzelnen Bestandteile, sondern auf das Arbeitsentgelt in seiner Gesamtheit abzustellen. Werden im Betrieb des Entleihers Sachbezüge gewährt, kann ein Wertausgleich in Euro erfolgen (§ 8 Abs. 1 Satz 3 AÜG).

Ein Tarifvertrag kann abweichende Regelungen von dem Grundsatz der gleichen Entlohnung zulassen, soweit er nicht die in einer Rechtsverordnung nach § 3a Abs. 2 AÜG festgesetzten verbindlichen Mindeststundenentgelte (Lohnuntergrenze) unterschreitet (§ 8 Abs. 2 Satz 1 AÜG).

Lohn-steuer-pflichtig | Sozial-versich.-pflichtig

Diese **Lohnuntergrenzenverordnung** erlässt das Bundesministerium für Arbeit auf Vorschlag der Tarifvertragsparteien der Zeitarbeit ohne Zustimmung des Bundesrates. Der Verleiher ist gesetzlich verpflichtet, dem Leiharbeitnehmer mindestens die danach festgesetzten **Mindeststundenentgelte** zu zahlen.

Nach der vierten Verordnung über eine Lohnuntergrenze in der Arbeitnehmerüberlassung vom 20.8.2020 (Bundesanzeiger AT 31.8.2020 V1) beträgt das Mindeststundenentgelt

a) in Berlin, Brandenburg, Mecklenburg-Vorpommern, Sachsen, Sachsen-Anhalt und Thüringen:
   vom 1.9.2020 bis zum 30.9.2020 9,88 €,
   vom 1.10.2020 bis zum 31.3.2021 10,10 €,

b) in den übrigen Bundesländern
   vom 1.9.2020 bis zum 31.3.2021 10,15 €,

c) im gesamten Bundesgebiet
   vom 1.4.2021 bis zum 31.3.2022 10,45 €,
   vom 1.4.2020 bis zum 31.12.2022 10,88 €.

Da es bis 31.3.2021 eine Ost-/Westdifferenzierung gibt, gilt bis dahin das Mindeststundenentgelt des jeweiligen Arbeitsortes. Auswärtig beschäftigte Leiharbeitnehmerinnen und Leiharbeitnehmer behalten den Anspruch auf das Entgelt ihres Einstellungsortes, soweit dieses höher ist.

Die Regelungen des § 3a AÜG und der auf ihrer Grundlage erlassenen Rechtsverordnungen gehen den Regelungen des Mindestlohngesetzes vor (§ 24 Abs. 1 MiLoG). Besteht für die Arbeitnehmerüberlassung keine Lohnuntergrenzenverordnung, treten an ihre Stelle die Vorgaben des Mindestlohngesetzes; für den Zeitabschnitt vom 1.1.2020 bis 31.8.2020 ohne Mindestlohnregelung nach § 3a AÜG galt daher der gesetzliche Mindeststundenlohn von 9,35 €.

Der **Lohnuntergrenzenanspruch** ist besonders **geschützt.** Einzelvertragliche oder tarifvertragliche sog. Ausschluss- oder Verfallfristen, die den Verfall von Ansprüchen aus dem Arbeitsverhältnis vorsehen, falls der Anspruch nicht innerhalb einer bestimmten Frist (z. B. drei Monate) geltend gemacht wird, können den Lohnuntergrenzenanspruch nicht erfassen. Der Arbeitgeber kann in diesen Fällen die Zahlung einer Vergütung in Höhe der Lohnuntergrenze nicht wegen des Ablaufs der Ausschluss- oder Verfallfrist verweigern. Einzelvertragliche Ausschluss- oder Verfallsfristen können wegen des Verstoßes gegen das Transparenzgebot des § 307 Abs. 1 Satz 2 BGB insgesamt unwirksam sein, wenn sie den Lohnuntergrenzenanspruch nicht ausnehmen. In diesem Fall kann sich der Arbeitgeber auch im Hinblick auf die ggf. über den Lohnuntergrenzenanspruch hinausgehenden einzelvertraglichen Lohnansprüche des Arbeitnehmers nicht auf die Ausschluss- oder Verfallsfrist berufen.

Sofern der Leiharbeitnehmer während seines Einsatzes beim Entleiher Tätigkeiten übernimmt (z. B. als Gebäudereiniger, Maler und Lackierer, Pflege), für die auf der Grundlage des Arbeitnehmer-Entsendegesetzes (AEntG) aktuell ein abweichender **Branchenmindestlohn** gilt, hat dieser nach § 8 Abs. 3 AEntG Anspruch auf das dort festgelegte Mindestentgelt. Eine Übersicht über die aktuellen Branchen-Mindeststundenentgelte i. S. d. AEntG ist Im Internet unter www.zoll.de (Rubrik: Unternehmen/Basisinformationen/Arbeit) abrufbar.

Die Möglichkeit, durch Tarifverträge vom Grundsatz der gleichen Entlohnung abzuweichen, ist auf **neun Monate** beschränkt (§ 8 Abs. 4 AÜG). Längere Abweichungen sind künftig nur möglich, wenn durch (Branchen-)Zuschlagstarifverträge sichergestellt wird, dass Leiharbeitnehmer stufenweise an ein Arbeitsentgelt herangeführt werden, das von den Tarifvertragsparteien der Zeitarbeitsbranche als gleichwertig mit dem tarifvertraglichen Arbeitsentgelt vergleichbarer Arbeitnehmer in der Einsatzbranche festgelegt ist. Dieses gleichwertige Arbeitsentgelt muss nach spätestens 15 Monaten Einsatzdauer erreicht werden. Die stufenweise Heranführung an dieses Arbeitsentgelt muss spätestens nach einer Einarbeitungszeit von längstens sechs Wochen beginnen.

Im Geltungsbereich eines Tarifvertrages können nicht tarifgebundene Arbeitgeber und Arbeitnehmer die Anwendung der tariflichen Regelungen vereinbaren. Eine abweichende tarifliche Regelung gilt aber nicht für Leiharbeitnehmer, die in den letzten sechs Monaten vor der Überlassung an den Entleiher aus einem Arbeitsverhältnis bei diesem oder einem Arbeitgeber, der mit dem Entleiher einen Konzern im Sinne des § 18 des Aktiengesetzes bildet, ausgeschieden sind (sog. **Drehtürklausel**).

5. Rechtsverhältnis zwischen Verleiher und Entleiher

Der Vertrag zwischen dem Verleiher und dem Entleiher bedarf der Schriftform. Verleiher und Entleiher haben die Überlassung von Leiharbeitnehmern in ihrem Vertrag ausdrücklich und eindeutig als Arbeitnehmerüberlassung zu bezeichnen, bevor sie den Leiharbeitnehmer überlassen oder tätig werden lassen. Vor der Überlassung haben sie die Person des Leiharbeitnehmers unter Bezugnahme auf diesen Vertrag zu **konkretisieren** (§ 1 Abs. 1 Satz 4 und 5 AÜG). Verstoßen Verleiher und Entleiher gegen diese **Offenlegungspflicht,** sind die Arbeitsverträge zwischen Verleiher und Leiharbeitnehmer unwirksam (§ 9 Abs. 1 Nr. 1a AÜG). Stattdessen wird ein Arbeitsverhältnis zwischen Entleiher und Leiharbeitnehmer fingiert (§ 10 Abs. 1 AÜG). Es ist aber Heilung möglich, wenn der Leiharbeitnehmer innerhalb von einem Monat nach Überlassungsbeginn gegenüber dem Verleiher oder dem Entleiher schriftlich erklärt, dass er an dem Arbeitsvertrag mit dem Verleiher festhält. Zur Wirksamkeit dieser Festhaltenserklärung muss der Leiharbeitnehmer sie persönlich in einer Agentur für Arbeit vorlegen und diese wiederum das Datum der Vorlage und eine Identitätsfeststellung des Leiharbeitnehmers darauf vermerken (§ 9 Abs. 2 AÜG).

In der Urkunde hat der Verleiher im Übrigen zu erklären, ob er eine **Erlaubnis** besitzt (§ 12 Abs. 1 Satz 2 AÜG). Der Entleiher hat in der Urkunde anzugeben, welche besonderen Merkmale die für den Leiharbeitnehmer vorgesehene Tätigkeit hat und welche berufliche Qualifikation dafür erforderlich ist sowie welche im Betrieb des Entleihers für einen vergleichbaren Arbeitnehmer des Entleihers wesentlichen Arbeitsbedingungen einschließlich des Arbeitsentgelts gelten (§ 12 Abs. 1 Satz 3 AÜG). Die Angabepflicht des Arbeitsentgelts entfällt, soweit die Voraussetzungen einer der beiden in § 8 Abs. 2 und 4 Satz 2 AÜG genannten Ausnahmen (abweichende tarifvertragliche Regelungen) vorliegen.

Der Verleiher hat dem Entleiher unverzüglich über den Zeitpunkt des Wegfalls der Erlaubnis zu unterrichten. In den Fällen der Nichtverlängerung (§ 2 Abs. 4 Satz 3 AÜG), der Rücknahme (§ 4 AÜG) oder des Widerrufs (§ 5 AÜG) hat er ihn ferner auf das voraussichtliche Ende der Abwicklung (§ 2 Abs. 4 AÜG) und die gesetzliche Abwicklungsfrist von 12 Monaten (§ 2 Abs. 4 Satz 4 letzter Halbsatz AÜG) hinzuweisen.

6. Erlaubnis nach dem AÜG

a) Allgemeines

Arbeitgeber, die Dritten (Entleihern) Arbeitnehmer (Leiharbeitnehmer) im Rahmen ihrer wirtschaftlichen Tätigkeit zur Arbeitsleistung überlassen wollen, bedürfen der **Erlaubnis** (§ 1 Abs. 1 Satz 1 AÜG). **Vor Erteilung** der Erlaubnis darf **keine** Arbeitnehmerüberlassung ausgeübt werden.

Verträge zwischen Verleihern und Entleihern sowie zwischen Verleihern und Leiharbeitnehmern sind **unwirksam,** wenn der Verleiher nicht die nach § 1 erforderliche Erlaubnis hat. Dies gilt jedoch nicht, wenn der Leiharbeitnehmer schriftlich bis zum Ablauf eines Monats nach dem zwischen Verleiher und Entleiher für den Beginn der Überlassung vorgesehenen Zeitpunkt gegenüber dem Verleiher oder dem Entleiher erklärt, dass er an dem Arbeitsvertrag mit dem Verleiher festhält (§ 9 Abs. 1 Nr. 1 AÜG). Diese Festhaltenserklärung bedarf jedoch der Wirksamkeitsfeststellung durch die Agentur für Arbeit (§ 9 Abs. 2 AÜG).

Die Erlaubnis ist bei der zuständigen Regionaldirektion der Bundesagentur für Arbeit **schriftlich** zu beantragen (§ 2 Abs. 1 AÜG); zur Zuständigkeit vgl. Nr. 6 Buchstabe d. Ein Formularsatz für die Antragstellung sowie eine Liste der vorzulegenden Unterlagen kann von der Regionaldirektion der Bundesagentur für Arbeit angefordert oder auch im Internet (www.arbeitsagentur.de) abgerufen werden.

b) Erteilung der Erlaubnis

Die Erlaubnis wird zunächst auf **ein Jahr** befristet erteilt (§ 2 Abs. 4 AÜG). Der Antrag auf Verlängerung der Erlaubnis ist spätestens drei Monate vor Ablauf des Jahres zu stellen. Die Erlaubnis verlängert sich um ein weiteres Jahr, wenn die Erlaubnisbehörde die Verlängerung nicht vor Ablauf des Jahres ablehnt.

Ist die Erlaubnis befristet ausgesprochen worden und wird eine Verlängerung der Erlaubnis abgelehnt oder wird die Erlaubnis für die Zukunft zurückgenommen oder widerrufen, so gilt die Erlaubnis für die Abwicklung der erlaubt abgeschlossenen Verträge **längstens für 12 Monate** (§ 2 Abs. 4 Satz 4, § 4 Abs. 1, § 5 Abs. 2 Satz 2 AÜG) als fortbestehend.

Verleiher, die drei aufeinander folgende Jahre lang erlaubt tätig waren, können eine **unbefristete** Erlaubnis erhalten (§ 2 Abs. 5 AÜG). Die Erlaubnis erlischt, wenn der Verleiher von der Erlaubnis drei Jahre keinen Gebrauch gemacht hat.

Die Erlaubnis kann unter Auflagen, Bedingungen sowie dem Vorbehalt des Widerrufs erteilt werden.

Der Verleiher muss über entsprechende Fachkenntnisse für die Beschäftigung von Arbeitnehmern und über eine ausreichende Betriebsorganisation verfügen. Zur Sicherstellung der Lohn- und Gehaltszahlungen ist eine Liquidität/Bonität in Höhe von 2000 € je beschäftigtem Leiharbeitnehmer, mindestens 10 000 € erforderlich.

Für die Bearbeitung von Anträgen auf Erteilung und Verlängerung der Erlaubnis wird vom Antragsteller eine **Gebühr** erhoben. Sie beträgt derzeit für die

- Erteilung oder Verlängerung einer befristeten Erlaubnis 1000 €,
- Erteilung einer unbefristeten Erlaubnis 2500 €.

c) Versagung der Erlaubnis

Die Erlaubnis oder ihre Verlängerung ist zu **versagen,** wenn

- ein Verleiher die für die Ausübung der Verleihtätigkeit erforderliche **Zuverlässigkeit nicht** besitzt, insbesondere weil er die Vorschriften des Sozialversicherungsrechts, über die Einbehaltung und Abführung der Lohnsteuer, über die Arbeitsvermittlung, über die Anwerbung im Ausland oder über die Ausländerbeschäftigung, über die Überlassungshöchstdauer (§ 1 Abs. 1b AÜG), die Vorschriften des Arbeitsschutzrechts oder die arbeitsrechtlichen Pflichten nicht einhält (§ 3 Abs. 1 Nr. 1 AÜG);
- ein Verleiher nach der Gestaltung seiner Betriebsorganisation **nicht** in der Lage ist, die üblichen **Arbeitgeberpflichten** ordnungsgemäß zu erfüllen (§ 3 Abs. 1 Nr. 2 AÜG);
- ein Verleiher dem Leiharbeitnehmer für die Zeit der Überlassung an einen Entleiher die im Betrieb dieses Entleihers für einen vergleichbaren Arbeitnehmer des Entleihers geltenden wesentlichen **Arbeitsbedingungen** einschließlich des Arbeitsentgelts nicht gewährt (§ 8 AÜG), vgl. im Einzelnen unter Nr. 3;
- für die Ausübung der Verleihtätigkeit Betriebe, Betriebsteile oder Nebenbetriebe vorgesehen sind, die nicht in einem Mitgliedstaat der **EU** oder in einem anderen Vertragsstaat des Abkommens über den **europäischen Wirtschaftsraum** liegen (§ 3 Abs. 2 AÜG).

Der Erteilung oder Verlängerung einer Erlaubnis steht die wiederholte Befristung von Arbeitsverträgen mit dem Leiharbeitnehmer oder die wiederholte Wiedereinstellung des Leiharbeitnehmers nicht entgegen.

d) Zuständigkeit

Die für die Erteilung der Erlaubnis nach dem AÜG zuständige Bundesagentur für Arbeit (vgl. § 17 Abs. 1 AÜG) hat diese Aufgabe auf die Agenturen für Arbeit Düsseldorf, Kiel und Nürnberg übertragen. Für Antragsteller mit Sitz im Inland und Ausland gelten folgende zentrale Zuständigkeiten:

Sitz des Antragstellers in	Zuständige Agentur für Arbeit
Inland: Hessen, Nordrhein-Westfalen **Ausland:** Polen, Großbritannien, Irland, Niederlande, Malta, Rumänien, Bulgarien, alle nicht EU-/EWR-Staaten	Agentur für Arbeit Düsseldorf Josef-Gockeln-Straße 7 40474 Düsseldorf Telefon: +49 (211) 692 4500 Telefax: +49 (211) 692 4501 E-Mail: Duesseldorf.091-ANUE@arbeitsagentur.de
Inland: Schleswig-Holstein, Mecklenburg-Vorpommern, Hamburg, Niedersachsen, Bremen, Berlin, Brandenburg, Sachsen-Anhalt, Thüringen, Sachsen **Ausland**: Dänemark, Norwegen, Schweden, Finnland, Island, Estland, Lettland, Litauen, Ungarn, Slowakische Republik, Tschechische Republik, Kroatien	Agentur für Arbeit Kiel Projensdorfer Straße 82 24106 Kiel Telefon: +49 (431) 709 1010 Telefax: +49 (431) 709 1011 E-Mail: Kiel.091-ANUE@arbeitsagentur.de
Inland: Bayern, Baden-Württemberg, Rheinland-Pfalz, Saarland **Ausland:** Belgien, Frankreich, Luxemburg, Spanien, Portugal, Italien, Griechenland, Österreich, Liechtenstein, Slowenien, Zypern	Agentur für Arbeit Nürnberg Richard-Wagner-Platz 5 90443 Nürnberg Telefon: +49 (911) 529 4343 Telefax: +49 (911) 529 400 4343 E-Mail: Nuernberg.091-ANUE@arbeitsagentur.de

e) Pflichten des Verleihers

Der Verleiher hat im Zusammenhang mit der Erlaubniserteilung nach dem AÜG gegenüber der Bundesagentur für Arbeit als Erlaubnisbehörde verschiedene Pflichten zu erfüllen:

- Der Verleiher hat nach Erteilung der Erlaubnis unaufgefordert die Verlegung, Schließung und Errichtung von Betrieben, Betriebsteilen oder Nebenbetrieben vorher anzuzeigen, soweit diese die Ausübung der Arbeitnehmerüberlassung zum Gegenstand haben (§ 7 Abs. 1 AÜG). Wenn die Erlaubnis Personengesamtheiten, Per-

Lohn- steuer- pflichtig | Sozial- versich.- pflichtig

sonengesellschaften oder juristischen Personen erteilt ist und nach ihrer Erteilung eine andere Person zur Geschäftsführung oder Vertretung nach Gesetz, Satzung oder Gesellschaftsvertrag berufen wird, ist auch dies unaufgefordert anzuzeigen.

- Der Verleiher hat auf Verlangen der Erlaubnisbehörde wahrheitsgemäß, vollständig, fristgemäß und unentgeltlich Auskünfte zu erteilen, die zur Durchführung des AÜG erforderlich sind. Auf Verlangen der Erlaubnisbehörde hat der Verleiher die geschäftlichen Unterlagen vorzulegen, aus denen sich die Richtigkeit seiner Angaben ergibt, oder seine Angaben auf sonstige Weise glaubhaft zu machen. Der Verleiher hat seine Geschäftsunterlagen drei Jahre lang aufzubewahren (§ 7 Abs. 2 AÜG).
- In begründeten Einzelfällen muss der Verleiher den von der Erlaubnisbehörde beauftragten Personen gestatten, Grundstücke und Geschäftsräume des Verleihers zu betreten und dort Prüfungen vorzunehmen (§ 7 Abs. 3 AÜG).

f) Nicht erlaubnispflichtige Beschäftigungen

Keiner Erlaubnis bedarf nach § 1a Abs. 1 AÜG ein Arbeitgeber mit weniger als 50 Beschäftigten, der zur **Vermeidung** von **Kurzarbeit** oder **Entlassungen** an einen Arbeitgeber einen Arbeitnehmer bis zur Dauer von zwölf Monaten überlässt. Diese Arbeitnehmer dürfen aber nicht zum Zweck der Überlassung eingestellt und beschäftigt werden. Voraussetzung ist zudem, dass der Arbeitgeber die Überlassung der für seinen Geschäftssitz zuständigen Regionaldirektion der Bundesagentur für Arbeit vorher schriftlich angezeigt hat; zur Zuständigkeit vgl. Nr. 6 Buchstabe d. Ein entsprechender Anzeigevordruck („AÜG 2b") kann dort angefordert oder auch im Internet (www.arbeitsagentur.de) abgerufen werden.

Nicht erlaubnispflichtig sind ferner:

- Abordnungen zu einer zur Herstellung eines Werks gebildeten Arbeitsgemeinschaft (vgl. unter Nr. 10 Buchstabe c),
- Überlassungen im selben Wirtschaftszweig zur Vermeidung von Kurzarbeit oder Entlassungen auf Grund tarifvertraglicher Vorschriften (§ 1 Abs. 3 Nr. 1 AÜG),
- **konzerninterne** Arbeitnehmerüberlassung, wenn der Arbeitnehmer nicht zum Zweck der Überlassung eingestellt und beschäftigt wird (§ 1 Abs. 3 Nr. 2 AÜG),
- Überlassungen zwischen Arbeitgebern, wenn diese nur gelegentlich erfolgt und der Arbeitnehmer nicht zum Zweck der Überlassung eingestellt und beschäftigt wird (vgl. unter Nr. 10 Buchstabe a),
- Überlassung zwischen Arbeitgebern, wenn Aufgaben eines Arbeitnehmers von dem bisherigen zu dem anderen Arbeitgeber verlagert werden und aufgrund eines Tarifvertrages des öffentlichen Dienstes das Arbeitsverhältnis mit dem bisherigen Arbeitgeber weiterbesteht und die Arbeitsleistung zukünftig bei dem anderen Arbeitgeber erbracht wird (§ 1 Abs. 3 Nr. 2b AÜG),
- Überlassungen zwischen Arbeitgebern, wenn diese juristische Personen des öffentlichen Rechts sind und Tarifverträge des öffentlichen Dienstes oder Regelungen der öffentlich-rechtlichen Religionsgesellschaften anwenden (§ 1 Abs. 3 Nr. 2c AÜG),
- Verleih in das **Ausland** in ein auf Grund zwischenstaatlicher Vereinbarungen gegründetes deutsch-ausländisches Gemeinschaftsunternehmen (§ 1 Abs. 3 Nr. 3 AÜG).

7. Verstöße gegen das AÜG

Bei Verstößen gegen das AÜG spricht man von einer **illegalen Arbeitnehmerüberlassung.** Diese liegt insbesondere vor, wenn ein Verleiher nicht die für die Arbeitnehmerüberlassung erforderliche Erlaubnis besitzt. Dies hat zur Folge, dass Arbeitsverträge zwischen Verleiher und Arbeitnehmer sowie Überlassungsverträge zwischen Verleiher und Entleiher unwirksam sind (§ 9 AÜG). Zwischen dem Entleiher und dem Arbeitnehmer kommt ein fingiertes Arbeitsverhältnis zustande (§ 10 Abs. 1 AÜG). Zu den Rechtsfolgen im Sozialversicherungsrecht vgl. die Ausführungen unter der nachfolgenden Nr. 8; zu den steuerlichen Auswirkungen vgl. unter Nr. 14.

Verstöße gegen das AÜG werden in der Regel als **Ordnungswidrigkeiten** geahndet. § 16 Abs. 1 AÜG enthält hierzu einen Katalog von Verstößen, die mit unterschiedlich hohen Geldbußen belegt sind. Das Bußgeld bei illegaler Beschäftigung ausländischer Leiharbeitnehmer beträgt bis zu 500 000 € (§ 16 Abs. 2 AÜG). Besonders schwerwiegend ist die illegale Beschäftigung von Ausländern **ohne Arbeitserlaubnis** bzw. **Aufenthaltstitel** (vgl. die Erläuterungen unter Nr. 9 Buchstabe a). Insoweit machen sich sowohl der Verleiher als auch der Entleiher u. U. **strafbar** (§§ 15, 15a AÜG). Ein Straftatbestand liegt danach bereits vor, wer als **Entleiher** gleichzeitig mehr als **fünf Ausländer** ohne Arbeitserlaubnis bzw. Aufenthaltstitel tätig werden lässt. Auf die Dauer der Beschäftigung kommt es nicht an. Strafbar ist daneben auch, wenn ein Entleiher einen Ausländer ohne Arbeitserlaubnis zu **Arbeitsbedingungen** tätig werden lässt, die in einem auffälligen Missverhältnis zu den Arbeitsbedingungen deutscher Leiharbeitnehmer stehen, die die gleiche oder eine vergleichbare Tätigkeit ausüben.

8. Sozialversicherungsrechtliche Pflichten des Verleihers/Entleihers

a) Allgemeines

Der Leiharbeitnehmer ist wie jeder andere abhängig Beschäftigte sozialversicherungspflichtig. Ob und für welche Versicherungszweige Versicherungspflicht besteht, bestimmt sich nach allgemeinen Vorschriften (vgl. die Erläuterungen in Teil B unter Nr. 2). Da der Verleiher Arbeitgeber des Leiharbeitnehmers ist, hat dieser auch die sozialversicherungsrechtlichen Arbeitgeberpflichten zu erfüllen. Etwas anderes gilt nur bei einem nach § 10 Abs. 1 AÜG fingierten Arbeitsverhältnis zwischen Entleiher und Arbeitnehmer bei unerlaubter Arbeitnehmerüberlassung.

b) Erlaubte Arbeitnehmerüberlassung

Den **Gesamtsozialversicherungsbeitrag** hat im Fall der erlaubten Arbeitnehmerüberlassung der Verleiher als Arbeitgeber zu zahlen (§ 28e Abs. 1 SGB IV). Dies sind die Beiträge zur gesetzlichen Renten-, Kranken-, Pflege- und Arbeitslosenversicherung. Der Verleiher hat daneben auch den Beitrag zur gesetzlichen Unfallversicherung, der als Umlage erhoben wird (§ 152 SGB VII), an die für seinen Betrieb zuständige Berufsgenossenschaft zu entrichten.

Für die Erfüllung der Zahlungspflicht des Verleihers haftet der Entleiher wie ein selbstschuldnerischer Bürge, sofern zwischen Verleiher und Entleiher eine Vergütung vereinbart wurde (§ 28e Abs. 2 Satz 1 SGB IV). Die Vereinbarung einer Vergütung reicht insoweit aus; nicht erforderlich ist, dass die Arbeitnehmerüberlassung gewerbsmäßig erfolgt ist oder hierdurch ein Gewinn erzielt wird. Diese Bürgschaft kraft Gesetzes ist ein öffentlich-rechtlicher Anspruch. Die Haftung des Entleiher ist jedoch subsidiär, d. h. er darf **nicht vorrangig** für die Beitragsschuld des Verleihers in Anspruch genommen werden. Er kann die Zahlung verweigern, solange die Einzugsstelle den Verleiher nicht unter Fristsetzung gemahnt hat und die Mahnfrist noch nicht abgelaufen ist.

c) Unerlaubte Arbeitnehmerüberlassung

Besitzt der Verleiher die erforderliche Erlaubnis zum Verleih nicht (unerlaubte Arbeitnehmerüberlassung), so ist der Arbeitsvertrag zwischen Verleiher und Leiharbeitnehmer unwirksam (§ 9 Nr. 1 AÜG). Stattdessen wird kraft Gesetzes fingiert, dass ein **Arbeitsverhältnis** zwischen dem **Entleiher** und dem **Leiharbeitnehmer** zustande

Lohn-steuer-pflichtig Sozial-versich.-pflichtig

kommt (§ 10 Abs. 1 AÜG). Ihn trifft damit die Pflicht zur Zahlung des Gesamtsozialversicherungsbeitrags (einschließlich der Beiträge zur gesetzlichen Unfallversicherung). Dies gilt auch bei unerlaubter Überlassung ausländischer Arbeitnehmer durch Verleiher mit Sitz im Ausland. Das fingierte Beschäftigungsverhältnis mit dem Entleiher wird durch die Einstrahlungsregelung in § 5 SGB IV nicht berührt.

Zahlt bei unerlaubter Arbeitnehmerüberlassung allerdings der Verleiher das Arbeitsentgelt, so hat dieser auch die hierauf entfallenden Sozialversicherungsbeiträge zu zahlen. Insoweit gelten sowohl Entleiher als auch Verleiher als Arbeitgeber und haften für die Sozialversicherungsbeiträge als Gesamtschuldner (§ 28e Abs. 2 Satz 4 SGB IV).

d) Melde- und Aufzeichnungspflichten

Bei einer Arbeitnehmerüberlassung hat grundsätzlich der Verleiher als Arbeitgeber die sozialversicherungsrechtlichen Melde- und Aufzeichnungspflichten zu übernehmen (vgl. die Erläuterungen im Anhang 15).

Entleiher müssen keine **Kontrollmeldungen** an die Einzugsstellen übermitteln. Zu den Meldepflichten des Entleihers nach dem Arbeitnehmerentsendegesetz vgl. unter Nr. 8 Buchstabe c).

9. Entsendung ausländischer Arbeitnehmer

a) Aufenthaltstitel

Das Aufenthalts- und Arbeitserlaubnisrecht für Ausländer bestimmt sich im Einzelnen nach dem Aufenthaltsgesetz (AufenthG). Im Bereich der nachfrageorientierten Arbeitsmigration ist die Arbeitserlaubnis (als Inhalts- oder Nebenbestimmung) Bestandteil des sog. **Aufenthaltstitels,** der von der Ausländerbehörde mit (interner) Zustimmung der Bundesagentur für Arbeit erteilt wird. Der Aufenthaltstitel wird als kurzfristiges Visum (§ 6 AufenthG), als zeitlich befristete Aufenthaltserlaubnis (§ 7 AufenthG), als zeitlich unbeschränkte Niederlassungserlaubnis (§ 9 AufenthG) oder als Erlaubnis zum Daueraufenthalt-EU (§ 9a AufenthG) erteilt.

Ein Arbeitgeber darf **Ausländer** grundsätzlich nur **beschäftigen,** wenn sie über einen **Aufenthaltstitel** verfügen (§ 4a Abs. 5 AufenthG). Dies gilt nicht für Saisonbeschäftigungen, wenn der Ausländer eine Arbeitserlaubnis zum Zweck der Saisonbeschäftigung besitzt, oder für andere Erwerbstätigkeiten, wenn einem Ausländer durch eine zwischenstaatliche Vereinbarung, eines Gesetzes oder einer Rechtsverordnung die Erwerbstätigkeit ohne Besitz eines Aufenthaltstitels erlaubt ist (§ 4a Abs. 4 AufenthG). Die Behörden der Zollverwaltung prüfen, ob ausländische Arbeitnehmer den erforderlichen Aufenthaltstitel besitzen, der sie zur Ausübung ihrer Beschäftigung berechtigt, und nicht zu ungünstigeren Arbeitsbedingungen als vergleichbare inländische Arbeitnehmer beschäftigt werden oder wurden (§ 2 Abs. 1 Schwarzarbeitsbekämpfungsgesetz).

Einen Aufenthaltstitel benötigt grundsätzlich jeder Ausländer, der nicht Deutscher i. S. des Art. 116 GG ist (§ 2 Abs. 1 AufenthG). Hiervon ausgenommen sind Staatsangehörige der EU-/EWR-Staaten. Für diesen Personenkreis besteht im Rahmen der Freizügigkeit innerhalb der EU grundsätzlich nur eine Ausweispflicht. Staatsangehörige der Schweiz und ihre Familienangehörigen erhalten eine Aufenthaltserlaubnis mit dem besonderen Eintrag „Aufenthaltserlaubnis-CH“, die die Erwerbstätigkeit ebenfalls uneingeschränkt erlaubt. Eine weitere Ausnahme vom Erfordernis eines Aufenthaltstitels besteht für Personen, die aufgrund des Assoziationsabkommen EWG/Türkei vom 12.9.1963 (BGBl. II 1964 S. 509) bereits ein Aufenthaltsrecht besitzen.

Für ausländische **Studenten/Auszubildende** und **Fachkräfte** bestehen folgende Sonderregelungen:

Lohn-steuer-pflichtig Sozial-versich.-pflichtig

- Ein ausländischer Studienabsolvent erhält für Zwecke des Studiums eine befristete Aufenthaltserlaubnis (§ 16b AufenthG). Diese berechtigt zur Ausübung einer Beschäftigung, die insgesamt 120 Tage oder 240 halbe Tage im Jahr nicht überschreiten darf, sowie zur Ausübung studentischer Nebentätigkeiten.
- Einem Ausländer kann für Zwecke der betrieblichen Aus- und Weiterbildung eine befristete Aufenthaltserlaubnis erteilt werden (§ 16a AufenthG). Hierzu ist grundsätzlich eine Zustimmung der Bundesagentur für Arbeit erforderlich. Durch Rechtsverordnung (siehe unten) oder zwischenstaatliche Vereinbarung kann bestimmt sein, dass die Aus- und Weiterbildung auch ohne Zustimmung der Bundesagentur für Arbeit zulässig ist.
- Ausländischen Fachkräften aus Staaten außerhalb der EU mit einer qualifizierten Berufsausbildung kann eine Aufenthaltserlaubnis zur Ausübung einer Beschäftigung erteilt werden (§ 18a AufenthG). Voraussetzung ist insbesondere, dass ein konkretes Arbeitsplatzangebot vorliegt (§ 18 Abs. 2 AufenthG); ggf. muss die Bundesagentur für Arbeit seine Zustimmung zur Ausübung dieser Beschäftigung erteilen. Fachkräften mit einer im Inland erworbenen oder einer im Inland anerkannten ausländischen akademischen Ausbildung wird unter den Voraussetzungen des § 18b Abs. 2 AufenthG eine „Blaue Karte EU“ auch ohne Zustimmung der Bundesagentur für Arbeit als Aufenthaltstitel erteilt. Darüber hinaus besteht für ausländische Fachkräfte – in der Regel nach einer Beschäftigungsdauer in Deutschland von 4 Jahren – die Möglichkeit der Gewährung einer unbefristeten Niederlassungserlaubnis (§ 18c AufenthG).
- Ausländische Führungskräfte und Spezialisten, die unternehmensintern mehr als 90 Tage nach Deutschland in eine inländische Niederlassung eines Unternehmens oder einer Unternehmensgruppe mit Sitz außerhalb der EU transferiert werden, erhalten als Aufenthaltstitel eine „ICT-Karte“ (§ 19 AufenthG). Diesen Arbeitnehmern wird die „Mobiler-ICT-Karte“ erteilt, wenn sie für Dauer des Transfers bereits einen gültigen Aufenthaltstitel eines anderen EU-Mitgliedstaats besitzen (§ 19b AufenthG).

Weitere Einzelheiten zur Erteilung eines Aufenthaltstitels zum Zwecke der Beschäftigung sind in der Beschäftigungsverordnung vom 6.6.2013 (BGBl. I S. 1499; zuletzt geändert durch Artikel 2 der Verordnung vom 23.3.2020, BGBl. I S. 1499) geregelt. Diese Verordnung enthält umfangreiche Bestimmungen dazu, in welchen Fällen die Erteilung des Aufenthaltstitels von der Zustimmung der Bundesagentur für Arbeit abhängt bzw. wann eine zustimmungsfreie Beschäftigung vorliegt. Die Erteilung eines Aufenthaltstitels bzw. einer Arbeitserlaubnis an ausländische **Saisonarbeitskräfte** zur Ausübung einer Beschäftigung in der Land- und Forstwirtschaft (z. B. als Erntehelfer), in der Obst- und Gemüseverarbeitung, in Sägewerken oder im Hotel- und Gaststättengewerbe ist davon abhängig, dass die Arbeitnehmer nicht mehr als **sechs Monate** innerhalb eines Zeitraums von 12 Monaten in einem Betrieb beschäftigt werden (§ 15a Abs. 1 Satz 2 BeschV). Der Zeitraum für die Beschäftigung von Saisonbeschäftigten ist darüber hinaus für einen Betrieb auf **acht Monate** innerhalb eines Zeitraums von zwölf Monaten begrenzt (§ 15a Abs. 1 Satz 6 BeschV). Für versicherungspflichtig beschäftigte Pflegekräfte in Haushalten mit Pflegebedürftigen i. S. d. SGB XI kann ein Aufenthaltstitel für die Dauer von bis zu drei Jahren erteilt werden, wenn die betreffenden Pflegekräfte auf Grund einer Absprache der Bundesagentur für Arbeit mit der Arbeitsverwaltung des Herkunftslandes über das Verfahren und die Auswahl vermittelt worden sind (§ 15c BeschV). Asylsuchenden Ausländern, die eine Duldung besitzen, kann eine Zustimmung zur Ausübung einer Beschäftigung erteilt werden, wenn sie sich seit drei Monaten erlaubt, geduldet oder mit

Lohn-steuer-pflichtig | Sozial-versich.-pflichtig

einer Aufenthaltsgestattung im Bundesgebiet aufhalten (§ 32 Abs. 1 BeschV).

b) Arbeitserlaubnis

Bürgerinnen und Bürger aus Mitgliedstaaten der EU und des EWR brauchen für eine Beschäftigung als Arbeitnehmer innerhalb der EU/des EWR **keine** Arbeitserlaubnis. Das Gleiche gilt für

- Ausländer aus nicht EU-/EWR-Staaten mit unbefristeter Aufenthaltserlaubnis (vgl. unter Nr. 8a) oder
- Studenten und Schüler ausländischer Hochschulen und Fachschulen für eine Ferienbeschäftigung im Rahmen des internationalen Austauschprogramms, wenn die Beschäftigung insgesamt drei Monate im Jahr nicht übersteigt.

Besondere Absprachen (z. B. hinsichtlich der Beschäftigungsdauer) bestehen für ausländische Saisonarbeitnehmer in der Land- und Forstwirtschaft, im Hotel und Gaststättengewerbe, in der Obst- und Gemüseverarbeitung, in Sägewerken, im Schaustellergewerbe sowie für die Beschäftigung von Haushaltshilfen in Haushalten mit Pflegebedürftigen und Au-pair-Arbeitsverhältnisse. Die Bundesagentur für Arbeit (Zentralstelle für Arbeitsvermittlung) hat für Arbeitgeber hierzu besondere Merkblätter aufgelegt. Diese können im Internet unter www.arbeitsagentur.de abgerufen werden.

c) Arbeitnehmer-Entsendegesetz

Das **Arbeitnehmer-Entsendegesetz** (AEntG) verpflichtet sowohl Arbeitgeber mit Sitz in Deutschland, Arbeitgeber mit Sitz im Ausland (einschließlich der Werkvertragsunternehmer, die aufgrund bilateraler Vereinbarungen tätig werden) als auch **Verleiher** und **Entleiher** zur Einhaltung gesetzlicher **Arbeitsbedingungen**. In bestimmten Branchen müssen Arbeitgeber und Verleiher tarifvertraglich geregelte Arbeitsbedingungen gewähren. Daneben treffen die Arbeitgeber, Verleiher und Entleiher weitere unterschiedliche Pflichten, wie z. B. Meldepflichten nach dem Mindestlohngesetz (MiLoG) und dem AEntG, Arbeitszeitdokumentation.

Das AEntG unterscheidet zwischen zwingenden Arbeitsbedingungen aufgrund von Rechts- oder Verwaltungsvorschriften und solchen aufgrund von Tarifverträgen. Arbeitsbedingungen aufgrund von Rechts- oder Verwaltungsvorschriften sind von allen inländischen und allen entsendenden Arbeitgebern mit Sitz im Ausland unabhängig von der Branche einzuhalten (§ 2 AEntG). Im Einzelnen sind dies die Vorschriften über

- Mindestentgeltsätze einschließlich der Überstundensätze,
- bezahlter Mindestjahresurlaub,
- Höchstarbeitszeiten und Mindestruhezeiten,
- Bedingungen für die Überlassung von Arbeitskräften, insbesondere durch Leiharbeitsunternehmen,
- Sicherheit, Gesundheit und Hygiene am Arbeitsplatz,
- Schutzmaßnahmen im Zusammenhang mit den Arbeits- und Beschäftigungsbedingungen von Schwangeren und Wöchnerinnen, Kindern und Jugendlichen,
- Gleichbehandlung von Männern und Frauen sowie andere Nichtdiskriminierungsbestimmungen.

Tarifvertragliche Arbeitsbedingungen müssen Arbeitgeber grundsätzlich gewähren, wenn ihr Betrieb arbeitszeitlich überwiegend in den folgenden Branchen tätig ist (vgl. § 4 AEntG):

- Abfallwirtschaft einschließlich Straßenreinigung und Winterdienst,
- Aus- und Weiterbildungsleistungen nach dem Zweiten oder Dritten Buch Sozialgesetzbuch,

Lohn-steuer-pflichtig | Sozial-versich.-pflichtig

- Bauhauptgewerbe und Baunebengewerbe einschließlich der Montageleistungen auf Baustellen,
- Bergbauspezialarbeiten auf Steinkohlebergwerken,
- Briefdienstleistungen,
- Gebäudereinigung,
- Sicherheitsdienstleistungen,
- Wäschereidienstleistungen im Objektkundengeschäft,
- Schlachten und Fleischverarbeitung.

Daneben sind durch eine Rechtsverordnung nach § 11 AEntG Mindestarbeitsbedingungen (insbesondere Mindestentgelte) für die Pflegebranche festgelegt worden. Für Arbeitnehmer in der Branche Briefdienstleistungen hat das Bundesverwaltungsgericht mit Urteil vom 28.1.2010 Az. 8 C 19/09 den festgelegten Mindestlohn für unwirksam erklärt. Die Verordnung über zwingende Arbeitsbedingungen in dieser Branche ist zum 1.4.2010 außer Kraft getreten.

Die Rechtsnormen eines bundesweiten Tarifvertrages finden auch auf Arbeitsverhältnisse zwischen einem Arbeitgeber mit Sitz im Ausland und seinen im räumlichen Geltungsbereich des Tarifvertrages beschäftigten Arbeitnehmern zwingend Anwendung, wenn der Tarifvertrag für allgemein verbindlich erklärt ist oder eine Rechtsverordnung nach §§ 7, 7a AEntG vorliegt (§ 3 Satz 1 AEntG).

Ausführliche Informationen zu den maßgeblichen Arbeitsbedingungen sowie zur Höhe der aktuellen Mindestlöhne in den vom AEntG betroffenen Branchen können auf der Homepage der mit der Kontrolle des Gesetzes beauftragten Behörden der Zollverwaltung abgerufen werden (www.zoll.de unter der Rubrik „Unternehmen/Basisinformationen/Arbeit"). Die Informationen sind auch in englisch und französisch eingestellt.

Für die Prüfung der Einhaltung der Arbeitsbedingungen nach § 5 AEntG sind die Behörden der Zollverwaltung zuständig (§ 16 AEntG). Alle Arbeitgeber sind verpflichtet, an den Prüfungen der Finanzkontrolle Schwarzarbeit mitzuwirken.

Zur Überwachung der im AEntG vorgesehenen Regelungen sind Arbeitgeber der in § 4 AEntG genannten Branchen (siehe oben) sowie Arbeitgeber der Pflegebranche mit Sitz im Ausland, die einen oder mehrere Arbeitnehmer in Deutschland beschäftigen wollen, verpflichtet, vor Beginn jeder Werk- oder Dienstleistung eine schriftliche **Anmeldung** der Beschäftigung in deutscher Sprache bei der zuständigen Behörde der Zollverwaltung vorzulegen (§ 18 Abs. 1 AEntG). Dieser Meldung ist eine **Versicherung** beizufügen, in der der Arbeitgeber erklärt, dass er die Mindestarbeitsbedingungen nach Maßgabe des AEntG einhält (§ 18 Abs. 2 und 4 AEntG).

Zu einer Meldung sind auch Werkvertragsarbeitgeber, die im Rahmen bilateraler Regierungsvereinbarungen in Deutschland tätig werden (vgl. unter Nr. 9 Buchstabe d), verpflichtet. Die zu gewährenden materiellen Arbeitsbedingungen (Lohn/Urlaub) richten sich zunächst nach dem insoweit vorrangigen Arbeitserlaubnis- beziehungsweise Aufenthaltsrecht sowie den einschlägigen Regierungsvereinbarungen. Die Anwendung des AEntG wird damit jedoch nicht ausgeschlossen.

Seit dem 1.1.2017 haben die Arbeitgeber die Anmeldungen ihrer nach Deutschland entsandten Arbeitnehmer mit Hilfe des **Meldeportals-Mindestlohn** elektronisch abzugeben (§ 1 Mindestlohnmeldeverordnung – MiLoMeldV –). Das Gleiche gilt für Entleiher, die in ihrem Betrieb von einem Verleiher mit Sitz im Ausland überlassene Arbeitnehmer tätig werden lassen (siehe unten). Das Meldeportal-Mindestlohn kann über www.zoll.de in der Rubrik „Service/Online-Fachanwendungen/Meldeportal-Mindestlohn" oder direkt über www.meldeportal-mindestlohn.de aufgerufen werden. Die Nutzung des Meldeportals-Mindestlohn bedarf einer einmaligen Registrierung zur Erstellung eines Benutzerkontos. Die Abgabe der An-

Lohn- steuer- pflichtig | Sozial- versich.- pflichtig

meldungen per Fax ist nicht mehr möglich. Informationen zur Registrierung und zur Nutzung des Meldeportal-Mindestlohn erhält man auf der o. a. Internetseite des Zolls über einen umfangreichen Fragen- und Antworten-Katalog.

In der elektronischen Anmeldung sind durch den Arbeitgeber oder dem Entleiher (siehe unten) die folgenden **Angaben** zu machen:

- Branche, in der die entsandten Arbeitnehmer tätig werden sollen (bei Anmeldung nach MiLoG sind die Angaben freiwillig),
- Ort der Beschäftigung, bei Bauleistungen die Baustelle,
- Beginn und voraussichtliches Ende der Beschäftigung/Überlassung,
- Ort in Deutschland, an dem die nach § 17 MiLoG, § 19 AEntG oder § 17 AÜG erforderlichen Unterlagen (insbesondere Arbeitsverträge, Arbeitszeitaufzeichnungen, Lohnabrechnungen, Nachweise über erfolgte Lohnzahlungen) bereitgehalten werden,
- Familienname, Vorname, Geburtsdatum und Anschrift in Deutschland des verantwortlichen Ansprechpartners in Deutschland (verantwortlich Handelnder),
- Familienname, Vorname und Anschrift einer Person in Deutschland, welche zur Annahme von Schriftstücken befugt ist (Zustellungsbevollmächtigter),
- Familienname, Vorname und Geburtsdaten der von dem Arbeitgeber in Deutschland beschäftigten Arbeitnehmer inklusive der Beschäftigungsdauer,
- Familienname, Vorname oder Firma sowie Anschrift des Verleihers bei Arbeitnehmerüberlassung.

Nach einer erfolgreichen Übermittlung dieser Anmeldedaten über das Meldeportal-Mindestlohn erhält der Absender eine Empfangsbestätigung, welche eine Meldungs-ID sowie das genaue Datum und die Uhrzeit der Abgabe enthält. Die Empfangsbestätigung kann zum Nachweis der Abgabe der Anmeldung ausgedruckt werden.

Meldungen sind getrennt für jeden einzelnen Beschäftigungsort bzw. jede einzelne Baustelle vorzulegen. Arbeitnehmer dürfen nicht zeitgleich für mehrere Beschäftigungsorte bzw. Baustellen gemeldet sein.

Bei ausschließlich mobilen Tätigkeiten i. S. v. § 2 Abs. 4 MiLoMeldV dürfen Arbeitgeber mit Sitz im Ausland die Unterlagen auch im Ausland bereithalten, wenn sie schriftlich versichert haben, dass sie diese Unterlagen auf Anforderung der Behörden der Zollverwaltung für die Prüfung in deutscher Sprache in Deutschland bereitgestellt werden. Diesen Unterlagen sind auch Angaben zu den im gemeldeten Zeitraum tatsächlich erbrachten Werk- oder Dienstleistungen sowie den jeweiligen Auftraggebern beizufügen (§ 2 Abs. 3 Satz 3 MiLoMeldV).

Bei einer ausschließlich mobilen Tätigkeit (z. B. im Güter- und Personenverkehr) muss nicht jede einzelne Fahrt gemeldet werden; es können je nach Auftragssicherheit mehrere Arbeitseinsätze in einer Meldung für einen Zeitraum von bis zu sechs Monaten zusammengefasst werden (§ 2 Abs. 3 MiLoMeldV).

Eine elektronische Meldung muss der Arbeitgeber auch erstatten, wenn

- sich der Beginn der Werk- oder Dienstleistung ändert,
- andere als die ursprünglich gemeldeten Arbeitnehmer beschäftigt werden oder
- bereits gemeldete Arbeitnehmer an einem anderen Beschäftigungsort, bei Bauleistungen auf einer anderen Baustelle, in Deutschland eingesetzt werden sollen.

Für Arbeitgeber, die verpflichtet sind, eine Einsatzplanung zu melden, ist nach § 3 Abs. 1 MiLoMeldV eine Änderungsmeldung entbehrlich, wenn der Einsatz an einem bestimmten Ort der Beschäftigung um weniger als acht Stunden verschoben wird. Eine Änderungsmeldung für ausschließlich mobile Tätigkeiten ist nicht notwendig (§ 3 Abs. 2 MiLoMeldV).

Arbeitgeber, die vom Geltungsbereich des AEntG erfasst werden, sind verpflichtet, die tägliche Arbeitszeit aufzuzeichnen sowie bestimmte Unterlagen in deutscher Sprache (z. B. Arbeitsverträge, Arbeitszeitnachweise, Lohnabrechnungen, Nachweise über erfolgte Lohnzahlungen) in Deutschland bereitzuhalten. Bei ausschließlich mobilen Tätigkeiten i. S. v. § 2 Abs. 4 MiLoMeldV dürfen Arbeitgeber mit Sitz im Ausland die Unterlagen auch im Ausland bereithalten, wenn sie schriftlich versichert haben, dass sie diese Unterlagen auf Anforderung der Behörden der Zollverwaltung für die Prüfung in deutscher Sprache in Deutschland bereitgestellt werden. Diesen Unterlagen sind auch Angaben zu den im gemeldeten Zeitraum tatsächlich erbrachten Werk- oder Dienstleistungen sowie den jeweiligen Auftraggebern beizufügen (§ 2 Abs. 3 Satz 3 MiLoMeldV).

Entsprechende Pflichten gelten auch bei einer grenzüberschreitenden Arbeitnehmerüberlassung. Der **Entleiher** (nicht der Verleiher) hat die Meldepflichten gegenüber den Zollbehörden zu erfüllen, wenn ein Verleiher mit Sitz im Ausland dem Entleiher einen oder mehrere Arbeitnehmer zur Arbeitsleistung in Deutschland überlässt.

Entleiher, die einen oder mehrere Arbeitnehmer von einem Verleiher mit Sitz im Ausland zur Ausführung von Werk- oder Dienstleistungen nach Deutschland entleihen, sind zur Abgabe einer schriftlichen Anmeldung und Vorlage einer schriftlichen Versicherung des Verleihers, dass dieser die Mindestarbeitsbedingungen nach Maßgabe des MiLoG, AEntG bzw. des AÜG (Lohnuntergrenze nach § 10 Abs. 5 AÜG, vgl. unter Nr. 3) einhält, verpflichtet. Je nachdem, in welcher Branche der entliehene Arbeitnehmer eingesetzt wird, erfolgt die Meldung auf Grundlage des MiLoG, dem AEntG oder dem AÜG.

Die Meldungen des Entleihers sind mit Hilfe des **Meldeportals-Mindestlohn** online abzugeben (siehe oben). Dabei hat nur eine elektronische Meldung des Entleihers zu erfolgen und keine gleichzeitige elektronische Meldung durch den Verleiher. Die Versicherung des Verleihers zur Einhaltung der Mindestarbeitsbedingungen ist durch den Entleiher zusammen mit der Meldung vorzulegen. Im Meldeportal-Mindestlohn steht für die Versicherung des Verleihers ein Vordruck zur Verfügung, welcher auch ohne Benutzerkonto aufgerufen, ausgefüllt, gespeichert und gedruckt werden kann. Die Versicherung kann als Datei (pdf-, jpg-, png- oder tif-Format) hochgeladen und als Anlage zur Anmeldung mitgesendet werden.

Werden entliehene Arbeitnehmer an einem Beschäftigungsort ganz oder teilweise vor 6:00 Uhr oder nach 22:00 Uhr oder in Schichtarbeit, an mehreren Beschäftigungsorten am selben Tag oder in ausschließlich mobiler Tätigkeit beschäftigt, hat der Entleiher anstelle einer Anmeldung nach Maßgabe der Verordnung über Meldepflichten nach dem MiLoG, dem AEntG und dem AÜG (§ 2 MiLoMeldV) eine Einsatzplanung abzugeben.

Verleiher und Entleiher müssen an Prüfungen der Finanzkontrolle Schwarzarbeit mitwirken. Verleiher sind zudem verpflichtet, die tägliche Arbeitszeit aufzuzeichnen und bestimmte Unterlagen in Deutschland bereitzuhalten, wenn die von ihnen verliehenen Arbeitnehmer mit Tätigkeiten beschäftigt werden, die in den Geltungsbereich eines allgemeinverbindlichen Tarifvertrages im Sinne des § 3 AEntG fallen.

Bei Verstößen gegen die Meldepflichten nach dem AEntG handelt es sich um Ordnungswidrigkeiten, die mit hohen Geldbußen geahndet werden können (§ 23 AEntG). Die Finanzämter werden von der zuständigen Behörde der Zollverwaltung über alle Anmeldungen nach dem AEntG unterrichtet (§ 20 Abs. 1 AEntG).

Lohn-steuer-pflichtig | Sozial-versich.-pflichtig

Zivilrechtliche Sanktionen wegen Verstößen gegen die tarifvertraglich geregelten Arbeitsbedingungen durch Verleiher können auch das beauftragende Unternehmen treffen. Es haftet unabhängig vom Verschulden für die Entrichtung des Mindestlohnes an die Arbeitnehmer oder der Urlaubskassenbeiträge an die Sozialkassen.

d) Werkvertragsunternehmen (außerhalb) der Europäischen Union

Die Einreise ausländischer Arbeitnehmer wurde durch gesetzlichen Anwerbestopp geregelt. Ausnahmen von diesem Anwerbestopp bestehen jedoch für Unternehmer und Arbeitnehmer aus bestimmten Ländern Mittel- und Osteuropas. Zwischenstaatliche Vereinbarungen mit diesen Ländern erlauben den (begrenzten) Einsatz von Arbeitnehmern in der Bundesrepublik Deutschland auf der Grundlage von Werkverträgen. Dabei sind jedoch festgelegte Beschäftigungskontingente zu beachten.

Vor der Entsendung ausländischer Arbeitnehmer auf der Grundlage eines Werkvertrages hat das ausländische Unternehmen die Vertragsunterlagen an die zuständige Zentrale Auslands- und Fachvermittlungsstelle der Bundesagentur für Arbeit vorzulegen. Für die einzelnen Kontingentländer gelten insoweit zentrale Zuständigkeiten (vgl. das Merkblatt 16 der Bundesagentur für Arbeit, das im Internet unter www.arbeitsagentur.de abgerufen werden kann).

e) Gewerbeordnung/Handwerksordnung

Die Tätigkeit von ausländischen Unternehmen im Inland unterliegt grundsätzlich – wie die Tätigkeit inländischer Unternehmen – den Bestimmungen der Gewerbeordnung (GewO) und der Handwerksordnung (HwO).

Nach § 14 GewO ist der Beginn des Betriebes eines stehenden Gewerbes, einer Zweigniederlassung oder einer unselbstständigen Zweigstelle der für den betreffenden Ort zuständigen Behörde anzuzeigen. Das Gleiche gilt für die Betriebsverlegung und Betriebsaufgabe oder wenn der Gegenstand des Gewerbes gewechselt oder ausgedehnt wird. Mit der nach der GewO erforderlichen Anzeige wird gleichzeitig die steuerliche Anzeigepflicht nach § 138 AO erfüllt.

Ausländische Unternehmen haben auch die HwO zu beachten. Nach § 1 (i. V. m. § 2) HwO ist der selbstständige (Neben-)Betrieb eines zulassungspflichtigen Handwerks (z. B. Bau- und Metallgewerbe) nur den in der Handwerksrolle eingetragenen natürlichen und juristischen Personen und Personengesellschaften gestattet. Ausländische Werkvertragsunternehmen werden nur dann in die Handwerksrolle eingetragen und dürfen ihre Bautätigkeit ausüben, wenn ein verantwortlicher Betriebsleiter die Voraussetzungen für die Eintragung in die Handwerksrolle mit dem zu betreibenden zulassungspflichtigen Handwerk oder einem mit diesem verwandten Handwerk erfüllt (§ 7 Abs. 1 HwO). Dieser ist u. a. für den gesamten handwerklichen Arbeitsbereich des Unternehmens verantwortlich, hat sämtliche Handwerkstätigkeiten vor Ort in fachlicher Hinsicht zu leiten, zu betreuen, zu kontrollieren und muss maßgeblichen persönlichen Einfluss auf den technischen Betriebsablauf nehmen. Für Staatsangehörige der EU-Mitgliedstaaten/EWR-Staaten oder der Schweiz kann eine Ausnahmebewilligung zur Eintragung in die Handwerksrolle erteilt werden (§ 9 HwO).

Verstöße gegen die GewO oder die HandwO werden als Ordnungswidrigkeiten geahndet. Nach dem Gesetz zur Bekämpfung der Schwarzarbeit (§ 1 Abs. 2 Nr. 4 und 5 SchwarzarbG) handelt ordnungswidrig, wer Dienst- oder Werkleistungen in erheblichem Umfang erbringt, obwohl er entweder der Verpflichtung zur Anzeige vom Beginn des selbstständigen Betriebs eines stehenden Gewerbes (§ 14 GewO) nicht nachgekommen ist oder ein Handwerk als stehendes Gewerbe selbstständig betreibt, ohne in der Handwerksrolle eingetragen zu sein (§ 1 HwO).

Lohn-steuer-pflichtig | Sozial-versich.-pflichtig

10. Abgrenzungsfälle

a) Gelegentliche Arbeitnehmerüberlassung zwischen Arbeitgebern

Von der Erlaubnispflicht nach dem AÜG ist die Arbeitnehmerüberlassung zwischen Arbeitgebern ausgenommen, sofern sie nur gelegentlich erfolgt und der Arbeitnehmer nicht zum Zweck der Überlassung eingestellt und beschäftigt wird (§ 1 Abs. 3 Nr. 2a AÜG). An das Erfordernis einer „nur gelegentlichen Überlassung“ werden strenge Anforderungen gestellt. Mit der Ausnahmevorschrift sollen in Bezug sowohl auf den Arbeitnehmer als auch auf das überlassende Unternehmen gelegentlich auftretende Überlassungsfälle von dem Erlaubniserfordernis ausgeklammert werden, wie zum Beispiel die Abdeckung eines kurzfristigen Spitzenbedarfs eines anderen Unternehmens.

Die Vertragsbeziehungen bei der gelegentlichen Arbeitnehmerüberlassung unterliegen unter Beachtung der Regelungen des Arbeitsrechts der freien Vereinbarung. Der Verleiher sollte jedoch in einem Überlassungsvertrag (schriftlich) erklären, dass

- die Überlassung der Arbeitnehmer nur vorübergehend erfolgt,
- die überlassenen Arbeitnehmer regelmäßig bei ihm tätig und mit der Überlassung einverstanden sind, also nicht für Zwecke der Überlassung eingestellt und beschäftigt sind und
- eine Erlaubnis nach dem AÜG nicht erforderlich ist.

b) Unternehmerische Zusammenarbeit

Arbeitnehmerüberlassung i. S. d. AÜG setzt voraus, dass sich der drittbezogene Personaleinsatz auf Seiten des Verleihers darauf beschränkt, einem Dritten den Arbeitnehmer zur Förderung von dessen Betriebszwecken vorübergehend zur Verfügung zu stellen. Keine Arbeitnehmerüberlassung liegt daher vor, wenn die beteiligten Arbeitgeber im Rahmen einer unternehmerischen Zusammenarbeit mit dem Einsatz ihrer Arbeitnehmer jeweils ihre eigenen Betriebszwecke verfolgen (BAG-Urteil vom 25.10.2000[1]).

c) Abordnung zu Arbeitsgemeinschaften

Die Abordnung von Arbeitnehmern zu einer zur Herstellung eines Werkes gebildeten Arbeitsgemeinschaft ist keine Arbeitnehmerüberlassung, wenn der Arbeitgeber Mitglied der Arbeitsgemeinschaft ist, für alle Mitglieder der Arbeitsgemeinschaft Tarifverträge desselben Wirtschaftszweiges gelten und alle Mitglieder aufgrund des Arbeitsgemeinschaftsvertrages zur selbstständigen Erbringung von Vertragsleistungen verpflichtet sind (§ 1 Abs. 1a Satz 1 AÜG).

Bei einer Abordnung von Arbeitnehmern zu einer zur Herstellung eines Werkes gebildeten Arbeitsgemeinschaft durch einen Arbeitgeber mit Geschäftssitz in einem anderen Mitgliedstaat des Europäischen Wirtschaftsraums liegt auch dann **keine** Arbeitnehmerüberlassung vor, wenn für ihn wie für die anderen Mitglieder der Arbeitsgemeinschaft keine deutschen Tarifverträge gelten (§ 1 Abs. 1a Satz 2 AÜG). Die übrigen Voraussetzungen des § 1 Abs. 1a Satz 1 AÜG müssen jedoch weiterhin vorliegen. So muss der ausländische Arbeitgeber der Arbeitsgemeinschaft angehören und aufgrund des Arbeitsgemeinschaftsvertrags zur selbstständigen Erbringung von Vertragsleistungen verpflichtet sein (keine bloße Personalgestellung). Weiterhin müssen auch die Unternehmen aus anderen Mitgliedstaaten demselben Wirtschaftszweig wie die anderen Mitglieder der Arbeitsgemeinschaft angehören. Dabei kommt es nicht darauf an, welchem Wirtschaftszweig die ausländischen Betriebe nach ihrer

1) BAG-Urteil vom 25.10.2000 (veröffentlicht in der Zeitschrift „Der Betrieb“ 2001 S. 767).

Lohnsteuerpflichtig | Sozialversich.-pflichtig

wirtschaftlichen Tätigkeit in Deutschland angehören, sondern zu welchem Wirtschaftszweig sie nach ihrer Tätigkeit im gesamten Europäischen Wirtschaftsraum zugeordnet werden. Liegen diese Voraussetzungen vor, kommt eine Entleiherhaftung für die Mitglieder der Arbeitsgemeinschaften nach § 42d Abs. 6 EStG nicht in Betracht.

d) Arbeitsleistung als Nebenleistung

Wird als Nebenleistung eines Kauf- oder Mietvertrages über Anlagen, Geräte, Systeme oder Programme Bedienungs-, Montage- oder Einweisungspersonal überlassen (z. B. Computer und Programme mit Einweisungspersonal, Spezialbaumaschine mit Fahrer, Flugzeug mit Pilot – vgl. BAG-Urteil vom 17.2.1993[1]) wird in aller Regel nicht von Arbeitnehmerüberlassung auszugehen sein, wenn der wirtschaftliche Wert der Anlagen, Geräte, Systeme oder Programme erheblich höher ist als die Arbeitsleistung (vgl. R 42d.2 Abs. 2 Satz 5 LStR). Bei der Vermietung einer Schreibmaschine mit Schreibkraft muss dagegen Arbeitnehmerüberlassung angenommen werden, weil hier die Arbeitsleistung im Vordergrund steht.

Beispiel

A chartert von B ein Schiff mit Besatzung.

Es liegt keine Arbeitnehmerüberlassung vor, da Geschäftsgegenstand von B die Vercharterung von Schiffen ist. Wenn B keine Lohnsteuer für die Löhne seiner Arbeitnehmer einbehält und abführt, kann sich das Finanzamt nicht an A als „Entleiher" halten.

e) Arbeitsvermittlung

Keine Arbeitnehmerüberlassung liegt bei einer Arbeitsvermittlung vor (§ 1 Abs. 2 AÜG). Eine Arbeitsvermittlung ist zu vermuten, wenn Arbeitnehmer Dritten zur Arbeitsleistung überlassen werden und der Überlassende nicht die üblichen Arbeitgeberpflichten oder das Arbeitgeberrisiko (§ 3 Abs. 1 Nr. 1 bis 3 AÜG) übernimmt. Ein Unternehmen, das über eine Arbeitsvermittlung vermittelte Arbeitnehmer beschäftigt, wird regelmäßig selbst als Arbeitgeber anzusehen sein und die lohnsteuerlichen Arbeitgeberpflichten erfüllen müssen.

f) Betriebshelfer in der Landwirtschaft

Selbsthilfeorganisationen im Bereich der Landwirtschaft, die landwirtschaftlichen Unternehmen Betriebshelfer zur Verfügung stellen und nicht in Gewinnabsicht handeln, fallen nicht unter das AÜG.

11. Werkvertrag

a) Allgemeines

Eine Arbeitnehmerüberlassung nach dem AÜG liegt nicht vor, wenn kein Arbeitnehmerüberlassungsvertrag, sondern ein Werkvertrag abgeschlossen wird. In der Praxis ist gerade die Abgrenzung zwischen Arbeitnehmerüberlassung und Werkvertrag oft schwierig vorzunehmen. Entscheidend ist immer das **Gesamtbild** des Einzelfalles. Bei der rechtlichen Einordnung kommt es auf den Inhalt der gegenseitigen Pflichten und die tatsächliche Durchführung des Vertrages an und nicht auf dessen bloße Bezeichnung (z. B. als Werkvertrag). Widersprechen sich allerdings schriftliche Vereinbarungen und tatsächliche Durchführung des Vertrages, so kommt es auf die tatsächliche Durchführung an (vgl. BAG-Urteil vom 15.6.1983[2]). Die Darlegungs- und Beweislast dafür trägt derjenige, der sich auf das Vorliegen einer Arbeitnehmerüberlassung beruft (BGH-Urteil vom 25.6.2002[3]). Zur Offenlegungspflicht der Arbeitnehmerüberlassung im Vertrag zwischen Verleiher und Entleiher und den Rechtsfolgen bei Verstößen vgl. die Erläuterungen unter Nr. 5.

Um eine spätere Inanspruchnahme als Haftungsschuldner zu vermeiden, empfiehlt es sich für den Entleiher von Arbeitskräften im Zweifel eine Entscheidung der zuständigen Bundesagentur für Arbeit (vgl. unter Nr. 5d) einzuholen. Eine Inanspruchnahme des Entleihers für nicht einbehaltene Lohnsteuer kommt regelmäßig nicht in Betracht, wenn die Bundesagentur für Arbeit gegenüber dem Entleiher die Auffassung geäußert hat, bei dem verwirklichten Sachverhalt liege Arbeitnehmerüberlassung nicht vor (vgl. R 42d.2 Abs. 3 Satz 5 LStR). Die Arbeitsverwaltung hat gerade zur Abgrenzung zwischen Arbeitnehmerüberlassungen und der Entsendung von Arbeitnehmern im Rahmen von Werkverträgen, selbstständigen Dienstverträgen und anderen Formen drittbezogenen Personaleinsatzes umfangreiche Verwaltungsanweisungen erlassen. Es ist auch möglich eine Anrufungsauskunft an das Finanzamt zu richten (vgl. das Stichwort „Auskunft"). Das Finanzamt hat bei Prüfung der Frage, ob eine Arbeitnehmerüberlassung vorliegt, die Auffassung der Bundesagentur für Arbeit zu berücksichtigen und wird sich daher in der Regel der Beurteilung des Vertragsverhältnisses durch die Arbeitsverwaltung anschließen (vgl. R 42d.2 Abs. 3 Satz 4 LStR).

b) Begriffserläuterungen

Bei einem **Arbeitnehmerüberlassungsvertrag** schuldet der Verleiher dem Entleiher die Arbeitsleistung (Arbeitskraft) der entliehenen Arbeitnehmer (vgl. § 1 Abs. 1 Satz 1 AÜG). Eine Arbeitnehmerüberlassung erschöpft sich im bloßen Zurverfügungstellen geeigneter Arbeitskräfte, die der Entleiher nach eigenen betrieblichen Erfordernissen in seinem Betrieb einsetzt. Die Leiharbeitnehmer arbeiten dabei nach konkreten Anweisungen des Entleihers und sind in dessen Betrieb voll eingegliedert. Der Verleiher trägt keinerlei Unternehmerrisiko.

Merkmal des **Werkvertrages** i. S. d. § 631 BGB ist vor allem, dass der Werkunternehmer sich zur Herbeiführung eines bestimmten Erfolges (des versprochenen Werkes) verpflichtet. Gegenstand des Werkvertrages kann sowohl die Herstellung oder Veränderung einer Sache als auch ein anderer durch Arbeit oder Dienstleistung herbeizuführender Erfolg sein. Diesem vom Unternehmer geschuldeten Erfolg muss daher die vertragliche Risikoverteilung zwischen den Vertragsparteien entsprechen. Dabei ist es grundsätzlich unschädlich, dass die Vertragsparteien im Rahmen der im Schuldrecht geltenden Vertragsfreiheit gewisse Nebenpflichten ausschließen oder hierüber keine Vereinbarungen treffen.

c) Merkmale des Werkvertrages

Wesentliche Merkmale eines **Werkvertrages** sind:

- Vereinbarung und Erstellung eines qualitativ individualisierbaren und dem Werkunternehmer **zurechenbaren Werkergebnisses,**
- **Eigenverantwortlichkeit** und **Dispositionsmöglichkeiten** des Werkunternehmers gegenüber dem Auftraggeber (Art, Ablauf und Einteilung der Arbeiten sind selbstbestimmt, keine Weisungsgebundenheit),
- ausschließliches **Weisungsrecht** des Werkunternehmers gegenüber den Leiharbeitnehmern (Erfüllungsgehilfen),
- **fehlende Eingliederung** der Arbeitnehmer des Werkunternehmers in den Betrieb des Auftraggebers,
- Tragung des **Unternehmerrisikos** (insbesondere der Gewährleistung nach §§ 633 ff. BGB) durch den Werkunternehmer. Die Gewährleistung muss im Vertrag nicht ausdrücklich erwähnt sein.
- **Erfolgsorientierte Abrechnung** der Werkleistung (z. B. durch pauschale Vergütungsregelung nach vereinbarten Berechnungsfaktoren, wie Festpreis, Berechnung nach Aufmaß, Materialverbrauch etc.). Die ausschließ-

1) BAG-Urteil vom 17.2.1993 (veröffentlicht in der Zeitschrift „Deutsches Steuerrecht" 1994 S. 665).

2) BAG-Urteil vom 15.6.1983 (veröffentlicht in der Neuen Juristischen Wochenzeitschrift 1984 S. 2912).

3) BGH-Urteil vom 25.6.2002 (veröffentlicht in der Zeitschrift „Der Betrieb" 2002 S. 2216).

Lohn- steuer- pflichtig | Sozial- versich.- pflichtig

liche Berechnung auf Lohnbasis ist ein Indiz für Arbeitnehmerüberlassung (z. B. sog. Stundenlohnvertrag im Baugewerbe),

- **Materialgestellung** (Werkzeuge, Maschinen usw.) durch den Arbeitgeber. Werden die Materialien durch den Auftraggeber zur Verfügung gestellt, so deutet dies auf eine Arbeitnehmerüberlassung hin.

Bei Werkverträgen organisiert der Unternehmer die zur Erreichung eines wirtschaftlichen Erfolges notwendigen Handlungen selbst, wobei er sich eines Erfüllungsgehilfen bedienen kann. Dabei bleibt der Unternehmer für die Erfüllung der im Vertrag vorgesehenen Dienste oder für die Herstellung des geschuldeten Werks verantwortlich. Daher kann ein Werkvertrag nur bejaht werden, wenn der Unternehmer Art, Ablauf und Einteilung der Arbeiten selbst bestimmt und der Dritte kein Weisungsrecht gegenüber den Arbeitnehmern des Herstellers hat (vgl. BAG-Urteil vom 10.2.1977[1]).

Vertragstypische Rechte/Pflichten des Werkunternehmers sind insbesondere:

- Entscheidung über Auswahl der eingesetzten Arbeitnehmer (Zahl, Qualifikation und Person),
- Ausbildung und Einarbeitung,
- Bestimmung der Arbeitszeit und Anordnung von Überstunden,
- Gewährung von Urlaub und Freizeit,
- Durchführung der Anwesenheitskontrolle,
- Überwachung der Ordnungsmäßigkeit der Arbeitsabläufe.

Werden derartige Funktionen vom angeblichen Werkbesteller (Entleiher) wahrgenommen, so spricht dies für Arbeitnehmerüberlassung.

d) Merkmale der Arbeitnehmerüberlassung

Auf eine **Arbeitnehmerüberlassung** weisen insbesondere folgende Merkmale hin:

- Die Anzahl der Arbeitsstunden und Arbeitnehmer für die Erbringung des (angeblichen) Arbeitserfolges (Werkes) ist vertraglich genau bestimmt. Der Auftraggeber ist berechtigt, bestimmte Qualifikationen der eingesetzten Kräfte zu verlangen bzw. bestimmte Mitarbeiter zurückzuweisen. Der Werkunternehmer besitzt mithin **keine Eigenverantwortlichkeit** und **keine Organisationsgewalt.**
- Der Entleiher (Auftraggeber) hat gegenüber Arbeitnehmern ein arbeitgebertypisches **Anordnungs- und Weisungsrecht** (z. B. hinsichtlich Arbeitszuweisung, Arbeitsablauf, Arbeitsüberwachung, Arbeitszeitbestimmung einschließlich Überstundenregelung, Urlaubs- und Freizeitbestimmung, Ausbildung und Einarbeitung) ähnlich wie bei Stammarbeitskräften. Bei einem echten Werkvertrag muss das Personal vom (ausländischen) Arbeitgeber durch eigene Baustellenleiter fachlich geführt und überwacht werden, die allein gegenüber den Beschäftigten weisungsberechtigt sind. Projektbezogene, d. h. auf das Arbeitsergebnis bezogene und damit beschränkte Anweisungen sind möglich, nicht aber Weisungen bezüglicher einzelner Verrichtungen.
- Die Arbeitnehmer sind organisatorisch in Arbeitsabläufe, in Arbeitsgruppen oder Serienproduktion des fremden Betriebes **integriert,** sodass der Erfolg des Auftragnehmers nicht mehr von demjenigen des Auftraggebers abgegrenzt werden kann.
- Der Auftragnehmer (Verleiher) übernimmt **keine** werkvertragstypischen **Haftungsrisiken** i. S. d. §§ 633 ff. BGB (auch i. V. m. § 278 BGB), sondern haftet nur für die ordnungsgemäße Auswahl der eingesetzten Kräfte, d. h. dafür, dass die Kräfte für die vorgesehen Aufgaben tauglich und geeignet sind. Der Auftragnehmer wird verpflichtet, unter bestimmten Voraussetzungen Arbeiter auszuwechseln. Es werden daher keine Versicherungen (z. B. Haftpflicht) abgeschlossen und keine Gewährleistungs-, Garantie- und Kulanzrückstellungen gebildet.
- Es werden folgende der aus einem Werkvertrag dem Auftraggeber zustehenden typischen **Rechte ausgeschlossen**:
  Mängelbeseitigung (§§ 634 Nr. 1 und 2, 635, 637 BGB),
  Rücktritt vom Vertrag (§§ 634 Nr. 3, 323, 326 Abs. 5 BGB),
  Minderung (§§ 634 Nr. 3, 638 BGB),
  Schadensersatz wegen Nichterfüllung (§§ 634 Nr. 4, 636, 280–284, 311 a Abs. 2 BGB).
  Oft werden diese Rechte auch tatsächlich nicht ausgeübt, obwohl ein ordentlicher Kaufmann von seinen Rechten Gebrauch gemacht hätte. Selbst wenn Gewährleistungsrechte vertraglich nicht ausgeschlossen sind, kann eine Haftungs-/Gewährleistungsbeschränkung vorliegen, so dass je nach Intensität der Einschränkung die verbleibenden Rechte in keinem Verhältnis mehr zu den tatsächlichen Gefahren stehen.
- Die Leistung wird nach **Zeiteinheiten abgerechnet.** Es wird kein Erfolg, sondern eine Arbeitsleistung geschuldet. Teilweise werden Leistungen nach Zeiteinheiten in Werkleistungen umgerechnet (z. B. durch Computerprogramme). Es werden besondere Vergütungen für geleistete Überstunden gezahlt. Es erfolgt keine Vergütung für das Gesamtwerk oder Teilabschnitte. Es ist zwar ein Einheitspreis nach Berechnungsmaßstäben (Aufmaß, Material-/Zeitaufwand) vereinbart, abgerechnet wird jedoch nach tatsächlich geleisteten Arbeitsstunden.
- Bei der Vertragsabfassung werden „normale" **Subunternehmerverträge** verwendet, aus denen jedoch wesentliche Passagen (Gewährleistung, Garantierückbehalt, vertragsgemäße Fertigstellung) gestrichen werden. Zu Subunternehmerverträgen vgl. auch unter Nr. 11 Buchstabe c.
- In **Werbeschreiben** an Auftraggeber werden Vorteile, wie z. B. die Bezahlung von tatsächlich geleisteten Stunden, nicht von Urlaub, Krankheit herausgestellt.
- Im Werkvertrag wird gleichzeitig oder über einen bestimmten Zeitraum eine Summe von **Klein- und Kleinst-„Projekten"** vergeben (Aufteilung des Gewerks bis zur „Atomisierung", z. B. Schweißnähte, Verputzarbeit geringen Umfangs im Leistungslohn).
- Das Werk besteht aus (nicht erfolgsbezogener) **einfacher Arbeit,** z. B. Schreibarbeiten, Botendienste, einfache Zeichenarbeiten, Maschinenbedienung, Datenerfassung.
- Es liegt **keine präzise Beschreibung** des zu erstellenden Werks vor (fehlende Bestimmung des Werkvertragsergebnisses, z. B. nur allgemeine Formulierungen, wie Mauern, Putzen, Fliesenlegen, Montage, Schweißen usw.). Eine genaue Beschreibung des Werks ist erforderlich, um das Werkergebnis dem Werkunternehmer zurechnen zu können (z. B. Rohbauerstellung eines Sechs-Familien-Hauses in Schillerstr. 17, 80336 München). Die Arbeit muss so eindeutig umschrieben sein, dass im Zweifel (Abrechnung, Gewährleistung) bestimmbar ist, wer die Arbeit ausgeführt hat.
- Nur der Auftraggeber verfügt über **Betriebsmittel, Organisation** u. Ä. (Kapital, Maschinen, Fahrzeuge, Materialien, Büroorganisation, Versicherungsschutz) zur Erfüllung des Vertrages und stellt diese zur Verfügung.
- Der **Auftraggeber** stellt technische Unterlagen, Bauleitung und notwendige Einrichtungen zur Verfügung.
- Qualifiziertes **Personal** für die Überwachung, Planung, Organisation der geschuldeten Leistung **fehlt** beim Auftragnehmer. Es stellt sich insoweit die Frage, ob der

1) BAG-Urteil vom 10.2.1977 (veröffentlicht in der Zeitschrift „Der Betrieb" 1977 S. 1273).

Auftragnehmer oder seine Mitarbeiter aufgrund ihrer fachlichen Fähigkeiten überhaupt in der Lage sind, einen anderen Geschäftszweck als den der Arbeitnehmerüberlassung zu betreiben.

- Es liegen keine Vereinbarungen über **Konventionalstrafen** vor.
- Der Auftragnehmer wird verpflichtet, **Tagesberichte** bzw. **Stundenzettel** zu erstellen, vorzulegen, abzeichnen zu lassen.

12. Abgrenzung zu anderen Vertragstypen

a) Dienstvertrag

Anders als bei Werkvertragsverhältnissen wird bei Dienstverträgen kein bestimmter Erfolg, sondern eine bestimmte Tätigkeit geschuldet. Ein Dienstvertrag liegt nur dann vor, wenn der Unternehmer die geschuldeten Dienste entweder in Person oder mittels seiner Erfüllungsgehilfen unter eigener Verantwortung und nach eigenem Plan ausführt (Organisation der Dienstleistung, zeitliche Disposition, Zahl der Erfüllungsgehilfen, Eignung der Erfüllungsgehilfen usw.). Das bedeutet insbesondere, dass die Erfüllungsgehilfen in Bezug auf die Ausführung der zu erbringenden Dienstleistung im Wesentlichen frei von Weisungen seitens des Arbeitgeberrepräsentanten des Drittbetriebes sind und ihre Arbeitszeit selbst bestimmen können.

Ein drittbezogener Personaleinsatz auf dienstvertraglicher Basis ist daher nur in den aufgezeigten engen Grenzen möglich, etwa bei Dienstleistungen, die gegenständlich umschrieben werden können und deren Ausführung keine Integration in die Betriebsorganisation des Drittbetriebes bedingen. Ein Dienstvertrag kann z. B. bei der Wartung von Spezialmaschinen oder sonstigen technischen Anlagen, der Ausführung von Werbemaßnahmen oder von Aufgaben der Unternehmensberatung in Betracht kommen. Gleiches gilt für die Durchführung von Bewachungsaufgaben sowie von Serviceleistungen im EDV-Bereich.

Da die Arbeitnehmerüberlassung eine Form der Dienstverschaffung, nämlich die Verschaffung von Arbeitsleistungen ist, kann ein von Arbeitnehmerüberlassung abzugrenzender Dienstverschaffungsvertrag nur dann in Betracht kommen, wenn ein Vertragspartner die Verpflichtung übernimmt, dem anderen Vertragspartner nicht die Arbeitsleistung, sondern die selbstständige Dienstleistung eines Dritten zu verschaffen. Voraussetzung dafür ist, dass der überlassene Dritte in wirtschaftlicher und sozialer Selbstständigkeit und Unabhängigkeit die Dienste (z. B. als Wirtschaftsprüfer) leistet. Arbeitsvertragliche Beziehungen bzw. aufgrund der tatsächlichen Verhältnisse gegebene persönliche Abhängigkeit zu einem der Vertragspartner schließen einen derartigen Dienstverschaffungsvertrag aus. Es liegt dann entweder Arbeitnehmerüberlassung oder Arbeitsvermittlung vor.

b) Dienstverschaffungsvertrag

Ein Dienstverschaffungsvertrag ist dann gegeben, wenn ein Vertragspartner die Verpflichtung übernimmt, dem anderen Vertragspartner nicht eine Arbeitsleistung, sondern eine selbstständige Dienstleistung eines Dritten zu verschaffen. Voraussetzung dafür ist, dass der Dritte in wirtschaftlicher und sozialer Selbstständigkeit und Unabhängigkeit die Dienste leistet.

c) Geschäftsbesorgungsvertrag

Vom Werkvertrag zu unterscheiden ist der Geschäftsbesorgungsvertrag (§ 675 BGB), der auf eine selbstständige Tätigkeit wirtschaftlicher Art gerichtet ist (BAG-Urteil vom 6.8.2003[1]). Ein Geschäftsbesorgungsvertrag liegt z. B. vor, wenn eine Werbefirma den Auftrag erhält, eine Werbeaktion mit eigenen personellen und sachlichen Mitteln durchzuführen.

d) Subunternehmer

Von einem Subunternehmerverhältnis spricht man, wenn sich der Subunternehmer gegenüber dem Generalunternehmer verpflichtet, ein bestimmtes Teilprojekt oder eine sonstige abgrenzbare Leistung zu erbringen. Handelt es sich insoweit um ein echtes Subunternehmerverhältnis, bei dem die Arbeitnehmer des Subunternehmers nicht dem Weisungsrecht des Generalunternehmers unterliegen, so handelt es sich nicht um (unerlaubte) Arbeitnehmerüberlassung.

Mitunter lassen Arbeitgeber an sich nichtselbstständige Tätigkeiten durch selbstständig tätige Einzelbetriebe, sog. Einmannbetriebe, erledigen. Ob in diesen Fällen ein Arbeitsverhältnis oder eine selbstständige Tätigkeit vorliegt, ist im Einzelfall nach dem Gesamtbild der Verhältnisse zu beurteilen (vgl. BFH-Urteile vom 14.6.1985, BStBl. II S. 661 und vom 18.1.1991, BStBl. II S. 409 sowie Beschluss des Hessischen FG vom 14.11.1997, EFG 1998 S. 484 betreffend die Überlassung englischer Arbeitskräfte). Hier noch einige Bespiele aus Urteilen der Sozialgerichte:

Ein Arbeitsverhältnis kann bei Nachunternehmern im Trockenbau (vgl. Urteil des Schleswig-Holsteinischen Landessozialgerichts vom 4.2.2003, L 1 Kr 41/02) sowie bei Transportfahrern (BSG-Urteil vom 22.6.2005, B 12 KR 28/03 R) vorliegen. Demgegenüber hat das Bayerische Landessozialgericht die Tätigkeit eines Ablesers im Bereich der Heiz- und Wasserkostenerfassung als selbstständige Tätigkeit beurteilt (Urteil vom 5.4.2005, L 5 KR 257/03). Nach dem Beschluss des OLG Düsseldorf vom 15.9.1994[2] werden als Kopfschlächter und Ausbeiner bei fleischverarbeitenden Fremdfirmen eingesetzte Lohnmetzger aufgrund der spezifischen Gestaltung ihrer Tätigkeit in der Regel im Rahmen von Arbeitnehmerüberlassungsverträgen und nicht von Werkverträgen tätig. Werkverträge bei einer Lohnmetzgerei sind in der heutigen industriellen Fleischverarbeitung im Einzelfall möglich (BAG-Urteil vom 15.2.2007, 8 AZR 431/06[3]).

13. Lohnsteuerabzug

a) Verleiher als Arbeitgeber

Sowohl bei der erlaubnispflichtigen Überlassung von Arbeitnehmern nach § 1 Abs. 1 AÜG als auch bei der nicht erlaubnispflichtigen gelegentlichen Arbeitnehmerüberlassung zwischen Arbeitgebern nach § 1 Abs. 3 Nr. 2a AÜG ist der Verleiher Arbeitgeber seiner Leiharbeitnehmer (vgl. R 19.1 Satz 5 LStR). Er ist damit zur Einbehaltung und Abführung der Steuerabzugsbeträge verpflichtet. Dies gilt auch dann, wenn das Unternehmen, bei dem die Arbeitnehmer tätig werden, Fahrgelder, Reisekosten, Trennungsgelder und ähnliche Bezüge im Auftrag oder in Vertretung des Verleihers an die entliehenen Arbeitnehmer auszahlt (BFH-Urteil vom 12.9.1968, BStBl. II S. 791).

Nach § 13b AÜG muss ein Entleiher den Leiharbeitnehmern im gleichen Umfang Zugang zu den **Gemeinschaftseinrichtungen** oder **-diensten** im Unternehmen gewähren, wie seinen eigenen Arbeitnehmern (vgl. unter Nr. 3). Sich daraus ergebende geldwerte Vorteile des Leiharbeitnehmers (z. B. verbilligte Kantinenmahlzeiten, Essensmarken, verbilligter Personaleinkauf ohne Rabattfreibetrag) sind lohnsteuerlich als echte Lohnzahlungen **Dritter** zu behandeln (R 38.4 Abs. 2 Satz 1 LStR). Der Verleiher ist in diesen Fällen als lohnsteuerlicher Arbeitgeber wegen Lohnzahlungen von dritter Seite zum Lohnsteuerabzug verpflichtet, wenn er weiß oder erkennen kann, dass derartige Vergütungen erbracht werden (§ 38

1) BAG-Urteil vom 6.8.2003 (veröffentlicht in der Zeitschrift „Betriebs-Berater" 2004 S. 669).

2) OLG Düsseldorf vom 15.9.2004 (veröffentlicht in der Zeitschrift „Betriebs-Berater" 1995 S. 522).

3) BAG-Urteil vom 15.2.2007 (veröffentlicht in der Zeitschrift „Der Betrieb" 2007 S. 1468).

Lohnsteuerpflichtig | Sozialversich.-pflichtig

Abs. 1 Satz 3 EStG). Der Leiharbeitnehmer hat gegenüber seinem Arbeitgeber (Verleiher) am Ende des jeweiligen Lohnzahlungszeitraums eine entsprechende Anzeigepflicht. Hierauf hat der Verleiher seine Arbeitnehmer hinzuweisen. Kommt der Leiharbeitnehmer seiner Anzeigepflicht nicht nach und kann der Verleiher erkennen, dass der Leiharbeitnehmer zu Unrecht keine Angaben macht oder seine Angaben unzutreffend sind, hat der Verleiher unverzüglich die ihm bekannten Tatsachen zur Lohnzahlung durch den Entleiher seinem Betriebsstättenfinanzamt anzuzeigen. Wegen weiterer Einzelheiten vgl. auch die Erläuterungen beim Stichwort „Lohnzahlung durch Dritte" unter den Nrn. 3 und 4.

Der Verleiher ist nicht nur bei erlaubter Arbeitnehmerüberlassung sondern auch in den Fällen der **unerlaubten** Arbeitnehmerüberlassung steuerrechtlicher Arbeitgeber seiner Leiharbeitnehmer (BFH-Urteil vom 2.4.1982, BStBl. II S. 502). Die Regelung des § 10 Abs. 1 AÜG, die bei unerlaubter Arbeitnehmerüberlassung den Entleiher als Arbeitgeber der Leiharbeitnehmer bestimmt (vgl. unter Nr. 5), ist steuerlich **nicht** maßgebend. Wird der Arbeitslohn im Fall unerlaubter Arbeitnehmerüberlassung nicht vom Verleiher, sondern vom Entleiher unmittelbar an die Arbeitnehmer gezahlt, ist der Entleiher regelmäßig als steuerrechtlicher Arbeitgeber anzusehen (vgl. R 19.1 Satz 6 LStR). Es handelt sich dann nicht um Lohnzahlungen durch Dritte, die der Verleiher zu versteuern hätte. Der Verleiher haftet jedoch in diesen Fällen wie ein Entleiher (§ 42d Abs. 7 EStG). Leistet der Entleiher dagegen Zahlungen an den Leiharbeitnehmer, weil der Verleiher mit dem Leiharbeitnehmer ein zu niedriges Entgelt vereinbart hat, handelt es sich um Lohnzahlungen von dritter Seite. Der Verleiher als Arbeitgeber im steuerlichen Sinne ist in diesem Fall zum Lohnsteuerabzug verpflichtet, wenn er weiß oder erkennen kann, dass derartige Vergütungen erbracht werden (§ 38 Abs. 1 Satz 3 EStG). Ist dies nicht der Fall, sind die Zahlungen bei der Einkommensteuerveranlagung des Leiharbeitnehmers als Arbeitslohn anzusetzen.

Grundsätzlich kann ein Verleiher einen Arbeitnehmer auch an den Arbeitgeber verleihen, bei dem dieser eine Hauptbeschäftigung ausübt. Dies gilt auch für ein geringfügiges Beschäftigungsverhältnis **(Minijob),** das vom Verleiher nach § 40a Abs. 2 EStG pauschal mit 2 % Lohnsteuer versteuert wird. Von mehreren Beschäftigungsverhältnissen ist dabei aber nur auszugehen, wenn formell zwei Arbeitsverträge mit zwei rechtlich selbstständigen Arbeitgebern (Verleiher und Hauptarbeitgeber) abgeschlossen wurden und der Arbeitnehmer im Rahmen des Leiharbeitsverhältnisses einer anderen Tätigkeit nachgeht als in seinem Hauptberuf. Zudem kommt es vor allem darauf an, dass der Verleiher auch eigenständige Arbeitgeberfunktionen besitzt, also insbesondere das Weisungsrecht gegenüber dem Arbeitnehmer auch tatsächlich in eigener Verantwortung ausübt. Die Vergabe einer Betriebsnummer ist kein Indiz für die Arbeitgebereigenschaft des Verleihers. Die Zulässigkeit einer solchen **„Aufsplittung"** des Arbeitsverhältnisses sollte ggf. mit der Minijobzentrale der Knappschaft Bahn See abgeklärt werden, deren Entscheidung auch für die Finanzverwaltung bindend ist. Wird das Weisungsrecht letztlich – ggf. auch mittelbar – nur vom Hauptarbeitgeber ausgeübt, liegt ein einheitliches Beschäftigungsverhältnis vor. In diesem Fall handelt es bei dem vom Verleiher gezahlten Arbeitslohn um eine unechte Lohnzahlung von dritter Seite (vgl. R 38.4 Abs. 1 LStR), der vom Hauptarbeitgeber zusammen mit dem Arbeitslohn aus der Hauptbeschäftigung nach den allgemeinen Regelungen dem Lohnsteuerabzug zu unterwerfen ist.

b) Lohnsteuerabzug durch ausländische Verleiher

Nach § 38 Abs. 1 Nr. 2 EStG ist auch ein ausländischer Verleiher, der einem Dritten (Entleiher) Arbeitnehmer gewerbsmäßig zur Arbeitsleistung überlässt, zum Lohnsteuerabzug verpflichtet. Dies gilt auch dann, wenn er im Inland weder eine Betriebsstätte noch einen ständigen Vertreter i. S. d. §§ 12, 13 AO hat oder der Entleiher als Arbeitgeber im Sinne eines DBA anzusehen ist. Die Arbeitgebereigenschaft nach einem DBA hat nur Bedeutung für die Zuweisung des Besteuerungsrechts (vgl. nachfolgend unter Nr. 13 Buchstabe c).

Die Verpflichtung zum Lohnsteuerabzug besteht für alle Arbeitnehmer und nicht nur für solche mit Leitungsfunktionen. Wie lange der Einsatz des Leiharbeitnehmers dauert ist hierbei grundsätzlich ohne Bedeutung, so dass der Arbeitslohn vom Beginn des Einsatzes im Inland dem Lohnsteuerabzug unterliegt. Ggf. kommt jedoch nach einem DBA eine Freistellung des Arbeitslohns vom Steuerabzug in Betracht, wenn der ausländische Leiharbeitnehmer sich nicht länger als 183 Tage im Inland aufhält (vgl. ebenfalls nachfolgend unter Nr. 13 Buchstabe c sowie das Stichwort „Doppelbesteuerungsabkommen").

c) Arbeitgebereigenschaft nach DBA

Für die Zuweisung des Besteuerungsrechts kommt es beim internationalen Arbeitnehmerverleih auf die Arbeitgebereigenschaft nach den einschlägigen DBA an. Dabei nimmt bei einer grenzüberschreitenden **Arbeitnehmerüberlassung** nach § 1 AÜG grundsätzlich der Entleiher die wesentlichen Arbeitgeberfunktionen wahr (vgl. Rz. 159 des BMF-Schreibens vom 3.5.2018, BStBl. I S. 643)[1]. Die entliehenen Arbeitnehmer sind regelmäßig in den Betrieb des Entleihers eingebunden. Dementsprechend ist mit Aufnahme der Tätigkeit des Leiharbeitnehmers beim Entleiher in der Regel dieser als Arbeitgeber i. S. d. DBA anzusehen.

Bei einer doppel- oder mehrstöckigen Arbeitnehmerüberlassung ist in der Regel der letzte Entleiher in der Kette als wirtschaftlicher Arbeitgeber nach DBA anzusehen.

Nicht selten, z. B. bei nur kurzfristiger Überlassung (vgl. auch BFH-Beschluss vom 4.9.2002, BStBl. 2003 II S. 306), können auch wesentliche Arbeitgeberfunktionen beim Verleiher verbleiben. In diesen Fällen ist zu prüfen, ob nach dem Gesamtbild der Verhältnisse der Verleiher oder der Entleiher überwiegend die wesentlichen Arbeitgeberfunktionen wahrnimmt und damit als Arbeitgeber i. S. d. DBA anzusehen ist. Nach Rz. 161 des o. a. BMF-Schreibens vom 3.5.2018 sind bei dieser Prüfung insbesondere folgende Kriterien zu beachten:

- Wer trägt die Verantwortung oder das Risiko für die durch die Tätigkeit des Arbeitnehmers erzielten Ergebnisse? Hat der Entleiher im Falle von Beanstandungen das Recht, den Arbeitnehmer an den Verleiher zurückzuweisen?
- Wer hat das Recht, dem Arbeitnehmer Weisungen zu erteilen?
- Unter wessen Kontrolle und Verantwortung steht die Einrichtung, in der der Arbeitnehmer seine Tätigkeit ausübt?
- Wer stellt dem Arbeitnehmer im Wesentlichen die Werkzeuge und das Material zur Verfügung?
- Wer bestimmt die Zahl und die Qualifikation der Arbeitnehmer?
- Wer trägt das Lohnkostenrisiko im Falle der Nichtbeschäftigung?
- Wer legt die Arbeitszeiten sowie die Urlaubszeiten des Arbeitnehmers fest bzw. muss diesen zustimmen?
- Auf welcher Grundlage wird die Vergütung für den Verleiher berechnet?

1) Das BMF-Schreiben ist als Anlage 2 zu H 39b.10 LStR **im Steuerhandbuch für das Lohnbüro 2021** abgedruckt, das im selben Verlag erschienen ist.

A

Lohn- steuer- pflichtig | Sozial- versich.- pflichtig

Beispiel A

Der im Inland ansässige Verleiher überlässt den im Inland ansässigen Arbeitnehmer an ein ebenfalls im Inland ansässiges Unternehmen (Entleiher), das den Arbeitnehmer für nicht mehr als 183 Tage zur Erfüllung einer eigenen Lieferungs- oder Werkleistungsverpflichtung bei einem fremden dritten Unternehmen im Ausland einsetzt.

Das im Ausland ansässige Unternehmen nimmt keinerlei Arbeitgeberfunktionen gegenüber dem Arbeitnehmer wahr und ist damit nicht dessen Arbeitgeber im abkommensrechtlichen Sinne. Wirtschaftlicher Arbeitgeber des Arbeitnehmers ist vielmehr der im Inland ansässige Entleiher. Das Besteuerungsrecht für die vom Arbeitnehmer im Ausland ausgeübte Tätigkeit richtet sich ausschließlich nach den Art. 15 Abs. 1 und 2 OECD-MA entsprechenden Vorschriften der DBA. Da der Arbeitnehmer nicht mehr als 183 Tage im Ausland eingesetzt ist und der Entleiher dort weder ansässig ist, noch eine Betriebsstätte unterhält, steht das Besteuerungsrecht für die Vergütungen aus der Tätigkeit ausschließlich Deutschland zu.

Beispiel B

Der im Inland ansässige Verleiher überlässt den im Inland ansässigen Arbeitnehmer an ein ebenfalls im Inland ansässiges Unternehmen (Entleiher), das den Arbeitnehmer für nicht mehr als 183 Tage im Ausland bei einem zum Konzern gehörenden Unternehmen einsetzt.

In diesem Fall ist zu prüfen, welche der beiden Konzerngesellschaften als Arbeitgeber im Sinne des DBA anzusehen ist. Ist der im Inland ansässige Entleiher der wirtschaftliche Arbeitgeber des Leiharbeitnehmers, entspricht die Lösung der im Beispiel A und das Besteuerungsrecht verbleibt im Inland. Ist dagegen das im Ausland ansässige Unternehmen als wirtschaftlicher Arbeitgeber anzusehen, sind die Voraussetzungen des Art. 15 Abs. 2 OECD-MA nicht erfüllt und der ausländische Tätigkeitsstaat hat nach Art. 15 Abs. 1 OECD-MA das Besteuerungsrecht.

Beispiel C

Der im Inland ansässige Verleiher überlässt den im Inland ansässigen Arbeitnehmer an ein im Ausland ansässiges Unternehmen (Entleiher), das den Arbeitnehmer für nicht mehr als 183 Tage zur Erfüllung einer eigenen Lieferungs- oder Werkleistungsverpflichtung bei einem Unternehmen im Inland einsetzt.

Es liegt eine grenzüberschreitende Arbeitnehmerüberlassung vor, in deren Rahmen der Arbeitnehmer an ein im Ausland ansässiges Unternehmen verliehen wird. Der Entleiher ist auch Arbeitgeber im abkommensrechtlichen Sinne, sofern er die wesentlichen Arbeitgeberfunktionen wahrnimmt. Soweit jedoch der Arbeitnehmer seine unselbstständige Arbeit im Inland ausübt, ist der Ansässigkeitsstaat des Arbeitnehmers zugleich dessen Tätigkeitsstaat. Für die auf diese Tätigkeit entfallenden Vergütungen hat Deutschland das ausschließliche Besteuerungsrecht. Allein deshalb, weil der im anderen Vertragsstaat ansässige Entleiher im abkommensrechtlichen Sinne der Arbeitgeber ist und den Arbeitslohn an den Arbeitnehmer zahlt, ist das Besteuerungsrecht nicht dem anderen Vertragsstaat zuzuweisen.

Beispiel D

Der im Inland ansässige Verleiher überlässt den im Inland ansässigen Arbeitnehmer an ein im Ausland ansässiges Unternehmen (Entleiher), das den Arbeitnehmer für nicht mehr als 183 Tage bei einem im Inland ansässigen zum Konzern gehörenden Unternehmen einsetzt.

Soweit der Arbeitnehmer seine unselbstständige Arbeit im Inland ausübt, ist der Ansässigkeitsstaat des Arbeitnehmers zugleich dessen Tätigkeitsstaat. Für die auf diese Tätigkeit entfallenden Vergütungen hat Deutschland das ausschließliche Besteuerungsrecht. In diesem Fall ist (abweichend von Beispiel B) nicht entscheidend, welche der beiden Konzerngesellschaften als Arbeitgeber i. S. des DBA anzusehen ist.

Zu weiteren Anwendungsbeispielen bei grenzüberschreitenden Arbeitnehmerüberlassungen vgl. die Rz. 167 bis 171 des o. a. BMF-Schreibens vom 3.5.2018 (BStBl. I S. 643[1]).

Ist der ausländische Verleiher als Arbeitgeber anzusehen, kann dieser nach § 39 Abs. 4 Nr. 5 EStG einen Antrag auf Freistellung des ausländischen Leiharbeitnehmers von der inländischen Besteuerung stellen, wenn der Arbeitnehmer sich nicht länger als 183 Tage in Deutschland aufhält (vgl. auch das Stichwort „Doppelbesteuerungsabkommen"). Hält sich der Arbeitnehmer länger als 183 Tage im Inland auf, steht Deutschland als Tätigkeitsstaat das Besteuerungsrecht zu. Ist der inländische Entleiher Arbeitgeber im Sinne eines DBA, kommt für den ausländischen Leiharbeitnehmer eine Freistellung des Arbeitslohns vom Steuerabzug selbst bei einer Tätigkeit von weniger als 183 Tagen im Inland **nicht** in Betracht.

Beispiel E

S ist ein in Spanien ansässiges Unternehmen. Es betreibt eine Arbeitnehmerüberlassung für hoch qualifiziertes Personal. D ist ein in Deutschland ansässiges Unternehmen für hochwertige Dienstleistungen im Bausektor. Zur Fertigstellung eines Auftrages im Inland benötigt D für fünf Monate einen Spezialisten und wendet sich deswegen an S. X, ein in Spanien ansässiger Spezialist, wird daraufhin von S für fünf Monate eingestellt. Gemäß einem separaten Vertrag zwischen S und D erklärt sich S damit einverstanden, dass die Arbeitsleistungen von X während dieser Zeit an D erbracht werden. Gemäß diesem Vertrag zahlt D das Gehalt, Sozialversicherungsabgaben, Reisekosten und andere Vergütungen des X.

Im Rahmen der internationalen Arbeitnehmerüberlassung wird D als Entleiher wirtschaftlicher Arbeitgeber des X. D nimmt während des genannten Zeitraums die wesentlichen Arbeitgeberfunktionen wahr. X ist in den Geschäftsbetrieb des D eingebunden. Die Tatbestandsvoraussetzungen für eine Freistellung des Arbeitslohns vom inländischen Steuerabzug nach Art. 14 Abs. 2 Buchstabe b DBA-Spanien sind **nicht** erfüllt, auch wenn die Tätigkeit des X nicht länger als 183 Tage dauert. Deutschland wird somit das Besteuerungsrecht für die Vergütungen des X für den genannten Zeitraum zugewiesen.

Nach den verschiedenen Doppelbesteuerungsabkommen (z. B. DBA mit Dänemark, Frankreich, Italien, Norwegen, Polen, Schweden) ist die 183-Tage-Regelung auf Leiharbeitnehmer nicht anwendbar, d. h. sowohl der Ansässigkeitsstaat des ausländischen Verleihers als auch der Tätigkeitsstaat haben ein Besteuerungsrecht. Die Doppelbesteuerung wird in diesen Fällen durch eine Steueranrechnung vermieden. Im Lohnsteuerabzugsverfahren kann zur Vermeidung der zeitweiligen Doppelbelastung analog § 39a Abs. 1 Nr. 5 Buchst. c EStG aus Billigkeitsgründen das Vierfache der voraussichtlich abzuführenden ausländischen Abzugssteuer als Freibetrag berücksichtigt werden. Der Arbeitnehmer muss durch geeignete Unterlagen (z. B. durch eine Bestätigung des Arbeitgebers) nachweisen oder glaubhaft machen, dass es zu einem derartigen Steuerabzug kommen wird oder bereits gekommen ist. Nach § 46 Abs. 2 Nr. 4 EStG besteht in diesen Fällen eine Veranlagungspflicht. Die vorstehenden Regelungen gelten gleichermaßen auch für Nicht-DBA-Länder, bei denen der Auslandstätigkeitserlass aber nicht anzuwenden ist und es deshalb im laufenden Kalenderjahr ebenfalls zu einer doppelten Besteuerung kommt (Rz. 177 des o. a. BMF-Schreibens vom 3.5.2018[1]). In diesem Fall dürfen bei der Berechnung des Freibetrags nur ausländische Steuern des Nicht-DBA-Landes zugrunde gelegt werden, die der deutschen Einkommensteuer entsprechen. Sofern eine nach dem Auslandstätigkeitserlass begünstigte Tätigkeit vorliegt (vgl. das Stichwort „Auslandstätigkeit, Auslandstätigkeitserlass" unter Nr. 5), kann dieser auch bei der Arbeitnehmerüberlassung angewendet und eine Steuerfreistellung des Arbeitslohns beantragt werden.

Grundsätzlich gilt:

Die nach den DBA bestehende Arbeitgebereigenschaft des Entleihers hat nur Bedeutung für Zuweisung des Besteuerungsrechts und lässt die steuerrechtliche Arbeitgebereigenschaft des ausländischen Verleihers unberührt (vgl. R 42d.2 Abs. 1 Satz 2 LStR).

d) Gelegentliche Arbeitnehmerüberlassung zwischen fremden Dritten

Bei einer **gelegentlichen Arbeitnehmerüberlassung** zwischen fremden Dritten besteht im Regelfall keine Lohnsteuerabzugsverpflichtung des ausländischen Verleihers. Anstelle einer Arbeitnehmerüberlassung kann zudem auch eine Tätigkeit zur Erfüllung einer Lieferungs- oder Werkleistungsverpflichtung vorliegen (zur Abgrenzung vgl. unter Nr. 11). Für die Zuweisung des Besteuerungsrechts nach den DBA ist in diesen Fällen ebenfalls ausschlaggebend, wer die Vergütung des ausgeliehenen Arbeitnehmers wirtschaftlich trägt (vgl. Rz. 180 f. des BMF-Schreibens vom 3.5.2018, BStBl. I S. 643[1]). Ist das inländische Unternehmen, an das der Arbeitnehmer entliehen wurde, wirtschaftlicher Arbeitgeber i. S. d. DBA, wird Deutschland das Besteuerungsrecht zugewiesen. Aufgrund der fehlenden Lohnsteuerabzugsverpflichtung des ausländischen

1) Das BMF-Schreiben ist als Anlage 2 zu H 39b.10 LStR **im Steuerhandbuch für das Lohnbüro 2021** abgedruckt, das im selben Verlag erschienen ist.

Lohn-steuer-pflichtig	Sozial-versich.-pflichtig

Arbeitgebers, muss in diesen Fällen der Arbeitnehmer zur Einkommensteuer veranlagt werden.

Beispiel

S, ein in Spanien ansässiges Unternehmen, und D, ein in Deutschland ansässiges Unternehmen, sind ausschließlich mit der Ausübung technischer Dienstleistungen befasst. Sie sind keine verbundenen Unternehmen i. S. des Art. 9 OECD-MA. D benötigt für eine Übergangszeit die Leistungen eines Spezialisten, um eine Bauleistung im Inland fertig zu stellen und wendet sich deswegen an S. Beide Unternehmen vereinbaren, dass X, ein in Spanien ansässiger Angestellter von S, für die Dauer von vier Monaten für D unter der direkten Aufsicht von dessen erstem Ingenieur arbeiten soll. X bleibt während dieser Zeit formal weiterhin bei S angestellt. D zahlt S einen Betrag, der dem Gehalt, Sozialversicherungsabgaben, Reisekosten und anderen Vergütungen des Technikers für diesen Zeitraum entspricht. Zusätzlich wird ein Aufschlag von 5 % gezahlt. Es wurde vereinbart, dass S von allen Schadensersatzansprüchen, die in dieser Zeit aufgrund der Tätigkeit von X entstehen sollten, befreit ist.

Es liegt eine gelegentliche Arbeitnehmerüberlassung zwischen fremden Unternehmen vor. D ist während des genannten Zeitraums von vier Monaten als wirtschaftlicher Arbeitgeber des X anzusehen, auch wenn sich X weniger als 183 Tage im Inland aufhält. Die Tatbestandsvoraussetzungen für die Freistellung des Arbeitslohns nach Art. 14 Abs. 2 Buchstabe b DBA-Spanien sind damit **nicht** erfüllt. Deutschland hat somit das Besteuerungsrecht für die Vergütungen des X für den genannten Zeitraum. Der Aufschlag in Höhe von 5 % stellt keinen Arbeitslohn des X dar. X ist in Deutschland nach nationalem Recht beschränkt steuerpflichtig, weil die Tätigkeit in Deutschland ausgeübt wurde (§ 49 Abs. 1 Nr. 4 Buchst. a EStG). D ist inländischer Arbeitgeber i. S. d. § 38 Abs. 1 Satz 2 EStG (Fall der Arbeitnehmerentsendung) und daher zum Lohnsteuerabzug verpflichtet (siehe nachfolgende Nr. 13 Buchstabe e).

e) Arbeitnehmerentsendung im Konzern

In den Fällen der **Arbeitnehmerentsendung** ist als inländischer Arbeitgeber auch das in Deutschland ansässige Unternehmen anzusehen, das den Arbeitslohn für die ihm geleistete Arbeit **wirtschaftlich** trägt (§ 38 Abs. 1 Satz 2 EStG). Hiervon ist insbesondere dann auszugehen, wenn die von dem anderen Unternehmen gezahlte Arbeitsvergütung dem deutschen Unternehmen weiterbelastet wird. Die Erfüllung der Arbeitgeberpflichten setzt nicht voraus, dass das inländische Unternehmen den Arbeitslohn im eigenen Namen und für eigene Rechnung auszahlt. Das aufnehmende Unternehmen ist bereits dann nach § 38 Abs. 1 Satz 2 zum Lohnsteuerabzug verpflichtet, wenn es bei einer Arbeitnehmerentsendung die Aufwendungen hätte tragen müssen. Der wirtschaftliche Arbeitgeberbegriff ist hiernach auch für Zwecke des Lohnsteuerabzugs zu beachten. Diese Auffassung der Finanzverwaltung geht bisher über den Gesetzeswortlaut des § 38 Abs. 1 Satz 2 EStG hinaus. Hiervon werden derzeit nicht ausdrücklich die Fälle erfasst, in denen das ausländische verbundene Unternehmen (oft die Muttergesellschaft) auf einen finanziellen Ausgleichsanspruch gegenüber dem inländischen Unternehmer verzichtet, obwohl unter Fremden üblicherweise ein Ausgleich beansprucht worden wäre. Durch einen Verzicht auf eine Ausgleichsforderung könnten internationale Konzerne eine Lohnsteuerabzugsverpflichtung für die nach Deutschland entsandten Arbeitnehmer umgehen. § 38 Abs. 1 Satz 2 EStG wurde daher mit Wirkung ab dem 1.1.2020 erweitert:

Bei einer internationalen Arbeitnehmerentsendung ist das in Deutschland ansässige aufnehmenden Unternehmen inländischer Arbeitgeber, wenn es den Arbeitslohn für die ihm geleistete Arbeit **wirtschaftlich trägt** oder nach dem **Fremdvergleichsgrundsatz hätte tragen müssen.** Hiernach besteht für dieses Unternehmen nun auch dann eine gesetzliche Verpflichtung zum Lohnsteuerabzug, wenn tatsächlich kein finanzieller Ausgleich an das ausländische Unternehmen geleistet wird, aber unter Fremden ein Ausgleich vereinbart worden wäre (Fremdvergleichsgrundsatz).

Zu Abgrenzungsfragen und Besonderheiten im Zusammenhang mit der Arbeitnehmerentsendung zwischen international verbundenen Unternehmen, insbesondere zur Frage wer als wirtschaftlicher Arbeitgeber i. S. d. DBA anzusehen ist, wird auf Rz. 128 bis 157 des BMF-Schreibens vom 3.5.2018 (BStBl. I S. 643[1]) hingewiesen. Zur Klärung dieser Frage gilt nach Rz. 142 dieses BMF-Schreibens die folgende Vereinfachungsregelung:

Bei einer Arbeitnehmerentsendung zwischen international verbundenen Unternehmen von nicht mehr als **drei Monaten** (auch jahresübergreifend für sachlich zusammenhängende Tätigkeiten) spricht eine widerlegbare Anscheinsvermutung dafür, dass das aufnehmende Unternehmen mangels Einbindung des Arbeitnehmers nicht als wirtschaftlicher Arbeitgeber anzusehen ist. Das Besteuerungsrecht bleibt hiernach beim Ansässigkeitsstaat des Arbeitnehmers. Zudem hat dies zur Folge, dass das den Arbeitnehmer aufnehmende inländische Unternehmen nicht zum Lohnsteuerabzug verpflichtet ist. Ergibt sich nach den tatsächlich feststellbaren Verhältnissen im Einzelfall jedoch eine Eingliederung in das aufnehmende Unternehmen, ist dieses auch bei Tätigkeiten von bis zu drei Monaten als wirtschaftlicher Arbeitgeber i. S. d. DBA anzusehen.

Die Lohnsteuer entsteht bereits im Zeitpunkt der Arbeitslohnzahlung an den Arbeitnehmer, wenn das inländische Unternehmen aufgrund der Vereinbarung mit dem ausländischen Unternehmen mit einer Weiterbelastung rechnen kann. In diesem Zeitpunkt ist die Lohnsteuer vom inländischen Unternehmen zu erheben (R 38.3 Abs. 5 LStR).

Beispiel

Eine französische Konzerngesellschaft entsendet mehrere Fachkräfte zur Durchführung eines Großauftrags zu einer Schwestergesellschaft in Deutschland, die dieses Projekt mit ihren eigenen Arbeitskräften nicht durchführen kann. Die französischen Arbeitnehmer erhalten ihr Gehalt für den gesamten Zeitraum von der französischen Gesellschaft; für den Monat Dezember 2020 erfolgt die Auszahlung am 28. 12. 2020. Die französische Gesellschaft belastet das Gehalt aufgrund einer getroffenen schriftlichen Vereinbarung an die deutsche Gesellschaft weiter; das Dezembergehalt 2020 wird erst am 21. 1. 2021 weiterbelastet.

Die in Deutschland ansässige Gesellschaft ist als wirtschaftlicher Arbeitgeber i. S. des DBA Deutschland-Frankreich anzusehen, so dass der Arbeitslohn – unabhängig von der Aufenthaltsdauer der Arbeitnehmer – dem deutschen Besteuerungsrecht unterliegt. Die deutsche Gesellschaft hat als inländischer Arbeitgeber die lohnsteuerlichen Pflichten zu erfüllen, da sie den Arbeitslohn für die ihr gegenüber geleistete Arbeit wirtschaftlich trägt. Dass der Arbeitslohn durch die französische Gesellschaft gezahlt wurde, ist unbeachtlich. Für das Dezembergehalt 2020 ist die Lohnsteuer bereits im Zeitpunkt der Arbeitslohnzahlung zu erheben (also am 28. 12. 2020), da das inländische Unternehmen aufgrund der Vereinbarung mit dem ausländischen Unternehmen mit der Weiterbelastung rechnen konnte (R 38.3 Abs. 5 Satz 4 LStR). Auf den Zeitpunkt der Weiterbelastung zwischen den Konzerngesellschaften kommt es nicht an.

f) Zuständigkeit des Betriebsstättenfinanzamts

Der Verleiher hat die Steuerabzugsbeträge an das zuständige Betriebsstättenfinanzamt anzumelden und abzuführen. Als Betriebsstätte gilt bei einem ausländischen Verleiher der Ort im Inland, an dem die Arbeitsleistung der Leiharbeitnehmer ganz oder vorwiegend stattfindet (§ 41 Abs. 2 Satz 2 EStG).

In den einzelnen Bundesländern bestehen für ausländische Verleiher (ohne Bauunternehmen) **Sonderzuständigkeiten** (vgl. H 41.3 „Zuständige Finanzämter für ausländische Verleiher" LStH[2]).

g) Zuständigkeit für ausländische Verleiher im Baugewerbe

Abweichend von den vorstehend unter Buchstaben f festgelegten Sonderzuständigkeiten ist nach § 20a Abs. 2 AO für ausländische **Verleiher** das für die Umsatzbesteuerung nach § 21 AO zuständige Finanzamt auch für die Verwaltung der Lohnsteuer in den Fällen der Arbeitneh-

1) Das BMF-Schreiben ist als Anlage 2 zu H 39b.10 LStR **im Steuerhandbuch für das Lohnbüro 2021** abgedruckt, das im selben Verlag erschienen ist.

2) Die amtlichen Hinweise 2021 zu R 41.3 LStR sind im **Steuerhandbuch für das Lohnbüro 2021** abgedruckt, das im selben Verlag erschienen ist.

Lohn-steuer-pflichtig | Sozial-versich.-pflichtig

merüberlassung zuständig, wenn die überlassene Person im **Baugewerbe** eingesetzt ist. Hiernach bestehen im Bundesgebiet für ausländische Unternehmen (einschließlich ausländischer Verleiher) des Baugewerbes zentrale Zuständigkeiten der Finanzämter, die in der Umsatzsteuerzuständigkeitsverordnung festgelegt sind (vgl. H 41.3 „Zuständige Finanzämter für ausländische Bauunternehmer" LStH[1]).

Nach der Arbeitnehmer-Zuständigkeitsverordnung-Bau vom 30.8.2001 (BStBl. I S. 605) gilt die zentrale Zuständigkeit auch für die Einkommensbesteuerung der im Inland beschäftigten ausländischen Arbeitnehmer. Einkommensteuererklärungen sind von den betreffenden Arbeitnehmern daher bei dem für ihren Heimatstaat zentral zuständigen Finanzamt abzugeben.

14. Lohnsteuerhaftung

a) Haftung des Entleihers

Der Entleiher haftet – verschuldensunabhängig – nach § 42d Abs. 6 EStG neben dem Verleiher für nicht einbehaltene und abgeführte Lohnsteuer, jedoch beschränkt für die Zeit, für die ihm die Leiharbeitnehmer überlassen worden sind. Die Haftung des Entleihers richtet sich nach denselben Grundsätzen wie die Haftung des Arbeitgebers (vgl. dieses Stichwort). Sie scheidet aus, wenn der Verleiher als Arbeitgeber nicht haften würde. Es handelt sich insoweit um eine **akzessorische Haftung,** d. h. die Entleiherhaftung setzt regelmäßig voraus, dass beim Verleiher die allgemeinen Haftungsvoraussetzungen des § 42d Abs. 1 EStG erfüllt sind. Als Vorfrage für die Entleiherhaftung ist daher zunächst immer zu klären, ob der Verleiher als Arbeitgeber zum Lohnsteuerabzug verpflichtet ist (vgl. die vorstehende Nr. 13 Buchstabe a), einen Haftungstatbestand nach § 42d Abs. 1 EStG erfüllt und kein Haftungsausschlussgrund vorliegt (vgl. das Stichwort „Haftung des Arbeitgebers" unter Nr. 5).

Eine Haftung des **Entleihers** kommt nur bei einer Arbeitnehmerüberlassung nach § 1 AÜG in Betracht. § 1 AÜG stellt nicht mehr auf die **„Gewerbsmäßigkeit"** der Arbeitnehmerüberlassung im Sinne des Gewerberechts ab, sondern darauf, ob der Verleiher eine **wirtschaftliche Tätigkeit** ausgeübt und die Arbeitnehmer im Rahmen dieser Tätigkeit einem Dritten überlässt (vgl. die Erläuterungen unter Nr. 2). Für die Entleiherhaftung nach § 42d Abs. 6 EStG ist hiernach ebenfalls von einem erweiterten Anwendungsbereich auszugehen (§ 42d Abs. 6 Satz 1 EStG).

b) Haftungsausschlüsse bei erlaubtem/unerlaubtem Verleih

Der Entleiher haftet grundsätzlich nur bei **unerlaubter** Arbeitnehmerüberlassung. Dies gilt insbesondere bei einer Überlassung von Arbeitnehmern im Baugewerbe, die nach § 1b AÜG grundsätzlich verboten ist. Bei unerlaubter Arbeitnehmerüberlassung haftet der Entleiher nur dann nicht, wenn er über das Vorliegen einer Arbeitnehmerüberlassung ohne sein Verschulden irrte (§ 42d Abs. 6 Satz 3 EStG). Der Entleiher muss dem Finanzamt beispielsweise darlegen, warum er bei dem mit dem Verleiher abgeschlossenen Vertrag nicht von einer Arbeitnehmerüberlassung sondern von einem Werkvertrag ausgegangen ist und warum ihn an dieser Fehlbeurteilung kein Verschulden trifft. Die rechtlich zutreffende Abgrenzung einer Arbeitnehmerüberlassung von einem Werkvertrag kann dabei im Einzelfall schwierig sein (zu den Abgrenzungsmerkmalen vgl. im Einzelnen die Nr. 11). Im Bereich unzulässiger Arbeitnehmerüberlassung sind wegen des Verbots in § 1b Satz 1 AÜG strengere Maßstäbe anzulegen, wenn sich der Entleiher darauf beruft, ohne Verschulden einem Irrtum erlegen zu sein. Dies gilt insbesondere, wenn das Überlassungsentgelt deutlich günstiger ist als dasjenige von anderen Anbietern. Im Zweifel sollte der Entleiher bei seinem Betriebsstättenfinanzamt eine Anrufungsauskunft (§ 42e EStG) oder eine Entscheidung der Bundesagentur für Arbeit einholen. Hierdurch kann er seine spätere Inanspruchnahme als Haftungsschuldner von vornherein ausschließen.

Bei **erlaubtem** Arbeitnehmerverleih ist eine Inanspruchnahme des Entleihers im Rahmen der Entleiherhaftung nach § 42d Abs. 6 EStG **generell** ausgeschlossen (vgl. R 42d.2 Abs. 4 Satz 4 LStR). Im Zweifel muss sich der Entleiher dennoch Gewissheit verschaffen, dass der Verleiher eine gültige Erlaubnis nach § 1 AÜG besitzt. Ob der Verleiher eine Erlaubnis nach § 1 AÜG hat, muss der Verleiher in dem schriftlichen Überlassungsvertrag gem. § 12 Abs. 1 AÜG erklären und kann der Entleiher selbst bzw. das Finanzamt durch Anfrage bei der zuständigen Regionaldirektion der Bundesagentur für Arbeit (vgl. unter Nr. 5 Buchstabe d) erfahren bzw. überprüfen (R 42d.2 Abs. 4 Satz 9 LStR). Der Entleiher kann sich später gegenüber den Finanzbehörden nicht darauf berufen, dass ihn der Verleiher über das Vorliegen einer gültigen Erlaubnis getäuscht hat.

c) Haftungsausschluss wegen Bauabzugssteuer

Zur Sicherung von Steueransprüchen bei **Bauleistungen** ist nach § 48 EStG ein Steuerabzug vorzunehmen (sog. Bauabzugssteuer). Für Unternehmer (Leistungsempfänger) besteht hiernach eine Steuerabzugsverpflichtung in Höhe von **15 %** auf ihm gegenüber erbrachte Bauleistungen (vgl. das Stichwort „Steuerabzug bei Bauleistungen"). Betroffen sind nur Bauleistungen, die der Unternehmer für sein Unternehmen bezieht. Der Unternehmer ist zum Steuerabzug verpflichtet, wenn der Leistende ihm keine Freistellungsbescheinigung nach § 48b EStG vorlegt und die Kleinbetragsgrenzen des § 48 Abs. 2 EStG (15 000 €, wenn der Leistungsempfänger ausschließlich steuerfreie Vermietungsumsätze ausführt, ansonsten 5000 €) überschritten sind.

Ist der Leistungsempfänger seiner Verpflichtung zur Anmeldung und Abführung des Steuerabzugsbetrags nachgekommen oder hat ihm eine im Zeitpunkt der Gegenleistung gültige Freistellungsbescheinigung vorgelegen, ist § 160 Abs. 1 Satz 1 AO nicht anzuwenden. Es entfällt somit hinsichtlich der betroffenen Gegenleistung die Möglichkeit, den Betriebsausgabenabzug zu versagen.

Auch wenn das Finanzamt feststellt, dass die Gegenleistung nicht für eine Bauleistung, sondern für die **Arbeitnehmerüberlassung** erbracht wurde, entfällt der Betriebsausgabenabzug nicht nach § 160 AO, wenn der Leistungsempfänger den Steuerabzugsbetrag angemeldet und abgeführt hat. Auch die Inanspruchnahme als **Entleiher** nach § 42d Abs. 6 und 8 EStG ist dann ausgeschlossen (§ 48 Abs. 4 Nr. 2 EStG).

Dies gilt jedoch **nicht,** wenn Auftraggeber und Auftragnehmer missbräuchlich zusammenwirken. Hat der Entleiher den Steuerabzug nach § 48b Abs. 2 EStG nicht vorgenommen, weil ihm im Zeitpunkt der Gegenleistung eine Freistellungsbescheinigung vorgelegen hat, treten diese Entlastungswirkungen allerdings nur ein, wenn er auf die Rechtmäßigkeit der Freistellungsbescheinigung vertrauen konnte (vgl. H 42d.2 – Arbeitnehmerüberlassung im Baugewerbe – LStH). Davon wird jedoch nur ausnahmsweise ausgegangen werden können, denn in der Regel wird dem Entleiher als Empfänger der Leistung bekannt sein oder nur infolge grober Fahrlässigkeit nicht bekannt sein, dass die Bescheinigung durch unlautere Mittel oder durch falsche Angaben für eine Arbeitnehmerüberlassung und nicht für eine Bauleistung erwirkt wurde. Das für den Verleiher zuständige Finanzamt kann in diesem Fall einen Haftungsbescheid nach § 48a Abs. 3 EStG erlassen, da keine Bauleistung vorliegt; vielmehr kommen die Vorschriften über die **Entleiherhaftung** (§ 42d Abs. 6 und 8 EStG) sowie ggf. § 160 AO zur Anwendung.

1) Die amtlichen Hinweise 2021 zu R 41.3 LStR sind im **Steuerhandbuch für das Lohnbüro 2021** abgedruckt, das im selben Verlag erschienen ist.

Lohn-steuer-pflichtig | Sozial-versich.-pflichtig

d) Höhe des Haftungsbetrags

Die Höhe des Haftungsbetrags ist auf die Lohnsteuer begrenzt, die vom Verleiher ggf. anteilig für die Zeit einzubehalten war, die der Leiharbeitnehmer dem Entleiher überlassen war. Hat der Verleiher einen Teil der von ihm insgesamt einbehaltenen und angemeldeten Lohnsteuer für den entsprechenden Lohnsteueranmeldungszeitraum gezahlt, wobei er auch die Lohnsteuer des dem Entleiher überlassenen Leiharbeitnehmers berücksichtigt hat, so mindert sich der Haftungsbetrag im Verhältnis von angemeldeter zu gezahlter Lohnsteuer. Die **Haftungsschuld** kann mit **15 %** des zwischen Verleiher und Entleiher vereinbarten Entgelts ohne Umsatzsteuer (§ 42d Abs. 6 Satz 7 EStG) angenommen werden, wenn nach den Umständen der Arbeitnehmerüberlassung die Lohnsteuer im Einzelfall nicht oder nur schwer, d. h. nicht mit zumutbarem Aufwand, ermittelt werden kann. Liegen gewichtige Anhaltspunkte dafür vor, dass im Einzelfall ein erheblich höherer Prozentsatz zutrifft, so ist auch eine höhere Schätzung zulässig. Die Haftungsschuld ist mit einem niedrigeren Prozentsatz zu schätzen, wenn der Entleiher diesen glaubhaft macht.

e) Gesamtschuldnerschaft

Soweit die Haftung des Entleihers reicht, sind nach § 42d Abs. 6 Satz 5 EStG der Arbeitgeber (Verleiher), der Entleiher und der Arbeitnehmer Gesamtschuldner. Diese Regelung entspricht § 42d Abs. 3 Satz 1 EStG, wonach Arbeitgeber und Arbeitnehmer Gesamtschuldner sind, soweit die Haftung des Arbeitgebers reicht (vgl. dieses Stichwort unter Nr. 1). Das Betriebsstättenfinanzamt kann die Steuerschuld des Arbeitnehmers oder die Haftungsschuld des Verleihers bzw. Entleihers nach pflichtgemäßen Auswahlermessen gegenüber jedem Gesamtschuldner geltend machen (zum Auswahlermessen vgl. das Stichwort „Haftung des Arbeitgebers" unter Nr. 7).

f) Durchsetzung des Zahlungsanspruchs

Der Haftungsbescheid kann gegen den Entleiher ergehen, wenn die Voraussetzungen der Haftung erfüllt sind. Auf Zahlung darf er jedoch erst nach einem erfolglosen Vollstreckungsversuch in das inländische bewegliche Vermögen des Verleihers in Anspruch genommen werden (§ 42d Abs. 6 Satz 6 EStG). Der Haftungsanspruch muss in diesem Fall gegenüber dem Verleiher bereits festgesetzt sein. Gleiches gilt, wenn die Vollstreckung gegen den Verleiher von vornherein keinen Erfolg verspricht (darlegungs- und beweispflichtig ist das Finanzamt). Dies kann dann gegeben sein, wenn inländisches bewegliches Vermögen des Arbeitgebers entweder überhaupt nicht vorhanden oder zumindest nicht auffindbar ist (insbesondere bei ausländischen Verleihern); ebenso, wenn zwar inländisches Vermögen des Verleihers zwar vorhanden ist, aber entweder unpfändbar, bereits gepfändet oder mit vorrangigen Sicherheiten belastet ist. Eine vorherige Zahlungsaufforderung an den Arbeitnehmer oder ein Vollstreckungsversuch bei diesem ist nicht erforderlich.

g) Haftung des Verleihers

Nach § 42d Abs. 7 EStG kann der Verleiher, der steuerrechtlich nicht als Arbeitgeber zu behandeln ist (z. B. bei der bloßen Vermittlung von Arbeitskräften), wie ein Entleiher nach § 42d Abs. 6 EStG als Haftender in Anspruch genommen werden. Insoweit kann er erst nach dem Entleiher auf Zahlung in Anspruch genommen werden. Davon zu unterscheiden ist jedoch der Erlass des Haftungsbescheids gegen den Verleiher, der auch vorher schon ergehen kann. Gegen den Haftungsbescheid kann sich der Verleiher nicht mit Erfolg darauf berufen, der Entleiher sei aufgrund der tatsächlichen Abwicklung einer unerlaubten Arbeitnehmerüberlassung als Arbeitgeber aller oder eines Teils der überlassenen Leiharbeitnehmer zu behandeln.

Lohn-steuer-pflichtig | Sozial-versich.-pflichtig

h) Haftungsverfahren

Wird der Entleiher oder der Verleiher als Haftungsschuldner in Anspruch genommen, so erlässt das Finanzamt einen entsprechenden Haftungsbescheid. Darin sind die für das Entschließungs- und Auswahlermessen maßgebenden Gründe anzugeben (vgl. das Stichwort „Haftung des Arbeitgebers" unter Nr. 6 und 7). Zuständig für den Erlass des Haftungsbescheids ist in der Regel das Betriebsstättenfinanzamt des Verleihers (vgl. R 42d.2 Abs. 10 LStR).

i) Sicherungsverfahren

Als Sicherungsmaßnahme kann das Finanzamt den Entleiher verpflichten, einen in Euro oder als Prozentsatz bestimmten Teil des vereinbarten Überlassungsentgelts einzubehalten und abzuführen (§ 42d Abs. 8 EStG). Unerheblich ist in diesem Zusammenhang, ob die zu beurteilende Arbeitnehmerüberlassung gewerbsmäßig oder nicht gewerbsmäßig bzw. erlaubt oder unerlaubt ist.

Hat der Entleiher bereits einen Teil der geschuldeten Überlassungsvergütung an den Verleiher geleistet, so kann der Sicherungsbetrag in Euro oder als Prozentsatz bis zur Höhe des Restentgelts festgesetzt werden. Die Sicherungsmaßnahme ist nur anzuordnen in Fällen, in denen eine Haftung in Betracht kommen kann. Dabei darf berücksichtigt werden, dass sie den Entleiher im Ergebnis weniger belasten kann als die nachfolgende Haftung, wenn er z. B. einen Rückgriffsanspruch gegen den Verleiher nicht durchsetzen kann. Die Höhe des einzubehaltenden und abzuführenden Teils des Entgelts bedarf keiner näheren Begründung, wenn der in § 42d Abs. 6 Satz 7 EStG genannte Satz von 15 % nicht überschritten wird.

Die Sicherungsmaßnahme ist ein Verwaltungsakt i. S. d. §§ 119 ff. AO, die auch mündlich erlassen werden kann und für den Entleiher eine öffentlich-rechtliche Verpflichtung begründet. Zuständig für die Anordnung einer Sicherungsmaßnahme ist ebenfalls das Betriebsstättenfinanzamt des Verleihers. Darüber hinaus ist für eine Sicherungsmaßnahme jedes Finanzamt zuständig, in dessen Bezirk der Anlass für die Amtshandlung hervortritt, insbesondere bei Gefahr im Verzug (§§ 24, 29 AO).

Arbeitsbefreiung

siehe „Arbeitsverhinderung"

Arbeitsentgelt

Gliederung:

Lohn-steuer-pflichtig | Sozial-versich.-pflichtig

4. Beiträge und Zuwendungen für die betriebliche Altersvorsorge
5. Elterngeld
6. Mitteilungsverfahren zwischen Arbeitgeber und Sozialleistungsträger
7. Entgeltunterlagen
8. Melderecht

1. Begriff des Arbeitsentgelts

Der Beitragsberechnung in der Sozialversicherung wird bei Arbeitnehmern das Arbeitsentgelt aus der versicherungspflichtigen Beschäftigung zugrunde gelegt. Der Begriff des steuerpflichtigen Arbeitslohns und des beitragspflichtigen Arbeitsentgelts sind bereits deshalb nicht identisch, weil unter den steuerlichen Begriff „Arbeitslohn" im Gegensatz zum sozialversicherungspflichtigen Arbeitsentgelt nicht nur Einnahmen aus einem gegenwärtigen Arbeitsverhältnis, sondern auch Einnahmen aus einem **früheren** Arbeitsverhältnis fallen (vgl. „Versorgungsbezüge, Versorgungsfreibetrag") und zwar sogar dann, wenn sie dem Rechtsnachfolger (Erben) zufließen (vgl. „Rechtsnachfolger"). Vergleicht man nur den steuerpflichtigen Arbeitslohn für die gegenwärtige (aktive) Beschäftigung mit dem sozialversicherungsrechtlichen Begriff „Arbeitsentgelt", so besteht allerdings weitgehende Übereinstimmung. Denn nach § 14 Abs. 1 Satz 1 SGB IV sind alle laufenden oder einmaligen Einnahmen aus einer Beschäftigung Arbeitsentgelt, unabhängig davon, ob ein Rechtsanspruch auf die Einnahmen besteht, unter welcher Bezeichnung oder in welcher Form sie geleistet werden und ob sie unmittelbar aus der Beschäftigung oder im Zusammenhang mit ihr erzielt werden. Dies deckt sich grundsätzlich mit dem Begriff des Arbeitslohns nach § 8 Abs. 1 EStG in Verbindung mit § 2 der Lohnsteuer-Durchführungsverordnung. Die Verbindung zwischen lohnsteuerpflichtigem Arbeitslohn und beitragspflichtigem Arbeitsentgelt wird durch die Sozialversicherungsentgeltverordnung hergestellt, die nach der Verordnungsermächtigung des § 17 SGB IV „eine möglichst weitgehende Übereinstimmung mit den Regelungen des Steuerrechts sicherstellen soll". Zur Entscheidung der Frage, inwieweit der Arbeitslohn lohnsteuerpflichtig und als Arbeitsentgelt auch sozialversicherungspflichtig ist oder nicht, wird auf die einzelnen Stichworte hingewiesen.

2. Arbeitsentgelt während des Bezugs von Entgeltersatzleistungen (§ 23c SGB IV)

a) Allgemeines

In § 23c Abs. 1 Satz 1 SGB IV wird geregelt, dass arbeitgeberseitige Leistungen, die für die Zeit des Bezugs von Sozialleistungen gezahlt werden, **nicht** als beitragspflichtiges Arbeitsentgelt (= beitragspflichtige Einnahme) gelten, wenn die Einnahmen zusammen mit den Sozialleistungen das Nettoarbeitsentgelt (§ 47 SGB V) nicht um mehr als 50 € übersteigen. Das hat zur Folge, dass alle arbeitgeberseitigen Leistungen, die für die Zeit des Bezugs einer Sozialleistung laufend gezahlt werden, bis zum maßgeblichen Nettoarbeitsentgelt nicht der Beitragspflicht unterliegen (SV-Freibetrag). Alle darüber hinausgehenden Beträge sind erst dann als beitragspflichtige Einnahmen zu berücksichtigen, wenn sie die Freigrenze in Höhe von 50 € übersteigen.

Die Vorschrift des § 23c SGB IV findet keine Anwendung auf Arbeitsentgelt aus einer während des Bezugs von Sozialleistungen tatsächlich ausgeübten Beschäftigung (z. B. Beschäftigung in Fällen der stufenweisen Wiedereingliederung in das Erwerbsleben, Teilzeitbeschäftigung während der Elternzeit). Die daneben vom Arbeitgeber laufend gezahlten Leistungen, die üblicherweise in einem Beschäftigungsverhältnis anfallen können, sind dem tatsächlichen Arbeitsentgelt hinzuzurechnen und unterliegen damit grundsätzlich in vollem Umfang der Beitragspflicht.

Lohn-steuer-pflichtig | Sozial-versich.-pflichtig

Zu während des Bezugs von Sozialleistungen einmalig gezahlten Arbeitsentgelten wird auf das Stichwort „Einmalige Zuwendungen" verwiesen.

b) Bis zum SV-Freibetrag beitragsfrei bleibende Arbeitgeberleistungen

Zu den angesprochenen laufend gezahlten arbeitgeberseitigen Leistungen zählen insbesondere:

- Vermögenswirksame Leistungen,
- Kontoführungsgebühren,
- Zuschüsse zum Krankengeld, Verletztengeld, Übergangsgeld,
- Zuschüsse zum Mutterschaftsgeld,
- Zuschüsse zum Krankentagegeld privat Versicherter,
- Sachbezüge (z. B. Kost, Wohnung und private Nutzung von Geschäftsfahrzeugen),
- Firmen- und Belegschaftsrabatte,
- Zinsersparnisse aus verbilligten Arbeitgeberdarlehen,
- Telefonzuschüsse und
- Beiträge und Zuwendungen zur betrieblichen Altersversorgung.

c) Sozialleistungen

Das Gesetz erfasst folgende Sozialleistungen, neben denen laufend gezahlte arbeitgeberseitige Leistungen unter den genannten Voraussetzungen nicht als beitragspflichtige Einnahmen gelten:

- Krankengeld und Krankengeld bei Erkrankung des Kindes (Krankenkassen),
- Pflegeunterstützungsgeld bei Organisation und Sicherstellung der Pflege eines nahen Angehörigen (Pflegekassen),
- Verletztengeld und Verletztengeld bei Verletzung des Kindes (Unfallversicherungsträger),
- Übergangsgeld (Rentenversicherungsträger/Bundesagentur für Arbeit/Unfallversicherungsträger/Kriegsopferfürsorge),
- Versorgungskrankengeld (Träger der Kriegsopferversorgung),
- Mutterschaftsgeld (Krankenkassen/Bund),
- Elterngeld,
- Krankentagegeld (private Krankenversicherungsunternehmen).

d) Nettoarbeitsentgelt

Zur Feststellung des SV-Freibetrages wird ein zu vergleichendes Nettoarbeitsentgelt (Vergleichs-Nettoarbeitsentgelt) benötigt. Der höchstmögliche SV-Freibetrag ist die Differenz zwischen dem Vergleichs-Nettoarbeitsentgelt und der Netto-Sozialleistung. Das Vergleichs-Nettoarbeitsentgelt entspricht dem Nettoarbeitsentgelt, das der Arbeitgeber gesetzlichen Sozialleistungsträgern zur Berechnung der Sozialleistung in einer Entgeltbescheinigung mitteilen muss. Die Ermittlung des Vergleichs-Nettoarbeitsentgelts erfolgt – auch bei Verwendung abweichender Entgeltbescheinigungen – nach den Erläuterungen zu Ziffer 2.2 der bundeseinheitlichen Entgeltbescheinigung zur Berechnung von Krankengeld (in der jeweils gültigen Fassung). Hiernach ist u. a. zu beachten, dass bei freiwilligen Mitgliedern der gesetzlichen Krankenversicherung und privat Krankenversicherten zur Berechnung des Nettoarbeitsentgelts nach § 23c Abs. 1 Satz 2 SGB IV auch der um den Beitragszuschuss für Beschäftigte verminderte Beitrag des Versicherten zur Kranken- und Pflegeversicherung abzuziehen ist. Hierbei ist bei privat Krankenversicherten höchstens der nach § 257 Abs. 2 SGB V/ § 61 Abs. 2 SGB XI zuschussfähige Betrag abzusetzen und die für die nicht selbstversicherten Angehörigen des Beschäftigten zu zahlenden Beiträge zur Kranken- und

Lohn-steuer-pflichtig Sozial-versich.-pflichtig

Pflegeversicherung sowie die Beiträge der Versicherung für das Krankentagegeld abzuziehen. Das ermittelte Nettoarbeitsentgelt bleibt für die Dauer des Bezugs von Sozialleistungen unverändert.

e) Berücksichtigung von arbeits-/tarifvertraglichen Regelungen

Sehen arbeitsrechtliche bzw. tarifrechtliche Regelungen für die Berechnung des Zuschusses des Arbeitgebers zur Sozialleistung ein anderes als das der Berechnung der Sozialleistung zugrunde liegende Nettoarbeitsentgelt vor, bestehen keine Bedenken, dieses vereinbarte Nettoarbeitsentgelt als Vergleichs-Nettoarbeitsentgelt zu verwenden. Hingegen kann ein Nettoarbeitsentgelt, bei dem – entgegen der gesetzlichen Regelung – die Beiträge zur privaten Krankenversicherung/Pflegeversicherung unberücksichtigt bleiben, nicht als Vergleichs-Nettoarbeitsentgelt herangezogen werden. Verschiedene arbeitsrechtliche bzw. tarifvertragliche Regelungen sehen vor, dass der Zuschuss des Arbeitgebers für einen privat Krankenversicherten mit Krankentagegeldanspruch, der wegen Überschreitens der Jahresarbeitsentgeltgrenze krankenversicherungsfrei ist, als Krankentagegeld den Krankengeldhöchstbetrag für Versicherungspflichtige unterstellt und deshalb auf das Nettoarbeitsentgelt begrenzt wird. In diesen Fällen kann – ohne hierfür eine gesonderte Berechnung anzustellen – von einer Beitragsfreiheit im Rahmen des SV-Freibetrages ausgegangen werden. Für jede weitere Zahlung des Arbeitgebers (z. B. Firmen- und Belegschaftsrabatte) besteht Beitragsfreiheit, wenn hiermit die Freigrenze von 50 € nicht überschritten wird. Wird ein Krankentagegeld nicht gewährt, findet § 23c SGB IV keine Anwendung. Die vom Arbeitgeber weitergezahlten Leistungen unterliegen dann in voller Höhe der Beitragspflicht. Werden vom Arbeitgeber zur Gewährleistung eines bisherigen Nettoarbeitsentgeltniveaus die Steuern übernommen, gilt nach Auffassung der Spitzenverbände der Sozialversicherungsträger Folgendes: Ergibt sich nur durch die Berücksichtigung von auf einen Zuschuss zu einer Sozialleistung zu zahlenden Steuern ein das Vergleichs-Nettoarbeitsentgelt übersteigender Betrag, wird dieser übersteigende Betrag generell nicht der Beitragspflicht unterworfen. Dies gilt jedoch nicht, wenn neben dem Zuschuss zur Sozialleistung weitere arbeitgeberseitige Leistungen für die Zeit des Bezugs der Sozialleistung gezahlt werden. In diesem Fall unterliegt der gesamte das Vergleichs-Nettoarbeitsentgelt übersteigende Betrag (einschließlich der Steuern für den Arbeitgeberzuschuss) der Beitragspflicht, wenn dieser Betrag die Freigrenze von 50 € übersteigt.

Es bestehen aus Sicht der Spitzenverbände der Sozialversicherungsträger keine Bedenken, wenn der Arbeitgeber monatlich das Nettoarbeitsentgelt als Vergleichs-Nettoarbeitsentgelt berücksichtigt, das im Falle der tatsächlichen Ausübung der Beschäftigung zu ermitteln wäre.

f) Ermittlung der beitragspflichtigen Einnahmen

Der zusammen mit der jeweiligen Sozialleistung das Vergleichs-Nettoarbeitsentgelt übersteigende Teil der laufend gezahlten arbeitgeberseitigen Leistungen wird beitragspflichtig in der Sozialversicherung, wenn die Freigrenze von 50 € überschritten wird. Hierfür sind jeweils die Netto-Sozialleistung und die Brutto-Zahlungen des Arbeitgebers zu berücksichtigen. Bei der Frei**grenze** von 50 € handelt es sich nicht um einen generell zu berücksichtigenden Frei**betrag.** Vielmehr führt die Berücksichtigung der Freigrenze dazu, dass laufend gezahlte arbeitgeberseitige Leistungen, die über den SV-Freibetrag hinausgehen, nur dann nicht der Beitragspflicht unterliegen, wenn sie den Betrag von 50 € im Monat nicht übersteigen. Daraus folgt, dass laufend gewährte Arbeitgeberleistungen, die monatlich insgesamt brutto 50 € nicht übersteigen (z. B. Erstattung von Kontoführungsgebühren; Zuschüsse zu vermögenswirksamen Leistungen) generell nicht der Beitragspflicht unterworfen werden. Bei insgesamt höheren Arbeitgeberleistungen ist zu ermitteln, ob sie für einen vollen Abrechnungsmonat den SV-Freibetrag zuzüglich der Freigrenze von 50 € überschreiten. Ist dies nicht der Fall, unterliegen die Arbeitgeberleistungen nicht der Beitragspflicht; andernfalls ist der Anteil, der den SV-Freibetrag übersteigt, beitragspflichtige Einnahme.

Beispiel

Bruttoarbeitsentgelt	3 000,00 € monatlich
Vergleichs-Nettoarbeitsentgelt	2 100,00 € monatlich
Zuschuss des Arbeitgebers	600,00 € monatlich
Nettokrankengeld	1 628,10 € monatlich
SV-Freibetrag (2100 € – 1628,10 €)	471,90 € monatlich

Der Zuschuss des Arbeitgebers übersteigt den SV-Freibetrag um 128,10 € und übersteigt die Freigrenze von 50 €. Daher ist dieser Betrag monatliche beitragspflichtige Einnahme.

Beitragspflichtige Einnahmen aufgrund von arbeitgeberseitigen Leistungen fallen – auch in Monaten mit nur teilweisem Sozialleistungsbezug – nur an, wenn unter Berücksichtigung eines vollen Abrechnungsmonats mit Bezug von Sozialleistungen die dem Grunde nach beitragspflichtigen laufend gezahlten arbeitgeberseitigen Leistungen zusammen mit der Sozialleistung das Vergleichs-Nettoarbeitsentgelt unter Beachtung der Freigrenze von 50 € übersteigen. Die laufend gezahlten arbeitgeberseitigen Leistungen müssen somit höher sein als der SV-Freibetrag und die Freigrenze von 50 € übersteigen. Für jeden Kalendertag des Sozialleistungsbezugs ist vom SV-Freibetrag $^{1}/_{30}$ – in vollen Kalendermonaten $^{30}/_{30}$ – bei der Beitragsberechnung zu berücksichtigen. Eine anteilige beitragsrechtliche Berücksichtigung der arbeitgeberseitigen Leistungen hat nur in den Fällen zu erfolgen, in denen der SV-Freibetrag und die Freigrenze bei einer auf den Monat bezogenen Betrachtungsweise überschritten wird.

Tage mit beitragspflichtiger Einnahme sind als SV-Tage zu bewerten. Diese haben uneingeschränkte Wirkung auch für die Verbeitragung von einmalig gezahltem Arbeitsentgelt und die Bildung von SV-Luft.

Die Ermittlung des SV-Freibetrages erfolgt auf Basis der zu Beginn der Zahlung einer Sozialleistung maßgebenden Verhältnisse. Sie erfolgt zum Beginn der Sozialleistung, mit jedem Wegfall oder Hinzukommen einer arbeitgeberseitigen Leistung sowie bei Änderung der Sozialleistungsart – jeweils mit aktuellen arbeitgeberseitigen Leistungen. Wird eine beitragspflichtige Einnahme festgestellt, muss deren Brutto- und Nettobetrag einem gesetzlichen Sozialleistungsträger mitgeteilt werden. Der Wegfall muss ebenfalls mitgeteilt werden.

Bei Beschäftigungen mit einem regelmäßigen monatlichen Arbeitsentgelt innerhalb des Übergangsbereichs (§ 20 Abs. 2 SGB IV) sind, soweit die für die Zeit des Bezugs von Sozialleistungen laufend gezahlten arbeitgeberseitigen Leistungen den SV-Freibetrag überschreiten, auf die beitragspflichtigen arbeitgeberseitigen Leistungen die besonderen Regelungen zur Beitragsberechnung im Übergangsbereich anzuwenden (siehe hierzu das Stichwort „Übergangsbereich nach § 20 Abs. 2 SGB IV"). Die seit 1. Januar 2008 zu beachtende Freigrenze von 50 € ist bei dem vor Anwendung der Regelungen zum Übergangsbereich maßgeblichen Arbeitsentgelt zu berücksichtigen.

3. Besonderheiten bei Bezug von Mutterschaftsgeld

Die Sozialversicherung unterscheidet bei Bezug von Mutterschaftsgeld drei Fallgestaltungen:

Lohnsteuerpflichtig Sozialversich.-pflichtig

a) Tägliches Nettoarbeitsentgelt bis zu 13 €

Nach § 19 Abs. 1 Satz 1 MuSchG erhalten Frauen, die Anspruch auf Mutterschaftsgeld haben, während ihres bestehenden Arbeitsverhältnisses für die Zeit der Schutzfristen sowie für den Entbindungstag von ihrem Arbeitgeber einen Zuschuss in Höhe des Unterschiedsbetrages zwischen 13 € und dem kalendertäglichen Nettoarbeitsentgelt. Bei einem kalendertäglichen Nettoarbeitsentgelt von bis zu 13 € besteht somit kein Anspruch auf einen Arbeitgeberzuschuss. In diesem Fall stellt jede arbeitgeberseitige Leistung, wenn sie die Freigrenze von 50 € übersteigt, eine beitragspflichtige Einnahme dar.

b) Tägliches Nettoarbeitsentgelt über 13 €; zusätzlich zu dem Zuschuss zum Mutterschaftsgeld nach § 19 Abs. 1 MuSchG wird keine arbeitgeberseitige Leistung gewährt

Bei einem kalendertäglichen Nettoarbeitsentgelt von über 13 € übersteigt der Arbeitgeberzuschuss nach § 19 Abs. 1 MuSchG zusammen mit dem Mutterschaftsgeld das Nettoarbeitsentgelt nicht. Es liegt somit ausschließlich eine nicht beitragspflichtige Einnahme im Sinne des § 23c SGB IV vor.

c) Tägliches Nettoarbeitsentgelt über 13 €; zusätzlich zu dem Zuschuss zum Mutterschaftsgeld nach § 19 Abs. 1 MuSchG zahlt der Arbeitgeber noch weitere arbeitgeberseitige Leistungen

Ein Überschreiten des SV-Freibetrages kann nur eintreten, wenn der Arbeitgeber neben dem Zuschuss nach § 19 Abs. 1 MuSchG weitere arbeitgeberseitige Leistungen erbringt. Nach § 1 Abs. 1 Satz 1 Nr. 6 SvEV sind Zuschüsse zum Mutterschaftsgeld nach § 19 MuSchG dem Arbeitsentgelt nicht zuzurechnen. Nach Auffassung der Spitzenverbände der Sozialversicherung kann aus Gründen der Praktikabilität der aufgrund der Sozialversicherungsentgeltverordnung von der Beitragspflicht ausgenommene Zuschuss zum Mutterschaftsgeld nach § 19 MuSchG von vornherein als Arbeitsentgelt ausgeschlossen werden. Auf eine stufenweise Prüfung (zunächst Feststellung der beitragspflichtigen Einnahme nach § 23c SGB IV und anschließende Anwendung von § 1 Abs. 1 Satz 1 Nr. 6 SvEV) kann daher verzichtet werden.

Beispiel

Bruttoarbeitsentgelt monatlich	2 000,– €
Vergleichs-Nettoarbeitsentgelt monatlich	1 286,– €
Mutterschaftsgeld (30 Kalendertage)	390,– €
Arbeitgeberseitige Zuwendungen monatlich insgesamt	1 200,– €
davon:	
Zuschuss nach § 19 Abs. 1 MuSchG	896,20 €
weitere Zuwendungen (z. B. Firmenwagen)	303,80 €
Vergleichs-Nettoarbeitsentgelt kalendertäglich	42,87 €
Mutterschaftsgeld kalendertäglich	13,– €
Zuwendungen des Arbeitgebers kalendertäglich (1200 € : 30)	40,– €
SV-Freibetrag kalendertäglich (1286 € – 390 €) : 30	29,87 €

Das kalendertägliche Nettoarbeitsentgelt liegt über 13 € (hier: 42,87 €). Der SV-Freibetrag ist durch den Zuschuss nach § 19 Abs. 1 MuSchG, **der von vornherein als Arbeitsentgelt ausgeschlossen wird,** aufgebraucht. Die weitere Zuwendung des Arbeitgebers von monatlich 303,80 € (der Betrag liegt über der Freigrenze von 50 €) ist daher monatliche beitragspflichtige Einnahme (kalendertäglich: 303,80 € : 30 = 10,13 €).

4. Beiträge und Zuwendungen für die betriebliche Altersvorsorge

Die vom Arbeitgeber für Zeiten des Bezugs von Sozialleistungen übernommenen Beiträge zur betrieblichen Altersvorsorge, die im Rahmen des § 1 Abs. 1 Satz 1 Nr. 4 SvEV bzw. des § 1 Abs. 1 Satz 1 Nr. 9 SvEV nicht dem Arbeitsentgelt zuzurechnen sind, können von vornherein als Arbeitsentgelt ausgeschlossen werden. Auf eine stufenweise Prüfung (zunächst Feststellung der beitragspflichtigen Einnahmen nach § 23c SGB IV und anschließende Anwendung von § 1 Abs. 1 Satz 1 Nr. 4 SvEV bzw. § 1 Abs. 1 Satz 1 Nr. 9 SvEV) kann verzichtet werden.

Die über § 1 Abs. 1 Satz 1 Nr. 4a SvEV geregelte Beitragsfreiheit für Zuwendungen bei zusatzversorgungspflichtigen Arbeitnehmern des öffentlichen Dienstes gilt nach Satz 3 a.a.O. nicht für den zu beachtenden Hinzurechnungsbetrag und den 100 € übersteigenden Teil der nach § 3 Nr. 56 EStG steuerfreien und nach § 40b EStG pauschal versteuerten Umlagen. Der steuerfreie und pauschal versteuerte Teil der Umlage, höchstens jedoch monatlich 100 €, ist gemäß § 1 Abs. 1 Satz 3 SvEV bis zur Höhe von 2,5 % des für seine Bemessung maßgebenden Entgelts dem Arbeitsentgelt hinzuzurechnen, und zwar abzüglich des Freibetrags von monatlich 13,30 €. Dieser Hinzurechnungsbetrag stellt keine arbeitgeberseitige Leistung dar, so dass eine Anwendung des § 23c SGB IV ausscheidet. Der steuerfreie und pauschal versteuerte Teil der Umlage, der in der Summe monatlich 100 € übersteigt, ist dem beitragspflichtigen Arbeitsentgelt nach § 1 Abs. 1 Satz 4 SvEV zwar hinzuzurechnen, er ist jedoch im Rahmen des § 23c SGB IV nicht zu berücksichtigen. Das Gleiche gilt für den Teil der Umlage, der vom Arbeitnehmer individuell zu versteuern ist, weil er den Höchstbetrag für die Steuerfreiheit und den vom Arbeitgeber pauschal besteuerten Betrag überschreitet. Dieser individuell versteuerte Teil der Umlage gehört zwar zum beitragspflichtigen Arbeitsentgelt, ist jedoch im Rahmen des § 23c SGB IV ebenfalls nicht zu berücksichtigen, weil diese Einnahmen quasi Ausfluss der Zuschusszahlung zur Sozialleistung ist. Wenn nämlich zur Beurteilung der Beitragspflicht im Rahmen des § 23c SGB IV der steuerfreie und pauschal versteuerte Teil der Umlage, der in der Summe monatlich 100 € übersteigt und der individuell versteuerte Teil der Umlage angesetzt würden, hätte dies zur Folge, dass der Arbeitnehmer nicht mehr sein bisheriges Nettoarbeitsentgelt erhält; es würde generell für den (fiktiv) überschießenden Betrag Beitragspflicht entstehen, was wiederum zu einer Reduzierung der Einkünfte während des Bezugs der Sozialleistung führen würde. Dieses Ergebnis kann durch die Einführung des § 23c SGB IV nicht gewollt sein, denn nach der Gesetzesbegründung zu § 23c SGB IV (vgl. Bundestags-Drucksache 15/4228 S. 22 zu Artikel 1 Nr. 5 – § 23c) soll die Regelung lediglich bewirken, dass – entsprechend der bisherigen langjährigen Praxis der Sozialversicherungsträger – Leistungen des Arbeitgebers, die während des Bezugs von Entgeltersatzleistungen erbracht werden, von der Beitragspflicht in der Sozialversicherung ausgenommen werden. Diese Ausführungen gelten allerdings nicht, wenn neben dem Zuschuss zur Sozialleistung und den Aufwendungen für die Zusatzversorgung weitere arbeitgeberseitige Leistungen für die Zeit des Bezugs der Sozialleistung gezahlt werden und diese zusammen das Vergleichs-Netto-Arbeitsentgelt um mehr als 50 € übersteigen. In diesen Fällen unterliegt der gesamte das Vergleichs-Nettoarbeitsentgelt übersteigende Betrag, zuzüglich des Hinzurechnungsbetrags, der Beitragspflicht.

5. Elterngeld

Für die beitragsrechtliche Beurteilung nach § 23c SGB IV ist das Elterngeld maßgebend. Die Regelung zur Berechnung der sonstigen nicht beitragspflichtigen Einnahmen für arbeitgeberseitige Leistungen findet Anwendung, wenn diese neben dem Bezug von Elterngeld gewährt werden. Bei einer Elternzeit ohne Elterngeld findet § 23c SGB IV keine Anwendung. Jegliche Leistung des Arbeitgebers ist in diesen Fällen beitragspflichtig.

Lohn-steuer-pflichtig Sozial-versich.-pflichtig

6. Mitteilungsverfahren zwischen Arbeitgeber und Sozialleistungsträger

Die **Arbeitgeber** haben den zuständigen gesetzlichen Sozialleistungsträgern nach § 23c Abs. 2 Satz 1 SGB IV notwendige Angaben über das Beschäftigungsverhältnis nachzuweisen. In diesem Zusammenhang haben sie das Nettoarbeitsentgelt und die beitragspflichtigen Brutto- und Netto-Einnahmen mitzuteilen. Die Mitteilungen der Arbeitgeber erfolgen durch gesicherte und verschlüsselte Datenübertragung aus systemgeprüften Programmen oder mittels maschinell erstellter Ausfüllhilfen. Private Krankenversicherungsunternehmen und Erziehungsgeld bzw. Elterngeld zahlende Stellen erhalten diese Mitteilungen nicht. Das Verfahren ist in Anhang 15 „Meldepflichten des Arbeitgebers" unter der Nr. 17 „Datenaustausch Entgeltersatzleistungen" detailliert beschrieben.

7. Entgeltunterlagen

Das Arbeitsentgelt nach § 14 SGB IV und das beitragspflichtige Arbeitsentgelt bis zur Beitragsbemessungsgrenze der Rentenversicherung sowie die jeweilige Zusammensetzung dieser Arbeitsentgelte und die zeitliche Zuordnung sind nach der Beitragsverfahrensordnung in den Entgeltunterlagen anzugeben. Bei den Mitteilungen der Sozialleistungsträger über die Höhe der Brutto- und Netto-Sozialleistung handelt es sich um eine Unterlage, die der Arbeitgeber zu den Entgeltunterlagen zu nehmen hat. Das Bestehen einer Krankentagegeldversicherung, mit der ein als Folge von Krankheit oder Unfall durch Arbeitsunfähigkeit verursachter Verdienstausfall zu ersetzen ist (§ 192 Abs. 5 VVG), ist bei privat Krankenversicherten vom Arbeitgeber in den Entgeltunterlagen zu dokumentieren. Der Bezugszeitraum und die Höhe des Elterngeldes müssen in den Fällen, in denen Arbeitgeber während dieser Zeit Leistungen (z. B. Sachbezüge) weitergewähren, ebenfalls in den Entgeltunterlagen dokumentiert werden.

8. Melderecht

Eine Unterbrechungsmeldung nach § 9 DEÜV bzw. eine Abmeldung nach § 8 DEÜV ist nur in den Fällen zu erstatten, in denen aufgrund des § 23c SGB IV auch durch laufend gezahlte arbeitgeberseitige Leistungen für Zeiten des Bezugs von Sozialleistungen keine beitragspflichtigen Einnahmen vorliegen. Im Übrigen besteht aufgrund der Arbeitsentgeltzahlung weiterhin Versicherungspflicht, so dass die im Rahmen eines Beschäftigungsverhältnisses üblichen Meldungen (Jahresmeldung/Abmeldung) anfallen.

Arbeitsessen

siehe „Bewirtungskosten" unter Nr. 6

Arbeitskammern

siehe „Arbeitnehmerkammerbeiträge"

Arbeitskleidung

Gliederung:

1. Überlassung typischer Berufskleidung
2. Barabgeltung
3. Zivilkleidung/Bürgerliche Kleidung
4. Werbungskosten

1. Überlassung typischer Berufskleidung

Die unentgeltliche oder verbilligte Überlassung typischer Berufskleidung (z. B. Arbeitsschutzkleidung oder eine Uniform) ist nicht als steuerpflichtiger Arbeitslohn anzusehen, sondern steuerfrei (§ 3 Nr. 31 EStG). nein nein

Steuerfrei ist die **Gestellung** der typischen Berufskleidung; in diesem Fall bleibt die Berufskleidung im Eigentum des Arbeitgebers (z. B. Sicherheitsschuhe, Schutzbrillen, Helme, Schutzanzüge, Handschuhe, Wetterschutzkleidung usw.). nein nein

Steuerfrei ist aber auch die **Übereignung** der im Namen und auf Rechnung des Arbeitgebers beschafften typischen Berufskleidung. Die Zuschüsse des Arbeitgebers zur betrieblichen **Kleiderkasse,** bei der sich die Arbeitnehmer unentgeltlich oder verbilligt mit typischer Berufskleidung ausstatten können, sind deshalb ebenfalls steuerfrei. Voraussetzung ist aber, dass von dieser Kleiderkasse nur typische Berufskleidung verbilligt abgegeben wird. nein nein

Zur typischen Berufskleidung gehören nach R 3.31 Abs. 1 Satz 3 LStR Kleidungsstücke, die

- als **Arbeitsschutzkleidung** auf die jeweils ausgeübte Berufstätigkeit zugeschnitten sind oder
- nach ihrer **uniformartigen Beschaffenheit** oder dauerhaft angebrachten Kennzeichnung durch **Firmenemblem** (Logo) objektiv eine berufliche Funktion erfüllen. Das Logo darf aber hinsichtlich der Größe und Anbringung am Kleidungsstück nicht derart unauffällig gestaltet sein, dass es in der Öffentlichkeit nicht wahrgenommen wird.

In beiden Fällen muss eine private Nutzungsmöglichkeit so gut wie ausgeschlossen sein. Normale Straßenschuhe und Unterwäsche sowie allgemeine Sportsachen sind deshalb z. B. keine typische Berufskleidung. ja ja

Beispiel

Ein Physiotherapeut stattet seine Angestellten für die Arbeitszeit mit T-Shirts aus, auf denen der Firmenname deutlich sichtbar eingraviert ist.

Die Gestellung der Arbeitskleidung ist aufgrund der deutlichen und dauerhaften Kennzeichnung mit dem Firmennamen steuer- und beitragsfrei (§ 3 Nr. 31 EStG).

Der Bundesfinanzhof hat mit Urteil vom 19.1.1996 (BStBl. II S. 202) entschieden, dass der Lodenmantel eines Forstbeamten nicht dadurch zur typischen Berufskleidung wird, weil er nach einer Dienstanweisung des Arbeitgebers zur Dienstkleidung zählt und mit einem Dienstabzeichen versehen ist. Nach bundeseinheitlicher Verwaltungsanweisung[1] hat das Urteil aber keine Auswirkung auf die in R 3.31 Abs. 1 Satz 3 LStR getroffene Regelung. Mit Ausnahme des im Urteil entschiedenen Sachverhalts (Lodenmantel) sind deshalb in allen anderen Fällen diejenigen Kleidungsstücke, die als Dienstkleidungs- oder Uniformteile dauerhaft gekennzeichnet sind (z. B. durch angenähte oder eingewebte Bundes- oder Landeswappen, Dienstabzeichen der jeweiligen Behörde oder Dienststelle, Posthorn, Firmenlogo usw.) als typische Berufskleidung anzuerkennen.

Um Streitigkeiten zwischen Arbeitgeber und Finanzamt darüber zu vermeiden, ob es sich bei der Gestellung oder Übereignung von Kleidungsstücken um typische Berufsbekleidung handelt, enthalten die Lohnsteuer-Richtlinien (R 3.31 Abs. 1 Satz 2 LStR) folgende Vereinfachungsregelung: „Erhält der Arbeitnehmer die Berufsbekleidung von seinem Arbeitgeber zusätzlich zum ohnehin geschuldeten Arbeitslohn, ist anzunehmen, dass es sich um typische Berufskleidung handelt, wenn nicht das Gegenteil offensichtlich ist."

Typische Berufskleidung liegt aber **nicht allein deshalb** vor, weil die Kleidungsstücke von einem Fachdienstleister erworben worden sind oder eine private Nutzung der Klei-

1) Bundeseinheitliche Regelung. Bekannt gegeben z. B. für Nordrhein-Westfalen mit Erlass vom 26.11.1996 (Az.: S 2350 – 5 – V B 3). Der Erlass ist als Anlage 3 zu H 3.31 LStR im **Steuerhandbuch für das Lohnbüro 2021** abgedruckt, das im selben Verlag erschienen ist.

Lohnsteuerpflichtig | Sozialversich.-pflichtig

dungsstücke nach dienst- oder arbeitsrechtlicher Festlegung verboten ist.

Zum Vorliegen eines ganz überwiegend eigenbetrieblichem Interesses des Arbeitgebers bei der Gestellung von Zivilkleidung (= kein Arbeitslohn) vgl. die nachfolgende Nr. 3.

2. Barabgeltung

Eine Barabgeltung an Stelle unentgeltlicher Überlassung typischer Berufskleidung stellt im Grundsatz steuerpflichtigen Arbeitslohn dar. ja ja

Eine Barabgeltung ist jedoch nach § 3 Nr. 31 EStG steuerfrei, wenn sie sich auf die Erstattung von Aufwendungen beschränkt, die dem Arbeitnehmer durch den beruflichen Einsatz typischer Berufskleidung in den Fällen entstehen, in denen der Arbeitnehmer nach **Gesetz** (z. B. nach Unfallverhütungsvorschriften), **Tarifvertrag** oder **Betriebsvereinbarung** einen Anspruch auf Gestellung von Arbeitskleidung hat, der **aus betrieblichen Gründen** durch die Barvergütung abgelöst wird (vgl. „Kleidergeld"). Die Barablösung einer Verpflichtung zur Gestellung von typischer Berufskleidung ist z. B. betrieblich begründet, wenn die Beschaffung der Kleidungsstücke durch den Arbeitnehmer für den Arbeitgeber vorteilhafter ist. nein nein

Die Barablösung ist dagegen steuerpflichtig, wenn der Anspruch auf Gestellung von Berufskleidung lediglich in einem **Einzelarbeitsvertrag** vereinbart ist. ja ja

Pauschale Barablösungen sind in den oben genannten Fällen nur steuerfrei, soweit sie die regelmäßigen Absetzungen für Abnutzung und die üblichen Instandhaltungs- und Instandsetzungskosten der typischen Berufskleidung abgelten (R 3.31 Abs. 2 Satz 3 LStR). nein nein

Aufwendungen für die **Reinigung** der typischen Berufskleidung gehören allerdings regelmäßig nicht zu den Instandhaltungs- und Instandsetzungskosten (R 3.31 Abs. 2 Satz 4 LStR). Entsprechende Barablösungen des Arbeitgebers sind daher steuer- und beitragspflichtig. Da es sich in den Fällen der Barablösung um die eigene Berufskleidung des Arbeitnehmers handelt, wäre ein sog. Wäschegeld des Arbeitgebers zur Abgeltung der Aufwendungen für die Reinigung auch kein steuerfreier Auslagenersatz (§ 3 Nr. 50 EStG), sondern steuer- und beitragspflichtiger Werbungskostenersatz. ja ja

Bei einer Geldleistung an den Arbeitnehmer für die Reinigung der vom Arbeitgeber gestellten typischen Berufskleidung handelt es sich hingegen um steuer- und beitragsfreien Auslagenersatz nach § 3 Nr. 50 EStG (vgl. das Stichwort „Wäschegeld"). Zur Anerkennung einer Gehaltsumwandlung zugunsten eines steuerfreien pauschalen Auslagenersatzes vgl. das Stichwort „Auslagenersatz" am Ende der Nr. 3 mit Beispiel. nein nein

3. Zivilkleidung/Bürgerliche Kleidung

Die unentgeltliche oder verbilligte Überlassung von Zivilkleidung/bürgerlicher Kleidung führt grundsätzlich zu steuerpflichtigen Arbeitslohn. Dies gilt z. B. dann, wenn der Arbeitgeber hochwertige **Markenkleidung** an Mitglieder der Geschäftsleitung überlässt und zwar auch dann, wenn genau diese Kleidungsstücke vom Arbeitgeber vertrieben werden. Denn je höher die Bereicherung der Arbeitnehmer, desto weniger zählt das eigenbetriebliche Interesse des Arbeitgebers (BFH-Urteil vom 11.4.2006, BStBl. II S. 691; siehe aber die Erläuterungen beim Stichwort „Rabatte, Rabattfreibetrag"). Der Ersatz von Aufwendungen für bürgerliche Kleidung gehört auch dann zum steuerpflichtigen Arbeitslohn, wenn feststeht, dass die Kleidung ausschließlich bei der Berufsausübung benutzt wird (BFH-Urteil vom 20.11.1979, BStBl. 1980 II S. 75). ja ja

In besonderen Einzelfällen kann auch bürgerliche Kleidung zur typischen Berufskleidung zählen, z. B. der schwarze Anzug eines Oberkellners oder Leichenbestatters (BFH-Urteil vom 9.3.1979, BStBl. II S. 519) sowie der Frack und das Abendkleid von Orchestermusikern.[1] nein nein

In Einzelfällen kann bei Gestellung einheitlicher, während der Arbeitszeit zu tragender bürgerlicher Kleidung das **eigenbetriebliche Interesse des Arbeitgebers** im Vordergrund stehen. Der Bundesfinanzhof hat das Vorliegen von Arbeitslohn verneint, wenn ein im Lebensmitteleinzelhandel tätiger Arbeitgeber seinem Verkaufspersonal **einheitliche bürgerliche Kleidung** (Strickjacken, Hemden/Blusen, Krawatten/Halstücher) zur Verfügung stellt, die weder besonders exklusiv noch teuer war (BFH-Urteil vom 22.6.2006, BStBl. II S. 915). Die Richter gingen von einer gängigen uniformähnlichen Kleidung zur Verbesserung des Erscheinungsbilds unter Berücksichtigung hygienischer Gesichtspunkte aus. Es handelte sich übrigens nicht um typische Berufskleidung (siehe vorstehende Nr. 1), da die Kleidung nicht besonders (z. B. durch Firmenlogo) gekennzeichnet war. Bei einer solchen Kennzeichnung wäre die Gestellung ohnehin steuerfrei gewesen (§ 3 Nr. 31 EStG).

4. Werbungskosten

Zum Werbungskostenabzug bei Aufwendungen des Arbeitnehmers für Arbeitskleidung und deren Reinigung vgl. die Erläuterungen in Anhang 7 Abschnitt B Nr. 2 unter dem Stichwort „Arbeitskleidung".

Arbeitslohn

Zum steuerlichen Begriff „Arbeitslohn" vgl. die ausführlichen Erläuterungen im Teil A, Nr. 4 auf Seite 7.

Zum sozialversicherungsrechtlichen Begriff „Arbeitsentgelt" vgl. die Erläuterungen beim Stichwort „Arbeitsentgelt" sowie im Teil A, Nr. 5 auf Seite 8.

Vgl. auch die Stichworte „Lohnzahlung durch Dritte" und „Veruntreute Beträge".

Arbeitslohn für mehrere Jahre

1. Allgemeines

Arbeitslohn, der für eine mehrjährige Tätigkeit gezahlt wird, wird bei einer Zusammenballung von Einkünften – auch bei beschränkt steuerpflichtigen Arbeitnehmern – durch die Anwendung der sog. **Fünftelregelung** ermäßigt besteuert (§ 39b Abs. 3 Satz 9 EStG). Die Anwendung der Fünftelregelung bedeutet, dass die Vergütung für eine mehrjährige Tätigkeit zum Zwecke der Steuerberechnung mit einem Fünftel als sonstiger Bezug besteuert und die auf dieses Fünftel entfallende Lohnsteuer verfünffacht wird. Vgl. im Einzelnen die Erläuterungen beim Stichwort „Sonstige Bezüge" unter Nr. 6 Buchstabe b.

Im Gegensatz zu den Entschädigungen ist Arbeitslohn für mehrere Jahre in der Regel auch **beitragspflichtig.** ja ja

In die Bemessungsgrundlage für die Ermittlung der **Vorsorgepauschale** wird Arbeitslohn für mehrere Jahre in **voller Höhe** und nicht nur zu einem Fünftel einbezogen (§ 39b Abs. 3 Satz 10 EStG; vgl. auch die Erläuterungen in Anhang 8). In den **Lohnsteuer-Jahresausgleich** durch den Arbeitgeber wird der Arbeitslohn für mehrere Jahre sowie die hierauf entfallenden Steuerabzugsbeträge nur dann einbezogen, wenn der Arbeitnehmer dies ausdrücklich **beantragt** (§ 42b Abs. 2 Satz 2 EStG; vgl. die Erläuterungen beim Stichwort „Lohnsteuer-Jahresausgleich durch den Arbeitgeber" unter Nr. 5).

1) Bundeseinheitliche Regelung. Bekannt gegeben z. B. für Berlin mit Erlass vom 1.4.1993 (Az.: III D 12 – S 2334 – 10/91). Der Erlass ist als Anlage 1 zu H 3.31 LStR im **Steuerhandbuch für das Lohnbüro 2021** abgedruckt, das im selben Verlag erschienen ist.

Lohn-steuer-pflichtig Sozial-versich.-pflichtig

Der Bundesfinanzhof hält zwar daran fest, dass die Anwendung der Fünftelregelung eine sog. **Zusammenballung** des zufließenden Arbeitslohns voraussetzt. Dabei kann der Arbeitslohn für eine mehrjährige Tätigkeit während eines Kalenderjahres auch in mehreren Teilbeträgen gezahlt werden. Die steuerpflichtigen geldwerten Vorteile aus der Ausübung der **Aktienoptionsrechte** versteuert er aber bereits dann als Arbeitslohn für mehrere Jahre nach der sog. Fünftelregelung, wenn der Zeitraum zwischen Einräumung und Ausübung der Optionsrechte mehr als zwölf Monate beträgt und der Arbeitnehmer in dieser Zeit bei seinem Arbeitgeber beschäftigt ist. Dies gilt selbst dann, wenn dem Arbeitnehmer wiederholt Aktienoptionen eingeräumt werden und/oder der Arbeitnehmer die jeweils gewährte Option in einem Kalenderjahr nicht in vollem Umfang ausübt (BFH-Urteil vom 18.12.2007, BStBl. 2008 II S. 294). Vgl. im Einzelnen auch die Erläuterungen und Beispiele beim Stichwort „Aktienoptionen" unter Nr. 4 Buchstabe e.

2. Begriff der mehrjährigen Tätigkeit

Durch die Fünftelregelung begünstigt ist insbesondere Arbeitslohn für eine mehrjährige Tätigkeit. Hierzu hat der Bundesfinanzhof mit Urteil vom 14.10.2004 (BStBl. 2005 II S. 289) entschieden, dass eine „mehrjährige" Tätigkeit im Sinne des § 34 Abs. 2 Nr. 4 EStG eine Tätigkeit ist, die sich über zwei Kalenderjahre erstreckt und zwar auch dann, wenn sie einen Zeitraum von weniger als 12 Monaten umfasst. Im Streitfall wurde der Arbeitslohn für eine Tätigkeit in der Zeit vom 23.6.1992 bis 28.2.1993 (= neun Monate) im Mai 1993 ausgezahlt. Obwohl der Zeitraum lediglich neun Monate umfasste, war der Arbeitslohn – nach Ansicht des Bundesfinanzhofs – nach der Fünftelregelung zu versteuern. Die Finanzverwaltung hatte zuvor die Auffassung vertreten, dass der Begriff „Vergütung für eine mehrjährige Tätigkeit" nur dann erfüllt sei, wenn Arbeitslohn für einen Zeitraum von mehr als 12 Monaten gezahlt wird. Seit Januar 2007 liegt kraft Gesetzes eine Vergütung für eine mehrjährige Tätigkeit nur vor, soweit sich die Tätigkeit auf mindestens **zwei Kalenderjahre** erstreckt und einen Zeitraum von **mehr als zwölf Monaten** umfasst (§ 34 Abs. 2 Nr. 4 EStG). Arbeitslohn für eine mehrjährige Tätigkeit liegt aber dann nicht vor, wenn die Zuwendung allen Arbeitnehmern ohne Rücksicht auf die Dauer der Betriebszugehörigkeit gewährt wird (= Belohnungszahlung). Vgl. hierzu auch das Stichwort „Jubiläumszuwendungen" unter Nr. 4.

Vergütungen für eine mehrjährige Tätigkeit erfüllen zudem laut Bundesfinanzhof nur dann das für die Anwendung der Fünftelregelung zusätzlich erforderliche Merkmal der **„Außerordentlichkeit",** wenn die **Zusammenballung** der Einkünfte **nicht** dem **vertragsgemäßen oder typischen Ablauf** der jeweiligen Zahlung **entspricht** (BFH-Urteil vom 20.9.2016, BStBl. 2017 II S. 347 zur Kapitalabfindung einer Pensionskasse, die wegen der Steuerfreiheit der Beiträge zu sonstigen Einkünften führte, für die der Bundesfinanzhof die Fünftelregelung ablehnte).

3. Anwendungsfälle

- **Nachzahlung** von Arbeitslohn für eine Tätigkeit, die sich auf zwei Kalenderjahre und mehr als zwölf Monaten erstreckt. Dies gilt auch für die Nachzahlung von Versorgungsbezügen.
- **Vorauszahlung** von Arbeitslohn für eine Tätigkeit, die sich auf zwei Kalenderjahre und mehr als zwölf Monaten erstreckt (z. B. kapitalisierte Ablösung einer Werkspension oder Kapitalabfindung für künftige Pensionsansprüche). Vgl. auch die Erläuterungen beim Stichwort „Versorgungsbezüge, Versorgungsfreibetrag" unter Nr. 7 Buchstabe b.
- Steuerpflichtige Jubiläumsgeschenke anlässlich eines **Arbeitnehmerjubiläums.**

Lohn-steuer-pflichtig Sozial-versich.-pflichtig

- Steuerpflichtige Zuwendungen aus Anlass eines **Geschäftsjubiläums** können nur dann als Entlohnung für eine mehrjährige Tätigkeit behandelt werden, wenn die Zuwendungen unter der Voraussetzung einer mehrjährigen Betriebszugehörigkeit gewährt werden. Zuwendungen, die ohne Rücksicht auf die Dauer der Betriebszugehörigkeit lediglich **aus Anlass** eines Firmenjubiläums erfolgen, sind nicht durch die Fünftelregelung begünstigt (BFH-Urteil vom 3.7.1987, BStBl. II S. 820). Vgl. hierzu auch die Erläuterungen und das Beispiel beim Stichwort „Jubiläumszuwendungen" unter Nr. 4.
- Vergütungen für **Verbesserungsvorschläge,** wenn sich die Erarbeitung des Verbesserungsvorschlags auf zwei Kalenderjahre und mehr als zwölf Monaten erstreckt hat; hingegen scheidet die Fünftelregelung aus, wenn die Vergütung nach der künftigen Kostenersparnis des Arbeitgebers berechnet wird (BFH-Urteil vom 31.8.2016, BStBl. 2017 II S. 322; vgl. „Verbesserungsvorschläge").
- **Tantiemen** für mehrere Jahre, die zusammengeballt in einem Jahr zufließen. Bei Tantiemen, die regelmäßig ausgezahlt werden, deren Höhe aber erst nach Ablauf des Kalenderjahres oder Wirtschaftsjahres feststeht, handelt es sich nicht um Arbeitslohn für eine mehrjährige Tätigkeit. Sie umfassen regelmäßig nicht einen Zeitraum von mehr als zwölf Monaten.
- **Lohnzahlung für 14 Monate**, wenn für diese Zusammenballung wirtschaftlich vernünftige Gründe vorliegen (BFH-Urteil vom 7.5.2015, BStBl. II S. 890); keine ermäßigte Besteuerung bei willkürlichen, wirtschaftlich nicht gerechtfertigten Zusammenballungen.
- Planwidrige Verwendung von Wertguthaben eines **Arbeitszeitkontos** (vgl. „Arbeitszeitkonten" unter Nr. 7).
- Geldwerter Vorteil aus der Gewährung von **Aktienoptionsrechten**, wenn der Zeitraum zwischen Einräumung und Ausübung mehr als zwölf Monate beträgt und der Arbeitnehmer in dieser Zeit bei seinem Arbeitgeber beschäftigt ist (vgl. „Aktienoptionen" besonders unter Nr. 4 Buchstabe e).
- **Urlaubsabgeltung** (vgl. dieses Stichwort), die sich auf mindestens zwei Kalenderjahre erstreckt und einen Zeitraum von mehr als zwölf Monaten umfasst.
- **Lohnnachzahlungen** des Arbeitgebers für mehrere Jahre unmittelbar an die **Arbeitsverwaltung** aufgrund eines **gesetzlichen Forderungsübergangs** außerhalb eines Insolvenzverfahrens (BFH-Urteil vom 15.11.2007, BStBl. 2008 II S. 375); gleichzeitig liegt aufgrund der Arbeitgeberzahlung eine Rückzahlung des von der Arbeitsverwaltung gezahlten Arbeitslosengeldes durch den Arbeitnehmer vor, der zur Anwendung des negativen Progressionsvorbehalts (vgl. dieses Stichwort unter Nr. 6) führt. Vgl. auch die Erläuterungen beim Stichwort „Forderungsübergang", „Insolvenzgeld" und „Insolvenzverwalter".
- Kapitalisierung von **Pensionszusagen,** nicht aber bei Teilkapitalauszahlungen. Vgl. hierzu die Erläuterungen beim Stichwort „Pensionszusage" am Ende der Nr. 3. Bei Versorgungsleistungen aus einer Pensionszusage, die an die Stelle einer in einem vergangenen Jahr erdienten Bonuszahlung treten, scheidet eine ermäßigte Besteuerung nach der Fünftelregelung aus (BFH-Urteil vom 31.8.2016, BStBl. 2017 II S. 322). Mit der Bonuszahlung sollte gerade die Leistung im vergangenen Geschäftsjahr und nicht eine mehrjährige Tätigkeit honoriert werden. Auch der im Auszahlungsbetrag enthaltene Zinsanteil konnte nicht ermäßigt besteuert werden, da er aufgrund der zeitversetzten Auszahlung der variablen Vergütung entstanden war und nicht nach einer Arbeitsleistung in mehreren Jahren bemessen wurde.
- Leistungen aus **Unfallversicherungen** – ohne eigenen Rechtsanspruch des Arbeitnehmers gegenüber der Versicherung –, wenn der Versicherungsschutz des „begünstigten" Arbeitnehmers bis zur Auszahlung der

Lohn-steuer-pflichtig	Sozial-versich.-pflichtig

Versicherungsleistung länger als ein Jahr bestanden hat (vgl. das Stichwort „Unfallversicherung" unter Nr. 8 Buchstabe b).

- Lohnzahlungen aufgrund von **Störfällen** bei der Altersteilzeit (vgl. dieses Stichwort unter Nr. 10).
- Übernahme von **Einkommensteuer-Nachzahlungen** des Arbeitnehmers für mindestens zwei vorangegangene Kalenderjahre durch den Arbeitgeber (z. B. bei Vorliegen einer Nettolohnvereinbarung, vgl. das Stichwort „Nettolöhne"). Bei Übernahme von laufenden Einkommensteuer-Vorauszahlungen des Arbeitnehmers durch den Arbeitgeber ist die Fünftelregelung nicht anwendbar.

Erfindervergütungen (vgl. dieses Stichwort) sind **keine** Vergütungen für eine mehrjährige Tätigkeit.

Im Übrigen wird auf die ausführlichen Erläuterungen zur Anwendung der Fünftelregelung beim Stichwort „Sonstige Bezüge" unter Nr. 6 Buchstabe b auf Seite 883 Bezug genommen.

Da Arbeitslohn für mehrere Jahre häufig netto gezahlt wird (z. B. bei steuerpflichtigen Jubiläumszuwendungen), ist als **Anhang 14** eine **Nettolohnberechnung** unter Anwendung der **Fünftelregelung** abgedruckt (mit Berücksichtigung der Sozialversicherungsbeiträge und anteiliger Beitragsbemessungsgrenze).

Arbeitslohnspende

siehe „Spenden der Belegschaft"

Arbeitslohnverzicht

Vgl. die Erläuterungen bei den Stichworten „Gehaltsverzicht" und „Zufluss von Arbeitslohn" besonders unter Nr. 2 Buchstabe h.

Arbeitslohnzahlung an ausgeschiedene Arbeitnehmer

siehe „Sonstige Bezüge" unter Nr. 9

Arbeitslosengeld

Das Arbeitslosengeld I nach dem Dritten Buch Sozialgesetzbuch ist steuerfrei nach § 3 Nr. 2 Buchstabe a EStG. Diese Leistungen unterliegen jedoch dem sog. Progressionsvorbehalt (vgl. dieses Stichwort).

Die Leistungen zur Sicherung des Lebensunterhalts (Arbeitslosengeld II) und zur Eingliederung in Arbeit nach dem Zweiten Buch Sozialgesetzbuch sind steuerfrei nach § 3 Nr. 2 Buchstabe d EStG. Diese Leistungen unterliegen **nicht** dem Progressionsvorbehalt. Dies gilt u. a. auch für die Mehraufwandsentschädigung für einen sog. „Ein-Euro-Job" (vgl. dieses Stichwort).

Arbeitslosenversicherung

1. Allgemeines

Ganz allgemein gilt der Grundsatz: Ist das Beschäftigungsverhältnis rentenversicherungspflichtig, ist es auch arbeitslosenversicherungspflichtig. Darüber hinaus sind allerdings spezielle Versicherungsfreiheitsregelungen in den einzelnen Versicherungszweigen zu beachten.

Lohn-steuer-pflichtig	Sozial-versich.-pflichtig

Nach § 418 SGB III sind Arbeitgeber, die mit einem zuvor Arbeitslosen, der das **55. Lebensjahr vollendet** hat, **vor dem 1.1.2008 erstmalig ein Beschäftigungsverhältnis** begründet haben, **das immer noch andauert,** von der Zahlung des Arbeitgeberanteils zur Arbeitslosenversicherung befreit. Es fällt also nur der Arbeitnehmeranteil an (2021 = 1,2 %).

Außerdem sind in der Arbeitslosenversicherung noch weitere Personengruppen versicherungsfrei. Es handelt sich um Personen, die dem Arbeitsmarkt nicht in der üblichen Weise zur Verfügung stehen:

- immatrikulierte Studenten, die während des Studiums eine Beschäftigung ausüben,
- Schüler an allgemein bildenden Schulen,
- Arbeitnehmer, die das Lebensjahr für den Anspruch auf Regelaltersrente vollendet haben,
- Bezieher einer Rente wegen voller Erwerbsminderung,
- Arbeitnehmer, die wegen einer Minderung ihrer Leistungsfähigkeit dauernd der Arbeitsvermittlung nicht zur Verfügung stehen,
- unständig Beschäftigte (vgl. hierzu die Erläuterungen beim Stichwort „Künstler" unter Nr. 10).

In der Arbeitslosenversicherung sind Arbeitnehmer vom Ablauf des Monats an, in dem sie die Altersgrenze für den Anspruch auf **Regelaltersrente** nach § 35 SGB VI vollenden, versicherungsfrei. Der Arbeitgeber muss allerdings, in Anlehnung an die Regelung in der gesetzlichen Rentenversicherung, den Arbeitgeberbeitrag zahlen. Diese Regelung ist allerdings für fünf Jahre (2017 bis 2021) ausgesetzt worden (vgl. die Ausführungen am Ende dieser Nr. 1).

Die Altersgrenze für die Regelaltersrente (Regelaltersgrenze) wird zwischen 2012 und 2029 schrittweise von 65 Jahren auf 67 Jahre angehoben. Beginnend mit dem Geburtsjahrgang 1947 erfolgt die Anhebung ab 2012 zunächst in Ein-Monats-, von 2024 an in Zwei-Monats-Schritten, sodass dann für Versicherte ab Jahrgang 1964 die Regelaltersgrenze von 67 Jahren gilt.

Bei den in den §§ 36 bis 40 SGB VI genannten Renten handelt es sich nicht um Regelaltersrenten im o. g. Sinn.

Die Arbeitslosenversicherungsfreiheit beginnt jeweils mit Ablauf des Monats, in dem die Altersgrenze für eine Regelaltersrente gemäß der nachfolgenden Tabelle erreicht wird. Eine **tatsächliche Rentenzahlung ist nicht erforderlich.**

Geburtsjahr	Anhebung um Monate	auf Alter Jahr + X Monate
1947	1	65 + 1
1948	2	65 + 2
1949	3	65 + 3
1950	4	65 + 4
1951	5	65 + 5
1952	6	65 + 6
1953	7	65 + 7
1954	8	65 + 8
1955	9	65 + 9
1956	10	65 + 10
1957	11	65 + 11
1958	12	66
1959	14	66 + 2

Lohn- steuer- pflichtig | Sozial- versich.- pflichtig

Geburtsjahr	Anhebung um Monate	auf Alter Jahr + X Monate
1960	16	66 + 4
1961	18	66 + 6
1962	20	66 + 8
1963	22	66 + 10
1964	24	67

Die vorgenannte Regelung wird durch das sog. Flexigesetz für fünf Jahre ausgesetzt. Das heißt, dass in der Zeit vom 1.1.2017 bis 31.12.2021 bei Versicherungsfreiheit in der Arbeitslosenversicherung wegen Erreichens der Altersgrenze für eine Regelaltersrente, kein Beitragsanteil des Arbeitgebers zur Arbeitslosenversicherung anfällt (vgl. § 346 Abs. 3 SGB III).

2. Steuerfreiheit

Die in § 3 Nr. 2 Buchstabe a EStG genannten Leistungen nach dem Dritten Buch Sozialgesetzbuch, z. B. das Arbeitslosengeld I, das Teilarbeitslosengeld, das Kurzarbeitergeld, das Saison-Kurzarbeitergeld, das Transferkurzarbeitergeld, der Zuschuss zum Arbeitsentgelt, das Übergangsgeld sowie der Gründungszuschuss sind steuerfrei.

Die Leistungen unterliegen jedoch – mit Ausnahme des Gründungszuschusses – dem **Progressionsvorbehalt** (vgl. dieses Stichwort).

Das sog. Arbeitslosengeld II ist nach § 3 Nr. 2 Buchstabe d EStG steuerfrei und unterliegt **nicht** dem Progressionsvorbehalt.

Arbeitsmittel

Die **leihweise** Überlassung von Arbeitsgeräten wie Werkzeuge, Fachbücher usw. für die Dauer des Dienstverhältnisses ist nicht steuerpflichtig (R 19.3 Abs. 2 Nr. 1 LStR). nein nein

Beispiel

Der Arbeitgeber stellt jedem Arbeitnehmer an seinem Arbeitsplatz die notwendige Fachliteratur leihweise zur Verfügung. Die leihweise Überlassung der Fachliteratur ist nicht steuerpflichtig.

Eine **endgültige** Überlassung von Arbeitsgeräten zu Eigentum des Arbeitnehmers ist steuerpflichtig. Beim Arbeitnehmer liegen Werbungskosten vor. Eine Saldierung von Arbeitslohn und Werbungskosten ist im Lohnsteuerabzugsverfahren durch den Arbeitgeber nicht zulässig. Siehe auch die Stichwörter „Computer" unter Nr. 2 und „Werkzeuggeld". ja ja

Zum Werbungskostenabzug vgl. die Erläuterungen in Anhang 7 Abschnitt B unter Nr. 2.

Arbeitsplatz

Aufwendungen des Arbeitgebers für die Ausgestaltung des Arbeitsplatzes sowie Leistungen zur Verbesserung der Arbeitsbedingungen, z. B. die Bereitstellung von Aufenthalts-, Fitness- und Erholungsräumen oder von betriebseigenen Dusch- und Badeanlagen stellen keinen Arbeitslohn, sondern Leistungen im ganz überwiegenden eigenbetrieblichen Interesse des Arbeitgebers dar. nein nein

Beispiel

Der Arbeitgeber stellt seinen Arbeitnehmern einen Aufenthaltsraum mit Tischtennisplatte und Kicker zur Verfügung.

Es handelt sich um eine nicht steuerpflichtige Leistung im ganz überwiegenden Interesse des Arbeitgebers, die der Belegschaft als Gesamtheit zugewendet wird.

Lohn- steuer- pflichtig | Sozial- versich.- pflichtig

Befindet sich der Arbeitsplatz (auch) in der Wohnung des Arbeitnehmers vgl. die Erläuterungen bei den Stichwörtern „Arbeitszimmer", „Home-Office" und „Telearbeitsplatz".

Arbeitsschutz

siehe „Bildschirmarbeit" und „Unfallverhütungsprämien"

Arbeitsunfähigkeitsversicherung

Bei einer betrieblichen Arbeitsunfähigkeitsversicherung zahlt der Arbeitgeber einen Beitrag zu einer **Gruppenversicherung** und der Arbeitnehmer erhält im Falle einer längerfristigen Krankheit mit Krankengeldbezug eine Leistung zur **Aufstockung des Krankengeldes.** Die Versicherung des Risikos der längerfristigen Arbeitsunfähigkeit ist keine Absicherung des biometrischen Risikos Invalidität und daher nicht im Bereich der betrieblichen Altersversorgung zuzuordnen. Lohnsteuerlich gilt in diesen Fällen Folgendes:

Erwirbt der **Arbeitnehmer** gegen die Versicherung einen **eigenen Rechtsanspruch** auf die späteren Leistungen, sind bereits die **Beiträge** des Arbeitgebers zur betrieblichen Arbeitsunfähigkeitsversicherung steuer- und beitragspflichtiger **Arbeitslohn.** ja ja

Die Besteuerung ist nach den individuellen Lohnsteuerabzugsmerkmalen des Arbeitnehmers vorzunehmen. Eine Pauschalierung der Beiträge mit 20% kommt bereits deshalb nicht in Betracht, weil es sich nicht um eine „Unfallversicherung" im lohnsteuerlichen Sinne handelt. Die späteren Versicherungsleistungen an den Arbeitnehmer sind in diesem Fall allerdings steuerfrei. nein nein

Hat hingegen nur der **Arbeitgeber** gegenüber der Versicherung einen **Rechtsanspruch** auf die späteren Leistungen, sind die Beiträge des Arbeitgebers zur betrieblichen Arbeitsunfähigkeitsversicherung nicht als Arbeitslohn zu besteuern, da es sich um eine Rückdeckungsversicherung des Arbeitgebers handelt. nein nein

In diesem Fall sind die späteren **Versicherungsleistungen** zur Aufstockung des Krankengeldes nach den individuellen Lohnsteuerabzugsmerkmalen des Arbeitnehmers als **Arbeitslohn** zu besteuern. Zahlt die Versicherung die Leistungen unmittelbar an den Arbeitnehmer aus, liegt eine „Lohnzahlung von dritter Seite" vor, bei der der Arbeitgeber aufgrund seiner Kenntnis ebenfalls zum Lohnsteuereinbehalt verpflichtet ist (vgl. „Lohnzahlung durch Dritte" unter Nr. 3). ja ja

Arbeitsunterbrechung

1. Lohnsteuerliche Behandlung von Arbeitsunterbrechungen

Steht ein Arbeitnehmer während eines Lohnzahlungszeitraums dauernd im Dienst eines Arbeitgebers, wird der Lohnzahlungszeitraum durch ausfallende (unbezahlte) Arbeitstage (z. B. wegen Krankheit, Mutterschutz, Arbeitsbummelei, unbezahltem Urlaub) nicht unterbrochen. Die Berechnung der Lohnsteuer erfolgt in all diesen Fällen anhand der Monatslohnsteuertabelle; es entsteht also kein Teillohnzahlungszeitraum. Dies ergibt sich aus R 39b.5 Abs. 2 Satz 3 LStR. Auf die ausführlichen Erläuterungen beim Stichwort „Teillohnzahlungszeitraum" wird Bezug genommen.

Damit das Finanzamt Unterbrechungszeiträume erkennt und den Zufluss von etwaigen Lohnersatzleistungen prüfen kann, muss der Arbeitgeber im Lohnkonto und dementsprechend auch in der elektronischen Lohnsteuer-

A

	Lohn-steuer-pflichtig	Sozial-versich.-pflichtig

bescheinigung des Arbeitnehmers die Eintragung des Buchstabens „**U**" in all den Fällen vornehmen, in denen das Beschäftigungsverhältnis zwar weiterbesteht, der Anspruch auf Arbeitslohn aber für mindestens **fünf** aufeinanderfolgende Arbeitstage im Wesentlichen weggefallen ist (U steht für **Unterbrechung**). Die Eintragung des genauen Zeitraums ist **nicht** erforderlich. Allerdings ist für jeden einzelnen Unterbrechungszeitraum von mindestens fünf aufeinanderfolgenden Arbeitstagen ein Buchstabe „U" zu bescheinigen (**„Anzahl U =")**. Auf die ausführlichen Erläuterungen beim Stichwort „Lohnkonto" unter Nr. 9 auf Seite 639 wird Bezug genommen.

2. Sozialversicherungsrechtliche Behandlung von Arbeitsunterbrechungen

Nach § 7 Abs. 3 SGB IV gilt eine Beschäftigung gegen Arbeitsentgelt für **einen Monat** als fortbestehend, sofern das Beschäftigungsverhältnis ohne Anspruch auf Arbeitsentgelt fortdauert und keine Entgeltersatzleistung bezogen oder Elternzeit in Anspruch genommen wird.

Die genaue Berechnung der Monatsfrist ist beim Stichwort „Unbezahlter Urlaub" unter Nr. 2 Buchstabe b erläutert.

3. Meldepflichten

Auf die ausführlichen Erläuterungen zu den Meldepflichten des Arbeitgebers in **Anhang 15** des Lexikons wird Bezug genommen.

Arbeitsverhinderung

Der Arbeitnehmer hat einen gesetzlichen Anspruch auf Fortzahlung des Arbeitslohns, wenn er ohne Verschulden aus persönlichen Gründen an der Arbeitsleistung für eine verhältnismäßig nicht erhebliche Zeit gehindert ist (§ 616 Abs. 1 Satz 1 BGB).

Es ist die Vergütung zu zahlen, die im Falle der Arbeitsleistung erzielt worden wäre; sie ist als laufendes Arbeitsentgelt steuer- und beitragspflichtig. ja ja

In den Tarifverträgen der verschiedenen Wirtschaftszweige ist im Allgemeinen detailliert geregelt, bei welchen Verhinderungsgründen und wie lange die Fortzahlung des Arbeitsentgelts zusteht. Ist das Arbeitsverhältnis nicht tarifgebunden, empfiehlt sich die Anlehnung an eine tarifliche Regelung. Der Tarifvertrag öffentlicher Dienst (TVöD) sieht hierzu z. B. vor:

– bei Umzug aus betrieblichem Grund an einen anderen Ort	1 Arbeitstag
– bei 25- und 40-jährigem Arbeitsjubiläum	1 Arbeitstag
– bei der Niederkunft der Ehefrau/Lebenspartnerin im Sinne des Lebenspartnerschaftsgesetzes	1 Arbeitstag
– beim Tod der Ehegattin/des Ehegatten, der Lebenspartnerin/des Lebenspartners im Sinne des Lebenspartnerschaftsgesetzes eines Kindes oder eines Elternteils	2 Arbeitstage
– bei schwerer Erkrankung eines Angehörigen, der in demselben Haushalt lebt[1]	1 Arbeitstag im Kalenderjahr
– bei schwerer Erkrankung eines Kindes, das das 12. Lebensjahr noch nicht vollendet hat, wenn im laufenden Kalenderjahr kein Anspruch nach § 45 SGB V[1] besteht oder bestanden hat[1]	bis zu 4 Arbeitstage im Kalenderjahr
– bei schwerer Erkrankung einer Betreuungsperson, wenn Beschäftigte deshalb die Betreuung ihres Kindes, das das 8. Lebensjahr noch nicht vollendet hat oder wegen körperlicher, geistiger oder seelischer Behinderung dauernd pflegebedürftig ist, übernehmen muss	bis zu 4 Arbeitstage im Kalenderjahr
– bei ärztlicher Behandlung, wenn diese während der Arbeitszeit erfolgen muss	erforderliche nachgewiesene Fehl- und Wegezeiten

Darüber hinaus sind die Vorschriften des Pflegezeitgesetzes und des Familienpflegezeitgesetzes zu beachten.

Zur Pflegezeit und Familienpflegezeit vgl. die entsprechenden Stichwörter.

Zur Eindämmung der Ausbreitung des Coronavirus machen die Behörden verstärkt von den im Infektionsschutzgesetz (IfSG) erforderlichen Schutzmaßnahmen Gebrauch. Dazu gehört auch die Absonderung (Quarantäne) von Krankheits- und Ansteckungsverdächtigen. Durch die Absonderung wird nicht nur die Bewegungsfreiheit infektiöser oder vermutlich infektiöser Personen zeitweilig eingeschränkt; bei Erwerbstätigen geht damit häufig auch das Risiko des Verdienstausfalls einher. Personen, die als Krankheits- oder Ansteckungsverdächtige auf Anordnung der zuständigen Ordnungsbehörde (z. B. Gesundheitsamt) abgesondert werden, ohne dabei krank zu sein, und dadurch einen Verdienstausfall erleiden, erhalten eine Entschädigung nach § 56 IfSG. Die Entschädigung bemisst sich für die ersten sechs Wochen nach dem Verdienstausfall. Als Verdienstausfall gilt bei Arbeitnehmern das Nettoarbeitsentgelt. Der Arbeitgeber hat seinen Arbeitnehmern die Verdienstausfallentschädigung für die Dauer des Arbeitsverhältnisses, längstens für sechs Wochen, für die Entschädigungsbehörde auszuzahlen. Die ausgezahlten Beträge werden dem Arbeitgeber auf Antrag von der Entschädigungsbehörde erstattet.

Der GKV-Spitzenverband hat zu den versicherungs- und beitragsrechtlichen Auswirkungen des Bezugs einer Entschädigung nach dem Infektionsschutzgesetz bei Anordnung einer Quarantäne für versicherungspflichtige und freiwillig krankenversicherte Arbeitnehmer sowie für selbstständig Tätige in einem Rundschreiben vom 2.4.2020 Stellung genommen (www.aok.de/fk/sozialversicherung/rundschreiben/jahrgang-2020/).

Arbeitsversuch, missglückter

In mehreren Urteilen (z. B. Urteil vom 4.12.1997; 12 RK 3/97 und Urteil vom 29.9.1998; B 1 KR 10/96) hat sich das Bundessozialgericht mit der Rechtsfigur des missglückten Arbeitsversuchs befasst. In den Verfahren kam es zu dem Ergebnis, dass die Rechtsfigur des missglückten Arbeitsversuchs unter der Geltung des Fünften Buchs Sozialgesetzbuch nicht mehr anzuwenden ist; Versicherungspflicht in der Krankenversicherung kann deshalb nicht mehr wegen eines missglückten Arbeitsversuchs verneint werden. Zugleich stellte das Bundessozialgericht allerdings fest, dass an den Nachweis der Tatsachen, die Krankenversicherungspflicht begründen, strenge Anforderungen zu stellen sind, wenn der Verdacht von Manipulationen zu Lasten der Krankenkassen besteht. Dies könne, zumal wenn weitere Umstände hinzutreten, der Fall sein, wenn bei Beginn der Arbeitsaufnahme Arbeitsunfähigkeit besteht, dieses bekannt ist und die Arbeit alsbald aufgegeben wird. Die Feststellungen für die Tatsachen, die Versicherungspflicht begründen, trägt nach Ansicht des Bundessozialgerichts derjenige, der sich auf sie beruft.

1) Zum sog. Kinder-Krankengeld nach § 45 SGB V wird auf die Erläuterungen beim Stichwort „Kinder-Krankengeld" Bezug genommen.

Lohn- steuer- pflichtig | Sozial- versich.- pflichtig

Die Beweislast obliegt deshalb grundsätzlich dem Arbeitnehmer.

Vor dem Hintergrund dieser Rechtsprechung prüfen die Sozialversicherungsträger besonders kritisch, ob nicht die Versicherungspflicht aufgrund eines Scheinarbeitsverhältnisses ausgeschlossen ist. So wird keine die Versicherungspflicht auslösende Beschäftigung im Sinne des § 7 Abs. 1 SGB IV ausgeübt, wenn tatsächlich eine familienhafte Mithilfe oder eine selbständige Tätigkeit, insbesondere als Mitunternehmer oder Mitgesellschafter vorliegt oder wenn ein Beschäftigungsverhältnis durch ein nach § 117 BGB nichtiges Scheingeschäft vorgetäuscht wird.

Arbeitszeitkonten

Wichtiges auf einen Blick:

Vereinbarungen über die Einrichtung von Arbeitszeitkonten bei Arbeitnehmern, die zugleich als **Organ einer Körperschaft** bestellt sind (z. B. Vorstandsmitglieder einer AG oder Geschäftsführer einer GmbH), sind **steuerlich** grundsätzlich **anzuerkennen, wenn** der **Arbeitnehmer nicht** an der Körperschaft **beteiligt** ist (z. B. Fremdgeschäftsführer).

Ist der Arbeitnehmer an der Körperschaft beteiligt, beherrscht diese aber nicht (z. B. **Minderheits-Gesellschafter-Geschäftsführer**), ist nach allgemeinen Grundsätzen zu **prüfen,** ob eine verdeckte Gewinnausschüttung vorliegt. Die Vermutung der Veranlassung einer solchen Vereinbarung durch das Gesellschaftsverhältnis (= verdeckte Gewinnausschüttung) kann durch einen betriebsinternen Fremdvergleich widerlegt werden. Liegt danach keine verdeckte Gewinnausschüttung vor, sind Vereinbarungen über die Einrichtung von Arbeitszeitkonten steuerlich grundsätzlich anzuerkennen.

Ist der Arbeitnehmer an der Körperschaft beteiligt und beherrscht diese **(beherrschender Gesellschafter-Geschäftsführer),** liegt eine **verdeckte Gewinnausschüttung** vor, und Vereinbarungen über die Einrichtung von Arbeitszeitkonten sind steuerlich nicht anzuerkennen.

Vgl. die Ausführungen und Beispiele unter der nachfolgenden Nr. 4 Buchstabe c.

Gliederung:

1. Allgemeines
2. Lohnsteuerliche und sozialversicherungsrechtliche Behandlung von Zeitwertkonten
3. Lohnsteuerliche Behandlung von Zeitwertkonten
   a) Grundsatz
   b) Besteuerungszeitpunkt
   c) Verwendung des Guthabens zugunsten einer betrieblicher Altersversorgung
   d) Auslandssachverhalte
   e) Belegschaftsspenden
4. Begünstigter Personenkreis
   a) Arbeitnehmer in einem gegenwärtigen Dienstverhältnis
   b) Befristete Arbeitsverhältnisse
   c) Organe von Körperschaften
   d) Als Arbeitnehmer beschäftigte beherrschende Anteilseigner
5. Modellinhalte des Zeitwertkontos
   a) Aufbau des Zeitwertkontos
   b) Kein Rechtsanspruch des Arbeitnehmers gegenüber einem Dritten
   c) Verzinsung des Guthabens
   d) Zuführung von steuerfreiem Arbeitslohn zum Guthaben
6. Zeitwertkontengarantie
   a) Inhalt der Zeitwertkontengarantie
   b) Zeitwertkontengarantie des Arbeitgebers
   c) Zeitwertkontengarantie des Anlageinstituts
   d) Besondere Übergangsregelung zur Zeitwertkontengarantie
7. Planwidrige Verwendung der Wertguthaben
   a) Auszahlung bei existenzbedrohender Notlage
   b) Beendigung des Dienstverhältnisses vor oder während der Freistellungsphase
   c) Planwidrige Weiterbeschäftigung
8. Übertragung des Guthabens bei Beendigung der Beschäftigung
9. Sozialversicherungsrechtliche Behandlung von Zeitwertkonten
   a) Allgemeines
   b) Verwendung des Wertguthabens
   c) Angemessenheit des Arbeitslohns in der Freizeitphase
   d) Berechnung der Beiträge bei Inanspruchnahme des Wertguthabens
   e) Anlagesicherung
   f) Insolvenzschutz
   g) Mitnahme und Übertragung von Wertguthaben
   h) Störfälle – Nicht vereinbarungsgemäße Verwendung des Wertguthabens, sog. Störfälle
   i) Feststellung der SV-Luft nach dem Summenfelder-Modell
   k) Melde- und Aufzeichnungspflichten

Lohn- steuer- pflichtig | Sozial- versich.- pflichtig

1. Allgemeines

Das Bestreben, die Arbeitszeit flexibler zu gestalten, hat zu verschiedenen Arbeitszeitmodellen geführt, mit denen insbesondere älteren Arbeitnehmern der Weg zu einem gleitenden Übergang in den Ruhestand geebnet werden soll. Denn hierzu sollen nicht allein die Leistungen nach dem Altersteilzeitgesetz dienen (vgl. die ausführlichen Erläuterungen beim Stichwort „Altersteilzeit"). Den Wunsch nach einer flexibler Arbeitszeit haben jedoch nicht nur ältere Arbeitnehmer. So gibt es z. B. im öffentlichen Schuldienst ein sog. **Sabbatjahr** (= Freizeitjahr, auch „Sabbatical" genannt), um Zeiten eines größeren und eines geringeren Bedarfs an Lehrpersonal auszugleichen. Unter bestimmten Voraussetzungen können sich die Beschäftigten für ein Freizeitjahr melden; sie erhalten dann z. B. fünf Jahre lang bei voller Stundenzahl nur 80 % ihrer Bezüge, wobei sie im fünften Jahr beurlaubt sind.

Andere Tarifpartner wollen ganz allgemein die Arbeitszeiten flexibler gestalten und vereinbaren zunehmend Jahresarbeitszeiten. Dies ermöglicht es, z. B. Mehrarbeit nicht zusätzlich zu vergüten, sondern in einem festgelegten Umfang gegen Freizeit zu tauschen. Dazu wird ein **Jahresarbeitszeitkonto** geführt, in dem die angesparte Mehrarbeit und die dagegen verrechneten Freischichten dargestellt werden.

Außerdem gibt es Modelle, die über die Jahresarbeitszeit hinaus reichen. Hiernach kann es dem Arbeitnehmer ermöglicht werden, auf die Entlohnung für Mehrarbeit, bezahlte Erholungspausen, Lohnzuschläge für Sonn-, Feiertags- oder Nachtarbeit oder auch bestimmte Sonderleistungen wie das Urlaubs- oder Weihnachtsgeld oder eine Gewinnbeteiligung zugunsten einer Zeitgutschrift zu verzichten, die auf einem **Lebensarbeitszeitkonto** angespart wird. Zu diesem Zweck werden individuelle Zeitwertkonten eingerichtet, die bei Geldguthaben als Geldkonten und bei Zeitguthaben als Zeitkonten geführt werden. Die Beschäftigten erhalten teilweise sogar ein Zeit-Wertpapier, mit dem der Anspruch gegenüber dem Arbeitgeber auf bezahlte Freistellung dokumentiert wird. Die Gutschrift erfolgt in dem Zeitpunkt, in dem die ursprünglichen Ansprüche fällig gewesen wären, und zwar mit dem entsprechenden Bruttobetrag. Sobald der Arbeitnehmer die Freistellung von der Arbeitsleistung in Anspruch nimmt, wird das aktuelle Guthaben im Zeitwertkonto in Arbeitszeit umgerechnet. Seit 1.1.2009 werden

Lohnsteuerpflichtig | Sozialversich.-pflichtig

die Arbeitszeitkonten regelmäßig von Beginn an als Zeitwertkonten geführt.

Durch das zum 1.1.2009 in Kraft getretene Gesetz zur Verbesserung der Rahmenbedingungen für die Absicherung flexibler Arbeitszeitregelungen und zur Änderung anderer Gesetze (sog. Flexi-II-Gesetz) ist vor allen Dingen der Insolvenzschutz von Wertguthaben verbessert und eine beschränkte Portabilität eingeführt worden (vgl. die Erläuterungen unter der nachfolgenden Nr. 8).

2. Lohnsteuerliche und sozialversicherungsrechtliche Behandlung von Zeitwertkonten

Für die lohnsteuerliche und sozialversicherungsrechtliche Behandlung gilt folgender Grundsatz:

Die **Wertgutschrift** auf einem Zeitwertkonto löst lohnsteuerlich nur dann keinen Zufluss von Arbeitslohn aus, wenn bestimmte Vorgaben eingehalten werden. Sozialversicherungsrechtlich wird die Fälligkeit der Sozialversicherungsbeiträge hinausgeschoben, wenn die in den sog. Flexi-Gesetzen festgelegten Voraussetzungen erfüllt sind. — nein | nein

Die Lohnsteuer ist erst bei der **Auszahlung** des Wertguthabens in der Freistellungsphase einzubehalten. Die Sozialversicherungsbeiträge werden ebenfalls erst in der Freistellungsphase fällig. — ja | ja

Bei der Berechnung der Lohnsteuer im Zeitpunkt der Auszahlung des Wertguthabens ergeben sich keine Besonderheiten. Die Berechnung der Sozialversicherungsbeiträge erfolgt nach einem komplizierten Verfahren (Feststellung der SV-Luft nach dem Summenfelder-Modell). Die lohnsteuerliche Behandlung ist im Einzelnen unter den nachfolgenden Nrn. 3 bis 8 erläutert.[1] Zur Sozialversicherung wird auf die nachfolgende Nr. 9 hingewiesen.

Bei Gutschriften auf einem sog. **Vorsorgekonto,** bei dem es sich nicht um ein Zeitwertkonto handelt (vgl. hierzu nachfolgende Nr. 3), ist von einem Zufluss von Arbeitslohn auszugehen. Vgl. hierzu das Stichwort „Vorsorgekonto". — ja | ja

3. Lohnsteuerliche Behandlung von Zeitwertkonten

a) Grundsatz

Bei Zeitwertkonten vereinbaren Arbeitgeber und Arbeitnehmer, dass der Arbeitnehmer künftig fällig werdenden Arbeitslohn nicht sofort ausbezahlt erhält, sondern dieser Arbeitslohn beim Arbeitgeber nur betragsmäßig erfasst wird, um ihn in im Zusammenhang mit einer vollen oder teilweisen Arbeitsfreistellung während des noch fortbestehenden Dienstverhältnisses auszuzahlen. In der Zeit der Arbeitsfreistellung ist dabei das angesammelte Guthaben um den Vergütungsanspruch zu vermindern, der dem Arbeitnehmer in der Freistellungsphase gewährt wird. Der steuerliche Begriff des Zeitwertkontos entspricht insoweit dem Begriff der Wertguthabenvereinbarungen im Sinne von § 7b SGB IV **(Lebensarbeitszeit-/Langzeitkonten).** Allerdings ist von einem **Zeitwertkonto im steuerlichen Sinne** stets dann auszugehen, wenn nicht ausschließlich Mehr- oder Minderarbeitszeit angesammelt wird, sondern es bedingt durch Gutschriften auf dem Zeitwertkonto (auch) zu einer **Veränderung der Bezüge** kommt. Das gilt auch dann, wenn es sich nicht um eine Wertguthabenvereinbarung i. S. d. § 7b SGB IV handelt.[2] Dies hat zur Folge, dass auch bei einem solchen Konto die weiteren steuerlichen Voraussetzungen (z. B. Begünstigter Personenkreis vgl. nachstehende Nr. 4, Zeitwertkontengarantie vgl. nachstehende Nr. 6) erfüllt sein müssen, um einen Besteuerungsaufschub für die in das Konto eingestellten Beträge bis zur Auszahlung des Guthabens zu erreichen.

Sog. **Flexi- oder Gleitzeitkonten** sind hingegen **keine Zeitwertkonten** in diesem Sinne. Bei diesen Konten ist nämlich eine Freistellung von der Arbeitsleistung nicht das vorrangige Ziel der Vereinbarung. Derartige Vereinbarungen dienen vielmehr der flexiblen Gestaltung der werktäglichen oder wöchentlichen Arbeitszeit oder sollen betriebliche Produktions- und Arbeitszyklen ausgleichen. Die **ausschließliche** Ansammlung von Mehr- oder Minderarbeitszeiten auf einem Flexi- oder Gleitzeitkonto ist lohnsteuerlich irrelevant. Bei **Auszahlung** des Arbeitslohns an den Arbeitnehmer bzw. anderweitiger wirtschaftlicher Verfügungsmacht des Arbeitnehmers liegt lohnsteuerlich ein **Zufluss** vor. Werden aber auf einem solchen Flexi- oder Gleitzeitkonto auch Bezüge (laufender Arbeitslohn, sonstige Bezüge) – ggf. nach einer Umrechnung in Zeiteinheiten – gutgeschrieben, handelt es sich um ein Zeitwertkonto im steuerlichen Sinne, da nicht ausschließlich eine Ansammlung von Mehr- oder Minderarbeitszeit vorgenommen wird.

Der Verzicht, Verfall oder die Übertragung von Zeitguthaben ohne Lohnanspruch führt bei einem Flexi- oder Gleitzeitkonto übrigens nicht zu einem Lohnzufluss.

Zu Arbeitszeitkonten bei 450-Euro-Jobs vgl. die Erläuterungen beim Stichwort „Geringfügige Beschäftigung" unter Nr. 3 Buchstabe e.

Zum Lohnzufluss bei einem sog. „Vorsorgekonto" vgl. dieses Stichwort.

b) Besteuerungszeitpunkt

Weder die **Vereinbarung** eines Zeitwertkontos **noch** die **Wertgutschrift** auf diesem Konto führen zum **Zufluss** von Arbeitslohn, sofern die getroffene Vereinbarung allen nachfolgend aufgeführten Voraussetzungen entspricht. Dies gilt auch für die in das Wertguthaben einzustellenden Arbeitgeberbeiträge zur Sozialversicherung. Erst die **Auszahlung** des Guthabens während der Freistellung löst Zufluss von Arbeitslohn und damit eine **Besteuerung** aus; für die Arbeitgeberbeiträge zur Sozialversicherung ist die Steuerbefreiungsvorschrift des § 3 Nr. 62 EStG anzuwenden (vgl. das Stichwort „Zukunftsicherung" besonders unter Nr. 5). Das gilt auch dann, wenn die Freistellungsphase (Entnahmephase) ausnahmsweise vor der Arbeitsphase (Ansparphase) genommen wird.

Beispiel A

Im Tarifvertrag ist vereinbart, dass die dem Arbeitnehmer zustehende Vergütung für geleistete Mehrarbeit auf einem Zeitwertkonto gutgeschrieben wird. Die bezüglich des Zeitwertkontos getroffene Vereinbarung sieht vor, dass der Arbeitnehmer zwei Jahre vor Rentenbeginn freigestellt wird.

In der Zeit der Mehrarbeit (Ansparphase) unterliegt nur der tatsächlich ausgezahlte Lohn dem Lohnsteuerabzug. Ebenso ist es in der Zeit der Freistellung (Entnahmephase).

Die **Gutschrift** von Arbeitslohn (laufender Arbeitslohn, Einmal- und Sonderzahlungen) zugunsten eines Zeitwertkontos wird aus Vereinfachungsgründen auch dann steuerlich **anerkannt,** wenn die Gehaltsänderungsvereinbarung bereits erdiente, aber noch **nicht fällig** gewordene **Arbeitslohnanteile** umfasst.

Beispiel B

Gehaltsumwandlung eines Bonus, der für die Tätigkeit und auf der Grundlage des Gewinns des Wirtschaftsjahres 2020 gewährt und im Mai 2021 fällig wird. Die Gehaltsumwandlung zugunsten einer Wertgutschrift auf dem Zeitwertkonto wird im März 2021 zwischen Arbeitgeber und Arbeitnehmer vereinbart.

Die Gehaltsumwandlung ist steuerlich anzuerkennen, da sie vor Fälligkeit des Bonus vereinbart worden ist. Unmaßgeblich ist, dass der Arbeitnehmer den Bonus 2020 im Zeitpunkt der Vereinbarung der Gehaltsumwandlung (März 2021) in vollem Umfang „erdient" hatte.

---

1) Vgl. BMF-Schreiben vom 17.6.2009 (BStBl. I S. 1286), geändert durch BMF-Schreiben vom 8.8.2019 (BStBl. I S. 874). Das BMF-Schreiben ist als Anlage 3 zu H 38.2 LStR im **Steuerhandbuch für das Lohnbüro 2021** abgedruckt, das im selben Verlag erschienen ist.

2) Erlass des Finanzministeriums Nordrhein-Westfalen vom 9.8.2011 (Az.: S 2332 – 81 – V B 3). Der Erlass ist als Anlage 5 zu H 38.2 LStR im **Steuerhandbuch für das Lohnbüro 2021** abgedruckt, das im selben Verlag erschienen ist

Lohn- steuer- pflichtig | Sozial- versich.- pflichtig

Beispiel C

Wie Beispiel B. Die Gehaltsumwandlung zugunsten einer Wertgutschrift auf dem Zeitwertkonto wird erst im Juni 2021 – also nach Fälligkeit des Bonus – vereinbart.

Die Gehaltsumwandlung ist steuerlich nicht anzuerkennen, da bereits fällig gewordener Arbeitslohn umgewandelt wird. Es handelt sich daher um eine steuerpflichtige Lohnverwendungsabrede.

Vorstehendes gilt auch dann, wenn eine Einmal- oder Sonderzahlung einen Zeitraum von mehr als einem Jahr betrifft.

Beispiel D

Gehaltsumwandlung von Boni, die für die Tätigkeit und auf der Grundlage der Gewinne der Wirtschaftsjahre 2019 und 2020 gewährt und im Februar 2021 fällig werden. Die Gehaltsumwandlung zugunsten einer Wertgutschrift auf dem Zeitwertkonto wird im Januar 2021 zwischen Arbeitgeber und Arbeitnehmer vereinbart.

Die Gehaltsumwandlung ist steuerlich anzuerkennen, da sie vor Fälligkeit der Boni vereinbart worden ist. Unmaßgeblich ist, dass die Zahlung der Boni einen Zeitraum von mehr als einem Jahr betrifft.

c) Verwendung des Guthabens zugunsten einer betrieblicher Altersversorgung

Wird das **Guthaben** des Zeitwertkontos aufgrund einer Vereinbarung zwischen Arbeitgeber und Arbeitnehmer vor Fälligkeit (= planmäßige Auszahlung während der Freistellung) ganz oder teilweise zugunsten der **betrieblichen Altersversorgung** herabgesetzt, ist dies steuerlich als Gehaltsumwandlung **anzuerkennen.** Der Zeitpunkt des Zuflusses dieser zugunsten der betrieblichen Altersversorgung umgewandelten Beträge richtet sich nach dem Durchführungsweg der zugesagten betrieblichen Altersversorgung (vgl. die Erläuterungen in Anhang 6 unter Nr. 3).

Beispiel A

Die planmäßige Auszahlung eines Guthabens auf dem Zeitwertkonto ist ab Juli 2021 vorgesehen. Im Mai 2021 „verzichtet“ der Arbeitnehmer auf das Guthaben zugunsten einer Direktzusage seines Arbeitgebers. Die entsprechenden Versorgungsleistungen aufgrund der Direktzusage des Arbeitgebers (= Betriebsrente) werden ab Januar 2022 ausgezahlt.

Die Gehaltsumwandlung des Guthabens auf dem Zeitwertkonto zugunsten einer betrieblichen Altersversorgung ist steuerlich anzuerkennen, da sie vor der planmäßigen Auszahlung des Guthabens auf dem Zeitwertkonto und damit „vor Fälligkeit“ vereinbart worden ist. Bei dem Durchführungsweg der betrieblichen Altersversorgung „Direktzusage“ liegt ein Lohnzufluss erst bei Zahlung der Altersversorgungsleistungen an den Arbeitnehmer (hier ab Januar 2022) vor.

Bei einem **Altersteilzeitarbeitsverhältnis** im sog. Blockmodell gilt dies in der Arbeitsphase und der Freistellungsphase entsprechend. Folglich ist auch in der Freistellungsphase steuerlich von einer Gehaltsumwandlung auszugehen, wenn vor Fälligkeit (= planmäßige Auszahlung) vereinbart wird, das Guthaben des Zeitwertkontos oder den während der Freistellung auszuzahlenden Arbeitslohn zugunsten der betrieblichen Altersversorgung herabzusetzen. Eine Verwendung des Guthabens auf dem Zeitwertkonto zur (weiteren) Aufstockung des Arbeitsentgelts während der Altersteilzeit führt allerdings zum Lohnzufluss.

Beispiel B

Der Arbeitgeber stockt das Arbeitsentgelt während der Altersteilzeit um 35 % auf 85 % auf (= steuerfreie Aufstockung nach § 3 Nr. 28 EStG). Die Arbeitnehmer entnehmen aus dem Guthaben ihrer Zeitwertkonten weitere 15 %, um eine Aufstockung auf 100 % zu erreichen.

Die Steuerfreistellung (nach § 3 Nr. 28 EStG) setzt entsprechend den Regelungen im Altersteilzeitgesetz (vgl. dort § 3 Abs. 1 Nr. 1 AltTZG[1]) einen Aufstockungsbetrag des Arbeitgebers voraus. Diese Voraussetzung ist hinsichtlich der „letzten 15 %“ nicht erfüllt. Aber auch wenn der Arbeitgeber eine Aufstockung des Arbeitsentgelts während der Altersteilzeit um 50 % zugesagt hätte, die zu 35 % vom Arbeitgeber und zu 15 % durch die Verwendung von Guthaben aus den Zeitwertkonten finanziert würde, wäre eine Steuerfreistellung der „letzten 15 %“ zu verneinen. Da nämlich die Einstellung der Beträge in das Zeitwertkonto in der Regel nicht besteuert wird, muss die Entnahme aus einem solchen Zeitwertkonto regelmäßig zu einer Steuerpflicht führen (Ausnahme: Verwendung des Guthabens zu Gunsten betrieblicher Altersversorgung, hier richtet sich der Zuflusszeitpunkt nach dem Durchführungsweg der betrieblichen Altersversorgung; vgl. vorstehende Ausführungen).

Lohn- steuer- pflichtig | Sozial- versich.- pflichtig

Zu beachten ist, dass die **beitragsfreie Übertragung** von Wertguthaben zugunsten von betrieblicher Altersversorgung für Neuverträge **(Abschluss nach dem 13.11.2008) abgeschafft** worden ist (§ 23b Abs. 3a letzter Satz SGB IV). Dies gilt unabhängig davon, ob für den Beschäftigungsbetrieb eine tarifliche Regelung oder Betriebsvereinbarung eine entsprechende Übertragungsmöglichkeit vorsieht. Damit dürften die steuerlichen Regelungen in der Praxis für einen großen Personenkreis an Bedeutung verloren haben.

d) Auslandssachverhalte

Entsprechend den allgemeinen Grundsätzen bei Auslandssachverhalten steht dem **Tätigkeitsstaat** das Besteuerungsrecht auch für Auszahlungen aus einem Zeitwertkonto **insoweit** zu, als ihnen eine dort erbrachte Arbeitsleistung zugrunde liegt und ihm nach den allgemeinen Grundsätzen für den hierauf entfallenden Arbeitslohn das **Besteuerungsrecht** zusteht (vgl. die Erläuterungen beim Stichwort „Doppelbesteuerungsabkommen“ besonders unter den Nrn. 5, 7, 8 und 9).

Beispiel

Arbeitgeber und Arbeitnehmer A sind beide im Inland ansässig und schließen eine Zeitwertkontenvereinbarung. Im Kalenderjahr 2020 wird A insgesamt für 120 (Aufenthalts- und Tätigkeits-)Tage in die ausländische Betriebsstätte seines Arbeitgebers in einem DBA-Staat entsandt. Seinen regulären Arbeitslohn trägt die dortige Betriebsstätte. Vereinbarungsgemäß erhält A nur die Hälfte seines Lohns ausbezahlt, der auf die Auslandstätigkeit entfällt. Der restliche Betrag wird seinem Arbeitszeitkonto gutgeschrieben. Weitere Wertgutschriften werden dort nicht verbucht. Im Kalenderjahr 2021 nimmt A sein Guthaben in Anspruch und wird für 60 Arbeitstage von der Verpflichtung zur Arbeitsleistung unter Fortzahlung seiner Bezüge in voller und seit 2020 unveränderter Höhe freigestellt.

Dem DBA-Staat steht das Besteuerungsrecht für diejenigen Vergütungen zu, die A für seine Tätigkeit dort bezogen hat. Dies gilt unabhängig davon, ob der Betrag A im regulären Zahlungsturnus zufließt oder der Zuflusszeitpunkt durch die Gutschrift auf dem Arbeitszeitkonto wirksam in die Zukunft verlagert wird. Vorliegend steht dem DBA-Staat das Besteuerungsrecht an den Zahlungen aus dem Arbeitszeitkonto im Kalenderjahr 2021 zu. Deutschland stellt den Arbeitslohn grundsätzlich unter Anwendung des Progressionsvorbehalts (vgl. dieses Stichwort) frei. Zu einem Rückfall des Besteuerungsrechts an Deutschland vgl. das Stichwort „Doppelbesteuerungsabkommen“ unter Nr. 12 Buchstabe a.

e) Belegschaftsspenden

Verzichten Arbeitnehmer teilweise auf die Auszahlung von Arbeitslohn oder auf Teile eines angesammelten Wertguthabens in einem Arbeitszeitkonto zugunsten einer Beihilfe des Arbeitgebers an von einer **Naturkatastrophe** betroffene Arbeitnehmer des Unternehmens oder zugunsten einer Zahlung des Arbeitgebers auf ein Spendenkonto einer spendenempfangsberechtigten Einrichtung (= Belegschaftsspenden), gehören diese Lohnteile **nicht** zum **steuerpflichtigen Arbeitslohn,** wenn der Arbeitgeber die Verwendungsauflage erfüllt und dies dokumentiert. Der außer Ansatz bleibende Arbeitslohn ist grundsätzlich im Lohnkonto aufzuzeichnen. Hierauf kann aber verzichtet werden, wenn der Arbeitnehmer seinen Verzicht schriftlich erklärt hat und diese Erklärung zum Lohnkonto genommen worden ist.

Der außer Ansatz bleibende Arbeitslohn ist in der Lohnsteuerbescheinigung nicht anzugeben. Die steuerfrei belassenen Lohnteile dürfen bei der Einkommensteuer-Veranlagung der Arbeitnehmer auch nicht bei den Sonderausgaben als Spenden berücksichtigt werden. **Sozialversicherungsrechtlich** sind **Arbeitslohnspenden** zugunsten von **Naturkatastrophen im Inland beitragsfrei**

1) Das Altersteilzeitgesetz (AltTZG) ist als Anhang 12 im **Steuerhandbuch für das Lohnbüro 2021** abgedruckt, das im selben Verlag erschienen ist.

	Lohnsteuerpflichtig	Sozialversich.-pflichtig
(§ 1 Abs. 1 Satz 1 Nr. 11 SvEV[1]). Vgl. im Einzelnen auch die Ausführungen beim Stichwort „Spenden der Belegschaft".	nein	nein

Zur Auszahlung des Wertguthabens eines Arbeitszeitkontos an die von einer Naturkatastrophe existenziell betroffenen Arbeitnehmer vgl. nachfolgende Nr. 7 Buchstabe a.

4. Begünstigter Personenkreis

a) Arbeitnehmer in einem gegenwärtigen Dienstverhältnis

Ein Zeitwertkonto kann grundsätzlich für alle Arbeitnehmer im Rahmen eines gegenwärtigen Dienstverhältnisses eingerichtet werden. Dazu gehören auch Arbeitnehmer mit einer **geringfügigen Beschäftigung** im sozialversicherungsrechtlichen Sinne. Bei diesen Arbeitnehmern werden aber „echte" Langzeitkonten oder Lebensarbeitszeitkonten selten sein (vgl. auch die Erläuterungen beim Stichwort „Geringfügige Beschäftigung" unter Nr. 3 Buchstabe e). Bei kurzfristig Beschäftigten ist die Bildung von Zeitwertkonten von vornherein ausgeschlossen. Aufgrund des Sinn und Zwecks des Zeitwertkontos („Verschiebung" des Lohnzuflusses in Zeiten der Arbeitsfreistellung) ist die Einrichtung eines solchen Kontos zudem bei Versorgungsempfängern nicht mehr möglich.

b) Befristete Arbeitsverhältnisse

Bei befristeten Dienstverhältnissen werden Zeitwertkonten steuerlich nur anerkannt, wenn die sich während der Beschäftigung ergebenden Guthaben bei normalem Ablauf während der Dauer des befristeten Dienstverhältnisses durch Freistellung ausgeglichen werden. Der **Ausgleich** des Zeitwertkontos muss also **innerhalb** der vertraglich vereinbarten **Befristung** erfolgen. Hierdurch sollen bestimmte Gestaltungen (z. B. Zeitwertkonto bei einem für zwei Jahre angestellten Profisportler) von vornherein ausgeschlossen werden.

c) Organe von Körperschaften

Vereinbarungen über die Einrichtung von Arbeitszeitkonten bei Arbeitnehmern, die zugleich als Organ einer Körperschaft bestellt sind (z. B. Vorstandsmitglieder einer AG oder Geschäftsführer einer GmbH), sind steuerlich grundsätzlich anzuerkennen, wenn der Arbeitnehmer **nicht** an der Körperschaft **beteiligt ist.** Daher sind z. B. bei einem Fremdgeschäftsführer Arbeitszeitkonten anzuerkennen (BFH-Urteil vom 22.2.2018, BStBl. 2019 II S. 496).[2]

Beispiel A

Beim Fremdgeschäftsführer A wird eine Sonderzahlung teilweise zugunsten einer Wertgutschrift auf dem Zeitwertkonto verwendet.

Bei einem Fremdgeschäftsführer sind Zeitwertkonten anzuerkennen mit der Folge, dass die Wertgutschrift nicht bereits im Zeitpunkt der Gutschrift, sondern erst im Zeitpunkt der späteren Auszahlung zu versteuern und zu verbeitragen ist.

Beispiel B

Auf dem Zeitwertkonto des Vorstandsmitglieds B wird für einen Teil der Tantieme des Vorjahres eine Wertgutschrift von 5000 € vorgenommen.

Zeitwertkonten sind grundsätzlich auch bei Vorstandsmitgliedern anzuerkennen mit der Folge, dass der Betrag von 5000 € nicht bereits bei Gutschrift auf dem Zeitwertkonto, sondern erst im Zeitpunkt der späteren (tatsächlichen) Auszahlung zu versteuern ist.

Ist der Arbeitnehmer an der Körperschaft beteiligt, beherrscht diese aber nicht (z. B. **Minderheits-Gesellschafter-Geschäftsführer**), ist nach allgemeinen Grundsätzen zu prüfen, ob eine verdeckte Gewinnausschüttung vorliegt. Die Vermutung der Veranlassung einer solchen Vereinbarung durch das Gesellschaftsverhältnis (= verdeckte Gewinnausschüttung) kann durch einen betriebsinternen Fremdvergleich widerlegt werden. Liegt danach keine verdeckte Gewinnausschüttung vor, sind Vereinbarungen über die Einrichtung von Arbeitszeitkonten steuerlich grundsätzlich anzuerkennen.

Beispiel C

Beim Minderheits-Gesellschafter-Geschäftsführer C (beteiligt an der GmbH zu 30%) wird eine Sonderzahlung in Höhe von 20 000 € zugunsten einer Wertgutschrift auf dem Zeitwertkonto verwendet.

Bei Minderheits-Gesellschafter-Geschäftsführern wird eine Veranlassung durch das Gesellschaftsverhältnis und damit das Vorliegen einer verdeckten Gewinnausschüttung vermutet, die dem Einkommen der GmbH wieder hinzuzurechnen ist und bei C zu Einkünften aus Kapitalvermögen führt, die der 25%igen Abgeltungsteuer unterliegen. Die Vermutung kann durch einen betriebsinternen Fremdvergleich widerlegt werden. Sofern dies gelingt, ist das Zeitwertkonto anzuerkennen, und die Wertgutschrift führt erst im Zeitpunkt der Auszahlung zu Arbeitslohn.

Ist der Arbeitnehmer an der Körperschaft beteiligt und beherrscht diese **(beherrschender Gesellschafter-Geschäftsführer),** liegt eine verdeckte Gewinnausschüttung vor, und Vereinbarungen über die Einrichtung von Arbeitszeitkonten sind steuerlich nicht anzuerkennen.[2]

Auch der Bundesfinanzhof hält Arbeitszeitkonten mit dem Aufgabenbild eines beherrschenden Gesellschafter-Geschäftsführers für nicht vereinbar (BFH-Urteil vom 11.11.2015, BStBl. 2016 II S. 489). Er begründet dies mit der sog. **Allzuständigkeit des beherrschenden GmbH-Geschäftsführers,** die ihn verpflichtet, Arbeiten auch dann zu erledigen, wenn sie außerhalb der üblichen Arbeitszeiten oder über diese hinaus anfallen. Damit nicht vereinbar sei ein Verzicht auf unmittelbare Entlohnung zugunsten später zu vergütender Freizeit. Dies käme – zeitversetzt – einer mit der Organstellung nicht zu vereinbarenden Abgeltung von Überstunden gleich. Die **verdeckte Gewinnausschüttung** ist dem Einkommen der GmbH wieder hinzuzurechnen und führt beim beherrschenden Gesellschafter-Geschäftsführer zu **Einnahmen aus Kapitalvermögen,** die der 25 %igen Abgeltungsteuer unterliegen.

Beispiel D

Beim beherrschenden Gesellschafter-Geschäftsführer D (beteiligt an der GmbH zu 75 %) wird eine Sonderzahlung in Höhe von 50 000 € zugunsten einer Wertgutschrift auf dem Zeitwertkonto verwendet.

Bei beherrschenden Gesellschafter-Geschäftsführern werden Vereinbarungen über die Einrichtung von Arbeitszeitkonten steuerlich nicht anerkannt. Somit führt die Wertgutschrift in Höhe von 50 000 € zum Vorliegen einer verdeckten Gewinnausschüttung, die dem Einkommen der GmbH wieder hinzuzurechnen ist und bei D zu Einkünften aus Kapitalvermögen führt, die der 25 %igen Abgeltungsteuer unterliegen.

Besondere **Übergangsregelung: Zuführungen** zu einem Zeitwertkonto **bis** zum **31.1.2009** sind bei Organen von Körperschaften erst bei Auszahlung zu versteuern. Die Anwendung der Übergangsregelung setzt aber voraus, dass die Zeitwertkontenmodelle aus Vertrauensschutzgründen steuerlich anzuerkennen gewesen wären und es sich nicht um verdeckte Gewinnausschüttungen handelt. Das Vorliegen und der Nachweis der Vertrauensschutzgründe bedarf grundsätzlich einer Prüfung im jeweiligen Einzelfall. Bei Anwendung dieser Übergangsregelung sind etwaige als Arbeitslohn zu besteuernde Zuführungen (z. B. Gutschriften nach dem 31.1.2009) im Zeitwertkonto gesondert aufzuzeichnen.

Beispiel E

Das Betriebsstättenfinanzamt hat einer GmbH aufgrund einer gestellten Anrufungsauskunft im Januar 2008 mitgeteilt, dass auch für beherrschende Gesellschafter-Geschäftsführer Zeitwertkontenmodelle gebildet werden dürfen. Die GmbH hat für ihren beherrschenden Gesellschafter-Geschäftsführer daher bis zum 31.1.2009 einen Betrag in Höhe von 50 000 € in ein Zeitwertkonto eingestellt.

Angesichts der positiven Anrufungsauskunft des Betriebsstättenfinanzamts sind die bis zum 31.1.2009 zum Zeitwertkonto des beherrschenden Gesellschafter-Geschäftsführers vorgenommenen Zuführungen aufgrund der Übergangsregelung erst bei Auszahlung als Arbeitslohn zu versteuern.

1) Die Sozialversicherungsentgeltverordnung (SvEV) ist als Anhang 2 im **Steuerhandbuch für das Lohnbüro 2021** abgedruckt, das im selben Verlag erschienen ist.

2) Vgl. Abschnitt A IV. 2b) des BMF-Schreibens vom 17.6.2009 (BStBl. I S. 1286), geändert durch BMF-Schreiben vom 8.8.2019 (BStBl. I S. 874). Das BMF-Schreiben ist als Anlage 3 zu H 38.2 LStR im **Steuerhandbuch für das Lohnbüro 2021** abgedruckt, das im selben Verlag erschienen ist.

Lohn- steuer- pflichtig | Sozial- versich.- pflichtig

Der **Erwerb einer Organstellung** hat keinen Einfluss auf ein bis zu diesem Zeitpunkt aufgebautes Guthaben. Nach Erwerb der Organstellung ist hinsichtlich der weiteren Zuführungen zu dem Zeitwertkonto eine verdeckte Gewinnausschüttung zu prüfen.

Beispiel F

Das Zeitwertkonto des Arbeitnehmers A weist zum 30. 6. 2021 ein Guthaben von 80 000 € auf. Zum 1. 7. 2021 erwirbt er die Mehrheit der Anteile an der GmbH und wird zum Geschäftsführer bestellt.

Der Erwerb der Organstellung als beherrschender Gesellschafter-Geschäftsführer hat keinen Einfluss auf das bis zum 30. 6. 2021 aufgebaute Guthaben. Dieses Guthaben ist erst bei seiner späteren Auszahlung als Arbeitslohn zu versteuern. Alle weiteren Zuführungen zu dem Zeitwertkonto ab 1. 7. 2021 (= Erwerb der Organstellung als beherrschender Gesellschafter-Geschäftsführer) würden allerdings unmittelbar zu verdeckten Gewinnausschüttungen führen.

Sollte das Dienstverhältnis nach Beendigung der Organstellung weiter bestehen, kann das Guthaben auf dem Zeitwertkonto nach dem Zeitpunkt der Beendigung der Organstellung durch „unversteuerte" Zuführungen weiter aufgebaut oder das aufgebaute Guthaben für Zwecke der Freistellung verwendet werden.

Die vorstehend beschriebenen Besonderheiten bei Organen von Körperschaften bei der Bildung von Zeitwertkonten haben aber keine Auswirkungen auf **Altersteilzeitverträge** von Vorstandsmitgliedern, die den Bestimmungen des Altersteilzeitgesetzes entsprechend abgeschlossen wurden bzw. werden. In diesen Fällen bleibt auch der vom Arbeitgeber zu zahlende Aufstockungsbetrag steuerfrei (vgl. hierzu die Erläuterungen beim Stichwort „Altersteilzeit" unter Nr. 6).

Der ggf. vorliegende Ausschluss der Organe von Körperschaften von Zeitwertkontenvereinbarungen ist nicht gegeben, wenn die Organtätigkeit nicht beim Arbeitgeber, sondern auf dessen Weisung bei einem Dritten (z. B. einem verbundenen Unternehmen) ausgeübt wird. In diesem Fall übt der Arbeitnehmer im Verhältnis zu seinem Arbeitgeber, mit dem die Zeitwertkontenvereinbarung besteht, keine Organtätigkeit aus.

Beispiel G

Arbeitnehmer G (5 % Beteiligung) hat mit seinem Arbeitgeber (= Konzernmutter) einen Arbeitsvertrag mit Zeitwertkontenvereinbarung als leitender Angestellter abgeschlossen. Die Geschäftsführertätigkeit bei der Konzerntochter gehört zu den Aufgaben im Rahmen des Arbeitsverhältnisses zur Konzernmutter. Ein gesondertes Arbeitsverhältnis mit der Konzerntochter, bei der die Geschäftsführertätigkeit ausgeübt wird, besteht nicht.

Die Zeitwertkontenvereinbarung ist bei Vorliegen der übrigen Voraussetzungen lohnsteuerlich anzuerkennen, weil G im Verhältnis zu seinem Arbeitgeber (= Konzernmutter) keine Organtätigkeit ausübt.

d) Als Arbeitnehmer beschäftigte beherrschende Anteilseigner

Auch bei Arbeitnehmern, die in der Gesellschaft beschäftigt sind, an der sie die Mehrheit der Anteile halten, werden **Zeitwertkonten** steuerlich **nicht anerkannt.** Gutschriften auf dem Zeitwertkonto führen daher zum Zufluss von Arbeitslohn.

Der Erwerb der Mehrheit der Anteile hat aber keinen Einfluss auf ein bis zu diesem Zeitpunkt aufgebautes Guthaben. Nach Erwerb der Mehrheit der Anteile führen aber auch bei diesem Personenkreis alle weiteren Zuführungen zu dem Zeitwertkonto zu einer verdeckten Gewinnausschüttung.

Die unter dem vorstehenden Buchstaben c) angesprochene besondere Übergangsregelung bei Organen von Körperschaften bis zum 31.1.2009 gilt auch für als Arbeitnehmer beschäftigte beherrschende Anteilseigner.

Lohn- steuer- pflichtig | Sozial- versich.- pflichtig

5. Modellinhalte des Zeitwertkontos

a) Aufbau des Zeitwertkontos

In ein Zeitwertkonto können **keine weiteren Gutschriften** mehr unversteuert eingestellt werden, sobald feststeht, dass das vorhandene Guthaben **nicht mehr durch Freistellung** vor dem Ruhestand vollständig **aufgebraucht** werden kann. Durch diese Regelung soll also die Zuführung von Gutschriften zu einem Zeitwertkonto der Höhe nach begrenzt werden.

Um eine möglichst weitgehende **Anlehnung** an das **Sozialversicherungsrecht** zu erreichen, wird steuerlich bei Wertguthabenvereinbarungen, die die Anforderungen § 7 Abs. 1a Satz 1 Nr. 2 SGB IV hinsichtlich der Angemessenheit der Höhe des während der Freistellung fälligen Arbeitsentgelts berücksichtigen, davon ausgegangen, dass die dem Zeitwertkonto zugeführten Beträge auch durch Freistellung vollständig aufgebraucht werden können. Eine weitere Prüfung ist in diesen Fällen regelmäßig entbehrlich. In einer großen Anzahl der Fälle dürfte daher der Aufbau des Zeitwertkontos auch aus steuerlicher Sicht unproblematisch sein.

Lediglich bei **Zeitwertkonten,** die die **vorstehenden Voraussetzungen nicht erfüllen** oder **nicht** unter den Anwendungsbereich des **SGB IV** fallen, beabsichtigt die Finanzverwaltung mit ihren Regelungen den Aufbau von Guthaben eines Zeitwertkontos betragsmäßig zu begrenzen. Unversteuerte Zuführungen zu einem Zeitwertkonto sollen nur bis zu dem Betrag möglich sein, der durch einen etwaigen Freistellungszeitraum vor einem etwaigen Bezug der Altersrente nach dem SGB VI auch tatsächlich verbraucht werden kann. Diese Prüfung ist anhand einer jährlichen **Prognoseentscheidung** vorzunehmen.

Da für die Prognoseentscheidung zum einen der **ungeminderte Arbeitslohnanspruch** (ohne Gehaltsänderungsvereinbarung) maßgebend ist, kann man seinen Arbeitslohn (theoretisch) bis auf 0 € zugunsten von Gutschriften auf einem Zeitwertkonto herabsetzen. Zum anderen gilt für die Prognoseentscheidung der voraussichtliche **„Maximalzeitraum"** der noch zu beanspruchenden **Freistellung.** Dieser Zeitraum bestimmt sich nach der vertraglichen Vereinbarung, höchstens jedoch bis zum spätesten Zeitpunkt für die Beanspruchung der Regelaltersgrenze nach § 35 SGB VI und § 235 SGB VI. Auf den Anspruch auf Rente für besonders langjährig Versicherte (§ 236b SGB VI) kommt es nicht an.

Beispiel A

Zwischen dem 55-jährigen Arbeitnehmer B und seinem Arbeitgeber wird vereinbart, dass künftig die Hälfte des Arbeitslohns in ein Zeitwertkonto eingestellt wird, das dem Arbeitnehmer während der Freistellungsphase ratierlich ausgezahlt werden soll. Das Arbeitsverhältnis soll planmäßig mit Beendigung des 67. Lebensjahres (= Jahr 12) beendet werden. Der aktuelle Jahresarbeitslohn beträgt 100 000 €. Nach sieben Jahren beträgt das Guthaben 370 000 €. Der Jahresarbeitslohn im Jahr 08 beläuft sich auf 120 000 €. Kann hiervon wieder die Hälfte dem Wertguthaben zugeführt werden?

Nach Ablauf des achten Jahres verbleiben für die Freistellungsphase noch vier Jahre. Eine Auffüllung des Zeitwertkontos ist bis zu einem Betrag von 480 000 € (= ungekürzter Arbeitslohn des laufenden Jahres von 120 000 € × Dauer der Freistellungsphasen in Jahren = 4) steuerlich unschädlich. Daher kann ohne weiteres ein Betrag von 60 000 € (1/2 von 120 000 €) unversteuert dem Zeitwertkonto zugeführt werden, da sich dann ein Guthaben von 430 000 € (370 000 € + 60 000 €) ergibt.

Hinweis: Sollte aber im Jahr 09 die Freistellungsphase noch nicht begonnen haben, können keine weiteren Guthaben mehr in das Zeitwertkonto eingestellt werden (Prognoserechnung: Bei einem Jahresarbeitslohn von 120 000 € für die Freistellungsphase von drei Jahren ergibt sich ein maximaler Wert von 360 000 €). Allerdings ist in diesem Fall vor Auszahlung des Guthabens keine (zwangsweise) Versteuerung des 360 000 € übersteigenden Betrags vorzunehmen.

Bei einer **erfolgsabhängigen Vergütung** ist für die Prognoseentscheidung neben dem Festgehalt (= Fixum) auch der erfolgsabhängige Vergütungsbestandteil zu berücksichtigen. Dabei bestehen keine Bedenken, insoweit den Durchschnittsbetrag der letzten fünf Jahre zugrunde zu

Lohn-steuer-pflichtig	Sozial-versich.-pflichtig

legen. Wird die erfolgsabhängige Vergütung noch keine fünf Jahre gewährt oder besteht das Dienstverhältnis noch keine fünf Jahre, ist der Durchschnittsbetrag dieses Zeitraums maßgebend. Die **Einbeziehung** der erfolgsabhängigen Vergütungen erweist sich für den Arbeitnehmer als **vorteilhaft,** da sich hierdurch das in ein Zeitwertkonto maximal einstellbare (unversteuerte) Volumen erhöht.

Beispiel B

Zwischen dem 55-jährigen Arbeitnehmer C und seinem Arbeitgeber wird vereinbart, dass künftig die Hälfte des Arbeitslohns in ein Zeitwertkonto eingestellt wird, das dem Arbeitnehmer während der Freistellungsphase ratierlich ausgezahlt werden soll. Das Arbeitsverhältnis soll planmäßig mit Vollendung des 67. Lebensjahres (= Jahr 12) beendet werden. C bezieht im Jahr 01 ein Festgehalt von 100 000 €. Daneben erhält er erfolgsabhängige Vergütungsbestandteile, die ebenfalls hälftig dem Zeitwertkonto zugeführt werden sollen. Nach sieben Jahren beträgt das Guthaben des Zeitwertkontos 520 000 €. Die Fixvergütung beläuft sich im Jahr 08 auf 120 000 €. Die variablen Vergütungsbestandteile im Jahr 08 betragen 80 000 €; in den letzten fünf Jahren standen ihm variable Vergütungen in Höhe von insgesamt 300 000 € zu.

Dem Zeitwertkonto können im achten Jahr 100 000 € (= ½ von 120 000 € Festgehalt plus 80 000 € variable Vergütung) zugeführt werden. Damit beläuft sich das Guthaben des Zeitwertkontos am Ende des achten Jahres auf 620 000 € und ist – bezogen auf eine mögliche Freistellungsphase von vier Jahren – weiterhin geringer als das Vierfache des aktuellen jährlichen Festgehalts (120 000 €) zuzüglich der durchschnittlichen jährlichen variablen Vergütungen von 60 000 € (300 000 € : 5 Jahre), die sich somit für einen Freistellungszeitraum von vier Jahren auf 720 000 € belaufen (= 180 000 € × 4 Jahre).

Können nach den vorstehenden Grundsätzen keine weiteren Gutschriften in das Zeitwertkonto eingestellt werden, sind dennoch vorgenommene weitere Gutschriften auf dem Zeitwertkonto als Einkommensverwendung anzusehen, die zum Zufluss von steuerpflichtigem Arbeitslohn führen.

Beispiel C

Ein 64-jähriger Arbeitnehmer mit einem Jahresgehalt von 50 000 €, der mit „66" in Rente gehen soll, hat sich auf seinem Zeitwertkonto über viele Jahre ein Guthaben von 100 000 € (Stand 31.12.2020) aufgebaut. Im Mai 2021 möchte er auf seinem Zeitwertkonto eine weitere Wertgutschrift von 5 000 € vornehmen.

Im Jahre 2021 sind keine weiteren Zuführungen zum Zeitwertkonto möglich, da das am 31.12.2020 vorhandene Guthaben von 100 000 € für den maximalen Freistellungszeitraum von zwei Jahren (2 Jahre à 50 000 € Jahresgehalt = 100 000 €) ausreicht. Würde im Mai 2021 dennoch eine weitere Wertgutschrift vorgenommen, würde diese insoweit zu einem steuerpflichtigen Lohnzufluss führen.

b) Kein Rechtsanspruch des Arbeitnehmers gegenüber einem Dritten

Wird das Guthaben eines Zeitwertkontos aufgrund der Vereinbarung zwischen Arbeitgeber und Arbeitnehmer z. B. als Depotkonto bei einem Kreditinstitut oder Fonds geführt, darf der Arbeitnehmer zur Vermeidung eines Lohnzuflusses keinen unmittelbaren Rechtsanspruch gegenüber dem Dritten haben.

Beispiel A

Arbeitgeber A und Arbeitnehmer B haben vereinbart, das Guthaben auf dem Zeitwertkonto des B bei einer Kapitalanlagegesellschaft zu führen. B hat keinen eigenen Anspruch gegenüber der Fondsgesellschaft. Allerdings sind die Ansprüche des A gegenüber der Fondsgesellschaft für den Fall der Liquidation oder der Vollstreckung in den Anspruch durch Dritte an den B abgetreten.

Das Guthaben führt bei B mangels eigenen Anspruch gegenüber der Fondsgesellschaft noch nicht zu einem Lohnzufluss. Die Abtretung des Anspruchs von A an B wird rechtlich erst wirksam, wenn die Bedingung eintritt (§ 158 Abs. 1 BGB).

Beauftragt der Arbeitgeber ein externes Vermögensverwaltungsunternehmen mit der Anlage der Guthabenbeträge, findet in diesen Fällen die **Minderung** wie auch die **Erhöhung** des Depots z. B. durch Zinsen und Wertsteigerungen infolge von Kursgewinnen zunächst in der **Vermögenssphäre** des **Arbeitgebers** statt. Beim Arbeitnehmer sind die durch die Anlage des Guthabens erzielten Vermögensminderungen/-mehrungen erst bei Auszahlung der Beträge in der Freistellungsphase lohnsteuerlich relevant, wobei die **ausgezahlten Beträge** als **Arbeitslohn** zu erfassen sind.

Ein **Kapitalanlagewahlrecht** des Arbeitnehmers ist übrigens für die Frage des Lohnzuflusses **unschädlich.**

Beispiel B

Wie Beispiel A. Alle drei Monate kann B neu bestimmen, ob das Guthaben des Zeitwertkontos in einem Aktien-, Renten-, Immobilien- oder einem Mischfonds angelegt werden soll.

Das Kapitalanlagewahlrecht des B führt noch nicht zu einem Lohnzufluss des Wertguthabens.

Immer mehr Arbeitgeber sichern die Ansprüche der Arbeitnehmer aus einer betrieblichen Altersversorgung für den Fall der **Insolvenz** – über die gesetzlich eingerichtete Insolvenzsicherung durch den Pensions-Sicherungs-Verein hinaus – zusätzlich privatrechtlich ab. Diese **privatrechtliche Absicherung** geschieht vielfach über sog. „Contractual Trust Agreement (CTA)". Dabei handelt es sich um **Treuhandkonstruktionen,** durch die der besondere Zugriff des Insolvenzverwalters auf die ganz oder teilweise unter „wirtschaftlicher Beteiligung" des Arbeitnehmers (z. B. durch Gehaltsumwandlung) erworbenen Ansprüche auf Leistungen der betrieblichen Altersversorgung verhindert wird. Es ist gesetzlich sichergestellt worden (§ 3 Nr. 65 Satz 1 Buchstabe c EStG), dass das **Einstehen eines Dritten** – neben dem Arbeitgeber – für die Erfüllung von Ansprüchen aufgrund bestehender Versorgungsverpflichtungen oder -anwartschaften im Fall der Eröffnung des Insolvenzverfahrens oder in gleichstehenden Fällen (z. B. Abweisung des Antrags auf Eröffnung des Insolvenzverfahrens mangels Masse; vgl. im Einzelnen § 7 Abs. 1 Satz 4 BetrAVG[1]) **nicht** zu einem **Zufluss** von steuerpflichtigem Arbeitslohn beim Arbeitnehmer und ggf. dessen Hinterbliebenen führt. Schließlich führt die zusätzliche Insolvenzsicherung nicht zu neuen oder höheren Ansprüchen, sondern schützt nur die bereits vorhandenen Ansprüche für den Fall der Insolvenz des Arbeitgebers. Neben den Ansprüchen der Arbeitnehmer auf Leistungen der betrieblichen Altersversorgung werden durch CTA-Modelle und ähnliche Gestaltungen **auch Ansprüche** (Wertguthaben) der Arbeitnehmer bei Altersteilzeitmodellen und aus Arbeitszeitkonten **(= Zeitwertkonten)** gesichert. Auch hier gilt die Steuerbefreiungsvorschrift des § 3 Nr. 65 Satz 1 Buchstabe c EStG. Die **späteren Zahlungen** durch den Dritten an den Arbeitnehmer oder seine Hinterbliebenen führen zum Zufluss von **Arbeitslohn,** von dem der Dritte den **Lohnsteuerabzug** vorzunehmen hat (§ 3 Nr. 65 Sätze 2 bis 4 EStG).

c) Verzinsung des Guthabens

Im Rahmen von Zeitwertkonten kann dem Arbeitnehmer auch eine Verzinsung des Guthabens zugesagt werden. Diese kann z. B. in einem festen jährlichen Prozentsatz des angesammelten Guthabens bestehen, wobei sich der Prozentsatz z. B. nach dem Umfang der jährlichen Gehaltsentwicklung oder nach der Entwicklung bestimmter am Kapitalmarkt angelegter Vermögenswerte richten kann.

Die Zinsen erhöhen das Guthaben des Zeitwertkontos und sind erst im Zeitpunkt der tatsächlichen **Auszahlung** an den Arbeitnehmer als **Arbeitslohn** zu erfassen.

Beispiel

Arbeitgeber A hat seinen Arbeitnehmern als zusätzlichen Anreiz zugesagt, die Guthaben auf den Zeitwertkonten mit jährlich 2 % zu verzinsen und das jeweilige Guthaben entsprechend zu erhöhen.

Auch die jährlich gutgeschriebenen Zinsen sind erst im Zeitpunkt der tatsächlichen Auszahlung an die Arbeitnehmer als Arbeitslohn zu besteuern.

---

1) Das Betriebsrentengesetz (BetrAVG) ist als Anhang 13 im **Steuerhandbuch für das Lohnbüro 2021** abgedruckt, das im selben Verlag erschienen ist.

Lohn- steuer- pflichtig | Sozial- versich.- pflichtig

Sind in einem Zeitwertkonto (auch) Guthaben enthalten, die bereits bei Zuführung zu steuerpflichtigen Arbeitslohn führten, müssen sie im Zeitwertkonto gesondert aufgezeichnet werden. Werden **unbesteuerte** und **besteuerte Zuführungen** verzinst, ist eine **Aufteilung** der **Zinsen** vorzunehmen. Eine Verzinsung der unbesteuerten Zuführungen führt erst bei der späteren Auszahlung zu Arbeitslohn. Eine Verzinsung der besteuerten Zuführungen führt hingegen bei Gutschrift der Zinsen zu Einkünften aus Kapitalvermögen, da der Arbeitnehmer insoweit eine Forderung gegenüber dem Arbeitgeber hat (§ 20 Abs. 1 Nr. 7 EStG). Da der Arbeitgeber hierfür nicht zum Kapitalertragsteuerabzug verpflichtet ist, hat der Arbeitnehmer die auf als Arbeitslohn besteuerte Zuführungen entfallenden Zinsen im Jahr der Gutschrift in seiner Einkommensteuererklärung (Anlage KAP) anzugeben (§ 32d Abs. 3 EStG). Das Finanzamt setzt die 25 %ige Abgeltungsteuer auf diese Kapitalerträge (ggf. abzüglich der Ermäßigung bei Kirchensteuerpflicht) im Rahmen der Einkommensteuer-Veranlagung fest.

d) Zuführung von steuerfreiem Arbeitslohn zum Guthaben

Wird vor der Arbeitsleistung zwischen Arbeitgeber und Arbeitnehmer vereinbart, dass ein steuerfreier Zuschlag (z. B. steuerfreier Zuschlag für Sonntags-, Feiertags- oder Nachtarbeit) auf dem Zeitwertkonto eingestellt und getrennt ausgewiesen wird, bleibt die **Steuerfreiheit** eines solchen Zuschlags auch in der Freistellungsphase (= Auszahlungsphase) **erhalten** (vgl. auch R 3b Abs. 8 LStR).

Beispiel

Es ist vereinbart, dass für Nachtarbeit sowie für Sonn- und Feiertagsarbeit keine Zuschläge gezahlt werden, sondern ein Guthaben auf dem Zeitwertkonto eingerichtet wird.

Soweit die Zuschläge für tatsächlich geleistete Sonntags-, Feiertags- und Nachtarbeit in der Ansparphase steuerfrei sind, bleibt diese Steuerfreiheit auch in der Entnahmephase (= Auszahlungsphase) erhalten.

Die Steuerfreiheit gilt jedoch nur für den Zuschlag als solchen, nicht hingegen für eine darauf beruhende etwaige Verzinsung oder Wertsteigerung. Eine steuerpflichtige Wertsteigerung liegt auch dann vor, wenn sie auf eine allgemeine Tariferhöhung zurückzuführen ist.[1)]

Reine **Zeitgutschriften** auf einem Flexi- oder Gleitzeitkonto sind ebenfalls keine steuerfreien Zuschläge für Sonntags-, Feiertags- oder Nachtarbeit.

6. Zeitwertkontengarantie

a) Inhalt der Zeitwertkontengarantie

Das Sozialversicherungsrecht sieht in den §§ 7d, 7e SGB IV bestimmte Vorgaben für die Führung und Verwaltung von Wertguthaben sowie für den Insolvenzschutz vor. Die Finanzverwaltung verlangt daher, dass die zwischen Arbeitgeber und Arbeitnehmer getroffene Vereinbarung beinhaltet, dass zum Zeitpunkt der **planmäßigen Inanspruchnahme** des Guthabens mindestens ein **Rückfluss** der dem Zeitwertkonto **zugeführten Beträge** (ohne Arbeitgeberanteil am Gesamtsozialversicherungsbeitrag) **gewährleistet** ist. Diese Zeitwertkontengarantie ist nicht nur zu Beginn, sondern während der gesamten Auszahlungsphase – unter Abzug der bereits geleisteten Auszahlungen – zu erfüllen. Zu den Möglichkeiten der Verwendung des Wertguthabens vgl. nachfolgende Nr. 9 Buchstabe b.

Durch die Zeitwertkontengarantie darf es bei den in das Konto eingestellten Beträge bezogen auf den Zeitpunkt der planmäßigen Inanspruchnahme **nicht** zu einem **„Teilverlust“** oder gar **„Totalverlust“** kommen.

Wertschwankungen sowie die Minderung des Zeitwertkontos (z. B. durch die Abbuchung von Verwaltungskosten und Depotgebühren) in der **Aufbauphase** sind lohnsteuerlich allerdings **unbeachtlich.**

Lohn- steuer- pflichtig | Sozial- versich.- pflichtig

Beispiel A

Im Rahmen eines vereinbarten Zeitwertkontos ergibt sich zum Ende des dritten Jahres innerhalb der zehnjährigen Ansparphase ein Guthaben von 10 000 €. Bei jährlichen Zuführungen von 4000 € ergab sich durch Wertschwankungen sowie die Belastung von Provisionszahlungen und Verwaltungskosten ein geringerer Wert als die Summe der eingezahlten Beträge (= 12 000 €).

Die Minderung des Guthabens ist unschädlich, wenn bis zum Beginn der planmäßigen Auszahlungsphase die Wertminderung durch Wertsteigerungen der Anlage oder Erträge aus der Anlage wieder ausgeglichen wird.

Beispiel B

Der Stand des Guthabens beträgt zu Beginn der Freistellungsphase 60 000 €. Der Betrag ist auf jährliche Einzahlungen von 5000 € innerhalb der achtjährigen Aufbauphase sowie auf Erträge aus der Anlage und Wertsteigerungen zurückzuführen. Während der Freistellungsphase fallen jährlich Verwaltungskosten in Höhe von 120 € an, die dem Guthaben belastet werden.

Die Belastung des Guthabens mit Verwaltungskosten und sonstigen Gebühren ist unschädlich, denn die Summe des bis zu Beginn der Freistellungsphase eingezahlten Kapitals (= 40 000 €) wird hierdurch nicht unterschritten.

Beispiel C

Der Stand des Guthabens beträgt zu Beginn der Auszahlungsphase 40 200 €. Der Betrag ist auf jährliche Einzahlungen von 5000 € innerhalb der achtjährigen Aufbauphase sowie auf Erträge aus der Anlage zurückzuführen. Er wurde aber in der Vergangenheit auch durch Wertminderungen beeinflusst. Im Hinblick auf die ertragsschwache Anlage wird eine Beratung in Anspruch genommen, die Kosten von 500 € verursacht. Ferner fallen weitere Verwaltungskosten in Höhe von 180 € an.

Da die Summe des zu Beginn der Freistellungsphase eingezahlten Kapitals 40 000 € beträgt, ist die Belastung des Guthabens nur bis zu einem Betrag von 200 € unschädlich. Die restlichen Aufwendungen in Höhe von 480 € (= 500 € + 180 € abzüglich 200 €) muss der Arbeitgeber tragen, da er für den Erhalt des Guthabens in Höhe des eingezahlten Kapitals von 40 000 € einzustehen hat. Die Zahlung des Betrags von 480 € durch den Arbeitgeber führt aber noch nicht zum Zufluss von Arbeitslohn, sondern erst die spätere Auszahlung von Beträgen aus dem Zeitwertkonto an den Arbeitnehmer.

b) Zeitwertkontengarantie des Arbeitgebers

Bei einer arbeitsrechtlichen Garantie des Arbeitgebers für die in das Zeitwertkonto des Arbeitnehmers eingestellten Beträge bestehen seitens der Finanzverwaltung keine Bedenken von der Erfüllung der Zeitwertkontengarantie auszugehen, wenn der Arbeitgeber für diese Verpflichtung die **Voraussetzungen** des **Insolvenzschutzes (§ 7e SGB IV) erfüllt.** Dabei ist zu beachten, dass z. B. bilanzielle Rückstellungen sowie Einstandspflichten (Bürgschaften, Patronatserklärungen oder Schuldbeitritte) zwischen Konzernunternehmen keinen ausreichenden Insolvenzschutz darstellen.

Bei Konten, die die Voraussetzungen des **§ 7b SGB IV nicht erfüllen,** ist die Zeitwertkontengarantie insbesondere dann als erfüllt anzusehen, wenn der **Arbeitgeber** für die in das Zeitwertkonto eingestellten Beträge eine **arbeitsrechtliche Garantie** übernommen hat. Sofern aufgrund der im Einzelfall getroffenen Vereinbarungen ein Zeitpunkt der planmäßigen Inanspruchnahme des Wertguthabens nicht ersichtlich ist (z. B. bei einer jederzeit möglichen Freistellung von der Arbeitsleistung), muss der Arbeitgeber jederzeit für etwaige **Verluste einstehen,** die sich aus der Differenz zwischen dem Wert des Wertpapierdepots und den eingestellten Arbeitslohnbeträgen ergeben. Von einer Zeitwertkontengarantie kann daher nicht mehr ausgegangen werden, wenn der Arbeitgeber seine arbeitsrechtliche **Garantie** auf bestimmte Sachverhalte oder Risiken (z. B. Insolvenzrisiko des Arbeitgebers) **beschränkt.** In diesem Fall liegt nämlich das Risiko von Wertverlusten – über die abgesicherten Sachverhalte/Risiken hinaus – beim Arbeitnehmer mit der Folge, dass der Arbeitnehmer als wirtschaftlicher Eigentümer des Vermögensverwaltungsdepots anzusehen ist und somit be-

1) BMF-Schreiben vom 9.2.2011 (Az.: IV C 5 – S 2343/0-02). Das nicht im Bundessteuerblatt veröffentlichte BMF-Schreiben ist als Anlage 7 zu H 3b LStR im **Steuerhandbuch für das Lohnbüro 2021** abgedruckt, das im selben Verlag erschienen ist.

reits die Gutschrift von Beträgen auf dem Zeitwertkonto zu einem **Zufluss** von Arbeitslohn führt.[1] Zur Anlagesicherung vgl. auch die Erläuterungen unter der nachfolgenden Nr. 9 Buchstabe e.

c) Zeitwertkontengarantie des Anlageinstituts

Wird das Guthaben eines Zeitwertkontos aufgrund der Vereinbarung zwischen Arbeitgeber und Arbeitnehmer bei einem **externen Anlageinstitut** (z. B. Kreditinstitut oder Fonds) geführt und liegt keine Zeitwertkontengarantie des Arbeitgebers im vorstehenden Sinne vor, muss eine vergleichbare Garantie durch das Anlageinstitut vorliegen.

Beispiel

Arbeitgeber A und Arbeitnehmer B haben vereinbart, das Guthaben auf dem Zeitwertkonto des B bei einer Kapitalanlagegesellschaft zu führen. Die Fondsgesellschaft sagt zu, dass zum Zeitpunkt der planmäßigen Inanspruchnahme des Guthabens mindestens ein Rückfluss der in das Zeitwertkonto eingestellten Beträge gewährleistet ist.

In diesem Fall ist von einer Zeitwertkontengarantie durch das Anlageinstitut auszugehen (vgl. auch § 1 Abs. 1 Satz 1 Nr. 3 AltZertG)[2].

d) Besondere Übergangsregelung zur Zeitwertkontengarantie

Lag bei Zeitwertkontenmodellen, die vor dem 1.1.2009 eingerichtet wurden und im Übrigen steuerlich anzuerkennen wären, **keine Zeitwertkontengarantie** nach den vorstehenden Buchstaben a bis c vor, führen aus Vertrauensschutzgründen erst die **Zuführungen** zum Zeitwertkonto seit **1.1.2010** zum Zufluss von steuerpflichtigen **Arbeitslohn;** diese steuerpflichtigen Zuführungen sind im Zeitwertkonto gesondert auszuzeichnen. Der Wertbestand am 31.12.2008 (Zuführungen abzüglich eingetretener Verluste) und die Zuführungen zum Zeitwertkonto im Jahre 2009 werden erst bei Auszahlung als Arbeitslohn versteuert. Es erfolgt also keine „Zwangsversteuerung".

Es bestand allerdings die Möglichkeit, eine Zeitwertkontengarantie für den am 31.12.2008 vorhandenen Wertbestand des Zeitwertkontos (= Zuführungen abzüglich eingetretener Verluste) sowie die Zuführungen des Jahres 2009 spätestens bis zum 31.12.2009 herzustellen. In diesem Fall werden die Vereinbarungen weiterhin steuerlich als Zeitwertkonten anerkannt und auch die Zuführungen seit 1.1.2010 erst bei Auszahlung als Arbeitslohn besteuert.

Beispiel

Arbeitgeber A hat in seinem Unternehmen im Jahre 2007 im Prinzip auch steuerlich anzuerkennende Zeitwertkontenmodelle eingeführt, allerdings ohne die sog. „Zeitwertkontengarantie" zu erfüllen. Die Zuführungen der Arbeitnehmer zu den Zeitwertkonten bis zum 31.12.2008 beliefen sich auf 150 000 € (Wertbestand 31.12.2008 = 100 000 €), die Zuführungen des Jahres 2009 betrugen 75 000 €. Auch seit 2010 sind Zuführungen in dieser Höhe vorgenommen worden.

Wenn A spätestens bis zum 31.12.2009 eine Zeitwertkontengarantie in Höhe von 175 000 € (Wertbestand 31.12.2008 = 100 000 € plus Zuführungen 2009 = 75 000 €) hergestellt hat, werden auch die Zuführungen seit 2010 erst bei Auszahlung aus dem Zeitwertkonto versteuert. Sofern A bis zum 31.12.2009 keine Zeitwertkontengarantie hergestellt hat, sind die Zuführungen zum Zeitwertkonto seit dem 1.1.2010 steuerpflichtiger Arbeitslohn. Der Wertbestand am 31.12.2008 und die Zuführungen zum Zeitwertkonto im Jahre 2009 werden aber auch in diesem Fall erst bei Auszahlung als Arbeitslohn versteuert.

7. Planwidrige Verwendung der Wertguthaben

a) Auszahlung bei existenzbedrohender Notlage

Vereinbarungen zur Bildung von Guthaben auf einem Zeitwertkonto werden steuerlich anerkannt, sofern die Möglichkeit der Auszahlung des Wertguthabens bei **fortbestehendem Beschäftigungsverhältnis** – neben der Freistellung – auf Fälle einer **existenzbedrohenden Notlage** des Arbeitnehmers begrenzt wird. Als existenzbedrohende Notlage kommen z. B. eine **schwere Erkrankung** (dread disease = furchtbare Krankheit, schlimme Leiden) oder Vermögensschäden aufgrund von **Naturkatastrophen,** nicht jedoch z. B. eine Heirat oder die Geburt eines Kindes in Betracht.

Beispiel A

Das in dem Unternehmen des Arbeitgebers A vereinbarte Zeitwertkontenmodell sieht vor, dass die Guthaben auf dem Zeitwertkonto im Falle einer schweren Erkrankung – auch bei fortbestehendem Beschäftigungsverhältnis – auf Wunsch des betroffenen Arbeitnehmers ganz oder teilweise ausbezahlt werden können.

Das Zeitwertkontenmodell ist steuerlich anzuerkennen. Die ganz oder teilweise Auszahlung des Wertguthabens in den Fällen einer existenzbedrohenden Notlage – wie z. B. schwere Erkrankung – ist steuerlich unschädlich. Die Auszahlung in solch einem Fall führt allerdings zu einem Lohnzufluss, der bei einer vollständigen Auszahlung ggf. als Arbeitslohn für mehrere Jahre (vgl. dieses Stichwort) nach der sog. Fünftelregelung ermäßigt besteuert werden kann.

Wenn entgegen der Vereinbarung **ohne existenzbedrohende Notlage** des Arbeitnehmers das Guthaben bei fortbestehendem Beschäftigungsverhältnis dennoch ganz oder teilweise ausgezahlt wird, ist bei dem einzelnen Arbeitnehmer das **gesamte Guthaben** – also neben dem ausgezahlten Betrag auch der verbleibende Guthabenbetrag – im Zeitpunkt der planwidrigen Verwendung (= **Auszahlung** des Teil- oder Gesamtbetrags) zu **besteuern.** Dabei wird es sich regelmäßig um Arbeitslohn für mehrere Jahre (vgl. dieses Stichwort) handeln, der unter Anwendung der sog. **Fünftelregelung** ermäßigt zu besteuern ist.

Beispiel B

Das über nahezu zehn Jahre aufgebaute Guthaben auf dem Zeitwertkonto des Arbeitnehmers B weist einen Stand von 25 000 € aus. Anlässlich der Geburt des dritten Kindes erhält B aus diesem Guthaben im Januar 2021 einen Betrag von 5000 € ausbezahlt.

Da das Guthaben vom Arbeitgeber teilweise ausgezahlt worden ist, obwohl bei B keine existenzbedrohende Notlage vorlag (eine solche ist auch bei der Geburt des dritten Kindes nicht gegeben), hat B im Januar 2021 das gesamte Guthaben von 25 000 € als sonstigen Bezug zu versteuern. Da das Guthaben über mehrere Jahre aufgebaut worden ist, handelt es sich um Arbeitslohn für mehrere Jahre, der nach der Fünftelregelung ermäßigt zu besteuern ist.

Sachgerechter wäre es in solchen Fällen sicherlich, die einzelnen Zuführungen zu dem Zeitwertkonto im ursprünglichen Zuführungszeitpunkt als steuerpflichtigen Arbeitslohn zu behandeln. Dies kommt jedoch mangels Vorhandensein einer verfahrensrechtlichen Korrekturvorschrift nicht in Betracht; § 175 Abs. 1 Satz 1 Nr. 2 AO ist wegen des fehlenden rückwirkenden Ereignisses in solchen Fällen nicht einschlägig. Die jetzige Lösung führt aber letztlich dazu, dass dem Zeitwertkonto aus steuerlicher Sicht die nicht gewollte Funktion eines „Sparbuchs" zukommt, da bei einer vollständigen Auszahlung des Guthabens ohne existenzbedrohende Notlage außer der Versteuerung keine weiteren Folgen eintreten.

b) Beendigung des Dienstverhältnisses vor oder während der Freistellungsphase

Eine planwidrige Verwendung des Guthabens auf einem Zeitwertkonto liegt auch vor, wenn das **Dienstverhältnis** vor Beginn oder während der Freistellungsphase **beendet** wird (z. B. durch Erreichen der Altersgrenze, Tod des Arbeitnehmers, Eintritt der Invalidität oder Kündigung) und der Wert des **Guthabens** an den Arbeitnehmer oder an seine Erben **ausgezahlt** wird.

Lohnsteuerlich gelten die allgemeinen Grundsätze mit der Folge, dass der Einmalbetrag regelmäßig als **sonstiger Bezug** zu besteuern sein wird. Wurde das Guthaben über einen Zeitraum von mehr als zwölf Monaten aufgebaut, handelt es sich bei der Auszahlung um Arbeitslohn für

1) Erlass des Finanzministeriums Nordrhein-Westfalen vom 9.8.2011 (Az.: S 2332 – 81 – V B 3). Der Erlass ist als Anlage 5 zu H 38.2 LStR im **Steuerhandbuch für das Lohnbüro 2021** abgedruckt, das im selben Verlag erschienen ist.

2) Das Altersvorsorgeverträge-Zertifizierungsgesetz (AltZertG) ist als Anhang 13a im **Steuerhandbuch für das Lohnbüro 2021** abgedruckt, das im selben Verlag erschienen ist.

Lohn-steuer-pflichtig | Sozial-versich.-pflichtig

mehrere Jahre, der unter Anwendung der sog. **Fünftelregelung** ermäßigt besteuert wird.

Beispiel

Der 60-jährige Arbeitnehmer A hat auf seinem Zeitwertkonto ein Guthaben von 80 000 €, das ihm von seinem Arbeitgeber im März 2021 ausbezahlt wird, da das Dienstverhältnis aufgrund der eingetretenen Invalidität des A vor Eintritt der Freistellungsphase beendet wird.

A hat den Betrag von 80 000 € im März 2021 als Arbeitslohn in Form eines sonstigen Bezugs zu versteuern. Da das Guthaben über mehrere Jahre aufgebaut worden ist, erfolgt jedoch eine ermäßigte Besteuerung unter Anwendung der sog. Fünftelregelung.

c) Planwidrige Weiterbeschäftigung

Der Nichteintritt oder die Verkürzung der Freistellung durch planwidrige Weiterbeschäftigung ist ebenfalls eine planwidrige Verwendung. Eine lohnsteuerliche Erfassung erfolgt auch in diesen Fällen erst im Zeitpunkt der **Auszahlung** des Guthabens. Wird das Guthaben in einem Einmalbetrag ausbezahlt, handelt es sich auch in diesem Fall regelmäßig um Arbeitslohn für mehrere Jahre, der unter Anwendung der sog. **Fünftelregelung** ermäßigt zu besteuern ist.

Beispiel

Der 62-jährige Arbeitnehmer A, Jahresgehalt 75 000 €, hat sich über viele Jahre hinweg ein Guthaben auf seinem Zeitwertkonto von 150 000 € aufgebaut. Er wollte mit „63" in die Freistellungsphase eintreten. Mangels geeigneten Nachfolger bittet ihn der Arbeitgeber bis „65" zu bleiben. Das Guthaben von 150 000 € erhält A mit „65" ausbezahlt.

Auch in den Fällen der planwidrigen Weiterbeschäftigung ist das Guthaben erst mit Auszahlung zu besteuern. Da es sich auch hier unstreitig um Arbeitslohn für mehrere Jahre handelt, erfolgt die Versteuerung des sonstigen Bezugs von 150 000 € im Zeitpunkt der Auszahlung unter Anwendung der Fünftelregelung.

8. Übertragung des Guthabens bei Beendigung der Beschäftigung

Bei **Beendigung** des Beschäftigungsverhältnisses besteht die Möglichkeit, sich das **Guthaben** eines Zeitwertkontos **auszahlen** zu lassen mit der Folge, dass steuerlich ein Lohnzufluss vorliegt. Wurde das Guthaben über einen Zeitraum von mehr als zwölf Monaten aufgebaut, handelt es sich um Arbeitslohn für mehrere Jahre (vgl. dieses Stichwort) und es ist regelmäßig eine tarifermäßigte Besteuerung nach der sog. **Fünftelregelung** vorzunehmen (§ 34 Abs. 2 Nr. 4 EStG).

Bei Beendigung einer Beschäftigung besteht aber auch die Möglichkeit, ein in diesem Beschäftigungsverhältnis aufgebautes Guthaben auf einem Zeitwertkonto zu erhalten und nicht auflösen zu müssen. Es handelt sich hierbei um ein **Wahlrecht** des Arbeitnehmers.

Der Arbeitnehmer kann bei Beendigung der Beschäftigung durch schriftliche Erklärung gegenüber dem bisherigen Arbeitgeber verlangen, dass das Guthaben eines Zeitwertkontos auf den neuen Arbeitgeber übertragen wird, wenn der neue Arbeitgeber mit dem Arbeitnehmer eine Wertguthabenvereinbarung nach § 7b SGB IV abgeschlossen hat und der Übertragung zustimmt (§ 7f Abs. 1 Satz 1 Nr. 1 SGB IV). Bei der **Übertragung** des Guthabens an einen **neuen Arbeitgeber** tritt der neue Arbeitgeber an die Stelle des alten Arbeitgebers und übernimmt im Wege der Schuldübernahme alle Verpflichtungen aus der Zeitwertkontenvereinbarung. Der Übergang des Zeitwertkontos im Wege der Schuldübernahme löst **keine lohnsteuerlichen Folgerungen** aus. Die **späteren Leistungen** aus dem Guthaben auf dem Zeitwertkonto durch den neuen Arbeitgeber sind **Arbeitslohn,** von dem er bei Auszahlung Lohnsteuer einzubehalten hat.

Beispiel

Arbeitnehmer A wechselt innerhalb des Konzerns von der Mutter- zu einer Tochtergesellschaft. Das bei der Muttergesellschaft aufgebaute Guthaben auf seinem Zeitwertkonto von 20 000 € wird von der Tochtergesellschaft übernommen.

Lohn-steuer-pflichtig | Sozial-versich.-pflichtig

Der Übergang des Guthabens von der Mutter- auf die Tochtergesellschaft im Wege der Schuldübernahme löst keine lohnsteuerlichen Folgerungen aus. Die späteren Auszahlungen aus dem Guthaben durch die Tochtergesellschaft führen bei A zum Zufluss von Arbeitslohn, von dem die Tochtergesellschaft Lohnsteuer einzubehalten hat. Entsprechendes würde auch dann gelten, wenn A zu einem Arbeitgeber außerhalb des Konzernverbundes wechselt und sein Guthaben auf dem Zeitwertkonto mitnimmt.

Alternativ kann der Arbeitnehmer durch schriftliche Erklärung gegenüber seinem bisherigen Arbeitgeber verlangen, dass das Guthaben auf dem Zeitwertkonto auf die Deutsche Rentenversicherung übertragen wird, wenn das Guthaben einschließlich des Gesamtsozialversicherungsbeitrags einen Betrag in Höhe des Sechsfachen der monatlichen Bezugsgröße übersteigt (2021: West = 19 740 €; Ost = 18 690 €; § 7f Abs. 1 Satz 1 Nr. 2 SGB IV). Wird das Guthaben an die Deutsche Rentenversicherung übertragen, ist diese Übertragung kraft Gesetzes steuerfrei (§ 3 Nr. 53 EStG). Das gilt auch dann, wenn der Arbeitnehmer nicht mehr in einem Beschäftigungsverhältnis stehen sollte. Bei der späteren Auszahlung des Guthabens durch die Deutsche Rentenversicherung handelt es sich um Arbeitslohn, für den die Deutsche Rentenversicherung Lohnsteuer einzubehalten hat (§ 38 Abs. 3 Satz 3 EStG; vgl. das Stichwort „Lohnsteuerabzug durch einen Dritten" unter Nr. 2 Buchstabe b). Eine Rückübertragung des Guthabens von der Deutschen Rentenversicherung auf den bisherigen oder einen anderen Arbeitgeber ist übrigens gesetzlich ausgeschlossen.

9. Sozialversicherungsrechtliche Behandlung von Zeitwertkonten

a) Allgemeines

Die Sozialversicherungspflicht von Arbeitnehmern setzt grundsätzlich ein Beschäftigungsverhältnis gegen Arbeitsentgelt voraus. Verschiedene Arbeitszeitmodelle sehen aber vor, dass Arbeitnehmer in einem bestimmten Zeitraum keine Arbeitsleistung zu erbringen haben (Freizeitphase), jedoch trotzdem ein Arbeitsentgelt erhalten, das aus dem Wertguthaben eines Arbeitszeitkontos stammt und das somit durch eine tatsächliche Arbeitsleistung vor der Freizeitphase erzielt wurde. Durch das Gesetz zur sozialrechtlichen Absicherung flexibler Arbeitszeitregelungen (sog. Flexigesetz) ist festgelegt worden, dass eine Beschäftigung gegen Arbeitsentgelt unter bestimmten Voraussetzungen auch während einer Freizeitphase besteht (§ 7 Abs. 1a SGB IV). Damit sind sowohl Unterbrechungen des Arbeitslebens (z. B. durch ein Sabbatjahr) als auch Freizeitphasen insbesondere zum Ende des Arbeitslebens (z. B. bei Altersteilzeitarbeit in Blockbildung) sozialversicherungsrechtlich abgesichert worden. Mit dem **Gesetz zur Verbesserung der Rahmenbedingungen für die Absicherung flexibler Arbeitszeitregelungen** wurden die Regelungen zum 1.1.2009 überarbeitet und weiterentwickelt.

Durch dieses Gesetz wird bekräftigt, dass die Wertguthabenbildung vornehmlich das Ziel hat, zur Freistellung von der Arbeitsleistung zu führen. Insofern ist es nicht mehr möglich, Gleitzeit- oder Kurzzeitarbeitszeitkonten als Wertguthaben zu definieren.

Nach den Neuregelungen liegt ein echtes Wertguthaben und damit weiterhin ein versicherungspflichtiges Beschäftigungsverhältnis nur noch vor, wenn

- für den Aufbau eine schriftliche Vereinbarung vorliegt,
- weder betriebliche Produktions- oder Arbeitszeitzyklen ausgeglichen werden sollen oder die werktägliche oder wöchentliche Arbeitszeit flexibler gestaltet werden soll,
- das eingebrachte Arbeitsentgelt für Zeiten der Freistellung von der Arbeitsleistung oder der Verringerung der vertraglich vereinbarten Arbeitszeit entnommen werden soll,

Lohn- steuer- pflichtig | Sozial- versich.- pflichtig

- das fällige Arbeitsentgelt entweder vor oder nach der Freistellung von der tatsächlichen Arbeitsleistung erzielt wird,
- das fällige Arbeitsentgelt insgesamt 450 € monatlich übersteigt und
- das monatlich fällige Arbeitsentgelt in der Zeit der Freistellung nicht unangemessen von dem der vorangegangenen zwölf Monate abweicht, in denen Arbeitsentgelt gewährt wurde.

Unabhängig davon ist es auch möglich, Wertguthaben für geringfügig entlohnte Arbeitnehmer zu bilden. Hier beträgt das Entgelt im Gegensatz zum versicherungspflichtigen Beschäftigungsverhältnis nicht mehr als 450 € monatlich. Zu Arbeitszeitkonten bei 450-Euro-Jobs vgl. das Stichwort „Geringfügige Beschäftigung“ unter Nr. 3 Buchstabe e.

Flexible Arbeitszeitregelungen, die zur Sozialversicherungspflicht in der Freizeitphase führen sollen, bedürfen also der vorherigen schriftlichen Vereinbarung. Dies können sein:
- tarifvertragliche Regelungen
- Betriebsvereinbarungen
- einzelvertragliche Vereinbarungen.

Die schriftliche Vereinbarung hat insbesondere Regelungen über die Freizeitphase sowie die Höhe des während der Freizeitphase fälligen Arbeitsentgelts zu treffen.

Wertguthaben können nur noch in Arbeitsentgeltguthaben geführt werden. Hierfür müssen eventuelle Zeitguthaben in Geldguthaben umgerechnet werden. Hierbei ist immer das Bruttoarbeitsentgelt einschließlich der darauf entfallenden Gesamtsozialversicherungsbeiträge anzusetzen. Hinsichtlich der Fälligkeit gilt für umgerechnete Entgelte aus Zeitkonten das Zuflussprinzip. D. h. die Beitragsfälligkeit entsteht erst mit der Auszahlung des Guthabens als Arbeitsentgelt.

Als Wertguthaben im sozialversicherungsrechtlichen Sinne gelten alle angesparten Arbeitsentgelte nach § 14 SGB IV, z. B.
- Teile des laufenden Arbeitsentgeltes
- Mehrarbeitsvergütungen
- Einmalzahlungen
- freiwillige zusätzliche Leistungen des Arbeitgebers
- Überstunden- und Urlaubsabgeltungen.

Dabei werden auch Arbeitsentgelte oberhalb der Beitragsbemessungsgrenze berücksichtigt. Darüber hinaus können auch die mit dem Wertguthaben erwirtschafteten Erträge (z. B. Zinserträge) als Wertguthaben angespart werden. Arbeitnehmer haben gegenüber ihrem Arbeitgeber mindestens einmal jährlich Anspruch auf eine schriftliche Information über die Höhe des Wertguthabens.

b) Verwendung des Wertguthabens

Das Wertguthaben kann für unterschiedliche Zwecke verwendet werden. Dies kann z. B. die vollständige oder teilweise Freistellung bei
- Pflegezeiten nach dem Pflegezeitgesetz und dem Familienpflegezeitgesetz (vgl. das Stichwort „Familienpflegezeit“ unter Nr. 2 Buchstabe f),
- Kinderbetreuungszeiten,
- Zeiten der Verringerung der vertraglichen Arbeitszeit

oder
- die Freistellung unmittelbar vor dem möglichen Rentenbeginn oder
- zur Teilnahme an einer beruflichen Qualifizierungsmaßnahme

sein.

Lohn- steuer- pflichtig | Sozial- versich.- pflichtig

c) Angemessenheit des Arbeitslohns in der Freizeitphase

Nach § 7 Abs. 1a Satz 1 Nr. 2 SGB IV darf das monatliche Arbeitsentgelt in der Freistellungsphase nicht unangemessen von dem monatlichen Arbeitsentgelt der vorangegangenen zwölf Kalendermonate der Arbeitsphase abweichen. Der Gesetzgeber hat allerdings nicht festgelegt, was unter „angemessenem“ Arbeitsentgelt zu verstehen ist. Die Spitzenorganisationen der Sozialversicherung haben deshalb das Recht so interpretiert, dass das Arbeitsentgelt während der Freistellungsphase dann noch als angemessen gilt, wenn es im Monat mindestens 70 % des durchschnittlich gezahlten Arbeitsentgeltes der unmittelbar vorangegangenen zwölf Kalendermonate der Arbeitsphase beträgt. Für die Feststellung des Verhältnisses wird das für diese Arbeitsphase fällige Bruttoarbeitsentgelt ohne Begrenzung (z. B. auf die Beitragsbemessungsgrenze) berücksichtigt. Zusätzlich zum Lohn oder Gehalt gezahlte beitragsfreie Zulagen oder beitragsfreie Zuschläge bleiben bei der Berechnung der 70 %-Grenze außer Betracht. Vereinbaren Arbeitnehmer und Arbeitgeber, dass z. B. auch steuer- und beitragsfreie Zuschläge für Sonntags-, Feiertags- und Nachtarbeit angespart werden können, weil dies steuerlich zulässig ist, müssen diese steuer- und beitragsfreien Zuschläge für die Prüfung der 70 %-Grenze ausgeklammert werden. Während der Freistellungsphase zusätzlich zum Arbeitsentgelt aus dem Wertguthaben geleistete Zahlungen aus beitragsfreien Arbeitsentgelten können also nicht in die Feststellung der Angemessenheit des Arbeitsentgelts einbezogen werden. Denn dies könnte dazu führen, dass der Arbeitnehmer nicht oder nur für einen bestimmten Zeitraum der Freistellungsphase sozialversicherungsrechtlich geschützt ist. Ein Sozialversicherungsschutz während der Freistellungsphase besteht nämlich nur dann, wenn auch in dieser Zeit ein angemessenes beitragspflichtiges Arbeitsentgelt aus dem Wertguthaben gezahlt wird.

d) Berechnung der Beiträge bei Inanspruchnahme des Wertguthabens

Grundsätzlich ist die Fälligkeit der Sozialversicherungsbeiträge an die geleistete Arbeit gebunden. Für die im Rahmen des Gesetzes zur sozialrechtlichen Absicherung flexibler Arbeitszeitregelungen (sog. Flexigesetz) angesparten Wertguthaben wird die Fälligkeit der Sozialversicherungsbeiträge auf die Zeiträume der Inanspruchnahme verschoben.

Ein Wechsel in der Absicherung von Wertguthaben, z. B. aufgrund einer Absicherung über einen Fonds, führt nicht zur Fälligkeit der Beiträge zum Zeitpunkt der Zuführung der Mittel an den Fonds; es verbleibt bei der Fälligkeit der Beiträge bei Inanspruchnahme der Wertguthaben in der Freistellungsphase.

Das für die Zeit der Inanspruchnahme des Wertguthabens vereinbarungsgemäß gezahlte Arbeitsentgelt ist beitragspflichtiges Arbeitsentgelt (§ 23b Abs. 1 SGB IV) und insoweit Grundlage für die Beitragsberechnung. Das angesparte und in der Freistellungsphase fällige Wertguthaben stellt also beitragspflichtiges laufendes Arbeitsentgelt dar; dies gilt insbesondere auch für angespartes einmalig gezahltes Arbeitsentgelt.

Eine Ausnahme bildet die Verwendung des Wertguthabens für eine betriebliche Altersversorgung anlässlich der Beendigung der Beschäftigung wegen des Eintritts einer Erwerbsminderung, des Erreichens einer Altersgrenze, von der an eine Rente wegen Alters beansprucht werden kann, oder des Todes des Beschäftigten. In diesen Fällen gilt das für diesen Zweck verwendete Wertguthaben nicht als beitragspflichtiges Arbeitsentgelt (§ 23b Abs. 3a SGB IV). Solche Vereinbarungen entfalten allerdings die Ausnahmewirkung nur noch dann, wenn sie bis 13.11.2008 abgeschlossen wurden.

Lohn-steuer-pflichtig Sozial-versich.-pflichtig

e) Anlagesicherung

Durch die verschiedenen Modelle zur Flexibilisierung der Arbeitszeit wird eine Vielzahl von Arbeitszeitkonten mit entsprechenden Wertguthaben aufgebaut. Für diese Wertguthaben gelten besondere Vorschriften hinsichtlich der Anlage als auch hinsichtlich einer Absicherung im Falle der Insolvenz des Arbeitgebers.

Für die Anlagesicherung gelten die Vorschriften über die Anlage von Mitteln von Versicherungsträgern nach dem SGB IV. Danach müssen die Mittel so angelegt werden, dass

- ein Verlust ausgeschlossen erscheint,
- ein angemessener Ertrag erzielt wird und
- eine ausreichende Liquidität gewährleistet ist.

Eine Anlage in Aktien oder Aktienfonds ist demnach grundsätzlich nur bis zur Höhe von 20 % zulässig. Von dieser Grenze kann durch Tarifvertrag oder Betriebsvereinbarung abgewichen werden. Der Rückfluss der Mittel muss zum Zeitpunkt der Inanspruchnahme des Wertguthabens mindestens in Höhe des angelegten Betrages gewährleistet sein.

f) Insolvenzschutz

Zusammen mit der schriftlichen Vereinbarung über den Aufbau von Wertguthaben wird der Arbeitgeber verpflichtet, einen vollständigen Insolvenzschutz für das Wertguthaben zu schaffen. Der Arbeitgeber muss den Arbeitnehmer über den vorgenommenen Insolvenzschutz der Wertguthaben informieren.

Wertguthaben müssen seit dem 1. Januar 2009 besser vor Insolvenz geschützt werden. Zum einen wird erstmalig ein Qualitätsstandard für den Insolvenzschutz vorgeschrieben. So werden die Arbeitgeber verpflichtet, das Wertguthaben durch eine doppelhändige Treuhand (sog. CTA-Modell; vgl. das Stichwort „Contractual Trust Agreement“) oder ein gleichwertiges Sicherungsmodell für den Fall der Insolvenz zu schützen. Bestimmte nicht geeignete Sicherungsmodelle wie Patronatserklärungen sind ausdrücklich ausgeschlossen. Zum anderen wird seit dem 1. Januar 2009 die Einhaltung dieser Vorgaben von der Deutschen Rentenversicherung bei der Betriebsprüfung der Arbeitgeber kontrolliert. Stellen die Betriebsprüfer einen mangelnden Insolvenzschutz fest und hilft der Arbeitgeber diesem innerhalb von zwei Monaten nicht ab, ist die Vereinbarung von Anfang an unwirksam und muss rückabgewickelt werden. Dann sind Steuern und Abgaben sofort fällig. Zudem kann der Arbeitnehmer die Vereinbarung für ein Wertguthaben kündigen, wenn der Arbeitgeber ihm nicht einen geeigneten Insolvenzschutz nachweist.

Ein Sicherungsbedürfnis besteht nicht, soweit der Arbeitnehmer einen Anspruch auf Insolvenzgeld hat. Es besteht auch in den Fällen kein Sicherungsbedürfnis, in denen das Wertguthaben einschließlich des darauf entfallenden Arbeitgeberanteils am Gesamtsozialversicherungsbeitrag die monatliche Bezugsgröße (2021: West = 3290 €; Ost = 3115 €) nicht übersteigt. Die Vertragsparteien können in einem Tarifvertrag oder in einer Betriebsvereinbarung aufgrund eines Tarifvertrages eine andere Grenze als die der monatlichen Bezugsgröße festlegen.

g) Mitnahme und Übertragung von Wertguthaben

Arbeitnehmer können durch schriftliche Erklärung gegenüber ihrem Arbeitgeber verlangen, dass vorhandene Wertguthaben bei einem Arbeitgeberwechsel auf den neuen Arbeitgeber übertragen werden. Hierfür muss eine neue Wertguthabenvereinbarung abgeschlossen werden. Der neue Arbeitgeber muss der Übertragung zustimmen.

Das Wertguthaben kann auch auf die Deutsche Rentenversicherung übertragen werden. Dies ist allerdings nur möglich, wenn das Wertguthaben einschließlich des Gesamtsozialversicherungsbeitrages mehr als das Sechsfache der monatlichen Bezugsgröße beträgt.

Lohn-steuer-pflichtig Sozial-versich.-pflichtig

Sowohl bei Mitnahme als auch bei Übertragung treten der neue Arbeitgeber bzw. die Deutsche Rentenversicherung in die Arbeitgeberpflichten ein.

h) Störfälle – Nicht vereinbarungsgemäße Verwendung des Wertguthabens, sog. Störfälle

Für die Fälle, in denen das im Rahmen einer flexiblen Arbeitszeitregelung gebildete Wertguthaben nicht entsprechend der getroffenen Vereinbarung für eine Freistellung von der Arbeitsleistung verwendet wird (Störfälle), gibt es ein besonderes Verfahren für die Berechnung und Zuordnung der Sozialversicherungsbeiträge sowie für das Meldeverfahren (§ 23b Abs. 2 SGB IV).

Fälle dieser Art, sogenannte „Störfälle“, können insbesondere sein:

- Beendigung des Arbeitsverhältnisses z. B. durch Kündigung
- Tod des Arbeitnehmers
- Beendigung des Beschäftigungsverhältnisses wegen Zubilligung einer Rente wegen Erwerbsminderung ohne Wiedereinstellungsgarantie
- vollständige oder teilweise Auszahlung des Wertguthabens nicht für Zeiten einer Freistellung
- Übertragung von Wertguthaben auf andere Personen.

Für die beitragsrechtliche Abwicklung der Störfälle wurde das sog. Summenfelder-Modell entwickelt. Das bedeutet, dass in der Lohn- und Gehaltsabrechnung vier Summenfelder geführt und fortgeschrieben werden und zwar jeweils ein Summenfeld für die vier verschiedenen Versicherungszweige (Kranken-, Pflege-, Renten- und Arbeitslosenversicherung).

Denn nach § 23b Abs. 2 Satz 1 SGB IV gilt bei einem Störfall als beitragspflichtiges Arbeitsentgelt das Wertguthaben, höchstens jedoch die Differenz zwischen der für die Dauer der Arbeitsphase seit der ersten Bildung des Wertguthabens maßgebenden Beitragsbemessungsgrenze für den jeweiligen Versicherungszweig und dem in dieser Zeit beitragspflichtigen Arbeitsentgelt.

Die sich aus dem Summenfelder-Modell ergebenden Beitragsbemessungsgrundlagen sind in der Entgeltabrechnung (Lohnkonto) mindestens kalenderjährlich darzustellen. Die Beitragsbemessungsgrundlagen sind die (Gesamt-)Differenzen zwischen dem beitragspflichtigen Arbeitsentgelt und der Beitragsbemessungsgrenze des jeweiligen Versicherungszweiges (sog. SV-Luft) für die Dauer der Arbeitsphase seit der erstmaligen Bildung des Wertguthabens.

Wurden Wertguthaben zum Teil aus Arbeitsleistungen im Rechtskreis West als auch aus Arbeitsleistungen im Rechtskreis Ost erzielt, ist die sich in den beiden Rechtskreisen ergebende SV-Luft in der Entgeltabrechnung getrennt darzustellen.

i) Feststellung der SV-Luft nach dem Summenfelder-Modell

Der Arbeitgeber hat für die Zeit der Arbeitsphase beginnend vom Zeitpunkt der erstmaligen Bildung eines Zeit- oder Geldwertguthabens mindestens kalenderjährlich die Differenz zwischen der Beitragsbemessungsgrenze des jeweiligen Versicherungszweiges und des in diesem Kalenderjahr erzielten beitragspflichtigen Arbeitsentgelts festzustellen (SV-Luft). Die für die einzelnen Kalenderjahre der Arbeitsphase der flexiblen Arbeitszeitregelung festgestellte SV-Luft je Versicherungszweig wird summiert. Die SV-Luft ist immer nur für die Versicherungszweige festzustellen, zu denen im Zeitpunkt der Verwendung des Arbeitsentgelts oder der Arbeitsstunden als Wertguthaben Versicherungspflicht besteht.

Lohn-steuer-pflichtig	Sozial-versich.-pflichtig

Im Störfall wird das gesamte Wertguthaben (einschließlich etwaiger Wertzuwächse, Zinsen oder Ähnliches), höchstens jedoch bis zu der für den einzelnen Versicherungszweig für die Dauer der Arbeitsphase der vereinbarten Arbeitszeitflexibilisierung festgestellten SV-Luft, als beitragspflichtiges Arbeitsentgelt berücksichtigt.

k) Melde- und Aufzeichnungspflichten

In den Entgeltunterlagen müssen mindestens vermerkt werden:

- das Wertguthaben aus flexibler Arbeitszeit,
- die Veränderungen durch Zu- und Abgänge,
- der Abrechnungsmonat der ersten Gutschrift sowie
- der Abrechnungsmonat jeder Änderung des Wertguthabens und ein Nachweis über die getroffenen Vorkehrungen zum Insolvenzschutz.

Im Übrigen wird auf die ausführlichen Erläuterungen zu den Meldepflichten des Arbeitgebers in Anhang 15 hingewiesen.

Arbeitszimmer

Neues und Wichtiges auf einen Blick:

1. Auf die Erforderlichkeit für den Beruf kommt es nicht an

Die steuerliche Berücksichtigung eines häuslichen Arbeitszimmers setzt stets voraus, dass der jeweilige Raum ausschließlich oder nahezu ausschließlich für betriebliche bzw. berufliche Zwecke genutzt wird. Unerheblich ist jedoch, ob ein häusliches Arbeitszimmer für die betriebliche bzw. berufliche Tätigkeit erforderlich ist. Daher hält der Bundesfinanzhof auch die Berücksichtigung der Kosten für ein häusliches Arbeitszimmer bei einer Flugbegleiterin für möglich (BFH-Urteil vom 3.4.2019, BFH/NV 2019 S. 903). Ein Abzug der Kosten scheidet aber aus, wenn der Raum zu einem nicht unerheblichen Teil privat genutzt wird (z. B. Erledigung privater Korrespondenz, Aufbewahrung privater Unterlagen).

Vgl. auch die Ausführungen unter der nachfolgenden Nr. 2 Buchstabe a.

2. Renovierungskosten für privat genutzten Raum nicht anteilig abziehbar

Renovierungskosten für einen Raum, der ausschließlich oder mehr als in nur untergeordnetem Umfang privaten Wohnzwecken dient, sind nicht abzugsfähig. Erfolgen Baumaßnahmen in Bezug auf einen privat genutzten Raum, fehlt es laut Bundesfinanzhof an Gebäudekosten, die nach dem Flächenverhältnis aufzuteilen und anteilig als Aufwendungen für das häusliche Arbeitszimmer zu berücksichtigten sind (BFH-Urteil vom 14.5.2019, BStBl. II S. 510).

Vgl. hierzu auch die nachfolgende Nr. 2 Buchstabe b.

3. Aufteilung der Aufwendungen bei Ehegatten

Die Zuordnung der Aufwendungen zu den Ehegatten ist im Hinblick auf die steuerliche Differenzierung Eigenaufwand (abziehbar)/Drittaufwand (nicht abziehbar) schwierig. Vgl. hierzu nachfolgende Nr. 2 Buchstabe e.

4. Mietverhältnis mit dem Arbeitgeber

Erfolgt die Vermietung des häuslichen Arbeitszimmers oder eines Home-Office vom Arbeitnehmer an den Arbeitgeber im vorrangigen Interesse des Arbeitgebers, liegen **Einnahmen aus Vermietung und Verpachtung** vor mit der Folge, dass die auf die beruflichen Räumlichkeiten entfallenden **Aufwendungen in voller Höhe als Werbungskosten** abgezogen werden können. Es ist allerdings zu prüfen, ob der Arbeitnehmer beabsichtigt, für die Dauer der Vermietung einen Überschuss der Einnahmen über die Werbungskosten zu erzielen (sog. **Überschusserzielungsabsicht**). Bei einer negativen Überschussprognose (Aufwendungen übersteigen auf die Nutzungsdauer gesehen die Einnahmen) eines nach dem 31.12.2018 abgeschlossenen Mietvertrags liegt steuerlich ein unbeachtlicher Vorgang der privaten Vermögensebene vor **(„Liebhaberei“)**; die Arbeitgeberzahlungen werden also wegen seines vorrangigen Interesses nicht zu Arbeitslohn, es besteht auch keine Sozialversicherungspflicht für diese Zahlungen.

Vgl. die Erläuterungen unter der nachfolgenden Nr. 3.

5. Home-Office-Pauschale für die Kalenderjahre 2020 und 2021

Durch das sog. Jahressteuergesetz 2020 ist vor allem aufgrund der Veränderungen in der Arbeitswelt durch die Corona-Pandemie erstmals eine sog. Home-Office-Pauschale eingeführt worden. Diese Pauschale wird für die Kalenderjahre 2020 und 2021 gewährt, wenn beim Arbeitnehmer kein häusliches Arbeitszimmer vorhanden ist oder der Arbeitnehmer auf einen Abzug der Aufwendungen für ein häusliches Arbeitszimmer als Werbungskosten verzichtet hat. Die Pauschale beträgt **5 € täglich** und wird für höchstens 120 Tage angesetzt; somit ergibt sich ein **Höchstbetrag von 600 € jährlich** (120 Tage à 5 €). Ein Abzug höherer Aufwendungen als die vorgenannte Pauschale ist nicht möglich.

Wegen der Einzelheiten vgl. das Stichwort „Home-Office“ unter Nr. 6.

Gliederung:

1. Steuerfreier Arbeitgeberersatz

a) Allgemeines

Ersetzt der Arbeitgeber dem Arbeitnehmer die Kosten für ein **Arbeitszimmer** in dessen eigener oder gemieteter Wohnung, liegt steuer- und beitragspflichtiger **Arbeitslohn** vor, weil es für diesen Werbungskostenersatz keine gesetzliche Steuerbefreiungsvorschrift gibt (R 19.3 Abs. 3 Satz 1 LStR). ja ja

Zur Frage, in welchen Fällen Einnahmen aus Vermietung und Verpachtung vorliegen, vgl. nachfolgende Nr. 3. Im Übrigen vgl. auch das Stichwort „Telearbeitsplatz“.

Ersetzt der Arbeitgeber nicht nur die Kosten für das Arbeitszimmer (Miete, Heizung, Strom, Einrichtung), sondern auch die Aufwendungen für das Telefon, Faxgerät, Computer mit Internetanschluss, Kopierer, gilt Folgendes:

Lohn-steuer-pflichtig | Sozial-versich.-pflichtig

b) Telefon/Faxgerät

Inwieweit der Arbeitgeberersatz steuer- und beitragsfrei ist, richtet sich nach den beim Stichwort „Telefonkosten" dargestellten Grundsätzen.

c) Computer mit Internetanschluss

Bei einem vom Arbeitgeber **leihweise** überlassenen Computer mit Internetanschluss ist nicht nur die berufliche, sondern auch die private Nutzung steuerfrei (§ 3 Nr. 45 EStG). Die Steuerbefreiung gilt auch für die in diesem Zusammenhang vom Arbeitgeber erbrachten Dienstleistungen wie z. B. die Installation oder Inbetriebnahme des Geräts durch einen IT-Service des Arbeitgebers. nein nein

Übereignet der Arbeitgeber dem Arbeitnehmer einen Computer, gehört der Wert dieses Sachbezugs zum steuer- und beitragspflichtigen Arbeitslohn und zwar auch dann, wenn der Computer zu 100 % beruflich genutzt wird. ja ja

Der Arbeitgeber kann den Wert des übereigneten Computers nach § 40 Abs. 2 Satz 1 Nr. 5 EStG pauschal mit 25 % besteuern. Die Pauschalbesteuerung löst Beitragsfreiheit in der Sozialversicherung aus (§ 1 Abs. 1 Satz 1 Nr. 3 SvEV[1]). ja nein

Durch die Pauschalierung der Lohnsteuer mit 25 % verliert der Arbeitnehmer den Werbungskostenabzug (§ 40 Abs. 3 Satz 3 EStG). Wird der Wert des „geschenkten" Computers dagegen nicht pauschal, sondern durch Hinzurechnung zum laufenden Arbeitslohn „normal" versteuert, kann der Arbeitnehmer Werbungskosten nach den beim Stichwort „Computer" unter Nr. 5 erläuterten Grundsätzen bei seiner Veranlagung zur Einkommensteuer geltend machen.

Die vorstehenden Ausführungen einschließlich der Möglichkeit der Pauschalierung gelten entsprechend für (technisches) Computer-**Zubehör** (z. B. Monitor, Drucker, Scanner). Sie gelten zudem für vergleichbare Datenverarbeitungsgeräte wie z. B. Laptop, Notebook oder Netbook und für Softwareprogramme.

Wegen weiterer Einzelheiten vgl. das Stichwort „Computer".

d) Fotokopiergerät[2]

Ersetzt der Arbeitgeber dem Arbeitnehmer die Aufwendungen für ein Fotokopiergerät, ist der Arbeitgeberersatz steuer- und beitragspflichtig. Eine Pauschalbesteuerung mit 25 % nach § 40 Abs. 2 Satz 1 Nr. 5 EStG kommt nicht in Betracht. ja ja

Der Arbeitnehmer kann Werbungskosten bei seiner Veranlagung zur Einkommensteuer geltend machen, soweit er das Fotokopiergerät beruflich nutzt.

e) Zinsloses oder zinsverbilligtes Arbeitgeberdarlehen

Gibt der Arbeitgeber dem Arbeitnehmer ein unverzinsliches oder zinsverbilligtes Darlehen zur Beschaffung der Einrichtung für ein häusliches Arbeitszimmer, ist der geldwerte Vorteil (= Zinsvorteil) ggf. steuer- und beitragspflichtig (vgl. das Stichwort „Zinsersparnisse und Zinszuschüsse" unter Nr. 3, Beispiel B auf Seite 1059). ja ja

2. Werbungskostenabzug

a) Allgemeines

Die anteiligen Kosten für ein zur Privatwohnung gehörendes häusliches Arbeitszimmer (Miete, Abschreibung, Schuldzinsen, Wasser- und Energiekosten, Reinigungskosten, Grundsteuer, Müllabfuhrgebühren, Schornsteinfegergebühren, Gebäudeversicherung, Ausstattung wie z. B. Tapeten, Teppiche, Gardinen und Lampen ohne Kunstgegenstände, Reparatur- und Renovierungskosten, die auf das gesamte Gebäude entfallen) sind nur dann als Werbungskosten abziehbar, wenn das **Zimmer so gut**

Lohn-steuer-pflichtig | Sozial-versich.-pflichtig

wie ausschließlich beruflich genutzt wird; eine untergeordnete private Mitbenutzung von bis zu 10 % ist unschädlich. Für die steuerliche Anerkennung ist es aber nicht Voraussetzung, dass Art und Umfang der Tätigkeit des Arbeitnehmers einen besonderen häuslichen Arbeitsraum erfordern (BFH-Urteil vom 3.4.2019, BFH/NV 2019 S. 903 zum häuslichen Arbeitszimmer einer Flugbegleiterin). Ein Abzug der Kosten scheidet aber aus, wenn der Raum zu einem nicht unerheblichen Teil privat genutzt wird (z. B. Erledigung privater Korrespondenz, Aufbewahrung privater Unterlagen). Die Anerkennung wird von der Finanzverwaltung auch dann versagt, wenn für das normale Wohnbedürfnis kein hinreichender Raum zur Verfügung steht oder wenn das Arbeitszimmer ständig durchquert werden muss, um andere privat genutzte Räume zu erreichen.

Das Erfordernis der **nahezu ausschließlich beruflichen Nutzung des Arbeitszimmers hat der Große Senat des Bundesfinanzhofs bestätigt** und eine anteilige Berücksichtigung der Aufwendungen für gemischt genutzte Räume (im Streitfall für 60 % berufliche Nutzung) abgelehnt (BFH-Beschluss vom 27.7.2015, BStBl. 2016 II S. 265). Ein häusliches Arbeitszimmer setze neben einem büromäßig eingerichteten Raum (wie bisher weiterhin) voraus, dass es ausschließlich oder nahezu ausschließlich für betriebliche oder berufliche Zwecke genutzt werde. Fehle es hieran, sind die Aufwendungen insgesamt nicht abziehbar. Damit scheide eine Aufteilung und anteilige Berücksichtigung im Umfang der beruflichen Verwendung aus. Diese enge Auslegung dient nach Auffassung des Großen Senats dazu, den beruflichen und privaten Bereich sachgerecht voneinander abzugrenzen, Gestaltungsmöglichkeiten zu unterbinden und den Verwaltungsvollzug zu erleichtern. Diese Ziele seien im Falle einer Aufteilung nicht zu erreichen, da sich der Umfang der jeweiligen Nutzung innerhalb der Wohnung des Steuerzahlers nicht objektiv überprüfen lasse. Der Bundesfinanzhof sieht insbesondere ein „Nutzungszeitenbuch" nicht als geeignete Grundlage für eine Aufteilung an, da die darin enthaltenen Angaben keinen über die bloße Behauptung des Steuerzahlers hinausgehenden Beweiswert hätten. Ebenso würde es an Maßstäben für eine schätzungsweise Aufteilung der jeweiligen Nutzungszeiten mangeln. Somit wäre eine sachgerechte Abgrenzung des beruflichen Bereichs von der privaten Lebensführung im Fall einer Aufteilung nicht gewährleistet. Das Abzugsverbot gilt auch für einen Raum, der nicht einem typischen häuslichen Arbeitszimmer entspricht und beruflich sowie privat genutzt wird (BFH-Urteil vom 22.3.2016, BStBl. II S. 884). In Anbetracht dieser Rechtsprechung hat der Bundesfinanzhof erwartungsgemäß entschieden, dass die Aufwendungen für eine sog. **Arbeitsecke** in einem ansonsten privat genutzten Raum (z. B. PC-Ecke im Wohnzimmer) steuerlich **nicht abziehbar** sind (BFH-Urteil vom 17.2.2016, BStBl. II S. 708). Dabei reicht auch eine Abtrennung durch ein Regal nicht aus, um aus einem einheitlichen Raum zwei Räume zu machen. Ebenfalls nicht abziehbar sind die Aufwendungen für einen büromäßig eingerichteten Arbeitsbereich, der lediglich durch ein Sideboard vom Wohnbereich abgetrennt wird (BFH-Urteil vom 22.3.2016, BStBl. II S. 881). Zur Berücksichtigung der **Home-Office-Pauschale** von 5 € täglich für höchstens 120 Tage (= 600 € Höchstbetrag) jeweils in den Kalenderjahren 2020 und 2021 vgl. das Stichwort „Home-Office" unter Nr. 6.

Ein **häusliches Arbeitszimmer** ist ein Raum, der nach Lage, Funktion und Ausstattung in die häusliche Sphäre eingebunden ist und vorwiegend der Erledigung gedanklicher, schriftlicher, verwaltungstechnischer oder -organisatorischer Arbeiten dient. Es muss sich aber nicht zwin-

1) Die Sozialversicherungsentgeltverordnung (SvEV) ist als Anhang 2 im **Steuerhandbuch für das Lohnbüro 2021** abgedruckt, das im selben Verlag erschienen ist.

2) In den Hinweisen zu R 3.45 LStR ist ein Fotokopiergerät nicht als begünstigtes Datenverarbeitungsgerät im Sinne der Steuerbefreiungsvorschrift des § 3 Nr. 45 EStG aufgeführt.

Lohn-steuer-pflichtig | Sozial-versich.-pflichtig

gend um **büromäßige Arbeiten** handeln. So kann ein häusliches Arbeitszimmer auch bei **geistiger, künstlerischer oder schriftstellerischer Betätigung** gegeben sein (BFH-Urteil vom 10.10.2012, BFH/NV 2013 S. 359 zum „Übungszimmer" einer Musikerin als häusliches Arbeitszimmer). Auch **Zubehörräume** in unmittelbarer Nähe zu einer Wohnung (z. B. **Keller** oder **Speicher**), die so gut wie ausschließlich beruflich genutzt werden, sind häusliche Arbeitszimmer. Das gilt auch dann, wenn der Kellerraum lediglich vom Garten eines Einfamilienhauses aus erreicht werden kann (BFH-Urteil vom 30.1.2014, BFH/NV 2014 S. 688). Im Übrigen kann ein häusliches Arbeitszimmer auch **mehrere Räume** umfassen (z. B. Büroraum und Ablage-/Archivraum; BFH-Urteil vom 18.4.2012, BStBl. II S. 770). Zum Vorliegen eines außerhäuslichen Arbeitszimmers vgl. die Erläuterungen unter dem nachfolgenden Buchstaben b).

Auch bei einem sog. **Telearbeitsplatz**, an dem der Arbeitnehmer aufgrund der Vereinbarung mit seinem Arbeitgeber an bestimmten Wochentagen (z. B. Montag und Freitag) seine Arbeitsleistung erbringt, kann es sich um ein häusliches Arbeitszimmer handeln (BFH-Urteil vom 26.2.2014, BStBl. II S. 568). Dies ist der Fall, wenn der Raum büromäßig genutzt wird und der Erledigung gedanklicher, schriftlicher und verwaltungstechnischer Arbeiten dient. Dem steht nicht entgegen, dass der Raum vom Arbeitgeber nach Absprache mit dem Arbeitnehmer eingerichtet sowie mit Arbeitsmitteln ausgestattet wird und der Arbeitgeber nach Ankündigung ein Zugangsrecht zu dem Raum hat. Zum unbegrenzten Vollabzug der Aufwendungen bei einem Telearbeitsplatz vgl. nachfolgenden Buchstaben c und das Stichwort „Telearbeitsplatz" unter Nr. 5.

Zur Ermittlung der **anteiligen Kosten** eines als häusliches Arbeitszimmer genutzten **Kellerraums** gilt Folgendes: Entspricht ein im Keller befindliches häusliches Arbeitszimmer nach seiner Funktion, baulichen Beschaffenheit (z. B. Fenster, Anschluss an das Heizungssystem), Lage und Ausstattung dem **Standard eines Wohnraums,** gehört es zu den Haupträumen der Wohnung, sodass der Anteil der auf dieses Arbeitszimmer entfallenden Gebäudekosten nach dem Verhältnis der Fläche des Arbeitszimmers zur reinen Wohnfläche zuzüglich der Fläche des Arbeitszimmers zu ermitteln ist. Die Fläche der übrigen im Keller befindlichen (Neben-)Räume bleibt bei der Kostenaufteilung unberücksichtigt, da Zubehörräume nicht zur Wohnfläche zählen. Ist das im Keller befindliche häusliche Arbeitszimmer hingegen kein Wohn-, sondern ein **Nebenraum,** sind die abziehbaren Kosten nach dem Verhältnis des gesamten beruflich bzw. betrieblich genutzten Bereichs (Haupt- und Nebenräume) zur Gesamtfläche aller Räume des Gebäudes (Einbeziehung aller Haupt- und Nebenräume) aufzuteilen (BFH-Urteil vom 11.11.2014, BStBl. 2015 II S. 382).

Der Werbungskostenabzug der Höhe nach richtet sich nach den nachfolgenden Buchstaben b bis e.

b) Unbegrenzter Vollabzug der Aufwendungen

Mittelpunkt der gesamten Tätigkeit:

Arbeitnehmer, bei denen das häusliche Arbeitszimmer den Mittelpunkt der gesamten beruflichen und betrieblichen Betätigung darstellt (z. B. bei einem Heimarbeiter), können ihre gesamten Aufwendungen für das Arbeitszimmer als Werbungskosten geltend machen. Dabei ist bei **mehreren Tätigkeiten** (z. B. Haupt- und Nebenberuf) auf die **Gesamtheit** der Tätigkeiten abzustellen und keine Einzelbetrachtung der jeweiligen Tätigkeit vorzunehmen. Das häusliche Arbeitszimmer kann regelmäßig nur dann der Mittelpunkt der gesamten betrieblichen und beruflichen Tätigkeit sein, wenn der Arbeitnehmer an keinem anderen Ort dauerhaft tätig ist. So liegt z. B. bei einem angestellten **Handelsvertreter** der Tätigkeitsmittelpunkt außerhalb des häuslichen Arbeitszimmers, wenn die **Tätigkeit** nach dem Gesamtbild der Verhältnisse **durch** den **Außendienst geprägt** ist. Das gilt auch dann, wenn die zu Hause zu verrichteten Tätigkeiten zur Erfüllung der beruflichen Aufgaben unerlässlich sind (BFH-Urteil vom 13.11.2002, BStBl. 2004 II S. 62). Bei einem Hochschullehrer oder Richter bildet das häusliche Arbeitszimmer ebenfalls nicht den Mittelpunkt der gesamten beruflichen Betätigung. Denn für den Beruf des **Hochschullehrers** ist die **Vorlesung in der Universität** und für den des **Richters** die Ausübung der **rechtsprechenden Tätigkeit im Gericht prägend.** Unerheblich ist demgegenüber, wie viele Stunden der Arbeitnehmer in seinem häuslichen Arbeitszimmer zugebracht hat; dies gilt selbst dann, wenn die zeitliche Nutzung des häuslichen Arbeitszimmers weit überwiegt (BFH-Urteil vom 27.10.2011, BStBl. 2012 II S. 234 zum Hochschullehrer und vom 8.12.2011, BStBl. 2012 II S. 236 zum Richter).

Ein häusliches Arbeitszimmer bildet dann den **Mittelpunkt** der gesamten beruflichen Betätigung eines Arbeitnehmers, wenn nach Würdigung der Tätigkeitsmerkmale aufgrund des Gesamtbilds der Verhältnisse davon auszugehen ist, dass er im häuslichen Arbeitszimmer die Handlungen vornimmt und Leistungen erbringt, die für die konkret ausgeübte berufliche Tätigkeit wesentlich und prägend sind. Der Tätigkeitsmittelpunkt bestimmt sich also nach dem **qualitativen Schwerpunkt** der beruflichen Tätigkeit. Eine außerhäusliche Tätigkeit schließt daher nicht von vornherein aus, dass sich der Mittelpunkt dennoch im häuslichen Arbeitszimmer befindet.[1] Das gilt selbst dann, wenn die außerhäusliche Tätigkeit zeitlich überwiegen sollte.

Beispiel A

Arbeitnehmer A entwickelt ausschließlich in seinem häuslichen Arbeitszimmer Betriebssoftware für die Kunden seines Arbeitgebers. Nach Fertigstellung der auf den jeweiligen Kunden zugeschnittenen Programme fährt A zu den Kunden und installiert die Programme vor Ort.

Der qualitative Schwerpunkt der beruflichen Tätigkeit des A und damit sein Tätigkeitsmittelpunkt liegt im häuslichen Arbeitszimmer. Dies wird durch die außerhäusliche Tätigkeit beim Kunden nicht ausgeschlossen. Die Aufwendungen für das häusliche Arbeitszimmer sind daher in vollem Umfang als Werbungskosten abziehbar.

Beispiel B

Die wesentliche Leistung des Verkaufsleiters B liegt in der Organisation der Betriebsabläufe, die er ausschließlich in seinem häuslichen Arbeitszimmer erbringt. Eine erste Tätigkeitsstätte im Betrieb seines Arbeitgebers hat er nicht. Zu seinen Aufgaben gehört aber auch die Überwachung von Außendienstmitarbeitern und die Betreuung einiger Großkunden.

Das häusliche Arbeitszimmer bildet – trotz des Außendienstes – den Tätigkeitsmittelpunkt des B (BFH-Urteil vom 13.11.2002, BStBl. 2004 II S. 65). Die Aufwendungen für das häusliche Arbeitszimmer sind daher in vollem Umfang als Werbungskosten abziehbar.

Der Bundesfinanzhof hat entschieden, dass **Versorgungsbezüge** in die Gesamtbetrachtung zur Bestimmung des Tätigkeitsmittelpunktes **nicht einzubeziehen** sind (BFH-Urteil vom 11.11.2014, BStBl. 2015 II S. 382). Es seien nur Einkünfte zu berücksichtigen, die grundsätzlich ein Tätigwerden des Steuerpflichtigen im jeweiligen Kalenderjahr erfordern würden. Im Streitfall ließen die Richter daher die Aufwendungen für das häusliche Arbeitszimmer in vollem Umfang zum Abzug zu, da der Versorgungsempfänger in seinem häuslichen Arbeitszimmer eine selbstständige Gutachtertätigkeit ausübte. Die weiteren Einkünfte des Versorgungsempfängers aus der Vermietung einer Eigentumswohnung und aus Kapitalvermögen standen dem nicht entgegen. Das Gericht ließ sie außer Betracht, da ihnen kein nennenswertes qualitatives Gewicht zukam.

Das häusliche Arbeitszimmer bildet auch dann den **Mittelpunkt** der gesamten beruflichen Betätigung, wenn bei

1) Randnummer 10 des BMF-Schreibens vom 6.10.2017 (BStBl. I S. 1320). Das BMF-Schreiben ist als Anlage 1 zu H 9.14 LStR im **Steuerhandbuch für das Lohnbüro 2021** abgedruckt, das im selben Verlag erschienen ist.

Lohnsteuerpflichtig Sozialversich.-pflichtig

einem Arbeitnehmer mit einer beruflichen Tätigkeit eine in qualitativer Hinsicht **gleichwertige Arbeitsleistung** wöchentlich an **drei Tagen** an einem **häuslichen Telearbeitsplatz** und an **zwei Tagen** im **Betrieb** des Arbeitgebers zu erbringen ist (BFH-Urteil vom 23.5.2006, BStBl. II S. 600). Bei einer beruflichen Tätigkeit, die qualitativ gleichwertig im häuslichen Arbeitszimmer (= Telearbeitsplatz) als auch am außerhäuslichen Arbeitsplatz erbracht wird, befindet sich der Tätigkeitsmittelpunkt (= Vollabzug der Aufwendungen) also im häuslichen Arbeitszimmer, wenn der Arbeitnehmer dort mehr als die Hälfte seiner Arbeitszeit tätig wird. Zugleich ergibt sich hierdurch, dass durch einen anderen Arbeitsplatz nicht ausgeschlossen wird, dass sich der Mittelpunkt der gesamten beruflichen Betätigung im häuslichen Arbeitszimmer befindet.

Aber selbst wenn es sich beim häuslichen Arbeitszimmer um den Mittelpunkt der gesamten beruflichen Tätigkeit handeln sollte, sind die Aufwendungen für auch zu einem nicht unwesentlichen Teil **privat genutzte Nebenräume** (wie z. B. Küche, Bad, Flur) weder voll noch anteilig als Werbungskosten abziehbar (BFH-Urteil vom 17.2.2016, BStBl. II S. 611). Zur Begründung weist das Gericht auf die Rechtsprechung des Großen Senats des Bundesfinanzhofs hin (vgl. vorstehende Nr. 2 Buchstabe a), wonach Aufwendungen für ein häusliches Arbeitszimmer, das nicht nahezu ausschließlich betrieblich oder beruflich genutzt wird, steuerlich insgesamt nicht zu berücksichtigen sind. Die Voraussetzung der nahezu ausschließlich beruflichen Nutzung ist nämlich individuell für jeden Raum und damit auch für Nebenräume zu prüfen. Eine zumindest nicht unerhebliche private Mitnutzung derartiger Räume ist daher insgesamt abzugsschädlich. Der Bundesfinanzhof neigt zudem dazu, dass das Aufsuchen der Küche zur Mittags- oder Kaffee-/Teepause oder der Toilette den Zusammenhang zu der im häuslichen Arbeitszimmer ausgeübten beruflichen Tätigkeit unterbricht und daher stets als privat zu bewerten ist. Auch Renovierungskosten für einen Raum, der ausschließlich oder mehr als in nur untergeordnetem Umfang privaten Wohnzwecken dient, sind nicht abzugsfähig. Erfolgen Baumaßnahmen in Bezug auf einen privat genutzten Raum, fehlt es laut Bundesfinanzhof an Gebäudekosten, die nach dem Flächenverhältnis aufzuteilen und anteilig als Aufwendungen für das häusliche Arbeitszimmer zu berücksichtigten sind (BFH-Urteil vom 14.5.2019, BStBl. II S. 510).

Aufwendungen für das **Herrichten** eines **häuslichen Arbeitszimmers** sind in vollem Umfang als Werbungskosten abziehbar, wenn sich aufgrund der späteren Beschäftigung im häuslichen Arbeitszimmer der Betätigungsmittelpunkt des Arbeitnehmers befindet. Dabei kommt es nicht darauf an, ob die beabsichtigte berufliche Nutzung bereits im Jahr des Aufwands beginnt. Die vorstehenden Ausführungen gelten auch dann, wenn der Arbeitnehmer zurzeit erwerbslos oder in Mutterschutz/Elternzeit ist (BFH-Beschluss vom 13.12.2011, BFH/NV 2012 S. 418).

Beispiel C

Eine Richterin bildet sich während ihrer Elternzeit auf ihrem Fachgebiet fort. Sie wird nach Beendigung ihrer Elternzeit an ihr bisheriges Gericht zurückkehren und dort – wie vor ihrer Elternzeit – ein „Richterzimmer" erhalten.

Die Aufwendungen für das häusliche Arbeitszimmer können auch während der Elternzeit nicht in voller Höhe als Werbungskosten abgezogen werden, da sich nach den zu erwartenden Umständen der späteren beruflichen Tätigkeit der Mittelpunkt der gesamten beruflichen Betätigung im Gericht befindet. Auch ein Abzug von bis zu 1250 € scheidet aus, da die Richterin im Gericht über einen anderen Arbeitsplatz verfügen wird (vgl. auch die nachfolgenden Buchstaben c, am Ende und d). Unabhängig davon kann die Richterin ihre Fortbildungskosten (z. B. für Fachliteratur) als Werbungskosten abziehen.

Außerhäusliches Arbeitszimmer:

Werden von einem Arbeitnehmer in einem Mehrfamilienhaus neben seiner Privatwohnung weitere Räumlichkeiten für berufliche Zwecke genutzt, handelt es sich nur dann um ein häusliches Arbeitszimmer, wenn die beruflich genutzten Räume zur Privatwohnung in unmittelbarer räumlicher Nähe liegen, z. B. wenn die beruflich genutzten Räume unmittelbar an die Privatwohnung angrenzen oder wenn sie auf derselben Etage direkt gegenüberliegen. Entsprechendes gilt, wenn der als Zubehörraum zur Wohnung gehörende Abstell-, Keller- oder Speicherraum als häusliches Arbeitszimmer genutzt wird. Bewohnt der Arbeitnehmer in einem Mehrfamilienhaus aber z. B. die Erdgeschosswohnung zu privaten Wohnzwecken, vermietet das erste Obergeschoss an fremde Dritte und nutzt im Dachgeschoss weitere Räumlichkeiten für berufliche Zwecke, handelt es sich hierbei um ein **außerhäusliches Arbeitszimmer.** Die hierfür entstehenden Aufwendungen sind in **vollem** Umfang als Betriebsausgaben bzw. Werbungskosten **abziehbar** (BFH-Urteil vom 18.8.2005, BStBl. 2006 II S. 428). Entsprechendes gilt z. B., wenn der Arbeitnehmer weitere Kellerräume anmietet. Ein häusliches Arbeitszimmer liegt also nicht allein deshalb vor, weil sich die beruflich genutzten Räumlichkeiten in demselben Haus bzw. unter demselben Dach wie die Privatwohnung befinden.[1]

Der Bundesfinanzhof hat diesbezüglich entschieden, dass ein nicht der Abzugsbeschränkung unterliegendes außerhäusliches Arbeitszimmer erst dann vorliegen kann, wenn die **Räumlichkeiten** über eine der **Allgemeinheit zugängliche** und auch von **anderen Personen genutzte Verkehrsfläche zu erreichen** sind. Er bejaht daher das Vorliegen eines unter die Abzugsbeschränkung fallenden häuslichen Arbeitszimmers bei einer Zweitwohnung im Zweifamilienhaus, wenn das gesamte Grundstück und Gebäude ausschließlich vom Arbeitnehmer und seiner Familie genutzt wird (BFH-Urteil vom 15.1.2013, BStBl. II S. 374). Ebenso handelt es sich bei einem beruflich genutzten Garagenaufbau um ein häusliches Arbeitszimmer, wenn er sich auf demselben Grundstück wie das selbstgenutzte Einfamilienhaus befindet und vom Privatbereich aus zugänglich ist; dies ist auch bei einem Zugang vom Garten aus gegeben (BFH-Urteil vom 23.5.2013, BFH/NV 2013 S. 1233). Entsprechendes gilt, wenn der als häusliches Arbeitszimmer genutzte Kellerraum lediglich vom Garten eines Einfamilienhauses aus erreicht werden kann (BFH-Urteil vom 30.1.2014, BFH/NV 2014 S. 688).

Besondere Räumlichkeiten:

Nicht unter die Abzugsbeschränkung für häusliche Arbeitszimmer fallen auch Räume, bei denen es sich um **Lagerräume, Ausstellungsräume** oder **Betriebsräume** handelt (BFH-Urteil vom 28.8.2003, BStBl. 2004 II S. 55); sie entsprechen nach Ausstattung und Funktion nicht einem Büro. Das gilt selbst dann, wenn diese Räume an die Wohnung angrenzen oder gar mit ihr verbunden und so in die häuslich Sphäre eingebunden sind. Die Aufwendungen für derartige Räume sind daher in vollem Umfang als Werbungskosten abziehbar.[1] Wird ein Raum **gleichzeitig** als **Büroraum** und **Warenlager** genutzt, kommt es darauf an, welche der beiden Nutzungsarten dem Raum das Gepräge gibt. Letztlich wird es auf den Gesamteindruck ankommen, ob der Schreibtisch bzw. die Büroeinrichtung (= häusliches Arbeitszimmer) oder die aufgestellten Regale, Stau- und Ablagevorrichtungen (= Warenlager) die den Raum prägenden Möbelstücke darstellen. Die berufliche Tätigkeit des Steuerpflichtigen muss aber auch in stärkerem Maße durch Lagerhaltung als durch Bürotätigkeiten geprägt sein (BFH-Urteil vom 22.11.2006, BStBl. 2007 II S. 304).

Auch Räumlichkeiten, die für einen intensiven und dauerhaften **Publikumsverkehr** geöffnet und eingerichtet sind, sind keine häuslichen Arbeitszimmer im vorstehenden Sinne (z. B. **Arzt-, Steuerberater-** oder **Anwaltspraxis**).

1) Randziffern 3 bis 5 des BMF-Schreibens vom 6.10.2017 (BStBl. I S. 1320). Das BMF-Schreiben ist als Anlage 1 zu H 9.14 LStR im **Steuerhandbuch für das Lohnbüro 2021** abgedruckt, das im selben Verlag erschienen ist.

Die auf solche Räumlichkeiten entfallenden Aufwendungen sind auch dann in **voller Höhe** als Betriebsausgaben oder Werbungskosten **abziehbar,** wenn sie an das Einfamilienhaus angrenzen oder sich im selben Gebäude wie die Privatwohnung befinden.

Zudem sind Räumlichkeiten, die auch von dritten, nicht familienangehörigen und auch nicht haushaltsangehörigen Personen genutzt werden (insbesondere **als Arbeitnehmer beschäftigte fremde Dritte**), keine häuslichen Arbeitszimmer (BFH-Urteil vom 20.6.2012, BFH/NV 2012 S. 1776). Auch die hierauf entfallenden Aufwendungen sind steuerlich in voller Höhe zu berücksichtigen.

Aufwendungen für beruflich genutzte Räume können also immer dann in voller Höhe als Werbungskosten oder Betriebsausgaben abgezogen werden, **wenn** die **Räumlichkeiten nicht** als **häusliches Arbeitszimmer** anzusehen sind. Das gilt auch dann, wenn sie ihrer Lage nach mit dem Wohnraum des Steuerpflichtigen verbunden und daher in die häusliche Sphäre eingebunden sind (BFH-Urteil vom 26.3.2009, BStBl. II S. 598).

c) Begrenzung auf 1250 €, wenn der Arbeitgeber keinen Arbeitsplatz zur Verfügung stellt

Das Bundesverfassungsgericht hat mit Beschluss vom 6.7.2010 (BGBl. I S. 1127, BStBl. 2011 II S. 318) entschieden, dass das vom Gesetzgeber zuvor eingeführte Abzugsverbot von Aufwendungen für ein häusliches Arbeitszimmer mit dem Gleichheitsgrundsatz des Grundgesetzes unvereinbar und damit verfassungswidrig ist, soweit es Aufwendungen für ein häusliches Arbeitszimmer auch dann nicht zum Abzug zulässt, wenn für die betriebliche oder berufliche Tätigkeit kein anderer Arbeitsplatz zur Verfügung steht.

Durch das Jahressteuergesetz 2010 vom 8.12.2010 (BGBl. I S. 1768, BStBl. I S. 1394) ist daher die bis 2006 geltende Rechtslage wieder hergestellt worden, dass auch in den Fällen, in denen es sich beim häuslichen Arbeitszimmer nicht um den Mittelpunkt der gesamten beruflichen Betätigung handelt, aber für die berufliche Tätigkeit **kein anderer Arbeitsplatz** zur Verfügung steht, ein **Betriebsausgabenabzug/Werbungskostenabzug** bis zu einer Höhe von **1250 €** wieder zulässig ist. Gegen den Höchstbetrag von 1250 € bestehen keine verfassungsrechtlichen Bedenken (BFH-Urteil vom 28.2.2013, BStBl. II S. 642). Dem Gesetzgeber bleibt es nach der Rechtsprechung des Bundesverfassungsgerichts nämlich unbenommen, die objektiv gegebene, staatlich jedoch nicht beobachtbare Möglichkeit einer privaten Mitbenutzung des häuslichen Arbeitszimmers pauschal (z. B. durch einen Höchstbetrag) zu berücksichtigen.

Von der Regelung profitieren u. a. **Lehrer,** denen in der Schule zur Unterrichtsvor- und -nachbereitung kein anderer Arbeitsplatz zur Verfügung steht. Dabei erfüllt das Klassenzimmer oder das „Lehrerzimmer" die Voraussetzungen eines anderen Arbeitsplatzes nicht. Ein Abzug bis zu 1250 € scheidet allerdings aus, wenn einem Hochschullehrer in der Universität ein anderer Arbeitsplatz zur Verfügung steht (BFH-Urteil vom 27.10.2011, BStBl. 2012 II S. 234).

Beispiel A

Ein Lehrer korrigiert in seinem häuslichen Arbeitszimmer die Klassenarbeiten seiner Schüler und bereitet sich auf den Unterricht vor.

Ein unbegrenzter Abzug der Aufwendungen für das häusliche Arbeitszimmer kommt nicht in Betracht, da es sich nicht um den Mittelpunkt der gesamten beruflichen Betätigung handelt. Allerdings können die Aufwendungen bis zu 1250 € als Werbungskosten abgezogen werden, da einem Lehrer in der Regel in der Schule kein anderer Arbeitsplatz zur Verfügung steht.

„Anderer Arbeitsplatz" ist jeder Arbeitsplatz, der zur Erledigung büromäßiger Arbeiten geeignet ist. Geht der Arbeitnehmer nur **einer** beruflichen **Tätigkeit** nach, muss ein vorhandener anderer Arbeitsplatz auch tatsächlich für **alle Aufgabenbereiche** seiner Erwerbstätigkeit genutzt werden können. Zudem muss der Arbeitgeber dem Arbeitnehmer den Arbeitsplatz aufgrund seines Direktionsrechts zugewiesen haben. Ein **Poolarbeitsplatz** in der Firma des Arbeitgebers (z. B. in einem Großraumbüro) ist ein anderer Arbeitsplatz, wenn aufgrund der gesamten Umstände des Einzelfalles (u. a. ausreichende Anzahl, arbeitgeberseitig organisierte dienstliche Nutzungseinteilung) gewährleistet ist, dass der Arbeitnehmer seine berufliche Tätigkeit in dem konkret erforderlichen Umfang dort erledigen kann; ein eigener räumlich abgeschlossener Arbeitsbereich ist nicht Voraussetzung (BFH-Urteil vom 26.2.2014, BStBl. II S. 570; vgl. auch das nachfolgende Beispiel E).

Steht einem Arbeitnehmer ein Büroarbeitsplatz auch für betrieblich gewünschte **Fortbildungsmaßnahmen** zur Verfügung, schließt dies die steuerliche Berücksichtigung der Kosten für ein zur Fortbildung genutztes häusliches Arbeitszimmer aus; dies gilt unabhängig davon, in welchem Umfang für die Fortbildung die ihm am Büroarbeitsplatz zur Verfügung gestellten Arbeitsmittel (hier der Computer für einen speziellen Sprachkurs) genutzt werden dürfen (BFH-Urteil vom 5.10.2011, BStBl. 2012 II S. 127). Ist ein Arbeitnehmer allerdings auf sein häusliches Arbeitszimmer angewiesen, weil er dort einen nicht unerheblichen Teil seiner beruflichen Tätigkeit verrichten muss, ist ein anderer Arbeitsplatz unschädlich (vgl. die nachfolgenden Beispiele B bis D). Es genügt aber nicht, dass nach Feierabend oder am Wochenende im häuslichen Arbeitszimmer Arbeiten verrichtet werden, die grundsätzlich auch an dem anderen Büroarbeitsplatz erledigt werden könnten.

Beispiel B

Einer Schulleiterin mit einem Unterrichtspensum von 18 Wochenstunden steht im Schulsekretariat ein Schreibtisch nur für die Verwaltungsarbeiten zur Verfügung. Für die Vor- und Nachbereitung des Unterrichts kann dieser Arbeitsplatz nach objektiven Kriterien wie Größe und Ausstattung nicht genutzt werden. Diese Arbeiten müssen im häuslichen Arbeitszimmer erledigt werden.

Die Schulleiterin kann die Aufwendungen für ihr häusliches Arbeitszimmer bis zu 1250 € als Werbungskosten abziehen (BFH-Urteil vom 7.8.2003, BStBl. 2004 II S. 82). Entsprechendes gilt, wenn ein Dienstzimmer für die Verwaltungstätigkeit eines Schulleiters keinen ausreichenden Platz zur Unterbringung der für die Vor- und Nachbereitung des Unterrichts erforderlichen Gegenstände bietet (BFH-Urteil vom 7.8.2003, BStBl. 2004 II S. 77).

Beispiel C

Ein Bankangestellter muss in einem nicht unerheblichen Umfang Büroarbeiten auch außerhalb seiner üblichen Arbeitszeiten verrichten und sein regulärer Arbeitsplatz steht ihm hierfür nicht zur Verfügung. Der Bankangestellte kann die Aufwendungen für sein häusliches Arbeitszimmer bis zu 1250 € als Werbungskosten abziehen (BFH-Urteil vom 7.8.2003, BStBl. 2004 II S. 83).

Beispiel D

Ein EDV-Berater übt außerhalb seiner regulären Arbeitszeit vom häuslichen Arbeitszimmer aus Bereitschaftsdienst aus. Den Arbeitsplatz bei seinem Arbeitgeber kann er hierfür aus tatsächlichen Gründen nicht nutzen.

Der EDV-Berater kann die Aufwendungen für sein häusliches Arbeitszimmer bis zu 1250 € als Werbungskosten abziehen (BFH-Urteil vom 7.8.2003, BStBl. 2004 II S. 80).

Beispiel E

Ein Großbetriebsprüfer eines Finanzamts hat an seiner Dienststelle keinen festen Arbeitsplatz, sondern teilt sich für die vor- und nachbereitenden Arbeiten der Prüfungen mit weiteren sieben Großbetriebsprüfern drei Arbeitsplätze (sog. Poolarbeitsplätze).

Der Großbetriebsprüfer kann die Aufwendungen für sein häusliches Arbeitszimmer bis zu 1250 € als Werbungskosten abziehen, da ihm der Poolarbeitsplatz in der Dienststelle nicht in dem zur Erledigung seiner gesamten Innendienstarbeiten (u. a. Fallauswahl, Fertigen der Prüfberichte) konkret erforderlichen Umfang zur Verfügung steht (BFH-Urteil vom 26.2.2014, BStBl. II S. 570).

Ein Arbeitsplatz in der Firma des Arbeitgebers ist zur Erledigung büromäßiger Arbeiten **nicht geeignet,** wenn in dem Raum wegen Sanierungsbedarf **Gesundheitsgefahr** besteht (z. B. bei Baumängeln; BFH-Urteil vom 26.2.2014, BStBl. II S. 674). Entsprechendes gilt, wenn beim Arbeits-

Lohn-steuer-pflichtig | Sozial-versich.-pflichtig

platz in der Firma des Arbeitgebers **arbeitsschutzrechtlich zu beachtende Vorgaben nicht eingehalten** werden, wie z. B. zur Größe der Räumlichkeiten oder zu den Grenzwerten der Lärm- und Vibrations-Arbeitsschutzverordnung (BFH-Urteil vom 6.11.2014, BFH/NV 2015 S. 485). Auch in diesen Fällen kann der Arbeitnehmer daher seine Aufwendungen für das häusliche Arbeitszimmer bis zu 1250 € als Werbungskosten abziehen.

In **Zweifelsfällen** ist das Nichtvorhandensein eines anderen Arbeitsplatzes durch die Vorlage einer **Bescheinigung** des **Arbeitgebers** nachzuweisen (so auch das Bundesverfassungsgericht in seiner Pressemitteilung zum Beschluss vom 6.7.2010; BGBl. I S. 1127, BStBl. 2011 II S. 318).

Steht einem Arbeitnehmer für die betriebliche oder berufliche Tätigkeit kein anderer Arbeitsplatz zur Verfügung, kann er die Aufwendungen für ein häusliches Arbeitszimmer bis zum Höchstbetrag von 1250 € als Werbungskosten abziehen. Dieser Höchstbetrag von 1250 € gilt auch dann, wenn der Arbeitnehmer **mehrere häusliche Arbeitszimmer in verschiedenen Haushalten** nutzt (z. B. bei einem Umzug im Laufe des Kalenderjahres) oder **zwei Arbeitszimmer im gleichen Haushalt** genutzt werden (BFH-Urteil vom 9.5.2017, BStBl. II S. 956). Im Übrigen betont der Bundesfinanzhof, dass ein weiteres häusliches Arbeitszimmer kein anderer Arbeitsplatz sein kann, der zu einer Nichtberücksichtigung der Kosten führt. Ein solch „anderer Arbeitsplatz" muss nämlich außerhalb der häuslichen Sphäre des Steuerzahlers zur Verfügung stehen.

Übt ein Arbeitnehmer **mehrere** betriebliche oder berufliche **Tätigkeiten** nebeneinander aus, ist für jede Tätigkeit zu prüfen, ob ein anderer Arbeitsplatz zur Verfügung steht. Dabei kommt es nicht darauf an, ob ein für eine Tätigkeit zur Verfügung stehender Arbeitsplatz auch für eine andere Tätigkeit genutzt werden kann.

Beispiel F

Ein angestellter Krankenhausarzt übt eine freiberufliche Gutachtertätigkeit in seinem häuslichen Arbeitszimmer aus.

Die Aufwendungen für das häusliche Arbeitszimmer können bis zu 1250 € als Betriebsausgaben abgezogen werden, da dem Arzt für die freiberufliche Gutachtertätigkeit im Krankenhaus kein Arbeitsplatz zur Verfügung steht.

Wird ein häusliches Arbeitszimmer im Rahmen **mehrerer Einkunftsarten** genutzt, ist der Höchstbetrag von **1250 € nicht** nach den zeitlichen Nutzungsanteilen **in Teilhöchstbeträge aufzuteilen.** Vielmehr kann dieser Höchstbetrag durch die dem Grunde nach abzugsfähigen Aufwendungen in voller Höhe ausgeschöpft werden. Lediglich die Aufwendungen für das häusliche Arbeitszimmer sind zeitanteilig aufzuteilen und den verschiedenen Einkunftsarten zuzuordnen (BFH-Urteil vom 25.4.2017, BStBl. II S. 949).

Beispiel G

Ein Angestellter nutzt sein häusliches Arbeitszimmer zu 40 % für seine nichtselbstständige Tätigkeit und zu 60 % für seine unternehmerische Nebentätigkeit. Nur für die Nebentätigkeit steht ihm kein anderer Arbeitsplatz zur Verfügung. An Aufwendungen sind für das häusliche Arbeitszimmer insgesamt 2500 € entstanden.

Die Aufwendungen für das häusliche Arbeitszimmer in Höhe von 2500 € sind nach dem Nutzungsverhältnis aufzuteilen. Auf die nichtselbstständige Tätigkeit entfallen 40 % von 2500 € = 1000 €, die nicht abgezogen werden können. Auf die Nebentätigkeit entfallen 60 % von 2500 € = 1500 €, die zu 1250 € als Betriebsausgaben abgezogen werden können. Eine Aufteilung des Höchstbetrags von 1250 € im Verhältnis 60 % zu 40 % ist nicht vorzunehmen.

In Abänderung seiner früheren Rechtsprechung hat der Bundesfinanzhof entschieden, dass bei der gemeinsamen Nutzung eines häuslichen Arbeitszimmers durch mehrere Personen, der **Höchstbetrag** von 1250 € **personenbezogen** anzuwenden ist und daher jeder Steuerzahler seine Aufwendungen bis zum Höchstbetrag von 1250 € steuerlich geltend machen kann (BFH-Urteile vom 15.12.2016, BStBl. 2017 II S. 938 und S. 941).

Lohn-steuer-pflichtig | Sozial-versich.-pflichtig

Beispiel H

Ein Lehrerehepaar nutzt **gemeinsam** zu jeweils 50 % ein häusliches Arbeitszimmer. Ein anderer Arbeitsplatz in der Schule steht ihnen nicht zur Verfügung. Die von beiden Ehegatten jeweils zur Hälfte getragenen Kosten für das häusliche Arbeitszimmer betragen 2600 €.

Die Aufwendungen für das häusliche Arbeitszimmer werden personenbezogen bis zum Höchstbetrag von 1250 € berücksichtigt. Jeder Ehegatte kann die von ihm getragenen und seinem Anteil entsprechenden Aufwendungen bis zum Höchstbetrag von 1250 € abziehen.

Abwandlung

Wie Beispiel H. Das Lehrerehepaar nutzt allerdings in seinem Einfamilienhaus **jeweils** einen Raum als häusliches Arbeitszimmer. Die Kosten für den Raum betragen jeweils 1500 €.

Jeder Ehegatte kann Aufwendungen für ein häusliches Arbeitszimmer in Höhe von 1250 € als Werbungskosten bei seinen Einkünften aus nichtselbstständiger Arbeit geltend machen, da in der Schule kein anderer Arbeitsplatz zur Verfügung steht.

Aufwendungen für ein häusliches Arbeitszimmer zur Vorbereitung auf eine künftige Erwerbstätigkeit in der Zeit der **Erwerbslosigkeit** oder Mutterschutz bzw. Elternzeit können nur geltend gemacht werden, wenn und soweit der Werbungskostenabzug auch unter den **zu erwartenden Umständen der späteren beruflichen Tätigkeit** zustehen würde (BFH-Beschluss vom 13.12.2011, BFH/NV 2012 S. 418).

Beispiel I

Eine Lehrerin bildet sich während ihrer Elternzeit auf ihrem Fachgebiet fort. Sie wird nach Beendigung ihrer Elternzeit in ihre alte Schule zurückkehren, in der sie allerdings bereits vor ihrer Elternzeit keinen Arbeitsplatz hatte.

Die Aufwendungen für das häusliche Arbeitszimmer können auch während der Elternzeit bis zur Höhe von 1250 € als Werbungskosten abgezogen werden, da die Lehrerin nach den zu erwartenden Umständen der späteren beruflichen Tätigkeit über keinen anderen Arbeitsplatz verfügen wird.

Beispiel K

Eine Steuerfachangestellte bildet sich während ihrer Elternzeit auf dem Gebiet des Steuerrechts fort. Sie wird nach Beendigung ihrer Elternzeit aller Voraussicht nach auf ihren alten Arbeitsplatz in einem Steuerbüro zurückkehren.

Die Aufwendungen für das häusliche Arbeitszimmer können auch während der Elternzeit nicht bis zur Höhe von 1250 € als Werbungskosten abgezogen werden, da die Steuerfachangestellte nach den zu erwartenden Umständen der späteren beruflichen Tätigkeit über einen anderen Arbeitsplatz verfügen wird. Ungeachtet dessen sind die Aufwendungen für die Fortbildung (z. B. Fachliteratur) als Werbungskosten abziehbar.

d) Abzugsverbot auch in den Fällen der 50 %-Regelung

Sofern die Voraussetzungen der vorstehenden Buchstaben b) oder c) nicht erfüllt sind, können die Aufwendungen für ein häusliches Arbeitszimmer nicht als Betriebsausgaben oder Werbungskosten abgezogen werden.

Nicht abziehbar sind daher nach wie vor Aufwendungen für ein häusliches Arbeitszimmer, wenn die **betriebliche oder berufliche Nutzung mehr als 50 %** der gesamten betrieblichen und beruflichen Tätigkeit beträgt und ein anderer Arbeitsplatz vorhanden ist. Das Abzugsverbot der Aufwendungen für ein häusliches Arbeitszimmer für diese Fallgruppe ist vom Bundesverfassungsgericht in seinem Beschluss vom 6.7.2010 (BGBl. I S. 1127, BStBl. 2011 II S. 318) nicht beanstandet worden. Zur Begründung führt das Bundesverfassungsgericht aus, dass der Umfang der Nutzung allenfalls ein schwaches Indiz für dessen Notwendigkeit ist, wenn dem Arbeitnehmer von seinem Arbeitgeber ein weiterer Arbeitsplatz zur Verfügung gestellt wird.

Beispiel

Ein Richter, der im Gericht über ein eigenes Büro verfügt und dennoch überwiegend (mehr als 50 %) zu Hause arbeitet, kann keine Aufwendungen für sein häusliches Arbeitszimmer als Werbungskosten abziehen, da sich dort nicht der Mittelpunkt seiner gesamten beruflichen Betätigung befindet (kein Vollabzug der Aufwendungen nach dem vorstehenden Buchstaben b) und ihm im Gericht ein ande-

Lohn-steuer-pflichtig	Sozial-versich.-pflichtig

rer Arbeitsplatz zur Verfügung steht (kein Abzug bis zu 1250 € nach dem vorstehenden Buchstaben c; so auch BFH-Urteil vom 8.12.2011, BStBl. 2012 II S. 236).

e) Aufteilung der Aufwendungen für ein Arbeitszimmer bei Ehegatten

Befindet sich das häusliche Arbeitszimmer in einer von den Ehegatten oder Lebenspartnern gemeinsam **angemieteten Wohnung,** sind die anteilige Miete und die anteiligen Energiekosten **jeweils zur Hälfte** den Steuerpflichtigen zuzurechnen (BFH-Urteil vom 15.12.2016, BStBl. 2017 II S. 941). Der das Arbeitszimmer Nutzende kann in diesem Fall die auf die berufliche Nutzung entfallenden Aufwendungen ansetzen, soweit der Nutzungsumfang des häuslichen Arbeitszimmers nicht mehr als die Hälfte der gesamten Wohnfläche beträgt. Schuldet aber nur der nicht nutzende Ehegatte/Lebenspartner die Miete, liegt bei einer Zahlung vom gemeinsamen Konto beim Nutzenden nicht abziehbarer Drittaufwand vor. Hingegen liegt bei einer Zahlung vom alleinigen Konto des Nutzenden – unabhängig von der Frage, wer die Aufwendungen schuldet – berücksichtigungsfähiger Eigenaufwand vor.

Beispiel

Die Eheleute A und B mieten gemeinsam eine Wohnung mit 100 qm an. A, die neben ihrer Arbeitnehmertätigkeit selbstständig als Autorin arbeitet, nutzt dafür einen 15 qm großen Raum als Arbeitszimmer.

A kann für 15 qm (= Anteil entsprechend der Nutzfläche) die grundstücksbezogenen Aufwendungen (u. a. Miete, Hausratversicherung) bis zum Höchstbetrag von 1250 € als Betriebsausgaben geltend machen, da unterstellt wird, dass sie bei der Begleichung der Aufwendungen zunächst „ihr" Arbeitszimmer finanziert hat.

Befindet sich das häusliche Arbeitszimmer in einem von den Ehegatten bewohnten und in ihrem Miteigentum stehenden **Einfamilienhaus** oder einer **(Eigentums-)Wohnung,** sind die auf das häusliche Arbeitszimmer entfallenden und von den Ehegatten getragenen Aufwendungen (u. a. Abschreibung, Schuldzinsen, Energiekosten) im Verhältnis der **Miteigentumsanteile** auf die Ehegatten aufzuteilen (BFH-Urteile vom 23.9.2009, BStBl. 2010 II S. 337 und vom 15.12.2016, BStBl. 2017 II S. 938). Nutzt ein **Miteigentümer** (Ehegatte A) **allein** eine Wohnung (außerhäusliches Arbeitszimmer; ebenso bei einem häuslichen Arbeitszimmer) zu beruflichen Zwecken, kann dieser Miteigentümer die Absetzung für Abnutzung und Schuldzinsen nur **entsprechend seinem Miteigentumsanteil** geltend machen, wenn die Darlehen zum Erwerb der Wohnung gemeinsam aufgenommen wurden und Zins und Tilgung von einem gemeinsamen Konto beglichen werden. Entsprechendes gilt für die weiteren grundstücksorientierten Aufwendungen (z. B. Grundsteuer, allgemeine Reparaturkosten, Versicherungsprämien; BFH-Urteil vom 6.12.2017, BStBl. 2018 II S. 355). Die hälftigen Aufwendungen des Ehegatten B können beim Ehegatten A auch nicht als sog. Drittaufwand steuermindernd berücksichtigt werden. Ehegatte B hat dem Ehegatten A im Wege des abgekürzten Zahlungs- oder Vertragswegs mit der Zahlung der anteiligen Anschaffungskosten für die Wohnung und der Schuldzinsen nichts zugewandt, sondern diese als Erwerber und Darlehensnehmer auf eigene Rechnung aufgewandt. Die sog. nutzungsorientierten Aufwendungen (z. B. Energiekosten, Wasser) hatte bereits das Finanzamt in vollem Umfang zum Werbungskostenabzug zugelassen.

Die sich aus den vorstehenden Buchstaben c) und d) ergebende Abzugsbeschränkung der Aufwendungen für ein häusliches Arbeitszimmer ist zudem auch dann zu beachten, wenn nicht der Arbeitnehmer selbst, sondern sein bei ihm im Rahmen eines **Ehegatten-Arbeitsverhältnisses** angestellter Ehegatte das häusliche Arbeitszimmer im gemeinsamen Haus beruflich nutzt (BFH-Beschluss vom 29.4.2010, BFH/NV 2010 S. 1442).

f) Voller Werbungskostenabzug für Arbeitsmittel

Nicht zur Ausstattung eines häuslichen Arbeitszimmers gehören Arbeitsmittel. Werden die Arbeitsmittel nahezu ausschließlich beruflich genutzt, sind die Aufwendungen auch dann als Werbungskosten abzugsfähig, wenn die übrigen Aufwendungen für das Arbeitszimmer (anteilige Schuldzinsen, Abschreibung, Miete, Strom, Heizung usw.) nicht abgezogen werden können.[1] Unter die gesonderte Abzugsfähigkeit fallen insbesondere Aufwendungen für einen Schreibtisch, für Bücherschränke, Bürostühle, Schreibtischlampen usw. Ggf. sind die Aufwendungen auf die **Nutzungsdauer** zu **verteilen.** Zu beachten ist, dass die Betragsgrenze für **geringwertige Wirtschaftsgüter** bei den Einkünften auf nichtselbstständiger Arbeit für einen vollständigen Abzug der Aufwendungen als Werbungskosten im Jahr der Anschaffung 952 € (800 € zuzüglich 19 % Umsatzsteuer = 152 €) beträgt (§ 9 Abs. 1 Satz 3 Nr. 7 Satz 2 EStG i. V. m. § 6 Abs. 2 Sätze 1 bis 3 EStG und R 9.12 LStR).

Beispiel

Arbeitnehmer A nutzt in seiner Privatwohnung neben seinem „Büroarbeitsplatz" ein häusliches Arbeitszimmer, um dort auch hin und wieder Büroarbeiten zu erledigen und sich fortzubilden. Am 1.7.2021 erwirbt er für sein häusliches Arbeitszimmer einen neuen Schreibtisch für 999 € und einen neuen Bürostuhl für 499 €, die er nahezu ausschließlich beruflich nutzt.

A kann die Aufwendungen für sein häusliches Arbeitszimmer nicht als Werbungskosten geltend machen, da es sich nicht um den Mittelpunkt seiner gesamten beruflichen Tätigkeit handelt und ihm für seine Tätigkeit ein anderer Arbeitsplatz zur Verfügung steht.

Unabhängig hiervon sind allerdings die Aufwendungen für den Schreibtisch und den Bürostuhl Werbungskosten, da es sich um nahezu ausschließlich beruflich genutzte Arbeitsmittel handelt. A kann 2021 Werbungskosten in folgender Höhe geltend machen:

Schreibtisch		
Brutto-Anschaffungskosten	999 €	
verteilt auf die Nutzungsdauer von 13 Jahren	77 €	
zeitanteilig für Juli bis Dezember = 6 Monate	39 €	39 €
Bürostuhl		
Die Aufwendungen in Höhe von 499 € übersteigen nicht die Betragsgrenze für geringwertige Wirtschaftsgüter, sodass die Aufwendungen im Jahr der Anschaffung in voller Höhe als Werbungskosten abgezogen werden können.		499 €
Summe der Werbungskosten		538 €

Zum Werbungskostenabzug bei Computern vgl. dieses Stichwort besonders unter Nr. 5.

Luxusgegenstände (wie z. B. Kunstgegenstände) zur Ausschmückung des Arbeitszimmers sind keine Arbeitsmittel, sondern gehören zu den nicht abziehbaren Kosten der privaten Lebensführung mit der Folge, dass ein Werbungskostenabzug nicht in Betracht kommt.

g) Geänderte Nutzungsverhältnisse im Kalenderjahr

Ändern sich innerhalb des Kalenderjahres die Nutzungsverhältnisse eines häuslichen Arbeitszimmers, können die auf den Zeitraum entfallenden Aufwendungen in voller Höhe als Werbungskosten abgezogen werden, in dem das Arbeitszimmer der **Mittelpunkt** der gesamten beruflichen und betrieblichen Betätigung war. Für den übrigen Zeitraum kommt ein Abzug bis **1250 €** in Betracht, wenn für die betriebliche oder berufliche Tätigkeit kein anderer Arbeitsplatz zur Verfügung steht. Dabei ist der Höchstbetrag von 1250 € auch bei nicht ganzjähriger Nutzung in voller Höhe anzusetzen und nicht zeitanteilig zu kürzen.

1) Randziffer 8 des BMF-Schreibens vom 6.10.2017 (BStBl. I S. 1320). Das BMF-Schreiben ist als Anlage 1 zu H 9.14 LStR im **Steuerhandbuch für das Lohnbüro 2021** abgedruckt, das im selben Verlag erschienen ist.

Lohn-steuer-pflichtig | Sozial-versich.-pflichtig

Beispiel

Ein Arbeitnehmer hat im 1. Halbjahr den Mittelpunkt seiner gesamten betrieblichen und beruflichen Tätigkeit in seinem häuslichen Arbeitszimmer. Im 2. Halbjahr ist er im Außendienst tätig (= Mittelpunkt seiner Tätigkeit). Für die Bürotätigkeit, die er in seinem häuslichen Arbeitszimmer ausübt, steht ihm kein anderer Arbeitsplatz zur Verfügung.

Für das 1. Halbjahr sind die Aufwendungen für das häusliche Arbeitszimmer in vollem Umfang als Werbungskosten abziehbar, für das 2. Halbjahr bis zum Höchstbetrag von 1250 €. Der Höchstbetrag von 1250 € ist in voller Höhe und nicht zeitanteilig zu berücksichtigen.

3. Mietverhältnis mit dem Arbeitgeber

Um die Abzugsbeschränkung des häuslichen Arbeitszimmers dem Grunde oder der Höhe nach zu vermeiden, werden verschiedentlich Mietverträge mit dem Arbeitgeber über das häusliche Arbeitszimmer oder das Home-Office abgeschlossen. Die Mieteinnahmen werden als Einnahmen aus Vermietung und Verpachtung erklärt, als Werbungskosten bei Vermietung und Verpachtung werden die vollen, anteiligen Kosten des häuslichen Arbeitszimmers – also ohne Berücksichtigung der Abzugsbeschränkung – geltend gemacht.

Die Finanzverwaltung hat früher Mietverträge, die der Arbeitgeber mit seinen Arbeitnehmern zur Überlassung von häuslichen Arbeitszimmern abgeschlossen hatte, nicht anerkannt. Das galt auch dann, wenn der Ehegatte des Arbeitnehmers Miteigentümer oder Alleineigentümer des häuslichen Arbeitszimmers (also der Wohnung) war. Der Bundesfinanzhof hat hierzu aber Folgendes entschieden:

Mietet der Arbeitgeber einen Raum als Außendienst-Mitarbeiterbüro von seinem Arbeitnehmer an, sind die Mietzahlungen dann nicht dem Lohnsteuerabzug zu unterwerfen, wenn der Arbeitgeber gleich lautende Mietverträge auch mit fremden Dritten abschließt und die Anmietung des Raums im **eigenbetrieblichen Interesse des Arbeitgebers** erfolgt. Ein eigenbetriebliches Interesse ist jedenfalls dann anzunehmen, wenn der Arbeitnehmer über keinen weiteren Arbeitsplatz in einer Betriebsstätte des Arbeitgebers verfügt (BFH-Urteil vom 19.10.2001, BStBl. 2002 II S. 300 und BFH-Urteil vom 20.3.2003, BStBl. 2003 II S. 519 und vom 16.9.2004, BStBl. 2006 II S. 10). Das bedeutet letztlich Folgendes:

Dient die Nutzung des häuslichen Arbeitszimmers in erster Linie den **Interessen** des **Arbeitnehmers,** handelt es sich bei den Zahlungen des Arbeitgebers um steuer- und sozialversicherungspflichtigen Arbeitslohn. Indiz hierfür ist, dass der Arbeitnehmer im Betrieb des Arbeitgebers über einen weiteren Arbeitsplatz verfügt oder der Arbeitgeber ohne besondere (vertragliche) Vereinbarungen eine sog. Aufwandspauschale zahlt. ja | ja

Wird der betreffende Raum jedoch vor allem im betrieblichen **Interesse** des **Arbeitgebers** genutzt und geht dieses Interesse – objektiv nachvollziehbar – über die Entlohnung des Arbeitnehmers bzw. über die Erbringung der jeweiligen Arbeitsleistung hinaus, ist anzunehmen, dass die betreffenden Zahlungen auf einer neben dem Arbeitsverhältnis gesondert bestehenden und schriftlich vereinbarten Rechtsbeziehung beruhen. Anhaltspunkte hierfür können sich beispielsweise daraus ergeben, dass der Arbeitgeber für Arbeitnehmer, die über keine für ein Arbeitszimmer geeignete Wohnung verfügen, entsprechende Rechtsbeziehungen zu gleichen Bedingungen auch mit fremden Dritten, die nicht in einem Arbeitsverhältnis zu ihm stehen, eingegangen ist oder entsprechende Versuche des Arbeitgebers, Räume von fremden Dritten anzumieten, erfolglos geblieben sind. Aus Nachweisgründen ist im jeweiligen Einzelfall das (überwiegende) betriebliche Interesse des Arbeitgebers an der Anmietung zu dokumentieren. In diesem Fall führen die Zahlungen des Arbeitgebers beim Arbeitnehmer zu Einnahmen aus **Vermietung und Verpachtung.**[1] Dabei ist unerheblich, ob die vereinbarte Miete die ortsübliche Marktmiete unterschreitet. nein | nein

Lohn-steuer-pflichtig | Sozial-versich.-pflichtig

Die Finanzverwaltung folgt allerdings der Rechtsprechung des Bundesfinanzhofs (BFH-Urteil vom 17.4.2018, BStBl. 2019 II S. 219), dass zu **prüfen** ist, ob der Arbeitnehmer beabsichtigt, für die Dauer der Nutzung einen Überschuss der Einnahmen über die in voller Höhe bei den Vermietungseinkünften abziehbaren Werbungskosten zu erzielen (sog. **Überschusserzielungsabsicht**). Bei einer negativen Überschussprognose (Aufwendungen übersteigen auf die Nutzungsdauer gesehen die Einnahmen) liegt steuerlich ein unbeachtlicher Vorgang der privaten Vermögensebene vor **(„Liebhaberei");** die Zahlungen des Arbeitgebers werden aber auch dann wegen seines vorrangigen Interesses nicht zu Arbeitslohn, es besteht auch keine Sozialversicherungspflicht für diese Zahlungen.

Bei **vor dem 1.1.2019 abgeschlossenen Mietverträgen** geht die Finanzverwaltung stets vom Vorliegen einer Überschusserzielungsabsicht aus und erkennt entsprechende Verluste aus Vermietung und Verpachtung an. Diese Verluste können dann spätestens in der Einkommensteuererklärung des Arbeitnehmers mit anderen positiven Einkünften (auch mit den Einkünften aus nichtselbstständiger Arbeit) verrechnet werden.[1]

Allerdings ist auch im Falle der Anmietung das häusliche Arbeitszimmer („Home-Office") keine erste Tätigkeitsstätte des Arbeitnehmers, da es sich auch bei einer Anmietung nicht um eine betriebliche Einrichtung des Arbeitgebers handelt (vgl. das Stichwort „Home-Office" sowie Anhang 4 unter Nr. 3 Buchstabe e).

Artisten

Artisten können sowohl selbstständig tätig werden als auch Arbeitnehmer sein. Es kommt auf die Ausgestaltung und Durchführung des mit dem jeweiligen Veranstalter geschlossenen Vertrags an. Bei einer nur gelegentlichen Verpflichtung, etwa nur an einem Abend oder für ein Wochenende, kann in sinngemäßer Anwendung des BFH-Urteils vom 10.9.1976 (BStBl. 1977 II S. 178) nicht von einem Arbeitsverhältnis ausgegangen werden (vgl. auch das Stichwort „Künstler" sowie „Musiker" unter Nr. 3).

Übt ein **beschränkt steuerpflichtiger Artist** die Tätigkeit im Rahmen eines Dienstverhältnisses (also **nichtselbstständig**) aus, unterliegen die gezahlten Vergütungen – wie bei allen anderen beschränkt steuerpflichtigen Arbeitnehmern auch – dem **Lohnsteuerabzug** nach den allgemeinen Vorschriften (vgl. § 50a Abs. 1 Nr. 1 EStG). Auf die ausführlichen Erläuterungen beim Stichwort „Beschränkt steuerpflichtige Arbeitnehmer" wird Bezug genommen.

Übt ein beschränkt steuerpflichtiger Artist die Tätigkeit **selbstständig** aus, unterliegen die gezahlten Vergütungen dem **besonderen Steuerabzug nach § 50a Abs. 2 EStG,** der beim Stichwort „Beschränkt steuerpflichtige Künstler, Berufssportler, Schriftsteller und Journalisten" ausführlich anhand von Beispielen erläutert ist.

Dieser besondere Steuerabzug nach § 50a Abs. 2 EStG ist auch bei beschränkt steuerpflichtigen Artisten vorzunehmen, deren Vergütungen zwar zu den Einkünften aus nichtselbstständiger Arbeit gehören, aber nicht von einem inländischen Arbeitgeber gezahlt werden (R 39.4 Abs. 4 Satz 2 LStR). In diesen Fällen hat also der **ausländische Arbeitgeber** als Schuldner der Vergütung den besonderen Steuerabzug nach § 50a Abs. 2 EStG vorzunehmen.

1) BMF-Schreiben vom 18.4.2019 (BStBl. I S. 461). Das BMF-Schreiben ist als Anlage 7 zu H 19.3 LStR im **Steuerhandbuch für das Lohnbüro 2021** abgedruckt, das im selben Verlag erschienen ist.

Lohnsteuerpflichtig | Sozialversich.-pflichtig

Arzt

1. Allgemeines

Ärzte erzielen Einkünfte aus **selbstständiger** Arbeit, wenn sie eine eigene Praxis haben. nein nein

Die Betriebsärzte, die Knappschaftsärzte, die nicht voll beschäftigten Hilfsärzte bei den Gesundheitsämtern, die Vertragsärzte und die Vertragstierärzte der Bundeswehr, die Vertrauensärzte der Deutschen Bahn AG und andere Vertragsärzte in ähnlichen Fällen haben in der Regel neben der bezeichneten vertraglichen Tätigkeit eine eigene Praxis. Die Vergütungen aus dem Vertragsverhältnis gehören deshalb regelmäßig zu den Einkünften aus selbstständiger Arbeit. nein nein

Das Gleiche gilt, wenn die bezeichneten Ärzte keine eigene Praxis ausüben, es sei denn, dass besondere Umstände vorliegen, die für die Annahme einer nichtselbstständigen Tätigkeit sprechen. nein nein

Ärzte können aber auch Arbeitnehmer sein, wenn sie z. B. im Beamtenverhältnis stehen (z. B. beim Gesundheitsamt) oder in einem Krankenhaus **angestellt** sind. Darüber hinaus können Ärzte „gemischte Tätigkeiten" ausüben, wenn ein Chefarzt z. B. nebenher privat liquidieren darf (vgl. das Stichwort „Liquidationspool"). Bei einem angestellten Chefarzt gehören allerdings auch die Einnahmen aus einem ihm eingeräumten Liquidationsrecht für die gesondert berechneten wahlärztlichen Leistungen zum Arbeitslohn, wenn die wahlärztlichen Leistungen innerhalb des Arbeitsverhältnisses erbracht werden (BFH-Urteil vom 5.10.2005, BStBl. 2006 II S. 94). Der Lohnsteuerabzug ist nur von den Einnahmen vorzunehmen, die um die an das Krankenhaus abzuführenden Anteile (z. B. Nutzungsentgelte, Einzugsgebühren) und um die an die nachgeordneten Ärzte zu zahlenden Beträge vermindert sind (vgl. die Erläuterungen beim Stichwort „Liquidationsrecht"). ja ja

2. Gutachtertätigkeit von Klinikärzten

Bei einer Nebentätigkeit für den Arbeitgeber liegt steuer- und sozialversicherungspflichtiger Arbeitslohn vor, wenn dem Arbeitnehmer aus seinem Hauptarbeitsverhältnis Nebenpflichten obliegen, deren Erfüllung der Arbeitgeber erwarten darf. Das gilt unabhängig davon, ob der Arbeitsvertrag ausdrücklich eine entsprechende Regelung enthält. Ebenso spielt es keine Rolle, dass der Arbeitgeber die zusätzlichen Leistungen besonders vergüten muss (siehe auch die Erläuterungen unter dem Stichwort „Liquidationspool"). ja ja

Die Finanzverwaltung hat dazu Stellung genommen, ob die Einnahmen aus der Gutachtertätigkeit von Klinikärzten zu Arbeitslohn oder selbstständigen Einkünften führen. Diesbezüglich gilt Folgendes:

Erstellen **Chefärzte** Gutachten für dem Klinikbetrieb nicht zugehörige Dritte (z. B. Gerichte, Staatsanwaltschaften, Krankenkassen, Berufsgenossenschaften), führt die Vergütung zu Arbeitslohn, wenn die Gutachteraufträge dem Chefarzt nicht direkt zugehen, sondern über die Klinik an ihn weitergereicht werden und auch die Abrechnung der gutachterlichen Tätigkeit unter Mitwirkung der Klinik erfolgt. Hingegen sind Anhaltspunkte für Einkünfte aus selbstständiger Arbeit gegeben, wenn der Chefarzt dem Krankenhaus ein Entgelt für die Benutzung der zur Erstellung der Gutachten notwendigen Krankenhauseinrichtungen zahlt oder der Chefarzt selbst die Gutachten in seinem Namen und mit eigenem Briefkopf unterschreibt.

Bei **Assistenzärzten** enthalten die Tarifverträge oder auch die Einzelarbeitsverträge häufig eine Pflicht zur Erstellung der Gutachten; dies gilt insbesondere bei Universitätskliniken. Eine solche Verpflichtung spricht dafür, dass das Erstellen des Gutachtens im Rahmen des Dienstverhältnisses erfolgt. Dies gilt insbesondere dann, wenn die Übernahme der Nebentätigkeit nur in besonders begründeten Ausnahmefällen verweigert werden darf. Zu prüfen ist allerdings auch, inwiefern auch für die Gutachtertätigkeit der Assistenzärzte eine Weisungsabhängigkeit besteht. Die vorstehenden Ausführungen gelten entsprechend, wenn die Erstellung des Gutachtens durch den Assistenzarzt im Rahmen einer zugelassenen Nebentätigkeit des Chefarztes erfolgt, der sich der Hilfe des Assistenzarztes bedient, wenn tarifvertraglich oder arbeitsvertraglich eine Pflicht der Assistenzärzte zur Gutachtenerstellung besteht und diese Pflicht sich auch auf die Erstellung von Gutachten im Rahmen der Nebentätigkeit des Chefarztes erstreckt. ja ja

Bei **Fachärzten** ist die Erstellung von Gutachten Bestandteil der Facharztausbildung. Die Vergabe von angeforderten Gutachten an die Facharztkandidaten durch die zuständigen Chefärzte erfolgt regelmäßig im Rahmen des Dienstverhältnisses. Die den Facharztkandidaten aus der Erstellung dieser Gutachten zufließenden Einnahmen gehören zum steuerpflichtigen Arbeitslohn, da sie im Rahmen des Dienstverhältnisses erzielt werden.[1] ja ja

Arztvertreter

Die Vertretung eines frei praktizierenden Arztes (Urlaub, Krankheit) wird selbständig ausgeübt, es sei denn, dass ausdrücklich mit allen Konsequenzen ein Arbeitsverhältnis vereinbart wird (BFH-Urteil vom 10. 4. 1953, BStBl. III S. 142). nein nein

Etwas anderes gilt für die Vertretungstätigkeit eines im Hauptberuf nichtselbständigen Oberarztes eines Krankenhauses bei der Behandlung der Privatpatienten des Chefarztes. Der Oberarzt wird auch insoweit als Arbeitnehmer tätig (BFH-Urteil vom 11. 11. 1971, BStBl. 1972 II S. 213), denn die Mitarbeit im Liquidationsbereich des Chefarztes gehört im Allgemeinen ohnehin zu seinen Obliegenheiten aus dem mit dem Krankenhaus bestehenden Dienstverhältnis (vgl. auch das Stichwort „Liquidationspool"). Ist dies nicht der Fall, sondern stellt die Mitarbeit eine Nebentätigkeit des Oberarztes dar, wird diese aufgrund der Eingliederung in den privatärztlichen Behandlungsbereich des Chefarztes ebenfalls nichtselbständig ausgeübt. Zum Chefarzt besteht in diesem Fall ein zweites Dienstverhältnis, das eine ELStAM-Anmeldung für ein zweites Dienstverhältnis erfordert (Anwendung der Steuerklasse VI). ja ja

AStA-Mitglieder

Der Bundesfinanzhof hatte darüber zu entscheiden, ob die nach dem Hochschulrecht als rechtsfähige Körperschaft des öffentlichen Rechts behandelte **Studentenschaft** einer **Universität Arbeitgeber** und die für sie tätigen Organe, der AStA (= Allgemeiner Studentenausschuss) sowie die dafür handelnden Personen **(Vorsitzende und Referenten des AStA), Arbeitnehmer** sein können.

Im Streitfall zahlte die Studentenschaft (= Klägerin) an die Vorsitzenden und Referenten des Allgemeinen Studentenausschusses (AStA) für deren Tätigkeit monatliche Aufwandsentschädigungen, ohne hierfür Lohnsteuer einzubehalten. Das Finanzamt sah die an die AStA-Mitglieder gezahlten Aufwandsentschädigungen als steuerpflichtigen Arbeitslohn an und nahm die Klägerin für Lohnsteuer in Haftung. Der Bundesfinanzhof hat diese Vorgehensweise des Finanzamts bestätigt (BFH-Urteil vom 22.7.2008, BStBl. II S. 981). Als entscheidend sah er an, dass die **AStA-Mitglieder** als **Teil des Organs AStA** die Studen-

1) Kurzinformation des Finanzministeriums Schleswig-Holstein vom 7.12.2012 VI 302 – S 2246 – 225. Die Kurzinformation ist als Anlage 2 zu H 19.2 LStR im **Steuerhandbuch für das Lohnbüro 2021** abgedruckt, das im selben Verlag erschienen ist.

Lohnsteuerpflichtig | Sozialversich.-pflichtig

tenschaft nach außen **vertreten und** vom Studentenparlament **gewählt** werden. Der AStA führt die Beschlüsse des Studentenparlaments aus und ist ihm gegenüber in allen grundlegenden Fragen **weisungsgebunden** und **verantwortlich.** Als **Exekutivorgan** der Studentenschaft ist der AStA durchaus mit der Bundesregierung oder einer Landesregierung vergleichbar, in deren Bereich es etwa für Bundeskanzler, Ministerpräsidenten und Minister unbestritten ist, dass sie steuerlich als Arbeitnehmer gelten.

Werden die Aufwandsentschädigungen nicht für Verdienstausfall oder Zeitverlust gezahlt und sind sie dazu bestimmt, steuerlich als Werbungskosten anzuerkennende Aufwendungen abzugelten, kommt eine **Steuerfreiheit bis zu 200 € monatlich** in Betracht.[1] Lediglich ein diesen Höchstbetrag ggf. übersteigender Betrag ist dem Lohnsteuerabzug zu unterwerfen (vgl. „Aufwandsentschädigungen aus öffentlichen Kassen" unter Nr. 3).

Aufbewahrung des Lohnkontos

1. Lohnsteuer

Das Lohnkonto (vgl. dieses Stichwort) und die dazugehörigen Belege sind gemäß § 41 Abs. 1 Satz 9 EStG bis zum Ablauf des sechsten Kalenderjahres, das auf die zuletzt eingetragene Lohnzahlung folgt, aufzubewahren (das Lohnkonto 2021 also bis Ende des Jahres 2027). Die längere Aufbewahrungsfrist z. B. für Buchungsbelege von zehn Jahren in § 147 Abs. 3 AO steht dem nicht entgegen, da § 41 Abs. 1 Satz 9 EStG als „lex specialis" (= Spezialregelung) der Regelung in § 147 Abs. 3 AO vorgeht.

2. Sozialversicherung

Der Arbeitgeber ist verpflichtet, für jeden Beschäftigten, getrennt nach Kalenderjahren, Entgeltunterlagen in deutscher Sprache zu führen. Auch für Teilzeitbeschäftigte, Aushilfskräfte, Pauschalbesteuerte usw. müssen Entgeltunterlagen vorhanden sein. Die Entgeltunterlagen sind bis zum Ablauf des auf die letzte Betriebsprüfung des Rentenversicherungsträgers folgenden Kalenderjahres aufzubewahren (§ 28f Abs. 1 SGB IV). Das gilt nicht für Beschäftigte in privaten Haushalten.

Die vom Arbeitgeber erstellten Beitragsabrechnungen und der Einzugsstelle übermittelten Beitragsnachweise sind ebenfalls bis zu diesem Zeitpunkt aufzubewahren bzw. zu speichern.

Aufmerksamkeiten

Wichtiges auf einen Blick:

Seit dem 1.1.2020 liegt bei **zweckgebundenen Geldleistungen, nachträglichen Kostenerstattungen,** Geldsurrogaten und anderen Vorteilen, die auf einen Geldbetrag lauten, **Barlohn** und kein Sachlohn vor. **Sachlohn** ist aber weiterhin gegeben bei **Gutscheinen und Geldkarten,** die **ausschließlich** zum Bezug von **Waren oder Dienstleistungen** berechtigen und die Kriterien des § 2 Absatz 1 Nummer 10 des Zahlungsdiensteaufsichtsgesetzes erfüllen. Die monatliche 44-Euro-Freigrenze für Sachbezüge ist bei diesen Gutscheinen und Geldkarten seit dem 1.1.2020 aber nur dann anwendbar, wenn sie zusätzlich zum ohnehin geschuldeten Arbeitslohn gewährt werden.

Zur Abgrenzung der Frage, ob es sich bei der Zuwendung des Arbeitgebers um einen begünstigten Sachbezug oder um Barlohn handelt, vgl. auch die Stichworte „Sachbezüge" und „Warengutscheine".

Die Frage, ob bestimmte Zuwendungen des Arbeitgebers, die allgemein als „Aufmerksamkeit" angesehen werden, begrifflich überhaupt zum Arbeitslohn gehören, ist beim Stichwort „Annehmlichkeiten" erläutert. Für die Aufmerksamkeiten im engeren Sinne gilt Folgendes:

Aufmerksamkeiten sind **Sach**zuwendungen des Arbeitgebers von geringem Wert (Blumen, Buch, CD/DVD), die dem Arbeitnehmer oder seinen Angehörigen anlässlich eines **besonderen persönlichen Ereignisses** im privaten Bereich (z. B. Geburtstag, Hochzeit oder Geburt eines Kindes) oder beruflichen Bereich (z. B. Jubiläum, bestandene Prüfung) gegeben werden. Aufmerksamkeiten sind steuer- und beitragsfrei, wenn der Wert der Sachzuwendung **60 €** einschließlich Umsatzsteuer nicht übersteigt (R 19.6 Abs. 1 Satz 2 LStR). nein | nein

Beispiel A

Der Arbeitgeber schenkt seiner Sekretärin zum Geburtstag im April 2021 einen Blumenstrauß im Wert von 30 €.

Es handelt sich um eine steuer- und beitragsfreie Aufmerksamkeit, da der Wert dieser Sachzuwendung 60 € nicht übersteigt (R 19.6 Abs. 1 Satz 2 LStR).

Beispiel B

Wie Beispiel A. Die Sekretärin erhält allerdings von ihrem Arbeitgeber zum Geburtstag einen Geschenkgutschein für ein Musikgeschäft über 50 € (ein Eintausch des Gutscheins in Geld ist ausgeschlossen).

Es handelt sich auch in diesem Fall um eine steuer- und beitragsfreie Aufmerksamkeit, da der Wert der Sachzuwendung 60 € nicht übersteigt (R 19.6 Abs. 1 Satz 2 LStR). Zur Abgrenzung von Sachlohn (Sachbezug) und Barlohn bei Gutscheinen vgl. auch die Erläuterungen beim Stichwort „Warengutscheine".

Beispiel C

Die Auszubildenden erhalten von ihrem Arbeitgeber nach bestandener Abschlussprüfung jeweils Buchgeschenke im Wert von 45 €.

Es handelt sich um eine steuer- und beitragsfreie Aufmerksamkeit, da der Wert der Sachzuwendung 60 € nicht übersteigt (R 19.6 Abs. 1 Satz 2 LStR). Unmaßgeblich ist, dass das besondere persönliche Ereignis im beruflichen Bereich eingetreten ist.

Anlässlich **eines** besonderen persönlichen **Ereignisses** kann die **Freigrenze von 60 €** für Aufmerksamkeiten **einmal** genutzt werden, nicht jedoch mehrfach für den Arbeitnehmer und dessen Angehörige.

Beispiel D

Anlässlich der Geburt eines Kindes kann der Arbeitgeber dem Arbeitnehmer, dessen Ehegatten oder dem Kind eine Sachzuwendung bis 60 € zukommen lassen. Es ist nicht möglich, die Freigrenze für Aufmerksamkeiten in Höhe von 60 € für Sachzuwendungen in diesem Fall dreimal in Anspruch zu nehmen.

Sollten allerdings beide Ehegatten bei diesem Arbeitgeber beschäftigt sein, kann die Freigrenze für Aufmerksamkeiten in Höhe von 60 € für Sachzuwendungen zweimal in Anspruch genommen werden.

Übersteigt der Wert der Sachzuwendung die Freigrenze von 60 €, ist die Zuwendung **in vollem Umfang** steuer- und beitragspflichtig (also nicht nur der übersteigende Betrag). Vgl. auch die Erläuterungen beim Stichwort „Gelegenheitsgeschenke". ja | ja

Beispiel E

Wie Beispiel A. Die Sekretärin erhält von ihrem Arbeitgeber zum Geburtstag im April 2021 einen Bildband über die USA im Wert von 80 €.

Die Sachzuwendung ist in vollem Umfang steuer- und beitragspflichtig, da der Wert der Sachzuwendung die Freigrenze von 60 € übersteigt. Die Sachzuwendung führt in Höhe von 76,80 € zu steuer- und sozialversicherungspflichtigen Arbeitslohn (96 % von 80 € = 76,80 €; vgl. zur Bewertung der Sachzuwendung die Erläuterungen beim Stichwort „Sachbezüge" besonders unter Nr. 3 Buchstaben b und c). Der Arbeitgeber ist aus dem Kauf des Bildbandes nicht zum Vorsteuerabzug berechtigt. Gleichzeitig unterliegt die Sachzuwendung an den Arbeitnehmer nicht der Umsatzsteuer (vgl. das Stichwort „Umsatzsteuerpflicht bei Sachbezügen" unter Nr. 1 Buchstabe a).

Seit dem 1.1.2020 liegt u. a. bei **zweckgebundenen Geldleistungen und nachträglichen Kostenerstattungen Barlohn** und kein Sachlohn vor. ja | ja

1) Erlass des Finanzministeriums Baden-Württemberg vom 30.3.2017 (Az.: 3 – S 233.7/39). Der Erlass ist als Anlage 8 zu H 19.0 LStR im **Steuerhandbuch für das Lohnbüro 2021** abgedruckt, das im selben Verlag erschienen ist.

A

Lohnsteuerpflichtig · Sozialversich.-pflichtig

Beispiel F

A darf sich anlässlich ihres Geburtstags in einer Buchhandlung Bücher im Wert von bis zu 50 € selbst aussuchen. Den Betrag erhält sie anschließend von ihrem Arbeitgeber gegen Vorlage der Quittung erstattet.

Nachträgliche Kostenerstattungen sind ebenso wie zweckgebundene Geldzuwendungen seit dem 1.1.2020 Barlohn und keine Sachzuwendung. Die Erstattung des Betrags durch den Arbeitgeber an A ist daher steuer- und beitragspflichtig.

Bei der Freigrenze von 60 € handelt es sich **nicht um einen Jahresbetrag,** sondern um eine Regelung, die in Abhängigkeit von den Gegebenheiten unter Umständen mehrfach im Jahr oder gar mehrfach in einem Monat ausgeschöpft werden kann (z. B. Sachgeschenke zum Namenstag, Geburtstag, zur Verlobung oder zur Einschulung des Kindes).

Beispiel G

Eine Arbeitnehmerin hat im Mai 2021 Geburtstag sowie 10-jähriges Dienstjubiläum. Sie erhält von ihrem Arbeitgeber zum Geburtstag einen Blumenstrauß und zum Dienstjubiläum ein Buchgeschenk im Wert von jeweils 35 €.

Bei beiden Sachzuwendungen handelt es sich um eine steuer- und beitragsfreie Aufmerksamkeit, da der Wert der einzelnen Sachzuwendung 60 € nicht übersteigt. Unmaßgeblich ist, dass der Wert der beiden Sachzuwendungen im Mai 2021 zusammen den Wert von 60 € übersteigt. Maßgebend ist nämlich stets der Wert der einzelnen Sachzuwendung anlässlich des jeweiligen besonderen persönlichen Ereignisses.

Eine **Gehaltsumwandlung** des Arbeitnehmers zugunsten von Aufmerksamkeiten (dies sind ja Leistungen im ganz überwiegend eigenbetrieblichen Interesse des Arbeitgebers) erkennt die Finanzverwaltung **nicht** an. Der steuer- und sozialversicherungspflichtige Bruttoarbeitslohn ändert sich daher in diesem Fall nicht (vgl. auch das Stichwort „Gehaltsumwandlung" unter Nr. 2 Buchstabe a).

Beispiel H

Der Arbeitnehmer hat im Mai 2021 Geburtstag. Zugunsten eines Sachgeschenks vereinbart er mit dem Arbeitgeber im April 2021 seinen Bruttoarbeitslohn für Mai von 3000 € auf 2940 € herabzusetzen.

Die Gehaltsumwandlung wird von der Finanzverwaltung nicht anerkannt. Der steuer- und sozialversicherungspflichtige Bruttoarbeitslohn des Arbeitnehmers beträgt auch für den Monat Mai 2021 unverändert 3000 €.

Erhält der Arbeitnehmer anlässlich seines Geburtstags im Mai 2021 von seinem Arbeitgeber ein Sachgeschenk im Wert von bis zu 60 €, handelt es sich um eine steuer- und beitragsfreie Aufmerksamkeit (R 19.6 Abs. 1 Satz 2 LStR).

Ist Steuerpflicht gegeben, ist der Gesamtwert des Geschenks als „sonstiger Bezug" (vgl. dieses Stichwort) der Besteuerung zu unterwerfen. Es ist der **objektive Wert maßgebend** und nicht etwa der Wert, den der Beschenkte dem Geschenk beimisst; deshalb ist dieser objektive Wert auch dann anzusetzen, wenn der subjektive Wert geringer scheint, z. B., weil der Beschenkte für das Geschenk keine Verwendungsmöglichkeit hat oder weil es seinem persönlichen Geschmack nicht entspricht.

Wegen der Möglichkeit der Pauschalierung von Sachgeschenken mit 30 % vgl. „Pauschalierung der Lohnsteuer für Belohnungsessen, Incentive-Reisen, VIP-Logen und ähnliche Sachbezüge".

Neben der Freigrenze von 60 € für Aufmerksamkeiten **aus besonderem persönlichem Anlass** ist die für Sachbezüge ganz allgemein geltende **monatliche 44-Euro-Freigrenze** zu beachten. Hiernach kann der Arbeitgeber **ohne jeden Anlass** einmal im Monat Sachbezüge im Wert von 44 € (einschließlich Umsatzsteuer) zuwenden, z. B. einen Geschenkkorb oder einen Warengutschein (vgl. das Stichwort „Sachbezüge" besonders unter Nr. 4). Die 60-Euro-Freigrenze für Aufmerksamkeiten aus besonderem Anlass und die 44-Euro-Freigrenze für Sachbezüge ohne besonderen Anlass können in einem Kalendermonat **nebeneinander** angewendet werden.

Lohnsteuerpflichtig · Sozialversich.-pflichtig

Beispiel I

Die Arbeitnehmer der Firma A erhalten jeweils am ersten Werktag im Monat einen Benzingutschein (vgl. die Erläuterungen beim Stichwort „Warengutscheine"), durch den die 44-Euro-Freigrenze für Sachbezüge nicht überschritten wird. Daneben erhält der Arbeitnehmer anlässlich seines runden Geburtstags im Juni 2021 zwei CDs im Wert von insgesamt 50 €.

Es handelt sich um eine steuer- und beitragsfreie Aufmerksamkeit, da der Wert der CDs 60 € nicht übersteigt (R 19.6 Abs. 1 Satz 2 LStR). Unmaßgeblich ist, dass der Arbeitnehmer in diesem Monat auch einen Benzingutschein erhält, auf den die 44-Euro-Freigrenze für Sachbezüge angewendet wurde.

Zum Vorliegen einer Aufmerksamkeit beim **Aufladen** eines privaten **Elektro-Bikes** (hier Pedelec) in der Firma des Arbeitgebers vgl. das Stichwort „Elektro-Bike" unter Nr. 7.

Aufrechnung

Die Aufrechnung zu viel einbehaltener Lohnsteuer (z. B. bei rückwirkend günstigeren Lohnsteuerabzugsmerkmalen) bzw. deren Erstattung ist dem Arbeitgeber bereits während des laufenden Kalenderjahres – nicht erst im Lohnsteuer-Jahresausgleich – gestattet. Es darf jedoch nur Lohnsteuer für Lohnzahlungszeiträume des laufenden Kalenderjahres aufgerechnet bzw. erstattet werden, die in den Zeitraum der Gültigkeit der Lohnsteuerabzugsmerkmale fallen und in denen der Arbeitnehmer bei dem aufrechnenden Arbeitgeber beschäftigt war.

Wird der Lohnanspruch des Arbeitnehmers gegen eine Forderung des Arbeitgebers aufgerechnet, ist trotzdem der Lohn im Zeitpunkt der Aufrechnung zugeflossen. ja ja

Siehe auch die Stichworte: „Änderung des Lohnsteuerabzugs", „Erstattung von Lohnsteuer".

Aufsichtsratsvergütungen

Aufsichtsratsvergütungen gehören regelmäßig zu den Einkünften aus selbständiger Arbeit; sie werden durch Veranlagung zur Einkommensteuer erfasst. nein nein

Lediglich Aufsichtsratsvergütungen, die Bedienstete im öffentlichen Dienst für eine auf Vorschlag oder Veranlassung ihres Dienstvorgesetzten übernommene Nebentätigkeit im Aufsichtsrat eines Unternehmens erhalten, gehören zu den Einkünften aus nichtselbständiger Arbeit. Sie werden – ohne Lohnsteuerabzug – bei der Veranlagung des Arbeitnehmers zur Einkommensteuer erfasst. Ein an den Dienstherrn abzuführender Teil an der Aufsichtsratsvergütung ist im Zeitpunkt der Abführung – also ggf. im Folgejahr – als negative Einnahmen zu berücksichtigen.[1] ja nein

Aufstockungsbeträge

Zur Steuerfreiheit der Aufstockungsbeträge nach dem Altersteilzeitgesetz siehe das Stichwort „Altersteilzeit" unter Nr. 6.

Aufwandsentschädigungen an private Arbeitnehmer

Der Begriff „Aufwandsentschädigung" ist ausschließlich auf Arbeitnehmer anwendbar, die im öffentlichen Dienst beschäftigt sind. Denn nur dort handelt es sich um Zahlungen aus einer **öffentlichen Kasse.** Werden Arbeitneh-

1) Verfügung der OFD Frankfurt am Main vom 23.9.2013 (Az.: S 2337 A – 26 – St 211). Die Verfügung ist als Anlage 3 zu H 19.2 LStR im **Steuerhandbuch für das Lohnbüro 2021** abgedruckt, das im selben Verlag erschienen ist.

Lohnsteuerpflichtig | Sozialversich.-pflichtig

mern, die bei privaten Arbeitgebern beschäftigt sind, ohne Einzelnachweis **pauschale** Aufwandsentschädigungen gezahlt (z. B. für den Besuch von Fortbildungskursen, für die Benutzung eigener Kraftfahrzeuge für Fahrten zwischen Wohnung und erster Tätigkeitsstätte, zur Abgeltung etwaiger Repräsentationskosten, für Aufwendungen im Zusammenhang mit einem häuslichen Telearbeitsplatz), sind diese **stets** als **steuerpflichtiger Arbeitslohn** zu behandeln. ja ja

Auf die Bezeichnung, unter der diese Entschädigungen gezahlt werden (z. B. Auslagenersatz, Diäten, Wegegelder, Zehrgelder usw.), kommt es nicht an. Der Arbeitnehmer kann jedoch dem Finanzamt die steuerlich abzugsfähigen Aufwendungen nachweisen und sich hierfür als Lohnsteuerabzugsmerkmal einen Freibetrag für Werbungskosten bilden lassen.

In bestimmten Fällen können jedoch auch private Arbeitgeber bei entsprechendem Nachweis der entstandenen Aufwendungen einen steuerfreien Arbeitgeberersatz aufgrund besonderer **gesetzlicher Regelungen** leisten. Vgl. die Stichworte: Auslagenersatz, Auslösungen, Doppelte Haushaltsführung, Durchlaufende Gelder, Fehlgeldentschädigungen, Fortbildungskosten, Heimarbeiterzuschläge, Reisekosten bei Auswärtstätigkeiten, Studiengebühren, Umzugskosten, Werkzeuggeld.

Aufwandsentschädigungen aus öffentlichen Kassen

Neues auf einen Blick:

Der in den Lohnsteuer-Richtlinien in Anlehnung an die gesetzliche Regelung in § 3 Nr. 26 EStG enthaltene steuerfreie Mindestbetrag von 200 € monatlich für Aufwandsentschädigungen aus öffentlichen Kassen bei ehrenamtlich tätigen Personen ist bisher zum 1.1.2021 noch nicht auf 250 € monatlich angehoben worden. In den nachfolgenden Ausführungen und Beispielen ist daher nach wie vor ein steuerfreier Monatsbetrag von 200 € angegeben. Über etwaige Änderungen im Laufe des Jahres 2021 werden wir Sie über unseren Newsletterservice informieren.

Gliederung:

1. Allgemeines
2. Aufwandsentschädigungen aus einer Bundes- oder Landeskasse (§ 3 Nr. 12 Satz 1 EStG)
3. Aufwandsentschädigungen anderer öffentlich-rechtlicher Körperschaften (§ 3 Nr. 12 Satz 2 EStG)
4. Sozialversicherungsrechtliche Behandlung von Aufwandsentschädigungen

1. Allgemeines

Bei Aufwandsentschädigungen aus öffentlichen Kassen ist zu unterscheiden, ob die Aufwandsentschädigung aus einer Bundes- oder Landeskasse oder aus der Kasse einer anderen öffentlich-rechtlichen Körperschaft (z. B. Gemeindekasse) gezahlt wird (§ 3 Nr. 12 Sätze 1 und 2 EStG).

2. Aufwandsentschädigungen aus einer Bundes- oder Landeskasse (§ 3 Nr. 12 Satz 1 EStG)

Die aus einer Bundes- oder Landeskasse gezahlten Bezüge sind in vollem Umfang steuerfrei, wenn sie zum einen

- in einem Bundesgesetz oder Landesgesetz,
- auf Grundlage einer bundesgesetzlichen oder landesgesetzlichen Ermächtigung beruhenden Bestimmung oder
- von der Bundesregierung oder einer Landesregierung

Lohnsteuerpflichtig | Sozialversich.-pflichtig

als **Aufwandsentschädigung festgesetzt** sind **und** zum anderen jeweils auch als Aufwandsentschädigung im **Haushaltsplan ausgewiesen** werden. nein nein

Die frühere Rechtsprechung des Bundesfinanzhofs, wonach das Erfordernis der Ausweisung im Haushaltsplan nur bei einer Festsetzung der Aufwandsentschädigung durch die Bundes- oder einer Landesregierung gilt, da in den anderen vier Fällen die Mitwirkung der parlamentarischen Organe ohnehin gewährleistet ist (so BFH-Urteil vom 17.10.2012, BStBl. 2013 II S. 799), ist aufgrund der gesetzlichen Neufassung der Vorschrift seit 1.1.2014 überholt.

Unter die Steuerbefreiung nach § 3 Nr. 12 Satz 1 EStG fallen z. B.

- die Aufwandsentschädigungen der Bundestags- und Landtagsabgeordneten; nein nein
- die Kostenpauschale der Bundesratsmitglieder; nein nein
- die Aufwandsentschädigungen der Beamten, Richter und Soldaten des Bundes und der Länder. nein nein

Die Steuerfreiheit der Aufwandsentschädigung an Bundestags- und Landtagsabgeordnete – die etwa $^1/_3$ der gesamten Bezüge beträgt – ist verfassungsgemäß (BVerfG-Beschluss vom 26.7.2010 – 2 BvR 2227/08 und 2 BvR 2228/08).

Ebenfalls steuerfrei sind die Vorteile der Mandatsträger aus der privaten Nutzung von **Datenverarbeitungsgeräten** und **Telekommunikationsgeräten** der Gebietskörperschaften (§ 3 Nr. 45 Satz 2 EStG; vgl. das Stichwort „Computer“). nein nein

3. Aufwandsentschädigungen anderer öffentlich-rechtlicher Körperschaften (§ 3 Nr. 12 Satz 2 EStG)

Aufwandsentschädigungen, die von einer anderen öffentlich-rechtlichen Körperschaft (z. B. einer Gemeinde, einem Landkreis) gezahlt werden, sind nur steuerfrei, wenn sie als Aufwandsentschädigung gezahlt werden und wenn daneben die folgenden Voraussetzungen erfüllt sind:

- es muss sich um eine öffentliche Kasse handeln (vgl. dieses Stichwort);
- der Empfänger der Aufwandsentschädigung muss **öffentliche Dienste** leisten. Dies sind hoheitliche Aufgaben (einschließlich schlichter Hoheitsverwaltung), die nicht der Daseinsvorsorge zuzurechnen sind;[1] begünstigt ist z. B. die ehrenamtliche Tätigkeit der Mitglieder der Selbstverwaltungsorgane der Sozialversicherungsträger, die als sog. schlichte Hoheitsverwaltung anzusehen ist.[2] Keine öffentlichen Dienste liegen u. a. vor, wenn sich die Tätigkeit ausschließlich oder überwiegend auf die Erfüllung von Aufgaben in einem Betrieb gewerblicher Art einer juristischen Person des öffentlichen Rechts (vgl. § 1 Abs. 1 Nr. 6 KStG) bezieht. Neben den von den juristischen Personen des öffentlichen Rechts unterhaltenen Betrieben, die der Versorgung der Bevölkerung mit Wasser, Gas, Elektrizität oder Wärme, dem öffentlichen Verkehr oder dem Hafenbetrieb dienen, sowie die in der Rechtsform einer juristi-

1) Zur nicht begünstigten Daseinsvorsorge gehört die sog. Grundversorgung, also die Bereitstellung der für ein sinnvolles menschliches Dasein notwendigen Güter und Leistungen. Dazu gehören u. a. das Verkehrs- und Beförderungswesen, Gas-, Wasser- und Elektrizitätsversorgung, Müllabfuhr, Abwasserbeseitigung, Bildungs- und Kultureinrichtungen, Krankenhäuser, Friedhöfe, Bäder usw. Diese Aufgaben werden größtenteils von kommunalwirtschaftlichen Betrieben wahrgenommen, die der fiskalischen Verwaltung (= wirtschaftliche Tätigkeit) zuzurechnen sind. U. E. ist ein Ausschluss von der Steuerbefreiungsvorschrift nicht gerechtfertigt, wenn die Daseinsvorsorge Teil der schlichten Hoheitsverwaltung der öffentlich-rechtlichen Körperschaft ist. Daher können u.E. auch die Aufwandsentschädigungen an die Mitglieder (z. B. Vorsitzenden, Vertreter der Verbandsmitglieder) entsprechender Zweckverbände in bestimmtem Umfang steuerfrei sein.

2) Bundeseinheitlich abgestimmte Regelung, z. B. für Baden-Württemberg Erlass vom 19.9.2011 3-S233.7/63. Der Erlass ist als Anlage 3 zu H 3.12 LStR im **Steuerhandbuch für das Lohnbüro 2021** abgedruckt, das im selben Verlag erschienen ist.

	Lohn-steuer-pflichtig	Sozial-versich.-pflichtig

schen Person des öffentlichen Rechts betriebenen Sparkassen rechnen auch – ggf. von öffentlich-rechtlichen Zweckverbänden betriebenen – Altersheime, Krankenhäuser und ähnliche Einrichtungen zu den Betrieben gewerblicher Art. Die dort beschäftigten Personen leisten folglich keine öffentlichen Dienste, sodass eine Steuerfreiheit etwaiger Aufwandsentschädigungen ausscheidet;

- die Entschädigungen dürfen **nicht** für Verdienstausfall, Zeitverlust oder zur Abgeltung eines Haftungsrisikos gewährt werden (so auch BFH-Urteil vom 3.7.2018, BStBl. II S. 715 zur Entschädigung für Zeitverlust).

Beispiel A

Ein kirchlicher Verein erbringt Pflegeleistungen im Rahmen der Nachbarschaftshilfe.

Die den Pflegekräften gezahlten Entschädigungen sind nicht nach § 3 Nr. 12 Satz 2 EStG steuerfrei, da Pflegeleistungen zur Daseinsvorsorge gehören. Allerdings kann eine Steuerbefreiung bei Ausübung einer „Nebentätigkeit für gemeinnützige Organisationen" (vgl. dieses Stichwort) in Betracht kommen.

Beispiel B

Eine Sparkasse zahlt an die Mitglieder des Verwaltungsrats der Sparkasse Vergütungen.

Es handelt sich nicht um steuerfreie Aufwandsentschädigungen nach § 3 Nr. 12 Satz 2 EStG, da zu den (nicht begünstigten) Betrieben gewerblicher Art auch die in der Rechtsform einer Körperschaft des öffentlichen Rechts betriebenen Sparkassen gehören.

Beispiel C

Ein Versorgungswerk zahlt Aufwandsentschädigungen an seine ehrenamtlichen Vorstandsmitglieder.

Die Steuerbefreiung nach § 3 Nr. 12 Satz 2 EStG kann in Anspruch genommen werden, wenn sich das Versorgungswerk als juristische Person des öffentlichen Rechts im Rahmen seiner gesetzlichen Aufgabenzuweisung auf die Gewährleistung der Alters-, Invaliden- und Hinterbliebenenversorgung für seine Zwangsmitglieder beschränkt und dabei die insoweit bestehenden Anlagegrundsätze beachtet (BFH-Urteil vom 27.8.2013, BStBl. 2014 II S. 248). Die durch die gesetzliche Zwangsmitgliedschaft der Kammerangehörigen allgemein angeordnete und zugleich auf diesen Personenkreis beschränkte Tätigkeit des Versorgungswerks zur sozialen Absicherung der Mitglieder in der für die gesetzliche Rentenversicherung typischen Weise führt nicht zu einer Teilnahme am allgemeinen wirtschaftlichen Verkehr. Ein Wettbewerb zwischen einer juristischen Person des öffentlichen Rechts und einem privaten Unternehmen ist ausgeschlossen mit der Folge, dass kein (hier schädlicher) Betrieb gewerblicher Art gegeben ist.

Außerdem wird die Steuerfreiheit verneint, wenn die Zahlung den beim Empfänger entstehenden **Aufwand** offenbar übersteigt. Dabei dürfen die Zahlungen nur Aufwendungen abgelten, die steuerlich als Betriebsausgaben oder Werbungskosten abziehbar wären (BFH-Urteil vom 29.11.2006, BStBl. 2007 II S. 308 zur Steuerpflicht einer Mietentschädigung für eine nicht als Arbeitszimmer anzuerkennende Arbeitsecke). Der Bundesfinanzhof lässt aber auch eine Aufwandsentschädigung nach § 3 Nr. 12 Satz 2 EStG steuerfrei, die eine Stadt an den Personalratsvorsitzenden (= Arbeitnehmer der Stadt) leistet, wenn damit der mit der Funktion verbundene tatsächlich anfallende berufliche Aufwand (Fahrtkosten, Bewirtung, kleine Geschenke) gedeckt werden soll (BFH-Urteil vom 15.11.2007, BFH/NV 2008 S. 767). Darüber hinaus ist aber nicht im Einzelfall, sondern für die Personengruppe zu prüfen, ob in etwa abziehbarer Aufwand in Höhe der Aufwandsentschädigung entsteht.

Um schwierige Abgrenzungen im Einzelfall zu vermeiden, ist in den Lohnsteuer-Richtlinien (R 3.12 Abs. 3 LStR) folgende Vereinfachungsregelung festgelegt worden:

Sind der Kreis der Anspruchsberechtigten und der Betrag oder zumindest der Höchstbetrag, der den Anspruchsberechtigten aus einer öffentlichen Kasse gewährten Aufwandsentschädigung durch **Gesetz oder Verordnung** bestimmt, ist

	Lohn-steuer-pflichtig	Sozial-versich.-pflichtig
– die Aufwandsentschädigung bei **hauptamtlich** tätigen Personen **in voller Höhe** steuerfrei;[1]	nein	nein
– bei **ehrenamtlich** tätigen Personen **ein Drittel** der gewährten Aufwandsentschädigung, mindestens jedoch **200 € monatlich** steuerfrei.	nein	nein

Sind der Kreis der Anspruchsberechtigten und der Betrag oder zumindest der Höchstbetrag der Aufwandsentschädigung **nicht** durch Gesetz oder Verordnung bestimmt, kann bei hauptamtlich und ehrenamtlich tätigen Personen in der Regel ohne weiteren Nachweis ein steuerlich anzuerkennender Aufwand von **200 € monatlich** angenommen werden.

Wird der steuerfreie Mindestbetrag von 200 € monatlich überschritten, tritt Steuerpflicht und bei einer abhängigen Beschäftigung auch Sozialversicherungspflicht ein (vgl. nachfolgend Nr. 4 und das Stichwort „Ehrenämter").

Bei Personen, die für **mehrere Körperschaften** des öffentlichen Rechts tätig sind, sind die steuerfreien monatlichen Mindest- und Höchstbeträge auf die Entschädigung zu beziehen, die von der einzelnen öffentlich-rechtlichen Körperschaft an diese Personen gezahlt wird. Es kommt also für **jede dieser ehrenamtlichen Tätigkeiten** die Auszahlung einer steuerfreien Aufwandsentschädigung in Betracht.

Beispiel D

Ein hauptamtlicher Kreisabgeordneter erhält eine gesetzlich geregelte Dienstaufwandsentschädigung. Diese Dienstaufwandsentschädigung ist in voller Höhe steuerfrei.

Daneben ist er als Wehrleiter der freiwilligen Feuerwehr seiner Heimatgemeinde ehrenamtlich tätig. Die hierfür nach der Landesverordnung gezahlte Aufwandsentschädigung ist in Höhe von ⅓ der Entschädigung, mindestens aber 200 € monatlich steuerfrei.

Die Steuerfreistellung ist hier für jede Tätigkeit gesondert anzuwenden, weil es sich um verschiedene Körperschaften handelt, nämlich den Landkreis einerseits und die Ortsgemeinde andererseits.

Aufwandsentschädigungen für **mehrere Tätigkeiten bei einer Körperschaft** sind hingegen für die Anwendung der Mindest- und Höchstbeträge **zusammenzurechnen.** Bei einer gelegentlichen ehrenamtlichen Tätigkeit sind die steuerfreien monatlichen Mindest- und Höchstbeträge allerdings nicht auf einen weniger als einen Monat dauernden Zeitraum der ehrenamtlichen Tätigkeit umzurechnen.

Beispiel E

Ein vielseitig engagierter Bürger ist gleichzeitig ehrenamtlicher Jugend- und Migrationsbeirat in seiner Heimatgemeinde. Für beide Tätigkeiten erhält er gesonderte Aufwandsentschädigungen, die jeweils durch kommunale Satzung geregelt sind.

Mangels Regelung durch Gesetz oder Rechtsverordnung sind die Aufwandsentschädigungen **insgesamt** bis zur Höhe von 200 € monatlich steuerfrei. Der Steuerfreibetrag von 200 € monatlich vervielfältigt sich auch im Hinblick auf die unterschiedlichen Tätigkeiten nicht, weil es sich um Tätigkeiten für dieselbe Körperschaft handelt.

Soweit der steuerfreie Monatsbetrag von 200 € nicht ausgeschöpft wird, ist eine **Übertragung** in andere Monate dieser Tätigkeiten im selben Kalenderjahr möglich. Maßgebend für die Ermittlung der Anzahl der in Betracht kommenden Monate ist die **Dauer der ehrenamtlichen Funktion bzw. Ausübung im Kalenderjahr.** Hierbei zählen angefangene Kalendermonate als volle Monate. Die Dauer des tatsächlichen Einsatzes im Ehrenamt ist für die Bestimmung dieses Zeitraums unbeachtlich. Der steuerfreie Monatsbetrag von 200 € kann daher z. B. auch dann in Anspruch genommen werden, wenn in einem Monat keine Aufwandsentschädigung gezahlt worden ist (z. B. vierteljährliche Auszahlung), in einem Monat keine Sitzung stattgefunden hat (z. B. Sommerpause) oder der Mandatsträger an einer Sitzung nicht teilgenommen hat bzw. nicht teilnehmen konnte (z. B. bei Krankheit).

1) Erhält ein hauptamtlicher Bürgermeister eine steuerfreie Dienstaufwandsentschädigung aus öffentlichen Kassen, die seine gesamten beruflich veranlassten Aufwendungen ersetzen soll, kann er **Werbungskosten** nur insoweit geltend machen, als seine **Aufwendungen** die steuerfreie **Entschädigung übersteigen** (BFH-Urteil vom 19.10.2016, BStBl. 2017 II S. 345).

Lohnsteuerpflichtig | Sozialversich.-pflichtig

Beispiel F

Für öffentliche Dienste in einem Ehrenamt in der Zeit vom 1. Januar bis zum 31. Juli werden folgende Aufwandsentschädigungen aufgrund einer Rechtsverordnung gezahlt:

Januar 250 €, Februar 200 €, März 250 €, April 350 €, Mai 750 €, Juni 450 €, Juli 0 €. Zeitaufwand wird nicht vergütet.

Von diesen Aufwandsentschädigungen bleibt monatlich ein Drittel, mindestens aber 200 € steuerfrei. Es ergeben sich folgende steuerfreien Beträge:

	tatsächlich gezahlt		steuerfreier Betrag
Januar	250 €	Mindestbetrag	200 €
Februar	200 €	Mindestbetrag	200 €
März	250 €	Mindestbetrag	200 €
April	350 €	Mindestbetrag	200 €
Mai	750 €	**Drittelregelung**	250 €
Juni	450 €	Mindestbetrag	200 €
Juli	0 €	Mindestbetrag	200 €
insgesamt	2 250 €		1 450 €

Der steuerpflichtige Betrag beträgt (2250 € – 1450 € =) 800 €.

Beispiel G

Für öffentliche Dienste in einem Ehrenamt in der Zeit vom 1. Januar bis 31. Juli werden folgende Aufwandsentschädigungen aufgrund einer Rechtsverordnung gezahlt:

Januar 300 €, Februar 150 €, März 250 €, April 150 €, Mai 160 €, Juni 350 €, Juli 0 €. Zeitaufwand wird nicht vergütet.

Von diesen Aufwandsentschädigungen bleibt monatlich ein Drittel, mindestens aber 200 € steuerfrei. Es ergeben sich folgende steuerfreien Beträge:

	tatsächlich gezahlt		steuerfreier Betrag
Januar	300 €	Mindestbetrag	200 €
Februar	150 €	Mindestbetrag	200 €
März	250 €	Mindestbetrag	200 €
April	150 €	Mindestbetrag	200 €
Mai	160 €	Mindestbetrag	200 €
Juni	350 €	Mindestbetrag	200 €
Juli	0 €	Mindestbetrag	200 €
insgesamt	1 360 €		1 400 €

Da die steuerfreien Beträge die gezahlten Aufwandsentschädigungen übersteigen, bleibt der Betrag von 1360 € insgesamt steuerfrei. Es ergibt sich allerdings kein negativer Betrag, der mit anderen Einkünften verrechnet werden könnte.

Sind die Aufwandsentschädigungen lohnsteuerpflichtig (z. B. bei den ehrenamtlichen Gemeinderäten und ehrenamtlichen Bürgermeistern in Bayern), können die nicht ausgeschöpften steuerfreien Monatsbeträge mit steuerpflichtigen Aufwandsentschädigungen anderer Lohnzahlungszeiträume dieser Tätigkeit im Kalenderjahr verrechnet werden. Eine Verrechnung mit abgelaufenen Lohnzahlungszeiträumen ist zulässig. Die Verrechnung kann auch bei Beendigung der Tätigkeit oder zum Ende des Kalenderjahres für die Dauer der ehrenamtlichen Tätigkeit im Kalenderjahr vorgenommen werden.

Für ehrenamtliche Mitglieder kommunaler Vertretungsorgane (Gemeinderäte, Stadträte, Kreisräte, Bezirksräte usw.) sind bundeseinheitlich bestimmte Monatsbeträge als steuerfreie Aufwandsentschädigungen festgesetzt worden, die den allgemeinen monatlichen steuerfreien Mindestbetrag zumeist übersteigen (spezielle Regelungen, die den Regelungen in dem LStR vorgehen; R 3.12 Abs. 3 Satz 10 LStR).[1)]

Ebenfalls steuerfrei sind die Vorteile der Mandatsträger aus der privaten Nutzung von **Datenverarbeitungsgeräten** und **Telekommunikationsgeräten** der Kommunen (§ 3 Nr. 45 Satz 2 EStG; vgl. das Stichwort „Computer"). nein nein

Vgl. im Übrigen auch die Stichwörter „Richter", „Schöffen" und „Zensus".

4. Sozialversicherungsrechtliche Behandlung von Aufwandsentschädigungen

Stehen kommunale Ehrenbeamte in einem abhängigen Beschäftigungsverhältnis zur Kommune (vgl. das Stichwort „Ehrenämter" unter Nr. 2), ist der lohnsteuerpflichtige Teil der für die Tätigkeit zustehenden Aufwandsentschädigung Arbeitsentgelt gemäß § 14 SGB IV. Er gilt als Gegenleistung für die zur Verfügungstellung von Arbeitszeit und Arbeitskraft. Der steuerfreie Teil der Aufwandsentschädigungen aus öffentlichen Kassen ist hingegen nach § 1 Abs. 1 Satz 1 Nr. 16 SvEV[2)] kein Arbeitsentgelt im Sinne der Sozialversicherung.

Soweit der nach § 3 Nr. 12 EStG steuerfreie Monatsbetrag der Aufwandsentschädigung von mindestens 200 € in einzelnen Monaten nicht ausgeschöpft wird, ist eine Übertragung in andere Monate dieser Tätigkeiten im selben Kalenderjahr möglich. Während hierbei im Steuerrecht auch **rückwirkende** Korrekturen erfolgen können, ist das im Sozialversicherungsrecht wegen des Grundsatzes der abschließenden vorausschauenden Betrachtungsweise **nicht zulässig.**

Vgl. hierzu auch die Stichworte „Änderung der Beitragsberechnung" und „Erstattung von Sozialversicherungsbeiträgen".

Aufwandsentschädigung für nebenberufliche Tätigkeiten

Siehe die Stichworte: Chorleiter, Kirchenbedienstete/Kirchenmusiker, Nebenberufliche Prüfungstätigkeit, Nebentätigkeit für gemeinnützige Organisationen, Organisten, Übungsleiter.

Ausbildungsbeihilfen

siehe „Stipendien"

Ausbildungsfreibetrag

siehe Anhang 7 Abschnitt D unter Nr. 5 auf Seite 1246

Ausbildungskosten

Siehe die Stichworte: Berufsschule, Fortbildungskosten, Stipendien.

Aushilfskräfte

Aushilfskräfte sind Personen, die in einem Betrieb als Ersatz oder zur Verstärkung für das Stammpersonal vorübergehend nur kurze Zeit beschäftigt werden. Es handelt sich zumeist um Gelegenheitsarbeiter, Werkstudenten, Schüler oder andere Ferienarbeiter. Aushilfskräfte sind – wie es bei Hilfsdiensten zur Unterstützung oder in Vertretung des Stammpersonals kaum anders möglich ist – für die Dauer ihrer Tätigkeit in den Betrieb eingegliedert und weisungsgebunden; sie sind deshalb als **Arbeitnehmer** zu behandeln; dass die Beschäftigung nur kurze Zeit dauert ist ohne Bedeutung (vgl. hierzu die grundsätzlichen Ausführungen im Teil A unter Nr. 3 auf Seite 6). ja ja

Für den Lohnsteuerabzug bei Aushilfskräften gelten grundsätzlich die allgemeinen Bestimmungen, das heißt, dem Arbeitgeber müssen die individuellen **Lohnsteuerabzugsmerkmale** der Aushilfskraft vorliegen (vgl. das Stichwort „Elektronische Lohnsteuerabzugsmerkmale – ELStAM –"). Die Lohnsteuer bemisst sich nach dem im Lohnzahlungszeitraum bezogenen Arbeitslohn und den Lohnsteuerabzugsmerkmalen. Dass die Lohnsteuer möglicherweise nach Ablauf des Kalenderjahres vom Finanz-

1) Die bundeseinheitliche Regelung ist als Anlage 1 zu H 3.12 LStR im **Steuerhandbuch für das Lohnbüro 2021** abgedruckt, das im selben Verlag erschienen ist.

2) Die Sozialversicherungsentgeltordnung (SvEV) ist als Anhang 2 im **Steuerhandbuch für das Lohnbüro 2021** abgedruckt, das im selben Verlag erschienen ist.

amt wieder ganz oder teilweise zu erstatten ist, kann beim laufenden Lohnsteuerabzug nicht berücksichtigt werden. Sind dem Arbeitgeber die Lohnsteuerabzugsmerkmale der Aushilfskraft nicht mitgeteilt worden und damit nicht bekannt, muss er die Lohnsteuer nach **Steuerklasse VI** berechnen (vgl. „Nichtvorlage der Lohnsteuerabzugsmerkmale“). Auf die Anwendung der Steuerklasse VI darf der Arbeitgeber nur dann verzichten, wenn die **Lohnsteuer pauschaliert** wird (vgl. das Stichwort „Pauschalierung der Lohnsteuer bei Aushilfskräften und Teilzeitbeschäftigten“).

In der Sozialversicherung ist eine kurzfristige Beschäftigung – im Gegensatz zur Lohnsteuer – unter folgenden Voraussetzungen sozialversicherungsfrei:

Eine **versicherungsfreie** kurzfristige Beschäftigung liegt unabhängig von der Höhe des Arbeitsentgelts vor, wenn die Beschäftigung im Laufe eines Kalenderjahres auf höchstens **drei Monate oder 70 Arbeitstage begrenzt** ist; die früheren Zeitgrenzen (zwei Monate oder 50 Arbeitstage) sind dauerhaft angehoben worden (§ 8 Abs. 1 Nr. 2 SGB IV[1]). Die Begrenzung muss entweder im Voraus vertraglich vereinbart werden oder aufgrund der Eigenart der Beschäftigung (z. B. Erntehelfer) feststehen (vgl. das Stichwort „Geringfügige Beschäftigung“ unter Nr. 16).

Auskunft

Gliederung:

1. Arten von Auskünften
2. Anrufungsauskunft
   a) Allgemeines
   b) Verwaltungsakt und Einspruchsverfahren
   c) Bindungswirkung der Anrufungsauskunft
   d) Änderung der Anrufungsauskunft
3. Anrufungsauskunft bei Arbeitgebern mit mehreren Betriebsstätten und bei Konzernen
4. Anrufungsauskunft bei der Übernahme von Arbeitgeberpflichten durch einen Dritten
5. Verbindliche Zusage
6. Antrag auf Erteilung einer verbindlichen Auskunft

1. Arten von Auskünften

Der Arbeitgeber hat die Möglichkeit, zur Klärung von lohnsteuerlichen Zweifelsfragen beim Finanzamt eine Auskunft einzuholen. Hierbei kann es sich entweder um eine verbindliche Zusage nach § 204 AO oder um eine sog. Anrufungsauskunft nach § 42e EStG handeln. Eine verbindliche Zusage ist nur in unmittelbarem Anschluss an eine Lohnsteuer-Außenprüfung möglich, weil sie sich nur auf geprüfte Sachverhalte beziehen darf. Eine Anrufungsauskunft ist jederzeit zu allen auftretenden Zweifelsfragen möglich. Sie kann alle, wenige oder einzelne Arbeitnehmer betreffen. Der Sachverhalt muss zudem nicht bereits verwirklicht sein; auch die Klärung eines nur geplanten Sachverhalts kann beantragt werden. Hiernach ergibt sich folgende Übersicht:

Auskunft
beim Betriebsstättenfinanzamt

Verbindliche Zusage	**Anrufungsauskunft**
Nur möglich im Anschluss an eine Lohnsteuer-Außenprüfung zu einem geprüften Sachverhalt.	Jederzeit möglich zu allen (auch künftig tatsächlich eintretenden) Sachverhalten.
Die mit der verbindlichen Zusage erteilte Auskunft kann mit einem **Einspruch** angefochten werden.	Gegen die erteilte Auskunft ist ein **Einspruch möglich.**

Zum Antrag auf Erteilung einer verbindlichen Auskunft vgl. die Erläuterungen unter der nachfolgenden Nr. 6.

2. Anrufungsauskunft

a) Allgemeines

Arbeitgeber haben nach § 42e EStG das Recht, an das Finanzamt der Betriebsstätte eine **gebührenfreie** Anfrage zur Klärung der steuerlichen Behandlung von Tatbeständen zu richten, die der Arbeitgeber im Steuerabzugsverfahren zu beurteilen hat (z. B. ob eine vom Arbeitgeber beschäftigte Person als selbstständig oder nichtselbstständig tätig anzusehen ist, ob bestimmte Zuwendungen zum steuerpflichtigen Arbeitslohn gehören oder steuerfrei belassen werden können, wie Sachbezüge zu bewerten sind, in welcher Weise die Lohnsteuer vom steuerpflichtigen Arbeitslohn zu berechnen ist, ob ein Arbeitnehmer beschränkt oder unbeschränkt steuerpflichtig ist usw.). Auch der die **Pflichten des Arbeitgebers erfüllende Dritte** ist berechtigt, eine Anrufungsauskunft zu beantragen (vgl. hierzu „Lohnsteuerabzug durch einen Dritten“). Bei juristischen Personen des öffentlichen Rechts ist auch die die Arbeitgeberpflichten erfüllende öffentliche Kasse berechtigt, einen Antrag auf Anrufungsauskunft zu stellen. Im Übrigen kann die Anrufungsauskunft auch vom **Arbeitnehmer** beantragt werden. Auch für Sachverhalte zur Pauschalierung der Einkommensteuer bei Sachzuwendungen an Nichtarbeitnehmer (§ 37b Abs. 1 EStG) und eigene Arbeitnehmer (§ 37b Abs. 2 EStG) kann eine Anrufungsauskunft eingeholt werden (vgl. „Pauschalierung der Lohnsteuer für Belohnungsessen, Incentive-Reisen, VIP-Logen und ähnliche Sachbezüge“). Zur Anrufungsauskunft im Zusammenhang mit der Vermögensbildung der Arbeitnehmer vgl. dieses Stichwort unter Nr. 16. Eine Anrufungsauskunft können zudem **Personen** beantragen, **die** nach Vorschriften außerhalb des EStG für Lohnsteuer **haften** (z. B. gesetzliche Vertreter).

Die Anrufungsauskunft kann aber nicht in Fragen erbeten werden, die die Besteuerungsmerkmale des Arbeitnehmers betreffen (Steuerklasse, Freibeträge, Anerkennung von Werbungskosten, Sonderausgaben, außergewöhnlichen Belastungen). Für derartige Auskünfte ist das Wohnsitzfinanzamt des Arbeitnehmers und nicht das Betriebsstättenfinanzamt des Arbeitgebers zuständig.

Die vom Betriebsstättenfinanzamt auf Anfrage zu erteilende Anrufungsauskunft hat insbesondere die Wirkung, dass sie den Arbeitgeber, wenn er sich an sie hält, **von seiner Haftung befreit.** Voraussetzung ist allerdings, dass der Sachverhalt erschöpfend und richtig dargestellt worden ist. Da dieser Nachweis vom Arbeitgeber zu führen ist, empfiehlt sich stets die schriftliche Anfrage. Auch ein Lohnsteuer-Nachforderungsbescheid gegenüber dem Arbeitnehmer ist aufgrund der Bindungswirkung der Anrufungsauskunft für das Lohnsteuerabzugsverfahren nicht möglich (vgl. nachfolgenden Buchstaben c).

b) Verwaltungsakt und Einspruchsverfahren

Nach der Rechtsprechung des Bundesfinanzhofs handelt es sich sowohl bei der **Erteilung** als auch bei **Aufhebung/Rücknahme/Widerruf** einer **Anrufungsauskunft** um einen **Verwaltungsakt,** gegen den der Arbeitgeber oder der Arbeitnehmer bei einer negativen Entscheidung des Betriebsstättenfinanzamts **Einspruch** und ggf. Klage beim Finanzgericht einlegen kann. Es handelt sich nicht um eine unverbindliche Rechtsauskunft des Finanzamts (BFH-Urteile vom 30.4.2009, BStBl. 2010 II S. 996 und vom 2.9.2010, BStBl. 2011 II S. 233). Die Finanzverwaltung folgt der Rechtsprechung des Bundesfinanzhofs und wendet die allgemeinen verfahrensrechtlichen Vorschriften zu steuerlichen Verwaltungsakten an, wobei die Schriftform für die Erteilung einer Anrufungsauskunft nicht vorgeschrieben ist. Die Ablehnung oder eine vom Antrag abweichende Auskunft wird aber vom Finanzamt schriftlich erteilt.

1) Vom 1.3.2020 bis 31.10.2020 galt wegen der Coronoa-Pandemie eine Zeitgrenze von fünf Monaten oder 115 Arbeitstagen (§ 115 SGB IV).

Lohnsteuerpflichtig | Sozialversich.-pflichtig

Obwohl es sich bei der Anrufungsauskunft um einen Verwaltungsakt handelt, hat der Bundesfinanzhof den Umfang der **gerichtlichen Überprüfung** erheblich **eingeschränkt.** Eine lohnsteuerliche Anrufungsauskunft würde nur eine Regelung treffen, wie die Finanzverwaltung den vom Antragsteller dargestellten Sachverhalt gegenwärtig beurteilt. Das Finanzgericht hätte daher in einem Klageverfahren die Auskunft sachlich nur daraufhin zu überprüfen, ob der **Sachverhalt zutreffend** erfasst und die **rechtliche Beurteilung nicht evident falsch** ist (BFH-Urteil vom 27.2.2014, BStBl. II S. 894). Letzteres bedeutet, dass die erteilte Anrufungsauskunft nicht im Widerspruch zum Gesetz oder der von der Finanzverwaltung angewandten höchstrichterlichen Rechtsprechung stehen darf. Es ist hingegen nicht Aufgabe des lohnsteuerlichen Anrufungsverfahrens, ungeklärte Rechtsfragen abschließend zu beantworten oder die Übereinstimmung von Verwaltungsanweisungen mit dem Gesetz zu überprüfen. Die Lohnsteuer-Anrufungsauskunft bezweckt somit nicht, dem Arbeitgeber das Haftungsrisiko zu nehmen, falls er nicht nach dem Inhalt der Auskunft verfahren will. In diesem Fall muss der Arbeitgeber seine Rechtsauffassung durch Einspruchs- bzw. Klageverfahren gegen die Lohnsteuer-Anmeldungen oder gegen entsprechende Nachforderungs- bzw. Haftungsbescheide versuchen durchzusetzen.

c) Bindungswirkung der Anrufungsauskunft

Das Finanzamt kann vom Arbeitnehmer als Steuerschuldner Lohn- und Kirchensteuer sowie den Solidaritätszuschlag nachfordern, wenn der Arbeitgeber diese Steuerabzugsbeträge nicht vorschriftsmäßig vom Arbeitslohn einbehalten hat (§ 42d Abs. 3 Satz 4 Nr. 1 EStG; vgl. das Stichwort „Nachforderung der Lohnabzugsbeträge vom Arbeitnehmer" unter Nr. 1.). An einer vorschriftswidrigen Einbehaltung und Abführung fehlt es aber, wenn der Arbeitgeber bei seinem Betriebsstättenfinanzamt eine Anrufungsauskunft eingeholt hat und danach verfahren ist. Ist der Arbeitgeber entsprechend einer Anrufungsauskunft verfahren, hat er den Weisungen und Vorschriften des Finanzamts Rechnung getragen und damit die Lohnsteuer vorschriftsmäßig einbehalten und abgeführt. Dies gilt unabhängig davon, ob die vom Finanzamt erteilte Anrufungsauskunft materiell richtig oder unrichtig ist. Ein Lohnsteuer-Nachforderungsbescheid gegenüber dem Arbeitnehmer ist laut Bundesfinanzhof in diesen Fällen nicht möglich (BFH-Urteil vom 17.10.2013, BStBl. 2014 II S. 892). Auch beim Arbeitgeber ist eine Nacherhebung der Lohnsteuer selbst dann nicht zulässig, wenn er nach einer Lohnsteuer-Außenprüfung einer Pauschalierung (Fall des § 40 Abs. 1 Satz 1 Nr. 2 EStG) zugestimmt hat (BFH-Urteil vom 16.11.2005, BStBl. 2006 II S. 210).

Im **Lohnsteuerabzugsverfahren** können sich also **Arbeitgeber und Arbeitnehmer** (bei einem Lohnsteuer-Nachforderungsbescheid) auf eine **Anrufungsauskunft berufen.** Dies gilt unabhängig davon, wer von beiden die Anrufungsauskunft beantragt hat und wem sie letztlich erteilt worden ist. Zur Bindungswirkung der Anrufungsauskunft bei Übernahme von Arbeitgeberpflichten durch einen Dritten vgl. nachfolgende Nr. 4.

Nach wie vor ist die Finanzverwaltung aber im **Einkommensteuer-Veranlagungsverfahren** des Arbeitnehmers **nicht** an eine im Lohnsteuerabzugsverfahren erteilte **Anrufungsauskunft gebunden.** Deshalb kann das Wohnsitzfinanzamt im Veranlagungsverfahren zur Einkommensteuer einen anderen, günstigeren oder ungünstigeren Rechtsstandpunkt vertreten als das Betriebsstättenfinanzamt in der Anrufungsauskunft. Dies hat der Bundesfinanzhof mehrfach bestätigt (BFH-Urteile vom 9.10.1992, BStBl. 1993 II S. 166 und 13.1.2011, BStBl. II S. 479). Zur Begründung weist der Bundesfinanzhof darauf hin, dass die Anrufungsauskunft ohne Mitwirkung der Wohnsitzfinanzämter der Arbeitnehmer erteilt wird und der Gesetzgeber – mangels entsprechender gesetzlicher Regelung – eine derartige Bindungswirkung nicht herbeiführen wollte.

Lohnsteuerpflichtig | Sozialversich.-pflichtig

Beispiel

Aufgrund einer Anrufungsauskunft hat das Betriebsstättenfinanzamt dem Arbeitgeber A die Steuerfreiheit einer Zahlung an den Arbeitnehmer B schriftlich bestätigt. Das Wohnsitzfinanzamt behandelt die Zahlung in der Einkommensteuer-Veranlagung des B dennoch als steuerpflichtig.

Das Wohnsitzfinanzamt ist im Einkommensteuer-Veranlagungsverfahren nicht an die im Lohnsteuerabzugsverfahren erteilte Anrufungsauskunft gebunden.

d) Änderung der Anrufungsauskunft

Aufgrund der vorstehenden Rechtsprechung des Bundesfinanzhofs unter dem Buchstaben b hat die Finanzverwaltung zu der Frage Stellung genommen, unter welchen Voraussetzungen eine **Anrufungsauskunft aufgehoben, zurückgenommen** oder **widerrufen** werden kann, automatisch außer Kraft tritt oder durch Zeitablauf endet.[1]

Eine Anrufungsauskunft kann **mit Wirkung für die Zukunft** aufgehoben, zurückgenommen oder widerrufen werden (sinngemäße Anwendung des § 207 Abs. 2 AO; so auch BFH-Urteil vom 2.9.2010, BStBl. 2011 II S. 233). Dies ist **auch** dann möglich, wenn sich die steuerliche Beurteilung des Sachverhalts durch die **Rechtsprechung** oder die **Verwaltungsauffassung** zum Nachteil des Arbeitgebers **geändert** hat. Hierbei handelt es sich um eine vom Betriebsstättenfinanzamt zu begründende Ermessensentscheidung (§ 5 AO). Unter Berücksichtigung der vom Arbeitgeber im Vertrauen auf die erteilte Anrufungsauskunft getroffenen Dispositionen kann es im Einzelfall geboten sein, Aufhebung/Rücknahme/Widerruf zu einem späteren Zeitpunkt eintreten zu lassen.

Beispiel A

Nach einer erteilten Anrufungsauskunft des Betriebsstättenfinanzamts handelt es sich bei den für die Firma F tätigen Personen nicht um Arbeitnehmer, sondern um selbstständige Mitarbeiter. Aufgrund geänderter Verwaltungsauffassung soll die Anrufungsauskunft widerrufen werden. Die Tätigkeiten für F werden nunmehr als nichtselbstständig angesehen und F hat als Arbeitgeber Lohnsteuer einzubehalten und abzuführen.

Die Anrufungsauskunft ist mit Wirkung für die Zukunft zu widerrufen, allerdings ist dem Arbeitgeber eine Übergangsphase einzuräumen (abhängig von der Anzahl der betroffenen Arbeitnehmer ggf. auch mehrere Monate), um die Beschäftigungsverträge anzupassen, Lohnkonten einzurichten etc.

Eine Anrufungsauskunft tritt **automatisch** – also ohne Tätigwerden der Finanzverwaltung – **außer Kraft,** wenn die **Rechtsvorschriften,** auf denen die Entscheidung beruht, **geändert** werden (z. B. Aufhebung einer gesetzlichen Steuerbefreiungsvorschrift oder neue gesetzliche Definition des Sachlohnbegriffs wie zum 1.1.2020; analoge Anwendung des § 207 Abs. 1 AO). Rechtsvorschriften in diesem Sinne sind lediglich Rechtsnormen (EStG, LStDV), nicht jedoch Verwaltungsanweisungen (LStR, Verfügungen) oder eine geänderte Rechtsprechung.

Obwohl es sich bei einer **Anrufungsauskunft** um einen Verwaltungsakt handelt und das Finanzamt eine erteilte Anrufungsauskunft mit Wirkung für die Zukunft aufheben oder ändern kann, ist in den Lohnsteuer-Richtlinien auch vorgesehen, dass das Finanzamt – z. B. bei Dauersachverhalten – eine Anrufungsauskunft **zeitlich befristen** kann (R 42e Abs. 1 Satz 3 LStR). Es handelt sich auch hierbei um eine Ermessensentscheidung des Finanzamts, ob sie eine Anrufungsauskunft zeitlich befristet oder nicht (§ 5 AO). Das Finanzamt braucht dabei seine Entscheidung über eine Befristung u.E. nicht näher begründen.

Die **Gültigkeit** einer Anrufungsauskunft **entfällt** bei einer Befristung automatisch durch **Zeitablauf,** ohne dass es einer Aufhebung oder Änderung durch das Finanzamt bedarf (§ 124 Abs. 2 AO). Selbstverständlich bleibt es dem Arbeitgeber oder auch dem Arbeitnehmer unbenom-

1) BMF-Schreiben vom 12.12.2017 (BStBl. I S. 1656). Das BMF-Schreiben ist als Anlage zu H 42e LStR im **Steuerhandbuch für das Lohnbüro 2021** abgedruckt, das im selben Verlag erschienen ist.

Lohn- steuer- pflichtig | Sozial- versich.- pflichtig

men, bereits vor Fristablauf eine erneute Anrufungsauskunft zu beantragen. Außerdem besteht für das Finanzamt die Möglichkeit, die zeitliche Geltungsdauer der erteilten Anrufungsauskunft ohne erneuten Antrag des Arbeitgebers von sich aus zu verlängern.

Beispiel B

Das Finanzamt hat auf Antrag des Arbeitgebers am 6.5.2020 eine Anrufungsauskunft erteilt, die bis zum 30.4.2021 befristet ist.

Sofern die Anrufungsauskunft nicht über den 30.4.2021 hinaus auf Antrag des Arbeitgebers oder (automatisch) vom Finanzamt verlängert wird, ist sie ab 1.5.2021 für das Lohnsteuerabzugsverfahren nicht mehr bindend.

Der Bundesfinanzhof hat die Verwaltungsauffassung bestätigt, dass bei einem Widerruf einer Anrufungsauskunft grundsätzlich **keine Aussetzung der Vollziehung** in Betracht kommt (BFH-Beschluss vom 15.1.2015, BStBl. II S. 447). Durch die Anrufungsauskunft wird lediglich eine Regelung getroffen, wie das Betriebsstättenfinanzamt den vom Arbeitgeber dargestellten Sachverhalt im Hinblick auf dessen Verpflichtung zum Lohnsteuerabzug gegenwärtig beurteilt. Demgemäß erschöpft sich der Inhalt des Widerrufs einer Anrufungsauskunft darin, dass das Betriebsstättenfinanzamt mitteilt, von nun an eine andere Auffassung als bisher zu vertreten. Eine Aussetzung der Vollziehung kommt allenfalls in Betracht, wenn die wirtschaftliche oder persönliche Existenz des Beteiligten durch den Widerruf der Anrufungsauskunft unmittelbar bedroht ist. Dies wird in aller Regel nicht der Fall sein.

Die vorstehenden Ausführungen zur Aussetzung der Vollziehung gelten entsprechend für die (erstmalige) Erteilung einer Anrufungsauskunft sowie für die Ablehnung dergleichen.

3. Anrufungsauskunft bei Arbeitgebern mit mehreren Betriebsstätten und bei Konzernen

Um die Erteilung von Anrufungsauskünften für einen Arbeitgeber mit **mehreren Betriebsstätten** zu zentralisieren, bestimmt § 42e EStG, dass das Finanzamt die Anrufungsauskunft zu erteilen hat, in dessen Bezirk sich die Geschäftsleitung des Arbeitgebers im Inland befindet. Ist dieses Finanzamt kein Betriebsstättenfinanzamt, ist das Finanzamt zuständig, in dessen Bezirk sich die Betriebsstätte mit den meisten Arbeitnehmern befindet. Die Erteilung der zentralen Anrufungsauskunft ist davon abhängig, dass der Arbeitgeber sämtliche Betriebsstättenfinanzämter, das Finanzamt der Geschäftsleitung und erforderlichenfalls die Betriebsstätte mit den meisten Arbeitnehmern angibt und erklärt, für welche Betriebsstätte die Auskunft von Bedeutung ist (§ 42e Sätze 2 bis 4 EStG).

Die in § 42e EStG festgelegte Zentralisierung und Koordinierung von Anrufungsauskünften ist durch die Lohnsteuer-Richtlinien weiter präzisiert worden. Denn nach R 42e Abs. 2 LStR hat das zuständige Finanzamt bei einem Arbeitgeber mit mehreren Betriebsstätten seine Auskunft mit den anderen Betriebsstättenfinanzämtern abzustimmen, soweit es sich um einen Fall von einigem Gewicht handelt und die Auskunft auch für andere Betriebsstätten von Bedeutung ist. Bei Anrufungsauskünften grundsätzlicher Art muss das zuständige Finanzamt die übrigen betroffenen Finanzämter informieren.

Die Ausführungen in den beiden vorstehenden Absätzen sind bei juristischen Personen des öffentlichen Rechts, bei denen die den Arbeitslohn zahlende öffentliche Kasse die Pflichten des Arbeitgebers hat (§ 38 Abs. 3 Satz 2 EStG), sinngemäß anzuwenden.

Sind mehrere selbstständige Arbeitgeber im Sinne des Lohnsteuerrechts unter einer einheitlichen Leitung zusammengefasst **(Konzernunternehmen),** bleibt trotzdem für den einzelnen Arbeitgeber das Betriebsstättenfinanzamt bzw. das Finanzamt der Geschäftsleitung für die Erteilung der Anrufungsauskunft zuständig. Sofern es sich bei einer Anrufungsauskunft um einen Fall von einigem Gewicht handelt und erkennbar ist, dass die Auskunft auch für andere Arbeitgeber des Konzerns von Bedeutung ist oder bereits Entscheidungen anderer Finanzämter vorliegen, ist (insbesondere auf Antrag des Arbeitgebers) die zu erteilende Auskunft mit den übrigen betroffenen Finanzämtern abzustimmen. Dazu informiert das für die Auskunftserteilung zuständige Finanzamt das Finanzamt der Konzernzentrale. Dieses Finanzamt koordiniert daraufhin die Abstimmung mit den Finanzämtern der anderen Arbeitgeber des Konzerns, die von der zu erteilenden Auskunft betroffen sind (R 42e Abs. 3 LStR). Befindet sich die Konzernzentrale im Ausland, ist für die Abstimmung das Finanzamt zuständig, das als erstes mit der Angelegenheit befasst war.

Die vorstehend beschriebene Vorgehensweise hat für die Arbeitgeber den Vorteil, dass unterschiedliche Anrufungsauskünfte von Betriebsstättenfinanzämtern vermieden werden und bereits im Vorfeld eine **Abstimmung der Rechtsauffassung** auf Seiten der Finanzverwaltung stattfindet.

4. Anrufungsauskunft bei der Übernahme von Arbeitgeberpflichten durch einen Dritten

Hat ein Dritter die Pflichten des Arbeitgebers übernommen (vgl. das Stichwort „Lohnsteuerabzug durch einen Dritten“), ist die Anrufungsauskunft beim Betriebsstättenfinanzamt des Dritten zu beantragen (R 42e Abs. 4 LStR). Denn der Dritte hat in diesen Fällen alle Arbeitgeberpflichten zu erfüllen und auch die Lohnsteuer-Außenprüfung wird vom Betriebsstättenfinanzamt des Dritten durchgeführt. Folglich hat auch der Dritte Anspruch auf eine gebührenfreie Anrufungsauskunft (R 42e Abs. 1 Satz 1 LStR).

Die vorstehenden Ausführungen gelten entsprechend, wenn der Dritte die dem Arbeitnehmer in demselben Lohnzahlungszeitraum aus mehreren Arbeitsverhältnissen zufließenden Arbeitslöhne zusammenfasst (vgl. das Stichwort „Lohnsteuerabzug durch einen Dritten“ unter Nr. 3 Buchstabe c). In Fällen von einigem Gewicht hat das Betriebsstättenfinanzamt des Dritten seine Auskunft mit den anderen Betriebsstättenfinanzämtern abzustimmen.

Eine **Haftung** des Arbeitgebers kommt übrigens nur in Betracht, wenn der Dritte die Lohnsteuer für den Arbeitgeber nicht vorschriftsmäßig einbehalten hat. Ein derartiges Fehlverhalten des Dritten liegt jedoch **nicht** vor, wenn dieser beim Lohnsteuerabzug entsprechend einer **Anrufungsauskunft** des Betriebsstättenfinanzamts oder nach den Vorgaben der jeweils zuständigen obersten Finanzbehörden der Länder oder des Bundes **verfahren** ist (BFH-Urteil vom 20.3.2014, BStBl. II S. 592; vgl. vorstehende Nr. 2 Buchstabe c). In solch einem Fall kann **weder** der **Arbeitgeber noch der Dritte** für den unterbliebenen Lohnsteuerabzug in Haftung genommen werden, da es bereits an einer vorschriftswidrigen Einbehaltung und Abführung der Lohnsteuer durch den Dritten fehlt. Auch ein Lohnsteuer-Nachforderungsbescheid gegenüber dem Arbeitnehmer ist aufgrund der Bindungswirkung der Anrufungsauskunft für das Lohnsteuerabzugsverfahren nicht möglich (BFH-Urteil vom 17.10.2013, BStBl. 2014 II S. 892). Die Bindungswirkung der Anrufungsauskunft bezieht sich aber auch in diesem Fall nicht auf das Einkommensteuer-Veranlagungsverfahren des Arbeitnehmers.

5. Verbindliche Zusage

Voraussetzung für die Erteilung einer verbindlichen Zusage nach § 204 AO ist, dass

- ein im Rahmen einer **Lohnsteuer-Außenprüfung** für die Vergangenheit geprüfter Sachverhalt im Prüfungsbericht dargestellt wird; im Anschluss an eine Lohnsteuer-Nachschau ist eine verbindliche Zusage nicht möglich,
- dieser Sachverhalt Auswirkung für die Zukunft hat,

	Lohn-steuer-pflichtig	Sozial-versich.-pflichtig

- der Arbeitgeber die verbindliche Auskunft während der Lohnsteuer-Außenprüfung (oder spätestens im Anschluss daran) beantragt und
- die Kenntnis der künftigen lohnsteuerlichen Behandlung für die weiteren geschäftlichen Maßnahmen des Arbeitgebers von Bedeutung ist.

Eine verbindliche Zusage wird also nur zu bereits **abgeschlossenen Sachverhalten** erteilt, das heißt, dass eine verbindliche Zusage für noch nicht verwirklichte Sachverhalte nicht erteilt werden kann (für diese Fälle bleibt nur die Möglichkeit der Anrufungsauskunft; vgl. aber auch nachfolgende Nr. 6). Im lohnsteuerlichen Bereich kommt eine verbindliche Zusage deshalb nur für folgende Sachverhalte in Betracht:

- Sachverhalte mit **Dauerwirkung** (z. B. Entscheidung der Frage, ob ein Beschäftigter selbstständig oder nichtselbstständig tätig ist),
- **wiederkehrende Sachverhalte** (z. B. Behandlung von Sachbezügen).

Die verbindliche Zusage ist **schriftlich** zu erteilen. Mündlich erteilte Zusagen haben nicht die Bindungswirkung des § 206 AO; das Finanzamt kann jedoch ggf. nach dem Gebot von **Treu und Glauben** an eine mündliche Zusage gebunden sein. Vorbehalte (z. B. vorbehaltlich des Ergebnisses einer Besprechung der obersten Finanzbehörden des Bundes und der Länder) schließen die Bindung aus (BFH-Urteil vom 4.8.1961, BStBl. III S. 562). Die verbindliche Zusage hat den zugrunde gelegten Sachverhalt, die Entscheidungsgründe und die Rechtsvorschriften, auf die sich die Entscheidung stützt, den Zeitraum und die Steuerart, für die sie gilt, sowie notwendige Nebenbestimmungen (§ 120 Abs. 2 AO) zu enthalten. Hinsichtlich des Sachverhalts kann auf den Prüfungsbericht Bezug genommen werden.

Enthält die verbindliche Zusage keine zeitliche Einschränkung, bleibt sie bis zur Aufhebung oder Änderung wirksam. Eine verbindliche Zusage tritt automatisch außer Kraft, wenn die **Rechtsvorschriften geändert** werden, auf denen sie beruht (§ 207 Abs. 1 AO). Ein ausdrücklicher **Widerruf ist** in diesem Fall **nicht erforderlich.** Darüber hinaus kann das Finanzamt die verbindliche Zusage **mit Wirkung für die Zukunft aufheben oder ändern** (§ 207 Abs. 2 AO), z. B. wenn sich die steuerliche Beurteilung des Sachverhalts durch die Rechtsprechung oder die Verwaltungsauffassung zum Nachteil der Beteiligten geändert hat.

Eine verbindliche Zusage gilt übrigens **nicht zuungunsten** des Steuerpflichtigen, wenn sie dem geltenden Steuerrecht nicht entspricht.

6. Antrag auf Erteilung einer verbindlichen Auskunft

Für **noch nicht verwirklichte Sachverhalte** können Arbeitgeber und/oder Arbeitnehmer anstelle einer Anrufungsauskunft auch die Erteilung einer verbindlichen Auskunft beantragen, wenn hierzu im Hinblick auf die erhebliche steuerliche Auswirkung ein besonderes Interesse besteht (§ 89 Abs. 2 AO). Allerdings ist die Beantragung einer verbindlichen Auskunft im Gegensatz zur Anrufungsauskunft **gebührenpflichtig** und wird daher im Lohnsteuerrecht wohl die Ausnahme bleiben. Da allerdings das Finanzamt im Rahmen der Einkommensteuer-Veranlagung des Arbeitnehmers nicht an eine für das Lohnsteuerabzugsverfahren erteilte Anrufungsauskunft gebunden ist, kann es in bedeutsamen Einzelfällen sinnvoll sein, eine verbindliche Auskunft für das Einkommensteuer-Veranlagungsverfahren des Arbeitnehmers zu beantragen. Es sind auch Fälle aufgetreten, bei denen es um die Frage ging, ob der Sachverhalt lohnsteuerliche (Arbeitslohn) oder schenkungsteuerliche Folgen auslöst. Die Bindungswirkung entfällt auch bei einer verbindlichen Auskunft ab dem Zeitpunkt, in dem die Rechtsvorschriften, auf denen sie beruht, aufgehoben oder geändert werden. Eine vom Finanzamt erteilte verbindliche Auskunft entfaltet übrigens keine Bindungswirkung für das Einkommensteuer-Veranlagungsverfahren, wenn sie zuungunsten des Arbeitnehmers rechtswidrig ist.

Auslagenersatz

Gliederung:

1. Allgemeines
2. Abgrenzung des steuerfreien Auslagenersatzes vom steuerpflichtigen Werbungskostenersatz
3. Pauschaler Auslagenersatz
4. Auslagenersatz bei Einzelabrechnung

1. Allgemeines

	Lohn-steuer-pflichtig	Sozial-versich.-pflichtig
Nach § 3 Nr. 50 EStG sind Auslagenersatz und durchlaufende Gelder steuerfrei und damit auch beitragsfrei in der Sozialversicherung.	nein	nein

Die Begriffe „durchlaufende Gelder" und „Auslagenersatz" lassen sich zwar theoretisch voneinander trennen, werden aber praktisch häufig ineinander übergehen. Es handelt sich um Beträge, die ein Arbeitnehmer vom Arbeitgeber erhält,

- um sie für den Arbeitgeber auszugeben (= durchlaufende Gelder) oder
- weil er sie für den Arbeitgeber ausgegeben hat (= Auslagenersatz).

Der Auslagenersatz gilt also solche Aufwendungen des Arbeitnehmers ab, die dieser in der Vergangenheit für den Arbeitgeber gemacht hat, während durchlaufende Gelder für zukünftige Aufwendungen verwendet werden sollen. Sowohl beim Auslagenersatz als auch bei den durchlaufenden Geldern müssen die **Zwecke des Arbeitgebers** im Vordergrund stehen. Der Arbeitnehmer muss als Bote oder Vertreter des Arbeitgebers handeln und die durchlaufenden Gelder als fremde Gelder (Vorschüsse) im Sinne der §§ 669, 667 BGB behandeln. Der Auslagenersatz muss für den Arbeitnehmer ein Ersatz bereits verauslagter Gelder im Sinne von §§ 670, 675 BGB sein. Besteht auch ein **eigenes Interesse des Arbeitnehmers** an den mit den Aufwendungen bezogenen Waren oder Dienstleistungen, liegt kein steuerfreier Auslagenersatz (oder steuerfreie durchlaufende Gelder) vor. Von einem eigenen Interesse des Arbeitnehmers an den bezogenen Waren oder Dienstleistungen ist auszugehen, wenn sie für den privaten Gebrauch des Arbeitnehmers bestimmt sind.

Beispiel

Arbeitnehmer B erhält von seinem Arbeitgeber A die Erlaubnis, sich anlässlich seines Geburtstags in einer Buchhandlung Bücher im Wert von bis zu 50 € selbst auszusuchen. Den Betrag erhält B anschließend von A gegen Vorlage der Quittung erstattet.

Es handelt sich nicht um einen steuerfreien Auslagenersatz, da die Bücher für den privaten Gebrauch des A bestimmt sind und er somit ein eigenes Interesse an den bezogenen Waren hat. Es liegt auch keine steuerfreie Aufmerksamkeit vor, da eine nachträgliche Kostenerstattung des Arbeitgebers zu Barlohn und nicht zu Sachlohn führt. Die Erstattung des Betrags von 50 € durch B an A ist daher steuer- und beitragspflichtig.

Durchlaufende Gelder und Auslagenersatz müssen immer zusätzlich gezahlt werden, da sie ihrem Wesen nach keinen Arbeitslohn darstellen und daher auch keinen anderen Arbeitslohn ersetzen können. Eine **Gehaltsumwandlung** (vgl. dieses Stichwort) kommt daher bei diesem **einzeln abgerechneten Auslagenersatz nicht in Betracht** (R 3.50 Abs. 1 Sätze 4 und 5 LStR). Zur Gehaltsumwandlung beim pauschalen Auslagenersatz vgl. nachfolgende Nr. 3.

2. Abgrenzung des steuerfreien Auslagenersatzes vom steuerpflichtigen Werbungskostenersatz

Vom Auslagenersatz zu unterscheiden ist der sog. **Werbungskostenersatz** durch den Arbeitgeber. Der Werbungskostenersatz gehört steuersystematisch stets zum steuerpflichtigen Arbeitslohn; der Arbeitnehmer kann in entsprechender Höhe Werbungskosten geltend machen. Aus Vereinfachungsgründen wurden beide Vorgänge früher oft zusammengefasst und bereits die Einnahmen steuerfrei gelassen. Seit 1.1.1990 muss hier eine klare Trennung zwischen steuerpflichtigem Werbungskosten**ersatz** durch den Arbeitgeber und dem Werbungskosten**abzug** durch den Arbeitnehmer erfolgen. Denn ohne ausdrückliche **gesetzliche Befreiungsvorschrift** ist seit 1.1.1990 ein steuerfreier Werbungskostenersatz durch den Arbeitgeber nicht mehr möglich (R 19.3 Abs. 3 Satz 1 LStR). Zwar erwähnt der Bundesfinanzhof auch in seiner neueren Rechtsprechung immer wieder mal die Möglichkeit der Saldierung von Arbeitslohn und Werbungskosten. Die Fallgestaltungen betreffen jedoch stets die Einkommensteuer-Veranlagung der Arbeitnehmer und nicht das Lohnsteuerabzugsverfahren. Im **Lohnsteuerabzugsverfahren** durch den Arbeitgeber ist eine solche **Saldierung nicht zulässig** (vgl. auch die Erläuterungen beim Stichwort „Unfallversicherung" unter Nr. 8 Buchstabe b). Der Auslegung des Begriffs „Auslagenersatz" kommt deshalb erhöhte Bedeutung zu. Dabei ist zu beachten, dass ein Werbungskostenersatz, wie vielfach fälschlich angenommen wird, nicht dadurch zum Auslagenersatz wird, dass eine Betriebs- oder individuelle Arbeitsvereinbarung diese Kosten dem Arbeitgeber zuweist. Solche Vereinbarungen reichen nicht aus, ein vorhandenes Interesse des Arbeitnehmers an der Übernahme dieser Ausgaben durch den Arbeitgeber zu beseitigen, wie dies z. B. beim Ersatz von Aufwendungen für eine doppelte Haushaltsführung, bei Fahrten zwischen Wohnung und erster Tätigkeitsstätte und auch bei Arbeitsmitteln, die in das Eigentum des Arbeitnehmers übergehen, der Fall ist. Soweit in diesen Fällen nicht eine spezielle gesetzliche Vorschrift vorhanden ist, die den Arbeitgeberersatz steuerfrei stellt, handelt es sich um steuerpflichtigen Arbeitslohn.

Der Bundesfinanzhof bejaht allerdings das Vorliegen von steuerfreiem Auslagenersatz, wenn der Arbeitgeber aufgrund einer **tarifvertraglichen Verpflichtung** den bei ihm als Orchestermusikern beschäftigten Arbeitnehmern die Kosten für die Instandsetzung der den Arbeitnehmern gehörenden Musikinstrumente ersetzt (BFH-Urteil vom 28.3.2006, BStBl. II S. 473). Zwar sei es grundsätzlich Sache der Arbeitnehmer als Eigentümer der beruflich genutzten Musikinstrumente, sich um die erforderlichen Instandhaltungen und Reparaturen zu kümmern und auch die hierfür anfallenden Kosten zu tragen. Wegen der tarifvertraglichen Regelung war der Arbeitgeber aber im Urteilsfall verpflichtet, den Arbeitnehmern die als erforderlich nachgewiesenen Reparaturkosten zu ersetzen. Das Risiko des Entstehens von Reparaturkosten lag daher beim Arbeitgeber und der Ersatz war keine Leistung mit Entlohnungscharakter. Außerdem dienten die Aufwendungen der Arbeitsausführung und führten nicht zu einer Bereicherung der Arbeitnehmer. Das Urteil ist aber u. E. nicht auf alle anderen tarifvertraglichen Regelungen (z. B. für Reisekosten) übertragbar, sondern nur auf ähnlich gelagerte Sachverhalte im Grenzbereich des Auslagenersatzes (vgl. das Stichwort „Führungszeugnis"). Im Übrigen ist zu beachten, dass eine Betriebs- oder individuelle Arbeitsvereinbarung, die bestimmte Kosten dem Arbeitgeber zuweist, ohnehin nicht ausreicht, um einen steuerfreien Auslagenersatz zu begründen.

Von steuerfreiem Auslagenersatz ist aber selbstverständlich auszugehen, wenn der Arbeitgeber dem Arbeitnehmer die Aufwendungen aufgrund einer **gesetzlichen Verpflichtung** ersetzt (vgl. z. B. § 9 Abs. 6 Satz 2 Mutterschutzgesetz).

Die Auffassung, dass ein Werbungskostenersatz durch den Arbeitgeber ohne ausdrückliche gesetzliche Befreiungsvorschrift zum steuerpflichtigen Arbeitslohn gehört, wurde in R 19.3 Abs. 3 Satz 1 LStR klar herausgestellt. Nachdem ein steuerfreier Werbungskostensatz nicht mehr möglich ist, wird häufig eine Einordnung der Aufwendungen unter den Begriff „Auslagenersatz" angestrebt. Denn eine Einordnung von Aufwendungen, die begrifflich zu den Werbungskosten gehören, unter den steuerfreien Auslagenersatz wäre dann denkbar, wenn es sich um Aufwand handelt, der in den **alleinigen Verantwortungsbereich des Arbeitgebers** fällt, der Arbeitnehmer also hieran keinerlei eigenes Interesse hat. Deshalb ist es bei der Anwendung der für den Auslagenersatz geltenden Befreiungsvorschrift des § 3 Nr. 50 EStG oft umstritten, inwieweit bei Ersatzleistungen des Arbeitgebers auch ein eigenes Interesse des Arbeitnehmers vorhanden ist. Denn nur dann, wenn **kein eigenes Interesse des Arbeitnehmers** vorhanden ist, liegt steuerfreier Auslagenersatz vor. Dies zeigt sich besonders deutlich beim Ersatz von Kontoführungsgebühren durch den Arbeitgeber. Die Finanzverwaltung geht in diesem Fall nämlich davon aus, dass der Ersatz der Kontoführungsgebühren auch im Interesse des Arbeitnehmers erfolgt, da heute jeder Arbeitnehmer ohnehin ein eigenes Konto einrichten würde. Der Ersatz von Kontoführungsgebühren durch den Arbeitgeber ist deshalb steuerpflichtiger Arbeitslohn (R 19.3 Abs. 3 Satz 2 Nr. 1 LStR). Siehe auch das Stichwort „Kontoführungsgebühren". Gerade am Beispiel der Kontoführungsgebühren zeigt es sich deutlich, dass bei Ersatzleistungen des Arbeitgebers, an denen auch ein **eigenes Interesse des Arbeitnehmers** besteht, nur in Ausnahmefällen unter Würdigung der gesamten Umstände des Einzelfalles steuerfreier Auslagenersatz angenommen werden kann. Dies gilt umso mehr, wenn es sich um pauschale Ersatzleistungen des Arbeitgebers handelt (vgl. hierzu nachfolgende Nr. 3).

3. Pauschaler Auslagenersatz

Voraussetzung für die Steuerfreiheit von Auslagenersatz nach § 3 Nr. 50 EStG ist im Grundsatz eine Einzelabrechnung zwischen dem Arbeitnehmer und dem Arbeitgeber. **Pauschaler** Auslagenersatz ist nur dann steuerfrei, wenn er **regelmäßig wiederkehrt** und der Arbeitnehmer die entstandenen Aufwendungen für einen **repräsentativen** Zeitraum von **drei Monaten** im Einzelnen nachweist (R 3.50 Abs. 2 Satz 2 LStR). Aufgrund dieses Nachweises bleibt dann der pauschale Auslagenersatz grundsätzlich so lange steuerfrei, bis sich die Verhältnisse **wesentlich** ändern. Eine wesentliche Änderung kann sich insbesondere im Zusammenhang mit einer Änderung der Berufstätigkeit ergeben. Aus Vereinfachungsgründen ist ein pauschaler Auslagenersatz auch für das **elektrische Aufladen** für einen vom Arbeitgeber zur Verfügung gestellten **Firmenwagen** (Elektrofahrzeug und Hybridelektrofahrzeug) zu Hause beim Arbeitnehmer möglich (vgl. hierzu die Ausführungen und Beispiele beim Stichwort „Elektrofahrzeuge" unter Nr. 1 Buchstabe d und e). Vgl. zum pauschalen Auslagenersatz auch das Stichwort „Telefonkosten" unter Nr. 2.

Im Gegensatz zum einzeln abgerechneten Auslagenersatz (vgl. nachfolgende Nr. 4) kann beim pauschalen Auslagenersatz auch eine **Gehaltsumwandlung** (vgl. dieses Stichwort) von bisher steuerpflichtigem in steuerfreien Arbeitslohn in Betracht kommen. Der repräsentative Nachweis für einen Zeitraum von drei Monaten muss in diesem Fall aber bereits vor der Änderung des Arbeitsvertrags geführt werden. Zur Anerkennung dieser Gehaltsumwandlung im Sozialversicherungsrecht vgl. das Stichwort „Gehaltsumwandlung" unter Nr. 2 Buchstabe b.

Beispiel

Der Arbeitnehmer wandelt im Voraus monatlich 20 € zugunsten einer steuerfreien Erstattung von Reinigungskosten für seine Berufskleidung um, die ihm vom Arbeitgeber zur Verfügung gestellt worden ist.

Lohnsteuerpflichtig | Sozialversich.-pflichtig

Pauschale Leistungen für die Reinigung von Arbeitskleidung sind grundsätzlich kein Auslagenersatz und keine durchlaufenden Gelder. Insoweit mangelt es am Einzelnachweis. Etwas anderes kann nur dann gelten, wenn der pauschale Auslagenersatz regelmäßig wiederkehrt und der Arbeitnehmer die entstandenen Aufwendungen für die Reinigung **arbeitgebereigener** Berufskleidung für einen repräsentativen Zeitraum von drei Monaten im Einzelnen nachweist (R 3.50 Abs. 2 LStR).

4. Auslagenersatz bei Einzelabrechnung

Liegt kein pauschaler Auslagenersatz vor, sondern eine Einzelabrechnung der vom Arbeitnehmer verauslagten Beträge, gilt Folgendes:

Der Ersatz von Auslagen aufgrund von **Einzelnachweisen** für Aufwendungen, die nur im Interesse des Arbeitgebers (ohne eigenes Interesse des Arbeitnehmers) gemacht werden, bleibt steuerfrei. nein nein

Das gilt z. B. für die Bezahlung einer Rechnung für ein **Geschenk** an einen Kunden im Auftrag des Arbeitgebers. nein nein

Der Arbeitgeber kann den Auslagenersatz nur dann als Betriebsausgabe abziehen, wenn der Wert des einzelnen Geschenks die Freigrenze von 35 € nicht übersteigt. Zur Pauschalierung der Einkommensteuer bei Sachzuwendungen an Geschäftsfreunde vgl. das Stichwort „Pauschalierung der Lohnsteuer für Belohnungsessen, Incentive-Reisen, VIP-Logen und ähnliche Sachbezüge" unter Nr. 3.

Bei der **Bewirtung** von Geschäftsfreunden des Arbeitgebers durch den Arbeitnehmer handelt es sich ebenfalls um steuerfreien Auslagenersatz (vgl. „Bewirtungskosten" Nrn. 2 und 3). nein nein

Der Ersatz von Gebühren für berufliche **Telefongespräche,** die der Arbeitnehmer für den Arbeitgeber außerhalb des Betriebs führt (z. B. vom Privattelefon des Arbeitnehmers in dessen Wohnung), ist in Höhe des Einzelnachweises oder ohne Einzelnachweis in Höhe von bis zu 20 % des Rechnungsbetrags, höchstens jedoch 20 € monatlich als Auslagenersatz steuerfrei (vgl. „Telefonkosten" unter Nr. 2). nein nein

Ersetzt der Arbeitgeber dem Arbeitnehmer die Aufwendungen für die Einrichtung und Ausstattung eines häuslichen **Arbeitszimmers,** ist dieser Arbeitgeberersatz nicht als Auslagenersatz steuerfrei, sondern als Werbungskostenersatz steuer- und beitragspflichtig (vgl. die Stichworte „Arbeitszimmer" und „Telearbeitsplatz"). ja ja

Bei den ersetzten **Betriebskosten** für die eingesetzten **Arbeitsmittel** kann es sich aber um steuerfreien Auslagenersatz handeln. nein nein

Ein **pauschales Futtergeld für Wachhunde** von z. B. 2,50 € täglich ist ebenfalls kein steuerfreier Auslagenersatz, sondern steuer- und beitragspflichtiger Arbeitslohn (vgl. „Hundegeld"). ja ja

Ein pauschaler Auslagenersatz ist dann möglich, wenn die Aufwendungen für den Wachhund des Arbeitgebers für einen repräsentativen Zeitraum von drei Monaten im Einzelnen nachgewiesen werden (vgl. vorstehende Nr. 3). nein nein

Steuerfreier Auslagenersatz ist auch anzunehmen, wenn der Arbeitgeber aufgrund einer **tarifvertraglichen Verpflichtung** die Kosten der Instandsetzung der den Arbeitnehmern gehörenden Musikinstrumente ersetzt (BFH-Urteil vom 28.3.2006, BStBl. II S. 473). nein nein

Steuerfreier Auslagenersatz kann auch dann vorliegen, wenn der Arbeitnehmer den Firmenwagen ausschließlich im Interesse des Arbeitgebers in einer angemieteten **Garage** unterstellt und der Arbeitgeber dem Arbeitnehmer die anfallende **Miete** erstattet (vgl. „Garagengeld" besonders unter Nrn. 2 und 3). nein nein

Ebenfalls steuerfreier Auslagenersatz liegt vor, wenn der Arbeitgeber vom Arbeitnehmer in Zusammenhang mit der Nutzung eines **Firmenwagens** getragene Kosten (z. B. **Benzinkosten**) ersetzt. nein nein

Ein sog. **Wäschegeld** für die Reinigung der vom Arbeitgeber gestellten Arbeitskleidung ist als Auslagenersatz steuerfrei (vgl. „Wäschegeld"). nein nein

Übernimmt der Arbeitgeber ohne tarifvertragliche Verpflichtung die **Kosten** für **Führungszeugnisse** der Arbeitnehmer, handelt es sich um steuerpflichtigen Werbungskostenersatz (Arbeitslohn und Werbungskosten; vgl. „Führungszeugnis"). ja ja

Die Kosten für Zeugnisse und **Bescheinigungen,** die eine schwangere oder stillende Frau auf Verlangen des Arbeitgebers vorzulegen hat, hat nach den gesetzlichen Regelungen im **Mutterschutzgesetz** der Arbeitgeber zu tragen (§ 9 Abs. 6 Satz 2 Mutterschutzgesetz). Mithin handelt es sich um steuerfreien Auslagenersatz, wenn der Arbeitnehmer die Kosten für den Arbeitgeber zunächst verauslagt hat. nein nein

Durchlaufende Gelder und Auslagenersatz müssen immer zusätzlich gezahlt werden, da sie ihrem Wesen nach keinen Arbeitslohn darstellen und daher auch keinen anderen Arbeitslohn ersetzen können. Eine **Gehaltsumwandlung** kommt daher bei diesem **einzeln abgerechneten Auslagenersatz nicht in Betracht** (R 3.50 Abs. 1 Sätze 4 und 5 LStR).

Ausländische Arbeitgeber

siehe Teil A unter Nr. 2 und „Arbeitnehmerüberlassung"

Ausländische Arbeitnehmer

siehe „Beschränkt steuerpflichtige Arbeitnehmer", „Einstrahlung", „Gastarbeiter", „Grenzgänger"

Ausländische Diplomaten und Konsularbeamte

siehe „Persönliche Lohnsteuerbefreiungen"

Ausländische Praktikanten

Die lohnsteuerliche Behandlung richtet sich nach den beim Stichwort „Ausländische Studenten" unter den Nrn. 1 bis 5 dargestellten Grundsätzen.

Zur Sozialversicherung vgl. die Stichworte „Ausländische Studenten" unter Nr. 6 und „Praktikanten".

Ausländischer Arbeitslohn

Lohnzahlungen in einer gängigen ausländischen Währung sind Einnahmen in Geld und kein Sachbezug. Sie sind bei Zufluss des Arbeitslohns anhand der von der Europäischen Zentralbank veröffentlichten monatlichen Durchschnittsreferenzkurse umzurechnen, die den von der Finanzverwaltung im Bundessteuerblatt veröffentlichten monatlichen Umsatzsteuer-Umrechnungskursen entsprechen (BFH-Urteil vom 3.12.2009, BStBl. 2010 II S. 698).[1)]

1) Randnummer 266 des BMF-Schreibens vom 3.5.2018 (BStBl. I S. 643). Das BMF-Schreiben ist als Anlage 2 zu H 39b.10 LStR im **Steuerhandbuch für das Lohnbüro 2021** abgedruckt, das im selben Verlag erschienen ist.

Lohn- steuer- pflichtig | Sozial- versich.- pflichtig

Ausländische Streitkräfte

Wegen der steuerlichen Behandlung der Angehörigen und Bediensteten ausländischer Streitkräfte siehe „Persönliche Lohnsteuerbefreiungen".

Ausländische Studenten

Gliederung:

1. Allgemeines
2. Lohnsteuerfreiheit nach einem Doppelbesteuerungsabkommen
   a) Allgemeines
   b) Ausbildungsbezogene Tätigkeit
   c) Dauer der Tätigkeit
   d) Höhe der Vergütung
3. Freistellungsbescheinigung
4. Anwendung der 183-Tage-Regelung auf ausländische Studenten
5. Übersicht über die Doppelbesteuerungsabkommen, die eine Studentenregelung enthalten
6. Sozialversicherung

1. Allgemeines

Für ausländische Studenten gilt der allgemeine Grundsatz, dass bei Anwendung der **Steuerklasse I** eine Lohnsteuer erst dann anfällt, wenn die in den Lohnsteuertarif eingearbeiteten Freibeträge überschritten werden (vgl. das Stichwort **„Tarifaufbau"** besonders unter Nr. 7). Der Betrag, bis zu dem bei Anwendung der Steuerklasse I keine Lohnsteuer anfällt, beträgt:

2018	2019	2020	2021
1 029 €	**1 051 €**	**1 081 €**	**1 121 €**

Seit 2009 wird bei beschränkt Steuerpflichtigen das zu versteuernde Einkommen grundsätzlich um den Grundfreibetrag erhöht. Mit anderen Worten: Beschränkt Steuerpflichtigen wird seitdem kein Grundfreibetrag mehr gewährt. Diese einschneidende Änderung gilt jedoch grundsätzlich nicht für beschränkt steuerpflichtige Arbeitnehmer (§ 50 Abs. 1 Satz 2 EStG).[1]

Bleibt der Monatslohn eines ausländischen Studenten oder Praktikanten also unter den zuvor genannten Beträgen, bedarf es keiner Sonderregelung, damit Steuerfreiheit eintritt. Denn dieser Betrag ist bereits bei Anwendung der Steuerklasse I steuerfrei. Die Steuerklasse I wird für den ausländischen Studenten grundsätzlich unabhängig davon gebildet, ob er unbeschränkt oder beschränkt steuerpflichtig ist. Unbeschränkt steuerpflichtig ist der ausländische Student erst dann, wenn er sich länger als sechs Monate in Deutschland aufhält. Bei einem Aufenthalt von nicht länger als sechs Monaten ist er nur beschränkt steuerpflichtig. In der Regel stellt das Finanzamt unabhängig von der Art der Steuerpflicht wegen der fehlenden Identifikationsnummer eine Lohnsteuerabzugsbescheinigung aus.

Bei höheren Monatslöhnen richtet sich die Beantwortung der Frage, ob ein ausländischer Student oder Praktikant für den in Deutschland erzielten Arbeitslohn Lohnsteuer zahlen muss oder nicht, ausschließlich nach dem jeweiligen Doppelbesteuerungsabkommen (DBA). Kommt der ausländische Student aus einem Land, mit dem die Bundesrepublik Deutschland kein Doppelbesteuerungsabkommen abgeschlossen hat, richtet sich der Lohnsteuerabzug nach den allgemein für ausländische Arbeitnehmer geltenden Grundsätzen. Hiernach ergibt sich folgende Übersicht:

Ausländische Studenten oder Praktikanten
werden in Deutschland für eine deutsche Firma tätig

- **Steuerfreiheit** nach DBA liegt vor
  - Betriebsstättenfinanzamt erteilt eine **Freistellungsbescheinigung,** die zum Lohnkonto zu nehmen ist
- **keine** Steuerfreiheit nach DBA
  - **Lohnsteuerabzug** ist vorzunehmen
    - bei unbeschränkter Steuerpflicht nach den **bekannten Lohnsteuerabzugsmerkmalen**[2]
    - bei beschränkter Steuerpflicht nach den Merkmalen der **Lohnsteuerabzugsbescheinigung,** die vom Betriebsstättenfinanzamt jährlich ausgestellt wird[3]
  - **oder Pauschalierung der Lohnsteuer** nach den Vorschriften für Aushilfskräfte und Teilzeitbeschäftigte (vgl. dieses Stichwort)

Im Einzelnen gilt bei der Beschäftigung von ausländischen Studenten oder Praktikanten Folgendes:

2. Lohnsteuerfreiheit nach einem Doppelbesteuerungsabkommen

a) Allgemeines

Bei der Beschäftigung eines ausländischen Studenten oder Praktikanten ist stets zu prüfen, ob er aus einem Land kommt, mit dem die Bundesrepublik Deutschland ein Doppelbesteuerungsabkommen abgeschlossen hat, das eine **Sonderregelung für diesen Personenkreis** enthält (vgl. die unter der nachfolgenden Nr. 5 abgedruckte Übersicht über die Doppelbesteuerungsabkommen, die eine Sonderregelung für Studenten enthalten).

Besteht ein Doppelbesteuerungsabkommen, richtet sich die Steuerpflicht oder -befreiung ausschließlich nach den Vorschriften dieses Doppelbesteuerungsabkommens. Die in den einzelnen Doppelbesteuerungsabkommen geregelten Steuerbefreiungen für Studenten (und vergleichbare Personen in Ausbildung) sind sehr unterschiedlich. Die wesentlichen Abgrenzungskriterien sind

- **ausbildungsbezogene** Tätigkeit (das muss nicht zwingend das Studium selbst sein),
- Dauer der Tätigkeit und
- Höhe des Arbeitslohns.

b) Ausbildungsbezogene Tätigkeit

Die für Studenten und Praktikanten geltenden Sonderregelungen in den einzelnen Doppelbesteuerungsabkommen fordern für die Steuerfreiheit im Normalfall, dass die in Deutschland ausgeübte Tätigkeit eine Beziehung zum Studienfach haben muss. Es gibt jedoch abweichend hiervon auch Doppelbesteuerungsabkommen, bei denen

1) Die Regelung des § 50 Abs. 1 Satz 2 EStG wirkt sich allerdings bei Arbeitnehmern mit geringen Einkünften aus nichtselbstständiger Arbeit (unterhalb des Grundfreibetrags) und anderen inländischen Einkünften aus einer anderen Einkunftsart nachteilig aus.

2) In der Regel stellt das Wohnsitzfinanzamt auch in diesem Fall wegen der fehlenden Identifikationsnummer eine Lohnsteuerabzugsbescheinigung aus (vgl. dieses Stichwort unter Nr. 2).

3) Wegen der fehlenden Identifikationsnummer wird eine Teilnahme am ELStAM-Verfahren selbst in den sog. „Standardfällen" (Steuerklasse I ohne Freibetrag) in den meisten Fällen nicht in Betracht kommen. Zur grundsätzlichen Einbeziehung von beschränkt steuerpflichtigen Arbeitnehmern in das ELStAM-Verfahren vgl. „Beschränkt steuerpflichtige Arbeitnehmer".

Lohn-steuer-pflichtig	Sozial-versich.-pflichtig

es nicht auf die Ausbildungsbezogenheit der in Deutschland ausgeübten Tätigkeit ankommt. Auch andere Tätigkeiten der Studenten im Inland (z. B. als Taxifahrer oder Kellner) sind dann steuerfrei. Solche Ausnahmen sind jedoch selten. Häufiger sind dagegen Sonderregelungen in Doppelbesteuerungsabkommen (z. B. mit Frankreich), die verschärfend fordern, dass es sich bei der ausbildungsbezogenen Tätigkeit um ein **notwendiges** Praktikum handeln muss. Studenten aus diesen Ländern müssen also nachweisen, dass die im Inland ausgeübte Tätigkeit für ihr Studium notwendig ist; tun sie dies nicht, tritt Steuerpflicht ein.

Beispiel

Ein Student kommt aus einem Land, mit dem ein Doppelbesteuerungsabkommen besteht, das eine ausbildungsbezogene Tätigkeit voraussetzt, damit Steuerfreiheit eintritt. Der Student übt vom 1. 5.–30. 9. 2021 eine Tätigkeit in München aus, die für sein Studium notwendig ist. Der Monatslohn beträgt 1600 €. Der Monatslohn in Höhe von 1600 € ist steuerfrei.

Kann der Student den Nachweis nicht erbringen, dass die ausgeübte Tätigkeit für sein Studium notwendig ist, tritt Steuerpflicht ein, das heißt es gelten die allgemein für beschränkt steuerpflichtige Arbeitnehmer anzuwendenden Vorschriften (= Lohnsteuerabzug nach Steuerklasse I aufgrund vorliegender Lohnsteuerabzugsbescheinigung). Nach Ablauf des Kalenderjahres kann sich der Student auf Antrag nach § 50 Abs. 2 Satz 2 Nr. 4 Buchstabe b i. V. m. § 50 Abs. 2 Satz 7 EStG veranlagen lassen, wenn das Land aus dem er kommt zu den EU/EWR-Mitgliedstaaten gehört (vgl. das Stichwort „Beschränkt steuerpflichtige Arbeitnehmer“ unter Nr. 18). Bei dieser Veranlagung wird die **Jahrestabelle** angewendet, sodass es zu einer teilweisen oder gar vollständigen Erstattung der einbehaltenen Lohnsteuer kommen kann. Bei der Einkommensteuer-Veranlagung 2021 des Studenten ergibt sich Folgendes:

1600 € × 5 Monate =		8 000,– €
abzüglich:		
Arbeitnehmer-Pauschbetrag 5/12	417,– €	
Vorsorgeaufwendungen[1]	625,– €	
Sonderausgaben-Pauschbetrag 5/12	15,– €	1 057,– €
zu versteuerndes Einkommen		6 943,– €
Zuzüglich Betrag nach § 50 Abs. 1 Satz 2 EStG[2] (Grundfreibetrag 9744 € abzüglich 6943 € =)		2 801,– €
„zu versteuerndes Einkommen neu“		9 744,– €
Steuer lt. Grundtabelle 2021		0,– €

Die einbehaltene Lohnsteuer in Höhe von (5 × 79,41 € =) 397,05 € wird in voller Höhe erstattet. Wegen der zu beachtenden Freigrenze (monatliche Lohnsteuer bis 1413 €) fällt kein Solidaritätszuschlag an (vgl. das Stichwort „Solidaritätszuschlag“ unter Nr. 2)

c) Dauer der Tätigkeit

Die für die Steuerfreiheit höchstens zulässige Aufenthaltsdauer in Deutschland ist in den einzelnen Doppelbesteuerungsabkommen – ebenso wie das Merkmal der Ausbildungsbezogenheit – unterschiedlich geregelt. Nach einigen Doppelbesteuerungsabkommen (z. B. mit Finnland, Frankreich) darf sich der Student oder Praktikant höchstens 183 Tage in Deutschland aufhalten. Nach anderen DBAs (z. B. mit Portugal, USA) kann die zulässige Aufenthaltsdauer mehrere Jahre betragen (z. B. nach dem DBA mit Portugal drei Jahre).

d) Höhe der Vergütung

Auch die für die Steuerfreiheit höchstzulässige Vergütung ist in den einzelnen Doppelbesteuerungsabkommen unterschiedlich geregelt. Es gibt DBAs, die keine Begrenzung vorsehen (z. B. Finnland). In diesen Fällen beurteilt sich die Steuerfreiheit nur nach den Merkmalen der Ausbildungsbezogenheit und/oder der Dauer des Aufenthalts.

Beispiel

Ein Student aus Finnland ist vom 1. 6.–30. 9. 2021 bei einer Firma in München beschäftigt. Sein Monatslohn für eine ausbildungsbezogene Tätigkeit beträgt 1800 €. Da es nach dem Doppelbesteuerungsabkommen mit Finnland auf die Höhe des Arbeitslohns nicht ankommt, ist der Arbeitslohn von monatlich 1800 € in voller Höhe steuerfrei.

Lohn-steuer-pflichtig	Sozial-versich.-pflichtig

In anderen Fällen ist die Höhe der für die Steuerfreiheit zulässigen Vergütung im jeweiligen Doppelbesteuerungsabkommen genau festgelegt (z. B. im DBA mit den USA auf den Gegenwert von 9000 US-Dollar im Kalenderjahr). Die in den Doppelbesteuerungsabkommen zur Höhe der unschädlichen Vergütung enthaltenden Sonderregelungen gehen allerdings ins Leere, wenn sie einen niedrigeren Höchstbetrag als den bei Anwendung der Steuerklasse I ohnehin steuerfrei bleibenden Betrag enthalten. Die bei Anwendung der Steuerklasse I steuerfrei bleibenden Arbeitslöhne (vgl. das Stichwort „Tarifaufbau“) betragen

	2021
monatlich	1 121 €
im 183-Tage-Zeitraum	6 726 €
im Kalenderjahr	13 452 €

In den Doppelbesteuerungsabkommen ist in aller Regel ein niedrigerer Betrag als Nebenverdienstgrenze für Studenten und Auszubildende festgesetzt worden, als bei Anwendung der Steuerklasse I ohnehin steuerfrei bleibt. Die in den einzelnen Doppelbesteuerungsabkommen festgelegten Verdienstgrenzen wurden durch BMF-Schreiben vom 16.3.2001 (BStBl. I S. 204)[3] auf Euro umgestellt. Aufgrund einer Änderung des jeweiligen Doppelbesteuerungsabkommens oder eines Zusatzprotokolls können sich aber zwischenzeitlich Betragsänderungen ergeben haben.

Es gibt aber auch Fälle, in denen ein ausländischer Student oder Praktikant mehrere gering entlohnte Arbeitsverhältnisse nebeneinander hat. In diesen Fällen ist zu prüfen, ob bei dem einen Arbeitsverhältnis eine Freistellung nach dem DBA möglich ist, während der Arbeitslohn aus dem anderen Arbeitsverhältnis nach der Steuerklasse I besteuert wird. Hierzu gilt Folgendes:

Zahlreiche Doppelbesteuerungsabkommen enthalten eine Regelung, die den Arbeitslohn für eine im Gastland während eines begrenzten Zeitraums ausgeübte nichtselbstständige Arbeit dann steuerfrei stellt, wenn durch diese Tätigkeit die Mittel für den Unterhalt und die Ausbildung aufgebessert werden sollen. Deshalb wird in den Doppelbesteuerungsabkommen auch die Bezeichnung „Nebenverdienstgrenze“ verwendet. Das bedeutet, dass die Steuerfreiheit entfällt, soweit die Vergütungen für die nichtselbstständige Nebentätigkeit den im Doppelbesteuerungsabkommen festgelegten Betrag im Kalenderjahr übersteigen. Hierbei handelt es sich um einen **Freibetrag.** Da die Steuerbefreiung für Studenten und Praktikanten nach einem Doppelbesteuerungsabkommen eine eigenständige Steuerbefreiungsvorschrift ist, die als spezielle Norm den allgemeinen Regelungen für den Lohnsteuerabzug vorgeht, treten neben den Freibetrag des betreffenden Doppelbesteuerungsabkommens zusätzlich noch die in den Lohnsteuertarif eingearbeiteten Tariffreibeträge. Das bedeutet, dass eine weitere Nebentätigkeit nach der Steuerklasse I besteuert werden kann.

3. Freistellungsbescheinigung

Beschäftigt ein Arbeitgeber ausländische Studenten oder Praktikanten, braucht sich der Arbeitgeber nicht mit den schwierigen Sonderregelungen der einzelnen Doppelbesteuerungsabkommen befassen. Er kann vielmehr bei der Arbeitgeberstelle des Finanzamts, an das er seine Lohnsteuer abführt (= Betriebsstättenfinanzamt), eine sog.

1) Es besteht nur Rentenversicherungspflicht (vgl. nachfolgende Nr. 6). Aus Vereinfachungsgründen wurde der Betrag in Höhe der Vorsorgepauschale (vgl. Anhang 8) angesetzt: 8000 € × 9,3 % = 744 € × 84 % = 625 €.

2) Die Regelung des § 50 Abs. 1 Satz 2 EStG wirkt sich bei Arbeitnehmern mit geringen Einkünften aus nichtselbstständiger Arbeit (unterhalb des Grundfreibetrags) und anderen inländischen Einkünften aus einer anderen Einkunftsart nachteilig aus.

3) Das BMF-Schreiben ist als Anlage 5 zu H 39b.10 LStR im **Steuerhandbuch für das Lohnbüro 2021** abgedruckt, das im selben Verlag erschienen ist.

Lohn- steuer- pflichtig | Sozial- versich.- pflichtig

Freistellungsbescheinigung beantragen. Der Vordruck ist im Internet unter www.bundesfinanzministerium.de/Service/Formulare/Formular-Management-System/Formularcenter/Steuerformulare/Lohnsteuer (Arbeitnehmer), Vordruck Nr. 55, abrufbar. Der Arbeitgeber kann die Ausstellung der Bescheinigung auch im Auftrag des ausländischen Studenten bei seinem Betriebsstättenfinanzamt beantragen, wenn der Student hierzu – z. B. wegen der damit verbundenen Sprachschwierigkeiten – nicht in der Lage ist. Dem Antrag sind Unterlagen über die Zugehörigkeit zu dem begünstigten Personenkreis beizufügen (z. B. Studentenausweis) und ggf. Unterlagen, dass es sich um ein **notwendiges** Praktikum handelt. Der Arbeitgeber darf den Lohnsteuerabzug nur unterlassen, wenn ihm eine solche Bescheinigung vorgelegt wird. Er muss die Freistellungsbescheinigung des Finanzamts als Unterlage zum Lohnkonto aufbewahren.[1]

4. Anwendung der 183-Tage-Regelung auf ausländische Studenten

Vielfach wird auch die Auffassung vertreten, dass ein Student, der aus einem Land kommt, mit dem ein Doppelbesteuerungsabkommen besteht und der in der Bundesrepublik Deutschland nicht mehr als 183 Tage tätig ist, bereits aufgrund der in den Doppelbesteuerungsabkommen enthaltenen allgemeinen Regelung über den vorübergehenden Aufenthalt (sog. 183-Tage-Regelung) von der Besteuerung in der Bundesrepublik Deutschland befreit ist (vgl. die Erläuterungen beim Stichwort „Doppelbesteuerungsabkommen" unter Nr. 3). Die sog. 183-Tage-Regelung, die alle Doppelbesteuerungsabkommen enthalten, ist zwar im Grundsatz auch auf Studenten anwendbar; die weiteren, für die Anwendung dieser Regelung erforderlichen Voraussetzungen sind jedoch bei Studenten/Praktikanten meist nicht erfüllt. So ist es neben dem Aufenthalt von nicht mehr als 183 Tagen für die Steuerbefreiung erforderlich, dass die Vergütungen von einem Arbeitgeber oder für einen Arbeitgeber gezahlt werden, der **nicht** in Deutschland ansässig ist. Weiterhin ist für die Steuerbefreiung Voraussetzung, dass die Vergütungen **nicht** von einer inländischen Betriebsstätte oder einer festen Einrichtung eines (ausländischen) Arbeitgebers in Deutschland getragen werden. Die ausländischen Studenten werden jedoch in der Regel von deutschen Arbeitgebern beschäftigt. Eine Anwendung der „allgemeinen" 183-Tage-Regelung kommt deshalb nicht in Betracht. Die Steuerbefreiung für Studenten richtet sich vielmehr ausschließlich nach den besonderen Vorschriften, die in den einzelnen Doppelbesteuerungsabkommen für Studenten (und vergleichbare Personen) vorgesehen sind.

5. Übersicht über die Doppelbesteuerungsabkommen, die eine Studentenregelung enthalten

Folgende Doppelbesteuerungsabkommen enthalten **Steuerfreistellungen für Zahlungen inländischer Arbeitgeber** an Studenten, Lehrlinge, Volontäre, Praktikanten oder Personen, die sich zur Erlangung technischer, beruflicher Erfahrungen oder zur Ausbildung, Forschung oder zum Studium in der Bundesrepublik Deutschland aufhalten:

Ägypten	gemäß Art. 20, 21
Argentinien	gemäß Art. 20 Abs. 2, Abs. 3
Bangladesch	gemäß Art. 20 Abs. 2, Abs. 3
Bolivien	gemäß Art. 20 Abs. 2, Abs. 3
Côte d'Ivoire	gemäß Art. 20 Abs. 2
Ecuador	gemäß Art. 20 Abs. 2, Abs. 3
Finnland	gemäß Art. 19 Abs. 2
Frankreich	gemäß Art. 13 Abs. 3
Indien	gemäß Art. 20 Abs. 2
Iran	gemäß Art. 20 Abs. 2
Island	gemäß Art. 20 Abs. 3
Jamaika	gemäß Art. 20 Abs. 2, Abs. 3
Kenia	gemäß Art. 20 Abs. 2, Abs. 3
Liberia	gemäß Art. 20 Abs. 2 (b), Abs. 3 (c)
Malaysia	gemäß Art. 20
Marokko	gemäß Art. 20 (b)
Pakistan	gemäß Art. 20 Abs. 2 (ii) und (iii)
Portugal	gemäß Art. 21 Abs. 1 (b), Abs. 2 (a) und (c), Abs. 3
Sambia	gemäß Art. 20 Abs. 2 (b), Abs. 3 (a)
Slowakei	gemäß Art. 20 Abs. 3 (a)
Sri Lanka	gemäß Art. 21 Abs. 1 (ii) und (iii)
Thailand	gemäß Art. 20 Abs. 1 (b), Abs. 2 (a) und (c), Abs. 3 (b)
Trinidad und Tobago	gemäß Art. 20 Abs. 2 (b), Abs. 3 (a) und (c)
Tschechien	gemäß Art. 20 Abs. 3 (a)
USA	gemäß Art. 20 Abs. 3 bis 5
Vietnam	gemäß Art. 20 Abs. 3
Zypern	gemäß Art. 19 Abs. 2 (b)

Die Fundstellen der einzelnen Doppelbesteuerungsabkommen im Bundessteuerblatt Teil I sind beim Stichwort „Doppelbesteuerungsabkommen" aufgeführt.

6. Sozialversicherung

Studenten sind versicherungspflichtig **in der gesetzlichen Rentenversicherung.** Für **ausländische Studenten** gelten **keine Sonderregelungen.** Sie sind deshalb nach den allgemeinen Regelungen ebenfalls rentenversicherungspflichtig.

Eine geringfügig entlohnte Dauerbeschäftigung liegt vor, wenn das Arbeitsentgelt 450 € monatlich nicht übersteigt. Bei geringfügig entlohnten Dauerbeschäftigungen muss der Arbeitgeber einen (pauschalen) Arbeitgeberbeitrag zur Rentenversicherung in Höhe von 15 % und (falls der Student nicht privat krankenversichert ist) auch einen 13 %igen Arbeitgeberbeitrag zur Krankenversicherung entrichten. Zur Befreiung des ausländischen Studenten von der Rentenversicherungspflicht in solch einem Fall vgl. das Stichwort „Geringfügige Beschäftigung" unter Nr. 8.

Versicherungsfreiheit in der gesetzlichen Rentenversicherung besteht grundsätzlich nur dann, wenn Studenten einer kurzfristigen Beschäftigung nachgehen.

Eine versicherungsfreie kurzfristige Beschäftigung liegt vor, wenn die Beschäftigung im Laufe eines Kalenderjahres auf höchstens drei Monate oder 70 Arbeitstage begrenzt war (§ 8 Abs. 1 Nr. 2 SGB IV).[2] Die Begrenzung muss entweder im Voraus vertraglich vereinbart werden oder aufgrund der Eigenart der Beschäftigung (z. B. Erntehelfer) feststehen (vgl. das Stichwort „Geringfügige Beschäftigung" unter Nr. 16).

Liegen die Voraussetzungen für die Versicherungsfreiheit als kurzfristige Beschäftigung nicht vor, ist der ausländische Student versicherungspflichtig in der gesetzlichen Rentenversicherung.

Die Versicherungspflicht bezieht sich nur auf die **Rentenversicherung.** In der Kranken- und Pflegeversicherung sowie in der Arbeitslosenversicherung bleibt die Versicherungsfreiheit für die gegen Entgelt beschäftigten Studenten nach den entsprechenden Spezialregelungen auch weiterhin bestehen (vgl. das Stichwort „Studenten"). Als Nachweis für die Versicherungsfreiheit muss sich der Arbeitgeber eine aktuelle Immatrikulationsbescheinigung der ausländischen Hochschule vorlegen lassen und diese zu seinen Entgeltunterlagen nehmen.

---

1) Es ist beabsichtigt, die Freistellungsbescheinigung in einem der folgenden Kalenderjahre (voraussichtlich nicht vor 2024) nicht mehr in Papierform, sondern ebenfalls als elektronisches Lohnsteuerabzugsmerkmal zur Verfügung zu stellen (§ 39 Abs. 4 Nr. 5 i. V. m. § 52 Abs. 36 EStG).

2) Vom 1.3.2020 bis 31.10.2020 galt eine Zeitgrenze von fünf Monaten oder 115 Arbeitstagen (§ 115 SGB IV).

Auslandsbeamte

Auslandsbeamte sind lohnsteuerpflichtig, unterliegen aber nicht der Sozialversicherungspflicht. ja nein

Unter den Begriff „Auslandsbeamte" fallen nicht nur aktive deutsche Beamte, die im Ausland tätig sind, sondern auch im Ausland lebende Ruhestandsbeamte.

Obwohl der Auslandsbeamte in aller Regel im Inland weder einen Wohnsitz noch einen gewöhnlichen Aufenthalt hat, wird für ihn durch gesetzliche Fiktion die unbeschränkte Steuerpflicht herbeigeführt. Nach dieser Fiktion unterliegen Arbeitnehmer, die weder einen Wohnsitz noch einen gewöhnlichen Aufenthalt im Inland haben, aber **deutsche Staatsangehörige** sind und Arbeitslohn aus einer **inländischen öffentlichen Kasse** beziehen, unter bestimmten Voraussetzungen der unbeschränkten Steuerpflicht (sog. **Erweiterte unbeschränkte Steuerpflicht**, vgl. die ausführlichen Erläuterungen bei diesem Stichwort).

Auslandsdienstreisen

siehe Anhang 4 unter den Nrn. 14 bis 20 und Nr. 25

Auslandsjournalisten

siehe „Beschränkt steuerpflichtige Künstler, Berufssportler, Schriftsteller und Journalisten"

Auslandspensionen

Bei Pensionen (Betriebsrenten), die an ehemalige Arbeitnehmer mit Wohnsitz im Ausland gezahlt werden, sind die beiden folgenden Fälle zu unterscheiden:

1. Betriebsrenten/Werkspensionen

Pensionen (Betriebsrenten), die von inländischen Firmen an ihre früheren Angestellten mit Wohnsitz im Ausland gezahlt werden, unterliegen im Grundsatz der deutschen Lohnsteuer (§ 49 Abs. 1 Nr. 4 Buchstabe a EStG), da die nichtselbstständige Tätigkeit in Deutschland ausgeübt worden ist. Die für sog. Verwertungstatbestände vorgesehene Befreiung, wenn nachgewiesen oder glaubhaft gemacht wird, dass für diese Einkünfte im Ausland eine der deutschen Einkommensteuer entsprechende Steuer tatsächlich zu zahlen ist, ist nicht anwendbar. ja nein

Sie unterliegen nur dann nicht der deutschen Lohnsteuer, wenn das Besteuerungsrecht an der Pension aufgrund eines Abkommens zur Vermeidung der Doppelbesteuerung dem ausländischen Wohnsitzstaat des Arbeitnehmers zugeteilt ist. nein nein

Nach den geltenden Doppelbesteuerungsabkommen steht das Besteuerungsrecht für laufend gezahlte Werkspensionen oder Betriebsrenten in der Regel dem Staat zu, in dem der Werkspensionär oder Betriebsrentner im Zeitpunkt der Auszahlung seinen **Wohnsitz** hat. Dabei ist es ohne Bedeutung, ob auf die Werkspension oder Betriebsrente ein Rechtsanspruch besteht oder ob es sich um freiwillige Leistungen des früheren Arbeitgebers handelt (vgl. die Erläuterungen beim Stichwort „Doppelbesteuerungsabkommen" unter Nr. 13 Buchstabe a auf Seite 280; dort sind auch die **Sonderregelungen** mit den Niederlanden, Norwegen, Spanien und der Türkei erläutert).

Der ehemalige Arbeitgeber des im Ausland lebenden Betriebsrentners darf nur dann vom Lohnsteuerabzug absehen, wenn ihm der Betriebsrentner eine Bescheinigung des Finanzamts vorlegt, dass die Betriebsrente in Deutschland nicht dem Lohnsteuerabzug unterliegt. Eine solche Bescheinigung erhält der Betriebsrentner auf Antrag vom Betriebsstättenfinanzamt seines ehemaligen Arbeitgebers. Diese Freistellungsbescheinigung wird im Normalfall mit der Bedingung verbunden, dass sich der Betriebsrentner nicht mehr als 183 Tage im Jahr in Deutschland aufhalten darf.

Besteht kein Doppelbesteuerungsabkommen, sind die im Ausland ansässigen Empfänger mit ihren Ruhegehältern und Werkspensionen für ihre ehemalige Tätigkeit in Deutschland beschränkt steuerpflichtig (§ 49 Abs. 1 Nr. 4 Buchstabe a EStG); die Ruhegehälter und Werkspensionen unterliegen dem Lohnsteuerabzug, wenn sie von einem inländischen Arbeitgeber gezahlt werden. ja nein

Im Ausland ansässige Empfänger einer Rente aus der gesetzlichen Rentenversicherung (= Sozialversicherungsrenten) sind mit diesen sonstigen Einkünften beschränkt steuerpflichtig nach § 49 Abs. 1 Nr. 7 EStG. Sie müssen daher eine Einkommensteuererklärung beim Finanzamt Neubrandenburg in Mecklenburg-Vorpommern abgeben (zentrale Zuständigkeit in diesen Fällen). Dies gilt nicht, wenn das Besteuerungsrecht für die Renteneinkünfte aufgrund eines Abkommens zur Vermeidung der Doppelbesteuerung ausnahmsweise dem Wohnsitzstaat zusteht. nein nein

2. Pensionen aus inländischen öffentlichen Kassen

Bei der Zahlung von Pensionen aus inländischen öffentlichen Kassen an (Beamten-)Pensionäre, die sich im Ausland befinden, steht das Besteuerungsrecht stets der Bundesrepublik **Deutschland** als Sitz der öffentlichen Kasse zu (sog. **Kassenstaatsprivileg**); vgl. das Stichwort „Erweiterte unbeschränkte Steuerpflicht" unter Nr. 3. ja nein

Auslandstagegelder

siehe Anhang 4 unter Nr. 15 und Anhang 5a

Auslandstätigkeit, Auslandstätigkeitserlass

Gliederung:

1. Allgemeines
2. Unbeschränkte Steuerpflicht des Arbeitnehmers
   a) Tätigkeit in einem DBA-Staat
   b) Tätigkeit in einem Staat, mit dem kein DBA besteht
   c) Arbeitslohn aus öffentlichen Kassen
3. Beschränkte Steuerpflicht des Arbeitnehmers
4. Kaufkraftausgleich
5. Auslandstätigkeitserlass
   a) Allgemeines
   b) Begünstigte Tätigkeit
   c) Dauer der begünstigten Tätigkeit, Berechnung der Dreimonatsfrist
   d) Begünstigter Arbeitslohn
   e) Progressionsvorbehalt
   f) Nichtanwendung des Auslandstätigkeitserlasses
   g) Verfahrensvorschriften
6. Sozialversicherung

1. Allgemeines

Arbeitnehmer werden häufig für ihren inländischen Arbeitgeber im Ausland tätig. In diesen Fällen ist zu prüfen, ob und in welchem Umfang der Arbeitslohn im Inland steuerpflichtig ist, ob eine Freistellung von der Lohnsteuer nach einem Doppelbesteuerungsabkommen (vgl. dieses Stichwort) oder aufgrund des Auslandstätigkeitserlasses (vgl. nachfolgend unter Nr. 5) in Betracht kommt. Unter bestimmten Voraussetzungen kann die Steuer, die vom ausländischen Staat vom Arbeitslohn für die Auslandstätigkeit erhoben wird, auf die deutsche Einkommensteuer angerechnet oder bei der Ermittlung der Einkünfte abgezogen werden (vgl. „Anrechnung ausländischer Einkommensteuer/Lohnsteuer"). Eine Anrechnung der ausländischen Steuer ist im Veranlagungsverfahren und zur Vermeidung einer doppelten Besteuerung im Laufe des Kalenderjahres durch Bildung eines Freibetrags im Lohnsteuerabzugsverfahren (= ausländische Steuer × 4) möglich. Ein alternativer Abzug der ausländischen Steuer bei der Ermittlung der Einkünfte ist nur zulässig, soweit sie auf ausländische Einkünfte entfällt, die nicht steuerfrei sind.

Hiernach ergibt sich folgende Übersicht:

Auslandstätigkeit eines Arbeitnehmers für eine deutsche Firma

- Der Arbeitnehmer behält in Deutschland seinen Wohnsitz oder gewöhnlichen Aufenthalt **nicht** bei.
  - Damit entfällt im Grundsatz das Besteuerungsrecht Deutschlands. Seltener Ausnahmefall: Verwertungstatbestand ist erfüllt, vgl. Nr. 3.
- Der Arbeitnehmer behält in Deutschland seinen Wohnsitz oder gewöhnlichen Aufenthalt bei.
  - Der Arbeitnehmer ist weiterhin unbeschränkt steuerpflichtig; das **Besteuerungsrecht Deutschlands bleibt im Grundsatz bestehen.** Für die steuerliche Behandlung gibt es drei Möglichkeiten:
    - **Freistellung** vom Lohnsteuerabzug nach einem **Doppelbesteuerungsabkommen** (vgl. dieses Stichwort). Anwendung des Progressionsvorbehalts.
    - **Freistellung** vom Lohnsteuerabzug nach dem **Auslandstätigkeitserlass** (wenn die Tätigkeit in einem Land ausgeübt wird, mit dem kein Doppelbesteuerungsabkommen besteht; vgl. Nr. 5). Anwendung des Progressionsvorbehalts.
    - **Besteuerung** des Arbeitslohns unter Anrechnung der ggf. im Ausland gezahlten Lohn- oder Einkommensteuer.

Bei einer Tätigkeit deutscher Arbeitnehmer im Ausland hängt die inländische Steuerpflicht des im Ausland verdienten Arbeitslohns in erster Linie davon ab, ob der Arbeitnehmer trotz der Tätigkeit im Ausland „unbeschränkt steuerpflichtig" geblieben ist (d. h. im Inland nach wie vor einen Wohnsitz oder seinen gewöhnlichen Aufenthalt hat) oder ob der Arbeitnehmer mit dem ausländischen Arbeitslohn im Inland lediglich „beschränkt steuerpflichtig" ist. Letzteres ist nur dann der Fall, wenn ausnahmsweise der Verwertungstatbestand erfüllt ist (vgl. nachfolgende Nr. 3).

2. Unbeschränkte Steuerpflicht des Arbeitnehmers

Hat der Arbeitnehmer seinen Wohnsitz oder gewöhnlichen Aufenthalt im Inland beibehalten (z. B. weil seine Familie in Deutschland geblieben ist), gilt Folgendes:

a) Tätigkeit in einem DBA-Staat

Besteht mit dem Staat, in dem der Arbeitnehmer tätig ist, ein Abkommen zur Vermeidung der Doppelbesteuerung (= DBA), wird der Arbeitslohn nur in dem Staat besteuert, dem das Abkommen das Besteuerungsrecht an diesem Arbeitslohn zuteilt. Im Allgemeinen steht das Besteuerungsrecht für Einkünfte aus nichtselbstständiger Tätigkeit dem Staat zu, in dessen Gebiet die Tätigkeit ausgeübt wird (sog. Tätigkeitsstaat). Bei einer nur vorübergehenden Tätigkeit im Ausland (bis zu 183 Tage) behält aber nach der Mehrzahl der geltenden Doppelbesteuerungsabkommen der Wohnsitzstaat das Besteuerungsrecht (vgl. das Stichwort „Doppelbesteuerungsabkommen").

b) Tätigkeit in einem Staat, mit dem kein DBA besteht

Besteht mit dem Staat, in dem die Tätigkeit ausgeübt wird, kein Doppelbesteuerungsabkommen, unterliegt der ausländische Arbeitslohn im Grundsatz der inländischen Steuerpflicht. Die doppelte Besteuerung des ausländischen Arbeitslohns wird jedoch durch Sondervorschriften in der Weise vermieden, dass entweder die im Ausland gezahlte Steuer auf die deutsche Steuer angerechnet wird (vgl. das Stichwort „Anrechnung ausländischer Einkommensteuer/Lohnsteuer") oder bei bestimmten Tätigkeiten und unter weiteren Voraussetzungen von der Besteuerung im Inland nach dem sogenannten Auslandstätigkeitserlass ganz abgesehen wird (vgl. nachfolgend Nr. 5).

c) Arbeitslohn aus öffentlichen Kassen

Arbeitnehmer, die weder einen Wohnsitz noch einen gewöhnlichen Aufenthalt im Inland haben, aber deutsche Staatsangehörige sind und Arbeitslohn aus einer inländischen **öffentlichen Kasse** beziehen (z. B. Arbeitnehmer im auswärtigen diplomatischen oder konsularischen Dienst), unterliegen unter bestimmten Voraussetzungen ebenfalls der unbeschränkten Steuerpflicht (sog. erweiterte unbeschränkte Steuerpflicht). Diese Arbeitnehmer müssen ihrem Arbeitgeber für das Kalenderjahr **2021** eine **neue Lohnsteuerabzugsbescheinigung** in Papierform vorlegen, die vom Betriebsstättenfinanzamt des Arbeitgebers ausgestellt wird (vgl. das Stichwort „Erweiterte unbeschränkte Steuerpflicht").

Für Arbeitslohn, der aus inländischen öffentlichen Kassen gezahlt wird, ist der **Auslandstätigkeitserlass nicht anzuwenden.** Dies gilt unabhängig von der Art der ausgeübten Tätigkeit. Zur deutschen öffentlichen Entwicklungshilfe vgl. nachfolgende Nr. 5 Buchstabe b am Ende.

3. Beschränkte Steuerpflicht des Arbeitnehmers

Bei einem **im Ausland tätigen** Arbeitnehmer, der im Inland weder einen Wohnsitz noch seinen gewöhnlichen Aufenthalt hat, wird der im Ausland verdiente Arbeitslohn zu den „inländischen Einkünften" gerechnet und der deutschen Besteuerung unterworfen, wenn die ausländische Tätigkeit im Inland **verwertet** wird. Die ausländische Tätigkeit wird im Inland verwertet, wenn der Arbeitnehmer das Ergebnis seiner ausländischen Tätigkeit für den Arbeitgeber **im Inland nutzbar macht** (BFH-Urteile vom 12.11.1986, BStBl. 1987 II S. 377, 379, 381 und 383).

Beispiel A

Der im Ausland wohnende Arbeitnehmer eines inländischen Arbeitgebers hat keine steuerpflichtigen inländischen Einkünfte, wenn er im Ausland nur allgemeine Kontaktpflege betreibt. Die Übersendung von Marktanalyseberichten führt hingegen zu einer inländischen Verwertung und daher zu steuerpflichtigen inländischen Einkünften.

Beispiel B

Ein lediger Wissenschaftler wird im Rahmen eines Forschungsvorhabens in Südamerika tätig. Seinen inländischen Wohnsitz hat er aufgegeben. Er übergibt entsprechend den getroffenen Vereinbarungen seinem inländischen Arbeitgeber einen Forschungsbericht. Der Arbeitgeber sieht von einer kommerziellen Auswertung der Forschungsergebnisse ab.

Der Wissenschaftlicher ist mit den Bezügen, die er für die Forschungstätigkeit von seinem Arbeitgeber erhält, aufgrund des Verwertungstatbestandes beschränkt einkommensteuerpflichtig. Der inländische Arbeitgeber hat von den Bezügen einen Lohnsteuerabzug vorzunehmen.

Die beschränkte Steuerpflicht nach dem Verwertungstatbestand ist nur in Ausnahmefällen von Bedeutung, auch wenn es nicht darauf ankommt, ob der Arbeitslohn zu Lasten eines inländischen Arbeitgebers gezahlt wird. Einkünfte aus der **Verwertung** einer im Ausland ausgeübten nichtselbstständigen Arbeit bleiben jedoch darüber hinaus

Lohn-steuer-pflichtig | Sozial-versich.-pflichtig

bei der Besteuerung in der Bundesrepublik Deutschland in folgenden Fällen **außer Ansatz:**

a) wenn eine Befreiung nach einem Doppelbesteuerungsabkommen vorliegt (vgl. dieses Stichwort);

b) wenn nachgewiesen oder glaubhaft gemacht wird, dass von diesen Einkünften in dem Staat, in dem die Tätigkeit ausgeübt worden ist, eine der deutschen Einkommensteuer entsprechende Steuer tatsächlich erhoben wird.

Im Gegensatz zu ihrer früheren Auffassung ist die Finanzverwaltung der Meinung, dass der **Auslandstätigkeitserlass** bei beschränkt steuerpflichtigen Arbeitnehmern (Einkünfte nach § 49 Abs. 1 Nr. 4 Buchstabe a EStG) seit 1.1.2013 **nicht** mehr **anzuwenden** ist. Allerdings werden wegen des erforderlichen Inlandsbezugs auch nur in sehr seltenen Fällen Einkünfte aus der inländischen Verwertung einer im Ausland ausgeübten nichtselbstständigen Arbeit überhaupt zu den begünstigten Tätigkeiten im Sinne des Auslandstätigkeitserlasses (vgl. nachfolgende Nr. 5 Buchstabe b) gehören können.

Wenn (ausnahmsweise) keine der beiden vorstehenden Voraussetzungen (keine Befreiung nach einem Doppelbesteuerungsabkommen, keine der deutschen Einkommensteuer entsprechende Steuer im Ausland) vorliegen sollten, hat der inländische Arbeitgeber den Lohnsteuerabzug vorzunehmen. Ist ein Abruf der elektronischen Lohnsteuerabzugsmerkmale (noch) nicht möglich (z. B. wegen der fehlenden Identifikationsnummer des Arbeitnehmers) und legt der Arbeitnehmer dem Arbeitgeber auch keine Bescheinigung des Betriebsstättenfinanzamts für beschränkt steuerpflichtige Arbeitnehmer mit den für ihn maßgebenden Lohnsteuerabzugsmerkmalen vor, hat der Arbeitgeber die Steuerabzugsbeträge nach Steuerklasse VI einzubehalten (vgl. „Nichtvorlage der Lohnsteuerabzugsmerkmale").

Inländischer Arbeitgeber in diesem Sinne ist die Stelle im Inland, z. B. eine Betriebsstätte oder der inländische Vertreter eines ausländischen Arbeitgebers, die unbeschadet des formalen Vertragsverhältnisses zu einem möglichen ausländischen Arbeitgeber die wesentlichen Rechte und Pflichten eines Arbeitgebers tatsächlich wahrnimmt; inländischer Arbeitgeber ist auch ein inländisches Unternehmen bezüglich der Arbeitnehmer, die bei rechtlich unselbstständigen Betriebsstätten, Filialen oder Außenstellen im Ausland beschäftigt sind. Schließlich ist in den Fällen der Arbeitnehmerentsendung im umgekehrten Fall (ausländischer Arbeitnehmer wird in Deutschland tätig) auch das in Deutschland ansässige aufnehmende Unternehmen inländischer Arbeitgeber, wenn es den Arbeitslohn für die ihm geleistete Arbeit wirtschaftlich trägt oder nach dem Fremdvergleichsgrundsatz hätte tragen müssen; dies setzt nicht voraus, dass das aufnehmende Unternehmen den Arbeitslohn im eigenen Namen und für eigene Rechnung auszahlt (§ 38 Abs. 1 Satz 2 EStG).

Beschränkt steuerpflichtige Künstler (z. B. Musiker), Berufssportler, Schriftsteller, Journalisten, Bildberichterstatter und Artisten unterliegen mit ihren Bezügen aus nichtselbstständiger Arbeit ebenfalls dem Lohnsteuerabzug. Ein Steuerabzug nach § 50a EStG ist bei Arbeitnehmern inländischer Arbeitgeber wegen des vorrangigen Lohnsteuerabzugs nicht möglich (vgl. die Stichworte „Artisten" und „Beschränkt steuerpflichtige Künstler, Berufssportler, Schriftsteller und Journalisten").

4. Kaufkraftausgleich

Nach § 3 Nr. 64 EStG ist sowohl der im öffentlichen Dienst (vgl. „Auslandsbeamte") nach dem Bundesbesoldungsgesetz zum Ausgleich des Währungsgefälles gezahlte Zuschlag (Kaufkraftausgleich) als auch der an Arbeitnehmer außerhalb des öffentlichen Dienstes gezahlte Kaufkraftausgleich unter bestimmten Voraussetzungen steuerfrei (vgl. „Kaufkraftausgleich"). Die Regelungen zum Kaufkraftausgleich haben jedoch bei Arbeitnehmern privater Arbeitgeber wenig Bedeutung, da bei diesen in der Regel schon eine generelle Steuerbefreiung aufgrund eines Doppelbesteuerungsabkommens oder des Auslandstätigkeitserlasses gegeben ist. Allerdings ist zu bedenken, dass die Zahlung eines Kaufkraftausgleichs – im Gegensatz zum steuerfreien Arbeitslohn aufgrund eines Doppelbesteuerungsabkommens oder des Auslandstätigkeitserlasses – **nicht** dem **Progressionsvorbehalt** unterliegt und daher aus diesem Grund steuerlich vorteilhaft ist.

5. Auslandstätigkeitserlass

a) Allgemeines

Durch den Auslandstätigkeitserlass soll die Möglichkeit des Erlasses von Einkommensteuer durch einseitige Steuerfreistellung von Arbeitslohn geschaffen werden, wenn es aus volkswirtschaftlichen Gründen zweckmäßig ist.

Der Auslandstätigkeitserlass[1)] gilt für alle unbeschränkt steuerpflichtigen Arbeitnehmer, die im Auftrag eines Arbeitgebers mit Sitz in Deutschland oder in einem anderen EU-/EWR-Mitgliedstaat (vgl. dieses Stichwort) in einem ausländischen Staat tätig werden, **mit dem kein Doppelbesteuerungsabkommen besteht.**

In Frage kommen hiernach also vor allem Tätigkeiten in Afghanistan, Brasilien, Chile, Dominikanische Republik, Hongkong, Libyen, Nigeria, Peru und Saudi-Arabien.

Folgende Voraussetzungen müssen für die Anwendung des Auslandstätigkeitserlasses erfüllt sein:

- Im Hinblick auf die Zielsetzung des Auslandstätigkeitserlasses – Förderung der deutschen Exportwirtschaft – galt er früher nur für Arbeitnehmer eines inländischen Arbeitgebers. Der Europäische Gerichtshof (EuGH) hat allerdings entschieden, dass es dem Vertrag über die Arbeitsweise der Europäischen Union widerspricht und daher EU-rechtswidrig ist, wenn der Arbeitslohn eines in Deutschland wohnenden und damit unbeschränkt steuerpflichtigen Arbeitnehmers für eine begünstigte Tätigkeit in einem ATE-Staat nur dann unter Anwendung des Progressionsvorbehalts steuerfrei ist, wenn der Arbeitgeber seinen Sitz in Deutschland hat, nicht aber, wenn er seinen Sitz in einem anderen Mitgliedstaat der Europäischen Union hat (EuGH-Urteil vom 28.2.2013 C-544/11, BStBl. II S. 847). Aufgrund dieses Urteils wendet die Finanzverwaltung den Auslandstätigkeitserlass auch dann an, wenn der **Arbeitgeber** seinen **Sitz in einem EU-/EWR-Mitgliedstaat** hat. Dies gilt für alle begünstigten Tätigkeiten im Sinne des Auslandstätigkeitserlasses. Auf Arbeitgeber, die ihren Sitz außerhalb eines EU-/EWR-Mitgliedstaates haben, ist das EuGH-Urteil nicht anwendbar. Eine Steuerbefreiung nach dem Auslandstätigkeitserlass kommt in diesen Fällen weiterhin nicht in Betracht;
- die Auslandstätigkeit muss – wie bereits vorstehend erwähnt – eine sog. **„begünstigte Tätigkeit"** im Sinne des Auslandstätigkeitserlasses sein (vgl. im Einzelnen nachfolgenden Buchstaben b);
- die begünstigte Tätigkeit muss **mindestens drei Monate ununterbrochen** in Staaten ausgeübt werden, mit denen **kein** Doppelbesteuerungsabkommen besteht;
- der begünstigte Arbeitslohn muss für ein **gegenwärtiges** Dienstverhältnis von einem **privaten** Arbeitgeber gezahlt werden (also nicht aus öffentlichen Kassen). Versorgungsbezüge sind auch dann nicht steuerfrei, wenn sie ganz oder teilweise im Rahmen einer nach dem Auslandstätigkeitserlass begünstigten Tätigkeit aufgebaut wurden;
- die Verfahrensvorschriften müssen genau eingehalten werden (gesonderter Ausweis des Arbeitslohns im

1) Der Auslandstätigkeitserlass ist als Anlage zu § 34c EStG im **Steuerhandbuch für das Lohnbüro 2021** abgedruckt, das im selben Verlag erschienen ist.

Lohn- steuer- pflichtig | Sozial- versich.- pflichtig

Lohnkonto und in der Lohnsteuerbescheinigung; die vom Betriebsstättenfinanzamt ausgestellte Freistellungsbescheinigung wird als Beleg zum Lohnkonto aufbewahrt; keine Durchführung des Lohnsteuer-Jahresausgleichs durch den Arbeitgeber).

Beispiel

Ein selbstständiger Geologe ist in Madagaskar tätig.

Die Anwendung des Auslandstätigkeitserlasses scheidet schon deshalb aus, weil der Geologe kein Arbeitnehmer, sondern selbstständig tätig ist.

Der Auslandstätigkeitserlass ist bei folgenden Tätigkeiten **nicht** anwendbar

- bei einer Tätigkeit von Bordpersonal auf Seeschiffen;
- bei einer finanziellen Beratung;
- beim Einholen von Aufträgen (Akquisition) außerhalb der Beteiligung an Ausschreibungen;
- im Bereich der humanitären Hilfe.

Begünstigte Auslandstätigkeiten im Rahmen von **Leiharbeitsverhältnissen** sind hingegen – im Gegensatz zur früheren Auffassung der Finanzverwaltung – **nicht mehr** vom Anwendungsbereich des Auslandstätigkeitserlasses **ausgenommen.**

b) Begünstigte Tätigkeit

Die Auslandstätigkeit muss für einen **inländischen** Lieferanten, Hersteller, Auftragnehmer oder Inhaber ausländischer Mineralaufsuchungs- oder -gewinnungsrechte ausgeübt werden.[1] Ob der Auftraggeber des inländischen Lieferanten, Herstellers usw. im Inland oder Ausland ansässig ist, spielt keine Rolle (es kann sich also um einen inländischen oder ausländischen Auftraggeber handeln).

Beispiel A

Ein inländischer Arbeitgeber unterhält in einem ATE-Staat eine Betriebsstätte, die er erweitert. Für die Ausübung der Erweiterungsarbeiten setzt er seine Arbeitnehmer ein.

Die Arbeitnehmer üben eine Auslandstätigkeit für einen inländischen Hersteller aus. Bei Vorliegen der übrigen Voraussetzungen ist der auf diese Tätigkeit entfallende Arbeitslohn nach dem Auslandstätigkeitserlass steuerfrei (mit Anwendung des Progressionsvorbehalts; vgl. nachfolgenden Buchstaben e).

Beispiel B

Ein deutscher Arbeitnehmer, der bei einer russischen Firma angestellt ist, wird von dieser nach Brasilien entsandt.

Eine Freistellung nach dem Auslandstätigkeitserlass scheitert bereits daran, dass der Arbeitnehmer nicht für einen Arbeitgeber mit Sitz in einem EU-/EWR-Mitgliedstaat tätig wird.

Beispiel C

Der inländische Unternehmer IU errichtet für einen ausländischen Auftraggeber AA ein nach dem ATE begünstigtes Werk. Zur Erfüllung seiner vertraglichen Verpflichtungen bedient er sich eines inländischen Subunternehmers S, der seinerseits eigene Arbeitnehmer im ATE-Staat einsetzt.

Die Arbeitnehmer des Subunternehmers S üben eine Auslandstätigkeit für einen inländischen Auftragnehmer (Subunternehmer S = inländischer Arbeitgeber) aus, die im Zusammenhang mit einem nach dem ATE begünstigten Werk steht. Ohne Belang ist, dass die Vertragsbeziehungen lediglich zwischen IU und AA sowie zwischen IU und S, nicht jedoch auch zwischen S und AA bestehen. Sofern die übrigen Voraussetzungen des ATE erfüllt sind, kann der auf diese Tätigkeit entfallende Arbeitslohn (ggf. unter Progressionsvorbehalt) von der inländischen Besteuerung ausgenommen werden.

Beispiel D

Der inländische Unternehmer IU errichtet für einen ausländischen Auftraggeber AA ein nach dem ATE begünstigtes Werk. Zur Erfüllung seiner vertraglichen Verpflichtungen bedient er sich eines ausländischen Subunternehmers AS, der seinerseits eigene Arbeitnehmer im ATE-Staat einsetzt.

Die Arbeitnehmer des Subunternehmers AS üben eine Auslandstätigkeit für einen ausländischen Auftragnehmer (Subunternehmer AS = ausländischer Arbeitgeber) aus. Eine Steuerbefreiung des auf diese Tätigkeit entfallenden Arbeitslohns nach dem ATE kommt daher nicht in Betracht.

Begünstigt sind Auslandstätigkeiten, die im Zusammenhang mit folgenden Tätigkeiten stehen:

- Planung, Errichtung, Einrichtung, Inbetriebnahme, Erweiterung, Instandsetzung, Modernisierung, Überwachung oder Wartung von Fabriken, Bauwerken (z. B. Flugplätze, Bohrinseln, Kraftwerke, Kläranlagen, Brücken), ortsgebundenen großen Maschinen (z. B. eine Walzstraße) oder ähnlichen Anlagen (z. B. Straßen, Staudämme, Kanäle) sowie dem Einbau, der Aufstellung oder Instandsetzung sowie Wartung von sonstigen Wirtschaftsgütern (hierzu gehört z. B. auch die Instandsetzung und Wartung von Militärfahrzeugen und -geräten der Bundeswehr in einem ATE-Staat durch Arbeitnehmer eines privaten Unternehmens oder die Wartung von Flugzeugen); außerdem ist das Betreiben der Anlage bis zur Übergabe an den Auftraggeber begünstigt (= Probelauf); nicht begünstigt ist aber der Neubau von sonstigen Wirtschaftsgütern im Ausland (z. B. von Flugzeugen und Schiffen),
- dem Aufsuchen oder der Gewinnung von Bodenschätzen unabhängig davon, ob der Arbeitgeber oder jemand anderes Konzessionsinhaber ist (nicht begünstigt ist die landwirtschaftliche Entwicklung),
- der Beratung (Consulting) ausländischer Auftraggeber oder Organisationen im Hinblick auf die beiden oben genannten Vorhaben (z. B. Marktanalysen, Machbarkeitsstudien, Managementberatung). Es kommt nicht darauf an, ob es später zur Durchführung des Vorhabens kommt.

Zu den begünstigten Tätigkeiten gehören auch alle **Hilfstätigkeiten,** z. B. Versorgung (z. B. als Koch), Transport, Verwaltung, Gesundheitsdienste und Schulung von Ortskräften. Tätigkeiten im Rahmen von Subunternehmerschaft sind nicht anders zu betrachten als Tätigkeiten für den Generalunternehmer, weil ein ausländischer Auftraggeber grundsätzlich nicht erforderlich ist. Im Fall der Beratung (Consulting) ist der deutsche Subunternehmer eines deutschen Consulters begünstigt, da mittelbar ein ausländischer Auftraggeber vorliegt. Nicht begünstigt sind die Tätigkeit des Bordpersonals auf Seeschiffen sowie die finanzielle Beratung. Nicht begünstigt ist ferner das Einholen von Aufträgen (Akquisition), ausgenommen die Beteiligung an Ausschreibungen.

Es sind also auch eigene Investitionen inländischer Unternehmen im Ausland begünstigt wie z. B. die Errichtung oder Erweiterung einer eigenen Betriebsstätte (vgl. vorstehendes Beispiel A). Begünstigt ist auch die Planung von Anlagen. Die Planung eigener Anlagen im Ausland ist von Anfang an begünstigt. Die Planung für Dritte ist in aller Regel vom Zeitpunkt des Vertragsabschlusses an begünstigt. Erstreckt sich der Auftrag eines ausländischen Auftraggebers ausschließlich auf die Planung eines Projektes im Ausland, ist die Planung als Beratungstätigkeit begünstigt (Consulting). Planungen für Dritte vor Vertragsabschluss sind als Einholen von Aufträgen (Akquisition) vom Zeitpunkt der Ausschreibung des Projekts an begünstigt (Beteiligung an Ausschreibungen); die Planung nach Ausschreibung bleibt begünstigt, selbst wenn ein Auftrag nicht erteilt wird. Zu beachten ist aber, dass die Produktion im Ausland sowie die ausschließliche Lieferung von Waren – auch von Anlagegütern – in das Ausland nicht begünstigt ist (z. B. Produktion von Flugzeugen und Schiffen im Ausland).

Zu den begünstigten Tätigkeiten im Sinne des Auslandstätigkeitserlasses gehört auch die **deutsche öffentliche Entwicklungshilfe** im Rahmen der Technischen oder Finanziellen Zusammenarbeit. Allerdings ist der Auslandstätigkeitserlass generell für jede Art von Tätigkeit **nicht** anzuwenden, wenn der **Arbeitslohn aus inländischen**

1) Aufgrund der Rechtsprechung des EuGH zum Arbeitgeberbegriff (Urteil vom 28.2.2013 C-544/11, BStBl. II S. 847) erscheint es u.E. geboten, auch Lieferanten, Hersteller und Auftragnehmer mit Sitz in einem anderen EU-/EWR-Mitgliedstaat mit einzubeziehen.

Lohn-steuer-pflichtig	Sozial-versich.-pflichtig

öffentlichen Kassen gezahlt wird. Zum Begriff „Öffentliche Kassen" vgl. dieses Stichwort.

Im Rahmen der deutschen öffentlichen Entwicklungshilfe wird der Arbeitslohn regelmäßig aus inländischen öffentlichen Kassen im vorstehenden Sinne gezahlt. Seit dem 1.1.2014 kommt damit eine Steuerfreistellung des Arbeitslohns der deutschen öffentlichen Entwicklungshilfe grundsätzlich nicht mehr in Betracht.

Deutsche öffentliche Entwicklungshilfe liegt aber auch dann vor, wenn der Arbeitslohn im Rahmen einer Projektförderung mindestens zu 75 % aus öffentlichen Mitteln getragen wird. Da es sich in diesem Fall nicht automatisch um eine Zahlung aus einer inländischen öffentlichen Kasse im vorstehenden Sinne handeln muss, kommt insoweit eine Steuerfreistellung des Arbeitslohns nach dem Auslandstätigkeitserlass in Betracht. Gelingt es einer Hilfsorganisation für ein entsprechend finanziertes Projekt eine durch europäische Fördergelder unterstützte Anschlussfinanzierung zu bekommen, kann ab diesem Zeitpunkt der Auslandstätigkeitserlass nicht mehr angewandt werden.

c) Dauer der begünstigten Tätigkeit, Berechnung der Dreimonatsfrist

Die Auslandstätigkeit muss **mindestens drei Monate ununterbrochen** in Staaten ausgeübt werden, mit denen kein Doppelbesteuerungsabkommen besteht, in das Einkünfte aus nichtselbstständiger Arbeit einbezogen sind.[1] Dabei brauchen Beginn und Ende der Auslandstätigkeit nicht im gleichen Kalenderjahr zu liegen. Wird die Tätigkeit in einem Staat ausgeübt, mit dem ein Doppelbesteuerungsabkommen besteht, richtet sich die steuerliche Behandlung des Arbeitslohns ausschließlich nach den Vorschriften des Doppelbesteuerungsabkommens (vgl. dieses Stichwort).

Die Auslandstätigkeit beginnt mit Antritt der Reise ins Ausland und endet mit der endgültigen Rückkehr ins Inland. Eine vorübergehende Rückkehr ins Inland oder ein kurzer Aufenthalt in einem Staat, mit dem ein Doppelbesteuerungsabkommen besteht, in das Einkünfte aus nichtselbstständiger Arbeit einbezogen sind, gelten bis zu einer Gesamtaufenthaltsdauer von zehn vollen Kalendertagen innerhalb der Mindestfrist nicht als Unterbrechung der Auslandstätigkeit, wenn sie zur weiteren Durchführung oder Vorbereitung eines (ggf. anderen) begünstigten Vorhabens notwendig sind. Dies gilt bei längeren Auslandstätigkeiten entsprechend für die jeweils letzten drei Monate. Eine vorübergehende Rückkehr innerhalb der Mindestfrist von zehn Tagen ist also auch dann unschädlich, wenn der Arbeitnehmer anschließend bei einem **anderen** begünstigten **Vorhaben** tätig wird, und die Unterbrechung der Vorbereitung dieses neuen Vorhabens dient. Die **Reisetage** rechnen nicht zu der Zehntagesfrist.

Eine **Unterbrechung** der Tätigkeit im Falle eines **Urlaubs** oder einer **Krankheit** ist **unschädlich,** unabhängig davon, wo sich der Arbeitnehmer während der Unterbrechung aufhält. Zeiten der unschädlichen Unterbrechung sind bei der Dreimonatsfrist aber nicht mitzurechnen. Das heißt, der Dreimonatszeitraum verlängert sich um die Urlaubs- und Krankheitstage. Die vorstehenden Ausführungen gelten entsprechend für einen Freizeitausgleich, der z. B. im Rahmen eines flexiblen Arbeitszeitmodells („Gleitzeit") genommen wird sowie für arbeitsfreie Wochenenden mit Unterbrechung der Auslandstätigkeit.

Die Dreimonatsfrist beginnt mit dem Antritt der Reise ins Ausland und endet mit der Rückkehr ins Inland (maßgebend ist bei der Rückkehr der Tag des Grenzübertritts). Reisetage werden also wie begünstigter Auslandsaufenthalt behandelt. Eine vorübergehende Rückkehr ins Inland oder ein Aufenthalt in einem Staat mit dem ein Doppelbesteuerungsabkommen besteht, **gelten** bis zu einer Gesamtaufenthaltsdauer von zehn vollen Tagen **als Teil der begünstigten Tätigkeit,** wenn sie zur weiteren Durchführung oder Vorbereitung eines (ggf. anderen) begünstigten Vorhabens notwendig sind. Die Unterbrechung beginnt also in diesen Fällen ab dem 11. Tag und wirkt für die Zukunft (Beginn einer neuen Mindestfrist von drei Monaten); die bis dahin geleistete Auslandstätigkeit bleibt aber begünstigt, wenn sie einschließlich dieser Unterbrechung mindestens drei Monate gedauert hat (vgl. die nachfolgenden Beispiele).

Beispiel A

Der Arbeitnehmer ist vom 1. 1.–25. 3. im Ausland tätig (kein DBA). Am 26. 3. kehrt er ins Inland zurück und bereitet dort eine neue Auslandstätigkeit vor. Er beginnt die neue Auslandstätigkeit am 4.5. in einem Staat mit dem kein Doppelbesteuerungsabkommen besteht. Die Dreimonatsfrist ist erfüllt, da die Auslandstätigkeit einschließlich der unschädlichen Unterbrechung von zehn Tagen mindestens drei Monate beträgt. Der Arbeitslohn vom 1. 1.–5. 4. ist steuerfrei; vom 6. 4.–3. 5. ist der Arbeitslohn in jedem Fall steuerpflichtig. Ab 4. 5. beginnt eine neue Dreimonatsfrist zu laufen.

Beispiel B

Der Arbeitnehmer ist vom 1. 1.–4. 2. im Ausland tätig (kein DBA). Vom 5. 2.–13. 2. (= neun Tage) arbeitet er im Inland im Zusammenhang mit der begünstigten Tätigkeit. Anschließend ist er wieder im Ausland (gleiches Land). Vom 10. 5.–19. 5. (= zehn Tage) arbeitet er erneut im Inland im Zusammenhang mit der begünstigten Tätigkeit. Die Tätigkeit vom 1. 1.–9. 5. ist auf jeden Fall begünstigt, da sie einschließlich der unschädlichen Unterbrechung länger als drei Monate gedauert hat. Bei der erneuten Unterbrechung vom 10. 5.–19. 5. stellt sich die Frage, ab wann diese Unterbrechung schädlich ist mit der Folge, dass ein erneuter Dreimonatszeitraum zu laufen beginnt. Der Auslandstätigkeitserlass führt hierzu aus, dass die Unterbrechung von zehn Tagen **innerhalb der Mindestfrist** (= drei Monate) unschädlich ist, wobei dies bei längeren Auslandstätigkeiten für die jeweils **letzten drei Monate** entsprechend gilt. Im Beispielsfall ist also vom Beginn der Unterbrechung am 10. 5. drei Monate zurückzurechnen und zu prüfen, wie viele Tage unschädlicher Unterbrechung in diesem Dreimonatszeitraum (= 10. 2.–9. 5.) liegen. Dies sind im Beispielsfall vier Tage, nämlich der 10., 11., 12. und 13. Februar. Von der unschädlichen 10-Tages-Frist sind also bereits vier Tage verbraucht. Die Unterbrechung vom 10. 5.–19. 5. ist also nur hinsichtlich der restlichen sechs Tage unschädlich. Ab dem siebten Tag (= 16. 5.) ist die Unterbrechung schädlich. Mit Beginn einer erneuten Auslandstätigkeit am 20. 5. beginnt auch eine neue Dreimonatsfrist. Der für die Zeit vom 1. 1.–15. 5. gezahlte Arbeitslohn unterliegt nicht dem Lohnsteuerabzug. Der für die Zeit der schädlichen Unterbrechung vom 16. 5.–19. 5. (= vier Tage) gezahlte Arbeitslohn unterliegt in jedem Fall dem Lohnsteuerabzug, gleichgültig wie lange eine sich anschließende Auslandstätigkeit dauert. Anzuwenden für die Lohnsteuerberechnung im Mai ist die Monatstabelle, da auch die Arbeitstage für die Bestimmung des Lohnzahlungszeitraums zu berücksichtigen sind, für die der Arbeitnehmer keinen steuerpflichtigen Arbeitslohn bezogen hat (R 39b.5 Abs. 2 Satz 3 LStR).

Beispiel C

Der Arbeitnehmer ist vom 1. 1.–28. 2. im Ausland tätig (kein DBA). Vom 1. 3.–5. 4. ist er im Urlaub. Ab 6. 4. ist er wieder im Inland tätig. Der Arbeitslohn für die Zeit vom 1. 1.–5. 4. ist nicht begünstigt, da die Dreimonatsfrist nicht erfüllt ist. Unterbrechungen wegen Urlaub und Krankheit sind zwar unschädlich. Die Zeiten der unschädlichen Unterbrechung rechnen aber bei der Dreimonatsfrist nicht mit (im Gegensatz zur 10-Tages-Frist, dort rechnen die unschädlichen Unterbrechungen zum begünstigten Auslandsaufenthalt).

Beispiel D

Ein Arbeitnehmer D übt eine ATE-Tätigkeit aus. Die Aufenthalte verteilen sich wie folgt:

1.7.01 bis 25.9.01	ATE-Staat
26.9.01 bis 15.10.01	projektbedingte Rückkehr Inland (19 Tage)
1.11.01 bis 29.2.02	neue Tätigkeit im ATE-Staat

Die Dreimonatsfrist ist erfüllt, da die Tätigkeit im ATE-Staat einschließlich unschädlicher Unterbrechung von 10 Tagen mindestens drei Monate beträgt. Die am 1.7.01 beginnende Dreimonatsfrist endete am 30.9.01. Der 30.9.01 liegt noch innerhalb der unschädlichen Unterbrechung von 10 Tagen. Somit kann der Arbeitslohn sogar noch für den gesamten Zeitraum der unschädlichen Unterbrechung freigestellt werden. D. h. der Arbeitslohn für den Zeitraum 1.7.01–5.10.01 kann freigestellt werden.

Mit Aufnahme der neuen ATE-Tätigkeit am 1.11.01 beginnt eine neue Dreimonatsfrist. Diese neue Dreimonatsfrist wird am 31.1.02 erfüllt. Der gesamte Arbeitslohn vom 1.11.01– 29.2.02 kann ebenfalls freigestellt werden.

Bei der Einkommensteuer-Veranlagung sind die freigestellten Einkünfte dem Progressionsvorbehalt zu unterwerfen.

1) Zur Nichtanwendung der Dreimonatsfrist im Zusammenhang mit der Corona-Pandemie vgl. dieses Stichwort unter Nr. 13.

Beispiel E

Ein ab 1.8.2021 auf einer ausländischen Baustelle tätiger Monteur erkrankt in der Zeit vom 31.10.2021 bis 10.12.2021 und nimmt anschließend bis 6.1.2022 Urlaub.

Er muss ab 7.1.2022 mindestens noch einen Tag auf der Baustelle tätig sein, damit die Mindestfrist von drei Monaten für eine Steuerfreistellung des Arbeitslohns erfüllt ist.

Bei einem **Arbeitgeberwechsel** beginnt auch dann eine neue Dreimonatsfrist, wenn der Arbeitnehmer im selben Staat und unter Umständen sogar am selben Projekt weiterarbeitet.

d) Begünstigter Arbeitslohn

Steuerfrei ist der Arbeitslohn, der auf die begünstigte Auslandstätigkeit entfällt. Bei einer vorübergehenden Rückkehr ins Inland (und auch bei einem kurzen Aufenthalt in einem DBA-Staat) bleibt auch der für die zehn Unterbrechungstage (vgl. die Erläuterungen unter dem Buchstaben c) gezahlte Arbeitslohn steuerfrei.

Zum begünstigten Arbeitslohn gehören neben dem laufenden Arbeitslohn auch folgende Einnahmen, **soweit** sie **für eine begünstigte Auslandstätigkeit gezahlt** werden (maßgebend ist also, wofür die Zahlungen und nicht, wann sie geleistet werden):
- Zulagen, Prämien oder Zuschüsse des Arbeitgebers für Aufwendungen des Arbeitnehmers, die durch eine begünstigte Auslandstätigkeit veranlasst sind, oder die entsprechende unentgeltliche oder verbilligte Ausstattung oder Bereitstellung durch den Arbeitgeber;
- Weihnachtszuwendungen, Erfolgsprämien oder Tantiemen;
- Arbeitslohn, der auf den Urlaub – einschließlich eines angemessenen Sonderurlaubs aufgrund einer begünstigten Tätigkeit – entfällt, Urlaubsgeld oder Urlaubsabgeltung. Dabei ist es unerheblich, ob der Urlaub unmittelbar im Anschluss an die Auslandstätigkeit genommen wird oder nicht. Es kommt nicht darauf an, wann der Arbeitnehmer den durch die begünstigte Tätigkeit erworbenen Urlaub antritt. Entscheidend ist allein, inwieweit der Urlaubsanspruch durch die Auslandstätigkeit erworben wurde. Nur insoweit unterliegt der für den Urlaub gezahlte Arbeitslohn nicht dem Lohnsteuerabzug;
- Lohnfortzahlung aufgrund einer Erkrankung während einer begünstigten Auslandstätigkeit bis zur Wiederaufnahme dieser oder einer anderen begünstigten Tätigkeit oder bis zur endgültigen Rückkehr ins Inland.

Spätestens seit 2019 gelten für die Zuordnung des Arbeitslohns bei einer Auslandstätigkeit in den Fällen der Anwendung eines Doppelbesteuerungsabkommens bzw. des Auslandstätigkeitserlasses die gleichen Aufteilungsgrundsätze (vgl. im Einzelnen auch das Stichwort „Doppelbesteuerungsabkommen" unter Nr. 9). Für Gehaltsbestandteile, die nicht direkt der inländischen oder ausländischen Tätigkeit zugeordnet werden können (sog. verbleibender Arbeitslohn), sind folgende **Aufteilungsalternativen** zugelassen[1]:
- Aufteilung nach **tatsächlichen Arbeitstagen im gesamten Beschäftigungszeitraum** innerhalb des Kalenderjahres; dies geschieht anhand einer Prognose am Ende des jeweiligen Lohnzahlungszeitraums;
- Aufteilung nach **tatsächlichen Arbeitstagen im einzelnen Lohnzahlungszeitraum;**
- Aufteilung nach **vereinbarten Arbeitstagen im gesamten Beschäftigungszeitraum** innerhalb eines Kalenderjahres; hier werden die vereinbarten Arbeitstage im Kalenderjahr mit den tatsächlich ausgeübten Arbeitstagen im Ausland ins Verhältnis gesetzt. Vereinbarte Arbeitstage sind die Kalendertage abzüglich der Tage, an denen der Arbeitnehmer laut Arbeitsvertrag nicht zur Arbeit verpflichtet ist (z. B. Urlaubs- und Wochenendtage);
- Aufteilung nach **vereinbarten Arbeitstagen im einzelnen Lohnzahlungszeitraum**.

Ändert sich die Prognose der Anzahl der tatsächlichen oder vereinbarten Arbeitstage in einem folgenden Lohnzahlungszeitraum, ist der neu ermittelte Aufteilungsmaßstab ab diesem Lohnzahlungszeitraum anzuwenden. **Sonstige Bezüge** (insbesondere Urlaubs- und Weihnachtsgeld) sind stets nach den tatsächlichen oder vereinbarten Arbeitstagen im gesamten **Beschäftigungszeitraum des Kalenderjahres** aufzuteilen.

Der Arbeitgeber muss sich aber für das Kalenderjahr 2021 für eine der vier vorstehenden Aufteilungsalternativen entscheiden. Ein Wechsel zwischen den Alternativen ist nicht zulässig!

Am Ende des Kalenderjahres bzw. bei Beendigung des Arbeitsverhältnisses im Laufe des Kalenderjahres sind dem Arbeitgeber die letztlich maßgebenden tatsächlichen Arbeitstage im Inland und im Ausland im Beschäftigungszeitraum bekannt. Bei unbeschränkt steuerpflichtigen Arbeitnehmern mit **ganzjähriger Beschäftigung** und ohne Änderung der Steuerklasse kann der Arbeitgeber – anstelle der Korrektur von zwölf Lohnabrechnungen – vor Übermittlung der Lohnsteuerbescheinigung an die Finanzverwaltung **eine einzige Korrektur** unter Anwendung der **Jahrestabelle** bis Ende Februar des Folgejahres vornehmen.

Beispiel A

Der unbeschränkt steuerpflichtiger Arbeitnehmer ist ganzjährig im Inland und Ausland beschäftigt, die Aufteilung des Arbeitslohns im Lohnsteuerabzugsverfahren erfolgt nach den tatsächlichen Arbeitstagen im Beschäftigungszeitraum (= Kalenderjahr; also Alternative 1). Es ergeben sich folgende Aufteilungsprognosen:

Prognosezeitraum	Mögliche Arbeitstage p.a.	Voraussichtliche Urlaubstage p.a.	Tatsächlich angefallene Krankheitstage p.a.	verbleibende tatsächliche Arbeitstage p.a.	Anteil Ausland (steuerfrei)	Anteil Inland (steuerpflichtig)
ab Januar	254	30	0	224	60/224	164/224
ab Oktober (Krankheit und Erhöhung der Auslandstage um 20)	254	30	10	214	80/214	134/214
ab Dezember (Übertrag von 5 Urlaubstagen ins Folgejahr)	254	25	10	219	80/219	139/219

Der steuerfreie und steuerpflichtige Bruttoarbeitslohns im **Lohnsteuerabzugsverfahren** beträgt bei der gewählten Aufteilungsalternative:

Monat	Bruttolohn in €	Steuerfreier Anteil	Steuerfrei in €	Steuerpflichtiger Anteil	Steuerpflichtiger Bruttolohn in €
Januar	5 000,00	60/224	1 339,29	164/224	3 660,71
Februar	5 000,00	60/224	1 339,29	164/224	3 660,71
März	5 000,00	60/224	1 339,29	164/224	3 660,71

1) BMF-Schreiben vom 14.3.2017 (BStBl. I S. 473). Das BMF-Schreiben ist als Anlage 10 zu H 39b.10 LStR im **Steuerhandbuch für das Lohnbüro 2021** abgedruckt, das im selben Verlag erschienen ist.

Lohn-steuer-pflichtig Sozial-versich.-pflichtig

Monat	Bruttolohn in €	Steuerfreier Anteil	Steuerfrei in €	Steuerpflichtiger Anteil	Steuerpflichtiger Bruttolohn in €
April	5 000,00	60/224	1 339,29	164/224	3 660,71
Mai	5 000,00	60/224	1 339,29	164/224	3 660,71
Juni	5 000,00	60/224	1 339,29	164/224	3 660,71
Juli lfd. Arbeitslohn	5 000,00	60/224	1 339,29	164/224	3 660,71
Juli sonst. Bezug (Jahresprämie)	10 000,00	60/224	2 678,57	164/224	7 321,43
August	5 000,00	60/224	1 339,29	164/224	3 660,71
September	5 000,00	60/224	1 339,29	164/224	3 660,71
Oktober	5 000,00	80/214	1 869,16	134/214	3 130,84
November	5 000,00	80/214	1 869,16	134/214	3 130,84
Dezember lfd. Arbeitslohn	5 000,00	80/219	1 826,48	139/219	3 173,52
Dezember sonst. Bezug (Weihnachtsgeld)	8 000,00	80/219	2 922,37	139/219	5 077,63
Jahressummen der einzelnen Monate	**78 000,00**		**23 219,35**		**54 780,65**

Da es sich um einen unbeschränkt steuerpflichtigen Arbeitnehmer mit ganzjähriger Beschäftigung handelt, kann der Arbeitgeber – anstelle der Korrektur von zwölf Lohnabrechnungen – eine einzige Korrektur unter Anwendung der Jahrestabelle durchführen. Die Aufteilung des Bruttolohns mit einer Jahresbetrachtung ist nach den zuletzt bekannten Verhältnissen durchzuführen, die auch bei der Einkommensteuer-Veranlagung des Arbeitnehmers maßgeblich sind:

Jahressummen bei abschließender Überprüfung durch den Arbeitgeber	**Jahresbruttoarbeitslohn**	**Steuerfreier Anteil**	**Steuerfreier Anteil in €**	**Steuerpflichtiger Anteil**	**Steuerpflichtiger Anteil in €**
	78 000,00	**80/219**	**28 493,15**	**139/219**	**49 506,85**

Der Arbeitgeber hat die auf den Minderungsbetrag des Bruttoarbeitslohns in Höhe von 5273,80 € (54 780,65 € abzüglich 49 506,85 €) entfallende Lohnsteuer zuzüglich Kirchensteuer an den Arbeitnehmer zu erstatten. Ein Solidaritätszuschlag ist nicht angefallen.

Bei **nicht ganzjähriger Beschäftigung** eines unbeschränkt steuerpflichtigen Arbeitnehmers ist eine einzige Korrektur unter Anwendung der Jahrestabelle nicht zulässig. In diesem Fall sind nach Feststehen der maßgebenden tatsächlichen Arbeitstage im Inland und im Ausland im Beschäftigungszeitraum des Kalenderjahres die einzelnen Lohnabrechnungen zu korrigieren.

Beispiel B

Der unbeschränkt steuerpflichtiger Arbeitnehmer A ist vom 1.1. bis 31.10. beim Arbeitgeber B beschäftigt und wird für diesen im Inland und Ausland tätig. Die Aufteilung des Arbeitslohns im Lohnsteuerabzugsverfahren erfolgt nach den tatsächlichen Arbeitstagen im Beschäftigungszeitraum 1.1. bis 31.10. Es ergeben sich folgende Aufteilungsprognosen:

Lohn-steuer-pflichtig Sozial-versich.-pflichtig

Prognosezeitraum	Mögliche Arbeitstage	Voraussichtliche Urlaubstage	Tatsächlich angefallene Krankheitstage	verbleibende tatsächliche Arbeitstage	Anteil Ausland (steuerfrei)	Anteil Inland (steuerpflichtig)
Januar bis August	200	25	0	175	50/175	125/175
September (Krankheit)	200	25	19	156	50/156	106/156
Oktober (Erhöhung der Auslandstage um vier Tage)	200	25	19	156	54/156	102/156

Der steuerfreie und steuerpflichtige Bruttoarbeitslohn im **Lohnsteuerabzugsverfahren** beträgt bei der gewählten Aufteilungsalternative:

Monat	Bruttolohn in €	Steuerfreier Anteil	Steuerfrei in €	Steuerpflichtiger Anteil	Steuerpflichtiger Bruttolohn in €
Januar	5 000,00	50/175	1 428,57	125/175	3 571,43
Februar	5 000,00	50/175	1 428,57	125/175	3 571,43
März	5 000,00	50/175	1 428,57	125/175	3 571,43
April	5 000,00	50/175	1 428,57	125/175	3 571,43
Mai	5 000,00	50/175	1 428,57	125/175	3 571,43
Juni	5 000,00	50/175	1 428,57	125/175	3 571,43
Juli lfd. Arbeitslohn	5 000,00	50/175	1 428,57	125/175	3 571,43
Juli sonst. Bezug (Urlaubsgeld)	2 000,00	50/175	571,43	125/175	1 428,57
August	5 000,00	50/175	1 428,57	125/175	3 571,43
September	5 000,00	50/156	1 602,56	106/156	3 397,44
Oktober	5 000,00	54/156	1 730,77	102/156	3 269,23
Jahressummen der einzelnen Monate	**52 000,00**		**15 333,32**		**36 666,68**

Im gesamten Beschäftigungszeitraum vom 1. Januar bis 31. Oktober errechnet sich für den insgesamt bezogenen Bruttoarbeitslohn in Höhe von 52 000,00 €, der nicht direkt zugeordnet werden kann, ein steuerfreier Anteil von 54/156 und ein steuerpflichtiger Anteil von 102/156. Mit diesem Aufteilungsmaßstab ist für jeden Lohnzahlungszeitraum vor Übermittlung der Lohnsteuerbescheinigung an die Finanzverwaltung eine Überprüfung und ggf. eine Berichtigung der bisherigen Lohnabrechnung vorzunehmen. Weil für den Lohnzahlungszeitraum Oktober bereits der zutreffende Aufteilungsmaßstab angesetzt worden ist, führt die Überprüfung für diesen Monat zu keiner Änderung. Eine Korrektur nach den Berechnungsgrundsätzen des § 42b EStG ist wegen der nicht ganzjährigen Beschäftigung nicht zulässig.

Der begünstigte Arbeitslohn ist steuerfrei im Sinne der §§ 3c, 10 Abs. 2 Satz 1 Nr. 1 EStG. Das bedeutet, dass der Arbeitnehmer Werbungskosten und Sonderausgaben, die mit den steuerfreien Bezügen zusammenhängen (z. B. Reisekosten wegen vorübergehender Auswärtstätigkeit und Vorsorgeaufwendungen) nicht abziehen kann (vgl. aber nachfolgenden Buchstaben e). Ersetzt jedoch der **Arbeitgeber** seinen Arbeitnehmern, die mit der Auslandstätigkeit zusammenhängenden Werbungskosten (Auslösungen oder Reisekosten), ist dieser Ersatz wiederum steuerfrei. nein nein

e) Progressionsvorbehalt

Auf das zu versteuernde Einkommen ist der Steuersatz anzuwenden, der sich ergibt, wenn der vom Lohnsteuerabzug freigestellte Arbeitslohn bei der Berechnung der Einkommensteuer einbezogen wird.

Bei der Ermittlung der Einkünfte für Zwecke des Progressionsvorbehalts ist der Arbeitslohn um den Arbeitnehmer-Pauschbetrag (1000 €) zu kürzen, soweit dieser nicht bereits bei der Ermittlung der Einkünfte aus der nicht begünstigten Tätigkeit im Inland berücksichtigt werden konnte. Im Übrigen sind die in den Progressionsvorbehalt einzubeziehenden ausländischen Einkünfte aus nichtselbstständiger Tätigkeit nach den Vorschriften des Einkommensteuergesetzes zu ermitteln, d. h. dass die mit der ausländischen Tätigkeit zusammenhängenden Werbungskosten (insbesondere Reisekosten) vom Arbeitslohn abgezogen werden können, soweit sie nicht vom Arbeitgeber steuerfrei ersetzt wurden. Dies gilt aber nur insoweit, als sie zusammen mit den Werbungskosten im Zusammenhang mit inländischen Einkünften aus nichtselbstständiger Tätigkeit den Arbeitnehmer-Pauschbetrag von 1000 € übersteigen (§ 32b Abs. 2 Nr. 2 Buchstabe b EStG).

Beispiel

Die Werbungskosten im Zusammenhang mit steuerpflichtigen inländischen Einkünften und steuerfreien Einkünften nach dem Auslandstätigkeitserlass betragen jeweils 600 €.

Bei den in den Progressionsvorbehalt einzubeziehenden ausländischen Einkünften werden Werbungskosten in Höhe von 200 € (600 € + 600 € ./. 1000 €) berücksichtigt. Hinweis: Bei der Ermittlung der inländischen steuerpflichtigen Einkünfte wird der Arbeitnehmer-Pauschbetrag von 1000 € abgezogen.

Die Auswirkungen des Progressionsvorbehalts sind beim Stichwort „Progressionsvorbehalt“ anhand eines Beispiels dargestellt. Der Progressionsvorbehalt wird erst vom Finanzamt im Rahmen der Veranlagung zur Einkommensteuer angewendet.

f) Nichtanwendung des Auslandstätigkeitserlasses

Der Auslandstätigkeitserlass gilt nicht, wenn

- der Arbeitslohn aus inländischen **öffentlichen Kassen** – einschließlich der Kassen des Bundeseisenbahnvermögens und der Deutschen Bundesbank – gezahlt wird. Zum Begriff „Öffentliche Kassen“ vgl. dieses Stichwort. Seit dem 1.1.2014 kommt eine Steuerfreistellung des Arbeitslohns im Rahmen der deutschen öffentlichen Entwicklungshilfe grundsätzlich nicht mehr in Betracht (vgl. vorstehende Nr. 5 Buchstabe b am Ende);
- die Tätigkeit in einem Staat ausgeübt wird, mit dem ein **Doppelbesteuerungsabkommen** besteht, in das Einkünfte aus nichtselbstständiger Arbeit einbezogen sind; ist ein Abkommen für die Zeit vor seinem Inkrafttreten anzuwenden, verbleibt es bis zum Zeitpunkt des Inkrafttretens bei den Regelungen des Auslandstätigkeitserlasses, soweit sie für den Arbeitnehmer günstiger sind.

g) Verfahrensvorschriften

Der Verzicht auf die Besteuerung im Lohnsteuerabzugsverfahren ist vom Arbeitgeber oder Arbeitnehmer beim Betriebsstättenfinanzamt zu beantragen (Freistellungsbescheinigung). Der Antrag ist auf dem amtlichen, bundeseinheitlich aufgelegten Vordruck zu stellen. Der Vordruck ist auch im Internet unter www.bundesfinanzministerium.de/Service/Formulare/Formular-Management-System/Formularcenter/Steuerformulare/Lohnsteuer (Arbeitnehmer), Vordruck Nr. 60, abrufbar. Sammelanträge des Arbeitgebers auf Ausstellung der Freistellungsbescheinigung sind nicht möglich. Ein Nachweis, dass von dem Arbeitslohn in dem Staat, in dem die Tätigkeit ausgeübt wird, eine der deutschen Lohnsteuer (Einkommensteuer) entsprechende Steuer erhoben wird, ist nicht erforderlich.[1] Die Freistellungsbescheinigung wird für die Dauer der begünstigten Tätigkeit, längstens für drei Jahre erteilt; sie kann bereits zu Beginn der begünstigten Auslandstätigkeit ausgestellt werden, wenn die Voraussetzungen für den Steuerverzicht nach dem Auslandstätigkeitserlass voraussichtlich eintreten. Ist glaubhaft gemacht worden, dass die Voraussetzungen für die Anwendung des Auslandstätigkeitserlasses vorliegen, kann die Freistellungsbescheinigung auch rückwirkend erteilt werden, solange dem Arbeitgeber eine Änderung des Lohnsteuerabzugs möglich ist (vgl. das Stichwort „Änderung des Lohnsteuerabzugs“).

Der Arbeitslohn wird nur dann vom Lohnsteuerabzug freigestellt, wenn sich der Arbeitgeber verpflichtet, das folgende Verfahren einzuhalten:

- Der begünstigte Arbeitslohn ist im Lohnkonto gesondert aufzuzeichnen und in der elektronischen Lohnsteuerbescheinigung bzw. der ggf. auszustellenden Besonderen Lohnsteuerbescheinigung jeweils getrennt von dem übrigen Arbeitslohn anzugeben (vgl. diese Stichworte),
- die Freistellungsbescheinigung ist als Beleg zum Lohnkonto des Arbeitnehmers zu nehmen,
- für Arbeitnehmer, die zu irgendeinem Zeitpunkt während des Kalenderjahres begünstigten Arbeitslohn nach dem Auslandstätigkeitserlass bezogen haben, darf der Arbeitgeber weder die Lohnsteuer nach dem voraussichtlichen Jahresarbeitslohn (sog. permanenter Jahresausgleich) ermitteln noch einen Lohnsteuer-Jahresausgleich durchführen.

In der elektronischen Lohnsteuerbescheinigung für das Kalenderjahr 2021 ist in Zeile 16 unter dem Buchstaben b) als steuerfreier Arbeitslohn nur der Betrag zu bescheinigen, der ohne Auslandstätigkeitserlass steuerpflichtig wäre; deshalb ist der **steuerfreie Arbeitgeberersatz** (Auslösungen, Reisekosten bei Auswärtstätigkeiten, vgl. diese Stichworte sowie Anhang 4), in dem zu bescheinigenden Betrag **nicht** mit einzubeziehen.

Werden in der elektronischen Lohnsteuerbescheinigung für das Kalenderjahr 2021 Beiträge zur Sozialversicherung (Zeilen 22 bis 27) bescheinigt, dürfen darin keine Beträge enthalten sein, die auf Arbeitslohn beruhen, der nach dem Auslandstätigkeitserlass steuerfrei ist. Bei Pflichtversicherungen sind also die gesetzlichen Arbeitgeber- und Arbeitnehmeranteile, die auf steuerfreien Arbeitslohn entfallen, nicht anzugeben. Die auf steuerfreien Arbeitslohn entfallenden Zuschüsse und Beiträge für freiwillig in der gesetzlichen Kranken- und sozialen Pflegeversicherung Versicherte und privat Kranken- und Pflegeversicherte sind hingegen unter Nr. 24 bis 26 in voller Höhe zu bescheinigen.[2]

Beim Zusammentreffen von steuerfreiem und steuerpflichtigem Arbeitslohnteilen im selben Lohnzahlungszeitraum ist bei einem pflichtversicherten Arbeitnehmer nur der Anteil der Sozialversicherungsbeiträge zu bescheinigen, der sich nach dem Verhältnis des steuerpflichtigen Arbeitslohns zum gesamten Arbeitslohn dieses Lohnzahlungszeitraums ergibt. Allerdings sind steuerpflichtige Arbeitslohnanteile, die nicht sozialversicherungspflichtig sind (z. B. „Abfindung wegen Entlassung aus dem Dienstverhältnis“; vgl. dieses Stichwort unter Nr. 13), nicht in diese Verhältnisrechnung einzubeziehen. Die Verhältnisrechnung ist auch dann durchzuführen, wenn der steuerpflichtige Arbeitslohn die für die Beitragsberechnung

1) Randnummer 45 des BMF-Schreibens vom 3.5.2018 (BStBl. I S. 643, 650). Das BMF-Schreiben ist als Anlage 2 zu H 39b.10 LStR im **Steuerhandbuch für das Lohnbüro 2021** abgedruckt, das im selben Verlag erschienen ist.

2) Die Finanzverwaltung wendet die Vorschrift des § 10 Abs. 2 Satz 1 Nr. 1 EStG nur bei den in der gesetzlichen Krankenversicherung pflichtversicherten Arbeitnehmern, nicht aber bei in der gesetzlichen Krankenversicherung freiwillig versicherten oder privat versicherten Arbeitnehmern an (vgl. auch BFH-Urteil vom 18.4.2012, BStBl. II S. 721).

Lohnsteuerpflichtig Sozialversich.-pflichtig

maßgebende Beitragsbemessungsgrenze erreicht oder gar übersteigt (vgl. das Stichwort „Lohnsteuerbescheinigung" unter Nr. 24).

Der Arbeitgeber ist berechtigt, bei der jeweils nächstfolgenden Lohnzahlung bisher noch nicht erhobene Lohnsteuer nachträglich einzubehalten, wenn er erkennt, dass die Voraussetzungen für den Verzicht auf die Besteuerung nicht vorgelegen haben; der Arbeitgeber ist sogar zur nachträglichen Einbehaltung verpflichtet, wenn ihm dies wirtschaftlich zumutbar ist. Macht er von dieser Berechtigung keinen Gebrauch oder kann er die Lohnsteuer nicht nachträglich einbehalten, ist er zu einer Anzeige an das Betriebsstättenfinanzamt verpflichtet (§ 41c EStG, vgl. „Anzeigepflichten des Arbeitgebers im Lohnsteuerverfahren"). Sind vom begünstigten Arbeitslohn zu Unrecht Steuerabzugsbeträge einbehalten worden, muss der Arbeitnehmer den Verzicht auf die Besteuerung nach dem Auslandstätigkeitserlass im Rahmen einer Veranlagung zur Einkommensteuer bei seinem Wohnsitzfinanzamt beantragen.

6. Sozialversicherung

In der Sozialversicherung gilt das Territorialprinzip. Für die Beschäftigung deutscher Arbeitnehmer im Ausland besteht deshalb (wenn nicht nach EU/EWR-Recht oder zwischenstaatlichen Abkommen anderes bestimmt ist) nur in bestimmten Fällen Versicherungspflicht in der deutschen Sozialversicherung (bei deutschen Botschaften und Konsulaten; bei Entwicklungshelfern, wenn es die entsendende Stelle beantragt).

Wird jedoch ein deutscher Arbeitnehmer von seiner Firma vorübergehend zu einer bestimmten Tätigkeit ins Ausland entsandt, die sich nur als eine Ausstrahlung des inländischen Beschäftigungsverhältnisses darstellt, dann bleibt in der Regel die deutsche Versicherungspflicht bestehen (vgl. das Stichwort „Ausstrahlung").

Auslandszulagen

siehe „Kaufkraftausgleich".

Auslösungen

Der Begriff **„Auslösung"** ist kein steuerrechtlicher Begriff. Er stammt aus dem **Arbeitsrecht** und wird häufig dazu verwendet, den Arbeitgeberersatz bei einer auswärtigen Beschäftigung zu bezeichnen (vgl. z. B. Tarifvertrag über die Auslösungssätze für gewerbliche Arbeitnehmer in der Bauwirtschaft).

Auslösungen werden somit ganz allgemein die Entschädigungen genannt, die Arbeitgeber in der privaten Wirtschaft an ihre Arbeitnehmer zur Abgeltung der Mehraufwendungen bei auswärtiger Beschäftigung (auswärtig = nicht im Betrieb bzw. nicht am Wohnort) zahlen. Bei einer auswärtigen Beschäftigung hat der Arbeitnehmer nach den Bestimmungen des Bürgerlichen Gesetzbuches Anspruch auf Aufwendungsersatz (§§ 670, 675 BGB). Da die Höhe dieses Aufwendungsersatzes gesetzlich nicht geregelt ist, enthalten viele Tarifverträge, Betriebsvereinbarungen oder Arbeitsverträge entsprechende Bestimmungen. Der dabei vereinbarte Aufwendungsersatz muss nicht den tatsächlichen Aufwendungen entsprechen. Außerdem kann auch eine Pauschalierung des Aufwendungsersatzes vereinbart werden. Es kann auch überhaupt kein Anspruch auf Aufwendungsersatz bestehen, wenn nach den getroffenen Vereinbarungen bereits das Arbeitsentgelt zur Abgeltung dieser Aufwendungen bestimmt ist. Die Voraussetzungen, unter denen die Arbeitgeber zur Leistung von Aufwendungsersatz verpflichtet sind oder solche Leistungen freiwillig erbringen und vor allem die Höhe der einzelnen Leistungen sind deshalb sehr unterschiedlich. Sie variieren von Branche zu Branche, oft sogar innerhalb einer Branche von Betrieb zu Betrieb. Häufig entsprechen die Voraussetzungen für den arbeitsrechtlichen Aufwendungsersatz nicht den steuerlichen Voraussetzungen für die Steuerfreiheit oder die gezahlten Beträge sind höher, als dies nach den steuerlichen Regelungen zulässig ist. Dies gilt vor allem für die Zahlung steuerfreier Auslösungen für Verpflegungsmehraufwendungen, da hier steuerlich die Verpflegungspauschalen (§ 9 Abs. 4a EStG) zu beachten sind.

Auch soweit Auslösungen in Tarifverträgen geregelt sind, hat dies auf ihre **steuerliche Beurteilung keinen Einfluss.** Es ist vielmehr in allen Fällen stets zu prüfen, ob die nach arbeits- oder tarifvertraglichen Regelungen gezahlten „Auslösungen" nach den steuerlichen Vorschriften steuerfrei gelassen werden können. Auf die Bezeichnung kommt es dabei nicht an. Außerdem wird auch in Arbeits- und Tarifverträgen der Begriff „Auslösungen" nicht einheitlich verwendet; es werden vielmehr Vergütungen aller Art unter den verschiedenartigsten Bezeichnungen gezahlt (z. B. Nahauslösungen, Fernauslösungen, Wochenendauslösungen, Fahrtkostenzuschüsse, Wegegeld, Wegezeitentschädigungen, Zehrgelder usw.). Alle diese Zahlungen müssen für die Frage der Steuerfreiheit ausschließlich nach steuerlichen Kriterien beurteilt werden. Steuerfreiheit tritt nur dann und auch nur insoweit ein, als die Zahlung von Auslösungen einen der folgenden Steuerbefreiungstatbestände erfüllt:

- Reisekosten (§ 3 Nr. 13 oder 16 EStG) oder
- Doppelte Haushaltsführung (§ 3 Nr. 13 oder 16 EStG).

Hiernach ergibt sich folgendes Schaubild:

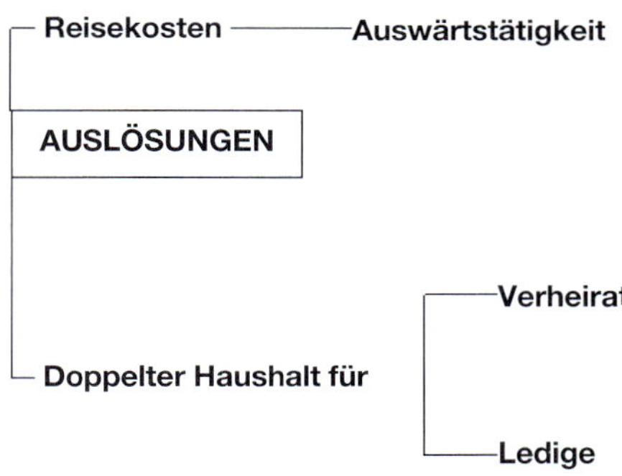

Wichtig ist in diesem Zusammenhang die Vorschrift R 3.16 Satz 1 der Lohnsteuer-Richtlinien, wonach bei der Zahlung von Auslösungen die einzelnen Aufwendungsarten (Fahrtkosten, Verpflegung, Unterkunft) für die Beurteilung der Steuerfreiheit zusammengefasst werden können. Die Gesamtauslösung ist steuerfrei, soweit die Summe der steuerlich zulässigen Einzelerstattungen nicht überschritten wird. Für diese Vergleichsberechnung können mehrere Auswärtstätigkeiten zusammengefasst abgerechnet werden, wenn die Auszahlung der betreffenden Reisekostenvergütungen in einem Betrag erfolgt (R 3.16 Satz 2 LStR). Vgl. hierzu auch die Erläuterungen und Beispiele zu Reisekosten bei Auswärtstätigkeiten in Anhang 4 unter Nr. 12 Buchstabe a.

Die vorstehende Regelung gilt entsprechend für Reisekostenvergütungen aus öffentlichen Kassen.

Sind Auslösungen steuerfrei, sind sie grundsätzlich auch **beitragsfrei in der Sozialversicherung.** nein nein

Auf die Erläuterungen bei den Stichworten „Doppelte Haushaltsführung" und „Reisekosten bei Auswärtstätigkeiten" sowie die Gesamtdarstellung der Reisekosten bei Auswärtstätigkeiten in Anhang 4 wird Bezug genommen.

Handelt es sich nicht um eine beruflich veranlasste Auswärtstätigkeit und liegt auch keine doppelte Haushaltsführung vor, ist ein steuerfreier Ersatz weder für **Verpfle-**

Lohnsteuerpflichtig | Sozialversich.-pflichtig

gungsmehraufwendungen noch für **Kosten der Unterkunft** möglich. Die steuerliche Behandlung eines **Fahrtkostenersatzes** durch den Arbeitgeber richtet sich in diesen Fällen nach den beim Stichwort „Fahrten zwischen Wohnung und erster Tätigkeitsstätte" dargestellten Grundsätzen.

Außendienstpauschale

Außendienstpauschalen, die von privaten Arbeitgebern zur Abgeltung von Aufwendungen bei der Außendiensttätigkeit gezahlt werden (z. B. monatlich 200 €), sind steuerpflichtiger Arbeitslohn und beitragspflichtiges Entgelt. ja ja

Die Erstattungen des Arbeitgebers können nur dann steuerfrei bleiben, wenn der Arbeitnehmer über die Außendiensttätigkeit einzeln nach Reisekostengrundsätzen abrechnet (vgl. „Reisekosten bei Auswärtstätigkeiten" und Anhang 4). Erfolgt gegenüber dem Arbeitgeber keine Abrechnung, muss der Arbeitnehmer seine tatsächlichen Aufwendungen bei seiner Einkommensteuer-Veranlagung als Werbungskosten geltend machen.

Außenprüfung

Zur Lohnsteuer vgl. die Stichworte „Lohnsteuer-Außenprüfung" und „Lohnsteuer-Nachschau".

Für die Sozialversicherungsbeiträge vgl. das Stichwort „Betriebsprüfung".

Außergewöhnliche Belastungen

siehe Anhang 7, Abschnitt D auf Seite 1234

Aussperrung

Aussperrungsunterstützungen unterliegen ebenso wie Streikgelder nicht dem Lohnsteuerabzug. Sie gehören auch nicht zum beitragspflichtigen Entgelt. nein nein

Zur Unterbrechung des Beschäftigungsverhältnisses bei einer Aussperrung vgl. das Stichwort „Unbezahlter Urlaub".

Ausstrahlung

Gliederung:

1. Allgemeines
2. Über- bzw. zwischenstaatliches Recht
3. Sachlicher Geltungsbereich
4. Persönlicher Geltungsbereich
   a) Europäisches Gemeinschaftsrecht
   b) Sozialversicherungsabkommen
5. Gebietlicher Geltungsbereich
   a) Europäisches Gemeinschaftsrecht
   b) Sozialversicherungsabkommen
6. Umlagen nach dem Aufwendungsausgleichsgesetz, Insolvenzgeldumlage
7. Entsendung im Sinne der Ausstrahlung
   a) Entsendung im Rahmen eines in Deutschland bestehenden Beschäftigungsverhältnisses
   b) Merkmale für das Vorliegen eines in Deutschland (fort-)bestehenden Beschäftigungsverhältnisses
   c) Besonderheiten bei Entsendungen ohne vorhergehende Beschäftigung in Deutschland
   d) Besonderheiten bei Entsendungen innerhalb verbundener Unternehmen
8. Zeitliche Begrenzung der Entsendung
   a) Zeitliche Begrenzung im Voraus
   b) Zeitliche Begrenzung infolge der Eigenart der Beschäftigung
   c) Zeitliche Begrenzung durch vertragliche Regelung
9. Entsendung im Rahmen der Arbeitnehmerüberlassung
10. Beendigung der Ausstrahlung
    a) Wechsel des Arbeitgebers
    b) Vorübergehende Rückkehr nach Deutschland
11. Beschäftigungsort
12. Doppelversicherung
13. Prüfung der Voraussetzungen einer Entsendung
14. Antrag auf Entsende-Bescheinigung
15. Maschinelles Verfahren für die Entsende-Bescheinigung A1
16. Brexit

1. Allgemeines

Die Vorschriften über die Versicherungspflicht in der Sozialversicherung gelten nach § 3 Nr. 1 SGB IV grundsätzlich nur für Personen, die im Geltungsbereich des Sozialgesetzbuches eine Beschäftigung tatsächlich ausüben (Beschäftigungsstaatprinzip). Als Ausnahmen von diesem Prinzip ordnet § 4 Abs. 1 SGB IV die Anwendung der deutschen Rechtsvorschriften über die Versicherungspflicht auch für Personen an, die im Rahmen eines in Deutschland (dem Entsendestaat) bestehenden Beschäftigungsverhältnisses in ein Land außerhalb Deutschlands (dem Beschäftigungsstaat) entsandt werden, wenn die Entsendung infolge der Eigenart der Beschäftigung oder vertraglich im Voraus zeitlich begrenzt ist (Entsendung im Sinne der Ausstrahlung). Für den umgekehrten Fall schließt § 5 Abs. 1 SGB IV die Anwendung der deutschen Rechtsvorschriften über die Versicherungspflicht für Personen aus, die im Rahmen eines außerhalb Deutschlands bestehenden Beschäftigungsverhältnisses nach Deutschland entsandt werden, wenn die Entsendung infolge der Eigenart der Beschäftigung oder vertraglich im Voraus zeitlich begrenzt ist (Entsendung im Sinne der Einstrahlung). Die für die Ausstrahlung und Einstrahlung jeweils verlangten Voraussetzungen (Entsendung im Rahmen eines bestehenden Beschäftigungsverhältnisses, zeitliche Begrenzung der Entsendung im Voraus) sind nach den gleichen Kriterien zu beurteilen. Im Rahmen dieser Beurteilung haben andere Kriterien, wie zum Beispiel die Staatsangehörigkeit des Arbeitnehmers, der Sitz des Arbeitgebers, der Wohnort des Arbeitnehmers oder das Recht des Staates, dem der Arbeitsvertrag unterliegt, keine Bedeutung. Die Vorschriften über die Ausstrahlung und Einstrahlung sind einheitlich für die Kranken-, Pflege-, Renten-, Unfall- und Arbeitslosenversicherung anzuwenden. Mittelbare Auswirkungen entfalten sie auch auf die Umlagen nach dem Aufwendungsausgleichsgesetz und die Insolvenzgeldumlage. Abweichende Regelungen des über- und zwischenstaatlichen Rechts sind vorrangig zu beachten (§ 6 SGB IV). Für Arbeitnehmer, die gewöhnlich in Deutschland und daneben auch in einem anderen Staat arbeiten (entweder für den gleichen Arbeitgeber oder für unterschiedliche Arbeitgeber), ohne dass über- oder zwischenstaatliches Recht anzuwenden ist, gelten aufgrund des Beschäftigungsstaatprinzips (§ 3 Nr. 1 SGB IV) die Vorschriften über die Versicherungspflicht nur hinsichtlich der in Deutschland ausgeübten Beschäftigung. Hinsichtlich der Beschäftigung im anderen Staat gelten die Regelungen dieses Staates über soziale Sicherheit; ein dem europäischen Gemeinschaftsrecht vergleichbarer Grundsatz, wonach ein Arbeitnehmer dem System der sozialen Sicherheit nur eines Staates unterworfen ist, besteht in diesen Fällen nicht.

Lohn- steuer- pflichtig Sozial- versich.- pflichtig

2. Über- bzw. zwischenstaatliches Recht

In § 6 SGB IV wird klargestellt, dass abweichende Regelungen des über- und zwischenstaatlichen Rechts unberührt bleiben, das heißt vorrangig zu beachten sind. Unter überstaatlichem Recht sind in erster Linie die Regelungen des europäischen Gemeinschaftsrechts für den Bereich der Sozialen Sicherheit und unter zwischenstaatlichem Recht in erster Linie die von der Bundesrepublik Deutschland mit anderen Staaten geschlossenen Sozialversicherungsabkommen zu verstehen.

Bei Entsendungen in oder aus einem anderen Mitgliedstaat der Europäischen Union, des Europäischen Wirtschaftsraums beziehungsweise der Schweiz sind insbesondere

- der Artikel 12 der Verordnung (EG) Nr. 883/2004 des Europäischen Parlaments und des Rates vom 29.4.2004 zur Koordinierung der Systeme der sozialen Sicherheit,
- die Artikel 14 und 15 der Verordnung (EG) Nr. 987/2009 des Europäischen Parlaments und des Rates zur Festlegung der Modalitäten für die Durchführung der Verordnung (EG) Nr. 883/2004 über die Koordinierung der Systeme der sozialen Sicherheit vom 16.9.2009,
- der Beschluss Nr. A2 der Verwaltungskommission für die Koordinierung der Systeme der sozialen Sicherheit zur Auslegung des Artikels 12 der Verordnung (EG) Nr. 883/2004 vom 12.6.2009 und
- der von der Europäischen Kommission herausgegebene „Praktische Leitfaden zum anwendbaren Recht in der Europäischen Union, im Europäischen Wirtschaftsraum und in der Schweiz“

zu beachten.

Bei Entsendungen in oder aus einem Staat, mit dem Deutschland ein Sozialversicherungsabkommen geschlossen hat, sind die Regelungen des jeweiligen Abkommens einschließlich etwaiger Protokolle oder Schlussprotokolle vorrangig zu beachten.

Die §§ 4 und 5 SGB IV sind uneingeschränkt nur in solchen Fällen anzuwenden, in denen über- oder zwischenstaatliche Regelungen über das anzuwendende Versicherungsrecht (im Folgenden: Zuständigkeitsregelungen) nicht greifen. Dies ist der Fall, wenn es entsprechende Zuständigkeitsregelungen nicht gibt oder aber der sachliche, persönliche oder gebietliche Geltungsbereich der jeweiligen Zuständigkeitsregelung eingeschränkt ist. Soweit ein Abkommen nicht greift, weil beispielsweise die Krankenversicherung nicht von dessen sachlichem Geltungsbereich erfasst wird, sind insoweit die §§ 4 und 5 SGB IV anzuwenden. Dies kann für den betroffenen Entsendefall unterschiedliche Ergebnisse in den einzelnen Versicherungszweigen zur Folge haben.

3. Sachlicher Geltungsbereich

Von den Regelungen des europäischen Gemeinschaftsrechts werden alle Zweige der Sozialversicherung erfasst, von den Sozialversicherungsabkommen dagegen in der Regel nur einzelne Versicherungszweige. Aus der nachfolgenden Tabelle sind die Staaten, mit denen ein Sozialversicherungsabkommen geschlossen wurden, in dem eine Regelung zum jeweiligen Versicherungszweig enthalten ist, der jeweilige sachliche Geltungsbereich und die Höchstdauer bis zu der die Vorschriften jeweils gelten, ersichtlich. Für die Prüfung von Einzelfällen ist jedoch immer der exakte Inhalt der Abkommen incl. etwaiger Protokolle oder Schlussprotokolle maßgeblich.

Lohn- steuer- pflichtig Sozial- versich.- pflichtig

Abkommensstaat	Krankenversicherung	Pflegeversicherung	Rentenversicherung	Unfallversicherung	Arbeitsförderung
Albanien	X (Schlussprotokoll zum Abkommen, Ziffer 7 Buchst. a)	X (Schlussprotokoll zum Abkommen, Ziffer 7 Buchst. a)	X	X (Schlussprotokoll zum Abkommen, Ziffer 7 Buchst. a)	X (Schlussprotokoll zum Abkommen, Ziffer 7 Buchst. a)
Australien (Ergänzungsabkommen)			X		X (Schlussprotokoll zum Abkommen, Ziffer 1 Buchst. a: dt. Recht; Befreiung vom dortigen Recht nicht vereinbart)
Bosnien und Herzegowina	X		X	X	X (Abkommen über Arbeitslosenversicherung)
Brasilien			X	X	X (Schlussprotokoll zum Abkommen, Ziffer 8 Buchst. a: dt. Recht sowie Befreiung vom dortigen Recht)
Chile			X		X (Schlussprotokoll zum Abkommen, Ziffer 5 Buchst. a: dt. Recht; Befreiung vom dortigen Recht nicht vereinbart)
China			X		X
Indien			X		X (Art. 10 Abs. 1 Abkommen)
Israel	X (Schlussprotokoll zum Abkommen, Ziffer 5 Buchst. a: nur Mutterschaft)		X	X	

Lohnsteuerpflichtig | Sozialversich.-pflichtig

Abkommensstaat	Krankenversicherung	Pflegeversicherung	Rentenversicherung	Unfallversicherung	Arbeitsförderung
Japan			X		X (Protokoll zum Abkommen, Ziffer 10 Buchst. a: dt. Recht; Befreiung vom dortigen Recht nicht vereinbart)
Kanada a) Quebec			X	X	X (Schlussprotokoll zum Abkommen, Ziffer 6 Buchst. a: dt. Recht; Befreiung vom dortigen Recht nicht vereinbart)
b) übrige Provinzen			X		X (Schlussprotokoll zum Abkommen, Ziffer 4a: dt. Recht; Befreiung vom dortigen Recht nicht vereinbart)
Korea			X		X (Schlussprotokoll zum Abkommen, Ziffer 6 Buchst. a: dt. Recht; Befreiung vom dortigen Recht nicht vereinbart)
Kosovo	X		X	X	X (Abkommen über Arbeitslosenversicherung)
Marokko	X		X	X	X (Schlussprotokoll zum Abkommen, Ziffer 4: Befreiung vom dortigen Recht vereinbart; dt. Recht nach § 4 SGB IV)

Lohnsteuerpflichtig | Sozialversich.-pflichtig

Abkommensstaat	Krankenversicherung	Pflegeversicherung	Rentenversicherung	Unfallversicherung	Arbeitsförderung
Moldau	X (Schlussprotokoll zum Abkommen, Ziffer 7 Buchst. a)	X (Schlussprotokoll zum Abkommen, Ziffer 7 Buchst. a)	X	X	X (Schlussprotokoll zum Abkommen, Ziffer 7 Buchst. a)
Montenegro	X		X	X	X (Abkommen über Arbeitslosenversicherung)
Nordmazedonien	X	X (Schlussprotokoll zum Abkommen, Ziffer 5: dt. Recht; Befreiung vom dortigen Recht nicht vereinbart)	X	X	X (Schlussprotokoll zum Abkommen, Ziffer 5: dt. Recht; Befreiung vom dortigen Recht nicht vereinbart)
Philippinen			X		X (Schlussprotokoll zum Abkommen, Ziffer 5 Buchst. a)
Serbien	X		X	X	X (Abkommen über Arbeitslosenversicherung)
Türkei	X		X	X	X (Schlussprotokoll zum Abkommen, Ziffer 7: Befreiung vom dortigen Recht vereinbart; dt. Recht nach § 4 SGB IV)
Tunesien	X		X	X	
Uruguay	X (Protokoll zum Abkommen, Ziffer 6 Buchst. a: dt. Recht sowie Befreiung vom dortigen Recht)	X (Protokoll zum Abkommen, Ziffer 6 Buchst. a: dt. Recht sowie Befreiung vom dortigen Recht)	X	X (Protokoll zum Abkommen, Ziffer 6 Buchst. a: dt. Recht sowie Befreiung vom dortigen Recht)	X (Protokoll zum Abkommen, Ziffer 6 Buchst. a: dt. Recht sowie Befreiung vom dortigen Recht)
USA	X (Schlussprotokoll zum Abkommen, Ziffer 5 Buchst. e: Befreiung von Medicare, Part A)		X		

Lohn- steuer- pflichtig | Sozial- versich.- pflichtig

4. Persönlicher Geltungsbereich

a) Europäisches Gemeinschaftsrecht

Die Zuständigkeitsregelungen der Verordnung (EG) Nr. 883/2004 gelten für

- die Staatsangehörigen der EU-Mitgliedstaaten (Belgien, Bulgarien, Dänemark, Deutschland, Estland, Finnland, Frankreich, Griechenland, Irland, Italien, Kroatien, Lettland, Litauen, Luxemburg, Malta, Niederlande, Österreich, Polen, Portugal, Rumänien, Schweden, Slowakei, Slowenien, Spanien, Tschechien, Ungarn und Zypern) – siehe Artikel 2 der Verordnung (EG) Nr. 883/2004 –,
- Staatenlose im Sinne des Abkommens über die Rechtsstellung der Staatenlosen sowie für Flüchtlinge im Sinne der Genfer Flüchtlingskonvention, die in einem EU-Mitgliedstaat wohnen – siehe Artikel 2 der Verordnung (EG) Nr. 883/2004 –,
- die Staatsangehörigen der EWR-Staaten Island, Liechtenstein und Norwegen – siehe Beschluss Nr. 76/2011 des Gemeinsamen EWR-Ausschusses –,
- die Staatsangehörigen der Schweiz – siehe Artikel 1 Absatz 2 des Anhangs II Personenfreizügigkeitsabkommen – und
- Drittstaatsangehörige, die ihren rechtmäßigen Wohnsitz in einem EU-Mitgliedstaat haben und in der Europäischen Union von einem grenzüberschreitenden Sachverhalt betroffen sind – siehe Verordnung (EU) Nr. 1231/ 2010.

Bei Entsendungen aus Deutschland nach Dänemark und aus Dänemark nach Deutschland ist zu beachten, dass die Verordnung (EG) Nr. 883/2004 nicht für Drittstaatsangehörige gilt. Aufgrund des Vorläufigen Europäischen Abkommens über soziale Sicherheit ist ausschließlich für türkische Staatsangehörige das deutsch-dänische Abkommen über Soziale Sicherheit anwendbar, das Regelungen zur Kranken-, Renten-, Unfall- und Arbeitslosenversicherung enthält. Für andere Drittstaatsangehörige gelten die §§ 4 und 5 SGB IV.

Bei Entsendungen aus Deutschland in das Vereinigte Königreich Großbritannien und Nordirland (im Weiteren: Großbritannien) und aus Großbritannien nach Deutschland sind ab 1.1.2021 (Ende des in Artikel 126 des Austrittsabkommens festgelegten Übergangszeitraums: 31.12.2020) die Regelungen des Titels III des Austrittsabkommens (Artikel 30 ff.) zu beachten. Im Übrigen gilt in Bezug auf Großbritannien anstelle der Verordnung (EG) Nr. 883/2004 die Verordnung (EWG) Nr. 1408/71 für Drittstaatsangehörige. Diese schließt alle Zweige der sozialen Sicherheit ein.

Bei Entsendungen aus Deutschland nach Island, Liechtenstein und Norwegen sowie aus Island, Liechtenstein und Norwegen nach Deutschland ist zu beachten, dass die Verordnung (EG) Nr. 883/2004 nicht für Staatsangehörige der Schweiz und für Drittstaatsangehörige gilt.

Im Verhältnis zu Liechtenstein ist das deutsch-liechtensteinische Abkommen über Soziale Sicherheit zu beachten, das auch Staatsangehörige der Schweiz und Drittstaatsangehörige einschließt und Regelungen zur Renten- und Arbeitslosenversicherung sowie zum Kindergeld enthält.

Bei Entsendungen aus Deutschland in die Schweiz und aus der Schweiz nach Deutschland ist zu beachten, dass die Verordnung (EG) Nr. 883/2004 nicht für die Staatsangehörigen Islands, Liechtensteins und Norwegens sowie für Drittstaatsangehörige gilt. Insoweit ist das deutsch-schweizerische Abkommen über Soziale Sicherheit, das Regelungen zur Kranken-, Renten, Unfall- und Arbeitslosenversicherung sowie zum Kindergeld enthält, zu beachten.

Lohn- steuer- pflichtig | Sozial- versich.- pflichtig

b) Sozialversicherungsabkommen

Die Zuständigkeitsregelungen der Sozialversicherungsabkommen gelten in der Regel unabhängig von der Staatsangehörigkeit der betroffenen Person. Die Abkommen mit Marokko und Tunesien gelten nur für deutsche und marokkanische bzw. deutsche und tunesische Staatsangehörige sowie für Flüchtlinge und Staatenlose.

5. Gebietlicher Geltungsbereich

a) Europäisches Gemeinschaftsrecht

Die Regelungen des europäischen Gemeinschaftsrechts gelten bei Entsendungen von Deutschland in einen anderen EU-Staat, einen EWR-Staat, die Schweiz und Großbritannien (bis 31.12.2020) bzw. aus einem dieser Staaten nach Deutschland, soweit der Beschäftigungsort vom gebietlichen Geltungsbereich des Gemeinschaftsrechts erfasst wird. Dabei sind folgende Besonderheiten hinsichtlich einzelner Staaten zu beachten:

Dänemark	Hoheitsgebiet des Königreichs Dänemark ohne die Färöer-Inseln und Grönland
Finnland	Hoheitsgebiet der Republik Finnland (einschließlich Åland-Inseln)
Frankreich	Hoheitsgebiet der Republik Frankreich in Europa, Korsika sowie die überseeischen Departements Französisch-Guyana, Guadeloupe, Martinique, Réunion, Saint Barthelmy, Saint Martin; ohne die überseeischen Territorien (französische Gebiete in Australien und der Antarktis, Französisch-Polynesien, Mayotte, Neukaledonien, St. Pierre et Miquelon, Wallis et Futuna) und ohne das Fürstentum Monaco und Andorra
Italien	Hoheitsgebiet der Republik Italien. Nicht erfasst wird: Vatikanstaat und San Marino
Malta	Hoheitsgebiet der Republik Malta einschließl. der Insel Gozo
Niederlande	Hoheitsgebiet des Königreichs der Niederlande. Nicht erfasst werden die Niederländischen Antillen (Cúracao, Bonaire, Salsa, Sint Eústatius und der südliche Teil der Insel St. Maarten) sowie Aruba
Norwegen	Hoheitsgebiet des Königreichs Norwegen; nicht erfasst wird das Gebiet Svalbard (Spitzbergen und Bäreninsel)
Portugal	Hoheitsgebiet der portugiesischen Republik. Hierzu gehören auch die Azoren (Corvo, Flores, Faial, Pico, S. Jorge, Terceira, Graciosa, S. Miguel, Formigas, Santa Maria) und Madeira (einschließlich Desertas, Selvagans, Porto Santo)
Spanien	Hoheitsgebiet des Königreichs Spanien. Hierzu gehören auch die Balearen (Cabrera, Ibiza, Formentera, Mallorca und Menorca) die Kanarischen Inseln (Fuerteventura, Gran Canaria, El Hierro, La Gomera, La Palma, Lanzarote und Teneriffa) die nordafrikanischen Provinzen Ceuta und Melilla. Nicht erfasst wird das Protektorat Tétuan und Andorra.
Zypern	Hoheitsgebiet des südlichen Teils der Republik Zypern. Nicht erfasst werden Akrotiri und Dhekelia

Lohn- steuer- pflichtig | Sozial- versich.- pflichtig

Vereinigtes[1] Königreich Großbritannien und Nordirland (bis 31.12.2020)	Das Hoheitsgebiet des Vereinigten Königreichs von Großbritannien und Nordirland in Europa, d. h. England, Schottland, Wales, Nordirland, Gibraltar. Nicht erfasst werden die britischen Kanalinseln (Alderney, Brecqhou, Burhou, Casquets, Ecréhous, Guernsey, Herm, Jersey, Jethou, Lihou, Minquiers, Sark), die Insel Man und das britische Hoheitsgebiet auf Zypern (Akrotiri, Dhekelia).

b) Sozialversicherungsabkommen

Die Sozialversicherungsabkommen gelten jeweils für das Hoheitsgebiet der Bundesrepublik Deutschland und das Hoheitsgebiet des betreffenden Vertragsstaates. Folgende Besonderheiten sind zu beachten:

In Bezug auf Kanada ist zu berücksichtigen, dass Deutschland mit der Provinz Québec eine Regierungsvereinbarung über Soziale Sicherheit getroffen hat, die bei Entsendungen nach bzw. aus Québec gegenüber dem Abkommen mit Kanada vorrangig anwendbar ist.

Das Abkommen mit China gilt nicht für die Sonderverwaltungsgebiete Hongkong und Macao; das Abkommen mit den USA gilt in den Bundesstaaten sowie für den Distrikt Columbia, den Freistaat Puerto Rico, die Jungferninseln, Guam, Amerikanisch-Samoa und den Bund der Nördlichen Marianen.

Das deutsch-israelische Abkommen über soziale Sicherheit gilt nicht für den Gaza-Streifen, die Golan-Höhen, die West-Bank sowie Ost-Jerusalem.

6. Umlagen nach dem Aufwendungsausgleichsgesetz, Insolvenzgeldumlage

Die Regelungen zur Ausstrahlung und zur Einstrahlung entfalten keine unmittelbaren Rechtswirkungen hinsichtlich der Einbeziehung der Arbeitsentgelte der entsandten Arbeitnehmer bei der Bemessung der Umlagen nach dem Aufwendungsausgleichsgesetz (AAG) sowie der Insolvenzgeldumlage. Die Frage der Einbeziehung einzelner im Betrieb beschäftigter Arbeitnehmer bzw. ihrer Arbeitsentgelte in die Umlagepflicht nach dem AAG ist unter Berücksichtigung des mit dem AAG verfolgten Regelungszwecks eigenständig auszulegen. Dabei ist einerseits zu berücksichtigen, dass der Begriff des Arbeitnehmers nicht nach sozialversicherungsrechtlichen, sondern nach arbeitsrechtlichen Kriterien abgegrenzt wird. Das schließt andererseits jedoch nicht aus, dass die für ein sozialversicherungspflichtiges Beschäftigungsverhältnis geltenden Kriterien, insbesondere im Falle der Entsendung, bei Anwendung des AAG entsprechend angelegt werden können. Im Verfahren zum Ausgleich der Arbeitgeberaufwendungen bei Mutterschaft (U2-Verfahren) ist seit dem 1.1.2018 ohnehin der Arbeitnehmerbegriff i. S. der Sozialversicherung maßgeblich. Der Arbeitnehmerbegriff im Kontext der Regelungen zur Insolvenzgeldumlage deckt sich mit dem Begriff des Arbeitnehmers in der Sozialversicherung. Mithin kann für die Bemessung der Insolvenzgeldumlage auf die Arbeitsentgelte der Arbeitnehmer zurückgegriffen werden, für die nach Maßgabe der §§ 4 und 5 SGB IV die deutschen Vorschriften über die Versicherungspflicht in der Renten-/Arbeitslosenversicherung gelten. Sind nach § 5 Abs. 1 SGB V die deutschen Vorschriften über die Versicherungspflicht in der Renten-/Arbeitslosenversicherung nicht anwendbar, fließen die Arbeitsentgelte nicht in die Berechnung der Insolvenzgeldumlage ein.

Die Regelungen des europäischen Gemeinschaftsrechts für den Bereich der sozialen Sicherheit gelten auch für die Entgeltfortzahlung im Krankheitsfall sowie die Geldleistungen bei Mutterschaft (siehe Artikel 11 Absatz 2 der Verordnung (EG) Nr. 883/2004). Dementsprechend gilt im Anwendungsbereich der Regelungen des europäischen

Lohn- steuer- pflichtig | Sozial- versich.- pflichtig

Gemeinschaftsrechts der Grundsatz, dass sich die Umlagepflicht des Arbeitgebers hinsichtlich der Teilnahme am Ausgleich der Arbeitgeberaufwendungen nach dem AAG (U1- und U2-Verfahren) grundsätzlich auf die Arbeitsentgelte der im Betrieb beschäftigten Arbeitnehmer bezieht, für die die deutschen Rechtsvorschriften über soziale Sicherheit gelten. Das Insolvenzgeld und die Insolvenzgeldumlage fallen dagegen nicht in den sachlichen Anwendungsbereich der Verordnung (EG) Nr. 883/2004.

Ungeachtet dessen sind die Arbeitgeber im Falle einer innereuropäischen Entsendung, für die nach Maßgabe des § 4 Abs. 1 SGB IV die deutschen Vorschriften über die Versicherungspflicht gelten bzw. gelten würden, umlagepflichtig.

Von den Sozialversicherungsabkommen sind die Umlagen nach dem AAG generell nicht erfasst; gleichwohl sind die Arbeitgeber im Falle der Entsendung, für die nach Maßgabe des § 4 Abs. 1 SGB IV die deutschen Vorschriften über die Versicherungspflicht gelten bzw. gelten würden, umlagepflichtig. Schließt ein Sozialversicherungsabkommen hinsichtlich seines Geltungsbereichs das Recht der Arbeitsförderung bzw. Arbeitslosenversicherung ein, besteht für den Arbeitgeber die Verpflichtung zur Zahlung der Insolvenzgeldumlage auf Basis des jeweiligen Abkommens, wenn für seinen Arbeitnehmer bei Beschäftigung im Abkommensstaat (weiterhin) die deutschen Rechtsvorschriften anzuwenden sind. Erfasst ein Sozialversicherungsabkommen das Recht der Arbeitsförderung bzw. Arbeitslosenversicherung nicht, bleibt im Falle einer Entsendung § 4 Abs. 1 SGB IV für die Insolvenzgeldumlage maßgeblich. In den umgekehrten Fällen, in denen nicht die deutschen, sondern die Rechtsvorschriften des anderen Vertrags- bzw. Abkommensstaates Anwendung finden, besteht eine Insolvenzgeldumlagepflicht hingegen nicht.

7. Entsendung im Sinne der Ausstrahlung

Solange unterschiedliche Bezugsgrößen in der Sozialversicherung für die Rechtskreise West (alte Bundesländer) und Ost (neue Bundesländer) bestehen (bis 2025), gelten nach den Regelungen des Einigungsvertrages bzw. der begleitenden Gesetzgebung aus dem Jahr 1990 im Falle der Entsendung von Arbeitnehmern aus den alten Bundesländern in die neuen Bundesländer und umgekehrt die Vorschriften über die Ausstrahlung (§ 4 Abs. 1 SGB IV) und Einstrahlung (§ 5 Abs. 1 SGB IV) entsprechend. Die gemeinsamen Grundsätze zur sozialversicherungsrechtlichen Beurteilung deutsch/deutscher Beschäftigungsverhältnisse vom 12.12.1991 haben insoweit die zum damaligen Zeitpunkt maßgebenden Ein- und Ausstrahlungsrichtlinien entsprechend wiedergegeben. Gegenwärtig steht für die versicherungsrechtliche Beurteilung entsandter Arbeitnehmer die gemeinsame Verlautbarung zur Verfügung. Insofern können die nachfolgenden Ausführungen unter den Nummern 7 bis 14 bei innerdeutscher Ausstrahlung entsprechend angewandt werden.

Für einen Arbeitnehmer gelten während einer vorübergehenden Beschäftigung im Ausland die deutschen Vorschriften über die Sozialversicherung nach § 4 SGB IV, wenn

- es sich um eine Entsendung im Rahmen eines in Deutschland bestehenden Beschäftigungsverhältnisses handelt und
- die Dauer der Beschäftigung im Ausland im Voraus oder durch ihre Eigenart zeitlich begrenzt ist.

Eine Entsendung kann auch bei erlaubter Arbeitnehmerüberlassung ins Ausland erfolgen.

Die Voraussetzungen einer Entsendung im Sinne der Ausstrahlung nach § 4 Abs. 1 SGB IV sind nicht identisch mit denen der Entsenderegelung im Rahmen des europäi-

1) Siehe Ausführungen unter Nr. 16.

Lohn-steuer-pflichtig Sozial-versich.-pflichtig

schen Gemeinschaftsrechts nach Artikel 12 Abs. 1 der Verordnung (EG) Nr. 883/2004. Während das europäische Gemeinschaftsrecht beispielsweise als einen Ausschlusstatbestand für eine Entsendung die Ablösung eines zuvor entsandten Arbeitnehmers vorsieht, hat ein derartiges Ablöseverbot demgegenüber bei der Prüfung der Voraussetzungen einer Entsendung im Sinne der Ausstrahlung nach § 4 Abs. 1 SGB IV grundsätzlich keine Bedeutung. Unterschiede bestehen ferner bei der Weiterbelastung des Arbeitsentgelts an das im Ausland ansässige Unternehmen, die im europäischen Gemeinschaftsrecht – grundsätzlich anders als bei einer Entsendung im Sinne der Ausstrahlung nach § 4 Abs. 1 SGB IV – ohne Auswirkungen auf das Vorliegen einer Entsendung bleibt. Dies gilt auch beim nur im europäischen Gemeinschaftsrecht bestehenden Erfordernis einer gewöhnlich nennenswerten Geschäftstätigkeit des entsendenden Unternehmens im Entsendestaat. Besonders deutlich wird der Unterschied bei dem zeitlichen Rahmen für Entsendungen. Während § 4 Abs. 1 SGB IV keine starre Zeitgrenze kennt, beschränkt das europäische Gemeinschaftsrecht Entsendungen auf eine maximale Dauer von 24 Monaten.

a) Entsendung im Rahmen eines in Deutschland bestehenden Beschäftigungsverhältnisses

Eine Entsendung im Sinne der Ausstrahlung liegt vor, wenn sich ein Beschäftigter auf Weisung seines Arbeitgebers von Deutschland aus in das Ausland begibt, um dort eine Beschäftigung für diesen Arbeitgeber auszuüben. Typisches Merkmal einer Entsendung ist die fortbestehende Inlandsintegration bei im Voraus zeitlich begrenzter Beschäftigung im Ausland. Demzufolge dürfen keine Anhaltspunkte dagegen sprechen, dass der Arbeitnehmer nach dem Auslandseinsatz nach Deutschland zurückkehrt. Für den Fall, dass eine Person unzweifelhaft einer rein ehrenamtlichen Tätigkeit nachgeht, ist nicht vom Vorliegen einer abhängigen Beschäftigung auszugehen. Wesentliche Merkmale einer Beschäftigung sind die Leistungserbringung während einer bestimmten Zeit für einen anderen nach dessen Weisung und die Gewährung einer Vergütung als Gegenleistung. Liegt eine Beschäftigung in Deutschland im Rahmen einer ehrenamtlichen Tätigkeit nicht vor, kann bei grenzüberschreitenden Einsätzen auch keine Entsendung nach § 4 Abs. 1 SGB IV vorliegen. Maßgeblich sind die näheren Umstände des Einzelfalls. Die Feststellung des sozialversicherungsrechtlichen Status einer Person kann auf Anfrage von der zuständigen Einzugsstelle (Krankenkasse) oder durch die Clearingstelle der DRV Bund im Rahmen eines Statusfeststellungsverfahrens nach § 7a SGB IV vorgenommen werden. Eine Entsendung lässt sich weder über die von den Vertragsparteien (Arbeitgeber und Arbeitnehmer) verwendete Bezeichnung noch über die Dauer des Auslandseinsatzes definieren bzw. von anderen Formen der Beschäftigung oder des Aufenthalts im Ausland abgrenzen. Daher kann es sich bei Vorliegen der Voraussetzungen auch bei einer vom Arbeitgeber veranlassten Dienst- oder Geschäftsreise von nur wenigen Tagen um eine Entsendung im Sinne der Ausstrahlung nach § 4 Abs. 1 SGB IV handeln. Die Entsendung muss sich nicht auf einen Staat beschränken. Eine Entsendung im Sinne der Ausstrahlung liegt vielmehr auch dann vor, wenn ein Arbeitnehmer von seinem Arbeitgeber für einen im Voraus begrenzten Zeitraum in einen anderen Staat entsandt wird und im unmittelbaren Anschluss – ohne zwischenzeitliche Rückkehr nach Deutschland – für denselben Arbeitgeber in einem weiteren Staat tätig wird, sofern auch dieser Einsatz im Voraus zeitlich befristet ist. Dies gilt selbst dann, wenn die weitere Entsendung in einen anderen Staat erst während der ersten Entsendung vereinbart wird.

Eine Entsendung im oben genannten Sinne liegt nicht vor, wenn eine Person im Ausland lebt und dort als sogenannte Ortskraft eine Beschäftigung für einen in Deutschland ansässigen Arbeitgeber aufnimmt. Dies gilt selbst dann, wenn die Person beabsichtigt, ihren Wohnsitz nach Deutschland zu verlegen oder sich zunächst kurzzeitig in Deutschland aufhält, um sich beispielsweise mit der Produktpalette seines neuen Arbeitgebers vertraut zu machen.

b) Merkmale für das Vorliegen eines in Deutschland (fort-)bestehenden Beschäftigungsverhältnisses

Welche Merkmale gegeben sein müssen, um von einem (fort-)bestehenden Beschäftigungsverhältnis mit dem entsendenden Arbeitgeber ausgehen zu können, wird im Gesetz nicht näher umschrieben. Nach der Rechtsprechung des Bundessozialgerichts kommt es für die Einordnung maßgebend darauf an, wo der Schwerpunkt der rechtlichen und tatsächlichen Merkmale des Beschäftigungsverhältnisses liegt. Demgemäß wird für das weitere Bestehen eines Beschäftigungsverhältnisses in Deutschland insbesondere vorausgesetzt, dass

- der Arbeitsvertrag nicht ruhend gestellt ist,
- der vorübergehend im Ausland beschäftigte Arbeitnehmer organisatorisch in den Betrieb des entsendenden Arbeitgebers eingegliedert bleibt und wesentliche Elemente eines Beschäftigungsverhältnisses erfüllt werden und
- sich der arbeitsvertragliche Anspruch auf Arbeitsentgelt gegen den entsendenden Arbeitgeber richtet.

Ob diese Voraussetzungen erfüllt werden, ist grundsätzlich einzelfallbezogen zu prüfen. Maßgeblich sind stets die tatsächlichen Verhältnisse, sodass die arbeitsvertragliche Ausgestaltung nicht allein maßgebend ist.

Der Erfüllung dieser Voraussetzungen steht nicht entgegen, dass der Arbeitnehmer mit Zustimmung des Arbeitgebers die abhängige Beschäftigung im Ausland in Form von Telearbeit „von zu Hause aus" ausübt (sog. Home-Office), selbst wenn die Initiative für den Auslandseinsatz vom Arbeitnehmer ausgeht.

Zur Fortführung des in Deutschland bestehenden Beschäftigungsverhältnisses reicht ein sogenanntes Rumpfarbeitsverhältnis nicht aus (vgl. Urteil des BSG vom 25.1.1994 – 4 RA 48/92 – AmtlMitt LVA Rheinprovinz 1994 S. 274). Voraussetzung ist vielmehr, dass die gegenseitigen sich aus dem Beschäftigungsverhältnis ergebenden Hauptpflichten hinreichend intensiv fortbestehen. Abreden über das Ruhen der Hauptpflichten auf Arbeitsleistung und die Zahlung von Arbeitsentgelt sowie das „automatische" Wiederaufleben der Rechte und Pflichten aus dem ursprünglichen Arbeitsvertrag oder eine vertraglich zugesicherte Wiedereintrittsklausel bei Rückkehr nach Deutschland sind Kriterien für ein Rumpfarbeitsverhältnis. Insofern ist in Fällen, in denen der Arbeitsvertrag ruhend gestellt wird, nicht von einem Fortbestehen des Beschäftigungsverhältnisses auszugehen.

Bei der Prüfung, ob der Arbeitnehmer in den Betrieb des entsendenden Arbeitgebers eingegliedert bleibt und wesentliche Elemente eines Beschäftigungsverhältnisses auch während der Entsendung erfüllt sind, ist die faktische Ausgestaltung der Weisungsverhältnisse von wesentlicher Bedeutung. Sofern der entsendende Arbeitgeber allein weisungsbefugt bleibt, unter Umständen auch in einer durch die Auslandstätigkeit bedingten abgeschwächten Form, ist weiterhin von einer Eingliederung in den Betrieb des entsendenden Arbeitgebers auszugehen. Hingegen kann alleine aus einem Rückrufsvorbehalt ein fortbestehendes Weisungsrecht des inländischen Arbeitgebers hinsichtlich der Arbeitsausführung während der Auslandstätigkeit ebenso wenig begründet werden wie aus dem Bekenntnis zum Fortbestehen der Fürsorgepflicht gegenüber dem Arbeitnehmer (vgl. Urteil des BSG vom 17.12.2015 – B 2 U 1/14 R –, USK 2015-150).

Wesentliches Merkmal für das weitere Vorliegen eines in Deutschland bestehenden Beschäftigungsverhältnisses ist, dass sich der arbeitsrechtliche Entgeltanspruch weiterhin allein gegen den entsendenden Arbeitgeber richtet.

Lohn-steuer-pflichtig Sozial-versich.-pflichtig

Dies ist anzunehmen, wenn der Arbeitnehmer arbeitsvertraglich ausschließlich an den entsendenden Arbeitgeber gebunden ist und der Arbeitgeber das Arbeitsentgelt des entsandten Arbeitnehmers in der Entgeltabrechnung wie für seine in Deutschland Beschäftigten ausweist. Des Weiteren muss der entsendende Arbeitgeber das Arbeitsentgelt auch wirtschaftlich tragen. Bei nicht verbundenen Unternehmen ist regelmäßig davon auszugehen, dass der arbeits- bzw. zivilrechtliche Arbeitgeber auch der wirtschaftliche Arbeitgeber ist; etwas anderes gilt dagegen bei Entsendungen innerhalb verbundener Unternehmen. In der Regel wird der entsendende Arbeitgeber berechtigt sein, das Arbeitsentgelt des entsandten Arbeitnehmers steuerlich als Betriebsausgabe geltend zu machen. Selbst wenn ein Betriebsausgabenabzug nicht in Betracht kommen sollte (z. B. weil durch die Auslandsbeschäftigung eine sogenannte steuerliche Betriebsstätte im Ausland entsteht), schließt dieser Umstand eine Entsendung im Sinne der Ausstrahlung nicht aus.

Fehlt allerdings jegliche Inlandsintegration (z. B. bei sogenannten Ortskräften, die eine Beschäftigung im Ausland für einen in Deutschland ansässigen Arbeitgeber ausüben), führt die über den Arbeitgeber in Deutschland erzeugte Entgeltabrechnung nicht zu einer Entsendung. Unterbleibt wegen eines Abkommens zur Vermeidung der Doppelbesteuerung eine Heranziehung zur Lohnsteuer in Deutschland, ist dies unbeachtlich.

c) Besonderheiten bei Entsendungen ohne vorhergehende Beschäftigung in Deutschland

Eine Entsendung im Sinne der Ausstrahlung kann auch dann vorliegen, wenn eine Person, die zuvor nicht bei dem in Deutschland ansässigen entsendenden Arbeitgeber beschäftigt war, direkt mit Beschäftigungsbeginn vorübergehend ins Ausland entsandt wird, wenn eine anschließende Weiterbeschäftigung bei dem entsendenden Unternehmen in Deutschland vorgesehen ist. Der Arbeitnehmer muss aber vor der Entsendung entweder in Deutschland beschäftigt gewesen sind oder wenigstens dort seinen Wohnsitz oder gewöhnlichen Aufenthaltsort gehabt haben (vgl. Ureil des BSG vom 27.5.1986 – 2 RU 12/85 –, USK 8656). Dementsprechend können selbst für Personen, die unmittelbar vor der vorübergehenden Auslandsbeschäftigung in Deutschland gelebt, aber noch nicht im Erwerbsleben gestanden haben (z. B. Schüler, Studenten, Erwerbslose) und im Sinne der Vorschriften über die Ausstrahlung entsandt werden.

Ohne eine der Auslandsbeschäftigung unmittelbar vorhergehenden Beschäftigung des Arbeitnehmers bei dem entsendenden Unternehmen in Deutschland liegt eine Entsendung im Rahmen eines in Deutschland bestehenden Beschäftigungsverhältnisses allerdings nur vor, wenn eine Vereinbarung über oder eine Perspektive für eine anschließende Weiterbeschäftigung des entsandten Arbeitnehmers bei dem entsendenden Unternehmen in Deutschland besteht. Von einer Weiterbeschäftigung in Deutschland ist dann auszugehen, wenn nach dem Ende der Auslandstätigkeit weiterhin Hauptpflichten aus dem Arbeitsverhältnis in Deutschland erbracht werden sollen. Tätigkeiten, die lediglich zur Abwicklung des vorübergehend im Ausland ausgeübten Beschäftigungsverhältnisses erforderlich sind (z. B. Herausgabe von Unterlagen oder Anfertigung von Berichten), stellen üblicherweise keine Hauptpflichten aus dem Arbeitsverhältnis dar (vgl. Urteil des BSG vom 19.12.2013 – B 2 U 14/12 R). In derartigen Fällen ist mithin nicht von einer Weiterbeschäftigung in Deutschland auszugehen.

d) Besonderheiten bei Entsendungen innerhalb verbundener Unternehmen

Die Rechtsbeziehungen zwischen dem in Deutschland ansässigen Arbeitgeber und dem Unternehmen, bei dem die Beschäftigung vorübergehend im Ausland ausgeübt wird, sind grundsätzlich unerheblich, sodass die o.g. Ausführungen auch bei Entsendungen zu verbundenen Unternehmen gleichermaßen zu beachten sind. Von verbundenen Unternehmen im vorstehenden Sinne ist auszugehen, wenn ein Unternehmen unmittelbar oder mittelbar an der Geschäftsleitung, der Kontrolle oder dem Kapital eines anderen Unternehmens beteiligt ist.

Die rechtliche Struktur des im Ausland ansässigen Unternehmens ist allerdings insofern von Bedeutung, als bei der Arbeit in einem verbundenen Unternehmen im Ausland, das nicht nur wirtschaftlich, sondern auch rechtlich selbstständig ist, regelmäßig von einer stärkeren Eingliederung (in dieses ausländische Unternehmen) auszugehen ist als bei der Arbeit in einer Repräsentanz, einer Zweigniederlassung, einer steuerlichen Betriebsstätte oder einem ähnlichen unselbstständigen Unternehmensteil. Wird ein Arbeitnehmer im Rahmen eines in Deutschland bestehenden Beschäftigungsverhältnisses von seinem Arbeitgeber im Voraus zeitlich befristet zu einer Repräsentanz, einer Zweigniederlassung, einer steuerlichen Betriebsstätte oder einem ähnlichen unselbstständigen Unternehmensteil entsandt, wird im Regelfall davon ausgegangen werden können, das der Arbeitnehmer in den entsendenden Betrieb eingegliedert bleibt. Gleichwohl kann auch eine Eingliederung in den unselbstständigen Unternehmensteil in Betracht kommen. Aus diesem Grund ist der Schwerpunkt des Beschäftigungsverhältnisses im konkreten Einzelfall nach den o.g. Kriterien zu ermitteln. Eine Entsendung im Sinne der Ausstrahlung liegt nicht allein deshalb vor, weil

- die im Voraus zeitlich begrenzte Beschäftigung auf Veranlassung oder mit Zustimmung des in Deutschland ansässigen Arbeitgebers zustande gekommen ist,
- der in Deutschland ansässige Arbeitgeber berechtigt ist, den entsandten Arbeitnehmer jederzeit nach Deutschland zurückzurufen,
- der Arbeitnehmer vom entsendenden Arbeitgeber weiterhin als Vertrauensperson betrachtet wird,
- der Arbeitnehmer für die Dauer der vorübergehenden Beschäftigung im Ausland weiterhin einer Betriebspensionskasse des in Deutschland ansässigen Arbeitgebers angehört oder
- der in Deutschland ansässige Arbeitgeber einen Teil des Arbeitsentgelts zu eigenen Lasten zahlt.

Bei Auslandseinsätzen in verbundenen Unternehmen ist insbesondere zu prüfen, ob das entsendende Unternehmen nicht nur arbeits- bzw. zivilrechtlicher, sondern auch wirtschaftlicher Arbeitgeber ist bzw. bleibt, es sich um eine kurzzeitige Entsendung handelt, bei der die Bedeutung, wem der wirtschaftliche Wert der Arbeit zuzurechnen ist, in den Hintergrund tritt, ein lokaler Arbeitsvertrag mit dem im Ausland ansässigen Unternehmen geschlossen wird und unter Umständen beide Unternehmen Arbeitgeber des betreffenden Arbeitnehmers sind.

Das entsendende Unternehmen ist bzw. bleibt wirtschaftlicher Arbeitgeber, wenn ihm der Wert der vom entsandten Arbeitnehmer geleisteten Arbeit unmittelbar zugute kommt und es das Arbeitsentgelt wirtschaftlich trägt. Ist das entsendende Unternehmen berechtigt, das Arbeitsentgelt bei der Gewinnermittlung in Deutschland als Betriebsausgabe steuerrechtlich geltend zu machen, ist grundsätzlich vom Vorliegen einer Entsendung auszugehen (vgl. Urteil des BSG vom 7.11.1996 – 12 RK 79/94 –, USK 9651).

Die Stellung als wirtschaftlicher Arbeitgeber geht allerdings verloren, wenn das Arbeitsentgelt als Teil der tatsächlichen Personalkosten ganz oder überwiegend an das im Ausland ansässige verbundene Unternehmen weiterbelastet oder von diesem unmittelbar getragen wird. Dementsprechend liegen die Voraussetzungen einer Entsendung im Sinne der Ausstrahlung grundsätzlich nicht vor. Dies gilt auch, wenn der wirtschaftliche Wert der vom entsandten Arbeitnehmer geleisteten Arbeit dem auslän-

Lohn- steuer- pflichtig | Sozial- versich.- pflichtig

dischen verbundenen Unternehmen zugute kommt, die Weiterbelastung der Kosten mit Blick auf die finanzielle Situation dieses Unternehmens aber unterbleibt.

Sofern die tatsächlichen Personalkosten (Arbeitsentgelt einschließlich Überstundenvergütung, Reisekosten etc.) in Form eines kalkulatorisch ermittelten Pauschalpreises, in dem auch andere Kosten und ein Gewinnaufschlag enthalten sind, angesetzt werden (z. B. im Rahmen der Erfüllung einer Lieferungs- oder Werk-/Dienstleistungsverpflichtung), stellt dies keine unmittelbare Weiterbelastung des Arbeitsentgelts des entsandten Arbeitnehmers dar. Gleiches gilt, wenn die im Zusammenhang mit der Entsendung stehenden Kosten auf der Grundlage einer Vereinbarung zwischen den verbundenen Unternehmen zu Bedingungen abgerechnet werden, wie sie zwischen Fremdfirmen üblich sind. In der Konsequenz ist das Vorliegen einer Entsendung im Sinne der Ausstrahlung dadurch nicht ausgeschlossen.

Bei kurzzeitigen Entsendungen zu im Ausland ansässigen verbundenen Unternehmen tritt die Bedeutung des wirtschaftlichen Arbeitgebers allerdings in den Hintergrund. Die steuerliche Geltendmachung des Arbeitsentgelts als Betriebsausgabe durch das verbundene Unternehmen, zu dem der Arbeitnehmer entsandt wurde, ist für das Vorliegen einer Entsendung unschädlich, wenn der Arbeitnehmer nur für eine kurze Zeit zu dem im Ausland ansässigen verbundenen Unternehmen entsandt wurde; von kurzzeitiger Dauer ist ein Einsatz, der zwei Monate nicht überschreitet und sich der Arbeitsentgeltanspruch des Arbeitnehmers ausschließlich gegen den entsendenden Arbeitgeber richtet. Bei dem erneuten kurzfristigen Einsatz des Arbeitnehmers in demselben Staat bei demselben verbundenen Unternehmen handelt es sich nur dann um eine Entsendung im Sinne der Ausstrahlung, wenn seit dem Ende der vorherigen vorübergehenden Beschäftigung dort mindestens zwei Monate vergangen sind. Der für das Vorliegen einer Entsendung im Sinne der Ausstrahlung unschädliche kurzzeitige Arbeitseinsatz von längstens zwei Monaten muss nicht zwingend durchgehend verlaufen. Die Voraussetzungen für die Anwendung der Regelung sind auch dann erfüllt, wenn der Arbeitseinsatz mit Unterbrechungen stattfindet, aber insgesamt der Zeitraum von zwei Monaten (von Beginn des ersten Tages der vorübergehenden Beschäftigung beim verbundenen Unternehmen im Ausland an) nicht überschritten wird. Insofern wird in diesem Rahmen nach einer Unterbrechung keine zweimonatige Abstandsfrist in Gang gesetzt.

Der Abschluss eines lokalen Arbeitsvertrages mit dem im Ausland ansässigen (aufnehmenden) Unternehmen bei gleichzeitigem Ruhen des Arbeitsvertrages mit dem in Deutschland ansässigen Unternehmen oder der Reduzierung dieses Arbeitsvertrages auf einen sogenannten Stammhausbindungsvertrag schließt eine Entsendung im Sinne der Ausstrahlung aus, da davon auszugehen ist, dass durch den lokalen Arbeitsvertrag der Arbeitnehmer zur Leistung weisungsgebundener, fremdbestimmter Arbeit in persönlicher Abhängigkeit zu dem im Ausland ansässigen Unternehmen verpflichtet wird und im Gegenzug ein Vergütungsanspruch hieraus entsteht. Hiervon abweichend steht der Abschluss eines zusätzlichen lokalen Arbeitsvertrages (z. B. um ein Arbeitsvisum zu erhalten) einer Entsendung innerhalb verbundener Unternehmen dann nicht entgegen, wenn die üblichen wechselseitigen Hauptpflichten aus dem lokalen Arbeitsvertrag faktisch suspendiert sind, das heißt, die Ausgestaltung der Weisungsverhältnisse weiterhin allein bei dem entsendenden Unternehmen liegt und allein das entsendende Unternehmen das Arbeitsentgelt wirtschaftlich trägt.

Arbeitnehmer, die sowohl für das in Deutschland ansässige, entsendende Unternehmen als auch für das im Ausland ansässige, aufnehmende Unternehmen im Ausland beschäftigt sind, können in zwei abgrenzbar voneinander zu beurteilenden Beschäftigungsverhältnissen (zum inländischen entsendenden Unternehmen einerseits und zum ausländischen aufnehmenden Unternehmen andererseits) stehen. Voraussetzung hierfür ist, dass der Arbeitnehmer in beide Unternehmen eingegliedert ist, gegen beide Unternehmen ein Arbeitsentgeltanspruch besteht und beide Unternehmen als wirtschaftlicher Arbeitgeber anzusehen sind. In diesen Fällen gelten die deutschen Vorschriften über die Versicherungspflicht im Rahmen der Entsendung im Sinne der Ausstrahlung nur hinsichtlich der für das deutsche entsendende Unternehmen ausgeübten Beschäftigung. Stellt das ausländische aufnehmende Unternehmen dem Arbeitnehmer auf eigene Kosten lediglich Sachbezüge (z. B. Wohnung, PKW) zur Verfügung, ohne dass eine arbeitsvertragliche Grundlage hierfür besteht, liegt eine Mehrfachbeschäftigung in der Regel nicht vor. Die Sachbezüge haben für die Beurteilung der Versicherungs- und Beitragspflicht im Rahmen der Entsendung keine Bedeutung.

Die Tätigkeit im freiwilligen sozialen Jahr oder freiwilligen ökologischen Jahr nach dem Jugendfreiwilligendiensstegesetz stellt sich in sozialversicherungsrechtlicher Hinsicht grundsätzlich als Beschäftigung im Sinne des § 7 Abs. 1 Satz 1 SGB IV, zumindest aber als ein der Beschäftigung gleichgestellter Dienst dar; dementsprechend unterliegen die Teilnehmer an einem der Jugendfreiwilligendienste der Versicherungspflicht als Arbeitnehmer in den einzelnen Zweigen der Sozialversicherung. Die für den Eintritt von Versicherungspflicht geforderte Entgeltlichkeit wird in der Regel durch die Gewährung von Unterkunft und Verpflegung, Arbeitskleidung und/oder ein Taschengeld erfüllt.

Das Beschäftigungsverhältnis mit dem deutschen Träger des Freiwilligendienstes besteht auch in den Fällen, in denen der Freiwilligendienst im Ausland abgeleistet bzw. der Dienstleistende zu einer Einsatzstelle ins Ausland entsandt wird. Aufgrund der rechtlichen Bindungen zum Träger des Freiwilligendienstes bleibt dessen bestimmender Einfluss auch während der Ableistung des Dienstes im Ausland gewahrt. Die Funktion der Einsatzstelle im Ausland, auf die im beschränkten Umfang Weisungsrechte übertragen sind, beschränkt sich im Wesentlichen darauf, die dem Träger des Freiwilligendienstes geschuldete Dienstleistung des Dienstleistenden in Empfang zu nehmen. Von daher ist bei einer Entsendung im Rahmen eines Jugendfreiwilligendienstes zwar von einer Eingliederung in die Trägerorganisation des Entsendestaates auszugehen. Einer Entsendung im Sinne der Ausstrahlung in einen Staat, mit dem Deutschland durch ein bilaterales Sozialversicherungsabkommen verbunden ist oder für den Regelungen des über- und zwischenstaatlichen Rechts nicht anzuwenden sind („vertragsloses Ausland"), steht jedoch entgegen, dass der Dienstleistende allein zum Zweck der Ableistung des Dienstes im Ausland eingestellt wurde und insofern eine fortbestehende Inlandsintegration nicht gegeben ist und des Weiteren auch eine Weiterbeschäftigung nach Rückkehr aus dem Ausland bei dem Träger des Freiwilligendienstes regelmäßig nicht stattfindet. Wird der Dienst allerdings in einem Staat geleistet, in dem das Europäische Gemeinschaftsrecht anwendbar ist, handelt es sich um eine Entsendung nach Artikel 12 Abs. 1 der Verordnung (EG) Nr. 883/2004, sofern der Einsatz im Voraus auf maximal 24 Monate begrenzt ist, für den Dienstleistenden unmittelbar vor dem Auslandseinsatz die deutschen Rechtsvorschriften gegolten haben und der Dienstleistende keine zuvor entsandte Person ablöst.

8. Zeitliche Begrenzung der Entsendung

Eine zeitliche Begrenzung der Entsendung im Sinne der Ausstrahlung liegt nur vor, wenn bei vorausschauender Betrachtungsweise ein zeitliches Ende absehbar ist. Die Begrenzung im Voraus kann sich aus der Eigenart der Beschäftigung oder aus einem Vertrag ergeben. Auf feste Zeitgrenzen (etwa zwei Jahre) ist nicht abzustellen. Es ist

Lohn- steuer- pflichtig | Sozial- versich.- pflichtig

somit unschädlich, wenn die Entsendung auf mehrere Jahre befristet ist. Das Erreichen der Altersgrenze für eine Vollrente wegen Alters stellt keine zeitliche Begrenzung in diesem Sinne dar. Eine zeitliche Höchstdauer der Begrenzung sehen die Regelungen zur Entsendung im Sinne der Ausstrahlung nach § 4 SGB IV nicht vor. Hiervon abweichend gelten nach den Zuständigkeitsregelungen des europäischen Gemeinschaftsrechts die Rechtsvorschriften des Entsendestaates unter anderem lediglich dann weiter, wenn die Entsendung im Voraus auf maximal 24 Monate begrenzt ist. Die Regelungen in den Sozialversicherungsabkommen zur zeitlich begrenzten weiteren Anwendung der Rechtsvorschriften des Entsendestaats sind nicht einheitlich. Je nach Abkommen sind Zeiträume von 12, 24, 48 oder 60 Monate vorgesehen. Die Sozialversicherungsabkommen mit Israel und der Türkei sowie das im Verhältnis zu Bosnien-Herzegowina, dem Kosovo, Montenegro und Serbien weiterhin anzuwendende Sozialversicherungsabkommen mit Jugoslawien sehen sogar keine zeitliche Höchstdauer für eine Entsendung vor, sodass insoweit grundsätzlich die gleichen Merkmale wie bei Entsendungen nach § 4 SGB IV gelten (vgl. Urteil des BSG vom 8.12.1994 – 2 RU 37/93 – USK 94106).

a) Zeitliche Begrenzung im Voraus

Eine Entsendung ist im Voraus zeitlich begrenzt, wenn bereits zu ihrem Beginn feststeht, dass sie infolge ihrer Eigenart oder durch vertragliche Vereinbarung zu einem vorhersehbaren Zeitpunkt enden wird. Wird der im Voraus zeitlich begrenzte Auslandseinsatz für eine wiederum im Voraus begrenzte Zeit verlängert, kann weiterhin von einer Entsendung ausgegangen werden, sofern keine Anhaltspunkte dafür vorliegen, dass sich weitere Verlängerungen (sog. „Kettenentsendungen“) anschließen werden.

Ergibt sich die Begrenzung erst im Laufe der Entsendung, so liegt keine Ausstrahlung im Sinne von § 4 SGB IV vor. Ob bei mehreren aufeinanderfolgenden Auslandseinsätzen jeder einzelne Einsatz eine befristete Entsendung darstellt oder ob es sich insgesamt um eine – unbefristete – Auslandsbeschäftigung handelt, hängt von den Umständen des Einzelfalles ab. Sind zum Beispiel von Anfang an nur Auslandseinsätze geplant oder kommen wegen der Art der Tätigkeit nur solche infrage, mangelt es an der Voraussetzung der Weiterbeschäftigung in Deutschland bei zum Zwecke der Entsendung eingestellten Personen (vgl. Urteil des BSG vom 25.8.1994 – 2 RU 14/93 – USK 9466).

Sofern sich die Begrenzung nicht aus der Eigenart der Beschäftigung oder durch vertragliche Abreden ergibt, stellt allein ein Recht des Arbeitgebers, den Beschäftigten jederzeit aus dem Ausland zurückzurufen und ihm einen Arbeitsplatz im Inland zuzuweisen, für sich betrachtet keine zeitliche Begrenzung der Entsendung im Voraus dar. In diesem Falle steht nicht bereits zu Beginn der Entsendung fest, ob und gegebenenfalls wann der Arbeitgeber von seinem Rückrufrecht Gebrauch machen wird.

b) Zeitliche Begrenzung infolge der Eigenart der Beschäftigung

Hierunter fallen Beschäftigungen, die nach allgemeiner Lebenserfahrung nicht auf Dauer angelegt sind. Dies gilt zum Beispiel für Beschäftigungen, die mit Projekten im Zusammenhang stehen, deren Fertigstellung eine absehbare Zeit in Anspruch nimmt – insbesondere für Montage- und Einweisungsarbeiten, Arbeiten im Zusammenhang mit der Errichtung von Bauwerken und Betriebsanlagen. Auch hier ist in vorausschauender Betrachtungsweise zu beurteilen, ob Wesen, Inhalt oder Umfang der vorgesehenen Auslandsbeschäftigung für deren zeitliche Beschränkung sprechen.

Lohn- steuer- pflichtig | Sozial- versich.- pflichtig

c) Zeitliche Begrenzung durch vertragliche Regelung

Ob eine Entsendung im Voraus vertraglich begrenzt ist, lässt sich in der Regel dem Arbeitsvertrag entnehmen, wenn dieser ein Datum enthält, zu dem die Entsendung endet. Eine vertragliche Begrenzung ist dagegen zu verneinen, wenn ein befristeter Vertrag für die Auslandsbeschäftigung vorliegt, der – wenn er nicht gekündigt wird – sich automatisch verlängert (vgl. Urteil des BSG vom 4.5.1994 – 11 RAr 55/93 – USK 9435).

Eine zunächst im Voraus vertraglich zeitlich begrenzte Entsendung, die nach dem Vertrag für einen weiteren begrenzten Zeitraum fortgesetzt werden kann, gilt grundsätzlich auch für die Verlängerungszeit als im Voraus zeitlich begrenzt.

9. Entsendung im Rahmen der Arbeitnehmerüberlassung

Eine Entsendung kann auch dann vorliegen, wenn ein Arbeitgeber einen Arbeitnehmer von Deutschland in das Ausland verleiht und hierfür die erforderliche Verleiherlaubnis nach dem Arbeitnehmerüberlassungsgesetz (AÜG) hat. Entscheidend ist, dass die organisatorische Eingliederung in das entsendende Verleihunternehmen bestehen bleibt und sich der arbeitsvertragliche Anspruch auf Arbeitsentgelt gegen den entsendenden Arbeitgeber richtet. Das abgeschwächte Weisungsrecht des Verleihers ist unproblematisch, zumal bei der Arbeitnehmerüberlassung das sekundäre Direktionsrecht ohnehin beim Entleiher liegt. Fehlt die für die Arbeitnehmerüberlassung erforderliche Erlaubnis, ist der Vertrag zwischen Verleiher und Leiharbeitnehmer unwirksam (§ 9 Nr. 1 AÜG); insoweit liegt aufgrund von § 10 Abs. 1 AÜG keine Entsendung und somit keine Ausstrahlung vor. Wird ein Arbeitnehmer in das Ausland, und zwar in ein auf der Grundlage zwischenstaatlicher Vereinbarungen begründetes deutsch-ausländisches Gemeinschaftsunternehmen verliehen, an dem der Verleiher beteiligt ist (§ 1 Abs. 3 Nr. 3 AÜG), haben die Regelungen des AÜG keine Bedeutung, sodass auch ohne Erlaubnis eine Entsendung gegeben sein kann. Das AÜG hat bei der Überlassung von Arbeitnehmern innerhalb von Konzernunternehmen im Sinne des § 18 des Aktiengesetzes ebenfalls keine Bedeutung (§ 1 Abs. 3 Nr. 2 AÜG). Wird ein Arbeitnehmer von einem in Deutschland zur Arbeitnehmerüberlassung berechtigten Unternehmen (Verleiher) zu einem in Deutschland ansässigen Unternehmen (Entleiher) verliehen, um von diesem zeitlich begrenzt im Ausland eingesetzt zu werden, kann unter den oben beschriebenen Voraussetzungen eine Entsendung in Betracht kommen.

10. Beendigung der Ausstrahlung

Eine Entsendung im Sinne der Ausstrahlung wird durch Ablauf der zeitlichen Begrenzung oder endgültiger Rückkehr nach Deutschland beendet. Von einer Beendigung ist ferner regelmäßig auszugehen, wenn

- der ausländische Beschäftigungsort derselbe bleibt, aber der Arbeitgeber gewechselt wird oder
- der Arbeitgeber derselbe bleibt, jedoch der Beschäftigungsort vorübergehend vom Ausland nach Deutschland verlegt wird oder
- eine im Voraus befristete Entsendung in eine unbefristete Auslandsbeschäftigung umgewandelt wird.

a) Wechsel des Arbeitgebers

Erfolgt ein Wechsel des Arbeitgebers lediglich dadurch, dass das Unternehmen des bisherigen Arbeitgebers durch ein anderes Unternehmen übernommen wird, ist dieser Wechsel unbeachtlich. Dies gilt insbesondere in den Fällen des Betriebsübergangs nach § 613a BGB. Es handelt sich um eine einheitliche Entsendung.

b) Vorübergehende Rückkehr nach Deutschland

Ein für die Dauer von höchstens zwei Monaten vorübergehender Aufenthalt in Deutschland während der Entsendung, etwa aus Urlaubsgründen, zur Berichterstattung, zur Unterrichtung über neue Techniken, Geschäftsgrundsätze usw. – im Unterschied zur vorübergehenden Verlegung des Beschäftigungsortes – unterbricht die Entsendung nicht. In diesem Fall ist von einer einheitlichen Entsendung auszugehen. Geht der vorübergehende Aufenthalt in Deutschland über den Zeitraum von zwei Monaten hinaus, endet die Entsendung mit der Rückkehr nach Deutschland. Bei der Fortsetzung der Beschäftigung im Ausland ist zu prüfen, ob es sich um eine neue Entsendung im Sinne der Ausstrahlung handelt.

11. Beschäftigungsort

Bei einer Ausstrahlung gilt nach § 9 Abs. 6 Satz 1 SGB IV der bisherige Beschäftigungsort und mithin die an diesen Beschäftigungsort geknüpften Rechtsfolgen, insbesondere bei Anwendung der maßgebenden Rechenwerte (z. B. Beitragsbemessungsgrenzen), als fortbestehend. Durch § 9 Abs. 6 Satz 2 SGB IV wird der Beschäftigungsort für die Fälle fingiert, in denen der Beschäftigte vor der Entsendung nicht bereits für das entsendende Unternehmen in Deutschland gearbeitet hat. Danach gilt als Beschäftigungsort der Ort, an dem der Betrieb, von dem der Beschäftigte entsandt wird, seinen Sitz hat. Bei Entsendungen im Rahmen von Jugendfreiwilligendiensten gilt nach §10 Abs. 1 SGB IV als Beschäftigungsort der Ort, an dem der Träger des Jugendfreiwilligendienstes seinen Sitz hat.

12. Doppelversicherung

Bei der Entsendung im Sinne der Ausstrahlung treten die sich aus § 4 SGB IV ergebenden Rechtsfolgen (Fortgelten der deutschen Rechtsvorschriften über die Versicherungspflicht und die Versicherungsberechtigung) unabhängig davon ein, ob Versicherungspflicht in der Sozialversicherung des Staates, in den der Arbeitnehmer entsandt wird, besteht. Fehlt eine soziale Absicherung in dem Staat, in den der Arbeitnehmer entsendet wird, führt dies nicht dazu, dass allein aus diesem Grund eine Entsendung im Sinne der Ausstrahlung vorliegt.

13. Prüfung der Voraussetzungen einer Entsendung

Ob die Voraussetzungen einer Entsendung vorliegen, hat der Arbeitgeber im Rahmen seiner ihm obliegenden Melde- und Beitragspflichten zu prüfen. Er kann, insbesondere in Zweifelsfällen, von der zuständigen Einzugsstelle verlangen, dass diese eine Feststellung darüber trifft, ob im Einzelfall eine Versicherungspflicht im Rahmen einer Entsendung im Sinne der Ausstrahlung vorliegt oder nicht. Eine generelle Anfrage zur Feststellung der Voraussetzungen einer Entsendung für jeden entsandten Arbeitnehmer, also auch in unzweifelhaften Fällen oder Sachverhalten, die häufiger vorkommen und keine Besonderheiten aufweisen, wird von den Spitzenorganisationen der Sozialversicherung nicht empfohlen. Zuständige Einzugsstelle ist grundsätzlich die Krankenkasse, bei der der Arbeitnehmer krankenversichert ist; bei Arbeitnehmern, die nicht gesetzlich krankenversichert sind, ist die Krankenkasse die zuständige Einzugsstelle, an die die Beiträge zur Renten- und Arbeitslosenversicherung gezahlt werden oder zu zahlen wären. Der Einzug der Unfallversicherungsbeiträge erfolgt durch den zuständigen Unfallversicherungsträger. Bei einer Entsendung ins vertragslose Ausland wird keine Bescheinigung über die Anwendung der deutschen Rechtsvorschriften über soziale Sicherheit – so wie sie beispielsweise bei Entsendungen innerhalb der EU, des EWR oder der Schweiz in Form der A1-Bescheinigung Verwendung findet – ausgestellt, da eine solche Bescheinigung für die Beurteilung der Sozialversicherungspflicht im anderen Staat keine Bedeutung hätte. In diesen Fällen kann – trotz Fortgeltung der deutschen Vorschriften über die Versicherungspflicht des Arbeitnehmers in den einzelnen Versicherungszweigen unter den Voraussetzungen einer Entsendung im Sinne der Ausstrahlung nach § 4 Abs. 1 SGB IV unter Umständen auch eine Versicherungspflicht im Beschäftigungsstaat eintreten und insofern zu einer „doppelten Absicherung" führen.

14. Antrag auf Entsende-Bescheinigung

Für eine Person, die im Rahmen ihres deutschen Beschäftigungsverhältnisses vorübergehend im Ausland eingesetzt wird, gelten wie oben beschrieben unter Umständen weiterhin die deutschen Rechtsvorschriften über soziale Sicherheit. In diesen Fällen können ggf. Entsendebescheinigungen (z. B. innerhalb Europas die Bescheinigung A1) ausgestellt werden.

Die jeweiligen Voraussetzungen werden von der dafür zuständigen Stelle (z. B. Krankenkasse oder Rentenversicherungsträger) geprüft und das Ergebnis ggf. durch eine entsprechende Bescheinigung (z. B. A1) festgestellt. Länderspezifische Fragebögen, Informationen zum für Sie zuständigen Ansprechpartner und weitere Hinweise finden Sie auf der Internetseite der Deutschen Verbindungsstelle Krankenversicherung-Ausland www.dvka.de.

15. Maschinelles Verfahren für die Entsende-Bescheinigung A1

Seit dem 1.1.2019 haben Arbeitgeber nach § 106 Absatz 1 SGB IV Anträge auf Ausstellung von A1-Bescheingungen für Personen, die nach Artikel 12 Absatz 1 VO (EG) Nr. 883/2004 in einen anderen Mitgliedstaat der Europäischen Union, des Europäischen Wirtschaftsraums und die Schweiz (im Folgenden insgesamt „Mitgliedstaat") entsandt werden sollen, auch für zurückliegende Zeiträume durch gesicherte und verschlüsselte Datenübertragung aus systemgeprüften Entgeltabrechnungsprogrammen oder mittels systemgeprüfter maschineller Ausfüllhilfe an die jeweils hierfür zuständige Stelle zu übermitteln. Nach Absatz 2 dieser Vorschrift gilt dies ebenfalls für Anträge auf Abschluss von Ausnahmevereinbarungen nach Artikel 16 Absatz 1 VO (EG) Nr. 883/2004.

Ab dem 1.1.2021 sind nach § 106 Absatz 2 SGB IV n. F. auch Anträge für Beamte und Beschäftigte des öffentlichen Dienstes nach Artikel 11 Absatz 3 Buchstabe b) VO (EG) 883/2004 sowie für Mitglieder von Flug- und Kabinenbesatzungen nach Artikel 11 Absatz 5 VO (EG) 883/2004 auf dem vorgenannten Wege zu stellen. Nach Absatz 3 dieser Vorschrift gilt dies ebenfalls für gewöhnlich in der Seefahrt beschäftigte Personen – im Weiteren als „beschäftigte Seeleute" bezeichnet – nach Artikel 11 Absatz 4 VO (EG) 883/2004. Gleiches gilt gemäß § 106 Absatz 4 SGB IV n. F. für in Deutschland wohnende Personen, die ausschließlich bei einem in Deutschland ansässigen Arbeitgeber beschäftigt sind und ihre Beschäftigung gemäß Artikel 13 Absatz 1 Buchstabe a) oder Buchstabe b) Ziffer i) VO (EG) 883/2004 gewöhnlich in mehreren Mitgliedstaaten ausüben.

Der GKV-Spitzenverband, die Deutsche Rentenversicherung Bund, die Deutsche Gesetzliche Unfallversicherung und die Arbeitsgemeinschaft berufsständischer Versorgungseinrichtungen haben für das elektronische Antrags- und Bescheinigungsverfahren A1 die Einzelheiten der Verfahren wie den Übertragungsweg, die hierfür in Deutschland zuständigen Stellen, die verschiedenen Nachrichtentypen und die Annahmestellen in den „Gemeinsamen Grundsätzen für das elektronische Antrags- und Bescheinigungsverfahren A1 nach § 106 SGB IV" beschrieben. Ergänzt werden diese Grundsätze durch die Verfahrensbeschreibung für das elektronische Antrags- und Bescheinigungsverfahren A1 nach § 106 SGB IV in der vom 1. Januar 2021 an geltenden Fassung (vgl. www.gkv-datenaustausch.de/arbeitgeber/entsendung/entsendung.jsp).

Lohn-steuer-pflichtig	Sozial-versich.-pflichtig

16. Brexit

Das Vereinigte Königreich Großbritannien und Nordirland (Vereinigtes Königreich) hat am 29.3.2017 offiziell den Austritt aus der Europäischen Union (EU) erklärt, nachdem sich die Mehrheit in einer Volksabstimmung im Juni 2016 dafür ausgesprochen hatte. Gemäß dem EU-Vertrag endet die Mitgliedschaft des Vereinigten Königreichs automatisch zwei Jahre nach der Erklärung des Austritts, falls nicht vorher ein Austrittsabkommen in Kraft tritt. Im Rahmen des zwischen der EU und dem Vereinigten Königreich geschlossenen Austrittsabkommens sind während einer Übergangsphase bis zum 31.12.2020 die Verordnungen (EG) Nr. 883/2004 und (EG) Nr. 987/2009 sowie (EG) Nr. 859/2003 in Verbindung mit der Verordnung (EWG) Nr. 1408/71 vollumfänglich weiter anwendbar (z. B. für Touristen, entsandte Arbeitnehmer, Rentner, Studierende). Das Austrittsabkommen ist das vom EU-Vertrag vorgesehene Abkommen zwischen dem Austrittskandidaten und der EU. Es enthält die Bedingungen der Trennung und Regelungen für eine Übergangsphase. In dieser Übergangsphase sollen die zukünftigen Beziehungen ausgehandelt werden.

Die in Art. 132 Abs. 1 des Austrittsabkommens festgelegte Frist für den Erlass eines Beschlusses zur Verlängerung des Übergangszeitraumes ist am 30.6.2020 abgelaufen. Eine Verlängerung des Übergangszeitraumes wurde vom Vereinigten Königreich nicht beantragt. Ab dem 1.1.2021 finden damit die Vorschriften des Austrittsabkommens (Teil Zwei, Titel III zur Koordinierung der Systeme der sozialen Sicherheit) Anwendung. Austrittsabkommen siehe www.dvka.de/media/dokumente/rechtsquellen/Austrittsabkommen_Vereinigtes_Koenigreich.pdf.)

Die Verordnungen (EG) 883/04 und 987/09 zur Koordinierung der Systeme der sozialen Sicherheit sowie für Drittstaatsangehörige die Verordnung (EG) 859/03 in Verbindung mit den Verordnungen (EWG) 1408/71 und 574/72 gelten ab dem 1.1.2021 für Sachverhalte, die vor dem Ende des Übergangszeitraumes einen grenzüberschreitenden Bezug zum Vereinigten Königreich hatten, in dem im Austrittsabkommen festgelegten Rahmen weiter.

Für neue Sachverhalte, die vor dem 1.1.2021 keinerlei grenzüberschreitenden Bezug zum Vereinigten Königreich hatten, finden die Verordnungen zur Koordinierung der Systeme der sozialen Sicherheit keine Anwendung mehr.

Gilt für eine Person das deutsche Recht, während sie im Vereinigten Königreich eine Erwerbstätigkeit ausübt (z. B. weil sie dorthin entsandt ist), so sind auch über den 31.12.2020 hinaus die deutschen Rechtsvorschriften anwendbar, solange die Situation ununterbrochen fortbesteht. Das bedeutet z. B., dass bei einer Entsendung in das Vereinigte Königreich, die spätestens am 31.12.2020 beginnt, eine A1-Bescheinigung für maximal 24 Monate – also bis max. zum 30.12.2022 – ausgestellt werden kann, wenn auch die sonstigen Entsendevoraussetzungen erfüllt sind.

Setzt eine in Deutschland wohnende Person über den 31.12.2020 hinaus eine gewöhnlich in dem Vereinigten Königreich und einem oder mehreren anderen Mitgliedstaaten ausgeübte Erwerbstätigkeit ununterbrochen fort, so kann auch für Zeiträume nach dem 31.12.2020 das anwendbare Recht festgelegt und mit einer A1-Bescheinigung bestätigt werden.

Dies gilt auch für im Vereinigten Königreich tätige Beamte bzw. ihnen gleichgestellte Personen sowie Flug- und Kabinenbesatzungsmitglieder.

Es ist bei der jeweils zuständigen Stelle eine neue A1-Bescheinigung zu beantragen, sofern eine A1-Bescheinigung in Bezug auf das Vereinigte Königreich nur befristet bis zu einem ursprünglich vorgesehenen Austrittsdatum ausgestellt wurde und die Tätigkeit darüber hinaus andauert.

Lohn-steuer-pflichtig	Sozial-versich.-pflichtig

Derzeit ist offen, ob und ggf. in welcher Form für den Zeitraum nach dem 31.12.2020 zwischen der EU und dem Vereinigten Königreich Regelungen zur Koordinierung des anwendbaren Rechts gelten werden.

Auswärtstätigkeit

siehe „Reisekosten bei Auswärtstätigkeiten“ und Anhang 4

Auszubildende

Neues auf einen Blick:

Seit dem Jahr 2020 sind für Auszubildende gesetzliche **Mindestvergütungen** festgelegt worden (§ 17 BBiG). Bei einem **Beginn** der **Berufsausbildung** im Jahr **2021** beträgt diese Mindestvergütung im ersten Jahr **550 € monatlich. Tarifverträge** haben allerdings **Vorrang** vor der Mindestvergütung.

Gliederung:

1. Allgemeines
2. Lohnsteuerpflicht
3. Fahrten zur Berufsschule
4. Sozialversicherungsrechtliche Behandlung
5. Meldung der Berufsausbildung
6. Keine Auswirkung der Ausbildungsvergütung auf das Kindergeld

1. Allgemeines

Auszubildende sind Arbeitnehmer im steuer- und beitragsrechtlichen Sinn. ja ja

Bei der Beschäftigung von Auszubildenden sind insbesondere die gesetzlichen Verbote und Gebote des Jugendarbeitsschutzgesetzes hinsichtlich der Gestaltung der Arbeitsbedingungen und der Festlegung der Arbeitszeit sowie die Vorschriften des Berufsbildungsgesetzes (BBiG), das die Rechtsverhältnisse zwischen Auszubildenden und Ausbildungsbetrieb regelt, zu beachten. Mit dem Auszubildenden ist schriftlich ein Berufsausbildungsvertrag abzuschließen (§§ 10 und 11 BBiG), dessen Mindestinhalt vorgeschrieben ist. Bei den Industrie- und Handelskammern oder den Handwerkskammern sind entsprechende Musterverträge erhältlich. Bei einem Beginn der Berufsausbildung im Jahr 2021 beträgt die monatliche Mindestvergütung im ersten Jahr 550 € (§ 17 BBiG). Tarifverträge haben allerdings Vorrang vor der Mindestvergütung. Die Ausbildungsvergütung ist bei unverschuldeter Krankheit bis zu sechs Wochen weiterzuzahlen und darf für Zeiten des Berufsschulbesuchs nicht gekürzt werden.

2. Lohnsteuerpflicht

In steuerlicher Hinsicht bestehen keine Besonderheiten. Die Ausbildungsvergütung ist wie bei anderen Arbeitnehmern als laufender Arbeitslohn zu besteuern. Der Arbeitgeber des Auszubildenden hat dessen individuelle Lohnsteuerabzugsmerkmale dem Lohnsteuerabzug zugrunde zu legen. Daher hat der Arbeitgeber auch für Auszubildende die elektronischen Lohnsteuerabzugsmerkmale (ELStAM; vgl. dieses Stichwort) abzurufen. Wird der Lohnsteuerabzug nach der Steuerklasse I vorgenommen, bleibt 2021 eine **monatliche** Ausbildungsvergütung in Höhe von **1121 €[1] steuerfrei** (vgl. die Erläuterungen beim Stichwort „Tarifaufbau“).

---

1) Es gelten die Besteuerungsgrenzen des allgemeinen Lohnsteuertarifs für sozialversicherungspflichtige Arbeitnehmer, wenn die Ausbildungsvergütung mehr als 325 € monatlich beträgt (vgl. die Erläuterungen zur Zusammensetzung der Arbeitslohngrenzen beim Stichwort „Tarifaufbau“ unter Nr. 7). Zur Berechnung der ab 1.1.2021 geltenden Vorsorgepauschale bei Auszubildenden wird auf die Erläuterungen in Anhang 8 Nr. 9 Beispiel K auf Seite 1260 hingewiesen.

Lohnsteuerpflichtig | Sozialversich.-pflichtig

Es kommt vor, dass Auszubildende nebenher noch einen sog. 450-Euro-Job ausüben. Hierfür gelten die beim Stichwort „Geringfügige Beschäftigung" dargestellten Grundsätze, das heißt entweder Entrichtung einer Pauschalsteuer von 2 % oder Anwendung der Steuerklasse VI. Die Anwendung der Steuerklasse VI wäre nur dann sinnvoll, wenn hierbei ein Freibetrag in Höhe von 450 € monatlich berücksichtigt wird, wodurch trotz Anwendung der Steuerklasse VI keine Lohnsteuer anfällt. Gleichzeitig muss beim Ausbildungsdienstverhältnis ein **Hinzurechnungsbetrag** in Höhe von 450 € berücksichtigt werden. Dieses Verfahren ist ausführlich anhand von Beispielen beim Stichwort „Hinzurechnungsbetrag beim Lohnsteuerabzug" erläutert. Das Verfahren ist jedoch nur dann sinnvoll, wenn die Ausbildungsvergütung und der Arbeitslohn aus der Nebenbeschäftigung den oben genannten steuerfreien Betrag von 1121 € monatlich nicht übersteigen.

3. Fahrten zur Berufsschule

Will der Arbeitgeber dem Auszubildenden die Aufwendungen für **Fahrten zwischen Wohnung und Betrieb** (= erste Tätigkeitsstätte) ersetzen, gelten für die steuerliche Behandlung dieses Arbeitgebererersatzes die allgemeinen Grundsätze, das heißt, der Fahrtkostenersatz des Arbeitgebers bei Benutzung eines Pkw ist lohnsteuerpflichtig. — ja | ja

Die Lohnsteuer kann allerdings mit 15 % pauschaliert werden, soweit der Auszubildende die Aufwendungen in Höhe der Entfernungspauschale als Werbungskosten geltend machen könnte, wenn sie der Arbeitgeber nicht ersetzen würde. Hierdurch tritt Beitragsfreiheit in der Sozialversicherung ein (vgl. das Stichwort „Fahrten zwischen Wohnung und erster Tätigkeitsstätte" unter Nr. 5). — ja | nein

Eine Pauschalierung mit 15 % ist allerdings nur dann sinnvoll, wenn die **Ausbildungsvergütung** zusammen mit dem pauschal zu besteuernden Fahrtkostenzuschuss den bei Anwendung der Lohnsteuertabelle steuerfrei bleibenden Betrag (vgl. Nr. 2) übersteigt.

Bei Benutzung öffentlicher Verkehrsmittel für Fahrten zwischen Wohnung und erster Tätigkeitsstätte sind die Arbeitgeberleistungen (Job-Ticket oder Barzuschüsse) steuerfrei (§ 3 Nr. 15 EStG). — nein | nein

Die **Fahrten zur Berufsschule sind Fahrten** im Rahmen einer beruflich veranlassten **Auswärtstätigkeit,** weil die Bildungseinrichtung im Rahmen eines (Ausbildungs-)Arbeitsverhältnisses aufgesucht wird; zum Vorliegen einer ersten Tätigkeitsstätte bei vollzeitigen Bildungsmaßnahmen vgl. Anhang 4 „Reisekosten bei Auswärtstätigkeiten" unter Nr. 3 Buchstabe g. Das bedeutet, dass die entstandenen Fahrtkosten in Höhe der tatsächlichen Aufwendungen vom Arbeitgeber steuerfrei ersetzt oder vom Arbeitnehmer als Werbungskosten geltend gemacht werden können. Der Arbeitgeber kann also die Aufwendungen steuerfrei ersetzen und zwar in folgender Höhe:

a) Bei Benutzung öffentlicher Verkehrsmittel in Höhe der tatsächlich entstandenen Kosten. — nein | nein
b) Bei Benutzung eigener Fahrzeuge in Höhe folgender Kilometergelder je **gefahrenen** Kilometer: — nein | nein
   - Pkw 0,30 €
   - andere motorbetriebene Fahrzeuge 0,20 €

Der steuerfreie Ersatz der Fahrtkosten ist unabhängig davon möglich, ob die Fahrten von der Wohnung des Auszubildenden oder vom Ausbildungsbetrieb aus angetreten werden.

Die früher bei Dienstreisen geltende Dreimonatsfrist ist für den steuerfreien Ersatz der Fahrtkosten und der Übernachtungskosten weggefallen. Für **Verpflegungsmehraufwendungen** gilt die **Dreimonatsfrist** allerdings unverändert weiter, weil dies gesetzlich ausdrücklich so geregelt ist (§ 9 Abs. 4a Satz 6 EStG). Findet der Besuch einer Berufsschule aber nicht in Form eines Blockunterrichts, sondern an **maximal zwei Tagen in der Woche** statt, können die Verpflegungspauschalen für diese Tage **zeitlich unbegrenzt** vom Arbeitgeber steuerfrei erstattet oder vom Berufsschüler als Werbungskosten abgezogen werden, weil die Dreimonatsfrist nicht beginnt, solange die Tätigkeitsstätte nicht mehr als zwei Tage wöchentlich aufgesucht wird.[1] Die **Verpflegungspauschalen** bei beruflich veranlassten Auswärtstätigkeiten sind zum 1.1.2020 wie folgt erhöht worden:

Bei **eintägigen Auswärtstätigkeiten** beträgt die Verpflegungspauschale für jeden Kalendertag bei einer Abwesenheit von der Wohnung von **mehr als acht Stunden 14 €** (bis 31.12.2019 = 12 €).

Bei **mehrtägigen Auswärtstätigkeiten** betragen die Verpflegungspauschalen für jeden Kalendertag

- bei einer Abwesenheitszeit von der Wohnung und der ersten Tätigkeitsstätte von **24 Stunden 28 €** (bis 31.12.2019 = 24 €) und
- für den **An- und Abreisetag** bei mehrtägigen Auswärtstätigkeiten ohne Erfordernis einer Mindestabwesenheitszeit **14 €** (bis 31.12.2019 = 12 €).

Beispiel A

Ein Auszubildender besucht – außer in den Schulferien – über die gesamte Lehrzeit von drei Jahren dienstags und donnerstags die Berufsschule. Die Entfernung von der Wohnung zur Berufsschule beträgt 15 km. Die Abwesenheitszeit von der Wohnung beträgt an diesen Tagen mehr als acht Stunden.

Es handelt sich trotz des Zeitraums von drei Jahren um eine beruflich veranlasste Auswärtstätigkeit. Der Arbeitgeber kann über den gesamten Zeitraum von drei Jahren – außer in den Schulferien – folgende Beträge steuerfrei erstatten:

- Fahrtkosten in tatsächlicher Höhe (bei Pkw-Benutzung 0,30 € je gefahrenen Kilometer),
- Verpflegungsmehraufwand pauschal 14 € täglich.

Beispiel B

Ein Auszubildender absolviert im Rahmen seines Ausbildungsdienstverhältnisses einen viermonatigen Lehrgang in einer auswärtigen Bildungseinrichtung. Er übernachtet am Lehrgangsort.

Der Arbeitgeber kann die Aufwendungen nach den für eine beruflich veranlasste Auswärtstätigkeit geltenden Grundsätzen steuerfrei ersetzen:

- Fahrtkosten in tatsächlicher Höhe (bei Pkw-Benutzung 0,30 € je gefahrenen Kilometer) für **vier** Monate,
- Verpflegungsmehraufwand pauschal 28 € täglich für **drei** Monate; für drei Monate für den An- und Abreisetag – auch bei Wochenendheimfahrten – 14 € ohne Prüfung einer Mindestabwesenheitszeit,
- Übernachtungskosten pauschal 20 € oder die tatsächlichen Kosten für **vier** Monate, sofern die Unterkunft nicht ganz oder teilweise unentgeltlich zur Verfügung gestellt worden ist.

Auf die ausführlichen Erläuterungen bei den Stichworten **„Berufsschule"** sowie in Anhang 4 **„Reisekosten bei Auswärtstätigkeiten"** wird Bezug genommen.

4. Sozialversicherungsrechtliche Behandlung

Auszubildende unterliegen **unabhängig von der Höhe der Ausbildungsvergütung** der Versicherungspflicht in der Kranken-, Pflege-, Renten- und Arbeitslosenversicherung. Die Bestimmungen für geringfügig entlohnte Beschäftigungsverhältnisse (sog. 450-Euro-Jobs) gelten hier nicht. Auch der sog. **Übergangsbereich** nach § 20 Abs. 2 SGB IV ist bei Auszubildenden nicht anwendbar (vgl. das Stichwort „Übergangsbereich nach § 20 Abs. 2 SGB IV"). Die Sozialversicherungsbeiträge sind in der Regel von dem Auszubildenden und dem Arbeitgeber nach den allgemeinen Regelungen zu tragen. Dies gilt insbesondere auf die seit dem Jahr 2020 zu zahlenden Mindestvergütungen (= 550 € bei einem Ausbildungsbeginn im Jahr 2021). Der Arbeitgeber hat jedoch die gesamten Sozialversicherungsbeiträge allein aufzubringen, wenn die Ausbildungsvergütung **monatlich 325 €** nicht übersteigt (§ 20 Abs. 3 SGB IV). Die Regelung hat in der Praxis

1) Randnummer 55 des BMF-Schreibens vom 25.11.2020. Das BMF-Schreiben ist als Anlage 1 zu H 9.4 LStR im **Steuerhandbuch für das Lohnbüro 2021** abgedruckt, das im selben Verlag erschienen ist.

aufgrund der seit 1.1.2020 zu zahlenden Mindestvergütung kaum noch Bedeutung. Näheres hierzu siehe auch unter den Stichworten „Geringverdienergrenze" und „Mindestlohn". Dies gilt seit 1.1.2015 auch für den Zusatzbeitrag zur Krankenversicherung und den Beitragszuschlag zur Pflegeversicherung für Kinderlose in Höhe von 0,25 %[1]. Für den Zusatzbeitrag ist für Auszubildende **nicht der kassenindividuelle,** sondern der **durchschnittliche Zusatzbeitragssatz** zu berücksichtigen. Dieser beträgt für das Jahr 2021 **1,3 %.**

Beispiel A

Ein Auszubildender (Steuerklasse I), Ausbildungsbeginn 1.9.2019, erhält im Juni 2021 eine tariflich festgelegte monatliche Ausbildungsvergütung von 300 €.

Die Ausbildungsvergütung übersteigt die Grenze von 325 € nicht. Da somit kein Arbeitnehmeranteil zur Sozialversicherung einzubehalten ist, und bei diesem Betrag in der Steuerklasse I auch keine Lohn- und Kirchensteuer sowie Solidaritätszuschlag anfällt, kann die Vergütung in Höhe von 300 € netto gezahlt werden.

Der Arbeitgeber hat jedoch die Sozialversicherungsbeiträge abzuführen; sie betragen

Krankenversicherung	14,6 %
durchschnittlicher Zusatzbeitragssatz zur Krankenversicherung	1,3 %
Pflegeversicherung (3,05 % + 0,25 %)[1]	3,3 %
Rentenversicherung	18,6 %
Arbeitslosenversicherung	2,4 %
insgesamt	40,2 %

Der Arbeitgeberanteil beträgt somit 40,2 % von 300,– € = 120,60 €.

Der Arbeitgeber muss auch für Auszubildende die Insolvenzgeldumlage mit Beitragsnachweis an die Krankenkasse abführen. Die Insolvenzgeldumlage beträgt ab 1.1.2021 0,12 % des rentenversicherungspflichtigen Arbeitsentgelts.

Erhält der Auszubildende in einem Monat durch die Zahlung einer **einmaligen Zuwendung** mehr als 325 €, tragen Arbeitnehmer und Arbeitgeber den Beitrag für den Teil des Arbeitslohns, der 325 € übersteigt, nach den allgemeinen Regelungen; bis zum Betrag von 325 € trägt auch in diesem Fall der Arbeitgeber den Beitrag allein (§ 20 Abs. 3 Satz 2 SGB IV).

Beispiel B

Ein kinderloser Auszubildender über 23 Jahre (Steuerklasse I/0), Ausbildungsbeginn 1.9.2019, mit einer tariflich festgelegten monatlichen Vergütung von 300 € erhält im Dezember 2021 ein Weihnachtsgeld in Höhe von 300 €. Die Lohnabrechnung für Dezember 2021 ergibt Folgendes:

Laufende Vergütung		300,– €
Weihnachtsgeld		300,– €
steuer- und beitragspflichtig		600,– €
Abzüge:		
Lohnsteuer lt. Steuerklasse I/0	0,– €	
Solidaritätszuschlag	0,– €	
Kirchensteuer	0,– €	
Sozialversicherung	55,63 €	55,63 €
Netto		544,37 €
Arbeitgeberanteil		185,60 €

Berechnung der Sozialversicherungsbeiträge:

Bis zu einem Monatslohn von 325 € trägt der Arbeitgeber den Gesamtsozialversicherungsbeitrag einschließlich des Zusatzbeitrages in der Krankenversicherung allein, für den übersteigenden Betrag tragen ihn Arbeitgeber und Arbeitnehmer nach den allgemeinen Regelungen. Für die gesamte Berechnung des Zusatzbeitrages zur Krankenversicherung gilt der durchschnittliche Zusatzbeitragssatz und nicht der kassenindividuelle. Den Beitragszuschlag zur Pflegeversicherung für Kinderlose trägt der Arbeitnehmer allein. Der Gesamtsozialversicherungsbeitrag ist wie folgt zu berechnen:

	Arbeitnehmeranteil	Arbeitgeberanteil
Krankenversicherung 14,6 % von 325 €		47,45 €
Krankenversicherung (Zusatzbeitrag) (durchschnittlicher Zusatzbeitragssatz 1,3 % von 325 €)		4,23 €
Pflegeversicherung 3,05 % + 0,25 % = 3,3 % von 325 €		10,73 €
Rentenversicherung 18,6 % von 325 €		60,45 €
Arbeitslosenversicherung 2,4 % von 325 €		7,80 €
Beiträge aus (600 € – 325 € =) 275 €		
Krankenversicherung jeweils 7,3 % von 275 €	20,08 €	20,08 €
Krankenversicherung (Zusatzbeitrag) (durchschnittlicher Zusatzbeitragssatz 2 × 0,65 % von 275 €)	1,79 €	1,79 €
Pflegeversicherung 1,775 % und 1,525 % von 275 €	4,88 €	4,19 €
Rentenversicherung 2 × 9,3 % von 275 €	25,58 €	25,58 €
Arbeitslosenversicherung 2 × 1,2 % von 275 €	3,30 €	3,30 €
	55,63 €	185,60 €
Gesamtsozialversicherungsbeitrag	241,23 €	

Berechnung der Lohnsteuer:

Das Weihnachtsgeld ist ein sonstiger Bezug. Die Lohn- und Kirchensteuer errechnet sich nach dem beim Stichwort „Weihnachtsgeld" dargestellten Verfahren.

Jahresarbeitslohn 300 € × 12	=	3 600,– €
Lohnsteuer nach der Jahrestabelle (Steuerklasse I) für den Jahresarbeitslohn von 3600 €	=	0,– €
Lohnsteuer nach der Jahrestabelle für den Jahres arbeitslohn einschließlich Weihnachtsgeld (3600 € + 300 € =) 3900 €	=	0,– €
Lohnsteuer für das Weihnachtsgeld		0,– €
Die Kirchensteuer und der Solidaritätszuschlag betragen ebenfalls		0,– €

Der Arbeitgeber kann selbstverständlich den Gesamtsozialversicherungsbeitrag in voller Höhe übernehmen. Allerdings gehört der in diesem Fall **freiwillig** übernommene Arbeitnehmeranteil wiederum zum Arbeitsentgelt, sodass eine Nettolohnberechnung erforderlich wird (vgl. „Nettolöhne").

5. Meldung der Berufsausbildung

Damit die Rentenversicherungsträger Pflichtversicherungszeiten für eine Berufsausbildung richtig zuordnen können, sind zusätzliche Meldungen durch den Arbeitgeber erforderlich, wenn sich bei demselben Arbeitgeber ein Beschäftigungsverhältnis an das Berufsausbildungsverhältnis anschließt oder diesem vorausgeht. Der Beginn der Ausbildung ist mit der ersten Lohn- und Gehaltsabrechnung, spätestens sechs Wochen nach Beginn der Ausbildung anzumelden. Werden die Auszubildenden nach dem Ende der Berufsausbildung bei demselben Arbeitgeber weiter beschäftigt, hat der Arbeitgeber das Ende der Berufsausbildung und den Beginn des Beschäftigungsverhältnisses zu melden.

Beispiel

Eine Auszubildende beendet am 30. 6. ihre Ausbildung zur Bürokauffrau und wird ab 1. 7. als solche weiterbeschäftigt. Folgende Meldungen sind erforderlich:
Abmeldung zum 30. 6.
Schlüsselzahl 102
Entgelt vom 1. 1. bis 30. 6.
Grund der Abgabe: 33
Anmeldung zum 1. 7.
Schlüsselzahl 101
Grund der Abgabe: 13

Das Ende der Berufsausbildung ist mit der nächsten folgenden Lohn- und Gehaltsabrechnung, spätestens inner-

1) Den Beitragszuschlag zur Pflegeversicherung für Kinderlose in Höhe von 0,25 % haben auch Auszubildende mit Ablauf des Monats zu zahlen, in dem sie das **23. Lebensjahr** vollenden, es sei denn, sie können nachweisen, dass sie mindestens ein Kind haben.

halb von sechs Wochen nach Beendigung der Ausbildung zu melden; der Beginn des Beschäftigungsverhältnisses mit der ersten folgenden Lohn- und Gehaltsabrechnung, spätestens sechs Wochen nach Beginn. Auf die ausführlichen Erläuterungen zu den Meldepflichten des Arbeitgebers in **Anhang 15** des Lexikons wird hingewiesen.

6. Keine Auswirkung der Ausbildungsvergütung auf das Kindergeld

Für ein Kind, das sich in Schul- oder Berufsausbildung befindet, wird das Kindergeld auch dann gewährt, wenn es das 18. Lebensjahr vollendet hat. Bei Schul- oder Berufsausbildung steht das Kindergeld im Normalfall bis zur Vollendung des 25. Lebensjahres zu.

Für eine weitere Ausbildung stehen den Eltern bei Erfüllung der altersmäßigen Voraussetzungen die kindbedingten Steuervergünstigungen zu, wenn das Kind keiner Erwerbstätigkeit mit über 20 Stunden regelmäßiger wöchentlicher Arbeitszeit nachgeht. Ausbildungsdienstverhältnisse und geringfügige Beschäftigungsverhältnisse sind dabei unschädlich. Der Abgrenzung zwischen einer weiteren Ausbildung und einer einheitlichen Erstausbildung mit mehrstufigen Ausbildungsmaßnahmen (= sog. mehraktige Berufsausbildung) kommt dabei besondere Bedeutung zu (vgl. Anhang 9 Nr. 8 besonders Buchstabe h).

Seit dem Jahre 2012 werden das Kindergeld – und auch die kindbedingten Freibeträge – **unabhängig von der Höhe der eigenen Einkünfte und Bezüge** des Kindes gewährt (vgl. auch die Erläuterungen in Anhang 9 Nr. 9).

Beispiel

Die eigenen Einkünfte und Bezüge eines 22-jährigen Auszubildenden betragen 10 000 €.

Die Eltern des Auszubildenden haben Anspruch auf Kindergeld und die kindbedingten Freibeträge. Auf die Höhe der eigenen Einkünfte und Bezüge des Kindes kommt es nicht an.

Autoinsassen-Unfallversicherung

Bei einer Insassen-Unfallversicherung steht im Zeitpunkt der Beitragsleistung noch nicht fest, wer als Versicherter anzusehen ist. Dies ergibt sich erst bei Eintritt des Versicherungsfalls. Dem Arbeitnehmer wird also nicht von vornherein ein unentziehbarer Rechtsanspruch auf eine Versicherungsleistung eingeräumt. Die Beiträge des Arbeitgebers stellen deshalb noch keine Zukunftsicherungsleistung des Arbeitgebers dar und sind daher nicht steuerpflichtig (BFH-Urteil vom 13. 4. 1976, BStBl. II S. 694). nein nein

Eine Todesfall-Versicherungssumme, die aufgrund einer vom Arbeitgeber nach dem Pauschalsystem für Betriebsfahrzeuge abgeschlossenen Autoinsassen-Unfallversicherung den Hinterbliebenen eines auf einer Auswärtstätigkeit tödlich verunglückten Arbeitnehmers zufließt, gehört nicht zum steuerpflichtigen Arbeitslohn oder zu anderen steuerpflichtigen Einkünften (BFH-Urteil vom 22. 4. 1982, BStBl. II S. 496). Die Todesfall-Versicherungssumme ist nicht Entgelt für eine vom Arbeitnehmer geleistete Tätigkeit und hat nicht die Funktion von Lohnersatz. nein nein

Siehe auch die Stichworte: Kaskoversicherung für Unfallschäden bei Auswärtstätigkeit und Unfallversicherung.

Autotelefon

siehe „Telefonkosten“ unter Nr. 3

B

Bachelor-Abschluss

Sozialversicherungsrechtlich gehören Personen, die sich allein zur Erstellung der für einen Studienabschluss erforderlichen Bachelorarbeit in einen Betrieb begeben und in dieser Zeit neben der Bachelorarbeit keine für den Betrieb verwertbare Arbeitsleistung erbringen, nicht zum Personenkreis der abhängig Beschäftigten. Ob in Abhängigkeit von der Verwertung der Bachelorarbeit Vergütungen oder Honorare gezahlt werden, ist für die sozialversicherungsrechtliche Beurteilung nicht von Belang.

Wird dagegen eine **verwertbare Arbeitsleistung** erbracht, sind für die sozialversicherungsrechtliche Beurteilung die für Werkstudenten geltenden Grundsätze maßgebend. Auf die ausführlichen Erläuterungen beim Stichwort „Diplomanden“ wird Bezug genommen.

Steuerlich ist bei einem Studium nur dann von einem Ausbildungsdienstverhältnis auszugehen, wenn das Studium selbst Gegenstand des **Ausbildungsdienstverhältnisses** ist, das Studium also zu den Pflichten des Arbeitnehmers gehört. Der Arbeitnehmer wird also (auch) für das Studieren bezahlt.

Ist das Studium hingegen nicht Gegenstand des Dienstverhältnisses, liegt auch dann kein Ausbildungsdienstverhältnis vor, wenn das Studium von einem Dritten durch die Hingabe von Mitteln (z. B. Stipendien) gefördert wird. Da eine Steuerbefreiungsvorschrift für aus privaten Mitteln stammende Studienbeihilfen nicht besteht, liegen – abhängig von den Gesamtumständen des Einzelfalles – Arbeitslohn oder sonstige Einkünfte vor. Von Arbeitslohn ist insbesondere auszugehen, wenn die Studienbeihilfen privater Arbeitgeber im Hinblick auf ein künftiges Dienstverhältnis gewährt werden (§ 2 Abs. 2 Nr. 1 LStDV).[1)]

Vgl. auch das Stichwort „Praktikanten“.

Backwaren

siehe „Freibrot“

Badeeinrichtungen

Stellt ein Unternehmen seinen Arbeitnehmern **eigene Badeeinrichtungen** (Freibad, Hallenbad, Wannenbäder, Duschräume) zur Verfügung, liegt darin kein steuerpflichtiger Arbeitslohn (Hinweise zu R 19.3 LStR)[2)]. Sie werden der Belegschaft als Gesamtheit und damit im ganz überwiegenden eigenbetrieblichen Interesse des Arbeitgebers zugewendet. nein nein

Die Überlassung von **Eintrittskarten** für solche Badeeinrichtungen, insbesondere die Überlassung eines Abonnements zum Besuch einer Badeanstalt, ist jedoch als „Geldwerter Vorteil“ (vgl. dieses Stichwort) steuer- und beitragspflichtig. Vgl. auch die Erläuterungen beim Stichwort „Eintrittskarten“. ja ja

Zur Anwendung der Freigrenze von 44 € im Kalendermonat vgl. das Stichwort „Sachbezüge“ besonders unter Nr. 4.

Badekuren

siehe „Erholungsbeihilfen“

1) Die Lohnsteuer-Durchführungsverordnung (LStDV) ist als Anhang 1 im **Steuerhandbuch für das Lohnbüro 2021** abgedruckt, das im selben Verlag erschienen ist.

2) Die amtlichen Hinweise zu den Lohnsteuer-Richtlinien sind im **Steuerhandbuch für das Lohnbüro 2021** abgedruckt, das im selben Verlag erschienen ist.

B

BahnCard

Lohnsteuerpflichtig	Sozialversich.-pflichtig

Wichtiges auf einen Blick:

Mit Wirkung ab 1.1.2019 wurde eine **Steuerbefreiungsvorschrift** in § 3 Nr. 15 EStG eingeführt, um Arbeitgeberleistungen (Sachbezüge und Barzuschüsse) für bestimmte Fahrten mit öffentlichen Verkehrsmitteln im Linienverkehr sowie im öffentlichen Personennahverkehr zu begünstigen. Die **Finanzverwaltung** hat ein umfangreiches **Anwendungsschreiben** zur Steuerbefreiungsvorschrift bekannt gegeben.[1] Die sich hierzu ergebende Verwaltungsauffassung ist in die nachfolgenden Ausführungen eingearbeitet worden.

Gliederung:

1. Anschaffung der BahnCard durch den Arbeitgeber
   a) Berufliche Auswärtstätigkeiten
   b) Fahrten Wohnung/erste Tätigkeitsstätte
2. Anschaffung von Fahrausweisen durch den Arbeitnehmer
3. Gemischte Nutzung einer BahnCard für den Personenfernverkehr
   a) Allgemeines
   b) Zusammentreffen mit Privatfahrten
   c) Zusammentreffen mit Reisekosten – Prognostizierte Vollamortisation
   d) Zusammentreffen mit Reisekosten – Prognostizierte Teilamortisation
   e) Verzicht auf Amortisationsprognose

1. Anschaffung der BahnCard durch den Arbeitgeber

a) Berufliche Auswärtstätigkeiten

Stellt der Arbeitgeber dem Arbeitnehmer eine BahnCard zur Verfügung, ist dieser Sachbezug steuer- und beitragsfrei, wenn der Arbeitnehmer die BahnCard **ausschließlich** zur Verbilligung der **beruflichen Fahrten** wegen **Auswärtstätigkeit** verwendet.[2] Entsprechendes gilt für Familienheimfahrten im Rahmen einer beruflich veranlassten doppelten Haushaltsführung. nein nein

Wird die BahnCard vom Arbeitgeber angeschafft und vom Arbeitnehmer sowohl beruflich als **auch privat** genutzt, liegt wegen des ganz überwiegenden eigenbetrieblichen Interesses des Arbeitgebers **kein** steuerpflichtiger **geldwerter Vorteil** vor, wenn nach der Prognose zum Zeitpunkt der Hingabe der BahnCard die **ersparten Kosten** für Einzelfahrscheine, die im Rahmen der beruflich veranlassten Auswärtstätigkeit ohne Nutzung der BahnCard während der Gültigkeitsdauer anfallen würden, die **Kosten der BahnCard erreichen oder übersteigen** (prognostizierte Vollamortisation).[2] Tritt diese Prognose aus unvorhersehbaren Gründen nicht ein (z. B. wegen längerer Erkrankung des Arbeitnehmers), ist keine Nachversteuerung eines geldwerten Vorteils vorzunehmen, weil bei Hingabe der BahnCard ein ganz überwiegendes betriebliches Interesse des Arbeitgebers bestand, das durch die unvorhersehbaren Gründe nicht berührt wird. Dies gilt unabhängig davon, ob es sich um eine BahnCard 25, 50 oder 100 handelt.[3] nein nein

Beispiel A

Der Arbeitgeber stellt dem Außendienstmitarbeiter A Anfang 2021 eine BahnCard 100 (Jahreskarte 2. Klasse, Wert 4000 €) zur Verfügung, die von A auch für private Bahnreisen genutzt wird. Nach der zu Jahresbeginn erstellten Prognose des Arbeitgebers würden Einzelfahrscheine für die beruflich veranlassten Auswärtstätigkeiten des A im Jahre 2021 insgesamt ca. 4500 € kosten.

Die Zurverfügungstellung der BahnCard 100 führt bei A nicht zu einem steuerpflichtigen geldwerten Vorteil, da nach der Prognose zum Zeitpunkt der Hingabe der BahnCard die ersparten Kosten für Einzelfahrscheine die Kosten der BahnCard übersteigen.

Beispiel B

Der Arbeitgeber stellt dem Außendienstmitarbeiter A Anfang 2021 eine BahnCard 50 (Jahreskarte 2. Klasse, Wert 250 €) zur Verfügung, die von A auch für private Bahnreisen genutzt wird. Nach der zu Jahresbeginn erstellten Prognose des Arbeitgebers würden Einzelfahrscheine für die beruflich veranlassten Auswärtstätigkeiten des A im Jahre 2021 insgesamt ca. 600 € kosten.

Die Zurverfügungstellung der BahnCard 50 führt bei A nicht zu einem steuerpflichtigen geldwerten Vorteil, da nach der Prognose zum Zeitpunkt der Hingabe der BahnCard die ersparten Kosten für Einzelfahrscheine (= 600 €) die Kosten der BahnCard 50 zuzüglich der zum halben Preis zu erwerbenden Fahrscheine (250 € zuzüglich 300 € = 550 €) übersteigen.

Erreichen hingegen die während der Gültigkeitsdauer durch die Nutzung der BahnCard für beruflich veranlasste Auswärtstätigkeiten **ersparten Kosten** nach der Prognose zum Zeitpunkt der Hingabe voraussichtlich **nicht vollständig die Kosten der BahnCard** (prognostizierte Teilamortisation), ist der Wert der BahnCard in voller Höhe als **geldwerter Vorteil** anzusetzen. ja ja

Allerdings können in diesem Fall die während der Gültigkeitsdauer der BahnCard durch die Nutzung für beruflich veranlasste Auswärtstätigkeiten **ersparten Fahrtkosten** monatsweise oder am Ende des Gültigkeitszeitraums **als Korrektur** den **steuerpflichtigen Arbeitslohn mindern** (= Verrechnung des feststehenden steuerfreien Reisekostenerstattungsanspruchs mit der zunächst steuerpflichtigen Reisekostenvorauszahlung). Der Korrekturbetrag kann aus Vereinfachungsgründen in Höhe der ersparten Reisekosten für Einzelfahrscheine ermittelt werden, die während der Gültigkeitsdauer der BahnCard angefallen wären.

Beispiel C

Wie Beispiel A. Nach der zu Jahresbeginn erstellten Prognose des Arbeitgebers würden Einzelfahrscheine für die beruflich veranlassten Auswärtstätigkeiten des A im Jahre 2021 insgesamt ca. 2000 € kosten.

Die Zurverfügungstellung der BahnCard 100 führt bei A zu einem steuerpflichtigen geldwerten Vorteil von 4000 €, da nach der Prognose zum Zeitpunkt der Hingabe der BahnCard die ersparten Kosten für Einzelfahrscheine die Kosten der BahnCard nicht erreichen. Bei der Lohnabrechnung für Dezember 2021 oder im Rahmen des betrieblichen Lohnsteuer-Jahresausgleichs für 2021 mindern die tatsächlich ersparten Fahrtkosten (z. B. 1950 €) als Korrektur den steuerpflichtigen Arbeitslohn im Wege der Verrechnung.

Zur gemischten Nutzung einer BahnCard für den Personenfernverkehr vgl. auch nachfolgende Nr. 3.

b) Fahrten Wohnung/erste Tätigkeitsstätte

Seit 1.1.2019 sind Arbeitgeberleistungen **(Barzuschüsse und Sachleistungen)** für Fahrten des Arbeitnehmers zwischen Wohnung und erster Tätigkeitsstätte **steuerfrei** (§ 3 Nr. 15 Sätze 1 und 2 EStG). Die Fahrten müssen mit **öffentlichen Verkehrsmitteln im Linienverkehr** (ohne Luftverkehr) durchgeführt werden; die Steuerbefreiung gilt also **auch** für die **BahnCard,** kommt aber u. a. nicht bei Benutzung eines Taxis, Mietwagens oder Pkw (privater Pkw oder Firmenwagen) zur Anwendung. Die Arbeitgeberleistungen müssen zudem **zusätzlich** zum ohnehin geschuldeten Arbeitslohn erbracht werden. nein nein

Beispiel

Der Arbeitgeber überlässt dem Arbeitnehmer für Fahrten zwischen Wohnung und erster Tätigkeitsstätte (von Düsseldorf nach Frankfurt) unentgeltlich eine BahnCard 100 (2. Klasse, 4000 €). Der Jahresfahrpreis einer Fahrberechtigung für diese Strecke ist nicht niedriger.

Der geldwerte Vorteil ist steuer- und sozialversicherungsfrei (§ 3 Nr. 15 Satz 2 EStG).

1) BMF-Schreiben vom 15.8.2019 (BStBl. I S. 875). Das BMF-Schreiben ist als Anlage zu H 3.15 LStR im **Steuerhandbuch für das Lohnbüro 2021** abgedruckt, das im selben Verlag erschienen ist.

2) Bundeseinheitliche Regelung. Bekannt gegeben z. B. für Bayern mit Erlass vom 22.2.1993 (Az.: 32 – S 2334 – 101/41 – 9731). Der Erlass ist als Anlage 1 zu H 9.5 LStR im **Steuerhandbuch für das Lohnbüro 2021** abgedruckt, das im selben Verlag erschienen ist.

3) Erlass Saarland vom 13.10.2004 (Az.: B/2-4 – 114/04 – S 2334). Der Erlass ist als Anlage 2 zu H 9.5 LStR im **Steuerhandbuch für das Lohnbüro 2021** abgedruckt, das im selben Verlag erschienen ist.

Lohnsteuerpflichtig	Sozialversich.-pflichtig

Die steuerfreien Arbeitgeberleistungen (Barzuschüsse und Sachleistungen) **mindern** die beim Arbeitnehmer als Werbungskosten zu berücksichtigende **Entfernungspauschale** (§ 3 Nr. 15 Satz 3 EStG).

Zur gemischten Nutzung einer BahnCard für den Personenfernverkehr vgl. nachfolgende Nr. 3.

2. Anschaffung von Fahrausweisen durch den Arbeitnehmer

Ein **steuerfreier Reisekostenersatz** des Arbeitgebers kommt in Betracht, wenn ein Arbeitnehmer z. B. eine Monatskarte für den öffentlichen Nahverkehr selbst privat anschafft und diese auch für beruflich veranlasste Fahrten im Rahmen einer Auswärtstätigkeit nutzt. Zur Ermittlung der Höhe des steuerfreien Reisekostenersatzes können aus Vereinfachungsgründen – anstelle einer quotalen Aufteilung im Verhältnis berufliche Nutzung zur Gesamtnutzung – die während des Gültigkeitszeitraums ersparten Kosten für die Einzelfahrscheine zugrunde gelegt werden. Der Arbeitgeber kann somit die dem Arbeitnehmer entstandenen Aufwendungen in voller Höhe als Reisekosten steuerfrei erstatten, wenn die Kosten der während des Gültigkeitszeitraums ersparten Einzelfahrkarten für die beruflichen Fahrten den Preis der Monatskarte erreichen oder übersteigen. nein nein

Ebenfalls **steuerfrei** sind seit 1.1.2019 zusätzlich zum ohnehin geschuldeten Arbeitslohn erbrachte Arbeitgeberleistungen (Barzuschüsse und Sachleistungen) für **private Fahrten** des Arbeitnehmers im **öffentlichen Personennahverkehr** (§ 3 Nr. 15 Sätze 1 und 2 EStG).

Beispiel A

Arbeitnehmer A hat im Mai 2021 eine Monatsfahrkarte für den öffentlichen Personennahverkehr angeschafft (Kosten 100 €). Diese Monatskarte benutzt er auch für beruflich veranlasste Auswärtstätigkeiten. Im Mai 2021 hat er dadurch seinem Arbeitgeber die Kosten für Einzelfahrscheine im Wert von 80 € erspart.

Der Arbeitgeber kann A einen Betrag von 80 € steuerfrei als Reisekostenersatz erstatten. Die weiteren 20 € kann der Arbeitgeber als Barzuschuss für private Fahrten des Arbeitnehmers mit öffentlichen Verkehrsmitteln im Personennahverkehr steuerfrei erstatten (§ 3 Nr. 15 Satz 1 EStG).

Beispiel B

Wie Beispiel A. Die ersparten Kosten für Einzelfahrscheine betragen 120 €.

Der Arbeitgeber kann A die Aufwendungen für die Monatskarte (= 100 €) steuerfrei als Reisekosten erstatten.

3. Gemischte Nutzung einer BahnCard für den Personenfernverkehr

a) Allgemeines

Die **Steuerfreiheit** von Arbeitgeberleistungen (Sachbezüge und Barzuschüsse) für Fahrberechtigungen im Personenfernverkehr ist begrenzt auf Fahrten von der **Wohnung zur ersten Tätigkeitsstätte** und die gleichgestellten dauerhaften Fahrten zu einem weiträumigen Tätigkeitsgebiet bzw. Arbeitgeber-Sammelpunkt. **Privatfahrten** im Personenfernverkehr sind nicht begünstigt mit der Folge, dass entsprechende Arbeitgeberleistungen nicht steuerfrei, sondern **steuerpflichtig** sind; ggf. ist aber der Rabattfreibetrag von 1080 € jährlich (§ 8 Abs. 3 EStG) anzuwenden. Zur Abgrenzung des Personenfernverkehrs gegenüber dem Personennahverkehr vgl. das Stichwort „Fahrtkostenzuschüsse" unter den Nrn. 2 und 3.

b) Zusammentreffen mit Privatfahrten

Aus Vereinfachungsgründen ist davon auszugehen, dass eine Fahrberechtigung für den Personenfernverkehr nur auf Fahrten zwischen Wohnung und erster Tätigkeitsstätte entfällt und daher die Arbeitgeberleistung nach § 3 Nr. 15 EStG steuerfrei ist, wenn sie ausschließlich zur Nutzung für diese Strecke berechtigt. Die tatsächliche Nutzung der Fahrberechtigung auch zu reinen Privatfahrten ist dann unbeachtlich.

Beispiel A

Arbeitnehmer I wohnt in Düsseldorf und arbeitet in Frankfurt. Er erhält von seinem Arbeitgeber zusätzlich zum ohnehin geschuldeten Arbeitslohn ein Monatsabonnement für die ICE-Strecke Düsseldorf–Frankfurt. An den Wochenenden nutzt er dieses Ticket auch regelmäßig für Privatfahrten auf dieser Strecke.

Die Arbeitgeberleistung in Form der Ticketgestellung ist nach § 3 Nr. 15 Satz 2 EStG steuer- und auch beitragsfrei, da sie ausschließlich zur Nutzung auf der Strecke zwischen Wohnung und Arbeit berechtigt. Die tatsächliche Nutzung der Fahrberechtigung auch zu reinen Privatfahrten ist unbeachtlich.

Geht die Fahrberechtigung für den Personenfernverkehr über die Strecke zwischen Wohnung und erster Tätigkeitsstätte hinaus, ist aus Vereinfachungsgründen davon auszugehen, dass die Fahrberechtigung **insoweit** auf diese Strecke entfällt, als der anzusetzende Wert der Arbeitgeberleistung den regulären Verkaufspreis einer Fahrberechtigung nur für diese Strecke für den entsprechenden Gültigkeitszeitraum nicht überschreitet.

Beispiel B

Arbeitnehmer K erhält von seinem Arbeitgeber eine Fahrberechtigung für den Personenfernverkehr (IC-Nutzung) für das gesamte Tarifgebiet C zu einem Wert von 250 € monatlich (das Tarifgebiet C geht über die eigentliche Strecke des Arbeitnehmers zwischen Wohnung und Arbeit hinaus). Der reguläre Verkaufspreis einer Fahrberechtigung für die Strecke von der Wohnung zur Arbeit beträgt 200 € monatlich.

Die Arbeitgeberleistung ist in Höhe von 200 € monatlich nach § 3 Nr. 15 Satz 2 EStG steuerfrei und in Höhe des übersteigenden Teils von 50 € monatlich steuerpflichtig.

Beispiel C

Arbeitnehmer K erhält von seinem Arbeitgeber eine Fahrberechtigung für den Personennahverkehr (S-Bahn-Nutzung) für das gesamte Tarifgebiet C zu einem Wert von 150 € monatlich (das Tarifgebiet C geht über die eigentliche Strecke des Arbeitnehmers zwischen Wohnung und Arbeit hinaus). Der reguläre Verkaufspreis einer Fahrberechtigung für die Strecke von der Wohnung zur Arbeit beträgt 100 € monatlich.

Die Arbeitgeberleistung ist in voller Höhe von 150 € monatlich nach § 3 Nr. 15 Satz 2 EStG steuerfrei, da Arbeitgeberleistungen bei Nutzung des öffentlichen Personennahverkehrs unabhängig von der Art der Fahrt steuerfrei sind, also auch bei reinen Privatfahrten des Arbeitnehmers.

c) Zusammentreffen mit Reisekosten – Prognostizierte Vollamortisation

Wird eine Fahrberechtigung für den Personenfernverkehr nicht nur für Fahrten von der Wohnung zur ersten Tätigkeitsstätte, sondern auch für Fahrten genutzt, die zu einem steuerfreien Arbeitgeberersatz im reisekostenrechtlichen Sinne führen, ist die auf diese Fahrten entfallende Arbeitgeberleistung ebenfalls steuerfrei (§ 3 Nrn. 13, 16 EStG). Die **Steuerfreistellung** der Arbeitgeberleistung nach **„Reisekostengrundsätzen"** (§ 3 Nrn. 13, 16 EStG) ist gegenüber der Steuerfreistellung für Fahrten zwischen Wohnung und erster Tätigkeitsstätte nach § 3 Nr. 15 EStG **vorrangig.**

In diesem Fall kann der Arbeitgeber durch eine **Prognoseberechnung** prüfen, ob bereits die Hingabe der Fahrberechtigung in voller Höhe steuerfrei ist. Für die Amortisationsprognose gilt Folgendes:

Ergibt die Prognose zum Zeitpunkt der Hingabe der Fahrberechtigung, dass die ersparten Kosten für Einzelfahrscheine, die ohne Nutzung der Fahrberechtigung während deren Gültigkeitsdauer für Fahrten, die zu einem steuerfreien Arbeitgeberersatz im reisekostenrechtlichen Sinne angefallen wären (§ 3 Nrn. 13, 16 EStG), die Kosten der Fahrberechtigung erreichen oder übersteigen, handelt es sich bei der Überlassung der Fahrberechtigung an den Arbeitnehmer nicht um steuerpflichtigen Arbeitslohn (prognostizierte **Vollamortisation**). Darüber hinausgehende Nutzungsmöglichkeiten (insbesondere für private Zwecke) sind unbeachtlich und führen nicht zu einem steuerlich relevanten Vorteil.

Lohn- steuer- pflichtig | Sozial- versich.- pflichtig

B

Beispiel A

Der Arbeitgeber stellt dem Außendienstmitarbeiter L eine BahnCard 100 (Jahreskarte, 2. Klasse, Wert 4400 €) zur Verfügung, die von L auch zu privaten Bahnreisen genutzt wird. Nach der erstellten Prognose des Arbeitgebers würden Einzelfahrscheine für Fahrten des L, die zu einem steuerfreien Arbeitgeberersatz im reisekostenrechtlichen Sinne führen (§ 3 Nrn. 13, 16 EStG), insgesamt ca. 4600 € kosten.

Die Zurverfügungstellung der BahnCard 100 führt bei L nicht zu einem steuerpflichtigen geldwerten Vorteil, da nach der Prognose des Arbeitgebers zum Zeitpunkt der Hingabe der BahnCard die ersparten Kosten für Einzelfahrscheine für Fahrten des L im reisekostenrechtlichen Sinne die Kosten der BahnCard übersteigen.

Die vorstehenden Ausführungen gelten entsprechend, wenn die **Vollamortisation** – neben den Fahrten, die zu einem steuerfreien Arbeitgeberersatz im reisekostenrechtlichen Sinne führen – **durch eine Einbeziehung der Fahrten von der Wohnung zur ersten Tätigkeitsstätte** erreicht wird. Dabei ist allerdings nicht – wie bei den „Reisekostenfahrten" – auf die ersparten Kosten für Einzelfahrscheine, sondern auf den regulären Verkaufspreis für den entsprechenden Gültigkeitszeitraum der Fahrberechtigung abzustellen. Die Steuerfreiheit für Fahrten, die zu einem steuerfreien Arbeitgeberersatz im reisekostenrechtlichen Sinne führen (§ 3 Nr. 13, 16 EStG), ist vorrangig vor der Steuerfreiheit für Arbeitgeberleistungen für den Weg von der Wohnung zur ersten Tätigkeitsstätte (§ 3 Nr. 15 EStG) anzuwenden. Dies ist für den Arbeitnehmer vorteilhaft, da Letztere auf die Entfernungspauschale angerechnet werden.

Tritt die prognostizierte Vollamortisation aus unvorhersehbaren Gründen nicht ein (z. B. Krankheit oder Verschiebung von beruflich veranlassten Auswärtstätigkeiten), ist **keine Nachversteuerung** von Arbeitslohn vorzunehmen. Dies gilt aber nicht, wenn sich die der Prognose zugrunde liegenden Annahmen grundlegend ändern (z. B. bei einem Wechsel vom Außen- in den Innendienst oder einer Beendigung des Dienstverhältnisses). In diesem Fall ist ggf. eine Nachversteuerung für den noch nicht abgelaufenen Gültigkeitszeitraum vorzunehmen.

Beispiel B

Der Arbeitgeber überlässt seinem Arbeitnehmer M eine BahnCard 100, die er zum Preis von 4400 € erworben hat. Nach der Prognose des Arbeitgebers zum Zeitpunkt der Überlassung betragen die ersparten Kosten der Einzelfahrscheine für Fahrten, die zu einem steuerfreien Arbeitgeberersatz im reisekostenrechtlichen Sinne führen, im Gültigkeitszeitraum 3000 €. Der reguläre Preis der Jahresfahrkarte für die Strecke von der Wohnung zur ersten Tätigkeitsstätte hätte 1600 € betragen. Tatsächlich ergeben sich im Laufe der Gültigkeitsdauer für Fahrten, die zu einem steuerfreien Arbeitgeberersatz im reisekostenrechtlichen Sinne führen (§ 3 Nr. 13, 16 EStG), aus unvorhersehbaren Gründen nur ersparte Kosten für Einzelfahrscheine in Höhe von 2500 €.

Nach der Prognose des Arbeitgebers zum Zeitpunkt der Hingabe der Fahrberechtigung übersteigen die ersparten Kosten für die Einzelfahrscheine, die ohne Nutzung der BahnCard 100 während deren Gültigkeitsdauer für steuerlich begünstigte Fahrten im reisekostenrechtlichen Sinne (§ 3 Nrn. 13, 16 EStG) anfallen würden (= 3000 €), zusammen mit dem regulären Verkaufspreis einer Fahrberechtigung für die Strecke von der Wohnung zur Arbeit (= 1600 €) die Kosten der BahnCard 100. Die BahnCard 100 wäre daher in Höhe von 3000 € steuerfreier Reisekostenersatz (§ 3 Nrn. 13, 16 EStG) und die verbleibenden 1400 € (4400 € abzüglich 3000 €) steuerfreie Arbeitgeberleistung von der Wohnung zur ersten Tätigkeitsstätte nach § 3 Nr. 15 EStG. Auf den Umfang der tatsächlichen Nutzung sowie die private Nutzungsmöglichkeit kommt es nicht an. Dass die prognostizierte Vollamortisation tatsächlich nicht eingetreten ist (2500 € zuzüglich 1600 € = 4100 €), ist unerheblich und führt weder zu einer Nachversteuerung noch zu einer Änderung der nach § 3 Nr. 15 EStG steuerfreien Arbeitgeberleistung für Fahrten von der Wohnung zur ersten Tätigkeitsstätte; es bleibt daher bei in der Lohnsteuerbescheinigung zu bescheinigenden steuerfreien Arbeitgeberleistungen von 1400 €.

Beispiel C

Wie Beispiel B. Allerdings ergeben sich im Laufe der Gültigkeitsdauer für steuerlich begünstigte Fahrten im reisekostenrechtlichen Sinne (§ 3 Nrn. 13, 16 EStG) aus unvorhersehbaren Gründen ersparte Kosten für Einzelfahrscheine in Höhe von 4000 €.

Wie im Beispiel B wäre die BahnCard 100 in Höhe von 3000 € steuerfreier Reisekostenersatz und die verbleibenden 1400 € (4400 € abzüglich 3000 €) steuerfreie Arbeitgeberleistung für Fahrten zwischen Wohnung und erster Tätigkeitsstätte nach § 3 Nr. 15 EStG. Auf den Umfang der tatsächlichen Nutzung sowie die private Nutzungsmöglichkeit kommt es nicht an. Auch soweit der tatsächlich höhere Einsatz der BahnCard 100 für Fahrten, die zu einem steuerfreien Arbeitgeberersatz im reisekostenrechtlichen Sinne führen, unvorhersehbar ist, führt er zu keiner Änderung der Prognose; d. h., es bleibt somit auch bei 1400 € (und nicht 400 €) steuerfreien Arbeitgeberleistungen für Fahrten zwischen Wohnung und erster Tätigkeitsstätte nach § 3 Nr. 15 EStG. Etwas anderes würde nur dann gelten, wenn sich die der Prognose zugrunde liegenden Annahmen grundlegend ändern würden.

Lohn- steuer- pflichtig | Sozial- versich.- pflichtig

d) Zusammentreffen mit Reisekosten – Prognostizierte Teilamortisation

Ergibt die Prognose zum Zeitpunkt der Hingabe der Fahrberechtigung, dass die ersparten Kosten für Einzelfahrscheine, die ohne Nutzung der Fahrberechtigung während deren Gültigkeitsdauer für steuerliche Fahrten angefallen wären, die zu einem steuerfreien Arbeitgeberersatz im reisekostenrechtlichen Sinne führen (§ 3 Nr. 13, 16 EStG), und dem regulären Verkaufspreis einer Fahrberechtigung für die Strecke von der Wohnung zur ersten Tätigkeitsstätte für den entsprechenden Gültigkeitszeitraum, die Kosten der Fahrberechtigung nicht erreichen, stellt die **Überlassung** der Fahrberechtigung Arbeitslohn dar, der insoweit **steuerfrei** ist, als er auf den Weg von der **Wohnung zur ersten Tätigkeitsstätte** entfällt (§ 3 Nr. 15 EStG) und **im Übrigen** als **steuerpflichtiger geldwerter Vorteil** dem Lohnsteuerabzug zu unterwerfen ist.

Die während der Gültigkeitsdauer der Fahrberechtigung durch deren tatsächliche Nutzung für Fahrten, die lohnsteuerlich zu den **steuerfreien Reisekosten** gehören (§ 3 Nr. 13, 16 EStG), ersparten Fahrtkosten können allerdings im laufenden Kalenderjahr **monatsweise oder** am **Ende des Gültigkeitszeitraums als Korrekturbetrag** den steuerpflichtigen Arbeitslohn mindern. Dies geschieht durch Verrechnung des dann feststehenden steuerfreien Reisekostenerstattungsanspruchs des Arbeitnehmers mit dem steuerpflichtigen Arbeitslohn. Für die Höhe des Korrekturbetrags können aus Vereinfachungsgründen die ersparten Kosten für Einzelfahrscheine zugrunde gelegt werden, die im Gültigkeitszeitraum für „Reisekostenfahrten" (§ 3 Nr. 13, 16 EStG) angefallen wären. Die steuerfreien Arbeitgeberleistungen für den Weg von der Wohnung zur ersten Tätigkeitsstätte (§ 3 Nr. 15 EStG) ändern sich dadurch aber nicht.

Beispiel

Der Arbeitgeber überlässt seinem Arbeitnehmer N eine BahnCard 100, die er zum Preis von 4400 € erworben hat. Nach der Prognose des Arbeitgebers im Zeitpunkt der Überlassung der Fahrberechtigung betragen die ersparten Kosten der Einzelfahrscheine für Fahrten, die zu einem steuerfreien Arbeitgeberersatz im reisekostenrechtlichen Sinne führen (§ 3 Nr. 13, 16 EStG), im Gültigkeitszeitraum 2500 €. Der reguläre Preis der Jahresfahrkarte für die Strecke von der Wohnung zur ersten Tätigkeitsstätte hätte 1600 € betragen. Tatsächlich ergeben sich im Laufe der Gültigkeitsdauer für Fahrten, die zu einem steuerfreien Arbeitgeberersatz im reisekostenrechtlichen Sinne führen (§ 3 Nr. 13, 16 EStG), ersparte Kosten für Einzelfahrscheine in Höhe von 4000 €.

Die BahnCard 100 kann zunächst nur insoweit steuerfrei belassen werden, als die Voraussetzung für eine Steuerfreistellung der Arbeitgeberleistung für den Weg von der Wohnung zur ersten Tätigkeitsstätte vorliegen (§ 3 Nr. 15 EStG = 1600 €). Der übersteigende Teil von 2800 € (4400 € abzüglich 1600 €) ist als steuerpflichtiger Arbeitslohn zunächst dem Lohnsteuerabzug zu unterwerfen, da die prognostizierten Kosten für Fahrten im reisekostenrechtlichen Sinne (= 2500 €) niedriger sind.

Der Arbeitgeber kann aber in Höhe der im Rahmen der tatsächlichen Nutzung der BahnCard 100 für Fahrten, die zu einem steuerfreien Arbeitgeberersatz im reisekostenrechtlichen Sinne führen (§ 3 Nr. 13, 16 EStG), ersparte Kosten für Einzelfahrscheine monatsweise oder auch am Ende des Gültigkeitszeitraums in Höhe des dann feststehenden Reisekostenerstattungsanspruchs des Arbeitnehmers mit dem steuerpflichtigen Arbeitslohn verrechnen. Neben der bereits steuerfrei belassenen Arbeitgeberleistung für die Fahrten zwischen Wohnung und erster Tätigkeitsstätte nach § 3 Nr. 15 EStG ergibt sich für diese Verrechnung noch ein steuerfreies Volumen von bis zu 2800 €.

Lohnsteuerpflichtig | Sozialversich.-pflichtig

e) Verzicht auf Amortisationsprognose

Führt der Arbeitgeber keine Amortisationsprognose durch, stellt die **Überlassung** der Fahrberechtigung zunächst in **voller Höhe steuerpflichtigen Arbeitslohn** dar. Die ersparten Kosten für Einzelfahrscheine, die ohne Nutzung der Fahrberechtigung während der Gültigkeitsdauer für Fahrten angefallen wären, die zu **steuerfreien Reisekosten** führen (§ 3 Nr. 13, 16 EStG), sowie die Kosten für den regulären Verkaufspreis einer Fahrberechtigung für die Strecke zwischen **Wohnung und erster Tätigkeitsstätte,** die für den entsprechenden Gültigkeitszeitraum entstanden wären (Fahrten im Sinne des § 3 Nr. 15 EStG), sind am **Ende des Kalenderjahres der Gültigkeit** der Fahrberechtigung als **Korrekturbetrag** beim steuerpflichtigen Arbeitslohn mindernd zu berücksichtigen. Bei einer Gültigkeit der Fahrberechtigung über den Jahreswechsel hinaus sowie bei einer mehrjährigen Gültigkeitsdauer ist der Korrekturbetrag zum Ende eines jeden Kalenderjahres sowie zum Ende des Gültigkeitszeitraums anhand der in dem jeweiligen Zeitraum durchgeführten „Reisekostenfahrten" (§ 3 Nr. 13, 16 EStG) sowie anhand des zeitanteiligen regulären Verkaufspreises einer Fahrberechtigung für die Strecke zwischen Wohnung und Arbeit zu ermitteln. Dabei ist die Steuerfreistellung nach **Reisekostengrundsätzen** (§ 3 Nr. 13, 16 EStG) gegenüber der Steuerfreistellung für Fahrten **Wohnung/erster Tätigkeitsstätte** nach § 3 Nr. 15 EStG stets **vorrangig** zu berücksichtigen. Dies ist für den Arbeitnehmer vorteilhaft, da Letztere auf die Entfernungspauschale angerechnet werden. Die Summe der Korrekturbeträge kann insgesamt höchstens bis zum Betrag des steuerpflichtigen Arbeitslohns mindernd berücksichtigt werden. Eine Änderung der sich für abgelaufene Kalenderjahre nach § 3 Nr. 15 EStG ergebenden Korrekturbeträge für Fahrten zwischen Wohnung und erster Tätigkeitsstätte ist nicht zulässig. Dies gilt auch dann, wenn sich in nachfolgenden Kalenderjahren in großem Umfang dienstliche Fahrten ergeben, die nach „Reisekostengrundsätzen" (§ 3 Nr. 13 oder 16 EStG) begünstigt sind.

Beispiel

Der Arbeitgeber überlässt an seinen Arbeitnehmer eine Bahncard 100, die er zum Preis von 4400 € erworben hat. Die Fahrberechtigung ist vom 1.10.2021 bis 30.9.2022 gültig. Eine Prognoseberechnung führt der Arbeitgeber nicht durch.

Kalenderjahr 2021:

Zum Ende des Kalenderjahres 2021 der Fahrberechtigung ergibt sich für den Zeitraum 1.10.2021 bis 31.12.2021, dass die ersparten Kosten der Einzelfahrscheine für Dienstreisen 500 € betragen. Der reguläre Preis der Jahresfahrkarte für die Strecke zwischen Wohnung und erster Tätigkeitsstätte des Arbeitnehmers beträgt für den Zeitraum 1.10.2021 bis 31.12.2021 anteilig 400 € (3/12 von 1600 €).

Da der Arbeitgeber keine Prognoseberechnung vornimmt, führt die Überlassung der Bahncard durch den Arbeitgeber an den Arbeitnehmer im Jahr 2021 in Höhe von 4400 € zu steuerpflichtigen Arbeitslohn.

Zum Ende des Kalenderjahres 2021 kann der Arbeitgeber beim steuerpflichtigen Arbeitslohn des Arbeitnehmers für die ersparten Kosten der Einzelfahrscheine für Dienstreisen (§ 3 Nr. 16 EStG) einen Korrekturbetrag von 500 € und für den anteiligen regulären Preis der Jahresfahrkarte für die Strecke zwischen Wohnung und erster Tätigkeitsstätte (§ 3 Nr. 15 EStG) einen Korrekturbetrag von 400 € (= 3/12 von 1600 €) mindernd berücksichtigen. Der Arbeitgeber muss die nach § 3 Nr. 15 EStG steuerfreie Arbeitgeberleistung für Fahrten zwischen Wohnung und erster Tätigkeitsstätte in Höhe von 400 € nach § 41b Absatz 1 Satz 2 Nr. 6 EStG in Zeile 17 der Lohnsteuerbescheinigung 2021 angeben.

Kalenderjahr 2022:

Zum Ende des Gültigkeitszeitraums (= 30.9.2022) der Fahrberechtigung ergibt sich für den Zeitraum 1.1.2022 bis 30.9.2022, dass die ersparten Kosten der Einzelfahrscheine für Dienstreisen 1500 € betragen.

Zum Ende des Gültigkeitszeitraums (= 30.9.2022) kann der Arbeitgeber beim steuerpflichtigen Arbeitslohn des Arbeitnehmers für die ersparten Kosten der Einzelfahrscheine für Dienstreisen (§ 3 Nr. 16 EStG) einen Korrekturbetrag von 1500 € und für den anteiligen regulären Preis der Jahresfahrkarte für die Strecke zwischen Wohnung und erster Tätigkeitsstätte (§ 3 Nr. 15 EStG) einen Korrekturbetrag von 1200 € (= 9/12 von 1600 €) mindernd berücksichtigen. Der Arbeitgeber muss die nach § 3 Nr. 15 EStG steuerfreie Arbeitgeberleistung für Fahrten zwischen Wohnung und erster Tätigkeitsstätte in Höhe von 1200 € nach § 41b Absatz 1 Satz 2 Nr. 6 EStG in Zeile 17 der Lohnsteuerbescheinigung 2022 angeben.

Lohnsteuerpflichtig | Sozialversich.-pflichtig

B

Die Summe der Korrekturbeträge beträgt 3600 € (Jahr 2021 500 € + 400 € = 900 €; Jahr 2022 1500 € + 1200 € = 2700 €) und übersteigt nicht die Höhe des steuerpflichtigen Arbeitslohns im Jahr 2021 (= 4400 €).

Barlohnumwandlung

siehe „Gehaltsumwandlung"

Bauabzugssteuer

siehe „Steuerabzug bei Bauleistungen"

Baudarlehen

siehe „Zinsersparnisse und Zinszuschüsse"

Baugewerbe

siehe „Urlaubsgelder im Baugewerbe"

Baukostenzuschüsse

Vom Arbeitgeber ohne jede Auflage gewährte Zuschüsse an den Arbeitnehmer zum Bau oder Erwerb eines Eigenheims oder einer Eigentumswohnung sind regelmäßig steuerpflichtiger Arbeitslohn (vgl. „Wohnungsüberlassung" unter Nr. 13 Buchstabe a). ja ja

Bauprämien

Prämien für die Fertigstellung von Bauvorhaben zu einem bestimmten Zeitpunkt, die an die Arbeitnehmer gezahlt werden, sind als Leistungszulage steuerpflichtiger Arbeitslohn. ja ja

Baustellenzulagen

Wenn Baustellenzulagen den Charakter von „Auslösungen" (vgl. dieses Stichwort) haben, sind sie im Rahmen der dafür maßgebenden Vorschriften steuerfrei. nein nein

Wenn Baustellenzulagen den Charakter von „Erschwerniszuschlägen" (vgl. dieses Stichwort) haben, wie z. B. die Baustellenzulagen der technischen Angestellten in der Straßenbauverwaltung und in der Hafen- und Schifffahrtverwaltung, sind sie steuerpflichtig. ja ja

Bauzuschlag

Der Bauzuschlag, der im Baugewerbe zum Ausgleich besonderer Belastungen und zur Abgeltung witterungsbedingter Arbeitsausfälle außerhalb der Schlechtwetterzeit gewährt wird, ist als „Erschwerniszuschlag" (vgl. dieses Stichwort) steuer- und beitragspflichtig. ja ja

Beamte

1. Lohnsteuer

Beamte üben ihre **Haupttätigkeit** grundsätzlich als Arbeitnehmer aus, das Gehalt ist steuerpflichtiger Arbeitslohn. Bei der Berechnung der Lohnsteuer wird nur eine **gekürzte Vorsorgepauschale** angesetzt, weil Beamte

Lohnsteuerpflichtig | Sozialversich.-pflichtig

B

keine Sozialversicherungsbeiträge bezahlen. Sie erhalten folglich keinen Teilbetrag für die Rentenversicherung und die gesetzliche Basiskrankenversicherung sowie für die soziale Pflegeversicherung. Auf die ausführlichen Erläuterungen zur Berechnung der Vorsorgepauschale in Anhang 8 wird Bezug genommen. ja nein

Streitig ist in der Praxis immer wieder die Abgrenzung der Einkunftsart bei bestimmten **Hilfstätigkeiten,** die mit der hauptberuflichen Tätigkeit als Beamter unmittelbar zusammenhängen. Der Bundesfinanzhof rechnet solche Tätigkeiten der Haupttätigkeit zu, wenn dem Arbeitnehmer aus seinem „Hauptdienstverhältnis" Nebenpflichten obliegen, die zwar vertraglich nicht ausdrücklich vorgesehen sind, deren Erfüllung der Arbeitgeber aber nach der tatsächlichen Gestaltung des Dienstverhältnisses und nach der Verkehrsanschauung erwarten darf. Als **Nebenpflichten aus dem Dienstverhältnis** sind jedoch nur solche Pflichten anzusehen, die in einer unmittelbaren sachlichen Beziehung zu der nichtselbstständig ausgeübten Tätigkeit stehen, auch wenn der Arbeitgeber die zusätzlichen Leistungen besonders vergütet. Die Ausübung der Nebenpflichten muss der Weisung und Kontrolle des Dienstherrn unterliegen und der Beamte muss die Nebentätigkeit auf Verlangen der dienstvorgesetzten Stelle zwingend und ohne Wahlmöglichkeit ausüben. Liegt ein unmittelbarer Zusammenhang in diesem Sinne zwischen der Haupt- und der Nebentätigkeit des Arbeitnehmers nicht vor, ist die Nebentätigkeit losgelöst von der hauptberuflichen Tätigkeit zu beurteilen (vgl. das Stichwort „Lehrtätigkeit"). Vgl. auch das Stichwort „Aufsichtsratsvergütungen". ja nein

Nebentätigkeiten ohne unmittelbaren sachlichen Zusammenhang mit der Haupttätigkeit können hingegen selbstständig ausgeübt werden. So sind z. B. **nebenberuflich ausgeübte Lehr- oder Prüfungstätigkeiten** als freiberufliche Tätigkeiten i. S. des § 18 Abs. 1 Nr. 1 EStG anzusehen. Vergütungen für selbstständige Nebentätigkeiten unterliegen nicht dem Lohnsteuerabzug. Der Empfänger hat sie vielmehr in seiner Einkommensteuererklärung anzugeben. Für nebenberufliche Lehr- und Prüfungstätigkeiten kann ggf. der Freibetrag in Höhe von nunmehr **3000 €** jährlich nach § 3 Nr. 26 EStG in Betracht kommen (vgl. das Stichwort „Nebentätigkeit für gemeinnützige Organisationen"). nein nein

Zahlt der Arbeitgeber bei beurlaubten Beamten ohne Bezüge einen **Versorgungszuschlag,** handelt es sich um steuerpflichtigen Arbeitslohn. In gleicher Höhe liegen beim Arbeitnehmer Werbungskosten vor. Dies gilt auch dann, wenn der Arbeitnehmer den Versorgungszuschlag zahlt.[1)]

Reisekostenrechtlich liegt bei Beamten auf Probe und bei Beamten auf Lebenszeit eine **erste Tätigkeitsstätte** vor, wenn sie ohne zeitliche Befristung oder über einen Zeitraum von mehr als 48 Monaten an ihre Dienststelle versetzt oder abgeordnet sind. Für die Fahrten zur Dienststelle ist die **Entfernungspauschale** anzusetzen. Bei einer Versetzung oder Abordnung mit zeitlicher Befristung von bis zu 48 Monaten wird hingegen keine erste Tätigkeitsstätte begründet und für die Fahrten von der Wohnung zur Dienststelle gelten Reisekostengrundsätze. Beamte auf Widerruf werden in der Regel einer Dienststelle für den gesamten Vorbereitungsdienst und damit für die gesamte Dauer des befristeten Dienstverhältnisses zugeordnet. Somit wird an dieser Dienststelle eine erste Tätigkeitsstätte begründet und für die Fahrten von der Wohnung zu dieser Dienststelle ist die Entfernungspauschale maßgebend. Für Tätigkeiten außerhalb dieser Dienststelle (z. B. an Bildungseinrichtungen) gelten wiederum Reisekostengrundsätze. Zum Begriff der ersten Tätigkeitsstätte vgl. auch Anhang 4 Nr. 3.

2. Sozialversicherung

Wie im Steuerrecht gehören die Beamten auch im Sozialversicherungsrecht zu den Arbeitnehmern, jedoch nehmen sie hier eine Sonderstellung ein.

Lohnsteuerpflichtig | Sozialversich.-pflichtig

a) Kranken- und Pflegeversicherung

Beamte – hierzu zählen Richter, Soldaten auf Zeit, Berufssoldaten der Bundeswehr sowie sonstige Beschäftigte des Bundes, eines Landes, eines Gemeindeverbandes, einer Gemeinde, von öffentlich-rechtlichen Körperschaften, Anstalten, Stiftungen oder Verbänden öffentlich-rechtlicher Körperschaften oder deren Spitzenverbänden – sind in der gesetzlichen **Krankenversicherung versicherungsfrei,** wenn sie nach beamtenrechtlichen Vorschriften oder Grundsätzen bei Krankheit

- Anspruch auf Fortzahlung der Bezüge und
- Anspruch auf Beihilfe oder Heilfürsorge

haben (§ 6 Abs. 1 Nr. 2 SGB V). Die Krankenversicherungspflicht in der gesetzlichen Krankenversicherung ist für Beamte entbehrlich, da der Dienstherr zum Teil die Kosten einer Heilbehandlung selbst übernimmt.

In der sozialen Pflegeversicherung gelten grundsätzlich die gleichen Regelungen wie in der gesetzlichen Krankenversicherung. Das bedeutet, dass Beamte in der sozialen **Pflegeversicherung** ebenfalls **versicherungsfrei** sind.

Sind die Voraussetzungen für die Versicherungsfreiheit erfüllt, besteht nicht nur in der Hauptbeschäftigung als Beamter Kranken- und Pflegeversicherungsfreiheit, sondern auch in einer möglichen **Nebenbeschäftigung** außerhalb des Dienstverhältnisses. Damit soll vermieden werden, dass Beamte durch eine gering entlohnte Beschäftigung in der gesetzlichen Krankenversicherung zu einem besonders günstigen Beitrag versichert werden.

b) Rentenversicherung

Beamte, Richter, Berufs- und Zeitsoldaten sind im Rahmen ihres Dienstverhältnisses **rentenversicherungsfrei,** da durch die direkte Versorgungszusage des Dienstherrn eine spezielle Alterssicherung besteht (vgl. § 5 Abs. 1 Nr. 1 SGB VI). Dies gilt auch für Beamte auf Zeit oder auf Probe, Beamte auf Widerruf im Vorbereitungsdienst sowie für Soldaten auf Zeit. Sonstige Beschäftigte in einem öffentlich-rechtlichen Dienstverhältnis (z. B. Geistliche und Kirchenbeamte) sowie Arbeitnehmer mit einem dem Beamtenrecht vergleichbaren Versorgungsstatus (z. B. Dienstordnungs-Angestellte von Sozialversicherungsträgern oder deren Verbänden) sind nur dann rentenversicherungsfrei, wenn ihnen nach beamtenrechtlichen Vorschriften oder Grundsätzen oder entsprechenden kirchenrechtlichen Regelungen Anwartschaft auf Versorgung bei verminderter Erwerbsfähigkeit und im Alter sowie auf Hinterbliebenenversorgung **gewährleistet** wird und die Erfüllung der Gewährleistung gesichert ist (§ 5 Abs. 1 Nr. 2 SGB VI).

Im Gegensatz zur Krankenversicherung erstreckt sich die Versicherungsfreiheit nur auf das Dienstverhältnis und nicht auf anderweitige Beschäftigungen bei einem privaten Arbeitgeber, sodass bei einer **Nebenbeschäftigung** im Grundsatz **Rentenversicherungspflicht** eintritt.

c) Arbeitslosenversicherung

Beamte, Richter, Soldaten auf Zeit sowie Berufssoldaten der Bundeswehr sind **arbeitslosenversicherungsfrei.** Das Gleiche gilt für sonstige beamtenähnliche Beschäftigte des Bundes, eines Landes, eines Gemeindeverbandes, einer Gemeinde, einer öffentlich-rechtlichen Körperschaft, Anstalt, Stiftung oder eines Verbandes öffentlich-rechtlicher Körperschaften oder deren Spitzenverbänden, wenn sie nach beamtenrechtlichen Vorschriften oder Grundsätzen bei Krankheit Anspruch auf Fortzahlung der Bezüge und auf Beihilfe oder Heilfürsorge haben (vgl. § 27 Abs. 1 Nr. 1 SGB III).

1) BMF-Schreiben vom 22.2.1991 (BStBl. I S. 951). Das BMF-Schreiben ist als Anlage 3 zu H 19.3 LStR im **Steuerhandbuch für das Lohnbüro 2021** abgedruckt, das im selben Verlag erschienen ist.

Lohnsteuerpflichtig | Sozialversich.-pflichtig

Die Arbeitslosenversicherungsfreiheit ist auf die jeweilige Beschäftigung im öffentlichen Dienst beschränkt. Bei Beamten und beamtenähnlichen Personen, die außerhalb ihres Dienstverhältnisses eine **Nebentätigkeit** ausüben, kommt für die Beschäftigung bei einem privaten Arbeitgeber **Arbeitslosenversicherungsfreiheit** grundsätzlich **nicht in Betracht** (ausgenommen ist nur eine geringfügige Beschäftigung, also ein sog. 450-€-Job).

Beispiel

Ein aktiver Beamter übt noch eine zweite Dauerbeschäftigung gegen ein monatliches Entgelt von 1000 € bei einer wöchentlichen Arbeitszeit von 17 Stunden aus.

Der Beamte ist kranken- und pflegeversicherungsfrei aber rentenversicherungspflichtig. In der Arbeitslosenversicherung besteht ebenfalls Versicherungspflicht, da eine mehr als geringfügige Beschäftigung ausgeübt wird (vgl. „Geringfügige Beschäftigung").

3. Ruhestandsbeamte

Für Ruhestandsbeamte gelten Sonderregelungen. Diese sind unter dem Stichwort „Pensionäre" erläutert.

Beamte im Ruhestand

siehe „Pensionäre"

Bedienung

siehe „Kellner/Kellnerin"

Bedienungszuschlag

Der Bedienungszuschlag im Hotel- und Gaststättengewerbe ist steuer- und beitragspflichtiger Arbeitslohn. Näheres siehe „Trinkgelder". ja ja

Beerdigungszuschüsse

Vom Arbeitgeber gezahlte Beerdigungszuschüsse können als Unterstützungen anzusehen sein; sie sind dann unter den hierfür geltenden Voraussetzungen steuerfrei (vgl. „Unterstützungen"). nein nein

Beförderungsfeier

siehe „Bewirtungskosten" besonders unter den Nrn. 10 und 11

Befreiende Lebensversicherung

Gliederung:

1. Allgemeines
2. Steuerfreiheit der Arbeitgeberzuschüsse
3. Befreiung von der gesetzlichen Rentenversicherung auf eigenen Antrag
4. Berechnung des steuerfreien Arbeitgeberzuschusses

1. Allgemeines

Seit 1.1.1968 besteht für alle Arbeitnehmer Versicherungspflicht in der gesetzlichen **Rentenversicherung.** Vor diesem Zeitpunkt bestand jeweils eine bestimmte Versicherungspflichtgrenze. Arbeitnehmer, deren Arbeitslohn diese Grenze überschritt, waren daher nicht rentenversicherungspflichtig. Wurde die Versicherungspflichtgrenze erhöht, konnte der einzelne Arbeitnehmer wieder versicherungspflichtig werden.

Lohnsteuerpflichtig | Sozialversich.-pflichtig

Arbeitnehmer, die in die Versicherungspflichtgrenze hineinwuchsen, vorher aber nicht versicherungspflichtig waren, hatten in der Regel eigene Vorsorgeleistungen erbracht, z. B. durch Abschluss einer Lebensversicherung. Diese Arbeitnehmer konnten sich auf Antrag von der Versicherungspflicht befreien lassen und dafür ihre eigene Lebensversicherung fortführen. Diese Befreiung gilt für diese Arbeitnehmer bis heute (sog. befreiende Lebensversicherung).

Der anzusetzende **Teilbetrag der Vorsorgepauschale** (vgl. Anhang 8) für die Beiträge zur **gesetzlichen Rentenversicherung** kann für Arbeitnehmer, die aufgrund einer sog. befreienden Lebensversicherung von der gesetzlichen Rentenversicherung befreit wurden, **nicht gewährt** werden. Dies wurde im Einführungsschreiben der Finanzverwaltung zur Vorsorgepauschale ausdrücklich klargestellt.[1]

2. Steuerfreiheit der Arbeitgeberzuschüsse

Nach § 3 Nr. 62 Satz 2 Buchstabe a EStG werden Zuschüsse des Arbeitgebers zu einer derartigen Lebensversicherung den Ausgaben des Arbeitgebers für die Zukunftsicherung der Arbeitnehmer, die aufgrund gesetzlicher Verpflichtung geleistet werden, gleichgestellt.

Leistet der Arbeitgeber demnach Zuschüsse zu einer Lebensversicherung eines Arbeitnehmers, der unter die allgemeine gesetzliche **Rentenversicherungspflicht** fällt, aber auf eigenen Antrag hiervon befreit worden ist, sind **die Hälfte** der Aufwendungen des Arbeitnehmers, höchstens jedoch der Betrag steuerfrei, der den **weggefallenen Pflichtbeiträgen des Arbeitgebers** zur allgemeinen Rentenversicherung entspricht.

Fällt der Arbeitnehmer unter die **knappschaftliche Rentenversicherung** und ist er hiervon auf eigenen Antrag befreit worden, sind **zwei Drittel** der Aufwendungen des Arbeitnehmers, höchstens jedoch der Betrag steuerfrei, der den weggefallenen Pflichtbeiträgen des Arbeitgebers zur knappschaftlichen Rentenversicherung entspricht.

3. Befreiung von der gesetzlichen Rentenversicherung auf eigenen Antrag

Voraussetzung für die Steuerbefreiung nach § 3 Nr. 62 Satz 2 EStG ist, dass der Arbeitnehmer **auf eigenen Antrag** nach einer der folgenden Vorschriften von der allgemeinen gesetzlichen Rentenversicherungspflicht oder in der knappschaftlichen Rentenversicherung befreit wurde (R 3.62 Abs. 3 LStR):

a) Befreiung von der Rentenversicherungspflicht nach § 18 Abs. 3 des Gesetzes über die Erhöhung der Einkommensgrenzen in der Sozialversicherung und der Arbeitslosenversicherung und zur Änderung der Zwölften Verordnung zum Aufbau der Sozialversicherung vom 13.8.1952 (BGBl. I S. 437). nein nein

b) Befreiung von der Rentenversicherungspflicht nach Art. 2 § 1 des Angestelltenversicherungs-Neuregelungsgesetzes vom 23.2.1957 (BGBl. I S. 88, 1074) bzw. des Knappschaftsrentenversicherungs-Neuregelungsgesetzes vom 21.5.1957 (BGBl. I S. 533), jeweils in der bis zum 30.6.1965 geltenden Fassung. nein nein

c) Befreiung von der Rentenversicherungspflicht aufgrund des § 7 Abs. 2 des Angestelltenversicherungsgesetzes in der Fassung des Art. 1 des Angestelltenversicherungs-Neuregelungsgesetzes vom 23.2.1957 (BGBl. I S. 88, 1074). nein nein

d) Befreiung von der Rentenversicherungspflicht aufgrund des Art. 2 § 1 des Angestelltenversicherungs-Neuregelungsgesetzes bzw. des Knappschaftsrentenversiche-

1) Textziffer 3 des BMF-Schreibens vom 26.11.2013 (BStBl. I S. 1532). Das Schreiben ist als Anlage zu H 39b.7 LStR im **Steuerhandbuch für das Lohnbüro 2021** abgedruckt, das im selben Verlag erschienen ist.

Lohnsteuerpflichtig | Sozialversich.-pflichtig

B

rungs-Neuregelungsgesetzes, jeweils in der Fassung des Rentenversicherungsänderungsgesetzes vom 9.6.1965 (BGBl. I S. 476). nein nein

e) Befreiung von der Rentenversicherungspflicht nach Art. 2 § 1 des Zweiten Rentenversicherungs-Änderungsgesetzes vom 23.12.1966 (BGBl. I S. 745). nein nein

f) Befreiung von der Rentenversicherungspflicht aufgrund des Art. 2 § 1 des Angestelltenversicherungs-Neuregelungsgesetzes bzw. des Knappschaftsrentenversicherungs-Neuregelungsgesetzes, jeweils in der Fassung des Finanzänderungsgesetzes vom 21.12.1967 (BGBl. I S. 1259). nein nein

g) Befreiung von der Rentenversicherungspflicht aufgrund des Art. 2 § 1 Abs. 2 des Angestelltenversicherungs-Neuregelungsgesetzes oder des Art. 2 § 1 Abs. 1a des Knappschaftsrentenversicherungs-Neuregelungsgesetzes jeweils in der Fassung des Dritten Rentenversicherungsänderungsgesetzes vom 28.7.1969 (BGBl. I S. 956). nein nein

h) Befreiung von der Rentenversicherungspflicht nach § 20 des Gesetzes über die Sozialversicherung vom 28.6.1990 (GBl. der Deutschen Demokratischen Republik I Nr. 38 S. 486) i. V. m. § 231a SGB VI i.d.F. des Gesetzes zur Herstellung der Rechtseinheit in der gesetzlichen Renten- und Unfallversicherung (Renten-Überleitungsgesetz – RÜG) vom 25.7.1991 (BGBl. I S. 1606). nein nein

Keine steuerfreien Zuschüsse des Arbeitgebers zu einer befreienden Lebensversicherung liegen dagegen vor, wenn der Arbeitnehmer **nicht auf eigenen Antrag** nach den vorstehenden Vorschriften, **sondern kraft Gesetzes** in der gesetzlichen Rentenversicherung versicherungsfrei ist (z. B. beherrschende Gesellschafter-Geschäftsführer einer GmbH, Vorstandsmitglieder einer Aktiengesellschaft). Maßgebend für die Frage der Steuerfreiheit ist stets der gegenwärtige Versicherungsstatus des Arbeitnehmers (BFH-Urteil vom 10.10.2002, BStBl. II S. 886). ja ja

4. Berechnung des steuerfreien Arbeitgeberzuschusses

Der Arbeitgeber kann die steuerfreien Zuschüsse zu einer befreienden Lebensversicherung unmittelbar an den Versicherungsträger oder **direkt an den Arbeitnehmer** auszahlen. Bei Auszahlung an den Arbeitnehmer hat dieser die zweckentsprechende Verwendung durch eine entsprechende Bescheinigung des Versicherungsunternehmens bis zum 30. April des Jahres beizubringen, das auf das Jahr der Beitragsleistung folgt. Die Bescheinigung ist als Unterlage zum Lohnkonto aufzubewahren (R 3.62 Abs. 4 LStR). Kann der Beleg im Rahmen einer Lohnsteuer-Außenprüfung nicht vorgelegt werden, handelt es sich bei den Leistungen des Arbeitgebers um steuerpflichtigen Arbeitslohn.

Beispiel

Ein bis 31.12.1967 nicht versicherungspflichtiger Arbeitnehmer hat sich ab 1.1.1968 von der Versicherungspflicht in der gesetzlichen Rentenversicherung befreien lassen, da er bereits eine eigene Lebensversicherung abgeschlossen hat. Der monatliche Beitrag zu dieser Lebensversicherung beträgt im Januar 2021 1500 €.

Bei Versicherungspflicht des Arbeitnehmers hätte der Arbeitgeber 9,3 % von 7100 € (Beitragsbemessungsgrenze 2021 in den alten Bundesländern), das sind 660,30 € als Arbeitgeberanteil zu zahlen. Daher ist auch ein Zuschuss des Arbeitgebers zu der befreienden Lebensversicherung bis zu 660,30 € steuerfrei. Übernimmt der Arbeitgeber die Hälfte des Lebensversicherungsbeitrags = 750 €, muss er (750 € – 660,30 € =) 89,70 € versteuern.

Zahlt der Arbeitgeber den Zuschuss in Höhe von 660,30 € direkt an den Arbeitnehmer aus, muss dieser die Einzahlungen auf den Lebensversicherungsvertrag bis spätestens 30. April 2022 nachweisen. Der Nachweis ist als Beleg zum Lohnkonto zu nehmen.

Zuschüsse zu einer befreienden Lebensversicherung sind dann nicht mehr steuerfrei, wenn sie nach Wegfall der Lohnzahlung (z. B. im Krankheitsfall nach Ablauf von sechs Wochen oder bei unbezahltem Urlaub) weiter gewährt werden. ja ja

Lohnsteuerpflichtig | Sozialversich.-pflichtig

Behinderte Menschen

1. Lohnsteuer

Lohnsteuerlich gelten für behinderte Menschen im Grundsatz keine Besonderheiten, d. h. die Arbeitgeber haben den Lohnsteuerabzug aufgrund der jeweils vorliegenden individuellen Lohnsteuerabzugsmerkmale vorzunehmen. Behinderte Menschen haben – je nach Grad der Behinderung – einen Anspruch auf einen Behinderten-Pauschbetrag (zur Höhe vgl. Anhang 7 Abschnitt D Nr. 8 auf Seite 1247). Ohne dass der Behinderten-Pauschbetrag von der Finanzverwaltung als Lohnsteuerabzugsmerkmal mitgeteilt worden ist, darf der Arbeitgeber den Pauschbetrag nicht berücksichtigen, auch wenn er definitiv weiß, dass der Grad der Behinderung bei dem betreffenden Arbeitnehmer z. B. 50 beträgt.

Behinderte Menschen, die in Werkstätten für Behinderte beschäftigt sind, stehen zu der Behinderteneinrichtung grundsätzlich in einem Arbeitsverhältnis. Die gezahlten Vergütungen unterliegen deshalb dem Lohnsteuerabzug. Nur in den Fällen, in denen die Tätigkeit in der Behindertenwerkstatt überwiegend der Rehabilitation und somit mehr therapeutischen und sozialen Zwecken und weniger der Erzielung eines produktiven Arbeitsergebnisses dient, liegt kein steuerliches Arbeitsverhältnis vor. Das gilt besonders, wenn lediglich die Anwesenheit des Behinderten entlohnt wird, die Höhe des Entgelts aber durch die Arbeitsleistung nicht beeinflusst wird.

Die den behinderten Menschen von den Werkstätten gezahlten Zuschüsse zu den Fahrtkosten und Mittagessen werden aus öffentlichen Mitteln gewährt; sie sind nach § 3 Nr. 11 EStG steuerfrei.

2. Sozialversicherung

In der Sozialversicherung sind **behinderte Menschen in geschützten Einrichtungen,** d. h.

- in anerkannten Werkstätten für behinderte Menschen (§ 56 SGB IX) oder in nach dem Blindenwarenvertriebsgesetz anerkannten Blindenwerkstätten oder sofern sie für diese Einrichtungen in Heimarbeit tätig sind, oder
- in Anstalten, Heimen oder gleichartigen Einrichtungen in gewisser Regelmäßigkeit eine Leistung erbringen, die einem Fünftel der Leistung eines voll erwerbsfähigen Beschäftigten in gleichartiger Beschäftigung entspricht, wozu auch Dienstleistungen für den Träger der Einrichtung gehören,

kranken-, pflege- und rentenversicherungspflichtig. Arbeitslosenversicherungspflicht kommt in der Regel nicht in Betracht. Im Gegensatz zum Steuerrecht wird bei der Beitragsberechnung nicht nur das tatsächlich erzielte Arbeitsentgelt zugrunde gelegt. Vielmehr sind in den jeweiligen Versicherungszweigen Mindestentgelte zugrunde zu legen, wenn die tatsächlichen Einnahmen niedriger sind. So sind nach § 235 Abs. 3 SGB V in der Kranken- und Pflegeversicherung Beiträge mindestens in Höhe von 20 % der monatlichen Bezugsgröße und in der Rentenversicherung nach § 162 Nr. 2 SGB VI in Höhe von mindestens 80 % der monatlichen Bezugsgröße zugrunde zu legen. Hiernach ergeben sich für Behinderte ab 1. 1. 2021 folgende Mindestbemessungsgrundlagen:

- in der Kranken- und Pflegeversicherung (West und Ost) 658,– €
- in der Rentenversicherung
  = alte Bundesländer 2632,– €
  = neue Bundesländer 2492,– €

Die Beiträge sind von den Trägern der Einrichtungen zu tragen.

Lohnsteuerpflichtig | Sozialversich.-pflichtig

Beihilfen

Neues auf einen Blick:

Zur Steuerfreiheit der zusätzlich zum ohnehin geschuldeten Arbeitslohn gewährten Beihilfen und Unterstützungen des Arbeitgebers an seine Arbeitnehmer zur Abmilderung der zusätzlichen Belastungen durch die Corona-Krise vgl. das Stichwort „Corona-Pandemie" unter Nr. 1.

1. Allgemeines

Beihilfen und Unterstützungen sind einmalige oder gelegentliche Zuwendungen des Arbeitgebers an Arbeitnehmer, um die Arbeitnehmer von bestimmten Aufwendungen (z. B. Krankheitskosten) zu entlasten oder vor bestimmten Aufwendungen zu bewahren (z. B. Vorsorgekuren).

Für die Prüfung der Steuerfreiheit ist zu unterscheiden zwischen Beihilfen, die aus **öffentlichen Mitteln** gewährt werden und Unterstützungsleistungen, die **private Arbeitgeber** gewähren. Die steuerliche Behandlung von Beihilfen aus öffentlichen Mitteln ist nachfolgend dargestellt. Zur Steuerfreiheit von Beihilfen, die Arbeitnehmer von privaten Arbeitgebern erhalten, wird auf das Stichwort „Unterstützungen" hingewiesen.

2. Beihilfen aus öffentlichen Mitteln

a) Grundsätzliches

Beihilfen und Unterstützungen, die wegen Hilfsbedürftigkeit aus öffentlichen Mitteln gezahlt werden, sind nach § 3 Nr. 11 EStG steuerfrei. Eine Zahlung aus öffentlichen Mitteln ist stets dann gegeben, wenn die Beihilfen und Unterstützungen aus einer von einer öffentlich-rechtlichen Körperschaft selbst verwalteten **öffentlichen Kasse** gewährt werden. Zum Begriff „öffentliche Kasse" vgl. dieses Stichwort. Danach sind insbesondere die an öffentliche Bedienstete (einschließlich beamtete Versorgungsempfänger) nach den Beihilfevorschriften des Bundes und der Länder gezahlten Beihilfen und Unterstützungen steuerfrei (R 3.11 Abs. 1 Nr. 1 LStR). nein nein

Der Begriff „öffentliche Mittel" im Sinne des § 3 Nr. 11 EStG setzt jedoch nicht voraus, dass eine Beihilfe unmittelbar aus einer öffentlichen Kasse gezahlt wird. Beihilfen sind auch dann steuerfrei, soweit die Mittel dazu aus einem öffentlichen Haushalt stammen, das heißt über die Mittel nur nach Maßgabe der haushaltsrechtlichen Vorschriften des öffentlichen Rechts verfügt werden kann und ihre Verwendung einer im Einzelnen gesetzlich geregelter Kontrolle unterliegt. Deshalb bleiben die von Körperschaften, Stiftungen und Anstalten des öffentlichen Rechts aufgrund von Beihilfevorschriften oder Unterstützungsvorschriften des Bundes oder der Länder gezahlten Beihilfen auch dann steuerfrei, wenn die die Beihilfe auszahlende Stelle der **Körperschaft, Stiftung oder Anstalt des öffentlichen Rechts** keine öffentliche Kasse ist (R 3.11 Abs. 1 Nr. 2 LStR). Das gilt auch für alle Einrichtungen und Betriebe dieser öffentlich-rechtlichen Körperschaften, die nicht in eine eigene Rechtsform gekleidet sind, sondern lediglich einen unselbstständigen Teil der Körperschaft des öffentlichen Rechts darstellen und zwar auch dann, wenn diese Teile der Körperschaft unter Umständen für das Gebiet des Körperschaftsteuerrechts verselbstständigt und steuerrechtlich zu Rechtssubjekten gemacht werden, wie dies z. B. bei den Betrieben gewerblicher Art von Körperschaften des öffentlichen Rechts im Sinne des § 1 Abs. 1 Nr. 6 KStG der Fall ist. Nach diesen Grundsätzen können auch Beihilfen an Arbeitnehmer von Krankenanstalten, die als nichtselbstständige Einrichtungen einer Kirchengemeinde (Körperschaft des öffentlichen Rechts) geführt werden, steuerfrei gezahlt werden. nein nein

Im Gegensatz zu den Beihilfevorschriften des Bundes und der Länder ist bei Körperschaften, Anstalten oder Stiftungen des öffentlichen Rechts weder im Gesetz noch in den Lohnsteuer-Richtlinien eine betragsmäßige Begrenzung der Steuerbefreiung vorgesehen. Die **Beihilfeleistungen** können daher **bis** zu einer Höhe von **100 % steuerfrei** sein.

Beispiel

Eine Körperschaft des öffentlichen Rechts hat eigene Beihilfevorschriften erlassen, die dem Grunde nach (aber nicht der Höhe nach) den Beihilfevorschriften eines Landes entsprechen. Die Körperschaft des öffentlichen Rechts zahlt ihren aktiv Beschäftigten und Pensionären eine Beihilfe von 100 % (statt wie üblich 50 % für aktiv Beschäftigte und 70 % bzw. 80 % bei Pensionären).

Die Beihilfeleistungen sind in voller Höhe (bis zu 100 %) steuerfrei.

b) Öffentlich-rechtliche Religionsgesellschaft

Beihilfen und Unterstützungen, die von einer rechtlich selbstständigen Einrichtung einer öffentlich-rechtlichen Religionsgesellschaft an ihre Arbeitnehmer gewährt werden, bleiben unter folgenden Voraussetzungen steuerfrei: nein nein

a) Hinsichtlich der Besoldung, der Reisekostenvergütung und der Gewährung von Beihilfen und Unterstützungen muss nach denselben Grundsätzen verfahren werden, die auch für die Bediensteten der öffentlich-rechtlichen Religionsgesellschaften gelten,

b) die öffentlich-rechtliche Religionsgesellschaft muss wesentlichen Einfluss auf den Haushaltsplan oder Ähnliches und die Rechnungsführung der Einrichtung ausüben und

c) die Einrichtung muss der Rechts- und Fachaufsicht der öffentlich-rechtlichen Religionsgesellschaft unterstehen.

c) Krankenhäuser

Zahlungen von Beihilfen und Unterstützungen an Arbeitnehmer staatlich genehmigter, durch Zuschüsse des Bundes oder des Landes mitfinanzierter Krankenhäuser sind in der Regel nicht nach § 3 Nr. 11 EStG steuerfrei, da die Beihilfen und Unterstützungen im Regelfall nicht aus öffentlichen Mitteln im Sinne des § 3 Nr. 11 EStG gewährt werden. Das gilt auch dann, wenn sich das Krankenhaus im Wesentlichen über die von den gesetzlichen Krankenversicherungsträgern gezahlten Pflegesätze finanziert, die unter Mitwirkung der Sozialleistungsträger festgelegt wurden und einer Kontrolle staatlicher Behörden unterliegen. Bei dem Verfahren zur Bildung der Pflegesätze nach dem Krankenhausfinanzierungsgesetz handelt es sich nämlich nicht um eine haushaltsrechtliche Überprüfung der Verausgabung der Mittel durch das Krankenhaus, vielmehr wird durch eine Überprüfung der Ausgaben des Krankenhauses auf die Bildung der Pflegezusätze Einfluss genommen. Der Pflegesatz dient zur Bereitstellung der Mittel des Krankenhauses, die Verausgabung der Mittel erfolgt jedoch durch das Krankenhaus unabhängig und eigenverantwortlich. ja ja

d) Verwaltungen und Betriebe mit öffentlicher Beteiligung

Beihilfen und Unterstützungen von Verwaltungen, Unternehmen und Betrieben, die sich **überwiegend in öffentlicher Hand** befinden (= private Beteiligung weniger als 50 %), sind steuerfrei, nein nein

- wenn bei der Entlohnung sowie der Gewährung von Beihilfen und Unterstützungen für die betroffenen Arbeitnehmer ausschließlich nach den Regelungen verfahren wird, die für Arbeitnehmer des öffentlichen Dienstes gelten und
- die Verwaltungen, Unternehmen und Betriebe einer staatlichen oder kommunalen Aufsicht und Prüfung bezüglich der Entlohnung und der Gewährung der Beihilfen unterliegen (vgl. R 3.11 Abs. 1 Nr. 3 LStR). Es ist hingegen nicht erforderlich, dass die Verwaltungen, Un-

	Lohn-steuer-pflichtig	Sozial-versich.-pflichtig
ternehmen oder Betriebe insgesamt einer staatlichen oder kommunalen Dienstaufsicht unterliegen.		
Beihilfen und Unterstützungen von Unternehmen, die sich **nicht überwiegend** in öffentlicher Hand befinden (z. B. staatlich anerkannte Privatschulen), sind steuerfrei, wenn die folgenden Voraussetzungen erfüllt sind:	nein	nein

B

- Hinsichtlich der Entlohnung, der Reisekostenvergütungen und der Gewährung von Beihilfen und Unterstützungen muss nach den Regelungen verfahren werden, die für den öffentlichen Dienst gelten,
- die für die Bundesverwaltung oder eine Landesverwaltung maßgeblichen Vorschriften über die Haushalts-, Kassen- und Rechnungsführung und über die Rechnungsprüfung müssen beachtet werden und
- das Unternehmen muss der Prüfung durch den Bundesrechnungshof oder einen Landesrechnungshof unterliegen (vgl. R 3.11 Abs. 1 Nr. 4 LStR).

Sind die Voraussetzungen der R 3.11 Abs. 1 Nr. 3 und 4 LStR nicht gegeben (z. B. weil die Entlohnung und die Gewährung von Beihilfen und Unterstützungen nicht ausschließlich nach den für Arbeitnehmer des öffentlichen Dienstes geltenden Vorschriften und Vereinbarungen geregelt sind), kommt die Steuerfreiheit der Beihilfen und Unterstützungen unter Beachtung der sich aus dem Verhältnis der öffentlichen Mittel zu den Gesamtkosten ergebenden Quote in Betracht (BFH-Urteil vom 15.11.1983, BStBl. 1984 II S. 113); ggf. muss die Quote geschätzt werden. Die Verwendung der öffentlichen Mittel muss auch hier einer gesetzlich geregelten Kontrolle unterliegen.

So sind die an Lehrkräfte von staatlich anerkannten Ersatzschulen nach beamtenrechtlichen Grundsätzen wegen Hilfsbedürftigkeit gezahlten Beihilfen und Unterstützungen insoweit nach § 3 Nr. 11 EStG steuerfrei, als
- die Mittel dazu aus einem öffentlichen Haushalt stammen,
- über die Gelder nur nach Maßgabe der haushaltsrechtlichen Vorschriften des öffentlichen Rechts verfügt werden kann und
- die Verwendung der Mittel einer gesetzlichen Kontrolle unterliegt.

e) Beitragsermäßigungen und Prämienrückzahlungen

Den steuerfreien Bezügen aus öffentlichen Mitteln wegen Hilfsbedürftigkeit gleichgestellt sind Beitragsermäßigungen und Prämienrückzahlungen eines Trägers der gesetzlichen Krankenversicherung für nicht in Anspruch genommene Beihilfeleistungen (§ 3 Nr. 11 Satz 4 EStG).

Beispiel

Eine gesetzliche Krankenversicherung gewährt einem Dienstordnungsangestellten **(DO-Angestellten)** eine Beitragsermäßigung (100 % Versicherungsschutz für 50 % Versicherungsbeitrag). Der geldwerte Vorteil in Höhe von 50 % Beitragsermäßigung ist nach § 3 Nr. 11 Satz 4 EStG steuerfrei.

Entsprechendes gilt für die den sog. **AT-Angestellten** gewährten Beitragszuschüssen zur freiwilligen Versicherung.

Die vorstehende Steuerbefreiung nach § 3 Nr. 11 Satz 4 EStG gilt entsprechend, wenn kirchliche Arbeitgeber Beitragszuschüsse zu Kranken- und Pflegeversicherungsbeiträgen an **kirchliche Beamte** zahlen, die als Beihilfeberechtigte in einer gesetzlichen Krankenversicherung freiwillig versichert sind. Der Arbeitgeber hat in diesen Fällen keine gesetzliche Verpflichtung diese Zahlungen zu leisten.

f) Sonstiges

Beihilfen und Unterstützungen an die bei den **Postnachfolgeunternehmen** beschäftigten Beamten sind ebenfalls steuerfrei (§ 3 Nr. 35 EStG).

Die Beihilfen aus öffentlichen Mitteln werden ggf. um eine **Kostendämpfungspauschale** für jedes Kalenderjahr gekürzt, in dem beihilfefähige Aufwendungen geltend gemacht werden. Bei der von den Beamten und Richtern getragenen Kostendämpfungspauschale handelt es sich nicht um negativen Arbeitslohn, sondern um als Krankheitskosten abziehbare **außergewöhnliche Belastungen** (vgl. hierzu Anhang 7 Abschnitt D Nr. 1)

3. Beihilfen aus privaten Mitteln

Als Beihilfen **privater** Arbeitgeber kommen insbesondere in Betracht:

a) Notstandsbeihilfen (vgl. **„Unterstützungen“**),

b) Ausbildungsbeihilfen (vgl. „Stipendien“),

c) **Erholungsbeihilfen** (vgl. dieses Stichwort).

Siehe auch die Stichworte: Beerdigungszuschüsse, Erholungsbeihilfen, Erziehungsbeihilfen, Fortbildungskosten, Geburtsbeihilfen, Heiratsbeihilfen, Mobilitätshilfen, Schulbeihilfen, Stipendien, Unterstützungen, Wirtschaftsbeihilfen.

Beihilfeversicherung

Ob Leistungen aus einer vom Arbeitgeber abgeschlossenen Beihilfeversicherung steuerpflichtig oder steuerfrei sind, hängt von der Art des Versicherungsvertrags ab:

1. Steuerpflichtige Beihilfeversicherung

	Lohn-steuer-pflichtig	Sozial-versich.-pflichtig
Erwirbt der Arbeitnehmer gegen die Versicherung einen **eigenen Rechtsanspruch** auf die Beihilfeleistungen, stellen die Aufwendungen des Arbeitgebers für die Prämien zur Beihilfeversicherung steuer- und beitragspflichtigen Arbeitslohn dar.	ja	ja
Eine Pauschalierung nach § 40b EStG mit 20 % kommt nicht in Betracht, weil die Beihilfeversicherung keine „Unfallversicherung“ i. S. des § 40b EStG ist. Die (späteren) Versicherungsleistungen an den Arbeitnehmer sind in diesem Fall steuerfrei.	nein	nein
Die 44-Euro-Freigrenze für Sachbezüge ist anwendbar, wenn der Arbeitnehmer aufgrund der arbeitsvertraglichen Vereinbarungen ausschließlich Versicherungsschutz und nicht auch eine Geldzahlung verlangen kann, vgl. das Stichwort „Versicherungsschutz“ unter Nr. 1.	nein	nein

2. Beihilfeversicherung als steuerfreie Rückdeckung

Als Rückdeckung sind die Beiträge des Arbeitgebers zu einer **Beihilfeversicherung** dann steuerfrei, wenn der Arbeitnehmer **keinen eigenen Rechtsanspruch** auf Beihilfeleistungen gegenüber der Versicherung erwirbt.	nein	nein

Zahlt die Versicherung (später) die Beihilfen direkt an den Arbeitnehmer aus, muss durch die Versicherungsbedingungen klar zum Ausdruck gebracht sein, dass der Arbeitnehmer keinen eigenen Rechtsanspruch gegenüber der Versicherung hat, die Versicherung vielmehr die Beihilfeleistung **im Namen des Arbeitgebers** (= Versicherungsnehmer) an den beihilfeberechtigten Arbeitnehmer erbringt. Sind diese Voraussetzungen erfüllt, stellen die Beiträge zur Beihilfeversicherung Leistungen des Arbeitgebers für eine Rückdeckungsversicherung dar, die nicht zum steuerpflichtigen Arbeitslohn gehören (vgl. die grundsätzlichen Ausführungen beim Stichwort „Rückdeckung“). Arbeitslohn sind vielmehr die vom Versicherungsunternehmen gezahlten Beihilfen. Diese sind bei privaten Arbeitgebern unter den beim Stichwort „Unterstützungen“ dargestellten Voraussetzungen allerdings ebenfalls steuerfrei. Unter die hier besprochene Regelung fallen z. B. auch die Beiträge zu einer Beihilfeversicherung, die die Gemeinden, Gemeindeverbände sowie die Körperschaften, Anstalten und Stiftungen des öffentlichen Rechts und auch die Religionsgemeinschaften zur Rückdeckung ihrer Beihilfeverpflichtungen bei einer Versiche-

	Lohn-steuer-pflichtig	Sozial-versich.-pflichtig
rungsgesellschaft abgeschlossen haben. Zur Steuerfreiheit von Beihilfen aus öffentlichen Mitteln vgl. die Erläuterungen beim Stichwort „Beihilfen" unter Nr. 2.		

Beitragsabrechnungszeitraum

siehe Stichwort „Berechnung der Lohnsteuer und der Sozialversicherungsbeiträge" unter Nr. 7 auf Seite 197.

Beitragsbemessungsgrenzen

Das Arbeitsentgelt wird nicht in unbeschränkter Höhe, sondern nur bis zu bestimmten Höchstbeträgen, den sogenannten Beitragsbemessungsgrenzen für die Beitragsberechnung herangezogen (siehe „Berechnung der Lohnsteuer und der Sozialversicherungsbeiträge"). Auch in die Versicherungsnachweise der gesetzlichen **Rentenversicherung** sind Arbeitsentgelte nur bis zu der Beitragsbemessungsgrenze dieses Versicherungszweiges einzutragen (vgl. „Jahresmeldung").

Die Beitragsbemessungsgrenzen werden jährlich an die Entwicklung der Bruttolohn- und Gehaltssumme je durchschnittlich beschäftigtem Arbeitnehmer angepasst (§ 68 Abs. 2 Satz 1 i. V. mit § 159 SGB VI, § 6 Abs. 7 SGB V). Da im Regelfall die Löhne steigen, werden die Beitragsbemessungsgrenzen entsprechend erhöht. Sie können aber auch unverändert bleiben oder sich sogar ermäßigen.

Die Entwicklung der Beitragsbemessungsgrenzen soll folgende Übersicht verdeutlichen.

Beitragsbemessungsgrenzen alte Bundesländer (mit West-Berlin)

	Kranken- und Pflegeversicherung		Renten- und Arbeitslosenversicherung	
	Monat	Jahr	Monat	Jahr
2011	3 712,50 €	44 550 €	5 500 €	66 000 €
2012	3 825 €	45 900 €	5 600 €	67 200 €
2013	3 937,50 €	47 250 €	5 800 €	69 600 €
2014	4 050 €	48 600 €	5 950 €	71 400 €
2015	4 125 €	49 500 €	6 050 €	72 600 €
2016	4 237,50 €	50 850 €	6 200 €	74 400 €
2017	4 350 €	52 200 €	6 350 €	76 200 €
2018	4 425 €	53 100 €	6 500 €	78 000 €
2019	4 537,50 €	54 450 €	6 700 €	80 400 €
2020	4 687,50 €	56 250 €	6 900 €	82 800 €
2021	**4 837,50 €**	**58 050 €**	**7 100 €**	**85 200 €**

Beitragsbemessungsgrenzen neue Bundesländer (mit Ost-Berlin)

	Kranken- und Pflegeversicherung		Renten- und Arbeitslosenversicherung	
	Monat	Jahr	Monat	Jahr
2011	3 712,50 €	44 550 €	4 800 €	57 600 €
2012	3 825 €	45 900 €	4 800 €	57 600 €
2013	3 937,50 €	47 250 €	4 900 €	58 800 €
2014	4 050 €	48 600 €	5 000 €	60 000 €
2015	4 125 €	49 500 €	5 200 €	62 400 €
2016	4 237,50 €	50 850 €	5 400 €	64 800 €
2017	4 350 €	52 200 €	5 700 €	68 400 €
2018	4 425 €	53 100 €	5 800 €	69 600 €
2019	4 537,50 €	54 450 €	6 150 €	73 800 €
2020	4 687,50 €	56 250 €	6 450 €	77 400 €
2021	**4 837,50 €**	**58 050 €**	**6 700 €**	**80 400 €**

Knappschaftliche Rentenversicherung

	alte Bundesländer (mit West-Berlin)		neue Bundesländer (mit Ost-Berlin)	
	Monat	Jahr	Monat	Jahr
2011	6 750 €	81 000 €	5 900 €	70 800 €
2012	6 900 €	82 800 €	5 900 €	70 800 €
2013	7 100 €	85 200 €	6 050 €	72 600 €
2014	7 300 €	87 600 €	6 150 €	73 800 €
2015	7 450 €	89 400 €	6 350 €	76 200 €
2016	7 650 €	91 800 €	6 650 €	79 800 €
2017	7 850 €	94 200 €	7 000 €	84 000 €
2018	8 000 €	96 000 €	7 150 €	85 800 €
2019	8 200 €	98 400 €	7 600 €	91 200 €
2020	8 450 €	101 400 €	7 900 €	94 800 €
2021	**8 700 €**	**104 400 €**	**8 250 €**	**99 000 €**

Beitragserstattung

siehe „Erstattung von Sozialversicherungsbeiträgen"

Beitragskassierer

	Lohn-steuer-pflichtig	Sozial-versich.-pflichtig
Nebenberufliche Beitragskassierer von Versicherungsgesellschaften sind steuerlich selbstständig. Ihre Provisionen sind deshalb kein Arbeitslohn.	nein	nein
Zur Scheinselbstständigkeit vgl. dieses Stichwort.		
Bei Gewerkschaftskassierern, die Gewerkschaftsbeiträge erheben und dafür nur eine geringe Vergütung erhalten, hat der Bundesfinanzhof (vgl. BFH-Urteil vom 7.10.1954, BStBl. III S. 374) kein Dienstverhältnis angenommen.	nein	nein
Platzkassierer eines Vereins sind als Arbeitnehmer anzusehen (BFH-Urteil vom 25.10.1957, BStBl. III S. 15).	ja	ja
Für Vereinskassierer gibt es einen Freibetrag von nunmehr 840 € jährlich (vgl. „Nebentätigkeit für gemeinnützige Organisationen" unter Nr. 10).	nein	nein

Beitragsnachweis

Auf die Ausführungen beim Stichwort „Abführung der Sozialversicherungsbeiträge" unter Nr. 6 wird Bezug genommen.

Beitragssätze

Die Entwicklung der Beitragssätze in den letzten Jahren soll folgende Übersicht verdeutlichen:

Beitragssatz zur gesetzlichen Rentenversicherung

2011	19,9 %
2012	19,6 %
2013	18,9 %
2014	18,9 %
2015	18,7 %
2016	18,7 %
2017	18,7 %
2018	18,6 %
2019	18,6 %
2020	18,6 %
2021	**18,6 %**

Beitragssatz zur knappschaftlichen Rentenversicherung

2011	26,4 %
2012	26,0 %
2013	25,1 %
2014	25,1 %
2015	24,8 %
2016	24,8 %
2017	24,8 %
2018	24,7 %
2019	24,7 %
2020	24,7 %
2021	**24,7 %**

Lohn- steuer- pflichtig | Sozial- versich.- pflichtig

B

Beitragssatz zur Arbeitslosenversicherung

2011	3,0 %
2012	3,0 %
2013	3,0 %
2014	3,0 %
2015	3,0 %
2016	3,0 %
2017	3,0 %
2018	3,0 %
2019	2,5 %
2020	2,4 %
2021	**2,4 %**

Beitragssatz zur Pflegeversicherung

2011	1,95 %
2012	1,95 %
2013	2,05 %
2014	2,05 %
2015	2,35 %
2016	2,35 %
2017	2,55 %
2018	2,55 %
2019	3,05 %
2020	3,05 %
2021	**3,05 %**

Beitragszuschlag zur Pflegeversicherung für Kinderlose[1)]

2011	0,25 %
2012	0,25 %
2013	0,25 %
2014	0,25 %
2015	0,25 %
2016	0,25 %
2017	0,25 %
2018	0,25 %
2019	0,25 %
2020	0,25 %
2021	**0,25 %**

Beitragssatz zur Krankenversicherung

Die Höhe der Beiträge zur Krankenversicherung wurde 2008 letztmalig von der jeweiligen Krankenkasse durch Satzung festgelegt. Die Beitragssatzfestsetzung erfolgt danach durch Rechtsverordnung.

Beim Krankenversicherungsbeitrag ist zu unterscheiden zwischen

- dem **allgemeinen** Beitragssatz,
- dem **ermäßigten** Beitragssatz,
- dem Zusatzbeitrag.

Der allgemeine Beitragssatz beträgt seit 1.1.2015 14,6 %. Der ermäßigte Beitragssatz beträgt seit 1.1.2015 14,0 %.

Der Zusatzbeitrag wird von jeder Krankenkasse individuell festgesetzt.

Der Gesetzgeber hat ab 1.1.2015 die Beitragslastverteilung in der Krankenversicherung modifiziert. Ab diesem Zeitpunkt werden die Beiträge zur Krankenversicherung grds. paritätisch finanziert. Der Beitragsanteil von Arbeitgeber und Arbeitnehmer beträgt jeweils 7,3 % bzw. 7,0 %. Sofern eine Krankenkasse einen individuellen Zusatzbeitrag erhebt, war dieser vom Arbeitnehmer bis 31.12.2018 allein zu tragen. Seit 1.1.2019 wird auch der Zusatzbeitrag hälftig von Arbeitnehmer und Arbeitgeber getragen. Weitere Einzelheiten siehe unter dem Stichwort „Zusatzbeitrag und Sozialausgleich".

Hiernach ergibt sich seit 1.1.2009 folgende Entwicklung:

Allgemeiner Beitragssatz	insgesamt	Arbeitgeberanteil	Arbeitnehmeranteil
1.1.2009 bis 30.6.2009	15,5 %	7,3 %	8,2 %
1.7.2009 bis 31.12.2010	14,9 %	7,0 %	7,9 %
1.1.2011 bis 31.12.2014	15,5 %	7,3 %	8,2 %
1.1.2015 bis 31.12.2018	14,6 %	7,3 %	7,3 %
1.1.2019	15,9 % (14,6 % + 1,3 %[2)])	7,3 % + 0,65 %	7,3 % + 0,65 %

Ermäßigter Beitragssatz	insgesamt	Arbeitgeberanteil	Arbeitnehmeranteil
1.1.2009 bis 30.6.2009	14,9 %	7,0 %	7,9 %
1.7.2009 bis 31.12.2010	14,3 %	6,7 %	7,6 %
1.1.2011 bis 31.12.2014	14,9 %	7,0 %	7,9 %
1.1.2015 bis 31.12.2018	14,0 %	7,0 %	7,0 %
1.1.2019	15,3 % (14,0 % + 1,3 %[2)])	7,0 % + 0,65 %	7,0 % + 0,65 %

Einzelheiten zur Beitragsberechnung sind beim Stichwort „Berechnung der Lohnsteuer und der Sozialversicherungsbeiträge" anhand von Beispielen erläutert.

Beitragszuschlag zur sozialen Pflegeversicherung für Kinderlose

Gliederung:

1. Allgemeines

Mit dem Gesetz zur Berücksichtigung von Kindererziehung im Beitragsrecht der sozialen Pflegeversicherung (Kinder-Berücksichtigungsgesetz – KiBG) vom 15. Dezember 2004 (BGBl I S. 3448) ist der Beitragssatz in der sozialen Pflegeversicherung für alle Mitglieder, die das 23. Lebensjahr vollendet haben, vom 1. Januar 2005 an um 0,25 Beitragssatzpunkte (Beitragszuschlag für Kinderlose) erhöht worden. Den Beitragszuschlag für Kinderlose trägt allein das Mitglied; eine Beteiligung Dritter ist hierbei nicht vorgesehen. Für die Beitragszahlung gilt, dass der

1) Der Beitragszuschlag für Kinderlose in Höhe von 0,25 % ist vom Arbeitnehmer allein zu tragen.

2) Zusatzbeitrag beispielsweise 1,3 %. Der Zusatzbeitrag kann von den Krankenkassen individuell festgelegt werden.

Lohn- Sozial-
steuer- versich.-
pflichtig pflichtig

Beitragszuschlag von den beitragsabführenden Stellen zusammen mit dem „regulären" Beitrag bzw. Beitragsanteil zur Pflegeversicherung einzubehalten und an die zuständige Einzugsstelle abzuführen ist. Mitglieder mit Elterneigenschaft sind gemäß § 55 Abs. 3 Satz 2 SGB XI vom Beitragszuschlag für Kinderlose ausgenommen. Dies setzt voraus, dass die Elterneigenschaft in geeigneter Form gegenüber der beitragsabführenden Stelle bzw. bei Selbstzahlern gegenüber der Pflegekasse nachgewiesen wird, sofern diesen Stellen die Elterneigenschaft nicht bereits aus anderen Gründen bekannt ist. Mitglieder, die vor dem 1. Januar 1940 geboren sind, Wehrdienstleistende sowie Bezieher von Arbeitslosengeld II sind ebenfalls vom Beitragszuschlag für Kinderlose ausgenommen. Im Gegensatz zu Mitgliedern, die Arbeitslosengeld II beziehen, ist die Personengruppe der versicherungspflichtigen Bezieher von Leistungen nach dem SGB III von der Beitragszuschlagspflicht nicht ausgenommen. Für diese Mitglieder zahlt jedoch die Bundesagentur für Arbeit eine Pauschale in Höhe von 20 Mio. Euro pro Jahr an den Ausgleichsfonds der Pflegeversicherung. Von der Pauschale nicht erfasst sind Bezieher von Entgeltersatzleistungen (z. B. Krankengeld), deren Leistungen in Höhe der Leistungen nach dem SGB III gezahlt werden.

2. Vom Beitragszuschlag ausgenommene Personengruppen

Mitglieder sind bis zum Ablauf des Monats, in dem sie das 23. Lebensjahr vollenden, vom Beitragszuschlag für Kinderlose ausgenommen. Die Beitragspflicht hinsichtlich des Beitragszuschlags setzt dementsprechend mit Beginn des auf die **Vollendung des 23. Lebensjahres** folgenden Monats ein, es sei denn, das Mitglied gehört darüber hinaus zu einer der von der Beitragspflicht ausgenommenen Personengruppen. Der Beitragszuschlag für Kinderlose ist nicht zu zahlen von Mitgliedern, die vor dem 1. Januar 1940 geboren sind. Die dieser Generation angehörenden Mitglieder der **Geburtsjahrgänge vor 1940** sind generell vom Beitragszuschlag für Kinderlose ausgenommen, unabhängig davon, ob sie tatsächlich Kinder haben oder jemals hatten. **Wehrdienstleistende** sind ohne weitere Differenzierung vom Beitragszuschlag für Kinderlose ausgenommen. Hierbei handelt es sich allerdings nicht um eine personenbezogene, sondern um eine einnahmenbezogene Ausnahme von der Beitragspflicht. Grundlage für die Bemessung der Beiträge im Rahmen der pauschalen Beitragserhebung nach der Verordnung über die pauschale Berechnung und die Zahlung der Beiträge zur gesetzlichen Krankenversicherung und zur sozialen Pflegeversicherung für die Dauer einer fortbestehenden Mitgliedschaft bei Wehrdienst, Zivildienst oder Grenzschutzdienst (KV-/PV-Pauschalbeitragsverordnung) ist der bundeseinheitliche Beitragssatz nach § 55 Abs. 1 Satz 1 SGB XI (§ 3 Abs. 2 Satz 2 KV-/PVPauschalbeitragsverordnung). Sofern daneben bzw. außerhalb der pauschalen Beitragserhebung Beiträge aus Renten, Versorgungsbezügen oder Arbeitseinkommen erhoben werden, umfasst die Beitragspflicht auch den Beitragszuschlag für Kinderlose. Personen ohne Elterneigenschaft, die aufgrund freiwilliger Verpflichtung zu einer Übung zur Auswahl von freiwilligen Soldaten (Eignungsübung) einberufen werden und deren Mitgliedschaft nach § 8a Eignungsübungsgesetz fortbesteht, sind nicht von der Regelung in § 55 Abs. 3 Satz 7 SGB XI erfasst; sie haben daher den Beitragszuschlag für Kinderlose zu tragen, es sei denn, sie können ihre Elterneigenschaft nachweisen. Mitglieder, die wegen des Bezugs von **Arbeitslosengeld II** versicherungspflichtig in der Pflegeversicherung sind, sind vom Beitragszuschlag für Kinderlose ausgenommen. Werden weitere beitragspflichtige Einnahmen bezogen (z. B. Arbeitsentgelt, Rente, Versorgungsbezüge), ist die Ausnahmeregelung auf diese weiteren beitragspflichtigen Einnahmen nicht anzuwenden. Gleiches gilt, wenn neben der Versicherungspflicht aufgrund des Bezugs von Arbeitslosengeld II eine weitere Versicherungspflicht besteht

Lohn- Sozial-
steuer- versich.-
pflichtig pflichtig

B

(Mehrfachversicherung) und aufgrund dessen Beitragspflichten zu erfüllen sind.

3. Elterneigenschaft

Als Eltern, die vom Beitragszuschlag für Kinderlose ausgenommen sind, gelten Eltern im Sinne des § 56 Abs. 1 Satz 1 Nr. 3 und Abs. 3 Nr. 2 und 3 SGB I. Hiernach werden neben den **(leiblichen) Eltern auch Adoptiveltern, Stiefeltern und Pflegeeltern** berücksichtigt. Bei Adoptiveltern und Stiefeltern muss das Familienband allerdings zu einem Zeitpunkt bewirkt werden, zu dem für das Kind altersmäßig eine Familienversicherung in der sozialen Pflegeversicherung hätte begründet werden können. Die Elterneigenschaft unterstellt in generalisierender Weise, dass Betreuungs- und Erziehungsleistungen gegenüber dem Kind erbracht worden sind, ohne dass es darauf ankommt, ob und ggf. wie lange tatsächlich eine Betreuung und Erziehung des Kindes stattgefunden haben. Unerheblich ist ferner, ob das Kind, für das Elterneigenschaft geltend gemacht wird, im Inland oder im Ausland geboren ist und/oder sich dort aufhält. Liegt die Elterneigenschaft einmal vor, bleibt sie lebenslänglich wirksam. Bereits der Nachweis eines Kindes führt mithin dazu, dass für die Eltern der Beitragszuschlag auf Dauer nicht zu erheben ist. Eltern, deren Kind nicht mehr lebt, gelten insofern nicht als kinderlos; eine Lebendgeburt schließt die Beitragszuschlagspflicht dauerhaft aus. Die Elterneigenschaft kann nicht nur ein Elternteil in Anspruch nehmen, sondern sie kommt für beide Elternteile in Betracht. Darüber hinaus kann Elterneigenschaft bei weiteren (als zwei) Elternteilen gegeben sein mit der Konsequenz, dass der Beitragszuschlag für Kinderlose für alle beteiligten Elternteile des Kindes nicht zu erheben ist (z. B. bei Scheidung der Eltern; Wiederheirat der Mutter und Aufnahme des Kindes in den Haushalt des neuen Ehepartners oder öffentliche Beurkundung des Gerichts wegen Vaterschaftsanerkenntnis des leiblichen Vaters, Freigabe zur Adoption durch die nicht verheirateten leiblichen Eltern, Aufnahme in den Haushalt der Adoptiveltern durch Beschluss des Familiengerichts). Der Begriff der Eltern umfasst die Mutter und den Vater des Kindes. Mutter eines Kindes ist die Frau, die es geboren hat (§ 1591 BGB). Vater eines Kindes ist der Mann, der zum Zeitpunkt der Geburt mit der Mutter des Kindes verheiratet ist oder der die Vaterschaft anerkannt hat oder dessen Vaterschaft gerichtlich festgestellt ist (§ 1592 BGB). Kinder, deren Eltern zum Zeitpunkt der Geburt nicht miteinander verheiratet sind, können vom Vater anerkannt werden. Die Rechtswirkungen der Anerkennung können, soweit sich nicht aus dem Gesetz etwas anderes ergibt, erst von dem Zeitpunkt an geltend gemacht werden, zu dem die Anerkennung wirksam wird. Eine Anerkennung der Vaterschaft ist nicht wirksam, solange die Vaterschaft eines anderen Mannes besteht. Eine Anerkennung unter einer Bedingung oder Zeitbestimmung ist unwirksam. Die Anerkennung ist schon vor der Geburt des Kindes zulässig (§ 1594 BGB). Wird das Kind nach Anhängigkeit eines Scheidungsantrags geboren und erkennt ein Dritter spätestens bis zum Ablauf eines Jahres nach Rechtskraft des dem Scheidungsantrag stattgebenden Urteils die Vaterschaft an, so ist das Kind kein Kind des Mannes, der im Zeitpunkt der Geburt mit der Mutter des Kindes verheiratet war. Neben den nach den §§ 1595 und 1596 BGB notwendigen Erklärungen bedarf die Anerkennung der Zustimmung des früheren Ehemanns. Die Anerkennung wird frühestens mit Rechtskraft des dem Scheidungsantrag stattgebenden Urteils wirksam. In den genannten Fällen ist die Elterneigenschaft (des Vaters) erst mit Anerkennung der Vaterschaft gegeben. Für die gerichtliche Feststellung der Vaterschaft durch die Familiengerichte gilt die Vaterschaftsvermutung des § 1600d Abs. 2 BGB. Danach wird als Vater vermutet, wer der Mutter während der Empfängniszeit, dies ist regelmäßig die Zeit vom 300. bis zum 181. Tage vor der Geburt des Kindes, beigewohnt hat. Bei schwerwiegenden Zweifeln gilt allerdings diese Vater-

Lohn-steuer-pflichtig Sozial-versich.-pflichtig

schaftsvermutung nicht. Mit der gerichtlichen Feststellung der Vaterschaft wird das rechtliche Beziehungsverhältnis zwischen dem Kind und dem leiblichen Vater von Geburt an verbindlich bestimmt.

Einen Sonderfall der Elternschaft stellt die **Adoption** einer Person als Annahme „an Kindes statt" dar. Dabei geht die rechtliche Mutterschaft auf die Adoptivmutter und/oder die Vaterschaft auf den Adoptivvater über. Alle Rechte und Pflichten aus dem bisherigen Verwandtschaftsverhältnis, insbesondere gegenüber den Herkunftseltern, gehen unter. Das adoptierte Kind erhält durch die Adoption die Rechtsstellung eines leiblichen Kindes. In Deutschland wird die Annahme als Kind durch den Beschluss des Vormundschaftsgerichts ausgesprochen (sog. Dekretverfahren). Mit Zustellung des Beschlusses an den Annehmenden wird die Adoption wirksam. Sie wirkt jedoch nicht auf den Zeitpunkt der Geburt zurück. Für den Beitragszuschlag bedeutet dies, dass sowohl den leiblichen Eltern, mit der Geburt des Kindes, als grundsätzlich auch den Annehmenden, mit Zustellung des Beschlusses an den Annehmenden, Elterneigenschaft beizumessen ist. Adoptiveltern sind von der Elterneigenschaft allerdings dann ausgenommen, wenn das Kind zum Zeitpunkt des Wirksamwerdens der Adoption bereits die für eine Familienversicherung vorgesehenen Altersgrenzen erreicht hat. Soweit das Kind bereits vor der Rechtswirksamkeit der Adoption in den Haushalt der annehmenden Eltern aufgenommen wurde, ist es während dieser Zeit als Pflegekind zu behandeln.

Stiefeltern sind Ehegatten oder Lebenspartner in Bezug auf nicht zu ihnen in einem Kindschaftsverhältnis stehende leibliche oder angenommene Kinder des anderen Ehegatten oder Lebenspartners. Sie gehören allerdings dann nicht zu den Eltern, wenn das Kind zum Zeitpunkt der Eheschließung oder Begründung der Lebenspartnerschaft die für eine Familienversicherung vorgesehenen Altersgrenzen erreicht hat oder wenn das Kind vor Erreichen dieser Altersgrenzen nicht in den gemeinsamen Haushalt mit dem Mitglied aufgenommen worden ist. Die aus Anlass der Stiefelternschaft begründete Ausnahme vom Beitragszuschlag für Kinderlose wird durch eine spätere Auflösung der Ehe oder Lebenspartnerschaft nicht beseitigt.

Pflegeeltern sind Personen, die ein Kind als Pflegekind aufgenommen haben. Ein Pflegekindschaftsverhältnis setzt voraus, dass das Kind im Haushalt der Pflegeeltern sein Zuhause hat und diese zu dem Kind in einer familienähnlichen, auf längere Dauer angelegten Beziehung wie zu einem eigenen Kind stehen. Dies ist beispielsweise dann der Fall, wenn ein Kind im Rahmen von Hilfe zur Erziehung in Vollzeitpflege (§§ 27, 33 SGB VIII) oder im Rahmen von Eingliederungshilfe (§ 35a Abs. 1 Satz 2 Nr. 3 SGB VIII) in den Haushalt aufgenommen wird, sofern das Pflegeverhältnis auf Dauer angelegt ist. Hieran fehlt es, wenn ein Kind von vornherein nur für eine begrenzte Zeit im Haushalt der Pflegeeltern Aufnahme findet. Voraussetzung für ein Pflegekindschaftsverhältnis ist, dass das Obhuts- und Pflegeverhältnis zu den leiblichen Eltern nicht mehr besteht, das heißt die familiären Bindungen zu diesen auf Dauer aufgegeben sind. Gelegentliche Besuchskontakte allein stehen dem nicht entgegen. Es kommt nicht darauf an, ob die Pflegeeltern den Unterhalt des Kindes ganz oder überwiegend oder mindestens teilweise tragen. Das Pflegekindschaftsverhältnis mit familiärer Bindung – wie ein Eltern-Kind-Verhältnis – muss von vornherein für längere Dauer, seiner Natur nach regelmäßig auf mehrere Jahre und nicht nur für eine Übergangszeit bis zu einer anderweitigen Unterbringung beabsichtigt sein. Voraussetzung ist, dass das Kind in der Familie der betreuenden Person durchgängig, das heißt nicht nur für einen Teil des Tages oder nur für einige Tage der Woche, Versorgung, Erziehung und Heimat findet.

Lohn-steuer-pflichtig Sozial-versich.-pflichtig

4. Sonderfälle bei Adoptiv-, Stief- und Pflegeeltern

Soweit Kinder von **Tagesmüttern** sowie Personen, die eine private Pflegestelle oder Kinderkrippe betreiben oder im steten Wechsel Säuglinge und Kleinkinder von Jugendämtern und/oder Eltern gegen Kostenersatz für eine bestimmte Zeit zur Betreuung übernehmen, besteht ebenfalls kein Pflegekindschaftsverhältnis.

Adoptionspflegekinder sind – im Gegensatz zu Pflegekindern – Kinder, die mit dem Ziel der Annahme als Kind in die Obhut des annehmenden Mitglieds aufgenommen worden sind und für die die zur Aufnahme erforderliche Einwilligung der Eltern erteilt ist (§ 1747 BGB). Sie gelten bereits für die Zeit der Adoptionspflege (§ 1744 BGB) als Kinder des annehmenden Mitglieds und nicht mehr als Kinder der leiblichen Eltern.

Adoptiveltern sind vom Beitragszuschlag für Kinderlose nicht ausgenommen, wenn das Kind zum Zeitpunkt des Wirksamwerdens der Adoption bereits die für die Familienversicherung in § 25 Abs. 2 SGB XI vorgesehenen **Altersgrenzen** erreicht hat. Stiefeltern sind vom Beitragszuschlag für Kinderlose nicht ausgenommen, wenn das Kind zum Zeitpunkt der Eheschließung oder der Begründung einer eingetragenen Lebenspartnerschaft mit dem Elternteil des Kindes bereits die für die Familienversicherung in § 25 Abs. 2 SGB XI vorgesehenen Altersgrenzen erreicht hat oder wenn das Kind vor Erreichen dieser Altersgrenzen nicht in den gemeinsamen Haushalt mit dem Mitglied aufgenommen worden ist.

Mit diesen Besonderheiten bei Eltern von Adoptiv- und Stiefkindern wird anerkannt, dass auch Adoptiv- und Stiefeltern minderjähriger Kinder einen generativen Beitrag erbringen, der eine Zuschlagsfreiheit rechtfertigt. Dagegen erscheinen die Betreuungs- und Erziehungsleistungen, die von Adoptiv- und Stiefeltern für Kinder erbracht werden, die bereits erwachsen und wirtschaftlich selbstständig sind, demgegenüber typischerweise nicht so bedeutend, dass eine Zuschlagsfreiheit gerechtfertigt erscheint. Pflegeeltern erbringen nach Ansicht des Gesetzgebers Betreuungs- und Erziehungsleistungen unabhängig vom Alter des Pflegebefohlenen; sie sind daher nicht in die besonderen Regelungen des § 55 Abs. 3a einbezogen.

Bei den für die Familienversicherung vorgesehenen Altersgrenzen des Kindes handelt es sich

- generell um die Vollendung des 18. Lebensjahres,
- um die Vollendung des 23. Lebensjahres, sofern das Kind keine Erwerbstätigkeit ausübt,
- um die Vollendung des 25. Lebensjahres, sofern das Kind sich in Schul- oder Berufsausbildung befindet oder einen der Jugendfreiwilligendienste oder Bundesfreiwilligendienst leistet; bei Unterbrechung oder Verzögerung der Schul- oder Berufsausbildung wird die Altersgrenze über das 25. Lebensjahr hinaus verschoben.

Es gilt keine Altersgrenze, wenn das Kind wegen körperlicher, geistiger oder seelischer Behinderung außerstande ist, sich selbst zu unterhalten.

Stiefeltern sind – ungeachtet einer Eheschließung mit dem Elternteil des Kindes zu einem Zeitpunkt, in dem das Kind die für die Familienversicherung vorgesehenen Altersgrenzen noch nicht erreicht hat – dann nicht vom Beitragszuschlag für Kinderlose ausgenommen, wenn das Kind vor Erreichen dieser Altersgrenzen nicht in den gemeinsamen Haushalt mit dem Mitglied aufgenommen worden ist. Die Rechtsprechung des Bundessozialgerichts (BSG) hat unter „Haushaltsaufnahme" nicht allein die Begründung einer Wohngemeinschaft verstanden. Vielmehr ist auf „ein auf längere Dauer gerichtetes Betreuungs- und Erziehungsverhältnis familienähnlicher Art", auf „die Aufnahme in die Familiengemeinschaft" oder auf „ein elternähnliches, auf die Dauer berechnetes Band" abgestellt worden. Darüber hinaus hat die Rechtsprechung die Aufnahme in den Haushalt mit „versorgen" gleichgestellt, aber auch im Bezug hierauf klargestellt, dass das Hauptgewicht nicht auf dem Gewähren von Unterhalt liegt. In zusammenfassender Würdigung der Entwicklung in der Rechtsprechung ist das BSG schließlich zu dem Ergebnis gelangt, dass unter Haushaltsaufnahme nicht nur ein örtlich gebundenes Zusammenleben zu verstehen ist, sondern dass sie als Schnittstelle von Merkmalen örtlicher (Familienwohnung), materieller (Unterhalt) und immaterieller Art (Zuwendung von Fürsorge, Begründung eines familienähnlichen Bandes) gekennzeichnet wird (vgl. u. a. Hinweise im BSG-Urteil vom 30.8.2001 – B 4 RA 109/00 R – SozR 3-2600 § 48 Nr. 5).

5. Nachweis der Elterneigenschaft

Die Elterneigenschaft ist in geeigneter Form gegenüber der beitragsabführenden Stelle bzw. bei Selbstzahlern gegenüber der Pflegekasse nachzuweisen, sofern diesen die Elterneigenschaft nicht bereits aus anderen Gründen bekannt ist. Das Gesetz selbst schreibt keine konkrete Form des Nachweises vor. Nach dem Willen des Gesetzgebers (vgl. Begründung des Gesetzentwurfs in Bundestags-Drucksache 15/3671, Allgemeiner Teil) sollen alle Urkunden berücksichtigt werden können, die geeignet sind, zuverlässig die Elterneigenschaft des Mitglieds (als leibliche Eltern, Adoptiv-, Stief- oder Pflegeeltern) zu belegen.

Um eine einheitliche Praxis für die Anerkennung von Nachweisen sicherzustellen, hat der Spitzenverband Bund der Pflegekassen Empfehlungen zum Nachweis der Elterneigenschaft zu geben. Diese Empfehlungen dienen somit als Orientierungshilfe für die Pflegekassen und die beitragsabführenden Stellen. Die Auflistung der anzuerkennenden Nachweise ist weitgehend abschließend, ohne dass jedoch im Einzelfall die Anerkennung eines anderen geeigneten Nachweises ausgeschlossen ist. Sofern Zweifel bestehen, ob eine Elterneigenschaft im Sinne der Regelungen zum Beitragszuschlag für Kinderlose gegeben bzw. ob der Nachweis der Elterneigenschaft geeignet ist, insbesondere bei Eltern von Adoptiv- und Stiefkindern, entscheidet hierüber die Krankenkasse oder die Pflegekasse (abhängig von der Zuständigkeit für Entscheidungen zur Beitragspflicht in der Pflegeversicherung) auf Verlangen. Der Nachweis der Elterneigenschaft ist gegenüber der beitragsabführenden Stelle zu führen, das heißt gegenüber demjenigen, dem die Pflicht zum Beitragseinbehalt und zur Beitragszahlung obliegt (z. B. Arbeitgeber, Rehabilitationsträger, Rentenversicherungsträger, Zahlstelle der Versorgungsbezüge). Sofern diesen Stellen die Elterneigenschaft bereits bekannt ist, wird auf die Nachweisführung durch das Mitglied verzichtet. Bei Arbeitgebern reicht es aus, wenn sich aus den Personal- bzw. den Entgeltunterlagen die Elterneigenschaft nachprüfbar ergibt. Mitglieder, die ihren Beitrag zur Pflegeversicherung direkt an die Krankenkasse zahlen (z. B. freiwillig krankenversicherte Mitglieder, die in der Pflegeversicherung versicherungspflichtig sind), müssen den Nachweis der Elterneigenschaft grundsätzlich gegenüber der Pflegekasse erbringen. Es bedarf allerdings keines Nachweises durch das Mitglied, wenn bei der Pflegekasse geeignete Unterlagen, die das Vorhandensein eines Kindes belegen, vorliegen (z. B. wenn über das Versichertenverzeichnis familienversicherte Kinder zugeordnet werden können). Mitglieder, die ihre Elterneigenschaft nicht nachweisen, gelten bis zum Ablauf des Monats, in dem der Nachweis erbracht wird, beitragsrechtlich als kinderlos. Erfolgt die Vorlage des Nachweises innerhalb von drei Monaten nach der Geburt eines Kindes, gilt der Nachweis mit Beginn des Monats der Geburt als erbracht, ansonsten wirkt der Nachweis vom Beginn des Monats an, der dem Monat folgt, in dem der Nachweis erbracht wird.

Die gerichtliche Feststellung bzw. öffentlich beurkundete Anerkennung der Vaterschaft in Fällen, in denen keine Vaterschaft zu Beginn der Geburt feststand und durch Klage der Mutter, des Vaters oder des Kindes angestrebt wurde, wirkt familienrechtlich auf den Zeitpunkt der Geburt zurück. Die Rechtswirkung ist jedoch bis zur Vaterschaftsfeststellung bzw. Anerkennung hinausgeschoben. Daher wirkt die Befreiung von der Zahlung des Beitragszuschlags bei diesem Personenkreis erst ab Beginn des Monats, in dem das Urteil rechtskräftig wird. Der Nachweis hierüber ist innerhalb von drei Monaten der beitragsabführenden Stelle, bei Selbstzahlern der Pflegekasse, vorzulegen. Ansonsten wirkt der Nachweis ab Beginn des Monats, der dem Monat folgt, in dem der Nachweis erbracht wird.

Bei der Annahme eines Kindes (Adoption) tritt an die Stelle der Geburt des Kindes die Zustellung des Beschlusses des Familiengerichts. Bei den Adoptionspflegekindern tritt die Wirkung bereits von dem Zeitpunkt an ein, in dem sie mit dem Ziel der Annahme in die Obhut des Annehmenden aufgenommen worden sind. Der Nachweis ist ebenfalls innerhalb von drei Monaten nach Zustellung des Beschlusses des Familiengerichts vorzulegen. Ansonsten wirkt der Nachweis ab Beginn des Monats, der dem Monat folgt, in dem der Nachweis erbracht wird.

Der Geburt eines Kindes steht bei Stief- oder Pflegekindern die Erfüllung der Voraussetzungen für die Stief- oder Pflegeelterneigenschaft gleich. Wird der Nachweis innerhalb von drei Monaten nach Erfüllung der Voraussetzungen erbracht, wirkt er mit Beginn des Monats der Erfüllung der Voraussetzungen für ein Stief- oder Pflegekindschaftsverhältnis. Ansonsten wirkt der Nachweis ab Beginn des Monats, der dem Monat folgt, in dem der Nachweis erbracht wird.

Die Drei-Monats-Frist zur Erbringung des Nachweises bei Geburt des Kindes gilt gleichermaßen beim erstmaligen Beginn einer Mitgliedschaft in der sozialen Pflegeversicherung oder bei einem Wechsel der beitragsabführenden Stelle oder bei Selbstzahlern im Falle des Kranken- und Pflegekassenwechsels. Der Nachweis der Elterneigenschaft ist in diesen Fällen innerhalb von drei Monaten nach dem maßgebenden Ereignis bei der beitragsabführenden Stelle, bei Selbstzahlern der Pflegekasse, einzureichen, damit dieser von Beginn an wirkt. Wird der Nachweis später eingereicht, wirkt er ab Beginn des Monats, der dem Monat folgt, in dem der Nachweis erbracht wird. Ist der beitragsabführenden Stelle oder der Pflegekasse die Elterneigenschaft bereits bekannt, wird auf die Nachweisführung durch das Mitglied verzichtet.

Für Mitglieder, die das 23. Lebensjahr vollenden, entsteht mit Ablauf des Monats, in dem das 23. Lebensjahr vollendet wird, die Verpflichtung zur Zahlung des Beitragszuschlags. Wird die Elterneigenschaft spätestens innerhalb von drei Monaten nach Vollendung des 23. Lebensjahres nachgewiesen, besteht über die Vollendung des 23. Lebensjahres hinaus keine Verpflichtung zur Zahlung des Beitragszuschlags. Wird der Nachweis erst nach Ablauf von drei Monaten nach Vollendung des 23. Lebensjahres vorgelegt, ist der Beitragszuschlag erst ab Beginn des Monats nicht mehr zu zahlen, der dem Monat folgt, in dem der Nachweis erbracht wird.

6. Nachweise bei leiblichen Eltern und Adoptiveltern

Als Nachweise bei leiblichen Eltern und Adoptiveltern (im ersten Grad mit dem Kind verwandt) kommen wahlweise in Betracht:

- Geburtsurkunde bzw. internationale Geburtsurkunde („Mehrsprachige Auszüge aus Personenstandsbüchern")
- Abstammungsurkunde (wird für einen bestimmten Menschen an seinem Geburtsort geführt)
- Auszug aus dem Geburtenbuch des Standesamtes
- Auszug aus dem Familienbuch/Familienstammbuch
- steuerliche Lebensbescheinigung des Einwohnermeldeamtes (Bescheinigung wird ausgestellt, wenn der Steuerpflichtige für ein Kind, das nicht bei ihm gemeldet

Lohn-steuer-pflichtig	Sozial-versich.-pflichtig

ist, einen halben Kinderfreibetrag als Lohnsteuerabzugsmerkmal eintragen lassen möchte: Er muss hierfür nachweisen, dass er im ersten Grad mit dem Kind verwandt ist, z. B. durch Vorlage einer Geburtsurkunde)
- Vaterschaftsanerkennungs- und Vaterschaftsfeststellungsurkunde
- Adoptionsurkunde
- Kindergeldbescheid der Bundesagentur für Arbeit (BA) – Familienkasse – (bei Angehörigen des öffentlichen Dienstes und Empfängern von Versorgungsbezügen die Bezüge- oder Gehaltsmitteilung der mit der Bezügefestsetzung bzw. Gehaltszahlung befassten Stelle des jeweiligen öffentlich-rechtlichen Arbeitgebers bzw. Dienstherrn)
- Kontoauszug, aus dem sich die Auszahlung des Kindergeldes durch die BA – Familienkasse – ergibt (aus dem Auszug ist die Höhe des überwiesenen Betrages, die Kindergeldnummer sowie in der Regel der Zeitraum, für den der Betrag bestimmt ist, zu ersehen)
- Erziehungsgeld- oder Elterngeldbescheid
- Bescheinigung über Bezug von Mutterschaftsgeld
- Nachweis der Inanspruchnahme von Elternzeit nach dem Bundeserziehungsgeldgesetz (BErzGG) oder dem Bundeselterngeld- und Elternzeitgesetz (BEEG)
- Einkommensteuerbescheid (Berücksichtigung eines oder eines halben Kinderfreibetrages)
- Abruf der elektronischen Lohnsteuerabzugsmerkmale aus der ELStAM-Datenbank (Eintrag eines oder eines halben Kinderfreibetrages)
- Bescheinigung des Finanzamtes für den Lohnsteuerabzug in Ausnahmefällen (Eintrag eines oder eines halben Kinderfreibetrages)
- Sterbeurkunde des Kindes
- Feststellungsbescheid des Rentenversicherungsträgers, in dem Kindererziehungs- und Kinderberücksichtigungszeiten ausgewiesen sind
- Meldung des Rentenversicherungsträgers im KVdR-Meldeverfahren, aus der Kindererziehungsleistungen hervorgehen.

Sofern das Kind zum Zeitpunkt des Wirksamwerdens der Adoption bereits das 18. Lebensjahr vollendet hat, ist ein weiterer Nachweis darüber zu verlangen, dass das Kind die Altersgrenzen-Voraussetzungen, die in § 25 Abs. 2 SGB XI verlangt werden, erfüllt hat (z. B. durch eine Bescheinigung über die Schul- oder Berufsausbildung). Für Kinder, die zum Zeitpunkt des Wirksamwerdens der Adoption das 23. Lebensjahr noch nicht vollendet haben, genügt als Nachweis eine Erklärung des Kindes über die Nichtausübung einer Erwerbstätigkeit. Kopien der vorgenannten Unterlagen sind zur Nachweisführung gleichfalls zugelassen. Bei Zweifeln an der Ordnungsgemäßheit der Kopien sind die Originale oder beglaubigte Kopien bzw. beglaubigte Abschriften vorzulegen.

7. Nachweise bei Stiefeltern

Als Nachweise bei Stiefeltern kommen wahlweise in Betracht:
- Heiratsurkunde bzw. Nachweis über die Eintragung einer Lebenspartnerschaft und eine Meldebescheinigung des Einwohnermeldeamtes oder einer anderen für Personenstandsangelegenheiten zuständigen Behörde oder Dienststelle, dass das Kind als wohnhaft im Haushalt des Stiefvaters oder der Stiefmutter gemeldet ist oder war (vgl. Haushaltsbescheinigung oder Familienstandsbescheinigung für die Gewährung von Kindergeld – Vordrucke der BA zur Erklärung über die Haushaltszugehörigkeit von Kindern und für Arbeitnehmer, deren Kinder im Inland wohnen)
- Feststellungsbescheid des Rentenversicherungsträgers, in dem Kindererziehungs- und Kinderberücksichtigungszeiten ausgewiesen sind

Lohn-steuer-pflichtig	Sozial-versich.-pflichtig

- Einkommensteuerbescheid (Berücksichtigung eines oder eines halben Kinderfreibetrages)
- Abruf der elektronischen Lohnsteuerabzugsmerkmale aus der ELStAM-Datenbank (Eintrag eines oder eines halben Kinderfreibetrages)
- Bescheinigung des Finanzamtes für den Lohnsteuerabzug in Ausnahmefällen (Eintrag eines oder eines halben Kinderfreibetrages)

Sofern das Kind zum Zeitpunkt der Eheschließung oder Begründung einer eingetragenen Lebenspartnerschaft mit dem Elternteil des Kindes bereits das 18. Lebensjahr vollendet hat, ist ein weiterer Nachweis darüber zu verlangen, dass das Kind die Altersgrenzen-Voraussetzungen, die in § 25 Abs. 2 SGB XI verlangt werden, erfüllt hat (z. B. durch eine Bescheinigung über die Schul- oder Berufsausbildung). Für Kinder, die zum Zeitpunkt der Eheschließung oder Begründung einer eingetragenen Lebenspartnerschaft das 23. Lebensjahr noch nicht vollendet haben, genügt als Nachweis eine Erklärung des Kindes über die Nichtausübung einer Erwerbstätigkeit. Kopien der vorgenannten Unterlagen sind zur Nachweisführung gleichfalls zugelassen. Bei Zweifeln an der Ordnungsgemäßheit der Kopien sind die Originale oder beglaubigte Kopien bzw. beglaubigte Abschriften vorzulegen.

8. Nachweise bei Pflegeeltern

Als Nachweise bei Pflegeeltern kommen wahlweise in Betracht:
- Meldebescheinigung des Einwohnermeldeamtes oder einer anderen für Personenstandsangelegenheiten zuständigen Behörde oder Dienststelle und Nachweis des Jugendamtes über „Vollzeitpflege" (z. B. Pflegevertrag zwischen Jugendamt und Pflegeeltern, Bescheid über Leistungsgewährung gegenüber den Personensorgeberechtigten oder Bescheinigung des Jugendamtes über Pflegeverhältnis)
- Feststellungsbescheid des Rentenversicherungsträgers, in dem Kindererziehungs- und Kinderberücksichtigungszeiten ausgewiesen sind
- Meldung des Rentenversicherungsträgers im KVdR-Meldeverfahren, aus der Kindererziehungsleistungen hervorgehen
- Einkommensteuerbescheid (Berücksichtigung eines oder eines halben Kinderfreibetrages)

Kopien der vorgenannten Unterlagen sind zur Nachweisführung gleichfalls zugelassen. Bei Zweifeln an der Ordnungsgemäßheit der Kopien sind die Originale oder beglaubigte Kopien bzw. beglaubigte Abschriften vorzulegen.

9. Hilfsweise zugelassene Nachweise

Wenn die oben aufgeführten Unterlagen nicht vorhanden und auch nicht mehr zu beschaffen sind, können hilfsweise als Beweismittel auch Taufbescheinigungen oder Zeugenerklärungen dienen. Die Nachweisführung durch die vorgenannten Unterlagen ist nur dann möglich, wenn selbst nach Ausschöpfung aller Mittel eine der oben genannten Unterlagen nicht beschafft werden kann.

10. Aufbewahrung von Nachweisen

Die Nachweise über die Elterneigenschaft sind vom Arbeitgeber oder der Zahlstelle zusammen mit den übrigen Unterlagen, die für die Zahlung der Pflegeversicherungsbeiträge relevant sind, aufzubewahren. Ein Vermerk „als Nachweis hat vorgelegen ..." ist nicht ausreichend. Der Nachweis ist für die Dauer des die Beitragszahlung zur Pflegeversicherung begründenden Versicherungsverhältnisses von der beitragszahlenden Stelle aufzubewahren und darüber hinaus bis zum Ablauf von weiteren vier Kalenderjahren. Die Aufbewahrung der Unterlagen bei den Rentenversicherungsträgern wird nach den für die

Archivierung von Akten geltenden Regeln vorgenommen. Soweit bei dem Nachweis der Elterneigenschaft auf Unterlagen zurückgegriffen werden soll, die der beitragszahlenden Stelle bereits vorliegen, ist eine gesonderte zusätzliche Aufbewahrung bei den für die Beitragszahlung zur Pflegeversicherung begründenden Unterlagen nicht notwendig.

11. Höhe des Beitragszuschlags

Der Beitragszuschlag beträgt 0,25 Beitragssatzpunkte. Er wird auf den Beitragssatz zur Pflegeversicherung, der seit 1.1.2019 3,05 % beträgt, aufgeschlagen. Insgesamt beträgt der Beitragssatz für die Mitglieder ohne Kinder somit seit 1.1.2019 3,3 %.

Für die Mitglieder, die nach beamtenrechtlichen Vorschriften oder Grundsätzen bei Krankheit und Pflege Anspruch auf Beihilfe oder Heilfürsorge haben, und deshalb Leistungen der sozialen Pflegeversicherung nur zur Hälfte erhalten, beträgt der Beitragssatz die Hälfte von 3,05 %, also 1,525 %. Durch den Beitragszuschlag für Mitglieder ohne Kinder erhöht sich dieser Beitragssatz auf 1,775 %.

12. Beitragsbemessungsgrundlage

Der Beitragssatz für die Pflegeversicherungsbeiträge ist um den Beitragszuschlag zu erhöhen. Daraus ergibt sich, dass der erhöhte Beitrag aus den Bemessungsgrundlagen zu errechnen ist, aus denen auch die allgemeinen Pflegeversicherungsbeiträge ermittelt werden.

13. Berechnung

Der Beitragszuschlag ist für die gleichen beitragspflichtigen Zeiten zu zahlen, wie die anderen Pflegeversicherungsbeiträge. Dabei ist jedoch zu berücksichtigen, dass der Beitragszuschlag erstmals nach Ablauf des Monats zu erheben ist, in dem das Mitglied ohne Kind das 23. Lebensjahr vollendet hat.

Demnach ist grundsätzlich für jeden Tag der Mitgliedschaft auch der Beitragszuschlag zu erheben. Bei Beginn und Ende der Mitgliedschaft im Laufe eines Kalendermonats ist der Beitragszuschlag entsprechend der anderen Beiträge zur Pflegeversicherung für die tatsächlichen Tage der Mitgliedschaft zu erheben, ansonsten ist ein voller Kalendermonat mit 30 Sozialversicherungstagen (SV-Tagen) anzusetzen. Für beitragsfreie Zeiten, in denen Krankengeld, Verletztengeld oder Übergangsgeld gezahlt wird, ist vom Arbeitgeber kein Beitragszuschlag zu erheben.

Für die Berechnung des Beitragszuschlags ist der Arbeitnehmeranteil durch Multiplikation der beitragspflichtigen Einnahmen mit 2,025 % zu ermitteln, der Arbeitgeberanteil durch Multiplikation der beitragspflichtigen Einnahmen mit 1,025 %.

Liegt der Beschäftigungsort des Arbeitnehmers in Sachsen, ist für die Berechnung des Beitragszuschlags der Arbeitnehmeranteil durch Multiplikation der beitragspflichtigen Einnahmen mit 2,275 % zu ermitteln, der Arbeitgeberanteil durch Multiplikation der beitragspflichtigen Einnahmen mit 1,025 %.

14. Fälligkeit

Der Beitragszuschlag wird zusammen mit dem jeweiligen Beitrag zur Pflegeversicherung nach den Regelungen des § 23 SGB IV ggf. in der Verbindung mit der Satzungsregelung der jeweiligen Krankenkasse bzw. Pflegekasse fällig. Beitragszuschläge aus Versorgungsbezügen, die von den Zahlstellen der Versorgungsbezüge einzubehalten sind, werden mit der Auszahlung der Versorgungsbezüge fällig.

15. Beitragstragung/Beitragszahlung

Mit dem Beitragszuschlag wird ausschließlich der Versicherte belastet. Insofern tragen Beschäftigte bzw. sonstige Mitglieder ohne Kinder den Beitragszuschlag allein. Freiwillig in der Krankenversicherung versicherte Mitglieder einer Pflegekasse, die ihre Beiträge selbst einzuzahlen haben, haben dementsprechend auch den Beitragszuschlag selbst einzuzahlen.

Mitglieder ohne Kinder, die selbst keinen Beitragsanteil zur Pflegeversicherung zu tragen haben, weil für sie der Arbeitgeber oder die Zahlstelle den Beitrag insgesamt trägt, müssen jedoch den Beitragszuschlag grundsätzlich selbst tragen.

16. Geringverdienergrenze

Für Mitglieder der sozialen Pflegeversicherung, die zu ihrer Berufsausbildung beschäftigt sind, und ein Arbeitsentgelt erzielen, das monatlich 325 € nicht übersteigt, trägt der Arbeitgeber den Gesamtsozialversicherungsbeitrag allein. Hier kann es sich nur um Auszubildende handeln, deren Ausbildung vor dem 1.1.2020 begonnen hat, da seit 1.1.2020 für Auszubildende Mindestvergütungen gelten, die i. d. R. höher als 325 € sind (vgl. § 17 BBiG).

17. Beitragseinbehalt

Der Arbeitgeber hat einen Anspruch gegen den Beschäftigten auf den von ihm allein zu tragenden Beitragszuschlag. Dieser Anspruch wird i. d. R. durch Abzug von den zustehenden Lohn- und Gehaltszahlungen geltend gemacht werden. Dadurch ist gewährleistet, dass der Beitragszuschlag in dem üblichen Beitragszahlungsverfahren entrichtet wird und ausschließlich das Mitglied belastet. Hat der Arbeitgeber den vom Beschäftigten zu tragenden Beitragszuschlag gegenüber diesem nicht geltend gemacht, darf der Arbeitgeber den unterbliebenen Beitragseinbehalt nach nur bei den nächsten drei Lohn- und Gehaltszahlungen nachholen, danach nur dann, wenn der Abzug des Beitragszuschlags für Mitglieder ohne Kinder ohne Verschulden des Arbeitgebers unterblieben ist, es sei denn, der Arbeitnehmer ist seinen Auskunftspflichten gegenüber dem Arbeitgeber nicht nachgekommen.

18. Mehrfachbeschäftigte

Bemessungsgrundlage für die Berechnung des Beitragszuschlags sind die beitragspflichtigen Einnahmen. Treffen beitragspflichtige Einnahmen aus mehreren Versicherungsverhältnissen zusammen und übersteigen sie die für das jeweilige Versicherungsverhältnis maßgebliche Beitragsbemessungsgrenze, berechnet sich der Beitragszuschlag für Mitglieder ohne Kinder aus dem jeweiligen Anteilsverhältnis der Einzelentgelte zur Beitragsbemessungsgrenze (vgl. § 22 Abs. 2 SGB IV).

19. Beitragsnachweis

Die Einführung des Beitragszuschlags hatte keine Auswirkungen auf die Gestaltung des Beitragsnachweises. Dementsprechend wurde auch der Datensatz für die maschinelle Übermittlung von Beitragsnachweisen nicht erweitert. Der Beitragszuschlag wird zusammen mit den anderen Beiträgen zur Pflegeversicherung unter der Beitragsgruppe 0001 ausgewiesen.

20. Betriebsprüfungen/Entgeltunterlagen

Die Träger der Rentenversicherung prüfen bei den Arbeitgebern, ob diese ihre Pflichten im Zusammenhang mit dem Gesamtsozialversicherungsbeitrag ordnungsgemäß erfüllt haben. Dabei prüfen sie insbesondere die Richtigkeit der Beitragszahlungen und der Meldungen mindestens alle vier Jahre. Da der Beitragszuschlag für Kinderlose nach zum Gesamtsozialversicherungsbeitrag gehört, erstreckt sich die Betriebsprüfung auch auf diesen Beitrag. Der Arbeitgeber hat daher für Beschäftigte, die den

	Lohnsteuerpflichtig	Sozialversich.-pflichtig

Beitragszuschlag für Kinderlose in der sozialen Pflegeversicherung nicht zu zahlen haben, den Nachweis über die Elterneigenschaft zu den Entgeltunterlagen nehmen, sofern dies bisher nicht bereits aus anderen Unterlagen hervorgeht.

21. Beitragszuschuss zu den Beiträgen zur Pflegeversicherung

Der Beitragszuschlag zur Pflegeversicherung ist nicht zuschussfähig. Weder Arbeitgeber noch sonstige Zuschussstellen (z. B. Rentenversicherungsträger) müssen zum Zuschlag einen Zuschuss gewähren.

22. Meldeverfahren

Für den Beitragszuschlag wurde im Bereich des Meldeverfahrens keine neue Beitragsgruppe eingeführt. Auch hier wurde der Datensatz diesbezüglich nicht ergänzt.

Beitragszuschuss

Siehe die Stichworte: „Arbeitgeberzuschuss zur Krankenversicherung“, „Arbeitgeberzuschuss zur Pflegeversicherung“, „Befreiende Lebensversicherung“, „Zukunftsicherung“.

Bekleidungszuschüsse

Barzuschüsse des Arbeitgebers zur Beschaffung und Unterhaltung von Arbeitskleidung (Berufskleidung, Dienstkleidung) sind nur dann steuerfrei, wenn sie aus öffentlichen Kassen für öffentliche Dienste gezahlt werden und als „Aufwandsentschädigung“ anzuerkennen sind (vgl. das Stichwort „Aufwandsentschädigungen aus öffentlichen Kassen“). — nein — nein

Einkleidungsbeihilfen und Abnutzungsentschädigungen an Angehörige der Bundeswehr, der Bundespolizei, der Zollverwaltung, der Bereitschaftspolizei, der Vollzugspolizei, der Berufsfeuerwehr und an Vollzugsbeamte der Kriminalpolizei sind steuerfrei (§ 3 Nr. 4 Buchstabe b EStG). — nein — nein

Im Übrigen siehe das Stichwort „Arbeitskleidung“ besonders unter Nr. 2.

Belegschaftsaktien

siehe „Vermögensbeteiligungen“

Belegschaftsrabatte

siehe „Rabatte, Rabattfreibetrag“

Belegschaftsspenden

siehe „Spenden der Belegschaft“

Belohnungen

Vergütungen an Arbeitnehmer für Leistungen besonderer Art sind grundsätzlich steuerpflichtiger Arbeitslohn (z. B. Belohnungen an Arbeitnehmer von Banken, Sparkassen usw., wenn sie Betrügereien verhindern). — ja — ja

Dies gilt auch für Belohnungen an Arbeitnehmer, die durch persönlichen Einsatz oder besonders umsichtiges Verhalten eine Gefahr für Leib und Leben anderer abgewendet oder erheblichen Sachschaden verhindert haben. — ja — ja

In besonders gelagerten Einzelfällen sieht das Finanzamt jedoch aufgrund bundeseinheitlicher Verwaltungsanweisung von der Besteuerung ab[1], wenn es sich um eine Belohnung für die Verhütung einer Katastrophe handelt und die Gefahrenbekämpfung nicht zum unmittelbaren Aufgabenbereich des Arbeitnehmers gehört. — nein — nein

Ebenso gehören Belohnungen, die eine Berufsgenossenschaft an Arbeitnehmer ihrer Mitglieder auf deren Vorschlag für besondere Verdienste bei der Verhütung von Unfällen zuwendet, regelmäßig nicht zum steuerpflichtigen Arbeitslohn (BFH-Urteil vom 22. 2. 1963, BStBl. III S. 306). — nein — nein

Siehe die Stichworte: Incentive-Reisen, Prämien, Unfallverhütungsprämien, Verlosungsgewinne.

Belohnungsessen

siehe „Bewirtungskosten“ unter Nr. 7

Benzingutscheine

siehe „Warengutscheine“

Berechnung der Lohnsteuer und der Sozialversicherungsbeiträge

Gliederung:

1. Allgemeines
2. Berechnung der Lohnsteuer vom laufenden Arbeitslohn
3. Maschinelle Berechnung der Lohnsteuer
4. Berechnung der Kirchensteuer und des Solidaritätszuschlags
   a) Berechnung des Solidaritätszuschlags
   b) Berechnung der Kirchensteuer
5. Berechnung der Sozialversicherungsbeiträge vom laufenden Arbeitslohn
   a) Allgemeines
   b) Beitragssätze und Verteilung der Beitragslast
   c) Beitragsbemessungsgrenzen
   d) Mehrfachbeschäftigung
   e) Jahresarbeitsentgeltgrenze
   f) Praktische Beispiele zur Lohnabrechnung
6. Lohnzahlungszeitraum bei der Lohnsteuer
7. Entgeltabrechnungszeitraum bei der Sozialversicherung
8. Berechnung der Lohnsteuer und der Sozialversicherungsbeiträge bei Teillohnzahlungszeiträumen
9. Sonstige Bezüge (einmalige Zuwendungen)
10. Insolvenzgeldumlage

1. Allgemeines

Nachdem der Arbeitgeber die grundlegenden Fragen nach der **Arbeitnehmereigenschaft** und der **Höhe des Arbeitslohnes** geklärt hat, muss er die Berechnung der Lohnsteuer und der Sozialversicherungsbeiträge vornehmen. Hierzu benötigt der Arbeitgeber

- die **individuellen Lohnsteuerabzugsmerkmale**[2] des Arbeitnehmers und
- den **Sozialversicherungsausweis.**

1) Bundeseinheitliche Regelung. Bekannt gegeben z. B. für Bayern mit Schreiben des Bayer. Staatsministeriums der Finanzen vom 1. 6. 1954 S 2303 – 10/2 – 49 079, abgedruckt als Anlage 1 zu H 19.3 LStR im **Steuerhandbuch für das Lohnbüro 2021**, das im selben Verlag erschienen ist.

2) Auf die ausführlichen Erläuterungen beim Stichwort „Elektronische Lohnsteuerabzugsmerkmale (ELStAM)“ wird hingewiesen.

Lohn-steuer-pflichtig Sozial-versich.-pflichtig

Die Berechnung der Lohnsteuer und des Solidaritätszuschlags ist in den alten und neuen Bundesländern völlig identisch. Bei der Kirchensteuer sind die in den einzelnen Ländern geltenden Besonderheiten zu beachten (vgl. „Kirchensteuer"). Bei der Berechnung der Sozialversicherungsbeiträge gelten **unterschiedliche Beitragsbemessungsgrenzen in der Renten- und Arbeitslosenversicherung** für die alten Länder einerseits und die neuen Länder anderseits.

Die Durchführung des Lohnsteuerabzugs richtet sich bei **unbeschränkt steuerpflichtigen Arbeitnehmern,** das heißt bei Arbeitnehmern, die in Deutschland einen Wohnsitz oder gewöhnlichen Aufenthalt haben, nach den individuellen Lohnsteuerabzugsmerkmalen des Arbeitnehmers (Steuerklasse, Zahl der Kinderfreibeträge, Steuerfreibetrag, Religionszugehörigkeit usw.)[1].

Beschränkt steuerpflichtige (meist ausländische) **Arbeitnehmer,** die nur vorübergehend (= bis zu sechs Monate) in Deutschland arbeiten, ohne hier einen Wohnsitz zu begründen, sind gegenüber unbeschränkt steuerpflichtigen Arbeitnehmern nicht kirchensteuerpflichtig. Zum Nachweis der übrigen Lohnsteuerabzugsmerkmale gegenüber dem Arbeitgeber (Steuerklasse, Zahl der Kinderfreibeträge, Steuerfreibetrag) durch Abruf der elektronischen Lohnsteuermerkmale oder Vorlage einer Lohnsteuerabzugsbescheinigung vgl. die Stichwörter „Beschränkt steuerpflichtige Arbeitnehmer", „Elektronische Lohnsteuerabzugsmerkmale (ELStAM)" und „Lohnsteuerabzugsbescheinigung" unter Nr. 4.

Bei **Aushilfskräften** und **Teilzeitbeschäftigten** kann der Arbeitgeber die Lohnsteuer entweder pauschal mit 25 %, 20 %, 5 %, 2 % oder nach den individuellen Lohnsteuerabzugsmerkmalen des Arbeitnehmers ermitteln. Was günstiger ist, ist beim Stichwort „Pauschalierung der Lohnsteuer bei Aushilfskräften und Teilzeitbeschäftigten" unter Nr. 2 Buchstabe i auf Seite 748 erläutert.

Sind die Voraussetzungen für eine Pauschalierung der Lohnsteuer nicht gegeben und die individuellen Lohnsteuerabzugsmerkmale des Arbeitnehmers nicht bekannt, muss der Arbeitgeber die Lohnsteuer nach der **Steuerklasse VI** berechnen (wegen Einzelheiten vgl. „Nichtvorlage der Lohnsteuerabzugsmerkmale").

Als Nächstes hat der Arbeitgeber zu klären, welche Lohnsteuertabelle anzuwenden ist. Es gelten nämlich unterschiedliche Lohnsteuertabellen, je nachdem, ob der Arbeitnehmer rentenversicherungspflichtig ist oder nicht:

- Für rentenversicherungspflichtige Arbeitnehmer gilt eine Lohnsteuertabelle mit einer ungekürzten Vorsorgepauschale **(Allgemeine Lohnsteuertabelle);**
- für nicht rentenversicherungspflichtige Arbeitnehmer gilt eine Lohnsteuertabelle mit einer gekürzten Vorsorgepauschale **(Besondere Lohnsteuertabelle).**

Obwohl die Berechnung der Vorsorgepauschale seit 1.1.2010 grundlegend geändert worden ist, ist die Zweiteilung (sog. A- und B-Tabelle) im Grundsatz beibehalten worden. Zur Berechnung der seit 1.1.2010 geltenden Vorsorgepauschale vgl. **Anhang 8.**

Die Unterschiede zwischen den beiden Tabellen und der Personenkreis für den sie gelten, sind beim Stichwort „Lohnsteuertabellen" erläutert. In der Praxis der Lohnabrechnungen wird es der Arbeitgeber in aller Regel mit rentenversicherungspflichtigen Arbeitnehmern zu tun haben. Er benötigt deshalb

- eine Allgemeine **Monatslohnsteuertabelle** für den laufenden Monatslohn,
- eine Allgemeine **Wochenlohnsteuertabelle,** wenn der laufende Arbeitslohn wöchentlich abgerechnet wird,
- eine Allgemeine **Jahreslohnsteuertabelle** für sonstige Bezüge (einmalige Zuwendungen) und

Lohn-steuer-pflichtig Sozial-versich.-pflichtig

B

- eine Allgemeine **Tageslohnsteuertabelle** für Teillohnzahlungszeiträume (wenn der Arbeitnehmer während des Monats eingestellt wird oder aus der Firma ausscheidet) und für Arbeitnehmer, deren Arbeitslohn täglich abgerechnet wird.

Alle Tabellen sind bei der Verlagsgruppe Hüthig Jehle Rehm erhältlich. Zur **maschinellen Berechnung der Lohnsteuer** vgl. die Erläuterungen unter der nachfolgenden Nr. 3.

Nachdem der Arbeitgeber entschieden hat, welche Lohnsteuertabelle anzuwenden ist, stellt sich für ihn die Frage, ob es sich um laufenden Arbeitslohn oder sonstige Bezüge (einmalige Zuwendungen) handelt. Dies ist sowohl für die Berechnung der Lohnsteuer als auch der Sozialversicherungsbeiträge von entscheidender Bedeutung, da für **sonstige Bezüge** (einmalige Zuwendungen) ein besonderes Berechnungsverfahren gilt, das für die Lohnsteuer beim Stichwort „Sonstige Bezüge" und für die Sozialversicherungsbeiträge beim Stichwort „Einmalige Zuwendungen" dargestellt ist. Ein zusammenfassendes Beispiel für die gesamte Lohnabrechnung (Lohnsteuer und Sozialversicherungsbeiträge) bei einmaligen Lohnzahlungen enthalten die Stichworte „Urlaubsentgelt, Urlaubsdauer" unter Nr. 4 und „Weihnachtsgeld" unter Nr. 3.

2. Berechnung der Lohnsteuer vom laufenden Arbeitslohn

Für die Berechnung der Lohnsteuer vom laufenden Arbeitslohn hat der Arbeitgeber die Höhe des steuerpflichtigen laufenden Arbeitslohns und den in Betracht kommenden Lohnzahlungszeitraum (Monat, Woche oder Tag) festzustellen. Bevor die Lohnsteuer nach der Allgemeinen oder Besonderen Lohnsteuertabelle berechnet wird, sind folgende Freibeträge vom Arbeitslohn abzuziehen:

- vom Wohnsitzfinanzamt für den Lohnsteuerabzug gebildeter Freibetrag,
- Altersentlastungsbetrag,
- Versorgungsfreibetrag und der Zuschlag zum Versorgungsfreibetrag.

Bei den vom Finanzamt gebildeten Freibeträgen hat das Finanzamt die Voraussetzungen geprüft. Beim Altersentlastungsbetrag, beim Versorgungsfreibetrag und beim Zuschlag zum Versorgungsfreibetrag muss dagegen der Arbeitgeber in eigener Zuständigkeit und Verantwortung überprüfen, ob die Voraussetzungen für den Abzug dieser Freibeträge jeweils erfüllt sind. Den Arbeitgeber treffen also bei der Berücksichtigung dieser Freibeträge erhöhte Sorgfaltspflichten. Der Abzug der oben genannten Freibeträge gilt jedoch **nur für die Lohnsteuer;** bei der Berechnung der Sozialversicherungsbeiträge darf keiner dieser Freibeträge vom Arbeitsentgelt abgezogen werden. Das Verfahren zur Berücksichtigung von Freibeträgen ist ausführlich in **Anhang 7** erläutert. Einzelheiten zum Altersentlastungsfreibetrag und zum Versorgungsfreibetrag einschließlich des Zuschlags sind unter diesen Stichworten erläutert.

Zu den individuellen Lohnsteuerabzugsmerkmalen des Arbeitnehmers können nicht nur Freibeträge, sondern auch **Hinzurechnungsbeträge** gehören. Hinzurechnungsbeträge müssen **dem Arbeitslohn hinzugerechnet** werden, bevor die Lohnsteuer berechnet wird. Für die Sozialversicherung hat ein Hinzurechnungsbetrag keine Bedeutung (vgl. das Stichwort „Hinzurechnungsbetrag beim Lohnsteuerabzug").

Nach Abzug der oben genannten Freibeträge bzw. nach Hinzurechnung eines Hinzurechnungsbetrags hat der Arbeitgeber die Lohnsteuer aus der für den Lohnzahlungszeitraum in Betracht kommenden Lohnsteuertabelle (Tabelle für monatliche, wöchentliche oder tägliche Lohnzah-

1) Auf die ausführlichen Erläuterungen beim Stichwort „Elektronische Lohnsteuerabzugsmerkmale (ELStAM)" wird hingewiesen.

Lohn- steuer- pflichtig | Sozial- versich.- pflichtig

B

lung) unter Berücksichtigung der individuellen Lohnsteuerabzugsmerkmale des Arbeitnehmers **(Steuerklasse, Zahl der Kinderfreibeträge)** abzulesen oder maschinell zu berechnen. Dabei ist beim Ablesen aus einer gedruckten Lohnsteuertabelle zu beachten, dass sich die Zahl der Kinderfreibeträge nur auf die Höhe des Solidaritätszuschlags und der Kirchensteuer auswirkt, nicht jedoch auf die Höhe der Lohnsteuer. Die Kinderfreibetragsspalten der Lohnsteuertabellen enthalten deshalb keine Lohnsteuerbeträge (vgl. das Stichwort „Tarifaufbau").

Der Lohnsteuerermittlung sind jeweils die individuellen Lohnsteuerabzugsmerkmale des Arbeitnehmers zugrunde zu legen, die für den Tag gelten, an dem der **Lohnzahlungszeitraum endet.** Diese Regelung ist vor allem dann von Bedeutung, wenn sich die individuellen Lohnsteuerabzugsmerkmale des Arbeitnehmers im Laufe eines Monats ändern (vgl. das Stichwort „Änderung des Lohnsteuerabzugs").

Die Monatslohnsteuertabelle ist auch dann anzuwenden, wenn der Arbeitnehmer während des monatlichen Lohnzahlungszeitraumes dauernd in einem Beschäftigungsverhältnis steht, aber für einzelne Tage keinen Lohn bezogen hat (z. B. wegen Krankheit, Mutterschutz, unbezahltem Urlaub usw. vgl. das Stichwort „Teillohnzahlungszeitraum").

Die Lohnsteuertabelle für tägliche Lohnzahlung **(Tagestabelle)** ist bei Arbeitnehmern anzuwenden, die im Laufe eines Monats eingestellt werden oder aus der Firma ausscheiden und bei Arbeitnehmern, deren Arbeitslohn täglich abgerechnet wird.

3. Maschinelle Berechnung der Lohnsteuer

Beim heutigen Stand der Technik wird die Lohnsteuer nur noch selten manuell berechnet. Die Berechnung erfolgt entweder durch ein firmeneigenes Rechenprogramm oder durch den Einsatz eines der im Handel erhältlichen Lohnabrechnungsprogramme. Früher ergab sich unabhängig davon, ob die Lohnsteuer maschinell errechnet oder aus einer gedruckten Tabelle abgelesen wurde, stets der gleiche Lohnsteuerbetrag. Seit 1.1.2004 können geringfügige Unterschiede auftreten, weil bei der maschinellen Berechnung der Lohnsteuer ohne Tabellenstufen gerechnet wird, wohingegen die gedruckten Lohnsteuertabellen von den gesetzlich vorgeschriebenen 36-Euro-Tabellenstufen ausgehen (§ 51 Abs. 4 Nr. 1a EStG). Am Stufenendbetrag sind die Steuerabzüge identisch. Diese geringfügigen Unterschiede sind vom Gesetzgeber bewusst in Kauf genommen worden; in beiden Fällen wird also vom Arbeitgeber die zutreffende, gesetzlich vorgeschriebene Lohnsteuer einbehalten. Den Unterschied soll folgende Übersicht verdeutlichen (Steuerklasse III, ohne Kinder):

Monatslohn	Lohnsteuer bei maschineller Berechnung	Lohnsteuer beim Ablesen aus einer gedruckten Lohnsteuertabelle
3 000,— €	143,66 €	144,16 €
3 001,50 €	144,— €	144,16 €
3 002,99 €	144,16 €	144,16 €

4. Berechnung der Kirchensteuer und des Solidaritätszuschlags

a) Berechnung des Solidaritätszuschlags

Zusätzlich zur Lohnsteuer muss der Arbeitgeber den Solidaritätszuschlag vom Arbeitslohn des Arbeitnehmers einbehalten. Der Solidaritätszuschlag beträgt grundsätzlich 5,5 % der Lohnsteuer. Berechnungsgrundlage für den Solidaritätszuschlag ist also die Lohnsteuer. Da jedoch ab 2021 rund 90 % der Arbeitnehmer vom Solidaritätszuschlag freigestellt werden (sog. Nullzone) und weitere rund 6,5 % der Arbeitnehmer stufenweise auf den normalen Satz von 5,5 % übergeleitet werden (sog. Übergangsbereich), kommt der normale Satz von 5,5 % nur noch sehr selten zur Anwendung. Außerdem werden die Kinderfreibeträge bei der Berechnung der Bemessungsgrundlage für den Solidaritätszuschlag gesondert berücksichtigt. Im selben Verlag sind Lohnsteuertabellen erschienen, aus denen die Lohnsteuer und der Solidaritätszuschlag in einem Arbeitsgang abgelesen werden können. Der Solidaritätszuschlag ist zudem – einschließlich der ab 2021 geltenden Neuregelungen – ausführlich unter diesem Stichwort erläutert.

b) Berechnung der Kirchensteuer

Bemessungsgrundlage für die Kirchensteuer ist die Lohnsteuer. Der Kirchensteuersatz ist in den einzelnen Ländern unterschiedlich hoch; er beträgt entweder 8 % oder 9 %. Maßgebend für den Kirchensteuersatz ist, wo sich die lohnsteuerliche Betriebsstätte des Arbeitgebers befindet. Außerdem ist zu beachten, dass die Kinderfreibeträge bei der Berechnung der Bemessungsgrundlage für die Kirchensteuer gesondert berücksichtigt werden (vgl. „Kirchensteuer").

Die im selben Verlag erschienenen Lohnsteuertabellen weisen außer der Lohnsteuer und dem Solidaritätszuschlag auch die Kirchensteuer aus. Dabei sind die bei der Ermittlung der Bemessungsgrundlage zu berücksichtigenden Kinderfreibeträge bereits in das Zahlenwerk der Tabellen eingearbeitet worden. Die einzubehaltende Kirchensteuer kann deshalb nach dem maßgebenden Prozentsatz (8 % oder 9 %) direkt aus der Tabelle abgelesen werden.

5. Berechnung der Sozialversicherungsbeiträge vom laufenden Arbeitslohn

a) Allgemeines

Die Berechnung der Sozialversicherungsbeiträge erfolgt auf der Grundlage des beitragspflichtigen Entgelts. Im Gegensatz zur Berechnung der Lohnsteuer darf das beitragspflichtige Entgelt **nicht um die lohnsteuerlichen Freibeträge gekürzt** werden. Bei der Beitragsberechnung bleiben somit außer Betracht:

- der steuerliche Freibetrag oder Hinzurechnungsbetrag,
- der Altersentlastungsbetrag und
- der Versorgungsfreibetrag sowie der Zuschlag zum Versorgungsfreibetrag.

Durch das Gesetz zur Weiterentwicklung der Finanzstruktur und der Qualität in der Gesetzlichen Krankenversicherung (GKV-FQWG) wurden die Finanzierungsgrundlagen der gesetzlichen Krankenversicherung zum 1.1.2015 neu geregelt. Die Beitragssätze wurden gesetzlich auf 14,6 % (allgemein) bzw. 14,0 % (ermäßigt) festgesetzt; die Beiträge werden grundsätzlich paritätisch (hälftig) finanziert. Der Beitragsanteil des Arbeitnehmers und des Arbeitgebers beträgt somit jeweils 7,3 % bzw. 7,0 %.

Soweit der Finanzbedarf einer Krankenkasse durch die Zuweisungen aus dem Gesundheitsfonds nicht gedeckt ist, hat sie in ihrer Satzung zu bestimmen, dass von ihren Mitgliedern ein einkommensabhängiger Zusatzbeitrag als Prozentsatz der beitragspflichtigen Einnahmen erhoben wird (vgl. § 242 Abs. 1 SGB V). Auch der Zusatzbeitrag wird seit 1.1.2019 grundsätzlich paritätisch (hälftig) finanziert. Den aus dem beitragspflichtigen Arbeitsentgelt – unter Ansatz des kassenindividuellen Zusatzbeitragssatzes – erhobenen Beitrag führt der Arbeitgeber zusammen mit dem übrigen Gesamtsozialversicherungsbeitrag an die zuständige Einzugsstelle ab. Aus dem Arbeitsentgelt einer geringfügig entlohnten Beschäftigung wird kein Zusatzbeitrag erhoben.

Lohn-steuer-pflichtig | Sozial-versich.-pflichtig

Lohn-steuer-pflichtig | Sozial-versich.-pflichtig

B

b) Beitragssätze und Verteilung der Beitragslast

Durch Anwendung der Beitragssätze auf das beitragspflichtige Arbeitsentgelt werden die Sozialversicherungsbeiträge errechnet.

Beitragssätze für 2021

– **Rentenversicherung**	**18,6 %**
– **Arbeitslosenversicherung**	**2,4 %**
– **Pflegeversicherung**	**3,05 %**
– **Beitragszuschlag zur Pflegeversicherung für Kinderlose**	**0,25 %**
– **Krankenversicherung**	
allgemeiner Beitragssatz	**14,6 %**
ermäßigter Beitragssatz	**14,0 %**
Zusatzbeitrag	kassenindividuell
durchschnittlicher Zusatzbeitrag	**1,3 %**

Der allgemeine Beitragssatz gilt grundsätzlich für alle Arbeitnehmer.

Der ermäßigte Beitragssatz gilt für Arbeitnehmer, die **keinen Anspruch auf Krankengeld** haben (z. B. weiterbeschäftigte Altersrentner, Arbeitnehmer, deren Beschäftigungsverhältnis im Voraus auf einen kürzeren Zeitraum als zehn Wochen befristet ist, unständig Beschäftigte, Arbeitnehmer während der Freistellungsphase der Altersteilzeitarbeit, Vorruhestandsgeldbezieher).

Die Gesamtsumme der Beiträge zur Kranken-, Pflege-, Renten- und Arbeitslosenversicherung wird als **Gesamtsozialversicherungsbeitrag** bezeichnet. Der Gesamtsozialversicherungsbeitrag wird im Regelfall **je zur Hälfte** vom Arbeitnehmer und Arbeitgeber getragen. In der Krankenversicherung ergibt sich hinsichtlich des allgemeinen bzw. des ermäßigten Beitragssatzes und seit dem 1.1.2019 auch hinsichtlich des prozentualen Zusatzbeitrags eine paritätische Beitragsteilung.

Hiernach ergibt sich für das Kalenderjahr 2021 folgende Verteilung der Beitragslast:

	Arbeitnehmeranteil	Arbeitgeberanteil
– Rentenversicherung	9,3 %	9,3 %
– Arbeitslosenversicherung	1,2 %	1,2 %
– Krankenversicherung	7,3 %	7,3 %
– Krankenversicherung Zusatzbeitrag (z. B. 1,3 %)	0,65 %	0,65 %
– Pflegeversicherung	1,525 %	1,525 %
– Hat der Arbeitnehmer den Beitragszuschlag zur Pflegeversicherung für Kinderlose in Höhe von 0,25 % zu zahlen, ergibt sich folgende Verteilung der Beitragslast bei der Pflegeversicherung	1,775 %	1,525 %

Beiträge, die der Arbeitgeber und der Arbeitnehmer je zur Hälfte tragen, werden durch Anwendung des **halben Beitragssatzes** auf das Arbeitsentgelt und anschließende Verdoppelung des gerundeten Ergebnisses berechnet (vgl. das Berechnungsbeispiel unter dem nachfolgenden Buchstaben c).

Von dem Grundsatz, dass der Gesamtsozialversicherungsbeitrag vom Arbeitnehmer und Arbeitgeber je zur Hälfte getragen wird, gibt es folgende Ausnahmen:

- Den **Beitragszuschlag zur Pflegeversicherung für Kinderlose** in Höhe von **0,25 %** trägt der Arbeitnehmer allein (vgl. die Erläuterungen beim Stichwort „Beitragszuschlag zur sozialen Pflegeversicherung für Kinderlose").
- Bei Arbeitnehmern im **Niedriglohnbereich** erfolgt die Beitragslastverteilung nach besonderen Vorschriften (vgl. das Stichwort „Übergangsbereich nach § 20 Abs. 2 SGB IV").
- Für **Auszubildende,** deren Ausbildung grundsätzlich vor dem 1.1.2020 begonnen hat, **und Praktikanten** mit einem Arbeitsentgelt von nicht mehr als **325 €** monatlich hat **der Arbeitgeber** den gesamten **Beitrag allein** aufzubringen. Dies gilt auch für den Beitragszuschlag zur Pflegeversicherung für Kinderlose und den durchschnittlichen Zusatzbeitrag zur Krankenversicherung. Die Grenze von 325 € monatlich gilt einheitlich in allen Bundesländern (vgl. das Stichwort „Auszubildende").
- **Bei Beziehern von Kurzarbeitergeld oder Saison-Kurzarbeitergeld** sind die auf das gekürzte fiktive Arbeitsentgelt entfallenden Kranken-, Pflege- und Rentenversicherungsbeiträge **vom Arbeitgeber** allein zu tragen (vgl. die Stichworte „Kurzarbeitergeld" und „Saison-Kurzarbeitergeld").
- **Altersrentner** mit Vollrente und Pensionsempfänger in einem aktiven Beschäftigungsverhältnis; auch wenn diese Personen nicht der **Rentenversicherungs**pflicht unterliegen, hat **der Arbeitgeber** den sonst auf ihn entfallenden Anteil zu entrichten (vgl. das Berechnungsbeispiel beim Stichwort „Rentner" unter Nr. 5 auf Seite 834).
- Arbeitnehmer, die das **Lebensjahr für den Anspruch auf Regelaltersrente** vollendet haben, sind in der **Arbeitslosenversicherung** beitragsfrei. Der **Arbeitgeber** hat jedoch den sonst auf ihn entfallenden **Anteil** zu entrichten. Diese Regelung ist allerdings für den Zeitraum 1.1.2017 bis 31.12.2021 **ausgesetzt** worden (vgl. das Stichwort „Arbeitslosenversicherung" auf Seite 114).
- Für eine geringfügig entlohnte Dauerbeschäftigung (sog. Minijobs) muss **der Arbeitgeber** einen **(pauschalen) Arbeitgeberbeitrag** zur Rentenversicherung und in bestimmten Fällen auch einen pauschalen Arbeitgeberbeitrag zur Krankenversicherung entrichten (vgl. die Stichworte „Geringfügige Beschäftigung" und „Hausgehilfin").
- Arbeitgeber, die mit einem **zuvor Arbeitslosen,** der das **55. Lebensjahr** vollendet hat, vor dem 1.1.2008 erstmalig ein Beschäftigungsverhältnis begründet haben, sind von der Zahlung des **Arbeitgeberanteils zur Arbeitslosenversicherung befreit.** Es fällt nur der Arbeitnehmeranteil in Höhe von 1,2 % an (§ 418 SGB III).

Für die Beiträge zur Pflegeversicherung gilt Folgendes:

Nach § 58 Abs. 1 SGB XI sind die Beiträge zur sozialen Pflegeversicherung bei krankenversicherungspflichtigen Arbeitnehmern jeweils zur Hälfte vom Arbeitgeber und vom Arbeitnehmer zu tragen. Der Beitragssatz zur Pflegeversicherung beträgt seit 1.1.2019 3,05 %. Das bedeutet, dass – mit Ausnahme der Beschäftigten in Sachsen – der Arbeitgeber- und der Arbeitnehmeranteil zur Pflegeversicherung jeweils **1,525 %** des Arbeitslohns beträgt.

Für Beschäftigte in Sachsen gilt Folgendes:

Eine Verteilung der Beitragslast auf Arbeitgeber und Arbeitnehmer je zur Hälfte setzt voraus, dass die Länder zum Ausgleich der mit den Arbeitgeberbeiträgen verbundenen Belastungen einen stets auf einen Werktag fallenden landesweiten gesetzlichen Feiertag aufgehoben haben. Mit Ausnahme von Sachsen haben das alle Länder getan. Da Sachsen keinen gesetzlichen, stets auf einen Werktag fallenden Feiertag abgeschafft hat, tragen die in Sachsen tätigen Arbeitnehmer den bis 30.6.1996 geltenden Pflegeversicherungsbeitrag in Höhe von 1 % allein. Hieran hat sich auch ab 1. Juli 1996 nichts geändert, das

Lohn-steuer-pflichtig	Sozial-versich.-pflichtig

B

heißt, dass der Arbeitnehmer auch seit 1. Juli 1996 1 % des Pflegeversicherungsbeitrags allein tragen muss. **Auf den 1 % übersteigenden Beitrag** findet hingegen auch in Sachsen § 58 Abs. 1 SGB XI Anwendung. Das bedeutet, dass die seit 1. Juli 1996 eingetretenen Erhöhungen des Beitrags jeweils zur Hälfte vom Arbeitgeber und Arbeitnehmer zu tragen ist. Der seit 1.1.2019 geltende Pflegeversicherungsbeitrag von 3,05 % verteilt sich somit für die in Sachsen tätigen Arbeitnehmer wie folgt:

Arbeitnehmeranteil	**2,025 %**
Arbeitgeberanteil	**1,025 %**

Hat der Arbeitnehmer den Beitragszuschlag für Kinderlose in Höhe von 0,25 % zu zahlen, ergibt sich bei einer Beschäftigung in Sachsen folgende Verteilung der Beitragslast bei der Pflegeversicherung:

Arbeitnehmeranteil	**2,275 %**
Arbeitgeberanteil	**1,025 %**

c) Beitragsbemessungsgrenzen

Durch Anwendung des Beitragssatzes für den Arbeitnehmer- und Arbeitgeberanteil auf das beitragspflichtige Arbeitsentgelt werden die Sozialversicherungsbeiträge errechnet.

Die Sozialversicherungsbeiträge werden jedoch mit dem maßgebenden Beitragssatz **nur bis zur Höhe der jeweils geltenden Beitragsbemessungsgrenzen** erhoben.

Beitragsbemessungsgrenzen 2021

Renten- und Arbeitslosenversicherung

	alte Länder mit Berlin-West	neue Länder mit Berlin-Ost
Jahr	**85 200,– €**	**80 400,– €**
Monat	**7 100,– €**	**6 700,– €**
Woche	**1 656,67 €**	**1 563,33 €**
Kalendertag	**236,67 €**	**223,33 €**

Kranken- und Pflegeversicherung

	alte und neue Länder einheitlich
Jahr	**58 050,– €**
Monat	**4 837,50 €**
Woche	**1 128,75 €**
Kalendertag	**161,25 €**

Eine **Tabelle für die anteiligen Beitragsbemessungsgrenzen** bei Teillohnzahlungszeiträumen ist für die alten und neuen Bundesländer beim Stichwort „Teillohnzahlungszeitraum" unter Nr. 4 auf Seite 920 abgedruckt.

Die Beiträge werden durch die unmittelbare Anwendung des **halben Beitragssatzes** auf das erzielte Arbeitsentgelt und anschließende Verdoppelung des **gerundeten** Ergebnisses berechnet. Für die Rundung gilt Folgendes:

Ist die 3. Stelle nach dem Komma eine 5, 6, 7, 8 oder 9 ist aufzurunden;

ist die 3. Stelle nach dem Komma eine 1, 2, 3 oder 4 ist abzurunden.

Beispiel

Monatliches Arbeitsentgelt im August 2021 5000 €. Sowohl bei einer Beschäftigung in den alten Bundesländern als auch in den neuen Bundesländern ergibt sich folgende Berechnung der Sozialversicherungsbeiträge:

	Arbeitnehmer-anteil	Arbeitgeber-anteil
Rentenversicherung je 9,3 % (aus dem tatsächlichen Arbeitsentgelt)	465,– €	465,– €
Arbeitslosenversicherung je 1,2 % (aus dem tatsächlichen Arbeitsentgelt)	60,– €	60,– €
Krankenversicherung		
je 7,3 % aus der Beitragsbemessungsgrenze von 4837,50 €	353,14 €	353,14 €
Zusatzbeitrag (z. B. je 0,65 % aus der Beitragsbemessungsgrenze von 4837,50 €)	31,44 €	31,44 €
Pflegeversicherung je 1,525 % (aus der Beitragsbemessungsgrenze von 4837,50 €)	73,77 €	73,77 €
Hat der Arbeitnehmer einen Beitragszuschlag zur Pflegeversicherung für Kinderlose in Höhe von 0,25 % zu zahlen, ergibt sich eine Verteilung der Beitragslast bei der Pflegeversicherung von 1,775 % zu 1,525 % (aus der Beitragsbemessungsgrenze von 4837,50 €)		
insgesamt	983,35 €	983,35 €
Gesamtsozialversicherungsbeitrag	1 966,70 €	

d) Mehrfachbeschäftigung

Bei einer Mehrfachbeschäftigung sind die Arbeitsentgelte zusammenzurechnen und die Beitragsbemessungsgrenzen anteilig von jedem Arbeitgeber zu berücksichtigen. Wegen Einzelheiten vgl. das Stichwort „Mehrfachbeschäftigung".

e) Jahresarbeitsentgeltgrenze

Bei der Lohnabrechnung wird zwischen Arbeitnehmern, die in der Kranken- und Pflegeversicherung pflichtversichert sind, und freiwillig versicherten Arbeitnehmern unterschieden, wobei ein freiwillig versicherter Arbeitnehmer entweder bei einer gesetzlichen Krankenkasse (GKV) freiwillig versichert sein oder die Krankenversicherung über ein privates Krankenversicherungsunternehmen (PKV) durchführen kann. **Versicherungspflicht** in der Kranken- und Pflegeversicherung besteht für Arbeitnehmer dann, wenn das regelmäßige Jahresarbeitsentgelt die **Jahresarbeitsentgeltgrenze** nicht übersteigt. Wie die Jahresarbeitsentgeltgrenze im Einzelnen errechnet wird und wann der Arbeitnehmer beim Überschreiten aus der Pflichtversicherung ausscheidet, ist beim Stichwort „Jahresarbeitsentgeltgrenze" anhand von Beispielen erläutert. Beschäftigte, die wegen Überschreitung der Jahresarbeitsentgeltgrenze versicherungsfrei sind, haben nach § 257 SGB V Anspruch auf einen Zuschuss des Arbeitgebers zu den geleisteten Krankenversicherungsbeiträgen (vgl. **„Arbeitgeberzuschuss zur Krankenversicherung"**). Außerdem haben diese Arbeitnehmer nach § 61 SGB XI Anspruch auf einen Zuschuss des Arbeitgebers zu ihren Beiträgen zur Pflegeversicherung (vgl. **„Arbeitgeberzuschuss zur Pflegeversicherung"**).

f) Praktische Beispiele zur Lohnabrechnung

Die Unterschiede zwischen den Lohnabrechnungen für pflichtversicherte Arbeitnehmer und den Lohnabrechnungen für freiwillig krankenversicherte Arbeitnehmer sollen an den zwei folgenden Beispielen verdeutlicht werden:

Beispiel A: Pflichtversicherter Arbeitnehmer **(GKV)**

Beispiel B: Versicherung bei einer privaten Krankenversicherung **(PKV)**

Beispiel A

Lohnabrechnungsbeispiel für einen **pflichtversicherten** Arbeiter:

Ein Arbeiter mit einem Stundenlohn von 15 € hat eine Wochenarbeitszeit von 40 Stunden (täglich 8 Stunden). Bei 21 Arbeitstagen ergibt sich somit ein Arbeitslohn von 2520 €. Für den Arbeiter gelten folgende Lohnsteuerabzugsmerkmale: Steuerklasse III/Kinderfreibetragszähler 0; Religionszugehörigkeit ev. Der Arbeitgeber gewährt eine zusätzliche vermögenswirksame Leistung in Höhe von 27 € monatlich. Der

	Lohnsteuer-pflichtig	Sozialversich.-pflichtig

Arbeitnehmer legt darüber hinaus selbst 13 € vermögenswirksam an. Außerdem zahlt der Arbeitgeber einen monatlichen Zuschuss zu den Pkw-Fahrten zwischen Wohnung und erster Tätigkeitsstätte in Höhe von 50 € und einen Zuschuss zu den Kontoführungsgebühren in Höhe von 3 € monatlich. Es ergibt sich folgende monatliche Lohnabrechnung:

Monatslohn		2 520,– €
+ vermögenswirksame Leistung des Arbeitgebers		27,– €
+ Fahrtkostenzuschuss		50,– €
+ Kontoführungsgebühr		3,– €
insgesamt		2 600,– €
abzüglich:		
Lohnsteuer	63,66 €	
Solidaritätszuschlag	0,– €	
Kirchensteuer (8 %)	5,09 €	
Sozialversicherung	515,74 €	584,49 €
Nettolohn		2 015,51 €
abzüglich vermögenswirksame Anlage		40,– €
auszuzahlender Betrag		1 975,51 €
Arbeitgeberanteil		509,37 €
abzuführender Gesamtsozialversicherungsbeitrag		1 025,11 €

Der Arbeitgeber muss auch die Insolvenzgeldumlage mit Beitragsnachweis an die Krankenkasse abführen. Die Insolvenzgeldumlage beträgt 2021 0,12 % des rentenversicherungspflichtigen Arbeitsentgelts (vgl. das Stichwort „Insolvenzgeldumlage").

Behandlung der vermögenswirksamen Leistungen:

Die vom Arbeitgeber gewährte vermögenswirksame Leistung gehört unabhängig davon, ob sie tarifvertraglich zusteht oder freiwillig gezahlt wird, zum steuerpflichtigen Arbeitslohn und zum beitragspflichtigen Arbeitsentgelt. Der Arbeitgeber braucht die vermögenswirksamen Leistungen in der Lohnsteuerbescheinigung nicht gesondert zu bescheinigen (vgl. „Vermögensbildung der Arbeitnehmer").

Berechnung der Lohn- und Kirchensteuer sowie des Solidaritätszuschlags:

Der Zuschuss zu den Aufwendungen für die Pkw-Fahrten zwischen Wohnung und erster Tätigkeitsstätte ist steuerpflichtig. Es wird davon ausgegangen, dass der Arbeitgeber den Fahrtkostenzuschuss von 50 € pauschal mit 15 % besteuern kann. Einzelheiten sind beim Stichwort „Fahrten zwischen Wohnung und erster Tätigkeitsstätte" erläutert. Dies löst Sozialversicherungsfreiheit aus. Steuer- und beitragspflichtig sind hingegen die ersetzten Kontoführungsgebühren von 3 €. Hiernach ergibt sich folgende Lohnabrechnung:

Monatslohn insgesamt	2 600,– €
abzüglich:	
pauschal versteuerter Fahrtkostenzuschuss	50,– €
zu versteuern nach der Monatstabelle	2 550,– €
Lohnsteuer (Steuerklasse III)	63,66 €
Solidaritätszuschlag	0,– €
Kirchensteuer 8 %	5,09 €

Berechnung der Sozialversicherungsbeiträge:

Der Arbeitnehmer ist pflichtversichert in der Kranken-, Pflege-, Renten- und Arbeitslosenversicherung. Der Fahrtkostenzuschuss wird in Höhe von 50 € pauschal besteuert und gehört deshalb nicht zum beitragspflichtigen Arbeitsentgelt (vgl. „Fahrten zwischen Wohnung und erster Tätigkeitsstätte"). Das sozialversicherungspflichtige Arbeitsentgelt von (2600 € – 50 € =) 2550 € übersteigt weder die Beitragsbemessungsgrenzen in den alten noch die Beitragsbemessungsgrenzen in den neuen Bundesländern. Es ist deshalb in voller Höhe zur Beitragsberechnung heranzuziehen.

Beitragsberechnung (aus 2550 €):

	Arbeitnehmeranteil	Arbeitgeberanteil
Krankenversicherung jeweils 7,3 %	186,15 €	186,15 €
Krankenversicherung-Zusatzbeitrag (z. B. jeweils 0,65 %)	16,58 €	16,58 €
Pflegeversicherung 1,775 % und 1,525 %	45,26 €	38,89 €
Rentenversicherung 2 × 9,3 %	237,15 €	237,15 €
Arbeitslosenversicherung 2 × 1,2 %	30,60 €	30,60 €
zusammen	515,74 €	509,37 €
Gesamtsozialversicherungsbeitrag	1025,11 €	

	Lohnsteuer-pflichtig	Sozialversich.-pflichtig

Verdienstbescheinigung

Nach vielen Tarifverträgen ist der Arbeitgeber verpflichtet, dem Arbeitnehmer eine Abrechnung auszuhändigen, aus der die Berechnung des Auszahlungsbetrags vollständig ersichtlich ist. Am 1. Juli 2013 ist die Entgeltbescheinigungsverordnung vom 19.12.2012 (BGBl. I S. 2712) in Kraft getreten, die die **arbeitsrechtliche** Verpflichtung zur Erstellung einer Entgeltbescheinigung nach § 108 Abs. 3 Satz 1 Gewerbeordnung konkretisiert. Für die Lohnsteuer und Sozialversicherung gelten besondere Regelungen (vgl. „Jahresmeldung" und „Lohnsteuerbescheinigung").

Arbeitnehmer, die wegen Überschreitens der Jahresarbeitsentgeltgrenze **versicherungsfrei** sind, erhalten vom Arbeitgeber einen Beitragszuschuss zu ihrer privaten Kranken- und Pflegeversicherung. Wie die Lohnabrechnung für einen solchen Arbeitnehmer durchzuführen ist, zeigt das nachfolgende **Beispiel B.**

Beispiel B

Lohnabrechnungsbeispiel für einen Arbeitnehmer, der bei einer privaten Krankenkasse versichert ist:

Ein Angestellter mit einem Monatsgehalt von 5500 € (12 Monatsgehälter plus Weihnachtsgeld) hat folgende Lohnsteuerabzugsmerkmale: Steuerklasse I, ohne Kinderfreibeträge, Religionszugehörigkeit rk. Sein Monatsbeitrag zur privaten Krankenversicherung beträgt 800 € und zur privaten Pflegeversicherung 160 €. Es ergibt sich folgende monatliche Lohnabrechnung:

Monatsgehalt		5 500,– €
Arbeitgeberzuschuss zur Krankenversicherung		384,58 €
Arbeitgeberzuschuss zur Pflegeversicherung		73,77 €
zusammen		5 958,35 €
abzüglich:		
Lohnsteuer	1 265,33 €	
Solidaritätszuschlag	0,– €[1]	
Kirchensteuer (8 %)	101,22 €	
Renten- und Arbeitslosenversicherung	577,50 €	1 944,05 €
auszuzahlender Betrag		4 014,30 €
Arbeitgeberanteil		577,50 €
Gesamtsozialversicherungsbeitrag		1 155,– €

Berechnung der Lohn- und Kirchensteuer sowie des Solidaritätszuschlags:

Monatslohn		5 958,35 €
abzüglich:		
steuerfreier Arbeitgeberzuschuss zur Krankenversicherung	384,58 €	
steuerfreier Arbeitgeberzuschuss zur Pflegeversicherung	73,77 €	458,35 €
zu versteuern nach der Monatstabelle		5 500,– €
Für diesen Betrag ergibt sich bei Anwendung der ab 1. 1. 2021 geltenden Monatslohnsteuertabelle (Steuerklasse I) eine Lohnsteuer in Höhe von		1 265,33 €
der Solidaritätszuschlag beträgt		0,– €[1]
die Kirchensteuer (8 %) beträgt		101,22 €

Da der Arbeitnehmer privat krankenversichert ist, wird bei der Berechnung der Lohnsteuer für die Beiträge zur Kranken- und Pflegeversicherung grundsätzlich die Mindestvorsorgepauschale angesetzt, es sei denn, der Arbeitnehmer weist seine tatsächlich gezahlten Beiträge zur Kranken- und Pflegeversicherung durch eine Bescheinigung seiner privaten Krankenkasse nach (vgl. die Erläuterungen in Anhang 8 Nr. 7 auf Seite 1257). Im Beispielsfall wurde die Lohnsteuer unter Ansatz der Mindestvorsorgepauschale berechnet.

Arbeitgeberzuschuss zur Kranken- und Pflegeversicherung

Beschäftigte, die wegen Überschreitens der Jahresarbeitsentgeltgrenze versicherungsfrei sind oder von der Versicherungspflicht befreit wurden und bei einem **privaten** Krankenversicherungsunternehmen versichert sind, haben gegen ihren Arbeitgeber sowohl Anspruch auf einen Zuschuss zum Krankenversicherungsbeitrag als auch Anspruch auf einen Zuschuss zum Pflegeversicherungsbeitrag. Voraussetzung ist, dass von dieser privaten Krankenversicherung Leistungen bei Krankheit und Pflege erbracht werden, die der Art nach auch bei Versicherungspflicht bestehen. Dies hat der Arbeitnehmer dem Arbeitgeber durch eine Bescheinigung seiner Krankenkasse nachzuweisen. Diese Bescheinigung hat der Arbeitgeber zu den Entgeltunterlagen zu nehmen.

1) Die Nullzone zur Erhebung des Solidaritätszuschlags beträgt im Kalenderjahr 2021 in der Steuerklasse I 1413,– €.

B

Lohnsteuerpflichtig | Sozialversich.-pflichtig

Für den Arbeitgeberzuschuss zur Krankenversicherung gilt Folgendes:

Der Beitragszuschuss des Arbeitgebers ist im Fall der **privaten** Krankenversicherung auf einen gesetzlich festgelegten **Höchstbetrag begrenzt** (vgl. das Stichwort „Arbeitgeberzuschuss zur Krankenversicherung"). Der Zuschuss zum Krankenversicherungsbeitrag für privat krankenversicherte Arbeitnehmer beträgt ab **1. 1. 2021** sowohl in den alten als auch in den neuen Bundesländern einheitlich **384,58 €** monatlich; höchstens erhält der Arbeitnehmer jedoch die Hälfte des Betrags, den er monatlich für seine private Krankenversicherung tatsächlich aufwendet.

Im Beispielsfall beträgt der tatsächliche Beitrag zur Krankenversicherung des Arbeitnehmers	800,— €
Die Hälfte hiervon beträgt	400,— €
Der Arbeitgeber kann somit höchstens folgenden Beitragszuschuss steuer- und beitragsfrei zahlen	384,58 €

Der Arbeitgeberzuschuss zur Pflegeversicherung ist nach § 61 Abs. 2 SGB XI auf den Betrag begrenzt, der bei einer Pflichtversicherung als Arbeitgeberanteil anfallen würde. Höchstens ist jedoch die Hälfte des Betrags zu zahlen, den der Arbeitnehmer für seine Pflegeversicherung tatsächlich aufwendet. Als Arbeitgeberanteil wäre bei einer Pflichtversicherung zu zahlen:

1,525 % von 4837,50 € =	73,77 €

Da die Hälfte des tatsächlichen Beitrags (50 % von 160 € =) 80 € höher ist, beträgt der steuer- und beitragsfreie Arbeitgeberzuschuss zur Pflegeversicherung höchstens 73,77 € monatlich.

Zahlt der Arbeitgeber – wie im Beispielsfall – die Zuschüsse an den Arbeitnehmer aus, ist für die Steuerfreiheit Voraussetzung, dass nach Ablauf des Kalenderjahres die zweckentsprechende Verwendung durch eine Bescheinigung der Versicherung über die tatsächlich geleisteten Kranken- und Pflegeversicherungsbeiträge nachgewiesen wird.

Die Bescheinigung ist vom Arbeitgeber mit den Lohnunterlagen aufzubewahren.

Berechnung der Beiträge zur Renten- und Arbeitslosenversicherung:

Der Beschäftigte ist wegen Überschreitens der Jahresarbeitsentgeltgrenze nicht kranken- und pflegeversicherungspflichtig. Versicherungspflicht besteht dagegen in Rentenversicherung und Arbeitslosenversicherung. Den Gesamtbeitrag für diese Versicherungszweige (Arbeitnehmeranteil und Arbeitgeberanteil) hat der Arbeitgeber an die zuständige Krankenkasse abzuführen.

Rentenversicherung: 9,3 % von 5500 €	=	511,50 €
Arbeitslosenversicherung: 1,2 % von 5500 €	=	66,— €
Arbeitnehmeranteil	=	577,50 €
Der Arbeitgeberanteil beträgt		577,50 €
Gesamtsozialversicherungsbeitrag		1 155,— €

Der Arbeitgeber muss auch die Insolvenzgeldumlage mit Beitragsnachweis an die Krankenkasse abführen. Die Insolvenzgeldumlage beträgt 2021 0,12 % des rentenversicherungspflichtigen Arbeitsentgelts (vgl. das Stichwort „Insolvenzgeldumlage").

6. Lohnzahlungszeitraum bei der Lohnsteuer

Lohnzahlungszeitraum ist der Zeitraum, für den Arbeitslohn gezahlt wird, gleichgültig, wie der Arbeitslohn berechnet wird, ob es sich also um Zeitlohn oder Leistungslohn (Akkordlohn, Stücklohn) handelt. Im Allgemeinen wird der Lohnzahlungszeitraum einen Monat, eine Woche oder einen Tag umfassen und sich mit dem Lohnabrechnungszeitraum decken. Wird für den üblichen Lohnzahlungszeitraum nur eine Abschlagszahlung (vgl. dieses Stichwort) geleistet und die genaue Lohnabrechnung erst für einen längeren Zeitraum vorgenommen, kann der Lohnabrechnungszeitraum als Lohnzahlungszeitraum angesehen und die Lohnsteuer erst bei der Lohnabrechnung einbehalten werden, wenn der Lohnabrechnungszeitraum nicht über fünf Wochen hinausgeht. Außerdem muss in diesen Fällen die **Lohnabrechnung innerhalb von drei Wochen** nach Ablauf des Zeitraums vorgenommen werden, auf den sich die Abrechnung bezieht (§ 39b Abs. 5 Satz 2 EStG). Wegen der steuerlichen Behandlung von Nachzahlungen bzw. Vorauszahlungen von Arbeitslohn wird auf die Stichwörter „Nachzahlung von laufendem Arbeitslohn" und „Vorschüsse" hingewiesen.

Beispiel A

Ein Arbeitgeber rechnet den Arbeitslohn monatlich ab. Er leistet jeweils am 20. des Monats eine Abschlagszahlung. Die Lohnabrechnung wird am 10. des folgenden Monats mit der Auszahlung der Spitzenbeträge vorgenommen. Der Arbeitgeber braucht von der Abschlagszahlung keine Lohnsteuer einbehalten. Er kann die Lohnsteuer erst bei der Schlussabrechnung einbehalten. In diesem Fall ist die Lohnsteuer spätestens bis zum zehnten Tag des auf die Schlussabrechnung folgenden Monats dem Finanzamt anzumelden und abzuführen. Leistet der Arbeitgeber somit am 22. Februar 2021 für den Monat Februar eine Abschlagszahlung und führt er am 11. März 2021 die Lohnabrechnung mit der Auszahlung der Spitzenbeträge für Februar durch, ist in diesem Fall die Lohnsteuer für den Monat Februar erst mit der **Lohnsteuer-Anmeldung für den Monat März** bis 12. April 2021 an das Finanzamt anzumelden und abzuführen (vgl. jedoch die hiervon abweichende Regelung beim Stichwort „Abführung der Sozialversicherungsbeiträge" unter Nr. 5, wonach die Sozialversicherungsbeiträge – **unabhängig vom Zeitpunkt der Lohnzahlung** – spätestens am drittletzten Bankarbeitstag desjenigen Monats fällig sind, in dem die Beschäftigung ausgeübt worden ist).

Beispiel B

Ein Arbeitgeber rechnet den Arbeitslohn monatlich ab. Er leistet jeweils am 28. für den laufenden Monat eine Abschlagszahlung und nimmt die Lohnabrechnung am 28. des folgenden Monats vor. Die Lohnsteuer muss bereits von der Abschlagszahlung einbehalten werden, da die Abrechnung nicht mindestens drei Wochen nach Ablauf des Lohnabrechnungszeitraums vorgenommen wird.

Wird die Lohnabrechnung für den letzten Lohnabrechnungszeitraum des ablaufenden Kalenderjahres erst im nachfolgenden Kalenderjahr, aber noch innerhalb der Dreiwochenfrist vorgenommen, handelt es sich um Arbeitslohn und einbehaltene Lohnsteuer des letzten Lohnabrechnungszeitraums; der Arbeitslohn und die Lohnsteuer sind deshalb im Lohnkonto und in der Lohnsteuerbescheinigung für das abgelaufene Kalenderjahr zu erfassen. Ungeachtet dessen ist die einbehaltene Lohnsteuer für die Anmeldung und Abführung als Lohnsteuer des Kalendermonats bzw. Kalendervierteljahres zu erfassen, in dem die Abrechnung tatsächlich vorgenommen wird. Sie ist allerdings in der elektronischen Lohnsteuer-Anmeldung getrennt nach Kalenderjahren anzugeben, um einen ggf. vorzunehmenden Lohnsteuer-Abgleich zu ermöglichen.

Beispiel C

Auf den Arbeitslohn für Dezember 2021 werden Abschlagszahlungen geleistet. Die Lohnabrechnung erfolgt am 17. 1. 2022. Die zu diesem Zeitpunkt einzubehaltende Lohnsteuer ist mit der Lohnsteuer-Anmeldung für Januar 2022 als Lohnsteuer des Kalenderjahres 2021 bis 10. 2. 2022 anzumelden und abzuführen. Der Arbeitslohn und die davon einbehaltene Lohnsteuer gehören zur Lohnsteuer und zum Arbeitslohn des Kalenderjahres 2021. Sie sind deshalb im Lohnkonto für Dezember 2021 zu vermerken und in der elektronischen Lohnsteuerbescheinigung für das Kalenderjahr 2021 zu erfassen.

Dieses Verfahren ist auch dann anwendbar, wenn keine Abschlagszahlung geleistet wurde, das heißt der im Januar gezahlte Arbeitslohn für Dezember kann abrechnungsmäßig noch dem Vorjahr zugeordnet werden, wenn die Lohnabrechnung in den **ersten drei Januarwochen** erfolgt.

Das geschilderte Verfahren gilt ebenso in den Fällen, in denen der übliche Arbeitslohn für den letzten Lohnzahlungszeitraum des Kalenderjahres am Ende dieses Lohnzahlungszeitraums abgerechnet wird und nur einzelne Lohnteile, z. B. Mehrarbeitsvergütungen, im nachfolgenden Kalenderjahr, aber noch innerhalb der Dreiwochenfrist abgerechnet werden. Erfolgt die Abrechnung dieser wirtschaftlich zum abgelaufenen Kalenderjahr gehörenden Lohnteile jedoch später als drei Wochen nach Ablauf des Lohnabrechnungszeitraums, dann handelt es sich insoweit stets um sonstige Bezüge, die im Kalenderjahr des Zufließens zu versteuern sind (vgl. Stichwort „Sonstige Bezüge").

Die Frage, wann der Arbeitslohn zugeflossen ist, gewinnt insbesondere am Ende eines Kalenderjahres an Bedeutung. Hierzu ist in § 38a Abs. 1 Satz 2 EStG für den **laufenden Arbeitslohn** bestimmt, dass dieser in dem Kalenderjahr als bezogen gilt, in dem der Lohnzahlungszeitraum endet.

Lohn-steuer-pflichtig	Sozial-versich.-pflichtig

Beispiel D

Lohnzahlungszeitraum 1. 12. 2021 bis 31. 12. 2021. Der Arbeitslohn wird am 4. 1. 2022 ausgezahlt, er gilt im Kalenderjahr 2021 als zugeflossen.

Beispiel E

Lohnzahlungszeitraum 15. 12. 2021 bis 14. 1. 2022. Der Arbeitslohn wird am 15. 12. 2021 ausgezahlt; er gilt im Kalenderjahr 2022 als zugeflossen.

Beispiel F

Lohnzahlungszeitraum 1. 1. 2022 bis 31. 1. 2022. Der Arbeitslohn wird am 29. 12. 2021 ausgezahlt; er gilt im Kalenderjahr 2022 als zugeflossen.

Arbeitslohn, der nicht als laufender Arbeitslohn gezahlt wird (sonstige Bezüge), wird ausschließlich in dem Kalenderjahr bezogen, in dem er dem Arbeitnehmer zufließt. Das allgemein maßgebende Zuflussprinzip wird somit nach der ausdrücklichen Regelung des § 38a Abs. 1 Satz 2 EStG nur für den **laufenden** Arbeitslohn durchbrochen. Dies ist zu beachten, wenn laufender Arbeitslohn zusammen mit sonstigen Bezügen gezahlt wird.

Beispiel G

Lohnzahlungszeitraum ist der Monat. Der Monatslohn für Dezember 2021 wird zusammen mit einer Weihnachtsgratifikation am 4. 1. 2022 ausgezahlt. Der laufende Arbeitslohn gilt im Kalenderjahr 2021 als zugeflossen und ist in die Lohnabrechnung für Dezember 2021 mit einzubeziehen. Der sonstige Bezug ist im Kalenderjahr 2022 zugeflossen und in die Lohnabrechnung für Januar 2022 einzubeziehen. Eine einheitliche Abrechnung mit den Dezemberbezügen ist in diesen Fällen nicht zulässig.

Wichtig ist also in diesen Fällen, wann dem Arbeitnehmer der Arbeitslohn zufließt. Wird der Arbeitslohn, wie dies heute allgemein üblich ist, unbar gezahlt, wird der Arbeitgeber von dem Tag ausgehen können, an dem er den Überweisungsauftrag erteilt. Wird also im Beispielsfall der Überweisungsauftrag noch im Dezember 2021 erteilt, ist der sonstige Bezug im Dezember 2021 zugeflossen und kann mit den Dezemberbezügen abgerechnet werden.

7. Entgeltabrechnungszeitraum bei der Sozialversicherung

Entgeltabrechnungszeitraum ist grundsätzlich der Kalendermonat. Bei längeren als monatlichen Lohnzahlungszeiträumen stimmen deshalb Lohn- und Entgeltabrechnungszeitraum nicht mehr überein. Liegt eine solche Übereinstimmung nicht vor, muss der Beitragsperiode der Vorrang vor dem Lohnzahlungszeitraum eingeräumt werden, d. h., dass der Arbeitgeber unabhängig von seinem Lohnzahlungszeitraum noch einmal das Arbeitsentgelt für die jeweilige Entgeltperiode, nämlich den Beitragsmonat, ermitteln muss. Aus Praktikabilitätsgründen empfiehlt es sich deshalb für den Arbeitgeber, seinen Lohnzahlungszeitraum so zu gestalten, dass er mit dem Entgeltabrechnungszeitraum übereinstimmt. Das ist der Fall, wenn der Lohnzahlungszeitraum mit dem Kalendermonat identisch ist. Denkbar ist auch, dass der Arbeitgeber während eines Quartals zweimal vier und einmal fünf Wochen abrechnet.

Deckt sich der Entgeltabrechnungszeitraum nicht mit dem Kalenderjahr, in dem der Anfang des Entgeltabrechnungszeitraums liegt, ist der Abrechnungszeitraum, der das Ende des Kalenderjahres überschreitet, **in zwei Abrechnungszeiträume aufzuteilen:** Der erste Zeitraum endet mit dem 31. 12. des Jahres, der zweite Zeitraum beginnt mit dem 1. 1. des folgenden Jahres. Diese Regelung ist entsprechend anzuwenden, wenn während des Beitragsabrechnungszeitraumes der Beitragssatz zu einem Sozialversicherungszweig oder die Regelung über die Beitragstragung geändert wird. In diesem Fall ist ebenfalls der Entgeltabrechnungszeitraum, in den die Beitragssatzänderung bzw. die Änderung der Beitragssatztragung fällt, für die Beitragsberechnung aufzuteilen.

Beispiel A

Erhöhung des Beitragssatzes für die Pflegeversicherung von zuvor 2,55 % auf 3,05 % ab 1.1.2019

Lohnzahlungszeitraum 15. Dezember 2018 bis 14. Januar 2019

Beitragsabrechnungszeitraum

a) vom 15. bis 31. Dezember 2018 mit 2,55 %
b) vom 1. bis 14. Januar 2019 mit 3,05 %

Beitragstragung Zusatzbeitrag Krankenversicherung

a) vom 15. bis 31. Dezember 2018 vom Arbeitnehmer alleine zu tragen (z. B. 1,0 %)
b) vom 1. Januar bis 14. Januar 2019 hälftig vom Arbeitgeber und Arbeitnehmer zu tragen (z. B. jeweils 0,45 % Arbeitgeber- und Arbeitnehmeranteil)

Beispiel B

Reduzierung des Beitragssatzes zur Arbeitslosenversicherung von bisher 2,5 % auf 2,4 % ab 1.1.2020

Lohnzahlungszeitraum: 15. Dezember 2019 bis 14. Januar 2020

Beitragsabrechnungs-zeitraum	a) vom 15. bis 31. Dezember 2019 mit 2,5 % b) vom 1. bis 14. Januar 2020 mit 2,4 %

Für die zeitliche Zuordnung von laufendem Arbeitsentgelt wird darauf abgestellt, wann die Arbeitsleistung erbracht worden ist und nicht auf den Zeitpunkt der Zahlung des Arbeitsentgelts. Folglich ist das Arbeitsentgelt für die Beitragsrechnung dem Entgeltabrechnungszeitraum zuzuordnen, in dem es verdient worden ist.

Bei **nachträglicher Lohnabrechnung** ist das Arbeitsentgelt deshalb unabhängig vom Zeitpunkt der Abrechnung und Auszahlung für die Berechnung der Beiträge in dem Zeitabschnitt zu berücksichtigen, in dem es tatsächlich erzielt worden ist. Sofern ein Arbeitgeber zunächst nur Abschlagszahlungen leistet und die endgültige Lohnabrechnung erst zu einem späteren Zeitpunkt vornimmt, sind die nachgezahlten Entgeltteile beitragsrechtlich auf die Zeiträume zu verteilen, in denen die entsprechenden Arbeiten ausgeführt werden (vgl. die Stichworte „Nachzahlung von laufendem Arbeitslohn" und „Zufluss von Arbeitslohn" jeweils unter Nr. 2).

8. Berechnung der Lohnsteuer und der Sozialversicherungsbeiträge bei Teillohnzahlungszeiträumen

Sind die Lohnsteuer und die Sozialversicherungsbeiträge nur für einen Teil des Monats zu berechnen, z. B. weil der Arbeitnehmer im Laufe des Monats eingestellt wurde oder aus der Firma ausgeschieden ist, ergeben sich Besonderheiten, die beim Stichwort „Teillohnzahlungszeitraum" ausführlich anhand von Beispielen erläutert sind.

9. Sonstige Bezüge (einmalige Zuwendungen)

Die dargestellte Berechnung der Lohnsteuer und Sozialversicherungsbeiträge gilt für den **laufenden Arbeitslohn.** Für einmalige Lohnzahlungen gilt ein besonderes Verfahren, das für die Lohnsteuer beim Stichwort „Sonstige Bezüge" und für die Sozialversicherungsbeiträge beim Stichwort „Einmalige Zuwendungen" erläutert ist. Ein Beispiel für die gesamte Lohnabrechnung (Lohnsteuer und Sozialversicherungsbeiträge) bei einmaligen Lohnzahlungen ist bei den Stichworten „Urlaubsentgelt, Urlaubsdauer" unter Nr. 4 und „Weihnachtsgeld" unter Nr. 3 dargestellt.

Siehe auch die Stichworte: Abführung der Sozialversicherungsbeiträge, Abführung und Anmeldung der Lohnsteuer, Abschlagszahlungen, Änderung des Lohnsteuerabzugs, Lohnzahlung durch Dritte, Maschinelle Lohnabrechnung, Nachzahlung von laufendem Arbeitslohn, Nettolöhne, Permanenter Lohnsteuer-Jahresausgleich, Vorschüsse, Zufluss von Arbeitslohn.

10. Insolvenzgeldumlage

Die Einzugsstellen ziehen zusammen mit dem Gesamtsozialversicherungsbeitrag auch die Umlage für das Insolvenzgeld ein. Details zur Berechnung dieser Umlage sind unter dem Stichwort „Insolvenzgeldumlage" beschrieben.

Lohnsteuerpflichtig | Sozialversich.-pflichtig

B

Bereitschaftsdienst

Zu Fahrten zwischen Wohnung und erster Tätigkeitsstätte mit einem Firmenwagen im Rahmen des Bereitschaftsdienstes vgl. das Stichwort „Firmenwagen zur privaten Nutzung" unter Nr. 5, Beispiel E.

Vgl. auch das Stichwort „Bereitschaftsdienstzulage".

Bereitschaftsdienstzulage

Bei einer Bereitschaftsdienstzulage stellt sich die Frage, ob ein steuerfreier Zuschlag nach § 3b EStG vorliegt, wenn der Bereitschaftsdienst an Sonn- und Feiertagen oder in der Nacht geleistet wird. Hierzu gilt Folgendes:

Eine Bereitschaftsdienstzulage für z. B. ärztliche Bereitschaftsdienste wird auch dann nicht für tatsächlich geleistete Sonntags-, Feiertags- oder Nachtarbeit gezahlt, wenn die Bereitschaftsdienste überwiegend in diesen Zeiten anfallen. Auch wenn die auf Sonntage, Feiertage und Nachtzeit entfallenden Bereitschaftsdienste festgestellt werden können, ist die Bereitschaftsdienstvergütung deshalb nicht steuerfrei (BFH-Urteil vom 24.11.1989, BStBl. 1990 II S. 315). Denn die Steuerfreiheit der Zuschläge für Sonntags-, Feiertags- und Nachtarbeit nach § 3b EStG setzt voraus, dass es sich eindeutig um einen **Zeitzuschlag,** d. h. einen Zuschlag zum Grundlohn handelt, der ausschließlich für die begünstigten Zeiten gezahlt wird. **Nicht begünstigt** sind deshalb Zulagen für **Bereitschaftsdienst bzw. Rufbereitschaft,** die keinen Zuschlag zu einer Grundvergütung für Arbeit zu ungünstigen (steuerlich begünstigten) Zeiten vorsehen. Dies gilt sowohl für prozentuale Zuschläge als auch für pauschale Vergütungen. Pauschale Vergütungen, die unabhängig davon gezahlt werden, ob die Tätigkeit an einem Samstag oder Sonntag erbracht wird, sind nicht nach § 3b EStG begünstigt (BFH-Urteil vom 29.11.2016, BStBl. 2017 II S. 718).

Beispiel A

Ein Arbeitnehmer erhält während der Bereitschaftszeit einen Zeitzuschlag von 15 % des Grundlohns.

Die Vergütung für die Bereitschaftszeit ist als sog. „Mehrarbeitszuschlag" steuerpflichtiger Arbeitslohn; dies gilt auch, soweit sie für tatsächlich geleistete Sonntags-, Feiertags- oder Nachtarbeit gezahlt wird.

Allerdings hat der Bundesfinanzhof entschieden, dass **Zuschläge zu einer Rufbereitschaftsentschädigung** als Zuschläge für Sonntags-, Feiertags- und Nachtarbeit steuerfrei sind, soweit sie die in § 3b EStG vorgesehenen Prozentsätze – **gemessen an der Rufbereitschaftsentschädigung** – nicht übersteigen (BFH-Urteil vom 27.8.2002, BStBl. II S. 883).

Beispiel B

Ein Arbeitnehmer erhält für die Rufbereitschaft eine Entschädigung von 2 € je angefangene Stunde, für die Rufbereitschaft angeordnet ist. Auf diese Vergütung für die Rufbereitschaft wird bei einem Bereitschaftsdienst an Sonntagen ein Zuschlag von 30 % und bei einem Bereitschaftsdienst an Feiertagen ein Zuschlag von 100 % gezahlt.

Diese Zuschläge sind nach § 3b EStG steuerfrei, da die in § 3b EStG festgelegten Zuschlagssätze (50 % des Grundlohns für Sonntagsarbeit und 125 % des Grundlohns für Feiertagsarbeit) nicht überschritten sind.

Ein gezahlter Zuschlag zum Bereitschaftsdienst kann auch dann im Rahmen der Regelungen für SFN-Zuschläge steuerfrei sein, wenn der **Bereitschaftsdienst** selbst durch einen **Freizeitanspruch** abgegolten wird. Die in der Zeit des Bereitschaftsdienstes **geleistete Arbeit** kann anhand der im Rahmen einer Nebenabrede zum Arbeitsvertrag geregelten Zuweisung zu einer Stufe des Bereitschaftsdienstes prozentual als **Arbeitszeit** bewertet werden. Daraus lässt sich für den Bereitschaftsdienst **rechnerisch** ein **Stundenlohn** ermitteln, der der geringeren Beeinträchtigung während des Bereitschaftsdienstes Rechnung trägt.

Beispiel C

Ausgehend von einem auf der Grundlage des monatlichen Festgehalts und der vereinbarten Arbeitszeit berechneten Stundenlohn von z. B. 40 € kann für den Bereitschaftsdienst – abhängig ggf. von den einzelnen Stufen des Bereitschaftsdienstes – folgender Grundlohn (für den Bereitschaftsdienst) berechnet werden:

Stufe 1	40 € × 60 % =	24 €
Stufe 2	40 € × 75 % =	30 €
Stufe 3	40 € × 90 % =	36 €

Der z. B. für die Nachtarbeit gezahlte Zuschlag ist maximal bis zu 25 % bzw. 40 % des für die einzelnen Stufen des Bereitschaftsdienstes ermittelten „Bereitschaftsdienstgrundlohns" steuerfrei.

Obwohl der Arbeitnehmer bei der Rufbereitschaft nicht arbeitet, hat der Bundesfinanzhof „das Bereithalten" im weitesten Sinne als „tatsächlich geleistete Sonn- und Feiertagsarbeit" im Sinne des § 3b EStG angesehen. Das Urteil des Bundesfinanzhofs gilt sowohl für den Bereitschaftsdienst als auch für die Rufbereitschaft. Arbeitsrechtlich ist der Unterschied Folgender:

Beim Bereitschaftsdienst ist der Arbeitnehmer verpflichtet, sich an einem **vom Arbeitgeber bestimmten Ort** innerhalb oder außerhalb des Betriebs aufzuhalten, damit er bei Bedarf seine Arbeit unverzüglich aufnehmen kann. Die ihm zur Verfügung stehende Zeit während des Bereitschaftsdienstes kann der Arbeitnehmer beliebig nutzen. Er muss jedoch sein Verhalten auf einen möglichen Arbeitseinsatz ausrichten (z. B. Alkoholverbot).

Vom Bereitschaftsdienst ist die Rufbereitschaft zu unterscheiden. Von ihr spricht man, wenn der Arbeitnehmer verpflichtet ist, sich an einem von ihm **selbst bestimmten,** dem Arbeitgeber aber anzugebenden Ort (z. B. die Privatwohnung) auf Abruf zur Arbeit bereitzuhalten. Im Zeitalter der mobilen Telekommunikationsgeräte ist der Arbeitnehmer heutzutage bei der Rufbereitschaft viel flexibler als früher.

Diese arbeitsrechtliche Unterscheidung hat nach den vorstehenden Urteilen des Bundesfinanzhofs für die steuerliche Beurteilung der Sonntags-, Feiertags- und Nachtarbeitszuschläge aber keine Bedeutung.

Berge- und Hilfslöhne

Berge- und Hilfslöhne für Rettung aus Seenot sind steuer- und beitragspflichtig. ja ja

Bergmannsprämien

Bergmannsprämien, die früher aufgrund des Gesetzes über Bergmannsprämien an Arbeitnehmer des Bergbaus gezahlt wurden, galten weder steuerlich noch arbeitsrechtlich als Arbeitslohn und auch nicht als Entgelt im Sinne der Sozialversicherung.

Für verfahrene volle Schichten wird seit 1.1.2008 keine Bergmannsprämie mehr gewährt.

Berichtigung des Lohnsteuerabzugs

siehe „Änderung des Lohnsteuerabzugs"

Berliner Steuerermäßigungen

Die früher geltenden Vergünstigungen nach dem Berlinförderungsgesetz (Gewährung einer Berlinzulage usw.) sind zum 31. 12. 1994 ausgelaufen. Seit 1. 1. 1995 gibt es für eine Beschäftigung in Berlin keine steuerlichen Besonderheiten mehr.

Berufsausbildung

siehe „Fortbildungskosten“ und „Studiengebühren“

Berufsboxer

	Lohnsteuerpflichtig	Sozialversich.-pflichtig
Berufsboxer sind als selbstständig tätig (Gewerbetreibende) zu behandeln (BFH-Urteil vom 22.1.1964, BStBl. III S. 207).	nein	nein

Bei ausländischen Berufsboxern wird die Einkommensteuer nach § 50a EStG pauschal erhoben (vgl. „Beschränkt steuerpflichtige Künstler, Berufssportler, Schriftsteller und Journalisten“).

Berufsfeuerwehr

Bei Angehörigen der Berufsfeuerwehr der Länder und Gemeinden gehören nach § 3 Nr. 4 EStG folgende Bezüge nicht zum steuerpflichtigen Arbeitslohn:

	Lohnsteuerpflichtig	Sozialversich.-pflichtig
– der Geldwert der überlassenen Dienstkleidung,	nein	nein
– Einkleidungsbeihilfen und Abnutzungsentschädigungen für die Dienstkleidung,	nein	nein
– im Einsatz gewährte Verpflegung oder Verpflegungszuschüsse,	nein	nein
– der Geldwert der aufgrund gesetzlicher Vorschriften gewährten Heilfürsorge.	nein	nein

Berufsgenossenschaften

Die Berufsgenossenschaften sind Träger der gesetzlichen Unfallversicherung (vgl. „Unfallversicherung“).

Berufskleidung

siehe „Arbeitskleidung“

Berufskraftfahrer

siehe „Fahrtätigkeit“

Berufskrankheiten

Zur Abwehr drohender oder bereits eingetretener typischer Berufskrankheiten (z. B. Bleivergiftung, Silikose, Strahlenpilzerkrankung) kann der Arbeitgeber

	Lohnsteuerpflichtig	Sozialversich.-pflichtig
– in Betrieben, in denen die Arbeitnehmer in besonderem Maße der Gefahr von Berufserkrankungen ausgesetzt sind, Getränke (insbesondere Milch) zum Verbrauch im Betrieb steuerfrei zur Verfügung stellen (vgl. „Genussmittel“);	nein	nein
– an gesundheitlich besonders gefährdetes Krankenhauspersonal (z. B. in Infektionsabteilungen) daneben auch Zusatzverpflegung als Sachleistung (nicht in bar oder Gutscheinen) zum Verbrauch im Betrieb steuerfrei ausgeben;	nein	nein
– steuerfreie Aufenthalte in Betriebserholungsheimen oder steuerfreie Erholungsbeihilfen in bar gewähren (vgl. „Erholungsbeihilfen“).	nein	nein

Burnout ist aufgrund der Vielzahl der möglichen Ursachen **keine Berufskrankheit.**

Berufsmotorsportler

Berufsmotorsportler sind als selbstständig tätig (Gewerbetreibende) zu behandeln (BFH-Urteil vom 15.7.1993, BStBl. II S. 810).

Bei ausländischen Berufsmotorsportlern wird die Einkommensteuer nach § 50a EStG pauschal erhoben (vgl. „Beschränkt steuerpflichtige Künstler, Berufssportler, Schriftsteller und Journalisten“).

Sozialversicherungsrechtlich gilt Folgendes:

Bei entsprechenden (arbeits)vertraglichen Abmachungen können Berufsmotorsportler auch in einem abhängigen Beschäftigungsverhältnis stehen. Denn „Vertragssportler“ werden sozialversicherungsrechtlich im Grundsatz wie folgt beurteilt:

Vertragssportler sind regelmäßig abhängig Beschäftigte, die ihren Sport als Mittel zum Gelderwerb ausüben und damit einen wirtschaftlichen Zweck verfolgen. Die Weisungsgebundenheit ergibt sich aus der vertraglich übernommenen Verpflichtung zur intensiven Mitarbeit nach den Anordnungen des Vereins. Hieran ändern auch die Zahlungen durch Dritte (z. B. im Rahmen eines Sponsorenvertrags) nichts. Vgl. Gemeinsames Rundschreiben der Spitzenorganisationen der Sozialversicherung vom 5.7.2005.

Berufsradrennfahrer

Berufsradrennfahrer einschließlich der Sechstagerennfahrer sind als selbstständig tätig (Gewerbetreibende) zu behandeln (BFH-Urteil vom 8.2.1957, DB 1958 S. 1086). Dies gilt auch dann, wenn sie für einen „Rennstall“ fahren.

Bei ausländischen Berufsradrennfahrern wird die Einkommensteuer nach § 50a EStG pauschal erhoben (vgl. „Beschränkt steuerpflichtige Künstler, Berufssportler, Schriftsteller und Journalisten“).

Sozialversicherungsrechtlich gilt Folgendes:

Bei entsprechenden (arbeits)vertraglichen Abmachungen können Berufsradrennfahrer auch in einem abhängigen Beschäftigungsverhältnis stehen. Denn „Vertragssportler“ werden sozialversicherungsrechtlich im Grundsatz wie folgt beurteilt:

Vertragssportler sind regelmäßig abhängig Beschäftigte, die ihren Sport als Mittel zum Gelderwerb ausüben und damit einen wirtschaftlichen Zweck verfolgen. Die Weisungsgebundenheit ergibt sich aus der vertraglich übernommenen Verpflichtung zur intensiven Mitarbeit nach den Anordnungen des Vereins. Hieran ändern auch die Zahlungen durch Dritte (z. B. im Rahmen eines Sponsorenvertrags) nichts. Vgl. Gemeinsames Rundschreiben der Spitzenorganisationen der Sozialversicherung vom 5.7.2005.

	Lohn-steuer-pflichtig	Sozial-versich.-pflichtig

B

Berufsringer

Berufsringer sind nichtselbständig tätig (Arbeitnehmer). Das Gleiche gilt für die Ringrichter und Turnierleiter (BFH-Urteil vom 29. 11. 1978, BStBl. 1979 II S. 182). ja ja

Berufsschule

Wichtiges auf einen Blick:

Die seit 1.1.2020 geltende Erhöhung der **Verpflegungspauschale** von bisher 12 € auf nunmehr **14 €** bei einer mehr als achtstündigen Abwesenheit von der Wohnung und der ersten Tätigkeitsstätte wirkt sich auch zugunsten von Berufsschülern aus (§ 9 Abs. 4a Satz 3 Nr. 3 EStG). Vgl. hierzu die Beispiele unter der nachfolgenden Nr. 3.

Gliederung:

1. Berufsschule ist keine erste Tätigkeitsstätte
2. Fahrtkosten
3. Verpflegungsmehraufwendungen
4. Steuervergünstigungen für Kinder

1. Berufsschule ist keine erste Tätigkeitsstätte

Die Grundsätze für Auswärtstätigkeiten **(= Reisekosten)** sind maßgebend, wenn der Arbeitnehmer im Rahmen seines Ausbildungsdienstverhältnisses oder als Ausfluss seines Dienstverhältnisses eine außerhalb seiner ersten Tätigkeitsstätte gelegene Ausbildungs- oder Fortbildungsstätte aufsucht; das gilt auch dann, wenn die Ausbildung oder Fortbildung in der Freizeit, z. B. am Wochenende stattfindet.

Als erste Tätigkeitsstätte (= keine Reisekosten) gilt aber auch eine Bildungseinrichtung, die außerhalb eines Arbeitsverhältnisses zum Zwecke eines Vollzeitstudiums oder einer vollzeitigen Bildungsmaßnahme aufgesucht wird (§ 9 Abs. 4 Satz 8 EStG). Die Berufsschule ist daher keine erste Tätigkeitsstätte, weil sie in aller Regel im Rahmen eines (Ausbildungs-)Arbeitsverhältnisses aufgesucht wird. Die erste Tätigkeitsstätte des Berufsschülers befindet sich somit regelmäßig im Betrieb des Arbeitgebers. Beim Besuch der Berufsschule handelt es sich um eine beruflich veranlasste Auswärtstätigkeit.

Beispiel

Die Auszubildende A besucht – außer in den Schulferien – über die gesamte Lehrzeit von drei Jahren dienstags und donnerstags die Berufsschule.

Die Bildungseinrichtung „Berufsschule" ist schon deshalb keine erste Tätigkeitsstätte, weil sie im Rahmen eines (Ausbildungs-)Arbeitsverhältnisses aufgesucht wird; Entsprechendes würde auch dann gelten, wenn die Berufsschule über einen längeren Zeitraum für einen Blockunterricht aufgesucht würde. Vielmehr handelt sich in diesen Fällen um eine beruflich veranlasste Auswärtstätigkeit.

2. Fahrtkosten

Der Arbeitgeber kann deshalb die Fahrtkosten zur Berufsschule zeitlich unbegrenzt – also auch über drei Monate hinaus – steuerfrei ersetzen, und zwar in folgender Höhe:

a) Bei Benutzung öffentlicher Verkehrsmittel in Höhe der tatsächlich entstandenen Kosten. nein nein

b) Bei Benutzung eigener Fahrzeuge in Höhe folgender Kilometergelder je **gefahrenen** Kilometer: nein nein
   - Pkw 0,30 €
   - andere motorbetriebene Fahrzeuge 0,20 €

Der steuerfreie Ersatz der Fahrtkosten ist unabhängig davon möglich, ob die Fahrten zur Berufsschule von der Wohnung oder vom Ausbildungsbetrieb aus angetreten werden.

3. Verpflegungsmehraufwendungen

Bei einer Tätigkeit an derselben Tätigkeitsstätte ist ein steuerfreier Arbeitgeberersatz bzw. Werbungskostenabzug der gesetzlich festgelegten Verpflegungspauschalen nur für die ersten **drei Monate** zulässig (§ 9 Abs. 4a Satz 6 EStG). Dies gilt aber nicht, wenn die auswärtige Tätigkeitsstätte an nicht mehr als zwei Tagen wöchentlich aufgesucht wird. Findet also der Besuch einer Berufsschule nicht in Form eines Blockunterrichts, sondern an **maximal zwei Tagen in der Woche** statt, können die Verpflegungspauschalen für diese Tage **zeitlich unbegrenzt** vom Arbeitgeber steuerfrei erstattet bzw. vom Berufsschüler als Werbungskosten abgezogen werden, wenn die erforderliche Mindestabwesenheitszeit von mehr als acht Stunden von der Wohnung und vom Betrieb (= erste Tätigkeitsstätte) erfüllt ist.[1]

Bei einem Blockunterricht führt eine Unterbrechung der beruflichen Tätigkeit an derselben Tätigkeitsstätte zu einem Neubeginn der Dreimonatsfrist, wenn sie **mindestens vier Wochen** dauert (§ 9 Abs. 4a Satz 7 EStG; vgl. das nachfolgende Beispiel B am Ende). **Unerheblich** ist, aus welchem **Grund** (z. B. Krankheit, Urlaub, Tätigkeit an einer anderen Tätigkeitsstätte) die Tätigkeit unterbrochen wird.

Beispiel A

Die Auszubildende A besucht – außer in den Schulferien – über die gesamte Lehrzeit von drei Jahren dienstags und donnerstags die Berufsschule. Die Entfernung von ihrer Wohnung zur Berufsschule beträgt 15 km. Die Abwesenheitszeit von der Wohnung beträgt an diesen Tagen 8 Stunden und 15 Minuten.

Es handelt sich trotz des Zeitraums von drei Jahren um eine beruflich veranlasste Auswärtstätigkeit. Der Arbeitgeber kann über den gesamten Zeitraum von drei Jahren – außer in den Schulferien – folgenden Betrag monatlich steuerfrei erstatten:

Fahrtkosten:

4 Wochen à 2 Fahrten × 30 gefahrene Kilometer × 0,30 € =	72 €
Verpflegungspauschalen:	
4 Wochen à 2 Tage × 14 € =	112 €
Summe	184 €

Die Dreimonatsfrist bei den Verpflegungspauschalen ist nicht anzuwenden, da der Besuch der Berufsschule nur an zwei Tagen in der Woche stattfindet.[1]

Beispiel B

Der Auszubildende B besucht über einen Zeitraum von sechs Monaten die Berufsschule in Form eines Blockunterrichts. Die Entfernung von seiner Wohnung zur Berufsschule beträgt 25 km. Die Abwesenheitszeit von der Wohnung beträgt 9 Stunden täglich.

Es handelt sich um eine beruflich veranlasste Auswärtstätigkeit. Der Arbeitgeber kann für die gesamten **sechs Monate** die **Fahrtkosten** steuerfrei erstatten.

Fahrtkosten:

6 Monate à 20 Fahrten × 50 gefahrene Kilometer × 0,30 €[2] =	1800 €

Da es sich bei einem sechsmonatigen Blockunterricht in der Berufsschule um eine Auswärtstätigkeit an derselben Tätigkeitsstätte handelt, können die **Verpflegungspauschalen** nur für die ersten **drei Monate** steuerfrei erstattet werden.

Verpflegungspauschalen:

3 Monate à 20 Tage × 14 € =	840 €

1) Randnummer 55 des BMF-Schreibens vom 25.11.2020. Das BMF-Schreiben ist als Anlage 1 zu H 9.4 LStR im **Steuerhandbuch für das Lohnbüro 2021** abgedruckt, das im selben Verlag erschienen ist.

2) Der höhere Kilometersatz von 0,35 € ab dem Kalenderjahr 2021 gilt nur beim Ansatz der Entfernungspauschale ab dem 21. vollen Entfernungskilometer, nicht hingegen im lohnsteuerlichen Reisekostenrecht für die tatsächlich gefahrenen Kilometer.

Lohn-steuer-pflichtig	Sozial-versich.-pflichtig

Wird die Berufsschule nach Beendigung des Blockunterrichts und einer mindestens vierwöchigen Unterbrechung erneut besucht, beginnt für die Gewährung der Verpflegungspauschalen eine neue Dreimonatsfrist. Unerheblich ist der Grund der Unterbrechung.

Werden die Aufwendungen vom Arbeitgeber nicht steuerfrei ersetzt, können sie vom Auszubildenden nach den vorstehenden Grundsätzen als **Werbungskosten** abgezogen werden.

4. Steuervergünstigungen für Kinder

Zum Anspruch der Eltern auf **Kindergeld** und die übrigen kindbedingten Steuervergünstigungen vgl. die ausführlichen Erläuterungen in Anhang 9.

Berufssportler

Bei der Beurteilung von Sportlern ist zwischen Amateursportlern und Berufssportlern zu unterscheiden. Denn bei Amateursportlern liegt begrifflich kein Arbeitslohn und damit auch kein abhängiges Beschäftigungsverhältnis vor, wenn die Vergütungen die mit der Ausübung des Sports zusammenhängenden Aufwendungen nur unwesentlich übersteigen (BFH-Urteil vom 23.10.1992, BStBl. 1993 II S. 303). Auf die Erläuterungen beim Stichwort „Amateursportler" wird Bezug genommen.

Bei Berufssportlern ist wiederum zu unterscheiden zwischen **Einzelsportlern** und Mannschaftssportlern. Bei Einzelsportlern richtet sich die Abgrenzung, ob es sich um Arbeitnehmer handelt oder ob gewerbliche Einkünfte vorliegen, nach den Umständen des Einzelfalles. Auf folgende Stichwörter wird hingewiesen:

- Berufsboxer,
- Berufsmotorsportler,
- Berufsradrennfahrer,
- Berufsringer,
- Sechstagerennfahrer.

Berufssportler, die eine **Mannschaftssportart** ausüben (z. B. Fußball, Handball, Basketball, Volleyball oder Eishockey) sind Arbeitnehmer. ja ja

Erhalten die Berufssportler von einem nationalen Verband für Länderspiele, Turnierteilnahmen usw. Vergütungen (Geldprämien, Sachbezüge) liegt nach Meinung der Finanzverwaltung eine Lohnzahlung durch einen Dritten (den Verband) vor, für den der Arbeitgeber des Berufssportlers (der Verein) den Lohnsteuerabzug vornehmen muss (vgl. die Erläuterungen beim Stichwort „Lohnzahlung durch Dritte" unter Nr. 3). Dies gilt allerdings nicht, wenn der Arbeitslohn nach einem Doppelbesteuerungsabkommen (z. B. bei einer Turnierteilnahme im Ausland) freizustellen ist. Der Bundesfinanzhof geht von einer gesonderten Rechtsbeziehung zwischen den Spielern und dem Verband aus, wenn im Verhältnis zum Verein keine arbeitsrechtliche Verpflichtung der Spieler besteht, an den Verbandsmaßnahmen teilzunehmen (BFH-Beschluss vom 11.1.2017, BFH/NV 2017 S. 473).

Einkünfte aus Gewerbebetrieb liegen vor, wenn der Berufssportler selbstständig eine Werbetätigkeit ausübt (BFH-Urteil vom 22.2.2012, BStBl. II S. 511). nein nein

Leistungssportler sind keine Berufssportler; Zuschüsse, die Leistungssportlern von der Deutschen Sporthilfe gewährt werden, gehören nicht zu den Einkünften aus nichtselbstständiger Arbeit (Arbeitslohn), sondern zu den wiederkehrenden Bezügen im Sinne des § 22 EStG, die in voller Höhe als sonstige Einkünfte steuerpflichtig sind. nein nein

Bei ausländischen Berufssportlern wird die Einkommensteuer pauschal nach § 50a EStG erhoben (vgl. „Beschränkt steuerpflichtige Künstler, Berufssportler, Schriftsteller und Journalisten").

Siehe auch die Stichworte: Amateursportler, Berufsboxer, Berufsmotorsportler, Berufsradrennfahrer, Berufsringer, E-Sport, Fußballspieler, Fußballtrainer, Schiedsrichter, Sechstagerennfahrer, Skilehrer.

Berufsunfähigkeitsrente

siehe „Renten"

Berufsunfähigkeitsversicherung

Rentenzahlungen aus einer privaten Berufsunfähigkeitsversicherung (ohne Sparanteil; kein Rürup-Vertrag) führen im Versicherungsfall in Höhe des Ertragsanteils zu sonstigen Einkünften. nein nein

Im Rahmen bestehender Versicherungsverträge über eine private Berufsunfähigkeitsversicherung gehen Versicherungsunternehmen bei Eintritt des Versicherungsfalls vermehrt dazu über, den betroffenen Versicherungsnehmern eine **Abfindung** der **Versicherungsansprüche** anzubieten. Durch die Zahlung eines Einmalbetrages, der sich regelmäßig auf eine fünf- bis sechsstellige Summe beläuft, werden sämtliche Ansprüche aus dem Versicherungsvertrag abgegolten. Derartige Vergleichs- bzw. Abstandszahlungen aus dem bestehenden Vertrag einer privaten Berufsunfähigkeitsversicherung führen nicht zu steuerpflichtigen sonstigen Einkünften. nein nein

Anders sieht es aber aus, wenn im Rahmen der **betrieblichen Altersversorgung** die Beiträge zu einer Berufsunfähigkeitsversicherung steuerfrei belassen worden sind. In solch einem Fall führen die Auszahlungen in voller Höhe zu steuerpflichtigen sonstigen Einkünften. Vgl. zur betrieblichen Altersversorgung die ausführliche Gesamtdarstellung in Anhang 6.

Berufsverband

Vom Arbeitgeber übernommene Beiträge für die Mitgliedschaft des Arbeitnehmers in einem Berufsverband gehören als Werbungskostenersatz zum steuer- und beitragspflichtigen Arbeitslohn. ja ja

Übernimmt der Arbeitgeber die Beiträge für die Mitgliedschaft des Arbeitnehmers in einem Berufsverband führt dies also einerseits zu steuer- und beitragspflichtigen Arbeitslohn andererseits aber zu abziehbaren Werbungskosten in der Einkommensteuer-Veranlagung des Arbeitnehmers. Eine Saldierung von Arbeitslohn und Werbungskosten im Lohnsteuerabzugsverfahren durch den Arbeitgeber ist nicht zulässig.

Diesen Grundsatz hat der Bundesfinanzhof in einem Streitfall bestätigt, in dem der Arbeitgeber die Beiträge für die Mitgliedschaft einer angestellten Rechtsanwältin im Deutschen **Anwaltverein** übernommen hatte. Der Bundesfinanzhof betonte, dass die Satzung des Anwaltvereins als Zweck des Vereins die Wahrung, Pflege und Förderung aller beruflichen und wirtschaftlichen Interessen der Rechtsanwaltschaft und des Anwaltsnotariats, insbesondere durch die Fortbildung sowie die Pflege des Gemeinsinns und des wissenschaftlichen Geistes der Rechtsanwaltschaft nennt. Deshalb war von einem eigenen Interesse der angestellten Rechtsanwältin an der von ihrem Arbeitgeber finanzierten Mitgliedschaft auszugehen. Demgegenüber war das eigenbetriebliche Interesse des Arbeitgebers an der Übernahme der Beiträge (z. B. höhere Zahl von Mandate durch Mitgliedschaft und niedrigere

	Lohnsteuerpflichtig	Sozialversich.-pflichtig
Fortbildungskosten wegen kostenloser Fachzeitschriften) von vergleichsweise geringerem Gewicht (BFH-Urteil vom 12.2.2009, BStBl. II S. 462).	ja	ja

Zur Steuerpflicht des Werbungskostenersatzes vgl. die grundsätzlichen Erläuterungen beim Stichwort „Auslagenersatz" besonders unter Nr. 2.

	Lohnsteuerpflichtig	Sozialversich.-pflichtig
Hingegen handelt es sich bei der Übernahme von Beiträgen für die Mitgliedschaft in **Arbeitsgemeinschaften** des Deutschen Anwaltvereins um Leistungen im ganz überwiegenden eigenbetrieblichen Interesse des Arbeitgebers, wenn dem Arbeitnehmer aus dieser Mitgliedschaft keine weiteren besonderen Vorteile entstehen.	nein	nein

Beschäftigungsgesellschaften

In der Bundesrepublik Deutschland sind in den letzten Jahren zahlreiche Beschäftigungs- und Qualifizierungsgesellschaften (auch Transfergesellschaften genannt) als eigenständige Rechtspersönlichkeiten unter Beteiligung von Arbeitgeber(verbänden), Gewerkschaften, der Länder und Kommunen entstanden. In diese Beschäftigungsgesellschaften werden Arbeitnehmer eingegliedert, deren Arbeitsplätze im bisherigen Betrieb infolge von erheblichen Personalanpassungsmaßnahmen aufgrund einer Strukturkrise auf Dauer weggefallen sind.

Für die **lohnsteuerliche** Behandlung gilt Folgendes:

Wenn eine Beschäftigungsgesellschaft keine eigene wirtschaftliche Tätigkeit ausübt, sondern in **Funktion einer Zahlstelle** lediglich die Pflichten des früheren Arbeitgebers aus dem ersten Arbeitsverhältnis übernimmt (Lohnfortzahlung, aber auch Qualifizierungsmaßnahmen), wird sie nach Auffassung der Finanzverwaltung **nicht als neuer Arbeitgeber** tätig. Übt die Beschäftigungsgesellschaft hingegen noch eine **eigene unternehmerische Tätigkeit** aus und sind deshalb die in diese Gesellschaft „überführten" Arbeitnehmer verpflichtet, eine Arbeitsleistung zu erbringen, ist die Gesellschaft als **neuer Arbeitgeber** anzusehen. Beim Ausscheiden der Arbeitnehmer aus einer solchen Beschäftigungsgesellschaft gezahlte Abfindungen haben keinen Einfluss mehr auf die steuerliche Behandlung der vom früheren Arbeitgeber gezahlten Entlassungsentschädigung, insbesondere im Hinblick auf die ermäßigte Besteuerung nach der Fünftelregelung.

Auch der Bundesfinanzhof sieht eine Beschäftigungsgesellschaft als neuen Arbeitgeber an, wenn es sich um eine eigenständige juristische Person mit eigenem Gesellschaftszweck handelt, die auch über ihre Gesellschafter nicht mit dem früheren Arbeitgeber unternehmerisch verbunden ist (BFH-Urteil vom 20.7.2010, BStBl. 2011 II S. 218). In diesem Fall liegt auch dann ein neues eigenständiges Arbeitsverhältnis vor, wenn die Beschäftigungsgesellschaft für den früheren Arbeitgeber aus von ihm zur Verfügung gestellten Mitteln Auszahlungen vornimmt, also insoweit als Zahlstelle fungiert.

Für die **sozialversicherungsrechtliche** Behandlung ist Folgendes zu beachten:

Nach dem Besprechungsergebnis der Spitzenverbände der Sozialversicherung vom 19. und 20.11.1997 sind die Beschäftigungsgesellschaften als **Arbeitgeber** mit allen sich daraus ergebenden sozialversicherungsrechtlichen Konsequenzen anzusehen.

Beschäftigungsort

Wichtig für die Zuständigkeit des Sozialversicherungsträgers ist der Beschäftigungsort (§ 9 SGB IV). Auch für die Zuordnung der noch bestehenden unterschiedlichen Rechtskreise zwischen alten und neuen Bundesländern ist der Beschäftigungsort von Bedeutung. Beschäftigungsort ist der Ort, an dem die Beschäftigung tatsächlich ausgeübt wird. Ist eine feste Arbeitsstätte vorhanden, so bleibt diese auch dann der Beschäftigungsort, wenn einzelne Arbeiten außerhalb der festen Arbeitsstätte ausgeübt werden. Sind Personen bei einem Arbeitgeber an mehreren Arbeitsstätten beschäftigt, gilt als Beschäftigungsort die Arbeitsstätte, in der sie **überwiegend** beschäftigt sind. Erstreckt sich eine feste Arbeitsstätte über mehrere Gemeinden, gilt als Beschäftigungsort der Ort, an dem die Arbeitsstätte ihren wirtschaftlichen Schwerpunkt hat. Ist eine feste Arbeitsstätte nicht vorhanden und wird die Beschäftigung an verschiedenen Orten ausgeübt, gilt als Beschäftigungsort der Ort, an dem der Betrieb seinen Sitz hat. Bei unmittelbarer Leitung der Arbeiten durch eine Außenstelle ist diese der Beschäftigungsort. Bei Entsendung ins Ausland (vgl. das Stichwort „Ausstrahlung") gilt der bisherige Beschäftigungsort als fortbestehend, sonst der Ort des Betriebssitzes, von dem aus die Entsendung erfolgt.

Beschränkt steuerpflichtige Arbeitnehmer

Neues und Wichtiges auf einen Blick:

1. Elektronische Lohnsteuerabzugsmerkmale oder Lohnsteuerabzugsbescheinigung

Seit dem 1.1.2020 sind die „Standardfälle" **(= Steuerklasse I ohne Freibetrag)** der Gruppe der **beschränkt Steuerpflichtigen** nach § 1 Abs. 4 EStG in den Arbeitgeberabruf der elektronischen Lohnsteuerabzugsmerkmale und damit in das **ELStAM-Verfahren einbezogen** worden. Voraussetzung für die Teilnahme am ELStAM-Verfahren ist die Zuteilung einer Identifikationsnummer an den Arbeitnehmer, die beim Betriebsstättenfinanzamt des Arbeitgebers zu beantragen ist. Der Antrag kann bei entsprechender Bevollmächtigung durch den Arbeitnehmer auch vom Arbeitgeber gestellt werden.

Für die weiteren hier bedeutsamen **übrigen Arbeitnehmer** (beschränkt steuerpflichtige Arbeitnehmer nach § 1 Abs. 4 EStG mit Freibetrag, nach § 1 Abs. 3 EStG auf Antrag wie unbeschränkt steuerpflichtig zu behandelnde Arbeitnehmer, nach § 1 Abs. 2 EStG erweitert unbeschränkt steuerpflichtige Arbeitnehmer) ist die **Teilnahme am ELStAM-Verfahren** erst zu einem **späteren Zeitpunkt** vorgesehen. Das gilt auch dann, wenn für diese Arbeitnehmer Identifikationsnummern vorliegen. Für diese Arbeitnehmer erteilt das Betriebsstättenfinanzamt des Arbeitgebers auch für das **Kalenderjahr 2021** eine neue **Lohnsteuerabzugsbescheinigung („Papierbescheinigung").** Der Abruf der elektronischen Lohnsteuerabzugsmerkmale durch den Arbeitgeber wird in diesem Fall gesperrt.

Vgl. auch die Stichworte „Elektronische Lohnsteuerabzugsmerkmale (ELStAM)" und „Lohnsteuerabzugsbescheinigung".

2. Unbeschränkte Steuerpflicht auf Antrag

Ein beschränkt steuerpflichtiger Arbeitnehmer kann sich auf Antrag wie ein unbeschränkt steuerpflichtiger Arbeitnehmer behandeln lassen, wenn

- die Summe aller Einkünfte im Kalenderjahr 2021 zu **mindestens 90 %** der deutschen Einkommensteuer unterliegt **oder**
- die **ausländischen Einkünfte,** die nicht der deutschen Besteuerung unterliegen, **höchstens 9744 €** im Kalenderjahr 2021 betragen. Der Betrag von 9744 € wird bei bestimmten Ländern um 25 %, 50 % oder 75 % gekürzt (vgl. die in Anhang 10 abgedruckte Ländergrup-

peneinteilung). Für die **Prüfung** der **Zusammenveranlagung (Steuerklasse III)** eines EU/EWR-Staatsangehörigen mit seinem in einem anderen EU/EWR-Mitgliedstaat oder in der Schweiz[1] ansässigen Ehegatten verdoppelt sich die **Betragsgrenze** für die **ausländischen Einkünfte** auf grundsätzlich **19 488 €** im Kalenderjahr 2021. Dabei ist von vornherein auf die Einkünfte beider Ehegatten und den doppelten Grundfreibetrag abzustellen (BFH-Urteil vom 6.5.2015, BStBl. II S. 957).

Beschränkt steuerpflichtige Arbeitnehmer, die in den **Niederlanden** ansässig sind, sind aufgrund einer **Sonderregelung** in dem Doppelbesteuerungsabkommen Deutschland-Niederlande auch dann mit ihrem Ehe-/Lebenspartner zusammen zu veranlagen (= Steuerklasse III), wenn nur die in Deutschland steuerpflichtige Person die 90 %-Grenze bzw. die vorstehende Betragsgrenze erfüllt, nicht jedoch die Ehegatten gemeinsam diese sog. Wesentlichkeitsgrenzen erfüllen (Ziffer XVI des Protokolls Deutschland-Niederlande, BStBl. 2016 I S. 69).

Vgl. die Ausführungen unter der nachfolgenden Nr. 6.

3. Maßgebende Auslandseinkünfte bei Prüfung der Einkunftsgrenze

Bei der Prüfung der unter der vorstehenden Nr. 2 angegebenen Einkunftsgrenzen sind in einem ersten Schritt nach **deutschem Recht** die maßgebenden Welteinkünfte zu **ermitteln,** die anschließend in einem zweiten Schritt in die der deutschen Einkommensteuer unterliegenden Einkünfte und die „Auslandseinkünfte" aufgeteilt werden. Überschreiten die ausländischen Einkünfte die Einkunftsgrenze, ist eine Zusammenveranlagung auch dann ausgeschlossen, wenn sie nach dem Recht des ausländischen Wohnsitzstaates unterhalb der Einkunftsgrenze liegen sollten (BFH-Urteil vom 20.8.2008, BStBl. 2009 II S. 708).

Vgl. auch die Erläuterungen unter den nachfolgenden Nrn. 5 bis 7.

4. Erweiterung des wirtschaftlichen Arbeitgeberbegriffs

Zum Lohnsteuerabzug verpflichteter Arbeitgeber ist in den Fällen der **Arbeitnehmerentsendung** auch das in Deutschland ansässige aufnehmende Unternehmen, das den Arbeitslohn für die ihm geleistete Arbeit wirtschaftlich trägt. Seit dem 1.1.2020 ist das in Deutschland ansässige aufnehmende Unternehmen auch dann zum **Lohnsteuerabzug** verpflichtet, wenn es den Arbeitslohn nach dem **Fremdvergleichsgrundsatz** hätte tragen müssen. Eine Lohnsteuerabzugsverpflichtung des inländischen aufnehmenden Unternehmens besteht also auch dann, wenn tatsächlich kein finanzieller Ausgleich an das ausländische Unternehmen geleistet wird, aber unter Fremden ein Ausgleich vereinbart worden wäre (vgl. die Erläuterungen unter der nachfolgenden Nr. 3).

5. Einbeziehung in den betrieblichen Lohnsteuer-Jahresausgleich des Arbeitgebers

Beschränkt steuerpflichtige Arbeitnehmer (§ 1 Abs. 4 EStG) sind seit 2020 in die Regelungen für den betrieblichen Lohnsteuer-Jahresausgleich durch den Arbeitgeber einbezogen worden, wenn sie das gesamte Kalenderjahr bei demselben Arbeitgeber beschäftigt sind.

Vgl. die Ausführungen unter der nachfolgenden Nr. 17.

6. Erweiterung der Veranlagungspflicht

Seit 2020 besteht für beschränkt steuerpflichtige Arbeitnehmer auch dann eine **Veranlagungspflicht,** wenn

- nebeneinander von **mehreren Arbeitgebern** Arbeitslohn bezogen wurde,
- ein **sonstiger Bezug ermäßigt besteuert** worden ist oder
- auf der Lohnsteuerbescheinigung der **Großbuchstabe „S"** bescheinigt worden ist.

Siehe hierzu nachfolgende Nr. 18.

7. Pauschalbesteuerung mit 30 % bei kurzfristiger Tätigkeit im Inland

Schließlich kann der Arbeitgeber bei kurzfristigen Tätigkeiten beschränkt steuerpflichtiger Arbeitnehmer, die einer **ausländischen Betriebsstätte dieses Arbeitgebers zugeordnet** sind, seit dem 1.1.2020 eine Pauschalbesteuerung des Arbeitslohns mit 30 % vornehmen. Eine kurzfristige Tätigkeit in diesem Sinne liegt vor, wenn die in Deutschland ausgeübte Tätigkeit **18 zusammenhängende Arbeitstage** nicht übersteigt.

Vgl. hierzu die Erläuterungen nachfolgender Nr. 21.

Gliederung:

---

1) BMF-Schreiben vom 16.9.2013 (BStBl. I S. 1325). Das BMF-Schreiben ist als Anlage 4 zu § 1a EStG im **Steuerhandbuch für das Lohnbüro 2021** abgedruckt, das im selben Verlag erschienen ist.

1. Allgemeines

a) Grundbegriffe

Das deutsche Steuerrecht unterscheidet zwischen unbeschränkt steuerpflichtigen Personen einerseits und nur beschränkt steuerpflichtigen Personen andererseits. Wenn ein Arbeitnehmer in Deutschland einen Wohnsitz hat – oder sich länger als sechs Monate in Deutschland aufhält – ist er stets **unbeschränkt steuerpflichtig.** Die Staatsangehörigkeit des Arbeitnehmers spielt dabei keine Rolle. Der Arbeitgeber kann den Lohnsteuerabzug ohne Weiteres nach den ihm vorliegenden Lohnsteuerabzugsmerkmalen des jeweiligen Arbeitnehmers (Steuerklasse, Zahl der Kinderfreibeträge, monatlicher Steuerfreibetrag) durchführen. Dafür hat er die elektronischen Lohnsteuerabzugsmerkmale des jeweiligen Arbeitnehmers abzurufen (vgl. hierzu auch das Stichwort „Elektronische Lohnsteuerabzugsmerkmale – ELStAM“).

Die vorübergehend in Deutschland tätigen – meist ausländischen – Arbeitnehmer werden nur **„beschränkt steuerpflichtig“,** wenn sie **keinen Wohnsitz** in Deutschland haben und sich auch nicht länger als sechs Monate in Deutschland aufhalten. Für die beschränkt steuerpflichtigen Arbeitnehmer wurde bis einschließlich 2019 für jedes Kalenderjahr neu auf Antrag von dem für den Arbeitgeber zuständigen Betriebsstättenfinanzamt eine Lohnsteuerabzugsbescheinigung ausgestellt. Durch die teilweise Einbeziehung dieser Arbeitnehmer in das ELStAM-Verfahren zum 1.1.2020 gilt für das Kalenderjahr **2021** Folgendes:

Für die „Standardfälle“ **(Steuerklasse I, ohne Freibetrag)** der **beschränkt steuerpflichtigen Arbeitnehmer** (§ 1 Abs. 4 EStG) ist der Arbeitgeberabruf für die elektronischen Lohnsteuerabzugsmerkmale freigeschaltet worden (= Einbeziehung in das **ELStAM-Verfahren**). Voraussetzung für die Teilnahme von Arbeitnehmern am ELStAM-Verfahren ist die Zuteilung einer Identifikationsnummer, die beim Betriebsstättenfinanzamt des Arbeitgebers zu beantragen ist. Der Antrag kann auch vom Arbeitgeber gestellt werden, wenn ihn der Arbeitnehmer dazu bevollmächtigt hat. Für beschränkt steuerpflichtige Arbeitnehmer (§ 1 Abs. 4 EStG), die die Bildung eines **Freibetrags** für das Lohnsteuerabzugsverfahren beantragt haben, hat das Betriebsstättenfinanzamt des Arbeitgebers auf Antrag des Arbeitnehmers weiterhin eine **Lohnsteuerabzugsbescheinigung („Papierbescheinigung“)** auszustellen. Dies gilt auch dann, wenn der Arbeitnehmer meldepflichtig oder eine Identifikationsnummer vorhanden ist. Auch für die nach **§ 1 Abs. 3 EStG auf Antrag wie unbeschränkt einkommensteuerpflichtig zu behandelnde Arbeitnehmer** ist die Einbeziehung in das ELStAM-Verfahren erst in einer späteren Ausbaustufe vorgesehen. Dies gilt auch dann, wenn für diese Arbeitnehmer auf Anforderung des Finanzamts oder aus anderen Gründen (z. B. früherer Wohnsitz im Inland) Identifikationsnummern vorliegen. Für diese Arbeitnehmer erteilt das Betriebsstättenfinanzamt des Arbeitgebers auch für das Kalenderjahr 2021 eine neue **Lohnsteuerabzugsbescheinigung („Papierbescheinigung“).** Bei Ausstellen einer Papierbescheinigung wird der Abruf der elektronischen Lohnsteuerabzugsmerkmale durch den Arbeitgeber gesperrt. Vgl. auch die Stichworte „Elektronische Lohnsteuerabzugsmerkmale (ELStAM)“ und „Lohnsteuerabzugsbescheinigung“.

Der Arbeitgeber ist sowohl bei unbeschränkt als auch bei beschränkt steuerpflichtigen Arbeitnehmern zum Lohnsteuerabzug verpflichtet. Die Lohnsteuer wird in beiden Fällen nach den individuellen Lohnsteuerabzugsmerkmalen anhand der **Lohnsteuertabelle** (Jahr, Monat, Woche, Tag) berechnet. Zur Pauschalbesteuerung bei kurzfristiger Tätigkeit vgl. nachfolgende Nr. 21.

Diese an sich klaren Regelungen für beschränkt steuerpflichtige Arbeitnehmer wurden durch das sog. Grenzpendlergesetz und das Jahressteuergesetz 1996 – ausgelöst durch das sog. Schumacker-Urteil des Europäischen Gerichtshofs – mit einer Fülle von Ausnahmevorschriften belastet. **Aus der Sicht des Arbeitgebers** stellen sich die Änderungen jedoch viel einfacher dar, wenn man Folgendes berücksichtigt:

Die durch das sog. Schumacker-Urteil des Europäischen Gerichtshofs ausgelösten Änderungen bei der Besteuerung beschränkt steuerpflichtiger Arbeitnehmer beziehen sich vor allem auf die maßgebende Steuerklasse und die Gewährung von familienbezogenen Freibeträgen.

Beim Lohnsteuerabzug durch den Arbeitgeber ist so gut wie **keine Änderung** eingetreten. Will sich der Arbeitgeber nicht mit den vielfältigen Bestimmungen der beschränkten Steuerpflicht befassen, genügt es, wenn er Folgendes beachtet:

Der Lohnsteuerabzug ist nach den **individuellen Lohnsteuerabzugsmerkmalen** des jeweiligen beschränkt steuerpflichtigen Arbeitnehmers vorzunehmen (Steuerklasse, monatlicher Steuerfreibetrag/Hinzurechnungsbetrag), die dem Arbeitgeber entweder elektronisch zur Verfügung gestellt werden oder sich aus der vom Betriebsstättenfinanzamt ausgestellten Lohnsteuerabzugsbescheinigung ergeben.

Der **Altersentlastungsbetrag** ist auch bei **beschränkt steuerpflichtigen Arbeitnehmern** zu berücksichtigen, wenn sie vor Beginn des Kalenderjahres 2021 das 64. Lebensjahr vollendet haben (am 1.1.2021 bereits 64 Jahre alt, also vor dem 2.1.1957 geboren wurden). Auf die Erläuterungen unter der nachfolgenden Nr. 12 und beim Stichwort „Altersentlastungsbetrag“ wird hingewiesen.

Für Aushilfskräfte und Teilzeitbeschäftigte kann unter bestimmten Voraussetzungen die Lohnsteuer mit 25 %, 20 %, 5 % oder 2 % pauschaliert werden. Diese Pauschalierungsmöglichkeiten gelten auch für beschränkt steuerpflichtige **ausländische Saisonarbeiter** (vgl. die Stichworte „Pauschalierung der Lohnsteuer bei Aushilfskräften und Teilzeitbeschäftigten“ und „Saisonbeschäftigte“).

Für die **Bescheinigung des Arbeitslohns** und der einbehaltenen Lohnsteuer gilt bei beschränkt steuerpflichtigen Arbeitnehmern Folgendes:

Der Arbeitgeber muss auch jedem beschränkt steuerpflichtigen Arbeitnehmer eine Lohnsteuerbescheinigung erteilen. Dies gilt unabhängig davon, ob der beschränkt steuerpflichtige Arbeitnehmer eine Einkommensteuer-Veranlagung beantragen kann oder nicht (vgl. die Erläuterungen unter den nachfolgenden Nrn. 16 und 18). Nimmt der Arbeitgeber am Verfahren zur Ausschreibung einer **elektronischen Lohnsteuerbescheinigung** teil, wird er dem Arbeitnehmer einen Ausdruck der Daten aushändigen, die er dem Finanzamt auf elektronischem Wege übermittelt hat. Nimmt der Arbeitgeber (ausnahmsweise) nicht an diesem Verfahren teil, muss er eine „Besondere Lohnsteuerbescheinigung“ ausstellen (vgl. das Stichwort „Besondere Lohnsteuerbescheinigung“ unter Nr. 3).

b) Abgrenzungsschema

Für den Lohnsteuerabzug bei beschränkt steuerpflichtigen Arbeitnehmern nach den elektronisch übermittelten Lohnsteuerabzugsmerkmalen oder der vom Betriebsstättenfinanzamt des Arbeitgebers ausgestellten Lohnsteuerabzugsbescheinigung genügt eigentlich die Kenntnis der unter dem vorstehenden Buchstaben a erläuterten Grundbegriffe.

Viele Arbeitgeber sind jedoch den beschränkt steuerpflichtigen Arbeitnehmern beim Erfüllen der steuerlichen Pflichten behilflich. Sie achten darauf, dass dem ausländischen Arbeitnehmer die richtige Steuerklasse und die ihm zustehenden Steuerfreibeträge gewährt werden. Für diese Arbeitgeber ist die Kenntnis der durch das Schumacker-Urteil des Europäischen Gerichtshofs eingetretenen steuerlichen Änderungen unerlässlich. Die sich aufgrund dieser Rechtsprechung und weiterer zwischenzeitlich eingetretener Gesetzesänderungen ergebende Rechtslage ist unter den nachfolgenden Nummern 5 bis 14 anhand von Beispielen ausführlich erläutert.

Um festzustellen, unter welche Regelung der Arbeitnehmer fällt, sind die verschiedenen Vorschriften voneinander abzugrenzen und auch die hierbei verwendeten Bezeichnungen zu definieren. Hierbei ist Folgendes zu beachten:

Im Zusammenhang mit ausländischen Arbeitnehmern wird häufig der Begriff **„Gastarbeiter"** verwendet. Hierunter versteht man im allgemeinen Sprachgebrauch einen ausländischen Arbeitnehmer, der vorübergehend in Deutschland tätig ist. Dabei unterscheidet der Sprachgebrauch nicht nach steuerlichen Gesichtspunkten. Der „Gastarbeiter" kann deshalb entweder unbeschränkt oder nur beschränkt steuerpflichtig sein, je nachdem, ob er in Deutschland eine Wohnung bzw. seinen gewöhnlichen Aufenthalt hat oder nicht. In der Steuerfachliteratur und auch in den Gesetzesbegründungen wird allerdings der Begriff „Gastarbeiter" nur für **unbeschränkt** steuerpflichtige ausländische Arbeitnehmer verwendet, also nur für ausländische Arbeitnehmer, die im Inland einen Wohnsitz oder ihren gewöhnlichen Aufenthalt begründen. Demzufolge werden die für diesen Personenkreis geltenden Besonderheiten (z. B. Anwendung der Steuerklasse III) beim Stichwort „Gastarbeiter" abgehandelt. Alle Regelungen für ausländische Arbeitnehmer, die in Deutschland ihren Wohnsitz oder gewöhnlichen Aufenthalt haben, sind also nicht in den folgenden Erläuterungen für beschränkt steuerpflichtige Arbeitnehmer enthalten, sondern beim Stichwort „Gastarbeiter" zusammengefasst dargestellt.

Weiterhin tauchen im Zusammenhang mit beschränkt steuerpflichtigen Arbeitnehmern häufig die Begriffe „Grenzpendler" und „Grenzgänger" auf. Deshalb hierzu Folgendes:

Worin besteht der Unterschied zwischen „Grenzgänger" und „Grenzpendler"?

Sowohl Grenzgänger als auch Grenzpendler sind ausländische Arbeitnehmer, die in einem Nachbarstaat wohnen, in Deutschland arbeiten und **täglich** an ihren ausländischen Wohnort zurückkehren. Durch die tägliche Rückkehr wird in Deutschland kein gewöhnlicher Aufenthalt begründet (weil die Nächte nicht in Deutschland verbracht werden), sodass dieser Personenkreis mit dem in Deutschland erzielten Arbeitslohn beschränkt steuerpflichtig ist. Der Unterschied zwischen einem Grenzpendler und einem Grenzgänger besteht darin, dass ein „Grenzgänger" ein Arbeitnehmer ist, der unter die sog. **Grenzgängerregelung** fällt. Eine solche Grenzgängerregelung enthalten einige Doppelbesteuerungsabkommen, die Deutschland mit Nachbarstaaten abgeschlossen hat (mit Frankreich, Österreich und der Schweiz, vgl. das Stichwort „Grenzgänger"). Fällt ein ausländischer Arbeitnehmer, der täglich an seinen ausländischen Wohnort zurückkehrt, **nicht** unter eine solche Grenzgängerregelung (weil das geltende Doppelbesteuerungsabkommen keine Grenzgängerregelung enthält), handelt es sich um einen **beschränkt steuerpflichtigen Grenzpendler.** Diese Form der beschränkten Steuerpflicht kann – im Gegensatz zur beschränkten Steuerpflicht bei einem bis zu sechs Monaten in Deutschland tätigen ausländischen Arbeitnehmer – oft mehrere Jahre oder gar Jahrzehnte dauern. Fällt der ausländische Arbeitnehmer hingegen unter die Grenzgängerregelung, die in den Doppelbesteuerungsabkommen mit Frankreich sowie Österreich enthalten ist, ist er in Deutschland überhaupt nicht (auch nicht beschränkt) steuerpflichtig. Denn das Besteuerungsrecht steht bei „echten" Grenzgängern dem Wohnsitzstaat und nicht dem Tätigkeitsstaat zu (vgl. das Stichwort „Grenzgänger"). Schweizerische Arbeitnehmer, die die Grenzgängereigenschaft erfüllen, sind allerdings in einer besonderen Form beschränkt steuerpflichtig. Aufgrund einer Sonderregelung im Doppelbesteuerungsabkommen mit der Schweiz hält der deutsche Arbeitgeber hier lediglich pauschal 4,5 % Lohnsteuer vom Bruttoarbeitslohn ein (vgl. die Erläuterungen beim Stichwort „Grenzgänger" unter Nr. 5).

Außerdem wird im Zusammenhang mit der lohnsteuerlichen Behandlung beschränkt steuerpflichtiger Arbeitnehmer auch der Begriff **„erweiterte unbeschränkte Steuerpflicht"** verwendet. Dieser Begriff bezieht sich jedoch auf beschränkt steuerpflichtige Arbeitnehmer, die

- die **deutsche Staatsangehörigkeit** besitzen **und**
- **Arbeitslohn** aus einer **öffentlichen Kasse**

erhalten.

Da für diese Arbeitnehmer einige Besonderheiten gelten, die für den Lohnsteuerabzug bei Arbeitgebern in der Privatwirtschaft keine Bedeutung haben, werden alle beschränkt steuerpflichtigen Arbeitnehmer, die die deutsche Staatsangehörigkeit besitzen und Arbeitslohn aus einer öffentlichen Kasse beziehen, gesondert unter dem Stichwort „Erweiterte unbeschränkte Steuerpflicht" abgehandelt. Unter diesem Stichwort werden also nicht nur die erweitert unbeschränkt Steuerpflichtigen im engeren Sinne (**Angehörige des diplomatischen Dienstes** und vergleichbare Personen) erläutert, sondern auch alle anderen beschränkt steuerpflichtigen deutschen Staatsangehörigen, die Arbeitslohn aus einer deutschen öffentlichen Kasse beziehen (z. B. im Ausland lebende **pensionierte Beamte,** die ihre Pension aus Deutschland erhalten).

Hiernach ergibt sich folgende Übersicht:

Arbeitnehmer
ohne Wohnsitz oder gewöhnlichen Aufenthalt in Deutschland

deutsche Staatsangehörige, die Arbeitslohn aus einer deutschen **öffentlichen Kasse** erhalten	**ausländische Arbeitnehmer,** die in Deutschland für eine deutsche Firma tätig sind	**tägliche Rückkehr** zum Wohnsitz in Frankreich, Österreich oder der Schweiz
erläutert unter dem Stichwort „Erweiterte unbeschränkte Steuerpflicht"	beschränkt steuerpflichtige Arbeitnehmer (nachfolgend erläutert)	erläutert unter dem Stichwort „Grenzgänger"

Wie bereits ausgeführt, ist es für die Besteuerung des Arbeitslohnes der in großer Zahl in Deutschland zu einer vorübergehenden Beschäftigung eingesetzten ausländischen Arbeitnehmer von entscheidender Bedeutung, ob sie im Inland einen „Wohnsitz" oder „gewöhnlichen Aufenthalt" haben oder nicht. Ein „gewöhnlicher Aufenthalt" im Sinne der lohnsteuerlichen Vorschriften liegt ohne weitere Voraussetzung dann vor, wenn sich der ausländische Arbeitnehmer – zeitlich zusammenhängend – **mehr** als sechs Monate in Deutschland aufhält.[1] Hiernach ergibt sich folgende Übersicht:

1) Die Begriffe „Wohnsitz" und „gewöhnlicher Aufenthalt" sind im Anwendungserlass zur Abgabenordnung ausführlich erläutert. Dort ist auch die umfangreiche Rechtsprechung des Bundesfinanzhofs zu diesen Fragen abgehandelt. Der Anwendungserlass der Finanzverwaltung zum „Wohnsitz" und „gewöhnlichen Aufenthalt" ist als Anlage 2 zu H 1 LStR im **Steuerhandbuch für das Lohnbüro 2021** abgedruckt, das im selben Verlag erschienen ist.

Ausländische Arbeitnehmer
werden in Deutschland für eine deutsche Firma tätig

- **sie begründen einen Wohnsitz** oder
- sie halten sich **mehr als sechs Monate** im Inland auf

der ausländische Arbeitnehmer ist **unbeschränkt steuerpflichtig**

Lohnsteuerabzugsmerkmale im Regelfall vorhanden (vgl. das Stichwort „Elektronische Lohnsteuerabzugsmerkmale – ELStAM")

Lohnsteuerabzug nach den allgemeinen Grundsätzen (vgl. das Stichwort „Gastarbeiter")

Durchführung des Lohnsteuer-Jahresausgleichs durch den Arbeitgeber

Veranlagung beim Finanzamt zur Erstattung von Lohnsteuer

- sie begründen **keinen** Wohnsitz und
- sie halten sich auch **nicht** mehr als sechs Monate im Inland auf

der ausländische Arbeitnehmer ist **beschränkt steuerpflichtig**

Lohnsteuerabzugsmerkmale werden elektronisch übermittelt oder ergeben sich aus der Lohnsteuerabzugsbescheinigung (vgl. Erläuterungen unter Nr. 5[1])

Lohnsteuerabzug, seit 2020 auch Lohnsteuer-Jahresausgleich durch den Arbeitgeber (vgl. Ausführungen unter Nr. 17)

Antragsveranlagung beim Betriebsstättenfinanzamt zur Erstattung von Lohnsteuer **nur für Staatsangehörige von EU/EWR-Mitgliedstaaten;** grundsätzlich **Pflichtveranlagung** für alle beschränkt steuerpflichtigen Arbeitnehmer u. a. bei Eintragung eines **Freibetrags** auf der **Lohnsteuerabzugsbescheinigung** (vgl. nachfolgend unter Nr. 18)

Sonderregelung für „ausländische Studenten" und „Grenzgänger" (vgl. diese Stichworte)

Steuerfreiheit (Freistellungsbescheinigung erforderlich; Sonderregelung für schweizerische Grenzgänger)

In Ausnahmefällen kann sowohl bei unbeschränkt als auch bei beschränkt steuerpflichtigen ausländischen Arbeitnehmern eine **Steuerfreiheit** des Arbeitslohns **nach einem Doppelbesteuerungsabkommen** in Betracht kommen. Diese Fälle sind nachfolgend unter Nr. 3 erläutert.

2. Unbeschränkte oder beschränkte Steuerpflicht

Werden ausländische Arbeitskräfte in Deutschland als Arbeitnehmer tätig, sind sie entweder unbeschränkt oder beschränkt steuerpflichtig. Unbeschränkte Steuerpflicht tritt ohne weitere Voraussetzung ein, wenn der ausländische Arbeitnehmer im Inland einen Wohnsitz oder seinen gewöhnlichen Aufenthalt hat. Gewöhnlicher Aufenthalt wird stets angenommen, wenn sich ein Steuerpflichtiger **länger als sechs Monate** in Deutschland aufhält. Einen Wohnsitz haben ausländische Saisonarbeiter in Deutschland meistens nicht, da hierfür Voraussetzung ist, dass eine eigene Wohnung **auf Dauer** angemietet und auch benutzt wird. Wohnt der Saisonarbeiter in einem Hotelzimmer oder in einer Unterkunft, z. B. auf der Baustelle, wird hierdurch ein Wohnsitz in Deutschland nicht begründet. Die ausländischen Saisonarbeiter haben jedoch im Inland ihren „gewöhnlichen Aufenthalt" und werden dadurch unbeschränkt steuerpflichtig, wenn sie sich länger als sechs Monate in Deutschland aufhalten. Ist dies der Fall, erstreckt sich die unbeschränkte Steuerpflicht auf den gesamten Inlandsaufenthalt (also auch auf die ersten sechs Monate).

Zur Beurteilung der Frage, ob sich ein ausländischer Arbeitnehmer voraussichtlich länger als sechs Monate im Inland aufhalten wird, ist grundsätzlich auf den Aufenthaltstitel abzustellen (z. B. Aufenthaltserlaubnis oder Bescheinigung des Daueraufenthaltsrechts). Ist der Aufenthaltstitel für einen Zeitraum von mehr als sechs Monaten erteilt worden, ist der Arbeitnehmer auch dann als unbeschränkt steuerpflichtig zu behandeln, wenn er aus besonderen Gründen unvorhergesehen (z. B. wegen Krankheit oder wegen eines Todesfalls in der Familie) vor Ablauf von sechs Monaten in sein Heimatland zurückkehrt. Ist die Aufenthaltserlaubnis zunächst für eine Zeit von weniger als sechs Monaten erteilt worden und wird sie während des Aufenthalts verlängert (auf nunmehr einen Zeitraum von insgesamt mehr als sechs Monaten), wird der Arbeitnehmer von Anfang an unbeschränkt steuerpflichtig.

Seit 1996 werden auch in den Fällen, in denen die unbeschränkte Steuerpflicht nicht während des ganzen Kalenderjahres besteht, die Besteuerungsgrundlagen für das gesamte Kalenderjahr ermittelt (was erst nach Ablauf des Kalenderjahres möglich ist) und dabei die ausländischen Einkünfte im Rahmen des sog. Progressionsvorbehalts (vgl. dieses Stichwort) berücksichtigt (§ 2 Abs. 7 i. V. m. § 32b Abs. 1 Satz 1 Nr. 2 EStG).

Die Unterscheidung zwischen unbeschränkter und beschränkter Steuerpflicht kann sich erübrigen, wenn das Besteuerungsrecht aufgrund eines Doppelbesteuerungsabkommens einem anderen Staat zugewiesen wird, was allerdings nur in Ausnahmefällen zutrifft. Denn bei ausländischen Arbeitnehmern, die **im Inland für eine deutsche Firma tätig** sind, hat die Bundesrepublik Deutschland auch beim Vorliegen eines Doppelbesteuerungsabkommens in aller Regel das Besteuerungsrecht, da die Doppelbesteuerungsabkommen bei Arbeitslöhnen im Normalfall dem **Tätigkeitsstaat** das Besteuerungsrecht zuweisen und die in den Doppelbesteuerungsabkommen für einen vorübergehenden Aufenthalt bis zu 183 Tagen geltenden Ausnahmeregelungen dann nicht eingreifen, wenn der Arbeitslohn von einem **deutschen** (inländischen) **Arbeitgeber** gezahlt wird (vgl. die Erläuterungen unter der folgenden Nr. 3).

3. Anwendung von Doppelbesteuerungsabkommen bei der Beschäftigung ausländischer Arbeitnehmer in Deutschland

Arbeitnehmer ohne Wohnsitz oder gewöhnlichen Aufenthalt im Inland sind mit ihren **inländischen Einkünften aus nichtselbstständiger Arbeit** beschränkt steuerpflichtig (§ 49 Abs. 1 Nr. 4 EStG).

Inländische Einkünfte aus nichtselbstständiger Arbeit im Sinne von § 49 Abs. 1 Nr. 4 EStG liegen vor, wenn

- die Tätigkeit im Inland ausgeübt oder verwertet wird oder worden ist,
- Arbeitslohn aus inländischen öffentlichen Kassen (vgl. dieses Stichwort) mit Rücksicht auf ein gegenwärtiges oder früheres Dienstverhältnis gewährt wird,

1) Zur Pauschalbesteuerung bei kurzfristiger Tätigkeit vgl. nachfolgende Nr. 21.

- Einkünfte als Vergütung für eine Tätigkeit als Geschäftsführer, Prokurist oder Vorstandsmitglied einer Gesellschaft mit Geschäftsleitung im Inland bezogen werden,[1)]
- Entschädigungen (Abfindungen) für die Auflösung eines Dienstverhältnisses gezahlt werden, soweit die für die zuvor ausgeübte Tätigkeit bezogenen Einkünfte der inländischen Besteuerung unterlegen haben,[2)]
- die Arbeit an Bord eines im internationalen Luftverkehr eingesetzten Flugzeugs ausgeübt wird, das von einem Unternehmen mit Geschäftsleitung im Inland betrieben wird.[3)]

Der für die Tätigkeit im Inland bezogene Arbeitslohn ausländischer Arbeitnehmer ist jedoch – unabhängig davon, ob er im Inland der unbeschränkten oder beschränkten Steuerpflicht unterliegt – dann steuerfrei, wenn zwischen seinem Wohnsitzstaat und der Bundesrepublik Deutschland ein **Abkommen zur Vermeidung der Doppelbesteuerung (DBA)** besteht und dieses Abkommen das Besteuerungsrecht dem **ausländischen** Staat zuweist.

Die Staaten, mit denen die Bundesrepublik Deutschland ein DBA abgeschlossen hat, sind unter dem Stichwort „Doppelbesteuerungsabkommen" unter Nr. 1 Buchstabe b aufgeführt.

In allen Doppelbesteuerungsabkommen wird das Besteuerungsrecht für eine in Deutschland ausgeübte nichtselbstständige Tätigkeit grundsätzlich der Bundesrepublik Deutschland als sog. Tätigkeitsstaat zugewiesen. Etwas anderes gilt nur bei einer **vorübergehenden Tätigkeit** im Inland, wenn die folgenden drei Voraussetzungen **gleichzeitig** gegeben sind:

a) Der Arbeitnehmer darf sich **in Deutschland nicht länger als 183 Tage im Kalenderjahr (ggf. 12-Monats-Zeitraum) aufhalten.** Dabei werden mehrere Aufenthalte innerhalb eines Kalenderjahres bzw. Zwölfmonatszeitraums zusammengerechnet.
b) **Der Lohn darf nicht von einem Arbeitgeber gezahlt werden, der in Deutschland ansässig ist.** Ob der Arbeitgeber im Inland ansässig ist, muss nach den Bestimmungen des Doppelbesteuerungsabkommens und nicht nach inländischem Einkommensteuerrecht entschieden werden.
c) Der **Arbeitslohn** darf **nicht** von einer **Betriebsstätte** oder festen Einrichtung **getragen** werden, die der im Ausland ansässige Arbeitgeber in Deutschland unterhält **(sog. Betriebsstättenvorbehalt).**

Alle drei Voraussetzungen müssen **gleichzeitig** erfüllt sein. **Fehlt eine** dieser Voraussetzungen, hat **die Bundesrepublik Deutschland als Tätigkeitsstaat das Besteuerungsrecht.**

Wenn ausländische Gesellschaften ihre Arbeitnehmer zu einem verbundenen Unternehmen im Inland entsenden und das inländische Unternehmen den Arbeitslohn wirtschaftlich trägt, steht Deutschland also die nach innerstaatlichem Recht (§ 49 Abs. 1 Nr. 4 EStG) vorgesehene Besteuerung des Arbeitslohns auch nach den einschlägigen Doppelbesteuerungsabkommen zu. In der Praxis hat die Besteuerung früher oft zu Schwierigkeiten geführt, da ein Lohnsteuerabzug durch das inländische Unternehmen häufig nicht umgesetzt werden konnte, weil das den Arbeitslohn tragende Unternehmen in Deutschland nicht (zivilrechtlich) Arbeitgeber des entsandten Arbeitnehmers und deshalb nach früher geltendem Recht nicht zum Lohnsteuerabzug verpflichtet war. Die Heranziehung des Arbeitnehmers im Wege der Einkommensteuer-Veranlagung scheiterte meist daran, dass dem zuständigen Finanzamt der Sachverhalt nicht oder zu spät bekannt wurde.

Seit 1.1.2004 ist deshalb der Begriff „inländischer Arbeitgeber" erweitert worden (§ 38 Abs. 1 Satz 2 EStG). Inländischer Arbeitgeber ist hiernach in den Fällen der **Arbeitnehmerentsendung** auch das in Deutschland ansässige aufnehmende Unternehmen, das den Arbeitslohn für die ihm geleistete Arbeit **wirtschaftlich trägt.** Hiervon ist insbesondere dann auszugehen, wenn die von dem anderen Unternehmen gezahlte Arbeitsvergütung dem deutschen Unternehmen weiterbelastet wird. Die Erfüllung der Arbeitgeberpflichten setzt nicht voraus, dass das inländische Unternehmen den Arbeitslohn im eigenen Namen und für eigene Rechnung auszahlt. Die Lohnsteuer entsteht bereits im Zeitpunkt der Arbeitslohnzahlung an den Arbeitnehmer, wenn das inländische Unternehmen aufgrund der Vereinbarung mit dem ausländischen Unternehmen mit einer Weiterbelastung rechnen kann. In diesem Zeitpunkt (= Arbeitslohnzahlung) ist die Lohnsteuer vom inländischen Unternehmen zu erheben (R 38.3 Abs. 5 LStR). Auf den Zeitpunkt der tatsächlichen Weiterbelastung kommt es nicht an. Seit dem 1.1.2020 ist das in Deutschland ansässige aufnehmende Unternehmen auch dann zum Lohnsteuerabzug verpflichtet, wenn es den Arbeitslohn nach dem **Fremdvergleichsgrundsatz** hätte tragen müssen. Durch die Einbeziehung des „Fremdvergleichsgrundsatzes" besteht seit 2020 also eine Lohnsteuerabzugsverpflichtung des inländischen aufnehmenden Unternehmens auch dann, wenn tatsächlich kein finanzieller Ausgleich an das ausländische Unternehmen geleistet wird, aber unter Fremden ein Ausgleich vereinbart worden wäre.

---

1) Durch das Steueränderungsgesetz 2001 ist § 49 Abs. 1 Nr. 4 EStG, der die beschränkte Steuerpflicht bei Einkünften aus nichtselbstständiger Arbeit regelt, um einen Buchstaben c erweitert worden, wonach die beschränkte Steuerpflicht auf **im Ausland ansässige Geschäftsführer, Prokuristen** und **Vorstandsmitglieder** ausgedehnt wurde, die – vom Ausland aus – für eine inländische Gesellschaft tätig werden. Diese Regelung hat folgenden Hintergrund: Einkünfte aus Arbeitnehmertätigkeit konnten früher – soweit es sich nicht um Zahlungen aus öffentlichen Kassen handelt – bei nicht in Deutschland ansässigen Arbeitnehmern nur dann im Inland besteuert werden, wenn die Tätigkeit in der Bundesrepublik Deutschland ausgeübt oder dort verwertet wird. Durch diese Regelung entstanden für Einnahmen, die im Ausland ansässige Beschäftigte für ihre Tätigkeit für inländische Unternehmen erhielten, in Deutschland Besteuerungslücken. Die Gesetzesänderung bewirkte, dass Deutschland ein ihm aufgrund eines Doppelbesteuerungsabkommens zugewiesenes Besteuerungsrecht tatsächlich ausüben kann. Die vorgenommene Änderung betrifft vor allem die Einkünfte im Ausland ansässiger und für eine **inländische Gesellschaft tätiger** Geschäftsführer, Prokuristen und Vorstandsmitglieder. Früher konnte die Bundesrepublik Deutschland das ihr nach einigen Doppelbesteuerungsabkommen zugewiesene Besteuerungsrecht allenfalls über den sog. Verwertungstatbestand ausüben, der jedoch durch die Rechtsprechung einschränkend ausgelegt wird. Durch die Gesetzesänderung ist die Grundlage dafür geschaffen worden, dass die Einkünfte in Deutschland besteuert werden, wenn die Bundesrepublik Deutschland nach dem einschlägigen Doppelbesteuerungsabkommen das Besteuerungsrecht zugewiesen bekommen hat (vgl. auch die Erläuterungen beim Stichwort „Doppelbesteuerungsabkommen" unter Nr. 2).

2) Durch das Steueränderungsgesetz 2003 ist § 49 Abs. 1 Nr. 4 EStG, der die beschränkte Steuerpflicht bei Einkünften aus nichtselbstständiger Arbeit regelt, um einen Buchstaben d erweitert worden. Die Vorschrift stellt sicher, dass auch Abfindungszahlungen, die der Arbeitgeber bei Auflösung eines Dienstverhältnisses zahlt, einer Besteuerung im Rahmen der beschränkten Steuerpflicht unterworfen werden können. Vgl. hierzu auch die Erläuterungen beim Stichwort „Doppelbesteuerungsabkommen" unter Nr. 9 Buchstabe f.

3) Durch das Steueränderungsgesetz 2007 ist § 49 Abs. 1 Nr. 4 EStG, der die beschränkte Steuerpflicht bei Einkünften aus nichtselbstständiger Arbeit regelt, um einen Buchstaben e erweitert worden, wonach der Arbeitslohn des in Deutschland nicht ansässigen Bordpersonals von Flugzeugen, die von Unternehmen mit Geschäftsleitung im Inland betrieben werden, ab 1.1.2007 der beschränkten Steuerpflicht unterliegt.
Nach früher geltendem Recht konnten im Rahmen der beschränkten Steuerpflicht anteilig nur diejenigen Einkünfte aus nichtselbstständiger Arbeit des Bordpersonals besteuert werden, die auf einer Ausübung der Tätigkeit im Inland beruhten. Flugzeuge, die sich nicht im deutschen Luftraum bzw. auf deutschen Flughäfen befinden, gehören jedoch nicht zum Inland, sodass insoweit der Arbeitslohn des Bordpersonals nicht den beschränkt steuerpflichtigen inländischen Einkünften zugeordnet werden konnte. Diese Besteuerungslücke wurde geschlossen. Denn nach Artikel 15 Abs. 3 des OECD-Musterabkommens und der entsprechenden Regelung in den Doppelbesteuerungsabkommen hat Deutschland beim Bordpersonal von Flugzeugen, deren Geschäftsleitung sich im Inland befindet, das Besteuerungsrecht, auch soweit die Tätigkeit nicht im Inland ausgeübt wird. Der ausländische Ansässigkeitsstaat stellt die Einkünfte nach dem Doppelbesteuerungsabkommen von seiner Besteuerung frei, sodass ohne Einführung des § 49 Abs. 1 Nr. 4 Buchstabe e EStG die Einkünfte in diesen Fällen völlig steuerfrei bleiben würden.

Beispiel A

Eine französische Konzerngesellschaft entsendet mehrere Fachkräfte zur Durchführung eines Großauftrags zu einer Schwestergesellschaft in Deutschland, die dieses Projekt mit ihren eigenen Arbeitskräften nicht durchführen kann. Die französischen Arbeitnehmer erhalten ihr Gehalt für den gesamten Zeitraum von der französischen Gesellschaft; für den Monat Dezember 2020 erfolgt die Auszahlung zum 28. 12. 2020. Die französische Gesellschaft belastet das Gehalt aufgrund einer schriftlichen Vereinbarung an die deutsche Gesellschaft weiter; das Dezembergehalt 2020 wird erst am 20. 1. 2021 weiterbelastet.

Die in Deutschland ansässige Gesellschaft ist als wirtschaftlicher Arbeitgeber im Sinne des DBA Deutschland-Frankreich anzusehen, sodass der Arbeitslohn – unabhängig von der Aufenthaltsdauer der Arbeitnehmer – dem deutschen Besteuerungsrecht unterliegt. Die deutsche Gesellschaft hat als inländischer Arbeitgeber die lohnsteuerlichen Pflichten zu erfüllen, da sie den Arbeitslohn für die ihr gegenüber geleistete Arbeit wirtschaftlich trägt. Dass der Arbeitslohn durch die französische Gesellschaft gezahlt wurde, ist unbeachtlich. Für das Dezembergehalt 2020 ist die Lohnsteuer bereits im Zeitpunkt der Arbeitslohnzahlung zu erheben (also am 28. 12. 2020), da das inländische Unternehmen aufgrund der Vereinbarung mit dem ausländischen Unternehmen mit einer Weiterbelastung rechnen konnte (R 38.3 Abs. 5 Satz 4 LStR). Auf den Zeitpunkt der Weiterbelastung zwischen den Konzerngesellschaften kommt es nicht an.

Abwandlung

Wie Beispiel A. Die französische Gesellschaft belastet das Gehalt nicht an die deutsche Gesellschaft weiter, obwohl die deutsche Gesellschaft den Arbeitslohn nach dem Fremdvergleichsgrundsatz hätte tragen müssen.

Seit dem 1.1.2020 ist das in Deutschland ansässige aufnehmende Unternehmen auch dann zum Lohnsteuerabzug verpflichtet, da es den Arbeitslohn nach dem Fremdvergleichsgrundsatz hätte tragen müssen.

Beispiel B

Ein in Österreich ansässiger Arbeitnehmer wird von seinem österreichischen Arbeitgeber vom 1. April bis 31. Oktober 2021 in die Bundesrepublik Deutschland zur Installation einer Anlage entsandt.

Der Aufenthalt in Deutschland überschreitet im Kalenderjahr 2021 den Zeitraum von 183 Tagen. Der auf die Tätigkeit im Inland entfallende Arbeitslohn ist deshalb in Deutschland steuerpflichtig. Da jedoch kein inländischer Arbeitgeber vorhanden ist, entfällt der Lohnsteuerabzug. Der Arbeitslohn muss vielmehr durch eine Einkommensteuer-Veranlagung des Arbeitnehmers besteuert werden.

Die Beispiele zeigen, dass sich die Frage nach einer Steuerbefreiung aufgrund eines Doppelbesteuerungsabkommens in aller Regel nur bei denjenigen ausländischen Arbeitnehmern stellt, die vorübergehend von einem **ausländischen Arbeitgeber nach Deutschland** entsandt werden. In all den Fällen, in denen ein ausländischer Arbeitnehmer für eine **deutsche** Firma im Inland tätig wird, hat stets die Bundesrepublik Deutschland das Besteuerungsrecht und zwar gleichgültig ob der Arbeitnehmer unbeschränkt oder nur beschränkt steuerpflichtig ist. Die deutsche Firma ist in diesen Fällen als Arbeitgeber zum Lohnsteuerabzug verpflichtet.

Sonderregelungen gibt es allerdings für **ausländische Studenten** (vgl. „Ausländische Studenten") und für sog. **Grenzgänger** (vgl. „Grenzgänger").

Dem Arbeitgeber kann nicht zugemutet werden, dass er in eigener Zuständigkeit und Verantwortung die komplizierten Voraussetzungen einer Steuerbefreiung nach den geltenden Doppelbesteuerungsabkommen überprüfen muss. Diese Prüfung wird ihm vom zuständigen Betriebsstättenfinanzamt abgenommen. Ist hiernach ein (beschränkt oder unbeschränkt steuerpflichtiger) ausländischer Arbeitnehmer der Auffassung, dass ihm keine Lohnsteuer vom Arbeitslohn abgezogen werden dürfe, muss er eine entsprechende **Freistellungsbescheinigung** des Finanzamts vorlegen. Diese Freistellungsbescheinigung kann der Arbeitnehmer (aber auch der Arbeitgeber für den Arbeitnehmer) bei dem für den Arbeitgeber zuständigen Betriebsstättenfinanzamt auf amtlichem Vordruck beantragen. Der Antrag auf Erteilung einer solchen Bescheinigung kann im Internet unter www.bundesfinanzministerium.de/Service/Formulare/Formular-Management-System/Formularcenter/Steuerformulare/Lohnsteuer (Arbeitnehmer) unter der Vordrucknummer 55 abgerufen werden. Ohne die Vorlage einer solchen Bescheinigung sollte der Arbeitgeber sowohl bei unbeschränkt steuerpflichtigen als auch bei beschränkt steuerpflichtigen ausländischen Arbeitnehmern stets Lohnsteuer einbehalten. Zu den Verfahrensvorschriften zur Steuerfreistellung des Arbeitslohns nach einem **Doppelbesteuerungsabkommen** vgl. im Einzelnen dieses Stichwort unter Nr. 11.

Im Gegensatz zu ihrer früheren Auffassung ist die Finanzverwaltung der Meinung, dass der **Auslandstätigkeitserlass** bei beschränkt steuerpflichtigen Arbeitnehmern (Einkünfte nach § 49 Abs. 1 Nr. 4 Buchstabe a EStG) **nicht anzuwenden** ist. Allerdings werden wegen des erforderlichen Inlandsbezugs auch nur in sehr seltenen Fällen Einkünfte aus der inländischen Verwertung einer im Ausland ausgeübten nichtselbstständigen Arbeit überhaupt zu den begünstigten Tätigkeiten im Sinne des Auslandstätigkeitserlasses gehören können. Vgl. auch die Ausführungen beim Stichwort „Auslandstätigkeit, Auslandstätigkeitserlass" besonders unter Nr. 3.

4. Durchführung des Lohnsteuerabzugs bei ausländischen Arbeitnehmern

Der Arbeitgeber ist sowohl bei unbeschränkt als auch bei beschränkt steuerpflichtigen Arbeitnehmern verpflichtet, den Steuerabzug vorzunehmen, wenn nicht ausnahmsweise eine Freistellung aufgrund eines Doppelbesteuerungsabkommens nach den Ausführungen unter der vorstehenden Nr. 3 in Betracht kommt. Dem Lohnsteuerabzug unterliegen die gesamten Einnahmen aus der Arbeitnehmertätigkeit. Hierzu gehören auch die im Heimatland ggf. in ausländischer Währung ausgezahlten Teile des Arbeitslohns; zur Umrechnung dieser Beträge vgl. das Stichwort „Ausländischer Arbeitslohn". Muss der Arbeitnehmer (auch) im Heimatland eine ausländische Steuer entrichten, die der deutschen Lohn- oder Einkommensteuer entspricht, fällt trotzdem auch für diesen im Ausland versteuerten Arbeitslohn deutsche Lohnsteuer an. Für die ausländische Steuer kommt eine Anrechnung auf die deutsche Einkommensteuer im Wege der Veranlagung bzw. die Berücksichtigung eines Freibetrags in Höhe des Vierfachen der voraussichtlichen ausländischen Steuer beim Lohnsteuerabzug in Betracht (vgl. das Stichwort „Anrechnung ausländischer Einkommensteuer [Lohnsteuer]").

Ist der ausländische Arbeitnehmer unbeschränkt steuerpflichtig, ist er – ohne Rücksicht auf seine Staatsangehörigkeit – für den Lohnsteuerabzug einem deutschen Arbeitnehmer völlig gleichgestellt (z. B. beim Umfang der zu berücksichtigenden Freibeträge). Die sich für einen **unbeschränkt** steuerpflichtigen ausländischen Arbeitnehmer ergebenden Besonderheiten (z. B. Steuerklasse III für verheiratete EU/EWR-Staatsangehörige) sind unter dem Stichwort „Gastarbeiter" erläutert.

Für **beschränkt** steuerpflichtige ausländische Arbeitnehmer gilt im Einzelnen Folgendes:

5. Beschränkt steuerpflichtige Arbeitnehmer

Durch das sog. Schumacker-Urteil des Europäischen Gerichtshofs ist die Rechtslage zur Inanspruchnahme von Steuervergünstigungen komplizierter geworden, weil seit 1.1.1996 beschränkt steuerpflichtige ausländische Arbeitnehmer **auf Antrag** wie unbeschränkt steuerpflichtige Arbeitnehmer behandelt werden können, wenn sie nahezu ihre gesamten Einkünfte in Deutschland erzielen. Weiterhin ist zu beachten, dass bei den beschränkt steuerpflichtigen Arbeitnehmern, die sich auf Antrag wie unbeschränkt Steuerpflichtige behandeln lassen können, zwischen Staatsangehörigen aus EU/EWR-Mitgliedstaaten (vgl. dieses Stichwort) und Staatsangehörigen aus allen anderen Ländern unterschieden wird, da unterschiedliche Rechtsfolgen eintreten. Seit 1.1.1996 werden daher beschränkt steuerpflichtige Arbeitnehmer in drei Gruppen eingeteilt:

1. Gruppe = Staatsangehörige von **EU/EWR-Mitgliedstaaten**, die nahezu ihre gesamten Einkünfte in Deutschland erzielen, werden auf Antrag einem unbeschränkt Steuerpflichtigen **völlig gleichgestellt.** Sie erhalten alle steuerlichen Vergünstigungen einschließlich Splittingvorteil (= Steuerklasse III bei Verheirateten).

2. Gruppe = Staatsangehörige aus Ländern **außerhalb** EU/EWR, die nahezu ihre gesamten Einkünfte in Deutschland erzielen, werden auf Antrag einem unbeschränkt Steuerpflichtigen **fast gleichgestellt.** Sie erhalten alle steuerlichen Vergünstigungen mit Ausnahme „familienbezogener" Vorteile, wie z. B. den Splittingvorteil (= Steuerklasse III bei Verheirateten).

3. Gruppe = Alle übrigen beschränkt steuerpflichtigen Arbeitnehmer. Sie erhalten stets die Steuerklasse I und können lediglich Werbungskosten und bestimmte Arten von Sonderausgaben steuermindernd geltend machen.

Ein beschränkt steuerpflichtiger Arbeitnehmer kann sich also auf Antrag wie ein unbeschränkt Steuerpflichtiger behandeln lassen, wenn er nahezu seine gesamten Einkünfte in Deutschland erzielt. Diese Sonderform der unbeschränkten Steuerpflicht tritt nach § 1 Abs. 3 EStG ein, wenn

- die Summe aller Einkünfte im Kalenderjahr 2021 zu mindestens **90 %** der deutschen Einkommensteuer unterliegt
  oder
- diejenigen Einkünfte, die nicht der deutschen Besteuerung unterliegen, höchstens **9744 €** im Kalenderjahr 2021 betragen.

Der Betrag von 9744 € wird bei bestimmten Ländern um 25 %, 50 % oder 75 % gekürzt (vgl. die in **Anhang 10** abgedruckte Ländergruppeneinteilung).

Hiernach ergibt sich für beschränkt steuerpflichtige Arbeitnehmer folgende Übersicht:

Beschränkt steuerpflichtige Arbeitnehmer

- nahezu alle Einkünfte werden in Deutschland erzielt
  - EU/EWR-Staatsangehörige
    - **Völlige Gleichstellung** mit Inländern; alle Vergünstigungen – auch Steuerklasse III – werden gewährt.
  - Staatsangehörige aus Ländern **außerhalb** EU/EWR
    - **Annähernde Gleichstellung** mit Inländern; sog. familienbezogene Vergünstigungen (z. B. Steuerklasse III) werden **nicht** gewährt.
- Einkünfte werden teils in Deutschland, teils im Ausland erzielt
  - **Keinerlei Gleichstellung** mit Inländern; nur Werbungskosten- und bestimmter Sonderausgabenabzug möglich. Keine Kinderfreibeträge, kein Kindergeld.

Entsprechend der Einteilung in Gruppe 1 oder 2 sind auch die amtlichen Vordrucke gestaltet, mit denen beim Betriebsstättenfinanzamt eine Lohnsteuerabzugsbescheinigung für beschränkt steuerpflichtige Arbeitnehmer beantragt werden kann; beschränkt steuerpflichtige Arbeitnehmer der Gruppe 1 oder 2 nehmen im Kalenderjahr 2021 noch nicht am ELStAM-Verfahren teil. Es gelten die folgenden drei Antragsformulare:

1. Antrag auf Behandlung als unbeschränkt einkommensteuerpflichtiger Arbeitnehmer nach § 1 Abs. 3 **und** § 1a EStG. Dieser Vordruck ist für **EU/EWR-Staatsangehörige** (vgl. dieses Stichwort) vorgesehen, die nahezu alle Einkünfte in Deutschland erzielen (Bezeichnung des Vordrucks: „Anlage Grenzpendler EU/EWR").
2. Antrag auf Behandlung als unbeschränkt einkommensteuerpflichtiger Arbeitnehmer nach § 1 Abs. 3 EStG. Dieser Vordruck ist für **Staatsangehörige außerhalb EU/EWR** vorgesehen, die nahezu alle Einkünfte in Deutschland erzielen (Bezeichnung des Vordrucks: „Anlage Grenzpendler **außerhalb** EU/EWR").

Für beschränkt steuerpflichtige Arbeitnehmer der Gruppe 3, die die Bildung eines **Freibetrags** für das Lohnsteuerabzugsverfahren beantragt haben, hat das Betriebsstättenfinanzamt des Arbeitgebers auf Antrag des Arbeitnehmers eine **Lohnsteuerabzugsbescheinigung („Papierbescheinigung")** auszustellen und den Arbeitgeberabruf für das ELStAM-Verfahren zu sperren. Dies gilt auch dann, wenn der Arbeitnehmer meldepflichtig oder eine Identifikationsnummer vorhanden ist. Für die „Standardfälle" **(Steuerklasse I, ohne Freibetrag)** der beschränkt steuerpflichtigen Arbeitnehmer ist der Arbeitgeberabruf für die elektronischen Lohnsteuerabzugsmerkmale freigeschaltet worden (= Einbeziehung in das **ELStAM-Verfahren**).

Diejenigen beschränkt steuerpflichtigen Arbeitnehmer, die mit dem unter Nr. 1 oder Nr. 2 genannten Vordruck einen Antrag auf Behandlung wie ein unbeschränkt Steuerpflichtiger stellen, müssen die Höhe der ausländischen Einkünfte durch eine **Bestätigung der ausländischen Steuerbehörde** auf amtlichem Vordruck nachweisen.[1] Der vorstehende Nachweis ist auch dann zu erbringen, wenn der beschränkt steuerpflichtige Arbeitnehmer angibt, gar keine ausländischen Einkünfte erzielt zu haben (= **Vorlage** einer sog. **„Nullbescheinigung"**). Für den Fall, dass der ausländische Staat keine solchen „Nullbescheinigungen" ausstellt, ist eine Bescheinigung der deutschen Auslandsvertretung vorzulegen (BFH-Urteil vom 8.9.2010, BStBl. 2011 II S. 447). Kann der Arbeitnehmer eine solche Bestätigung – aus welchen Gründen auch immer – nicht vorlegen, behandelt ihn das Finanzamt als „normalen" beschränkt steuerpflichtigen Arbeitnehmer, das heißt, er wird in die dritte und damit ungünstigste Gruppe eingereiht. Der Arbeitnehmer kann allerdings in solchen Fällen nach Ablauf des Kalenderjahres im Rahmen einer Veranlagung zur Einkommensteuer die ihm zustehenden Vergünstigungen nachträglich beantragen, wenn er bis dahin die erforderliche Bescheinigung der ausländischen Steuerbehörde über seine ausländischen Einkünfte beschafft hat.

Wurde dem ausländischen Arbeitnehmer jedoch entweder auf der „Anlage Grenzpendler EU/EWR" oder auf der „Anlage Grenzpendler außerhalb EU/EWR" von seiner ausländischen Steuerbehörde die erforderliche Bestätigung erteilt, kann er sich die entsprechenden Freibeträge auf seiner Lohnsteuerabzugsbescheinigung eintragen lassen (vgl. die Erläuterungen unter den nachfolgenden Nrn. 6 und 7). Diese Freibeträge müssen mit dem amtlichen Vordruck „Antrag auf Lohnsteuer-Ermäßigung 2021" gesondert geltend gemacht werden. Der Antrag auf Lohnsteuer-Ermäßigung 2021 ist also zusätzlich zur „Anlage Grenzpendler EU/EWR" oder „Anlage Grenzpendler außerhalb EU/EWR" auszufüllen

1) Aus Gründen der Verwaltungsvereinfachung wird im Lohnsteuer-Ermäßigungsverfahren **auf die Bestätigung der ausländischen Steuerbehörde** auf den amtlichen Vordrucken „Anlage Grenzpendler EU/EWR" oder „Anlage Grenzpendler außerhalb EU/EWR" **verzichtet,** wenn bereits eine von der ausländischen Steuerbehörde bestätigte Anlage „Bescheinigung EU/EWR" oder „Bescheinigung außerhalb EU/EWR" im Rahmen der Veranlagung für **einen der beiden vorangegangenen Veranlagungszeiträume vorliegt** und sich die Verhältnisse nach den Angaben des Arbeitnehmers nicht geändert haben (BMF-Schreiben vom 25.11.1999, BStBl. I S. 990). Das BMF-Schreiben ist als Anlage 1 zu H 1 LStR im **Steuerhandbuch für das Lohnbüro 2021** abgedruckt, das im selben Verlag erschienen ist.

Lohn-steuer-pflichtig Sozial-versich.-pflichtig

B

und beim Betriebsstättenfinanzamt abzugeben. Alle genannten Vordrucke sind beim Finanzamt kostenlos erhältlich, wobei die beiden Vordrucke „Anlage Grenzpendler EU/EWR" und „Anlage Grenzpendler außerhalb EU/EWR" in allen gängigen Sprachen aufgelegt wurden, damit die ausländische Steuerbehörde auf dem Vordruck die Höhe der ausländischen Einkünfte bescheinigen kann. Einige Vordrucke sind auch im Internet unter www.bundesfinanzministerium.de/Service/Formulare/Formular-Management-System/Formularcenter/Steuerformulare/Lohnsteuer (Arbeitnehmer) bzw. „Bescheinigung EU/EWR" sowie „Bescheinigung außerhalb EU/EWR" abrufbar.

Welche Vergünstigungen beschränkt steuerpflichtige Arbeitnehmer in Anspruch nehmen können, wird nachfolgend – getrennt nach den drei Gruppen – im Einzelnen anhand von Beispielen erläutert.

6. Beschränkt steuerpflichtige Arbeitnehmer, die einem Inländer völlig gleichgestellt werden

a) Allgemeines

Zu der seit 1.1.1996 geltenden Einteilung in **drei** Gruppen hat das sog. Schumacker-Urteil des Europäischen Gerichtshofs geführt, dessen Auswirkungen im Jahressteuergesetz 1996 geregelt wurden. In diesem Urteil hat der Europäische Gerichtshof entschieden, dass beschränkt steuerpflichtige Arbeitnehmer aus EU/EWR-Mitgliedstaaten (vgl. dieses Stichwort), die nahezu ihre gesamten Einkünfte in Deutschland erzielen, mit unbeschränkt steuerpflichtigen Arbeitnehmern **völlig gleichzustellen sind.** Das Urteil erforderte somit die Ausdehnung des Splitting-Verfahrens und anderer familienbezogener Steuervergünstigungen auf diesen Personenkreis.

Staatsbürger von Staaten, die nicht zu den EU/EWR-Mitgliedstaaten gehören, erhalten dagegen weder den Splittingvorteil noch andere familienbezogene Steuervergünstigungen und zwar auch dann nicht, wenn sie nahezu ihre gesamten Einkünfte in Deutschland erzielen. Da es außerdem auch noch beschränkt steuerpflichtige Arbeitnehmer mit beträchtlichen ausländischen Einkünften gibt, ist man bei der Einteilung in drei Gruppen angelangt.

In die erste Gruppe, die einem unbeschränkt steuerpflichtigen Inländer völlig gleichgestellt ist, fällt ein beschränkt steuerpflichtiger Arbeitnehmer nach § 1 Abs. 3 **und** § 1a EStG dann, wenn er

- Staatsangehöriger eines EU/EWR-Mitgliedstaates ist,
- in einem EU/EWR-Staat oder in der Schweiz[1] ansässig ist (hierzu gehören auch deutsche Staatsbürger mit Wohnsitz im EU/EWR-Ausland oder in der Schweiz[1]) **und**
- nahezu seine gesamten Einkünfte in Deutschland erzielt.

Alle drei Voraussetzungen müssen gleichzeitig vorliegen.

Nahezu alle Einkünfte werden in Deutschland erzielt, wenn die ausländischen Einkünfte nicht mehr als 10 % der gesamten Einkünfte oder – falls dies nicht der Fall ist – nicht mehr als 9744 € betragen. Die Höhe der gesamten Einkünfte ist **nach deutschem Recht zu ermitteln. Steuerfreie Einnahmen** und Einkünfte, die aufgrund zwischenstaatlicher oder multilateraler Vereinbarungen von nationalen Steuern der jeweiligen Staaten befreit sind, bleiben bei der Prüfung der Einkunftsgrenzen bereits auf der ersten Stufe **(„Welteinkommen") außen vor** (vgl. auch § 3 Nr. 2 Buchstabe e EStG). Dies gilt z. B. auch für ausländisches Arbeitslosengeld. Dabei kommt es aus Vereinfachungsgründen nicht darauf an, ob das Arbeitslosengeld im ausländischen Wohnsitzstaat des Arbeitnehmers steuerpflichtig ist oder nicht. Einzubeziehen in das Welteinkommen sind aber z. B. im Ausland steuerpflichtige Kapitalerträge, selbst wenn sie der Abgeltungsteuer unterliegen (BFH-Urteil vom 12.8.2015, BStBl. 2016 II S. 201).

In einem ersten Schritt sind also die maßgebenden Welteinkünfte zu ermitteln, die anschließend für die Prüfung der Einkunftsgrenzen in einem zweiten Schritt in die der deutschen Einkommensteuer unterliegenden Einkünfte und die „Auslandseinkünfte" aufgeteilt werden. Überschreiten die ausländischen Einkünfte die Einkunftsgrenze, ist eine Zusammenveranlagung auch dann ausgeschlossen, wenn sie nach dem Recht des ausländischen Wohnsitzstaates unterhalb der Einkunftsgrenze liegen sollten (BFH-Urteil vom 20.8.2008, BStBl. 2009 II S. 708).

Der Betrag von 9744 € wird bei bestimmten Ländern um 25 % oder 50 % gekürzt. Unter die Kürzung fallen auch einige EU-Länder (vgl. die in Anhang 10 abgedruckte Ländergruppeneinteilung). Für Arbeitnehmer aus Estland, Griechenland, Kroatien, Lettland, Litauen, Malta, Polen, Portugal, Slowakei, Slowenien, Tschechien, Ungarn und Zypern ermäßigt sich hiernach der Betrag von 9744 € auf 7308 €. Für Arbeitnehmer aus Bulgarien und Rumänien ermäßigt sich der Betrag von 9744 € auf 4872 €.

Mit Inländern völlig gleichgestellt sind also beschränkt steuerpflichtige Arbeitnehmer, die die Staatsangehörigkeit eines EU/EWR-Mitgliedstaates (vgl. dieses Stichwort) besitzen **und** in einem EU/EWR-Staat oder in der Schweiz[1] ansässig sind. Da die Bedingungen Staatsangehörigkeit und Ansässigkeit kumulativ erfüllt sein müssen, fallen EU/EWR-Staatsangehörige, die in einem Drittstaat wohnen und in Deutschland beschränkt steuerpflichtig sind, nicht unter die Regelung des § 1a EStG.

Ist der ausländische Arbeitnehmer verheiratet, und lebt der Ehegatte in einem EU/EWR-Mitgliedstaat, wird **auch der Ehegatte** auf Antrag wie ein unbeschränkt Steuerpflichtiger behandelt mit der Folge, dass der in Deutschland tätige Ehegatte beim Lohnsteuerabzug durch den Arbeitgeber die Steuerklasse III oder bei einer Veranlagung zur Einkommensteuer den Splittingvorteil erhält. Auf die Staatsangehörigkeit des Ehegatten kommt es dabei nicht an.

Für die **Prüfung** der **Einkommensgrenze** ist – entgegen der früheren Verwaltungsauffassung – von vornherein auf die Einkünfte beider **Ehegatten** und den doppelten Grundfreibetrag abzustellen (BFH-Urteil vom 6.5.2015, BStBl. II S. 957). Eine zweistufige Prüfung (zunächst der Arbeitnehmer, dann die Ehegatten) ist **nicht** vorzunehmen.

Beispiel A

Der belgische Arbeitnehmer A erzielt inländische Einkünfte aus nichtselbstständiger Arbeit von 40 000 € und ausländische Einkünfte von 10 000 €. Seine in Belgien lebende Ehefrau B erzielt weder inländische noch ausländische Einkünfte.

A erhält die Steuerklasse III, da die nicht der deutschen Einkommensteuer unterliegenden Einkünfte beider Ehegatten den doppelten Grundfreibetrag von **19 488 €** nicht übersteigen. Unmaßgeblich ist, dass die Summe aller Einkünfte nur zu 80 % (40 000 € von 50 000 €) der deutschen Einkommensteuer unterliegt.

Auch der Betrag von 19 488 € wird bei bestimmten Ländern um 25 % oder 50 % gekürzt. (vgl. die in Anhang 10 abgedruckte Ländergruppeneinteilung). Bei einem **gemeinsamen Familienwohnsitz** der Ehegatten ist der sich für den Staat ergebende Betrag maßgebend, in dem der gemeinsame Familienwohnsitz begründet worden ist. Das gilt auch dann, wenn die Ehegatten daneben noch weitere Wohnsitze in anderen Staaten haben. Ist ein gemeinsamer Familienwohnsitz ausnahmsweise nicht festzustellen, ist für jeden Ehegatten ein Betrag in der Höhe anzusetzen, der sich nach den Verhältnissen der Ländergruppeneinteilung für den jeweiligen Ansässigkeitsstaat ergibt.[2]

1) BMF-Schreiben vom 16.9.2013 (BStBl. I S. 1325). Das BMF-Schreiben ist als Anlage 4 zu § 1a EStG im **Steuerhandbuch für das Lohnbüro 2021** abgedruckt, das im selben Verlag erschienen ist.

2) Verfügung der OFD Niedersachsen vom 16.8.2016 (Az.: S 2104 – 3 – St 213). Die Verfügung ist als Anlage 3 zu § 1a EStG im **Steuerhandbuch für das Lohnbüro 2021** abgedruckt, das im selben Verlag erschienen ist.

Lohn-steuer-pflichtig Sozial-versich.-pflichtig

Beispiel B

Ein in Deutschland beschränkt steuerpflichtiger Arbeitnehmer wohnt in Spanien (Ländergruppe 1 = 9744 €) und seine Ehefrau in Portugal (Ländergruppe 2 = 7308 €); die Voraussetzungen für eine Zusammenveranlagung – u. a. nicht dauernd getrennt lebend – sollen dennoch erfüllt sein. Ihre Einkünfte unterliegen zu 85 % der deutschen Einkommensteuer.

Die von den Eheleuten im Kalenderjahr 2021 erzielten Einkünfte, die nicht der deutschen Einkommensteuer unterliegen, dürfen den Betrag von 17 052 € (9744 € + 7308 €) nicht übersteigen, um die Voraussetzungen für eine Zusammenveranlagung in Deutschland zu erfüllen.

Beschränkt steuerpflichtige Arbeitnehmer, die in den **Niederlanden** ansässig sind, sind aufgrund einer **Sonderregelung** in dem Doppelbesteuerungsabkommen Deutschland-Niederlande auch dann mit ihrem Ehe-/Lebenspartner zusammen zu veranlagen (= Steuerklasse III), wenn nur die in Deutschland steuerpflichtige Person die 90 %-Grenze bzw. die vorstehende Betragsgrenze erfüllt, nicht jedoch die Ehegatten gemeinsam diese sog. Wesentlichkeitsgrenzen erfüllen (Ziffer XVI des Protokolls Deutschland-Niederlande, BStBl. 2016 I S. 69).

Beispiel C

Die Eheleute A und B leben in den Niederlanden. A ist als Arbeitnehmer in Deutschland beschäftigt. Seine Einkünfte aus nichtselbstständiger Arbeit betragen 60 000 €. B erzielt in den Niederlanden aus einer selbstständigen Tätigkeit Einkünfte in Höhe von 20 000 €.

A wird in Deutschland auf Antrag als unbeschränkt steuerpflichtig behandelt, da seine Einkünfte zu mindestens 90 % der deutschen Einkommensteuer unterliegen. Er wird mit B zusammen zur Einkommensteuer veranlagt, obwohl die Einkünfte beider Ehegatten nur zu 75 % (60 000 € im Verhältnis zu 80 000 €) der deutschen Einkommensteuer unterliegen und die ausländischen Einkünfte der B die Betragsgrenze von 19 488 € überschreiten. Für das Lohnsteuerabzugsverfahren erhält A auf Antrag die Steuerklasse III.

b) Familienbezogene Steuervergünstigungen

Der beschränkt steuerpflichtige Staatsangehörige aus einem EU/EWR-Mitgliedstaat (vgl. dieses Stichwort) unterscheidet sich steuerlich von Staatsangehörigen aus anderen Staaten dadurch, dass nur er sog. familienbezogene Steuervergünstigungen in Anspruch nehmen kann. Hierunter versteht man Vorteile, die bei unbeschränkter Steuerpflicht nur dann gewährt werden, wenn diejenige Person, auf die sich der Vorteil bezieht, ebenfalls unbeschränkt steuerpflichtig ist:

- Der **Splittingvorteil** (Steuerklasse III) wird nur gewährt, wenn auch der Ehegatte unbeschränkt steuerpflichtig ist.
- Unterhaltszahlungen an den geschiedenen oder dauernd getrennt lebenden Ehegatten können nur dann als Sonderausgaben abgezogen werden (sog. **Realsplitting**), wenn auch dieser Ehegatte unbeschränkt steuerpflichtig ist. Entsprechendes gilt für Zahlungen im Rahmen eines schuldrechtlichen Versorgungsausgleichs.

Diese Grundsätze werden durch § 1a EStG auch auf beschränkt Steuerpflichtige übertragen, das heißt, dass es bei Staatsangehörigen aus EU/EWR-Mitgliedstaaten (vgl. dieses Stichwort) für die Inanspruchnahme der oben genannten familienbezogenen Steuervergünstigung genügt, wenn der Ehegatte seinen **Wohnsitz** in einem EU/EWR-Mitgliedstaat oder in der Schweiz[1] hat (es ist nicht erforderlich, dass auch der Ehegatte die Staatsbürgerschaft eines EU/EWR-Mitgliedstaats besitzt; **abgestellt wird nur auf den Wohnsitz**). So kann z. B. ein Belgier die familienbezogenen Steuervergünstigungen (hier Steuerklasse III) erhalten, wenn er in Belgien zusammen mit seiner türkischen Ehefrau lebt.

Unter der Voraussetzung, dass nahezu sämtliche Einkünfte in Deutschland erzielt werden, erhalten diese beschränkt steuerpflichtigen Arbeitnehmer folgende familienbezogenen Vergünstigungen:

- Verheirateten wird unter den gleichen Voraussetzungen wie bei Inländern die Verdoppelung von Höchst- und Pauschbeträgen (z. B. bei Sonderausgaben) und die **Steuerklasse III** gewährt (§ 1a Abs. 1 Nr. 2 EStG in Verbindung mit § 38b Abs. 1 Satz 3 EStG).
- Unterhaltsaufwendungen können im Rahmen des sog. **Realsplittings** auch dann abgesetzt werden, wenn der geschiedene oder dauernd getrennt lebende Ehegatte im EU/EWR-Ausland wohnt. Dies gilt aber nur, wenn der Unterhaltsverpflichtete nachweist, dass der Unterhaltsempfänger den erhaltenen Betrag in seinem Heimatstaat versteuert hat. Entsprechendes gilt für Zahlungen im Rahmen eines schuldrechtlichen Versorgungsausgleichs (§ 1a Abs. 1 Nr. 1 i. V. m. § 10 Abs. 1a EStG).

Die wichtigste Änderung war die Einordnung eines ausländischen Arbeitnehmers aus einem EU/EWR-Mitgliedstaat in die **Steuerklasse III** (anstelle der früher geltenden Steuerklasse I), obwohl der Ehegatte nicht in Deutschland, sondern im Heimatstaat lebt. Diese Änderung, die sowohl für beschränkt als auch für unbeschränkt steuerpflichtige ausländische Arbeitnehmer gilt, soll durch folgende Übersicht verdeutlicht werden:

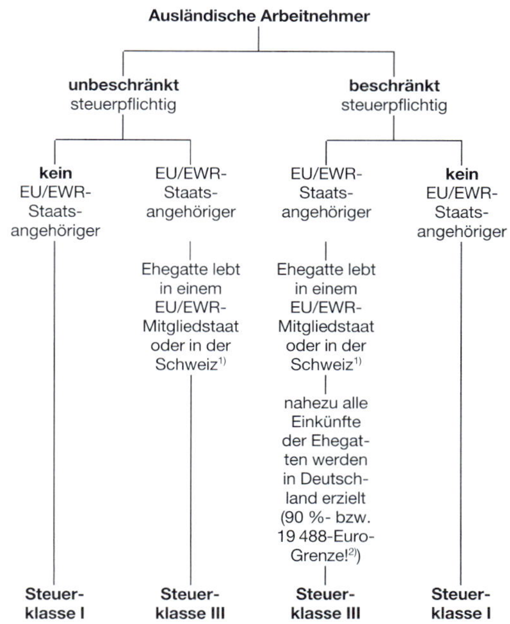

Beispiel A

Ein Saisonarbeiter aus Italien arbeitet vom 1. Juni bis 30. September 2021 in einer Eisdiele in München. Da er sich nur vier Monate in Deutschland aufhält, ist er beschränkt steuerpflichtig. Seine Frau lebt in der Familienwohnung in Neapel und erzielt keine eigenen Einkünfte. Der Arbeitnehmer weist durch eine Bestätigung des zuständigen italienischen Finanzamts nach, dass seine ausländischen Einkünfte weniger als 10 % seiner gesamten Einkünfte im Kalenderjahr 2021 betragen. Das für den Arbeitgeber zuständige Betriebsstättenfinanzamt in München trägt in die Lohnsteuerabzugsbescheinigung die Steuerklasse III ein.

Beispiel B

Sachverhalt wie Beispiel A. Der Arbeitnehmer ist jedoch geschieden. Er zahlt seiner geschiedenen Frau (die in Rom lebt) Unterhalt. Weist der Arbeitnehmer durch eine Bestätigung des zuständigen italienischen Finanzamts nach, dass seine ausländischen Einkünfte weniger als 10 % seiner gesamten Einkünfte im Kalenderjahr 2021 betragen, kann er seine Unterhaltsleistungen für die geschiedene Ehefrau als Sonderausgaben geltend machen (sog. Realsplitting). Für die Anwendung des Realsplittings ist es allerdings Voraussetzung, dass die Besteuerung der Unterhaltszahlungen bei der geschiedenen Ehefrau

1) BMF-Schreiben vom 16.9.2013 (BStBl. I S. 1325). Das BMF-Schreiben ist als Anlage 4 zu § 1a EStG im **Steuerhandbuch für das Lohnbüro 2021** abgedruckt, das im selben Verlag erschienen ist.

2) Der Betrag von 19 488 € (9744 € pro Ehegatte) wird bei bestimmten Ländern um 25 % bzw. 50 % gekürzt. Vgl. hierzu die in Anhang 10 abgedruckte Ländergruppeneinteilung.

B

durch eine Bescheinigung der zuständigen ausländischen Steuerbehörde nachgewiesen wird.

Beispiel C

Sachverhalt wie Beispiel B. Die geschiedene Ehefrau des Italieners lebt jedoch nicht in Italien, sondern in der Schweiz. Auch in diesem Fall kann der Arbeitnehmer seine Unterhaltsleistungen an seine in der Schweiz[1] lebende geschiedene Ehefrau bei nachwiesener Besteuerung im Ausland als Sonderausgaben geltend machen (sog. Realsplitting).

Beispiel D

Ein deutsches Ehepaar, mit Wohnsitz in der Schweiz, erzielt nahezu seine gesamten Einkünfte in Deutschland.

Trotz des Wohnsitzes in der Schweiz werden die Eheleute in Deutschland zusammen zur Einkommensteuer veranlagt.[1]

Beispiel E

Wie Beispiel D. Das Ehepaar lebt in der Türkei.

Da der Wohnsitz des Ehegatten nicht in einem EU-/EWR-Mitgliedstaat und auch nicht in der Schweiz ist, kommt in Deutschland eine Zusammenveranlagung zur Einkommensteuer nicht in Betracht.

c) Steuerklasse II

Fällt ein an sich nur beschränkt steuerpflichtiger ausländischer Arbeitnehmer unter die in § 1 Abs. 3 EStG geregelte Sonderform der unbeschränkten Steuerpflicht für Staatsangehörige aus EU/EWR-Mitgliedstaaten (vgl. dieses Stichwort), ist er einem Inländer völlig gleichgestellt. Er erhält deshalb auch die Steuerklasse II, wenn ihm der **Entlastungsbetrag für Alleinerziehende** zusteht. Der Entlastungsbetrag beträgt 4008 € jährlich für das erste Kind und 240 € jährlich für jedes weitere Kind. Die Gewährung setzt unter anderem voraus, dass der alleinstehende Arbeitnehmer mit dem Kind, für das er Kindergeld oder einen Kinderfreibetrag erhält, eine Haushaltsgemeinschaft in einer gemeinsamen Wohnung – die sich auch im Ausland befinden kann – bildet (vgl. die Erläuterungen beim Stichwort „Steuerklassen" und in Anhang 9 unter Nr. 15).

Da in der Steuerklasse II wie bisher automatisch nur der Entlastungsbetrag für das erste Kind von 1908 € jährlich berücksichtigt werden kann, ist für den **Erhöhungsbetrag** von **2100 €** in den Jahren 2020 und 2021 sowie den Erhöhungsbetrag für das zweite und jedes weitere Kind von jeweils **240 € jährlich** ein **Freibetrag** zu beantragen (vgl. nachfolgenden Buchstaben d und Anhang 7 Abschnitt G).

d) Übrige Steuervergünstigungen

Fällt ein an sich nur beschränkt steuerpflichtiger ausländischer Arbeitnehmer unter die in § 1 Abs. 3 und § 1a EStG geregelte Sonderform der unbeschränkten Steuerpflicht für Staatsangehörige aus EU/EWR-Mitgliedstaaten, ist er einem Inländer völlig gleichgestellt. Er erhält deshalb neben den sog. familienbezogenen Steuervergünstigungen auch dieselben Freibeträge, wie jeder andere unbeschränkt steuerpflichtige Arbeitnehmer auch. Nach § 39a EStG werden bei ihm folgende Freibeträge und Pauschbeträge berücksichtigt:

- Freibetrag für Werbungskosten, die den Arbeitnehmer-Pauschbetrag von 1000 € übersteigen (erläutert in **Anhang 7 Abschnitt B**). Bei Versorgungsbezügen beträgt der Werbungskosten-Pauschbetrag 102 €.
- Freibetrag für unbeschränkt abzugsfähige Sonderausgaben und Spenden, die den Sonderausgaben-Pauschbetrag von 36 € – bei verheirateten Arbeitnehmern 72 € – übersteigen (erläutert in **Anhang 7 Abschnitt C**).

Einen Freibetrag für die folgenden, in **Anhang 7 Abschnitt D** auf Seite 1234 erläuterten außergewöhnlichen Belastungen:

- Unterhaltsfreibeträge für gesetzlich unterhaltsberechtigte Personen (z. B. Eltern, Großeltern; nicht jedoch Geschwister, Onkel, Tante, Neffen und Nichten). Ein Unterhaltsfreibetrag wird jedoch nur für solche Personen gewährt, für die weder der Arbeitnehmer noch eine andere Person Kindergeld oder kindbedingte Freibeträge erhält (vgl. nachfolgend unter Nr. 9). Außerdem wird für den im Bereich EU/EWR oder der Schweiz wohnenden Ehegatten kein Unterhaltsfreibetrag gewährt, wenn die Eheleute den Splittingvorteil (Steuerklasse III) erhalten. Vgl. zur steuerlichen Berücksichtigung der Unterhaltsleistungen an bedürftige Angehörige im Ausland im Einzelnen Anhang 7 Abschnitt D Nr. 4.
- Einen Ausbildungsfreibetrag für volljährige zur Berufsausbildung auswärts untergebrachte Kinder, für die der Arbeitnehmer nach den Ausführungen unter der nachfolgenden Nr. 9 Kindergeld oder einen Kinderfreibetrag erhält (vgl. Anhang 7 Abschnitt D Nrn. 5 und 6).
- Pauschbeträge für Behinderte und Hinterbliebene (vgl. Anhang 7, Abschnitt D Nr. 8). Zur Übertragung des einem Kind des Arbeitnehmers zustehenden Behinderten-Pauschbetrags auf den Arbeitnehmer vgl. die Erläuterungen unter dem folgenden Buchstaben e.
- Pflegepauschbeträge (vgl. Anhang 7, Abschnitt D Nr. 10).
- Freibeträge für außergewöhnliche Belastungen allgemeiner Art (vgl. Anhang 7 Abschnitt D Nr. 1 auf Seite 1234).

Zudem kann in der Steuerklasse II wie bisher automatisch nur der **Entlastungsbetrag für Alleinerziehende** für das erste Kind von 1908 € jährlich berücksichtigt werden. Für den **Erhöhungsbetrag** von **2100 €** in den Jahren 2020 und 2021 sowie den Erhöhungsbetrag für das zweite und jedes weitere Kind von jeweils **240 € jährlich** ist ein Freibetrag zu beantragen (vgl. Anhang 7 Abschnitt G).

Außerdem kann das Vierfache der Steuerermäßigung für haushaltsnahe Beschäftigungsverhältnisse, haushaltsnahe Dienstleistungen und Handwerkerleistungen auch dann als Freibetrag eingetragen werden, wenn sich der Haushalt in einem anderen EU/EWR-Mitgliedstaat (vgl. dieses Stichwort) befindet (§ 35a Abs. 4 EStG). Entsprechendes gilt für die Steuerermäßigung für energetische Sanierungsmaßnahmen bei selbstgenutzten Wohngebäuden (§ 35c EStG). Vgl. hierzu auch das Stichwort „Haushaltshilfin".

Die Eintragung dieser Freibeträge wird mit dem amtlichen Vordruck „Antrag auf Lohnsteuer-Ermäßigung 2021" sowie den dazugehörenden Anlagen beantragt, den der ausländische Arbeitnehmer zweckmäßigerweise zusammen mit dem Vordruck „Anlage Grenzpendler EU/EWR" beim Betriebsstättenfinanzamt des Arbeitgebers abgeben wird. Außerdem ist eine Bestätigung der ausländischen Steuerbehörde über die Höhe der ausländischen Einkünfte beizufügen.[2]

e) Übertragung eines Behinderten-Pauschbetrags

Für die Übertragung eines Behinderten-Pauschbetrags, der dem im EU/EWR-Ausland lebenden Kind des beschränkt steuerpflichtigen Arbeitnehmers zusteht, gilt Folgendes:

Hat ein Arbeitnehmer ein behindertes, steuerlich zu berücksichtigendes Kind, wird auf Antrag der diesem Kind zustehende Behinderten-Pauschbetrag auf den Arbeitnehmer übertragen, wenn das Kind unbeschränkt steuer-

1) BMF-Schreiben vom 16.9.2013 (BStBl. I S. 1325). Das BMF-Schreiben ist als Anlage 4 zu § 1a EStG im **Steuerhandbuch für das Lohnbüro 2021** abgedruckt, das im selben Verlag erschienen ist.

2) Aus Gründen der Verwaltungsvereinfachung wird im Lohnsteuer-Ermäßigungsverfahren **auf die Bestätigung der ausländischen Steuerbehörde** auf den amtlichen Vordrucken „Anlage Grenzpendler EU/EWR" oder „Anlage Grenzpendler außerhalb EU/EWR" **verzichtet,** wenn bereits eine von der ausländischen Steuerbehörde bestätigte Anlage „Bescheinigung EU/EWR" oder „Bescheinigung außerhalb EU/EWR" im Rahmen der Veranlagung für **einen der beiden vorangegangenen Veranlagungszeiträume vorliegt** und sich die Verhältnisse nach den Angaben des Arbeitnehmers nicht geändert haben (BMF-Schreiben vom 25.11.1999, BStBl. I S. 990). Das BMF-Schreiben ist als Anlage 1 zu H 1 LStR im **Steuerhandbuch für das Lohnbüro 2021** abgedruckt, das im selben Verlag erschienen ist.

Lohn- Sozial-
steuer- versich.-
pflichtig pflichtig

pflichtig ist (vgl. die Erläuterungen in Anhang 7 Abschnitt D Nr. 8 Buchstabe d auf Seite 1248). Dieser Fall ist von der Regelung in § 1a EStG ausdrücklich ausgenommen worden (weil er in § 1a Abs. 1 EStG nicht aufgeführt ist). Das bedeutet, dass die Übertragung auf den Arbeitnehmer eigentlich nur dann in Betracht käme, wenn das Kind selbst die Voraussetzungen des § 1 Abs. 3 EStG erfüllt, also nahezu alle Einkünfte in Deutschland erzielt. Das würde heißen, dass das (behinderte) Kind selbst Einkünfte in Deutschland erzielen müsste, damit der Behinderten-Pauschbetrag auf den Arbeitnehmer übertragen werden könnte. Da daher der Behinderten-Pauschbetrag, der einem im Ausland lebenden Kind des Arbeitnehmers zusteht, nur in seltenen Ausnahmefällen auf den Arbeitnehmer übertragen werden könnte, ist in den Einkommensteuer-Richtlinien (R 33b Abs. 3 EStR) Folgendes zugelassen worden: „Eine Übertragung des Pauschbetrages für behinderte Menschen auf die Eltern eines Kindes mit Wohnsitz oder gewöhnlichem Aufenthalt im Ausland ist nur möglich, wenn das Kind als unbeschränkt steuerpflichtig behandelt wird (insbesondere § 1 Abs. 3 Satz 2, 2. Halbsatz EStG ist zu beachten)“. Diese Voraussetzungen liegen insbesondere dann vor, wenn der unbeschränkt steuerpflichtige Arbeitnehmer EU/EWR-Staatsangehöriger ist, die nicht der deutschen Einkommensteuer unterliegenden Einkünfte des Kindes nicht mehr als 9744 € betragen (§ 1 Abs. 3 Satz 2, 2. Halbsatz EStG) und das Kind seinen Wohnsitz oder gewöhnlichen Aufenthalt im Hoheitsgebiet eines EU/EWR-Mitgliedstaates (vgl. dieses Stichwort) hat. Hierbei kommt es nicht darauf an, ob das Kind tatsächlich Einkünfte im Inland erzielt hat (BFH-Urteil vom 22.11.1995, BStBl. 1997 II S. 20). Die Einkommensteuer-Richtlinien gehen zwar nur von der Übertragung auf einen **un**beschränkt steuerpflichtigen EU/EWR-Staatsangehörigen aus. Die Übertragungsmöglichkeit gilt jedoch gleichermaßen, wenn der EU/EWR-Staatsangehörige auf Antrag nach § 1 Abs. 3 und § 1a EStG wie ein unbeschränkt Steuerpflichtiger behandelt wird. Ab 2021 ist außerdem die Angabe der (inländischen oder ausländischen) Identifikationsnummer des Kindes Voraussetzung für die Übertragung des Behinderten-Pauschbetrags.

Hingegen scheidet eine Übertragung des Behinderten-Pauschbetrags aus, wenn das Kind im Ausland außerhalb eines EU/EWR-Mitgliedstaats seinen Wohnsitz oder gewöhnlichen Aufenthalt hat und im Inland (= Deutschland) keine eigenen Einkünfte erzielt (BFH-Urteil vom 2.6.2005, BStBl. II S. 828).

7. Beschränkt steuerpflichtige Arbeitnehmer, die einem Inländer nur annähernd gleichgestellt werden

a) Familienbezogene Steuervergünstigungen

Hierbei handelt es sich um die in § 1 Abs. 3 EStG geregelte Sonderform der unbeschränkten Steuerpflicht für Staatsangehörige aus Ländern **außerhalb** der EU/EWR. Diese zweite Gruppe von beschränkt steuerpflichtigen Arbeitnehmern unterscheidet sich von der ersten Gruppe dadurch, dass die unter Nr. 6 Buchstabe b genannten **familienbezogenen Steuervergünstigungen nicht gewährt** werden (weil § 1a EStG nicht anwendbar ist). Der Splittingvorteil (d. h. die Eintragung der Steuerklasse III) kommt also für diesen Personenkreis nicht in Betracht. Verheiratete Arbeitnehmer aus Ländern außerhalb der EU/EWR erhalten deshalb **nur die Steuerklasse I** (zur Gewährung eines Unterhaltsfreibetrags für den im Ausland lebenden Ehegatten vgl. die nachfolgenden Erläuterungen).

Staatsangehörige außerhalb der EU/EWR erhalten zwar keine familienbezogenen Vergünstigungen, sie können jedoch die nachstehend aufgeführten Freibeträge und Pauschbeträge in Anspruch nehmen, wenn sie **nahezu** ihre **gesamten Einkünfte in Deutschland** erzielen. Dies ist der Fall, wenn die ausländischen Einkünfte nicht mehr

Lohn- Sozial-
steuer- versich.-
pflichtig pflichtig

B

als 10 % der gesamten Einkünfte oder – falls dies nicht der Fall ist – die ausländischen Einkünfte nicht mehr als 9744 € im Kalenderjahr 2021 betragen.

Der Betrag von 9744 € wird bei bestimmten Ländern um 25 %, 50 % oder 75 % gekürzt (vgl. die in Anhang 10 abgedruckte Ländergruppeneinteilung). Für Arbeitnehmer aus der Türkei ermäßigt sich hiernach der Betrag von 9744 € auf 4872 € (vgl. für Arbeitnehmer aus der Türkei wegen des Wohnsitzes/gewöhnlichen Aufenthalts in Deutschland auch das Stichwort „Gastarbeiter“).

Beispiel

Ein beschränkt steuerpflichtiger Arbeitnehmer aus Serbien erzielt ausschließlich in Deutschland Einkünfte aus nichtselbstständiger Arbeit. Seine nicht berufstätige Ehefrau lebt am Familienwohnsitz in der serbischen Hauptstadt Belgrad.

Der Arbeitnehmer wird auf Antrag als unbeschränkt einkommensteuerpflichtig behandelt (§ 1 Abs. 3 EStG). Das Betriebsstättenfinanzamt bescheinigt ihm in der Lohnsteuerabzugsbescheinigung aber lediglich die Steuerklasse I, da der Arbeitnehmer nicht Staatsangehöriger eines EU/EWR-Mitgliedstaates ist. Der Arbeitnehmer kann allerdings die unter dem nachfolgenden Buchstaben c) beschriebenen Steuervergünstigungen geltend machen, insbesondere den Unterhaltsfreibetrag für seine in Belgrad lebende Ehefrau.

b) Steuerklasse II

Unter der Voraussetzung, dass sie nahezu ihre gesamten Einkünfte in Deutschland erzielen, werden Staatsangehörige außerhalb der EU/EWR in die Steuerklasse II eingeordnet, wenn ihnen der **Entlastungsbetrag für Alleinerziehende** zusteht. Der Entlastungsbetrag beträgt 4008 € jährlich für das erste Kind und insgesamt 240 € jährlich für jedes weitere Kind. Die Gewährung setzt unter anderem voraus, dass der alleinstehende Arbeitnehmer mit dem Kind, für das er Kindergeld oder einen Kinderfreibetrag erhält, eine Haushaltsgemeinschaft in einer gemeinsamen Wohnung – die sich auch im Ausland befinden kann – bildet (vgl. die Erläuterungen beim Stichwort „Steuerklassen“ und in Anhang 9 unter Nr. 15).

Da in der Steuerklasse II automatisch nur der Entlastungsbetrag für das erste Kind von 1908 € jährlich berücksichtigt werden kann, ist für den **Erhöhungsbetrag** von **2100 €** in den Jahren 2020 und 2021 sowie den Erhöhungsbetrag für das zweite und jedes weitere Kind von jeweils **240 € jährlich** ein **Freibetrag** zu beantragen (vgl. nachfolgenden Buchstaben c und Anhang 7 Abschnitt G).

c) Übrige Steuervergünstigungen

Unter der Voraussetzung, dass sie nahezu ihre gesamten Einkünfte in Deutschland erzielen, erhalten Staatsangehörige außerhalb der EU/EWR bei einem entsprechenden Nachweis der Voraussetzungen folgende Vergünstigungen:

- Freibetrag für Werbungskosten, die den Arbeitnehmer-Pauschbetrag von 1000 € übersteigen (erläutert in **Anhang 7 Abschnitt B**). Bei Versorgungsbezügen beträgt der Werbungskosten-Pauschbetrag 102 €.
- Freibetrag für unbeschränkt abzugsfähige Sonderausgaben und Spenden, die den Sonderausgaben-Pauschbetrag von 36 € übersteigen (erläutert in **Anhang 7 Abschnitt C**).

Einen Freibetrag für folgende, in **Anhang 7 Abschnitt D** auf Seite 1234 erläuterte außergewöhnliche Belastungen:

- Unterhaltsfreibeträge für gesetzlich unterhaltsberechtigte Personen (z. B. Eltern, Großeltern oder **der im Ausland lebende Ehegatte**). Ein Unterhaltsfreibetrag wird nur für solche Personen gewährt, für die weder der Arbeitnehmer noch eine andere Person Kindergeld oder kindbedingte Freibeträge erhält (vgl. nachfolgend unter Nr. 9). Vgl. zur steuerlichen Berücksichtigung der Unterhaltsleistungen an bedürftige Angehörige im Ausland im Einzelnen Anhang 7 Abschnitt D Nr. 4.

Lohn- steuer- pflichtig | Sozial- versich.- pflichtig

B

- Einen Ausbildungsfreibetrag für volljährige zur Berufsausbildung auswärts untergebrachte Kinder, für die der Arbeitnehmer nach den Ausführungen unter der nachfolgenden Nr. 9 Kindergeld oder einen Kinderfreibetrag erhält (vgl. Anhang 7 Abschnitt D Nrn. 5 und 6).
- Pauschbeträge für Behinderte und Hinterbliebene (vgl. Anhang 7 Abschnitt D Nr. 8). Zur Übertragung des einem Kind des Arbeitnehmers zustehenden Behinderten-Pauschbetrags auf den Arbeitnehmer vgl. die Erläuterungen unter dem folgenden Buchstaben d.
- Pflegepauschbeträge (vgl. Anhang 7 Abschnitt D Nr. 10).
- Freibeträge für außergewöhnliche Belastungen allgemeiner Art (vgl. Anhang 7 Abschnitt D Nr. 1 auf Seite 1234).

Zudem kann in der Steuerklasse II automatisch nur der **Entlastungsbetrag für Alleinerziehende** für das erste Kind von 1908 € jährlich berücksichtigt werden. Für den **Erhöhungsbetrag** von **2100 €** in den Jahren 2020 und 2021 sowie den Erhöhungsbetrag für das zweite und jedes weitere Kind von jeweils **240 € jährlich** ist ein Freibetrag zu beantragen (vgl. Anhang 7 Abschnitt G).

Die Eintragung dieser Freibeträge wird mit dem amtlichen Vordruck „Antrag auf Lohnsteuer-Ermäßigung 2021" sowie den dazugehörenden Anlagen beantragt, den der ausländische Arbeitnehmer zweckmäßigerweise zusammen mit dem Vordruck „Anlage Grenzpendler außerhalb EU/EWR" beim Betriebsstättenfinanzamt des Arbeitgebers abgeben wird. Außerdem ist eine Bestätigung der ausländischen Steuerbehörde über die Höhe der ausländischen Einkünfte beizufügen.[1)]

d) Übertragung des Behinderten-Pauschbetrags

Für die Übertragung eines Behinderten-Pauschbetrags, der dem im Ausland lebenden Kind des beschränkt steuerpflichtigen Arbeitnehmers zusteht, gilt Folgendes:

Hat ein Arbeitnehmer ein behindertes, steuerlich zu berücksichtigendes Kind, wird auf Antrag der diesem Kind zustehende Pauschbetrag für behinderte Menschen auf den Arbeitnehmer übertragen, wenn das Kind unbeschränkt steuerpflichtig ist (vgl. die Erläuterungen in Anhang 7 Abschnitt D Nr. 8 Buchstabe d auf Seite 1248). Wird ein beschränkt steuerpflichtiger Arbeitnehmer (außerhalb EU/EWR) auf Antrag nach § 1 Abs. 3 EStG wie ein unbeschränkt steuerpflichtiger Arbeitnehmer behandelt, kommt eine Übertragung des dem Kind zustehenden Behinderten-Pauschbetrags nur dann in Betracht, wenn das Kind selbst die Voraussetzungen des § 1 Abs. 3 EStG erfüllt, also nahezu alle Einkünfte in Deutschland erzielt. Das heißt wiederum, dass das (behinderte) Kind selbst Einkünfte in Deutschland erzielen muss, damit der Behinderten-Pauschbetrag auf den Arbeitnehmer übertragen werden kann (BFH-Urteil vom 2.6.2005, BStBl. II S. 828). Der Behinderten-Pauschbetrag, der einem im Ausland (außerhalb der EU/EWR) lebenden Kind des Arbeitnehmers zusteht, wird deshalb nur in äußerst **seltenen Ausnahmefällen** auf den Arbeitnehmer übertragen werden können, da das Kind in den meisten Fällen in Deutschland keine Einkünfte erzielen wird.

Zur Übertragungsmöglichkeit des Behinderten-Pauschbetrages eines Kindes, wenn der Arbeitnehmer EU/EWR-Staatsangehöriger ist, vgl. vorstehende Nr. 6 Buchstabe e).

8. Alle anderen beschränkt steuerpflichtigen Arbeitnehmer

Fällt ein Arbeitnehmer in die Gruppe **drei,** erhält er weder die familienbezogenen noch die übrigen Steuervergünstigungen und auch nicht die Steuerklasse II.

Hierunter fallen alle beschränkt steuerpflichtigen ausländischen Arbeitnehmer, die neben den in Deutschland erzielten Einkünften noch andere ausländische Einkünfte haben, oder die eine Bestätigung der ausländischen Steuerbehörde über die Höhe der ausländischen Einkünfte nicht vorlegen können. Diesem Personenkreis wird **stets die Steuerklasse I** gewährt. Zur Sonderregelung mit den Niederlanden vgl. vorstehende Nr. 6 Buchstabe a am Ende.

Lohn- steuer- pflichtig | Sozial- versich.- pflichtig

Nach § 50 Abs. 1 Sätze 5 und 6 i. V. m. § 39a Abs. 4 EStG erhalten diese Arbeitnehmer außer einem Freibetrag für Werbungskosten und bestimmte Sonderausgaben **keinerlei Freibeträge** (sie erhalten weder Kindergeld noch Kinderfreibeträge, vgl. nachfolgend unter Nr. 9). Lediglich folgende Freibeträge werden auf der vom Betriebsstättenfinanzamt des Arbeitgebers auszustellenden Bescheinigung für beschränkt steuerpflichtige Arbeitnehmer eingetragen:

- Freibetrag für **Werbungskosten,** die den zeitanteiligen Arbeitnehmer-Pauschbetrag von monatlich 84 € übersteigen (vgl. Anhang 7 Abschnitt B); bei Versorgungsbezügen beträgt der zeitanteilige Werbungskosten-Pauschbetrag monatlich 9 €.
- Freibetrag für Spenden, die den zeitanteiligen Sonderausgaben-Pauschbetrag von 3 € monatlich übersteigen.

Bei einer etwaigen Veranlagung zur Einkommensteuer (vgl. nachfolgende Nr. 18) kann der beschränkt steuerpflichtige Arbeitnehmer der Gruppe drei seine tatsächlichen Vorsorgeaufwendungen zur gesetzlichen Rentenversicherung, „Basiskrankenversicherung" und gesetzlichen Pflegeversicherung als Sonderausgaben geltend machen (§ 50 Abs. 1 Satz 5 EStG).

9. Freibeträge für Kinder und Kindergeld bei beschränkt steuerpflichtigen Arbeitnehmern

Nach dem Familienleistungsausgleich (vgl. Anhang 9) erhält der Arbeitnehmer während des Kalenderjahres das Kindergeld als Steuervergütung von der Familienkasse ausgezahlt. Erst nach Ablauf des Kalenderjahres prüft das Finanzamt im Veranlagungsverfahren, ob die steuerliche Berücksichtigung der Summe aus Kinderfreibetrag und Freibetrag für Betreuungs- und Erziehungs- oder Ausbildungsbedarf für den Arbeitnehmer zu einer höheren finanziellen Entlastung führt als das Kindergeld. Aus diesem Grunde wirken sich Kinder auf die im Laufe des Kalenderjahres zu zahlende **Lohnsteuer** nicht aus. Eine Auswirkung haben die Kinderfreibeträge und der Freibetrag für Betreuungs- und Erziehungs- oder Ausbildungsbedarf jedoch auf die Bemessungsgrundlage für den Solidaritätszuschlag und die Kirchensteuer; beschränkt steuerpflichtige Arbeitnehmer sind allerdings mangels Wohnsitzes im Inland nicht kirchensteuerpflichtig (vgl. nachfolgende Nr. 15). Aufgrund dieser Ausgangslage ergeben sich für die einzelnen Gruppen der beschränkt steuerpflichtigen Arbeitnehmer (vgl. die vorstehenden Erläuterungen unter den Nrn. 5 bis 8) unterschiedliche Regelungen:

1. Gruppe = Staatsangehörige von **EU/EWR-Mitgliedstaaten** (vgl. dieses Stichwort), die nahezu ihre gesamten Einkünfte in Deutschland erzielen:
Diese Arbeitnehmer erhalten Kindergeld, wenn das Kind seinen Wohnsitz in einem EU/EWR-Staat hat (§ 62 Abs. 1 Satz 1 Nr. 2 Buchstabe b in Verbindung mit § 63 Abs. 1

1) Aus Gründen der Verwaltungsvereinfachung wird im Lohnsteuer-Ermäßigungsverfahren **auf die Bestätigung der ausländischen Steuerbehörde** auf den amtlichen Vordrucken „Anlage Grenzpendler EU/EWR" oder „Anlage Grenzpendler außerhalb EU/EWR" **verzichtet,** wenn bereits eine von der ausländischen Steuerbehörde bestätigte Anlage „Bescheinigung EU/EWR" oder „Bescheinigung außerhalb EU/EWR" im Rahmen der Veranlagung für **einen der beiden vorangegangenen Veranlagungszeiträume vorliegt** und sich die Verhältnisse nach den Angaben des Arbeitnehmers nicht geändert haben (BMF-Schreiben vom 25.11.1999, BStBl. I S. 990). Das BMF-Schreiben ist als Anlage 1 zu H 1 LStR im **Steuerhandbuch für das Lohnbüro 2021** abgedruckt, das im selben Verlag erschienen ist.

Lohn-steuer-pflichtig | Sozial-versich.-pflichtig

Satz 6 EStG); wegen des Monatsprinzips besteht ein Anspruch auf Kindergeld nur für die Kalendermonate, in denen der Arbeitnehmer inländische Einkünfte erzielt und vom Finanzamt auf Antrag als unbeschränkt steuerpflichtig behandelt worden ist (BFH-Urteile vom 24.10.2012, BStBl. 2013 II S. 491 und vom 18.7.2013, BStBl. 2014 II S. 843). Nach Ablauf des Kalenderjahres wird im Rahmen einer Veranlagung zur Einkommensteuer geprüft, ob die Gewährung des Kinderfreibetrags und des Freibetrags für Betreuungs- und Erziehungs- oder Ausbildungsbedarf zu einem günstigeren Ergebnis führt, als die Zahlung des Kindergelds. Allerdings ist zu beachten, dass sowohl der Kinderfreibetrag als auch der Freibetrag für Betreuungs- und Erziehungs- oder Ausbildungsbedarf für Kinder, die in bestimmten Ländern wohnen, um 25 % oder 50 % zu kürzen ist (vgl. Anhang 10). Bei den EU/EWR-Mitgliedstaaten kommt es aber nicht zu einer Kürzung der kindbedingten Freibeträge um 75 %.

2. Gruppe = Staatsangehörige aus Ländern **außerhalb** EU/EWR, die nahezu ihre gesamten Einkünfte in Deutschland erzielen:
Diese Arbeitnehmer erhalten nach § 63 Abs. 1 Satz 6 EStG bis auf wenige Ausnahmen[1] kein Kindergeld für ihre Kinder im ausländischen Heimatstaat. Deshalb erhalten sie sowohl einen Kinderfreibetrag als auch den Freibetrag für Betreuungs- und Erziehungs- oder Ausbildungsbedarf. Sowohl der Kinderfreibetrag als auch der Freibetrag für Betreuungs- und Erziehungs- oder Ausbildungsbedarf werden in diesem Ausnahmefall **als Freibetrag** auf die vom Betriebsstättenfinanzamt auszustellende Lohnsteuerabzugsbescheinigung eingetragen, wobei zu beachten ist, dass sowohl der Kinderfreibetrag als auch der Freibetrag für Betreuungs- und Erziehungs- oder Ausbildungsbedarf für Kinder, die in bestimmten Ländern wohnen, um 25 %, 50 % oder gar 75 % zu kürzen ist (vgl. Anhang 10).

3. Gruppe = Alle übrigen beschränkt steuerpflichtigen Arbeitnehmer:
Diese Arbeitnehmer erhalten weder Kindergeld noch Kinderfreibetrag und auch keinen Freibetrag für Betreuungs- und Erziehungs- oder Ausbildungsbedarf (§ 50 Abs. 1 Sätze 4 und 5 EStG).

Auf die ausführlichen Erläuterungen zu den sog. Auslandskindern in **Anhang 9 unter Nr. 12** auf Seite 1297 wird Bezug genommen.

10. Vorsorgepauschale

Für beschränkt steuerpflichtige Arbeitnehmer in der privaten Wirtschaft ist regelmäßig die „normale" Vorsorgepauschale für Renten-, Kranken- und Pflegeversicherungsbeiträge anzuwenden.

Der Wegfall der Vorsorgepauschale für den Teilbetrag Rentenversicherung kann allerdings u. a. dann in Betracht kommen, wenn der beschränkt steuerpflichtige Arbeitnehmer **Arbeitslohn aus einer inländischen öffentlichen Kasse** bezieht (sei es als aktiver Beamter oder Versorgungsempfänger). Diese Fälle sind unter dem Stichwort „Erweiterte unbeschränkte Steuerpflicht" unter Nr. 9 behandelt.

Zur Vorsorgepauschale im Einzelnen vgl. die Erläuterungen in Anhang 8.

Lohn-steuer-pflichtig | Sozial-versich.-pflichtig

B

11. Steuerfreie Auslösungen und Reisekosten

Die Zahlung steuerfreier Auslösungen wegen Auswärtstätigkeit oder doppelter Haushaltsführung ist auch bei beschränkt steuerpflichtigen Arbeitnehmern möglich, und zwar ohne Rücksicht darauf, ob die Voraussetzungen des § 1 Abs. 3 EStG erfüllt sind oder nicht. Hinsichtlich der Zahlung von steuerfreiem Arbeitslohn ist es also völlig gleichgültig, ob ein Arbeitnehmer unbeschränkt oder nur beschränkt steuerpflichtig ist.

12. Altersentlastungsbetrag für beschränkt steuerpflichtige Arbeitnehmer

Seit 1.1.2009 erhalten aufgrund der Gesetzesänderung in § 50 Abs. 1 Satz 4 EStG (dort wird der § 24a EStG anders als früher nicht mehr aufgeführt) auch **alle beschränkt steuerpflichtigen Arbeitnehmer** (auch Arbeitnehmer der Gruppe 3) den **Altersentlastungsbetrag,** wenn sie am 1. 1. 2021 bereits **64 Jahre alt** sind, also vor dem 2.1.1957 geboren wurden.

13. Teillohnzahlungszeitraum und Fünftelregelung

a) Teillohnzahlungszeitraum

Besteht ein **Dienstverhältnis** nicht während eines vollen Monats, sondern **beginnt** oder **endet** es **während des Monats,** ist der während dieser Zeit bezogene Arbeitslohn auf die einzelnen Kalendertage umzurechnen. Die Lohnsteuer ergibt sich in diesem Fall aus dem mit der Zahl der Kalendertage vervielfachten Betrag der Lohnsteuer-Tagestabelle (vgl. die Erläuterungen beim Stichwort „Teillohnzahlungszeitraum" unter Nr. 3 Buchstabe a).

Solange das Dienstverhältnis aber fortbesteht, sind auch solche in den Lohnzahlungszeitraum fallende Arbeitstage mitzuzählen, für die der Arbeitnehmer keinen steuerpflichtigen Arbeitslohn bezogen hat (R 39b.5 Abs. 2 Satz 3 LStR). Aufgrund dieser Regelung entsteht z. B. **kein Teillohnzahlungszeitraum,** wenn ein unbeschränkt steuerpflichtiger Arbeitnehmer für seinen Arbeitgeber eine Auslandstätigkeit, die nach einem Doppelbesteuerungsabkommen oder nach dem Auslandstätigkeitserlass steuerfrei ist, während des Monats beginnt oder beendet. Entsprechendes gilt, wenn ein **beschränkt steuerpflichtiger Arbeitnehmer** für seinen Arbeitgeber **zeitweise** in **Deutschland** und **zeitweise** im **Ausland** tätig wird.

Beispiel A

Ein beschränkt steuerpflichtiger Arbeitnehmer wird einmal wöchentlich für seinen inländischen Arbeitgeber in Deutschland (das Besteuerungsrecht für diesen Tag hat Deutschland) und an den anderen Arbeitstagen – für die der ausländische Staat das Besteuerungsrecht hat – im Ausland tätig.

Bei der Lohnabrechnung des beschränkt steuerpflichtigen Arbeitnehmers für den in Deutschland steuerpflichtigen Arbeitslohn ist die Monatstabelle anzuwenden. Es entsteht kein Teillohnzahlungszeitraum.

Beispiel B

Wie Beispiel A. Der Arbeitnehmer wird erstmals Mitte Februar 2021 in Deutschland tätig und damit beschränkt steuerpflichtig. Das Dienstverhältnis zum inländischen Arbeitgeber, für den er bisher ausschließlich im Ausland tätig war, bestand aber schon vorher.

Auch in diesem Fall ist bei der Lohnabrechnung des beschränkt steuerpflichtigen Arbeitnehmers für den in Deutschland steuerpflichtigen Arbeitslohn die Monatstabelle anzuwenden. Es entsteht – auch im Februar 2021 – kein Teillohnzahlungszeitraum.

Beispiel C

Wie Beispiel A. Das Dienstverhältnis und damit auch die beschränkte Steuerpflicht werden Mitte Februar 2021 erstmals begründet.

Wegen der Begründung des Dienstverhältnisses entsteht für Februar 2021 ein Teillohnzahlungszeitraum mit der Folge, dass nach Umrechnung des Arbeitslohns auf die einzelnen Kalendertage die Lohnsteuer-Tagestabelle anzuwenden ist.

---

1) Eine Ausnahmeregelung aufgrund einer Rechtsverordnung nach § 63 Abs. 2 EStG besteht nur für Kinder, die in der Schweiz, in Bosnien und Herzegowina, im Kosovo, in Marokko, in Montenegro, in Serbien, in der Türkei oder in Tunesien wohnen. Vgl. im Einzelnen Anhang 9 Nr. 12 Buchstabe b.

Lohn- steuer- pflichtig | Sozial- versich.- pflichtig

B

Entsprechend den vorstehenden Beispielen ist auch **zu verfahren,** wenn in den Fällen der grenzüberschreitenden Arbeitnehmerentsendung das in Deutschland ansässige Unternehmen inländischer Arbeitgeber wird, weil es den Arbeitslohn für die ihm geleistete Arbeit wirtschaftlich trägt oder nach dem Fremdvergleichgrundsatz hätte tragen müssen. Der sog. **wirtschaftliche Arbeitgeberbegriff** setzt nicht voraus, dass das inländische Unternehmen dem Arbeitnehmer den Arbeitslohn im eigenen Namen und für eigene Rechnung auszahlt (vgl. die Erläuterungen und das Beispiel A nebst Abwandlung unter der vorstehenden Nr. 3).

b) Fünftelregelung

Die ermäßigte Besteuerung nach § 34 EStG gilt nicht nur bei beschränkt steuerpflichtigen Arbeitnehmern, die unter die Sonderregelung des § 1 Abs. 3 EStG fallen, sondern bei allen beschränkt steuerpflichtigen Arbeitnehmern. In Betracht kommen:

- Ermäßigte Besteuerung nach der sog. **Fünftelregelung** für Entlassungsabfindungen und andere Entschädigungen (vgl. die Stichworte „Abfindung wegen Entlassung aus dem Dienstverhältnis" und „Entschädigungen").
- Ermäßigte Besteuerung nach der sog. **Fünftelregelung** bei Arbeitslohn für mehrere Jahre (vgl. das Stichwort „Arbeitslohn für mehrere Jahre").

Zur Anwendung der Fünftelregelung in diesen Fällen vgl. auch das Stichwort „Sonstige Bezüge" unter Nr. 6.

14. Vermögenswirksame Leistungen und Vermögensbeteiligungen

Auch beschränkt steuerpflichtige Arbeitnehmer können vermögenswirksame Leistungen vom Arbeitgeber erhalten oder Teile ihres Arbeitslohns vermögenswirksam anlegen (vgl. „Vermögensbildung der Arbeitnehmer"). Die Arbeitnehmer-Sparzulage wird vom Finanzamt nach Ablauf des Kalenderjahres auf Antrag festgesetzt. Der beschränkt steuerpflichtige Arbeitnehmer, der die Vergünstigungen des § 1 Abs. 3 EStG in Anspruch nimmt und der deshalb nach Ablauf des Kalenderjahres zur Einkommensteuer veranlagt wird, muss den Antrag auf Arbeitnehmer-Sparzulage im Rahmen seiner Einkommensteuererklärung stellen. Beschränkt steuerpflichtige Arbeitnehmer, die nach Ablauf des Kalenderjahres nicht zur Einkommensteuer veranlagt werden, da für sie die Einkommensteuer durch den Lohnsteuerabzug als abgegolten gilt (vgl. nachfolgend unter Nr. 18), müssen den Antrag auf Arbeitnehmer-Sparzulage trotzdem auf dem Einkommensteuer-Erklärungsvordruck für beschränkt Steuerpflichtige stellen. Sie brauchen jedoch nur diejenigen Angaben zu machen, die für die Gewährung der Sparzulage erforderlich sind. Beschränkt steuerpflichtige Arbeitnehmer, die nicht zur Einkommensteuer veranlagt werden, steht die Arbeitnehmer-Sparzulage ohne Rücksicht auf die Höhe ihres Einkommens zu. Die früher für die Beantragung der Arbeitnehmer-Sparzulage geltende Zweijahresfrist ist weggefallen. Somit gilt die allgemeine Festsetzungsfrist von vier Jahren. Anträge auf Festsetzung der Arbeitnehmer-Sparzulage für im Jahr 2017 angelegte vermögenswirksame Leistungen können daher noch bis zum 31.12.2021 gestellt werden.[1] Die in 2020 angelegten vermögenswirksamen Leistungen werden übrigens bis zum 28.2.2021 vom Anlageinstitut an die Finanzverwaltung elektronisch übermittelt.

Der **steuer- und sozialversicherungsfreie Höchstbetrag** von derzeit **360 €** für den geldwerten Vorteil aufgrund des unentgeltlichen oder verbilligten Erwerbs von **Vermögensbeteiligungen** gilt auch für beschränkt steuerpflichtige Arbeitnehmer (vgl. das Stichwort „Vermögensbeteiligungen" unter Nr. 2 Buchstabe c).

Lohn- steuer- pflichtig | Sozial- versich.- pflichtig

15. Kirchensteuer

Beschränkt steuerpflichtige Arbeitnehmer sind mangels Wohnsitzes oder gewöhnlichen Aufenthalt im Inland **nicht kirchensteuerpflichtig.** Kirchensteuer ist deshalb vom Arbeitgeber nicht einzubehalten. Das gilt auch dann, wenn ein beschränkt steuerpflichtiger Arbeitnehmer auf Antrag als unbeschränkt steuerpflichtig behandelt wird (vgl. vorstehende Nrn. 6 und 7).

Bei beschränkt steuerpflichtigen Aushilfskräften und Teilzeitbeschäftigten kann die Lohnsteuer in gleicher Weise pauschaliert werden wie bei unbeschränkter Steuerpflicht (vgl. das Stichwort „Pauschalierung der Lohnsteuer bei Aushilfskräften und Teilzeitbeschäftigten"). Auch in diesen Fällen wird keine (pauschale) Kirchensteuer erhoben. Der Pauschsteuersatz von 2 % bei geringfügiger Beschäftigung, der auch die Kirchensteuer und den Solidaritätszuschlag mit abgilt, verringert sich allerdings nicht.

16. Lohnsteuerbescheinigung

Wie nachfolgend unter Nr. 18 ausgeführt, wird ein beschränkt steuerpflichtiger Arbeitnehmer in bestimmten Fällen zur Einkommensteuer veranlagt. Der Arbeitgeber muss deshalb diesen beschränkt steuerpflichtigen Arbeitnehmern eine Lohnsteuerbescheinigung ausstellen.

Nimmt der Arbeitgeber am Verfahren zur Ausschreibung einer **elektronischen Lohnsteuerbescheinigung** teil, wird er dem Arbeitnehmer einen Ausdruck der Daten aushändigen, die er dem Finanzamt auf elektronischem Wege übermittelt hat. Nimmt der **Arbeitgeber** (ausnahmsweise) **nicht am ElsterLohn-Verfahren teil,** hat er nach Ablauf des Kalenderjahres oder wenn das Dienstverhältnis vor Ablauf des Kalenderjahres beendet wird, eine „Besondere Lohnsteuerbescheinigung" auszustellen. Nicht ausgehändigte Lohnsteuerbescheinigungen hat der Arbeitgeber seinem Betriebsstättenfinanzamt einzureichen (vgl. auch die Erläuterungen beim Stichwort „Besondere Lohnsteuerbescheinigung" unter den Nrn. 2 und 3). Bei beschränkt steuerpflichtigen Arbeitnehmern sind die Zeilen für die Kirchensteuer nicht auszufüllen, weil beschränkt steuerpflichtige Arbeitnehmer nicht kirchensteuerpflichtig sind (vgl. vorstehende Nr. 15 und die Erläuterungen beim Stichwort „Kirchensteuer" unter Nr. 8).

17. Lohnsteuer-Jahresausgleich durch den Arbeitgeber

Seit 2012 ist die frühere Voraussetzung für einen Lohnsteuer-Jahresausgleich durch den Arbeitgeber – Vorlage einer Lohnsteuerkarte (vgl. § 42b Abs. 1 Satz 3 EStG in der Fassung für 2011) – im Zusammenhang mit der Einführung der elektronischen Lohnsteuerabzugsmerkmale gestrichen worden.

Gleichwohl waren beschränkt steuerpflichtige Arbeitnehmer von der Durchführung des Lohnsteuer-Jahresausgleichs durch den Arbeitgeber bis einschließlich 2019 ausgeschlossen, da der Gesetzeswortlaut (in § 42b Abs. 1 Satz 1 EStG) auf die unbeschränkte Steuerpflicht des Arbeitnehmers abstellte; daher war u.E. schon bisher ein Lohnsteuer-Jahresausgleich durch den Arbeitgeber möglich, wenn der beschränkt steuerpflichtige Arbeitnehmer einem unbeschränkt steuerpflichtigen Arbeitnehmer gleichzustellen war (Fall des § 1 Abs. 3 EStG) und das gesamte Kalenderjahr ein durchgängiges Dienstverhältnis zu demselben Arbeitgeber bestanden hat.

Durch das sog. Jahressteuergesetz 2019 ist für die Durchführung des Lohnsteuer-Jahresausgleichs durch den Arbeitgeber das Tatbestandsmerkmal „unbeschränkte Steuerpflicht" gestrichen worden, und zwar aus folgenden

1) Fällt das Jahresende auf einen Samstag, einen Sonntag oder einen gesetzlichen Feiertag, endet die Festsetzungsfrist erst mit Ablauf des nächstfolgenden Werktags (BFH-Urteil vom 20.1.2016, BStBl. II S. 380).

Gründen: Durch die grundsätzlich gegebene Einbeziehung der beschränkt steuerpflichtigen Arbeitnehmer in das ELStAM-Verfahren entfällt für den Arbeitgeber die bisher anhand der Lohnsteuerabzugsbescheinigung mögliche Unterscheidung, ob der Arbeitnehmer beschränkt oder unbeschränkt steuerpflichtig ist. Aus Gründen des Datenschutzes ist nämlich kein Lohnsteuerabzugsmerkmal „Ausschluss vom Lohnsteuer-Jahresausgleich" oder „beschränkte Steuerpflicht" vorgesehen.

Aufgrund der vorstehenden Erwägungen und der Tatsache, dass auch bei **beschränkt steuerpflichtigen Arbeitnehmern** die Jahreslohnsteuer vom Jahresarbeitslohn zu ermitteln ist, sind sie in die Regelungen für den betrieblichen Lohnsteuer-Jahresausgleich durch den Arbeitgeber **einbezogen** worden, wenn der beschränkt steuerpflichtige Arbeitnehmer das **gesamte Kalenderjahr bei demselben Arbeitgeber beschäftigt** ist.

Beispiel

Der beschränkt einkommensteuerpflichtige Arbeitnehmer A (Fall des § 1 Abs. 4 EStG) ist das gesamte Kalenderjahr 2021 beim Arbeitgeber B beschäftigt.

Arbeitgeber B ist berechtigt, auch für den Arbeitnehmer A den betrieblichen Lohnsteuer-Jahresausgleich 2021 durchzuführen.

18. Veranlagung beschränkt steuerpflichtiger Arbeitnehmer

Früher waren beschränkt steuerpflichtige Arbeitnehmer generell von einer Veranlagung zur Einkommensteuer (mit Anwendung der Jahrestabelle) ausgeschlossen. Die Einkommensteuer war in allen Fällen mit dem Lohnsteuerabzug abgegolten (heute § 50 Abs. 2 Satz 1 EStG).

Im bereits erwähnten Schumacker-Urteil hat der Europäische Gerichtshof entschieden, dass beschränkt steuerpflichtige Arbeitnehmer aus Mitgliedstaaten der Europäischen Union auch dann einen Anspruch auf Veranlagung zur Einkommensteuer haben, wenn sie nur einen Teil ihrer Einkünfte in Deutschland erzielen, also die Voraussetzungen des § 1 Abs. 3 EStG **nicht** erfüllen (= beschränkt steuerpflichtige Arbeitnehmer der Gruppe drei). In § 50 Abs. 2 Satz 2 Nr. 4 Buchstabe b EStG ist deshalb geregelt worden, dass nicht nur diejenigen beschränkt steuerpflichtigen Arbeitnehmer zur Einkommensteuer veranlagt werden, die einem unbeschränkt steuerpflichtigen Inländer völlig oder annähernd gleichgestellt sind (§ 46 Abs. 2 Nr. 7 Buchstabe b EStG) oder nach Ablauf des Kalenderjahres gleichgestellt werden wollen (§ 46 Abs. 2 Nr. 9 EStG), sondern auf Antrag auch alle anderen beschränkt steuerpflichtigen Arbeitnehmer, **wenn sie EU/EWR-Staatsangehörige** sind und außerdem im EU/EWR-Gebiet ihren Wohnsitz haben (§ 50 Abs. 2 Satz 2 Nr. 4 Buchstabe b i. V. m. Satz 7 EStG). Hiernach ergibt sich folgende Übersicht:

Beschränkt steuerpflichtige Arbeitnehmer

- völlige oder annähernde Gleichstellung mit Inländern (vgl. Nrn. 6 und 7)
  - **Pflichtveranlagung** (§ 46 Abs. 2 Nr. 7b EStG)
- keine Gleichstellung mit Inländern (vgl. Nr. 8)
  - EU/EWR-Staatsangehörigkeit und -Wohnsitz
    - **Antragsveranlagung** (mit Anwendung der Jahrestabelle)
  - andere beschränkt steuerpflichtige Arbeitnehmer
    - Einkommensteuer ist grundsätzlich mit Lohnsteuerabzug abgegolten

Die Antragsveranlagung nach § 46 Abs. 2 Nr. 8 EStG i. V. m. § 50 Abs. 2 Satz 2 Nr. 4 Buchstabe b und Satz 7 EStG für EU/EWR-Staatsangehörige, die ihre Einkünfte sowohl in Deutschland als auch im Ausland erzielen, führt zwar zur Anwendung der Jahrestabelle, der Arbeitnehmer kann jedoch nur Werbungskosten und bestimmte Sonderausgaben geltend machen. Alle anderen Vergünstigungen werden nicht gewährt (kein Splittingvorteil, keine Kinderfreibeträge, keine Freibeträge für Betreuungs- und Erziehungs- oder Ausbildungsbedarf, kein Realsplitting, keine außergewöhnlichen Belastungen). Werden keine Werbungskosten bzw. Sonderausgaben geltend gemacht, werden der (ggf. zeitanteilig zu ermäßigende) Arbeitnehmer-Pauschbetrag in Höhe von 1000 € (bei Versorgungsbezügen Werbungskosten-Pauschbetrag in Höhe von 102 €) und der (ggf. zeitanteilig zu ermäßigende) Sonderausgaben-Pauschbetrag in Höhe von 36 € gewährt.

Beschränkt steuerpflichtige Arbeitnehmer können zudem bei der Einkommensteuer-Veranlagung die tatsächlichen Vorsorgeaufwendungen zur gesetzlichen Rentenversicherung, „Basiskrankenversicherung" und gesetzlichen Pflegeversicherung als Sonderausgaben geltend machen (§ 50 Abs. 1 Satz 5 EStG).

Außerdem wurde bereits vor vielen Jahren bei beschränkt steuerpflichtigen Arbeitnehmern der dritten Gruppe ein **Pflichtveranlagungstatbestand** für den Fall eingeführt, dass auf der Lohnsteuerabzugsbescheinigung ein **Freibetrag** eingetragen worden ist (§ 50 Abs. 2 Satz 2 Nr. 4 Buchstabe a EStG). Auch bei einer zeitlich begrenzten Tätigkeit im Kalenderjahr kommt es in diesen Fällen zum Ansatz der Jahrestabelle. Zuständig für die Durchführung der Einkommensteuer-Veranlagung ist das Betriebsstättenfinanzamt des Arbeitgebers. Die Veranlagungspflicht für beschränkt steuerpflichtige Arbeitnehmer der Gruppe drei bei Eintragung eines Freibetrags auf der Lohnsteuerabzugsbescheinigung besteht aber nur, wenn der im Kalenderjahr 2021 erzielte **Arbeitslohn** des Arbeitnehmers **12 250 € übersteigt.** Bei einem Arbeitslohn bis zu dieser Höhe ergibt sich in aller Regel nämlich ohnehin keine Einkommensteuerschuld. Von dieser Regelung profitieren insbesondere ausländische Saisonarbeitskräfte, auf deren Lohnsteuerabzugsbescheinigung ein Freibetrag z. B. wegen Aufwendungen für doppelte Haushaltsführung und/oder Reisekosten eingetragen worden ist. Sie sind bei einem Arbeitslohn bis zu 12 250 € im Kalenderjahr 2021 nicht verpflichtet, eine Einkommensteuererklärung abzugeben. Beim Vorliegen ausländischer Einkünfte kommt es in diesem Fall auch nicht zur Anwendung des Progressionsvorbehalts (vgl. auch „Saisonbeschäftigte").

Die Auswirkungen der Veranlagungsregelung soll an einem Beispiel verdeutlicht werden:

Beispiel A

Ein Saisonarbeiter aus Italien arbeitet vom 1. Juni bis 30. September 2021 in einer Eisdiele in München. Da er sich nur vier Monate in Deutschland aufhält, ist er beschränkt steuerpflichtig. Seine Frau lebt in der Familienwohnung in Neapel. Da er eine Bescheinigung seines italienischen Finanzamts über die Höhe seiner Einkünfte in Italien nicht beibringen kann (oder nicht beibringen will), wird er als beschränkt Steuerpflichtiger behandelt (vgl. die Erläuterungen unter der vorstehenden Nr. 8). Dies bedeutet Anwendung der Steuerklasse I (und ggf. einen Freibetrag für Werbungskosten).

Bei einem Monatslohn von 2000 € beträgt die Lohnsteuer nach Steuerklasse I 163,50 € und der Solidaritätszuschlag 0 €. Kirchensteuer fällt bei beschränkt steuerpflichtigen Arbeitnehmern nicht an.

Nach Ablauf des Jahres kann der Arbeitnehmer eine Veranlagung beantragen. Dabei ist die Jahrestabelle auf das zu versteuernde Einkommen anzuwenden, das sich wie folgt errechnet:

2000 € × 4 =		8 000,— €
abzüglich		
Arbeitnehmer-Pauschbetrag 4/12	334,— €	
Vorsorgeaufwendungen (angenommen)	0,— €	
Sonderausgaben-Pauschbetrag 4/12	12,— €	346,— €
zu versteuerndes Einkommen		7 654,— €

zuzüglich Betrag nach § 50 Abs. 1 Satz 2 EStG[1] (Grundfreibetrag 9744 € abzüglich 7654 € =)	2 090,– €
„zu versteuerndes Einkommen neu“	9 744,– €
Steuer lt. Grundtabelle	0,– €

Hat der Arbeitnehmer keine ausländischen Einkünfte, wird ihm die einbehaltene Lohnsteuer in Höhe von (4 × 163,50 € =) 654,– € in vollem Umfang erstattet.

Hat der Arbeitnehmer allerdings ausländische Einkünfte, werden diese im Rahmen des Progressionsvorbehalts in die Veranlagung mit einbezogen. Dies vermindert die Erstattung entsprechend (vgl. das Stichwort „Progressionsvorbehalt“).

Seit 2020 besteht für beschränkt steuerpflichtige Arbeitnehmer auch dann eine **Veranlagungspflicht,** wenn

- nebeneinander von **mehreren Arbeitgebern** Arbeitslohn bezogen wurde,
- ein **sonstiger Bezug ermäßigt besteuert** worden ist oder
- auf der Lohnsteuerbescheinigung der **Großbuchstabe „S“** bescheinigt worden ist.

Beispiel B

Der beschränkt steuerpflichtige Arbeitnehmer B ist im Kalenderjahr 2021 zeitgleich für die Arbeitgeber C (mit Steuerklasse I) und D (mit Steuerklasse VI) tätig.

Für das Kalenderjahr 2021 ist für den Arbeitnehmer eine Pflichtveranlagung zur Einkommensteuer durchzuführen (§ 50 Abs. 2 Satz 2 Nr. 4 Buchstabe c i.V.m § 46 Abs. 2 Nr. 2 EStG).

Außerdem haben beschränkt steuerpflichtige Arbeitnehmer bei vorweggenommenen Werbungskosten (z. B. Aufwendungen für ein Zweitstudium), nachträglichen Werbungskosten oder negativen Einnahmen (z. B. Rückzahlung von Arbeitslohn; vgl. auch dieses Stichwort) die Möglichkeit, die **Feststellung eines Verlustabzugs** nach § 10d EStG zu beantragen, um einen Verlustrücktrag oder einen Verlustvortrag in andere Kalenderjahre vorzunehmen. Die Abgeltungswirkung durch einen Lohnsteuerabzug (vgl. § 50 Abs. 2 Satz 1 EStG) greift nämlich nur dann, wenn von einem positiven Arbeitslohn tatsächlich Lohnsteuer einbehalten worden ist oder zumindest einzubehalten war.

Beispiel C

Dem niederländischen Arbeitnehmer B sind in 2020 im Ausland Aufwendungen für ein Zweitstudium (= vorweggenommene Werbungskosten) in Höhe von 2500 € entstanden. In 2021 wird er in Deutschland erstmals beschränkt steuerpflichtig und erzielt in Deutschland steuerpflichtige Einkünfte aus nichtselbstständiger Arbeit (§ 49 Abs. 1 Nr. 4 Buchstabe a EStG).

B hat die Möglichkeit für das Kalenderjahr 2020 wegen seiner vorweggenommenen Werbungskosten einen Verlustvortrag nach § 10d EStG in Höhe von 2500 € zu beantragen. Dieser Verlustvortrag würde bei seiner beantragten Einkommensteuer-Veranlagung 2021 (§ 50 Abs. 2 Satz 2 Nr. 4 Buchstabe b i. V. m. Satz 7 EStG) mit seinen Einkünften aus nichtselbstständiger Arbeit verrechnet werden und in aller Regel zu einer Steuererstattung führen.

19. Sozialversicherung

Ausländische Arbeitnehmer unterliegen nach dem Territorialprinzip ungeachtet ihrer Staatsangehörigkeit grundsätzlich der deutschen Sozialversicherung. Eine Ausnahme kann sich nach dem Prinzip der **Einstrahlung** oder aus zwischenstaatlichen Vereinbarungen ergeben, wenn der Arbeitnehmer von seinem ausländischer Arbeitgeber vorübergehend in das Inland entsandt wird. Die Dauer der Tätigkeit im Inland aufgrund der Entsendung muss von vornherein zeitlich begrenzt sein (vgl. das Stichwort „Einstrahlung“).

In Zweifelsfällen empfiehlt es sich eine Klärung durch die zuständige Krankenkasse oder direkt bei der Deutschen Verbindungsstelle Krankenversicherung – Ausland herbeizuführen (www.dvka.de).

Lohn- Sozial-
steuer- versich.-
pflichtig pflichtig

20. „Riester-Rente“

Der Europäische Gerichtshof hatte entschieden, dass die „Riester-Förderung“ wegen Verstoßes gegen das Recht auf freie Wohnortwahl (= Freizügigkeit) und gegen die Gleichbehandlung von Deutschen und Ausländern u. a. EU-rechtswidrig ist, soweit beschränkt steuerpflichtigen Arbeitnehmern die Zulageberechtigung verweigert wird, weil sie in Deutschland nicht unbeschränkt einkommensteuerpflichtig sind. Es handele sich bei der Altersvorsorgezulage um eine soziale Vergünstigung, die als Ausgleich für die in der deutschen Alterssicherung vorgenommenen Einschnitte gewährt werde. Dementsprechend müsse die Altersvorsorgezulage jedem Förderberechtigten zugutekommen, der in einem inländischen gesetzlichen Alterssicherungssystem versichert sei. Allerdings seien die Gewährung des Sonderausgabenabzugs nach § 10a EStG und die Altersvorsorgezulage getrennt zu beurteilen (EuGH-Urteil vom 10.9.2009 Rs 269/07).

Durch das Gesetz zur Umsetzung steuerrechtlicher EU-Vorgaben sowie zur Änderung steuerrechtlicher Vorschriften vom 8.4.2010 (BStBl. I S. 334) ist es bei der „Riester-Förderung“ zu der erforderlichen Nachbesserung gekommen. Zum **begünstigten Personenkreis** für die **Altersvorsorgezulage** von bis zu 175 € jährlich gehören – unabhängig davon, ob sie unbeschränkt oder beschränkt steuerpflichtig sind – alle in der **inländischen** gesetzlichen **Rentenversicherung Pflichtversicherten,** also z. B. auch beschränkt steuerpflichtige Arbeitnehmer der Gruppe drei, sofern sie ein begünstigtes Altersvorsorgeprodukt abgeschlossen haben. Ein Anspruch auf den zusätzlichen Sonderausgabenabzug bis zu 2100 € jährlich nach § 10a EStG haben beschränkt steuerpflichtige Arbeitnehmer der Gruppe drei aber nicht (§ 50 Abs. 1 Satz 3 EStG). Vgl. zur „Riester-Förderung“ im Einzelnen die ausführlichen Erläuterungen in Anhang 6a.

21. Pauschalbesteuerung mit 30 % bei kurzfristiger Tätigkeit im Inland

Seit 1.1.2020 kann der Arbeitgeber bei kurzfristigen Tätigkeiten beschränkt steuerpflichtiger Arbeitnehmer, die einer **ausländischen Betriebsstätte dieses Arbeitgebers zugeordnet** sind, eine Pauschalbesteuerung des Arbeitslohns mit 30 % vornehmen. Eine kurzfristige Tätigkeit in diesem Sinne liegt vor, wenn die in Deutschland ausgeübte Tätigkeit **18 zusammenhängende Arbeitstage** nicht übersteigt (§ 40a Abs. 7 EStG). Wie in den meisten Fällen handelt es sich um ein Wahlrecht des Arbeitgebers, die Pauschalierung anstelle der Regelbesteuerung vorzunehmen. Im Falle der Pauschalierung besteht zudem die Möglichkeit, die Pauschalsteuer auf den Arbeitnehmer abzuwälzen. Der Arbeitgeber hat auch für diese Arbeitnehmer ein Lohnkonto zu führen, in dem die Bezüge und das Vorliegen der Pauschalierungsvoraussetzungen aufzuzeichnen sind.

Die durch das sog. Bürokratieentlastungsgesetz III neu eingeführte Pauschalierungsmöglichkeit ist insbesondere für Banken und Versicherungen von Bedeutung, die im Ausland an Stelle von Tochterunternehmen regelmäßig Betriebsstätten unterhalten und deshalb zivilrechtlicher Arbeitgeber der in den **ausländischen Betriebsstätten** angestellten **Mitarbeiter** sind. In den genannten Branchen reisen die im Ausland angestellten Mitarbeiter regelmäßig beruflich nach Deutschland. Diese Inlandsarbeitstage werden nicht nur im Stammhaus des Arbeitgebers abgeleistet, sondern im gesamten Bundesgebiet wie z. B. bei Kunden und beruflichen Veranstaltungen. In diesen Fällen ist das inländische Stammhaus als Arbeitgeber zum Lohnsteuerabzug verpflichtet. Die Wahlmöglichkeit zur Lohnsteuerpauschalierung erleichtert dem Arbeitgeber – auch

1) Die Regelung des § 50 Abs. 1 Satz 2 EStG wirkt sich bei Arbeitnehmern insbesondere bei geringen Einkünften aus nichtselbstständiger Arbeit (unterhalb des Grundfreibetrags) und anderen inländischen Einkünften aus einer anderen Einkunftsart nachteilig aus.

im Hinblick auf etwaige weitere geldwerte Vorteile im Zusammenhang mit der Inlandstätigkeit – die Lohnsteuerübernahme. Nachteilig kann allerdings die Tatsache sein, dass bei dieser Pauschalierung nach wie vor ein Solidaritätszuschlag von 5,5 % der pauschalen Lohnsteuer zu erheben ist.

Beispiel A

Der Mitarbeiter einer ausländischen Betriebsstätte seines inländischen Arbeitgebers wird im Januar 2021 für fünf Arbeitstage in Deutschland tätig. Auf die Tätigkeit in Deutschland entfällt ein Arbeitslohnanteil in Höhe von 2300 €.

Da der Arbeitnehmer einer ausländischen Betriebsstätte seines Arbeitgebers zugeordnet ist und eine kurzfristige Tätigkeit im Inland ausübt, kann der Arbeitgeber den Arbeitslohn in Höhe von 2300 € mit 30 % pauschal besteuern zuzüglich 5,5% Solidaritätszuschlag.

Beispiel B

Wie Beispiel A. Der Mitarbeiter wird allerdings für vier Monate in Deutschland tätig. Auf die Tätigkeit in Deutschland entfällt ein Arbeitslohnanteil in Höhe von 35 000 €.

Eine Pauschalbesteuerung mit 30 % kommt nicht in Betracht, da der Arbeitnehmer keine kurzfristige Tätigkeit im Inland ausübt. Der Arbeitslohn ist daher nach den individuellen Lohnsteuerabzugsmerkmalen des Arbeitnehmers (in der Regel Steuerklasse I) regulär zu besteuern.

Beschränkt steuerpflichtige Künstler, Berufssportler, Schriftsteller und Journalisten

Wichtiges auf einen Blick:

Zum 1.1.2020 sind auch beschränkt steuerpflichtige Arbeitnehmer mit Identifikationsnummer in das **ELStAM-Verfahren** einbezogen worden (sog. „Standardfälle" = Steuerklasse I ohne Freibetrag). In den übrigen Arbeitnehmer-Fällen erteilt das Betriebsstättenfinanzamt weiterhin jährlich eine neue **Lohnsteuerabzugsbescheinigung** (vgl. nachfolgende Nr. 5)

Gliederung:

1. Allgemeines
2. Selbstständige Tätigkeit
3. Arbeitnehmer
4. Freistellung vom Lohnsteuerabzug
5. Durchführung des Lohnsteuerabzugs
6. Pauschalierung der Lohnsteuer bei Künstlern
7. Lohnsteuerbescheinigung und Veranlagung zur Einkommensteuer

1. Allgemeines

Künstler, Berufssportler, Schriftsteller und Journalisten (einschließlich Bildberichterstatter), die im Inland weder einen Wohnsitz noch ihren gewöhnlichen Aufenthalt haben, aber ihre Tätigkeit im Inland ausüben, sind mit den hierfür gezahlten Vergütungen beschränkt steuerpflichtig. Es ergibt sich eine unterschiedliche steuerliche Behandlung je nachdem, ob der beschränkt steuerpflichtige Künstler, Berufssportler, Schriftsteller oder Journalist als **Arbeitnehmer oder Selbstständiger** tätig ist.

2. Selbstständige Tätigkeit

Wird die Tätigkeit **selbstständig** ausgeübt, unterliegen die gezahlten Vergütungen grundsätzlich dem besonderen Steuerabzug nach § 50a Abs. 2 EStG. Für **selbstständig** im Inland tätige, beschränkt steuerpflichtige **Künstler** (z. B. Musiker, ausgenommen sind werkschaffende Künstler) und **Berufssportler** beträgt der pauschale Steuersatz bei Honoraren für zufließende Vergütungen

- bis 250 € (Freigrenze) **0 %**
- und über 250 € **15 %**

der gesamten Einnahmen. Der Solidaritätszuschlag wird zusätzlich erhoben; er beträgt 5,5 % der Abzugssteuer. Beschränkt Steuerpflichtige sind nicht kirchensteuerpflichtig. Für **selbstständig** tätige **Schriftsteller** und **Journalisten** (einschließlich Bildberichterstatter) ist seit 1.1.2009 grundsätzlich **kein Steuerabzug** nach § 50a Abs. 2 EStG mehr vorgesehen.

Bei einer sog. **Nettovereinbarung** ergeben sich folgende Prozentsätze, die auf die vereinbarte Nettovergütung anzuwenden sind:

Bei einer Netto-Vergütung	Berechnungssatz für die Steuer nach § 50a Abs. 2 EStG in % der Netto-Vergütung	Berechnungssatz für den Solidaritätszuschlag in % der Netto-Vergütung
bis 250,00 €	0,00 %	0,00 %
mehr als 250,00 €	17,82 %	0,98 %

Der Unterschied zwischen Brutto- und Nettoberechnung soll an zwei Beispielen verdeutlicht werden:

Beispiel A (Brutto-Vereinbarung)

Mit einem ausländischen Künstler wird für einen einzelnen Auftritt eine Vergütung in Höhe von brutto 510,00 € vereinbart.

Die Vergütung übersteigt 250,00 €. Es sind deshalb einzubehalten:

Einkommensteuer (15 % von 510 €)	76,50 €
Solidaritätszuschlag (5,5 % von 76,50 €)	4,21 €
Der Auszahlungsbetrag beträgt	429,29 €

Beispiel B (Netto-Vereinbarung)

Mit einem ausländischen Künstler wird für einen einzelnen Auftritt eine Netto-Vergütung in Höhe von 510,00 € vereinbart.

Die Netto-Vergütung übersteigt 250,00 €.

Der Auszahlungsbetrag an den Künstler beträgt 510,00 €. Da die Netto-Vergütung 250,00 € übersteigt, hat der Vergütungsschuldner an das Finanzamt zusätzlich folgende Steuern abzuführen:

Einkommensteuer (17,82 % von 510 €)	90,88 €
Solidaritätszuschlag (0,98 % von 510 €)	5,00 €

Die Freigrenze von 250 € gilt für jeden einzelnen Auftritt pro Tag. Werden an einem Tag mit einem oder mehreren Veranstaltern mehrere Auftritte durchgeführt, ist die Milderungsregelung je Auftritt anzuwenden. Proben sind allerdings keine Auftritte in diesem Sinne. Die Aufteilung einer Vergütung in mehrere Teilbeträge ist für die Anwendung der Freigrenze unbeachtlich.[1)]

Der für **selbstständig** im Inland tätige, beschränkt steuerpflichtige Künstler und Berufssportler geltende Pauschsteuersatz von **15 %** ist stets auf die **Gesamtvergütung** (Honorar bzw. Gage) anzuwenden. Abzüge (z. B. für Betriebsausgaben, Sonderausgaben) sind nicht zulässig. **Reisekosten** (Verpflegungspauschalen, Fahrt- und Übernachtungskosten), die besonders gewährt oder ersetzt werden, gehören **nicht** zu den **Einnahmen** von denen ein Steuerabzug vorzunehmen ist, sofern sie die tatsächlichen Kosten – bei Beachtung der steuerlichen Verpflegungspauschalen – nicht übersteigen (§ 50a Abs. 2 Satz 2 EStG).

Ist der selbstständig im Inland tätige, beschränkt steuerpflichtige Künstler oder Berufssportler **EU-/EWR-Staatsangehöriger** und hat er in einem dieser Staaten seinen Wohnsitz oder gewöhnlichen Aufenthalt, kann er dem Schuldner der Vergütung die ihm in unmittelbaren wirtschaftlichen Zusammenhang mit der Tätigkeit entstandenen **Betriebsausgaben nachweisen.** Der Steuerabzug beträgt in diesem Fall **30 %** der **Nettoeinnahmen** (= Einnahmen abzüglich Betriebsausgaben; § 50a Abs. 3 EStG).

1) Randnummer 55 des BMF-Schreibens vom 25.11.2010 (BStBl. I S. 1350). Das BMF-Schreiben ist als Anlage 2 zu H 39.4 LStR im **Steuerhandbuch für das Lohnbüro 2021** abgedruckt, das im selben Verlag erschienen ist.

Die vorstehenden Ausführungen zum Steuerabzug nach § 50a EStG gelten auch bei beschränkt steuerpflichtigen Berufssportlern und darbietenden Künstlern einschließlich Artisten, wenn die Vergütungen zu den Einkünften aus nichtselbstständiger Arbeit gehören, aber **nicht** von einem **inländischen Arbeitgeber** gezahlt werden (R 39.4 Abs. 4 Satz 2 LStR).

Für die **Umsatzsteuer** gilt Folgendes: Durch das Steueränderungsgesetz 2001 wurde das früher geltende Umsatzsteuerabzugsverfahren bei Zahlungen an Ausländer aufgehoben und gleichzeitig ein Verfahren mit einer Steuerschuldnerschaft des Leistungsempfängers (§ 13b UStG) eingeführt. Das bedeutet, dass seit 1.1.2002 die Umsatzsteuer nicht mehr Teil der Bemessungsgrundlage für den Steuerabzug nach § 50a EStG ist. Der inländische Veranstalter hat die bei ihm originär entstandene Umsatzsteuer seinem Finanzamt anzumelden und kann gleichzeitig diese Umsatzsteuer unter den Voraussetzungen des § 15 UStG in gleicher Höhe als Vorsteuer geltend machen.

3. Arbeitnehmer

Übt ein beschränkt steuerpflichtiger Künstler, Berufssportler, Schriftsteller oder Journalist (einschließlich Bildberichterstatter) die Tätigkeit im Rahmen eines Dienstverhältnisses (also **nichtselbstständig**) aus, unterliegen die gezahlten Vergütungen – wie bei allen anderen beschränkt steuerpflichtigen Arbeitnehmern auch – dem Lohnsteuerabzug nach den allgemeinen Vorschriften. Auf die ausführlichen Erläuterungen beim Stichwort „Beschränkt steuerpflichtige Arbeitnehmer“ wird Bezug genommen.

Für die Abgrenzung zwischen selbstständiger Tätigkeit und nichtselbstständiger Tätigkeit bei beschränkter Einkommensteuerpflicht sind die Regelungen maßgebend, die für unbeschränkt einkommensteuerpflichtige Künstler gelten. Diese Regelungen sind beim Stichwort „Künstler“ eingehend anhand von Beispielen erläutert.

Der unter der vorstehenden Nr. 2 beschriebene Steuerabzug nach § 50a EStG ist bei beschränkt steuerpflichtigen Berufssportlern und darbietenden Künstlern einschließlich Artisten allerdings auch dann vorzunehmen, wenn die Vergütungen zu den Einkünften aus nichtselbstständiger Arbeit gehören, aber **nicht** von einem **inländischen Arbeitgeber** gezahlt werden (R 39.4 Abs. 4 Satz 2 LStR).

4. Freistellung vom Lohnsteuerabzug

Der von einem inländischen Arbeitgeber vorzunehmende Lohnsteuerabzug darf nur dann unterbleiben, wenn der Arbeitslohn nach den Vorschriften eines Doppelbesteuerungsabkommens von der deutschen Lohnsteuer freizustellen ist. Dies ist vielfach für künstlerische Tätigkeiten im Rahmen eines Kulturaustausches vorgesehen. Das Betriebsstättenfinanzamt hat auf Antrag des Arbeitnehmers oder des Arbeitgebers (im Namen des Arbeitnehmers) eine entsprechende Freistellungsbescheinigung zu erteilen (vgl. das Stichwort „Doppelbesteuerungsabkommen“).

5. Durchführung des Lohnsteuerabzugs

Seit dem 1.1.2020 werden beschränkt steuerpflichtige Künstler, Berufssportler, Schriftsteller oder Journalisten (einschließlich Bildberichterstatter), die Arbeitnehmer sind und eine Identifikationsnummer haben, in das **ELStAM-Verfahren** einbezogen (sog. „Standardfälle“ = Steuerklasse I ohne Freibetrag). In den übrigen Arbeitnehmer-Fällen hat das Betriebsstättenfinanzamt zur Durchführung des Lohnsteuerabzugs auf Antrag des Arbeitnehmers oder des Arbeitgebers (im Namen des Arbeitnehmers) eine Bescheinigung über die maßgebende Steuerklasse und den vom Arbeitslohn ggf. abzuziehenden Freibetrag zu erteilen (sog. **Lohnsteuerabzugsbescheinigung**); der Arbeitgeberabruf für die elektronischen Lohnsteuerabzugsmerkmale wird in diesem Fall gesperrt. Die Bildung eines Freibetrags kommt nur in Betracht, soweit die Werbungskosten, die im wirtschaftlichen Zusammenhang mit der im Inland ausgeübten Tätigkeit stehen, den **zeitanteiligen** Arbeitnehmer-Pauschbetrag (= 84 € für jeden Kalendermonat, in dem inländischer Arbeitslohn zufließt) übersteigen. Der früher geltende besondere Werbungskosten-Pauschbetrag für Artisten, Künstler und Journalisten ist bereits zum 1.1.2000 abgeschafft worden.

6. Pauschalierung der Lohnsteuer bei Künstlern

Wegen der besonderen Schwierigkeiten, die mit der steuerlichen Erfassung der Einkünfte bei nur kurzfristig als Arbeitnehmer beschäftigten **Künstlern** verbunden sind, ist durch bundeseinheitliche Regelung[1] zugelassen worden, dass der inländische Arbeitgeber bei beschränkt steuerpflichtigen Künstlern die Lohnsteuer pauschalieren kann, wenn die Künstler als

- gastspielverpflichtete Künstler bei Theaterbetrieben,
- freie Mitarbeiter für den Hörfunk oder Fernsehfunk oder
- Mitarbeiter in der Film- und Fernsehproduktion

nichtselbstständig tätig sind und vom Arbeitgeber nur kurzfristig, **höchstens für sechs zusammenhängende Monate,** beschäftigt werden.

Die pauschale Lohnsteuer beträgt 20 %. Die pauschale Lohnsteuer bemisst sich nach den **gesamten Einnahmen** des Künstlers einschließlich der steuerfreien Reisekosten und sonstigen steuerfreien Einnahmen. Abzüge, z. B. für Werbungskosten, Sonderausgaben und Steuern, sind nicht zulässig. Der Solidaritätszuschlag wird zusätzlich erhoben. Er beträgt 5,5 % der pauschalen Lohnsteuer. Kirchensteuer fällt bei beschränkt steuerpflichtigen Arbeitnehmern nicht an.

Übernimmt der Arbeitgeber die Lohnsteuer und den Solidaritätszuschlag von 5,5 % der Lohnsteuer, beträgt die pauschale Lohnsteuer 25,35 % der Einnahmen. Übernimmt der Arbeitgeber nur den Solidaritätszuschlag, beträgt die pauschale Lohnsteuer 20,22 %. Der Solidaritätszuschlag beträgt in beiden Fällen zusätzlich jeweils 5,5 % der Lohnsteuer.

Beispiel

Die Honorareinnahmen betragen im Kalenderjahr 2021	2 000,– €
Der Arbeitgeber übernimmt die pauschale Lohnsteuer und den Solidaritätszuschlag.	
Die Lohnsteuer beträgt 25,35 % von 2000 €	507,– €
der Solidaritätszuschlag beträgt 5,5 % von 507 €	27,89 €

7. Lohnsteuerbescheinigung und Veranlagung zur Einkommensteuer

Auch wenn die Lohnsteuer pauschaliert wird (vgl. vorstehende Nr. 6), muss der Arbeitgeber eine elektronische Lohnsteuerbescheinigung nach amtlichem Muster erteilen, denn **die pauschale Lohnsteuer kann nach § 36 Abs. 2 Nr. 2 EStG auf die veranlagte Einkommensteuer angerechnet werden.** Wird die Lohnsteuerbescheinigung nicht elektronisch übermittelt, ist eine Besondere Lohnsteuerbescheinigung auszustellen. Die hierfür zu verwendenden Vordrucke sind beim Finanzamt kostenlos erhältlich (vgl. das Stichwort „Besondere Lohnsteuerbescheinigung“).

Eine Veranlagung zur Einkommensteuer kommt nach § 50 Abs. 2 Satz 2 Nr. 4 Buchstabe b i. V. m. Satz 7 EStG für beschränkt steuerpflichtige Künstler in Betracht, die **Staatsangehörige** eines Mitgliedstaates der **Europäischen Union** oder eines Staates sind, auf den das Ab-

1) BMF-Schreiben vom 31.7.2002 (BStBl. I S. 707) unter Berücksichtigung der Änderungen durch das BMF-Schreiben vom 28.3.2013 (BStBl. I S. 443). Das BMF-Schreiben ist als Anlage 1 zu H 39.4 LStR im **Steuerhandbuch für das Lohnbüro 2021** abgedruckt, das im selben Verlag erschienen ist.

Lohnsteuerpflichtig | Sozialversich.-pflichtig

kommen über den **Europäischen Wirtschaftsraum** Anwendung findet und die im Hoheitsgebiet eines dieser Staaten ihren Wohnsitz oder gewöhnlichen Aufenthalt haben (vgl. die Erläuterungen beim Stichwort „Beschränkt steuerpflichtige Arbeitnehmer" unter Nr. 18 auf Seite 217).

Besondere Lohnsteuerbescheinigung

1. Allgemeines

Die Angaben, die der Arbeitgeber nach Abschluss des Lohnkontos an die Finanzverwaltung zu übermitteln oder zu bescheinigen hat, werden Lohnsteuerbescheinigung genannt. Zum 1.1.2004 hat die Finanzverwaltung die elektronische Lohnsteuerbescheinigung eingeführt. Auf die ausführlichen Erläuterungen beim Stichwort „Lohnsteuerbescheinigung" wird hingewiesen. Übermittelt der Arbeitgeber die Lohnsteuerbescheinigung elektronisch an das Finanzamt und händigt dem Arbeitnehmer einen Ausdruck der übermittelten Daten aus, erübrigt sich das Ausstellen einer „Besonderen Lohnsteuerbescheinigung" (vgl. nachfolgende Nr. 2). Das Ausfüllen des amtlichen Vordrucks „Besondere Lohnsteuerbescheinigung" kommt somit **nur** noch für diejenigen **Arbeitgeber** in Betracht, die nach einer entsprechenden Zulassung durch das Betriebsstättenfinanzamt **nicht** am **ElsterLohn-Verfahren teilnehmen.** Die Bedeutung der „Besonderen Lohnsteuerbescheinigung" wird daher in der Praxis immer geringer. Wenn der Arbeitgeber mit Billigung des Betriebsstättenfinanzamts nicht am ElsterLohn-Verfahren teilnimmt, ist die Lohnsteuerbescheinigung ersatzweise auf einem besonderen, amtlichen Vordruck zu erteilen. Dieser Vordruck, der beim Finanzamt kostenlos erhältlich ist, wird als „Besondere Lohnsteuerbescheinigung"[1)] bezeichnet (vgl. nachfolgende Nr. 2).

2. Ausstellen der „Besonderen Lohnsteuerbescheinigung"

Die nachfolgenden Ausführungen zur Ausstellung einer „Besonderen Lohnsteuerbescheinigung" gelten nur für Arbeitgeber, die mit Billigung des Betriebsstättenfinanzamts **nicht** am **ElsterLohn-Verfahren teilnehmen.** Dies trifft z. B. auf Arbeitgeber zu, die wegen Anwendung der sog. **Härtefallregelung** nicht am ELStAM-Verfahren teilnehmen (vgl. das Stichwort „Elektronische Lohnsteuerabzugsmerkmale – ELStAM" unter Nr. 5).

Bei einer Nichtteilnahme am ElsterLohn-Verfahren muss der Arbeitgeber auch für **beschränkt steuerpflichtige Arbeitnehmer** im Sinne des § 1 Abs. 2, 3 und 4 EStG eine Besondere Lohnsteuerbescheinigung nach amtlich vorgeschriebenen Vordruck erteilen (vgl. die Erläuterungen unter der nachfolgenden Nr. 3 und beim Stichwort „Beschränkt steuerpflichtige Künstler, Berufssportler, Schriftsteller und Journalisten" unter Nr. 7).

Für Aushilfskräfte und Teilzeitbeschäftigte, deren Bezüge nach § 40a EStG pauschal besteuert worden sind, sind Besondere Lohnsteuerbescheinigungen nicht auszustellen. Allerdings müssen Arbeitgeber ohne maschinelle Lohnabrechnung, die ausschließlich Arbeitnehmer im Rahmen einer **geringfügigen Beschäftigung** in ihrem **Privathaushalt** beschäftigen und nicht am ElsterLohn-Verfahren teilnehmen, eine „Besondere Lohnsteuerbescheinigung" erteilen, wenn der **Arbeitslohn** nach den **individuellen** Lohnsteuerabzugsmerkmalen **besteuert** worden ist. Diese Fallgestaltung ist im EStG und in den Erläuterungen zum Vordruck ausdrücklich erwähnt, da der Gesetzgeber in den anderen Fällen von einer Teilnahme des Arbeitgebers am ElsterLohn-Verfahren ausgeht (§ 41b Abs. 3 EStG). Es dürfte sich in der Praxis aber um seltene Ausnahmefälle handeln, da das Arbeitsentgelt in der Regel pauschal besteuert wird.

Lohnsteuerpflichtig | Sozialversich.-pflichtig

In den Fällen der gesetzlichen Verpflichtung des Lohnsteuerabzugs durch einen Dritten **(Zahlungen** im **Baugewerbe** durch die **Urlaubs- und Lohnausgleichskasse;** vgl. das Stichwort „Lohnsteuerabzug durch einen Dritten" unter Nr. 2 Buchstabe a) hat der Dritte dem Arbeitnehmer eine „Besondere Lohnsteuerbescheinigung" auszustellen und dort den Arbeitslohn und die einbehaltene Lohnsteuer anzugeben, sofern der Dritte nicht am ElsterLohn-Verfahren teilnimmt (R 39c Satz 5 LStR). Vgl. auch das Stichwort „Urlaubsgelder im Baugewerbe".

Die Besonderen Lohnsteuerbescheinigungen 2021 hat der Arbeitgeber übrigens bis zum 28.2.2022 dem Betriebsstättenfinanzamt zu übersenden und dem Arbeitnehmer eine Zweitausfertigung auszuhändigen.

3. Beschränkt steuerpflichtige Arbeitnehmer

Von Bedeutung ist die Besondere Lohnsteuerbescheinigung auch bei beschränkt steuerpflichtigen Arbeitnehmern. Ganz allgemein gilt für beschränkt steuerpflichtige Arbeitnehmer folgender Grundsatz:

Der Arbeitgeber hat bei Beendigung des Dienstverhältnisses oder am Ende des Kalenderjahres **auch für beschränkt steuerpflichtige Arbeitnehmer** stets eine Lohnsteuerbescheinigung auszustellen (Fälle des § 1 Abs. 4 EStG). Dies gilt unabhängig davon, ob der beschränkt steuerpflichtige Arbeitnehmer eine Einkommensteuer-Veranlagung beantragen kann oder nicht oder gar verpflichtend eine solche Veranlagung durchzuführen ist (vgl. hierzu die Erläuterungen beim Stichwort „Beschränkt steuerpflichtige Arbeitnehmer" unter Nr. 18). Die Zeilen für die Kirchensteuer brauchen dabei nicht ausgefüllt zu werden, da beschränkt steuerpflichtige Arbeitnehmer nicht kirchensteuerpflichtig sind (vgl. „Kirchensteuer" besonders unter Nr. 8).

Die Verpflichtung zur Ausstellung einer Lohnsteuerbescheinigung gilt auch für beschränkt steuerpflichtigen Arbeitnehmer im Sinne des § 1 Abs. 2 und 3 EStG. Hierbei handelt es sich um im Ausland wohnhafte Angehörige des öffentlichen Dienstes, die kraft Gesetzes als unbeschränkt Steuerpflichtige gelten, oder andere Arbeitnehmer, die auf Antrag wie unbeschränkt Steuerpflichtige behandelt werden. Da diesen Arbeitnehmern beim Lohnsteuerabzug besondere Vergünstigungen gewährt wurden, werden sie regelmäßig zur Einkommensteuer veranlagt (vgl. die Stichworte „Erweiterte unbeschränkte Steuerpflicht" und „Beschränkt steuerpflichtige Arbeitnehmer").

Insbesondere für Arbeitgeber, die am **ElsterLohn-Verfahren** teilnehmen, empfiehlt es sich, **allen** beschränkt steuerpflichtigen Arbeitnehmern einen Ausdruck der **elektronischen Lohnsteuerbescheinigung** auszuhändigen. Damit ist die vorstehende Verpflichtung vom Arbeitgeber erfüllt worden.

Besondere Lohnsteuertabelle

siehe „Lohnsteuertabellen"

Bestechungsgelder

siehe „Schmiergelder"

Besteuerungsgrenzen

siehe „Tarifaufbau" unter Nr. 7

1) Das Muster der Besonderen Lohnsteuerbescheinigung 2021 ist als Anlage B der Anlage 1 zu H 41b LStR im **Steuerhandbuch für das Lohnbüro 2021** abgedruckt, das im selben Verlag erschienen ist.

Lohnsteuerpflichtig | Sozialversich.-pflichtig

B

Betreuer

Zum Freibetrag für ehrenamtliche Betreuer siehe „Nebentätigkeit für gemeinnützige Organisationen“ unter Nr. 13.

Betreuungsfreibetrag

siehe „Kinderbetreuungsfreibetrag“ und Anhang 9 unter Nr. 7

Betreuungsgeld

Das in Bayern gezahlte Familiengeld (früher Betreuungsgeld) sowie das in einigen, wenigen Bundesländern (z. B. Sachsen) gezahlte Landeserziehungsgeld ist **weder lohnsteuer- noch beitragspflichtig.** nein nein

Da es sich nicht um eine Lohnersatzleistung handelt, unterliegt es auch **nicht** dem **Progressionsvorbehalt** (vgl. dieses Stichwort).

Das Bundesverfassungsgericht hat die früheren, im Bundesgebiet geltenden gesetzlichen Regelungen zum Betreuungsgeld wegen der fehlenden Gesetzgebungskompetenz des Bundes für verfassungswidrig erklärt (BVerfG-Urteil vom 21.7.2015 Az.: 1 BvF 2/13).

Betriebliche Altersversorgung

siehe „Zukunftsicherung“ und Anhang 6

Betriebliches Gesundheitsmanagement

Bei einzelnen Maßnahmen des betrieblichen Gesundheitsmanagements kann es sich um von vornherein nicht steuerpflichtige **Leistungen im ganz überwiegenden eigenbetrieblichen Interesse** des Arbeitgebers handeln. Dies gilt insbesondere für Maßnahmen, die die Arbeitsplatz- und Arbeitsablaufgestaltung betreffen. Entsprechendes gilt, wenn im Rahmen des betrieblichen Gesundheitsmanagements die Leistung des Arbeitgebers lediglich in der Gestellung von Räumlichkeiten besteht. Beim Stichwort „Gesundheitsförderung“ unter Nr. 2 ist eine beispielhafte Aufzählung aufgelistet, welche Maßnahmen als Leistungen im ganz überwiegenden eigenbetrieblichen Interesse des Arbeitgebers nicht zu Arbeitslohn führen. nein nein

Bei anderen Leistungen der betrieblichen Gesundheitsförderung kann im Hinblick auf das hohe persönliche Interesse der Arbeitnehmer an ihrer eigenen Gesundheit und einer Verringerung ihres Krankenrisikos nicht ohne Weiteres von einem „ganz überwiegenden eigenbetrieblichen Interesse des Arbeitgebers“ ausgegangen werden. Vgl. hierzu das Stichwort „Gesundheitsförderung“ unter Nr. 3 Buchstabe d. Für derartige Leistungen kommt jedoch die für jeden Beschäftigten geltende **Steuerbefreiungsvorschrift** des § 3 Nr. 34 EStG von **600 € jährlich** (bis 31.12.2019 = 500 € jährlich) für zusätzliche Arbeitgeberleistungen zur Verhinderung und Minderung von Krankheitsrisiken und der betrieblichen Gesundheitsförderung (§§ 20, 20b SGB V) und die monatliche 44-Euro-Freigrenze für Sachbezüge (§ 8 Abs. 2 Satz 11 EStG) in Betracht, sofern diese Freigrenze nicht bereits durch andere Sachleistungen aufgebraucht worden ist. nein nein

siehe „Gesundheitsförderung“ und „Sachbezüge“ unter Nr. 4

Lohnsteuerpflichtig | Sozialversich.-pflichtig

Betriebsausflug

siehe „Betriebsveranstaltungen“

Betriebserholungsheim

siehe „Erholungsbeihilfen“ besonders unter Nr. 6

Betriebshelfer

Im Bereich der Land- und Forstwirtschaft helfen gelegentlich selbständige Landwirte, oft auch nach Vermittlung eines Maschinen- und Betriebshilfsrings, bei einem anderen selbständigen Landwirt aus. Der aushelfende Landwirt tritt dadurch in der Regel nicht in ein Dienstverhältnis, sondern bleibt auch mit dieser Aushilfstätigkeit selbständig. Die gezahlten Vergütungen stellen deshalb keinen Arbeitslohn dar, sondern gehören zu den Betriebseinnahmen aus Land- und Forstwirtschaft. Dabei kommt es nicht darauf an, ob die Vergütung über einen Maschinen- und Betriebshilfsring abgerechnet wurde. nein nein

Zur Pauschalierung der Lohnsteuer für Aushilfskräfte in der Land- und Forstwirtschaft vgl. das Stichwort „Pauschalierung der Lohnsteuer bei Aushilfskräften und Teilzeitbeschäftigten“ unter Nr. 5.

Betriebskindergarten

siehe „Kindergartenzuschüsse“

Betriebsprüfung

Neues und Wichtiges auf einen Blick:

Ab 1.1.2023 wird die elektronische Betriebsprüfung für alle Arbeitgeber verpflichtend. Aus diesem Grund ist daher bereits ab 1.1.2022 die **elektronische** Führung von Entgeltunterlagen erforderlich und vorgeschrieben. In Ausnahmen gibt es eine Befreiung von diesen Verpflichtungen bis max. 31.12.2026.

Die ordnungsgemäße Einbehaltung und Abführung der Lohnsteuer wird vom Betriebsstättenfinanzamt durch turnusmäßige **Lohnsteuer-Außenprüfungen** überwacht. Einzelheiten hierzu sind beim Stichwort „Lohnsteuer-Außenprüfung“ erläutert. Außerdem besteht die Möglichkeit einer „Lohnsteuer-Nachschau“ (vgl. dieses Stichwort).

Ob die Sozialversicherungsbeiträge richtig errechnet und abgeführt wurden und ob der Arbeitgeber seine Meldepflichten ordnungsgemäß erfüllt hat, prüfen die Rentenversicherungsträger.

Die Richtigkeit der Beitragszahlungen ist nach § 28p Abs. 1 SGB IV **mindestens alle 4 Jahre** zu überprüfen. Auf Verlangen des Arbeitgebers kann auch eine Prüfung in kürzeren Zeitabständen stattfinden. Für die Durchführung der Beitragsprüfungen gelten im Wesentlichen die gleichen Grundsätze wie bei einer Lohnsteuer-Außenprüfung (vgl. dieses Stichwort).

Wichtig ist in diesem Zusammenhang die Beitragsverfahrensordnung (BVV). Denn nach § 10 Abs. 2 BVV ist der Arbeitgeber verpflichtet, **Bescheide und Prüfungsberichte der Finanzbehörden** vorzulegen. Die Prüfer sind verpflichtet, diese Unterlagen einzusehen und eine versicherungs- und beitragsrechtliche Auswertung vorzunehmen. Das Ergebnis ist im Prüfbericht festzuhalten; im Prüfbericht sind die Gründe festzuhalten, wenn von einer Auswertung abgesehen wurde. Kommt der Arbeitgeber seinen Vorlagepflichten nicht nach, kann nach § 31

Lohn-steuer-pflichtig | Sozial-versich.-pflichtig

Abs. 2 der Abgabenordnung der Prüfungsbericht über die Lohnsteueraußenprüfung direkt beim Betriebsstättenfinanzamt angefordert werden.

Weiterhin sind die Sozialversicherungsprüfer berechtigt, beim Arbeitgeber über den Bereich der Lohn- und Gehaltsabrechnung hinaus auch das Rechnungswesen, insbesondere also die **Aufwandskonten** zu **prüfen,** ohne dass hierfür besondere Gründe vorliegen müssen. Früher war eine solche Prüfung davon abhängig, dass es Gründe für die Annahme gab, die für eine Versicherungs- oder Beitragspflicht relevanten Unterlagen würden sich außerhalb der Lohn- und Gehaltsabrechnung befinden. Heutzutage können verstärkt die Aufwendungen für sog. Aushilfskräfte oder für Werkverträge überprüft werden, die häufig außerhalb der Lohn- und Gehaltsbuchhaltung verbucht werden, obwohl eigentlich sozialversicherungspflichtige Beschäftigungsverhältnisse vorliegen.

Durch das Gesetz zur Modernisierung der gesetzlichen Unfallversicherung wurde die Betriebsprüfungskompetenz für den Bereich der Unfallversicherungsbeiträge auf die Träger der Rentenversicherung übertragen. Das bedeutet, dass die Deutsche Rentenversicherung seit 1.1.2010 auch für den Bereich der Unfallversicherung die Betriebsprüfung durchführt. Bereits seit 2007 prüfen die Rentenversicherungsträger auch die korrekte Abführung der Künstlersozialabgabe (vgl. das Stichwort „Künstlersozialabgabe").

Darüber hinaus ist in § 42f EStG vorgesehen, auf Antrag des Arbeitgebers die Prüfungen für die Lohnsteuer und die Sozialversicherung zeitgleich durchführen zu können (vgl. auch die Erläuterungen beim Stichwort „Lohnsteuer-Außenprüfung").

Seit 1.1.2012 besteht die optionale Möglichkeit, auch sozialversicherungsrechtliche Betriebsprüfungen auf elektronischem Weg durchzuführen. Für die Sozialversicherung sind dabei die elektronisch gespeicherten Daten gemäß der Beitragsverfahrensordnung (Entgeltunterlagen) den Rentenversicherungsträgern auf Anforderung in elektronischer Form zur Verfügung zu stellen. Zum 1.1.2023 wird die elektronische Betriebsprüfung für Arbeitgeber verpflichtend. Bis zum 31.12.2026 können Arbeitgeber in begründeten Einzelfällen auf Antrag von der Verpflichtung vom Prüfdienst des zuständigen Rentenversicherungsträgers entbunden werden.

Die Elektronische Betriebsprüfung findet im Rahmen einer Übermittlung der Daten aus der Lohn- und Gehaltsbuchhaltung statt. Voraussetzung ist, dass die Daten aus systemgeprüften Entgeltabrechnungsprogrammen stammen. Die Einzelheiten ergeben sich aus den Gemeinsamen Grundsätzen der Spitzenorganisationen der Sozialversicherung für die Untersuchung von Entgeltabrechnungsprogrammen und Ausfüllhilfen (Systemuntersuchung) und die Datenweiterleitung innerhalb der Sozialversicherung nach § 22 Datenerfassungs- und -übermittlungsverordnung (DEÜV) in der jeweils geltenden Fassung (vgl. z. B.: www.gkv-datenaustausch.de/arbeitgeber/entgeltabrechnung/entgeltabrechnung.jsp). Es ist erforderlich, dass das vom Arbeitgeber eingesetzte Entgeltabrechnungsprogramm eine Schnittstelle für die elektronische Betriebsprüfung besitzt.

Es erfolgt eine Übermittlung folgender Daten an die Datenstelle der Träger der Rentenversicherung:

Stammdaten der Arbeitnehmer, Höhe des Arbeitsentgelts, Buchungsdaten der Finanzbuchhaltung, sonstige Zahlungen an den Arbeitnehmer, Meldungen, Beitragsgruppen sowie Beitragsnachweisdaten.

Die übermittelten Daten werden elektronisch auf Plausibilität und Richtigkeit der beitragsrechtlichen Behandlung (Berechnung und Abrechnung) geprüft. Die Prüfung auf elektronischem Wege erfolgt als Vorab-Prüfung zur Feststellung von Auffälligkeiten, die dann ggf. wie bisher vor Ort anhand der Belege und Unterlagen genauer geprüft werden.

Ab 1.1.2022 sind die Arbeitgeber verpflichtet, die Entgeltunterlagen in elektronischer Form zu führen. In begründeten Ausnahmefällen kann hier durch den zuständigen prüfenden Rentenversicherungsträger eine Befreiung von dieser Verpflichtung ausgesprochen werden. Diese kann bis spätestens 31.12.2026 eingeräumt werden.

Grundlage für die elektronisch unterstützte Betriebsprüfung sind die Grundsätze für die Übermittlung der Daten in der ab 1.1.2020 geltenden Fassung vom 4.4.2019 (vgl. www-gkv-datenaustausch.de – Arbeitgeberverfahren – Betriebsprüfungsverfahren). Diese wurden vom BMAS entsprechend genehmigt.

Betriebsrente

Die Zahlung einer Betriebsrente beruht im Regelfall auf einer arbeitsvertraglichen Versorgungszusage des Arbeitgebers (vgl. auch das Stichwort „Pensionszusage"). Im Allgemeinen erhält der Arbeitnehmer danach bei Erreichen der vereinbarten Altersgrenze oder im Invaliditätsfall laufende Zuwendungen. Zu beachten ist, dass für **Versorgungszusagen,** die **nach dem 31.12.2011** erteilt werden, als **Untergrenze** für betriebliche Altersversorgungsleistungen das **62. Lebensjahr** statt des 60. Lebensjahres gilt. Um die Versorgungsansprüche des Arbeitnehmers finanziell abzusichern, bildet der Arbeitgeber Rückstellungen oder schließt eine Rückdeckungsversicherung (vgl. das Stichwort „Rückdeckung") ab. Im Zeitpunkt der Versorgungszusage fließt dem Arbeitnehmer noch kein Arbeitslohn zu. Auch die Zuführungen des Arbeitgebers zur Pensionsrückstellung oder die Beiträge zur Rückdeckungsversicherung stellen keinen steuerpflichtigen Arbeitslohn dar (BFH-Urteil vom 20.7.2005, BStBl. II S. 890).

Steuerpflicht tritt vielmehr erst im Versorgungsfall ein. Die **Betriebsrente** gehört als Bezug aus dem früheren Dienstverhältnis zum **Arbeitslohn** und unterliegt dem Lohnsteuerabzug. Zu diesem Zweck müssen dem Arbeitgeber auch nach dem Ausscheiden des Arbeitnehmers aus dem Arbeitsverhältnis dessen Lohnsteuerabzugsmerkmale vorliegen (insbesondere die Steuerklasse); anderenfalls ist der Lohnsteuerabzug nach der Steuerklasse VI vorzunehmen (siehe hierzu das Stichwort „Elektronische Lohnsteuerabzugsmerkmale – ELStAM"). Bei der Besteuerung von Betriebsrenten ist im Regelfall der Versorgungsfreibetrag und der Zuschlag zum Versorgungsfreibetrag (vgl. das Stichwort „Versorgungsbezüge, Versorgungsfreibetrag") abzuziehen.

Hat der Bezieher einer Betriebsrente **seinen Wohnsitz ins Ausland** verlegt, ist nach dem Doppelbesteuerungsabkommen mit demjenigen Land, in dem der Betriebsrentner jetzt seinen Wohnsitz hat, zu prüfen, ob diesem Wohnsitzstaat das Besteuerungsrecht zusteht, was bei Betriebsrenten häufig der Fall sein wird. Auf Antrag erhält ein solcher Betriebsrentner vom Finanzamt eine Bescheinigung, dass seine Betriebsrente in Deutschland nicht dem Lohnsteuerabzug unterliegt. Diese Bescheinigung muss er seinem ehemaligen Arbeitgeber vorlegen, der dann die Betriebsrente ohne Lohnsteuerabzug auszahlen kann (vgl. die Erläuterungen beim Stichwort „Doppelbesteuerungsabkommen" unter Nr. 13 Buchstabe a auf Seite 280; dort sind auch die Besonderheiten bei der Zahlung von Betriebsrenten an Empfänger mit Wohnsitz in den Niederlanden, Norwegen, Spanien und der Türkei erläutert).

Renten, die ganz oder teilweise auf **früheren Beitragsleistungen** des Arbeitnehmers beruhen (z. B. die Altersrenten aus der gesetzlichen Rentenversicherung), sind kein Arbeitslohn. Steuerpflichtig ist lediglich ein bestimmter Teil der Rente, der im Wege einer Veranlagung zur

Lohn- steuer- pflichtig | Sozial- versich.- pflichtig

B

Einkommensteuer erfasst wird (vgl. die Stichwörter „Renten“ und „Auslandspensionen“).

Zur Kranken- und Pflegeversicherungspflicht von Betriebsrenten vgl. die Erläuterungen in Teil B Nr. 12 auf Seite 24.

Zur Berücksichtigung der Vorsorgepauschale vgl. die ausführlichen Erläuterungen in Anhang 8.

Auf die Stichwörter „Arbeitnehmerfinanzierte Pensionszusage“, „Pensionszusage“, „Rückdeckung“ und „Unterstützungskasse“ wird hingewiesen.

Betriebssport

siehe „Sportanlagen“

Betriebsstätte

Betriebsstätte im lohnsteuerlichen Sinne ist der in Deutschland befindliche Betrieb oder Teil des Betriebs des Arbeitgebers, in dem der für die Durchführung des Lohnsteuerabzugs maßgebende Arbeitslohn insgesamt ermittelt wird, d. h. wo die für den Lohnsteuerabzug maßgebenden Lohnteile insgesamt zusammengestellt oder bei **maschineller Lohnabrechnung** die für den Lohnsteuerabzug **maßgebenden Eingabewerte** insgesamt **zusammengefasst** werden (§ 41 Abs. 2 EStG). Es kommt nicht darauf an, wo einzelne Lohnbestandteile ermittelt, wo die Berechnung der Lohnsteuer vorgenommen wird und wo die für den Lohnsteuerabzug maßgebenden Unterlagen aufbewahrt werden. Unerheblich ist auch, an welchem Ort die Lohn- und Personalakten aufbewahrt oder Personalentscheidungen vorbereitet und getroffen werden. Ein selbstständiges Dienstleistungsunternehmen, das für einen Arbeitgeber die Lohnabrechnung durchführt, kann nicht als Betriebsstätte des Arbeitgebers angesehen werden. Wird der maßgebende Arbeitslohn nicht in dem Betrieb oder einem Teil des Betriebs des Arbeitgebers oder nicht im Inland ermittelt, gilt als Betriebsstätte der Mittelpunkt der geschäftlichen Leitung des Arbeitgebers im Inland.

Bei einem **ausländischen Arbeitgeber** mit Wohnsitz und Geschäftsleitung im Ausland, der im Inland einen ständigen Vertreter hat, aber keine Betriebsstätte unterhält, gilt als Mittelpunkt der geschäftlichen Leitung der Wohnsitz oder der gewöhnliche Aufenthalt des ständigen Vertreters. Das Wohnsitzfinanzamt des ständigen Vertreters ist somit zugleich lohnsteuerliches Betriebsstättenfinanzamt, bei dem die Lohnsteuer-Anmeldungen einzureichen und an das die fälligen Lohnsteuerbeträge abzuführen sind. Ständiger Vertreter kann auch ein Arbeitnehmer dieses ausländischen Arbeitgebers sein, der eine Filiale leitet oder die Aufsicht über einen Bautrupp ausübt. Ständiger Vertreter ist aber nicht ein einzelner Monteur, der von Fall zu Fall Montagearbeiten in Deutschland ausführt (vgl. auch die Ausführungen in Teil A Nr. 2). Zum zuständigen Betriebsstättenfinanzamt bei ausländischen Verleihern vgl. das Stichwort „Arbeitnehmerüberlassung“ unter Nr. 13 Buchstabe f und g.

Problematisch kann die Frage nach dem Ort der Betriebsstätte dann sein, wenn ein Unternehmen an verschiedenen Orten **Zweigniederlassungen** unterhält und die Ermittlung des maßgebenden Arbeitslohns entweder an dem Ort, an dem sich der Sitz der Hauptverwaltung befindet, oder aber an den einzelnen Zweigniederlassungen erfolgt. Erfolgt die Ermittlung des maßgebenden Arbeitslohns in den einzelnen Zweigniederlassungen, ist jede einzelne Zweigniederlassung eine Betriebsstätte im lohnsteuerlichen Sinne mit der Folge, dass jede einzelne Zweigniederlassung die Lohnsteuer an das für sie zuständige Betriebsstättenfinanzamt anzumelden und abzuführen hat. Außerdem ist es möglich, dass z. B. das Gehalt der leitenden Angestellten eines Unternehmens ohne Rücksicht darauf, wo sie ihre Tätigkeit tatsächlich ausüben, am Sitz der Hauptverwaltung und der Arbeitslohn für die gewerblichen Arbeiter und Lehrlinge am Ort der Zweigniederlassung ermittelt wird. Diese Gestaltung, die dem Arbeitgeber freigestellt ist, führt dazu, dass der Arbeitgeber mehrere Betriebsstätten hat. Sowohl der Ort, an dem sich der Sitz der Hauptverwaltung befindet, wie auch die einzelnen Orte mit Zweigniederlassungen sind jeweils Betriebsstätten im lohnsteuerlichen Sinne.

Die Zuständigkeit in der **Sozialversicherung** richtet sich nach dem **Beschäftigungsort** (vgl. dieses Stichwort).

Betriebsstättenfinanzamt

Das Betriebsstättenfinanzamt ist das Finanzamt, in dessen Bezirk sich die lohnsteuerliche Betriebsstätte des Arbeitgebers befindet. Bei diesem Finanzamt ist für die jeweilige Betriebsstätte die Lohnsteuer-Anmeldung einzureichen und an dieses Finanzamt ist die einbehaltene Lohnsteuer abzuführen (vgl. „Abführung und Anmeldung der Lohnsteuer“).

Das Betriebsstättenfinanzamt ist u. a. auch für die Erteilung einer Anrufungsauskunft (vgl. das Stichwort „Auskunft“) und die Lohnsteuer-Außenprüfung (vgl. dieses Stichwort) zuständig.

Betriebsveranstaltungen

Änderungsintensives Stichwort – bleiben Sie auf dem Laufenden unter

www.lexikon-lohnbuero.de/newsletter **!**

Gliederung:

1. Allgemeines
2. Begriff der Betriebsveranstaltung
3. Herkömmlichkeit (Üblichkeit) der Betriebsveranstaltung
4. Prüfung der 110-Euro-Freibetragsgrenze
   a) Ermittlung der Gesamtkosten
   b) Ermittlung des Arbeitnehmeranteils
   c) Zweimalige, arbeitnehmerbezogene Inanspruchnahme des Freibetrags
5. Bewertung von Sachzuwendungen
6. Besteuerung der steuerpflichtigen Zuwendungen bei Betriebsveranstaltungen mit 25 %
7. Sachgeschenke im Rahmen einer Betriebsveranstaltung
8. Verlosungen im Rahmen einer Betriebsveranstaltung
   a) Allgemeines
   b) An der Verlosung dürfen nur bestimmte Arbeitnehmer teilnehmen
   c) An der Verlosung können alle Arbeitnehmer teilnehmen
9. Vorsteuerabzug und Umsatzsteuerpflicht bei Betriebsveranstaltungen
10. Betriebsausgabenabzug beim Arbeitgeber

1. Allgemeines

Durch das Gesetz zur Anpassung der Abgabenordnung an den Zollkodex der Union und zur Änderung weiterer steuerlicher Vorschriften vom 22.12.2014 (BGBl. I S. 2417,

Lohn-steuer-pflichtig | Sozial-versich.-pflichtig

BStBl. 2015 I S. 58) ist die Besteuerung von geldwerten Vorteilen, die ein Arbeitnehmer im Rahmen von Betriebsveranstaltungen gewährt, seit 1.1.2015 gesetzlich geregelt worden (§ 19 Abs. 1 Satz 1 Nr. 1a EStG). Sofern sich aus den nach wie vor geltenden LStR 2015 hiervon abweichende Regelungen ergeben, sind diese nicht mehr anzuwenden. Die Finanzverwaltung hat aufgrund der Gesetzesänderung ein Anwendungsschreiben zur lohnsteuerlichen Behandlung von Betriebsveranstaltungen bekannt gegeben (BMF-Schreiben vom 14.10.2015, BStBl. I S. 832).[1] Im Einzelnen gilt Folgendes:

Zuwendungen anlässlich von Betriebsveranstaltungen führen nicht zu steuerpflichtigem Arbeitslohn, soweit die Aufwendungen **je teilnehmenden Arbeitnehmer 110 €** (= Freibetrag) nicht übersteigen. Die frühere Freigrenze ist also in unveränderter Höhe in einen Freibetrag umgewandelt worden. Die gesetzliche Regelung erfasst Zuwendungen des Arbeitgebers an seine aktiven Arbeitnehmer, seine ehemaligen Arbeitnehmer sowie Praktikanten, Referendare und ähnliche Personen sowie Begleitpersonen dieser Personengruppen. Aus Vereinfachungsgründen wird es von der Finanzverwaltung nicht beanstandet, wenn auch Leiharbeitnehmer bei Betriebsveranstaltungen des Entleihers sowie Arbeitnehmer anderer konzernangehöriger Unternehmen einbezogen werden.

Der Arbeitgeber sollte bei der steuerlichen Beurteilung von Betriebsveranstaltungen am zweckmäßigsten in folgender Reihenfolge vorgehen:

- Liegt überhaupt eine „Betriebsveranstaltung" vor? Betriebsveranstaltungen sind z. B. Betriebsausflüge, Weihnachtsfeiern, Jubiläumsfeiern (vgl. nachfolgende Nr. 2).
- Nimmt der einzelne Arbeitnehmer an **mehr als zwei** Betriebsveranstaltungen **im Kalenderjahr** teil? Die dritte (und jede weitere) Teilnahme an einer Betriebsveranstaltung ist bei diesem Arbeitnehmer steuerpflichtig; es besteht jedoch ein Wahlrecht, welche Betriebsveranstaltung als steuerpflichtig behandelt wird (vgl. Nr. 4 Buchstabe c).
- Prüfung der **Freibetragsgrenze** von **110 €:**
  Maßgebende Gesamtkosten der Betriebsveranstaltung **einschließlich Umsatzsteuer,** geteilt durch Anzahl der Teilnehmer (vgl. Nr. 4 Buchstaben a und b).
  Der Betrag von 110 € ist ein Freibetrag und keine Freigrenze. Dies bedeutet, dass die dem Arbeitnehmer anlässlich einer Betriebsveranstaltung zugewendeten Vorteile steuer- und beitragsfrei sind, wenn der Betrag von 110 € nicht überschritten wird. — nein | nein
  Wird der Betrag von 110 € überschritten, ist nur der über 110 € hinausgehende Betrag steuer- und beitragspflichtig (und nicht wie bei einer Freigrenze der gesamte Betrag). — ja | ja
  Die Lohnsteuer kann jedoch mit 25 % pauschaliert werden; in diesem Fall sind die Zuwendungen beitragsfrei in der Sozialversicherung (vgl. Nr. 6). — ja | nein

2. Begriff der Betriebsveranstaltung

Betriebsveranstaltungen sind Veranstaltungen auf betrieblicher Ebene, die gesellschaftlichen Charakter haben. Sie sollen den Kontakt der Arbeitnehmer untereinander und damit das Betriebsklima fördern. Hierunter fallen z. B.

- Betriebsausflug,
- Weihnachtsfeier,
- Feier des Geschäftsjubiläums.

Ob die Veranstaltung vom Arbeitgeber oder vom Betriebsrat (Personalrat) veranstaltet wird, ist unerheblich. Eine Betriebsveranstaltung liegt aber nur vor, wenn der Teilnehmerkreis sich überwiegend (= mehr als 50 %) aus Betriebsangehörigen, deren Begleitpersonen und gegebenenfalls Leiharbeitnehmern oder Arbeitnehmern anderer Unternehmen im Konzernverbund zusammensetzt.

Lohn-steuer-pflichtig | Sozial-versich.-pflichtig

Beispiel A

An einer betrieblichen Veranstaltung des Arbeitgebers A nehmen neben den 30 Mitarbeitern und ihren Partnern auch 10 Geschäftsfreunde teil.

Es handelt sich um eine Betriebsveranstaltung, da der Teilnehmerkreis sich überwiegend aus Arbeitnehmern und deren Begleitpersonen zusammensetzt.

Beispiel B

Die Firma veranstaltet einen Tag der offenen Tür, an dem alle Mitarbeiter (= 50) teilnehmen, um die Besucher (= 500 im Laufe des Tages) zu betreuen und zu versorgen.

Es handelt sich nicht um eine Betriebsveranstaltung, da sich der Teilnehmerkreis überwiegend aus Kunden und Geschäftspartnern zusammensetzt. Die den Arbeitnehmern vom Arbeitgeber im Laufe des Tages gewährten Genussmittel (= Aufmerksamkeiten) führen als Leistungen im ganz überwiegenden eigenbetrieblichen Interesse des Arbeitgebers nicht zu steuerpflichtigem Arbeitslohn (vgl. die Stichworte Genussmittel, Getränke und Mahlzeiten).

Betriebsveranstaltungen können insbesondere in Zeiten der Corona-Pandemie auch digital durchgeführt werden (u.a. per stream gemeinsamen basteln, feiern und essen mit angelieferter Essensbox; per App Rätsel lösen, digitale Weinverkostung). Die nachfolgend aufgeführten Grundsätze gelten entsprechend auch für **digitale Betriebsveranstaltungen.**

Für die Gewährung des Freibetrags von 110 € nach § 19 Abs. 1 Satz 1 Nr. 1a Satz 3 EStG muss die Betriebsveranstaltung **allen Betriebsangehörigen offenstehen;** u.E. gilt diese Voraussetzung schon aufgrund des Wortlauts und der höchstrichterlichen Rechtsprechung für das Vorliegen einer Betriebsveranstaltung an sich. Incentive-Reisen, die der Arbeitgeber veranstaltet, um bestimmte Arbeitnehmer für besondere Leistungen zu entlohnen und zu weiteren Leistungen zu motivieren, sind nämlich keine Betriebsveranstaltungen (BFH-Urteil vom 9.3.1990, BStBl. II S. 711).

Die Möglichkeit der Teilnahme darf also nicht auf einen bestimmten Kreis von Arbeitnehmern beschränkt sein. Es muss sichergestellt sein, dass für die Teilnahme weder die Stellung des Arbeitnehmers, noch seine Gehalts- bzw. Lohngruppe, die Dauer der Betriebszugehörigkeit oder besondere Leistungen maßgebend sind. Ein Alpenrundflug, den eine Münchner Firma für ihre Abteilungsleiter durchführt, ist somit keine Betriebsveranstaltung (vgl. BFH-Urteil vom 15.1.2009, BStBl. II S. 476 zu einer Veranstaltung für Führungskräfte). Die Aufwendungen für den Alpenrundflug sind vielmehr steuerpflichtiger Arbeitslohn, und zwar auch dann, wenn die Kosten 110 € je Person nicht überschreiten (zur Versteuerung eines solchen Sachbezugs mit 30 % vgl. auch die Erläuterungen beim Stichwort „Pauschalierung der Lohnsteuer für Belohnungsessen, Incentive-Reisen, VIP-Logen und ähnliche Sachbezüge").

Es ist jedoch möglich, dass auch diejenigen Veranstaltungen für die Gewährung des Freibetrags von 110 € Betriebsveranstaltungen sind, die nur für einen beschränkten Kreis der Arbeitnehmer von Interesse sind, sofern die sich hieraus ergebende Begrenzung des Teilnehmerkreises sich nicht als eine Bevorzugung bestimmter Arbeitnehmergruppen darstellt. Unter Beachtung dieses Grundsatzes sind deshalb als Betriebsveranstaltungen auch solche Veranstaltungen anzuerkennen, die

a) jeweils nur für eine **Organisationseinheit** des Betriebs (z. B. eine Filiale oder Abteilung) durchgeführt werden, wenn alle Arbeitnehmer dieser Organisationseinheit an der Veranstaltung teilnehmen können. Das Gleiche gilt für Veranstaltungen, die nur für einzelne Abteilungen eines Unternehmens, die eng zusammenarbeiten, gemeinsam durchgeführt werden. Voraussetzung ist, dass die abteilungsübergreifende Veranstaltung allen Arbeitnehmern der teilnehmenden Abteilungen offen steht (BFH-Urteil vom 4.8.1994, BStBl. 1995 II S. 59). Es ist nicht erforder-

1) Das BMF-Schreiben ist als Anlage zu H 19.5 LStR im **Steuerhandbuch für das Lohnbüro 2021** abgedruckt, das im selben Verlag erschienen ist.

Lohnsteuerpflichtig Sozialversich.-pflichtig

B

lich, dass auch die anderen Organisationseinheiten eine gleichwertige Veranstaltung durchführen;

b) nach der Art des Dargebotenen nur für einen beschränkten Kreis der Arbeitnehmer von Interesse sind (z. B. Weihnachtsfeier für Arbeitnehmer mit Kindern, bei der ein Märchen aufgeführt wird, BFH-Urteil vom 5.3.1976, BStBl. II S. 392);

c) nur für alle im Ruhestand befindlichen früheren Arbeitnehmer des Unternehmens veranstaltet werden **(Pensionärstreffen);**

d) nur für solche Arbeitnehmer durchgeführt werden, die bereits im Unternehmen ein rundes Arbeitnehmerjubiläum[1] gefeiert haben oder in Verbindung mit der Betriebsveranstaltung feiern **(Jubilarfeiern)**. Dabei ist es unschädlich, wenn neben den Jubilaren auch ein begrenzter Kreis anderer Arbeitnehmer, wie z. B. die engeren Mitarbeiter und Abteilungsleiter eines Jubilars, Personalrats-/Betriebsratsvertreter oder auch die Familienangehörigen der Jubilare eingeladen werden;

e) eine sog. **Konzern-Betriebsveranstaltung** sind. Hiervon ist auszugehen, wenn die Teilnahme an einer solchen Veranstaltung allen Arbeitnehmern der Mutter- und Tochtergesellschaften des Konzerns offen steht.

Die Ehrung eines **einzelnen** Jubilars oder die Verabschiedung eines einzelnen Mitarbeiters bei dessen Ausscheiden aus dem Betrieb, auch unter Beteiligung weiterer Mitarbeiter, ist **keine Betriebsveranstaltung.** Allerdings werden übliche Sachleistungen des Arbeitgebers aus Anlass der Diensteinführung, eines Amts- oder Funktionswechsels, der Ehrung eines einzelnen Jubilars anlässlich eines runden Arbeitnehmerjubiläums[1] oder der Verabschiedung eines Arbeitnehmers als Zuwendung **im ganz überwiegenden eigenbetrieblichen** (und damit steuerfreien) **Interesse** des Arbeitgebers angesehen, wenn die Aufwendungen des Arbeitgebers einschließlich Umsatzsteuer die hierfür geltende Freigrenze von 110 € je teilnehmende Person nicht übersteigen (R 19.3 Abs. 2 Nr. 3 LStR; vgl. auch die Erläuterungen beim Stichwort „Bewirtungskosten" unter den Nrn. 10 und 11). nein nein

Gleiches gilt für übliche Sachleistungen bei einem Empfang anlässlich eines **runden Geburtstages eines Arbeitnehmers** (40/50/60 Jahre), wenn es sich unter Berücksichtigung aller Umstände des Einzelfalls um ein Fest des Arbeitgebers (betriebliche Veranstaltung) handelt (vgl. das Stichwort „Geburtstagsfeier").

Keine Betriebsveranstaltungen im lohnsteuerlichen Sinne sind Veranstaltungen, die zum Anlass genommen werden, bestimmte Arbeitnehmer für besondere Leistungen zu entlohnen, z. B. nur die 50 erfolgreichsten Verkäufer werden zu einer Incentive-Reise eingeladen oder eine Feier wird nur mit Arbeitnehmern durchgeführt, die einen Verbesserungsvorschlag eingereicht haben. Auch bei einer nur Führungskräften eines Unternehmens vorbehaltenen Abendveranstaltung handelt es sich mangels Offenheit des Teilnehmerkreises nicht um eine Betriebsveranstaltung (BFH-Urteil vom 15.1.2009, BStBl. II S. 476).

Beispiel C

An verschiedene Fachtagungen für angestellte Führungskräfte (= nicht zu Arbeitslohn führende betriebliche Veranstaltungen) schließen sich Abendveranstaltungen mit musikalischen und künstlerischen Darbietungen an. Bei den Abendveranstaltungen handelt es sich nicht um Betriebsveranstaltungen, da die Begrenzung des Teilnehmerkreises zu einer Bevorzugung einer bestimmten Personengruppe (der Führungskräfte) führt. In solch einem Fall ist hinsichtlich des Teilnehmerkreises gerade nicht sichergestellt, dass weder die Stellung des Arbeitnehmers, noch seine Gehalts- bzw. Lohngruppe, die Dauer der Betriebszugehörigkeit oder besondere Leistungen maßgebend sind (BFH-Urteil vom 15.1.2009 BStBl. II S. 476). Es besteht allerdings die Möglichkeit, den sich anlässlich der Abendveranstaltungen ergebenden geldwerten Vorteil mit dem hier günstigen Steuersatz von 30 % pauschal zu besteuern (vgl. die Erläuterungen beim Stichwort „Pauschalierung der Lohnsteuer für Belohnungsessen, Incentive-Reisen, VIP-Logen und ähnliche Sachbezüge").

Lohnsteuerpflichtig Sozialversich.-pflichtig

Auch sog. **Arbeitsessen** sind keine Betriebsveranstaltungen (vgl. hierzu das Stichwort „Bewirtungskosten" unter Nr. 6).

3. Herkömmlichkeit (Üblichkeit) der Betriebsveranstaltung

Das Merkmal der Herkömmlichkeit (Üblichkeit) der Betriebsveranstaltung ergibt sich – bis auf die Anzahl der Betriebsveranstaltungen für die Gewährung des Freibetrags (= Häufigkeit) – nicht aus dem Gesetzeswortlaut des § 19 Abs. 1 Satz 1 Nr. 1a EStG. Zur arbeitnehmerbezogenen zweimaligen Inanspruchnahme des Freibetrags vgl. nachfolgende Nr. 4 Buchstabe c.

Abgrenzungsmerkmal für die Frage der Herkömmlichkeit (Üblichkeit) einer Betriebsveranstaltung war früher neben der Häufigkeit die besondere Ausgestaltung. Aufgrund der gesetzlichen Regelung für das Vorliegen von Arbeitslohn bei Betriebsveranstaltungen spielt das Merkmal der „besonderen Ausgestaltung" heute keine Rolle mehr.

4. Prüfung der 110-Euro-Freibetragsgrenze

a) Ermittlung der Gesamtkosten

Nach der seit 1.1.2015 geltenden gesetzlichen Regelung in § 19 Abs. 1 Satz 1 Nr. 1a Satz 2 EStG sind **alle Aufwendungen** des Arbeitgebers **einschließlich Umsatzsteuer** in die Gesamtkosten einzubeziehen (vgl. zur Bewertung der Sachzuwendungen auch nachfolgende Nr. 5). Dies gilt unabhängig davon, ob sie einzelnen Arbeitnehmern individuell zurechenbar sind oder ob es sich um einen rechnerischen Anteil an den Kosten der Betriebsveranstaltung handelt, die der Arbeitgeber gegenüber Dritten für den äußeren Rahmen der Betriebsveranstaltung aufwendet. Dabei kommt es auf das Bestehen einer rechtlichen Verpflichtung des Arbeitgebers nicht an. Die vorstehenden Ausführungen gelten auch dann, wenn die Aufwendungen des Arbeitgebers nur zu einer abstrakten Bereicherung der Arbeitnehmer führen (z. B. Durchführen einer Lasershow im Rahmen einer Betriebsveranstaltung). Zuwendungen anlässlich einer Betriebsveranstaltung sind insbesondere

- Aufwendungen für den äußeren Rahmen, z. B. für Räume, Beleuchtung oder einen Eventmanager, sowie Kosten zur Erfüllung behördlicher Auflagen (z. B. zur Einhaltung von Sicherheitsvorschriften oder für anwesende Sanitäter);
- die Gewährung von Speisen und Getränken, von Tabakwaren und Süßigkeiten. Die Aufwendungen für Speisen und Getränke gehören auch dann in voller Höhe zu den Gesamtkosten, wenn die Zahl der anwesenden Teilnehmer deutlich von der Zahl der angemeldeten Teilnehmer abweicht; auf die Gründe der Abweichung kommt es nicht an. Eine Sonderregelung kommt auch für Cateringkosten nicht in Betracht;
- die Übernahme der Beförderungskosten (Bahn, Omnibus, Seilbahnen, Vergnügungsdampfer); es spielt keine Rolle, ob die Fahrt als solche schon einen Erlebniswert hat (z. B. Schiffsfahrt auf einem Vergnügungsdampfer oder Busfahrt in einer landschaftlich reizvollen Gegend);
- die Übernahme der Übernachtungskosten bei mehrtägigen Betriebsveranstaltungen;
- Aufwendungen für die Ausgestaltung, wie z. B. für Musik, Kegelbahn, für künstlerische und artistische Darbietungen;
- die Überlassung von Eintrittskarten für Theater, Museen, Sportstätten, Sehenswürdigkeiten usw., die im

1) Ein **rundes** Arbeitnehmerjubiläum liegt bei einem 10-, 20-, 25-, 30-, 40-, 50- und 60-jährigen Arbeitnehmerjubiläum vor. Bei einem 40-, 50- oder 60-jährigen Arbeitnehmerjubiläum liegt ein „rundes" Arbeitnehmerjubiläum auch dann noch vor, wenn die Jubilarfeier bereits bis zu **fünf Jahre früher** stattfindet.

	Lohn-steuer-pflichtig	Sozial-versich.-pflichtig

Rahmen einer Betriebsveranstaltung als ein Programmbestandteil besucht werden;[1)]
- vom Arbeitgeber gezahlte Trinkgelder (z. B. für das Bedienungspersonal);
- Barzuwendungen, die z. B. statt Verpflegung, Fahrt- und Übernachtungsgestellung oder Eintrittskarten gewährt werden, wenn ihre zweckentsprechende Verwendung sichergestellt ist.

Unerheblich ist, ob die Zuwendungen den Arbeitnehmern selbst oder etwaigen Begleitpersonen zugute kommen.

Es kommt für eine Einbeziehung der Aufwendungen des Arbeitgebers in die Gesamtkosten nicht darauf an, ob es sich um übliche Zuwendungen handelt. Auch unübliche Zuwendungen, wie z. B. **Geschenke und Verlosungsgewinne,** deren Gesamtwert 60 Euro übersteigt oder Zuwendungen an einzelne Arbeitnehmer aus Anlass – nicht nur bei Gelegenheit – einer Betriebsveranstaltung sind daher in die Gesamtkosten **einzubeziehen** (vgl. hierzu auch die Erläuterungen unter den nachfolgenden Nrn. 7 und 8).

Die im Zusammenhang mit einer durchgeführten Betriebsveranstaltung anfallenden **Stornokosten** gehören ebenfalls zu den maßgebenden Gesamtkosten einer Betriebsveranstaltung. Fallen die Stornokosten hingegen an, weil die gesamte Betriebsveranstaltung ausfällt, liegt keine (durchgeführte) Betriebsveranstaltung vor und die Frage des Vorliegens von Arbeitslohn stellt sich von vornherein nicht.

Beispiel A

Der Arbeitgeber hatte für das betriebliche Sommerfest ein Freigelände sowie Räumlichkeiten reserviert. Angesichts des guten Wetters werden die Räumlichkeiten nicht benötigt. Für die Stornierung der Räumlichkeiten zwei Tage vor dem Sommerfest hat der Arbeitgeber 500 € zu zahlen.

Die Stornierungskosten gehören zu den Gesamtkosten der Betriebsveranstaltung.

Beispiel B

Das auf einem Freigelände geplante Sommerfest wird zwei Tage vor Durchführung wegen einer Unwetterwarnung abgesagt. Dem Arbeitgeber entstehen hierdurch insgesamt 1000 € Stornierungskosten.

Da die Betriebsveranstaltung nicht durchgeführt worden ist, kann kein Arbeitslohn vorliegen. Sollte die Betriebsveranstaltung zu einem späteren Zeitpunkt nachgeholt werden, gehören die Stornierungskosten nicht zu den Gesamtkosten dieser Veranstaltung.

Nicht zu den Aufwendungen für den äußeren Rahmen gehören **rechnerische Selbstkosten** des Arbeitgebers, wie z. B. die anteiligen Kosten der Lohnbuchhaltung für die Erfassung des geldwerten Vorteils der Betriebsveranstaltung sowie die anteilige Absetzung für Abnutzung und die Kosten für Energie- und Wasserverbrauch bei einer Betriebsfeier in den Räumlichkeiten des Arbeitgebers.

Reisekosten liegen ausnahmsweise vor, wenn die Betriebsveranstaltung außerhalb der ersten Tätigkeitsstätte des Arbeitnehmers stattfindet, die Anreise der Teilnahme an der Veranstaltung dient und die Organisation dieser Anreise dem Arbeitnehmer obliegt. Unter diesen Voraussetzungen können die Reisekosten vom Arbeitgeber steuerfrei erstattet werden (§ 3 Nrn. 13 oder 16 EStG) und gehören in diesem Fall **nicht zu den Gesamtkosten** einer Betriebsveranstaltung. Die vorgenannten Voraussetzungen sind aber nicht erfüllt, wenn die im Zusammenhang mit der Betriebsveranstaltung stehende Anreise und ggf. Übernachtung direkt vom Arbeitgeber über **betriebsinterne Reisemanagementsysteme** für die Arbeitnehmer organisiert und abgewickelt werden. In solch einem Fall sind die Aufwendungen des Arbeitgebers in die **Gesamtkosten** der Betriebsveranstaltung einzubeziehen.

Beispiel C

Arbeitgeber A veranstaltet einen Betriebsausflug. Mitarbeiter, die an einem anderen Standort tätig sind, reisen für den Betriebsausflug zunächst zur Unternehmenszentrale an. Die Anreise wird von den Arbeitnehmern selbst und nicht vom Arbeitgeber organisiert.

Diese Fahrtkosten – sowie ggf. im Zusammenhang mit der An- und Abreise entstehende Übernachtungskosten und die Verpflegungspauschalen (§ 9 Abs. 4a EStG) – gehören nicht zu den Zuwendungen anlässlich der Betriebsveranstaltung, sondern können vom Arbeitgeber als Reisekosten steuerfrei erstattet werden.

Die Fahrt-, Übernachtungs- und Verpflegungskosten sind stets in die Gesamtkosten der Betriebsveranstaltungen einzubeziehen, wenn sie im Rahmen der Betriebsveranstaltung anfallen, also die Maßnahme selbst Teil der Betriebsveranstaltung ist. Dabei kommt es nicht darauf an, ob z. B. die Fahrt einen besonderen Erlebniswert hat oder nicht.

Beispiel D

Arbeitgeber A veranstaltet einen Betriebsausflug. Für die Fahrt vom Unternehmen zum Ausflugsziel organisiert er ein Busunternehmen.

Die Kosten hierfür zählen zu den Gesamtkosten der Betriebsveranstaltung.

Beispiel E

Der Betriebsausflug beginnt mit einer ganztägigen Fahrt auf einem Fahrgastschiff. Am nächsten Tag wird die Betriebsveranstaltung am Zielort fortgesetzt.

Sowohl die vom Arbeitgeber getragenen Fahrtkosten als auch die weiteren Aufwendungen (Verpflegung, Übernachtung) gehören zu den Gesamtkosten der Betriebsveranstaltung.

Geschenke, die vom Zuwendenden nach § 37b Abs. 1 EStG mit 30 % pauschal besteuert werden (insbesondere Geschenke an Geschäftsfreunde), sind bei der Ermittlung der Gesamtkosten der Betriebsveranstaltung nicht zu berücksichtigen.

Beispiel F

An einer Betriebsveranstaltung nehmen 100 Personen teil (80 Arbeitnehmer und 20 Geschäftsfreunde). Die Aufwendungen des Arbeitgebers betragen insgesamt 12 000 €. In diesen Kosten enthalten ist auch der Hauptgewinn der anlässlich der Betriebsveranstaltung durchgeführten Verlosung, nämlich ein Elektro-Bike von 2000 €, das von einem Geschäftsfreund des Arbeitgebers gewonnen wird.

Der Arbeitgeber kann das Geschenk an den Geschäftsfreund in Höhe von 2000 € nicht als Betriebsausgaben abziehen, da es die maßgebende Grenze von 35 € übersteigt (§ 4 Abs. 5 Satz 1 Nr. 1 Satz 2 EStG). Unabhängig hiervon kann dieses Geschenk vom Arbeitgeber mit 30 % zuzüglich Solidaritätszuschlag und Kirchensteuer nach § 37b Abs. 1 EStG pauschal besteuert werden und gehört in diesem Fall nicht zu den Gesamtkosten der Betriebsveranstaltung.

Die verbleibenden Gesamtkosten von 10 000 € (12 000 € abzüglich 2000 €) sind auf die Teilnehmer (= 100 Personen) zu verteilen und es ergibt sich ein Pro-Kopf-Anteil von 100 €. Dieser Betrag liegt unterhalb des für Arbeitnehmer geltenden Freibetrags für Betriebsveranstaltungen von 110 €, sodass sich für die Arbeitnehmer kein steuerpflichtiger Arbeitslohn ergibt.

	Lohnsteuerpflichtig	Sozialversich.-pflichtig
Betragen die Aufwendungen des Arbeitgebers nach Aufteilung der maßgebenden Gesamtkosten nicht mehr als 110 € je Arbeitnehmer, sind sie steuer- und beitragsfrei.	nein	nein
Wird der Betrag von 110 € überschritten, ist nur der über 110 € hinausgehende Betrag steuer- und beitragspflichtig (und nicht wie bei einer Freigrenze der gesamte Betrag).	ja	ja
Die Lohnsteuer kann jedoch mit 25 % pauschaliert werden; in diesem Fall sind die Zuwendungen beitragsfrei in der Sozialversicherung (vgl. Nr. 6).	ja	nein

Bei der Prüfung der 110-Euro-Grenze ist auch die Umsatzsteuer zu berücksichtigen.

b) Ermittlung des Arbeitnehmeranteils

Die Höhe der dem einzelnen Arbeitnehmer zuzurechnenden, anteiligen Aufwendungen ist wie folgt zu berechnen: Alle zu berücksichtigende Aufwendungen sind zu gleichen Teilen auf alle bei der Betriebsveranstaltung **anwesenden Teilnehmer aufzuteilen**; es kommt also weder auf die Anzahl der eingeladenen noch der der Einladung zusagenden Personen an.[2)] Das gilt auch dann, wenn die

1) Die Veranstaltung darf aber nicht ausschließlich aus dem Besuch der kulturellen oder sportlichen Veranstaltung bestehen.

2) Beim BFH ist zu der Frage, ob auf die angemeldeten oder tatsächlich teilnehmenden Arbeitnehmer abzustellen ist und ob Kosten für nicht erschienene Personen (sog. „No-Show-Kosten“) auszuscheiden sind, ein Revisionsverfahren anhängig (Az.: VI R 31/18).

Lohn-steuer-pflichtig	Sozial-versich.-pflichtig

B

Zahl der anwesenden Teilnehmer deutlich von der Zahl der angemeldeten Teilnehmer abweicht; auf die Gründe der Abweichung kommt es nicht an. „Teilnehmer" einer Betriebsveranstaltung sind alle anwesenden Personen. Daher sind unabhängig von ihrem Alter z. B. auch Kinder zu berücksichtigen. Anschließend ist der auf den **Arbeitnehmer selbst und** auf etwaige, zu ihm gehörende **Begleitpersonen entfallende Anteil** der Aufwendungen dem jeweiligen Arbeitnehmer zuzurechnen. Wichtig: Den Begleitpersonen des Arbeitnehmers steht kein Freibetrag von 110 Euro zu.

Beispiel A

Die Aufwendungen für eine Betriebsveranstaltung betragen 10 000 Euro. Der Teilnehmerkreis setzt sich aus 75 Arbeitnehmern zusammen, von denen 25 von je einer Person begleitet werden.

Die Aufwendungen sind auf 100 Personen zu verteilen, sodass auf jede Person ein Betrag von 100 Euro entfällt. Der auf die Begleitpersonen entfallende Anteil ist dem jeweiligen Arbeitnehmer zuzurechnen. 50 Arbeitnehmer haben somit einen geldwerten Vorteil von 100 Euro, der nicht steuerpflichtig ist, da er unterhalb des Freibetrags von 110 Euro liegt. Bei 25 Arbeitnehmern (mit Begleitperson) beträgt der geldwerte Vorteil 200 Euro. Nach Abzug des Freibetrags von 110 Euro beträgt der steuerpflichtige geldwerte Vorteil 90 Euro.

Beispiel B

Am Sommerfest des Arbeitgebers nehmen 40 Arbeitnehmer mit einer Begleitperson und 20 Arbeitnehmer ohne Begleitpersonen teil (insgesamt also 100 Personen). Die Aufwendungen des Arbeitgebers einschließlich Umsatzsteuer betragen 5500 €. Hinzu kommen steuerfreie Reisekosten für die von den Arbeitnehmern der Niederlassung organisierte Anreise zur Betriebsveranstaltung in Höhe von 500 €.

Verteilt man den Betrag von 5500 € auf die 100 Teilnehmer, ergibt sich ein Pro-Kopf-Anteil von 55 €, sodass selbst bei den Arbeitnehmern mit Begleitperson kein steuerpflichtiger Arbeitslohn entsteht, weil die Freibetragsgrenze von 110 € nicht überschritten ist (55 € × 2 = 110 €). Bei den Reisekosten der Arbeitnehmer der Niederlassung handelt es sich um steuerfreien Reisekostenersatz (§ 3 Nr. 16 EStG). Die Aufwendungen sind nicht in die Gesamtkosten einzubeziehen.

Ein steuerpflichtiger geldwerter Vorteil kann beim Überschreiten der 110-Euro-Grenze übrigens dann vermieden werden, wenn der übersteigende Betrag durch eine entsprechende **Zahlung des Arbeitnehmers** an den Arbeitgeber ausgeglichen wird.

Beispiel C

Anlässlich einer vom Arbeitgeber durchgeführten Betriebsveranstaltung ergibt sich für jeden Arbeitnehmer ein Betrag von 115 €. Die Arbeitnehmer zahlen an den Arbeitgeber für die Betriebsveranstaltung einen Betrag von 5 €.

Nach Abzug des Betrags von 5 € ergibt sich für jeden Arbeitnehmer ein geldwerter Vorteil von 110 € (115 € abzüglich 5 €). Der maßgebende Freibetrag von 110 € ist nicht überschritten mit der Folge, dass für diese Betriebsveranstaltung kein steuerpflichtiger Arbeitslohn vorliegt.

Sachzuwendungen anlässlich einer Reise, die sowohl eine **Betriebsveranstaltung** als auch eine aus ganz überwiegend eigenbetrieblichen Zwecken durchgeführte **Betriebsbesichtigung** bei einem Hauptkunden des Arbeitgebers umfasst, sind **aufzuteilen.** Die Aufwendungen des Arbeitgebers für eine derartige Reise sind insgesamt kein Arbeitslohn, wenn die dem Betriebsveranstaltungsteil zuzurechnenden, anteiligen Kosten den Freibetrag von 110 € nicht übersteigen. Die dem Betriebsbesichtigungsteil zuzurechnenden, anteiligen Kosten stellen ebenfalls keinen Arbeitslohn dar, wenn die Besichtigung im ganz überwiegend eigenbetrieblichen Interesse des Arbeitgebers durchgeführt wird (BFH-Urteil vom 16.11.2005, BStBl. 2006 II S. 444).

Beispiel D

Ein Arbeitgeber führt mit seinen Arbeitnehmern eine zweitägige Reise von Freitagnachmittag bis Samstagabend durch. Nach Durchführung der Betriebsveranstaltung am Freitag (= einzige Veranstaltung des Jahres) wird am Samstag eine Betriebsbesichtigung bei einem Hauptkunden des Arbeitgebers durchgeführt. Die gesamten Aufwendungen für die Reise betragen pro Teilnehmer 120 €. Davon entfallen 15 € pro Teilnehmer (im Wesentlichen Fahrtkostenanteil) auf die Betriebsbesichtigung beim Hauptkunden.

Es liegt insgesamt kein steuer- und beitragspflichtiger Arbeitslohn vor, da die anteiligen Kosten für den Betriebsveranstaltungsteil den Freibetrag von 110 € je Teilnehmer nicht übersteigen (120 € abzüglich 15 € = 105 €) und die Betriebsbesichtigung beim Hauptkunden (= 15 € je Teilnehmer) im ganz überwiegend eigenbetrieblichen Interesse des Arbeitgebers durchgeführt wird.

Allerdings kann es sich bei mehreren Programmpunkten (Betriebsveranstaltung einerseits, Betriebsbesichtigung/Betriebsversammlung andererseits) aufgrund der Würdigung der Umstände des Einzelfalles auch um eine **Gesamtveranstaltung** mit eher **gesellschaftlichen Charakter** handeln mit der Folge, dass die Aufwendungen ggf. nur in sehr begrenztem Umfang aufgeteilt werden können (BFH-Urteil vom 30.4.2009, BStBl. II S. 726).

Beispiel E

Der Arbeitgeber führte an Bord eines Ausflugschiffes unter Darreichung von Speisen und Getränken eine sog. Betriebsversammlung durch. Die Teilnahme der Arbeitnehmer an dieser Veranstaltung war Pflicht. Betriebliche Aspekte der Betriebsversammlung waren Neues von und zur Firma, die Vorstellung neuer Mitarbeiter, Statusberichte über Softwareprojekte sowie Workshops (Training Teambuilding, Diskussion, Ergebnisse). Abends schloss sich in einem Hotel ein Betriebsfest an.

Der Bundesfinanzhof ging in diesem Fall von einer Gesamtveranstaltung (Betriebsversammlung und Betriebsfest als Einheit) mit eher gesellschaftlichem Charakter aus und lehnte eine Aufteilung in eine betriebliche Seminarveranstaltung auf dem Schiff und einer Betriebsveranstaltung an Land ab (BFH-Urteil vom 30.4.2009, BStBl. II S. 726). Folglich behandelte er die Gesamtkosten (u. a. Brunch, Kaffeepause, Getränke auf dem Schiff und Abendessen, Getränke, Zauberer an Land; allerdings ohne die Kosten für den Workshop) wegen Überschreitens der seinerzeitigen Grenze als Arbeitslohn, der mit 25 % pauschal besteuert werden konnte und daher beitragsfrei war. Er ließ es lediglich zu, dass die Kosten für den Bustransfer und die Schiffstour wegen rein betriebsfunktionaler Zielsetzung aufzuteilen und teilweise nicht als Arbeitslohn zu erfassen waren. Die Aufteilung nahm er im Verhältnis der Zeitanteile – ohne Fahrzeiten von und zur Gesamtveranstaltung – vor. Die Gesamtveranstaltung betrug vom Beginn der Schiffstour bis zum Ende der Betriebsveranstaltung 12,5 Stunden. Davon entfielen 5,5 Stunden (= 44 %) auf die rein betriebsfunktionale Zielsetzung (Neues von und zur Firma, Vorstellung neuer Mitarbeiter, Statusberichte über Softwareprojekte sowie Workshops – Training Teambuilding, Diskussion, Ergebnisse –). 44 % der Kosten für den Bustransfer und die Schiffstour waren folglich nicht in die im Übrigen steuerpflichtigen Gesamtkosten einzubeziehen.

c) Zweimalige, arbeitnehmerbezogene Inanspruchnahme des Freibetrags

Der Freibetrag von 110 € gilt für bis zu zwei Betriebsveranstaltungen jährlich. Die Grenze von zwei Veranstaltungen gilt nach Verwaltungsauffassung arbeitnehmerbezogen![1] Es kommt also darauf an, an wie vielen Betriebsveranstaltungen der einzelne Arbeitnehmer im jeweiligen Kalenderjahr teilgenommen hat.

Beispiel A

Ein Arbeitgeber führt folgende Betriebsveranstaltungen durch:

Juli: zweitägiger Betriebsausflug	110 Euro je Teilnehmer
Oktober: Oktoberfestbesuch	100 Euro je Teilnehmer
Dezember: Weihnachtsfeier	90 Euro je Teilnehmer

Von seinen 100 Arbeitnehmern nehmen 20 Arbeitnehmer an allen drei Betriebsveranstaltungen teil, 70 Arbeitnehmer nehmen an zwei Betriebsveranstaltungen teil und 10 Arbeitnehmer nehmen nur an einer Betriebsveranstaltung teil.

Da die zweimalige Inanspruchnahme des Freibetrags arbeitnehmerbezogen ist, liegt nur bei den Arbeitnehmern, die an allen drei Betriebsveranstaltungen teilgenommen haben, für eine dieser Betriebsveranstaltungen Arbeitslohn vor. Nach der bis zum 31.12.2014 geltenden Rechtslage hätte der Arbeitgeber hingegen eine der drei oben genannten Veranstaltungen insgesamt versteuern müssen.

Beispiel B

Der Arbeitgeber führt neben einem Betriebsausflug und der Weihnachtsfeier eine Jubilarfeier für alle Jubilare des Jahres durch. Die Jubilare nehmen an allen drei Betriebsveranstaltungen teil.

---

1) Textziffer 4 Buchstabe c des BMF-Schreibens vom 14.10.2015 (BStBl. I S. 832). Das BMF-Schreiben ist als Anlage zu H 19.5 LStR im **Steuerhandbuch für das Lohnbüro 2021** abgedruckt, das im selben Verlag erschienen ist.

	Lohn-steuer-pflichtig	Sozial-versich.-pflichtig

Bis zum 31.12.2014 wurde die Jubilarfeier gesondert gewertet und bei der Grenze von zwei Veranstaltungen nicht mitgerechnet. Dies ist seit 2015 nicht mehr der Fall. Folglich liegt bei den Jubilaren, die an allen drei Betriebsveranstaltungen teilgenommen haben, hinsichtlich der Teilnahme an einer Betriebsveranstaltung Arbeitslohn vor. Das muss aber – wie die nachfolgenden Ausführungen zeigen – nicht zwingend die Jubilarfeier sein.

Nimmt ein Arbeitnehmer an mehr als zwei Betriebsveranstaltungen teil, kann der Arbeitgeber die beiden Veranstaltungen auswählen, für die der Freibetrag gelten soll. Da die zweimalige Inanspruchnahme des Freibetrags arbeitnehmerbezogen ist, kann der Arbeitgeber das **Wahlrecht** für den einzelnen Arbeitnehmer gesondert ausüben (was er in der Praxis in der Regel wegen des noch größeren Aufwands aber nicht tun wird).

Beispiel C

Fortsetzung des Beispiels A. Bei 20 Arbeitnehmern liegt Arbeitslohn vor, da sie an allen drei Betriebsveranstaltungen teilgenommen haben. Es führt steuerlich zum günstigsten Ergebnis, in diesem Fall die Betriebsveranstaltung mit dem niedrigsten Pro-Kopf-Anteil als Arbeitslohn zu behandeln. Mithin liegt bei 20 Arbeitnehmern hinsichtlich der Weihnachtsfeier jeweils Arbeitslohn in Höhe von 90 € vor. Der von diesen Arbeitnehmern beim Oktoberfestbesuch nicht ausgeschöpfte Freibetrag von 10 € (110 € Freibetrag abzüglich 100 € Pro-Kopf-Anteil) kann nicht auf die Weihnachtsfeier übertragen werden.

Die Verwaltung räumt zwar das Wahlrecht für die zweimalige Inanspruchnahme des Freibetrags dem Arbeitgeber ein. Dies ist im Hinblick auf das Lohnsteuerabzugsverfahren und die im Regelfall beim Vorliegen von steuerpflichtigem Arbeitslohn erfolgende Pauschalbesteuerung mit 25 % (vgl. nachfolgende Nr. 6) nachvollziehbar. Sollte jedoch beim einzelnen Arbeitnehmer der Arbeitslohn aus der Teilnahme an einer dritten, vierten u.s.w. Betriebsveranstaltung nach den individuellen Lohnsteuerabzugsmerkmalen (ELStAM) besteuert worden sein, kann dem jeweiligen Arbeitnehmer die Ausübung des Wahlrechts im Rahmen seiner Einkommensteuer-Veranlagung nicht verwehrt werden.

Dient die Teilnahme eines Arbeitnehmers an einer Betriebsveranstaltung der **Erfüllung beruflicher Aufgaben,** ist der auf diesen Arbeitnehmer entfallende Anteil an den Gesamtaufwendungen von vornherein kein Arbeitslohn. Die Möglichkeit der zweimaligen Inanspruchnahme des Freibetrags von 110 € für Betriebsveranstaltungen, bei denen keine beruflichen Aufgaben erfüllt werden, bleibt selbstverständlich erhalten.

Beispiel D

Ein Arbeitnehmer nimmt am Betriebsausflug und an der Weihnachtsfeier seines Arbeitgebers teil. Außerdem besucht er in seiner Eigenschaft als Betriebsrat die Jubilarfeier.

Da der Arbeitnehmer bei der Teilnahme an der Jubilarfeier berufliche Aufgaben erfüllt, ist der auf ihn entfallende Anteil an den Gesamtaufwendungen kein Arbeitslohn.

Für die Teilnahme am Betriebsausflug und der Weihnachtsfeier steht ihm jeweils ein Freibetrag von 110 € zu.

5. Bewertung von Sachzuwendungen

Der Wert von Sachzuwendungen bemisst sich grundsätzlich nach dem um übliche Preisnachlässe geminderten üblichen Endpreis am Abgabeort, d. h. nach dem Preis, den der Arbeitnehmer aufwenden müsste, um dasselbe Wirtschaftsgut zu erhalten (§ 8 Abs. 2 Satz 1 EStG). Bei Betriebsveranstaltungen ist von den eigenen **Aufwendungen des Arbeitgebers** für die Veranstaltung auszugehen. Dabei sind die eigenen Aufwendungen des Arbeitgebers **einschließlich Umsatzsteuer** anzusetzen, da die Umsatzsteuer zu den Kosten gehört, die der Arbeitnehmer als Letztverbraucher für die Erlangung desselben Wirtschaftsgutes aufwenden müsste (§ 19 Abs. 1 Satz 1 Nr. 1a Sätze 2 und 5 EStG). Bei den Aufwendungen für die von den auswärtigen Arbeitnehmern selbst organisierte An- und Abreise zur Betriebsveranstaltung handelt es sich um steuerfreie Reisekosten, die nicht in die Gesamtkosten einzubeziehen sind (§ 3 Nr. 16 EStG; vgl. vorstehende Nr. 4 Buchstabe a). Ein Ansatz der anteiligen Sachbezugswerte für die im Rahmen einer Betriebsveranstaltung unentgeltlich gewährten Mahlzeiten ist nicht zulässig.

Die **44-Euro-Freigrenze für Sachbezüge** (§ 8 Absatz 2 Satz 11 EStG) ist bezogen auf die Betriebsveranstaltung **nicht** neben dem 110-Euro-Freibetrag **anwendbar.** Dies ist folgerichtig, da die Sachzuwendungen aufgrund der Sondervorschrift des § 19 Abs. 1 Satz 1 Nr. 1a EStG mit den anteiligen Aufwendungen des Arbeitgebers und nicht – wie es für die Anwendung der 44-Euro-Freigrenze erforderlich wäre – mit dem ortsüblichen Endpreis (vgl. § 8 Abs. 2 Satz 1 EStG) bewertet werden (vgl. § 19 Abs. 1 Satz 1 Nr. 1a Satz 5 EStG).

Beispiel A

Der geldwerte Vorteil anlässlich eines Sommerfestes im Juli beträgt 150 Euro je teilnehmenden Arbeitnehmer. Weitere Sachbezüge werden den Arbeitnehmern in diesem Monat nicht gewährt.

Der steuerpflichtige geldwerte Vorteil beträgt nach Abzug des Freibetrags von 110 Euro noch 40 Euro für jeden teilnehmenden Arbeitnehmer. Die 44-Euro-Freigrenze für Sachbezüge ist hierfür nicht neben der 110-Euro-Freibetragsgrenze anwendbar.

Gewährt der Arbeitgeber statt der Sachzuwendungen entsprechende Barleistungen, bleiben sie steuerfrei, wenn sichergestellt ist, dass die Arbeitnehmer die Barzuwendungen tatsächlich nicht anders als zu dem vorgesehenen Zweck (zur Bezahlung der Fahrtkosten, der vorbestellten Speisen und Getränke oder Eintrittskarten) verwenden. Auch ein **Barzuschuss** des Arbeitgebers zu einer Betriebsveranstaltung in eine **Gemeinschaftskasse** der Arbeitnehmer ist kein steuerpflichtiger Arbeitslohn, wenn der Zuschuss die jetzige Freibetragsgrenze von 110 € je Arbeitnehmer nicht überschreitet (BFH-Urteil vom 16.11.2005, BStBl. 2006 II S. 437). nein nein

Beispiel B

Die Arbeitnehmer organisieren als einzige Betriebsveranstaltung im Kalenderjahr ein Sommerfest, an dem 100 Arbeitnehmer teilnehmen. Der Arbeitgeber zahlt dafür als Zuschuss 10 000 € in die Gemeinschaftskasse der Arbeitnehmer ein.

Bei einer Verteilung des Zuschusses ergibt sich ein Pro-Kopf-Anteil von 100 €, der aufgrund des Freibetrags von 110 € nicht zu versteuern ist (§ 19 Abs. 1 Satz 1 Nr. 1a Satz 3 EStG; BFH-Urteil vom 16.11.2005, BStBl. 2006 II S. 437). Hinweis: Da eine Betriebsveranstaltung auch vom Betriebsrat oder Personalrat durchgeführt werden kann, ist ein Arbeitgeberzuschuss genauso zu behandeln, als wenn der Arbeitgeber die Aufwendungen unmittelbar selbst bezahlt hätte.

6. Besteuerung der steuerpflichtigen Zuwendungen bei Betriebsveranstaltungen mit 25 %

Soweit Zuwendungen **aus Anlass** einer Betriebsveranstaltung zum Arbeitslohn gehören, kann die Lohnsteuer mit einem **Pauschsteuersatz** von **25 %** erhoben werden.

Bei einer Pauschalierung der Lohnsteuer mit 25 % ist zu beachten, dass

- ein **Antrag** beim Finanzamt für die Pauschalierung **nicht** erforderlich ist;
- die Pauschalierung auch dann zulässig ist, wenn nur wenige Arbeitnehmer betroffen sind (z. B. ein Arzt macht einen Betriebsausflug mit seinen zwei Sprechstundenhilfen);
- zusätzlich zur pauschalen Lohnsteuer weiterhin ein Solidaritätszuschlag von 5,5 % und ggf. pauschale Kirchensteuer anfällt (vgl. die Stichworte „Kirchensteuer" unter Nr. 10 und „Solidaritätszuschlag");
- die Pauschalierung der Lohnsteuer mit 25 % **Sozialversicherungsfreiheit** nach § 1 Abs. 1 Satz 1 Nr. 3 SvEV[1] auslöst.

R 40.2 Abs. 1 Nr. 2 LStR ist übrigens seit 1.1.2015 insoweit überholt, als eine gesonderte Lohnsteuerpauschalie-

1) Die Sozialversicherungsentgeltverordnung (SvEV) ist als Anhang 2 im **Steuerhandbuch für das Lohnbüro 2021** abgedruckt, das im selben Verlag erschienen ist.

B

Lohnsteuerpflichtig	Sozialversich.-pflichtig

rung bei nicht üblichen Zuwendungen vorgesehen ist. Auch nicht übliche Zuwendungen gehören zu den maßgebenden Gesamtkosten einer Betriebsveranstaltung (vgl. vorstehende Nr. 4 Buchstabe a).

Zuwendungen aus Anlass von Betriebsveranstaltungen an Arbeitnehmer von anderen Unternehmen im **Konzernverbund oder** an **Leiharbeitnehmer** durch den Entleiher können wahlweise vom Zuwendenden oder vom Arbeitgeber besteuert werden. Eine Pauschalbesteuerung mit 25 % (§ 40 Abs. 2 Satz 1 Nr. 2 EStG) ist auch insoweit möglich. Wendet der Zuwendende die Freibetragsregelung an, hat er sich beim Arbeitgeber zu vergewissern, dass der Arbeitnehmer noch nicht zweimal den Freibetrag von 110 € in Anspruch genommen hat.

Beispiel A

Ein Leiharbeitnehmer nimmt an der Weihnachtsfeier des Entleihers und seines Arbeitgebers (= Verleiher) teil. Der Pro-Kopf-Anteil bei der Betriebsveranstaltung des Entleihers beträgt 115 €, bei seinem Arbeitgeber 75 €.

Die Weihnachtsfeier des Arbeitgebers führt beim Arbeitnehmer nicht zu steuerpflichtigem Arbeitslohn, da der Freibetrag von 110 € nicht überschritten ist.

Der Entleiher kann – nach dem er sich zuvor beim Arbeitgeber vergewissert hat, dass der Freibetrag von 110 € noch nicht zweimal ausgeschöpft worden ist – ebenfalls den Freibetrag von 110 € in Anspruch nehmen und den übersteigenden Betrag von 5 € mit 25% pauschal besteuern. Der beim Arbeitgeber für die Weihnachtsfeier für den Arbeitnehmer nicht ausgeschöpfte Freibetrag von 35 € (110 € abzüglich 75 €) kann nicht für die Weihnachtsfeier des Entleihers genutzt werden.

Erfüllt eine Veranstaltung des Arbeitgebers nicht den Begriff der Betriebsveranstaltung, ist zu prüfen, ob es sich bei den geldwerten Vorteilen, die der Arbeitgeber seinen Arbeitnehmern im Rahmen einer solchen Veranstaltung gewährt, um Arbeitslohn handelt. Eine Pauschalierung der Lohnsteuer mit 25 % (nach § 40 Abs. 2 Satz 1 Nr. 2 EStG) kommt in diesen Fällen nicht in Betracht. Ebenso scheidet eine solche Pauschalbesteuerung von vornherein aus, wenn die Veranstaltung nicht allen Arbeitnehmern offensteht (BFH-Urteil vom 15.1.2009, BStBl. II S. 476).

Beispiel B

An verschiedene Fachtagungen für angestellte Führungskräfte (= nicht zu Arbeitslohn führende betriebliche Veranstaltungen) schließen sich Abendveranstaltungen mit musikalischen und künstlerischen Darbietungen an. Bei den Abendveranstaltungen handelt es sich nicht um Betriebsveranstaltungen, da die Begrenzung des Teilnehmerkreises zu einer Bevorzugung einer bestimmten Personengruppe (der Führungskräfte) führt. In solch einem Fall ist hinsichtlich des Teilnehmerkreises gerade nicht sichergestellt, dass weder die Stellung des Arbeitnehmers, noch seine Gehalts- bzw. Lohngruppe, die Dauer der Betriebszugehörigkeit oder besondere Leistungen maßgebend sind (BFH-Urteil vom 15.1.2009, BStBl. II S. 476). Eine Pauschalierung der Lohnsteuer mit 25 % nach § 40 Abs. 2 Satz 1 Nr. 2 EStG kommt nicht in Betracht. Es besteht allerdings die Möglichkeit, den sich anlässlich der Abendveranstaltungen ergebenden geldwerten Vorteil mit dem hier günstigen Steuersatz von 30 % pauschal zu besteuern (vgl. die Erläuterungen beim Stichwort „Pauschalierung der Lohnsteuer für Belohnungsessen, Incentive-Reisen, VIP-Logen und ähnliche Sachbezüge").

Werden im Rahmen einer Betriebsveranstaltung Barzuwendungen gemacht, deren zweckentsprechende Verwendung nicht nachgewiesen ist, ist eine Pauschalierung der Lohnsteuer mit 25 % nicht möglich. Die Versteuerung muss dann nach den allgemein geltenden Grundsätzen unter Anwendung der individuellen Lohnsteuerabzugsmerkmale des jeweiligen Arbeitnehmers durchgeführt werden (BFH-Urteil vom 7.2.1997, BStBl. II S. 365). ja ja

7. Sachgeschenke im Rahmen einer Betriebsveranstaltung

Geschenke **anlässlich** von Betriebsveranstaltungen sind in die Gesamtkosten des Arbeitgebers und damit in die Bemessungsgrundlage für die Aufteilung auf die Teilnehmer **einzubeziehen,** Geschenke bei Gelegenheit von Betriebsveranstaltungen hingegen nicht.

Die Finanzverwaltung beanstandet es aus Vereinfachungsgründen nicht, wenn Geschenke, deren Wert je Arbeitnehmer **60 €** nicht übersteigt, als Zuwendungen anlässlich einer Betriebsveranstaltung in die Gesamtkosten **einbezogen** werden (z. B. „Weihnachtspäckchen"). Bei Geschenken **oberhalb** des Betrags von 60 € ist im Einzelfall zu prüfen, ob sie „anlässlich" oder „nur bei Gelegenheit" einer Betriebsveranstaltung zugewendet werden. Dabei ist das Merkmal „anlässlich" erfüllt, wenn ein **konkreter Zusammenhang** zwischen der Betriebsveranstaltung und dem Geschenk besteht. Dies ist – unabhängig vom Wert des Geschenks – z. B. bei Verlosungsgewinnen anlässlich einer Tombola auf der Weihnachtsfeier der Fall (vgl. nachfolgende Nr. 8).

Die vorstehenden Grundsätze gelten auch für die nachträgliche Überreichung der Geschenke an solche Arbeitnehmer, die aus betrieblichen oder persönlichen Gründen nicht an der Betriebsveranstaltung teilnehmen konnten, nicht aber für eine deswegen gewährte Barzuwendung.[1]

Beispiel A

Die auf einen Arbeitnehmer entfallenden Kosten einer Weihnachtsfeier betragen 95 €. Jeder Arbeitnehmer erhält im Rahmen der Weihnachtsfeier ein Päckchen im Wert von 30 €. Damit ist die 110-Euro-Freibetragsgrenze überschritten; jeder Arbeitnehmer hat 15 € (125 € abzüglich 110 €) zu versteuern. Der Arbeitgeber kann die Steuer mit 25 % pauschalieren; dadurch tritt Beitragsfreiheit in der Sozialversicherung ein.

Beispiel B

An einer Weihnachtsfeier nehmen 100 Mitarbeiter des Arbeitgebers teil. Die Aufwendungen des Arbeitgebers betragen 8000 € (= 80 € pro Arbeitnehmer). Außerdem erhält jeder Arbeitnehmer ein Sachgeschenk von 60 € (= Kosten von 6000 €).

Zu den Gesamtkosten gehören alle Aufwendungen des Arbeitgebers einschließlich der Kosten für die Sachgeschenke. Die gesamten Aufwendungen von 14 000 € sind auf die 100 Arbeitnehmer zu verteilen, sodass sich ein Pro-Kopf-Anteil von 140 € ergibt (14 000 € : 100 Arbeitnehmer). Der Betrag von 140 € ist nach Abzug des Freibetrags von 110 € in Höhe von 30 € steuerpflichtig. Bei 100 Arbeitnehmern beträgt der geldwerte Vorteil 3000 € und die pauschale Lohnsteuer 750 € (= 25 % von 3000 €) zuzüglich Solidaritätszuschlag und Kirchensteuer.

Geschenke, die vom Zuwendenden nach **§ 37b Abs. 1 EStG** mit 30 % pauschal besteuert werden (insbesondere an Geschäftsfreunde), sind bei der Ermittlung der Gesamtkosten der Betriebsveranstaltung **nicht** zu berücksichtigen (vgl. auch das Beispiel F unter der vorstehenden Nr. 4 Buchstabe a).

Bei einem sog. **Geschenklos** (Los für die Teilnahme an einer von einem Dritten durchgeführten Lotterie), ist die Zuwendung des Loses das Geschenk. Ein etwaiger Lotteriegewinn ist kein Arbeitslohn und somit weder steuer- noch beitragspflichtig. nein nein

Der Bundesfinanzhof hat entschieden, dass Zuwendungen **aus Anlass** von Betriebsveranstaltungen, für die eine Pauschalbesteuerung mit 25 % in Betracht kommt, nur solche sind, die den Rahmen und das Programm der Veranstaltung betreffen. Die Zuwendung muss durch die betreffende Betriebsveranstaltung veranlasst sein (z. B. der Verlosungsgewinn einer durchgeführten Tombola; vgl. nachfolgende Nr. 8). Zuwendungen, die mit der Betriebsveranstaltung nicht in einem sachlichen Zusammenhang stehen, sondern nur **bei Gelegenheit** der Veranstaltung überreicht werden, können folglich nicht mit 25 % pauschal besteuert werden (BFH-Urteil vom 7.11.2006, BStBl. 2007 II S. 128).

Beispiel C

Der Arbeitgeber überreicht im Rahmen der jährlich veranstalteten Weihnachtsfeier seinen Arbeitnehmern Krügerrand-Goldmünzen im Wert von ca. 1500 € pro Stück. Es handelt sich um steuer- und beitragspflichtigen Arbeitslohn. Eine Pauschalierung der Lohnsteuer mit 25 % ist nicht möglich.

1) Als betrieblicher Grund kommen z. B. eine Schichtarbeit oder eine Dienstreise in Betracht. Persönliche Gründe können insbesondere Urlaub oder Krankheit sein.

Lohnsteuerpflichtig | Sozialversich.-pflichtig

Der Bundesfinanzhof ist in dem o. a. Urteil zu der Auffassung gekommen, dass die Goldmünzen **nicht aus Anlass** der Betriebsveranstaltung gewährt werden. Der Arbeitgeber habe vielmehr lediglich die Gelegenheit der Weihnachtsfeier genutzt, um die Goldmünzen zu überreichen. Die Übergabe von Goldmünzen an alle bei einer Weihnachtsfeier anwesenden Arbeitnehmer sei aber eine **untypische Programmgestaltung;** die Zuwendung ist daher nicht durch die Betriebsveranstaltung veranlasst. Zudem hätte die Zuwendung der Goldmünzen auch völlig losgelöst von der Weihnachtsfeier vorgenommen werden können. Eine Pauschalierung des Werts der Goldmünzen mit 25 % kommt folglich nicht in Betracht. Der Wert der Goldmünzen kann allerdings pauschal mit 30 % nach § 37b EStG besteuert werden (vgl. die Erläuterungen beim Stichwort „Pauschalierung der Lohnsteuer für Belohnungsessen, Incentive-Reisen, VIP-Logen und ähnliche Sachbezüge"). Allerdings ist die Pauschalierung nach § 37b Abs. 2 EStG sozialversicherungspflichtig. ja ja

Eine großzügigere Sichtweise des Bundesfinanzhofs hätte übrigens zur Folge gehabt, dass auch das Weihnachtsgeld bzw. das „13. Monatsgehalt" pauschal mit 25 % hätten besteuert werden können, wenn nur die Auszahlung „programmgemäß" auf einer Betriebsveranstaltung erfolgt wäre. Dies wäre aus Gleichbehandlungsgründen gegenüber anderen Arbeitnehmern bedenklich gewesen. Eine Tombola oder eine Verlosung ist hingegen eine typische Programmgestaltung einer Betriebsveranstaltung mit der Folge, dass Verlosungsgewinne in die Gesamtkosten und bei Überschreitung des Freibetrags von 110 € in die Pauschalbesteuerung einzubeziehen sind (vgl. hierzu nachfolgende Nr. 8).

8. Verlosungen im Rahmen einer Betriebsveranstaltung

a) Allgemeines

Anlässlich von Betriebsveranstaltungen finden oft Verlosungen statt (sog. Tombola). Die Einräumung einer bloßen Gewinnchance führt dabei nicht bereits zu einem Zufluss von Arbeitslohn (BFH-Urteil vom 25.11.1993, BStBl. 1994 II S. 254). Dagegen ist die Steuerpflicht der Losgewinne danach zu beurteilen, ob die Teilnahme an der Verlosung an bestimmte Bedingungen geknüpft ist oder alle Arbeitnehmer Lose erhalten können (vgl. nachfolgende Buchstaben b und c).

b) An der Verlosung dürfen nur bestimmte Arbeitnehmer teilnehmen

Dürfen an einer betrieblichen Verlosung nur diejenigen Arbeitnehmer teilnehmen, die bestimmte Voraussetzungen erfüllen, etwa im Rahmen eines Unternehmenswettbewerbs Verbesserungsvorschläge eingereicht haben, stellen die Gewinne die Gegenleistung für ein bestimmtes Verhalten des Arbeitnehmers dar und sind damit Arbeitslohn des jeweiligen Arbeitnehmers. ja ja

Dies gilt auch dann, wenn die Verlosung gelegentlich einer Betriebsveranstaltung durchgeführt wird und die Bedingungen für die Teilnahme an der Verlosung im Vorfeld der Betriebsveranstaltung erfüllt werden mussten. In einem solchen Fall werden die Gewinne den per Zufall ermittelten Arbeitnehmern für ein bestimmtes Verhalten zugewendet. Der Arbeitslohncharakter des Gewinns wird auch nicht dadurch ausgeschlossen, dass die mit der Verlosung bei den Arbeitnehmern verfolgte Zielsetzung, die Einreichung von Verbesserungsvorschlägen zu erreichen, im betrieblichen Interesse des Arbeitgebers liegt (vgl. die Stichworte „Sicherheitswettbewerb" und „Verlosungsgewinne").

Der als Arbeitslohn zu erfassende Verlosungsgewinn kann in diesen Fällen aber **nicht** mit 25 % **pauschal** besteuert werden, da es sich um Arbeitslohn bei Gelegenheit und nicht aus Anlass von Betriebsveranstaltungen handelt (vgl. auch die Erläuterungen unter der vorstehenden Nr. 7).

Lohnsteuerpflichtig | Sozialversich.-pflichtig

Eine Pauschalierung nach § 37b EStG mit 30 % ist allerdings möglich (vgl. die Erläuterungen beim Stichwort „Pauschalierung der Lohnsteuer für Belohnungsessen, Incentive-Reisen, VIP-Logen und ähnliche Sachbezüge").

Die Aufwendungen des Arbeitgebers für die Verlosungsgewinne gehören in diesem Fall nicht zu den Gesamtkosten der Betriebsveranstaltung.

c) An der Verlosung können alle Arbeitnehmer teilnehmen

Können an einer Verlosung im Rahmen einer Betriebsveranstaltung alle Arbeitnehmer teilnehmen, gilt Folgendes: Es kommt für eine Einbeziehung der Verlosungsgewinne in die Gesamtkosten des Arbeitgebers für die Betriebsveranstaltung nicht darauf an, ob es sich um übliche Zuwendungen (Verlosungsgewinne bis 60 €) handelt oder nicht. **Auch** unübliche Zuwendungen, wie z. B. **Verlosungsgewinne,** deren Gesamtwert **60 Euro übersteigt,** sind in die Gesamtkosten **einzubeziehen,** da bei einer solchen Verlosung ein konkreter Zusammenhang mit der Betriebsveranstaltung besteht (= typische Programmgestaltung). Unschädlich ist es, wenn an der Verlosung auch Betriebsfremde (z. B. Ehegatten, Lebenspartner, Kinder usw.) teilnehmen.

Beispiel A

Die Aufwendungen für eine Weihnachtsfeier betragen einschließlich Umsatzsteuer:

Saalmiete	400,– €
Kapelle	600,– €
Speisen und Getränke	3 000,– €
insgesamt	4 000,– €

Ein Betrag von 4000 € (einschließlich Saalmiete) ist durch die Anzahl der Teilnehmer zu teilen. Bei 40 Teilnehmern entfällt auf jeden Teilnehmer ein Betrag von 100 €.

Veranstaltet der Arbeitgeber bei der Weihnachtsfeier eine Tombola und verlost er dabei z. B. Preise bis zu einem Wert von 60 €, sind die hierfür entstandenen Aufwendungen dem Betrag von 4000 € hinzuzurechnen. Betragen die Aufwendungen für die Verlosungsgewinne einschließlich Umsatzsteuer z. B. 2400 €, ergibt sich Folgendes:

Kapelle, Speisen und Getränke	4 000,– €
Kosten der Verlosungsgewinne	2 400,– €
insgesamt	6 400,– €

Bei 40 Teilnehmern entfällt auf jeden Teilnehmer ein Betrag von 160 €. Damit ist die 110-Euro-Freibetragsgrenze überschritten. Ein Betrag von 2000 € (160 € abzüglich 110 € = 50 € × 40 Arbeitnehmer) ist steuerpflichtig.

Der Arbeitgeber kann die Steuer mit 25 % pauschalieren; dadurch tritt Beitragsfreiheit in der Sozialversicherung ein.

Beispiel B

An einer Weihnachtsfeier nehmen 100 Mitarbeiter des Arbeitgebers teil. Die Aufwendungen des Arbeitgebers betragen 10 000 € (= 100 € pro Arbeitnehmer; ohne Verlosungsgewinn). Bei der anlässlich der Weihnachtsfeier durchgeführten Tombola gewinnt Arbeitnehmer A das Elektro-Bike im Wert von 2000 €.

Zu den Gesamtkosten gehören alle Aufwendungen des Arbeitgebers einschließlich der Kosten für den Verlosungsgewinn. Die gesamten Aufwendungen von 12 000 € sind auf die 100 Arbeitnehmer zu verteilen, sodass sich ein Pro-Kopf-Anteil von 120 € ergibt (12 000 € : 100 Arbeitnehmer). Der Betrag von 120 € ist nach Abzug des Freibetrags von 110 € in Höhe von 10 € × 100 Arbeitnehmer = 1000 € steuerpflichtig. Die pauschale Lohnsteuer beträgt 250 € (25 % von 1000 €) zuzüglich Solidaritätszuschlag und Kirchensteuer.

Beispiel C

Wie Beispiel B. Die Aufwendungen des Arbeitgebers betragen 14 000 € (= 140 € pro Arbeitnehmer; ohne Verlosungsgewinn).

Zu den Gesamtkosten gehören alle Aufwendungen des Arbeitgebers einschließlich der Kosten für den Verlosungsgewinn. Die gesamten Aufwendungen von 16 000 € (14 000 € zuzüglich 2000 €) sind auf die 100 Arbeitnehmer zu verteilen, sodass sich ein Pro-Kopf-Anteil von 160 € ergibt (16 000 € : 100 Arbeitnehmer). Der Betrag von 160 € ist nach Abzug des Freibetrags von 110 € in Höhe von 50 € pro Arbeitnehmer (= 5000 € insgesamt) steuerpflichtig. Die pauschale Lohnsteuer beträgt 1250 € (= 25 % von 5000 €) zuzüglich Solidaritätszuschlag und Kirchensteuer.

Lohnsteuerpflichtig | Sozialversich.-pflichtig

B

Beispiel D

Anlässlich einer Weihnachtsfeier verlost der Arbeitgeber an seine Arbeitnehmer Reisegutscheine im Wert von 5000 € bis 25 000 €. Bei der Tombola gab es weder Nieten noch Trostpreise.

Die von den Arbeitnehmern gewonnenen Reisegutscheine führen zu Arbeitslohn. Eine Pauschalbesteuerung mit 25 % ist nicht möglich, da die Arbeitnehmer die Reisegutscheine nicht aus Anlass, sondern bei Gelegenheit einer Betriebsveranstaltung erhalten hatten („unübliche Tombola"). Sie sind grundsätzlich nach den individuellen Lohnsteuerabzugsmerkmalen der Arbeitnehmer zu versteuern. Zur Möglichkeit, die Lohnsteuer für Sachgeschenke bis zu einem Wert von 10 000 € mit 30 % zu pauschalieren, vgl. das Stichwort „Pauschalierung der Lohnsteuer für Belohnungsessen, Incentive-Reisen, VIP-Logen und ähnliche Sachbezüge".

Geldpreise sind unabhängig von ihrer Höhe steuer- und beitragspflichtig. Eine Pauschalierung der Lohnsteuer mit 25 % kommt bei Geldpreisen nicht in Betracht. ja ja

Pauschal besteuerte Geschenke nach § 37b Abs. 1 EStG gehören nicht zu den Gesamtkosten (vgl. vorstehende Nr. 4 Buchstabe a, Beispiel F).

9. Vorsteuerabzug und Umsatzsteuerpflicht bei Betriebsveranstaltungen

Die gesetzliche Regelung des Arbeitslohnbegriffs bei Betriebsveranstaltungen seit 1.1.2015, insbesondere die Ersetzung der früheren lohnsteuerlichen Freigrenze durch einen Freibetrag, haben grundsätzlich keine Auswirkungen auf die umsatzsteuerlichen Regelungen.

Von einer durch das überwiegende unternehmerische Interesse des Arbeitgebers veranlassten üblichen Zuwendung ist umsatzsteuerlich im Regelfall auszugehen, wenn der Betrag, der auf den einzelnen Arbeitnehmer entfällt, den **Freibetrag von 110 Euro** einschließlich Umsatzsteuer pro Betriebsveranstaltung **nicht überschreitet.** In diesem Fall ist der Arbeitgeber **dem Grunde nach** zum **Vorsteuerabzug** berechtigt. Die Besteuerung einer unentgeltlichen Wertabgabe ist nicht vorzunehmen.

Beispiel A

An einem Betriebsausflug im September 2021 nehmen 60 Arbeitnehmer des Unternehmens teil. Die Aufwendungen betragen 5400 € zuzüglich 1026 € Umsatzsteuer.

Auf jeden Teilnehmer entfallen 107,10 € (6426 € : 60). Die 110-Euro-Freibetragsgrenze ist eingehalten. Der Arbeitgeber ist zum Vorsteuerabzug berechtigt, ohne dass eine umsatzsteuerpflichtige „Entnahmebesteuerung" vorzunehmen ist.

Zu beachten ist, dass für die Höhe des Vorsteuerabzugs auf die Gesamttätigkeit des Unternehmers abzustellen ist mit der Folge, dass bei der Ausführung von auch **steuerfreien Umsätzen** der **Vorsteuerabzug** aus diesem Grund **teilweise zu versagen** ist.

Beispiel B

Ein Arbeitgeber/Unternehmer mit zur Hälfte steuerfreien, den Vorsteuerabzug ausschließenden Ausgangsumsätzen bezieht Leistungen für die Durchführung eines Betriebsausflugs. Die Kosten pro Arbeitnehmer betragen 100 €.

Die Aufwendungen für den Betriebsausflug stellen Leistungen im ganz überwiegenden eigenbetrieblichen Interesse des Arbeitgebers dar, weil sie die lohnsteuerliche Freibetragsgrenze von 110 € nicht übersteigen. Da diese Leistungen keinen Wertabgabentatbestand erfüllen, fehlt es an einem steuerbaren Ausgangsumsatz, dem die Leistungsbezüge direkt und unmittelbar zugeordnet werden können. Für den Vorsteuerabzug ist daher die Gesamttätigkeit des Arbeitgebers/Unternehmers maßgeblich. Folglich kann die Hälfte des dem Arbeitgeber in Rechnung gestellten Umsatzsteuerbetrags als Vorsteuer abgezogen werden.

Übersteigt hingegen der Betrag, der auf den einzelnen Arbeitnehmer entfällt, pro Veranstaltung die Grenze von 110 Euro einschließlich Umsatzsteuer, ist von einer überwiegend durch den privaten Bedarf des Arbeitnehmers veranlassten unentgeltlichen Zuwendung auszugehen. Mangels Bezug für das Unternehmen scheidet in diesem Fall eine Vorsteuerabzugsberechtigung von vornherein aus. Die Frage der Besteuerung einer unentgeltlichen Wertabgabe stellt sich daher von vornherein nicht. Ausschlaggebend für dieses Ergebnis ist, dass sich Entnahme für unternehmensfremde Privatzwecke und Leistungsbezug für das Unternehmen gegenseitig ausschließen. Der nur mittelbar verfolgte Zweck, das Betriebsklima zu fördern, ändert hieran nichts.

Lohnsteuerpflichtig | Sozialversich.-pflichtig

Beispiel C

Wie Beispiel A. Es nehmen 30 Arbeitnehmer des Unternehmens teil.

Auf jeden Teilnehmer entfallen 214,20 € (6426 € : 30). Die 110-Euro-Freibetragsgrenze ist überschritten. Der Arbeitgeber ist nicht zum Vorsteuerabzug berechtigt, da von einer Mitveranlassung durch die Privatsphäre der Arbeitnehmer auszugehen ist, die einen Leistungsbezug für das Unternehmen ausschließt. Der geldwerte Vorteil von (214,20 € abzüglich 110 € =) 104,20 € ist zudem lohnsteuerpflichtig und kann mit 25 % pauschal besteuert werden.

Beispiel D

An einem Musical-Besuch mit Essen (= Betriebsveranstaltung) nehmen 60 Personen teil, davon 20 Arbeitnehmer ohne Partner und 20 Arbeitnehmer mit Partner (= insgesamt 40 Personen). Die Kosten für die Betriebsveranstaltung betragen 5950 €.

Auf jeden Teilnehmer entfallen 99,16 € (5950 € : 60). Bei den Arbeitnehmern ohne Partner ist die 110-Euro-Freibetragsgrenze eingehalten.

Bei den Arbeitnehmern mit Partner ist die 110-Euro-Freibetragsgrenze überschritten (99,16 € × 2 = 198,32 €). Der geldwerte Vorteil ist nach Abzug des Freibetrags von 110 € in Höhe von 88,32 € lohnsteuerpflichtig und kann mit 25 % pauschal besteuert werden.

Der Arbeitgeber ist nur insoweit zum Vorsteuerabzug – ohne dass eine umsatzsteuerpflichtige „Entnahmebesteuerung" vorzunehmen ist – berechtigt, wie die 110-Euro-Freibetragsgrenze eingehalten wurde. Der Vorsteuerabzug beträgt die Hälfte (20 von 40 Arbeitnehmer) der in den Rechnungen für Eingangsleistungen ausgewiesenen Umsatzsteuer.

Die Finanzverwaltung lehnt es ab, für Zwecke des Vorsteuerabzugs eine Aufteilung der Eingangsleistungen in einen **unternehmerisch** veranlassten **Teil und** einen **nichtunternehmerisch** veranlassten **Teil** vorzunehmen.

Beispiel E

Die Zuwendungen des Arbeitgebers anlässlich eines Betriebsausflugs betragen je teilnehmenden Arbeitnehmer 137,50 €.

Lohnsteuerlich führt nach Abzug des arbeitnehmerbezogenen Freibetrags von 110 € ein Betrag von 27,50 € (137,50 € abzüglich 110 €) je teilnehmenden Arbeitnehmer zu steuerpflichtigem Arbeitslohn, der mit 25 % pauschal besteuert werden kann und in diesem Falle sozialversicherungsfrei ist.

Der Vorsteuerabzug aus den Eingangsleistungen ist beim Arbeitgeber bereits dem Grunde nach in vollem Umfang ausgeschlossen, da der auf den einzelnen Arbeitnehmer entfallende Betrag 110 € überschreitet.

Hätte die Finanzverwaltung auch umsatzsteuerlich eine Aufteilung der Eingangsleistung in einen unternehmerischen und einen nichtunternehmerischen Teil zugelassen und für den unternehmerischen Teil den Betrag von 110 € angesetzt, wäre der Vorsteuerabzug aus den Eingangsleistungen dem Grunde nach nur zu 20 % (27,50 € im Verhältnis zu 137,50 €) ausgeschlossen und zu 80 % (110 € im Verhältnis zu 137,50 €) abziehbar gewesen. Das ist aber nicht der Fall.

Vgl. im Übrigen hierzu auch die umfangreichen Erläuterungen und Beispiele beim Stichwort „Umsatzsteuerpflicht bei Sachbezügen".

10. Betriebsausgabenabzug beim Arbeitgeber

Zuwendungen an eigene **Arbeitnehmer** (einschließlich ehemalige Arbeitnehmer, Praktikanten, Referendare) **und deren** teilnehmende **Begleitpersonen** zuzüglich der ggf. nicht abziehbaren Vorsteuer berechtigen in vollem Umfang zum Betriebsausgabenabzug. Dies gilt auch für Aufwendungen, die auf den teilnehmenden Arbeitgeber und dessen Begleitpersonen entfallen, soweit auch Begleitpersonen der Arbeitnehmer in gleichem Maße an der Veranstaltung teilnehmen können.

Aufwendungen, die auf die geschäftlich veranlasste Teilnahme von **Geschäftspartnern** oder **Arbeitnehmer verbundener Unternehmen** und **Leiharbeitnehmer** sowie deren Begleitpersonen entfallen, werden so behandelt, wie sie außerhalb einer Betriebsveranstaltung zu behandeln wären. Der Betriebsausgabenabzug der für diesen Personenkreis angefallenen Bewirtungskosten sowie der übrigen Kosten als Geschenk unterliegt daher den gesetz-

Lohnsteuerpflichtig | Sozialversich.-pflichtig

lichen Abzugsbeschränkungen (Bewirtungskosten 70 % abziehbar, Geschenke nur bis 35 € Freigrenze; § 4 Abs. 5 Satz 1 Nrn. 1 und 2 EStG).

Aufwendungen, die auf die **private Teilnahme von Personen** entfallen (z. B. Begleitpersonen des Arbeitgebers, soweit die Teilnahme den Arbeitnehmern nicht eingeräumt wird), sind vom Betriebsausgabenabzug ausgeschlossen.

Betriebsversammlung

Ersatzleistungen für **Wegezeiten** zur Teilnahme an einer Betriebsversammlung sind steuer- und beitragspflichtig. ja ja

Für die steuerliche Behandlung des **Fahrtkostenersatzes** gilt Folgendes:

Der Fahrtkostenersatz ist grundsätzlich steuerpflichtiger Arbeitslohn. Zur Möglichkeit einer Lohnsteuerpauschalierung vgl. „Fahrten zwischen Wohnung und erster Tätigkeitsstätte" unter Nr. 5. ja ja

Findet die Betriebsversammlung **außerhalb** des Betriebs statt, können die Fahrtkosten zum Versammlungsort ohne Rücksicht auf das benutzte Verkehrsmittel steuerfrei ersetzt werden, da eine beruflich veranlasste Auswärtstätigkeit vorliegt. nein nein

Wird ein Pkw benutzt, können 0,30 € je gefahrenen Kilometer steuerfrei ersetzt werden. Wird die Versammlung während der Arbeitszeit außerhalb des Betriebs abgehalten, darf nur die Entfernung von der ersten Tätigkeitsstätte zum Versammlungsort und zurück zum Betrieb berücksichtigt werden; findet die Versammlung im Anschluss an die Arbeitszeit statt, ist nicht nur eine etwaige Umwegstrecke, sondern die gesamte Strecke von der ersten Tätigkeitsstätte über den Veranstaltungsort zur Wohnung als Auswärtstätigkeit zu werten.

Beispiel

Ein Arbeitnehmer nimmt an einer Betriebsversammlung teil, die nach Feierabend in einem Hotel stattfindet. Der Arbeitnehmer muss hierfür einen Umweg von 10 km fahren; die einfache Entfernung zwischen Wohnung und erster Tätigkeitsstätte beträgt 20 km.

Der Arbeitgeber kann für die gesamte Strecke von 30 km (Fahrt vom Betrieb zum Hotel und von dort zur Wohnung) den für Auswärtstätigkeiten geltenden Kilometersatz von 0,30 € steuerfrei ersetzen. Für die morgendliche Fahrt von der Wohnung zur ersten Tätigkeitsstätte ist die „halbe" Entfernungspauschale anzusetzen.

Bettensteuer

Immer mehr Kommunen erheben eine sog. Bettensteuer (nunmehr auch Kultur- und/oder Tourismusförderabgabe genannt). Hierbei handelt es sich um eine prozentuale Sonderabgabe auf den Zimmerpreis je Übernachtung (z. B. 5 % des Übernachtungspreises). Bei beruflich veranlassten **Auswärtstätigkeiten** von Arbeitnehmern kann diese Bettensteuer als **Bestandteil** der **Übernachtungskosten** vom Arbeitgeber steuer- und sozialversicherungsfrei erstattet werden. Vgl. auch die Erläuterungen zu Reisekosten bei Auswärtstätigkeiten in Anhang 4 unter Nr. 8 Buchstabe a. Allerdings hält das Bundesverwaltungsgericht die Erhebung einer solchen Bettensteuer für beruflich bedingte Übernachtungen ohnehin für verfassungswidrig (BVerwG-Urteile vom 11.7.2012 9 CN 1.11 und 2.11). nein nein

Bewerbungskosten

Durch die persönliche Vorstellung eines Stellenbewerbers können Fahrt-, Verpflegungs- und Übernachtungskosten entstehen. Einen Anspruch auf Erstattung der anfallenden Kosten erwirbt der Stellenbewerber nach § 670 BGB dann, wenn ihn der Arbeitgeber zur Vorstellung auffordert. Sucht der Bewerber den künftigen Arbeitgeber auf eigene Initiative oder auf Vermittlung der örtlichen Arbeitsagentur auf, ist der Arbeitgeber nicht zum Kostenersatz verpflichtet. Erstattet ein Arbeitgeber einem Stellenbewerber die für das Vorstellungsgespräch entstandenen Aufwendungen (z. B. die Fahrtkosten für öffentliche Verkehrsmittel oder bei Benutzung eines Pkws 0,30 € für jeden gefahrenen Kilometer sowie bei Erreichen der erforderlichen Mindestabwesenheitszeit Verpflegungspauschalen), sind diese **Ersatzleistungen als Reisekosten steuerfrei** (R 9.4 Satz 2 LStR). nein nein

Dies gilt auch dann, wenn die Bewerbung nicht zu einem Beschäftigungsverhältnis führt.

Erhält der Arbeitnehmer keine Erstattung, kann er seine Aufwendungen als Werbungskosten bei der Veranlagung zur Einkommensteuer geltend machen (vgl. Anhang 7 Abschnitt B Nr. 2).

Bewirtungskosten

Neues und Wichtiges auf einen Blick:

1. Verpflegungspauschalen bei Auswärtstätigkeiten

Die Verpflegungspauschalen bei beruflich veranlassten Auswärtstätigkeiten betragen seit 1.1.2020 **28 € bei 24 Stunden Abwesenheit** und **14 € bei acht Stunden Abwesenheit** von der Wohnung und der ersten Tätigkeitsstätte **sowie** für den **An- und Abreisetag** bei mehrtägigen Auswärtstätigkeiten. Die höheren Verpflegungspauschalen führen allerdings in den Fällen der **Mahlzeitengestellung** durch den Arbeitgeber auch zu einem **höheren Kürzungsbetrag** (bei Gestellung eines Frühstücks 20% von 28 € = 5,60 €, bei Gestellung eines Mittag- oder Abendessens 40% von 28 € = 11,20 €).

2. Sachbezugswert für Mahlzeiten 2021

Der Sachbezugswert für einzelne Mahlzeiten erhöht sich ab 1.1.2021

– für ein **Frühstück** auf **1,83 €**

– für ein **Mittag- oder Abendessen** auf **3,47 €.**

Vgl. zu den vorstehenden Ausführungen insbesondere die Erläuterungen und Beispiele unter den nachfolgenden Nrn. 3 und 4.

Gliederung:

1. Bewirtung in der Wohnung des Arbeitnehmers
2. Bewirtung außerhalb der Wohnung des Arbeitnehmers
3. Geschäftlich veranlasste Bewirtung bei Auswärtstätigkeiten
4. Gestellung von Mahlzeiten durch den Arbeitgeber bei Auswärtstätigkeiten
   a) Bewertung „üblicher" Mahlzeiten
   b) Nichtbesteuerung „üblicher" Mahlzeiten bis 60 €
   c) Besteuerung „üblicher" Mahlzeiten bis 60 €
   d) Besteuerung „unüblicher" Mahlzeiten über 60 €
   e) Kürzung der Verpflegungspauschalen bei Mahlzeitengestellung
   f) Aufzeichnung und Bescheinigung des Großbuchstabens „M"
   g) Pauschalbesteuerung „üblicher" Mahlzeiten
5. Bewirtung bei gesellschaftlichen Veranstaltungen
6. Arbeitsessen
7. Belohnungsessen
8. Begrenzung des Betriebsausgabenabzugs auf 70 %
9. Nachweis der Bewirtungskosten

	Lohnsteuerpflichtig	Sozialversich.-pflichtig

10. Bewirtung bei Beförderungen, Jubilarfeiern, Geburtstagen und Ähnliches
11. Werbungskosten für Bewirtungskosten beim Arbeitnehmer

1. Bewirtung in der Wohnung des Arbeitnehmers

Bewirtet ein Arbeitnehmer in seiner Wohnung Geschäftsfreunde des Arbeitgebers, wird regelmäßig unterstellt, dass es sich in erster Linie um Aufwendungen der privaten Lebensführung handelt, deren Ersatz durch den Arbeitgeber zum steuerpflichtigen Arbeitslohn gehört; die Aufwendungen sind auch nicht beim Arbeitnehmer als Werbungskosten abzugsfähig und zwar selbst dann nicht, wenn sie zugleich der Förderung der beruflichen Stellung dienen.[1] Dies gilt entsprechend auch für sog. Arbeitsessen mit Fachkollegen (BFH-Urteil vom 24.5.1973, BStBl. II S. 634). ja ja

Zum Werbungskostenabzug für Bewirtungskosten beim Arbeitnehmer vgl. auch nachfolgende Nr. 11.

2. Bewirtung außerhalb der Wohnung des Arbeitnehmers

Bei Aufwendungen des Arbeitnehmers für die Bewirtung von Geschäftsfreunden des Arbeitgebers außerhalb der Wohnung des Arbeitnehmers wird ein **beruflicher Anlass** in aller Regel gegeben sein; die Aufwendungen können deshalb in voller Höhe vom Arbeitgeber steuerfrei ersetzt werden (Auslagenersatz nach § 3 Nr. 50 EStG). Der auf den Arbeitnehmer selbst entfallende Anteil an den gesamten Bewirtungskosten ist kein steuerpflichtiger geldwerter Vorteil (R 8.1 Abs. 8 Nr. 1 Satz 2 LStR). Als Betriebsausgaben kann der Arbeitgeber allerdings nur 70 % der Bewirtungskosten abziehen, auch soweit sie auf den Arbeitnehmer entfallen (R 4.10 Abs. 6 Satz 7 EStR; vgl. auch nachfolgende Nr. 8). nein nein

3. Geschäftlich veranlasste Bewirtung bei Auswärtstätigkeiten

Bewirtet ein Arbeitnehmer während einer beruflich veranlassten **Auswärtstätigkeit** Geschäftsfreunde des Arbeitgebers, kann der Arbeitgeber dem Arbeitnehmer die ausgelegten Bewirtungskosten in voller Höhe steuerfrei ersetzen (Auslagenersatz nach § 3 Nr. 50 EStG). Nimmt der Arbeitnehmer ebenfalls an dem Essen teil, ist der auf ihn entfallende Teil der gesamten Bewirtungskosten kein geldwerter Vorteil (R 8.1 Abs. 8 Nr. 1 Satz 2 LStR). Als Betriebsausgaben kann der Arbeitgeber allerdings nur 70 % der Bewirtungskosten abziehen, auch soweit sie auf den Arbeitnehmer entfallen (R 4.10 Abs. 6 Satz 7 EStR; vgl. auch nachfolgende Nr. 8). Vgl. aber auch die Stichworte „Incentive-Reisen" sowie „Pauschalierung der Lohnsteuer für Belohnungsessen, Incentive-Reisen, VIP-Logen und ähnliche Sachbezüge" unter den Nrn. 4 und 5. nein nein

Die für den Tag der Auswärtstätigkeit in Betracht kommende Verpflegungspauschale ist allerdings wegen der Mahlzeitengestellung des Arbeitgebers auch in diesem Fall wie folgt zu kürzen:

- um **20 % für ein Frühstück** und
- um **jeweils 40 % für ein Mittag- und Abendessen**

der für die **24-stündige** Abwesenheit geltenden **Tagespauschale** (§ 9 Abs. 4a Satz 8 EStG). Das entspricht für Auswärtstätigkeiten im Inland einer Kürzung der jeweils zustehenden Verpflegungspauschale um 5,60 € für ein Frühstück (= 20 % von 28 €) und jeweils 11,20 € für ein Mittag- und Abendessen (= jeweils 40 % von 28 €). Bei einer Auslandsreise ist für die Berechnung der Kürzung der Verpflegungspauschale auf das Auslandstagegeld bei 24 Stunden Abwesenheit abzustellen (vgl. zur Höhe des Auslandstagegeldes Anhang 5a).

Die vorstehend beschriebene Kürzung gilt sowohl bei einem steuerfreien Arbeitgeberersatz als auch für einen Werbungskostenabzug der Verpflegungspauschale. Allerdings ist in diesen Fällen in der Lohnsteuerbescheinigung kein Großbuchstabe „M" zu bescheinigen, weil die Mahlzeit nicht mit dem amtlichen Sachbezugswert anzusetzen ist (es liegt ja gar kein geldwerter Vorteil vor). Vgl. auch die Erläuterungen und Beispiele unter der nachfolgenden Nr. 4.

Die Kürzung der Verpflegungspauschale ist nicht vorzunehmen, wenn der Arbeitnehmer von einem Kunden bewirtet wird, weil es sich in diesem Fall nicht um eine Mahlzeitengestellung des Arbeitgebers handelt (vgl. das nachfolgende Beispiel C).

Beispiel A

Ein Arbeitnehmer bewirtet im Kalenderjahr 2021 anlässlich einer Auswärtstätigkeit zwei Geschäftsfreunde seines Arbeitgebers in einem Lokal. Er zahlt für das Abendessen je Person 100 €, also insgesamt 300 €. Ersetzt ihm sein Arbeitgeber die 300 €, ist dieser Betrag als Auslagenersatz beim Arbeitnehmer steuerfrei (§ 3 Nr. 50 EStG) und damit auch beitragsfrei in der Sozialversicherung. Der Ansatz eines geldwerten Vorteils entfällt (R 8.1 Abs. 8 Nr. 1 Satz 2 LStR). Die Verpflegungspauschale, die der Arbeitgeber dem Arbeitnehmer steuerfrei zahlen kann, richtet sich nach der Dauer der Abwesenheit von der Wohnung und der ersten Tätigkeitsstätte. Beträgt die Abwesenheitsdauer mehr als acht Stunden, kann der Arbeitgeber dem Arbeitnehmer zusätzlich eine Verpflegungspauschale in Höhe von 2,80 € steuerfrei ersetzen. Die Verpflegungspauschale von 14 € ist nämlich wegen des vom Arbeitgeber zur Verfügung gestellten Abendessen um 11,20 € (= 40 % von 28 €) zu kürzen. Mithin verbleibt ein steuerfrei zahlbarer Betrag von 2,80 € (14 € abzüglich 11,20 €).

Der Arbeitgeber kann lediglich 70 % von 300 € = 210 € als Betriebsausgaben abziehen (§ 4 Abs. 5 Satz 1 Nr. 2 EStG i. V. m. R 4.10 Abs. 6 Satz 7 EStR). Der Arbeitgeber wird in solch einem Fall oftmals nicht zum Vorsteuerabzug berechtigt sein, da er keine auf seinen Namen ordnungsgemäß ausgestellte Rechnung besitzt (er hat ja an der Bewirtung selbst nicht teilgenommen). Daher handelt es sich bei den o. a. Beträgen um Bruttobeträge.

Beispiel B

Arbeitnehmer und Arbeitgeber machen zusammen eine berufliche Reise mit einer Abwesenheitsdauer von 14 Stunden. Der Arbeitgeber bewirtet zwei Geschäftsfreunde in einem Lokal. An der Bewirtung nimmt auch der Arbeitnehmer teil. Der Arbeitgeber zahlt für das Essen netto 60 € je Person, insgesamt also 240 € zuzüglich Umsatzsteuer. Der auf den Arbeitnehmer entfallende Anteil von 60 € zuzüglich Umsatzsteuer stellt bei diesem keinen geldwerten Vorteil dar (R 8.1 Abs. 8 Nr. 1 Satz 2 LStR). Der Arbeitgeber kann dem Arbeitnehmer zusätzlich eine Verpflegungspauschale in Höhe von 2,80 € steuerfrei erstatten. Die Verpflegungspauschale von 14 € ist nämlich wegen des vom Arbeitgeber zur Verfügung gestellten Abendessens um 11,20 € (= 40 % von 28 €) zu kürzen. Mithin verbleibt ein steuerfrei zahlbarer Betrag von 2,80 € (14 € abzüglich 11,20 €).

Der Arbeitgeber kann lediglich 70 % von 240 € = 168 € als Betriebsausgaben abziehen (§ 4 Abs. 5 Satz 1 Nr. 2 EStG i. V. m. R 4.10 Abs. 6 Satz 7 EStR). Ggf. kann der Arbeitgeber aus der ordnungsgemäßen Rechnung des Lokals den vollen Vorsteuerabzug in Anspruch nehmen. Es handelt sich nicht um eine Kleinbetragsrechnung, da der Gesamtbetrag (brutto) 250 € übersteigt.

Beispiel C

Der Arbeitnehmer wird anlässlich einer 12-stündigen beruflich veranlassten Auswärtstätigkeit von einem Kunden zum Mittagessen eingeladen.

Die Verpflegungspauschale beträgt 14 €. Sie ist wegen des Mittagessens nicht zu kürzen, da es sich nicht um eine Mahlzeitengestellung durch den Arbeitgeber oder auf dessen Veranlassung durch einen Dritten handelt. Die Teilnahme des Arbeitnehmers an der geschäftlich veranlassten Bewirtung des Kunden führt zudem nicht zu Arbeitslohn (R 8.1 Abs. 8 Nr. 1 Satz 2 LStR).

Zur Bewirtung von Arbeitnehmern im Rahmen von sog. Konzernveranstaltungen vgl. nachfolgende Nr. 8.

4. Gestellung von Mahlzeiten durch den Arbeitgeber bei Auswärtstätigkeiten

a) Bewertung „üblicher" Mahlzeiten

Eine vom Arbeitgeber während einer beruflich veranlassten Auswärtstätigkeit zur Verfügung gestellte „übliche" Mahlzeit wird **zwingend** mit dem amtlichen **Sachbezugs-**

---

1) Vgl. auch Randziffer 5 des BMF-Schreibens vom 6.7.2010 (BStBl. I S. 614). Das BMF-Schreiben ist als Anlage 4 zu H 9.1 LStR im **Steuerhandbuch für das Lohnbüro 2021** abgedruckt, das im selben Verlag erschienen ist.

Lohn-steuer-pflichtig	Sozial-versich.-pflichtig

wert (Frühstück = 1,83 €, Mittag- und Abendessen jeweils 3,47 €) bewertet (§ 8 Abs. 2 Satz 8 EStG). Als **„üblich"** gilt eine Mahlzeit, deren Preis **60 € nicht übersteigt.** Hierbei sind auch die zur Mahlzeit eingenommenen Getränke einzubeziehen. Die Grenze von 60 € gilt auch unabhängig davon, ob die Mahlzeiten im Inland oder Ausland gewährt werden.

Für die Prüfung der 60-Euro-Grenze kommt es auf den **Preis (einschließlich Umsatzsteuer)** der Mahlzeit an, den der Dritte dem Arbeitgeber in Rechnung stellt. Zuzahlungen des Arbeitnehmers sind bei der Prüfung der 60-Euro-Grenze nicht zu berücksichtigen.

Die für eine unmittelbar vom Arbeitgeber abgegebene Mahlzeit maßgeblichen Grundsätze gelten auch, wenn eine Mahlzeit **auf Veranlassung des Arbeitgebers von einem Dritten** an den Arbeitnehmer abgegeben wird. Die Gestellung einer Mahlzeit ist vom Arbeitgeber veranlasst, wenn er Tag und Ort der Mahlzeitengestellung bestimmt. Das ist insbesondere dann der Fall, wenn

- der Arbeitgeber die Verpflegungskosten im Hinblick auf die beruflich veranlasste Auswärtstätigkeit des Arbeitnehmers dienst- oder arbeitsrechtlich erstattet und
- die Rechnung auf den Arbeitgeber ausgestellt ist oder es sich um eine umsatzsteuerliche Kleinbetragsrechnung bis 250 € handelt, die im Original beim Arbeitgeber vorliegt oder vorgelegen hat und zu Zwecken der elektronischen Archivierung eingescannt wurde. Eine Quittung über den zu zahlenden Betrag ist keine (Kleinbetrags-)Rechnung in diesem Sinne.

Zu den vom Arbeitgeber zur Verfügung gestellten Mahlzeiten gehören auch die z. B. im **Flugzeug,** im Zug oder auf einem Schiff im Zusammenhang mit der Beförderung unentgeltlich angebotenen Mahlzeiten, sofern die Rechnung für das Beförderungsticket auf den Arbeitgeber ausgestellt ist und von diesem bezahlt oder erstattet wird. Die z. B. auf innerdeutschen Flügen oder Kurzstrecken-Flügen gereichten **kleinen Tüten mit Chips, Salzgebäck, Schokowaffeln, Müsliriegel** oder vergleichbare andere Knabbereien erfüllen aber **nicht** das Kriterium einer **Mahlzeit** und führen daher nicht zu einer Kürzung der Verpflegungspauschale.

Mahlzeiten mit einem Preis von **über 60 €** dürfen nicht mit dem amtlichen Sachbezugswert bewertet werden. Bei einer solchen Mahlzeit wird typisierend unterstellt, dass es sich um ein **„Belohnungsessen"** (R 8.1 Abs. 8 Nr. 2 LStR) handelt. Belohnungsessen sind mit dem **tatsächlichen Preis** ggf. gemindert um ein vom Arbeitnehmer gezahltes Entgelt als Arbeitslohn anzusetzen (vgl. auch nachfolgende Nr. 7).

b) Nichtbesteuerung „üblicher" Mahlzeiten bis 60 €

Die **Besteuerung** einer üblichen Mahlzeit anlässlich einer beruflich veranlassten Auswärtstätigkeit als Arbeitslohn ist gesetzlich **ausgeschlossen,** wenn der Arbeitnehmer für die betreffende Auswärtstätigkeit dem Grunde nach eine **Verpflegungspauschale** als Werbungskosten geltend machen könnte (§ 8 Abs. 2 Satz 9 EStG). Eine mögliche Kürzung des Werbungskostenabzugs wegen der Gestellung einer Mahlzeit ist unerheblich.

Beispiel A

Der Arbeitgeber stellt dem Arbeitnehmer anlässlich einer eintägigen beruflich veranlassten Auswärtstätigkeit mit einer Abwesenheit von zehn Stunden von der Wohnung und der ersten Tätigkeitsstätte ein Mittagessen im Wert von 30 € zur Verfügung.

Der Arbeitgeber muss für die zur Verfügung gestellte Mahlzeit keinen geldwerten Vorteil versteuern, da der Arbeitnehmer für die eintägige beruflich veranlasste Auswärtstätigkeit eine Verpflegungspauschale als Werbungskosten geltend machen kann (§ 8 Abs. 2 Satz 9 EStG). Die Verpflegungspauschale von 14 € ist wegen der Mahlzeitengestellung um 11,20 € (40 % von 28 €) zu kürzen, sodass eine Verpflegungspauschale von 2,80 € verbleibt.

Lohn-steuer-pflichtig	Sozial-versich.-pflichtig

Eine **Besteuerung** der mit dem Sachbezugswert bewerteten Mahlzeit **unterbleibt** bereits immer dann, wenn der Arbeitnehmer anlässlich einer beruflich veranlassten Auswärtstätigkeit eine Verpflegungspauschale beanspruchen kann, weil er **innerhalb** der **Dreimonatsfrist** nachweislich **mehr als acht Stunden** von seiner Wohnung und der ersten Tätigkeitsstätte abwesend ist **oder** eine **mehrtägige Auswärtstätigkeit mit Übernachtung** vorliegt. Nach Ablauf der Dreimonatsfrist ist die Gestellung einer Mahlzeit grundsätzlich als Arbeitslohn zu erfassen (vgl. nachfolgenden Buchstaben c).

Beispiel B

Der Arbeitnehmer nimmt auf Veranlassung seines Arbeitgebers an einem zweitägigen Seminar mit Übernachtung teil. Die Hotelrechnung ist auf den Arbeitgeber ausgestellt. Der Arbeitgeber erstattet die vom Arbeitnehmer verauslagten Übernachtungskosten von 100 € inklusive 20 Euro für ein Frühstück im Rahmen der Reisekostenabrechnung des Arbeitnehmers. Die auf den Arbeitgeber ausgestellte Rechnung des Seminarveranstalters hat der Arbeitgeber unmittelbar bezahlt. Darin enthalten ist für beide Seminartage jeweils ein für derartige Veranstaltungen typisches Mittagessen, dessen Preis in der Rechnung nicht gesondert ausgewiesen ist.

Der Arbeitnehmer erhält sowohl das Frühstück als auch die beiden Mittagessen auf Veranlassung seines Arbeitgebers. Für den An- und den Abreisetag steht ihm grundsätzlich jeweils eine Verpflegungspauschale in Höhe von 14 € zu.

Obgleich der Preis der Mittagessen in der Rechnung des Seminarveranstalters nicht beziffert ist, kann aufgrund der Art und Durchführung der Seminarveranstaltung von einer üblichen Beköstigung ausgegangen werden, deren Preis 60 € nicht übersteigt. Die Mahlzeiten sind daher nicht als Arbeitslohn zu erfassen und die Verpflegungspauschalen des Arbeitnehmers sind im Hinblick auf die zur Verfügung gestellten Mahlzeiten zu kürzen (vgl. nachfolgenden Buchstaben e).

c) Besteuerung „üblicher" Mahlzeiten bis 60 €

Die Besteuerung einer üblichen Mahlzeit (Preis der Mahlzeit einschließlich Umsatzsteuer bis 60 €) in Höhe des amtlichen Sachbezugswertes als Arbeitslohn setzt voraus, dass der Arbeitnehmer **keine Verpflegungspauschale** beanspruchen kann (§ 8 Abs. 2 Sätze 8 und 9 EStG). Dies liegt regelmäßig vor, wenn der Arbeitnehmer **nicht mehr als acht Stunden** außerhalb seiner Wohnung und seiner ersten Tätigkeitsstätte beruflich tätig ist oder die für die Berücksichtigung der Verpflegungspauschalen maßgebende **Dreimonatsfrist abgelaufen** ist.

Beispiel

Der Arbeitnehmer wird für sechs Monate von seinem Arbeitgeber an einen Tochterbetrieb im Inland entsandt. Für die Zeit der Entsendung übernachtet der Arbeitnehmer während der Woche in einem Hotel in der Nähe des Tochterbetriebs. Das Hotel stellt dem Arbeitgeber pro Übernachtung 70 € zuzüglich 10 € für ein Frühstück in Rechnung, das zunächst vom Arbeitnehmer verauslagt und dann im Rahmen der Reisekostenabrechnung von seinem Arbeitgeber erstattet wird.

Es liegt eine beruflich veranlasste Auswärtstätigkeit vor. Der Arbeitnehmer erhält das Frühstück jeweils auf Veranlassung seines Arbeitgebers. Für die ersten drei Monate der Auswärtstätigkeit stehen dem Arbeitnehmer arbeitstäglich Verpflegungspauschalen zu. Da es sich bei den zur Verfügung gestellten Mahlzeiten um übliche Mahlzeiten handelt, sind diese nicht als Arbeitslohn zu erfassen. Zur Kürzung der Verpflegungspauschalen um jeweils 5,60 € (20 % von 28 €) vgl. nachfolgenden Buchstaben e.

Ab dem vierten Monat der Auswärtstätigkeit stehen dem Arbeitnehmer keine Verpflegungspauschalen zu. Das arbeitstägliche Frühstück ist jeweils mit dem amtlichen Sachbezugswert von 1,83 € als Arbeitslohn zu erfassen, der mit 25 % pauschal besteuert werden kann (§ 40 Abs. 2 Satz 1 Nr. 1a EStG).

d) Besteuerung „unüblicher" Mahlzeiten über 60 €

Eine vom Arbeitgeber oder auf dessen Veranlassung von einem Dritten abgegebene Mahlzeit mit einem **höheren Preis als 60 €** ist stets mit dem tatsächlichen Wert ggf. gemindert um ein vom Arbeitnehmer gezahltes Entgelt als **Arbeitslohn** zu erfassen. Das gilt auch dann, wenn der Preis der Mahlzeit zwar nicht offen in Rechnung gestellt, nach dem Gesamtbild der Umstände aber als „unüblich" anzusehen ist und ein Wert der Mahlzeit von mehr als 60 € unterstellt werden kann. Im Zweifel ist der Wert der Mahl-

	Lohnsteuerpflichtig	Sozialversich.-pflichtig
zeit zu schätzen. Eine unübliche Mahlzeit ist zudem **unabhängig davon** als Arbeitslohn zu erfassen, **ob** der Arbeitnehmer für die betreffende Auswärtstätigkeit eine **Verpflegungspauschale** als Werbungskosten geltend machen kann. Der geldwerte Vorteil aus der Gestellung einer unüblichen Mahlzeit mit einem Preis über 60 € kann zudem nicht mit 25 % pauschal besteuert werden.	ja	ja

Beispiel

Der Arbeitnehmer nimmt im Auftrag seines Arbeitgebers an einer eintägigen Podiumsdiskussion mit anschließender Abendveranstaltung teil. Die auf den Arbeitgeber ausgestellte Rechnung des Veranstalters hat der Arbeitgeber unmittelbar bezahlt. Darin enthalten sind die Kosten für ein Galadinner, das mit 80 € separat ausgewiesen ist. Der Arbeitnehmer ist mehr als acht Stunden von seiner Wohnung und seiner ersten Tätigkeitsstätte abwesend.

Der Arbeitnehmer erhält das Galadinner vom Veranstalter der Podiumsdiskussion auf Veranlassung seines Arbeitgebers. Wegen der Kosten von mehr als 60 € ist von einem Belohnungsessen auszugehen und 80 € sind als Arbeitslohn anzusetzen. Der Arbeitnehmer kann als Werbungskosten eine Verpflegungspauschale in Höhe von 14 € geltend machen.

e) Kürzung der Verpflegungspauschalen bei Mahlzeitengestellung

Der Arbeitnehmer kann für die ihm tatsächlich entstandenen Mehraufwendungen für Verpflegung aufgrund einer beruflich veranlassten Auswärtstätigkeit nach der Abwesenheitszeit von der Wohnung und der ersten Tätigkeitsstätte gestaffelte Verpflegungspauschalen als Werbungskosten ansetzen oder in entsprechender Höhe einen steuerfreien Arbeitgeberersatz erhalten. Wird dem Arbeitnehmer von seinem Arbeitgeber oder auf dessen Veranlassung von einem Dritten eine Mahlzeit zur Verfügung gestellt, wird die Verpflegungspauschale tageweise gekürzt, und zwar

- um **20 % für ein Frühstück** und
- um **jeweils 40 % für ein Mittag- und Abendessen**

der für die **24-stündige** Abwesenheit geltenden **Tagespauschale.** Das entspricht für Auswärtstätigkeiten im Inland einer Kürzung der jeweils zustehenden Verpflegungspauschale um 5,60 für ein Frühstück (= 20 % von 28 €) und jeweils 11,20 für ein Mittag- und Abendessen (= jeweils 40 % von 28 €). Bei einer Auslandsreise ist für die Berechnung der Kürzung der Verpflegungspauschale auf das Auslandstagegeld bei 24 Stunden Abwesenheit abzustellen (vgl. zur Höhe des Auslandstagegeldes Anhang 5a). Unmaßgeblich ist, ob die vom Arbeitgeber zur Verfügung gestellte Mahlzeit vom Arbeitnehmer verzehrt wird oder nicht. Zu den Mahlzeiten gehört auch ein vom Arbeitgeber zur Verfügung gestellter Snack oder Imbiss (z. B. auch belegte Brötchen, Kuchen oder Obst).

Beispiel A

Der Arbeitnehmer ist auf einer dreitägigen Auswärtstätigkeit. Der Arbeitgeber hat für den Arbeitnehmer in einem Hotel zwei Übernachtungen jeweils mit Frühstück sowie am Zwischentag ein Mittag- und ein Abendessen gebucht und bezahlt. Der Arbeitnehmer erhält vom Arbeitgeber keine weiteren Reisekostenerstattungen.

Der Arbeitgeber muss keinen geldwerten Vorteil für die Mahlzeiten versteuern. Der Arbeitnehmer kann für die Auswärtstätigkeit folgende Verpflegungspauschalen als Werbungskosten geltend machen:

Anreisetag:			14,00 Euro
Zwischentag:		28,00 Euro	
Kürzung:	Frühstück	– 5,60 Euro	
	Mittagessen	– 11,20 Euro	
	Abendessen	– 11,20 Euro	
verbleiben für den Zwischentag			0,00 Euro
Abreisetag:		14,00 Euro	
Kürzung:	Frühstück	– 5,60 Euro	
verbleiben für den Abreisetag			8,40 Euro
Insgesamt als Werbungskosten abziehbar oder steuerfrei erstattungsfähig			22,40 Euro

Ein für die Gestellung der Mahlzeit vereinbartes und vom **Arbeitnehmer** tatsächlich gezahltes **Entgelt mindert** den **Kürzungsbetrag.**

Beispiel B

Wie Beispiel A. Allerdings zahlt der Arbeitnehmer für das Frühstück 6 € und für das Mittag- und Abendessen jeweils 8 €.

Anreisetag:			14,00 Euro
Zwischentag:		28,00 Euro	
Kürzung:	Frühstück	– 0,00 Euro (5,60 – 6,00 Euro)	
	Mittagessen	– 3,20 Euro (11,20 – 8,00 Euro)	
	Abendessen	– 3,20 Euro (11,20 – 8,00 Euro)	
verbleiben für den Zwischentag			21,60 Euro
Abreisetag:		14,00 Euro	
Kürzung:	Frühstück	– 0,00 Euro (5,60 – 6,00 Euro)	
verbleiben für den Abreisetag			14,00 Euro
Insgesamt als Werbungskosten abziehbar oder steuerfrei erstattungsfähig			49,60 Euro

Zuzahlungen des Arbeitnehmers sind also jeweils vom Kürzungsbetrag derjenigen Mahlzeit abzuziehen, für die der Arbeitnehmer das Entgelt zahlt. **Übersteigt** das vom **Arbeitnehmer** für die Mahlzeit gezahlte **Entgelt** den **Kürzungsbetrag,** entfällt für diese Mahlzeit die Kürzung des Werbungskostenabzugs. Eine Verrechnung etwaiger Überzahlungen des Arbeitnehmers mit Kürzungsbeträgen für andere Mahlzeiten ist aber nicht zulässig.

Beispiel C

Der Arbeitnehmer ist auf einer dreitägigen Auswärtstätigkeit. Der Arbeitgeber hat für den Arbeitnehmer in einem Hotel zwei Übernachtungen jeweils mit Frühstück sowie am Zwischentag ein Mittag- und ein Abendessen gebucht und bezahlt. Der Arbeitnehmer zahlt für das Mittag- und Abendessen jeweils 12 €.

Anreisetag:			14,00 Euro
Zwischentag:		28,00 Euro	
Kürzung:	Frühstück	– 5,60 Euro	
	Mittagessen	– 0,00 Euro (11,20 – 12,00 Euro)	
	Abendessen	– 0,00 Euro (11,20 – 12,00 Euro)	
verbleiben für den Zwischentag			22,40 Euro
Abreisetag:		14,00 Euro	
Kürzung:	Frühstück	– 5,60 Euro	
verbleiben für den Abreisetag			8,40 Euro
Insgesamt als Werbungskosten abziehbar oder steuerfrei erstattungsfähig			44,80 Euro

Die **Kürzung** der Verpflegungspauschalen ist **immer dann** vorzunehmen, wenn dem Arbeitnehmer von seinem **Arbeitgeber** oder auf dessen Veranlassung von einem Dritten eine **Mahlzeit** zur Verfügung gestellt wird. Sie gilt daher auch für die Teilnahme des Arbeitnehmers an einer geschäftlich veranlassten Bewirtung (im Sinne des § 4 Abs. 5 Satz 1 Nr. 2 EStG) oder an einem außerhalb der ersten Tätigkeitsstätte gewährten Arbeitsessen (R 19.6 Abs. 2 Satz 2 LStR), sofern der Arbeitgeber oder auf dessen Veranlassung ein Dritter die Mahlzeit zur Verfügung stellt. Es kommt also für die Kürzung nicht darauf an, ob Vorteile aus der Gestellung von Mahlzeiten zum Arbeitslohn gehören oder nicht.

Die **Kürzung** der Verpflegungspauschalen **unterbleibt** insoweit, als **Mahlzeiten** vom Arbeitgeber zur Verfügung gestellt werden, deren **Preis 60 € übersteigt** und die daher individuell zu versteuern sind.

Beispiel D

Der Arbeitnehmer erhält von seinem Arbeitgeber anlässlich einer 10-stündigen beruflich veranlassten Auswärtstätigkeit von der Wohnung und der ersten Tätigkeitsstätte ein Mittagessen im Wert von 80 €.

Lohn-steuer-pflichtig	Sozial-versich.-pflichtig

Die Verpflegungspauschale beträgt 14 €. Das Mittagessen übersteigt den Preis von 60 € und ist mit dem tatsächlichen Wert (= 80 €) individuell zu versteuern. Eine Kürzung der Verpflegungspauschale unterbleibt.

Nimmt der Arbeitnehmer an der geschäftlich veranlassten **Bewirtung** durch einen **Dritten** oder an einem Arbeitsessen eines Dritten teil, fehlt es in der Regel an einer Veranlassung durch den Arbeitgeber. In diesem Fall werden folglich die Verpflegungspauschalen **nicht gekürzt.**

Beispiel E

Der Arbeitnehmer wird anlässlich einer 12-stündigen beruflich veranlassten Auswärtstätigkeit von einem Kunden zum Mittagessen eingeladen.

Die Verpflegungspauschale beträgt 14 €. Sie ist wegen des Mittagessens nicht zu kürzen, da es sich nicht um eine Mahlzeitengestellung durch den Arbeitgeber oder auf dessen Veranlassung durch einen Dritten handelt. Die Teilnahme des Arbeitnehmers an der geschäftlich veranlassten Bewirtung des Kunden führt zudem nicht zu Arbeitslohn (R 8.1 Abs. 8 Nr. 1 Satz 2 LStR).

f) Aufzeichnung und Bescheinigung des Großbuchstabens „M"

Hat der Arbeitgeber oder auf dessen Veranlassung ein Dritter dem Arbeitnehmer während seiner beruflich veranlassten Auswärtstätigkeit eine mit dem **amtlichen Sachbezugswert** zu **bewertende Mahlzeit** zur Verfügung gestellt, muss im Lohnkonto der **Großbuchstabe „M"** aufgezeichnet und in der elektronischen Lohnsteuerbescheinigung bescheinigt werden. Hierdurch soll letztlich sichergestellt werden, dass auch bei der Einkommensteuer-Veranlagung des Arbeitnehmers die Verpflegungspauschalen in der zutreffenden Höhe als Werbungskosten berücksichtigt werden.

Beispiel A

Arbeitnehmer A macht für seinen Arbeitgeber im Kalenderjahr 2021 zahlreiche, mehrtägige beruflich veranlasste Auswärtstätigkeiten. Der Arbeitgeber bucht für ihn jeweils Hotelübernachtungen mit Frühstück.

Im Lohnkonto und in der Lohnsteuerbescheinigung 2021 hat der Arbeitgeber **einmal** den Großbuchstaben „M" aufzuzeichnen bzw. zu bescheinigen.

Die Aufzeichnungs- und Bescheinigungspflicht gilt also **unabhängig von der Anzahl** der Mahlzeitengestellungen an den Arbeitnehmer im Kalenderjahr. Es kommt auch nicht darauf an, ob eine Besteuerung der Mahlzeiten unterblieben ist oder die Mahlzeit pauschal mit 25 % oder individuell besteuert wurde.

Beispiel B

Arbeitnehmer B macht für seinen Arbeitgeber am 7. und 8. Dezember 2021 seine einzige beruflich veranlasste Auswärtstätigkeit über zwei Tage. Der Arbeitgeber bucht für ihn eine Hotelübernachtung mit Frühstück.

Im Lohnkonto und in der Lohnsteuerbescheinigung 2021 hat der Arbeitgeber den Großbuchstaben „M" aufzuzeichnen bzw. zu bescheinigen. Auf die Anzahl der Mahlzeitengestellungen (hier: eine!) kommt es nicht an.

Mahlzeiten, deren **Preis 60 € übersteigt,** und die daher nicht mit dem amtlichen Sachbezugswert, sondern mit dem tatsächlichen Preis zu bewerten sind, müssen **nicht aufgezeichnet und bescheinigt** werden. **Entsprechendes** gilt für Mahlzeiten, die **kein Arbeitslohn** sind (z. B. bei der Teilnahme von Arbeitnehmern an einer geschäftlich veranlassten Bewirtung; § 4 Abs. 5 Satz 1 Nr. 2 EStG; vgl. R 8.1 Abs. 8 Nr. 1 Satz 2 LStR). Dies lässt sich ableiten aus § 41b Abs. 1 Satz 2 Nr. 8 i. V. m. § 8 Abs. 2 Satz 8 EStG, wonach eine Bescheinigungspflicht des Großbuchstabens „M" nur für mit dem amtlichen Sachbezugswert zu bewertende Mahlzeiten besteht. Eine Bescheinigungspflicht besteht daher in den vorstehend genannten Fällen auch dann nicht, wenn die Verpflegungspauschale wegen der Mahlzeitengestellung zu kürzen ist.

Lohn-steuer-pflichtig	Sozial-versich.-pflichtig

Beispiel C

Arbeitnehmer C erhält von seinem Arbeitgeber anlässlich einer 10-stündigen beruflich veranlassten Auswärtstätigkeit von der Wohnung und der ersten Tätigkeitsstätte ein Mittagessen im Wert von 80 €. Weitere Mahlzeitengestellungen anlässlich beruflich veranlasster Auswärtstätigkeiten hat C im Kalenderjahr 2021 nicht erhalten.

Der Arbeitgeber hat den Großbuchstaben „M" im Lohnkonto des C weder aufzuzeichnen noch in dessen Lohnsteuerbescheinigung anzugeben, da der Preis der Mahlzeit 60 € übersteigt.

Beispiel D

Arbeitnehmer D nimmt auf Veranlassung seines Arbeitgebers an einer geschäftlich veranlassten Bewirtung mit mehreren Kunden teil.

Der Arbeitgeber hat den Großbuchstaben „M" im Lohnkonto des D weder aufzuzeichnen noch in dessen Lohnsteuerbescheinigung anzugeben, da die Gewährung von Mahlzeiten an den Arbeitnehmer bei einer geschäftlich veranlassten Bewirtung nicht zu Arbeitslohn führt (R 8.1 Abs. 8 Nr. 1 Satz 2 LStR). Gleichwohl führt die Mahlzeitengewährung durch den Arbeitgeber bei D zu einer Kürzung der Verpflegungspauschale.

Sofern das Betriebsstättenfinanzamt für steuerfreie Reisekostenvergütungen eine andere Aufzeichnung als im Lohnkonto hat, war bis einschließlich 2018 eine Bescheinigung des Buchstabens M nicht erforderlich. **Über den 31.12.2018 hinaus sind die Aufzeichnungserleichterungen für den Großbuchstaben „M" aber nicht verlängert worden.**[1] Vgl. hierzu auch Anhang 4 unter Nr. 10 Buchstabe f.

g) Pauschalbesteuerung „üblicher" Mahlzeiten

Bei üblichen Mahlzeiten besteht die Möglichkeit (= Wahlrecht des Arbeitgebers) der pauschalen Besteuerung mit 25 %, wenn

- diese dem Arbeitnehmer von seinem **Arbeitgeber** oder auf dessen auf Veranlassung von einem Dritten während einer auswärtigen Tätigkeit unentgeltlich oder verbilligt **zur Verfügung gestellt** werden **und**
- eine **Besteuerung der Mahlzeit nicht unterbleibt.**

Die Pauschalbesteuerung der steuerpflichtigen Mahlzeit mit 25 % führt zur Beitragsfreiheit (§ 1 Abs. 1 Satz 1 Nr. 3 SvEV[2]). ja nein

Die Pauschalbesteuerung **kommt** demnach **in Betracht,** wenn

- der Arbeitnehmer ohne Übernachtung **nicht mehr als acht Stunden** auswärts tätig ist,
- der Arbeitgeber die **Abwesenheitszeit** nicht überwacht bzw. **nicht kennt** oder
- die **Dreimonatsfrist** für den Ansatz der Verpflegungspauschalen **abgelaufen** ist.

Beispiel A

Der Arbeitnehmer nimmt an einer halbtägigen auswärtigen Seminarveranstaltung teil. Der Arbeitgeber hat für die teilnehmenden Arbeitnehmer neben dem Seminar auch ein Mittagessen gebucht und bezahlt. Aufzeichnungen über die Abwesenheitszeiten der Arbeitnehmer von der Wohnung und der ersten Tätigkeitsstätte hat der Arbeitgeber nicht geführt.

Der Arbeitgeber kann das den Arbeitnehmern zur Verfügung gestellte Mittagessen in Höhe des Sachbezugswerts (= 3,47 €) mit 25 % pauschal besteuern (§ 40 Abs. 2 Satz 1 Nr. 1a EStG).

Beispiel B

Der Arbeitnehmer wird für ein Jahr bei einem Kunden des Arbeitgebers tätig. Der Arbeitgeber stellt dem Arbeitnehmer in dieser Zeit aufgrund eines mit einer Gaststätte abgeschlossenen Rahmenvertrags ein Mittagessen mit einem Wert von 15 € bis 20 € zur Verfügung.

Es liegt eine beruflich veranlasste Auswärtstätigkeit vor. Der Arbeitnehmer erhält das Mittagessen jeweils auf Veranlassung seines Arbeitgebers. Für die ersten drei Monate der Auswärtstätigkeit stehen dem Arbeitnehmer arbeitstäglich Verpflegungspauschalen zu. Da es sich

1) Textziffer I.2 des BMF-Schreibens vom 9.9.2019 (BStBl. I S. 911). Das BMF-Schreiben ist als Anlage 1 zu H 41b LStR im **Steuerhandbuch für das Lohnbüro 2021** abgedruckt, das im selben Verlag erschienen ist.

2) Die Sozialversicherungsentgeltverordnung (SvEV) ist als Anhang 2 im **Steuerhandbuch für das Lohnbüro 2021** abgedruckt, das im selben Verlag erschienen ist.

	Lohn-steuer-pflichtig	Sozial-versich.-pflichtig

B

bei den zur Verfügung gestellten Mahlzeiten um übliche Mahlzeiten handelt, sind diese nicht als Arbeitslohn zu erfassen. Zur Kürzung der Verpflegungspauschalen während der Dreimonatsfrist vgl. vorstehenden Buchstaben e.

Ab dem vierten Monat der Auswärtstätigkeit stehen dem Arbeitnehmer keine Verpflegungspauschalen zu. Das Mittagessen ist jeweils mit dem amtlichen Sachbezugswert (= 3,47 €) als Arbeitslohn zu erfassen, der mit 25 % pauschal besteuert werden kann (§ 40 Abs. 2 Satz 1 Nr. 1a EStG).

Die Pauschalbesteuerung setzt zudem voraus, dass es sich um übliche Mahlzeiten handelt, die mit dem amtlichen Sachbezugswert anzusetzen sind. Dies bedingt, dass der Preis für die Mahlzeit 60 € nicht übersteigt. **Nicht** mit 25 % **pauschal besteuerbar** sind daher sog. **Belohnungsessen** mit einem Preis von mehr als 60 €.

Beispiel C

Der Arbeitnehmer unternimmt eine zweitägige beruflich veranlasste Auswärtstätigkeit und erhält am zweiten Tag auf Veranlassung seines Arbeitgebers ein Mittagessen im Wert von 65 €.

Wegen der Kosten für das Mittagessen von mehr als 60 € ist von einem Belohnungsessen auszugehen und 65 € sind als Arbeitslohn individuell zu besteuern. Eine Pauschalierung des Mittagessen in Höhe des Sachbezugswertes mit 25 % kommt nicht in Betracht, da es sich um eine „unübliche Mahlzeit" (Preis über 60 €) handelt.

5. Bewirtung bei gesellschaftlichen Veranstaltungen

Bewirtet der Arbeitgeber einen Arbeitnehmer anlässlich einer allgemeinen Veranstaltung, an der der Arbeitnehmer im Rahmen seines Amtes, im dienstlichen Auftrag oder mit Rücksicht auf die ihm durch seine berufliche Stellung in der Firma auferlegten gesellschaftlichen Verpflichtungen teilnimmt (z. B. Einweihungen, Richtfeste, offizielle Empfänge, Eröffnungen von Ausstellungen, Betriebsbesichtigungen), liegt eine Bewirtung im ganz überwiegenden eigenbetrieblichen Interesse des Arbeitgebers vor, die beim Arbeitnehmer nicht als geldwerter Vorteil anzusehen ist. nein nein

Entsprechendes gilt, wenn der Arbeitnehmer im dienstlichen Auftrag an derartigen Veranstaltungen eines Dritten teilnimmt. nein nein

6. Arbeitsessen

Die unentgeltliche oder verbilligte Abgabe von Speisen bis zu einem bestimmten Wert ist dann als steuerfreie Aufmerksamkeit einzustufen, wenn sie vom Arbeitgeber anlässlich und während eines **außergewöhnlichen Arbeitseinsatzes** gewährt werden. Die Freigrenze für steuer- und beitragsfreie Arbeitsessen anlässlich und während eines außergewöhnlichen Arbeitseinsatzes beträgt **60 €** einschließlich Umsatzsteuer (R 19.6 Abs. 2 Satz 2 LStR). Ein solches Arbeitsessen ist keine Betriebsveranstaltung.[1]

Man könnte die Auffassung vertreten, dass eine Bewirtung durch den Arbeitgeber außerhalb der ersten Tätigkeitsstätte eine Auswärtstätigkeit sei mit der Folge, dass die unter der vorstehenden Nr. 4 erläuterten Regelungen anzuwenden wären. Die Finanzverwaltung vertritt hierzu jedoch die Auffassung, dass das **Bewirten** von Arbeitnehmern für sich **allein** bei diesen **nicht** zur Annahme einer **Auswärtstätigkeit** führt, und zwar auch dann nicht, wenn die Bewirtung außerhalb der ersten Tätigkeitsstätte stattfindet. ja ja

Bewirtet der Arbeitgeber Arbeitnehmer, die sich **nicht** auf einer **Auswärtstätigkeit** befinden, liegt in der Regel steuerpflichtiger Arbeitslohn vor. Vgl. aber auch die Erläuterungen unter der nachfolgenden Nr. 8 zu Bewirtungen im Rahmen von sog. Konzernveranstaltungen. ja ja

Eine Ausnahme von diesem Grundsatz gilt nach R 19.6 Abs. 2 Satz 2 LStR nur dann, wenn der Arbeitgeber dem Arbeitnehmer anlässlich und **während eines außergewöhnlichen Arbeitseinsatzes** Speisen unentgeltlich oder verbilligt überlässt und deren Wert **60 €** nicht überschreitet. nein nein

	Lohn-steuer-pflichtig	Sozial-versich.-pflichtig

Von einem außergewöhnlichen Arbeitseinsatz ist nach dem Urteil des BFH vom 4.8.1994 (BStBl. 1995 II S. 59) auszugehen, wenn ein innerhalb kurzer Zeit zu erledigender oder unerwarteter Arbeitsanfall zu bewältigen ist und darüber hinaus das überlassene Essen einfach und nicht aufwendig ist. Arbeitsessen, die mit einer **gewissen Regelmäßigkeit** durchgeführt werden, führen daher in aller Regel zu steuerpflichtigem **Arbeitslohn.** Dient die Gewährung einer Mahlzeit anlässlich und während eines außergewöhnlichen Arbeitseinsatzes jedoch der günstigen Gestaltung des Arbeitsablaufs, kann ein Arbeitsessen anzunehmen sein, das innerhalb der 60-Euro-Grenze nicht zu steuerpflichtigem Arbeitslohn führt. Findet die Bewirtung außerhalb des Betriebs statt, prüft die Finanzverwaltung aber besonders intensiv, ob die Beköstigung Belohnungscharakter hat und damit steuerpflichtigen Arbeitslohn darstellt.

Hinweis für die Praxis:

Die Abgrenzung der Abgabe von Mahlzeiten anlässlich eines außergewöhnlichen Arbeitseinsatzes und einem sog. Belohnungsessen ist fließend. Als Anhaltspunkt gilt: **Steuerpflichtiger Arbeitslohn** ist gegeben, wenn die Bewirtung der Arbeitnehmer im Vordergrund steht, auch wenn während des Essens betriebliche Angelegenheiten besprochen werden. **Kein steuerpflichtiger Arbeitslohn** liegt dagegen vor, wenn eine außergewöhnliche betriebliche Besprechung oder ein anderer außergewöhlicher Arbeitseinsatz zur Einnahme der Mahlzeit lediglich **unterbrochen** wird. Zu Bewirtungen von Arbeitnehmern im Rahmen von sog. Konzernveranstaltungen vgl. auch die Erläuterungen unter der nachfolgenden Nr. 8.

Stellt die Beköstigung steuerpflichtigen Arbeitslohn dar, weil der **Belohnungscharakter** überwiegt, ist ein Ansatz der Sachbezugswerte für Mahlzeiten nicht möglich (R 8.1 Abs. 8 Nr. 2 LStR). Arbeitslohn ist vielmehr der auf den Arbeitnehmer entfallende Teil der Bewirtungskosten laut Rechnung des Restaurants (= anteiliger tatsächlicher Preis). Der Arbeitgeber kann allerdings die Bewirtungskosten in voller Höhe als Betriebsausgaben abziehen (vgl. nachfolgend unter Nr. 8).

Beispiel A

Die drei Abteilungsleiter einer Firma treffen sich einmal monatlich zu einem geschäftlichen Mittagessen in einem Lokal. Die Firma trägt die Kosten dieses sog. Arbeitsessens.

Die Rechnung beträgt für drei Personen 300 €. Trotz des beruflichen Anlasses liegt ein steuerpflichtiger geldwerter Vorteil vor, da die Verpflegung nicht während eines außergewöhnlichen Arbeitseinsatzes gewährt wird und der Wert außerdem 60 € übersteigt. Als geldwerter Vorteil sind bei jedem der drei Abteilungsleiter 100 € anzusetzen. Falls der Arbeitgeber die hierauf entfallende Lohnsteuer (und ggf. auch die Sozialversicherungsbeiträge) übernehmen will, muss er eine Nettolohnberechnung (vgl. das Stichwort „Nettolöhne" sowie die Anhänge 12 und 13) durchführen. Eine Pauschalierung des Betrags von 300 € mit dem für Mahlzeiten geltenden Steuersatz von 25 % ist nicht zulässig. Allerdings kommt auch eine Pauschalierung der Lohnsteuer nach § 37b Abs. 2 EStG mit 30 % in Betracht, vgl. das Stichwort „Pauschalierung der Lohnsteuer für Belohnungsessen, Incentive-Reisen, VIP-Logen und ähnliche Sachbezüge". Der Arbeitgeber kann den Rechnungsbetrag in voller Höhe als Betriebsausgaben abziehen (keine Kürzung auf 70 %). Bei Essen im Wert von höchstens 44 €, ist die 44-Euro-Freigrenze anwendbar (vgl. nachfolgend das Beispiel B sowie die Erläuterungen unter Nr. 7). Im Beispielsfall ist diese Grenze aber eindeutig überschritten.

Beispiel B

Aufgrund eines größeren Auftrags, der noch im Januar 2021 termingerecht abgewickelt werden muss, ist es erforderlich, dass mehrere Arbeitnehmer einer Abteilung, die im Team arbeiten, an zwei Tagen hintereinander Überstunden machen. An beiden Tagen wird bis ca. 22 Uhr gearbeitet.

a) Die Arbeitnehmer gehen an beiden Tagen gegen 17 Uhr in die nächstgelegene Pizzeria und nehmen dort ein bereits im Voraus bestelltes Abendessen zu sich. Gegen 19 Uhr sind sie wieder im

1) Textziffer 1 des BMF-Schreibens vom 14.10.2015 (BStBl. I S. 832). Das BMF-Schreiben ist als Anlage zu H 19.5 LStR im **Steuerhandbuch für das Lohnbüro 2021** abgedruckt, das im selben Verlag erschienen ist.

	Lohn-steuer-pflichtig	Sozial-versich.-pflichtig

Betrieb. Der Arbeitgeber trägt die Kosten für die Bewirtung (30 € je Arbeitnehmer inklusive Umsatzsteuer).

b) Nachdem die Abteilung den Auftrag termingerecht erledigen konnte, lädt der Arbeitgeber alle beteiligten Arbeitnehmer an einem Tag ihrer Wahl in eine nahe gelegene Pizzeria ein. Die Aufwendungen betragen pro Person (inklusive Umsatzsteuer) 40 €.

Im **Fall a)** erhalten die Arbeitnehmer **während** eines außergewöhnlichen Arbeitseinsatzes eine Mahlzeit, deren Wert 60 € nicht überschreitet. Da der Arbeitgeber ein erhebliches Interesse daran hat, dass die im Team tätig werdenden Arbeitnehmer wieder gleichzeitig am Arbeitsplatz ihre unterbrochene Tätigkeit aufnehmen können, handelt es sich bei der gewährten Mahlzeit um eine nicht zum Arbeitslohn gehörende Aufmerksamkeit (R 19.6 Abs. 2 Satz 2 LStR).

Im **Fall b)** wird den Arbeitnehmern das Essen in **Belohnungsabsicht** gewährt. Die Bewirtung stellt deshalb ein Entgelt für das Zurverfügungstellen der Arbeitskraft dar, auch wenn der Wert der Mahlzeit 60 € nicht übersteigt. Der tatsächliche Wert der Mahlzeit ist deshalb steuer- und beitragspflichtig (R 8.1 Abs. 8 Nr. 2 LStR). Allerdings ist die 44-Euro-Freigrenze anwendbar, wenn sie in diesem Kalendermonat noch nicht durch andere Sachbezüge verbraucht ist.

7. Belohnungsessen

Für Sachbezüge gibt es eine Freigrenze von **44 € monatlich.** Der Arbeitgeber hat also die Möglichkeit, den Arbeitnehmer monatlich mit einem Essen im Wert von 44 € zu „belohnen", ohne dass dadurch Lohnsteuerpflicht ausgelöst wird. Voraussetzung ist, dass die monatliche 44-Euro-Freigrenze nicht bereits durch die Gewährung anderer Sachbezüge ausgeschöpft worden ist.

Beispiel

Der Arbeitgeber lädt einige Arbeitnehmer einmal im Monat zu einem gehobenen Mittagessen ein. Der auf den einzelnen Arbeitnehmer entfallende Teil der Kosten laut Rechnung des Restaurants (einschließlich Umsatzsteuer) beträgt 42,50 €. Da der Wert des Sachbezugs 44 € nicht übersteigt, ist die Bewirtung steuer- und beitragsfrei. Unerheblich ist, ob der Arbeitgeber an dem Essen teilnimmt oder nicht, sofern er aufgrund der getroffenen Vereinbarung den Arbeitnehmern den Sachbezug (das Mittagessen) zuwendet. Der Arbeitgeber kann in beiden Fällen die Bewirtungskosten in voller Höhe als Betriebsausgaben abziehen.

Die Anwendung der monatlichen 44-Euro-Grenze ist anhand von Beispielen ausführlich beim Stichwort „Sachbezüge" unter Nr. 4 auf Seite 847 erläutert. Aufgrund der ausdrücklichen Bewertungsregelung für Mahlzeiten (vgl. R 8.1 Abs. 8 Nr. 2 LStR) ist u. E. vom tatsächlichen Wert der Mahlzeit kein Abschlag von 4 % vorzunehmen.[1]

Von einem Belohnungsessen ist auch dann auszugehen, wenn anlässlich einer beruflich veranlassten **Auswärtstätigkeit** der **Preis** der vom Arbeitgeber zur Verfügung gestellten Mahlzeit **mehr als 60 €** beträgt (vgl. vorstehende Nr. 4 Buchstabe d).

Vgl. im Übrigen auch das Stichwort „Pauschalierung der Lohnsteuer für Belohnungsessen, Incentive-Reisen, VIP-Logen und ähnliche Sachbezüge".

8. Begrenzung des Betriebsausgabenabzugs auf 70 %

Seit 1.1.2004 ist der Betriebsausgabenabzug von Bewirtungskosten, auch soweit sie im Rahmen einer Bewirtung von Geschäftsfreunden auf Arbeitnehmer des Steuerpflichtigen (= Arbeitgeber) entfallen, auf 70 % der Aufwendungen begrenzt, die nach der allgemeinen Verkehrsauffassung als angemessen anzusehen sind.[2]

Diese Abzugsbeschränkung auf 70 % gilt nicht, wenn der Arbeitgeber nur die eigenen Arbeitnehmer bewirtet (also keine Geschäftsfreunde des Arbeitgebers an der Bewirtung teilnehmen). Bewirtet der Arbeitgeber **ausschließlich eigene Arbeitnehmer,** sind die Aufwendungen **in voller Höhe als Betriebsausgaben** abziehbar (R 4.10 Abs. 7 EStR). Der Arbeitnehmer muss jedoch den geldwerten Vorteil ggf. nach den unter Nrn. 4, 6 und 7 dargestellten Grundsätzen versteuern. Bewirtungskosten im Rahmen einer Betriebsveranstaltung sind ebenfalls in voller Höhe als Betriebsausgaben abzugsfähig, soweit sie auf Arbeitnehmer, Angehörige oder Personen entfallen, die zur Gestaltung der Betriebsveranstaltung beitragen (R 4.10 Abs. 7 Satz 4 EStR). Ob diese Zuwendungen beim Arbeitnehmer steuerpflichtig sind, ist unabhängig vom Betriebsausgabenabzug beim Arbeitgeber nach den unter dem Stichwort „Betriebsveranstaltungen" dargelegten Grundsätzen zu entscheiden.

Die Bewirtung von Arbeitnehmern von gesellschaftsrechtlich verbundenen Unternehmen (z. B. Mutter- oder Tochterunternehmen; sog. **Konzernveranstaltung**) und mit ihnen vergleichbaren Personen ist aus der Sicht des Bewirtenden geschäftlich veranlasst mit der Folge, dass der Betriebsausgabenabzug auf **70 %** begrenzt ist (R 4.10 Abs. 7 Satz 2 EStR). Aufgrund der Regelung in R 8.1 Abs. 8 Nr. 1 Satz 2 LStR ist sowohl für die teilnehmenden Arbeitnehmer des bewirtenden Arbeitgebers als auch für die Arbeitnehmer des verbundenen Unternehmens **kein geldwerter Vorteil** anzusetzen. nein nein

Beispiel

Anlässlich einer beruflichen Besprechung im Betrieb werden sowohl die Arbeitnehmer des Arbeitgebers als auch des verbundenen Tochterunternehmens bewirtet.

Es handelt sich um eine geschäftlich veranlasste Bewirtung mit der Folge, dass der Betriebsausgabenabzug auf 70 % der Aufwendungen begrenzt ist (§ 4 Abs. 5 Satz 1 Nr. 2 EStG i. V. m. R 4.10 Abs. 7 Satz 2 EStR). Sowohl für die Arbeitnehmer des bewirtenden Arbeitgebers als auch für die Arbeitnehmer des verbundenen Unternehmens ist kein geldwerter Vorteil anzusetzen (R 8.1 Abs. 8 Nr. 1 Satz 2 LStR).

In R 4.10 Abs. 6 Satz 9 EStR gibt es eine Vereinfachungsregelung, nach der der Wert einer Mahlzeit bei einer Bewirtung in der betriebseigenen Kantine mit 15 € je Gast (einschließlich Getränke) angesetzt werden kann. Dieser Wert hat mit der lohnsteuerlichen Bewertung von Bewirtungskosten und mit der bei einer Bewirtung von Arbeitnehmern anlässlich eines außergewöhnlichen Arbeitseinsatzes geltenden 60-Euro-Grenze nichts zu tun. Er gilt für die Anwendung der 70 %-Regelung beim Betriebsausgabenabzug. Das bedeutet, dass bei einer Bewirtung in der betriebseigenen Kantine die tatsächlichen Aufwendungen (die meist höher als 15 € sind) in vollem Umfang als Betriebsausgaben abgezogen werden können. Die Beschränkung auf 70 % errechnet sich hingegen aus dem Wert von 15 €, sodass im Ergebnis 4,50 € (= 30 % von 15 €) je Gast vom Betriebsausgabenabzug ausgeschlossen werden.

Zum Werbungskostenabzug für Bewirtungskosten beim Arbeitnehmer vgl. nachfolgende Nr. 11.

9. Nachweis der Bewirtungskosten

Für die Abzugsfähigkeit von Bewirtungskosten als Betriebsausgaben ist es erforderlich, dass eine detaillierte Rechnung über die von der Gaststätte erbrachten Leistungen vorgelegt werden kann. Die früher zulässige Sammelbezeichnung „Speisen und Getränke" genügt nicht mehr. Zusätzlich muss eine detaillierte Rechnung **maschinell erstellt und maschinell registriert** worden sein. Die erforderliche Aufgliederung der vom Gastwirt erbrachten Leistungen erfordert auch einen Einzelnachweis des gezahlten **Trinkgelds.** Ohne Nachweis wird das Trinkgeld nicht zum Betriebsausgabenabzug zugelassen. Das Bedienungspersonal ist also gezwungen, das Trinkgeld auf dem Bewirtungsbeleg zu quittieren, damit es als Betriebsausgaben abgezogen werden kann. In der Praxis geschieht dies in aller Regel nicht.

Bei einer Bewirtung in einer Gaststätte kann die Beifügung der Rechnung aufgrund des eindeutigen Gesetzeswortlauts nicht durch sog. Eigenbelege ersetzt werden. Zudem muss die **Gaststättenrechnung** den **Namen des Bewirtenden** enthalten. Weder die entsprechende Angabe als

1) Vgl. auch R 8.1 Abs. 8 Nr. 2 Satz 1 LStR, wonach die Mahlzeiten mit ihrem tatsächlichen Preis anzusetzen sind.

2) Als angemessen können Bewirtungsaufwendungen bis zu 1000 € pro Teilnehmer je Veranstaltung angesehen werden (BMF-Schreiben vom 30.3.2006, BStBl. I S. 307).

Lohnsteuerpflichtig	Sozialversich.-pflichtig

Bewirtendem auf den erstellten Eigenbelegen noch die eingereichten Kreditkartenabrechnungen machen die Angabe des Bewirtenden auf den Rechnungen entbehrlich. Eine **Ausnahme** von diesem Grundsatz gilt nur bei umsatzsteuerlichen **Kleinbetragsrechnungen bis 250 €,** die keine Angaben zum Leistungsempfänger enthalten müssen (BFH-Urteil vom 18.4.2012, BStBl. II S. 770).

10. Bewirtung bei Beförderungen, Jubilarfeiern, Geburtstagen und Ähnliches

Es gibt Fälle, in denen der **Arbeitgeber** bei bestimmten Anlässen (z. B. Beförderungen, Jubilarfeiern, Geburtstagen, Amtseinführung, Verabschiedung) die dem Arbeitnehmer entstehenden Bewirtungskosten **übernimmt.** In diesen Fällen ist unter dem Gesichtspunkt des „ganz überwiegenden eigenbetrieblichen Interesses" zu prüfen, ob Arbeitslohn vorliegt. Nach R 19.3 Abs. 2 Nrn. 3 und 4 LStR gilt hierbei Folgendes:

Übliche Sachleistungen des Arbeitgebers, die aus Anlass

- der Diensteinführung,
- eines Amts- oder Funktionswechsels,
- der Ehrung eines **einzelnen** Jubilars anlässlich eines runden Arbeitnehmerjubiläums (= 10-, 20-, 25-, 30-, 40-, 50-, 60-jähriges Arbeitnehmerjubiläum)[1] oder
- der Verabschiedung eines Arbeitnehmers

zugewendet werden, sind als Zuwendung im ganz überwiegenden eigenbetrieblichen (und damit steuerfreien) Interesse anzusehen, wenn die Aufwendungen des Arbeitgebers (einschließlich Umsatzsteuer) den Betrag von **110 €**[2] je teilnehmender Person nicht übersteigen. — nein | nein

Beispiel A

Der Arbeitgeber ehrt einen langjährigen Mitarbeiter aus Anlass der Pensionierung, indem er ihm gestattet, seine Vorgesetzten, Kollegen, Betriebsratsmitglieder und seine Familie in ein Restaurant einzuladen und diese Personen auf Geschäftskosten zu bewirten. Die Aufwendungen je Teilnehmer betragen 100 € einschließlich Umsatzsteuer. Obwohl es sich nicht um eine Betriebsveranstaltung handelt, sind die Zuwendungen an den Arbeitnehmer aufgrund der Anwendung der 110-Euro-Grenze[2] steuer- und beitragsfrei.

In die Prüfung der 110-Euro-Grenze[2] sind auch Geschenke bis zu einem Gesamtwert von 60 € mit einzubeziehen.

Beispiel B

Erhält der Arbeitnehmer im Beispiel A bei seiner Abschiedsfeier ein Elektro-Bike (= Kraftfahrzeug) im Wert von 6000 €, ist dieses Geschenk nicht in die Berechnung der 110-Euro-Grenze[2] mit einzubeziehen. Die 6000 € unterliegen als sonstiger Bezug dem Lohnsteuerabzug nach den allgemeinen Vorschriften. Eine Pauschalierung der Lohnsteuer mit 25 % ist nicht möglich, weil begrifflich keine Betriebsveranstaltung vorliegt. Die Lohnsteuer für diese Sachzuwendung kann aber mit 30 % pauschaliert werden, vgl. das Stichwort „Pauschalierung der Lohnsteuer für Belohnungsessen, Incentive-Reisen, VIP-Logen und ähnliche Sachbezüge".

Die vorstehenden Ausführungen gelten entsprechend für übliche Sachleistungen bei einem Empfang anlässlich eines **runden Geburtstages eines Arbeitnehmers,** wenn es sich unter Berücksichtigung aller Umstände des Einzelfalls um ein Fest des Arbeitgebers **(betriebliche Veranstaltung)** handelt (vgl. das Stichwort „Geburtstagsfeier"). — nein | nein

Betragen die Aufwendungen des Arbeitgebers (einschließlich Umsatzsteuer) aus Anlass der Diensteinführung, eines Amts- oder Funktionswechsels, der Ehrung eines einzelnen Jubilars anlässlich eines runden Arbeitnehmerjubiläums oder der Verabschiedung eines Arbeitnehmers **mehr als 110 €**[2] je teilnehmender Person, sind die Aufwendungen dem **Arbeitslohn des geehrten Arbeitnehmers** zuzurechnen. **Entsprechendes** gilt – unabhängig von der Höhe der Aufwendungen je teilnehmender Person –, wenn die **Veranstaltung** den **Charakter einer privaten Feier** hat. — ja | ja

Beispiel C

Anlässlich der Verabschiedung eines leitenden Mitarbeiters findet auf Kosten des Arbeitgebers ein Essen im kleinen Kreis in einem Restaurant statt. Gäste sind Geschäftspartner des Arbeitgebers und Angehörige des öffentlichen Lebens, zu denen der Ausscheidende freundschaftliche Beziehungen unterhält und die er persönlich ausgewählt hat. Im Gegensatz zur Abschiedsfeier im Betrieb an seinem letzten Arbeitstag sind weder Vertreter des Arbeitgebers noch Mitarbeiter anwesend. Folglich wird auch keine Laudatio seitens des Arbeitgebers auf den Ausscheidenden gehalten.

Da die Veranstaltung den Charakter einer privaten Feier hat, führen die Aufwendungen des Arbeitgebers – ungeachtet der Höhe je teilnehmender Person – zu steuer- und ggf. sozialversicherungspflichtigen Arbeitslohn beim Ausscheidenden (BFH-Urteil vom 15.2.2008, BFH/NV 2008 S. 790).

Zum Vorsteuerabzug des Arbeitgebers bei einem Arbeitnehmerjubiläum vgl. das Stichwort „Umsatzsteuerpflicht bei Sachbezügen" unter Nr. 7.

11. Werbungskosten für Bewirtungskosten beim Arbeitnehmer

Entstehen dem Arbeitnehmer Bewirtungskosten ausschließlich aufgrund eines persönlichen Ereignisses, kommt ein Werbungskostenabzug grundsätzlich nicht in Betracht (BFH-Urteile vom 19.2.1993, BStBl. II S. 403 und vom 15.7.1994, BStBl. II S. 896).

Dabei ist für die Beantwortung der Frage, ob Bewirtungsaufwendungen beruflich (= Werbungskostenabzug) oder privat (nicht abziehbare Kosten der Lebensführung) veranlasst sind, in erster Linie auf den **Anlass der Feier** abzustellen. Der Anlass einer Feier ist ein erhebliches, aber nicht das alleinentscheidende Kriterium für die berufliche oder private Veranlassung von Bewirtungsaufwendungen. Trotz eines herausgehobenen persönlichen Ereignisses kann sich aus den anderen Umständen des Einzelfalles ergeben, dass die Aufwendungen für die Feier beruflich veranlasst sind. Eine ganz oder teilweise berufliche Veranlassung ist insbesondere möglich, wenn die Feier nicht der repräsentativen Erfüllung gesellschaftlicher Pflichten, sondern dem kollegialen Miteinander und daher der Pflege des Betriebsklimas dient, mit der Einladung den Kolleginnen und Kollegen Dank und Anerkennung gezollt oder gefestigten betrieblichen Gepflogenheiten Rechnung getragen wird.

Umgekehrt begründet ein Ereignis in der beruflichen Sphäre allein nicht die Annahme, die Aufwendungen für eine Feier seien (nahezu) ausschließlich beruflich veranlasst. Denn auch berufliche Ereignisse werden häufig im Rahmen eines privaten Festes unter Beteiligung befreundeter Arbeitskollegen begangen. Daher ist für die Frage der steuerlichen Berücksichtigung der Aufwendungen **auch** von Bedeutung, wer als **Gastgeber** auftritt, wer die **Gästeliste** bestimmt, ob es sich bei den Gästen um **Kollegen oder** Geschäftsfreunde, um Angehörige des öffentlichen Lebens, der Presse, um Verbandsvertreter oder um **private Bekannte** oder Angehörige des Arbeitnehmers handelt. Zu berücksichtigen ist außerdem, an welchem **Ort** die Veranstaltung stattfindet, ob sich die **finanziellen Aufwendungen** im Rahmen vergleichbarer betrieblicher Veranstaltungen bewegen und ob das Fest den Charakter einer privaten Feier aufweist oder ob das nicht der Fall ist. Eine luxuriöse Umgebung (z. B. Anmietung einer Yacht oder eines Schlosssaals zur Durchfüh-

---

1) Bei einem 40-, 50- oder 60-jährigen Arbeitnehmerjubiläum liegt ein „rundes" Arbeitnehmerjubiläum im Sinne der R 19.3 Abs. 2 Nr. 3 LStR auch dann noch vor, wenn die Jubilarfeier bis zu **fünf Jahre früher** stattfindet.

2) Die lohnsteuerliche Behandlung von Betriebsveranstaltungen ist ab 1.1.2015 erstmals gesetzlich geregelt und anstelle der Freigrenze von 110 € ein Freibetrag von 110 € für jeden teilnehmenden Arbeitnehmer – einschließlich der Aufwendungen für seine Begleitperson – eingeführt worden (vgl. das Stichwort „Betriebsveranstaltungen"). Entgegen der ursprünglichen Absicht ist die 110-Euro-Freibetragsregelung nicht auf die hier genannten Veranstaltungen übertragen worden. Es bleibt daher bei einer 110-Euro-Freigrenze und einer Einbeziehung von Geschenken bis zu einem Gesamtwert von 60 € in die für die Prüfung der Freigrenze maßgebenden Gesamtkosten.

Lohnsteuerpflichtig | Sozialversich.-pflichtig

rung der Feier) ist ein gewichtiges oder weiteres Indiz für eine private Veranlassung. Folgende Einzelfälle sind entschieden worden:

Bewirtungskosten eines Arbeitnehmers können sowohl bei variablen, erfolgsabhängigen Vergütungen als auch bei festen Bezügen als Werbungskosten zu berücksichtigen sein (BFH-Urteile vom 1.2.2007, BStBl. II S. 459 und vom 24.5.2007, BStBl. II S. 721).

Bei einer **„gemischten Feier"** (z. B. Berufszulassung und runder Geburtstag) kann der auf die Gäste aus dem beruflichen Umfeld entfallende Anteil an den Aufwendungen als Werbungskosten abgezogen werden. Die Einladungen müssen aber nach abstrakten berufsbezogenen Kriterien ausgesprochen werden (z. B. **alle** Angehörigen einer Niederlassung oder bestimmten Abteilung werden eingeladen; BFH-Urteil vom 8.7.2015, BStBl. II S. 1013). Vgl. auch Anhang 7, Abschnitt B Nr. 2 unter „Gemischte Feier".

Der Bundesfinanzhof hat die Aufwendungen für eine **runde Geburtstagfeier** des angestellten Geschäftsführers **im Betrieb** des Arbeitgebers zum Werbungskostenabzug zugelassen. Die berufliche Veranlassung wurde damit begründet, dass

- neben dem Aufsichtsratsvorsitzenden **ausschließlich** sämtliche **Mitarbeiter** eingeladen waren und
- der **Arbeitgeber** in die Organisation der Veranstaltung **eingebunden** und damit zumindest mittelbar an den Kosten beteiligt war (BFH-Urteil vom 10.11.2016, BStBl. 2017 II S. 409).

Der Berufsbezug der Geburtstagsfeier ergab sich zudem aus den maßvollen Kosten (ca. 35 € pro Person bei 70 Gästen), aus dem Veranstaltungsort (mit Bierzeltgarnituren hergerichtete und einfach geschmückte Werkstatthalle des Arbeitgebers) und der Veranstaltungszeit (freitags von 12 bis 17 Uhr und damit zumindest teilweise während der Arbeitszeit) sowie der Billigung der Feier durch den Arbeitgeber. Trotz der gehobenen beruflichen Position des Klägers als Geschäftsführer hatte die Feier keinen repräsentativen, sondern einen rustikalen betriebsinternen Charakter; zum Teil nahmen die Mitarbeiter in Arbeitskleidung daran teil. Vertreter des öffentlichen Lebens, der Kommune oder Medien, Geschäftspartner oder andere nicht betriebszugehörige Personen, die der Geburtstagsfeier das Gepräge einer gesellschaftlichen und damit privaten Veranstaltung gegeben hätten, waren nicht geladen. Im privaten Rahmen hatte der Kläger seinen Geburtstag zudem ebenfalls und mit deutlich höheren Kosten gefeiert.

Der Bundesfinanzhof hat auch die Bewirtungsaufwendungen eines angestellten Geschäftsführers mit variablen Bezügen anlässlich einer ausschließlich für Betriebsangehörige im **eigenen Garten** veranstalteten Feier zum **25-jährigen Dienstjubiläum** zum Werbungskostenabzug zugelassen (BFH-Urteil vom 1.2.2007, BStBl. II S. 459). Entscheidend war, dass das Fest im eigenen Garten des Geschäftsführers nicht den Charakter einer privaten Feier hatte und sich die finanziellen Aufwendungen im Rahmen vergleichbarer betrieblicher Veranstaltungen bewegten. Der Geschäftsführer wollte die anderen Mitarbeiter durch das Gartenfest zu weiterer Leistungsbereitschaft motivieren, da seine Tantieme nicht unwesentlich von deren Leistungen abhing. Zudem hatte der Arbeitgeber zuvor eine Feier anlässlich des Dienstjubiläums des Geschäftsführers ohne die Betriebsangehörigen veranstaltet. Bei einem **Dienstjubiläum** handelt es sich laut Bundesfinanzhof um ein **berufsbezogenes Ereignis.** Aufwendungen (im Streitfall für Häppchen, Wein und Sekt) für eine **betriebsinterne Feier** anlässlich eines Dienstjubiläums sind daher ausschließlich beruflich veranlasst und als Werbungskosten zu berücksichtigen, wenn der Arbeitnehmer die Gäste nach abstrakten berufsbezogenen Kriterien einlädt (z. B. alle Arbeitnehmer einer Abteilung; BFH-Urteil vom 20.1.2016, BStBl. II S. 744). Sachzuwendungen des Arbeitgebers bis zu 60 € anlässlich eines Dienstjubiläums sind steuer- und beitragsfrei (vgl. „Aufmerksamkeiten").

Auch die **Habilitation** eines Chirurgen ist ein berufsbezogenes Ereignis, sodass für die Aufwendungen für eine Feier ein Werbungskostenabzug in Betracht kommt, wenn die Gäste nach abstrakten berufsbezogenen Kriterien eingeladen worden sind (BFH-Urteil vom 18.8.2016, BFH/NV 2017 S. 151).

Ebenso hat der Bundesfinanzhof auch die Bewirtungskosten, die einem Offizier für einen Empfang aus Anlass der **Übergabe** der **Dienstgeschäfte** (sog. Kommandoübergabe) und der Verabschiedung in den Ruhestand entstanden sind, zum Werbungskostenabzug zugelassen (BFH-Urteil vom 11.1.2007, BStBl. II S. 317). Auch Bewirtungskosten, die einem Behördenleiter oder Amtsleiter aus Anlass der Übergabe oder Übernahme der Dienstgeschäfte entstehen, können als Werbungskosten abgezogen werden. Unmaßgeblich ist, dass keine erfolgsabhängigen Vergütungen bezogen werden.

Außerdem lässt der Bundesfinanzhof Bewirtungskosten zum Werbungskostenabzug zu, wenn der Behördenleiter anlässlich des **fünfjährigen Bestehens der Behörde** alle Mitarbeiter (= 80 Amtsangehörige) im Anschluss an eine Mitarbeiterbesprechung zu einer Feier mit Mittagessen und Kaffee einlädt (BFH-Urteil vom 6.3.2008, BFH/NV 2008 S. 1316). Ein privater Bezug des Behördenleiters zu der Feier (z. B. Geburtstag) bestand nicht. Entsprechendes gilt für ein **Betriebsfest.**

Auch die Kosten eines Empfangs im Anschluss an eine **Antrittsvorlesung** können beruflich veranlasst sein (BFH-Urteil vom 10.7.2008, BFH/NV 2008 S. 1831). Das Verhältnis der privaten Gäste (15) zur Gesamtzahl der Gäste (270) betrug weniger als 10 % und war daher von untergeordneter Bedeutung.[1)]

Schließlich können auch Bewirtungskosten anlässlich der **Verabschiedung** in den **Ruhestand** Werbungskosten sein (BFH-Beschluss vom 26.1.2010, BFH/NV 2010 S. 875 betreffend eine Feier mit Vorgesetzten, Kollegen und Mitarbeitern in den Räumen des Arbeitgebers).

Auch bei Arbeitnehmern sind Bewirtungskosten grundsätzlich nur zu **70 %** als Werbungskosten abziehbar (§ 9 Abs. 5 i. V. m. § 4 Abs. 5 Satz 1 Nr. 2 EStG; vgl. auch vorstehende Nr. 8). Außerdem haben auch Arbeitnehmer Bewirtungskosten ordnungsgemäß **nachzuweisen** (vgl. vorstehende Nr. 9).

In den folgenden Fällen lässt der Bundesfinanzhof die Bewirtungskosten nicht nur zu 70 %, sondern in vollem Umfang **(= 100 %)** zum **Werbungskostenabzug** zu:

- Der **Arbeitnehmer bewirtet ausschließlich Arbeitskollegen** (= Arbeitnehmer des eigenen Arbeitgebers, z. B. ihm unterstellte Mitarbeiter). Der bewirtende Arbeitnehmer hat in solch einem Fall die gleiche Stellung wie ein Arbeitgeber, der seine Arbeitnehmer bewirtet; auch dessen Aufwendungen unterliegen nicht der Abzugsbeschränkung (BFH-Urteile vom 19.6.2008, BStBl. 2009 II S. 11 und vom 20.1.2016, BStBl. II S. 744);
- ein **Arbeitnehmer übernimmt** aus beruflichem Anlass (Verabschiedung in den Ruhestand und Übertragung der Dienstgeschäfte auf den Nachfolger) ganz oder teilweise **Kosten** für die Bewirtung der Gäste im Namen seines **Arbeitgebers.** Die Abzugsbeschränkung auf 70 % greift von vornherein nicht, wenn nicht der Arbeitnehmer selbst, sondern der Arbeitgeber als Bewirtender auftritt (BFH-Urteil vom 19.6.2008, BStBl. II S. 870).

---

1) Randnummer 12 des BMF-Schreibens vom 6.7.2010 (BStBl. I S. 614). Das BMF-Schreiben ist als Anlage 4 zu H 9.1 LStR im **Steuerhandbuch für das Lohnbüro 2021** abgedruckt, das im selben Verlag erschienen ist.

B

	Lohn-steuer-pflichtig	Sozial-versich.-pflichtig

Bezirksleiter

Bezirksleiter von öffentlich-rechtlichen Bausparkassen, die ihre Tätigkeit im Wesentlichen frei gestalten und über ihre Arbeitszeit selbst entscheiden können sowie an Öffnungszeiten ihrer Beratungsstelle nicht gebunden sind, also eine gewisse unternehmerische Dispositionsfreiheit besitzen, sind keine Arbeitnehmer. nein nein

Zur Frage der „Scheinselbständigkeit" vgl. dieses Stichwort.

Bezirksstellenleiter

Bezirksstellenleiter staatlicher Lottounternehmen, die über das erforderliche Kapital verfügen und für Schäden durch die ihnen unterstellten Annahmestellen haften, sind selbständig und unterliegen damit nicht dem Lohnsteuerabzug und der Sozialversicherungspflicht; ihre Einkünfte sind im Wege der Veranlagung zur Einkommensteuer zu erfassen. nein nein

Zur Frage der „Scheinselbständigkeit" vgl. dieses Stichwort.

Bezugsgröße

Die Bezugsgröße (§ 18 SGB IV) entspricht dem Durchschnittsentgelt aller in der gesetzlichen Rentenversicherung versicherten Arbeitnehmer im vorvergangenen Kalenderjahr, aufgerundet auf den nächsthöheren, durch 420 teilbaren Betrag. Die aktuelle Bezugsgröße wird jährlich vom Bundesministerium für Arbeit und Sozialordnung mit Zustimmung des Bundesrates bestimmt. Für das Jahr 2021 ist somit das durchschnittliche Arbeitsentgelt des Jahres 2019 maßgebend. Die Bezugsgröße ist nicht zu verwechseln mit der Beitragsbemessungsgrenze (vgl. dieses Stichwort).

Seit 1.1.2001 gelten **in der Kranken- und Pflegeversicherung im gesamten Bundesgebiet einheitliche Rechen- und Bezugsgrößen,** und zwar die der alten Bundesländer. In der **Renten- und Arbeitslosenversicherung** wird hingegen auch über den 31.12.2000 hinaus an der **Trennung** der Rechengröße festgehalten. Dabei zählt **Ost-Berlin** in diesen Versicherungszweigen zu den **neuen Bundesländern.** Nachfolgende Übersicht beschreibt die Entwicklung der Bezugsgrößen in den letzten Jahren:

Bezugsgröße für Kranken- und Pflegeversicherung

	einheitlich in allen Bundesländern	
	monatlich	jährlich
2011	2 555 €	30 660 €
2012	2 625 €	31 500 €
2013	2 695 €	32 340 €
2014	2 765 €	33 180 €
2015	2 835 €	34 020 €
2016	2 905 €	34 860 €
2017	2 975 €	35 700 €
2018	3 045 €	36 540 €
2019	3 115 €	37 380 €
2020	3 185 €	38 220 €
2021	**3 290 €**	**39 480 €**

monatliche Bezugsgröße für Renten- und Arbeitslosenversicherung

	alte Bundesländer	neue Bundesländer
2011	2 555 €	2 240 €
2012	2 625 €	2 240 €
2013	2 695 €	2 275 €
2014	2 765 €	2 345 €
2015	2 835 €	2 415 €
2016	2 905 €	2 520 €
2017	2 975 €	2 660 €
2018	3 045 €	2 695 €
2019	3 115 €	2 870 €
2020	3 185 €	3 010 €
2021	**3 290 €**	**3 115 €**

jährliche Bezugsgröße für Renten- und Arbeitslosenversicherung

	alte Bundesländer	neue Bundesländer
2011	30 660 €	26 880 €
2012	31 500 €	26 880 €
2013	32 340 €	27 300 €
2014	33 180 €	28 140 €
2015	34 020 €	28 980 €
2016	34 860 €	30 240 €
2017	35 700 €	31 920 €
2018	36 540 €	32 340 €
2019	37 380 €	34 440 €
2020	38 220 €	36 120 €
2021	**39 480 €**	**37 380 €**

Bildschirmarbeit

1. Massagen am Arbeitsplatz

Der Bundesfinanzhof hat mit BFH-Urteil vom 30.5.2001 (BStBl. II S. 671) entschieden, dass **Massagen,** die ein Masseur den Arbeitnehmern auf Kosten des Arbeitgebers im Betrieb verabreicht, bei einer Tätigkeit an Bildschirmarbeitsplätzen keinen steuerpflichtigen geldwerten Vorteil darstellen. Die Notwendigkeit der Maßnahmen zur **Verhinderung krankheitsbedingter Arbeitsausfälle** muss jedoch durch Auskünfte des medizinischen Dienstes der Krankenkasse oder der Berufsgenossenschaft oder durch Sachverständigengutachten bestätigt werden.

Im zweiten Rechtsgang dieses Streitfalls vor dem Finanzgericht sind Gutachten von Berufsgenossenschaften allerdings zu dem Ergebnis gekommen, dass Massagen nicht besonders geeignet sind, bei Arbeitnehmern, die ganztägig an Bildschirmarbeitsplätzen tätig sind, möglichen und damit verbundenen Beschwerden vorbeugend entgegenzuwirken und krankheitsbedingte Arbeitsausfälle zu verhindern. Aus arbeitsmedizinischer Sicht würden medizinische Massagen an Bildschirmarbeitsplätzen keine empfehlenswerten wirksamen Maßnahmen bei Beschwerden am Bewegungsapparat darstellen. In vergleichbaren Fällen führen vom Arbeitgeber veranlasste Massagen daher zu **geldwerten Vorteilen.** Der Steuerfreibetrag für Gesundheitsmaßnahmen von 600 € jährlich je Arbeitnehmer (bis 31.12.2019 = 500 €) kann hierfür nicht in Anspruch genommen werden (vgl. nachfolgende Nr. 3). ja ja

	Lohnsteuerpflichtig	Sozialversich.-pflichtig
Zur Frage, ob bei der Teilnahme am FPZ-Rückenkonzept Arbeitslohn oder eine Leistung im ganz überwiegenden eigenbetrieblichen Interesse des Arbeitgebers vorliegt, vgl. das Stichwort „FPZ-Rückenkonzept" unter Nr. 2.		

2. Spezielle Sehhilfen

Nach § 6 der Bildschirmarbeitsverordnung i. V. m. der Verordnung zur arbeitsmedizinischen Vorsorge hat der Arbeitgeber den Beschäftigten eine angemessene Untersuchung der Augen und des Sehvermögens durch eine fachkundige Person (Augenarzt, Betriebsarzt) anzubieten und im erforderlichen Umfang **spezielle Sehhilfen** für ihre Arbeit an Bildschirmgeräten zur Verfügung zu stellen, wenn die Ergebnisse dieser Untersuchung ergeben, dass spezielle Sehhilfen notwendig und normale Sehhilfen nicht geeignet sind. Nach § 3 Abs. 2 Nr. 1 und Abs. 3 des Arbeitsschutzgesetzes ist der Arbeitgeber verpflichtet, die dafür erforderlichen Kosten zu übernehmen. Die vom Arbeitgeber aufgrund dieser gesetzlichen Verpflichtung übernommenen Kosten sind nach R 19.3 Abs. 2 Nr. 2 LStR steuer- und damit auch beitragsfrei, wenn aufgrund einer Untersuchung der Augen und des Sehvermögens durch eine fachkundige Person (Augenarzt, Betriebsarzt) im Sinne der Verordnung zur arbeitsmedizinischen Vorsorge die spezielle Sehhilfe notwendig ist, um eine ausreichende Sehfähigkeit in den Entfernungsbereichen des Bildschirmarbeitsplatzes zu gewährleisten. — nein — nein

3. Steuerbefreiung für Gesundheitsförderung

Die Finanzverwaltung hat früher die Auffassung vertreten, dass für auf Kosten des Arbeitgebers durchgeführte Massagen am Arbeitsplatz die Steuerbefreiung von bis zu 600 € jährlich je Arbeitnehmer (bis 31.12.2019 = 500 €) für Leistungen der betrieblichen Gesundheitsförderung in Anspruch genommen werden kann. Entsprechendes galt, wenn bei einer speziellen Bildschirmarbeitsbrille das ärztliche Attest ausnahmsweise erst nach der Anschaffung ausgestellt wurde.

Seit 1.1.2019 setzt die Inanspruchnahme des Steuerfreibetrags bei individuellen verhaltensbezogenen Präventionsmaßnahmen die **Zertifizierung** durch die Zentrale Prüfstelle Prävention oder eine Krankenkasse voraus (§ 3 Nr. 34 EStG). Diese Zertifizierung wird bei der vorstehenden Maßnahme (Bildschirmarbeitsbrille) regelmäßig nicht vorliegen, sodass eine Steuerbefreiung für die vom Arbeitgeber übernommenen Kosten nicht in Betracht kommt. **Arbeitgeberleistungen** für **Massagen,** unabhängig davon, ob eine Massage innerhalb oder außerhalb des Betriebs durchgeführt wird, sind hinsichtlich des Steuerfreibetrags nicht begünstigt und daher **steuer- und beitragspflichtig.** — ja — ja

Je nach Höhe des geldwerten Vorteils ist eine Anwendung der monatlichen 44-€-Freigrenze für Sachbezüge möglich, sofern diese noch nicht anderweitig ausgeschöpft worden ist (vgl. das Stichwort „Sachbezüge" unter Nr. 4). — nein — nein

Binnenschiffer

Wichtiges auf einen Blick:

Die Verpflegungspauschalen bei beruflich veranlassten Auswärtstätigkeiten, zu den auch die Tätigkeit als Binnenschiffer gehört, sind seit 1.1.2020 von zuvor 24 € auf **28 € bei 24 Stunden Abwesenheit** und von 12 € auf **14 € bei acht Stunden Abwesenheit** von der Wohnung und der ersten Tätigkeitsstätte sowie für den An- und Abreisetag bei mehrtägigen Auswärtstätigkeiten erhöht worden (§ 9 Abs. 4a Satz 3 EStG). Die höheren Verpflegungspauschalen führen allerdings in den Fällen der Mahlzeitengestellung durch den Arbeitgeber auch zu einem höheren Kürzungsbetrag (bei Gestellung eines Frühstücks 20 % von 28 € = 5,60 €, bei Gestellung eines Mittag- oder Abendessens 40 % von 28 € = 11,20 €). Vgl. auch die Erläuterungen unter der nachfolgenden Nr. 4.

Gliederung:

1. Allgemeines
2. Schiff ist keine erste Tätigkeitsstätte
3. Fahrten von der Wohnung zum Liegeplatz des Schiffes
4. Verpflegungsmehraufwendungen
5. Übernachtungskosten

1. Allgemeines

Die nachfolgenden Grundsätze gelten für alle Binnenschiffer, also sowohl für diejenigen, die täglich zu ihrer Wohnung an Land zurückkehren als auch für Binnenschiffer, die regelmäßig oder gelegentlich auf dem Schiff übernachten.

2. Schiff ist keine erste Tätigkeitsstätte

Binnenschiffer haben ebenso wie Seeleute (vgl. dieses Stichwort) auf dem Schiff **keine erste Tätigkeitsstätte,** weil es sich nicht um eine ortsfeste betriebliche Einrichtung handelt; sie werden bei ihrer individuellen beruflichen Tätigkeit typischerweise auf einem Fahrzeug tätig. Aus diesem Grund liegt auch **keine doppelte Haushaltsführung** vor. Bei Binnenschiffern ist daher in aller Regel von einer **beruflich veranlassten Auswärtstätigkeit** auszugehen, die mit dem Verlassen der Wohnung beginnt und mit der Rückkehr zur Wohnung endet.

3. Fahrten von der Wohnung zum Liegeplatz des Schiffes

Unabhängig vom Vorliegen einer beruflich veranlassten Auswärtstätigkeit werden die Fahrtkosten auf die Höhe der **Entfernungspauschale** begrenzt, wenn der Arbeitgeber durch arbeitsrechtliche Festlegung bestimmt, dass sich der Arbeitnehmer **dauerhaft typischerweise arbeitstäglich** an einem **festgelegten Ort einfinden** soll, um von dort die **Arbeit aufzunehmen** (z. B. Fährhafen, Liegeplatz des Schiffes; § 9 Abs. 1 Satz 3 Nr. 4a Satz 3 EStG). „Typischerweise arbeitstäglich" erfordert ein – bis auf Urlaubs-, Krankheits- oder Fortbildungstage – arbeitstägliches Aufsuchen desselben Ortes.

Beispiel

Der auf einem Binnenschiff angestellte Arbeitnehmer A hat auf dem Schiff keine erste Tätigkeitsstätte, da es sich nicht um eine ortsfeste betriebliche Einrichtung handelt. Er tritt seinen Dienst (Ein- und Ausschiffung) allerdings arbeitstäglich vom gleichen Fähranleger an.

Die mit dem eigenen Pkw durchgeführten Fahrten von der eigenen Wohnung des A zum Fähranleger werden lediglich in Höhe der Entfernungspauschale berücksichtigt. Ab 2021 beträgt die Entfernungspauschale für die ersten 20 vollen Entfernungskilometer jeweils 0,30 € und ab dem 21. vollen Entfernungskilometer jeweils 0,35 € (vgl. das Stichwort „Entfernungspauschale").

Zahlt der Arbeitgeber dem Arbeitnehmer in diesen Fällen für die Fahrten zum Liegeplatz des Schiffes einen Fahrtkostenersatz in Höhe der Entfernungspauschale, liegt steuerpflichtiger Arbeitslohn vor, der aber ebenfalls mit 15 % pauschal besteuert werden kann (vgl. das Stichwort „Fahrten zwischen Wohnung und erster Tätigkeitsstätte" unter Nr. 5). Dies ist folgerichtig, weil in den Fällen einer Firmenwagengestellung für diese Fahrten auch ein geldwerter Vorteil anzusetzen wäre (§ 8 Abs. 2 Satz 3 EStG). — ja — nein

Führt der Arbeitnehmer von seiner Wohnung Fahrten zu **wechselnden Liegeplätzen** des Schiffes aus, können die Aufwendungen nach Reisekostengrundsätzen vom Arbeitgeber steuerfrei erstattet oder vom Arbeitnehmer als Werbungskosten abgezogen werden. Entsprechendes gilt, wenn der Arbeitnehmer Fahrten zu einem bestimmten Liegeplatz **„nicht arbeitstäglich"** durchführt. — nein — nein

Lohnsteuerpflichtig | Sozialversich.-pflichtig

4. Verpflegungsmehraufwendungen

Unabhängig von der ggf. vorzunehmenden Begrenzung der Fahrtkosten (vgl. vorstehende Nr. 3) beginnt bei Binnenschiffern die beruflich veranlasste Auswärtstätigkeit mit dem **Verlassen der Wohnung** und endet mit der **Rückkehr zur Wohnung.**

Bei einer **eintägigen Auswärtstätigkeit** im Inland mit einer Abwesenheitszeit von mehr als acht Stunden beträgt die Verpflegungspauschale 14 € (bis 31.12.2019 = 12 €). nein nein

Bei einer **mehrtägigen Auswärtstätigkeit** beträgt die Verpflegungspauschale für den An- und Abreisetag ebenfalls jeweils 14 € und für die Zwischentage mit 24 Stunden Abwesenheit 28 € (bis 31.12.2019 = 12 € bzw. 24 €). nein nein

Bei beruflichen Tätigkeiten auf mobilen, nicht ortsfesten betrieblichen Einrichtungen wie z. B. Schiffen ist die **„Dreimonatsfrist"** für die zeitliche Begrenzung der Verpflegungspauschalen **nicht anzuwenden.** Die Verpflegungspauschalen werden daher bei Binnenschiffern (ebenso wie bei anderen Arbeitnehmern, die ihre Tätigkeit auf einem Fahrzeug ausüben) auf Dauer, das heißt zeitlich unbegrenzt, angesetzt.

Zur Kürzung der Verpflegungspauschale bei einer Mahlzeitengestellung vgl. Anhang 4 „Reisekosten bei Auswärtstätigkeiten" unter Nr. 10. Dabei ist aufgrund der arbeitsmäßigen Gegebenheiten von einer **Mahlzeitengestellung durch den Arbeitgeber** auch dann auszugehen, wenn das Küchenpersonal vom Arbeitgeber gestellt wird und die Betriebskosten (mit Ausnahme der Verbrauchskosten) sowie die Personalkosten für die Zubereitung und Ausgabe der Mahlzeiten vom Arbeitgeber getragen werden.

Beispiel

Der Arbeitgeber beschäftigt auf dem Binnenschiff auch Küchenpersonal, das sich um die Verpflegung der Mannschaft kümmert.

Bereits durch die Zurverfügungstellung des Küchenpersonals und die Übernahme der Personalkosten ist von einer Mahlzeitengestellung des Arbeitgebers auszugehen, die zu einer Kürzung der Verpflegungspauschale bei den Besatzungsmitgliedern führt. Der Kürzungsbetrag beträgt 5,60 € bei Gestellung eines Frühstücks und jeweils 11,20 € bei Gestellung eines Mittag- und/oder Abendessens (20 % bzw. 40 % von 28 €).

5. Übernachtungskosten

Der Arbeitgeber kann die **Übernachtungspauschale** von 20 € pro Übernachtung im Inland bzw. die entsprechende Auslandspauschale **nicht** steuerfrei erstatten, wenn er dem Arbeitnehmer auf dem Schiff eine **Unterkunft** unentgeltlich oder verbilligt **zur Verfügung stellt.**

Blattgeld

Unter Blattgeld versteht man Zuschüsse an Musiker für die Beschaffung von Ersatzteilen für bestimmte Musikinstrumente. Das Blattgeld ist nach Auffassung der Finanzverwaltung[1] kein steuer- und beitragsfreies Werkzeuggeld, da die hierfür erforderlichen Voraussetzungen mangels Vorliegen eines Werkzeugs nicht gegeben sind (vgl. das Stichwort „Werkzeuggeld"). ja ja

Das Blattgeld ist jedoch in Anwendung des BFH-Urteils vom 21. 8. 1995 (BStBl. II S. 906) als **Auslagenersatz** steuerfrei, wenn es regelmäßig gezahlt wird und der Arbeitnehmer die entstandenen Aufwendungen für einen repräsentativen Zeitraum von **drei Monaten** im Einzelnen nachweist. Wird der Einzelnachweis für drei Monate erbracht, bleibt der pauschale Auslagenersatz solange steuerfrei, bis sich die Verhältnisse wesentlich ändern (R 3.50 Abs. 2 Satz 2 LStR). nein nein

Ebenfalls als Auslagenersatz steuerfrei ist das vom Arbeitgeber aufgrund tarifvertraglicher Verpflichtung gezahlte Blattgeld für die nachgewiesenen Instandsetzungskosten (BFH-Urteil vom 28.3.2006, BStBl. II S. 473). nein nein

Siehe auch die Stichworte: Auslagenersatz, Instrumentengeld, Rohrgeld, Saitengeld.

Bleibeprämie

Einige Arbeitgeber zahlen ihren Arbeitnehmern sog. Bleibeprämien (auch „Halteprämien" genannt), damit diese nicht zur Konkurrenz wechseln. Solche Prämien sind steuer- und beitragspflichtig. ja ja

Siehe auch das Stichwort „Retention Bonus".

Blindengeld

Die den **Kriegsblinden** gewährten Pflegezulagen sind ein Teil ihrer Versorgungsbezüge und deshalb steuerfrei (§ 3 Nr. 6 EStG). nein nein

Die den **Zivilblinden** aufgrund gesetzlicher Vorschriften gezahlten Pflegegelder gehören zu den steuerfreien Beihilfen aus **öffentlichen Mitteln,** die wegen Hilfsbedürftigkeit gewährt werden (§ 3 Nr. 11 EStG). Siehe „Beihilfen". nein nein

Blogger

Wird die Tätigkeit als Blogger mit Einkunftserzielungsabsicht betrieben, liegen i. d. R. Einkünfte aus Gewerbebetrieb oder selbstständiger Arbeit vor. Einnahmen aus dem Marketing oder aus der Werbung führen zu gewerblichen Einkünften. nein nein

Beschäftigt der Blogger Mitarbeiter als Arbeitnehmer, hat er die lohnsteuerlichen Arbeitgeberpflichten zu erfüllen.

Blutspendervergütung

Die Vergütung für das Spenden von Blut fällt nicht unter eine der sieben Einkunftsarten des Einkommensteuergesetzes. nein nein

Bonusmeilen

siehe „Miles & More"

Bonuszahlungen

Die gesetzlichen Krankenkassen können in ihrer Satzung vorsehen, dass bei Maßnahmen der betrieblichen Gesundheitsförderung durch Arbeitgeber sowohl der Arbeitgeber als auch der Arbeitnehmer (= teilnehmender Versicherter) einen Bonus erhalten.

Da den Zahlungen kein Versicherungsfall zugrunde liegt, handelt es sich bei den Bonuszahlungen nicht um steuerfreie Leistungen aus einer Krankenversicherung i. S. d. § 3 Nr. 1 Buchstabe a EStG.

Die Zahlungen mindern beim Arbeitgeber die abziehbaren Betriebsausgaben bzw. unter bestimmten Voraussetzungen beim Arbeitnehmer die als Sonderausgaben abziehbaren Beiträge. Vgl. im Einzelnen Anhang 8a unter Nr. 5 Buchstabe a.

1) Schreiben des Bayerischen Staatsministeriums der Finanzen vom 22. 3. 1991 (Az.: 32 – S 2355 – 26/2 – 5320). Das Schreiben ist als Anlage 1 zu H 3.30 LStR im **Steuerhandbuch für das Lohnbüro 2021** abgedruckt, das im selben Verlag erschienen ist.

	Lohnsteuerpflichtig	Sozialversich.-pflichtig
Geldprämien der Krankenkassen **für Mitgliederwerbung** werden an den Werbenden als Honorar für die Weiterempfehlung der Mitgliedschaft geleistet und beziehen sich daher nicht auf dessen Versicherungsverhältnis. Folglich handelt es sich insoweit nicht um eine Beitragsrückerstattung, die die als Sonderausgaben abziehbaren Krankenversicherungsbeiträge des Prämienempfängers mindert, sondern um eine Vermittlungsleistung, die beim Empfänger regelmäßig zu **sonstigen Einkünften** führt. Diese sonstigen Einkünfte sind lediglich bis zu einem Jahresbetrag von 255 € nicht steuerpflichtig (§ 22 Nr. 3 EStG).	nein	nein

Brillenzuschuss

siehe „Bildschirmarbeit"

Bruchgeldentschädigungen

Die Bruchgeldentschädigungen im Gaststättengewerbe sind steuerpflichtig.	ja	ja

Buchführungshelfer

siehe „Stundenbuchhalter"

Buchgemeinschaft

Nebenberufliche Vertrauensleute einer Buchgemeinschaft stehen nach dem BFH-Urteil vom 11. 3. 1960 (BStBl. 1960 III S. 215) nicht in einem Dienstverhältnis.	nein	nein

Zur Frage der „Scheinselbständigkeit" vgl. dieses Stichwort.

Buchhalter

siehe „Stundenbuchhalter"

Buchmachergehilfen

Buchmachergehilfen, mit eigenen Läden, sind in der Regel selbständig.	nein	nein
In anderen Fällen sind sie grundsätzlich als Arbeitnehmer anzusehen; das Gleiche gilt für alle in der Annahmestelle tätigen Hilfskräfte.	ja	ja

Bühnenangehörige

siehe „Künstler"

Bürgermeister

siehe „Ehrenämter"

Bundesfreiwilligendienst

Gliederung:

1. Lohnsteuerliche Behandlung
2. Sozialversicherungsrechtliche Behandlung
   a) Allgemeines
   b) Versicherungspflicht und Versicherungsfreiheit
   c) Beitragsbemessungsgrundlage
   d) Beitragstragung
   e) Ausgleich der Arbeitgeberaufwendungen nach dem AAG und Insolvenzgeldumlage
   f) Meldungen, Beitragsnachweis und Beitragszahlung

1. Lohnsteuerliche Behandlung

Das an den Bundesfreiwilligen gezahlte **Taschengeld** (regelmäßig höchstens 6 % der monatlichen Beitragsbemessungsgrenze in der allgemeinen Rentenversicherung; 2021 = 426 € monatlich) ist **steuerfrei** (§ 3 Nr. 5 Buchstabe d EStG), die anderen Bezüge, wie z. B. **Unterkunft** und **Verpflegung** (vgl. insbesondere zur Bewertung das Stichwort „Freie Unterkunft und Verpflegung") sind hingegen **steuerpflichtig.**

Unfallentschädigungen an Personen, die während des Bundesfreiwilligendienstes zu Schaden gekommen sind, sowie entsprechende Zahlungen an deren Hinterbliebene sind ebenfalls **steuerfrei** (§ 3 Nr. 6 EStG).

Personen, die den Bundesfreiwilligendienst leisten, haben **keinen** Anspruch auf **vermögenswirksame Leistungen,** weil sie nicht Arbeitnehmer im arbeitsrechtlichen Sinne sind. Hingegen gehören sie zum begünstigten Personenkreis bei der **Riester-Rente** (vgl. Anhang 6a Nr. 2).

Auch bei Beschäftigungsverhältnissen im Rahmen des Bundesfreiwilligendienstes müssen sämtliche **Arbeitgeberpflichten** beachtet werden. Hierzu gehört u. a. ein Nachweis über die individuellen Lohnsteuerabzugsmerkmale des Bundesfreiwilligen (vgl. das Stichwort „Elektronische Lohnsteuerabzugsmerkmale (ELStAM)"), Abgabe von Lohnsteuer-Anmeldungen und Erteilung einer elektronischen Lohnsteuerbescheinigung (ggf. mit steuerpflichtigem Arbeitslohn von Null).

Außerdem ist der Bundesfreiwilligendienst in den Katalog der begünstigten Dienste für die Kindergeldberechtigung aufgenommen worden mit der Folge, dass die **Eltern** für den **Zeitraum** des **Bundesfreiwilligendienstes** einen Anspruch auf **Kindergeld** und die kindbedingten Freibeträge haben (vgl. hierzu auch die Erläuterungen in Anhang 9 unter Nr. 8 am Ende des Buchstabens h).

2. Sozialversicherungsrechtliche Behandlung

a) Allgemeines

Der Gesetzgeber hat seit 1.7.2011 die Wehrpflicht und damit auch den Zivildienst ausgesetzt. Als Ersatz für den Zivildienst wurde ab diesem Zeitpunkt der Bundesfreiwilligendienst eingeführt.

Der Bundesfreiwilligendienst wird normalerweise für zwölf zusammenhängende Monate, mindestens jedoch sechs und höchstens 18 Monate geleistet. Im Ausnahmefall kann der Bundesfreiwilligendienst bis zu 24 Monate dauern.

Der Bundesfreiwilligendienst wird als überwiegend praktische Hilfstätigkeit in gemeinwohlorientierten Einrichtungen geleistet. Bundesfreiwilligendienst-Einsatzstellen sind zum Beispiel Krankenhäuser, Altersheime, Kinderheime, aber auch Sportvereine, Museen und andere Kultureinrichtungen.

b) Versicherungspflicht und Versicherungsfreiheit

Teilnehmerinnen und Teilnehmer am Bundesfreiwilligendienst werden nach dem Bundesfreiwilligendienstgesetz so behandelt wie Beschäftigte oder Auszubildende, das heißt, sie sind während ihrer freiwilligen Dienstzeit versicherungspflichtig in der gesetzlichen Kranken-, Pflege-, Renten- und Arbeitslosenversicherung sowie der Unfallversicherung, wenn sie eine Vergütung (Sachbezug und/oder Taschengeld) erhalten. Die Regelungen über geringfügige Beschäftigungen gelten nicht. Sofern der Dienst unentgeltlich abgeleistet wird, besteht keine Sozialversicherungspflicht.

Lohn-steuer-pflichtig | Sozial-versich.-pflichtig

Darüber hinaus sind auch die Versicherungsfreiheitsregelungen in der Renten- und Arbeitslosenversicherung für Altersrentner und über 55-Jährige sowie Personen, die die Altersgrenze für eine Regelaltersgrenze erreicht haben, zu beachten (vgl. Abschnitt B. „Grundsätzliches zur Sozialversicherung“ Nr. 4).

c) Beitragsbemessungsgrundlage

Als Berechnungsgrundlage der Beiträge dient das Taschengeld sowie der Wert der Sachbezüge gemäß der amtlichen Sachbezugswerte beziehungsweise die hierfür gezahlte Ersatzleistung. Die Regelungen zum Übergangsbereich im Niedriglohnbereich (§ 20 Abs. 2 SGB IV) finden keine Anwendung. Sofern im Anschluss (innerhalb eines Monats) an eine Beschäftigung ein Freiwilligendienst geleistet wird, gilt für die Beitragsbemessung in der Arbeitslosenversicherung die monatliche Bezugsgröße (West 2021: 3290 € bzw. Ost 2021: 3115 €).

Das Taschengeld, das die Freiwilligen für ihren Dienst erhalten, wird mit der jeweiligen Einsatzstelle vereinbart und beträgt höchstens 6 % der monatlichen Beitragsbemessungsgrenze in der allgemeinen Rentenversicherung (2021: 426 €).

d) Beitragstragung

Die gesamten Beiträge, also sowohl der Arbeitgeber- als auch der Arbeitnehmeranteil, aber auch der Beitragszuschlag in der Pflegeversicherung für Kinderlose und ein eventueller Zusatzbeitrag zur Krankenversicherung werden von der Einsatzstelle gezahlt.

e) Ausgleich der Arbeitgeberaufwendungen nach dem AAG und Insolvenzgeldumlage

Bei der **Ermittlung zur Teilnahme** am Ausgleich der Arbeitgeberaufwendungen nach dem AAG sind die Teilnehmer am Bundesfreiwilligendienst **nicht mitzuzählen. Bei einer Teilnahme** des Arbeitgebers an den Umlageverfahren sind für die Teilnehmer am Bundesfreiwilligendienst Umlagebeträge zur **U 1 nicht** zu entrichten. Zur Umlage 2 **(U 2)** sind dagegen seit 1.7.2012 Umlagebeträge **zu entrichten.** Aus der U 2 kann demzufolge auch eine Erstattung von Aufwendungen für Mutterschaft beantragt werden. Die Einsatzstelle hat grundsätzlich die Insolvenzgeldumlage aus dem Entgelt zu zahlen, sofern sie hiervon nicht befreit ist (z. B. Betriebe des Bundes, der Länder, Gemeinden und Körperschaften).

f) Meldungen, Beitragsnachweis und Beitragszahlung

Für die Einsatzstellen gelten die allgemeinen Melde-, Beitragsnachweis- und Zahlungspflichten des Sozialversicherungsrechts wie für Arbeitnehmer. Für Meldungen gibt es einen speziellen Personengruppenschlüssel „123“.

Bundespolizei

Bei den Angehörigen der Bundespolizei (früher auch Bundesgrenzschutz) bleiben die gleichen Leistungen steuerfrei wie bei den Angehörigen der Bundeswehr (vgl. dieses Stichwort unter Nr. 1).

Bundesseuchengesetz

siehe „Infektionsschutzgesetz“

Bundeswehr

1. Allgemeines

Bei Angehörigen der Bundeswehr gehören nach § 3 Nr. 4 EStG folgende Bezüge nicht zum steuerpflichtigen Arbeitslohn:

	Lohnsteuerpflichtig	Sozialversich.-pflichtig
Der Geldwert der überlassenen Dienstkleidung.	nein	nein
Einkleidungsbeihilfen und Abnutzungsentschädigungen für die Dienstkleidung.	nein	nein
Die im Einsatz gewährte Verpflegung oder Verpflegungszuschüsse. Bei einer Mahlzeitengestellung sind die Verpflegungspauschalen zu kürzen um 5,60 € bei Gestellung eines Frühstücks und um jeweils 11,20 € bei Gestellung eines Mittag- oder Abendessens (= 20 % bzw. 40 % von 28 €; § 9 Abs. 4a Satz 8 EStG; vgl. auch Anhang 4 „Reisekosten bei Auswärtstätigkeiten“ unter Nr. 10.	nein	nein
Der Geldwert der aufgrund gesetzlicher Vorschriften gewährten Heilfürsorge.	nein	nein

Alle übrigen Bezüge (Grundgehalt, Ortszuschlag, Kinderzuschlag, etwaige Zulagen) sind steuerpflichtiger Arbeitslohn, es sei denn, dass es sich um Aufwandsentschädigungen handelt, wie z. B. bei der „Fliegerzulage“ (vgl. dieses Stichwort).

2. Erste Tätigkeitsstätte oder Reisekosten

Bei Einstellungen in die Bundeswehr, bei Berufung in das Dienstverhältnis eines Soldaten auf Zeit oder eines Berufssoldaten und bei Versetzungen im Inland wird die voraussichtliche Verwendungsdauer am neuen Dienstort begrenzt, und zwar

- für alle Verheirateten und Unverheirateten mit berücksichtigungsfähigen Kindern auf maximal drei Jahre und
- für Unverheiratete mit einer Wohnung auf maximal zwei Jahre.

Berufssoldaten haben in der Bundeswehreinrichtung, in der sie tätig werden, keine erste Tätigkeitsstätte, da sie dieser Einrichtung vom Arbeitgeber für einen Zeitraum von nicht mehr als 48 Monaten und damit nicht dauerhaft zugewiesen worden sind. Unmaßgeblich ist, ob die voraussichtliche Verwendungsdauer am selben Dienstort ggf. mehrmals verlängert wird, da auch die Verlängerungen jeweils auf maximal zwei bzw. drei Jahre begrenzt werden (vgl. zum Vorliegen einer ersten Tätigkeitsstätte die Erläuterungen in Anhang 4 unter Nr. 3 und dort besonders die Buchstaben a bis c). Die Berufssoldaten üben somit eine Auswärtstätigkeit aus, sodass z. B. die Aufwendungen für die täglichen Fahrten von der Wohnung zum Ort der Tätigkeit nach Reisekostengrundsätzen (= 0,30 € je gefahrenen Kilometer bei Benutzung eines Pkw) zu berücksichtigen sind.

In Abgrenzung zu den vorstehenden Ausführungen liegt aber bei **Zeitsoldaten** eine erste Tätigkeitsstätte vor, deren Verwendungsdauer am selben Dienstort von Beginn an für den Zeitraum des gesamten Dienstes festgelegt worden ist. Hier können die Aufwendungen für die täglichen Fahrten von der Wohnung zum Ort der Tätigkeit nur in Höhe der Entfernungspauschale (vgl. dieses Stichwort) berücksichtigt werden.

Beispiel

Der verheiratete Steuerpflichtige A hat sich für drei Jahre als Soldat auf Zeit verpflichtet. Er wird der Kaserne in Bad Reichenhall zugewiesen. Als voraussichtliche Verwendungsdauer in Bad Reichenhall werden drei Jahre festgelegt.

Die Kaserne in Bad Reichenhall stellt für A eine erste Tätigkeitsstätte dar, da es sich um eine ortsfeste betriebliche Einrichtung handelt, der A von seinem Arbeitgeber für die gesamte Dauer des Dienstverhältnisses zugeordnet worden ist. Die Aufwendungen für die Fahrten zwischen Wohnung und Kaserne können nur in Höhe der Entfernungspauschale berücksichtigt werden.

Lohnsteuerpflichtig | Sozialversich.-pflichtig

3. Freifahrtberechtigungen

Die Aufwendungen der Bundeswehr für die aufgrund des Soldatengesetzes bestehende Freifahrtberechtigung in Uniform (z. B. bei der Deutschen Bahn) kann mit 25 % pauschal besteuert werden. Der Vorteil wird nicht auf die ggf. in Betracht kommende Entfernungspauschale angerechnet.

Burnout

siehe „Berufskrankheiten“ und Anhang 7 Abschnitt D Nr. 2

Busfahrer

siehe „Fahrtätigkeit“

Bußgelder

Verhängte Bußgelder gegen Arbeitnehmer, z. B. wegen Verletzung des Halteverbots (u. a. bei Paketzustelldiensten) oder wegen Verstößen gegen Lenk- und Ruhezeiten, die der Arbeitgeber übernimmt, gehören zum steuer- und sozialversicherungsrechtlichen Arbeitslohn (BFH-Urteil vom 14.11.2013, BStBl. 2014 II S. 278 unter Aufgabe seiner früheren Rechtsprechung). ja ja

Ist das Bußgeld wegen eines Fehlverhaltens des Arbeitnehmers gegen den Arbeitgeber als Halter des Fahrzeugs verhängt worden, ist zu prüfen, ob der Arbeitgeber einen (vertraglichen oder gesetzlichen) Regressanspruch gegen den Arbeitnehmer hat. Verzichtet der Arbeitgeber gegenüber dem Arbeitnehmer auf diesen Anspruch, führt dies in dem Zeitpunkt zu einem geldwerten Vorteil, in dem der Arbeitgeber zu erkennen gibt, dass er keinen Rückgriff nehmen wird. ja ja

siehe „Geldstrafen“

Car-Sharing

Beim sog. Car-Sharing werden dem Arbeitnehmer über ein Buchungsportal, das über einen vom Arbeitgeber beauftragten Dritten verwaltet und abgerechnet wird, Fahrzeuge kurzfristig (stunden-, tageweise oder über ein Wochenende) zur privaten Nutzung überlassen. Der Arbeitnehmer muss sich im Buchungsportal registrieren und kann anschließend die zur Verfügung stehenden Fahrzeuge auswählen. Der Mietpreis wird von dem Dritten mit dem Arbeitgeber abgerechnet.

Der geldwerte Vorteil ist in solch einem Fall nach den beim Stichwort „Firmenwagen zur privaten Nutzung“ dargestellten Grundsätzen zu ermitteln (= **Fahrtenbuchmethode oder** monatliche 1%-/0,03%-**Bruttolistenpreisregelung**). Eine Einzelbewertung zur Ermittlung des geldwerten Vorteils mit 0,001% des Bruttoplistenpreises je Fahrtkilometer ist vorzunehmen, wenn dem Arbeitnehmer ein Fahrzeug aus besonderem Anlass oder zu einem besonderen Zweck nur gelegentlich (von Fall zu Fall) für nicht mehr als fünf Kalendertage im Kalendermonat überlassen wird.

Catcher

siehe „Berufsringer“

Lohnsteuerpflichtig | Sozialversich.-pflichtig

Chorleiter

Nebenamtlich tätige Chorleiter (z. B. von Kirchenchören) sind für die Beantwortung der Frage, ob sie ihre Tätigkeit selbstständig oder nichtselbstständig ausüben wie nebenberufliche Lehrkräfte zu behandeln (vgl. das Stichwort „Nebentätigkeit für gemeinnützige Organisationen“ unter Nr. 6 Buchstabe a auf Seite 716). Hiernach wird ihre Tätigkeit grundsätzlich als selbstständige Tätigkeit angesehen, es sei denn, dass im Einzelfall ein festes Beschäftigungsverhältnis zu einer Kirchengemeinde, einem Orden usw. vorliegt. Bei einer festen Beschäftigung auf 450-Euro-Basis besteht die Möglichkeit einer Pauschalierung der Lohnsteuer (vgl. das Stichwort „Geringfügige Beschäftigung“).

Chorleiter können den Freibetrag für Ausbilder und Erzieher in Höhe von **3000 €** jährlich (250 € monatlich) beanspruchen, wenn sie für eine gemeinnützige Organisation tätig werden, wie z. B. Chorleiter von Kirchenchören, vgl. „Nebentätigkeit für gemeinnützige Organisationen“ unter Nr. 3.

Clearing-Stelle

Immer mehr Arbeitgeber entscheiden sich dazu, die in ihrem Unternehmen angebotene **betriebliche Altersversorgung** (vgl. die Gesamtdarstellung in Anhang 6) von einer sog. Clearing-Stelle **verwalten** zu lassen. Vertragliche Beziehungen bestehen in solch einem Fall ausschließlich zwischen dem Arbeitgeber und der Clearing-Stelle. Die **Verwaltungskosten** belaufen sich auf bis zu 2,50 € pro Vertrag und Monat und werden nicht selten wirtschaftlich vom **Arbeitnehmer getragen.**

Die Finanzverwaltung hat diesbezüglich entschieden, dass die Zahlung von Verwaltungskosten durch den Arbeitgeber an eine sog. Clearing-Stelle **lohnsteuerlich irrelevant** ist. Trägt der Arbeitgeber die Verwaltungskosten liegt beim Arbeitnehmer **kein** Zufluss von **Arbeitslohn** vor. Werden die Aufwendungen dem Arbeitgeber vom Arbeitnehmer erstattet, handelt es sich nicht um eine Entgeltumwandlung zugunsten von betrieblicher Altersversorgung, sondern um eine Einkommensverwendung (= Zahlung des Arbeitnehmers aus seinem „Netto“). Beim Arbeitnehmer liegen **keine** Aufwendungen zur Sicherung oder Erzielung von Einkünften vor. Folglich können die Arbeitnehmer die Beträge weder bei ihren Einkünften aus nichtselbständiger Arbeit noch bei ihren sonstigen Einkünften als **Werbungskosten** geltend machen.[1]

Computer

Gliederung:

1) BMF-Schreiben vom 24. 6. 2008 (Az.: IV C 5 – S 2333/07/0016). Das nicht im Bundessteuerblatt veröffentlichte BMF-Schreiben ist als Anlage zu H 3.63 LStR im **Steuerhandbuch für das Lohnbüro 2021** abgedruckt, das im selben Verlag erschienen ist.

	Lohn-steuer-pflichtig	Sozial-versich.-pflichtig

b) Übereignete Computer und Barzuschüsse zur Internetnutzung

4. Umsatzsteuerliche Behandlung der Privatnutzung betrieblicher Computer
   a) Allgemeines
   b) Überlassung gegen Entgelt
   c) Überlassung ohne Entgelt
   d) Nutzung gegen den Willen des Arbeitgebers
5. Werbungskostenabzug durch den Arbeitnehmer
   a) Computer als Arbeitsmittel
   b) Computer kein Arbeitsmittel

1. Steuerfreiheit bei der privaten Nutzung betrieblicher Computer

a) Allgemeines

Mit Wirkung vom 1.1.2000 wurde ein neuer Steuerbefreiungstatbestand in das Einkommensteuergesetz eingefügt (§ 3 Nr. 45 EStG), der die private Nutzung von betrieblichen Personalcomputern steuerfrei stellt. Die Steuerfreiheit gilt nicht nur für die private Nutzung des Geräts und seines Internetanschlusses im Betrieb des Arbeitgebers, sondern auch dann, wenn der Arbeitgeber dem Arbeitnehmer den Computer zur häuslichen Privatnutzung **(leihweise)** überlässt. Unerheblich ist, ob die Privatnutzung durch den Arbeitnehmer selbst oder (auch) durch seine Angehörigen erfolgt.

Durch das Gesetz zur Änderung des Gemeindefinanzreformgesetzes und von steuerlichen Vorschriften vom 8.5.2012 (BGBl. I S. 1030) ist die Steuerbefreiungsvorschrift nach § 3 Nr. 45 EStG neu gefasst und über ihren früheren Anwendungsbereich hinaus erheblich ausgedehnt worden. **Steuerfrei** sind danach die **Vorteile** des Arbeitnehmers aus der **privaten Nutzung** von **betrieblichen Datenverarbeitungsgeräten** und Telekommunikationsgeräten sowie deren **Zubehör**, aus zur privaten Nutzung überlassenen **System-** und **Anwendungsprogrammen,** die der Arbeitgeber auch in seinem Betrieb einsetzt, und aus den im Zusammenhang mit diesen Zuwendungen erbrachten **Dienstleistungen.**

Die Steuerbefreiungsvorschrift ist zwischenzeitlich dahingehend ergänzt worden, dass auch die Vorteile aus der privaten Nutzung von Datenverarbeitungs- und Telekommunikationsgeräten der Gebietskörperschaften und Kommunen bei Mandatsträgern, die eine Aufwandsentschädigung aus öffentlichen Kassen nach § 3 Nr. 12 EStG erhalten, ebenfalls steuerfrei sind (§ 3 Nr. 45 Satz 2 EStG; vgl. die Ausführungen beim Stichwort „Aufwandsentschädigungen aus öffentlichen Kassen" am Ende der Nrn. 2 und 3).

Für die Steuerfreiheit der Privatnutzung ist es übrigens unerheblich, in welchem Verhältnis die berufliche Nutzung zur privaten Mitbenutzung steht. Das bedeutet, dass auch dann kein steuerpflichtiger geldwerter Vorteil entsteht, wenn der Arbeitnehmer die zur häuslichen Nutzung leihweise überlassenen Geräte oder Programme **ausschließlich privat nutzt.** Im Einzelnen gilt Folgendes:

b) Computer mit Internetanschluss am Arbeitsplatz

Durch § 3 Nr. 45 EStG ist gesetzlich festgelegt worden, dass kein steuerpflichtiger geldwerter Vorteil entsteht, wenn der Arbeitnehmer an seinem Arbeitsplatz den betrieblichen Computer mit Internetanschluss privat nutzt, wobei der Umfang der privaten Nutzung keine Rolle spielt. nein nein

Die Steuerfreiheit umfasst nicht nur die Privatnutzung der Geräte selbst, sondern auch die Überlassung von Zubehör und Software (z. B. Farbdrucker). nein nein

Beispiel

Arbeitgeber A nutzt seinen betrieblichen PC mit Internetanschluss während den Pausenzeiten zu privaten Zwecken. Der sich hieraus ergebende geldwerte Vorteil ist steuerfrei (§ 3 Nr. 45 EStG).

c) Betriebliche PCs und Laptops mit Internetanschluss in der Wohnung des Arbeitnehmers

Die Steuerbefreiungsvorschrift des § 3 Nr. 45 EStG gilt nicht nur für die private Nutzung von Computern mit Internetanschluss im Betrieb des Arbeitgebers, sondern auch für die private Nutzung von Laptops, Notebooks, Netbooks, Tablets sowie von Computern **in der Wohnung des Arbeitnehmers,** wenn die Geräte **im Eigentum des Arbeitgebers bleiben.** Der Umfang der privaten Nutzung spielt keine Rolle. Ebenso begünstigt sind Smartphones und Smartwatches. nein nein

Beispiel A

Arbeitgeber A überlässt seinen Mitarbeitern einen PC einschließlich Internetzugang und Farbdrucker in deren Wohnung zur Privatnutzung. Der geldwerte Vorteil beträgt monatlich pro Arbeitnehmer unstreitig 100 €.

Da es sich um eine Nutzungsüberlassung betrieblicher PC-Geräte handelt, ist der geldwerte Vorteil – unabhängig von der Höhe und dem Verhältnis von beruflicher und privater Nutzung – in voller Höhe steuerfrei (§ 3 Nr. 45 EStG) und auch beitragsfrei.

Die Steuerbefreiung umfasst auch die Privatnutzung solcher Geräte, die nicht „internettauglich" sind, wie z. B. Personalcomputer und Laptops ohne Internetzugang. Die Steuerbefreiung gilt auch für die vom Arbeitgeber getragenen Verbindungsentgelte für die Telekommunikation (Grundgebühr und sonstige laufende Kosten).

Ungeachtet der vorgenommenen Ausdehnung der Steuerbefreiungsvorschrift auf betriebliche Datenverarbeitungsgeräte sollen z. B. Smart TV, Konsole, MP3-Player, Spielautomat, E-Book-Reader, Gebrauchsgegenstand mit eingebautem Mikrochip, Digitalkamera und digitaler Videocamcorder regelmäßig **nicht begünstigt** sein, weil es sich üblicherweise nicht um im Betrieb des Arbeitgebers eingesetzte Geräte handelt. In Abhängigkeit von den Gegebenheiten im Einzelfall (Nutzung derartige Geräte auch im Betrieb des Arbeitgebers) ist aber eine Steuerfreiheit bei einer Überlassung solcher Geräte an den Arbeitnehmer zur privaten Nutzung nicht ausgeschlossen. Nicht begünstigt ist allerdings die Zurverfügungstellung eines vorinstallierten Navigationsgerät im Firmenwagen (BFH-Urteil vom 16.2.2005, BStBl. II S. 563; vgl. „Firmenwagen zur privaten Nutzung" unter Nr. 3 Buchstabe a).

Beispiel B

In einem Verlag stehen den Mitarbeitern zahlreiche E-Book-Reader zur dienstlichen Nutzung zur Verfügung. Der Arbeitgeber überlässt den Mitarbeitern zudem E-Book-Reader zur privaten Nutzung.

Die Überlassung der E-Book-Reader an die Mitarbeiter ist nach § 3 Nr. 45 EStG steuerfrei, weil es sich im hier zu beurteilenden Sachverhalt um im Betrieb des Arbeitgebers eingesetzte Geräte handelt.

Die Steuerfreiheit umfasst nicht nur die Privatnutzung der Geräte selbst, sondern auch die **Nutzungsüberlassung von Zubehör und Software.** Dem begünstigten Zubehör sind u. a. Monitor, (Farb-)Drucker, Beamer, Scanner, Modem, Netzwerkswitch, Router, Hub, Bridge, ISDN-Karte, Sim-Karte, UMTS-Karte, LTE-Karte, Ladegeräte und Transportbehältnisse (z. B. Laptop-Tasche) zuzurechnen. Zu den begünstigten System- und Anwendungsprogrammen gehören u. a. Betriebssystem, Browser, Virenscanner, Softwareprogramm (z. B. Home-Use-Programm, Volumenlizenzvereinbarung). Die Überlassung der im Betrieb des Arbeitgebers eingesetzten **System- und Anwendungsprogramme ist zudem auch dann steuerfrei,** wenn daneben **kein betriebliches Datenverarbeitungsgerät** überlassen wird. Die Überlassung von Computerspielen ist aber regelmäßig – mangels Einsatzes im Betrieb des Arbeitgebers – nicht steuerfrei. nein nein

Beispiel C

Der Arbeitgeber hat mit seinem Softwareanbieter neben der Lizenzvereinbarung die Absprache getroffen, dass die Arbeitnehmer eine lizenzierte Kopie des Software-Produkts zu Hause auf ihrem privaten Personalcomputer einsetzen können (sog. Home-Use-Programm). Das

	Lohnsteuerpflichtig	Sozialversich.-pflichtig

Nutzungsrecht für dieses Produkt ist an die Lizenzvereinbarung zwischen Arbeitgeber und Softwareanbieter sowie an das Bestehen des Arbeitsverhältnisses zwischen Arbeitgeber und Arbeitnehmer geknüpft. Entfällt eine dieser Voraussetzungen, endet die Nutzungsbefugnis der Software durch den Arbeitnehmer.

Aufgrund des auch vorhandenen privaten Interesses des Arbeitnehmers an der Softwarenutzung handelt es sich um Arbeitslohn und nicht um eine Leistung im ganz überwiegenden eigenbetrieblichen Interesse des Arbeitgebers. Der geldwerte Vorteil ist allerdings unabhängig von seiner Höhe ebenfalls steuerfrei (§ 3 Nr. 45 EStG), obwohl dem Arbeitnehmer lediglich Software und nicht auch Hardware zur privaten Nutzung überlassen worden ist.

Steuerfrei sind zudem die im Zusammenhang mit der Nutzungsüberlassung von betrieblichen Datenverarbeitungsgeräten einschließlich Zubehör und von System- und Anwendungsprogrammen erbrachten Dienstleistungen des Arbeitgebers. Begünstigt ist hierbei insbesondere die Installation, Inbetriebnahme und Reparatur der Geräte und Programme durch einen **IT-Service des Arbeitgebers.**

Beispiel D

Der Arbeitgeber hat seinen Mitarbeitern betriebliche Datenverarbeitungsgeräte sowie System- und Anwendungsprogramme zur privaten Nutzung in deren Wohnung überlassen. Bei Problemen können die Mitarbeiter sich an den IT-Service des Arbeitgebers wenden.

Die vom IT-Service gegenüber den Mitarbeitern erbrachten Dienstleistungen sind ebenfalls nach § 3 Nr. 45 EStG steuerfrei.

Abwandlung

Der IT-Service übernimmt bei einem Arbeitnehmer die Installation und Inbetriebnahme der privat erworbenen PC-Anlage.

Der sich aus dieser Dienstleistung ergebende geldwerte Vorteil ist steuer- und beitragspflichtig, da kein Zusammenhang mit der Überlassung betrieblicher Datenverarbeitungsgeräte oder im Betrieb eingesetzter System- und Anwendungsprogramme besteht.

Gehen die Datenverarbeitungsgeräte allerdings in das Eigentum des Arbeitnehmers über **(Schenkung),** liegt in Höhe des ortsüblichen Preises (Verkehrswert) abzüglich üblicher Preisnachlässe und ggf. einer Zuzahlung des Arbeitnehmers steuer- und beitragspflichtiger Arbeitslohn vor. Zum Ansatz des „günstigsten Marktpreises" vgl. das Stichwort „Sachbezüge" unter Nr. 3 Buchstabe c. ja ja

Dies gilt auch dann, wenn es sich um einen gebrauchten Computer handelt, den der Arbeitgeber bereits auf 0 € abgeschrieben hat. ja ja

Der Wert solcher Geräte ist ggf. zu schätzen. Es gelten die gleichen Grundsätze wie bei der Übereignung von abgeschriebenen Firmenfahrzeugen oder Einrichtungsgegenständen auf den Arbeitnehmer (vgl. die Stichwörter „Einrichtungsgegenstände" und „Kraftfahrzeuge").

Beispiel E

Der Arbeitgeber bietet seinen Arbeitnehmern die alten betrieblichen PC für 100 € zum Kauf an. Der ortsübliche Endpreis der Geräte beträgt 250 €. Der geldwerte Vorteil ermittelt sich wie folgt:

Ortsüblicher Endpreis	250 €
abzüglich 4 %	10 €
Ausgangspreis	240 €
Zuzahlung der Arbeitnehmer	100 €
Geldwerter Vorteil	140 €

Der geldwerte Vorteil übersteigt die monatliche Freigrenze für Sachbezüge von 44 € und ist daher in voller Höhe steuerpflichtig. Zur Bewertung von Sachbezügen und zur Anwendung der 44-Euro-Freigrenze vgl. im Einzelnen das Stichwort „Sachbezüge" unter den Nrn. 3 und 4.

Bietet der Arbeitgeber Personalcomputer in erster Linie seinen Kunden an, ist der geldwerte Vorteil grundsätzlich mit 96 % des Endpreises anzusetzen, zu dem der Arbeitgeber die Ware fremden Letztverbrauchern im allgemeinen Geschäftsverkehr anbietet. Von dem sich ergebenden Wert ist noch eine etwaige Zuzahlung des Arbeitnehmers abzuziehen. Beim Arbeitnehmer ist der sich nach etwaigen Zuzahlungen ergebende geldwerte Vorteil steuerfrei, soweit er den Rabattfreibetrag von 1080 € nicht übersteigt (§ 8 Abs. 3 EStG). Vgl. im Einzelnen das Stichwort „Rabatte, Rabattfreibetrag".

Beispiel F

Computerhändler D bietet seinen Arbeitnehmern einen PC mit einem Verkaufspreis von 1300 € mit 50 % Personalrabatt an. Der geldwerte Vorteil ermittelt sich wie folgt:

Ortsüblicher Endpreis	1300 €
abzüglich 4 %	52 €
Ausgangspreis	1248 €
Zuzahlung der Arbeitnehmer	650 €
Geldwerter Vorteil	598 €

Der geldwerte Vorteil übersteigt nicht den Rabattfreibetrag von 1080 € und ist daher in voller Höhe steuer- und sozialversicherungsfrei.

Der Wert eines „geschenkten" Computers gehört also zum steuerpflichtigen Arbeitslohn. Der Arbeitgeber hat zwei Möglichkeiten, die Besteuerung durchzuführen:

- Der Arbeitgeber kann den steuerpflichtigen Arbeitslohn aus der „Schenkung des Computers" durch Hinzurechnung zum übrigen Arbeitslohn dem Lohnsteuerabzug nach den individuellen Lohnsteuerabzugsmerkmalen des Arbeitnehmers unterwerfen. In diesem Fall unterliegt der Betrag jedoch gleichzeitig der Beitragspflicht in der Sozialversicherung. ja ja
- Der Arbeitgeber kann den steuerpflichtigen Arbeitslohn aus der „Schenkung des Computers" aber auch pauschal besteuern. **Der Pauschsteuersatz beträgt 25 %** (§ 40 Abs. 2 Satz 1 Nr. 5 EStG). Die Pauschalbesteuerung löst Beitragsfreiheit in der Sozialversicherung aus (vgl. die Erläuterungen unter der nachfolgenden Nr. 2). ja nein

Durch die Pauschalierung der Lohnsteuer mit 25 % verliert der Arbeitnehmer den Werbungskostenabzug (§ 40 Abs. 3 Satz 3 EStG). Wird der Wert des „geschenkten" Computers dagegen nicht pauschal, sondern durch Hinzurechnen zum laufenden Arbeitslohn „normal" besteuert, kann der Arbeitnehmer Werbungskosten nach den unter der folgenden Nr. 5 dargestellten Grundsätzen bei seiner Veranlagung zur Einkommensteuer geltend machen.

Hinweis für die Praxis

Da die Nutzung eines **betrieblichen** PCs nach § 3 Nr. 45 EStG steuerfrei ist, erscheint es wenig sinnvoll, dem Arbeitnehmer einen PC oder Laptop zu übereignen und für den Wert 25 % pauschale Lohnsteuer zu entrichten. Bleibt der PC oder Laptop im Eigentum des Arbeitgebers, entsteht durch die Nutzung kein steuerpflichtiger geldwerter Vorteil, und zwar unabhängig davon, wie hoch die betriebliche oder private Nutzung ist.

Die Pauschalierungsvorschrift in § 40 Abs. 2 Satz 1 Nr. 5 EStG gilt nicht nur für unentgeltliche oder verbilligte Übereignung von Datenverarbeitungsgeräten (= Sachbezug), sondern auch für **Barzuschüsse** des Arbeitgebers zu den Aufwendungen des Arbeitnehmers für die **Internetnutzung.** Die beiden Pauschalierungsmöglichkeiten sind unter der nachfolgenden Nr. 2 im Einzelnen erläutert.

Auf die Möglichkeit der Pauschalierung der Lohnsteuer für Belohnungsessen, Incentive-Reisen, VIP-Logen und ähnliche Sachbezüge mit 30 % (vgl. dieses Stichwort) wird hier nicht weiter eingegangen, da sie ungünstiger ist, als die nachfolgend beschriebene Pauschalierung der Lohnsteuer mit 25 %.

d) Aufzeichnungspflichten

Da die Steuerbefreiung der geldwerten Vorteile aus der Privatnutzung betrieblicher Datenverarbeitungsgeräte und Telekommunikationsgeräte der Höhe nach nicht begrenzt ist, besteht keine Verpflichtung die Vorteile im Lohnkonto des jeweiligen Arbeitnehmers aufzuzeichnen (§ 4 Abs. 2 Nr. 4 Satz 1 LStDV[1]); siehe auch das Stichwort „Lohnkonto" unter Nr. 11 Buchstabe a).

1) Die Lohnsteuer-Durchführungsverordnung (LStDV) ist als Anhang 1 im **Steuerhandbuch für das Lohnbüro 2021** abgedruckt, das im selben Verlag erschienen ist.

	Lohn-steuer-pflichtig	Sozial-versich.-pflichtig

2. Pauschalierung der Lohnsteuer mit 25 % bei Computerübereignung und Barzuschüssen zur Internetnutzung

a) Computerübereignung

Die Pauschalierung der Lohnsteuer mit 25 % bei einer unentgeltlichen oder verbilligten Übereignung von Personalcomputern kommt nur für Sachzuwendungen des Arbeitgebers in Betracht (§ 40 Abs. 2 Satz 1 Nr. 5 Satz 1 EStG). Die Pauschalierungsmöglichkeit bei Übereignung umfasst nicht nur das eigentliche Gerät, sondern auch die Übereignung von technischem Zubehör (u. a. Monitor, (Farb-)Drucker, Modem, Scanner) und Software. Dabei kommt es nicht darauf an, ob es sich um eine Erstausstattung oder aber um eine Ergänzung, Aktualisierung oder einen Austausch vorhandener Bestandteile handelt. Die Pauschalierung ist sogar dann möglich, wenn der Arbeitgeber **ausschließlich technisches Zubehör oder Software** übereignet (R 40.2 Abs. 5 Satz 3 LStR).

Durch das Amtshilferichtlinie-Umsetzungsgesetz vom 26.6.2013 (BGBl. I S. 1809) ist auch in der angegebenen Pauschalierungsvorschrift der Begriff Personalcomputer durch **Datenverarbeitungsgeräte** ersetzt worden mit der Folge, dass neben Personalcomputern auch die Übereignung von Laptops, Notebooks, Netbooks, Tablets und Smartphones sowie Smartwatches mit 25 % **pauschal besteuert** werden kann. Die Pauschalierung ist auch dann möglich, wenn es sich bei dem übereigneten Datenverarbeitungsgerät mangels Einsatz im Betrieb des Arbeitgebers nicht um ein betriebliches Datenverarbeitungsgerät handelt. Auch nach den LStR 2015 ist die Pauschalierung aber nach wie vor bei der Übereignung von Telekommunikationsgeräten **ausgeschlossen,** die **nicht Zubehör eines Datenverarbeitungsgeräts** sind oder **nicht** für die **Internetnutzung** verwendet werden können (z. B. sog. „Senioren-Handys"; R 40.2 Abs. 5 Satz 4 LStR).

Beispiel A

Arbeitgeber A übereignet Arbeitnehmer B einen E-Book-Reader. Derartige Geräte werden im Unternehmen des Arbeitgebers nicht betrieblich genutzt.

Der geldwerte Vorteil kann mit 25 % pauschal besteuert werden, da es sich um die Übereignung eines Datenverarbeitungsgerätes handelt (§ 40 Abs. 2 Satz 1 Nr. 5 EStG). Demgegenüber wäre eine Nutzungsüberlassung des E-Book-Readers nicht nach § 3 Nr. 45 EStG steuerfrei, weil ein solches Gerät im Betrieb des Arbeitgebers nicht eingesetzt wird.

Eine **Pauschalierung** mit 25 % setzt außerdem in jedem Fall voraus, dass die Zuwendung des Arbeitgebers **zusätzlich** zu dem Arbeitslohn gewährt wird, den der Arbeitgeber schuldet, wenn keine Zuwendung erfolgen würde. Gehaltsumwandlungen eröffnen somit **nicht** die Möglichkeit der Pauschalierung (vgl. nachfolgend unter Nr. 3 Buchstabe b).

Wird bei einer Übereignung der Geräte der geldwerte Vorteil zulässigerweise mit 25 % pauschal besteuert, löst dies Beitragsfreiheit in der Sozialversicherung aus (§ 1 Abs. 1 Satz 1 Nr. 3 SvEV[1]).

Beispiel B

Der Arbeitgeber hat dem Arbeitnehmer einen betrieblichen Computer zur beruflichen und privaten **Nutzung** in der Wohnung des Arbeitnehmers zur Verfügung gestellt. Der Arbeitgeber überlässt dem Arbeitnehmer jeden Monat PC-Software im Wert von 40 €.

Der geldwerte Vorteil von 40 € monatlich ist nach § 3 Nr. 45 EStG steuerfrei und damit auch beitragsfrei in der Sozialversicherung, da es sich um eine Nutzungsüberlassung eines betrieblichen Computers zuzüglich Software handelt.

Beispiel C

Der Arbeitgeber **übereignet** einem Arbeitnehmer einen Computer einschließlich Softwarepaket.

Der geldwerte Vorteil kann mit 25 % pauschal besteuert werden. Die Pauschalbesteuerung führt zur Beitragsfreiheit.

Beispiel D

Der Arbeitgeber **übereignet** einem Arbeitnehmer einen neuen Farbdrucker im Wert von 500 € als Austausch eines Tintenstrahldruckers für dessen private PC-Anlage.

Der geldwerte Vorteil kann mit 25 % pauschal besteuert werden. Die Pauschalbesteuerung führt zur Beitragsfreiheit. Unmaßgeblich ist, dass ausschließlich technisches Zubehör übereignet wird und es sich um den Austausch vorhandener Bestandteile handelt.

Beispiel E

Der Arbeitgeber **übereignet** einem Arbeitnehmer ein Softwarepaket im Wert von 350 € für dessen private PC-Anlage.

Der geldwerte Vorteil kann mit 25 % pauschal besteuert werden. Die Pauschalbesteuerung führt zur Beitragsfreiheit. Unmaßgeblich ist, dass ausschließlich Software übereignet wird.

Beispiel F

Der Arbeitgeber **übereignet** einem Arbeitnehmer ein Tablet im Wert von 600 € für den privaten Gebrauch.

Der geldwerte Vorteil kann mit 25 % pauschal besteuert werden. Die Pauschalbesteuerung führt zur Beitragsfreiheit.

b) Barzuschüsse zur Internetnutzung

Die Steuerbefreiung nach § 3 Nr. 45 EStG gilt nur für die private Nutzung **betrieblicher** Datenverarbeitungsgeräte. Bei **arbeitnehmereigenem** Computer stellt sich die Frage nach einer Privatnutzung nicht. Aus lohnsteuerlicher Sicht stellt sich vielmehr umgekehrt die Frage, ob und ggf. in welchem Umfang der Arbeitgeber für eine berufliche Nutzung des privaten Computers steuerfreien Ersatz leisten kann. Hierzu gilt Folgendes:

Nutzt der Arbeitnehmer seinen privaten PC auch für **berufliche** Zwecke, ist für einen etwaigen Arbeitgeberersatz keine besondere Steuerbefreiung vorgesehen. Steuerfreiheit käme nach den Vorschriften zum Auslagenersatz (vgl. dieses Stichwort) nur dann in Betracht, wenn der Arbeitnehmer die beruflich entstandenen Kosten im Einzelnen nachweist und der Arbeitgeber diesen Nachweis als Beleg zum Lohnkonto nimmt. Es handelt sich deshalb um steuerpflichtigen Arbeitslohn, wenn ein Arbeitgeber dem Arbeitnehmer **ohne Einzelnachweis** der beruflichen Kosten einen laufenden Barzuschuss dafür zahlt, dass dieser seinen privaten PC beruflich nutzt. ja ja

Der Arbeitnehmer muss seine beruflich veranlassten Aufwendungen für den Computer als Werbungskosten geltend machen (vgl. nachfolgend unter Nr. 5).

Für **Barzuschüsse zur Internetnutzung** gibt es Sonderregelungen, und zwar folgende:

Nutzt der Arbeitnehmer seinen Internetzugang auch für **berufliche** Zwecke, kann der Arbeitgeber steuerfreien Auslagenersatz nach der sog. Telefonkostenregelung zahlen (vgl. die Erläuterungen beim Stichwort „Telefonkosten" unter Nr. 2).

Ohne Rücksicht auf die berufliche oder private Nutzung hat der Arbeitgeber auch die Möglichkeit, Barzuschüsse zur Internetnutzung pauschal mit 25 % zu besteuern, wenn die Zuschüsse zusätzlich zum ohnehin geschuldeten Arbeitslohn gewährt werden (§ 40 Abs. 2 Satz 1 Nr. 5 Satz 2 EStG). Die Pauschalbesteuerung mit **25 %** löst Beitragsfreiheit in der Sozialversicherung aus (§ 1 Abs. 1 Satz 1 Nr. 3 SvEV[1]). ja nein

Die Pauschalierungsmöglichkeit mit 25 % ist also nicht davon abhängig, ob der Arbeitnehmer seinen privaten PC mit Internetanschluss auch beruflich nutzt. Voraussetzung ist lediglich, dass dem Arbeitnehmer überhaupt solche Aufwendungen entstehen. Zu den pauschalierungsfähigen Aufwendungen für die Internetnutzung gehören

– die laufenden Kosten (Grundgebühr und die laufenden Gebühren für die Internetnutzung, Flatrate),

---

1) Die Sozialversicherungsentgeltverordnung (SvEV) ist als Anhang 2 im **Steuerhandbuch für das Lohnbüro 2021** abgedruckt, das im selben Verlag erschienen ist.

Lohn-steuer-pflichtig	Sozial-versich.-pflichtig

– Barzuschüsse zu den Einrichtungskosten für den Internetzugang (z. B für den Anschluss, ein Modem, einen Router und **auch Zuschüsse zu den Anschaffungskosten des internetfähigen Personalcomputers;** R 40.2 Abs. 5 Satz 6 LStR).

Falls der Zuschuss **50 € monatlich** nicht übersteigt, sind die Anforderungen an den Nachweis der dem Arbeitnehmer entstehenden Aufwendungen gering. Nach R 40.2 Abs. 5 Satz 7 LStR kann der Arbeitgeber den vom Arbeitnehmer erklärten Betrag für die **laufende Internetnutzung** (Gebühren) pauschal besteuern, soweit der erklärte Betrag 50 € im Monat nicht übersteigt.[1] Die Erklärung muss der Arbeitgeber als Beleg zum Lohnkonto aufbewahren. Hat der Arbeitnehmer eine falsche Erklärung abgegeben, droht dem Arbeitgeber keine Haftung. Etwaige Mehrsteuern würden beim Arbeitnehmer nacherhoben.

Folgende Gestaltung der Erklärung erfüllt u.E. die steuerlichen Anforderungen:

Erklärung

zur Pauschalierung der Lohnsteuer für Barzuschüsse zur Internetnutzung mit 25 % nach § 40 Abs. 2 Satz 1 Nr. 5 Satz 2 EStG (Beleg zum Lohnkonto)

Arbeitgeber:

Name der Firma ______________________________

Anschrift: ______________________________

Arbeitnehmer

Name, Vorname ______________________________

Anschrift: ______________________________

Ich versichere hiermit, dass mir Aufwendungen für die **laufende Internetnutzung** in Höhe von __________ € monatlich entstehen. Ich verpflichte mich, dem Arbeitgeber unverzüglich Anzeige zu erstatten, wenn meine Aufwendungen für die Internetnutzung den angegebenen Betrag unterschreiten.

__________ ______________________________

Datum Unterschrift des Arbeitnehmers

Eine Pauschalierung mit 25 % setzt in jedem Fall voraus, dass die Barzuschüsse des Arbeitgebers **zusätzlich** zu dem Arbeitslohn gewährt werden, den der Arbeitgeber schuldet, wenn keine Zuwendung erfolgen würde. Gehaltsumwandlungen eröffnen hier somit **nicht** die Möglichkeit der Pauschalierung (vgl. nachfolgend unter Nr. 3 Buchstabe b).

Beispiel A

Ein Arbeitgeber zahlt einem leitenden Angestellten einen monatlichen Zuschuss zur Internetnutzung in Höhe von 50 €, da der Arbeitnehmer eine Erklärung abgegeben hat, dass ihm monatlich Kosten in dieser Höhe für die Internetnutzung entstehen. Der Barzuschuss gehört zum steuerpflichtigen Arbeitslohn. Die Lohnsteuer kann mit 25 % pauschaliert werden. Es ergibt sich folgende Berechnung der Pauschalsteuern:

monatlicher Zuschuss (12 × 50 €)	600,– €
pauschale Lohnsteuer (25 % von 600 €)	150,– €
Solidaritätszuschlag (5,5 % von 150 €)	8,25 €
Kirchensteuer (z. B. in Bayern 7 % von 150 €)	10,50 €
Steuerbelastung insgesamt	168,75 €

Die Pauschalierung der Lohnsteuer mit 25 % löst nach § 1 Abs. 1 Satz 1 Nr. 3 SvEV[2] Beitragsfreiheit in der Sozialversicherung aus.

Will der Arbeitgeber mehr als 50 € monatlich erstatten und mit 25 % pauschalieren, muss der Arbeitnehmer für einen repräsentativen Zeitraum von **drei Monaten** die entstandenen Aufwendungen im Einzelnen nachweisen (R 40.2 Abs. 5 Satz 9 i. V. m. R 3.50 Abs. 2 Satz 2 LStR). Der sich danach ergebende monatliche Durchschnittsbetrag darf der Pauschalierung für die Zukunft so lange zugrunde gelegt werden, bis sich die Verhältnisse wesentlich ändern. Eine solche Änderung kann sich z. B. durch eine Veränderung der Höhe der Aufwendungen oder der beruflichen Tätigkeit ergeben.

Lohn-steuer-pflichtig	Sozial-versich.-pflichtig

Nutzt der Arbeitnehmer seinen Internetzugang auch für **berufliche** Zwecke, kann der Arbeitgeber sowohl steuerfreien Auslagenersatz nach der sog. Telefonkostenregelung als auch pauschalbesteuerte Internetzuschusszahlungen gewähren. **Beide Steuervergünstigungen können nebeneinander angewandt werden.** Bezahlt der Arbeitgeber steuerfreien Auslagenersatz nach der für den steuerfreien Arbeitgeberersatz von Telefonkosten geltenden Kleinbetragsregelung in Höhe von z. B. **20 € monatlich** (vgl. die Erläuterungen beim Stichwort „Telefonkosten" unter Nr. 2 Buchstabe d auf Seite 926), erhöhen sich die erforderlichen laufenden Internetkosten, für die der Arbeitnehmer eine schriftliche Bestätigung dem Arbeitgeber vorzulegen hat, auf den Mindestbetrag von 70 € pro Monat, um gleichzeitig die Pauschalbesteuerung im Rahmen der 50-Euro-Grenze ausschöpfen zu können.

Möchte der Arbeitgeber von ihm gezahlte **Zuschüsse** zu den **Anschaffungskosten** eines PC mit 25 % pauschal besteuern, hat der Arbeitnehmer entsprechende Nachweise zu den ihm entstandenen Anschaffungskosten vorzulegen, die vom Arbeitgeber als Beleg zum Lohnkonto aufbewahrt werden sollten.

Beispiel B

Arbeitgeber A bezuschusst die Anschaffung privater PC's seiner Arbeitnehmer zu 50 %. Arbeitnehmer B erwirbt privat eine neue PC-Anlage für 2000 €. Nach Vorlage der Rechnung erhält er von A einen Zuschuss in Höhe von 1000 €.

Der Zuschuss von 1000 € kann mit 25 % pauschal besteuert werden und ist dann beitragsfrei. A hat die von B vorgelegte Rechnung als Beleg zum Lohnkonto des B aufzubewahren.

Soweit die pauschal besteuerten Barzuschüsse auf Werbungskosten entfallen, ist ein **Werbungskostenabzug** durch den Arbeitnehmer grundsätzlich **ausgeschlossen.** Die Finanzverwaltung lässt allerdings zugunsten des Arbeitnehmers zu, dass die pauschal besteuerten Zuschüsse zunächst auf die privat veranlassten Internetkosten angerechnet werden. Darüber hinaus wird bei Zuschüssen bis zu 50 € monatlich von einer Anrechnung der pauschal besteuerten Zuschüsse auf die Werbungskosten des Arbeitnehmers generell abgesehen (R 40.2 Abs. 5 Sätze 11 und 12 LStR).

3. Gehaltsumwandlung

a) Zur Nutzung überlassene Computer

Nachdem ein steuerfreier Arbeitgeberersatz nach der Steuerbefreiungsvorschrift des § 3 Nr. 45 EStG bei einem **leihweise** zur häuslichen Nutzung überlassenen Computer unabhängig davon möglich ist, wie hoch die private Nutzung ist (also auch eine 100 %ige Privatnutzung steuerfrei ist) und außerdem die Anzahl und der Wert der überlassenen Geräte keine Rolle spielt, stellt sich die Frage, ob eine Umwandlung von Barlohn in solche steuerfreien Sachbezüge möglich ist. Die Vorschrift des § 3 Nr. 45 EStG enthält dazu – im Gegensatz zu anderen Steuerbefreiungsvorschriften (vgl. diesbezüglich u. a. die Stichworte „Fürsorgeleistungen", „Gesundheitsförderung" und „Kindergartenzuschüsse") – **keine Einschränkungen.** Es ist also nicht so, dass die Sachbezüge im Sinne des § 3 Nr. 45 EStG nur dann steuerfrei sind, wenn sie zusätzlich zum ohnehin geschuldeten Arbeitslohn gezahlt werden. Dies eröffnet die Möglichkeiten der Gehaltsumwandlung. Denn der Bundesfinanzhof hat mit Beschluss vom 20.8.1997 (BStBl. II S. 667) die Umwandlung von Barlohn in einen Sachbezug ausdrücklich zugelassen. Die Finanzverwaltung hat diese Rechtsprechung übernommen und z. B. die Gehaltsumwandlung von Barlohn in Essenmar-

1) In Anbetracht der gesunkenen Kosten im Telekommunikationsbereich bleibt abzuwarten, ob die Finanzverwaltung bei der nächsten Überarbeitung der Lohnsteuer-Richtlinien eine Anpassung des Betrags vornehmen wird.

2) Die Sozialversicherungsentgeltverordnung (SvEV) ist als Anhang 2 im **Steuerhandbuch für das Lohnbüro 2021** abgedruckt, das im selben Verlag erschienen ist.

Lohnsteuerpflichtig | Sozialversich.-pflichtig

C

ken oder Restaurantschecks dann akzeptiert, wenn der Austausch von Barlohn durch Essenmarken **ausdrücklich durch eine Änderung des Arbeitsvertrags vereinbart** wird. Diese Grundsätze gelten auch für die Fälle, in denen Arbeitgeber und Arbeitnehmer im gegenseitigen Einvernehmen Barlohn durch einen steuerfreien Sachbezug im Sinne des § 3 Nr. 45 EStG ersetzen. Dies wurde in den Lohnsteuer-Richtlinien ausdrücklich klargestellt, denn R 3.45 Satz 6 LStR lautet: Für die Steuerfreiheit kommt es nicht darauf an, ob die Vorteile zusätzlich zum ohnehin geschuldeten Arbeitslohn oder aufgrund einer Vereinbarung mit dem Arbeitgeber über die Herabsetzung von Arbeitslohn erbracht werden.

Die vorstehenden Ausführungen gelten auch dann, wenn der Computer bzw. das Datenverarbeitungsgerät **vom Arbeitgeber geleast** worden ist. Der Arbeitgeber und nicht der Arbeitnehmer muss gegenüber der Leasinggesellschaft zivilrechtlich Leasingnehmer sein (vgl. hierzu auch das Stichwort „Leasingfahrzeuge" unter Nr. 2).

Beispiel A

Der Arbeitgeber least einen Computer und überlässt ihn dem Arbeitnehmer zur ausschließlich privaten Nutzung. Gegenüber dem Leasinggeber schuldet der Arbeitgeber die Leasingraten. In entsprechender Höhe wird zwischen Arbeitgeber und Arbeitnehmer eine Gehaltsumwandlung vereinbart und der Bruttoarbeitslohn des Arbeitnehmers herabgesetzt.

Da die Steuerbefreiungsvorschrift des § 3 Nr. 45 EStG kein Zusätzlichkeitserfordernis enthält, ist die Herabsetzung des Bruttogehalts durch Vereinbarung einer Gehaltsumwandlung anzuerkennen. Selbst die Vereinbarung einer Rückfallklausel (= ursprünglicher Bruttolohn bei Beendigung der Computerüberlassung) und/oder einer Ausstiegsklausel würden der steuerlichen Anerkennung nicht entgegenstehen.

In der **Sozialversicherung** wird eine Barlohnumwandlung zugunsten eines steuerfreien Sachbezugs nach § 3 Nr. 45 EStG anerkannt, wenn der Arbeitnehmer rechtswirksam auf künftigen Arbeitslohn verzichtet. Dies setzt voraus, dass

- der Verzicht arbeitsrechtlich zulässig ist und
- bei laufendem Arbeitsentgelt der Verzicht auf künftig fällig werdende Arbeitsentgeltbestandteile gerichtet sein muss.

Auch wenn das Bundessozialgericht in seinem Urteil vom 2.3.2010 – B 12 R 5/09 R – mündlich vereinbarte Entgeltumwandlungen anerkennt, ist eine nachvollziehbare Dokumentation der Barlohnumwandlung unumgänglich. Vgl. hierzu auch die Erläuterungen bei den Stichwörtern „Gehaltsumwandlung" unter Nr. 2 Buchstabe b und „Zufluss von Arbeitslohn" unter Nr. 2 Buchstabe h.

Wichtig: Tarifliche oder gesetzliche Mindestlöhne dürfen sozialversicherungsrechtlich nicht unterschritten werden.

Beispiel B

Einem Arbeitnehmer mit einem Monatslohn von 5000 € wird von seinem Arbeitgeber ein PC mit Internetzugang sowie ein Telefonanschluss auch zur privaten Nutzung zur Verfügung gestellt. Außerdem übernimmt der Arbeitgeber sämtliche Verbindungsentgelte. Im Gegenzug verzichtet der Arbeitnehmer durch Änderung des Arbeitsvertrags rechtswirksam auf 200 € Monatslohn. Tarifliche oder gesetzliche Mindestlöhne werden hierdurch nicht unterschritten.

Der geldwerte Vorteil aus der privaten Nutzung und die Übernahme der privaten Verbindungsentgelte sind nach § 3 Nr. 45 EStG steuer- und beitragsfrei. Dem Lohnsteuerabzug und der Beitragspflicht unterliegt lediglich der Barlohn in Höhe von 4800 €.

Von der vorstehend beschriebenen Gehaltsumwandlung ist allerdings die steuer- und beitragspflichtige **Gehaltsverwendung** abzugrenzen. ja ja

Beispiel C

Arbeitgeber A trifft mit Arbeitnehmer B folgende Ergänzung zum Arbeitsvertrag:

Arbeitnehmer B hat für die Nutzung eines Laptops ein monatliches Nutzungsentgelt in Höhe von 40 € zu zahlen. Das Nutzungsentgelt wird durch Gehaltsumwandlung direkt vom Bruttogehalt des B abgeführt.

Bei der gewählten Formulierung handelt es sich nicht um eine Gehaltsumwandlung. Im ersten Satz der Vereinbarung wird die Höhe des Nutzungsentgelts definiert und genau dieses Nutzungsentgelt soll nach der Aussage im zweiten Satz vom Lohn einbehalten werden. Es wird also ausdrücklich eine Verwendungsauflage hinsichtlich der frei werdenden Mittel getroffen. Das vereinbarte Nutzungsentgelt mindert daher den zu versteuernden und zu verbeitragenden Bruttoarbeitslohn nicht.

b) Übereignete Computer und Barzuschüsse zur Internetnutzung

Im Gegensatz zur Steuerbefreiungsvorschrift des § 3 Nr. 45 EStG für die private Nutzung von Computern, die im Eigentum des Arbeitgebers bleiben, enthält die **Pauschalierungsvorschrift** des § 40 Abs. 2 Satz 1 Nr. 5 EStG für die Übereignung von Computern bzw. Datenverarbeitungsgeräten und Barzuschüsse zur Internetnutzung den Zusatz, dass eine Pauschalierung mit 25 % nur für solche Sachbezüge und Barzuschüsse möglich ist, die **zusätzlich zum ohnehin geschuldeten Arbeitslohn** gewährt werden. Durch diese gesetzliche Einschränkung gelten für die Umwandlung von Barlohn in solche Sachbezüge und Zuschüsse die allgemeinen Grundsätze für eine Gehaltsumwandlung im engeren Sinne. Diese Grundsätze sind beim Stichwort „Gehaltsumwandlung" unter Nr. 4 auf Seite 491 anhand von Beispielen erläutert.

Beispiel

Arbeitnehmer A hat nach seinem Arbeitsvertrag Anspruch auf einen Bruttoarbeitslohn von monatlich 2700 €. Er vereinbart mit seinem Arbeitgeber im Juni 2021 ab 1.7.2021 den Bruttoarbeitslohn auf 2650 € herabzusetzen und einen mit 25% pauschal zu besteuernden Internetzuschuss von 50 € monatlich zu zahlen.

Der ab 1.7.2021 gezahlte „Internetzuschuss" kann nicht pauschal besteuert werden, da er nicht zusätzlich zum ohnehin geschuldeten, sondern durch Umwandlung des geschuldeten Bruttoarbeitslohns erbracht wird. Der steuer- und sozialversicherungspflichtige Bruttoarbeitslohn beträgt daher auch ab Juli 2021 unverändert 2700 € monatlich.

4. Umsatzsteuerliche Behandlung der Privatnutzung betrieblicher Computer

a) Allgemeines

Werden betriebliche Computer des Arbeitgebers den Arbeitnehmern unentgeltlich (auch) für ihre Privatzwecke zur Verfügung gestellt, erbringt der Arbeitgeber gegenüber dem Arbeitnehmer steuerbare und im Grundsatz auch steuerpflichtige Wertabgaben (§ 3 Abs. 9a UStG). Wenn die Nutzung betrieblicher Einrichtungen in solchen Fällen zwar auch die Befriedigung eines privaten Bedarfs der Arbeitnehmer zur Folge hat, diese Folge aber durch die mit der Nutzung angestrebten betrieblichen Zwecke überlagert wird, liegen nicht steuerbare Leistungen vor, die überwiegend durch das betriebliche Interesse des Arbeitgebers veranlasst sind. Eine Umsatzsteuerbelastung tritt daher in derartigen Fällen in aller Regel nicht ein. Da eine Übernahme der in § 3 Nr. 45 EStG geregelten Steuerfreiheit für umsatzsteuerliche Sachverhalte wegen EU-rechtlicher Vorgaben nicht möglich ist, unterscheidet die Finanzverwaltung bei der Umsatzsteuer drei Fälle:[1]

b) Überlassung gegen Entgelt

Stellt der Arbeitgeber dem Arbeitnehmer die Geräte entgeltlich zur Privatnutzung zur Verfügung, liegt eine entgeltliche und damit umsatzsteuerpflichtige Leistung vor.

c) Überlassung ohne Entgelt

Wenn Arbeitnehmer betriebliche Computer unentgeltlich (auch) für ihre Privatzwecke nutzen dürfen, fällt zwar im Grundsatz ebenfalls Umsatzsteuer an, da es sich um unentgeltliche Wertabgaben im Sinne des § 3 Abs. 9a UStG

1) BMF-Schreiben vom 11.4.2001 (Az.: IV B 7 – S 7109 – 14/01). Das nicht im Bundessteuerblatt veröffentlichte BMF-Schreiben ist als Anlage 2 zu H 3.45 LStR im **Steuerhandbuch für das Lohnbüro 2021** abgedruckt, das im selben Verlag erschienen ist.

Lohn- steuer- pflichtig | Sozial- versich.- pflichtig

handelt. Die Finanzverwaltung sieht jedoch dann von einer Besteuerung ab, wenn die Nutzungsüberlassung überwiegend durch das betriebliche Interesse des Arbeitgebers veranlasst ist, mit anderen Worten, wenn die Nutzung betrieblicher Einrichtungen zwar auch die Befriedigung eines privaten Bedarfs der Arbeitnehmer zur Folge haben, diese Folge aber „durch die mit der Nutzung angestrebten betrieblichen Zwecke überlagert wird"[1]. Dies ist im jeweiligen Einzelfall zu entscheiden. Von einem „überwiegend betrieblichen Interesse des Arbeitgebers" wird man aber nicht mehr ausgehen können, wenn der Computer in nennenswertem Umfang durch Familienangehörige des Arbeitnehmers privat genutzt wird.

Aufmerksamkeiten, die bereits von vornherein den Tatbestand der unentgeltlichen Wertabgabe nicht erfüllen, liegen allerdings in diesen Fällen nicht vor.

d) Nutzung gegen den Willen des Arbeitgebers

Wenn der Arbeitnehmer die Geräte gegen den Willen des Arbeitgebers privat nutzt, fehlt es an einer willentlichen Wertabgabe des Unternehmers, was eine Umsatzbesteuerung ausschließt. Der Arbeitnehmer muss in diesen Fällen allerdings mit arbeitsrechtlichen Konsequenzen rechnen, die sogar zu einer Entlassung aus dem Arbeitsverhältnis führen können.

5. Werbungskostenabzug durch den Arbeitnehmer

a) Computer als Arbeitsmittel

Der Arbeitnehmer kann die Aufwendungen für einen beruflich genutzten Computer in vollem Umfang als Werbungskosten absetzen, wenn der Computer in vollem Umfang ein **Arbeitsmittel** im Sinne des § 9 Abs. 1 Satz 3 Nr. 6 EStG darstellt, das heißt so gut wie ausschließlich (= mindestens **90 %**) **zu beruflichen Zwecken** genutzt wird.

Die Regelungen für geringwertige Wirtschaftsgüter einschließlich Sammelposten für Gewinneinkunftsarten (z. B. Einkünfte aus Gewerbebetrieb; vgl. § 6 Abs. 2 und Abs. 2a EStG) gelten nicht für Überschusseinkunftsarten und damit auch nicht für den Werbungskostenabzug bei den Einkünften aus nichtselbstständiger Arbeit. Hier beträgt im Jahr 2021 die Betragsgrenze für **geringwertige Wirtschaftsgüter 952 €** (800 € zuzüglich 19 % Umsatzsteuer = 152 €; § 9 Abs. 1 Satz 3 Nr. 7 Satz 2 EStG i. V. m. § 6 Abs. 2 Sätze 1 bis 3 EStG und R 9.12 LStR).

Betragen die Brutto-Aufwendungen für den Computer **mehr als 952 €** (800 € zuzüglich 19 % Umsatzsteuer ergeben 952 €), müssen sie **auf die gewöhnliche Nutzungsdauer verteilt** werden; anderenfalls sind sie im Jahr der Anschaffung in voller Höhe des beruflichen Anteils als Werbungskosten abziehbar (R 9.12 Sätze 1 und 2 LStR). Nach der seit 1.1.2001 geltenden amtlichen AfA-Tabelle ist von einer **dreijährigen** Nutzungsdauer auszugehen (BMF-Schreiben vom 15.12.2000, BStBl. I S. 1531).

Die früher geltende sog. Halbjahresregelung (volle Jahres-AfA bei Anschaffung in der ersten Jahreshälfte, halbe Jahres-AfA bei Anschaffung in der zweiten Jahreshälfte) ist vor einigen Jahren gestrichen worden; die AfA ist also immer **monatsweise** zu berechnen (§ 7 Abs. 1 Satz 4 EStG). Bei dieser sog. Zwölftel-Methode gelten angefangene Monate als volle Monate.

Zu beachten ist, dass Computer (einschließlich Monitor, Tastatur und PC-Maus) sowie Drucker und Scanner jeweils gesondert über **drei Jahre** abgeschrieben werden müssen. Zwar handelt es sich beim Computer (einschließlich Monitor, Tastatur und PC-Maus) sowie Drucker und Scanner um (insgesamt drei) eigenständige Wirtschaftsgüter, die aber nicht selbstständig nutzbar und daher kein geringwertiges Wirtschaftsgut sind. Eine vollständige Abschreibung dieser Geräte als geringwertiges Wirtschaftsgut im Jahr der Anschaffung (Anschaffungskosten nicht mehr als 800 € netto, ohne Umsatzsteuer) kommt nur in Betracht, wenn es sich um sog. Kombigeräte handelt, die auch als Kopierer oder Fax selbstständig nutzbar sind. Der **Austausch einzelner Komponenten** einer PC-Anlage – z. B. neuer Monitor – ist aber in Höhe des Anteils der beruflichen Nutzung als Werbungskosten zu berücksichtigen. Im Privatvermögen wird nämlich nicht von einer – zu Anschaffungskosten führenden – wesentlichen Verbesserung des Wirtschaftsguts auszugehen sein. Der Austausch von Drucker und Scanner (jeweils eigenständige Wirtschaftsgüter) führt hingegen zu einem neuen dreijährigen Abschreibungszeitraum ab Anschaffung des Druckers oder Scanners (vgl. auch BFH-Urteil vom 15.7.2010, BFH/NV 2010 S. 2253).

C

Bei einer gesonderten Anschaffung von Software außerhalb des Anschaffungsvorgangs ist zu beachten, dass sog. Trivialprogramme zu den abnutzbaren beweglichen und selbstständig nutzbaren Wirtschaftsgütern gehören (R 5.5 Abs. 1 EStR). **Computerprogramme** deren Anschaffungskosten nicht mehr als 800 € netto, ohne Umsatzsteuer, betragen, sind stets als Trivialprogramme zu behandeln. Mithin erfüllen diese Programme die Voraussetzungen für ein geringwertiges Wirtschaftsgut, dessen Anschaffungskosten im Jahr der Anschaffung in Höhe des Anteils der beruflichen Nutzung berücksichtigt werden können (siehe das Beispiel unter dem nachfolgenden Buchstaben b).

b) Computer kein Arbeitsmittel

Für Computer, die teils beruflich und teils privat genutzt werden, bei denen aber die berufliche Nutzung nicht mindestens 90 % beträgt, gilt Folgendes:

Die Finanzverwaltung hatte früher die Auffassung vertreten, dass bei privat angeschafften Computern eine zutreffende und leicht nachprüfbare Trennung in beruflicher und privater Nutzung im Regelfall nicht möglich sei. Die Kosten waren deshalb nach den für Arbeitsmittel geltenden Grundsätzen nur abzugsfähig, wenn der Computer so gut wie ausschließlich beruflich genutzt wurde und eine etwaige private Mitbenutzung nur von ganz untergeordneter Bedeutung war (= nicht mehr als 10 %).

Diese „Alles oder Nichts"-Betrachtungsweise wurde allgemein als unbefriedigend empfunden, denn selbst wenn die Anschaffung des Computers aus beruflichen Gründen erforderlich war und eine z. B. 50 %ige berufliche Nutzung glaubhaft gemacht wurde, mussten die Aufwendungen in voller Höhe den nicht abzugsfähigen Kosten der privaten Lebensführung zugerechnet werden. Die obersten Finanzbehörden des Bundes und der Länder haben deshalb entschieden, dass an dieser Rechtsauffassung nicht mehr festgehalten wird und § 12 EStG einer **Aufteilung der Aufwendungen** nicht entgegensteht (so zwischenzeitlich auch BFH-Beschluss vom 21.9.2009, BStBl. 2010 II S. 672). Die Finanzverwaltung lässt deshalb die Aufwendungen für privat angeschaffte Computer und für den Internetzugang **in Höhe des beruflichen Nutzungsanteils** zum **Werbungskostenabzug** zu (z. B. in Höhe von 75 %), sofern der Umfang der beruflichen Nutzung nachgewiesen oder zumindest glaubhaft gemacht wird.[2] Der Bundesfinanzhof geht sogar noch einen Schritt weiter: Hat der Arbeitnehmer einen Computer angeschafft, der beruflich und privat genutzt wird, ohne dass die genauen Nutzungsanteile festgestellt werden können, ist die berufliche und private Nutzung aus **Vereinfachungsgründen** mit jeweils **50 %** anzusetzen. Soll für die berufliche Nutzung ein höherer Kostenanteil als 50 % angesetzt werden, muss dieser nachgewiesen bzw. zumindest glaubhaft gemacht werden (BFH-Urteil vom 19.2.2004, BStBl. II S. 958).

---

1) Abschnitt 1.8 Abs. 4 des Umsatzsteuer-Anwendungserlasses (UStAE). Der UStAE ist auszugsweise als Anhang 14 im **Steuerhandbuch für das Lohnbüro 2021** abgedruckt, das im selben Verlag erschienen ist.

2) Erlass des Finanzministeriums Nordrhein-Westfalen vom 14.2.2002 (Az.: S 2354 – 1 – V B 3). Der Erlass ist als Anlage 2 zu H 9.1 LStR im **Steuerhandbuch für das Lohnbüro 2021** abgedruckt, das im selben Verlag erschienen ist.

Lohn-steuer-pflichtig | Sozial-versich.-pflichtig

C

Beispiel:

Ein Arbeitnehmer hat sich im Mai 2021 eine PC-Anlage (PC, Monitor, Tastatur, PC-Maus) angeschafft, die er zu 75 % beruflich und zu 25 % privat nutzt. Die Anschaffungskosten betrugen 1250 € zuzüglich 19 % Umsatzsteuer (= 237,50 €). Im August 2021 hat er noch ein ausschließlich beruflich nutzbares Trivialprogramm für 350 € zuzüglich 19 % Umsatzsteuer (= 66,50 €) erworben.

Der Arbeitnehmer kann 2021 folgende Werbungskosten abziehen:

PC-Anlage Brutto-Anschaffungskosten	1488 €	
verteilt auf die Nutzungsdauer von 3 Jahren	496 €	
zeitanteilig für Mai–Dezember = 8 Monate =	331 €	
davon 75 % wegen beruflicher Nutzung		249 €
zuzüglich ausschließlich beruflich genutztes Computer-Programm, bei dem es sich um ein geringwertiges Wirtschaftsgut handelt		417 €
Summe der Werbungskosten		666 €

Contractual Trust Agreement (CTA-Modelle)

Immer mehr Arbeitgeber sichern die Ansprüche der Arbeitnehmer aus einer betrieblichen Altersversorgung für den Fall der Insolvenz – über die gesetzlich eingerichtete **Insolvenzsicherung** durch den Pensions-Sicherungs-Verein hinaus – zusätzlich privatrechtlich ab. Diese privatrechtliche Absicherung geschieht vielfach über sog. „Contractual Trust Agreement" (CTA). Dabei handelt es sich um **Treuhandkonstruktionen,** durch die der besondere Zugriff des Insolvenzverwalters auf die ganz oder teilweise unter „wirtschaftlicher Beteiligung" des Arbeitnehmers (z. B. durch Gehaltsumwandlung) erworbenen Ansprüche auf Leistungen der betrieblichen Altersversorgung verhindert wird.

Es ist gesetzlich sichergestellt worden (§ 3 Nr. 65 Satz 1 Buchstabe c EStG), dass das **Einstehen eines Dritten** – neben dem Arbeitgeber – für die Erfüllung von Ansprüchen aufgrund bestehender Versorgungsverpflichtungen oder -anwartschaften im Fall der Eröffnung des Insolvenzverfahrens oder in gleichstehenden Fällen (z. B. Abweisung des Antrags auf Eröffnung des Insolvenzverfahrens mangels Masse; vgl. im Einzelnen § 7 Abs. 1 Satz 4 BetrAVG[1]) **nicht** zu einem **Zufluss** von steuerpflichtigem Arbeitslohn beim Arbeitnehmer und ggf. dessen Hinterbliebenen führt. Schließlich führt die zusätzliche Insolvenzsicherung nicht zu neuen oder höheren Ansprüchen, sondern schützt nur die bereits vorhandenen Ansprüche für den Fall der Insolvenz des Arbeitgebers. Neben den Ansprüchen der Arbeitnehmer auf Leistungen der betrieblichen Altersversorgung werden durch CTA und ähnliche Gestaltungen auch Ansprüche (Wertguthaben) der Arbeitnehmer bei **Altersteilzeitmodellen** und aus **Arbeitszeitkonten** (= Zeitwertkonten) gesichert. Die Steuerfreistellung gilt für diese Fälle entsprechend. — nein | nein

Die **spätere Zahlung** der Versorgungsleistungen **durch** den **Dritten** an den Arbeitnehmer oder seine Hinterbliebenen führt zum **Zufluss** von Arbeitslohn, von dem der Dritte den **Lohnsteuerabzug** vorzunehmen hat (§ 3 Nr. 65 Sätze 2 bis 4 EStG). — ja | nein[2]

In der Praxis kommt es – zumeist im Vorfeld des CTA-Modells – oftmals zu einer **Auslagerung** von Pensionsverpflichtungen auf eine konzerninterne Pensionsgesellschaft (was häufig bilanzielle Gründe hat) im Wege des **Schuldbeitritts** mit im Innenverhältnis vereinbarter Erfüllungsübernahme gegenüber den aktiven Arbeitnehmern bzw. durch **Ausgliederung** nach den Regelungen des Umwandlungsgesetzes. Dabei wird die Pensionsgesellschaft, um die laufenden und künftigen Pensionsverpflichtungen bedienen zu können, von den verlagernden Konzerngesellschaften mit ausreichenden Deckungsmitteln ausgestattet (= entgeltlicher Schuldbeitritt bzw. Ausgliederung). Sowohl der Schuldbeitritt als auch die Ausgliederung erfolgen ohne Mitwirkung der Arbeitnehmer, die über die Maßnahmen nur informiert werden. Die Finanzverwaltung nimmt auch in diesen Fällen des Schuldbeitritts bzw. der Ausgliederung keinen Zufluss von Arbeitslohn an, sofern dies ohne inhaltliche Veränderung der Zusage geschieht.[3] Daher darf es auch nur zu einem Schuldbeitritt und nicht zu einem Schuldnerwechsel kommen. Auch hier liegt also ein Zufluss von Arbeitslohn, der dem Lohnsteuerabzug unterliegt, erst bei der späteren Auszahlung der Versorgungsleistungen vor. Die entsprechende Besteuerung des Arbeitslohns kann in diesem Fall mit Zustimmung des Finanzamts anstelle vom Arbeitgeber auch von der Pensionsgesellschaft vorgenommen werden (§ 38 Abs. 3a Satz 2 EStG; vgl. auch „Lohnsteuerabzug durch einen Dritten" unter Nr. 3). Die vorstehenden Ausführungen gelten entsprechend, wenn es nach den Regelungen des Umwandlungsgesetzes zu einer **Abspaltung** kommt.

Corona-Pandemie

Gliederung:

Im Rahmen der Corona-Pandemie sind zahlreiche steuer- und sozialversicherungsrechtliche Maßnahmen getroffen sowie aufgetretene Zweifelsfragen geklärt worden. Im Einzelnen gilt Folgendes:

1. Beihilfen und Unterstützungen des Arbeitgebers

Arbeitgeber können ihren Arbeitnehmern in der Zeit zwischen dem 1.3.2020 und 30.6.2021 aufgrund der Corona-Pandemie Beihilfen und Unterstützungen bis zu einem Betrag von **1500 € steuer- und beitragsfrei** auszahlen

1) Das Betriebsrentengesetz (BetrAVG) ist als Anhang 13 im **Steuerhandbuch für das Lohnbüro 2021** abgedruckt, das im selben Verlag erschienen ist.

2) Wegen der Krankenversicherungspflicht vgl. Teil B Nr. 12 auf Seite 24.

3) Randnummer 64 des BMF-Schreibens vom 6.12.2017 (BStBl. 2018 I S. 147, 157). Das BMF-Schreiben ist als Anhang 13c im **Steuerhandbuch für das Lohnbüro 2021** abgedruckt, das im selben Verlag erschienen ist.

	Lohnsteuer-pflichtig	Sozialversich.-pflichtig
oder als Sachleistungen gewähren (§ 3 Nr. 11a EStG); die steuerfreien Leistungen unterliegen nicht dem Progressionsvorbehalt. Es kommt nicht darauf an, aus welchen Mitteln die Sonderleistungen finanziert und ob sie vom Arbeitgeber oder als Arbeitslohn von dritter Seite gewährt werden. Die Steuerfreistellung bis 1500 € gilt insgesamt (also nicht mehrfach!) für sämtliche Zuwendungen in diesem Zeitraum und somit auch für die Corona-Prämie an Pflegekräfte (§ 150a Abs. 1 SGB XI), für Aufstockungsbeträge dieser Prämie durch die Bundesländer (§ 150a Abs. 9 SGB XI) sowie für etwaige weitere Zuwendungen aus Landesmitteln.	nein	nein

Beispiel A

Eine Pflegekraft erhielt im Oktober 2020 eine Corona-Prämie von 1000 €, die aus Landesmitteln um 500 € auf insgesamt 1500 € aufgestockt wird (= Zahlungen aufgrund der §§ 150a Abs. 1 und 9 SGB XI). Diese Corona-Prämie in Höhe von 1500 € ist steuer- und beitragsfrei.

Der Arbeitgeber zahlt der Pflegekraft im Februar 2021 zusätzlich zu dieser Gesamtprämie einen Zuschuss von 750 €. Dieser Zuschuss ist steuer- und beitragspflichtig.

Andere Steuerbefreiungsvorschriften (insbesondere die Steuerfreiheit von Zuschlägen für Sonntags-, Feiertags- und Nachtarbeit) und Bewertungsvergünstigungen (z. B. Rabattfreibetrag von 1080 € jährlich für Personalrabatte) bleiben hiervon unberührt und können neben dem Steuerfreibetrag von 1500 € in Anspruch genommen werden.

Voraussetzung ist, dass die steuerfreie Beihilfe oder Unterstützungsleistung im Lohnkonto aufgezeichnet und zusätzlich zum ohnehin geschuldeten Arbeitslohn erbracht werden (z. B. Sonderprämien wegen des besonderen Arbeitseinsatzes). Wegen des **Zusätzlichkeitserfordernisses** ist die Steuerbefreiung bei einem Gehaltsverzicht oder einer Gehaltsumwandlung ausgeschlossen. Eine Vereinbarung über Sonderzahlungen, die vor dem 1.3.2020 ohne einen Bezug zur Corona-Pandemie getroffen wurde, kann nicht nachträglich in eine steuerfreie Beihilfe oder Unterstützungsleistung zur Abmilderung der zusätzlichen Belastung durch die Corona-Pandemie umgewandelt werden (z. B., wenn für die Sonderzahlung in der Bilanz zum 31.12.2019 eine Rückstellung gebildet wurde oder die Arbeitnehmer bereits im Februar 2020 über die Gewährung einer Sonderzahlung im März 2020 informiert wurden). Sofern vor dem 1.3.2020 keine vertraglichen Vereinbarungen oder andere rechtliche Verpflichtungen des Arbeitgebers zur Gewährung einer Sonderzahlung bestanden haben, kann allerdings eine steuerfreie Beihilfe oder Unterstützungsleistung zur Abmilderung der zusätzlichen Belastung durch die Corona-Pandemie gewährt werden. Dabei kann auch in einem Tarifvertrag, durch Betriebsvereinbarung oder durch eine einzelvertragliche Vereinbarung eine steuerfreie Beihilfe oder Unterstützungsleistung zusätzlich zum ohnehin geschuldeten Arbeitslohn vereinbart werden.

Beispiel B

Die Arbeitnehmer eines Automobilherstellers erhielten im April 2020 eine Prämie für das Geschäftsjahr 2019.

Diese Prämie ist in voller Höhe steuer- und beitragspflichtig. Der Steuerfreibetrag von 1500 € kann für diese Prämie nicht in Anspruch genommen werden.

Abwandlung

Der Automobilhersteller sagt den Arbeitnehmern im Dezember 2020 eine steuerfreie Unterstützungsleistung aufgrund der Corona-Pandemie zu und zahlt aufgrund dieser Zusage im März 2021 je Arbeitnehmer einen Betrag von 1500 € aus.

Die Unterstützungsleistung im März 2021 in Höhe von 1500 € ist steuer- und beitragsfrei.

Bestand vor dem 1.3.2020 kein Anspruch auf eine **Vergütung von Überstunden** (sondern war lediglich die Möglichkeit eines Freizeitausgleichs vorgesehen), ist die Gewährung einer steuerfreien Beihilfe oder Unterstützungsleistung bis 1500 € möglich, auch wenn der Arbeitnehmer im Gegenzug auf einen Freizeitausgleich von Überstunden verzichtet bzw. die Überstunden gekürzt werden. Die Voraussetzung „zusätzlich zum ohnehin geschuldeten Arbeitslohn" ist in diesen Fällen erfüllt.

Beispiel C

Arbeitnehmer C erhält im Mai 2021 wegen seiner im Zusammenhang mit der Corona-Pandemie aufgebauten Überstunden, für die lediglich ein Freizeitausgleich in Anspruch genommen werden kann, eine Beihilfe von 2000 € ausgezahlt.

Die Beihilfe ist in Höhe von 1500 € steuer- und beitragsfrei und hinsichtlich des Restbetrags von 500 € steuer- und beitragspflichtig.

Dem Arbeitgeber steht es auch frei, **anstelle** einer üblichen (steuerpflichtigen) **Abfindung** wegen des Verlusts des Arbeitsplatzes eine steuerfreie Beihilfe oder Unterstützungsleistung bis 1500 € zu leisten. Allerdings können Abfindungen, die sich auf Beschäftigungsverhältnisse beziehen, die vor dem 1.3.2020 beendet wurden, nicht in steuerfreie Beihilfen oder Unterstützungsleistungen umgewandelt werden.

Beispiel D

Arbeitnehmer D ist zum 28.2.2021 aus dem Unternehmen seines Arbeitgebers ausgeschieden. Neben einer steuerpflichtigen Abfindung zahlt ihm der Arbeitgeber wegen der Corona-Pandemie eine Unterstützungsleistung von 1000 €.

Die Unterstützungsleistung in Höhe von 1000 € ist steuer- und beitragsfrei.

Steuerfreie Beihilfen und Unterstützungen können **grundsätzlich** an **alle Arbeitnehmer** bis zu einem Betrag von 1500 € geleistet werden. Dies gilt unabhängig vom Umfang der Beschäftigung (z. B. Vollzeit oder Teilzeit). Ebenso spielt es keine Rolle, ob und in welchem Umfang Kurzarbeitergeld gezahlt wird. Die Steuerfreistellung gilt im Übrigen auch für geringfügig entlohnte Beschäftigte (sog. Minijobber); eine Angemessenheitsprüfung wird nicht vorgenommen und die Lohnsteuer-Pauschalierung des beitragspflichtigen Arbeitsentgelts mit 2% oder 20% ist weiterhin möglich. Bei Arbeitsverhältnissen unter nahen Angehörigen muss die Gewährung einer solchen Beihilfe oder Unterstützungsleistung aber auch unter Fremden üblich sein (sog. Fremdvergleichsgrundsatz). Bei Gesellschafter-Geschäftsführern ist das Vorliegen einer verdeckten Gewinnausschüttung zu prüfen.

Beispiel E

Arbeitgeber E zahlt einer geringfügig beschäftigten Arbeitnehmerin im Januar 2021 wegen der Corona-Pandemie eine Beihilfe von 500 €.

Die Beihilfe ist in voller Höhe steuer- und beitragsfrei.

Steuerfreie Beihilfen oder Unterstützungsleistungen bis 1500 € können für **jedes Dienstverhältnis** gesondert in Anspruch genommen werden. Die Ausschöpfung des Steuerfreibetrags von 1500 € pro Dienstverhältnis gilt allerdings nicht bei mehreren Dienstverhältnissen im Kalenderjahr zu ein und demselben Arbeitgeber.

Die steuerfreie Beihilfe oder Unterstützungsleistung ist im **Lohnkonto** des jeweiligen Arbeitnehmers aufzuzeichnen. Ein Ausweis in der Lohnsteuerbescheinigung ist allerdings nicht vorzunehmen. Auch eine Angabe in der Einkommensteuererklärung des Arbeitnehmers ist nicht erforderlich. Die steuerfreie Leistung unterliegt nämlich nicht dem sog. Progressionsvorbehalt, bei dem ein besonderer Steuersatz auf das steuerpflichtige zu versteuernde Einkommen angewendet wird.

2. Schutzmasken und Corona-Tests

a) Gestellung von Schutzmasken

Im Zusammenhang mit der Corona-Pandemie stellt sich steuerlich auch die Frage, wie die Gestellung von Schutzmasken durch den Arbeitgeber bzw. die Anschaffung dieser Masken durch den Arbeitnehmer zu behandeln ist. Diesbezüglich gilt Folgendes:

Stellt der Arbeitgeber dem Arbeitnehmer Schutzmasken für den beruflichen Gebrauch zur Verfügung, handelt es

	Lohnsteuerpflichtig	Sozialversich.-pflichtig
sich um einen Vorteil im **ganz überwiegend eigenbetrieblichen Interesse** des Arbeitgebers. Ein steuerpflichtiger geldwerter Vorteil liegt insoweit beim Arbeitnehmer nicht vor.	nein	nein

Schafft der Arbeitnehmer die Schutzmasken **an,** handelt es sich wegen der privaten Mitbenutzung (z. B. bei der Nutzung öffentlicher Verkehrsmittel, beim Einkaufen, in Banken und Sparkassen) um typischerweise **gemischt veranlasste Aufwendungen,** die mangels geeigneter Aufteilungsmaßstäbe **nicht** als **Werbungskosten** bei den Einkünften aus nichtselbstständiger Arbeit abgezogen werden können. Mangels einer gesetzlichen Regelung kommt auch ein Sonderausgabenabzug nicht in Betracht.

b) Corona-Tests auf Kosten des Arbeitgebers

	Lohnsteuerpflichtig	Sozialversich.-pflichtig
Einige Arbeitgeber führen bei ihren Arbeitnehmern (ggf. sogar regelmäßig) Corona-Testungen durch und übernehmen hierfür die anfallenden Kosten. Bei den Arbeitnehmern entsteht hierdurch kein steuer- und beitragspflichtiger geldwerter Vorteil, da es sich um Arbeitgeberleistungen im **ganz überwiegenden eigenbetrieblichen Interesse** handelt (hier: Vorsichtsmaßnahme betreffend die Ausbreitung des Corona-Virus im Betrieb).	nein	nein

Die vorstehenden Ausführungen gelten für Schnelltests, PCR-Tests und Antikörper-Tests gleichermaßen.

3. Fristverlängerung für Lohnsteuer-Anmeldungen

Arbeitgebern können die Fristen zur Abgabe monatlicher oder vierteljährlicher Lohnsteuer-Anmeldungen während der Corona-Pandemie im Einzelfall auf Antrag verlängert werden, soweit sie selbst oder der von ihnen mit der Lohnbuchhaltung und Lohnsteuer-Anmeldung Beauftragte nachweislich unverschuldet daran gehindert sind, die Lohnsteuer-Anmeldung pünktlich zu übermitteln. Die Fristverlängerung beträgt in diesem Fall maximal zwei Monate. Die Entscheidung hierüber trifft im jeweiligen Einzelfall das zuständige Betriebsstättenfinanzamt. Zahlungsschwierigkeiten oder Liquiditätsengpässe sind aber kein Grund für eine Fristverlängerung.

4. Stundung der Lohnsteuer und der Sozialversicherungsbeträge

Eine Stundung der Lohnsteuer – die nicht vom Arbeitgeber als Steuerschuldner pauschal erhoben wird – ist gesetzlich ausgeschlossen, da der Arbeitgeber den individuellen Lohnsteuerabzug im ELStAM-Verfahren für Rechnung des Arbeitnehmers vornimmt, der die Lohnsteuer bei seiner Einkommensteuer-Veranlagung angerechnet bekommt.

Die Krankenkassen können mit Arbeitgebern, die in wirtschaftlichen Schwierigkeiten stecken, eine Stundung und Ratenzahlungen vereinbaren. Voraussetzung dafür ist, dass die Einziehung mit erheblichen Härten für das Unternehmen verbunden wäre und davon auszugehen ist, dass die Zahlungsschwierigkeiten nur vorübergehend sind. Stundungsvereinbarungen müssen mit jeder einzelnen Krankenkasse der Mitarbeiter geschlossen werden.

Für einzelne Beitragsmonate werden durch den GKV-Spitzenverband nach Bedarf (z. B. bei Lockdowns) erleichterte Voraussetzungen für die Stundung vorgegeben. Dies war in der Vergangenheit für die Beitragsmonate Mai 2020 und November 2020 der Fall. Eine Klärung muss mit der zuständigen Einzugsstelle herbeigeführt werden.

5. Kurzarbeitergeld an Arbeitnehmer und Arbeitgeberzuschüsse

Vgl. die Erläuterungen beim Stichwort „Kurzarbeitergeld".

6. Quarantäne-Zeit der Arbeitnehmer

Spricht das Gesundheitsamt für eine Person aufgrund einer Corona-Infektion ein Beschäftigungsverbot aus, wird der Verdienstausfall durch die **Verdienstausfallentschädigung** nach dem Infektionsschutzgesetz kompensiert. Auch diese Zahlung ist **steuerfrei,** unterliegt jedoch ebenfalls dem **Progressionsvorbehalt.** Der Arbeitgeber hat die Verdienstausfallentschädigung an den Arbeitnehmer auszuzahlen und bekommt sie von der Entschädigungsbehörde erstattet. In der Lohnsteuerbescheinigung des Arbeitnehmers hat der Arbeitgeber die Verdienstausfallentschädigung in Zeile 15 anzugeben.

Es ist die Frage aufgetreten, welche Eintragungen aufgrund der Corona-Pandemie in den Zeilen 22 bis 27 der Lohnsteuerbescheinigung vorzunehmen sind, wenn der Arbeitgeber während der Quarantäne-Zeit der Arbeitnehmer **Sozialversicherungsbeiträge** auftragsweise für die Entschädigungsbehörde geleistet und im Nachhinein von ihr erstattet bekommen hat. Hierzu gilt Folgendes:

Die während der Quarantäne-Zeit gezahlten Beiträge zur Renten- und Arbeitslosenversicherung sind nicht zu bescheinigen, da sie im Zusammenhang mit steuerfreien Einnahmen stehen (hier: Verdienstausfallentschädigung nach dem Infektionsschutzgesetz) und daher nicht als Sonderausgaben abgezogen werden dürfen.

Bei einem in der gesetzlichen Krankenversicherung pflichtversicherten Arbeitnehmer sind wegen des Zusammenhangs mit diesen steuerfreien Einnahmen ebenfalls keine Kranken- und Pflegeversicherungsbeiträge zu bescheinigen.

Bei einem in der gesetzlichen Krankenversicherung freiwillig versicherten Arbeitnehmer (Selbstzahler) zahlt der Arbeitnehmer seine Beiträge, sodass vom Arbeitgeber keine Bescheinigungen vorzunehmen sind. Entsprechendes gilt für den Arbeitgeberzuschuss, der in diesem Fall – anders als beim Kurzarbeitergeld – nicht zu zahlen ist.

Bei einem in der gesetzlichen Krankenversicherung freiwillig versicherten Arbeitnehmer (Firmenzahler) ist der gesamte, vom Arbeitgeber abgeführte Beitrag zur Kranken- und Pflegeversicherung unter den Nrn. 25 und 26 zu bescheinigen. Mangels Zahlung hat der Arbeitgeber aber – anders als beim Kurzarbeitergeld – keinen Arbeitgeberzuschuss zu bescheinigen.

Auch bei privat versicherten Arbeitnehmern hat der Arbeitgeber mangels Zahlung keinen Arbeitgeberzuschuss zu bescheinigen.

Zahlt der Arbeitgeber während der Quarantäne bzw. bei einem Tätigkeitsverbot nach dem Infektionsschutzgesetz bei einem in der gesetzlichen Krankenversicherung freiwillig versicherten Arbeitnehmer die Zuschüsse zur Kranken- und Pflegeversicherung an den Arbeitnehmer weiterhin aus und lässt er sich gleichzeitig den gegenüber der Entschädigungsbehörde bestehenden Erstattungsanspruch des Arbeitnehmers abtreten, liegt kein lohnsteuerlich relevanter Vorgang und daher auch kein Arbeitslohn vor.

Die sozialversicherungsrechtliche Auswirkung im Versicherungs- und Beitragsrecht der Sozialversicherung bei einer Entschädigung nach dem Infektionsschutzgesetz wegen Anordnung einer Quarantäne ist im Rundschreiben des GKV-Spitzenverbandes vom 2.4.2020 dargestellt (vgl. www.aok.de/fk/sozialversicherung/rundschreiben/jahrgang-2020/).

7. Verdienstausfallentschädigung bei Kita- und Schulschließung

Müssen Eltern ihre bis zu 12 Jahre alten oder behinderten Kinder in der Corona-Pandemie wegen der Schließung oder Einschränkung der Kita oder von Schulen zu Hause betreuen, erhalten sie nach dem Infektionsschutzgesetz eine Verdienstausfallentschädigung von 67 % für längstens sechs Wochen bei einem monatlichen Höchstbetrag von 2016 €. Wegen der Dauer der Corona-Pandemie ist der Bezugszeitraum von sechs Wochen auf bis zu zehn

Lohn-steuer-pflichtig Sozial-versich.-pflichtig

Wochen je Elternteil bzw. 20 Wochen bei Alleinerziehenden verlängert worden.

Die vorstehende Verdienstausfallentschädigung wird als Lohnersatzleistung vom Arbeitgeber ausgezahlt und ihm von der zuständigen Behörde (z. B. Gesundheitsämter) erstattet. Sie ist **steuerfrei,** unterliegt allerdings dem sog. **Progressionsvorbehal**t und ist deshalb vom Arbeitgeber in der Lohnsteuerbescheinigung des jeweiligen Arbeitnehmers auszuweisen (= Zeile 15).

8. Arbeitgeberleistungen für zusätzlichen Betreuungsbedarf beim Arbeitnehmer

Zusätzlich zum ohnehin geschuldeten Arbeitslohn erbrachte Arbeitgeberleistungen sind bis zu einem Betrag von 600 € jährlich je Arbeitnehmer steuer- und beitragsfrei. Der zusätzliche Betreuungsbedarf muss aus Anlass einer zwingenden und beruflich veranlassten kurzfristigen Betreuung eines Kindes unter 14 Jahren oder eines behinderten Kindes unter 25 Jahren entstehen. Entsprechendes gilt, wenn sich der Arbeitnehmer um einen pflegebedürftigen Angehörigen kümmert.

Das Vorliegen eines zusätzlichen Betreuungsbedarfs wird unterstellt, wenn der Arbeitnehmer aufgrund der Corona-Pandemie zu **außergewöhnlichen Zeiten arbeitet** oder die Betreuung der Kinder infolge der zur Eindämmung der Corona-Pandemie angeordneten **Schließung von Schulen** oder Betreuungseinrichtungen (z. B. **Kindergärten**) weggefallen ist. Dabei ist von einer kurzfristig zu organisierenden Betreuung so lange auszugehen, bis die entsprechenden Betreuungseinrichtungen ihren regulären Betrieb wieder aufnehmen können.

9. Arbeitslohnspenden der Arbeitnehmer

Verzichten Arbeitnehmer auf die Auszahlung des Arbeitslohns zugunsten einer Zahlung des Arbeitgebers auf ein Spendenkonto einer empfangsberechtigten Einrichtung, bleiben diese Lohnteile bei der Feststellung des steuerpflichtigen Arbeitslohns **außer Ansatz.** Der Arbeitgeber hat die Erfüllung der Verwendungsauflage zu dokumentieren. Diese steuerfrei belassenen Lohnteile dürfen bei der Einkommensteuer-Veranlagung des Arbeitnehmers nicht als Spende berücksichtigt werden.

10. Öffentliche Zuschüsse z. B. wegen Grenzschließung

Die aufgrund der Corona-Pandemie aus öffentlichen Mitteln geleisteten Zuschüsse bzw. Tagegeldzahlungen, die ein Arbeitgeber erhält und an seine Arbeitnehmer (= ausländische Grenzpendler) zur Finanzierung der ihnen entstandenen Mehraufwendungen für Unterbringung und Verpflegung wegen der Grenzschließung oder aus anderen Gründen leistet, sind **kein Arbeitslohn** und unterliegen daher nicht dem Lohnsteuerabzug.

11. Übungsleiterfreibetrag für reaktivierte Ärzte und Pflegekräfte

Die ärztliche Versorgung und die Pflege von kranken Menschen zählen zu den begünstigten Tätigkeiten, für die der sog. Übungsleiterfreibetrag in Betracht kommt. Werden Ärzte oder Pflegekräfte, deren Beschäftigungsverhältnis z. B. aufgrund einer Elternzeit ruht oder die bereits im Ruhestand sind, als medizinische Kräfte in einem Gesundheitsamt oder einem staatlichen bzw. gemeinnützigen Krankenhaus tätig, sind die hierfür gewährten Vergütungen bis zum Übungsleiterfreibetrag (2021 = 3000 € jährlich) steuerfrei. Voraussetzung ist jedoch, dass die regelmäßige wöchentliche Arbeitszeit von maximal 14 Stunden nicht überschritten wird.

Lohn-steuer-pflichtig Sozial-versich.-pflichtig

12. Home-Office

a) Häusliches Arbeitszimmer

Ein häusliches Arbeitszimmer ist ein Raum, der seiner Lage, Funktion und Ausstattung nach in die häusliche Sphäre des Arbeitnehmers eingebunden ist, der Erledigung der beruflichen Arbeit dient und nahezu ausschließlich zu beruflichen Zwecken genutzt wird (= mindestens 90 %).

Die Aufwendungen für ein häusliches Arbeitszimmer können bis zum Höchstbetrag von 1250 € jährlich als Werbungskosten bei den Einkünften aus nichtselbstständiger Arbeit berücksichtigt werden, wenn es sich beim häuslichen Arbeitszimmer zwar nicht um den Mittelpunkt der gesamten beruflichen Tätigkeit des Arbeitnehmers handelt, für die berufliche Tätigkeit aber kein anderer Arbeitsplatz zur Verfügung steht. Ein solcher Abzug bis zum Höchstbetrag von 1250 € jährlich ist auch dann möglich, wenn der **Büroarbeitsplatz** im Betrieb durch die Corona-Pandemie **nicht benutzt werden kann.**

Zahlt der Arbeitgeber dem Arbeitnehmer für die Räumlichkeiten eine Vergütung, handelt es sich grundsätzlich um steuer- und beitragspflichtigen Arbeitslohn. Beim Ersatz der Betriebskosten für die eingesetzten Arbeitsmittel (z. B. PC, Laptop) kann es sich um steuer- und beitragsfreien Auslagenersatz handeln.

Zur Berücksichtigung der **Home-Office-Pauschale** von 5 € täglich für höchstens 120 Tage (= 600 € Höchstbetrag) jeweils in den Kalenderjahren 2020 und 2021 vgl. das Stichwort „Home-Office" unter Nr. 6.

b) Firmenwagennutzung für Fahrten zwischen Wohnung und erster Tätigkeitsstätte

In der Praxis stellt sich vielfach die Frage der Versteuerung des geldwerten Vorteils bei einer Firmenwagenüberlassung für Fahrten zwischen Wohnung und erster Tätigkeitsstätte, wenn der Arbeitnehmer aufgrund einer Home-Office-Tätigkeit wegen der Corona-Pandemie nur wenige oder gar keine solchen Fahrten in einem Kalendermonat durchgeführt hat.

Beispiel

Arbeitgeber A stellt dem Arbeitnehmer B für Privatfahrten und Fahrten zwischen Wohnung und erster Tätigkeitsstätte einen Firmenwagen zur Verfügung. Wegen der Corona-Pandemie ist der Arbeitnehmer weit überwiegend im Home-Office tätig gewesen und nur alle 14 Tage in die Firma zu seiner ersten Tätigkeitsstätte gefahren (= zwei Fahrten im Monat).

Neben der 1 %-Regelung für die Privatfahrten ist auch für die Fahrten zwischen Wohnung und erster Tätigkeitsstätte ein geldwerter Vorteil nach der 0,03 %-Regelung zu berechnen. Ein Wechsel zwischen der 0,03 %-Monatspauschale und der 0,002 %-Tagespauschale während des Kalenderjahres ist nicht zulässig; dies gilt selbst bei einem Wechsel des Firmenwagens.

Abwandlung

Wie vorheriges Beispiel. Aufgrund von Kurzarbeit ist der Betrieb im Mai geschlossen. Fahrten des Arbeitnehmers B zwischen Wohnung und erster Tätigkeitsstätte haben nicht stattgefunden.

Neben der 1 %-Regelung für die Privatfahrten ist u.E. im Mai kein geldwerter Vorteil für die Fahrten zwischen Wohnung und erster Tätigkeitsstätte anzusetzen, da B den Firmenwagen für einen vollen Kalendermonat nicht für Fahrten zwischen Wohnung und erster Tätigkeitsstätte genutzt hat. U.E. liegt eine Vergleichbarkeit mit den besonderen Sachverhalten Krankheit, Urlaub, Fortbildungsveranstaltung und Auslandsabordnung vor.

c) Zahl der Arbeitstage bei der Entfernungspauschale

Für jeden Arbeitstag, an dem die Beschäftigten ihre Arbeitsstätte im Betrieb aufsuchen, ist eine verkehrsmittelunabhängige Entfernungspauschale für jeden vollen Entfernungskilometer als Werbungskosten bei den Einkünften aus nichtselbstständiger Arbeit abziehbar. Die ihm bekannte Zahl der tatsächlichen Arbeitstage im Betrieb hat der Arbeitnehmer in seiner Einkommensteuererklärung wahrheitsgemäß anzugeben. Wird der Arbeitnehmer im Kalenderjahr ggf. über einen längeren Zeitraum in seinem

Lohn-steuer-pflichtig | Sozial-versich.-pflichtig

Home-Office tätig oder hat der Betrieb des Arbeitgebers „Kurzarbeit-Null" angemeldet, ist die Zahl der tatsächlichen Arbeitstage im Betrieb unter Umständen deutlich geringer als in den vergangenen Jahren.

D

d) Grenzüberschreitende Tätigkeit

Bei grenzüberschreitend tätigen Arbeitnehmern im Verhältnis zu Belgien, Luxemburg, den Niederlanden, Österreich und Polen können für die Zuweisung des Besteuerungsrechts bezahlte Home-Office-Tage aufgrund von Maßnahmen, die der deutsche oder ausländische Staat zur Bekämpfung der Corona-Pandemie getroffen haben, grundsätzlich als in dem Vertragsstaat verbrachte Arbeitstage behandelt werden, in dem die grenzüberschreitend tätigen Arbeitnehmer ihre nichtselbstständige Tätigkeit ohne die Maßnahmen zur Bekämpfung der Corona-Pandemie ausgeübt hätten. Diese Tatsachenfiktion gilt allerdings nur, soweit der jeweilige Arbeitslohn, der auf die Arbeitstage im Home-Office entfällt, von dem Vertragsstaat, in dem die grenzüberschreitend tätigen Arbeitnehmer ihre nichtselbstständige Tätigkeit ohne die Maßnahmen zur Bekämpfung der Corona-Pandemie ausgeübt hätten, tatsächlich besteuert wird.

Die vorstehend beschriebene Tatsachenfiktion gilt aber nicht für Arbeitstage, die unabhängig von den Maßnahmen zur Corona-Pandemie im Home-Office oder in einem Drittstaat verbracht worden wären, also insbesondere nicht bei grenzüberschreitend tätigen Arbeitnehmern, die nach den arbeitsvertraglichen Vereinbarungen grundsätzlich im Home-Office tätig sind.

Im Verhältnis zu Frankreich und zur Schweiz gelten die vorstehenden Ausführungen entsprechend, wenn es sich nicht um sog. „Grenzgänger" handelt. Bei Grenzgängern führen zusätzliche „Home-Office-Tage" nicht zu einer Änderung des Besteuerungsrechts.

13. Keine Dreimonatsfrist beim Auslandstätigkeitserlass

Die Steuerfreistellung des Arbeitslohns nach dem Auslandstätigkeitserlass setzt voraus, dass eine begünstigte Tätigkeit mindestens drei Monate ununterbrochen in einem Land ausgeübt wird, mit dem kein Doppelbesteuerungsabkommen besteht. Wegen der in bestimmten ausländischen Regionen fortschreitenden Corona-Pandemie haben Arbeitgeber ihre Arbeitnehmer in einigen Fällen vorzeitig zurück nach Deutschland geholt. Die Arbeitnehmer führen ihre im Ausland begonnenen Projekte von Deutschland aus fort oder werden – sofern das nicht möglich ist – freigestellt. Für die Steuerfreistellung des Arbeitslohns nach dem Auslandstätigkeitserlass ist in diesen Fällen Folgendes zu beachten:

- Die wegen der Corona-Pandemie im Inland verbrachten Tage können auch aus Billigkeitsgründen nicht als im Ausland verbracht angesehen werden. Eine Steuerbefreiung nach dem Auslandstätigkeitserlass kommt daher für diese Tage nicht in Betracht.
- Die wegen der Corona-Pandemie im Inland verbrachten Tage gelten nicht als unschädliche Unterbrechung im Sinne des Auslandstätigkeitserlasses (wie z. B. bei einer Krankheit).
- Für die aufgrund der Corona-Pandemie unterbrochenen oder beendeten Auslandseinsätze findet die Mindestdauer von drei Monaten keine Anwendung, sofern es sich um eine nach dem Auslandstätigkeitserlass begünstigte Tätigkeit handelt und ein Auslandseinsatz für einen Zeitraum von mehr als drei Monaten geplant war. Die Steuerfreiheit des Arbeitslohns gilt also in diesen Fällen auch bei kürzeren Auslandseinsätzen.

Somit kann auch eine Auslandstätigkeit von weniger als drei Monaten nach dem Auslandstätigkeitserlass begünstigt sein, wenn zunächst eine Auslandstätigkeit von mindestens drei Monaten geplant war und diese vorzeitig wegen der Corona-Pandemie beendet oder unterbrochen wurde. Allerdings sind in diesem Fall Tätigkeitstage im Inland auch dann nicht nach dem Auslandstätigkeitserlass begünstigt, wenn die Tätigkeit im Inland der weiteren Durchführung des begünstigten Vorhabens im ausländischen ATE-Staat dient.

Beispiel

Ein Arbeitnehmer sollte ab dem 1.2. für sechs Monate eine begünstigte Tätigkeit in einem ATE-Staat ausüben. Es war geplant, dass sich der Arbeitnehmer in diesem Zeitraum ausschließlich im ATE-Staat aufhält. Wegen der Corona-Pandemie ist der Arbeitnehmer am 31.3. vorzeitig nach Deutschland zurückgekehrt. Er arbeitete anschließend von Deutschland aus weiterhin an dem begünstigten Vorhaben im ATE-Staat.

Die Tätigkeitstage im Inland (bis 31.1. und ab dem 1.4.) sind nicht nach dem Auslandstätigkeitserlass begünstigt und daher grundsätzlich im Inland steuerpflichtig.

Der Arbeitslohn für die Tätigkeitstage im ATE-Staat (1.2. bis 31.3.) ist nach dem Auslandstätigkeitserlass steuerfrei, obwohl die tatsächliche Auslandstätigkeit weniger als drei Monate umfasst. Entscheidend hierfür ist, dass ein Einsatz im ATE-Staat von mindestens drei Monaten geplant war und dieser Auslandseinsatz wegen der Corona-Pandemie (vorzeitig) beendet worden ist.

14. Familienpflegezeit und Pflegezeit

Auf die Ausführungen beim Stichwort „Familienpflegezeit" unter Nr. 6 und „Pflegezeit" unter Nr. 8 wird verwiesen.

Darlehen an Arbeitnehmer

1. Hingabe des Darlehens

Die Hingabe eines Darlehens durch den Arbeitgeber an den Arbeitnehmer ist wie folgt zu behandeln:

a) Wenn es sich um ein **echtes Darlehen** handelt, d. h. wenn ausreichende Bestimmungen über Laufzeit, Verzinsung, Tilgung und ggf. Sicherstellung getroffen werden, liegt kein Zufluss von Arbeitslohn vor. nein nein

Die Bestimmungen über Verzinsung können eine Zinsverbilligung oder Zinslosigkeit zum Inhalt haben, wenn es sich im Übrigen um ein echtes Darlehen handelt. Zur steuerlichen Behandlung der **Zinsersparnis** vgl. das Stichwort „Zinsersparnisse und Zinszuschüsse".

b) Wenn keine Bestimmungen über Laufzeit, Verzinsung, Tilgung usw. getroffen sind, ein echtes Darlehen also nicht gewollt ist, liegt Zufluss von Arbeitslohn vor. Vgl. aber auch das Stichwort „Vorschüsse". ja ja

2. Verzicht auf die Rückzahlung des Darlehens

a) Wenn es sich um ein echtes Darlehen (siehe vorstehende Nr. 1a) handelt, liegt bei Verzicht des Arbeitgebers auf die Rückzahlung Zufluss von Arbeitslohn vor, der als sonstiger Bezug zu besteuern ist. U. E. liegt in solch einem Fall eine **Geldleistung** (quasi abgekürzter Zahlungsweg) und kein Sachbezug vor mit der Folge, dass eine Pauschalierung der Lohnsteuer mit 30 % (§ 37b Abs. 2 EStG) von vornherein ausscheidet (vgl. auch die Erläuterungen beim Stichwort „Pauschalierung der Lohnsteuer für Belohnungsessen, Incentive-Reisen, VIP-Logen und ähnliche Sachbezüge"). ja ja

Der Zufluss von Arbeitslohn gilt unabhängig davon, ob beim Arbeitnehmer in gleicher Höhe Werbungskosten (z. B. Fortbildungskosten) vorliegen, denn ein Werbungskostenersatz gehört zum steuerpflichtigen Arbeitslohn, es sei denn, der Werbungskostenersatz ist durch gesetzliche Regelung ausdrücklich steuerfrei gestellt (BFH-Urteil vom 19.2.2004, BFH/NV 2004 S. 789). Der Arbeitnehmer muss also den im Zeitpunkt des Forderungsverzichts zufließenden Arbeitslohn einerseits versteuern, andererseits kann er ggf. in gleicher Höhe Werbungskosten bei einer Veranlagung zur Einkommensteuer geltend machen. Nachteilig ist für den Arbeitnehmer – und auch für den Arbeit-

	Lohn-steuer-pflichtig	Sozial-versich.-pflichtig
geber – allerdings, dass der Zufluss des Arbeitslohns sozialversicherungspflichtig ist.		
In Einzelfällen kann es sich aber auch beim (Teil-)Verzicht auf eine Darlehensrückzahlung um eine **Leistung im ganz überwiegenden eigenbetrieblichen Interesse des Arbeitgebers** handeln (vgl. das Stichwort „Fortbildungskosten" unter Nr. 2 Buchstabe d Beispiel A).	nein	nein
Ist dem Arbeitnehmer die Rückzahlung des Darlehens wegen **Zahlungsunfähigkeit** nicht möglich und unterlässt der Arbeitgeber in einem solchen Falle – offensichtlich erfolglose – Maßnahmen zur Beitreibung des Darlehens, kann darin weder ein Verzicht des Arbeitgebers auf die Rückzahlung noch beim Arbeitnehmer ein Zufluss von Arbeitslohn gesehen werden.	nein	nein
b) Wenn es sich um ein unechtes Darlehen handelt (siehe vorstehende Nr. 1b) und dieses bereits bei der Hingabe versteuert worden ist, ist der Verzicht steuerlich unbeachtlich. Zahlt der Arbeitnehmer in solch einem Fall Beträge an den Arbeitgeber zurück, liegt Rückzahlung von Arbeitslohn vor (vgl. dieses Stichwort).	nein	nein

Datenverarbeitungsgeräte

siehe „Computer"

Deferred Compensation

siehe „Arbeitnehmerfinanzierte Pensionszusage"

Deputate

In bestimmten Wirtschaftszweigen (insbesondere in der Land- und Forstwirtschaft) werden die dort üblichen **Sachbezüge** der Arbeitnehmer als Deputate bezeichnet. Sie stellen grundsätzlich steuer- und beitragspflichtigen Arbeitslohn dar. — Lohnsteuerpflichtig: ja — Sozialversicherungspflichtig: ja

Die Besteuerung der Deputate hat im Grundsatz bei ihrer Hingabe an den Arbeitnehmer zu erfolgen. Da sie jedoch in der Regel in den einzelnen Lohnzahlungszeiträumen nicht gleichmäßig gewährt werden, ist es zulässig, den Wert der Deputate für ein ganzes Jahr zu ermitteln und den Jahresbetrag beim letzten Lohnabrechnungszeitraum des Kalenderjahres als einmaligen Bezug zu erfassen.

Der Rabattfreibetrag in Höhe von 1080 € jährlich, ist auf alle Sachbezüge anzuwenden, also auch auf Deputate in der Land- und Forstwirtschaft. Der Rabattfreibetrag von 1080 € gilt nicht nur bei einer **verbilligten** Überlassung von Waren und Dienstleistungen, sondern auch bei einer **unentgeltlichen** Überlassung. Bei den Sachbezügen, die durch den Rabattfreibetrag begünstigt sind, muss es sich um Waren oder Dienstleistungen handeln, die vom Arbeitgeber **nicht überwiegend** für den Bedarf seiner Arbeitnehmer hergestellt, vertrieben oder erbracht werden. Oder umgekehrt ausgedrückt: Nur bei der unentgeltlichen oder verbilligten Überlassung von Waren, mit denen der Arbeitgeber Handel treibt, ist der Rabattfreibetrag anwendbar. Die unentgeltliche Überlassung von Kost und Logis ist deshalb im Normalfall nicht durch den Rabattfreibetrag begünstigt, da in aller Regel davon auszugehen ist, dass die Kost und Logis überwiegend nur für den Bedarf der Arbeitnehmer bereitgestellt wird (Ausnahme: Im Rahmen der Land- und Forstwirtschaft wird auch eine Gaststätte mit Übernachtung betrieben).

Für die Anwendung des Rabattfreibetrags sind die Werte der Waren und Dienstleistungen mit den um 4 % geminderten Endpreisen am Abgabeort anzusetzen. Dies sind die Endpreise (einschließlich Umsatzsteuer), zu denen der Arbeitgeber die Waren oder Dienstleistungen fremden Letztverbrauchern im allgemeinen Geschäftsverkehr anbietet. Im Einzelhandel sind dies die Preise, mit denen die Waren ausgezeichnet werden. Tritt der Arbeitgeber mit Letztverbrauchern nicht in Geschäftsbeziehungen, sind die Endpreise zugrunde zu legen, zu denen die Abnehmer des Arbeitgebers die Waren oder Dienstleistungen fremden Letztverbrauchern anbieten. Maßgebend ist dabei derjenige Abnehmer, der dem Arbeitgeber am nächsten liegt. Die Auswirkungen des Rabattfreibetrags, der beim Stichwort „Rabatte, Rabattfreibetrag" eingehend erläutert ist, sollen an einem Beispiel verdeutlicht werden.

D

Beispiel

Eine Käserei in Garmisch-Partenkirchen überlässt ihren Arbeitnehmern monatlich unentgeltlich 10 Kilogramm Emmentaler. Emmentaler wird in Garmisch-Partenkirchen im Einzelhandel um 9,30 € je Kilogramm verkauft. Der für die Anwendung des Rabattfreibetrags maßgebende Warenwert errechnet sich wie folgt:

9,30 € x 10	=	93,– €
abzüglich 4 %		3,72 €
maßgebender Warenwert monatlich		89,28 €
Jahresbetrag (89,28 € x 12)		1 071,36 €

Dieser Betrag ist steuerfrei, da er den Rabattfreibetrag von 1080 € nicht übersteigt. Ist der Warenwert in Anwendung des Rabattfreibetrags steuerfrei, ist er auch beitragsfrei bei der Sozialversicherung.

Werden Arbeitnehmern unentgeltlich Sachbezüge gewährt, muss der Arbeitgeber die umsatzsteuerlichen Vorschriften beachten. Die unentgeltliche Abgabe von Deputaten ist hiernach **umsatzsteuerpflichtig.** Der Rabattfreibetrag ist bei der Umsatzsteuer **nicht** anwendbar (vgl. – auch für den Fall der verbilligten Überlassung – das Stichwort „Umsatzsteuerpflicht bei Sachbezügen" unter Nr. 9).

Deutsche Forschungsgemeinschaft

	Lohn-steuer-pflichtig	Sozial-versich.-pflichtig
Die nach den besonderen Richtlinien der deutschen Forschungsgemeinschaft zur Förderung der wissenschaftlichen Ausbildung und Forschung gewährten Beihilfen sind nach § 3 Nr. 44 EStG steuerfrei. Die Steuerbefreiung gilt auch für Zuwendungen zur Bestreitung des Lebensunterhalts (BFH-Urteil vom 20. 3. 2003, BStBl. 2004 II S. 190).	nein	nein

Siehe auch das Stichwort „Stipendien".

Deutsche Künstlerhilfe

	Lohn-steuer-pflichtig	Sozial-versich.-pflichtig
Zuwendungen aus der Deutschen Künstlerhilfe, soweit es sich um Bezüge wegen Hilfsbedürftigkeit des Künstlers aus öffentlichen Mitteln handelt, sind nach § 3 Nr. 43 EStG steuerfrei.	nein	nein

Deutschkurse

	Lohn-steuer-pflichtig	Sozial-versich.-pflichtig
Betriebliche Fort- oder Weiterbildungsleistungen des Arbeitgebers führen nicht zu Arbeitslohn, wenn diese Bildungsmaßnahmen im ganz überwiegenden eigenbetrieblichen Interesse des Arbeitgebers durchgeführt werden (vgl. „Fortbildungskosten").	nein	nein
Bei Flüchtlingen und anderen Arbeitnehmern, deren **Muttersprache nicht Deutsch** ist, sind Bildungsmaßnahmen zum Erwerb oder zur Verbesserung der deutschen Sprache dem **ganz überwiegenden eigenbetrieblichen Interesse** des Arbeitgebers zuzuordnen, wenn der **Arbeitgeber** die **Sprachkenntnisse** in dem für den Arbeitnehmer vorgesehenen Aufgabengebiet **verlangt.** Sie führen daher nicht zu Arbeitslohn.[1]	nein	nein

1) BMF-Schreiben vom 4.7.2017 (BStBl. I S. 882). Das BMF-Schreiben ist als Anlage 12 zu H 19.3 LStR im **Steuerhandbuch für das Lohnbüro 2021** abgedruckt, das im selben Verlag erschienen ist.

	Lohnsteuerpflichtig	Sozialversich.-pflichtig
Arbeitslohn kann daher bei solchen Bildungsmaßnahmen nur dann vorliegen, wenn konkrete Anhaltspunkte für einen Belohnungscharakter der Maßnahme vorliegen.	ja	ja

Eigene Aufwendungen eines in Deutschland lebenden Ausländers für das Erlernen der deutschen Sprache gehören regelmäßig zu den nicht abziehbaren Kosten der Lebensführung und können daher auch dann **nicht als Werbungskosten** abgezogen werden, wenn ausreichend Sprachkenntnisse für einen angestrebten Ausbildungsplatz förderlich sind (BFH-Urteil vom 15.3.2007, BStBl. II S. 814).

D

Diakonissen

siehe „Ordensangehörige"

Diebstahl

Ersatzleistungen des Arbeitgebers für Gegenstände, die dem Arbeitnehmer bei einer Auswärtstätigkeit gestohlen werden (z. B. der Pkw), können als Reisenebenkosten steuerfrei sein (vgl. Anhang 4 „Reisekosten bei Auswärtstätigkeiten" unter Nr. 7 Buchstabe h auf Seite 1143). Bezüglich des Diebstahls weiterer persönlicher Gegenstände anlässlich von Auswärtstätigkeiten vgl. Anhang 4 „Reisekosten bei Auswärtstätigkeiten" unter Nr. 13.

Diensterfindung

Siehe die Stichworte: Erfindervergütungen und Verbesserungsvorschläge.

Dienstjubiläum

siehe „Jubiläumszuwendungen"

Dienstkleidung

Unentgeltliche oder verbilligte Überlassung von Dienstkleidung an

- private Arbeitnehmer siehe „Arbeitskleidung";
- Angehörige der Bundeswehr, der Bundespolizei, der Zollverwaltung, der Bereitschaftspolizei und an Vollzugsbeamte der Kriminalpolizei siehe „Bekleidungszuschüsse" und „Bundeswehr";
- Angehörige der Berufsfeuerwehr siehe „Berufsfeuerwehr".

Dienstmänner

	Lohnsteuerpflichtig	Sozialversich.-pflichtig
Dienstmänner sind in der Regel selbständig (dies gilt auch für Dienstmänner – Gepäckträger – der Deutschen Bahn AG).	nein	nein

Zur Frage der „Scheinselbständigkeit" vgl. dieses Stichwort.

Dienstreise

siehe Anhang 4 „Reisekosten bei Auswärtstätigkeiten"

Dienstwagen zur privaten Nutzung

siehe „Firmenwagen zur privaten Nutzung"

Dienstwohnung

siehe „Wohnungsüberlassung"

Digitale LohnSchnittstelle

siehe „Lohnsteuer-Außenprüfung" unter Nr. 3.

Diplomanden

Bestimmte Studien- und Prüfungsordnungen sehen die Anfertigung einer Diplomarbeit vor. Da Unternehmen oftmals Interesse an den inhaltlichen Ergebnissen von Diplomarbeiten haben, werden den Studenten zur Anfertigung ihrer Arbeit die betrieblichen Einrichtungen zur Verfügung gestellt. Gegenstand einer Diplomandenvereinbarung ist regelmäßig, dass die Diplomarbeit zur weiteren Verwendung dem Unternehmen überlassen wird; u. U. werden auch Vergütungen bzw. Honorare gezahlt. Diese dürfen allerdings keinen Gegenwert für eine erbrachte Arbeitsleistung darstellen, sondern nur für die Erstellung und Überlassung der Diplomarbeit gezahlt werden. Werden diese für bestimmte Zeitabschnitte (z. B. monatlich) oder für bestimmte Zeiteinheiten (z. B. Arbeitsstunden) bezahlt, liegt die Vermutung nahe, dass eine Vergütung für eine erbrachte Arbeitsleistung gewährt wird. Bei der Vertragsgestaltung und der tatsächlichen Umsetzung ist darauf ein besonderes Augenmerk zu richten. Nur Studenten, die sich allein zur Erstellung der für den Studienabschluss erforderlichen Diplomarbeit in einen Betrieb begeben und in dieser Zeit neben der Diplomarbeit keine für den Betrieb verwertbare Arbeitsleistung erbringen, gehören nicht zu den abhängig Beschäftigten. Für reine Diplomanden im vorgenannten Sinne kommt Kranken-, Pflege-, Renten- und Arbeitslosenversicherungspflicht nicht in Betracht. Es ist allerdings auch eine genaue Abgrenzung zu den Praktikanten, den sog. Werkstudenten (z. B. bei Beteiligung des Studenten an der Umsetzung der Ergebnisse der Diplomarbeit) und den Studenten in dualen Studiengängen vorzunehmen (vgl. dazu die Erläuterungen bei den Stichworten „Praktikanten", „Studenten" und „Studenten in dualen Studiengängen"). Zu weiteren Studienabschlüssen wird auch auf die Stichwörter „Bachelor-Abschluss" und „Master-Abschluss" verwiesen.

Steuerlich ist bei einem Studium nur dann von einem Ausbildungsdienstverhältnis auszugehen, wenn das Studium selbst **Gegenstand des Ausbildungsdienstverhältnisses** ist, das Studium also zu den Pflichten des Arbeitnehmers gehört. Der Arbeitnehmer wird also (auch) für das Studieren bezahlt.

Ist das Studium hingegen nicht Gegenstand des Dienstverhältnisses, liegt auch dann kein Ausbildungsdienstverhältnis vor, wenn das Studium von einem Dritten durch die Hingabe von Mitteln (z. B. Stipendien) gefördert wird. Da eine Steuerbefreiungsvorschrift für aus privaten Mitteln stammende Studienbeihilfen nicht besteht, liegen – abhängig von den Gesamtumständen des Einzelfalles – Arbeitslohn oder sonstige Einkünfte vor. Von Arbeitslohn ist insbesondere auszugehen, wenn die Studienbeihilfen privater Arbeitgeber im Hinblick auf ein künftiges Dienstverhältnis gewährt werden (§ 2 Abs. 2 Nr. 1 LStDV[1]).

1) Die Lohnsteuer-Durchführungsverordnung (LStDV) ist als Anhang 1 im **Steuerhandbuch für das Lohnbüro 2021** abgedruckt, das im selben Verlag erschienen ist.

Lohnsteuerpflichtig | Sozialversich.-pflichtig

Diplomaten

siehe „Erweiterte unbeschränkte Steuerpflicht" und „Persönliche Lohnsteuerbefreiungen"

Directors & Officers-Versicherung

siehe „Versicherungsschutz" unter Nr. 2

Direktversicherung

Neues und Wichtiges auf einen Blick:

1. Steuer- und beitragsfreie Beiträge zugunsten einer Direktversicherung

Die Beiträge zugunsten einer Direktversicherung sind seit 2018 bis zu 8 % der Beitragsbemessungsgrenze in der allgemeinen Rentenversicherung (West) **steuerfrei** (§ 3 Nr. 63 Satz 1 EStG). Für das Jahr 2021 sind somit 8 % von 85 200 € = **6816 € jährlich** oder 568 € monatlich steuerfrei.

Beitragsfrei in der Sozialversicherung sind aber – wie bisher – lediglich 4 % der Beitragsbemessungsgrenze in der allgemeinen Rentenversicherung – West – (§ 1 Abs. 1 Satz 1 Nr. 9 SvEV[1]). Für das Jahr 2021 sind somit lediglich 4 % von 85 200 € = **3408 € jährlich** oder 284 € monatlich beitragsfrei.

Der frühere, zusätzliche steuerfreie Höchstbetrag von 1800 € für Neuzusagen (= Versorgungszusagen, die nach dem 31.12.2004 erteilt worden sind) ist bereits zum 1.1.2018 infolge der Erhöhung des steuerfreien Volumens von 4 % auf 8 % der Beitragsbemessungsgrenze in der allgemeinen Rentenversicherung (West) weggefallen.

2. Pauschal besteuerte Beiträge zugunsten einer Direktversicherung

Die Pauschalbesteuerung mit 20 % bis zum Höchstbetrag von 1752 € (§ 40b EStG alte Fassung) ist bei Beiträgen zugunsten einer Direktversicherung **weiterhin möglich,** wenn **vor** dem **1.1.2018** mindestens ein **Beitrag** zu Recht pauschal besteuert worden ist. Eine Verzichtserklärung des Arbeitnehmers auf die Steuerfreiheit ist nicht erforderlich. Die Fortführung der Pauschalbesteuerung kann z. B. nach einem Arbeitgeberwechsel auch in einem anderen Durchführungsweg (bisher Pensionskasse, nunmehr Direktversicherung) erfolgen.

Das unter der vorstehenden Nr. 1 beschriebene **steuerfreie Volumen** für Beiträge zur betrieblichen Altersversorgung zugunsten einer Direktversicherung **vermindert** sich um die **Beiträge,** die nach § 40b EStG a. F. mit 20 % **pauschal besteuert** werden (§ 52 Abs. 4 Satz 15 EStG).

Zur Behandlung der Beiträge in der Ansparphase und der Leistungen in der Auszahlungsphase vgl. die nachfolgenden Nrn. 2 und 4.

Gliederung:

Lohnsteuerpflichtig | Sozialversich.-pflichtig

1. Allgemeines

Unter dem Begriff „Direktversicherung des Arbeitnehmers" versteht man ganz allgemein eine Versicherung, die der Arbeitgeber bezahlt, bei der aber **der Arbeitnehmer einen (direkten) Rechtsanspruch auf die Versicherungsleistungen erwirbt,** wie wenn er selbst die Versicherung abgeschlossen hätte und die Beiträge zahlen würde. Unter den allgemeinen Begriff der Direktversicherung können alle Arten von Versicherungen fallen (z. B. Lebensversicherungen, Kranken-, Unfall- und Haftpflichtversicherungen). Die Beiträge des Arbeitgebers zu solchen Versicherungen gehören zum steuer- und beitragspflichtigen Arbeitslohn (§ 2 Abs. 2 Nr. 3 Satz 1 LStDV[2]).

Besonderheiten bestehen für die Direktversicherung in Form einer **Lebensversicherung,** die vom **Arbeitgeber** als einer von fünf möglichen Durchführungswegen der **betrieblichen Altersversorgung** auf das Leben des Arbeitnehmers abgeschlossen wird und bei der der Arbeitnehmer oder seine Hinterbliebenen hinsichtlich der Versorgungsleistungen des Versicherers ganz oder teilweise bezugsberechtigt sind (§ 1b Abs. 2 Satz 1 BetrAVG[3]).

2. Behandlung der Beiträge in der Ansparphase

a) Steuerfreiheit der Beiträge zu einer Direktversicherung

Seit 1.1.2005 sind die Beiträge zu einer Direktversicherung in Form einer Lebensversicherung in die Steuerbefreiungsvorschrift des § 3 Nr. 63 EStG mit einbezogen worden.

Die Beiträge zugunsten einer Direktversicherung sind seit 2018 bis zu 8 % der Beitragsbemessungsgrenze in der allgemeinen Rentenversicherung (West) **steuerfrei** (§ 3 Nr. 63 Satz 1 EStG). Für das Jahr 2021 sind somit 8 % von 85 200 € = **6816 € jährlich** oder 568 € monatlich steuerfrei.

Beitragsfrei in der Sozialversicherung sind aber – wie bisher – lediglich 4 % der Beitragsbemessungsgrenze in der allgemeinen Rentenversicherung – West – (§ 1 Abs. 1 Satz 1 Nr. 9 SvEV[1]). Für das Jahr 2021 sind somit lediglich 4 % von 85 200 € = **3408 € jährlich** oder 284 € monatlich beitragsfrei.

Der frühere, zusätzliche steuerfreie Höchstbetrag von 1800 € für Neuzusagen (= Versorgungszusagen, die nach dem 31.12.2004 erteilt worden sind) ist bereits zum 1.1.2018 infolge der Erhöhung des steuerfreien Volumens von 4 % auf 8 % der Beitragsbemessungsgrenze in der allgemeinen Rentenversicherung (West) weggefallen.

Zur Steuerfreiheit von Beträgen zu einer Direktversicherung stellt sich häufig die Frage, ob die sowohl steuer- als auch beitragsfreie 4 %-Grenze **mehrfach** ausgeschöpft werden kann. Dies ist bei den Durchführungswegen Direktversicherung, Pensionskasse und Pensionsfonds einerseits und den Durchführungswegen Pensionszusage (Direktzusage) und Unterstützungskasse andererseits der Fall. Das bedeutet, dass die sowohl steuer- als auch beitragsfreie 4 %-Grenze wie folgt in Anspruch genommen werden kann:

- **einmal 4 %** für Beiträge zu einer Direktversicherung, Pensionskasse oder Pensionsfonds und

1) Die Sozialversicherungsentgeltverordnung (SvEV) ist als Anhang 2 im **Steuerhandbuch für das Lohnbüro 2021** abgedruckt, das im selben Verlag erschienen ist.

2) Die Lohnsteuer-Durchführungsverordnung (LStDV) ist als Anhang 1 im **Steuerhandbuch für das Lohnbüro 2021** abgedruckt, das im selben Verlag erschienen ist.

3) Das Betriebsrentengesetz (BetrAVG) ist als Anhang 13 im **Steuerhandbuch für das Lohnbüro 2021** abgedruckt, das im selben Verlag erschienen ist.

D

Lohnsteuerpflichtig | Sozialversich.-pflichtig

- **weitere 4 %** für eine Pensionszusage oder eine Unterstützungskasse.[1)]

D

Steuerlich (nicht beitragsrechtlich!) können weitere 4 % (**insgesamt** also **8 %**) für Beiträge zu einer **Direktversicherung, Pensionskasse oder Pensionsfonds steuerfrei** eingezahlt werden. Das **steuerfreie Volumen vermindert** sich allerdings um die **Beiträge** und Zuwendungen, die nach § 40b EStG a. F. mit 20 % **pauschal besteuert** werden (§ 52 Abs. 4 Satz 15 EStG).

Beispiel

Arbeitgeber A zahlt im Jahr 2021 für den Arbeitnehmer B Beiträge in Höhe von 6000 € an einen kapitalgedeckten Pensionsfonds. Hinzu kommen Beiträge zugunsten einer Direktversicherung in Höhe von 1752 €, die wie in den Vorjahren zu Recht mit 20 % pauschal besteuert werden.

Der für die Beiträge an den Pensionsfonds maßgebende steuerfreie Höchstbetrag von 6816 € (= 8 % von 85 200 €) vermindert sich um die pauschal besteuerten Beiträge zugunsten der Direktversicherung in Höhe von 1752 €, sodass sich ein steuerfreies Volumen von 5064 € (6816 € abzüglich 1752 €) ergibt. Der Beitrag des Arbeitgebers an den Pensionsfonds in Höhe von 6000 € ist somit in Höhe von 5064 € steuerfrei und in Höhe des Differenzbetrags von 936 € steuerpflichtig. Außerdem ist im Jahr 2021 der Beitrag zugunsten der Direktversicherung in Höhe von 1752 € mit 20 % pauschal zu besteuern.

Auf die ausführlichen Erläuterungen in Anhang 6 wird Bezug genommen.

b) Pauschalierung der Lohnsteuer mit 20 % in Altfällen

Beiträge zu Direktversicherungen können nach § 40b EStG in der bis zum 31.12.2004 geltenden Fassung – auch in den Jahren 2005 ff. – mit 20 % pauschal besteuert werden (sog. Altfälle). Die Pauschalierung der Lohnsteuer mit 20 % löst Beitragsfreiheit in der Sozialversicherung aus, soweit die Beiträge **zusätzlich** zum regelmäßigen Arbeitsentgelt gezahlt werden oder aus **Einmalzahlungen** (z. B. Urlaubsgeld oder Weihnachtsgeld) stammen. Auf das Beispiel beim Stichwort „Zukunftsicherung" unter Nr. 16 Buchstabe a auf Seite 1086 wird hingewiesen. ja | nein

Die Fortführung der Pauschalbesteuerung mit 20 % in Altfällen war notwendig, weil nur ein Teil der am 31.12.2004 bestehenden Direktversicherungsverträge die Voraussetzungen für die seit 1.1.2005 geltende Steuerbefreiung nach § 3 Nr. 63 EStG erfüllte.

Denn die seit 1.1.2005 geltende Steuerbefreiung für Beiträge zu einer Direktversicherung ist auf Versorgungszusagen beschränkt, die eine Auszahlung der gesamten Alters-, Invaliditäts- oder Hinterbliebenenversorgung **in Form einer lebenslänglichen Rente** oder eines entsprechenden Auszahlungsplans vorsehen. Die Steuerfreiheit nach § 3 Nr. 63 EStG scheidet also von vorneherein aus, wenn die späteren Versorgungsleistungen als **einmalige Kapitalleistung** erbracht werden sollen. Auf die ausführlichen Erläuterungen der Voraussetzungen für die Steuerfreiheit nach § 3 Nr. 63 EStG in Anhang 6 Nr. 5 auf Seite 1174 wird Bezug genommen.

Die Pauschalbesteuerung mit 20 % bis zum Höchstbetrag von 1752 € (§ 40b EStG alte Fassung) ist bei Beiträgen zugunsten einer Direktversicherung in 2021 **weiterhin möglich,** wenn **vor** dem **1.1.2018** mindestens ein **Beitrag** zu Recht pauschal besteuert wurde (vgl. hierzu auch nachfolgenden Buchstaben d).

Das unter dem vorstehenden Buchstaben a beschriebene **steuerfreie Volumen vermindert** sich allerdings um die **Beiträge** und Zuwendungen, die nach § 40b EStG a. F. im Jahre 2021 mit 20 % **pauschal besteuert** werden (§ 52 Abs. 4 Satz 15 EStG).

Beispiel

Arbeitgeber A zahlt im Jahr 2021 für den Arbeitnehmer B Beiträge in Höhe von 6000 € an einen kapitalgedeckten Pensionsfonds. Hinzu kommen Beiträge zugunsten einer Direktversicherung in Höhe von 1752 €, die wie in den Vorjahren zu Recht mit 20 % pauschal besteuert werden.

Der für die Beiträge an den Pensionsfonds maßgebende steuerfreie Höchstbetrag von 6816 € (= 8 % von 85 200 €) vermindert sich um die pauschal besteuerten Beiträge zugunsten der Direktversicherung in Höhe von 1752 €, sodass sich ein steuerfreies Volumen von 5064 € (6816 € abzüglich 1752 €) ergibt. Der Beitrag des Arbeitgebers an den Pensionsfonds in Höhe von 6000 € ist somit in Höhe von 5064 € steuerfrei und in Höhe des Differenzbetrags von 936 € steuerpflichtig. Außerdem ist im Jahr 2021 der Beitrag zugunsten der Direktversicherung in Höhe von 1752 € mit 20 % pauschal zu besteuern.

c) Erstes Dienstverhältnis und Gehaltsumwandlung

Sowohl die Steuerfreiheit nach § 3 Nr. 63 EStG als auch die Pauschalierung der Lohnsteuer mit 20 % setzen ein bestehendes **erstes Dienstverhältnis** voraus. Unter einem ersten Dienstverhältnis sind alle Beschäftigungen zu verstehen, für die die Lohnsteuer nicht nach der Steuerklasse VI zu erheben ist. Ein erstes Dienstverhältnis kann auch vorliegen, wenn ein geringfügiges Beschäftigungsverhältnis mit 2 %, 5 %, 20 % oder 25 % besteuert wird. In diesen Fällen ist durch eine Erklärung des Arbeitnehmers zu dokumentieren, dass es sich um ein erstes Dienstverhältnis handelt. Die Steuerfreiheit und auch die Pauschalierung mit 20 % werden unabhängig davon gewährt, ob die Beiträge **zusätzlich** zum ohnehin geschuldeten **Arbeitslohn** geleistet **oder** im Wege der **Gehaltsumwandlung** anstelle des geschuldeten Arbeitslohns erbracht werden.

d) Verzicht auf die Steuerfreiheit

Die Steuerfreiheit der Beiträge für eine Direktversicherung war früher nicht anzuwenden, wenn der Arbeitnehmer gegenüber dem Arbeitgeber auf diese Steuerfreiheit verzichtet hatte; lediglich bei Direktversicherungen, die als Versorgungsleistung eine Kapitalauszahlung vorsahen, war ein Verzicht des Arbeitnehmers auf die Steuerfreiheit der Beiträge nicht erforderlich. In der Regel führte dies zu einer Pauschalbesteuerung der Beiträge mit 20 %, die im Hinblick auf die spätere steuerliche Behandlung der Versorgungsleistungen nicht ungünstiger sein musste. Bei einem Arbeitgeberwechsel lebte das Wahlrecht zwischen Steuerfreiheit und Pauschalbesteuerung neu auf.

Da für die steuerliche Behandlung der Beiträge zur betrieblichen Altersversorgung tarifliche Regelungen oder andere arbeitsrechtliche Vereinbarungen bestehen, konnte die Verzichtserklärung des Arbeitnehmers auf die Steuerfreiheit entfallen. Maßgebend für die Fortführung der Pauschalbesteuerung ist allein die Tatsache, dass vor dem 1.1.2018 ein Beitrag zu Recht pauschal mit 20 % besteuert worden ist. In diesem Fall liegen für den jeweiligen Arbeitnehmer die persönlichen Voraussetzungen für die weitere Inanspruchnahme der Pauschalbesteuerung sein ganzes Leben lang vor. Infolgedessen können Direktversicherungsbeiträge auch nach Inanspruchnahme der Steuerfreiheit „auf Wunsch" des Arbeitnehmers wieder mit 20 % pauschal besteuert werden.

Beispiel A

Ende des Jahres 2000 wurde eine Direktversicherung abgeschlossen, die bezüglich der Versorgungsleistung ein Wahlrecht zwischen Renten- und Kapitalauszahlung vorsieht. Die Beiträge zu dieser Direktversicherung sind in den Jahren 2001 bis 2004 zu Recht mit 20 % pauschal besteuert worden. Seit dem Jahr 2005 sind die Beiträge als steuerfrei behandelt worden, weil die gesetzlichen Voraussetzungen für diese Steuerfreiheit erfüllt sind und der Arbeitnehmer gegenüber dem Arbeitgeber keine Verzichtserklärung zu Gunsten der Anwendung der Pauschalbesteuerung abgegeben hatte.

Frage: Können die Beiträge zu dieser Direktversicherung ab 2021 wieder pauschal besteuert werden, wenn der Arbeitnehmer dies „wünscht"?

1) Die Steuerfreiheit ist bei den Durchführungswegen Pensionszusage und Unterstützungskasse nicht begrenzt. Sozialversicherungsrechtlich ist aber die 4 %-Grenze zu beachten, wenn der Aufwand aus einer Entgeltumwandlung stammt (vgl. die Übersichten in Anhang 6 unter den Nrn. 18 und 19).

Lohn-steuer-pflichtig | Sozial-versich.-pflichtig

Diese Möglichkeit besteht, da vor dem 1.1.2018 mindestens ein Beitrag zu der Direktversicherung pauschal besteuert wurde (nämlich in den Jahren 2001 bis 2004; § 52 Abs. 40 Satz 1 EStG).

Vertragsänderungen (z. B. Beitragserhöhungen), Neuabschlüsse, Änderungen der Versorgungszusage oder Arbeitgeberwechsel sind im Hinblick auf die Pauschalbesteuerung unbeachtlich. Im Fall eines Arbeitgeberwechsels genügt es, wenn der Arbeitnehmer gegenüber dem neuen Arbeitgeber nachweist, dass vor dem 1.1.2018 mindestens ein Beitrag an eine Pensionskasse oder eine Direktversicherung nach § 40b EStG a. F. pauschal besteuert wurde. Dieser Nachweis kann durch eine Gehaltsabrechnung oder eine Bescheinigung eines Vorarbeitgebers oder des Versorgungsträgers erbracht werden.

Beispiel B

Dem Arbeitnehmer A wurde vom Arbeitgeber B im Jahre 2000 eine Versorgungszusage über eine Pensionskasse und im Jahr 2010 in Form einer Direktversicherung erteilt. Die Beiträge für die Pensionskasse wurden – soweit sie über den steuerfreien Betrag hinausgingen – bis zur Beendigung des Dienstverhältnisses am 30.6.2019 nach § 40b EStG a. F. mit 20 % pauschal besteuert. Die Beiträge an die Direktversicherung wurden aus individuell versteuertem Arbeitslohn geleistet. Nach einer Zeit der Arbeitslosigkeit vom 1.7.2019 bis 31.3.2021 nimmt A zum 1.4.2021 ein neues Beschäftigungsverhältnis beim Arbeitgeber C auf. C erteilt A eine neue Versorgungszusage über einen Pensionsfonds und übernimmt die Direktversicherung. A weist dem C durch Vorlage einer Gehaltsabrechnung nach, dass die Beiträge für die Pensionskasse nach § 40b EStG a. F. pauschal besteuert worden sind.

Arbeitgeber C kann die Beiträge für die Direktversicherung bis zur Höhe von 1752 € nach § 40b EStG a. F. mit 20 % pauschal besteuern. Der Zeitpunkt der Erteilung der Versorgungszusage für die Direktversicherung (= 2010!) ist ohne Bedeutung.

Beispiel C

Dem Arbeitnehmer A wurde vom Arbeitgeber B im Jahr 2007 eine Versorgungszusage in Form einer Direktversicherung erteilt. Die Beiträge für die Direktversicherung waren bis zum 30. Juni 2019 steuerfrei. Nach einer Zeit der Arbeitslosigkeit (1. Juli 2019 bis 31. März 2021) nimmt A zum 1. April 2021 ein neues Beschäftigungsverhältnis beim Arbeitgeber C auf. C übernimmt die Direktversicherung und führt sie fort.

Arbeitgeber C kann die Beiträge für die Direktversicherung nicht mit 20 % pauschal besteuern, da vor dem 1.1.2018 kein Beitrag pauschal besteuert worden ist.

3. Vorzeitige Rückzahlung pauschal mit 20 % besteuerter Beiträge zu einer Direktversicherung

Es kommt vor, dass der Direktversicherungsvertrag bei fortbestehendem Dienstverhältnis durch den Arbeitgeber gekündigt und der Rückkaufswert an den Arbeitnehmer ausgezahlt wird. Dies geschieht im Einverständnis mit dem Arbeitnehmer, da dieser ein unwiderrufliches Bezugsrecht hat, wenn die Beiträge aus einer Gehaltsumwandlung stammen (= unverfallbare Anwartschaft). Dieser Vorgang hat **keine lohnsteuerliche Auswirkung** (vgl. hierzu die ausführlichen Erläuterungen beim Stichwort „Zukunftsicherung" unter Nr. 17 Buchstabe b auf Seite 1089).

Die Sozialversicherungsträger vertreten zur vorzeitigen Auflösung eines Direktversicherungsvertrags folgende Auffassung (Besprechungsergebnis vom 20.4.2016):

Abfindungen von Anwartschaften auf betriebliche Altersversorgung bzw. Auszahlungen von Rückkaufswerten waren nach Auffassung der Spitzenorganisationen der Sozialversicherung grundsätzlich dem Arbeitsentgelt nach § 14 Abs. 1 Satz 1 SGB IV hinzuzurechnen.

Aufgrund der Rechtsprechung des Bundessozialgerichtes (u. a. Urteil vom 25.4.2012 – B 12 KR 26/10 R – USK 2012-20) haben die Spitzenorganisationen der Sozialversicherung ihre frühere Auffassung aufgegeben. Nach Auffassung der Besprechungsteilnehmer ist bei der beitragsrechtlichen Behandlung von Abfindungen von Versorgungsanwartschaften inzwischen von einer ständigen Rechtsprechung des BSG auszugehen, der eine über den entschiedenen Einzelfall hinausgehende generelle Bedeutung beizumessen ist. Insofern ist die frühere **beitragsrechtliche Beurteilung** von vor Eintritt des Versorgungsfalles gezahlten Abfindungen von gesetzlich oder vertraglich unverfallbaren und verfallbaren Anwartschaften auf eine betriebliche Altersversorgung dahingehend anzupassen, dass diese Abfindungen kein Arbeitsentgelt nach § 14 SGB IV mehr darstellen.

Die Spitzenorganisationen erkennen die Rechtsprechung dahingehend an, dass die vor dem Eintritt des Versicherungsfalles ausgezahlten Abfindungen von Anwartschaften auf betriebliche Altersversorgung, und zwar sowohl nach beendetem als auch bei bestehendem Beschäftigungsverhältnis, als **Versorgungsbezüge** in Form einer Kapitalleistung nach § 229 Abs. 1 Satz 3 SGB V zu bewerten sind.

Obwohl die Zuordnung der Abfindungen von Versorgungsanwartschaften zu den Versorgungsbezügen allein auf einer Rechtsvorschrift der gesetzlichen Krankenversicherung (§ 229 SGB V) gründet, gilt der Ausschluss der Arbeitsentgelteigenschaft nicht nur für die Beiträge zur Kranken- und Pflegeversicherung, sondern auch für die Beiträge zur Renten- und Arbeitslosenversicherung. Für die Zuordnung als Versorgungsbezug ist es unerheblich, ob von der Abfindung Kranken- und Pflegeversicherungsbeiträge tatsächlich erhoben werden (können). Entsprechende Abfindungszahlungen an nicht gesetzlich krankenversicherte Arbeitnehmer zählen deshalb ebenso nicht zum beitragspflichtigen Arbeitsentgelt.

Bei den im Rahmen einer betrieblichen Altersversorgung vereinbarten oder zugesagten Leistungen, die bei Eintritt des Versorgungsfalles vom Arbeitgeber selbst (Direktzusage), von einer Institution im Sinne des Betriebsrentenrechts (Unterstützungskasse, Pensionskasse, Pensionsfonds) oder im Rahmen einer Direktversicherung zu gewähren sind, handelt es sich nach der sogenannten institutionellen Abgrenzung um Versorgungsbezüge (vgl. Beschluss des Bundesverfassungsgerichts vom 28.9.2010 – 1 BvR 1660/08 – USK 2010-112, sowie der Urteile des BSG vom 12.11.2008 – B 12 KR 6/08 R u. a. –, USK 2008-121).

Die Eigenschaft der Abfindungszahlung als Versorgungsbezug geht durch eine Auszahlung noch vor Eintritt des vertraglich vereinbarten Versicherungs- bzw. Versorgungsfalles nicht verloren. Dies gilt unabhängig von dem Alter der betreffenden Person zum Zeitpunkt der Auszahlung. Entscheidend für die Zuordnung zu § 229 SGB V ist allein der ursprünglich vereinbarte Versorgungszweck. Damit sind Abfindungen von Versorgungsanwartschaften, die in den Durchführungswegen Direktzusage, Unterstützungskasse, Pensionskasse, Pensionsfonds oder Direktversicherung aufgebaut wurden, ausschließlich dem sachlichen Anwendungsbereich der Versorgungsbezüge nach § 229 SGB V zuzurechnen, mit der Folge, dass sie kein Arbeitsentgelt nach § 14 SGB IV sind.

Nach den vorstehenden Grundsätzen dieses Besprechungsergebnisses ist spätestens bei Abfindungen von Versorgungsanwartschaften zu verfahren, die nach dem 30.6.2016 ausgezahlt werden. Bei Auszahlungen vor diesem Zeitpunkt wird eine abweichende Verfahrensweise nicht beanstandet. Soweit von entsprechenden Abfindungszahlungen in der Vergangenheit Gesamtsozialversicherungsbeiträge gezahlt worden sind, kann eine Erstattung nach § 26 Abs. 2 und 3 SGB IV als zu Unrecht gezahlte Beiträge in Betracht kommen. Zur Geltendmachung des Erstattungsanspruchs ist ein Antrag entsprechend den gemeinsamen Grundsätzen für die Verrechnung und Erstattung zu Unrecht gezahlter Beiträge zur Kranken-, Pflege-, Renten- und Arbeitslosenversicherung

D

	Lohn-steuer-pflichtig	Sozial-versich.-pflichtig

aus einer Beschäftigung zu verwenden. Eine Verrechnung der Beiträge durch den Arbeitgeber ist in diesen Fällen entgegen Abschnitt 3.1 der vorgenannten gemeinsamen Grundsätze vom 21.11.2006 nicht zulässig. Die Krankenkassen haben in diesen Fällen zu prüfen, ob die Zahlstelle der Versorgungsbezüge ihre Meldepflicht nach § 202 SGB V erfüllt hat, und gegebenenfalls die Beitragspflicht zur Kranken- und Pflegeversicherung gegenüber ihrem Mitglied festzustellen.

D

4. Behandlung der Leistungen in der Auszahlungsphase

Sind die Beiträge des Arbeitgebers zu einer Direktversicherung steuerfrei nach § 3 Nr. 63 EStG, kommt es zur nachgelagerten Besteuerung, das heißt Versorgungsleistungen aus einer solchen Direktversicherung werden im Zeitpunkt der Auszahlung **in vollem Umfang** (nicht nur mit dem Ertragsanteil) als sonstige Einkünfte besteuert, **soweit sie auf steuerfreien Beitragsleistungen des Arbeitgebers beruhen** (§ 22 Nr. 5 Satz 1 EStG).

In Altfällen, die über den 1.1.2005 hinaus weiterhin pauschal mit 20 % besteuert wurden, werden spätere Rentenzahlungen aus dem Direktversicherungsvertrag lediglich mit einem sehr geringen Ertragsanteil (z. B. 18 % bei Rentenbeginn mit 65 Jahren) als sonstige Einkünfte versteuert (§ 22 Nr. 5 Satz 2 Buchstabe a i. V. m. Nr. 1 Satz 3 Buchstabe a Doppelbuchstabe bb EStG). Die Wechselwirkung zwischen der Behandlung der Beiträge in der Ansparphase und der Besteuerung der Leistungen in der Auszahlungsphase ist ausführlich anhand von Beispielen in Anhang 6 Nr. 11 auf Seite 1184 dargestellt.

5. Krankenkassenbeiträge für Leistungen in der Auszahlungsphase

Leistungen aus einer Direktversicherung sind bei gesetzlich Krankenversicherten als **Versorgungsbezüge** (§ 229 SGB V) kranken- und pflegeversicherungspflichtig. Wird die Leistung aus einer Direktversicherung als einmalige Kapitalleistung erbracht, gilt 1/120 der Kapitalleistung als monatlicher Zahlbetrag, das heißt, die Einmalzahlung wird auf zehn Jahre verteilt (vgl. die Erläuterungen in Teil B Nr. 12 auf Seite 24). Das galt früher auch für Leistungen der betrieblichen Altersversorgung, die aus Beiträgen resultieren, für die nach § 3 Nr. 63 Satz 2 EStG zugunsten der sog. Riesterförderung (§ 10a/Abschnitt XI EStG) auf die Steuerfreiheit verzichtet wurde. Seit 1.1.2018 werden Leistungen, die aus einer „riestergeförderten" betrieblichen Altersversorgung (Leistungen aus Altersvorsorgevermögen im Sinne des § 92 EStG) resultieren, von den beitragspflichtigen Versorgungsbezügen nach § 229 Abs. 1 Satz 1 Nr. 5 SGB V ausgenommen. Dies gilt auch in allen laufenden Leistungsfällen.

Nach dem Rundschreiben des GKV-Spitzenverbandes vom 2.12.2010 (RS 2010/581) gibt es darüber hinaus noch einen Ausnahmefall. Voraussetzung für den Ausnahmefall ist, dass

- es sich um laufende oder einmalige Leistungen aus einem Lebensversicherungsvertrag handelt, der ursprünglich als **Direktversicherung** vom Arbeitgeber als Versicherungsnehmer für den Arbeitnehmer als Bezugsberechtigten abgeschlossen worden war **und**
- der Vertrag nach Beendigung des Arbeitsverhältnisses **vom Arbeitnehmer als Versicherungsnehmer übernommen** und von ihm bis zum Eintritt des Versorgungsfalls fortgeführt worden war.

Sind diese Voraussetzungen erfüllt, ist der Teil der Versorgungsleistung, der auf Beiträgen beruht, die der **Arbeitnehmer als Versicherungsnehmer** für die Zeit nach Beendigung seines Arbeitsverhältnisses auf den Lebensversicherungsvertrag eingezahlt hat, **kein beitragspflichtiger Versorgungsbezug** im Sinne des § 229 SGB V. Zu Unrecht entrichtete Beiträge werden im Rahmen des § 256 Abs. 2 Satz 4 SGB V durch die Krankenkassen erstattet.

Direktzusage

siehe „Pensionszusage"

Doktoranden

Doktoranden sind **Arbeitnehmer,** wenn die Promotion Gegenstand eines Dienstverhältnisses ist (BFH-Urteil vom 9.10.1992, BStBl. 1993 II S. 115). Zum Werbungskostenabzug der Aufwendungen zur Erlangung eines Doktortitels vgl. Anhang 7 Abschnitt B Nr. 2.

Das Fehlen eines eigenen Unternehmensrisikos, die Unterordnung des Forschenden unter die wirtschaftlichen Interessen des Unternehmens sowie eine Bezahlung, die dem Entgelt eines in Vollzeit beschäftigten Mitarbeiters entspricht, sind deutliche Indizien für das Bestehen eines (versicherungspflichtigen) Beschäftigungsverhältnisses (LSG Berlin-Brandenburg, Urteil vom 8.11.2006 – L 9 KR 161/02 –). ja ja

Doppelbesteuerungsabkommen

Wichtiges auf einen Blick:

1. Anwendungsschreiben der Finanzverwaltung

Die Finanzverwaltung hat einen umfangreichen Erlass zur steuerlichen Behandlung des Arbeitslohns nach den Doppelbesteuerungsabkommen herausgegeben (BMF-Schreiben vom 3.5.2018, BStBl. I S. 643; punktuell geändert durch BMF-Schreiben vom 22.4.2020, BStBl. I S. 483).[1] Die sich hieraus ergebende Verwaltungsauffassung ist in die nachfolgenden Ausführungen eingearbeitet worden.

2. Aufteilung des Arbeitslohns im Lohnsteuerabzugsverfahren

Außerdem hat die Finanzverwaltung ein umfangreiches Anwendungsschreiben zur Ermittlung des steuerfreien und steuerpflichtigen Arbeitslohns nach dem Doppelbesteuerungsabkommen bekannt gegeben.[2] Vgl. hierzu die Ausführungen und Beispiele unter Nr. 9 Buchstabe e.

3. Anlage N-AUS zur Einkommensteuererklärung

Im Rahmen ihrer Einkommensteuererklärung haben Arbeitnehmer die Angaben zu Auslandssachverhalten in der Anlage N-AUS zu machen. Dabei ist für jeden ausländischen Staat eine gesonderte Anlage N-AUS abzugeben. Ungeachtet dessen gelten die erweiterten Mitwirkungspflichten des Arbeitnehmers bei Auslandssachverhalten (§ 90 Abs. 2 AO).

1) Das BMF-Schreiben ist als Anlage 2 zu H 39b.10 LStR im **Steuerhandbuch für das Lohnbüro 2021** abgedruckt, das im selben Verlag erschienen ist.

2) BMF-Schreiben vom 14.3.2017 (BStBl. I S. 473). Das BMF-Schreiben ist als Anlage 10 zu H 39b.10 LStR im **Steuerhandbuch für das Lohnbüro 2021** abgedruckt, das im selben Verlag erschienen ist.

Lohn- steuer- pflichtig | Sozial- versich.- pflichtig

4. Angabe der Sozialversicherungsbeiträge in der Lohnsteuerbescheinigung

Bezieht ein **pflichtversicherter Arbeitnehmer** im Bescheinigungszeitraum steuerfreie und steuerpflichtige Arbeitslohnteile, ist nur der Anteil der **Sozialversicherungsbeiträge** zu bescheinigen, der sich nach dem **Verhältnis des steuerpflichtigen Arbeitslohns zum gesamten Arbeitslohn** des Bescheinigungszeitraums ergibt. Die Verhältnisrechnung ist auch dann durchzuführen, wenn der steuerpflichtige Arbeitslohn im Bescheinigungszeitraum die für die Beitragsberechnung maßgebende Beitragsbemessungsgrenze übersteigt.

Vgl. nachfolgende Nr. 11 und das Stichwort „Lohnsteuerbescheinigung" unter Nr. 24.

Gliederung:

1. Anwendung von Doppelbesteuerungsabkommen

a) Allgemeines

Ein Doppelbesteuerungsabkommen ist ein Vertrag zwischen zwei Staaten, der eine doppelte steuerliche Erfassung von Einkünften verhindern soll (z. B. Besteuerung eines Arbeitnehmers sowohl im Wohnsitzstaat als auch im Tätigkeitsstaat). Doppelbesteuerungsabkommen werden durch ein sog. Zustimmungsgesetz unmittelbar anwendbares innerstaatliches Recht, das den Steuergesetzen vorgeht (§ 2 Abs. 1 AO). Dabei ist zu beachten, dass Doppelbesteuerungsabkommen das deutsche (innerstaatliche) Besteuerungsrecht nur **einschränken,** nicht jedoch ausdehnen oder gar begründen können (vgl. aber auch die Ausführungen unter der nachfolgenden Nr. 12 zu den sog. Rückfallklauseln).

D

Fast alle von der Bundesrepublik Deutschland mit anderen Staaten abgeschlossenen Doppelbesteuerungsabkommen enthalten Regelungen zur steuerlichen Behandlung von Arbeitnehmern. Im Normalfall wird dabei dem Tätigkeitsstaat das Besteuerungsrecht zugewiesen. Für den Arbeitgeber erlangt die Frage nach einer Doppelbesteuerung dann Bedeutung,

- wenn der Arbeitgeber einen ausländischen Arbeitnehmer beschäftigt **oder**
- wenn der Arbeitgeber einen seiner Arbeitnehmer in das Ausland entsendet.

Beide Fälle sind in den Doppelbesteuerungsabkommen geregelt. Werden **ausländische Arbeitnehmer in Deutschland tätig,** sind sie entweder unbeschränkt oder nur beschränkt steuerpflichtig und zwar je nachdem, ob sie in Deutschland ihren Wohnsitz bzw. gewöhnlichen Aufenthalt haben oder nicht. Der inländische Arbeitgeber ist sowohl bei unbeschränkt als auch bei beschränkt steuerpflichtigen Arbeitnehmern nach deren jeweiligen individuellen Lohnsteuerabzugsmerkmalen zum Lohnsteuerabzug verpflichtet. Ist ein beschränkt oder unbeschränkt steuerpflichtiger ausländischer Arbeitnehmer der Auffassung, dass ihm aufgrund eines Doppelbesteuerungsabkommens keine Lohnsteuer vom Arbeitslohn abgezogen werden dürfe, muss er eine entsprechende **Freistellungsbescheinigung** des Finanzamts vorlegen. Diese Freistellungsbescheinigung kann der Arbeitnehmer bei dem für den Arbeitgeber zuständigen Betriebsstättenfinanzamt auf amtlichem Vordruck beantragen. Alle Fragen, die bei einer Beschäftigung ausländischer Arbeitnehmer in Deutschland auftreten können, sind beim Stichwort „Beschränkt steuerpflichtige Arbeitnehmer" abgehandelt.

Die folgenden Erläuterungen behandeln die Fälle, in denen **Arbeitnehmer für ihren inländischen Arbeitgeber im Ausland tätig werden** und zwar in einem Land, mit dem die Bundesrepublik Deutschland ein Doppelbesteuerungsabkommen abgeschlossen hat. Werden Arbeitnehmer für ihren Arbeitgeber in einem Land tätig, mit dem die Bundesrepublik Deutschland kein Doppelbesteuerungsabkommen abgeschlossen hat, richtet sich die steuerliche Behandlung der Arbeitnehmer nach den beim Stichwort „Auslandstätigkeit/Auslandstätigkeitserlass" dargestellten Grundsätzen.

Von entscheidender Bedeutung für die Zuweisung des Besteuerungsrechts bei einer Tätigkeit im Ausland ist die Frage nach dem Wohnsitz des Arbeitnehmers. Denn nur in den Fällen in denen der Arbeitnehmer bei einer Auslandstätigkeit seinen Wohnsitz im Inland beibehält, besteht im Grundsatz (weiterhin) ein Besteuerungsrecht der Bundesrepublik Deutschland. Kommt es in solchen Fällen zu einer Doppelbesteuerung, kann die Steuer, die vom ausländischen Staat für die Auslandstätigkeit erhoben wird, unter bestimmten Voraussetzungen bei einer Veranlagung auf die deutsche Einkommensteuer angerechnet oder bei der Ermittlung der Einkünfte abgezogen werden; für das Lohnsteuerabzugsverfahren ist zur Vermeidung dieser Doppelbesteuerung die Bildung eines Freibetrags in Höhe des Vierfachen der ausländischen Steuer möglich (vgl. die Erläuterungen beim Stichwort „Anrechnung ausländischer Einkommensteuer/Lohnsteuer"). Die Doppelbesteuerungsabkommen haben jedoch das Ziel, diese Doppelbesteuerung von vornherein zu vermeiden.

Hiernach ergibt sich folgende Übersicht:

Der Arbeitnehmer behält in Deutschland seinen Wohnsitz oder gewöhnlichen Aufenthalt **nicht** bei.

Damit entfällt im Grundsatz das Besteuerungsrecht Deutschlands. Seltener Ausnahmefall: Verwertungstatbestand ist erfüllt, vgl. das Stichwort „Auslandstätigkeit/Auslandstätigkeitserlass“ unter Nr. 3 auf Seite 152.

Auslandstätigkeit eines Arbeitnehmers für eine deutsche Firma

Der Arbeitnehmer behält in Deutschland seinen Wohnsitz oder gewöhnlichen Aufenthalt bei.

Der Arbeitnehmer ist weiterhin unbeschränkt steuerpflichtig; das **Besteuerungsrecht Deutschlands bleibt im Grundsatz bestehen.** Für die steuerliche Behandlung des Arbeitslohns gibt es drei Möglichkeiten:

Freistellung vom Lohnsteuerabzug nach einem **Doppelbesteuerungsabkommen.** Anwendung des Progressionsvorbehalts.[1]

Freistellung vom Lohnsteuerabzug nach dem **Auslandstätigkeitserlass** (wenn die Tätigkeit in einem Land ausgeübt wird, mit dem kein Doppelbesteuerungsabkommen besteht vgl. das Stichwort „Auslandstätigkeit/Auslandstätigkeitserlass“ auf Seite 151). Anwendung des Progressionsvorbehalts.

Besteuerung des Arbeitslohns unter Anrechnung der ggf. im Ausland gezahlten Lohn- oder Einkommensteuer (vgl. das Stichwort „Anrechnung ausländischer Einkommensteuer [Lohnsteuer]“).

b) Geltende Doppelbesteuerungsabkommen

Die Bundesrepublik Deutschland hat mit mehreren Staaten Abkommen zur Vermeidung einer Doppelbesteuerung (Doppelbesteuerungsabkommen = DBA) abgeschlossen. Zurzeit bestehen folgende Abkommen:

	Fundstelle BStBl. I Jahr	Seite
Ägypten	1990	280
Albanien	2012	292
Algerien	2009	382
Argentinien	1979	326
	1998	187
Armenien	1983	90[2]
	2018	222
Aserbaidschan	2006	291
Australien	1974	423
	2017	121
Bangladesch	1992	34
Belarus (Weißrussland)	2007	276
Belgien	1969	38
	2005	346
Bolivien	1994	575
Bosnien und Herzegowina[3]	1988	372
Bulgarien	2011	543
China (ohne Hongkong und Macau)	1986	329
	2016	1130
Costa Rica	2016	1169
Côte d'Ivoire (Elfenbeinküste)	1982	357
Dänemark	1996	1219
Ecuador	1984	339
Estland	1998	543
Finnland	1982	201
	2017	1527

	Fundstelle BStBl. I Jahr	Seite
Frankreich	1961	342
	1970	900
	1990	413
	2002	891
	2016	515
Georgien	2008	482
	2015	177
Ghana	2008	467
Griechenland	1967	50
Großbritannien	2011	469
	2016	192
Indien	1996	599
Indonesien	1991	1001
Iran	1970	768
Irland	2013	471
	2016	196
Island	1973	504
Israel	2016	1116
Italien	1990	396
Jamaika	1976	407
Japan	1967	58
	1980	649
	1984	216
	2016	1306
Jersey[4]	2010	174
	2016	272
Kanada	2002	505
Kasachstan	1998	1029
Kenia	1979	337
Kirgisistan	2007	233
Korea (Republik)	2003	24
Kosovo[3]	1988	372
Kroatien	2007	247
Kuwait	1989	150
	2000	439
Lettland	1998	531
Liberia	1973	615
Liechtenstein	2013	488
Litauen	1998	1016
Luxemburg	2015	7
Malaysia	2011	329
Malta	2002	76
	2011	742
Marokko	1974	59
Mauritius	2013	388
Mazedonien	2011	313
	2018	710
Mexiko	2014	1223
Moldau, Republik[2]	1983	90
Mongolei	1995	607
Montenegro[3]	1988	372
Namibia	1994	673
Neuseeland	1980	654
Niederlande	2016	47
	2017	69
Norwegen	1993	655
	2015	245
Österreich	2002	584
	2012	366
Pakistan	1995	617
Philippinen	2016	252
Polen	2005	349
Portugal	1982	347
Rumänien	2004	273

1) In einigen Doppelbesteuerungsabkommen ist **anstelle** der **Steuerfreistellung** im Ansässigkeitsstaat des Arbeitnehmers die **Anrechnung** der im Tätigkeitsstaat gezahlten Steuer vorgesehen. Je nach Ausgestaltung des Doppelbesteuerungsabkommens gilt dies für sämtliche Lohneinkünfte (z. B. Liechtenstein, Norwegen, Vereinigte Arabische Emirate, Zypern) oder nur für bestimmte Lohneinkünfte (insbesondere gewerbsmäßige Arbeitnehmerüberlassung).

2) DBA mit der Sowjetunion gilt fort.

3) DBA mit der Republik Jugoslawien gilt fort.

4) Begrenztes DBA insbesondere für Betriebsrentner, Rentner und Studenten.

	Fundstelle BStBl. I Jahr	Seite	Lohn-steuer-pflichtig	Sozial-versich.-pflichtig
Russische Föderation	1996	1490		
	2009	831		
Sambia	1975	688		
Schweden	1994	422		
Schweiz	1972	518		
	1980	398		
	1990	409		
	1993	927		
	2003	165		
	2012	512		
Serbien[1]	1988	372		
Simbabwe	1989	310		
Singapur	2007	157		
Slowakei[2]	1982	904		
Slowenien	2007	171		
	2013	369		
Spanien	2013	349		
Sri Lanka	1981	610		
Südafrika	1974	850		
Syrien	2011	345		
Tadschikistan	2005	15		
Thailand	1968	1046		
Trinidad und Tobago	1975	697		
Tschechien[2]	1982	904		
Türkei	1989	471		
	2013	373		
Tunesien	1976	498		
	2020	263		
Turkmenistan	1983	90[3]		
	2018	206		
Ukraine	1996	675		
Ungarn	2012	155		
Uruguay	2012	350		
USA	1991	94		
	2008	766		
	2008	783		
Usbekistan	2001	765		
	2016	267		
Venezuela	1996	611		
Vereinigte Arabische Emirate	2011	942		
Vietnam	1996	1422		
Zypern	2012	222		

Hongkong wurde mit Wirkung ab 1.7.1997 ein besonderer Teil der Volksrepublik China (Hongkong Special Administrative Region). Das allgemeine Steuerrecht der Volksrepublik China gilt dort nicht. Damit ist das zwischen Deutschland und der Volksrepublik China abgeschlossene DBA in Hongkong nicht anwendbar.[4] Diese Ausführungen gelten entsprechend auch für **Macau** nach dessen Übergabe an China. Aufgrund des besonderen völkerrechtlichen Status von **Taiwan** wurde ein Steuerabkommen nur von den Leitern des Deutschen Instituts in Taipeh und der Taipeh-Vertretung in der Bundesrepublik Deutschland unterzeichnet.[5]

c) Abkommensberechtigung/Ansässigkeit

Die Anwendung der Doppelbesteuerungsabkommen (sog. Abkommensberechtigung) setzt voraus, dass der Arbeitnehmer abkommensberechtigt ist, d. h. er muss in einem der Vertragsstaaten ansässig sein. Ist der Arbeitnehmer in keinem der Vertragsstaaten ansässig, kommt eine Anwendung des DBA mit dem Tätigkeitsstaat nicht in Betracht.

Beispiel A

Ein Arbeitnehmer mit **Wohnsitz in den Niederlanden** ist für einen Arbeitgeber mit Sitz in der Bundesrepublik Deutschland teils in den Niederlanden und teils in Belgien tätig. Die Besteuerung des Arbeitslohns für die Tätigkeit in den Niederlanden bestimmt sich nach dem DBA Niederlande. Für die Lohneinkünfte aus der Tätigkeit in Belgien kann das DBA Belgien keine Anwendung finden, da der Arbeitnehmer weder in der Bundesrepublik Deutschland noch in Belgien ansässig ist. Die Besteuerung der Lohneinkünfte aus der Tätigkeit in Belgien richtet sich ebenfalls nach dem DBA Niederlande, wobei der sog. Verwertungstatbestand für das Vorliegen inländischer Einkünfte in Deutschland vernachlässigt werden kann, da dieser in aller Regel nicht erfüllt ist.

	Lohn-steuer-pflichtig	Sozial-versich.-pflichtig

D

Ist ein Arbeitnehmer in beiden Vertragsstaaten ansässig („Doppelansässigkeit"; z. B. ein Arbeitnehmer mit Familienwohnsitz im Inland hat auch eine Wohnung im Tätigkeitsstaat), gilt er für die Anwendung des DBA i. d. R. in dem Staat als ansässig, zu dem er die engeren persönlichen und wirtschaftlichen Beziehungen hat (Mittelpunkt der Lebensinteressen). Kann der Mittelpunkt der Lebensinteressen nicht bestimmt werden, ist der gewöhnliche Aufenthalt entscheidend.

Beispiel B

Der Arbeitnehmer begründet während seines befristeten bzw. unbefristeten Aufenthalts im Einsatzstaat einen Wohnsitz. Die Familie ist dem Arbeitnehmer nicht in den Einsatzstaat gefolgt.

Der Arbeitnehmer hat nach wie vor persönliche Beziehungen zu seiner Familie und damit zu seinem Heimatstaat. Demgegenüber treten die persönlichen Beziehungen, die der Arbeitnehmer im Einsatzstaat unterhält, in aller Regel stark zurück. Hinzu kommt in den meisten Fällen, dass der Arbeitnehmer im Heimatstaat auch über wirtschaftliche Beziehungen verfügt (Grundbesitz, Kapitalvermögen, Arbeitgeber ist in diesem Staat ansässig). Die wirtschaftlichen Beziehungen zum Einsatzstaat sind zudem häufig nur vorübergehender Natur. In aller Regel befindet sich der Mittelpunkt der Lebensinteressen des Arbeitnehmers auch während seines Aufenthalts im Einsatzstaat im Heimatstaat (somit = Ansässigkeitsstaat).

Beispiel C

Der Arbeitnehmer begründet während seines auf zwölf Monate befristeten Aufenthalts im Einsatzstaat einen Wohnsitz. Die Wohnung im Heimatstaat steht ihm bzw. seiner Familie jederzeit zur Nutzung zur Verfügung. Das Arbeitsverhältnis zum bisherigen Arbeitgeber gilt fort.

a) Der Arbeitnehmer ist alleinstehend.

b) Die Familie ist dem Arbeitnehmer in den Einsatzstaat gefolgt.

Bei einem wie hier auf kurze Zeit befristeten Aufenthalt im Einsatzstaat und Fortbestehen des bisherigen Arbeitsverhältnisses sind die persönlichen und wirtschaftlichen Beziehungen zu diesem Staat zumeist weniger gewichtig als die zum Heimatstaat. Der Mittelpunkt der Lebensinteressen befindet sich deshalb – unabhängig vom Familienstand – bei einem kurzzeitigen befristeten Aufenthalt im Einsatzstaat in der Regel weiterhin im Heimatstaat (somit = Ansässigkeitsstaat).

Beispiel D

Der Arbeitnehmer begründet während seines mehrjährigen bzw. unbefristeten Aufenthalts im Einsatzstaat einen Wohnsitz. Die Familie ist dem Arbeitnehmer in den Einsatzstaat gefolgt. Die Wohnung im Heimatstaat steht der Familie jederzeit zur Nutzung zur Verfügung.

In der Regel befindet sich der Mittelpunkt der Lebensinteressen im Einsatzstaat (somit = Ansässigkeitsstaat). Wegen des inländischen Wohnsitzes ist der Arbeitnehmer gleichwohl unbeschränkt steuerpflichtig. Zu den Folgerungen für den Anspruch auf Kindergeld vgl. Anhang 9 Nr. 12 Buchstabe b und dort insbesondere das Beispiel A.

Die in einem Doppelbesteuerungsabkommen vereinbarte Steuerfreistellung der Einkünfte eines unbeschränkt steuerpflichtigen Arbeitnehmers aus nichtselbstständiger Arbeit wird in Deutschland regelmäßig nur gewährt, soweit der Arbeitnehmer bei seiner Einkommensteuer-Veranlagung nachweist, dass der Staat, dem nach dem Abkommen das Besteuerungsrecht zusteht (Tätigkeitsstaat), auf dieses Besteuerungsrecht verzichtet hat oder dass die in diesem Staat auf die Einkünfte festgesetzten Steuern tatsächlich entrichtet wurden **(sog. Rückfallklausel).** Die Anwendung der sog. Rückfallklausel ist unter der nachfolgenden Nr. 12 Buchstabe a ausführlich erläutert.

---

1) DBA mit der Republik Jugoslawien gilt fort.

2) DBA mit der Tschechoslowakei gilt fort.

3) DBA mit der Sowjetunion gilt fort.

4) Ein Abkommen zwischen der Bundesrepublik Deutschland und Hongkong zur Vermeidung der Doppelbesteuerung von Schifffahrtsunternehmen ist im BStBl. 2005 Teil I S. 610 veröffentlicht. Außerdem gibt es bereits seit vielen Jahren ein Abkommen zur Vermeidung der Doppelbesteuerung von Luftfahrtunternehmen mit Hongkong (BStBl. 1998 Teil I S. 1156). Darüber hinaus werden Verhandlungen mit Hongkong über ein Abkommen auf dem Gebiet der Einkommensteuer geführt.

5) Zur Veröffentlichung dieses Abkommens siehe BStBl. 2013 I S. 20.

Lohn-steuer-pflichtig Sozial-versich.-pflichtig

D

2. Zuweisung des Besteuerungsrechts bei Arbeitslöhnen

Die Doppelbesteuerungsabkommen weisen bei Löhnen, Gehältern und ähnlichen Vergütungen im Grundsatz dem **Tätigkeitsstaat** das Besteuerungsrecht zu. Der Wohnsitzstaat verzichtet also auf sein im Grundsatz gegebenes Besteuerungsrecht zugunsten des Tätigkeitsstaates, behält sich aber den sog. Progressionsvorbehalt vor (vgl. Nr. 10). Wird der Arbeitnehmer für seinen deutschen Arbeitgeber nur **vorübergehend** im Ausland tätig, bleibt das Besteuerungsrecht beim **Wohnsitzstaat (sog. 183-Tage-Regelung,** vgl. Nr. 3).

Der Ort der Tätigkeit ist bei Einkünften aus nichtselbstständiger Arbeit immer dort, wo sich der Arbeitnehmer zur Ausführung seiner Arbeit **persönlich aufhält.** Der Nachweis über die Ausübung der Tätigkeit in dem anderen Staat und deren Zeitdauer ist durch Vorlage geeigneter Unterlagen (z. B. Stundenprotokolle, Terminkalender, Reisekostenabrechnungen) zu führen. Unerheblich ist es dabei, woher die Zahlung des Arbeitslohns kommt oder wohin die Zahlung des Arbeitslohns geleistet wird und wo der Arbeitgeber ansässig ist; zu den Besonderheiten bei der sog. Überweisungsklausel vgl. nachfolgende Nr. 12 Buchstabe b. Dies gilt nach dem BFH-Urteil vom 5.10.1994 (BStBl. 1995 II S. 95) auch für Geschäftsführer einer GmbH und für Arbeitnehmer mit entsprechenden Tätigkeiten in Organen anderer Kapitalgesellschaften (z. B. Vorstandsmitglieder von Aktiengesellschaften). Zu beachten sind jedoch die in einigen DBAs enthaltenen **Sonderregelungen** über **Geschäftsführervergütungen** (z. B. Art. 16 Abs. 2 DBA-Belgien, Art. 16 Abs. 2 DBA-Kasachstan, Art. 15 Abs. 2 DBA-Niederlande, Art. 16 Abs. 2 DBA-Österreich, Art. 16 Abs. 2 DBA-Polen, Art. 16 DBA-Schweden, Art. 15 Abs. 4 DBA-Schweiz). Das Besteuerungsrecht wird über diese Sonderregelungen für Geschäftsführervergütungen regelmäßig dem Staat zugewiesen, in dem die Kapitalgesellschaft ihren Sitz hat. Das gilt auch dann, wenn die Geschäftsführertätigkeit tatsächlich überwiegend außerhalb des Staates des Sitzes der Kapitalgesellschaft ausgeübt wird (BFH-Urteile vom 25.10.2006, BStBl. 2010 II S. 778 und vom 11.11.2009, BStBl. 2010 II S. 781 jeweils zum DBA-Schweiz).

Im Normalfall bereitet die Feststellung, wo die nichtselbstständige Tätigkeit tatsächlich ausgeübt wurde, keine Probleme. **Stimmen Staat der Tätigkeit und der Ansässigkeit überein, ergibt sich ohnehin ein uneingeschränktes Besteuerungsrecht für den Ansässigkeitsstaat.**

Beispiel

Ein Arbeitnehmer mit Wohnsitz in den Niederlanden wird für einen Arbeitgeber mit Sitz in der Bundesrepublik Deutschland teilweise in Deutschland und teilweise in den Niederlanden tätig.

Das Besteuerungsrecht für die auf die Tätigkeit in den Niederlanden entfallenden Einkünfte steht den Niederlanden zu, da der Arbeitnehmer dort ansässig ist und auch seine Tätigkeit dort ausübt. Dass der Arbeitslohn von einem Arbeitgeber mit Sitz in der Bundesrepublik Deutschland gezahlt wird, ist unbeachtlich. Das Besteuerungsrecht für die auf die Tätigkeit in Deutschland entfallenden Einkünfte steht bereits im Hinblick auf die Ansässigkeit des Arbeitgebers (vgl. nachfolgende Nr. 7) hingegen Deutschland zu.

3. Vorübergehender Aufenthalt (sog. 183-Tage-Regelung)

Bei einer nur vorübergehenden Tätigkeit in dem anderen Vertragsstaat bleibt das Besteuerungsrecht unter folgenden Voraussetzungen beim Wohnsitzstaat des Arbeitnehmers (= Ansässigkeitsstaat):

- Der Arbeit**nehmer** darf sich in dem ausländischen Staat insgesamt nicht länger als 183 Tage während des betreffenden Kalenderjahres (Steuerjahres) bzw. eines Zeitraums von zwölf Monaten aufhalten (vgl. zum maßgebenden Zeitraum die nachfolgenden Ausführungen);
- der Arbeit**geber** darf im ausländischen Tätigkeitsstaat nicht ansässig sein (vgl. nachfolgende Nr. 7);
- der Arbeitslohn darf nicht von einer **Betriebsstätte** oder einer festen Einrichtung getragen werden, die der Arbeitgeber im ausländischen Tätigkeitsstaat unterhält (sog. Betriebsstättenvorbehalt vgl. nachfolgende Nr. 8).

Alle drei Voraussetzungen müssen gleichzeitig erfüllt sein. Fehlt eine dieser Voraussetzungen, hat der Tätigkeitsstaat das Besteuerungsrecht für die vom Arbeitnehmer dort ausgeübte nichtselbstständige Tätigkeit.

Beispiel A

Ein Arbeitnehmer mit Wohnsitz in München ist für seine Firma (Sitz ebenfalls München) in der Schweiz vom 1. April bis 31. Mai 2021 (= 61 Tage) tätig. Die Firma hat keine Betriebsstätte in der Schweiz.

Die Besteuerung des Arbeitslohns für die Tätigkeit in der Schweiz steht der Bundesrepublik Deutschland zu, da der Aufenthalt in der Schweiz nur vorübergehend im Sinne des DBA ist (nicht mehr als 183 Tage im Kalenderjahr).

Beispiel B

Ein Arbeitnehmer mit Wohnsitz in München ist vom 1. Januar bis 28. Februar 2021 in der Schweiz bei einem schweizerischen Arbeitgeber tätig (der Arbeitnehmer ist kein Grenzgänger vgl. dieses Stichwort). Das Besteuerungsrecht für den Arbeitslohn hat die Schweiz, da der Arbeitgeber, der die Vergütungen zahlt, in der Schweiz ansässig ist. Die Bundesrepublik Deutschland stellt den Arbeitslohn unter Anwendung des Progressionsvorbehalts steuerfrei.

Beispiel C

Ein in Österreich ansässiger Arbeitnehmer wird von seinem österreichischen Arbeitgeber vom 1. April bis 31. Oktober 2021 in die Bundesrepublik Deutschland zur Montage einer Anlage entsandt.

Der Aufenthalt im Inland überschreitet im Kalenderjahr 2021 (= Steuerjahr) 183 Tage. Der auf die Tätigkeit im Inland entfallende Arbeitslohn ist deshalb in der Bundesrepublik Deutschland steuerpflichtig. Da die Montage länger als sechs Monate dauert, führt dies zu einer Betriebsstätte (§ 12 Nr. 8 AO) und der österreichische Arbeitgeber ist als „inländischer Arbeitgeber" (§ 38 Abs. 1 Satz 1 Nr. 1 EStG) zum Lohnsteuerabzug verpflichtet.

Beispiel D

Ein Arbeitnehmer ist vom 1. Oktober 2020 bis 31. Mai 2021 für seinen deutschen Arbeitgeber in Österreich tätig. Eine Betriebsstätte des Arbeitgebers in Österreich besteht nicht.

Österreich hat kein Besteuerungsrecht für den Arbeitslohn. Die 183-Tage-Frist ist für jedes Kalenderjahr (= Steuerjahr) getrennt zu ermitteln. Der Arbeitnehmer ist weder im Kalenderjahr 2020 noch im Kalenderjahr 2021 länger als 183 Tage in Österreich. Da der Arbeitslohn von einem deutschen Arbeitgeber getragen wird und nicht zu Lasten einer österreichischen Betriebsstätte des Arbeitgebers geht, bleibt das Besteuerungsrecht bei der Bundesrepublik Deutschland.

Die 183-Tage-Frist kann sich beziehen

- auf das **Kalenderjahr** (z. B. Abkommen mit Italien, Österreich, Schweden, Schweiz) oder
- auf einen **Zeitraum von 12 Monaten** (z. B. Abkommen mit Albanien, Algerien, Armenien, Aserbaidschan, Australien, Belarus, Bulgarien, China, Costa Rica, Finnland, Georgien, Ghana, Großbritannien, Irland, Israel, Japan, Kanada, Kasachstan, Kirgisistan, Korea, Kroatien, Liberia, Liechtenstein, Luxemburg, Malaysia, Malta, Mauritius, Mazedonien, Mexiko, Niederlande, Norwegen, Philippinen, Polen, Rumänien, Russische Föderation, Singapur, Slowenien, Spanien, Syrien, Tadschikistan, Taiwan, Türkei, Tunesien, Turkmenistan, Ungarn, Uruguay, Usbekistan, Vereinigte Arabische Emirate und Zypern)[1] oder
- auf ein **abweichendes Steuerjahr.**

Folgende Vertragsstaaten haben ein vom Steuerjahr der Bundesrepublik Deutschland (Kalenderjahr) abweichendes Steuerjahr und keinen Zeitraum von 12 Monaten:

Bangladesch	1. 7.–30. 6.
Indien	1. 4.–31. 3.
Iran	21. 3.–20. 3.
Namibia	1. 3.–28./29. 2.
Neuseeland	1. 4.–31. 3.

1) Das Abstellen auf einen Zeitraum von zwölf Monaten wird von immer größerer praktischer Bedeutung und ist in nahezu allen neueren DBA enthalten, da dieser Zeitraum im aktuellen OECD-Musterabkommen vorgesehen ist.

	Lohn-steuer-pflichtig	Sozial-versich.-pflichtig
Pakistan 1. 7.–30. 6.		
Sri Lanka 1. 4.–31. 3.		
Südafrika 1. 3.–28./29. 2.		

Weicht das Steuerjahr des Vertragsstaates vom Steuerjahr der Bundesrepublik Deutschland (= Kalenderjahr) ab, ist jeweils das Steuerjahr des Vertragsstaates maßgebend, in dem die Tätigkeit ausgeübt wird.

Beispiel E

Indien hat ein vom Steuerjahr der Bundesrepublik Deutschland abweichendes Steuerjahr vom 1. 4.–31. 3. Der in der Bundesrepublik Deutschland ansässige Arbeitnehmer A ist in der Zeit vom 1. 2.–20. 8. für seine Firma (Sitz in Deutschland, keine Betriebsstätte in Indien) in Indien tätig. Der Aufenthalt erstreckt sich somit auf zwei Steuerjahre:

1. 2.–31. 3. (1. Steuerjahr) = 59 Tage
1. 4.–20. 8. (2. Steuerjahr) = 142 Tage.

Da der Aufenthalt in keinem der maßgebenden Steuerjahre länger als 183 Tage dauert, steht das Besteuerungsrecht der Bundesrepublik Deutschland zu.

Abwandlung

Der in Indien ansässige Arbeitnehmer B ist für seinen in Indien ansässigen Arbeitgeber, der keine Betriebsstätte in Deutschland unterhält, in der gleichen Zeit (1. 2.–20. 8.) in der Bundesrepublik Deutschland tätig. In dem maßgebenden Steuerjahr der Bundesrepublik Deutschland (= Kalenderjahr) beträgt der Aufenthalt 201 Tage und damit mehr als 183 Tage. Das Besteuerungsrecht steht der Bundesrepublik Deutschland zu. Da sich im Inland weder eine Betriebsstätte noch ein ständiger Vertreter befindet, ist der ausländische Arbeitgeber nicht zum Lohnsteuerabzug verpflichtet. Für den Arbeitnehmer ist eine Veranlagung zur Einkommensteuer durchzuführen, bei der die inländischen Einkünfte besteuert werden.

Mehrere Aufenthalte im Vertragsstaat innerhalb eines Kalenderjahres (Steuerjahres) sind zusammenzurechnen.

Wird in einem Doppelbesteuerungsabkommen statt auf das Steuer- oder Kalenderjahr auf einen **„Zeitraum von zwölf Monaten"** abgestellt, sind hierbei alle denkbaren 12-Monats-Zeiträume in Betracht zu ziehen, auch wenn sie sich zum Teil überschneiden. Immer wenn sich der Arbeitnehmer in einem beliebigen 12-Monats-Zeitraum an mehr als 183 Tagen in dem anderen Vertragsstaat aufhält, steht dem anderen Vertragsstaat für die Einkünfte, die auf diese Tage entfallen, das Besteuerungsrecht zu. Mit jedem Aufenthaltstag des Arbeitnehmers in dem anderen Vertragsstaat ergeben sich somit neue zu beachtende 12-Monats-Zeiträume. Die Beachtung und Prüfung dieser Regelung ist daher in der Praxis schwieriger als beim Kalenderjahr oder abweichendem Steuerjahr.[1)]

Beispiel F

Ein Arbeitnehmer ist für seinen deutschen Arbeitgeber vom 1. April bis 20. April 2020 (= 20 Tage), zwischen dem 1. August 2020 und dem 31. März 2021 für 90 Tage sowie vom 25. April bis zum 31. Juli 2021 für 97 Tage in Spanien tätig.

Das Besteuerungsrecht für die Einkünfte, die innerhalb des Zeitraums 1. August 2020 bis 31. Juli 2021 auf Tage entfallen, an denen sich der Arbeitnehmer in Spanien aufhält, hat Spanien, da sich der Arbeitnehmer innerhalb eines 12-Monats-Zeitraums dort an insgesamt mehr als 183 Tagen aufgehalten hat (90 Tage + 97 Tage = 187 Tage). Das Besteuerungsrecht für die Einkünfte, die auf den Zeitraum 1. April bis 20. April 2020 entfallen, steht dagegen der Bundesrepublik Deutschland zu, da in allen auf diesen Zeitraum bezogenen denkbaren 12-Monats-Zeiträumen sich der Arbeitnehmer an nicht mehr als 183 Tagen in Spanien aufgehalten hat.

4. Nichtanwendung der 183-Tage-Regelung

a) Grenzgänger

Besonderheiten gelten nach den DBA mit Frankreich, Österreich und Schweiz für Grenzgänger. Das sind Arbeitnehmer, die im Grenzbereich des einen Staates arbeiten und täglich zu ihrem Wohnsitz im Grenzbereich des anderen Staates zurückkehren (vgl. das Stichwort „Grenzgänger").

Deutschland und Luxemburg haben zudem eine Verständigungsvereinbarung zur Besteuerung von Grenzpendlern getroffen.[2)]

	Lohn-steuer-pflichtig	Sozial-versich.-pflichtig

b) Leiharbeitnehmer

Nach zahlreichen Abkommen (z. B. DBA Albanien, Bulgarien, Dänemark, Finnland, Frankreich, Italien, Kasachstan, Kroatien, Norwegen, Polen, Rumänien, Schweden, Slowenien, Ungarn, Zypern) ist die 183-Tage-Regelung auf Leiharbeitnehmer nicht anwendbar. Beide Vertragsstaaten haben das Besteuerungsrecht. Die Doppelbesteuerung wird durch Steueranrechnung vermieden. Dagegen hat der Bundesfinanzhof keine verfassungsrechtlichen Bedenken (BFH-Beschluss vom 11.1.2011, BFH/NV 2011 S. 970). Auf die ausführlichen Erläuterungen beim Stichwort „Arbeitnehmerüberlassung" wird Bezug genommen. Zur Steueranrechnung vgl. auch die Erläuterungen beim Stichwort „Anrechnung ausländischer Einkommensteuer (Lohnsteuer)".

c) Studenten, Lehrer, Künstler, Sportler, Flug- und Schiffspersonal

Für Künstler, Sportler, Flug- und Schiffspersonal, Hochschullehrer, Lehrer, Studenten, Schüler, Lehrlinge und sonstige Auszubildende enthalten die DBA zum Teil besondere, unterschiedliche Regelungen (vgl. auch die Stichworte „Ausländische Studenten" und „Beschränkt steuerpflichtige Künstler, Berufssportler, Schriftsteller und Journalisten").

Beispiel

Ein deutscher Arbeitnehmer ist im Jahre 2021 an 150 Tagen an Bord eines Seeschiffes tätig. Das Schiff läuft unterschiedliche Häfen in Griechenland, Italien, Portugal und Spanien an. Der Ort der tatsächlichen Geschäftsleitung des Unternehmens befindet sich in Genua.

Das Besteuerungsrecht für den Arbeitslohn des deutschen Arbeitnehmers hat Italien, da sich dort der Ort der tatsächlichen Geschäftsleitung des Unternehmens befindet (Art. 15 Abs. 3 DBA-Italien). Die Bundesrepublik Deutschland stellt die Einkünfte des Arbeitnehmers unter Anwendung des Progressionsvorbehalts frei (Art. 24 Abs. 3 DBA-Italien).

d) Zahlungen aus öffentlichen Kassen

Für Zahlungen aus öffentlichen Kassen gilt die 183-Tage-Regelung nicht. Denn bei Zahlungen aus öffentlichen Kassen hat in der Regel der Staat der zahlenden Kasse das Besteuerungsrecht (sog. **Kassenprivileg** oder Kassenstaatsklausel), es sei denn, der Arbeitnehmer besitzt die Staatsangehörigkeit des Tätigkeitsstaates (sog. Ortskräfte).

5. Berechnung des 183-Tage-Zeitraums

Bei der Ermittlung der 183 Tage ist regelmäßig nicht die Dauer der beruflichen Tätigkeit, sondern die **körperliche Anwesenheit** im Tätigkeitsstaat maßgebend. Es kommt darauf an, ob der Arbeitnehmer an mehr als 183 Tagen im Tätigkeitsstaat anwesend war. Dabei ist auch eine nur kurzfristige Anwesenheit an einem Tag als voller Aufenthaltstag im Tätigkeitsstaat zu berücksichtigen. Im Einzelnen gilt zur Berechnung des 183-Tage-Zeitraums Folgendes:

- **Mehrere** kürzere oder längere **Aufenthalte** in dem gleichen Vertragsstaat innerhalb eines Kalenderjahres (Steuerjahres) bzw. innerhalb von zwölf Monaten für einen oder mehrere verschiedene Arbeitgeber sind für die Berechnung der 183-Tage-Frist **zusammenzurechnen.** Es muss sich also nicht um einen zusammenhängenden Aufenthalt im Tätigkeitsstaat handeln. Die Voraussetzung „Aufenthalt" im anderen Vertragsstaat ist aber für Zeiten von Dienstreisen in Drittstaaten nicht erfüllt. Dies gilt auch dann, wenn die Durchführung

1) Das Abstellen auf einen Zeitraum von zwölf Monaten wird von immer größerer praktischer Bedeutung und ist in nahezu allen neueren DBA enthalten, da dieser Zeitraum im aktuellen OECD-Musterabkommen vorgesehen ist.

2) BMF-Schreiben vom 14.6.2011 (BStBl. I S. 576). Das BMF-Schreiben ist als Anlage 8 zu H 39b.10 LStR im **Steuerhandbuch für das Lohnbüro 2021** abgedruckt, das im selben Verlag erschienen ist.

Lohnsteuerpflichtig | Sozialversich.-pflichtig

der Reisen auf die Arbeitstätigkeit im anderen Vertragsstaat zurückzuführen ist und/oder die Reisen von dort aus angetreten bzw. dort wieder beendet werden (BFH-Urteil vom 25.11.2014, BStBl. 2015 II S. 448).

D

- Bei der An- und Abreise zählen nur der **Ankunfts- und Abreisetag** zur Auslandstätigkeit (Durchreisetage durch Drittstaaten zählen also nicht zur Auslandstätigkeit). Bei Berufskraftfahrern werden aber auch Durchreisetage mitgezählt (vgl. die Erläuterungen unter der nachfolgenden Nr. 6).
- Alle Tage der Anwesenheit im Tätigkeitsstaat unmittelbar vor, während und unmittelbar nach der Tätigkeit (z. B. **Samstage, Sonntage, gesetzliche Feiertage**) zählen zur Auslandstätigkeit.
- Alle Tage der Anwesenheit im Tätigkeitsstaat während einer **Arbeitsunterbrechung** (z. B. bei Streik, Aussperrung, Ausbleiben von Lieferungen) zählen zur Auslandstätigkeit.
- Tage der Unterbrechung der Tätigkeit, die aus privaten oder beruflichen Gründen ausschließlich außerhalb des Tätigkeitsstaates verbracht werden, zählen nicht zur Auslandstätigkeit.
- Alle **Krankheitstage** zählen bei einer Anwesenheit im Tätigkeitsstaat zur Auslandstätigkeit, außer wenn die Krankheit der Abreise des Arbeitnehmers entgegensteht und er sonst die Voraussetzungen für die Befreiung im Tätigkeitsstaat erfüllt hätte. Kehrt der Arbeitnehmer anlässlich der Erkrankung in das Inland zurück, liegen keine Anwesenheitstage im Tätigkeitsstaat vor.

Beispiel A

A ist für seinen deutschen Arbeitgeber mehrere Monate lang jeweils von Montag bis Freitag in den Niederlanden tätig. Seine Wochenenden verbringt er bei seiner Familie in Deutschland. Dazu fährt er an jedem Freitag nach Arbeitsende nach Deutschland. Er verlässt Deutschland am Montagmorgen, um in den Niederlanden seiner Berufstätigkeit nachzugehen.

Die Tage von Montag bis Freitag sind jeweils als Anwesenheitstage in den Niederlanden zu berücksichtigen, weil sich A dort zumindest zeitweise aufgehalten hat. Dagegen können die Samstage und Sonntage mangels Aufenthalt in den Niederlanden nicht als Anwesenheitstage berücksichtigt werden.

Abwandlung

Wie Beispiel A. Jedoch fährt A an jedem Samstagmorgen von den Niederlanden nach Deutschland und an jedem Sonntagabend zurück in die Niederlande.

Auch die Samstage und Sonntage sind als Anwesenheitstage in den Niederlanden zu berücksichtigen, weil sich A an diesen Tagen zumindest zeitweise dort aufgehalten hat.

- **Urlaub** zählt mit zur Auslandstätigkeit, wenn er
  - unmittelbar vor dem Auslandseinsatz im Einsatzstaat verbracht wird;
  - in unmittelbarem Anschluss an den Auslandseinsatz im Einsatzstaat verbracht wird;
  - während des Auslandseinsatzes im Einsatzstaat verbracht wird;
- Urlaub zählt aber z. B. **nicht** zur Auslandstätigkeit, wenn er nach dem Auslandseinsatz im Inland oder in einem Drittstaat oder im Einsatzstaat, aber nicht in einem engen zeitlichen Zusammenhang mit der Tätigkeit, verbracht wird.

Beispiel B

Ein Arbeitnehmer ist für seinen deutschen Arbeitgeber vom 1. Januar bis 15. Juni 2021 in Österreich tätig. Vom 16. Juni bis 15. Juli 2021 verbringt er dort seinen Urlaub. Eine Betriebsstätte des Arbeitgebers in Österreich besteht nicht.

Das Besteuerungsrecht für den Arbeitslohn hat Österreich, weil sich der Arbeitnehmer länger als 183 Tage im Kalenderjahr (= Steuerjahr) in Österreich aufgehalten hat. Der Urlaub, den der Arbeitnehmer **unmittelbar** im Anschluss an seine Tätigkeit in Österreich verbringt, wird in die Aufenthaltsdauer eingerechnet. Die Bundesrepublik Deutschland stellt den Arbeitslohn unter Anwendung des Progressionsvorbehalts steuerfrei.

Lohnsteuerpflichtig | Sozialversich.-pflichtig

Abwandlung

B ist für seinen deutschen Arbeitgeber vom 1. Januar bis 15. Juni in Schweden tätig. Im Anschluss hieran hielt er sich zu Urlaubszwecken bis einschließlich 24. Juni in Deutschland auf. Vom 25. Juni bis 24. Juli verbringt er seinen weiteren Urlaub in Schweden.

Das Besteuerungsrecht für den Arbeitslohn hat Schweden, weil sich B länger als 183 Tage im Kalenderjahr in Schweden aufgehalten hat (Art. 15 DBA-Schweden), denn die Urlaubstage, die B im Anschluss an seine Tätigkeit in Schweden verbringt, stehen in einem **engen zeitlichen Zusammenhang** mit dieser Tätigkeit und werden daher für die Aufenthaltsdauer berücksichtigt.

Kehrt ein Arbeitnehmer täglich zu seinem Wohnsitz im Ansässigkeitsstaat zurück, ist er dennoch täglich im Tätigkeitsstaat anwesend (BFH-Urteil vom 10.7.1996, BStBl. 1997 II S. 15). Für sog. Grenzgänger gilt die unter diesem Stichwort dargestellte Sonderregelung.

Wird in einem DBA (z. B. **Belgien, Dänemark**) zur Prüfung der **183-Tage-Regelung** auf die **Ausübung** der **Tätigkeit** abgestellt, ist jeder Tag zu berücksichtigen, an dem sich der Arbeitnehmer – wenn auch nur für kurze Zeit – in dem anderen Vertragsstaat zur Arbeitsausübung tatsächlich aufgehalten hat. Im Verhältnis zu Belgien zählen auch übliche Arbeitsunterbrechungen (freies Wochenende, Urlaub, Krankheit) mit, auch wenn die Tage nicht im Tätigkeitsstaat verbracht worden sind.[1)]

Beispiel C

C ist für seinen deutschen Arbeitgeber zwei Wochen in Belgien tätig. Hierzu reist C am Sonntag nach Brüssel und nimmt dort am Montag seine Tätigkeit auf. Am folgenden arbeitsfreien Wochenende fährt C am Samstag nach Deutschland und kehrt am Montagmorgen zurück nach Brüssel. Nach Beendigung seiner Tätigkeit am darauffolgenden Freitag kehrt C am Samstag nach Deutschland zurück.

Der Anreisetag sowie der Abreisetag werden nicht als Tage der Arbeitsausübung in Belgien berücksichtigt, weil C an diesen Tagen dort seine berufliche Tätigkeit nicht ausgeübt hat und eine Arbeitsunterbrechung nicht gegeben ist. Die Tage von Montag bis Freitag sind jeweils als Tage der Arbeitsausübung in Belgien zu berücksichtigen, weil C an diesen Tagen dort seine berufliche Tätigkeit ausgeübt hat. Das dazwischenliegende Wochenende wird unabhängig vom Aufenthaltsort als Tage der Arbeitsausübung in Belgien berücksichtigt, weil eine übliche Arbeitsunterbrechung vorliegt. Somit sind für die 183-Tage-Frist zwölf Tage (erster Montag bis Freitag vor der Abreise) zu berücksichtigen.

Im Verhältnis zu **Frankreich** werden bei der Berechnung der Aufenthaltsdauer Sonn- und Feiertage, Urlaubs- und Krankheitstage und kurze Unterbrechungen im Zusammenhang mit Reisen in den Heimatstaat oder in dritte Länder als Tage des Aufenthalts im Tätigkeitsstaat mitgezählt, soweit sie im Rahmen bestehender Arbeitsverhältnisse anfallen und unter Berücksichtigung der Umstände, unter denen sie stattfinden, nicht als Beendigung des vorübergehenden Aufenthalts angesehen werden können.[2)]

6. Besonderheiten für Berufskraftfahrer

Berufskraftfahrer halten sich während der Arbeitsausübung in oder bei ihrem Fahrzeug auf. Der Ort der Arbeitsausübung des Berufskraftfahrers bestimmt sich daher nach dem jeweiligen Aufenthalts- oder Fortbewegungsort des Fahrzeugs. Fahrten von der Wohnung des Berufskraftfahrers zum Standort des Fahrzeugs sind aber abkommensrechtlich nicht der beruflichen Tätigkeit zuzurechnen. Zu den Berufskraftfahrern gehören auch Auslieferungsfahrer, nicht jedoch Reisevertreter.

Sind sowohl der **Berufskraftfahrer** als auch der **Arbeitgeber** in der Bundesrepublik **Deutschland** ansässig, sind die Vergütungen aus nichtselbstständiger Arbeit, soweit

1) Eine dem DBA-Belgien ähnliche Regelung ist in den Abkommen mit Côte d'Ivoire, Marokko und Tunesien vereinbart. Diese Abkommen beziehen sich zwar auf die Dauer des Aufenthalts, jedoch werden auch hier gewöhnliche Arbeitsunterbrechungen bei der Berechnung der 183-Tage-Frist berücksichtigt.

2) Abschnitt A des BMF-Schreibens vom 3.4.2006 (BStBl. I S. 304). Das BMF-Schreiben ist als Anlage 7 zu H 39b.10 LStR im **Steuerhandbuch für das Lohnbüro 2021** abgedruckt, das im selben Verlag erschienen ist.

Lohn-steuer-pflichtig | Sozial-versich.-pflichtig

sie auf Tätigkeiten des Berufskraftfahrers in Deutschland entfallen, nicht vom Anwendungsbereich der DBA betroffen. Die Vergütungen des Berufskraftfahrers unterliegen der inländischen unbeschränkten Einkommensteuerpflicht.

Soweit der Berufskraftfahrer seine Tätigkeit in einem anderen Staat ausübt, ist anhand der 183-Tage-Regelung zu prüfen, welchem der beiden Vertragsstaaten das Besteuerungsrecht für die auf das Ausland entfallenden Einkünfte zusteht.

Die Berechnung der 183-Tage-Regelung ist dabei für jeden Vertragsstaat gesondert durchzuführen. Dabei ist abweichend von der normalerweise geltenden Regelung (vgl. vorstehend unter Nr. 5) bei Berufskraftfahrern die Besonderheit zu beachten, dass auch Anwesenheitstage der **Durchreise** in einem Staat bei der Prüfung der 183-Tage-Regelung als volle Tage der Anwesenheit in diesem Staat zu berücksichtigen sind. Durchquert der Fahrer an einem Tag mehrere Staaten, zählt dieser Tag für Zwecke der Prüfung der 183-Tage-Regelung in jedem dieser Staaten als voller Anwesenheitstag.

Beispiel A

Der in München wohnhafte Berufskraftfahrer nimmt seine Fahrt morgens in München auf, und fährt über Österreich nach Italien. Von dort kehrt er am selben Tage über die Schweiz nach München zurück.

Bei Berufskraftfahrern sind auch Tage der Durchreise als volle Anwesenheitstage im jeweiligen Staat zu berücksichtigen. Für die Prüfung der 183-Tage-Regelung ist damit für Österreich, Italien und die Schweiz jeweils ein Tag zu zählen.

Ist der Berufskraftfahrer in der Bundesrepublik Deutschland, sein **Arbeitgeber** aber in einem **anderen Vertragsstaat ansässig** (vgl. nachfolgende Nr. 7), steht Deutschland das Besteuerungsrecht für die Vergütungen aus nichtselbstständiger Arbeit zu, soweit sie auf Tätigkeiten des Berufskraftfahrers in Deutschland entfallen (Ansässigkeitsstaat und Tätigkeitsstaat sind identisch). Bei jeder Tätigkeit des Berufskraftfahrers im Ansässigkeitsstaat des Arbeitgebers steht diesem Staat als Tätigkeitsstaat das Besteuerungsrecht insoweit zu. Soweit die Tätigkeit in einem Drittstaat (= weder in Deutschland noch im Ansässigkeitsstaat des Arbeitgebers) ausgeübt wird, hat regelmäßig Deutschland als Ansässigkeitsstaat des Arbeitnehmers das Besteuerungsrecht. Allerdings ist im Verhältnis zum jeweiligen Drittstaat zu prüfen, ob die 183-Tage-Regelung überschritten ist und dann das Besteuerungsrecht auf den Drittstaat als Tätigkeitsstaat übergeht.

Beispiel B

Ein Berufskraftfahrer mit Wohnsitz in Deutschland ist für einen Arbeitgeber mit Sitz in den Niederlanden tätig. Die Fahrtätigkeit wird zu jeweils 20 % in Deutschland und in den Niederlanden sowie zu 60 % in Drittstaaten ausgeübt, allerdings ohne in einem der Drittstaaten die 183-Tage-Regelung zu überschreiten.

Der Arbeitslohn des Berufskraftfahrers ist zu 80 % in Deutschland (Anteil Deutschland zuzüglich Anteil Drittstaaten) und zu 20 % in den Niederlanden steuerpflichtig (bei Anwendung des Progressionsvorbehalts in Deutschland für diesen Teilbetrag).

Mit Luxemburg gibt es eine Verständigungsvereinbarung, die die steuerliche Behandlung der Berufskraftfahrer – sowie von Lokomotivführern und Begleitpersonal – regelt.[1] Auch mit der Schweiz wurde eine Verständigungsvereinbarung zur Besteuerung von Arbeitnehmern im internationalen Transportgewerbe getroffen.[2]

7. Ansässigkeit des Arbeitgebers

Weitere Voraussetzung für das Verbleiben des Besteuerungsrechts beim Ansässigkeitsstaat des Arbeitnehmers bei einem vorübergehendem Aufenthalt bis zu 183 Tagen im Tätigkeitsstaat ist die Zahlung des Arbeitslohns durch einen Arbeitgeber, der nicht im anderen Staat ansässig ist, d. h. der **Arbeitgeber im Sinne des Doppelbesteuerungsabkommens** darf im **Tätigkeitsstaat** nicht ansässig sein. Danach kann der Arbeitslohn sowohl von einem Arbeitgeber des Wohnsitzstaates des Arbeitnehmers als auch von einem Arbeitgeber, der in einem Drittstaat ansässig ist, gezahlt werden. Nach dem DBA Norwegen wird jedoch ausdrücklich gefordert, dass der Arbeitslohn aus einer vorübergehenden Tätigkeit im anderen DBA-Staat nur dann im Wohnsitzstaat des Arbeitnehmers besteuert werden darf, wenn der Arbeitgeber in demselben Staat wie der Arbeitnehmer ansässig ist (vgl. das nachfolgende Beispiel B).

D

Arbeitgeber im Sinne eines Doppelbesteuerungsabkommens ist derjenige Unternehmer, der die Vergütungen für die ihm geleistete Arbeit wirtschaftlich trägt oder hätte tragen müssen. Dies ist dann der Fall, wenn der Arbeitnehmer dem ausländischen Unternehmen seine Arbeitsleistung schuldet, unter dessen Leitung tätig wird und dessen Weisungen unterworfen ist und der Arbeitslohn nicht Preisbestandteil für eine Lieferung oder Werkleistung ist; daher ist bei einer Tätigkeit des Arbeitnehmers für fremde Dritte (z. B. einen Kunden) der zivilrechtliche Arbeitgeber in aller Regel auch der wirtschaftliche Arbeitgeber im Sinne des DBA. Bei **verbundenen Unternehmen** wird das aufnehmende Unternehmen bei Entsendungen von nicht mehr als drei Monaten (auch jahresübergreifend für sachlich zusammenhängende Tätigkeiten) regelmäßig nicht zum wirtschaftlichen Arbeitgeber.[3]

Beim internationalen Arbeitnehmerverleih **(gewerbliche Arbeitnehmerüberlassung)** ist nach Sinn und Zweck der 183-Tage-Regelung der Entleiher als Arbeitgeber anzusehen. Sonderregelungen der Abkommen für Leiharbeitnehmer sind jedoch zu beachten (vgl. vorstehende Nr. 4 Buchstabe b).

Unterhält ein ausländisches Unternehmen in der Bundesrepublik Deutschland eine unselbstständige Betriebsstätte, ist Arbeitgeber im Sinne des Doppelbesteuerungsabkommens das ausländische Unternehmen und nicht die inländische Betriebsstätte (zu beachten sind aber die Ausführungen unter der nachfolgenden Nr. 8).

Beispiel A

Ein Arbeitnehmer mit Wohnsitz im Inland, ist bei einer im Inland gelegenen Betriebsstätte eines japanischen Unternehmens beschäftigt. Der Arbeitnehmer wird vorübergehend für vier Monate (= 120 Tage) im Stammhaus in Japan tätig.

Soweit der Arbeitslohn auf die Tätigkeit in Japan entfällt, ist er in Deutschland steuerfrei. Das Besteuerungsrecht steht Japan zu, weil der Arbeitgeber (im Sinne des Doppelbesteuerungsabkommens) in Japan ansässig ist.

Beispiel B

B ist Arbeitnehmer des ausländischen (britischen) Unternehmens C. Er wohnt seit Jahren in Deutschland und ist bei einer deutschen unselbstständigen Betriebsstätte des C in Hamburg beschäftigt. Im Jahr 2021 befindet er sich an fünf Arbeitstagen bei Kundenbesuchen in der Schweiz und an fünf Arbeitstagen bei Kundenbesuchen in Norwegen.

Aufenthalt in der Schweiz:

Maßgeblich ist das DBA-Schweiz, da B in Deutschland ansässig ist und die „Quelle" der Einkünfte aus nichtselbstständiger Arbeit in dem Staat liegt, in dem die Tätigkeit ausgeübt wird.

Nach dem DBA-Schweiz hat Deutschland das Besteuerungsrecht, da neben der Erfüllung der weiteren Voraussetzungen B von einem Arbeitgeber entlohnt wird, der nicht in der Schweiz ansässig ist.

Aufenthalt in Norwegen:

Maßgeblich ist das DBA-Norwegen. Norwegen hat das Besteuerungsrecht für die Tätigkeit in Norwegen. Zwar hält sich B nicht länger als 183 Tage in Norwegen auf. Das ausschließliche Besteuerungsrecht steht Deutschland nach dem DBA-Norwegen aber nur dann zu, wenn

1) BMF-Schreiben vom 19.9.2011 (BStBl. I S. 849). Das BMF-Schreiben ist als Anlage 6 zu H 39b.10 LStR im **Steuerhandbuch für das Lohnbüro 2021** abgedruckt, das im selben Verlag erschienen ist.

2) BMF-Schreiben vom 29.6.2011 (BStBl. I S. 621). Das BMF-Schreiben ist als Anlage 9 zu H 39b.10 LStR im **Steuerhandbuch für das Lohnbüro 2021** abgedruckt, das im selben Verlag erschienen ist.

3) Vgl. zu den Einzelheiten dieser Vereinfachungsregelung Randnummer 142 des BMF-Schreibens vom 3.5.2018 (BStBl. I S. 643). Das BMF-Schreiben ist als Anlage 2 zu H 39b.10 LStR im **Steuerhandbuch für das Lohnbüro 2021** abgedruckt, das im selben Verlag erschienen ist.

Lohnsteuerpflichtig | Sozialversich.-pflichtig

der Arbeitgeber in dem Staat ansässig ist, in dem auch der Arbeitnehmer ansässig ist. Arbeitgeber ist hier das ausländische (britische) Unternehmen C; die inländische unselbstständige Betriebsstätte kann nicht Arbeitgeber i. S. d. DBA sein.

Deutschland erfasst die Einkünfte und rechnet die norwegische Steuer unter Beachtung des § 34c EStG auf die deutsche Einkommensteuer an. Hierdurch wird die Doppelbesteuerung vermieden (Art. 23 Abs. 2 Buchstabe b DBA-Norwegen).

D

Vgl. zur Arbeitgebereigenschaft nach den DBA bei Arbeitnehmerüberlassung auch die Erläuterung beim Stichwort „Arbeitnehmerüberlassung" unter Nr. 13 besonders Buchstaben c und d.

Auch bei einer **Tätigkeit von kurzer Dauer von Mitarbeitern ausländischer Betriebsstätten** z. B. im deutschen Stammhaus hat Deutschland das Besteuerungsrecht, weil der Arbeitnehmer zwar nicht mehr als 183 Tage, aber im Ansässigkeitsstaat seines Arbeitgebers tätig wird.[1] Eine Bagatellregelung ist auch für diese Fälle bisher nicht eingeführt worden.

Beispiel C

Ein im Ausland ansässiger Arbeitnehmer einer ausländischen Betriebsstätte besucht für eine Woche eine interne Schulungsveranstaltung beim deutschen Stammhaus. Der Arbeitslohn wird vollständig durch die Betriebsstätte getragen; eine Weiterbelastung der Kosten erfolgt nicht.

Die Betriebsstätte kann nicht Arbeitgeber sein. Deutschland hat das Besteuerungsrecht für die fünf deutschen Arbeitstage, da das Stammhaus einen in Deutschland ansässigen Arbeitgeber darstellt, der die Vergütungen zahlt. Folglich muss vom deutschen Stammhaus Lohnsteuer einbehalten und abgeführt werden. Zur Pauschalbesteuerung mit 30% vgl. das Stichwort „Beschränkt steuerpflichtiger Arbeitnehmer" unter Nr. 21.

8. Betriebsstättenvorbehalt

Werden die Löhne von einer im Vertragsstaat der Tätigkeit befindlichen Betriebsstätte (z. B. Ort der Geschäftsleitung, Zweigniederlassung, Geschäftsstelle, Fabrikationsstätte) oder festen Einrichtung des Arbeitgebers getragen, ist auch bei einem Aufenthalt des Arbeitnehmers in dem Vertragsstaat der Tätigkeit von **nicht mehr** als 183 Tagen ein Besteuerungsrecht des Tätigkeitsstaats gegeben (sog. Betriebsstättenvorbehalt).

Beispiel A

Ein Arbeitnehmer ist bei einer Betriebsstätte seines deutschen Arbeitgebers vom 1. Januar bis 31. März 2021 in Frankreich tätig. Der Arbeitslohn wird wirtschaftlich von der Betriebsstätte getragen.

Das Besteuerungsrecht für den Arbeitslohn hat Frankreich. Der Arbeitnehmer ist zwar nicht mehr als 183 Tage in Frankreich tätig, da der Arbeitslohn aber zu Lasten einer französischen Betriebsstätte des Arbeitgebers geht, bleibt das Besteuerungsrecht der Bundesrepublik Deutschland **nicht** erhalten. Frankreich kann daher als Tätigkeitsstaat den Arbeitslohn besteuern. Die Bundesrepublik Deutschland stellt die Einkünfte unter Anwendung des Progressionsvorbehalts steuerfrei.

Beispiel B

Ein in Japan ansässiger Arbeitnehmer wird für fünf Monate an eine in Deutschland gelegene Betriebsstätte seines japanischen Arbeitgebers entsandt. Der auf diese Tätigkeit entfallende Arbeitslohn wird von dem Unternehmen dem Lohnaufwand der Betriebsstätte zugerechnet und der Arbeitnehmer der Betriebsstätte organisatorisch unterstellt.

Obwohl der Aufenthalt 183 Tage im Kalenderjahr nicht überschreitet, ist der auf die Inlandstätigkeit entfallende Arbeitslohn steuerpflichtig, weil der Arbeitslohn von der im Inland gelegenen Betriebsstätte des Arbeitgebers getragen wird. Zum Lohnsteuerabzug ist die Betriebsstätte verpflichtet. Sie ist inländischer Arbeitgeber im Sinne des § 38 Abs. 1 Satz 1 Nr. 1 EStG.

Maßgebend ist der sich aus dem jeweiligen **DBA** ergebende **Betriebsstättenbegriff**. Danach sind Bau- und Montagestellen nur ab einer bestimmten – in den DBA unterschiedlich festgelegten – Zeitdauer als Betriebsstätten anzusehen. Nach zahlreichen DBA ist z. B. eine Bau- oder Montagestelle (anders als nach § 12 AO = sechs Monate) erst ab einem Zeitraum von zwölf Monaten eine Betriebsstätte. Mit Ablauf der in den DBA bestimmten Dauer gilt die Bau- oder Montagestelle allerdings ab Beginn als Betriebsstätte.[2]

Lohnsteuerpflichtig | Sozialversich.-pflichtig

Beispiel C

Ein in Großbritannien ansässiges Unternehmen führt in Deutschland ein Bauvorhaben von 10-monatiger Dauer aus. Die dabei eingesetzten, in Großbritannien ansässigen Arbeitnehmer halten sich in Deutschland teils länger, teils weniger als 183 Tage auf. Die Arbeitslöhne zahlt das britische Unternehmen zu Lasten des Gewinns aus dem Bauvorhaben.

Das britische Unternehmen ist zwar inländischer Arbeitgeber und somit grundsätzlich zum Lohnsteuerabzug verpflichtet. Denn es unterhält in Deutschland eine Betriebsstätte im Sinne des § 12 AO, da die Bauausführung länger als sechs Monate dauert. Der Steuerabzug setzt aber voraus, dass die Arbeitslöhne der britischen Arbeitnehmer nach dem DBA der deutschen Besteuerung unterliegen. Diese Voraussetzung ist erfüllt für die Arbeitnehmer, deren Aufenthalt in Deutschland länger als 183 Tage dauert. Hier hat Deutschland als Tätigkeitsstaat das Besteuerungsrecht.

Die Arbeitnehmer hingegen, die sich nicht länger als 183 Tage im Inland aufhalten, sind in Deutschland mit ihren Löhnen **nicht** steuerpflichtig. Der britische Arbeitgeber hat nämlich hier **keine Betriebsstätte im Sinne des Doppelbesteuerungsabkommens** mit Großbritannien, da die Bauausführung nicht länger als zwölf Monate dauert. Folglich werden die Arbeitslöhne nicht vom Gewinn einer Betriebsstätte im Sinne des DBA abgezogen.

Der Arbeitslohn wird zu Lasten einer Betriebsstätte gezahlt, wenn die Vergütungen wirtschaftlich gesehen von der Betriebsstätte getragen werden, das heißt, dieser zuzuordnen sind. Nicht entscheidend ist, wer die Vergütungen ausbezahlt oder wer die Vergütungen in seiner Buchführung abrechnet. Es kommt nicht darauf an, dass die Vergütungen zunächst von der Betriebsstätte ausgezahlt und später vom Stammhaus erstattet werden. Ebenso ist es nicht entscheidend, wenn eine zunächst vom Stammhaus ausgezahlte Vergütung später in der Form einer Kostenumlage auf die Betriebsstätte abgewälzt wird. Entscheidend ist allein, ob und ggf. in welchem Umfang die ausgeübte **Tätigkeit** nach dem jeweiligen DBA der Betriebsstätte **zuzuordnen** ist und die **Vergütungen** deshalb wirtschaftlich **zu Lasten** der **Betriebsstätte** gehen (BFH-Urteil vom 24. Februar 1988, BStBl. II S. 819). Wenn der Arbeitslohn lediglich Teil von Verrechnungen für Lieferungen oder Leistungen mit der Betriebsstätte ist, wird der Arbeitslohn als solcher nicht von der Betriebsstätte getragen. Man wird davon ausgehen können, dass der Arbeitslohn wirtschaftlich von einer Betriebsstätte im Sinne des DBA getragen wird, wenn er als abzugsfähige Betriebsausgabe bei der Ermittlung des dieser Betriebsstätte zuzurechnenden Gewinns behandelt worden ist bzw. so behandelt werden müsste.

Eine selbstständige Tochtergesellschaft (z. B. GmbH) ist übrigens nicht Betriebsstätte der Muttergesellschaft, kann aber ggf. selbst Arbeitgeber sein (vgl. die Erläuterungen unter der vorstehenden Nr. 7).

9. Zuordnung des Arbeitslohns zur Auslandstätigkeit

a) Allgemeines

Kommt nach den vorstehenden Grundsätzen eine Steuerbefreiung des Arbeitslohns für einen Teil des Kalenderjahres in Betracht, ist der Arbeitslohn entsprechend aufzuteilen. Dabei ist zunächst zu prüfen, inwieweit die Vergütungen **direkt** (unmittelbar) der Auslandstätigkeit oder Inlandstätigkeit **zugeordnet** werden können.[3] Zu den direkt zuzuordnenden Gehaltsbestandteilen gehören z. B. Auslandszulagen, Erfolgsprämien und Überstundenver-

1) Randnummer 191 des BMF-Schreibens vom 3.5.2018 (BStBl. I S. 643). Das BMF-Schreiben ist als Anlage 2 zu H 39b.10 LStR im **Steuerhandbuch für das Lohnbüro 2021** abgedruckt, das im selben Verlag erschienen ist.

2) Zeitliche Unterbrechungen der Arbeiten infolge der Corona-Pandemie werden für die Fristberechnungen unter weiteren Voraussetzungen nicht berücksichtigt mit der Folge, dass der Betriebsstättenbegriff ggf. nicht erfüllt ist.

3) Randnummer 198 des BMF-Schreibens vom 3.5.2018 (BStBl. I S. 643) enthält zahlreiche Beispiele für Gehaltsbestandteile, die vorab der Inlands- oder Auslandstätigkeit direkt zuzuordnen sind. Bei einigen dieser Gehaltsbestandteile handelt es sich jedoch ohnehin um steuerfreien Reisekostenersatz nach § 3 Nr. 16 EStG. Das BMF-Schreiben ist als Anlage 2 zu H 39b.10 LStR im **Steuerhandbuch für das Lohnbüro 2021** abgedruckt, das im selben Verlag erschienen ist.

Lohn-steuer-pflichtig	Sozial-versich.-pflichtig

gütungen. Erhält der Arbeitnehmer auch Arbeitslohn, der nicht direkt zugeordnet werden kann, ist für die Berechnung der steuerfreien Einkünfte eine Aufteilung des Arbeitslohns im Verhältnis der **tatsächlichen Arbeitstage** im Ausland zu den übrigen tatsächlichen Arbeitstagen des Kalenderjahres vorzunehmen.

Maßgebend für die Zuordnung ist übrigens stets, wofür – also für welche Tätigkeit – der Arbeitslohn gezahlt wird, nicht hingegen, wann er gezahlt wird.

Beispiel

Der ausschließlich in Deutschland ansässige Arbeitnehmer A übt seine Tätigkeit für einen deutschen Arbeitgeber im Rahmen von Werkverträgen im Kalenderjahr 2021 an 30 Tagen bei Kunden in Deutschland und an 200 Tagen bei Kunden in der Schweiz aus. Im Kalenderjahr 2022 wird er jeweils an 120 Arbeitstagen bei Kunden in der Schweiz und in Deutschland tätig (Gesamtarbeitstage 240). Im Februar 2022 erhält er eine allgemeine Prämienzahlung für das Kalenderjahr 2021.

Die Prämienzahlung im Februar 2022 ist nach den Verhältnissen des Kalenderjahres 2021 aufzuteilen und in Deutschland zu $^{30}/_{230}$ steuerpflichtig und zu $^{200}/_{230}$ steuerfrei (mit Progressionsvorbehalt).

b) Tatsächliche Arbeitstage

Zu den tatsächlichen Arbeitstagen gehören alle Tage innerhalb eines Kalenderjahres, an denen der Arbeitnehmer seine Tätigkeit tatsächlich ausübt und für die er Arbeitslohn bezieht. **Krankheitstage** mit und ohne Lohnfortzahlung, **Urlaubstage** und ganze Tage mit **Freizeitausgleich** sind folglich **keine tatsächlichen Arbeitstage.**

Hingegen können auch Wochenend- oder Feiertage grundsätzlich als tatsächliche Arbeitstage zu zählen sein, wenn der Arbeitnehmer an diesen Tagen seine Tätigkeit tatsächlich ausübt und diese durch den Arbeitgeber vergütet wird. Eine solche Vergütung liegt auch vor, wenn dem Arbeitnehmer hierfür ein entsprechender Freizeitausgleich gewährt wird. Es kommt also weder auf die Zahl der Kalendertage noch auf die Anzahl der vertraglich vereinbarten Arbeitstage an.

Beispiel A

Ein Arbeitnehmer ist grundsätzlich an 250 Arbeitstagen zur Arbeit verpflichtet und verfügt über einen Anspruch von 30 Urlaubstagen (= 220 vereinbarte Arbeitstage). Die tatsächlichen Arbeitstage verändern sich wie folgt:

Arbeitstage	220
abzüglich 10 genommene Urlaubstage aus dem Vorjahr	10
abzüglich 30 Tage Krankheit mit Lohnfortzahlung	30
abzüglich 30 Tage Krankheit ohne Lohnfortzahlung	30
verbleiben	150
zuzüglich 20 übertragene Urlaubstage ins Folgejahr	20
Tatsächliche Arbeitstage	170

Beispiel B

B ist laut Arbeitsvertrag verpflichtet, von montags bis freitags zu arbeiten. Er macht eine berufliche Auslandsreise von Freitag bis Montag, wobei B auch am Samstag und Sonntag für seinen Arbeitgeber tätig ist. Von seinem Arbeitgeber erhält B für Samstag eine Überstundenvergütung und für Sonntag einen ganztägigen Freizeitausgleich, den er gleich am Dienstag in Anspruch nimmt.

Außer Dienstag sind alle Tage als Arbeitstage zu zählen, da B an diesen Tagen tatsächlich und entgeltlich gearbeitet hat. An dem Dienstag hat B jedoch wegen des Freizeitausgleichs keine Tätigkeit ausgeübt.

c) Aufzuteilendes Arbeitsentgelt

Den tatsächlichen Arbeitstagen ist das aufzuteilende, d. h. das nicht direkt zuzuordnende Arbeitsentgelt (Lohn, Gehalt, vermögenswirksame Leistungen, sonstige Vorteile wie z. B. Firmenwagen zur privaten Nutzung) gegenüberzustellen; Zusatzvergütungen (z. B. Weihnachtsgeld, Urlaubsgeld, Tantiemen), die die nichtselbstständige Tätigkeit des Arbeitnehmers innerhalb des gesamten Berechnungszeitraums betreffen, sind ebenfalls in das aufzuteilende Arbeitsentgelt einzubeziehen. Soweit Überstunden vergütet wurden, ist die Vergütung jeweils direkt dem steuerpflichtigen bzw. steuerfreien Gehalt zuzuordnen, je nachdem, welche Tätigkeit die Überstunden betreffen. Soweit Überstunden ohne zusätzliches Entgelt geleistet wurden, sind diese steuerrechtlich ohne Bedeutung.

D

Andere Vergütungen (z. B. für Nachtarbeit, für Feiertagsarbeit, Auslandszulagen oder eine Erfolgsprämie speziell für die Auslandstätigkeit), die jeweils nur bestimmte Einzeltätigkeiten betreffen, sind ebenso wie die Überstundenvergütungen der jeweiligen steuerfreien oder steuerpflichtigen Einzeltätigkeit **direkt zuzuordnen.** Das um direkt zuzuordnende Teile bereinigte Arbeitsentgelt ist durch die Zahl der tatsächlichen Arbeitstage **zu teilen;** es ergibt sich der Arbeitslohn pro tatsächlichem Arbeitstag. Dieser Arbeitslohn ist mit der Zahl der tatsächlichen Arbeitstage zu multiplizieren, an denen sich der Arbeitnehmer im DBA-Staat aufhielt.

Beispiel A

A ist vom 1.1.2021 bis 31.7.2021 für seinen deutschen Arbeitgeber in Österreich tätig. Die vereinbarten Arbeitstage des A belaufen sich auf 220 Tage. Tatsächlich hat A jedoch 145 Tage in Österreich und 95 Tage in Deutschland gearbeitet (= 240 tatsächliche Arbeitstage). Der aufzuteilende Arbeitslohn beträgt 120 000 €.

Deutschland hat für den Arbeitslohn, der auf die Tätigkeit in Österreich entfällt, kein Besteuerungsrecht, da A sich länger als 183 Tage in Österreich aufgehalten hat. Unter Berücksichtigung der Rückfallklausel (vgl. nachfolgende Nr. 12 Buchstabe a) stellt Deutschland Arbeitslohn in Höhe von 72 500 € (= $^{145}/_{240}$ von 120 000) unter Progressionsvorbehalt steuerfrei und unterwirft 47 500 € (= $^{95}/_{240}$ von 120 000 €) der deutschen Besteuerung.

Beispiel B

B ist vom 1.1.2021 bis 31.7.2021 für seinen deutschen Arbeitgeber in Japan tätig. Seinen Familienwohnsitz in Deutschland behält er bei. Er erhält einen Arbeitslohn einschließlich Urlaubs- und Weihnachtsgeld in Höhe von 80 000 €. Für die Tätigkeit in Japan erhält er zusätzlich eine Zulage in Höhe von 30 000 €. B ist im Jahre 2021 vertraglich an 200 Tagen zur Arbeit verpflichtet, übt seine Tätigkeit jedoch tatsächlich an 220 Tagen (davon 140 in Japan) aus.

Deutschland hat für den Arbeitslohn, der auf die Tätigkeit in Japan entfällt, kein Besteuerungsrecht, da B sich länger als 183 Tage in Japan aufgehalten hat. Der steuerfreie Arbeitslohn berechnet sich wie folgt:

Die Zulage in Höhe von 30 000 € ist der Auslandstätigkeit unmittelbar zuzuordnen und deshalb im Inland steuerfrei. Der übrige Arbeitslohn in Höhe von 80 000 € ist nach den tatsächlichen Arbeitstagen aufzuteilen. Die tatsächlichen Arbeitstage im Jahr 2021 betragen 220. Diesen tatsächlichen Arbeitstagen ist das aufzuteilende Arbeitsentgelt in Höhe von 80 000 € gegenüberzustellen. Es ergibt sich ein Arbeitsentgelt für jeden tatsächlichen Arbeitstag von 363,64 €. Dieses Entgelt ist jeweils mit den tatsächlichen Arbeitstagen in Japan und Deutschland zu multiplizieren. Der auf Japan entfallende, in Deutschland steuerfreie Arbeitslohn beträgt 50 910 € (140 tatsächliche Arbeitstage × 363,64 €). Dieser Betrag und der Japan direkt zuzuordnende Arbeitslohn von 30 000 € unterliegt in Deutschland dem Progressionsvorbehalt (Gesamtsumme = 80 910 €). Der in Deutschland steuerpflichtige Arbeitslohn beträgt 29 090 € (80 000 € abzüglich 50 910 €).

Für die Aufteilung des Arbeitslohns, der nicht direkt der inländischen oder ausländischen Tätigkeit zugeordnet werden kann, ist auf einen vom Kalenderjahr abweichenden Zeitraum abzustellen, wenn ein Arbeitnehmer im Rahmen seines Arbeitsverhältnisses eine neue Funktion ausübt und damit eine maßgebliche Veränderung seines Arbeitslohns verbunden ist. Entsprechend kann (folglich Wahlrecht) mit Wirkung für die Zukunft auf Antrag auch bei einer **Gehaltsveränderung** ohne Funktionswechsel verfahren werden.

Beispiel C

Der in Deutschland ansässige A übt seine Tätigkeit als Ingenieur für die deutsche X-AG an 240 Arbeitstagen pro Kalenderjahr tatsächlich aus (= 20 tatsächliche Arbeitstage im Monat).

Im Kalenderjahr 01 arbeitet er im Februar und März an insgesamt 35 Arbeitstagen tatsächlich in Japan und erzielt dabei einen Bruttoarbeitslohn in Höhe von 5000 €. Ab April wird er zum Abteilungsleiter befördert und wird in dieser Eigenschaft bis November 01 an insgesamt 150 Tagen tatsächlich in Japan tätig. Mit seiner Beförderung geht eine Gehaltsanpassung auf 7500 € pro Monat einher.

Lohnsteuerpflichtig | Sozialversich.-pflichtig

Ab Mai 02 erhält A eine im Tarifvertrag vorgesehene Gehaltsanpassung von 3% (neues Bruttomonatsgehalt 7725 €). Er war bis zu diesem Zeitpunkt an 80 Arbeitstagen in Japan tätig. Von Juni bis November arbeitete er an 105 Tagen in Japan.

Deutschland hat für den Arbeitslohn, der auf die Tätigkeit in Japan entfällt, kein Besteuerungsrecht, da sich A jeweils länger als 183 Tage innerhalb eines Zwölfmonatszeitraums in Japan aufgehalten hat. Der steuerfreie Arbeitslohn berechnet sich wie folgt:

D

Jahr 01: Der im Rahmen der Beförderung zum Abteilungsleiter angefallenen, wesentlichen Gehaltserhöhung ist zwingend Rechnung zu tragen, sodass für die Aufteilung des laufenden Gehalts gesonderte Erdienungszeiträume zu betrachten sind.

Der Erdienungszeitraum für die Tätigkeit als Ingenieur endet am 31. März. Das hierfür maßgebende Entgelt beträgt pro Arbeitstag 250 € (15 000 € : 60 Arbeitstage) und ist mit den in diesem Zeitraum in Japan verbrachten tatsächlichen Arbeitstagen (= 35) zu multiplizieren. Von dem Arbeitslohn in Höhe von 15 000 € sind in diesem Zeitraum also 35 × 250 € = 8750 € steuerfrei; allerdings Anwendung des Progressionsvorbehalts.

Der Erdienungszeitraum für die Tätigkeit als Abteilungsleiter umfasst den Zeitraum April bis Dezember. Das aufzuteilende Entgelt beträgt 67 500 € (9 Monate á 7500 €). Daraus ergibt sich ein in diesem Erdienungszeitraum aufzuteilendes Entgelt pro tatsächlichem Arbeitstag von 375 € (67 500 € : 180 Arbeitstage), das mit den in diesem Erdienungszeitraum in Japan verbrachten tatsächlichen Arbeitstagen (= 150) zu multiplizieren ist (150 Arbeitstage × 375 € = 56 250 €).

Insgesamt sind folglich vom Arbeitslohn des Jahres 01 in Höhe von 82 500 € also 65 000 € bei Anwendung des Progressionsvorbehalts von der deutschen Besteuerung auszunehmen.

Jahr 02: Das Bruttojahresgehalt setzt sich wie folgt zusammen:

Januar bis April:	4 × 7500 € =	30 000 €
Mai bis Dezember:	8 × 7725 € =	61 800 €
= Bruttojahresgehalt		91 800 €

Der Erdienungszeitraum des laufenden Arbeitslohns erstreckt sich grundsätzlich auf das ganze Kalenderjahr. Das sich ergebende Entgelt pro tatsächlichem Arbeitstag beträgt 382,50 € (91 800 € : 240 Arbeitstage). Insgesamt sind also 70 762,50 € (185 Arbeitstage × 382,50 €) bei Anwendung des Progressionsvorbehalts von der deutschen Besteuerung auszunehmen.

A kann durch Antragstellung geltend machen, dass der tarifvertraglichen Gehaltsveränderung Rechnung getragen wird. In diesem Fall ist der Arbeitslohn von Januar bis April (= 30 000 €) und der Arbeitslohn von Mai bis Dezember in Höhe von 40 556,25 € (105/160 von 61 800 €) jeweils unter Anwendung des Progressionsvorbehalts steuerfrei. Der gesamte steuerfreie Arbeitslohn würde somit 70 556,25 € betragen, sodass der steuerfreie Arbeitslohn durch eine Antragstellung geringfügig niedriger wäre.

d) Behandlung von Urlaubs- und Krankheitstagen

Krankheitstage gehören nicht zu den tatsächlichen Arbeitstagen, da der Arbeitnehmer an diesen Tagen seine Tätigkeit tatsächlich nicht ausübt. Dies gilt unabhängig davon, ob es sich um **Krankheitstage mit oder ohne Lohnfortzahlung** handelt (vgl. die Ausführungen unter den vorstehenden Buchstaben b) und das dortige Beispiel A). Der bei einem Krankheitsfall mit Lohnfortzahlung gezahlte Arbeitslohn erhöht somit im Ergebnis das Arbeitsentgelt pro tatsächlich geleisteten Arbeitstag.

Im Übrigen gilt der bereits unter dem vorstehenden Buchstaben a) erwähnte Grundsatz, dass Vergütungen dem Zeitraum zugerechnet werden müssen, in dem sie erdient bzw. für den sie gezahlt werden. Aus Vereinfachungsgründen kann bei der **Übertragung von Urlaubsansprüchen** von diesem Grundsatz abgewichen werden.

Beispiel A

A ist im Jahr 2021 und 2022 für seinen deutschen Arbeitgeber sowohl im Inland als auch in Schweden tätig. Seinen Familienwohnsitz in Deutschland behält er bei. In beiden Jahren hält sich A länger als 183 Tage in Schweden auf. Die vereinbarten Arbeitstage des A belaufen sich in den Kalenderjahren 2021 und 2022 auf jeweils 220 Tage zuzüglich der vertraglich festgelegten Urlaubstage von jeweils 30. Der Urlaub von 2021 und 2022 wird vollständig in 2022 genommen. Die tatsächlichen Arbeitstage in 2021 betragen in Schweden 230 und in Deutschland 20. In 2022 entfallen 150 tatsächliche Arbeitstage auf Schweden und 40 auf Deutschland. Der aufzuteilende Arbeitslohn beträgt im Jahr 2021 50 000 € und im Jahr 2022 60 000 €.

Deutschland hat für den Arbeitslohn, der auf die Tätigkeit in Schweden entfällt, kein Besteuerungsrecht, weil sich A länger als 183 Tage in den Kalenderjahren 2021 und 2022 in Schweden aufgehalten hat. Der steuerfreie Arbeitslohn berechnet sich wie folgt:

Lohnsteuerpflichtig | Sozialversich.-pflichtig

2021

Die tatsächlichen Arbeitstage betragen 250 (220 vereinbarte Arbeitstage und 30 nicht genommene Urlaubstage). Dividiert man sie durch das aufzuteilende Arbeitsentgelt von 50 000 €, ergibt sich ein Arbeitsentgelt pro tatsächlichen Arbeitstag von 200 €. Dieser Betrag ist mit den tatsächlichen Arbeitstagen zu multiplizieren, an denen sich A tatsächlich in Schweden aufgehalten hat. Von dem Jahresarbeitslohn von 50 000 € sind daher im Kalenderjahr 2021 in Deutschland 46 000 € (230 Arbeitstage × 200 €) steuerfrei (§ 50d Abs. 8 EStG ist zu beachten) und 4000 € steuerpflichtig (20 Arbeitstage × 200 €). Der Betrag von 46 000 € unterliegt in Deutschland dem Progressionsvorbehalt.

2022

Wegen des aus dem Kalenderjahr 2021 übertragenen Urlaubs liegen nur 190 tatsächliche Arbeitstage vor. Aus Vereinfachungsgründen kann auf eine wirtschaftliche Zuordnung des auf den Urlaub des Jahres 2021 entfallenden Arbeitslohns verzichtet werden. Bei einem Jahresarbeitslohn von 60 000 € ergibt sich ein Arbeitslohn pro tatsächlichen Arbeitstag von 315,79 € (60 000 € : 190 Arbeitstage). Im Kalenderjahr 2022 sind in Deutschland 47 369 € (150 Arbeitstage × 315,79 €) steuerfrei (§ 50d Abs. 8 EStG ist zu beachten) und 12 631 € (60 000 € abzüglich 47 369 €) steuerpflichtig. Der Betrag von 47 369 € unterliegt in Deutschland dem Progressionsvorbehalt.

Die vorstehend beschriebene Vereinfachungsregelung (= Verzicht auf eine wirtschaftliche Zuordnung der übertragenen Urlaubstage) gilt aber nicht bei einer finanziellen **Abgeltung von Urlaubsansprüchen.**

Beispiel B

Wie Beispiel A. Der in das Kalenderjahr 2022 übertragene Urlaub aus dem Kalenderjahr 2021 wird nicht in Anspruch genommen, sondern vom Arbeitgeber im Juli 2022 durch eine Einmalzahlung von 10 000 € abgegolten. Im Kalenderjahr 2022 hat der Arbeitnehmer seine Tätigkeit an 150 Arbeitstagen in Schweden und an 70 Arbeitstagen in Deutschland ausgeübt.

Der Urlaub, der mit der Einmalzahlung abgegolten wird, ist wirtschaftlich dem Kalenderjahr 2021 zuzuordnen. Folglich sind für diese Einmalzahlung die Verhältnisse des Kalenderjahres 2021 entscheidend. Der **steuerfreie** Arbeitslohn im Kalenderjahr 2022 berechnet sich wie folgt:

Laufender Arbeitslohn 60 000 € × 150 Arbeitstage Schweden : 220 Gesamtarbeitstage	40 909 €
Urlaubsabgeltung 10 000 € × 230 Arbeitstage Schweden : 250 Gesamtarbeitstage	9 200 €
Gesamter steuerfreier Arbeitslohn	50 109 €

Der steuerpflichtige Arbeitslohn in Deutschland beträgt 19 891 € (70 000 € abzüglich 50 109 €).

e) Aufteilung und Korrektur im Lohnsteuerabzugsverfahren

Wird ein Arbeitnehmer während des Kalenderjahres im Ausland und im Inland tätig, sind direkt zuzuordnende Gehaltsbestandteile (z. B. Auslandszulagen, Erfolgsprämien, Überstundenvergütungen) unmittelbar der ausländischen oder inländischen Tätigkeit zuzurechnen. Arbeitslohn, der **nicht direkt zugeordnet** werden kann (z. B. laufender Arbeitslohn, Urlaubsgeld, Weihnachtsgeld), ist im Verhältnis der **tatsächlichen Arbeitstage** auf das Inland und auf das Ausland **aufzuteilen** (vgl. vorstehende Buchstaben a bis d). Dieser Grundsatz bereitet im **Lohnsteuerabzugsverfahren** für den nicht direkt zuzuordnenden Arbeitslohn naturgemäß **Schwierigkeiten,** weil das Verhältnis der tatsächlichen Arbeitstage noch nicht feststeht. Aus diesem Grund hat die Finanzverwaltung ein umfangreiches Anwendungsschreiben zur Ermittlung des steuerfreien und steuerpflichtigen Arbeitslohns nach dem Doppelbesteuerungsabkommen und dem Auslandstätigkeitserlass im Lohnsteuerabzugsverfahren bekannt gegeben.[1] Hiernach werden für die Gehaltsbestandteile, die nicht direkt der inländischen oder ausländischen Tätigkeit zugeordnet werden können (sog. verbleibender Arbeitslohn), folgende **Aufteilungsalternativen** zugelassen:

1) BMF-Schreiben vom 14.3.2017 (BStBl. I S. 473). Das BMF-Schreiben ist als Anlage 10 zu H 39b.10 LStR im **Steuerhandbuch für das Lohnbüro 2021** abgedruckt, das im selben Verlag erschienen ist.

- Aufteilung nach **tatsächlichen Arbeitstagen im gesamten Beschäftigungszeitraum** innerhalb des Kalenderjahres; dies geschieht anhand einer Prognose am Ende des jeweiligen Lohnzahlungszeitraums;
- Aufteilung nach **tatsächlichen Arbeitstagen im einzelnen Lohnzahlungszeitraum;**
- Aufteilung nach **vereinbarten Arbeitstagen im gesamten Beschäftigungszeitraum** innerhalb eines Kalenderjahres; hier werden die vereinbarten Arbeitstagen im Kalenderjahr mit den tatsächlich ausgeübten Arbeitstagen im Ausland ins Verhältnis gesetzt. Vereinbarte Arbeitstage sind die Kalendertage abzüglich der Tage, an denen der Arbeitnehmer laut Arbeitsvertrag nicht zur Arbeit verpflichtet ist (z. B. Urlaubs- und Wochenendtage);
- Aufteilung nach **vereinbarten Arbeitstagen im einzelnen Lohnzahlungszeitraum**.

Ändert sich die Prognose der Anzahl der tatsächlichen oder vereinbarten Arbeitstage in einem folgenden Lohnzahlungszeitraum, ist der neu ermittelte Aufteilungsmaßstab ab diesem Lohnzahlungszeitraum anzuwenden. **Sonstige Bezüge** (insbesondere Urlaubs- und Weihnachtsgeld) sind stets nach den tatsächlichen oder vereinbarten Arbeitstagen im gesamten **Beschäftigungszeitraum des Kalenderjahres** aufzuteilen.

Der Arbeitgeber muss sich aber für das Kalenderjahr für eine der vier vorstehenden Aufteilungsalternativen entscheiden. Ein **Wechsel** zwischen den Alternativen ist **nicht zulässig!**

Am Ende des Kalenderjahres bzw. bei Beendigung des Arbeitsverhältnisses im Laufe des Kalenderjahres sind dem Arbeitgeber die letztlich maßgebenden tatsächlichen Arbeitstage im Inland und im Ausland im Beschäftigungszeitraum bekannt. Bei unbeschränkt steuerpflichtigen Arbeitnehmern mit **ganzjähriger Beschäftigung** und ohne Änderung der Steuerklasse kann der Arbeitgeber – anstelle der Korrektur von zwölf Lohnabrechnungen – vor Übermittlung der Lohnsteuerbescheinigung an die Finanzverwaltung **eine einzige Korrektur** unter Anwendung der **Jahrestabelle** bis Ende Februar des Folgejahres vornehmen.

Beispiel A

Der unbeschränkt steuerpflichtiger Arbeitnehmer ist ganzjährig im Inland und Ausland beschäftigt, die Aufteilung des Arbeitslohns im Lohnsteuerabzugsverfahren erfolgt nach den tatsächlichen Arbeitstagen im Beschäftigungszeitraum (= Kalenderjahr; also Alternative 1). Es ergeben sich folgende Aufteilungsprognosen:

Prognosezeitraum	Mögliche Arbeitstage p.a.	Voraussichtliche Urlaubstage p.a.	Tatsächlich angefallene Krankheitstage p.a.	verbleibende tatsächliche Arbeitstage p.a.	Anteil Ausland (steuerfrei)	Anteil Inland (steuerpflichtig)
ab Januar	254	30	0	224	60/224	164/224
ab Oktober (Krankheit und Erhöhung der Auslandstage um 20)	254	30	10	214	80/214	134/214
ab Dezember (Übertrag von 5 Urlaubstagen ins Folgejahr)	254	25	10	219	80/219	139/219

Der steuerfreie und steuerpflichtige Bruttoarbeitslohn im **Lohnsteuerabzugsverfahren** beträgt bei der gewählten Aufteilungsalternative:

Monat	Bruttolohn in €	Steuerfreier Anteil	Steuerfrei in €	Steuerpflichtiger Anteil	Steuerpflichtiger Bruttolohn in €
Januar	5 000,00	60/224	1 339,29	164/224	3 660,71
Februar	5 000,00	60/224	1 339,29	164/224	3 660,71
März	5 000,00	60/224	1 339,29	164/224	3 660,71
April	5 000,00	60/224	1 339,29	164/224	3 660,71
Mai	5 000,00	60/224	1 339,29	164/224	3 660,71
Juni	5 000,00	60/224	1 339,29	164/224	3 660,71
Juli lfd. Arbeitslohn	5 000,00	60/224	1 339,29	164/224	3 660,71
Juli sonst. Bezug (Jahresprämie)	10 000,00	60/224	2 678,57	164/224	7 321,43
August	5 000,00	60/224	1 339,29	164/224	3 660,71
September	5 000,00	60/224	1 339,29	164/224	3 660,71
Oktober	5 000,00	80/214	1 869,16	134/214	3 130,84
November	5 000,00	80/214	1 869,16	134/214	3 130,84
Dezember lfd. Arbeitslohn	5 000,00	80/219	1 826,48	139/219	3 173,52
Dezember sonst. Bezug (Weihnachtsgeld)	8 000,00	80/219	2 922,37	139/219	5 077,63
Jahressummen der einzelnen Monate	**78 000,00**		**23 219,35**		**54 780,65**

Da es sich um einen unbeschränkt steuerpflichtigen Arbeitnehmer mit ganzjähriger Beschäftigung handelt, kann der Arbeitgeber – anstelle der Korrektur von zwölf Lohnabrechnungen – eine einzige Korrektur unter Anwendung der Jahrestabelle durchführen. Die Aufteilung des Bruttolohns mit einer Jahresbetrachtung ist nach den zuletzt bekannten Verhältnissen durchzuführen, die auch bei der Einkommensteuer-Veranlagung des Arbeitnehmers maßgeblich sind:

Jahressummen bei abschließender Überprüfung durch den Arbeitgeber	**Jahresbruttoarbeitslohn**	**Steuerfreier Anteil**	**Steuerfreier Anteil in €**	**Steuerpflichtiger Anteil**	**Steuerpflichtiger Anteil in €**
	78 000,00	**80/219**	**28 493,15**	**139/219**	**49 506,85**

Der Arbeitgeber hat die auf den Minderungsbetrag des Bruttoarbeitslohns in Höhe von 5273,80 € (54 780,65 € abzüglich 49 506,85 €) entfallende Lohnsteuer zuzüglich Kirchensteuer an den Arbeitnehmer zu erstatten. Ein Solidaritätszuschlag ist im Lohnsteuerabzugsverfahren nicht erhoben worden.

Bei **nicht ganzjähriger Beschäftigung** eines unbeschränkt steuerpflichtigen Arbeitnehmers sowie bei **beschränkt steuerpflichtigen Arbeitnehmern** ist eine einzige Korrektur unter Anwendung der Jahrestabelle nicht zulässig. In diesem Fall sind nach Feststehen der maßgebenden tatsächlichen Arbeitstage im Inland und im Ausland im Beschäftigungszeitraum des Kalenderjahres die einzelnen Lohnabrechnungen zu korrigieren.

Lohn- steuer- pflichtig | Sozial- versich.- pflichtig

Beispiel B

Der unbeschränkt steuerpflichtige Arbeitnehmer A ist vom 1.1. bis 31.10. beim Arbeitgeber B beschäftigt und wird für diesen im Inland und Ausland tätig. Die Aufteilung des Arbeitslohns im Lohnsteuerabzugsverfahren erfolgt nach den tatsächlichen Arbeitstagen im Beschäftigungszeitraum 1.1. bis 31.10. Es ergeben sich folgende Aufteilungsprognosen:

Prognosezeitraum	Mögliche Arbeitstage	Voraussichtliche Urlaubstage	Tatsächlich angefallene Krankheitstage	verbleibende tatsächliche Arbeitstage	Anteil Ausland (steuerfrei)	Anteil Inland (steuerpflichtig)
Januar bis August	200	25	0	175	50/175	125/175
September (Krankheit)	200	25	19	156	50/156	106/156
Oktober (Erhöhung der Auslandstage um vier Tage)	200	25	19	156	54/156	102/156

Der steuerfreie und steuerpflichtige Bruttoarbeitslohn im **Lohnsteuerabzugsverfahren** beträgt bei der gewählten Aufteilungsalternative:

Monat	Bruttolohn in €	Steuerfreier Anteil	Steuerfrei in €	Steuerpflichtiger Anteil	Steuerpflichtiger Bruttolohn in €
Januar	5 000,00	50/175	1 428,57	125/175	3 571,43
Februar	5 000,00	50/175	1 428,57	125/175	3 571,43
März	5 000,00	50/175	1 428,57	125/175	3 571,43
April	5 000,00	50/175	1 428,57	125/175	3 571,43
Mai	5 000,00	50/175	1 428,57	125/175	3 571,43
Juni	5 000,00	50/175	1 428,57	125/175	3 571,43
Juli lfd. Arbeitslohn	5 000,00	50/175	1 428,57	125/175	3 571,43
Juli sonst. Bezug (Urlaubsgeld)	2 000,00	50/175	571,43	125/175	1 428,57
August	5 000,00	50/175	1 428,57	125/175	3 571,43
September	5 000,00	50/156	1 602,56	106/156	3 397,44
Oktober	5 000,00	54/156	1 730,77	102/156	3 269,23
Jahressummen der einzelnen Monate	**52 000,00**		**15 333,32**		**36 666,68**

Im gesamten Beschäftigungszeitraum vom 1. Januar bis 31. Oktober errechnet sich für den insgesamt bezogenen Bruttoarbeitslohn in Höhe von 52 000,00 €, der nicht direkt zugeordnet werden kann, ein steuerfreier Anteil von 54/156 und ein steuerpflichtiger Anteil von 102/156. Mit diesem Aufteilungsmaßstab ist **für jeden Lohnzahlungszeitraum** vor Übermittlung der Lohnsteuerbescheinigung an die Finanzverwaltung eine **Überprüfung** und ggf. eine Berichtigung der bisherigen Lohnabrechnung vorzunehmen. Weil für den Lohnzahlungszeitraum Oktober bereits der zutreffende Aufteilungsmaßstab angesetzt worden ist, führt die Überprüfung für diesen Monat zu keiner Änderung. Eine Korrektur nach den Berechnungsgrundsätzen des § 42b EStG ist wegen der nicht ganzjährigen Beschäftigung nicht zulässig.

f) Besteuerung von Abfindungen

Abfindungen, die dem Arbeitnehmer anlässlich seines Ausscheidens aus dem Arbeitsverhältnis gezahlt werden, sind DBA-rechtlich regelmäßig den Vergütungen aus nichtselbstständiger Arbeit zuzuordnen. Keine Abfindungen stellen Zahlungen zur Abgeltung bereits vertraglich erdienter Ansprüche dar (z. B. Ausgleichszahlungen für Urlaubs- oder Tantiemeansprüche). Diese sind entsprechend den Aktivbezügen zu behandeln.

Im Falle der **beschränkten Steuerpflicht** (vgl. die Erläuterungen beim Stichwort „Beschränkt steuerpflichtige Arbeitnehmer") gilt Folgendes:

Nach § 49 Abs. 1 Nr. 4 Buchstabe d EStG liegen inländische Einkünfte aus nichtselbstständiger Arbeit auch dann vor, wenn Entschädigungen (Abfindungen) für die Auflösung eines Dienstverhältnisses gezahlt werden, soweit die für die zuvor ausgeübte Tätigkeit bezogenen Einkünfte der inländischen Besteuerung unterlegen haben. Mit dieser Regelung soll klargestellt werden – so die Gesetzesbegründung – dass auch Abfindungszahlungen, die der Arbeitgeber bei Auflösung eines Dienstverhältnisses zahlt, einer Besteuerung im Rahmen der beschränkten Steuerpflicht unterworfen werden können.

Beispiel

Ein 60-jähriger Arbeitnehmer scheidet aufgrund eines Aufhebungsvertrags nach 30-jähriger Arbeit in Deutschland zum 1.4.2021 vorzeitig aus dem Unternehmern aus und erhält am 15.4.2021 eine Abfindung wegen der Auflösung des Dienstverhältnisses von 36 000 €. Der Arbeitnehmer ist bereits zum 1. 3. 2021 in die Schweiz gezogen.

Die Einkünfte, die der Arbeitnehmer für die Tätigkeit in Deutschland in den vergangenen Jahren erhalten hat, haben der inländischen Besteuerung unterlegen, sodass die Abfindung als inländische Einkünfte gem. § 49 Abs. 1 Nr. 4d EStG in Höhe von 36 000 € der beschränkten Einkommensteuerpflicht unterliegt. Eine ermäßigte Besteuerung der Abfindung unter Anwendung der sog. Fünftelregelung kommt beim Lohnsteuerabzug durch den Arbeitgeber auch bei beschränkter Steuerpflicht in Betracht (§ 50 Abs. 1 Satz 3 EStG).

Früher stand das Besteuerungsrecht für Abfindungszahlungen grundsätzlich dem Wohnsitzstaat im Zeitpunkt der Abfindungszahlung zu. Im Dezember 2016 ist aber mit Wirkung ab 2017 (= Zuflusszeitpunkt) **gesetzlich** geregelt worden, dass **Abfindungen zusätzliches Entgelt für die frühere Tätigkeit** sind und daher – vorbehaltlich einer besonderen Regelung in Konsultationsvereinbarungen oder im Doppelbesteuerungsabkommen (vgl. auch nachfolgende Ausführungen) – der **frühere Tätigkeitsstaat das Besteuerungsrecht** hat (§ 50d Abs. 12 EStG). Bei Tätigkeiten in verschiedenen Staaten sollen die jeweiligen Tätigkeitszeiten des Arbeitsverhältnisses die Grundlage für eine anteilige Zuordnung der Abfindungszahlung bilden. Sofern keine geeigneten Feststellungen zur Aufteilung getroffen werden können, kann aus Vereinfachungsgründen auf die Verhältnisse der letzten zwölf Monate des Beschäftigungsverhältnisses abgestellt werden.

Vorrangig zu beachten sind die getroffenen **Konsultationsvereinbarungen** mit **Belgien** (BStBl. 2007 I S. 261), **Großbritannien** (BStBl. 2011 I S. 1221), **Luxemburg** (BStBl. 2011 I S. 852), **Österreich** (BStBl. 2010 I S. 645) und der **Schweiz** (BStBl. 2010 I S. 268). Im Verhältnis zu Österreich steht das Besteuerungsrecht dem Staat zu, der auch für die Bezüge aus der aktiven Zeit besteuerungsberechtigt war. Im Verhältnis zu den übrigen, o. a. Staaten sind Abfindungen mit Versorgungscharakter als Ruhegehälter im Ansässigkeitsstaat und Abfindungen allgemein für das vorzeitige Ausscheiden im (früheren) Tätigkeitsstaat zu besteuern, sofern diesem das Besteuerungsrecht für die aktive Zeit zustand. Ggf. ist auch hier eine Aufteilung vorzunehmen.

Das DBA **Liechtenstein** weist grundsätzlich dem früheren Tätigkeitsstaat das Besteuerungsrecht für eine Abfindungszahlung zu (vgl. Nr. 5 des Protokolls zum DBA Liechtenstein). Diese sich aus dem DBA ergebende Regelung ist ebenfalls vorrangig zu beachten. Der Bundesfinanzhof hatte zudem darüber zu befinden, ob die Abfindungszahlung eines französischen Arbeitgebers an einen in Deutschland ansässigen Arbeitnehmer, der seine nicht-

Lohn-steuer-pflichtig | Sozial-versich.-pflichtig

selbstständige Tätigkeit in Frankreich ausgeübt hatte, in Deutschland (= Wohnsitzstaat des Arbeitnehmers) oder in Frankreich (= früherer Tätigkeitsstaat) zu besteuern war. Aufgrund des Wortlauts des Doppelbesteuerungsabkommens Deutschland–Frankreich hat der Bundesfinanzhof das Besteuerungsrecht **Frankreich** zugewiesen. Denn danach hat der frühere Tätigkeitsstaat (= Frankreich), in dem die persönliche Tätigkeit ausgeübt wurde, das Besteuerungsrecht insbesondere für Gehälter, Besoldungen, Löhne, Gratifikationen oder sonstige Bezüge sowie ähnliche Vorteile, die von privaten französischen Arbeitgebern gezahlt oder gewährt werden. Unter diese Regelung fallen schließlich auch Abfindungen, da es sich um eine nicht abschließende Aufzählung („insbesondere") einzelner Vergütungsbeispiele handelt (BFH-Urteil vom 24.7.2013, BStBl. 2014 II S. 929).

g) Abfindung von Pensionsansprüchen

Nach den Doppelbesteuerungsabkommen steht das Besteuerungsrecht für Einkünfte aus nichtselbstständiger Tätigkeit in der Regel dem Staat zu, in dem die Tätigkeit ausgeübt wird. Ruhegehälter, Betriebsrenten und ähnliche Versorgungsbezüge aus früheren Dienstverhältnissen werden dagegen im Regelfall vom Wohnsitzstaat besteuert. Ruhegehälter aus öffentlichen Kassen für die Ausübung öffentlicher Dienste werden von dem Staat besteuert, in dem die öffentliche Kasse ihren Sitz hat.

Werden **Pensionsansprüche mit einer Einmalzahlung abgefunden,** ist Folgendes zu beachten:

Hat der Arbeitnehmer im Zeitpunkt der Zahlung der Abfindung **noch keinen Rechtsanspruch** auf die Versorgungsbezüge erlangt, wird das Besteuerungsrecht für solche Einmalzahlungen nach den für Abfindungen geltenden Regelungen beurteilt (vgl. vorstehenden Buchstaben f).

Werden dagegen Pensionsansprüche abgefunden, für die bereits ein **Rechtsanspruch** besteht und steht der Arbeitnehmer höchstens ein Jahr vor dem Eintritt in den gesetzlichen Ruhestand, erfolgt die Zuteilung des Besteuerungsrechts auch dann nach dem im jeweiligen Doppelbesteuerungsabkommen einschlägigen Artikel[1] für Versorgungsbezüge/Pensionen, wenn der hierfür einschlägige Artikel[1] nicht voraussetzt, dass es sich um laufende Zahlungen handeln müsse. Dies bedeutet, dass in solchen Fällen ebenfalls dem Wohnsitzstaat im Zeitpunkt der Zahlung das Besteuerungsrecht zusteht. Ist aber die Anwendung des einschlägigen Artikels[1] für Versorgungsbezüge/Pensionen im jeweiligen Doppelbesteuerungsabkommen davon abhängig, dass die Zahlungen laufend erbracht werden, muss die Zuteilung des Besteuerungsrechts nach dem Artikel über die nichtselbstständige Arbeit vorgenommen werden. Hierbei ist die Einmalzahlung zur Abgeltung des bestehenden Rechtsanspruchs als zusätzliches Entgelt für die frühere Arbeitsleistung zu werten. Das Besteuerungsrecht ist daher regelmäßig auf den Ansässigkeitsstaat und den Tätigkeitsstaat aufzuteilen.

h) Aktienoptionen

Hierzu wird auf die ausführlichen Erläuterungen beim Stichwort „Aktienoptionen" unter Nr. 4 Buchstabe d hingewiesen.

i) Erfindervergütungen

Bei einer Vergütung nach dem Arbeitnehmer-Erfindungsgesetz handelt es sich zwar um Arbeitslohn, allerdings nicht um eine Gegenleistung für eine konkrete Arbeitsleistung und damit auch nicht um ein Entgelt für eine frühere Tätigkeit (BFH-Urteil vom 21.10.2009, BStBl. 2012 II S. 493).

Dies führt auch dazu, dass bei entsprechenden Zahlungen an frühere, mittlerweile ausgeschiedene und ins Ausland verzogene Arbeitnehmer das **Besteuerungsrecht** dem **Wohnsitzstaat** (= Ansässigkeitsstaat) des Arbeitnehmers im Zeitpunkt der Zahlung zusteht.

Vgl. auch die Erläuterungen beim Stichwort „Erfindervergütungen".

k) Altersteilzeit

Bei einer Altersteilzeit im **Blockmodell** fließt dem Arbeitnehmer in der Arbeits- und in der Freistellungsphase **Arbeitslohn** zu. Dabei handelt es sich in der Freistellungsphase um nachträglich gezahlten Arbeitslohn, der in dem Verhältnis aufzuteilen ist, das der **Aufteilung** der Vergütungen zwischen dem Wohnsitz- und Tätigkeitsstaat in der Arbeitsphase entspricht (vgl. das Stichwort „Altersteilzeit" unter Nr. 7 Buchstabe b).

Der **Aufstockungsbetrag** wird aber nicht für eine geleistete Tätigkeit, sondern für die Bereitschaft des Arbeitnehmers gezahlt, eine Altersteilzeitvereinbarung mit dem Arbeitgeber einzugehen. Somit fällt der Aufstockungsbetrag nicht unter das Besteuerungsrecht des Tätigkeitsstaates, sondern steht ausschließlich dem **Ansässigkeitsstaat** zu. Ist Deutschland der Ansässigkeitsstaat, ist der Aufstockungsbetrag steuerfrei (§ 3 Nr. 28 EStG), unterliegt aber dem Progressionsvorbehalt.

l) Firmenwagen, Antrittsgeld, Steuerberatungskosten

Stellt der Arbeitgeber dem Arbeitnehmer einen **Firmenwagen** zur Verfügung, ist der geldwerte Vorteil für Fahrten zwischen Wohnung und erster Tätigkeitsstätte direkt der Tätigkeit im Wohnsitzstaat oder im Tätigkeitsstaat zuzuordnen. Wird der Firmenwagen für Privatfahrten ohne Abhängigkeit von einer bestimmten Tätigkeit im Inland oder Ausland überlassen, ist der Arbeitslohn nach dem Verhältnis der tatsächlichen Arbeitstage aufzuteilen. Vgl. vorstehende Nr. 9 insbesondere Buchstaben a und c.

Bei einem **Antrittsgeld** (Signing Bonus) für eine künftige Tätigkeit ist das Besteuerungsrecht an dieser Vergütung bei wirtschaftlicher Betrachtungsweise dem Tätigkeitsstaat anhand der vereinbarten Vertragslaufzeit zuzuordnen (siehe auch BFH-Urteil vom 11.4.2018, BStBl. II S. 761). Vgl. auch „Antrittsprämie".

Die Übernahme von **Steuerberatungskosten** durch den Arbeitgeber führt beim Arbeitnehmer grundsätzlich zu einem geldwerten Vorteil. Dies gilt für alle Leistungen, die mit der Erstellung der Einkommensteuererklärung des Arbeitnehmers oder dessen Angehörige in Verbindung stehen (u. a. Vorbereitungsgespräche, Beantwortung von Fragen des Finanzamts, Bescheidüberprüfung, Einspruchsverfahren, Kindergeld). Der Arbeitslohn ist grundsätzlich dergestalt direkt zuzuordnen, dass die Kosten für die Erklärungsabgabe im Heimatstaat ausschließlich der Tätigkeit im Heimatstaat und die Kosten für die Erklärungsabgabe im Einsatzstaat ausschließlich der Tätigkeit im Einsatzstaat zuzuordnen sind. Betreffen die Aufwendungen jedoch nur **Arbeitgeberleistungen** (z. B. Erstellung der Lohnabrechnung und Lohnsteuer-Anmeldung, Steuerausgleichsberechnungen), handelt es sich um nicht zu Arbeitslohn führende Leistungen im ganz überwiegenden eigenbetrieblichen Interesse des Arbeitgebers. Bei Vorliegen einer **Nettolohnvereinbarung** führt die Übernahme der Steuerberatungskosten durch den Arbeitgeber regelmäßig nicht zu Arbeitslohn, wenn der Arbeitnehmer seine Steuererstattungsansprüche an den Arbeitgeber abgetreten hat (BFH-Urteil vom 9.5.2019, BStBl. II S. 785). Vgl. „Nettolöhne" unter Nr. 1.

10. Progressionsvorbehalt

Der Progressionsvorbehalt besagt, dass bei unbeschränkt Steuerpflichtigen die nach einem Doppelbesteuerungs-

1) Diejenigen Doppelbesteuerungsabkommen, die einen solchen Artikel für Versorgungsbezüge/Pensionen enthalten, sind unter der nachstehenden Nr. 13 Buchstabe a zusammengestellt.

D

Lohnsteuerpflichtig Sozialversich.-pflichtig

abkommen von der inländischen Steuer freigestellten Einkünfte in die Bemessung des Steuersatzes für das im Inland zu versteuernde Einkommen einzubeziehen sind. Die Einkünfte sind nach deutschem Recht zu ermitteln. Ausländische Steuern vom Einkommen (z. B. US Staaten- und Gemeindesteuern) sind nicht abzugsfähig. Die Auswirkungen des Progressionsvorbehalts verdeutlicht das unter dem Stichwort „Progressionsvorbehalt" unter Nr. 2 dargestellte Beispiel A. Der Progressionsvorbehalt aufgrund eines Doppelbesteuerungsabkommens wird im Rahmen einer Veranlagung zur Einkommensteuer durchgeführt. Sofern der Arbeitnehmer nicht bereits aus anderen Gründen veranlagt werden muss (z. B. wegen der Bildung eines Freibetrags als Lohnsteuerabzugsmerkmal), ist eine Veranlagung eigens zur Erfassung des Progressionsvorbehalts nur dann durchzuführen, wenn die freigestellten ausländischen Einkünfte insgesamt mehr als 410 € im Kalenderjahr betragen haben (vgl. „Veranlagung von Arbeitnehmern" unter Nr. 2). Zur Inanspruchnahme des Arbeitnehmer-Pauschbetrags bzw. zum Abzug tatsächlicher ausländischer Werbungskosten – die nach deutschem Recht zu ermitteln sind – im Rahmen des Progressionsvorbehalts vgl. die Erläuterungen beim Stichwort „Auslandstätigkeit, Auslandstätigkeitserlass" unter Nr. 5 Buchstabe e.

D

11. Verfahrensvorschriften

Ist in dem betreffenden DBA vorgesehen, dass eine Freistellung vom Lohnsteuerabzug nur auf Antrag zulässig ist, muss der Arbeitgeber bei seinem Betriebsstättenfinanzamt eine sog. **Freistellungsbescheinigung** beantragen. Dies ist z. B. nach den DBA mit Albanien, Algerien, Armenien, Aserbaidschan, Australien, Belarus, Bulgarien, China, Costa Rica, Frankreich, Georgien, Ghana, Großbritannien, Irland, Italien, Japan, Kroatien, Liechtenstein, Luxemburg, Mauritius, Mazedonien, Österreich, Polen, Philippinen, Schweden, Singapur, Slowenien, Syrien, Türkei, Turkmenistan, Ungarn, USA, Usbekistan und Zypern vorgesehen. Der Antrag ist auf dem amtlichen, bundeseinheitlich aufgelegten Vordruck zu stellen. Der Vordruck ist auch im Internet unter www.bundesfinanzministerium.de/Service/Formulare/Formular-Management-System/Formularcenter/Steuerformulare/Lohnsteuer (Arbeitnehmer), Vordruck Nr. 55, abrufbar. Das Finanzamt erteilt aufgrund dieses Antrags bei Vorliegen der Voraussetzungen die Bescheinigung über die Freistellung vom Lohnsteuerabzug aufgrund des jeweils in Betracht kommenden Doppelbesteuerungsabkommens.

Aber auch wenn der Arbeitgeber mangels Antragsvoraussetzung eigentlich keine ausdrückliche Freistellungsbescheinigung des Finanzamts bräuchte, um bei Arbeitslohn für eine begünstigte Auslandstätigkeit den Lohnsteuerabzug zu unterlassen, empfiehlt es sich gleichwohl in allen Fällen eine Freistellungsbescheinigung beim Betriebsstättenfinanzamt zu beantragen, da ansonsten der Arbeitgeber das Risiko für eine zutreffende Auslegung des maßgebenden Doppelbesteuerungsabkommens trägt. Die dem Arbeitgeber für Zwecke des Lohnsteuerabzugs erteilte Freistellungsbescheinigung entfaltet allerdings keine Bindungswirkung im Verhältnis zum Arbeitnehmer für das Veranlagungsverfahren (BFH-Urteil vom 13.3.1985, BStBl. II S. 500).

In einem der folgenden Kalenderjahre (z. B. 2024) soll auch die Freistellung des Arbeitslohns nach einem DBA als **elektronisches Lohnsteuerabzugsmerkmal** zur Verfügung stehen (§ 39 Abs. 4 Nr. 5 EStG). Die erstmalige Anwendung wird durch ein im Bundessteuerblatt zu veröffentlichendes BMF-Schreiben bekannt gegeben (§ 52 Abs. 36 EStG).

Lässt der Arbeitgeber Arbeitslohn für eine Auslandstätigkeit steuerfrei, ist er verpflichtet, das folgende Verfahren einzuhalten:

Lohnsteuerpflichtig Sozialversich.-pflichtig

- Der begünstige Arbeitslohn ist im Lohnkonto, in der Lohnsteuerbescheinigung bzw. in der Besonderen Lohnsteuerbescheinigung getrennt vom übrigen Arbeitslohn anzugeben (vgl. diese Stichworte),
- die Freistellungsbescheinigung des Betriebsstättenfinanzamts ist als Beleg zum Lohnkonto des Arbeitnehmers zu nehmen,
- für Arbeitnehmer, die zu irgendeinem Zeitpunkt des Kalenderjahres begünstigten Arbeitslohn bezogen haben, darf der Arbeitgeber weder die Lohnsteuer nach dem voraussichtlichen Jahresarbeitslohn (sog. permanenter Lohnsteuerjahresausgleich) ermitteln noch einen (betrieblichen) Lohnsteuer-Jahresausgleich durchführen. Vgl. aber die Möglichkeit der Korrektur des Lohnsteuerabzugs unter Anwendung der Jahrestabelle bei ganzjähriger Beschäftigung ohne Steuerklassenwechsel unter der vorstehenden Nr. 9 Buchstabe e.

In der elektronischen **Lohnsteuerbescheinigung** für das Kalenderjahr 2021 ist in Zeile 16 Buchstabe a als steuerfreier Arbeitslohn nur der Betrag zu bescheinigen, der ohne Doppelbesteuerungsabkommen steuerpflichtig wäre; deshalb sind unter anderem die vom Arbeitgeber steuerfrei ersetzten Werbungskosten (Auslösungen, Reisekosten bei Auswärtstätigkeiten, vgl. diese Stichworte und Anhang 4), in den zu bescheinigenden Betrag **nicht** mit einzubeziehen.

Werden in der elektronischen Lohnsteuerbescheinigung für das Kalenderjahr 2021 Sozialversicherungsbeiträge bescheinigt (Zeilen 22 bis 27), dürfen darin keine Beiträge enthalten sein, die auf Arbeitslohn beruhen, der nach einem Doppelbesteuerungsabkommen vom Lohnsteuerabzug befreit ist.[1] Beim Zusammentreffen von steuerfreien und steuerpflichtigen Arbeitslohnteilen im Bescheinigungszeitraum bei einem pflichtversicherten Arbeitnehmer ist nur der Anteil der Sozialversicherungsbeiträge zu bescheinigen, der sich nach dem Verhältnis des steuerpflichtigen Arbeitslohns zum gesamten Arbeitslohn des Bescheinigungszeitraums ergibt. Allerdings sind steuerpflichtige Arbeitslohnanteile, die nicht sozialversicherungspflichtig sind (z. B. „Abfindung wegen Entlassung aus dem Dienstverhältnis"; vgl. dieses Stichwort unter Nr. 13), nicht in diese Vergleichsrechnung einzubeziehen. Die Verhältnisrechnung ist auch dann durchzuführen, wenn der steuerpflichtige Arbeitslohn die für die Beitragsberechnung maßgebende Beitragsbemessungsgrenze erreicht oder gar übersteigt (vgl. das Stichwort „Lohnsteuerbescheinigung" unter Nr. 24).

Der **EuGH** hat allerdings entschieden, dass das **Sonderausgabenabzugsverbot** für Sozialversicherungsbeiträge, die im unmittelbaren Zusammenhang mit nach einem DBA steuerfreien Einnahmen aus nichtselbstständiger Arbeit stehen, **unionsrechtswidrig** ist (EuGH-Urteil vom 22.6.2017 C-20/16, BStBl. II S. 1271).

Die Sozialversicherungsbeiträge sind daher bei der Einkommensteuer-Veranlagung des Arbeitnehmers auch dann als **Sonderausgaben** zu berücksichtigen, **wenn**

- solche Beiträge in unmittelbarem wirtschaftlichen Zusammenhang mit in einem EU/EWR-Mitgliedstaat (vgl. dieses Stichwort) oder der Schweiz erzielten Einnahmen aus nichtselbstständiger Arbeit stehen,
- diese Einnahmen nach einem DBA in Deutschland steuerfrei sind und
- der ausländische Beschäftigungsstaat keinerlei Abzug der mit den steuerfreien Einnahmen in unmittelbarem wirtschaftlichen Zusammenhang stehenden Beiträge in

1) Die auf steuerfreien Arbeitslohn entfallenden Zuschüsse und Beiträge für freiwillig in der gesetzlichen Krankenversicherung und sozialen Pflegeversicherung Versicherten und privat Kranken-/Pflegeversicherten sind unter Nummer 24 bis 26 der elektronischen Lohnsteuerbescheinigung in voller Höhe zu bescheinigen. Die Finanzverwaltung wendet die Vorschrift des § 10 Abs. 2 Satz 1 Nr. 1 EStG bei diesem Personenkreis nicht an, sondern nur bei pflichtversicherten Arbeitnehmern (BFH-Urteil vom 18.4.2012, BStBl. II S. 721).

Lohn-steuer-pflichtig | Sozial-versich.-pflichtig

seinem Besteuerungsverfahren zulässt (§ 10 Abs. 2 Satz 1 Nr. 1 Buchstaben a bis c EStG).

Da der **Arbeitgeber keine Kenntnis** darüber hat, ob der ausländische Beschäftigungsstaat einen Abzug der Beiträge zulässt, sind **Beiträge,** die mit steuerfreiem Arbeitslohn in unmittelbarem wirtschaftlichem Zusammenhang stehen, **nicht** in der **Lohnsteuerbescheinigung auszuweisen.**

Der Arbeitgeber ist berechtigt, bei der jeweils nächstfolgenden Lohnzahlung bisher noch nicht erhobene Lohnsteuer nachträglich einzubehalten, wenn er erkennt, dass die Voraussetzungen für den Verzicht auf die Besteuerung des Arbeitslohns nicht vorgelegen haben; er ist dazu verpflichtet, wenn ihm dies wirtschaftlich zumutbar ist. Macht er von dieser Berechtigung keinen Gebrauch oder kann er die Lohnsteuer nicht nachträglich einbehalten, ist er zu einer Anzeige an das Betriebsstättenfinanzamt verpflichtet (§ 41c EStG, vgl. „Änderung des Lohnsteuerabzugs" und „Anzeigepflichten des Arbeitgebers im Lohnsteuerverfahren"). Sind vom begünstigten Arbeitslohn zu Unrecht Steuerabzugsbeträge einbehalten worden, muss der Arbeitnehmer die Freistellung von der Besteuerung aufgrund eines Doppelbesteuerungsabkommens im Rahmen einer Veranlagung zur Einkommensteuer bei seinem Wohnsitzfinanzamt beantragen.

12. Rückfallklauseln

a) Subject-to-tax-Klauseln

Bei Rückfallklauseln wird die Steuerfreistellung der Einkünfte im Ansässigkeitsstaat (= Deutschland) von der Besteuerung der Einkünfte im Tätigkeitsstaat abhängig gemacht. Eine Besteuerung im Tätigkeitsstaat liegt vor, wenn die Einkünfte dort in die steuerliche Bemessungsgrundlage einbezogen werden. Davon ist auch auszugehen, wenn eine Besteuerung z. B. infolge von Freibeträgen oder Verlusten unterbleibt. Hingegen liegt eine Nichtbesteuerung im Tätigkeitsstaat insbesondere vor, wenn die Einkünfte nach ausländischem nationalem Recht nicht steuerbar oder sachlich steuerbefreit sind oder der Arbeitnehmer persönlich steuerbefreit ist.

Einkunftsbezogene Rückfallklauseln enthält das **DBA Österreich** für Einkünfte aus nichtselbstständiger Arbeit und das **DBA Schweiz** für Löhne im Bereich Seeschiffe, Binnenschiffe, Flugzeuge und den Leitungsbereich einer Kapitalgesellschaft.

Allgemeine Rückfallklauseln und sog. Einkünfte-Herkunftsbestimmungen enthalten die **DBA** mit **Bulgarien, Dänemark, Großbritannien, Italien, Neuseeland, Schweden, Spanien, Ungarn** und den **USA** (BMF-Schreiben vom 20.6.2013, BStBl. I S. 980).

Der **Nachweis der Besteuerung im Ausland** ist durch Vorlage des Steuerbescheids – bei Selbstveranlagung (z. B. in den USA) durch Vorlage einer Kopie der Steuererklärung – und des Zahlungsbelegs bzw. bei einem Lohnsteuerabzug mit Abgeltungswirkung durch Vorlage der Lohnsteuerbescheinigung zu führen; eine tatsächliche Besteuerung im Ausland ist auch dann anzunehmen, wenn eine pauschale Steuer vom Arbeitgeber getragen wurde. Die ausländische Steuerbehörde, an der die Lohnsteuer abgeführt wurde, ist unter Angabe der dortigen Steuernummer zu benennen. Werden die vorstehenden Nachweise nicht oder nicht vollständig erbracht, ist die deutsche Steuer unter Einbeziehung der betroffenen Einkünfte festzusetzen.

Über die Rückfallklauseln nach den DBA hinaus sieht das **Einkommensteuergesetz** Folgendes vor:

Steht das Besteuerungsrecht für Einkünfte aus nichtselbstständiger Arbeit eines unbeschränkt einkommensteuerpflichtigen Arbeitnehmers dem ausländischen Staat zu, wird die **Freistellung** bei der **Veranlagung** zur Einkommensteuer in Deutschland nur gewährt, wenn der Arbeitnehmer nachweist, dass der **ausländische Staat** auf sein Besteuerungsrecht **verzichtet** hat **oder** die in diesem Staat auf die Einkünfte festgesetzte **Steuer entrichtet** worden ist (§ 50d Abs. 8 Satz 1 EStG); die Einkünfte unterliegen allerdings in Deutschland dem Progressionsvorbehalt (§ 32b Abs. 1 Satz 1 Nr. 3 EStG; vgl. das Stichwort „Progressionsvorbehalt"). Wird ein solcher Nachweis erst erbracht, nachdem die Einkünfte bereits bei einer deutschen Einkommensteuer-Veranlagung berücksichtigt worden sind, ist der deutsche Einkommensteuerbescheid zu ändern (§ 175 Abs. 1 Satz 1 Nr. 2 AO).

D

Im Freistellungsverfahren für den laufenden Lohnsteuerabzug kann der geforderte Nachweis naturgemäß noch nicht erbracht werden. Die Nachweispflicht nach § 50d Abs. 8 EStG erstreckt sich deshalb nicht auf das Lohnsteuerabzugsverfahren (R 39b.10 Satz 6 LStR). In die Freistellungsbescheinigung nimmt die Finanzverwaltung allerdings einen Hinweis auf die ggf. nachträglich eintretende Steuerpflicht auf und merkt den Arbeitnehmer für eine Pflichtveranlagung vor.

Im Einzelnen gilt Folgendes:

Der Nachweis über die Zahlung der festgesetzten **ausländischen** Steuern ist im Grundsatz durch Vorlage des **Steuerbescheids** der ausländischen Behörde sowie eines **Zahlungsbelegs** zu erbringen. Bei einem Selbstveranlagungsverfahren ohne Steuerbescheid im ausländischen Staat genügt der Zahlungsbeleg und die Kopie der Steuererklärung. Eine **Arbeitgeberbescheinigung** genügt, wenn der Arbeitgeber nach ausländischem Recht zum Steuerabzug verpflichtet ist und die abgeführte Steuer Abgeltungswirkung hat oder eine Nettolohnvereinbarung getroffen wurde. Ebenfalls ausreichend ist eine ausländische Gehaltsabrechnung mit Ausweis der abgeführten Quellensteuern.

Ein Verzicht des ausländischen Staates auf sein Besteuerungsrecht ist durch die Vorlage geeigneter Unterlagen nachzuweisen. Dabei kann es sich um einen Verzicht gegenüber Einzelpersonen, bestimmte Personengruppen oder um einen generellen Verzicht handeln.

Aus Vereinfachungsgründen ist die **Freistellung** von der deutschen Einkommensteuer unter Progressionsvorbehalt ohne Vorlage von Nachweisen zu gewähren, wenn der maßgebende, nach deutschem Recht ermittelte Arbeitslohn in dem jeweiligen Veranlagungszeitraum insgesamt nicht mehr als **10 000 €** beträgt. Diese Bagatellgrenze steht nicht pro Staat, sondern nur einmal je Veranlagungszeitraum zur Verfügung.

Beispiel A

Arbeitnehmer A hat in einem DBA-Staat Lohneinkünfte in Höhe von 9000 € erzielt. Das Besteuerungsrecht steht dem DBA-Staat zu.

Die Einkünfte sind in Deutschland steuerfrei und unterliegen dem Progressionsvorbehalt. Nachweise hinsichtlich der steuerlichen Behandlung im Ausland sind nicht zu erbringen.

Das **Bundesverfassungsgericht** hat entschieden, dass die nationale Rückfallklausel des § 50d Abs. 8 EStG **verfassungsrechtlich zulässig** ist (BVerfG-Beschluss vom 15.12.2015 2 BvL 1/12). Die Karlsruher Richter führen aus, dass völkerrechtliche Verträge in der Ordnung des Grundgesetzes in der Regel den Rang einfacher Bundesgesetze haben, die durch spätere, ihnen widersprechende Bundesgesetze verdrängt werden können. Die Ungleichbehandlung, dass der Nachweis der Besteuerung im Ausland nur für Lohneinkünfte gelte, sei durch einen hinreichenden sachlichen Grund gerechtfertigt, weil der Gesetzgeber bei der angeordneten Nachweispflicht bei der Freistellung der Lohneinkünfte im Vergleich zu anderen Einkünften einer erhöhten Missbrauchsgefahr entgegenwirken wollte.

Die nationale Rückfallklausel ist selbst dann anzuwenden, wenn ein der gesetzlichen Regelung im Einkommensteuergesetz zeitlich nachfolgendes Doppelbesteuerungs-

Lohn- steuer- pflichtig | Sozial- versich.- pflichtig

abkommen die geforderten Nachweise (Verzicht des ausländischen Staates oder Entrichtung der ausländischen Steuer) für eine Steuerfreistellung des Arbeitslohns nicht vorsieht (BFH-Urteil vom 25.5.2016, BFH/NV 2016 S. 1512).

D

Über die vorstehenden Ausführungen hinaus hat ein unbeschränkt steuerpflichtiger Arbeitnehmer keinen Anspruch auf vollständige oder teilweise Freistellung ausländischer Einkünfte, die aufgrund eines DBA dem anderen Vertragsstaat zur Besteuerung zugewiesen sind, dort aber nicht besteuert werden, weil der Arbeitnehmer dort nicht ansässig (also im Ausland nicht unbeschränkt steuerpflichtig) ist (§ 50d Abs. 9 Satz 1 Nr. 2 EStG). Entsprechendes gilt, wenn die Vorschriften in dem DBA von den Vertragsstaaten unterschiedlich ausgelegt werden und es deshalb im Tätigkeitsstaat zu einer Nichtbesteuerung oder niedrigen Besteuerung von Einkünften kommt (§ 50d Abs. 9 Satz 1 Nr. 1 EStG). Einige Staaten haben für entsandte Mitarbeiter aus wirtschaftlichen Gründen besondere Regelungen eingeführt, um den Arbeitslohn nicht vollumfänglich zu besteuern (z. B. betragsmäßiger oder prozentualer Freibetrag für den Arbeitslohn, keine Dienstwagenbesteuerung). Diese Fälle sind **insoweit** von der Rückfallklausel des § 50d Abs. 9 EStG betroffen. Auch diese Rückfallklausel ist aber aus Vereinfachungsgründen im Lohnsteuerabzugsverfahren nicht anzuwenden.[1)]

Beispiel B

A ist in Deutschland ansässig und sowohl bei seinem Arbeitgeber in Deutschland als auch bei einer Schwestergesellschaft in Schweden tätig. 2021 hält sich A an 150 Tagen in Schweden auf. Der Arbeitslohn wird vom deutschen Arbeitgeber bezahlt und – soweit er auf die Tätigkeit in Schweden entfällt – der schwedischen Schwestergesellschaft weiterberechnet. A beantragt in Deutschland die Freistellung des Arbeitslohns, der auf die Tätigkeit in Schweden entfällt, weil die schwedische Schwestergesellschaft für diese Tätigkeit „wirtschaftlicher Arbeitgeber" ist. Die schwedische Einkommensteuer wird laut ausländischem Steuerbescheid auf 0 € festgesetzt, weil es in Schweden den Begriff des wirtschaftlichen Arbeitgebers nicht gibt.

A hat durch den ausländischen Steuerbescheid nachgewiesen, dass die im Ausland festgesetzte Steuer von 0 € „entrichtet" wurde (§ 50d Abs. 8 EStG). Allerdings kann die Steuerfreistellung in Deutschland nicht gewährt werden, weil Schweden die Bestimmungen des DBA so anwendet, dass die Einkünfte in Schweden von der Besteuerung auszunehmen sind. Die Einkünfte aus der Tätigkeit in Schweden sind daher in Deutschland steuerpflichtig (§ 50d Abs. 9 Satz 1 Nr. 1 EStG).

b) Remittance-Base-Klauseln (= Überweisungsklausel)

Nach dem innerstaatlichen Recht einiger Staaten können ausländische Vergütungen von dort ansässigen Personen nur dann der dortigen Besteuerung unterworfen werden, wenn sie vom Ausland dorthin überwiesen („remitted") oder dort bezogen worden sind. Die Abkommen mit Großbritannien, Irland, Israel, Jamaika, Malaysia, Singapur, Trinidad und Tobago sowie mit Zypern sehen daher vor, dass der Quellenstaat (hier Deutschland) eine Freistellung oder Steuerermäßigung nur gewährt, soweit die Vergütungen in den Wohnsitzstaat überwiesen oder dort bezogen worden sind und damit der dortigen Besteuerung unterlegen haben.

Der Quellenstaat (hier Deutschland) beschränkt damit seine zu gewährende Steuerbefreiung oder Steuerermäßigung auf die in den Wohnsitzstaat überwiesenen oder dort bezogenen Vergütungen.

Auch in den Fällen der Remittance-Base-Klauseln setzt die Steuerfreistellung im **Veranlagungsverfahren den Nachweis der Besteuerung** durch den ausländischen Tätigkeitsstaat voraus (BFH-Urteil vom 29.11.2000, BStBl. 2001 II S. 195).

Beispiel

Ein Arbeitnehmer wird für seinen deutschen Arbeitgeber für ein Gehalt von 75 000 € in Malaysia tätig. Von diesem Betrag werden 50 000 € auf ein inländisches Konto in Deutschland überwiesen und 25 000 € in Malaysia ausbezahlt.

Lohn- steuer- pflichtig | Sozial- versich.- pflichtig

Eine Steuerbefreiung des Arbeitslohns in Deutschland wird nur für den Teil der Einkünfte gewährt, der in den anderen Vertragsstaat (= Malaysia) überwiesen oder dort bezogen wurde (BFH-Urteil vom 22.2.2006, BStBl. II S. 743). Dies sind in diesem Beispiel 25 000 €.

13. Ruhegehaltsempfänger, Berufssportler, Künstler, Lehrer, Studenten, Grenzgänger

a) Ruhegehaltsempfänger

Nach den Doppelbesteuerungsabkommen steht das Besteuerungsrecht für Einkünfte aus einer aktiv ausgeübten nichtselbstständigen Arbeit im Regelfall dem Tätigkeitsstaat und nicht dem Wohnsitzstaat zu. Bei Werkspensionen, Betriebsrenten und ähnlichen **Versorgungsbezügen** aus früheren Arbeitsverhältnissen steht dagegen das Besteuerungsrecht aufgrund besonderer Regelung in den Doppelbesteuerungsabkommen in vielen Fällen dem **Wohnsitzstaat** zu (vgl. die nachfolgende Übersicht). Werden Ansprüche auf Betriebsrenten, Werkspensionen oder ähnliche Versorgungsbezüge aus einem früheren Arbeitsverhältnis in einem Betrag abgefunden, gelten besondere Regelungen, die unter der vorstehenden Nr. 9 Buchstabe g erläutert sind.

Ruhegehälter aus öffentlichen Kassen werden dagegen in dem Staat besteuert, in dem die öffentliche Kasse ihren Sitz hat (sog. **Kassenprivileg**). Auf die Erläuterungen beim Stichwort „Erweiterte unbeschränkte Steuerpflicht" wird hingewiesen.

Folgende Doppelbesteuerungsabkommen enthalten eine Sonderregelung für Versorgungsempfänger, nach denen ausschließlich der **Wohnsitzstaat** (Ansässigkeitsstaat) das Besteuerungsrecht hat:

Albanien	gemäß Art. 18 Abs. 1
Algerien	gemäß Art. 18 Abs. 1
Armenien	gemäß Art. 17 Abs. 1
Aserbaidschan	gemäß Art. 18 Abs. 1
Bangladesch	gemäß Art. 18
Belarus	gemäß Art. 18 Abs. 1
Belgien	gemäß Art. 18
Bolivien	gemäß Art. 19
Bulgarien	gemäß Art. 17 Abs. 1
China	gemäß Art. 18 Abs. 1
Costa Rica	gemäß Art. 18 Abs. 1
Côte d'Ivoire	gemäß Art. 18
Dänemark	gemäß Art. 18 Abs. 1
Ecuador	gemäß Art. 19
Estland	gemäß Art. 18
Frankreich	gemäß Art. 13 Abs. 8
Georgien	gemäß Art. 18 Abs. 1
Ghana	gemäß Art. 18 Abs. 1
Griechenland	gemäß Art. XII Abs. 1
Indien	gemäß Art. 18
Iran	gemäß Art. 18
Island	gemäß Art. 19 Abs. 1
Israel	gemäß Art. 17 Abs. 1
Italien	gemäß Art. 18
Jamaica	gemäß Art. 19 Abs. 1
Jersey	gemäß Art. 6 Abs. 1
Jugoslawien	gemäß Art. 19 Abs. 1
Kasachstan	gemäß Art. 18 Abs. 1
Kirgisistan	gemäß Art. 18 Abs. 1
Korea	gemäß Art. 18 Abs. 1
Kroatien	gemäß Art. 18 Abs. 1
Kuwait	gemäß Art. 18
Lettland	gemäß Art. 18
Liberia	gemäß Art. 19 Abs. 1
Liechtenstein	gemäß Art. 17 Abs. 1
Litauen	gemäß Art. 18
Malaysia	gemäß Art. 18 Abs. 1
Malta	gemäß Art. 18 Abs. 1

1) Randnummer 27 des BMF-Schreibens vom 14.3.2017 (BStBl. I S. 473). Das BMF-Schreiben ist als Anlage 10 zu H 39b.10 LStR im **Steuerhandbuch für das Lohnbüro 2021** abgedruckt, das im selben Verlag erschienen ist.

		Lohn-steuer-pflichtig	Sozial-versich.-pflichtig
Marokko	gemäß Art. 19		
Mauritius	gemäß Art. 17 Abs. 1		
Mazedonien	gemäß Art. 18 Abs. 1		
Mexiko	gemäß Art. 18 Abs. 1		
Mongolei	gemäß Art. 18		
Namibia	gemäß Art. 18		
Neuseeland	gemäß Art. 18 Abs. 1		
Österreich	gemäß Art. 18 Abs. 1		
Philippinen	gemäß Art. 18 Abs. 1		
Polen	gemäß Art. 18 Abs. 1		
Portugal	gemäß Art. 18		
Rumänien	gemäß Art. 18 Abs. 1		
Russische Föderation	gemäß Art. 18		
Sambia	gemäß Art. 19		
Schweden	gemäß Art. 18 Abs. 1		
Schweiz	gemäß Art. 18		
Singapur	gemäß Art. 18 Abs. 1		
Slowenien	gemäß Art. 18 Abs. 1		
Sri Lanka	gemäß Art. 18 Abs. 1		
Südafrika	gemäß Art. 16 Abs. 1		
Syrien	gemäß Art. 18 Abs. 1		
Tadschikistan	gemäß Art. 17 Abs. 1		
Trinidad und Tobago	gemäß Art. 19		
Tschechoslowakei	gemäß Art. 19		
Tunesien	gemäß Art. 18 Abs. 1		
Turkmenistan	gemäß Art. 18 Abs. 1		
UdSSR	gemäß Art. 14		
Ungarn	gemäß Art. 17 Abs. 1		
Uruguay	gemäß Art. 17 Abs. 1		
USA[1]	gemäß Art. 18 Abs. 1		
Usbekistan	gemäß Art. 18 Abs. 1		
Venezuela	gemäß Art. 18		
Vietnam	gemäß Art. 18		
Zypern	gemäß Art. 17 Abs. 1		

Die Fundstellen der einzelnen Doppelbesteuerungsabkommen im Bundessteuerblatt Teil I sind unter der vorstehenden Nr. 1 Buchstabe b abgedruckt.

Der ehemalige Arbeitgeber des im Ausland lebenden Betriebsrentners darf nur dann vom Lohnsteuerabzug absehen, wenn ihm der Betriebsrentner eine Bescheinigung des Finanzamts vorlegt, dass die Betriebsrente in Deutschland nicht dem Lohnsteuerabzug unterliegt. Eine solche Bescheinigung erhält der Betriebsrentner auf Antrag vom Betriebsstättenfinanzamt seines ehemaligen Arbeitgebers. Diese Freistellungsbescheinigung wird im Normalfall mit der Bedingung verbunden, dass sich der Betriebsrentner nicht mehr als 183 Tage im Jahr in Deutschland aufhalten darf.

Bei der Zahlung von als Arbeitslohn zu erfassenden Betriebsrenten von einem deutschen Arbeitgeber an Empfänger mit Wohnsitz in den **Niederlanden, Norwegen, Spanien und der Türkei** ist vom deutschen Arbeitgeber ein der Höhe nach ggf. prozentual **begrenzter Lohnsteuerabzug** vorzunehmen. Der Steuerabzug beträgt nach Art. 18 Abs. 1 DBA Norwegen 15 % der Bruttozahlung und nach Art. 17 Abs. 2 DBA Spanien 5 %. Bei Ruhegehaltsempfängern mit Wohnsitz in der Türkei nimmt das Betriebsstättenfinanzamt auf Antrag in die Lohnsteuerabzugsbescheinigung den Hinweis auf, dass die als Arbeitslohn anzusetzende Betriebsrente bis 10 000 € freizustellen und die Besteuerung des übersteigenden Betrags auf 10 % zu begrenzen ist (Art. 18 Abs. 2 DBA Türkei). Die Finanzverwaltung hat einen gesonderten Programmablaufplan zur Berechnung des Lohnsteuerabzugs von beschränkt steuerpflichtigen Versorgungsempfängern bekannt gemacht, die ihren Wohnsitz in Norwegen, Spanien oder der Türkei haben (BMF-Schreiben vom 28.1.2016, BStBl. I S. 202). Im Verhältnis zu den Niederlanden wird bis zu einem Bruttobetrag von 15 000 € von einem Steuerabzug abgesehen (Art. 17 Abs. 2 DBA Niederlande). Der Betrag von 15 000 € (= Freigrenze) gilt für die Bruttobeträge (vor Abzug von Steuern und Sozialabgaben) aller von den Empfängern in den Niederlanden im jeweiligen Kalenderjahr aus Deutschland bezogenen Betriebsrenten und Sozialversicherungsrenten. Bezogene einmalige Leistungen (z. B. aufgrund eines Kapitalwahlrechts) können unabhängig von dieser Freigrenze stets in Deutschland besteuert werden (BMF-Schreiben vom 24.1.2017, BStBl. I S. 147).

D

b) Berufssportler, Künstler, Lehrer, Studenten, Grenzgänger

Für Berufssportler, Künstler, Lehrer, Studenten, Lehrlinge und sonstige Auszubildende enthalten die Doppelbesteuerungsabkommen zum Teil besondere, unterschiedliche Regelungen. Hier ist auf das maßgebende Doppelbesteuerungsabkommen zurückzugreifen. Zur Besteuerung von ausländischen Studenten, Schülern, Lehrlingen und sonstigen Auszubildenden vgl. das Stichwort „Ausländische Studenten".

Wegen der Besteuerung ausländischer Berufssportler, Künstler, Schriftsteller oder Journalisten ohne Wohnsitz oder gewöhnlichen Aufenthalt in Deutschland vgl. die Erläuterungen beim Stichwort „Beschränkt steuerpflichtige Künstler, Berufssportler, Schriftsteller und Journalisten".

Wegen der Besteuerung der „Grenzgänger" vgl. dieses Stichwort.

14. Anwendung der Doppelbesteuerungsabkommen mit der Sowjetunion, Jugoslawien und der Tschechoslowakei

Zur Rechtslage nach dem Zerfall der Sowjetunion und Jugoslawien sowie der Teilung der Tschechoslowakei gilt Folgendes:

Das mit der Sowjetunion (UdSSR) abgeschlossene Doppelbesteuerungsabkommen vom 24.11.1981 (BStBl. 1983 I S. 90) gilt auch für Moldau.

Das mit Jugoslawien abgeschlossene Doppelbesteuerungsabkommen vom 26.3.1987 (BStBl. 1988 I S. 372) gilt nach dem Abschluss entsprechender Vereinbarungen im Verhältnis zu Bosnien und Herzegowina, zum Kosovo, zu Montenegro und zu Serbien fort.

Das mit der ehemaligen Tschechoslowakei abgeschlossene Doppelbesteuerungsabkommen vom 19.12.1980 (BStBl. 1982 I S. 904) gilt auch für die Tschechische Republik und Slowakische Republik fort.

15. Verständigungsverfahren

In den Doppelbesteuerungsabkommen ist vorgesehen, dass sich die Vertragsstaaten in Zweifelsfällen offiziell „verständigen" können. Diese sog. Verständigungsvereinbarungen zwischen den zuständigen Behörden der Vertragsstaaten gehen allen anderen Regelungen vor.

Sofern es trotz Anwendung eines DBA zu einer Doppelbesteuerung kommt, bleibt es auch dem Arbeitnehmer unbenommen, die Einleitung eines Verständigungsverfahrens zu beantragen.

16. Sozialversicherung

In der Sozialversicherung gilt das **Territorialprinzip.** Für die Beschäftigung deutscher Arbeitnehmer im Ausland besteht deshalb (wenn nicht nach EU/EWR-Recht oder zwischenstaatlichen Abkommen anderes bestimmt ist) nur in bestimmten Fällen Versicherungspflicht in der deutschen Sozialversicherung (bei deutschen Botschaften und Konsulaten; bei Entwicklungshelfern, wenn es die entsendende Stelle beantragt).

Wird jedoch ein deutscher Arbeitnehmer von seiner Firma **vorübergehend** zu einer bestimmten Tätigkeit ins Ausland entsandt, die sich nur als eine Ausstrahlung des inländischen Beschäftigungsverhältnisses darstellt, dann

1) Zu Altersvorsorgeplänen vgl. Art. 18A des DBA.

Lohn-steuer-pflichtig Sozial-versich.-pflichtig

bleibt in der Regel die deutsche Versicherungspflicht bestehen (vgl. „Ausstrahlung“).

D

D & O-Versicherung

siehe „Versicherungsschutz“ unter Nr. 2

Doppelte Haushaltsführung

Neues und Wichtiges auf einen Blick:

1. Doppelte Haushaltsführung oder Auswärtstätigkeit

Beim Stichwort „Auslösungen“ ist dargestellt, dass der **Arbeitgeber** einen steuerfreien **Ersatz** wegen „Reisekosten bei **Auswärtstätigkeiten“** (vgl. Anhang 4) oder wegen **„doppelter Haushaltsführung“** leisten kann. Eine Auswärtstätigkeit liegt z. B. im Fall einer befristeten Abordnung bis zu vier Jahren und eine doppelte Haushaltsführung z. B. bei einer unbefristeten Versetzung des Arbeitnehmers vor. Eine doppelte Haushaltsführung erfordert nämlich das Vorhandensein einer ersten Tätigkeitsstätte am Beschäftigungsort. Nachfolgend dargestellt sind dem Grunde und der Höhe nach die Voraussetzungen eines steuerfreien Arbeitgeberersatzes bei doppelter Haushaltsführung.

2. Hauptwohnung nicht am Beschäftigungsort

Eine **doppelte Haushaltsführung** liegt **nicht** vor, wenn sich die Hauptwohnung des Arbeitnehmers ebenfalls am Beschäftigungsort befindet. Dies ist nach Ansicht des Bundesfinanzhofs zu bejahen, wenn der Arbeitnehmer von dieser Wohnung seine Arbeitsstätte in zumutbarer Weise täglich erreichen kann. Hiervon geht er aus, wenn die Fahrzeit für die Wegstrecke von der **Hauptwohnung** zur ersten Tätigkeitsstätte **rund eine Stunde** beträgt (BFH-Urteile vom 16.11.2017, BStBl. 2018 II S. 404 und vom 16.1.2018, BFH/NV 2018 S. 712).

Aus Vereinfachungsgründen kann für die Frage, ob die Hauptwohnung am Ort der ersten Tätigkeitsstätte belegen ist oder nicht (z. B. wenn sie innerhalb derselben politischen Gemeinde, Stadt oder in deren unmittelbaren Umkreis liegt), die Entfernung der kürzesten Straßenverbindung zwischen Hauptwohnung und erster Tätigkeitsstätte herangezogen werden. Beträgt diese Entfernung **mehr als 50 Kilometer**, ist davon auszugehen, dass sich die Hauptwohnung außerhalb des Ortes der ersten Tätigkeitsstätte befindet.

3. Zweitwohnung am Beschäftigungsort

Das Beziehen der Zweitwohnung muss aus beruflichen Gründen veranlasst sein. Dabei kann die Zweitwohnung auch in der Nähe des Beschäftigungsortes belegen sein. Aus Vereinfachungsgründen kann davon ausgegangen werden, dass die Zweitwohnung noch am Ort der ersten Tätigkeitsstätte belegen ist, wenn die Entfernung der kürzesten Straßenverbindung zwischen Zweitwohnung oder -unterkunft und erster Tätigkeitsstätte **nicht mehr als 50 Kilometer** beträgt.

Liegt die Zweitwohnung mehr als 50 km von dem Ort der ersten Tätigkeitsstätte entfernt, ist zu prüfen, ob die Zweitwohnung oder -unterkunft noch in zumutbarer Weise täglich erreicht werden kann. Eine Fahrzeit von bis zu einer Stunde je Wegstrecke unter Zugrundelegung individueller Verkehrsverbindungen und Wegezeiten ist dabei als zumutbar anzusehen (BFH-Urteil vom 19.4.2012, BStBl. II S. 833).

Vgl. zu den beiden vorstehenden Punkten die Erläuterungen und Beispiele unter der nachfolgenden Nr. 1 Buchstabe a.

Lohn-steuer-pflichtig Sozial-versich.-pflichtig

4. Höhe der Verpflegungspauschalen

Zum 1.1.2020 sind die Verpflegungspauschalen auch bei beruflich veranlassten doppelten Haushaltsführungen wie folgt erhöht worden:

Bei **einer Abwesenheit von 24 Stunden vom Lebensmittelpunkt** beträgt die Verpflegungspauschale für jeden Kalendertag **28 €** (bis 31.12.2019 = 24 €).

Für den **An- und Abreisetag** ohne Erfordernis einer Mindestabwesenheitszeit vom Lebensmittelpunkt **14 €** (bis 31.12.2019 = 12 €).

Die **Dreimonatsfrist** für die Gewährung der Verpflegungspauschalen ist **weiterhin** zu beachten.

Vgl. die Erläuterungen unter der nachfolgenden Nr. 2 Buchstabe c.

5. Höchstbetrag von 1000 € monatlich für Unterkunftskosten gilt nicht für die Einrichtung

Entgegen der früheren Auffassung der Finanzverwaltung hat der Bundesfinanzhof entschieden, dass Aufwendungen für Einrichtungsgegenstände und Hausrat nicht unter die Höchstbetragsbegrenzung für Unterkunftskosten von 1000 € fallen und daher grundsätzlich in vollem Umfang berücksichtigungsfähig sind (BFH-Urteil vom 4.4.2019, BStBl. II S. 449). Zu beachten sind aber die Vorschriften über die Absetzung für Abnutzung, wenn die Bruttoanschaffungskosten die Grenze für geringwertige Wirtschaftsgüter übersteigen.

6. Vorfälligkeitsentschädigung beim Verkauf der Zweitwohnung

Wird die Zweitwohnung am Beschäftigungsort anlässlich der Beendigung der beruflich veranlassten doppelten Haushaltsführung veräußert, ist eine dabei anfallende Vorfälligkeitsentschädigung **nicht als Werbungskosten abziehbar** (BFH-Urteil vom 3.4.2019, BStBl. II S. 446).

Vgl. zu den vorstehenden Punkten 5 und 6 die Ausführungen unter der nachfolgenden Nr. 2 Buchstabe d.

Gliederung:

Lohnsteuerpflichtig | Sozialversich.-pflichtig

c) Verpflegungsmehraufwand
d) Kosten der Unterkunft
e) Dreimonatszeitraum

7. Konkurrenzregelung
   a) Verpflegungsmehraufwand
   b) Familienheimfahrten
8. Saldierung
9. Pauschalierung steuerpflichtiger Auslösungen mit 25 %
10. Vorsteuerabzug

1. Vorliegen einer doppelten Haushaltsführung

a) Allgemeines

Abgrenzung zur Auswärtstätigkeit:

Eine doppelte Haushaltsführung liegt nach § 9 Abs. 1 Satz 3 Nr. 5 Satz 2 EStG nur vor, wenn der Arbeitnehmer außerhalb des Ortes seiner ersten Tätigkeitsstätte einen eigenen Hausstand unterhält (= Lebensmittelpunkt) und auch am Ort der ersten Tätigkeitsstätte übernachtet. Die Anzahl der Übernachtungen am Beschäftigungsort spielt keine Rolle, das heißt, dass auch gelegentliche Hotelübernachtungen am auswärtigen Beschäftigungsort die Voraussetzungen für eine doppelte Haushaltsführung erfüllen (R 9.11 Abs. 1 Satz 1 LStR).[1] Eine doppelte Haushaltsführung liegt aber nicht vor, solange die Beschäftigung als Auswärtstätigkeit (vgl. Anhang 4 „Reisekosten bei Auswärtstätigkeiten") anzusehen ist (R 9.11 Abs. 1 Satz 2 LStR). Eine solche Auswärtstätigkeit liegt stets vor, wenn der Arbeitnehmer am Beschäftigungsort keine erste Tätigkeitsstätte hat (vgl. hierzu die Erläuterungen in Anhang 4 Nr. 3).

Eine doppelte Haushaltsführung setzt den Bezug einer Zweitwohnung oder -unterkunft am Ort der ersten Tätigkeitsstätte voraus (BFH-Urteil vom 11.5.2005, BStBl. II S. 782). Bei Arbeitnehmern, die bei ihrer individuellen beruflichen Tätigkeit typischerweise nur an **ständig wechselnden Tätigkeitsstätten** eingesetzt werden, richtet sich der Abzug der Aufwendungen deshalb ebenfalls nach Reisekostengrundsätzen bei einer beruflich veranlassten **Auswärtstätigkeit** (vgl. Anhang 4 „Reisekosten bei Auswärtstätigkeiten"). Ebenso liegt z. B. bei einer befristeten Abordnung des Arbeitnehmers bis zu vier Jahren mangels Vorhandensein einer ersten Tätigkeitsstätte keine doppelte Haushaltsführung, sondern eine Auswärtstätigkeit vor.

Hauptwohnung nicht am Beschäftigungsort:

Besonders innerhalb von **Großstädten** kann das Vorliegen einer beruflich veranlassten doppelten Haushaltsführung bei Vorhandensein von zwei Wohnungen fraglich sein. Eine doppelte Haushaltsführung liegt nämlich nicht vor, wenn sich die Hauptwohnung des Arbeitnehmers ebenfalls am Beschäftigungsort befindet. Dies ist nach Ansicht des Bundesfinanzhofs zu bejahen, wenn der Arbeitnehmer von dieser Wohnung seine Arbeitsstätte in zumutbarer Weise täglich erreichen kann. Hiervon geht er aus, wenn die **Fahrzeit** für die Wegstrecke von der **Hauptwohnung** zur ersten Tätigkeitsstätte **rund eine Stunde** beträgt (BFH-Urteile vom 16.11.2017, BStBl. 2018 II S. 404 und vom 16.1.2018, BFH/NV 2018 S. 712).

Aus Vereinfachungsgründen kann für die Frage, ob die Hauptwohnung am Ort der ersten Tätigkeitsstätte belegen ist oder nicht (z. B. wenn sie innerhalb derselben politischen Gemeinde, Stadt oder in deren unmittelbaren Umkreis liegt), die Entfernung der kürzesten Straßenverbindung zwischen Hauptwohnung und erster Tätigkeitsstätte herangezogen werden. Beträgt diese Entfernung **mehr als 50 Kilometer,** ist davon auszugehen, dass sich die Hauptwohnung außerhalb des Ortes der ersten Tätigkeitsstätte befindet.

Vgl. auch die zusammenfassenden Beispiele (zu den Fragen Hauptwohnung am Ort der ersten Tätigkeitsstätte und Zweitwohnung am Beschäftigungsort am Ende dieses Buchstabens a).

Berufliche Veranlassung:

Eine doppelte Haushaltsführung ist sowohl bei Verheirateten als auch bei Ledigen nur dann steuerlich berücksichtigungsfähig, wenn sie beruflich veranlasst ist. Eine berufliche Veranlassung liegt immer dann vor, wenn der Arbeitnehmer eine Zweitwohnung oder -unterkunft am neuen Beschäftigungsort bezieht

- anlässlich einer unbefristeten **Versetzung;**
- anlässlich eines **Arbeitgeberwechsels;**
- anlässlich der **erstmaligen** Begründung eines Arbeitsverhältnisses.

Bei einem Zuzug aus dem Ausland kann die berufliche Veranlassung auch dann gegeben sein, wenn der Arbeitnehmer politisches Asyl beantragt oder erhält (R 9.11 Abs. 2 Satz 4 LStR).

Früher wurde die berufliche Veranlassung einer doppelten Haushaltsführung verneint, wenn der Arbeitnehmer seine Familienwohnung aus privaten Gründen vom Beschäftigungsort wegverlegt hatte und anschließend von einer Zweitwohnung am Beschäftigungsort seiner bisherigen Tätigkeit weiter nachging. An dieser Rechtsprechung hat der Bundesfinanzhof nicht weiter festgehalten. Nach seiner jetzigen Auffassung setzt eine doppelte Haushaltsführung lediglich voraus, dass aus **beruflicher Veranlassung** am Beschäftigungsort ein **zweiter** (= doppelter) **Haushalt** zum Hausstand des Arbeitnehmers an seinem Lebensmittelpunkt **hinzutritt.** Beruflich veranlasst ist dieser Haushalt stets dann, wenn ihn der Arbeitnehmer nutzt, um seinen Arbeitsplatz von dort aus erreichen zu können. Wird ein solcher beruflich veranlasster Zweithaushalt am Beschäftigungsort eingerichtet, wird damit auch die doppelte Haushaltsführung selbst aus beruflichem Anlass begründet. Dies gilt selbst dann, wenn der **Haupthausstand aus privaten Gründen** vom Beschäftigungsort **wegverlegt** und dann die bereits vorhandene oder eine neu eingerichtete Wohnung am Beschäftigungsort aus beruflichen Gründen als Zweithaushalt genutzt wird. Denn der (beibehaltene) Haushalt am Beschäftigungsort wird nun aus beruflichen Motiven unterhalten, u. a. um die erste Tätigkeitsstätte schnell und unmittelbar aufsuchen zu können. Dies gilt sowohl bei verheirateten als auch bei ledigen Arbeitnehmern (BFH-Urteile vom 5.3.2009, BStBl. II S. 1012 und S. 1016). Die Finanzverwaltung folgt der Rechtsprechung des Bundesfinanzhofs (vgl. auch R 9.11 Abs. 2 Satz 5 LStR).

Beispiel A

Der **Ehemann** ist in München und seine mit ihm zusammen zur Einkommensteuer veranlagte Ehefrau in Augsburg jeweils nichtselbstständig tätig. In Augsburg war zunächst der Familienwohnsitz der Eheleute, der nach der Geburt des ersten Kindes unter Aufgabe der Wohnung in Augsburg zunächst nach München und ein Jahr später wieder zurück nach Augsburg verlegt wurde. Der Ehemann wohnte nach dem Rückumzug nach Augsburg in München zunächst im Hotel und mietete sich später in München eine Zweitwohnung an (die Entfernung zwischen München und Augsburg beträgt 80 Kilometer).

Auch nach dem Rückumzug der Familie nach Augsburg aus privaten Gründen liegt beim Ehemann eine beruflich veranlasste doppelte Haushaltsführung (zweiter Haushalt am Beschäftigungsort in München) vor.

Beispiel B

Ein **lediger Arbeitnehmer** verlegt wegen einer neuen Beziehung seinen Hauptwohnsitz vom Arbeitsort Düsseldorf nach Frankfurt und behält die bisherige Wohnung am Beschäftigungsort Düsseldorf bei (die Entfernung zwischen Düsseldorf und Frankfurt beträgt 230 Kilometer).

Auch nach der Verlegung des Hauptwohnsitzes aus privaten Gründen liegt eine beruflich veranlasste doppelte Haushaltsführung (zweiter Haushalt am Beschäftigungsort in Düsseldorf) vor.

1) In der Praxis wird bei gelegentlichen Hotelübernachtungen in der Regel eine beruflich veranlasste Auswärtstätigkeit vorliegen (vgl. die Erläuterungen zu „Reisekosten bei Auswärtstätigkeiten" in Anhang 4).

Lohn-steuer-pflichtig Sozial-versich.-pflichtig

Da die Begründung einer doppelten Haushaltsführung beruflich veranlasst bleibt, wenn ein Arbeitnehmer aus privaten Gründen den Haupthausstand nicht an den Beschäftigungsort verlegt, gilt aufgrund der Rechtsprechung des Bundesfinanzhofs Entsprechendes, wenn der Arbeitnehmer aus privaten Gründen – wie im vorstehenden Beispiel B – nicht mit seinem Haupthausstand am Beschäftigungsort wohnhaft bleibt.

D

Bei Wegverlegung des Lebensmittelpunktes vom Beschäftigungsort aus privaten Gründen und zusätzlicher Nutzung der bisherigen oder einer neuen Wohnung am Beschäftigungsort liegt aber nur dann eine beruflich veranlasste doppelte Haushaltsführung vor, wenn die **Wegverlegung** des Lebensmittelpunktes **voraussichtlich auf Dauer** erfolgt. Dies bedeutet, dass zum Zeitpunkt der Wegverlegung des Lebensmittelpunktes vom Beschäftigungsort ein Rückumzug an den Beschäftigungsort weder feststehen noch geplant sein darf (R 9.11 Abs. 2 Satz 6 LStR). Somit liegt eine beruflich veranlasste doppelte Haushaltsführung insbesondere dann nicht vor, wenn der Lebensmittelpunkt nur für die Sommermonate an den Ort einer Ferienwohnung verlegt wird. Der Zeitraum zwischen Hin- und Rückumzug ist unerheblich.

Beispiel C

Das Ehepaar A und B hat in den Monaten November bis April seinen Lebensmittelpunkt in München und von Mai bis Oktober am Starnberger See. In den Monaten Mai bis Oktober wird die Wohnung in München mehrfach in der Woche von A als Zweitwohnung am Beschäftigungsort genutzt, von der aus er seine erste Tätigkeitsstätte aufsucht.

In den Monaten Mai bis Oktober eines jeden Jahres liegt bei A keine beruflich veranlasste doppelte Haushaltsführung vor, da die Wegverlegung des Lebensmittelpunktes von München an den Starnberger See nicht auf Dauer sondern nur für die Sommermonate erfolgt. Für die tatsächlich durchgeführten Fahrten zwischen Wohnung und erster Tätigkeitsstätte kann – ausgehend von der jeweils tatsächlich genutzten Wohnung – die Entfernungspauschale geltend gemacht werden (vgl. das Stichwort „Entfernungspauschale" unter Nr. 4).

Ist die doppelte Haushaltsführung aus beruflichem Anlass begründet worden, kommt es nicht darauf an, aus welchen Gründen sie beibehalten wird. Vgl. aber auch die Erläuterungen unter dem nachfolgenden Buchstaben e zur Beendigung einer beruflich veranlassten doppelten Haushaltsführung.

Wie bereits eingangs erwähnt, liegt eine doppelte Haushaltsführung nicht vor, solange die auswärtige Beschäftigung noch als beruflich veranlasste **Auswärtstätigkeit** anzuerkennen ist (R 9.11 Abs. 1 Satz 2 LStR). Eine doppelte Haushaltsführung erfordert nämlich das Vorhandensein einer ersten Tätigkeitsstätte am Beschäftigungsort. Vgl. hierzu die Erläuterungen „Reisekosten bei Auswärtstätigkeiten" in Anhang 4 unter Nr. 3.

Beispiel D

Der Arbeitnehmer A mit Wohnsitz und erster Tätigkeitsstätte in Nürnberg wird am 1.2.2021 für **zwei Jahre** an eine Niederlassung des Arbeitgebers in Regensburg **abgeordnet.**

Es liegt für die gesamten zwei Jahre keine doppelte Haushaltsführung vor, da es sich um eine beruflich veranlasste Auswärtstätigkeit handelt (R 9.11 Abs. 1 Satz 2 LStR).

Beispiel E

Arbeitnehmer A mit Wohnsitz und erster Tätigkeitsstätte in Nürnberg wird am 1.2.2021 von seinem Arbeitgeber nach Regensburg **unbefristet versetzt,** wo er sich eine Zweitwohnung nimmt (die Entfernung zwischen Nürnberg und Regensburg beträgt 110 Kilometer).

Es liegt ab dem 1.2.2021 (also von Beginn an) eine aus beruflichem Anlass begründete doppelte Haushaltsführung vor, da A in Regensburg aufgrund der unbefristeten Versetzung seine erste Tätigkeitsstätte hat.

Eine beruflich veranlasste doppelte Haushaltsführung liegt auch dann vor, wenn der Arbeitnehmer nicht nur am auswärtigen Beschäftigungsort, an dem er eine Zweitwohnung unterhält, sondern auch an seinem Lebensmittelpunkt (= Ort des eigenen Hausstands) einer Beschäftigung nachgeht und dort in einem anderen Beschäftigungsverhältnis eine weitere erste Tätigkeitsstätte hat (BFH-Urteil vom 24.5.2007, BStBl. II S. 609). Der Abzug von Mehraufwendungen für doppelte Haushaltsführung ist damit nicht auf Fälle beschränkt, in denen der Arbeitnehmer ausschließlich außerhalb des Ortes seiner Hauptwohnung tätig wird.

Eine aus beruflichem Anlass begründete doppelte Haushaltsführung wird in Fällen der **Eheschließung** auch dann angenommen, wenn beide Ehegatten im Zeitpunkt der Eheschließung an verschiedenen Orten beruflich tätig sind, jeweils dort wohnen, und anlässlich ihrer Heirat eine der beiden Wohnungen oder eine neue Wohnung an einem dritten Ort zum Familienhausstand machen. Dabei können beiderseits berufstätige Ehegatten einen Familienwohnsitz auch nachträglich (also mehrere Jahre nach der Heirat) begründen. Für eingetragene Lebenspartnerschaften (§ 2 Abs. 8 EStG) und u. E. auch für nichteheliche Lebensgemeinschaften gilt Entsprechendes.

Beispiel F

A lebt und arbeitet in Düsseldorf, B lebt und arbeitet in Frankfurt. Sie heiraten am 1.4.2021 und machen die Wohnung in Frankfurt zu ihrer Familienwohnung. A arbeitet weiterhin in Düsseldorf und übernachtet während der Woche in seiner bisherigen Wohnung (die Entfernung zwischen Düsseldorf und Frankfurt beträgt 230 Kilometer).

Ab dem 1.4.2021 liegt bei A eine beruflich veranlasste doppelte Haushaltsführung vor.

Die berufliche Veranlassung einer doppelten Haushaltsführung wird **nicht** dadurch **beendet,** dass der Arbeitnehmer seinen **Familienhausstand** innerhalb desselben Ortes **verlegt** (BFH-Urteil vom 4.4.2006, BStBl. II S. 714). Dies gilt gleichermaßen für verheiratete, in Trennung befindliche und ledige Arbeitnehmer. Es besteht also keine Verpflichtung seitens des Arbeitnehmers, in solch einem Fall an den Beschäftigungsort zu ziehen und die doppelte Haushaltsführung zu beenden; vgl. zur Beendigung einer doppelten Haushaltsführung auch die Erläuterungen unter dem nachfolgenden Buchstaben e.

Beispiel G

A und B haben ihre Familienwohnung in Hamburg. A ist angestellt in Kiel und hat dort eine Zweitwohnung am Beschäftigungsort (die Entfernung zwischen Hamburg und Kiel beträgt 100 Kilometer). Am 1.7.2021 trennen sich A und B. A zieht innerhalb von Hamburg in eine neue Wohnung.

Trotz der Verlegung seines Familienhausstands liegt bei A weiterhin eine beruflich veranlasste doppelte Haushaltsführung vor. Eine andere Lösung hätte sich allerdings ergeben, wenn A anlässlich der Trennung von B seinen Lebensmittelpunkt nach Kiel verlegt hätte. In diesem Fall wäre die doppelte Haushaltsführung beendet gewesen, selbst wenn A in Hamburg aus privaten Gründen (z. B. zu Erholungszwecken) eine zweite Wohnung beibehalten hätte.

Außerdem ist eine beruflich veranlasste doppelte Haushaltsführung weiterhin – wenn auch beim anderen Ehegatten bzw. Partner – gegeben, wenn der **Familienwohnsitz** an den Beschäftigungsort des anderen Ehegatten unter Beibehaltung der ursprünglichen Familienwohnung als Erwerbswohnung **verlegt** wird (BFH-Urteil vom 30.10.2008, BStBl. 2009 II S. 153).

Beispiel H

M und F sind verheiratet. M nutzt seit Jahren eine Eigentumswohnung an seinem Beschäftigungsort Berlin zu eigenen Wohnzwecken, F ein Einfamilienhaus an ihrem Beschäftigungsort Hannover (die Entfernung zwischen Berlin und Hannover beträgt 280 Kilometer). In den Jahren 2018 bis 2020 machte M Mehraufwendungen wegen doppelter Haushaltsführung als Werbungskosten bei seinen Einkünften aus nichtselbstständiger Arbeit und in der Einkommensteuererklärung 2021 F Mehraufwendungen wegen doppelter Haushaltsführung bei ihren Einkünften aus nichtselbstständiger Arbeit als Werbungskosten geltend.

Da die Ehegatten nach ihrer Heirat die Wohnung der F zum Familienwohnsitz bestimmt hatten und M weiter am Ort seiner Beschäftigung in Berlin wohnte, ist es unerheblich, dass die Ehegatten den Familienwohnsitz später nach Berlin verlegt haben. Die Verlegung des gemeinsamen Hausstands beiderseits berufstätiger Ehegatten führt nämlich nicht zur Beendigung der beruflich veranlassten doppelten Haushaltsführung für beide Ehegatten. Es reicht vielmehr aus, dass ein gemeinsamer Wohnsitz (Familienwohnsitz) am Beschäftigungsort des einen

Lohn-steuer-pflichtig | Sozial-versich.-pflichtig

Ehegatten besteht und zugleich die Unterhaltung eines weiteren Wohnsitzes durch die Berufstätigkeit des anderen Ehegatten an einem anderen Ort veranlasst ist. Es ist unerheblich, ob der gemeinsame Wohnsitz der Ehegatten über die Jahre gleich bleibt oder verändert wird. Maßgeblich ist allein, dass die Unterhaltung eines weiteren Wohnsitzes durch die Berufstätigkeit des anderen Ehegatten an einem anderen Ort veranlasst ist. F kann daher in der Einkommensteuererklärung 2021 Mehraufwendungen wegen doppelter Haushaltsführung bei ihren Einkünften aus nichtselbstständiger Arbeit als Werbungskosten geltend machen. Bei M liegt 2021 keine doppelte Haushaltsführung mehr vor.

Der Bundesfinanzhof hat auch entschieden, dass eine doppelte Haushaltsführung **nach** ihrer **Beendigung** am früheren Beschäftigungsort in der **früher genutzten Wohnung erneut begründet** werden kann (BFH-Urteil vom 8.7.2010, BStBl. 2011 II S. 47). Ein Wohnungswechsel ist also nicht erforderlich. Die Beendigung der doppelten Haushaltsführung setzt allerdings voraus, dass in der Zweitwohnung am Beschäftigungsort kein Haushalt mehr geführt wird. Dies ist auch dann der Fall, wenn die Wohnung in der Zeit zwischen Beendigung und erneuter Begründung leer steht. Zum Ansatz der Verpflegungspauschalen nach einer Unterbrechung von mindestens vier Wochen vgl. die Erläuterungen unter Nr. 2 Buchstabe c.

Zweitwohnung am Beschäftigungsort:

Bei der Zweitwohnung am Beschäftigungsort, die aus beruflicher Veranlassung bewohnt wird, kann es sich z. B. handeln um

- eine Miet- oder Eigentumswohnung,
- ein Hotel- oder Pensionszimmer,
- ein möbliertes Zimmer,
- eine Gemeinschaftsunterkunft (z. B. in einer Wohngemeinschaft; BFH-Urteil vom 28.3.2012, BStBl. II S. 831),
- eine Kasernenunterkunft.

Es ist **unerheblich,** aus welchen **Gründen** der Arbeitnehmer sich für eine **bestimmte Wohnform** (z. B. Wohngemeinschaft) entscheidet. Bei der Wohnform kann es sich um eine reine Zweckgemeinschaft handeln oder sie kann auf persönliche und freundschaftliche Beziehungen zwischen den Mitbewohnern zurückzuführen sein. Dabei spielt es keine Rolle, ob zwischen den Mitbewohnern solche Beziehungen schon bestehen oder sich erst entwickeln. Erst wenn sich der Mittelpunkt der Lebensinteressen des Arbeitnehmers vom Ort der eigentlichen Lebensführung an den Beschäftigungsort verlagert, entfällt die berufliche Veranlassung der doppelten Haushaltsführung (BFH-Urteil vom 28.3.2012, BStBl. II S. 831). Zur Beendigung einer doppelten Haushaltsführung vgl. den nachfolgenden Buchstaben e.

Das Beziehen einer Zweitwohnung oder -unterkunft am Beschäftigungsort muss aus beruflichen Gründen veranlasst sein. Eine Zweitwohnung oder -unterkunft **in der Nähe des Beschäftigungsorts** steht einer Zweitwohnung am Ort der ersten Tätigkeitsstätte gleich (R 9.11 Abs. 4 LStR). Aus Vereinfachungsgründen kann davon ausgegangen werden, dass die Zweitwohnung noch am Ort der ersten Tätigkeitsstätte belegen ist, wenn die Entfernung der kürzesten Straßenverbindung zwischen Zweitwohnung oder -unterkunft und erster Tätigkeitsstätte nicht mehr als 50 Kilometer beträgt. Liegt die Zweitwohnung mehr als 50 km von dem Ort der ersten Tätigkeitsstätte entfernt, ist zu prüfen, ob die Zweitwohnung oder -unterkunft noch in zumutbarer Weise täglich erreicht werden kann. Eine Fahrzeit von bis zu einer Stunde je Wegstrecke unter Zugrundelegung individueller Verkehrsverbindungen und Wegezeiten ist dabei als zumutbar anzusehen (BFH-Urteil vom 19.4.2012, BStBl. II S. 833).

Das Beziehen der Zweitwohnung oder -unterkunft muss aus beruflichen Gründen erforderlich sein (= berufliche Veranlassung). Das ist insbesondere der Fall, wenn dadurch die Fahrtstrecke oder Fahrzeit wesentlich verkürzt wird. Aus Vereinfachungsgründen kann von einer beruflichen Veranlassung des Beziehens der Zweitwohnung oder -unterkunft ausgegangen werden, wenn

- die kürzeste Straßenverbindung von der Zweitwohnung zur ersten Tätigkeitsstätte weniger als die Hälfte der kürzesten Straßenverbindung zwischen der Hauptwohnung (= Mittelpunkt der Lebensinteressen) und der ersten Tätigkeitsstätte beträgt **oder**
- die Fahrzeit zur ersten Tätigkeitsstätte halbiert wird.

Sind die Voraussetzungen dieser Vereinfachungsregelung nicht erfüllt, ist das Vorliegen einer beruflich veranlassten doppelten Haushaltsführung auf andere Weise anhand der konkreten Umstände des Einzelfalles darzulegen.

Zur Höhe der Unterkunftskosten am Beschäftigungsort vgl. die Erläuterungen unter der nachfolgenden Nr. 2 Buchstabe d.

Zusammenfassende Beispiele:

Beispiel I

Arbeitnehmer A hat seine Hauptwohnung in B und in C seine erste Tätigkeitsstätte. Die Entfernung von B (Hauptwohnung) nach C beträgt 100 km und die Fahrzeit mit dem regelmäßig benutzten ICE 50 Minuten. A nimmt sich in Z eine Zweitwohnung. Die Entfernung von dieser Zweitwohnung in Z nach C (erste Tätigkeitsstätte) beträgt 30 km.

Aufgrund der Entfernung von mehr als 50 km zwischen **Hauptwohnung** und erster Tätigkeitsstätte liegt die Hauptwohnung nicht am Ort der ersten Tätigkeitsstätte. Eine Prüfung der Fahrzeit zwischen Hauptwohnung und erster Tätigkeitsstätte ist nicht erforderlich.

Die **Zweitwohnung** in Z liegt 30 km entfernt und damit noch am Ort der ersten Tätigkeitsstätte. Es liegt daher eine doppelte Haushaltsführung vor.

Da die kürzeste Straßenverbindung von der Zweitwohnung zur ersten Tätigkeitsstätte (= 30 km) auch weniger als die Hälfte der Straßenverbindung zwischen Hauptwohnung und erster Tätigkeitsstätte beträgt ($^1/_2$ von 100 km = 50 km), kann auch von einer **beruflichen Veranlassung** der doppelten Haushaltsführung ausgegangen werden.

Abwandlung 1

Die Entfernung von B (= Hauptwohnung) zur ersten Tätigkeitsstätte beträgt 56 km und die Fahrzeit 65 Minuten. Die Zweitwohnung in Z ist 30 km von der ersten Tätigkeitsstätte entfernt und die tägliche Fahrzeit beträgt 25 Minuten.

Aufgrund der Entfernung von mehr als 50 km zwischen Hauptwohnung und erster Tätigkeitsstätte liegt die **Hauptwohnung** nicht am Ort der ersten Tätigkeitsstätte. Eine Prüfung der Fahrzeit zwischen Hauptwohnung und erster Tätigkeitsstätte ist nicht erforderlich.

Die **Zweitwohnung** in Z liegt 30 km entfernt und damit noch am Ort der ersten Tätigkeitsstätte. Es liegt daher eine doppelte Haushaltsführung vor.

Zwar beträgt die kürzeste Straßenverbindung von der Zweitwohnung zur ersten Tätigkeitsstätte (30 km) mehr als die Hälfte der Straßenverbindung zwischen Hauptwohnung und erster Tätigkeitsstätte (= 28 km). Allerdings kann A darlegen, dass sich die Fahrzeit von der Zweitwohnung um mehr als die Hälfte und damit wesentlich verkürzt (Fahrzeit 25 Minuten; die Hälfte der Fahrzeit Hauptwohnung/erste Tätigkeitsstätte beträgt 32,5 Minuten). Es kann daher gleichwohl von einer **beruflichen Veranlassung** der doppelten Haushaltsführung ausgegangen werden.

Abwandlung 2

Die Entfernung von B (Hauptwohnung) nach C beträgt 250 km. Die Zweitwohnung in Z ist 60 km von der ersten Tätigkeitsstätte entfernt. A legt den Weg von dieser Zweitwohnung zur ersten Tätigkeitsstätte mit der günstigen Zugverbindung in jeweils 40 Minuten zurück.

Die **Hauptwohnung** liegt mehr als 50 km von der ersten Tätigkeitsstätte entfernt und damit außerhalb des Ortes der ersten Tätigkeitsstätte.

Die **Zweitwohnung** dient – auch wenn sie mehr als 50 km von der ersten Tätigkeitsstätte entfernt liegt – noch dem Wohnen am Ort der ersten Tätigkeitsstätte, weil A von der Zweitwohnung aus seine erste Tätigkeitsstätte mit dem von ihm genutzten Verkehrsmittel in zumutbarer Weise täglich erreichen kann (= Fahrzeit bis zu einer Stunde je Wegstrecke). Es liegt daher eine doppelte Haushaltsführung vor.

Die doppelte Haushaltsführung ist auch **beruflich veranlasst,** da die kürzeste Straßenverbindung zwischen der Zweitwohnung und der ersten Tätigkeitsstätte weniger als die Hälfte der kürzesten Straßenverbindung zwischen der Hauptwohnung und der ersten Tätigkeitsstätte beträgt (60 km gegenüber 125 km).

Abwandlung 3

Die Entfernung von B (Hauptwohnung) nach C beträgt 150 km und die Fahrzeit mit dem regelmäßig benutzten ICE 90 Minuten. Die Zweitwohnung in Z ist 74 km von der ersten Tätigkeitsstätte entfernt und die Fahrzeit je Wegstrecke beträgt 65 Minuten.

Aufgrund der Entfernung von mehr als 50 km zwischen **Hauptwohnung** und erster Tätigkeitsstätte liegt die Hauptwohnung nicht am Ort der ersten Tätigkeitsstätte.

Da die Entfernung von der **Zweitwohnung** in Z zur ersten Tätigkeitsstätte in C mehr als 50 km beträgt und die erste Tätigkeitsstätte in C auch nicht innerhalb einer Fahrzeit von einer Stunde je Wegstrecke erreicht werden kann, liegt keine doppelte Haushaltsführung vor.

b) Verheiratete oder verpartnerte Arbeitnehmer

Eine doppelte Haushaltsführung liegt nach § 9 Abs. 1 Satz 3 Nr. 5 Satz 2 EStG vor, wenn der Arbeitnehmer außerhalb des Ortes seiner ersten Tätigkeitsstätte einen **eigenen Hausstand** unterhält (= Lebensmittelpunkt) und auch am Ort der ersten Tätigkeitsstätte wohnt. Das Vorliegen eines eigenen Hausstands setzt das **Innehaben einer Wohnung** sowie eine **finanzielle Beteiligung** an den Kosten der Lebensführung voraus (§ 9 Abs. 1 Satz 3 Nr. 5 Satz 3 EStG).

Ist ein verheirateter oder verpartnerter Arbeitnehmer außerhalb des Ortes beschäftigt, an dem seine Familie wohnt, und übernachtet der Arbeitnehmer am Ort der ersten Tätigkeitsstätte, führt er immer einen doppelten Haushalt, da der Arbeitgeber bei **verheirateten** oder verpartnerten Arbeitnehmern (Steuerklasse III, IV oder V) ohne weiteres **unterstellen** kann, dass sie einen eigenen Hausstand haben, an dem sie sich auch finanziell beteiligen (R 9.11 Abs. 10 Satz 3 LStR). Dabei befindet sich der Lebensmittelpunkt eines verheirateten oder verpartnerten Arbeitnehmers in der Regel am tatsächlichen Wohnort seiner Familie.

Die Frage, wo sich der **Lebensmittelpunkt** des Arbeitnehmers befindet, ist stets anhand einer Gesamtwürdigung aller Umstände des Einzelfalles festzustellen. Hierzu gehören u. a. die persönlichen Verhältnisse, Ausstattung und Größe der Wohnungen, Art und Intensität der sozialen Kontakte, Vereinszugehörigkeiten sowie andere private Aktivitäten und Unternehmungen. Das gilt auch dann, wenn **beiderseits berufstätige Paare** (Ehegatten, Lebenspartner, Lebensgefährten) während der Woche (und damit den weitaus überwiegenden Teil des Jahres) **am Beschäftigungsort zusammenleben.** Allein diese Tatsache rechtfertigt es nicht, den Lebensmittelpunkt des Paares an den Beschäftigungsort zu verlegen. Allerdings verlagert sich der Lebensmittelpunkt in der Regel an den Beschäftigungsort mit der Folge der Verneinung bzw. Beendigung einer doppelten Haushaltsführung, wenn das Paar in eine **familiengerechte Wohnung** einzieht (BFH-Urteile vom 8.10.2014, BStBl. 2015 II S. 511 und vom 1.10.2019, BFH/NV 2020 S. 349 bei beiderseits berufstätigen Ehegatten mit Kindern). Dies gilt selbst dann, wenn die frühere Wohnung beibehalten und noch zeitweise genutzt wird. Das Vorhalten einer Wohnung außerhalb des Beschäftigungsorts für gelegentliche Besuche – selbst wenn sie aus Fürsorge gegenüber einem kranken Familienmitglied (z. B. Elternteil) unternommen werden – oder für Ferienaufenthalte genügt nämlich steuerlich nicht.

Bei verheirateten Arbeitnehmern kann übrigens bei jedem Ehegatten eine beruflich veranlasste doppelte Haushaltsführung vorliegen (BFH-Urteil vom 6.10.1994, BStBl. 1995 II S. 184).[1)]

Beispiel

A und B haben ihren Lebensmittelpunkt in ihrer Eigentumswohnung in Augsburg. Die anfallenden Haushaltskosten teilen sie sich. A arbeitet die Woche über in München und B in Stuttgart (die Entfernung von Augsburg nach Stuttgart bzw. München beträgt jeweils mehr als 50 Kilometer). Sowohl A als auch B bewohnen an ihrem Beschäftigungsort jeweils ein kleines Apartment.

Sowohl bei A als auch bei B liegt eine beruflich veranlasste doppelte Haushaltsführung vor. Beide haben an ihrem Lebensmittelpunkt in Augsburg einen eigenen Hausstand und beteiligen sich an den Kosten der Lebensführung.

Lohn- steuer- pflichtig Sozial- versich.- pflichtig

Der Arbeitgeber kann dem Arbeitnehmer bei **beruflicher Veranlassung** des doppelten Haushalts die Mehraufwendungen für Verpflegung, die Kosten der Unterkunft am Beschäftigungsort und die Aufwendungen für eine Familienheimfahrt wöchentlich nach den unter Nr. 2 dargestellten Grundsätzen steuerfrei ersetzen. Der Arbeitnehmer kann diese Aufwendungen als Werbungskosten geltend machen, soweit er bei einer beruflich veranlassten doppelten Haushaltsführung keinen entsprechenden steuerfreien Ersatz vom Arbeitgeber erhält.

c) Ledige Arbeitnehmer mit eigenem Hausstand

Das Vorliegen eines eigenen Hausstandes setzt neben dem **Innehaben einer Wohnung** aus eigenem Recht als Eigentümer oder als Mieter bzw. aus gemeinsamen oder abgeleitetem Recht als Ehegatte, Lebenspartner oder Lebensgefährte oder als Mitbewohner einer Wohngemeinschaft auch eine finanzielle Beteiligung an den Kosten der Lebensführung (= laufenden Kosten der Haushaltsführung) voraus (§ 9 Abs. 1 Satz 3 Nr. 5 Satz 3 EStG). Eine **finanzielle Beteiligung** an den Kosten der Haushaltsführung mit Bagatellbeträgen ist nicht ausreichend. Bei Ehegatten oder Lebenspartnern mit den Steuerklassen III, IV und V wird eine hinreichende finanzielle Beteiligung unterstellt (vgl. R 9.11 Abs. 10 Satz 3 LStR). Betragen ansonsten die Barleistungen eines ledigen Arbeitnehmers **mehr als 10 % der monatlich regelmäßig anfallenden laufenden Kosten der Haushaltsführung** (z. B. Miete, Mietnebenkosten, Kosten für Lebensmittel und andere Dinge des täglichen Bedarfs), ist von einer finanziellen Beteiligung oberhalb der Bagatellgrenze auszugehen. Liegen die Barleistungen darunter, kann der Arbeitnehmer eine hinreichende finanzielle Beteiligung auch auf andere Art und Weise darlegen. Den Vorschlag aus der Praxis, bei einem „Festbetrag" von z. B. 900 € jährlich/75 € monatlich von einer „hinreichenden finanziellen Beteiligung des Arbeitnehmers an den Kosten der Lebensführung" auszugehen, hat die Finanzverwaltung nicht aufgegriffen.

In der den Lebensbedürfnissen des Arbeitnehmers entsprechend eingerichteten Wohnung muss der Arbeitnehmer einen Haushalt unterhalten, das heißt, er muss die Haushaltsführung bestimmen oder wesentlich mitbestimmen. Es ist nicht erforderlich, dass in der Wohnung am Ort des eigenen Hausstands hauswirtschaftliches Leben herrscht, was bei einem alleinstehenden Arbeitnehmer, der die Woche über an seinem Beschäftigungsort weilt, auch nicht möglich ist.

Es **genügt** für das Vorliegen eines eigenen Hausstands **nicht,** wenn der Arbeitnehmer z. B. **im Haushalt der Eltern** lediglich ein oder mehrere **Zimmer** unentgeltlich **bewohnt** oder wenn dem Arbeitnehmer eine **Wohnung** im Haus der Eltern **unentgeltlich** zur Nutzung **überlassen** wird. Das Vorhalten einer Wohnung durch die Eltern für ihr erwachsenes Kind begründet keinen eigenen Hausstand des Kindes, wenn die Einliegerwohnung von dem Kind nur zu Besuchszwecken aufgesucht wird (BFH-Urteil vom 10.4.2014, BFH/NV 2014 S. 1362). Die finanzielle Beteiligung an den Kosten der Haushaltsführung ist darzulegen und kann auch bei volljährigen Kindern, die bei ihren Eltern oder einem Elternteil wohnen, nicht generell unterstellt werden. Das BFH-Urteil vom 16.1.2013 – VI R 46/12 – (BStBl. II S. 627), wonach eine gemeinsame Haushaltsführung von Eltern und Kindern für das Vorliegen eines eigenen Hausstands beim Kind genügt, ist ab 2014 durch die gesetzliche Neuregelung überholt.

1) Für eingetragene Lebenspartnerschaften gilt Entsprechendes (vgl. § 2 Abs. 8 EStG). Auch bei nicht zur Einkommensteuer zusammen veranlagten Partner einer nichtehelichen Lebensgemeinschaft kann bei jedem Partner eine doppelte Haushaltsführung vorliegen (vgl. nachfolgenden Buchstaben c).

Lohn- steuer- pflichtig | Sozial- versich.- pflichtig

Beispiel A

Der ledige Arbeitnehmer A wohnt mit Duldung seiner Lebensgefährtin in deren Wohnung und beteiligt sich zur Hälfte finanziell an den laufenden Kosten der Haushaltsführung.

A hat einen eigenen Hausstand, da er als Lebenspartner aus abgeleitetem Recht eine Wohnung innehat und sich an den laufenden Kosten der Haushaltsführung finanziell beteiligt.

Beispiel B

Der ledige Arbeitnehmer B bewohnt unentgeltlich eine Einliegerwohnung im Haus seiner Eltern in Köln und wird von diesen am Wochenende ohne Kostenbeteiligung mit versorgt. An seinem Beschäftigungsort in Frankfurt bewohnt er als Mieter während der Woche ein kleines Apartment.

A hat in Köln keinen für das Vorliegen einer doppelten Haushaltsführung notwendigen „eigenen Hausstand", da trotz des Innehabens einer Wohnung eine finanzielle Beteiligung an den Kosten der Lebensführung nicht gegeben ist.

Beispiel C

Wie Beispiel B. B finanziert den wöchentlichen Familieneinkauf der gesamten Familie (= monatlich ca. 25 % der laufenden Kosten für die Haushaltsführung).

B hat einen eigenen Hausstand, da neben dem Innehaben einer Wohnung auch eine finanzielle Beteiligung an den Kosten der Lebensführung vorliegt.

Beispiel D

Ein 43 Jahre alter Sohn hat neben der Zweitwohnung am Beschäftigungsort seinen Hauptwohnsitz im Einfamilienhaus seiner 71 Jahre alten Mutter. In diesem Haus nutzt er ein Schlaf- und Arbeitszimmer sowie ein Badezimmer allein. Die Küche, das Ess- und Wohnzimmer werden von ihm und seiner Mutter gemeinsam genutzt. Die laufenden Kosten der Haushaltsführung werden allein vom Sohn bestritten.

Der Sohn hat keinen eigenen Hausstand und folglich auch keine beruflich veranlasste Haushaltsführung, da es am Innehaben einer Wohnung fehlt; das Bewohnen einiger Zimmer reicht hierfür nicht aus. Das BFH-Urteil vom 16.1.2013 VI R 46/12 (BStBl. II S. 627), in dem das Vorliegen einer beruflich veranlassten doppelten Haushaltsführung beim Sohn anerkannt wurde, ist seit 2014 überholt. Die vorstehend erwähnte Wohngemeinschaft bezieht sich nicht auf ein gemeinschaftliches Wohnen von Eltern mit ihren Kindern. Allerdings kann sich ein sog. Mehrgenerationenhaushalt zum Haushalt des Kindes wandeln, in den dann die Eltern z. B. wegen Krankheit oder Pflegebedürftigkeit aufgenommen worden sind.

Der ledige Arbeitnehmer muss sich zudem in dem eigenen Hausstand an seinem **Lebensmittelpunkt** – im Wesentlichen nur unterbrochen durch die arbeits- und urlaubsbedingte Abwesenheit – **aufhalten.** Je länger die Auswärtstätigkeit eines ledigen Arbeitnehmers dauert, desto mehr spricht dafür, dass der Lebensmittelpunkt an den Beschäftigungsort **verlegt** wurde und die „Heimatwohnung" nur noch für Besuchszwecke vorgehalten wird (BFH-Beschluss vom 30.4.2008, BFH/NV 2008 S. 1475). Anhaltspunkte für die Bestimmung des Lebensmittelpunkts sind: Aufenthaltsdauer (Abwesenheit vom Lebensmittelpunkt arbeitsbedingt oder Urlaubsfahrt), Größe und Ausstattung der Wohnungen, Zahl der „Heimfahrten", Aufenthaltsort des Lebensgefährten/der Lebensgefährtin oder allgemein, zu welchem Wohnort die engeren persönlichen Beziehungen bestehen (vgl. auch die Erläuterungen unter dem nachfolgenden Buchstaben e zur Beendigung der doppelten Haushaltsführung). Zum Zusammenleben von Paaren am Beschäftigungsort vgl. auch den vorstehenden Buchstaben b.

Der Arbeitgeber darf bei einem ledigen Arbeitnehmer (Steuerklasse I oder II) nur dann davon ausgehen, dass ein eigener Hausstand außerhalb des Ortes der ersten Tätigkeitsstätte vorliegt, wenn der Arbeitnehmer dies schriftlich erklärt, das heißt, der Arbeitnehmer muss mit eigenhändiger Unterschrift versichern, dass er neben einer Zweitwohnung am Beschäftigungsort auch einen eigenen Hausstand außerhalb des Beschäftigungsorts an seinem Lebensmittelpunkt unterhält, an dem er sich auch finanziell beteiligt. Diese Erklärung ist als Beleg zum Lohnkonto aufzubewahren.[1)]

Gibt der ledige Arbeitnehmer diese Erklärung ab, kann der Arbeitgeber ohne weiteres davon ausgehen, dass er einen doppelten Haushalt führt. Dies hat zur Folge, dass der ledige Arbeitnehmer dieselben steuerfreien Auslösungen erhalten kann, wie ein verheirateter Arbeitnehmer, der einen doppelten Haushalt führt (vgl. nachfolgend unter Nr. 2).

Lohn- steuer- pflichtig | Sozial- versich.- pflichtig

D

d) Ledige Arbeitnehmer ohne eigenen Hausstand, die auswärts tätig sind

Hat der ledige Arbeitnehmer keinen eigenen Hausstand am „Lebensmittelpunkt" und liegt dementsprechend bei einer auswärtigen Tätigkeit keine doppelte Haushaltsführung vor, galt früher die auswärtige Tätigkeit zumindest für drei Monate als doppelte Haushaltsführung, wenn der ledige Arbeitnehmer seine bisherige Wohnung/Unterkunft (z. B. ein oder mehrere Zimmer im Haus seiner Eltern) als Mittelpunkt seiner Lebensinteressen beibehalten hatte (sog. Fiktion einer doppelten Haushaltsführung). Diese Fiktion einer doppelten Haushaltsführung für ledige Arbeitnehmer ohne eigenen Hausstand ist bereits seit 1.1.2004 ersatzlos weggefallen.

Beispiel

A bewohnt in der Wohnung seiner Eltern in Leipzig ein Zimmer und kehrt dorthin jedes zweite Wochenende besuchsweise zurück. An seinem Beschäftigungsort in Erfurt bewohnt er während der Woche ein kleines Apartment.

Mangels eigenen Hausstands in Leipzig liegt bei A keine aus beruflichem Anlass begründete doppelte Haushaltsführung vor. Eine Behandlung der Aufwendungen des A als „Reisekosten in Form einer Auswärtstätigkeit" kommt ebenfalls nicht in Betracht, da er nicht außerhalb seiner ersten Tätigkeitsstätte tätig wird.

Zum Ansatz der Entfernungspauschale bei Fahrten zu einer weiter entfernt liegenden Wohnung (das kann anders als bei der doppelten Haushaltsführung auch ein Kinderzimmer sein) vgl. das Stichwort „Entfernungspauschale" unter Nr. 4.

e) Beginn und Beendigung der doppelten Haushaltsführung

Die Aufwendungen für eine Zweitwohnung sind nur dann als **vorab entstandene Werbungskosten** einer doppelten Haushaltsführung abziehbar, wenn der Arbeitnehmer endgültig den Entschluss gefasst hat, die Wohnung zukünftig im Rahmen einer steuerlich anzuerkennenden doppelten Haushaltsführung zu nutzen (BFH-Urteil vom 23.10.2019, BFH/NV 2020 S. 354). Im Streitfall befand sich die Klägerin in Elternzeit und konnte nicht ihren endgültigen Entschluss glaubhaft darlegen, die infrage stehende Mietwohnung als Zweitwohnung zu nutzen, um von dort aus zu ihrer ersten Tätigkeitsstätte zu gelangen. Dagegen sprach der Umstand, dass sie diese Wohnung über einen Zeitraum von zwei Jahren lediglich vorgehalten hatte, ohne sie jemals im Rahmen einer beruflich veranlassten doppelten Haushaltsführung genutzt zu haben. Ihre „Mehraufwendungen" für die Zweitwohnung wurden daher vom Bundesfinanzhof nicht als Werbungskosten anerkannt.

Bei einer aus beruflichem Anlass begründeten doppelten Haushaltsführung kann der Arbeitgeber die notwendigen Mehraufwendungen unabhängig davon steuerfrei erstatten, aus welchen Gründen die doppelte Haushaltsführung beibehalten wird. Eine doppelte Haushaltsführung liegt aber nur vor, wenn der Arbeitnehmer außerhalb des Ortes seiner ersten Tätigkeitsstätte einen eigenen Hausstand unterhält (= Lebensmittelpunkt) und auch am Ort der ersten Tätigkeitsstätte wohnt. Von einer Beendigung einer steuerlich relevanten doppelten Haushaltsführung ist daher auszugehen, wenn der Arbeitnehmer seinen **Lebensmittelpunkt** an seinen **Beschäftigungsort verlegt** (BFH-Urteil vom 28.3.2012, BStBl. II S. 831). Das gilt auch dann, wenn der Arbeitnehmer seine Wohnung am bisherigen Lebensmittelpunkt aus privaten Gründen (z. B. für Be-

1) Bei seiner Einkommensteuer-Veranlagung hat der Arbeitnehmer für den Werbungskostenabzug das Vorliegen einer doppelten Haushaltsführung und die finanzielle Beteiligung an der Haushaltsführung beim eigenen Hausstand am Lebensmittelpunkt darzulegen.

	Lohn-steuer-pflichtig	Sozial-versich.-pflichtig

suchs-, Erholungs- oder Urlaubszwecke) beibehält (BFH-Beschluss vom 23.8.2013, BFH/NV 2014 S. 155). Anhaltspunkte für die Bestimmung des Lebensmittelpunktes sind: Aufenthaltsdauer (Abwesenheit vom Lebensmittelpunkt arbeitsbedingt oder Urlaubsfahrt), Größe und Ausstattung der Wohnungen, „Zahl der Heimfahrten", Aufenthaltsort der Familie bzw. des Lebensgefährten/der Lebensgefährtin, Kindergarten-/Schulbesuch der Kinder oder allgemein, zu welchem Wohnort die engeren persönlichen Beziehungen bestehen. In der Regel verlagert sich der Lebensmittelpunkt an den Beschäftigungsort, wenn der Arbeitnehmer dort mit seinem Ehegattten/Lebenspartner/Lebensgefährten und ggf. den Kindern eine **familiengerechte Wohnung** bezieht (BFH-Beschluss vom 1.2.2012, BFH/NV 2012 S. 945). Dies gilt selbst dann, wenn die frühere Wohnung beibehalten und noch zeitweise genutzt wird. Das Vorhalten einer Wohnung außerhalb des Beschäftigungsorts für gelegentliche Besuche – selbst wenn sie aus Fürsorge gegenüber einem kranken Familienmitglied (z. B. Elternteil) unternommen werden – oder für Ferienaufenthalte genügt nämlich steuerlich nicht (BFH-Urteil vom 8.10.2014, BStBl. 2015 II S. 511).

Beispiel A

Ein Arbeitnehmer, der vor vielen Jahren aufgrund einer Versetzung eine beruflich veranlasste doppelte Haushaltsführung begründet hat, bezieht mit seiner jetzigen Lebensgefährtin und dem gemeinsamen Kind ein Einfamilienhaus an seinem Beschäftigungsort und gibt sein bisheriges Apartment auf. Seine Eigentumswohnung an seinem bisherigen Lebensmittelpunkt, die in einem Naherholungsgebiet liegt, benutzt er zukünftig ca. alle vierzehn Tage mit der gesamten Familie für Erholungszwecke.

Mit dem Bezug des Einfamilienhauses ist der Lebensmittelpunkt an den Beschäftigungsort verlegt worden mit der Folge, dass die doppelte Haushaltsführung zu diesem Zeitpunkt beendet ist.

Beispiel B

Wie Beispiel A. Der Arbeitnehmer veräußert am Lebensmittelpunkt seine Eigentumswohnung und bezieht dort mit seiner Lebensgefährtin und dem gemeinsamen Kind ein Einfamilienhaus. Am Beschäftigungsort wohnt er wie bisher in dem Apartment.

Es liegt weiterhin eine beruflich veranlasste doppelte Haushaltsführung vor. Unerheblich ist, dass diese letztlich aus privaten Gründen beibehalten wird. Der Arbeitnehmer ist nicht verpflichtet mit seiner Familie an den Beschäftigungsort zu ziehen. Die doppelte Haushaltsführung wird auch nicht allein durch Zeitablauf beendet.

Zur Beibehaltung oder gar Begründung einer doppelten Haushaltsführung bei der Verlegung des Wohnsitzes vgl. auch die Erläuterungen unter dem vorstehenden Buchstaben a.

Beabsichtigt der Arbeitnehmer nach **Beendigung eines Arbeitsverhältnisses** die Wohnung am bisherigen Beschäftigungsort aufzugeben, kommt nach den Umständen des Einzelfalles (z. B. Zeitpunkt des Ausscheidens nicht vorhersehbar, zu beachtende Kündigungsfrist für die Wohnung) für eine Übergangszeit ein Abzug der notwendigen Mehraufwendungen für die Zweitwohnung als **nachträgliche Werbungskosten** in Betracht.

2. Höhe der steuerfreien Auslösungen bei einer doppelten Haushaltsführung im Inland

Liegen bei verheirateten/verpartnerten oder ledigen Arbeitnehmern mit eigenem Hausstand die in der vorstehenden Nr. 1 erläuterten Voraussetzungen für eine berufliche Veranlassung der doppelten Haushaltsführung vor, können folgende Auslösungen steuerfrei gezahlt werden:

a) Kosten für die erste und letzte Fahrt

Steuerfrei ersetzbar sind die tatsächlichen Fahrtkosten für die erste Fahrt zum neuen Beschäftigungsort und für die letzte Fahrt vom Beschäftigungsort zum Ort des eigenen Hausstands. Wird für diese Fahrten ein **Kraftfahrzeug** des Arbeitnehmers benutzt, können die für Auswärtstätigkeiten geltenden Kilometersätze (= **0,30 €** bei Benutzung eines Pkws für jeden **tatsächlich gefahrenen Kilometer**) oder die nachgewiesenen höheren tatsächlichen Kosten steuerfrei gezahlt werden. nein nein

Steht dem Arbeitnehmer (auch) für diese Fahrten ein **Firmenwagen** zur Verfügung, ist insoweit kein geldwerter Vorteil zu versteuern. Allerdings scheidet in diesem Fall auch ein Werbungskostenabzug für diese Fahrten bei der Einkommensteuer-Veranlagung des Arbeitnehmers aus.

b) Familienheimfahrten bei Verheirateten[1] bzw. Wochenendheimfahrten bei Ledigen mit eigenem Hausstand

Der Arbeitgeber kann dem Arbeitnehmer **unabhängig vom benutzten Verkehrsmittel** die Aufwendungen für **eine Familienheimfahrt wöchentlich** in Höhe der **Entfernungspauschale** von 0,30 € (für die ersten 20 Kilometer) und 0,35 € (ab dem 21. Kilometer) je einfachen vollen Entfernungskilometer zwischen dem Ort des eigenen Hausstands und dem Ort der ersten Tätigkeitsstätte steuerfrei ersetzen. nein nein

Beispiel

Der Arbeitnehmer führt einen beruflich veranlassten doppelten Haushalt. Am Wochenende fährt er mit öffentlichen Verkehrsmitteln zu seinem Familienwohnsitz (einfache Entfernung 400 km). Der Arbeitgeber kann für jede wöchentliche Familienheimfahrt folgenden Betrag steuerfrei ersetzen:

20 km × 0,30 €	6,– €.
380 km × 0,35 €	133,– €.
Summe	139,– €.

Führt der Arbeitnehmer z. B. 45 Familienheimfahrten im Kalenderjahr 2021 durch, beträgt der steuerfreie Arbeitgeberersatz insgesamt

20 km × 0,30 € × 45 Fahrten =	270,– €.
380 km × 0,35 € × 45 Fahrten =	5985,– €.
Summe	6255,– €.

Eine Begrenzung auf 4500 € jährlich wie bei der für Fahrten zwischen Wohnung und erster Tätigkeitsstätte geltenden Entfernungspauschale (vgl. dieses Stichwort) ist für Familienheimfahrten bei einer doppelten Haushaltsführung **nicht** zu beachten.

Der Bundesfinanzhof hat bestätigt, dass die Entfernungspauschale für eine wöchentliche Familienheimfahrt – entsprechend ihrem Charakter als aufwandsunabhängige Pauschale – auch dann in Anspruch genommen werden kann, wenn dem Arbeitnehmer für diese Fahrt keine Kosten entstanden sind (z. B. bei einer unentgeltlichen Mitfahrgelegenheit in einer Fahrgemeinschaft). Vom Arbeitgeber steuerfrei geleistete Reisekostenvergütungen und/oder steuerfrei gewährte Freifahrten (z. B. bei Arbeitnehmern von Verkehrsbetrieben) sind jedoch mindernd auf die Entfernungspauschale anzurechnen (BFH-Urteil vom 18.4.2013, BStBl. II S. 735). Allerdings weist der Bundesfinanzhof darauf hin, dass die Entfernungspauschale nur für **tatsächlich durchgeführte** Familienheimfahrten angesetzt werden kann, deren Anzahl in Zweifelsfällen nachzuweisen bzw. glaubhaft zu machen ist.

Die Entfernungspauschale von 0,30 € (für die ersten 20 Kilometer) und 0,35 € (ab dem 21. Kilometer) je einfachen vollen Entfernungskilometer ist grundsätzlich die Obergrenze für eine steuerfreie Erstattung von Aufwendungen für wöchentliche Familienheimfahrten. Der Arbeitgeber kann selbstverständlich auch einen geringeren Betrag steuerfrei erstatten. Übersteigen die Aufwendungen für die Benutzung **öffentlicher Verkehrsmittel** anlässlich von Familienheimfahrten ausnahmsweise die im Kalenderjahr insgesamt anzusetzende Entfernungspauschale, können diese übersteigenden Aufwendungen angesetzt werden (§ 9 Abs. 2 Satz 2 EStG). Werden Familienheimfahrten mit dem Flugzeug durchgeführt, können nur die für den Flug tatsächlich entstandenen und im Einzelnen nachgewiesenen Kosten für das **Flugticket** steuerfrei ersetzt werden, weil die Entfernungspauschale nicht für

1) Die nachfolgenden Ausführungen gelten entsprechend für eingetragene Lebenspartner (§ 2 Abs. 8 EStG).

Lohn-steuer-pflichtig | Sozial-versich.-pflichtig

Flugstrecken gilt (BFH-Urteil vom 26.3.2009, BStBl. II S. 724; vgl. die Erläuterungen beim Stichwort „Familienheimfahrten" unter Nr. 3 Buchstabe b). Die Entfernungspauschale ist jedoch für die Fahrten vom und zum Flughafen anzusetzen.

Die Aufwendungen für wöchentliche Heimfahrten können übrigens bei Verheirateten, Verpartnerten und Ledigen mit eigenem Hausstand **zeitlich unbegrenzt** steuerfrei ersetzt werden.

Zur Verfügungstellung eines **Firmenwagens** für Familienheimfahrten im Rahmen einer beruflich veranlassten doppelten Haushaltsführung vgl. die Erläuterungen beim Stichwort „Firmenwagen zur privaten Nutzung" unter Nr. 14. Zu Familienheimfahrten von behinderten Arbeitnehmern vgl. die Erläuterungen beim Stichwort „Familienheimfahrten" unter Nr. 4.

c) Verpflegungsmehraufwand

Ersatzleistungen des Arbeitgebers für Verpflegungsmehraufwand können seit 1.1.2020 **drei Monate** lang in folgender Höhe steuerfrei ersetzt werden:

- bei einer Abwesenheit von 24 Stunden **28,– €;**
- für den **An- und Abreisetag** ohne Prüfung einer Mindestabwesenheitszeit vom Lebensmittelpunkt **14,– €.** nein nein

Nur noch für die Verpflegungspauschale von 28 € (bis 31.12.2019 = 24 €) ist die Dauer der Abwesenheit von der Wohnung maßgebend, in der der Arbeitnehmer seinen eigenen Hausstand hat (= Lebensmittelpunkt). Für den An- und Abreisetag bei den Familienheimfahrten/Wochenendheimfahrten sind 14 € (bis 31.12.2019 = 12 €) – ohne auf eine Mindestabwesenheitszeit abzustellen – anzusetzen. Die auch hier zu beachtende **Dreimonatsfrist** für den Abzug der Verpflegungspauschalen bei einer beruflich veranlassten doppelten Haushaltsführung ist nach Auffassung des Bundesfinanzhofs **verfassungsgemäß** (BFH-Urteil vom 8.7.2010, BStBl. 2011 II S. 32).

Beispiel A

Ein (verheirateter) Arbeitnehmer wird ab 1.3.2021 vom Betriebssitz in München zu einer Zweigniederlassung nach Stuttgart unbefristet versetzt (die Entfernung zwischen Stuttgart und München beträgt 230 Kilometer). Er behält seine bisherige Wohnung in München als eigenen Hausstand bei und mietet sich in Stuttgart ein Apartment. Jeden Freitag fährt er nach der Arbeit nach München und kehrt am Montag wieder an seinen Arbeitsplatz in Stuttgart zurück. Der Arbeitgeber kann in der Zeit vom 1.3. bis 31.5.2021 folgende Verpflegungspauschalen steuerfrei ersetzen:

- für Dienstag, Mittwoch und Donnerstag jeweils (da die Abwesenheit von München 24 Stunden beträgt) 28,– €
- für Montag und Freitag jeweils (auf die Abwesenheitszeit von München kommt es nicht an) 14,– €
- für Tage, an denen sich der Arbeitnehmer ganz zu Hause aufhält (Samstag und Sonntag) 0,– €

Nach Ablauf von drei Monaten ist ein steuerfreier Arbeitgeberersatz für Verpflegungsmehraufwand in keinem Fall mehr möglich.

Der Arbeitgeber kann Verpflegungsaufwendungen auch dann nur drei Monate lang in Höhe der Pauschalen steuerfrei ersetzen, wenn der Arbeitnehmer einen Verpflegungsmehraufwand im Einzelnen nachweist. Denn der Einzelnachweis von Verpflegungsmehraufwendungen ist seit 1.1.1996 in keinem Fall mehr möglich, das heißt, nicht nur beim steuerfreien Arbeitgeberersatz sondern auch beim Werbungskostenabzug durch den Arbeitnehmer ist ein Ansatz der nachgewiesenen Mehraufwendungen gesetzlich ausgeschlossen worden. Allerdings besteht sowohl beim steuerfreien Arbeitgeberersatz als auch beim Werbungskostenabzug durch den Arbeitnehmer ein Rechtsanspruch auf den Ansatz der Pauschalen. Ob der Ansatz der Pauschalen zu einer unzutreffenden Besteuerung führt, ist ohne Bedeutung (BFH-Urteil vom 4.4.2006, BStBl. II S. 567).

Lohn-steuer-pflichtig | Sozial-versich.-pflichtig

Für eine Unterbrechung der beruflichen Tätigkeit mit einem damit verbundenen **Neubeginn** der **Dreimonatsfrist** für den Ansatz der Verpflegungspauschalen gilt Folgendes: Um die Berechnung der Dreimonatsfrist zu vereinfachen, ist zum 1.1.2014 eine rein zeitliche Bemessung der Unterbrechungsregelung eingeführt worden. Danach führt eine Unterbrechung der beruflichen Tätigkeit an derselben Tätigkeitsstätte zu einem Neubeginn der Dreimonatsfrist, wenn sie **mindestens vier Wochen** dauert; dies gilt auch im Rahmen einer beruflich veranlassten doppelten Haushaltsführung (§ 9 Abs. 4a Satz 12 i. V. m. Satz 7 EStG). **Unerheblich** ist, aus welchem **Grund** (z. B. Krankheit, Urlaub, Tätigkeit an einer anderen Tätigkeitsstätte) die Tätigkeit unterbrochen wird. Es kommt auch nicht darauf an, ob die Zweitwohnung am Beschäftigungsort im Unterbrechungszeitraum beibehalten wurde oder nicht.

Beispiel B

Der Arbeitnehmer im Beispiel A ist im September und Oktober 2021 vorübergehend in einer Zweigniederlassung in Köln tätig. Er wohnt dort in einem Hotel und kehrt anschließend wieder nach Stuttgart zurück.

Die Rückkehr nach Stuttgart löst eine **neue Dreimonatsfrist** bei den Verpflegungspauschalen wegen doppelter Haushaltsführung aus, da die Tätigkeit an der ersten Tätigkeitsstätte in Stuttgart für mindestens vier Wochen unterbrochen worden ist. Bei der zweimonatigen Tätigkeit in Köln handelt es sich um eine begünstigte Auswärtstätigkeit mit der Folge, dass dem Arbeitnehmer für die Monate September und Oktober 2021 die Verpflegungspauschalen ebenfalls steuerfrei gezahlt werden können. Der Arbeitgeber kann auch die Kosten für das Hotelzimmer in Köln nach den für Auswärtstätigkeiten geltenden Grundsätzen steuerfrei erstatten (vgl. „Reisekosten bei Auswärtstätigkeiten" in Anhang 4).

Ist der beruflich veranlassten doppelten Haushaltsführung eine **Auswärtstätigkeit** an diesem Beschäftigungsort unmittelbar **vorausgegangen**, ist deren Dauer auf die **Dreimonatsfrist** für die Gewährung der Verpflegungspauschalen **anzurechnen** (§ 9 Abs. 4a Satz 13 EStG).

Beispiel C

Arbeitnehmer A mit Wohnsitz und erster Tätigkeitsstätte in Stuttgart wird ab dem 2.1.2021 von seinem Arbeitgeber vorübergehend an die Hauptniederlassung nach München abgeordnet. Ab dem 16.4.2021 wird er nach München unbefristet versetzt. Sein Lebensmittelpunkt ist weiterhin in Stuttgart (die Entfernung zwischen Stuttgart und München beträgt 230 Kilometer).

Ab dem 16.4.2021 liegt aufgrund der Versetzung eine beruflich veranlasste doppelte Haushaltsführung vor. Da dieser doppelten Haushaltsführung eine Auswärtstätigkeit an diesem Ort unmittelbar vorangegangen ist, ist deren Dauer für die Verpflegungspauschalen anzurechnen. A stehen daher im Rahmen der doppelten Haushaltsführung keine Verpflegungspauschalen zu. Für die Auswärtstätigkeit erhält er in der Zeit vom 2.1.2021 bis 1.4.2021 die Verpflegungspauschalen.

Die Regelungen zur steuerlichen Behandlung der **Mahlzeitengestellung** durch den Arbeitgeber bei Auswärtstätigkeiten (**Kürzung** der **Pauschalen** anstelle Besteuerung der Mahlzeiten; vgl. im Einzelnen in Anhang 4 „Reisekosten bei Auswärtstätigkeiten" unter Nr. 10) sind auch im Rahmen einer doppelten Haushaltsführung zu beachten.

Beispiel D

Arbeitnehmer A wird vom Stammsitz seines Arbeitgebers, wo er mit seiner Familie wohnt, an einen 250 Kilometer entfernten Tochterbetrieb ohne zeitliche Begrenzung versetzt. A behält seinen Familienwohnsitz bei und übernachtet während der Woche in einem Hotel in der Nähe des Tochterbetriebs. Das Hotel stellt dem Arbeitgeber für jede Übernachtung 80 € zuzüglich 10 € für ein Frühstück in Rechnung. Der Betrag wird zunächst vom Arbeitnehmer verauslagt und anschließend dem Arbeitnehmer vom Arbeitgeber erstattet.

Es liegt eine doppelte Haushaltsführung vor, da der Tochterbetrieb mit der zeitlich unbegrenzten Versetzung zur ersten Tätigkeitsstätte des A wird.

Für die ersten drei Monate sind die Regelungen zur Gestellung von Mahlzeiten bei Auswärtstätigkeiten im Rahmen der doppelten Haushaltsführung entsprechend anzuwenden. Somit unterbleibt in den ersten drei Monaten die Erfassung des arbeitstäglichen Frühstücks mit dem amtlichen Sachbezugswert als Arbeitslohn bei einer gleichzeitigen Kürzung der täglichen Verpflegungspauschale um jeweils 5,60 € (20 % von 28 €).

D

	Lohn-steuer-pflichtig	Sozial-versich.-pflichtig

Nach Ablauf der Dreimonatsfrist sind die Regelungen zur Gestellung von Mahlzeiten am Ort der ersten Tätigkeitsstätte anzuwenden. Somit ist ab dem vierten Monat das Frühstück in Höhe des amtlichen Sachbezugswerts (2021 = 1,83 €) als Arbeitslohn anzusetzen (R 8.1 Abs. 7 Nr. 2 LStR). Es besteht die Möglichkeit diesen geldwerten Vorteil mit 25 % pauschal zu besteuern (§ 40 Abs. 2 Satz 1 Nr. 1 EStG).

D

Entsteht durch die private **Wegverlegung** des **Lebensmittelpunktes** vom Beschäftigungsort und die Nutzung der bisherigen/einer weiteren Wohnung am Beschäftigungsort eine beruflich veranlasste doppelte Haushaltsführung, können die Verpflegungspauschalen auch für die ersten drei Monate nach Begründung der doppelten Haushaltsführung berücksichtigt werden (BFH-Urteil vom 8.10.2014, BStBl. 2015 II S. 336). Die Finanzverwaltung folgt der Rechtsprechung des Bundesfinanzhofs und wendet die gegenteilige Aussage in R 9.11 Abs. 7 Satz 3 LStR nicht mehr an (die Urteilsveröffentlichung im BStBl. wurde mit einer Fußnote versehen, wonach die Richtlinienstelle insoweit überholt und nicht mehr anzuwenden ist).

Beispiel E

Eine ledige Arbeitnehmerin verlegt wegen einer neuen Beziehung nach sieben Jahren ihren Hauptwohnsitz vom Arbeitsort Düsseldorf nach Frankfurt und behält ihre bisherige Wohnung am Beschäftigungsort Düsseldorf bei (die Entfernung zwischen Düsseldorf und Frankfurt beträgt 230 Kilometer).

Auch nach der Verlegung des Hauptwohnsitzes aus privaten Gründen liegt eine beruflich veranlasste doppelte Haushaltsführung (zweiter Haushalt am Beschäftigungsort in Düsseldorf) vor. Obwohl die Arbeitnehmerin über sieben Jahre ihren Lebensmittelpunkt in Düsseldorf hatte und ihr die Verpflegungssituation bekannt ist, können die Verpflegungspauschalen für die ersten drei Monate steuerfrei ersetzt bzw. als Werbungskosten abgezogen werden (BFH-Urteil vom 8.10.2014, BStBl. 2015 II S. 336).

d) Kosten der Unterkunft

Bei einer doppelten Haushaltsführung kann der Arbeitgeber die Übernachtungskosten entweder in Höhe der nachgewiesenen Aufwendungen für die Unterkunft am Beschäftigungsort (höchstens 1000 € monatlich) oder mit Pauschbeträgen steuerfrei erstatten. Folgende **Pauschbeträge** können bei Übernachtungen im Inland steuerfrei gezahlt werden:

- in den ersten **drei Monaten** je Übernachtung **20,– €;**
- danach je Übernachtung **5,– €.** nein nein

Die Kosten der Unterkunft können bei Verheirateten, Verpartnerten und Ledigen mit eigenem Hausstand **zeitlich unbegrenzt** steuerfrei ersetzt werden.

Voraussetzung für die steuerfreie Zahlung der zuvor genannten Pauschbeträge durch den Arbeitgeber ist, dass die Übernachtung nicht in einer vom Arbeitgeber unentgeltlich oder verbilligt zur Verfügung gestellten Unterkunft erfolgt. Erfolgt die Übernachtung in einer vom Arbeitgeber gestellten Unterkunft gegen Entgelt, darf der Arbeitgeber dem Arbeitnehmer für die Unterbringung keine höheren Beträge steuerfrei ersetzen, als er vom Arbeitnehmer als Entgelt für die Übernachtung fordert.

Werden anstelle der Pauschbeträge von 20 € bzw. 5 € die tatsächlichen Unterkunftskosten nachgewiesen (im Gegensatz zu den Verpflegungsmehraufwendungen ist dies bei den Übernachtungskosten möglich) gilt Folgendes: Als Unterkunftskosten für eine doppelte Haushaltsführung **im Inland** werden die dem Arbeitnehmer **tatsächlich** entstandenen **Aufwendungen** für die Nutzung der Wohnung oder Unterkunft **höchstens** bis zu einem nachgewiesenen Betrag von **1000 € monatlich** anerkannt. Aufgrund des Höchstbetrags von 1000 € monatlich ist bei einer doppelten Haushaltsführung im Inland eine Prüfung der Notwendigkeit und Angemessenheit der Aufwendungen nicht mehr vorzunehmen (das BFH-Urteil vom 9.8.2007, BStBl. II S. 820 – Obergrenze der Aufwendungen = 60 qm × Durchschnittsmiete – ist bei doppelten Haushaltsführungen im Inland überholt). Es kommt auch nicht darauf an, ob der Arbeitnehmer die Zweitwohnung am Beschäftigungsort allein oder mit mehreren Personen (z. B. Angehörigen) bewohnt. Die Anzahl der „Wohnungsbenutzer" ist also unerheblich. nein nein

Beispiel A

Beim Arbeitnehmer liegt eine beruflich veranlasste doppelte Haushaltsführung vor. Die 3-Zimmer-Eigentumswohnung am Ort seiner ersten Tätigkeitsstätte wird von ihm sowie gelegentlich von seiner Lebensgefährtin und dem gemeinsamen Kind genutzt. Die Aufwendungen hierfür betragen 950 € monatlich.

Die Aufwendungen übersteigen nicht den monatlichen Höchstbetrag von 1000 € und können daher in vollem Umfang vom Arbeitgeber steuerfrei erstattet bzw. vom Arbeitnehmer als Werbungskosten abgezogen werden. Unerheblich ist, dass die Zweitwohnung am Beschäftigungsort nicht ausschließlich von A, sondern auch von seinen Angehörigen privat genutzt wird.

Der **Höchstbetrag von 1000 € monatlich umfasst sämtliche entstehenden Aufwendungen,** wie Miete, Betriebskosten, Kosten der laufenden Reinigung und Pflege der Wohnung/Unterkunft, Zweitwohnungssteuer, Rundfunkbeitrag, Miet- oder Pachtgebühren für Kfz-Stellplätze, Aufwendungen für Sondernutzung (wie Garten), die vom Arbeitnehmer selbst getragen werden. Auch Aufwendungen für einen separat angemieteten Garagenstellplatz sind in den Höchstbetrag einzubeziehen und können nicht als „sonstige" notwendige Mehraufwendungen zusätzlich berücksichtigt werden (das diesbezüglich anders lautende BFH-Urteil vom 13.11.2012, BStBl. 2013 II S. 286 ist überholt).

Beispiel B

Arbeitnehmer B wendet im Rahmen einer beruflich veranlassten doppelten Haushaltsführung für die Zweitwohnung am Beschäftigungsort eine Nettokaltmiete von 800 € im Monat auf. Die Nebenkostenvorauszahlung beläuft sich auf 210 € monatlich und die Kosten für den Pkw-Stellplatz betragen 100 € monatlich.

Die Aufwendungen für die Zweitwohnung am Beschäftigungsort von monatlich 1110 € können in Höhe von monatlich 1000 € vom Arbeitgeber steuerfrei ersetzt bzw. vom Arbeitnehmer als Werbungskosten abgezogen werden.

Entgegen der früheren Auffassung der Finanzverwaltung hat der Bundesfinanzhof entschieden, dass Aufwendungen für **Einrichtungsgegenstände und Hausrat** nicht unter die Höchstbetragsbegrenzung für Unterkunftskosten von 1000 € fallen und daher grundsätzlich in **vollem Umfang** berücksichtigungsfähig sind (BFH-Urteil vom 4.4.2019, BStBl. II S. 449). Aufwendungen für Haushaltsartikel und Einrichtungsgegenstände seien vom Höchstbetrag für die Unterkunftskosten nicht umfasst, da diese Aufwendungen nur für deren Nutzung und nicht für die Nutzung der Unterkunft getätigt würden. Vor diesem Hintergrund ist zweifelhaft, ob der Bundesfinanzhof die Aufwendungen für eine Garage oder einen Kfz-Stellplatz durch den Höchstbetrag als abgegolten ansieht.

Bei Anmietung einer **(teil-)möblierten Wohnung** ist ggf. eine Aufteilung der Miete in Wohnung und mitvermietete Möbelstücke (= Einrichtung) vorzunehmen. Diese Aufteilung erfolgt – sofern der Mietvertrag wie im Regelfall keine Aussage enthält – im Schätzungswege.

Die Aufwendungen für die **erforderliche Einrichtung und Ausstattung** der Zweitwohnung können steuerlich nur als notwendige Mehraufwendungen der doppelten Haushaltsführung berücksichtigt werden, soweit sie nicht überhöht sind. Zu der erforderlichen Einrichtung gehören die Aufwendungen für eine einfache Ausstattung, die man unbedingt zum Wohnen braucht. Hierzu zählen z. B. Küchenschrank, Herd, Spüle, Kühlschrank, Tisch, Stühle, Bett mit Bettzeug, Kleiderschrank, Lampen, Gardinen, Geschirr und Haushaltswäsche. Übersteigen die Anschaffungskosten des Arbeitnehmers für Einrichtung und Ausstattung der Zweitwohnung (ohne Arbeitsmittel) insgesamt nicht den Betrag von 5000 € einschließlich Umsatzsteuer, ist aus Vereinfachungsgründen davon

Lohn- steuer- pflichtig | Sozial- versich.- pflichtig

auszugehen, dass es sich um notwendige Mehraufwendungen der doppelten Haushaltsführung handelt. Gegenstände, deren Anschaffungskosten 800 € ohne Umsatzsteuer nicht übersteigen, können im Zeitpunkt der Anschaffung berücksichtigt werden. Höhere Anschaffungskosten werden hingegen nur zeitanteilig über die Absetzung für Abnutzung angesetzt; die Vorschriften über die Absetzung für Abnutzung gelten aber nicht im Fall der steuerfreien Arbeitgebererstattung. Der noch nicht abgeschriebene Restwert der Wohnungseinrichtung, der nach Beendigung der doppelten Haushaltsführung verbleibt, kann nicht als Werbungskosten berücksichtigt werden. Auch ein Veräußerungserlös bleibt unberücksichtigt (R 9.12 Satz 3 LStR).

Beispiel C

Arbeitnehmer C erwirbt im Jahr 2021 für seine Zweitwohnung am Beschäftigungsort u. a. eine Einbauküche im Wert von 3000 € brutto, Nutzungsdauer 10 Jahre.

C kann für die Einbauküche eine jährliche Abschreibung von 300 € (= 1/10 von 3000 €) als Werbungskosten geltend machen. Alternativ kann der Arbeitgeber u. E. im Jahr 2021 den kompletten Kaufpreis für die Einbauküche von 3000 € steuerfrei erstatten.

Maklerkosten für die Anmietung der Zweitwohnung/-unterkunft sind ebenfalls nicht in die 1000-Euro-Grenze mit einzubeziehen. Sie können als Umzugskosten (vgl. nachfolgende Nr. 3) vom Arbeitgeber zusätzlich steuerfrei erstattet oder vom Arbeitnehmer als Werbungskosten abgezogen werden.

Steht die Zweitwohnung oder -unterkunft am Beschäftigungsort im **Eigentum des Arbeitnehmers** gelten die vorstehenden Ausführungen entsprechend. Anstelle der Miete sind die Absetzung für Abnutzung und die Schuldzinsen zu berücksichtigen. Hinzu kommen die Reparaturkosten und die Nebenkosten. Die tatsächlichen Aufwendungen für die dem Arbeitnehmer gehörende Wohnung sind ebenfalls bis zum Höchstbetrag von 1000 € monatlich zu berücksichtigen. Wird die im Eigentum des Arbeitnehmers stehende Zweitwohnung am Beschäftigungsort anlässlich der Beendigung der beruflich veranlassten doppelten Haushaltsführung veräußert, kann eine dabei ggf. anfallende **Vorfälligkeitsentschädigung** nicht als Werbungskosten abgezogen werden (BFH-Urteil vom 3.4.2019, BStBl. II S. 446). Durch die Beendigung der doppelten Haushaltsführung und die Veräußerung der Wohnung wird der ursprünglich in der beruflichen Nutzung der Immobilie liegende Veranlassungszusammenhang mit den Einkünften aus nichtselbstständiger Arbeit aufgelöst und ein neuer – regelmäßig nicht steuerbarer – Veranlassungszusammenhang mit dem Veräußerungsgeschäft begründet.

Ein **häusliches Arbeitszimmer** in der Zweitwohnung am Ort der ersten Tätigkeitsstätte ist – unabhängig davon, ob es sich um eine gemietete oder eigene Wohnung des Arbeitnehmers handelt – bei der Ermittlung der anzuerkennenden Unterkunftskosten nicht einzubeziehen. Die Abzugsmöglichkeit der auf das häusliche Arbeitszimmer entfallenden Aufwendungen als Werbungskosten ist **gesondert zu prüfen** (vgl. § 9 Abs. 5 EStG i. V. m. § 4 Abs. 5 Satz 1 Nr. 6b EStG; BFH-Urteil vom 9.8.2007, BStBl. 2009 II S. 722); vgl. die Erläuterungen beim Stichwort „Arbeitszimmer".

Der **Höchstbetrag** in Höhe von 1000 € ist ein **Monatsbetrag,** der nicht auf einen Kalendertag umzurechnen ist und grundsätzlich für jede doppelte Haushaltsführung des Arbeitnehmers gesondert gilt (vgl. das nachfolgende Beispiel E zu mehreren doppelten Haushaltsführungen bei mehreren Arbeitsverhältnissen). Soweit der monatliche Höchstbetrag von 1000 Euro **nicht ausgeschöpft** wird, ist eine **Übertragung** des nicht ausgeschöpften Volumens in andere Monate des Bestehens der doppelten Haushaltsführung im selben Kalenderjahr **möglich.** Erhält der

Lohn- steuer- pflichtig | Sozial- versich.- pflichtig

Arbeitnehmer Erstattungen z. B. für Nebenkosten, mindern diese Erstattungen im Zeitpunkt des Zuflusses die Unterkunftskosten der doppelten Haushaltsführung.

Beispiel D

Die Aufwendungen für die Nutzung der Zweitwohnung am Beschäftigungsort (Miete einschließlich sämtlicher Nebenkosten) betragen bis zum 30.6.2021 990 € monatlich. Ab 1.7.2021 wird die Miete um 30 € monatlich erhöht, sodass ab diesem Zeitpunkt die monatlichen Aufwendungen für die Unterkunft 1020 € monatlich betragen.

In den Monaten Januar bis Juni 2021 können die Aufwendungen für die Nutzung der Zweitwohnung am Beschäftigungsort in voller Höhe (= 990 €) vom Arbeitgeber steuerfrei erstattet bzw. vom Arbeitnehmer als Werbungskosten abgezogen werden.

Ab Juli 2021 ist die Beschränkung auf den Höchstbetrag von 1000 € monatlich zu beachten. Es ist allerdings möglich, den nicht aufgebrauchten Höchstbetrag in den Monaten Januar bis Juni 2021 in Höhe von 10 € monatlich auf den Zeitraum ab Juli 2021 zu übertragen. Folglich können 60 € (je 10 € in den Monaten Januar bis Juni 2021) für den Zeitraum Juli bis Dezember 2021 nachgeholt werden.

Die Aufwendungen für die erforderliche Einrichtung und Ausstattung werden – ggf. über die Absetzung für Abnutzung – zusätzlich berücksichtigt.

Beispiel E

Der Arbeitnehmer hat in zwei verschiedenen Arbeitsverhältnissen jeweils eine erste Tätigkeitsstätte. In beiden Arbeitsverhältnissen liegt jeweils eine beruflich veranlasste doppelte Haushaltsführung vor. Die Unterkunftskosten betragen im Arbeitsverhältnis A 700 € monatlich und im Arbeitsverhältnis B 500 € monatlich.

Der Höchstbetrag von 1000 € gilt für die jeweilige doppelte Haushaltsführung. Die jeweiligen Arbeitgeber können daher 700 € monatlich bzw. 500 € monatlich steuerfrei erstatten bzw. der Arbeitnehmer kann einen Betrag von 1200 € monatlich als Werbungskosten abziehen.

Beziehen **mehrere berufstätige Arbeitnehmer** (z. B. beiderseits berufstätige Ehegatten, Lebenspartner, Lebensgefährten, Mitglieder einer Wohngemeinschaft) am Beschäftigungsort eine gemeinsame Zweitwohnung, handelt es sich jeweils um eine doppelte Haushaltsführung, sodass **jeder Arbeitnehmer** den Höchstbetrag von 1000 € monatlich für die tatsächlich von ihm getragenen Aufwendungen jeweils für sich beanspruchen kann.

Beispiel F

Beiderseits berufstätige Ehegatten bewohnen an ihrem Beschäftigungsort in München gemeinsam ein Apartment. Ihren Hausstand sowie Lebensmittelpunkt haben die Eheleute unstreitig in Berlin. Die Aufwendungen für das Apartment in München betragen einschließlich sämtlicher Nebenkosten 1100 € monatlich. Dieser Betrag wird aufgrund einer gemeinsamen Verpflichtung von beiden Ehegatten jeweils zur Hälfte gezahlt.

Die tatsächlichen Aufwendungen für das Apartment in München werden bei jedem Ehegatten jeweils in Höhe von 550 € (1/2 von 1100 €) steuerlich berücksichtigt. Dieser Betrag kann vom jeweiligen Arbeitgeber steuerfrei erstattet bzw. beim jeweiligen Ehegatten als Werbungskosten berücksichtigt werden.

Eine doppelte Haushaltsführung liegt nicht vor, solange die auswärtige Beschäftigung als Auswärtstätigkeit anzusehen ist. Zur Berücksichtigung der Unterkunftskosten in diesem Fall vgl. „Reisekosten bei Auswärtstätigkeiten" in Anhang 4 unter Nr. 8.

Ein **Wechsel** zwischen dem Ansatz der Pauschbeträge von 20 € bzw. 5 € und dem Einzelnachweis der tatsächlich entstandenen Übernachtungskosten ist beim steuerfreien Arbeitgeberersatz auch während ein und derselben doppelten Haushaltsführung innerhalb eines Kalenderjahres zulässig. Wäre er nicht zulässig, müsste dies in der Vorschrift, die den steuerfreien Arbeitgeberersatz regelt (R 9.11 Abs. 10 Satz 7 Nr. 3 LStR), ausdrücklich festgelegt sein. Da dies nicht der Fall ist, ist ein Wechsel zulässig.

Die **Pauschbeträge** von 20 € bzw. 5 € je Übernachtung gelten nur für steuerfreie Zahlungen des Arbeitgebers **nicht** hingegen beim **Werbungskostenabzug** durch den Arbeitnehmer (vgl. die Erläuterungen unter der nachfolgenden Nr. 4 Buchstabe b).

Lohn-steuer-pflichtig	Sozial-versich.-pflichtig

e) Schaubild und Berechnungsbeispiel zur doppelten Haushaltsführung im Inland

Für die steuerfreien Auslösungen bei einer doppelten Haushaltsführung im Inland ergibt sich folgendes Schema:

D

Auslösungen bei doppelter Haushaltsführung im Inland 2021

Verheiratete/ Verpartnerte — **Ledige** **mit eigenem Hausstand**

drei Monate lang:

- für Verpflegung täglich (bei Wochenendheimfahrten für An- und Rückreisetage 14 €) **28 €**
- für jede Übernachtung[1] **20 €**
- **eine** wöchentliche Heimfahrt mit **0,30 €** für die ersten 20 Kilometer und **0,35 €** ab dem 21. Kilometer je vollen Entfernungskilometer

nach drei Monaten:

- für Verpflegung täglich **0 €**
- für jede Übernachtung[1] **5 €**
- **eine** wöchentliche Heimfahrt mit **0,30 €** für die ersten 20 Kilometer und **0,35 €** ab dem 21. Kilometer je vollen Entfernungskilometer

Beispiel

Ein verheirateter Arbeitnehmer wird mit Wirkung ab 1. März 2021 an einen Zweigbetrieb des Arbeitgebers unbefristet versetzt. Er mietet am neuen Arbeitsort ein möbliertes Zimmer; die Entfernung zu seinem Familienwohnsitz beträgt 200 Kilometer. Der Arbeitnehmer benutzt für die Fahrt zum neuen Arbeitsort und zum wöchentlichen Besuch seiner Familie seinen eigenen Pkw. Der Arbeitgeber kann dem Arbeitnehmer folgende Beträge als Auslösungen steuerfrei zahlen:

für die erste Fahrt an den neuen Arbeitsort 0,30 € für gefahrene 200 Kilometer	60,– €
für jede wöchentliche Familienheimfahrt die Entfernungspauschale in Höhe von 0,30 €/0,35 € für 200 Kilometer	
20 km × 0,30 €	6,– €
180 km × 0,35 €	63,– €
für die Zeit vom 1. März bis 31. Mai 2021 (= Dreimonatszeitraum) für jeden Tag, an dem der Arbeitnehmer sich 24 Stunden am neuen Arbeitsort aufgehalten hat, für Verpflegungsmehraufwendungen	28,– €
Für die An- und Abreisetage bei Familienheimfahrten kann unabhängig von einer Mindestabwesenheitszeit ein Betrag von 14 € steuerfrei für jeden dieser Tage gezahlt werden.	
Ab 1. Juni 2021 können keine Auslösungen für Verpflegungsmehraufwand steuerfrei gezahlt werden.	
für jede Übernachtung in der Zeit vom 1. März bis 31. Mai 2021 (= Dreimonatszeitraum) ein Übernachtungsgeld von	20,– €
für jede Übernachtung ab 1. Juni 2021 ein Übernachtungsgeld von	5,– €

Der Arbeitgeber kann dem Arbeitnehmer auch die tatsächlich entstandenen **notwendigen** Kosten für die Unterkunft steuerfrei ersetzen, und zwar ohne zeitliche Begrenzung bis zu einem Höchstbetrag von 1000 € monatlich.

3. Umzugskosten im Zusammenhang mit einer doppelten Haushaltsführung

Umzugskosten, die ein Arbeitgeber seinem Arbeitnehmer ersetzt, sind steuerfrei,

- wenn der Umzug beruflich veranlasst ist und
- die durch den Umzug entstandenen Mehraufwendungen nicht überschritten werden.

Eine berufliche Veranlassung liegt unter anderem auch dann vor, wenn der Umzug das Beziehen **(Begründung)** oder die Aufgabe **(Beendigung)** der Zweitwohnung bei einer beruflich veranlassten doppelten Haushaltsführung betrifft. Entsprechendes gilt beim **Wechsel** einer doppelten Haushaltsführung. Schließlich ist eine berufliche Veranlassung gegeben, wenn der eigene Hausstand (= Lebensmittelpunkt) zur Beendigung der doppelten Haushaltsführung an den Beschäftigungsort verlegt wird. nein nein

Sofern hiernach ein steuerfreier Ersatz der Umzugskosten im Grundsatz möglich ist, können die Umzugskosten entweder mit den hierfür festgelegten Pauschbeträgen, oder soweit keine Pauschbeträge festgelegt sind, in Höhe der tatsächlich entstandenen Aufwendungen vom Arbeitgeber steuerfrei ersetzt werden (vgl. das Stichwort „Umzugskosten"). Bei Umzugskosten im Zusammenhang mit einer doppelten Haushaltsführung ist jedoch zu beachten, dass in diesem Ausnahmefall die **Pauschale für sonstige Umzugskosten nicht gilt** (vgl. zu dieser Pauschvergütung für sonstige Umzugsauslagen das Stichwort „Umzugskosten" unter Nr. 4). Die sonstigen Umzugskosten müssen deshalb **im Einzelnen nachgewiesen werden,** wenn sie im Zusammenhang mit dem Beziehen, der Aufgabe oder des Wechsels einer Zweitwohnung bei einer beruflich veranlassten doppelten Haushaltsführung stehen (R 9.11 Abs. 9 Satz 2 LStR).

Eine berufliche Veranlassung von Umzugskosten scheidet aus, wenn der **Familienhausstand** vom Arbeitsort **wegverlegt** wird (BFH-Beschluss vom 9.1.2008, BFH/NV 2008 S. 566). Das gilt selbst dann, wenn eine solche Wegverlegung zur Begründung einer beruflich veranlassten doppelten Haushaltsführung führt (R 9.11 Abs. 9 Satz 4 LStR). In solch einem Fall liegen nicht abziehbare Kosten der privaten Lebensführung vor, die vom Arbeitgeber nicht steuerfrei erstattet werden können. ja ja

Beispiel A

Eine Arbeitnehmerin verlegt ihren Lebensmittelpunkt aus privaten Gründen von Frankfurt nach München. Ihre bisherige Wohnung in Frankfurt hält sie als Zweitwohnung bei, da sie von dort aus wochentags weiterhin ihre erste Tätigkeitsstätte aufsucht.

Bei der Wegverlegung des Lebensmittelpunkts von Frankfurt nach München handelt es sich nicht um einen beruflich veranlassten, sondern um einen privat veranlassten Umzug und damit um steuerlich nicht zu berücksichtigende Kosten der privaten Lebensführung. Unerheblich ist, dass die Wegverlegung des Lebensmittelpunktes aus privaten Gründen zu einer beruflich veranlassten doppelten Haushaltsführung führt (die Entfernung zwischen Frankfurt und München beträgt 400 km).

Wird aber nach Wegverlegung des Lebensmittelpunktes vom Beschäftigungsort eine **andere** als die bisherige Wohnung am Beschäftigungsort ausschließlich aus beruflichen Gründen als **Zweitwohnung** genutzt, sind die Aufwendungen für den **Umzug** in diese Zweitwohnung **beruflich veranlasst** (R 9.11 Abs. 9 Satz 5 LStR). nein nein

Beispiel B

Wie Beispiel A. Die Arbeitnehmerin verlegt ihren Lebensmittelpunkt nach München und zieht innerhalb von Frankfurt in eine kleinere Wohnung um.

Die Aufwendungen für den Umzug innerhalb von Frankfurt in eine andere Zweitwohnung sind beruflich veranlasst.

1) Anstelle des Pauschbetrags können auch die tatsächlich entstandenen Unterkunftskosten (Höchstbetrag = 1000 € monatlich) steuerfrei erstattet werden.

Lohn-steuer-pflichtig Sozial-versich.-pflichtig

Umzugskosten, die nach Wegverlegung des Lebensmittelpunktes vom Beschäftigungsort aus privaten Gründen durch die (spätere) **endgültige Aufgabe** der **Zweitwohnung** am Beschäftigungsort entstehen, sind z. B. bei einem Arbeitsplatzwechsel beruflich veranlasst. Bei einer Auflösung der Zweitwohnung z. B. infolge Eintritts in den Ruhestand handelt es sich hingegen um nicht abziehbare Kosten der privaten Lebensführung. Eine steuerfreie Arbeitgebererstattung oder ein Werbungskostenabzug dieser Aufwendungen kommt in diesem Fall nicht in Betracht.

Beispiel C

Arbeitnehmer A hat seinen Lebensmittelpunkt in Köln und eine Zweitwohnung an seinem Beschäftigungsort in Frankfurt. Der Lebensmittelpunkt war aus privaten Gründen von Frankfurt nach Köln verlegt worden. Aufgrund eines Arbeitsplatzwechsels nach München verlegt er die Zweitwohnung von Frankfurt nach München.

Die durch die Verlegung der Zweitwohnung von Frankfurt nach München entstehenden Umzugskosten sind beruflich veranlasst.

Beispiel D

Wie Beispiel C. Die Zweitwohnung in Frankfurt wird erst im Zusammenhang mit dem Eintritt in den Ruhestand aufgegeben.

Bei den Aufwendungen für die Auflösung der Zweitwohnung in Frankfurt handelt es sich um nicht abziehbare Kosten der privaten Lebensführung, die vom Arbeitgeber weder steuerfrei ersetzt noch vom Arbeitnehmer als Werbungskosten abgezogen werden können.

4. Einzelnachweis der Verpflegungsmehraufwendungen und Übernachtungskosten

a) Verpflegungsmehraufwendungen

Seit 1.1.1996 ist ein **Einzelnachweis** von Verpflegungsmehraufwendungen generell **ausgeschlossen** und zwar sowohl beim steuerfreien Arbeitgeberersatz als auch beim Werbungskostenabzug durch den Arbeitnehmer.

b) Übernachtungskosten

Im Gegensatz zu den Verpflegungsmehraufwendungen kann der Arbeitgeber bei den Übernachtungskosten anstelle der Pauschbeträge von 20 € bzw. 5 €, die dem Arbeitnehmer tatsächlich entstandenen und nachgewiesenen Aufwendungen bis zum Höchstbetrag von 1000 € monatlich steuerfrei ersetzen. Ist der Preis für das Frühstück in einer **auf den Namen des Arbeitnehmers ausgestellten Hotelrechnung** nicht gesondert ausgewiesen, ist der Gesamtpreis um 5,60 € (20 % von 28 €) zu kürzen.[1)]

Beispiel

Die auf den Namen des Arbeitnehmers ausgestellte Hotelrechnung lautet auf 100 € inklusive Frühstück.

Rechnungsbetrag	100,– €
Für das Frühstück sind abzuziehen	5,60 €
Kosten der Unterkunft	94,40 €

Steuerfrei maximal ersetzbar für die Unterkunftskosten ist der monatliche Höchstbetrag von 1000 €.

Die Pauschbeträge von 20 € bzw. 5 € je Übernachtung gelten nur für steuerfreie Zahlungen des **Arbeitgebers.** Beim Werbungskostenabzug durch den Arbeitnehmer im Rahmen einer Veranlagung zur Einkommensteuer muss der Arbeitnehmer **Übernachtungskosten,** die er bei einer doppelten Haushaltsführung im Inland als Werbungskosten geltend machen will, in jedem Fall einzeln **nachweisen;** sie können geschätzt werden, wenn sie dem Grunde nach zweifelsfrei feststehen (BFH-Urteil vom 12.9.2001, BStBl. II S. 775).

5. Freie Unterkunft und Verpflegung im Rahmen einer doppelten Haushaltsführung

Erhält ein Arbeitnehmer freie Unterkunft (wie dies im Hotel- und Gaststättengewerbe häufig üblich ist), wird oft übersehen, dass der Arbeitgeber diesen Sachbezug als Auslösung steuerfrei lassen kann, wenn der Arbeitnehmer einen eigenen Hausstand hat (vgl. die Erläuterungen unter der vorstehenden Nr. 1).

Beispiel

Ein verheirateter Koch aus Freiburg arbeitet im Kalenderjahr 2021 in einem Hotel auf Sylt. Seine Familie wohnt weiterhin in Freiburg. Er erhält auf Sylt neben dem Barlohn freie Unterkunft und Verpflegung.

Die **unentgeltlich gewährte Unterkunft** ist **während der ganzen Tätigkeit** auf Sylt **steuerfrei** (R 9.11 Abs. 10 Nr. 3 LStR).

Für die unentgeltlich gewährte Verpflegung gilt Folgendes:

Für die ersten drei Monate nach Aufnahme der Tätigkeit sind die Regelungen zur Gestellung von Mahlzeiten bei Auswärtstätigkeiten im Rahmen der doppelten Haushaltsführung entsprechend anzuwenden. Somit unterbleibt in den ersten drei Monaten die Erfassung der arbeitstäglichen Mahlzeiten mit dem amtlichen Sachbezugswert als Arbeitslohn bei einer gleichzeitigen Kürzung der täglichen Verpflegungspauschale um 5,60 € (20 % von 28 €) für ein Frühstück und jeweils 11,20 (40 % von 28 €) für ein Mittag- und ein Abendessen. Da die Verpflegungspauschale bei 24-stündiger Abwesenheit vom Lebensmittelpunkt 28 € beträgt, bleibt für eine steuerliche Berücksichtigung kein Raum mehr (28 € abzüglich 5,60 € abzüglich 11,20 € abzüglich 11,20 € = 0 €). Allenfalls für den An- und Abreisetag bei Familienheimfahrten (Verpflegungspauschale = 14 €) kann sich in Abhängigkeit von den gewährten Mahlzeiten noch eine Verpflegungspauschale ergeben (z. B. nur Frühstück 14 € abzüglich 5,60 € = 8,40 € Verpflegungspauschale).

Nach Ablauf der Dreimonatsfrist sind die Regelungen zur Gestellung von Mahlzeiten am Ort der ersten Tätigkeitsstätte anzuwenden. Somit sind ab dem vierten Monat die Mahlzeiten in Höhe des amtlichen Sachbezugswerts (Frühstück 55 € monatlich, Mittag- und Abendessen jeweils 104 € monatlich) als Arbeitslohn anzusetzen (R 8.1 Abs. 7 Nr. 1 LStR). Es besteht die Möglichkeit diesen geldwerten Vorteil mit 25 % pauschal zu besteuern (§ 40 Abs. 2 Satz 1 Nr. 1 EStG).

Außerdem kann der Arbeitgeber dem Koch auch die Kosten für wöchentliche Familienheimfahrten zur Familienwohnung in Freiburg, die tatsächlich durchgeführt worden sind, in Höhe der Entfernungspauschale steuerfrei ersetzen.

Entsprechend den vorstehenden Ausführungen ist z. B. auch bei Saisonarbeitern in der Land- und Forstwirtschaft zu verfahren (vgl. das Stichwort „Saisonbeschäftigte").

6. Auslösungen bei doppeltem Haushalt im Ausland

Wird ein verheirateter oder verpartneter Arbeitnehmer oder ein lediger Arbeitnehmer mit eigenem Hausstand im Ausland beschäftigt und liegt eine beruflich veranlasste Auswärtstätigkeit nicht vor (wie z. B. bei einer unbefristeten Versetzung des Arbeitnehmers), bleiben Auslösungen des Arbeitgebers beim Vorliegen einer aus beruflichem Anlass begründeten doppelten Haushaltsführung in der folgenden Höhe steuerfrei:

a) Kosten für die erste und letzte Fahrt

Es gilt die gleiche Regelung, wie bei einer doppelten Haushaltsführung im Inland (vgl. vorstehende Nr. 2 Buchstabe a), d. h. **steuerfreie Erstattung** der tatsächlich nachgewiesenen Kosten (z. B. Flugticket) oder bei Benutzung eines Pkws des Arbeitnehmers steuerfreie Erstattung von 0,30 € je tatsächlich **gefahrenen** Kilometer. Ein Nachweis der höheren tatsächlichen Kosten für den Pkw je Kilometer ist möglich. nein nein

b) Familienheimfahrten bei Verheirateten[2)] bzw. Wochenendheimfahrten bei Ledigen mit eigenem Hausstand

Es gilt ebenfalls die gleiche Regelung wie bei einer doppelten Haushaltsführung im Inland (vgl. vorstehende Nr. 2 Buchstabe b), d. h. unabhängig vom benutzten Verkehrsmittel kann für eine Heimfahrt wöchentlich die Entfernungspauschale in Höhe von 0,30 € für die ersten 20 Kilo-

1) Es handelt sich in diesem Fall nicht um eine Mahlzeitengestellung durch den Arbeitgeber. Vgl. Anhang 4 „Reisekosten bei Auswärtstätigkeiten" unter Nr. 10 sowie die Ausführungen unter der vorstehenden Nr. 2 Buchstabe c, insbesondere Beispiel D. In diesem Beispielsfall D ist die Rechnung auf den Arbeitgeber ausgestellt, in dem hier geschilderten Beispielsfall hingegen auf den Arbeitnehmer.

2) Die nachfolgenden Ausführungen gelten entsprechend für eingetragene Lebenspartner (§ 2 Abs. 8 EStG).

Lohn-steuer-pflichtig | Sozial-versich.-pflichtig

meter und 0,35 € ab dem 21. Kilometer für jeden Entfernungskilometer (einfache Entfernung) **steuerfrei** ersetzt werden. Bei einer Auslandstätigkeit werden Heimfahrten oft auch mit dem Flugzeug durchgeführt. Steuerfrei ersetzbar sind in diesem Fall die tatsächlich entstandenen und im Einzelnen nachgewiesenen Kosten für das Flugticket, weil für Flugstrecken die Entfernungspauschale nicht gilt (vgl. „Familienheimfahrten" unter Nr. 3 Buchstabe b). — nein | nein

c) Verpflegungsmehraufwand

Ersatzleistungen des Arbeitgebers für die notwendigen Mehraufwendungen für Verpflegung in den **ersten drei Monaten** der Tätigkeit am neuen Beschäftigungsort im Ausland bleiben in Höhe des **Auslandstagegeldes** steuerfrei, das bei einer Auswärtstätigkeit in diesem Land in Betracht kommt. Das zutreffende Auslandstagegeld kann direkt aus der Länderübersicht in Anhang 5b auf Seite 1167 abgelesen werden. — nein | nein

Nach Ablauf der ersten drei Monate können die Verpflegungsmehraufwendungen **nicht mehr steuerfrei ersetzt werden.** Auch ein Werbungskostenabzug durch den Arbeitnehmer ist nach Ablauf des Dreimonatszeitraums ausgeschlossen. — ja | ja

Zur Kürzung der Verpflegungspauschalen bei einer Mahlzeitengestellung durch den Arbeitgeber oder auf dessen Veranlassung durch einen Dritten vgl. Anhang 4 Nr. 10. Zu diesen Mahlzeiten gehören z. B. auch die Mahlzeiten, nicht aber die Knabbereien im Flugzeug.

d) Kosten der Unterkunft

Ersatzleistungen des Arbeitgebers für die notwendigen Kosten der Unterkunft am ausländischen Beschäftigungsort in den **ersten drei Monaten** der Tätigkeit am neuen Beschäftigungsort können ohne Einzelnachweis in Höhe des **Auslandsübernachtungsgeldes** steuerfrei ersetzt werden, das bei einer Auswärtstätigkeit in diesem Land in Betracht kommt. Das zutreffende Auslandsübernachtungsgeld kann direkt aus der Länderübersicht in Anhang 5b auf Seite 1167 abgelesen werden. — nein | nein

Nach Ablauf der ersten drei Monate können die Übernachtungskosten ohne Einzelnachweis nur noch in Höhe von **40 %** des Auslandsübernachtungsgeldes steuerfrei ersetzt werden, und zwar zeitlich unbegrenzt. Dieser gekürzte Betrag kann ebenfalls direkt aus der Länderübersicht in Anhang 5b auf Seite 1167 abgelesen werden. — nein | nein

Der Arbeitnehmer kann im Rahmen seiner Einkommensteuer-Veranlagung – wie bei einer doppelten Haushaltsführung im Inland – nur noch die tatsächlichen Kosten als Werbungskosten abziehen. Ein Abzug der **Übernachtungspauschalen** als **Werbungskosten** ist **nicht** mehr möglich (so auch BFH-Urteil vom 8.7.2010, BStBl. 2011 II S. 288).

Beispiel A

Beim Arbeitnehmer A liegt in 2021 eine beruflich veranlasste doppelte Haushaltsführung vor. Der Beschäftigungsort befindet sich in Weißrussland. Die tatsächlichen Übernachtungskosten werden nicht nachgewiesen.

Der Arbeitgeber kann in den ersten drei Monaten 98 € pro Übernachtung und anschließend zeitlich unbegrenzt 39,20 € pro Übernachtung steuerfrei erstatten. Ein Werbungskostenabzug dieser Pauschalen ist bei fehlendem Arbeitgeberersatz aber nicht möglich.

Anstelle der (vollen oder auf 40 % gekürzten) Auslandsübernachtungsgelder kann der Arbeitgeber die im Einzelnen **nachgewiesenen notwendigen** Übernachtungskosten steuerfrei ersetzen. Für die Prüfung der Notwendigkeit und Angemessenheit der Unterkunftskosten ist bei einer doppelten Haushaltsführung im Ausland weiterhin auf die „Durchschnittsmiete einer 60-qm-Wohnung" am Beschäftigungsort abzustellen.

Lohn-steuer-pflichtig | Sozial-versich.-pflichtig

Beispiel B

Arbeitnehmer B, Lebensmittelpunkt bei seiner Familie in Köln, hat seine erste Tätigkeitsstätte in Paris und führt eine beruflich veranlasste doppelte Haushaltsführung (Entfernung Köln/Paris = 400 Kilometer). Die 50 qm große Zweitwohnung befindet sich in einem Außenbezirk von Paris, 30 km von der ersten Tätigkeitsstätte entfernt.

Da es sich um eine nach Größe, Lage und Ausstattung durchschnittliche Wohnung am Tätigkeitsort Paris handeln soll, können die Aufwendungen in voller Höhe vom Arbeitgeber steuerfrei ersetzt bzw. von B als Werbungskosten (ggf. im Rahmen der Ermittlung der dem Progressionsvorbehalt unterliegenden steuerfreien Einkünfte wegen Auslandstätigkeit) abgezogen werden.

Übernachtet der Arbeitnehmer im Hotel und wird in der auf den **Namen des Arbeitnehmers** lautenden Hotelrechnung ein Gesamtpreis für Übernachtung und Frühstück ausgewiesen, sind die Kosten des **Frühstücks mit 20 %** desjenigen Auslandstagegeldes vom Rechnungspreis abzuziehen, das nach der in Anhang 5b auf Seite 1167 abgedruckten Länderübersicht für das betreffende Land bei einer Anwesenheitsdauer von 24 Stunden maßgebend ist.

Beispiel C

Die auf den Namen des Arbeitnehmers ausgestellte Hotelrechnung für eine Übernachtung in der Schweiz lautet:

Übernachtung mit Frühstück	120,– €
Zur Ermittlung der Übernachtungskosten sind 20 % des Auslandstagegeldes für die Schweiz bei einer Abwesenheitsdauer von 24 Stunden abzuziehen. Die Kürzung beträgt also 20 % von 64 € (vgl. Anhang 5b auf Seite 1167)	12,80 €
Kosten der Unterkunft	107,20 €

Steuerfrei ersetzbar ist ggf. monatlich maximal die Höhe des ortsüblichen Durchschnittmietzinses einer 60-qm-Wohnung. Allerdings ist u.E. dem Arbeitnehmer bei doppelten Haushaltsführungen im Ausland die Übernachtung in einem Hotelzimmer für eine Übergangszeit zuzugestehen, bis er eine geeignete Wohnung am Beschäftigungsort gefunden hat.

Die Kosten der Übernachtung können also bei einer doppelten Haushaltsführung im Ausland entweder mit den Pauschbeträgen oder bis zur Höhe der einzeln nachgewiesenen notwendigen Übernachtungskosten („Durchschnittsmiete einer 60-qm-Wohnung" am Beschäftigungsort) steuerfrei ersetzt werden. Ein Wechsel zwischen dem Ansatz der Pauschbeträge und dem Einzelnachweis der tatsächlich entstandenen Übernachtungskosten ist beim steuerfreien Arbeitgeberersatz jederzeit möglich, also auch während ein und derselben doppelten Haushaltsführung innerhalb eines Kalenderjahres (vgl. die Erläuterungen unter der vorstehenden Nr. 2 Buchstabe d). — nein | nein

Wird dem Arbeitnehmer am ausländischen Beschäftigungsort vom Arbeitgeber eine Unterkunft unentgeltlich zur Verfügung gestellt, darf ein steuerfreies Übernachtungsgeld nicht gezahlt werden. Stellt der Arbeitgeber dem Arbeitnehmer eine Unterkunft gegen Bezahlung zur Verfügung, kommen steuerfreie Auslösungen zur Deckung der Unterkunftskosten nur bis zur Höhe des Betrags in Betracht, den der Arbeitnehmer an den Arbeitgeber für die Überlassung der Unterkunft zu entrichten hat.

e) Dreimonatszeitraum

Aufwendungen für die **Unterkunft** und für wöchentliche **Familienheimfahrten** mit dem Pkw können **zeitlich unbegrenzt** steuerfrei ersetzt werden.

Für den beim **Verpflegungsmehraufwand** zu beachtenden **Dreimonatszeitraum** (vgl. BFH-Urteil vom 8.7.2010, BStBl. 2011 II S. 47) gilt Folgendes:

Geht der Tätigkeit am Beschäftigungsort eine Auswärtstätigkeit an diesen Beschäftigungsort unmittelbar voraus, wird hinsichtlich des Verpflegungsmehraufwands **deren Dauer auf den Dreimonatszeitraum angerechnet** (§ 9 Abs. 4a Satz 13 EStG).

	Lohn-steuer-pflichtig	Sozial-versich.-pflichtig

Beispiel

Ein verheirateter Arbeitnehmer wird vom 1. März bis 31. Mai 2021 nach Zürich abgeordnet und anschließend aufgrund neuer personeller Entwicklungen ab 1. Juni 2021 unbefristet versetzt. Der Arbeitnehmer mietet sich in Zürich zunächst in einem Hotel ein. Das Zimmer kostet bis Ende Mai täglich 250 € inklusive Vollpension. Auf die Vollpension entfallen 60 €. Der Arbeitnehmer fährt jedes Wochenende zu seiner Familie nach München (Freitag abends von Zürich nach München; Montag morgens von München nach Zürich; einfache Entfernung 380 km).

Der Arbeitgeber kann dem Arbeitnehmer für die ersten drei Monate der Tätigkeit in Zürich Auslösungen nach den Grundsätzen einer **Auswärtstätigkeit** steuerfrei zahlen, und zwar in folgender Höhe:

Erste Fahrt nach Zürich 0,30 € für 380 gefahrene Kilometer	114,– €
Drei Monate lang für Dienstag bis Donnerstag jeder Woche (= 3 Tage) das volle Auslandstagegeld für Auswärtstätigkeiten in die Schweiz (Zürich) lt. Länderübersicht in Anhang 5a auf Seite 1165 in Höhe von	64,– €
An den An- und Rückreisetagen bei Wochenendheimfahrten kommt es auf die Abwesenheit vom Familienwohnsitz nicht an. Für Montag und Freitag beträgt deshalb das (gekürzte) Auslandstagegeld nach der in Anhang 5a auf Seite 1165 abgedruckten Länderübersicht jeweils	43,– €
Drei Monate lang für jede Übernachtung in Zürich das Auslandsübernachtungsgeld für die Schweiz (Zürich) lt. Länderübersicht in Anhang 5a auf Seite 1165 in Höhe von	180,– €
Der Arbeitgeber kann auch die tatsächlich nachgewiesenen Übernachtungskosten ohne Angemessenheitsprüfung steuerfrei ersetzen, und zwar je Übernachtung; die Aufwendungen für die Vollpension in Höhe von 60 € täglich sind mit dem Ansatz der Verpflegungspauschalen abgegolten[1]	190,– €
Drei Monate lang für jede Wochenendheimfahrt (2 × 0,30 € =) 0,60 € für 380 Kilometer	228,– €

Nach der unbefristeten Versetzung zum 1. Juni 2021 kann der Arbeitgeber Auslösungen nur noch nach den Grundsätzen für **doppelte Haushaltsführung** steuerfrei zahlen, wobei die **Verpflegungspauschalen entfallen,** da der doppelten Haushaltsführung eine Auswärtstätigkeit vorausgeht und der Dreimonatszeitraum somit verbraucht ist. Der Arbeitgeber kann dem Arbeitnehmer ab dem vierten Monat in Zürich folgende Beträge steuerfrei zahlen:

Verpflegungspauschale	0,– €

Einen steuerfreien Arbeitgeberersatz für Verpflegungsmehraufwand kann der Arbeitgeber auch dann nicht steuerfrei zahlen, wenn der Arbeitnehmer höhere Verpflegungsmehraufwendungen im Einzelnen nachweist.

Für jede Übernachtung in Zürich das auf 40 % gekürzte Auslandsübernachtungsgeld für die Schweiz lt. Länderübersicht in Anhang 5b auf Seite 1167 in Höhe von	72,– €

Der Arbeitgeber kann auch die tatsächlich nachgewiesenen Übernachtungskosten steuerfrei zahlen, und zwar bis zur Höhe des ortsüblichen Durchschnittsmietzinses für eine 60-qm-Wohnung in Zürich.

Für jede Familienheimfahrt wöchentlich ab dem vierten Monat des Aufenthalts in Zürich die Entfernungspauschale und zwar

in Höhe von 0,30 € für 20 Kilometer	6,– €
in Höhe von 0,35 € für 360 Kilometer	126,– €
Für die letzte Fahrt von Zürich nach München bei Beendigung der doppelten Haushaltsführung 0,30 € für 380 gefahrene Kilometer	114,– €

7. Konkurrenzregelung

a) Verpflegungsmehraufwand

Soweit für denselben Kalendertag Verpflegungsmehraufwendungen wegen einer Auswärtstätigkeit oder einer doppelten Haushaltsführung anzuerkennen sind, darf nur der jeweils höchste Betrag der Verpflegungspauschalen steuerfrei gezahlt werden (§ 9 Abs. 4a Satz 12 letzter Halbsatz EStG).

Beispiel

Ein verheirateter Arbeitnehmer aus München hat seit 1.1.2021 in Stuttgart eine beruflich veranlasste doppelte Haushaltsführung (die Entfernung zwischen München und Stuttgart beträgt 230 Kilometer). Er verlässt München regelmäßig am Sonntag abends gegen 21 Uhr und kehrt freitags gegen 19 Uhr zurück. In der Woche vom 11.1. bis 15.1.2021 ist er auf einer dreitägigen Auswärtstätigkeit in Zürich. Er fährt in Stuttgart am Dienstag um 8 Uhr los und trifft am Donnerstag um 11 Uhr wieder an seiner Arbeitsstätte in Stuttgart ein. Für die Woche vom 11.1. bis 15.1.2021 ergibt sich folgender steuerfreier Arbeitgeberersatz für Verpflegungsmehraufwand:

	Doppelter Haushalt	Auswärtstätigkeit	steuerfrei ist der höhere Betrag
Montag	28,– €	–	28,– €
Dienstag	28,– €	43,– €	43,– €
Mittwoch	28,– €	64,– €	64,– €
Donnerstag	28,– €	43,– €	43,– €
Freitag	14,– €	–	14,– €

Der Arbeitnehmer erhält am Montag und Freitag die nach den Grundsätzen der doppelten Haushaltsführung zu gewährenden Verpflegungspauschalen. Für Dienstag bis Donnerstag kann er die höheren Auslandstagegelder für die Schweiz wegen Auswärtstätigkeit erhalten (vgl. Anhang 5a). Da es sich bei der Auswärtstätigkeit in der Schweiz um eine mehrtägige Reise mit Übernachtung handelt, kommt es auf eine Mindestabwesenheitszeit am Dienstag (= Anreisetag) und Donnerstag (= Abreisetag) nicht an.

Für Sonntag kann der Arbeitnehmer (unbeachtet der Abwesenheitszeit von der Wohnung von nur drei Stunden) eine Verpflegungspauschale von 14 € geltend machen, da es sich um den Anreisetag der doppelten Haushaltsführung handelt. Für Samstag kann dagegen keine Verpflegungspauschale gewährt werden.

Mit dieser sog. Konkurrenzregelung wird sichergestellt, dass der Arbeitnehmer die höchste Verpflegungspauschale steuerfrei erhält, wenn mehrere Gründe für die Inanspruchnahme einer Verpflegungspauschale zusammentreffen. Gewährleistet ist aber auch, dass mehrere Verpflegungspauschalen nicht nebeneinander angesetzt werden.

b) Familienheimfahrten

Führt der Arbeitnehmer **mehr als eine Familienheimfahrt** pro Woche durch, kann er wählen, ob er die Aufwendungen für die doppelte Haushaltsführung oder nur die Fahrtkosten als Aufwendungen für Wege zwischen Wohnung und erster Tätigkeitsstätte bei seiner Einkommensteuer-Veranlagung als Werbungskosten geltend machen will. Der Arbeitnehmer kann dieses **Wahlrecht** nur einmal jährlich ausüben. Der Arbeitgeber hat dieses Wahlrecht nicht zu beachten.

Entscheidet sich der Arbeitnehmer für eine Berücksichtigung der Fahrtkosten als Aufwendungen für die Wege zwischen Wohnung und erster Tätigkeitsstätte, kann er die Verpflegungspauschalen und die Aufwendungen für die Zweitwohnung nicht geltend machen. Hat der Arbeitgeber in diesem Fall die Zweitwohnung am Beschäftigungsort unentgeltlich oder verbilligt zur Verfügung gestellt, werden die als Werbungskosten abziehbaren Fahrtkosten um den steuerlich maßgebenden Wert dieses Sachbezugs gekürzt.

Beispiel

Der Arbeitnehmer hat eine beruflich veranlasste doppelte Haushaltsführung und führt jeden Mittwoch und Freitag Familienheimfahrten durch (jeweils 300 Entfernungskilometer in 45 Wochen); Fahrtkosten hat der Arbeitgeber für eine Familienheimfahrt wöchentlich in Höhe der Entfernungspauschale zutreffend steuerfrei erstattet. Der steuerfreie Sachbezug aus der steuerfreien, verbilligten Zurverfügungstellung einer Zweitwohnung am Beschäftigungsort beträgt monatlich 300 €. Der Arbeitnehmer übt sein Wahlrecht in der Einkommensteuererklärung

1) Lautet die Hotelrechnung allerdings auf den Arbeitgeber, liegt eine Mahlzeitengestellung des Arbeitgebers vor. Der Ersatz der Aufwendungen für die Vollpension wäre Auslagenersatz und damit steuerfrei. Gleichzeitig wäre jedoch die Verpflegungspauschale wegen der Vollpension bis auf 0 € zu kürzen. Vgl. auch Anhang 4 Nr. 10. Im Beispielsfall führt daher der Ansatz der Verpflegungs- und Übernachtungspauschale für die Auswärtstätigkeit zu einem günstigeren Ergebnis.

	Lohn-steuer-pflichtig	Sozial-versich.-pflichtig

zugunsten von Fahrten zwischen Wohnung und erster Tätigkeitsstätte aus. Die abziehbaren Werbungskosten ermitteln sich wie folgt:

„2. Familienheimfahrt“:	
45 Wochen à 20 km × 0,30 €	270 €
45 Wochen à 280 km × 0,35 €	4 410 €
Summe	4 680 €
abzüglich steuerfreier Sachbezug für die Zweitwohnung am Beschäftigungsort (300 € monatlich × 12 Monate)	3 600 €
Verbleibende Werbungskosten	1 080 €

E

8. Saldierung

Auslösungen werden vom Arbeitgeber häufig kalendertäglich (nicht arbeitstäglich) gewährt. Das gilt insbesondere dann, wenn dem Arbeitnehmer die tägliche Rückkehr in die eigene Wohnung nach tarifvertraglichen Regelungen nicht zugemutet werden kann. Die Auslösungen werden in voller Höhe auch an den **Wochenenden** gezahlt, und zwar auch dann, wenn der Arbeitnehmer in seine Wohnung zurückkehrt und nicht am Beschäftigungsort übernachtet. Eine Ausnahme gilt nur dann, wenn die Aufwendungen für eine Heimfahrt besonders vergütet werden.

Bei den Zahlungen der Arbeitgeber wird – anders als im Steuerrecht – im Allgemeinen keine strenge Trennung zwischen Verpflegungsmehraufwand und Übernachtungskosten vorgenommen. Vielmehr werden die jeweiligen Auslösungsbeträge regelmäßig für Verpflegung und Unterkunft (und zwar täglich) gezahlt. Steuerlich werden ohne Nachweis Verpflegungskosten kalendertäglich, Unterkunftskosten dagegen je Übernachtung berücksichtigt, sodass sich insoweit Differenzen ergeben können.

Steuerlich ist es zulässig, zur Prüfung der Steuerfreiheit die Vergütungen für Verpflegungsmehraufwendungen, Fahrtkosten und Übernachtungen zusammenzurechnen; in diesem Fall ist die Summe der Vergütungen steuerfrei, soweit sie die Summe der steuerfreien Einzelvergütungen nicht übersteigt.

Vgl. zur Saldierung auch die Ausführungen in Anhang 4 „Reisekosten bei Auswärtstätigkeiten“ unter Nr. 12 Buchstabe a sowie die dortigen Beispiele. Vgl. hierzu außerdem das Stichwort „Einsatzwechseltätigkeit“ unter Nr. 5 und dort besonders das Beispiel B.

9. Pauschalierung steuerpflichtiger Auslösungen mit 25 %

Bleiben nach der Saldierung, die unter der vorstehenden Nr. 8 erläutert ist, steuerpflichtige Teile von Auslösungen übrig, stellt sich die Frage, wie der Lohnsteuerabzug durchzuführen ist und ob die Pauschalierungsmöglichkeit für die steuerpflichtigen Teile von Reisekostenvergütungen für Verpflegungsmehraufwand mit 25 % angewendet werden kann. Diese Pauschalierungsvorschrift ist ausführlich anhand von Beispielen in Anhang 4 „Reisekosten bei Auswärtstätigkeiten“ unter Nr. 12 Buchstabe b auf Seite 1157 erläutert. Die **Pauschalierungsmöglichkeit** gilt jedoch nur für diejenigen steuerpflichtigen Teile von Verpflegungsmehraufwendungen, die anlässlich von **Auswärtstätigkeiten** gezahlt werden. Das bedeutet, dass steuerpflichtige Teile von Verpflegungsmehraufwendungen, die anlässlich einer **doppelten Haushaltsführung** gezahlt werden, **nicht** unter diese Pauschalierungsvorschrift fallen (R 40.2 Abs. 1 Nr. 4 letzter Halbsatz LStR).

Sind die anlässlich einer doppelten Haushaltsführung gezahlten Auslösungen zum Teil steuerpflichtig, muss deshalb der Lohnsteuerabzug nach den allgemein geltenden Vorschriften vorgenommen werden. Das bedeutet eine Versteuerung als laufender Arbeitslohn/sonstiger Bezug oder eine Pauschalierung mit einem besonders ermittelten Pauschsteuersatz auf Antrag des Arbeitgebers nach dem beim Stichwort „Pauschalierung der Lohnsteuer“ unter Nr. 2 auf Seite 733 dargestellten Verfahren.

	Lohn-steuer-pflichtig	Sozial-versich.-pflichtig

10. Vorsteuerabzug

Zum Vorsteuerabzug des Arbeitgebers bei doppelter Haushaltsführung vgl. in Anhang 4 die Ausführungen unter Nr. 21 ff.

Dreizehntes (vierzehntes) Monatsgehalt

Das dreizehnte (vierzehnte usw.) Monatsgehalt ist stets in voller Höhe steuerpflichtiger Arbeitslohn und als „sonstiger Bezug“ zu versteuern (vgl. dieses Stichwort).

In der Sozialversicherung ist das dreizehnte (vierzehnte usw.) Monatsgehalt als „einmalige Zuwendung“ zu behandeln (vgl. dieses Stichwort). Es ist im Monat der Zahlung beitragspflichtig. ja ja

Duales Studium

siehe „Studenten in dualen Studiengängen“

Durchlaufende Gelder

Erhält der Arbeitnehmer Geldbeträge um für Rechnung des Arbeitgebers und in dessen ausschließlichem Interesse in der Zukunft bestimmte Ausgaben zu bestreiten (z. B. einem Kunden ein Geschenk zu überreichen) und muss er hierüber genau abrechnen, spricht man von „durchlaufenden Geldern“. Diese sind nach § 3 Nr. 50 EStG steuerfrei. nein nein

Siehe auch das Stichwort „Auslagenersatz“.

Durchschnittssteuersatz

siehe Stichwort „Tarifaufbau“ unter Nr. 6 auf Seite 915.

DVD-Player

siehe „Videogerät“

Ehegattenarbeitsverhältnis

Wichtiges auf einen Blick:

Die **Überlassung eines Firmenwagens** zur uneingeschränkten Privatnutzung ohne Selbstbeteiligung ist bei einem **Minijob-Beschäftigungsverhältnis unter Ehegatten fremdunüblich.** Dies hat der Bundesfinanzhof entschieden und den Arbeitsvertrag steuerlich insgesamt nicht anerkannt mit der Folge, dass die „Lohnaufwendungen“ nicht als Betriebsausgaben abgezogen werden konnten (BFH-Urteil vom 10.10.2018, BStBl. 2019 II S. 203). Vgl. nachfolgende Nr. 2 vorletzter Absatz.

Gliederung:

1. Allgemeines
2. Steuerliche Anerkennung des Ehegattenarbeitsverhältnisses
3. Durchführung des Lohnsteuerabzugs
4. Sozialversicherungsrechtliche Beurteilung von Ehegattenarbeitsverhältnissen
   a) Allgemeines
   b) Höhe des Arbeitsentgelts
   c) Statusprüfung
5. Ehegattenarbeitsverhältnis auf 450-Euro-Basis

Lohnsteuerpflichtig Sozialversich.-pflichtig

6. Steuerfreiheit nach § 3 Nr. 63 EStG oder Pauschalierung der Lohnsteuer mit 20 % bei Beiträgen zu einer Direktversicherung bei Ehegattenarbeitsverhältnissen

1. Allgemeines

Lohnsteuerliche und sozialversicherungsrechtliche Bedeutung erlangt die Mitarbeit von Ehegatten erst, wenn sie nicht aufgrund familiärer Beziehungen, sondern im Rahmen eines Arbeitsverhältnisses erfolgt. Denn ein Arbeitsverhältnis kann mit steuerlicher Wirkung auch zwischen Ehegatten vereinbart werden. Für die Gesamtsteuerbelastung der Ehegatten können sich daraus ins Gewicht fallende **Vorteile** ergeben (Ausschöpfung des Arbeitnehmer-Pauschbetrages von 1000 €, Pauschalierung der Lohnsteuer mit 2 % für 450-Euro-Jobs, steuerliche Berücksichtigung von Versorgungszusagen, Minderung des Gewinns und ggf. der Gewerbesteuer beim Arbeitgeber-Ehegatten durch höhere Betriebsausgaben).

Die nachfolgenden Grundsätze zur steuerlichen Anerkennung von Ehegattenarbeitsverhältnissen (vgl. Nr. 2) gelten grundsätzlich **nicht für** Partner einer **nichtehelichen Lebensgemeinschaft** (BFH-Urteil vom 14.4.1988, BStBl. II S. 670; vgl. aber den vorletzten Absatz in der nachfolgenden Nr. 2). Sie sind allerdings **auch** auf die Lebenspartner einer **eingetragenen Lebenspartnerschaft** anzuwenden (vgl. die Generalklausel in § 2 Abs. 8 EStG). Zur Statusprüfung im Sozialversicherungsrecht vgl. nachfolgende Nr. 4 Buchstabe c.

2. Steuerliche Anerkennung des Ehegattenarbeitsverhältnisses

Voraussetzung für die steuerliche Anerkennung ist, dass das Arbeitsverhältnis **ernsthaft vereinbart** ist und entsprechend der Vereinbarung tatsächlich **durchgeführt** wird. An den Nachweis dieser Voraussetzungen sind aufgrund ständiger Rechtsprechung (BFH-Urteil vom 17.7.1984, BStBl. 1986 II S. 48 oder BSG-Urteil vom 23.6.1994 – 12 RK 50/93 –) höhere Anforderungen gestellt als bei Vereinbarungen zwischen Fremden.

Ein Ehegattenarbeitsverhältnis wird deshalb nur unter folgenden Voraussetzungen steuerlich anerkannt:

- Das Arbeitsverhältnis muss ernsthaft vereinbart sein und auch tatsächlich entsprechend dieser Vereinbarung durchgeführt werden. Es empfiehlt sich ein **schriftlicher Arbeitsvertrag,** da ansonsten die Ernsthaftigkeit von vornherein in Zweifel gezogen wird.
- Die vertragliche Gestaltung muss auch unter Fremden üblich sein, das heißt einem **sog. Fremdvergleich** standhalten. Eine steuerliche Anerkennung des Ehegattenarbeitsverhältnisses scheidet daher aus, wenn der Arbeitnehmer-Ehegatte monatlich vom betrieblichen Bankkonto des Arbeitgeber-Ehegatten einen Geldbetrag abhebt und diesen Betrag selbst in das benötigte Haushaltsgeld und den ihm zustehenden Arbeitslohn aufteilt (BFH-Urteil vom 20.4.1989, BStBl. II S. 655).
- Der Arbeitslohn des mitarbeitenden Ehegatten darf den Betrag nicht übersteigen, den ein fremder Arbeitnehmer für eine gleichartige Tätigkeit erhalten würde.
  Deshalb darf im Arbeitsvertrag eine Aussage über die **Höhe des Arbeitslohns** nicht fehlen. Ein unüblich niedriger Arbeitslohn steht der Anerkennung des Arbeitsverhältnisses nicht entgegen, es sei denn, der Arbeitslohn kann nicht mehr als Gegenleistung für die Tätigkeit des Ehegatten angesehen werden (BFH-Urteil vom 22.3.1990, BStBl. II S. 776). Dieser Prüfung kommt bei der Sozialversicherung besondere Bedeutung zu (vgl. die Erläuterungen unter der nachfolgenden Nr. 4 Buchstabe b). Der Bundesfinanzhof hält den Umstand, dass ein Angehöriger „unbezahlte Mehrarbeit" geleistet haben soll, nicht für wesentlich. Entscheidend für den Betriebsausgabenabzug des Betriebsinhabers ist, dass der Angehörige für die an ihn gezahlte Vergütung die vereinbarte Arbeitsleistung erbringt. Arbeitszeitnachweise haben nicht für die Frage der Fremdüblichkeit, sondern allein für den erforderlichen Nachweis Bedeutung, dass die vereinbarten Arbeitsleistungen tatsächlich erbracht worden sind (BFH-Urteil vom 17.7.2013, BStBl. II S. 1015).
- Die Zahlung muss dazu führen, dass der Arbeitslohn aus dem Vermögen des Arbeitgeber-Ehegatten in das Vermögen des Arbeitnehmer-Ehegatten gelangt. Deshalb wird das Arbeitsverhältnis nicht anerkannt, wenn der Arbeitslohn auf ein Privatkonto des Arbeitgeber-Ehegatten überwiesen oder – nach Zahlung des Arbeitslohns per Scheck – eingezahlt wird. Unschädlich ist es dagegen, wenn lediglich die vermögenswirksamen Leistungen auf ein Konto des Arbeitgeber-Ehegatten oder auf ein Gemeinschaftskonto gezahlt werden. Bei Überweisung auf das Konto des mitarbeitenden Ehegatten steht es der Anerkennung des Arbeitsverhältnisses nicht entgegen, wenn der Arbeitgeber-Ehegatte darüber unbeschränkte Verfügungsvollmacht besitzt. Selbst **die Überweisung auf ein sog. Oder-Konto** – bei dem jeder Ehegatte einzeln verfügungsberechtigt ist – **ist zulässig** (Beschluss des Bundesverfassungsgerichts vom 7.11.1995, BStBl. 1996 II S. 34). Auch die Umwandlung des Auszahlungsanspruchs auf den Nettolohn zum Fälligkeitszeitpunkt durch den Arbeitnehmer-Ehegatten in ein **Darlehen** berührt das Ehegattenarbeitsverhältnis nicht (BFH-Urteil vom 17.7.1984, BStBl. 1986 II S. 48).
- Die vereinbarte Vergütung darf nicht überhöht sein. Sie wird nur insoweit als **Arbeitslohn** behandelt, als sie **angemessen** ist und nicht den Betrag übersteigt, den ein fremder Arbeitnehmer für eine gleichartige Tätigkeit erhalten würde. Sonderzuwendungen (z. B. Unterstützungen, Direktversicherungsbeiträge, Pensionszusage, Zinszuschüsse) werden deshalb nur dann als Arbeitslohn behandelt, wenn solche Zuwendungen im Betrieb des Arbeitgeber-Ehegatten üblich sind. Das Gleiche gilt für das Weihnachtsgeld (BFH-Urteil vom 26.2.1988, BStBl. II S. 606). Auch bei Zuwendungen, die zu steuerfreiem Arbeitslohn führen, sollte eine Privilegierung des Arbeitnehmer-Ehegatten vermieden werden, um die steuerliche Anerkennung insoweit nicht zu gefährden. Die **Überlassung eines Firmenwagens** zur privaten Nutzung an den Arbeitnehmer-Ehegatten erkennt der Bundesfinanzhof nur dann an, wenn die Konditionen im konkreten Arbeitsverhältnis fremdüblich sind. Das Finanzamt und das Finanzgericht lehnten im Streitfall die steuerliche Anerkennung des Ehegattenarbeitsverhältnisses insgesamt ab, weil die Art und Weise der Vergütung der Arbeitsleistung einem Fremdvergleich nicht standhielt. Dem hat sich auch der Bundesfinanzhof angeschlossen (BFH-Beschluss vom 21.1.2014, BFH/NV 2014 S. 523). Letztlich führten die Gesamtumstände – einfache Bürotätigkeiten, geringe Höhe der Vergütung und private Nutzungsmöglichkeit eines hochwertigen Pkw – zur Verneinung der Fremdüblichkeit. Diese Rechtsprechung hat der Bundesfinanzhof zwischenzeitlich bestätigt. Die Überlassung eines Firmenwagens zur uneingeschränkten Privatnutzung ohne Selbstbeteiligung ist bei einem **Minijob-Beschäftigungsverhältnis unter Ehegatten fremdunüblich.** Dies hat der Bundesfinanzhof entschieden und den Arbeitsvertrag steuerlich insgesamt nicht anerkannt mit der Folge, dass die „Lohnaufwendungen" nicht als Betriebsausgaben abgezogen werden konnten (BFH-Urteil vom 10.10.2018, BStBl. 2019 II S. 203). Zur Begründung führt er aus, dass ein Arbeitgeber im Regelfall nur dann bereit sein werde, einem Arbeitnehmer die private Nutzung eines Firmenwagens zu gestatten, wenn die hierfür kalkulierten Kosten (insbesondere der Kraftstoff für Privatfahrten) zuzüglich des Barlohns in einem angemessenen Verhältnis zum Wert der erwarteten Arbeitsleistung stünden. Bei einer lediglich geringfügig entlohnten Arbeitsleistung steige das Risiko des Arbeitgebers, dass sich die Überlassung eines Firmenwagens für ihn we-

Lohn- steuer- pflichtig | Sozial- versich.- pflichtig

gen einer nicht abschätzbaren Intensivnutzung durch den Arbeitnehmer wirtschaftlich nicht mehr lohne. Dieses Risiko kann allerdings z. B. durch Privatkilometer-Begrenzungen und/oder Zuzahlungen (z. B. Kilometerpauschalen) des Arbeitnehmers begrenzt werden. Keine Rolle spielte für das Gericht, dass die geringfügig beschäftigte Ehefrau für ihre beruflichen Aufgaben im Betrieb des Ehemannes auf die Nutzung eines Pkw angewiesen war. Ebenso lehnt der Bundesfinanzhof den Betriebsausgabenabzug der Sachlohnaufwendungen und der darüber hinausgehenden Kraftfahrzeugkosten ab, wenn ein selbstständig tätiger Steuerpflichtiger seiner geringfügig bei ihm beschäftigten **Lebensgefährtin** einen Firmenwagen überlässt (BFH-Beschluss vom 21.12.2017, BFH/NV 2018 S. 432). Zur Begründung führt das Gericht unter Bezugnahme auf seine Rechtsprechung zu Ehegattenarbeitsverhältnissen aus, dass ein Arbeitgeber einem familienfremden geringfügig Beschäftigten regelmäßig kein Fahrzeug überlassen würde, da der Arbeitnehmer durch eine umfangreiche Privatnutzung des Pkw die Vergütung in erhebliche – und für den Arbeitgeber unkalkulierbare – Höhen steigern könnte.

Ein Ehegattenarbeitsverhältnis ist steuerlich auch **nicht anzuerkennen,** wenn der **Arbeitslohn** über einen längeren Zeitraum **nicht ausgezahlt** wird. Das gilt selbst dann, wenn das Arbeitsverhältnis bereits seit mehreren Jahren ordnungsgemäß durchgeführt worden ist und auch im Jahr der Nichtauszahlung des Arbeitslohns Lohnsteuer und Sozialversicherungsbeiträge abgeführt worden sind (BFH-Urteil vom 25.7.1991, BStBl. II S. 842). Ebenso, wenn sich Ehegatten, die beide einen Betrieb unterhalten, **wechselseitig** verpflichten, mit ihrer vollen Arbeitskraft jeweils im Betrieb des anderen tätig zu sein. Wechselseitige Teilzeitarbeitsverträge der Ehegatten können hingegen steuerlich anerkannt werden, wenn die vertraglichen Vereinbarungen insgesamt einem Fremdvergleich standhalten (BFH-Urteil vom 12.10.1988, BStBl. 1989 II S. 354).

3. Durchführung des Lohnsteuerabzugs

Für den Lohnsteuerabzug bei steuerlich anerkannten Ehegattenarbeitsverhältnissen gelten keine Besonderheiten. Der Lohnsteuerabzug ist nach den allgemein geltenden Grundsätzen durchzuführen, d. h. der Arbeitgeber-Ehegatte hat die Lohn- und Kirchensteuer sowie den Solidaritätszuschlag wie bei anderen Arbeitnehmern nach den individuellen Lohnsteuerabzugsmerkmalen des Arbeitnehmer-Ehegatten einzubehalten. Folglich hat der Arbeitgeber-Ehegatte auch die elektronischen Lohnsteuerabzugsmerkmale (ELStAM; vgl. dieses Stichwort) des Arbeitnehmer-Ehegatten abzurufen, auch wenn er glaubt, diese zu kennen. Ein Berechnungsbeispiel für die vollständige Lohnabrechnung bei einem Ehegattenarbeitsverhältnis ist beim Stichwort „Zukunftsicherung" unter Nr. 18 auf Seite 1091 abgedruckt. Zur Pauschalierung der Lohnsteuer bei Ehegattenarbeitsverhältnissen vgl. auch nachfolgende Nr. 5.

4. Sozialversicherungsrechtliche Beurteilung von Ehegattenarbeitsverhältnissen

a) Allgemeines

Bei einem steuerlich anzuerkennenden Arbeitsverhältnis liegt auch Sozialversicherungspflicht nach den allgemeinen Grundsätzen vor. Eine Ausnahme gilt für Personen, die bereits vor dem 1.1.1967 beim Ehegatten beschäftigt waren. Für sie bestand bis zum 31.12.1969 die Möglichkeit, sich von der Versicherungspflicht in der Rentenversicherung befreien zu lassen. Die damals ausgesprochene Befreiung wirkt für die gesamte weitere Dauer des Beschäftigungsverhältnisses bis zum heutigen Tag fort. In der Krankenversicherung bestand eine solche Befreiungsmöglichkeit, wenn das Beschäftigungsverhältnis bereits vor dem 1.1.1971 aufgenommen wurde.

In der Arbeitslosenversicherung war eine Beschäftigung unter Ehegatten bis 30.6.1969 versicherungsfrei. Ab 1.7.1969 sind Beschäftigungsverhältnisse unter Ehegatten arbeitslosenversicherungspflichtig, wenn nicht nach anderen Vorschriften Versicherungsfreiheit besteht (z. B. bei kurzzeitiger oder geringfügiger Beschäftigung nach § 27 SGB III).

b) Höhe des Arbeitsentgelts

Ein unüblich niedriger Arbeitslohn steht der steuerlichen Anerkennung des Arbeitsverhältnisses nicht entgegen, es sei denn, der Arbeitslohn kann nicht mehr als Gegenleistung für die Tätigkeit des Ehegatten angesehen werden (BFH-Urteil vom 22.3.1990, BStBl. II S. 776). Dieser Prüfung kommt bei der Sozialversicherung besondere Bedeutung zu, und zwar aus folgenden Gründen:

Die sozialversicherungsrechtliche Beurteilung eines Ehegattenarbeitsverhältnisses wird sich im Regelfall der steuerlichen Anerkennung anschließen. Zu bedenken ist jedoch dabei, dass die Interessenlage bei Steuer und Sozialversicherung unter Umständen unterschiedlich ist. Während steuerlich meist geprüft wird, ob der gezahlte Arbeitslohn nicht überhöht ist (weil in diesem Fall beim Arbeitgeber-Ehegatten unzulässigerweise Steuern gespart werden), prüft die Sozialversicherung auch die Frage, ob ein angemessenes Arbeitsentgelt vorliegt. Denn das Bundessozialgericht hat mit Beschluss vom 25.2.1997 – 12 BK 49/96 – die Annahme eines abhängigen und damit versicherungspflichtigen Beschäftigungsverhältnisses wegen eines unangemessen niedrigen Arbeitsentgelts verneint. Andererseits erlaubt die Nichtgewährung eines üblichen Weihnachts- oder Urlaubsgeldes in der Regel noch nicht den Schluss, dass keine Gegenleistung für die verrichtete Arbeit vorliegt. Wird danach ein Beschäftigungsverhältnis bejaht, stellt sich die Frage, ob bei der Beitragsberechnung **Ansprüche aus allgemein verbindlichen Tarifverträgen** zu berücksichtigen sind. Hierzu vertreten die Sozialversicherungsträger den Standpunkt, dass dann, wenn ein allgemein verbindlicher Tarifvertrag bzw. seine Allgemeinverbindlichkeitserklärung Angehörige nicht ausdrücklich (z. B. unter Hinweis auf § 5 Abs. 2 Nr. 5 Betriebsverfassungsgesetz) ausschließt, die darin festgelegten Arbeitsentgelte auch für die Angehörigen gelten. Gleiches gilt für die Höhe des Entgelts, sofern das **Mindestlohngesetz** anwendbar ist.

c) Statusprüfung

Im Datensatz „Meldung zur Sozialversicherung" sind zwei sogenannte Statuskennzeichen enthalten. Denn für Arbeitgeber, die **Ehegatten oder Lebenspartner oder einen Abkömmling (z. B. Kind oder Enkelkind) beschäftigen,** ist bei der Anmeldung eines derartigen „Beschäftigungsverhältnisses" das Statuskennzeichen im Datensatz zu beachten. Das Statuskennzeichen **„1"** steht dabei für ein Beschäftigungsverhältnis zum Arbeitgeber als Ehegatte, Lebenspartner oder Abkömmling, das Statuskennzeichen **„2"** für eine Tätigkeit als geschäftsführender Gesellschafter einer GmbH (vgl. das Stichwort „Gesellschafter-Geschäftsführer" unter Nr. 1 Buchstabe d).

Aufgrund des Statuskennzeichens „1" prüft die Deutsche Rentenversicherung bei der Beschäftigung von Ehegatten oder Lebenspartnern von Amts wegen, ob diese zu Recht als versicherungspflichtige Beschäftigte angemeldet wurden. Bei mitarbeitenden Ehegatten oder Lebenspartnern des Arbeitgebers wird also ohne Antrag der Betroffenen oder ihrer Arbeitgeber ihr Status als Beschäftigter sozialversicherungsrechtlich geprüft. Anschließend wird hierzu eine verbindliche Entscheidung in Form eines Verwaltungsakts getroffen. Für Abkömmlinge trifft diese Entscheidung ebenfalls die Deutsche Rentenversicherung Bund.

Lohn- steuer- pflichtig | Sozial- versich.- pflichtig

5. Ehegattenarbeitsverhältnis auf 450-Euro-Basis

Falls der Arbeitnehmer-Ehegatte auf 450-Euro-Basis tätig ist, kann auch bei Ehegattenarbeitsverhältnissen die Lohnsteuer mit dem **Pauschsteuersatz** in Höhe von **2 %** erhoben werden. Dabei ergeben sich für die Ehegatten in der Regel steuerliche Vorteile, weil der pauschal besteuerte Arbeitslohn nicht in die Einkommensteuer-Veranlagung der Ehegatten einzubeziehen ist. Sozialversicherungrechtlich ist zu beachten, dass bei einer geringfügigen Dauerbeschäftigung ein 15 %iger pauschaler Arbeitgeberanteil zur Rentenversicherung und (bei einer Versicherung in der gesetzlichen Krankenversicherung) auch ein 13 %iger pauschaler Arbeitgeberanteil zur Krankenversicherung zu entrichten ist.

Beispiel

Die bei ihrem Ehemann beschäftigte Ehefrau erhält einen Monatslohn von 450 €. Im August 2021 leistet sie eine Vielzahl von Überstunden, weil eine andere Teilzeitkraft durch Krankheit unvorhergesehen ausfällt. Im August beträgt der Arbeitslohn deshalb 1000 €.

Für die lohnsteuerliche und sozialversicherungsrechtliche Behandlung gilt Folgendes:

Es liegt eine geringfügig entlohnte Beschäftigung vor. Es besteht Versicherungsfreiheit in der Kranken-, Pflege- und Arbeitslosenversicherung. In der Rentenversicherung besteht Versicherungspflicht[1]. Der Arbeitgeber, das heißt der Ehemann, muss einen pauschalen Arbeitgeberanteil zur Rentenversicherung in Höhe von 15 % und (wenn die Ehefrau in der gesetzlichen Krankenversicherung versichert ist) auch einen pauschalen Arbeitgeberanteil zur Krankenversicherung in Höhe von 13 % entrichten. Außerdem muss der Arbeitgeber 2 % Pauschalsteuer bezahlen. Dies gilt auch für den Monat August 2021, da ein gelegentliches **unvorhergesehenes** Überschreiten der 450-Euro-Grenze nicht zur Sozialversicherungspflicht führt.

Für August 2021 ergibt sich folgende Lohnabrechnung:

Monatslohn		1 000,– €
Lohnsteuer	0,– €	
Solidaritätszuschlag	0,– €	
Kirchensteuer	0,– €	
Sozialversicherung (Arbeitnehmeranteil zur Rentenversicherung)[1]	36,– €	36,– €
auszuzahlender Betrag		964,– €

Der Arbeitgeber muss im August 2021 folgende Pauschalabgaben zahlen (aus 1000 €):

Lohnsteuer (einschließlich Solidaritätszuschlag und Kirchensteuer)	2 %	20,– €
Krankenversicherung pauschal	13 %	130,– €
Rentenversicherung	15 %	150,– €
Umlage U 1	1,0 %	10,– €
Umlage U 2	0,39 %	3,90 €
Insolvenzgeldumlage	0,12 %	1,20 €
insgesamt		315,10 €

Ist die Ehefrau zusammen mit ihrem Ehemann privat krankenversichert, entfällt der pauschale Arbeitgeberanteil zur Krankenversicherung in Höhe von 13 %.

6. Steuerfreiheit nach § 3 Nr. 63 EStG oder Pauschalierung der Lohnsteuer mit 20 % bei Beiträgen zu einer Direktversicherung bei Ehegattenarbeitsverhältnissen

Zum Abschluss einer **Direktversicherung** im Rahmen eines steuerlich anerkannten Ehegattenarbeitsverhältnisses vgl. Stichwort „Zukunftsicherung" unter Nr. 18 auf Seite 1091.

Die in Anhang 6 dargestellten steuerlichen Regelungen zur betrieblichen Altersversorgung – einschließlich des Förderbetrags zur betrieblichen Altersversorgung bei Geringverdienern – gelten grundsätzlich auch bei Ehegattenarbeitsverhältnissen.

Eheöffnungsgesetz

Die steuerlichen Regelungen für Ehegatten und Ehen (Familienstand = verheiratet) sind auch auf Lebenspartner und Lebenspartnerschaften (Familienstand = in eingetragener Lebenspartnerschaft) anwendbar. Im Rahmen des Lohnsteuerabzugsverfahrens betrifft dies u. a. folgende Regelungen:

- Bildung der familiengerechten Steuerklasse III/V bzw. IV/IV ggf. mit Faktor,
- Berücksichtigung des Kirchensteuerabzugsmerkmals des eingetragenen Lebenspartners,
- Ansatz eines Kinderfreibetrags in Abhängigkeit von der jeweiligen Steuerklasse und
- Ermittlung eines im Lohnsteuerabzugsverfahren zu berücksichtigenden Freibetrags.

Zum 1.10.2017 ist das Gesetz zur Einführung des Rechts auf Eheschließung für Personen gleichen Geschlechts (Eheöffnungsgesetz) in Kraft getreten. Hieraus ergeben sich folgende familienrechtliche Änderungen:

- Seit dem 1.10.2017 können gleichgeschlechtliche Partner heiraten. Für die Eheschließung sind die Standesämter zuständig.
- Eine bestehende Lebenspartnerschaft wird in eine Ehe umgewandelt, wenn beide Lebenspartnerinnen oder Lebenspartner beim Standesamt persönlich erklären, miteinander eine Ehe auf Lebenszeit führen zu wollen.
- Lebenspartnerschaften können seit dem 1.10.2017 nicht mehr begründet werden.
- Das Lebenspartnerschaftsgesetz gilt seit dem 1.10.2017 nur noch für die Lebenspartnerschaften, die ihre Partnerschaft nicht in eine Ehe umwandeln lassen.

Aufgrund dieser familienrechtlichen Änderungen werden selbstverständlich **verschiedengeschlechtliche** und **gleichgeschlechtliche Ehen** seit dem 1.10.2017 **steuerlich einheitlich behandelt.** Auch die steuerliche Gleichstellung der eingetragenen Lebenspartnerschaft mit der Ehe wird unverändert beibehalten.

Ehrenämter

Neues auf einen Blick:

Der in den Lohnsteuer-Richtlinien in Anlehnung an die gesetzliche Regelung in § 3 Nr. 26 EStG enthaltene steuerfreie Mindestbetrag von 200 € monatlich für Aufwandsentschädigungen aus öffentlichen Kassen bei ehrenamtlich tätigen Personen ist bisher zum 1.1.2021 noch nicht auf 250 € monatlich angehoben worden. Unter der nachfolgenden Nr. 2 ist daher nach wie vor ein steuerfreier Monatsbetrag von 200 € angegeben. Über etwaige Änderungen im Laufe des Jahres 2021 werden wir Sie über unseren Newsletterservice informieren.

1. Steuerliche Behandlung

Ehrenamtlich tätige Personen sind im Allgemeinen nicht Arbeitnehmer. Nimmt die Tätigkeit jedoch einen Teil ihrer Arbeitskraft in Anspruch und erhalten sie dafür laufende Bezüge, sind diese ohne Rücksicht auf ihre Bezeichnung in der Regel als Arbeitslohn anzusehen; ggf. liegen auch Einkünfte aus selbstständiger Arbeit (§ 18 EStG) oder sonstige Einkünfte nach § 22 Nr. 3 EStG vor. Denn für die steuerliche Beurteilung einer ehrenamtlichen Tätigkeit ist entscheidend, ob aus dieser Tätigkeit Einkünfte im Sinne des § 2 EStG erzielt werden. Einkünfte im Sinne des Einkommensteuergesetzes liegen dann vor, wenn eine ihnen zugrunde liegende ehrenamtliche Tätigkeit mit **Überschusserzielungsabsicht** ausgeübt worden ist. Dies ist aus steuerlicher Sicht anzunehmen, wenn in der Regel Überschüsse aus der Tätigkeit erzielt werden, weil die mit der Tätigkeit verbundenen Einnahmen die tatsächlich entstandenen, steuerlich anzuerkennenden Ausgaben über-

1) Die Ehefrau kann auf Antrag von der Rentenversicherungspflicht befreit werden. Vgl. die Erläuterungen beim Stichwort „Geringfügige Beschäftigung" unter Nr. 8.

E

Lohn- steuer- pflichtig | Sozial- versich.- pflichtig

steigen; dabei sind auf der Einnahmeseite auch etwaige Versorgungsbezüge („Ruhegehaltsansprüche") zu berücksichtigen (BFH-Urteil vom 28.8.2008, BStBl. 2009 II S. 243). Dementsprechend führen Einnahmen aus einer Betätigung, die nur ganz unwesentlich höher sind als die mit der Betätigung im Zusammenhang stehenden, steuerlich anzuerkennenden Aufwendungen, zu keinen steuerlich relevanten Einkünften (vgl. auch das Stichwort „Amateursportler"). Zur Abgrenzung dieser Fälle greift die Finanzverwaltung hilfsweise auf den **Jahresbetrag von 255 €** zurück, der nach § 22 Nr. 3 EStG bei sonstigen Einkünften nicht der Einkommensteuer unterliegt. Die Anwendung des Jahresbetrags von 255 € ist aber – neben der Berücksichtigung bei den sonstigen Einkünften – auf diejenigen Fälle beschränkt, in denen mit der Vergütung für die ehrenamtliche Tätigkeit im Wesentlichen nur die entstehenden Aufwendungen abgegolten werden sollen. Das bedeutet, dass der Jahresbetrag von 255 € dann nicht steuerfrei sein kann, wenn daneben die mit der ehrenamtlichen Tätigkeit zusammenhängenden **Aufwendungen** im Einzelnen steuerfrei **ersetzt** werden (z. B. als Reisekosten oder Auslagenersatz). Der Jahresbetrag von 255 € ist auch dann nicht von Bedeutung, wenn die Einkünfte aus einer nichtselbstständig ausgeübten ehrenamtlichen Tätigkeit nur wegen des **Abzugs des Freibetrags** von nunmehr 840 € (§ 3 Nr. 26a EStG; vgl. „Nebentätigkeit für gemeinnützige Organisationen" unter Nr. 10) weniger als 256 € betragen. Wird die ehrenamtliche Tätigkeit nicht in einem Arbeitsverhältnis sondern selbstständig ausgeübt, kann trotz Unterschreitens des Jahresbetrags von 256 € Steuerpflicht dann eintreten, wenn die Gewinnerzielungsabsicht offenkundig ist.

Geringfügige Jubiläumszuwendungen für eine 10-, 25- oder 40-jährige aktive ehrenamtliche Tätigkeit sind nicht steuerpflichtig, wenn hierdurch der langjährige aktive ehrenamtliche und selbstlose Dienst in der Hilfsorganisation als solcher ausgezeichnet wird.[1] Vgl. auch das Stichwort „Preise".

Vgl. auch die Erläuterungen beim Stichwort „Richter", „Schiedspersonen", „Schiedsrichter", „Schöffen" und „Zensus".

2. Sozialversicherungsrechtliche Behandlung

Sozialversicherungsrechtlich begründen Ehrenämter dann keine Sozialversicherungspflicht, wenn diese Ämter – wie der Name bereits sagt – ohne Bezahlung oder nur gegen Erstattung der Unkosten ausgeübt werden. Besteht die Entschädigung, die eine ehrenamtliche Person erhält, allerdings aus einem steuerfreien und einem steuerpflichtigen Teil, stellt sich die Frage nach der Sozialversicherungspflicht. Denn es gilt der Grundsatz: Was lohnsteuerpflichtig ist, ist auch sozialversicherungspflichtig. Dabei gehören **steuerfreie Aufwandsentschädigungen** nach der ausdrücklichen Regelung in § 1 Abs. 1 Satz 1 Nr. 16 SvEV[2] nicht zum Arbeitsentgelt im Sinne der Sozialversicherung. Die sozialversicherungsrechtliche Beurteilung deckt sich hier also grundsätzlich mit dem Steuerrecht. In welcher Höhe ehrenamtlich tätige Personen eine steuerfreie Aufwandsentschädigung erhalten können, ist beim Stichwort „Aufwandsentschädigung aus öffentlichen Kassen" erläutert. Die steuerfreie Aufwandsentschädigung aus öffentlichen Kassen für ehrenamtlich tätige Personen beträgt **200 € monatlich.** Für die im öffentlichen Bereich ehrenamtlich Tätigen (z. B. Feuerwehrleute, kommunale Mandatsträger, Naturschutzwacht usw.) stellt sich die Frage nach einer eventuellen Sozialversicherungspflicht der gezahlten Vergütung erst dann, wenn der steuerfreie Mindestbetrag von 200 € monatlich überschritten wird. Soweit der nach § 3 Nr. 12 EStG steuerfreie Monatsbetrag der Aufwandsentschädigung von mindestens 200 € in einzelnen Monaten nicht ausgeschöpft wird, ist eine Übertragung in andere Monate dieser Tätigkeiten im selben Kalenderjahr möglich. Während hierbei im Steuerrecht auch **rückwirkende** Korrekturen erfolgen können, ist das im Sozialversicherungsrecht wegen des Grundsatzes der abschließenden vorausschauenden Betrachtungsweise **nicht zulässig.**

Wird die steuerfreie (und damit beitragsfreie) Aufwandsentschädigung überschritten, tritt **bei einem abhängigen Beschäftigungsverhältnis** Lohnsteuerpflicht und damit im Grundsatz auch Sozialversicherungspflicht ein. So hat das Bundessozialgericht entschieden, dass ehrenamtlich tätige Führungskräfte von freiwilligen Feuerwehren (z. B. Kreisbrandmeister, Kreisbrandinspektoren) mit dem steuerpflichtigen Teil ihrer Aufwandsentschädigung versicherungspflichtig sind (BSG-Urteil vom 15.7.2009, B 12 KR 1/09 R).

Ehrenamtlich tätige Personen, die mehr als 200 € monatlich aus öffentlichen Kassen erhalten, unterliegen allerdings dann nicht der grundsätzlich gegebenen Sozialversicherungspflicht, wenn sie das Ehrenamt **nicht in einem abhängigen Beschäftigungsverhältnis ausüben** (z. B. die ehrenamtlich tätigen Bürgermeister). Ehrenamtlich tätige Bürgermeister unterliegen jedoch dann der Versicherungspflicht, wenn sie als Leiter der Gemeindeverwaltung eingesetzt und somit abhängig beschäftigt sind (dies ist z. B. in Bayern der Fall).

In ihrer Besprechung vom 22.3.2018 haben der GKV-Spitzenverband, die Deutsche Rentenversicherung und die Bundesagentur für Arbeit ausführlich zur versicherungsrechtlichen Beurteilung ehrenamtlicher Organtätigkeiten Stellung genommen und die konkreten Vorgaben des Bundessozialgerichts aus seinem Urteil vom 16.8.2017 – B 12 KR 14/16 R genau analysiert (vgl. TOP 1 des Besprechungsergebnisses vom 22.3.2018).[3]

Ein-Euro-Jobs

Mit dem Vierten Gesetz für moderne Dienstleistungen am Arbeitsmarkt (Hartz IV) vom 24. Dezember 2003 (BGBl. I S. 2954) wurden neue Instrumente geschaffen, die Langzeitarbeitslosen den Wiedereinstieg ins Arbeitsleben ermöglichen sollen. Eines dieser Instrumente sind die sog. „Ein-Euro-Jobs". Nach § 16d SGB II sollen für erwerbsfähige Hilfebedürftige, die keine Arbeit finden können, Arbeitsgelegenheiten geschaffen werden; bei Erwerbsfähigkeit dieser Person ist „zuzüglich zum Arbeitslosengeld II eine angemessene Entschädigung für Mehraufwendungen" zu zahlen.

Ein-Euro-Jobs sind **sozialabgabenfreie** gemeinnützige Tätigkeiten für Wohlfahrtsverbände oder Kommunen. Diese schaffen Ein-Euro-Jobs in Eigenregie und erhalten von der Bundesagentur für Arbeit pauschale Zuschüsse. Die Sozialabgabenfreiheit beruht darauf, dass hier nicht eine auf einem privatrechtlichen Arbeitsvertrag beruhende Beschäftigungsmöglichkeit verschafft, sondern öffentlich-rechtlich eine Arbeitsgelegenheit bereitgestellt wird (vgl. § 16d Abs. 7 SGB II).

Die Arbeitslosen erhalten für diese Tätigkeiten einen bis maximal zwei Euro pro Stunde. Im Unterschied zu Mini-Jobs wird dieser Verdienst nicht auf das Arbeitslosengeld II angerechnet. Allerdings können Langzeitarbeitslosen, die einen Ein-Euro-Job ablehnen, die Bezüge gekürzt werden.

---

1) Verfügung des Landesamtes für Steuern und Finanzen Sachsen vom 22.9.2011 (Az.: S 2337 – 65/3 – 212). Die Verfügung ist als Anlage 11 zu H 19.3 LStR im **Steuerhandbuch für das Lohnbüro 2021** abgedruckt, das im selben Verlag erschienen ist.

2) Die Sozialversicherungsentgeltverordnung (SvEV) ist als Anhang 2 im **Steuerhandbuch für das Lohnbüro 2021** abgedruckt, das im selben Verlag erschienen ist.

3) Das Besprechungsergebnis ist im PC-Lexikon für das Lohnbüro 2021 im Volltext abrufbar.

Lohnsteuerpflichtig | Sozialversich.-pflichtig

Für die steuerliche Behandlung gilt Folgendes:

Die zuzüglich zum Arbeitslosengeld II gezahlte angemessene Entschädigung für Mehraufwendungen in Höhe von 1 – 2 € je Stunde ist ebenso wie das Arbeitslosengeld II nach § 3 Nr. 2 Buchstabe d EStG **steuerfrei.** Beide Vergütungen unterliegen auch **nicht** dem **sog. Progressionsvorbehalt,** da sie in der abschließenden Aufzählung des § 32 b Abs. 1 EStG nicht genannt sind. Auf die Erläuterungen beim Stichwort „Progressionsvorbehalt" wird Bezug genommen. nein nein

Einkaufs-App

Einige Arbeitgeber ermöglichen ihren Arbeitnehmern, sich **Waren** des täglichen Bedarfs (Lebensmittel, Drogeriebedarf) direkt **an** ihren **Arbeitsplatz liefern** zu lassen. Dabei ermöglicht es eine App, Waren eines Händlers, der in der Nähe des Arbeitgebers sitzt, online zu bestellen. Die Waren werden dann zum Arbeitgeber geliefert, wo sie in einer Pick-Up-Station, die vom Arbeitgeber auf seinem Betriebsgelände zur Verfügung gestellt wird, vom Arbeitnehmer entgegengenommen werden können. Der Arbeitgeber informiert seine Arbeitnehmer nach den jeweiligen betrieblichen Gegebenheiten über diese Abläufe (z. B. Aushänge, Intranet). Die vom Arbeitnehmer zu zahlenden Warenpreise werden vom jeweiligen Lieferanten festgelegt. Durch die App werden die Waren **nicht verbilligt** angeboten. Die Lieferung der Waren erfolgt – abhängig vom Bestellwert – gegen Berechnung einer **Zustellpauschale,** die vom **Arbeitnehmer bezahlt** wird. Der Arbeitgeber zahlt an den Anbieter der App eine pauschale Gebühr.

Die Lieferung der Waren an den Arbeitsplatz der Arbeitnehmer gegen Berechnung einer Zustellpauschale erfolgt zum Marktpreis, sodass bei den Arbeitnehmern **kein geldwerter Vorteil** entsteht. Auch die vom Arbeitgeber an den Anbieter der App zu zahlende Gebühr führt bei den Arbeitnehmern nicht zu einem steuer- und beitragspflichtigen Sachbezug, da es sich letztlich nur um eine Verbesserung der Arbeitsbedingungen und damit um eine Leistung im ganz überwiegenden eigenbetrieblichen Interesse des Arbeitgebers handelt (vgl. das Stichwort „Annehmlichkeiten"). Die App wird allen Arbeitnehmern eines Betriebs ohne Annahmezwang zur Verfügung gestellt und selbst die Nutzung der App führt bei den Arbeitnehmern zu **keinen weiteren Vorteilen** z. B. in Form von Preisrabatten. Hinzu kommt, dass kostenlose Einkaufs-Apps (z. B. im Internet oder App-Stores) heutzutage durchaus üblich sind. nein nein

Einkommensteuer-Vorauszahlungen

Die Festsetzung von Einkommensteuer-Vorauszahlungen zum 10.3., 10.6., 10.9 und 10.12 eines Kalenderjahres ist auch dann zulässig, wenn ausschließlich Einkünfte aus nichtselbstständiger Arbeit erzielt werden, die dem Lohnsteuerabzug unterliegen (BFH-Urteil vom 20.12.2004, BStBl. 2005 II S. 358). Bei Ehegatten führt die Steuerklassenkombination III/V häufig zu Steuernachzahlungen und infolgedessen zur Festsetzung von Einkommensteuer-Vorauszahlungen.

Darüber hinaus sind Einkommensteuer-Vorauszahlungen festzusetzen, wenn ein Arbeitnehmer in Deutschland bei einem ausländischen Arbeitgeber beschäftigt ist, der in Deutschland keine Arbeitgeberpflichten zu erfüllen hat (vgl. z. B. das Stichwort „Persönliche Lohnsteuerbefreiungen").

Lohnsteuerpflichtig | Sozialversich.-pflichtig

Einmalige Zuwendungen

1. Allgemeines

Der sozialversicherungsrechtliche Begriff „einmalige Zuwendungen" ist als Gegensatz zum laufenden Arbeitslohn zu verstehen. Eine einmalige Zuwendung ist somit eine Lohnzahlung, die nicht einer Arbeitsleistung in einem bestimmten Entgeltabrechnungszeitraum zugeordnet werden kann. Er entspricht weitgehend dem lohnsteuerlichen Begriff „Sonstige Bezüge" (vgl. dieses Stichwort). Ein zusammenfassendes Beispiel für eine praktische Lohnabrechnung bei einmaligen Zuwendungen (Berechnung der Lohnsteuer und der Sozialversicherungsbeiträge) enthalten die Stichworte „Urlaubsentgelt" und „Weihnachtsgeld".

Soweit einmalige Zuwendungen steuerfrei sind, sind sie auch beitragsfrei. Liegt Beitragspflicht vor, so gilt Folgendes:

Für einmalige Zuwendungen ist eine besondere Beitragsberechnung nur dann vorzunehmen, wenn das einmalig gezahlte Arbeitsentgelt zusammen mit dem laufenden Arbeitsentgelt die für den Lohnabrechnungszeitraum maßgebenden Beitragsbemessungsgrenzen übersteigt. Ist dies nicht der Fall, sind die Beiträge – wie bei jeder anderen Beitragsberechnung auch – aus dem Gesamtentgelt für den Lohnabrechnungszeitraum zu ermitteln.

Beispiel

Ein Arbeitnehmer mit einem Monatslohn von 2300 € erhält im August 2021 ein Urlaubsgeld von 800 € und im Dezember ein Weihnachtsgeld von ebenfalls 800 €. Durch die Zahlung der Einmalzuwendungen ist weder im August noch im Dezember die Beitragsbemessungsgrenze in der Kranken- und Pflegeversicherung von monatlich 4837,50 € überschritten. Der Beitragsberechnung in den Monaten August und Dezember ist deshalb ohne weiteres das zusammengerechnete Gesamtentgelt zugrunde zu legen. Für das zusammengerechnete Entgelt von jeweils (2300 € + 800 € =) 3100 € im August und Dezember können die Beiträge direkt durch Anwendung des maßgebenden Beitragssatzes errechnet werden.

Eine besondere Beitragsberechnung erübrigt sich auch in den Fällen, in denen der **laufende Monatslohn** stets die Beitragsbemessungsgrenze in der Rentenversicherung in Höhe von 7100 € monatlich (in den neuen Bundesländern 6700 €) übersteigt. Da die Beitragsbemessungsgrenzen in diesen Fällen bereits durch den laufenden Arbeitslohn voll ausgeschöpft werden, bleiben einmalige Zuwendungen **in vollem Umfang beitragsfrei.**

2. Besondere Beitragsberechnung für einmalige Zuwendungen

Wird durch die Zahlung einer einmaligen Zuwendung die für den Lohnzahlungszeitraum maßgebende Beitragsbemessungsgrenze überschritten, so ist die Beitragsberechnung für einmalige Zuwendungen nach § 23a Abs. 3 SGB IV wie folgt durchzuführen:

Es wird der Anteil der Jahresbeitragsbemessungsgrenze ermittelt, der der Dauer aller Beschäftigungsverhältnisse bei dem die einmalige Zuwendung zahlenden Arbeitgeber im laufenden Kalenderjahr bis zum Ablauf des Lohnzahlungszeitraums entspricht, in dem die einmalige Zuwendung gezahlt wird. Das bedeutet, dass alle mit Beiträgen belegten Beschäftigungszeiten bei diesem Arbeitgeber zu ermitteln sind – also Ausklammerung der nicht mit Beiträgen belegten Zeiten wie z. B. Zeiten des Bezugs von Krankengeld oder Mutterschaftsgeld. Dem so ermittelten Anteil an der Jahresbeitragsbemessungsgrenze wird das gesamte auf diese Beschäftigungszeit entfallende beitragspflichtige Arbeitsentgelt gegenübergestellt (einschließlich des Entgelts des Zuflussmonats).

Unter beitragspflichtigem Arbeitsentgelt ist das Arbeitsentgelt zu verstehen, für das in den einzelnen Lohnabrechnungszeiträumen bis zur Beitragsbemessungsgrenze Beiträge abgeführt wurden (Arbeitsentgelt über

E

der Beitragsbemessungsgrenze bleibt also unberücksichtigt). Ergibt dieser Vergleich, dass die anteilige Jahresbeitragsbemessungsgrenze nicht erreicht ist, wird die einmalige Zuwendung bis zum Differenzbetrag der Beitragspflicht unterworfen.

Beschäftigungszeiten, in denen – z. B. wegen Bezugs von Krankengeld, Mutterschaftsgeld – kein Arbeitsentgelt erzielt wurde und die dementsprechend auch nicht mit Beiträgen für sozialversicherungspflichtiges Arbeitsentgelt belegt sind, bleiben bei der Anteilsermittlung außer Ansatz. Die beitragsrechtliche Erfassung der einmaligen Zuwendungen ist dagegen unabhängig davon, ob in dem Lohnabrechnungszeitraum, in dem sie gezahlt werden, Arbeitsentgelt erzielt wurde. Einmalig gezahltes Arbeitsentgelt, das nach Beendigung oder bei Ruhen des Beschäftigungsverhältnisses gezahlt wird, ist dem letzten Entgeltabrechnungszeitraum des laufenden Kalenderjahres zuzuordnen, auch wenn dieser nicht mit Arbeitsentgelt belegt ist.

Der Begriff einmalige Zuwendungen entspricht dem lohnsteuerlichen Begriff sonstige Bezüge und ist als Gegensatz zum laufenden Arbeitslohn zu verstehen (vgl. die Ausführungen unter dem Stichwort „Sonstige Bezüge"). In erster Linie fallen hierunter Weihnachtsgeld, Urlaubsgelder, Urlaubsabgeltungen, Gewinnbeteiligungen, Tantiemen, Gratifikationen und Sonderzahlungen. Keine einmaligen Zuwendungen sind Provisionen, Verkaufsprämien, Mehrarbeitsvergütungen, Erschwerniszuschläge, Zulagen und Zuschläge, und zwar auch dann nicht, wenn sie nicht mit jeder Lohn- oder Gehaltszahlung abgerechnet und ausgezahlt werden (vgl. auch „Mehrarbeit", „Nachzahlungen" und „Provisionen").

Beispiel A

Ein Arbeitnehmer (alte Bundesländer) mit einem Monatslohn von 3500 €, der das ganze Kalenderjahr 2021 beim selben Arbeitgeber beschäftigt ist, erhält von diesem im August ein Urlaubsgeld in Höhe von 1000 € und im November ein Weihnachtsgeld in Höhe von 15 000 €. Das beitragspflichtige Arbeitsentgelt errechnet sich in den Monaten August und November wie folgt:

August

a) Renten- und Arbeitslosenversicherung

Anteilige Jahresbeitragsbemessungsgrenze (7100 € × 8)	=	56 800,– €
Beitragspflichtiges Arbeitsentgelt von Januar bis August (3500 € × 8)	=	28 000,– €
Differenz (noch nicht mit Beiträgen belegter Teil)		28 800,– €

Das Urlaubsgeld in Höhe von 1000 € unterliegt demnach in vollem Umfang der Beitragspflicht in der Renten- und Arbeitslosenversicherung.

b) Kranken- und Pflegeversicherung

Anteilige Jahresbeitragsbemessungsgrenze (4837,50 € × 8)	=	38 700,– €
Beitragspflichtiges Arbeitsentgelt von Januar bis August (3500 € × 8)	=	28 000,– €
Differenz (noch nicht mit Beiträgen belegter Teil)		10 700,– €

Das Urlaubsgeld in Höhe von 1000 € unterliegt demnach in voller Höhe der Beitragspflicht in der Kranken- und Pflegeversicherung.

November

a) Renten- und Arbeitslosenversicherung

Anteilige Jahresbeitragsbemessungsgrenze (7100 € × 11)	=	78 100,– €
Beitragspflichtiges Arbeitsentgelt von Januar bis November (3500 € × 11 = 38 500 € + 1000 €)	=	39 500,– €
Differenz (noch nicht mit Beiträgen belegter Teil)		38 600,– €

Das Weihnachtsgeld in Höhe von 15 000 € unterliegt demnach in vollem Umfang der Beitragspflicht in der Renten- und Arbeitslosenversicherung.

b) Kranken- und Pflegeversicherung

Anteilige Jahresbeitragsbemessungsgrenze (4837,50 € € × 11)	=	53 212,50 €
Beitragspflichtiges Arbeitsentgelt von Januar bis November (3500 € × 11 = 38 500 €) zuzüglich beitragspflichtiges Urlaubsgeld (1000 €)	=	39 500,– €
Differenz (noch nicht mit Beiträgen belegter Teil)		13 712,50 €

Das Weihnachtsgeld in Höhe von 15 000 € unterliegt demnach lediglich in Höhe von **13 712,50 €** der Beitragspflicht in der Krankenversicherung.

Beispiel B

Ein Arbeitnehmer (alte Bundesländer) ist seit 1. März 2021 beim selben Arbeitgeber beschäftigt (vorher war er bei einem anderen Arbeitgeber tätig). Ab 1. Oktober 2021 bezieht er Krankengeld. Im November erhält er eine Weihnachtszuwendung in Höhe von 12 000 €.

Das beitragspflichtige Arbeitsentgelt für November errechnet sich wie folgt:

a) Renten- und Arbeitslosenversicherung

Anteilige Jahresbeitragsbemessungsgrenze für die Dauer des Beschäftigungsverhältnisses **beim selben Arbeitgeber** (1. März – 30. November), jedoch nur soweit mit Beiträgen belegt (= 1. März – 30. September) 7100 € × 7	=	49 700,– €
Beitragspflichtiges Arbeitsentgelt in dieser Zeit (3300 € × 7)	=	23 100,– €
Differenz (noch nicht mit Beiträgen belegter Teil)		26 600,– €

Das Weihnachtsgeld in Höhe von 12 000 € unterliegt demnach in vollem Umfang der Beitragspflicht in der Renten- und Arbeitslosenversicherung.

b) Kranken- und Pflegeversicherung

Anteilige Jahresbeitragsbemessungsgrenze für die Dauer des Beschäftigungsverhältnisses **beim selben Arbeitgeber,** soweit mit Beiträgen belegt (1. März – 30. September) 4837,50 € × 7	=	33 862,50 €
Beitragspflichtiges Arbeitsentgelt in dieser Zeit (3300 € × 7)	=	23 100,– €
Differenz (noch nicht mit Beiträgen belegter Teil)		10 762,50 €

Das Weihnachtsgeld in Höhe von 12 000 € unterliegt demnach lediglich in Höhe von **10 762,50 €** der Beitragspflicht in der Krankenversicherung.

Für die Ermittlung der anteiligen Jahresbeitragsbemessungsgrenze sind alle im Laufe des Kalenderjahrs **beim selben Arbeitgeber** zurückgelegten und mit Beiträgen belegten Beschäftigungszeiten (sog. Sozialversicherungstage = **SV-Tage**) zusammenzurechnen (§ 23a Abs. 3 Satz 2 SGB IV). Hierzu zählen also auch frühere Beschäftigungszeiten beim selben Arbeitgeber. Auszuklammern sind dagegen alle beitragsfreien Zeiten. Das bedeutet, dass der Zeitraum, für den die anteiligen Jahres-Beitragsbemessungsgrenzen anzusetzen sind, um Zeiten des Bezugs von Krankengeld, Mutterschaftsgeld, Verletztengeld, Übergangsgeld, Pflegeunterstützungsgeld oder Versorgungskrankengeld zu vermindern ist. Dagegen werden Zeiten

- des unbezahlten Urlaubs bis zu einem Monat,
- des unentschuldigten Fernbleibens von der Arbeit (Arbeitsbummelei) bis zu einem Monat,
- des Bezugs von Kurzarbeiter- und Saisonkurzarbeitergeld,
- des unrechtmäßigen Streiks bis zu einem Monat,
- des rechtmäßigen Streiks bis zu seinem Ende,

als Sozialversicherungstage angerechnet.

Bei der Addition der Sozialversicherungstage werden volle Monate mit 30 Kalendertagen und angebrochene Monate mit den tatsächlichen Kalendertagen berücksichtigt.

Ist die anteilige Jahresarbeitsentgeltgrenze nach Sozialversicherungstagen festzustellen, so sind also volle Kalendermonate mit der monatlichen Beitragsbemessungsgrenze und angebrochene Kalendermonate mit der anteiligen Beitragsbemessungsgrenze wie bei einem Teillohnzahlungszeitraum zu berücksichtigen (eine Tagestabelle für die alten und neuen Bundesländer ist beim Stichwort „Teillohnzahlungszeitraum" unter Nr. 4 auf Seite 920 abgedruckt).

Beispiel C

Beschäftigung vom 18. 1. bis 31. 12. 2021
Krankengeld vom 17. 8. bis 10. 9. 2021
Weihnachtsgeld im November 2021

Lohn- steuer- pflichtig | Sozial- versich.- pflichtig

a) Renten- und Arbeitslosenversicherung (alte Bundesländer)

Januar	236,67 € × 14	=	3 313,38 €
Februar–Juli	7 100 € × 6	=	42 600,– €
August	236,67 € × 16	=	3 786,72 €
September	236,67 € × 20	=	4 733,40 €
Okt./Nov.	7 100 € × 2	=	14 200,– €
			68 633,50 €

Die anteilige Jahresbeitragsbemessungsgrenze für die Zahlung des Weihnachtsgeldes im November beträgt in der Renten- und Arbeitslosenversicherung 68 633,50 €.

b) Kranken- und Pflegeversicherung

Januar	161,25 € × 14	=	2 257,50 €
Februar–Juli	4 837,50 € × 6	=	29 025,– €
August	161,25 € × 16	=	2 580,– €
September	161,25 € × 20	=	3 225,– €
Okt./Nov.	4 837,50 € × 2	=	9 675,– €
			46 762,50 €

Die anteilige Jahresbeitragsbemessungsgrenze für die Zahlung des Weihnachtsgeldes im November beträgt in der Kranken- und Pflegeversicherung 46 762,50 €.

3. Zeitliche Zuordnung der einmaligen Zuwendungen/sog. Märzklausel

Einmalzahlungen sind für die Berechnung der Sozialversicherungsbeiträge dem Lohnabrechnungszeitraum zuzuordnen, in dem sie ausgezahlt werden.

Einmalig gezahltes Arbeitsentgelt, das erst nach Beendigung des Beschäftigungsverhältnisses oder bei ruhendem Beschäftigungsverhältnis (z. B. Ableistung des Wehr- oder Zivildienstes) gezahlt wird, ist dem letzten Lohnabrechnungszeitraum im laufenden Kalenderjahr zuzuordnen, auch wenn dieser nicht mit Arbeitsentgelt belegt ist (§ 23a Abs. 2 SBG IV).

Beispiel A

Beendigung des Beschäftigungsverhältnisses zum 30. 4. 2021

Weihnachtsgeld im November 2021

Das Weihnachtsgeld ist dem Monat April 2021 zuzuordnen.

Die dargestellte Regelung zur Berechnung der Beiträge bei einmaligen Zuwendungen könnte leicht dadurch umgangen werden, dass einmalige Zuwendungen stets im Januar eines Kalenderjahres gezahlt werden. In § 23a Abs. 4 SGB IV ist deshalb bestimmt worden, dass einmalige Zuwendungen, die in der Zeit vom 1. 1. bis 31. 3. gezahlt werden, dem letzten Entgeltabrechnungszeitraum des **vorangegangenen** Kalenderjahres zuzurechnen sind, wenn sie vom Arbeitgeber dieses Entgeltabrechnungszeitraums gezahlt werden und die anteilige Beitragsbemessungsgrenze überschritten ist **(sog. Märzklausel).**

Einmalig gezahltes Arbeitsentgelt, das im ersten Vierteljahr eines Kalenderjahres ausgezahlt wird, ist demnach dem letzten Entgeltabrechnungszeitraum des vergangenen Kalenderjahres zuzurechnen, sofern die Zuwendungen im Zeitpunkt der Zahlungen nicht ohnehin in voller Höhe zur Beitragsleistung herangezogen werden.

Beispiel B

Ein Arbeitnehmer (alte Bundesländer) mit einem monatlichen Gehalt von 2600 € erhält im März 2021 eine Tantieme von 1500 €. Es ergibt sich Folgendes:

a) Renten- und Arbeitslosenversicherung

Anteilige Jahresbeitragsbemessungsgrenze (7100 € × 3)	=	21 300,– €
Beitragspflichtiges Arbeitsentgelt von Januar bis März (2600 € × 3)	=	7 800,– €
Differenz		13 500,– €

b) Kranken- und Pflegeversicherung

Anteilige Jahresbeitragsbemessungsgrenze (4837,50 € × 3)	=	14 512,50 €
Beitragspflichtiges Arbeitsentgelt von Januar bis März (2600 € × 3)	=	7 800,– €
Differenz		6 712,50 €

Da sowohl bei der Renten- und Arbeitslosenversicherung als auch bei der Kranken- und Pflegeversicherung die anteilige Jahresbeitragsbemessungsgrenze Januar bis März auch einschließlich der Tantieme nicht überschritten wird, sind die Beiträge zur Renten-, Arbeitslosen-, Pflege- und Krankenversicherung für März aus einem Arbeitsentgelt von (2600 € + 1500 € =) 4100 € zu ermitteln.

Beispiel C

Ein Arbeitnehmer (alte Bundesländer) mit einem monatlichen Gehalt von 2900 € erhält im März 2021 eine Tantieme von 6000 €. Es ergibt sich Folgendes:

a) Renten- und Arbeitslosenversicherung

Anteilige Jahresbeitragsbemessungsgrenze (7100 € × 3)	=	21 300,– €
Beitragspflichtiges Arbeitsentgelt von Januar bis März (2900 € × 3)	=	8 700,– €
Differenz		12 600,– €

b) Kranken- und Pflegeversicherung

Anteilige Jahresbeitragsbemessungsgrenze (4837,50 € × 3)	=	14 512,50 €
Beitragspflichtiges Arbeitsentgelt von Januar bis März (2900 € × 3)	=	8 700,– €
Differenz		5 812,50 €

Die Tantieme von 6000 € überschreitet zusammen mit dem laufenden Arbeitsentgelt die anteilige Jahresbeitragsbemessungsgrenze der Kranken- und Pflegeversicherung, nicht aber die der Renten- und Arbeitslosenversicherung. Da es sich um einen krankenversicherungspflichtigen Arbeitnehmer handelt, ist die Tantieme **insgesamt** dem letzten Entgeltabrechnungszeitraum des Vorjahres zuzurechnen (§ 23a Abs. 5 SGB IV).

Muss die einmalige Zuwendung auf den letzten Entgeltabrechnungszeitraum des Vorjahres verlagert werden, weil sie im Jahr der Auszahlung nicht voll mit Beiträgen zur Krankenversicherung belegt werden kann, so gilt dies auch für die Berechnung der Beiträge zur Renten- und Arbeitslosenversicherung. Damit soll vermieden werden, dass das einmalig gezahlte Arbeitsentgelt für die Berechnung der Kranken- und Pflegeversicherungsbeiträge einerseits und für die Berechnung der Renten- und Arbeitslosenversicherungsbeiträge andererseits unterschiedlichen Kalenderjahren zugerechnet wird. Sofern der Arbeitnehmer allerdings nicht der Krankenversicherungspflicht unterliegt, ist für die Beurteilung, ob das einmalig gezahlte Arbeitsentgelt dem Vorjahr zuzurechnen ist, auf die anteilige Jahresbeitragsbemessungsgrenze der Rentenversicherung abzustellen; nur dann, wenn diese Grenze überschritten ist, muss das einmalig gezahlte Arbeitsentgelt dem Vorjahr zugeordnet werden.

Für die Berechnung der Beiträge ist von den Vorschriften auszugehen, die für den Lohnabrechnungszeitraum gelten, dem die Einmalzahlung zuzurechnen ist. Bei einer Zuordnung der Einmalzahlung zum Dezember des Vorjahres sind also die Beitragssätze und Beitragsgruppen anzuwenden, die für Dezember gelten. Außerdem ist die (anteilige) Jahresbeitragsbemessungsgrenze des Vorjahres zugrunde zu legen.

Einmalige Zahlungen, die vom 1. 1. bis zum 31. 3. des Jahres geleistet werden, müssen immer dann dem Vorjahr zugeordnet werden, wenn im laufenden Kalenderjahr z. B. wegen Arbeitsunfähigkeit kein laufendes Arbeitsentgelt angefallen ist. Wird das einmalig gezahlte Arbeitsentgelt in solchen Fällen allerdings erst nach dem 31. 3. ausgezahlt, bleibt es beitragsfrei, da nach dem Wortlaut des Gesetzes die Einmalzahlung dem letzten Entgeltabrechnungszeitraum des laufenden Kalenderjahres zugeordnet werden muss. Ist ein solcher Abrechnungszeitraum im laufenden Kalenderjahr nicht vorhanden, so kann die Beitragspflicht nicht verwirklicht werden. In diesem Ausnahmefall bleibt die Einmalzahlung beitragsfrei.

E

Lohnsteuerpflichtig | Sozialversich.-pflichtig

Beispiel D

Krankengeldbezug vom	13. Dezember 2020 bis 15. Juni 2021
Tantieme am	30. April 2021

Die Tantieme bleibt beitragsfrei, da vom Beginn des Jahres 2021 an bis zum Zeitpunkt ihrer Zahlung kein Entgeltabrechnungszeitraum vorhanden ist.

E

Die Märzklausel ist auch dann anzuwenden, wenn die Sonderzahlung zwar im ersten Quartal, aber nach beendetem Arbeitsverhältnis oder bei ruhendem Arbeitsverhältnis gezahlt wird. Das gilt selbst dann, wenn die Beschäftigung bereits im Vorjahr beendet wurde. In diesen Fällen ist die anteilige Jahresbeitragsbemessungsgrenze des laufenden Kalenderjahres mit 0 € anzusetzen.

Sofern der Arbeitnehmer im ersten Quartal ausscheidet und nach dem 31. 3. noch eine Sonderzahlung erhält, ist sie stets dem letzten Abrechnungszeitraum der Beschäftigung zuzuordnen. Auch dann, wenn die anteilige Jahresbeitragsbemessungsgrenze des laufenden Kalenderjahres überschritten wird. Eine weitere Rückverlagerung auf den letzten Abrechnungszeitraum des Vorjahres scheidet in solchen Fällen aus.

Das hat zur Folge, dass die nach dem 31. 3. gezahlten Sonderzahlungen beitragsfrei bleiben, wenn die Beschäftigung bereits im Vorjahr beendet wurde.

Einrichtungsgegenstände

Übereignet der Arbeitgeber dem Arbeitnehmer unentgeltlich oder verbilligt Einrichtungsgegenstände, ist der hierdurch entstehende geldwerte Vorteil steuer- und beitragspflichtig. ja ja

Dies gilt auch dann, wenn es sich um Einrichtungsgegenstände für das häusliche Arbeitszimmer handelt (vgl. „Arbeitszimmer"). ja ja

Die Bewertung gebrauchter Gegenstände erfolgt mit dem ortsüblichen Preis (gemeiner Wert) inklusive Umsatzsteuer. Mit welchem Wert die Gegenstände beim Arbeitgeber bilanziert wurden (Buchwert), ist ohne Bedeutung.

Treibt der Arbeitgeber mit „Einrichtungsgegenständen" Handel, z. B. ein Möbelgeschäft, gilt die beim Stichwort „Rabatte, Rabattfreibetrag" dargestellte Regelung.

Bei einer beruflich veranlassten doppelten Haushaltsführung sind die notwendigen Einrichtungsgegenstände (ggf. über die Absetzung für Abnutzung) neben dem monatlichen Höchstbetrag von 1000 € für die Unterkunft zu berücksichtigen (BFH vom 4.4.2019, BStBl. II S. 449; vgl. „Doppelte Haushaltsführung" unter Nr. 2 Buchstabe d).

Einsatzwechseltätigkeit

Wichtiges auf einen Blick:

1. Vorliegen einer ersten Tätigkeitsstätte

Als (großräumige) erste Tätigkeitsstätte kommt auch ein großflächiges und entsprechend infrastrukturell erschlossenes Gebiet (z. B. Großbaustelle, Werksanlage, Betriebsgelände, Bahnhof oder Flughafen) des **Arbeitgebers**, eines **verbundenen Unternehmens** (§ 15 AktG) oder eines vom Arbeitgeber bestimmten **Dritten** (z. B. Entleiher) in Betracht.

Der Arbeitnehmer muss dieser ersten Tätigkeitsstätte **dauerhaft zugeordnet** sein. Diese Zuordnung kann auch außerhalb des Dienst- oder Arbeitsvertrags erfolgen, und zwar auch mündlich oder (im Ergebnis) konkludent und ist unabhängig davon, ob sich der Arbeitgeber der steuerlichen Folgen bewusst ist.

Lohnsteuerpflichtig | Sozialversich.-pflichtig

Eine Zuordnung ist unbefristet und damit dauerhaft, wenn sie weder kalendermäßig noch nach Art, Zweck oder Beschaffenheit der Arbeitsleistung zeitlich bestimmt ist. Bei einem **befristeten Arbeitsverhältnis** ist eine unbefristete Zuordnung zu einer ersten Tätigkeitsstätte denklogisch ausgeschlossen. Die Zuordnung erfolgt aber für die gesamte Dauer des Arbeitsverhältnisses und somit **dauerhaft,** wenn sie vorausschauend betrachtet für die **gesamte Dauer des Arbeitsverhältnisses Bestand haben soll.** Dies kann insbesondere angenommen werden, wenn die Zuordnung im Rahmen des Arbeitsverhältnisses unbefristet oder ausdrücklich für dessen gesamte Dauer erfolgt. War der Arbeitnehmer im Rahmen eines befristeten Arbeitsverhältnisses bereits einer ersten Tätigkeitsstätte zugeordnet und wird er im weiteren Verlauf einer anderen Tätigkeitsstätte zugeordnet, erfolgt diese zweite Zuordnung nicht mehr für die gesamte Dauer des Arbeitsverhältnisses.

Außerdem muss der Arbeitnehmer an seiner ersten Tätigkeitsstätte zumindest in **geringem Umfang arbeitsvertraglich geschuldete, berufsbildbezogene Tätigkeiten** ausüben. Denn ein Ort, an dem der Arbeitnehmer nicht tätig wird (oder für den Regelfall nicht tätig werden soll), kann nicht als erste Tätigkeitsstätte angesehen werden (BFH-Urteil vom 10.4.2019, BStBl. II S. 539).

Zur Abgrenzung zwischen erster Tätigkeitsstätte und beruflich veranlasster Auswärtstätigkeit vgl. nachfolgende Nr. 2. Zum Begriff der ersten Tätigkeitsstätte und sämtlichen hierbei zu beachtenden Besonderheiten vgl. die Erläuterungen und zahlreichen Beispiele in Anhang 4 Nr. 3.

2. Höhe der Verpflegungspauschalen

Bei **eintägigen Auswärtstätigkeiten** beträgt die Verpflegungspauschale für jeden Kalendertag bei einer Abwesenheit von der Wohnung von **mehr als acht Stunden 14 €** (bis 31.12.2019 = 12 €).

Bei **mehrtägigen Auswärtstätigkeiten** betragen die Verpflegungspauschalen für jeden Kalendertag

- bei einer Abwesenheitszeit von der Wohnung und der ersten Tätigkeitsstätte von **24 Stunden 28 €** (bis 31.12.2019 = 24 €) und
- für den **An- und Abreisetag** bei mehrtägigen Auswärtstätigkeiten ohne Erfordernis einer Mindestabwesenheitszeit 14 € (bis 31.12.2019 = 12 €).

Die **Dreimonatsfrist** für die Gewährung der Verpflegungspauschalen ist **weiterhin** zu beachten.

Vgl. die Erläuterungen und Beispiele unter der nachfolgenden Nr. 3 Buchstabe c und Nr. 4 Buchstabe d sowie in Anhang 4 Nr. 9.

Gliederung:

1. Allgemeines
2. Beruflich veranlasste Auswärtstätigkeit
3. Tägliche Rückkehr zur Wohnung ohne erste Tätigkeitsstätte
   a) Allgemeines
   b) Fahrtkostenersatz
   c) Verpflegungsmehraufwand
4. Ständig wechselnde Tätigkeitsstätten mit auswärtiger Übernachtung
   a) Allgemeines
   b) Kosten für die erste und letzte Fahrt
   c) Wochenendheimfahrten und Zwischenheimfahrten bei Verheirateten und Ledigen
   d) Verpflegungsmehraufwand
   e) Kosten der Unterkunft
   f) Schaubild und Berechnungsbeispiel zum steuerfreien Arbeitgeberersatz
5. Einheitliche Auslösungen und Wochenendauslösungen

	Lohn-steuer-pflichtig	Sozial-versich.-pflichtig

6. Ständig wechselnde Tätigkeitsstätten mit Übernachtung im Ausland
   a) Kosten für die erste und letzte Fahrt
   b) Heimfahrten bei Ledigen und Verheirateten
   c) Verpflegungsmehraufwand
   d) Kosten der Unterkunft
7. Vorsteuerabzug des Arbeitgebers

1. Allgemeines

Arbeitnehmer ohne erste Tätigkeitsstätte, die bei ihrer individuellen beruflichen Tätigkeit typischerweise nur an ständig wechselnden Tätigkeitsstätten tätig werden (z. B. Bauarbeiter), können in bestimmtem Umfang **steuerfreien Reisekostenersatz** erhalten. Ist der Reisekostenersatz steuerfrei, ist er auch **beitragsfrei** in der Sozialversicherung. nein nein

2. Beruflich veranlasste Auswärtstätigkeit

Von einer **Auswärtstätigkeit** wird ausgegangen, wenn der Arbeitnehmer **außerhalb** seiner **Wohnung** und an **keiner ersten Tätigkeitsstätte** beruflich tätig wird. Eine Auswärtstätigkeit liegt daher auch bei Arbeitnehmern ohne erste Tätigkeitsstätte vor, die bei ihrer individuellen beruflichen Tätigkeit typischerweise nur an ständig wechselnden Tätigkeitsstätten tätig werden (= Einsatzwechseltätigkeit). Somit ist für die Höhe des steuerfreien Reisekostenersatzes entscheidend, ob der Arbeitnehmer eine **erste Tätigkeitsstätte hat oder nicht.** Vgl. hierzu die nachfolgenden Erläuterungen.

Eine erste Tätigkeitsstätte setzt zunächst einmal eine **ortsfeste betriebliche Einrichtung** beim eigenen Arbeitgeber, einem verbundenen Unternehmen oder einem Dritten (z. B. dem Entleiher) voraus. Auch Baucontainer, die auf einer Großbaustelle längerfristig (nicht gleichzusetzen mit dauerhaft!) fest mit dem Erdreich verbunden sind und in denen sich z. B. Baubüros, Aufenthaltsräume oder Sanitäreinrichtungen befinden, sind „ortsfeste" betriebliche Einrichtungen; demgegenüber sind mobile Baucontainer, die ohne große Umstände jederzeit fortbewegt werden können, keine „ortsfesten" betrieblichen Einrichtungen. Außerdem ist eine erste Tätigkeitsstätte nur gegeben, wenn der Arbeitnehmer nach der arbeitsrechtlichen Festlegung des Arbeitgebers einer ortsfesten betrieblichen Einrichtung (z. B. dem Betrieb des Arbeitgebers oder eines Dritten) **dauerhaft** (unbefristet, für die gesamte Dauer des Dienstverhältnisses oder über 48 Monaten hinaus) **zugeordnet** ist und dort zumindest in geringem Umfang arbeitsvertraglich geschuldete, berufsbildbezogene Tätigkeiten ausüben soll (§ 9 Abs. 4 Sätze 1 bis 3 EStG); vgl. im Einzelnen auch in Anhang 4 „Reisekosten bei Auswärtstätigkeiten" unter Nr. 3. Nicht entscheidend ist daher, ob an der vom Arbeitgeber festgelegten Tätigkeitsstätte der qualitative Schwerpunkt der Tätigkeit liegt oder liegen soll. Bei Arbeitnehmern mit Einsatzwechseltätigkeit (besonders bei Leiharbeitnehmern) sind daher die im Einzelfall getroffenen arbeitsrechtlichen Festlegungen von entscheidender Bedeutung.

Die **dauerhafte Zuordnung** des Arbeitnehmers zu einer ersten Tätigkeitsstätte kann auch außerhalb des Dienst- oder Arbeitsvertrags erfolgen, und zwar auch mündlich oder (im Ergebnis) konkludent und ist unabhängig davon, ob sich der Arbeitgeber der steuerlichen Folgen bewusst ist. Im Gegensatz zur früheren Auffassung der Finanzverwaltung hält der Bundesfinanzhof eine Dokumentation der Zuordnungsentscheidung nicht für erforderlich. Eine Zuordnung ist **unbefristet** und damit dauerhaft, wenn sie **weder kalendermäßig noch** nach Art, Zweck oder Beschaffenheit der Arbeitsleistung **zeitlich bestimmt** ist. Bei einem **befristeten Arbeitsverhältnis** ist eine unbefristete Zuordnung zu einer ersten Tätigkeitsstätte denklogisch ausgeschlossen. Die Zuordnung erfolgt aber für die gesamte Dauer des Arbeitsverhältnisses und somit **dauerhaft,** wenn sie vorausschauend betrachtet für die **gesamte Dauer des Arbeitsverhältnisses Bestand haben soll.** Dies kann insbesondere angenommen werden, wenn die Zuordnung im Rahmen des Arbeitsverhältnisses unbefristet oder ausdrücklich für dessen gesamte Dauer erfolgt. War der Arbeitnehmer im Rahmen eines befristeten Arbeitsverhältnisses bereits einer ersten Tätigkeitsstätte zugeordnet und wird er im weiteren Verlauf einer anderen Tätigkeitsstätte zugeordnet, erfolgt diese zweite Zuordnung nicht mehr für die gesamte Dauer des Arbeitsverhältnisses (BFH-Urteil vom 10.4.2019, BStBl. II S. 539). Auch bei täglich neuen Arbeitsverhältnissen kann eine dauerhafte Zuordnung für die gesamte Dauer des eintägigen Arbeitsverhältnisses vorliegen (BFH-Urteil vom 10.4.2019, BStBl. II S. 543 betreffend einen Hafenarbeiter mit unbefristeten Arbeitsverhältnis zur Gesamthafen-Betriebsgesellschaft und eintägigen befristeten Arbeitsverhältnissen zum Hafeneinzelbetrieb).

Beispiel A

Arbeitnehmer A ist von der Zeitarbeitsfirma Z unbefristet als technischer Zeichner eingestellt worden und wird bis auf Weiteres an die Projektentwicklungsfirma P überlassen und dieser zugeordnet.

A hat ab dem ersten Tag der Tätigkeit bei der Projektentwicklungsfirma P seine erste Tätigkeitsstätte, da er P zugeordnet ist und seine Tätigkeit bei P ohne Befristung und damit dauerhaft ausüben soll. Die Tätigkeit bei P ist weder kalendermäßig noch nach Art, Zweck oder Beschaffenheit der Arbeitsleistung zeitlich bestimmt.

Beispiel B

Arbeitnehmer B ist von der Zeitarbeitsfirma Z als technischer Zeichner ausschließlich für die Überlassung an die Projektentwicklungsfirma P eingestellt worden. Das Arbeitsverhältnis von B endet vertragsgemäß nach Abschluss des aktuellen Projekts bei P. B ist der Projektentwicklungsfirma zugeordnet worden.

B hat ab dem ersten Tag der Tätigkeit bei der Projektentwicklungsfirma P dort seine erste Tätigkeitsstätte, da er P zugeordnet ist und seine Tätigkeit bei P für die gesamte Dauer seines Dienstverhältnisses bei Z und damit dort dauerhaft ausüben soll.

Beispiel C

Eine Zeitarbeitsfirma überlässt einem Bauunternehmen (= Entleiher) Arbeitnehmer (= Bauarbeiter), die von diesem auf unterschiedlichen Baustellen eingesetzt werden. Sie sind keiner betrieblichen Einrichtung zugeordnet.

Die Bauarbeiter haben keine erste Tätigkeitsstätte. Die Tätigkeit auf den einzelnen, unterschiedlichen Baustellen ist nicht dauerhaft. Bei den Bauarbeitern liegt daher eine Einsatzwechseltätigkeit vor.

Abwandlung

Ein Leiharbeitnehmer wurde im Rahmen seines befristeten Arbeitsverhältnisses bereits einer ersten Tätigkeitsstätte zugeordnet und wird nun einer anderen Tätigkeitsstätte zugeordnet.

Die zweite Zuordnung zur (neuen, anderen) Tätigkeitsstätte erfolgt nicht mehr für die gesamte Dauer des Arbeitsverhältnisses. Es liegt daher eine beruflich veranlasste Auswärtstätigkeit vor (BFH-Urteil vom 10.4.2019, BStBl. II S. 539).

Weichen die tatsächlichen Verhältnisse durch **unvorhersehbare Ereignisse,** wie z. B. Krankheit, Insolvenz des Kunden, von der ursprünglichen Festlegung (Prognose) der dauerhaften Zuordnung ab, bleibt die zuvor getroffene Prognoseentscheidung für die Vergangenheit bezüglich des Vorliegens der ersten Tätigkeitsstätte maßgebend.

Beispiel D

Leiharbeitnehmer D wird ab 1.1.2021 bis auf Weiteres (= unbefristet) beim Entleiher Y eingesetzt und ihm zugeordnet. Aufgrund der Insolvenz des Entleihers endet die Tätigkeit des D dort bereits am 28.2.2021. Ab dem 1.3.2021 wird er zunächst für ein Jahr befristet beim Entleiher Z tätig.

Da D unbefristet für die Dauer des Arbeitsverhältnisses und damit dauerhaft beim Entleiher Y eingesetzt und zugeordnet wird, hat er dort vom 1.1.2021 bis zum 28.2.2021 seine erste Tätigkeitsstätte. Die bereits nach zweimonatiger Tätigkeit eintretende Insolvenz des Y hat keine Auswirkung auf die Beurteilung der „dauerhaften Zuordnung" für die Vergangenheit. Vom 1.3.2021 an liegt aufgrund der befristeten Tätigkeit beim Entleiher Z eine beruflich veranlasste Auswärtstätigkeit vor.

Fehlt es an einer **dauerhaften Zuordnung** des Arbeitnehmers zu einer betrieblichen Einrichtung durch arbeitsrechtliche Festlegung oder ist die getroffene Festlegung nicht eindeutig, ist von einer ersten Tätigkeitsstätte an der

E

Lohn- steuer- pflichtig | Sozial- versich.- pflichtig

betrieblichen Einrichtung auszugehen, an der der Arbeitnehmer

- **typischerweise arbeitstäglich** oder
- **je Arbeitswoche zwei volle Arbeitstage** oder
- **mindestens ein Drittel** seiner vereinbarten regelmäßigen **Arbeitszeit**

E

dauerhaft (unbefristet, für die gesamte Dauer des Dienstverhältnisses oder über 48 Monaten hinaus) tätig werden soll (§ 9 Abs. 4 Satz 4 EStG). Die vorstehenden zeitlichen Kriterien sind nur dann erfüllt, wenn der Arbeitnehmer an der betrieblichen Einrichtung seine **eigentliche berufliche Tätigkeit ausübt.** Allein ein regelmäßiges Aufsuchen der betrieblichen Einrichtung, z. B. um ein Kundendienstfahrzeug, Material, Auftragsbestätigungen, Stundenzettel, Krankmeldungen oder Urlaubsanträge abzuholen oder abzugeben, führt aufgrund dieser zeitlichen Kriterien nicht zu einer ersten Tätigkeitsstätte.

Beispiel E

Die Außendienstmitarbeiter kommen morgens täglich mit ihrem Firmenwagen in den Betrieb des Arbeitgebers um die neuen Aufträge abzuholen und die erledigten Aufträge des Vortags abzugeben. Sie sind dem Betrieb des Arbeitgebers nicht dauerhaft zugeordnet.

Die Außendienstmitarbeiter haben auch nach den vorstehenden zeitlichen Kriterien keine erste Tätigkeitsstätte im Betrieb des Arbeitgebers, da sie dort nicht ihre eigentliche berufliche Tätigkeit ausüben. Trotz des Vorliegens einer beruflich veranlassten Auswärtstätigkeit ab Verlassen seiner Wohnung ist für die mit dem Firmenwagen durchgeführten Fahrten zum Betrieb ein geldwerter Vorteil anzusetzen, da es sich um dauerhafte, arbeitstägliche Fahrten zu einem Arbeitgeber-Sammelpunkt handelt (vgl. das Stichwort „Firmenwagen zur privaten Nutzung" unter Nr. 3 Buchstabe i).

Beispiel F

Ein Bauarbeiter fährt jeden Morgen mit seinem eigenen Pkw zum Betrieb des Arbeitgebers und wird zusammen mit seinen Kollegen in einem Kleinbus des Arbeitgebers zu den unterschiedlichen Baustellen gebracht. Der Bauarbeiter ist keiner betrieblichen Einrichtung zugeordnet.

Der Bauarbeiter hat auch nach den vorstehenden zeitlichen Kriterien keine erste Tätigkeitsstätte im Betrieb des Arbeitgebers, da er dort nicht seine eigentliche berufliche Tätigkeit ausübt. Trotz des Vorliegens einer beruflich veranlassten Auswärtstätigkeit ab Verlassen seiner Wohnung erhält er für die Fahrten zum Betrieb lediglich die Entfernungspauschale, da es sich um dauerhafte, arbeitstägliche Fahrten zu einem Arbeitgeber-Sammelpunkt handelt (vgl. das Stichwort „Entfernungspauschale" unter Nr. 11 Buchstabe b).

Beispiel G

Bauarbeiter G wird von seinem Arbeitgeber auf unterschiedlichen Baustellen jeweils befristet für ein Jahr eingesetzt. G ist keiner betrieblichen Einrichtung zugeordnet.

G übt eine beruflich veranlasste Auswärtstätigkeit aus, da er bei seiner individuellen beruflichen Tätigkeit typischerweise nur an ständig wechselnden Tätigkeitsstätten tätig wird. Die jeweilige Baustelle wird nicht zu einer ersten Tätigkeitsstätte. Er wird dort zwar arbeitstäglich, aber wegen der Befristung nicht dauerhaft tätig.

Beispiel H

Arbeitnehmer H wird von seinem Arbeitgeber unbefristet und damit dauerhaft auf einer Großbaustelle eingesetzt. Auf der Großbaustelle befindet sich ein Baucontainer, der längerfristig fest mit dem Erdreich verbunden ist und in dem sich das Baubüro sowie Aufenthaltsräume für die Arbeitnehmer befinden.

Da H auf der Großbaustelle typischerweise arbeitstäglich sowie dauerhaft tätig werden soll, hat er dort – selbst bei fehlender Zuordnung aufgrund der zeitlichen Kriterien – seine erste Tätigkeitsstätte. Bei dem längerfristig mit dem Erdreich verbundenen Baucontainer handelt es sich um eine „ortsfeste" betriebliche Einrichtung.

Abwandlung

Wie Beispiel H. Auf der Großbaustelle sind lediglich mehrere mobile Baucontainer vorhanden, die jederzeit ohne größere Umstände fortbewegt werden können.

H hat auf der Großbaustelle keine erste Tätigkeitsstätte, da es sich bei solchen mobilen Baucontainern nicht um „ortsfeste" betriebliche Einrichtungen handelt.

Der Arbeitnehmer kann je Dienstverhältnis **höchstens eine erste Tätigkeitsstätte** haben (§ 9 Abs. 4 Satz 5 EStG). Soll der Arbeitnehmer an **mehreren Tätigkeitsstätten** tätig werden und ist er **einer** bestimmten Tätigkeitsstätte arbeitsrechtlich **dauerhaft zugeordnet,** ist es unerheblich, in welchem Umfang er seine berufliche Tätigkeit an dieser oder an den anderen Tätigkeitsstätten ausüben soll. Auch auf die Regelmäßigkeit des Aufsuchens dieser Tätigkeitsstätten kommt es dann nicht mehr an. Die vom Arbeitgeber getroffene Zuordnungsentscheidung hat steuerlich Vorrang.

Beispiel I

Ein unbefristet beschäftigter Leiharbeitnehmer ist auf Dauer einmal wöchentlich im Betrieb des Verleihers und ansonsten im Betrieb des Entleihers tätig. Er ist dem Betrieb des Verleihers zugeordnet.

Der Leiharbeitnehmer hat im Betrieb des Verleihers seine erste Tätigkeitsstätte. Unmaßgeblich ist, dass er wöchentlich zeitlich überwiegend im Betrieb des Entleihers tätig wird. Hierbei handelt es sich um eine beruflich veranlasste Auswärtstätigkeit.

Beispiel K

K ist als Gebietsleiterin für 15 Filialen ihres Arbeitgebers zuständig, die sie im Schnitt dreimal wöchentlich aufsucht. Sie ist keiner Filiale zugeordnet und erfüllt auch bei keiner Filiale die zeitlichen Voraussetzungen für eine erste Tätigkeitsstätte.

K übt insgesamt eine beruflich veranlasste Auswärtstätigkeit ohne Vorhandensein einer ersten Tätigkeitsstätte aus.

Fehlt es an einer Zuordnung durch den Arbeitgeber oder ist diese nicht eindeutig und erfüllen **mehrere** Tätigkeitsstätten in einem Arbeitsverhältnis die zeitlichen Kriterien für die Annahme einer ersten Tätigkeitsstätte, kann der **Arbeitgeber** die erste Tätigkeitsstätte **bestimmen** (§ 9 Abs. 4 Satz 6 EStG). Dabei muss es sich nicht um die Tätigkeitsstätte handeln, an der der Arbeitnehmer den zeitlich überwiegenden oder qualitativ bedeutsameren Teil seiner beruflichen Tätigkeit ausüben soll. Macht der Arbeitgeber von seinem im Gesetz vorgesehenen **Bestimmungsrecht keinen Gebrauch** oder ist seine Bestimmung nicht eindeutig, ist die der Wohnung des Arbeitnehmers örtlich **am nächsten liegende Tätigkeitsstätte** die erste Tätigkeitsstätte (§ 9 Abs. 4 Satz 7 EStG). Die Fahrten zu weiter entfernten Tätigkeitsstätten sind in diesem Fall beruflich veranlasste Auswärtstätigkeiten. Vgl. auch das zusammenfassende Schaubild zur ersten Tätigkeitsstätte in Anhang 4 unter Nr. 3 Buchstabe h.

Beispiel L

Die Pflegedienstkraft P hat täglich vier Personen zu betreuen. Alle vier Pflegepersonen sollen von P nach Absprache mit dem Arbeitgeber bis auf Weiteres arbeitstäglich regelmäßig betreut werden. Der Arbeitgeber hat keine dieser Pflegestellen als erste Tätigkeitsstätte bestimmt.

Erste Tätigkeitsstätte der P ist die ihrer Wohnung am nächsten liegende Pflegestelle.

Beispiel M

Die vier Pflegepersonen sollen von P nach Absprache mit dem Arbeitgeber zunächst für die Dauer von zwei Jahren arbeitstäglich regelmäßig betreut werden.

P hat keine erste Tätigkeitsstätte, da sie an keiner der Pflegestellen dauerhaft tätig werden soll. Sie übt daher eine Einsatzwechseltätigkeit aus.

Beispiel N

Die Pflegeverträge wurden unbefristet abgeschlossen. Nach den Einsatzplänen, die auch tatsächlich so durchgeführt werden, wechseln die Pflegedienstkräfte alle zwei Jahre die zu betreuenden Personen.

Die Pflegedienstkräfte haben keine erste Tätigkeitsstätte, da sie an ihren Pflegestellen nicht dauerhaft tätig werden. Die Dauer der abgeschlossenen Pflegeverträge ist hierfür ohne Bedeutung, da allein die Weisungen des Arbeitgebers im Rahmen des Arbeitsverhältnisses maßgebend sind. Die Pflegedienstkräfte üben eine Einsatzwechseltätigkeit aus.

3. Tägliche Rückkehr zur Wohnung ohne erste Tätigkeitsstätte

a) Allgemeines

Eine beruflich veranlasste Auswärtstätigkeit setzt auch bei Arbeitnehmern mit Einsatzwechseltätigkeit voraus, dass der Arbeitnehmer außerhalb seiner Wohnung und an **keiner ersten Tätigkeitsstätte** beruflich tätig wird.

Hat der Arbeitnehmer nach den Grundsätzen unter der vorstehenden Nr. 2 eine **erste Tätigkeitsstätte,** kann für

	Lohnsteuer-pflichtig	Sozialversich.-pflichtig
die Fahrtkosten zur ersten Tätigkeitsstätte nur die **Entfernungspauschale** angesetzt werden. Ein Arbeitgeberersatz bei Benutzung eines Pkw ist steuerpflichtig. Die Lohnsteuer kann allerdings bis zur Höhe der Entfernungspauschale mit 15 % pauschaliert werden, wodurch insoweit Beitragsfreiheit in der Sozialversicherung eintritt.	ja	nein

Beispiel

Arbeitnehmer A ist von der Zeitarbeitsfirma Z unbefristet als technischer Zeichner eingestellt worden und wird bis auf Weiteres an die Projektentwicklungsfirma P überlassen und dieser zugeordnet.

A hat ab dem ersten Tag der Tätigkeit bei der Projektentwicklungsfirma P seine erste Tätigkeitsstätte, da er P zugeordnet ist und seine Tätigkeit bei P ohne Befristung und damit dauerhaft ausüben soll. Die Tätigkeit bei P ist nämlich weder kalendermäßig noch nach Art, Zweck oder Beschaffenheit der Arbeitsleistung zeitlich bestimmt. Für die Fahrten von der Wohnung des A zur Projektentwicklungsfirma P kann nur die Entfernungspauschale (vgl. dieses Stichwort) steuerlich berücksichtigt werden.

b) Fahrtkostenersatz

Liegt hingegen eine beruflich veranlasste Auswärtstätigkeit vor, weil der Arbeitnehmer ohne erste Tätigkeitsstätte bei seiner individuellen beruflichen Tätigkeit typischerweise nur an ständig wechselnden Einsatzstellen tätig wird, kann der Arbeitgeber dem Arbeitnehmer die mit dem eigenen Pkw entstandenen **Fahrtkosten** grundsätzlich nach Reisekostengrundsätzen **steuerfrei** erstatten. Ohne Einzelnachweis der tatsächlich entstandenen Aufwendungen kann der Arbeitgeber die pauschalen Kilometersätze (z. B. 0,30 € je gefahrenen Kilometer bei Benutzung eines Pkws) steuerfrei ersetzen (vgl. hierzu in Anhang 4 „Reisekosten bei Auswärtstätigkeiten" unter Nr. 7).	nein	nein

Beispiel A

Leiharbeitnehmer B wird ab 1.1.2021 für zwei Jahre beim Entleiher Z tätig. Er ist keiner ortsfesten betrieblichen Einrichtung zugeordnet.

Aufgrund der befristeten Tätigkeit von nicht mehr als vier Jahren beim Entleiher Z liegt eine beruflich veranlasste Auswärtstätigkeit vor. Die entstehenden Fahrtkosten sind in voller Höhe nach Reisekostengrundsätzen steuerfrei.

Von diesem Grundsatz gibt es eine wichtige Ausnahme: Liegt keine erste Tätigkeitsstätte vor und bestimmt der **Arbeitgeber** durch arbeitsrechtliche Festlegung, dass der Arbeitnehmer sich **dauerhaft typischerweise arbeitstäglich an einem festgelegten Ort** einfinden soll, um von dort seine unterschiedlichen eigentlichen Einsatzorte aufzusuchen oder dort die Arbeit aufzunehmen (z. B. bei Bauarbeitern der Betrieb als Treffpunkt für einen Sammeltransport zur Baustelle), werden die Fahrten des Arbeitnehmers von der Wohnung zu diesem vom Arbeitgeber festgelegten Ort *„wie"* Fahrten zu einer ersten Tätigkeitsstätte behandelt (§ 9 Abs. 1 Satz 3 Nr. 4a Satz 3 EStG). „Typischerweise arbeitstäglich" erfordert ein – bis auf Urlaubs-, Krankheits- oder z. B. Fortbildungstage – arbeitstägliches Aufsuchen desselben Ortes.

Für diese Fahrten zum vom Arbeitgeber bestimmten Sammelpunkt darf nur die **Entfernungspauschale** angesetzt werden. Ein steuerfreier Arbeitgeberersatz der Fahrtkosten in Höhe der Entfernungspauschale kommt nicht in Betracht. Allerdings kann bei Benutzung eines Pkw ein entsprechender Arbeitgeberersatz mit 15 % pauschal besteuert werden.	ja	nein

Beispiel B

Ein Bauarbeiter fährt jeden Morgen mit seinem eigenen Pkw zum Betrieb des Arbeitgebers und wird zusammen mit seinen Kollegen in einem Kleinbus des Arbeitgebers zu den unterschiedlichen Baustellen gebracht. Der Bauarbeiter ist keiner betrieblichen Einrichtung zugeordnet.

Der Bauarbeiter hat keine erste Tätigkeitsstätte im Betrieb des Arbeitgebers, da er dort nicht seine eigentliche berufliche Tätigkeit ausübt. Trotz des Vorliegens einer beruflich veranlassten Auswärtstätigkeit ab Verlassen seiner Wohnung erhält er für die Fahrten zum Betrieb lediglich die Entfernungspauschale, da es sich um dauerhafte, arbeitstägliche Fahrten zu einem Arbeitgeber-Sammelpunkt handelt (vgl. das Stichwort „Entfernungspauschale" unter Nr. 11 Buchstabe b).

In den Fällen einer **Firmenwagengestellung** ist auch für die Fahrten zum vom Arbeitgeber bestimmten Sammelpunkt ein geldwerter Vorteil nach der 0,03 %-Bruttolistenpreisregelung oder der Fahrtenbuchmethode anzusetzen (§ 8 Abs. 2 Sätze 3 und 4 EStG).

Beispiel C

Die Außendienstmitarbeiter kommen morgens täglich mit ihrem Firmenwagen in den Betrieb des Arbeitgebers um die neuen Aufträge abzuholen und die erledigten Aufträge des Vortags abzugeben. Sie sind dem Betrieb des Arbeitgebers nicht dauerhaft zugeordnet.

Die Außendienstmitarbeiter haben keine erste Tätigkeitsstätte im Betrieb des Arbeitgebers, da sie dort nicht ihre eigentliche berufliche Tätigkeit ausüben. Trotz des Vorliegens einer beruflich veranlassten Auswärtstätigkeit ab Verlassen der Wohnung ist für die mit dem Firmenwagen durchgeführten Fahrten zum Betrieb ein geldwerter Vorteil anzusetzen, da es sich um dauerhafte, arbeitstägliche Fahrten zu einem Arbeitgeber-Sammelpunkt handelt (vgl. das Stichwort „Firmenwagen zur privaten Nutzung" unter Nr. 3 Buchstabe i).

Ein Arbeitgeber-Sammelpunkt kann auch dann vorliegen, wenn der **Arbeitgeber** dauerhaft die Abläufe von **Fahrgemeinschaften** bestimmt.

Beispiel D

Der Arbeitgeber hat bestimmt, dass der Arbeitnehmer sich dauerhaft typischerweise arbeitstäglich am Wohnsitz des Kollegen einfinden soll, um von dort mit diesem gemeinsam die unterschiedlichen eigentlichen Einsatzorte aufzusuchen.

Es handelt sich beim Wohnsitz des Kollegen um einen Arbeitgeber-Sammelpunkt mit der Folge, dass der Arbeitnehmer bei Benutzung seines Pkw für die Fahrten von seiner Wohnung zum Wohnsitz des Kollegen nur die Entfernungspauschale als Werbungskosten ansetzen kann bzw. bei Zurverfügungstellung eines Firmenwagens für diese Fahrten ein geldwerter Vorteil nach der 0,03 %-Bruttolistenpreisregelung bzw. der Fahrtenbuchmethode zu ermitteln ist. Bei den Fahrten vom Wohnsitz des Kollegen zu den unterschiedlichen Einsatzorten handelt es sich um Reisekosten.

Abwandlung

Der Arbeitgeber hat bestimmt, dass die Kollegen mit dem Firmenwagen die unterschiedlichen Einsatzorte aufzusuchen haben. Den genauen Treffpunkt (z. B. Wohnort des Kollegen) bestimmt der Arbeitgeber aber nicht.

Es handelt sich beim „Treffpunkt" nicht um einen Arbeitgeber-Sammelpunkt mit der Folge, dass es sich bei den Fahrten von der Wohnung zu diesem Treffpunkt um Reisekosten handelt. Bei der Firmenwagengestellung für diese Fahrten liegt eine steuerfreie Sachleistung vor.

Treffen sich mehrere Arbeitnehmer typischerweise arbeitstäglich an einem bestimmten Ort, um von dort aus gemeinsam zu ihren Tätigkeitsstätten zu fahren **(privat organisierte Fahrgemeinschaft),** liegt kein Sammelpunkt im Sinne der vorstehenden Fahrtkostenbegrenzung vor. Es fehlt insoweit bereits an einer arbeitsrechtlichen Festlegung des Arbeitgebers.

Beispiel E

Drei Bauarbeiter treffen sich jeden Morgen auf einem Parkplatz in der Nähe der Autobahn, um von dort aus gemeinsam die jeweilige Baustelle aufzusuchen.

Die Fahrten von der jeweiligen Wohnung zum Parkplatz bzw. weiter zur Baustelle können in Höhe der tatsächlichen Aufwendungen (0,30 €) je gefahrenen Kilometer steuerlich geltend gemacht werden.

Unabhängig von der ggf. begrenzten Abziehbarkeit der Fahrtkosten beginnt die beruflich veranlasste **Auswärtstätigkeit** bereits mit dem **Verlassen der Wohnung** und endet mit der **Rückkehr zur Wohnung.** Dies ist insbesondere von Bedeutung für die Berechnung der Abwesenheitsdauer zur Gewährung der Verpflegungspauschalen (vgl. nachfolgenden Buchstaben c). Die Verpflegungspauschale kann – neben einem Werbungskostenabzug beim Arbeitnehmer – vom Arbeitgeber weiterhin nach Reisekostengrundsätzen steuerfrei erstattet werden. Lediglich die Höhe der steuerlich zu berücksichtigenden Fahrtkosten wird bei einem Arbeitgeber-Sammelpunkt begrenzt, ohne eine erste Tätigkeitsstätte zu fingieren.

	Lohn-steuer-pflichtig	Sozial-versich.-pflichtig

c) Verpflegungsmehraufwand

Der Arbeitgeber kann bei einer beruflich veranlassten Auswärtstätigkeit des Arbeitnehmers mit einer täglichen Rückkehr zur Wohnung bei einer Abwesenheitszeit von **mehr als acht Stunden** eine Verpflegungspauschale von **14 €** (bis 31.12.2019 = 12 €) steuerfrei zahlen. — nein — nein

E

Zur Kürzung der Verpflegungspauschalen bei einer Mahlzeitengestellung durch den Arbeitgeber oder auf dessen Veranlagung durch einen Dritten vgl. Anhang 4 Nr. 10 besonders unter dem Buchstaben e.

Die maßgebende Abwesenheitszeit beginnt bei Arbeitnehmern **ohne** erste Tätigkeitsstätte mit dem Verlassen der Wohnung und endet, wenn der Arbeitnehmer in seine Wohnung zurückkehrt. Dabei ist es gleichgültig, ob die Abwesenheitsdauer auf der tatsächlichen Arbeitszeit, auf schlechten Verkehrsverbindungen oder auf anderen beruflich veranlassten Umständen beruht. Bei Arbeitnehmern **mit** erster Tätigkeitsstätte ist hingegen die Abwesenheitszeit von der Wohnung und der ersten Tätigkeitsstätte entscheidend (vgl. die Erläuterungen und das Beispiel B in Anhang 4 „Reisekosten bei Auswärtstätigkeiten" unter Nr. 9 Buchstabe a).

Bei einer länger andauernden Beschäftigung an derselben Einsatzstelle, die über drei Monate hinausgeht, können die Verpflegungspauschalen **nur für die ersten drei Monate** steuerfrei ersetzt werden (§ 9 Abs. 4a Satz 6 EStG). Vom Beginn des **vierten** Monats einer ununterbrochenen Tätigkeit an derselben Einsatzstelle kann der Arbeitgeber die Verpflegungspauschalen **nicht mehr steuerfrei ersetzen.**

Beispiel A

Leiharbeitnehmer B wird ab 1.1.2021 für vier Monate beim Entleiher Z tätig. Er ist keiner ortsfesten betrieblichen Einrichtung zugeordnet.

Aufgrund der befristeten Tätigkeit beim Entleiher Z liegt eine beruflich veranlasste Auswärtstätigkeit vor. Die Verpflegungspauschalen können jedoch nur für drei Monate, also für den Zeitraum Januar bis März 2021 steuerlich geltend gemacht werden (steuerfreier Arbeitgeberersatz oder Werbungskostenabzug).

Die Anwendung der Dreimonatsfrist bei einer Einsatzwechseltätigkeit an derselben Tätigkeitsstätte hat der Bundesfinanzhof bestätigt (BFH-Urteil vom 15.5.2013, BStBl. II S. 704). Insoweit könne z. B. für Leiharbeitnehmer nichts anderes gelten als für andere Arbeitnehmer, die sich auf Auswärtstätigkeit befinden, indem sie bei Kunden ihres Arbeitgebers tätig werden. Zur Nichtanwendung der Dreimonatsfrist bei einer Fahrtätigkeit vgl. dieses Stichwort unter Nr. 4 Buchstabe d.

Eine berufliche Tätigkeit an derselben Tätigkeitsstätte liegt nur vor, wenn der Arbeitnehmer an dieser Tätigkeitsstätte mindestens an drei Tagen wöchentlich tätig wird. Die **Dreimonatsfrist** beginnt daher **nicht,** solange die auswärtige Tätigkeitsstätte nur an **zwei Tagen wöchentlich aufgesucht** wird.

Beispiel B

Der Bauarbeiter B soll ab März arbeitstäglich auf der Baustelle in Potsdam für fünf Monate tätig werden. Am 3. April nimmt er dort seine Tätigkeit auf. Ab 22. Mai wird er nicht nur in Potsdam, sondern für einen Tag wöchentlich auch an der Baustelle in Berlin tätig, da dort ein Kollege ausgefallen ist.

Für die Tätigkeit an der Baustelle in Potsdam beginnt die Dreimonatsfrist am 3. April und endet am 2. Juli. Für die Tätigkeit an der Baustelle in Berlin greift die Dreimonatsfrist hingegen nicht, da B dort lediglich einen Tag wöchentlich tätig wird.

Beispiel C

Wie Beispiel B. Allerdings wird B ab 3. April zwei Tage wöchentlich in Potsdam und drei Tage wöchentlich in Berlin tätig. Ab 16. April muss er für zwei Wochen nach Hannover. Ab 1. Mai ist er dann bis auf Weiteres drei Tage wöchentlich in Potsdam und zwei Tage in Berlin tätig.

	Lohn-steuer-pflichtig	Sozial-versich.-pflichtig

Für die Tätigkeit an der Baustelle in Berlin beginnt die Dreimonatsfrist am 3. April und endet am 2. Juli.

Für die Tätigkeit an der Baustelle in Potsdam beginnt die Dreimonatsfrist hingegen erst am 1. Mai, da B dort erst ab diesem Tag an drei Tagen wöchentlich tätig wird.

Für die zweiwöchige Tätigkeit in Hannover spielt die Dreimonatsfrist keine Rolle.

Bei einem **Wechsel der Einsatzstelle** beginnt stets eine **neue Dreimonatsfrist** und zwar unabhängig davon, wie weit die neue Einsatzstelle von der bisherigen Tätigkeitsstelle entfernt ist.

Beispiel D

Ein Bauarbeiter, ohne erste Tätigkeitsstätte, ist in Leipzig in der Zeit vom 1. 1. 2021 bis zum 31. 3. 2021 auf der Baustelle A und in der Zeit vom 1. 4. 2021 bis zum 30. 6. 2021 auf der Baustelle B tätig. Die Entfernung zwischen den beiden Baustellen beträgt lediglich 3 km.

Durch den Wechsel der Einsatzstelle am 1. 4. 2021 beginnt eine neue Dreimonatsfrist. Unter Beachtung der Mindestabwesenheitszeit von der Wohnung von mehr als acht Stunden kann der Arbeitgeber dem Arbeitnehmer sowohl in der Zeit vom 1. 1. 2021 bis zum 31. 3. 2021 als auch in der Zeit vom 1. 4. 2021 bis zum 30. 6. 2021 die Verpflegungspauschale von 14 € steuerfrei erstatten.

Werden im Rahmen einer beruflichen Auswärtstätigkeit mehrere ortsfeste betriebliche Einrichtungen innerhalb eines großräumigen Werks- oder Betriebsgeländes aufgesucht, handelt es sich um die Tätigkeit an einer Tätigkeitsstätte und die Dreimonatsfrist ist zu beachten. Handelt es sich jedoch um einzelne ortsfeste betriebliche Einrichtungen **verschiedener Auftraggeber oder Kunden,** liegen mehrere Tätigkeitsstätten vor mit der Folge, dass ein Wechsel zu einem Neubeginn der Dreimonatsfrist führt. Dies gilt auch dann, wenn sich die Tätigkeitsstätten in unmittelbarer räumlicher Nähe zueinander befinden.

Beispiel E

Arbeitnehmer C, der keine erste Tätigkeitsstätte hat und daher eine Einsatzwechseltätigkeit ausübt, wird vom 1. August 2021 für sechs Monate in einem großen Bürogebäude tätig. Die ersten drei Monate im ersten Stock des Gebäudes für den Kunden A und die zweiten drei Monate im dritten Stock des Gebäudes für den Kunden B.

Da die Tätigkeiten unterschiedlichen Auftraggebern zugerechnet werden können, führt der nach den ersten drei Monaten vorgenommene Wechsel vom Kunden A zum Kunden B zu einer neuen Dreimonatsfrist. Unmaßgeblich ist, dass beide Kunden ihren Sitz im selben Gebäude haben. C kann folglich für die gesamten sechs Monate Verpflegungspauschalen in Anspruch nehmen.

Um die Berechnung der Dreimonatsfrist zu vereinfachen, ist eine **rein zeitliche Bemessung der Unterbrechungsregelung** eingeführt worden. Danach führt eine Unterbrechung der beruflichen Tätigkeit an derselben Tätigkeitsstätte zu einem Neubeginn der Dreimonatsfrist, wenn sie **mindestens vier Wochen** dauert (§ 9 Abs. 4a Satz 7 EStG). Unerheblich ist, aus welchem Grund (z. B. Krankheit, Urlaub, Tätigkeit an einer anderen Tätigkeitsstätte) die Tätigkeit unterbrochen wird; es zählt nur die Unterbrechungsdauer.

Beispiel F

Bauarbeiter F ist vom 1.4.2021 bis zum 30.11.2021 auf der gleichen Baustelle eingesetzt. Im Monat Juli hat er Urlaub.

Im Jahr 2021 stehen F die Verpflegungspauschalen in den Monaten April bis Juni (= erster Ablauf der Dreimonatsfrist) und August bis Oktober (= zweiter Ablauf der Dreimonatsfrist) zu. Die mehr als vierwöchige Unterbrechung der Auswärtstätigkeit durch Urlaub im Juli 2021 führt zu einem Neubeginn der Dreimonatsfrist.

Die Dreimonatsfrist ist unbeachtlich, wenn die Tätigkeit des Arbeitnehmers dadurch geprägt ist, dass er mehrmals am Tage den Tätigkeitsort wechselt, wie dies z. B. bei einem **Vertreter** oder **Kundendiensttechniker** der Fall ist. Es fehlt an einem Tätigwerden an „derselben Tätigkeitsstätte".

	Lohn-steuer-pflichtig	Sozial-versich.-pflichtig
Ebenfalls nicht anzuwenden ist die Dreimonatsfrist bei einer Tätigkeit in einem **weiträumigen Tätigkeitsgebiet** (vgl. „Weiträumiges Tätigkeitsgebiet“).		

In den Fällen, in denen sich die auswärtige Tätigkeitsstätte des Arbeitnehmers infolge der Eigenart der Tätigkeit laufend örtlich verändert (z. B. beim Bau einer Autobahn oder der Montage von Hochspannungsleitungen) ist aufgrund der Verhältnisse im Einzelfall zu entscheiden, ob noch von derselben Tätigkeitsstätte (wie z. B. bei einer Großbaustelle) auszugehen ist. Dabei sollte u.E. in Anlehnung an das weiträumige Tätigkeitsgebiet eine großzügige Auffassung vertreten werden.

Beispiel G

Die Bauarbeiter einer Straßenbaufirma errichten über fünf Monate einen sechs Kilometer langen Autobahnabschnitt.

Die Verpflegungspauschalen sind u.E. für die gesamten sechs Monate zu gewähren.

Beispiel H

Ein Arbeitnehmer ist im Pipelinebau beschäftigt. Das aktuelle Projekt läuft über einen Zeitraum von acht Monaten mit einer Gesamtstrecke von rund 250 km.

Die Verpflegungspauschalen sind u.E. für die gesamten acht Monate zu gewähren.

Auch bei einer Tätigkeit an ständig wechselnden Tätigkeitsstätten im Ausland kann der Verpflegungsmehraufwand nur in Form von pauschalen **Auslandstagegeldern** vom Arbeitgeber steuerfrei ersetzt oder vom Arbeitnehmer als Werbungskosten abgezogen werden. Der Einzelnachweis von Verpflegungsmehraufwendungen ist ausgeschlossen. Die Auslandstagegelder sind – ebenso wie die Inlandstagegelder – nach der Abwesenheitsdauer von der Wohnung gestaffelt. Bei einer Tätigkeit an ständig wechselnden Tätigkeitsstätten im Ausland mit täglicher Rückkehr zur Wohnung kommen nur der Teilpauschbetrag für eine Abwesenheit von mehr als acht Stunden in Betracht.

Bei einer Abwesenheit von bis zu acht Stunden wird eine Verpflegungspauschale nicht gewährt. Auch ein Einzelnachweis von Verpflegungsmehraufwendungen ist ausgeschlossen.

Die zeitlich gestaffelten Auslandstagegelder können direkt aus der alphabetischen Länderübersicht in Anhang 5a auf Seite 1165 abgelesen werden.

Beispiel I

Ein Arbeitnehmer aus Rosenheim (Deutschland) übt für seine Rosenheimer Firma eine Tätigkeit an ständig wechselnden Tätigkeitsstätten in Kufstein (Österreich) aus. Er ist täglich mehr als acht Stunden von seiner Wohnung abwesend. Der Arbeitgeber kann ihm – maximal für drei Monate je Einsatzstelle – die Verpflegungspauschale in Höhe des Teiltagegelds für Österreich steuerfrei ersetzen. Das Teiltagegeld kann direkt aus der Länderübersicht in Anhang 5a auf Seite 1165 abgelesen werden. Es beträgt bei einer Abwesenheit von mehr als acht Stunden 27 €.

Vgl. im Übrigen auch die Erläuterungen in Anhang 4 „Reisekosten bei Auswärtstätigkeiten“ unter Nr. 9 und unter den Nrn. 15 und 16.

Zum steuerfreien Arbeitgeberersatz oder Werbungskostenabzug bei einer Einsatzwechseltätigkeit mit Übernachtung im Ausland vgl. nachfolgende Nr. 6.

4. Ständig wechselnde Tätigkeitsstätten mit auswärtiger Übernachtung

a) Allgemeines

Der Bundesfinanzhof hat entschieden, dass ein Arbeitnehmer, der typischerweise nur an ständig wechselnden Tätigkeitsstätten beruflich tätig ist und dabei am Ort einer solchen auswärtigen Tätigkeitsstätte vorübergehend eine Unterkunft bezieht, **keine** doppelte Haushaltsführung begründet (BFH-Urteil vom 11.5.2005, BStBl. II S. 782). Dies gilt auch nach der Reform des lohnsteuerlichen Reisekostenrechts zum 1.1.2014, sofern der Arbeitnehmer am Ort der auswärtigen Tätigkeitsstätte keine „erste Tätigkeitsstätte“ hat (in diesem Fall würde eine doppelte Haushaltsführung ggf. gegeben sein). Hieraus folgt, dass einem Arbeitnehmer mit ständig wechselnden Tätigkeitsstätten, der am auswärtigen Tätigkeitsort übernachtet, die Übernachtungs- und Fahrtkosten **in vollem Umfang und zeitlich unbegrenzt** vom Arbeitgeber steuerfrei ersetzt werden können.[1] — nein | nein

E

Beispiel

Leiharbeitnehmer A wird beim 300 km entfernten Entleiher B tätig. Er übernachtet am Tätigkeitsort und fährt lediglich am Wochenende nach Hause.

a) Nach der mit seinem Arbeitgeber (= Verleiher) getroffenen Vereinbarung wird A beim B für 18 Monate tätig.

Es handelt sich um eine beruflich veranlasste Auswärtstätigkeit in Form einer Einsatzwechseltätigkeit. Die Aufwendungen können nach den Grundsätzen der nachfolgenden Buchstaben b bis e steuerfrei erstattet bzw. als Werbungskosten abgezogen werden. A hat in der betrieblichen Einrichtung des Entleihers B keine erste Tätigkeitsstätte, da er dort nicht dauerhaft tätig ist.

b) Nach der mit seinem Arbeitgeber (= Verleiher) getroffenen Vereinbarung wird A beim B unbefristet tätig und ihm zugeordnet.

A hat aufgrund der dauerhaften Zuordnung (= unbefristet) zum B dort seine erste Tätigkeitsstätte, die sich auch in einer ortsfesten Einrichtung eines Dritten befinden kann. Die Aufwendungen können nach den beim Stichwort „Doppelte Haushaltsführung“ dargestellten Grundsätzen vom Arbeitgeber steuerfrei erstattet bzw. von A als Werbungskosten abgezogen werden.

Für die **Fahrtkosten** bedeutet das Vorliegen einer Auswärtstätigkeit, dass für die Fahrten zwischen Wohnung und dem Einsatzort und für die Fahrten zwischen auswärtiger Unterkunft und Einsatzstelle ein steuerfreier Arbeitgeberersatz entweder in Höhe der tatsächlich entstandenen Kosten oder mit den für Auswärtstätigkeiten geltenden pauschalen Kilometersätzen (bei Benutzung eines Pkws 0,30 € je gefahrenen Kilometer) zulässig ist. Auf die Entfernung zwischen auswärtiger Unterkunft und Einsatzstelle kommt es nicht an. — nein | nein

Für die Zahlung steuerfreier Auslösungen an ledige und verheiratete oder verpartnerte Arbeitnehmer mit ständig wechselnden Tätigkeitsstätten und auswärtiger Übernachtung gilt Folgendes:

b) Kosten für die erste und letzte Fahrt

Steuerfrei ersetzbar sind die tatsächlichen Fahrtkosten des Arbeitnehmers für die **erste Fahrt** zum neuen Einsatzort und für die **letzte Fahrt** vom Einsatzort zu seiner Wohnung am Ort des Lebensmittelpunkts. Wird für diese Fahrten vom Arbeitnehmer ein eigenes Kraftfahrzeug benutzt, können die für **Auswärtstätigkeiten** geltenden **Kilometersätze** (= 0,30 € bei Benutzung eines Pkws für jeden tatsächlich gefahrenen Kilometer) oder die nachgewiesenen höheren tatsächlichen Kosten steuerfrei gezahlt werden. — nein | nein

c) Wochenendheimfahrten und Zwischenheimfahrten bei Verheirateten[2] und Ledigen

Es liegt **keine doppelte Haushaltsführung** vor, da diese den Bezug einer Zweitwohnung am Ort einer ersten Tätigkeitsstätte voraussetzt (vgl. vorstehenden Buchstaben a).

---

1) Bei einer Tätigkeit an derselben Tätigkeitsstätte über vier Jahre hinaus ist ab dem 49. Kalendermonat eine Begrenzung der Unterkunftskosten auf 1000 € monatlich vorzunehmen. Bei einer Einsatzwechseltätigkeit wird dies nur selten zur Anwendung kommen. Vgl. im Übrigen in Anhang 4 „Reisekosten bei Auswärtstätigkeiten“ unter Nr. 8 besonders Buchstabe c.

2) Die nachfolgenden Ausführungen gelten entsprechend bei eingetragenen Lebenspartnern (vgl. § 2 Abs. 8 EStG).

Lohnsteuerpflichtig | Sozialversich.-pflichtig

Bei Arbeitnehmern, die aufgrund ihrer individuellen Tätigkeit typischerweise nur an ständig wechselnden Tätigkeitsstätten eingesetzt werden, richtet sich der steuerfreie Arbeitgeberersatz der Fahrtkosten daher nach **Reisekostengrundsätzen.**

Steuerfrei ersetzbar sind die Fahrtkosten in tatsächlich entstandener Höhe. Wird für diese Fahrten ein eigenes Kraftfahrzeug benutzt, können auch hierfür die für **Auswärtstätigkeiten** geltenden **Kilometersätze** (= 0,30 € bei Benutzung eines Pkws für jeden tatsächlich gefahrenen Kilometer) oder die nachgewiesenen höheren tatsächlichen Kosten steuerfrei gezahlt werden. — nein | nein

Es können auch Fahrtkosten für **mehr als eine Heimfahrt wöchentlich** steuerfrei erstattet werden (sog. Zwischenheimfahrten).

Die Aufwendungen des Arbeitnehmers für Heimfahrten können zudem **ohne zeitliche Begrenzung** steuerfrei ersetzt werden.

Beispiel A

Der Arbeitnehmer übt im Kalenderjahr 2021 seinen Beruf typischerweise nur an ständig wechselnden Tätigkeitsstätten mit auswärtiger Übernachtung aus. Am Wochenende fährt er mit dem Pkw zu seiner Wohnung am Ort des Lebensmittelpunkts (Wohnung der Familie). Die einfache Entfernung beträgt 200 Kilometer. Der Arbeitgeber kann für jede Heimfahrt folgenden Betrag steuerfrei ersetzen:

(2 × 0,30 € =) 0,60 € × 200 km = 120,– €

Führt der Arbeitnehmer z. B. 45 Heimfahrten im Kalenderjahr 2021 durch, beträgt der steuerfreie Arbeitgeberersatz insgesamt

200 km × 0,60 € × 45 Fahrten = 5 400,– €

In voller Höhe und zeitlich unbegrenzt steuerfrei ersetzbar sind auch die Fahrtkosten am auswärtigen Beschäftigungsort von der Unterkunft zur Einsatzstelle. — nein | nein

Beispiel B

Wie Beispiel A. Außerdem fallen an 20 Arbeitstagen monatlich Fahrten von der Unterkunft zur Einsatzstelle (Entfernung = 6 km) an.

Der Arbeitgeber kann hierfür monatlich Fahrtkosten in folgender Höhe steuerfrei ersetzen:

20 Arbeitstage × 12 km
(6 Entfernungs-km × 2) × 0,30 € = 72 €.

d) Verpflegungsmehraufwand

Ersatzleistungen des Arbeitgebers für Verpflegungsmehraufwand können **drei Monate** lang für jeden Kalendertag mit einer Abwesenheitszeit von **24 Stunden** in Höhe von **28 €** (bis 31.12.2019 = 24 €) und für den **An- und Abreisetag** ohne Mindestabwesenheitszeit in Höhe von **14 €** (bis 31.12.2019 = 12 €) steuerfrei ersetzt werden. — nein | nein

Die vorstehenden Beträge gelten auch dann, wenn Arbeitnehmer mit ausländischem Wohnsitz in Deutschland tätig werden. Für die Dauer der **Abwesenheit** ist stets auf die Abwesenheit von dem Ort abzustellen, an dem sich der **Mittelpunkt** der **Lebensinteressen** des Arbeitnehmers befindet (BFH-Urteil vom 8.10.2014, BStBl. 2015 II S. 231).

Beispiel

Ein Arbeitnehmer mit ständig wechselnden Tätigkeitsstätten und auswärtiger Übernachtung wird ab 1. 3. 2021 auf einer Baustelle in München tätig. Er hat seinen Mittelpunkt der Lebensinteressen in einer Wohnung in Passau. In München übernachtet er in einer Baubaracke auf der Baustelle. Der Arbeitgeber kann in der Zeit vom 1. 3.–31. 5. 2021 folgende Verpflegungspauschalen steuerfrei ersetzen:

- für Dienstag, Mittwoch und Donnerstag jeweils (da die Abwesenheit von Passau 24 Stunden beträgt) 28,– €
- für Montag und Freitag als An- bzw. Abreisetag ohne Prüfung einer Mindestabwesenheitszeit jeweils 14,– €
- für Tage, an denen sich der Arbeitnehmer ganz zu Hause aufhält (Samstag und Sonntag) 0,– €

Nach Ablauf von drei Monaten ist ein steuerfreier Arbeitgeberersatz für Verpflegungsmehraufwand nicht mehr möglich.

Zum **Neubeginn** der **Dreimonatsfrist** nach einer vierwöchigen Unterbrechung bzw. bei einem Wechsel der Einsatzstelle vgl. die Erläuterungen und Beispiele unter der vorstehenden Nr. 3 Buchstabe c sowie in Anhang 4 „Reisekosten bei Auswärtstätigkeiten“ unter Nr. 9 Buchstabe d.

Werden dem Arbeitnehmer bei einer Auswärtstätigkeit vom Arbeitgeber übliche **Mahlzeiten** gewährt, gilt Folgendes:

Seit 1.1.2014 **entfällt** grundsätzlich eine **Versteuerung** üblicher Mahlzeiten und die **Verpflegungspauschalen** sind wie folgt zu **kürzen:**

- um **20 % für ein Frühstück** und
- um **jeweils 40 % für ein Mittag- und Abendessen**

der für die **24-stündige** Abwesenheit geltenden **Tagespauschale.** Das entspricht für Auswärtstätigkeiten im Inland einer Kürzung der jeweils zustehenden Verpflegungspauschale um 5,60 für ein Frühstück (= 20 % von 28 €) und jeweils 11,20 für ein Mittag- und Abendessen (= jeweils 40 % von 28 €). Vgl. im Einzelnen die Ausführungen und Beispiele in Anhang 4 „Reisekosten bei Auswärtstätigkeiten“ unter Nr. 10.

e) Kosten der Unterkunft

Ersatzleistungen des Arbeitgebers für die Kosten der Unterkunft am Einsatzort können **zeitlich unbegrenzt** entweder in Höhe der tatsächlich entstandenen Kosten[1] oder ohne Einzelnachweis der tatsächlichen Kosten in folgender Höhe steuerfrei gezahlt werden:

- je Übernachtung **20,– €** — nein | nein

Voraussetzung für die steuerfreie Zahlung des Pauschbetrags von 20 € durch den Arbeitgeber ist jedoch, dass die Übernachtung nicht in einer vom Arbeitgeber unentgeltlich oder verbilligt gestellten Unterkunft erfolgt (R 9.7 Abs. 3 Satz 6 LStR).

Anstelle des Pauschbetrags von 20 € kann der Arbeitgeber dem Arbeitnehmer auch die Kosten der Unterbringung **in der nachgewiesenen Höhe** steuerfrei ersetzen. — nein[1] | nein[1]

Zur Erstattung der Unterkunftskosten und zum Werbungskostenabzug vgl. auch die Erläuterungen in Anhang 4 „Reisekosten bei Auswärtstätigkeiten“ unter den Nrn. 8, 14 Buchstabe c und 20.

f) Schaubild und Berechnungsbeispiel zum steuerfreien Arbeitgeberersatz

Die Regelungen für den steuerfreien Arbeitgeberersatz sollen durch ein Schaubild und Berechnungsbeispiele verdeutlicht werden:

1) Bei einer Tätigkeit an derselben Tätigkeitsstätte über vier Jahre hinaus ist ab dem 49. Kalendermonat eine Begrenzung der Unterkunftskosten auf 1000 € monatlich vorzunehmen. Bei einer Einsatzwechseltätigkeit wird dies nur selten zur Anwendung kommen. Vgl. im Übrigen in Anhang 4 „Reisekosten bei Auswärtstätigkeiten“ unter Nr. 8 besonders Buchstabe c.

Lohn-steuer-pflichtig | Sozial-versich.-pflichtig

Ständig wechselnde Tätigkeitsstätten mit auswärtiger Übernachtung

Verheiratete[1] | **Ledige** mit und ohne eigenen Hausstand

drei Monate lang

- für **Verpflegung** täglich **28 €**
  (bei Heimfahrten für An- und Rückreisetage 14 €)
- für **jede Übernachtung** **20 €**
  Anstelle des Pauschbetrags von 20 € können auch die tatsächlich entstandenen Übernachtungskosten angesetzt werden.
- **Fahrtkostenersatz**
  für **jede Heimfahrt** in Höhe der tatsächlichen Kosten oder bei Benutzung eines eigenen Pkws mit **0,30 €** je gefahrenen Kilometer; Entsprechendes gilt für die Fahrten von der Unterkunft zur Einsatzstelle am auswärtigen Beschäftigungsort.

nach drei Monaten

für Verpflegung **0 €**

unbegrenzt

je **Übernachtung** **20 €**
Anstelle des Pauschbemtrags von 20 € können auch die tatsächlich entstandenen Übernachtungskosten angesetzt werden.

Fahrtkostenersatz
für **jede Heimfahrt** in Höhe der tatsächlichen Kosten oder bei Benutzung eines eigenen Pkws mit **0,30 €** je gefahrenen Kilometer; Entsprechendes gilt für die Fahrten von der Unterkunft zur Einsatzstelle am auswärtigen Beschäftigungsort.

Beispiel A

Ein in München wohnhafter lediger Arbeitnehmer wird nur an ständig wechselnden Tätigkeitsstätten eingesetzt (Bauarbeiter). Für die Zeit vom 1. März bis 15. August 2021 wird er von seiner Münchner Firma auf eine Baustelle nach Stuttgart entsandt (200 km entfernt). Der Arbeitnehmer übernachtet in Stuttgart in einem möblierten Zimmer. Vom 16. August bis 30. September 2021 ist er wieder in München an ständig wechselnden Einsatzstellen tätig. Vom 1. Oktober bis 15. November 2021 wird er erneut auf die Baustelle nach Stuttgart entsandt. Dem Arbeitnehmer können folgende Auslösungen steuerfrei gezahlt werden:

Für die ersten drei Monate:

Für die erste Fahrt nach Stuttgart 0,30 € für 200 Kilometer — 60,– €

Für die Zeit vom 1. März bis 31. Mai 2021 (= Dreimonatszeitraum) für jeden Tag, an dem der Arbeitnehmer 24 Stunden von seiner Wohnung in München abwesend war, für Verpflegungsmehraufwendungen — 28,– €

Ist der Arbeitnehmer an den An- und Abreisetagen bei Wochenendheimfahrten weniger als 24 Stunden von seiner Wohnung in München abwesend, können nur 14 € für diese Tage steuerfrei gezahlt werden. Auf eine Mindestabwesenheitszeit kommt es nicht an. — 14,– €

Für die Zeit vom 1. März bis 31. Mai 2021 für jede Übernachtung in Stuttgart — 20,– €

Der Pauschbetrag darf nicht steuerfrei gezahlt werden, wenn die Unterkunft z. B. in einer Baubaracke dem Arbeitnehmer aufgrund des Dienstverhältnisses unentgeltlich oder verbilligt zur Verfügung gestellt wird.

Der Arbeitgeber könnte anstelle des Pauschbetrags von 20 € je Übernachtung auch die tatsächlich entstandenen Übernachtungskosten steuerfrei erstatten. Beträgt die Miete für das möblierte Zimmer z. B. 250 €, wird der Arbeitgeber die Pauschbeträge steuerfrei zahlen, da dies günstiger ist als die Berücksichtigung der tatsächlichen Kosten von 250 € monatlich.

Für die Zeit vom 1. März bis 31. Mai 2021 für jede Heimfahrt (2 × 0,30 € =) 0,60 € für 200 Kilometer — 120,– €

Nach Ablauf des Dreimonatszeitraums:

Für die Zeit vom 1. Juni bis 15. August 2021 für Verpflegungsmehraufwand — 0,– €

Für die Zeit vom 1. Juni bis 15. August 2021 für jede Übernachtung in Stuttgart — 20,– €

Auch nach Ablauf des Dreimonatszeitraums kann der Arbeitgeber anstelle des Pauschbetrags von 20 € je Übernachtung die tatsächlichen Übernachtungskosten steuerfrei erstatten.

Für die Zeit vom 1. Juni bis 15. August 2021 für jede Heimfahrt (2 × 0,30 € =) 0,60 € für 200 Kilometer — 120,– €

Da die Unterbrechung vom 16. August an durch die Tätigkeiten in München länger als vier Wochen dauert, beginnt am **1. Oktober 2021 für die Berücksichtigung der Verpflegungsmehraufwendungen ein neuer Dreimonatszeitraum.**

Der Arbeitgeber kann folgende Auslösungen steuerfrei ersetzen:

Für jede Heimfahrt (2 × 0,30 € =) 0,60 € für 200 Kilometer — 120,– €

Für die Zeit vom 1. 10. bis 15. 11. 2021 für jeden Tag, an dem der Arbeitnehmer 24 Stunden von seiner Wohnung in München abwesend war, für Verpflegungsmehraufwendungen — 28,– €

Ist der Arbeitnehmer an den An- und Abreisetagen bei Wochenendheimfahrten weniger als 24 Stunden von seiner Wohnung in München abwesend, können nur 14 € für diese Tage steuerfrei gezahlt werden. Auf eine Mindestabwesenheitszeit kommt es nicht an. — 14,– €

Für jede Übernachtung in Stuttgart in der Zeit vom 1. 10. bis 15. 11. 2021 ein Übernachtungsgeld von — 20,– €

Der Pauschbetrag darf nicht steuerfrei gezahlt werden, wenn die Unterkunft z. B. in einer Baubaracke dem Arbeitnehmer aufgrund des Dienstverhältnisses unentgeltlich oder verbilligt zur Verfügung gestellt wird.
Der Arbeitgeber könnte anstelle des Pauschbetrags von 20 € je Übernachtung auch die tatsächlich entstandenen Übernachtungskosten steuerfrei erstatten.

Für die letzte Fahrt von Stuttgart zurück nach München 0,30 € für 200 Kilometer — 60,– €

Beispiel B

Benutzt der Arbeitnehmer im Beispiel A seinen Pkw auch zu täglichen Fahrten von seiner Unterkunft zur Einsatzstelle in Stuttgart (einfache Entfernung 30 km), kann ihm der Arbeitgeber für diese Fahrten zusätzlich zu den in Beispiel A genannten Beträgen folgende Auslösungen für die Zeit vom 1. März bis 15. August 2021 und vom 1. Oktober bis 15. November 2021 steuerfrei zahlen:

arbeitstäglich (2 × 0,30 € =) 0,60 € × 30 km = 18,– €.

5. Einheitliche Auslösungen und Wochenendauslösungen

Vor allem im Baugewerbe werden Arbeitnehmern, die nicht täglich nach Hause zurückkehren, einheitliche Auslösungen für Verpflegungsmehraufwendungen und Über-

1) Die nachfolgenden Regelungen gelten entsprechend für eingetragene Lebenspartner (§ 2 Abs. 8 EStG).

E

Lohn- steuer- pflichtig | Sozial- versich.- pflichtig

nachtungskosten am Beschäftigungsort gezahlt. Soweit solche Arbeitnehmer am Arbeitsort in Hotels, Pensionen, möblierten Zimmern usw. untergebracht sind und hierfür an den Vermieter, der nicht zugleich Arbeitgeber dieser Bauarbeiter ist, ein Entgelt zahlen, kann vom Arbeitgeber neben dem Verpflegungszuschuss ein steuerfreies Übernachtungsgeld von bis zu 20 € täglich gezahlt werden; die **einheitliche Auslösung** bleibt in diesen Fällen **steuerfrei**, wenn sie insgesamt den **Pauschbetrag** für Verpflegungsmehraufwendungen und Übernachtungskosten in folgender Höhe **nicht übersteigt:**

E

Für die ersten drei Monate:

- bei einer Abwesenheit von der Familienwohnung von 24 Stunden (28 € + 20 €) **48,– €**[1)]
- an den Anreisetagen bei Wochenendheimfahrten **14,– €**[1)]
- an den Abreisetagen bei Wochenendheimfahrten **34,– €**[1)]

Auf eine Mindestabwesenheitszeit von der Familienwohnung kommt es beim An- und Abreisetag nicht an.

Ab dem vierten Monat:

- Pauschbetrag für Übernachtung **20,– €**

Beispiel A

Ein Arbeitnehmer ist innerhalb des Dreimonatszeitraums von montags bis freitags einer Woche auf einer Baustelle beschäftigt und übernachtet auch an diesem Ort. Der Arbeitnehmer verlässt jeweils Montagfrüh seine Wohnung und kehrt Freitagabend zurück. Der Arbeitgeber zahlt eine Auslösung von 35 € täglich.

Bei fünf Arbeitstagen kann der Arbeitgeber steuerlich drei Tagegelder à 28 € und zwei Tagegelder à 14 € (= 112 €), sowie vier Übernachtungsgelder à 20 € (= 80 €), insgesamt also 192 € steuerfrei lassen. Die tatsächlich gezahlten Auslösungsbeträge (5 × 35 € = 175 €) übersteigen diesen Betrag nicht und können daher steuerfrei bleiben.

Nach Ablauf von drei Monaten kann der Arbeitgeber nur noch vier Übernachtungsgelder à 20 €, insgesamt also 80 € steuerfrei zahlen. Der Differenzbetrag zu den tatsächlich gezahlten Auslösungen ist steuerpflichtig. Steuerpflichtig sind somit ab dem vierten Monat (175 € – 80 € =) 95 € wöchentlich. Eine Pauschalbesteuerung mit 25 % (vgl. Anhang 4 Nr. 12) kommt nicht in Betracht, da die hierfür maßgebende Verpflegungspauschale ab dem vierten Monat 0 € beträgt.

In Tarifverträgen ist häufig vorgesehen, dass bei einer längerfristigen Auswärtstätigkeit eine Erstattung der Kosten für Zwischenheimfahrten nur in bestimmten zeitlichen Abständen erfolgt, d. h. die Kosten für Familienheimfahrten werden vom Arbeitgeber oft nur für eine Heimfahrt monatlich ersetzt. In der Regel fahren aber die Arbeitnehmer auch an den Wochenenden, für die sie keinen Anspruch auf Ersatz der Kosten für die Zwischenheimfahrten haben, auf eigene Kosten nach Hause. Aus der Sicht des Arbeitgebers, der für die Wochenenden, für die Heimfahrtkosten nicht vergütet werden, zur Zahlung der üblichen Auslösungen verpflichtet bleibt, stellt sich in diesen Fällen die Frage, wie diese Auslösungen (sog. **Wochenendauslösungen**), soweit sie auf zu Hause verbrachte Tage entfallen, lohnsteuerlich zu behandeln sind. Aufgrund der in R 3.16 LStR zugelassenen Zusammenfassung der einzelnen Aufwendungsarten gilt Folgendes: Verpflegungsgelder gehören in solchen Fällen im Grundsatz zum steuerpflichtigen Arbeitslohn, die Übernachtungsgelder dagegen nur dann, wenn z. B. durch die Aufgabe der Unterkunft während der zu Hause verbrachten Tage Übernachtungskosten nicht entstehen (muss der Arbeitnehmer also während der zu Hause verbrachten Zeit weiterhin die Unterkunft bezahlen, kann der Arbeitgeber auch Übernachtungsgelder steuerfrei ersetzen).

Die hiernach an sich steuerpflichtigen Teile der Wochenendauslösung bleiben jedoch in Höhe des Betrags steuerfrei, den der Arbeitgeber beim Ersatz der Kosten für eine tatsächlich durchgeführte Heimfahrt steuerfrei lassen könnte.

Lohn- steuer- pflichtig | Sozial- versich.- pflichtig

Beispiel B

Ein Arbeitnehmer mit ständig wechselnden Tätigkeitsstätten ist im September 2021 an derselben Baustelle eingesetzt und übernachtet dort. Jeweils am Wochenende fährt er mit dem Pkw zu seiner Familie, und zwar verlässt er freitags die Baustelle und kehrt montags zurück (einfache Entfernung 200 km). Für die Beibehaltung der Unterkunft entstehen ihm Kosten, auch wenn er am Wochenende nach Hause fährt.

In diesem Fall können Tagegelder nur für den Zeitraum von Montag bis Freitag steuerfrei bleiben (5 Tagegelder) und zwar in folgender Höhe:

– Für Montag und Freitag jeweils 14 €[2)], insgesamt also	28,– €
– Für Dienstag, Mittwoch und Donnerstag jeweils 28 €, insgesamt also (3 × 28 €)	84,– €
wöchentlich insgesamt	112,– €

Übernachtungsgelder kann der Arbeitgeber für alle Tage im Monat steuerfrei ersetzen, da dem Arbeitnehmer Aufwendungen für die Beibehaltung der Unterkunft auch am Wochenende entstehen.

Zahlt der Arbeitgeber Tagegelder auch für das Wochenende an dem der Arbeitnehmer nach Hause fährt, kann die für das Wochenende gezahlte Auslösung mit den Fahrtkosten verrechnet werden, die dem Arbeitnehmer für eine vom Arbeitgeber nicht ersetzte Wochenendheimfahrt entstehen.

Der Arbeitnehmer hat folgenden Auslöseanspruch:

Für jeden Kalendertag (nicht Arbeitstag) 30 € sowie Erstattung der Fahrtkosten (Bundesbahn 2. Klasse) für **eine** Heimfahrt monatlich. Für die beiden Tage der Heimfahrt entfällt der Anspruch auf die tägliche Auslöse von 30 €. Für September 2021 ergibt sich folgende Abrechnung:

28 Tage à 30 €	=	840,– €
1 Heimfahrt (Deutsche Bahn 2. Klasse für 200 km)		100,– €
Auslösungen insgesamt		940,– €

Fällt der September in den Dreimonatszeitraum, ergibt sich Folgendes:

8 Tage à 14 € (Montag/Freitag)	=	112,– €
14 Tage à 28 €	=	392,– €
30 Tage à 20 € (Übernachtung)	=	600,– €
insgesamt		1104,– €

Fällt also der September 2021 in den Dreimonatszeitraum, bleiben die Auslösungen in Höhe von 940 € steuerfrei, da bereits die zulässigen Verpflegungs- und Übernachtungspauschalen von insgesamt 1104 € höher sind als die tatsächlich gezahlte Auslösung.

Fällt der September nicht mehr in den Dreimonatszeitraum, ergibt sich Folgendes:

Pauschale für Verpflegungsmehraufwand	=	0,– €
Pauschale für Übernachtung (20 €) an 30 Kalendertagen	=	600,– €
Fahrtkosten für 4 durchgeführte Heimfahrten (2 × 0,30 € =) 0,60 € × 200 km × 4	=	480,– €
insgesamt		1 080,– €

Die Auslösung in Höhe von 940 € bleibt somit auch nach Ablauf des Dreimonatszeitraums steuerfrei.

6. Ständig wechselnde Tätigkeitsstätten mit Übernachtung im Ausland

Auslösungen bei einer Tätigkeit im Ausland sind nach den gleichen Grundsätzen steuerfrei, wie bei einer Tätigkeit mit Übernachtung im Inland. Im Einzelnen bleiben folgende Auslösungen steuerfrei:

a) Kosten für die erste und letzte Fahrt

Es gilt die gleiche Regelung, wie im Inland (vgl. Nr. 4 Buchstabe b), d. h. steuerfreie Erstattung der tatsächlich nachgewiesenen Kosten (z. B. Flugticket). Wird für diese Fahrten vom Arbeitnehmer ein eigenes **Kraftfahrzeug** benutzt, können die für **Auswärtstätigkeiten** geltenden **Kilometersätze** (= **0,30 €** bei Benutzung eines Pkws für jeden tatsächlich gefahrenen Kilometer) oder die nach-

1) Der Pauschbetrag für Übernachtung von 20 € wurde jeweils dem Tag zugerechnet, an dem die Übernachtung endet. Daher kann für den Montag (= Anreisetag) kein Pauschbetrag für Übernachtung gewährt werden, da der Arbeitnehmer von Sonntag auf Montag zu Hause übernachtet hat.

2) Auf die Dauer der Abwesenheit von der Familienwohnung kommt es bei den An- und Abreisetagen nicht an. Vgl. vorstehende Nr. 4 Buchstabe d.

Lohnsteuerpflichtig | Sozialversich.-pflichtig

gewiesenen höheren tatsächlichen Kosten steuerfrei gezahlt werden. nein nein

b) Heimfahrten bei Ledigen und Verheirateten[1]

Es gilt ebenfalls die gleiche Regelung wie im Inland (vgl. Nr. 4 Buchstabe c), d. h. steuerfreie Erstattung der tatsächlich nachgewiesenen Kosten (z. B. Flugticket). Wird für diese Fahrten vom Arbeitnehmer ein eigenes **Kraftfahrzeug** benutzt, können die für **Auswärtstätigkeiten** geltenden **Kilometersätze** (= **0,30 €** bei Benutzung eines Pkws für jeden tatsächlich gefahrenen Kilometer) oder die nachgewiesenen höheren tatsächlichen Kosten steuerfrei gezahlt werden. nein nein

Es können auch Fahrtkosten für **mehr als eine Heimfahrt wöchentlich** steuerfrei ersetzt werden (sog. Zwischenheimfahrten).

Die Aufwendungen des Arbeitnehmers für Heimfahrten können **ohne zeitliche Begrenzung** steuerfrei erstattet werden. nein nein

In voller Höhe und zeitlich unbegrenzt steuerfrei ersetzbar sind auch die Fahrtkosten am ausländischen Einsatzort von der **Unterkunft** zur **Einsatzstelle.** nein nein

c) Verpflegungsmehraufwand

Ersatzleistungen des Arbeitgebers für die notwendigen Mehraufwendungen für Verpflegung in den **ersten drei Monaten** der Tätigkeit am neuen Einsatzort im Ausland bleiben in Höhe des **Auslandstagegeldes** steuerfrei, das bei einer Auswärtstätigkeit in dieses Land in Betracht kommt. Auch die Auslandstagegelder sind nach der Abwesenheitsdauer von der Wohnung und der ggf. vorhandenen ersten Tätigkeitsstätte gestaffelt. Das zutreffende Auslandstagegeld kann direkt aus der Länderübersicht in Anhang 5a auf Seite 1165 abgelesen werden. nein nein

Nach Ablauf der ersten drei Monate einer Tätigkeit an derselben Einsatzstelle können Verpflegungsmehraufwendungen nicht mehr steuerfrei ersetzt werden. Eine vierwöchige Unterbrechung der Tätigkeit führt zu einem Neubeginn der Dreimonatsfrist. Bei einem **Wechsel der Einsatzstelle** beginnt stets eine neue Dreimonatsfrist. Zum Neubeginn der Dreimonatsfrist bei einem Wechsel der Einsatzstelle vgl. auch die Beispiele D und E unter der vorstehenden Nr. 3 Buchstabe c.

Beispiel

Ein Bauarbeiter mit Wohnsitz in Düsseldorf wird für seinen Arbeitgeber für vier Monate auf einer Baustelle in Brüssel tätig (Entfernung 180 km; wöchentliche Heimfahrten). Die Unterkunft in Brüssel wird vom Arbeitgeber gestellt. Für Fahrtkosten und Verpflegungsmehraufwendungen kann der Arbeitgeber folgende Beträge steuerfrei ersetzen:

Fahrtkosten für **vier Monate:**

16 Heimfahrten à 180 km × 0,60 € =	1728 €

Hinzu kommt für die erste und letzte Fahrt jeweils ein Fahrtkostenersatz von (180 km × 0,30 € =) 54 €.

Verpflegungspauschalen für **drei Monate:**

Jeweils montags (Anreisetag)	28 €
Jeweils dienstags, mittwochs, donnerstags	42 €
Jeweils freitags (Abreisetag)	28 €

Im vierten Monat können wegen Ablaufs der Dreimonatsfrist keine Verpflegungspauschalen steuerfrei erstattet werden.

d) Kosten der Unterkunft

Ersatzleistungen des Arbeitgebers für die Kosten der Unterkunft am ausländischen Einsatzort können **zeitlich unbegrenzt** in Höhe des vollen **Auslandsübernachtungsgeldes** steuerfrei ersetzt werden, das bei einer Auswärtstätigkeit in dieses Land in Betracht kommt. Da keine doppelte Haushaltsführung vorliegt, werden die Auslandsübernachtungsgelder bei einem Einsatz über drei Monate hinaus nicht auf 40 % der Pauschbeträge gekürzt; sie sind **auch ab dem 4. Monat** weiter zu 100 % steuerfrei. Zur Abgrenzung der Auswärtstätigkeit in Form der Einsatzwechseltätigkeit von der doppelten Haushaltsführung vgl. vorstehende Nr. 4 Buchstabe a. Das zutreffende Auslandsübernachtungsgeld kann direkt aus der Länderübersicht in Anhang 5a auf Seite 1165 abgelesen werden. Aus der Übersicht selbst ist ersichtlich, dass keine Kürzung auf 40 % vorzunehmen ist. nein nein

Anstelle der Auslandsübernachtungsgelder kann der Arbeitgeber stets die im Einzelnen **nachgewiesenen** Übernachtungskosten steuerfrei ersetzen.[2] Übernachtet der Arbeitnehmer z. B. in einem Hotel und wird in der auf den Namen des Arbeitnehmers lautenden Hotelrechnung nur ein Gesamtpreis für Übernachtung und Frühstück ausgewiesen, sind die Kosten des **Frühstücks mit 20 %** desjenigen Auslandstagegeldes vom Rechnungspreis abzuziehen, das nach der in Anhang 5a auf Seite 1165 abgedruckten Länderübersicht für das betreffende Land bei einer Abwesenheitsdauer von mindestens 24 Stunden maßgebend ist.

Beispiel

Die auf den Arbeitnehmer ausgestellte Hotelrechnung für eine Übernachtung in der Schweiz (Zürich) lautet:

Übernachtung mit Frühstück	140,– €
Zur Ermittlung der Übernachtungskosten sind 20 % des Auslandstagegeldes für Zürich bei einer Abwesenheitsdauer von 24 Stunden abzuziehen. Die Kürzung beträgt also 20 % von 64 € (vgl. Anhang 5a auf Seite 1165)	12,80 €
steuerfrei ersetzbare Kosten der Unterkunft	127,20 €[3]

Ist der Preis für das **Frühstück** in der auf den Arbeitnehmer ausgestellten Rechnung gesondert **ausgewiesen,** können nur die Übernachtungskosten (mit dem Bruttobetrag, also inklusive ausländischer Umsatzsteuer) steuerfrei erstattet werden.

Wird dem Arbeitnehmer am ausländischen Beschäftigungsort vom Arbeitgeber eine **Unterkunft** unentgeltlich oder verbilligt zur Verfügung **gestellt,** darf ein steuerfreies Übernachtungsgeld nicht gezahlt werden. Stellt der Arbeitgeber dem Arbeitnehmer eine Unterkunft gegen Entgelt zur Verfügung, kommen steuerfreie Auslösungen zur Deckung der Unterkunftskosten nur bis zur Höhe des Betrags in Betracht, den der Arbeitnehmer dem Arbeitgeber für die Überlassung der Unterkunft zu entrichten hat.

7. Vorsteuerabzug des Arbeitgebers

Zum Vorsteuerabzug des Arbeitgebers bei Einsatzwechseltätigkeit vgl. in Anhang 4 die Ausführungen unter Nr. 21 ff.

Einstrahlung

Gliederung:

1. Einstrahlung (Definition)
2. Begriff der Entsendung
3. Entsendung im Rahmen eines ausländischen Beschäftigungsverhältnisses
4. Zeitliche Begrenzung der Entsendung und Beendigung der Einstrahlung

1) Die nachfolgenden Ausführungen gelten entsprechend bei eingetragenen Lebenspartnern (vgl. § 2 Abs. 8 EStG).

2) Zur etwaigen Begrenzung der Unterkunftskosten bei einer Tätigkeit an derselben Tätigkeitsstätte über vier Jahre ab dem 49. Kalendermonat vgl. Anhang 4 Nr. 20.

3) Die Verpflegungspauschale für die Schweiz ist in diesem Fall nicht zu kürzen, da das Frühstück nicht vom Arbeitgeber gestellt worden ist; die Hotelrechnung lautet auf den Arbeitnehmer.

E

	Lohn-steuer-pflichtig	Sozial-versich.-pflichtig

1. Einstrahlung (Definition)

Ein Arbeitnehmer unterliegt bei einer Beschäftigung im Inland im Wege der Einstrahlung nach § 5 SGB IV nicht den Vorschriften über die deutsche Sozialversicherung,

- wenn es sich um eine Entsendung im Rahmen eines im Ausland bestehenden Beschäftigungsverhältnisses handelt und
- die Dauer der Beschäftigung im Voraus zeitlich begrenzt ist.

Ist eine dieser Voraussetzungen nicht erfüllt, liegt keine Einstrahlung im Sinne von § 5 SGB IV vor.

2. Begriff der Entsendung

Eine Entsendung im Sinne der Einstrahlung liegt vor, wenn sich ein Beschäftigter auf Weisung seines ausländischen Arbeitgebers vom Ausland nach Deutschland begibt, um hier eine im Voraus zeitlich begrenzte Beschäftigung für diesen Arbeitgeber auszuüben. Die Einstrahlung ist somit das Gegenstück zur Ausstrahlung (vgl. dieses Stichwort). Die Ausführungen gelten entsprechend. Hinsichtlich einer Entsendung eines Leiharbeitnehmers ist zu beachten, dass das Verleihunternehmen, das einen Arbeitnehmer vorübergehend in Deutschland einsetzt, über die erforderliche Verleiherlaubnis nach dem Arbeitnehmerüberlassungsgesetz verfügen muss. Ist dies nicht der Fall, liegt keine Entsendung nach Deutschland vor.

3. Entsendung im Rahmen eines ausländischen Beschäftigungsverhältnisses

Auch hinsichtlich des Begriffs „Beschäftigungsverhältnis" bestehen keine Unterschiede zur Ausstrahlung. Es gelten deshalb die Ausführungen unter dem Stichwort Ausstrahlung, insbesondere zum Weisungsrecht, der Bezahlung etc. entsprechend.

4. Zeitliche Begrenzung der Entsendung und Beendigung der Einstrahlung

Eine Entsendung kann immer nur vorliegen, wenn sie zeitlich begrenzt ist. Die Ausführungen unter dem Stichwort Ausstrahlung im Hinblick auf die zeitliche Befristung gelten daher entsprechend.

Eintrittskarten

Überlässt der Arbeitgeber dem Arbeitnehmer unentgeltlich oder verbilligt Eintrittskarten zu Theatervorstellungen, Konzerten, Sportveranstaltungen usw., gilt Folgendes:

- Bei einer Eintrittskarte handelt es sich um einen **Sachbezug.** Das gilt auch dann, wenn auf der Eintrittskarte der Eintrittspreis angegeben ist.
- Die unentgeltliche Überlassung von Eintrittskarten im Rahmen einer Betriebsveranstaltung gehört grundsätzlich zu den Gesamtkosten dieser Veranstaltung und ist daher im Rahmen der 110-Euro-Freibetragsregelung zu berücksichtigen (vgl. „Betriebsveranstaltungen" besonders unter Nr. 4).
- Die unentgeltliche Überlassung von Eintrittskarten anlässlich eines **besonderen persönlichen Ereignisses** des Arbeitnehmers ist als Aufmerksamkeit steuerfrei, sofern ihr Wert **60 €** nicht übersteigt (vgl. „Aufmerksamkeiten"). — nein | nein
- Bei der gelegentlichen unentgeltlichen oder verbilligten Überlassung von Eintrittskarten ist die monatliche **44-Euro-Freigrenze** für Sachbezüge anwendbar, soweit sie noch nicht bei anderen Sachbezügen verbraucht ist (vgl. „Sachbezüge" unter Nr. 4). — nein | nein
- Eine regelmäßige unentgeltliche oder verbilligte Überlassung, insbesondere die Überlassung eines Abonnements, ist dagegen steuerpflichtig, wenn die monatliche Freigrenze von 44 € durch eine oder mehrere Eintrittskarten in einem Monat überschritten wird. — ja | ja
- Ein Barzuschuss (= Geld) zu Eintrittskarten ist in jedem Fall steuerpflichtig. — ja | ja
- Die unentgeltliche oder verbilligte Überlassung von Eintrittskarten durch Theaterunternehmen oder Sportvereine an die eigenen Arbeitnehmer ist steuerfrei, soweit der geldwerte Vorteil den **Rabattfreibetrag von 1080 €** jährlich nicht überschreitet (vgl. „Rabatte, Rabattfreibetrag"). Dabei liegt von vornherein kein Arbeitslohn vor, wenn der Besuch der Veranstaltung im Rahmen der beruflichen Tätigkeit oder aus beruflichen Gründen erfolgt. Entsprechendes gilt, wenn die Eintrittskarten im ganz überwiegenden eigenbetrieblichen Interesse des Arbeitgebers an die Arbeitnehmer abgegeben werden (sog. Füllkarten)[1]. Für ein ganz überwiegendes eigenbetriebliches Interesse des Arbeitgebers spricht, dass der Besuch der Veranstaltung dem Arbeitnehmer als Arbeitszeit gutgeschrieben wird. — nein | nein
- Eintrittskarten führen nicht zu steuerpflichtigem Arbeitslohn, wenn sie im Rahmen der Ausübung hoheitlicher Funktionen (z. B. an Repräsentanten von Gebietskörperschaften) dem Empfänger zugewendet werden (sog. amtsimmanente Vorteile). — nein | nein

Vgl. im Übrigen auch die Erläuterungen beim Stichwort „Pauschalierung der Lohnsteuer für Belohnungsessen, Incentive-Reisen, VIP-Logen und ähnliche Sachbezüge".

Elektrizitätswerke

Zur steuerlichen Behandlung unentgeltlicher oder verbilligter Stromlieferungen an eigene Arbeitnehmer oder Arbeitnehmer anderer Elektrizitätsversorgungsunternehmen vgl. das Stichwort „Strom".

Elektro-Bike

Neues und Wichtiges auf einen Blick:

1. Steuerbefreiung für die Privatnutzung von Fahrrädern und Pedelecs

Die geldwerten Vorteile (Sachbezüge) aus der unentgeltlichen oder verbilligten Nutzungsüberlassung eines betrieblichen Fahrrads vom Arbeitgeber an den Arbeitnehmer insbesondere zur privaten Nutzung und zur Nutzung für Fahrten zwischen Wohnung und erster Tätigkeitsstätte sind seit dem 1.1.2019 steuerfrei (§ 3 Nr. 37 EStG). Durch das sog. Jahressteuergesetz 2019 ist die Steuerfreistellung **bis zum Jahr 2030** verlängert worden (§ 52 Abs. 4 Satz 7 EStG). Die Steuerbefreiung gilt sowohl für Pedelecs als auch für „normale" Fahrräder. Sie ist aber nicht anzuwenden für Elektrofahrräder, die verkehrsrechtlich als Kraftfahrzeug einzuordnen sind; dies ist der Fall, wenn der Motor auch Geschwindigkeiten über 25 Stundenkilometer unterstützt und eine Kennzeichen- und Versicherungspflicht besteht (hier kommt es bei der Berechnung des geldwerten Vorteils ab 2020 zu einer Viertelung der Bemessungsgrundlage; vgl. nachfolgende Nr. 2).

Zudem gilt die Steuerbefreiung nur für die vom Arbeitgeber zusätzlich zum ohnehin geschuldeten Arbeitslohn gewährten Vorteile im vorgenannten Sinne. In den Fällen der **Gehaltsumwandlung** ist die Steuerbefreiungsvorschrift **nicht** anzuwenden. In diesen Fällen wird für die Ermittlung des geldwerten Vorteils in Anlehnung an die gesetzliche Regelung für bestimmte Elektrofahrzeuge ein **Viertel der Bemessungsgrundlage** („Bruttolistenpreis"

1) Verfügung der Oberfinanzdirektionen München und Nürnberg vom 3.12.1987 (Az.: S 2334 – 0 – St 23). Die Verfügung ist als Anlage 1 zu H 19.6 LStR im **Steuerhandbuch für das Lohnbüro 2021** abgedruckt, das im selben Verlag erschienen ist.

Lohn-steuer-pflichtig | Sozial-versich.-pflichtig

oder Absetzung für Abnutzung bzw. Leasingkosten) angesetzt (vgl. nachfolgende Nr. 1).

Wird das Fahrrad (auch) zu Fahrten zwischen Wohnung und erster Tätigkeitsstätte genutzt, sind die steuerfreien Sachbezüge **nicht auf die Entfernungspauschale anzurechnen** (§ 9 Abs. 1 Satz 3 Nr. 4 Satz 7 EStG). Ebenso erfolgt keine Anrechnung auf die 44-Euro-Freigrenze für Sachbezüge.

2. Viertelung der Bemessungsgrundlage bei Elektro-Bikes

Die steuerliche Förderung von Elektro- und extern aufladbaren Hybridelektrofahrzeugen, die dem Arbeitnehmer erstmals nach dem 31.12.2018 zur privaten Nutzung überlassen worden sind, erfolgt ab 2020 in bestimmten Fällen durch eine Viertelung der Bemessungsgrundlage. Das bedeutet, dass bei der **Bruttolistenpreisregelung** ein **Viertel** vom **Bruttolistenpreis** und bei der **Fahrtenbuchmethode** ein **Viertel der Absetzung für Abnutzung bzw. der Leasingkosten** angesetzt wird. Dies gilt für die Ermittlung des geldwerten Vorteils bei Privatfahrten, Fahrten zwischen Wohnung und erster Tätigkeitsstätte und etwaige steuerpflichtige Familienheimfahrten im Rahmen einer beruflich veranlassten doppelten Haushaltsführung. Die „Viertelmethode" ist ab 2020 bei Fahrrädern anzuwenden, da keine Emissionen entstehen und der Bruttolistenpreis nicht mehr als 60 000 € beträgt.

Die vorstehenden Regelungen gelten **auch für ein Elektro-Bike,** das verkehrsrechtlich als Kraftfahrzeug anzusehen ist.

Vgl. die Erläuterungen und die Beispiele unter der nachfolgenden Nr. 2.

3. Überlassung mehrerer Fahrräder, Pedelecs oder Elektro-Bikes

Die vorstehend beschriebenen Regelungen zur Steuerfreistellung und zur Viertelung der Bemessungsgrundlage gelten auch dann, wenn einem Arbeitnehmer mehrere Fahrräder, Pedelecs oder Elektro-Bikes überlassen werden. Sie gelten allerdings nicht für E-Scooter (vgl. dieses Stichwort).

4. Pauschalbesteuerung mit 25 % bei Übereignung von Fahrrädern

Übereignet der Arbeitgeber seinem Arbeitnehmer zusätzlich zum ohnehin geschuldeten Arbeitslohn unentgeltlich oder verbilligt ein betriebliches Fahrrad, kann der geldwerte Vorteil ab 1.1.2020 mit 25 % pauschal besteuert werden und ist in diesem Fall beitragsfrei (§ 40 Abs. 2 Satz 1 Nr. 7 EStG). Eine Gehaltsumwandlung ist nicht zulässig.

Die Pauschalierungsmöglichkeit gilt sowohl für ein Elektro-Bike als auch für ein normales Fahrrad, ist allerdings ausgeschlossen, wenn das Elektro-Bike verkehrsrechtlich als Kraftfahrzeug anzusehen ist. Sie ist allerdings unabhängig davon anzuwenden, ob das Fahrrad vom Arbeitgeber zuvor geleast worden ist oder nicht.

Vgl. nachfolgende Nr. 5 Buchstabe b.

Gliederung:

Lohn-steuer-pflichtig | Sozial-versich.-pflichtig

1. Verkehrsrechtlich als Fahrrad anzusehen (= Pedelec)

Die geldwerten Vorteile (Sachbezüge) aus der unentgeltlichen oder verbilligten Nutzungsüberlassung eines betrieblichen Fahrrads vom Arbeitgeber an den Arbeitnehmer insbesondere zur privaten Nutzung und zur Nutzung für Fahrten zwischen Wohnung und erster Tätigkeitsstätte sind seit dem 1.1.2019 **steuerfrei** (§ 3 Nr. 37 EStG). Durch das sog. Jahressteuergesetz 2019 ist die Steuerfreistellung **bis zum Jahr 2030** verlängert worden (§ 52 Abs. 4 Satz 7 EStG). Die Steuerbefreiung gilt sowohl für Pedelecs als auch für „normale" Fahrräder. Wird das Fahrrad (auch) zu Fahrten zwischen Wohnung und erster Tätigkeitsstätte genutzt, sind die steuerfreien Sachbezüge nicht auf die Entfernungspauschale anzurechnen (§ 9 Abs. 1 Satz 3 Nr. 4 Satz 7 EStG). Ebenso erfolgt keine Anrechnung auf die 44-Euro-Grenze für Sachbezüge (§ 8 Abs. 2 Satz 11 EStG). Die Steuerbefreiung gilt auch dann, wenn dem Arbeitnehmer mehrere Fahrräder zur privaten Nutzung überlassen werden (z. B. ein Fahrrad für sich selbst und ein zweites für den Ehegatten). nein nein

Zudem gilt die Steuerbefreiung nur für die vom Arbeitgeber zusätzlich zum ohnehin geschuldeten Arbeitslohn gewährten Vorteile im vorgenannten Sinne. In den Fällen der **Gehaltsumwandlung** ist die **Steuerbefreiungsvorschrift nicht** anzuwenden. ja ja

Überlässt der Arbeitgeber oder aufgrund des Dienstverhältnisses ein Dritter dem Arbeitnehmer oder einem Angehörigen des Arbeitnehmers ein Dienstfahrrad (z. B. Elektrofahrrad ohne Kennzeichen- und Versicherungspflicht) im Wege der **Gehaltsumwandlung** zur **privaten Nutzung,** gilt für die Bewertung dieses zum Arbeitslohn gehörenden **geldwerten Vorteils** Folgendes:

In den Fällen der Gehaltsumwandlung wurde früher der geldwerte Vorteil der Privatnutzung einschließlich etwaiger Fahrten zwischen Wohnung und erster Tätigkeitsstätte ausnahmslos mit 1% der auf volle Hundert Euro abgerundeten unverbindlichen Preisempfehlung des Herstellers, Importeurs oder Großhändlers im Zeitpunkt der Inbetriebnahme des Dienstfahrrads einschließlich Umsatzsteuer angesetzt. In Anlehnung an die gesetzliche Regelung für Elektro-Bikes (vgl. nachfolgende Nr. 2) setzt die Finanzverwaltung im Jahr 2019 die auf volle Hundert Euro halbierte Preisempfehlung und seit dem Jahr 2020 **ein Viertel dieser Preisempfehlung** an, wenn der Arbeitgeber einem Arbeitnehmer das Fahrrad erstmals nach dem 31.12.2018 überlässt.[1] Es kommt dabei nicht auf den Zeitpunkt an, zu dem der Arbeitgeber das Fahrrad angeschafft, hergestellt oder geleast hat.

Beispiel A

Der Arbeitgeber überlässt seinem Arbeitnehmer ab Januar 2021 im Wege der Gehaltsumwandlung ein Ende Dezember 2020 geleastes Pedelec sowohl für Privatfahrten als auch für Fahrten zwischen Wohnung und erster Tätigkeitsstätte (= 10 Entfernungskilometer). Die unverbindliche Preisempfehlung des Herstellers des Fahrrads beträgt 2500 €.

Für die Ermittlung des geldwerten Vorteils in 2021 ist die unverbindliche Preisempfehlung zu vierteln (= 625 €) und auf volle Hundert Euro abzurunden (= 600 €). Der Arbeitnehmer hat einen geldwerten Vorteil von 6 € monatlich zu versteuern (1 % von 600 €). Ein gesonderter geldwerter Vorteil für die Fahrten zwischen Wohnung und erster Tätigkeitsstätte ist nicht anzusetzen. Die 44-Euro-Freigrenze für Sachbezüge kann nicht in Anspruch genommen werden.

Die Regelung gilt auch dann, wenn dem Arbeitnehmer **mehrere** Fahrräder oder Pedelecs zur privaten Nutzung überlassen werden. Sie gilt allerdings nicht für E-Scooter (vgl. dieses Stichwort).

---

1) Gleich lautende Erlasse der obersten Finanzbehörden der Länder vom 9.1.2020 (BStBl. I S. 174). Der Erlass ist als Anlage 4 zu H 8.1 (1-4) LStR im **Steuerhandbuch für das Lohnbüro 2021** abgedruckt, das im selben Verlag erschienen ist.

E

	Lohn-steuer-pflichtig	Sozial-versich.-pflichtig

Beispiel B

Der Arbeitgeber überlässt dem Arbeitnehmer ab Januar 2021 im Wege der Gehaltsumwandlung zwei Ende Dezember 2020 geleaste Pedelecs zur privaten Nutzung; eines für den Arbeitnehmer, ein weiteres für dessen Ehegatten. Die unverbindliche Preisempfehlung des Herstellers für die Fahrräder beträgt 2900 € und 2700 €.

Für die Ermittlung des geldwerten Vorteils in 2021 sind die unverbindlichen Preisempfehlungen zu vierteln (= 725 € bzw. 675 €) und auf volle Hundert Euro abzurunden (= 700 € und 600 €). Der Arbeitnehmer hat insgesamt einen geldwerten Vorteil von 13 € monatlich zu versteuern (1 % von 700 € = 7 € zuzüglich 1 % von 600 € = 6 €). Die 44-Euro-Freigrenze für Sachbezüge kann nicht in Anspruch genommen werden.

E

Wurde das betriebliche Fahrrad allerdings vor dem 1.1.2019 bereits einem anderen Arbeitnehmer zur privaten Nutzung überlassen, kommt es bei einem Wechsel des Nutzungsberechtigten nach dem 31.12.2018 für dieses Fahrrad nicht zu einer Halbierung oder Viertelung der unverbindlichen Preisempfehlung.

Beispiel C

Wie Beispiel A. Das Pedelec ist allerdings bereits Ende Oktober 2018 angeschafft und im Zeitraum November 2018 bis Dezember 2019 einem anderen Arbeitnehmer zur Privatnutzung überlassen worden.

Eine Halbierung/Viertelung der unverbindlichen Preisempfehlung ist nicht vorzunehmen, da ein Wechsel des nutzungsberechtigten Arbeitnehmers nach dem 31.12.2018 vorliegt. Der Arbeitnehmer hat in 2021 einen geldwerten Vorteil von 25 € monatlich zu versteuern (1 % von 2500 €). Ein gesonderter geldwerter Vorteil für die Fahrten zwischen Wohnung und erster Tätigkeitsstätte ist nicht anzusetzen. Die 44-Euro-Freigrenze für Sachbezüge kann nicht in Anspruch genommen werden.

Gehört die Nutzungsüberlassung von Fahrrädern zur **Angebotspalette des Arbeitgebers** an fremde Dritte (z. B. Fahrradverleihfirmen), kommt bei einer Gehaltsumwandlung für den geldwerten Vorteil in Form eines Personalrabatts der **Rabattfreibetrag von 1080 € jährlich** in Betracht (vgl. „Rabatte, Rabattfreibetrag").

Der Arbeitgeber ist im Übrigen **nicht** verpflichtet, die steuerfreien Vorteile aus der Fahrradgestellung **im Lohnkonto** des Arbeitnehmers **aufzuzeichnen** und muss diese daher auch nicht in der Lohnsteuerbescheinigung des Arbeitnehmers angeben.

2. Verkehrsrechtlich als Kraftfahrzeug anzusehen (= Elektro-Bike)

Ist ein Elektrofahrrad verkehrsrechtlich als Kraftfahrzeug einzuordnen (z. B. weil der Motor auch Geschwindigkeiten über 25 km pro Stunde unterstützt, Kennzeichen- und Versicherungspflicht), sind für die Ermittlung des geldwerten Vorteils die Regelungen zur Überlassung von **Firmenwagen zur privaten Nutzung** (vgl. dieses Stichwort) entsprechend anzuwenden. — ja | ja

Die steuerliche Förderung von Elektro- und extern aufladbaren Hybridelektrofahrzeugen, die dem Arbeitnehmer – unabhängig vom Anschaffungszeitpunkt durch den Arbeitgeber – erstmals nach dem 31.12.2018 überlassen werden, erfolgt ab dem Jahr 2020 in bestimmten Fällen durch eine **Viertelung** der Bemessungsgrundlage. Das bedeutet, dass bei der **Bruttolistenpreisregelung ein Viertel** vom **Bruttolistenpreis** und bei der **Fahrtenbuchmethode ein Viertel der Absetzung für Abnutzung** (Abschreibungsdauer für Fahrräder 7 Jahre) **bzw. der Leasingkosten** angesetzt wird. Dies gilt für die Ermittlung des geldwerten Vorteils bei Privatfahrten, Fahrten zwischen Wohnung und erster Tätigkeitsstätte und etwaige steuerpflichtige Familienheimfahrten im Rahmen einer beruflich veranlassten doppelten Haushaltsführung (vgl. hierzu – auch zu einer etwaigen Kürzung um die Batteriekosten – das Stichwort „Elektrofahrzeuge" unter Nr. 1). Die vorstehenden Regelungen gelten **auch für ein Elektro-Bike,** das verkehrsrechtlich als Kraftfahrzeug anzusehen ist. Die „Viertelmethode" ist ab 2020 bei Fahrrädern anzuwenden, da keine Emissionen entstehen und der Bruttolistenpreis nicht mehr als 60 000 € beträgt.

	Lohn-steuer-pflichtig	Sozial-versich.-pflichtig

Beispiel

Der Arbeitgeber überlässt seinem Arbeitnehmer ein im Januar 2021 geleastes Elektrofahrrad, das verkehrsrechtlich als Kraftfahrzeug einzuordnen ist, sowohl für Privatfahrten als auch für Fahrten zwischen Wohnung und erster Tätigkeitsstätte. Die Entfernung zwischen Wohnung und erster Tätigkeitsstätte beträgt 10 Entfernungskilometer. Der Bruttolistenpreis des Fahrrads beträgt 8000 €.

Für die Ermittlung des geldwerten Vorteils in 2021 ist der Bruttolistenpreis von 8000 € zu vierteln (1/4 von 8000 € = 2000 €). Somit ergibt sich folgender monatlicher geldwerter Vorteil:

Privatfahrten:	
1 % von 2000 € =	20 €
Fahrten zwischen Wohnung und erster Tätigkeitsstätte:	
0,03 % von 2000 € × 10 Entfernungskilometer =	6 €
Geldwerter Vorteil insgesamt	26 €

Die monatliche 44-Euro-Freigrenze für Sachbezüge ist nicht anzuwenden.

3. Ansatz der Kosten für Privatfahrten

Auf eine entsprechende Anfrage im Deutschen Bundestag hat das Bundesministerium der Finanzen mitgeteilt, dass **Arbeitgeber** und/oder **Arbeitnehmer** an den monatlichen 1 %-Durchschnittswert bei einem verkehrsrechtlichen Fahrrad (= Pedelec) nicht gebunden sind und damit ein **Bewertungswahlrecht** haben (Bundestags-Drucksache 17/11787, Seite 39). Somit wäre es bei einer Gehaltsumwandlung möglich, die (anteiligen) **tatsächlich angefallenen Kosten für die Privatfahrten** als geldwerten Vorteil anzusetzen, wobei das Verhältnis private Nutzung/dienstliche Nutzung anhand eines „Fahrtenbuchs" zu ermitteln ist. Außerdem müsste es demnach möglich sein, den geldwerten Vorteil mit dem üblichen Endpreis am Abgabeort zu bewerten (= monatlicher Mietpreis für ein Pedelec; § 8 Abs. 2 Satz 1 EStG). Bei dieser Bewertungsmethode wäre dann auch die Anwendung der steuer- und sozialversicherungsfreien 44-Euro-Freigrenze je Kalendermonat für Sachbezüge zu prüfen (§ 8 Abs. 2 Satz 11 EStG).

4. Gehaltsumwandlung

Eine Gehaltsumwandlung von Barlohn zugunsten der Gestellung eines Elektro-Bikes (= Sachlohn), das verkehrsrechtlich als Kraftfahrzeug einzustufen ist, ist ohne Weiteres möglich. Die Grundsätze zur Gehaltsumwandlung zugunsten der Gestellung eines Firmenwagens zur privaten Nutzung (vgl. dieses Stichwort unter Nr. 6) sind entsprechend anzuwenden. Die Steuerfreiheit des geldwerten Vorteils aus der Überlassung von Fahrrädern und Pedelecs (E-Bikes, die verkehrsrechtlich als Fahrrad einzustufen sind) setzt voraus, dass diese Vorteile vom Arbeitgeber **zusätzlich zum ohnehin geschuldeten Arbeitslohn** gewährt werden. In den Fällen der **Gehaltsumwandlung** kann die Steuerbefreiung daher **nicht** gewährt werden. Zur Halbierung bzw. Viertelung der Bemessungsgrundlage in diesen Fällen vgl. die Erläuterungen unter der vorstehenden Nr. 1.

5. Leasingfälle

a) Allgemeines

Folgende Vertragsgestaltungen sind bezüglich des Leasings eines Elektrofahrrads bekannt geworden:

- ein Rahmenvertrag zwischen dem Arbeitgeber und einem Anbieter, der regelmäßig die gesamte Abwicklung betreut,
- Einzelleasingverträge zwischen dem Arbeitgeber (Leasingnehmer) und einem Leasinggeber über die (Elektro-)Fahrräder mit einer festen Laufzeit von zumeist 36 Monaten,
- ein Nutzungsüberlassungsvertrag zwischen dem Arbeitgeber und dem Arbeitnehmer hinsichtlich des einzelnen (Elektro-)Fahrrads für ebendiese Dauer, der auch eine private Nutzung zulässt,

Lohn-steuer-pflichtig	Sozial-versich.-pflichtig

- eine Änderung des Arbeitsvertrags, in dem einvernehmlich das künftige Gehalt des Arbeitnehmers für die Dauer der Nutzungsüberlassung um einen festgelegten Betrag (in der Regel in Höhe der Leasingrate des Arbeitgebers) herabgesetzt wird (= Gehaltsumwandlung; vgl. auch vorstehende Nr. 4).

Für die Beantwortung der Frage, ob in diesen Fällen von der Gestellung eines Elektrofahrrads auszugehen ist oder die vergünstigten Leasingkonditionen als geldwerter Vorteil anzusetzen sind, sind die Ausführungen beim Stichwort „Leasingfahrzeuge" entsprechend anzuwenden. Demnach wird es sich **in der Regel** um die **Gestellung** eines **Elektrofahrrads** handeln mit der Folge, dass der geldwerte Vorteil nach den Grundsätzen der vorstehenden Nrn. 1 und 2 zu ermitteln ist.

Beispiel

Einem Arbeitnehmer wird ab Januar 2021 ein vom Arbeitgeber geleastes Pedelec (Bruttolistenpreis 2550 €) auch zur privaten Nutzung überlassen. Im Gegenzug wird zwischen Arbeitgeber und Arbeitnehmer eine Gehaltsumwandlung in Höhe der monatlichen Leasingrate von 70 € für das Fahrrad vereinbart. Der monatliche Bruttoarbeitslohn vor dieser Gehaltsumwandlung betrug 3000 €.

Der neue steuer- und sozialversicherungspflichtige Bruttoarbeitslohn ermittelt sich wie folgt:

Barlohn nach der Gehaltsumwandlung „Leasingrate"	
(3000 abzüglich 70 € =)	2930 €
Geldwerter Vorteil für das Pedelec 1 % von 600 €	6 €
(1/4 von 2550 € = 637,50 €, abgerundet 600 €)	
Steuer- und sozialversicherungspflichtiger Bruttoarbeitslohn	2936 €

Die vorstehenden Grundsätze gelten entsprechend, wenn dem Arbeitnehmer mehrere Fahrräder oder Pedelecs im Wege der Gehaltsumwandlung überlassen werden.

b) Erwerb des Elektrofahrrads nach Ablauf der Leasingzeit

Die vertraglichen Regelungen sehen regelmäßig vor, dass ein Dritter (z. B. Leasinggeber, Dienstleister oder Verwertungsgesellschaft) dem Arbeitnehmer das von ihm genutzte Elektrofahrrad bei Beendigung der Überlassung durch den Arbeitgeber zu einem Restwert von z. B. 10 % des ursprünglichen Kaufpreises zum Erwerb anbieten kann.

Kann der Arbeitnehmer im Falle des Leasings das Elektrofahrrad nach Ablauf der Leasinglaufzeit vom Arbeitgeber oder einem Dritten zu einem geringeren Preis als dem ortsüblichen Endpreis am Abgabeort erwerben, ist der hierdurch entstehende **Preisvorteil** als **Arbeitslohn** (ggf. von dritter Seite) anzusetzen. Es bestehen keine Bedenken, als **ortsüblichen Endpreis** eines Elektro-Bikes, das dem Arbeitnehmer nach drei Jahren (36 Monaten) Nutzungsdauer übereignet wird, **40 %** der auf volle 100 € abgerundeten **unverbindlichen Preisempfehlung** des Herstellers, Importeurs oder Großhändlers einschließlich Umsatzsteuer im Zeitpunkt der Inbetriebnahme des Elektrofahrrads anzusetzen. Ein niedrigerer Wert kann im Einzelfall nachgewiesen werden. Der sich nach **Abzug** der **Zahlung** des **Arbeitnehmers** ergebende Betrag ist der steuerlich maßgebende **geldwerte Vorteil.**[1)]

Beispiel A

Nach Ablauf von drei Jahren erwirbt der Arbeitnehmer das ihm zuvor vom Arbeitgeber überlassene, geleaste Elektro-Bike für 250 €. Die unverbindliche Preisempfehlung des Herstellers des Elektro-Bikes im Zeitpunkt der Inbetriebnahme betrug 2500 €.

Der beim Arbeitnehmer als Arbeitslohn anzusetzende geldwerte Vorteil beträgt 750 € (= 40 % von 2500 € = 1000 € abzüglich 250 € = 750 €).

Übereignet der Arbeitgeber seinem Arbeitnehmer zusätzlich zum ohnehin geschuldeten Arbeitslohn unentgeltlich oder verbilligt ein betriebliches Fahrrad, kann der geldwerte Vorteil seit 1.1.2020 mit **25 % pauschal besteuert** werden und ist in diesem Fall beitragsfrei (§ 40 Abs. 2 Satz 1 Nr. 7 EStG). Eine Gehaltsumwandlung ist nicht zulässig.

Die Pauschalierungsmöglichkeit mit 25 % gilt sowohl für ein Elektro-Bike als auch für ein normales Fahrrad, ist allerdings ausgeschlossen, wenn das Elektro-Bike verkehrsrechtlich als Kraftfahrzeug anzusehen ist. Sie ist allerdings **unabhängig** davon anzuwenden, ob das Fahrrad vom Arbeitgeber **zuvor geleast worden ist oder nicht.**

Die ab 2020 bestehende Pauschalierungsmöglichkeit tritt an die Stelle der bis einschließlich 2019 in diesen Fällen möglichen Pauschalbesteuerung nach § 37b EStG, die neben dem höheren Steuersatz (30%) auch eine Beitragspflicht zur Folge hatte. Eine Pauschalbesteuerung nach § 37b EStG mit 30 % kommt weiterhin in Betracht, wenn das Elektro-Bike verkehrsrechtlich ein Kraftfahrzeug ist.

Beispiel B

Nach Ablauf von drei Jahren erwirbt der Arbeitnehmer das ihm zuvor vom Arbeitgeber überlassene Elektro-Bike (Pedelec = verkehrsrechtlich als Fahrrad einzustufen) für 250 €. Die unverbindliche Preisempfehlung des Herstellers des Elektro-Bikes im Zeitpunkt der Inbetriebnahme betrug 2500 €.

Der beim Arbeitnehmer als Arbeitslohn anzusetzende geldwerte Vorteil beträgt 750 € (= 40 % von 2500 € = 1000 € abzüglich 250 € = 750 €). Der geldwerte Vorteil kann mit 25 % nebst Solidaritätszuschlag und Kirchensteuer pauschal besteuert werden und ist in diesem Fall beitragsfrei Die pauschalen Steuerabzugsbeträge können im Innenverhältnis auf den Arbeitnehmer abgewälzt werden.

Beispiel C

Nach Ablauf der dreijährigen Leasinglaufzeit wird ein Elektro-Bike (verkehrsrechtlich als **Kraftfahrzeug** eingestuft) durch den Arbeitgeber (Leasingnehmer) oder einen Dritten (z. B. Dienstleister oder Verwertungsgesellschaft) für 10 % des Neuwertes angekauft und für genau diesen Wert an den Arbeitnehmer weitergegeben. Die unverbindliche Preisempfehlung des Herstellers des Elektro-Bikes im Zeitpunkt der Inbetriebnahme beträgt 6000 €.

Gemeines Wert nach drei Jahren 40 % von 6000 €	2 400 €
Zahlung des Arbeitnehmers	600 €
Geldwerter Vorteil	1 800 €
30 % Pauschalsteuer nach § 37b EStG	540 €

6. Arbeitnehmer-Elektrofahrrad für Auswärtstätigkeiten

Benutzt der Arbeitnehmer ein ihm gehörendes Elektrofahrrad für beruflich veranlasste Auswärtstätigkeiten, gilt für einen steuerfreien Fahrtkostenersatz bzw. Werbungskostenabzug Folgendes:

Bei einem Elektrofahrrad kommt der Kilometersatz von 0,30 € je gefahrenen Kilometer nicht in Betracht, da es sich bei einem Elektrofahrrad nicht um einen „Kraftwagen" handelt. Der für andere motorbetriebene Fahrzeuge geltende Kilometersatz von 0,20 € je gefahrenen Kilometer kann nur dann steuer- und sozialversicherungsfrei erstattet werden, wenn das Elektrofahrrad verkehrsrechtlich als Kraftfahrzeug (= Elektro-Bike) einzuordnen ist. Ist dies nicht der Fall, scheidet auch der Kilometersatz von 0,20 € je gefahrenen Kilometer aus, weil das Pedelec dann nur motorunterstützt ist und nicht motorbetrieben wird. U. E. ist es zulässig, die tatsächlichen Aufwendungen, die dem Grunde nach feststehen, der Höhe nach zu schätzen. Dabei erscheint eine Schätzung mit 0,05 € je Fahrtkilometer nicht überhöht zu sein (vgl. das Stichwort „Fahrradgeld"). nein nein

7. Arbeitnehmer-Elektrofahrrad für Privatfahrten

Ist ein Elektrofahrrad des Arbeitnehmers verkehrsrechtlich als **Kraftfahrzeug** einzuordnen (= Elektro-Bike), ist das **Aufladen** im Betrieb des Arbeitgebers oder eines verbundenen Unternehmens **steuerfrei** (§ 3 Nr. 46 EStG). nein nein

1) BMF-Schreiben vom 17.11.2017 (BStBl. I S. 1546). Das BMF-Schreiben ist als Anlage 5 zu H 8.1 (1–4) LStR im **Steuerhandbuch für das Lohnbüro 2021** abgedruckt, das im selben Verlag erschienen ist.

Lohn-steuer-pflichtig	Sozial-versich.-pflichtig

Ist ein Elektrofahrrad des Arbeitnehmers verkehrsrechtlich **nicht** als **Kraftfahrzeug** einzuordnen (= Pedelec), wird für das Aufladen im Betrieb des Arbeitgebers oder eines verbundenen Unternehmens **aus Billigkeitsgründen kein geldwerter Vorteil** angesetzt („Gedanke der Aufmerksamkeit“).[1] nein nein

8. Umsatzsteuerpflicht des geldwerten Vorteils

E

Überlässt der Arbeitgeber seinen Arbeitnehmern ein Fahrzeug auch zu Privatzwecken (Privatfahrten, Fahrten zwischen Wohnung und erster Tätigkeitsstätte sowie Familienheimfahrten aus Anlass einer doppelten Haushaltsführung), ist des umsatzsteuerlich regelmäßig eine entgeltliche sonstige Leistung; dies gilt unabhängig davon, ob das Fahrzeug gekauft, gemietet oder geleast wurde. Die Gegenleistung des Arbeitnehmers besteht in der anteiligen Arbeitsleistung. Für die Bestimmung der umsatzsteuerlichen Bemessungsgrundlage wird es aus Vereinfachungsgründen nicht beanstandet, wenn von den lohnsteuerlichen Werten ausgegangen wird. Die lohnsteuerlichen Werte sind Bruttowerte, aus denen die Umsatzsteuer herauszurechnen ist. Im Umkehrschluss können die aus den Anschaffungskosten und aus den Unterhaltskosten der Firmenfahrzeuge anfallenden Vorsteuerbeträge in voller Höhe abgezogen werden. Die spätere Veräußerung oder Entnahme der Fahrzeuge unterliegt wiederum der Umsatzsteuer (vgl. im Einzelnen „Firmenwagen zur privaten Nutzung“ unter Nr. 20).

Die vorstehenden Ausführungen gelten entsprechend, wenn der Arbeitgeber seinen Arbeitnehmern ein Elektrofahrrad zur Privatnutzung überlässt, und zwar **unabhängig davon, ob** es verkehrsrechtlich als **Fahrrad** (Bemessungsgrundlage für alle Privatfahrten monatlich 1 % der unverbindlichen Preisempfehlung; keine Übernahme der Lohnsteuerfreiheit für die Umsatzsteuer) **oder** als **Kraftfahrzeug** (Bemessungsgrundlage monatlich 1 %/0,03 % je Entfernungskilometer Wohnung/erster Tätigkeitsstätte vom „vollen Bruttolistenpreis“, d. h. bei der Umsatzsteuer keine „Halbierung“, kein „Viertelansatz“ des Bruttolistenpreises) anzusehen ist. Auch in diesem Fall sind die lohnsteuerlichen Werte Bruttowerte, aus denen die **Umsatzsteuer herauszurechnen** ist.

Beispiel

Der Arbeitgeber hat dem Arbeitnehmer im Januar 2021 zusätzlich zum ohnehin geschuldeten Arbeitslohn ein Elektrofahrrad, das verkehrsrechtlich als Fahrrad (= Pedelec) einzuordnen ist, auch zur privaten Nutzung überlassen. Der lohnsteuerliche geldwerte Vorteil ist steuerfrei (§ 3 Nr. 37 EStG).

1 % von der unverbindlichen Preisempfehlung (= 2500 €) ergibt einen Betrag von 25 €. Beim Betrag von 25 € handelt es sich umsatzsteuerlich um den Bruttobetrag. Die Umsatzsteuer ist herauszurechnen. Sie beträgt $^{19}/_{119}$ von 25 € = 3,99 €. Die Lohnsteuerfreiheit ist umsatzsteuerlich ohne Bedeutung.

Elektrofahrzeuge

Neues und Wichtiges auf einen Blick:

1. Zeitliche Verlängerung bestehender Regelungen zur Förderung der Elektromobilität

Durch das sog. Jahressteuergesetz 2019 sind folgende, bereits bestehende Regelungen zur Förderung der Elektromobilität **bis zum Jahr 2030** verlängert worden:

a) **Halbierung der Bemessungsgrundlage bei der Firmenwagenbesteuerung** bei privater Nutzung eines betrieblichen Elektro- oder extern aufladbaren Hybridelektrofahrzeugs (§ 8 Abs. 2 i. V. m. § 6 Abs. 1 Nr. 4 EStG). Allerdings werden steigende Anforderungen an die zu erreichende Mindestreichweite gestellt: Für im Zeitraum **1.1.2022 bis 31.12.2024** angeschaffte Fahrzeuge wird eine Reichweite unter ausschließlicher Nutzung der elektrischen Antriebsmaschine von mindestens 60 Kilometer (zuvor lediglich 40 Kilometer) festgelegt und für vom **1.1.2025 bis 31.12.2030** angeschaffte Fahrzeuge muss diese 80 Kilometer betragen. Die Vorgaben hinsichtlich des Schadstoffausstoßes von höchstens 50 Gramm Kohlendioxid je gefahrenen Kilometer die ebenfalls – und unabhängig von der mit elektrischem Antrieb zu erzielenden Mindestreichweite – zu einer Halbierung der Bemessungsgrundlage berechtigen, bleiben unverändert. Zur Halbierung der Bemessungsgrundlage im Einzelnen vgl. nachfolgende Nr. 1 Buchstabe b und c.

b) **Steuerbefreiung** für die vom Arbeitgeber gewährten Vorteile für das elektrische **Aufladen** eines Elektrofahrzeugs oder Hybridelektro**fahrzeugs des Arbeitnehmers** im Betrieb des Arbeitgebers oder eines verbundenen Unternehmens sowie für die zeitweise zur privaten **Nutzung** überlassene betriebliche **Ladevorrichtung** (§ 3 Nr. 46 i. V. m. § 52 Abs. 4 Satz 14 EStG). Entsprechendes gilt für die **25 %-ige Pauschalbesteuerung** in den Fällen der unentgeltlichen oder verbilligten **Übereignung** der **Ladevorrichtung** sowie für **Arbeitgeberzuschüsse** zu den Aufwendungen des Arbeitnehmers für den Erwerb und die Nutzung einer solchen Ladevorrichtung (§ 40 Abs. 2 Satz 1 Nr. 6 i. V. m. § 52 Abs. 37c EStG). Vgl. auch die Erläuterungen unter der nachfolgenden Nr. 2.

2. Halbierung der Bemessungsgrundlage zur Ermittlung des geldwerten Vorteils

Die steuerliche Förderung von Elektro- und extern aufladbaren Hybridelektrofahrzeugen, die dem Arbeitnehmer erstmals nach dem 31.12.2018 zur privaten Nutzung überlassen worden sind, erfolgt durch eine Halbierung der Bemessungsgrundlage. Das bedeutet, dass bei der **Bruttolistenpreisregelung** der **halbe Bruttolistenpreis** und bei der **Fahrtenbuchmethode** die **Hälfte der Absetzung für Abnutzung bzw. der Leasingkosten** angesetzt wird. Dies gilt für die Ermittlung des geldwerten Vorteils bei Privatfahrten, Fahrten zwischen Wohnung und erster Tätigkeitsstätte und etwaige steuerpflichtige Familienheimfahrten im Rahmen einer beruflich veranlassten doppelten Haushaltsführung.

3. Viertelung der Bemessungsgrundlage zur Ermittlung des geldwerten Vorteils

Bei Anschaffungen sowie im Falle des Leasings nach dem 31.12.2018 (also bereits für Anschaffungen des Jahres 2019) und vor dem 1.1.2031 wird zur Ermittlung des geldwerten Vorteils für Privatfahrten, Fahrten zwischen Wohnung und erster Tätigkeitsstätte und etwaige steuerpflichtige Familienheimfahrten im Rahmen einer beruflich veranlassten doppelten Haushaltsführung ab dem Jahr 2020 nur ein Viertel der Bemessungsgrundlage (Bruttolistenpreis oder Absetzung für Abnutzung bzw. Leasingrate im Rahmen der Fahrtenbuchmethode) angesetzt, wenn das Kraftfahrzeug **keine Kohlendioxidemission** je gefahrenen Kilometer hat (= reine Elektrofahrzeuge) **und** der **Bruttolistenpreis** des Fahrzeugs ab 1.1.2020 **nicht mehr als 60 000 € beträgt.**

Vgl. zu den vorstehenden Nrn. 2 und 3 die Erläuterungen und Beispiele unter der nachfolgenden Nr. 1 Buchstabe b und c.

4. Auslagenersatz beim Aufladen eines Firmenwagens

Überlässt der Arbeitgeber einem Arbeitnehmer ein Elektro- oder Hybridelektrofahrzeug als Firmenwagen auch zur privaten Nutzung und **trägt der Arbeitnehmer die Stromkosten** für dieses Fahrzeug ganz oder teilweise **selbst,** handelt es sich bei der Arbeitgebererstattung der vom Arbeitnehmer selbst getragenen Stromkosten um

1) Randziffer 10 des BMF-Schreibens vom 29.9.2020 (BStBl. I S. 972). Das BMF-Schreiben ist als Anlage zu H 3.46 LStR im **Steuerhandbuch für das Lohnbüro 2021** abgedruckt, das im selben Verlag erschienen ist

Lohn- steuer- pflichtig | Sozial- versich.- pflichtig

steuer- und sozialversicherungsfreien Auslagenersatz. Um diesen Auslagenersatz zu vereinfachen, hat die Finanzverwaltung im Hinblick auf die gestiegenen Stromkosten **ab dem 1.1.2021 höhere monatliche Pauschalen** zugelassen, die als Auslagenersatz steuer- und beitragsfrei vom Arbeitgeber erstattet werden können.[1] Die Beträge mindern den geldwerten Vorteil des Arbeitnehmers aus der Firmenwagengestellung, wenn die Kosten für den Ladestrom nicht vom Arbeitgeber erstattet, sondern vom Arbeitnehmer selbst getragen werden. Vgl. die Erläuterungen unter der nachfolgenden Nr. 1 Buchstaben d und e.

Gliederung:

1. Überlassung von Elektro- und Hybridelektrofahrzeugen als Firmenwagen
   a) Allgemeines
   b) Bruttolistenpreisregelung
   c) Fahrtenbuchmethode
   d) Auslagenersatz beim Aufladen eines Firmenwagens
   e) Anrechnung der Arbeitnehmer-Kosten für das Aufladen eines Firmenwagens auf den geldwerten Vorteil
2. Private Elektro- und Hybridelektrofahrzeuge der Arbeitnehmer
   a) Steuerbefreiung für das elektrische Aufladen und Gestellung der Ladevorrichtung
   b) Übereignung der Ladevorrichtung und Barzuschüsse des Arbeitgebers
3. Umsatzsteuerpflicht des geldwerten Vorteils

1. Überlassung von Elektro- und Hybridelektrofahrzeugen als Firmenwagen

a) Allgemeines

Ein Elektrofahrzeug liegt vor, wenn in Feld 10 der Zulassungsbescheinigung die Codierung 0004 oder 0015 eingetragen ist. Ein Hybridelektrofahrzeug liegt vor, wenn sich aus Feld 10 der Zulassungsbescheinigung eine der Codierungen 0016 bis 0019 bzw. 0025 bis 0031 ergibt.[2] Überlässt der Arbeitgeber dem Arbeitnehmer ein Elektro- oder ein extern aufladbares Hybridelektrofahrzeug auch zur Privatnutzung, gilt für die Ermittlung des geldwerten Vorteils Folgendes:

b) Bruttolistenpreisregelung

Anschaffung oder Leasing vor dem 1.1.2019:

Bei der Ermittlung des geldwerten Vorteils nach der Bruttolistenpreisregelung ist der **Bruttolistenpreis** pauschal um die darin enthaltenen Kosten für das **Batteriesystem** wie folgt pauschal zu **mindern:**[3]

Anschaffungsjahr des Fahrzeugs	Minderungsbetrag in Euro je kWh Speicherkapazität	Höchstbetrag in Euro
2013 und früher	500	10 000
2014	450	9 500
2015	400	9 000
2016	350	8 500
2017	300	8 000
2018	250	7 500

Die Minderung ist nicht vorzunehmen, wenn das Batteriesystem nicht zusammen mit dem Fahrzeug angeschafft, sondern für die Überlassung ein zusätzliches Entgelt (z. B. in Form von Leasingraten) zu entrichten ist.

Lohn- steuer- pflichtig | Sozial- versich.- pflichtig

Beispiel A

Der Arbeitnehmer nutzt als Firmenwagen seit 2018 ein Elektrofahrzeug mit einer Batteriekapazität von 16,3 kWh. Eine Privatnutzung ist vertraglich gestattet. Der Bruttolistenpreis beträgt 45 280 €.

Der **monatliche geldwerte Vorteil** in **2021** ermittelt sich wie folgt:

Bruttolistenpreis einschließlich Batteriesystem	45 280 €
abzüglich 16,3 kWh á 250 €	4 075 €
verbleiben	41 205 €
abgerundet auf volle 100 € = Bruttolistenpreis neu	41 200 €

Der geldwerte Vorteil für die private Nutzung des Firmenwagens nach der 1 %-Regelung beträgt pro Monat 412 €.

Beispiel B

Der Arbeitnehmer nutzt als Firmenwagen seit 2018 ein Elektrofahrzeug mit einer Batteriekapazität von 31 kWh. Eine Privatnutzung ist vertraglich gestattet. Der Bruttolistenpreis beträgt 109 150 €.

Der **monatliche geldwerte Vorteil** in **2021** ermittelt sich wie folgt:

Bruttolistenpreis einschließlich Batteriesystem	109 150 €
abzüglich 31 kWh á 250 € = 7750 €, höchstens	7 500 €
verbleiben	101 650 €
abgerundet auf volle 100 € = Bruttolistenpreis neu	101 600 €

Der geldwerte Vorteil für die private Nutzung des Firmenwagens nach der 1 %-Regelung beträgt pro Monat 1016 €.

Wird dem Arbeitnehmer ein solches Fahrzeug erstmals nach dem 31.12.2018 zur privaten Nutzung überlassen, kann die nachfolgend beschriebene Regelung zur Halbierung des Bruttolistenpreises zur Anwendung kommen (vgl. Beispiel D).

Anschaffung oder Leasing nach dem 31.12.2018:

An die Stelle der pauschalen Minderung um die Kosten für das Batteriesystem tritt eine Halbierung der Bemessungsgrundlage. Das bedeutet, dass bei der **Bruttolistenpreisregelung** der **halbe Bruttolistenpreis** (u. E. ohne Minderung um etwaige Kaufprämien) angesetzt wird. Dies gilt für die Ermittlung des geldwerten Vorteils bei Privatfahrten, Fahrten zwischen Wohnung und erster Tätigkeitsstätte und etwaige steuerpflichtige Familienheimfahrten im Rahmen einer beruflich veranlassten doppelten Haushaltsführung. Bei einem **extern aufladbaren Hybridelektrofahrzeug** gelten die vorstehenden Vergünstigungen nur dann, wenn das Fahrzeug eine Kohlendioxidemission von höchstens 50 Gramm je gefahrenen Kilometer hat **oder** die Reichweite unter ausschließlicher Nutzung der elektrischen Antriebsmaschine mindestens 40 Kilometer beträgt.

Beispiel C

Der Arbeitnehmer erhält als Firmenwagen ein in 2020 angeschafftes Hybridelektrofahrzeug mit einer Batteriekapazität von 16,3 kWh auch zur privaten Nutzung sowie für die Fahrten zwischen Wohnung und erster Tätigkeitsstätte (Entfernung = 20 km). Der Bruttolistenpreis beträgt 45 280 €.

Die Hälfte des Bruttolistenpreises beträgt folglich 22 640 €, abgerundet auf volle Hundert Euro = 22 600 €.

---

1) Randziffern 23 und 24 des BMF-Schreibens vom 29.9.2020 (BStBl. I S. 972). Das BMF-Schreiben ist als Anlage zu H 3.46 LStR im **Steuerhandbuch für das Lohnbüro 2021** abgedruckt, das im selben Verlag erschienen ist.

2) Randziffern 7 und 9 des BMF-Schreibens vom 29.9.2020 (BStBl. I S. 972). Das BMF-Schreiben ist als Anlage zu H 3.46 LStR im **Steuerhandbuch für das Lohnbüro 2021** abgedruckt, das im selben Verlag erschienen ist.

3) Die nachfolgend aufgeführte Regelung gilt auch für Brennstoffzellenfahrzeuge, bei denen die im Fahrzeug gespeicherte Energie mit der Batteriekapazität vergleichbar ist. Dieser Wert ist in der Zulassungsbescheinigung in Teil I Ziffer 22 angegeben (BMF-Schreiben vom 24.1.2018, BStBl. I S. 272).
Liegen die Voraussetzungen für eine Halbierung der Bemessungsgrundlage (= Rechtslage ab 2019) nicht vor, ist der Bruttolistenpreis ggf. um die Kosten für das Batteriesystem zu mindern. Im Anschaffungsjahr 2019 beträgt der Minderungsbetrag je kwh Speicherkapzität 200 €, bei einem Höchstbetrag von 7000 €, im Jahr 2020 150 €, bei einem Höchstbetrag von 6500 € und im Jahr 2021 100 €, bei einem Höchstbetrag von 6000 €.

Lohn-steuer-pflichtig | Sozial-versich.-pflichtig

Der **monatliche geldwerte Vorteil** in **2021** ermittelt sich wie folgt:

Privatfahrten 1 % von 22 600 € =	226,00 €
Fahrten zwischen Wohnung und erster Tätigkeitsstätte	
0,03 % von 22 600 € × 20 km =	135,60 €
Geldwerter Vorteil insgesamt	361,60 €

E

Durch das sog. Jahressteuergesetz 2019 erfolgte eine stufenweise Verlängerung der Halbierung der Bemessungsgrundlage bei der Firmenwagenbesteuerung bei privater Nutzung eines betrieblichen Elektro- oder extern aufladbaren Hybridelektrofahrzeugs (§ 8 Abs. 2 i. V. m. § 6 Abs. 1 Nr. 4 EStG). Allerdings werden **steigende Anforderungen** an die **zu erreichende Mindestreichweite** gestellt (bisher 40 Kilometer):

- Für im Zeitraum **1.1.2022 bis 31.12.2024** angeschaffte/geleaste Fahrzeuge wird eine **Reichweite** unter ausschließlicher Nutzung der elektrischen Antriebsmaschine von mindestens **60 Kilometer** festgelegt;
- für vom **1.1.2025 bis zum 31.12.2030** angeschaffte/geleaste Fahrzeuge muss diese **80 Kilometer** betragen.

Die Vorgaben hinsichtlich des **Schadstoffausstoßes von höchstens 50 Gramm Kohlendioxid** je gefahrenen Kilometer, die ebenfalls – und unabhängig von der mit elektrischem Antrieb zu erzielenden Mindestreichweite – zu einer Halbierung der Bemessungsgrundlage berechtigen, **blieben unverändert.**

Die Finanzverwaltung verfährt nach den vorstehenden Regelungen bei allen vom Arbeitgeber an den **Arbeitnehmer erstmals nach dem 31.12.2018** zur privaten Nutzung **überlassenen Elektrofahrzeugen.** In diesen Fällen kommt es nicht auf den Zeitpunkt an, zu dem der Arbeitgeber das Fahrzeug angeschafft, hergestellt oder geleast hat.

Beispiel D

Der Arbeitnehmer erhält als Firmenwagen ab Januar 2019 ein im Dezember 2018 angeschafftes Hybridelektrofahrzeug mit einer Batteriekapazität von 16,3 kWh auch zur privaten Nutzung sowie für die Fahrten zwischen Wohnung und erster Tätigkeitsstätte (Entfernung = 20 km). Der Bruttolistenpreis beträgt 50 000 €.

Die Regelung zur Halbierung der Bemessungsgrundlage ist anzuwenden, da dem Arbeitnehmer das Elektrofahrzeug nach dem 31.12.2018 „erstmals" überlassen worden ist. Die Hälfte des Bruttolistenpreises beträgt 25 000 € (1/2 von 50 000 €). Der monatliche geldwerte Vorteil in 2021 ermittelt sich wie folgt:

Privatfahrten 1 % von 25 000 € =	250,00 €
Fahrten zwischen Wohnung und erster Tätigkeitsstätte	
0,03 % von 25 000 € × 20 km =	150,00 €
Geldwerter Vorteil insgesamt	400,00 €

Wurde das Elektrofahrzeug allerdings vor dem 1.1.2019 bereits einem anderen Arbeitnehmer zur privaten Nutzung überlassen, bleibt es bei einem **Wechsel des Nutzungsberechtigten** nach dem 31.12.2018 für dieses Fahrzeug bei der Kürzung der Bemessungsgrundlage um die Kosten für das Batteriesystem, und die Regelungen zur Halbierung der Bemessungsgrundlage sind nicht anzuwenden.

Beispiel E

Wie Beispiel D. Das Fahrzeug ist allerdings bereits Ende Oktober 2018 angeschafft und im Zeitraum Juli 2018 bis Dezember 2020 einem anderen Arbeitnehmer als Firmenwagen überlassen worden.

Die Regelung zur Halbierung der Bemessungsgrundlage ist nicht anzuwenden, da ein Wechsel des nutzungsberechtigten Arbeitnehmers nach dem 31.12.2018 vorliegt. Der Bruttolistenpreis ist vielmehr um die Kosten für das Batteriesystem pauschal zu mindern. Der geldwerte Vorteil in 2021 ermittelt sich wie folgt:

Bruttolistenpreis	50 000 €
abzüglich 16,3 kWh à 250 €	4 075 €
verbleiben	45 925 €
abgerundet auf volle 100 €	45 900 €
Privatfahrten 1 % von 45 900 € =	459,00 €
Fahrten zwischen Wohnung und erster Tätigkeitsstätte	
0,03 % von 45 900 € × 20 km =	275,40 €
Geldwerter Vorteil insgesamt	734,40 €

Lohn-steuer-pflichtig | Sozial-versich.-pflichtig

Bei Anschaffungen sowie im Falle des Leasings nach dem 31.12.2018 (also bereits für Anschaffungen des Jahres 2019) und vor dem 1.1.2031 wird zur Ermittlung des geldwerten Vorteils für Privatfahrten, Fahrten zwischen Wohnung und erster Tätigkeitsstätte und etwaige steuerpflichtige Familienheimfahrten im Rahmen einer beruflich veranlassten doppelten Haushaltsführung ab dem Jahr 2020 nur **ein Viertel des Bruttolistenpreises** angesetzt, wenn das Kraftfahrzeug **keine Kohlendioxidemission** je gefahrenen Kilometer hat (= reine Elektrofahrzeuge) **und** der **Bruttolistenpreis** des Fahrzeugs **nicht mehr als 60 000 € beträgt.**

Beispiel F

Der Arbeitnehmer erhält als Firmenwagen ein im Januar 2021 angeschafftes Elektroauto (ohne Kohlendioxidemission) mit einem Bruttolistenpreis von 59 990 € auch zur privaten Nutzung und für Fahrten zwischen Wohnung und erster Tätigkeitsstätte (25 Entfernungskilometer).

Ein Viertel des Bruttolistenpreises beträgt 14 997,50 €, abgerundet auf volle Hundert € = 14 900 €. Der monatliche geldwerte Vorteil ermittelt sich in 2021 wie folgt:

Privatfahrten: 1 % von 14 900 € =	149,00 €
Fahrten zwischen Wohnung und erster Tätigkeitsstätte:	
0,03 % von 14 900 € × 25 km =	111,75 €
Geldwerter Vorteil insgesamt	260,75 €

c) Fahrtenbuchmethode

Anschaffung oder Leasing vor dem 1.1.2019:

Bei der Ermittlung des geldwerten Vorteils nach der Fahrtenbuchmethode ist die **Bemessungsgrundlage für die Absetzungen für Abnutzung in pauschaler Höhe** – entsprechend den vorstehenden Grundsätzen unter dem Buchstaben b – um die Kosten für das Batteriesystem **zu mindern.** Wird die Batterie nicht mit dem Fahrzeug erworben, sondern gemietet oder geleast, sind die Gesamtkosten um das hierfür zusätzlich entrichtete Entgelt zu vermindern.

Außerdem sind in den Fällen der Firmenwagengestellung mit Fahrtenbuchmethode die Kosten für den vom Arbeitgeber steuerfrei gestellten Ladestrom aus den Gesamtkosten herauszurechnen. Auch die Kosten für die Ladevorrichtung bleiben unberücksichtigt. Bei der Bruttolistenpreisregelung bedurfte es einer solchen Regelung aufgrund der pauschalen Prozentsätze nicht. Die Stromkosten sind mit den pauschalen Prozentsätzen abgegolten.

Beispiel A

Der Arbeitnehmer nutzt seit 2018 ein von seinem Arbeitgeber erworbenes Elektrofahrzeug mit einer Batteriekapazität von 16 kWh auch zu privaten Zwecken. Der Bruttolistenpreis beträgt 43 000 €, die tatsächlichen Brutto-Anschaffungskosten 36 000 €. Die berufliche Nutzung beträgt gemäß ordnungsgemäßem Fahrtenbuch 83 %. Der geldwerte Vorteil für die Privatnutzung ermittelt sich wie folgt:

Für die Ermittlung der Gesamtkosten sind zunächst die Anschaffungskosten um den pauschal ermittelten Minderungsbetrag in Höhe von 4000 € (16 kWh × 250 €) zu mindern. Folglich sind bei den Gesamtkosten Absetzungen für Abnutzung in Höhe von 4000 € (36 000 € abzüglich 4000 € = 32 000 € verteilt auf acht Jahre) anzusetzen. Daneben sind Aufwendungen für Versicherungen (1000 €) und Strom (890 €) angefallen. Die Summe der Gesamtaufwendungen beträgt folglich 5000 € (4000 € Abschreibung zuzüglich 1000 € Versicherung, ohne Einbeziehung der Kosten für den vom Arbeitgeber steuerfrei gestellten Ladestrom). Der geldwerte Vorteil nach der Fahrtenbuchmethode beträgt in 2021 folglich 850 € (17 % Privatanteil von 5000 €).

Wird dem Arbeitnehmer ein solches Fahrzeug erstmals nach dem 31.12.2018 zur privaten Nutzung überlassen, kann die nachfolgend beschriebene Regelung zur Halbie-

Lohn- steuer- pflichtig Sozial- versich.- pflichtig

rung oder gar Viertelung der Bemessungsgrundlage zur Anwendung kommen.

Anschaffung oder Leasing nach dem 31.12.2018:

An die Stelle der pauschalen Minderung um die Kosten für das Batteriesystem tritt eine Halbierung der Bemessungsgrundlage. Das bedeutet, dass bei der **Fahrtenbuchmethode** die **Hälfte der Absetzung für Abnutzung bzw. der Leasingkosten** angesetzt wird. Dies gilt für die Ermittlung des geldwerten Vorteils bei Privatfahrten, Fahrten zwischen Wohnung und erster Tätigkeitsstätte und etwaige steuerpflichtige Familienheimfahrten im Rahmen einer beruflich veranlassten doppelten Haushaltsführung. Bei einem **extern aufladbaren Hybridelektrofahrzeug** gelten die vorstehenden Vergünstigungen nur dann, wenn das Fahrzeug eine Kohlendioxidemission von höchstens 50 Gramm je gefahrenen Kilometer hat **oder** die Reichweite unter ausschließlicher Nutzung der elektrischen Antriebsmaschine mindestens 40 Kilometer beträgt.

Die Kosten für den vom Arbeitgeber steuerfrei gestellten Ladestrom und die Ladevorrichtung bleiben bei den Gesamtkosten unberücksichtigt.

Beispiel B

Der Arbeitnehmer nutzt ein im Januar 2020 von seinem Arbeitgeber erworbenes Hybridelektrofahrzeug mit einer Batteriekapazität von 20 kWh auch zu privaten Zwecken. Der Bruttolistenpreis beträgt 55 000 €, die tatsächlichen Bruttoanschaffungskosten 48 000 €. Die berufliche Nutzung beträgt gemäß ordnungsgemäß geführtem Fahrtenbuch 75 %. Für das Fahrzeug sind außerdem Aufwendungen für Benzin (2000 €), Versicherungen (1000 €) und Strom (1800 €) angefallen. Der geldwerte Vorteil für die Privatnutzung in 2021 ermittelt sich wie folgt:

Zu den maßgebenden Gesamtkosten gehören die Aufwendungen für Benzin (2000 €) und Versicherungen (1000 €), nicht aber die Aufwendungen für den Ladestrom. Die Absetzung für Abnutzung beträgt 6000 € (48 000 €: acht Jahre). Sie wird zur Hälfte (= 3000 €) bei den Gesamtkosten angesetzt. Die insgesamt maßgebenden Gesamtkosten betragen somit 6000 € (2000 € zuzüglich 1000 € zuzüglich 3000 €). Der geldwerte Vorteil beläuft sich in 2021 somit auf 1500 € (= 25 % von 6000 €).

Wie zuvor erläutert, sind bei der Ermittlung des geldwerten Vorteils nach der Fahrtenbuchmethode die **Stromkosten nicht** mit **in** die **Gesamtkosten** einzubeziehen. Allerdings ist bei **Hybridelektrofahrzeugen** zu beachten, dass anfallende **Treibstoffkosten mit einzubeziehen** sind.

Beispiel C

Ein Mitarbeiter erhält ein ab Januar 2021 geleastes Hybridelektrofahrzeug (Reichweite unter ausschließlicher Nutzung der elektrischen Antriebsmaschine mindestens 40 Kilometer) als Firmenwagen. Laut ordnungsgemäß geführtem Fahrtenbuch ergibt sich für die Privatnutzung einschließlich Hin- und Rückfahrten zur ersten Tätigkeitsstätte bei einer Jahresfahrleistung von 25000 km ein Anteil von 15000 km (= 60 %). Neben den monatlichen Leasingkosten i. H. v. 500 € fallen noch Benzin- und Ladestromkosten i. H. v. jeweils 1000 € und Versicherungsbeiträge von jährlich 800 € an.

Jährliche Leasingkosten für das Fahrzeug (12 × 500 €) = 6000 €

davon die Hälfte	3000 €
Bezinkosten	1000 €
Ladestrom	–,– €
Versicherungsbeiträge	800 €
Summe	4800 €
Privatnutzung 60 % = geldwerter Vorteil für 2021	2880 €

Zur Ermittlung des geldwerten Vorteils für Privatfahrten, Fahrten zwischen Wohnung und erster Tätigkeitsstätte und etwaige steuerpflichtige Familienheimfahrten im Rahmen einer beruflich veranlassten doppelten Haushaltsführung wird bei der **Fahrtenbuchmethode** seit dem Jahr 2020 nur **ein Viertel** der Absetzung für Abnutzung bzw. der Leasingrate angesetzt, wenn das Kraftfahrzeug **keine Kohlendioxidemission** je gefahrenen Kilometer hat (= reine Elektrofahrzeuge) **und** der **Bruttolistenpreis** des Fahrzeugs **nicht mehr als 60 000 €** beträgt.

Lohn- steuer- pflichtig Sozial- versich.- pflichtig

Beispiel D

Wie Beispiel B. Es handelt sich um ein reines Elektrofahrzeug mit einem Bruttolistenpreis von 37 500 € und Bruttoanschaffungskosten von 32 000 €.

Neben den Aufwendungen für die Versicherung (1000 €) wird die Absetzung für Abnutzung ebenfalls mit 1000 € in die Gesamtkosten einbezogen (32 000 € verteilt auf acht Jahre = 4000 € × 1/4). Die Gesamtkosten betragen somit 2000 € und der geldwerte Vorteil bei einer Privatnutzung von 25 % beläuft sich in 2021 auf 500 €.

E

d) Auslagenersatz beim Aufladen eines Firmenwagens[1]

Überlässt der Arbeitgeber einem Arbeitnehmer ein Elektro- oder Hybridelektrofahrzeug als Firmenwagen auch zur privaten Nutzung und **trägt der Arbeitnehmer die Stromkosten** für dieses Fahrzeug ganz oder teilweise **selbst,** handelt es sich bei der Arbeitgebererstattung der vom Arbeitnehmer selbst getragenen Stromkosten um steuer- und sozialversicherungsfreien **Auslagenersatz.** Um diesen Auslagenersatz zu vereinfachen, hat die Finanzverwaltung für den Zeitraum 1.1.2017 bis 31.12.2020 bereits bisher monatliche Pauschalen zugelassen. Im Hinblick auf die gestiegenen Stromkosten gelten **ab dem 1.1.2021** bis zum 31.12.2030 die folgenden **höheren monatlichen Pauschalen,** die als Auslagenersatz steuer- und beitragsfrei vom Arbeitgeber erstattet werden können:

mit zusätzlicher Lademöglichkeit beim Arbeitgeber

- für Elektrofahrzeuge — 30 € monatlich **(ab 2021)** — (bisher: 20 € monatlich)
- für Hybridelektrofahrzeuge — 15 € monatlich **(ab 2021)** — (bisher: 10 € monatlich)

ohne zusätzliche Lademöglichkeit beim Arbeitgeber

- für Elektrofahrzeuge — 70 € monatlich **(ab 2021)** — (bisher: 50 € monatlich)
- für Hybridelektrofahrzeuge — 35 € monatlich **(ab 2021)** — (bisher: 25 € monatlich)

Als **zusätzliche Lademöglichkeit beim Arbeitgeber** gilt jeder zum unentgeltlichen oder verbilligten Aufladen des Dienstwagens geeignete Stromanschluss an einer ortsfesten betrieblichen Einrichtung des lohnsteuerlichen Arbeitgebers (nicht aber ein solcher Anschluss bei einem mit dem Arbeitgeber verbundenen Unternehmen). Gleiches gilt bei einer dem Arbeitnehmer vom Arbeitgeber unentgeltlich oder verbilligt zur Verfügung gestellten Stromtankkarte zum Aufladen des Dienstwagens bei einem Dritten. Ist keine zusätzliche Lademöglichkeit beim Arbeitgeber in diesem Sinne gegeben, sind die höheren Pauschalen anwendbar. Eine Strompreispauschale je kWh ist nicht eingeführt worden.

Durch den pauschalen Auslagenersatz sind sämtliche Kosten des Arbeitnehmers für den Ladestrom abgegolten. Ein zusätzlicher Auslagenersatz der nachgewiesenen tatsächlichen Kosten für den von einem Dritten bezogenen Ladestrom ist nicht zulässig. Übersteigen die vom Arbeitnehmer in einem Kalendermonat getragenen Kosten für den von einem Dritten bezogenen Ladestrom die maßgebende Pauschale, kann der Arbeitgeber dem Arbeitnehmer anstelle der maßgebenden Pauschale auch die anhand von Belegen nachgewiesenen tatsächlichen Kosten als steuerfreien Auslagenersatz nach § 3 Nr. 50 EStG erstatten. Dies gilt entsprechend für die Anrechnung von selbst getragenen individuellen Kosten des Arbeitnehmers für Ladestrom auf den geldwerten Vorteil. Vgl. die Erläuterungen unter dem nachfolgenden Buchstaben e.

1) Randziffer 22 ff. des BMF-Schreibens vom 29.9.2020 (BStBl. I S. 972). Das BMF-Schreiben ist als Anlage zu H 3.46 LStR im **Steuerhandbuch für das Lohnbüro 2021** abgedruckt, das im selben Verlag erschienen ist.

Lohnsteuerpflichtig	Sozialversich.-pflichtig

e) Anrechnung der Arbeitnehmer-Kosten für das Aufladen eines Firmenwagens auf den geldwerten Vorteil

Die unter dem vorstehenden Buchstaben d angegebenen Beträge **mindern** den **geldwerten Vorteil** des Arbeitnehmers aus der Firmenwagengestellung, wenn die Kosten für den Ladestrom nicht vom Arbeitgeber erstattet, sondern vom **Arbeitnehmer** selbst **getragen** werden. Vgl. hierzu im Einzelnen das Stichwort „Firmenwagen zur privaten Nutzung" unter Nr. 9 Buchstaben c und d.

Beispiel

Arbeitgeber A überlässt seinem Arbeitnehmer B als Firmenwagen ein Elektrofahrzeug auch zur privaten Nutzung. Der geldwerte Vorteil beträgt im Kalenderjahr 2021 2500 €. Das Elektrofahrzeug wird regelmäßig am Wohnort des Arbeitnehmers aufgeladen. Die hierdurch entstehenden Kosten werden vom Arbeitgeber vereinbarungsgemäß nicht ersetzt. Im Betrieb des Arbeitgebers besteht eine zusätzliche Lademöglichkeit für dieses Fahrzeug.

Der geldwerte Vorteil von 2500 € mindert sich um die vom Arbeitnehmer getragenen Kosten für das Aufladen des Elektrofahrzeugs. Entsprechend den Ausführungen unter dem vorstehenden Buchstaben d kann hierfür ein Betrag von 360 € angesetzt werden (12 Monate à 30 €), sodass ein geldwerter Vorteil von 2140 € (2500 € abzüglich 360 €) verbleibt.

In Höhe von 360 € könnte der Arbeitgeber auch einen steuer- und sozialversicherungsfreien Auslagenersatz leisten (vgl. vorstehenden Buchstaben d). In diesem Fall könnte der geldwerte Vorteil von 2500 € nicht zusätzlich gemindert werden.

2. Private Elektro- und Hybridelektrofahrzeuge der Arbeitnehmer

Durch das sog. Jahressteuergesetz 2019 sind die nachfolgenden Regelungen unter dem Buchstaben a und b bis zum Jahr 2030 verlängert worden (§ 52 Abs. 4 Satz 14 und Abs. 37c EStG).

a) Steuerbefreiung für das elektrische Aufladen und Gestellung der Ladevorrichtung

Die vom Arbeitgeber zusätzlich zum ohnehin geschuldeten Arbeitslohn unentgeltlich oder verbilligt gewährten Vorteile für das elektrische **Aufladen** eines privaten Elektrofahrzeugs oder Hybridelektrofahrzeugs des Arbeitnehmers **im Betrieb** des Arbeitgebers sind steuerfrei (§ 3 Nr. 46 EStG). Betrieb des Arbeitgebers in diesem Sinne ist die ortsfeste betriebliche Einrichtung des Arbeitgebers oder eines verbundenen Unternehmens (§ 15 des Aktiengesetzes). Die Steuerbefreiung gilt auch für Leiharbeitnehmer im Betrieb des Entleihers. nein nein

Beispiel A

Der Arbeitgeber ermöglicht dem Arbeitnehmer im Betrieb sein privates Elektrofahrzeug unentgeltlich aufzuladen.

Der sich hieraus für den Arbeitnehmer ergebende geldwerte Vorteil ist steuer- und sozialversicherungsfrei (§ 3 Nr. 46 EStG). Die monatliche 44-Euro-Freigrenze für Sachbezüge kann – anders als bei einem Benzingutschein – zusätzlich in Anspruch genommen werden.

Ermöglicht der Arbeitgeber dem Arbeitnehmer hingegen auf seine Kosten das Aufladen des Fahrzeugs an außerbetrieblichen Ladestationen (z. B. Stromtankstellen), greift die Steuerbefreiungsvorschrift nicht. In diesem Fall kann allerdings die 44-Euro-Freigrenze für Sachbezüge in Anspruch genommen werden, wenn sie noch nicht anderweitig ausgeschöpft worden ist.

Außerdem sind die zusätzlich zum ohnehin geschuldeten Arbeitslohn gewährten Vorteile aus der vom Arbeitgeber zur privaten Nutzung **überlassenen betrieblichen Ladevorrichtung** in die Steuerfreiheit einbezogen worden. Ladevorrichtung in diesem Sinne ist die gesamte Ladeinfrastruktur einschließlich Zubehör und die in diesem Zusammenhang erbrachten Dienstleistungen (beispielsweise die Installation oder Inbetriebnahme der Ladevorrichtung einschließlich notwendiger Vorarbeiten wie z. B. das Verlegen eines Starkstromkabels). Zur Nutzung gehört z. B. die Wartung und die Miete für den Stromzähler. Für die

Lohnsteuerpflichtig	Sozialversich.-pflichtig

private und betriebliche Nutzung eines Elektrofahrzeugs oder Hybridelektrofahrzeugs reicht es nämlich nicht aus, wenn es nur im Betrieb des Arbeitgebers aufgeladen werden kann. Aufgrund der noch begrenzten Batteriekapazität und der damit verbundenen geringen Reichweite muss der Arbeitnehmer das Elektrofahrzeug oder Hybridelektrofahrzeug regelmäßig zusätzlich aufladen. Dies setzt insbesondere für Elektrofahrzeuge oder Hybridelektrofahrzeuge mit einer größeren Batteriekapazität eine entsprechende Ladevorrichtung voraus. Wird sie dem Arbeitnehmer vom Arbeitgeber unentgeltlich oder verbilligt zur privaten Nutzung überlassen, ist der entstehende geldwerte Vorteil ebenfalls steuerfrei. nein nein

Beispiel B

Der Arbeitgeber **überlässt** dem Arbeitnehmer eine betriebliche Ladestation (Kosten 2000 €), um sein privates Elektrofahrzeug an seinem Wohnort aufladen zu können.

Der sich hieraus für den Arbeitnehmer ergebende geldwerte Vorteil ist steuer- und sozialversicherungsfrei (§ 3 Nr. 46 EStG).

Die **Steuerbefreiung** gilt aber **nicht** für den mit der betrieblichen Ladevorrichtung bezogenen **Ladestrom.** Dies gilt selbst dann, wenn es sich beim Arbeitnehmer um einen Stromanschluss des Arbeitgebers handelt. Zur Zahlung eines pauschalen Auslagenersatzes bei einer Firmenwagengestellung vgl. vorstehende Nr. 1 Buchstabe d. ja ja

Die Steuerbefreiung des vom Arbeitgeber im Betrieb gestellten Ladestroms und der betrieblichen Ladevorrichtung ist in den Fällen einer **Gehaltsumwandlung ausgeschlossen.** Deshalb setzt die Steuerbefreiung voraus, dass die Vorteile vom Arbeitgeber zusätzlich zum ohnehin geschuldeten Arbeitslohn gewährt werden.

Die steuerfreien geldwerten Vorteile für das Aufladen von privaten Elektrofahrzeugen der Arbeitnehmer (§ 3 Nr. 46 EStG) müssen nicht im **Lohnkonto** aufgezeichnet werden, da die Steuerbefreiung der Höhe nach betragsmäßig nicht begrenzt ist.

b) Übereignung der Ladevorrichtung und Barzuschüsse des Arbeitgebers

Der Arbeitgeber hat zudem die Möglichkeit, geldwerte Vorteile aus der unentgeltlichen oder verbilligten Übereignung der Ladevorrichtung für Elektrofahrzeuge oder Hybridelektrofahrzeuge an den Arbeitnehmer **pauschal mit 25 %** (zuzüglich Solidaritätszuschlag und Kirchensteuer) zu besteuern (§ 40 Abs. 2 Satz 1 Nr. 6 EStG). In diesem Fall ist der geldwerte Vorteil beitragsfrei. ja nein

Beispiel A

Der Arbeitgeber **übereignet** dem Arbeitnehmer eine betriebliche Ladestation (Kosten 2000 €), um sein privates Elektrofahrzeug an seinem Wohnort aufladen zu können.

Der sich hieraus für den Arbeitnehmer ergebende geldwerte Vorteil ist steuer- und sozialversicherungspflichtig, kann aber mit 25 % zuzüglich Solidaritätszuschlag und Kirchensteuer pauschal besteuert werden und ist in diesem Fall beitragsfrei.

Trägt der Arbeitnehmer die Aufwendungen für den Erwerb und zur Nutzung der privaten Ladevorrichtung selbst, kann der **Arbeitgeber** diese Aufwendungen **bezuschussen.** Zur Vereinfachung des Besteuerungsverfahrens kann der Arbeitgeber die Lohnsteuer für solche Zuschüsse ebenfalls pauschal mit 25 % (zuzüglich Solidaritätszuschlag und Kirchensteuer) erheben mit der Folge der Beitragsfreiheit in der Sozialversicherung. Dies gilt auch für Zuschüsse des Arbeitgebers, die für die Nutzung der Ladevorrichtung gezahlt werden. Zur Nutzung gehört z. B. die Wartung der Ladevorrichtung und die Miete für den Starkstromzähler. ja nein

Beispiel B

Der Arbeitnehmer schafft sich für sein privates Elektrofahrzeug eine Ladevorrichtung nebst Zubehör an (Kosten insgesamt 2500 €). Der Arbeitgeber zahlt dem Arbeitnehmer einen Zuschuss in Höhe von 1000 €.

	Lohn-steuer-pflichtig	Sozial-versich.-pflichtig

Der Barzuschuss des Arbeitgebers in Höhe von 1000 € ist steuer- und sozialversicherungspflichtig, kann aber mit 25 % zuzüglich Solidaritätszuschlag und Kirchensteuer pauschal besteuert werden und ist in diesem Fall beitragsfrei.

Beispiel C

Wie Beispiel B. Dem Arbeitnehmer entstehen durch die Nutzung der Ladevorrichtung monatliche Kosten in Höhe von 75 €, die vom Arbeitgeber erstattet werden.

Der monatliche Zuschuss des Arbeitgebers in Höhe von 75 € ist steuer- und sozialversicherungspflichtig, kann aber ebenfalls mit 25 % zuzüglich Solidaritätszuschlag und Kirchensteuer pauschal besteuert werden und ist in diesem Fall beitragsfrei.

Zahlt der Arbeitgeber dem Arbeitnehmer auch die Aufwendungen für den **Ladestrom,** handelt es sich um steuer- und beitragspflichtigen Arbeitslohn. Eine Pauschalbesteuerung mit 25 % ist insoweit nicht möglich. Zur Zahlung eines steuerfreien Auslagenersatzes in den Fällen der Firmenwagengestellung vgl. vorstehende Nr. 1 Buchstabe d. ja ja

Die Pauschalierung der Lohnsteuer bei Übereignung der Ladevorrichtung und für Zuschüsse ist in Fällen einer **Entgeltumwandlung ausgeschlossen.** Deshalb setzt die Pauschalierung der Lohnsteuer voraus, dass die Übereignung und die Zuschüsse zusätzlich zum ohnehin geschuldeten Arbeitslohn erfolgen.

Erhebt der Arbeitgeber die Lohnsteuer pauschal nach § 40 Abs. 2 Satz 1 Nr. 6 EStG, sind die Aufwendungen des Arbeitgebers für den Erwerb der Ladevorrichtung, die Zuschüsse des Arbeitgebers und die bezuschussten Aufwendungen des Arbeitnehmers für den Erwerb und die Nutzung der Ladevorrichtung nachzuweisen. Der Arbeitgeber hat diese **Unterlagen** als **Belege zum Lohnkonto** aufzubewahren.

3. Umsatzsteuerpflicht des geldwerten Vorteils

Die unter der vorstehenden Nr. 1 Buchstaben b und c dargestellten **ertragsteuerlichen Regelungen** zur Minderung der Bemessungsgrundlage bei der Bruttolistenpreisregelung oder Fahrtenbuchmethode sind bei der **Umsatzsteuer nicht anzuwenden.**

Auch bei Elektrofahrzeugen sind daher in den Fällen der Firmenwagengestellung bei der Bruttolistenpreisregelung der **volle Bruttolistenpreis** und bei der Fahrtenbuchmethode die **vollen Gesamtkosten** Ausgangsgröße für die **umsatzsteuerliche Bemessungsgrundlage.** Vgl. das Stichwort „Firmenwagen zur privaten Nutzung" unter Nr. 20 Buchstabe a.

Elektronische Lohnsteuerabzugsmerkmale (ELStAM)

Neues und Wichtiges auf einen Blick:

1. Weitergeltung der bereits abgerufenen elektronischen Lohnsteuerabzugsmerkmale

Die bereits vor dem 1.1.2021 vom Arbeitgeber für die bei ihm beschäftigten Arbeitnehmer abgerufenen elektronischen Lohnsteuerabzugsmerkmale (ELStAM) sind auch im Kalenderjahr 2021 weiter anzuwenden, bis die Finanzverwaltung dem Arbeitgeber für diese Arbeitnehmer geänderte ELStAM zum Abruf bereitstellt. Der Arbeitgeber darf diese Arbeitnehmer nicht erneut zur ELStAM-Datenbank anmelden.

Lediglich zum 1.1.2021 oder im Laufe des Kalenderjahres 2021 **neu eingestellte Arbeitnehmer** hat der Arbeitgeber einmalig bei der ELStAM-Datenbank **anzumelden.** Mit der Anmeldebestätigung werden dem Arbeitgeber die ELStAM der neu eingestellten Arbeitnehmer zur Verfügung gestellt.

Der dem Arbeitnehmer auf dessen Wunsch im Lohnsteuer-Ermäßigungsverfahren für das Kalenderjahr 2021 vom Finanzamt zur Verfügung gestellte **ELStAM-Ausdruck** ist ausschließlich für die Unterlagen des Arbeitnehmers und nicht zur Vorlage beim Arbeitgeber bestimmt. Er darf daher vom Arbeitgeber auf **keinen** Fall als **Nachweis** der individuellen Lohnsteuerabzugsmerkmale verwendet werden. Dem Arbeitgeber werden die ELStAM zum nächsten Monatswechsel elektronisch zum Abruf bereitgestellt.

Zum Inhalt und der Bildung der ELStAM vgl. die ausführlichen Erläuterungen unter der nachfolgenden Nr. 3.

2. Einbeziehung nicht meldepflichtiger Arbeitnehmer in das ELStAM-Verfahren

Seit dem 1.1.2020 ist für die „Standardfälle" (= **Steuerklasse I ohne Freibetrag**) der Gruppe der **beschränkt Steuerpflichtigen** nach § 1 Abs. 4 EStG der **Arbeitgeberabruf freigeschaltet.** Voraussetzung für die Teilnahme von Arbeitnehmern am ELStAM-Verfahren ist die Zuteilung einer Identifikationsnummer, die beim Betriebsstättenfinanzamt des Arbeitgebers zu beantragen ist. Der Antrag kann auch vom Arbeitgeber gestellt werden, wenn ihn der Arbeitnehmer dazu bevollmächtigt hat. Für die übrigen beschränkt steuerpflichtigen Arbeitnehmer nach § 1 Abs. 4 EStG, die die Bildung eines **Freibetrags** für das Lohnsteuerabzugsverfahren beantragt haben, hat das Betriebsstättenfinanzamt des Arbeitgebers auf Antrag des Arbeitnehmers eine Lohnsteuerabzugsbescheinigung **(„Papierbescheinigung")** auszustellen und den Arbeitgeberabruf zu sperren. Dies gilt auch dann, wenn der Arbeitnehmer meldepflichtig oder eine Identifikationsnummer vorhanden ist.

Für die **Gruppe der übrigen,** im Inland **nicht meldepflichtigen Personen** (nach § 1 Abs. 1 EStG unbeschränkt einkommensteuerpflichtige Arbeitnehmer, die keinen Wohnsitz aber einen gewöhnlichen Aufenthalt im Inland haben, nach § 1 Abs. 2 EStG erweitert unbeschränkt einkommensteuerpflichtige Arbeitnehmer, nach § 1 Abs. 3 EStG auf Antrag wie unbeschränkt einkommensteuerpflichtig zu behandelnde Arbeitnehmer), ist die Teilnahme am ELStAM-Verfahren **erst** in einer **späteren programmtechnischen Ausbaustufe** vorgesehen. Dies gilt auch dann, wenn für diesen Arbeitnehmerkreis auf Anforderung des Finanzamts oder aus anderen Gründen (z. B. früherer Wohnsitz im Inland) steuerliche Identifikationsnummern vorliegen. Das Finanzamt stellt für diesen Personenkreis eine Lohnsteuerabzugsbescheinigung aus und sperrt den Arbeitgeberabruf.

Vgl. im Einzelnen nachfolgende Nr. 6 Buchstabe c.

Gliederung:

E

k) Beendigung des Dienstverhältnisses bei Anwendung des ELStAM-Verfahrens
l) Arbeitgeberwechsel im ELStAM-Verfahren
4. ELStAM-Verfahren bei verschiedenen Lohnarten
5. Härtefallregelung für die Nichtteilnahme am ELStAM-Verfahren
a) Allgemeines
b) Arbeitgeberbezogene Bescheinigung der Lohnsteuerabzugsmerkmale
c) Pflichten des Arbeitgebers bei der Härtefallregelung
6. Durchführung des Lohnsteuerabzugs ohne ELStAM
a) Fehlende oder fehlerhafte Lohnsteuerabzugsmerkmale
b) Unbeschränkt steuerpflichtige Arbeitnehmer ohne Identifikationsnummer
c) In Deutschland nicht meldepflichtige Personen
d) Arbeitnehmer mit pauschal besteuertem Arbeitslohn

E

1. Allgemeines

Die Einführung des elektronischen Lohnsteuerabzugsverfahrens erfolgte im Kalenderjahr 2013. Bereits seit dem 1.11.2012 hatten Arbeitgeber die Möglichkeit, die Daten, die früher auf der Vorderseite der Lohnsteuerkarte standen, elektronisch abzurufen. Das elektronische Verfahren soll für schnellere Wege und weniger bürokratischen Aufwand sorgen. Unter dem Namen „ELStAM" („**E**lektronische **L**ohn**St**euer**A**bzugs**M**erkmale") werden alle Daten für den Lohnsteuerabzug zwischen Finanzämtern, Arbeitgebern und Arbeitnehmern digital übermittelt.

Der Arbeitgeber war allerdings nicht verpflichtet, sofort ab dem 1.1.2013 am ELStAM-Verfahren teilzunehmen. Im Rahmen einer sog. **„gestreckten Einführung"** wurde den Arbeitgebern ermöglicht, den Einstiegszeitpunkt in das ELStAM-Verfahren im Laufe des Jahres 2013 selbst zu bestimmen. Die ELStAM mussten aber zumindest für einen im Jahr 2013 endenden Lohnzahlungszeitraum abgerufen und angewendet werden. Ein Abruf erst für einen in 2014 endenden Lohnzahlungszeitraum war daher verspätet.

2. Papierverfahren im Einführungszeitraum 2013

Zu den beim Papierverfahren im Einführungszeitraum 2013 zu beachtenden Besonderheiten vgl. im Lexikon für das Lohnbüro, Ausgabe 2015, die Ausführungen auf Seite 277 f. beim Stichwort „Elektronische Lohnsteuerabzugsmerkmale (ELStAM)" unter Nr. 2.

3. ELStAM-Verfahren

a) Inhalt der ELStAM (= Lohnsteuerabzugsmerkmale)

Lohnsteuerabzugsmerkmale sind (§ 39 Abs. 4 EStG):

- **Steuerklasse** (§ 38b Abs. 1 EStG) und Faktor (§ 39f EStG),
- Zahl der **Kinderfreibeträge** bei den Steuerklassen I bis IV (§ 38b Abs. 2 EStG),
- **Kirchensteuerabzugsmerkmale** (§ 39e Abs. 3 Satz 1 EStG) und
- **Freibetrag** und **Hinzurechnungsbetrag** (§ 39a EStG).

Hat der Arbeitnehmer im Rahmen des Lohnsteuerermäßigungsverfahrens die Berücksichtigung eines **Freibetrags** beantragt und möchte diesen auf **mehrere Dienstverhältnisse verteilen**, ist ein Antrag des Arbeitnehmers beim Finanzamt erforderlich. Daraufhin ordnet das Finanzamt die Freibeträge den einzelnen Dienstverhältnissen für den Abruf als ELStAM zu. Der Arbeitnehmer hat dem Arbeitgeber weder Angaben zur Anwendung des Freibetrags noch zu dessen Höhe mitzuteilen.

Zu einem späteren Zeitpunkt[1)] sollen auch die Höhe der Beiträge für eine private Krankenversicherung und für eine private Pflege-Pflichtversicherung (§ 39b Abs. 2 Satz 5 Nr. 3 Buchstabe d EStG) für die Dauer von zwölf Monaten sowie der nach einem Doppelbesteuerungsabkommen steuerfrei zu stellende Arbeitslohn als elektronisches Lohnsteuerabzugsmerkmal gebildet werden. Die Bildung des Lohnsteuerabzugsmerkmals „Höhe der Beiträge für eine private Krankenversicherung und private Pflege-Pflichtversicherung" setzt voraus, dass der Arbeitnehmer dies beantragt. Übergangsweise (bis zur Aufnahme als elektronisches Lohnsteuerabzugsmerkmal) können Beiträge für eine private Krankenversicherung und für eine private Pflege-Pflichtversicherung beim Lohnsteuerabzug berücksichtigt werden, wenn der Arbeitnehmer dem Arbeitgeber eine entsprechende Beitragsbescheinigung des Versicherungsunternehmens vorlegt. Ähnliches gilt für die Bildung des Lohnsteuerabzugsmerkmals „nach Doppelbesteuerungsabkommen steuerfrei zu stellender Arbeitslohn". Dies setzt einen Antrag des Arbeitnehmers oder Arbeitgebers voraus. Derzeit (bis zur Aufnahme als elektronisches Lohnsteuerabzugsmerkmal) kann die Freistellung dieses Arbeitslohns mit dem Vordruck „Antrag für unbeschränkt einkommensteuerpflichtige Arbeitnehmer auf Erteilung einer Bescheinigung über die Freistellung des Arbeitslohns vom Steuerabzug aufgrund eines Abkommens zur Vermeidung der Doppelbesteuerung" beim Betriebsstättenfinanzamt des Arbeitgebers beantragt werden. Der spätere Zeitpunkt zur Aufnahme dieser Tatbestände als elektronisches Lohnsteuerabzugsmerkmal wird durch ein im Bundessteuerblatt zu veröffentlichendes BMF-Schreiben gesondert bekannt gegeben (§ 52 Abs. 36 EStG).

b) Bildung der ELStAM

Allgemeines:

Die bereits vor dem 1.1.2021 vom Arbeitgeber für die bei ihm **beschäftigten Arbeitnehmer** abgerufenen elektronischen Lohnsteuerabzugsmerkmale **(ELStAM)** sind auch im Kalenderjahr 2021 **weiter anzuwenden,** bis die Finanzverwaltung dem Arbeitgeber für diese Arbeitnehmer geänderte ELStAM zum Abruf bereitstellt. Der Arbeitgeber darf diese Arbeitnehmer nicht erneut zur ELStAM-Datenbank anmelden. Lediglich zum 1.1.2021 oder im Laufe des Kalenderjahres 2021 **neu eingestellte Arbeitnehmer** hat der Arbeitgeber einmalig bei der ELStAM-Datenbank **anzumelden.** Mit der Anmeldebestätigung werden dem Arbeitgeber die ELStAM der neu eingestellten Arbeitnehmer zur Verfügung gestellt.

Der dem Arbeitnehmer auf dessen Wunsch im Lohnsteuer-Ermäßigungsverfahren für das Kalenderjahr 2021 vom Finanzamt zur Verfügung gestellte **ELStAM-Ausdruck** ist ausschließlich für die Unterlagen des Arbeitnehmers und nicht zur Vorlage beim Arbeitgeber bestimmt. Er darf daher vom Arbeitgeber auf **keinen** Fall als **Nachweis** der individuellen Lohnsteuerabzugsmerkmale verwendet werden. Dem Arbeitgeber werden die ELStAM zum nächsten Monatswechsel elektronisch zum Abruf bereitgestellt.

Die Bildung der ELStAM erfolgt grundsätzlich **automatisiert** durch das Bundeszentralamt für Steuern (§ 39e Abs. 1 Satz 1 EStG). Soweit das Finanzamt Lohnsteuerabzugsmerkmale bildet, teilt es sie dem Bundeszentralamt für Steuern zum Zweck der Bereitstellung für den automatisierten Abruf durch den Arbeitgeber mit (§ 39e Abs. 1 Satz 2 EStG). Vom Finanzamt werden z. B. Freibeträge nach § 39a EStG oder Steuerklassen der Ehegatten nach einem antragsgebundenen Steuerklassenwechsel als Lohnsteuerabzugsmerkmale gebildet. Lohnsteuerabzugsmerkmale werden **für jedes Dienstverhältnis** des Arbeitnehmers gebildet, also sowohl für ein erstes als auch für jedes weitere Dienstverhältnis.

1) Ab dem Kalenderjahr 2024 soll ein elektronischer Datenaustausch zwischen den Unternehmen der privaten Krankenversicherung, der Finanzverwaltung und den Arbeitgebern für die Bemessung des steuerfreien Arbeitgeberzuschusses zur Kranken- und Pflegeversicherung und zur Vorsorgepauschale für diese Beiträge eingeführt werden, der das bisherige Verfahren mittels Papierbescheinigungen ersetzen soll.

Lohn-steuer-pflichtig	Sozial-versich.-pflichtig

Im Regelfall erfolgt die **erstmalige Bildung** der ELStAM zu Beginn des Dienstverhältnisses aufgrund der Anmeldung des Arbeitnehmers durch seinen Arbeitgeber in der Datenbank der Finanzverwaltung mit dem Ziel, die ELStAM des Arbeitnehmers abzurufen (§ 39e Abs. 4 Satz 2 EStG). Soweit Lohnsteuerabzugsmerkmale nicht automatisiert gebildet werden oder davon abweichend zu bilden sind (z. B. Freibeträge nach § 39a EStG oder Steuerklassen nach antragsgebundenem Steuerklassenwechsel), erfolgt die Bildung der Lohnsteuerabzugsmerkmale auf Antrag des Arbeitnehmers durch das Finanzamt (§ 39 Abs. 1 und 2 EStG).

Grundlage für die Bildung der Lohnsteuerabzugsmerkmale sind die von den Meldebehörden mitgeteilten **melderechtlichen Daten** (§ 39e Abs. 2 Sätze 1 und 2 EStG), wobei die Finanzverwaltung grundsätzlich an diese Daten gebunden ist (§ 39 Abs. 1 Satz 3 EStG). Änderungen der melderechtlichen Daten sind dem Bundeszentralamt für Steuern von den Meldebehörden tagesaktuell mitzuteilen und in der ELStAM-Datenbank zu speichern. Ändert sich also der **Familienstand** eines Arbeitnehmers, z. B. durch Eheschließung, Tod oder Scheidung, übermitteln die nach Landesrecht zuständigen Meldebehörden die melderechtlichen Änderungen des Familienstandes automatisch an die Finanzverwaltung (= Bundeszentralamt für Steuern). Dies ermöglicht der Finanzverwaltung, z. B. die Steuerklassen bei einer Eheschließung automatisch zu bilden und zu ändern.

Ehegatten:

Heiraten Arbeitnehmer im Laufe des Jahres 2021, teilen die zuständigen Meldebehörden der Finanzverwaltung den Familienstand „verheiratet", das Datum der **Eheschließung** und die Identifikationsnummer des Ehegatten mit. Dadurch erhalten beide unbeschränkt einkommensteuerpflichtigen und nicht dauernd getrennt lebenden Ehegatten **automatisch** (vorbehaltlich einer bereits erfassten ungünstigeren Steuerklassenwahl) mit Wirkung ab Beginn des Monats der Eheschließung die **Steuerklasse IV.** Das gilt auch dann, wenn einer der Ehegatten keinen Arbeitslohn bezieht.

Diese Regelung sollte ursprünglich längstens bis zum Ablauf des Kalenderjahres 2017 gelten (§ 39e Abs. 3 Satz 3 i. V. m. § 52 Abs. 39 EStG). Eine automatische Zuteilung der Steuerklassenkombination III/V war erst ab dem Kalenderjahr 2018 vorgesehen. Durch das Steuerumgehungsbekämpfungsgesetz vom 23.6.2017 (BGBl. I S. 1682, BStBl. I S. 865) wurde die bisherige seit 2012 geltende Übergangsregelung zur automatischen Bildung der **Steuerklassenkombination IV/IV** bei Eheschließungen als **Dauerregelung** gesetzlich verankert; § 52 Abs. 39 EStG wurde entsprechend aufgehoben. Ehegatten wird die Steuerklassenkombination IV/IV allerdings auch dann gewährt, wenn nur ein Ehegatte Arbeitslohn bezieht und kein Antrag auf Gewährung der Steuerklassenkombination III/V gestellt wurde. Durch das sog. Jahressteuergesetz 2019 wurde klargestellt, dass in diesen Fällen das Faktorverfahren nicht zur Anwendung kommt, da eine Verteilung der Steuerlast bei nur einem Arbeitnehmer-Ehegatten anhand eines Faktors nicht erforderlich ist. Wie bereits zuvor können die Ehegatten ggf. eine **Änderung** der automatisch gebildeten Steuerklassenkombination IV/IV insbesondere in **III/V beantragen.** Die Änderung der Steuerklassen wird in diesem Fall – abweichend von den üblichen Fällen des Wechsels einer Steuerklassenkombination – mit Wirkung ab Beginn des Monats der Eheschließung bzw. ab dem 1. des Heiratsmonats wirksam.

Ehegatten, die beide in einem Dienstverhältnis stehen, können darüber hinaus im Laufe des Kalenderjahres beim Finanzamt eine Änderung der Steuerklassenkombination beantragen **(Steuerklassenwechsel).** Dies ist ab 2020 mehrmals (unbegrenzte Anzahl von Anträgen auf Steuerklassenwechsel) im Jahr möglich. Die beantragte Steuerklassenkombination wird in diesen Fällen mit Wirkung vom Beginn des Kalendermonats gebildet, der auf die Antragstellung folgt (§ 39 Abs. 6 Satz 5 EStG).

Ein Steuerklassenwechsel ist für das Kalenderjahr 2021 bis spätestens 30.11.2021 zu beantragen (§ 39 Abs. 6 Satz 6 EStG). Vgl. zum Steuerklassenwechsel auch die Erläuterungen beim Stichwort „Steuerklassen" unter den Nrn. 3 und 4.

Zudem ist ein **Wechsel** der Steuerklassenkombination III/V z. B. in IV/IV auch **auf Antrag nur eines Ehegatten** möglich, sodass beide Ehegatten in die Steuerklasse IV eingereiht werden (§ 38b Abs. 3 Satz 2 EStG). Durch diese einseitige Antragsmöglichkeit wird sichergestellt, dass die Steuerklassenkombination III/V nur zur Anwendung kommt, wenn und solange beide Ehegatten dies wünschen. Das alleinige Antragsrecht für einen Ehegatten ist auch im Falle der dauerhaften Trennung der Ehegatten von großer praktischer Bedeutung. Der Antrag ist beim Finanzamt auf dem amtlichen Vordruck „Antrag auf Steuerklassenwechsel bei Ehegatten/Lebenspartnern" zu stellen und vom Antragsteller eigenhändig zu unterschreiben.

Beispiel A

Die Ehegatten A und B haben am 15.7. geheiratet. Während A Arbeitslohn bezieht, ist B selbstständig tätig.

Mit Wirkung 15.7. wird automatisiert die Steuerklassenkombination IV/IV zum Abruf bereitgestellt.

Beispiel B

Fortsetzung des Beispiels A. Am 20.7. beantragen A und B die Steuerklassenkombination III (für A) und V (für B).

Während A ab dem 1.7. die Steuerklasse III erteilt wird, wird für B ab dem 1.7. die Steuerklasse V gespeichert.

Beispiel C

Fortsetzung des Beispiels B. Ab dem 1.2. des Folgejahres bezieht B ebenfalls Arbeitslohn. Am 20.2. beantragt B, statt der Steuerklasse V die Steuerklasse IV erteilt zu bekommen.

Sowohl A als auch B sind ab dem 1.2. in die Steuerklasse IV einzureihen.

Ein **dauerndes Getrenntleben** der Ehegatten ist dem Finanzamt unverzüglich anzuzeigen, da es sich hierbei nicht um einen melderechtlichen Familienstand handelt. Dadurch wird – ungeachtet eines etwaigen Steuerklassenwechsels im Trennungsjahr – ab **Beginn** des darauf **folgenden Jahres** bei jedem Ehegatten automatisch die **Steuerklasse I** gebildet. Im Jahr der dauernden Trennung bleibt es folglich grundsätzlich bei den bis zur dauernden Trennung gewählten Steuerklassen (R 39.2 Abs. 1 Satz 1 LStR). Erfüllt ein Ehegatte ab dem Folgejahr die Voraussetzungen für die Steuerklasse II (Gewährung des Entlastungsbetrags für Alleinerziehende beim Lohnsteuerabzug), muss diese beim Finanzamt beantragt werden. Allerdings ist die Bildung der Steuerklasse II im Jahr der dauernden Trennung nicht zulässig.

Im Trennungsjahr besteht zudem die Möglichkeit eines **Steuerklassenwechsels.** Außerdem ist ein **Wechsel** der Steuerklassenkombination III/V z. B in IV/IV auch **auf Antrag nur eines Ehegatten** möglich, sodass beide Ehegatten in die Steuerklasse IV eingereiht werden (§ 38b Abs. 3 Satz 2 EStG).

Wird die Ehe durch **Scheidung** aufgelöst, übermittelt die Meldebehörde den geänderten melderechtlichen Familienstand sowie das Datum der Scheidung der Ehe an die Finanzverwaltung. Zu **Beginn** des darauf **folgenden Jahres** wird für jeden Ehegatten automatisch die **Steuerklasse I** gebildet; auf Antrag kann bei Alleinstehenden, denen ein Kinderfreibetrag oder Kindergeld zusteht, ab Beginn des Folgejahres die Steuerklasse II (Entlastungsbetrag für Alleinerziehende wird beim Lohnsteuerabzug berücksichtigt) vom Finanzamt gewährt werden. Die gleiche Folge tritt ein, wenn die Meldebehörde den Familienstand **„Ehe aufgehoben"** übermittelt. Auch dann wird ab dem **Folgejahr** der Aufhebung der Ehe automatisch die **Steuerklas-**

E

se I gebildet. Zur Anzeigepflicht der Ehegatten bei Beginn des dauernden Getrenntlebens vgl. vorstehenden Absatz.

Verstirbt ein Ehegatte, wird die Steuerklasse des **überlebenden Ehegatten** ab dem ersten des auf den Todestag **folgenden Monats** automatisch auf **Steuerklasse III** umgestellt (§ 38b Abs. 1 Satz 1 Nr. 3 Buchst. b EStG; sog. Verwitwetensplitting). Etwas anderes gilt nur, sofern die Voraussetzungen für die Zusammenveranlagung der Ehegatten im Zeitpunkt des Todes nicht vorgelegen haben (z. B. wegen dauerndem Getrenntleben). Ab Beginn des zweiten Kalenderjahres nach dem Tod des Ehegatten wird programmgesteuert die Steuerklasse I gebildet.

E

Für ausstehende Arbeitslohnzahlungen des Verstorbenen sind grundsätzlich die ELStAM des Erben anzuwenden. Abweichend davon kann die Zahlung von laufendem Arbeitslohn für den gesamten Monat, in dem der Arbeitnehmer verstorben ist, nach den ELStAM des Verstorbenen abgerechnet werden (R 19.9 Abs. 1 LStR), sodass der Erbe nicht im ELStAM-Verfahren anzumelden ist. Etwas anderes gilt allerdings, wenn der Erbe vom Arbeitgeber des Verstorbenen zusätzlich Sterbegeld erhält. Wird für die folgenden Monate laufender Arbeitslohn gezahlt, sind die ELStAM des Erben anzuwenden. Der verstorbene Arbeitnehmer ist dazu zum Ende des Sterbemonats abzumelden und der Erbe zum 1. des folgenden Monats anzumelden.

Gibt ein Ehegatte seinen inländischen Wohnsitz oder gewöhnlichen Aufenthalt im Inland auf, wurde der Abruf der ELStAM des ins **Ausland verzogenen Ehegatten** bisher gesperrt. In den Fällen des Wegzugs ins Ausland erfolgt seit 1.1.2020 keine Sperrung mehr, da der Abruf der ELStAM nicht an die Meldepflicht anknüpft. In der Folge erhält der im Inland **verbleibende Ehegatte** ab dem **Beginn** des **Folgejahres** automatisiert die Steuerklasse I zugeteilt (zur Inanspruchnahme der Steuerklasse III vgl. das Stichwort „Gastarbeiter"). Die **erneute Begründung** eines inländischen Wohnsitzes bzw. gewöhnlichen Aufenthalts nach einem Auslandsaufenthalt führt bei beiden Ehegatten **ab Beginn dieses Monats** automatisch zur Bildung der Steuerklasse IV. Die Berücksichtigung der Steuerklassenkombination III/V setzt auch in diesen Fällen einen entsprechenden Antrag auf Steuerklassenwechsel beim Wohnsitzfinanzamt voraus.

Eingetragene Lebenspartnerschaften:

Das Bundesverfassungsgericht hat die früher bestehende Ungleichbehandlung von **eingetragenen Lebenspartnerschaften** und Ehen beim Ehegattensplitting für verfassungswidrig erklärt (BVerfG-Beschluss vom 7.5.2013 2 BvR 909/06, 2 BvR 1981/06 und 2 BvR 288/07). Der Gesetzgeber hat auf diese Rechtsprechung reagiert und wendet alle Regelungen des Einkommensteuergesetzes zu Ehegatten und Ehen auch auf Lebenspartner und Lebenspartnerschaften im Sinne des Lebenspartnerschaftsgesetzes an (Generalklausel des § 2 Abs. 8 EStG). Damit gelten alle **Steuerklassen** bzw. **Steuerklassenkombinationen** für **Ehegatten** auch für **eingetragene Lebenspartnerschaften.** Dies gilt auch für das Faktorverfahren.

Seit dem 1.11.2015 übermitteln die zuständigen Meldebehörden an die ELStAM-Datenbank für jede Person mit dem Familienstand „in eingetragener Lebenspartnerschaft" auch

- das Datum der Begründung der Lebenspartnerschaft (Beginndatum) und
- die Identifikationsnummer des Lebenspartners.

Somit kann grundsätzlich auch für in einer eingetragenen Lebenspartnerschaft lebende Arbeitnehmer das elektronische **ELStAM-Verfahren** angewendet werden. Die Lebenspartner erhalten aufgrund dieser Übermittlung **programmgesteuert die Steuerklasse IV,** die dem Arbeitgeber über die monatliche Änderungsliste mitgeteilt wird. Abweichend von der programmgesteuerten Bildung der Steuerklasse IV können Lebenspartner gemeinsam die Bildung der **Steuerklassenkombination III/V** ab dem Tag der Begründung der Lebenspartnerschaft **beantragen** (Vordruck „Antrag auf Steuerklassenwechsel bei Ehegatten/Lebenspartnern"). Gleiches gilt für die Beantragung des **Faktorverfahrens** (§ 39f EStG; vgl. Stichwort „Faktorverfahren"). Zur Möglichkeit des Steuerklassenwechsels vgl. auch das Stichwort „Steuerklassen" unter den Nrn. 3 und 4. Sofern die eingetragene Lebenspartnerschaft dem Arbeitgeber nicht bekannt werden soll, besteht die Möglichkeit beim Finanzamt eine ungünstigere Steuerklasse zu beantragen (§ 38b Abs. 3 Satz 1 EStG). Von einer ungünstigeren Steuerklasse wird auch dann ausgegangen, wenn statt der Steuerklasse IV die Steuerklasse I gewählt wird, obwohl die Höhe der Lohnsteuer in der Regel nicht voneinander abweicht (Vordruck „Anträge zu den elektronischen Lohnsteuerabzugsmerkmalen – ELStAM"). Leben die eingetragenen Lebenspartner zu einem späteren Zeitpunkt dauernd getrennt, haben sie dies dem Finanzamt unverzüglich anzuzeigen (Vordruck „Erklärung zum dauernden Getrenntleben"). Dadurch wird – ungeachtet eines möglichen Steuerklassenwechsels im Trennungsjahr – ab Beginn des darauf folgenden Jahres die Steuerklasse I gebildet.

Zum 1.10.2017 ist das Gesetz zur Einführung des Rechts auf Eheschließung für Personen gleichen Geschlechts **(Eheöffnungsgesetz)** in Kraft getreten. Hieraus ergeben sich folgende familienrechtliche Änderungen:

- Ab dem 1.10.2017 können gleichgeschlechtliche Partner heiraten. Für die Eheschließung sind die Standesämter zuständig.
- Eine bestehende Lebenspartnerschaft wird in eine Ehe umgewandelt, wenn beide Lebenspartnerinnen oder Lebenspartner beim Standesamt persönlich erklären, miteinander eine Ehe auf Lebenszeit führen zu wollen. Übermittelt die Meldebehörde die **Umwandlung** einer **eingetragenen Lebenspartnerschaft in** eine **Ehe,** wird der Familienstand in der ELStAM-Datenbank auf „verheiratet" geändert. Steuerliche Folgen ergeben sich jedoch nicht, da die **bisherigen Steuerklassen beibehalten** werden.
- Lebenspartnerschaften können seit dem 1.10.2017 nicht mehr begründet werden.
- Das Lebenspartnerschaftsgesetz gilt seit dem 1.10.2017 nur noch für die Lebenspartnerschaften, die ihre Partnerschaft nicht in eine Ehe umwandeln lassen.

Im **ELStAM-Verfahren** führt die Mitteilung der Meldebehörde über die Heirat zur **automatisierten Bildung der Steuerklasse IV**. Insoweit ergeben sich für gleichgeschlechtliche Ehegatten im ELStAM-Verfahren keine Besonderheiten. Auch die Möglichkeit, beim Finanzamt eine ungünstigere Steuerklasse zu beantragen, bleibt bestehen. Die Umwandlung einer eingetragenen Lebenspartnerschaft in eine Ehe hat keine Konsequenzen für den Lohnsteuerabzug. Die Steuerklassen, die während der eingetragenen Lebenspartnerschaft gewählt wurden (Steuerklassenkombinationen wie bei Ehegatten: IV/IV, III/V oder Faktorverfahren), bleiben auch nach der Umwandlung in eine Ehe gültig.

Nach § 38b Abs. 3 Satz 1 EStG haben unbeschränkt einkommensteuerpflichtige Arbeitnehmer die Möglichkeit, beim Wohnsitzfinanzamt die **Berücksichtigung ungünstigerer Lohnsteuerabzugsmerkmale zu beantragen** (eine ungünstigere Steuerklasse, eine geringere Anzahl von Kindern, Rücknahme einer Berücksichtigung des Pauschbetrags für behinderte Menschen). Davon ist stets auszugehen, wenn die vom Arbeitnehmer gewählten Lohnsteuerabzugsmerkmale zu einem höheren Lohnsteuerabzug (einschließlich Solidaritätszuschlag und ggf. Kirchensteuer) führen. Die Einreihung in die Steuerklasse I statt III, IV oder V ist möglich. Ein solcher Antrag ist z. B. bei Arbeitnehmern denkbar, die dem Arbeitgeber ihren **aktuellen Familienstand nicht mitteilen möchten**. Der

Lohn-steuer-pflichtig | Sozial-versich.-pflichtig

Antrag auf eine ungünstigere Steuerklasse kann bereits vor dem Ereignis (hier Eheschließung) gestellt werden. Beantragt der Arbeitnehmer die Steuerklasse I statt der bisherigen Steuerklasse V, geht dies zeitgleich mit einem Wechsel der Steuerklassenkombination von III/V zu IV/IV einher, der andere Ehegatte wird daher in die Steuerklasse IV eingereiht.

Der Antrag auf eine ungünstigere Steuerklasse ist auf amtlichem Vordruck zu stellen (Vordruck „Anträge zu den elektronischen Lohnsteuerabzugsmerkmalen – ELStAM –"). Der Antrag auf eine ungünstigere Steuerklasse bleibt im Übrigen auch nach der Umwandlung einer eingetragenen Lebenspartnerschaft in eine Ehe weiterhin gültig.

Beispiel

In der Nachricht der Meldebehörde vom 15.6.2021 wird zu dem Arbeitnehmer A der melderechtliche Familienstand „verheiratet" mit der Identifikationsnummer des Ehegatten und dem Beginndatum 4.5.2021 übermittelt.

Der steuerliche Familienstand wird in der ELStAM-Datenbank ab dem 4.5.2021 auf „verheiratet" gesetzt. Die Steuerklasse wird jedoch aufgrund des Merkmals „Ungünstigere Steuerklasse" nicht geändert. Der Arbeitgeber erhält somit keine Änderungsmitteilung für den betreffenden Arbeitnehmer.

Kinder:

Ein **Kinderfreibetragszähler** wird für Zwecke der **Zuschlagsteuern** (Solidaritätszuschlag und Kirchensteuer) ab Beginn des Jahres der Geburt des Kindes bis zum Ablauf des Jahres, in dem die Voraussetzungen für die steuerliche Berücksichtigung des Kindes entfallen, berücksichtigt **(Jahresprinzip)**. Im Lohnsteuerabzugsverfahren wird für Zwecke der Zuschlagsteuern der Kinderfreibetragszähler ab dem Monat der Geburt des Kindes gebildet und bis zum Ablauf des Jahres, in dem die Voraussetzungen für die Berücksichtigung des Kindes entfallen, zum Abruf bereitgestellt.

Bei **minderjährigen Kindern** (i. S. d. § 32 Abs. 1 Nr. 1 EStG) werden in den Steuerklassen I bis IV die Kinderfreibetragszähler bei beiden Elternteilen automatisch berücksichtigt, sofern Eltern und Kind in derselben Gemeinde wohnen. Minderjährige Kinder, die nicht in der Wohnung des Arbeitnehmers gemeldet sind, wurden früher nur dann im Lohnsteuerabzugsverfahren berücksichtigt, wenn für dieses Kind eine steuerliche Lebensbescheinigung vorgelegt wurde. Diese Nachweisverpflichtung ist bereits vor einigen Jahren entfallen. Die Bildung der Kinderfreibetragszähler setzt nunmehr in diesen Fällen einen einmaligen Antrag voraus. Dabei ist der Nachweis beim Finanzamt durch Vorlage einer Geburtsurkunde des Kindes zu führen.

Für jeden Elternteil wird als Lohnsteuerabzugsmerkmal grundsätzlich ein Zähler (Kinderfreibetragszähler) von 0,5 pro Kind berücksichtigt. Der Zähler beträgt 1,0 für das Kind, wenn dem Arbeitnehmer als Elternteil der ganze Kinderfreibetrag zusteht, z. B. weil der andere Elternteil vor Beginn des Kalenderjahres verstorben ist, der Arbeitnehmer das Kind allein adoptiert hat oder das Pflegekindschaftsverhältnis nur zu ihm besteht. Der Kinderfreibetragszähler hängt auch von der Steuerklasse ab. So wird ein Kind für die Steuerklassen I und II nur mit dem Zähler 0,5 berücksichtigt. Bei den Steuerklassen III und IV wird der Kinderfreibetrags-Zähler mit 1,0 übermittelt. Eine steuerliche Auswirkung ergibt sich nur aufgrund der unterschiedlichen Steuerklassen. Bei den Steuerklassen V und VI wird kein Kinderfreibetrag berücksichtigt. Bei der Steuerklasse IV wird im Übrigen bei der Berechnung der Lohnsteuer nur der halbe Kinderfreibetrag berücksichtigt, was dazu führt, dass 1,0 bei der Steuerklasse IV und 0,5 bei der Steuerklasse I zum selben Ergebnis führen. Bei der Steuerklasse III und IV werden zudem die Kinder des Ehegatten bei der Zahl der Kinderfreibeträge berücksichtigt (§ 38b Abs. 2 Satz 4 EStG).

Lohn-steuer-pflichtig | Sozial-versich.-pflichtig

Auch bei der antragsabhängigen Berücksichtigung von Kindern ist (vgl. § 38b Abs. 2 Satz 2 EStG; z. B. volljährige Kinder) eine **mehrjährige Berücksichtigung** der **Kinder** im Lohnsteuerabzugsverfahren möglich, wenn nach den tatsächlichen Verhältnissen zu erwarten ist, dass die Voraussetzungen bestehen bleiben (§ 38b Abs. 2 Satz 3 EStG). Eine mehrjährige Berücksichtigung kommt z. B. in folgenden Fällen in Betracht:

- **Pflegekinder** in den Fällen des § 32 Abs. 1 Nr. 2 EStG,
- Kinder **unter 18 Jahren,** wenn der Wohnsitz/gewöhnliche Aufenthalt des anderen Elternteils nicht ermittelbar oder der Vater des Kindes amtlich nicht feststellbar ist[1] oder
- Kinder **nach Vollendung des 18. Lebensjahres,** die die Voraussetzungen für eine steuerliche Berücksichtigung weiter erfüllen (§ 32 Abs. 4 EStG). Bei Kindern, die sich in Berufsausbildung befinden, kann sich die mehrjährige Berücksichtigung bei einem **Ausbildungsdienstverhältnis** z. B. aus dem Ausbildungsvertrag ergeben; bei einem **Studium** kann für die mehrjährige Berücksichtigung die **Regelstudienzeit** zugrunde gelegt werden.

Der Antrag kann nur nach amtlich vorgeschriebenem Vordruck gestellt werden (§ 38b Abs. 2 Satz 5 EStG). Hierfür steht der Vordruck „Antrag auf Lohnsteuer-Ermäßigung" – ggf. im vereinfachten Verfahren – zur Verfügung.

Wurde eine mehrjährige Berücksichtigung von Kindern bereits für das Kalenderjahr 2020 beantragt, ist eine erneute Antragstellung für das Kalenderjahr 2021 nicht erforderlich.

Auf Antrag der Arbeitnehmer kann die **Mitteilung der Kinderfreibeträge** an den Arbeitgeber **unterbunden** werden. Hierzu ist der amtliche Vordruck „Anträge zu den elektronischen Lohnsteuerabzugsmerkmalen – ELStAM –" zu verwenden.

Steuerklasse II:

Bei Arbeitnehmern, die im Kalenderjahr 2021 die Voraussetzungen für die Gewährung des Entlastungsbetrags für Alleinerziehende (= Steuerklasse II) bezogen auf ein Kind erfüllen, das vor dem Kalenderjahr 2021 das 18. Lebensjahr vollendet hat, ist wegen der Gewährung der Steuerklasse II ein neuer Antrag erforderlich. Hingegen ist eine erneute Beantragung der Steuerklasse II für das Kalenderjahr 2021 nicht erforderlich, wenn das Kind das 18. Lebensjahr noch nicht vollendet hat und mit Hauptwohnsitz in der Wohnung des Elternteils gemeldet ist.

Bei einer **Scheidung** wird zu Beginn des Folgejahres automatisiert die Steuerklasse I gebildet. Auf Antrag kann bei Alleinstehenden, denen ein Kinderfreibetrag oder Kindergeld zusteht, ab Beginn des Folgejahres die Steuerklasse II gewährt werden. Die Gewährung der Steuerklasse II kann mit dem Vordruck „Antrag auf Lohnsteuerermäßigung" nebst „Anlage Kind" beantragt werden. Die Steuerklasse II kann ungeachtet des Antragsdatums ab dem Monat gewährt werden, in dem erstmals die Voraussetzungen hierfür erfüllt sind.

Für Geburten seit dem 1.7.2015 kann ein Elternteil u. a. zusätzlich für zwei weitere Monate **Elterngeld** erhalten, wenn eine Minderung des Einkommens aus Erwerbstätigkeit erfolgt (Elterngeld Plus, Partnerschaftsmonate). Bei **Alleinerziehenden** ist für den Erhalt dieser zusätzlichen Leistung Bedingung, dass sie die Voraussetzungen für den Entlastungsbetrag für Alleinerziehende (§ 24b EStG) und damit für die **Steuerklasse II** erfüllen und der andere Elternteil weder mit ihr/ihm noch mit dem Kind in einer Wohnung lebt. Der **Nachweis** der Eigenschaft **„alleinerziehend"** ist gegenüber der Elterngeldstelle unter Umständen durch eine Bestätigung des zuständigen Finanz-

1) Das ist auch dann der Fall, wenn unter Nutzung fortpflanzungsmedizinischer Verfahren der biologische Vater anonym bleibt.

E

amts zu erbringen, z. B. durch einen aktuellen **ELStAM-Ausdruck mit der Steuerklasse II.**

Unzutreffende ELStAM:

Sowohl die erstmalige Bildung der ELStAM als auch deren spätere Änderungen stellen eine gesonderte Feststellung von Besteuerungsgrundlagen dar (§ 179 Abs. 1 AO), die unter dem Vorbehalt der Nachprüfung steht (§ 39 Abs. 1 Satz 4 EStG). Der Arbeitnehmer hat daher die Möglichkeit, eine Änderung seiner ELStAM zu beantragen (§ 164 Abs. 2 Satz 2 AO).

Ist eine **Korrektur** einer unzutreffenden ELStAM durch das Finanzamt für **zurückliegende Lohnzahlungszeiträume** erforderlich, stellt das Finanzamt auf Antrag des Arbeitnehmers eine **befristete Bescheinigung** für den Lohnsteuerabzug aus (§ 39 Abs. 1 Satz 2 EStG). Dies gilt insbesondere für Änderungen der ELStAM im Einspruchsverfahren oder bei verzögert übermittelten bzw. weiterverarbeiteten Daten der Meldebehörden. In der befristeten Bescheinigung werden die anzuwendenden Lohnsteuerabzugsmerkmale für im Kalenderjahr zurückliegende Monate ausgewiesen (befristet bis zum Monatsende vor Bereitstellung der zutreffenden ELStAM). Weil diese Lohnsteuerabzugsmerkmale nur **für die Vergangenheit** anzuwenden sind, wird der **Arbeitgeberabruf** für die ELStAM **nicht gesperrt.** Aufgrund der vorgelegten befristeten Bescheinigung ist eine Korrektur des Lohnsteuerabzugs für die zurückliegenden Monate möglich (vgl. das Stichwort „Änderung des Lohnsteuerabzugs").

Beispiel

Aufgrund eines Einspruchsverfahrens bildet das Finanzamt Mitte April 2021 erstmals einen Freibetrag im Lohnsteuer-Ermäßigungsverfahren in Höhe von 300 € monatlich rückwirkend ab Januar 2021 (= Monat der Antragstellung; § 39a Abs. 2 Satz 7 EStG). Ab Mai 2021 ist der Freibetrag in dieser Höhe in der elektronisch gebildeten ELStAM enthalten.

Für die Monate Januar bis April 2021 erteilt das Finanzamt dem Arbeitnehmer eine befristete Bescheinigung für den Lohnsteuerabzug zur Vorlage beim Arbeitgeber, in der auch ein Freibetrag in Höhe von 300 € monatlich ausgewiesen ist (Gültigkeitsangabe: Januar bis April 2021). Der Arbeitgeberabruf für die ELStAM wird nicht gesperrt, da die Bescheinigung nur für die Vergangenheit gültig ist. Der Arbeitgeber ist berechtigt, aufgrund dieser Bescheinigung den Lohnsteuerabzug für die Monate Januar bis April zu ändern und einen Freibetrag in Höhe von 300 € monatlich zu berücksichtigen.

Zur Vorgehensweise bei einer unzutreffenden ELStAM aufgrund von **Programmfehlern** vgl. auch nachfolgende Nr. 6 Buchstabe a.

c) Authentifizierung (Anmeldung) des Arbeitgebers

Für die **Teilnahme am ELStAM-Verfahren** muss sich ein **Arbeitgeber** zunächst einmalig auf der Internetseite www.elster.de unter „Mein ELSTER" mit dem Organisationszertifikat **registrieren** (sog. ELSTER-Authentifizierung; § 39e Abs. 4 Satz 3 EStG). Dies ermöglicht der Finanzverwaltung nachzuverfolgen, wer zu welchem Zeitpunkt als Arbeitgeber oder Datenübermittler welche Daten aus der Datenbank angefordert hat. Nach erfolgreicher Authentifizierung erhält der Arbeitgeber ein elektronisches Zertifikat. Für die Teilnahme am ELStAM-Verfahren empfiehlt die Finanzverwaltung die Auswahl des Organisationszertifikats. Da die anzugebende Wirtschafts-Identifikationsnummer noch nicht zur Verfügung steht, erfolgt die Registrierung für ein Zertifikat derzeit noch mit der aktuellen Steuernummer des Arbeitgebers im Internet unter „ELSTER – Ihr Online-Finanzamt" – (nach Registrierung dann im geschützten Bereich „Mein ELSTER") direkt von der Startseite aus. Alternativ kann sie über den Bereich der Benutzergruppe „Arbeitgeber" vorgenommen werden. Arbeitgeber, die ihre Lohnabrechnungen durch einen Dritten erstellen lassen, z. B. durch einen Steuerberater, benötigen keine eigene Registrierung. In diesen Fällen übernimmt der Dritte als „Datenübermittler" die Aufgaben des Arbeitgebers.

Beauftragt der Arbeitgeber einen Dritten (z. B. **Steuerberater**) mit der Durchführung des Lohnsteuerabzugs, hat sich der Dritte für den Datenabruf zu authentifizieren und zusätzlich seine Steuernummer mitzuteilen (§ 39e Abs. 4 Satz 6 EStG). Der Dritte kann eine zusammengefasste Übermittlung von Daten zur Anmeldung und Abmeldung sowie für den Abruf der ELStAM von Arbeitnehmern mehrerer Arbeitgeber vornehmen. Der Arbeitgeber ist übrigens in diesem Fall nicht zur Registrierung im Elster-Online-Portal verpflichtet.

Bei einem **Wechsel des Steuerberaters/Datenübermittlers** hat der neue Datenübermittler die Möglichkeit, eine Ummeldung (Datenübermittlerwechsel) durchzuführen. Bei der Ummeldung sollte der neue Datenübermittler die Identifikationsnummer zu allen aktiven Arbeitsverhältnissen des betreffenden Arbeitgebers berücksichtigen. Die Ummeldung sollte erst dann erfolgen, wenn der bisherige Datenübermittler alle noch ausstehenden Änderungslisten abgerufen hat. Der neue Datenübermittler erhält eine Ummeldebestätigungsliste mit ab dem bei der Ummeldung gewählten Referenzdatum gültigen ELStAM. Der alte Datenübermittler erhält mit der nächsten Monatsliste den Hinweis, dass er nicht mehr abrufberechtigt ist. Alternativ kann der alte Steuerberater/Datenübermittler die Arbeitnehmer auch ab- und der neue Datenübermittler die Arbeitsverhältnisse neu anmelden. Dann erhält der alte Datenübermittler eine Abmeldebestätigungsliste und der neue Datenübermittler eine Anmeldebestätigungsliste.

d) Anmeldung der Arbeitnehmer

Der Arbeitgeber oder sein Vertreter hat die bei ihm beschäftigten Arbeitnehmer für die Anwendung des elektronischen Verfahrens **in der ELStAM-Datenbank** einmalig **anzumelden.** Mit der Anmeldebestätigung werden dem Arbeitgeber die ELStAM des Arbeitnehmers zur Verfügung gestellt. Die Anmeldung muss zum 1.1.2021 oder im Laufe des Kalenderjahres 2021 nur für neu eingestellte Arbeitnehmer erfolgen. Die erstmals gebildeten ELStAM sind für die jeweils nächst folgende Lohnabrechnung abzurufen und in das Lohnkonto zu übernehmen (§ 39e Abs. 4 Satz 2 EStG).[1]

Für die Anforderung der ELStAM hat der Arbeitgeber **folgende Daten des Arbeitnehmers** mitzuteilen (§ 39e Abs. 4 Satz 1 EStG):

- **Identifikationsnummer,**[2]
- Tag der Geburt (maßgebend ist stets das melderechtliche **Geburtsdatum**),
- Tag des **Beginns des Dienstverhältnisses,**
- ob es sich um ein **erstes oder weiteres Dienstverhältnis** handelt (§ 38b Abs. 1 Satz 2 Nr. 6 EStG),
- etwaige Angaben, ob und in welcher Höhe ein nach § 39a Abs. 1 Satz 1 Nr. 7 EStG festgestellter Freibetrag abgerufen werden soll (= Hinzurechnungsbetrag im ersten Dienstverhältnis).

1) Die bereits vor dem 1.1.2021 vom Arbeitgeber für die bei ihm beschäftigten Arbeitnehmer abgerufenen elektronischen Lohnsteuerabzugsmerkmale (ELStAM) sind auch im Kalenderjahr 2021 weiter anzuwenden, bis die Finanzverwaltung dem Arbeitgeber für diese Arbeitnehmer geänderte ELStAM zum Abruf bereitstellt. Der Arbeitgeber darf diese Arbeitnehmer nicht erneut zur ELStAM-Datenbank anmelden.

2) Eine natürliche Person darf nicht mehr als eine Identifikationsnummer erhalten (§ 139b Abs. 1 Satz 1 AO). In Einzelfällen wurden Steuerpflichtigen jedoch versehentlich mehr als eine Identifikationsnummer zugeordnet. Seit dem 1.11.2018 wird einheitlich die einem Steuerpflichtigen zuerst zugeordnete Identifikationsnummer als weiterhin gültige Identifikationsnummer behandelt. Alle zu einem späteren Zeitpunkt vergebenen Identifikationsnummern werden stillgelegt. Die Steuerpflichtigen werden über die Stilllegung einer Identifikationsnummer durch die Finanzverwaltung informiert. In diesem Informationsschreiben wird nicht nur die weiterhin gültige Identifikationsnummer mitgeteilt, sondern es wird auch eine Empfehlung gegeben, den Stellen und Behörden, denen die bisherige Identifikationsnummer(n) bekannt gegeben wurde (z. B. Arbeitgeber, Rentenversicherer, Krankenkasse, Finanzamt, Familienkasse), die nunmehr gültige Identifikationsnummer mitzuteilen.

Lohn-steuer-pflichtig Sozial-versich.-pflichtig

Um die programmgesteuerte Bildung der Steuerklasse zu gewährleisten, muss der Arbeitgeber bei der Anmeldung in der ELStAM-Datenbank auch angeben, ob es sich um ein erstes oder ein weiteres Dienstverhältnis des Arbeitnehmers handelt (vgl. vierten Spiegelstrich im vorstehenden Absatz).

Die Anmeldung als **erstes Dienstverhältnisses** ist nur bei Vorliegen einer entsprechenden **Mitteilung des Arbeitnehmers** zulässig. Teilt der Arbeitnehmer dem Arbeitgeber auch auf Nachfrage nicht mit, ob es sich um das erste oder ein weiteres Dienstverhältnis handelt, muss der Arbeitgeber ein weiteres Dienstverhältnis (Steuerklasse VI) anmelden. Die Angabe zur Art des Dienstverhältnisses (ob Haupt- oder Nebenbeschäftigung) ist bei der Anmeldung des Arbeitnehmers im ELStAM-Verfahren zwingend erforderlich (sog. Pflichtfeld).

Meldet sich ein Nebenarbeitgeber (eigentlich Steuerklasse VI) als Hauptarbeitgeber in der ELStAM-Datenbank an **(Falschanmeldung)**, wird der bisherige Hauptarbeitgeber (Steuerklasse I–V) automatisch zum Nebenarbeitgeber und erhält mit der nächsten Änderungsliste die Steuerklasse VI zum Abruf bereitgestellt. Bei der Zurückerlangung der (richtigen) Hauptarbeitgebereigenschaft ist zu unterscheiden, ob die Korrektur innerhalb oder außerhalb der Sechs-Wochen-Frist erfolgt.

Innerhalb der „Sechs-Wochen-Frist":

In einem ersten Schritt muss der „richtige" Hauptarbeitgeber den Arbeitnehmer unter Berücksichtigung des neu mitgeteilten Referenzdatums (aus der sog. Änderungsliste) zunächst rückwirkend als Nebenarbeitgeber aus der ELStAM-Datenbank abmelden.

Im zweiten Schritt (frühestens ein Tag nach dem ersten Schritt) ist eine erneute Anmeldung als Hauptarbeitgeber vorzunehmen. Als Referenzdatum ist dabei das Datum anzugeben, ab dem die Hauptarbeitgebereigenschaft zu Unrecht entfallen war.

Der tatsächliche Nebenarbeitgeber (der Verursacher der Falschanmeldung) muss innerhalb der „Sechs-Wochen-Frist" nicht tätig werden.

Nach Ablauf der „Sechs-Wochen-Frist":

Nach Ablauf der „Sechs-Wochen-Frist" ist der aktuelle Nebenarbeitgeber, der sich unzutreffend als Hauptarbeitgeber angemeldet hat, zunächst in einem ersten Schritt verpflichtet, den Arbeitnehmer mit dem Datum der ursprünglichen Anmeldung (= Referenzdatum, für das ELStAM als Hauptarbeitgeber abgerufen werden sollten) abzumelden. In einem zweiten Schritt (frühestens ein Tag nach dem ersten Schritt) ist die erneute Anmeldung als Nebenarbeitgeber durchzuführen. Als Referenzdatum ist dabei das Datum der ursprünglichen Anmeldung anzugeben. Erst durch die erfolgte Abmeldung der irrtümlichen Hauptarbeitgebereigenschaft ist eine Neuanmeldung des tatsächlichen Hauptarbeitgebers mit Rückwirkung möglich.

In der Anmeldung des Arbeitnehmers hat der Arbeitgeber zudem den Zeitpunkt anzugeben, ab dem er die für den Lohnsteuerabzug erforderlichen ELStAM anzuwenden hat **(„Referenzdatum Arbeitgeber";** sog. refDatumAG). Durch dieses Datum wird der Zeitpunkt festgelegt, ab dem ELStAM gebildet werden sollen („gültig ab"). Bei Neuanmeldungen von Arbeitnehmern im laufenden ELStAM-Verfahren wird der Beginn des Dienstverhältnisses und das „Referenzdatum Arbeitgeber" regelmäßig identisch sein. Das Referenzdatum darf weder in der Zukunft noch vor dem Beschäftigungsbeginn liegen.

Beispiel A

Der Arbeitgeber A stellt den Arbeitnehmer B zum 1.2.2021 neu ein.

Bei der Anmeldung des Arbeitnehmers B zum ELStAM-Verfahren ist als Beginn des Dienstverhältnisses der 1.2.2021 und als Referenzdatum Arbeitgeber ebenfalls der 1.2.2021 anzugeben.

Lohn-steuer-pflichtig Sozial-versich.-pflichtig

Differenzen zwischen dem Beginn des Dienstverhältnisses und dem Referenzdatum Arbeitgeber können sich im laufenden ELStAM-Verfahren z. B. ergeben, wenn ein Wechsel zwischen bisheriger Pauschalbesteuerung und zukünftiger Regelbesteuerung vorliegt.

Beispiel B

Der Arbeitgeber wendet in seinem Betrieb das ELStAM-Verfahren an. Arbeitnehmer C ist in dem Betrieb seit 1.1.2011 geringfügig beschäftigt und wechselt zum 1.1.2021 in eine Vollbeschäftigung.

Bei der Anmeldung des Arbeitnehmers C zum ELStAM-Verfahren ist als Beginn des Dienstverhältnisses der 1.1.2011 und als Referenzdatum Arbeitgeber der 1.1.2021 anzugeben.

E

Darüber hinaus darf bei einer Anmeldung des Arbeitnehmers vor dem 1. März des aktuellen Jahres das Referenzdatum nicht vor dem 1. Januar des Vorjahres liegen. Bei einer Anmeldung nach dem 28. bzw. 29. Februar darf das Referenzdatum nicht vor dem 1. Januar des aktuellen Jahres liegen.

Personen, die in Deutschland einen Wohnsitz (§ 8 AO) oder ihren gewöhnlichen Aufenthalt (§ 9 AO) haben, sind unbeschränkt einkommensteuerpflichtig. Das Bundeszentralamt für Steuern weist ausdrücklich darauf hin, dass dies auch für Personen gilt, die als **Flüchtlinge** oder **Asylsuchende** in das Bundesgebiet einreisen und zunächst z. B. in Erstaufnahmeeinrichtungen, zentrale Unterbringungseinrichtungen, Notunterkünfte, Turnhallen oder Wohncontainern untergebracht sind. Die **Vergabe der Identifikationsnummer** wird durch die Anmeldung bei der zuständigen Meldebehörde des Unterbringungsortes angestoßen. Sobald die zuständige Meldebehörde Daten dieser Personen in das Melderegister aufgenommen hat, erfolgt eine automatische Mitteilung an das Bundeszentralamt für Steuern.

Damit die Vergabe der Identifikationsnummer möglichst schnell erfolgen kann und das **Mitteilungsschreiben** den Arbeitnehmer auch erreicht, sind bei der melderechtlichen Erfassung der Personen vollständige und genaue Angaben zu machen (z. B. Angabe aller Vornamen, bei Unterbringung in Sammelunterkünften ggf. Zusätze wie Haus 3 oder Flur 8). Das Mitteilungsschreiben wird mit der durch das Bundeszentralamt für Steuern zugeteilten Identifikationsnummer an die von der Meldebehörde übermittelte Adresse versandt.

Sofern dem Arbeitnehmer die Identifikationsnummer nicht mehr bekannt sein sollte, kann eine **erneute Mitteilung** beim Bundeszentralamt für Steuern beantragt werden. Dabei sollten möglichst Unterlagen zur Feststellung der Identität des Arbeitnehmers beigefügt werden, wie z. B. eine Kopie (keine Originale) des Reisepasses, Auskunftsnachweises, Aufenthaltstitels, der Geburtsurkunde, Heiratsurkunde oder des Führerscheins.

Bei Aufnahme einer Beschäftigung benötigt der Arbeitgeber für den Abruf der ELStAM die Identifikationsnummer und das Geburtsdatum seines zukünftigen Mitarbeiters. Sofern die **Identifikationsnummer noch nicht vorliegt**, kann der Arbeitgeber für einen Zeitraum von bis zu drei Monaten die voraussichtlichen Lohnsteuerabzugsmerkmale des Arbeitnehmers anwenden (§ 39c Abs. 1 Satz 2 EStG).

Die Vergabe einer Identifikationsnummer sagt im Übrigen nichts über den aufenthaltsrechtlichen Status einer Person oder die Erlaubnis zur Ausübung einer Erwerbstätigkeit aus, sondern erfolgt **ausschließlich** aufgrund **steuerrechtlicher Bestimmungen.** Der Abruf der elektronischen Lohnsteuerabzugsmerkmale erfolgt zur Wahrnehmung und Sicherstellung der steuerlichen Pflichten des Arbeitgebers. Er beinhaltet keine Regelungen zur Erwerbserlaubnis.

Lohn-steuer-pflichtig Sozial-versich.-pflichtig

Besonderheit bei Personen ohne Identifikationsnummer bzw. für die keine Meldepflicht besteht

Für alle Bürger, die in Deutschland gemeldet sind, wird eine **Identifikationsnummer** vergeben. Für die Pflege der Meldedaten ist in diesen Fällen die Meldebehörde zuständig, in dessen Zuständigkeitsbereich der Bürger mit Hauptwohnung gemeldet ist. Im Falle eines **Zuzugs aus dem Ausland** ist deshalb zur Vergabe einer Identifikationsnummer die Anmeldung bei der Meldebehörde zwingend erforderlich. In Fällen, in denen (noch) keine Identifikationsnummer vergeben wurde bzw. keine Pflege der Meldedaten durch die Meldebehörde erfolgt, ist zwischen den nachfolgenden Fallkonstellationen zu unterscheiden:

E

Unbeschränkt steuerpflichtige Personen i. S. d. § 1 Abs. 1 EStG

Ist einem unbeschränkt steuerpflichtigen Arbeitnehmer mit **Wohnsitz im Inland** noch keine Identifikationsnummer zugeteilt worden oder besteht für einen unbeschränkt steuerpflichtigen Arbeitnehmer mit lediglich gewöhnlichem Aufenthalt im Inland keine Meldepflicht (mehr), hat das **Wohnsitzfinanzamt** auf Antrag eine **Bescheinigung für den Lohnsteuerabzug** für die Dauer eines Kalenderjahres auszustellen. Die Bescheinigung kann auch der Arbeitgeber beantragen, wenn ihn der Arbeitnehmer dazu bevollmächtigt hat. In Fällen, in denen bei **Zuzug** eine Identifikationsnummer durch die Meldebehörde angefordert wurde, bedarf es der Ausstellung einer Bescheinigung üblicherweise nur dann, wenn die Identifikationsnummer nicht zeitnah vergeben werden kann. Der Arbeitgeber kann in diesen Fällen bis zum Abruf der ELStAM bzw. bis zur Vorlage der Bescheinigung längstens für die Dauer von 3 Kalendermonaten die voraussichtlichen Lohnsteuerabzugsmerkmale anwenden.

Arbeitnehmer ohne festen Wohnsitz (Obdachlose)

Für Personen ohne festen Wohnsitz besteht über karitative Einrichtungen das Angebot, sich eine Postadresse einrichten zu lassen, unter welcher eine postalische Erreichbarkeit der Person gewährleistet wird. Die Post wird dann von der Einrichtung entgegengenommen und kann von der berechtigten Person zu den vereinbarten Zeiten abgeholt werden. Wird eine solche Adresse im Antrag auf Ausstellung einer Bescheinigung für den Lohnsteuerabzug benannt, ist diese Adresse zu verwenden.

Ausländische Arbeitnehmer mit wechselnden Aufenthaltsorten (u. a. Saisonarbeitnehmer)

Wohnt eine Person im Ausland und ist im Inland nicht gemeldet, dann muss sie sich nach dem Bundesmeldegesetz nicht anmelden, wenn sie eine Wohnung für einen Aufenthalt von voraussichtlich bis zu drei Monaten bezieht; nach Ablauf von drei Monaten besteht eine Pflicht zur Anmeldung.

Unabhängig davon begründet dieser Personenkreis bei zusammenhängendem Aufenthalt von mehr als sechs Monaten im Inland einen gewöhnlichen Aufenthalt im Inland, sodass die Ausstellung einer Bescheinigung für den Lohnsteuerabzug beantragt werden kann. Zuständig für die Ausstellung ist das Finanzamt, in dessen Bezirk der Steuerpflichtige seinen gewöhnlichen Aufenthalt hat. Die Bescheinigung kann auch der Arbeitgeber beantragen, wenn ihn der Arbeitnehmer hierzu bevollmächtigt hat.

Beschränkt steuerpflichtige und auf Antrag unbeschränkt einkommensteuerpflichtige Arbeitnehmer

Für folgende, im Inland **nicht meldepflichtige Personen:**

- nach § 1 Abs. 2 EStG erweitert unbeschränkt einkommensteuerpflichtige Arbeitnehmer,
- nach § 1 Abs. 3 EStG auf Antrag wie unbeschränkt einkommensteuerpflichtig zu behandelnde Arbeitnehmer,
- nach § 1 Abs. 4 EStG beschränkt einkommensteuerpflichtige Arbeitnehmer

wird die steuerliche Identifikationsnummer in der Regel nicht auf Grund von Mitteilungen der Meldebehörden zugeteilt. Vgl. insoweit die Ausführungen unter der nachfolgenden Nr. 6 Buchstabe c.

e) Anwendung der abgerufenen ELStAM

Nach **erfolgreichem Abruf** der ELStAM hat der Arbeitgeber für die angemeldeten Arbeitnehmer die Vorschriften des ELStAM-Verfahrens (§§ 38 bis 39f EStG; Regelverfahren) anzuwenden. Danach sind die vom Arbeitgeber oder seinem Vertreter abgerufenen ELStAM grundsätzlich für die nächste auf den Abrufzeitpunkt **folgende Lohnabrechnung** anzuwenden und im Lohnkonto aufzuzeichnen.

Kommt der Arbeitgeber seiner Verpflichtung zum Abruf und zur Anwendung der Lohnsteuerabzugsmerkmale nicht nach, ist das Betriebsstättenfinanzamt für die Aufforderung dazu und für die Androhung und Festsetzung von Zwangsgeld zuständig (§ 39e Abs. 5 Satz 4 EStG).

Die **abgerufenen ELStAM** sind gemäß der zeitlichen Gültigkeitsangabe vom Arbeitgeber für die Durchführung des Lohnsteuerabzugs des Arbeitnehmers **anzuwenden,** bis ihm die Finanzverwaltung geänderte ELStAM zum Abruf bereitstellt **(Änderungsmitteilung)** oder der Arbeitgeber der Finanzverwaltung die **Beendigung des Dienstverhältnisses** mitteilt. Der Arbeitgeber hat der Finanzverwaltung die Beendigung des Dienstverhältnisses unverzüglich mitzuteilen (§ 39e Abs. 4 Satz 5 EStG). Elektronisch zu übermitteln sind die Daten des abzumeldenden Arbeitnehmers (= Identifikationsnummer, Geburtsdatum, Datum der Beendigung des Dienstverhältnisses und Referenzdatum Arbeitgeber).

Der Arbeitgeber ist wegen der vorstehend erwähnten Änderungsmitteilung verpflichtet, die **ELStAM** nicht nur einmalig, sondern **monatlich abzurufen** (§ 39e Abs. 5 Satz 3 EStG); der Abruf der Daten kann spätestens ab dem fünften Werktag des Folgemonats erfolgen. Da sich die Lohnsteuerabzugsmerkmale der Arbeitnehmer in einer Vielzahl von Fällen nicht in jedem Monat ändern, hat die Finanzverwaltung einen Mitteilungsservice eingerichtet. Zur Nutzung dieses Mitteilungsverfahrens kann der Arbeitgeber auf der Internetseite www.elster.de unter „Mein ELSTER“ auswählen, per E-Mail über die Bereitstellung von Änderungen informiert zu werden. Es wird nicht beanstandet, wenn der Arbeitgeber nur in den Fällen ELStAM anfragt und abruft, in denen er durch den **E-Mail-Mitteilungsservice** erfährt, dass sich für den Lohnzahlungszeitraum Änderungen bei den ELStAM seiner Arbeitnehmer ergeben haben (§ 39e Abs. 5 Satz 1 Nr. 1 EStG). Eine Benachrichtigung wird an eine zum Zertifikat gehörende E-Mail-Adresse gesandt, wenn die bereitgestellte Änderungsliste eine Änderung für mindestens einen Arbeitnehmer enthält. Die Änderungsliste ist dann abzurufen und ins Lohnkonto einzupflegen.

Damit auch der Arbeitnehmer zeitnah über die dem Lohnsteuerabzug zugrunde gelegten – und somit (neu) abgerufenen – **Lohnsteuerabzugsmerkmale** informiert wird, sind diese in der **Lohnabrechnung des Arbeitnehmers** auszuweisen. Diese Lohnabrechnung kann dem Arbeitnehmer in Papierform als Ausdruck oder elektronisch bereitgestellt werden. Hierdurch gelten die elektronischen Lohnsteuerabzugsmerkmale gegenüber dem Arbeitnehmer als bekannt gegeben (§ 39e Abs. 6 Satz 3 EStG).

Mit der Übermittlung des Sterbedatums **nach dem Tod des Arbeitnehmers** an die ELStAM-Datenbank der Finanzverwaltung durch die Meldebehörde ist der Datensatz für die ELStAM und die **Abrufberechtigung** für jeden Arbeitgeber **gesperrt.** Der Arbeitgeber eines verstorbenen Arbeitnehmers erhält in der **nächsten Änderungsliste** den Hinweis, dass keine Abrufberechtigung mehr vorliegt. Ein konkreter Hinweis, dass der Arbeitnehmer verstorben ist, darf aus Datenschutzgründen nicht erfolgen. Für ausstehende Arbeitslohnzahlungen des Verstorbenen sind grundsätzlich die **ELStAM des Erben** anzuwenden. Ab-

Lohn-steuer-pflichtig Sozial-versich.-pflichtig

weichend davon kann die Zahlung von laufendem Arbeitslohn für den gesamten Monat, in dem der Arbeitnehmer verstorben ist, nach den ELStAM des Verstorbenen abgerechnet werden (R 19.9 Abs. 1 LStR), sodass der Erbe nicht im ELStAM-Verfahren anzumelden ist. Etwas anderes gilt allerdings, wenn der Erbe vom Arbeitgeber des Verstorbenen zusätzlich Sterbegeld erhält. Wird für die folgenden Monate laufender Arbeitslohn gezahlt, sind die ELStAM des Erben anzuwenden. Der verstorbene Arbeitnehmer ist dazu zum Ende des Sterbemonats abzumelden und der Erbe zum 1. des folgenden Monats anzumelden. Die Arbeitnehmereigenschaft des Erben als Rechtsnachfolger ergibt sich aus § 1 Abs. 1 Satz 2 LStDV (vgl. hierzu auch die Stichwörter „Rechtsnachfolger" und „Sterbegeld").

Sind die ELStAM-Daten für sämtliche seiner Arbeitnehmer verloren gegangen oder physikalisch zerstört worden **(unvorhergesehener Datenverlust),** besteht für den Arbeitgeber die Möglichkeit, die aktuellen ELStAM-Daten bei der Finanzverwaltung anzufordern (sog. Bruttoliste). Diese Option ist ausschließlich für den Sonderfall vorgesehen, dass bei einem Arbeitgeber aufgrund technischer Probleme die abgerufenen und gespeicherten ELStAM dauerhaft nicht mehr elektronisch verfügbar und nicht wiederherstellbar sind. Die Bruttoliste wird dem Arbeitgeber auf formlosen Antrag elektronisch von seinem lohnsteuerlichen Betriebsstättenfinanzamt zur Verfügung gestellt. Das Finanzamt fertigt dann eine Liste mit den aktuellen ELStAM aller aktiven Mitarbeiter des jeweiligen Arbeitgebers. Die Bruttoliste enthält alle aktuellen Informationen der beschäftigten Arbeitnehmer, d. h. die Identifikationsnummer des Arbeitnehmers, sein Geburtsdatum und die ELStAM-Werte mit „gültig ab" – Datum. Zudem sind in dieser Liste auch alle Daten enthalten, die erst ab dem Folgemonat für einen Arbeitnehmer gelten.

f) Sechsmonatige Kulanzfrist zur Anwendung der erstmals abgerufenen ELStAM

Der Arbeitgeber hatte einmalig die Möglichkeit, auf eine sofortige Anwendung der im Einführungszeitraum 2013 erstmals abgerufenen ELStAM zu verzichten. Stattdessen konnte er den Lohnsteuerabzug für die Dauer von bis zu sechs Kalendermonaten weiter nach den Merkmalen der Lohnsteuerkarte 2010, einer vom Finanzamt ausgestellten Ersatzbescheinigung 2011, 2012 oder 2013, einem ELStAM-Ausdruck oder einer sonstigen Papierbescheinigung oder nach den im Lohnkonto aufgezeichneten Lohnsteuerabzugsmerkmalen durchführen.

Die vorstehende Kulanzfrist ist in der Regel spätestens im Mai 2014 ausgelaufen und daher im **Kalenderjahr 2021 nicht mehr von Bedeutung.** Zu den Einzelheiten vgl. die Ausführungen im Lexikon für das Lohnbüro, Ausgabe 2014, beim Stichwort „Elektronische Lohnsteuerabzugsmerkmale (ELStAM)" unter Nr. 3 Buchstabe f auf Seite 271.

Zur Vorgehensweise bei Bereitstellung einer unzutreffenden ELStAM durch die Finanzverwaltung im Kalenderjahr 2021 vgl. nachfolgenden Buchstaben g.

g) Abruf einer unzutreffenden ELStAM

Der Arbeitgeber ist verpflichtet, die ELStAM seiner Arbeitnehmer abzurufen und in das Lohnkonto zu übernehmen (§ 39e Abs. 4 Satz 2 EStG). Er ist aber **nicht verpflichtet,** die ihm übermittelten **ELStAM** auf Richtigkeit oder Plausibilität **zu überprüfen.** Er hat diese so, wie sie ihm übermittelt wurden, zu verwenden und ist bis zum Abruf der Änderungsliste (oder der Vorlage einer gültigen Bescheinigung für den Lohnsteuerabzug durch den Arbeitnehmer) grundsätzlich daran gebunden.

Beim Abruf der ELStAM durch den Arbeitgeber kann nicht ausgeschlossen werden, dass dem Arbeitgeber für seine Arbeitnehmer materiell unzutreffende ELStAM bereitgestellt werden (z. B. Steuerklasse I statt III). Sind die dem Arbeitgeber bereitgestellten ELStAM nach Auffassung des Arbeitnehmers unzutreffend, hat das Wohnsitzfinanzamt des Arbeitnehmers die gebildeten ELStAM zu prüfen und ggf. zu ändern.

Gründe für unzutreffende Lohnsteuerabzugsmerkmale:

- Fälle mit abweichenden melderechtlichen Merkmalen,
- Fälle, in denen die unzutreffende Bildung auf Programmfehler zurückzuführen ist,
- Fälle, in denen ein Abruf der ELStAM wegen technischer Störungen nicht möglich ist.

Um bei unzutreffenden ELStAM, die **zeitnah nicht korrigiert werden können**, den zutreffenden Lohnsteuerabzug vornehmen zu können, stellt das Finanzamt auf Antrag des Arbeitnehmers eine **Bescheinigung für den Lohnsteuerabzug** (Ersatzverfahren nach § 39 Abs. 1 Satz 2 und 3, § 39e Abs. 8 EStG) für die Dauer eines Kalenderjahres aus und sperrt in der Regel gleichzeitig den Arbeitgeberabruf (**Vollsperrung**).

Durch diese Sperrung erhält der Arbeitgeber für den Arbeitnehmer keine Änderungslisten mehr. Legt der Arbeitnehmer dem Arbeitgeber die Bescheinigung für den Lohnsteuerabzug vor, sind die darauf eingetragenen Lohnsteuerabzugsmerkmale maßgebend. Folglich hat sie der Arbeitgeber in das Lohnkonto des Arbeitnehmers zu übernehmen, dem Lohnsteuerabzug zugrunde zu legen und die Regelung in § 39e Abs. 6 Satz 8 EStG (Lohnsteuerabzug nach Steuerklasse VI) nicht anzuwenden. **Hebt das Finanzamt die Sperre** nach einer Korrektur der (fehlerhaften) Daten **auf**, werden dem Arbeitgeber die zutreffenden ELStAM wieder per Änderungsliste zum Abruf bereitgestellt. Mit dem erneuten Abruf der ELStAM durch den Arbeitgeber verliert die Bescheinigung für den Lohnsteuerabzug ihre Gültigkeit.

Ist eine Korrektur unzutreffender ELStAM für **zurückliegende Lohnzahlungszeiträume** erforderlich, stellt das Finanzamt auf Antrag des Arbeitnehmers eine **befristete Bescheinigung für den Lohnsteuerabzug** aus. In der befristeten Bescheinigung werden die anzuwendenden Lohnsteuerabzugsmerkmale für im Kalenderjahr zurückliegende Monate ausgewiesen (befristet bis zum Monatsende vor Bereitstellung der zutreffenden ELStAM). Weil diese Lohnsteuerabzugsmerkmale nur für die Vergangenheit anzuwenden sind, wird der Arbeitgeberabruf für die **ELStAM nicht gesperrt**.

Neben der Möglichkeit des Arbeitnehmers, eine Bescheinigung für den Lohnsteuerabzug zu beantragen, besteht für den Arbeitgeber in analoger Anwendung von § 39c Abs. 1 Satz 2 EStG die Möglichkeit, für die Dauer von bis zu drei Monaten den Lohnsteuerabzug mit den bisherigen ELStAM durchzuführen, wenn ohne Änderung der persönlichen Verhältnisse des Arbeitnehmers und ohne dessen Zutun dem Arbeitgeber unzutreffende elektronische Lohnsteuerabzugsmerkmale bereitgestellt werden, die zu einem unzutreffenden Lohnsteuerabzug führen. Auch wenn in den Fällen der Bereitstellung unzutreffender elektronischer Lohnsteuerabzugsmerkmale **keine „technische Störung" im engeren Sinne vorliegt**, muss der Arbeitnehmer in diesen Fällen seinem Arbeitgeber nicht zwingend eine vom Finanzamt ausgestellte „Papierbescheinigung" für den Lohnsteuerabzug vorlegen, da die Finanzverwaltung die Regelung des § 39c Abs. 1 Satz 2 EStG in diesen Fällen praxisorientiert und weitgehend auslegt.

In folgenden Fällen ist die Ausstellung einer Bescheinigung für den Lohnsteuerabzug hingegen nicht begründet:

Sofern Steuerpflichtige die Ausstellung einer Bescheinigung für den Lohnsteuerabzug zur **Vorlage bei der Agentur für Arbeit** für Zwecke der Berechnung des Arbeitslosengeldes verlangen, stellt dies keinen gesetzlich vorgesehenen Ausstellungsgrund dar. Alternativ kann zum Nachweis der bei der Berechnung des Arbeitslosengeldes zu berücksichtigenden Lohnsteuerabzugsmerkmale ein Ausdruck der aktuell gespeicherten ELStAM verwendet werden.

Im Hinblick auf den erhöhten Prozentsatz beim **Kurzarbeitergeld** wegen Berücksichtigung eines Kindes enthält die Lohnabrechnung des Arbeitnehmers im Regelfall die hierfür notwendigen Daten über den Abruf der ELStAM. Bei Arbeitnehmern mit Steuerklasse V, Steuerklasse VI sowie bei der Berücksichtigung von ausländischen Kindern besteht die Möglichkeit, über die Vorlage bereits vorhandener eigener Unterlagen den Nachweis gegenüber dem Arbeitgeber bzw. der Agentur für Arbeit zu führen (z. B. Kindergeldbescheid, Nachweis des Erhalts von Kindergeld, Lohnabrechnung des Ehegatten mit Steuerklasse III, bei welchem die Kinder berücksichtigt werden) oder beim Finanzamt einen Ausdruck der eigenen ELStAM zu beantragen.

Alleinerziehende können zusätzliche Elterngeldmonate beziehen, wenn sie die Voraussetzungen des Entlastungsbetrags für Alleinerziehende erfüllen und der andere Elternteil weder mit dem Antragsteller noch mit dem Kind in einer Wohnung lebt. Sofern die **Elterngeldstellen** zum Nachweis, dass die Voraussetzungen des Entlastungsbetrags erfüllt sind (Steuerklasse II), eine Bescheinigung für den Lohnsteuerabzug verlangen, kann dem Antragsteller ein Ausdruck der aktuellen ELStAM erteilt werden, welcher dieser der Elterngeldstelle vorlegen kann.

Da die Anwendungsfälle einer Bescheinigung für den Lohnsteuerabzug gesetzlich geregelt sind, darf eine Bescheinigung nicht allein deshalb ausgestellt werden, weil der **Arbeitgeber nicht am ELStAM-Verfahren teilnehmen möchte**. Das lohnsteuerliche Betriebsstättenfinanzamt wird den Arbeitgeber in solchen Fällen zur Teilnahme am ELStAM-Verfahren auffordern.

Eine Bescheinigung ist auch nicht in Fällen auszustellen, in denen der **Steuerpflichtige absichtlich seiner Meldepflicht gegenüber der Meldebehörde nicht nachkommt** (z. B. um für Behörden nicht erreichbar zu sein). In diesem Fall hat es der einzelne Arbeitnehmer schuldhaft zu vertreten, dass dem Arbeitgeber die steuerliche Identifikationsnummer nicht vorliegt bzw. keine ELStAM mehr bereitgestellt werden, weil die Pflege der Meldedaten eingestellt wurde. Der Arbeitgeber hat den Lohnsteuerabzug in diesen Fällen dann nach **Steuerklasse VI** vorzunehmen (§ 39e Abs. 8 Satz 6 i. V. m. § 39c Abs. 1 EStG sind sinngemäß anzuwenden).

In der Praxis häufen sich Fälle, in denen die **Meldebehörde** bei im Inland gemeldeten Personen als **Familienstand „nicht bekannt"** hinterlegt, sodass die Vergabe der familiengerechten Steuerklassen in der ELStAM-Datenbank technisch nicht möglich und daher die Ausstellung einer Bescheinigung für den Lohnsteuerabzug beantragt wird. Es handelt sich hierbei um Fälle, in denen die betroffenen Personen gegenüber der Meldebehörde **keinen Nachweis über die Eheschließung** erbringen können. Dies betrifft **z. B. Flüchtlinge**, die über keine entsprechenden Schriftstücke mehr verfügen. Die Meldebehörden sind aufgrund melderechtlicher Vorschriften angehalten, in diesen Fällen als Familienstand „nicht bekannt" zu hinterlegen. Sofern betroffene Personen die Berücksichtigung der familiengerechten Steuerklasse begehren, gelten für die Beurteilung, ob es sich bei den Steuerpflichtigen um Ehegatten handelt, keine anderen Grundsätze als bei den Meldebehörden: Das Finanzamt kann nicht allein aufgrund der Aussage der Betroffenen davon ausgehen, dass es sich um Ehegatten handelt, wenn dies nicht durch entsprechenden Urkunden/Dokumente belegt werden kann, zumal die **Finanzverwaltung grundsätzlich an die melderechtlichen Daten gebunden ist**. Zu beachten ist zudem, dass Personen, die ausschließlich religiös verheiratet sind, nicht als verheiratet i. S. d. bürgerlichen Rechts gelten. Dies kann ohne prüfbare Nachweise nicht nachvollzogen werden. Die Frage, ob jemand Ehegatte ist, ist grundsätzlich nach Maßgabe des Zivilrechts einschließlich der Vorschriften des deutschen internationalen Privatrechts zu beurteilen. Bei Ausländern sind die materiell-rechtlichen Voraussetzungen für jeden Beteiligten nach den Gesetzen des Staates zu beurteilen, dem er angehört. Die Anwendung eines ausländischen Gesetzes ist jedoch ausgeschlossen, wenn es gegen die guten Sitten oder den Zweck eines deutschen Gesetzes verstoßen würde. Zum Nachweis einer im Ausland geschlossenen Ehe dient die ausländische Heiratsurkunde. Ausländische Heiratsurkunden sind nur dann anzuerkennen, wenn an ihrer Echtheit keine Zweifel bestehen.

Bei unzutreffenden ELStAM, die auf vom **Finanzamt zu bildenden Merkmalen** beruhen (z. B. Freibetrag aus dem Lohnsteuer-Ermäßigungsverfahren, Steuerklassenkombination bei Ehegatten, Steuerklasse II) **korrigiert das Finanzamt auf Veranlassung des Arbeitnehmers die ELStAM** in der Datenbank. Daraufhin werden dem Arbeitgeber die zutreffenden ELStAM zur Verfügung gestellt. Zur Ausstellung einer befristeten Bescheinigung für den Lohnsteuerabzug für zurückliegende Lohnzahlungszeiträume vgl. auch vorstehende Nr. 3 Buchstabe b am Ende.

h) Pflichten des Arbeitnehmers im ELStAM-Verfahren

Zum Zweck des Abrufs der ELStAM hat der Arbeitnehmer jedem **Arbeitgeber** bei Eintritt in das Dienstverhältnis Folgendes **mitzuteilen** (§ 39e Abs. 4 Satz 1 EStG):

- die **Identifikationsnummer** sowie den **Tag der Geburt** (maßgebend ist das melderechtliche Geburtsdatum),
- ob es sich um das **erste** oder ein **weiteres Dienstverhältnis** handelt (§ 38b Abs 1 Satz 2 Nr. 6 EStG) und
- ob und ggf. in welcher Höhe ein festgestellter **Freibetrag** nach § 39a Abs. 1 Satz 1 Nr. 7 EStG (= Hinzurechnungsbetrag im ersten Dienstverhältnis) berücksichtigt werden soll.

Bezieht der Arbeitnehmer **nebeneinander von mehreren Arbeitgebern Arbeitslohn,** kann er auch während des Kalenderjahres einen neuen ersten Arbeitgeber bestimmen. Hierfür ist dem neuen Hauptarbeitgeber mitzuteilen, dass es sich nun um das erste Dienstverhältnis handelt. Dem anderen Arbeitgeber ist mitzuteilen, dass es sich nun um das weitere Beschäftigungsverhältnis handelt und ggf. ob und in welcher Höhe ein nach § 39a Abs. 1 Satz 1 Nr. 7 EStG festgestellter Freibetrag abgerufen werden soll. Der Lohnsteuerermittlung sind beim jeweiligen Arbeitgeber die Lohnsteuerabzugsmerkmale (z. B. Steuerklasse) zugrunde zu legen, die für den Tag gelten, an dem der Lohnzahlungszeitraum endet (R 39b.5 Abs. 1 Satz 3 LStR).

Beispiel A

Ein Arbeitnehmer ist beim Arbeitgeber A (Hauptarbeitgeber, Steuerklasse III) und beim Arbeitgeber B (Nebenarbeitgeber, Steuerklasse VI) beschäftigt. Lohnzahlungszeitraum ist in beiden Fällen der Kalendermonat. Im Laufe des Monats Juni bestimmt der Arbeitnehmer Arbeitgeber B zum Hauptarbeitgeber.

Für den Lohnzahlungszeitraum Juni führt der Wechsel des Hauptarbeitgebers dazu, dass Arbeitgeber A den Lohnsteuerabzug nach der Steuerklasse VI und Arbeitgeber B den Lohnsteuerabzug nach der Steuerklasse III durchzuführen hat, da in beiden Fällen die Lohnsteuerabzugsmerkmale am Ende des Lohnzahlungszeitraums (= Kalendermonat) maßgebend sind. In diesem Beispielsfall entsteht weder beim Arbeitgeber A noch beim Arbeitgeber B ein Teillohnzahlungszeitraum.

Beispiel B

Ein Arbeitnehmer ist beim Arbeitgeber A (Hauptarbeitgeber, Steuerklasse III) beschäftigt. Mitte Juni beginnt der Arbeitnehmer ein zweites Arbeitsverhältnis beim Arbeitgeber B, den er zugleich als Hauptarbeitgeber bestimmt. Lohnzahlungszeitraum ist in beiden Fällen der Kalendermonat.

Für den Lohnzahlungszeitraum Juni führt der Wechsel des Hauptarbeitgebers dazu, dass Arbeitgeber A den Lohnsteuerabzug nach der Steuerklasse VI durchzuführen hat, da die Lohnsteuerabzugsmerkmale am Ende des Lohnzahlungszeitraums (= Kalendermonat) maßgebend sind. Arbeitgeber B hat den Lohnsteuerabzug nach der Steuerklasse III durchzuführen. Da das Arbeitsverhältnis des Arbeitnehmers zu B im Laufe des Kalendermonats begonnen hat, entsteht hier ein Teillohnzahlungszeitraum mit der Folge, dass die Lohnsteuer nach der Steuerklasse III der Tageslohnsteuertabelle zu berechnen ist (vgl. hierzu das Stichwort „Teillohnzahlungszeitraum").

Lohn-steuer-pflichtig Sozial-versich.-pflichtig

Gegenüber der **Finanzverwaltung** hat der Arbeitnehmer folgende Pflichten:

Die **Steuerklasse** und die Zahl der **Kinderfreibeträge** für minderjährige Kinder werden im ELStAM-Verfahren in der Regel **automatisch geändert.** Auslöser hierfür sind Mitteilungen der Meldebehörden über den geänderten Familienstand oder die Anzahl der Kinder (z. B. Geburt eines Kindes). In diesen Fällen ist der Arbeitnehmer nicht zu einer Mitteilung an das Finanzamt verpflichtet (§ 39 Abs. 5 Satz 3 EStG i. V. m. § 39e Abs. 2 Satz 2 EStG).

Ändern sich die persönlichen Verhältnisse des Arbeitnehmers und treten die Voraussetzungen zur Einreihung in eine für ihn **ungünstigere Steuerklasse** oder für eine **geringere Zahl der Kinderfreibeträge** ein, ist der Arbeitnehmer in den Fällen, in denen die Änderungen nicht durch geänderte Meldedaten automatisch angestoßen werden, **verpflichtet,** dies dem Finanzamt mitzuteilen und die Steuerklasse sowie die Zahl der Kinderfreibeträge umgehend **ändern zu lassen** (§ 39 Abs. 5 Satz 1 EStG). Dies gilt insbesondere bei einem dauernden Getrenntleben der Ehegatten bzw. Lebenspartner oder wenn bei Alleinerziehenden die Voraussetzungen für die Berücksichtigung des Entlastungsbetrags (= Steuerklasse II) entfallen (§ 39 Abs. 5 Satz 2 EStG).

Beispiel C

Als elektronisches Lohnsteuerabzugsmerkmal beim Arbeitnehmer A ist u. a. die Steuerklasse III gebildet worden. Die Ehegatten A und B haben sich im Dezember 2020 auf Dauer getrennt.

Der Arbeitnehmer ist verpflichtet, dem Finanzamt die Änderung seiner Lebensverhältnisse mitzuteilen. Für diese Mitteilung ist der amtliche Vordruck „Erklärung zum dauernden Getrenntleben" zu verwenden. Die Steuerklasse des A wird aufgrund dieser Mitteilung ab Januar 2021 von III in I geändert.

Beispiel D

Bei der ledigen Arbeitnehmerin B ist als elektronisches Lohnsteuerabzugsmerkmal u. a. die Steuerklasse II/Zahl der Kinderfreibeträge 0,5 gebildet worden. Mitte April 2021 zieht B mit ihrem Lebenspartner zusammen und gründet eine Haushaltsgemeinschaft.

B ist verpflichtet, die Steuerklasse beim Finanzamt mit Wirkung ab 1.5.2021 von II in I ändern zu lassen.

Der Arbeitnehmer hat auch dann eine Mitteilungspflicht gegenüber dem Finanzamt, wenn die bei ihm zugrunde gelegte ELStAM zu seinen Gunsten von der zutreffenden ELStAM abweicht (z. B. weil der Arbeitgeber die abgerufene ELStAM dem „falschen Arbeitnehmer" zugeordnet hat).

Wird ein unbeschränkt einkommensteuerpflichtiger Arbeitnehmer **beschränkt einkommensteuerpflichtig** (Wegzug ins Ausland bei Beibehaltung des Arbeitsplatzes im Inland), hat er dies dem Finanzamt ebenfalls unverzüglich mitzuteilen (§ 39 Abs. 7 Satz 1 EStG). Das Finanzamt hat die Lohnsteuerabzugsmerkmale dann vom Zeitpunkt des Eintritts der beschränkten Einkommensteuerpflicht an zu ändern.

i) Rechte des Arbeitnehmers

Im elektronischen ELStAM-Verfahren **kann** (keine Verpflichtung!) der Arbeitnehmer einen oder mehrere zum Abruf der ELStAM berechtigte(n) Arbeitgeber benennen **(Abrufberechtigung, „Positivliste")** oder bestimmte Arbeitgeber von der Abrufberechtigung ausschließen **(Abrufsperre, „Negativliste";** § 39e Abs. 6 Satz 6 Nr. 1 EStG). Zudem gibt es die Möglichkeit, sämtliche Arbeitgeber vom Abruf auszuschließen **(„Vollsperrung";** § 39e Abs. 6 Satz 6 Nr. 2 EStG). Die Erteilung einer Berechtigung oder Sperrung eines Arbeitgebers zum Abruf der ELStAM setzt im Antrag des Arbeitnehmers – mit Ausnahme der Vollsperrung – die Angabe der Steuernummer der Betriebsstätte oder des Teilbetriebs des Arbeitgebers voraus, in dem der für die Durchführung des Lohnsteuerabzugs maßgebende Arbeitslohn ermittelt wird. Diese Steuernummer muss der Arbeitgeber dem Arbeitnehmer auf Verlangen mitteilen. Eine Abrufberechtigung oder Sperrung ist mit dem Vordruck „Anträge zu den elektronischen Lohnsteuerabzugsmerkmalen – ELStAM –" zu beantragen. Abrufberechtigungen und Abrufsperren gelten lediglich mit Wirkung für die Zukunft (also nicht rückwirkend) und können geändert bzw. aufgehoben werden.

Lohn-steuer-pflichtig Sozial-versich.-pflichtig

Ermächtigung zum Abruf oder Verhinderung des Abrufs der ELStAM auf Antrag des Arbeitnehmers beim Finanzamt		
Positivliste	**Negativliste**	**Vollsperrung**
Benennung von zum Abruf berechtigten Arbeitgebern	Ausschluss bestimmter Arbeitgeber vom Abruf	Ausschluss sämtlicher Arbeitgeber vom Abruf
nicht genannte Arbeitgeber können nicht abrufen	genannte Arbeitgeber können nicht abrufen	kein Arbeitgeber kann abrufen

Hat der Arbeitnehmer bei seinem Wohnsitzfinanzamt eine **Positivliste** eingereicht, ist für darin **nicht genannte Arbeitgeber** der Abruf von ELStAM des Antragstellers gesperrt. Wird im Falle eines Arbeitgeberwechsels der neue Arbeitgeber nicht in eine bereits vorhandene Positivliste aufgenommen, ist ein Abruf der ELStAM durch den neuen Arbeitgeber nicht möglich. Bei fehlender Abrufberechtigung ist der Arbeitgeber zur Anwendung der **Steuerklasse VI** verpflichtet (§ 39e Abs. 6 Satz 8 EStG). Die Aufnahme von Arbeitgebern in die Positivliste setzt übrigens kein bestehendes Arbeitsverhältnis voraus.

Hat der Arbeitnehmer bei seinem Wohnsitzfinanzamt eine **Negativliste** eingereicht, können die darin **genannten Arbeitgeber** die ELStAM des Antragstellers nicht abrufen. Aufgrund der fehlenden Abrufberechtigung hat ein betroffener Arbeitgeber bei einer Lohnzahlung an diesen Arbeitnehmer die **Steuerklasse VI** anzuwenden (§ 39e Abs. 6 Satz 8 EStG).

Hat der Arbeitnehmer bei seinem Wohnsitzfinanzamt beantragt, keine ELStAM zu bilden oder gebildete ELStAM nicht bereitstellen zu lassen, sind die ELStAM allgemein gesperrt; ein Abruf ist nicht möglich **(Vollsperrung).** Dies führt zur Anwendung der **Steuerklasse VI in allen Dienstverhältnissen** (§ 39e Abs. 6 Satz 8 EStG). Die Sperrung bleibt solange bestehen, bis ein Antrag des Arbeitnehmers auf Aufhebung der Vollsperrung eingereicht wird.

Beispiel A

Arbeitgeber A erhält im Rahmen des Abrufs der elektronischen Lohnsteuerabzugsmerkmale für seinen Arbeitnehmer B die Mitteilung, dass ihm diese wegen einer Sperrung nicht mitgeteilt werden können.

Arbeitgeber A hat den Lohnsteuerabzug für den Arbeitnehmer B nach der Steuerklasse VI vorzunehmen.

Der Arbeitnehmer hat zudem das Recht, beim zuständigen Wohnsitzfinanzamt auf Antrag **Auskunft** über die für ihn **gebildeten ELStAM** sowie über die durch den Arbeitgeber in den letzten 24 Monaten erfolgten **Abrufe** der ELStAM zu erhalten (§ 39e Abs. 6 Satz 4 EStG). Ein **Ausdruck der aktuellen ELStAM** kann auch im Rahmen eines Antrags auf Lohnsteuer-Ermäßigung beantragt werden (Vordruck „Antrag auf Lohnsteuer-Ermäßigung", Ankreuzfeld Hauptvordruck auf Seite 1). Benötigen **Alleinerziehende** für den **Bezug von Elterngeld** einen amtlichen Nachweis der Eigenschaft „alleinerziehend", kann den für die Festsetzung und Auszahlung von Elterngeld zuständigen Behörden im Einzelfall der aktuelle ELStAM-Ausdruck mit der Steuerklasse II vorgelegt werden, wenn die Alleinerziehenden bereits in die Steuerklasse II eingereiht sind. Ferner kann der Ausdruck der ELStAM auch zum Nachweis der bei der Berechnung des **Arbeitslosengeldes** zu berücksichtigenden Lohnsteuerabzugsmerkmale verwendet werden. Eine Änderung der Steuerklasse ausschließlich für den Nachweis gegenüber anderen Be-

E

hörden kommt hingegen nicht in Betracht. Dem Arbeitnehmer ist es darüber hinaus möglich, seine ELStAM auf der Internetseite www.elster.de unter der Rubrik „Auskunft zur elektronischen Lohnsteuerkarte (ELStAM)" jederzeit selbst einzusehen. Dazu ist in „Mein ELSTER" eine einmalige kostenfreie Registrierung unter Verwendung der Identifikationsnummer notwendig. Diese Auskünfte haben jedoch keinen Bescheinigungscharakter und dienen nicht als Nachweis der Lohnsteuerabzugsmerkmale für den Arbeitgeber.

E

Schließlich besteht für unbeschränkt einkommensteuerpflichtige Arbeitnehmer die Möglichkeit, beim Wohnsitzfinanzamt die Berücksichtigung **ungünstigerer Lohnsteuerabzugsmerkmale** zu **beantragen** (ungünstigere Steuerklasse, geringere Anzahl von Kindern, keine Berücksichtigung des Pauschbetrags für behinderte Menschen; vgl. § 38b Abs. 3 Satz 1 EStG). Ein solcher Antrag ist z. B. bei Arbeitnehmern denkbar, die dem Arbeitgeber ihren aktuellen Familienstand nicht mitteilen möchten. Um zu vermeiden, dass dem Arbeitgeber nach einer Eheschließung die nunmehr für verheiratete Arbeitnehmer in Betracht kommende Steuerklasse IV oder III mitgeteilt wird, kann der Arbeitnehmer beantragen, stattdessen die Steuerklasse I beizubehalten. Entsprechendes gilt für eingetragene Lebenspartner, die gegenüber ihrem Arbeitgeber die Lebenspartnerschaft nicht offenlegen wollen. Von ungünstigeren Lohnsteuerabzugsmerkmalen ist stets auszugehen, wenn die vom Arbeitnehmer gewählten Lohnsteuerabzugsmerkmale zu einem höheren Lohnsteuerabzug (einschließlich Solidaritätszuschlag und ggf. Kirchensteuer) führen oder wenn statt der Steuerklasse IV die Steuerklasse I gewählt wird. Beantragt der Arbeitnehmer die Steuerklasse I statt der bisherigen Steuerklasse V, geht dies zeitgleich mit einem Wechsel der Steuerklassenkombination von III/V zu IV/IV einher, sodass der **andere Ehegatte** in die Steuerklasse IV eingereiht wird. Um die Nichtoffenbarung von geänderten Besteuerungsmerkmalen zu erreichen, kann ein solcher Antrag bereits vor dem maßgebenden Ereignis (z. B. der Eheschließung) beim Finanzamt gestellt werden. Die ungünstigeren Lohnsteuerabzugsmerkmale gelten – sofern der Arbeitnehmer für die Zukunft keinen anderen Antrag stellt – auch für die darauf folgenden Kalenderjahre.

Beispiel B

Der Arbeitnehmer möchte nicht, dass sein Arbeitgeber erfährt, dass er erneut geheiratet hat.

Der Arbeitnehmer kann bei seinem Wohnsitzfinanzamt als Lohnsteuerabzugsmerkmal die ungünstigere Steuerklasse I statt III beantragen. Die ggf. zu viel gezahlte Lohnsteuer wird bei Durchführung einer Einkommensteuer-Veranlagung an den Arbeitnehmer erstattet.

k) Beendigung des Dienstverhältnisses bei Anwendung des ELStAM-Verfahrens

Der Arbeitgeber hat den **Tag der Beendigung** des Dienstverhältnisses der Finanzverwaltung **unverzüglich mitzuteilen** (sog. Abmeldung; § 39e Abs. 4 Satz 5 EStG). Eine solche elektronische Abmeldung ist auch dann erforderlich, wenn das Finanzamt den Arbeitgeberabruf gesperrt hat. Zu übermitteln sind die Daten des abzumeldenden Arbeitnehmers (Identifikationsnummer, Geburtsdatum, Datum der Beendigung des Dienstverhältnisses und Referenzdatum Arbeitgeber). Diese Abmeldung hat zur Folge, dass der Arbeitgeber nach Beendigung des Dienstverhältnisses keine Daten mehr für diesen Arbeitnehmer abrufen kann. Wird dem Betriebsstättenfinanzamt des Arbeitgebers bekannt (§ 39e Abs. 5 Satz 4 EStG), dass dieser seiner Verpflichtung zur Abmeldung eines Dienstverhältnisses nicht nachgekommen ist (z. B. durch eine Mitteilung des betroffenen Arbeitnehmers), fordert es den Arbeitgeber schriftlich auf, dieser Verpflichtung unverzüglich nachzukommen. Ist der Arbeitgeber dann weiterhin nicht zu einer Abmeldung bereit, kann diese Verpflichtung durch das Finanzamt mit Hilfe von **Zwangsmitteln** (Zwangsgeld nach §§ 328 ff. AO) durchgesetzt werden.

Lohn- steuer- pflichtig | Sozial- versich.- pflichtig

Nach §§ 328 ff. AO sind nur **Verwaltungsakte,** die auf die Vornahme einer Handlung, Duldung oder Unterlassung gerichtet sind, **mittels Zwangsmitteln durchsetzbar.** Vor Einleitung eines Zwangsgeldverfahrens ist daher die Bekanntgabe eines Verwaltungsaktes durch die Finanzverwaltung erforderlich, aus dem hervorgeht, welche Pflichten der Arbeitgeber bis wann zu erfüllen hat. In diesem auffordernden Verwaltungsakt ist auch anzugeben, welchen Arbeitnehmer der Arbeitgeber im ELStAM-Verfahren abzumelden hat. Bei der Androhung und ggf. Festsetzung eines Zwangsgeldes wird das Finanzamt die Umstände des Einzelfalles, die finanzielle Leistungsfähigkeit des Arbeitgebers und den Grad des Verschuldens berücksichtigen. Soweit der Arbeitgeber seiner Verpflichtung zur Abmeldung nachweislich nicht nachkommen kann oder trotz Zwangsmaßnahmen nicht nachkommt, kommt in Ausnahmefällen eine **Abmeldung von Amts wegen** in Betracht. Sie stellt die **letzte und abschließende Möglichkeit** zur Umsetzung der Verpflichtung nach § 39e Abs. 4 Satz 5 EStG dar. Daher müssen zuvor sämtliche anderen Lösungsmöglichkeiten zur Abmeldung des angemeldeten Arbeitsverhältnisses nachweislich gescheitert bzw. vom Finanzamt ausgeschöpft sein. Dies bedeutet insbesondere, dass

- der Arbeitgeber tatsächlich und nachweislich nicht in der Lage ist, die Abmeldung durchzuführen oder
- die Abmeldung durch Nutzung von ElsterFormular nicht möglich war/gescheitert ist oder
- der Arbeitgeber mit Zwangsmitteln nicht zur Abmeldung bewegt werden konnte.

Zahlt der Arbeitgeber nach Beendigung des Dienstverhältnisses **nachträglich laufenden Arbeitslohn** (R 39b.2 Abs. 1 LStR), sind der Besteuerung die ELStAM zum Ende des Lohnzahlungszeitraums zugrunde zu legen, für den die Nachzahlung erfolgt. Eine erneute Anmeldung des Arbeitnehmers bei der Finanzverwaltung ist insoweit nicht erforderlich.

Handelt es sich dagegen um **sonstige Bezüge** (R 39b.2 Abs. 2 LStR), sind für die Besteuerung die ELStAM zum Ende des Kalendermonats des Zuflusses des sonstigen Bezugs maßgebend (R 39b.6 Abs. 3 Satz 1 LStR). Der Arbeitgeber muss daher den Arbeitnehmer **erneut** bei der Finanzverwaltung **anmelden.**

Beispiel A

Ein Arbeitnehmer beendet seine Beschäftigung beim ersten Arbeitgeber A (dort bis dahin Steuerklasse I) zum 31.10.2021 und beginnt ein neues Hauptbeschäftigungsverhältnis beim Arbeitgeber B zum 1.11.2021 (dort Steuerklasse I). Arbeitgeber A zahlt am 15.11.2021 noch Arbeitslohn aus dem früheren Beschäftigungsverhältnis an den Arbeitnehmer (Nachzahlung für Oktober 2021). Nach welcher Steuerklasse muss die Besteuerung erfolgen? Nachzahlungen von Arbeitslohn, die sich ausschließlich auf Lohnzahlungszeiträume beziehen, die im Kalenderjahr der Zahlung enden (hier Auszahlung am 15.11.2021 für Oktober 2021), stellen begrifflich laufenden Arbeitslohn dar. Folglich ist diese Nachzahlung für die Berechnung der Lohnsteuer dem Lohnzahlungszeitraum zuzurechnen, für den sie geleistet wurde. Der Arbeitgeber A hat daher die Arbeitslohnnachzahlung für Oktober 2021 dem Lohnzahlungszeitraum Oktober 2021 zuzurechnen und folglich nach der Steuerklasse I zu versteuern. Hierfür ist eine erneute Anmeldung des Arbeitnehmers im ELStAM-Verfahren nicht erforderlich.

Ohne Angaben des Arbeitnehmers ist eine **Einstufung als Nebenarbeitgeber** vorzunehmen. Nur mit Zustimmung des Arbeitnehmers ist die Anmeldung eines Hauptarbeitsverhältnisses zulässig. Der bisherige Arbeitgeber würde in diesem Fall automatisiert als Nebenarbeitgeber eingestuft werden. Unterlässt der Arbeitgeber in diesem Fall die Anmeldung, obwohl ihm die hierzu erforderlichen Angaben des Arbeitnehmers vorliegen, ist der Steuerabzug nach der Steuerklasse VI vorzunehmen. **Sonstige Bezüge** sind Arbeitslöhne, die nicht als laufende Arbeitslöhne gezahlt werden bzw. Arbeitslohnzahlungen, die neben dem laufenden Arbeitslohn gezahlt werden. Dazu zählen insbesondere dreizehnte und vierzehnte Monatsgehälter, einmalige Abfindungen und Entschädigungen, Weih-

Lohn-steuer-pflichtig Sozial-versich.-pflichtig

nachts- und Urlaubsgeld, Nachzahlungen und Vorauszahlungen, wenn sich der Gesamtbetrag oder ein Teilbetrag davon auf Lohnzahlungszeiträume bezieht, die in einem anderen Jahr als dem der Zahlung enden. **Nachzahlungen** liegen im Übrigen auch vor, wenn Arbeitslohn für Lohnzahlungszeiträume des abgelaufenen Kalenderjahres später als **drei Wochen nach Ablauf dieses Jahres** zufließt. Vgl. im Einzelnen auch das Stichwort „Sonstige Bezüge" unter Nr. 1 Buchstabe a.

Lohnzahlungen nach Beendigung des Dienstverhältnisses	
Nachträgliche Zahlung von laufendem Arbeitslohn	Zahlung von sonstigen Bezügen (= Einmalzahlungen)
Keine erneute Anmeldung des Arbeitnehmers. Zugrundelegung der ELStAM zum Ende des Lohnzahlungszeitraums, für den die Nachzahlung erfolgt	Erneute Anmeldung des Arbeitnehmers und ELStAM-Abruf. Maßgebend ELStAM des Kalendermonats des Zuflusses (ggf. Steuerklasse VI).

Beispiel B

Ein Arbeitnehmer, verheiratet, Steuerklasse III, ist im Oktober 2020 aus dem Unternehmen des Arbeitgebers A ausgeschieden. Im Februar 2021 zahlt A dem Arbeitnehmer eine Abfindung (= Zufluss eines sonstigen Bezugs). Bei der Anmeldung zur ELStAM-Datenbank ist A

a) Hauptarbeitgeber

b) Nebenarbeitgeber.

Der Lohnsteuerabzug für die Abfindung ist im Fall a) nach der Steuerklasse III (A ist Hauptarbeitgeber) und im Fall b) nach der Steuerklasse VI (A ist Nebenarbeitgeber) vorzunehmen.

Beispiel C

Ein Arbeitnehmer beendet das Beschäftigungsverhältnis zum bisherigen Arbeitgeber A (dort bis dahin Steuerklasse I) zum 31.12.2020 und beginnt ein neues Hauptbeschäftigungsverhältnis beim Arbeitgeber B zum 1.1 .2021 (dort Steuerklasse I). A zahlt im Jahr 2021 noch Arbeitslohn aus dem früheren Beschäftigungsverhältnis an den Arbeitnehmer aus (Nachzahlung für Dezember 2020). Nach welcher Steuerklasse muss die Besteuerung erfolgen?

Arbeitslohn für Lohnzahlungszeiträume des abgelaufenen Kalenderjahres (hier 2020), der innerhalb der ersten drei Wochen des nachfolgenden Kalenderjahres zufließt (hier bis zum 21.1.2021) stellt begrifflich laufenden Arbeitslohn dar (R 39b.2 Abs. 1 Nr. 7 LStR). Da diese Nachzahlung laufenden Arbeitslohn darstellt, ist sie für die Berechnung der Lohnsteuer dem Lohnzahlungszeitraum zuzurechnen, für den sie geleistet wurde (R 39b.5 Abs. 4 Satz 1 LStR). Im Ergebnis führt das dazu, dass Arbeitgeber A die Arbeitslohnnachzahlung für Dezember 2020 – vorausgesetzt die Zahlung erfolgte noch bis zum 21.1.2021 – noch dem Lohnzahlungszeitraum Dezember 2020 zurechnen und folglich nach Steuerklasse I versteuern kann (R 39b.5 Abs. 1 Satz 3 LStR).

Allerdings steht dem Arbeitgeber A insoweit ein Wahlrecht zu. Er hat auch die Möglichkeit, diese Nachzahlung als sonstigen Bezug zu behandeln, wenn der Arbeitnehmer von ihm nicht ausdrücklich die zuvor erläuterte Besteuerungsmöglichkeit verlangt hat (R 39b.5 Abs. 4 Satz 2 LStR). Von einem sonstigen Bezug ist aber die Lohnsteuer stets in dem Zeitpunkt einzubehalten, in dem er zufließt. In diesem Fall sind die Lohnsteuerabzugsmerkmale (insbesondere die Steuerklasse) zugrunde zu legen, die zum Ende des Kalendermonats des Zuflusses gelten (R 39b.6 Abs. 1 LStR). Da der Arbeitnehmer ab Januar 2021 ein erstes Beschäftigungsverhältnis (Steuerklasse I) beim neuen Arbeitgeber B aufgenommen hat, wäre die vom Arbeitgeber A in 2021 geleistete Nachzahlung nach der Steuerklasse VI zu versteuern. Ggf. durch die Besteuerung nach Steuerklasse VI zu viel einbehaltene Lohnsteuer könnte dann im Rahmen der Einkommensteuerveranlagung für das Kalenderjahr 2021 erstattet werden.

Nach dem **Tod des Arbeitnehmers** wird ein Abruf der ELStAM automatisch allgemein gesperrt. Versucht der Arbeitgeber ELStAM abzurufen, erhält er lediglich die Rückmeldung, dass ein Abruf nicht möglich ist. Ein Rückschluss auf den Grund (Tod des Arbeitnehmers) darf aus datenschutzrechtlichen Gründen nicht möglich sein.

l) Arbeitgeberwechsel im ELStAM-Verfahren

Auch in Fällen des Arbeitgeberwechsels ist der **bisherige (Haupt-)Arbeitgeber** verpflichtet, der Finanzverwaltung die **Beendigung** des Dienstverhältnisses **anzuzeigen** und den Arbeitnehmer zeitnah elektronisch bei der Finanzverwaltung abzumelden (§ 39e Abs. 4 Satz 5 EStG). Bei der Abmeldung ist zu berücksichtigen, dass die aktuellen ELStAM des Arbeitnehmers dem Arbeitgeber ab dem ersten bis zum fünften Werktag des Folgemonats zum Abruf bereitgestellt werden. Erfolgt die Abmeldung des Arbeitnehmers vor dem fünften Werktag des Folgemonats, kann der Arbeitgeber die aktuellen ELStAM des Arbeitnehmers für den Monat der Beendigung des Arbeitsverhältnisses ggf. nicht abrufen.

Hat der **bisherige Arbeitgeber** den Arbeitnehmer zeitnah in der ELStAM-Datenbank **abgemeldet,** erhält der **neue Arbeitgeber** – unabhängig vom Zeitpunkt der Anmeldung des Arbeitnehmers – die ELStAM **ab dem Beginn des Dienstverhältnisses,** da es in diesem Fall in der ELStAM-Datenbank nicht zu einer zeitlichen Doppelbelegung durch mehrere Arbeitgeber kommt.

Beispiel A

Arbeitnehmer A, ledig, war bis zum 31.1.2021 bei Arbeitgeber ALT beschäftigt, der ihn zu diesem Zeitpunkt in der ELStAM-Datenbank abgemeldet hat. Ab dem 1.2.2021 arbeitet A beim Arbeitgeber NEU, der ihn am 22.2.2021 zur ELStAM-Datenbank anmeldet (Beginn des Dienstverhältnisses und Referenzdatum Arbeitgeber jeweils 1.2.2021).

Arbeitgeber NEU erhält in der Anmeldebestätigung mit Gültigkeit ab dem 1.2.2021 die Steuerklasse I mitgeteilt.

Beispiel B

Wie Beispiel A. Arbeitgeber NEU meldet den Arbeitnehmer aber erst zum 1.4.2021 in der ELStAM-Datenbank an (Beginn des Dienstverhältnisses und Referenzdatum Arbeitgeber jeweils 1.2.2021).

Arbeitgeber NEU erhält auch in diesem Fall in der Anmeldebestätigung mit Gültigkeit ab dem 1.2.2021 die Steuerklasse I mitgeteilt, da Arbeitgeber ALT den Arbeitnehmer zum 31.1.2021 in der Datenbank abgemeldet hat.

Erfolgt aber nach einem Arbeitgeberwechsel die **Anmeldung** des Arbeitnehmers durch den **neuen** (aktuellen) **(Haupt-)Arbeitgeber, bevor** der vorherige (Haupt-)Arbeitgeber die **Abmeldung** vorgenommen hat, gilt Folgendes:

Der **neue (Haupt-)Arbeitgeber** erhält die für das erste Dienstverhältnis gültigen ELStAM rückwirkend ab dem **Beginn des Dienstverhältnisses.** Der bisherige (Haupt-) Arbeitgeber erhält mit Gültigkeit ab diesem Tag die ELStAM für Steuerklasse VI. Erfolgt die Anmeldung des Arbeitnehmers aber erst zu einem Zeitpunkt, der mindestens **sechs Wochen** nach Beginn des Dienstverhältnisses liegt, erhält der neue (Haupt-)Arbeitgeber die für das erste Dienstverhältnis gültigen ELStAM ab dem Tag der Anmeldung. Der bisherige (Haupt-)Arbeitgeber erhält mit Gültigkeit ab diesem Tag die ELStAM für Steuerklasse VI.

Anmeldung des Arbeitnehmers durch den neuen Arbeitgeber ohne Abmeldung des Arbeitnehmers durch bisherigen Arbeitgeber	
innerhalb von 6 Wochen nach Beginn des Beschäftigungsverhältnisses	nach Ablauf von 6 Wochen nach Beginn des Beschäftigungsverhältnisses
Arbeitgeber NEU: ab Beginn ELStAM für erstes Dienstverhältnis Arbeitgeber ALT: ab diesem Zeitpunkt (Beginn) Steuerklasse VI	Arbeitgeber NEU: ab Anmeldung ELStAM für erstes Dienstverhältnis Arbeitgeber ALT: ab der Anmeldung Arbeitgeber NEU Steuerklasse VI

Beispiel C

(Anmeldung innerhalb der 6-Wochen-Frist)

Arbeitnehmer A ist mit Steuerklasse III bei Arbeitgeber ALT beschäftigt. A wechselt zum 20.6.2021 zum Arbeitgeber NEU. Während NEU das Beschäftigungsverhältnis am 11.7.2021 als Hauptarbeitgeber mit Beschäftigungsbeginn 20.6.2021 anmeldet, unterbleibt eine Abmeldung durch den bisherigen Arbeitgeber ALT.

Arbeitgeber NEU

NEU erhält am 11.7.2021 in der Anmeldebestätigungsliste die ELStAM rückwirkend auf den Tag des Beginns der Beschäftigung (Gültigkeit ab 20.6.2021) mit der Steuerklasse III.

Arbeitgeber ALT

ALT erhält mit dem nächsten Abruf (Anfang August 2021) die ELStAM mit der Steuerklasse VI mit Gültigkeit ab Beginn der Beschäftigung bei Arbeitgeber NEU (20.6.2021). In der Zeit ab dem 20.6.2021 gezahlter Restlohn ist nach Steuerklasse VI zu versteuern.

Hinweis: Hat Arbeitgeber ALT den Arbeitnehmer bis Ende des Monats Juli 2021 abgemeldet, werden ihm für A keine ELStAM mehr zum Abruf bereitgestellt.

Beispiel D

(Anmeldung außerhalb der 6-Wochen-Frist)

Arbeitnehmer B ist mit Steuerklasse III beim Arbeitgeber ALT beschäftigt. B wechselt zum 20.6.2021 zum Arbeitgeber NEU. NEU meldet das Beschäftigungsverhältnis am 22.8.2021 als Hauptarbeitgeber mit Beschäftigungsbeginn 20.6.2021 an, eine Abmeldung durch den bisherigen Arbeitgeber ALT unterbleibt.

Arbeitgeber NEU

NEU erhält für B erstmalig die ELStAM mit der Steuerklasse III mit Gültigkeit ab dem Tag der Anmeldung (22.8.2021). Zuvor gezahlter Arbeitslohn ist mit Steuerklasse VI zu besteuern.

Arbeitgeber ALT

ALT erhält mit dem nächsten Abruf (Anfang September 2021) die ELStAM mit der Steuerklasse VI mit Gültigkeit ab dem 22.8.2021.

Hinweis: Hat Arbeitgeber ALT den Arbeitnehmer bis Ende des Monats August 2021 abgemeldet, werden für B keine ELStAM mehr zum Abruf bereitgestellt.

4. ELStAM-Verfahren bei verschiedenen Lohnarten

Auch wenn der Arbeitgeber **verschiedenartige Bezüge** zahlt, sind diese aufgrund des Grundsatzes eines einheitlichen Dienstverhältnisses zu einem Arbeitgeber **zusammenzurechnen.** In den folgenden Fällen handelt es sich um ein einheitliches Dienstverhältnis, sodass die Lohnsteuer für die Bezüge einheitlich und nach denselben ELStAM zu erheben ist. **Der Abruf von ELStAM für ein zweites Dienstverhältnis des Arbeitnehmers durch denselben Arbeitgeber ist nicht möglich.**

Beispiele für die Zahlung **verschiedenartiger Bezüge (= einheitliches Dienstverhältnis)**

- Ein Arbeitnehmer erhält vom Arbeitgeber neben einer Betriebsrente noch Arbeitslohn für ein aktives Dienstverhältnis; die Lohnsteuer wird nicht pauschal erhoben.
- Ein Arbeitnehmer erhält vom Arbeitgeber Hinterbliebenenbezüge und eigene Versorgungsbezüge oder Arbeitslohn für ein aktives Dienstverhältnis.
- Ein Arbeitnehmer ist in Elternzeit (z. B. mit nachlaufendem Arbeitslohn aus der aktiven Zeit) und arbeitet gleichwohl beim selben Arbeitgeber weiter.

Es handelt sich in allen Fällen um ein einheitliches Dienstverhältnis mit der Folge, dass die verschiedenartigen Bezüge für den Lohnsteuerabzug – vorbehaltlich der nachfolgenden Ausführungen – zusammenzurechnen sind.

Beispiel

Arbeitnehmer A ist seit zwei Jahren Rentner und bezieht eine Altersrente aus der gesetzlichen Rentenversicherung. Daneben erhält A von seinem früheren Arbeitgeber B (A war dort im Werksschutz tätig) noch eine Rente aus einer Werkspension (= Arbeitslohn aus einem früheren Beschäftigungsverhältnis). Um seine Renten ein wenig „aufzubessern“, übt der seit mehreren Jahren verwitwete A im Betrieb des B noch eine aktive Beschäftigung als Pförtner aus.

Auch wenn A nebeneinander von B Arbeitslohn aus einem aktiven Beschäftigungsverhältnis und Versorgungsbezüge aus seiner früheren Beschäftigung dort erhält, liegt insgesamt nur ein einheitliches Beschäftigungsverhältnis vor. B müsste den A im ELStAM-Verfahren anmelden. In der ELStAM würde als Lohnsteuerabzugsmerkmal die Steuerklasse I ausgewiesen und die gesamten Bezüge (aus der ehemaligen und aktiven Beschäftigung) müssten nach der Steuerklasse I versteuert werden.

In den vorstehend beschriebenen Fällen war es bereits bis zum 31.12.2016 möglich, die Lohnabrechnungen für verschiedenartige Bezüge (insbesondere Arbeitslohn für ein aktives Beschäftigungsverhältnis und Versorgungsbezüge oder Versorgungsbezüge und Hinterbliebenenbezüge) für einen Bezug nach der Steuerklasse für das erste Dienstverhältnis (I–V) und für den anderen Bezug nach der Steuerklasse VI vorzunehmen (vgl. hierzu die Ausführungen beim Stichwort „Elektronische Lohnsteuerabzugsmerkmale – ELStAM –“ unter Nr. 4 im Lexikon für das Lohnbüro, Ausgabe 2016, auf Seite 285). Für diese Vorgehensweise fehlte es aber an einer Rechtsgrundlage.

Seit 1.1.2017 ist **gesetzlich** geregelt worden, dass bei der Zahlung verschiedenartiger Lohnbezüge der Arbeitgeber oder ein von ihm beauftragter Dritter die Lohnsteuer für den **zweiten und jeden weiteren Bezug nach Steuerklasse VI** einbehalten kann (§ 39e Abs. 5a EStG). Für die o. g. bisherige Billigkeitsregelung der Finanzverwaltung wurde also eine Rechtsgrundlage geschaffen. Nach der Gesetzesfassung liegen **verschiedenartige Bezüge** vor, wenn der Arbeitnehmer vom Arbeitgeber

- neben dem Arbeitslohn für ein aktives Dienstverhältnis auch Versorgungsbezüge erhält,
- neben Versorgungsbezügen aus seinem früheren Dienstverhältnis auch andere Versorgungsbezüge (z. B. Hinterbliebenenbezüge) bezieht oder
- neben Arbeitslohn während der Elternzeit oder vergleichbaren Unterbrechungszeiten des aktiven Dienstverhältnisses auch Arbeitslohn für ein weiteres befristetes aktives Dienstverhältnis erhält.

Nach dem Gesetzeswortlaut handelt es sich bei den vorstehend beschriebenen Sachverhalten um eine **abschließende Aufzählung.**

Eine Zusammenfassung der Bezüge bei Beendigung des Dienstverhältnisses oder am Ende des Kalenderjahres ist nicht vorzunehmen. Eine solche Zusammenfassung würde zwar dem Grundsatz des einheitlichen Dienstverhältnisses entsprechen, sie wäre aber z. B. bei getrennt organisierten Versorgungskassen in der Praxis nur schwer umzusetzen. Stattdessen wurde eine **Veranlagungspflicht** eingeführt, wie sie auch in den Fällen vorgesehen ist, in denen der Arbeitnehmer nebeneinander von mehreren Arbeitgebern Arbeitslohn bezieht. Auch in diesen Fällen ist der Arbeitnehmer zur Abgabe einer Einkommensteuererklärung für das entsprechende Kalenderjahr verpflichtet.

5. Härtefallregelung für die Nichtteilnahme am ELStAM-Verfahren

a) Allgemeines

Sind Arbeitgeber nicht in der Lage und ist es ihnen nicht zumutbar, die ELStAM der Arbeitnehmer elektronisch abzurufen, wird ein Ersatzverfahren angeboten (§ 39e Abs. 7 EStG). Auf Antrag des Arbeitgebers kann das Betriebsstättenfinanzamt zur **Vermeidung unbilliger Härten** die **Nichtteilnahme** am elektronischen Abrufverfahren **zulassen** (§ 39e Abs. 7 Satz 1 EStG). Bei der Entscheidung über einen Härtefall-Antrag handelt es sich stets um eine Ermessensentscheidung. Dieser Antrag ist **für jedes Kalenderjahr** unter Darlegung der Gründe neu zu stellen (§ 39e Abs. 7 Satz 4 EStG); ggf. rückwirkend bis zum Beginn des Kalenderjahres der Antragstellung. Wird kein neuer Antrag gestellt, besteht ab diesem Jahr die Verpflichtung zur Teilnahme am ELStAM-Verfahren.

Der Antrag ist nach **amtlich vorgeschriebenem Vordruck** zu stellen (Vordruck „Antrag des Arbeitgebers auf Nichtteilnahme am Abrufverfahren der elektronischen Lohnsteuerabzugsmerkmale (ELStAM) für 201_“). Der **Antrag muss folgende Angaben enthalten:**

- Steuernummer der lohnsteuerlichen Betriebsstätte,
- Verzeichnis der beschäftigten Arbeitnehmer,
- Identifikationsnummer und Geburtsdatum der einzelnen Beschäftigten,

Lohn-steuer-pflichtig | Sozial-versich.-pflichtig

- Angaben darüber, ob es sich um ein erstes (Hauptarbeitgeber) oder weiteres Dienstverhältnis (= Steuerklasse VI) handelt und
- bei einem weiteren Dienstverhältnis den nach § 39a Abs. 1 Satz 1 Nr. 7 EStG zu berücksichtigenden Freibetrag (= Hinzurechnungsbetrag im ersten Dienstverhältnis).

Dem **Antrag** ist stets **stattzugeben,** wenn der Arbeitgeber ohne maschinelle Lohnabrechnung ausschließlich Arbeitnehmer im Rahmen einer **geringfügigen Beschäftigung** in seinem **Privathaushalt** im Sinne des § 8a SGB IV beschäftigt, deren Arbeitslohn nicht pauschal besteuert wird (§ 39e Abs. 7 Satz 2 EStG).

Beispiel

A beschäftigt ab 1.2.2021 in seinem Privathaushalt eine geringfügig entlohnte Haushaltshilfe (§ 8a SGB IV), deren Arbeitslohn nicht pauschal besteuert wird. Er stellt bei seinem Betriebsstättenfinanzamt den Antrag, nicht am Abrufverfahren für die elektronischen Lohnsteuerabzugsmerkmale teilzunehmen.

Das Betriebsstättenfinanzamt hat dem Antrag des A stattzugeben.

Ansonsten liegt eine **unbillige Härte** insbesondere bei einem Arbeitgeber vor, der nicht über die technischen Möglichkeiten der Kommunikation über das Internet verfügt und für den eine solche Kommunikationsform wirtschaftlich oder persönlich unzumutbar ist (§ 150 Abs. 8 AO ist entsprechend anzuwenden). Als wirtschaftliche Gründe kommen z. B. die ernsthaft beabsichtigte Betriebsaufgabe oder die geplante Umstellung auf eine neue Software in Betracht.

Auch nach einer Genehmigung des Betriebsstättenfinanzamts zur Teilnahme am Ersatzverfahren kann der Arbeitgeber jederzeit ohne gesonderte Mitteilung an das Finanzamt zum elektronischen Abrufverfahren wechseln.

b) Arbeitgeberbezogene Bescheinigung der Lohnsteuerabzugsmerkmale

Gibt das Betriebsstättenfinanzamt dem Antrag statt, wird dem Arbeitgeber eine arbeitgeberbezogene Bescheinigung zur Durchführung des Lohnsteuerabzugs erteilt, welche die für das jeweilige Kalenderjahr **gültigen Lohnsteuerabzugsmerkmale** der einzelnen Arbeitnehmer – also **aller im Betrieb beschäftigten Arbeitnehmer** – enthält. Im Fall der Änderung von Lohnsteuerabzugsmerkmalen wird dem Arbeitgeber automatisch eine Änderungsliste in Papierform übersandt. Diese Bescheinigungen sind nur für den beantragenden Arbeitgeber bestimmt und dürfen von einem weiteren Arbeitgeber nicht als Grundlage für den Lohnsteuerabzug verwendet werden.

c) Pflichten des Arbeitgebers bei der Härtefallregelung

Für die Lohnsteuererhebung gelten in diesen Fällen die Regelungen des elektronischen Abrufverfahrens für die ELStAM entsprechend. Insbesondere haben auch die wegen der Inanspruchnahme der Härtefallregelung nicht am elektronischen Verfahren teilnehmenden Arbeitgeber die **Lohnsteuerabzugsmerkmale** der Arbeitnehmer in deren **Lohnabrechnung auszuweisen.** Auch in diesem Verfahren gelten die Lohnsteuerabzugsmerkmale gegenüber dem Arbeitnehmer als bekannt gegeben, sobald der Arbeitgeber dem Arbeitnehmer die Lohnabrechnung mit den ausgewiesenen Lohnsteuerabzugsmerkmalen aushändigt.

Der Arbeitgeber hat die **arbeitgeberbezogene Bescheinigung** der Lohnsteuerabzugsmerkmale für die bei ihm beschäftigten Arbeitnehmer sowie eventuelle Änderungsmitteilungen als Beleg zum **Lohnkonto** zu nehmen und sie während der Beschäftigung aufzubewahren, längstens bis zum Ablauf des maßgebenden Kalenderjahres. Zum Erteilen der Lohnsteuerbescheinigung (§ 41b EStG) ist der Vordruck **„Besondere Lohnsteuerbescheinigung“** zu verwenden.

Bei einer **Einstellung** eines Arbeitnehmers im Laufe des Kalenderjahres ist der Arbeitgeber zu einer Mitteilung an das Betriebsstättenfinanzamt verpflichtet. Er erhält zu seiner arbeitgeberbezogenen Bescheinigung eine Änderungsmitteilung.

Bei **Ausscheiden** eines Arbeitnehmers aus dem Beschäftigungsverhältnis ist dem Betriebsstättenfinanzamt unverzüglich das Datum der Beendigung **schriftlich anzuzeigen** (§ 39e Abs. 7 Satz 8 EStG).

E

6. Durchführung des Lohnsteuerabzugs ohne ELStAM

a) Fehlende oder fehlerhafte Lohnsteuerabzugsmerkmale

Bei fehlenden Lohnsteuerabzugsmerkmalen hat der Arbeitgeber die Lohnsteuererhebung nach der **Steuerklasse VI** durchzuführen. Dies kommt insbesondere dann in Betracht, wenn der Arbeitnehmer

- seinem Arbeitgeber bei Beginn des Dienstverhältnisses die zum Abruf der ELStAM erforderliche steuerliche **Identifikationsnummer und** das **Geburtsdatum schuldhaft nicht mitteilt** (§ 39e Abs. 4 Satz 1 EStG),
- eine Übermittlung der ELStAM an den **Arbeitgeber gesperrt** hat (§ 39e Abs. 6 Satz 6 Nr. 1 i. V. m. Satz 8 EStG) oder
- beim Finanzamt beantragt hat, für ihn keine ELStAM zu bilden oder die gebildeten ELStAM nicht bereitzustellen (sog. **Vollsperrung;** § 39e Abs. 6 Satz 6 Nr. 2 i. V. m. Satz 8 EStG).

Abweichend hiervon hat der Arbeitgeber in den folgenden Fällen für die Lohnsteuerberechnung die **voraussichtlichen Lohnsteuerabzugsmerkmale** (Steuerklasse, Zahl der Kinderfreibeträge und Religionszugehörigkeit) längstens für die Dauer von **drei Kalendermonaten** zugrunde zu legen (§ 39c Abs. 1 Satz 2 EStG), wenn

- ein Abruf der ELStAM wegen **technischer Störungen** nicht möglich ist oder
- der Arbeitnehmer die **fehlende** Mitteilung über die ihm zuzuteilende **Identifikationsnummer nicht zu vertreten** hat.

Als Störungen in diesem Sinne kommen technische Schwierigkeiten des Arbeitgebers bei Anforderung und Abruf, Bereitstellung oder Übermittlung der ELStAM in Betracht oder eine verzögerte Ausstellung der Papierbescheinigung für den Lohnsteuerabzug durch das Finanzamt.

Aufgrund dieser Ausnahmeregelungen kann der Arbeitgeber den Lohnsteuerabzug für die Dauer von **längstens drei Monaten** nach den ihm **bekannten persönlichen Besteuerungsmerkmalen** des Arbeitnehmers durchführen (Steuerklasse, Zahl der Kinderfreibeträge und Religionszugehörigkeit). Erhält der Arbeitgeber die (elektronischen) Lohnsteuerabzugsmerkmale vor Ablauf der drei Monate, hat er die Lohnsteuerermittlungen für die vorangegangenen Kalendermonate zu überprüfen und erforderlichenfalls zu ändern (§ 39c Abs. 1 Satz 4 EStG).

In der Praxis kann es in folgenden Fällen dazu kommen, dass dem Arbeitgeber für Arbeitnehmer fehlerhafte elektronische Lohnsteuerabzugsmerkmale zur Verfügung gestellt werden:

- aufgrund einer unvollständigen Datenlieferung der Gemeinden entfällt die Ehegattenverknüpfung und die Finanzverwaltung teilt dem Arbeitgeber **rückwirkend** eine **fehlerhafte Steuerklasse** mit (z. B. Steuerklasse I statt der bisherigen Steuerklasse III) oder
- durch einen Fehler eines weiteren Arbeitgebers des Arbeitnehmers, der sich unzutreffenderweise als Hauptarbeitgeber anmeldet, wird dem Arbeitgeber des ersten

Dienstverhältnisses **zu Unrecht die Steuerklasse VI** mitgeteilt.

Nach Auffassung der Finanzverwaltung kann der Arbeitgeber auch dann für die **Dauer von längstens drei Monaten die voraussichtlichen Lohnsteuerabzugsmerkmale** des Arbeitnehmers anwenden, wenn ohne Änderung der persönlichen Verhältnisse des Arbeitnehmers und ohne dessen Zutun dem Arbeitgeber unzutreffende elektronische Lohnsteuerabzugsmerkmale bereitgestellt werden, die zu einem unzutreffenden Lohnsteuerabzug führen. Die gesetzliche Regelung des § 39c Abs. 1 Satz 2 EStG wird weit und praxisorientiert ausgelegt, **auch wenn** in den Fällen der Bereitstellung unzutreffender elektronischer Lohnsteuerabzugsmerkmale **keine „technische Störung" im engeren Sinne** vorliegt. Der Arbeitnehmer muss dem Arbeitgeber in diesen Fällen folglich nicht zwingend eine vom Finanzamt ausgestellte „Papierbescheinigung" für den Lohnsteuerabzug vorlegen.

Hat der Arbeitnehmer **nach Ablauf der drei Monate** die Identifikationsnummer sowie den Tag seiner Geburt nicht mitgeteilt oder ersatzweise die Bescheinigung für den Lohnsteuerabzug nicht vorgelegt, ist **rückwirkend** die Besteuerung nach der **Steuerklasse VI** durchzuführen und die Lohnsteuerermittlungen für die ersten drei Monate sind zu korrigieren. Erhält der Arbeitgeber in diesen Fällen die ELStAM oder ersatzweise die Bescheinigung für den Lohnsteuerabzug nach Ablauf der Dreimonatsfrist, ist eine Änderung des Lohnsteuerabzugs nur nach Maßgabe des § 41c Abs. 1 Satz 1 Nr. 1 EStG möglich (vgl. das Stichwort „Änderung des Lohnsteuerabzugs").

b) Unbeschränkt steuerpflichtige Arbeitnehmer ohne Identifikationsnummer

Ist einem nach § 1 Abs. 1 EStG (Wohnsitz oder gewöhnlichen Aufenthalt in Deutschland; §§ 8 und 9 AO) unbeschränkt einkommensteuerpflichtigen Arbeitnehmer (noch) keine Identifikationsnummer (§§ 139a, 139b AO) zugeteilt worden, können ELStAM weder automatisiert gebildet noch vom Arbeitgeber abgerufen werden. In diesen Fällen **ersetzt** eine dem Arbeitgeber vorzulegende **Papierbescheinigung** des Finanzamts mit den anzuwendenden Lohnsteuerabzugsmerkmalen die **ELStAM.** Der Arbeitnehmer hat eine solche Bescheinigung für den Lohnsteuerabzug beim Wohnsitzfinanzamt zu beantragen und dem Arbeitgeber vorzulegen (§ 39e Abs. 8 EStG). Die Bescheinigung kann auch der Arbeitgeber beantragen, wenn ihn der Arbeitnehmer dazu nach § 80 Abs. 1 AO bevollmächtigt hat.

Das Wohnsitzfinanzamt hat diese Bescheinigung für die Dauer eines Kalenderjahres auszustellen. Sie ersetzt die Verpflichtung und Berechtigung des Arbeitgebers zum Abruf der elektronischen Lohnsteuerabzugsmerkmale (§ 39e Abs. 8 Satz 2 EStG). Der Arbeitgeber hat diese **jahresbezogene Bescheinigung** als Beleg zum Lohnkonto zu nehmen und während des Dienstverhältnisses aufzubewahren, längstens bis zum Ablauf des jeweiligen Kalenderjahres. Bei **Beendigung** des Arbeitsverhältnisses vor Ablauf des Kalenderjahres hat er dem Arbeitnehmer diese **Bescheinigung auszuhändigen.** Da eine solche Bescheinigung nicht arbeitgeberbezogen ausgestellt wird, kann der Arbeitnehmer sie im Falle eines Arbeitgeberwechsels dem neuen Arbeitgeber vorlegen.

Hat der Arbeitnehmer die Ausstellung einer solchen Bescheinigung nicht beantragt oder legt er sie **nicht innerhalb von sechs Wochen nach Beginn des Dienstverhältnisses** vor, hat der Arbeitgeber die Lohnsteuer nach der **Steuerklasse VI** zu ermitteln.

Erhält der Arbeitnehmer seine **Identifikationsnummer zugeteilt,** hat er sie dem Arbeitgeber mitzuteilen (§ 39e Abs. 4 Satz 1 EStG). Mit dieser Angabe und dem (bereits vorliegenden) Geburtsdatum ist der Arbeitgeber berechtigt, die **ELStAM** des Arbeitnehmers **abzurufen.** Die vorliegende Papierbescheinigung hindert den Arbeitgeber nicht, im laufenden Kalenderjahr zum ELStAM-Verfahren zu wechseln, um so die ELStAM des Arbeitnehmers abrufen zu können. Der Arbeitgeber hat die **Bescheinigung** für den Lohnsteuerabzug **nicht** an das ausstellende Finanzamt oder den Arbeitnehmer **zurückzugeben.**

c) In Deutschland nicht meldepflichtige Personen

Für im Inland nicht meldepflichtige Personen, d. h.

- nach § 1 Abs. 2 EStG **erweitert unbeschränkt einkommensteuerpflichtige** Arbeitnehmer (z. B. Diplomaten),
- nach § 1 Abs. 3 EStG **auf Antrag wie unbeschränkt einkommensteuerpflichtig** zu behandelnde Arbeitnehmer (z. B. beschränkt einkommensteuerpflichtige Arbeitnehmer, deren Einkünfte zu mindestens 90 % der deutschen Einkommensteuer unterliegen oder deren ausländische Einkünfte den Grundfreibetrag in Höhe von 9744 € nicht übersteigen) und
- **beschränkt einkommensteuerpflichtige** Arbeitnehmer (§ 1 Abs. 4 EStG)

wird die steuerliche Identifikationsnummer nicht aufgrund von Mitteilungen der Meldebehörden zugeteilt. Die Teilnahme dieser Arbeitnehmer am elektronischen Verfahren war daher zunächst erst in einer späteren Ausbaustufe vorgesehen. Das galt auch dann, wenn für diese Arbeitnehmer auf Anforderung des Finanzamts oder aus anderen Gründen (z. B. früherer Wohnsitz im Inland) steuerliche Identifikationsnummern vorliegen.

Seit dem 1.1.2020 wird für die „Standardfälle" (= Steuerklasse I ohne Freibetrag) der Gruppe der **beschränkt Steuerpflichtigen** nach § 1 Abs. 4 EStG (dritter Spiegelstrich) der **Arbeitgeberabruf freigeschaltet.** Voraussetzung für die Teilnahme von Arbeitnehmern am ELStAM-Verfahren ist die Zuteilung einer Identifikationsnummer, die beim Betriebsstättenfinanzamt des Arbeitgebers einmalig zu beantragen ist. Der Antrag kann auch vom Arbeitgeber gestellt werden, wenn ihn der Arbeitnehmer dazu bevollmächtigt hat. Hierfür kann der Vordruck „Antrag auf Vergabe einer steuerlichen Identifikationsnummer für nicht meldepflichtige Personen durch das Finanzamt" verwendet werden. Zur Feststellung der Personenidentität sind dem Antrag ein Reisepass oder Personalausweis und ggf. ergänzend weitere Identifikationspapiere beizufügen; bei Einreichung auf dem Postweg sind Kopien ausreichend. Für die übrigen beschränkt steuerpflichtigen Arbeitnehmer nach § 1 Abs. 4 EStG, die die Bildung eines **Freibetrags** für das Lohnsteuerabzugsverfahren beantragt haben, hat das Betriebsstättenfinanzamt des Arbeitgebers auf Antrag des Arbeitnehmers eine Lohnsteuerabzugsbescheinigung **(„Papierbescheinigung")** auszustellen und den Arbeitgeberabruf zu sperren. Dies gilt auch dann, wenn der Arbeitnehmer meldepflichtig oder eine Identifikationsnummer vorhanden ist.

Für die **Gruppe der übrigen**, im Inland **nicht meldepflichtigen Personen** (nach § 1 Abs. 1 EStG unbeschränkt einkommensteuerpflichtige Arbeitnehmer, die keinen Wohnsitz aber einen gewöhnlichen Aufenthalt im Inland haben, nach § 1 Abs. 2 EStG erweitert unbeschränkt einkommensteuerpflichtige Arbeitnehmer, nach § 1 Abs. 3 EStG auf Antrag wie unbeschränkt einkommensteuerpflichtig zu behandelnde Arbeitnehmer), ist die Teilnahme am ELStAM-Verfahren **erst** in einer **späteren programmtechnischen Ausbaustufe** vorgesehen. Dies gilt auch dann, wenn für diesen Arbeitnehmerkreis auf Anforderung des Finanzamts oder aus anderen Gründen (z. B. früherer Wohnsitz im Inland) steuerliche Identifikationsnummern vorliegen.

Ist einem unbeschränkt einkommensteuerpflichtigen Arbeitnehmer mit **Wohnsitz im Inland** noch keine Identifikationsnummer zugeteilt worden oder besteht für einen unbeschränkt steuerpflichtigen Arbeitnehmer mit lediglich gewöhnlichem Aufenthalt im Inland keine Meldepflicht

Lohn-steuer-pflichtig | Sozial-versich.-pflichtig

(mehr), hat das **Wohnsitzfinanzamt** auf Antrag eine **Bescheinigung für den Lohnsteuerabzug** für die Dauer eines Kalenderjahres auszustellen.

In den übrigen vorgenannten Fällen (§ 1 Abs. 2 und 3 EStG) hat das **Betriebsstättenfinanzamt** des Arbeitgebers zu Beginn des Kalenderjahres 2021 noch **auf Antrag kalenderjahrbezogene Papierbescheinigungen** für den Lohnsteuerabzug auszustellen und den Arbeitgeberabruf zu sperren. Die jeweilige Papierbescheinigung ersetzt die Verpflichtung und Berechtigung des Arbeitgebers zum Abruf der ELStAM. Der Antrag auf Ausstellung einer Papierbescheinigung ist grundsätzlich vom Arbeitnehmer zu stellen. Die Bescheinigung kann auch der Arbeitgeber beantragen, wenn ihn der Arbeitnehmer dazu bevollmächtigt hat.

Der Arbeitgeber hat die in der jahresbezogenen Bescheinigung ausgewiesenen Lohnsteuerabzugsmerkmale in das Lohnkonto des Arbeitnehmers zu übernehmen, diese Bescheinigung als Beleg zum Lohnkonto zu nehmen und während des Dienstverhältnisses aufzubewahren, längstens bis zum Ablauf des jeweiligen Kalenderjahres. Bei Beendigung des Arbeitsverhältnisses vor Ablauf des Kalenderjahres hat er dem Arbeitnehmer diese Bescheinigung auszuhändigen.

Ist die Ausstellung einer solchen **Bescheinigung** nicht beantragt worden oder legt der Arbeitnehmer sie **nicht innerhalb von sechs Wochen** nach Beginn des Dienstverhältnisses vor, hat der Arbeitgeber die Lohnsteuer nach der Steuerklasse VI zu ermitteln (§ 39c Abs. 2 Satz 2 EStG).

In den Lohnsteuerbescheinigungen der vorstehend genannten Arbeitnehmer ist anstelle der Identifikationsnummer das lohnsteuerliche Ordnungsmerkmal auszuweisen (§ 41b Abs. 2 Sätze 1 und 2 EStG, sog. eTIN = elektronische Transfer-Identifikations-Nummer).

d) Arbeitnehmer mit pauschal besteuertem Arbeitslohn

Für **ausschließlich** pauschal besteuerte (geringfügig Beschäftigte und andere pauschal besteuerte) Arbeitnehmer ist eine **Teilnahme am ELStAM-Verfahren nicht erforderlich**. Bei der Pauschalierung der Lohnsteuer sind die individuellen Lohnsteuerabzugsmerkmale nicht relevant (vgl. § 40a Abs. 1, 2, 2a, 3 und 7 EStG). Bei der Lohnabrechnung von geringfügig beschäftigten Arbeitnehmern kann der Arbeitgeber entscheiden, ob er die Lohnsteuer anhand der individuellen Lohnsteuerabzugsmerkmale oder pauschal nach § 40a Abs. 2 EStG berechnet. Die Pauschalierung der Lohnsteuer bei geringfügigen Beschäftigungsverhältnissen mit 2 % ist für den Arbeitgeber keine „Mussvorschrift". Daher kann anstelle der Pauschalierung der Lohnsteuer mit 2 % auch ein Lohnsteuerabzug nach den individuellen Lohnsteuerabzugsmerkmalen (ELStAM) des Mitarbeiters durchgeführt werden. Das dürften in der Praxis die Fälle sein, in denen beim geringfügig beschäftigten Arbeitnehmer die Steuerklasse I, II, III oder IV zur Anwendung kommt, da dann keine Lohnsteuer anfällt und der Arbeitgeber somit eine Ersparnis in Höhe der 2 %igen Pauschalsteuer hat. Nimmt der Arbeitgeber den Lohnsteuerabzug nach den **individuellen Lohnsteuerabzugsmerkmalen** vor, ist auch bei geringfügig Beschäftigten eine Anmeldung des Arbeitnehmers in der **ELStAM-Datenbank** der Finanzverwaltung erforderlich.

Bei Zahlung von steuerfreien Lohnbestandteilen, wie Direktversicherungsbeiträgen oder Zuwendungen an Pensionsfonds und -kassen (§ 3 Nr. 63 EStG), kann der **Nachweis des ersten Arbeitsverhältnisses** durch die **Anmeldung** des Arbeitnehmers durch den Arbeitgeber als Hauptarbeitgeber über die **ELStAM-Datenbank** erfolgen. Die Anmeldung bedeutet in dem Fall nicht, dass der Arbeitgeber gezwungen ist, den Lohnsteuerabzug nach den individuellen Merkmalen des Arbeitnehmers durchzuführen. Er kann trotzdem die Pauschalbesteuerung durchführen. Alternativ kann auch durch eine Erklärung des Arbeitnehmers dokumentiert werden, dass es sich um ein erstes Dienstverhältnis handelt.

Elektronische Lohnsteuer-Anmeldung

siehe „Abführung und Anmeldung der Lohnsteuer"

Elektronische Lohnsteuerbescheinigung

siehe „Lohnsteuerbescheinigung"

Elektronisches Fahrtenbuch

siehe „Firmenwagen zur privaten Nutzung" unter Nr. 2 Buchstabe a.

ELStAM

siehe „Elektronische Lohnsteuerabzugsmerkmale (ELStAM)"

Elterngeld, Elternzeit

Neues auf einen Blick:

Zum **1. September 2021** sollen folgende Änderungen in Kraft treten:

- **Einkommensgrenze:** Künftig sollen nur noch Eltern Elterngeld erhalten, die gemeinsam höchstens 300 000 € im Jahr verdienen. Bisher lag die Grenze für Paare bei 500 000 €. Für Alleinerziehende bleibt die Grenze weiterhin bei 250 000 €.
- **Frühchengeburt:** Eltern solcher Kinder soll ein längerer Leistungsbezug ermöglicht werden.
- **Teilzeitmöglichkeiten:** Die zulässige Arbeitszeit während des Elterngeldbezugs soll von 30 auf 32 Wochenstunden angehoben werden (= vier volle Arbeitstage). Der Partnerschaftsbonus soll künftig mit 24 bis 32 Wochenstunden bezogen werden können, statt wie bisher mit 25 bis 30 Wochenstunden.

Das Gesetzgebungsverfahren ist noch nicht abgeschlossen.

Gliederung:

E

Lohn-steuer-pflichtig Sozial-versich.-pflichtig

1. Allgemeines

a) Höhe des Elterngeldes

Nach dem Gesetz zum Elterngeld und zur Elternzeit wird für Kinder ein **Elterngeld** in Höhe von 65 % bis 67 % des letzten Nettoeinkommens gezahlt. Das Elterngeld beträgt mindestens **300 €,** höchstens jedoch **1800 €** monatlich.

Die Höhe des Elterngelds errechnet sich individuell nach den jeweiligen Einkommensverhältnissen vor der Geburt.

E

Grundsätzlich wird Elterngeld seit 1.1.2011 bei einem bisherigen Nettoverdienst unter 1200 € in Höhe von 67 Prozent des durchschnittlichen Nettoeinkommens der letzten zwölf Monate vor dem Monat der Geburt des Kindes gezahlt. Eltern mit einem Erwerbseinkommen von mehr als 1240 € erhalten 65 % statt bislang 67 % ihres letzten Nettoverdienstes. Wenn das ermittelte Einkommen vor der Geburt weniger als 1000 € beträgt, bekommen Geringverdiener nicht 67 % ihres „Netto-Einkommens", sondern mehr als 67 % als Elterngeld ausbezahlt. Dabei erhöht sich der Prozentsatz um 0,1 Prozentpunkte für je 2 €, um die das maßgebliche Einkommen den Betrag von 1000 € unterschreitet, auf bis zu 100 Prozent. Das Anknüpfen der Berechnung des Elterngeldes an das im maßgeblichen Zwölfmonatszeitraum vor der Geburt des Kindes bezogene Einkommen aus Erwerbstätigkeit ist verfassungsgemäß (BSG-Urteil vom 17.2.2011 B 10 EG 17/09 R und B 10 EG 20/09 R).

b) Bemessungsgrundlage

Das Bundessozialgericht hat bereits zuvor entschieden (BSG-Urteil vom 25.6.2009 B 10 EG 9/08 R), dass **steuerfreie Beiträge** des Arbeitgebers zur **betrieblichen Altersversorgung** (im Streitfall an eine Pensionskasse) **nicht zum Nettoeinkommen** gehören, das für die Bemessung des Elterngeldes maßgebend ist. Dies gilt unabhängig davon, ob die steuerfreien Beiträge vom Arbeitgeber zusätzlich zum ohnehin geschuldeten Arbeitslohn erbracht oder durch eine Gehaltsumwandlung/Entgeltumwandlung des Arbeitnehmers finanziert werden. Maßgebliche Bemessungsgrundlage für das Elterngeld ist die Summe der **steuerpflichtigen** positiven **Einkünfte** aus Land- und Forstwirtschaft, Gewerbebetrieb, selbstständiger Arbeit und nichtselbstständiger Arbeit. Das Bundessozialgericht hatte zudem in drei Streitfällen darüber zu entscheiden, ob mehrmals im Jahr gezahlte Provisionen, die die Arbeitgeber im Lohnsteuerabzugsverfahren als sonstige Bezüge behandelt hatten, bei der Berechnung des Elterngeldes zu berücksichtigen sind oder nicht. Die Kasseler Richter haben dies bejaht, wenn die Provisionen neben dem monatlichen Grundgehalt mehrmals im Jahr nach festgelegten Berechnungsstichtagen regelmäßig gezahlt werden (BSG-Urteile vom 26.3.2014 B 10 EG 7/13 R, B 10 EG 12/13 R und B 10 EG 14/13 R). Zur Begründung führt das Gericht aus, dass das Steuerrecht für sonstige Bezüge zum Schutz der Arbeitnehmer besondere Besteuerungsvorschriften vorsieht. Was im Steuerrecht zum Schutz der Arbeitnehmer gedacht ist, würde im Elterngeldrecht aber stets zu einem endgültigen Nachteil führen. Dafür gibt es keine ausreichenden sachlichen Gründe. Regelmäßige, **mehrmals im Jahr zusätzlich zum Grundgehalt gezahlte Provisionen** sind daher elterngeldrechtlich nicht anders zu behandeln als das Grundgehalt. Provisionen bleiben daher elterngeldrechtlich nur dann unberücksichtigt, soweit sie nicht rechtzeitig gezahlt werden und es durch ihre Voraus- oder Nachzahlung zu einer Verlagerung in den für das Elterngeld maßgeblichen Berechnungszeitraum kommt. In diesem Fall könnte ihre Berücksichtigung nämlich dazu führen, dass die wirtschaftlichen Verhältnisse im Berechnungszeitraum, an den das Elterngeld anknüpfen will, unzutreffend abgebildet werden und das Elterngeld durch diese außergewöhnliche Zahlung zu hoch ausfällt. **Nachgezahlter laufender Arbeitslohn,** den der Elterngeldberechtigte außerhalb der für die Bemessung des Elterngelds maßgeblichen zwölf Monate vor dem Monat der Geburt des Kindes „erarbeitet" hat, ist nach Auffassung des Bundessozialgerichts bei der Bemessung des Elterngelds ebenfalls zu **berücksichtigen,** wenn er in diesem **Bemessungszeitraum zugeflossen** ist. Entscheidend sei nämlich, welches Einkommen der Berechtigte „im zwölfmonatigen Bemessungszeitraum habe" (BSG-Urteil vom 27.6.2019 B 10 EG 1/18 R). **Sonstige Bezüge** werden für die Ermittlung des durchschnittlichen Bruttoeinkommens **nicht berücksichtigt. Weihnachts- und Urlaubsgeld,** die als **Einmalzahlung** gewährt werden und daher zu den sonstigen Bezügen gehören, bleiben bei der Bemessung des Elterngeldes **außer Betracht.** Das gilt auch dann, wenn sie vom Gesamtjahreslohn ausgehend berechnet werden (z. B. Berechnungsgrundlage jeweils 1/14 des Jahreslohns; BSG-Urteil vom 29.6.2017 B 10 EG 5/16 R). Weihnachts- und Urlaubsgeld, die nicht fortlaufend gezahlt werden, sind also ein sonstiger Bezug. Auch **Krankengeld** oder **Streikgeld** sind kein Einkommen aus einer Erwerbstätigkeit und werden daher bei der Bemessung des Elterngeldes **nicht berücksichtigt.**

c) Dauer des Elterngeldbezugs und Mehrlingsgeburten

Das Elterngeld wird an Väter und Mütter für maximal 14 Monate gezahlt; beide können den Zeitraum frei untereinander aufteilen. Ein Elternteil kann dabei höchstens zwölf Monate für sich in Anspruch nehmen, zwei weitere Monate gibt es, wenn sich der Partner an der Betreuung des Kindes beteiligt und dabei Erwerbseinkommen wegfällt (vgl. auch nachfolgende Nr. 4). Die nach der Rechtsprechung des Bundessozialgerichts (Urteil vom 27.6.2013 B 10 EG 3/12 R und B 10 EG 8/12 R) mögliche doppelte Zahlung von Elterngeld bei **Mehrlingsgeburten** ist seit dem 1.1.2015 entfallen. Entsprechend der ursprünglichen Intention wurde gesetzlich klargestellt, dass bei Mehrlingsgeburten **nur ein Anspruch auf Elterngeld** besteht **und** für die weiteren Mehrlinge der **Mehrlingszuschlag** in Höhe von 300 € gezahlt wird. Alleinerziehende, die das Elterngeld zum Ausgleich des wegfallenden Erwerbseinkommens beziehen, können aufgrund des fehlenden Partners die vollen 14 Monate Elterngeld in Anspruch nehmen. Der Anspruch auf Elterngeld entfällt, wenn im letzten abgeschlossenen Veranlagungszeitraum ein zu versteuerndes Einkommen von mehr als 250 000 € (alleinstehend) bzw. 500 000 € (Elternpaar) erzielt wurde.

d) Antragstellung und Arbeitgeberpflichten

Das Elterngeld muss schriftlich bei den für den Vollzug des Bundeselterngeld- und Elternzeitgesetzes zuständigen Elterngeldstellen der Bundesländer beantragt werden. Jeder Elternteil kann für sich einmal einen Antrag auf Elterngeld stellen. Der Antrag muss nicht sofort nach der Geburt des Kindes gestellt werden. Rückwirkende Zahlungen werden jedoch nur für die letzten drei Monate vor Beginn des Monats geleistet, in dem der Antrag auf Elterngeld eingegangen ist.

Der Arbeitgeber ist mit der Auszahlung des Elterngeldes nicht befasst; er hat lediglich den Arbeitslohn, die Abzüge und ggf. die Wochenarbeitszeit zu bescheinigen. Bei Ehegatten, die beide Arbeitslohn beziehen, hängt das für das Elterngeld maßgebende Erwerbseinkommen entscheidend von der **Steuerklassenwahl** ab (entweder Steuerklassenkombination IV/IV oder III/V, vgl. nachfolgenden Buchstaben e). Auch das seit 1.1.2010 geltende sog. Faktorverfahren bei der Steuerklassenkombination IV/IV ist zu berücksichtigen (vgl. das Stichwort „Faktorverfahren").

e) Fiktives Nettoeinkommen

Bei seit dem 1.1.2013 geborenen Kindern ist das Elterngeld anhand eines fiktiven Nettoeinkommens zu berechnen. Zu diesem Zweck wird das **durchschnittliche Bruttoeinkommen** in den letzten 12 Monaten vor der Geburt

Lohn-steuer-pflichtig	Sozial-versich.-pflichtig

des Kindes **pauschal** um **Steuer- und Sozialabgaben vermindert.**

Für die Berechnung des pauschalen Steuerabzugs ist die Steuerklasse maßgebend, die sich aus der Lohn-/Gehaltsabrechnung für den letzten Monat im Bemessungszeitraum vor der Geburt des Kindes ergibt. Bei einem **Steuerklassenwechsel** ist die neue **Steuerklasse** nur dann maßgebend, wenn sie im zwölfmonatigen Bemessungszeitraum überwiegend (also **mindestens sieben Monate**) angewandt wurde. Bei einem **mehrfachen Steuerklassenwechsel** überwiegt die Steuerklasse, die in mehr Monaten als jede andere Steuerklasse gegolten hat (vgl. die Beispiele unter der nachfolgenden Nr. 6).

Da das Bruttoeinkommen zur Ermittlung des fiktiven Nettoeinkommens pauschal um ein Zwölftel des Arbeitnehmer-Pauschbetrags gekürzt wird, **wirken sich höhere Werbungskosten als 1000 € jährlich nicht mehr erhöhend** auf das Elterngeld **aus.** Entsprechendes gilt für andere im Lohnsteuerabzugsverfahren gebildete Freibeträge, einschließlich des Pauschbetrags für behinderte Menschen.

Für **Sozialabgaben** wird vom durchschnittlichen Bruttoeinkommen ein **pauschaler Abzug** von 9 % für Kranken- und Pflegeversicherung, 10 % für die allgemeine Rentenversicherung und 2 % für die Arbeitslosenversicherung **(Summe = 21 %)** vorgenommen. Dieser pauschale Abzug ist also etwas höher als der tatsächliche Arbeitnehmeranteil am Gesamtsozialversicherungsbeitrag und wirkt sich daher negativ auf das für die Berechnung des Elterngeldes maßgebende Nettoeinkommen aus.

2. Anrechnung von Mutterschaftsgeld auf das Elterngeld

Das Mutterschaftsgeld und der Zuschuss zum Mutterschaftsgeld werden **taggenau** auf den mit der Geburt des Kindes entstehenden Anspruch auf Elterngeld **angerechnet,** soweit sich die Anspruchszeiträume überschneiden. Das für die Mutterschutzfristen vor und nach der Geburt auf insgesamt maximal 210 € begrenzte Mutterschaftsgeld des Bundesamtes für Soziale Sicherung dient nicht dem Ausgleich wegfallenden Erwerbseinkommens und wird deshalb nicht angerechnet.

3. Beschäftigung und Elterngeld

Der Arbeitnehmer kann noch **30 Wochenstunden** nebenher arbeiten, ohne den Anspruch auf Elterngeld zu verlieren. Das Elterngeld wird dann nur noch mit 67 % des entfallenden Teileinkommens berechnet. Als Einkommen vor der Geburt werden dabei höchstens 2700 € berücksichtigt.

4. Basiselterngeld, Elterngeld Plus, Partnerschaftsbonusmonate

Zum 1. Januar 2015 trat das Gesetz zum neuen Elterngeld in Kraft. Es gilt grundsätzlich für Geburten seit 1.7.2015. Es ist eine Kombination von Basiselterngeld, Elterngeld Plus und Partnerschaftsbonusmonaten möglich. Bereits für Geburten seit dem 1.1.2015 gibt es kein doppeltes Elterngeld für Zwillingsgeburten mehr. Für Zwillingsgeburten gibt es einen Zuschlag von 300 € pro Bezugsmonat und Mehrling.

Eltern können zwischen *Basiselterngeld* und *Elterngeld Plus* wählen. Das Basiselterngeld entspricht dem bisher bekannten Elterngeld.

Die Elterngeld Plus-Monate sind Bezugsmonate, in denen man Elterngeld höchstens in der Höhe eines halben zustehenden Basiselterngeldbetrages erhalten kann. Einen Lebensmonat des Kindes mit Basiselterngeld kann man sich auch in zwei Monatsbeträgen mit Elterngeld Plus auszahlen lassen.

Durch die Inanspruchnahme von Elterngeld Plus-Monaten verlängert sich der Bezugszeitraum des Elterngeldes über den 14. Lebensmonat des Kindes hinaus.

Es besteht eine Kombinationsmöglichkeit von Basiselterngeld und Elterngeld Plus. Bei ausschließlichem Bezug von Elterngeld Plus kann der Elterngeldbezug maximal 24 Monatsbeträge umfassen. Die maximale Bezugsdauer des Elterngeldes kann auf maximal 28 ausgedehnt werden, wenn die vier Partnerschaftsbonusmonate beansprucht werden. Diese vier zusätzlichen Partnerschaftsbonusmonate sind der Form nach Elterngeld Plus-Monate. Sie können nur von beiden Elternteilen bei gleichzeitiger Teilzeitarbeit von 25 bis 30 Wochenstunden innerhalb dieser vier Partnerschaftsbonusmonate beantragt und müssen „am Stück" in Anspruch genommen werden. Nur wenn wenigstens ein Elternteil ab dem 15. Lebensmonat des Kindes durchgängig Elterngeld Plus bezieht, kann die Inanspruchnahme der vier Partnerschaftsbonusmonate bis zum 28. Lebensmonat des Kindes erfolgen.

Beim Bezug von Elterngeld Plus ist zwischen Bezugs-Monaten mit Zuverdienst und ohne Zuverdienst zu unterscheiden. Dabei handelt es sich um halbierte Basiselterngeldbeträge (für Eltern ohne Zuverdienst) und zusätzliches Elterngeld unter Anrechnung des Einkommens über mehr Bezugsmonate (für Eltern mit Zuverdienst). Zusätzlich können Eltern vier Partnerschaftsbonusmonate unter Anrechnung ihres Zuverdienstes beantragen (für Eltern, die sich Arbeit und Betreuung ihres Kindes teilen und mindestens vier Lebensmonate lang gleichzeitig 25 bis 30 Wochenstunden erwerbstätig sind).

Auch **Alleinerziehende** können die sog. Partnermonate und Elterngeld Plus-Monate in Anspruch nehmen, wenn sie die Voraussetzungen für den Entlastungsbetrag für Alleinerziehende (= Steuerklasse II) erfüllen und der andere Elternteil weder mit ihr/ihm noch mit dem Kind in einer Wohnung lebt (§ 4 Abs. 6 BEEG). Der Nachweis der Eigenschaft „alleinerziehend" ist gegenüber der Elterngeldstelle ggf. durch eine Bestätigung des zuständigen Finanzamts zu erbringen – z. B. durch einen aktuellen ELStAM-Ausdruck mit der Steuerklasse II.

5. Lohnsteuerliche Behandlung des Elterngeldes, Progressionsvorbehalt

Das Elterngeld ist lohnsteuer- und sozialversicherungsfrei (§ 3 Nr. 67 Buchstabe b EStG). nein nein

Es unterliegt jedoch als Lohnersatzleistung nach § 32b Abs. 1 Satz 1 Nr. 1 Buchstabe j EStG dem Progressionsvorbehalt.

Dies gilt auch für den sog. Sockelbetrag von **300 €** monatlich. Progressionsvorbehalt bedeutet, dass auf das steuerpflichtige zu versteuernde Einkommen ein besonderer Steuersatz angewendet wird, der unter Einbeziehung der steuerfreien Leistungen ermittelt wird. Dies führt bei der Einkommensteuer-Veranlagung häufig zu Steuernachzahlungen.

Der **Bundesfinanzhof** hat die Anwendung des **Progressionsvorbehalts** auch für den Sockelbetrag des Elterngeldes ausdrücklich **bestätigt.** Das Elterngeld bezwecke, die durch die erforderliche Kinderbetreuung entgangenen Einkünfte teilweise auszugleichen. Dieser Grundsatz gelte auch dann, wenn nur der Sockelbetrag geleistet werde (BFH-Urteil vom 21.9.2009, BStBl. 2011 II S. 382). Die eingelegte Verfassungsbeschwerde wurde nicht zur Entscheidung angenommen (BVerfG-Beschluss vom 20.10.2010 2 BvR 2604/09). Auf die ausführlichen Erläuterungen beim Stichwort „Progressionsvorbehalt" wird Bezug genommen.

Zur Eintragung des Buchstabens „U" im Lohnkonto beim Bezug von Elterngeld oder bei der Inanspruchnahme der Elternzeit wird auf die Erläuterungen beim Stichwort „Lohnkonto" unter Nr. 9 auf Seite 639 hingewiesen.

Lohn-steuer-pflichtig | Sozial-versich.-pflichtig

6. Auswirkung der Steuerklassenwahl auf die Höhe des Elterngeldes

Das Elterngeld wird nach dem Nettoeinkommen der letzten zwölf Monate vor dem Monat der Geburt des Kindes berechnet. Bei Ehegatten, die beide Arbeitslohn beziehen, hängt der für das Elterngeld maßgebende Nettolohn entscheidend von der Steuerklasse ab. Durch einen Wechsel der Steuerklassenkombination IV/IV[1] oder III/V kann somit die Höhe des Elterngeldes stark beeinflusst werden.

E

Für die Berechnung des pauschalen Steuerabzugs ist grundsätzlich die Steuerklasse maßgebend, die sich aus der Lohn-/Gehaltsabrechnung für den letzten Monat im Bemessungszeitraum vor der Geburt des Kindes ergibt. Bei einem **Steuerklassenwechsel** ist aber die neue **Steuerklasse** nur dann maßgebend, wenn sie im zwölfmonatigen Bemessungszeitraum überwiegend (also **mindestens sieben Monate**) angewandt wurde.

Beispiel A

Das Kind wird im April 2021 geboren. Die Mutter des Kindes hatte bis einschließlich Oktober 2020 die Steuerklasse V und ab November 2020 die Steuerklasse III.

Der im Bemessungszeitraum April 2020 bis März 2021 vorgenommene Steuerklassenwechsel ist für die Berechnung des Elterngeldes nicht zu berücksichtigen, da die Mutter lediglich fünf Monate (November 2020 bis März 2021) und damit nicht überwiegend die Steuerklasse III hatte.

Bei einem **mehrfachen Steuerklassenwechsel** überwiegt die Steuerklasse, die in mehr Monaten als jede andere Steuerklasse gegolten hat (BSG-Urteil vom 28.3.2019 B 10 EG 8/17 R).

Beispiel B

B hat zunächst für sechs Monate die Steuerklasse I, anschließend für zwei Monate die Steuerklasse IV und schließlich für vier Monate die Steuerklasse III.

Für die Berechnung des Elterngeldes ist auf die Steuerklasse I abzustellen.

7. Elternzeit ab 1.1.2015

Ein Anspruch auf Elternzeit besteht für jeden Elternteil zur Betreuung und Erziehung seines Kindes bis zur Vollendung des **dritten Lebensjahres.** Die Elternzeit kann auf drei Abschnitte verteilt werden. Sie ist ein Anspruch des Arbeitnehmers oder der Arbeitnehmerin gegenüber dem Arbeitgeber. Während der Elternzeit ruhen die Hauptpflichten des Arbeitsverhältnisses. Das Arbeitsverhältnis bleibt aber bestehen und nach Ablauf der Elternzeit besteht ein Anspruch auf Rückkehr auf den ursprünglichen Arbeitsplatz bzw. auf einen, der mit dem vorherigen gleichwertig ist. Beide Elternteile können auch gleichzeitig bis zu drei Jahre Elternzeit in Anspruch nehmen.

Außerdem ist eine Übertragung der Elternzeit von bis zu 24 Monaten ohne Zustimmung des Arbeitgebers auf die Zeit zwischen dem 3. und 8. Geburtstag des Kindes möglich. Arbeitnehmerinnen und Arbeitnehmer müssen ihre Elternzeit spätestens sieben Wochen vor deren Beginn schriftlich vom Arbeitgeber verlangen. Die Übertragung eines Zeitraums zwischen dem 3. und 8. Lebensjahr des Kindes ist mindestens 13 Wochen vorher beim Arbeitgeber anzumelden. Während der Elternzeit ist eine Teilzeiterwerbstätigkeit von bis zu 30 Wochenstunden zulässig. Bei gleichzeitiger Elternzeit können die Eltern somit insgesamt 60 Wochenstunden (30 + 30) erwerbstätig sein. Ab dem Zeitpunkt, ab dem die Elternzeit angemeldet worden ist, frühestens jedoch acht Wochen vor Beginn der Elternzeit sowie während der Elternzeit, darf der Arbeitgeber das Arbeitsverhältnis nicht kündigen.

8. Sozialversicherungsrechtliche Aspekte

Während der Elternzeit ist der Arbeitnehmer grundsätzlich beitragsfrei versichert. Unabhängig davon unterliegt in dieser Zeit vom Arbeitgeber gezahltes einmaliges Arbeitsentgelt (z. B. Weihnachtsgeld, Tantiemen usw.) der Beitragspflicht. Dabei sind die Zeiten der Elternzeit, auch wenn kein Elterngeld gezahlt wird, bei der anteiligen Jahresbeitragsbemessungsgrenze nicht als Sozialversicherungstage zu werten. Die Besteuerung der Zuwendung erfolgt als sonstiger Bezug; die Ermittlung der Beiträge wie bei einmaligen Zuwendungen.

Übt die Arbeitnehmerin oder der Arbeitnehmer während der Elternzeit eine Beschäftigung auf 450-Euro-Basis aus, sind die beim Stichwort „Geringfügige Beschäftigung“ dargestellten Grundsätze zu beachten, das heißt eine neben der Elternzeit ausgeübte geringfügig entlohnte (Dauer-)Beschäftigung ist in der Kranken-, Pflege- und Arbeitslosenversicherung versicherungsfrei. In der Rentenversicherung besteht grundsätzlich Versicherungspflicht. Der Arbeitgeber muss aber einen 15 %igen Arbeitgeberanteil zur Rentenversicherung und ggf. auch den 13 %igen Arbeitgeberanteil zur Krankenversicherung entrichten. Dabei spielt es keine Rolle, ob die geringfügig entlohnte Beschäftigung beim bisherigen Arbeitgeber oder bei einem anderen Arbeitgeber ausgeübt wird.

Handelt es sich um eine kurzfristige, auf längstens drei Monate begrenzte Beschäftigung, tritt grundsätzlich Sozialversicherungspflicht ein, weil die Aushilfstätigkeit während der Elternzeit als **berufsmäßig** ausgeübt angesehen wird (vgl. „Geringfügige Beschäftigung“ unter Nr. 16 Buchstabe e).

In der Sozialversicherung ist die Abgabe einer Unterbrechungsmeldung erforderlich, wenn das Beschäftigungsverhältnis aufgrund des Bezugs von Elterngeld für mindestens einen vollen Monat unterbrochen wird (vgl. auch die Erläuterungen beim Stichwort „Unbezahlter Urlaub“).

Elternzeit ohne Fortzahlung von Arbeitsentgelt erfordert eine Unterbrechungsmeldung. Sie ist innerhalb von zwei Wochen nach Ablauf des ersten Monats der Elternzeit anzugeben (Schlüsselzahl 52) und zu dem der Unterbrechung vorhergehenden Tag zu erstatten.

Beispiel

Beginn der Elternzeit 15.6.

Unterbrechungsmeldung für das Arbeitsentgelt vom 1.1. bis 14.6.

Wird das Arbeitsverhältnis nach Ende der Elternzeit fortgesetzt, ist keine Anmeldung erforderlich.

Energie-Einsparungsprämien

Energie-Einsparungsprämien sind Arbeitslohn. Siehe auch das Stichwort „Belohnungen“. ja ja

Entfernungsentschädigung

Nach dem Tarifvertrag zur Regelung der Arbeitsbedingungen von Beschäftigten in forstwirtschaftlichen Verwaltungen, Einrichtungen und Betrieben der Länder (TV-Forst) erhalten die Arbeitnehmer bei Benutzung ihres eigenen Kraftfahrzeugs unter weiteren Voraussetzungen eine Entfernungsentschädigung für die **Fahrtstrecke** von der **Wohnung** zur ersten **Arbeitsstelle** und von der letzten Arbeitsstelle zurück zur Wohnung.

Bei den Forstbediensteten ist bezüglich der Fahrtkosten zu beachten, dass die Tätigkeit in einem **weiträumigen Tätigkeitsgebiet** ausgeübt wird. Ein weiträumiges Tätigkeitsgebiet liegt in Abgrenzung zur ersten Tätigkeitsstätte vor, wenn die vertraglich vereinbarte Arbeitsleistung auf einer festgelegten Fläche und nicht innerhalb einer ortsfesten betrieblichen Einrichtung ausgeübt werden soll.

Soll der Forstbedienstete aufgrund der Weisungen des Arbeitgebers **dauerhaft dasselbe weiträumige Tätig-**

1) Ggf. mit Faktor, vgl. das Stichwort „Faktorverfahren“.

Lohn-steuer-pflichtig	Sozial-versich.-pflichtig

keitsgebiet typischerweise arbeitstäglich aufsuchen, ist für die Fahrten von der Wohnung zu diesem weiträumigen Tätigkeitsgebiet ebenfalls die **Entfernungspauschale** anzuwenden (§ 9 Abs. 1 Satz 3 Nr. 4a Satz 3 EStG); auch für diese Fahrten ist ab 2021 die gestaffelte Entfernungspauschale (jeweils 0,30 € für die ersten zwanzig Entfernungskilometer und jeweils 0,35 € ab dem 21. Entfernungskilometer) zu berücksichtigen. „Typischerweise arbeitstäglich" bedeutet ein – bis auf Urlaubs-, Krankheits- oder Fortbildungstage – arbeitstägliches Aufsuchen desselben weiträumigen Tätigkeitsgebietes.

Wird das weiträumige Tätigkeitsgebiet immer von **verschiedenen Zugängen** aus betreten oder befahren, ist die Entfernungspauschale aus Vereinfachungsgründen bei diesen Fahrten nur für die **kürzeste Entfernung** von der Wohnung zum nächstgelegenen Zugang des weiträumigen Tätigkeitsgebietes anzuwenden. Zahlt der Arbeitgeber dem Arbeitnehmer für diese Fahrten einen Fahrtkostenersatz in Höhe der Entfernungspauschale, liegt steuerpflichtiger Arbeitslohn vor, der aber ebenfalls mit 15 % pauschal besteuert werden kann (vgl. das Stichwort „Fahrten zwischen Wohnung und erster Tätigkeitsstätte" unter Nr. 5). Dies ist u.E. folgerichtig, weil in den Fällen einer Firmenwagengestellung für diese Fahrten auch ein geldwerter Vorteil anzusetzen wäre (§ 8 Abs. 2 Satz 3 EStG). ja nein

Für alle Fahrten **innerhalb** des **weiträumigen Tätigkeitsgebietes** sowie für die **zusätzlichen Kilometer** bei den Fahrten von der Wohnung zu einem **weiter entfernten Zugang** können die tatsächlichen Aufwendungen oder der sich am Bundesreisekostengesetz orientierende maßgebliche pauschale Kilometersatz von 0,30 € für den gefahrenen Kilometer als steuerfreier Reisekostenersatz oder als Werbungskosten angesetzt werden. nein nein

Beispiel

Der Forstarbeiter A fährt an 150 Tagen von seiner Wohnung zu dem 15 km entfernten, nächstgelegenen Zugang des von ihm täglich zu betreuenden Waldgebietes (= weiträumiges Tätigkeitsgebiet). An 70 Tagen fährt er von seiner Wohnung über einen weiter entfernt liegenden Zugang (20 km) in das Waldgebiet.

Die Fahrten von der Wohnung zu dem weiträumigen Tätigkeitsgebiet werden behandelt wie die Fahrten von der Wohnung zu einer ersten Tätigkeitsstätte. A kann somit für diese Fahrten lediglich die Entfernungspauschale in Höhe von 0,30 € je Entfernungskilometer (= 15 km × 0,30 €) als Werbungskosten ansetzen. Die Fahrten innerhalb des Waldgebietes können mit den tatsächlichen Kosten oder aus Vereinfachungsgründen mit dem pauschalen Kilometersatz in Höhe von 0,30 € je tatsächlich gefahrenen Kilometer berücksichtigt werden.

Bei den Fahrten zu dem weiter entfernt gelegenen Zugang werden ebenfalls nur 15 Kilometer mit der Entfernungspauschale (15 km × 0,30 €) berücksichtigt. Die zusätzlichen 10 Kilometer (morgens und abends jeweils 5 km) werden ebenso wie die Fahrten innerhalb des weiträumigen Tätigkeitsgebietes mit den tatsächlichen Kosten oder aus Vereinfachungsgründen mit dem pauschalen Kilometersatz in Höhe von 0,30 € je gefahrenen Kilometer berücksichtigt.

Letztlich sind somit für 220 Tage jeweils 15 km mit der Entfernungspauschale und die restlichen tatsächlich gefahrenen Kilometer mit den tatsächlichen Kosten oder aus Vereinfachungsgründen mit dem pauschalen Kilometersatz in Höhe von 0,30 € anzusetzen.

Auf die Berücksichtigung der **Verpflegungspauschalen** hat dies allerdings keinen Einfluss, da Forstarbeiter weiterhin außerhalb einer ersten Tätigkeitsstätte – also auswärts – beruflich tätig wird. Somit beginnt die beruflich veranlasste Auswärtstätigkeit stets mit dem **Verlassen** der Wohnung und endet mit der **Rückkehr zur Wohnung.** Dies ist für die Berechnung der Mindestabwesenheitszeit (= **mehr als acht Stunden**) zur Berücksichtigung der Verpflegungspauschale von **14 €** (bis 31.12.2019 = 12 €) von Bedeutung. Bei beruflichen Tätigkeiten in einem weiträumigen Tätigkeitsgebiet ist die **„Dreimonatsfrist"** für die zeitliche Begrenzung der Verpflegungspauschalen **nicht anzuwenden.** Die Verpflegungspauschalen werden daher auf Dauer, das heißt zeitlich unbegrenzt, angesetzt. nein nein

Vgl. auch die Erläuterungen bei den Stichwörtern „Arbeitskleidung", „Forstleute", „Motorsägegeld" und „Transportentschädigung".

Lohn-steuer-pflichtig	Sozial-versich.-pflichtig

Entfernungspauschale

Neues auf einen Blick:

1. Höhe der Entfernungspauschale ab 2021

Um insbesondere bei Fernpendlern pauschalierend die sich durch die CO2-Bepreisung ergebende Erhöhung der Aufwendungen für die Fahrten zwischen Wohnung und erster Tätigkeitsstätte teilweise auszugleichen und zugleich einen Anreiz für einen Umstieg vom Pkw auf andere Verkehrsmittel zu bieten, beträgt die verkehrsmittelunabhängige Entfernungspauschale ab 1.1.2021 **für die ersten 20 vollen Entfernungskilometer** zwischen Wohnung und erster Tätigkeitsstätte **jeweils 0,30 €** und **ab dem 21. Entfernungskilometer** für jeden weiteren vollen Entfernungskilometer **jeweils 0,35 €.** Der Jahreshöchstbetrag beträgt unverändert 4500 €; er ist allerdings bei Benutzung eines Pkw für Fahrten zwischen Wohnung und erster Tätigkeitsstätte nicht zu beachten. Ab 2024 bis 2026 wird die Entfernungspauschale ab dem 21. vollen Entfernungskilometer auf 0,38 € angehoben.

Vgl. auch die Erläuterungen unter den nachfolgenden Nrn. 1 und 2.

2. Halbe Entfernungspauschale bei nur einem Weg

Die Abgeltungswirkung der Entfernungspauschale für die Aufwendungen für den Weg zwischen Wohnung und erster Tätigkeitsstätte gilt arbeitstäglich für zwei Wege, nämlich für einen Hin- und einen Rückweg. Legt der Arbeitnehmer nur einen Weg zurück, ist laut Bundesfinanzhof nur die Hälfte der Entfernungspauschale je Entfernungskilometer und Arbeitstag als Werbungskosten zu berücksichtigen (BFH-Urteil vom 12.2.2020, BStBl. II S. 473).

Auf die Ausführungen unter der nachfolgenden Nr. 2 und das dortige Beispiel B wird hingewiesen.

3. Unfallbedingte Krankheitskosten

Auch unfallbedingte Krankheitskosten, die aufgrund eines Wegeunfalls zwischen Wohnung und erster Tätigkeitsstätte entstanden sind, berücksichtigt der Bundesfinanzhof neben der Entfernungspauschale als allgemeine Werbungskosten (BFH-Urteil vom 19.12.2019, BStBl. 2020 II S. 291). Vgl. hierzu nachfolgende Nr. 9 Buchstabe c.

Gliederung:

E

Lohnsteuerpflichtig | Sozialversich.-pflichtig

12. Anrechnung von Arbeitgeberleistungen auf die Entfernungspauschale
    a) Steuerfreie Arbeitgeberleistungen
    b) Pauschal besteuerte Arbeitgeberleistungen

E

1. Allgemeines

Arbeitnehmer können für die Wege zwischen Wohnung und erster Tätigkeitsstätte die Entfernungspauschale als Werbungskosten geltend machen, soweit Sachbezüge (Firmenwagen, Job-Ticket) oder Barzuschüsse hierfür nicht vom Arbeitgeber steuerfrei gewährt oder pauschal mit 15 % besteuert wurden (vgl. zur Anrechnung solcher Arbeitgeberleistungen auf die Entfernungspauschale die nachfolgende Nr. 12).

Die Entfernungspauschale für diese Fahrten beträgt seit 1.1.2021 **für die ersten 20 vollen Entfernungskilometer jeweils 0,30 €** und **ab dem 21. Entfernungskilometer** für jeden weiteren vollen Entfernungskilometer **jeweils 0,35 €,** bei einem **Jahreshöchstbetrag** von **4500 €,** der allerdings bei Benutzung eines Pkw nicht zu beachten ist. Ab 2024 bis 2026 wird die Entfernungspauschale ab dem 21. vollen Entfernungskilometer auf 0,38 € angehoben. Die vereinzelt erhobene Forderung, zur Förderung der Elektromobilität im Straßenverkehr auch eine höhere Entfernungspauschale für private Elektrofahrzeuge oder Hybridelektrofahrzeuge von Arbeitnehmern (z. B. 0,75 € je vollen Entfernungskilometer) vorzusehen, ist bisher vom Gesetzgeber nicht aufgegriffen worden.

Die Entfernungspauschale in der vorstehend angegebenen Höhe wird auch für die wöchentlichen **Familienheimfahrten** bei einer beruflich veranlassten doppelten Haushaltsführung gewährt. Außerdem ist bei Familienheimfahrten der Höchstbetrag von 4500 € nicht zu beachten. Zur Entfernungspauschale für Familienheimfahrten im Rahmen einer doppelten Haushaltsführung vgl. die ausführlichen Erläuterungen beim Stichwort „Familienheimfahrten“.

Es kommt häufig vor, dass Arbeitnehmer bei Fahrten zwischen Wohnung und erster Tätigkeitsstätte die Post des Arbeitgebers abholen oder abliefern. Solche Fahrten werden dadurch nicht zu beruflich veranlassten Auswärtstätigkeiten, weil sich der Charakter der Fahrt (= Fahrt zwischen Wohnung und erster Tätigkeitsstätte) nicht **wesentlich** ändert und nur ein geringer Umweg erforderlich ist. Lediglich die erforderliche Umwegstrecke ist als beruflich veranlasste Auswärtstätigkeit zu werten (Hinweise zu R 9.10 LStR, Stichwort „Dienstliche Verrichtungen auf der Fahrt“)[1] Anders ist es hingegen, wenn der Arbeitnehmer auf der Fahrt zwischen Wohnung und erster Tätigkeitsstätte bereits einen auf dem Wege liegenden Kunden des Arbeitgebers aufsucht und dadurch eine wesentliche Änderung des Charakters der Fahrt eintritt mit der Folge, dass die gesamte Fahrt (Wohnung – Kunde – erste Tätigkeitsstätte oder umgekehrt) zur beruflich veranlassten Auswärtstätigkeit wird.

2. Verkehrsmittelunabhängige Entfernungspauschale

Der Arbeitnehmer kann für Fahrten zwischen Wohnung und erster Tätigkeitsstätte **unabhängig vom benutzten Verkehrsmittel** eine Entfernungspauschale als Werbungskosten abziehen. Diese Entfernungspauschale wird grundsätzlich unabhängig von der Höhe der Aufwendungen gewährt, die dem Arbeitnehmer für die Wege zwischen Wohnung und erster Tätigkeitsstätte entstehen; zur Berücksichtigung tatsächlicher höherer Aufwendungen für öffentliche Verkehrsmittel vgl. nachfolgende Nr. 9 Buchstabe b. Für jeden Arbeitstag, an dem der Arbeitnehmer die erste Tätigkeitsstätte tatsächlich aufsucht, beträgt die Entfernungspauschale seit 1.1.2021 **für die ersten 20 vollen Entfernungskilometer jeweils 0,30 €** und **ab dem 21. Entfernungskilometer** für jeden weiteren vollen Entfernungskilometer **jeweils 0,35 €.** Die Entfernungskilometer werden also abgerundet z. B. auf 9 bei einer Entfernung von 9,5 km (vgl. § 9 Abs. 1 Satz 3 Nr. 4 Satz 8 EStG).

Die Entfernungspauschale ist anzusetzen, wenn der Weg zwischen Wohnung und erster Tätigkeitsstätte zurückgelegt wird z. B.

- mit dem eigenen oder zur Nutzung überlassenen **Pkw;** ein Abzug der tatsächlichen Aufwendungen bei Benutzung eines Pkw kommt nicht in Betracht (BFH-Urteil vom 15.11.2016, BStBl. 2017 II S. 228);
- mit öffentlichen Verkehrsmitteln (vgl. zum Ansatz der tatsächlichen Aufwendungen die Erläuterungen unter der nachfolgenden Nr. 9 Buchstabe b);
- mit einem Motorrad, Motorroller, Moped oder Fahrrad;
- zu Fuß;
- als Mitfahrer einer Fahrgemeinschaft (auch bei Ehegattenfahrgemeinschaften; vgl. nachfolgende Nr. 6 Beispiele B und C).

Die **Entfernungspauschale** ist **auch dann** anzusetzen, wenn der Arbeitnehmer einen seinem **Ehegatten** im Rahmen seines Arbeitsverhältnisses überlassenen **Firmenwagen** für die Fahrten zwischen Wohnung und erster Tätigkeitsstätte nutzt. Dies gilt unabhängig davon, dass beim Ehegatten bei Anwendung der Bruttolistenpreisregelung auf den Ansatz eines zusätzlichen geldwerten Vorteils für diese Fahrten verzichtet wird. Entsprechendes gilt, wenn der Arbeitnehmer den ihm überlassenen Firmenwagen für Fahrten zwischen Wohnung und erster Tätigkeitsstätte in einem anderen Arbeitsverhältnis nutzt (vgl. hierzu die Erläuterungen beim Stichwort „Firmenwagen zur privaten Nutzung“ unter Nr. 3 Buchstabe h).

Beispiel A

Außendienstmitarbeiter A erhält von seinem Arbeitgeber einen Firmenwagen (Bruttolistenpreis 50 000 €) zu dienstlichen und privaten Fahrten; eine erste Tätigkeitsstätte hat A nicht. Der Firmenwagen wird aber auch von seinem Ehegatten zu Fahrten zwischen Wohnung und erster Tätigkeitsstätte (= 15 Entfernungskilometer) in dessen Dienstverhältnis genutzt.

Der monatliche geldwerte Vorteil bei A berechnet sich wie folgt:

Privatfahrten:

1 % von 50 000 €	500 €

Die Fahrten zwischen Wohnung und erster Tätigkeitsstätte im Dienstverhältnis des Ehegatten sind mit dem nach der 1 %-Regelung ermittelten geldwerten Vorteil für die Privatfahrten (monatlich 500 €) abgegolten (R 8.1 Abs. 9 Nr. 1 Satz 8 LStR).

Unabhängig davon kann der Ehegatte des A für die mit dem Firmenwagen in seinem Dienstverhältnis durchgeführten Fahrten die Entfernungspauschale geltend machen (z. B. 220 Arbeitstage × 15 km × 0,30 € = 990 € jährlich).

Für die absolute Höhe der Entfernungspauschale ist danach zu unterscheiden, welches Verkehrsmittel benutzt wurde:

a) Benutzung eines Pkws (eigener oder geleaster/gemieteter Pkw, Firmenwagen).
b) Öffentliche Verkehrsmittel, Motorrad, Motorroller, Moped, Fahrrad, zu Fuß oder als Mitfahrer einer Fahrgemeinschaft.

Denn bei der Benutzung eines Pkws wird die Entfernungspauschale nicht auf **4500 €** begrenzt. Bei Benutzung der unter Buchstabe b genannten Verkehrsmittel wird dagegen die Entfernungspauschale mit einem jährlichen Betrag von höchstens 4500 € angesetzt. Zum Ansatz der tatsächlichen Aufwendungen bei Benutzung öffentlicher Verkehrsmittel vgl. nachfolgende Nr. 9 Buchstabe b.

Für Flugstrecken und bei einer steuerfreien Sammelbeförderung durch den Arbeitgeber kann keine Entfernungspauschale als Werbungskosten geltend gemacht werden. Vielmehr gilt Folgendes:

1) Die amtlichen Hinweise zu den Lohnsteuer-Richtlinien sind im **Steuerhandbuch für das Lohnbüro 2021** abgedruckt, das im selben Verlag erschienen ist.

Lohn-steuer-pflichtig	Sozial-versich.-pflichtig

Nach § 9 Abs. 1 Satz 3 Nr. 4 Satz 3 EStG gilt die Entfernungspauschale **nicht für Flugreisen.** Maßgebend sind bei Flügen vielmehr die tatsächlich angefallenen Flugkosten (BFH-Urteil vom 26.3.2009, BStBl. II S. 724). Durch den Abzug der tatsächlichen Flugkosten werden die anfallenden Aufwendungen steuermindernd berücksichtigt und somit dem Grundsatz der Besteuerung nach der wirtschaftlichen Leistungsfähigkeit Rechnung getragen. Die unterschiedliche Behandlung der Verkehrsmittel Flugzeug (nur tatsächliche Kosten) und Bahn (auch Entfernungspauschale) hält der Bundesfinanzhof für mit dem Grundgesetz vereinbar, da die Bahn gegenüber dem Flugzeug in Bezug auf den Primärenergieverbrauch und den Ausstoß von Treibhausgasen das umweltfreundlichere Verkehrsmittel ist. Die Entfernungspauschale gilt jedoch für die Fahrten vom und zum Flughafen z. B. mit öffentlichen Verkehrsmitteln oder mit dem Pkw.[1] Die erstatteten Flugkosten für die Wege zwischen Wohnung und erster Tätigkeitsstätte können in tatsächlicher Höhe mit 15 % pauschal besteuert werden und sind in diesem Fall beitragsfrei (vgl. die Erläuterungen beim Stichwort „Fahrten zwischen Wohnung und erster Tätigkeitsstätte" unter Nr. 5). ja nein

Für Strecken einer steuerfreien **Sammelbeförderung** gilt die Entfernungspauschale ebenfalls nicht (§ 9 Abs. 1 Satz 3 Nr. 4 Satz 3 EStG). Muss der Arbeitnehmer dem Arbeitgeber für die Sammelbeförderung etwas bezahlen, sind die Aufwendungen des Arbeitnehmers als Werbungskosten abziehbar.

Die Entfernungspauschale kann **für jeden Arbeitstag nur einmal** angesetzt werden (BFH-Urteil vom 11.9.2003, BStBl. II S. 893). Die früher geltende Ausnahme für zusätzliche Fahrten an einem Arbeitstag wegen einer Arbeitszeitunterbrechung von mindestens vier Stunden oder wegen eines zusätzlichen Arbeitseinsatzes außerhalb der regelmäßigen Arbeitszeit ist seit 1.1.2001 weggefallen. Fallen die Hin- und Rückfahrt zur ersten Tätigkeitsstätte auf verschiedene Arbeitstage (z. B. bei Schichtdienst), kann aus Vereinfachungsgründen unterstellt werden, dass die Fahrten an einem Arbeitstag durchgeführt wurden.

Legt der Arbeitnehmer aber nur einen Weg zurück, ist laut Bundesfinanzhof nur die Hälfte der Entfernungspauschale je Entfernungskilometer und Arbeitstag als Werbungskosten zu berücksichtigen (BFH-Urteil vom 12.2.2020, BStBl. II S. 473).

Beispiel B

Flugbegleiter B hat seine erste Tätigkeitsstätte am Flughafen C, der 100 km von der Wohnung des B entfernt liegt. Im Jahr 2021 fährt A an 50 Arbeitstagen von seiner Wohnung zum Flughafen und zurück. An 110 weiteren Arbeitstagen führt er nur eine Fahrt aus (Hin- oder Rückfahrt). Die als Werbungskosten abziehbare Entfernungspauschale berechnet sich wie folgt:

50 Arbeitstage × 20 Entfernungskilometer × 0,30 € =	300 €
50 Arbeitstage × 80 Entfernungskilometer × 0,35 € =	1400 €
110 Arbeitstage × 20 Entfernungskilometer × 0,15 € =	330 €
110 Arbeitstage × 80 Entfernungskilometer × 0,175 € =	1 540 €
Werbungskosten für den Weg zwischen Wohnung und erster Tätigkeitsstätte	3 570 €

3. Maßgebende Entfernung zwischen Wohnung und erster Tätigkeitsstätte

a) Maßgebende Straßenverbindung

Für die Bestimmung der Entfernung ist die **kürzeste Straßenverbindung** zwischen Wohnung und erster Tätigkeitsstätte maßgebend. Dabei sind nur volle Kilometer der Entfernung anzusetzen, ein angefangener Kilometer bleibt unberücksichtigt. Die Entfernungsbestimmung richtet sich nach der kürzesten Straßenverbindung; sie ist unabhängig von dem Verkehrsmittel, das tatsächlich für den Weg zwischen Wohnung und erster Tätigkeitsstätte benutzt wird.

Beispiel A

Ein Arbeitnehmer fährt mit der U-Bahn zur ersten Tätigkeitsstätte. Einschließlich der Fußwege und der U-Bahnfahrt beträgt die zurückgelegte Entfernung 30 km. Die kürzeste Straßenverbindung beträgt 25,3 km.

Für die Ermittlung der Entfernungspauschale ist eine Entfernung von 25 km anzusetzen.

Maßgebend ist die kürzeste Straßenverbindung, die von **Kraftfahrzeugen** mit bauartbestimmter Höchstgeschwindigkeit von **mehr als 60 km/h befahren werden kann.** Das gilt auch dann, wenn diese Strecke (teilweise) mautpflichtig ist und/oder mit dem vom Arbeitnehmer tatsächlich verwendeten Verkehrsmittel (z. B. einem Moped) straßenverkehrsrechtlich nicht benutzt werden darf (BFH-Urteil vom 24.9.2013, BStBl. 2014 II S. 259).

E

Beispiel B

Die kürzeste Strecke zwischen Wohnung und erster Tätigkeitsstätte beträgt 9 km und verläuft teilweise durch einen mautpflichtigen Tunnel. Da diese Strecke nur von Kraftfahrzeugen benutzt werden darf, deren durch die Bauart bestimmte Höchstgeschwindigkeit mehr als 60 km/h beträgt, benutzt der Arbeitnehmer mit seinem Moped eine Bundesstraße mit der Folge, dass die Entfernung zwischen Wohnung und erster Tätigkeitsstätte für die tatsächlich benutzte Strecke 27 km beträgt.

Für die Ermittlung der Werbungskosten für die Fahrten zwischen Wohnung und erster Tätigkeitsstätte in Höhe der Entfernungspauschale ist eine Entfernung von 9 km zugrunde zu legen.

Bei Benutzung eines **Kraftfahrzeugs** kann eine andere als die kürzeste Straßenverbindung zugrunde gelegt werden, wenn diese offensichtlich **verkehrsgünstiger** ist und vom Arbeitnehmer regelmäßig (also nicht nur gelegentlich) für die Fahrten zwischen Wohnung und erster Tätigkeitsstätte benutzt wird. Dies gilt auch, wenn der Arbeitnehmer ein öffentliches Verkehrsmittel benutzt, dessen Linienführung über die verkehrsgünstigere Straßenverbindung geführt wird. Eine von der kürzesten Straßenverbindung abweichende Strecke ist verkehrsgünstiger, wenn der Arbeitnehmer die erste Tätigkeitsstätte – trotz gelegentlicher Verkehrsstörungen – in der Regel schneller und pünktlicher erreicht (BFH-Urteil vom 10.10.1975, BStBl. II S. 852). Dabei muss es sich übrigens nicht um die verkehrsgünstigste Strecke überhaupt, sondern lediglich um „eine" verkehrsgünstigere Strecke handeln. Die Vorteilhaftigkeit der gewählten Straßenverbindung muss so auf der Hand liegen, dass sich jeder unvoreingenommene Verkehrsteilnehmer unter den gegebenen Verkehrsverhältnissen für die Benutzung dieser Strecke entschieden hätte. Eine **Mindestzeitersparnis** von z. B. 20 Minuten hält der Bundesfinanzhof **nicht** für **erforderlich** (BFH-Urteil vom 16.11.2011, BStBl. 2012 II S. 520). Das Merkmal der „Verkehrsgünstigkeit" kann sich nämlich im Einzelfall auch aus anderen Umständen als einer Zeitersparnis ergeben. Hierzu gehören z. B. auch die **Streckenführung, Stauneigung,** die **Schaltung von Ampeln, Baustellen** oder die **Räumung/Streuung von Straßen im Winter.** Als „offensichtlich verkehrsgünstiger" kann zudem nur eine vom Arbeitnehmer tatsächlich benutzte Straßenverbindung in Betracht kommen. Eine bloß mögliche, aber tatsächlich nicht benutzte Straßenverbindung kann hingegen der Berechnung der Entfernungspauschale nicht zugrunde gelegt werden (BFH-Urteil vom 16.11.2011, BStBl. 2012 II S. 470).

Außerdem kann sich eine offensichtlich verkehrsgünstigere Strecke auch aus den Besonderheiten der in die kürzeste Entfernungsberechnung einzubeziehenden **Fährverbindung** ergeben, wie z. B. bei langen **Wartezeiten,** häufig auftretenden **technischen Schwierigkeiten** oder Auswirkungen der **Witterungsbedingungen** auf den Fährbetrieb. Führen solche Umstände dazu, dass sich der Arbeitnehmer auf den Fährbetrieb im Rahmen seiner Planung der Arbeitszeiten und Termine nicht hinreichend verlassen kann, spricht dies für die offensichtliche Verkehrs-

1) Vgl. Textziffer 1.2 des BMF-Schreibens vom 31.10.2013, BStBl. I S. 1376. Das BMF-Schreiben ist als Anlage zu H 9.10 LStR im **Steuerhandbuch für das Lohnbüro 2021** abgedruckt, das im selben Verlag erschienen ist.

Lohn-steuer-pflichtig	Sozial-versich.-pflichtig

günstigkeit einer anderen Straßenverbindung (BFH-Urteil vom 19.4.2012, BStBl. II S. 802). Zur Berücksichtigung einer Fährverbindung und den hierbei zu beachtenden Besonderheiten vgl. auch den nachfolgenden Buchstaben b.

Teilstrecken mit **steuerfreier Sammelbeförderung** sind übrigens in die Entfernungsermittlung nicht einzubeziehen.

E

b) Fährverbindung

Eine Fährverbindung ist, soweit sie zumutbar erscheint und wirtschaftlich sinnvoll ist, mit in die Entfernungsberechnung einzubeziehen; dies gilt sowohl bei der Ermittlung der kürzesten Straßenverbindung als auch bei der Ermittlung der verkehrsgünstigsten Strecke (vgl. vorstehenden Buchstaben a). Die Fahrtstrecke der Fähre selbst ist dann jedoch nicht Teil der maßgebenden Entfernung. Daher werden die tatsächlichen Fährkosten für diese Teilstrecke als Werbungskosten abgezogen.[1] Werden die tatsächlichen Fährkosten dem Arbeitnehmer vom Arbeitgeber erstattet, ist die Erstattung steuer- und beitragsfrei (§ 3 Nr. 15 Satz 1 EStG; vgl. auch das Stichwort „Fährkosten"). nein nein

Beispiel A

Ein Arbeitnehmer wohnt an einem Fluss und hat seine erste Tätigkeitsstätte auf der anderen Flussseite. Die Entfernung zwischen Wohnung und erster Tätigkeitsstätte beträgt über die nächstgelegene Brücke 60 km und bei Benutzung einer Autofähre 25 km. Die Fährstrecke beträgt 1 km, die Fährkosten betragen 800 € jährlich.

Für die Berechnung der Entfernungspauschale ist eine Entfernung von 24 km (25 km abzüglich 1 km) anzusetzen. Die Fährkosten in Höhe von 800 € können daneben als Werbungskosten berücksichtigt werden. Werden die Fährkosten von 800 € dem Arbeitnehmer vom Arbeitgeber erstattet, ist die Erstattung steuer- und beitragsfrei (§ 3 Nr. 15 Satz 1 EStG).

Beispiel B

Ein Arbeitnehmer wohnt in Konstanz und hat seine erste Tätigkeitsstätte auf der anderen Seite des Bodensees. Für die Fahrt zur ersten Tätigkeitsstätte benutzt er seinen Pkw und die Fähre von Konstanz nach Meersburg. Die Fahrtstrecke einschließlich der Fährstrecke von 4,2 km beträgt insgesamt 15 km. Die Jahreskarte für die Fähre kostet 1500 €.

Entfernungspauschale für die Teilstrecke Pkw:

220 Arbeitstage × 10 km (15 km abzüglich 4,2 km und Abrundung auf volle km) × 0,30 €	660 €
Tatsächliche Kosten für die Fährstrecke:	1 500 €
Werbungskosten insgesamt	2 160 €

Zum Ansatz einer offensichtlich verkehrsgünstigeren Strecke bei möglichen Fährverbindungen vgl. vorstehenden Buchstaben a.

4. Maßgebliche Wohnung

Als Ausgangspunkt für die Fahrten zwischen Wohnung und erster Tätigkeitsstätte kommt **jede Wohnung** des Arbeitnehmers in Betracht, die er regelmäßig zur Übernachtung nutzt und von der aus er seine erste Tätigkeitsstätte aufsucht (R 9.10 Abs. 1 Satz 1 LStR). Anders als beim Begriff „eigener Hausstand" im Rahmen einer doppelten Haushaltsführung ist unter dem Begriff „Wohnung" auch ein möbliertes Zimmer (z. B. Kinderzimmer), ein Gartenhaus, ein „Dauerwohnwagen" oder gar ein Schlafplatz in einer Massenunterkunft zu verstehen. Ein Hotelzimmer oder eine fremde Wohnung, in denen der Arbeitnehmer nur kurzfristig aus privaten Gründen übernachtet, ist keine Wohnung im vorstehenden Sinne (BFH-Urteil vom 25.3.1988, BStBl. II S. 706).

Bei **mehreren Wohnungen** können die Fahrten von und zu der von der ersten Tätigkeitsstätte weiter entfernt liegenden Wohnung allerdings nur dann berücksichtigt werden, wenn sich dort der **Mittelpunkt der Lebensinteressen** des Arbeitnehmers befindet und sie nicht nur gelegentlich aufgesucht wird (§ 9 Abs. 1 Satz 3 Nr. 4 Satz 6 EStG). Der Mittelpunkt der Lebensinteressen befindet sich bei einem **verheirateten** Arbeitnehmer regelmäßig am tatsächlichen Wohnort seiner Familie. Die Wohnung kann aber nur dann ohne nähere Prüfung berücksichtigt werden, wenn sie der verheiratete Arbeitnehmer mindestens sechsmal im Kalenderjahr aufsucht. Ob ein Arbeitnehmer seine weiter entfernt liegende Familienwohnung nicht nur gelegentlich aufsucht, ist nach Ansicht des Bundesfinanzhofs anhand einer Gesamtwürdigung zu beurteilen. Fünf Fahrten im Kalenderjahr können bei entsprechenden Umständen ausreichend sein (BFH-Urteil vom 26.11.2003, BStBl. 2004 II S. 233). Die vorstehenden Ausführungen gelten entsprechend bei eingetragenen Lebenspartnern (§ 2 Abs. 8 EStG).

Bei **ledigen** Arbeitnehmern befindet sich der Mittelpunkt der Lebensinteressen an dem Wohnort, zu dem die engeren persönlichen Beziehungen bestehen. Die persönlichen Beziehungen können ihren Ausdruck besonders in Bindungen an Personen, z. B. Eltern, Verlobte, Freundes- und Bekanntenkreis, finden, aber auch in Vereinszugehörigkeiten und anderen Aktivitäten. Sucht der ledige Arbeitnehmer diese Wohnung im Durchschnitt mindestens **zweimal monatlich** (= 24-mal jährlich) auf, ist davon auszugehen, dass sich dort der Mittelpunkt seiner Lebensinteressen befindet.

Die vorstehenden Ausführungen gelten sowohl bei verheirateten als auch bei ledigen Arbeitnehmern unabhängig davon, ob sich der Lebensmittelpunkt im Inland oder im Ausland befindet.

Der Mittelpunkt der Lebensinteressen kann auch zeitlich begrenzt innerhalb eines Kalenderjahres wechseln **(Sommerwohnung/Winterwohnung).** Lebt z. B. ein Arbeitnehmer im Sommer nicht in seiner Stadtwohnung, sondern in einem Haus an der See oder im Gebirge und fährt er von dort während der Sommermonate täglich zu seinem Arbeitsplatz in der Stadt, ist dieses Haus im Sommer der Mittelpunkt seiner Lebensinteressen wohingegen die Stadtwohnung im Winter den Mittelpunkt seiner Lebensinteressen darstellt (BFH-Urteil vom 10.11.1978, BStBl. 1979 II S. 335). Die vorübergehende Wegverlegung des Lebensmittelpunktes aus privaten Gründen führt aber nicht zu einer beruflich veranlassten doppelten Haushaltsführung (vgl. dieses Stichwort unter Nr. 1 Buchstabe a sowie das dortige Beispiel D).

Beispiel

Ein lediger Arbeitnehmer arbeitet 2021 in München und bewohnt dort ein möbliertes Zimmer. Von dort fährt er in den Wintermonaten (Oktober, November, Dezember, Januar, Februar, März, April) täglich mit seinem Pkw zur ersten Tätigkeitsstätte (einfache Entfernung 25 km). In den Sommermonaten (Mai, Juni, Juli, August, September) wohnt er in einer Zweitwohnung in Rottach-Egern (einfache Entfernung 60 km) und fährt von dort täglich zu seiner ersten Tätigkeitsstätte. Der Arbeitnehmer kann im Kalenderjahr 2021 für Fahrten zwischen Wohnung und erster Tätigkeitsstätte folgende Entfernungspauschale als Werbungskosten geltend machen:

Fahrten von der Wohnung in München zu seiner ersten Tätigkeitsstätte an 135 Arbeitstagen, einfache Entfernung 25 km	
135 Arbeitstage × 20 km × 0,30 €	810,– €
135 Arbeitstage × 5 km × 0,35 €	236,25 €
Fahrten von der Wohnung in Rottach-Egern zu seiner ersten Tätigkeitsstätte an 95 Arbeitstagen, einfache Entfernung 60 km	
95 Arbeitstage × 20 km × 0,30 €	570,– €
95 Arbeitstage × 40 km × 0,35 €	1 330,– €
Entfernungspauschale insgesamt	2 946,25 €

Die Entfernung zu der Wohnung, die den Mittelpunkt der Lebensinteressen darstellt, ist übrigens auch dann maßgebend, wenn die Fahrt an der näher zur ersten Tätigkeitsstätte liegenden Wohnung unterbrochen wird (BFH-Urteil vom 20.12.1991, BStBl. 1992 II S. 306).

1) Vgl. Textziffer 1.4, zweiter Absatz, des BMF-Schreibens vom 31.10.2013, BStBl. I S. 1376. Das BMF-Schreiben ist als Anlage zu H 9.10 LStR im **Steuerhandbuch für das Lohnbüro 2021** abgedruckt, das im selben Verlag erschienen ist.

Lohn-steuer-pflichtig Sozial-versich.-pflichtig

5. Höchstbetrag von 4500 € jährlich

Die anzusetzende Entfernungspauschale ist grundsätzlich auf einen Höchstbetrag von 4500 € jährlich begrenzt. Die Begrenzung auf 4500 € jährlich greift ein,

- wenn der Weg zwischen Wohnung und erster Tätigkeitsstätte mit einem Motorrad, Motorroller, Moped, Fahrrad oder zu Fuß zurückgelegt wird,
- bei Benutzung eines Kraftwagens für die Teilnehmer an einer Fahrgemeinschaft und zwar für die Tage, an denen der Arbeitnehmer seinen eigenen oder zur Nutzung überlassenen Kraftwagen nicht einsetzt,
- bei Benutzung öffentlicher Verkehrsmittel, es sei denn, der Arbeitnehmer weist für das Kalenderjahr insgesamt höhere tatsächliche Aufwendungen im Einzelnen nach (vgl. die Erläuterungen unter der nachfolgenden Nr. 9 Buchstabe b).

Die Begrenzung auf 4500 € jährlich greift ab einer bestimmten Entfernung zwischen Wohnung und erster Tätigkeitsstätte ein. Geht man von 220 Arbeitstagen im Kalenderjahr aus, beträgt diese Entfernungsgrenze **62** Kilometer (220 Arbeitstage × 20 km × 0,30 € = 1320 € zuzüglich 220 Arbeitstage × 41 km × 0,35 € = 3157 € ergibt eine Summe von 4477 €).

Bei Benutzung eines eigenen oder zur Nutzung überlassenen **Kraftwagens** greift die Begrenzung auf **4500 €** jährlich **nicht** ein. Diese Arbeitnehmer müssen ggf. lediglich nachweisen oder glaubhaft machen, dass sie die Fahrten zwischen Wohnung und erster Tätigkeitsstätte mit dem eigenen oder ihnen zur Nutzung überlassenen Kraftwagen zurückgelegt haben (z. B. Darlegung der Jahresfahrleistung; Vorlage von Inspektionsrechnungen; Aufzeichnungen über die durchgeführten Fahrten, wobei es sich nicht um ein ordnungsgemäßes Fahrtenbuch handeln muss). Ein Nachweis der tatsächlichen Aufwendungen für den Kraftwagen ist somit für den Ansatz eines höheren Betrages als 4500 € jährlich nicht erforderlich.

Beispiel

Ein Arbeitnehmer benutzt 2021 für Fahrten zwischen Wohnung und erster Tätigkeitsstätte (einfache Entfernung 100 km) seinen Pkw. Die abzugsfähige Entfernungspauschale beträgt bei 220 Arbeitstagen

220 Arbeitstage × 20 km × 0,30 € =	1 320,– €.
220 Arbeitstage × 80 km × 0,35 € =	6 160,– €.
Summe	7 480,– €.

Der Höchstbetrag von 4500 € ist ein **Jahresbetrag.** Er ist weder zeitanteilig noch teilstreckenbezogen aufzuteilen (vgl. auch die nachfolgenden Beispiele C und D unter Nr. 7).

6. Fahrgemeinschaften

Unabhängig von der Art der Fahrgemeinschaft wird jedem Teilnehmer der Fahrgemeinschaft die Entfernungspauschale entsprechend der für ihn maßgebenden Entfernungsstrecke gewährt. Dies gilt auch bei **Ehegattenfahrgemeinschaften** (vgl. auch die nachfolgenden Beispiele B und C). Umwegstrecken zum Abholen der Mitfahrer dürfen nicht in die Entfernungsberechnung einbezogen werden. Zur Berücksichtigung von Unfallkosten auf einer Umwegstrecke zur Abholung der Mitfahrer einer Fahrgemeinschaft vgl. die Erläuterungen unter der nachfolgenden Nr. 9 Buchstabe c.

Der Höchstbetrag für die Entfernungspauschale von 4500 € jährlich gilt auch bei einer wechselseitigen Fahrgemeinschaft, und zwar für die Mitfahrer der Fahrgemeinschaft an den Arbeitstagen, an denen sie ihren Kraftwagen nicht einsetzen. Bei **wechselseitigen Fahrgemeinschaften** ist deshalb die Entfernungspauschale wie folgt zu berechnen:

Es kann zunächst der Höchstbetrag von 4500 € jährlich durch die Fahrten an den Arbeitstagen ausgeschöpft werden, an denen der Arbeitnehmer mitgenommen wurde.

Lohn-steuer-pflichtig Sozial-versich.-pflichtig

Deshalb ist zunächst die (auf 4500 € begrenzte) anzusetzende Entfernungspauschale für die Tage zu berechnen, an denen der Arbeitnehmer mitgenommen wurde. Anschließend ist die anzusetzende (unbegrenzte) Entfernungspauschale für die Tage zu ermitteln, an denen der Arbeitnehmer seinen eigenen Kraftwagen benutzt hat. Beide Beträge zusammen ergeben die insgesamt anzusetzende Entfernungspauschale.[1)]

Beispiel A

Bei einer aus drei Arbeitnehmern bestehenden wechselseitigen Fahrgemeinschaft beträgt die Entfernung zwischen Wohnung und erster Tätigkeitsstätte für jeden Arbeitnehmer 100 km. Bei tatsächlichen 210 Arbeitstagen benutzt jeder Arbeitnehmer seinen eigenen Kraftwagen im Kalenderjahr 2021 an 70 Tagen für die Fahrten zwischen Wohnung und erster Tätigkeitsstätte.

Die Entfernungspauschale ist für jeden Teilnehmer der Fahrgemeinschaft wie folgt zu ermitteln:

Zunächst ist die Entfernungspauschale für die Fahrten und Tage zu ermitteln, an denen der Arbeitnehmer mitgenommen wurde:

140 Arbeitstage × 20 km × 0,30 €	840,– €
140 Arbeitstage × 80 km × 0,35 €	3 920,– €
(Höchstbetrag von 4500 € ist in der Summe beider Beträge überschritten)	
Anzusetzen ist somit	4 500,– €
Anschließend ist die Entfernungspauschale für die Fahrten und Tage zu ermitteln, an denen der Arbeitnehmer seinen eigenen Kraftwagen benutzt hat:	
70 Arbeitstage × 20 km × 0,30 €	420,– €
70 Arbeitstage × 80 km × 0,35 €	1 960,– €
(unbegrenzt abziehbar)	
anzusetzende Entfernungspauschale insgesamt	6 880,– €

Setzt bei einer Fahrgemeinschaft nur ein Teilnehmer seinen Kraftwagen ein, kann er die Entfernungspauschale ohne Begrenzung auf den Höchstbetrag von 4500 € für seine Fahrten zwischen Wohnung und erster Tätigkeitsstätte geltend machen. Eine Umwegstrecke zum Abholen der Mitfahrer darf nicht in die Entfernungsberechnung einbezogen werden. Den Mitfahrern wird gleichfalls die Entfernungspauschale gewährt, allerdings bei ihnen begrenzt auf den Höchstbetrag von 4500 €. Zur Berücksichtigung von Unfallkosten auf einer Umwegstrecke zur Abholung der Mitfahrer einer Fahrgemeinschaft vgl. die Erläuterungen unter der nachfolgenden Nr. 9 Buchstabe c.

Beispiel B

Die Eheleute A (Fahrer) und B (Mitfahrerin) suchen ihre erste Tätigkeitsstätte im Rahmen einer Fahrgemeinschaft an 220 Arbeitstagen gemeinsam auf. Die Entfernung von ihrer Wohnung zur ersten Tätigkeitsstätte beträgt 80 km.

Die Entfernungspauschale beträgt für A (= Fahrer)	
220 Arbeitstage × 20 km × 0,30 €	1 320 €
220 Arbeitstage × 60 km × 0,35 €	4 620 €
Summe	5 940 €
Keine Begrenzung auf 4500 €.	
Die Entfernungspauschale beträgt für B (= Mitfahrerin)	
220 Arbeitstage × 20 km × 0,30 €	1 320 €
220 Arbeitstage × 60 km × 0,35 €	4 620 €
Summe	5 940 €
Begrenzung auf 4500 € jährlich	**4 500 €**

Beispiel C

Wie Beispiel B. A bringt seine Ehefrau mit dem Pkw zunächst zu ihrer ersten Tätigkeitsstätte (Entfernung von der Wohnung = 20 km) und fährt anschließend weiter zu seiner ersten Tätigkeitsstätte (Entfernung von der Wohnung = 25 km).

Die Entfernungspauschale beträgt für A (= Fahrer)	
220 Arbeitstage × 20 km × 0,30 €	1 320 €
220 Arbeitstage × 5 km × 0,35 €	385 €
Summe	1 705 €
Die Entfernungspauschale beträgt für B (= Mitfahrerin)	
220 Arbeitstage × 20 km × 0,30 €	1 320 €

1) Vgl. Textziffer 1.5 des BMF-Schreibens vom 31.10.2013, BStBl. I S. 1376. Das BMF-Schreiben ist als Anlage zu H 9.10 LStR im **Steuerhandbuch für das Lohnbüro 2021** abgedruckt, das im selben Verlag erschienen ist.

Lohn-steuer-pflichtig	Sozial-versich.-pflichtig

E

7. Benutzung verschiedener Verkehrsmittel

Arbeitnehmer legen die Wege zwischen Wohnung und erster Tätigkeitsstätte oftmals auf unterschiedliche Weise zurück, das heißt, für eine Teilstrecke werden der Kraftwagen und für die weitere Teilstrecke öffentliche Verkehrsmittel benutzt **(Park & Ride)** oder es werden für einen Teil des Jahres der eigene Kraftwagen und für den anderen Teil des Jahres öffentliche Verkehrsmittel benutzt. In solchen Mischfällen ist zunächst die maßgebende Entfernung für die **kürzeste Straßenverbindung** zu ermitteln (vgl. unter der vorstehenden Nr. 3 Buchstabe a). Auf der Grundlage dieser Entfernung ist sodann die anzusetzende Entfernungspauschale für die Fahrten zwischen Wohnung und erster Tätigkeitsstätte zu berechnen.

Die Teilstrecke, die mit dem **eigenen Kraftwagen** zurückgelegt wird, ist dabei in voller Höhe anzusetzen; für diese Teilstrecke kann ggf. auch eine verkehrsgünstigere Strecke berücksichtigt werden (vgl. unter der vorstehenden Nr. 3 Buchstabe a). Der verbleibende Teil der maßgebenden Entfernung ist die Teilstrecke, die auf **öffentliche Verkehrsmittel** entfällt.

Die anzusetzende Entfernungspauschale ist sodann für die Teilstrecke und Arbeitstage zu ermitteln, an denen der Arbeitnehmer seinen eigenen oder ihm zur Nutzung überlassenen Kraftwagen eingesetzt hat. Anschließend ist die (auf 4500 € jährlich begrenzte) anzusetzende Entfernungspauschale für die Teilstrecke und Arbeitstage zu ermitteln, an denen der Arbeitnehmer öffentliche Verkehrsmittel benutzt. Beide Beträge ergeben die insgesamt anzusetzende Entfernungspauschale, sodass auch in Mischfällen ein höherer Betrag als 4500 € jährlich angesetzt werden kann. Die **Vergleichsrechnung** zwischen der insgesamt anzusetzenden **Entfernungspauschale** und den tatsächlich entstandenen **Aufwendungen** für die Benutzung **öffentlicher Verkehrsmittel ist jahresbezogen** (also weder täglich noch teilstreckenbezogen) vorzunehmen (§ 9 Abs. 2 Satz 2 EStG; siehe auch die Beispiele B und D).

Im Hinblick auf den Grundsatz der **Meistbegünstigung** wurde die niedrigere Entfernungspauschale für die ersten 20 Entfernungskilometer in den folgenden Beispielen wegen des Höchstbetrags von 4500 € bei den öffentlichen Verkehrsmitteln berücksichtigt.

Beispiel A

Ein Arbeitnehmer fährt im Kalenderjahr 2021 an 220 Arbeitstagen mit dem eigenen Kraftwagen 30 km zur nächsten Bahnstation und von dort 100 km mit der Bahn zur ersten Tätigkeitsstätte. Die kürzeste maßgebende Entfernung (Straßenverbindung) beträgt 100 km. Die Aufwendungen für die Bahnfahrten betragen 2160 € im Jahr (180 € monatlich × 12).

Die Entfernungspauschale ist wie folgt zu berechnen:

Teilstrecke Pkw (30 km):	
220 Arbeitstage × 30 km × 0,35 €	2 310,– €
Teilstrecke Bahn:	
100 km abzüglich 30 km = 70 km	
220 Arbeitstage × 20 km × 0,30 €	1 320,– €
220 Arbeitstage × 50 km × 0,35 €	3 850,– €
Summe	5 170,– €
Begrenzt auf den Höchstbetrag von	4 500,– €
anzusetzende Entfernungspauschale insgesamt (4500 € + 2310 € =)	6 810,– €

Die tatsächlichen Aufwendungen für die Bahnfahrten in Höhe von 2160 € bleiben unberücksichtigt, weil sie unterhalb der für das Kalenderjahr 2021 insgesamt anzusetzenden Entfernungspauschale von 6810 € liegen.

Beispiel B

Ein Arbeitnehmer fährt an 220 Arbeitstagen mit dem eigenen Pkw 3 km zu einer verkehrsgünstig gelegenen Bahnstation und von dort aus 30 km mit der Bahn zur ersten Tätigkeitsstätte. Die kürzeste Straßenverbindung beträgt 25 km. Die Jahreskarte für die Bahn kostet 1746 €.

Die anzusetzenden Werbungskosten sind wie folgt zu ermitteln:

Teilstrecke Pkw:		
220 Arbeitstage × 3 km × 0,35 €		231 €
Teilstrecke Bahn:		
25 km kürzeste Straßenverbindung abzüglich 3 km = 22 km		
220 Arbeitstage × 20 km × 0,30 €		1 320 €
220 Arbeitstage × 2 km × 0,35 €		154 €
Zwischensumme		1 705 €
Entfernungspauschale insgesamt	1 705 €	
Aufwendungen öffentliche Verkehrsmittel	1 746 €	
Übersteigender Betrag	41 €	41 €
Werbungskosten insgesamt		1 746 €

Beispiel C

Ein Arbeitnehmer fährt im Kalenderjahr 2021 die ersten drei Monate mit dem eigenen Pkw und die letzten neun Monate mit öffentlichen Verkehrsmitteln zur 120 km entfernten ersten Tätigkeitsstätte. Die Monatskarte kostet 190 €.

Die Entfernungspauschale beträgt bei 220 Arbeitstagen: 220 × 20 km × 0,30 € = 1320 € zuzüglich 220 Arbeitstage × 100 km × 0,35 € = 7700 €, in der Summe also 9020 €. Da jedoch für einen Zeitraum von neun Monaten öffentliche Verkehrsmitteln benutzt worden sind, ist hier die Begrenzung auf den Höchstbetrag von 4500 € zu beachten. Der Höchstbetrag von 4500 € ist ein Jahresbetrag. Er ist **nicht** mit lediglich $^{9}/_{12}$ (= 3375 €) anzusetzen, obwohl drei Monate ausschließlich der eigene Pkw für die Wege Wohnung/erste Tätigkeitsstätte benutzt wurde.

Die anzusetzende Entfernungspauschale ist deshalb wie folgt zu ermitteln:

Teilzeitraum Bahn:	
165 Arbeitstage × 20 km × 0,30 €	990,– €
165 Arbeitstage × 100 km × 0,35 €	5 775,– €
Summe	6 765,– €
Begrenzt auf den Höchstbetrag von	4 500,– €
zuzüglich	
Teilzeitraum Pkw:	
55 Arbeitstage × 20 km × 0,30 €	330,– €
55 Arbeitstage × 100 km × 0,35 €	1 925,– €
Summe	2 255,– €
anzusetzende Entfernungspauschale insgesamt (4500 € + 2255 € =)	6 755,– €

Die tatsächlichen Aufwendungen für die Benutzung öffentlicher Verkehrsmittel in den letzten neun Monaten in Höhe von 1710 € (190 € × 9 Monate) bleiben unberücksichtigt, weil sie unterhalb der für das Kalenderjahr 2021 insgesamt anzusetzenden Entfernungspauschale von 6755 € liegen.

Beispiel D

Ein Arbeitnehmer fährt an 220 Arbeitstagen 20 km mit seinem eigenen Pkw zum Treffpunkt einer Fahrgemeinschaft. Die nächsten 40 km legt er als Mitfahrer einer Fahrgemeinschaft zurück und die letzten 60 km mit der Deutschen Bahn. Die tatsächlichen Kosten für die Benutzung der Deutschen Bahn betragen 4800 €.

Die anzusetzenden Werbungskosten für die Wege zwischen Wohnung und erster Tätigkeitsstätte (= 100 km) sind wie folgt zu ermitteln:

Teilstrecke Pkw:		
220 Arbeitstage × 20 km × 0,35 €		1 540 €
Teilstrecke Fahrgemeinschaft:		
220 Arbeitstage × 20 km × 0,30 €	1 320 €	
220 Arbeitstage × 20 km × 0,35 €	1 540 €	
Teilstrecke Deutsche Bahn:		
220 Arbeitstage × 60 km × 0,35 €	4 620 €	
Summe	7 480 €	
Höchstbetrag	4 500 €	4 500 €
Entfernungspauschale		6 040 €

Die Aufwendungen für öffentliche Verkehrsmittel in Höhe von 4800 € können auch nicht teilweise als Werbungskosten berücksichtigt werden, da sie den „insgesamt" als Entfernungspauschale abziehbaren Betrag von 6040 € nicht übersteigen. Unerheblich ist, dass die Aufwendungen (= 4800 €) die Entfernungspauschale für die Teilstrecke Deutsche Bahn (= 4620 €) übersteigen.

8. Mehrere Arbeitsverhältnisse

Bei Arbeitnehmern, die gleichzeitig in mehreren Arbeitsverhältnissen stehen und denen Aufwendungen für die Fahrten zu mehreren auseinander liegenden ersten Tätigkeitsstätten entstehen, ist die Entfernungspauschale für jeden Weg zur ersten Tätigkeitsstätte anzusetzen, wenn der Arbeitnehmer am Tag zwischenzeitlich in die Wohnung **zurückkehrt.** Die Einschränkung, dass täglich nur

Lohn-steuer-pflichtig	Sozial-versich.-pflichtig

eine Fahrt anzuerkennen ist, gilt nur für eine, nicht aber für mehrere erste Tätigkeitsstätten (vgl. das nachfolgende Beispiel B).

Werden täglich in mehreren Arbeitsverhältnissen mehrere erste Tätigkeitsstätten **ohne Rückkehr** zur Wohnung nacheinander angefahren, ist bei der Entfernungsermittlung die Fahrt zur zuerst aufgesuchten ersten Tätigkeitsstätte als Umwegstrecke zur nächsten ersten Tätigkeitsstätte zu berücksichtigen; die für die Ermittlung der Entfernungspauschale anzusetzende Entfernung darf höchstens die Hälfte der Gesamtstrecke betragen.[1]

Beispiel A

Ein Arbeitnehmer fährt im Kalenderjahr 2021 an 220 Arbeitstagen vormittags von seiner Wohnung A zur ersten Tätigkeitsstätte B (= 1. Arbeitsverhältnis), nachmittags weiter zur ersten Tätigkeitsstätte C (= 2. Arbeitsverhältnis) und abends zur Wohnung in A zurück. Die Entfernungen betragen zwischen A und B 30 km, zwischen B und C 40 km und zwischen C und A 50 km.

Die Gesamtentfernung beträgt 30 + 40 + 50 km = 120 km, die Entfernung zwischen der Wohnung und den beiden Tätigkeitsstätten 30 + 50 km = 80 km. Da dies mehr als die Hälfte der Gesamtentfernung ist, sind (120 km : 2 =) 60 km für die Ermittlung der Entfernungspauschale anzusetzen. Die Entfernungspauschale beträgt 4400 € (220 Arbeitstage × 20 km × 0,30 € = 1320 € zuzüglich 220 Arbeitstage × 40 km × 0,35 € = 3080 €).

Bei mehreren Arbeitsverhältnissen gilt die Begrenzung der Entfernungspauschale auf den **Höchstbetrag von 4500 €** (z. B. bei Benutzung öffentlicher Verkehrsmittel) **nicht für jedes** Arbeitsverhältnis, **sondern** für die mehreren Arbeitsverhältnisse **insgesamt.** Die Begrenzung ist also auch dann anzuwenden, wenn tagsüber zwischenzeitlich die Wohnung aufgesucht wird.

Beispiel B

Ein Arbeitnehmer fährt mit öffentlichen Verkehrsmitteln an 220 Arbeitstagen vormittags von seiner Wohnung zur ersten Tätigkeitsstätte A (Entfernung 30 km), mittags zurück zu seiner Wohnung, nachmittags zur ersten Tätigkeitsstätte B (Entfernung 40 km) und abends zurück zu seiner Wohnung. Die Monatskarte für öffentliche Verkehrsmittel kostet 300 €.

Die Entfernungspauschale beträgt:

Wohnung – erste Tätigkeitsstätte A	
220 Tage × 20 km × 0,30 €	1320 €
220 Tage × 10 km × 0,35 €	770 €
Wohnung – erste Tätigkeitsstätte B	
220 Tage × 20 km × 0,30 €	1320 €
220 Tage × 20 km × 0,35 €	1540 €
Summe	4950 €
Höchstbetrag (insgesamt, nicht je Arbeitsverhältnis)	**4500 €**

Der Höchstbetrag der Entfernungspauschale von 4500 € ist anzusetzen, da die tatsächlichen Kosten für die Benutzung öffentlicher Verkehrsmittel (12 × 300 € = 3600 €) diesen Betrag nicht übersteigen.

9. Berücksichtigung tatsächlicher Aufwendungen

a) Allgemeines

Durch die Entfernungspauschale sind **sämtliche Aufwendungen abgegolten,** die durch die Wege zwischen Wohnung und erster Tätigkeitsstätte und Familienheimfahrten im Rahmen einer beruflich veranlassten doppelten Haushaltsführung entstehen (§ 9 Abs. 2 Satz 1 EStG). Dies gilt z. B. auch für Parkgebühren für das Abstellen des Kraftfahrzeugs während der Arbeitszeit, für Finanzierungskosten, Beiträge für Kraftfahrerverbände, Versicherungsbeiträge (auch für einen Insassenunfallschutz), Aufwendungen infolge Diebstahl des Fahrzeugs sowie für die Kosten eines Austauschmotors anlässlich eines Motorschadens auf einer Fahrt zwischen Wohnung und erster Tätigkeitsstätte oder einer Familienheimfahrt. Die Abgeltungswirkung gilt auch für eine Leasingsonderzahlung (BFH-Urteil vom 15.4.2010, BStBl. II S. 805). Zur Berücksichtigung außergewöhnlicher Kfz-Kosten bei einer beruflich veranlassten Auswärtstätigkeit vgl. Anhang 4, Nr. 7 unter dem Buchstaben h.

Auch Gebühren für die Benutzung eines Straßentunnels oder einer mautpflichtigen Straße können nicht neben der Entfernungspauschale berücksichtigt werden. Anders als z. B. Fährkosten entstehen diese Aufwendungen nicht für die Benutzung eines Verkehrsmittels; zur Berücksichtigung von Fährkosten vgl. die Erläuterungen und Beispiele unter der vorstehenden Nr. 3 Buchstabe b.

Beispiel

Die Entfernung zwischen Wohnung und erster Tätigkeitsstätte beträgt bei einem Arbeitnehmer 20 km. Der Arbeitnehmer mietet sich in der der Firma gegenüberliegenden Tiefgarage einen Stellplatz für seinen Pkw für 120 € monatlich.

Der Arbeitnehmer kann für die Wege zwischen Wohnung und erster Tätigkeitsstätte eine Entfernungspauschale in folgender Höhe geltend machen:

220 Arbeitstage × 20 km × 0,30 €	1 320 €

Die Aufwendungen für den Pkw-Stellplatz in Höhe von 1440 € jährlich (120 € × 12) sind mit dem Ansatz der Entfernungspauschale abgegolten. Es ist ohne Bedeutung, dass die Aufwendungen für das Anmieten des Pkw-Stellplatzes höher als die Entfernungspauschale sind.

Die vorstehend beschriebene Abgeltungswirkung gilt laut Bundesfinanzhof **auch** für **außergewöhnliche Kosten,** wie z. B. Reparaturkosten infolge einer Falschbetankung des Fahrzeugs (BFH-Urteil vom 20.3.2014, BStBl. II S. 849). Dies folge neben dem Wortlaut des Gesetzes auch aus der Systematik und dem Sinn und Zweck der Vorschrift des § 9 Abs. 2 Satz 1 EStG. Denn die Einführung der verkehrsmittelunabhängigen Entfernungspauschale hatte neben umwelt- und verkehrspolitischen Erwägungen auch und vor allem die Steuervereinfachung durch Typisierung zum Ziel. Verfassungsrechtliche Bedenken gegen die Abgeltungswirkung hat das Gericht nicht (vgl. auch BFH-Urteil vom 15.11.2016, BStBl. 2017 II S. 228). Der Gesetzgeber dürfe sich nämlich am Regelfall orientieren und sei nicht verpflichtet, allen Besonderheiten durch Sonderregelungen Rechnung zu tragen.

Zur Berücksichtigung von Unfallkosten vgl. den nachfolgenden Buchstaben c.

b) Öffentliche Verkehrsmittel

Auch bei Benutzung öffentlicher Verkehrsmittel[2] wird die Entfernungspauschale angesetzt. Allerdings werden die **tatsächlichen Aufwendungen** für die Benutzung öffentlicher Verkehrsmittel berücksichtigt, soweit sie den als **Entfernungspauschale** im Kalenderjahr insgesamt abziehbaren Betrag **übersteigen** (§ 9 Abs. 2 Satz 2 EStG; vgl. auch die Beispiele unter der vorstehenden Nr. 7).

Beispiel A

Ein Arbeitnehmer fährt an 220 Arbeitstagen mit der Straßenbahn zu seiner 6 km von der Wohnung entfernt liegenden ersten Tätigkeitsstätte. Die Fahrkarte für die Straßenbahn kostet 44 € monatlich.

Für die Wege zwischen Wohnung und erster Tätigkeitsstätte können Werbungskosten in folgender Höhe angesetzt werden:

Entfernungspauschale 220 Arbeitstage × 6 km × 0,30 €	396 €	396 €
Aufwendungen öffentliche Verkehrsmittel (44 € × 12 Monate)	528 €	
Übersteigender Betrag	132 €	132 €
Werbungskosten insgesamt		528 €

Diese Sonderregelung für die Benutzer öffentlicher Verkehrsmittel, die ihre gegenüber der Entfernungspauschale höheren tatsächlichen Aufwendungen geltend machen

1) Vgl. Textziffer 1.8 des BMF-Schreibens vom 31.10.2013, BStBl. I S. 1376. Das BMF-Schreiben ist als Anlage zu H 9.10 LStR im **Steuerhandbuch für das Lohnbüro 2021** abgedruckt, das im selben Verlag erschienen ist.

2) Mietwagen (ohne Fahrer) sind keine öffentlichen Verkehrsmittel, sodass nicht die tatsächlichen Aufwendungen, sondern die Entfernungspauschale anzusetzen ist (§§ 8 Abs. 2 und 49 Abs. 4 Personenbeförderungsgesetz).

E

Lohn-steuer-pflichtig	Sozial-versich.-pflichtig

E

können, führt nicht zu einem Verstoß gegen den Gleichheitssatz und ist daher verfassungsrechtlich unbedenklich (BFH-Urteil vom 15.11.2016, BStBl. 2017 II S. 228). Die Privilegierung der Benutzer öffentlicher Verkehrsmittel ist erkennbar von umwelt- und verkehrspolitischen Zielen geprägt. Es ist deshalb gleichheitsrechtlich nicht zu beanstanden, wenn der Gesetzgeber Aufwendungen für öffentliche Verkehrsmittel von der abzugsbegrenzenden Wirkung der Entfernungspauschale ausnimmt. Die Tatsache, dass diese Verkehrsmittel insbesondere gegenüber dem motorisierten privaten Individualverkehr in Bezug auf den Primärenergieverbrauch und den Ausstoß von Treibhausgasen umweltfreundlicher sind, rechtfertigt deren Privilegierung.

Seit 2012 ist gesetzlich geregelt worden, dass die **Vergleichsrechnung** zwischen der insgesamt anzusetzenden **Entfernungspauschale** und den tatsächlich entstandenen **Aufwendungen** für die Benutzung **öffentlicher Verkehrsmittel jahresbezogen** (also weder täglich noch teilstreckenbezogen) vorzunehmen ist (§ 9 Abs. 2 Satz 2 EStG; vgl. auch die Erläuterungen unter der vorstehenden Nr. 7).

Beispiel B

Der Arbeitnehmer fährt grundsätzlich mit dem eigenen Pkw von seiner Wohnung zur 20 km entfernt liegenden ersten Tätigkeitsstätte. Am 15. Oktober muss er die Hin- und Rückfahrt aufgrund eines Batterieausfalls an seinem Fahrzeug mit dem Taxi durchführen. Die Taxikosten für die Hin- und Rückfahrt betragen 50 €.

220 Arbeitstage × 20 km × 0,30 €	1 320 €

Die Aufwendungen für das Taxi (= öffentliches Verkehrsmittel) in Höhe von 50 € können nicht als Werbungskosten berücksichtigt werden, da sie den im Kalenderjahr „insgesamt" als Entfernungspauschale abziehbaren Betrag von 1320 € nicht übersteigen. Auf die sich für den einzelnen Arbeitstag ergebende Entfernungspauschale (20 km × 0,30 € = 6 €) kommt es nicht an.

Die höheren **tatsächlichen Aufwendungen** für öffentliche Verkehrsmittel können **auch dann** angesetzt werden, wenn sie den für die Entfernungspauschale geltenden Höchstbetrag von **4500 € übersteigen.**

Beispiel C

Ein Arbeitnehmer mit einer Bahncard 100, 1. Klasse (Preis: angenommen 6800 €), fährt mit der Deutschen Bahn an insgesamt 200 Arbeitstagen jeweils 75 Entfernungskilometer von seiner Wohnung zur ersten Tätigkeitsstätte und zurück.

Der Arbeitnehmer kann für die Wege zwischen Wohnung und erster Tätigkeitsstätte Werbungskosten in folgender Höhe geltend machen:

200 Arbeitstage × 20 km × 0,30 €	1 200 €	
200 Arbeitstage × 55 km × 0,35 €	3 850 €	
Summe	5 050 €	
Höchstbetrag	4 500 €	4 500 €
Aufwendungen öffentliche Verkehrsmittel	6 800 €	
Übersteigender Betrag	2 300 €	2 300 €
Werbungskosten insgesamt		6 800 €

Die tatsächlichen Aufwendungen für öffentliche Verkehrsmittel werden auch dann berücksichtigt, wenn die Jahreskarte nicht das ganze Jahr genutzt wird (z. B. Bezug von Kurzarbeitergeld oder Home-Office).

Des Weiteren können die tatsächlichen Aufwendungen für öffentliche Verkehrsmittel auch dann angesetzt werden, wenn in einem Kalenderjahr mehrere Jahreskarten erworben werden. Im folgenden Kalenderjahr, in dem gar keine Jahreskarte erworben wird, kommt es zum Ansatz der Entfernungspauschale.

Beispiel D

Wie Beispiel C. Der Arbeitnehmer erwirbt am 2.1.2021 die Bahncard 100, 1. Klasse, für 2021 und am 17.12.2021 die Bahncard 100, 1. Klasse, für 2022.

Der Arbeitnehmer könnte 2021 für die Wege zwischen Wohnung und erster Tätigkeitsstätte eine Entfernungspauschale in folgender Höhe geltend machen:

200 Arbeitstage × 20 km × 0,30 €	1 200 €
200 Arbeitstage × 55 km × 0,35 €	3 850 €
Summe	5 050 €
Höchstbetrag für die Entfernungspauschale	4 500 €

Die anzusetzenden Werbungskosten ermitteln sich wie folgt:

Entfernungspauschale		
Höchstbetrag	4 500 €	4 500 €
Aufwendungen öffentliche Verkehrsmittel (2 × 6800 €)	13 600 €	
Übersteigender Betrag	9 100 €	9 100 €
Werbungskosten insgesamt		13 600 €

Sofern der Arbeitnehmer die Bahncard 100, 1. Klasse, für 2023 erst in 2023 erwirbt, kommt es für 2022 dennoch zum Ansatz der Entfernungspauschale mit dem Höchstbetrag von 4500 €. Hinweis: Aufgrund der Regelung in § 11 Abs. 2 Satz 2 i. V. m. Abs. 1 Satz 2 EStG sollte die Bahncard für 2022 vor dem 20.12.2021 erworben werden, da ansonsten die Ausgabe von 6800 € dem Jahr der wirtschaftlichen Zugehörigkeit (= 2022) zugerechnet werden könnte und sich in diesem Fall für 2021 nur ein Werbungskostenabzug von 6800 € ergeben würde.

Erstattet der Arbeitgeber dem Arbeitnehmer z. B. im Zusammenhang mit dem Ausscheiden aus dem Arbeitsverhältnis (teilweise) Aufwendungen für öffentliche Verkehrsmittel, handelt es sich bei der **Rückerstattung** des Arbeitgebers um steuer- und sozialversicherungspflichtigen **Arbeitslohn.** Es handelt sich nicht um einen steuerfreien Fahrtkostenzuschuss i. S. d. § 3 Nr. 15 EStG. Dies gilt auch dann, wenn nicht die Aufwendungen für öffentliche Verkehrsmittel, sondern lediglich die Entfernungspauschale als Werbungskosten berücksichtigt worden ist. Erstattete Werbungskosten führen nämlich steuerlich stets zu steuerpflichtigen Einnahmen derselben Einkunftsart; auch wenn sich die früheren Ausgaben steuerlich nicht ausgewirkt haben.

Beispiel E

Wie Beispiel C. Das Arbeitsverhältnis wird zum 30.6.2021 beendet. Der Arbeitgeber ersetzt dem Arbeitnehmer den auf die zweite Jahreshälfte entfallenden Kaufpreis für die Bahncard 100, 1. Klasse, in Höhe von 3400 €. Bei der Erstattung des Arbeitgebers in Höhe von 3400 € handelt es sich um steuer- und beitragspflichtigen Arbeitslohn.

Im Rahmen einer **doppelten Haushaltsführung** werden die **Familienheimfahrten** nicht selten mit dem eigenen Pkw und die Fahrten von der **Zweitwohnung** am Beschäftigungsort zur **ersten Tätigkeitsstätte** mit öffentlichen Verkehrsmitteln durchgeführt. Der zulässige Jahresvergleich (Entfernungspauschale oder höhere Aufwendungen für öffentliche Verkehrsmittel) ist für die Familienheimfahrten und die Fahrten zwischen der Zweitwohnung am Beschäftigungsort und der ersten Tätigkeitsstätte jeweils getrennt durchzuführen. Vgl. das Stichwort „Familienheimfahrten" unter Nr. 3 Buchstabe a, Beispiel D.

c) Unfallkosten

Unfallkosten, die auf einer Fahrt zwischen Wohnung und erster Tätigkeitsstätte entstehen, sind als außergewöhnliche Aufwendungen **neben** der **Entfernungspauschale** nach **§ 9 Abs. 1 Satz 1 EStG** als Werbungskosten zu berücksichtigen.[1] Auch wenn der Bundesfinanzhof im Streitfall zur Berücksichtigung außergewöhnlicher Kosten (Reparaturkosten infolge Falschbetankung; BFH-Urteil vom 20.3.2014, BStBl. II S. 849; vgl. vorstehenden Buchstaben a) über Unfallkosten nicht entscheiden brauchte, machte er in seiner Urteilsbegründung dennoch deutlich, dass sämtliche Aufwendungen – unabhängig von ihrer Art und Höhe – unter die Abgeltungswirkung fallen und die Gesetzesmaterialien zur Entfernungspauschale hinsichtlich der zusätzlichen Berücksichtigung von Unfallkosten letztlich sogar widersprüchlich seien. Die Finanzverwal-

1) Textziffer 4 des BMF-Schreibens vom 31.10.2013 (BStBl. I S. 1376). Das BMF-Schreiben ist als Anlage zu H 9.10 LStR im **Steuerhandbuch für das Lohnbüro 2021** abgedruckt, das im selben Verlag erschienen ist.

	Lohn-steuer-pflichtig	Sozial-versich.-pflichtig

tung lässt die Unfallkosten dennoch weiterhin neben der Entfernungspauschale zum Werbungskostenabzug zu.

Die Berücksichtigung der Unfallkosten als allgemeine Werbungskosten nach § 9 Abs. 1 Satz 1 EStG hat zur Folge, dass für eine etwaige **Erstattung** des **Arbeitgebers** eine **Pauschalierung** der Lohnsteuer mit **15 % nicht** in Betracht kommt. Die Pauschalbesteuerung ist nämlich nur für Beträge zulässig, die der Arbeitnehmer nach § 9 Abs. 1 Satz 3 Nr. 4 EStG oder nach § 9 Abs. 2 EStG als Werbungskosten geltend machen könnte. Vgl. hierzu auch die Erläuterungen beim Stichwort „Fahrten zwischen Wohnung und erster Tätigkeitsstätte" unter Nr. 7. ja ja

Beispiel

Ein Arbeitnehmer hat auf einer Fahrt zwischen Wohnung und erster Tätigkeitsstätte einen selbst verschuldeten Verkehrsunfall. Die Reparaturkosten für sein Fahrzeug betragen 2500 €. Der Arbeitnehmer erhält keinen Ersatz von seiner Versicherung. Der Arbeitgeber zahlt die Reparaturkosten in Höhe von 2500 €.

Der Arbeitgeberersatz in Höhe von 2500 € ist steuer- und beitragspflichtig. Der Arbeitnehmer kann die Reparaturkosten in Höhe von 2500 € neben der Entfernungspauschale für Fahrten zwischen Wohnung und erster Tätigkeitsstätte als Werbungskosten abziehen. Nachteilig bleibt also die Beitragspflicht im Sozialversicherungsrecht.

Neben der Entfernungspauschale können als allgemeine Werbungskosten nach § 9 Abs. 1 Satz 1 EStG nur Aufwendungen berücksichtigt werden für die Beseitigung von **Unfallschäden** bei einem Verkehrsunfall

- auf der Fahrt zwischen **Wohnung** und **erster Tätigkeitsstätte** (BFH-Urteile vom 23.6.1978, BStBl. II S. 457 und vom 14.7.1978, BStBl. II S. 595),
- auf einer **Umwegfahrt** zum **Betanken** des Fahrzeugs (BFH-Urteil vom 11.10.1984, BStBl. 1985 II S. 10),
- auf einer **Umwegstrecke** zur Abholung der Mitfahrer einer **Fahrgemeinschaft** unabhängig von der Gestaltung der Fahrgemeinschaft (BFH-Urteil vom 11.7.1980, BStBl. II S. 655),
- unter bestimmten Voraussetzungen auf einer **Leerfahrt des Ehegatten/Lebenspartners** zwischen der Wohnung und der Haltestelle eines öffentlichen Verkehrsmittels oder auf einer Abholfahrt des Ehegatten/Lebenspartners (BFH-Urteile vom 26.6.1987, BStBl. II S. 818 und vom 11.2.1993, BStBl. II S. 518).

Nicht berücksichtigt werden hingegen Unfallkosten

- auf einer **Umwegstrecke,** wenn diese aus **privaten Gründen** befahren wird (z. B. um ein Kind unmittelbar vor Arbeitsbeginn in die Schule oder in den Hort zu bringen oder zum Einkauf von Lebensmitteln; BFH-Urteil vom 13.3.1996, BStBl. II S. 375),
- auf einer Fahrt, die nicht von der Wohnung aus angetreten oder an der Wohnung beendet wird (BFH-Urteil vom 25.3.1988, BStBl. II S. 706),
- auf einer Fahrt unter **Alkoholeinfluss** (BFH-Urteil vom 6.4.1984, BStBl. II S. 434) sowie unter **Drogeneinfluss** oder
- auf einer Probefahrt (BFH-Urteil vom 23.6.1978, BStBl. II S. 457).

Wird bei einem möglichen Werbungskostenabzug das unfallbeschädigte **Fahrzeug nicht repariert,** kann die **Wertminderung** durch eine Abschreibung für außergewöhnliche Abnutzung als Werbungskosten berücksichtigt werden, sofern die gewöhnliche Nutzungsdauer (in der Regel sechs Jahre) des Fahrzeugs noch nicht abgelaufen ist (BFH-Urteil vom 21.8.2012, BStBl. 2013 II S. 171). Wird die unfallbedingte Wertminderung allerdings durch eine Reparatur behoben, sind nur die tatsächlichen Reparaturkosten als Werbungskosten zu berücksichtigen (BFH-Urteil vom 27.8.1993, BStBl. 1994 II S. 235). Eine an den Arbeitnehmer gezahlte **Versicherungsleistung mindert** auch dann die abziehbaren Werbungskosten, wenn der Arbeitnehmer die Versicherungsleistung erst in dem auf den Unfall folgenden Kalenderjahr erhält. Als Unfallkosten abziehbar sind auch **Schadenersatzleistungen,** die der **Arbeitnehmer** unter Verzicht auf die Inanspruchnahme seiner gesetzlichen Haftpflichtversicherung **selbst getragen** hat (z. B. Reparaturkosten am gegnerischen Fahrzeug).

Nicht berücksichtigungsfähig sind aber:

- die in den Folgejahren **erhöhten Beiträge** für eine **Haftpflicht-** und **Fahrzeugversicherung,** wenn die Schadensersatzleistungen von dem Versicherungsunternehmen erbracht worden sind (BFH-Urteil vom 11.7.1986, BStBl. II S. 866),
- **Finanzierungskosten,** und zwar auch dann, wenn die Kreditfinanzierung des neuen Fahrzeugs wegen Totalschadens des bisherigen Kraftfahrzeugs auf einer Fahrt von der Wohnung zur ersten Tätigkeitsstätte erforderlich geworden ist (BFH-Urteil vom 1.10.1982, BStBl. 1983 II S. 17) und
- der sog. **merkantile Minderwert** eines reparierten und weiterhin benutzten Fahrzeugs (BFH-Urteil vom 31.1.1992, BStBl. II S. 401).

Da die Finanzverwaltung – auch vor dem Hintergrund der Rechtsprechung des Bundesfinanzhofs (vgl. BFH-Urteil vom 20.3.2014, BStBl. II S. 849 zu Reparaturkosten infolge Falschbetankung) – allenfalls Unfallkosten im engeren Sinne, also die Kosten für die Beseitigung von Unfallschäden, zum Werbungskostenabzug zulassen will, können Kosten für einen **Leihwagen** nicht als Werbungskosten berücksichtigt werden. Das gilt auch für den Teil der Aufwendungen, der nach dem Gesamtnutzungsverhältnis des Leihwagens auf die Fahrten zwischen Wohnung und erster Tätigkeitsstätte entfällt. Für diese Fahrten mit dem Leihwagen wird wiederum die Enfernungspauschale angesetzt.

Im Falle der **Veräußerung** des **nicht reparierten Fahrzeugs** ist der Differenzbetrag zwischen fiktiven Buchwert (Anschaffungskosten abzüglich fiktiver Abschreibung) vor dem Unfall und dem Veräußerungserlös als Werbungskosten abziehbar (BFH-Urteil vom 21.8.2012, BStBl. 2013 II S. 171). Keine Rolle spielt der Zeitwert des Fahrzeugs vor dem Unfall. Für ein bereits abgeschriebenes Fahrzeug (= Ablauf der gewöhnlichen Nutzungsdauer von regelmäßig sechs Jahren) kommt allerdings die Berücksichtigung einer außergewöhnlichen Abschreibung nicht in Betracht.

Auch Unfallkosten, die auf einer zu berücksichtigenden **Familienheimfahrt** im Rahmen einer doppelten Haushaltsführung entstehen, sind als außergewöhnliche Aufwendungen neben der Entfernungspauschale nach § 9 Abs. 1 Satz 1 EStG als Werbungskosten zu berücksichtigen. Die Berücksichtigung der Unfallkosten als allgemeine Werbungskosten nach § 9 Abs. 1 Satz 1 EStG hat zur Folge, dass eine etwaige Erstattung des Arbeitgebers nicht steuerfrei, sondern steuer- und beitragspflichtig ist. Vgl. hierzu auch die Erläuterungen beim Stichwort „Familienheimfahrten" unter Nr. 5. ja ja

Auch **unfallbedingte Krankheitskosten,** die aufgrund eines Wegeunfalls zwischen Wohnung und erster Tätigkeitsstätte entstanden sind, berücksichtigt der Bundesfinanzhof neben der Entfernungspauschale als allgemeine Werbungskosten (BFH-Urteil vom 19.12.2019, BStBl. 2020 II S. 291). Es handelt sich hierbei nicht um fahrzeug- oder wegstreckenbezogene Aufwendungen und somit auch nicht um berufliche Mobilitätskosten, für die die Entfernungspauschale gilt.

10. Behinderte Arbeitnehmer

Behinderte Arbeitnehmer,

- deren Grad der Behinderung mindestens 70 beträgt, oder

- deren Grad der Behinderung weniger als 70, aber mindestens 50 beträgt und die in ihrer Bewegungsfähigkeit im Straßenverkehr erheblich beeinträchtigt sind (Merkzeichen „G"),

können nach § 9 Abs. 2 Satz 3 EStG für Fahrten zwischen Wohnung und erster Tätigkeitsstätte anstelle der Entfernungspauschale die **tatsächlichen Aufwendungen** ansetzen. Entsprechendes gilt bei Familienheimfahrten bei einer beruflich veranlassten doppelten Haushaltsführung (vgl. „Familienheimfahrten" unter Nr. 4).

E

Bei Benutzung eines Pkws kann der behinderte Arbeitnehmer die ihm entstandenen Kosten im Einzelnen nachweisen oder ohne Einzelnachweis den für Auswärtstätigkeiten geltenden Kilometersatz von **0,30 €** je **gefahrenen** Kilometer auch für die Fahrten zwischen Wohnung und erster Tätigkeitsstätte geltend machen. Dieser Kilometersatz erhöht sich aber nicht ab dem 21. gefahrenen Kilometer.

Wird anstelle des pauschalen Kilometersatzes von 0,30 € je gefahrenen Kilometer ein (höherer) individueller Kilometersatz im Einzelnen nachgewiesen, ist auch die Absetzung für Abnutzung **(AfA)** des Fahrzeugs zu berücksichtigen. Zur Ermittlung dieser AfA werden die Anschaffungskosten des Fahrzeugs über einen Zeitraum von sechs Jahren verteilt. Hat der behinderte Arbeitnehmer z. B. von der Deutschen Rentenversicherung für die **Beschaffung** des Fahrzeugs und/oder für eine **behinderungsbedingte Zusatzausstattung** einen **Zuschuss** erhalten, sind die Anschaffungskosten – vor der Berechnung der AfA – um den erhaltenen Zuschuss zu mindern (BFH-Urteil vom 14.6.2012, BStBl. II S. 835).

Unfallkosten, die einem behinderten Arbeitnehmer auf einer Fahrt zwischen Wohnung und erster Tätigkeitsstätte entstanden sind, können neben dem pauschalen Kilometersatz nach § 9 Abs. 2 Satz 3 EStG als Werbungskosten berücksichtigt werden.[1] Ein etwaiger Arbeitgeberersatz der Unfallkosten kann bei behinderten Arbeitnehmern mit 15 % pauschal besteuert werden, da die tatsächlichen Aufwendungen einschließlich der Unfallkosten nach § 9 Abs. 2 EStG als Werbungskosten berücksichtigt werden. Vgl. auch die Erläuterungen beim Stichwort „Fahrten zwischen Wohnung und erster Tätigkeitsstätte" unter Nr. 7.

Auch bei behinderten Arbeitnehmern wird arbeitstäglich nur eine Hin- und Rückfahrt berücksichtigt. **Leerfahrten,** die dadurch entstehen, dass der behinderte Arbeitnehmer von einem Dritten, z. B. dem Ehegatten, zu seiner ersten Tätigkeitsstätte gefahren und dort wieder abgeholt wird, werden jedoch zusätzlich anerkannt (R 9.10 Abs. 3 Satz 2 LStR). Bei einem behinderten Arbeitnehmer ergibt sich also unter Berücksichtigung der Leerfahrten ein Kilometersatz von 2 × 0,60 € = 1,20 € je Entfernungskilometer.

Werden die Fahrten zwischen Wohnung und erster Tätigkeitsstätte vom behinderten Arbeitnehmer mit **verschiedenen Verkehrsmitteln** (z. B. Pkw und Bahn) zurückgelegt, kann das Wahlrecht zwischen Entfernungspauschale und tatsächlichen Kosten nach Auffassung des Bundesfinanzhofs für beide zurückgelegten Teilstrecken nur einheitlich ausgeübt werden (BFH-Urteil vom 5.5.2009, BStBl. II S. 729). Ein darüber hinausgehendes Wahlrecht in Form einer „Meistbegünstigung" für die einzelne Teilstrecke hält der Bundesfinanzhof für nicht erforderlich. Ungeachtet dessen lässt die Finanzverwaltung ein **taggenaues Wahlrecht** hinsichtlich des Ansatzes der tatsächlichen Kosten oder der Entfernungspauschale im Rahmen einer **Meistbegünstigung** zu.[2]

Beispiel A

Ein behinderter Arbeitnehmer A (Grad der Behinderung von 90) fährt an 220 Arbeitstagen im Jahr mit dem eigenen Kraftwagen 17 km zu einem behindertengerechten Bahnhof und von dort 82 km mit der Bahn zur ersten Tätigkeitsstätte. Die tatsächlichen Bahnkosten betragen 240 Euro im Monat. A wählt das günstigste Ergebnis (für 183 Tage die Entfernungspauschale und für 37 Tage den Ansatz der tatsächlichen Kosten).

a) Ermittlung der Entfernungspauschale

Für die Teilstrecke mit dem eigenen Kraftwagen errechnet sich eine Entfernungspauschale von 183 Arbeitstagen × 17 km × 0,35 Euro = 1088,85 Euro. Für die Teilstrecke mit der Bahn errechnet sich eine Entfernungspauschale von 183 Arbeitstagen × 20 km × 0,30 Euro = 1098 Euro zuzüglich 183 Arbeitstage × 62 km × 0,35 Euro = 3971,10 Euro, ergibt eine Summe von 5069,10 Euro, höchstens 4500 Euro, sodass sich eine insgesamt anzusetzende Entfernungspauschale von 5589 Euro (4500 Euro + 1089 Euro) ergibt.

b) Ermittlung der tatsächlichen Kosten

Für die Teilstrecke mit dem eigenen Kraftwagen sind 37 Arbeitstage × 17 km × 2 × 0,30 Euro = 377,40 Euro anzusetzen (= tatsächliche Aufwendungen mit pauschalem Kilometersatz), für die verbleibende Teilstrecke mit der Bahn 484,36 Euro (= 240 Euro × 12 Monate = 2880 Euro : 220 Tage × 37 Tage), sodass sich insgesamt also ein aufgerundeter Betrag von 862 Euro (377,40 Euro + 484,36 Euro) ergibt.

Insgesamt kann somit ein Betrag von 6451 Euro (183 Tage Entfernungspauschale = 5589 € und 37 Tage tatsächliche Kosten = 862 €) abgezogen werden.

Tritt bei einem Arbeitnehmer der für einen Ansatz der tatsächlichen Kosten für die Wege zwischen Wohnung und erster Tätigkeitsstätte erforderliche Grad der **Behinderung** von mindestens 70 oder mindestens 50 und Merkzeichen „G" erst im **Laufe des Jahres** ein, besteht ebenfalls ein taggenaues Wahlrecht hinsichtlich des Ansatzes der tatsächlichen Kosten oder der Entfernungspauschale im Rahmen einer Meistbegünstigung.[3]

Beispiel B

Arbeitnehmer A fährt an 220 Arbeitstagen im Jahr mit dem eigenen Kraftwagen 17 km zum Bahnhof und von dort 82 km mit der Bahn zur ersten Tätigkeitsstätte. Die tatsächlichen Bahnkosten betragen 240 Euro im Monat. Mitte des Jahres (110 Arbeitstage) tritt eine Behinderung ein (Grad der Behinderung von 90). A wählt wieder das günstigste Ergebnis (für 183 Tage die Entfernungspauschale und für 37 Tage während des Zeitraums der Behinderung den Ansatz der tatsächlichen Kosten).

a) Ermittlung der Entfernungspauschale

Für die Teilstrecke mit dem eigenen Kraftwagen errechnet sich eine Entfernungspauschale von 183 Arbeitstagen × 17 km × 0,35 Euro = 1088,85 Euro. Für die Teilstrecke mit der Bahn errechnet sich eine Entfernungspauschale von 183 Arbeitstagen × 20 km × 0,30 Euro = 1098 Euro zuzüglich 183 Arbeitstage × 62 km × 0,35 Euro = 3971,10 Euro, ergibt eine Summe von 5069,10 Euro, höchstens 4500 Euro, sodass sich eine insgesamt anzusetzende Entfernungspauschale von 5589 Euro (4500 Euro + 1089 Euro) ergibt.

b) Ermittlung der tatsächlichen Kosten

Für die Teilstrecke mit dem eigenen Kraftwagen sind 37 Arbeitstage × 17 km × 2 × 0,30 Euro = 377,40 Euro anzusetzen (= tatsächliche Aufwendungen mit pauschalem Kilometersatz), für die verbleibende Teilstrecke mit der Bahn 484,36 Euro (= 240 Euro × 12 Monate = 2880 Euro : 220 Tage × 37 Tage), sodass sich insgesamt also ein aufgerundeter Betrag von 862 Euro (377,40 Euro + 484,36 Euro) ergibt.

Insgesamt kann auch in diesem Fall ein Betrag von 6451 Euro (183 Tage Entfernungspauschale = 5589 € und 37 Tage tatsächliche Kosten = 862 €) abgezogen werden.

Wird bei einem schwerbehinderten Arbeitnehmer der **Grad der Behinderung** z. B. von bisher mindestens 70 auf weniger als 50 **herabgesetzt,** ist dies für die Berücksichtigung der Fahrtkosten für die Wege zwischen Wohnung und erster Tätigkeitsstätte und für Familienheimfahrten im Rahmen einer beruflich veranlassten Haushaltsführung **ab dem im Bescheid** über die Behinderung **genannten Zeitpunkt** der Neufeststellung zu berücksichtigen (BFH-Beschluss vom 11.3.2014, BStBl. II S. 525).

1) Textziffer 3 des BMF-Schreibens vom 31.10.2013 (BStBl. I S. 1376). Das BMF-Schreiben ist als Anlage zu H 9.10 LStR im **Steuerhandbuch für das Lohnbüro 2021** abgedruckt, das im selben Verlag erschienen ist.

2) Textziffer 3, Beispiele 1 und 2, des BMF-Schreibens vom 31.10.2013 (BStBl. I S. 1376). Das BMF-Schreiben ist als Anlage zu H 9.10 LStR im **Steuerhandbuch für das Lohnbüro 2021** abgedruckt, das im selben Verlag erschienen ist.

3) Textziffer 3, Beispiel 2, des BMF-Schreibens vom 31.10.2013 (BStBl. I S. 1376). Das BMF-Schreiben ist als Anlage zu H 9.10 LStR im **Steuerhandbuch für das Lohnbüro 2021** abgedruckt, das im selben Verlag erschienen ist.

Lohnsteuerpflichtig | Sozialversich.-pflichtig

Behinderungsbedingte erhöhte Wegekosten sind nämlich von diesem Moment an nicht länger zu erwarten mit der Folge, dass ab diesem Zeitpunkt lediglich die **Entfernungspauschale** angesetzt werden kann. Der Bundesfinanzhof lehnt es auch ab, eine etwaige versorgungsrechtliche Verlängerung des Schwerbehindertenschutzes auf das Steuerrecht zu übertragen.

11. Entfernungspauschale bei beruflich veranlassten Auswärtstätigkeiten

a) Allgemeines

Der Werbungskostenabzug in Höhe der Entfernungspauschale kommt grundsätzlich nur für die Wege zwischen Wohnung und einer **ersten Tätigkeitsstätte** in Betracht. Die Annahme einer ersten Tätigkeitsstätte erfordert nicht, dass es sich um eine ortsfeste betriebliche Einrichtung des Arbeitgebers handelt. Eine erste Tätigkeitsstätte kann auch in den Fällen vorliegen, in denen der Arbeitnehmer statt beim **eigenen Arbeitgeber** in einer ortsfesten betrieblichen Einrichtung eines **verbundenen Unternehmens** (§ 15 AktG) oder eines Dritten (z. B. eines **Kunden**) tätig werden soll. Wegen der Einzelheiten zum Begriff der ersten Tätigkeitsstätte vgl. die Erläuterungen und Beispiele in Anhang 4 „Reisekosten bei Auswärtstätigkeiten“ unter Nr. 3. Außerdem wird auf die Stichworte „Einsatzwechseltätigkeit“, „Fahrtätigkeit“ und „Fliegendes Personal“ hingewiesen.

Die steuerliche Berücksichtigung der **Fahrtkosten** im Zusammenhang mit einer beruflich veranlassten **Auswärtstätigkeit** ist dem Grunde und der Höhe nach durch die gesetzliche Reisekostenreform zum 1.1.2014 grundsätzlich unverändert geblieben. Allerdings hat der Gesetzgeber festgelegt, dass es ungeachtet des Vorliegens einer beruflich veranlassten Auswärtstätigkeit dennoch in den folgenden Fällen zum Ansatz der **Entfernungspauschale** kommt:

- Dauerhafte Fahrten zu einem vom Arbeitgeber bestimmten **Sammelpunkt** (vgl. nachfolgenden Buchstaben b) und
- dauerhafte Fahrten zu einem **weiträumigen Tätigkeitsgebiet** (vgl. nachfolgenden Buchstaben c).

In beiden Fällen müssen die Fahrten „dauerhaft“ durchgeführt werden. Dauerhaft bedeutet auch hier unbefristet, für die gesamte Dauer des Dienstverhältnisses oder über einen Zeitraum von 48 Monaten hinaus.

Der Ansatz der Entfernungspauschale in diesen beiden Fällen hat auch zur Folge, dass ein etwaiger **Arbeitgeberersatz** der Pkw-Fahrtkosten nicht steuerfrei, sondern **steuerpflichtig** ist, aber ebenfalls mit 15 % pauschal besteuert werden kann. Außerdem führt eine **Firmenwagengestellung** für solche Fahrten zum Ansatz eines **geldwerten Vorteils.** Im Einzelnen gilt Folgendes: ja | nein[1]

b) Fahrten zu einem vom Arbeitgeber bestimmten Sammelpunkt

Bestimmt der **Arbeitgeber** durch arbeits-/dienstrechtliche Festlegung, dass ein Arbeitnehmer, der keine erste Tätigkeitsstätte hat, sich **dauerhaft typischerweise arbeitstäglich an einem festgelegten Ort** einfinden soll, um von dort seine unterschiedlichen eigentlichen Einsatzorte aufzusuchen oder dort die Arbeit aufzunehmen (z. B. Treffpunkt für einen betrieblichen Sammeltransport, Busdepot, Fährhafen, Liegeplatz des Schiffes, Flughafen), werden die Fahrten des Arbeitnehmers von der Wohnung zu diesem vom Arbeitgeber festgelegten Ort „wie“ Fahrten zu einer ersten Tätigkeitsstätte behandelt; für diese Fahrten darf nur die **Entfernungspauschale** angesetzt werden (§ 9 Abs. 1 Satz 3 Nr. 4a Satz 3 EStG). Der Ansatz der Entfernungspauschale in diesen Fällen hat auch zur Folge, dass ein etwaiger **Arbeitgeberersatz** der Fahrtkosten nicht steuerfrei, sondern **steuerpflichtig** ist, aber ebenfalls mit 15 % pauschal besteuert werden kann. Bei einer Firmenwagengestellung durch den Arbeitgeber ist auch für diese Fahrten ein geldwerter Vorteil nach der 0,03 %-Bruttolistenpreisregelung oder der Fahrtenbuchmethode anzusetzen (§ 8 Abs. 2 Sätze 3 und 4 EStG). ja | nein[1]

Unabhängig von der lediglich begrenzten Abziehbarkeit der Fahrtkosten beginnt die zweifellos vorliegende beruflich veranlasste Auswärtstätigkeit bereits mit dem Verlassen der Wohnung und endet mit der Rückkehr zur Wohnung. Dies ist von Bedeutung für die Berechnung der Abwesenheitsdauer zur Gewährung der Verpflegungspauschale und ggf. für die Berücksichtigung von Übernachtungskosten. Diese Aufwendungen können vom Arbeitgeber auch weiterhin nach Reisekostengrundsätzen steuerfrei erstattet werden. nein | nein

Beispiel A

Lkw-Fahrer A hat keine erste Tätigkeitsstätte. Er sucht jedoch auf Dauer typischerweise arbeitstäglich den Betrieb seines Arbeitgebers auf, um dort den beladenen Lkw für seine Tour zu übernehmen.

Obwohl es sich beim Betrieb des Arbeitgebers nicht um die erste Tätigkeitsstätte des A handelt, werden die mit dem eigenen Pkw von der Wohnung zum Betrieb des Arbeitgebers durchgeführten Fahrten lediglich in Höhe der Entfernungspauschale berücksichtigt.

Beispiel B

Busfahrer B hat keine erste Tätigkeitsstätte. Er sucht jedoch auf Dauer typischerweise arbeitstäglich den Betriebshof seines Arbeitgebers auf, um dort seinen Bus zu übernehmen.

Obwohl es sich beim Betriebshof des Arbeitgebers nicht um die erste Tätigkeitsstätte des B handelt, werden die mit dem eigenen Pkw von der Wohnung zum Betriebshof des Arbeitgebers durchgeführten Fahrten lediglich in Höhe der Entfernungspauschale berücksichtigt.

Beispiel C

Kundendienstmonteur C sucht auf Dauer täglich den Betrieb seines Arbeitgebers auf, um dort die Auftragsbestätigungen für den laufenden Tag abzuholen bzw. für den Vortag abzugeben.

C hat im Betrieb des Arbeitgebers keine erste Tätigkeitsstätte. Da er ihn jedoch auf Dauer arbeitstäglich aufsucht, werden die mit dem eigenen Pkw von der Wohnung zum Betrieb des Arbeitgebers durchgeführten Fahrten dennoch lediglich in Höhe der Entfernungspauschale berücksichtigt.

Beispiel D

Seemann D hat auf dem Schiff keine erste Tätigkeitsstätte, da es sich nicht um eine ortsfeste betriebliche Einrichtung des Arbeitgebers handelt. Er tritt seinen Dienst (Ein- und Ausschiffung) allerdings dauerhaft arbeitstäglich vom gleichen Fähranleger an.

Die mit dem eigenen Pkw durchgeführten Fahrten von der eigenen Wohnung des D zum Fähranleger werden lediglich in Höhe der Entfernungspauschale berücksichtigt.

Beispiel E

Der angestellte Lotse E hat keine „erste Tätigkeitsstätte“, da er seine Tätigkeit auf verschiedenen Schiffen ausüben soll. Er fährt allerdings dauerhaft jeden Morgen von seiner Wohnung zu einer vom Arbeitgeber festgelegten Lotsenwechselstation, um von dort aus zum Einsatz auf dem jeweiligen Schiff gebracht zu werden.

Die mit dem eigenen Pkw durchgeführten Fahrten von seiner Wohnung zur Lotsenwechselstation werden lediglich in Höhe der Entfernungspauschale berücksichtigt.

Werden die Fahrten von der Wohnung zum Arbeitgeber-Sammelpunkt aber **nicht „arbeitstäglich“** durchgeführt, weil der Arbeitnehmer nicht an jedem Arbeitstag, sondern z. B. nur an einem Tag in der Woche den vom Arbeitgeber festgelegten Ort zur Arbeitsaufnahme aufsuchen soll, bleiben die Fahrtkosten nach allgemeinen **Reisekostengrundsätzen** abziehbar. „Typischerweise arbeitstäglich“ erfordert ein – bis auf Urlaubs-, Krankheits- oder Fortbildungstage – arbeitstägliches Aufsuchen desselben Ortes. nein | nein

Beispiel F

Lkw-Fahrer F ist im Fernverkehr tätig und von Montag bis Freitag unterwegs. Er ist keiner betrieblichen Einrichtung dauerhaft zugeordnet. Entsprechend der arbeitsrechtlichen Festlegung des Arbeitgebers soll F jeden Montag den Betriebshof des Arbeitgebers aufsuchen, um dort den Lkw zu übernehmen. Nach der Beendigung der mehrtägigen Auswärtstätigkeit am Freitag hat er den Lkw u. a. zu Wartungszwecken sowie zum Be- und Entladen dort wieder abzustellen.

1) Im Umfang der Pauschalbesteuerung.

	Lohn-steuer-pflichtig	Sozial-versich.-pflichtig

Die Fahrtkosten des Lkw-Fahrers F zum Betrieb des Arbeitgebers können nach Reisekostengrundsätzen (z. B. 0,30 € je gefahrenen Kilometer) als Werbungskosten abgezogen bzw. vom Arbeitgeber steuerfrei erstattet werden. Das gilt auch dann, wenn ein Lkw-Fahrer sowohl Lang- als auch Kurzstrecken fährt und daher den Betrieb des Arbeitgebers zeitweise jeden Tag aufsucht.

Ein Arbeitgeber-Sammelpunkt kann auch dann vorliegen, wenn der **Arbeitgeber** dauerhaft die Abläufe von **Fahrgemeinschaften** bestimmt.

Beispiel G

Der Arbeitgeber hat bestimmt, dass der Arbeitnehmer sich dauerhaft typischerweise arbeitstäglich am Wohnsitz des Kollegen einfinden soll, um von dort mit diesem gemeinsam die unterschiedlichen eigentlichen Einsatzorte aufzusuchen.

Es handelt sich beim Wohnsitz des Kollegen um einen Arbeitgeber-Sammelpunkt mit der Folge, dass der Arbeitnehmer bei Benutzung seines Pkw für die Fahrten von seiner Wohnung zum Wohnsitz des Kollegen nur die Entfernungspauschale als Werbungskosten ansetzen kann bzw. bei Zurverfügungstellung eines Firmenwagens für diese Fahrten ein geldwerter Vorteil nach der 0,03 %-Bruttolistenpreisregelung bzw. der Fahrtenbuchmethode zu ermitteln ist. Bei den Fahrten vom Wohnsitz des Kollegen zu den unterschiedlichen Einsatzorten handelt es sich um Reisekosten.

Beispiel H

Der Arbeitgeber hat bestimmt, dass die Kollegen mit dem Firmenwagen die unterschiedlichen Einsatzorte aufzusuchen haben. Den genauen Treffpunkt (z. B. Wohnort des Kollegen) bestimmt der Arbeitgeber aber nicht.

Es handelt sich beim „Treffpunkt" nicht um einen Arbeitgeber-Sammelpunkt mit der Folge, dass es sich bei den Fahrten von der Wohnung zu diesem Treffpunkt um Reisekosten handelt. Bei der Firmenwagengestellung für diese Fahrten liegt eine steuerfreie Sachleistung vor.

Treffen sich mehrere Arbeitnehmer typischerweise arbeitstäglich an einem bestimmten Ort, um von dort aus gemeinsam zu ihren Tätigkeitsstätten zu fahren **(privat organisierte Fahrgemeinschaft),** liegt ebenfalls kein Sammelpunkt im Sinne der vorstehenden Fahrtkostenbegrenzung vor. Es fehlt insoweit bereits an einer arbeits-/dienstrechtlichen Festlegung des Arbeitgebers.

Beispiel I

Drei Bauarbeiter treffen sich jeden Morgen auf einem Parkplatz in der Nähe der Autobahn, um von dort aus gemeinsam die jeweilige Baustelle aufzusuchen.

Die Fahrten von der jeweiligen Wohnung zum Parkplatz bzw. zur Baustelle können in Höhe der tatsächlichen Aufwendungen (0,30 €) je gefahrenen Kilometer steuerlich geltend gemacht werden. Ein steuerfreier Reisekostenersatz des Arbeitgebers ist auch für diese Fahrtkosten zulässig.

c) Fahrten zum und innerhalb eines weiträumigen Tätigkeitsgebiets

Ein weiträumiges Tätigkeitsgebiet liegt in Abgrenzung zur ersten Tätigkeitsstätte vor, wenn die **vertraglich vereinbarte Arbeitsleistung auf einer festgelegten Fläche** und nicht innerhalb einer ortsfesten betrieblichen Einrichtung des Arbeitgebers, eines verbundenen Unternehmens (§ 15 AktG) oder bei einem vom Arbeitgeber bestimmten Dritten ausgeübt werden soll. In einem weiträumigen Tätigkeitsgebiet werden in der Regel z. B. **Zusteller, Hafenarbeiter, Forstarbeiter** tätig. Hingegen sind z. B. Bezirksleiter und Vertriebsmitarbeiter, die verschiedene Niederlassungen betreuen oder mobile Pflegekräfte, die verschiedene Personen in deren Wohnungen in einem festgelegten Gebiet betreuen sowie Schornsteinfeger nicht in einem weiträumigen Tätigkeitsgebiet tätig. Auch ein großräumiges Betriebsgelände mit mehreren ortsfesten betrieblichen Einrichtungen ist kein weiträumiges Tätigkeitsgebiet, allerdings ggf. eine erste Tätigkeitsstätte (z. B. Flughafengelände siehe BFH-Urteil vom 10.4.2019, BFH/NV 2019 S. 904).

Soll ein Arbeitnehmer, der keine erste Tätigkeitsstätte hat, aufgrund der Weisungen des Arbeitgebers seine berufliche Tätigkeit **dauerhaft** typischerweise **arbeitstäglich** in demselben weiträumigen Tätigkeitsgebiet ausüben, ist für die Fahrten von der **Wohnung** zu diesem **weiträumigen Tätigkeitsgebiet** ebenfalls nur die **Entfernungspauschale** anzuwenden. Wird das weiträumige Tätigkeitsgebiet immer von verschiedenen Zugängen aus betreten oder befahren, ist die Entfernungspauschale aus Vereinfachungsgründen bei diesen Fahrten nur für die kürzeste Entfernung von der Wohnung zum nächstgelegenen Zugang des weiträumigen Tätigkeitsgebiets anzusetzen (§ 9 Abs. 1 Satz 3 Nr. 4a Satz 3 EStG). Der Ansatz der Entfernungspauschale in diesen Fällen hat auch zur Folge, dass ein etwaiger **Arbeitgeberersatz** der Fahrtkosten nicht steuerfrei, sondern **steuerpflichtig** ist, aber ebenfalls mit 15 % pauschal besteuert werden kann. Bei einer Firmenwagengestellung durch den Arbeitgeber ist auch für diese Fahrten ein geldwerter Vorteil nach der 0,03 %-Bruttolistenpreisregelung oder der Fahrtenbuchmethode anzusetzen (§ 8 Abs. 2 Sätze 3 und 4 EStG).[1)] — ja — nein[2)]

Unabhängig von der lediglich begrenzten Abziehbarkeit der Fahrtkosten beginnt die zweifellos vorliegende beruflich veranlasste Auswärtstätigkeit bereits mit dem Verlassen der Wohnung und endet mit der Rückkehr zur Wohnung. Dies ist von Bedeutung für die Berechnung der Abwesenheitsdauer zur Gewährung der Verpflegungspauschale und ggf. für die Berücksichtigung von Übernachtungskosten. Diese Aufwendungen können vom Arbeitgeber auch weiterhin nach Reisekostengrundsätzen steuerfrei erstattet werden. — nein — nein

Außerdem können für alle Fahrten **innerhalb** des **weiträumigen Tätigkeitsgebietes** sowie für die zusätzlichen Kilometer bei den Fahrten von der Wohnung zu einem **weiter entfernten Zugang** die tatsächlichen Aufwendungen oder der pauschale Kilometersatz von 0,30 € je gefahrenen Kilometer als steuerfreier Reisekostenersatz angesetzt werden. — nein — nein

Beispiel A

Der Forstarbeiter A fährt an 150 Tagen mit dem Pkw von seiner Wohnung zu dem 15 km entfernten, nächstgelegenen Zugang des von ihm täglich zu betreuenden Waldgebietes (= weiträumiges Tätigkeitsgebiet). An 70 Tagen fährt er von seiner Wohnung über einen weiter entfernt liegenden Zugang (20 km) in das Waldgebiet.

Die auf Dauer durchzuführenden Fahrten von der Wohnung zu dem weiträumigen Tätigkeitsgebiet werden behandelt wie die Fahrten von der Wohnung zu einer ersten Tätigkeitsstätte. A kann somit für diese Fahrten lediglich die Entfernungspauschale in Höhe von 0,30 € je Entfernungskilometer (= 15 km × 0,30 €) als Werbungskosten ansetzen. Die Fahrten innerhalb des Waldgebietes können mit den tatsächlichen Kosten oder aus Vereinfachungsgründen mit dem pauschalen Kilometersatz in Höhe von 0,30 € je tatsächlich gefahrenen Kilometer berücksichtigt werden.

Bei den Fahrten zu dem weiter entfernt gelegenen Zugang werden ebenfalls nur 15 Kilometer mit der Entfernungspauschale (15 km × 0,30 €) berücksichtigt. Die zusätzlichen 10 Kilometer (morgens und abends jeweils 5 km) werden ebenso wie die Fahrten innerhalb des weiträumigen Tätigkeitsgebietes mit den tatsächlichen Kosten oder aus Vereinfachungsgründen mit dem pauschalen Kilometersatz in Höhe von 0,30 € je gefahrenen Kilometer berücksichtigt.

Letztlich sind somit für 220 Tage jeweils 15 km mit der Entfernungspauschale und die restlichen tatsächlich gefahrenen Kilometer mit den tatsächlichen Kosten oder aus Vereinfachungsgründen mit dem pauschalen Kilometersatz in Höhe von 0,30 € anzusetzen.

Soll der Arbeitnehmer in mehreren ortsfesten Einrichtungen seines Arbeitgebers, eines verbundenen Unternehmens oder eines Dritten, die innerhalb eines bestimmten Bezirks gelegen sind, beruflich tätig werden, wird er nicht in einem weiträumigen Tätigkeitsgebiet, sondern an verschiedenen, ggf. sogar ständig wechselnden Tätigkeitsstätten tätig. Allerdings kann es sich bei einem großräumigen Betriebsgelände mit mehreren ortsfesten betrieblichen Einrichtungen auch um eine erste Tätigkeitsstätte handeln (z. B. Flughafengelände siehe BFH-Urteil vom 10.4.2019, BFH/NV 2019 S. 904).

1) Dauerhafte Fahrten zu einem weiträumigen Tätigkeitsgebiet in Form einer Sammelbeförderung (vgl. dieses Stichwort) sind steuer- und sozialversicherungsfrei (§ 3 Nr. 32 EStG).

2) Im Umfang der Pauschalbesteuerung.

Lohn-steuer-pflichtig Sozial-versich.-pflichtig

Beispiel B

Der angestellte Schornsteinfeger B legt die Fahrten von seiner Wohnung zum Kehrbezirk mit seinem eigenen Pkw zurück. Die Entfernung von seiner Wohnung zum nächstgelegenen Zugang des Kehrbezirks beträgt 7 km.

B kann die Fahrtkosten nicht nur in Höhe der Entfernungspauschale, sondern in Höhe von 0,30 € je gefahrenen Kilometer geltend machen. Entscheidend hierfür ist, dass er nicht in einem weiträumigen Tätigkeitsgebiet, sondern in Einrichtungen der Kunden seine Tätigkeit ausübt.

Beispiel C

Vertriebsmitarbeiter C besucht dauerhaft in einem Chemiepark einen oder mehrere seiner rund drei Dutzend Kunden.

C wird nicht in einem weiträumigen Tätigkeitsgebiet, sondern in betrieblichen Einrichtungen seiner Kunden tätig. Die Fahrtkosten führen in voller Höhe (ggf. 0,30 €) je gefahrenen Kilometer zu Reisekosten.

12. Anrechnung von Arbeitgeberleistungen auf die Entfernungspauschale

a) Steuerfreie Arbeitgeberleistungen

Die seit 1.1.2019 steuerfreien Arbeitgeberleistungen (Sachleistungen und Barzuschüsse) nach § 3 Nr. 15 EStG **mindern** den als **Entfernungspauschale** abziehbaren Betrag (§ 3 Nr. 15 Satz 3 EStG); vgl. hierzu insbesondere die Stichworte „BahnCard" und „Freifahrten". Der Minderungsbetrag entspricht dem Wert der Fahrberechtigung oder dem geleisteten Barzuschuss des Arbeitgebers. Dabei kann der Wert der überlassenen Fahrberechtigung aus Vereinfachungsgründen mit den Bruttoaufwendungen des Arbeitgebers (also einschließlich Umsatzsteuer) angesetzt werden.

Beispiel A

Beim Arbeitnehmer A beträgt die Entfernung zwischen Wohnung und erster Tätigkeitsstätte, die an 150 Tagen aufgesucht wird, 40 km. A erhält für diese Fahrten von seinem Arbeitgeber ein steuerfreies Job-Ticket im Wert von 1600 €.

Ermittlung der Entfernungspauschale:

150 Arbeitstage × 20 km × 0,30 € =	900 €
150 Arbeitstage × 20 km × 0,35 € =	1050 €
Summe	1950 €
Anrechnung der steuerfreien Arbeitgeberleistung (§ 3 Nr. 15 Satz 3 EStG)	1600 €
Verbleibende Entfernungspauschale =	350 €

Die Minderung der Entfernungspauschale ist **auch** dann vorzunehmen, wenn der Arbeitnehmer (ggf. ausschließlich) steuerfreie Arbeitgeberleistungen **für Privatfahrten** im öffentlichen Personennahverkehr erhalten hat.

Beispiel B

Der Arbeitnehmer B benutzt für den Weg von der Wohnung zur Arbeit (= 20 km) an 220 Arbeitstagen seinen Pkw. Für Privatfahrten im öffentlichen Personennahverkehr hat er steuerfreie Arbeitgeberleistungen in Höhe von 300 € erhalten.

Ermittlung der Entfernungspauschale:

220 Arbeitstage × 20 km × 0,30 € =	1320 €
Anrechnung der steuerfreien Arbeitgeberleistung (§ 3 Nr. 15 Satz 3 EStG)	300 €
Verbleibende Entfernungspauschale =	1020 €

Fahrberechtigungen mit einer Gültigkeit über zwei oder mehr Kalenderjahre gelten in dem Kalenderjahr als zugeflossen, in dem die Arbeitgeberleistung erbracht wird. Für die Anrechnung auf die Entfernungspauschale ist der Wert der Fahrberechtigung aber anteilig auf den Gültigkeitszeitraum zu verteilen und entsprechend zu bescheinigen.

Beispiel C

Der Arbeitgeber überlässt seinem Arbeitnehmer C am 1.10.2021 ein Jahresticket (Gültigkeit bis zum 30.9.2022) für den regionalen Verkehrsverbund, das er zum Preis von 1200 € erworben hat.

Das überlassene Jahresticket im Wert von 1200 € ist als Fahrberechtigung für den öffentlichen Personennahverkehr in voller Höhe steuerfrei (§ 3 Nr. 15 Satz 2 EStG; steuerfreier Zufluss 1.10.2021). Für die Anrechnung auf die Entfernungspauschale ist die steuerfreie Arbeitgeberleistung anteilig auf den Gültigkeitszeitraum der Fahrberechtigung von 12 Monaten zu verteilen. Somit ist die steuerfreie Arbeitgeberleistung im Jahr 2021 mit 300 € (3/12) und im Jahr 2022 mit 900 € (9/12) auf die Entfernungspauschale anzurechnen.

Lohn-steuer-pflichtig Sozial-versich.-pflichtig

Die **Minderung** der Entfernungspauschale ist unabhängig von der tatsächlichen Nutzung der vom Arbeitgeber überlassenen oder bezuschussten Fahrberechtigung durch den Arbeitnehmer vorzunehmen. Sie erfolgt **von der abziehbaren Entfernungspauschale,** d. h. ggf. unter Beachtung der 4500-Euro-Grenze; maximal bis auf 0 €. Die Kürzung der Entfernungspauschale erfolgt auch in den Fällen, in denen der Arbeitnehmer die Fahrberechtigung tatsächlich nicht oder privat nutzt.

Beispiel D

Arbeitnehmer D fährt an 220 Arbeitstagen von seiner Wohnung mit dem Pkw 30 km zum Bahnhof und von dort 100 km mit der Bahn zur ersten Tätigkeitsstätte. Die kürzeste Straßenverbindung zwischen Wohnung und erster Tätigkeitsstätte beträgt 110 km. Der Arbeitgeber überlässt dem Arbeitnehmer eine Jahresfahrkarte der Bahn ausschließlich für die Strecke Wohnung-erste Tätigkeitsstätte im Wert von 4600 €.

Die Arbeitgeberleistung in Form der Überlassung der Jahreskarte ist steuerfrei (§ 3 Nr. 15 Satz 2 EStG).

Ermittlung der Entfernungspauschale:

Von der maßgebenden Entfernung von 110 km entfällt eine Teilstrecke von 30 km auf Fahrten mit dem Pkw und von 80 km auf Fahrten mit der Bahn.

Teilstrecke Bahn:	
220 Arbeitstage × 20 km × 0,30 € =	1320 €
220 Arbeitstage × 60 km × 0,35 € =	4620 €
Summe	5940 €
begrenzt auf den Höchstbetrag	4500 €
Teilstrecke Pkw	
220 Arbeitstage × 30 km × 0,35 € =	2310 €
Entfernungspauschale insgesamt	6810 €
Anrechnung der steuerfreien Arbeitgeberleistung (§ 3 Nr. 15 Satz 3 EStG)	4600 €
Verbleibende Entfernungspauschale	2210 €

Beispiel E

Arbeitnehmer E fährt an 220 Arbeitstagen von seiner Wohnung mit dem Pkw 40 km zum Bahnhof und von dort 40 km mit der Bahn zur ersten Tätigkeitsstätte. Die kürzeste Straßenverbindung zwischen Wohnung und erster Tätigkeitsstätte beträgt 65 km. Der Arbeitgeber überlässt dem Arbeitnehmer eine Jahresfahrkarte der Bahn ausschließlich für die Strecke Wohnung-erste Tätigkeitsstätte im Wert von 4800 €.

Die Arbeitgeberleistung in Form der Überlassung der Jahreskarte ist steuerfrei (§ 3 Nr. 15 Satz 2 EStG).

Ermittlung der Entfernungspauschale:

Von der maßgebenden Entfernung von 65 km entfällt eine Teilstrecke von 40 km auf Fahrten mit dem Pkw und von 25 km auf Fahrten mit der Bahn.

Teilstrecke Bahn:	
220 Arbeitstage × 20 km × 0,30 € =	1320 €
220 Arbeitstage × 5 km × 0,35 € =	385 €
Summe	1705 €

Der Höchstbetrag von 4500 € ist nicht überschritten.

Teilstrecke Pkw	
220 Arbeitstage × 40 km × 0,35 € =	3080 €
Entfernungspauschale insgesamt	4785 €
Anrechnung der steuerfreien Arbeitgeberleistung (§ 3 Nr. 15 Satz 3 EStG)	4800 €
Verbleibende Entfernungspauschale	0 €

Bietet der Arbeitgeber gleichartige Fahrberechtigungen allen seinen Arbeitnehmern an und zahlt er hierfür an den Verkehrsträger einen Pauschalpreis pro Arbeitnehmer, können zur Ermittlung des Minderungsbetrags für den einzelnen Arbeitnehmer die **Gesamtaufwendungen** (einschließlich Umsatzsteuer) des Arbeitgebers auf die **Anzahl aller Arbeitnehmer aufgeteilt** werden. Dies gilt unabhängig davon, wie viele Arbeitnehmer Fahrberechtigungen annehmen oder ggf. auf sie verzichten.

E

Lohn-steuer-pflichtig	Sozial-versich.-pflichtig

Beispiel F

Ein Arbeitgeber schließt mit einem regionalen Verkehrsträger einen Vertrag, wonach alle 50 Arbeitnehmer seines Unternehmens eine Fahrberechtigung für den gesamten Verkehrsverbund erhalten sollen. Hierfür zahlt der Arbeitgeber einschließlich Umsatzsteuer 30 000 € an den Verkehrsträger (Pauschalpreis pro Arbeitnehmer 600 € jährlich).

Arbeitnehmer A nutzt die Jahreskarte an 220 Arbeitstagen für seine Fahrten zwischen Wohnung und erster Tätigkeitsstätte (Entfernung 50 km). Arbeitnehmer B nutzt die Jahreskarte nicht und fährt mit dem Elektro-Bike die 5 km zur Arbeit (220 Arbeitstage). Arbeitnehmer C verzichtet auf die Fahrberechtigung.

E

Die Überlassung der Jahreskarten ist bei A und B steuerfrei (§ 3 Nr. 15 Satz 2 EStG), da es sich um eine Fahrberechtigung für den öffentlichen Personennahverkehr (Stichwort Verkehrsverbund) handelt. Die Entfernungspauschale ist bei A und B um 600 € – maximal bis auf 0 € – zu kürzen.

Ermittlung der Entfernungspauschale bei A:

220 Arbeitstage × 20 km × 0,30 € =	1320 €
220 Arbeitstage × 30 km × 0,35 € =	2310 €
Summe	3630 €
Anrechnung der steuerfreien Arbeitgeberleistung (§ 3 Nr. 15 Satz 3 EStG)	600 €
Verbleibende Entfernungspauschale	3030 €

Ermittlung der Entfernungspauschale bei B:

220 Arbeitstage × 5 km × 0,30 € =	330 €
Anrechnung der steuerfreien Arbeitgeberleistung (§ 3 Nr. 15 Satz 3 EStG)	600 €
Verbleibende Entfernungspauschale	0 €

Da C auf die Jahreskarte verzichtet hat, erfolgt bei ihm keine Kürzung der Entfernungspauschale (vgl. nachfolgendes Beispiel G).

Macht der Arbeitnehmer anstelle der Entfernungspauschale seine tatsächlichen Aufwendungen geltend (vgl. § 9 Abs. 2 Sätze 2 und 3 EStG), sind steuerfreie Zuschüsse des Arbeitgebers zu den von den Arbeitnehmern selbst erworbenen Fahrberechtigungen ebenfalls auf die Entfernungspauschale anzurechnen (wegen einer Regelungslücke ist Rechtsgrundlage hierfür nicht § 3 Nr. 15 Satz 3 EStG, sondern § 3c Abs. 1 EStG).

Erklärt ein **Arbeitnehmer** gegenüber dem Arbeitgeber, auf die **Fahrberechtigung** vollumfänglich zu **verzichten,** kann nur dann von einer Kürzung der Entfernungspauschale abgesehen werden, wenn der Arbeitnehmer die Fahrberechtigung tatsächlich nicht annimmt oder ab dem Zeitpunkt, zu dem er sie zurückgibt. Der Nachweis des Nutzungsverzichts ist zum Lohnkonto des jeweiligen Arbeitnehmers aufzubewahren.

Beispiel G

Ein Arbeitgeber schließt mit einem regionalen Verkehrsträger einen Vertrag, wonach alle 50 Arbeitnehmer seines Unternehmens eine Fahrberechtigung für den gesamten Verkehrsverbund erhalten sollen. Hierfür zahlt der Arbeitgeber einschließlich Umsatzsteuer 30 000 € an den Verkehrsträger (Pauschalpreis pro Arbeitnehmer 600 € jährlich). Arbeitnehmer G verzichtet auf die Fahrberechtigung.

Da G auf die Jahreskarte verzichtet hat, erfolgt bei ihm keine Kürzung der Entfernungspauschale.

Ebenfalls auf die Entfernungspauschale anzurechnen sind die in Anwendung der **monatlichen 44-Euro-Freigrenze** (§ 8 Abs. 2 Satz 11 EStG) oder des Rabattfreibetrags (§ 8 Abs. 3 EStG) von 1080 € jährlich steuerfreien Sachbezüge für Fahrten zwischen Wohnung und erster Tätigkeitsstätte (§ 9 Abs. 1 Satz 3 Nr. 4 Satz 5 EStG).

Beispiel H

Der Arbeitgeber vereinbart mit seinem Arbeitnehmer die Zurverfügungstellung eines Job-Tickets durch Gehaltsumwandlung. Der übliche Preis der Monatsfahrkarte beträgt 50 €.

Üblicher Preis für eine Monatsfahrkarte	50,00 €
Vom Verkehrsträger eingeräumte Job-Ticketermäßigung 10 %	5,00 €
Differenz	45,00 €
davon 96 % (R 8.1 Abs. 2 Satz 3 LStR)	43,20 €

Eine Steuerfreiheit des Job-Tickets nach § 3 Nr. 15 EStG kommt nicht in Betracht, da es nicht zusätzlich zum ohnehin geschuldeten Arbeitslohn erbracht wird. Unter der Voraussetzung, dass keine weiteren Sachbezüge im Monat gewährt werden, die zu einer Überschreitung der 44-Euro-Grenze führen, bleibt der Vorteil außer Ansatz, wird aber auf die Entfernungspauschale angerechnet.

Die zusätzlich zum ohnehin geschuldeten Arbeitslohn gewährten geldwerten Vorteile (Sachbezüge) aus der unentgeltlichen oder verbilligten **Nutzungsüberlassung** eines betrieblichen **Fahrrads** vom Arbeitgeber an den Arbeitnehmer insbesondere zur privaten Nutzung und zur Nutzung für Fahrten zwischen Wohnung und erster Tätigkeitsstätte sind seit 1.1.2019 **steuerfrei** (§ 3 Nr. 37 EStG). Die Steuerbefreiung gilt sowohl für Pedelecs als auch für „normale" Fahrräder. Wird das Fahrrad (auch) zu Fahrten zwischen Wohnung und erster Tätigkeitsstätte genutzt, sind die steuerfreien Sachbezüge **nicht auf die Entfernungspauschale anzurechnen** (§ 9 Abs. 1 Satz 3 Nr. 4 Satz 7 EStG).

Beispiel I

Der Arbeitgeber überlässt dem Arbeitnehmer ein Pedelec zur uneingeschränkten Privatnutzung. Der Arbeitnehmer fährt mit dem Fahrrad an 100 Tagen auch zur Arbeit, an den übrigen 120 Tagen mit dem Pkw. Die Entfernung Wohnung/erste Tätigkeitsstätte beträgt 10 km.

Die Entfernungspauschale berechnet sich wie folgt.

220 Arbeitstage x 10 km x 0,30 € = 660 €

Der steuerfreie geldwerte Vorteil aus der Überlassung des Pedelecs ist nicht auf die Entfernungspauschale anzurechnen.

b) Pauschal besteuerte Arbeitgeberleistungen

Pauschal mit 15 % Lohnsteuer besteuerte Arbeitgeberleistungen für Fahrten zwischen Wohnung und erster Tätigkeitsstätte sind auf die Entfernungspauschale anzurechnen (§ 40 Abs. 2 Satz 2 Nr. 1 EStG). Hierzu gehören sowohl pauschal besteuerte Sachbezüge z. B. aus der unentgeltlichen oder verbilligten Firmenwagengestellung zu Fahrten zwischen Wohnung und erster Tätigkeitsstätte als auch pauschal besteuerte Fahrtkostenzuschüsse des Arbeitgebers für Fahrten mit dem Pkw des Arbeitnehmers und pauschal mit 15 % besteuerte Job-Tickets (vgl. im Einzelnen die Stichwörter „Fahrten zwischen Wohnung und erster Tätigkeitsstätte" unter Nr. 5 und „Firmenwagen zur privaten Nutzung" unter Nr. 13).

Dem Arbeitgeber ist ein **Wahlrecht** zwischen der **Steuerfreiheit** von Fahrtkostenzuschüssen (Bar- und Sachleistungen des Arbeitgebers) **mit Anrechnung** auf die Entfernungspauschale (§ 3 Nr. 15 Satz 3 EStG) und einer **Pauschalierungsmöglichkeit mit 25 %** bei gleichzeitigem **Verzicht** auf die **Minderung** der Entfernungspauschale (§ 40 Abs. 2 Satz 2 Nr. 2 EStG) eingeräumt worden. Hierdurch soll auch die Akzeptanz von z. B. Jobtickets insbesondere bei solchen Arbeitnehmern erhöht werden, die öffentliche Verkehrsmittel ggf. aufgrund ihres Wohnortes oder der Tätigkeitsstätte im ländlichen Bereich gar nicht oder nur sehr eingeschränkt nutzen können. Wählt der Arbeitgeber die Pauschalierungsmöglichkeit mit 25 % ohne Anrechnung auf die Entfernungspauschale, ist die Pauschalbesteuerung einheitlich für alle Arbeitgeberleistungen (Barzuschüsse und Sachleistungen) i. S. d. § 3 Nr. 15 EStG anzuwenden, die der Arbeitgeber dem jeweiligen Arbeitnehmer innerhalb eines Kalenderjahres gewährt. Auch bei dieser Pauschalierungsmöglichkeit kann die Pauschalsteuer arbeitsrechtlich im Innenverhältnis auf den Arbeitnehmer abgewälzt werden.

Beispiel A

Arbeitgeber A gewährt seinem Arbeitnehmer B zusätzlich zum ohnehin geschuldeten Arbeitslohn eine Fahrberechtigung für den öffentlichen Personennahverkehr im Wert von 100 € (= Aufwand des Arbeitgebers), die auch den Weg zwischen Wohnung und erster Tätigkeitsstätte abdeckt. Aufgrund der schlechten Verkehrsanbindung nutzt B hierfür allerdings seinen Pkw (220 Arbeitstage à 40 km).

Die Zurverfügungstellung der Fahrberechtigung im Wert von 100 € ist steuerfrei und mindert in dieser Höhe die Entfernungspauschale (§ 3 Nr. 15 Sätze 2 und 3 EStG).

Um eine Anrechnung auf die Entfernungspauschale zu vermeiden, nimmt A – ggf. unter Abwälzung der Pauschalsteuer auf B – eine Pauschalbesteuerung mit 25 % nach § 40 Abs. 2 Satz 2 Nr. 2 EStG

	Lohn-steuer-pflichtig	Sozial-versich.-pflichtig

vor. Bemessungsgrundlage hierfür sind die Aufwendungen des A in Höhe von 1200 € jährlich (§ 40 Abs. 2 Satz 4 EStG).

Die Pauschalierungsmöglichkeit mit 25 % soll auch für Arbeitgeberleistungen gelten, die nicht zusätzlich zum ohnehin geschuldeten Arbeitslohn (sondern mittels Gehaltsumwandlung) erbracht werden und deshalb die Voraussetzungen für eine Steuerfreistellung der Arbeitgeberleistung nach § 3 Nr. 15 EStG gar nicht erfüllen. Für die mittels Entgeltumwandlung finanzierten Beträge im Zusammenhang mit der Nutzung öffentlicher Verkehrsmittel von der Wohnung zur Arbeit kann der Arbeitgeber somit wählen zwischen der Pauschalbesteuerung mit 15 % mit Anrechnung auf die Entfernungspauschale (§ 40 Abs. 2 Satz 2 Nr. 1 EStG) und der Pauschalbesteuerung mit 25 % ohne Minderung der Entfernungspauschale (§ 40 Abs. 2 Satz 2 Nr. 2 EStG).

Beispiel B

Arbeitnehmerin B, vollzeitbeschäftigt, hohe Werbungskosten u. a. durch Entfernungspauschale, hat eine Monatsfahrkarte zu einem üblichen Preis von 100 € durch Gehaltsumwandlung finanziert.

Üblicher Preis für eine Monatsfahrkarte	100,00 €
Vom Verkehrsträger eingeräumte Job-Ticketermäßigung 10 %	10,00 €
Differenz = Aufwendungen des Arbeitgebers	90,00 €

Um eine Anrechnung auf die Entfernungspauschale zu vermeiden wird eine Pauschalbesteuerung des geldwerten Vorteils von 90,00 € mit 25 % nach § 40 Abs. 2 Satz 2 Nr. 2 EStG – ggf. unter Abwälzung der Pauschalsteuer auf den Arbeitnehmer – vorgenommen. Maßgebend für die Pauschalbesteuerung sind die Aufwendungen des Arbeitgebers (= 90 €; § 40 Abs. 2 Satz 4 EStG).

Infolge des Verzichts auf die Anrechnung der pauschal besteuerten Arbeitgeberleistungen auf die Anrechnung der Entfernungspauschale müssen die Beträge vom Arbeitgeber auch nicht in der elektronischen Lohnsteuerbescheinigung angegeben werden. Eine individuelle Zurechnung der Arbeitgeberleistungen auf den einzelnen Arbeitnehmer ist daher nicht erforderlich.

Zu den Aufzeichnungs- und Bescheinigungspflichten des Arbeitgebers vgl. „Fahrten zwischen Wohnung und erster Tätigkeitsstätte" unter Nr. 10.

Entgelt

siehe Teil A unter Nr. 5 auf Seite 8 und „Arbeitsentgelt".

Entgeltbescheinigung

Am 1. Juli 2013 ist die Entgeltbescheinigungsverordnung vom 19.12.2012 (BGBl. I S. 2712) in Kraft getreten, die die **arbeitsrechtliche** Verpflichtung zur Erstellung einer Entgeltbescheinigung nach § 108 Abs. 3 Satz 1 Gewerbeordnung konkretisiert. Für die Lohnsteuer und Sozialversicherung gelten besondere Regelungen (vgl. „Jahresmeldung" und „Lohnsteuerbescheinigung").

Entgeltersatzleistungen

siehe „Lohnersatzleistungen"

Entgeltfortzahlung

Gliederung:

1. Allgemeines
2. Lohnsteuerliche und sozialversicherungsrechtliche Behandlung der Entgeltfortzahlung
3. Entgeltfortzahlung im Krankheitsfall
4. Wartezeit
5. Selbstverschuldete Krankheit
6. Anzeige- und Nachweispflichten des Arbeitnehmers
7. Berechnung der Sechswochenfrist
8. Höhe der Entgeltfortzahlung
9. Kürzung von Sonderzahlungen wegen Krankheit
10. Lohnfortzahlungsversicherung

1. Allgemeines

Einen Anspruch auf Fortzahlung des Arbeitsentgelts hat der Arbeitnehmer

- an Feiertagen (vgl. „Feiertagslohn"),
- bei Urlaub (vgl. „Urlaubsentgelt"),
- bei Arbeitsverhinderung u. a. auch bei Quarantäne wg. Corona (vgl. „Arbeitsverhinderung"),
- im Krankheitsfall.

Die nachfolgenden Erläuterungen befassen sich mit der Entgeltfortzahlung im Krankheitsfall.

2. Lohnsteuerliche und sozialversicherungsrechtliche Behandlung der Entgeltfortzahlung

Wird Arbeitslohn fortgezahlt, so ist von dem fortgezahlten Arbeitslohn nach den für laufenden Arbeitslohn geltenden Grundsätzen der Steuerabzug vorzunehmen und der Beitrag zur Sozialversicherung zu berechnen. ja ja

Soweit bei der Berechnung des Fortzahlungsanspruchs **Zuschläge für Sonntags-, Feiertags- und Nachtarbeit** berücksichtigt sind, ist zu beachten, dass diese für die Zeit der Arbeitsunfähigkeit gezahlten Zuschläge nicht steuer- und beitragsfrei bleiben können, da sie nicht für tatsächlich geleistete Sonntags-, Feiertags- oder Nachtarbeit gezahlt werden. ja ja

Zu beachten ist auch, dass grds. alle Entgeltfortzahlungsbestandteile der Beitragspflicht unterliegen, auf die der Arbeitnehmer einen Anspruch hat. Sofern also der Arbeitgeber fälschlicherweise Zuschläge für Sonntags-, Feiertags- und Nachtarbeit bei der Berechnung des Fortzahlungsanspruches außer Acht lässt oder verweigert, unterliegen diese dennoch der Beitragspflicht in der Sozialversicherung (vgl. hierzu auch das Stichwort „Zufluss von Arbeitslohn; Nr. 2 Sozialversicherung").

Für die **Lohnabrechnung** ergeben sich **keine Besonderheiten,** wenn der Arbeitnehmer vor Ablauf der Lohnfortzahlung wieder arbeitsfähig wird (der fortgezahlte Arbeitslohn ist in vollem Umfang steuer- und beitragspflichtig). Schließt sich an die Lohnfortzahlung der Bezug von Krankengeld an (dauert die Arbeitsunfähigkeit also länger als sechs Wochen), so entsteht mit dem Beginn der Krankengeldzahlungen ein **Teillohnzahlungszeitraum** im Sinne des Sozialversicherungsrechts (nicht jedoch im Sinne des Lohnsteuerrechts, wenn das Dienstverhältnis fortbesteht). Eine ausführliche Lohnabrechnung (mit Darstellung der Meldepflichten) beim Übergang von der Lohnfortzahlung zum Bezug von Krankengeld ist beim Stichwort „Teillohnzahlungszeitraum" unter Nr. 4 auf Seite 920 enthalten.

3. Entgeltfortzahlung im Krankheitsfall

Der Arbeitnehmer hat nach § 3 Abs. 1 Satz 1 des Entgeltfortzahlungsgesetzes einen Anspruch auf Entgeltfortzahlung im Krankheitsfall für die Dauer von **sechs Wochen.** Zur Berechnung der Sechswochenfrist vgl. die Erläuterungen unter der nachfolgenden Nr. 7.

Anspruch auf eine Entgeltfortzahlung im Krankheitsfall haben nach dem Entgeltfortzahlungsgesetz (EntgFG) **alle Arbeitnehmer** und Auszubildende. Auf den Umfang der Beschäftigung kommt es nicht an. Deshalb haben auch geringfügig Beschäftigte Anspruch auf Entgeltfortzahlung. Ausgenommen von der Entgeltfortzahlung im Krankheitsfall sind Heimarbeiter, Hausgewerbetreibende und ihnen

E

Lohn- steuer- pflichtig | Sozial- versich.- pflichtig

E

gleichgestellte Arbeitnehmer. Diese Personen erhalten als Ausgleich dafür aber vom Arbeitgeber einen Zuschlag zum Arbeitsentgelt.

4. Wartezeit

Bei einem neu begründeten Beschäftigungsverhältnis muss der Arbeitgeber erst nach einer **Wartezeit von vier Wochen** (= 28 Kalendertage) Entgeltfortzahlung im Krankheitsfall leisten (§ 3 Abs. 3 EntgFG). Nur wenn das neu begründete Arbeitsverhältnis vier Wochen ununterbrochen bestanden hat, kann danach ein Entgeltfortzahlungsanspruch eintreten. Eine Anrechnung der Wartezeit auf die sechswöchige Anspruchsdauer findet nicht statt. Dabei ist es unerheblich, ob die Erkrankung auf einen Arbeitsunfall zurückzuführen ist oder nicht. Erkrankt der Arbeitnehmer in den ersten vier Wochen eines neuen Beschäftigungsverhältnisses und ist die Wartezeit nicht erfüllt, so erhält der Beschäftigte dann in der Regel Krankengeld von der Krankenkasse bzw. Verletztengeld von der Berufsgenossenschaft. Durch Tarifvertrag oder Betriebsvereinbarung kann die Wartezeit von vier Wochen zugunsten des Arbeitnehmers verkürzt werden.

5. Selbstverschuldete Krankheit

Voraussetzung für die Entgeltfortzahlung im Krankheitsfall ist, dass den Arbeitnehmer an seiner Arbeitsunfähigkeit **kein Verschulden** trifft. Der Anspruch auf Entgeltfortzahlung wird jedoch nur durch Vorsatz oder ein grobes Verschulden des Arbeitnehmers ausgeschlossen, z. B. bei Trunkenheit am Steuer oder einem sonstigen grob fahrlässigen Verhalten im Straßenverkehr.

Die Arbeitsverhinderung infolge einer nicht rechtswidrigen Sterilisation oder eines nicht rechtswidrigen **Schwangerschaftsabbruchs** ist einer unverschuldeten krankheitsbedingten Arbeitsunfähigkeit gleichgestellt.

Tritt die Arbeitsverhinderung aufgrund einer Organ- oder Gewebespende oder einer Blutspende zur Separation von Blutstammzellen ein, besteht ebenfalls ein Anspruch auf Entgeltfortzahlung für bis zu sechs Wochen.

6. Anzeige- und Nachweispflichten des Arbeitnehmers

Der Arbeitnehmer hat bei Krankheit folgende Anzeige- und Nachweispflichten:

- Die Arbeitsunfähigkeit und deren voraussichtliche Dauer sind dem Arbeitgeber unverzüglich anzuzeigen. Dies kann formlos, z. B. telefonisch oder durch Kollegen erfolgen.
- Dauert die Arbeitsunfähigkeit länger als **drei Kalendertage,** ist spätestens am darauf folgenden Arbeitstag eine ärztliche Bescheinigung vorzulegen, aus der die voraussichtliche Dauer der Erkrankung vom 1. Tag an angegeben ist. Der Arbeitgeber kann die Vorlage einer ärztlichen Bescheinigung bereits ab dem ersten Tag der Arbeitsunfähigkeit fordern.
- Dauert die Arbeitsunfähigkeit länger als in der Bescheinigung angegeben, muss der Arbeitnehmer dem Arbeitgeber eine neue ärztliche Bescheinigung vorlegen, aus der die weitere Dauer der Arbeitsunfähigkeit ersichtlich ist.
- Erkrankt der Arbeitnehmer im Ausland, ist er verpflichtet, den Arbeitgeber schnellstmöglich (Telefax, telefonisch) über die Arbeitsunfähigkeit, deren Dauer und seinen Aufenthaltsort zu informieren. Die Kosten hierfür hat der Arbeitgeber zu tragen. Auch die Rückkehr in das Inland hat der Arbeitnehmer dem Arbeitgeber unverzüglich anzuzeigen. Über die Erkrankung, ihre voraussichtliche Dauer und die Rückkehr in das Inland muss der Arbeitnehmer außerdem die Krankenkasse unterrichten.

Lohn- steuer- pflichtig | Sozial- versich.- pflichtig

Der Arbeitgeber ist berechtigt, die Entgeltfortzahlung zu verweigern, solange der Arbeitnehmer die ärztliche Bescheinigung nicht vorlegt und dieses Versäumnis selbst zu vertreten hat. Der Arbeitgeber muss jedoch das Entgelt nachzahlen, sobald der Arbeitnehmer seiner Nachweispflicht nachkommt.

7. Berechnung der Sechswochenfrist

Der Anspruch auf Entgeltfortzahlung im Krankheitsfall besteht für die Zeit der Arbeitsunfähigkeit **höchstens für die Dauer von sechs Wochen.** Der Anspruch ist unabdingbar, das heißt durch Tarifvertrag, Betriebsvereinbarung oder Einzelarbeitsvertrag kann diese Frist verlängert, keinesfalls aber verkürzt werden. Die Frist von 6 Wochen entspricht **42 Kalendertagen.**

Zur **Berechnung der Sechswochenfrist** gilt Folgendes:

- Tritt die Arbeitsunfähigkeit während der Arbeitszeit oder im Anschluss an die Arbeitszeit ein, so wird dieser Tag **nicht** mitgerechnet.
- Tritt die Arbeitsunfähigkeit vor Arbeitsbeginn ein, so wird dieser Tag mitgerechnet.
- Tritt die Arbeitsunfähigkeit an einem arbeitsfreien Samstag, Sonntag oder gesetzlichen Feiertag ein, so ändert sich hierdurch für den Beginn der Sechswochenfrist nichts, das heißt der erste Tag der Erkrankung wird nicht mitgerechnet.
- Ruht das Arbeitsverhältnis zu Beginn der Arbeitsunfähigkeit (z. B. bei unbezahltem Urlaub, beim Bezug von Mutterschafts- oder Elterngeld), so wird die Frist nicht in Lauf gesetzt.

Beispiel A

Der Arbeitnehmer hat unbezahlten Urlaub vom 3. 8. bis 23. 8. 2021; am 12. 8. 2021 wird er arbeitsunfähig. Die Sechswochenfrist beginnt am 24. 8. 2021 und endet am 4. 10. 2021. Während des unbezahlten Urlaubs steht dem Arbeitnehmer kein Lohnfortzahlungsanspruch zu.

Bei **mehreren Erkrankungen** gilt zur Berechnung der Sechswochenfrist Folgendes:

Grundsätzlich hat der Arbeitnehmer einen Anspruch auf sechs Wochen Entgeltfortzahlung im Krankheitsfalle. Von diesem Grundsatz wird jedoch abgewichen, wenn die neuerliche Arbeitsunfähigkeit auf **derselben** Krankheit beruht, die bereits anlässlich einer früheren Erkrankung einen Entgeltfortzahlungsanspruch ausgelöst hat und zwischenzeitlich nicht ein bestimmter Zeitraum verstrichen ist. War der Beschäftigte also in den vergangenen Monaten infolge derselben Krankheit einmal oder bereits mehrfach arbeitsunfähig, so wird die Zeit der früheren Entgeltfortzahlungen auf die Dauer entsprechend angerechnet, mit der Folge, dass nur für **insgesamt sechs Wochen** eine Verpflichtung seitens des Arbeitgebers zur Entgeltfortzahlung besteht. Für die Feststellung, ob es sich um eine Fortsetzungserkrankung handelt, trägt ggf. der Arbeitgeber die Beweislast. Bei gesetzlich krankenversicherten Arbeitnehmern hilft die Krankenkasse bei der Feststellung, ob eine Fortsetzungserkrankung vorliegt oder nicht.

Liegt zwischen zwei Erkrankungen, die auf dieselbe Krankheit zurückzuführen sind, ein Zeitraum von **sechs Monaten,** so besteht für die erneute Arbeitsunfähigkeit ein neuer sechswöchiger Entgeltfortzahlungsanspruch. Wenn während dieser sechs Monate wegen einer anderen Krankheit Arbeitsunfähigkeit vorlag, so ist dies für die Beurteilung unerheblich.

Beispiel B

Arbeitsunfähigkeit wegen Krankheit A vom 1. 1. bis 31. 3.

Arbeitsunfähigkeit wegen Krankheit B vom 1. 5. bis 30. 6. und

Arbeitsunfähigkeit wegen Krankheit A vom 1. 11. bis 20. 12.

Für beide Arbeitsunfähigkeiten wegen der Erkrankung A besteht jeweils ein Anspruch auf sechs Wochen Entgeltfortzahlung, da zwischen dem Ende der erstmaligen Erkrankung (31. 3.) und dem Beginn der

Lohn- steuer- pflichtig | Sozial- versich.- pflichtig

Arbeitsunfähigkeit wegen desselben Leidens (1. 11.) sechs Monate vergangen sind. Die Krankheit B löst ebenfalls einen sechswöchigen Entgeltfortzahlungsanspruch aus und beeinflusst die Sechswochenfrist bei der Erkrankung A nicht.

Wenn zwischen den zwei Erkrankungen wegen derselben Krankheit kein Zeitraum von mindestens sechs Monaten vergangen ist, kann nur dann ein neuer sechswöchiger Entgeltfortzahlungsanspruch bestehen, wenn seit dem Beginn der letzten Arbeitsunfähigkeit mit neuem Fortzahlungsanspruch mindestens **zwölf Monate** vergangen sind. Der Arbeitgeber ist also verpflichtet das Entgelt fortzuzahlen, wenn der Arbeitnehmer nach Ablauf von zwölf Monaten, nachdem er zum ersten Mal wegen derselben Krankheit arbeitsunfähig wurde, erneut erkrankt. Unmaßgeblich ist dabei, wie oft oder in welchen Abständen er zwischenzeitlich wegen derselben Krankheit arbeitsunfähig war.

Beispiel C

Arbeitsunfähigkeit wegen Krankheit A vom 1. 1. bis 31. 3.

Arbeitsunfähigkeit wegen Krankheit A vom 1. 5. bis 30. 6.

Arbeitsunfähigkeit wegen Krankheit A vom 1. 8. bis 30. 9.

Arbeitsunfähigkeit wegen Krankheit A vom 1. 2. bis 30. 4. des Folgejahres

Ein sechswöchiger Anspruch auf Entgeltfortzahlung besteht jeweils nur anlässlich der Erkrankungen vom 1. 1. bis 31. 3. und vom 1. 2. bis 30. 4. des Folgejahres, da seit dem erstmaligen Beginn der Arbeitsunfähigkeit (1. 1.) bis zum neuerlichen Beginn (1. 2. des Folgejahres) ein Zeitraum von mehr als zwölf Monaten vergangen ist. Für die beiden dazwischenliegenden Krankheitszeiträume besteht kein Entgeltfortzahlungsanspruch, da weder sechs Monate seit Beendigung der letztmaligen Erkrankung bis zum Beginn der Nächsten, noch zwölf Monate seit Beginn der erstmaligen Krankheit und dem neuen Beginn der nächsten liegen.

Der Zwölfmonatszeitraum beginnt grundsätzlich mit dem Folgetag, der der erstmaligen Arbeitsunfähigkeit wegen derselben Krankheit folgt. Sollte jedoch zwischen den Erkrankungen in einem Zeitraum von sechs Monaten keine Arbeitsunfähigkeit wegen derselben Erkrankung vorgelegen haben, beginnt die zwölfmonatige Rahmenfrist mit Beginn der außerhalb des sechsmonatigen Zeitraumes liegenden neuerlichen Erkrankungen wegen desselben Leidens.

Beispiel D

Arbeitsunfähigkeit wegen Krankheit A vom 1. 1. bis 31. 3.

Arbeitsunfähigkeit wegen Krankheit A vom 1. 5. bis 30. 6.

Arbeitsunfähigkeit wegen Krankheit A vom 1. 2. bis 31. 3. des Folgejahres

Es beginnt hier jeweils am 1. 1. und am 1. 2. des Folgejahres ein neuer Zwölfmonatszeitraum, da zwischen den Folgeerkrankungen (1. 5. bis 30. 6. und 1. 2. bis 31. 3. des Folgejahres) sechs Monate vergangen sind, was zur Folge hat, dass auch jeweils ein Anspruch auf sechs Wochen Entgeltfortzahlung besteht. Anlässlich der Erkrankung vom 1. 5. bis 30. 6. besteht kein Entgeltfortzahlungsanspruch, da sein dem Ende der letztmaligen Arbeitsunfähigkeit (1. 1. bis 31. 1.) wegen derselben Erkrankung keine sechs Monate vergangen sind.

Beruht die Arbeitsunfähigkeit aber auf einer **anderen Erkrankung,** so entsteht mit dieser ein neuer Anspruch auf Entgeltfortzahlung für die Dauer von sechs Wochen. Tritt jedoch eine neue Krankheit zu einer bereits bestehenden Erkrankung hinzu, so verlängert sich der Fortzahlungszeitraum von sechs Wochen **nicht.**

Beispiel E

Arbeitsunfähigkeit wegen Krankheit A vom 1. 1. bis 31. 3.

Arbeitsunfähigkeit wegen Krankheit B vom 1. 5. bis 31. 8.

Für beide Erkrankungen entsteht ein Entgeltfortzahlungsanspruch von sechs Wochen.

Beispiel F

Arbeitsunfähigkeit wegen Krankheit A vom 1. 1. bis 31. 3.

Arbeitsunfähigkeit wegen Krankheit B vom 1. 2. bis 30. 6.

Es besteht nur für die Arbeitsunfähigkeit aufgrund der Krankheit A ein sechswöchiger Entgeltfortzahlungsanspruch. Die zum 1. 2. hinzugetretene Erkrankung löst keine Verlängerung bzw. keinen neuen Anspruch aus.

Lohn- steuer- pflichtig | Sozial- versich.- pflichtig

Bei einem **Arbeitgeberwechsel** beginnt die Frist von sechs Wochen (und damit auch der Zeitraum von 12 Monaten) **völlig neu** und unabhängig davon, wann der Arbeitnehmer beim früheren Arbeitgeber zuletzt krank war. Krankheitszeiten bei einem früheren Arbeitgeber werden also nicht angerechnet.

8. Höhe der Entgeltfortzahlung

Die Höhe der Entgeltfortzahlung bestimmt sich nach dem sog. **Lohnausfallprinzip,** das heißt der Arbeitnehmer ist **so zu vergüten, als hätte er während der Krankheitszeit gearbeitet.** Die Höhe der Entgeltfortzahlung hängt also nicht, wie beispielsweise das Urlaubsentgelt oder der Zuschuss zum Mutterschaftsgeld, vom Verdienst **vor** Eintritt der Arbeitsunfähigkeit ab. Deshalb wirken sich alle Veränderungen im Arbeitsverhältnis, wie z. B. Verkürzung der Arbeitszeit, tarifliche Erhöhung des Entgeltes, Wechsel vom Auszubildenden zum Gesellen, auf die Höhe aus. Dies gilt selbst dann, wenn sie erst während der Arbeitsunfähigkeit eingetreten sind. **Überstundenvergütungen** (Grundvergütung und Überstundenzuschläge) werden bei der Bemessung der Entgeltfortzahlung nicht berücksichtigt, sofern nicht ein Tarifvertrag die Einbeziehung zugunsten des Arbeitnehmers vorsieht.

Fortzuzahlen ist also die Vergütung, die der Arbeitnehmer ohne die Arbeitsunfähigkeit erhalten hätte. Hierzu gehören:

- Der Monats-, Wochen-, Tages- oder Stundenlohn.
- Bei Akkordlohn besteht Anspruch auf den in der maßgebenden regelmäßigen Arbeitszeit erzielbaren Durchschnittsverdienst. Ist ein konkreter Vergleich nicht möglich, muss auf den vorher erzielten Verdienst abgestellt werden.
- Zuschläge für Sonntags-, Feiertags- oder Nachtarbeit, wenn in der Vergangenheit solche Arbeit geleistet wurde und ohne Erkrankung hätte geleistet werden müssen.
- Gefahren- und Erschwerniszuschläge.
- Provisionen, die ohne Erkrankung erzielt worden wären.
- Vermögenswirksame Leistungen.
- Sachbezüge wie z. B. freie oder verbilligte Kost und Wohnung.
- Eine Tariferhöhung, die während der Arbeitsunfähigkeit wirksam wird, muss auch bei der Berechnung der Lohnfortzahlung berücksichtigt werden.
- Ist im Betrieb Kurzarbeit eingeführt oder wird damit während der Arbeitsunfähigkeit begonnen, so wirkt sich diese Arbeitszeitverkürzung entsprechend auf den Fortzahlungsanspruch des Arbeitnehmers aus.
- Tritt die Arbeitsunfähigkeit während des Bezugs von Kurzarbeitergeld ein, wird das Kurzarbeitergeld weiter gewährt, solange der Anspruch auf Fortzahlung des Arbeitsentgelts wegen Krankheit besteht (§ 4 Abs. 3 EntgFG).
- Beträgt die Wochenarbeitszeit nur 38,5 Stunden (bei 5 Arbeitstagen also 7,7 Stunden täglich), werden im Betrieb aber 8 Stunden täglich gearbeitet und die Verkürzung der Wochenarbeitszeit auf 38,5 Stunden durch Freischichten ausgeglichen, hat der Arbeitnehmer im Krankheitsfall Anspruch auf Fortzahlung des Arbeitslohns für 8 Stunden, da tatsächlich 8 Stunden ausgefallen sind.

Nicht zu berücksichtigen sind dagegen:

- Überstundenvergütungen (Grundvergütung und Überstundenzuschläge), sofern nicht ein Tarifvertrag die Einbeziehung zugunsten des Arbeitnehmers vorsieht,
- Auslösungen,
- Essenszuschüsse,
- Fahrtkostenzuschüsse und
- Schmutzzulagen.

Lohn- steuer- pflichtig | Sozial- versich.- pflichtig

In Tarifverträgen kann von den gesetzlichen Bestimmungen zur Berechnung des fortzuzahlenden Arbeitslohns abgewichen werden. So kann z. B. statt des Lohnausfallprinzips die sog. Bezugsmethode in Frage kommen, wie sie z. B. bei der Berechnung des Urlaubsentgelts gesetzlich vorgeschrieben ist. Außerdem kann eine vom Gesetz abweichende Bemessungsgrundlage festgelegt werden (§ 4 Abs. 4 EntgFG). Das bedeutet, dass bestimmte Vergütungsbestandteile bei der Anwendung des Lohnausfallprinzips außer Ansatz gelassen werden können.

E

Beispiel A

Wurde in der Vergangenheit regelmäßig **Sonntags-, Feiertags- oder Nachtarbeit** geleistet und wäre eine solche auch während der Zeit der Arbeitsunfähigkeit zu leisten, so sind auch die Zuschläge für Sonntags-, Feiertags- und Nachtarbeit in die Entgeltfortzahlung einzubeziehen. Diese Zuschläge sind jedoch steuerpflichtig (vgl. die Erläuterungen unter der vorstehenden Nr. 2).

Beispiel B

Für Arbeit mit **Akkordlohn** (Leistungslohn) besteht Anspruch auf den in der für ihn maßgebenden regelmäßigen Arbeitszeit erzielbaren Durchschnittsverdienst. Dabei kann auf den Lohn der letzten drei Monate abgestellt werden, soweit dieser Verdienst auch für die Zeit der Erkrankung repräsentativ ist.

Beispiel C

Ist im Betrieb **Kurzarbeit** eingeführt worden oder wird damit während der Arbeitsunfähigkeit begonnen, so wirkt sich diese Arbeitszeitverkürzung entsprechend auf den Fortzahlungsanspruch des Arbeitnehmers aus.

Tritt die Arbeitsunfähigkeit während des Bezugs von Kurzarbeitergeld ein, wird das Kurzarbeitergeld weiter gewährt, solange der Anspruch auf Fortzahlung des Arbeitsentgelts wegen Krankheit besteht.

9. Kürzung von Sonderzahlungen wegen Krankheit

Durch § 4 a EntgFG wird die Zulässigkeit der Kürzung von Sonderzahlungen (z. B. Gratifikationen, 13. Gehalt usw.) wegen krankheitsbedingter Fehlzeiten gesetzlich geregelt. Die Kürzung von Sondervergütungen ist nur aufgrund einer **Vereinbarung** zulässig. Dies kann eine tarifvertragliche Regelung, eine Betriebsvereinbarung oder eine arbeitsvertragliche Vereinbarung sein. Eine einseitige Bestimmung des Arbeitgebers, die Sondervergütungen zu kürzen, ist nicht möglich. Damit nicht bereits geringe Fehlzeiten zu einer unangemessenen Kürzung oder gar zum Wegfall der Sondervergütung führen, hat der Gesetzgeber für die Kürzung eine Höchstgrenze eingeführt.

Der Arbeitgeber darf die Sondervergütung für jeden Tag der krankheitsbedingten Arbeitsunfähigkeit höchstens um ein Viertel des Arbeitsentgelts, das im Jahresdurchschnitt auf einen Arbeitstag entfällt, kürzen.

Beispiel

Das Weihnachtsgeld eines Arbeitnehmers beträgt ein Monatsgehalt (= 3080 €). Das Jahresgehalt des Arbeitnehmers ohne Weihnachtsgeld beträgt somit (12 × 3080 € =) 36 960 €. Bei einer angenommenen Zahl von 220 Arbeitstagen im Kalenderjahr entfallen auf einen Arbeitstag somit (36 960 € : 220 Arbeitstage =)	168,– €
die Höchstgrenze beträgt 25 % (25 % von 168 €) =	42,– €
ist der Arbeitnehmer 10 Arbeitstage im Kalenderjahr arbeitsunfähig erkrankt, so beträgt die Kürzung (10 × 42 € =)	420,– €
Der Arbeitnehmer erhält also infolge der Erkrankung nur eine gekürzte Weihnachtszuwendung in Höhe von (3080 € abzüglich 420 € =)	2 660,– €.

Voraussetzung für die Kürzung ist, wie bereits ausgeführt, dass keine tarifliche oder arbeitsvertragliche Regelung der Kürzung entgegensteht.

10. Lohnfortzahlungsversicherung

Die gesetzliche Pflicht zur Entgeltfortzahlung stellt ein erhebliches Risiko für den Arbeitgeber dar. Der Verminderung dieses Risikos dient die sog. „Lohnfortzahlungsversicherung" **(Umlageverfahren U 1).** Träger dieses überbetrieblichen Ausgleichsverfahrens nach § 1 Aufwendungsausgleichsgesetz sind die Krankenkassen und die Minijob-Zentrale bei der Deutschen Rentenversicherung Knappschaft-Bahn-See. Das Verfahren ist ausführlich anhand von Beispielen in Teil B Nr. 10 auf Seite 16 erläutert.

Entgeltzahlungszeitraum

siehe „Berechnung der Lohnsteuer und der Sozialversicherungsbeiträge" unter Nr. 7 auf Seite 197.

Entlastungsbetrag für Alleinerziehende

siehe Anhang 9 Nr. 15

Entschädigungen

Neues und Wichtiges auf einen Blick:

1. Versicherungsleistung an minderjähriges Unfallopfer

Eine steuerpflichtige Entschädigungsleistung ist nach Ansicht des Bundesfinanzhofs nicht gegeben, wenn ein im Zeitpunkt des schädigenden Ereignisses 12-jähriges Verkehrsunfallopfer von der Versicherung des Schädigers nach Schweizer Recht für den verletzungsbedingt erlittenen Schaden eine Leistung erhält, die auch einen rein hypothetisch berechneten Erwerbs- und Fortkommensschaden abdecken soll (BFH-Urteil vom 26.5.2020 IX R 15/19). Vgl. nachfolgende Nr. 2 Buchstabe c.

2. Entschädigung oder Arbeitslohn für mehrere Jahre

Die Entscheidung, ob es sich bei der Zahlung des Arbeitgebers um eine Entschädigung oder um Arbeitslohn für mehrere Jahre handelt, kann in der Praxis schwierig sein (vgl. die Erläuterungen unter den nachfolgenden Nrn. 2, 3 und 5). **Steuerlich** werden **beide** Arbeitslohnzahlungen bei der erforderlichen Zusammenballung der Einkünfte nach der **Fünftelregelung** ermäßigt besteuert. Wichtig ist die Unterscheidung im Sozialversicherungsrecht, da nur für **Entschädigungen** für entgangene oder entgehende Einnahmen oder für die Aufgabe oder Nichtausübung einer Tätigkeit **keine Sozialversicherungsbeiträge** zu entrichten sind.

Gliederung:

Lohn-steuer-pflichtig Sozial-versich.-pflichtig

1. Allgemeines

a) Steuerfreie oder steuerpflichtige Entschädigungen

Unter der Bezeichnung „Entschädigung" werden die verschiedensten Zahlungen an Arbeitnehmer geleistet. Ihre steuerliche Behandlung richtet sich ausschließlich nach dem tatsächlichen Grund der Zahlung.

Steuerpflicht besteht immer dann, wenn „Entschädigungen" ein unmittelbares Entgelt für die Arbeitsleistung darstellen oder wenn sie als Ersatz für entgangene oder entgehende Einnahmen, die im Falle ihres Zufließens beim Empfänger steuerpflichtig wären, gezahlt werden. Zur steuerlichen Behandlung von Abfindungen wegen Entlassung aus dem Dienstverhältnis vgl. dieses Stichwort. Durch gesetzliche Regelung sind bestimmte Entschädigungen für Verdienstausfall ausdrücklich steuerfrei gestellt worden.

Siehe die Stichworte:

- „Infektionsschutzgesetz",
- „Verdienstausfallentschädigungen".

Ebenfalls steuerfrei sind die aufgrund gesetzlicher Vorschriften aus öffentlichen Mitteln versorgungshalber an bestimmte Personen gezahlten **Unfallentschädigungsleistungen** (§ 3 Nr. 6 EStG). Da die Zahlung der Bezüge nicht aufgrund der Dienstzeit erfolgen darf, gilt die Steuerfreiheit insbesondere für Entschädigungen, die aufgrund eines Dienstunfalls gezahlt werden. Zum begünstigten Personenkreis gehören neben Soldaten u. a. auch Zivilbeamte sowie deren Hinterbliebene. Vgl. auch das Stichwort „Unfallentschädigungsleistungen".

Vielfach wird auch der Ersatz von dienstlich verursachtem **Aufwand** als „Entschädigung" bezeichnet. Diese Entschädigungen für dienstlich verursachte Aufwendungen sind steuerpflichtig, soweit sie nicht ausdrücklich von der Besteuerung ausgenommen sind.

Siehe die Stichworte:

- „Aufwandsentschädigungen aus öffentlichen Kassen",
- „Auslagenersatz",
- „Bruchgeldentschädigungen",
- „Entfernungsentschädigung",
- „Fehlgeldentschädigungen",
- „Garnentschädigung",
- „Transportentschädigung",
- „Trennungsentschädigungen",
- „Wegezeitentschädigungen",
- „Werkzeuggeld".

Begrifflich von vornherein kein Arbeitslohn sind dagegen alle Entschädigungen, die zum Ausgleich von **privaten** Vermögensverlusten oder von **rein persönlichen** Schäden gewährt werden (vgl. „Schadensersatz"). Sind steuerpflichtige Entschädigungen kein Arbeitslohn, sondern einer anderen Einkunftsart zuzuordnen oder sind sie zwar Arbeitslohn, werden sie aber nicht vom Arbeitgeber, sondern von einem vom Arbeitgeber unabhängigen Dritten gezahlt (z. B. von einer Versicherung), werden sie grundsätzlich durch eine Veranlagung zur Einkommensteuer steuerlich erfasst (vgl. hierzu aber auch das Stichwort „Lohnzahlung durch Dritte" besonders unter Nr. 3).

Zur Abgrenzung einer als Arbeitslohn anzusetzenden Entschädigung gegenüber anderen Einkunftsarten oder nicht steuerbaren Schadensersatz vgl. auch nachfolgende Nr. 2 Buchstaben b und c.

b) Ermäßigt besteuerte Entschädigungen

Außerordentliche Einkünfte werden nach § 34 Abs. 1 EStG durch die Anwendung der sog. **Fünftelregelung** ermäßigt besteuert. Die Anwendung der Fünftelregelung bedeutet, dass die steuerpflichtigen außerordentlichen

Lohn-steuer-pflichtig Sozial-versich.-pflichtig

Einkünfte zum Zwecke der Steuerberechnung mit einem Fünftel als sonstiger Bezug versteuert und die auf dieses Fünftel entfallende Lohnsteuer verfünffacht wird (auf die Berechnungsbeispiele beim Stichwort „Sonstige Bezüge" unter Nr. 6 auf Seite 882 wird Bezug genommen). Die Fünftelregelung ist auch bei beschränkt steuerpflichtigen Arbeitnehmern anzuwenden (vgl. § 50 Abs. 1 Satz 3 EStG).

E

Begünstigte außerordentliche Einkünfte liegen vor, wenn Entschädigungen als Ersatz für entgangene oder entgehende Einnahmen oder für die Aufgabe oder das Nichtausüben einer Tätigkeit gezahlt werden und eine Zusammenballung von Einnahmen vorliegt.

Hiernach ergibt sich folgendes Schema:

Ersatz für entgangene oder entgehende Einnahmen | Ersatz für die Aufgabe oder das Nichtausüben einer Tätigkeit

Zusammenballung von Einkünften

Anwendung der Fünftelregelung

Diese Voraussetzungen können bei folgenden Entschädigungen vorliegen:

- **Entlassungsentschädigungen** (vgl. „Abfindung wegen Entlassung aus dem Dienstverhältnis");
- **Karenzentschädigungen** (vgl. „Konkurrenzverbot");
- Entschädigungen wegen **Wettbewerbsverbot** (vgl. „Wettbewerbsverbot");
- Entschädigungen zur **Abgeltung von Pensionsanwartschaften** (vgl. nachfolgend unter Nr. 5).

Im Einzelnen gilt Folgendes:

Der Begriff der Entschädigung ist in § 24 EStG definiert. Zu den Entschädigungen im Sinne des § 24 EStG gehören:

- Entschädigungen, die als **Ersatz** für **entgangene** oder **entgehende Einnahmen** gewährt werden;
- Entschädigungen, die für die **Aufgabe** oder das **Nichtausüben** einer **Tätigkeit** oder für die Aufgabe einer Gewinnbeteiligung oder einer Anwartschaft auf eine solche gezahlt werden;
- Ausgleichszahlungen an Handelsvertreter nach § 89b Handelsgesetzbuch.

Damit die ermäßigte Besteuerung angewendet werden kann, muss es sich **zusätzlich** noch um eine **Zusammenballung von Einkünften** handeln (vgl. nachfolgend unter Nr. 4).

Die **Rückzahlung** einer Entlassungsentschädigung an den Arbeitgeber ist beim Arbeitnehmer übrigens selbst dann im Abflussjahr als negative Einnahme zu berücksichtigen, wenn sie im Zuflussjahr nach der Fünftelregelung ermäßigt besteuert worden ist (BFH-Urteil vom 4.5.2006, BStBl. II S. 911). Hierdurch kann sich eine Steuerentlastung für den Arbeitnehmer ergeben (Versteuerung der Einnahme mit dem ermäßigten Steuersatz; Auswirkung der Rückzahlung mit dem „vollen" Steuersatz). Vgl. auch die Erläuterungen beim Stichwort „Rückzahlung von Arbeitslohn" besonders unter Nr. 9.

2. Entschädigung für entgangene oder entgehende Einnahmen

a) Allgemeines

Eine Entschädigung im Sinne des § 24 Nr. 1 Buchstabe **a** EStG, die entgangene oder entgehende Einnahmen ersetzt, liegt nur dann vor, wenn ein „Schaden" ersetzt wird.

Lohn-steuer-pflichtig Sozial-versich.-pflichtig

E

Es muss sich also um einen Ausgleich für einen Verlust handeln, den der Arbeitnehmer **unfreiwillig** erlitten hat. Von einem unfreiwilligen Eintritt eines Schadens ging die Rechtsprechung früher nur dann aus, wenn der Arbeitnehmer den Schaden ohne oder gegen seinen Willen erlitten hatte. Diese Rechtsprechung wurde ausdrücklich aufgegeben (BFH-Urteil vom 20.10.1978, BStBl. 1979 II S. 176), sodass nunmehr eine Entschädigung auch beim Mitwirken des Arbeitnehmers vorliegen kann. Der Arbeitnehmer kann hiernach also Vereinbarungen zum Ausgleich eines eingetretenen oder drohenden Schadens schließen. Der Arbeitnehmer muss jedoch in diesem Fall unter einem nicht unerheblichen **wirtschaftlichem, rechtlichem** oder **tatsächlichem Druck** handeln, das heißt, er darf das schädigende Ereignis nicht aus eigenem Antrieb herbeigeführt haben (BFH-Urteil vom 9.7.1992, BStBl. 1993 II S. 27). Aufgrund dieser Rechtsprechung sind auch Abfindungen, die bei der Auflösung eines Arbeitsverhältnisses vereinbart werden, als Entschädigung anzusehen, wenn die Auflösung **vom Arbeitgeber veranlasst** wird. Keine Entschädigung liegt vor, wenn der Arbeitnehmer selbst kündigt, das schädigende Ereignis also selbst herbeiführt. Er wird dann aber auch nur sehr selten eine Abfindung erhalten. Der Bundesfinanzhof geht aber auch dann von der erforderlichen Zwangssituation des Arbeitnehmers aus, wenn er auf ein Angebot des Arbeitgebers aus Gründen der Loyalität und zur Vermeidung weiterer Streitigkeiten eingeht, obwohl ihm eine andere Lösung lieber gewesen wäre. Es würde der für die ermäßigte Besteuerung geforderten Zwangssituation widersprechen, wenn man bei einer **gütlichen Einigung** einer **gegensätzlichen Interessenlage** einen tatsächlichen Druck verneinen und es auf einen an sich vermeidbaren Rechtsstreit ankommen lassen würde. Es genügt daher, wenn der Arbeitnehmer sich dem Willen des Arbeitgebers nicht weiter widersetzt (BFH-Urteil vom 29.2.2012, BStBl. II S. 569; vgl. auch das Stichwort „Erfindervergütungen"). In seiner neuesten Entscheidung geht der Bundesfinanzhof noch einen Schritt weiter: Zahlt der **Arbeitgeber** im Zuge einer einvernehmlichen Auflösung des Arbeitsverhältnisses eine **Abfindung,** sind **Feststellungen** zu der Frage, ob der Arbeitnehmer unter einem tatsächlichen Druck gestanden hat, nach Meinung des Bundesfinanzhofs regelmäßig **entbehrlich** (BFH-Urteil vom 13.3.2018, BStBl. II S. 709). Würde nämlich ein Arbeitnehmer die Auflösung des Arbeitsverhältnisses allein aus eigenem Antrieb herbeiführen, bestünde für den Arbeitgeber keine Veranlassung, eine Abfindung zu zahlen. Im Streitfall kam hinzu, dass der Arbeitgeber durch einen angekündigten Personalabbau alle in Betracht kommenden Beschäftigten unter tatsächlichen Druck gesetzt hatte.

Eine Entschädigung im Sinne des § 24 Nr. 1 Buchstabe a EStG liegt zudem nur dann vor, **wenn die Zahlung auf einer neuen Rechtsgrundlage beruht.** Werden Zahlungen lediglich in Erfüllung eines bereits bestehenden (z. B. arbeitsvertraglichen) Anspruchs geleistet, liegen keine Entschädigungen vor. Eine Entschädigung liegt daher dann nicht vor, wenn lediglich die Zahlungsmodalitäten geändert werden, z. B. laufende Zahlungen durch eine Nachzahlung, Abfindung oder Kapitalisierung ersetzt werden. Es kann sich jedoch um Arbeitslohn für mehrere Jahre handeln, für den gleichfalls die Fünftelregelung anzuwenden ist (vgl. auch die folgenden Absätze). Bei einer Abfindung wegen Auflösung des Dienstverhältnisses liegt aber auch dann eine Entschädigung vor, wenn bereits **bei Beginn** des Dienstverhältnisses ein Ersatzanspruch für den Fall der betriebsbedingten Kündigung oder Nichtverlängerung des Dienstverhältnisses vereinbart wird (BFH-Urteil vom 10.9.2003, BStBl. 2004 II S. 349). Es handelt sich dann um eine **aufschiebende Bedingung** (§ 158 BGB). Keine Entschädigung liegt jedoch vor, wenn während des noch laufenden befristeten Dienstverhältnisses eine Zahlung vereinbart wird, weil das Dienstverhältnis vertragsgemäß ausläuft und nicht verlängert wird (BFH-Urteil vom 10.7.2008, BFH/NV 2009 S. 130). Der Bundesfinanzhof sieht allerdings eine „Teil-Abfindungszahlung" des Arbeitgebers auch dann als Entschädigung an, wenn der Arbeitnehmer seine Wochenarbeitszeit durch Änderung des Arbeitsvertrags unbefristet reduziert (sog. **Änderungskündigung;** BFH-Urteil vom 25.8.2009, BStBl. 2010 II S. 1030). Das Arbeitsverhältnis muss also für die Anwendung des § 24 Nr. 1 Buchstabe a EStG nicht vollständig beendet werden. Der Arbeitnehmer muss aber bei der Änderung des Arbeitsvertrags unter einem nicht unerheblichen rechtlichem, wirtschaftlichem oder tatsächlichem Druck gehandelt haben.

Klagt ein Arbeitnehmer auf **Fortsetzung** des Dienstverhältnisses und zahlt der Arbeitgeber aufgrund der erfolgreichen Klage des Arbeitnehmers den Arbeitslohn für mehrere Jahre nach, handelt es sich bei einer solchen Nachzahlung nicht um eine Entschädigung im Sinne des § 24 Nr. 1 Buchstabe a EStG, die ermäßigt besteuert werden könnte, da die Nachzahlung keine auf einer anderen Rechtsgrundlage beruhende Ersatzleistung darstellt, sondern der Erfüllung des fortbestehenden **Arbeitsverhältnisses** dient (BFH-Urteil vom 16.3.1993, BStBl. II S. 507). Da die Nachzahlung jedoch mehrere Jahre betrifft, ist gleichwohl die Fünftelregelung anzuwenden (vgl. die Erläuterungen beim Stichwort „Arbeitslohn für mehrere Jahre"). Eine Entschädigung liegt aber bei Zahlungen infolge einer schuldhaft **verweigerten Wiedereinstellung** vor (BFH-Urteil vom 6.7.2005, BStBl. 2006 II S. 55). Ebenso bei Zahlungen wegen entstandener Verdienst- und Betriebsrentenausfälle bei rechtswidriger Abberufung als Bankvorstand (BFH-Urteil vom 12.7.2016, BStBl. 2017 II S. 158).

Wird im Zusammenhang mit der Kündigung des Dienstverhältnisses ein **Wohnrecht** abgegolten, liegt im Regelfall eine Entschädigung nach § 24 Nr. 1 Buchstabe a EStG vor. Wird jedoch bei fortbestehendem Dienstverhältnis ein Wohnrecht abgelöst, ist keine neue Rechtsgrundlage gegeben, da lediglich anstelle der bisherigen Sachbezüge eine im Voraus zu leistende einmalige Geldzahlung erbracht wird. Es handelt sich somit nicht um eine neue Rechtsgrundlage, sondern lediglich um eine Zahlungsmodalität (BFH-Urteil vom 25.8.1993, BStBl. 1994 II S. 185). Da die einmalige Geldzahlung jedoch mehrere Jahre betrifft, ist die Fünftelregelung anzuwenden (vgl. die Erläuterungen beim Stichwort „Arbeitslohn für mehrere Jahre").

Eine Entschädigung nach § 24 Nr. 1 Buchstabe a EStG liegt auch vor, wenn ein Arbeitnehmer unter Verstoß gegen das **Benachteiligungsverbot** des **Allgemeinen Gleichbehandlungsgesetzes (AGG)** entlassen und der Arbeitgeber anschließend verpflichtet wird, den hierdurch entstandenen materiellen Schaden zu ersetzen (Fall des § 15 Abs. 1 AGG), vgl. auch die Stichwörter „Abfindungen nach dem Gleichbehandlungsgesetz" und „Schadensersatz".

Ein **Ausgleich von Ausgaben** ist übrigens **keine Entschädigung für** entgangene oder entgehende **Einnahmen** (BFH-Urteil vom 18.10.2011, BStBl. 2012 II S. 286).

Vgl. zum Vorliegen einer Entschädigung für entgangene oder entgehende Einnahmen bei Ersatz von Verdienstausfall auch das Stichwort „Unfallversicherung" unter Nr. 8 Buchstabe b, Beispiel H.

b) Abgrenzung gegenüber anderen Einkunftsarten

Sieht eine Aufhebungsvereinbarung zwischen Arbeitgeber und Arbeitnehmer die Zahlung einer Abfindung und eines Nachteilsausgleichs vor, ist eine **getrennte Beurteilung** der beiden Teilbeträge geboten. Während es sich bei der Abfindung für den Verlust des Arbeitsplatzes unstreitig um Arbeitslohn handelt, ist bezüglich des **Nachteilsausgleichs** zu prüfen, ob es sich um steuerpflichtige **sonstige Einkünfte** (z. B. Gegenleistung für vom Arbeitnehmer versprochene Verhaltenspflichten wie z. B. Schweigen im

Hinblick auf bestimmte Vorkommnisse) handelt oder um nicht steuerpflichtigen Schadensersatz. Wird festgestellt, dass der Nachteilsausgleich sowohl steuerbare als auch nicht steuerbare Entschädigungen enthält und ist eine genaue Zuordnung nicht möglich, ist eine sachgerechte Aufteilung im Schätzungswege vorzunehmen (BFH-Urteil vom 11.7.2017, BStBl. 2018 II S. 86).

Es ist auch zu prüfen, ob durch die Entschädigung ein Verdienstausfall oder der Wegfall auf steuerfreie Sozialleistungen ausgeglichen werden soll (BFH-Urteil vom 20.7.2018, BStBl. 2020 II S. 186).

c) Abgrenzung gegenüber Schadensersatz

Bei Entschädigungen wegen Körperverletzung ist zu unterscheiden zwischen Beträgen, die den Verdienstausfall ersetzen und solchen, die als Ersatz für Arzt- und Heilungskosten und die Mehraufwendungen während der Krankheit, sowie als Ausgleich für immaterielle Einbußen in Form eines Schmerzensgeldes gewährt werden. Nur soweit entgangene oder entgehende Einnahmen aufgrund der verminderten Erwerbsfähigkeit ersetzt werden, ist eine Entschädigung steuerpflichtig. Die Entschädigungsleistungen werden den Einkünften aus nichtselbstständiger Arbeit zugewiesen, zu denen das entgangene Gehalt im Falle der Erzielung gehört hätte.

Ist neben einer Entschädigung für entgangene Einnahmen (= **Abfindung**), die sich ihrer Höhe nach im Rahmen des Üblichen bewegt, eine weitere Zahlung vereinbart worden, die den Rahmen des Üblichen in besonderem Maße überschreitet, spricht dies dafür, dass es sich insoweit nicht um eine Entschädigung für entgangene Einnahmen handelt. Von einer solchen **Überschreitung in besonderem Maße** geht der Bundesfinanzhof aus, wenn durch die zweite Teilzahlung die Höhe der Gesamtzahlung verdoppelt wird (BFH-Urteil vom 9.1.2018, BStBl. II S. 582). Nach dem im Streitfall zwischen Arbeitgeber und Arbeitnehmer geschlossenen Vergleich sollte zum einen eine (steuerpflichtige) Abfindung für die vorzeitige Auflösung des Arbeitsverhältnisses sowie für mögliche Verdienstausfälle und zum anderen ohne Anerkennung einer Rechtspflicht (nicht steuerpflichtiger) Schadensersatz geleistet werden.

Eine steuerpflichtige Entschädigungsleistung ist nach Ansicht des Bundesfinanzhofs nicht gegeben, wenn ein im Zeitpunkt des schädigenden Ereignisses 12-jähriges Verkehrsunfallopfer von der Versicherung des Schädigers nach Schweizer Recht für den verletzungsbedingt erlittenen Schaden eine Leistung erhält, die auch einen rein hypothetisch berechneten Erwerbs- und Fortkommensschaden abdecken soll (BFH-Urteil vom 26.5.2020 IX R 15/19). Trotz der Bezeichnung der Versicherungsleistung als „Verdienstausfall" konnte die Vereinbarung über die Schadensregulierung im Streitfall nicht dahin gedeutet werden, dass damit ein Ersatz für steuerbare Einnahmen aus einer konkreten, das heißt bestimmten oder jedenfalls hinreichend bestimmbaren Einkunftsquelle gezahlt werden sollte; so hatten sich die Beteiligten im Rahmen der Schadensregulierung auch nicht auf den Ausgleich eines etwaigen Steuernachteils für die Ersatzleistung geeinigt. Bei der Versicherungsleistung von rund 700 000 € handelte es sich somit um eine nicht steuerbare Schadensersatzleistung.

3. Entschädigung für die Aufgabe oder das Nichtausüben einer Tätigkeit

§ 24 Nr. 1 Buchstabe **b** EStG erfasst Entschädigungen, die als Gegenleistung für den Verzicht auf eine mögliche Einkunftserzielung gezahlt werden. Eine Entschädigung im Sinne des § 24 Nr. 1 Buchstabe b EStG liegt auch dann vor, wenn die Tätigkeit **mit Willen oder** mit **Zustimmung** des **Arbeitnehmers** aufgegeben wird und der Ersatzanspruch nicht auf einer neuen Rechts- oder Billigkeitsgrundlage beruht.

Lohnsteuerpflichtig Sozialversich.-pflichtig

Der Unterschied zur Entschädigung für entgangene oder entgehende Einnahmen liegt vor allem darin, dass es nach der Rechtsprechung des Bundesfinanzhofs für die ermäßigte Besteuerung unschädlich ist, wenn Entschädigungen für die Aufgabe oder das Nichtausüben einer Tätigkeit **von vornherein im** Tarif- oder **Arbeitsvertrag vereinbart** sind. Die Zahlung von Entschädigungen für die Aufgabe oder das Nichtausüben einer Tätigkeit braucht somit nicht auf einer neuen Rechts- oder Billigkeitsgrundlage beruhen. Als praktische Auswirkung ergibt sich hieraus, dass Entschädigungen, die in Tarif- oder Arbeitsverträgen für die Aufgabe oder das Nichtausüben einer Tätigkeit vereinbart sind, zwar keine Entlassungsentschädigung sein können (weil bereits im Voraus festgelegte, arbeitsvertragliche Ansprüche erfüllt werden), bei einer Zusammenballung von Einkünften (vgl. nachfolgende Nr. 4) aber dennoch die Anwendung der Fünftelregelung in Frage kommt. Dies hat der Bundesfinanzhof z. B. für den Fall entschieden, in dem der Arbeitnehmer aufgrund eines tarifvertraglich vorgesehenen Optionsrechts bei Erreichen einer bestimmten Altersgrenze gegen Zahlung einer Abfindung aus dem Arbeitsverhältnis ausscheidet (BFH-Urteil vom 8.8.1986, BStBl. 1987 II S. 106). ja nein

In gleicher Weise wurde die ermäßigte Besteuerung für **Karenzentschädigungen** entschieden (BFH-Urteil vom 13.2.1987, BStBl. II S. 386; vgl. hierzu die Erläuterungen beim Stichwort „Konkurrenzverbot"). ja nein

Gleiches gilt für ein **Wettbewerbsverbot** (BFH-Urteil vom 16.3.1993, BStBl. II S. 497). Auf die Erläuterungen beim Stichwort „Wettbewerbsverbot" wird Bezug genommen. ja nein[1]

Auch die Abfindung, die ein angestellter **Versicherungsvertreter** von seinem Arbeitgeber für den Verzicht auf eine mögliche künftige Einkunftserzielung durch die **Verkleinerung** seines **Bezirks** erhält, ist eine Entschädigung nach § 24 Nr. 1 Buchstabe b EStG (BFH-Urteil vom 23.1.2001, BStBl. II S. 541). ja nein

Hingegen ist eine Abfindung an Arbeitnehmer für die Aufgabe eines **gewinnabhängigen Tantiemeanspruchs** keine Entschädigung nach § 24 Nr. 1 Buchstabe b EStG (BFH-Urteil vom 10.10.2001, BStBl. 2002 II S. 347). Es handelte sich nicht – wie erforderlich – um die Aufgabe einer gesellschaftsrechtlichen Gewinnbeteiligung. ja ja

4. Zusammenballung von Einkünften

Für eine ermäßigte Besteuerung ist es zusätzlich zur Grundvoraussetzung, nämlich der Zahlung einer Entschädigung nach den Ausführungen unter den vorstehenden Nrn. 2 oder 3, erforderlich, dass außerordentliche Einkünfte im Sinne des § 34 Abs. 1 und 2 EStG vorliegen. Dies ist nur dann der Fall, wenn eine Zusammenballung von Einkünften gegeben ist. Eine solche Zusammenballung ist anzunehmen, wenn Zahlungen, die sich bei normalem Ablauf auf mehrere Jahre verteilt hätten, **in einem Betrag** geleistet werden und demnach auch in einem Veranlagungszeitraum besteuert werden.

Der Begriff „Zusammenballung" setzt also voraus, dass die **Entschädigung in einem Kalenderjahr** zufließt. Die Verteilung einer Entschädigung auf zwei oder mehr Jahre führt somit regelmäßig zum Verlust der ermäßigten Besteuerung.

Eine Ausnahme von dem Grundsatz, dass die Verteilung einer Entschädigung auf zwei oder mehr Kalenderjahre zum Verlust der ermäßigten Besteuerung führt, gilt allenfalls dann, wenn ursprünglich die Zahlung in einer Summe beabsichtigt war, später aber aus Gründen, die **nicht in der Person des Arbeitnehmers liegen** (z. B. Liquiditätsprobleme des Arbeitgebers), eine Auszahlung in Raten, verteilt auf zwei oder mehr Kalenderjahre, erfolgt (vgl. hierzu aber auch das Stichwort „Abfindung wegen Entlas-

1) Sofern die Entschädigung nach dem Ende des Arbeitsverhältnisses gezahlt wird.

Lohn-steuer-pflichtig Sozial-versich.-pflichtig

sung aus dem Dienstverhältnis" unter Nr. 8 auf Seite 31). Wird eine Entschädigung allerdings in **fortlaufenden Beträgen,** verteilt über mehrere Kalenderjahre, gewährt, scheidet eine ermäßigte Besteuerung von vornherein aus.

Allerdings hat der Bundesfinanzhof entschieden, dass zwei selbstständige Entschädigungszahlungen (z. B. eine freiwillige Zahlung und eine spätere Zahlung aufgrund eines geschlossenen Vergleichs) in einem **zeitlichen Abstand von sechs Jahren** für die Anwendung der Fünftelregelung nicht einheitlich, sondern **gesondert zu beurteilen** sind (BFH-Urteil vom 11.10.2017, BStBl. 2018 II S. 706).

E

Die Frage, wann eine Zusammenballung von Einkünften vorliegt, bereitet vor allem bei der Besteuerung einer Entlassungsentschädigung Probleme. Die Zusammenballung von Einkünften und die hierfür vorgeschriebene **Vergleichsberechnung** mit den weggefallenen Einkünften ist deshalb ausführlich anhand von Beispielen beim Stichwort „Abfindung wegen Entlassung aus dem Dienstverhältnis" unter Nr. 9 auf Seite 33 erläutert.

5. Abgeltung von Pensionsanwartschaften

a) Auflösen des Arbeitsverhältnisses

Häufig werden beim Ausscheiden aus dem Dienstverhältnis Ansprüche auf eine betriebliche Altersversorgung abgegolten. In solchen Fällen stellen sich zwei Fragen:

- Handelt es sich um eine Entlassungsabfindung?
- Ist die Abgeltung der Pensionsanwartschaft ermäßigt zu besteuern?

Entschädigungen zur Abgeltung betrieblicher Pensionsanwartschaften sind nur dann Abfindungen, wenn die Anwartschaft im Zeitpunkt der Auflösung des Dienstverhältnisses arbeitsrechtlich **noch nicht unverfallbar** war (BFH-Urteil vom 24.4.1991, BStBl. II S. 723); der Arbeitnehmer also den Anspruch auf die betriebliche Altersversorgung noch nicht erdient hatte. Erhält der Arbeitnehmer für solche, noch nicht erdienten Ansprüche eine Entschädigung, handelt es sich um eine Abfindung.

Entschädigungen zur Abgeltung einer **unverfallbaren** Pensionsanwartschaft sind dagegen keine Abfindung, da bereits erdiente Ansprüche abgegolten werden. Es wird nicht **wegen** der Auflösung des Dienstverhältnisses ein Ausgleich für den Verlust des Arbeitsplatzes gezahlt, sondern **anlässlich** des Ausscheidens aus dem Dienstverhältnis ein bereits entstandener Anspruch erfüllt.

Obwohl die in vollem Umfang steuerpflichtige Entschädigung zur Abgeltung einer unverfallbaren Pensionsanwartschaft keine Entlassungsabfindung ist, kann sie in aller Regel ermäßigt besteuert werden, da

- die Zahlung als Ersatz für entgehende Einnahmen auf einer neuen Rechtsgrundlage beruht (vgl. Nr. 2) und
- eine Zusammenballung von Einkünften vorliegt (vgl. Nr. 4).

Wird also beim **Ausscheiden** aus dem Arbeitsverhältnis eine Pensionsanwartschaft abgefunden, beruht die Zahlung stets auf einer neuen Rechtsgrundlage mit der Folge, dass sowohl bei **verfallbaren** als auch bei **unverfallbaren** Pensionsanwartschaften eine Entschädigung i. S. des § 24 Nr. 1 Buchstabe a EStG anzunehmen ist, die **ermäßigt besteuert** werden kann. Eine Ausnahme von diesem Grundsatz gilt nur dann, wenn die Pensionszusage ein **Kapitalwahlrecht** des Arbeitgebers oder des Arbeitnehmers enthält.[1] In diesem Fall ist die Grundlage der Abfindung nicht die beim Ausscheiden aus dem Arbeitsverhältnis getroffene Vereinbarung (= neue Rechtsgrundlage), sondern die Ausübung des bereits vorhandenen Kapitalwahlrechts.

Um die Voraussetzungen für eine ermäßigte Besteuerung nicht von vornherein auszuschließen, empfiehlt es sich deshalb, bei Beginn und auch während des Dienstverhältnisses auf die Einräumung einer wahlweisen Kapitalisierung bei vorzeitiger Beendigung des Dienstverhältnisses zu **verzichten.** Die Kapitalisierung sollte erst im Bedarfsfall – also bei Auflösung des Dienstverhältnisses – in Betracht gezogen werden.

Kommt es aufgrund eines eingeräumten Kapitalwahlrechts zu einer kapitalisierten Abgeltung der Pensionsanwartschaft und liegen daher die Voraussetzungen für eine Entschädigung i. S. des § 24 Nr. 1 Buchstabe a EStG nicht vor, ist aber zu prüfen, ob es sich um eine **Arbeitslohnzahlung für mehrere Jahre** handelt, für die ebenfalls die Tarifermäßigung nach der „Fünftelregelung" in Anspruch genommen werden kann. Dies wird regelmäßig zu bejahen sein.

b) Fortbestehendes Arbeitsverhältnis

Aber auch bei fortbestehendem Arbeitsverhältnis können Pensionsanwartschaften abgefunden werden (z. B. bei einer **Betriebsveräußerung**). Nach bundeseinheitlicher Verwaltungsauffassung[2] stellt die Vereinbarung einer Abfindung für Pensionsanwartschaften eine neue Rechtsgrundlage außerhalb des Arbeitsverhältnisses dar, zu deren Abschluss der Arbeitnehmer aus Gründen veranlasst wird, die in der Sphäre des Arbeitgebers einen für den Arbeitnehmer spürbaren wirtschaftlichen Druck erzeugen. Eine solche Abfindung ist als Entschädigung nach § 24 Nr. 1 Buchstabe a EStG anzusehen, die ermäßigt besteuert werden kann. Für die Annahme einer begünstigten Entschädigung kommt es dabei nicht darauf an, ob eine verfallbare oder unverfallbare Pensionsanwartschaft abgefunden wird. Eine Entschädigung liegt aber nur dann vor, wenn mit der Versorgungszusage kein Kapitalwahlrecht des Arbeitgebers oder des Arbeitnehmers verbunden war. Allerdings ist bei Vorliegen eines solchen Wahlrechts auch hier eine Arbeitslohnzahlung für mehrere Jahre zu prüfen.

c) Zusammenfassung

Bei einer **Auflösung** des **Arbeitsverhältnisses** bereitet also die Beantwortung der Frage, ob eine „Entschädigung" vorliegt, keine Schwierigkeiten, da – bis auf den Sonderfall „Kapitalwahlrecht" – stets eine neue Rechtsgrundlage gegeben ist. Hiernach beruht auch die vertraglich nicht von vornherein vereinbarte Abfindung einer Pensionsverpflichtung – auch in den Fällen des § 8a BetrAVG[3] (= Abfindung durch den Träger der Insolvenzsicherung) – auf einer neuen Rechtsgrundlage mit der Folge, dass die Abfindung ermäßigt besteuert werden kann, wenn eine Zusammenballung von Einkünften vorliegt (BFH-Urteil vom 25.8.1993, BStBl. 1994 II S. 167).

Bei **fortbestehendem Arbeitsverhältnis** muss hingegen geprüft werden, ob die Vereinbarung über die Abfindung von Pensionsanwartschaften auf **Druck des Arbeitgebers** zustande gekommen ist. Ist dies zu verneinen, liegt keine „Entschädigung" i. S. des § 24 Nr. 1 Buchstabe a EStG vor, da das schädigende Ereignis vom Arbeitnehmer selbst herbeigeführt wird (BFH-Urteil vom 9.7.1992, BStBl. 1993 II S. 27). In der Regel wird es sich jedoch um Arbeitslohn für mehrere Jahre handeln (vgl. dieses Stichwort), für den ebenfalls die Fünftelregelung in Betracht kommt.

1) Bundeseinheitliche Regelung, vgl. z. B. Schreiben des Bayer. Staatsministeriums der Finanzen vom 11.3.1986 (Az. 31 b – S 2258 – 11/2 – 70 147/85). Das Schreiben ist als Anlage 1 zu § 24 EStG im **Steuerhandbuch für das Lohnbüro 2021** abgedruckt, das im selben Verlag erschienen ist.

2) Bundeseinheitliche Regelung, vgl. z. B. Schreiben des Bayer. Staatsministeriums der Finanzen vom 23.7.1987 (Az.: 31 b – S 2258 – 11/8 – 4424). Das Schreiben ist als Anlage 2 zu § 24 EStG im **Steuerhandbuch für das Lohnbüro 2021** abgedruckt, das im selben Verlag erschienen ist.

3) Das Betriebsrentengesetz (BetrAVG) ist als Anhang 13 im **Steuerhandbuch für das Lohnbüro 2021** abgedruckt, das im selben Verlag erschienen ist.

Lohn-steuer-pflichtig Sozial-versich.-pflichtig

d) Umwandlung in einen unverfallbaren Anspruch

Die Unverfallbarkeit von Ansprüchen auf betriebliche Altersversorgung ist in § 1b Abs. 1 Satz 1 BetrAVG[1] geregelt. Die Unverfallbarkeit kann auch durch eine vertragliche Vereinbarung herbeigeführt werden. Wird dies beim Ausscheiden aus dem Dienstverhältnis im Zusammenhang mit einer Auflösungsvereinbarung herbeigeführt, ist die Umwandlung des Anspruchs grundsätzlich Bestandteil der Entlassungsentschädigung. Da der Zufluss einer **Einmalentschädigung** und der Zufluss der Leistungen aus der späteren Betriebsrente zeitlich erheblich auseinander fallen können, stellt sich die Frage, ob gleichwohl hinsichtlich der Einmalzahlung die ermäßigte Besteuerung angewendet werden kann. Obwohl die Voraussetzung der „Zusammenballung von Einkünften" als notwendige Voraussetzung für die ermäßigte Besteuerung eigentlich nicht gegeben ist, werden nach dem sog. Abfindungs-Erlass der Finanzverwaltung aus der Umwandlung des Anspruchs keine nachteiligen Folgerungen gezogen, das heißt, die Einmalzahlung kann ermäßigt unter Anwendung der **Fünftelregelung** besteuert werden.[2]

e) Verlust von Versorgungsanwartschaften

Widerruft der Arbeitgeber einseitig die bisherige betriebliche Versorgungszusage und bietet er den Beschäftigten eine neue betriebliche Altersversorgung an, die zu wesentlich niedrigeren Ansprüchen führt, handelt es sich bei der Zahlung des Arbeitgebers, die den **zukünftigen Einnahmeverlust** teilweise **ausgleichen** soll, um eine **Entschädigung** (BFH-Urteil vom 13.3.2018, BFH/NV 2018 S. 715). Weggefallen sind die Anwartschaften aus der bisherigen Versorgungszusage. Die Abfindungszahlung, mit der dieser Verlust teilweise ausgeglichen werden soll, beruht insoweit auf einer neuen Rechtsgrundlage. Eine Modifikation des bisherigen Vertrags liegt jedenfalls dann nicht vor, wenn das bisherige System der betrieblichen Altersversorgung vom Arbeitgeber vollständig umgestellt wird und auf einer neuen Rechtsgrundlage beruht.

Die für das Vorliegen einer Entschädigung erforderliche „Zwangssituation" ist auch hier nicht bereits deshalb zu verneinen, weil der Arbeitnehmer einer gütlichen Einigung zugestimmt hat. Der Arbeitgeber hatte dem Arbeitnehmer für den Fall der Nichtzustimmung in Aussicht gestellt, keine Abfindung und lediglich reduzierte Versorgungsleistungen zu zahlen. Wenn der Arbeitnehmer unter diesen Bedingungen dem neuen Regelwerk zustimmt, steht er dabei unter einem nicht unerheblichen Druck und die Teilentschädigung für den Verlust von Versorgungsanwartschaften ist nach der Fünftelregelung ermäßigt zu besteuern.

6. Aufzeichnungspflichten

Entschädigungen, die **ermäßigt** besteuert wurden, sind im Lohnkonto gesondert einzutragen. Sie sind in Zeile 10 der Lohnsteuerbescheinigung 2021 **gesondert** zu bescheinigen, das heißt, sie dürfen im Jahresbruttoarbeitslohn (Zeile 3 der Lohnsteuerbescheinigung) **nicht enthalten** sein; die Steuerabzugsbeträge (Lohnsteuer, Solidaritätszuschlag, Kirchensteuer) sind in den Zeilen 11 bis 14 der Lohnsteuerbescheinigung 2021 einzutragen (vgl. das Stichwort „Lohnsteuerbescheinigung" unter den Nrn. 10 und 11).

Steuerpflichtige Entschädigungen, die **nicht ermäßigt** besteuert wurden, sind in Zeile 19 der Lohnsteuerbescheinigung 2021 **gesondert** zu bescheinigen. Sie **müssen** im **Jahresarbeitslohn** (Zeile 3 der Lohnsteuerbescheinigung) **enthalten** sein; die hierauf entfallenden Steuerabzugsbeträge (Lohnsteuer, Solidaritätszuschlag, Kirchensteuer) sind in den Zeilen 4 bis 7 der Lohnsteuerbescheinigung 2021 einzutragen. Durch die gesonderte Bescheinigung der bisher im Lohnsteuerabzugsverfahren nicht ermäßigt besteuerten Entschädigungen, kann das **Finanzamt** automatisch die Anwendung der **Fünftelregelung** im Rahmen der **Veranlagung** zur Einkommensteuer **prüfen.**

Entschädigungen, die ermäßigt besteuert wurden, bleiben beim Lohnsteuer-Jahresausgleich durch den Arbeitgeber außer Ansatz, es sei denn, der Arbeitnehmer beantragt ausdrücklich die Einbeziehung in den Lohnsteuer-Jahresausgleich (§ 42b Abs. 2 Satz 2 EStG). Werden diese ermäßigt besteuerten Vergütungen in den Lohnsteuer-Jahresausgleich durch den Arbeitgeber einbezogen, müssen sie mit der vollen Tabellensteuer besteuert werden (R 42b Abs. 2 LStR). Eine Einbeziehung in den Lohnsteuer-Jahresausgleich ist deshalb nur in seltenen Ausnahmefällen günstiger.

7. Vorsorgepauschale

Entschädigungen für entgangene oder entgehende Einnahmen oder für die Aufgabe bzw. das Nichtausüben einer Tätigkeit (vgl. vorstehende Nrn. 2 und 3) sind bei der **Berechnung** der **Vorsorgepauschale** für die Renten-, Kranken- und Pflegeversicherungsbeiträge **nicht zu berücksichtigen,** weil hierfür keine Sozialversicherungsbeiträge zu entrichten sind (§ 39b Abs. 2 Satz 5 Nr. 3 Satz 2 EStG). Es wird aber von der Finanzverwaltung aus Vereinfachungsgründen nicht beanstandet, wenn eine Entschädigung, die die Voraussetzungen für eine ermäßigte Besteuerung nach der Fünftelregelung nicht erfüllt, bei der Berechnung der Vorsorgepauschale berücksichtigt wird (R 39b.6 Abs. 5 LStR). Vgl. zur Berechnung der Vorsorgepauschale und zum Abzug von Vorsorgeaufwendungen im Einzelnen die Erläuterungen in Anhang 8 und 8a.

Entsendung

siehe „Ausstrahlung"

Entstehung der Beitragsschuld

Anders als im Lohnsteuerrecht entsteht die Beitragsschuld aus **laufendem Arbeitsentgelt** im Sozialversicherungsrecht nicht erst mit dem Zufließen des Arbeitsentgelts, sondern sobald die gesetzlichen bzw. satzungsmäßigen Voraussetzungen für den Beitragsanspruch vorliegen. Dies ist bei den Pflichtbeiträgen für Arbeitnehmer der Fall, sobald das Arbeitsentgelt erzielt, d. h. der **Anspruch darauf fällig** geworden ist. Eines Verwaltungsakts bedarf es dabei nicht. **Einmalige Zuwendungen** sind jedoch im Zeitpunkt des **Zuflusses** beitragspflichtig (vgl. „Einmalige Zuwendungen").

Entstehung der Lohnsteuerschuld

Die Lohnsteuerschuld entsteht in dem Zeitpunkt, in dem der Arbeitslohn **zufließt** (§ 38 Abs. 2 EStG), das ist der Zeitpunkt, zu dem der Arbeitgeber den Arbeitslohn an den Arbeitnehmer auszahlt und dieser hierüber **wirtschaftlich verfügen** kann. Dieser Zeitpunkt ist dafür maßgebend, welche Besteuerungsmerkmale (= Lohnsteuerabzugsmerkmale) und in welcher Fassung die steuerlichen Vorschriften bei der Besteuerung des Arbeitslohns anzuwenden sind. Das kann bei der Änderung steuerlicher Vorschriften, insbesondere des Tarifs, ggf. auch bei der Änderung der persönlichen steuerlichen Verhältnisse des Arbeitnehmers (Steuerklasse, Freibeträge, Kirchensteuer-

---

1) Das Betriebsrentengesetz (BetrAVG) ist als Anhang 13 im **Steuerhandbuch für das Lohnbüro 2021** abgedruckt, das im selben Verlag erschienen ist.

2) Randziffer 7 des BMF-Schreibens vom 1.11.2013 (BStBl. I S. 1326). Das BMF-Schreiben ist als Anlage zu H 34 LStR im **Steuerhandbuch für das Lohnbüro 2021** abgedruckt, das im selben Verlag erschienen ist.

E

Lohnsteuerpflichtig | Sozialversich.-pflichtig

pflicht usw.) bedeutsam sein. Außerdem ist die Entstehung der Steuerschuld für den Beginn der Festsetzungsverjährung maßgebend (vgl. „Verjährung"). Vgl. im Einzelnen auch die Ausführungen beim Stichwort „Zufluss von Arbeitslohn".

Erbe

siehe „Rechtsnachfolger"

Erbfall

Letztwillige Zuwendungen des Arbeitgebers oder eines Dritten an Arbeitnehmer sind in der Regel kein Entgelt für eine Arbeitsleistung (BFH-Urteil vom 15.5.1986, BStBl. II S. 609). Sie sind ausnahmsweise dann Arbeitslohn, wenn sich dies aus der letztwilligen Verfügung oder den Umständen des Einzelfalles eindeutig ergibt. Demnach gehören zum Arbeitslohn z.B. jährliche Zahlungen an einen Arbeitnehmer aufgrund eines Vermächtnisses, die sich nach der Zugehörigkeit zum Betrieb sowie weiterer ununterbrochener treuer und redlicher Tätigkeit als Arbeitnehmer für das Unternehmen richten.

Erfindervergütungen

Seit 1989 sind Erfindervergütungen in voller Höhe **steuer- und beitragspflichtig,** da die Geltungsdauer der Verordnung über die steuerliche Behandlung der Vergütungen für Arbeitnehmererfindungen damals nicht verlängert worden ist. ja ja

Bei einer Vergütung nach dem Arbeitnehmer-Erfindungsgesetz handelt es sich zwar um Arbeitslohn, allerdings nicht um eine Gegenleistung für eine konkrete Arbeitsleistung und damit auch nicht um ein Entgelt für eine frühere Tätigkeit mit der Folge, dass eine ermäßigte Besteuerung wegen Arbeitslohn für mehrere Jahre (vgl. dieses Stichwort) nach der **Fünftelregelung ausscheidet** (BFH-Urteil vom 21.10.2009, BStBl. 2012 II S. 493). Mit der Vergütung würden nämlich nicht die vom Arbeitnehmer im Hinblick auf die Erfindung geleisteten Arbeiten und Dienste honoriert, sondern die dem Arbeitgeber kraft Gesetzes zugewachsene wirtschaftliche Monopolstellung abgegolten. Allerdings kann es sich um eine nach der Fünftelregelung ermäßigt zu besteuernde Entschädigung wegen entgehender Einnahmen handeln, wenn jährlich zu zahlende Vergütungen für Arbeitnehmererfindungen z. B. bei Eintritt des Arbeitnehmers in den Ruhestand mit einer einmaligen Abfindung abgegolten werden (BFH-Urteil vom 29.2.2012, BStBl. II S. 569); vgl. das Stichwort „Entschädigungen" unter Nr. 2.

Das Verneinen eines Entgelts für eine frühere Tätigkeit führt auch dazu, dass bei entsprechenden Zahlungen an frühere, mittlerweile ausgeschiedene und ins Ausland verzogene Arbeitnehmer das **Besteuerungsrecht** dem **Wohnsitzstaat** (= Ansässigkeitsstaat) des Arbeitnehmers im Zeitpunkt der Zahlung zusteht (vgl. hierzu auch die Erläuterungen beim Stichwort „Doppelbesteuerungsabkommen" besonders unter Nr. 9 Buchstabe f). Sollte der Arbeitgeber in solch einem Fall dennoch einen Lohnsteuerabzug vorgenommen haben (insbesondere, weil ihm keine Freistellungsbescheinigung des Betriebsstättenfinanzamts vorliegt), hat der Arbeitnehmer die Möglichkeit, einen Erstattungsantrag in analoger Anwendung des § 50d Abs. 1 Satz 2 EStG zu stellen, soweit die entsprechenden Einkünfte aus nichtselbstständiger Arbeit nicht bereits im Rahmen einer Veranlagung erfasst werden (§ 50 Abs. 2 Satz 2 Nr. 4 Buchstabe b i. V. m. Satz 7 EStG). Der Erstattungsanspruch ist gegen das Betriebsstättenfinanzamt des Arbeitgebers zu richten (BFH-Urteil vom 21.10.2009, BStBl. 2012 II S. 493). Ggf. sind aber für den Erstattungsantrag besondere formelle Anforderungen (z. B. Fristen) zu beachten, die in den jeweiligen Doppelbesteuerungsabkommen geregelt sind. Eine Rangfolge zwischen einer Einkommensteuer-Veranlagung und einem Erstattungsantrag in analoger Anwendung des § 50d Abs. 1 Satz 2 EStG besteht nicht. Wegen des Progressionsvorbehalts (vgl. dieses Stichwort) für ausländische Einkünfte kann eine Einkommensteuer-Veranlagung allerdings ungünstiger sein (vgl. § 32b Abs. 1 Satz 1 Nr. 5 EStG).

Sozialversicherungsrechtlich gehören Erfindervergütungen, die nicht laufend gezahlt werden, zu den einmaligen Zuwendungen (vgl. dieses Stichwort).

Erfolgsbeteiligung

Eine Erfolgsbeteiligung gehört zum steuer- und beitragspflichtigen Arbeitslohn (vgl. die Erläuterungen beim Stichwort „Gewinnbeteiligung"). ja ja

Erholungsbeihilfen

Gliederung:

1. Begriff

Erholungsbeihilfen sind Zuschüsse des Arbeitgebers in Form von Bar- oder Sachbezügen zu den Erholungskosten eines Arbeitnehmers. Zur Aufnahme des Arbeitnehmers in Betriebserholungsheime vgl. die Ausführungen unter der nachfolgenden Nr. 6.

2. Erholungsbeihilfen als steuerfreie Unterstützung

Erholungsbeihilfen sind als Unterstützung regelmäßig bis zu 600 € steuerfrei, wenn sich der Arbeitnehmer z. B. zur **Wiederherstellung seiner Arbeitsfähigkeit** einer Kur unterziehen muss und die für die Steuerfreiheit von Unterstützungen allgemein geforderten Voraussetzungen (Beteiligung des Betriebsrats usw., vgl. „Unterstützungen" besonders unter Nr. 3) erfüllt sind. nein nein

Zur steuerlichen Behandlung von Aufwendungen des Arbeitgebers für **Kreislauftrainingskuren** seiner Arbeitnehmer vgl. das Stichwort „Kreislauftrainingskur".

Eine Steuerfreiheit von Erholungsbeihilfen bis zu 600 € für **Kinder** des Arbeitnehmers kann dann in Betracht kommen, wenn das Kind erkrankt ist und nach vorhergegangener ärztlicher Untersuchung zur Wiederherstellung der Gesundheit eine Kur macht. Es genügt nicht, dass das Kind allgemein als erholungsbedürftig anzusehen ist oder dass die Erholung ein geeignetes Mittel darstellt, um etwaigen Krankheiten vorzubeugen. Vielmehr muss ärztlicherseits festgestellt werden, dass der allgemeine Gesundheitszustand des Kindes als unterdurchschnittlich anzusehen und dass die Erholung zur Behebung des schlechten Gesundheitszustands dringend erforderlich ist. nein nein

Zur Steuerfreiheit der Leistungen des Arbeitgebers zur **Gesundheitsförderung** bis 600 € jährlich pro Arbeitnehmer (bis 31.12.2019 = 500 € jährlich) vgl. die Erläuterungen beim Stichwort „Gesundheitsförderung".

Lohnsteuerpflichtig | Sozialversich.-pflichtig

3. Erholungsbeihilfen bei typischen Berufskrankheiten

Erholungsbeihilfen, die der Abwendung drohender oder bereits eingetretener Gesundheitsschäden bei typischen Berufskrankheiten dienen, sind steuerfrei. — nein | nein

Dabei muss jedoch sichergestellt sein, dass die Erholungsbeihilfe tatsächlich zu dem gedachten Zweck verwendet wird. Dies wird im Allgemeinen nur dadurch erreicht werden können, dass die Erholungsbeihilfe an das den Arbeitnehmer aufnehmende Sanatorium oder Erholungsheim direkt gezahlt wird. Typische Berufskrankheiten sind nur solche Erkrankungen, die in **unmittelbarem Zusammenhang** mit dem **Beruf** stehen und für die betreffende Berufsart **typisch** sind (z. B. „Staublunge", „Bleivergiftung", vgl. das BFH-Urteil vom 14.1.1954, BStBl. III S. 86).

Die vorstehenden Ausführungen gelten entsprechend, wenn ein **Zusammenhang** zwischen der **Erkrankung** und dem **Beruf eindeutig** feststeht. Dies ist in Zweifelsfällen durch die Einholung eines Sachverständigengutachtens darzulegen (BFH-Urteil vom 11.7.2013, BStBl. II S. 815). „Burnout-Erkrankungen" sind aufgrund der Vielzahl der möglichen Ursachen keine Berufskrankheiten (vgl. „Berufskrankheiten" und Anhang 7, Abschnitt B, Nr. 2).

4. Steuerpflichtige Erholungsbeihilfen

In allen anderen als den unter Nr. 2 und 3 genannten Fällen, insbesondere bei Erholungsreisen oder Erholungsaufenthalten zur Kräftigung oder Erhaltung der Gesundheit im Allgemeinen handelt es sich um steuerpflichtigen Arbeitslohn. — ja | ja

Dies gilt auch dann, wenn die Erholungsbeihilfe dem Arbeitnehmer unter Einschaltung einer Betriebskrankenkasse oder eines Vereins für Erholungsheime, bei dem der Arbeitgeber Mitglied ist, zugewendet wird (BFH-Urteile vom 4.2.1954, BStBl. III S. 111 und vom 18.3.1960, BStBl. III S. 237).

Der geldwerte Vorteil ist mit dem entsprechenden Pensionspreis eines vergleichbaren Beherbergungsbetriebs am selben Ort zu bewerten. Der Ansatz der amtlichen Sachbezugswerte für freie Unterkunft und Verpflegung ist nicht möglich. Es können jedoch Preisabschläge in Betracht kommen, wenn der Arbeitnehmer z. B. nach der Hausordnung Bedingungen unterworfen wird, die für Hotels und Pensionen allgemein nicht gelten (vgl. auch die Ausführungen unter der nachfolgenden Nr. 6).

Schichtarbeiter sind infolge der unterschiedlichen Arbeitszeiten einer erhöhten gesundheitlichen Belastung ausgesetzt. In Abstimmung mit den Krankenkassen bieten daher einige Arbeitgeber ihren Mitarbeitern **sog. Aktivwochen** an, in denen ihnen vermittelt wird, wie sie dem gesundheitsgefährdeten Umständen der Schichtarbeit mit **gesundheitsfördernden Maßnahmen** entgegentreten können. Die Aktivwochen finden während der Freizeit (Urlaub, Freischicht) der Mitarbeiter statt. In das Konzept werden auch die Ehe-/Lebenspartner und die im Haushalt lebenden Kinder mit einbezogen. Vom Betriebs-/Werksarzt wird die Maßnahme durch Vor- und Nachuntersuchungen begleitet. Die Kosten des Gesundheitsprogramms werden von der Krankenkasse getragen. Der **Arbeitgeber** übernimmt die **Fahrtkosten** sowie die **Kosten für Unterkunft und Verpflegung.**

Die „Aktivwoche für Schichtmitarbeiter" wird nicht im ganz überwiegend eigenbetrieblichen Interesse des Arbeitgebers durchgeführt. Bei den vom **Arbeitgeber** getragenen Aufwendungen handelt es sich vielmehr um **Zuschüsse** für einen „Kururlaub", die als **Arbeitslohn** (= Erholungsbeihilfe) steuerpflichtig sind. Das gilt für die auf den Mitarbeiter und seine Familienangehörigen entfallenden Aufwendungen gleichermaßen. Auch (teilweise) steuerfreie Beihilfezahlungen/Unterstützungen im Krankheitsfall können nicht angenommen werden. Zudem kann für derartige Zusatzleistungen des Arbeitgebers (Übernahme von Reise-, Übernachtungs- und allgemeinen Verpflegungskosten) die Steuerbefreiungsvorschrift bis zu 600 € jährlich (bis 31.12.2019 = 500 € jährlich) für Leistungen zur Gesundheitsförderung (vgl. dieses Stichwort) nicht in Anspruch genommen werden. Gegen ein ganz überwiegend eigenbetriebliches Interesse des Arbeitgebers sprechen folgende Gesichtspunkte:

- Die Arbeitgeber machen ihren Schichtmitarbeitern lediglich ein Angebot zur Teilnahme. Diese erfolgt freiwillig und wird nicht vom Arbeitgeber angeordnet. Die Nicht-Teilnahme ist für den Arbeitnehmer nicht erkennbar mit beruflichen Nachteilen verbunden.
- Die Aktivwoche wird ohne jede Anrechnung auf die Arbeitszeit in der Freizeit der Schichtmitarbeiter durchgeführt.
- An der Aktivwoche können Familienangehörige und/oder in Haushaltsgemeinschaft lebende Lebenspartner teilnehmen.

Werden **Kinder** des Arbeitnehmers in Erholung geschickt und dabei betreut, gehört der geldwerte Vorteil für die **Betreuung** ebenfalls zum **steuerpflichtigen Arbeitslohn.** Dies gilt auch für die Betreuung während der Fahrt zum Erholungsort. Entsprechendes gilt für andere Familienangehörige (z. B. den Ehegatten des Arbeitnehmers). Vgl. aber auch die Erläuterungen unter der vorstehenden Nr. 2 zu steuerfreien Unterstützungsleistungen.

5. Besteuerung der Erholungsbeihilfen

Steuerpflichtige Erholungsbeihilfen können mit einem festen Pauschsteuersatz von **25 %** pauschaliert werden. Ein besonderer Antrag des Arbeitgebers beim Finanzamt ist hierfür nicht erforderlich. Zusätzlich zur **Lohnsteuer** fällt in Pauschalierungsfällen nach wie vor der **Solidaritätszuschlag** an, der **5,5 %** der pauschalen Lohnsteuer beträgt. Außerdem muss der Arbeitgeber pauschale **Kirchensteuer** zahlen (vgl. „Kirchensteuer" unter Nr. 10). Der Arbeitgeber hat die pauschale Lohn- und Kirchensteuer sowie den Solidaritätszuschlag zu übernehmen. Eine Abwälzung der Pauschalsteuer auf den Arbeitnehmer (vgl. dieses Stichwort) ist zulässig (siehe auch weiter unten). Es ist übrigens für die Pauschalierung nicht erforderlich, dass Erholungsbeihilfen einer größeren Zahl von Arbeitnehmern gewährt werden (der Arbeitgeber kann also die Lohnsteuer auch dann mit 25 % pauschalieren, wenn er nur einem Arbeitnehmer – z. B. einem leitenden Angestellten – eine Erholungsbeihilfe zahlt).

Erholungsbeihilfen können jedoch nur dann mit 25 % pauschaliert werden, wenn die Beihilfen insgesamt in einem Kalenderjahr **156 €** für den einzelnen **Arbeitnehmer, 104 €** für dessen **Ehegatten/eingetragenen Lebenspartner** und **52 €** für **jedes Kind** nicht übersteigen. Übersteigen die Erholungsbeihilfen diese Beträge, sind sie in vollem Umfang aus der Pauschalierung mit 25 % herauszunehmen **(Freigrenze).** Bei höheren (steuerpflichtigen) Beihilfen ist eine Pauschalierung mit einem besonderen Pauschsteuersatz nach dem beim Stichwort „Pauschalierung der Lohnsteuer" unter Nr. 2 auf Seite 733 dargestellten Verfahren möglich. Die mit dem festen Pauschsteuersatz von 25 % besteuerten Erholungsbeihilfen sind **beitragsfrei** in der Kranken-, Pflege-, Renten- und Arbeitslosenversicherung (§ 1 Abs. 1 Satz 1 Nr. 3 SvEV[1]). — ja | nein

Beispiel A

Ein Münchner Betrieb hat mit einer Pension im Gebirge einen Vertrag abgeschlossen, demzufolge er in der Zeit vom 1. 7. bis 30. 9. jeweils 12 Betriebsangehörige zum üblichen Pensionspreis von 50 € je Tag und Person unterbringen kann. 8 € des Pensionspreises werden vom Arbeitgeber getragen; Fahrtkosten und sonstige Aufwendungen be-

1) Die Sozialversicherungsentgeltverordnung (SvEV) ist als Anhang 2 im **Steuerhandbuch für das Lohnbüro 2021** abgedruckt, das im selben Verlag erschienen ist.

E

Lohnsteuerpflichtig	Sozialversich.-pflichtig

streiten die Arbeitnehmer. Der Erholungsaufenthalt dauert in der Regel 14 Tage. Die Beihilfe beträgt in diesem Fall für ledige Arbeitnehmer (14 Tage × 8 € =) 112 €, für verheiratete Arbeitnehmer, deren Ehegatte an dem Erholungsaufenthalt teilnimmt, 224 €. In jedem Monat wird jedoch **einem** Betriebsangehörigen und dessen Ehegatten ein Erholungsaufenthalt von je 28 Tagen bewilligt, d. h. eine Erholungsbeihilfe von jeweils 448 € gewährt. Insgesamt zahlt der Betrieb für die Vertragszeit einen Pensionspreis von 12 000 € (4000 € monatlich).

Die Voraussetzungen für die Pauschbesteuerung sind grundsätzlich gegeben, nicht jedoch für die Arbeitnehmer, denen für sich und ihren Ehegatten eine Beihilfe für 28 Tage (also 28 Tage × 8 € = 224 € × 2 = 448 €) gewährt wird. Diese Beihilfen sind bei den betroffenen Arbeitnehmern als sonstige Bezüge zu besteuern. Für die übrigen Erholungsbeihilfen ergibt sich je Kalendermonat (Juli bis September) folgende Pauschalbesteuerung:

Erholungsbeihilfen monatlich insgesamt		4 000,– €
einzeln zu besteuern		448,– €
pauschal zu besteuern		3 552,– €
Lohnsteuer 25 % aus 3552 €	=	888,– €
Solidaritätszuschlag 5,5 % aus 888 €	=	48,84 €
Kirchensteuer (z. B. in Bayern) 7 % aus 888 €	=	62,16 €

Die vorstehend genannten Pauschalierungsgrenzen gelten je Arbeitnehmer und Kalenderjahr und nicht für jede Erholungsmaßnahme. Sind aber Ehegatten oder Lebenspartner bei demselben Arbeitgeber beschäftigt, sind die **Pauschalierungsgrenzen für jeden Arbeitnehmer einzeln** zu prüfen.

Beispiel B

Die Eheleute A und B, ein Kind, sind beide beim Arbeitgeber C beschäftigt.

C kann sowohl an A als auch an B eine Erholungsbeihilfe von 312 € (156 € zuzüglich 104 € zuzüglich 52 €) zahlen, die jeweils mit 25 % pauschal besteuert wird und in diesem Fall beitragsfrei ist.

Die Pauschalbesteuerung der Erholungsbeihilfe setzt nicht voraus, dass es sich um das erste Arbeitsverhältnis des Arbeitnehmers handelt. Hat ein Arbeitnehmer zwei Arbeitsverhältnisse (1. Arbeitsverhältnis = Steuerklasse I bis V und 2. Arbeitsverhältnis = Steuerklasse VI), kann **in jedem Arbeitsverhältnis** eine Pauschalbesteuerung bis zu den o. a. Pauschalierungsgrenzen vorgenommen werden, die zur Beitragsfreiheit führt.

Es könnte daran gedacht werden, anstelle eines Urlaubsgeldes von z. B. 150 € eine Erholungsbeihilfe zu zahlen. Die dann mögliche Pauschalierung mit 25 % löst Beitragsfreiheit in der Sozialversicherung aus. Diese Gestaltung ist im Grundsatz möglich, da Erholungsbeihilfen auch dann pauschalierungsfähig sind, wenn die Zuwendung nicht zusätzlich zum ohnehin geschuldeten Arbeitslohn erbracht wird. Eine **Gehaltsumwandlung** ist – auch sozialversicherungsrechtlich – also **zulässig** (vgl. das Stichwort „Gehaltsumwandlung", besonders unter Nr. 2). Außerdem kann der Arbeitgeber die **Pauschalsteuer** von 25 % im arbeitsrechtlichen Innenverhältnis auf den Arbeitnehmer **abwälzen.** Die Abwälzung darf sich aber nicht auf die Bemessungsgrundlage für die pauschale Lohnsteuer auswirken (vgl. die Beispiele zur Zahlung einer Erholungsbeihilfe mit Abwälzung der Pauschalsteuer beim Stichwort „Abwälzung der Pauschalsteuer auf den Arbeitnehmer" auf Seite 50). Zu beachten ist bei einer solchen Gestaltung, dass der Begriff „Erholungsbeihilfe" eine Verwendung der Zahlung zu Erholungszwecken erfordert. Es muss also sichergestellt sein, dass die Erholungsbeihilfe auch tatsächlich für **Erholungszwecke** verwendet wird. Davon kann ausgegangen werden, wenn die Erholungsbeihilfe in zeitlichem Zusammenhang mit der **Erholungsmaßnahme** (Urlaub) gewährt wird. Der zeitliche Zusammenhang ist dann als gewahrt anzusehen, wenn die Erholungsmaßnahme (Urlaub) **innerhalb von drei Monaten** vor oder nach der Auszahlung der Erholungsbeihilfe angetreten wird; dabei kann der Urlaub auch zu Hause verbracht werden. Entsprechendes gilt, wenn in diesem Zeitraum eine Anzahlung für eine gebuchte Urlaubsreise geleistet wird. Die Finanzverwaltung hält erfreulicherweise an dieser Vereinfachungsregelung fest, obwohl der Bundesfinanzhof eigentlich erwartet, dass der Arbeitnehmer den Verwendungszweck für die erhaltenen Beträge angibt und Vermutungen über die Mittelverwendung nicht genügen lassen will (BFH-Urteil vom 19.9.2012, BStBl. 2013 II S. 398).

Beispiel C

Der Arbeitgeber zahlt seinem Arbeitnehmer, verheiratet, zwei Kinder, im Juli 2021 eine Erholungsbeihilfe von 350 €. Der Arbeitnehmer nimmt im August 2021 drei Wochen Urlaub.

Der Arbeitgeber kann die Erholungsbeihilfe mit 25 % pauschal besteuern, da sie die Freigrenze von 364 € (156 € für den Arbeitnehmer, 104 € für den Ehegatten und 52 € für jedes Kind) nicht übersteigt. Aufgrund des zeitlichen Zusammenhangs zwischen der Gewährung der Erholungsbeihilfe und dem Urlaub des Arbeitnehmers ist sichergestellt, dass die Erholungsbeihilfe auch tatsächlich für Erholungszwecke verwendet wird.

6. Aufnahme in Betriebserholungsheime

Die Aufnahme eines Arbeitnehmers in ein Betriebserholungsheim ist als Unterstützung regelmäßig bis zu 600 € jährlich steuerfrei, wenn sich der Arbeitnehmer zur **Wiederherstellung seiner Arbeitsfähigkeit** einer Kur unterziehen muss und die für die Steuerfreiheit von Unterstützungen allgemein geforderten Voraussetzungen (Beteiligung des Betriebsrats usw., vgl. „Unterstützungen" besonders unter Nr. 3) erfüllt sind. nein nein

Zu Kreislauftrainingskuren vgl. dieses Stichwort. Zur Steuerfreiheit der Leistungen des Arbeitgebers zur Gesundheitsförderung bis 600 € jährlich pro Arbeitnehmer (bis 31.12.2019 = 500 € jährlich) vgl. die Erläuterungen beim Stichwort „Gesundheitsförderung".

Wenn die Aufnahme zur Abwendung drohender oder bereits eingetretener Gesundheitsschäden bei **typischen Berufskrankheiten** (z. B. „Staublunge") notwendig ist, bleibt der geldwerte Vorteil steuerfrei. nein nein

Die unentgeltliche oder verbilligte Aufnahme in Betriebserholungsheime im Allgemeinen, z. B. während des **regulären Urlaubs** oder zur Erhaltung der Gesundheit in anderen als den zuvor genannten Fällen ist **steuerpflichtiger Arbeitslohn.** ja ja

Die Höhe des steuerpflichtigen Betrages ist gleich dem Unterschied zwischen dem Preis, den der Arbeitnehmer unter gleichen Bedingungen als normaler Feriengast bezahlen müsste und dem Preis, der ihm vom Arbeitgeber tatsächlich berechnet wird; dabei können jedoch Preisabschläge in Betracht kommen, wenn der Arbeitnehmer z. B. nach der Hausordnung Bedingungen unterworfen wird, die für Hotels und Pensionen allgemein nicht gelten (BFH-Urteil vom 18.3.1960, BStBl. III S. 237). Eine **Bewertung** der **Unterkunft** und **Verpflegung** mit den amtlichen **Sachbezugswerten** ist **nicht** zulässig. Dies ergibt sich aus den Hinweisen zu 8.1 (5–6) der Lohnsteuer-Richtlinien, Stichwort „Erholungsheim".[1] Die Lohnsteuer kann nach dem unter Nr. 5 geschilderten Voraussetzungen mit 25 % pauschaliert werden. Die Pauschalierung mit 25 % löst Beitragsfreiheit in der Sozialversicherung aus (§ 1 Abs. 1 Satz 1 Nr. 3 SvEV[2]). ja nein

Erholungsheim

Vgl. das Stichwort „Erholungsbeihilfen" unter Nr. 6.

1) Die amtlichen Hinweise zu den Lohnsteuer-Richtlinien sind im **Steuerhandbuch für das Lohnbüro 2021** abgedruckt, das im selben Verlag erschienen ist.

2) Die Sozialversicherungsentgeltverordnung (SvEV) ist als Anhang 2 im **Steuerhandbuch für das Lohnbüro 2021** abgedruckt, das im selben Verlag erschienen ist.

	Lohn-steuer-pflichtig	Sozial-versich.-pflichtig

Ermäßigungsverfahren

Der Arbeitnehmer kann sich für Werbungskosten, Sonderausgaben und außergewöhnliche Belastungen als elektronisches Lohnsteuerabzugsmerkmal einen Freibetrag vom Finanzamt bilden lassen. Dieses Verfahren wird Lohnsteuer-Ermäßigungsverfahren genannt. Es ist in **Anhang 7** ausführlich anhand von Beispielen erläutert.

Ermittler

Ermittler, die für ein Markt- oder Meinungsforschungsunternehmen Befragungen durchführen, ohne ständig in den Betrieb eingegliedert zu sein, sind keine Arbeitnehmer (die Einkünfte werden durch eine Veranlagung zur Einkommensteuer erfasst). nein nein

Zur Frage der „Scheinselbständigkeit" vgl. dieses Stichwort.

Siehe aber auch „Telefoninterviewer"

Ersatzbescheinigung

Ist im Kalenderjahr **2021** eine Teilnahme am elektronischen **ELStAM-Verfahren** (noch) **nicht möglich,** stellt – abhängig vom Sachverhalt – das Betriebsstättenfinanzamt des Arbeitgebers (z. B. für bestimmte beschränkt steuerpflichtige Arbeitnehmer) oder das Wohnsitzfinanzamt des Arbeitnehmers (z. B. wenn der unbeschränkt steuerpflichtige Arbeitnehmer keine Identifikationsnummer hat) eine **Lohnsteuerabzugsbescheinigung** (vgl. dieses Stichwort) aus.

Vgl. zum elektronischen ELStAM-Verfahren die ausführlichen Erläuterungen und Beispiele beim Stichwort „Elektronische Lohnsteuerabzugsmerkmale (ELStAM)".

Ersatzkasse

Ersatzkassen sind Träger der gesetzlichen Krankenversicherung mit Selbstverwaltung. Sie waren ursprünglich für Angestellte und für bestimmte Arbeiterberufe errichtet worden. Daher bestehen dem Grunde nach Arbeiter- und Angestelltenersatzkassen. Aufgrund der Wahlfreiheit sind die **Ersatzkassen** aber **für alle Arbeitnehmergruppen,** aber auch für alle anderen Versicherungspflichtigen und Versicherungsberechtigten (z. B. Arbeitslose, wenn sie Leistungen nach dem Dritten Buch Sozialgesetzbuch erhalten, Rentenbezieher, Behinderte in geschützten Einrichtungen usw.), **wählbar.** Die überwiegende Anzahl der Ersatzkassen ist bundesweit organisiert, d. h. ihr Zuständigkeitsbereich ist nicht auf eine Region beschränkt. Zum Krankenkassenwahlrecht vgl. die Erläuterungen im Teil B „Grundsätzliches zur Sozialversicherung" unter Nr. 2 Buchstabe b auf Seite 11.

Die Berechnung der Beiträge, deren Abführung und das Meldeverfahren erfolgen bei einer Pflichtversicherung wie bei jeder anderen gesetzlichen Krankenkasse.

Erschwerniszuschläge

Erschwerniszuschläge sind Lohnzuschläge, die wegen der Besonderheit der Arbeit gezahlt werden. Sie sind steuer- und beitragspflichtig. ja ja

Die Besonderheit der Arbeit kann darin bestehen, dass sie entweder besondere technische Fertigkeiten erfordert oder unter ungünstigen Arbeitsbedingungen verrichtet werden muss oder für den Arbeitnehmer eine erhöhte Unfallgefahr mit sich bringt.

Erschwerniszuschläge dieser Art sind z. B. Bauzulage, Kraftfahrerzulage, technische Zulage, Hitzezuschlag, Wasserzuschlag, Schneezulage, Frostzulage, Schmutzzulage, Gefahrenzulage, Taucherzulage, Wechselschichtzulage usw. ja ja

E

Erstattung von Lohnsteuer

1. Allgemeines

Im Lohnsteuerverfahren kann es aus den verschiedensten Gründen vorkommen, dass zu viel Lohnsteuer entrichtet worden ist. Es kann die **Lohnsteuer** durch Fehler bei der Lohnsteuerberechnung **falsch ermittelt** worden sein (z. B. der Arbeitgeber wendet Steuerbefreiungsvorschriften nicht an; die Steuer wird mit einem unrichtigen Betrag aus der Lohnsteuertabelle abgelesen oder maschinell berechnet; der Arbeitgeber versäumt die Kürzung des steuerpflichtigen Arbeitslohns um einen zu berücksichtigenden Freibetrag). In all diesen Fällen kann bzw. soll der **Arbeitgeber** den Lohnsteuerabzug **berichtigen;** vgl. die ausführlichen Erläuterungen bei den Stichwörtern „Änderung der Lohnsteuerpauschalierung" und „Änderung des Lohnsteuerabzugs". Ändert der Arbeitgeber den Lohnsteuerabzug jedoch nicht oder erkennt er den Fehler nicht, muss der **Arbeitnehmer** selbst einen **Erstattungsantrag** beim Finanzamt stellen. Im Einzelnen gilt für die Erstattung von Lohnsteuer durch das Finanzamt Folgendes:

2. Erstattung von Lohnsteuer durch das Finanzamt an den Arbeitnehmer

a) Veranlagung zur Einkommensteuer

Im Wege einer **Antragsveranlagung** zur Anrechnung der einbehaltenen Lohnsteuer kann stets eine Erstattung erfolgen, wenn die beim laufenden Lohnsteuerabzug während des Jahres einbehaltene Lohnsteuer zu hoch war und der Arbeitgeber den Ausgleich durch eine Änderung des Lohnsteuerabzugs oder einen Lohnsteuer-Jahresausgleich selbst nicht durchgeführt hat.

Wird der Arbeitnehmer aus irgendwelchen Gründen von Amts wegen zur Einkommensteuer veranlagt (z. B. wegen Berücksichtigung eines Freibetrags beim Lohnsteuerabzug oder zur Anwendung des Progressionsvorbehalts), wird bei dieser sog. **Pflichtveranlagung** die einbehaltene Lohnsteuer angerechnet und ein ggf. zu viel entrichteter Betrag vom Finanzamt erstattet.

Im Rahmen der Einkommensteuer-Veranlagung werden auch vom Arbeitgeber zu Unrecht angemeldete und an das Finanzamt abgeführte Lohnsteuerbeträge beim Arbeitnehmer angerechnet. Diese Lohnsteuerbeträge sind zugleich beim Arbeitnehmer als Arbeitslohn anzusetzen (BFH-Urteil vom 17.6.2009, BStBl. 2010 II S. 72). Vgl. zur Abgrenzung auch nachfolgende Nr. 3 Buchstabe b.

b) Zahlung von Lohnsteuer ohne Rechtsgrund

§ 37 Abs. 2 AO sieht eine Erstattung von Lohnsteuer bei Zahlung ohne Rechtsgrund vor. Diese Vorschrift kommt im Lohnsteuerrecht äußerst selten zur Anwendung (vgl. nachfolgende Nr. 3 Buchstabe b), und zwar aus folgenden Gründen:

Nach Ablauf des Kalenderjahres muss der Arbeitnehmer Erstattungsansprüche wegen einbehaltener Lohnsteuer im Rahmen einer **Veranlagung** zur Einkommensteuer geltend machen. Darüber hinaus ist ein Erstattungsantrag nach § 37 AO nicht zulässig (BFH-Urteil vom 20.5.1983, BStBl. II S. 584).

Auch **im Laufe des Kalenderjahres** kann es dazu kommen, dass der Arbeitnehmer als Steuerschuldner zu viel

Lohn- steuer- pflichtig Sozial- versich.- pflichtig

Lohnsteuer gezahlt hat, weil z. B. günstigere Lohnsteuerabzugsmerkmale mit zeitlicher Rückwirkung gebildet werden (günstigere Steuerklasse, erstmaliger oder höherer Freibetrag) und der Arbeitgeber keine Erstattung durchführt bzw. keine Erstattung mehr durchführen kann oder wenn vom Arbeitgeber ohne Mitwirkung des Arbeitnehmers zu Unrecht eine zu hohe Lohnsteuer einbehalten worden ist (z. B. durch Nichtbeachtung einer Steuerbefreiungsvorschrift). Der Rechtsgrund für die zuviel gezahlte Lohnsteuer ist allerdings die (unzutreffende) Lohnsteuer-Anmeldung des Arbeitgebers. Da dieser Rechtsgrund weiter besteht, liegt keine Zahlung ohne Rechtsgrund vor und eine Erstattung der zuviel gezahlten Lohnsteuer nach § 37 Abs. 2 AO kommt nicht in Betracht. Der jeweilige Arbeitnehmer muss vielmehr eine **Änderung der Lohnsteuer-Anmeldung** des Arbeitgebers nach § 164 Abs. 2 AO beantragen (vgl. zum Recht des Arbeitnehmers zur Anfechtung der Lohnsteuer-Anmeldung des Arbeitgebers auch das BFH-Urteil vom 20.7.2005, BStBl. II S. 890).

Die vorstehenden Ausführungen gelten entsprechend bei **beschränkt steuerpflichtigen Arbeitnehmern.** Nach Ablauf des Kalenderjahres ist bei diesen Arbeitnehmern eine Änderung des Lohnsteuerabzugs nur für die Lohnzahlungszeiträume vorzunehmen, auf die sich die Änderungen beziehen. Eine Erstattung von zuviel gezahlter Lohnsteuer kann nach Ablauf des Kalenderjahres nur das Betriebsstättenfinanzamt des Arbeitgebers durchführen (R 41c.1 Abs. 8 LStR).

c) Erlass aus persönlichen Billigkeitsgründen

Eine Erstattung von Lohnsteuer **aus Billigkeitsgründen** (§ 227 AO) ist möglich, wenn sich der Arbeitnehmer in einer unverschuldeten existenzbedrohenden wirtschaftlichen Notlage befindet oder die Erhebung der Lohnsteuer aus anderen Gründen eine unbillige Härte darstellt (diese Voraussetzungen werden nur in sehr seltenen Ausnahmefällen erfüllt sein).

Die Anträge zu a) bis c) sind jeweils an das Wohnsitzfinanzamt des Arbeitnehmers zu richten; bei beschränkt steuerpflichtigen Arbeitnehmern an das Betriebsstättenfinanzamt des Arbeitgebers.

3. Erstattung von Lohnsteuer durch das Finanzamt an den Arbeitgeber

a) Änderung der Lohnsteuerpauschalierung

Eine Erstattung von Lohnsteuer an den Arbeitgeber kommt in allen Fällen in Betracht, in denen Arbeitslohn pauschal unter Übernahme der Lohnsteuer durch den Arbeitgeber besteuert wurde (§§ 40, 40 a, 40 b EStG); der **Erstattungsanspruch** steht dem **Arbeitgeber** zu, da dieser zur Übernahme der pauschalen Lohnsteuer verpflichtet und damit Steuerschuldner ist (vgl. das Stichwort „Änderung der Lohnsteuerpauschalierung"); das gilt auch in den Fällen der Abwälzung der Pauschalsteuer auf den Arbeitnehmer.

b) Tatsächlich nicht einbehaltene Lohnsteuer

Eine **Erstattung** von Lohnsteuer an den **Arbeitgeber** kommt auch in den Fällen in Betracht, in denen der Arbeitgeber die Erstattung von **Lohnsteuer** beantragt, die er von seinen Arbeitnehmern gar **nicht einbehalten** hat (z. B. versehentliche Doppelzahlungen an Lohnsteuer durch den Arbeitgeber). Zahlt der Arbeitgeber Lohnsteuer versehentlich doppelt an das Finanzamt, wäre dies eine Zahlung ohne Rechtsgrund, die zu einem Erstattungsanspruch nach § 37 Abs. 2 AO führen würde.

Ebenso besteht ein Erstattungsanspruch des Arbeitgebers, wenn er – ohne im Übrigen Arbeitslohn an den Arbeitnehmer zu zahlen – versehentlich Lohnsteuer an das Finanzamt abführt und diese Lohnsteuer bei der Einkommensteuer-Veranlagung des Arbeitnehmers nicht als Arbeitslohn angesetzt worden ist (BFH-Urteil vom 25.8.2020 VI B 1/20).

c) Einspruch gegen einen Haftungsbescheid

Eine **Erstattung** von Lohnsteuer an den **Arbeitgeber** kommt weiterhin auch in den Fällen in Betracht, in denen der Arbeitgeber einen gegen ihn gerichteten **Haftungsbescheid** erfolgreich **angefochten** hat. In einem solchen Fall ist es ohne Bedeutung, ob der Arbeitgeber die von ihm entrichtete (aber bestrittene) Lohnsteuer von seinen Arbeitnehmern einbehalten hat oder nicht. Eine unmittelbare Erstattung an die betreffenden Arbeitnehmer kann in Betracht kommen, wenn der Arbeitgeber damit einverstanden ist (vgl. BFH-Urteil vom 15.2.1963, BStBl. III S. 226).

Den Erstattungsantrag hat der Arbeitgeber in den Fällen a) bis c) an sein Betriebsstättenfinanzamt zu richten.

d) Vom Arbeitnehmer veruntreute Beträge

Arbeitsrechtlich nicht zustehende Beträge, die der Arbeitnehmer unter eigenmächtiger Überschreitung seiner Befugnisse auf sein Konto überweist, gehören **nicht** zum steuer- und beitragspflichtigen **Arbeitslohn** (BFH-Urteil vom 13.11.2012, BStBl. 2013 II S. 929). Es fehlt in solch einem Fall bereits an einer Gewährung von Vorteilen durch den Arbeitgeber für eine Beschäftigung des Arbeitnehmers. nein nein

Der Arbeitgeber hat in diesem Fall die bereits für den Arbeitnehmer übermittelte oder ausgestellte **Lohnsteuerbescheinigung** zu berichtigen und sie als geändert gekennzeichnet an die Finanzverwaltung zu übermitteln. In der berichtigten Lohnsteuerbescheinigung ist der zutreffende Bruttoarbeitslohn und die geminderte Lohnsteuer zu bescheinigen. Außerdem hat der Arbeitgeber seinen Antrag zu begründen und die **Lohnsteuer-Anmeldung** zu **berichtigen.** Der sich aufgrund dieser Berichtigung ergebende Erstattungsbetrag wird dem Arbeitgeber von seinem Betriebsstättenfinanzamt überwiesen. Berichtigt der Arbeitgeber die Lohnsteuerbescheinigung nicht oder sind die Angaben in der berichtigten Lohnsteuerbescheinigung unzutreffend, haftet er für eine zu niedrige Lohnsteuer (§ 42d Abs. 1 Nr. 3 EStG).

Vgl. im Einzelnen die Erläuterungen und Beispiele beim Stichwort „Änderung des Lohnsteuerabzugs" unter Nr. 5 Buchstabe c.

Erstattung von Sozialversicherungsbeiträgen

1. Allgemeines

Nach § 26 Abs. 2 SGB IV, § 351 Abs. 1 SGB III werden zu Unrecht gezahlte Beiträge zur Kranken-, Pflege-, Renten- und Arbeitslosenversicherung unter den dort näher genannten Voraussetzungen erstattet. Der GKV-Spitzenverband, die Deutsche Rentenversicherung Bund sowie die Bundesagentur für Arbeit haben für die Erstattung die nachfolgend wiedergegebenen gemeinsamen Grundsätze für die Verrechnung und Erstattung zu Unrecht gezahlter Beiträge zur Kranken-, Pflege-, Renten- und Arbeitslosenversicherung erarbeitet.

Nach § 26 Abs. 2 SGB IV werden in der Kranken-, Pflege-, Renten- und Arbeitslosenversicherung zu Unrecht gezahlte Beiträge erstattet, es sei denn, dass für den Arbeitnehmer

- aufgrund dieser Beiträge
  oder
- für den Zeitraum, für den die Beiträge zu Unrecht gezahlt worden sind,

Leistungen erbracht wurden. Die zweite Alternative „. . . für den Zeitraum . . ." gilt nach dem Urteil des Bundessozialgerichts vom 25. April 1991 – 12/1 RA 65/89 – (USK 9126) nicht in der Rentenversicherung. Sofern jedoch während des Bezugs von Leistungen Beitragsfreiheit bestanden hat, sind die während dieser Zeit zu Unrecht gezahlten Beiträge zu erstatten.

Beiträge, die im Wege der Störfallbeitragsberechnung von insolvenzgesicherten Wertguthaben durch Treuhänder/Insolvenzverwalter in Unkenntnis einer ggf. niedrigeren SV-Luft zunächst zu hoch gezahlt werden, gelten ebenfalls als zu Unrecht entrichtete Beiträge.

Vor der Erstattung von Beiträgen zur Kranken- und Pflegeversicherung und/oder zur Rentenversicherung ist stets zu prüfen, ob die zu Unrecht gezahlten Beiträge im Zusammenhang mit erbrachten Leistungen an den Arbeitnehmer stehen. Eine Erstattung von Beiträgen scheidet grundsätzlich in allen Fällen aus, in denen in der irrtümlichen Annahme eines Versicherungsverhältnisses Beiträge gezahlt und Leistungen gewährt wurden. Hierbei kommt es im Allgemeinen nicht darauf an, ob der einzelne Beitrag sich auf die rechtliche Grundlage der Leistung ausgewirkt hat. Dementsprechend ist die Erstattung der vor Beginn einer Leistung gezahlten Beiträge bzw. der für den Versicherungsfall berücksichtigten Beiträge generell ausgeschlossen.

Dagegen sind die Teile von Beiträgen (Beiträge in nicht voller Höhe), die z. B. aufgrund von Rechenfehlern bei der Ermittlung des Arbeitsentgelts zu Unrecht gezahlt worden sind, zu erstatten, wenn sie die Leistungen nicht beeinflusst haben, d. h., wenn die Leistungen auch ohne die Beitragsüberzahlung unverändert erbracht worden wären. Eine Beitragserstattung kommt folglich dann nicht in Betracht, wenn aufgrund der versehentlich zu hohen Beiträge auch höhere Leistungen erbracht worden sind.

Die Verfallklausel in § 26 Abs. 2 SGB IV greift nur für die Beiträge des Versicherungszweiges, in dem die Leistung erbracht wurde. Einem Antrag auf Erstattung von Beiträgen zur Kranken- und Pflegeversicherung kann daher für den Bereich der Pflegeversicherung entsprochen werden, wenn für den Zeitraum, für den die Beiträge zu Unrecht gezahlt worden sind, lediglich Leistungen der Krankenversicherung erbracht wurden. Etwas anderes gilt, wenn dem (unzuständigen) Versicherungsträger eines Versicherungszweiges, der zunächst eine Leistung zur medizinischen Rehabilitation oder zur Teilhabe am Arbeitsleben erbracht hat, die Aufwendungen nach § 16 Abs. 1 oder 2 SGB IX durch den für die Erbringung dieser Leistung zuständigen Rehabilitationsträger eines anderen Versicherungszweiges erstattet worden sind. In diesen Fällen gilt die Leistung als von dem Versicherungsträger erbracht, der die Aufwendungen erstattet hat.

Zu Unrecht gezahlte Arbeitslosenversicherungsbeiträge (Beiträge zur Arbeitsförderung) sind ebenfalls grundsätzlich nach § 26 Abs. 2 SGB IV zu erstatten. Allerdings mindert sich nach § 351 Abs. 1 SGB III der Erstattungsanspruch um den Betrag der Leistung, die in der irrtümlichen Annahme der Versicherungspflicht gezahlt worden ist. Sind Leistungen aus anderen Gründen zu Unrecht gezahlt worden, so können diese nach § 333 Abs. 2 SGB III aufgerechnet werden. Der Bezug von Arbeitslosengeld II steht der Erstattung von Arbeitslosenversicherungsbeiträgen nicht entgegen.

Der Anspruch auf Beitragserstattung steht nach § 26 Abs. 3 SGB IV demjenigen zu, der die Beiträge getragen hat; das ist im Allgemeinen hinsichtlich der Arbeitnehmerbeitragsanteile der Arbeitnehmer und hinsichtlich der Arbeitgeberbeitragsanteile der Arbeitgeber.

2. Auf- bzw. Verrechnung

Zu viel gezahlte Beiträge können unter den nachstehenden Voraussetzungen vom Arbeitgeber aufgerechnet oder von der Einzugsstelle oder vom Rentenversicherungsträger im Rahmen einer Betriebsprüfung verrechnet werden, wenn sichergestellt ist, dass der Arbeitnehmer die verrechneten Beiträge, soweit sie von ihm getragen wurden, zurückerhält.

a) Aufrechnung durch den Arbeitgeber

Der Arbeitgeber kann Beiträge in voller Höhe oder Teile von Beiträgen zur Kranken-, Pflege-, Renten- und/oder Arbeitslosenversicherung, die er zu viel gezahlt hat, aufrechnen, wenn bei Aufrechnung von Beiträgen in voller Höhe der Beginn des Zeitraums, für den die Beiträge irrtümlich gezahlt wurden, nicht länger als sechs Kalendermonate zurückliegt. Für die Aufrechnung hat der Arbeitnehmer eine schriftliche Erklärung darüber abzugeben, dass

- kein Bescheid über eine Forderung eines Leistungsträgers (Krankenkasse, Pflegekasse, Rentenversicherungsträger, Agentur für Arbeit) vorliegt und seit Beginn des Erstattungszeitraums Leistungen der Kranken-, Pflege-, Renten- oder Arbeitslosenversicherung nicht gewährt wurden
  und
- die gezahlten Rentenversicherungsbeiträge dem Rentenversicherungsträger nicht als freiwillige Beiträge verbleiben sollen bzw. der Arbeitnehmer für diese Zeit keine freiwilligen Beiträge nachzahlen will, oder

bei Aufrechnung von Teilen von Beiträgen der Zeitraum, für den Beiträge zu viel gezahlt wurden, nicht länger als 24 Kalendermonate zurückliegt. Beruht die Beitragszahlung darauf, dass Beiträge irrtümlich von einem zu hohen Arbeitsentgelt gezahlt worden sind, so ist eine Aufrechnung der Beiträge ausgeschlossen, wenn der überhöhte Betrag der Bemessung von Geldleistungen an den Versicherten (z. B. Bescheinigung des Arbeitgebers zur Berechnung des Krankengeldes/Übergangsgeldes oder Mutterschaftsgeldes) zugrunde gelegt wurde.

Eine Aufrechnung zu Unrecht gezahlter Beiträge scheidet aus, soweit für den Erstattungszeitraum oder für Teile des Erstattungszeitraums eine Prüfung beim Arbeitgeber stattgefunden hat oder wenn von einem Berechtigten Zinsen nach § 27 Abs. 1 SGB IV geltend gemacht werden. In Fällen, in denen eine Aufrechnung ausgeschlossen ist, ist eine Erstattung der Beiträge zu beantragen.

Die zu viel gezahlten Beiträge sind mit den Beiträgen für den laufenden Entgeltabrechnungszeitraum aufzurechnen. Erfolgt eine Aufrechnung, weil der Berechnung der Beiträge irrtümlich ein zu hohes Arbeitsentgelt zugrunde gelegt wurde, so ist der aufzurechnende Betrag in der Weise zu ermitteln, dass die zunächst unrichtig berechneten Beiträge um den Betrag vermindert werden, der sich bei einer Neuberechnung aus dem maßgeblichen beitragspflichtigen Arbeitsentgelt ergibt. Bei der Aufrechnung sind die für den Aufrechnungszeitraum jeweils maßgebenden Beitragsfaktoren zugrunde zu legen.

Alle sich aus Anlass der Aufrechnung ergebenden Berichtigungen und Stornierungen sind auf den einzelnen Lohn- bzw. Gehaltsunterlagen so zu vermerken, dass sie prüffähig sind. Die o.g. Erklärung des Arbeitnehmers ist den Lohn- bzw. Gehaltsunterlagen beizufügen.

Sofern für den Aufrechnungszeitraum bereits eine Meldung nach der DEÜV abgegeben worden ist, hat der Arbeitgeber eine Stornierung vorzunehmen und ggf. eine neue Meldung zu erstatten.

b) Verrechnung durch die Einzugsstelle

Die Einzugsstelle kann unter Beachtung der Verjährungsfrist des § 27 Abs. 2 SGB IV Kranken-, Pflege-, Renten- und/oder Arbeitslosenversicherungsbeiträge verrechnen, wenn

Lohn-steuer-pflichtig Sozial-versich.-pflichtig

- der Arbeitgeber zur Aufrechnung von Beiträgen berechtigt ist und er von dieser Möglichkeit keinen Gebrauch macht,
- sie zu viel Beiträge berechnet hat und diese vom Arbeitgeber gezahlt worden sind,
- zu viel gezahlte Beiträge anlässlich einer Prüfung beim Arbeitgeber festgestellt werden und nicht die Zuständigkeit des Rentenversicherungsträgers besteht.

Verrechnungen durch die Einzugsstelle sind dem Arbeitgeber zwecks Dokumentation in den Entgeltunterlagen bekannt zu geben.

Bereits erstattete Meldungen nach der DEÜV sind vom Arbeitgeber zu stornieren und ggf. neu zu erstatten.

c) Verrechnung durch den Rentenversicherungsträger

Der Rentenversicherungsträger kann unter Beachtung der Verjährungsfrist des § 27 Abs. 2 SGB IV Kranken-, Pflege-, Renten- und/oder Arbeitslosenversicherungsbeiträge verrechnen, wenn zu viel gezahlte Beiträge anlässlich einer Prüfung beim Arbeitgeber festgestellt werden, die keine Berichtigung der beitragspflichtigen Einnahmen erfordern (z. B. bei Anwendung falscher Beitragssätze, bei Beitragszahlungen von Entgeltteilen über der Beitragsbemessungsgrenze). Verrechnungen durch den Rentenversicherungsträger im Rahmen einer Betriebsprüfung sind im Prüfbescheid vorzunehmen. Bereits erstattete Meldungen nach der DEÜV sind vom Arbeitgeber zu stornieren und ggf. neu zu erstatten.

3. Erstattung (Gutschrift)

Zu Unrecht gezahlte Beiträge, die nicht verrechnet werden, werden beim Vorliegen der Voraussetzungen auf Antrag erstattet. Die Erstattung kann auch in Form einer Gutschrift auf dem Beitragskonto erfolgen (§ 28 Nr. 2 SGB IV). Dem Arbeitgeber können auch die Arbeitnehmerbeitragsanteile ausgezahlt werden, wenn sichergestellt ist, dass dem Arbeitnehmer die zu viel gezahlten Beiträge erstattet werden.

Antragsberechtigt ist, wer die Beiträge getragen hat. Der Antrag auf Erstattung der Beiträge ist bei der Einzugsstelle einzureichen, an die die Beiträge gezahlt worden sind. Für die Antragstellung soll der offizielle Vordruck verwendet werden. Der Arbeitgeber darf fällige Beiträge in Erwartung einer Beitragserstattung oder Beitragsgutschrift nicht zurückbehalten.

Für die Bearbeitung des Antrags auf Erstattung zu Unrecht gezahlter Kranken-, Pflege-, Renten- und Arbeitslosenversicherungsbeiträge ist grds. die Einzugsstelle zuständig. Der zuständige Rentenversicherungsträger ist dann über die Erstattung zu benachrichtigen, wenn die Meldung storniert wurde (§ 211 Satz 3 SGB VI). Hierdurch sollen die Rentenversicherungsträger zusätzlich zur Stornierung der von der Erstattung betroffenen Beitragszeiten im Meldeverfahren einen Hinweis über den Erstattungszeitraum im Versicherungskonto aufnehmen können.

4. Zuständigkeit des Rentenversicherungsträgers

Für die Bearbeitung des Antrags auf Erstattung zu Unrecht gezahlter Rentenversicherungsbeiträge ist ausschließlich der Rentenversicherungsträger zuständig, wenn

- seit Beginn des Erstattungszeitraums Leistungen (Leistungen zur medizinischen Rehabilitation bzw. zur Teilhabe am Arbeitsleben oder Rente) beantragt, bewilligt oder gewährt worden sind,
- die Beiträge dem Rentenversicherungsträger als Beiträge zur freiwilligen Versicherung verbleiben oder für den Erstattungszeitraum freiwillige Beiträge nachgezahlt werden sollen (§ 202 SGB VI),

Lohn-steuer-pflichtig Sozial-versich.-pflichtig

- die Beiträge dem Beanstandungsschutz des § 26 Abs. 1 SGB IV unterliegen und der Versicherte nicht auf den Beanstandungsschutz verzichtet,
- der Erstattungsanspruch ganz oder teilweise verjährt ist,
- ein Bescheid über eine Forderung des Rentenversicherungsträgers vorliegt,
- die Beiträge für Zeiten nach Beginn einer mitgliedstaatlichen Vollrente wegen Alters nach Erreichen der Regelaltersgrenze gezahlt wurden und nicht nach Anhang XI Deutschland Nr. 1 VO (EG) Nr. 883/2004 die Rentenversicherungspflicht beantragt wurde,
- die Beiträge nach § 28e Abs. 1 SGB IV als zur Rentenversicherung gezahlt gelten.

Zuständig ist der aktuelle kontoführende Rentenversicherungsträger.

5. Zuständigkeit der Agentur für Arbeit

Für die Bearbeitung des Antrags auf Erstattung zu Unrecht gezahlter Arbeitslosenversicherungsbeiträge ist ausschließlich die Agentur für Arbeit zuständig, wenn

- seit Beginn des Erstattungszeitraums Leistungen (Arbeitslosengeld, Kurzarbeitergeld, Übergangsgeld) beantragt, bewilligt oder gewährt worden sind,
- der Erstattungsanspruch ganz oder teilweise verjährt ist,
- ein Bescheid einer Agentur für Arbeit über die Rückzahlung von Leistungen vorliegt,
- die Beiträge nach § 28e Abs. 1 SGB IV als zur Arbeitslosenversicherung gezahlt gelten.

Zuständig ist die Agentur für Arbeit, in deren Bezirk die Stelle (z. B. Geschäftsstelle der Krankenkasse) ihren Sitz hat, an welche die Beiträge gezahlt worden sind. Sind Arbeitslosenversicherungsbeiträge an mehrere Einzugsstellen gezahlt worden, so ist für die Erstattung die Agentur für Arbeit zuständig, in deren Bezirk die Stelle liegt, an die Beiträge zuletzt zu Unrecht gezahlt wurden.

6. Weiterleitung des Antrags

Stellt die Einzugsstelle die Zuständigkeit des Trägers der Rentenversicherung und/oder der Agentur für Arbeit für die Erstattung der zu Unrecht gezahlten Renten- und/oder Arbeitslosenversicherungsbeiträge fest, so leitet sie je eine Mehrfertigung (z. B. Ablichtung) des Antrags mit einer Stellungnahme zum Abgabegrund (z. B. über das Nichtvorliegen von Versicherungspflicht) innerhalb von vier Wochen nach Eingang des vollständigen Erstattungsantrages an den Rentenversicherungsträger und/oder die Agentur für Arbeit zur abschließenden Bearbeitung weiter und gibt dem Antragsteller davon Kenntnis. Hat die Einzugsstelle davon Kenntnis, dass über das Vermögen des Antragstellers ein Insolvenzverfahren eröffnet wurde, gibt sie diese Information an den Rentenversicherungsträger bzw. die Bundesagentur für Arbeit weiter.

7. Vererblichkeit des Erstattungsanspruchs

Ist der Erstattungsberechtigte verstorben, so steht das Recht der Erstattung seinen Erben zu.

8. Erstattung bei Aufenthalt im Ausland

Vorbehaltlich devisenrechtlicher oder entsprechender Vorschriften ist die Erstattung von zu Unrecht gezahlten Beiträgen nicht dadurch ausgeschlossen, dass sich der Berechtigte im Ausland aufhält.

9. Stornierung von Meldungen

Ist die Einzugsstelle für die Erstattung zu Unrecht gezahlter Beiträge zuständig, veranlasst und überwacht sie die Stornierung bereits erstatteter sowie die Erstattung ggf. erforderlicher neuer Meldungen nach der DEÜV durch

Lohn- steuer- pflichtig | Sozial- versich.- pflichtig

den Arbeitgeber. In den Fällen, in denen der Rentenversicherungsträger die Erstattung zu Unrecht gezahlter Beiträge vornimmt, bereinigt er das Versicherungskonto.

10. Beitragszahlung an nicht zuständige Träger der Rentenversicherung (Fehlversicherungen)

Fehlversicherungen zwischen der allgemeinen Rentenversicherung und der knappschaftlichen Rentenversicherung sind stets in der Art zu berichtigen, dass der nicht zuständige Versicherungsträger den Versicherten über die fehlentrichteten Beiträge informiert und dem zuständigen Versicherungsträger den Gegenwert der Beiträge überweist. Die überwiesenen Beiträge gelten als zu Recht gezahlte Beiträge des Versicherungszweigs, der die Beiträge entgegennimmt. Differenzbeträge zwischen den Beiträgen zur allgemeinen Rentenversicherung und den Beiträgen zur knappschaftlichen Rentenversicherung sind vom Arbeitgeber nachzuzahlen bzw. werden ihm und ggf. dem Arbeitnehmer erstattet.

Erweiterte unbeschränkte Steuerpflicht

Neues auf einen Blick:

Für erweitert unbeschränkt steuerpflichtige Arbeitnehmer werden dem Arbeitgeber zu Beginn des Kalenderjahres 2021 noch **keine elektronischen Lohnsteuerabzugsmerkmale** zur Verfügung gestellt. Diese Arbeitnehmer müssen daher ihrem Arbeitgeber für das Kalenderjahr **2021** eine **neue Lohnsteuerabzugsbescheinigung in Papierform** vorlegen, die vom Betriebsstättenfinanzamt des Arbeitgebers ausgestellt wird.

Die Teilnahme erweitert unbeschränkt steuerpflichtiger Arbeitnehmer am ELStAM-Verfahren ist erst zu einem späteren Zeitpunkt vorgesehen. Zur Teilnahme am ELStAM-Verfahren bzw. Ausstellung von Lohnsteuerabzugsbescheinigungen 2021 bei beschränkt steuerpflichtigen Arbeitnehmern vgl. dieses Stichwort.

Gliederung:

1. Allgemeines
2. Erweiterte unbeschränkte Steuerpflicht nach § 1 Abs. 2 EStG (sog. Kernbereich)
3. Übrige Arbeitnehmer die Arbeitslohn aus einer öffentlichen Kasse beziehen, aber keinen Wohnsitz oder gewöhnlichen Aufenthalt in Deutschland haben
   a) Erste Gruppe (völlige Gleichstellung)
   b) Zweite Gruppe (annähernde Gleichstellung)
   c) Dritte Gruppe (keine Gleichstellung)
   d) Erzielung der Einkünfte in Deutschland
4. Familienbezogene Steuervergünstigungen
5. Steuerklasse II
6. Übrige Steuervergünstigungen
7. Zahlung von Kindergeld und Berücksichtigung von Freibeträgen für Kinder
8. Durchführung des Lohnsteuerabzugs
9. Vorsorgepauschale
10. Kirchensteuer

1. Allgemeines

Unbeschränkt steuerpflichtig ist ein Arbeitnehmer nur dann, wenn er im Inland einen Wohnsitz oder zumindest einen gewöhnlichen Aufenthalt hat. Hiernach wäre z. B. ein deutscher Diplomat, der im Ausland tätig ist und seinen Wohnsitz im Inland aufgegeben hat, nicht unbeschränkt steuerpflichtig, obwohl er sein Gehalt von der Bundesrepublik Deutschland bezieht. Um dieses Ergebnis zu vermeiden, wurde für bestimmte, im Ausland tätige Beamte durch gesetzliche Fiktion die unbeschränkte

Lohn- steuer- pflichtig | Sozial- versich.- pflichtig

Steuerpflicht herbeigeführt. Nach dieser Fiktion unterliegen Arbeitnehmer, die weder einen Wohnsitz noch einen gewöhnlichen Aufenthalt im Inland haben, aber **deutsche Staatsangehörige** sind, zu einer **inländischen juristischen Person des öffentlichen Rechts** in einem **Dienstverhältnis** stehen und hierfür **Arbeitslohn** aus einer **deutschen öffentlichen Kasse** beziehen, unter bestimmten Voraussetzungen der unbeschränkten Steuerpflicht (sog. **erweiterte unbeschränkte Steuerpflicht).** Im Ausland bei internationalen Organisationen beschäftigte Deutsche fallen nicht unter diese Regelung, da sie ihren Arbeitslohn nicht aus einer deutschen öffentlichen Kasse beziehen. Vgl. hierzu aber auch das Stichwort „Persönliche Lohnsteuerbefreiungen".

Die ursprünglich nur für die Beamten selbst gedachte Regelung wurde im Laufe der Zeit auch auf andere Personen (z. B. Ehegatte, eingetragene Lebenspartner und Kinder) ausgedehnt. Für im Ausland lebende Ruhestandsbeamten vgl. die nachfolgende Nr. 3.

Im Einzelnen gilt für deutsche Staatsangehörige, die zu einer inländischen juristischen Person des öffentlichen Rechts in einem Dienstverhältnis stehen und hierfür Arbeitslohn aus einer deutschen öffentlichen Kasse beziehen, aber keinen Wohnsitz oder gewöhnlichen Aufenthalt in Deutschland haben, Folgendes:

2. Erweiterte unbeschränkte Steuerpflicht nach § 1 Abs. 2 EStG (sog. Kernbereich)

Der sog. Kernbereich der erweiterten unbeschränkten Steuerpflicht nach § 1 **Abs. 2** EStG besteht seit langem und ist in erster Linie für deutsche Diplomaten[1)] im Ausland gedacht. Dementsprechend ist es neben der deutschen Staatsangehörigkeit, dem Dienstverhältnis zu einer inländischen juristischen Person des öffentlichen Rechts und der Zahlung des Arbeitslohns aus einer öffentlichen Kasse erforderlich, dass diese Deutschen in dem ausländischen Staat, in dem sie einen Wohnsitz oder einen gewöhnlichen Aufenthalt haben, lediglich in einem der beschränkten Steuerpflicht ähnlichen Umfang der Besteuerung unterliegen. Diese Personen dürfen also in dem Aufenthaltsstaat nach ausländischem Recht nicht **un**beschränkt zur Einkommensteuer herangezogen werden (was bei Diplomaten auch stets der Fall sein wird). Die Regelung gilt nicht nur für den deutschen Diplomaten selbst, sondern auch für seine **Angehörigen** (Ehegatten, eingetragene Lebenspartner, Kinder), die **zum Haushalt gehören** und die ebenfalls die deutsche Staatsangehörigkeit besitzen. Außerdem gilt die erweiterte unbeschränkte Einkommensteuerpflicht nach § 1 **Abs. 2** EStG auch für Angehörige die nicht die deutsche Staatsangehörigkeit besitzen (z. B. die ausländische Ehefrau des deutschen Diplomaten). Voraussetzung ist jedoch in diesem Fall, dass diese Angehörigen keine Einkünfte erzielen, oder nur Einkünfte, die in Deutschland besteuert werden.

Hat also der **ausländische** Ehegatte des Diplomaten keine eigenen Einkünfte (oder nur Einkünfte, die in Deutschland besteuert werden), werden die Ehegatten nach der Splittingtabelle besteuert (Steuerklasse III), da beide unbeschränkt einkommensteuerpflichtig im Sinne der vorstehenden Fiktion sind. Entsprechendes gilt für eingetragene Lebenspartnerschaften (vgl. „Lebenspartnerschaft nach ausländischem Recht").

Erweiterte unbeschränkte Einkommensteuerpflicht besteht darüber hinaus nur, wenn der im öffentlichen Dienst Beschäftigte und der haushaltszugehörige Angehörige

1) Unter die erweiterte unbeschränkte Steuerpflicht nach § 1 Abs. 2 EStG fallen außer den Diplomaten auch andere in das Ausland abgeordnete Beamte sowie im Ausland stationierte Bundeswehrsoldaten, bei denen die Voraussetzungen des Artikel X des NATO-Truppenstatuts vorliegen. Mitarbeiter des Goethe-Instituts mit Wohnsitz im Ausland stehen nicht zu einer inländischen juristischen Person des öffentlichen Rechts in einem Dienstverhältnis und sind daher nicht nach § 1 Abs. 2 EStG erweitert unbeschränkt steuerpflichtig (BFH-Urteil vom 22.2.2006, BStBl. 2007 II S. 106).

E

E

(insbesondere der Ehegatte) im ausländischen Staat „lediglich in einem der beschränkten Einkommensteuerpflicht ähnlichen Umfang zu einer Steuer vom Einkommen herangezogen werden". Die Beantwortung dieser Frage richtet sich nach ausländischem Recht oder zwischenstaatlichen Abkommen (BFH-Urteil vom 22.2.2006, BStBl. 2007 II S. 106). Dabei ist aber lediglich die Rechtslage und nicht das tatsächliche Besteuerungsverhalten des ausländischen Staates maßgebend.

Für die Berücksichtigung von **Kindern** ist es nicht erforderlich, dass diese unbeschränkt steuerpflichtig sind (vgl. Anhang 9 unter Nr. 12). Der erweitert unbeschränkt steuerpflichtige Auslandsbeamte erhält deshalb für seine im Ausland lebenden Kinder ohne weiteres Kindergeld oder einen Kinderfreibetrag und den Freibetrag für Betreuungs-, Erziehungs- oder Ausbildungsbedarf (vgl. § 62 Abs. 1 Satz 1 Nr. 2 Buchstabe a i. V. m. § 63 Abs. 1 Satz 6 letzter Halbsatz EStG). Nach § 32 Abs. 6 Satz 4 EStG wird sowohl der Kinderfreibetrag als auch der Freibetrag für Betreuungs-, Erziehungs- oder Ausbildungsbedarf – je nach Wohnsitzstaat des Kindes – um 25 %, 50 % oder 75 % gekürzt (vgl. die Länderübersicht in Anhang 10). Die Kürzung gilt jedoch nicht, wenn das Kind unbeschränkt steuerpflichtig ist. Es ist deshalb zu prüfen, ob die Kinder des Auslandsbeamten ebenfalls unter die erweiterte unbeschränkte Steuerpflicht fallen. Im Ausland lebende Kinder eines deutschen Diplomaten fallen in folgenden Fällen ebenfalls unter die erweiterte unbeschränkte Steuerpflicht nach § 1 Abs. 2 EStG:

a) wenn das Kind zum Haushalt des deutschen Diplomaten gehört und die deutsche Staatsangehörigkeit besitzt

oder

b) wenn das Kind zum Haushalt des deutschen Diplomaten gehört, und zwar nicht die deutsche Staatsangehörigkeit besitzt, aber keine eigenen Einkünfte hat oder nur Einkünfte, die in Deutschland besteuert werden.

Liegen diese Voraussetzungen vor, wird der Kinderfreibetrag und der Freibetrag für Betreuungs-, Erziehungs- oder Ausbildungsbedarf **ungekürzt** gewährt.

Arbeitnehmer, die unter die erweiterte unbeschränkte Steuerpflicht nach § 1 **Abs. 2** EStG fallen, erhalten Kindergeld für diejenigen Kinder, die in ihrem Haushalt im Ausland leben (§ 62 Abs. 1 Satz 1 Nr. 2 Buchstabe a EStG i. V. m. § 63 Abs. 1 Satz 6 EStG). Nach Ablauf des Kalenderjahres wird im Rahmen einer Veranlagung zur Einkommensteuer geprüft, ob die Summe aus Kinderfreibetrag und Freibetrag für Betreuungs-, Erziehungs- oder Ausbildungsbedarf zu einer höheren Steuerentlastung führt als die Zahlung des Kindergelds (vgl. Anhang 9 Nr. 4 auf Seite 1276).

3. Übrige Arbeitnehmer die Arbeitslohn aus einer öffentlichen Kasse beziehen, aber keinen Wohnsitz oder gewöhnlichen Aufenthalt in Deutschland haben

Beschränkt steuerpflichtige Arbeitnehmer, die Arbeitslohn aus **öffentlichen Kassen** beziehen, aber die Voraussetzungen des § 1 **Abs. 2**, § 1a **Abs. 2** EStG **nicht** erfüllen (z. B. im Ausland lebende Beamtenpensionäre), werden seit 1996 ebenso behandelt wie alle anderen beschränkt steuerpflichtigen Arbeitnehmer auch. Dies bedeutet in Anwendung des § 1 Abs. 3 EStG sowie des § 1a Abs. 1 EStG die Einteilung in folgende drei Gruppen:

a) Erste Gruppe (völlige Gleichstellung)

Eine völlige Gleichstellung mit einem unbeschränkt steuerpflichtigen Arbeitnehmer erfolgt für **alle deutschen Staatsangehörigen**

- nach § 1a **Abs. 2** in Verbindung mit § 1 Abs. 3 EStG, wenn sie
  - zu einer inländischen juristischen Person des öffentlichen Rechts in einem Dienstverhältnis stehen und hierfür Arbeitslohn aus einer inländischen **öffentlichen Kasse** beziehen,
  - nahezu ihre gesamten Einkünfte in Deutschland erzielen **und**
  - sich aufgrund eines **dienstlichen Auftrags** im Ausland aufhalten;
- nach § 1a **Abs. 1** in Verbindung mit § 1 Abs. 3 EStG, wenn sie
  - Arbeitslohn aus einer inländischen **öffentlichen Kasse** beziehen,
  - nahezu ihre gesamten Einkünfte in Deutschland erzielen **und**
  - sich zwar nicht aufgrund eines dienstlichen Auftrags im Ausland aufhalten, ihren Wohnsitz oder gewöhnlichen Aufenthalt aber in einem **EU/EWR-Mitgliedstaat** (vgl. dieses Stichwort) oder in der Schweiz[1] haben (= Beamtenpensionäre).

Arbeitnehmer, die diese Voraussetzungen erfüllen, werden einem unbeschränkt Steuerpflichtigen völlig gleichgestellt. Sie erhalten **alle** steuerlichen Vergünstigungen einschließlich Splittingvorteil (= Steuerklasse III) und Realsplitting (= Berücksichtigung der Unterhaltsleistungen an den geschiedenen oder dauernd getrennt lebenden Ehegatten in bestimmtem Umfang als Sonderausgaben; vgl. Anhang 7 Abschnitt C Nr. 2 auf Seite 1230).

b) Zweite Gruppe (annähernde Gleichstellung)

Eine annähernde Gleichstellung mit einem unbeschränkt Steuerpflichtigen erfolgt nach § 1 Abs. 3 EStG für alle beschränkt steuerpflichtigen Arbeitnehmer, die nahezu ihre gesamten Einkünfte in Deutschland erzielen, ihren Wohnsitz aber **außerhalb** der EU/EWR-Mitgliedstaaten und außerhalb der Schweiz[1] haben. Dieser Personenkreis erhält allerdings keine familienbezogenen Vergünstigungen, also keine Steuerklasse III und kein Realsplitting, aber alle anderen Steuervergünstigungen (vgl. Nrn. 5 und 6). In der Regel erhalten sie auch kein Kindergeld, allerdings den Kinderfreibetrag.

c) Dritte Gruppe (keine Gleichstellung)

In diese Gruppe fallen alle übrigen beschränkt steuerpflichtigen Arbeitnehmer (z. B. wenn sie erhebliche ausländische Einkünfte haben). Sie erhalten stets die Steuerklasse I und können lediglich Werbungskosten und bestimmte Arten von Sonderausgaben steuermindernd geltend machen. Außerdem erhalten sie weder Kindergeld noch Kinderfreibeträge.

d) Erzielung der Einkünfte in Deutschland

Die für die Einordnung in die **Gruppe eins oder zwei** notwendige Voraussetzung, dass nahezu die gesamten Einkünfte in Deutschland erzielt werden, ist nach § 1 Abs. 3 EStG erfüllt, wenn

- die Summe aller Einkünfte im Kalenderjahr 2021 zu mindestens **90 %** der deutschen Einkommensteuer unterliegt **oder**
- diejenigen Einkünfte, die nicht der deutschen Besteuerung unterliegen, höchstens **9744 €** im Kalenderjahr 2021 betragen.

Der Betrag von 9744 € wird bei bestimmten Ländern um 25 %, 50 % oder 75 % gekürzt (vgl. die in Anhang 10 abgedruckte Ländergruppeneinteilung). Die Höhe der ausländischen Einkünfte muss durch eine **Bestätigung der ausländischen Steuerbehörde** auf amtlichem Vordruck nachgewiesen werden. Kann der Arbeitnehmer eine

1) BMF-Schreiben vom 16.9.2013 (BStBl. I S. 1325). Das BMF-Schreiben ist als Anlage 4 zu § 1a EStG im **Steuerhandbuch für das Lohnbüro 2021** abgedruckt, das im selben Verlag erschienen ist.

Lohn-steuer-pflichtig Sozial-versich.-pflichtig

solche Bestätigung – aus welchen Gründen auch immer – nicht vorlegen, behandelt ihn das Finanzamt als „normalen" beschränkt steuerpflichtigen Arbeitnehmer, das heißt, er wird in die dritte und damit ungünstigste Gruppe eingereiht. Der vorstehende Nachweis ist auch dann zu erbringen, wenn der beschränkt steuerpflichtige Arbeitnehmer angibt, gar keine ausländischen Einkünfte erzielt zu haben (= **Vorlage** einer sog. **„Nullbescheinigung"**). Für den Fall, dass der ausländische Staat keine solchen „Nullbescheinigungen" ausstellt, ist eine Bescheinigung der deutschen Auslandsvertretung vorzulegen (BFH-Urteil vom 8.9.2010, BStBl. 2011 II S. 447).

Hiernach ergibt sich für Arbeitnehmer, die zu einer inländischen juristischen Person des öffentlichen Rechts in einem Dienstverhältnis stehen und hierfür Arbeitslohn aus einer deutschen **öffentlichen Kasse** beziehen, aber keinen Wohnsitz oder gewöhnlichen Aufenthalt in Deutschland haben, folgende Gesamtübersicht:

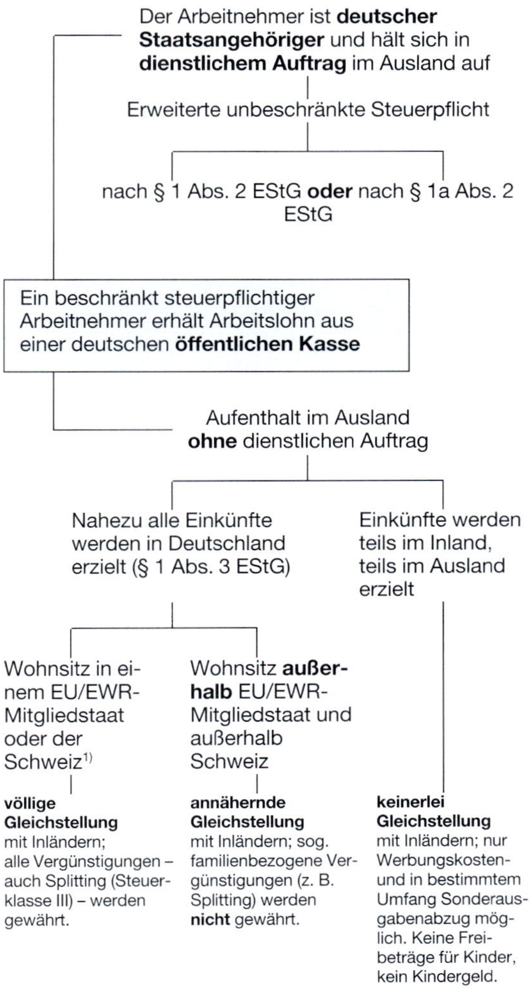

4. Familienbezogene Steuervergünstigungen

Wie vorstehend ausgeführt, werden nur den unter die **erste Gruppe** (vgl. vorstehende Nr. 3 Buchstabe a) fallenden deutschen Staatsangehörigen die sog. familienbezogenen Vergünstigungen gewährt. Dies ist die Gewährung des Splittingvorteils **(Steuerklasse III),** wenn der beschränkt steuerpflichtige Arbeitnehmer verheiratet ist. In diesem Fall verdoppelt sich der für unschädliche ausländische Einkünfte geltende Höchstbetrag von normalerweise 9744 € (§ 1 Abs. 3 EStG) auf **19 488 €** für die gemeinsamen Einkünfte der Ehegatten. Die vorstehenden Ausführungen gelten entsprechend für eingetragene Lebenspartnerschaften (vgl. „Lebenspartnerschaft nach ausländischem Recht").

Den Splittingvorteil erhalten **alle** unter die erste Gruppe fallenden deutschen Staatsangehörigen, also sowohl diejenigen, die nach § 1a Abs. 2 EStG wie ein unbeschränkt steuerpflichtiger Inländer behandelt werden, weil sie sich in dienstlichem Auftrag im Ausland aufhalten, als auch diejenigen deutschen Staatsangehörigen, die diese Behandlung nur über § 1a Abs. 1 EStG erreichen können (= Wohnsitz in einem EU/EWR-Mitgliedstaat (vgl. dieses Stichwort) oder der Schweiz[1]). Allerdings wird dem Personenkreis, der diese Behandlung über § 1a Abs. 1 EStG erreicht hat, das heißt, der seinen Wohnsitz in einem EU/EWR-Mitgliedstaat oder der Schweiz[1] hat, auch das sog. **Realsplitting** gewährt. Dies bedeutet, dass Unterhaltsleistungen an den geschiedenen (oder dauernd getrennt lebenden) Ehegatten dann als Sonderausgaben abgezogen werden können, wenn auch der geschiedene Ehegatte seinen Wohnsitz in einem EU/EWR-Mitgliedstaat oder der Schweiz[1] hat. Für die Anwendung des Realsplittings ist es außerdem Voraussetzung, dass die Besteuerung der Unterhaltsleistungen beim geschiedenen (oder dauernd getrennt lebenden) Ehegatten durch eine Bescheinigung der zuständigen ausländischen Steuerbehörde nachgewiesen wird.

E

5. Steuerklasse II

Für einen beschränkt steuerpflichtigen Arbeitnehmer, der Arbeitslohn aus einer deutschen öffentlichen Kasse bezieht, gilt für die Einordnung in Steuerklasse II Folgendes:

Unter der Voraussetzung, dass der Arbeitnehmer nahezu seine gesamten Einkünfte in Deutschland erzielt, wird er in die Steuerklasse II eingeordnet, wenn ihm der **Entlastungsbetrag für Alleinerziehende** zusteht. Der Entlastungsbetrag beträgt 4008 € jährlich für das erste Kind und 240 € jährlich für jedes weitere Kind. Die Gewährung setzt unter anderem voraus, dass der alleinstehende Arbeitnehmer mit dem Kind, für das er Kindergeld oder einen kindbedingten Freibetrag erhält, eine Haushaltsgemeinschaft in einer gemeinsamen Wohnung bildet (vgl. die Erläuterungen in Anhang 9 unter Nr. 15 auf Seite 1303).

Da in der Steuerklasse II wie bisher automatisch nur der Entlastungsbetrag für das erste Kind von 1908 € jährlich berücksichtigt werden kann, ist für den **Erhöhungsbetrag** von **2100 €** in den Jahren 2020 und 2021 sowie den Erhöhungsbetrag für das zweite und jedes weitere Kind von jeweils **240 € jährlich** ein **Freibetrag** zu beantragen (vgl. nachfolgende Nr. 6 und Anhang 7 Abschnitt G).

„Normale" beschränkt steuerpflichtige Arbeitnehmer, die der dritten und damit ungünstigsten Gruppe angehören, haben keinen Anspruch auf die Steuerklasse II (§ 50 Abs. 1 Satz 3 EStG).

6. Übrige Steuervergünstigungen

Fällt ein beschränkt steuerpflichtiger Arbeitnehmer, der zu einer inländischen juristischen Person des öffentlichen Rechts in einem Dienstverhältnis steht und hierfür Arbeitslohn aus einer deutschen öffentlichen Kasse bezieht, unter die in § 1a Abs. 1 und 2 EStG geregelte Sonderform der unbeschränkten Steuerpflicht, ist er einem Inländer völlig gleichgestellt. Er kann sich deshalb dieselben Freibeträge auf seiner Lohnsteuerabzugsbescheinigung eintragen lassen wie jeder andere unbeschränkt steuerpflichtige Arbeitnehmer auch Freibeträge erhält. Nach § 39a EStG werden auf Antrag folgende Freibeträge und Pauschbeträge eingetragen:

- Freibetrag für Werbungskosten, die den Arbeitnehmer-Pauschbetrag von 1000 € übersteigen (vgl. **Anhang 7** Abschnitt B).

1) BMF-Schreiben vom 16.9.2013 (BStBl. I S. 1325). Das BMF-Schreiben ist als Anlage 4 zu § 1a EStG im **Steuerhandbuch für das Lohnbüro 2021** abgedruckt, das im selben Verlag erschienen ist.

Lohn-steuer-pflichtig Sozial-versich.-pflichtig

- Freibetrag für unbeschränkt abzugsfähige Sonderausgaben und Spenden, die den Sonderausgaben-Pauschbetrag von 36 € – bei verheirateten Arbeitnehmern 72 € – übersteigen (vgl. **Anhang 7** Abschnitt C).

Einen Freibetrag für die folgenden, in **Anhang 7** Abschnitt D erläuterten außergewöhnlichen Belastungen:

- Unterhaltsfreibeträge für gesetzliche unterhaltsberechtigte Personen (z. B. Eltern, Großeltern; nicht jedoch Geschwister, Onkel, Tante, Neffen und Nichten; vgl. Anhang 7 Abschnitt D Nrn. 3 und 4). Ein Unterhaltsfreibetrag wird nur für solche Personen gewährt, für die weder der Arbeitnehmer noch eine andere Person Kindergeld oder kindbedingte Freibeträge erhält (vgl. nachfolgend unter Nr. 7). Für den ebenfalls im Ausland lebenden Ehegatten wird ein Unterhaltsfreibetrag nur dann abgezogen, wenn den Eheleuten kein Splittingvorteil (= Steuerklasse III) gewährt wird (vgl. die nachfolgenden Beispiele A bis E).
- Einen Ausbildungsfreibetrag für volljährige zur Berufsausbildung auswärts untergebrachte Kinder, für die der Arbeitnehmer nach den Ausführungen unter der folgenden Nr. 7 Kindergeld oder einen kindbedingten Freibetrag erhält (vgl. Anhang 7 Abschnitt D Nr. 5).
- Pauschbeträge für Behinderte und Hinterbliebene (vgl. Anhang 7 Abschnitt D Nr. 8).
- Pflegepauschbeträge (vgl. Anhang 7 Abschnitt D Nr. 10).
- Freibeträge für außergewöhnliche Belastungen allgemeiner Art (vgl. Anhang 7 Abschnitt D Nr. 1 auf Seite 1234).

Zudem kann in der Steuerklasse II wie bisher automatisch nur der **Entlastungsbetrag für Alleinerziehende** für das erste Kind von 1908 € jährlich berücksichtigt werden. Für den **Erhöhungsbetrag** von **2100 €** in den Jahren 2020 und 2021 sowie den Erhöhungsbetrag für das zweite und jedes weitere Kind von jeweils **240 € jährlich** ist ein Freibetrag zu beantragen (vgl. Anhang 7 Abschnitt G).

Für haushaltsnahe Beschäftigungsverhältnisse, haushaltsnahe Dienstleistungen und Handwerkerleistungen kann ein Freibetrag in Höhe des Vierfachen der Steuerermäßigung nach § 35a EStG eingetragen werden. Der Haushalt muss sich aber in einem Staat der Europäischen Union oder des Europäischen Wirtschaftsraums befinden (vgl. die Erläuterungen beim Stichwort „Hausgehilfin" unter Nr. 9). Entsprechendes gilt für die Steuerermäßigung für energetische Sanierungsmaßnahmen bei selbstgenutzten Wohngebäuden (§ 35c EStG).

Die unter Gruppe **eins** fallenden Arbeitnehmer erhalten – wie bereits ausgeführt – alle Vergünstigungen wie ein unbeschränkt Steuerpflichtiger. Die in Gruppe **zwei** fallenden Arbeitnehmer erhalten zwar keine familienbezogenen Vergünstigungen (Steuerklasse III bzw. Realsplitting); sie können sich jedoch die übrigen vorstehend genannten Freibeträge und Pauschbeträge auf der für sie auszustellenden Lohnsteuerabzugsbescheinigung eintragen lassen.

Fällt ein Arbeitnehmer in die Gruppe **drei** (Einkünfte werden teils in Deutschland, teils im Ausland erzielt), erhält er weder die familienbezogenen noch die übrigen Steuervergünstigungen und auch nicht die Steuerklasse II. Diesem Personenkreis wird stets die Steuerklasse I bescheinigt. Nach § 50 Abs. 1 Sätze 4 und 5 EStG erhalten diese Arbeitnehmer außer einem Freibetrag für Werbungskosten und bestimmten Sonderausgaben **keinerlei Freibeträge** (sie erhalten auch **keine Freibeträge für Kinder** und **kein Kindergeld,** vgl. nachfolgend unter Nr. 7). Lediglich folgende Freibeträge werden auf der vom Betriebsstättenfinanzamt auszustellenden Lohnsteuerabzugsbescheinigung für beschränkt steuerpflichtige Arbeitnehmer eingetragen (§ 39a Abs. 4 EStG):

- Freibetrag für Werbungskosten, die den zeitanteiligen Arbeitnehmer-Pauschbetrag von monatlich 84 € übersteigen; bei Versorgungsbezügen beträgt der zeitanteilige Werbungskosten-Pauschbetrag monatlich 9 €.
- Freibetrag für Spenden, die den zeitanteiligen Sonderausgaben-Pauschbetrag von 3 € monatlich übersteigen.

Außerdem werden bei beschränkt steuerpflichtigen Arbeitnehmern im Lohnsteuerabzugsverfahren in bestimmtem Umfang die Beiträge zur gesetzlichen Rentenversicherung, „Basiskrankenversicherung" und Pflegepflichtversicherung über die Vorsorgepauschale als Sonderausgaben berücksichtigt.

Zum Teilbetrag Rentenversicherung der Vorsorgepauschale vgl. die Erläuterungen unter der nachfolgenden Nr. 9.

Die unterschiedliche Behandlung, je nachdem in welche der drei Gruppen der Arbeitnehmer einzuordnen ist, sollen die folgenden Beispiele verdeutlichen:

Beispiel A

Ein verheirateter deutscher Diplomat ist im Ausland tätig und hat dort seinen Wohnsitz. Er ist erweitert unbeschränkt steuerpflichtig nach § 1 Abs. 2 EStG (vgl. die Erläuterungen unter Nr. 2). Er erhält alle Steuervergünstigungen wie ein Inländer (auch die Steuerklasse III).

Beispiel B

Ein pensionierter deutscher Beamter (= Aufenthalt im Ausland ohne dienstlichen Auftrag) ist verheiratet und lebt auf den Kanarischen Inseln (Spanien). Außer seiner Beamtenpension hat er keine weiteren Einkünfte. Der Pensionist fällt unter die Sonderform der unbeschränkten Steuerpflicht nach § 1a Abs. 1 in Verbindung mit § 1 Abs. 3 EStG, weil er seinen Wohnsitz in einem EU/EWR-Staat hat. Er erhält alle Steuervergünstigungen wie ein Inländer (auch die Steuerklasse III).

Beispiel C

Ein pensionierter deutscher Beamter (= Aufenthalt im Ausland ohne dienstlichen Auftrag) ist verheiratet und lebt in der Schweiz. Außer seiner Beamtenpension hat er keine weiteren Einkünfte. Der Pensionist fällt ebenfalls unter die Sonderform der unbeschränkten Steuerpflicht nach § 1a Abs. 1 in Verbindung mit § 1 Abs. 3 EStG, weil er seinen Wohnsitz in der Schweiz hat.[1] Er erhält alle Steuervergünstigungen wie ein Inländer (auch die Steuerklasse III).

Beispiel D

Wie Beispiel C. Das Ehepaar erzielt die Hälfte seiner gesamten Einkünfte in der Schweiz.

Der Pensionist ist beschränkt steuerpflichtig (§ 1 Abs. 4 EStG) und erhält die Steuerklasse I. Er kann für etwaige Unterhaltsleistungen an seine Ehefrau keinen Unterhaltsfreibetrag nach § 33a Abs. 1 EStG geltend machen (§ 50 Abs. 1 Satz 3 EStG).

Beispiel E

Wie Beispiel C. Das Ehepaar lebt in der Türkei.

Der Pensionist fällt lediglich unter § 1 Abs. 3 EStG (nicht auch unter § 1a EStG), da er sowohl außerhalb der EU/EWR-Mitgliedstaaten als auch außerhalb der Schweiz seinen Wohnsitz hat. Für die Unterhaltsleistungen an seine Ehefrau kann er einen gekürzten Unterhaltsfreibetrag nach § 33a Abs. 1 EStG geltend machen.

7. Zahlung von Kindergeld und Berücksichtigung von Freibeträgen für Kinder

Arbeitnehmern, die Arbeitslohn **aus öffentlichen Kassen** erhalten, wird das Kindergeld vom Arbeitgeber oder einer Bundesfamilienkasse bzw. Landesfamilienkasse ausgezahlt. Nach Ablauf des Kalenderjahres wird im Rahmen einer Veranlagung zur Einkommensteuer geprüft, ob der Abzug des Kinderfreibetrags und des Freibetrags für Betreuungs- und Erziehungs- oder Ausbildungsbedarf bei der Berechnung der Einkommensteuer günstiger ist als das vom Arbeitgeber gezahlte Kindergeld. Dies ist bei Arbeitnehmern mit höherem Einkommen der Fall (vgl. Anhang 9 Nr. 4). Diese sog. Günstigerprüfung gilt auch für beschränkt steuerpflichtige Arbeitnehmer, die einen Anspruch auf Kindergeld oder die Summe aus Kinderfreibetrag und Freibetrag für Betreuungs- und Erziehungs-

1) BMF-Schreiben vom 16.9.2013 (BStBl. I S. 1325). Das BMF-Schreiben ist als Anlage 4 zu § 1a EStG im **Steuerhandbuch für das Lohnbüro 2021** abgedruckt, das im selben Verlag erschienen ist.

	Lohn-steuer-pflichtig	Sozial-versich.-pflichtig

oder Ausbildungsbedarf haben. Dies sind alle beschränkt steuerpflichtigen Arbeitnehmer, die einem unbeschränkt steuerpflichtigen Inländer völlig gleichgestellt sind. Es sind dies die unter Nr. 3 Buchstabe a erläuterten, in die **erste** Gruppe fallenden Arbeitnehmer. Beschränkt steuerpflichtige Arbeitnehmer, die unter die **zweite** Gruppe fallen (vgl. die Erläuterungen unter Nr. 3 Buchstabe b), erhalten kein Kindergeld (§ 63 Abs. 1 Satz 6 EStG). Allerdings wird diesen Arbeitnehmern der Kinderfreibetrag und der Freibetrag für Betreuungs- und Erziehungs- oder Ausbildungsbedarf gewährt. Diese Freibeträge sind ggf. nach den Verhältnissen des Wohnsitzstaates um 25 %, 50 % oder 75 % zu kürzen (vgl. die in Anhang 10 abgedruckte Länderübersicht). Die übrigen beschränkt steuerpflichtigen Arbeitnehmer (**dritte** Gruppe, vgl. die Erläuterungen unter Nr. 3 Buchstabe c) erhalten weder Kindergeld noch einen Kinderfreibetrag und auch keinen Freibetrag für Betreuungs- und Erziehungs- oder Ausbildungsbedarf. Auf die ausführlichen Erläuterungen in Anhang 9 Nr. 12 auf Seite 1297 wird hingewiesen.

8. Durchführung des Lohnsteuerabzugs

Obwohl die Arbeitnehmer ggf. sogar erweitert unbeschränkt steuerpflichtig sind oder nach § 1 Abs. 3 EStG wie unbeschränkt Steuerpflichtige behandelt werden, werden dem Arbeitgeber auch zu Beginn des Kalenderjahres 2021 noch **keine elektronischen Lohnsteuerabzugsmerkmale** zur Verfügung gestellt. Das Betriebsstättenfinanzamt erteilt dem Arbeitnehmer daher – wie bisher – **auf Antrag eine Bescheinigung** über die maßgebende Steuerklasse, die Zahl der Kinderfreibeträge und über etwaige Freibeträge (gekürzte kindbedingte Freibeträge nach § 32 Abs. 6 EStG, Werbungskosten, Sonderausgaben, außergewöhnliche Belastungen usw.). Diese sog. **Lohnsteuerabzugsbescheinigung** muss der Arbeitnehmer dem Arbeitgeber vorlegen. Für das Jahr 2021 benötigt der Arbeitnehmer eine neue Lohnsteuerabzugsbescheinigung, da die Bescheinigung für das Jahr 2020 nicht mehr gültig ist. Der Arbeitgeber hat die Lohnsteuer entsprechend den Eintragungen auf dieser Bescheinigung einzubehalten und die Bescheinigung zum Lohnkonto zu nehmen. Der Antrag auf Ausstellung einer Lohnsteuerabzugsbescheinigung wegen erweiterter unbeschränkter Steuerpflicht ist im Internet unter www.bundesfinanzministerium.de/Service/Formulare/Formular-Management-System/Formularcenter/Steuerformulare/Lohnsteuer (Arbeitnehmer) abrufbar (Vordruck Nr. 50).

Der Arbeitnehmer ist verpflichtet, die vom Betriebsstättenfinanzamt ausgestellte Lohnsteuerabzugsbescheinigung unverzüglich der öffentlichen Kasse vorzulegen, die die Bezüge auszahlt.

Zur Teilnahme am ELStAM-Verfahren bzw. Ausstellung von Lohnsteuerabzugsbescheinigungen bei beschränkt steuerpflichtigen Arbeitnehmern (dritte Gruppe) vgl. das Stichwort „Beschränkt steuerpflichtige Arbeitnehmer“.

9. Vorsorgepauschale

Bei beschränkt steuerpflichtigen Arbeitnehmern, die Arbeitslohn aus einer inländischen öffentlichen Kasse beziehen, ist zu beachten, dass in aller Regel keine Vorsorgepauschale für Beiträge zur gesetzlichen Rentenversicherung zu berücksichtigen ist. Entweder weil es sich um einen erweitert unbeschränkt steuerpflichtigen **Auslandsbeamten** oder um einen Empfänger von Versorgungsbezügen im Sinne des § 19 Abs. 2 Satz 2 Nr. 1 EStG handelt (sog. **Beamtenpensionär**).

10. Kirchensteuer

Auslandsbeamte, die Arbeitslohn aus einer inländischen öffentlichen Kasse beziehen und deshalb trotz mangelnden inländischen Wohnsitzes oder gewöhnlichen Aufenthalts unbeschränkt steuerpflichtig sind (§ 1 Abs. 2 und 3 EStG), **unterliegen nicht der Kirchensteuerpflicht,** weil es von dem bei der Kirchensteuer geltenden Territorialprinzip (= Ansässigkeitsprinzip) keine Ausnahme gibt.

Erwerbsminderungsrente

siehe „Renten“

Erwerbsunfähigkeitsrente

siehe „Renten“

E

Erziehungsbeihilfen

Erziehungsbeihilfen für Auszubildende, Lehrlinge usw. sind lohnsteuer- und beitragspflichtig. ja ja

Nur wenn es sich bei den Erziehungsbeihilfen um Stipendien handelt, kann Steuerfreiheit in Betracht kommen (vgl. „Stipendien“). nein nein

Der Bundesfinanzhof hat entschieden, dass Leistungen, die von einer privatrechtlichen Institution für die Aufnahme von Pflegepersonen in den eigenen Haushalt gezahlt werden, als Erziehungsbeihilfen steuerfrei sein können (§ 3 Nr. 11 EStG). Voraussetzung ist, dass die Zahlungen zumindest mittelbar aus öffentlichen Mitteln der Jugendhilfe für die unmittelbare Förderung der Erziehung der Pflegepersonen geleistet werden (BFH-Urteil vom 5.11.2014, BStBl. 2017 II S. 432).

Erziehungsgeld

siehe „Elterngeld, Elternzeit“

E-Scooter

Stellt der Arbeitgeber seinen Arbeitnehmern einen E-Scooter (Elektro-Tretroller) für die beruflich veranlassten **Auswärtstätigkeiten** zur Verfügung (z. B. Kundenbesuch in der Innenstadt), handelt es sich um steuerfreien Reisekostenersatz in Form einer Sachleistung. nein nein

Die Zurverfügungstellung eines E-Scooters zur **Privatnutzung** und für Fahrten zwischen Wohnung und erster Tätigkeitsstätte führt zu einem steuerpflichtigen geldwerten Vorteil. ja ja

Für die Bewertung dieses Vorteils gilt Folgendes: Nach § 1 der maßgebenden Elektrokleinstfahrzeuge-Verordnung (BGBl. 2019 I S. 756) handelt es sich bei einem E-Scooter um ein **Kraftfahrzeug** und nicht um ein Fahrrad mit der Folge, dass die Regelungen für Elektrofahrzeuge anzuwenden sind (vgl. das Stichwort „Elektrofahrzeuge“ besonders unter Nr. 1).

Beispiel

Arbeitgeber A überlässt seinem Arbeitnehmer B ab Januar 2021 einen E-Scooter auch zur Privatnutzung und für Fahrten Wohnung/erste Tätigkeitsstätte (Entfernung = 5 km). Die unverbindliche Preisempfehlung des E-Scooters beträgt 1750 €.

Ein Viertel des Bruttolistenpreises beträgt 437,50 € (= ¼ von 1750 €), abgerundet auf volle Hundert Euro = 400 €. Der monatliche geldwerte Vorteil ermittelt sich wie folgt:

Privatfahrten 1 % von 400 €	= 4,00 €
Fahrten Wohnung/erste Tätigkeitsstätte 0,03 % von 400 € × 5 km	= 0,60 €
Monatlicher geldwerter Vorteil insgesamt	4,60 €

Die monatliche 44-Euro-Freigrenze für Sachbezüge ist auf diesen geldwerten Vorteil aufgrund der Bewertung nach der Bruttolistenpreisregelung nicht anwendbar.

	Lohn-steuer-pflichtig	Sozial-versich.-pflichtig
Der geldwerte Vorteil für die Fahrten zwischen Wohnung und erster Tätigkeitsstätte kann mit 15% pauschal besteuert werden und ist in diesem Fall beitragsfrei (§ 1 Abs. 1 Satz 1 Nr. 3 SvEV[1]).	ja	nein

Entsprechendes gilt, wenn der Arbeitgeber für den Weg zwischen Wohnung und erster Tätigkeitsstätte bei Benutzung eines privaten E-Scooters des Arbeitnehmers einen Barzuschuss zahlt (siehe das Stichwort „Fahrten zwischen Wohnung und erster Tätigkeitsstätte“ unter Nr. 5).

F

E-Sport

Als E-Sport wird das Veranstalten von Computerspielen auf Wettkampfbasis im Internet oder auch als Live-Veranstaltung bezeichnet. Hierbei treten Einzelspieler oder Teams gegeneinander an. Wie im herkömmlichen Sportbetrieb wird in nationalen und internationalen Ligen bis hin zu Weltmeisterschaften gespielt, die von unterschiedlichen Veranstaltern organisiert werden.

Anhand der getroffenen Vereinbarungen und den weiteren Gesamtumständen des Einzelfalles ist zu entscheiden, ob die Spieler im E-Sport (sog. Pro-Gamer) hinsichtlich ihrer Vergütungen, Preisgelder und Interneterlöse Einkünfte aus Gewerbebetrieb oder aus nichtselbstständiger Arbeit (Arbeitnehmertätigkeit) erzielen.

Tendenziell ist bei sog. Sponsor-Verträgen von einer gewerblichen Tätigkeit und bei den **Team-Verträgen** von einer **Arbeitnehmertätigkeit** auszugehen. Als Arbeitgeber kommt bei den Team-Verträgen der Teambetreiber in Betracht. Insoweit besteht eine Vergleichbarkeit mit anderen Mannschaftssportarten bei Berufssportlern (vgl. dieses Stichwort). — ja — ja

Bei Spielern mit Wohnsitz im Ausland ist ein Steuerabzug nach § 50a EStG vorzunehmen (vgl. „Beschränkt steuerpflichtige Künstler, Berufssportler, Schriftsteller und Journalisten“).

Essenszuschüsse

siehe „Mahlzeiten“

EU-Beamte

siehe „Persönliche Lohnsteuerbefreiungen“

EU-Tagegeld

siehe „Kaufkraftausgleich“

EU-/EWR-Mitgliedstaaten

Neben Deutschland gehören folgende Staaten zu den EU-Mitgliedstaaten: Belgien, Bulgarien, Dänemark, Estland, Finnland, Frankreich, Griechenland, Irland, Italien, Kroatien, Lettland, Litauen, Luxemburg, Malta, Niederlande, Österreich, Polen, Portugal, Rumänien, Schweden, Slowakei, Slowenien, Spanien, Tschechische Republik, Ungarn und Zypern.

Das Vereinigte Königreich Großbritannien und Nordirland ist seit 1.2.2020 nicht mehr Mitglied der Europäischen Union. Die Übergangsphase zur weiteren Anwendung des EU-Rechts ist zum 31.12.2020 ausgelaufen.

EWR-Mitgliedstaaten, das heißt Staaten, auf die das Abkommen über den Europäischen Wirtschaftsraum Anwendung findet, sind Island, Norwegen und Liechtenstein.

Zahlreiche steuerliche Regelungen für EU-/EWR-Mitgliedstaaten sind auch im Verhältnis zur Schweiz anzuwenden.

Facharbeiterzulage

Facharbeiterzulagen, die zusätzlich zum vereinbarten Arbeitslohn aufgrund einer tarifvertraglichen Regelung, einer Betriebsvereinbarung oder aufgrund des Einzelarbeitsvertrags gezahlt werden, sind steuer- und beitragspflichtig. — ja — ja

Fährkosten

Für die Fahrten zwischen **Wohnung** und **erster Tätigkeitsstätte** kann der Arbeitnehmer eine verkehrsmittelunabhängige **Entfernungspauschale** als Werbungskosten geltend machen. Die Entfernungspauschale beträgt ab dem Kalenderjahr 2021 jeweils 0,30 € für die ersten 20 vollen Entfernungskilometer und jeweils 0,35 € ab dem 21. vollen Entfernungskilometer. Maßgebend für die Entfernungsberechnung ist grundsätzlich die kürzeste Straßenverbindung.

Eine Fährverbindung ist in diese Entfernungsberechnung einzubeziehen, soweit sie zumutbar erscheint und wirtschaftlich sinnvoll ist. Die Fahrtstrecke der Fähre selbst ist jedoch nicht Teil der maßgebenden Entfernung. Daher werden die **tatsächlichen Fährkosten** für diese Teilstrecke als Werbungskosten abgezogen. Werden die tatsächlichen Fährkosten dem Arbeitnehmer vom Arbeitgeber erstattet, ist die Erstattung steuer- und beitragsfrei (§ 3 Nr. 15 EStG). — nein — nein

Beispiel

Ein Arbeitnehmer wohnt an einem Fluss und hat seine erste Tätigkeitsstätte auf der anderen Flussseite. Die Entfernung zwischen Wohnung und erster Tätigkeitsstätte beträgt über die nächstgelegene Brücke 60 km und bei Benutzung einer Autofähre 25 km. Die Fährstrecke beträgt 1 km, die Fährkosten betragen 800 € jährlich.

Für die Berechnung der Entfernungspauschale ist eine Entfernung von 24 km (25 km abzüglich 1 km) anzusetzen. Die Fährkosten in Höhe von 800 € können daneben als Werbungskosten berücksichtigt werden. Werden die Fährkosten von 800 € dem Arbeitnehmer vom Arbeitgeber erstattet, ist die Erstattung steuer- und beitragsfrei (§ 3 Nr. 15 EStG).

Auf die Erläuterungen beim Stichwort „Entfernungspauschale“ unter Nr. 3 Buchstaben a und b wird ergänzend hingewiesen.

Im Rahmen einer beruflich veranlassten **Auswärtstätigkeit** gehören die Aufwendungen für die Benutzung öffentlicher Verkehrsmittel (hierzu gehören auch Fährkosten) zu den **Reisekosten** und können vom Arbeitnehmer in voller Höhe als Werbungskosten geltend gemacht oder vom Arbeitgeber steuerfrei erstattet werden. — nein — nein

Fälligkeit der Lohnsteuer

Siehe die Stichworte: Abführung und Anmeldung der Lohnsteuer, Berechnung der Lohnsteuer und der Sozialversicherungsbeiträge, Zufluss von Arbeitslohn.

---

1) Die Sozialversicherungsentgeltverordnung (SvEV) ist als Anhang 2 im **Steuerhandbuch für das Lohnbüro 2021** abgedruckt, das im selben Verlag erschienen ist.

	Lohn-steuer-pflichtig	Sozial-versich.-pflichtig

Fälligkeit des Gesamtsozialversicherungsbeitrags

siehe „Abführung der Sozialversicherungsbeiträge"

Fahrlehrer

Fahrlehrer, die gegen eine tätigkeitsbezogene Vergütung unterrichten, sind in der Regel keine Arbeitnehmer, auch wenn ihnen keine Fahrschulerlaubnis erteilt worden ist (BFH-Urteil vom 17. 10. 1996, BStBl. 1997 II S. 188). Hingegen ist ein Fahrlehrer steuer- und sozialversicherungsrechtlich Arbeitnehmer, wenn er vom Fahrschulinhaber angestellt worden ist.

Selbständig tätige Fahrlehrer sind in der Rentenversicherung nach § 2 Satz 1 Nr. 1 SGB VI versicherungspflichtig, wenn sie im Zusammenhang mit ihrer selbständigen Tätigkeit keinen versicherungspflichtigen Arbeitnehmer beschäftigen.

Fahrpreisentschädigung

Kommt es im Flug- oder Bahnverkehr zu Verspätungen, hat der Reisende ggf. Anspruch auf eine Fahrpreisentschädigung. Nach der Rechtsprechung der Verwaltungsgerichte sind solche Entschädigungen **auf** die **Reisekostenvergütung** (hier in erster Linie: Anrechnung auf die bei einer beruflich veranlassten Auswärtstätigkeit entstandenen Fahrtkosten für öffentliche Verkehrsmittel) **anzurechnen.**

Hat der **Arbeitgeber** bei einer beruflich veranlassten Auswärtstätigkeit seines Arbeitnehmers die Fahrtkosten getragen sowie Kenntnis davon, dass dieser infolge einer Verspätung eines öffentlichen Verkehrsmittels eine Fahrpreisentschädigung erhalten hat und **verzichtet** er darauf, **dass** der **Arbeitnehmer** den erhaltenen Betrag **an ihn weiterleitet,** liegt steuer- und sozialversicherungspflichtiger **Arbeitslohn** vor. — ja — ja

Fahrradgeld

Ein Ersatz des Arbeitgebers für die Benutzung eines Fahrrads des Arbeitnehmers bei **Auswärtstätigkeit** gegen Einzelabrechnung ist steuerfrei und damit beitragsfrei.[1] — nein — nein

Ein Ersatz des Arbeitgebers für die Benutzung eines Fahrrads des Arbeitnehmers zu **Fahrten zwischen Wohnung und erster Tätigkeitsstätte** gehört dagegen zum steuer- und beitragspflichtigen Arbeitslohn. — ja — ja

Eine Pauschalierung der Lohnsteuer mit 15 % mit dem glaubhaft gemachten Kilometersatz ist möglich.[1] Diese Pauschalierung löst Beitragsfreiheit in der Sozialversicherung aus. Zu beachten ist, dass die Pauschalierung in solch einem Fall bis zur Höhe der Entfernungspauschale (vgl. dieses Stichwort) **nicht** zulässig ist, da die Pauschalierung auf die Höhe der Aufwendungen des Arbeitnehmers beschränkt ist. — ja — nein

Pauschaliert der Arbeitgeber mit 15 %, entfällt insoweit der Werbungskostenabzug (vgl. das Berechnungsbeispiel C beim Stichwort „Fahrten zwischen Wohnung und erster Tätigkeitsstätte" unter Nr. 5 Buchstabe c auf Seite 394).

Vgl. insbesondere zur Gestellung von Fahrrädern durch den Arbeitgeber an den Arbeitnehmer auch die Erläuterungen beim Stichwort „Elektro-Bike".

Fahrtätigkeit

Wichtiges auf einen Blick:

1. Höhe der Verpflegungspauschalen

Die Verpflegungspauschalen bei beruflich veranlassten Auswärtstätigkeiten sind zum 1.1.2020 auf **28 € bei 24 Stunden Abwesenheit** und auf **14 € bei acht Stunden Abwesenheit** von der Wohnung und der ersten Tätigkeitsstätte **sowie** für den **An- und Abreisetag** bei mehrtägigen Auswärtstätigkeiten erhöht worden. Siehe hierzu auch die Erläuterungen und Beispiele unter Nr. 4.

2. Pauschbetrag für Reisenebenkosten von 8 € arbeitstäglich

Bei Arbeitnehmern, die ihre berufliche Tätigkeit vorwiegend auf Kraftfahrzeugen ausüben (z. B. Berufskraftfahrer), entstehen während einer mehrtägigen beruflichen Tätigkeit **im Zusammenhang mit der Übernachtung** im Kraftfahrzeug des Arbeitgebers **Mehraufwendungen.** Dies sind z. B.:
- Gebühren für die Benutzung der sanitären Einrichtungen (Toiletten sowie Dusch- oder Waschgelegenheiten) auf Raststätten und Autohöfen,
- Park- oder Abstellgebühren auf Raststätten und Autohöfen,
- Aufwendungen für die Reinigung der eigenen Schlafkabine.

Anstelle der tatsächlichen Mehraufwendungen kann der Berufskraftfahrer seit 1.1.2020 einen Pauschbetrag in Höhe von **8 € täglich** geltend machen (§ 9 Abs. 1 Satz 3 Nr. 5b Satz 2 EStG). Der Pauschbetrag in Höhe von 8 € pro Kalendertag kann **zusätzlich zu den Verpflegungspauschalen** für folgende Tage beansprucht werden:
- den An- und Abreisetag sowie
- jeden Kalendertag mit einer Abwesenheit von 24 Stunden.

Dabei spielt es keine Rolle, ob die Fahrtätigkeit im Inland oder Ausland ausgeübt wird.

Siehe hierzu auch die Ausführungen unter der nachfolgenden Nr. 6.

Gliederung:

1. Allgemeines

Arbeitnehmer ohne erste Tätigkeitsstätte, die bei ihrer individuellen beruflichen Tätigkeit typischerweise nur auf einem Fahrzeug tätig werden (z. B. Berufskraftfahrer), können in bestimmtem Umfang (vgl. nachfolgende Nrn. 3 bis 6) **steuerfreie Auslösungen** erhalten. Sind die Aus-

1) Der frühere Pauschsatz für Fahrräder von 0,05 € je Fahrtkilometer ist zum 1.1.2014 weggefallen. U. E. ist es aber zulässig, die tatsächlichen Aufwendungen, die dem Grunde nach feststehen, der Höhe nach zu schätzen. Dabei erscheint eine Schätzung mit 0,05 € je Fahrtkilometer nicht überhöht zu sein.

	Lohn-steuer-pflichtig	Sozial-versich.-pflichtig
lösungen steuerfrei, sind sie auch **beitragsfrei** in der Sozialversicherung.	nein	nein

2. Beruflich veranlasste Auswärtstätigkeit

Seit 1.1.2014 wird von einer **Auswärtstätigkeit** ausgegangen, wenn der Arbeitnehmer **außerhalb** seiner **Wohnung** und an **keiner ersten Tätigkeitsstätte** beruflich tätig wird. Eine Auswärtstätigkeit liegt daher auch bei Arbeitnehmern ohne erste Tätigkeitsstätte vor, die bei ihrer individuellen beruflichen Tätigkeit typischerweise nur auf einem Fahrzeug tätig werden (= Fahrtätigkeit). Somit ist für die Höhe des steuerfreien Reisekostenersatzes entscheidend, ob der Arbeitnehmer eine erste Tätigkeitsstätte hat oder nicht. Vgl. hierzu die nachfolgenden Erläuterungen.

F

Eine erste Tätigkeitsstätte setzt zunächst einmal eine **ortsfeste betriebliche Einrichtung** beim eigenen Arbeitgeber, einem verbundenen Unternehmen oder einem Dritten voraus. **Fahrzeuge,** Flugzeuge, Schiffe oder Tätigkeitsgebiete ohne ortsfeste betriebliche Einrichtungen sind **keine Tätigkeitsstätten** in diesem Sinne; Entsprechendes gilt für einen Lkw-Wechselplatz auf freier Strecke (BFH-Urteil vom 28.3.2012, BStBl. II S. 926). Außerdem ist eine erste Tätigkeitsstätte nur gegeben, wenn der Arbeitnehmer nach der arbeitsrechtlichen Festlegung des Arbeitgebers einer ortsfesten betrieblichen Einrichtung (z. B dem Betrieb des Arbeitgebers) **dauerhaft** (z. B. unbefristet) **zugeordnet** ist und dort zumindest in geringem Umfang arbeitsvertraglich geschuldete, berufsbildbezogene Tätigkeiten ausübt (§ 9 Abs. 4 Sätze 1 und 3 EStG). Nicht entscheidend ist daher, ob an der vom Arbeitgeber festgelegten Tätigkeitsstätte der qualitative Schwerpunkt der Tätigkeit liegt oder liegen soll. Bei Arbeitnehmern mit einer Fahrtätigkeit wird eine Zuordnung zu einer ortsfesten betrieblichen Einrichtung nur in wenigen Fällen vorliegen (vgl. das nachfolgende Beispiel C).

Fehlt es an einer **dauerhaften Zuordnung** des Arbeitnehmers zu einer betrieblichen Einrichtung durch arbeitsrechtliche Festlegung oder ist die getroffene Festlegung nicht eindeutig, ist von einer ersten Tätigkeitsstätte an der betrieblichen Einrichtung auszugehen, an der der Arbeitnehmer

- **typischerweise arbeitstäglich** oder
- **je Arbeitswoche zwei volle Arbeitstage** oder
- **mindestens ein Drittel** seiner vereinbarten regelmäßigen **Arbeitszeit**

dauerhaft (z. B. unbefristet) tätig werden soll (§ 9 Abs. 4 Satz 4 EStG). Die vorstehenden zeitlichen Kriterien sind nur dann erfüllt, wenn der Arbeitnehmer an der betrieblichen Einrichtung seine **eigentliche berufliche Tätigkeit ausübt.** Das bedeutet, dass allein durch die (ggf. tägliche) Abholung und Rückgabe des Lkw im Betrieb des Arbeitgebers einschließlich der Be- und Entladung und/oder durch die Wartung und Pflege des Fahrzeugs im Betrieb des Arbeitgebers die zeitlichen Kriterien für das Vorliegen einer ersten Tätigkeitsstätte nicht erfüllt werden. Bei Arbeitnehmern mit einer Fahrtätigkeit werden daher die vorgenannten zeitlichen Grenzen zur Begründung einer ersten Tätigkeitsstätte nur in wenigen Fällen erfüllt sein (vgl. das nachfolgende Beispiel D).

Beispiel A

A ist Lkw-Fahrer und holt seinen Lkw morgens auf dem Betriebshof des Arbeitgebers ab und stellt ihn abends dort wieder ab. Arbeitsrechtliche Festlegungen zum Tätigkeitsort des A sind nicht getroffen worden.

Der Lkw des A ist keine erste Tätigkeitsstätte, da es sich nicht um eine ortsfeste betriebliche Einrichtung handelt. Der Betrieb des Arbeitgebers ist ebenfalls keine erste Tätigkeitsstätte, da der Arbeitgeber A dem Betrieb nicht zugeordnet hat und allein die Übernahme bzw. Rückgabe des Fahrzeugs nicht die zeitlichen Kriterien für eine erste Tätigkeitsstätte erfüllen können. Das gilt selbst dann, wenn A den Lkw regelmäßig be- und entladen sollte. Die Fahrtätigkeit des A beginnt mit dem Verlassen seiner Wohnung und endet mit der Rückkehr dorthin.

Zur Berücksichtigung der Fahrten von der Wohnung zum Betrieb und zurück vgl. aber nachfolgende Nr. 3.

Beispiel B

B ist Straßenbahnfahrer und übernimmt die Straßenbahn täglich auf dem Betriebshof seines Arbeitgebers. Arbeitsrechtliche Festlegungen zum Tätigkeitsort des B sind nicht getroffen worden.

Die Straßenbahn des B ist keine erste Tätigkeitsstätte, da es sich nicht um eine ortsfeste betriebliche Einrichtung handelt. Der Betriebshof des Arbeitgebers ist ebenfalls keine erste Tätigkeitsstätte, da der Arbeitgeber B der Einrichtung nicht zugeordnet hat und allein die Übernahme bzw. Rückgabe der Straßenbahn nicht die zeitlichen Kriterien für eine erste Tätigkeitsstätte erfüllen können. Die Fahrtätigkeit des B beginnt mit dem Verlassen seiner Wohnung und endet mit der Rückkehr dorthin. Zur Berücksichtigung der Fahrten von der Wohnung zum Übernahmeort von Fahrzeugen vgl. aber nachfolgende Nr. 3.

Beispiel C

C ist Pilot bei einer Fluggesellschaft und von seinem Arbeitgeber dem Flughafen München unbefristet zugeordnet worden, von dem seine Flüge regelmäßig starten und landen.

Das von C geflogene Flugzeug ist keine erste Tätigkeitsstätte, da es sich nicht um eine ortsfeste betriebliche Einrichtung handelt. Erste Tätigkeitsstätte des C ist der Flughafen München, da der Arbeitgeber ihn dort dauerhaft zugeordnet hat und C dort beruflich tätig wird (z. B. hinsichtlich der Vorbereitungshandlungen für die Flüge). Unerheblich ist, dass es sich um eine betriebliche Einrichtung eines Dritten (der Flughafengesellschaft) und nicht des Arbeitgebers (= Fluggesellschaft) handelt (BFH-Urteil vom 11.4.2019, BStBl. II S. 546).

Vgl. auch das Stichwort „Fliegendes Personal".

Beispiel D

Arbeitnehmer D ist auf Dauer zu 50 % seiner Arbeitszeit mit Lagertätigkeiten im Betrieb seines Arbeitgebers beschäftigt und die andere Hälfte seiner Arbeitszeit als Aushilfsfahrer tätig. Arbeitsrechtliche Festlegungen zum Tätigkeitsort des D sind nicht getroffen worden.

D hat trotz der fehlenden Zuordnung seines Arbeitgebers im Betrieb seine erste Tätigkeitsstätte, da er die zeitlichen Kriterien hierfür erfüllt. Er ist dauerhaft wöchentlich zu 50 % seiner vereinbarten Arbeitszeit im Betrieb des Arbeitgebers tätig und übt dort seine eigentliche berufliche Tätigkeit aus; die erforderliche zeitliche Grenze von „mindestens einem Drittel" ist damit erfüllt. Nur bei der Tätigkeit als Aushilfsfahrer handelt es sich vom Verlassen des Betriebs bis zur Rückkehr zum Betrieb um eine beruflich veranlasste Auswärtstätigkeit, wobei die zeitliche Voraussetzung für die Gewährung der Verpflegungspauschale (= mehr als acht Stunden Abwesenheit) in aller Regel nicht erfüllt sein wird.

Beispiel E

Arbeitnehmer E wird auf einer selbstfahrenden Hubplattform zur Errichtung von Offshore-Windrädern auf dem Meer eingesetzt.

Die selbstfahrende Hubplattform ist keine erste Tätigkeitsstätte, weil es sich nicht um eine ortsfeste betriebliche Einrichtung handelt. E übt daher eine Fahrtätigkeit aus. Vgl. auch das Stichwort „Windkraftanlagen".

Der Einsatz eines Arbeitnehmers auf einem Fahrzeug auf einem **Betriebs-/Werksgelände** (auch Klinikgelände, Flughafengelände) ist keine beruflich veranlasste Auswärtstätigkeit, wenn der Arbeitnehmer zugleich an seiner (weitläufigen) ersten Tätigkeitsstätte tätig ist (so auch BFH-Urteil vom 11.4.2019, BStBl. II S. 546).

Beispiel F

Arbeitnehmer F ist beim Flughafen München angestellt und diesem auch arbeitsrechtlich dauerhaft zugeordnet. Er fährt die Passagiere in den Bussen vom Terminal zum Flugzeug bzw. zurück.

Bei F ist der Flughafen München erste Tätigkeitsstätte, da es sich um ein Betriebsgelände mit mehreren ortsfesten betrieblichen Einrichtungen handelt und er dem Flughafen dauerhaft zugeordnet ist. Unerheblich ist, dass F dort seine Tätigkeit als Busfahrer auf einem Fahrzeug ausübt. Es handelt sich nicht um eine Auswärtstätigkeit in Form einer Fahrtätigkeit.

Hinweis: Wäre F von seinem Arbeitgeber dem Flughafen München nicht dauerhaft zugeordnet worden, würde es sich bei diesem dennoch um die erste Tätigkeitsstätte des F handeln, weil auch die zeitlichen Kriterien für die Annahme einer ersten Tätigkeitsstätte (hier: arbeitstägliches Tätigwerden) erfüllt sind.

Die Unterscheidung, ob der Arbeitnehmer eine erste Tätigkeitsstätte hat oder nicht, ist also für die Beantwortung der Frage von Bedeutung, **zu welchem Zeitpunkt die beruflich veranlasste Auswärtstätigkeit beginnt** (schon ab Verlassen der Wohnung oder erst ab Verlassen des Betriebs) **und endet** (Erreichen des Betriebs oder Erreichen der Wohnung) bzw. ob sie ggf. durch das Aufsuchen der ersten Tätigkeitsstätte im Laufe des Tages unterbro-

Lohnsteuerpflichtig | Sozialversich.-pflichtig

chen wird. Auswirkungen hat dies ggf. auf die Höhe der Fahrtkosten (vgl. nachfolgende Nr. 3) sowie insbesondere für die Verpflegungspauschalen (vgl. nachfolgende Nr. 4). Vgl. zum Begriff der „ersten Tätigkeitsstätte" auch die sehr ausführlichen Erläuterungen und Beispiele in Anhang 4 „Reisekosten bei Auswärtstätigkeiten" unter Nr. 3. Siehe außerdem auch die Stichwörter „Binnenschiffer", „Fliegendes Personal" und „Seeleute".

3. Besonderheiten beim Ersatz von Fahrtkosten

Liegt bei einem Arbeitnehmer ohne erste Tätigkeitsstätte eine beruflich veranlasste Auswärtstätigkeit in Form einer Fahrtätigkeit vor, kann der Arbeitgeber dem Arbeitnehmer die mit dem eigenen Pkw entstandenen **Fahrtkosten** grundsätzlich nach Reisekostengrundsätzen **steuerfrei** ersetzen. Ohne Einzelnachweis der tatsächlich entstandenen Aufwendungen kann der Arbeitgeber die pauschalen Kilometersätze (z. B. 0,30 € je **gefahrenen** Kilometer bei Benutzung eines Pkws) steuerfrei erstatten (vgl. hierzu Anhang 4 „Reisekosten bei Auswärtstätigkeiten" unter Nr. 7). nein nein

Von diesem Grundsatz gibt es eine wichtige Ausnahme: Liegt keine erste Tätigkeitsstätte vor und bestimmt der **Arbeitgeber** durch arbeitsrechtliche Festlegung, dass der Arbeitnehmer sich **dauerhaft typischerweise arbeitstäglich an einem festgelegten Ort** einfinden soll, um von dort seine unterschiedlichen eigentlichen Einsatzorte aufzusuchen oder dort die Arbeit aufzunehmen (z. B. Lkw-Übernahmeort, Betriebshof, Busdepot, Fährhafen, Liegeplatz des Schiffes), werden die Fahrten des Arbeitnehmers von der Wohnung zu diesem vom Arbeitgeber festgelegten Ort *„wie"* Fahrten zu einer ersten Tätigkeitsstätte behandelt (§ 9 Abs. 1 Satz 3 Nr. 4a Satz 3 EStG).

Für diese Fahrten zum vom Arbeitgeber bestimmten Sammelpunkt darf nur die **Entfernungspauschale** angesetzt werden. Ein steuerfreier Arbeitgeberersatz der Fahrtkosten in Höhe der Entfernungspauschale kommt bei Benutzung eines Pkw nicht in Betracht. Allerdings kann ein entsprechender Arbeitgeberersatz mit 15 % pauschal besteuert werden.[1] ja nein

Bei Benutzung öffentlicher Verkehrsmittel für diese Fahrten sind die Arbeitgeberleistungen (Job-Ticket oder Barzuschüsse) steuerfrei (§ 3 Nr. 15 EStG). nein nein

Unabhängig von der ggf. begrenzten Abziehbarkeit der Fahrtkosten beginnt die beruflich veranlasste **Auswärtstätigkeit** bereits mit dem **Verlassen der Wohnung** und endet mit der **Rückkehr zur Wohnung.** Dies ist von Bedeutung für die Berechnung der Abwesenheitsdauer zur Gewährung der Verpflegungspauschalen (vgl. nachfolgende Nr. 4) und ggf. für die Berücksichtigung von Übernachtungskosten (vgl. nachfolgende Nr. 5). Diese Aufwendungen können – neben einem Werbungskostenabzug beim Arbeitnehmer – vom Arbeitgeber weiterhin nach Reisekostengrundsätzen steuerfrei erstattet werden. Lediglich die Höhe der steuerlich zu berücksichtigenden Fahrtkosten wird ggf. begrenzt, ohne eine erste Tätigkeitsstätte zu fingieren.

Beispiel A

Lkw-Fahrer A hat keine erste Tätigkeitsstätte. Er sucht jedoch dauerhaft typischerweise arbeitstäglich den Betrieb seines Arbeitgebers auf, um dort den beladenen Lkw für seine Tour zu übernehmen.

Obwohl es sich beim Betrieb des Arbeitgebers nicht um die erste Tätigkeitsstätte des A handelt, werden die mit dem eigenen Pkw von der Wohnung zum Betrieb des Arbeitgebers durchgeführten Fahrten lediglich in Höhe der Entfernungspauschale berücksichtigt. Ein etwaiger Arbeitgeberersatz der Fahrtkosten ist nicht steuerfrei, sondern steuerpflichtig. Er kann allerdings mit 15 % pauschal besteuert werden.

Beispiel B

Busfahrer B hat keine erste Tätigkeitsstätte. Er sucht jedoch dauerhaft typischerweise arbeitstäglich den Betriebshof seines Arbeitgebers auf, um dort seinen Bus zu übernehmen.

Obwohl es sich beim Betriebshof des Arbeitgebers nicht um die erste Tätigkeitsstätte des B handelt, werden die mit dem eigenen Pkw von der Wohnung zum Betriebshof des Arbeitgebers durchgeführten Fahrten lediglich in Höhe der Entfernungspauschale berücksichtigt. Ein etwaiger Arbeitgeberersatz der Fahrtkosten ist nicht steuerfrei, sondern steuerpflichtig. Er kann allerdings mit 15 % pauschal besteuert werden.

Beispiel C

Binnenschiffer C hat auf dem Schiff keine erste Tätigkeitsstätte, da es sich nicht um eine ortsfeste betriebliche Einrichtung des Arbeitgebers handelt. Er tritt seinen Dienst (Ein- und Ausschiffung) allerdings dauerhaft und typischerweise arbeitstäglich vom gleichen Fähranleger an.

Die mit dem eigenen Pkw durchgeführten Fahrten von der eigenen Wohnung des C zum Fähranleger werden lediglich in Höhe der Entfernungspauschale berücksichtigt. Ein etwaiger Arbeitgeberersatz der Fahrtkosten ist nicht steuerfrei, sondern steuerpflichtig. Er kann allerdings mit 15 % pauschal besteuert werden. Führt der Arbeitnehmer von seiner Wohnung Fahrten zu einem ständig wechselnden Liegeplatz des Schiffes aus, können die Aufwendungen nach Reisekostengrundsätzen vom Arbeitgeber steuerfrei erstattet oder vom Arbeitnehmer als Werbungskosten abgezogen werden (vgl. nachfolgende Beispiele F und G).

F

Beispiel D

Der angestellte Lotse D hat keine erste Tätigkeitsstätte. Er fährt allerdings jeden Morgen von seiner Wohnung zu einer vom Arbeitgeber festgelegten Lotsenstation, um von dort aus zum Einsatz auf dem jeweiligen Schiff gebracht zu werden.

Die mit dem eigenen Pkw durchgeführten Fahrten von seiner Wohnung zur Lotsenstation werden lediglich in Höhe der Entfernungspauschale berücksichtigt. Ein etwaiger Arbeitgeberersatz der Fahrtkosten ist nicht steuerfrei, sondern steuerpflichtig. Er kann allerdings mit 15 % pauschal besteuert werden.

Werden die Fahrten von der Wohnung zum Arbeitgeber-Sammelpunkt aber **nicht „arbeitstäglich"** durchgeführt, weil der Arbeitnehmer nicht an jedem Arbeitstag, sondern z. B. nur an einem Tag in der Woche den vom Arbeitgeber festgelegten Ort zur Arbeitsaufnahme aufsuchen soll, bleiben die Fahrtkosten nach allgemeinen **Reisekostengrundsätzen** abziehbar. „Typischerweise arbeitstäglich" erfordert ein – bis auf Urlaubs-, Krankheits- oder z. B. Fortbildungstage – arbeitstägliches Aufsuchen desselben Ortes. nein nein

Beispiel E

Lkw-Fahrer E ist im Fernverkehr tätig und von Montag bis Freitag unterwegs. Er ist keiner betrieblichen Einrichtung dauerhaft zugeordnet. Entsprechend der arbeitsrechtlichen Festlegung des Arbeitgebers soll E jeden Montag den Betriebshof des Arbeitgebers aufsuchen, um dort den Lkw zu übernehmen. Nach der Beendigung der mehrtägigen Auswärtstätigkeit am Freitag hat er den Lkw u. a. zu Wartungszwecken sowie zum Be- und Entladen dort wieder abzustellen.

Die Fahrtkosten des Lkw-Fahrers E zum Betrieb des Arbeitgebers können nach Reisekostengrundsätzen (z. B. 0,30 € je gefahrenen Kilometer) als Werbungskosten abgezogen bzw. vom Arbeitgeber steuerfrei erstattet werden. Beim Betrieb des Arbeitgebers handelt es sich nicht um einen „Arbeitgeber-Sammelpunkt", da die Fahrten dorthin von der Wohnung des E nicht „arbeitstäglich" durchgeführt werden. Dies gilt auch dann, wenn ein Lkw-Fahrer sowohl Lang- als auch Kurzstrecken fährt und daher den Betrieb des Arbeitgebers zeitweise jeden Tag aufsucht.

Führt der Arbeitnehmer von seiner Wohnung Fahrten zu einem **ständig wechselnden Ort** aus, können die Aufwendungen ebenfalls nach Reisekostengrundsätzen vom Arbeitgeber steuerfrei erstattet oder vom Arbeitnehmer als Werbungskosten abgezogen werden. nein nein

Beispiel F

Lkw-Fahrer F hat keine erste Tätigkeitsstätte. Für die täglichen Touren übernimmt er seinen Lkw jeden Morgen an unterschiedlichen Standorten.

F kann für die Fahrten von seiner Wohnung zum Übernahmeort des Lkw und zurück 0,30 € je gefahrenen Kilometer ansetzen. Der entsprechende Betrag kann vom Arbeitgeber steuer- und beitragsfrei erstattet werden.

1) In den bei einer Fahrtätigkeit seltenen Fällen einer Firmenwagengestellung durch den Arbeitgeber ist auch für diese Fahrten ein geldwerter Vorteil nach der 0,03 %-Bruttolistenpreisregelung oder der Fahrtenbuchmethode anzusetzen (§ 8 Abs. 2 Sätze 3 und 4 EStG).

Lohnsteuerpflichtig | Sozialversich.-pflichtig

Beispiel G

Busfahrer G hat keine erste Tätigkeitsstätte. Er übernimmt seinen Bus jeden Morgen an unterschiedlichen Depots seines Arbeitgebers.

G kann für die Fahrten von seiner Wohnung zu den Busdepots und zurück 0,30 € je gefahrenen Kilometer ansetzen. Der entsprechende Betrag kann vom Arbeitgeber steuer- und beitragsfrei erstattet werden.

4. Steuerfreier Ersatz von Verpflegungsmehraufwendungen

a) Allgemeines

Der steuerfreie Ersatz von Verpflegungsmehraufwendungen richtet sich grundsätzlich nach den in Anhang 4 „Reisekosten bei Auswärtstätigkeiten“ unter Nr. 9 auf Seite 1147 dargestellten Grundsätzen. **Besonderheiten** ergeben sich aber insbesondere bei der Berechnung der **Abwesenheitsdauer** (vgl. nachfolgenden Buchstaben b), der **Mitternachtsregelung** (vgl. nachfolgenden Buchstaben c) und der Nichtanwendung der **Dreimonatsfrist** (vgl. nachfolgenden Buchstaben d).

b) Höhe der steuerfreien Pauschalen

Die Verpflegungspauschalen betragen bei **eintägigen** Auswärtstätigkeiten mit einer Abwesenheitszeit von **mehr als acht Stunden** seit 1.1.2020 für jeden Kalendertag **14 €** (bis 31.12.2019 = 12 €). — nein | nein

Bei **mehrtägigen** Auswärtstätigkeiten mit Übernachtung belaufen sich die Verpflegungspauschalen seit 1.1.2020 für jeden Kalendertag mit einer Abwesenheitszeit von **24 Stunden** auf **28 €** (bis 31.12.2019 = 24 €) und für den **An- und Abreisetag** ohne Mindestabwesenheitszeit auf **14 €** (bis 31.12.2019 = 12 €). — nein | nein

Eine mehrtägige auswärtige Tätigkeit mit Übernachtung liegt auch dann vor, wenn die berufliche Auswärtstätigkeit über Nacht ausgeübt wird und sich daran eine Übernachtung am Tage sowie eine weitere Tätigkeit über Nacht anschließt. Unerheblich ist auch, ob für die Übernachtung tatsächlich Übernachtungskosten anfallen (z. B. bei Schlafen – nicht nur einer Lenkpause – im Bus, Lkw oder in der Lok).

Für die Berechnung der Dauer der Fahrtätigkeit ist auf die Abwesenheit von der **Wohnung** abzustellen. Dies gilt allerdings nur für diejenigen Arbeitnehmer mit beruflich veranlasster Auswärtstätigkeit auf einem Fahrzeug, die **keine erste Tätigkeitsstätte** haben (vgl. die Erläuterungen unter der vorstehenden Nr. 2). Die Abwesenheit beginnt dann mit dem Verlassen der Wohnung und endet, wenn der Arbeitnehmer in seine Wohnung zurückkehrt. Dabei ist es gleichgültig, ob die Abwesenheitsdauer auf der tatsächlichen Arbeitszeit/Fahrzeit, auf schlechten Verkehrsverbindungen oder auf anderen beruflich veranlassten Umständen beruht.

Beispiel A

Der Berufskraftfahrer einer Spedition, ohne erste Tätigkeitsstätte, verlässt am Montag um 11 Uhr nach einem Ladevorgang bei einem Kunden seines Arbeitgebers München mit seinem Fahrzeug und kommt erst am Freitag um 12 Uhr wieder dorthin zurück. Verlässt der Arbeitnehmer z. B. am Montag seine **Wohnung** um 8.00 Uhr und kehrt er am Freitag um 13.30 Uhr wieder dorthin zurück, ergibt sich Folgendes:

Arbeitstag	Dauer der Abwesenheit von der Wohnung	Verpflegungspauschale
Montag	ohne Bedeutung, da „Anreisetag“	14,– €
Dienstag	24 Stunden	28,– €
Mittwoch	24 Stunden	28,– €
Donnerstag	24 Stunden	28,– €
Freitag	ohne Bedeutung, da „Abreisetag“	14,– €
insgesamt		112,– €

Lohnsteuerpflichtig | Sozialversich.-pflichtig

Beispiel B

B ist ausgebildeter Rettungsassistent und Fahrer von Notarzt- und Rettungswagen.

Bei der Tätigkeit als Fahrer eines Notarzt- und Rettungswagens übt B eine Fahrtätigkeit aus. Eine Verpflegungspauschale kann nur in Anspruch genommen werden, wenn bei Ausübung dieser Auswärtstätigkeit die erforderliche Mindestabwesenheit von mehr als acht Stunden von der Wohnung erreicht wird. Dabei wird unterstellt, dass B auch an keiner der von ihm eingesetzten Rettungswachen eine erste Tätigkeitsstätte hat (BFH-Urteil vom 19.1.2012, BStBl. II S. 503).

Bei Vorhandensein einer ersten Tätigkeitsstätte ist – neben der Abwesenheitszeit von der Wohnung – auch die **Abwesenheitszeit** von dieser **ersten Tätigkeitsstätte** maßgebend.

Beispiel C

B plant im Speditionsbetrieb seines Arbeitgebers die Touren und teilt die Lkw-Fahrer entsprechend ein. Er hat dort seine erste Tätigkeitsstätte. Da er den erforderlichen Führerschein besitzt, übernimmt er in Krankheitsfällen und bei Urlaub kleinere Touren in die nähere Umgebung auch schon mal selbst. Er verlässt an einem dieser Tage seine Wohnung um 7 Uhr morgens und kehrt um 17.30 Uhr dorthin zurück. Den Betriebshof seines Arbeitgebers verlässt er mit seinem Lkw um 9 Uhr und kehrt um 16 Uhr dorthin zurück.

Mit dem Verlassen des Betriebshofs um 9 Uhr beginnt die beruflich veranlasste Auswärtstätigkeit, die mit der Rückkehr dorthin um 16 Uhr endet. Für die Frage, ob der Arbeitgeber dem A eine steuerfreie Verpflegungspauschale zahlen kann, ist die Abwesenheitszeit vom Betrieb maßgebend. Da diese Abwesenheitszeit lediglich sieben Stunden beträgt, kommt die Zahlung einer steuerfreien Verpflegungspauschale nicht in Betracht. Unmaßgeblich ist, dass die Abwesenheitszeit von der Wohnung 10,5 Stunden und damit mehr als acht Stunden beträgt.

Selbst wenn ein Arbeitnehmer mit Fahrtätigkeit (also ohne erste Tätigkeitsstätte) mal gelegentlich einen Arbeitstag im Betrieb tätig ist, um z. B. Pflege- und Wartungsarbeiten am Fahrzeug auszuführen, liegt an diesem Tag eine beruflich veranlasste Auswärtstätigkeit vor. Auch bei einer untypischen Tätigkeit, wie z. B. der Teilnahme an einer Fortbildungsveranstaltung, ist von einer beruflich veranlassten Auswärtstätigkeit auszugehen. Der Arbeitgeber kann auch für solche Tage eine Verpflegungspauschale steuerfrei zahlen. — nein | nein

Der Einsatz eines Arbeitnehmers auf einem Fahrzeug auf einem **Betriebs-/Werksgelände** des Arbeitgebers ist keine Auswärtstätigkeit (Fahrtätigkeit), wenn der Arbeitnehmer zugleich an seiner (weitläufigen) ersten Tätigkeitsstätte tätig ist. Die Zahlung einer steuerfreien Verpflegungspauschale durch den Arbeitgeber an den Arbeitnehmer kommt daher nicht in Betracht (so auch BFH-Urteil vom 11.4.2019, BStBl. II S. 546).

Beispiel D

Arbeitnehmer D ist beim Flughafen München angestellt und diesem auch arbeitsrechtlich dauerhaft zugeordnet. Er fährt die Passagiere in den Bussen vom Terminal zum Flugzeug bzw. zurück.

Bei D ist der Flughafen München erste Tätigkeitsstätte, da es sich um ein Betriebsgelände mit mehreren ortsfesten betrieblichen Einrichtungen handelt und er dem Flughafen dauerhaft zugeordnet ist. Unerheblich ist, dass D dort seine Tätigkeit als Busfahrer auf einem Fahrzeug ausübt. Es handelt sich nicht um eine Auswärtstätigkeit in Form einer Fahrtätigkeit.

Wäre D von seinem Arbeitgeber dem Flughafen München nicht dauerhaft zugeordnet worden, würde es sich bei diesem dennoch um die erste Tätigkeitsstätte handeln, weil auch die zeitlichen Kriterien für die Annahme einer ersten Tätigkeitsstätte (hier: arbeitstägliches Tätigwerden) erfüllt sind.

Da bei D somit keine beruflich veranlasste Auswärtstätigkeit vorliegt, kann eine Verpflegungspauschale von täglich 14 € weder von ihm als Werbungskosten abgezogen noch vom Arbeitgeber steuerfrei erstattet werden.

c) Mitternachtsregelung

Führt der Arbeitnehmer an einem Kalendertag mehrere Fahrten durch, sind die Abwesenheitszeiten **an diesem Tag** zusammenzurechnen. Die Abwesenheitsdauer wird also für jeden Kalendertag gesondert berechnet. Diese kalendertägliche Betrachtungsweise würde dazu führen, dass für eine über achtstündige Tätigkeit von z. B. 20 Uhr

Lohn-steuer-pflichtig Sozial-versich.-pflichtig

an einem Kalendertag bis um kurz nach 4 Uhr des nächsten Tages keine steuerfreie Verpflegungspauschale gezahlt werden könnte, da die Abwesenheitsdauer an jedem Kalendertag nur vier Stunden beträgt. Um dies zu vermeiden, wurde folgende gesetzliche Regelung getroffen (§ 9 Abs. 4a Satz 3 Nr. 3 zweiter Halbsatz):

„...; beginnt die auswärtige berufliche Tätigkeit an einem Kalendertag und endet am nachfolgenden Kalendertag ohne Übernachtung, werden 14 € **für den Kalendertag** gewährt, an dem der Arbeitnehmer **den überwiegenden Teil** der insgesamt mehr als acht Stunden von seiner Wohnung und der ersten Tätigkeitsstätte abwesend ist."

Voraussetzung für die Anwendung dieser Regelung ist also eine Fahrt, die sich über Mitternacht hinaus in den nächsten Tag hinein erstreckt, **ohne dass eine Übernachtung stattfindet.** In der Praxis hat sich deshalb hierfür die Bezeichnung **„Mitternachtsregelung"** eingebürgert.

Die sog. Mitternachtsregelung stellt hiernach eine Ausnahme von dem Grundsatz dar, dass für die Dauer der Abwesenheit von der Wohnung jeder Kalendertag für sich zu beurteilen ist. Die Ausnahmeregelung betrifft diejenigen Fälle, in denen ein Arbeitnehmer seine Tätigkeit auf einem Fahrzeug nachts ausübt, **ohne dass eine Übernachtung stattfindet.** Bei Lenkpausen handelt es sich nicht um eine Übernachtung in diesem Sinne (vgl. Beispiel B).[1]

Beispiel A

Ein Berufskraftfahrer fährt am Montag um 17.00 Uhr von seiner Wohnung ab und kehrt am Dienstag um 2.00 Uhr wieder dorthin zurück. Dem Arbeitnehmer kann eine Verpflegungspauschale von 14 € steuerfrei gezahlt werden, da die Mindestabwesenheit von mehr als acht Stunden erfüllt ist. Die gesamte Abwesenheitsdauer von neun Stunden wird dabei dem Kalendertag der **überwiegenden** Abwesenheit zugerechnet. Dies ist der Montag.

Beispiel B

Der Kurierfahrer B ist typischerweise von 20 Uhr bis 5.30 Uhr des Folgetags beruflich unterwegs. In dieser Zeit legt er regelmäßig auch eine Lenkpause von 45 Minuten ein. Seine Wohnung verlässt B um 19.30 Uhr und kehrt um 6 Uhr dorthin zurück. Eine erste Tätigkeitsstätte liegt nicht vor.

B ist im Rahmen seiner beruflichen Auswärtstätigkeit (Fahrtätigkeit) über Nacht von seiner Wohnung abwesend. Bei der Lenkpause handelt es sich nicht um eine Übernachtung. Die Abwesenheitszeiten über Nacht können somit zusammengerechnet werden. Sie werden für den zweiten Kalendertag berücksichtigt, an dem B den überwiegenden Teil der Zeit abwesend ist. B erfüllt die Voraussetzungen der Verpflegungspauschale für eine eintägige Auswärtstätigkeit (= 14 €), da die gesamte Abwesenheitsdauer 10 Stunden und 30 Minuten beträgt.

Beispiel C

Die berufliche Fahrtätigkeit des C verteilt sich wie folgt auf die Tage (in Stunden):

Montag	Dienstag		Mittwoch		Donnerstag		Freitag		Samstag
5	4	5	4	5	4	4,5	5	5	4

Im Fall der Zusammenrechnung der Abwesenheitszeiten über Nacht kann C eine Verpflegungspauschale von 14 € für eine eintägige Auswärtstätigkeit für folgende Tage beanspruchen: Montag, Dienstag, Mittwoch und Freitag. Werden stattdessen die an dem jeweiligen Tag geleisteten einzelnen Abwesenheitszeiten zusammen gerechnet, dann kann C für Dienstag, Mittwoch, Donnerstag und Freitag eine Verpflegungspauschale von 14 € beanspruchen. Bezogen auf die Arbeitswoche ergeben sich also bei beiden Varianten Verpflegungspauschalen von 56 € (4 Tage à 14 €).

Beispiel D

Die berufliche Fahrtätigkeit des D verteilt sich wie folgt auf die Tage (in Stunden):

Montag	Dienstag		Mittwoch		Donnerstag		Freitag		Samstag
5	4	5	4	5	4	4,5	4	4	5

Im Fall der Zusammenrechnung der Abwesenheitszeiten über Nacht kann D eine Verpflegungspauschale für eine eintägige Auswärtstätigkeit für folgende Tage beanspruchen: Montag, Dienstag, Mittwoch, Donnerstag und Samstag.

Lohn-steuer-pflichtig Sozial-versich.-pflichtig

Wären nur die an dem jeweiligen Tag geleisteten einzelnen Abwesenheitszeiten zu berücksichtigen und zusammenzurechnen, könnte D nur für Dienstag, Mittwoch und Donnerstag eine Verpflegungspauschale von 14 € beanspruchen. Dies wird durch die sog. Mitternachtsregelung verhindert, die anstelle der reinen Kalendertags bezogenen Betrachtung ausnahmsweise bei auswärtigen beruflichen Tätigkeiten über Nacht ohne Übernachtung die Zusammenrechnung dieser Zeiten ermöglicht.

Die sog. Mitternachtsregelung erlangt über den Normalfall hinaus dann eine besondere Bedeutung, wenn eine Tätigkeit auf einem Fahrzeug sowohl im Inland als auch im Ausland ausgeübt wird und die gesamte Abwesenheitsdauer dabei dem Kalendertag der überwiegenden Abwesenheit zugerechnet wird (vgl. nachfolgenden Buchstaben f).

F

Vgl. zur Mitternachtsregelung – auch bei Arbeitnehmern mit anderen beruflichen Tätigkeiten – zudem die Erläuterungen in Anhang 4 „Reisekosten bei Auswärtstätigkeiten" unter Nr. 9 Buchstabe b.

d) Keine Anwendung der Dreimonatsfrist

Abweichend von seiner früheren Rechtsprechung hat der Bundesfinanzhof entschieden, dass die **Dreimonatsfrist** für die Berücksichtigung der Pauschbeträge für Verpflegungsmehraufwendungen bei einer **Fahrtätigkeit nicht gelte.** Der Abzug von Pauschbeträgen für Mehraufwendungen für die Verpflegung sei nur bei einer längerfristigen Tätigkeit an derselben Tätigkeitsstätte auf die ersten drei Monate beschränkt. Da eine solche Tätigkeitsstätte in der Regel eine ortsfeste Einrichtung voraussetze, könne sie zwar bei einer Einsatzwechseltätigkeit (z. B. Bauarbeiter auf einer Baustelle; vgl. die Erläuterungen beim Stichwort „Einsatzwechseltätigkeit"), nicht jedoch bei einer Fahrtätigkeit auf einem Fahrzeug oder Schiff in Betracht kommen (BFH-Urteil vom 24.2.2011, BStBl. 2012 II S. 27). Die Finanzverwaltung folgt der Rechtsprechung des Bundesfinanzhofs und wendet die **Dreimonatsfrist** bei beruflichen **Tätigkeiten** auf **mobilen,** nicht ortsfesten betrieblichen **Einrichtungen** wie z. B. Fahrzeugen, Flugzeugen, Schiffen **nicht an.** Die Anwendung der Dreimonatsfrist bei einer Einsatzwechseltätigkeit (z. B. bei Leiharbeitnehmern) hat der Bundesfinanzhof hingegen erneut bestätigt (BFH-Urteil vom 15.5.2013, BStBl. II S. 704).

Beispiel A

Der Arbeitnehmer ist als technischer Offizier auf einem Schiff der Hochseefischerei tätig und im Kalenderjahr 2021 an 184 Tagen von zu Hause abwesend.

Der Arbeitnehmer kann für 184 Tage die Verpflegungspauschalen geltend machen. Die Dreimonatsfrist ist bei einer Fahrtätigkeit nicht anzuwenden.

Beispiel B

Ein Fahrer (ohne erste Tätigkeitsstätte) bringt täglich Personen, Material oder Gepäckstücke vom Flughafen München zum Flughafen Salzburg. Die erforderliche Abwesenheitszeit für die steuerfreie Verpflegungspauschale von mehr als acht Stunden ist erfüllt.

Der Arbeitgeber kann dem Fahrer jeden Tag eine steuerfreie Verpflegungspauschale zahlen. Die Dreimonatsfrist ist bei einer Fahrtätigkeit nicht anzuwenden.

Beispiel C

Ein Busfahrer (ohne erste Tätigkeitsstätte) ist jeden Tag zu der gleichen Zeit auf der Linie 007 eingesetzt. Die erforderliche Abwesenheitszeit für die steuerfreie Verpflegungspauschale von mehr als acht Stunden ist erfüllt.

Der Arbeitgeber kann dem Busfahrer jeden Tag eine steuerfreie Verpflegungspauschale zahlen. Die Dreimonatsfrist ist bei einer Fahrtätigkeit nicht anzuwenden.

---

1) Die Mitternachtsregelung ist auch bei Arbeitnehmern mit anderen beruflichen Tätigkeiten als Fahrtätigkeiten anzuwenden. Vgl. hierzu auch die Erläuterungen und Beispiele in Anhang 4 „Reisekosten bei Auswärtstätigkeiten" unter Nr. 9 Buchstabe b.

F

	Lohn-steuer-pflichtig	Sozial-versich.-pflichtig

Beispiel D

Ein Lkw-Fahrer (ohne erste Tätigkeitsstätte) kehrt von seiner Tour von Deutschland nach Südeuropa aufgrund von technischen Schwierigkeiten und Streiks erst nach 3 ½ Monaten zurück.

Der Arbeitgeber kann dem Arbeitnehmer für den gesamten Zeitraum steuerfreie Verpflegungspauschalen zahlen, da die Dreimonatsfrist bei einer Fahrtätigkeit nicht anzuwenden ist.

Beispiel E

Arbeitnehmer E wird auf einer selbstfahrenden Hubplattform zur Errichtung von Offshore-Windrädern auf dem Meer eingesetzt.

Die selbstfahrende Hubplattform ist keine erste Tätigkeitsstätte, weil es sich nicht um eine ortsfeste betriebliche Einrichtung handelt. E übt daher eine Fahrtätigkeit aus. Der Arbeitgeber kann dem Arbeitnehmer für den gesamten Zeitraum der Tätigkeit steuerfrei Verpflegungspauschalen zahlen, da die Dreimonatsfrist bei einer Fahrtätigkeit nicht anzuwenden ist. Vgl. auch das Stichwort „Windkraftanlagen".

e) Gewährung von Mahlzeiten

Werden dem Arbeitnehmer bei einer Auswärtstätigkeit vom Arbeitgeber oder auf dessen Veranlassung von einem Dritten übliche **Mahlzeiten** gewährt, gilt Folgendes:

Seit 1.1.2014 **entfällt** grundsätzlich eine **Versteuerung** üblicher Mahlzeiten und die **Verpflegungspauschalen** sind wie folgt zu **kürzen:**

- um **20 % für ein Frühstück** und
- um **jeweils 40 % für ein Mittag- und Abendessen**

der für die **24-stündige** Abwesenheit geltenden **Tagespauschale.** Das entspricht für Auswärtstätigkeiten im Inland seit 1.1.2020 einer Kürzung der jeweils zustehenden Verpflegungspauschale um 5,60 für ein Frühstück (= 20 % von 28 €) und jeweils 11,20 für ein Mittag- und Abendessen (= jeweils 40 % von 28 €). Vgl. im Einzelnen die Ausführungen und Beispiele in Anhang 4 „Reisekosten bei Auswärtstätigkeiten" unter Nr. 10.

Beispiel A

Ein Lkw-Fahrer ist mehr als acht Stunden wegen seiner beruflichen Tätigkeit von zu Hause abwesend. Er nimmt ein Mittagessen im Wert von 8,50 € an der Autobahnraststätte zu sich und bezahlt 6 € in bar und den Rest in Wertbons, die er im Zusammenhang mit der vom Arbeitgeber erstatteten Parkgebühr erhalten hat.

Dem Lkw-Fahrer steht eine ungekürzte Verpflegungspauschale von 14 € zu. Er hat keine Mahlzeit von seinem Arbeitgeber erhalten. Dass die Mahlzeit teilweise mit Wertbons bezahlt wurde, ist ohne steuerliche Auswirkung.

Aufgrund der arbeitsmäßigen Gegebenheiten ist von einer Mahlzeitengestellung durch den Arbeitgeber aber auch dann auszugehen, wenn das **Küchenpersonal** vom Arbeitgeber **gestellt** wird und die **Betriebskosten** (mit Ausnahme der Verbrauchskosten) sowie die **Personalkosten** für die Zubereitung und Ausgabe der Mahlzeiten vom Arbeitgeber **getragen** werden.

Beispiel B

Der Arbeitgeber beschäftigt auf einem Binnenschiff auch Küchenpersonal, das sich um die Verpflegung der Mannschaft kümmert.

Bereits durch die Zurverfügungstellung des Küchenpersonals und die Übernahme der Personalkosten ist von einer Mahlzeitengestellung des Arbeitgebers auszugehen, die zu einer Kürzung der Verpflegungspauschale bei den Besatzungsmitgliedern führt.

f) Verpflegungsmehraufwand bei grenzüberschreitenden Fahrten

Auch bei einer Auswärtstätigkeit im Ausland wird der Verpflegungsmehraufwand in Form von **pauschalen Auslandstagegeldern** anerkannt. Der Einzelnachweis von Verpflegungsmehraufwendungen ist ausgeschlossen. Die Auslandstagegelder sind – ebenso wie die Inlandstagegelder – nach der Abwesenheitsdauer von der Wohnung und der ggf. vorhandenen ersten Tätigkeitsstätte wie folgt gestaffelt:

		Lohn-steuer-pflichtig	Sozial-versich.-pflichtig
– bei einer Abwesenheit von **24 Stunden:**	**voller** Pauschbetrag	nein	nein
– bei einer Abwesenheit von **mehr als acht Stunden** sowie An- und Abreisetag bei mehrtägigen Auswärtstätigkeiten:	Teilpauschbetrag	nein	nein

Die Dreimonatsfrist ist auch bei grenzüberschreitenden Fahrten nicht zu beachten (vgl. das Beispiel D unter dem vorstehenden Buchstaben d). Bei einer eintägigen Abwesenheit von bis zu acht Stunden wird – ebenso wie im Inland – eine Verpflegungspauschale nicht gewährt. Auch in diesem Fall ist ein Einzelnachweis von Verpflegungsmehraufwendungen ausgeschlossen.

Die zeitlich gestaffelten Auslandstagegelder können direkt aus der alphabetischen Länderübersicht in Anhang 5a auf Seite 1165 abgelesen werden.

Außerdem ist bei den eintägigen Fahrten und bei den An- und Rückreisetagen bei mehrtägigen Fahrten zu beachten, dass sich das maßgebende Auslandstagegeld nach **dem letzten Tätigkeitsort im Ausland** richtet. Das gilt auch dann, wenn die überwiegende Zeit im Inland verbracht wird.

Beispiel A

Ein Berufskraftfahrer fährt nach Zürich und am selben Tag wieder zurück. Er fährt dabei durch Österreich. Bei Arbeitnehmern, die ihre Tätigkeit auf einem Fahrzeug ausüben, ist der „letzte Tätigkeitsort im Ausland" der ausländische Grenzort an der deutsch-österreichischen Grenze. Dem Arbeitnehmer kann somit lediglich das Auslandstagegeld für Österreich steuerfrei gezahlt werden, obwohl der Bestimmungsort seiner Lieferung in der Schweiz lag.

Auch bei einer Fahrtätigkeit im Ausland ist die sog. **Mitternachtsregelung** zu beachten, die Folgendes besagt:

Beginnt die auswärtige berufliche Tätigkeit an einem Kalendertag und endet am nachfolgenden Kalendertag ohne Übernachtung, wird der in Betracht kommende ausländische Teilpauschbetrag **für den Kalendertag** gewährt, an dem der Arbeitnehmer **den überwiegenden Teil** der insgesamt mehr als acht Stunden von seiner Wohnung und ggf. der ersten Tätigkeitsstätte abwesend ist.

Beispiel B

Ein Berufskraftfahrer verlässt am Montag um 15 Uhr seine Wohnung und beginnt seine Fahrtätigkeit. Am Dienstag kehrt er um 7 Uhr in seine Wohnung zurück. Er fährt über Österreich in die Schweiz und von dort nach Deutschland zurück. Die sog. Mitternachtsregelung ist anwendbar, da etwaige Lenkpausen nicht als Übernachtung gelten. Die gesamte Abwesenheitsdauer von der Wohnung (insgesamt 16 Stunden) ist dem Montag zuzurechnen. Maßgebend für das Auslandstagegeld ist der „letzte Tätigkeitsort im Ausland". Dies ist der ausländische Grenzort an der deutsch-schweizerischen Grenze. Der Arbeitnehmer erhält deshalb ein anteiliges Auslandstagegeld für die Schweiz in Höhe von 43 €.

Bei häufigen Fahrten ins Ausland kann zu prüfen sein, ob das Besteuerungsrecht nicht aufgrund eines Doppelbesteuerungsabkommens einem anderen Staat zusteht. Hierbei müssen bei Berufskraftfahrern Besonderheiten beachtet werden. Diese sind beim Stichwort „Doppelbesteuerungsabkommen" unter Nr. 6 auf Seite 270 erläutert.

5. Steuerfreier Ersatz von Übernachtungskosten

Übernachtungskosten können bei mehrtägigen Fahrten im Inland mit einem Pauschbetrag von 20 € je Übernachtung steuerfrei ersetzt werden. Den Pauschbetrag für Übernachtung in Höhe von 20 € darf der Arbeitgeber jedoch dann nicht steuerfrei ersetzen, wenn eine Übernachtung im Fahrzeug (Schlafkoje usw.) stattfindet (R 9.7 Abs. 3 Satz 7 LStR). Die Lohnsteuer-Richtlinien bringen damit die grundsätzliche Vermutung zum Ausdruck, dass einem Berufskraftfahrer häufig oder meistens keine Über-

	Lohn-steuer-pflichtig	Sozial-versich.-pflichtig

nachtungskosten entstehen. Es ist deshalb ein Übernachtungs**nachweis** für diejenigen Berufskraftfahrer erforderlich, denen ein Fahrzeug mit Schlafkabine zur Verfügung steht. Der Nachweis einer Übernachtung kann nur durch Beleg (Rechnung oder Bestätigung des Hotels) erbracht werden. Nachteile sollen dem Berufskraftfahrer aus der belegmäßigen Nachweispflicht aber nicht entstehen, das heißt, der Arbeitgeber kann die Übernachtungskosten auch dann bis zum Pauschbetrag von 20 € steuerfrei erstatten, wenn sie laut vorgelegtem Beleg tatsächlich niedriger waren.

Der Arbeitgeber kann jedoch statt des Pauschbetrags von 20 € auch die tatsächlich entstandenen höheren Übernachtungskosten steuerfrei ersetzen. Ist der Preis für das Frühstück in einer auf den Namen des Arbeitnehmers ausgestellten Rechnung nicht gesondert ausgewiesen, ist der Gesamtpreis zur Ermittlung der Übernachtungskosten seit 1.1.2020 regelmäßig um **5,60 €** zu kürzen (= 20 % der inländischen Verpflegungspauschale für 24 Stunden Abwesenheit – 28 € –).

Beispiel

Die Hotelrechnung – auf den Arbeitnehmer ausgestellt – lautet:

Übernachtung mit Frühstück	50,– €
Für das Frühstück sind abzuziehen (20 % von 28,– €)	5,60 €
steuerfrei ersetzbare Übernachtungskosten	44,40 €[1]

Vgl. hierzu auch im Einzelnen die Erläuterungen in Anhang 4 „Reisekosten bei Auswärtstätigkeiten" unter den Nrn. 8 und 10.

Bei einer Übernachtung im **Ausland** gelten die in Anhang 5a auf Seite 1165 abgedruckten Übernachtungspauschalen, die jedoch nur dann steuerfrei ersetzt werden können, wenn die Übernachtung nicht im Fahrzeug (Schlafkoje) stattfindet. Bei einem Einzelnachweis der Übernachtungskosten im Ausland sind die Kosten des Frühstücks mit **20 %** desjenigen Auslandstagegeldes vom Rechnungspreis abzuziehen, das nach der in Anhang 5a auf Seite 1165 abgedruckten Länderübersicht für das betreffende Land bei einer Abwesenheitsdauer von 24 Stunden maßgebend ist, falls der Preis für das Frühstück in der auf den Arbeitnehmer ausgestellten Rechnung nicht gesondert ausgewiesen ist.[2] Lautet hingegen die Rechnung für die Übernachtung mit Frühstück auf den Arbeitgeber, liegt eine Mahlzeitengestellung vor mit der Folge, dass die Verpflegungspauschale zu kürzen ist. Vgl. hierzu auch die Erläuterungen und Beispiele in Anhang 4 „Reisekosten bei Auswärtstätigkeiten" unter Nr. 8 Buchstabe a.

Zu beachten ist, dass der Arbeitnehmer nur die tatsächlichen Übernachtungskosten und nicht die Auslandspauschbeträge für Übernachtung als Werbungskosten geltend machen kann (R 9.7 Abs. 2 LStR). Dies entspricht der seit jeher geltenden Vorgehensweise beim Werbungskostenabzug betreffend Inlandsübernachtungen.

6. Reisenebenkosten bei Lkw-Fahrern

Einem Fahrer, der anlässlich seiner Fahrtätigkeit in der Schlafkabine seines Lkw übernachtet, entstehen Aufwendungen, die bei anderen Arbeitnehmern mit Übernachtung anlässlich einer beruflichen Auswärtstätigkeit typischerweise in den Übernachtungskosten enthalten sind. Entsprechendes gilt für den Beifahrer/Mitfahrer.

Derartige Reisenebenkosten sind

- **Gebühren** für die Benutzung der **sanitären Einrichtungen** auf Raststätten (Toiletten sowie Dusch- oder Waschgelegenheiten)
- **Park- oder Abstellgebühren** auf Raststätten und Autohöfen und
- Aufwendungen für die **Reinigung** der **Schlafkabine.**

	Lohn-steuer-pflichtig	Sozial-versich.-pflichtig

Es reicht für einen steuerfreien Arbeitgeberersatz bzw. Werbungskostenabzug aus, die tatsächlich entstandenen und regelmäßig wiederkehrenden Reisenebenkosten für einen repräsentativen Zeitraum von **drei Monaten** im Einzelnen durch entsprechende **Aufzeichnungen** glaubhaft zu machen. Dabei ist zu beachten, dass bei den Aufwendungen für sanitäre Einrichtungen auf Raststätten nur die tatsächlichen Benutzungsgebühren aufzuzeichnen sind, **nicht** jedoch die als **Wertbons** ausgegebenen Beträge.

Hat der Arbeitnehmer Aufzeichnungen für drei Monate gemacht, kann der tägliche Durchschnittsbetrag, der sich für diesen repräsentativen Zeitraum ergibt, vom Arbeitgeber steuerfrei ersetzt bzw. vom Arbeitnehmer so lange als Werbungskosten angesetzt werden, bis sich die Verhältnisse wesentlich ändern.[3]

F

Beispiel A

Aufwendungen des Arbeitnehmers:

Oktober 2021:	60 € bei 20 Tagen Auswärtstätigkeit
November 2021:	80 € bei 25 Tagen Auswärtstätigkeit
Dezember 2021:	40 € bei 15 Tagen Auswärtstätigkeit
Summe	180 € bei 60 Tagen Auswärtstätigkeit

Der tägliche Durchschnittsbetrag von 3 € kann bis zu einer wesentlichen Änderung der Verhältnisse vom Arbeitgeber steuerfrei ersetzt bzw. vom Arbeitnehmer als Werbungskosten abgezogen werden.

Anstelle der tatsächlichen Mehraufwendungen kann der Berufskraftfahrer sowie im Fahrzeug übernachtende Beifahrer/Mitfahrer seit 1.1.2020 einen **Pauschbetrag** in Höhe von **8 € täglich** geltend machen (§ 9 Abs. 1 Satz 3 Nr. 5b Sätze 1 und 2 EStG). Die Höhe der tatsächlichen Aufwendungen ist in diesem Fall ohne Bedeutung, es müssen nur dem Grunde nach tatsächliche Aufwendungen entstanden sein. Der Pauschbetrag in Höhe von 8 € pro Kalendertag kann **zusätzlich** zu den **Verpflegungspauschalen** für folgende Tage beansprucht werden:

- den An- und Abreisetag sowie
- jeden Kalendertag mit einer Abwesenheit von 24 Stunden.

Dabei spielt es keine Rolle, ob die Fahrtätigkeit im **Inland oder Ausland** ausgeübt wird.

Der vorstehende Pauschbetrag kann nur in Anspruch genommen werden, wenn der Arbeitgeber keine weiteren Erstattungen für Übernachtungen leistet. Auch der Arbeitnehmer kann keine weiteren Übernachtungskosten als Werbungskosten geltend machen.

Die Entscheidung, die tatsächlichen Mehraufwendungen oder den gesetzlichen Pauschbetrag geltend zu machen, kann nur **einheitlich** für das gesamte **Kalenderjahr** getroffen werden. Der sich danach ergebende Betrag kann vom Arbeitnehmer als Werbungskosten geltend gemacht oder vom Arbeitgeber steuer- und sozialversicherungsfrei erstattet werden. nein nein

Beispiel B

Berufskraftfahrer A hat für einen repräsentativen Zeitraum von drei Monaten die notwendigen Mehraufwendungen im Zusammenhang mit einer Übernachtung im Fahrzeug anlässlich seiner Auswärtstätigkeit mit 5 € täglich ermittelt. Im Jahr 2021 hat er an 200 Arbeitstagen mehrtägige Fahrten durchgeführt.

1) Die Verpflegungspauschale ist in diesem Fall nicht zu kürzen, da das Frühstück nicht vom Arbeitgeber gestellt worden ist; die Hotelrechnung lautet auf den Arbeitnehmer.

2) Bei Auslandsübernachtungen ist in den vom Hotel berechneten Übernachtungskosten normalerweise das Frühstück nicht enthalten. Eine Bestätigung hierüber kann der Arbeitnehmer vom Hotel aber meist nicht erlangen. Es reicht daher bei Auslandsübernachtungen aus, wenn der Arbeitnehmer auf der Hotelrechnung handschriftlich vermerkt, dass in den Übernachtungskosten kein Frühstück enthalten ist.

3) BMF-Schreiben vom 4.12.2012 (BStBl. I S. 1249). Das BMF-Schreiben ist als Anlage 1 zu H 9.8 LStR im **Steuerhandbuch für das Lohnbüro 2021** abgedruckt, das im selben Verlag erschienen ist.

Lohnsteuerpflichtig	Sozialversich.-pflichtig

Anstelle der tatsächlichen Mehraufwendungen kann A den Pauschbetrag von 8 € täglich in Anspruch nehmen. Es ist ohne Bedeutung, dass der Pauschbetrag die durchschnittlich ermittelten tatsächlichen Aufwendungen übersteigt. Für das Kalenderjahr 2021 ergibt sich somit ein Betrag von 1600 € (200 Arbeitstage × 8 €), der von A als Werbungskosten geltend gemacht oder von seinem Arbeitgeber steuerfrei erstattet werden kann.

Fahrten zwischen Wohnung und erster Tätigkeitsstätte

Änderungsintensives Stichwort – bleiben Sie auf dem Laufenden unter

www.lexikon-lohnbuero.de/newsletter **!**

Neues und Wichtiges auf einen Blick:

1. Höhe der Entfernungspauschale ab 2021

Die verkehrsmittelunabhängige Entfernungspauschale beträgt ab 1.1.2021 **für die ersten 20 vollen Entfernungskilometer** zwischen Wohnung und erster Tätigkeitsstätte **jeweils 0,30 €** und **ab dem 21. Entfernungskilometer** für jeden weiteren vollen Entfernungskilometer **jeweils 0,35 €.** Der Jahreshöchstbetrag beträgt unverändert 4500 €; er ist allerdings bei Benutzung eines Pkw für Fahrten zwischen Wohnung und erster Tätigkeitsstätte nicht zu beachten. Ab 2024 bis 2026 wird die Entfernungspauschale ab dem 21. vollen Entfernungskilometer auf 0,38 € angehoben. Auf die Ausführungen beim Stichwort „Entfernungspauschale" wird ergänzend hingewiesen.

2. Steuerpflichtiger Arbeitgeberersatz für Pkw-Fahrtkosten

Der Arbeitgeberersatz für Fahrten zwischen Wohnung und erster Tätigkeitsstätte mit einem Pkw ist steuerpflichtig. Eine **Pauschalierung** der Lohnsteuer mit **15 % in Höhe der Entfernungspauschale** ist aber möglich und führt zur **Beitragsfreiheit** in der Sozialversicherung. ja nein

Ebenfalls steuerpflichtig ist der Arbeitgeberersatz für Fahrtkosten mit einem Pkw, wenn im Rahmen einer beruflich veranlassten Auswärtstätigkeit **dauerhaft Fahrten** zu einem vom **Arbeitgeber** bestimmten **Sammelpunkt** oder zu einem **weiträumigen Tätigkeitsgebiet** vorliegen, da auch in diesen beiden Fällen die Entfernungspauschale anzusetzen ist (vgl. hierzu auch die Ausführungen und Beispiele unter der nachfolgenden Nr. 2 Buchstabe c zur Fahrtätigkeit und bei den Stichwörtern „Entfernungspauschale" unter Nr. 11 sowie „Weiträumiges Tätigkeitsgebiet" unter Nr. 3). Eine Pauschalbesteuerung des Arbeitgebersatzes mit 15 % in Höhe der Entfernungspauschale ist möglich. ja nein

3. Steuerfreie Fahrkartenüberlassung und Fahrtkostenzuschüsse für öffentliche Verkehrsmittel

Seit 1.1.2019 sind Arbeitgeberleistungen **(Barzuschüsse und Sachleistungen)** für Fahrten des Arbeitnehmers zwischen **Wohnung und erster Tätigkeitsstätte** sowie Fahrten zu einem weiträumigen Tätigkeitsgebiet oder zu einem vom Arbeitgeber dauerhaft festgelegten Sammelpunkt **steuerfrei** (§ 3 Nr. 15 Sätze 1 und 2 EStG). Steuerfrei ist danach der Sachbezug aus der Überlassung eines **Job-Tickets** oder anderer **Fahrkarten** für die Fahrten zwischen Wohnung und erster Tätigkeitsstätte. Die Steuerfreiheit gilt allerdings nur für Fahrten mit öffentlichen Verkehrsmitteln im Linienverkehr (ohne Luftverkehr). Die Steuerfreiheit gilt folglich u. a. nicht bei Benutzung eines Mietwagens oder Pkw. Bedingt durch diese Steuerbefreiungsvorschrift ist der Sachbezug aus der Überlassung eines Job-Tickets **nicht mehr** in die Überprüfung der **44-Euro-Sachbezugsfreigrenze** (§ 8 Abs. 2 Satz 11 EStG) **einzubeziehen.** Steuerfrei sind auch entsprechende Barzuschüsse des Arbeitgebers für Fahrten zwischen Wohnung und erster Tätigkeitsstätte. Auch das gilt **nur** für **Fahrten mit öffentlichen Verkehrsmitteln** im **Linienverkehr** (z. B. nicht für Luftverkehr, Mietwagen, Benutzung des eigenen PKW des Arbeitnehmers oder eines Firmenwagens).

Die **steuerfreien Arbeitgeberleistungen** (Barzuschüsse und Sachleistungen) mindern die beim Arbeitnehmer als Werbungskosten zu berücksichtigende **Entfernungspauschale** (§ 3 Nr. 15 Satz 3 EStG). Sie sind daher vom Arbeitgeber in der Lohnsteuerbescheinigung anzugeben (§ 41b Abs. 1 Satz 2 Nr. 6 EStG). Seit 2019 hat der Arbeitgeber allerdings das **Wahlrecht,** die eigentlich steuerfreien Leistungen mit 25 % pauschal zu versteuern (§ 40 Abs. 2 Satz 2 Nr. 2 EStG). Diese mit **25 %** pauschal versteuerte Leistung ist **nicht** auf die Entfernungspauschale **anzurechnen.**

Die Leistungen (Barzuschüsse und Sachleistungen) müssen **zusätzlich** zum ohnehin geschuldeten Arbeitslohn gewährt werden. In den Fällen einer „schädlichen" **Gehaltsumwandlung** zugunsten eines Job-Tickets scheidet eine Steuerbefreiung daher aus. Vorteile bis 44 € monatlich bleiben allerdings in diesen Fällen aufgrund der **Anwendung der 44-Euro-Freigrenze** für Sachbezüge steuer- und beitragsfrei, sofern diese noch nicht anderweitig ausgeschöpft wurde. Bei **Übersteigen** dieser Grenze wäre der dann steuerpflichtige **Sachbezug** aus der Job-Ticket-Überlassung für die Fahrten zur Arbeit allerdings **pauschalierungsfähig** mit 15 %. Seit 2019 hat der Arbeitgeber auch in diesem Fall die Möglichkeit, anstelle der Pauschalierung mit 15 % eine Pauschalierung mit **25 %** vorzunehmen, um so die **Anrechnung** des pauschalierten Betrags auf die Entfernungspauschale zu **vermeiden.**

Vgl. auch das Stichwort „Entfernungspauschale".

4. Privatfahrten im öffentlichen Personennahverkehr

Ebenfalls **steuerfrei** sind seit 1.1.2019 Arbeitgeberleistungen (Barzuschüsse und Sachleistungen) für **private Fahrten** des Arbeitnehmers im öffentlichen Personen**nahverkehr** (§ 3 Nr. 15 EStG). Die Überlassung einer BahnCard für Privatfahrten ist folglich nicht begünstigt. Auch die Arbeitgeberleistungen für Privatfahrten im öffentlichen Personennahverkehr müssen als Voraussetzung für die Steuerfreiheit **zusätzlich** zum ohnehin geschuldeten Arbeitslohn erbracht werden. Der Arbeitgeber hat allerdings auch hier das **Wahlrecht,** die steuerfreien Leistungen pauschal zu versteuern mit **25 %** (§ 40 Abs. 2 Satz 2 Nr. 2 EStG). Diese mit 25 % pauschal versteuerte Leistung ist **nicht** auf die Entfernungspauschale **anzurechnen.**

Vgl. auch das Stichwort „Fahrtkostenzuschüsse".

5. Bahncards für Fahrten zwischen Wohnung und erster Tätigkeitsstätte

Überlässt der Arbeitgeber seinen Mitarbeitern eine BahnCard für Fahrten zwischen Wohnung und erster Tätigkeitsstätte, findet auf diesen Sachbezug auch die Steuerbefreiung Anwendung (§ 3 Nr. 15 EStG). Der Arbeitgeber hat das Wahlrecht, die steuerfreien Leistungen pauschal zu versteuern mit **25 %** (§ 40 Abs. 2 Satz 2 Nr. 2 EStG). Diese mit 25 % pauschal versteuerte Leistung ist **nicht** auf die Entfernungspauschale **anzurechnen.**

Erfolgt die Überlassung der BahnCard im Rahmen einer Gehaltsumwandlung, findet die Steuerbefreiung des § 3 Nr. 15 EStG keine Anwendung, sodass der Sachbezug

Lohnsteuerpflichtig	Sozialversich.-pflichtig

aus der Überlassung der BahnCard steuerpflichtig wäre. In diesem Fall hat der Arbeitgeber allerdings die Möglichkeit, diesen steuerpflichtigen Sachbezug mit 15 % **pauschal zu versteuern.** Auch hier hat der Arbeitgeber das Wahlrecht, anstelle der Pauschalierung mit 15 % eine **Pauschalierung mit 25 %** vorzunehmen, um so die **Anrechnung** des pauschalierten Betrags **auf die Entfernungspauschale zu vermeiden.**

Vgl. auch das Stichwort „Bahncard".

6. Anwendungsschreiben zu den steuerfreien Arbeitgeberleistungen für Fern- und Nahverkehr

Die Finanzverwaltung hat ein sehr umfangreiches Anwendungsschreiben zur seit 1.1.2019 geltenden Steuerbefreiungsvorschrift von Fahrtkostenzuschüssen des Arbeitgebers an seine Arbeitnehmer herausgegeben.[1)]

Vgl. auch die Erläuterungen unter den nachfolgenden Nrn. 4, 5 und 10.

Gliederung:

1. Allgemeines
2. Sonderfälle, in denen ein Fahrtkostenersatz ohne Rücksicht auf das benutzte Verkehrsmittel steuerfrei ist
   a) Allgemeines
   b) Sammelbeförderung
   c) Arbeitnehmer mit Fahrtätigkeit
   d) Arbeitnehmer mit Einsatzwechseltätigkeit
   e) Arbeitnehmer, die sich auf Auswärtstätigkeit befinden
   f) Arbeitnehmer, die einen beruflich veranlassten doppelten Haushalt führen
3. Steuerpflichtiger Fahrtkostenersatz für Fahrten zwischen Wohnung und erster Tätigkeitsstätte
4. Besonderheiten bei der Überlassung eines Job-Tickets und entsprechende Barzuschüsse
   a) Allgemeines
   b) Überlassung eines Job-Tickets und entsprechende Barzuschüsse
   c) Anwendung der 44-Euro-Freigrenze
   d) Benzingutschein oder Tankkarte neben Job-Ticket
   e) Überlassung von unentgeltlichen oder verbilligten Job-Tickets durch Verkehrsträger
5. Pauschalierung der Lohnsteuer für Arbeitgeberleistungen
   a) Allgemeines
   b) Pauschalierung der Lohnsteuer bei Sachbezügen
   c) Pauschalierung der Lohnsteuer bei Barzuschüssen
   d) Behinderte Arbeitnehmer
   e) Verlust des Werbungskostenabzugs bei einer Pauschalierung der Lohnsteuer mit 15 %
   f) Pauschalierung der Lohnsteuer mit 15 % bei 450-Euro-Jobs
   g) Beibehaltung des Werbungskostenabzugs bei einer Pauschalierung der Lohnsteuer mit 25 %
6. Abwälzung der Pauschalsteuer auf den Arbeitnehmer
7. Unfall auf der Fahrt zwischen Wohnung und erster Tätigkeitsstätte
8. Überlassung eines Firmenwagens für Fahrten zwischen Wohnung und erster Tätigkeitsstätte
   a) 0,03 %-Methode
   b) 0,002 %-Methode
   c) Firmenwagen mit Fahrer
   d) Überlassung eines Elektro-Bikes für Fahrten zwischen Wohnung und erster Tätigkeitsstätte
9. Umwandlung von steuerpflichtigem Arbeitslohn in einen pauschal besteuerten Fahrtkostenzuschuss
10. Aufzeichnungs- und Bescheinigungspflichten
11. Vorsteuerabzug beim Ersatz der Fahrkarte und beim Kauf von Job-Tickets

Lohnsteuerpflichtig	Sozialversich.-pflichtig

1. Allgemeines

Vom 1.1.2007 bis 31.12.2013 war der Arbeitgeberersatz für Fahrten zwischen Wohnung und regelmäßiger Arbeitsstätte ohne Rücksicht auf das benutzte Verkehrsmittel steuerpflichtig, die Pauschalierung der Lohnsteuer mit 15 % war aber zunächst erst ab dem 21. Entfernungskilometer möglich, wodurch insoweit Beitragsfreiheit in der Sozialversicherung eintrat. Mit Urteil vom 9.12.2008 (BGBl. I S. 2888) hat das Bundesverfassungsgericht entschieden, dass die Nichtgewährung der Entfernungspauschale für die ersten 20 km verfassungswidrig ist. Durch das Gesetz zur Fortführung der Gesetzeslage 2006 bei der Entfernungspauschale vom 20.4.2009 (BGBl. I S. 774, BStBl. I S. 536) wurde die Gesetzeslage zur Entfernungspauschale 2006 rückwirkend ab 1.1.2007 fortgeführt und damit wieder ab dem 1. Entfernungskilometer gewährt. Damit war auch wieder eine Pauschalierung der Lohnsteuer mit 15 % ab dem 1. Entfernungskilometer möglich.

F

Vom 1.1.2014 an ist im Rahmen der Reform des lohnsteuerlichen Reisekostenrechts der Begriff „regelmäßige Arbeitsstätte" durch „erste Tätigkeitsstätte" ersetzt worden. Folglich wird die Entfernungspauschale seit dem 1.1.2014 in erster Linie für die Fahrten zwischen Wohnung und erster Tätigkeitsstätte angesetzt. Der Arbeitgeberersatz für Fahrten zwischen Wohnung und erster Tätigkeitsstätte war aber bis 31.12.2018 wie zuvor ohne Rücksicht auf das benutzte Verkehrsmittel grundsätzlich steuerpflichtig. Eine Pauschalierung der Lohnsteuer mit 15 % in Höhe der Entfernungspauschale war möglich und führte zur Beitragsfreiheit in der Sozialversicherung. ja nein

Seit 1.1.2019 sind Arbeitgeberleistungen **(Barzuschüsse und Sachleistungen)** für Fahrten des Arbeitnehmers zwischen **Wohnung und erster Tätigkeitsstätte steuerfrei** (§ 3 Nr. 15 Sätze 1 und 2 EStG). Die Fahrten müssen mit **öffentlichen Verkehrsmitteln** im Linienverkehr (ohne Luftverkehr) durchgeführt werden; die Steuerbefreiung gilt also für Job-Tickets und auch für die BahnCard, kommt aber u. a. nicht bei Benutzung eines Mietwagens oder Pkw (privater Pkw oder Firmenwagen) zur Anwendung. Die steuerfreien Arbeitgeberleistungen (Barzuschüsse und Sachleistungen) **mindern** die beim Arbeitnehmer als Werbungskosten zu berücksichtigende **Entfernungspauschale** (§ 3 Nr. 15 Satz 3 EStG). Sie sind daher vom Arbeitgeber in der **Lohnsteuerbescheinigung anzugeben** (§ 41b Abs. 1 Satz 2 Nr. 6 EStG). Der Arbeitgeber hat allerdings das **Wahlrecht,** die steuerfreien Leistungen mit 25 % pauschal zu versteuern (§ 40 Abs. 2 Satz 2 Nr. 2 EStG). Diese mit **25 %** pauschal versteuerte Leistung ist **nicht** auf die Entfernungspauschale **anzurechnen.**

Die Leistungen (Barzuschüsse und Sachleistungen) müssen **zusätzlich** zum ohnehin geschuldeten Arbeitslohn gewährt werden. In den Fällen einer schädlichen **Gehaltsumwandlung** zugunsten eines Job-Tickets scheidet eine Steuerbefreiung daher aus. Vorteile bis 44 € monatlich bleiben allerdings in diesen Fällen aufgrund der **Anwendung der 44-Euro-Freigrenze** für Sachbezüge steuer- und beitragsfrei, sofern diese noch nicht anderweitig ausgeschöpft wurde. Bei **Übersteigen** dieser Grenze wäre der dann steuerpflichtige **Sachbezug** aus der Job-Ticket-Überlassung für die Fahrten zur Arbeit allerdings **pauschalierungsfähig** mit 15 %. Der Arbeitgeber hat auch in diesem Fall die Möglichkeit, anstelle der Pauschalierung mit 15 % eine Pauschalierung mit **25 %** vorzunehmen, um so die **Anrechnung** des pauschalierten Betrags auf die Entfernungspauschale zu **vermeiden.**

1) Vgl. BMF-Schreiben vom 15.8.2019 (BStBl. I S. 875). Das BMF-Schreiben ist als Anlage zu H 3.15 LStR im **Steuerhandbuch für das Lohnbüro 2021** abgedruckt, das im selben Verlag erschienen ist.

	Lohnsteuerpflichtig	Sozialversich.-pflichtig

Die zusätzlich zum ohnehin geschuldeten Arbeitslohn gewährten geldwerten Vorteile (Sachbezüge) aus der unentgeltlichen oder verbilligten **Nutzungsüberlassung** eines betrieblichen **Fahrrads** vom Arbeitgeber an den Arbeitnehmer insbesondere zur privaten Nutzung und zur Nutzung für Fahrten zwischen Wohnung und erster Tätigkeitsstätte werden seit 1.1.2019 **steuerfrei** gestellt (§ 3 Nr. 37 EStG). Die Steuerbefreiung gilt sowohl für Pedelecs als auch für „normale" Fahrräder. Sie ist aber nicht anzuwenden für Elektrofahrräder, die verkehrsrechtlich als Kraftfahrzeug einzuordnen sind; dies ist der Fall, wenn der Motor auch Geschwindigkeiten über 25 Stundenkilometer unterstützt und eine Kennzeichen- und Versicherungspflicht besteht (vgl. im Einzelnen das Stichwort „Elektro-Bike"). Wird das Fahrrad (auch) zu Fahrten zwischen Wohnung und erster Tätigkeitsstätte genutzt, sind die steuerfreien Sachbezüge **nicht auf die Entfernungspauschale anzurechnen.**

2. Sonderfälle, in denen ein Fahrtkostenersatz ohne Rücksicht auf das benutzte Verkehrsmittel steuerfrei ist

a) Allgemeines

Eine ausdrückliche Steuerbefreiung für den Arbeitgeberersatz bei Fahrten zwischen Wohnung und erster Tätigkeitsstätte – und zwar ohne Rücksicht auf das benutzte Verkehrsmittel – sehen u. a. die beiden folgenden gesetzlichen Vorschriften in § 3 EStG vor:

- **§ 3 Nr. 32 EStG**
  Nach dieser Vorschrift ist die **Sammelbeförderung** von Arbeitnehmern zwischen Wohnung und erster Tätigkeitsstätte mit einem vom Arbeitgeber zur Verfügung gestellten Kraftfahrzeug lohnsteuerfrei. Die Steuerbefreiung gilt auch für dauerhafte Fahrten in Form einer Sammelbeförderung zu einem Arbeitgeber-Sammelpunkt oder zu einem weiträumigen Tätigkeitsgebiet (vgl. § 9 Abs. 1 Satz 3 Nr. 4a Satz 3 EStG; vgl. hierzu auch beim Stichwort „Sammelbeförderung" unter Nr. 2 das Beispiel D). — nein | nein
- **§ 3 Nr. 16 EStG**
  Nach dieser Vorschrift sind sowohl Fahrtkostenerstattungen im Rahmen einer beruflich veranlassten **doppelten Haushaltsführung** als auch bei einer beruflich veranlassten **Auswärtstätigkeit** grundsätzlich steuerfrei. Fallen also Fahrtkosten unter den steuerlichen Begriff „Reisekosten", ist ein hierfür vom Arbeitgeber gewährter Ersatz grundsätzlich ohne Rücksicht auf das benutzte Verkehrsmittel steuerfrei (vgl. bezogen auf eine doppelte Haushaltsführung auch die Erläuterungen beim Stichwort „Familienheimfahrten"). Siehe auch die Erläuterungen zu Reisekosten bei Auswärtstätigkeiten in Anhang 4 Nr. 7 und beim Stichwort „Reisekostenvergütungen aus öffentlichen Kassen" unter Nr. 2 Buchstabe b. — nein | nein
  Dies gilt aber nicht, wenn im Rahmen einer beruflich veranlassten Auswärtstätigkeit **dauerhaft Fahrten** zu einem vom **Arbeitgeber** bestimmten **Sammelpunkt** oder zu einem **weiträumigen Tätigkeitsgebiet** vorliegen und es sich nicht um eine Sammelbeförderung handelt. Auch in diesen beiden Fällen ist die Entfernungspauschale anzusetzen mit der Folge, dass ein etwaiger **Arbeitgeberersatz** der Pkw-Fahrtkosten nicht steuerfrei, sondern **steuerpflichtig** ist, aber ebenfalls mit 15 % pauschal besteuert werden kann (vgl. hierzu auch die Ausführungen und Beispiele unter der nachfolgenden Nr. 2 Buchstabe c zur Fahrtätigkeit und bei den Stichwörtern „Entfernungspauschale" unter Nr. 11 sowie „Weiträumiges Tätigkeitsgebiet" unter Nr. 3). — ja | nein

Für die steuerliche und beitragsrechtliche Behandlung der vorgenannten Fahrtkostenzuschüsse ergibt sich damit folgende Übersicht:

	Lohnsteuerpflichtig	Sozialversich.-pflichtig

Fahrtkostenersatz
des Arbeitgebers für Fahrten zwischen Wohnung und erster Tätigkeitsstätte ist

steuerfrei	steuerpflichtig
bei Benutzung öffentlicher Verkehrsmittel und Überlassung eines Pedelecs/Fahrrads sowie ohne Rücksicht auf das benutzte Verkehrsmittel, wenn einer der nachfolgend dargestellten **Sonderfälle** vorliegt, z. B. – Sammelbeförderung – Auswärtstätigkeit[1] – Doppelte Haushaltsführung	insbesondere bei Benutzung eines **Pkw,** wenn **keiner** der nachfolgend dargestellten Sonderfälle vorliegt
ist der Fahrtkostenersatz steuerfrei, ist er auch **beitragsfrei** in der Sozialversicherung	die **Lohnsteuer** kann ab dem 1. Entfernungskilometer mit 15 % pauschaliert werden, und zwar in Höhe der **Entfernungspauschale** von jeweils 0,30 € für die ersten 20 Entfernungskilometer und 0,35 € ab dem 21. Entfernungskilometer
	die Pauschalierung der Lohnsteuer löst **Beitragsfreiheit** in der Sozialversicherung aus

Im Einzelnen gilt für die steuerfreien Sonderfälle Folgendes:

b) Sammelbeförderung

Steuerfrei ist nach § 3 Nr. 32 EStG die unentgeltliche oder verbilligte Beförderung eines Arbeitnehmers zwischen Wohnung und erster Tätigkeitsstätte mit einem vom Arbeitgeber eingesetzten Beförderungsmittel, z. B. Omnibus, Kleinbus oder für mehrere Personen eingesetzten Personenkraftwagen, wenn diese Beförderung jeweils für den betrieblichen Einsatz des Arbeitnehmers notwendig ist; das Gleiche gilt, wenn das Fahrzeug von einem Dritten **im Auftrag des Arbeitgebers** eingesetzt wird. Die Steuerbefreiung gilt auch für dauerhafte Fahrten in Form einer Sammelbeförderung zu einem Arbeitgeber-Sammelpunkt oder zu einem weiträumigen Tätigkeitsgebiet (vgl. hierzu das Beispiel D beim Stichwort „Sammelbeförderung" unter Nr. 2). — nein | nein

Die Notwendigkeit einer Sammelbeförderung für den betrieblichen Einsatz des Arbeitnehmers ist nach R 3.32 LStR z. B. in den Fällen anzunehmen, in denen

- die Beförderung mit **öffentlichen Verkehrsmitteln** nicht oder nur mit unverhältnismäßig **hohem Zeitaufwand** durchgeführt werden könnte oder
- der Arbeitsablauf eine **gleichzeitige Arbeitsaufnahme** der beförderten Arbeitnehmer erfordert.

Bei einem Einsatz der Arbeitnehmer an ständig wechselnden Tätigkeitsstätten oder verschiedenen Stellen eines weiträumigen Arbeitsgebietes wird es sich in der Regel bereits um steuerfreien Reisekostenersatz nach § 3 Nrn. 13 oder 16 EStG in Form einer Sachleistung handeln.

Die Notwendigkeit der Sammelbeförderung ist nicht davon abhängig, ob der Arbeitnehmer über einen eigenen Pkw verfügt oder nicht.

Beispiel A

Aufgrund des frühen Arbeitsbeginns und der sehr schlechten Anbindung des Betriebs an öffentliche Verkehrsmittel beauftragt ein Arbeit-

1) Bei dauerhaften Fahrten zu einem vom Arbeitgeber bestimmten Sammelpunkt oder zu einem weiträumigen Tätigkeitsgebiet vgl. vorstehende Ausführungen, den nachfolgenden Buchstaben c zur Fahrtätigkeit und die Stichwörter „Entfernungspauschale" unter Nr. 11 sowie „Weiträumiges Tätigkeitsgebiet" unter Nr. 3.

	Lohn-steuer-pflichtig	Sozial-versich.-pflichtig

geber einen Busunternehmer, die Arbeitnehmer zur ersten Tätigkeitsstätte bzw. zurück nach Hause zu befördern.

Da es sich um eine Sammelbeförderung handelt, die für den betrieblichen Einsatz der Arbeitnehmer notwendig ist, entsteht kein steuer- und sozialversicherungspflichtiger geldwerter Vorteil.

Fälle, in denen eine Sammelbeförderung für den betrieblichen Einsatz nicht notwendig ist, dürften sich auf seltene Ausnahmefälle beschränken. Soweit ein geldwerter Vorteil anzunehmen ist, ist bei jedem Arbeitnehmer der günstigste Fahrpreis für die Benutzung eines öffentlichen Verkehrsmittels anzusetzen.

Wichtig bei dieser Befreiungsvorschrift ist, dass eine Sammelbeförderung im Sinne des § 3 Nr. 32 EStG bereits dann vorliegt, wenn ein Pkw vom Arbeitgeber zwei Arbeitnehmern (= mehrere Personen) gemeinsam für Fahrten zwischen Wohnung und erster Tätigkeitsstätte zur Verfügung gestellt wird.

Beispiel B

Eine Firma lässt ihre beiden Abteilungsleiter vereinbarungsgemäß täglich durch einen Firmenwagen mit Fahrer von zu Hause abholen und abends wieder nach Hause bringen, da beide zu gleicher Zeit die Arbeit aufnehmen müssen und eine schlechte Anbindung an öffentliche Verkehrsmittel gegeben ist.

Es liegt eine Sammelbeförderung im Sinne des § 3 Nr. 32 EStG vor, die betrieblich notwendig ist (gleichzeitige Arbeitsaufnahme der Arbeitnehmer). Der geldwerte Vorteil (einschließlich Fahrer und Abholfahrt) ist als Sammelbeförderung steuerfrei. Zur Umsatzsteuerpflicht von Sammelbeförderungen vgl. das Stichwort „Umsatzsteuerpflicht bei Sachbezügen" unter Nr. 10.

Eine steuer- und beitragsfreie Sammelbeförderung liegt aber nicht vor, wenn ein Arbeitnehmer in dem ihm vom Arbeitgeber unentgeltlich zur Verfügung gestellten Firmenwagen laufend oder gelegentlich Kollegen mitnimmt, da für das Vorliegen einer Sammelbeförderung grundsätzlich eine **besondere Rechtsgrundlage** zwischen dem Arbeitgeber und dem beförderten Arbeitnehmer erforderlich ist. Dies kann ein **Tarifvertrag** oder eine **Betriebsvereinbarung** sein; Entsprechendes gilt u. E. für einzelvertragliche Vereinbarungen mit mindestens zwei Arbeitnehmern. Aus der gegenüber dem Arbeitgeber eingegangenen Verpflichtung eines Arbeitnehmers, in dem überlassenen Firmenwagen weitere Arbeitnehmer zur ersten Tätigkeitsstätte mitzunehmen, lässt sich ein Rechtsanspruch dieser Personen gegenüber ihrem Arbeitgeber auf regelmäßige Durchführung der Fahrten nicht begründen. Im Gegenteil: Befördert ein Arbeitnehmer auf seinem Weg zur ersten Tätigkeitsstätte noch weitere Kollegen dorthin, wird es dieser Arbeitnehmer selbst sein, der regelmäßig das Fahrzeug zur Verfügung stellen und den Transport organisieren wird (BFH-Urteil vom 29.1.2009, BStBl. 2010 II S. 1067). ja ja

Beispiel C

Die beiden Abteilungsleiter im Beispiel B haben jeweils einen eigenen Firmenwagen zur ständigen beruflichen und privaten Nutzung. Weil sie beide zur gleichen Zeit die Arbeit aufnehmen, fahren sie abwechselnd gemeinsam mit einem Firmenwagen ins Büro.

Eine steuerfreie Sammelbeförderung liegt in diesem Fall nicht vor.

Beispiel D

Eine GmbH überlässt ihrem Gesellschafter-Geschäftsführer einen Firmenwagen zur uneingeschränkten Nutzung. Nach der getroffenen Vereinbarung ist der Gesellschafter-Geschäftsführer verpflichtet, weitere Arbeitnehmer der GmbH zur ersten Tätigkeitsstätte mitzunehmen, soweit dies für den betrieblichen Einsatz notwendig ist. Dies geschieht auch regelmäßig.

Für das Vorliegen einer Sammelbeförderung ist grundsätzlich eine besondere Rechtsgrundlage zwischen dem Arbeitgeber und dem beförderten Arbeitnehmer erforderlich. Dies kann ein Tarifvertrag oder eine Betriebsvereinbarung sein; Entsprechendes gilt u. E. für einzelvertragliche Vereinbarungen mit mindestens zwei Arbeitnehmern. Aus der gegenüber dem Arbeitgeber eingegangenen Verpflichtung eines Arbeitnehmers, mit dem überlassenen Firmenwagen weitere Arbeitnehmer zur ersten Tätigkeitsstätte mitzunehmen, lässt sich ein Rechtsanspruch dieser Personen gegenüber ihrem Arbeitgeber auf regelmäßige Durchführung der Fahrten nicht begründen (BFH-Urteil vom 29.1.2009, BStBl. 2010 II S. 1067). Es fehlt somit eine Vereinbarung zwischen Arbeitgeber und den weiteren Arbeitnehmern über den arbeitstäglichen Transport zur ersten Tätigkeitsstätte. Der Bundesfinanzhof konnte offenlassen, ob beim Nutzer eines Firmenwagens (hier also beim Gesellschafter-Geschäftsführer) überhaupt eine steuerfreie Sammelbeförderung zwischen Wohnung und erster Tätigkeitsstätte vorliegen kann. Im Urteilsfall waren daher beim Gesellschafter-Geschäftsführer – zusätzlich zur 1 %-Bruttolistenpreisregelung für die Privatfahrten – monatlich 0,03 % des Bruttolistenpreises für 80 Entfernungskilometer zwischen Wohnung und erster Tätigkeitsstätte als geldwerter Vorteil anzusetzen. Für die vom Gesellschafter-Geschäftsführer in seinem Firmenwagen mitgenommenen Arbeitnehmer ergeben sich keine lohnsteuerlichen Konsequenzen. Sie können als Mitglieder/Teilnehmer einer Fahrgemeinschaft sogar die Entfernungspauschale (begrenzt auf 4500 € jährlich) als Werbungskosten geltend machen (vgl. das Stichwort „Entfernungspauschale" unter Nr. 6).

Bei Arbeitgeberleistungen für Fahrten zwischen Wohnung und erster Tätigkeitsstätte, die als Sammelbeförderung nach § 3 Nr. 32 EStG steuerfrei sind, wird keine Entfernungspauschale gewährt (§ 9 Abs. 1 Satz 3 Nr. 4 Satz 3 EStG). Sie müssen deshalb auch im Lohnkonto gesondert aufgezeichnet und in der Lohnsteuerbescheinigung gesondert bescheinigt werden. Dies geschieht durch die Eintragung des Großbuchstabens „F" (= Freifahrtberechtigung) in der (elektronischen) Lohnsteuerbescheinigung. Vgl. auch die Erläuterungen bei den Stichwörtern „Entfernungspauschale" unter Nr. 2 und „Sammelbeförderung" unter Nr. 3.

Bei entgeltlicher Sammelbeförderung werden anstelle der Entfernungspauschale die tatsächlichen Aufwendungen des Arbeitnehmers als Werbungskosten berücksichtigt.

c) Arbeitnehmer mit Fahrtätigkeit

Seit dem 1.1.2014 liegt eine beruflich veranlasste Auswärtstätigkeit vor, wenn der Arbeitnehmer außerhalb seiner Wohnung und nicht an seiner ersten Tätigkeitsstätte beruflich tätig wird. Eine **Auswärtstätigkeit** liegt auch vor, wenn ein Arbeitnehmer ohne erste Tätigkeitsstätte bei seiner individuellen beruflichen Tätigkeit typischerweise nur auf einem Fahrzeug tätig wird (= Fahrtätigkeit).

Eine **erste Tätigkeitsstätte** setzt zunächst einmal eine **ortsfeste betriebliche Einrichtung** beim eigenen Arbeitgeber, einem verbundenen Unternehmen oder einem Dritten (z. B. Entleiher, Kunden) voraus. **Fahrzeuge,** Flugzeuge, Schiffe oder Tätigkeitsgebiete ohne ortsfeste betriebliche Einrichtungen sind **keine Tätigkeitsstätten** in diesem Sinne; Entsprechendes gilt für einen Lkw-Wechselplatz auf freier Strecke (BFH-Urteil vom 28.3.2012, BStBl. II S. 926). Außerdem ist eine erste Tätigkeitsstätte nur gegeben, wenn der Arbeitnehmer nach der arbeitsrechtlichen Festlegung des Arbeitgebers einer ortsfesten betrieblichen Einrichtung (z. B. dem Betrieb des Arbeitgebers) **dauerhaft** (z. B. unbefristet) **zugeordnet** ist (§ 9 Abs. 4 Satz 1 EStG). Nicht mehr entscheidend ist daher, ob an der vom Arbeitgeber festgelegten Tätigkeitsstätte der qualitative Schwerpunkt der Tätigkeit liegt oder liegen soll. Bei Arbeitnehmern mit einer Fahrtätigkeit wird eine Zuordnung zu einer ortsfesten betrieblichen Einrichtung nur in wenigen Fällen vorliegen.

Fehlt es an einer **dauerhaften Zuordnung** des Arbeitnehmers zu einer betrieblichen Einrichtung durch arbeitsrechtliche Festlegung oder ist die getroffene Festlegung nicht eindeutig, ist von einer ersten Tätigkeitsstätte an der betrieblichen Einrichtung auszugehen, an der der Arbeitnehmer

- **typischerweise arbeitstäglich** oder
- **je Arbeitswoche zwei volle Arbeitstage** oder
- **mindestens ein Drittel** seiner vereinbarten regelmäßigen **Arbeitszeit**

dauerhaft (z. B. unbefristet) tätig werden soll (§ 9 Abs. 4 Satz 4 EStG). Die vorstehenden zeitlichen Kriterien sind nur dann erfüllt, wenn der Arbeitnehmer an der betrieblichen Einrichtung seine **eigentliche berufliche Tätigkeit ausübt.** Allein ein regelmäßiges Aufsuchen der betrieblichen Einrichtung, z. B. um das Fahrzeug zu übernehmen und zurückzugeben, führt nicht zu einer ersten Tätigkeits-

F

Lohn-steuer-pflichtig | Sozial-versich.-pflichtig

stätte; das gilt auch dann, wenn das Fahrzeug be- und/oder entladen werden muss oder im Betrieb des Arbeitgebers die Pflege und Wartung des Fahrzeugs vorgenommen wird. Bei Arbeitnehmern mit einer Fahrtätigkeit werden die vorgenannten zeitlichen Grenzen zur Begründung einer ersten Tätigkeitsstätte nur in wenigen Fällen erfüllt sein.

Bestimmt der **Arbeitgeber** aber bei einem Arbeitnehmer ohne erste Tätigkeitsstätte durch arbeitsrechtliche Festlegung, dass der Arbeitnehmer sich **dauerhaft typischerweise arbeitstäglich an einem festgelegten Ort** einfinden soll, um von dort seine unterschiedlichen eigentlichen Einsatzorte aufzusuchen oder dort die Arbeit aufzunehmen (z. B. Lkw-Übernahmeort, Betriebshof, Busdepot, Fährhafen, Liegeplatz des Schiffes), werden die Fahrten des Arbeitnehmers von der Wohnung zu diesem vom Arbeitgeber festgelegten Ort *„wie"* Fahrten zu einer ersten Tätigkeitsstätte behandelt (§ 9 Abs. 1 Satz 3 Nr. 4a Satz 3 EStG).

Für diese Fahrten zum vom Arbeitgeber bestimmten Sammelpunkt darf nur die **Entfernungspauschale** angesetzt werden. Ein steuerfreier Arbeitgeberersatz der Fahrtkosten in Höhe der Entfernungspauschale kommt bei Benutzung eines **Pkw** nicht in Betracht. Allerdings kann ein entsprechender steuerpflichtiger Arbeitgeberersatz mit 15 % pauschal besteuert werden. — ja | nein

Hingegen sind seit 1.1.2019 zusätzlich zum ohnehin geschuldeten Arbeitslohn erbrachte Arbeitgeberleistungen (Barzuschüsse und Sachleistungen) für diese Fahrten des Arbeitnehmers mit **öffentlichen Verkehrsmitteln im Linienverkehr** steuer- und beitragsfrei. — nein | nein

Unabhängig von der ggf. begrenzten Abziehbarkeit der Fahrtkosten beginnt die beruflich veranlasste **Auswärtstätigkeit** bereits mit dem **Verlassen der Wohnung** und endet mit der **Rückkehr zur Wohnung.** Dies ist von Bedeutung für die Berechnung der Abwesenheitsdauer zur Gewährung der Verpflegungspauschalen und ggf. für die Berücksichtigung von Übernachtungskosten. Diese Aufwendungen können vom Arbeitgeber auch weiterhin nach Reisekostengrundsätzen steuerfrei erstattet werden. Lediglich die Höhe der steuerlich zu berücksichtigenden Fahrtkosten wird ggf. begrenzt, ohne eine erste Tätigkeitsstätte zu fingieren.

Beispiel A

Lkw-Fahrer A hat keine erste Tätigkeitsstätte. Er sucht jedoch dauerhaft typischerweise arbeitstäglich den Betrieb seines Arbeitgebers auf, um dort den beladenen Lkw für seine Tour zu übernehmen.

Obwohl es sich beim Betrieb des Arbeitgebers nicht um die erste Tätigkeitsstätte des A handelt, werden die mit dem eigenen Pkw von der Wohnung zum Betrieb des Arbeitgebers durchgeführten Fahrten lediglich in Höhe der Entfernungspauschale berücksichtigt. Ein etwaiger Arbeitgeberersatz der Fahrtkosten ist nicht steuerfrei, sondern steuerpflichtig, kann aber mit 15 % in Höhe der Entfernungspauschale pauschal besteuert werden.

Beispiel B

Busfahrer B hat keine erste Tätigkeitsstätte. Er sucht jedoch dauerhaft typischerweise arbeitstäglich den Betriebshof seines Arbeitgebers auf, um dort seinen Bus zu übernehmen.

Obwohl es sich beim Betriebshof des Arbeitgebers nicht um die erste Tätigkeitsstätte des B handelt, werden die mit dem eigenen Pkw von der Wohnung zum Betriebshof des Arbeitgebers durchgeführten Fahrten lediglich in Höhe der Entfernungspauschale berücksichtigt. Ein etwaiger Arbeitgeberersatz der Fahrtkosten ist nicht steuerfrei, sondern steuerpflichtig, kann aber mit 15 % in Höhe der Entfernungspauschale pauschal besteuert werden.

Werden die Fahrten von der Wohnung zum Arbeitgeber-Sammelpunkt aber **nicht „arbeitstäglich"** durchgeführt, weil der Arbeitnehmer nicht an jedem Arbeitstag, sondern z. B. nur an einem Tag in der Woche den vom Arbeitgeber festgelegten Ort zur Arbeitsaufnahme aufsuchen soll, bleiben die Fahrtkosten nach allgemeinen **Reisekostengrundsätzen** abziehbar. „Typischerweise arbeitstäglich" erfordert ein – bis auf Urlaubs-, Krankheits- oder z. B. Fortbildungstage – arbeitstägliches Aufsuchen desselben Ortes.

Beispiel C

Lkw-Fahrer C ist im Fernverkehr tätig und von Montag bis Freitag unterwegs. Er ist keiner betrieblichen Einrichtung dauerhaft zugeordnet. Entsprechend der arbeitsrechtlichen Festlegung des Arbeitgebers soll C jeden Montag den Betriebshof des Arbeitgebers aufsuchen, um dort den Lkw zu übernehmen. Nach der Beendigung der mehrtägigen Auswärtstätigkeit am Freitag hat er den Lkw u. a. zu Wartungszwecken sowie zum Be- und Entladen dort wieder abzustellen.

Die Fahrtkosten des Lkw-Fahrers C zum Betrieb des Arbeitgebers können nach Reisekostengrundsätzen (z. B. 0,30 € je gefahrenen Kilometer) als Werbungskosten abgezogen bzw. vom Arbeitgeber steuerfrei erstattet werden.

Führt der Arbeitnehmer von seiner Wohnung Fahrten zu einem **ständig wechselnden Ort** aus, können die Aufwendungen ebenfalls nach Reisekostengrundsätzen vom Arbeitgeber steuerfrei erstattet oder vom Arbeitnehmer als Werbungskosten abgezogen werden. — nein | nein

Beispiel D

Lkw-Fahrer D hat keine erste Tätigkeitsstätte. Für die täglichen Touren übernimmt er seinen Lkw jeden Morgen an unterschiedlichen Standorten.

D kann für die Fahrten von seiner Wohnung zum Übernahmeort des Lkw und zurück 0,30 € je gefahrenen Kilometer ansetzen. Der entsprechende Betrag kann vom Arbeitgeber steuer- und beitragsfrei erstattet werden.

Beispiel E

Busfahrer E hat keine erste Tätigkeitsstätte. Er übernimmt seinen Bus jeden Morgen an unterschiedlichen Depots seines Arbeitgebers.

E kann für die Fahrten von seiner Wohnung zu den Busdepots und zurück 0,30 € je gefahrenen Kilometer ansetzen. Der entsprechende Betrag kann vom Arbeitgeber steuer- und beitragsfrei erstattet werden.

Wegen weiterer Einzelheiten vgl. das Stichwort „Fahrtätigkeit".

d) Arbeitnehmer mit Einsatzwechseltätigkeit

Seit dem 1.1.2014 liegt eine beruflich veranlasste Auswärtstätigkeit vor, wenn der Arbeitnehmer außerhalb seiner Wohnung und nicht an seiner ersten Tätigkeitsstätte beruflich tätig wird. Eine **Auswärtstätigkeit** liegt auch vor, wenn ein Arbeitnehmer ohne erste Tätigkeitsstätte bei seiner individuellen beruflichen Tätigkeit typischerweise nur an ständig wechselnden Tätigkeitsstätten tätig wird (= Einsatzwechseltätigkeit).

Eine erste Tätigkeitsstätte kann aber auch in den Fällen vorliegen, in denen der Arbeitnehmer statt beim **eigenen Arbeitgeber** in einer ortsfesten betrieblichen Einrichtung eines **verbundenen Unternehmens** (§ 15 AktG) oder eines Dritten (z. B. eines **Kunden**) tätig werden soll. Allerdings ist eine erste Tätigkeitsstätte nur gegeben, wenn der Arbeitnehmer nach der arbeitsrechtlichen Festlegung des Arbeitgebers einer ortsfesten betrieblichen Einrichtung **dauerhaft** (z. B. unbefristet) **zugeordnet** ist (§ 9 Abs. 4 Satz 1 EStG). Sofern es an einer dauerhaften Zuordnung fehlt, sind die unter dem vorstehenden Buchstaben c angegebenen zeitlichen Kriterien zur Begründung einer ersten Tätigkeitsstätte zu prüfen.

Beispiel A

Bauarbeiter B wird von seinem Arbeitgeber auf unterschiedlichen Baustellen eingesetzt, ohne dort eine erste Tätigkeitsstätte zu begründen. Die Fahrten von seiner Wohnung zu den Baustellen führt er mit dem eigenen Pkw durch.

Ein etwaiger Fahrtkostenersatz des Arbeitgebers ist steuer- und beitragsfrei, da B bei seiner individuellen beruflichen Tätigkeit nur an ständig wechselnden Tätigkeitsstätten eingesetzt wird und somit insgesamt eine beruflich veranlasste Auswärtstätigkeit vorliegt.

Beispiel B

C ist als Gebietsleiterin für 15 Filialen ihres Arbeitgebers zuständig, die sie im Schnitt dreimal wöchentlich aufsucht. Sie ist keiner Filiale zugeordnet und erfüllt auch bei keiner Filiale die zeitlichen Voraussetzungen für eine erste Tätigkeitsstätte. Die Fahrten von der Wohnung zu den einzelnen Filialen führt sie mit ihrem eigenen Pkw durch.

Lohnsteuerpflichtig Sozialversich.-pflichtig

Ein etwaiger Fahrtkostenersatz des Arbeitgebers ist steuer- und beitragsfrei, da C bei ihrer individuellen beruflichen Tätigkeit nur an ständig wechselnden Tätigkeitsstätten eingesetzt wird und somit insgesamt eine beruflich veranlasste Auswärtstätigkeit vorliegt.

Wegen weiterer Einzelheiten vgl. das Stichwort „Einsatzwechseltätigkeit". Zum Begriff der ersten Tätigkeitsstätte vgl. die ausführlichen Erläuterungen und Beispiele in Anhang 4 „Reisekosten bei Auswärtstätigkeiten" unter Nr. 3.

e) Arbeitnehmer, die sich auf Auswärtstätigkeit befinden

Seit dem 1.1.2014 liegt eine beruflich veranlasste Auswärtstätigkeit vor, wenn der Arbeitnehmer außerhalb seiner Wohnung und nicht an seiner ersten Tätigkeitsstätte beruflich tätig wird. Solange von einer beruflich veranlassten Auswärtstätigkeit auszugehen ist, können die **Fahrtkosten** vom Arbeitgeber zeitlich unbegrenzt nach Reisekostengrundsätzen **steuerfrei** ersetzt werden. nein nein

Beispiel

Arbeitnehmer A wird für zwei Jahre von der Hauptniederlassung seines Arbeitgebers zu einer Betriebsstätte in Stuttgart abgeordnet.

Ein etwaiger Fahrtkostenersatz des Arbeitgebers ist für den gesamten Zeitraum von zwei Jahren steuerfrei, da es sich um eine beruflich veranlasste Auswärtstätigkeit handelt.

Zur Behandlung der Fahrten zu einem vom Arbeitgeber bestimmten Sammelpunkt und zu einem weiträumigen Tätigkeitsgebiet vgl. die Stichwörter „Entfernungspauschale" unter Nr. 11, „Weiträumiges Tätigkeitsgebiet" unter Nr. 3 sowie den vorstehenden Buchstaben c.

f) Arbeitnehmer, die einen beruflich veranlassten doppelten Haushalt führen

Den Arbeitnehmern, die einen beruflich veranlassten doppelten Haushalt führen, kann der Arbeitgeber Ersatzleistungen in dem beim Stichwort „Doppelte Haushaltsführung" dargestellten Umfang steuerfrei zahlen. Bei den Fahrtkosten sind dabei die Aufwendungen für eine Familienheimfahrt wöchentlich steuerfrei ersetzbar (vgl. „Familienheimfahrten"). nein nein

Aufwendungen für arbeitstägliche Fahrten zwischen der Wohnung am auswärtigen Beschäftigungsort und der ersten Tätigkeitsstätte können bei Benutzung eines Pkw vom Arbeitgeber nicht steuerfrei ersetzt werden. Ein etwaiger Arbeitgeberersatz ist steuerpflichtig. ja ja[1]

Hingegen sind seit 1.1.2019 zusätzlich zum ohnehin geschuldeten Arbeitslohn erbrachte Arbeitgeberleistungen (Barzuschüsse und Sachleistungen) für diese Fahrten des Arbeitnehmers mit öffentlichen Verkehrsmitteln im Linienverkehr steuer- und beitragsfrei. nein nein

3. Steuerpflichtiger Fahrtkostenersatz für Fahrten zwischen Wohnung und erster Tätigkeitsstätte

Insbesondere bei Benutzung eines **Pkw** gehört ein Arbeitgeberersatz für Fahrten zwischen Wohnung und erster Tätigkeitsstätte zum steuerpflichtigen Arbeitslohn. Der Arbeitnehmer muss seine Aufwendungen bei einer Veranlagung zur Einkommensteuer als Werbungskosten geltend machen.

Bei den Fahrten zwischen Wohnung und erster Tätigkeitsstätte mit einem Pkw wird folglich streng zwischen dem **steuerpflichtigen** Werbungskostenersatz durch den Arbeitgeber und dem bei der Besteuerung des Arbeitnehmers möglichen Werbungskostenabzug unterschieden. Der Werbungskostenersatz für die Fahrten zwischen Wohnung und erster Tätigkeitsstätte mit einem Pkw ist zwar einerseits steuerpflichtiger Arbeitslohn, andererseits kann der Arbeitnehmer Werbungskosten in Höhe der Entfernungspauschale bei einer Veranlagung zur Einkommensteuer geltend machen. Eine Saldierung von steuerpflichtigen Arbeitslohn und Werbungskosten im Lohnsteuerabzugsverfahren durch den Arbeitgeber ist nicht zulässig.

In Höhe der Entfernungspauschale kann der Arbeitgeber eine Pauschalierung der Lohnsteuer mit 15 % vornehmen. Der Arbeitgeber kann die pauschalierte Lohnsteuer in Höhe von 15 % im Innenverhältnis auch auf den Arbeitnehmer abwälzen. Die Pauschalierung der Lohnsteuer mit 15 % für den Arbeitgebersatz bei Fahrten zwischen Wohnung und erster Tätigkeitsstätte ist nachfolgend unter Nr. 5 und die Abwälzung der Pauschalsteuer auf den Arbeitnehmer nachfolgend unter Nr. 6 erläutert. ja nein[1]

F

Bei den **Familienheimfahrten** im Rahmen einer doppelten Haushaltsführung hat der Gesetzgeber den Grundsatz, dass ein Werbungskostenersatz durch den Arbeitgeber zum steuerpflichtigen Arbeitslohn gehört, bewusst durchbrochen. Denn nach § 3 Nr. 16 EStG ist der Arbeitgeberersatz steuerfrei, soweit der Arbeitnehmer Aufwendungen für Familienheimfahrten als Werbungskosten geltend machen könnte (vgl. die ausführlichen Erläuterungen beim Stichwort „Familienheimfahrten"). nein nein

4. Besonderheiten bei der Überlassung eines Job-Tickets und entsprechende Barzuschüsse

a) Allgemeines

Die Aufwendungen des Arbeitnehmers für Fahrten zwischen Wohnung und erster Tätigkeitsstätte kann der Arbeitgeber dadurch mindern, dass er

- einen **Barzuschuss** zu diesen Aufwendungen leistet,
- dem Arbeitnehmer eine unentgeltliche oder verbilligte Fahrkarte für Fahrten zwischen Wohnung und erster Tätigkeitsstätte überlässt (sog. **Job-Ticket**),
- dem Arbeitnehmer aufgrund eines von ihm mit dem Verkehrsträger geschlossenen Rahmenabkommens einen Preisvorteil **(Rabatt)** auf das Job-Ticket verschafft oder
- dem Arbeitnehmer einen **Firmenwagen** für Fahrten zwischen Wohnung und erster Tätigkeitsstätte unentgeltlich oder verbilligt zur Verfügung stellt.

b) Überlassung eines Job-Tickets und entsprechende Barzuschüsse

Öffentliche und private Arbeitgeber bieten ihren Arbeitnehmern zunehmend so genannte „Job-Tickets" für Fahrten zwischen Wohnung und erster Tätigkeitsstätte an. Hierbei handelt es sich um verbilligte oder sogar unentgeltliche Monats- oder Jahreskarten für öffentliche Nahverkehrsmittel.

Stellte der Arbeitgeber dem Arbeitnehmer bis zum 31.12.2018 für die Fahrten zwischen Wohnung und erster Tätigkeitsstätte Job-Tickets unentgeltlich oder verbilligt zur Verfügung, entstand ein steuer- und beitragspflichtiger geldwerter Vorteil. Der Arbeitnehmer konnte die versteuerten Ersatzleistungen (ggf. sogar die höhere Entfernungspauschale) als Werbungskosten geltend machen. Die auf den geldwerten Vorteil entfallende Lohnsteuer konnte vom Arbeitgeber aber auch mit 15 % pauschaliert werden; hierdurch trat Beitragsfreiheit in der Sozialversicherung ein. Der pauschal besteuerte Betrag wurde auf die Entfernungspauschale angerechnet.

---

1) Der Arbeitgeberersatz ist zwar steuer- und damit auch beitragspflichtiges Arbeitsentgelt; der Arbeitgeber hat jedoch auch hier die Möglichkeit der Lohnsteuerpauschalierung in Höhe der Entfernungspauschale nach § 40 Abs. 2 Satz 2 EStG. Pauschaliert der Arbeitgeber die Lohnsteuer mit 15 %, löst dies Beitragsfreiheit in der Sozialversicherung aus (§ 1 Abs. 1 Satz 1 Nr. 3 SvEV). Die Sozialversicherungsentgeltverordnung (SvEV) ist als Anhang 2 im **Steuerhandbuch für das Lohnbüro 2021** abgedruckt, das im selben Verlag erschienen ist.

Lohnsteuerpflichtig | Sozialversich.-pflichtig

Seit 1.1.2019[1] werden Arbeitgeberleistungen **(Barzuschüsse und Sachleistungen)** für Fahrten des Arbeitnehmers zwischen **Wohnung und erster Tätigkeitsstätte** sowie Fahrten zu einem weiträumigen Tätigkeitsgebiet oder zu einem vom Arbeitgeber dauerhaft festgelegten Sammelpunkt **steuerfrei** gestellt (§ 3 Nr. 15 EStG). Die Fahrten müssen mit **öffentlichen Verkehrsmitteln im Linienverkehr** (ohne Luftverkehr) durchgeführt werden; die Steuerbefreiung kommt also u. a. bei Benutzung eines Mietwagens oder Pkw (privater Pkw oder Firmenwagen) nicht zur Anwendung. Die Steuerbefreiungsvorschrift ist vorrangig vor den Befreiungen bei der Bewertung von Sachbezügen (jährlicher Rabattfreibetrag von 1080 €, monatliche Freigrenze bei Sachbezügen von 44 €) anzuwenden. Die Arbeitgeberleistungen müssen zudem zusätzlich zum ohnehin geschuldeten Arbeitslohn erbracht werden. Die steuerfreien Arbeitgeberleistungen (Barzuschüsse und Sachleistungen) **mindern** die beim Arbeitnehmer als Werbungskosten zu berücksichtigende **Entfernungspauschale** (§ 3 Nr. 15 Satz 3 EStG). Sie sind daher vom Arbeitgeber in der Lohnsteuerbescheinigung unter Nr. 17 anzugeben (§ 41b Abs. 1 Satz 2 Nr. 6 EStG).

F

Beispiel A

Der Arbeitgeber überlässt dem Arbeitnehmer für Fahrten zwischen Wohnung und erster Tätigkeitsstätte (von Düsseldorf nach Frankfurt) unentgeltlich eine BahnCard 100, 2. Klasse, zum Preis von 4395 €. Der reguläre Verkaufspreis einer Fahrberechtigung nur für diese Strecke von Düsseldorf nach Frankfurt beträgt für den Gültigkeitszeitraum 4500 €.

Der geldwerte Vorteil ist steuer- und sozialversicherungsfrei (§ 3 Nr. 15 Satz 2 EStG). Der Betrag von 4395 € wird auf die Entfernungspauschale angerechnet. Vgl. auch das Stichwort „BahnCard".

Beispiel B

Der Arbeitgeber stellt dem Arbeitnehmer ein monatliches Job-Ticket zur Verfügung. Nach Anrechnung der Zuzahlung des Arbeitnehmers ergibt sich ein geldwerter Vorteil von 40 €.

Der geldwerte Vorteil in Form des Sachbezugs in Höhe von 40 € ist steuer- und sozialversicherungsfrei (§ 3 Nr. 15 Satz 2 EStG). Er wird nicht auf die 44-Euro-Freigrenze für Sachbezüge angerechnet, er mindert jedoch in Höhe von 480 € (12 x 40 €) die Entfernungspauschale.

Beispiel C

Arbeitnehmer A zahlt für sein monatliches Job-Ticket für den Weg zur Arbeit 100 €. Der Arbeitgeber erstattet ihm den Betrag.

Der Barzuschuss des Arbeitgebers ist steuer- und sozialversicherungsfrei (§ 3 Nr. 15 Satz 1 EStG). Der Betrag von 1200 € (12 x 100 €) mindert jedoch die Entfernungspauschale.

Seit 2019 hat der Arbeitgeber allerdings das **Wahlrecht,** die steuerfreien Leistungen mit 25 % pauschal zu versteuern (§ 40 Abs. 2 Satz 2 Nr. 2 EStG). Diese mit **25 %** pauschal versteuerte Leistung ist **nicht** auf die Entfernungspauschale anzurechnen.

Die Finanzverwaltung hat ein umfangreiches Anwendungsschreiben zu dieser Steuerbefreiungsvorschrift bekannt gegeben, auf dessen Besonderheiten in den nachfolgenden Ausführungen eingegangen wird.[2]

Nach dem Gesetzeswortlaut (vgl. § 3 Nr. 15 Sätze 1 und 2 EStG) wäre es in Betracht gekommen, für den Umfang der Steuerfreiheit der Arbeitgeberleistungen eine **Differenzierung** zwischen Fahrten von der Wohnung zur ersten Tätigkeitsstätte sowie diesen gleichgestellten Fahrten (vgl. § 9 Abs. 1 Satz 3 Nr. 4a Satz 3 EStG) einerseits und privaten Fahrten andererseits vorzunehmen. Die Finanzverwaltung hat sich allerdings dazu entschieden, in ihrem Anwendungsschreiben eine Unterscheidung zwischen Arbeitgeberleistungen für Fahrten mit öffentlichen Verkehrsmitteln im Linienverkehr im Personen**fernverkehr** (ohne Luftverkehr) sowie Arbeitgeberleistungen für Fahrten im öffentlichen Personen**nahverkehr** vorzunehmen.

Für die zutreffende Anwendung der Steuerbefreiungsvorschriften ist zu **differenzieren** zwischen **Fahrten,** die zu einem steuerfreien **Arbeitgeberersatz** im **reisekostenrechtlichen Sinne** führen (§ 3 Nr. 13 oder 16 EStG) **und Fahrten von der Wohnung zur Arbeit.** Fahrten, die zu einem steuerfreien Arbeitgeberersatz im reisekostenrechtlichen Sinne führen, sind Fahrten im Rahmen von Auswärtstätigkeiten sowie die wöchentliche Familienheimfahrt im Rahmen einer doppelten Haushaltsführung. Fahrten von der Wohnung zur Arbeit in diesem Sinne sind Fahrten von der Wohnung zur ersten Tätigkeitsstätte sowie dauerhafte Fahrten von der Wohnung zu einem Arbeitgebersammelpunkt oder zu einem weiträumigen Tätigkeitsgebiet (vgl. § 9 Abs. 1 Satz 3 Nr. 4a Satz 3 EStG).

Die **Steuerbefreiung** nach § 3 Nr. 15 EStG gilt für Arbeitgeberleistungen in Form von unentgeltlichen oder verbilligt überlassenen Fahrberechtigungen **(= Sachbezüge)** sowie für Zuschüsse des Arbeitgebers **(= Barlohn)** zu den von den Arbeitnehmern selbst erworbenen Fahrberechtigungen. Fahrberechtigungen im vorstehenden Sinne sind insbesondere Einzelfahrscheine, Mehrfahrtenfahrscheine, Zeitkarten (z. B. Job-Tickets, Monats-, Jahrestickets, Bahncard 100), allgemeine Freifahrtberechtigungen, Tagesfreifahrtberechtigungen (z. B. bei Smogalarm) und Ermäßigungskarten (z. B. Bahncard 25 oder 50). Die **Steuerbefreiung** ist selbst dann nicht **ausgeschlossen,** wenn die Fahrberechtigung die **Mitnahme** von anderen **Personen oder** die **Übertragbarkeit** auf andere Personen umfasst.

Beispiel D

Der Arbeitnehmer erhält von seinem Arbeitgeber für den Weg von der Wohnung zur Arbeit ein sog. Job-Ticket. Montags bis freitags ab 18 Uhr und am Wochenende kann der Arbeitnehmer mit diesem Ticket einen weiteren Erwachsenen und bis zu drei Kinder mitnehmen.

Die Zurverfügungstellung des Job-Tickets durch den Arbeitgeber an den Arbeitnehmer ist steuerfrei (§ 3 Nr. 15 Satz 2 EStG). Die Möglichkeit der Mitnahme weiterer Personen zu bestimmten Zeiten ist für die Steuerfreiheit unbeachtlich.

Eine Steuerfreiheit der **Arbeitgeberleistungen** ist nur dann möglich, wenn sie **zusätzlich** zum ohnehin geschuldeten Arbeitslohn **erbracht werden.** In den Fällen der **Gehaltsumwandlung** zugunsten der Überlassung z. B. eines Job-Tickets findet die Steuerbefreiung folglich keine Anwendung. Das Zusätzlichkeitserfordernis ist aber auch dann erfüllt, wenn der Arbeitnehmer aus dem vom Arbeitgeber zusätzlich zum ohnehin geschuldeten Arbeitslohn zur Verfügung gestellten Mobilitätsalternativen wählen kann (z. B. Wahlrecht zwischen Gestellung eines Firmenwagens, Elektro-Bikes oder einer Fahrberechtigung für öffentliche Verkehrsmittel).

Beispiel E

Der Arbeitgeber stellt seinen Arbeitnehmern Mobilitätsalternativen zur Verfügung (Firmenwagen, Elektro-Bike oder Fahrberechtigung für öffentliche Verkehrsmittel). Arbeitnehmer A entscheidet sich für eine begünstigte Fahrberechtigung im Sinne der neuen Steuerbefreiungsvorschrift.

Die Zurverfügungstellung der Fahrberechtigung durch den Arbeitgeber an den Arbeitnehmer ist nach § 3 Nr. 15 Satz 2 EStG steuerfrei, da sie zusätzlich zum ohnehin geschuldeten Arbeitslohn zur Verfügung gestellt wird.

Beispiel F

Arbeitnehmer F wandelt von seinem Arbeitslohn 50 € monatlich zugunsten der Gestellung eines Job-Tickets für den Weg von der Wohnung zur Arbeit um.

Die Zurverfügungstellung des Job-Tickets ist nicht steuerfrei, da es vom Arbeitgeber nicht zusätzlich zum ohnehin geschuldeten Arbeitslohn gewährt wird. Vielmehr liegt eine für die Anwendung der Steuerbefreiungsvorschrift schädliche Gehaltsumwandlung vor. Bei Übersteigen der monatlichen Sachbezugsfreigrenze von insgesamt 44 € kann der geldwerte Vorteil dann allerdings mit 15 % pauschal besteuert werden und ist in diesem Fall beitragsfrei. Der pauschal besteuerte geldwerte Vorteil ist auf die Entfernungspauschale anzurechnen (§ 40

1) Aus Vereinfachungsgründen wird es nicht beanstandet, wenn der Arbeitgeber für die von ihm bis zum 31.12.2019 eigentlich nach § 3 Nr. 15 EStG steuerfreien Leistungen eine bisher durchgeführte Lohnsteuerpauschalierung nach § 40 EStG oder eine Pauschalierung der Einkommensteuer nach § 37b EStG beibehält. Vom bürokratischen Aufwand einmal abgesehen, dürfte die Anwendung der Steuerbefreiungsvorschrift einer Pauschalierungsvorschrift vorzuziehen sein.

2) Vgl. BMF-Schreiben vom 15.8.2019 (BStBl. I S. 875). Das BMF-Schreiben ist als Anlage zu H 3.15 LStR im **Steuerhandbuch für das Lohnbüro 2021** abgedruckt, das im selben Verlag erschienen ist.

	Lohn-steuer-pflichtig	Sozial-versich.-pflichtig

Abs. 2 Satz 3 EStG). Der Arbeitgeber hat das Wahlrecht, anstelle der Pauschalierung mit 15 % eine Pauschalierung mit 25 % vorzunehmen, um so die Anrechnung des pauschalierten Betrags auf die Entfernungspauschale zu vermeiden.

Die **Steuerfreiheit** von Arbeitgeberleistungen für Fahrberechtigungen im Personenfernverkehr ist begrenzt auf **Fahrten von der Wohnung zur Arbeit.** Sie kommt daher nur in Betracht für Arbeitnehmer in einem aktiven Beschäftigungsverhältnis sowie für die beim Entleiher beschäftigten Leiharbeitnehmer. **Privatfahrten** im Personen**fernverkehr** sind nicht **begünstigt** mit der Folge, dass entsprechende Arbeitgeberleistungen nicht steuerfrei sind; ggf. ist aber der Rabattfreibetrag von 1080 € (§ 8 Abs. 3 EStG) anzuwenden.

Zum Personen**fernverkehr** (= öffentliche Verkehrsmittel im Linienverkehr) gehören Fernzüge der Deutschen Bahn (ICE, IC, EC), Fernbusse auf festgelegten Linien oder Routen und Haltepunkten und vergleichbare Hochgeschwindigkeitszüge und schnellfahrende Fernzüge anderer Anbieter (z. B. TGV, Thalys). Nicht dazu gehören hingegen

- für konkrete Anlässe speziell gemietete bzw. gecharterte Busse oder Bahnen,
- Taxen im Gelegenheitsverkehr, die nicht auf konzessionierten Linien oder Routen fahren,
- der gesetzlich ausgeschlossene Luftverkehr.

Eine darüber hinausgehende Abgrenzung zwischen Fernverkehr und Nahverkehr nach Kilometern oder Fahrzeiten wird nicht vorgenommen.

Beispiel G

Arbeitnehmer G wohnt in Düsseldorf und arbeitet in Frankfurt. Er erhält von seinem Arbeitgeber zusätzlich zum ohnehin geschuldeten Arbeitslohn ein Monatsabonnement für die ICE-Strecke Düsseldorf–Frankfurt.

Die Arbeitgeberleistung in Form der Ticketgestellung ist steuer- und auch beitragsfrei. Da die Fahrberechtigung für den Personenfernverkehr ausschließlich auf die Strecke zwischen Wohnung und erster Tätigkeitsstätte entfällt, wäre auch die Nutzung der Fahrkarte zu reinen Privatfahrten (z. B. am Wochenende) nach Frankfurt steuer- und beitragsfrei.

Beispiel H

Arbeitnehmer H fährt übers Wochenende mit dem Thalys von Köln nach Paris und zurück. Wegen besonders guter beruflicher Leistungen erhält er von seinem Arbeitgeber eine Erstattung des Fahrpreises.

Die Arbeitgebererstattung ist nicht steuerfrei, da es sich um einen Barzuschuss für eine Privatfahrt im Personenfernverkehr handelt.

Taxen im Gelegenheitsverkehr gehören nicht zu den öffentlichen Verkehrsmitteln im Sinne der Steuerbefreiungsvorschrift, da sie nicht auf konzessionierten Linien oder Routen fahren. Soweit Taxen ausnahmsweise im Linienverkehr nach Maßgabe der genehmigten Nahverkehrspläne eingesetzt werden (z. B. zur Verdichtung, Ergänzung oder zum Ersatz anderer öffentlicher Verkehrsmittel) und von der Fahrberechtigung mitumfasst sind oder gegen einen geringeren Aufpreis genutzt werden dürfen, gehören sie zum Personennahverkehr.

Beispiel I

Arbeitnehmer I muss Überstunden machen und nutzt für die Fahrt nach Hause ein Taxi. Den Fahrpreis bekommt er von seinem Arbeitgeber erstattet.

Die Arbeitgeberleistung ist steuer- und beitragspflichtig. Eine Steuerfreiheit kommt nicht in Betracht, da Taxen im Gelegenheitsverkehr nicht zu den öffentlichen Verkehrsmitteln im Sinne der Steuerbefreiungsvorschrift gehören.

Hinsichtlich der Problematik, wie beim **Zusammentreffen von Fahrten zwischen Wohnung und erster Tätigkeitsstätte und Dienstreisen** zu verfahren ist, wird auf das Stichwort „Bahncard" verwiesen. Das Zusammentreffen von Fahrten zwischen Wohnung und erster Tätigkeitsstätte und Privatfahrten wird unter dem Stichwort „Fahrtkostenzuschüsse" erläutert.

	Lohn-steuer-pflichtig	Sozial-versich.-pflichtig

Erklärt ein Arbeitnehmer gegenüber dem Arbeitgeber, auf die Fahrberechtigung vollumfänglich zu verzichten **(Nutzungsverzicht),** kann nur dann von einer Kürzung der Entfernungspauschale abgesehen werden, wenn der Arbeitnehmer die Fahrberechtigung tatsächlich nicht annimmt oder ab dem Zeitpunkt, zu dem er sie zurückgibt. Der Nachweis des Nutzungsverzichts ist zum Lohnkonto des jeweiligen Arbeitnehmers aufzubewahren.

Beispiel K

Ein Arbeitgeber schließt mit einem regionalen Verkehrsträger einen Vertrag, wonach alle 50 Arbeitnehmer seines Unternehmens eine Fahrberechtigung für den gesamten Verkehrsverbund erhalten sollen. Hierfür zahlt der Arbeitgeber einschließlich Umsatzsteuer 30 000 € an den Verkehrsträger (Pauschalpreis pro Arbeitnehmer 600 € jährlich). Arbeitnehmer S verzichtet auf die Fahrberechtigung.

Da S auf die Jahreskarte verzichtet hat, erfolgt bei ihm keine Kürzung der Entfernungspauschale und daher auch kein Ausweis in Zeile 17 der Lohnsteuerbescheinigung.

Ein geldwerter Vorteil entsteht übrigens nicht, wenn der Arbeitgeber das Job-Ticket zu einem ermäßigten Preis an den Arbeitnehmer weiterverkauft, zu dem er das Ticket von einem Nahverkehrsunternehmen im Rahmen eines Sondertarifs erworben hat (z. B. Großkundenrabatt, üblicher Mengenrabatt). Insoweit erfolgt auch keine Anrechnung eines Vorteils auf die Entfernungspauschale.

c) Anwendung der 44-Euro-Freigrenze

Für Sachbezüge gibt es eine monatliche Freigrenze in Höhe von 44 €. Auf die ausführlichen Erläuterungen beim Stichwort „Sachbezüge" unter Nr. 4 wird Bezug genommen. Durch die zum 1.1.2019 eingeführte Steuerfreiheit (§ 3 Nr. 15 EStG) der zusätzlich zum ohnehin geschuldeten Arbeitslohn erbrachten Arbeitgeberleistungen (Barzuschüsse und Sachleistungen) für die Fahrten zwischen Wohnung und erster Tätigkeitsstätte des Arbeitnehmers mit öffentlichen Verkehrsmitteln im Linienverkehr wird der **geldwerte Vorteil eines Job-Tickets nicht mehr auf die 44-Euro-Freigrenze für Sachbezüge angerechnet.** Dies gilt unabhängig davon, ob es sich um eine Monatskarte oder Jahreskarte handelt.

Beispiel

Der Arbeitgeber stellt dem Arbeitnehmer ein monatliches Job-Ticket zur Verfügung. Nach Anrechnung der Zuzahlung des Arbeitnehmers ergibt sich ein geldwerter Vorteil von 40 €.

Der geldwerte Vorteil in Form des Sachbezugs in Höhe von 40 € ist steuer- und sozialversicherungsfrei (§ 3 Nr. 15 Satz 2 EStG). Er wird nicht auf die 44-Euro-Freigrenze für Sachbezüge angerechnet, er mindert jedoch in Höhe von 480 € (12 × 40 €) die Entfernungspauschale. Der Arbeitgeber hat allerdings das Wahlrecht, die steuerfreien Leistungen mit 25 % pauschal zu versteuern. Diese mit 25 % pauschal versteuerte Leistung ist nicht auf die Entfernungspauschale anzurechnen.

Die Leistungen (Barzuschüsse und Sachleistungen) müssen **zusätzlich** zum ohnehin geschuldeten Arbeitslohn gewährt werden. In den Fällen einer „schädlichen" **Gehaltsumwandlung** zugunsten eines Job-Tickets scheidet eine Steuerbefreiung daher aus. Vorteile bis 44 € monatlich bleiben allerdings in diesen Fällen aufgrund der **Anwendung der 44-Euro-Freigrenze** für Sachbezüge steuer- und beitragsfrei, sofern diese noch nicht anderweitig ausgeschöpft wurde. Bei **Übersteigen** dieser Grenze wäre der dann steuerpflichtige **Sachbezug** aus der Job-Ticket-Überlassung für die Fahrten zur Arbeit allerdings **pauschalierungsfähig** mit 15 %. Der Arbeitgeber hat auch hier die Möglichkeit, anstelle der Pauschalierung mit 15 % eine Pauschalierung mit **25 %** vorzunehmen, um so die **Anrechnung** des pauschalierten Betrags auf die Entfernungspauschale zu **vermeiden.**

d) Benzingutschein oder Tankkarte neben Job-Ticket

Da der durch die unentgeltliche oder verbilligte Überlassung eines Job-Tickets entstehende geldwerte Vorteil steuerfrei ist, kommt **daneben** eine steuerfreie Überlas-

F

Lohn-steuer-pflichtig | Sozial-versich.-pflichtig

sung von Treibstoff (Benzin, Diesel) durch die Ausstellung eines als Sachbezug zu behandelnden **Benzingutscheins oder** die Überlassung einer **Tankkarte** in Betracht, wenn für diese Vorteile – ohne Berücksichtigung des geldwerten Vorteils für das Job-Ticket – die monatliche **44-Euro-Freigrenze** für Sachbezüge eingehalten wird.

Beispiel A

Der Arbeitnehmer erhält von seinem Arbeitgeber einen als Sachbezug zu behandelnden Gutschein über 30 Liter Super. Der Preis für einen Liter Super beträgt 1,50 €. Der Arbeitgeber zahlt den Rechnungsbetrag aufgrund der getroffenen Vereinbarungen unmittelbar an die Tankstelle.

Ermittlung des geldwerten Vorteils

30 Liter Super à 1,50 €	45,00 €
Abschlag von 4 %	1,80 €
Geldwerter Vorteil	43,20 €

Der geldwerte Vorteil ist steuer- und sozialversicherungsfrei, da die 44-Euro-Freigrenze für Sachbezüge eingehalten worden ist.

Beispiel B

Der Arbeitgeber erlaubt dem Arbeitnehmer auf seine Kosten 30 Liter Super zu tanken. Der Preis für einen Liter Super beträgt 1,50 €. Der Arbeitgeber erstattet dem Arbeitnehmer gegen Vorlage der Rechnung 45 €.

Die Kostenerstattung ist kein Sachbezug, sondern als Geldleistung steuer- und sozialversicherungspflichtig.

Die aus der Gewährung eines Benzingutscheins oder der Überlassung einer Tankkarte in Anwendung der 44-Euro-Freigrenze steuerfrei bleibenden geldwerten Vorteile werden bei der Veranlagung des Arbeitnehmers **nicht** auf die Entfernungspauschale für die Fahrten zwischen Wohnung und erster Tätigkeitsstätte angerechnet, sofern diese nicht ausdrücklich für die Wege zwischen Wohnung und erster Tätigkeitsstätte zugewendet werden.

Vgl. auch die Erläuterungen bei den Stichwörtern „Prepaid Card", „Sachbezüge" und „Warengutscheine".

e) Überlassung von unentgeltlichen oder verbilligten Job-Tickets durch Verkehrsträger

Die seit 1.1.2019 geltende Steuerfreiheit (§ 3 Nr. 15 EStG) der zusätzlich zum ohnehin geschuldeten Arbeitslohn erbrachten Arbeitgeberleistungen (Barzuschüsse und Sachleistungen) für Fahrten des Arbeitnehmers zwischen Wohnung und erster Tätigkeitsstätte sowie Fahrten zu einem weiträumigen Tätigkeitsgebiet oder zu einem vom Arbeitgeber dauerhaft festgelegten Sammelpunkt mit öffentlichen Verkehrsmitteln im Linienverkehr gilt auch für Arbeitnehmer eines Verkehrsunternehmens. nein nein

Der Rabattfreibetrag von 1080 € jährlich muss für diese ohnehin steuerfreien geldwerten Vorteile nicht in Anspruch genommen werden. Die steuerfreien Arbeitgeberleistungen (Barzuschüsse und Sachleistungen) mindern die beim Arbeitnehmer als Werbungskosten zu berücksichtigende Entfernungspauschale (§ 3 Nr. 15 Satz 3 EStG). Sie sind daher vom Arbeitgeber in der Lohnsteuerbescheinigung unter Nr. 17 anzugeben (§ 41b Abs. 1 Satz 2 Nr. 6 EStG). Auch hier hat der Arbeitgeber das Wahlrecht, die steuerfreien Leistungen mit 25 % pauschal zu versteuern. Diese mit 25 % pauschal versteuerte Leistung ist nicht auf die Entfernungspauschale anzurechnen.

Bei Arbeitnehmern eines Verkehrsunternehmens kann die unentgeltliche oder verbilligte Überlassung eines Job-Tickets an deren Angehörige in Anwendung des Rabattfreibetrages in Höhe von 1080 € jährlich steuerfrei sein. Dies gilt auch bei Jahresnetzkarten. Denn bei Job-Tickets, die Verkehrsunternehmen an Angehörige ihrer Arbeitnehmer unentgeltlich oder verbilligt überlassen, handelt es sich um **Belegschaftsrabatte** im Sinne des § 8 Abs. 3 EStG (vgl. die Erläuterungen beim Stichwort „Rabatte, Rabattfreibetrag").

Lohn-steuer-pflichtig | Sozial-versich.-pflichtig

5. Pauschalierung der Lohnsteuer für Arbeitgeberleistungen

a) Allgemeines

Der Arbeitgeber kann die Lohnsteuer u. a. für

- **Sachbezüge** in Form der unentgeltlichen oder verbilligten Überlassung eines Firmenwagens für Fahrten zwischen Wohnung und erster Tätigkeitsstätte und
- für **zusätzlich zum ohnehin geschuldeten Arbeitslohn** geleistete **Barzuschüsse zu den Aufwendungen** des Arbeitnehmers für Fahrten mit dem eigenen Pkw zwischen Wohnung und erster Tätigkeitsstätte

pauschal mit 15 % erheben. Eine Pauschalbesteuerung ist aber nur bis zu dem Betrag zulässig, den der Arbeitnehmer im Rahmen seiner Einkommensteuer-Veranlagung bei den Werbungskosten geltend machen könnte, wenn die Bezüge nicht pauschal besteuert würden. Die Pauschalbesteuerung mit 15 % ist somit bis zur Höhe der Entfernungspauschale möglich. ja nein

Das Wahlrecht des Arbeitgebers zur Pauschalbesteuerung ist nicht von einem Antrag des Arbeitgebers abhängig, sondern wird durch Anmeldung der mit dem Pauschsteuersatz erhobenen Lohnsteuer ausgeübt. Wird ein solcher Antrag erst im finanzgerichtlichen Verfahren gestellt, ist er unbeachtlich (BFH-Urteil vom 24.9.2015, BStBl. 2016 II S. 176). Zu den sozialversicherungsrechtlichen Folgen bei nachträglicher Pauschalbesteuerung vgl. „Pauschalierung der Lohnsteuer" unter Nr. 1.

b) Pauschalierung der Lohnsteuer bei Sachbezügen

Pauschal mit 15 % zu besteuernde Sachbezüge in Form der unentgeltlichen oder verbilligten Beförderung eines Arbeitnehmers zwischen Wohnung und erster Tätigkeitsstätte kommen insbesondere bei der Überlassung eines Firmenwagens vor. Die Pauschalierung mit 15 % für Fahrten zwischen Wohnung und erster Tätigkeitsstätte bei der Überlassung eines Firmenwagens ist nachfolgend unter Nr. 8 und beim Stichwort „Firmenwagen zur privaten Nutzung" unter Nr. 13 erläutert.

Der Sachbezug aus der Überlassung eines Job-Tickets oder einer anderen Fahrkarte für die Fahrten zwischen Wohnung und erster Tätigkeitsstätte ist steuerfrei (§ 3 Nr. 15 EStG). Die Steuerfreiheit setzt allerdings voraus, dass die Leistungen des Arbeitgebers **zusätzlich** zum ohnehin geschuldeten Arbeitslohn gewährt werden. In den Fällen einer „schädlichen" Gehaltsumwandlung zugunsten eines Job-Tickets scheidet eine Steuerbefreiung daher aus. Vorteile bis 44 € monatlich bleiben aber in diesen Fällen aufgrund der **Anwendung der 44-Euro-Freigrenze** für Sachbezüge steuer- und beitragsfrei, sofern diese noch nicht anderweitig ausgeschöpft wurde. Bei **Übersteigen** dieser Grenze wäre der dann steuerpflichtige Sachbezug aus der Job-Ticket-Überlassung für die Fahrten zur Arbeit allerdings **pauschalierungsfähig** nach § 40 Abs. 2 Satz 2 Nr. 1 EStG mit **15 %.** Der Arbeitgeber hat das **Wahlrecht,** anstelle der Pauschalierung mit 15 % eine Pauschalierung mit **25 %** vorzunehmen (§ 40 Abs. 2 Satz 2 Nr. 2 EStG), um so die **Anrechnung** des pauschalierten Betrags auf die **Entfernungspauschale** zu **vermeiden.** Diese Ausführungen gelten entsprechend für die im Rahmen einer Gehaltsumwandlung überlassenen Bahncard für Fahrten zwischen Wohnung und erster Tätigkeitsstätte (vgl. die Erläuterungen unter der vorstehenden Nr. 4 und beim Stichwort „Bahncard").

c) Pauschalierung der Lohnsteuer bei Barzuschüssen

Bei Sachbezügen (Firmenwagen) ist es für die Pauschalierung der Lohnsteuer mit 15 % nicht erforderlich, dass die Ersatzleistungen des Arbeitgebers zusätzlich zum ohnehin geschuldeten Arbeitslohn gewährt werden. Bei **Barzuschüssen** des Arbeitgebers zu den Aufwendungen des Arbeitnehmers für Fahrten zwischen Wohnung und erster

Lohn- Sozial-
steuer- versich.-
pflichtig pflichtig

Tätigkeitsstätte ist jedoch eine Pauschalierung der Lohnsteuer mit 15 % nur dann zulässig, wenn es sich bei den pauschal besteuerten Fahrtkostenzuschüssen um Leistungen des Arbeitgebers handelt, die zusätzlich zum ohnehin geschuldeten Arbeitslohn erbracht werden. Die **Umwandlung von Barlohn** in einen pauschal besteuerten Fahrtkostenzuschuss ist **nicht zulässig** (vgl. die Erläuterungen unter der nachfolgenden Nr. 9).

Bei Fahrtkostenzuschüssen für die ausschließliche **Benutzung eines eigenen Pkws,** die pauschal mit 15 % besteuert werden sollen, kann aus **Vereinfachungsgründen** davon ausgegangen werden, dass monatlich an **15 Arbeitstagen** Fahrten zwischen Wohnung und erster Tätigkeitsstätte erfolgen. Bei der Zuschussgewährung hat der Arbeitgeber den Höchstbetrag von 4500 Euro nicht zu beachten, da die Entfernungspauschale bei Benutzung eines Pkw nicht auf diesen Betrag begrenzt ist.

Beispiel A

Ein Arbeitnehmer wohnt in Augsburg und arbeitet in München (einfache Entfernung Augsburg–München 50 km). Der Arbeitnehmer benutzt an 220 Arbeitstagen für Fahrten zwischen Wohnung und erster Tätigkeitsstätte einen Pkw. Der Arbeitgeber zahlt im Kalenderjahr 2021 einen Fahrtkostenzuschuss von monatlich 100 €. Dieser Fahrtkostenzuschuss ist steuer- und beitragspflichtig. Der Arbeitgeber kann jedoch die Lohnsteuer bis zu dem Betrag mit 15 % pauschalieren, den der Arbeitnehmer im Rahmen seiner Einkommensteuer-Veranlagung bei den Werbungskosten geltend machen könnte. Die Pauschalbesteuerung mit 15 % ist in Höhe der Entfernungspauschale möglich. Es ergibt sich folgender pauschalierungsfähiger Betrag:

20 km × 0,30 € × 220 Arbeitstage	1 320 €
30 km × 0,35 € × 220 Arbeitstage	2 310 €
Summe	3 630 €

Da der Fahrtkostenzuschuss von (12 × 100 € =) 1200 € den Betrag nicht übersteigt, den der Arbeitnehmer bei den Werbungskosten geltend machen könnte, kann der Fahrtkostenzuschuss in 1200 € in voller Höhe pauschal mit 15 % besteuert werden.

Diese Pauschalierung löst Beitragsfreiheit in der Sozialversicherung aus. Es ergibt sich folgende Berechnung der Pauschalsteuer:

Steuerpflichtiger Fahrtkostenzuschuss	1 200,— €
pauschalierte Lohnsteuer 15 %	180,— €
Solidaritätszuschlag 5,5 % von 180 €	9,90 €
Kirchensteuer (z. B. in Bayern) 7 % von 180 €	12,60 €

Der Arbeitnehmer kann im Fall der Lohnsteuerpauschalierung durch den Arbeitgeber nur den nicht pauschal besteuerten Teil der Entfernungspauschale bei den Werbungskosten geltend machen. Hiernach ergibt sich folgender Werbungskostenabzug:

Entfernungspauschale	3 630,— €
abzüglich pauschal besteuerter Fahrtkostenzuschuss 100 € × 12	1 200,— €
für den Werbungskostenabzug verbleiben	2 430,— €

Benutzt der Arbeitnehmer ausschließlich ein anderes Verkehrsmittel für die Fahrten zwischen Wohnung und erster Tätigkeitsstätte, z. B. **ein Motorrad, Motorroller, Moped oder Mofa,** ist die Pauschalierung mit 15 % zum einen auf die dem Arbeitnehmer tatsächlich entstehenden Aufwendungen und zum anderen auf die Entfernungspauschale unter Beachtung des Höchstbetrags von 4500 € im Kalenderjahr begrenzt;[1)] Entsprechendes gilt, wenn dem Arbeitnehmer als Teilnehmer einer Fahrgemeinschaft Aufwendungen entstehen und er hierfür einen „Fahrtkostenzuschuss" von seinem Arbeitgeber erhält. Für die Höhe der tatsächlich entstehenden Aufwendungen kann auch hier aus Vereinfachungsgründen von 15 Arbeitstagen und von den für Auswärtstätigkeiten geltenden pauschalen Kilometersätzen ausgegangen werden. Der Kilometersatz für motorbetriebene Fahrzeuge beträgt 0,20 € je Fahrtkilometer. Damit sind die tatsächlichen Aufwendungen des Arbeitnehmers bei einem anderen motorbetriebenen Fahrzeug als einen Pkw mit 0,40 € je Entfernungskilometer höher als die Entfernungspauschale. Der **maximal pauschalierungsfähige Barzuschuss** des Arbeitgebers ist damit auf die **Entfernungspauschale** bis zum Höchstbetrag von 4500 € begrenzt.

Lohn- Sozial-
steuer- versich.-
pflichtig pflichtig

Beispiel B

Der Arbeitnehmer fährt im Jahr 2021 an 15 Arbeitstagen monatlich mit dem Motorrad zu seiner ersten Tätigkeitsstätte (einfache Entfernung 28 km). Der Arbeitgeber zahlt dem Arbeitnehmer einen zusätzlichen monatlichen Fahrtkostenzuschuss in Höhe von 150 €.

Die in Höhe des Kilometersatzes geschätzten tatsächlichen Aufwendungen des Arbeitnehmers betragen monatlich 168 € (15 Arbeitstage × 28 km × 0,40 € je Entfernungskilometer). Der maximal mit 15 % pauschalierungsfähige Zuschuss des Arbeitgebers in Höhe der Entfernungspauschale beträgt jedoch nur 132 € (15 Arbeitstage × 20 km × 0,30 € + 15 Arbeitstage × 8 km × 0,35 €). Dieser Betrag von 132 € kann mit 15 % pauschal besteuert werden und ist dann beitragsfrei. Folglich sind 18 € (150 € abzüglich 132 €) nach den individuellen Lohnsteuerabzugsmerkmalen des Arbeitnehmers zu versteuern und zu verbeitragen.

F

Beispiel C

Ein Arbeitnehmer fährt im Kalenderjahr 2021 mit seinem privaten Fahrrad zur Arbeit (einfache Entfernung 28 km). Der Arbeitgeber zahlt dem Arbeitnehmer einen monatlichen Fahrtkostenzuschuss von 40 €. Dieser Fahrtkostenzuschuss gehört zum steuerpflichtigen Arbeitslohn. Der Arbeitnehmer kann Werbungskosten in Höhe der Entfernungspauschale geltend machen, und zwar wie folgt:

220 Arbeitstage × 20 km × 0,30 =	1 320,— €
220 Arbeitstage × 8 km × 0,35 € =	616,— €
Summe	1 936,— €

Obwohl die beim Werbungskostenabzug durch den Arbeitnehmer anzusetzende Entfernungspauschale in Höhe von 1936 € den Fahrtkostenzuschuss von (12 × 40 € = 480 €) übersteigt, kann die Lohnsteuer hierfür nicht in voller Höhe mit 15 % pauschal besteuert werden. Denn die Pauschalierung mit 15 % ist auf die Höhe der tatsächlich entstehenden Aufwendungen beschränkt. Der frühere Pauschsatz für Fahrräder von 0,05 € je Fahrtkilometer ist zum 1.1.2014 weggefallen. U. E. ist es aber zulässig, die tatsächlichen Aufwendungen, die dem Grunde nach feststehen, der Höhe nach zu schätzen. Dabei erscheint eine Schätzung mit 0,05 € je Fahrtkilometer nicht überhöht zu sein (vgl. das Stichwort „Fahrradgeld"). Hiernach ergibt sich folgende Berechnung des monatlich pauschalierungsfähigen Betrages:

15 Arbeitstage × 28 km × 0,10 € =	42,— €

Der Fahrtkostenzuschuss in Höhe von 40 € monatlich kann folglich in voller Höhe pauschaliert werden, da er die tatsächlichen Aufwendungen des Arbeitnehmers (42 € monatlich) und die Entfernungspauschale (1/12 von 1936,– € = 162 € monatlich) nicht übersteigt. Diese Pauschalierung löst Beitragsfreiheit in der Sozialversicherung aus.

Eine **Pauschalierung** der Lohnsteuer mit **15 %** in Höhe der **tatsächlichen Aufwendungen** des Arbeitnehmers für die Fahrten zwischen Wohnung und erster Tätigkeitsstätte ist auch zulässig

- für **Flugstrecken** und
- in den Fällen der entgeltlichen Sammelbeförderung.

d) Behinderte Arbeitnehmer

Bei behinderten Arbeitnehmern sind nach § 9 Abs. 2 Satz 3 EStG die **tatsächlichen Aufwendungen** für Fahrten zwischen Wohnung und erster Tätigkeitsstätte als Werbungskosten abzugsfähig. Bei Benutzung eines Pkws sind somit ohne Einzelnachweis 0,30 € je **tatsächlich gefahrenen Kilometer** als Werbungskosten abziehbar. Dementsprechend ist bei behinderten Arbeitnehmern (= 0,60 € je Entfernungskilometer) eine Pauschalierung der Lohnsteuer mit 15 % bei Benutzung eines Pkws auch bis zu 0,30 € je tatsächlich gefahrenen Kilometer möglich (= 0,60 € je Entfernungskilometer). Behinderte Menschen, für die diese Ausnahmeregelung gilt, sind Arbeitnehmer

- deren Grad der Behinderung mindestens 70 beträgt,
- deren Grad der Behinderung weniger als 70, aber mindestens 50 beträgt und die in ihrer Bewegungsfähigkeit im Straßenverkehr erheblich beeinträchtigt sind (Merkzeichen „G").

Beispiel

Ein behinderter Arbeitnehmer (Grad der Behinderung 70) wohnt in Augsburg und arbeitet in München (einfache Entfernung 50 km). Der Arbeitnehmer benutzt für Fahrten zwischen Wohnung und erster Tätig-

1) BMF-Schreiben vom 31.10.2013 (BStBl. I S. 1376, Tz. 5.2). Das BMF-Schreiben ist als Anlage zu H 9.10 LStR im **Steuerhandbuch für das Lohnbüro 2021** abgedruckt, das im selben Verlag erschienen ist.

	Lohn-steuer-pflichtig	Sozial-versich.-pflichtig

keitsstätte einen Pkw. Der Arbeitgeber zahlt im Kalenderjahr 2021 einen Fahrtkostenzuschuss von 0,30 € je tatsächlich gefahrenen Kilometer, also **0,60 €** für jeden Kilometer der einfachen Entfernung zwischen Wohnung und erster Tätigkeitsstätte. Im Kalenderjahr 2021 sind dies insgesamt:

220 Arbeitstage × 50 km × 0,60 € =	6600,— €

Der Arbeitgeber kann die Lohnsteuer für den Fahrtkostenzuschuss in Höhe von 6600 € mit 15 % pauschalieren, da der behinderte Arbeitnehmer in dieser Höhe Werbungskosten geltend machen könnte.[1] Es ergibt sich folgende Berechnung der Pauschalsteuer:

Steuerpflichtiger Fahrtkostenzuschuss	6600,— €
pauschalierte Lohnsteuer 15 %	990,— €
Solidaritätszuschlag 5,5 % von 990 €	54,45 €
Kirchensteuer (z. B. in Bayern) 7 % von 990 €	69,30 €

F

Die Pauschalierung der Lohnsteuer mit 15 % löst Beitragsfreiheit in der Sozialversicherung aus. Der Arbeitnehmer kann in Höhe der pauschal mit 15 % besteuerten Fahrtkostenzuschüsse keine Werbungskosten für Fahrten zwischen Wohnung und erster Tätigkeitsstätte bei seiner Veranlagung zur Einkommensteuer geltend machen.

Zur Pauschalierung von Unfallkosten vgl. die Erläuterungen unter der nachfolgenden Nr. 7.

e) Verlust des Werbungskostenabzugs bei einer Pauschalierung der Lohnsteuer mit 15 %

Die Pauschalierung der Fahrtkostenzuschüsse mit 15 % bringt infolge der dadurch ausgelösten Beitragsfreiheit in der Sozialversicherung für den Arbeit**geber** den Vorteil, dass er sich den ansonsten anfallenden Arbeitgeberanteil am Gesamtsozialversicherungsbeitrag erspart. Außerdem führt die Abwälzung der Pauschalsteuer im Innenverhältnis auf den Arbeitnehmer (vgl. nachfolgend unter Nr. 6) dazu, dass der Arbeitgeber mit der Pauschalsteuer nicht belastet wird. Für den betroffenen Arbeit**nehmer** muss eine Pauschalierung hingegen durchaus nicht günstiger sein als die Einzelversteuerung; insbesondere dann nicht, wenn die Pauschalsteuer auf den Arbeitnehmer abgewälzt wird. Denn durch die Pauschalierung der Lohnsteuer mit 15 % verliert der Arbeitnehmer den Werbungskostenabzug (= Anrechnung auf die Entfernungspauschale). Die normale Versteuerung durch Hinzurechnung zum übrigen Arbeitslohn ist für den Arbeitnehmer immer dann vorteilhafter, wenn sein laufender Arbeitslohn ohnehin die Beitragsbemessungsgrenze in der allgemeinen Rentenversicherung überschreitet (2021 monatlich 7100 € in den alten und 6700 € in den neuen Bundesländern) **und** der Arbeitnehmer bereits mit anderen Werbungskosten den bei seiner Einkommensteuer-Veranlagung zu berücksichtigenden allgemeinen Arbeitnehmer-Pauschbetrag von 1000 € verbraucht hat, sodass sich seine normal versteuerten Fahrtkosten voll als Werbungskosten auswirken können. Der Vorteil ist umso größer, je höher der individuelle Grenzsteuersatz des Arbeitnehmers ist (vgl. die Tabelle zu den Grenzsteuersätzen beim Stichwort „Tarifaufbau" unter Nr. 6).

f) Pauschalierung der Lohnsteuer mit 15 % bei 450-Euro-Jobs

Die Möglichkeit, die auf steuerpflichtige Fahrtkostenzuschüsse entfallende Lohnsteuer mit 15 % zu pauschalieren, besteht auch für **Aushilfskräfte und Teilzeitbeschäftigte,** die auf 450-Euro-Basis arbeiten. Dabei ist besonders wichtig, dass die pauschal mit 15 % besteuerten Fahrtkostenzuschüsse auf die für Aushilfskräfte und Teilzeitbeschäftigte geltende 450-Euro-Grenze **nicht** angerechnet werden (vgl. das Stichwort „Geringfügige Beschäftigung" besonders das Beispiel unter Nr. 4 Buchstabe d). Besonders bei Aushilfskräften und Teilzeitbeschäftigten ist zu beachten, dass eine **Pauschalierung** der Fahrtkostenzuschüsse mit 15 % bei Benutzung eines Pkw in Höhe der Entfernungspauschale möglich ist.

	Lohn-steuer-pflichtig	Sozial-versich.-pflichtig

g) Beibehaltung des Werbungskostenabzugs bei einer Pauschalierung der Lohnsteuer mit 25 %

Seit 1.1.2019 sind Arbeitgeberleistungen **(Barzuschüsse und Sachleistungen)** für Fahrten des Arbeitnehmers zwischen **Wohnung und erster Tätigkeitsstätte** sowie Fahrten zu einem weiträumigen Tätigkeitsgebiet oder zu einem vom Arbeitgeber dauerhaft festgelegten Sammelpunkt steuerfrei (§ 3 Nr. 15 Sätze 1 und 2 EStG). Steuerfrei sind danach geldwerte Vorteile aus der Überlassung eines Job-Tickets oder anderer Fahrkarten für die Fahrten zwischen Wohnung und erster Tätigkeitsstätte mit öffentlichen Verkehrsmitteln im Linienverkehr und entsprechende Barzuschüsse des Arbeitgebers für diese Fahrten. Die **steuerfreien Arbeitgeberleistungen mindern** nach § 3 Nr. 15 Satz 3 EStG die beim Arbeitnehmer als Werbungskosten zu berücksichtigende **Entfernungspauschale** (vgl. die Erläuterungen beim Stichwort „Entfernungspauschale" unter Nr. 12). Sie sind daher vom Arbeitgeber in der Lohnsteuerbescheinigung anzugeben (§ 41b Abs. 1 Satz 2 Nr. 6 EStG). Der Arbeitgeber hat allerdings das **Wahlrecht,** die steuerfreien Leistungen mit **25 % pauschal zu versteuern.** Diese mit 25 % pauschal versteuerte Leistung ist **nicht** auf die Entfernungspauschale **anzurechnen.**

Die Steuerfreiheit der Leistungen (Barzuschüsse und Sachleistungen) nach § 3 Nr. 15 EStG setzt voraus, dass diese **zusätzlich** zum ohnehin geschuldeten Arbeitslohn gewährt werden. In den Fällen einer „schädlichen" **Gehaltsumwandlung** zugunsten eines Job-Tickets scheidet eine Steuerbefreiung daher aus. Vorteile bis 44 € monatlich bleiben allerdings in diesen Fällen aufgrund der **Anwendung der 44-Euro-Freigrenze** für Sachbezüge steuer- und beitragsfrei, sofern diese noch nicht anderweitig ausgeschöpft wurde. Bei **Übersteigen** dieser Grenze wäre der dann steuerpflichtige Sachbezug aus der Job-Ticket-Überlassung für die Fahrten zur Arbeit **pauschalierungsfähig** nach § 40 Abs. 2 Satz 2 Nr. 1 EStG mit 15 %. Auch in diesem Fall hat der Arbeitgeber die Möglichkeit, anstelle der Pauschalierung mit 15 % eine **Pauschalierung mit 25 %** vorzunehmen, um so die Anrechnung des pauschalierten Betrags **auf** die **Entfernungspauschale** zu **vermeiden.** Diese Ausführungen gelten entsprechend für die im Rahmen einer Gehaltsumwandlung überlassenen **Bahncard** für Fahrten zwischen Wohnung und erster Tätigkeitsstätte (vgl. die Erläuterungen unter der vorstehenden Nr. 4 und beim Stichwort „Bahncard").

Beispiel

Arbeitgeber A gewährt seinem Arbeitnehmer B zusätzlich zum ohnehin geschuldeten Arbeitslohn eine Fahrberechtigung für den öffentlichen Personennahverkehr im Wert von 100 € (= Aufwand des Arbeitgebers), die auch den Weg zwischen Wohnung und erster Tätigkeitsstätte abdeckt. Aufgrund der schlechten Verkehrsanbindung nutzt B hierfür allerdings seinen Pkw (220 Arbeitstage á 40 km).

Die Zurverfügungstellung der Fahrberechtigung im Wert von 100 € ist steuerfrei und mindert in dieser Höhe die Entfernungspauschale (§ 3 Nr. 15 Sätze 2 und 3 EStG).

Um eine Anrechnung auf die Entfernungspauschale zu vermeiden, nimmt A – ggf. unter Abwälzung der Pauschalsteuer auf B – eine Pauschalsteuer mit 25 % nach § 40 Abs. 2 Satz 2 Nr. 2 EStG vor. Bemessungsgrundlage hierfür sind die Aufwendungen des A in Höhe von 1200 € jährlich (§ 40 Abs. 2 Satz 4 EStG).

6. Abwälzung der Pauschalsteuer auf den Arbeitnehmer

Die Abwälzung der pauschalen Lohnsteuer auf den Arbeitnehmer ist ein arbeitsrechtlicher Vorgang, durch den die Pauschalierung als solche nicht unzulässig wird. Allerdings ist § 40 Abs. 3 Satz 2 EStG zu beachten, wonach die auf den Arbeitnehmer abgewälzte pauschale Lohnsteuer **als zugeflossener Arbeitslohn gilt und die Bemessungsgrundlage nicht mindern darf.**

1) BMF-Schreiben vom 31.10.2013 (BStBl. I S. 1376, Tz. 3). Das BMF-Schreiben ist als Anlage zu H 9.10 LStR im **Steuerhandbuch für das Lohnbüro 2021** abgedruckt, das im selben Verlag erschienen ist.

Lohnsteuerpflichtig | Sozialversich.-pflichtig

Beispiel

Ein Arbeitnehmer wohnt in Augsburg und arbeitet in München (einfache Entfernung München–Augsburg 50 km). Der Arbeitgeber zahlt ihm im Kalenderjahr 2021 einen Pkw-Fahrtkostenzuschuss von monatlich 100 €. Dieser Fahrtkostenzuschuss ist steuer- und beitragspflichtig. Der Arbeitgeber kann jedoch die Lohnsteuer mit 15 % pauschalieren; da der Zuschuss von 100 € monatlich niedriger ist als der Betrag, den der Arbeitnehmer in Form der Entfernungspauschale bei den Werbungskosten geltend machen könnte.[1] Diese Pauschalierung löst Beitragsfreiheit in der Sozialversicherung aus.

Der Arbeitgeber wälzt die Pauschsteuer im arbeitsrechtlichen Innenverhältnis auf den Arbeitnehmer ab.

Der Arbeitnehmer bezieht neben dem Fahrtkostenzuschuss einen laufenden Arbeitslohn von 3000 € monatlich (Steuerklasse III/0). Nach § 40 Abs. 3 Satz 2 EStG ergibt sich folgende monatliche Lohnabrechnung:

Steuerpflichtiger Fahrtkostenzuschuss	100,– €
pauschalierte Lohnsteuer 15 %	15,– €
Solidaritätszuschlag 5,5 % von 15 €	0,82 €
Kirchensteuer (z. B. in Bayern) 7 % von 15 €	1,05 €
abgewälzte Pauschalsteuern insgesamt	16,87 €

Auf die Berechnung der auf den laufenden Barlohn entfallenden Lohnsteuer und Sozialversicherungsbeiträge darf sich diese Abwälzung der pauschalen Lohn- und Kirchensteuer **nicht** auswirken.

Abrechnungstechnisch kann der Fahrtkostenzuschuss in Höhe von 100 € als „Zulage" und die Pauschalsteuer in Höhe von 16,87 € als „Abzug vom monatlichen Nettolohn" abgerechnet werden:

Bruttolohn		3 000,– €
zuzüglich Fahrtkostenzuschuss		100,– €
Summe		3 100,– €
Gesetzliche Abzüge (errechnet aus 3000 €):		
Lohnsteuer (Steuerklasse III/0)	143,66 €	
Solidaritätszuschlag 5,5 %	0,– €	
Kirchensteuer (z. B. 8 %)	11,49 €	
Sozialversicherung (z. B. 20,225 %)	606,75 €	761,90 €
Nettolohn monatlich		2 338,10 €
abzüglich vom Arbeitnehmer übernommene Pauschalsteuer		16,87 €
auszuzahlender Betrag		2 321,23 €

Der Arbeitgeber muss für das Kalenderjahr 2021 einen pauschal besteuerten Fahrtkostenzuschuss in Höhe von (100 € × 12 =) 1200 € in Zeile 18 der elektronischen Lohnsteuerbescheinigung 2021 eintragen.

Einzelheiten zur Abwälzung der Pauschalsteuer auf den Arbeitnehmer, insbesondere die steuerlich unzulässige „Rückrechnung" der Pauschalsteuer aus dem pauschal besteuerten Betrag sind beim Stichwort „Abwälzung der Pauschalsteuer auf den Arbeitnehmer" anhand von Beispielen erläutert.

7. Unfall auf der Fahrt zwischen Wohnung und erster Tätigkeitsstätte

Hat der Arbeitnehmer auf der Fahrt zwischen Wohnung und erster Tätigkeitsstätte mit seinem eigenen Pkw einen **Unfall** und ersetzt der Arbeitgeber dem Arbeitnehmer die Reparaturkosten, ist dieser Arbeitgeberersatz steuer- und beitragspflichtiger **Arbeitslohn.** ja ja

Unfallkosten, die auf einer Fahrt zwischen Wohnung und erster Tätigkeitsstätte entstehen, werden als außergewöhnliche Aufwendungen neben der Entfernungspauschale nach § 9 Abs. 1 Satz 1 EStG als Werbungskosten berücksichtigt.[2] Auch wenn der Bundesfinanzhof in seinem Urteil zur Berücksichtigung außergewöhnlicher Kosten neben der Entfernungspauschale (Reparaturkosten infolge Falschbetankung; BFH-Urteil vom 20.3.2014, BStBl. II S. 849) über Unfallkosten nicht entscheiden brauchte, macht er in seiner Urteilsbegründung dennoch deutlich, dass sämtliche Aufwendungen – unabhängig von ihrer Art und Höhe – unter die Abgeltungswirkung fallen und die Gesetzesmaterialien zur Entfernungspauschale hinsichtlich der zusätzlichen Berücksichtigung von Unfallkosten letztlich sogar widersprüchlich seien (vgl. auch „Entfernungspauschale" unter Nr. 9 besonders Buchstaben a und c). Die Finanzverwaltung lässt die Unfallkosten dennoch weiterhin neben der Entfernungspauschale zum Werbungskostenabzug zu. Die Berücksichtigung als Werbungskosten nach § 9 Abs. 1 Satz 1 EStG hat aber zur Folge, dass die Lohnsteuer für die vom Arbeitgeber erstatteten Unfallkosten nicht mit 15 % pauschaliert werden kann. Der Bundesfinanzhof erkennt auch andere Aufwendungen, insbesondere unfallbedingte Krankheitskosten, die aufgrund eines Wegeunfalls zwischen Wohnung und erster Tätigkeitsstätte entstanden sind, neben der Entfernungspauschale als allgemeine Werbungskosten nach § 9 Abs. 1 Satz 1 EStG an (BFH-Urteil vom 19.12.2019, BStBl. 2020 II S. 291). Die Pauschalbesteuerung ist lediglich für Beträge zulässig, die der Arbeitnehmer nach § 9 Abs. 1 Satz 3 Nr. 4 EStG oder nach § 9 Abs. 2 EStG als Werbungskosten geltend machen könnte.

F

Beispiel A

Ein Arbeitnehmer fährt mit seinem eigenen Pkw im Jahr 2021 an 220 Arbeitstagen von seiner Wohnung zur 30 km entfernt liegenden ersten Tätigkeitsstätte. Der Arbeitgeber zahlt ihm einen monatlichen Fahrtkostenzuschuss von 150 €. Im Juli 2021 verschuldet der Arbeitnehmer auf dem Weg zur Arbeit mit seinem Pkw einen Unfall. Der Arbeitgeber erstattet dem Arbeitnehmer zusätzlich zum Fahrtkostenzuschuss die ihm entstandenen Unfallkosten von 1500 €.

Der Arbeitgeber kann die Lohnsteuer für den monatlichen Fahrtkostenzuschuss mit 15 % pauschalieren, da der Fahrtkostenzuschuss von 1800 € (150 € × 12 Monate) nicht den Betrag übersteigt, den der Arbeitnehmer bei seiner Einkommensteuer-Veranlagung als Entfernungspauschale geltend machen könnte (220 Arbeitstage × 20 km × 0,30 € = 1320 € zuzüglich 220 Arbeitstage × 10 km × 0,35 € = 770 €, ergibt in der Summe 2090 €).

Die Lohnsteuer für die zusätzliche Übernahme der Unfallkosten kann hingegen nicht mit 15 % pauschaliert werden, da die Unfallkosten nach § 9 Abs. 1 Satz 1 EStG und nicht – wie für eine Pauschalierung erforderlich – nach § 9 Abs. 1 Satz 3 Nr. 4 EStG als Werbungskosten berücksichtigt werden. Die Übernahme der Unfallkosten ist somit individuell steuer- und auch beitragspflichtig. Der Arbeitnehmer kann allerdings die Unfallkosten bei seiner Einkommensteuer-Veranlagung neben der Entfernungspauschale nach § 9 Abs. 1 Satz 1 EStG als Werbungskosten geltend machen.

Eine Ausnahme von den vorstehenden Ausführungen besteht allerdings für behinderte Arbeitnehmer

- deren Grad der Behinderung mindestens 70 beträgt,
- deren Grad der Behinderung weniger als 70, aber mindestens 50 beträgt und die in ihrer Bewegungsfähigkeit im Straßenverkehr erheblich beeinträchtigt sind (Merkzeichen „G").

Denn diese behinderten Arbeitnehmer können ihre **tatsächlichen Aufwendungen** (einschließlich Unfallkosten) für Fahrten zwischen Wohnung und erster Tätigkeitsstätte nach § 9 Abs. 2 EStG als Werbungskosten absetzen. Dementsprechend kann der Arbeitgeber die Lohnsteuer auch bis zu diesem Betrag mit 15 % pauschal besteuern. Dies gilt auch für Unfallkosten.[3]

Beispiel B

Ein behinderter Arbeitnehmer (Grad der Behinderung 70) hat mit seinem eigenen Pkw auf dem Weg zur ersten Tätigkeitsstätte einen selbst verschuldeten Verkehrsunfall.

Die Reparaturkosten für sein Fahrzeug betragen 2000 €. Der Arbeitnehmer erhält keinen Ersatz von seiner Versicherung. Der Arbeitgeber zahlt die Reparaturkosten in Höhe von 2000 €. Dieser Betrag von 2000 € ist steuerpflichtiger Arbeitslohn.

---

1) Der Arbeitnehmer könnte Aufwendungen für Fahrten zwischen Wohnung und erster Tätigkeitsstätte in Höhe der Entfernungspauschale als Werbungskosten gelten machen, wenn der Fahrtkostenzuschuss nicht pauschal besteuert würde:

15 Arbeitstage × 20 km × 0,30 =	90,– €
15 Arbeitstage × 30 km × 0,35 € =	157,50 €
Summe	247,50 €

Da der Fahrtkostenzuschuss in Höhe von 100 € monatlich, den höchstmöglichen pauschalierungsfähigen Betrag von 248 € nicht übersteigt, kann der Fahrtkostenzuschuss in voller Höhe pauschal mit 15 % besteuert werden.

2) BMF-Schreiben vom 31.10.2013 (BStBl. I S. 1376, Tz. 4). Das BMF-Schreiben ist als Anlage zu H 9.10 LStR im **Steuerhandbuch für das Lohnbüro 2021** abgedruckt, das im selben Verlag erschienen ist.

3) BMF-Schreiben vom 31.10.2013 (BStBl. I S. 1376, Tz. 3). Das BMF-Schreiben ist als Anlage zu H 9.10 LStR im **Steuerhandbuch für das Lohnbüro 2021** abgedruckt, das im selben Verlag erschienen ist.

	Lohn-steuer-pflichtig	Sozial-versich.-pflichtig

Der Arbeitgeber kann allerdings die Lohnsteuer mit 15 % pauschalieren. Tut er dies, ist der Betrag von 2000 € beitragsfrei in der Sozialversicherung. Der Arbeitnehmer kann in diesem Fall die pauschal besteuerten Aufwendungen nicht als Werbungskosten bei seiner Einkommensteuer-Veranlagung geltend machen.

Zur Behandlung der Unfallkosten bei Überlassung eines „Firmenwagens zur privaten Nutzung" vgl. dieses Stichwort unter Nr. 16.

8. Überlassung eines Firmenwagens für Fahrten zwischen Wohnung und erster Tätigkeitsstätte

a) 0,03 %-Methode

F

Stellt der Arbeitgeber einem Arbeitnehmer einen Firmenwagen für Fahrten zwischen Wohnung und erster Tätigkeitsstätte zur Verfügung und liegt keiner der in Nr. 2 genannten Ausnahmefälle vor, ist der hierdurch entstehende geldwerte Vorteil steuerpflichtiger Arbeitslohn. ja ja

Der geldwerte Vorteil ist grundsätzlich **monatlich** mit **0,03 %** des Bruttolistenpreises (also inklusive Umsatzsteuer) **für jeden Kilometer** der einfachen Entfernung zwischen Wohnung und erster Tätigkeitsstätte anzusetzen.

Der Arbeitgeber hat bei der Besteuerung des geldwerten Vorteils für die Überlassung eines Firmenwagens zu Fahrten zwischen Wohnung und erster Tätigkeitsstätte die Möglichkeit, die Lohnsteuer insoweit mit **15 %** zu pauschalieren, als der Arbeitnehmer Werbungskosten in Höhe der Entfernungspauschale geltend machen könnte. Die **Entfernungspauschale** beträgt jeweils 0,30 € für die ersten 20 Entfernungskilometer und 0,35 € ab dem 21. Entfernungskilometer der einfachen Entfernung zwischen Wohnung und erster Tätigkeitsstätte je vollen Entfernungskilometer (vgl. das Stichwort „Entfernungspauschale"). Die Pauschalierung der Lohnsteuer mit 15 % löst Beitragsfreiheit in der Sozialversicherung aus. Allerdings verliert der Arbeitnehmer den Werbungskostenabzug, soweit eine Pauschalierung mit 15 % durchgeführt wurde. Macht der Arbeitgeber von der Pauschalisierungsmöglichkeit Gebrauch, kann aus **Vereinfachungsgründen** unterstellt werden, dass der Arbeitnehmer den Firmenwagen an **15 Arbeitstagen monatlich** (180 Tagen jährlich) für Fahrten zwischen Wohnung und erster Tätigkeitsstätte benutzt; eine **Glaubhaftmachung,** dass der Firmenwagen an **mehr als 15 Arbeitstagen** für Fahrten zwischen Wohnung und erster Tätigkeitsstätte benutzt wurde, ist **möglich.** Die Auswirkungen einer Pauschalierung der Lohnsteuer mit 15 % soll an folgendem Beispiel verdeutlicht werden:

Beispiel A

Der Arbeitnehmer nutzt einen Firmenwagen (Bruttolistenpreis im Zeitpunkt der Erstzulassung 30 000 €) für Fahrten zwischen Wohnung und erster Tätigkeitsstätte. Die Entfernung beträgt 40 km. Für die Nutzung des Firmenwagens zu Fahrten zwischen Wohnung und erster Tätigkeitsstätte ergibt sich folgender monatlich zu versteuernder geldwerter Vorteil:

0,03 % von 30 000 € × 40 km	=	360,— €
Der Arbeitgeber kann die Lohnsteuer mit 15 % pauschalieren, soweit der Arbeitnehmer Werbungskosten für Fahrten zwischen Wohnung und erster Tätigkeitsstätte in Höhe der Entfernungspauschale geltend machen könnte. Dabei kann aus Vereinfachungsgründen von 15 Arbeitstagen ausgegangen werden:		
15 Arbeitstage × 20 km × 0,30 €	=	90,— €
15 Arbeitstage × 20 km × 0,35 €	=	105,— €
Summe	=	195,— €
zur Versteuerung als laufender Arbeitslohn verbleiben (360 € – 195 € =)		165,— €

Für die Berechnung der Sozialversicherungsbeiträge gilt Folgendes:

Soweit die Lohnsteuer mit 15 % pauschaliert wird, tritt Beitragsfreiheit in der Sozialversicherung ein. Beitragspflichtig ist demnach der Betrag von 165 €.

Durch die Pauschalierung des Betrags von 195 € monatlich verliert der Arbeitnehmer in dieser Höhe den Werbungskostenabzug bei der Veranlagung zur Einkommensteuer.

	Lohn-steuer-pflichtig	Sozial-versich.-pflichtig

Die vorstehenden Ausführungen gelten entsprechend, wenn ein Firmenwagen für dauerhafte Fahrten zu einem Arbeitgeber-Sammelpunkt oder einem weiträumigen Tätigkeitsgebiet genutzt wird (vgl. hierzu auch „Entfernungspauschale" unter Nr. 11 Buchstaben b und c).

Die steuerliche Förderung von **Elektro- und extern aufladbaren Hybridelektrofahrzeugen,** die im Zeitraum vom **1.1.2019 bis 31.12.2030 angeschafft oder geleast** werden, erfolgt durch eine **Halbierung der Bemessungsgrundlage.** Das bedeutet, dass bei der Bruttolistenpreisregelung der halbe Bruttolistenpreis und bei der Fahrtenbuchmethode die Hälfte der Absetzung für Abnutzung bzw. der Leasingkosten angesetzt wird. Dies gilt für die Ermittlung des geldwerten Vorteils bei Privatfahrten, Fahrten zwischen Wohnung und erster Tätigkeitsstätte und etwaige steuerpflichtige Familienheimfahrten im Rahmen einer beruflich veranlassten doppelten Haushaltsführung. Bei Fahrzeugen ohne Kohlendioxidemission (reine Elektrofahrzeuge) mit einem Bruttolistenpreis bis 60 000 € wird nur ein Viertel der Bemessungsgrundlage angesetzt.

Beispiel B

Der Arbeitnehmer erhält als Firmenwagen ein in 2021 angeschafftes Hybridelektrofahrzeug als Firmenfahrzeug mit einer Batteriekapazität von 16,3 kWh auch zur privaten Nutzung sowie für die Fahrten zwischen Wohnung und erster Tätigkeitsstätte (Entfernung = 20 km). Der Bruttolistenpreis beträgt 45 280 €.

Die Hälfte des Bruttolistenpreises beträgt folglich 22 640 €, abgerundet auf volle Hundert Euro = 22 600 €.

Der monatliche geldwerte Vorteil in 2021 ermittelt sich wie folgt:

Privatfahrten 1 % von 22 600 € =	226,00 €
Fahrten zwischen Wohnung und erster Tätigkeitsstätte 0,03 % von 22 600 € × 20 km =	135,60 €
Geldwerter Vorteil insgesamt	361,60 €

Der geldwerte Vorteil für die Fahrten zwischen Wohnung und erster Tätigkeitsstätte in Höhe von 135,60 € kann in folgendem Umfang pauschal besteuert werden:

15 Arbeitstage × 20 km × 0,30 €	90,00 €
zur Versteuerung als laufender Arbeitslohn verbleiben 135,60 € abzüglich 90 €	45,60 €

b) 0,002 %-Methode

Wird im Lohnsteuerabzugsverfahren – zumeist wegen der geringen Anzahl von Fahrten zwischen Wohnung und erster Tätigkeitsstätte – ausnahmsweise eine Einzelbewertung der tatsächlich durchgeführten Fahrten mit 0,002 % des Bruttolistenpreises pro Fahrt vorgenommen, ist die Ermittlung der Entfernungspauschale für die Lohnsteuerpauschalierung mit 15 % anhand der vom Arbeitnehmer erklärten Anzahl der Tage vorzunehmen. Die unter dem vorstehenden Buchstaben a) erwähnte 15-Tage-Regelung ist in diesem Fall nicht anwendbar.[1]

Im Lohnsteuerabzugsverfahren ist der Arbeitgeber im Übrigen seit 2019 auf Verlangen des Arbeitnehmers zur Einzelbewertung der tatsächlichen Fahrten zwischen Wohnung und erster Tätigkeitsstätte verpflichtet, wenn sich aus der arbeitsvertraglichen oder einer anderen arbeitsrechtlichen Rechtsgrundlage nichts anderes ergibt.[2]

Beispiel

Der Arbeitnehmer nutzt einen Firmenwagen (Bruttolistenpreis im Zeitpunkt der Erstzulassung 40 000 €) im Monat Mai 2021 an 10 Tagen für Fahrten zwischen Wohnung und erster Tätigkeitsstätte. Die Entfernung beträgt 60 km. Arbeitgeber und Arbeitnehmer haben eine Einzelbewertung der Fahrten zur Ermittlung des geldwerten Vorteils vereinbart. Für den Monat Mai 2021 ergibt sich folgender geldwerter Vorteil:

1) Randnummer 10 Buchstabe d des BMF-Schreibens vom 4.4.2018 (BStBl. I S. 592). Das BMF-Schreiben ist als Anlage 1 zu H 8.1 (9-10) LStR im **Steuerhandbuch für das Lohnbüro 2021** abgedruckt, das im selben Verlag erschienen ist.

2) Randnummer 10 Buchstabe e des BMF-Schreibens vom 4.4.2018 (BStBl. I S. 592). Das BMF-Schreiben ist als Anlage 1 zu H 8.1 (9-10) LStR im **Steuerhandbuch für das Lohnbüro 2021** abgedruckt, das im selben Verlag erschienen ist.

		Lohn-steuer-pflichtig	Sozial-versich.-pflichtig

10 Fahrten à 0,002 % von 40 000 € × 60 km	=	480,– €
Der Arbeitgeber kann die Lohnsteuer mit 15 % pauschalieren, soweit der Arbeitnehmer Werbungskosten für Fahrten zwischen Wohnung und erster Tätigkeitsstätte in Höhe der Entfernungspauschale geltend machen könnte. Dabei ist wegen der gewählten Einzelbewertung von 10 Arbeitstagen auszugehen:		
20 km × 0,30 € × 10 Arbeitstage	=	60,– €
40 km × 0,35 € × 10 Arbeitstage	=	140,– €
Summe	=	200,– €
zur Versteuerung als laufender Arbeitslohn verbleiben (480 € – 200 €)	=	280,– €

c) Firmenwagen mit Fahrer

Wird für Fahrten zwischen Wohnung und erster Tätigkeitsstätte nicht nur ein Pkw unentgeltlich oder verbilligt zur Verfügung gestellt, sondern auch ein **Fahrer,** ist dieser geldwerte Vorteil zusätzlich zu erfassen. Der geldwerte Vorteil der Fahrergestellung bemisst sich nach dem **üblichen Endpreis** einer vergleichbaren von fremden Dritten erbrachten Leistung (§ 8 Abs. 2 Satz 1 EStG). Aus **Vereinfachungsgründen** kann der geldwerte Vorteil für die unentgeltliche Inanspruchnahme eines Fahrers bei Fahrten zwischen Wohnung und erster Tätigkeitsstätte mit einem **Zuschlag** von **50 %** zu dem für die Überlassung des Fahrzeugs zu diesen Fahrten anzusetzenden geldwerten Vorteils – vor Verminderung um eine etwaige Zuzahlung des Arbeitnehmers – angesetzt werden. Damit sind auch die Abholfahrten (sogenannte Leerfahrten) abgegolten.[1)]

Den für die Fahrergestellung als geldwerten Vorteil versteuerten Betrag kann der Arbeitnehmer **nicht** als Werbungskosten bei der Einkommensteuer-Veranlagung geltend machen, da die Fahrergestellung mit der Entfernungspauschale abgegolten ist. Der Arbeitgeber kann die Lohnsteuer für den geldwerten Vorteil „Fahrergestellung" daher auch **nicht** mit 15 % pauschalieren; zu Besonderheiten bei behinderten Arbeitnehmern vgl. „Firmenwagen zur privaten Nutzung" unter Nr. 13 Buchstabe b am Ende.

Weitere Einzelheiten zu den Fahrten zwischen Wohnung und erster Tätigkeitsstätte mit einem Firmenwagen sind beim Stichwort „Firmenwagen zur privaten Nutzung" erläutert; zur Fahrergestellung vgl. dieses Stichwort unter Nr. 15.

d) Überlassung eines Elektro-Bikes für Fahrten zwischen Wohnung und erster Tätigkeitsstätte

Ist ein Elektro-Bike verkehrsrechtlich als **Kraftfahrzeug** einzuordnen (vgl. die Erläuterungen beim Stichwort „Elektro-Bike"), sind für die Ermittlung des **geldwerten Vorteils** die Regelungen zur Überlassung von **Firmenwagen zur privaten Nutzung** (vgl. dieses Stichwort) entsprechend anzuwenden. Die steuerliche Förderung von solchen Elektro-Bikes, die seit 2019 angeschafft oder geleast werden, erfolgt ab 2020 durch eine Viertelung der Bemessungsgrundlage (in 2019 durch eine Halbierung der Bemessungsgrundlage). Das bedeutet, dass bei der Bruttolistenpreisregelung ein Viertel des Bruttolistenpreises und bei der Fahrtenbuchmethode ein Viertel der Abschreibung bzw. der Leasingkosten angesetzt wird. Dies gilt auch für die Ermittlung des geldwerten Vorteils bei Fahrten zwischen Wohnung und erster Tätigkeitsstätte.

Steuerfrei sind die vom Arbeitgeber gewährten **Sachbezüge** für die Überlassung eines **betrieblichen Fahrrads,** das verkehrsrechtlich **kein Kraftfahrzeug** ist (§ 3 Nr. 37 EStG). Die Steuerbefreiung gilt folglich sowohl für Pedelecs als auch für „normale" Fahrräder, die verkehrsrechtlich als Fahrräder einzustufen sind (vgl. die Erläuterungen beim Stichwort „Elektro-Bike"), jedoch nicht für Elektrofahrräder, die verkehrsrechtlich als Kraftfahrzeug einzustufen sind.

Die Steuerbefreiung gilt auch für die Überlassung für **Fahrten zwischen Wohnung und erster Tätigkeitsstätte.** Wird das Fahrrad (unabhängig davon, ob es verkehrsrechtlich als Kraftfahrzeug oder Fahrrad eingestuft ist) zu Fahrten zwischen Wohnung und erster Tätigkeitsstätte genutzt, sind die steuerfreien Sachbezüge **nicht** auf die **Entfernungspauschale anzurechnen.** Ebenso erfolgt keine Anrechnung auf die 44-Euro-Freigrenze für Sachbezüge.

	Lohn-steuer-pflichtig	Sozial-versich.-pflichtig

Beispiel

Der Arbeitgeber überlässt dem Arbeitnehmer ein Pedelec zur uneingeschränkten Privatnutzung. Der Arbeitnehmer fährt mit dem Fahrrad an 100 Tagen auch zur Arbeit, an den übrigen 120 Tagen mit dem Pkw. Die Entfernung zwischen Wohnung und erster Tätigkeitsstätte beträgt 10 km.

Die Entfernungspauschale berechnet sich wie folgt:

220 Arbeitstage × 10 km × 0,30 €	= 660 €

Der steuerfreie geldwerte Vorteil aus der Überlassung des Pedelecs ist nicht auf die Entfernungspauschale anzurechnen. Die Frage einer Pauschalbesteuerung stellt sich bedingt durch die Steuerfreiheit des geldwerten Vorteils nicht.

9. Umwandlung von steuerpflichtigem Arbeitslohn in einen pauschal besteuerten Fahrtkostenzuschuss

In § 40 Abs. 2 Satz 2 EStG ist ausdrücklich klargestellt worden, dass Fahrtkostenzuschüsse in Form von **Sachbezügen** (Firmenwagen) auch dann mit 15 % pauschal besteuert werden können, wenn sie aus einer **Gehaltsumwandlung** stammen. Bei **Barzuschüssen** ist eine Pauschalierung der Lohnsteuer mit 15 % nur für solche Fahrtkostenzuschüsse möglich, die **zusätzlich zum ohnehin geschuldeten Arbeitslohn** gezahlt werden. Zu diesem Zusätzlichkeitserfordernis vgl. das Stichwort „Gehaltsumwandlung" besonders unter Nr. 4.

10. Aufzeichnungs- und Bescheinigungspflichten

Wird der Arbeitgeberersatz bei Aufwendungen des Arbeitnehmers für Fahrten zwischen Wohnung und erster Tätigkeitsstätte mit 15 % pauschal besteuert, muss im **Lohnkonto** der Fahrtkostenzuschuss und die darauf entfallende pauschale Lohn- und Kirchensteuer sowie der Solidaritätszuschlag **getrennt** vom übrigen Gehalt des Arbeitnehmers **aufgezeichnet** werden (vgl. das Stichwort „Lohnkonto" unter Nr. 10 Buchstabe b). Dies ist deshalb notwendig, weil der pauschal besteuerte Fahrtkostenzuschuss nicht zu dem Bruttolohn des Arbeitnehmers gehört, der in die elektronische Lohnsteuerbescheinigung einzutragen ist. Ebenso gehört die pauschale Lohn- und Kirchensteuer sowie der Solidaritätszuschlag nicht zu den Steuerabzugsbeträgen, die in der Lohnsteuerbescheinigung des Arbeitnehmers zu bescheinigen sind. Denn die Pauschalbesteuerung stellt die endgültige steuerliche Belastung der Fahrtkostenzuschüsse dar. Die pauschal besteuerten Fahrtkostenzuschüsse dürfen deshalb im Jahresbruttolohn des Arbeitgebers (Zeile 3 der Lohnsteuerbescheinigung 2021) nicht enthalten sein; die pauschale Lohnsteuer, der hierauf entfallende Solidaritätszuschlag und die pauschale Kirchensteuer dürfen ebenfalls nicht in den einbehaltenen Steuerabzugsbeträgen (Zeilen 4, 5 und 6 der Lohnsteuerbescheinigung 2021) enthalten sein.

Wird der Zuschuss des Arbeitgebers zu Aufwendungen für Fahrten zwischen Wohnung und erster Tätigkeitsstätte mit 15 % pauschal besteuert, kann der Arbeitnehmer insoweit keine Werbungskosten in Höhe der Entfernungspauschale bei der Veranlagung zur Einkommensteuer geltend machen. Zur Kontrolle des Werbungskostenabzugs muss der Arbeitgeber die mit 15 % pauschal besteuerten Fahrtkostenzuschüsse in der Lohnsteuerbescheinigung gesondert bescheinigen (Zeile **18** der Lohnsteuerbescheinigung 2021). Der Arbeitgeber ist **gesetzlich verpflichtet,** diese Zeile auszufüllen (§ 41b Abs. 1 Satz 2 Nr. 7 EStG).

1) Randnummer 41 des BMF-Schreibens vom 4.4.2018 (BStBl. I S. 592). Das BMF-Schreiben ist als Anlage 1 zu H 8.1 (9-10) LStR im **Steuerhandbuch für das Lohnbüro 2021** abgedruckt, das im selben Verlag erschienen ist.

F

Entsprechendes gilt für den pauschal besteuerten geldwerten Vorteil bei Überlassung eines Firmenwagens für Fahrten zwischen Wohnung und erster Tätigkeitsstätte (vgl. vorstehende Nr. 8 Buchstaben a und b).

Wird die pauschale Lohnsteuer im Innenverhältnis auf den Arbeitnehmer abgewälzt, muss der Arbeitgeber ebenfalls den pauschal besteuerten Fahrtkostenzuschuss in Zeile 18 der Lohnsteuerbescheinigung 2021 eintragen (vgl. die Erläuterungen unter der vorstehenden Nr. 6).

Seit 1.1.2019 sind Arbeitgeberleistungen **(Barzuschüsse und Sachleistungen)** für Fahrten des Arbeitnehmers zwischen **Wohnung und erster Tätigkeitsstätte** sowie Fahrten zu einem weiträumigen Tätigkeitsgebiet oder zu einem vom Arbeitgeber dauerhaft festgelegten Sammelpunkt steuerfrei (§ 3 Nr. 15 Sätze 1 und 2 EStG). Steuerfrei sind danach geldwerte Vorteile aus der Überlassung eines Job-Tickets oder anderer Fahrkarten für die Fahrten zwischen Wohnung und erster Tätigkeitsstätte mit öffentlichen Verkehrsmitteln im Linienverkehr und entsprechende Zuschüsse des Arbeitgebers für diese Fahrten. Die **steuerfreien Arbeitgeberleistungen mindern** nach § 3 Nr. 15 Satz 3 EStG die beim Arbeitnehmer als Werbungskosten zu berücksichtigende **Entfernungspauschale** und sind vom Arbeitgeber in der Lohnsteuerbescheinigung anzugeben (§ 41b Abs. 1 Satz 2 Nr. 6 EStG).

F

Beispiel A

Üblicher Endpreis einer Monatskarte (= Job-Ticket)	100,00 €
vom Verkehrsträger eingeräumte Ermäßigung (10 %)	10,00 €
Differenz	90,00 €
davon 96 %	86,40 €

In der Lohnsteuerbescheinigung des Arbeitnehmers ist ein Betrag von 1036,80 € zu bescheinigen (= 86,40 € × 12 Monate). Dieser steuerfreie Betrag mindert die beim Arbeitnehmer als Werbungskosten zu berücksichtigende Entfernungspauschale.

Bei Fahrberechtigungen mit einer **Gültigkeit über zwei Kalenderjahre** ist der Wert der Fahrberechtigung anteilig auf den Gültigkeitszeitraum zu verteilen und entsprechend zu bescheinigen.

Beispiel B

Der Arbeitgeber überlässt seinem Arbeitnehmer am 1.12.2020 ein Jahresticket (Gültigkeit bis zum 30.11.2021) für den regionalen Verkehrsverbund, das er zum Preis von 600 € erworben hat.

Das überlassene Jahresticket im Wert von 600 € ist als Fahrberechtigung für den öffentlichen Personennahverkehr in voller Höhe steuerfrei (§ 3 Nr. 15 Satz 2 EStG; steuerfreier Zufluss 1.12.2020). Für die Anrechnung auf die Entfernungspauschale ist die steuerfreie Arbeitgeberleistung anteilig auf den Gültigkeitszeitraum der Fahrberechtigung von 12 Monaten zu verteilen. Somit ist die steuerfreie Arbeitgeberleistung im Jahr 2020 mit 50 € (1/12) und im Jahr 2021 mit 550 € (11/12) auf die Entfernungspauschale anzurechnen.

Der Arbeitgeber hat allerdings das **Wahlrecht,** die **steuerfreien Leistungen mit 25 % pauschal zu versteuern.** Diese mit 25 % pauschal versteuerte Leistung ist **nicht** auf die Entfernungspauschale **anzurechnen.**

Die Steuerfreiheit der Leistungen (Barzuschüsse und Sachleistungen) nach § 3 Nr. 15 EStG setzt voraus, dass diese **zusätzlich** zum ohnehin geschuldeten Arbeitslohn gewährt werden. Bei einer Gehaltsumwandlung bleiben allerdings Vorteile bis 44 € monatlich aufgrund der **Anwendung der 44-Euro-Freigrenze** für Sachbezüge steuer- und beitragsfrei, sofern diese noch nicht anderweitig ausgeschöpft wurde. Bei **Übersteigen** dieser Grenze wäre der dann steuerpflichtige Sachbezug aus der Überlassung eines Job-Tickets oder einer Bahncard für die Fahrten zur Arbeit allerdings **pauschalierungsfähig** mit **15 %.** Auch in diesem Fall hat der Arbeitgeber das Wahlrecht anstelle der Pauschalierung mit 15 % eine **Pauschalierung mit 25 %** vorzunehmen, um so die **Anrechnung** des pauschalierten Betrags auf die **Entfernungspauschale** zu vermeiden.

Aus den vorstehenden Erläuterungen ergeben sich folgende **Bescheinigungspflichten,** die der Arbeitgeber bei der Ausstellung der **Lohnsteuerbescheinigung 2021** zu beachten hat:

Unter **Nummer 17** der Lohnsteuerbescheinigung sind die folgenden **auf** die **Entfernungspauschale anzurechnenden steuerfreien Barzuschüsse und Sachbezüge** betragsmäßig zu bescheinigen:

- Zuschüsse des Arbeitgebers, die zusätzlich zum ohnehin geschuldeten Arbeitslohn zu den Aufwendungen des Arbeitnehmers für Fahrten mit öffentlichen Verkehrsmitteln im Linienverkehr (ohne Luftverkehr) zwischen Wohnung und erster Tätigkeitsstätte und nach § 9 Abs. 1 Satz 3 Nr. 4a Satz 3 EStG (dauerhafte Fahrten von der Wohnung zu einem Arbeitgebersammelpunkt oder zu einem weiträumigen Tätigkeitsgebiet) sowie für Fahrten im öffentlichen Personennahverkehr (inkl. Privatfahrten) gezahlt werden (§ 3 Nr. 15 Satz 1 EStG),
- Sachbezüge für die unentgeltliche oder verbilligte Nutzung öffentlicher Verkehrsmittel im Linienverkehr (ohne Luftverkehr) für Fahrten zwischen Wohnung und erster Tätigkeitsstätte und nach § 9 Abs. 1 Satz 3 Nr. 4a Satz 3 EStG (dauerhafte Fahrten von der Wohnung zu einem Arbeitgebersammelpunkt oder zu einem weiträumigen Tätigkeitsgebiet) sowie für Fahrten im öffentlichen Personennahverkehr (einschließlich Privatfahrten), die der Arbeitnehmer aufgrund seines Dienstverhältnisses zusätzlich zum ohnehin geschuldeten Arbeitslohn erhält (§ 3 Nummer 15 Satz 2 EStG),
- Sachbezüge, die im Rahmen der 44-Euro-Freigrenze für Sachbezüge (§ 8 Abs. 2 Satz 11 EStG) – Job-Ticket – oder § 8 Abs. 3 EStG (Rabattfreibetrag) – Verkehrsträger – steuerfrei bleiben.

Unter **Nummer 18** der Lohnsteuerbescheinigung sind nur die auf die Entfernungspauschale nach § 40 Abs. 2 Satz 2 Nr. 1 zweiter Halbsatz EStG anzurechnenden mit **15 % pauschal besteuerten Arbeitgeberleistungen** für Fahrten zwischen Wohnung und erster Tätigkeitsstätte sowie für Fahrten nach § 9 Abs. 1 Satz 3 Nr. 4a Satz 3 EStG zu bescheinigen.

Im Übrigen wird der steuerfreie Sachbezug aus der Gestellung eines Fahrrads für den Weg zur Arbeit nicht auf die Entfernungspauschale angerechnet und ist folglich auch nicht zu bescheinigen.

Bei Arbeitgeberleistungen, die als **Sammelbeförderung** nach § 3 Nr. 32 EStG **steuerfrei** sind, wird keine Entfernungspauschale gewährt. Sie müssen deshalb auch im Lohnkonto gesondert aufgezeichnet und in der Lohnsteuerbescheinigung gesondert bescheinigt werden. Dies geschieht durch die Eintragung des Großbuchstabens **„F"** (= Freifahrtberechtigung) in Zeile 2 der elektronischen Lohnsteuerbescheinigung 2021. Der Arbeitgeber ist gesetzlich verpflichtet, diese Zeile auszufüllen (§ 41b Abs. 1 Satz 2 Nr. 9 EStG). Der Großbuchstabe „F" ist aber nur zu bescheinigen, wenn eine steuerfreie Sammelbeförderung zwischen **Wohnung** und **erster Tätigkeitsstätte** erfolgte. Er ist grundsätzlich nicht zu bescheinigen für Sammelbeförderungen bei beruflich veranlassten Auswärtstätigkeiten. Eine Bescheinigung des Großbuchstabens „F" ist aber in diesen Fällen erforderlich, wenn es sich um Sammelbeförderungen von der Wohnung zu einem Arbeitgeber-Sammelpunkt oder einem weiträumigen Tätigkeitsgebiet handelt. Außerdem beinhaltet die Bescheinigung des Großbuchstabens „F" keine Aussage, an wie vielen Tagen eine steuerfreie Sammelbeförderung zwischen Wohnung und erster Tätigkeitsstätte durchgeführt worden ist. Ggf. – z. B. bei nur zeitweiser steuerfreier Sammelbeförderung im Kalenderjahr – sind zusätzliche Angaben in einer gesonderten Bescheinigung des Arbeitgebers erforderlich.

Füllt der Arbeitgeber die Zeilen 2, 17 oder 18 der Lohnsteuerbescheinigung 2021 nicht oder nicht zutreffend aus, obwohl er mindestens eine steuerfreie Sammelbeför-

Lohn-steuer-pflichtig Sozial-versich.-pflichtig

derung zwischen Wohnung und erster Tätigkeitsstätte bzw. zu einem Arbeitgeber-Sammelpunkt oder weiträumigen Tätigkeitsgebiet durchgeführt, steuerfreie Job-Tickets überlassen, den geldwerten Vorteil bei einer Firmenwagenüberlassung für solche Fahrten pauschal besteuert oder mit 15 % pauschal besteuerte Fahrtkostenzuschüsse gezahlt hat, haftet er für die durch das Finanzamt bei einer Veranlagung des Arbeitnehmers ggf. zu viel erstattete Steuer (vgl. „Haftung des Arbeitgebers" besonders unter Nr. 3 Buchstabe c).

11. Vorsteuerabzug beim Ersatz der Fahrkarte und beim Kauf von Job-Tickets

Wird dem Arbeitgeber vom Arbeitnehmer eine Fahrkarte vorgelegt, die dieser zur Benutzung öffentlicher Verkehrsmittel für Fahrten zwischen Wohnung und erster Tätigkeitsstätte erworben hat und erstattet der Arbeitgeber die Aufwendungen, stellt sich für ihn die Frage nach dem umsatzsteuerlichen **Vorsteuerabzug.** Gleiches gilt beim Kauf von Job-Tickets durch den Arbeitgeber selbst und anschließender Weitergabe an den Arbeitnehmer.

Nach Abschnitt 15.5 Abs. 1 Sätze 2 und 3 des Umsatzsteuer-Anwendungserlasses gilt folgende Regelung:

„Stellt der Arbeitgeber seinen Arbeitnehmern Fahrausweise für die Fahrten zwischen Wohnung und regelmäßiger Arbeitsstätte[1] zur Verfügung, sind die von den Arbeitnehmern in Anspruch genommenen Beförderungsleistungen nicht als Umsätze für das Unternehmen anzusehen. Die dafür vom Arbeitgeber beschafften Fahrausweise berechtigen ihn daher **nicht zur Vornahme des Vorsteuerabzugs.**"

Wendet man diese Regelung auf die Job-Tickets an, ergibt sich Folgendes:

Die auf die einzelnen Arbeitnehmer ausgestellten Job-Tickets werden nicht für das Unternehmen des Arbeitgebers bezogen. Der Beförderungsunternehmer (Verkehrsbetrieb) erbringt seine Beförderungsleistungen ausschließlich gegenüber dem jeweiligen Arbeitnehmer. Der Arbeitgeber selbst erhält von dem Beförderungsunternehmer keine Leistung. Damit scheidet ein Vorsteuerabzug aus.

Sowohl beim Kauf von Job-Tickets als auch beim Ersatz der Fahrkarte kann der Arbeitgeber also keinen Vorsteuerabzug in Anspruch nehmen.

Die vorstehenden Ausführungen entsprechen der Vorgehensweise bei der umsatzsteuerlichen Behandlung von Sachbezügen. Vgl. hierzu das Stichwort „Umsatzsteuerpflicht bei Sachbezügen", besonders unter Nr. 1.

Fahrtkostenzuschüsse

Wichtiges auf einen Blick:

Zum 1.1.2019 wurde eine **Steuerbefreiungsvorschrift** in § 3 Nr. 15 EStG eingeführt, um Arbeitgeberleistungen (Sachbezüge und Barzuschüsse) für bestimmte Fahrten mit öffentlichen Verkehrsmitteln im Linienverkehr sowie im öffentlichen Personennahverkehr zu begünstigen. Die **Finanzverwaltung** hat ein umfangreiches **Anwendungsschreiben** zur Steuerbefreiungsvorschrift bekannt gegeben.[2]

Gliederung:

1. Allgemeines
2. Personenfernverkehr
3. Personennahverkehr
4. Taxen
5. Anrechnung auf die Entfernungspauschale

Lohn-steuer-pflichtig Sozial-versich.-pflichtig

1. Allgemeines

Nach dem Gesetzeswortlaut (vgl. § 3 Nr. 15 Sätze 1 und 2 EStG) wäre es in Betracht gekommen, für den Umfang der Steuerfreiheit der Arbeitgeberleistungen (Sachbezüge und Barzuschüsse) eine Differenzierung zwischen Fahrten von der Wohnung zur ersten Tätigkeitsstätte sowie diesen gleichgestellten Fahrten (vgl. § 9 Abs. 1 Satz 3 Nr. 4a Satz 3 EStG) einerseits und privaten Fahrten andererseits vorzunehmen. Die Finanzverwaltung hat sich allerdings dazu entschieden, eine Unterscheidung zwischen Arbeitgeberleistungen für Fahrten mit öffentlichen Verkehrsmitteln im Linienverkehr im Personenfernverkehr (ohne Luftverkehr) sowie Arbeitgeberleistungen für Fahrten im öffentlichen Personennahverkehr vorzunehmen. Danach gilt im Einzelnen Folgendes:

F

2. Personenfernverkehr

Die Steuerfreiheit von zusätzlich zum ohnehin geschuldeten Arbeitslohn erbrachten Arbeitgeberleistungen (Sachbezüge und Barzuschüsse) für Fahrberechtigungen im Personenfernverkehr ist neben steuerfreien Reisekosten begrenzt auf **Fahrten von der Wohnung zur ersten Tätigkeitsstätte** sowie diesen gleichgestellten Fahrten (vgl. § 9 Abs. 1 Satz 3 Nr. 4a Satz 3 EStG). Sie kommt daher nur in Betracht für Arbeitnehmer in einem aktiven Beschäftigungsverhältnis sowie für die beim Entleiher beschäftigten Leiharbeitnehmer. **Privatfahrten** im Personenfernverkehr sind nicht begünstigt mit der Folge, dass entsprechende Arbeitgeberleistungen nicht steuerfrei, sondern steuerpflichtig sind; ggf. ist aber der Rabattfreibetrag von 1080 € (§ 8 Abs. 3 EStG) anzuwenden.

Zum Personenfernverkehr (= öffentliche Verkehrsmittel im Linienverkehr) gehören

- Fernzüge der Deutschen Bahn (ICE, IC, EC), Fernbusse auf festgelegten Linien oder Routen und Haltepunkten,
- vergleichbare Hochgeschwindigkeitszüge und schnellfahrende Fernzüge anderer Anbieter (z. B. TGV, Thalys).

Nicht hierzu gehören

- für konkrete Anlässe speziell gemietete bzw. gecharterte Busse oder Bahnen,
- Taxen im Gelegenheitsverkehr, die nicht auf konzessionierten Linien oder Routen fahren,
- der in § 3 Nr. 15 EStG gesetzlich ausgeschlossene Luftverkehr.

Eine darüber hinausgehende Abgrenzung zwischen Fernverkehr und Nahverkehr nach Kilometern oder Fahrzeiten wird nicht vorgenommen.

Beispiel A

Arbeitnehmer A wohnt in Düsseldorf und arbeitet in Frankfurt. Er erhält von seinem Arbeitgeber zusätzlich zum ohnehin geschuldeten Arbeitslohn ein Monatsabonnement für die ICE-Strecke Düsseldorf-Frankfurt.

Die Arbeitgeberleistung in Form der Ticketgestellung ist nach § 3 Nr. 15 Satz 2 EStG steuer- und auch beitragsfrei.

Beispiel B

Arbeitnehmer B fährt übers Wochenende mit dem Thalys von Köln nach Paris und zurück. Wegen besonders guter beruflicher Leistungen erhält er von seinem Arbeitgeber eine Erstattung des Fahrpreises.

Die Arbeitgebererstattung ist nicht nach § 3 Nr. 15 Satz 1 EStG steuerfrei, sondern steuerpflichtig, da es sich um einen Barzuschuss für eine Privatfahrt im Personenfernverkehr handelt.

Bei einem **Zusammentreffen mit Privatfahrten** ist aus Vereinfachungsgründen davon auszugehen, dass eine Fahrberechtigung für den Personenfernverkehr nur auf Fahrten von der Wohnung zur ersten Tätigkeitsstätte sowie diesen gleichgestellten Fahrten (vgl. § 9 Abs. 1 Satz 3 Nr. 4a Satz 3 EStG) entfällt und daher die Arbeitgeber-

1) Ab 1.1.2014 = Erste Tätigkeitsstätte.
2) BMF-Schreiben vom 15.8.2019 (BStBl. I S. 875). Das BMF-Schreiben ist als Anlage zu H 3.15 LStR im **Steuerhandbuch für das Lohnbüro 2021** abgedruckt, das im selben Verlag erschienen ist.

Lohn-steuer-pflichtig Sozial-versich.-pflichtig

leistung nach § 3 Nr. 15 EStG steuerfrei ist, wenn sie **ausschließlich** zur Nutzung für diese Strecke berechtigt. Die tatsächliche Nutzung der Fahrberechtigung auch zu reinen Privatfahrten ist dann unbeachtlich.

Beispiel C

Arbeitnehmer C wohnt in Düsseldorf und arbeitet in Frankfurt. Er erhält von seinem Arbeitgeber zusätzlich zum ohnehin geschuldeten Arbeitslohn ein Monatsabonnement für die ICE-Strecke Düsseldorf-Frankfurt. An den Wochenenden nutzt er dieses Ticket auch regelmäßig für Privatfahrten auf dieser Strecke.

Die Arbeitgeberleistung in Form der Ticketgestellung ist nach § 3 Nr. 15 Satz 2 EStG steuer- und auch beitragsfrei, da sie ausschließlich zur Nutzung auf der Strecke zwischen Wohnung und erster Tätigkeitsstätte berechtigt. Die tatsächliche Nutzung der Fahrberechtigung auch zu reinen Privatfahrten ist unbeachtlich.

F

Geht die **Fahrberechtigung** für den Personenfernverkehr **über die Strecke zwischen Wohnung und zur ersten Tätigkeitsstätte** sowie diesen gleichgestellten Fahrten (vgl. § 9 Abs. 1 Satz 3 Nr. 4a Satz 3 EStG) **hinaus,** ist aus Vereinfachungsgründen davon auszugehen, dass die Fahrberechtigung insoweit auf diese Strecke entfällt, als der anzusetzende Wert der Arbeitgeberleistung den regulären Verkaufspreis einer Fahrberechtigung nur für diese Strecke für den entsprechenden Gültigkeitszeitraum nicht überschreitet.

Beispiel D

Arbeitnehmer D erhält von seinem Arbeitgeber eine Fahrberechtigung für den Personenfernverkehr (IC-Nutzung) für das gesamte Tarifgebiet C zu einem Wert von 250 € monatlich (das Tarifgebiet C geht über die eigentliche Strecke des Arbeitnehmers zwischen Wohnung und erster Tätigkeitsstätte hinaus). Der reguläre Verkaufspreis einer Fahrberechtigung für die Strecke von der Wohnung zur Arbeit beträgt 200 € monatlich.

Die Arbeitgeberleistung ist in Höhe von 200 € monatlich nach § 3 Nr. 15 Satz 2 EStG steuerfrei und in Höhe des übersteigenden Teils von 50 € monatlich steuerpflichtig.

Zum Zusammentreffen von Fahrten von der Wohnung zur ersten Tätigkeitsstätte sowie diesen gleichgestellten Fahrten (vgl. § 9 Abs. 1 Satz 3 Nr. 4a Satz 3 EStG) mit Fahrten, die zu einem steuerfreien Arbeitgeberersatz im reisekostenrechtlichen Sinne führen, vgl. das Stichwort „BahnCard".

3. Personennahverkehr

Die Steuerfreiheit von zusätzlich zum ohnehin geschuldeten Arbeitslohn erbrachten Arbeitgeberleistungen (Sachbezüge und Barzuschüsse) für Fahrberechtigungen im öffentlichen Personennahverkehr gilt für alle Arbeitnehmer oder Leiharbeitnehmer. Im Gegensatz zum Personenfernverkehr sind also z. B. auch die nicht mehr in einem aktiven Dienstverhältnis stehenden Betriebsrentner begünstigt.

Zum öffentlichen Personennahverkehr gehört die allgemein zugängliche Beförderung von Personen im Linienverkehr, die überwiegend dazu bestimmt ist, die Verkehrsnachfrage im Stadt-, Vorort- oder Regionalverkehr zu befriedigen. Aus Vereinfachungsgründen gehören hierzu **alle öffentlichen Verkehrsmittel, die nicht Personenfernverkehr** im Sinne der vorstehenden Nr. 2 **sind** und nicht zu den dort erwähnten gemieteten Busse/Bahnen, Taxen und dem Luftverkehr gehören (vgl. zu Taxen auch die nachfolgende Nr. 4).

Arbeitgeberleistungen (Sachbezüge und Barzuschüsse) bei Nutzung des öffentlichen Personennahverkehrs sind unabhängig von der Art der Fahrt **steuerfrei,** also **auch bei reinen Privatfahrten** des Arbeitnehmers. Daher ist – anders als im Personenfernverkehr – bei Fahrberechtigungen, die nur eine Nutzung des Personennahverkehrs ermöglichen, keine weitere Prüfung zur Art der Nutzung vorzunehmen.

Lohn-steuer-pflichtig Sozial-versich.-pflichtig

Beispiel A

Arbeitnehmer A erhält von seinem Arbeitgeber für den Weg von der Wohnung zur ersten Tätigkeitsstätte ein Job-Ticket, das er auch in sehr großem Umfang (weit überwiegend) privat nutzt, da er für den Weg zur Arbeit auch häufig seinen Pkw benutzt.

Die Zurverfügungstellung des Job-Tickets durch den Arbeitgeber ist nach § 3 Nr. 15 Satz 2 EStG steuer- und beitragsfrei. Auf den Umfang der Privatnutzung kommt es nicht an.

Beispiel B

Arbeitnehmer F fährt am Wochenende mit der Straßenbahn zum Einkaufen in die Stadt. Die hierfür entstandenen Kosten i. H. v. 6,40 € bekommt er von seinem Arbeitgeber erstattet.

Die Arbeitgeberleistung ist nach § 3 Nr. 15 Satz 1 EStG steuerfrei.

Beispiel C

Arbeitnehmer C fährt aus privaten Gründen mit dem RE 1 von Cottbus nach Berlin und zurück. Seine Aufwendungen bekommt er vom Arbeitgeber erstattet.

Der RE 1 ist dem Personennahverkehr und nicht dem Personenfernverkehr zuzurechnen. Beim Personennahverkehr sind auch reine Privatfahrten des Arbeitnehmers begünstigt. Der Barzuschuss des Arbeitgebers ist daher nach § 3 Nr. 15 Satz 1 EStG steuerfrei.

Beispiel D

Arbeitnehmer D erhält von seinem Arbeitgeber eine Fahrberechtigung für den Personennahverkehr (S-Bahn-Nutzung) für das gesamte Tarifgebiet C zu einem Wert von 150 € monatlich (das Tarifgebiet C geht über die eigentliche Strecke des Arbeitnehmers zwischen Wohnung und erster Tätigkeitsstätte hinaus). Der reguläre Verkaufspreis einer Fahrberechtigung für die Strecke von der Wohnung zur Arbeit beträgt 100 € monatlich.

Die Arbeitgeberleistung ist in voller Höhe von 150 € monatlich nach § 3 Nr. 15 Satz 2 EStG steuerfrei, da Arbeitgeberleistungen bei Nutzung des öffentlichen Personennahverkehrs unabhängig von der Art der Fahrt steuerfrei sind, also auch bei reinen Privatfahrten des Arbeitnehmers.

Die Steuerbefreiung ist selbst dann nicht ausgeschlossen, wenn die Fahrberechtigung die **Mitnahme von anderen Personen** oder die Übertragbarkeit auf andere Personen umfasst.

Beispiel E

Der Arbeitnehmer erhält von seinem Arbeitgeber für den Weg von der Wohnung zur ersten Tätigkeitsstätte ein Job-Ticket. Montags bis freitags ab 18 Uhr und am Wochenende kann der Arbeitnehmer mit diesem Ticket einen weiteren Erwachsenen und bis zu drei Kinder mitnehmen.

Die Zurverfügungstellung des Job-Tickets durch den Arbeitgeber an den Arbeitnehmer ist steuerfrei (§ 3 Nr. 15 Satz 2 EStG). Die Möglichkeit der Mitnahme weiterer Personen zu bestimmten Zeiten ist für die Steuerfreiheit unbeachtlich.

4. Taxen

Taxen im Gelegenheitsverkehr gehören nicht zu den öffentlichen Verkehrsmitteln im Sinne der Steuerbefreiungsvorschrift des § 3 Nr. 15 EStG, da sie nicht auf konzessionierten Linien oder Routen fahren. Soweit Taxen ausnahmsweise im Linienverkehr nach Maßgabe der genehmigten Nahverkehrspläne eingesetzt werden (z. B. zur Verdichtung, Ergänzung oder zum Ersatz anderer öffentlicher Verkehrsmittel) und von der Fahrberechtigung mitumfasst sind oder gegen einen geringeren Aufpreis genutzt werden dürfen, gehören sie zum Personennahverkehr.

Beispiel

Arbeitnehmer H muss Überstunden machen und nutzt für die Fahrt nach Hause ein Taxi. Den Fahrpreis bekommt er von seinem Arbeitgeber erstattet.

Die Arbeitgeberleistung ist steuer- und beitragspflichtig. Eine Steuerfreiheit nach § 3 Nr. 15 EStG kommt nicht in Betracht, da Taxen im Gelegenheitsverkehr nicht zu den öffentlichen Verkehrsmitteln im Sinne der Steuerbefreiungsvorschrift gehören.

5. Anrechnung auf die Entfernungspauschale

Die steuerfreien Arbeitgeberleistungen sind in vollem Umfang – auch soweit sie auf Privatfahrten entfallen – auf die Entfernungspauschale anzurechnen (§ 3 Nr. 15 Satz 3

Lohn- steuer- pflichtig | Sozial- versich.- pflichtig

EStG). Vgl. auch das Stichwort „Entfernungspauschale" unter Nr. 12.

Vgl. im Übrigen auch die Stichworte „Fahrten zwischen Wohnung und erster Tätigkeitsstätte" und „Freifahrten".

Faktorverfahren

Gliederung:

1. Allgemeines
2. Beantragung des Faktors
3. Ermittlung des Faktors
4. Lohnsteuerabzug im Faktorverfahren
5. Veranlagung zur Einkommensteuer
6. Faktorverfahren bei den Zuschlagsteuern
7. Sozialversicherung
8. Zweijährige Gültigkeit des Faktors

1. Allgemeines

Zusätzlich zu den **Steuerklassenkombinationen III/V** und **IV/IV** können Arbeitnehmer-Ehegatten und eingetragene Lebenspartner auch die Steuerklassenkombination **IV/IV mit Faktor** wählen (§ 39f EStG). Ziel des Faktorverfahrens ist es, einen Anreiz zur Aufnahme einer steuer- und sozialversicherungspflichtigen Beschäftigung des geringer verdienenden Arbeitnehmers zu schaffen. Als Hemmschwelle für eine solche Beschäftigungsaufnahme wird nämlich der relativ hohe Lohnsteuerabzug in der Steuerklasse V gesehen. Bei Wahl der Steuerklassenkombination IV/IV werden demgegenüber wiederum die Steuerabzüge für beide Ehegatten bzw. eingetragene Lebenspartner insgesamt als zu hoch angesehen. Eine „Richtigstellung" dieses hohen Steuerabzugs erfolgt erst im Rahmen der Einkommensteuer-Veranlagung nach Ablauf des Kalenderjahres.

Durch das sog. Faktorverfahren wird erreicht, dass bei jedem Ehegatten oder eingetragenen Lebenspartner die steuerentlastenden Vorschriften (insbesondere der Grundfreibetrag) beim eigenen Lohnsteuerabzug angesetzt werden. Durch den Faktor wird zudem die steuermindernde Wirkung des Splittingverfahrens beim Lohnsteuerabzug berücksichtigt. Die Höhe der steuermindernden Wirkung des Splittingverfahrens hängt von der Höhe der Lohnunterschiede bei den Ehegatten oder eingetragenen Lebenspartnern ab. Mit dem **Faktorverfahren** wird der **Lohnsteuerabzug** der voraussichtlichen **Einkommensteuer-Jahresschuld** ziemlich genau **angenähert.** Damit können höhere Steuernachzahlungen – und hierauf beruhende Einkommensteuer-Vorauszahlungen – vermieden werden, die besonders bei der Steuerklassenkombination III/V häufig auftreten. Die sich durch das Faktorverfahren ergebende Summe der Lohnsteuer ist daher höher als bei der Steuerklassenkombination III/V. Zudem führt die Steuerklassenkombination IV/IV mit Faktor zu einer **anderen Verteilung der Lohnsteuer** zwischen den Ehegatten oder eingetragenen Lebenspartnern als die Steuerklassenkombination III/V. Die Lohnsteuer erhöht sich gegenüber der Steuerklasse III und vermindert sich gegenüber der Steuerklasse V. Man sollte daher stets bedenken, dass die gewählte Steuerklassenkombination die Höhe etwaiger Entgelt-/Lohnersatzleistungen positiv oder negativ beeinflussen kann.[1)]

2. Beantragung des Faktors

Durch das sog. Bürokratieentlastungsgesetz vom 28.7.2015 (BGBl. I S. 1400) ist mit Wirkung ab 2019 für den bei Ehegatten mit Steuerklasse IV zusätzlich im Faktorverfahren gebildeten Faktor die zweijährige Gültigkeit eingeführt worden (§ 39f Abs. 1 Satz 9 EStG). Anders als beim Freibetrag im Lohnsteuer-Ermäßigungsverfahren besteht insoweit kein Wahlrecht des Arbeitnehmers. Auch der Faktor wird dem Arbeitgeber als Lohnsteuerabzugsmerkmal elektronisch zum Abruf bereitgestellt (vgl. „Elektronische Lohnsteuerabzugsmerkmale – ELStAM").

Für die **Beantragung** oder Änderung eines Faktors gilt Folgendes:

Der **Antrag** auf Anwendung des Faktorverfahrens kann beim **Finanzamt** durch Verwendung des Vordrucks „Antrag auf Steuerklassenwechsel bei Ehegatten" (die Abschnitte B und C enthalten die erforderlichen Angaben zum Faktorverfahren) oder in Verbindung mit einem förmlichen Antrag nach amtlichen Vordruck auf Bildung eines Freibetrags im Lohnsteuer-Ermäßigungsverfahren gestellt werden. Dabei sind die voraussichtlichen **Arbeitslöhne** des Jahres 2021 der Ehegatten aus den ersten Dienstverhältnissen **anzugeben. Arbeitslöhne** aus zweiten und weiteren Dienstverhältnissen **(Steuerklasse VI)** sind im Faktorverfahren **nicht** zu berücksichtigen (§ 39f Abs. 1 Satz 8 EStG). Ein förmlicher Antrag nach amtlichen Vordruck auf Bildung eines Freibetrags ist aber nur erforderlich, wenn bei der Ermittlung des Faktors steuermindernde Beträge zu berücksichtigen sind, für die die Bildung eines Freibetrags in Betracht käme (z. B. Werbungskosten, die den Arbeitnehmer-Pauschbetrag übersteigen; § 39f Abs. 3 Satz 2 EStG).

F

Der Wechsel von der Steuerklassenkombination III/V oder IV/IV zur Steuerklassenkombination IV/IV mit Faktor kann beim Finanzamt **bis zum 30.11.** des laufenden Kalenderjahres beantragt werden. Die **Steuerklasse IV mit Faktor** wird mit Beginn des auf die erstmalige Antragstellung folgenden Monats als Lohnsteuerabzugsmerkmal gebildet. Die Bildung eines Faktors durch das Finanzamt im laufenden Kalenderjahr gilt als **Steuerklassenwechsel** (§ 39f Abs. 3 Satz 1 i. V. m. § 39 Abs. 6 Sätze 3 und 5 EStG; vgl. die Erläuterungen beim Stichwort „Steuerklassen" unter Nr. 4).

Eine **Änderung** des gebildeten **Faktors** im Laufe des Kalenderjahres (z. B. wegen geänderter Jahresarbeitslöhne höherer/weiterer Werbungskosten bei den Einkünften aus nichtselbstständiger Arbeit) ist **zulässig** (§ 39f Abs. 3 Satz 2 EStG i. V. m. R 39a.1 Abs. 8 LStR).

3. Ermittlung des Faktors

Der Faktor ergibt sich aus der **voraussichtlichen Einkommensteuer** im Splittingverfahren (= „Y") geteilt **durch** die **Summe der Lohnsteuer** für die Arbeitnehmer-Ehegatten oder eingetragenen Lebenspartnern gemäß **Steuerklasse IV** (= „X"). Maßgeblich sind jeweils die Steuerbeträge für das Kalenderjahr, für das der Faktor erstmals gelten soll. Die voraussichtliche Einkommensteuer im Splittingverfahren ist unter Berücksichtigung folgender Abzugsbeträge zu ermitteln (§ 39f Abs. 1 Satz 3 i. V. m. § 39b Abs. 2 EStG):

- Arbeitnehmer-Pauschbetrag von 1000 €,
- bei Versorgungsbezügen: Werbungskosten-Pauschbetrag von 102 €, Versorgungsfreibetrag und Zuschlag zum Versorgungsfreibetrag (vgl. die Erläuterungen beim Stichwort „Versorgungsbezüge, Versorgungsfreibetrag"),
- Altersentlastungsbetrag (vgl. die Erläuterungen bei diesem Stichwort),
- Sonderausgaben-Pauschbetrag und
- Vorsorgepauschale für die Teilbeträge Rentenversicherung, Krankenversicherung und Pflegeversicherung (vgl. im Einzelnen die ausführlichen Erläuterungen in Anhang 8). Die Vorsorgepauschale ist für die Anwendung des Faktorverfahrens bei der Ermittlung der voraussichtlichen Einkommensteuer zu berücksichtigen,

1) Unter der Internetadresse www.abgabenrechner.de hat die Finanzverwaltung ein Berechnungsprogramm für die Faktorberechnung mit einer Darstellung der Auswirkung auf die Höhe der Steuerabzugsbeträge zur Verfügung gestellt.

Lohn- steuer- pflichtig | Sozial- versich.- pflichtig

obwohl im Rahmen der Einkommensteuer-Veranlagung selbst keine Vorsorgepauschale, sondern nur noch die tatsächlichen Vorsorgeaufwendungen angesetzt werden.[1]

Neben den vorstehenden Abzugsbeträgen werden nur Beträge zur Ermittlung der voraussichtlichen Einkommensteuer einbezogen, die als Freibetrag gebildet werden könnten (z. B. Werbungskosten, die den Arbeitnehmer-Pauschbetrag übersteigen). Arbeitslöhne aus zweiten und weiteren Dienstverhältnissen (Steuerklasse VI) sind im Faktorverfahren nicht zu berücksichtigen (§ 39f Abs. 1 Satz 8 EStG).

F

Ein etwaiger **Freibetrag** (z. B. wegen Werbungskosten des Arbeitnehmers über dem Arbeitnehmer-Pauschbetrag, Sonderausgaben oder außergewöhnlicher Belastungen) kann **nicht zusätzlich zum Faktor** gebildet werden, da er bereits bei der Berechnung der voraussichtlichen Einkommensteuer im Splittingverfahren berücksichtigt worden ist. Er hat sich damit bereits auf die Höhe des Faktors ausgewirkt und würde daher im Fall der (zusätzlichen) Bildung doppelt berücksichtigt werden (vgl. § 39f Abs. 1 Satz 6 EStG). Dies gilt auch für die Pauschbeträge für behinderte Menschen (§ 33b EStG).

Beispiel A

Die Eheleute A und B, beide Steuerklasse IV, beantragen im Januar 2021 beim Finanzamt die Steuerklassenkombination IV/IV mit Faktor und geben dabei auch Werbungskosten des Ehemannes in Höhe von 1720 € an.

Die den Arbeitnehmer-Pauschbetrag übersteigenden Werbungskosten des Ehemannes von 720 € (1720 € abzüglich 1000 €) werden vom Finanzamt nicht zusätzlich zum Faktor als Freibetrag gebildet, sondern bei der Ermittlung des Faktors berücksichtigt. Sie sind also im Faktor enthalten.

Bei unterjähriger Bildung des Faktors wird der Freibetrag für die Vormonate aber nicht herabgesetzt (vgl. Anhang 7, Abschnitt A unter Nr. 8, Beispiel B).

Das Finanzamt berechnet den **Faktor mit drei Nachkommastellen ohne Rundung** und bildet ihn jeweils **zusätzlich zur Steuerklasse IV** als Lohnsteuerabzugsmerkmal des jeweiligen Arbeitnehmer-Ehegatten oder eingetragenen Lebenspartners, wenn der Faktor kleiner als 1 ist (§ 39f Abs. 1 Satz 1 letzter Halbsatz EStG). Dabei kann sich auch ein **Faktor** von **0,0** ergeben (z. B. Jahresbruttolohn Ehemann 13 000 € und Ehefrau 10 000 €).

Beispiel B

Bei der Steuerklassenkombination IV/IV mit einem Kind ergibt sich für den Arbeitnehmer A für einen monatlichen Bruttoarbeitslohn von 3000 € eine jährliche Lohnsteuer von 4744 Für den Arbeitnehmer B mit einem monatlichen Bruttoarbeitslohn von 1700 € ergibt sich eine jährliche Lohnsteuer von 1221 €. Die Summe der Lohnsteuer für beide Ehegatten bei der Steuerklassenkombination IV/IV beträgt somit 5965 € 4744 € + 1221 € = x). Die voraussichtliche Einkommensteuer im Splittingverfahren beträgt 5788 € (= y).

Zur Ermittlung des Faktors ist der Wert „Y" (5788 €) durch den Wert „X" (5965 €) zu teilen. Der mit drei Nachkommastellen ohne Rundung berechnete Faktor beträgt 0,970. Er ist jeweils als Lohnsteuerabzugsmerkmal beider Ehegatten zu bilden, da er kleiner als 1 ist.

Arbeitnehmer, die nebeneinander aus mehreren Dienstverhältnissen Arbeitslohn beziehen, haben die Möglichkeit, in der **Steuerklasse VI** einen **Freibetrag** bilden zu lassen, wenn für den voraussichtlichen Arbeitslohn aus dem ersten Dienstverhältnis noch keine Lohnsteuer anfällt (§ 39a Abs. 1 Satz 1 Nr. 7 EStG). Im **ersten Dienstverhältnis** wird korrespondierend hierzu ein **Hinzurechnungsbetrag** in gleicher Höhe gebildet (vgl. die Erläuterungen beim Stichwort „Hinzurechnungsbetrag beim Lohnsteuerabzug"). Bei Anwendung des Faktorverfahrens ist der Hinzurechnungsbetrag für die Ermittlung des Faktors – also bei den Berechnungsgrößen „Y" und „X" – zu berücksichtigen und (weiterhin) im ersten Dienstverhältnis zu bilden. Der **Arbeitgeber** des ersten Dienstverhältnisses hat bei der Ermittlung der Lohnsteuerbeträge den **Hinzurechnungsbetrag neben** dem **Faktor** zu berücksichtigen (§ 39f Abs. 1 Satz 7 EStG).

Lohn- steuer- pflichtig | Sozial- versich.- pflichtig

Beispiel C

Beim Arbeitnehmer A sind die Steuerklasse IV und der Faktor 0,888 als Lohnsteuerabzugsmerkmal gebildet worden. Außerdem ist ein Hinzurechnungsbetrag von 250 € zu berücksichtigen.

Der Arbeitgeber hat für den Lohnsteuerabzug die Steuerklasse IV, den Faktor 0,888 und den Hinzurechnungsbetrag von 250 € zu berücksichtigen. Zunächst wird der Bruttoarbeitslohn um den Hinzurechnungsbetrag erhöht, die Lohnsteuer für die Summe (Bruttoarbeitslohn zuzüglich Hinzurechnungsbetrag) berechnet und auf diese Lohnsteuer der Faktor angewendet.

4. Lohnsteuerabzug im Faktorverfahren

Im Faktorverfahren ermitteln die Arbeitgeber der Ehegatten oder Lebenspartner die Lohnsteuer nach der **Steuerklasse IV und** mindern sie anschließend durch Multiplikation mit dem als Lohnsteuerabzugsmerkmal gebildeten **Faktor** (§ 39f Abs. 2 EStG). Im Programmablaufplan für die maschinelle Berechnung der Lohnsteuer ist das Faktorverfahren berücksichtigt (§ 39f Abs. 4 EStG). Es ist allerdings darauf zu achten, dass der Faktor als für den Lohnsteuerabzug maßgebende Berechnungsgrundlage mit angewiesen wird.

Beispiel A

Fortsetzung des Beispiels B unter der vorstehenden Nr. 3. Die monatliche Lohnsteuer ist von dem jeweiligen Arbeitgeber der Ehegatten A und B wie folgt zu berechnen:

A: Monatliche Lohnsteuer für Bruttoarbeitslohn von 3 000 € = 395,33 € × 0,970 = **383,47 €**	
Jahreslohnsteuer 383,47 € × 12 =	4 601,64 €
B: Monatliche Lohnsteuer für Bruttoarbeitslohn von 1 700 € = 101,75 € × 0,970 = **98,69 €**	
Jahreslohnsteuer 98,69 € × 12 =	1 184,28 €
Summe	5 785,92 €

Bis auf eine Rundungsdifferenz von ca. 2 € entspricht die sich bei der Steuerklassenkombination IV/IV mit Faktor ergebende Lohnsteuer von 5785,92 € der voraussichtlichen Einkommensteuer im Splittingverfahren von 5788 €.

Das Faktorverfahren ist übrigens auch anzuwenden, wenn die Lohnsteuer nach der Fünftelregelung zu berechnen ist. Dabei wird der Faktor auf die sich nach der Fünftelregelung ergebende Lohnsteuer angewendet.

Beispiel B

Die nach der Fünftelregelung für Arbeitslohn für mehrere Jahre ermittelte Lohnsteuer beträgt 350,– €. Der Faktor wurde mit 0,956 ermittelt.

Es ergibt sich eine Lohnsteuer von 350,– € × 0,956 = 334,60 €.

Ist das Faktorverfahren angewendet worden, darf der Arbeitgeber keinen Lohnsteuer-Jahresausgleich durchführen (vgl. auch die Erläuterungen beim Stichwort „Lohnsteuer-Jahresausgleich durch den Arbeitgeber" unter Nr. 3). Auch ein permanenter Lohnsteuer-Jahresausgleich (vgl. dieses Stichwort) ist nicht zulässig.

5. Veranlagung zur Einkommensteuer

Bei Anwendung des Faktorverfahrens ist man zur **Abgabe** einer **Einkommensteuererklärung** für das Kalenderjahr **verpflichtet** (§ 46 Abs. 2 Nr. 3a EStG; vgl. die Erläuterungen beim Stichwort „Veranlagung von Arbeitnehmern" besonders unter Nr. 2). Ungeachtet des vorstehenden Beispiels A unter Nr. 4 können sich nämlich auch beim Faktorverfahren nennenswerte Nachzahlungen ergeben, z. B. wenn die bei Ermittlung des Faktors zugrunde gelegten Bruttoarbeitslöhne von den tatsächlichen Bruttoarbeitslöhnen erheblich abweichen.

1) In Abschnitt C des Vordrucks „Antrag auf Steuerklassenwechsel bei Ehegatten" ist für beide Arbeitnehmer auch der kassenindividuelle Zusatzbeitrag anzugeben.

Lohn-steuer-pflichtig Sozial-versich.-pflichtig

6. Faktorverfahren bei den Zuschlagsteuern

Wird die Lohnsteuer im **Faktorverfahren** ermittelt, ist die sich hierbei ergebende **Lohnsteuer** zugleich auch **Bemessungsgrundlage** für die Berechnung der **Zuschlagsteuern** (Solidaritätszuschlag und Kirchensteuer).

Bei Arbeitnehmern mit **Kindern** ist bei Anwendung des Faktorverfahrens die sog. **Maßstablohnsteuer** für den laufenden Arbeitslohn zunächst unter Berücksichtigung des Kinderfreibetrags und des Freibetrags für den Betreuungs- und Erziehungs- oder Ausbildungsbedarf zu ermitteln **und** anschließend ist der neben der Steuerklasse IV vom Finanzamt gebildete **Faktor** zu berücksichtigen. Ausgehend von dieser Bemessungsgrundlage ist dann der Solidaritätszuschlag – unter Beachtung der Nullzone und des Übergangsbereichs – mit 5,5 % und die Kirchensteuer mit dem Steuersatz von 8 % oder 9 % zu berechnen. Die Nullzone für die Erhebung des Solidaritätszuschlags beträgt in der Steuerklasse IV ab 2021 bei monatlicher Lohnzahlung 1413 € (= Bruttoarbeitslohn bei rentenversicherungspflichtigen Arbeitnehmern mit einem Kind und Mindestvorsorgepauschale von ca. 6300 €). Vgl. auch die Erläuterungen bei den Stichwörtern „Kirchensteuer" und „Solidaritätszuschlag".

Beispiel

Die unter Berücksichtigung des Kinderfreibetrags und des Freibetrags für Betreuungs- und Erziehungs- oder Ausbildungsbedarf ermittelte monatliche Lohnsteuer soll 250 € betragen. Ein Solidaritätszuschlag ist daher nicht zu erheben. Als Lohnsteuerabzugsmerkmal des Arbeitnehmers ist neben der Steuerklasse IV der Faktor 0,911 gebildet werden.

Monatliche Lohnsteuer unter Berücksichtigung der Freibeträge für Kinder	250,– €
Anwendung des Faktors 0,911 = Bemessungsgrundlage für die Zuschlagsteuern	227,75 €
Kirchensteuer 8 % von 227,75 €	18,22 €
Kirchensteuer 9 % von 227,75 €	20,49 €

Ohne Anwendung des Faktorverfahrens hätte die Kirchensteuer 20,– € (8 % von 250,– €) bzw. 22,50 € (9 % von 250,– €) betragen.

7. Sozialversicherung

Da sich die Sozialversicherungsbeiträge vom Bruttoarbeitslohn berechnen, hat die Bildung eines Faktors neben der Steuerklasse IV auf die Höhe der Sozialversicherungsbeiträge keine Auswirkung.

Bei der Ermittlung des Leistungsentgelts als Bemessungsgrundlage für Lohnersatzleistungen (u. a. **Arbeitslosengeld, Kurzarbeitergeld)** ist auch ein neben der Steuerklasse IV gebildeter Faktor zu berücksichtigen mit der Folge, dass sich das Leistungsentgelt – und somit auch die Lohnersatzleistung – zugunsten der Arbeitnehmer erhöht (§ 153 Abs. 1 Satz 3 Nr. 2 SGB III). Freibeträge und Pauschalen, die nicht jedem Arbeitnehmer zustehen, sind aber nicht zu berücksichtigen. Da sich solche Freibeträge und Pauschalen allerdings auf den Faktor ausgewirkt haben können, ist der Faktor für die Ermittlung des Leistungsentgelts ggf. von der Bundesagentur für Arbeit neu zu ermitteln.

8. Zweijährige Gültigkeit des Faktors

Durch das sog. Bürokratieentlastungsgesetz vom 28.7.2015 (BGBl. I S. 1400) ist mit Wirkung ab 2019 für den bei Ehegatten mit Steuerklasse IV zusätzlich im Faktorverfahren gebildeten Faktor die **zweijährige Gültigkeit** eingeführt worden (§ 39f Abs. 1 Satz 9 EStG). Anders als beim Freibetrag im Lohnsteuer-Ermäßigungsverfahren besteht insoweit kein Wahlrecht des Arbeitnehmers.

Ein Freibetrag im Rahmen des Lohnsteuer-Ermäßigungsverfahrens kann für ein Kalenderjahr oder – alternativ – für zwei Kalenderjahre beantragt werden. Innerhalb des Zweijahreszeitraums kann der Arbeitnehmer einen höheren Freibetrag beantragen, wenn sich die Verhältnisse zu seinen Gunsten ändern. Hingegen ist er verpflichtet, dem Finanzamt umgehend Änderungen zu seinen Ungunsten anzuzeigen (= geringerer Freibetrag). Erklären die Ehegatten für das zweite Jahr des Zweijahreszeitraums einen geringen Freibetrag, löst dies einen neuen Zweijahreszeitraum für das Faktorverfahren ab dem Folgejahr unter Einbeziehung der geminderten Beträge aus; dabei ist unerheblich, ob die Erklärung der Ehegatten sofort oder zu einem späteren Zeitpunkt abgegeben wird (vgl. nachfolgende Beispiele A, B, D und E). Wird seitens der Ehegatten zunächst ein Freibetrag für zwei Kalenderjahre beantragt und für das zweite Gültigkeitsjahr ein Antrag auf Anwendung des Faktorverfahrens gestellt, ist der Freibetrag in die Bildung des Faktors für einen Zweijahreszeitraum (insgesamt also für drei Jahre) einzubeziehen (vgl. nachfolgendes Beispiel C). Das Zusammenspiel zwischen den Freibeträgen im Lohnsteuer-Ermäßigungsverfahren und der Bildung eines Faktors für zwei Jahre soll durch folgende Beispiele verdeutlicht werden:

Beispiel A

Die Ehegatten beantragen im Januar 2021 das Faktorverfahren unter Einbeziehung eines Freibetrags von 6000 €. Im Oktober 2021 stellen die Ehegatten den Antrag, ab 2022 den Freibetrag auf 0 € herabzusetzen.

Der unter Berücksichtigung eines Freibetrags von 6000 € ermittelte Faktor ist zunächst bei Beantragung im Januar 2021 für die Kalenderjahre 2021 und 2022 zu bilden. Da die Ehegatten im Oktober 2021 ihrer gesetzlichen Anzeigepflicht nachgekommen sind (§ 39f Abs. 1 Satz 11 i. V. m. § 39a Abs. 1 Satz 5 EStG), wird der Faktor für einen neuen Zweijahreszeitraum (2022 und 2023) ohne Berücksichtigung eines Freibetrags gebildet.

Beispiel B

Die Ehegatten beantragen im Januar 2021 das Faktorverfahren unter Einbeziehung eines Freibetrags von 6000 €. Sie erklären außerdem, dass sich der Freibetrag für 2022 auf 0 € mindern wird.

Auch in diesem Fall ist im Januar 2021 der unter Berücksichtigung des Freibetrags von 6000 € ermittelte Faktor für die Kalenderjahre 2021 und 2022 zu bilden. Mit der Beantragung des Faktors haben die Ehegatten jedoch gleichzeitig eine Anzeige nach § 39f Abs. 1 Satz 11 i. V. m. § 39a Abs. 1 Satz 5 EStG mit der Folge abgegeben, dass das Finanzamt ab 2022 einen neuen Faktor ohne Freibetrag für die Kalenderjahre 2022 und 2023 bildet (neuer Zweijahreszeitraum).

Beispiel C

Die Ehegatten beantragen im Januar 2021 einen Freibetrag von 6000 € für zwei Kalenderjahre (2021 und 2022). Im Januar 2022 beantragen sie das Faktorverfahren.

Nach § 39a Abs. 1 Satz 3 EStG wird der Freibetrag von 6000 € Anfang 2021 für die Kalenderjahre 2021 und 2022 ermittelt und als Lohnsteuerabzugsmerkmal gebildet. Durch die Beantragung des Faktorverfahrens im Januar 2022 beginnt der Zweijahreszeitraum für das Faktorverfahren (2022 und 2023) unter Berücksichtigung eines Freibetrags von 6000 € bei der Faktorbildung für beide Kalenderjahre. Der bisherige Freibetrag wird ab 2022 nicht mehr als Lohnsteuerabzugsmerkmal gebildet.

Beispiel D

Wie Beispiel C. Die Ehegatten zeigen im Oktober 2022 an, dass ab 2023 lediglich ein Freibetrag von 4000 € zu berücksichtigen ist.

Die Ehegatten erfüllen die nach § 39f Abs. 1 Satz 11 i. V. m. § 39a Abs. 1 Satz 5 EStG bestehende Anzeigepflicht, sodass ab 2023 ein neuer Zweijahreszeitraum für das Faktorverfahren beginnt. Dabei wird ein Freibetrag von 4000 € im Rahmen der Faktorbildung berücksichtigt.

Beispiel E

Wie Beispiel C. Bei der Beantragung des Faktorverfahrens im Januar 2022 beantragen die Ehegatten zugleich eine Herabsetzung des Freibetrags ab 2023 auf 4000 €.

Auch in diesem Fall ist im Januar 2022 der Faktor unter Berücksichtigung des Freibetrags von 6000 € für die Kalenderjahre 2022 und 2023 zu bilden. Da der berücksichtigungsfähige Freibetrag aber von vornherein lediglich für das Kalenderjahr 2022 i. H. v. 6000 € beantragt wurde, gilt der Antrag auf Berücksichtigung eines Freibetrags i. H. v. von 4000 € als Anzeige nach § 39f Abs. 1 Satz 11 i. V. m. § 39a Abs. 1 Satz 5 EStG mit der Folge, dass das Finanzamt ab 2023 einen neuen Faktor unter Berücksichtigung eines Freibetrags i. H. v. 4000 € für die Kalenderjahre 2023 und 2024 bildet (neuer Zweijahreszeitraum).

F

Lohnsteuerpflichtig Sozialversich.-pflichtig

Fälligkeit der Sozialversicherungsbeiträge

siehe „Abführung der Sozialversicherungsbeiträge"

FALTER-Arbeitszeitmodell

Beamte können beantragen, ihren **Ruhestand** um maximal zwei Jahre **hinauszuschieben,** wenn hierfür ein dienstliches Interesse vorliegt. Dem kann stattgegeben werden, wenn die reguläre Arbeitszeit für zwei gleich lange Abschnitte vor und nach Erreichen der Altersgrenze auf 50 % reduziert wird. Die Dienstbezüge werden in dieser Zeit im gleichen Verhältnis wie die Arbeitszeit gekürzt. Der jeweilige Beamte erhält jedoch **zusätzlich** einen **Zuschlag** in Höhe von 50 % desjenigen Ruhegehalts, das ihm bei einer Versetzung in den Ruhestand am Tag vor Beginn der Teilzeitbeschäftigung zustehen würde (sog. FALTER-Arbeitszeitmodell).

Der vorstehende Besoldungszuschlag ist **kein steuerfreier Altersteilzeitzuschlag.** Die Zielrichtung des FALTER-Arbeitszeitmodells (Weiterbeschäftigung über das eigentliche Pensionsalter hinaus) ist zudem eine andere als bei der Altersteilzeit (vorzeitige Freistellung bzw. Reduzierung der Arbeitszeit), sodass auch eine analoge Steuerfreistellung nicht in Betracht kommt. ja nein

Das FALTER-Arbeitszeitmodell kann auch von Tarifbeschäftigten in Anspruch genommen werden, die dann allerdings anstelle eines Besoldungszuschlags eine Teilrente aus der gesetzlichen Rentenversicherung erhalten.

Familienheimfahrten

Neues auf einen Blick:

Auch für Familienheimfahrten im Rahmen einer beruflich veranlassten doppelten Haushaltsführung sowie für die Fahrten von der Zweitwohnung zur ersten Tätigkeitsstätte beträgt die verkehrsmittelunabhängige **Entfernungspauschale ab 1.1.2021 für die ersten 20 vollen Entfernungskilometer jeweils 0,30 €** und **ab dem 21. Entfernungskilometer** für jeden weiteren vollen Entfernungskilometer **jeweils 0,35 €.** Ab 2024 bis 2026 wird die Entfernungspauschale ab dem 21. vollen Entfernungskilometer auf 0,38 € angehoben.

Auf die nachfolgenden Ausführungen und Beispiele sowie das Stichwort „Entfernungspauschale" wird hingewiesen.

Gliederung:

Lohnsteuerpflichtig Sozialversich.-pflichtig

1. Allgemeines

Seit 1.1.2001 gibt es für wöchentliche Familienheimfahrten im Rahmen einer beruflich veranlassten doppelten Haushaltsführung grundsätzlich unabhängig vom benutzten Verkehrsmittel eine Entfernungspauschale. Der Arbeitgeber kann dem Arbeitnehmer die Aufwendungen für **wöchentliche Familienheimfahrten** bis zur Höhe der **Entfernungspauschale steuerfrei ersetzen.** Der steuerfreie Arbeitgeberersatz für eine Heimfahrt wöchentlich beträgt seit 1.1.2021 **für die ersten 20 vollen Entfernungskilometer jeweils 0,30 €** und **ab dem 21. Entfernungskilometer** für jeden weiteren vollen Entfernungskilometer **jeweils 0,35 €.** Ab 2024 bis 2026 wird die Entfernungspauschale ab dem 21. vollen Entfernungskilometer auf 0,38 € angehoben. Die vereinzelt erhobene Forderung, zur Förderung der Elektromobilität im Straßenverkehr auch eine höhere Entfernungspauschale für private Elektrofahrzeuge oder Hybridelektrofahrzeuge von Arbeitnehmern (z. B. 0,75 € je vollen Entfernungskilometer) vorzusehen, ist vom Gesetzgeber bisher nicht aufgegriffen worden. nein nein

Mit der Entfernungspauschale sind die Aufwendungen für die Hin- und Rückfahrt abgegolten. Die Entfernungspauschale gilt **nicht für Flugstrecken;** für Flugstrecken können die tatsächlichen Kosten steuerfrei ersetzt werden (vgl. die Erläuterungen unter der nachfolgenden Nr. 3 Buchstabe b). Außerdem gilt die Entfernungspauschale nicht bei steuerfreier Sammelbeförderung (vgl. nachfolgende Nr. 3 Buchstabe c).

Die Entfernungspauschale für wöchentliche Familienheimfahrten kann ab dem ersten vollen Entfernungskilometer steuerfrei ersetzt werden und ist **nicht** auf den grundsätzlich für Fahrten zwischen Wohnung und erster Tätigkeitsstätte geltenden jährlichen Höchstbetrag von **4500 €** (z. B. bei Benutzung öffentlicher Verkehrsmittel oder im Rahmen einer Fahrgemeinschaft) begrenzt.

Der Bundesfinanzhof hat bestätigt, dass die **Entfernungspauschale** für eine wöchentliche Familienheimfahrt – entsprechend ihrem Charakter als aufwandsunabhängige Pauschale – **auch dann** in Anspruch genommen werden kann, wenn dem Arbeitnehmer für diese Fahrt **keine Kosten** entstanden sind (z. B. bei einer unentgeltlichen Mitfahrgelegenheit im Rahmen einer Fahrgemeinschaft). Vom Arbeitgeber **steuerfrei geleistete Reisekostenvergütungen** und/oder steuerfrei gewährte Freifahrten (z. B. bei Arbeitnehmern von Verkehrsbetrieben) sind jedoch mindernd auf die Entfernungspauschale **anzurechnen** (BFH-Urteil vom 18.4.2013, BStBl. II S. 735). Allerdings weist der Bundesfinanzhof darauf hin, dass die Entfernungspauschale nur für **tatsächlich durchgeführte** Familienheimfahrten angesetzt werden kann, deren Anzahl in Zweifelsfällen nachzuweisen bzw. glaubhaft zu machen ist. Vgl. auch das Beispiel B unter der nachfolgenden Nr. 9.

2. Begriff der Familienheimfahrten

Als Familienheimfahrten werden diejenigen Fahrten bezeichnet, die ein Arbeitnehmer mit doppelter Haushaltsführung zwischen dem Beschäftigungsort und dem Ort des eigenen Hausstandes ausführt. Nach § 9 Abs. 1 Satz 3 Nr. 5 Satz 5 EStG können die Aufwendungen für **eine** Heimfahrt **wöchentlich** vom Arbeitnehmer als Werbungskosten abgezogen oder **vom Arbeitgeber nach** § 3 Nr. 16 EStG **steuerfrei ersetzt** werden. Obwohl das Einkommensteuergesetz von „Familienheimfahrten" spricht, fallen hierunter auch die Heimfahrten lediger Arbeitnehmer mit eigenem Hausstand (vgl. hierzu die Erläuterungen beim Stichwort „Doppelte Haushaltsführung" unter Nr. 2 Buchstabe b auf Seite 288). Außerdem können auch Arbeitnehmer, die eine beruflich veranlasste Auswärtstätigkeit ausüben, am Wochenende heimfahren und damit „Familienheimfahrten" durchführen. Aufwendungen für Familienheimfahrten können also in folgenden Fällen steuerfrei und damit auch beitragsfrei gezahlt werden: nein nein

Lohn-steuer-pflichtig	Sozial-versich.-pflichtig

- Heimfahrten für Ledige und Verheiratete im Rahmen beruflich veranlasster **Auswärtstätigkeiten in beliebiger Zahl,** also nicht nur einmal wöchentlich (vgl. auch die Erläuterungen unter der nachfolgenden Nr. 10);
- Familienheimfahrten **einmal wöchentlich** für Verheiratete und Ledige **mit eigenem Hausstand** im Rahmen einer beruflich veranlassten doppelten Haushaltsführung (vgl. das Stichwort „Doppelte Haushaltsführung" unter Nr. 2 Buchstabe b auf Seite 288).

Für die zuletzt genannten Familienheimfahrten gilt im Einzelnen Folgendes:

3. Steuerfreier Arbeitgeberersatz bei Familienheimfahrten im Rahmen einer doppelten Haushaltsführung

a) Familienheimfahrten mit öffentlichen Verkehrsmitteln oder einem Kraftfahrzeug

Der Arbeitgeber kann dem Arbeitnehmer die Aufwendungen für Familienheimfahrten **unabhängig vom benutzten Verkehrsmittel** bis zur Höhe der Entfernungspauschale steuerfrei ersetzen (Ausnahme: Flugstrecken vgl. nachfolgend unter Buchstabe b und steuerfreie Sammelbeförderung vgl. nachfolgend unter Buchstabe c). Dies gilt auch dann, wenn dem Arbeitnehmer **keine Kosten** entstanden sein sollten (z. B. bei einer unentgeltlichen Mitfahrgelegenheit im Rahmen einer Fahrgemeinschaft; BFH-Urteil vom 18.4.2013, BStBl. II S. 735). Die Entfernungspauschale beträgt jeweils 0,30 € für die ersten 20 vollen Entfernungskilometer und ab dem 21. vollen Entfernungskilometer 0,35 €. Maßgebend ist dabei die Entfernung zwischen dem Ort des eigenen Hausstands und dem Ort der ersten Tätigkeitsstätte. Eine **Begrenzung** auf den Höchstbetrag von **4500 €** ist bei Familienheimfahrten mit öffentlichen Verkehrsmitteln oder z. B. im Rahmen einer Fahrgemeinschaft **nicht** vorzunehmen. nein nein

Der Arbeitgeber kann also dem Arbeitnehmer einen steuerfreien Arbeitgeberersatz für eine Familienheimfahrt wöchentlich auch dann in Höhe der Entfernungspauschale zahlen, wenn der Arbeitnehmer öffentliche Verkehrsmittel benutzt. Allerdings ist in Zweifelsfällen nachzuweisen bzw. glaubhaft zu machen, dass **tatsächlich** eine Familienheimfahrt **durchgeführt** worden ist (BFH-Urteil vom 18.4.2013, BStBl. II S. 735). Mit der Entfernungspauschale sind die Aufwendungen für die Hin- und Rückfahrt abgegolten.

Beispiel A

Der Arbeitnehmer führt im Kalenderjahr 2021 einen beruflich veranlassten doppelten Haushalt. An 40 Wochenenden fährt er teils mit öffentlichen Verkehrsmitteln, teils mit seinem privaten Pkw zu seinem Familienwohnsitz (einfache Entfernung 450 km). Der Arbeitgeber kann für jede wöchentliche Familienheimfahrt folgenden Betrag steuerfrei ersetzen:

0,30 € × 20 km	6,– €
0,35 € × 430 km	150,50 €
Summe	156,50 €
jährlich (156,50 € × 40)	6 260,– €

Die bei Familienheimfahrten anzusetzende Entfernungspauschale ist nicht auf den für Fahrten zwischen Wohnung und erster Tätigkeitsstätte geltenden Höchstbetrag von 4500 € jährlich begrenzt. Das bedeutet, dass der Arbeitgeber dem Arbeitnehmer im Beispielsfall den Betrag von jährlich 6260 € auch dann ohne Nachweis der tatsächlich entstandenen Aufwendungen steuerfrei erstatten kann, wenn der Arbeitnehmer nicht seinen privaten Pkw, sondern ausschließlich öffentliche Verkehrsmittel für die 40 Familienheimfahrten benutzt. Lediglich die tatsächliche Durchführung der Familienheimfahrt ist in Zweifelsfällen nachzuweisen bzw. glaubhaft zu machen.

Die Entfernungspauschale ist grundsätzlich die **Obergrenze** für eine steuerfreie Erstattung von Aufwendungen für wöchentliche Familienheimfahrten. Der Arbeitgeber kann selbstverständlich auch einen geringeren Betrag steuerfrei erstatten.

Beispiel B

Sachverhalt wie Beispiel A.

Der Arbeitgeber erstattet dem Arbeitnehmer aufgrund einer betriebsinternen Regelung für jede wöchentliche Familienheimfahrt die Kosten für eine Bahnfahrt zweiter Klasse (z. B. für 450 km 120 €). Der Arbeitgeber kann dem Arbeitnehmer die 120 € steuer- und beitragsfrei erstatten. Der Arbeitnehmer kann zusätzlich die Differenz zur Entfernungspauschale in Höhe von (156,50 € – 120 € =) 36,50 € je Familienheimfahrt als Werbungskosten bei seiner Veranlagung zur Einkommensteuer geltend machen.

Übersteigen die tatsächlichen **Aufwendungen** für die Benutzung **öffentlicher Verkehrsmittel** anlässlich von Familienheimfahrten die für diese Fahrten im Kalenderjahr insgesamt anzusetzende Entfernungspauschale, können diese übersteigenden Aufwendungen angesetzt werden (§ 9 Abs. 2 Satz 2 EStG). Da Familienheimfahrten oftmals über eine größere Entfernung zurückgelegt werden und diese Regelung eher auf den Nahbereich abzielt, wird sie bei Familienheimfahrten nur in Ausnahmefällen eine Rolle spielen. Der Arbeitgeber hat auch die Möglichkeit dem Arbeitnehmer für diese Fahrten Fahrausweise steuerfrei zu überlassen. Vgl. hierzu das Stichwort „BahnCard".

F

Beispiel C

Wie Beispiel A. Der Arbeitgeber erstattet dem Arbeitnehmer die tatsächlichen Kosten für die Familienheimfahrten mit öffentlichen Verkehrsmitteln von 160 € wöchentlich.

Der Arbeitgeber kann die tatsächlichen Aufwendungen für die Benutzung öffentlicher Verkehrsmittel von 6400 € jährlich (160 € × 40 Wochen) steuerfrei erstatten, da sie die für diese Fahrten im Kalenderjahr insgesamt anzusetzende Entfernungspauschale von 6240 € jährlich übersteigen (§ 9 Abs. 2 Satz 2 EStG). Der Arbeitnehmer kann für die Familienheimfahrten keine weiteren Werbungskosten bei seiner Veranlagung zur Einkommensteuer geltend machen.

Im Rahmen einer doppelten Haushaltsführung werden die Familienheimfahrten nicht selten mit dem eigenen Pkw und die Fahrten von der Zweitwohnung am Beschäftigungsort zur ersten Tätigkeitsstätte mit öffentlichen Verkehrsmitteln durchgeführt. Der zulässige Jahresvergleich (Entfernungspauschale oder höhere Aufwendungen für öffentliche Verkehrsmittel) ist für die **Familienheimfahrten** und die **Fahrten** zwischen der **Zweitwohnung** am Beschäftigungsort und der **ersten Tätigkeitsstätte** jeweils getrennt durchzuführen; zur steuerfreien Arbeitgebererstattung bei Fahrten zwischen Wohnung und erster Tätigkeitsstätte bei Nutzung öffentlicher Verkehrsmittel vgl. § 3 Nr. 15 EStG und das Stichwort „Freifahrten" unter Nr. 2.

Beispiel D

Ein Arbeitnehmer mit Hauptwohnsitz in Frankfurt und doppelter Haushaltsführung in München führt die wöchentlichen Familienheimfahrten (325 km) mit dem eigenen Pkw durch. Für die Fahrten von der Zweitwohnung in München zur 20 km entfernten ersten Tätigkeitsstätte benutzt er öffentliche Verkehrsmittel. Die Monatskarte kostet 115 € (= 1380 € jährlich).

Die Werbungskosten ermitteln sich wie folgt:

Familienheimfahrten im Rahmen der doppelten Haushaltsführung:		
48 Fahrten × 20 km × 0,30 €		288 €
48 Fahrten × 305 km × 0,35 €		5 124 €
Fahrten von der Zweitwohnung zur ersten Tätigkeitsstätte		
Entfernungspauschale:		
220 Arbeitstage × 20 km × 0,30 € =	1320 €	1320 €
Aufwendungen für öffentliche Verkehrsmittel	1380 €	
Übersteigender Betrag	60 €	60 €
Werbungskosten insgesamt		6 792 €

Die seit 1.1.2021 gestaffelte Entfernungspauschale gilt für jeden **vollen** Kilometer der einfachen Entfernung zwischen dem Ort des eigenen Hausstands und dem Beschäftigungsort. Das bedeutet, dass angefangene Kilometer nicht berücksichtigt werden; eine Aufrundung ist also unzulässig. Maßgebend für die Berechnung der Entfernung ist die kürzeste Straßenverbindung; eine andere als die kürzeste Straßenverbindung kann dann zugrunde

Lohn-steuer-pflichtig	Sozial-versich.-pflichtig

gelegt werden, wenn die Umwegstrecke offensichtlich verkehrsgünstiger ist und vom Arbeitnehmer regelmäßig für die Familienheimfahrten benutzt wird. Eine zumutbare **Fährverbindung** ist in die Berechnung der kürzesten Straßenverbindung mit einzubeziehen. Die Fahrtstrecke der Fähre selbst ist jedoch nicht Teil der maßgebenden Entfernung. An ihrer Stelle können die tatsächlichen Fährkosten berücksichtigt werden (vgl. die Erläuterungen beim Stichwort „Entfernungspauschale" unter Nr. 3 Buchstabe b auf Seite 346). Die Gebühren für die Benutzung eines **Straßentunnels** oder einer **mautpflichtigen Straße** dürfen hingegen nicht neben der Entfernungspauschale berücksichtigt werden.

F

Werden dem Arbeitnehmer Aufwendungen für mehr als eine Heimfahrt wöchentlich ersetzt, sind die Ersatzleistungen **ab der zweiten Familienheimfahrt** insoweit steuerpflichtiger Arbeitslohn. Da es sich begrifflich nicht um Fahrten zwischen Wohnung und erster Tätigkeitsstätte handelt, kann der Arbeitgeberersatz nicht mit 15 % pauschal besteuert werden. ja ja

Der Arbeitnehmer kann in diesen Fällen wählen, ob er die Aufwendungen für die doppelte Haushaltsführung oder nur die Fahrtkosten als Aufwendungen für Wege zwischen Wohnung und erster Tätigkeitsstätte bei seiner Einkommensteuer-Veranlagung als Werbungskosten geltend machen will. Der Arbeitnehmer kann dieses **Wahlrecht** bei derselben doppelten Haushaltsführung nur einmal jährlich ausüben. Der Arbeitgeber hat dieses Wahlrecht nicht zu beachten.

Beispiel E

Der Arbeitnehmer hat eine beruflich veranlasste doppelte Haushaltsführung und führt jeden Mittwoch und Freitag Familienheimfahrten durch (jeweils 300 Entfernungskilometer in 45 Wochen); Fahrtkosten hat der Arbeitgeber für eine Familienheimfahrt wöchentlich in Höhe der Entfernungspauschale zutreffend steuerfrei erstattet. Der steuerfreie Sachbezug aus der verbilligten Zurverfügungstellung einer Zweitwohnung am Beschäftigungsort beträgt monatlich 300 €. Der Arbeitnehmer übt sein Wahlrecht in der Einkommensteuererklärung zugunsten von Fahrten zwischen Wohnung und erster Tätigkeitsstätte aus. Die abziehbaren Werbungskosten ermitteln sich wie folgt:

„2. Familienheimfahrt":	
45 Wochen à 20 km × 0,30 €	270 €
45 Wochen à 280 km × 0,35 €	4 410 €
Summe	4 680 €
abzüglich steuerfreier Sachbezug für die Zweitwohnung am Beschäftigungsort (300 € monatlich × 12 Monate; vgl. R 9.11 Abs. 5 Satz 4 LStR)	3 600 €
Verbleibende Werbungskosten	1080 €

b) Familienheimfahrten mit dem Flugzeug

Nach § 9 Abs. 1 Satz 3 Nr. 5 Satz 7 i. V. m. Nr. 4 Satz 3 EStG gilt die Entfernungspauschale **nicht für Flugstrecken.** Maßgebend sind bei Flügen vielmehr die tatsächlich angefallenen Flugkosten. Der Bundesfinanzhof hält die Nichtgewährung der Entfernungspauschale für Flugstrecken verfassungsrechtlich für unbedenklich. Durch den Abzug der tatsächlichen Flugkosten werden die im Zusammenhang mit der Arbeitnehmertätigkeit anfallenden Aufwendungen steuermindernd berücksichtigt und damit wird dem Grundsatz der Besteuerung nach der wirtschaftlichen Leistungsfähigkeit Rechnung getragen (BFH-Urteil vom 26.3.2009, BStBl. II S. 724). Die Entfernungspauschale gilt jedoch für die Fahrten vom und zum Flughafen z. B. mit öffentlichen Verkehrsmitteln oder mit dem Pkw. Maßgebend sind auch hier die vollen Entfernungskilometer. Bei Benutzung öffentlicher Verkehrsmittel (z. B. Taxi) können auch die höheren tatsächlichen Kosten angesetzt werden. Die Aufwendungen für öffentliche Verkehrsmittel müssen allerdings den im jeweiligen Kalenderjahr für solche Fahrten insgesamt als Entfernungspauschale abziehbaren Betrag übersteigen (§ 9 Abs. 2 Satz 2 EStG; vgl. auch die Erläuterungen und Beispiele unter dem vorstehenden Buchstaben a). nein nein

c) Steuerfreie Sammelbeförderung bei Familienheimfahrten

Die **Entfernungspauschale** ist auch **nicht** anzuwenden für Strecken mit steuerfreier Sammelbeförderung (§ 9 Abs. 1 Satz 3 Nr. 5 Satz 7 i. V. m. Nr. 4 Satz 3 EStG). Bei einer entgeltlichen Sammelbeförderung durch den Arbeitgeber sind die **Aufwendungen** des Arbeitnehmers in der Einkommensteuer-Veranlagung als **Werbungskosten** zu berücksichtigen. Eine privat organisierte Fahrgemeinschaft ist keine Sammelbeförderung des Arbeitgebers in diesem Sinne.

4. Behinderte Arbeitnehmer

Bei behinderten Arbeitnehmern,

- deren Grad der Behinderung mindestens 70 beträgt,
- deren Grad der Behinderung weniger als 70, aber mindestens 50 beträgt und die in ihrer Bewegungsfähigkeit im Straßenverkehr erheblich beeinträchtigt sind (Merkzeichen „G"),

bleiben die Ersatzleistungen des Arbeitgebers steuerfrei, soweit der Arbeitgeber für eine Familienheimfahrt wöchentlich bei Benutzung eines Pkws höchstens den für Auswärtstätigkeiten geltenden Betrag von **0,60 €** für jeden vollen Kilometer der einfachen Entfernung zwischen dem Beschäftigungsort und der Familienwohnung ersetzt. nein nein

Bei Familienheimfahrten von behinderten Arbeitnehmern kann der Arbeitgeber also den für Auswärtstätigkeiten geltenden Kilometersatz von 0,30 € je tatsächlich gefahrenen Kilometer steuerfrei erstatten. Unter Berücksichtigung der Hin- und Rückfahrt ergibt sich somit ein Kilometersatz von (2 × 0,30 € =) 0,60 € für jeden Kilometer der einfachen Entfernung zwischen Beschäftigungsort und Ort der Familienwohnung. Da hier auf den für Auswärtstätigkeiten geltenden Kilometersatz abgestellt wird, erhöht sich dieser nicht auf 0,70 € (2 × 0,35 €) ab dem 21. vollen Entfernungskilometer.

Es besteht aber die Möglichkeit, einen höheren Kilometersatz als 0,30 € je tatsächlich gefahrenen Kilometer im Einzelfall nachzuweisen.

Zum Ansatz der Entfernungspauschale bei Herabsetzung des Grads einer Schwerbehinderung vgl. „Entfernungspauschale" unter Nr. 10 am Ende.

5. Unfallkosten

Durch den Ansatz der Entfernungspauschale sind **sämtliche Aufwendungen abgegolten,** die durch die Familienheimfahrt entstehen. Diese Abgeltungswirkung gilt laut Bundesfinanzhof **auch** für **außergewöhnliche Kosten,** wie z. B. Reparaturkosten infolge einer Falschbetankung des Fahrzeugs (BFH-Urteil vom 20.3.2014, BStBl. II S. 849).

Unfallkosten, die auf einer zu berücksichtigenden Familienheimfahrt im Rahmen einer doppelten Haushaltsführung entstehen, sind aber nach Auffassung der Finanzverwaltung als außergewöhnliche Aufwendungen weiterhin neben der Entfernungspauschale nach § 9 Abs. 1 Satz 1 EStG als **Werbungskosten** zu berücksichtigen. Dies gilt auch für unfallbedingte Krankheitskosten (BFH-Urteil vom 19.12.2019, BStBl. 2020 II S. 291). Die Berücksichtigung der Unfallkosten als allgemeine Werbungskosten nach § 9 Abs. 1 Satz 1 EStG hat zur Folge, dass eine etwaige **Erstattung** des Arbeitgebers nicht steuerfrei, sondern **steuer-** und **beitragspflichtig** ist. ja ja

Für den steuerpflichtigen Arbeitgeberersatz scheidet ein Werbungskostenabzug aus, wenn für den Eintritt des Unfalls private Gründe maßgebend waren (z. B. der Arbeitnehmer verursacht den Unfall unter Alkohol- oder Drogeneinfluss).

Zu den Unfallkosten gehören auch **Schadensersatzleistungen,** die der Arbeitnehmer unter Verzicht auf die In-

	Lohnsteuerpflichtig	Sozialversich.-pflichtig

anspruchnahme seiner gesetzlichen Haftpflichtversicherung selbst getragen hat (z. B. Reparaturkosten am gegnerischen Fahrzeug). Ebenso gehört hierzu eine Wertminderung, wenn der Arbeitnehmer sein unfallbeschädigtes Fahrzeug nicht reparieren lässt; nicht aber der sog. merkantile Minderwert eines reparierten und weiterhin benutzten Fahrzeugs.

Da die Finanzverwaltung – auch vor dem Hintergrund der zuvor erwähnten Rechtsprechung des Bundesfinanzhofs – allenfalls Unfallkosten im engeren Sinne, also die Kosten für die Beseitigung von Unfallschäden, zum Werbungskostenabzug zulassen will, können Kosten für einen **Leihwagen** nicht als Werbungskosten berücksichtigt werden. Das gilt auch für den Teil der Aufwendungen, der nach dem Gesamtnutzungsverhältnis des Leihwagens auf die Familienheimfahrten entfällt. Für diese Fahrten mit dem Leihwagen wird wiederum die Entfernungspauschale angesetzt.

Beispiel

Ein Arbeitnehmer hat auf einer Familienheimfahrt im Rahmen einer beruflich veranlassten doppelten Haushaltsführung einen selbst verschuldeten Verkehrsunfall. Die Reparaturkosten für sein Fahrzeug betragen 2000 €. Der Arbeitnehmer erhält keinen Ersatz von seiner Versicherung. Der Arbeitgeber zahlt die Reparaturkosten in Höhe von 2000 €.

Der Arbeitgeberersatz in Höhe von 2000 € ist steuer- und beitragspflichtig. Der Arbeitnehmer kann die Reparaturkosten in Höhe von 2000 € neben der Entfernungspauschale für tatsächlich durchgeführte Familienheimfahrten als Werbungskosten abziehen. Nachteilig bleibt also die Beitragspflicht im Sozialversicherungsrecht.

Bei **behinderten Arbeitnehmern** (vgl. vorstehende Nr. 4) können die Aufwendungen für die Beseitigung von Unfallschäden neben dem Kilometersatz von 0,60 € steuerfrei erstattet werden.

6. Erledigung beruflicher Angelegenheiten bei einer Familienheimfahrt

Häufig wird argumentiert, dass die Familienheimfahrt eine begünstigte Auswärtstätigkeit sei, weil bei der Fahrt ein beruflicher Termin wahrgenommen werde. Hierzu gilt Folgendes:

Eine Familienheimfahrt wird nicht dadurch zu einer begünstigten beruflich veranlassten Auswärtstätigkeit, wenn der Arbeitnehmer auf dem Weg nach Hause berufliche Arbeiten erledigt (Abholen von Post, Auslieferung von Waren, Besuch eines Kunden oder einer Niederlassung des Arbeitgebers usw.), solange noch das Aufsuchen der Familienwohnung im Vordergrund steht (BFH-Urteil vom 12.10.1990, BStBl. 1991 II S. 134). Der Arbeitgeber kann deshalb auch für Familienheimfahrten, bei denen der Arbeitnehmer berufliche Dinge erledigt, lediglich die Entfernungspauschale steuerfrei erstatten. Eine steuerfreie Erstattung in Höhe des für Auswärtstätigkeiten geltenden Kilometersatzes von 0,30 € je gefahrenen Kilometer ist nur für etwaige **Umwegstrecken** möglich, die aufgrund der Erledigung beruflicher Angelegenheiten erforderlich sind.

Beispiel

Arbeitnehmer A führt im Rahmen einer beruflich veranlassten doppelten Haushaltsführung Familienheimfahrten durch (hin und zurück 600 gefahrene Kilometer). Anlässlich einer Familienheimfahrt im März 2021 besucht er auf dem Heimweg am Freitag und auf dem Weg zur Firma am Montag jeweils einen Kunden. Hierdurch ergibt sich ein Umweg von 50 km.

Der Arbeitgeber kann anlässlich dieser Familienheimfahrt folgende Beträge steuerfrei erstatten:

Familienheimfahrt	
20 Entfernungskilometer × 0,30 €	6 €
280 Entfernungskilometer × 0,35 €	98 €
Kundenbesuche	
50 gefahrene Kilometer × 0,30 €	15 €
Steuerfreie Arbeitgebererstattung insgesamt	119 €

7. Besuchsfahrten des Ehegatten als Familienheimfahrten

Wird der Arbeitnehmer am Wochenende von seinem Ehegatten oder seinen minderjährigen Kindern besucht, treten deren Fahrtkosten an die Stelle der Kosten für eine Familienheimfahrt des Arbeitnehmers. Auch die Kosten für diese sog. umgekehrten Familienheimfahrten können vom Arbeitgeber nach den Grundsätzen für Familienheimfahrten **steuerfrei erstattet** werden, wenn der Arbeitnehmer aus **beruflichen Gründen** an der Familienheimfahrt gehindert ist (BFH-Urteil vom 28.1.1983, BStBl. II S. 313). Steuerfrei können also die Entfernungspauschale oder die höheren Aufwendungen für öffentliche Verkehrsmittel (auf das Kalenderjahr gesehen) gezahlt werden. Die Kosten für die Unterkunft und Verpflegung des Ehegatten (und ggf. der minderjährigen Kinder) am Arbeitsort des Arbeitnehmers können allerdings nicht vom Arbeitgeber steuerfrei ersetzt werden. nein nein

Demgegenüber lehnt der Bundesfinanzhof eine steuerfreie Arbeitgebererstattung bzw. einen Werbungskostenabzug für sog. umgekehrte Familienheimfahrten auch hinsichtlich der Fahrtkosten ab, wenn die Besuchsreisen **privat veranlasst** sind (BFH-Beschluss vom 2.2.2011, BStBl. II S. 456). Da den Reisen im Streitfall private Motive zugrunde lagen – ungeachtet der doppelten Haushaltsführung waren es nämlich private Wochenendreisen –, sind sie nicht beruflich veranlasst und folglich auch steuerlich nicht zu berücksichtigen. ja ja

Die vorstehenden Ausführungen gelten entsprechend bei Besuchsfahrten des eingetragenen Lebenspartners (§ 2 Abs. 8 EStG).

Der Bundesfinanzhof hat einen **Werbungskostenabzug** der Aufwendungen für **Besuchsfahrten** eines Ehepartners zur auswärtigen Tätigkeitsstätte des anderen Ehepartners im Rahmen einer beruflich veranlassten **Auswärtstätigkeit abgelehnt** (BFH-Urteil vom 22.10.2015, BStBl. 2016 II S. 179). Die berufliche Veranlassung für solche Fahrten sei selbst dann nicht gegeben, wenn der Arbeitnehmer eine Fahrt vom auswärtigen Beschäftigungsort zum Familienwohnsitz nicht durchführen kann, weil seine Anwesenheit am Beschäftigungsort aufgrund einer Weisung bzw. Empfehlung des Arbeitgebers oder aus anderen beruflichen Gründen erforderlich ist. Die berufliche Veranlassung der an sich privaten Besuchsfahrt des Ehegatten kann daraus nicht hergeleitet werden. Der Bundesfinanzhof musste nicht darüber entscheiden, ob an der Rechtsprechung weiter festzuhalten ist, wonach bei sog. umgekehrten Familienheimfahrten im Rahmen einer beruflich veranlassten doppelten Haushaltsführung eine steuerfreie Arbeitgebererstattung bzw. ein Werbungskostenabzug möglich ist, wenn der Arbeitnehmer aus beruflichen Gründen an der Familienheimfahrt gehindert ist. Die Finanzverwaltung lässt in diesen Fällen eine steuerfreie Arbeitgebererstattung bzw. einen Werbungskostenabzug erfreulicherweise weiterhin zu und verfährt nach den in den vorstehenden Absätzen beschriebenen Grundsätzen.

8. Telefonkosten anstelle von Familienheimfahrten

Steuerfrei sind nur Ersatzleistungen für tatsächlich durchgeführte Familienheimfahrten. Fährt der Arbeitnehmer am Wochenende nicht nach Hause, können ihm jedoch anstelle der Fahrtkosten die Gebühren für ein Telefongespräch bis zu einer Dauer von **15 Minuten** (nach dem günstigsten Tarif), das er **mit Angehörigen** führt, **die zum Hausstand** des Arbeitnehmers **gehören,** steuerfrei ersetzt werden (Hinweise zu R 9.11 Absätze 5 bis 10 LStR Stichwort „Telefonkosten“)[1]. Voraussetzung für den steuerfreien Ersatz der Telefonkosten ist ein Telefonieren mit Angehörigen, die zum Hausstand des Arbeitnehmers ge-

1) Die amtlichen Hinweise zu den Lohnsteuer-Richtlinien sind im **Steuerhandbuch für das Lohnbüro 2021** abgedruckt, das im selben Verlag erschienen ist.

Lohn- steuer- pflichtig | Sozial- versich.- pflichtig

hören. Bei ledigen Arbeitnehmern werden die Voraussetzungen deshalb nur in Ausnahmefällen erfüllt sein (z. B. beim Telefonieren mit der oder dem Verlobten[1]), die/der in der Wohnung des Arbeitnehmers lebt und deshalb zu seinem Hausstand am Ort des Mittelpunkts seiner Lebensinteressen gehört). Dabei kann der Arbeitgeber ohne weiteres davon ausgehen, dass solche Kosten entstanden sind, wenn der Ort des eigenen Hausstands im Inland (oder im benachbarten Ausland) liegt. Lediglich bei Familienwohnungen in weit entfernten Ländern wird ein entsprechender Nachweis notwendig sein (z. B. durch Einzelverbindungsnachweis). nein nein

F

Beispiel

Ein Arbeitnehmer aus China ist nach Deutschland versetzt worden; seine Ehefrau und die Kinder leben weiter in China (= doppelte Haushaltsführung). Der Arbeitnehmer führt alle drei Monate eine Familienheimfahrt mit dem Flugzeug durch.

Der Arbeitgeber kann dem Arbeitnehmer in den Wochen, wo er keine Familienheimfahrt durchgeführt hat, die (nachgewiesenen) Gebühren für ein Telefongespräch mit seiner Familie bis zu einer Dauer von 15 Minuten nach dem günstigsten Tarif steuerfrei ersetzen. Steht dem Arbeitnehmer auch für diese Gespräche z. B. ein Mobiltelefon seines Arbeitgebers unentgeltlich oder verbilligt zur Verfügung, ist der geldwerte Vorteil für diese Privatgespräche steuerfrei (§ 3 Nr. 45 EStG; vgl. die Erläuterungen beim Stichwort „Telefonkosten" unter Nr. 1). Ein Werbungskostenabzug kommt in diesem Fall nicht in Betracht (§ 3c Abs. 1 EStG).

9. Überlassung eines Pkws für Familienheimfahrten

Auf die Erläuterungen zur Überlassung eines Pkws für Familienheimfahrten beim Stichwort „Firmenwagen zur privaten Nutzung" unter Nr. 14 auf Seite 448 wird Bezug genommen.

Wird danach für die wöchentliche Familienheimfahrt kein geldwerter Vorteil angesetzt (§ 8 Abs. 2 Satz 5 EStG), erhält der Arbeitnehmer beim Werbungskostenabzug im Rahmen seiner Einkommensteuer-Veranlagung für diese Fahrten auch keine Entfernungspauschale (§ 9 Abs. 1 Satz 3 Nr. 5 Satz 8 EStG). nein nein

Auch der Bundesfinanzhof hält es angesichts des Gesetzeswortlauts aus systematischen Gründen für zutreffend, dass bei einer Firmenwagengestellung durch den Arbeitgeber für eine Familienheimfahrt wöchentlich **kein geldwerter Vorteil** angesetzt und **keine Werbungskosten** in Höhe der Entfernungspauschale berücksichtigt werden (BFH-Urteil vom 28.2.2013, BStBl. II S. 629).

Beispiel A

Arbeitnehmer A erhält von seinem Arbeitgeber einen Firmenwagen (Bruttolistenpreis 40 000 €) auch zur privaten Nutzung sowie zur wöchentlichen Familienheimfahrt im Rahmen der beruflich veranlassten doppelten Haushaltsführung (Entfernung = 250 km). Außerdem nutzt A den Wagen für die Fahrten von der Zweitwohnung am Beschäftigungsort zur ersten Tätigkeitsstätte (Entfernung = 10 km).

Der monatliche geldwerte Vorteil aus der Firmenwagengestellung beträgt:

Privatfahrten 1 % von 40 000 € =	400 €
Fahrten Zweitwohnung/erste Tätigkeitsstätte 0,03 % von 40 000 € × 10 km =	120 €
Monatlicher geldwerter Vorteil	520 €

Für die wöchentliche Familienheimfahrt im Rahmen der beruflich veranlassten doppelten Haushaltsführung ist kein geldwerter Vorteil anzusetzen (§ 8 Abs. 2 Satz 5 EStG). Für diese Familienheimfahrten kommt daher auch – im Gegensatz zu den Fahrten von der Zweitwohnung zur ersten Tätigkeitsstätte – ein Werbungskostenabzug nicht in Betracht (§ 9 Abs. 1 Satz 3 Nr. 5 Satz 8 EStG).

Beispiel B

Wie Beispiel A. Arbeitnehmer A nimmt Arbeitnehmer B auf einer Familienheimfahrt mit nach Hause.

Arbeitnehmer B kann – obwohl ihm keine Aufwendungen entstanden sind – die Entfernungspauschale als Werbungskosten geltend machen.

20 km × 0,30 €	6,– €
230 km × 0,35 €	80,50 €
Summe	86,50 €

Lohn- steuer- pflichtig | Sozial- versich.- pflichtig

Zu Besonderheiten bei der umsatzsteuerlichen Bemessungsgrundlage für den Sachbezug vgl. das Stichwort „Firmenwagen zur privaten Nutzung" unter Nr. 20 Buchstabe b.

10. Heimfahrten bei beruflich veranlassten Auswärtstätigkeiten

Werden Familienheimfahrten bei beruflich veranlassten Auswärtstätigkeiten (unabhängig von der zeitlichen Dauer, keine Dreimonatsfrist) mit dem eigenen Pkw ausgeführt, gilt für diese Heimfahrten nicht die Entfernungspauschale, sondern der für die Benutzung eines Pkws anzusetzende Kilometersatz von **0,30 € je tatsächlich gefahrenen Kilometer** (unter Berücksichtigung der Hin- und Rückfahrt also 2 × 0,30 € = **0,60 €** für jeden Kilometer der einfachen Entfernung zwischen auswärtiger Tätigkeitsstätte und Familienwohnung). Außerdem gilt für solche Familienheimfahrten die Regelung nicht, dass nur eine Heimfahrt wöchentlich steuerfrei ersetzt werden kann. Bei beruflich veranlassten Auswärtstätigkeiten kann der Arbeitgeber deshalb dem Arbeitnehmer mehr als eine Heimfahrt wöchentlich steuerfrei ersetzen, wenn der Arbeitnehmer tatsächlich mehrmals wöchentlich nach Hause fährt. nein nein

Beispiel

Ein Arbeitnehmer ist für sechs Monate von Düsseldorf nach Frankfurt abgeordnet (einfache Entfernung 250 km). Er führt wöchentlich zwei Familienheimfahrten mit seinem eigenen Pkw durch.

Da es sich um eine beruflich veranlasste Auswärtstätigkeit handelt, kann der Arbeitgeber wöchentlich folgenden Betrag steuerfrei ersetzen:

2 Fahrten à 250 Entfernungskilometer × 0,60 € =	300 €
für sechs Monate = 24 Wochen à 300 € =	7 200 €

11. Anrechnung der steuerfreien Arbeitgebererstattung beim Werbungskostenabzug

Steuerfreie Erstattungen des Arbeitgebers für wöchentliche Familienheimfahrten **mindern** die **Werbungskosten,** die der Arbeitnehmer bei einer Veranlagung zur Einkommensteuer für Familienheimfahrten im Rahmen der doppelten Haushaltsführung ansetzen kann (§ 3c EStG sowie BFH-Urteil vom 18.4.2013, BStBl. II S. 735).

Familienpflegezeit

Gliederung:

1) Eine Verlobte/ein Verlobter gehört zu den Angehörigen im Sinne des § 15 AO.

Lohnsteuerpflichtig | Sozialversich.-pflichtig

1. Allgemeines

Durch das Gesetz zur Vereinbarkeit von Pflege und Beruf (FPfZG) sollte Menschen, die Familienangehörige pflegen, die Möglichkeit gegeben werden, für maximal zwei Jahre ihre Arbeitszeit zu reduzieren, um im Beruf bleiben zu können und gleichzeitig ihre Angehörigen selbst zu pflegen.

Das Familienpflegezeitgesetz ist am 1. Januar 2012 in Kraft getreten. Auf seiner Basis konnten Arbeitnehmer und Arbeitgeber einen Vertrag zur Familienpflegezeit abschließen. Der Arbeitgeber war nicht verpflichtet, einen solchen Vertrag abzuschließen. Das bedeutete, dass der Arbeitnehmer aus dem Familienpflegezeitgesetz keinen Anspruch ihm gegenüber hatte, eine Familienpflegezeit eingerichtet zu bekommen.

Durch das am 1.1.2015 in Kraft getretene Gesetz zur besseren Vereinbarkeit von Familie, Pflege und Beruf wurde Beschäftigten ein Rechtsanspruch auf die Familienpflegezeit, also die teilweise Freistellung von der Arbeit, eingeräumt. Der Anspruch besteht nicht gegenüber Arbeitgebern mit 25 oder weniger Beschäftigten. Für Familienpflegezeit, die seit 1.1.2015 beansprucht wird, gelten folgende Voraussetzungen:

2. Voraussetzungen für die Inanspruchnahme von Familienpflegezeit

a) Ankündigung der Familienpflegezeit

Wer Familienpflegezeit beanspruchen will, muss dies dem Arbeitgeber spätestens acht Wochen vor dem gewünschten Beginn schriftlich ankündigen und gleichzeitig erklären, für welchen Zeitraum und in welchem Umfang innerhalb der Gesamtdauer die Freistellung von der Arbeitsleistung in Anspruch genommen werden soll. Dabei ist auch die gewünschte Verteilung der Arbeitszeit anzugeben. Enthält die Ankündigung keine eindeutige Festlegung, ob die oder der Beschäftigte Pflegezeit nach § 3 des Pflegezeitgesetzes oder Familienpflegezeit in Anspruch nehmen will, und liegen die Voraussetzungen beider Freistellungsansprüche vor, gilt die Erklärung als Ankündigung von Pflegezeit (siehe das Stichwort „Pflegezeit").

b) Schriftliche Vereinbarung

Arbeitgeber und Beschäftigte haben über die Verringerung und Verteilung der Arbeitszeit eine schriftliche Vereinbarung zu treffen. Hierbei hat der Arbeitgeber den Wünschen der Beschäftigten zu entsprechen, es sei denn, dass dringende betriebliche Gründe entgegenstehen.

c) Dauer der Familienpflegezeit

Beschäftigte sind von der Arbeitsleistung für längstens 24 Monate (Höchstdauer) teilweise freizustellen, wenn sie einen pflegebedürftigen nahen Angehörigen in häuslicher Umgebung pflegen (Familienpflegezeit) oder wenn sie einen minderjährigen pflegebedürftigen nahen Angehörigen betreuen.[1] Während der Freistellung muss die verringerte Arbeitszeit wöchentlich mindestens 15 Stunden betragen. Für einen kürzeren Zeitraum in Anspruch genommene Familienpflegezeit kann bis zur Gesamtdauer von 24 Monaten verlängert werden, wenn der Arbeitgeber zustimmt. Eine Verlängerung bis zur Gesamtdauer kann verlangt werden, wenn ein vorgesehener Wechsel in der Person der oder des Pflegenden aus einem wichtigen Grund nicht erfolgen kann.

d) Kombination Familienpflegezeit und Pflegezeit

Pflegezeit und Familienpflegezeit dürfen gemeinsam 24 Monate je pflegebedürftigem nahen Angehörigen nicht überschreiten.[1]

e) Nachweis der Pflegebedürftigkeit

Die Beschäftigten haben die Pflegebedürftigkeit der oder des nahen Angehörigen durch Vorlage einer Bescheinigung der Pflegekasse oder des Medizinischen Dienstes der Krankenversicherung nachzuweisen. Bei in der privaten Pflege-Pflichtversicherung versicherten Pflegebedürftigen ist ein entsprechender Nachweis zu erbringen.

f) Finanzielle Absicherung während der Familienpflegezeit

Für die finanzielle Absicherung während der Familienpflegezeit gibt es seit 1.1.2015 zwei Möglichkeiten.

aa) Aufstockung des Entgelts durch Wertguthaben

Während der Familienpflegezeit kann die regelmäßige wöchentliche Arbeitszeit auf bis zu 15 Stunden reduziert werden. Während dieser Zeit kann eine Aufstockung durch Entnahme von Arbeitsentgelt aus einem bereits vorhandenen Wertguthaben i. S. des § 7b SGB IV erfolgen.

bb) Arbeitnehmerdarlehen

Für Familienpflegezeit-Freistellungen seit dem 1.1.2015 gewährt das Bundesamt für Familie und zivilgesellschaftliche Aufgaben **Beschäftigten** auf Antrag ein in monatlichen Raten zu zahlendes zinsloses Darlehen in Höhe der Hälfte der Differenz zwischen den pauschalierten monatlichen Nettoentgelten vor und während der Freistellung. Das Darlehen ist vorrangig vor dem Bezug von bedürftigkeitsabhängigen Sozialleistungen in Anspruch zu nehmen und von den Beschäftigten zu beantragen. Der Arbeitgeber hat dem Bundesamt für Familie und zivilgesellschaftliche Aufgaben für bei ihm Beschäftigte den Arbeitsumfang sowie das Arbeitsentgelt vor der Freistellung nach § 4 Absatz 1 FPfZG zu bescheinigen, soweit dies zum Nachweis des Einkommens aus Erwerbstätigkeit oder der wöchentlichen Arbeitszeit der die Förderung beantragenden Beschäftigten erforderlich ist.

Im Anschluss an die Freistellung ist die Darlehensnehmerin oder der Darlehensnehmer verpflichtet, das Darlehen innerhalb von 48 Monaten nach Beginn der Freistellung zurückzuzahlen.

Der Abschluss einer Familienpflegezeitversicherung ist für Familienpflegezeit-Freistellungen seit 1.1.2015 nicht mehr vorgeschrieben.

3. Arbeitsrechtliche Auswirkungen

Der Arbeitgeber darf das Beschäftigungsverhältnis während der Inanspruchnahme der Familienpflegezeit nicht kündigen. In besonderen Fällen kann ausnahmsweise eine Kündigung für zulässig erklärt werden. Die Zulässigkeitserklärung erfolgt durch die für den Arbeitsschutz zuständige oberste Landesbehörde oder die von ihr bestimmte Stelle.

4. Sozialversicherungsrechtliche Auswirkungen

Durch die Inanspruchnahme von Familienpflegezeit bleibt ein vorher bestehendes Beschäftigungsverhältnis im sozialversicherungsrechtlichen Sinne und ein bestehender Versicherungsschutz in der Kranken-, Pflege-, Renten- und Arbeitslosenversicherung grundsätzlich bestehen. Die Regelungen für eine geringfügige Beschäftigung können während der Familienpflegezeit nicht greifen, da das Entgelt bei einer Aufstockung durch Entnahme aus einem bestehenden Wertguthaben grundsätzlich 450 € überschreiten muss (§ 7b Nr. 5 SGB IV). Außerdem wird das Entgelt aufgrund der Regelungen des Mindestlohngesetzes bei einer verbleibenden Arbeitszeit von mindestens 15 Stunden die Geringfügigkeitsgrenze von 450 € eben-

1) Betriebliche Modelle zur Pflege-/Familienpflegezeit werden steuerlich auch dann anerkannt, wenn sie die gesetzlich vorgesehene Förderdauer von zwei Jahren nach § 2 FPfZG überschreiten.

	Lohn-steuer-pflichtig	Sozial-versich.-pflichtig

falls nicht unterschreiten können (Monatslohn ab 1.1.2021 mindestens 617,50 € = 65 Std. mtl. × 9,50 €). Sofern das reduzierte Arbeitsentgelt nicht mehr als 1300 € beträgt, gelten die Regelungen im Niedriglohnbereich (vgl. das Stichwort „Übergangsbereich nach § 20 Abs. 2 SGB IV").

Bisher wegen des Überschreitens der Jahresarbeitsentgeltgrenze versicherungsfreie Beschäftigte, deren regelmäßiges Jahresarbeitsentgelt durch die Reduzierung der Arbeitszeit die Jahresarbeitsentgeltgrenze nicht mehr überschreitet, werden versicherungspflichtig in der gesetzlichen Krankenversicherung. Es besteht aber eine Befreiungsmöglichkeit für die Dauer der Familienpflegezeit nach § 8 Abs. 1 Nr. 2a SGB V. Bemessungsgrundlage für die Beiträge zur Sozialversicherung ist das tatsächliche (reduzierte) Arbeitsentgelt (§ 23b Abs. 1 SGB IV). Ansonsten gelten die Grundsätze zur beitragsrechtlichen Behandlung von Wertguthaben i. S. des § 7b SGB IV (vgl. hierzu das Stichwort „Arbeitszeitkonten").

5. Steuerrechtliche Auswirkungen

Während der Familienpflegezeit des Arbeitnehmers liegt ein Zufluss von steuerpflichtigem Arbeitslohn in Höhe der Summe aus dem verringerten, regulären **Arbeitsentgelt und** einer etwaig vorgenommenen **Entgeltaufstockung** aus einem Wertguthaben nach dem SGB IV vor.

Das Pflegeunterstützungsgeld ist steuerfrei (§ 3 Nr. 1 Buchstabe a EStG; bei Beamten § 3 Nr. 11 EStG). Es unterliegt nicht dem Progressionsvorbehalt, da es in der abschließenden Aufzählung des § 32b Abs. 1 Satz 1 Nr. 1 EStG nicht aufgeführt ist.

6. Besondere Regelungen wegen der Corona-Pandemie

Um die Angehörigen von Pflegebedürftigen während pandemiebedingter Notlagen oder Sondersituationen zu unterstützen, wurden befristet Änderungen im Familienpflegezeitgesetz vorgenommen. Die ursprünglich bis 30.9.2020 geltenden Regelungen wurden bis 31.3.2021 verlängert. In diesem Zeitraum gelten folgende abweichende Regelungen:

Wenn der Arbeitgeber zustimmt und die (Teil-)Freistellung spätestens am 31.3.2021 endet, ist es nicht erforderlich, dass Pflege- und Familienpflegezeit direkt aneinander anschließen. Restzeiten der Familienpflegezeit, die bisher nicht in Anspruch genommen wurden, können bis zur Höchstdauer von 24 Monaten einmalig für denselben Pflegebedürftigen beansprucht werden. Die Zustimmung des Arbeitgebers ist dazu allerdings erforderlich und die Familienpflegezeit muss spätestens am 31.3.2021 enden.

Die wöchentliche Mindestarbeitszeit von 15 Wochenstunden darf vorübergehend bis zur Höchstdauer eines Monats unterschritten werden.

Eine Familienpflegezeit, die spätestens am 1.3.2021 beginnt, ist mindestens 10 Arbeitstage vorher anzukündigen. Die Ankündigung in Textform genügt.

Familienzuschläge

Familienzuschläge aller Art, die aufgrund von Tarifverträgen, Betriebsvereinbarungen oder Einzelarbeitsverträgen gezahlt werden, sind steuer- und beitragspflichtig (vgl. „Zulagen"). — ja — ja

Bei der **Feststellung der Krankenversicherungspflicht** bleiben Zuschläge, die mit Rücksicht auf den Familienstand gezahlt werden, unberücksichtigt, d. h. bei der Ermittlung des regelmäßigen Jahresarbeitsentgelts werden diese Zuschläge **nicht berücksichtigt** (vgl. das Stichwort „Jahresarbeitsentgeltgrenze" besonders unter Nr. 2).

	Lohn-steuer-pflichtig	Sozial-versich.-pflichtig

Fax-Geräte

siehe „Telefonkosten"

Fehlgeldentschädigungen

Arbeitnehmer, die im Kassen- und Zähldienst beschäftigt sind, erhalten von ihren Arbeitgebern vielfach eine besondere Entschädigung zum Ausgleich von Kassenverlusten, die auch bei Anwendung der gebotenen Sorgfalt auftreten können (Fehlgeldentschädigungen, Zählgelder, Mankogelder, Kassenverlustentschädigungen).

Pauschale Fehlgeldentschädigungen sind nach R 19.3 Abs. 1 Satz 2 Nr. 4 LStR steuerfrei, soweit sie 16 € im Monat nicht übersteigen. Eine Gehaltsumwandlung mit Wirkung für die Zukunft zugunsten einer steuerfreien Fehlgeldentschädigung ist möglich, da die Richtlinienregelung keine „Zusätzlichkeitsvoraussetzung" enthält. — nein — nein

Die Steuerbefreiung bis zu 16 € monatlich ist nach dem Wortlaut der Lohnsteuer-Richtlinien nicht auf Arbeitnehmer beschränkt, die ausschließlich oder im Wesentlichen im Kassen- und Zähldienst beschäftigt werden; sie gilt also auch für Arbeitnehmer, die nur im geringen Umfang im Kassen- und Zähldienst tätig sind (z. B. Arzthelferinnen, die die Entgelte für individuelle Gesundheitsleistungen – sog. IGEL-Leistungen – bar vereinnahmen).

Erhält ein Arbeitnehmer höhere Pauschbeträge als Fehlgeldentschädigung als 16 € monatlich, ist der **übersteigende** Betrag steuer- und beitragspflichtiger Arbeitslohn. — ja — ja

Feiertagslohn

Die Lohnfortzahlung bei Arbeitsausfall anlässlich von gesetzlichen Feiertagen ist steuer- und beitragspflichtig. — ja — ja

Soweit bei der Berechnung des Feiertagslohns nach dem Lohnausfallprinzip Zuschläge für Sonntags- oder Nachtarbeit berücksichtigt worden sind, können diese nicht steuer- und beitragsfrei bleiben, da sie nicht für tatsächlich geleistete Sonntags- oder Nachtarbeit gezahlt werden (vgl. das Stichwort „Zuschläge für Sonntags-, Feiertags- und Nachtarbeit"). — ja — ja

Im Einzelnen gilt zur Lohnfortzahlung an Feiertagen Folgendes:

Einen **Anspruch auf Lohnzahlung an gesetzlichen Feiertagen** haben nach § 2 des Entgeltfortzahlungsgesetzes (EntgFG) grundsätzlich alle Arbeitnehmer, also auch Aushilfskräfte und Teilzeitbeschäftigte sowie Auszubildende. Ein Lohnfortzahlungsanspruch besteht nur für gesetzliche Feiertage. Aus den Feiertagsgesetzen der einzelnen Bundesländer ergibt sich folgende Übersicht:

Feiertage in allen Bundesländern:

- 1. Januar
- Karfreitag
- Ostermontag
- 1. Mai
- Christi Himmelfahrt
- Pfingstmontag
- 3. Oktober (Tag der deutschen Einheit)
- 1. Weihnachtsfeiertag
- 2. Weihnachtsfeiertag

Feiertage in einzelnen Bundesländern:

- Heilige Drei Könige (6. Januar) in Baden-Württemberg, Bayern und Sachsen-Anhalt,
- Frauentag (8. März) in Berlin,

	Lohnsteuerpflichtig	Sozialversich.-pflichtig

- Ostersonntag in Brandenburg,
- Tag der Befreiung (8. Mai) in Berlin,
- Pfingstsonntag in Brandenburg,
- Fronleichnam in Baden-Württemberg, Bayern, Hessen, Nordrhein-Westfalen, Rheinland-Pfalz, Saarland, Sachsen (in bestimmten Gemeinden in den Landkreisen Bautzen und Westlausitzkreis) und Thüringen (in Gemeinden mit überwiegend katholischer Wohnbevölkerung),
- Friedensfest (8. August) **nur** in der Stadt Augsburg,
- Mariä Himmelfahrt (15. August) in Bayern (in Gemeinden mit überwiegend katholischer Bevölkerung) und Saarland,
- Weltkindertag (20. September) in Thüringen,
- Reformationstag (31. Oktober) in Brandenburg, Mecklenburg-Vorpommern, Sachsen, Sachsen-Anhalt und Thüringen,
- Allerheiligen (1. November) in Baden-Württemberg, Bayern, Nordrhein-Westfalen, Rheinland-Pfalz und Saarland,
- Buß- und Bettag **nur** in Sachsen[1].

Maßgebend ist das Recht des Landes, in dem der Beschäftigungsort (vgl. § 9 SGB IV) liegt. Fällt ein gesetzlicher Feiertag auf einen Sonntag, besteht der Arbeitslohnanspruch nur, wenn tatsächlich wegen des Feiertags Arbeitslohn ausgefallen ist, der Arbeitnehmer also an diesem Sonntag sonst gearbeitet hätte.

Arbeitnehmer, die am letzten Arbeitstag vor oder am ersten Arbeitstag nach Feiertagen unentschuldigt der Arbeit fernbleiben, haben keinen Anspruch auf Bezahlung dieser Feiertage (§ 2 Abs. 3 EntgFG). Besteht zwischen Weihnachten und Neujahr Betriebsruhe, entfällt der Anspruch auf Feiertagsbezahlung, wenn der Arbeitnehmer am letzten Tag vor oder am ersten Tag nach der Betriebsruhe unentschuldigt fehlt.

Die Höhe der **Feiertagsvergütung** errechnet sich nach dem sog. **Lohnausfallprinzip,** d. h. der Arbeitnehmer ist so zu vergüten, als hätte er am Feiertag gearbeitet. Es gelten die gleichen Grundsätze wie bei einer Entgeltfortzahlung im Krankheitsfall. Bei Beschäftigten mit einem festen Monatsgehalt oder Wochenlohn führt der Arbeitsausfall an einem Feiertag somit nicht zu einem Verdienstausfall; die Bezahlung von Feiertagslohn erübrigt sich.

Andere Arbeitnehmer (Zeitlohnempfänger) haben Anspruch auf das Arbeitsentgelt, das ohne den Arbeitsausfall wegen des Feiertages zu zahlen gewesen wäre. Zu berücksichtigen sind somit insbesondere:
- Zulagen und Zuschläge (z. B. Erschwerniszuschläge),
- Zuschläge für Nachtarbeit und Sonntagsarbeit,
- ausgefallene Überstunden,
- durchschnittlicher Akkordverdienst,
- durchschnittliche Provisionen.

Auf die ausführlichen Erläuterungen beim Stichwort „Entgeltfortzahlung“ wird hingewiesen.

Fällt der Feiertag in den **Urlaub,** darf dieser Tag nicht auf den Urlaubsanspruch angerechnet werden (§ 3 Abs. 2 Bundesurlaubsgesetz). Daraus folgt, dass sich die Bezahlung dieses Tages nicht nach den tariflichen oder gesetzlichen Bestimmungen für die Berechnung des Urlaubsentgelts richtet (vergangenheitsbezogene Berechnung nach dem durchschnittlichen Arbeitsverdienst der letzten 13 Wochen vor dem Urlaub, vgl. „Urlaubsentgelt“), sondern nach dem vorstehend erläuterten Lohnausfallprinzip.

Fällt der Feiertag in die Zeit eines **unbezahlten Urlaubs,** so besteht kein Anspruch auf Feiertagslohn.

Ist der Arbeitnehmer **arbeitsunfähig erkrankt** und fällt in den Entgeltfortzahlungszeitraum ein gesetzlicher Feiertag, besteht Anspruch auf Entgeltfortzahlung in Höhe der Feiertagsvergütung.

Feiertagszuschläge

siehe „Zuschläge für Sonntags-, Feiertags- und Nachtarbeit“

Ferienhaus

Unter einem Ferienhaus versteht man im Allgemeinen ein Haus, in dem Gäste für einen bestimmten Zeitraum ihren Urlaub verbringen können.

Stellt der Arbeitgeber seinen Arbeitnehmern zur **Erholung** unentgeltlich oder verbilligt Ferienhäuser zur Verfügung, handelt es sich um Arbeitslohn; dies gilt unabhängig davon, ob die Ferienhäuser im Inland oder Ausland belegen sind (BFH-Urteil vom 9.4.1997, BStBl. II S. 539). Die Bewertung des geldwerten Vorteils ist mit dem üblichen Endpreis am Abgabeort ggf. vermindert um eine Zuzahlung des Arbeitnehmers vorzunehmen (vgl. „Sachbezüge“ unter Nr. 3). ja ja

Bei einer **beruflich veranlassten Unterbringung** wird es sich in der Regel um steuerfreie Reisekosten in Form einer Sachleistung handeln. nein nein

Bei einer dauerhaften Überlassung zu Wohnzwecken vgl. das Stichwort „Wohnungsüberlassung“.

Fensterputzer

Fensterputzer, die für mehrere Auftraggeber tätig werden, in der Zeiteinteilung frei sind und eigene Geräte benutzen, sind im Regelfall keine Arbeitnehmer (BFH-Urteil vom 19.1.1979, BStBl. II S. 326). nein nein

Hingegen sind bei einem Gebäudereinigungsunternehmen angestellte Fensterputzer steuer- und sozialversicherungsrechtlich Arbeitnehmer. ja ja

Fernsehgerät

Überlässt der Arbeitgeber einem Arbeitnehmer unentgeltlich ein Fernsehgerät zur privaten Nutzung, ist der darin liegende geldwerte Vorteil steuer- und beitragspflichtig. ja ja

Dies gilt auch für ein zur privaten Nutzung überlassenes Videogerät bzw. eines DVD-Players. Gleiches gilt auch für ein zur privaten Nutzung überlassenes Rundfunkgerät. In all diesen Fällen ist der monatliche Durchschnittswert der privaten Nutzung mit 1 % des auf volle 100 Euro abgerundeten Kaufpreises des jeweiligen Geräts anzusetzen.[2] Kaufpreis in diesem Sinne ist der **Neupreis** laut Preisempfehlung einschließlich Umsatzsteuer (sog. Bruttolistenpreis). Die monatliche **44-€-Freigrenze** für Sachbezüge ist **nicht anwendbar,** da es sich um eine Durchschnittsbewertung nach § 8 Abs. 2 Satz 10 EStG handelt.

1) Zur Finanzierung der Pflegeversicherung ist seit 1.1.1995 in allen Ländern – mit Ausnahme von Sachsen – ein gesetzlicher Feiertag gestrichen, oder in einen gesetzlich geschützten Feiertag (ohne Lohnfortzahlungsanspruch) umgewandelt worden, und zwar der Buß- und Bettag. Das bedeutet, dass für den Buß- und Bettag – mit Ausnahme von Sachsen – kein Lohnfortzahlungsanspruch mehr besteht.

2) Bundeseinheitliche Regelung; für Bayern bekannt gemacht mit Schreiben des Bayer. Staatsministeriums der Finanzen vom 12. 10. 2001 (Az.: 34 – S 2334 – 28/51 – 44 990). Das Schreiben ist als Anlage 1 zu H 8.2 LStR im **Steuerhandbuch für das Lohnbüro 2021** abgedruckt, das im selben Verlag erschienen ist.

F

	Lohnsteuerpflichtig	Sozialversich.-pflichtig

Beispiel

Neupreis des unentgeltlich überlassenen Fernsehgeräts	1 500,– €
Neupreis des unentgeltlich überlassenen DVD-Players	500,– €
insgesamt	2 000,– €
monatlich steuer- und beitragspflichtiger geldwerter Vorteil 1 % =	20,– €

Bei einer Zuzahlung des Arbeitnehmers (= verbilligte Überlassung) ist diese Zuzahlung auf den geldwerten Vorteil anzurechnen. Zur Überlassung von betrieblichen Datenverarbeitungsgeräten und Telekommunikationsgeräten zur privaten Nutzung vgl. die Erläuterungen bei den Stichwörtern „Computer" unter Nr. 1 und „Telefonkosten" unter Nr. 1.

F

Fernsehkünstler

Beim Fernsehen mitwirkende Schauspieler sind regelmäßig als Arbeitnehmer zu behandeln. ja ja

Wegen Einzelheiten wird auf die ausführlichen Erläuterungen zum Stichwort „Künstler" hingewiesen.

Fernsprechkosten

siehe „Telefonkosten"

Feuerwehr

siehe „Berufsfeuerwehr" und „Ehrenämter"

Filmkünstler

Filmkünstler sind grundsätzlich als Arbeitnehmer anzusehen. ja ja

Wegen Einzelheiten wird auf die ausführlichen Erläuterungen zum Stichwort „Künstler" hingewiesen.

Firmenfitnessmitgliedschaften

Bei einer sog. Firmenfitnessmitgliedschaft des Arbeitgebers hat der Arbeitnehmer das Recht, die an dem Programm teilnehmenden Einrichtungen zu nutzen (u. a. Fitnessstudios, Golfplätze, Saunen, Schwimmbäder). Dieser **geldwerte Vorteil** ist steuer- und beitragspflichtig. ja ja

Die Bewertung des geldwerten Vorteils richtet sich nach den allgemeinen Grundsätzen (vgl. „Sachbezüge" unter Nr. 3 Buchstaben b und c). Erhält der Arbeitnehmer einen Mitgliedsausweis, der zur Nutzung der teilnehmenden Einrichtungen für einen bestimmten Zeitraum (z. B. ein Jahr) berechtigt, fließt dem Arbeitnehmer der geldwerte Vorteil **für den gesamten Zeitraum im Zeitpunkt der Überlassung des Mitgliedsausweises** zu. Die Anwendung der 44-Euro-Freigrenze für Sachbezüge scheidet in diesem Fall aus, da sich in aller Regel ein höherer geldwerter Vorteil ergeben wird.

Zu der für die Anwendung der 44-Euro-Freigrenze bedeutsamen Frage, ob ein Sachbezug monatlich oder für einen längeren Zeitraum (z. B. ein Jahr) zufließt, ist ausschlaggebend, ob die Dauer der Mitgliedschaft tatsächlich einen Monat beträgt und sich unabhängig von der eigenen Vertragsbindung des Arbeitgebers fortlaufend monatlich verlängert (BFH-Urteil vom 7.7.2020 VI R 14/18).

Firmenjubiläum

siehe „Jubiläumszuwendungen"

Firmenkreditkarte

Stellt der Arbeitgeber seinem Arbeitnehmer eine Firmenkreditkarte zur Verfügung, das heißt eine Kreditkarte, die **über das Firmenkonto abgerechnet** wird, weil der Arbeitnehmer häufig beruflich veranlasste Auswärtstätigkeiten ausübt, liegt die Übernahme der Kosten für die Firmenkreditkarte durch den Arbeitgeber im ganz überwiegenden betrieblichen Interesse des Arbeitgebers und ist demnach kein steuerpflichtiger geldwerter Vorteil. nein nein

Soweit der Arbeitnehmer die Kreditkarte gelegentlich zu Privateinkäufen verwendet, liegt darin ebenfalls kein steuerpflichtiger geldwerter Vorteil, wenn die Privatkäufe im Verhältnis zur Gesamtbenutzung von untergeordneter Bedeutung sind. nein nein

Übernimmt der Arbeitgeber die Gebühr für eine Kreditkarte, deren Umsätze **über ein Konto des Arbeitnehmers abgerechnet** werden, handelt es sich regelmäßig um eine Barzuwendung und nicht um einen Sachbezug. Wird die Karte bei Arbeitnehmern mit umfangreicher Reisetätigkeit zur Abrechnung der Reisekosten und von Auslagen für den Betrieb eingesetzt, ist die Übernahme der Gebühr durch den Arbeitgeber steuerfrei. Wird sie in mehr als nur geringfügigem Umfang auch für andere Umsätze eingesetzt, bleibt lediglich der Teil der Kreditkartengebühr steuerfrei, der dem Anteil der Reisekosten und Auslagen an den gesamten Umsätzen entspricht.[1)]

Vereinbart der Arbeitgeber mit einem Kreditkartenunternehmen, bestimmten Arbeitnehmern eine Firmenkreditkarte (sog. **corporate card**) zu überlassen, handelt es sich bei dem geldwerten Vorteil aus der für den Arbeitnehmer gebührenfreien Überlassung der Karte um einen **Sachbezug.** Das gilt auch für den Fall der Abrechnung der Umsätze über ein Konto des Arbeitnehmers. Wird eine solche mit dem Namen des Arbeitgebers versehene Kreditkarte an Arbeitnehmer mit umfangreicher Reisetätigkeit ausgegeben, ist die Überlassung insgesamt eine Leistung im ganz überwiegenden betrieblichen Interesse; sie gehört deshalb nicht zum Arbeitslohn. Bleibt die private Mitbenutzung der Kreditkarte im Einzelfall nicht von untergeordneter Bedeutung, ist nur der Teil des Vorteils steuerfrei, der dem Anteil der Reisekostenumsätze am Gesamtumsatz der Kreditkarte entspricht; im Übrigen handelt es sich darüber hinaus im Grundsatz um einen steuerpflichtigen Sachbezug.

Liegt in den oben geschilderten Fällen ein im Grundsatz steuerpflichtiger Sachbezug vor, ist dieser in Anwendung der monatlichen **44-Euro-Freigrenze** steuerfrei, soweit diese Freigrenze nicht bereits durch andere Sachbezüge ausgeschöpft worden ist (vgl. das Stichwort „Sachbezüge" unter Nr. 4). nein nein

1) BMF-Schreiben vom 29.9.1998 (Az.: IV C 5 – S 2334 – 1/98). Das nicht im Bundessteuerblatt veröffentlichte BMF-Schreiben ist als Anlage 2 zu H 9.8 LStR im **Steuerhandbuch für das Lohnbüro 2021** abgedruckt, das im selben Verlag erschienen ist.

Lohn-steuer-pflichtig | Sozial-versich.-pflichtig

Firmenwagen zur privaten Nutzung

Änderungsintensives Stichwort – bleiben Sie auf dem Laufenden unter

www.lexikon-lohnbuero.de/newsletter **!**

Neues und Wichtiges auf einen Blick:

1. Bemessungsgrundlage bei Elektro- und Hybridelektrofahrzeugen

Die steuerliche Förderung von Elektro- und extern aufladbaren Hybridelektrofahrzeugen, die seit **1.1.2019 angeschafft oder geleast** werden, erfolgt grundsätzlich durch eine Halbierung der Bemessungsgrundlage. Das bedeutet, dass bei der **Bruttolistenpreisregelung** der **halbe Bruttolistenpreis** und bei der **Fahrtenbuchmethode** die **Hälfte der Absetzung für Abnutzung bzw. der Leasingkosten** angesetzt wird. Dies gilt für die Ermittlung des geldwerten Vorteils bei Privatfahrten, Fahrten zwischen Wohnung und erster Tätigkeitsstätte und etwaige steuerpflichtige Familienheimfahrten im Rahmen einer beruflich veranlassten doppelten Haushaltsführung.

Ein **Viertel der Bemessungsgrundlage** (Bruttolistenpreis oder Absetzung für Abnutzung bzw. Leasingrate im Rahmen der Fahrtenbuchmethode) wird angesetzt, wenn das Kraftfahrzeug **keine Kohlendioxidemission** je gefahrenen Kilometer hat (= reine Elektrofahrzeuge) **und** der **Bruttolistenpreis** des Fahrzeugs **nicht mehr als 60 000 €** beträgt.

Für vor dem 1.1.2019 angeschaffte oder geleaste Elektrofahrzeuge wird der Bruttolistenpreis bzw. bei der Fahrtenbuchmethode die Bemessungsgrundlage für die Absetzung für Abnutzung – wie bisher – pauschal um die Kosten für das Batteriesystem gemindert.

Vgl. auch die Ausführungen unter den nachfolgenden Nrn. 2 Buchstabe b sowie 3 Buchstabe a. Siehe außerdem das Stichwort „Elektrofahrzeuge".

2. Bruttolohnminderung kein Nutzungsentgelt

Zahlt der Arbeitnehmer an den Arbeitgeber für die Nutzung eines ihm überlassenen Firmenwagens zu privaten Fahrten und zu Fahrten zwischen Wohnung und erster Tätigkeitsstätte ein **Nutzungsentgelt, mindert** dies den **geldwerten Vorteil.** Entsprechendes gilt, wenn der Arbeitnehmer vereinbarungsgemäß für die private Nutzung einzelne, individuelle Kosten des Firmenwagens trägt (z. B. Treibstoff- und/oder Garagenkosten).

Die vorstehenden Grundsätze kommen aber laut Bundesfinanzhof (BFH-Urteil vom 18.2.2020, BFH/NV 2020 S. 761) mangels tatsächlicher Aufwendungen nicht zum Tragen, wenn der Arbeitnehmer unter Änderung des Anstellungsvertrags auf einen Teil seines Bruttolohns „verzichtet" (= **Gehaltsumwandlung** von Barlohn zugunsten von Sachlohn). Der herabgesetzte Bruttolohn zuzüglich des geldwerten Vorteils für die Firmenwagenüberlassung ergeben in diesem Fall den steuerpflichtigen Arbeitslohn.

Vgl. die Erläuterungen unter der nachfolgenden Nr. 9 Buchstaben c und d.

Gliederung:

F

	Lohn-steuer-pflichtig	Sozial-versich.-pflichtig

e) Fälle, in denen ein Zuschlag für den Fahrer nicht anzusetzen ist

16. Unfall mit dem Firmenwagen
    a) Allgemeines
    b) Vereinfachungsregelung bei Unfallkosten von 1000 € zuzüglich Umsatzsteuer
    c) Schadensersatzpflicht des Arbeitnehmers
    d) Keine Schadensersatzpflicht des Arbeitnehmers
    e) Unfälle auf beruflichen Fahrten
17. Anwendung des Rabattfreibetrags bei der Überlassung von Firmenwagen
18. Nutzungsverbot, Nutzungsverzicht und Haftung des Arbeitgebers
    a) Nutzungsverbot und Nutzungsmöglichkeit
    b) Nutzungsverzicht des Arbeitnehmers
    c) Haftung des Arbeitgebers
    d) Privatnutzung eines Firmenwagens durch Gesellschafter-Geschäftsführer
19. Sozialversicherungsrechtliche Behandlung des geldwerten Vorteils
    a) Allgemeines
    b) Private Nutzung des Firmenwagens während des Bezugs von Entgeltersatzleistungen
20. Umsatzsteuerpflicht des geldwerten Vorteils
    a) Entgeltliche Firmenwagengestellung
    b) Familienheimfahrten im Rahmen einer doppelten Haushaltsführung
    c) Unentgeltliche Firmenwagengestellung
    d) Zuzahlungen des Arbeitnehmers zu den Anschaffungskosten des Firmenwagens

F

1. Allgemeines[1]

a) Abgrenzung steuerfreie und steuerpflichtige Firmenwagennutzung

Im heutigen Wirtschaftsleben kommt es ständig vor, dass Arbeitnehmer neben dem Barlohn Sachbezüge verschiedenster Art erhalten. Weit verbreitet ist die in vielen Fällen bereits im Arbeitsvertrag geregelte Überlassung eines sog. Firmenwagens. Dies ist ein Kraftwagen (meist ein Pkw oder Kombi), den der Arbeitgeber erwirbt oder least und dem Arbeitnehmer unentgeltlich oder gegen eine Kostenbeteiligung zur Nutzung überlässt. Der Arbeitgeber trägt regelmäßig alle für den Kraftwagen anfallenden Kosten (Abschreibung, Leasingkosten, Steuer, Versicherung, Reparaturen, Benzin, Öl usw.). Der Arbeitnehmer kann den von der Firma erworbenen oder geleasten Kraftwagen unentgeltlich oder gegen eine Kostenbeteiligung für alle Fahrten benutzen (z. B. für beruflich veranlasste Auswärtstätigkeiten, Fahrten zwischen Wohnung und erster Tätigkeitsstätte, Familienheimfahrten im Rahmen einer doppelten Haushaltsführung, Privatfahrten, Urlaubsreisen usw.). Der Arbeitnehmer erspart so die Ausgaben für die Anschaffung eines eigenen Pkws. Zu den Besonderheiten bei einer Gehaltsumwandlung vgl. nachfolgende Nr. 6 und zur Behandlung etwaiger Zuzahlungen und Kostenübernahmen des Arbeitnehmers vgl. nachfolgende Nr. 9.

Für die steuerliche Behandlung ist von entscheidender Bedeutung, ob der Arbeitnehmer mit dem Firmenwagen nur beruflich veranlasste Fahrten oder auch andere Fahrten, insbesondere Privatfahrten, durchführen darf. Denn nur insoweit als der Arbeitnehmer den Firmenwagen zu Privatfahrten, zu Fahrten zwischen Wohnung und erster Tätigkeitsstätte und in bestimmten Fällen auch zu Familienheimfahrten im Rahmen einer doppelten Haushaltsführung nutzen darf, entsteht ein geldwerter Vorteil, der als Sachbezug lohnsteuerpflichtig ist. Im Einzelnen gelten folgende Grundsätze:

Stellt ein Arbeitgeber seinem Arbeitnehmer einen Firmenwagen zur Verfügung, der nur für diejenigen beruflichen Fahrten genutzt werden darf, die zu den **Reisekosten** im lohnsteuerlichen Sinne gehören, ergeben sich hieraus keine lohnsteuerlichen Folgerungen; ein steuerpflichtiger geldwerter Vorteil fließt dem Arbeitnehmer folglich nicht zu. Zu den Reisekosten im lohnsteuerlichen Sinne gehören insbesondere alle Fahrten anlässlich **beruflich veranlasster Auswärtstätigkeiten.** Vgl. aber auch die nachfolgende Nr. 3 Buchstabe i bei dauerhaften Fahrten von der Wohnung zu einem Arbeitgeber-Sammelpunkt oder einem weiträumigen Tätigkeitsgebiet. nein nein

Beispiel

Arbeitnehmer A mit Wohnsitz und erster Tätigkeitsstätte in Düsseldorf nutzt für seine Privatfahrten und die Fahrten zwischen Wohnung und erster Tätigkeitsstätte ausschließlich seinen eigenen Pkw. Im Juni 2021 führt er eine einwöchige beruflich veranlasste Auswärtstätigkeit nach Hamburg durch. Für die Fahrt von Düsseldorf nach Hamburg und zurück (insgesamt 820 km) stellt der Arbeitgeber A ein Firmen-Poolfahrzeug zur Verfügung. A lässt seinen eigenen Pkw auf dem Firmenparkplatz stehen, fährt mit dem Firmen-Poolfahrzeug montags nach Hamburg und freitags wieder zurück nach Düsseldorf, stellt das Fahrzeug auf dem Firmenparkplatz ab und fährt mit seinem eigenen Pkw nach Hause.

Auch bei dem Sachbezug „Firmenwagengestellung für Auswärtstätigkeit" handelt es sich um steuer- und sozialversicherungsfreien Reisekostenersatz. Falls mit dem Firmen-Poolfahrzeug auch Fahrten zwischen Wohnung und erster Tätigkeitsstätte durchgeführt werden, weil die dienstliche Nutzung des Fahrzeugs an der Wohnung begonnen oder beendet wird, ist auch für diese Fahrten kein geldwerter Vorteil anzusetzen. Vgl. hierzu die Erläuterungen unter der nachfolgenden Nr. 5 Beispiele C und D.

Überlässt jedoch ein Arbeitgeber einem Arbeitnehmer ständig einen Kraftwagen unentgeltlich oder verbilligt auch zur **privaten Nutzung,** handelt es sich hierbei um einen geldwerten Vorteil, der zum steuerpflichtigen Arbeitslohn gehört und dessen Wert in der Höhe anzusetzen ist, in der dem Arbeitnehmer durch die Haltung eines eigenen Kraftwagens des gleichen Typs Kosten entstanden wären (BFH-Urteil vom 21.6.1963, BStBl. III S. 387). Dies sind die ersparten Kosten einschließlich Umsatzsteuer. Zur Ermittlung der Höhe des geldwerten Vorteils aus der Privatnutzung eines Firmenwagens vgl. die Erläuterungen unter den nachfolgenden Nrn. 2 und 3. ja ja

Ein **geldwerter Vorteil** wegen privater Nutzung eines Firmenwagens darf **nur dann** angesetzt werden, wenn **feststeht,** dass der Arbeitgeber dem Arbeitnehmer **tatsächlich** den Firmenwagen **zur privaten Nutzung** arbeitsvertraglich oder doch zumindest auf Grundlage einer konkludent getroffenen Nutzungsvereinbarung **überlassen** hat. Der Vorteil, in Gestalt der konkreten Möglichkeit, das Fahrzeug auch zu Privatfahrten nutzen zu dürfen, ist dem Arbeitnehmer bereits mit der Überlassung des Fahrzeugs zugeflossen. Somit besteht der geldwerte Vorteil aus einer Firmenwagenüberlassung zur privaten Nutzung bereits in der **Nutzungsmöglichkeit** (BFH-Urteil vom 21.3.2013, BStBl. II S. 700). ja ja

Umgekehrt darf ein **geldwerter Vorteil nicht** angesetzt werden, wenn der Arbeitnehmer zur **Privatnutzung** des Firmenwagens **nicht** (mehr) **befugt** ist (BFH-Urteile vom 21.3.2013, BStBl. II S. 918 und S. 1044 sowie BFH-Urteil vom 18.4.2013, BStBl. II S. 920). Aus der Bereitstellung eines Fahrzeugs zu betrieblichen Zwecken kann nicht aufgrund des Anscheinsbeweises geschlossen werden, dass das Fahrzeug vom Arbeitnehmer auch privat genutzt wird. Zu den praktischen Folgerungen dieser Rechtsprechung (u. a. Nutzungsverbot, Anscheinsbeweis, Poolfahrzeuge) vgl. die Erläuterungen unter den nachfolgenden Nrn. 12 Buchstabe e und 18 Buchstaben a und c. nein nein

Maßgebend bei der Ermittlung des geldwerten Vorteils wegen privater Nutzung eines Firmenwagens ist die **objektive Betrachtungsweise,** das heißt, dass es nicht darauf ankommt, ob sich der Arbeitnehmer z. B. im Hinblick auf seine Einkommensverhältnisse ein günstigeres Fahrzeug gekauft hätte, wenn ihm nicht das Firmenfahrzeug überlassen worden wäre. Weiterhin kommt es auch nicht darauf an, ob der Arbeitnehmer mehr oder weniger ge-

[1] BMF-Schreiben vom 4.4.2018 (BStBl. I S. 592). Das BMF-Schreiben ist als Anlage 1 zu H 8.1 (9-10) LStR im **Steuerhandbuch für das Lohnbüro 2021** abgedruckt, das im selben Verlag erschienen ist.

Lohnsteuerpflichtig | Sozialversich.-pflichtig

zwungen ist, einen Firmenwagen zu nutzen (z. B. aufgrund seiner beruflichen Position im Leitungsbereich der Firma oder als Autoverkäufer ein Fahrzeug mit teurer Sonderausstattung), obwohl er lieber mit öffentlichen Verkehrsmitteln fahren würde. Alle diese subjektiven Faktoren bleiben bei der Bewertung des geldwerten Vorteils außer Betracht. Bewertet wird ausschließlich die **objektive Bereicherung,** die sich stets am Typ des tatsächlich benutzten Fahrzeugs orientiert. Dies sind diejenigen Aufwendungen, die sich **der Arbeitnehmer erspart,** einschließlich Umsatzsteuer. Zur Ermittlung der Höhe des geldwerten Vorteils aus der Privatnutzung eines Firmenwagens vgl. die Erläuterungen unter den nachfolgenden Nrn. 2 und 3.

Zur privaten Nutzung eines Firmenwagens gehören alle Fahrten, die einem privaten Zweck dienen, z. B. Fahrten zwischen Wohnung und erster Tätigkeitsstätte, Fahrten zur Erholung (= Urlaubsfahrten), Fahrten zu Verwandten, Freunden, kulturellen oder sportlichen Veranstaltungen, Einkaufsfahrten, Fahrten zu privaten Gaststättenbesuchen und Mittagsheimfahrten. Zu den Privatfahrten zählen auch Fahrten im Zusammenhang mit ehrenamtlichen Tätigkeiten sowie Fahrten im Rahmen der Erzielung von Einkünften aus anderen Einkunftsarten (z. B. aus einer selbstständig ausgeübten Nebentätigkeit). Vgl. hierzu aber auch die Erläuterungen unter der nachfolgenden Nr. 3 Buchstabe h. — ja | ja

Zusätzlich zu dem für reine Privatfahrten anzusetzenden geldwerten Vorteil sind bei der 1 %-Methode **die Fahrten zwischen Wohnung und erster Tätigkeitsstätte** mit einem gesonderten Wert zu erfassen, sofern es sich nicht um eine steuerfreie Sammelbeförderung von Arbeitnehmern zwischen Wohnung und erster Tätigkeitsstätte handelt (vgl. die Erläuterungen beim Stichwort „Fahrten zwischen Wohnung und erster Tätigkeitsstätte" unter Nr. 2 Buchstaben a und b). Auch bestimmte **Familienheimfahrten** im Rahmen einer doppelten Haushaltsführung sind bei der 1 %-Methode zusätzlich zu den reinen Privatfahrten zu berücksichtigen. Den geldwerten Vorteil für alle diese Fahrten muss der Arbeitgeber ermitteln und dem Barlohn des Arbeitnehmers als Sachbezug hinzurechnen. Ein Nutzungsentgelt des Arbeitnehmers sowie vom Arbeitnehmer getragene Kosten mindern den steuerpflichtigen Betrag (vgl. hierzu die Erläuterungen unter der nachfolgenden Nr. 9). Soweit die Nutzung des Firmenwagens einen lohnsteuerpflichtigen geldwerten Vorteil darstellt, handelt es sich auch um **beitragspflichtiges Arbeitsentgelt** im sozialversicherungsrechtlichen Sinn. — ja | ja

Zur Ermittlung des geldwerten Vorteils für die reinen Privatfahrten, die Fahrten zwischen Wohnung und erster Tätigkeitsstätte und für bestimmte Familienheimfahrten im Rahmen einer doppelten Haushaltsführung sind gesetzlich nur zwei Berechnungsmethoden zugelassen; entweder die **pauschale Prozent-Methode** (auch Bruttolistenpreisregelung genannt) **oder** der Einzelnachweis (sog. **individuelle Methode** = **Fahrtenbuchmethode**). Bei der Auswahl der Berechnungsmethode muss sich der Arbeitgeber insbesondere wegen der für Fahrten zwischen Wohnung und erster Tätigkeitsstätte mit dem Pkw vorgesehenen Pauschalierungsmöglichkeit mit 15 % (vgl. nachfolgend unter Nr. 13), die zwar Beitragsfreiheit in der Sozialversicherung auslöst aber auch zum Verlust des Werbungskostenabzugs führt, mit dem Arbeitnehmer abstimmen. Denn das einmal gewählte **Verfahren** darf bei demselben Fahrzeug während des Kalenderjahres **nicht gewechselt** werden (vgl. hierzu die Erläuterungen unter der folgenden Nr. 8). In der Praxis wird von den Arbeitgebern die Überlassung eines Firmenwagens häufig an die Anwendung der Bruttolistenpreisregelung geknüpft.

Die Entscheidung, ob die Wertermittlung nach der individuellen oder pauschalen **Methode** erfolgt, muss insgesamt **für alle Fahrten** getroffen werden. Es ist nicht zulässig, z. B. für die reinen Privatfahrten die pauschale 1 %-Methode zu wählen und für die Fahrten zwischen Wohnung und erster Tätigkeitsstätte den individuell ermittelten Kilometersatz nach der Fahrtenbuchmethode anzusetzen (oder umgekehrt). Die Wahl der Berechnungsmethode kann nur **einheitlich** für alle mit dem Firmenwagen ausgeführten Fahrten getroffen werden.

Arbeitsverträge zwischen nahen **Angehörigen** müssen sowohl hinsichtlich der wesentlichen Vereinbarungen als auch der Durchführung den Maßstäben entsprechen, die fremde Dritte vereinbaren würden (sog. **Fremdvergleich**). Die **Überlassung eines Firmenwagens** zur uneingeschränkten Privatnutzung ohne Selbstbeteiligung ist bei **einem Minijob-Beschäftigungsverhältnis** unter **Ehegatten fremdunüblich.** Dies hat der Bundesfinanzhof entschieden und den Arbeitsvertrag steuerlich insgesamt nicht anerkannt (BFH-Urteil vom 10.10.2018, BStBl. 2019 II S. 203). Folglich konnten die **„Lohnaufwendungen" nicht** als **Betriebsausgaben** abgezogen werden. Zur Begründung führt der Bundesfinanzhof aus, dass ein Arbeitgeber im Regelfall nur dann bereit sein werde, einem Arbeitnehmer die private Nutzung eines Firmenwagens zu gestatten, wenn die hierfür kalkulierten Kosten (insbesondere der Kraftstoff für Privatfahrten} zuzüglich des Barlohns in einem angemessenen Verhältnis zum Wert der erwarteten Arbeitsleistung stünden. Bei einer lediglich geringfügig entlohnten Arbeitsleistung steige das Risiko des Arbeitgebers, dass sich die Überlassung eines Firmenwagens für ihn wegen einer nicht abschätzbaren Intensivnutzung durch den Arbeitnehmer wirtschaftlich nicht mehr lohne. Dieses Risiko kann allerdings z. B. durch Privatkilometer-Begrenzungen und/oder Zuzahlungen (z. B. Kilometerpauschalen) des Arbeitnehmers begrenzt werden. Keine Rolle spielte für das Gericht, dass die geringfügig beschäftigte Ehefrau für ihre beruflichen Aufgaben im Betrieb des Ehemannes auf die Nutzung eines Pkw angewiesen war.

Die strengen Voraussetzungen für die steuerliche Anerkennung von Ehegattenarbeitsverhältnissen gelten eigentlich nicht für Partner einer nichtehelichen Lebensgemeinschaft. Allerdings lehnt der Bundesfinanzhof den Betriebsausgabenabzug der Sachlohnaufwendungen und der darüber hinausgehenden Kraftfahrzeugkosten ab, wenn ein selbstständig tätiger Steuerpflichtiger seiner **geringfügig bei ihm beschäftigten Lebensgefährtin einen Firmenwagen überlässt** (BFH-Beschluss vom 21.12.2017, BFH/NV 2018 S. 432). Zur Begründung führt das Gericht unter Bezugnahme auf seine Rechtsprechung zu Ehegattenarbeitsverhältnissen aus, dass ein Arbeitgeber einem familienfremden geringfügig Beschäftigten regelmäßig kein Fahrzeug überlassen würde, da der Arbeitnehmer durch eine umfangreiche Privatnutzung des Pkw die Vergütung in erhebliche – und für den Arbeitgeber unkalkulierbare – Höhen steigern könnte.

b) Vollständige Lohnabrechnung mit Firmenwagenbesteuerung

Entsteht durch die private Nutzung des Firmenwagens ein steuerpflichtiger geldwerter Vorteil, muss dieser als Sachbezug abgerechnet werden. Hierzu ist beim Stichwort „Sachbezüge" unter Nr. 2 eine vollständige Lohnabrechnung mit Firmenwagenbenutzung abgedruckt.

Der geldwerte Vorteil für die Nutzung des Firmenwagens zu Fahrten zwischen Wohnung und erster Tätigkeitsstätte kann zum Teil pauschal mit 15 % besteuert werden. Damit scheidet dieser Teil des Sachbezugs aus der „normalen" Besteuerung nach den individuellen Lohnsteuerabzugsmerkmalen des Arbeitnehmers aus. Hierzu ist beim Stichwort „Gesellschafter-Geschäftsführer" unter Nr. 7 auf Seite 530 eine vollständige Lohnabrechnung abgedruckt, die diesen Sachverhalt enthält.

Lohn- steuer- pflichtig | Sozial- versich.- pflichtig

2. Einzelnachweis aller Fahrten und der Gesamtkosten (individuelle Methode)

a) Einzelnachweis aller Fahrten

Mit Einführung der sog. 1 %-Regelung im Jahre 1996 hat der Steuergesetzgeber bei der Ermittlung des geldwerten Vorteils für die Nutzung des Firmenwagens zu Privatfahrten eine sog. **Beweislastumkehr** eingeführt. Denn die Anwendung der pauschalen 1 %-Methode für die Ermittlung des geldwerten Vorteils ist als Regelfall gesetzlich zwingend vorgeschrieben worden. Der Arbeitnehmer kann der Anwendung dieser vorrangig geltenden Pauschalierung des geldwerten Vorteils nur dadurch „entkommen", dass er alle Fahrten im Einzelnen aufzeichnet, das heißt ein ordnungsgemäßes **Fahrtenbuch** führt (sog. **Escape-Klausel**).

F

Die Beweislastumkehr bedeutet, dass die bloße Behauptung, der auch für private Zwecke überlassene Firmenwagen werde nicht für Privatfahrten genutzt oder Privatfahrten würden ausschließlich mit anderen Fahrzeugen durchgeführt, nicht ausreicht, um der gesetzlich vorgegebenen Schätzung der Privatfahrten nach der sog. 1 %-Methode zu entgehen. Vielmehr **trifft den Arbeitnehmer die objektive Beweislast,** wenn ein nach der Lebenserfahrung untypischer Sachverhalt, nämlich die ausschließliche berufliche Nutzung des auch für private Zwecke überlassenen Firmenwagens, der Besteuerung zugrunde gelegt werden soll.[1] Der Bundesfinanzhof geht in seiner neueren Rechtsprechung sogar noch einen Schritt weiter. Stellt der Arbeitgeber dem Arbeitnehmer einen Firmenwagen (auch) zur Privatnutzung zur Verfügung, führt dies beim Arbeitnehmer auch dann zu einem steuerpflichtigen geldwerten Vorteil, wenn der Arbeitnehmer das Fahrzeug tatsächlich nicht privat nutzen sollte. Der geldwerte Vorteil ist nach der monatlichen **1 %-Bruttolistenpreisregelung** zu ermitteln, wenn der Arbeitnehmer **kein** ordnungsgemäßes **Fahrtenbuch** geführt hat. Der Vorteil, in Gestalt der konkreten Möglichkeit, das Fahrzeug auch zu Privatfahrten nutzen zu dürfen, ist dem Arbeitnehmer bereits mit der Überlassung des Fahrzeugs zugeflossen. Somit besteht der **geldwerte Vorteil** aus einer Firmenwagenüberlassung zur privaten Nutzung bereits in der **Nutzungsmöglichkeit** (BFH-Urteil vom 21.3.2013, BStBl. II S. 700). Umgekehrt darf ein **geldwerter Vorteil nicht** angesetzt werden, wenn der Arbeitnehmer zur **Privatnutzung** des Firmenwagens **nicht** (mehr) **befugt** ist (BFH-Urteile vom 21.3.2013, BStBl. II S. 918 und S. 1044 sowie BFH-Urteil vom 18.4.2013, BStBl. II S. 920). Vgl. auch die Erläuterungen unter den nachfolgenden Nrn. 12 Buchstabe e und 18 Buchstabe a.

Der Arbeitgeber muss sich wie erläutert – im Einvernehmen mit dem Arbeitnehmer – entscheiden, ob er den geldwerten Vorteil nach der pauschalen Prozent-Methode oder durch die Ermittlung eines individuellen Kilometersatzes erfassen will. Bei der individuellen Berechnungsmethode müssen die dienstlich und privat gefahrenen Kilometer sowie die für Fahrten zwischen Wohnung und erster Tätigkeitsstätte bzw. Familienheimfahrten zurückgelegten Kilometer im Einzelnen nachgewiesen werden. Hierzu ist **laufend** ein **ordnungsgemäßes Fahrtenbuch** zu führen. Nach R 8.1 Abs. 9 Nr. 2 LStR muss dieses Fahrtenbuch folgende **Mindestangaben** enthalten:

Bei **dienstlichen** Fahrten

- Datum und Kilometerstand zu Beginn und am Ende jeder einzelnen beruflich veranlassten Auswärtstätigkeit;[2]
- Reiseziel und bei Umwegen auch die Reiseroute;
- Reisezweck und aufgesuchte Geschäftspartner.

Für Privatfahrten genügt die Angabe der jeweils gefahrenen Kilometer. Für Fahrten zwischen Wohnung und erster Tätigkeitsstätte genügt ein entsprechender Vermerk im Fahrtenbuch (mit Angabe der jeweils gefahrenen Kilometer).

Lohn- steuer- pflichtig | Sozial- versich.- pflichtig

Im Einzelnen gilt für die Führung eines Fahrtenbuchs Folgendes:

Ein Fahrtenbuch muss die Zuordnung von Fahrten zur beruflichen Sphäre ermöglichen. Denn alle Fahrten für die eine berufliche Veranlassung nicht dargelegt wird, werden der Privatsphäre zugerechnet. Deshalb müssen bei Fahrten anlässlich beruflich veranlasster Auswärtstätigkeiten außer den gefahrenen Kilometern zusätzliche Angaben hinsichtlich Reiseziel, Reiseroute, Reisezweck und aufgesuchter Geschäftspartner vorliegen, die die berufliche Veranlassung plausibel erscheinen lassen und gegebenenfalls einer stichprobenartigen Nachprüfung standhalten. Um bestimmten Berufsgruppen mit häufiger Reisetätigkeit diesen Nachweis der beruflichen Veranlassung zu erleichtern, ist durch bundeseinheitliche Verwaltungsanweisung zugelassen worden, dass auf einzelne Angaben (Reiseziel, Reiseroute, Reisezweck und aufgesuchte Geschäftspartner) verzichtet werden kann, soweit wegen der besonderen Umstände im Einzelfall die Aussagekraft des Fahrtenbuchs nicht beeinträchtigt wird. Diese **Aufzeichnungserleichterungen** gelten für folgende Berufsgruppen:

- **Kundendienstmonteure** und **Handelsvertreter**
  Bei Kundendienstmonteuren und Handelsvertretern mit täglich wechselnden Auswärtstätigkeiten reicht es aus, wenn sie angeben, welche Kunden sie an welchem Ort aufsuchen. Angaben über die Reiseroute und zu den Entfernungen zwischen den Stationen einer Auswärtstätigkeit sind nur bei größerer Differenz zwischen direkter Entfernung und tatsächlicher Fahrtstrecke erforderlich.[3]
  Diese Vereinfachungsregelung gilt entsprechend bei **Automatenlieferanten, Kurierdienstfahrern** und **Pflegedienstmitarbeitern.**
- **Taxifahrer**
  Soweit Taxifahrer Fahrten im sog. Pflichtfahrgebiet ausführen, genügt die tägliche Angabe des Kilometerstandes zu Beginn und am Ende der Gesamtheit dieser Fahrten mit der Angabe „Taxifahrten im Pflichtgebiet". Wurde eine Fahrt durchgeführt, die über dieses Gebiet hinausgeht, kann auf die genaue Angabe des Reiseziels nicht verzichtet werden.[3]
- **Sicherheitsgefährdete Personen**
  Bei sicherheitsgefährdeten Personen, deren Fahrtroute häufig von sicherheitsmäßigen Gesichtspunkten bestimmt wird, kann auf die Angabe der Reiseroute auch bei größeren Differenzen zwischen der direkten Entfernung und der tatsächlichen Fahrtstrecke verzichtet werden.[3]
- **Fahrlehrer**
  Für Fahrlehrer ist es ausreichend, in Bezug auf Reisezweck, Reiseziel und aufgesuchtem Geschäftspartner „Lehrfahrten", „Fahrschulfahrten" oder Ähnliches anzugeben.[3]
- **Verkaufsfahrer**
  Werden regelmäßig dieselben Kunden aufgesucht, wie z. B. bei Lieferverkehr, und werden die Kunden mit Name und (Liefer-)Adresse in einem Kundenverzeichnis unter einer Nummer geführt, unter der sie später identifiziert werden können, bestehen keine Bedenken, als Erleichterung für die Führung eines Fahrtenbuches zu

1) Randziffer 2 des BMF-Schreibens vom 18.11.2009 (BStBl. I S. 1326), geändert durch BMF-Schreiben vom 15.11.2012 (BStBl. I S. 1099). Das BMF-Schreiben ist als Anlage 2 zu H 8.1 (9–10) LStR im **Steuerhandbuch für das Lohnbüro 2021** abgedruckt, das im selben Verlag erschienen ist.

2) Bei einem elektronischen Fahrtenbuch sind die GPS-Ermittlung der Fahrtstrecken und die dadurch entstehende Abweichung vom Tachostand des Fahrzeugs grundsätzlich unbedenklich. Der tatsächliche Tachostand sollte aber im Halbjahresabstand oder Jahresabstand dokumentiert werden.

3) Randnummer 27 des BMF-Schreibens vom 4.4.2018 (BStBl. I S. 592). Das BMF-Schreiben ist als Anlage 1 zu H 8.1 (9–10) LStR im **Steuerhandbuch für das Lohnbüro 2021** abgedruckt, das im selben Verlag erschienen ist.

Lohn- Sozial-
steuer- versich.-
pflichtig pflichtig

Reiseziel, Reisezweck und aufgesuchtem Geschäftspartner jeweils zu Beginn und Ende der Lieferfahrten Datum und Kilometerstand sowie die Nummern der aufgesuchten Geschäftspartner aufzuzeichnen. Das Kundenverzeichnis ist dem Fahrtenbuch beizufügen, da anderenfalls die „geschlossene Form" der Aufzeichnungen nicht mehr gegeben ist.[1)]

Die Führung des Fahrtenbuchs konnte früher auf einen **repräsentativen Zeitraum** von 12 Monaten beschränkt werden, wenn die Nutzungsverhältnisse keinen größeren Schwankungen unterlagen. Diese **Vereinfachungsregelung ist seit 1.1.1996 weggefallen.** Alle beruflich und privat gefahrenen Kilometer müssen seit 1.1.1996 gesondert und **laufend** im Fahrtenbuch aufgezeichnet werden. Die Führung eines Fahrtenbuchs nur für einen repräsentativen Zeitraum ist in den Lohnsteuer-Richtlinien (R 8.1 Abs. 9 Nr. 2 Satz 5 LStR) auch für die Fälle ausdrücklich ausgeschlossen worden, in denen die Nutzungsverhältnisse keinen Schwankungen unterliegen. Anstelle des Fahrtenbuchs kann ein Fahrtenschreiber eingesetzt werden, wenn sich daraus dieselben Erkenntnisse gewinnen lassen. Auch ein **elektronisches Fahrtenbuch** wird von der Finanzverwaltung anerkannt, wenn sich daraus dieselben Erkenntnisse wie aus einem manuell geführten Fahrtenbuch gewinnen lassen. Voraussetzung ist, dass beim Ausdrucken von elektronischen Aufzeichnungen nachträgliche Veränderungen der aufgezeichneten Angaben technisch ausgeschlossen sind, zumindest aber dokumentiert werden.[2)] Die Finanzverwaltung hat darauf hingewiesen, dass die eindeutige Kennzeichnung einer geänderten Eingabe sowohl in der Anzeige des elektronischen Fahrtenbuchs am Bildschirm als auch in seinem Ausdruck unverzichtbare Voraussetzung für die Anerkennung eines elektronischen Fahrtenbuchs ist. Es muss darüber hinaus sichergestellt sein, dass die Daten des elektronischen Fahrtenbuchs bis zum Ablauf der Aufbewahrungsfrist für ein Fahrtenbuch unveränderlich aufbewahrt und (ggf. wieder unverändert) lesbar gemacht werden können. Bei eventuellen Änderungen müssen die Änderungshistorie mit Änderungsdatum/-daten und (jeweils) ursprünglichem Inhalt ersichtlich sein. Auch die Änderungshistorie darf nicht nachträglich veränderbar sein. Das im Rahmen einer Außenprüfung bestehende Datenzugriffsrecht der Finanzverwaltung erfasst auch elektronische Fahrtenbücher einschließlich der maschinellen Auswertbarkeit der Fahrtenbuchdaten.[3)] Elektronische Fahrtenbücher werden aber nicht von der Finanzverwaltung aufgrund von Anfragen der Hersteller zertifiziert (= staatlich anerkannt) oder zugelassen.

Der Bundesfinanzhof hat in mehreren Urteilen zur Führung des Fahrtenbuchs Stellung genommen und dabei die strengen Vorschriften der Finanzverwaltung in vollem Umfang bestätigt (BFH-Urteil vom 9.11.2005, BStBl. 2006 II S. 408, BFH-Urteil vom 16.11.2005, BStBl. 2006 II S. 410 und BFH-Urteil vom 16.3.2006, BStBl. II S. 625).

Dabei hat der Bundesfinanzhof darauf hingewiesen, dass das Fahrtenbuch zeitnah und in geschlossener Form (Buchform) geführt werden muss. Lose Notizzettel können deshalb nach Auffassung des Bundesfinanzhofs schon begrifflich kein Fahrten**buch** sein.

Weiterhin hat der Bundesfinanzhof darauf hingewiesen, dass eine **Excel-Tabelle** ebenfalls **kein** Fahrten**buch** ist, weil die Eintragungen jederzeit beliebig geändert werden können. Im Detail hat der Bundesfinanzhof hierzu Folgendes ausgeführt:

„Eine mittels eines Computerprogramms erzeugte Datei, an deren bereits eingegebenen Datenbestand zu einem späteren Zeitpunkt noch Veränderungen vorgenommen werden können, ohne dass die Reichweite dieser Änderungen in der Datei selbst dokumentiert und bei gewöhnlicher Einsichtnahme in die Datei offen gelegt wird, ist kein ordnungsmäßiges Fahrtenbuch. Der Ausdruck einer solchen Datei ist deshalb zum Nachweis der Vollständigkeit und Richtigkeit der erforderlichen Angaben nicht geeignet."

Lohn- Sozial-
steuer- versich.-
pflichtig pflichtig

Der Bundesfinanzhof bestätigt mit diesen Aussagen ausdrücklich die Anforderungen der Finanzverwaltung an ein elektronisches Fahrtenbuch.

Außerdem hat der Bundesfinanzhof auf Folgendes hingewiesen:

- Ein ordnungsgemäßes Fahrtenbuch muss **zeitnah** und in **geschlossener Form** geführt werden und die zu erfassenden Fahrten einschließlich des an ihrem Ende erreichten Gesamtkilometerstands vollständig und in ihrem fortlaufenden Zusammenhang wiedergeben. Bei einem elektronischen Fahrtenbuch, bei dem alle Fahrten automatisch bei Beendigung jeder Fahrt mit Datum, Kilometerstand und Fahrtziel erfasst werden, ist von einer zeitnahen Führung auszugehen, wenn der Fahrer den dienstlichen Fahrtanlass innerhalb eines Zeitraums von bis zu sieben Kalendertagen nach Abschluss der jeweiligen Fahrt in einem Webportal einträgt und die übrigen Fahrten dem privaten Bereich zugeordnet werden.[4)] Dabei müssen auch die Person und der Zeitpunkt der nachträglichen Eintragung im Webportal dokumentiert werden. Bei einem manuell geführten Fahrtenbuch muss hingegen der dienstliche Fahrtanlass unmittelbar nach Abschluss der Fahrt vermerkt werden.
- **Handschriftliche Aufzeichnungen** in einem Fahrtenbuch müssen **lesbar** sein, da sie anderenfalls ihren Zweck nicht erfüllen können. Dazu genügt es nicht, dass der Arbeitnehmer vorgibt, seine Aufzeichnungen selbst lesen zu können, da sie ihm nicht als Erinnerungsstütze dienen sollen, sondern zum Nachweis der tatsächlich durchgeführten Fahrten gegenüber dem Finanzamt bestimmt sind.
- Die erforderlichen Angaben müssen sich dem Fahrtenbuch selbst entnehmen lassen. Dabei sind die Ausgangs- und Endpunkte der jeweiligen Fahrten und die jeweils aufgesuchten Kunden und Geschäftspartner unverzichtbare Mindestangaben (BFH-Urteil vom 13.11.2012, BFH/NV 2013 S. 526). Ein Verweis auf ergänzende Unterlagen ist nur zulässig, wenn der geschlossene Charakter der Fahrtenbuchaufzeichnungen dadurch nicht beeinträchtigt wird. So können z. B. Abkürzungen für häufig aufgesuchte Kunden auf einem dem Fahrtenbuch beigefügten Erläuterungsblatt näher aufgeschlüsselt werden. Die Anforderungen an ein ordnungsgemäßes Fahrtenbuch sind aber **nicht** erfüllt, wenn als Fahrtziele jeweils nur **Straßennamen** angegeben sind, selbst wenn diese Angaben anhand nachträglich erstellter Auflistungen präzisiert werden sollten (BFH-Urteil vom 1.3.2012, BStBl. II S. 505). Eine vollständige Aufzeichnung der Fahrten verlangt grundsätzlich Angaben zu Ausgangs- und Endpunkt jeder einzelnen Fahrt im Fahrtenbuch selbst. Dem genügten die Angaben im Streitfall nicht, da sich aus ihnen weder die **Zieladresse** noch der konkret besuchte **Kunde** ergaben. Ein Fahrtenbuch ist auch dann nicht ordnungsgemäß, wenn in ihm keine Straßen, sondern lediglich Namen von Unternehmen angegeben werden, die in

---

1) Randnummer 28 des BMF-Schreibens vom 18.11.2009 (BStBl. I S. 1326), geändert durch BMF-Schreiben vom 15.11.2012 (BStBl. I S. 1099). Das BMF-Schreiben ist als Anlage 2 zu H 8.1 (9–10) LStR im **Steuerhandbuch für das Lohnbüro 2021** abgedruckt, das im selben Verlag erschienen ist.

2) Randnummer 25 des BMF-Schreibens vom 4.4.2018 (BStBl. I S. 592). Das BMF-Schreiben ist als Anlage 1 zu H 8.1 (9–10) LStR im **Steuerhandbuch für das Lohnbüro 2021** abgedruckt, das im selben Verlag erschienen ist.

3) Kurzinformation der Oberfinanzdirektionen Rheinland und Münster vom 18.2.2013 (Nr. 02/2013 für den Lohnsteuer-Außendienst). Die Kurzinformation ist als Anlage 4 zu H 8.1 (9–10) LStR im **Steuerhandbuch für das Lohnbüro 2021** abgedruckt, das im selben Verlag erschienen ist

4) Randnummer 26 des BMF-Schreibens vom 4.4.2018 (BStBl. I S. 592). Das BMF-Schreiben ist als Anlage 1 zu H 8.1 (9–10) LStR im **Steuerhandbuch für das Lohnbüro 2021** abgedruckt, das im selben Verlag erschienen ist.

F

Lohn-steuer-pflichtig Sozial-versich.-pflichtig

einer Vielzahl von Filialen im Stadtgebiet vertreten sind. Denn auch in diesem Fall lässt sich unter Hinzuziehung der angegebenen Gesamtkilometer für solche Fahrten das Fahrtziel nicht konkretisieren, sondern lediglich der Umkreis bestimmen, in dem der mögliche Kunde oder Geschäftspartner ansässig ist und hätte besucht werden können.

- Mehrere Teilabschnitte einer einheitlichen beruflichen Reise können miteinander zu einer zusammenfassenden Eintragung verbunden werden, wenn die einzelnen aufgesuchten **Kunden** oder Geschäftspartner im Fahrtenbuch in der **zeitlichen Reihenfolge** aufgeführt werden.
- Der **Übergang** von der **beruflichen** zur **privaten Nutzung** des Fahrzeugs ist im Fahrtenbuch durch Angabe des bei Abschluss der beruflichen Fahrt erreichten Gesamtkilometerstands zu **dokumentieren.**
- Kann der Arbeitnehmer den ihm überlassenen Dienstwagen auch privat nutzen und wird über die Nutzung des Dienstwagens **kein ordnungsgemäßes Fahrtenbuch** geführt, ist der zu versteuernde geldwerte Vorteil **zwingend** nach der **1 %-Regelung** zu bewerten. Eine Schätzung des Privatanteils anhand anderer Aufzeichnungen kommt nicht in Betracht.

Der Bundesfinanzhof hat aber auch entschieden, dass **kleinere Mängel** noch **nicht** zur **Verwerfung** des **Fahrtenbuchs** und zur Anwendung der 1 %-/0,03 %-Bruttolistenpreisregelung führen, wenn die Angaben insgesamt (noch) plausibel sind (BFH-Urteil vom 10.4.2008, BStBl. II S. 768). Trotz der kleineren Mängel muss aber noch eine hinreichende Gewähr für die Vollständigkeit und Richtigkeit der Angaben gegeben und der Nachweis des zu versteuernden Privatanteils an der Gesamtfahrleistung des Firmenwagens möglich sein.

Im Streitfall stellte das Finanzamt anlässlich einer Lohnsteuer-Außenprüfung bezüglich der Fahrtenbuchführung eines dem Arbeitnehmer überlassenen Firmenwagens Folgendes fest: Im Jahr 00 war **eine Fahrt nicht aufgezeichnet** worden, obwohl für diesen Tag eine Tankrechnung vorlag. Im Jahr 01 waren fünf Tankrechnungen als Betriebsausgaben geltend gemacht worden. Im Fahrtenbuch waren an diesen Tagen keine Fahrten aufgezeichnet worden. Im Jahr 02 stimmten die Angaben in zwei **Werkstattrechnungen** zum **km-Stand** nicht mit dem Fahrtenbuch überein. Außerdem ergab sich bei einer **800-km-Fahrt** eine **Abweichung** gegenüber dem **Routenplaner** von **40 km.** Im Jahr 03 waren an drei Tagen Fahrten nicht (Tankfahrt), nicht vollständig (Umwegfahrten fehlten) oder unzutreffend (z. B. beruflich statt privat) eingetragen.

Das Finanzgericht hatte in den Jahren 00 und 02 das Fahrtenbuch trotz der Mängel anerkannt. Die Nichtanerkennung des Fahrtenbuchs wegen einer nicht eingetragenen Fahrt im Jahr 00 wäre unverhältnismäßig. Die Angaben des km-Standes in den Werkstattrechnungen würden häufig nicht mit dem genauen km-Stand übereinstimmen (Jahr 02). Eine Abweichung Routenplaner/Fahrtenbuch von 40 km bei 800-km-Strecke (= 5 %) sei kein Mangel (Jahr 02); besonders bei kürzeren Entfernungen in Großstädten ist u. E. im Hinblick auf das Verkehrsaufkommen und etwaiger Beeinträchtigungen (z. B. Baustellen) eine höhere prozentuale Abweichung denkbar. In den Jahren 01 und 03 (fünf Fahrten fehlten bzw. drei Fahrten nicht zutreffend aufgezeichnet) wurden die Fahrtenbücher jedoch aufgrund der Vielzahl der Mängel verworfen und es kam zur Anwendung der 1 %-/0,03 %-Bruttolistenpreisregelung. Der Bundesfinanzhof ist dieser Ansicht für alle Jahre gefolgt.

Allerdings hat die vorstehende Aussage des Bundesfinanzhofs „kleinere Mängel sind unschädlich" Grenzen, die schnell erreicht sein können. In einem weiteren Streitfall waren wiederholte Fahrten zu ein und demselben Ziel ohne Begründung mit unterschiedlichen Kilometerangaben zwischen 232 km und 288 km im Fahrtenbuch eingetragen worden. Somit ergab sich bei den streitigen Fahrten eine Differenz von bis zu 56 km bei einer **Entfernung von höchstens 232 km.** Das entspricht einer **Abweichung** von **24 %.** Es konnte daher nicht ausgeschlossen werden, dass erhebliche private Umwegfahrten nicht gesondert aufgezeichnet worden waren mit der Folge, dass das **Fahrtenbuch** insgesamt **verworfen** und der geldwerte Vorteil für die Privatnutzung des Firmenwagens nach der ungünstigeren 1 %-/0,03 %-Bruttolistenpreisregelung ermittelt wurde (BFH-Beschluss vom 14.3.2012, BFH/NV 2012 S. 949).

Das Bundesarbeitsgericht hat mit Urteil vom 17.10.2018 (BFH/NV 2019 S. 383) aus **arbeitsrechtlicher Sicht** darauf hingewiesen, dass in den Fällen, in denen der **Arbeitnehmer** zur Ermittlung des steuerpflichtigen Nutzungsvorteils anstelle der 1 %-Bruttolistenpreisregelung die Fahrtenbuchmethode wählt, **selbst dafür zu sorgen hat,** dass das **Fahrtenbuch den gesetzlichen Anforderungen entsprechend geführt** wird. Es ist Sache des Arbeitnehmers, sich in Zweifelsfällen entsprechend kundig zu machen. Weder aus dem Steuerrecht noch aus dem Zivilrecht ergibt sich eine Verpflichtung des Arbeitgebers, den Arbeitnehmer auf etwaige Defizite bei der Fahrtenbuchmethode hinzuweisen.

b) Einzelnachweis der Gesamtkosten

Zur Ermittlung des geldwerten Vorteils für die Privatfahrten sind die tatsächlichen Gesamtkosten des Kraftfahrzeugs durch Belege im Einzelnen nachzuweisen und entsprechend dem Verhältnis der privat gefahrenen Kilometer zu den übrigen Kilometern aufzuteilen.

Die vom **Arbeitnehmer selbst getragenen Kosten** fließen bei der Fahrtenbuchmethode nach den Lohnsteuer-Richtlinien nicht in die Gesamtkosten ein und erhöhen damit nicht anteilig den geldwerten Vorteil (R 8.1 Abs. 9 Satz 8 2. Halbsatz LStR). Im Hinblick auf die neue Rechtsprechung des Bundesfinanzhofs (BFH-Urteil vom 30.11.2016, BStBl. 2017 II S. 1014) wird es von der Finanzverwaltung nicht beanstandet, wenn bei der Ermittlung des geldwerten Vorteils nach der Fahrtenbuchmethode die vom Arbeitnehmer selbst getragenen Kosten sowie die vom Arbeitgeber weiterbelasteten Kosten in die **Gesamtkosten** einbezogen und als den geldwerten Vorteil minderndes **Nutzungsentgelt** behandelt werden.[1] Wie das folgende Beispiel zeigt, handelt es sich hierbei um eine **Meistbegünstigungsregelung.** Zur Anrechnung der Arbeitnehmer getragenen Pkw-Kosten auf den geldwerten Vorteil vgl. auch die Erläuterungen unter der nachfolgenden Nr. 9 Buchstabe d.

Beispiel A

Die für den Firmenwagen vom Arbeitgeber getragenen Kosten betragen 7000 € und die vom Arbeitnehmer getragenen Kosten 3000 €. Der private Nutzungsanteil des Firmenwagens beträgt 40 %.

Bei Anwendung der Richtlinienregelung (die vom Arbeitnehmer getragenen Pkw-Kosten bleiben bei den Gesamtkosten außer Betracht) beträgt der geldwerte Vorteil 40 % von 7000 € (vom Arbeitgeber getragene Pkw-Kosten) = 2800 €.

Nach der Meistbegünstigungsregelung ergibt sich folgender geldwerter Vorteil:

Pkw-Kosten des Arbeitgebers	7 000 €
Pkw-Kosten des Arbeitnehmers	3 000 €
Gesamtkosten des Firmenwagens	10 000 €
Privater Nutzungsanteil 40 %	4 000 €
abzüglich Pkw-Kosten des Arbeitnehmers (= Nutzungsentgelt)	3 000 €
Geldwerter Vorteil	1 000 €

1) Randnummer 33 und 55 des BMF-Schreibens vom 4.4.2018 (BStBl. I S. 592). Das BMF-Schreiben ist als Anlage 1 zu H 8.1 (9–10) LStR im **Steuerhandbuch für das Lohnbüro 2021** abgedruckt, das im selben Verlag erschienen ist.

Lohn- steuer- pflichtig | Sozial- versich.- pflichtig

Erstattet der Arbeitgeber dem Arbeitnehmer die von ihm selbst getragenen Kosten (z. B. Benzinkosten), handelt es sich um steuer- und sozialversicherungsfreien Auslagenersatz (vgl. die Erläuterungen bei diesem Stichwort). Diese erstatteten Kosten sind damit vom Arbeitgeber getragen worden und folglich stets in die Gesamtkosten einzubeziehen (kein Wahlrecht).

Als Gesamtkosten sind neben der Abschreibung die **tatsächlichen Kosten zuzüglich Umsatzsteuer** für das Halten und den Betrieb des Fahrzeugs zugrunde zu legen. Die Schätzung bestimmter Kostenbestandteile (z. B. die Schätzung der Treibstoffkosten anhand eines geschätzten Durchschnittsverbrauchs und unter Berücksichtigung geschätzter Durchschnittspreise für den Treibstoff) ist nicht zulässig.[1] Bei einem Treibstoffsammelkonto müssen daher die Kosten den einzelnen Fahrzeugen zugeordnet werden.

Zu den **Gesamtkosten,** die unmittelbar dem Halten und dem Betrieb des Fahrzeugs dienen und im Zusammenhang mit seiner Nutzung typischerweise anfallen gehören u. a.:

- Absetzung für Abnutzung,
- Betriebsstoffkosten (z. B. Benzin, Öl, Reinigungs- und Pflegekosten)
- Haftpflicht- und Fahrzeugversicherungen,
- Kfz-Steuer,
- Leasing- und Leasingsonderzahlungen (anstelle der Abschreibung),
- Reparaturkosten,
- Wartungskosten,
- Garagen-/Stellplatzmiete (BFH-Urteil vom 14.9.2005, BStBl. 2006 II S. 72; siehe Stichwort „Garagengeld"),
- Aufwendungen für Anwohnerparkberechtigungen.

Nicht zu den **Gesamtkosten** gehören:

- Insassenversicherungen,
- Vignetten, Mautgebühren (Straße, Tunnel) sowie Fährkosten,
- Parkgebühren bei Auswärtstätigkeiten oder Privatfahrten,
- Schutzbrief,
- Unfallkosten (Wahlrecht zur Behandlung als Gesamtkosten bis 1000 € zuzüglich Umsatzsteuer; vgl. hierzu auch die nachfolgenden Erläuterungen sowie ausführlich unter der nachfolgenden Nr. 16),
- Unfallversicherungen,
- Verwarnungs-, Ordnungs- und Bußgelder,
- Zinsen für ein Anschaffungsdarlehen.

Die Anwendung der Fahrtenbuchmethode (= individuelle Methode) setzt **nicht** voraus, dass für den Einzelnachweis der Gesamtkosten ein **gesondertes Aufwandskonto** eingerichtet wird (BFH-Urteil vom 10.4.2008, BStBl. II S. 768). Allerdings kann die Einrichtung eines solchen Kontos den Nachweis erleichtern und daher **zweckmäßig** sein.

Als **Abschreibung** ist der Betrag anzusetzen, der sich ergibt, wenn der **tatsächliche Kaufpreis** einschließlich Umsatzsteuer gleichmäßig (linear) auf die voraussichtliche Nutzungsdauer des Fahrzeugs verteilt wird. Die früher geltende Vereinfachungsregelung, wonach bei einer Anschaffung des Pkws in der ersten Jahreshälfte die volle Jahres-AfA und bei einer Anschaffung des Pkws in der zweiten Jahreshälfte die halbe Jahres-AfA angesetzt werden konnte, ist seit 1.1.2004 weggefallen. Seit 1.1.2004 ist also die AfA pro rata temporis, das heißt für jeden angefangenen Monat der Nutzung mit einem Zwölftel anzusetzen. Bei Neuwagen betrug die voraussichtliche Nutzungsdauer früher fünf Jahre. Durch die seit 1.1.2001 geltende amtliche AfA-Tabelle (BMF-Schreiben vom 15.12.2000, BStBl. I S. 1531) wurde die Nutzungsdauer für Pkws auf sechs Jahre verlängert. Bei Gebrauchtwagen ist die Abschreibung nach der Restnutzungsdauer zu ermitteln. Die bei der Gewinnermittlung zugrunde gelegte Nutzungsdauer muss jedoch zur Ermittlung der Gesamtkosten bei der Fahrtenbuchmethode nicht übernommen werden.

Dies hat der Bundesfinanzhof mit Beschluss vom 29.3.2005 (BStBl. 2006 II S. 368) bestätigt und dabei auf der Einnahmeseite für die Abschreibung eines PKW eine **achtjährige Nutzungsdauer (AfA-Satz 12,5 %)** angenommen. Das Urteil ist für den Arbeitnehmer vorteilhaft, weil sich hierdurch **niedrigere Gesamtkosten** und somit im Ergebnis ein niedriger geldwerter Vorteil ergibt. Die Finanzverwaltung geht entsprechend dieser Rechtsprechung von einer achtjährigen Nutzungsdauer aus.[2]

Beispiel B

Die Anschaffungskosten eines dem Arbeitnehmer zur Verfügung gestellten Firmenwagens betragen 30 000 € zuzüglich 5700 € Umsatzsteuer (Bruttoanschaffungskosten 35 700 €).

AfA in der Bilanz/Gewinn- und Verlustrechnung des Unternehmers	AfA bei der Ermittlung der Gesamtkosten für den geldwerten Vorteil aus der Firmenwagengestellung
Nettoanschaffungskosten 30 000 € verteilt auf sechs Jahre = 5000 €	Bruttoanschaffungskosten 35 700 € verteilt auf acht Jahre = 4462,50 €

Die **Abschreibung** gehört im Übrigen – außer bei Leasingfahrzeugen – stets zu den Gesamtkosten des Fahrzeugs. Das gilt **auch** dann, wenn das Fahrzeug beim Arbeitgeber ausnahmsweise zum **Umlaufvermögen** gehört (R 8.1 Abs. 9 Nr. 2 Satz 10 LStR). Vom Arbeitgeber vorgenommene **Sonderabschreibungen** gehören übrigens **nicht** zu den Gesamtkosten.

Für die Ermittlung des Kaufpreises gilt Folgendes:

Als Kaufpreis kann der bei der Gewinnermittlung angesetzte Betrag übernommen werden; die **Umsatzsteuer** ist allerdings **hinzuzurechnen** (vgl. das nachfolgende Berechnungsbeispiel C).

Hat der Arbeitgeber das Fahrzeug mit (hohem) **Rabatt** erworben oder handelt es sich um einen **Gebrauchtwagen,** ist ebenfalls von den **tatsächlich angefallenen Anschaffungskosten** auszugehen. Zur Ermittlung der Abschreibung ist allerdings die Umsatzsteuer den tatsächlich angefallenen Anschaffungskosten hinzuzurechnen. Dieser Betrag ist gleichmäßig (linear) auf die voraussichtliche Nutzungsdauer zu verteilen.

Ein am Ende der betriebsgewöhnlichen Nutzungsdauer am Markt für das Fahrzeug ggf. noch realisierbarer **Wiederverkaufswert mindert nicht** die **Bemessungsgrundlage** für die **Abschreibung** (BFH-Urteil vom 8.4.2008, BFH/NV 2008 S. 1660).

Beispiel C

Ein Arbeitgeber erwirbt im Januar 2021 einen Pkw, dessen Listenpreis 30 000 € zuzüglich 19 % Umsatzsteuer beträgt. Der Arbeitgeber erhält beim Kauf des Pkw 10 % Rabatt. Der Arbeitgeber schreibt den Pkw im Jahre 2021 mit $^1/_6$ ab (= 6-jährige Nutzungsdauer), sodass sich die als Betriebsausgabe gebuchte Absetzung für Abnutzung auf ($^1/_6$ von 27 000 € =) 4 500 € beläuft. Der Arbeitgeber ermittelt die Aufwendungen für den Pkw nach Ablauf des Jahres anhand der Sachkonten wie folgt:

F

1) Das zum Werbungskostenabzug bei Arbeitnehmern ergangene BFH-Urteil vom 7.4.1992 (BStBl. II S. 854), nach dem eine Teilschätzung (z. B. der Treibstoffkosten) zulässig ist, ist im Hinblick auf die eindeutige gesetzliche Regelung in § 8 Abs. 2 Satz 4 EStG bei der Ermittlung des steuerpflichtigen geldwerten Vorteils nicht entsprechend anwendbar.

2) Randnummer 31 des BMF-Schreibens vom 4.4.2018 (BStBl. I S. 592). Das BMF-Schreiben ist als Anlage 1 zu H 8.1 (9–10) LStR im **Steuerhandbuch für das Lohnbüro 2021** abgedruckt, das im selben Verlag erschienen ist.

		Lohnsteuerpflichtig	Sozialversich.-pflichtig

Treibstoffkosten (ohne Umsatzsteuer)		3 000,– €
Reparaturen, Wartung (ohne Umsatzsteuer)		500,– €
Kraftfahrzeugsteuer		220,– €
Haftpflichtversicherung		400,– €
Vollkaskoversicherung		798,75 €
insgesamt wurden 2021 als Betriebsausgabe gebucht		4 918,75 €

Nach dem vom Arbeitnehmer geführten Fahrtenbuch ergeben sich für 2021 folgende gefahrenen Kilometer:

Jahreskilometer insgesamt		30 000 km
auf Fahrten zwischen Wohnung und erster Tätigkeitsstätte entfallen bei einer einfachen Entfernung von 30 km und 225 Arbeitstagen:		
30 km × 2 × 225	=	13 500 km
auf reine Privatfahrten entfallen		5 000 km

Der Arbeitnehmer muss dem Arbeitgeber für jeden privat gefahrenen Kilometer 0,10 € bezahlen (für Fahrten zwischen Wohnung und erster Tätigkeitsstätte muss der Arbeitnehmer nichts zahlen). Für den Arbeitnehmer ergibt sich folgende Berechnung des individuellen Kilometersatzes nach lohnsteuerlichen Grundsätzen:

Abschreibung 12,5 % von 32 130 €[1]	=	4 016,25 €
Treibstoffkosten zuzüglich 19 % Umsatzsteuer		3 570,– €
Reparaturen, Wartung zuzüglich 19 % Umsatzsteuer		595,– €
Kraftfahrzeugsteuer		220,– €
Haftpflichtversicherung		400,– €
Vollkaskoversicherung		798,75 €
Gesamtkosten		9 600,– €
Bei einer Jahresfahrleistung von 30 000 km ergibt sich ein Kilometersatz von		0,32 €

Ausgehend von einem Kilometersatz von 0,32 € hat der Arbeitnehmer für 2021 folgenden geldwerten Vorteil zu versteuern:

für Privatfahrten 5 000 km × 0,32 €	=	1 600,– €
abzüglich Zuzahlung 5 000 km × 0,10 €	=	500,– €
verbleiben		1 100,– €
Fahrten zwischen Wohnung und erster Tätigkeitsstätte:		
(225 Arbeitstage × 60 km =) 13 500 km × 0,32 €	=	4 320,– €
steuer- und beitragspflichtiger geldwerter Vorteil 2021 insgesamt		5 420,– €

Der Arbeitnehmer kann bei einer Veranlagung zur Einkommensteuer Werbungskosten für Fahrten zwischen Wohnung und erster Tätigkeitsstätte in Höhe der Entfernungspauschale geltend machen:

20 km × 0,30 € × 225 Arbeitstage	=	1 350,– €
10 km × 0,35 € × 225 Arbeitstage	=	787,50 €
Summe		2 137,50 €

Der Arbeitgeber kann den geldwerten Vorteil für die Fahrten zwischen Wohnung und erster Tätigkeitsstätte in Höhe von 4 320 € insoweit mit 15 % pauschal besteuern, soweit der Arbeitnehmer in Höhe der Entfernungspauschale Werbungskosten geltend machen könnte (vgl. die Erläuterungen unter der nachfolgenden Nr. 13).

Von dem geldwerten Vorteil in Höhe von 4320 € können also 2137,50 € mit 15 % pauschal besteuert werden. Damit ist der Betrag von 2137,50 € sozialversicherungsfrei. Pauschaliert der Arbeitgeber mit 15 %, kann der Arbeitnehmer keine Werbungskosten bei der Veranlagung zur Einkommensteuer geltend machen. Eine Pauschalierung der Lohnsteuer mit 15 % muss deshalb nicht immer günstiger sein als eine normale Versteuerung des geldwerten Vorteils als laufender Arbeitslohn. Eine normale Versteuerung als laufender Arbeitslohn ist dann vorteilhaft, wenn der laufende Monatslohn ohnehin die Beitragsbemessungsgrenze in der Rentenversicherung (2021 monatlich 7100 € in den alten und 6700 € in den neuen Bundesländern) überschreitet **und** der Arbeitnehmer mit anderen Werbungskosten den bei seiner Einkommensteuer-Veranlagung zu berücksichtigenden allgemeinen Arbeitnehmer-Pauschbetrag in Höhe von 1000 € bereits erreicht hat, sodass sich die Fahrtkosten für Fahrten zwischen Wohnung und erster Tätigkeitsstätte steuerlich voll als Werbungskosten auswirken können. Die Frage, ob normal nach den individuellen Lohnsteuerabzugsmerkmalen besteuert oder mit 15 % pauschaliert werden soll, ist deshalb mit dem Arbeitnehmer im Einzelnen abzustimmen.

Die Pauschalsteuer von 15 % kann im Innenverhältnis auch auf den Arbeitnehmer abgewälzt werden (vgl. die Erläuterungen unter der nachfolgenden Nr. 13).

Da bei dieser Berechnungsmethode die genaue Ermittlung des geldwerten Vorteils erst nach Ablauf des Jahres vorgenommen werden kann, wird der Arbeitgeber den monatlichen Lohnabrechnungen zulässigerweise geschätzte Beträge zugrunde legen, die sich an der Abrechnung des Vorjahres orientieren (1/12 des Vorjahresbetrags; R 8.1 Abs. 9 Nr. 3 Satz 2 LStR). Von der Finanzverwaltung wird für das Lohnsteuerabzugsverfahren auch ein **vorläufiger Kilometersatz** von 0,001 % des Listenpreises akzeptiert.[2] Nach Ablauf des Kalenderjahres oder beim Ausscheiden des Arbeitnehmers während des Kalenderjahres ist aber der tatsächlich zu versteuernde Nutzungswert zu ermitteln und eine etwaige Lohnsteuerdifferenz auszugleichen.

Beispiel D

Der **Listenpreis** des Pkws im Beispiel C beträgt 30 000 € zuzüglich 19 % Umsatzsteuer (der beim Kauf des Fahrzeugs gewährte Rabatt von 10 % bleibt beim Ansatz des **vorläufigen** Kilometersatzes außer Betracht). Ausgehend vom Bruttolistenpreis in Höhe von 35 700 € kann der **vorläufige** Kilometersatz mit 0,001 % des Bruttolistenpreises angesetzt werden, also mit 35,7 Cent. Hat der Arbeitgeber nach Ablauf des Kalenderjahres den tatsächlichen Kilometersatz – wie im Beispiel C dargestellt – mit 32 Cent ermittelt, wird die zuviel gezahlte Lohnsteuer im Rahmen des betrieblichen Lohnsteuer-Jahresausgleichs erstattet.

Wird bei einem **vor dem 1.1.2019 angeschafften** Elektro- oder Hybridelektrofahrzeug der geldwerte Vorteil für die private Nutzung nach der individuellen Methode (= Fahrtenbuchmethode) ermittelt, ist die Bemessungsgrundlage für die Absetzung für Abnutzung in pauschaler Höhe – entsprechend den unter der nachfolgenden Nr. 3 Buchstabe a beschriebenen Grundsätzen – um die Kosten für das Batteriesystem zu mindern.[3] Außerdem sind die Kosten für den vom Arbeitgeber steuerfrei gestellten Ladestrom aus den Gesamtkosten herauszurechnen. Auch die Kosten für die Ladevorrichtung bleiben unberücksichtigt.

Beispiel E

Arbeitnehmer A nutzt seit 2018 ein vom Arbeitgeber erworbenes Elektrofahrzeug mit einer Batteriekapazität von 16 kwh auch im Jahr 2021 zu privaten Zwecken. Der Bruttolistenpreis beträgt 43 000 €, die tatsächlichen Brutto-Anschaffungskosten 36 000 €. Die berufliche Nutzung beträgt gemäß ordnungsgemäßem Fahrtenbuch 83 %. Der geldwerte Vorteil für die Privatnutzung ermittelt sich wie folgt:

Für die Ermittlung der Gesamtkosten sind zunächst die Anschaffungskosten um den pauschal ermittelten Minderungsbetrag i. H. v. 4000 € (16 kwh × 250 €) zu mindern. Folglich sind bei den Gesamtkosten Absetzungen für Abnutzung i. H. v. 4000 € (36 000 € abzüglich 4000 € = 32 000 € verteilt auf acht Jahre) anzusetzen. Daneben sind Aufwendungen für Versicherungen (1000 €) und Strom (890 €) angefallen. Die Summe der Gesamtaufwendungen beträgt folglich 5000 € (4000 € zuzüglich 1000 € Versicherung, ohne Einbeziehung der Kosten für den vom Arbeitgeber steuerfrei gestellten Ladestrom). Der geldwerte Vorteil nach der Fahrtenbuchmethode beträgt folglich 850 € (17 % Privatanteil von 5000 €).

Wird die Batterie nicht mit dem Fahrzeug erworben, sondern gemietet oder geleast, sind die Gesamtkosten um das hierfür zusätzlich entrichtete Entgelt zu vermindern.

Bei einem im Zeitraum vom **1.1.2019 bis 31.12.2030 angeschafften oder geleasten Elektro- oder Hybridelektrofahrzeug** tritt an die Stelle der pauschalen Minderung um die Kosten für das Batteriesystem eine Halbierung der Bemessungsgrundlage. Das bedeutet, dass bei der **Fahrtenbuchmethode** die **Hälfte der Absetzung für Abnutzung bzw. der Leasingkosten** angesetzt wird. Dies gilt für die Ermittlung des geldwerten Vorteils bei Privatfahrten, Fahrten zwischen Wohnung und erster Tätigkeitsstätte und etwaige steuerpflichtige Familienheimfahrten im

1) Die Absetzungen für Abnutzung sind aus dem tatsächlichen Kaufpreis zuzüglich Umsatzsteuer zu errechnen:

Listenpreis des Pkws		30 000,– €
abzüglich 10 % Rabatt		3 000,– €
verbleiben		27 000,– €
zuzüglich 19 % Umsatzsteuer		5 130,– €
Bemessungsgrundlage für die AfA		32 130,– €
Nutzungsdauer 8 Jahre, jährlich somit 12,5 %	=	4 016,25 €

2) Randnummer 28 des BMF-Schreibens vom 4.4.2018 (BStBl. I S. 592). Das BMF-Schreiben ist als Anlage 1 zu H 8.1 (9–10) LStR im **Steuerhandbuch für das Lohnbüro 2021** abgedruckt, das im selben Verlag erschienen ist.

3) Randziffer 9 des BMF-Schreibens vom 5.6.2014 (BStBl. I S. 835). Das BMF-Schreiben ist als Anlage 3 zu H 8.1 (9–10) LStR im **Steuerhandbuch für das Lohnbüro 2021** abgedruckt, das im selben Verlag erschienen ist.

F

Lohnsteuerpflichtig Sozialversich.-pflichtig

Rahmen einer beruflich veranlassten doppelten Haushaltsführung. Diese Regelung ist bei allen vom Arbeitgeber an den Arbeitnehmer **erstmals nach dem 31.12.2018** zur privaten Nutzung **überlassenen Elektrofahrzeugen** anzuwenden. In diesen Fällen kommt es nicht auf den Zeitpunkt an, zu dem der Arbeitgeber das Fahrzeug angeschafft, hergestellt oder geleast hat.

Wie bei den vor dem 1.1.2019 angeschafften oder geleasten Elektrofahrzeugen bleiben die Kosten für den vom Arbeitgeber steuerfrei gestellten Ladestrom und die Ladevorrichtung bei den Gesamtkosten unberücksichtigt.

Beispiel F

Der Arbeitnehmer nutzt ein im Januar 2021 von seinem Arbeitgeber erworbenes Hybridelektrofahrzeug mit einer Batteriekapazität von 20 kWh auch zu privaten Zwecken. Der Bruttolistenpreis beträgt 55 000 €, die tatsächlichen Bruttoanschaffungskosten 48 000 €. Die berufliche Nutzung beträgt gemäß ordnungsgemäß geführten Fahrtenbuch 75 %. Für das Fahrzeug sind außerdem Aufwendungen für Benzin (2000 €), Versicherungen (1000 €) und Strom (1800 €) angefallen. Der geldwerte Vorteil für die Privatnutzung in 2021 ermittelt sich wie folgt:

Zu den maßgebenden Gesamtkosten gehören die Aufwendungen für Benzin (2000 €), Versicherungen (1000 €), nicht aber die Aufwendungen für den Ladestrom. Die Absetzung für Abnutzung beträgt 6000 € (48 000 : acht Jahre). Sie wird zur Hälfte (= 3000 €) bei den Gesamtkosten angesetzt. Die insgesamt maßgebenden Gesamtkosten betragen somit 6000 € (2000 € zuzüglich 1000 € zuzüglich 3000 €). Der geldwerte Vorteil beläuft sich somit auf 1500 € (= 25 % von 6000 €).

Ein Viertel der Bemessungsgrundlage (= Absetzung für Abnutzung bzw. Leasingrate im Rahmen der Fahrtenbuchmethode) wird angesetzt, wenn das Kraftfahrzeug **keine Kohlendioxidemission** je gefahrenen Kilometer hat (= reine Elektrofahrzeuge) und der **Bruttolistenpreis** des Fahrzeugs **nicht mehr als 60 000 €** beträgt.

Mit dem individuell ermittelten Kilometersatz sind alle Fahrten zu bewerten, für die ein geldwerter Vorteil zu versteuern ist. Dies sind

- die reinen Privatfahrten,
- die Fahrten zwischen Wohnung und erster Tätigkeitsstätte[1] und
- ggf. die steuerpflichtigen Familienheimfahrten (vgl. nachfolgend unter Nr. 14).

Es ist nicht zulässig, einen Teil der Fahrten (z. B. steuerpflichtige Familienheimfahrten oder Fahrten zwischen Wohnung und erster Tätigkeitsstätte) pauschal zu bewerten und nur für die reinen Privatfahrten den individuellen Kilometersatz anzusetzen. Die Wahl der Berechnungsmethode kann nur für alle mit dem Firmenwagen ausgeführten Fahrten einheitlich getroffen werden.

Ist der Firmenwagen mit einem **Fahrer** zur Verfügung gestellt worden (vgl. die Erläuterungen unter der nachfolgenden Nr. 15) gehören die auf **Leerfahrten** entfallenden Kfz-Kosten, die durch An- und Abfahrten des Fahrers entstehen, nicht zu den als privater Nutzungswert zu erfassenden anteiligen Gesamtkosten; Leerfahrten sind deshalb den **dienstlichen Fahrten** zuzurechnen.[2] Auch die Alleinfahrten des Fahrers zwischen der Wohnung des nutzungsberechtigten Arbeitnehmers und seiner eigenen Wohnung sind der dienstlichen Kraftfahrzeugnutzung zuzurechnen (auch kein geldwerter Vorteil beim Fahrer).

Unfallkosten gehörten nach der früheren Auffassung der Finanzverwaltung zu den Gesamtkosten des Fahrzeugs, und zwar unabhängig davon, ob der Unfall auf einer Privatfahrt, einer Fahrt zwischen Wohnung und regelmäßiger Arbeitsstätte (seit 1.1.2014 = erste Tätigkeitsstätte), einer Familienheimfahrt im Rahmen einer doppelten Haushaltsführung oder einer dienstlichen Fahrt verursacht wurde. Der Bundesfinanzhof hatte allerdings bereits im Jahr 2007 entschieden, dass es sich bei Unfallkosten nicht um Kosten handelt, die unmittelbar dem Halten und dem Betrieb des Fahrzeugs zu dienen bestimmt sind und im Zusammenhang mit seiner Nutzung typischerweise anfallen (BFH-Urteil vom 24.5.2007, BStBl. II S. 766). Die Finanzverwaltung hat diese Rechtsprechung zum Anlass genommen, die steuerliche Behandlung von Unfallkosten bei Firmenwagengestellungen an Arbeitnehmer ab dem 1.1.2011 zu ändern. Danach gehören Unfallkosten **nicht mehr** zu den **Gesamtkosten** eines dem Arbeitnehmer überlassenen Firmenwagens (R 8.1 Abs. 9 Nr. 2 Satz 11 LStR). Vom Arbeitgeber getragene Unfallkosten an einem Firmenwagen des Arbeitnehmers sind daher grundsätzlich gesondert zu würdigen. Bei Unfallkosten, die – bezogen auf den einzelnen Schadensfall und nach Erstattungen von dritter Seite (z. B. Versicherungen) – einen Betrag von **1000 € zuzüglich Umsatzsteuer** nicht übersteigen, wird es aber von der Finanzverwaltung nicht beanstandet **(= Wahlrecht),** wenn sie als Reparaturkosten in die **Gesamtkosten** einbezogen werden (R 8.1 Abs. 9 Nr. 2 Satz 12 LStR).

Beispiel G

Anlässlich der Rückgabe eines geleasten Firmenwagens an die Leasinggesellschaft wird eine Beschädigung des Fahrzeugs an der Stoßstange festgestellt, die nicht auf den üblichen Gebrauch des Fahrzeugs zurückzuführen ist. Die Beseitigung des Schadens kostet einschließlich Umsatzsteuer 800 €.

Aufgrund der vorstehenden Vereinfachungsregelung beanstandet es die Finanzverwaltung nicht, wenn die Aufwendungen in Höhe von 800 € als Reparaturkosten in die Gesamtkosten einbezogen werden.

Beispiel H

Der Arbeitnehmer verursacht auf einer Privatfahrt einen Unfall, der zu einem Schaden an dem vom Arbeitgeber zur Verfügung gestellten Firmenwagen in Höhe von 5000 € zuzüglich 950 € Umsatzsteuer führt. Die Vollkaskoversicherung des Arbeitgebers übernimmt nach Abzug der Selbstbeteiligung von 1000 € und unter Berücksichtigung der Vorsteuerabzugsberechtigung des Arbeitgebers die restlichen Kosten von 4000 €. Der Arbeitgeber nimmt seinen Arbeitnehmer wegen der Selbstbeteiligung nicht in Regress.

Aufgrund der vorstehenden Vereinfachungsregelung beanstandet es die Finanzverwaltung nicht, wenn die Aufwendungen in Höhe von 1000 € zuzüglich Umsatzsteuer (= 950 €!) als Reparaturkosten in die Gesamtkosten einbezogen werden.

Allerdings ist zu beachten, dass eine Versicherung bei einem vorsätzlich oder grob fahrlässig verursachten Unfall nicht zahlt. In diesem Fall liegt daher ein geldwerter Vorteil in Höhe des tatsächlichen Schadensverzichts des Arbeitgebers vor. Der steuerliche Zufluss ist in dem Zeitpunkt gegeben, in dem der Arbeitgeber zu erkennen gibt, dass er den Arbeitnehmer nicht in Anspruch nehmen wird (BFH-Urteil vom 27.3.1992, BStBl. II S. 837). Vgl. im Übrigen zur lohnsteuerlichen Behandlung von Unfallkosten im Zusammenhang mit einer Firmenwagengestellung die Erläuterungen und Beispiele unter der nachfolgenden Nr. 16.

Die Ermittlung eines individuellen Kilometersatzes anhand der tatsächlich nachgewiesenen Kosten und laufenden Aufzeichnungen in einem Fahrtenbuch ist auch bei **geleasten** Fahrzeugen zulässig. Die monatlichen Leasingraten treten dabei an die Stelle der Abschreibung. Eine Leasingsonderzahlung ist mit dem in der Gewinnermittlung des Arbeitgebers zu erfassenden Aufwandsbetrag – ohne Rechnungsabgrenzungsposten – anzusetzen (BFH-Urteil vom 3.9.2015, BStBl. 2016 II S. 174). Dies gilt auch dann, wenn der Arbeitgeber sehr günstige Leasingkonditionen (niedrige Sonderzahlung und/oder Raten) erhalten haben sollte. Zur Vorgehensweise bei der Kostendeckelung vgl. nachfolgende Nr. 7.

Werden dem Arbeitnehmer **abwechselnd unterschiedliche Kraftfahrzeuge** zur privaten Nutzung überlassen, müssen für jedes Kraftfahrzeug die insgesamt entstehenden Aufwendungen ermittelt und für jedes Fahrzeug das

1) Entsprechendes gilt für dauerhafte, typischerweise arbeitstägliche Fahrten zu einem Arbeitgeber-Sammelpunkt oder einem weiträumigen Tätigkeitsgebiet (§ 9 Abs. 1 Satz 3 Nr. 4a Satz 3 EStG). Vgl. hierzu auch das Stichwort „Entfernungspauschale" unter Nr. 11.

2) Randnummer 41 des BMF-Schreibens vom 4.4.2018 (BStBl. I S. 592). Das BMF-Schreiben ist als Anlage 1 zu H 8.1 (9–10) LStR im **Steuerhandbuch für das Lohnbüro 2021** abgedruckt, das im selben Verlag erschienen ist.

F

Lohn-steuer-pflichtig	Sozial-versich.-pflichtig

Verhältnis der privaten zu den übrigen Fahrten durch ein ordnungsgemäßes Fahrtenbuch nachgewiesen werden. Der Ansatz eines Durchschnittswerts ist nicht zulässig.

Stehen einem Arbeitnehmer **gleichzeitig mehrere Kraftfahrzeuge** auch zur privaten Nutzung zur Verfügung und führt er nur für einzelne Kraftfahrzeuge ein ordnungsgemäßes Fahrtenbuch, kann er für diese den privaten Nutzungswert individuell ermitteln, während der Nutzungswert für die anderen mit monatlich 1 % des Listenpreises anzusetzen ist (BFH-Urteil vom 3.8.2000, BStBl. 2001 II S. 332). Vgl. hierzu aber auch die Erläuterungen unter der nachfolgenden Nr. 12 Buchstabe c.

F

Bei der Ermittlung des individuellen Kilometersatzes für einen **aus Sicherheitsgründen gepanzerten Pkw** kann die Abschreibung nach dem Anschaffungspreis des leistungsschwächeren Fahrzeugs zugrunde gelegt werden, das dem Arbeitnehmer zur Verfügung gestellt würde, wenn seine Sicherheit nicht gefährdet wäre. Im Falle des Leasings eines gepanzerten Fahrzeugs wird die entsprechende **Leasingrate des leistungsschwächeren Fahrzeugs** zugrunde gelegt, das dem Arbeitnehmer zur Verfügung gestellt würde, wenn seine Sicherheit nicht gefährdet wäre. Im Hinblick auf die durch die Panzerung verursachten höheren laufenden Betriebskosten lässt es die Finanzverwaltung zu, dass der Ermittlung des individuellen Kilometersatzes 70 % der tatsächlich festgestellten laufenden Kosten (ohne Abschreibung bzw. Leasingrate) zugrunde gelegt werden.

Beispiel I

Aufgrund der Sicherheitsgefährdung des Arbeitnehmers wird ein sicherheitsgeschütztes Fahrzeug geleast. Die Leasingrate beträgt monatlich 4300 €. Bei einem vergleichbaren Serienfahrzeug würde die Leasingrate nur 350 € monatlich betragen.

In die Feststellung der Gesamtkosten zur Ermittlung des geldwerten Vorteils nach der Fahrtenbuchmethode sind die monatliche Leasingrate in Höhe von 350 € und 70 % der übrigen laufenden Kosten einzubeziehen.

Bei der individuellen Nutzungswertermittlung durch die Fahrtenbuchmethode sind auch die auf die Fahrten zwischen Wohnung und erster Tätigkeitsstätte entfallenden tatsächlichen Kraftfahrzeugaufwendungen zu ermitteln. Nach Auffassung der Finanzverwaltung bestehen bei sicherheitsgefährdeten Personen jedoch keine Bedenken, dass die Fahrstrecken auch dann auf der Grundlage der kürzesten benutzbaren Straßenverbindung ermittelt werden, wenn **sicherheitsbedingte Umwegstrecken** erforderlich sind. Dies setzt jedoch voraus, dass der Arbeitnehmer konkret gefährdet ist und durch die zuständigen Sicherheitsbehörden der Gefährdungsstufe 1, 2 oder 3 zugeordnet ist. In diesem Fall ist für die Berechnung der Entfernungspauschale für die Wege zwischen Wohnung und erster Tätigkeitsstätte ebenfalls die kürzeste benutzbare Straßenverbindung zugrunde zu legen.

3. Pauschale Ermittlung des geldwerten Vorteils (Prozent-Methode)

a) Bruttolistenpreis als Bemessungsgrundlage

Wird der geldwerte Vorteil nicht mit dem individuell ermittelten Kilometersatz bewertet, ist ein pauschaler Wert anzusetzen, der sich mit einem bestimmten Prozentsatz aus dem **Listenpreis** des Fahrzeugs **im Zeitpunkt der Erstzulassung** errechnet,[1] und zwar

- für die reinen Privatfahrten mit **1 %** monatlich,
- für die Fahrten zwischen Wohnung und erster Tätigkeitsstätte grundsätzlich mit **0,03 %** monatlich je Entfernungskilometer[2] und
- für die steuerpflichtigen Familienheimfahrten im Rahmen einer doppelten Haushaltsführung mit **0,002 %** je Fahrt und Entfernungskilometer.

Ausgangspunkt der pauschalen Wertermittlung ist folglich in allen Fällen der sog. Listenpreis und nicht der vom Arbeitgeber tatsächlich gezahlte Kaufpreis. Die Anknüpfung der pauschalen Wertermittlung am Listenpreis wird teilweise heftig kritisiert und als nicht sachgerecht bezeichnet. Bei genauer Betrachtung und insbesondere bei einem Vergleich der sich durch die pauschale Methode ergebenden Kilometersätze mit den tatsächlich entstandenen Kosten (z. B. nach der ADAC-Tabelle) ergibt sich jedoch, dass nur der Listenpreis und nicht der tatsächlich gezahlte Kaufpreis ein sachgerechter Wertmaßstab für eine typisierende Betrachtungsweise sein kann.

Listenpreis im Sinne der gesetzlichen Regelung ist – **auch bei Gebrauchtwagen** und im Falle des **Leasings** – die im **Zeitpunkt der Erstzulassung** für den genutzten Personenkraftwagen im Inland maßgebende unverbindliche Preisempfehlung des Herstellers, zuzüglich Sonderausstattungen **und Umsatzsteuer.**[3] Da die Umsatzsteuer zur Bemessungsgrundlage gehört, wird in der Praxis vom **Bruttolistenpreis** gesprochen. Dieser Preis **ist auf volle 100 € abzurunden.**

Der **Bundesfinanzhof** hat an seiner Rechtsprechung festgehalten, dass auch bei einem vom Arbeitgeber **gebraucht erworbenen Fahrzeug** der **Bruttolistenneupreis** anzusetzen ist (BFH-Urteil vom 13.12.2012, BStBl. 2013 II S. 385; so auch schon BFH-Urteile vom 24.2.2000, BStBl. II S. 273 und vom 1.3.2001, BStBl. II S. 403). Das Gericht folgte nicht dem Einwand, dass heutzutage auch Neufahrzeuge praktisch kaum noch zum ausgewiesenen Bruttolistenneupreis verkauft würden und der Gesetzgeber deshalb von Verfassungs wegen gehalten sei, Anpassungen vorzunehmen, etwa durch einen Abschlag vom Bruttolistenneupreis. Insoweit sei nach Auffassung der Richter auch zu berücksichtigen, dass der **Vorteil** des Arbeitnehmers nicht nur in der Fahrzeugüberlassung selbst liege, sondern **auch** in der **Übernahme** sämtlicher damit verbundener **Kosten** wie Steuern, Versicherungsprämien, Reparatur und Wartungskosten sowie insbesondere der Treibstoffkosten. Alle diese Kosten sind nämlich weder im Bruttolistenneupreis, noch in den tatsächlichen, möglicherweise geringeren Anschaffungskosten enthalten. Sofern der geldwerte Vorteil nicht auf der grob typisierenden Bruttolistenpreisregelung, sondern auf der Grundlage des tatsächlich verwirklichten Sachverhalts ermittelt werden soll, muss sich der Arbeitnehmer für die **Fahrtenbuchmethode** entscheiden. Im Hinblick auf dieses **Wahlrecht** sei die Bruttolistenpreisregelung auch verfassungsrechtlich unbedenklich.

Mit Urteil vom 8.11.2018 (BStBl. 2019 II S. 229) hat der Bundesfinanzhof entschieden, dass auch die Besteuerung der Privatnutzung von Taxen nach der 1 %-Regelung auf der Grundlage des Bruttolistenpreises und nicht nach den besonderen Herstellerpreislisten für Taxen und Mietwagen zu erfolgen hat. Nach Auffassung der Richter ist der Bruttolistenpreis nur der Preis, zu dem ein Steuerpflichtiger das Fahrzeug als Privatkunde erwerben könnte. Denn der im Gesetz erwähnte Listenpreis soll nicht die Neuanschaffungskosten und auch nicht den gegenwärtigen Wert des Fahrzeugs abbilden. Vielmehr handelt es sich um eine generalisierende Bemessungsgrundlage für die Bewertung der Privatnutzung eines betrieblichen Pkw. Das Urteil ist von Bedeutung für alle **Sonderpreislisten** mit Sonderrabatten, die ein Fahrzeughersteller bestimmten Berufsgruppen gewährt.

Da vom Listenpreis auszugehen ist, bleiben die beim Kauf des Fahrzeugs ggf. gewährten **Preisnachlässe** außer Ansatz. Der Wert der Sonderausstattung (z. B. Klimaanlage, Musikanlage usw.) gehört dagegen stets zum Bruttolistenpreis, und zwar auch dann, wenn der Arbeitgeber hier-

1) § 8 Abs. 2 Satz 2 ff. EStG i. V. m. § 6 Abs. 1 Nr. 4 Satz 2 EStG.

2) Entsprechendes gilt für dauerhafte, typischerweise arbeitstägliche Fahrten zu einem Arbeitgeber-Sammelpunkt oder einem weiträumigen Tätigkeitsgebiet (§ 9 Abs. 1 Satz 3 Nr. 4a Satz 3 EStG). Vgl. hierzu auch das Stichwort „Entfernungspauschale" unter Nr. 11.

3) Maßgebend ist der Umsatzsteuersatz im Zeitpunkt der Erstzulassung (z. B. in der zweiten Jahreshälfte 2020 16 % statt 19 %).

Lohn- steuer- pflichtig | Sozial- versich.- pflichtig

für nichts gezahlt hat, weil ihm auf diese Weise ein Preisnachlass gewährt wurde. Auch der Wert einer **Diebstahlsicherung** gehört zum Bruttolistenpreis (R 8.1 Abs. 9 Nr. 1 Satz 6 erster Halbsatz LStR).

Bei der pauschalen Ermittlung des geldwerten Vorteils (Prozent-Methode) ist eine **Sonderausstattung** aber nur dann in den Bruttolistenpreis **einzubeziehen,** wenn das Fahrzeug im Zeitpunkt der Erstausstattung bereits **werkseitig** damit **ausgestattet** ist. Die Kosten für den **nachträglichen Einbau** einer Sonderausstattung sind **nicht** in den Bruttolistenpreis einzubeziehen; dies gilt selbst dann, wenn die Sonderausstattung in zeitlicher Nähe zur Auslieferung des Fahrzeugs nachträglich eingebaut werden sollte (BFH-Urteil vom 13.10.2010, BStBl. 2011 II S. 361). Durch das Abstellen auf den inländischen Bruttolistenpreis im Zeitpunkt der Erstzulassung ist nach Ansicht des Bundesfinanzhofs allein entscheidend, mit welcher Sonderausstattung der Firmenwagen im Zeitpunkt der Erstzulassung werkseitig ausgestattet ist. Diese vorteilhafte Rechtsprechung gilt z. B. für den nachträglichen Einbau von Navigationsgeräten, Musikanlagen, Diebstahlsicherungssystemen, Klimaanlagen oder für eine nachträgliche Umrüstung des Fahrzeugs für den Betrieb mit Flüssiggas; solch unselbstständige Ausstattungsmerkmale führen auch nicht zu einem – neben dem Vorteil aus der Fahrzeuggestellung – gesondert zu bewertenden geldwerten Vorteil. Die Finanzverwaltung folgt der Rechtsprechung des Bundesfinanzhofs (vgl. R 8.1 Abs. 9 Nr. 1 Satz 6 LStR).

Beispiel A

Der Arbeitgeber überlässt dem Arbeitnehmer ab 1.3.2021 einen Firmenwagen mit einem Bruttolistenpreis von 33 780 € auch zur privaten Nutzung. Im September 2021 lässt der Arbeitgeber nachträglich ein Navigationsgerät einbauen. Auf den Listenpreis dieses Geräts von 1500 € erhält er einen Preisnachlass von 30 % und bezahlt somit 1050 €.

Der geldwerte Vorteil für die Privatnutzung des Firmenwagens beträgt ab März 2021 monatlich:

1 % von 33 700 €	337 €

Durch den nachträglichen Einbau des Navigationsgeräts ergibt sich auch ab dem Monat September 2021 keine Erhöhung dieses geldwerten Vorteils.

Beispiel B

Der Arbeitgeber lässt in zeitlichem Zusammenhang mit der Anschaffung eines Gebrauchtwagens eine Kfz-Veredelung im Wert von rund 3000 € durchführen und überlässt das Fahrzeug anschließend einem leitenden Angestellten als Firmenwagen auch zur privaten Nutzung.

Der geldwerte Vorteil für die Privatnutzung des Firmenwagens ist nach dem Bruttolistenpreis des Fahrzeugs im Zeitpunkt der Erstzulassung zu ermitteln. Sowohl die Anschaffungskosten als auch die Kfz-Veredelung im zeitlichen Zusammenhang mit der Anschaffung sind lohnsteuerlich bei Anwendung der Bruttolistenpreisregelung unbeachtlich.

Die **Kosten für ein Autotelefon** (einschließlich Freisprechanlage) **bleiben außer Ansatz,** denn sowohl die Einrichtung als auch die private Nutzung des Autotelefons ist bei einem Arbeitnehmer steuerfrei nach § 3 Nr. 45 EStG, vgl. das Stichwort „Telefonkosten" unter Nr. 3 Buchstabe a. Zum Bruttolistenpreis gehören aber die Kosten eines **Navigationsgeräts,** das als Zubehör im Zeitpunkt der Erstzulassung bereits werkseitig in den Firmenwagen eingebaut ist (BFH-Urteil vom 16.2.2005, BStBl. II S. 563). Der Bundesfinanzhof hat es abgelehnt, das Navigationsgerät als steuerfreies Telekommunikationsgerät i. S. d. § 3 Nr. 45 EStG zu behandeln. Seiner Meinung nach ist die werkseitig in den Firmenwagen fest eingebaute Anlage kein eigenständiges Wirtschaftsgut, dessen Nutzbarkeit getrennt von der Möglichkeit zur Privatnutzung des Fahrzeugs bewertet werden könne. Anders als ein Autotelefon führt somit ein werkseitig eingebautes Navigationsgerät zu einem höheren steuerpflichtigen geldwerten Vorteil für die private Nutzung des Firmenwagens. Das gilt auch dann, wenn das Navigationsgerät Telekommunikationsfunktionen enthält. Auch eine teilweise Steuerbefreiung kommt in diesem Fall nicht in Betracht. Die Finanzverwaltung hält an dieser Rechtsprechung fest, obwohl zwischenzeitlich in der Steuerbefreiungsvorschrift des § 3 Nr. 45 EStG der Begriff „betriebliche Personalcomputer" durch „betriebliche Datenverarbeitungsgeräte" ersetzt worden ist (vgl. im Einzelnen das Stichwort „Computer").

Wird ein als Firmenwagen zur Verfügung gestelltes **Elektro-** oder extern aufladbares **Hybridelektrofahrzeug** auch privat genutzt, sind beim Bruttolistenpreis als Ausgangsgröße für die Ermittlung des geldwerten Vorteils Besonderheiten zu beachten. Ein Elektrofahrzeug liegt vor, wenn in Feld 10 der Zulassungsbescheinigung die Codierung 0004 oder 0015 eingetragen ist. Ein Hybridelektrofahrzeug liegt vor, wenn sich aus Feld 10 der Zulassungsbescheinigung eine der Codierungen 0016 bis 0019 bzw. 0025 bis 0031 ergibt.

F

Bei einem **vor dem 1.1.2019** angeschafften oder geleasten Elektro-/Hybridelektrofahrzeug wird der Bruttolistenpreis um die darin enthaltenen Kosten für das Batteriesystem pauschal wie folgt gemindert:[1)]

Anschaffungsjahr	Minderungsbetrag in Euro je kWh Speicherkapazität (vgl. Feld 22 der Zulassungsbescheinigung)	Höchstbetrag in Euro
2013 und früher	500	10 000
2014	450	9 500
2015	400	9 000
2016	350	8 500
2017	300	8 000
2018	250	7 500

Die Regelung wurde für Anschaffungen und Leasingfälle ab dem 1.1.2019 grundsätzlich ausgesetzt (vgl. nachfolgende Erläuterungen).

Die Abrundung des Bruttolistenpreises auf volle Hundert Euro ist nach Abzug des Abschlags vorzunehmen.

Die nach der vorstehenden Tabelle vorzunehmende pauschale Minderung des Bruttolistenpreises entfällt, wenn das Batteriesystem nicht zusammen mit dem Fahrzeug angeschafft wird, sondern für die Überlassung ein zusätzliches Entgelt (z. B. in Form von Leasingraten) zu entrichten ist.

Beispiel C

Arbeitnehmer C nutzt seit 2018 als Firmenwagen ein vom Arbeitgeber angeschafftes Elektrofahrzeug mit einer Batteriekapazität von 16,3 kWh auch zur privaten Nutzung. Der Bruttolistenpreis beträgt 45 280 €.

Bruttolistenpreis einschließlich Batteriesystem	45 280 €
abzüglich 16,3 kWh à 250 €	4 075 €
verbleiben	41 205 €
abgerundet auf volle 100 € = Bruttolistenpreis neu	41 200 €

Der geldwerte Vorteil für die private Nutzung des Firmenwagens nach der 1 %-Regelung beträgt in 2021 pro Monat 412 €.

1) BMF-Schreiben vom 5.6.2014 (BStBl. I S. 835). Das BMF-Schreiben ist als Anlage 3 zu H 8.1 (9–10) LStR im **Steuerhandbuch für das Lohnbüro 2021** abgedruckt, das im selben Verlag erschienen ist.
Die nachfolgend aufgeführte Regelung gilt auch für Brennstoffzellenfahrzeuge, bei denen die im Fahrzeug gespeicherte Energie mit der Batteriekapazität vergleichbar ist. Dieser Wert ist in der Zulassungsbescheinigung in Teil I Ziffer 22 angegeben (BMF-Schreiben vom 24.1.2018, BStBl. I S. 272).

Lohn-steuer-pflichtig	Sozial-versich.-pflichtig

Beispiel D

Arbeitnehmer D nutzt seit 2018 als Firmenwagen ein vom Arbeitgeber angeschafftes Elektrofahrzeug mit einer Batteriekapazität von 31 kWh auch zur privaten Nutzung. Der Bruttolistenpreis beträgt 109 150 €.

Bruttolistenpreis einschließlich Batteriesystem	109 150 €
abzüglich 31 kWh à 250 € = 7750 € höchstens	7 500 €
verbleiben	101 650 €
abgerundet auf volle 100 € = Bruttolistenpreis neu	101 600 €

Der geldwerte Vorteil für die private Nutzung des Firmenwagens nach der 1 %-Regelung beträgt in 2021 pro Monat 1016 €.

F

Bei einem im Zeitraum vom **1.1.2019 bis 31.12.2030 angeschafften oder geleasten Elektro- oder Hybridelektrofahrzeug** tritt an die Stelle der pauschalen Minderung um die Kosten für das Batteriesystem eine Halbierung der Bemessungsgrundlage. Das bedeutet, dass bei der Bruttolistenpreisregelung der **halbe Bruttolistenpreis** angesetzt wird. Dies gilt für die Ermittlung des geldwerten Vorteils bei Privatfahrten, Fahrten zwischen Wohnung und erster Tätigkeitsstätte und etwaige steuerpflichtige Familienheimfahrten im Rahmen einer beruflich veranlassten doppelten Haushaltsführung. Diese Regelung ist bei allen vom Arbeitgeber an den Arbeitnehmer **erstmals nach dem 31.12.2018** zur privaten Nutzung **überlassenen Elektrofahrzeugen** anzuwenden. In diesen Fällen kommt es nicht auf den Zeitpunkt an, zu dem der Arbeitgeber das Fahrzeug angeschafft, hergestellt oder geleast hat. Vgl. auch die Erläuterungen beim Stichwort „Elektrofahrzeuge" unter Nr. 1.

Beispiel E

Der Arbeitnehmer erhält als Firmenwagen ein in 2021 angeschafftes Hybridelektrofahrzeug mit einer Batteriekapazität von 16,3 kWh auch zur privaten Nutzung sowie für die Fahrten zwischen Wohnung und erster Tätigkeitsstätte (Entfernung = 20 km). Der Bruttolistenpreis beträgt 45 280 €.

Die Hälfte des Bruttolistenpreises beträgt folglich 22 640 €, abgerundet auf volle Hundert Euro = 22 600 €.

Der monatliche geldwerte Vorteil in 2021 ermittelt sich wie folgt:

Privatfahrten 1 % von 22 600 € =	226,00 €
Fahrten zwischen Wohnung und erster Tätigkeitsstätte 0,03 % von 22 600 € × 20 km =	135,60 €
Geldwerter Vorteil insgesamt	361,60 €

Ein Viertel der Bemessungsgrundlage (= Bruttolistenpreis) wird angesetzt, wenn das Kraftfahrzeug **keine Kohlendioxidemission** je gefahrenen Kilometer hat (= reine Elektrofahrzeuge) und der **Bruttolistenpreis** des Fahrzeugs **nicht mehr als 60 000 €** beträgt.

Beispiel F

Der Arbeitnehmer erhält als Firmenwagen ein im Januar 2021 angeschafftes Elektroauto (ohne Kohlendioxidemission) mit einem Bruttolistenpreis von 59 990 € auch zur privaten Nutzung und für Fahrten zwischen Wohnung und erster Tätigkeitsstätte (= 25 Entfernungskilometer).

Ein Viertel des Bruttolistenpreises beträgt 14 997,50 €, abgerundet auf volle Hundert € = 14 900 €. Der monatliche geldwerte Vorteil ermittelt sich wie folgt:

Privatfahrten: 1 % von 14 900 €	149,00 €
Fahrten zwischen Wohnung und erster Tätigkeitsstätte: 0,03 % von 14 900 € × 25 km	111,75 €
Geldwerter Vorteil insgesamt	260,75 €

Außer Ansatz bleiben die **Überführungskosten** und die **Zulassungskosten,** da diese nicht zum „Listenpreis" gehören. Dem steht nicht entgegen, dass die Überführungskosten und Zulassungskosten zu den Anschaffungskosten gehören und bei der individuellen Methode abgeschrieben werden müssen. Auch der Wert eines weiteren Satzes **Reifen einschließlich Felgen** bleibt bei der Ermittlung des Bruttolistenpreises außer Ansatz (R 8.1 Abs. 9 Nr. 1 Satz 6 zweiter Halbsatz LStR). Hiernach ergibt sich für die Zurechnung zum Bruttolistenpreis folgende Übersicht:

	Zurechnung zum Bruttolistenpreis ja	nein
ABS	x	
Airbag	x	
Allradantrieb	x	
Anhängerkupplung	x	
Autoradio	x	
Autotelefon		x
Bordcomputer	x	
Diebstahlsicherung	x	
Einparkhilfe	x	
Elektronisches Fahrtenbuch	x	
Feuerlöscher	x	
Freisprechanlage		x
Gasantrieb	x	
Katalysator	x	
Klimaanlage/Klimaautomatik	x	
Multifunktionslenkrad	x	
Musikanlage	x	
Navigationsgerät (werkseitig eingebaut)	x	
Preisnachlass	x	
Standheizung	x	
Tempomat	x	
Überführungskosten		x
Umsatzsteuer	x	
Xenonlicht	x	
Winterreifen mit Felgen (zusätzlich zur Normalbereifung)		x
Zulassungskosten		x

Zu Besonderheiten bei behinderten Arbeitnehmern vgl. die Erläuterungen unter dem nachfolgenden Buchstaben g.

Wird einem Arbeitnehmer ausschließlich aus Sicherheitsgründen ein mit einer **Sicherheitsausrüstung** ausgestattetes leistungsstärkeres und dementsprechend teureres Fahrzeug zur Verfügung gestellt, obwohl ihm an sich nur ein leistungsschwächeres Fahrzeug zustünde, ist der Bruttolistenpreis des leistungsschwächeren Fahrzeugs (ohne Sicherheitsausrüstung) zugrunde zu legen, das dem Arbeitnehmer zur Verfügung stehen würde, wenn seine Sicherheit nicht gefährdet wäre (R 8.1 Abs. 9 Nr. 1 Satz 7 LStR). Sicherheitsausrüstungen in diesem Sinne sind nur Vorkehrungen zum Personenschutz (z. B. Panzerglas), nicht dagegen die der Verkehrssicherheit dienenden Einrichtungen (z. B. ABS, Airbag, Feuerlöscher).

Der **inländische** Listenpreis im Zeitpunkt der Erstzulassung ist auch für **reimportierte Fahrzeuge** maßgebend. Soweit das reimportierte Fahrzeug werkseitig mit zusätzlichen Sonderausstattungen versehen ist, die sich im inländischen Listenpreis nicht niedergeschlagen haben, ist der Wert der Sonderausstattung zusätzlich zu berücksichtigen. Soweit das reimportierte Fahrzeug geringerwertig ausgestattet ist, kann der Wert der „Minderausstattung" durch einen Vergleich mit einem adäquaten inländischen Fahrzeug festgestellt werden. Der Bundesfinanzhof hat entschieden, dass der inländische Bruttolistenpreis zu schätzen ist, wenn das Fahrzeug ein Importfahrzeug ist und weder ein inländischer Bruttolistenpreis vorhanden ist noch eine Vergleichbarkeit mit einem bau- und typengleichen inländischen Fahrzeug besteht. Diese Schätzung ist jedenfalls dann nicht zu hoch angesetzt, wenn sie sich an den typischen Bruttoabgabepreisen orientiert, die Importfahrzeughändler, welche das betreffende Fahrzeug selbst importieren, von ihren Endkunden verlangen (BFH-Urteil vom 9.11.2017, BStBl. 2018 II S. 278). Im Streitfall führte dies dazu, dass für die Bemessung des geldwerten Vorteils nach der 1 %-Regelung nicht der amerikanische Bruttolistenpreis (= 53 900 €) oder die Anschaffungskosten (= 78 900 €), sondern der Bruttoabgabenpreis des Importeurs anzusetzen war (= 75 900 €). Der ausländische Bruttolistenpreis spiegelt nach Meinung des Gerichts nicht die Preisempfehlung des Herstellers für den Endver-

	Lohn-steuer-pflichtig	Sozial-versich.-pflichtig

kauf auf dem inländischen Neuwagenmarkt wider und orientiert sich nicht an den inländischen Marktgegebenheiten.

Mit dem geldwerten Vorteil, der sich durch die Anwendung der Bruttolistenpreisregelung ergibt, ist der anteilige Wert der Privatfahrten an den insgesamt für den Betrieb und das Halten des Firmenfahrzeugs entstehenden Kosten abgegolten. Übernimmt der Arbeitgeber **zusätzliche** Aufwendungen, die nicht zu den Gesamtkosten des Firmenwagens gehören, muss dieser zusätzliche geldwerte Vorteil auch zusätzlich zur Bruttolistenpreisregelung besteuert werden (BFH-Urteil vom 14.9.2005, BStBl. 2006 II S. 72). Ein zusätzlicher geldwerter Vorteil ergibt sich u. a. bei Übernahme folgender Kosten durch den Arbeitgeber:

- Parkgebühren anlässlich von Privatfahrten;
- anlässlich von Privatfahrten anfallende Mautgebühren (Straßenbenutzungsgebühren), Vignetten-Gebühren, Kosten für eine Fähre oder einen Autoreisezug;
- Aufwendungen für eine ADAC-Plus-Mitgliedschaft (inklusive ADAC-Euro-Schutzbrief).

Zur Behandlung von Unfallkosten vgl. auch die Ausführungen unter der nachfolgenden Nr. 16.

b) 1 %-Methode für reine Privatfahrten

Stellt der Arbeitgeber dem Arbeitnehmer einen Firmenwagen **(auch)** zur **Privatnutzung** zur Verfügung, führt dies beim Arbeitnehmer selbst dann zu einem steuerpflichtigen **geldwerten Vorteil,** wenn der Arbeitnehmer das Fahrzeug tatsächlich nicht privat nutzen sollte. Der geldwerte Vorteil ist nach der monatlichen 1 %-Bruttolistenpreisregelung zu ermitteln, wenn der Arbeitnehmer kein ordnungsgemäßes Fahrtenbuch geführt hat. Der Vorteil, in Gestalt der konkreten Möglichkeit, das Fahrzeug auch zu Privatfahrten nutzen zu dürfen, ist dem Arbeitnehmer bereits mit der Überlassung des Fahrzeugs zugeflossen. Somit besteht der geldwerte Vorteil aus einer Firmenwagenüberlassung zur privaten Nutzung bereits in der **Nutzungsmöglichkeit** (BFH-Urteil vom 21.3.2013, BStBl. II S. 700). Umgekehrt darf ein geldwerter Vorteil nicht angesetzt werden, wenn der Arbeitnehmer zur Privatnutzung des Firmenwagens nicht (mehr) befugt ist (BFH-Urteile vom 21.3.2013, BStBl. II S. 918 und S. 1044 sowie BFH-Urteil vom 18.4.2013, BStBl. II S. 920). Allein die Nutzung eines Firmenwagens für Fahrten zwischen Wohnung und erster Tätigkeitsstätte ist im Übrigen keine Überlassung zur privaten Nutzung (BFH-Urteil vom 6.10.2011, BStBl. 2012 II S. 362). Vgl. auch die Erläuterungen unter der nachfolgenden Nr. 18.

Der geldwerte Vorteil für die Benutzung des Firmenwagens zu reinen Privatfahren ist **monatlich** mit **1 %** des auf volle 100 € abgerundeten Bruttolistenpreises anzusetzen. ja ja

Beispiel

Einem Arbeitnehmer wird von seinem Arbeitgeber ein Fahrzeug unentgeltlich auch zur privaten Nutzung überlassen. Der Arbeitgeber hat das Fahrzeug mit einem Preisnachlass von 10 % erworben. Die unverbindliche Preisempfehlung des Herstellers beträgt netto 30 000 €, hinzu kommt eine vom Händler unentgeltlich mitgelieferte, werkseitig eingebaute Sonderausstattung von netto 1000 €, sowie Überführungs- und Zulassungskosten in Höhe von 600 €.

Der Bruttolistenpreis des Fahrzeugs ermittelt sich wie folgt:

unverbindliche Preisempfehlung netto		30 000,– €
+ Sonderausstattung		1 000,– €
zusammen		31 000,– €
+ 19 % Umsatzsteuer		5 890,– €
insgesamt		36 890,– €
Bruttolistenpreis abgerundet		36 800,– €
monatlicher geldwerter Vorteil 1 % von 36 800 €	=	368,– €

Der geldwerte Vorteil für die private Nutzung des Firmenwagens ist mit 368 € monatlich dem steuer- und beitragspflichtigen Barlohn hinzuzurechnen. Der Preisnachlass von 10 % darf bei der Ermittlung des Bruttolistenpreises nicht abgezogen werden. Die Überführungs- und Zulassungskosten in Höhe von 600 € bleiben außer Ansatz, weil sie nicht zum „Listenpreis" gehören.

Der geldwerte Vorteil ist **auch dann** mit monatlich 1 % des Bruttolistenpreises anzusetzen, wenn der Firmenwagen dem Arbeitnehmer im Kalendermonat **nur zeitweise** zur privaten Nutzung zur Verfügung steht. Dies gilt sowohl, wenn der Firmenwagen im Laufe des Kalendermonats angeschafft oder veräußert wird als auch, wenn das Arbeitsverhältnis selbst im Laufe des Kalendermonats beginnt oder endet. Die Unschärfe, die sich ergibt, wenn die private Nutzung im Laufe eines Kalendermonats beginnt oder endet, ist im Hinblick auf den grob typisierenden Charakter der 1 %-Bruttolistenpreisregelung und der Möglichkeit der Führung eines ordnungsgemäßen Fahrtenbuchs hinzunehmen. Zu den Ausnahmen vom Ansatz der vollen Monatswerte vgl. nachfolgende Nr. 5.

Der Bundesfinanzhof hat entschieden, dass eine Ermittlung des geldwerten Vorteils für die Privatnutzung nach der **1 %-Methode nicht** bei Fahrzeugen vorzunehmen ist, die nach ihrer objektiven Beschaffenheit und Einrichtung typischerweise so gut wie ausschließlich nur zur Beförderung von Gütern bestimmt und für eine Nutzung zu privaten Zwecken nicht geeignet sind (BFH-Urteil vom 18.12.2008, BStBl. 2009 II S. 381). Im Streitfall war dem Arbeitnehmer eines Unternehmens für Heizungs- und Sanitärbedarf ein zweisitziger Kastenwagen (sog. **Werkstatt-/Monteurwagen**) überlassen worden, der einen fensterlosen Aufbau mit Materialschränken und -fächern hatte sowie mit Werkzeug ausgestattet und mit einer Beschriftung versehen war. Nach Ansicht des Gerichts machten Bauart und Ausstattung deutlich, dass ein solcher Wagen typischerweise nicht für private Zwecke eingesetzt werde. Ausschlaggebend waren die Anzahl der Sitzplätze (im Streitfall zwei), das äußere Erscheinungsbild, die Verblendung der hinteren Seitenfenster und das Vorhandensein einer Abtrennung zwischen Lade- und Fahrgastraum. Um jegliche Diskussionen mit der Finanzverwaltung zu vermeiden, empfiehlt es sich, auch in diesen Fällen ein Nutzungsverbot für Privatfahrten auszusprechen. Für die vom Arbeitnehmer im entschiedenen Streitfall mit dem Werkstattwagen unstreitig durchgeführten Fahrten zwischen Wohnung und regelmäßiger Arbeitsstätte (ab 1.1.2014 = erste Tätigkeitsstätte) war allerdings ein geldwerter Vorteil in Höhe von monatlich 0,03 % des Bruttolistenpreises je Entfernungskilometer anzusetzen (vgl. hierzu auch die Erläuterungen unter dem nachfolgenden Buchstaben c).

Ein geldwerter Vorteil nach der 1 %-Bruttolistenpreisregelung für reine Privatfahrten ist auch dann nicht anzusetzen, wenn einem Arbeitnehmer ein **Poolfahrzeug** lediglich für **betriebliche Zwecke** sowie für **Fahrten zwischen Wohnung und erster Tätigkeitsstätte** zur Verfügung gestellt worden ist (BFH-Urteil vom 6.10.2011, BStBl. 2012 II S. 362; vgl. auch die Erläuterungen unter der nachfolgenden Nr. 12 Buchstabe e). Zur Ermittlung des geldwerten Vorteils für die Fahrten zwischen Wohnung und erster Tätigkeitsstätte vgl. den nachfolgenden Buchstaben c.

Führt der Arbeitnehmer kein ordnungsgemäßes Fahrtenbuch ist die pauschale Ermittlung des geldwerten Vorteils nach der **1 %-Methode auch dann** vorzunehmen, wenn der Arbeitnehmer ein **angemessenes Nutzungsentgelt** zahlt (BFH-Urteil vom 7.11.2006, BStBl. 2007 II S. 269). Das Nutzungsentgelt ist allerdings als Zuzahlung des Arbeitnehmers auf den geldwerten Vorteil **anzurechnen** (vgl. die Erläuterungen unter der nachfolgenden Nr. 9).

Mit dem Ansatz des geldwerten Vorteils nach der 1 %-Methode sind sämtliche Privatfahrten, die der Arbeitnehmer mit dem firmeneigenen Pkw durchführt, abgegolten. Abgegolten sind folglich auch Mittagsheimfahrten zur Einnahme des Essens (nicht jedoch die normalen Fahrten zwischen Wohnung und erster Tätigkeitsstätte vgl. nachfolgend unter Buchstabe c; zur Nutzung des Firmenwagens zur Erzielung anderer Einkünfte vgl. den nachfolgenden Buchstaben h). Abgegolten sind auch **private Urlaubsreisen** des Arbeitnehmers mit dem firmeneigenen Pkw. Umgekehrt ist eine Kürzung des pauschalen Werts nicht möglich, wenn der Arbeitgeber den firmeneigenen Pkw zwar für Privatfahrten nicht aber für Urlaubsfahrten in das Ausland zur Verfügung stellt. Die nach der 1 %-Methode ermittelten Pauschalbeträge sind nach Auffassung der Finanzverwaltung Erfahrungssätze, die an der unteren Grenze des steuerlich zu berücksichtigenden geldwerten Vorteils liegen. Es handelt sich um eine der Vereinfachung dienende Schätzung. Kürzungen dieser Erfahrungssätze z. B. unter Hinweis auf Beschriftungen des Firmenwagens, auf einen Zweitwagen des Arbeitnehmers oder auf die Unterbringung des Fahrzeugs in einer dem Arbeitnehmer gehörenden bzw. von ihm gemieteten Garage sind nicht zulässig. Vgl. hierzu auch die Erläuterungen beim Stichwort „Garagengeld".

Der monatliche Pauschalwert ist unabhängig davon anzusetzen, wie oft der Arbeitnehmer den Firmenwagen in dem betreffenden Monat privat nutzt. Maßgebend ist allein die **Möglichkeit** der privaten Nutzung mindestens an einem Tag des Monats (vgl. zu Ausnahmen vom Ansatz der vollen Monatswerte die Erläuterungen unter der nachfolgenden Nr. 5). Besonderheiten sind in folgenden Fällen zu beachten:

- mehrere Arbeitnehmer benutzen einen Firmenwagen;
- ein Arbeitnehmer hat mehrere Firmenwagen;
- der Arbeitnehmer nutzt Firmenwagen aus einem sog. Fahrzeugpool;
- ein Arbeitnehmer erhält als Firmenwagen ein Campingfahrzeug;
- der Arbeitgeber erstattet dem Arbeitnehmer alle Kosten für den eigenen Pkw.

Diese Sonderfälle sind unter der nachfolgenden Nr. 12 erläutert.

c) 0,03 %-Methode für Fahrten zwischen Wohnung und erster Tätigkeitsstätte

Benutzt der Arbeitnehmer den Firmenwagen sowohl für reine Privatfahrten als auch für Fahrten zwischen Wohnung und erster Tätigkeitsstätte, ist der auf die Fahrten zwischen Wohnung und erster Tätigkeitsstätte entfallende geldwerte Vorteil **zusätzlich** anzusetzen. Diese Fahrten sind durch die Anwendung der 1 %-Methode für reine Privatfahrten **nicht mit abgegolten.** Zum Vorliegen einer ersten Tätigkeitsstätte vgl. die Erläuterungen in Anhang 4 unter Nr. 3.

Allerdings ist zu beachten, dass einige Arbeitnehmer – insbesondere Außendienstmitarbeiter – keine erste Tätigkeitsstätte haben. **Fehlt es am Vorhandensein einer ersten Tätigkeitsstätte, ist auch kein zusätzlicher geldwerter Vorteil für die Fahrten zwischen Wohnung und erster Tätigkeitsstätte nach der 0,03 %-Bruttolistenpreisregelung zu versteuern!**

Der geldwerte Vorteil beträgt **für jeden Kilometer** der **einfachen** Entfernung zwischen Wohnung und erster Tätigkeitsstätte **monatlich 0,03 %** des Bruttolistenpreises. Mit diesem Wert ist also die Hin- und Rückfahrt abgegolten. Die 0,03 %-Bruttolistenpreisregelung für die Fahrten zwischen Wohnung und erster Tätigkeitsstätte ist selbstständig neben der 1 %-Regelung für die Privatfahrten (vgl. vorstehenden Buchstaben b) anzuwenden. Sie gilt also auch dann, wenn der Firmenwagen (ausnahmsweise) ausschließlich für Fahrten zwischen Wohnung und erster Tätigkeitsstätte überlassen wird oder das Fahrzeug wegen seiner objektiven Beschaffenheit und Einrichtung für eine Nutzung zu privaten Zwecken nicht geeignet ist, aber mit diesem Fahrzeug Fahrten zwischen Wohnung und erster Tätigkeitsstätte durchgeführt werden (vgl. die Erläuterungen zum sog. Werkstatt-/Monteurwagen unter dem vorstehenden Buchstaben b).

Lohn-steuer-pflichtig Sozial-versich.-pflichtig

Beispiel A

Der Bruttolistenpreis des Firmenwagens am Tag der Erstzulassung beträgt 30 000 €. Der Arbeitnehmer benutzt den Firmenwagen für reine Privatfahrten und für Fahrten zwischen Wohnung und erster Tätigkeitsstätte (einfache Entfernung 20 km). Der geldwerte Vorteil errechnet sich wie folgt:

Geldwerter Vorteil für die reinen Privatfahrten 1 % von 30 000 € monatlich	=	300,– €
zusätzlich ist der geldwerte Vorteil für Fahrten zwischen Wohnung und erster Tätigkeitsstätte anzusetzen: 0,03 % von 30 000 € = 9 € × 20 km	=	180,– €
geldwerter Vorteil monatlich insgesamt		480,– €
jährlich 480 € × 12 Monate	=	5 760,– €

Der Arbeitnehmer kann bei seiner Veranlagung zur Einkommensteuer Werbungskosten für Fahrten zwischen Wohnung und erster Tätigkeitsstätte in Höhe der Entfernungspauschale geltend machen (vgl. das Stichwort „Entfernungspauschale").

Im Gegensatz zu der beim Werbungskostenabzug geltenden Entfernungspauschale (vgl. dieses Stichwort) ist der geldwerte Vorteil, der dem Arbeitnehmer dadurch zufließt, dass ihm der Arbeitgeber einen Pkw für Fahrten zwischen Wohnung und erster Tätigkeitsstätte zur Verfügung stellt, in der Höhe anzusetzen, in der dem Arbeitnehmer durch die Haltung eines eigenen Kraftwagens des gleichen Typs Kosten entstanden wären (also die ersparten tatsächlichen Kosten einschließlich Umsatzsteuer). Dieser Wert ist gesetzlich auf 0,03 % des Bruttolistenpreises monatlich für jeden Kilometer der einfachen Entfernung zwischen Wohnung und erster Tätigkeitsstätte festgelegt worden.

Geht man von durchschnittlich 15 Arbeitstagen im Monat aus, kann man aus der monatlichen Pauschale von 0,03 % folgende Kilometersätze ableiten:

Bruttolistenpreis in Euro	**25 000**	**35 000**	**50 000**
Entfernung der Wohnung von der ersten Tätigkeitsstätte	20 km	20 km	20 km
geldwerter Vorteil monatlich	150,– €	210,– €	300,– €
gefahrene km bei z. B. 15 Arbeitstagen	600 km	600 km	600 km
Kilometersatz	0,25 €	0,35 €	0,50 €
für Hin- und Rückfahrt	0,50 €	0,70 €	1,– €

Bei der monatlichen Pauschale von 0,03 % handelt es sich folglich um den Ansatz eines fahrzeugbezogenen Kilometersatzes (0,001 % des Bruttolistenpreises), der für jeden Kilometer der einfachen Entfernung zwischen Wohnung und erster Tätigkeitsstätte anzusetzen ist, wobei von einer geschätzten Nutzung an 15 Arbeitagen im Monat ausgegangen wurde (0,001 % × 2 = 0,002 % für die Hin- und Rückfahrt; 0,002 % für 15 Arbeitstage ergibt 0,03 % monatlich).

Der Berechnung des geldwerten Vorteils für Fahrten zwischen Wohnung und erster Tätigkeitsstätte nach der 0,03 %-Methode ist die **einfache Entfernung** zwischen Wohnung und erster Tätigkeitsstätte zugrunde zu legen; diese ist auf den nächsten vollen Kilometer **abzurunden.** Mit dem Wert von monatlich 0,03 % des Bruttolistenpreises ist also die Hin- und Rückfahrt abgegolten. Maßgebend ist die **kürzeste** benutzbare Straßenverbindung. Gleichwohl kann der Arbeitnehmer beim Werbungskostenabzug die Entfernungspauschale auf der Grundlage einer Umwegstrecke berechnen, wenn der Umweg verkehrsgünstiger ist und regelmäßig gefahren wird (vgl. das Stichwort „Entfernungspauschale" unter Nr. 3 Buchstabe a)[1].

Der Monatswert erhöht sich nicht, wenn der Arbeitnehmer den Pkw **an einem Arbeitstag mehrmals** für beruflich veranlasste Fahrten zwischen Wohnung und erster Tätigkeitsstätte benutzt, z. B. bei einer Unterbrechung der Arbeitszeit aus beruflichen Gründen oder weil der Arbeit-

1) Verfügung der OFD Frankfurt vom 27.6.2006 S 2351 A – 14 – St 211; veröffentlicht in der Zeitschrift DB 2006 S. 2091.

Lohn- steuer- pflichtig | Sozial- versich.- pflichtig

nehmer seine erste Tätigkeitsstätte wegen eines zusätzlichen Arbeitseinsatzes außerhalb seiner regelmäßigen Arbeitszeit aufsuchen muss. **Mittagsheimfahrten,** die nicht beruflich veranlasst sind, stellen jedoch keine Fahrten zwischen Wohnung und erster Tätigkeitsstätte, sondern eine rein private Nutzung des Pkws dar, die auch dann zusätzlich mit 1 % des Bruttolistenpreises monatlich anzusetzen ist, wenn die private Nutzung ausnahmsweise nur aus diesen privat veranlassten Mittagsheimfahrten bestehen sollte.[1)]

Beispiel B

Der Bruttolistenpreis des Firmenwagens am Tag der Erstzulassung beträgt 30 000 €. Der Arbeitnehmer benutzt den Firmenwagen **nur für Mittagsheimfahrten zur Einnahme des Mittagessens und für die Fahrten zwischen Wohnung und erster Tätigkeitsstätte** am Morgen und am Abend (einfache Entfernung 20 km). Der geldwerte Vorteil errechnet sich wie folgt:

Geldwerter Vorteil für die Mittagsheimfahrten (= reine Privatfahrten) 1 % von 30 000 € monatlich	=	300,– €
zusätzlich ist der geldwerte Vorteil für Fahrten zwischen Wohnung und erster Tätigkeitsstätte anzusetzen:		
0,03 % von 30 000 € = 9 € × 20 km	=	180,– €
geldwerter Vorteil monatlich insgesamt		480,– €
jährlich 480 € × 12 Monate	=	5 760,– €

Der Arbeitnehmer kann bei seiner Veranlagung zur Einkommensteuer Werbungskosten für Fahrten zwischen Wohnung und erster Tätigkeitsstätte in Höhe der Entfernungspauschale geltend machen (vgl. das Stichwort „Entfernungspauschale").

Der Arbeitnehmer kann das für ihn ungünstige Ergebnis bei den Privatfahrten nur durch die Wahl der individuellen Berechnungsmethode (sog. Fahrtenbuchmethode) für alle Fahrten vermeiden (vgl. vorstehende Nr. 2).

Früher ermäßigte sich der Monatswert von 0,03 % nicht, wenn der Firmenwagen nur ab und zu für Fahrten zwischen Wohnung und regelmäßiger Arbeitsstätte (seit 1.1.2014 = erste Tätigkeitsstätte) genutzt wurde. Denn nach dem Gesetzeswortlaut des § 8 Abs. 2 Satz 3 EStG ist es unerheblich, ob und wie oft im Kalendermonat das Fahrzeug tatsächlich zu Fahrten zwischen Wohnung und erster Tätigkeitsstätte genutzt wird. Der Monatswert von 0,03 % wurde deshalb früher von der Finanzverwaltung auch dann angesetzt, wenn der Arbeitnehmer das ihm überlassene **Fahrzeug** tatsächlich **nur gelegentlich** für Fahrten zwischen Wohnung und regelmäßiger Arbeitsstätte (seit 1.1.2014 = erste Tätigkeitsstätte) **nutzte.**

Dieser Auffassung ist der **Bundesfinanzhof** allerdings ausdrücklich nicht gefolgt. Seiner Meinung nach kommt es für die Anwendung der 0,03 %-Methode darauf an, ob und in welchem Umfang ein überlassener **Firmenwagen** vom Arbeitnehmer **tatsächlich** für solche Fahrten **genutzt wird** (BFH-Urteil vom 4.4.2008, BStBl. II S. 887).

Die Finanzverwaltung wendete das Urteil des Bundesfinanzhofs zunächst über den entschiedenen Einzelfall hinaus nicht an (sog. Nichtanwendungserlass). Das galt auch für das BFH-Urteil vom 28.8.2008 (BStBl. 2009 II S. 280), mit dem der Bundesfinanzhof seine Rechtsprechung erstmals bestätigte.

Im Herbst 2010 hat der Bundesfinanzhof seine Rechtsprechung erneut bestätigt (BFH-Urteile vom 22.9.2010, BStBl. 2011 II S. 358, 359). Das Gericht führt zur Begründung aus, dass die 0,03 %-Regelung einen Korrekturposten zum Werbungskostenabzug (= Entfernungspauschale) darstelle und daher nur insoweit zur Anwendung komme, wie der Arbeitnehmer den Firmenwagen tatsächlich für Fahrten zwischen Wohnung und erster Tätigkeitsstätte benutzt habe. Die **Finanzverwaltung** folgt nunmehr der Auffassung des **Bundesfinanzhofs,** wonach bei Fahrten zwischen Wohnung und erster Tätigkeitsstätte – abweichend vom Monatsprinzip – eine **Einzelbewertung** der tatsächlich durchgeführten Fahrten mit **0,002 %** des Bruttolistenpreises je Entfernungskilometer und je Fahrt vorgenommen werden kann. Sie hat ihre früheren Nichtanwendungserlasse aufgehoben und wendet die Rechtsprechung des Bundesfinanzhofs allgemein an.[2)]

Im Lohnsteuerabzugsverfahren ist der **Arbeitgeber seit 2019** auf Verlangen des Arbeitnehmers zur Einzelbewertung der tatsächlichen Fahrten zwischen Wohnung und erster Tätigkeitsstätte **verpflichtet,** wenn sich aus der arbeitsvertraglichen oder einer anderen arbeitsrechtlichen Rechtsgrundlage nichts anderes ergibt. Allerdings sind in diesem Fall die **Angaben des Arbeitnehmers zu den tatsächlichen Fahrten** zusätzliche Voraussetzung für die Einzelbewertung (vgl. hierzu den nachfolgenden Absatz).

Bei Anwendung der **Einzelbewertung** im Lohnsteuerabzugsverfahren mit **0,002 %** des Bruttolistenpreises je Entfernungskilometer und je Fahrt hat der **Arbeitnehmer** kalendermonatlich und fahrzeugbezogen gegenüber dem Arbeitgeber mit **Datumsangabe schriftlich** zu erklären, **an welchen Tagen** er den Firmenwagen tatsächlich für Fahrten zwischen Wohnung und erster Tätigkeitsstätte **genutzt** hat. Die bloße Anzahl der Tage (ohne Datumsangabe) reicht nicht aus. Es sind aber keine Angaben erforderlich, wie der Arbeitnehmer an den anderen Arbeitstagen zur ersten Tätigkeitsstätte gelangt ist. Auch Arbeitstage, an denen der Arbeitnehmer den Firmenwagen mehrmals für Fahrten zwischen Wohnung und erster Tätigkeitsstätte benutzt hat, sind für die Einzelbewertung nur einmal zu erfassen. Die **Erklärungen des Arbeitnehmers** hat der Arbeitgeber als Beleg zum **Lohnkonto** aufzubewahren. Aus Vereinfachungsgründen wird es nicht beanstandet, wenn für den Lohnsteuerabzug jeweils die Erklärung des Vormonats zugrunde gelegt wird (also z. B. für den Lohnsteuerabzug Mai 2021 die schriftliche Erklärung des Arbeitnehmers für April 2021). Der Arbeitgeber hat den geldwerten Vorteil aufgrund der Erklärungen des Arbeitnehmers zu ermitteln, sofern dieser nicht für den Arbeitgeber erkennbar unrichtige Angaben macht. Für den Arbeitgeber selbst bestehen aber keine eigenen „Ermittlungspflichten".

Für die **Einzelbewertung** der tatsächlich durchgeführten Fahrten zwischen Wohnung und erster Tätigkeitsstätte im Lohnsteuerabzugsverfahren sieht die Finanzverwaltung außerdem eine **jahresbezogene Begrenzung auf insgesamt 180 Fahrten** vor. Eine monatliche Begrenzung auf 15 Fahrten lehnt sie ausdrücklich ab.[3)] Dies führt dazu, dass sich bei einer Einzelbewertung in einzelnen Monaten auch ein höherer Vorteil als 0,03 % ergeben kann, auf das Kalenderjahr gesehen aber eine Begrenzung auf 0,36 % (180 Fahrten à 0,002 % = 12 Monate à 0,03 %) erfolgt.

Beispiel C

Arbeitnehmer A führt mit dem ihm überlassenen Firmenwagen in den einzelnen Kalendermonaten in folgendem Umfang Fahrten zwischen Wohnung und erster Tätigkeitsstätte durch: Januar bis Juni jeweils 14 Tage (= 84 Tage), Juli bis November jeweils 19 Tage (= 95 Tage) und Dezember 4 Tage. Entsprechende datumsgemäße Erklärungen hat A gegenüber seinem Arbeitgeber abgegeben.

1) Der Begriff der Fahrten zwischen Wohnung und regelmäßiger Arbeitsstätte wurde im Einkommensteuergesetz festgelegt, und zwar bis 31.12.2000 in § 9 Abs. 1 Satz 3 Nr. 4 Satz 2 EStG wie folgt: Fährt der Arbeitnehmer an einem Arbeitstag mehrmals zwischen Wohnung und regelmäßiger Arbeitsstätte hin und her, sind die zusätzlichen Fahrten nur zu berücksichtigen, soweit sie durch einen zusätzlichen Arbeitseinsatz außerhalb der regelmäßigen Arbeitszeit oder durch eine Arbeitsunterbrechung von mindestens vier Stunden veranlasst sind. Seit 1.1.2001 ist auch diese Ausnahmeregelung weggefallen. Im Umkehrschluss bedeutet dies für die Nutzung des Firmenwagens zu privaten Mittagsheimfahrten, dass diese nicht durch die für Fahrten zwischen Wohnung und erster Tätigkeitsstätte geltende Pauschale von 0,03 % erfasst sein können, weil sie zu den reinen Privatfahrten gehören.

2) Randnummer 10 ff. des BMF-Schreibens vom 4.4.2018 (BStBl. I S. 592). Das BMF-Schreiben ist als Anlage 1 zu H 8.1 (9–10) LStR im **Steuerhandbuch für das Lohnbüro 2021** abgedruckt, das im selben Verlag erschienen ist.

3) Randnummer 10 Buchstabe c des BMF-Schreibens vom 4.4.2018 (BStBl. I S. 592). Das BMF-Schreiben ist als Anlage 1 zu H 8.1 (9–10) LStR im **Steuerhandbuch für das Lohnbüro 2021** abgedruckt, das im selben Verlag erschienen ist.

F

Lohnsteuerpflichtig Sozialversich.-pflichtig

Für die Ermittlung des geldwerten Vorteils für Fahrten zwischen Wohnung und erster Tätigkeitsstätte nach der Einzelbewertung sind folgende Prozentsätze anzusetzen:

Januar bis Juni	(84 Tage) jeweils pro Kalendermonat	0,028 (14 Tage à 0,002 %)
Juli bis November	(95 Tage) jeweils pro Kalendermonat	0,038 (19 Tage à 0,002 %)
Dezember	(1 Tag)	0,002 (1 Tag à 0,002 %)
Summe	180 Tage	

Unmaßgeblich ist, dass A im Dezember tatsächlich an 4 Tagen – und nicht nur an einem Tag – Fahrten zwischen Wohnung und erster Tätigkeitsstätte durchgeführt hat. Hinweis: Auf das Kalenderjahr gesehen ergibt sich in diesem Beispielsfall bei Anwendung der Einzelbewertung betragsmäßig der identische geldwerte Vorteil wie bei der Anwendung der Bruttolistenpreisregelung.

F

Die für die Ermittlung der Höhe des geldwerten Vorteils für die Fahrten zwischen Wohnung und erster Tätigkeitsstätte in Abstimmung zwischen Arbeitgeber und Arbeitnehmer **gewählte Methode** (Einzelbewertung der Fahrten mit 0,002 % oder Bruttolistenpreisregelung mit 0,03 % monatlich) gilt für jedes **Kalenderjahr einheitlich** für alle dem Arbeitnehmer überlassenen Firmenwagen. Sie darf während des Kalenderjahres – selbst bei einem **Fahrzeugwechsel** – **nicht geändert** werden.

Beispiel D

Wie Beispiel C. Ab Dezember steht dem Arbeitnehmer ein anderer Firmenwagen (Bruttolistenpreis nunmehr 40 000 € statt bisher 30 000 €) zur Verfügung.

Für die Ermittlung des geldwerten Vorteils für Fahrten zwischen Wohnung und erster Tätigkeitsstätte nach der Einzelbewertung sind folgende Prozentsätze anzusetzen:

Januar bis Juni	(84 Tage) jeweils pro Kalendermonat	0,028 (14 Tage à 0,002 %)
Juli bis November	(95 Tage) jeweils pro Kalendermonat	0,038 (19 Tage à 0,002 %)
Dezember	(1 Tag)	0,002 (1 Tag à 0,002 %)
Summe	180 Tage	

Auf die vorstehenden Prozentsätze ist in den Kalendermonaten Januar bis November der Bruttolistenpreis von 30 000 € und im Dezember (für 1 Tag = 0,002 %) der Bruttolistenpreis von 40 000 € maßgebend. In diesem Beispielsfall führt die Anwendung der Einzelbewertung wegen des höheren Bruttolistenpreises des neuen Firmenwagens, der nur für einen Tag zur Anwendung kommt, zu einem günstigeren Ergebnis als die 0,03 %-Bruttolistenpreisregelung. Wäre hingegen der Bruttolistenpreis des neuen Firmenwagens niedriger als der des alten Firmenwagens, wäre die Einzelbewertung bei Zugrundelegung der o. a. Tage für den Arbeitnehmer ungünstiger.

Durch die Reform des lohnsteuerlichen Reisekostenrechts zum 1.1.2014 hat auch die Bedeutung der Einzelbewertung für Fahrten zwischen Wohnung und erster Tätigkeitsstätte wieder zugenommen. Ein Arbeitnehmer kann je Dienstverhältnis **höchstens eine erste Tätigkeitsstätte** haben. Soll ein Arbeitnehmer an **mehreren Tätigkeitsstätten** tätig werden und ist er einer bestimmten Tätigkeitsstätte arbeits- oder dienstrechtlich dauerhaft zugeordnet, ist es unerheblich, in welchem Umfang er seine berufliche Tätigkeit an dieser oder an den anderen Tätigkeitsstätten ausüben soll. Auch auf die Regelmäßigkeit des Aufsuchens dieser Tätigkeitsstätten kommt es dann nicht mehr an. Die vom **Arbeitgeber** getroffene **Zuordnungsentscheidung**, welche Tätigkeitsstätte „erste Tätigkeitsstätte" sein soll, hat **Vorrang.** In den Fällen der Firmenwagengestellung ist daher auch abzuwägen, welche Auswirkungen sich durch die Zuordnungsentscheidung auf die Höhe des geldwerten Vorteils aus der Firmenwagengestellung ergeben.

Beispiel E

Arbeitnehmer E übt seine Tätigkeit auf Dauer an vier Tagen am Sitz der Geschäftsleitung in Frankfurt und an einem Tag in der Woche an der Betriebsstätte in Offenbach aus. Der Arbeitgeber hat ihn der Betriebsstätte in Offenbach zugeordnet. Die Entfernung von der Wohnung des E zum Sitz der Geschäftsleitung in Frankfurt beträgt 12 km und zur Betriebsstätte in Offenbach 20 km. Für alle Fahrten steht ihm ein Firmenwagen mit einem Bruttolistenpreis von 40 000 € zur Verfügung.

Lohnsteuerpflichtig Sozialversich.-pflichtig

Der monatliche geldwerte Vorteil beträgt:

Privatfahrten 1 % von 40 000 € =	400 €
4 Fahrten von der Wohnung zur ersten Tätigkeitsstätte in Offenbach bei Einzelbewertung 0,002 % von 40 000 € = 0,80 € × 20 km × 4 Fahrten	64 €
Summe des geldwerten Vorteils	464 €

Hinweise: Bei den Fahrten des E von seiner Wohnung zum Sitz der Geschäftsleitung in Frankfurt handelt es sich um Reisekosten. Die Firmenwagengestellung für diese Fahrten ist ein steuerfreier Sachbezug (§ 3 Nr. 16 EStG). Hätte der Arbeitgeber E dem Sitz der Geschäftsleitung in Frankfurt zugeordnet, würde sich für die Fahrten von der Wohnung zur ersten Tätigkeitsstätte selbst bei Anwendung der 0,03 %-Bruttolistenpreisregelung ein höherer geldwerter Vorteil ergeben (0,03 % von 40 000 € × 12 km = 144 €).

Bei der Einkommensteuer-Veranlagung ist der Arbeitnehmer nicht an die für das Lohnsteuerabzugsverfahren gewählte Methode gebunden und er kann für das gesamte Kalenderjahr einheitlich für alle ihm überlassenen Firmenwagen zu der anderen Methode wechseln. Um im **Einkommensteuer-Veranlagungsverfahren** die **Einzelbewertung** der tatsächlichen Fahrten mit 0,002 % des Bruttolistenpreises je Entfernungskilometer und je Fahrt anzuwenden, muss der Arbeitnehmer seinem Finanzamt fahrzeugbezogen mit Datumsangabe darlegen, an welchen Tagen er den Firmenwagen tatsächlich für Fahrten zwischen Wohnung und erster Tätigkeitsstätte benutzt hat. Außerdem hat er z. B. durch Vorlage der Gehaltsabrechnungen und/oder einer gesonderten Arbeitgeberbescheinigung nachzuweisen, in welcher Höhe der Arbeitgeber einen geldwerten Vorteil für die Fahrten zwischen Wohnung und erster Tätigkeitsstätte besteuert und daher in Zeile 3 der elektronischen Lohnsteuerbescheinigung im Bruttoarbeitslohn angegeben hat.

Beispiel F

Ausgehend von einem Bruttolistenpreis von 35 000 € hat der Arbeitgeber nach den Gehaltsabrechnungen den geldwerten Vorteil für Fahrten zwischen Wohnung und erster Tätigkeitsstätte (30 Entfernungskilometer) wie folgt ermittelt:

0,03 % von 35 000 € × 30 km × 12 Monate	3 780 €

Bei der Einkommensteuer-Veranlagung legt der Arbeitnehmer eine datumsgemäße Erklärung vor, wonach er aufgrund einer Krankheit nur an 150 Tagen Fahrten zwischen Wohnung und erster Tätigkeitsstätte mit dem ihm überlassenen Firmenwagen durchgeführt hat. Es ergibt sich für diese Fahrten folgender geldwerter Vorteil:

0,002 % von 35 000 € × 30 km × 150 Tage	3 150 €

Sofern die Angaben des Arbeitnehmers insgesamt glaubhaft sind, wird das Finanzamt den bisher vom Arbeitgeber besteuerten Bruttoarbeitslohn bei der Einkommensteuer-Veranlagung um 630 € (3 780 € abzüglich 3 150 €) herabsetzen.

d) Mehrere Wohnungen

Fährt der Arbeitnehmer abwechselnd von **verschiedenen Wohnungen** zu seiner ersten Tätigkeitsstätte, ist wie folgt zu verfahren:

Für die näher gelegene Wohnung ist der geldwerte Vorteil in Anwendung der 0,03 %-Regelung zu ermitteln. Für jede Fahrt von und zu der weiter entfernt liegenden Wohnung ist **zusätzlich** ein pauschaler Nutzungswert von 0,002 % des Bruttolistenpreises des Kraftfahrzeugs für jeden Kilometer der Entfernung zwischen der weiter entfernt liegenden Wohnung und der ersten Tätigkeitsstätte dem Arbeitslohn zuzurechnen, soweit sie die Entfernung zur näher gelegenen Wohnung **übersteigt.**

Beispiel

Ein Arbeitnehmer arbeitet in München und hat dort aus privaten Gründen eine Wohnung und seinen Lebensmittelpunkt (Entfernung von der ersten Tätigkeitsstätte 10 km). Eine weitere Wohnung hat er am Tegernsee (Entfernung von der ersten Tätigkeitsstätte 50 km). Im Januar 2021 fährt er an 13 Arbeitstagen mit dem Firmenwagen (Bruttolistenpreis 30 000 €) von seiner Wohnung in München zur Arbeit. An 6 Arbeitstagen fährt er zu seiner Wohnung am Tegernsee und von dort wieder zur Arbeit. Für Januar 2021 ergibt sich folgender geldwerter

Lohn-steuer-pflichtig	Sozial-versich.-pflichtig

Vorteil für die Benutzung des Firmenwagens zu Fahrten zwischen Wohnung und erster Tätigkeitsstätte:

a) Nähere Wohnung (0,03 %-Regelung)		
0,03 % von 30 000 € = 9 € × 10 km	=	90,– €
b) Weiter entfernte Wohnung (0,002 %-Regelung)		
0,002 % von 30 000 € = 0,60 € × 40 km × 6 Arbeitstage	=	144,– €
geldwerter Vorteil monatlich insgesamt		234,– €

Die Kilometer für die weiter entfernt liegende Wohnung sind nur insoweit anzusetzen, als sie die Entfernung zur näher gelegenen Wohnung **übersteigen** (50 km abzüglich 10 km ergibt 40 km). Zum Ansatz der Entfernungspauschale vgl. dieses Stichwort unter Nr. 4.

e) Park-and-ride-System

Legt der Arbeitnehmer die Strecke zwischen Wohnung und erster Tätigkeitsstätte zum Teil mit öffentlichen Verkehrsmitteln und zum Teil mit dem Firmenwagen zurück **(Park-and-ride-System),** wäre es an sich nahe liegend, dass für die Anwendung der 0,03 %-Methode nur diejenigen Kilometer berücksichtigt werden, die der Arbeitnehmer auch tatsächlich mit dem Firmenwagen gefahren ist. Die Finanzverwaltung schreibt jedoch vor, dass grundsätzlich die gesamte – also auch die mit öffentlichen Verkehrsmitteln zurückgelegte – Strecke der 0,03 %-Methode zugrunde gelegt werden muss, es sei denn, der Arbeitgeber hat das Fahrzeug ausdrücklich (durch schriftliche Vereinbarung) nur für eine Teilstrecke zur Verfügung gestellt. Der Arbeitgeber hat aber bezüglich der Einhaltung dieses „Teilnutzungsverbots" keine Überwachungspflichten.

Außerdem wird es von der Finanzverwaltung nicht beanstandet, wenn der geldwerte Vorteil nach der 0,03 %-Bruttolistenpreisregelung auf der Grundlage der **tatsächlich** mit dem Firmenwagen **zurückgelegten Entfernung** ermittelt wird, sofern für die **restliche Teilstrecke** ein Nachweis über die Benutzung eines anderen Verkehrsmittels erbracht wird, z. B. eine auf den Arbeitnehmer ausgestellte **Jahres-Bahnfahrkarte** vorgelegt wird. Die Finanzverwaltung folgt damit im Ergebnis der Rechtsprechung des Bundesfinanzhofs (BFH-Urteil vom 4.4.2008, BStBl. II S. 890).[1)]

Beispiel

Dem Arbeitnehmer wird zur uneingeschränkten Nutzung ein Firmenwagen zur Verfügung gestellt. Die Entfernung zwischen Wohnung und erster Tätigkeitsstätte beträgt 118 km. Der Arbeitnehmer benutzt den Firmenwagen für Fahrten zwischen seiner Wohnung und dem nächstgelegenen Bahnhof (3 km). Die restliche Teilstrecke fährt er mit dem Zug. Dies weist er durch Vorlage einer auf seinen Namen ausgestellten Jahres-Bahnfahrkarte nach.

Für die Ermittlung des geldwerten Vorteils für Fahrten zwischen Wohnung und erster Tätigkeitsstätte sind lediglich 3 km (Entfernung Wohnung – Bahnhof) anzusetzen. Allein das Vorhandensein einer Jahres-Bahnfahrkarte genügt jedoch nicht. Die Fahrkarte muss auch tatsächlich für Fahrten zwischen Wohnung und erster Tätigkeitsstätte benutzt, das heißt eingesetzt werden.

Allein der Verzicht des Arbeitnehmers auf die Zurverfügungstellung eines Firmenparkplatzes als „Gegenleistung" für die Zurverfügungstellung eines Job-Tickets rechtfertigt im Übrigen keine Abweichung von den Entfernungskilometern Wohnung/erste Tätigkeitsstätte.

Außerdem ergeben sich Besonderheiten in folgenden Fällen:

- mehrere Arbeitnehmer benutzen einen Firmenwagen;
- ein Arbeitnehmer hat mehrere Firmenwagen;
- der Arbeitnehmer nutzt Firmenwagen aus einem sog. Fahrzeugpool;
- ein Arbeitnehmer erhält als Firmenwagen ein Campingfahrzeug;
- der Arbeitgeber erstattet dem Arbeitnehmer alle Kosten für den eigenen Pkw.

Diese Sonderfälle sind unter der nachfolgenden Nr. 12 erläutert.

Lohn-steuer-pflichtig	Sozial-versich.-pflichtig

f) Bewertung von Familienheimfahrten im Rahmen einer doppelten Haushaltsführung

Benutzt der Arbeitnehmer den Firmenwagen nicht nur für reine Privatfahrten und für Fahrten zwischen Wohnung und erster Tätigkeitsstätte, sondern auch für Familienheimfahrten im Rahmen einer doppelten Haushaltsführung, beträgt der hierdurch entstehende geldwerte Vorteil **0,002 % des Bruttolistenpreises** für jeden Kilometer der Entfernung zwischen dem Ort des eigenen Hausstands und dem Beschäftigungsort (§ 8 Abs. 2 Satz 5 EStG), wenn der Arbeitnehmer **mehr als eine Familienheimfahrt wöchentlich** mit dem Firmenwagen durchführt (= eine wöchentliche „Freifahrt"). Die mit der Bewertung von Familienheimfahrten im Rahmen einer doppelten Haushaltsführung zusammenhängenden Besonderheiten sind unter der nachfolgenden Nr. 14 ausführlich erläutert.

F

g) Behinderte Arbeitnehmer

Behinderte Arbeitnehmer, denen ein Firmenwagen zur privaten Nutzung bzw. zur Nutzung für Fahrten zwischen Wohnung und erster Tätigkeitsstätte zur Verfügung steht, müssen den geldwerten Vorteil ebenso versteuern wie andere Arbeitnehmer auch.

Beim Werbungskostenabzug können behinderte Arbeitnehmer,

- deren Grad der Behinderung mindestens 70 beträgt,
- deren Grad der Behinderung weniger als 70, aber mindestens 50 beträgt und die in ihrer Bewegungsfähigkeit im Straßenverkehr erheblich beeinträchtigt sind (Merkzeichen „G"),

für Fahrten zwischen Wohnung und erster Tätigkeitsstätte anstelle der Entfernungspauschale einen Kilometersatz von 0,30 € je gefahrenen Kilometer geltend machen (unter Berücksichtigung der Hin- und Rückfahrt folglich 2 × 0,30 € = 0,60 € für jeden Kilometer, den die erste Tätigkeitsstätte von der Wohnung entfernt ist). Dies kann bei der Überlassung eines verhältnismäßig preiswerten Firmenwagens dazu führen, dass der für Fahrten zwischen Wohnung und erster Tätigkeitsstätte versteuerte geldwerte Vorteil erheblich niedriger ist als der beim Werbungskostenabzug anzusetzende Betrag.

Beispiel A

Der Arbeitnehmer (Grad der Behinderung 70) nutzt einen Firmenwagen (Bruttolistenpreis im Zeitpunkt der Erstzulassung 20 000 €) für Fahrten zwischen Wohnung und erster Tätigkeitsstätte. Die Entfernung beträgt 20 km. Es ergibt sich folgender monatlich zu versteuernder geldwerter Vorteil:

0,03 % von 20 000 € × 20 km	=	120,– €
jährlich ergibt sich ein Betrag von 120 € × 12	=	1 440,– €
Der Arbeitnehmer kann bei seiner Veranlagung zur Einkommensteuer (ausgehend von z. B. 220 Arbeitstagen) Werbungskosten für Fahrten zwischen Wohnung und erster Tätigkeitsstätte in folgender Höhe geltend machen:		
0,60 € × 20 km × 220 Arbeitstage	=	2 640,– €

Dem versteuerten geldwerten Vorteil von 1440 € steht somit ein Werbungskostenabzug in Höhe von 2640 € gegenüber (vgl. die Erläuterungen beim Stichwort „Entfernungspauschale" besonders unter Nr. 10).

Bei behinderten Arbeitnehmern stellt sich die Frage, ob eine behindertenbedingte Sonderausstattung dem Bruttolistenpreis des Firmenwagens für die Ermittlung des steuerpflichtigen geldwerten Vorteils hinzugerechnet werden muss. Dies ist u. E. zu bejahen. Andererseits kann der Erhöhungsbetrag als außergewöhnliche Belastung (unter Berücksichtigung der zumutbaren Eigenbelastung) abgezogen werden (vgl. die Erläuterungen in Anhang 7 Abschnitt D Nrn. 1 und 2).

1) Vgl. auch Randnummern 19 und 20 des BMF-Schreibens vom 4.4.2018 (BStBl. I S. 592). Das BMF-Schreiben ist als Anlage 1 zu H 8.1 (9–10) LStR im **Steuerhandbuch für das Lohnbüro 2021** abgedruckt, das im selben Verlag erschienen ist.

Lohn-steuer-pflichtig Sozial-versich.-pflichtig

Beispiel B

Bruttolistenpreis eines Firmenwagens 20 000 € zuzüglich behindertenbedingte Sonderausstattung im Wert von 10 000 €. Der monatliche geldwerte Vorteil beträgt:

1 % von 30 000 € =	300,– €

Den auf die behindertenbedingte Sonderausstattung entfallenden Mehrbetrag von 1 % von 10 000 € = 100 € monatlich, kann der Arbeitnehmer als außergewöhnliche Belastung allgemeiner Art (§ 33 EStG) bei seiner Veranlagung zur Einkommensteuer geltend machen.

h) Erzielung anderer Einkünfte

F

Der Bundesfinanzhof hatte über folgenden Fall zu entscheiden: Ein nebenberuflich tätiger **Selbstständiger** hatte ein **Kraftfahrzeug** zulässigerweise als **Betriebsvermögen** behandelt und versteuerte für die private Nutzung monatlich 1 % des Bruttolistenpreises als Entnahme. Bei einer Prüfung durch das Finanzamt stellte sich heraus, dass der Steuerzahler das Fahrzeug auch für die **Fahrten zwischen Wohnung und erster Tätigkeitsstätte** in seinem **Hauptberuf** als Arbeitnehmer nutzte. Der Bundesfinanzhof bestätigte die Auffassung der Finanzverwaltung, dass diese Fahrten nicht durch die 1 %-Bruttolistenpreisregelung abgegolten, sondern zusätzlich mit den darauf entfallenden tatsächlichen Selbstkosten als **(zusätzliche)** gewinnerhöhende **Entnahme** des Gewerbebetriebs zu erfassen seien. Da für die Fahrten zur ersten Tätigkeitsstätte im Hauptberuf lediglich die Entfernungspauschale geltend gemacht werden konnte, erhöhte sich die Einkommensteuer. Zudem ergaben sich gewerbesteuerliche Folgerungen (BFH-Urteil vom 26.4.2006, BStBl. 2007 II S. 445). Aus Vereinfachungsgründen wird aber von der Finanzverwaltung auf den Ansatz einer zusätzlichen Entnahme verzichtet, soweit die Aufwendungen bei der anderen Einkunftsart keinen Abzugsbeschränkungen (z. B. Entfernungspauschale) unterliegen und dort nicht abgezogen werden.[1)]

Diese – zur Besteuerung von Selbstständigen – ergangene Rechtsprechung des Bundesfinanzhofs wird nicht vollständig auf die Besteuerung von **Arbeitnehmern** übertragen. In den Lohnsteuer-Richtlinien ist nämlich klargestellt worden, dass bei Anwendung der **Bruttolistenpreisregelung** sowohl im Lohnsteuer-Abzugsverfahren als auch bei der Einkommensteuer-Veranlagung auf den Ansatz eines **zusätzlichen geldwerten Vorteils verzichtet** wird, wenn ein Firmenwagen vom Arbeitnehmer auch im Rahmen einer anderen Einkunftsart genutzt werden kann (R 8.1 Abs. 9 Nr. 1 Satz 8 LStR). Auch eine solche Nutzung ist mit dem 1 %-Wert abgegolten. Entsprechendes gilt u. E., wenn der Firmenwagen im Rahmen eines anderen Arbeitsverhältnisses genutzt wird.

Beispiel

Ein Arbeitnehmer nutzt einen vom Arbeitgeber überlassenen Firmenwagen (Bruttolistenpreis 30 000 €) zu Privatfahrten, Fahrten Wohnung/erste Tätigkeitsstätte (Entfernungskilometer 10) sowie Fahrten zwischen Wohnung und erster Tätigkeitsstätte in einem zweiten Dienstverhältnis bei einem anderen Arbeitgeber (Entfernungskilometer 25).

Der monatliche geldwerte Vorteil berechnet sich wie folgt:

Privatfahrten:	
1 % von 30 000 € =	300 €
Fahrten Wohnung – erste Tätigkeitsstätte:	
0,03 % von 30 000 € × 10 km	90 €
Geldwerter Vorteil	390 €

Die Fahrten zwischen Wohnung und erster Tätigkeitsstätte in dem anderen, weiteren Dienstverhältnis (Entfernungskilometer 25) sind mit dem nach der 1 %-Regelung ermittelten geldwerten Vorteil für die Privatfahrten (monatlich 300 €) abgegolten. Unabhängig davon, kann der Arbeitnehmer auch für diese Fahrten in dem anderen, weiteren Dienstverhältnis die Entfernungspauschale geltend machen (vgl. auch die Erläuterungen beim Stichwort „Entfernungspauschale" unter Nr. 8).

Unabhängig von den vorstehenden Ausführungen sind die Fahrten im Rahmen einer anderen Einkunftsart aber bei der individuellen Methode **(Fahrtenbuchmethode)** als „weitere – zusätzliche – **Privatfahrten"** aufzuzeichnen und führen damit auch zu einer Erhöhung des geldwerten Vorteils aus der Firmenwagengestellung.

Nutzt der Arbeitnehmer den Firmenwagen auch für seine selbstständige Tätigkeit und wurde die Höhe des Arbeitslohns nach der 1 %-Regelung ermittelt, darf er bei den selbstständigen Einkünften keine Betriebsausgaben abziehen (BFH-Urteil vom 16.7.2015, BStBl. 2016 II S. 44). Anders ist es hingegen bei der Fahrtenbuchmethode, da dort ein geldwerter Vorteil für die „freiberufliche Nutzung" des Fahrzeugs als Arbeitslohn erfasst worden ist. Im entschiedenen Streitfall wurden im Übrigen sämtliche Kosten vom Arbeitgeber getragen.

i) Geldwerter Vorteil bei beruflich veranlassten Auswärtstätigkeiten

Die steuerliche Berücksichtigung der **Fahrtkosten** im Zusammenhang mit einer beruflich veranlassten **Auswärtstätigkeit** ist dem Grunde und der Höhe nach durch die gesetzliche Reisekostenreform zum 1.1.2014 eigentlich unverändert geblieben.

Ein geldwerter Vorteil entsteht nicht, wenn der Arbeitgeber dem Arbeitnehmer für die Fahrten **anlässlich von beruflich veranlassten Auswärtstätigkeiten** (Dienstreisen) einen Firmenwagen zur Verfügung stellt. Dann bleibt die Gestellung des Firmenwagens für diese Fahrten unbesteuert (= **kein Ansatz eines geldwerten Vorteils**). Hat ein Arbeitnehmer hingegen in einer ortsfesten betrieblichen Einrichtung eine erste Tätigkeitsstätte, führt die Fahrt von zu Hause dorthin im Fall der Firmenwagengestellung zum Ansatz eines geldwerten Vorteils.

Beispiel

Der Außendienstmitarbeiter A ist keiner betrieblichen Einrichtung seines Arbeitgebers dauerhaft zugeordnet. Allerdings ist A jede Woche freitags im Betrieb seines Arbeitgebers tätig, um dort die angefallenen Büroarbeiten (Berichte verfassen, Reisekostenanträge stellen) zu erledigen. Ihm steht ein Firmenwagen zur Verfügung.

A hat keine erste Tätigkeitsstätte, da er lediglich einen und nicht zwei volle Arbeitstage in der Woche im Betrieb seines Arbeitgebers tätig wird. Mangels Vorliegen einer ersten Tätigkeitsstätte ist kein Sachbezug für die Fahrten von der Wohnung zum Betrieb des Arbeitgebers zu versteuern, da für diese Fahrten – wie auch für die Fahrten zu den verschiedenen Kunden – Reisekostengrundsätze gelten. Lediglich für die Privatnutzung ist ein Sachbezug nach der 1 %-Regelung anzusetzen.

Ein geldwerter Vorteil für Fahrten zwischen Wohnung und erster Tätigkeitsstätte ist auch nicht anzusetzen, wenn dem Arbeitnehmer ein Firmenwagen ausschließlich an den Tagen für seine Fahrten zwischen Wohnung und erster Tätigkeitsstätte überlassen wird, an denen es erforderlich werden kann, dass er dienstliche Fahrten von der Wohnung aus antritt (z. B. beim **Bereitschaftsdienst** in Versorgungsunternehmen).[2)] Entsprechendes gilt, wenn in diesen Fällen eine dienstliche Fahrt an der Wohnung beendet wird (z. B. Firmenwagengestellung von der Firma aus für einen **Seminarbesuch,** der private Pkw des Arbeitnehmers verbleibt bis zum nächsten Arbeitstag auf dem Firmengelände).

Ein geldwerter Vorteil bei Überlassung eines Firmenwagens ist auch nicht anzusetzen innerhalb eines Dienstverhältnisses für **Fahrten zwischen mehreren auswärtigen Tätigkeitsstätten** (z. B. bei einem Außendienstmitarbeiter hinsichtlich der Fahrten zwischen den Kunden) oder innerhalb eines weiträumigen Tätigkeitsgebietes (z. B. Zustellbezirk, Hafengebiet, Wald- und Forstrevier).

1) Randnummer 17 des BMF-Schreibens vom 18.11.2009 (BStBl. I S. 1326), geändert durch BMF-Schreiben vom 15.11.2012 (BStBl. I S. 1099). Das BMF-Schreiben ist als Anlage 2 zu H 8.1 (9–10) LStR im **Steuerhandbuch für das Lohnbüro 2021** abgedruckt, das im selben Verlag erschienen ist.

2) Randnummer 5 des BMF-Schreibens vom 4.4.2018 (BStBl. I S. 592). Das BMF-Schreiben ist als Anlage 1 zu H 8.1 (9–10) LStR im **Steuerhandbuch für das Lohnbüro 2021** abgedruckt, das im selben Verlag erschienen ist.

Lohnsteuerpflichtig | Sozialversich.-pflichtig

Allerdings hat der Gesetzgeber festgelegt, dass es ungeachtet des Vorliegens einer beruflich veranlassten Auswärtstätigkeit dennoch in den folgenden Fällen zum Ansatz der **Entfernungspauschale** kommt:

- Dauerhafte Fahrten zu einem vom Arbeitgeber bestimmten **Sammelpunkt** und
- dauerhafte Fahrten zu einem **weiträumigen Tätigkeitsgebiet** (vgl. die Ausführungen und Beispiele beim Stichwort „Entfernungspauschale" unter Nr. 11).

In beiden Fällen müssen die **Fahrten „dauerhaft"** durchgeführt werden. Dauerhaft bedeutet auch hier unbefristet, für die gesamte Dauer des gesamten Dienstverhältnisses oder über einen Zeitraum von 48 Monaten hinaus.

Folgerichtig geht der Gesetzgeber auch von einem **geldwerten Vorteil** aus, wenn dem Arbeitnehmer für **derartige Fahrten** ein **Firmenwagen** zur Verfügung gestellt wird. Die Bewertung dieses geldwerten Vorteils ist entsprechend den Regelungen für die Fahrten zwischen Wohnung und erster Tätigkeitsstätte vorzunehmen (§ 8 Abs. 2 Sätze 3 und 4 i. V. m. § 9 Abs. 1 Satz 3 Nr. 4a Satz 3 EStG). Während die vorstehenden Regelungen bei der Entfernungspauschale durchaus vorkommen, dürfte eine Anwendung im Bereich der Firmenwagengestellung seltener sein. Im Einzelnen gilt Folgendes:

Bestimmt der **Arbeitgeber** durch arbeits-/dienstrechtliche Festlegung, dass ein Arbeitnehmer (der keine erste Tätigkeitsstätte hat) sich **dauerhaft typischerweise arbeitstäglich an einem festgelegten Ort** einfinden soll, um von dort seine unterschiedlichen eigentlichen Einsatzorte aufzusuchen oder dort die Arbeit aufzunehmen (z. B. Treffpunkt für einen betrieblichen Sammeltransport, Betriebshof, Busdepot, Fährhafen, Liegeplatz des Schiffes, Flughafen), werden die Fahrten des Arbeitnehmers von der Wohnung zu diesem vom Arbeitgeber festgelegten Ort wie Fahrten zu einer ersten Tätigkeitsstätte behandelt; für diese Fahrten darf nur die Entfernungspauschale angesetzt werden (§ 9 Abs. 1 Satz 3 Nr. 4a Satz 3 EStG).[1] Der Ansatz der Entfernungspauschale in diesen Fällen hat auch zur Folge, dass ein etwaiger Arbeitgeberersatz der Fahrtkosten nicht steuerfrei, sondern steuerpflichtig ist. Bei einer **Firmenwagengestellung** durch den Arbeitgeber ist auch für diese Fahrten ein **geldwerter Vorteil** nach der 0,03 %-Bruttolistenpreisregelung oder der Fahrtenbuchmethode anzusetzen (§ 8 Abs. 2 Sätze 3 und 4 EStG). In beiden Fällen ist eine Pauschalbesteuerung des Arbeitslohns mit 15 % möglich. ja nein

Beispiel A

Kundendienstmonteur A sucht auf Dauer **täglich** den Betrieb seines Arbeitgebers auf, um dort die Auftragsbestätigungen für den laufenden Tag abzuholen bzw. für den Vortag abzugeben; die Entfernung von seiner Wohnung beträgt 20 km. Ihm steht für sämtliche Fahrten ein Firmenwagen (kein Werkstattwagen) mit einem Bruttolistenpreis von 25 000 € zur Verfügung.

A hat im Betrieb des Arbeitgebers keine erste Tätigkeitsstätte. Da er ihn jedoch auf Dauer arbeitstäglich aufsucht, um von dort seine eigentlichen Einsatzorte aufzusuchen, ist auch für die Fahrt von der Wohnung zum Betrieb ein geldwerter Vorteil anzusetzen. Der monatliche geldwerte Vorteil beträgt:

Privatfahrten 1 % von 25 000 € =	250 €
Fahrten Wohnung/Betrieb 0,03 % von 25 000 € × 20 km	150 €
Summe	400 €

Ein **weiträumiges Tätigkeitsgebiet** liegt in Abgrenzung zur ersten Tätigkeitsstätte vor, wenn die vertraglich vereinbarte Arbeitsleistung auf einer festgelegten Fläche und nicht innerhalb einer ortsfesten betrieblichen Einrichtung des Arbeitgebers, eines verbundenen Unternehmens (§ 15 AktG) oder bei einem vom Arbeitgeber bestimmten Dritten ausgeübt werden soll. In einem weiträumigen Tätigkeitsgebiet werden in der Regel z. B. **Zusteller und Forstarbeiter** tätig. Hingegen sind z. B. Bezirksleiter und Vertriebsmitarbeiter, die verschiedene Niederlassungen betreuen, oder mobile Pflegekräfte, die verschiedene Personen in deren Wohnungen in einem festgelegten Gebiet betreuen, sowie Schornsteinfeger von dieser Regelung nicht betroffen. Auch ein großräumiges Betriebsgelände mit mehreren ortsfesten betrieblichen Einrichtungen ist kein weiträumiges Tätigkeitsgebiet, allerdings ggf. eine erste Tätigkeitsstätte.

Soll ein Arbeitnehmer (der keine erste Tätigkeitsstätte hat) aufgrund der Weisungen des Arbeitgebers seine berufliche Tätigkeit dauerhaft **typischerweise arbeitstäglich**[1] in demselben weiträumigen Tätigkeitsgebiet ausüben, ist für die Fahrten von der **Wohnung** zu diesem **weiträumigen Tätigkeitsgebiet** ebenfalls nur die **Entfernungspauschale** anzusetzen (§ 9 Abs. 1 Satz 3 Nr. 4a Satz 3 EStG). Der Ansatz der Entfernungspauschale in diesen Fällen hat auch zur Folge, dass ein etwaiger Arbeitgeberersatz der Fahrtkosten nicht steuerfrei, sondern steuerpflichtig ist. Bei einer **Firmenwagengestellung** durch den Arbeitgeber ist auch für diese Fahrten ein **geldwerter Vorteil** nach der 0,03 %-Bruttolistenpreisregelung oder der Fahrtenbuchmethode anzusetzen (§ 8 Abs. 2 Sätze 3 und 4 EStG). In beiden Fällen ist eine Pauschalbesteuerung des Arbeitslohns mit 15 % möglich. ja nein

Beispiel B

Ein Förster fährt an 200 Tagen von seiner Wohnung zu dem 15 km entfernten, nächstgelegenen Zugang des von ihm täglich zu betreuenden Waldgebietes (= weiträumiges Tätigkeitsgebiet). Für sämtliche Fahrten steht ihm ein Firmenwagen mit einem Bruttolistenpreis von 30 000 € zur Verfügung. Der monatliche geldwerte Vorteil beträgt:

Privatfahrten 1 % von 30 000 € =	300 €
Fahrten Wohnung/weiträumiges Tätigkeitsgebiet 0,03 % von 30 000 € × 15 km	135 €
Summe	435 €

Zur **Pauschalierung der Lohnsteuer mit 15 %** für den für die Fahrten von der Wohnung zum Arbeitgeber-Sammelpunkt bzw. zum weiträumiges Tätigkeitsgebiet entstehenden geldwerten Vorteil vgl. die Erläuterungen unter der nachfolgenden Nr. 13 Buchstabe c.

4. Wechsel des Firmenwagens im Laufe eines Monats

Bei einem Wechsel des Firmenwagens im Laufe eines Monats wäre es an sich naheliegend den geldwerten Vorteil für die private Nutzung des Firmenwagens nach dem Bruttolistenpreis des jeweils genutzten Fahrzeugs zu ermitteln und zeitanteilig anzusetzen.

Beispiel

Der Arbeitnehmer nutzt bisher den Firmenwagen A mit einem Bruttolistenpreis von 21 000 €. Ab 11. September 2021 nutzt er einen neuen Firmenwagen B mit einem Bruttolistenpreis von 24 000 €. Bei der zeitanteiligen Methode ergäbe sich folgender geldwerter Vorteil:

1 % von 21 000 € = 210 €; zeitanteilig $^{10}/_{30}$ =	70,– €
1 % von 24 000 € = 240 €; zeitanteilig $^{20}/_{30}$ =	160,– €
geldwerter Vorteil insgesamt monatlich	230,– €

Die Finanzverwaltung vertritt jedoch die Auffassung, dass der Monatsbetrag aus dem **überwiegend** genutzten Fahrzeug zu ermitteln ist.[2] Abgeleitet wird dies aus dem Wortlaut des § 8 Abs. 2 Satz 2 EStG i. V. m. § 6 Abs. 1 Nr. 4 Satz 2 EStG, der den geldwerten Vorteil mit einem (einheitlichen) Monatsbetrag festlegt. Denn § 6 Abs. 1 Nr. 4 Satz 2 EStG lautet: „Die private Nutzung eines Kraftfahrzeugs, das zu mehr als 50 Prozent betrieblich genutzt wird, ist **für jeden Kalendermonat** . . ." Diese monats-

1) „Typischerweise arbeitstäglich" erfordert ein – bis auf Urlaubs-, Krankheits- oder Fortbildungstage – arbeitstägliches Aufsuchen desselben Ortes.

2) Randnummer 12 des BMF-Schreibens vom 4.4.2018 (BStBl. I S. 592). Das BMF-Schreiben ist als Anlage 1 zu H 8.1 (9–10) LStR im **Steuerhandbuch für das Lohnbüro 2021** abgedruckt, das im selben Verlag erschienen ist.

F

Lohnsteuerpflichtig | Sozialversich.-pflichtig

bezogene Betrachtungsweise gilt grundsätzlich auch für die Ermittlung des geldwerten Vorteils bei Fahrten zwischen Wohnung und erster Tätigkeitsstätte.[1] Im obigen Beispiel muss deshalb der geldwerte Vorteil mit 1 % des Bruttolistenpreises des **überwiegend genutzten Fahrzeugs** angesetzt werden. Dies sind im vorstehenden Beispiel:

1 % von 24 000 € = **240,– €**

5. Ausnahmen vom Ansatz der vollen Monatsbeträge

F

Bei der 1 %-Methode sind stets die vollen Monatsbeträge anzusetzen, ohne Rücksicht darauf, wie oft der Arbeitnehmer den Firmenwagen in dem betreffenden Monat zu reinen Privatfahrten benutzt hat. Die Rechtsprechung des Bundesfinanzhofs zur Einzelbewertung der tatsächlich durchgeführten Fahrten zwischen Wohnung und erster Tätigkeitsstätte mit 0,002 % des Bruttolistenpreises je Entfernungskilometer und Fahrt (vgl. hierzu die Erläuterungen und Beispiele unter der vorstehenden Nr. 3 Buchstabe c), gilt nicht für die Privatfahrten. Der Monatswert wird deshalb auch dann nicht auf Tage (1/30) umgerechnet, wenn die private Nutzung im Laufe des Monats beginnt oder endet. Außerdem führt das Abstellen auf die „Möglichkeit" der privaten Nutzung auch dann zum Ansatz des Durchschnittswerts von monatlich 1 % des Bruttolistenpreises, wenn der Arbeitnehmer in irgendeinem Monat das Firmenfahrzeug nur an einigen Tagen oder überhaupt nicht für Privatfahrten nutzt. Die sich hieraus ggf. ergebenden Unschärfen sind im Hinblick auf den grob typisierenden Charakter der 1 %-Regelung und der Möglichkeit der Führung eines ordnungsgemäßen Fahrtenbuchs hinzunehmen.

Die pauschale Ermittlung des geldwerten Vorteils kann also für den Arbeitnehmer bei häufiger Nutzung sehr günstig, im Einzelfall aber auch sehr ungünstig sein. Durch bundeseinheitliche Verwaltungsanweisung[2] ist deshalb zugelassen worden, dass die Monatsbeträge für diejenigen **vollen** Kalendermonate nicht angesetzt werden müssen, in denen dem Arbeitnehmer das Firmen- oder Dienstfahrzeug nicht zur Verfügung steht. Die Formulierung „nicht zur Verfügung steht", hat zwar wieder zu Zweifeln Anlass gegeben. Es ist jedoch davon auszugehen, dass unter diese Ausnahmeregelung auch diejenigen Fälle einzuordnen sind, in denen der Arbeitnehmer den Pkw **nachweislich** während eines **vollen** Kalendermonats **weder zu Privatfahrten noch zu Fahrten zwischen Wohnung und erster Tätigkeitsstätte nutzen kann,** weil er z. B.

- im Urlaub,
- krank,
- auf einer Fortbildungsveranstaltung oder
- ins Ausland abgeordnet war.

Wird das Firmenfahrzeug während dieser Zeit auf dem Betriebsgelände abgestellt und der Schlüssel abgegeben, sollten sich bezüglich des Nachweises keine Probleme ergeben.

Wird das Firmenfahrzeug während dieser Zeit nicht im Betrieb abgestellt, entfällt zwar der geldwerte Vorteil für die Fahrten zwischen Wohnung und erster Tätigkeitsstätte, weil diese nachweislich nicht anfallen. Dies gilt jedoch nicht ohne weiteres auch für die reinen Privatfahrten, wenn die **Möglichkeit** zur **privaten Nutzung** (z. B. durch Familienangehörige) auch während der oben genannten Zeiten weiter besteht. Der Ansatz eines geldwerten Vorteils sowohl für die reinen Privatfahrten als auch für Fahrten zwischen Wohnung und erster Tätigkeitsstätte entfällt also zweifelsfrei nur dann, wenn der Firmenwagen für einen vollen Kalendermonat auf dem Betriebsgelände abgestellt und der Schlüssel abgegeben wird. Zur Vermeidung von Meinungsverschiedenheiten mit der Finanzverwaltung sollte jedoch auch in diesen Fällen eine Vereinbarung zwischen Arbeitgeber und Arbeitnehmer getroffen werden, dass der Arbeitnehmer in dieser Zeit nicht zur Privatnutzung des Fahrzeugs befugt ist.

Die vorstehenden Ausführungen stimmen mit der Rechtsprechung des Bundesfinanzhofs überein, wonach der **geldwerte Vorteil** aus einer Firmenwagenüberlassung zur privaten Nutzung bereits in der **Nutzungsmöglichkeit** besteht (BFH-Urteil vom 21.3.2013, BStBl. II S. 700).

Außerdem sind die pauschalen Monatsbeträge nach der bereits erwähnten bundeseinheitlichen Verwaltungsanweisung[2] dann nicht anzusetzen, wenn dem Arbeitnehmer das Kraftfahrzeug aus besonderem Anlass oder zu einem besonderen Zweck nur gelegentlich (von Fall zu Fall) für nicht mehr als **fünf** Kalendertage im Kalendermonat überlassen wird. In diesem Fall ist die Nutzung zu Privatfahrten und/oder zu Fahrten zwischen Wohnung und erster Tätigkeitsstätte je Fahrtkilometer mit 0,001 % des Bruttolistenpreises des Kraftfahrzeugs zu bewerten (Einzelbewertung). Bei einer Fahrleistung für Privatfahrten von mehr als 1000 km monatlich, kommt es zugunsten des Arbeitnehmers zur Anwendung der 1 %-Methode. Zum Nachweis der Fahrstrecke müssen die Kilometerstände festgehalten werden. Voraussetzung für die Anwendung dieser Ausnahmeregelung ist folglich, dass dem Arbeitnehmer das Firmen- oder Dienstfahrzeug nur von Fall zu Fall (also **nicht ständig**) zur Privatnutzung überlassen wird. Wird das Fahrzeug dem Arbeitnehmer hingegen ständig zur Nutzung für Privatfahrten und zu Fahrten zwischen Wohnung und erster Tätigkeitsstätte überlassen, aber aus irgendwelchen Gründen (z. B. wegen Auswärtstätigkeit, Urlaub, Krankheit usw.) in einigen Monaten nur gelegentlich für wenige Privatfahrten oder Fahrten zwischen Wohnung und erster Tätigkeitsstätte genutzt, liegt der bundeseinheitlich geregelte Ausnahmefall nicht vor mit der Folge, dass die vollen Monatsbeträge als geldwerter Vorteil anzusetzen sind. Zur Ermittlung des geldwerten Vorteils für die Fahrten zwischen Wohnung und erster Tätigkeitsstätte in den Fällen der sog. Einzelbewertung (0,002 % des Bruttolistenpreises pro Entfernungskilometer und Fahrt) vgl. die Erläuterungen unter der vorstehenden Nr. 3 Buchstabe c. Die vorstehenden Grundsätze sind **auch** dann anzuwenden, wenn der Arbeitgeber dem Arbeitnehmer ein Kfz im Rahmen des sog. **Carsharing kurzfristig** überlässt. Beim sog. Carsharing werden dem Arbeitnehmer über ein Buchungsportal, das über einen vom Arbeitgeber beauftragten Dritten verwaltet und abgerechnet wird, Fahrzeuge kurzfristig (stunden-, tageweise oder über ein Wochenende) zur privaten Nutzung überlassen. Der Arbeitnehmer muss sich im Buchungsportal registrieren und kann anschließend die zur Verfügung stehenden Fahrzeuge auswählen. Der Mietpreis wird von dem Dritten mit dem Arbeitgeber abgerechnet.

Beispiel A

Einem Arbeitnehmer wird nach dem Arbeitsvertrag ein Firmenfahrzeug (Bruttolistenpreis 30 000 €) zur Nutzung für Privatfahrten unentgeltlich überlassen. Eine erste Tätigkeitsstätte hat der Arbeitnehmer nicht. Im Juli 2021 war der Arbeitnehmer einige Tage im Urlaub und anschließend lag eine beruflich veranlasste Auswärtstätigkeit vor. Er hat deshalb lediglich eine Privatfahrt ausgeführt. Die oben geschilderte Ausnahmeregelung ist **nicht** anwendbar. Steuer- und beitragspflichtig sind folgende Beträge:

für Privatfahrten 1 % von 30 000 € = 300,– €

---

1) In den Fällen der Einzelbewertung der tatsächlich durchgeführten Fahrten zwischen Wohnung und erster Tätigkeitsstätte mit 0,002 % des Bruttolistenpreises je Entfernungskilometer und Fahrt, ist jeweils der Bruttolistenpreis des tatsächlich benutzten Fahrzeugs maßgebend, da in diesem Fall eine fahrzeugbezogene Ermittlung des geldwerten Vorteils erfolgt (vgl. vorstehende Nr. 3 Buchstabe c).

2) Randnummer 13 des BMF-Schreibens vom 4.4.2018 (BStBl. I S. 592). Das BMF-Schreiben ist als Anlage 1 zu H 8.1 (9–10) LStR im **Steuerhandbuch für das Lohnbüro 2021** abgedruckt, das im selben Verlag erschienen ist.

	Lohn-steuer-pflichtig	Sozial-versich.-pflichtig

Beispiel B

Ein Arbeitnehmer hat nach seinem Arbeitsvertrag keinen Anspruch auf die Nutzung eines Firmenwagens zu Privatfahrten und zu Fahrten zwischen Wohnung und erster Tätigkeitsstätte. Der Arbeitgeber überlässt dem Arbeitnehmer jedoch von Fall zu Fall einen Firmenwagen für diese Fahrten. Die privat gefahrenen Kilometer werden festgehalten. Wurde der Firmenwagen z. B. im März 2021 für drei Fahrten zwischen Wohnung und erster Tätigkeitsstätte (einfache Entfernung 20 km) und an zwei Tagen für Privatfahrten (gefahrene Kilometer jeweils 100 km) genutzt, ergibt sich bei einem Bruttolistenpreis des Firmenwagens von 30 000 € folgender steuer- und beitragspflichtiger geldwerter Vorteil:

geldwerter Vorteil je gefahrenen Kilometer: 0,001 % von 30 000 €	=	0,30 €
– Fahrten zwischen Wohnung und erster Tätigkeitsstätte (Hin- und Rückfahrt: 2 × 20 km = 40 km) geldwerter Vorteil (3 Tage × 40 km × 0,30 €)	=	36,– €
– Privatfahrten (2 Tage × 100 km × 0,30 €)	=	60,– €
geldwerter Vorteil für März 2021 insgesamt		96,– €

Wird ein Firmenwagen **ausschließlich** zu solchen Fahrten zwischen Wohnung und erster Tätigkeitsstätte überlassen, durch die eine **dienstliche Nutzung** des Fahrzeugs an der Wohnung **begonnen oder beendet** wird, ist ein geldwerter Vorteil für diese Fahrten nicht anzusetzen.[1] Unter einer „dienstlichen Nutzung" in diesem Sinne ist jede Auswärtstätigkeit anzusehen, bei der die Fahrtkosten zu den Reisekosten im lohnsteuerlichen Sinne gehören.

Beispiel C

Ein Arbeitnehmer, der in Starnberg wohnt, erhält von seinem Arbeitgeber (Sitz in München) ein Firmenfahrzeug zur Verfügung gestellt, weil er am nächsten Morgen eine beruflich veranlasste Auswärtstätigkeit nach Innsbruck antreten muss. Die Auswärtstätigkeit dauert zwei Tage und endet abends an der Wohnung des Arbeitnehmers. Am nächsten Morgen fährt er mit dem Firmenfahrzeug zu seiner ersten Tätigkeitsstätte in München und gibt den Wagen wieder ab.

Obwohl der Arbeitnehmer mit dem Firmenfahrzeug zwei Fahrten (jeweils eine Fahrt von der Firma zur Wohnung und von der Wohnung zur Firma) zwischen Wohnung und erster Tätigkeitsstätte durchgeführt hat, ist hierfür kein Nutzungswert anzusetzen, da durch diese Fahrten eine dienstliche Nutzung an der Wohnung begonnen und beendet wurde.

Beispiel D

Die Arbeitnehmer nutzen für die Fahrten zwischen Wohnung und erster Tätigkeitsstätte ihren eigenen Pkw. Im Anschluss an ihre Arbeitszeit besuchen sie regelmäßig Fortbildungsveranstaltungen. Für die sich dadurch ergebenden Fahrten dürfen sie ein Poolfahrzeug der Firma nutzen. Sie lassen an diesen Tagen ihren Pkw auf dem Firmenparkplatz stehen, fahren mit dem Poolfahrzeug zur Fortbildungsveranstaltung, anschließend nach Hause und am darauf folgenden Tag mit dem Poolfahrzeug von ihrer Wohnung zur Firma.

Für die Fahrt zwischen Wohnung und erster Tätigkeitsstätte ist kein geldwerter Vorteil anzusetzen, da die durch den Besuch der Fortbildungsveranstaltung bedingte dienstliche Nutzung des Poolfahrzeugs an der Wohnung des Arbeitnehmers beendet wurde.

Bei Anwendung dieser Ausnahmeregelung ist allerdings zu beachten, dass ein Ansatz des geldwerten Vorteils nach der 0,03 %-Methode nur dann entfällt, wenn **alle** Fahrten vom Betrieb zur Wohnung (und von der Wohnung zum Betrieb) die oben genannten Voraussetzungen erfüllen. Ist im Monat nur **eine** Fahrt dabei, die die Voraussetzungen nicht erfüllt, muss hierfür ein geldwerter Vorteil angesetzt werden (zur Einzelbewertung der Fahrten zwischen Wohnung und erster Tätigkeitsstätte vgl. vorstehende Nr. 3 Buchstabe c).

Durch die dargestellte Sonderregelung sind auch diejenigen Arbeitnehmer begünstigt, denen ein Firmenwagen (z. B. ein Transporter oder Combi) im Rahmen eines (regelmäßig zeitlich begrenzten) **Bereitschaftsdienstes** auch für Fahrten zwischen Wohnung und erster Tätigkeitsstätte zur Verfügung steht. Denn in diesen Fällen ist die Kfz-Gestellung für Fahrten zwischen Wohnung und erster Tätigkeitsstätte eine „notwendige Begleiterscheinung betriebsfunktionaler Zielsetzungen" und nicht eine Entlohnung für die Zurverfügungstellung der Arbeitskraft des Arbeitnehmers (BFH-Urteil vom 25.5.2000, BStBl. II S. 690). Es handelt sich folglich um eine Leistung im ganz überwiegenden eigenbetrieblichen Intresse des Arbeitgebers. Daher ist in diesen Fällen für die Fahrten zwischen Wohnung und erster Tätigkeitsstätte kein geldwerter Vorteil anzusetzen.

	Lohn-steuer-pflichtig	Sozial-versich.-pflichtig

Beispiel E

Zwei Arbeitnehmer teilen sich wöchentlich den Bereitschaftsdienst eines Versorgungsunternehmens. In der jeweiligen Woche steht ihnen für die beruflichen Fahrten einschließlich Fahrten zwischen Wohnung und erster Tätigkeitsstätte ein Firmenpoolfahrzeug zur Verfügung. Eine Privatnutzung des Fahrzeugs ist untersagt.

Ein geldwerter Vorteil für die Fahrten zwischen Wohnung und erster Tätigkeitsstätte ist nicht anzusetzen, da die Arbeitnehmer ein Firmenfahrzeug ausschließlich an den Tagen für Fahrten zwischen Wohnung und erster Tätigkeitsstätte zur Verfügung gestellt bekommen, an denen es erforderlich werden kann, dass dienstliche Fahrten von der Wohnung aus angetreten werden müssen.

F

6. Barlohnumwandlung[2]

a) Lohnsteuerliche Beurteilung der Barlohnumwandlung

Von der Finanzverwaltung wurden früher Barlohnumwandlungen (Gehaltsumwandlungen) bei Anwendung der 1 %-Methode nicht anerkannt. Demgegenüber hat das Niedersächsische Finanzgericht eine Barlohnminderung zugunsten einer Firmenwagenüberlassung zugelassen, die mit der 1 %-Methode bewertet wird. Der Bundesfinanzhof hat mit Beschluss vom 20.8.1997 (BStBl. II S. 667) die gegen das Finanzgerichtsurteil eingelegte Nichtzulassungsbeschwerde des Finanzamts abgewiesen. Denn der Bundesfinanzhof hält es für selbstverständlich, dass **Barlohn durch Sachlohn** ersetzt werden kann und hat ausdrücklich darauf hingewiesen, dass seine Rechtsprechung zum Gehaltsverzicht unter Verwendungsauflage hier nicht einschlägig sei (vgl. hierzu BFH-Urteil vom 30.7.1993, BStBl. II S. 884; siehe zudem das Stichwort „Gehaltsverzicht"). Nach Ansicht des Bundesfinanzhofs befasst sich diese Rechtsprechung nur mit der Frage, ob der Lohn zugeflossen ist. Die Zuflussfrage stelle sich aber bei der Umwandlung von Barlohn in Sachbezüge nicht, sondern die Frage der steuerlichen Bewertung des Sachlohns. Eine Umwandlung von Barlohn in Sachbezüge sei deshalb ohne weiteres möglich. Die Auswirkung dieser BFH-Rechtsprechung soll an einem Beispiel verdeutlicht werden:

Beispiel

Einem Arbeitnehmer wird ein Firmenfahrzeug auch zur privaten Nutzung – ohne Fahrten Wohnung/erste Tätigkeitsstätte – überlassen (Bruttolistenpreis 50 000 €). Im Gegenzug verzichtet der Arbeitnehmer (Monatsgehalt 5000 €) auf 600 € monatlich. Es ergibt sich Folgendes:

	keine Anerkennung der Barlohn-umwandlung	Barlohnumwandlung wird anerkannt
ursprünglich vereinbarter Barlohn	5 000 €	5 000 €
vereinbarter Barlohnverzicht	–	600 €
	5 000 €	4 400 €
geldwerter Vorteil nach der 1 %-Methode	500 €	500 €
	5 500 €	4 900 €
Entgelt für die private Nutzung 600 € (zu berücksichtigen höchstens in Höhe des geldwerten Vorteils)	500 €	–
zu versteuernder Monatslohn	5 000 €	4 900 €

Aufgrund der Rechtsprechung des Bundesfinanzhofs akzeptiert die Finanzverwaltung eine Umwandlung von Barlohn in Sachbezüge auch mit steuerlicher Wirkung, wenn der Austausch von Barlohn durch einen Sachbezug aus-

1) Randziffer 5 des BMF-Schreibens vom 4.4.2018 (BStBl. I S. 592). Das BMF-Schreiben ist als Anlage 1 zu H 8.1 (9–10) LStR im **Steuerhandbuch für das Lohnbüro 2021** abgedruckt, das im selben Verlag erschienen ist.

2) Von der Barlohnumwandlung sind die Zuzahlungen und Kostenübernahmen des Arbeitnehmers zu unterscheiden, die bei einer Firmenwagenüberlassung auf den geldwerten Vorteil angerechnet werden. Vgl. hierzu die Erläuterungen und Beispiele unter der nachfolgenden Nr. 9.

drücklich durch eine **Änderung des Arbeitsvertrags** vereinbart wird (Hinweise zu R 8.1 Abs. 7 LStR, Stichwort „Essenmarken und Gehaltsumwandlung“).[1] Das Ersetzen von Barlohn durch Sachlohn ist steuerlich interessant, wenn das vom Arbeitnehmer an den Arbeitgeber für den Sachbezug zu entrichtende **Entgelt höher** ist als die steuerliche Bewertung des Sachbezugs (vgl. obiges Beispiel). Das den Sachbezug übersteigende Entgelt des Arbeitnehmers (im obigen Beispiel 600 € abzüglich 500 € = 100 €) ist aber kein Aufwand im steuerlichen Sinne und führt daher **nicht zu Werbungskosten.**

F

Die Umwandlung von Barlohn in Sachbezüge ist auch bei der 0,03 %-Methode für Fahrten zwischen Wohnung und erster Tätigkeitsstätte (einschließlich der Einzelbewertung) sowie bei der 0,002 %-Methode für steuerpflichtige Familienheimfahrten im Rahmen einer doppelten Haushaltsführung möglich. Hierbei stellt sich außerdem die Frage, ob die bei Fahrten zwischen Wohnung und erster Tätigkeitsstätte mögliche Pauschalierung der Lohnsteuer mit 15 % zulässig ist oder ob die Pauschalierung mit 15 % daran scheitert, dass bei der Umwandlung von Barlohn in einen Sachbezug kein Arbeitslohn vorliegt, der zusätzlich zum ohnehin geschuldeten Arbeitslohn geleistet wird (§ 40 Abs. 2 Satz 2 EStG). Nach dem Wortlaut dieser Vorschrift bezieht sich jedoch die Einschränkung „zusätzlich zum ohnehin geschuldeten Arbeitslohn“ nur auf Barzuschüsse des Arbeitgebers zu den Aufwendungen des Arbeitnehmers für Fahrten zwischen Wohnung und erster Tätigkeitsstätte und **nicht auf unentgeltliche oder verbilligte Sachbezüge,** sodass auch die Umwandlung von Barlohn in einen pauschal mit 15 % zu besteuernden Sachbezug möglich ist.

b) Sozialversicherungsrechtliche Beurteilung der Barlohnumwandlung

In der Sozialversicherung wird selbst bei einer Änderung des Arbeitsvertrags die Barlohn**minderung** nicht anerkannt, wenn der Arbeitnehmer ein Wahlrecht zwischen Barlohn und Sachbezug hat.

Anders ist es hingegen bei einem Gehalts**verzicht** durch Abänderung des Arbeitsvertrags. Denn das laufende Arbeitsentgelt, auf das zugunsten eines Sachbezugs verzichtet wird, unterliegt nicht der Beitragspflicht in der Sozialversicherung. Früher haben die Sozialversicherungsträger die beitragsrechtliche Beachtung eines Barlohnverzichts zugunsten einer Sachbezugszuwendung davon abhängig gemacht, dass die Entgeltumwandlung

- arbeitsrechtlich zulässig,
- auf künftig fällig werdende Arbeitsentgeltansprüche gerichtet und
- schriftlich niedergelegt war.

Hierzu hat das Bundessozialgericht (BSG) in seinem Urteil vom 2.3.2010, B 12 R 5/09 R, festgestellt, dass die Wirksamkeit einer Entgeltumwandlung allein danach zu beurteilen ist, ob sie arbeitsrechtlich zulässig ist. Besondere zusätzliche Erfordernisse im Beitragsrecht der Sozialversicherung dürfen nicht aufgestellt werden.

Das BSG hat also mit obigem Urteil entschieden, dass derartige Entgeltumwandlungen auch ohne besondere Schriftformerfordernisse wirksam sind. Demnach können auch **mündlich vereinbarte Entgeltumwandlungen** das sozialversicherungspflichtige Entgelt vermindern.

Der Entscheidung lag der Sachverhalt zugrunde, dass eine in ursprünglichen Arbeitsverträgen enthaltene Barlohnabrede dahingehend abgeändert wurde, dass neben einem reduzierten Barlohn als Sachbezug ein **Firmenwagen** zur privaten Nutzung überlassen worden ist. Der für diese Entgeltumwandlung vorgenommene Barlohnverzicht war höher als der anzusetzende Sachbezugswert für die Nutzungsüberlassung eines Firmenwagens (vgl. das Beispiel unter dem vorstehenden Buchstaben a). Das führte zu einer geringeren Beitragsbemessungsgrundlage in der Sozialversicherung. Streitgegenstand war eine sich auf diese Differenz beziehende Beitragsnachberechnung, die damit begründet wurde, dass individuelle schriftliche Arbeitsverträge über die Entgeltumwandlung nicht vorgelegt wurden.

Die Spitzenorganisationen der Sozialversicherung haben sich darauf verständigt, dass den Grundsätzen des BSG-Urteils vom 2. März 2010 zu folgen ist, wonach es für einen sozialversicherungsrechtlich relevanten Verzicht auf Arbeitsentgelt nicht auf ein besonderes Schriftformerfordernis ankommt. **Das gilt auch dann, wenn die Summe aus dem Wert des Sachbezugs und dem reduzierten Barlohn geringer ist als ein dem Arbeitnehmer ohne Sachbezüge zustehender reiner Barlohn.** Die Wirksamkeit des Entgeltverzichts bzw. der Entgeltumwandlung ist demnach allein danach zu beurteilen, ob der Entgeltverzicht bzw. die Entgeltumwandlung auf künftig fällig werdende Arbeitsentgeltbestandteile gerichtet und arbeitsrechtlich zulässig ist. **Nicht unterschritten werden dürfen etwa tarifliche oder gesetzliche Mindestlöhne!**

Zu den grundsätzlichen Voraussetzungen einer wirksamen Barlohnumwandlung vgl. das Stichwort „Gehaltsumwandlung“ unter Nr. 2 auf Seite 488.

Eine **nachvollziehbare Dokumentation** der Barlohnumwandlung ist jedoch auch weiterhin **unumgänglich,** weil unbeschadet dieser beitragsrechtlichen Bewertung auch weiterhin schriftliche Aufzeichnungen zur Zusammensetzung und zur Höhe des Arbeitsentgelts geführt werden müssen (§ 8 Abs. 1 Nrn. 10 und 11 der Beitragsverfahrensverordnung in Verbindung mit § 2 Abs. 1 Nr. 6 des Nachweisgesetzes). Wenn demzufolge bei vereinbarten Entgeltumwandlungen keine schriftlichen Arbeitsvertragsänderungen erfolgt sind, ist die Entgeltumwandlung in anderer Weise hinreichend zu dokumentieren.

Beispiel

Einem Arbeitnehmer (Steuerklasse I, ohne Kinder) mit einem Monatsgehalt von 3300 € wird im Kalenderjahr 2021 ein Firmenwagen (Bruttolistenpreis 25 000 €) auch zur privaten Nutzung überlassen; eine erste Tätigkeitsstätte hat der Arbeitnehmer nicht. Im Gegenzug verzichtet der Arbeitnehmer rechtswirksam auf 300 € Monatslohn. Der geldwerte Vorteil für die private Nutzung des Firmenwagens beträgt monatlich 1 % des Bruttolistenpreises (1 % von 25 000 € = 250 € monatlich). Es ergibt sich folgende Gehaltsabrechnung:

Bruttolohn (3 300 € abzüglich 300 € Gehaltsumwandlung =)		3 000,– €
zuzüglich geldwerter Vorteil für die private Nutzung des Firmenwagens		250,– €
lohnsteuer- und sozialversicherungspflichtiger Monatslohn		3 250,– €
Berechnung des Auszahlungsbetrags:		
Barlohn (ohne Sachbezug)		3 000,– €[2]
abzüglich:		
Lohnsteuer (Steuerklasse I ohne Kinder aus 3 250 €)	455,83 €	
Solidaritätszuschlag (wegen Nullzone)	0,– €	
Kirchensteuer (8 %)	36,46 €	
Sozialversicherung (20,225 % aus 3 250 €)	657,31 €	1 149,60 €
Nettolohn		1 850,40 €

7. Deckelung des geldwerten Vorteils

Die **sog. Prozent-Methode** (1 %, 0,03 %, 0,002 %) soll der vereinfachten Ermittlung des lohnsteuerpflichtigen geldwerten Vorteils dienen. Sie soll jedoch nicht dazu führen, dass der Arbeitnehmer für Privatfahrten, für Fahrten zwischen Wohnung und erster Tätigkeitsstätte und steuerpflichtige Familienheimfahrten mehr versteuern

1) Die amtlichen Hinweise zu den Lohnsteuer-Richtlinien sind im **Steuerhandbuch für das Lohnbüro 2021** abgedruckt, das im selben Verlag erschienen ist.

2) Alternativ kann der Bruttolohn von 3250 € ausgewiesen werden. In diesem Fall ist zur Berechnung des Nettolohns neben den Steuer- und Sozialversicherungsbeiträgen der Sachbezug für die Firmenwagengestellung von 250 € abzuziehen. Der Nettolohn (= Auszahlungsbetrag) beträgt auch in diesem Fall 1850,40 €.

Lohn- steuer- pflichtig | Sozial- versich.- pflichtig

muss, als die dem Arbeitgeber für den Firmenwagen insgesamt entstandenen Kosten. Aus diesen Gründen wurde eine sog. Deckelung des pauschal ermittelten geldwerten Vorteils eingeführt.[1] Im Einzelnen gilt Folgendes:

Übersteigt der nach der sog. Prozent-Methode (1 %, 0,03 %, 0,002 %) insgesamt ermittelte pauschale geldwerte Vorteil die Höhe der beim Arbeitgeber tatsächlich anfallenden Gesamtkosten für den Firmenwagen (was man sich z. B. bei einem voll abgeschriebenen Gebrauchtwagen vorstellen kann), wird der insgesamt für reine Privatfahrten, für Fahrten zwischen Wohnung und erster Tätigkeitsstätte und für mehr als eine Familienheimfahrt wöchentlich ermittelte geldwerte Vorteil **auf die beim Arbeitgeber tatsächlich anfallenden Gesamtkosten beschränkt** (sog. Deckelung des geldwerten Vorteils). Die Gesamtkosten sind nach den für die individuelle Methode (vgl. Nr. 2 Buchstabe b) geltenden Grundsätzen zu ermitteln. Wird ein betriebliches Kfz auch privat genutzt, sind bei Anwendung der vorgenannten Kostendeckungsregelung, die die pauschal ermittelten Aufwendungen für die private Nutzung auf die tatsächlichen Kosten begrenzt, diejenigen Aufwendungen für das Kfz, die für mehr als ein Jahr erbracht werden – wie etwa eine Leasingsonderzahlung –, periodengerecht den jeweiligen Nutzungszeiträumen zuzuordnen, d. h. auf die betroffenen Jahre zu verteilen. Im Ergebnis ist eine **Leasingsonderzahlung** entsprechend auf die Jahre der Nutzung zu verteilen.

Beispiel

Der Arbeitgeber stellt seinem Arbeitnehmer einen Firmenwagen mit einem Bruttolistenpreis von 30 000 € für Privatfahrten und für Fahrten zwischen Wohnung und erster Tätigkeitsstätte zur Verfügung (Entfernung 25 km). Die jährlichen Gesamtkosten für das bereits abgeschriebene Fahrzeug betragen 4800 €.

Geldwerter Vorteil für die reinen Privatfahrten 1 % von 30 000 € monatlich	300 €
Zusätzlich ist der geldwerte Vorteil für Fahrten zwischen Wohnung und erster Tätigkeitsstätte anzusetzen 0,03 % von 30 000 € = 9 € × 25 km	225 €
geldwerter Vorteil monatlich insgesamt	525 €
jährlich 525 € × 12 Monate	6300 €
jährliche Gesamtkosten des Fahrzeugs	4800 €

Der sich nach der sog. Prozent-Methode (1 %, 0,03 %, 0,002 %) insgesamt ergebende geldwerte Vorteil von 6300 € ist auf die beim Arbeitgeber tatsächlich anfallenden Gesamtkosten von 4800 € zu begrenzen. Der geldwerte Vorteil aus der Firmenwagengestellung beträgt folglich 4800 €.

Die Begrenzung des pauschal ermittelten geldwerten Vorteils auf die Gesamtkosten des Arbeitgebers kann naturgemäß erst zum Ende des Kalenderjahres vorgenommen werden, da erst zu diesem Zeitpunkt die Höhe der tatsächlichen Aufwendungen feststeht. Frühestmöglicher Zeitpunkt für die Anwendung der sog. Kostendeckelung ist daher regelmäßig der betriebliche Lohnsteuer-Jahresausgleich durch den Arbeitgeber (vgl. dieses Stichwort).

Die Gesamtkosten sind im Übrigen auch dann für das Kalenderjahr zu ermitteln, wenn der Arbeitgeber ein vom Kalenderjahr abweichendes Wirtschaftsjahr (z. B. 1.10. bis 30.9.) hat.

8. Wechsel der Berechnungsmethode

Für die Ermittlung des geldwerten Vorteils, der durch die unentgeltliche oder verbilligte Nutzung des Firmenwagens zu Privatfahrten entsteht, kann der Arbeitgeber zwischen zwei Berechnungsmethoden wählen. Er muss sich insgesamt für alle Fahrten entweder für die Ermittlung eines individuellen Kilometersatzes (= **Fahrtenbuchmethode**) oder die pauschale Wertermittlung (= **Bruttolistenpreisregelung**) entscheiden. Bei der Auswahl muss sich der **Arbeitgeber** insbesondere wegen der für Fahrten zwischen Wohnung und erster Tätigkeitsstätte mit dem Pkw vorgesehenen Pauschalierungsmöglichkeit mit 15 %, die zwar Beitragsfreiheit in der Sozialversicherung auslöst, aber zum Verlust des Werbungskostenabzugs führt (vgl. nachfolgend unter Nr. 13), mit dem **Arbeitnehmer abstimmen.**

Das einmal gewählte **Verfahren** darf bei demselben Fahrzeug **während des Kalenderjahres nicht gewechselt** werden (R 8.1 Abs. 9 Nr. 3 Satz 1 LStR). Dies hat auch der Bundesfinanzhof bestätigt (BFH-Urteil vom 20.3.2014, BStBl. II S. 643). Dadurch wird ausgeschlossen, dass für Monate mit hoher Privatnutzung (Urlaubsfahrten) die 1 %-Regelung und für die anderen Monate der Einzelnachweis der Privatfahrten nach der Fahrtenbuchmethode gewählt wird. Ein **Wechsel des Verfahrens** ist folglich während des Kalenderjahres nur dann möglich, wenn das **Fahrzeug gewechselt** wird; dies gilt aber nicht bei der Einzelbewertung der Fahrten zwischen Wohnung und erster Tätigkeitsstätte mit 0,002 % des Bruttolistenpreises pro Entfernungskilometer und Fahrt (vgl. vorstehende Nr. 3 Buchstabe c). Allerdings kann nach Ablauf eines Kalenderjahres durchaus von einer Berechnungsmethode zur anderen übergegangen werden, wenn sich z. B. anhand der Aufzeichnungen im ordnungsgemäßen Fahrtenbuch herausstellt, dass der individuelle Kilometersatz günstiger ist als die 1 %-Regelung. Führt der Arbeitgeber nach Ablauf des Kalenderjahres im Rahmen des betrieblichen Lohnsteuer-Jahresausgleichs keinen Wechsel der Berechnungsmethode durch, kann der Arbeitnehmer den Wechsel der Berechnungsmethode bei seiner **Veranlagung zur Einkommensteuer** geltend machen, da er bei der Veranlagung zur Einkommensteuer nicht an das vom Arbeitgeber für die Berechnung der Lohnsteuer gewählte Verfahren gebunden ist. Allerdings ist auch bei der Veranlagung zur Einkommensteuer bei demselben Fahrzeug ein Wechsel des Verfahrens während des Kalenderjahres (einige Monate 1 %-Regelung, einige Monate Fahrtenbuchmethode) nicht möglich (R 8.1 Abs. 9 Nr. 3 Satz 4 LStR).[2]

F

Stehen einem Arbeitnehmer gleichzeitig **mehrere Kraftfahrzeuge** zur Verfügung und führt er nur für einzelne Kraftfahrzeuge ein ordnungsgemäßes Fahrtenbuch, kann er für diese den privaten Nutzungswert individuell ermitteln, während der Nutzungswert für die anderen Fahrzeuge mit monatlich 1 % des Listenpreises anzusetzen ist (BFH-Urteil vom 3.8.2000, BStBl. 2001 II S. 332). Vgl. hierzu auch die Erläuterungen unter der nachfolgenden Nr. 12 Buchstabe c.

9. Zuzahlungen und Kostenübernahmen des Arbeitnehmers[3]

a) Allgemeines

Häufig müssen Arbeitnehmer für die private Nutzung des Firmenwagens etwas bezahlen. Dies kann eine einmalige Zuzahlung zu den Anschaffungskosten des Firmenwagens sein, wenn der Arbeitnehmer z. B. ein teureres Auto oder eine besondere Sonderausstattung haben möchte, als ihm nach der betrieblichen Regelung zustünde. Es kann sich aber auch um laufende Zuzahlungen handeln (pauschale oder kilometerbezogene Zuzahlungen, (teilweise) Übernahme der Leasingraten, Übernahme der Treibstoffkosten für die Privatfahrten, Bereitstellung der privaten Garage für den Firmenwagen, Waschen und Pflegen des Firmenwagens usw.). Im Einzelnen gilt hierzu Folgendes:

1) Randziffer 4 des BMF-Schreibens vom 4.4.2018 (BStBl. I S. 592). Das BMF-Schreiben ist als Anlage 1 zu H 8.1 (9–10) LStR im **Steuerhandbuch für das Lohnbüro 2021** abgedruckt, das im selben Verlag erschienen ist.

2) Ein Wechsel der Berechnungsmethode bei der Einkommensteuer-Veranlagung hat keine Auswirkung auf die Höhe der Umsatzsteuer des Sachbezugs, da bei der Umsatzsteuer auf die **lohnsteuerlichen** Werte abgestellt wird (vgl. nachfolgende Nr. 20).

3) Von den Zuzahlungen des Arbeitnehmers ist die Umwandlung von Barlohn in Sachlohn zu unterscheiden (Barlohnumwandlung/Gehaltsumwandlung). Vgl. hierzu die Ausführungen unter der vorstehenden Nr. 6.

Lohn-steuer-pflichtig Sozial-versich.-pflichtig

b) Zuzahlungen zu den Anschaffungskosten des Firmenwagens

Leistet der Arbeitnehmer eine Zuzahlung zu den Anschaffungskosten des Pkws (z. B. weil er ein höherwertiges Fahrzeug oder eine bestimmte Sonderausstattung haben möchte), können diese Zuzahlungen **im Kalenderjahr der Zahlung** auf den geldwerten Vorteil für Privatfahrten, für Fahrten zwischen Wohnung und erster Tätigkeitsstätte sowie für steuerpflichtige Familienheimfahrten angerechnet werden. Es kommt nicht darauf an, ob der Arbeitnehmer die Zuzahlung an den Arbeitgeber oder an einen Dritten (z. B. das Autohaus) leistet.

F

Beispiel A

Bruttolistenpreis des Pkw ohne Sonderausstattung	22 000,– €
vom Arbeitnehmer bezahlte Sonderausstattung	3 000,– €
Bemessungsgrundlage für die 1 %-Regelung	25 000,– €
geldwerter Vorteil 1 % aus 25 000 € = 250 € × 12	3 000,– €
./. Zuzahlung des Arbeitnehmers	3 000,– €
geldwerter Vorteil im Kalenderjahr 2021	0,– €

Nicht selten werden die Zuzahlungen des Arbeitnehmers ratenweise über mehrere Jahre erbracht.

Beispiel B

Sachverhalt wie Beispiel A. Die Zuzahlung in Höhe von 3000 € wird auf zwei Jahre verteilt. Der geldwerte Vorteil des Arbeitnehmers in Höhe von 3000 € jährlich vermindert sich in den beiden Jahren der Zuzahlung auf jeweils (3000 € – 1500 € =) 1500 € jährlich.

Die vorstehenden Erläuterungen gelten im Grundsatz unabhängig davon, nach welcher Berechnungsmethode (pauschal oder individuell) der geldwerte Vorteil ermittelt wurde. Bei Anwendung der **individuellen Methode** (= Fahrtenbuchmethode) kommt allerdings eine Anrechnung auf den geldwerten Vorteil nur dann in Betracht, wenn die Bemessungsgrundlage für die Ermittlung der Abschreibung (also die Anschaffungskosten des Firmenwagens zuzüglich Umsatzsteuer) nicht bereits um die Zuzahlung des Arbeitnehmers gemindert worden ist (R 8.1 Abs. 9 Nr. 4 Satz 2 letzter Halbsatz LStR). **Zuschussrückzahlungen** des Arbeitgebers an den Arbeitnehmer sind wiederum steuer- und sozialversicherungspflichtiger **Arbeitslohn,** soweit die Zuschüsse zuvor den privaten Nutzungswert gemindert haben. ja ja

Abweichend von der vorstehenden Verwaltungsauffassung hat der Bundesfinanzhof entschieden, dass die Zuzahlungen des Arbeitnehmers zu den Anschaffungskosten als Werbungskosten zu berücksichtigen sind (BFH-Urteil vom 18.10.2007, BStBl. 2009 II S. 200). Er behandelt die Zuzahlung allerdings als Anschaffungskosten für ein Nutzungsrecht, die für den Werbungskostenabzug auf die voraussichtliche Gesamtnutzungsdauer zu verteilen sind. Die Entscheidung des Bundesfinanzhofs kann nachteilig sein, weil sich die als Werbungskosten zu berücksichtigenden Zuzahlungen sozialversicherungsrechtlich nicht mindernd auswirken. Aufgrund dieses Urteils hat die **Finanzverwaltung** aber ihre frühere Auffassung geändert und rechnet die **Zuzahlungen** des Arbeitnehmers zu den Anschaffungskosten – nicht mehr nur im Zahlungsjahr, sondern – bis zur Höhe des geldwerten Vorteils im **Zahlungsjahr** und darüber hinaus in den **folgenden Kalenderjahren** auf den **geldwerten Vorteil an** (R 8.1 Abs. 9 Nr. 4 Satz 3 LStR).

Beispiel C

Der nach der 1 %-Bruttolistenpreisregelung ermittelte geldwerte Vorteil beträgt 4000 €. Der Arbeitnehmer hat 2021 eine Zuzahlung zu den Anschaffungskosten von 5000 € geleistet.

Der geldwerte Vorteil beträgt 2021 0 € (4000 € abzüglich 4000 €). Der übersteigende Betrag der Zuzahlung von 1000 € ist auf den geldwerten Vorteil 2022 anzurechnen.

Die **nicht verbrauchten Zuzahlungen** können in den auf das Zahlungsjahr folgenden Kalenderjahren jeweils **bis zur Höhe von 0 €** auf den geldwerten Vorteil angerechnet werden (vgl. vorstehendes Beispiel C). Eine Minderung des geldwerten Vorteils ist aber nur so lange möglich, wie dem Arbeitnehmer **dieser Firmenwagen** auch noch zur privaten Nutzung überlassen wird. Die Zuzahlungen des Arbeitnehmers zu den Anschaffungskosten eines Firmenwagens führen folglich zu einer **fahrzeugbezogenen Minderung** des geldwerten Vorteils. Dies ergibt sich aus R 8.1 Abs. 9 Nr. 4 Satz 3 LStR, wonach die Anrechnung der Zuzahlungen auf den privaten Nutzungswert des „jeweiligen“ Fahrzeugs erfolgt.

Beispiel D

Arbeitgeber A hat dem Arbeitnehmer B in den Jahren 2018 bis 2020 einen Firmenwagen auch zur privaten Nutzung und zur Nutzung zwischen Wohnung und erster Tätigkeitsstätte überlassen. B leistete in 2018 eine Zuzahlung zu den Anschaffungskosten des Firmenwagens in Höhe von 10 000 €. Der geldwerte Vorteil aus der Überlassung des Firmenwagens zu Privatfahrten und Fahrten zwischen Wohnung und erster Tätigkeitsstätte beträgt 3000 €. In 2018 wurde die Zuzahlung auf den geldwerten Vorteil in Höhe von 3000 € angerechnet. Seit Januar 2021 nutzt der Arbeitnehmer B einen anderen Firmenwagen.

Da die Zuzahlung im Jahr 2018 auf den geldwerten Vorteil angerechnet wurde, verbleibt ein Betrag in Höhe von 7000 € für die Jahre ab 2019. In 2019 war der geldwerte Vorteil ebenfalls um 3000 € zu mindern. Es verbleibt daher ein Zuzahlungsbetrag von 4000 € (10 000 € abzüglich 3000 € für 2018 und 3000 € für 2019) für die Jahre ab 2020. Der geldwerte Vorteil des Jahres 2020 kann ebenfalls um 3000 € bis auf 0 € gemindert werden. Der danach noch verbleibende Zuzahlungsbetrag von 1000 € ist im Jahr 2021 wegen der Überlassung eines neuen Firmenwagens nicht mehr auf den geldwerten Vorteil für dieses neue Fahrzeug anzurechnen.

Die Minderung des geldwerten Vorteils um die noch nicht verbrauchten Zuzahlungen ist allerdings im Jahr des Fahrzeugwechsels **nicht zeitanteilig,** sondern – bis zur Höhe von 0 € – in voller Höhe vorzunehmen.

Beispiel E

Der geldwerte Vorteil aus der Überlassung eines Firmenwagens beträgt 4000 € jährlich und der noch nicht verbrauchte Zuzahlungsbetrag aus den Vorjahren 2500 €. Zum 1.10.2021 erhält der Arbeitnehmer einen neuen Firmenwagen.

Der geldwerte Vorteil aus der Überlassung des bisherigen Firmenwagens für den Zeitraum 1.1. bis 30.9.2021 beträgt 3000 € ($^{9}/_{12}$ von 4000 €). Der noch nicht verbrauchte Zuzahlungsbetrag ist hiervon in voller Höhe von 2500 € und nicht lediglich in Höhe von 1875 € ($^{9}/_{12}$ von 2500 €) abzuziehen. Der nach Abzug des noch nicht verbrauchten Zuzahlungsbetrags verbleibende geldwerte Vorteil beträgt somit 500 € (geldwerter Vorteil 3000 € abzüglich noch nicht verbrauchter Zuzahlungsbetrag 2500 €).

Die vorstehenden Grundsätze gelten entsprechend, wenn der Arbeitnehmer eine **Leasingsonderzahlung** ganz oder teilweise übernimmt.

Zur **umsatzsteuerlichen** Behandlung von Zuzahlungen zu den Anschaffungskosten des Firmenwagens vgl. die Erläuterungen unter der nachfolgenden Nr. 20 Buchstabe d.

c) Laufende Zuzahlungen

Muss der Arbeitnehmer für die Nutzung des Firmenwagens zu Privatfahrten, zu Fahrten zwischen Wohnung und erster Tätigkeitsstätte und ggf. auch für steuerpflichtige Familienheimfahrten vereinbarungsgemäß laufende Zuzahlungen (= Nutzungsentgelt) an den Arbeitgeber leisten, gilt Folgendes:

Sowohl bei der **individuellen Berechnungsmethode** (= Fahrtenbuchmethode; vgl. Nr. 2) als auch bei der **1 %-Methode** (vgl. Nr. 3) sind vereinbarungsgemäß aufgrund einer arbeitsvertraglichen oder arbeitsrechtlichen Rechtsgrundlage geleistete Zuzahlungen des Arbeitnehmers stets zu berücksichtigen, und zwar unabhängig davon, ob es sich um **Pauschalzahlungen** (z. B. monatlich 100 €) oder um ein **Kilometergeld** (z. B. 0,10 € je privat gefahrenen Kilometer) handelt. Dabei spielt es keine Rolle, wie der Arbeitgeber den Pauschalbetrag kalkuliert hat.

Lohn-steuer-pflichtig	Sozial-versich.-pflichtig

Auf den nach der 0,03 %-Methode ermittelten geldwerten Vorteil für Fahrten zwischen Wohnung und erster Tätigkeitsstätte können ebenfalls sowohl pauschale als auch kilometerbezogene Zuzahlungen angerechnet werden. Entsprechendes gilt in den seltenen Fällen der steuerpflichtigen Familienheimfahrten bei einer beruflich veranlassten doppelten Haushaltsführung.

Ebenfalls als laufende Zuzahlung in Form eines **Nutzungsentgelts** werden die vom Arbeitnehmer aufgrund einer Vereinbarung **übernommenen Leasingraten** auf den geldwerten Vorteil angerechnet. Das gilt auch dann, wenn sie vom Arbeitnehmer im abgekürzten Zahlungsweg an einen Dritten (z. B. Leasinggesellschaft) zur Erfüllung einer Verpflichtung des Arbeitgebers gezahlt werden. U.E. ist die Anrechnung auf den geldwerten Vorteil auch dann vorzunehmen, wenn der Arbeitnehmer die Leasingrate nicht vollständig, sondern nur anteilig übernimmt (vgl. auch das Beispiel unter der nachfolgenden Nr. 10 Buchstabe a).

Hiernach ergibt sich für die Berücksichtigung pauschaler oder kilometerbezogener Zuzahlungen folgendes Schema:

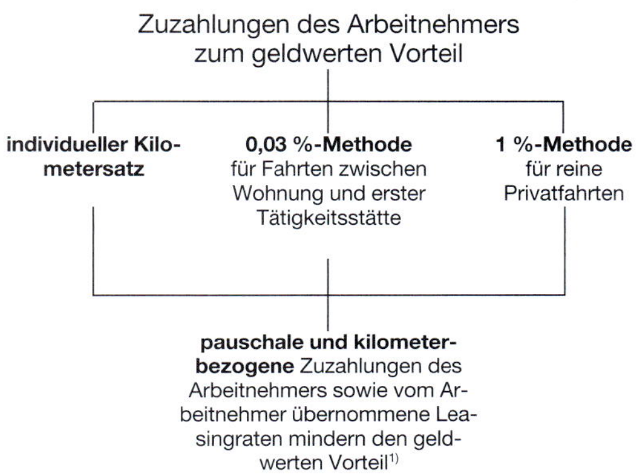

Beispiel A

Ein Arbeitnehmer erhält 2021 vom Arbeitgeber einen Firmenwagen gestellt. Der Bruttolistenpreis des Wagens (Neuwert) beträgt 30 000 €. Der Arbeitnehmer muss für die private Nutzung sowie für die Fahrten zwischen Wohnung und erster Tätigkeitsstätte einen Kilometersatz von 0,15 € je tatsächlich gefahrenen Kilometer bezahlen. Die einfache Entfernung zwischen Wohnung und erster Tätigkeitsstätte beträgt 20 km.

Es ergibt sich folgender monatlich zu versteuernder geldwerter Vorteil:

1 % von 30 000 €		300,– €
0,03 % von 30 000 € = 9 € × 20 km	=	180,– €
geldwerter Vorteil insgesamt		480,– €
Abzüglich:		
– kilometerbezogene Zuzahlung zu dem nach der 1 %-Methode ermittelten Wert bei z. B. 400 privat gefahrenen Kilometern in dem betreffenden Monat (400 km × 0,15 €)	60,– €	
– kilometerbezogene Zuzahlung zu dem nach der 0,03 %-Methode er mittelten Wert (40 km × 0,15 € = 6 € × 20 Arbeitstage)	120,– €	180,– €
verbleibender steuer- und beitragspflichtiger geldwerter Vorteil monatlich		300,– €

Übersteigt das vom Arbeitnehmer zu zahlende Nutzungsentgelt (ausnahmsweise) den zuvor ermittelten geldwerten Vorteil, führt der übersteigende Betrag weder zu negativem Arbeitslohn noch zu Werbungskosten (BFH-Urteil vom 30.11.2016, BStBl. 2017 II S. 1011). Entsprechendes gilt für die vom Arbeitnehmer übernommenen Kfz-Kosten (vgl. nachfolgenden Buchstaben d).

Lohn-steuer-pflichtig	Sozial-versich.-pflichtig

Beispiel B

Der nach der Bruttolistenpreisregelung berechnete Vorteil aus der Zurverfügungstellung eines Firmenwagens (auch) zur Privatnutzung und zur Nutzung für Fahrten zwischen Wohnung und erster Tätigkeitsstätte beträgt 4500 €. Der Arbeitnehmer hat allerdings für die Privatnutzung des Firmenwagens ein Nutzungsentgelt in Höhe von 6000 € gezahlt.

Der geldwerte Vorteil aus der Firmenwagengestellung beträgt 0 € (4500 € abzüglich 6000 €). Der den Vorteil übersteigende Betrag von 1500 € führt weder zu negativem Arbeitslohn noch zu Werbungskosten.

Die vorstehenden Grundsätze zur **Anrechnung eines Nutzungsentgelts** auf den geldwerten Vorteil kommen aber laut Bundesfinanzhof (BFH-Urteil vom 18.2.2020, BFH/NV 2020 S. 761) mangels tatsächlicher Aufwendungen nicht zum Tragen, wenn der Arbeitnehmer wegen eines sog. Mitarbeiteranteils an den vom Arbeitgeber gezahlten Kfz-Kosten unter Änderung des Anstellungsvertrags auf einen Teil seines Bruttolohns „verzichtet" (= **Gehaltsumwandlung** von Barlohn zugunsten von Sachlohn). Der herabgesetzte Bruttolohn zuzüglich des geldwerten Vorteils für die Firmenwagenüberlassung ergeben in diesem Fall den steuerpflichtigen Arbeitslohn. Ein Werbungskostenabzug in Höhe des herabgesetzten Bruttobetrags kommt nicht in Betracht. Zur Gehaltsumwandlung vgl. auch die Erläuterungen unter der vorstehenden Nr. 6.

F

d) Übernahme von z. B. Treibstoff- oder Garagenkosten durch den Arbeitnehmer

Ausgehend von der Rechtsprechung des Bundesfinanzhofs hat die Finanzverwaltung es früher abgelehnt, die vom Arbeitnehmer vollständig oder teilweise **übernommenen Kfz-Kosten** (z. B. Benzinkosten, Versicherungsbeiträge oder Wagenpflege) auf den geldwerten Vorteil nach der Bruttolistenpreisregelung anzurechnen (BFH-Urteil vom 18.10.2007, BStBl. 2008 II S. 198). Diese Rechtsprechung hat der Bundesfinanzhof jedoch geändert und **rechnet** auch einzelne, individuelle Kosten des Arbeitnehmers zu seinen Gunsten **auf** den **geldwerten Vorteil an** (BFH-Urteil vom 30.11.2016, BStBl. 2017 II S. 1014). Die Finanzverwaltung folgt dieser Rechtsprechung, wenn die Kostenübernahme arbeitsvertraglich vereinbart ist oder auf einer anderen arbeitsrechtlichen **Vereinbarung** beruht. Zur Meistbegünstigungsregelung bei der Fahrtenbuchmethode vgl. die Erläuterungen unter der vorstehenden Nr. 2 Buchstabe b einschließlich des Beispiels A.

Dies gilt z. B. für folgende vom Arbeitnehmer übernommene Kfz-Kosten, die zugleich zu den Gesamtkosten des Firmenwagens gehören: Treibstoffkosten, Kfz-Steuer, Beiträge für Haftpflicht- und Fahrzeugversicherungen, Wagenpflege/-wäsche, Garagen-/Stellplatzmiete, Wartungs- und Reparaturkosten, Aufwendungen für Anwohnerparkberechtigungen, Ladestrom für Elektrofahrzeuge.

Da sie nicht zu den Gesamtkosten gehören, werden z. B. folgende, vom Arbeitnehmer getragene Kosten nicht auf den geldwerten Vorteil angerechnet: Parkgebühren, Straßen- oder Tunnelbenutzungsgebühren (Vignetten, Mautgebühren), Fährkosten, Beiträge zu Insassen- und Unfallversicherungen, Verwarnungs-, Ordnungs- und Bußgelder.

Beispiel

Der nach der Bruttolistenpreisregelung berechnete Vorteil aus der Zurverfügungstellung eines Firmenwagens (auch) zur Privatnutzung und zur Nutzung für Fahrten zwischen Wohnung und erster Tätigkeitsstätte beträgt 6300 €. Die vom Arbeitnehmer getragenen Benzinkosten für das Fahrzeug belaufen sich auf 5600 €.

Der geldwerte Vorteil aus der Firmenwagengestellung beträgt 700 € (6300 € abzüglich 5600 €).

In der Praxis kommt es insbesondere vor, dass vereinbarungsgemäß **Benzinkosten bei Urlaubsfahrten** mit

1) Randnummern 49 und 50 des BMF-Schreibens vom 4.4.2018 (BStBl. I S. 592). Das BMF-Schreiben ist als Anlage 1 zu H 8.1 (9–10) LStR im **Steuerhandbuch für das Lohnbüro 2021** abgedruckt, das im selben Verlag erschienen ist.

dem Firmenwagen **im Ausland** vom Arbeitnehmer getragen werden müssen. Auch diese Kosten können auf den geldwerten Vorteil angerechnet werden. Bei Fremdwährungen (z. B. Schweizer Franken) kann die Umrechnung nach den im Bundessteuerblatt Teil I veröffentlichten monatlichen Umsatzsteuerreferenzkursen vorgenommen werden.

Der Arbeitgeber ist auf Verlangen des Arbeitnehmers im **Lohnsteuerabzugsverfahren** zur Anrechnung der vom Arbeitnehmer getragenen Kfz-Kosten auf den geldwerten Vorteil verpflichtet, wenn sich aus der arbeitsvertraglichen oder einer anderen arbeitsrechtlichen Rechtsgrundlage nichts anderes ergibt. Hierzu hat der Arbeitnehmer dem Arbeitgeber jährlich fahrzeugbezogen die Höhe der von ihm getragenen Kfz-Kosten und die Gesamtfahrleistung des Firmenwagens zu erklären und im Einzelnen umfassend darzulegen und nachzuweisen. Der Arbeitgeber hat den Lohnsteuerabzug aufgrund dieser Erklärungen und Belege durchzuführen, sofern der Arbeitnehmer nicht erkennbar unrichtige Angaben macht. Eigene Ermittlungen hat der Arbeitgeber nicht anzustellen. Die Erklärungen und Belege des Arbeitnehmers hat der Arbeitgeber zum Lohnkonto zu nehmen. Aus Vereinfachungsgründen wird es nicht beanstandet, wenn der Arbeitgeber für den laufenden Lohnsteuerabzug zunächst vorläufig und fahrzeugbezogen 1/12 des vom Arbeitnehmer für das Vorjahr erklärten Werts zugrunde legt und nach Ablauf des Kalenderjahres bzw. bei Beendigung des Dienstverhältnisses die tatsächlichen vom Arbeitnehmer für das Kalenderjahr übernommenen Kfz-Kosten berücksichtigt und eine etwaige Lohnsteuerdifferenz ausgleicht.

Im **Einkommensteuer-Veranlagungsverfahren** hat der Arbeitnehmer neben der Nutzungsvereinbarung über den Firmenwagen schriftlich die Höhe der von ihm übernommenen Kfz-Kosten und die Gesamtfahrleistung des Firmenwagens im Einzelnen umfassend darzulegen und nachzuweisen.

e) Abgrenzung von Nutzungsentgelt und Kostenübernahme

In der Praxis sind Fallgestaltungen aufgetreten, dass einzelne **Kfz-Kosten** (insbesondere Benzinkosten) zunächst vom **Arbeitgeber verauslagt** und anschließend dem **Arbeitnehmer weiterbelastet** werden oder der Arbeitnehmer zunächst pauschale Abschlagszahlungen leistet, die zu einem späteren Zeitpunkt nach den tatsächlich entstandenen Kfz-Kosten abgerechnet werden. Auch in diesen Fällen können die vom Arbeitnehmer letztlich übernommenen Kfz-Kosten – unter Beachtung der Grundsätze des vorstehenden Buchstabens d – auf den **geldwerten Vorteil** bis zu einem Betrag von 0 € **angerechnet** werden.

Beispiel A

Der Arbeitnehmer betankt den auch zur privaten Nutzung überlassenen Firmenwagen im Mai 2021 und begleicht den Betrag mit der Tankkarte des Arbeitgebers. Es ist arbeitsrechtlich vereinbart, dass der Arbeitnehmer ein Entgelt in Höhe der privat veranlassten Benzinkosten zu zahlen hat. Der Arbeitgeber ermittelt den auf die Privatfahrten entfallenden Betrag anhand der gefahrenen Gesamtkilometer und zieht dem Arbeitnehmer den entsprechenden Betrag im Rahmen der nächsten Gehaltsabrechnung vom Nettogehalt ab.

Die Weiterbelastung der Benzinkosten durch den Arbeitgeber an den Arbeitnehmer (= nachträgliche Kostenübernahme des Arbeitnehmers) führt zu einer Minderung des geldwerten Vorteils aus der Firmenwagengestellung.

Beispiel B

Wie Beispiel A. Aufgrund einer arbeitsrechtlichen Vereinbarung zahlt der Arbeitnehmer neben den privat veranlassten Benzinkosten eine Monatspauschale von 200 € für die private Kfz-Nutzung.

Sowohl die Monatspauschale von 200 € als auch die weiterbelasteten Benzinkosten führen zu einer Minderung des geldwerten Vorteils.

f) Sozialversicherungsrechtliche Auswirkung

Aufgrund des Verweises in der Sozialversicherungsentgeltverordnung auf die steuerlichen Vorschriften zur Bewertung von Sachbezügen ist die steuerliche **Minderung** des Nutzungswerts durch den Arbeitgeber **auch beitragsrechtlich zu berücksichtigen.** Dies gilt auch dann, wenn die steuerliche Minderung des Nutzungswerts durch den Arbeitgeber – bis zur elektronischen Übermittlung der Lohnsteuerbescheinigung für das vorangegangene Kalenderjahr oder im Laufe des Kalenderjahres wegen Beendigung des Beschäftigungsverhältnisses – rückwirkend erfolgt. Eine steuerliche Minderung des Nutzungswerts erst im Rahmen der **Einkommensteuer-Veranlagung** des Arbeitnehmers führt **aber nicht** zur nachträglichen Beitragsfreiheit in Höhe der Minderung des Nutzungswerts.

10. Überlassung eines geleasten Firmenwagens

a) Allgemeines

Häufig stellen Arbeitgeber denjenigen Arbeitnehmern, die ständig beruflich veranlasste Auswärtstätigkeiten durchführen müssen, hierfür ein geleastes Fahrzeug zur Verfügung. Soweit ein solches Fahrzeug nur für **berufliche Fahrten** genutzt werden darf, die zu den **Reisekosten** im lohnsteuerlichen Sinne gehören, ergeben sich hieraus keine lohnsteuerlichen Folgerungen; ein geldwerter Vorteil fließt dem Arbeitnehmer nicht zu.

Stellt der Arbeitgeber dem Arbeitnehmer ein geleastes Fahrzeug aufgrund einer arbeitsrechtlichen Rechtsgrundlage sowohl für berufliche Fahrten als auch für Privatfahrten sowie für Fahrten zwischen Wohnung und erster Tätigkeitsstätte zur Verfügung, ist die sog. Firmenwagenregelung anzuwenden, das heißt, die unter den Nummern 2 und 3 geschilderten Berechnungsmethoden zur Ermittlung des geldwerten Vorteils für die private Nutzung des Firmenwagens gelten auch dann, wenn der Arbeitgeber den Pkw im Leasingverfahren beschafft hat (vgl. hierzu auch das Stichwort „Leasingfahrzeuge“ unter Nr. 2). Zur Anwendung der 1 %-Regelung (0,03 %-Regelung und 0,002 %-Regelung) ist deshalb der maßgebende Bruttolistenpreis im Zeitpunkt der Erstzulassung des geleasten Pkws zu ermitteln (R 8.1 Abs. 9 Nr. 1 Satz 6 LStR).

Beispiel

Ein Arbeitgeber überlässt dem Arbeitnehmer aufgrund einer arbeitsrechtlichen Rechtsgrundlage einen Geschäftswagen, für den er eine monatliche Leasingrate in Höhe von 500 € zahlt. Der Geschäftswagen wird vom Arbeitnehmer für Privatfahrten und für Fahrten zwischen Wohnung und erster Tätigkeitsstätte benutzt. Die einfache Entfernung zwischen Wohnung und erster Tätigkeitsstätte beträgt 20 km. Der Arbeitnehmer hat einen Anteil an der Leasingrate in Höhe von 200 € monatlich zu zahlen.

Wendet der Arbeitgeber zur Ermittlung des geldwerten Vorteils die 1 %-Regelung an, ist der Listenpreis festzustellen, der beim Kauf des Neufahrzeugs maßgebend wäre (Listenpreis z. B. 30 000 €). Es ergibt sich folgender geldwerter Vorteil:

1 % aus 30 000 €	=	300,– €
0,03 % von 30 000 € = 9 € × 20 km	=	180,– €
geldwerter Vorteil monatlich insgesamt		480,– €
abzüglich vom Arbeitnehmer übernommener Anteil an der Leasingrate		200,– €
als steuerpflichtiger Arbeitslohn verbleiben		280,– €

Bei Anwendung der individuellen Methode (= Fahrtenbuchmethode) treten die monatlichen Leasingraten an die Stelle der Abschreibung. Eine Leasingsonderzahlung erhöht dabei die Gesamtkosten in Höhe des in der Gewinnermittlung des Arbeitgebers – ohne Rechnungsabgrenzungsposten – erfassten Aufwandsbetrags (BFH-Urteil vom 3.9.2015, BStBl. 2016 II S. 174). Die vorstehenden Grundsätze gelten auch dann, wenn der Arbeitgeber sehr günstige Leasingkonditionen (niedrige Sonderzahlung und/oder Raten) erhalten haben sollte. Zur Behandlung des vom Arbeitnehmer getragenen Anteils der Leasingkosten vgl. den nachfolgenden Buchstaben b.

b) Besonderheiten bei den Zuzahlungen

Muss der Arbeitnehmer eine **einmalige Sonderzahlung** leisten (z. B. weil er ein höherwertiges Fahrzeug oder eine

Lohn- steuer- pflichtig | Sozial- versich.- pflichtig

bestimmte Sonderausstattung haben möchte), können diese Zuzahlungen nach Auffassung der Finanzverwaltung **im Kalenderjahr der Zahlung** und ggf. in den folgenden Kalenderjahren auf den geldwerten Vorteil angerechnet werden. Entsprechendes gilt, wenn der Arbeitnehmer ganz oder teilweise die Leasingsonderzahlung übernimmt. Auf die Erläuterungen bei der vorstehenden Nr. 9 Buchstabe b wird hingewiesen.

Beispiel

Bruttolistenpreis des geleasten Pkw	40 000,– €
geldwerter Vorteil 1 % aus 40 000 € = 400 € x 12	4 800,– €
abzüglich einmalige Sonderzahlung des Arbeitnehmers für ein höherwertiges Fahrzeug	2 000,– €
verbleibender geldwerter Vorteil	2 800,– €

Muss der Arbeitnehmer für die Nutzung des Firmenwagens zu Privatfahrten, zu Fahrten zwischen Wohnung und erster Tätigkeitsstätte und ggf. auch für steuerpflichtige Familienheimfahrten vereinbarungsgemäß **laufende Zuzahlungen** an den Arbeitgeber leisten, gilt Folgendes:

Sowohl bei der **individuellen Berechnungsmethode** (vgl. Nr. 2) als auch bei der **sog. Prozent-Methode** (1 % bzw. 0,03 %; vgl. Nr. 3) sind Zuzahlungen des Arbeitnehmers stets zu berücksichtigen, und zwar unabhängig davon, ob es sich um Pauschalzahlungen (z. B. monatlich 100 €) oder um ein Kilometergeld (z. B. 0,10 € je privat gefahrenen Kilometer) handelt. Ebenfalls als laufende Zuzahlung in Form eines Nutzungsentgelts werden die vom Arbeitnehmer **übernommenen Leasingraten** auf den geldwerten Vorteil angerechnet. Das gilt auch dann, wenn sie vom Arbeitnehmer im abgekürzten Zahlungsweg an einen Dritten (z. B. Leasinggesellschaft) zur Erfüllung einer Verpflichtung des Arbeitgebers gezahlt werden.[1] U.E. ist die Anrechnung auf den geldwerten Vorteil auch dann vorzunehmen, wenn der Arbeitnehmer die Leasingrate nicht vollständig, sondern nur anteilig übernimmt (vgl. auch das Beispiel unter dem vorstehenden Buchstaben a).

Vom Arbeitnehmer geleistete laufende Zuzahlungen können folglich sowohl auf einen nach der 1 %-Regelung ermittelten geldwerten Vorteil für Privatfahrten als auch auf einen geldwerten Vorteil für Fahrten zwischen Wohnung und erster Tätigkeitsstätte sowie für steuerpflichtige Familienheimfahrten im Rahmen einer doppelten Haushaltsführung angerechnet werden (vgl. die Erläuterungen unter der vorstehenden Nr. 9 Buchstabe c).

Ausgehend von der Rechtsprechung des Bundesfinanzhofs hat die Finanzverwaltung es früher abgelehnt, die vom Arbeitnehmer vollständig oder teilweise **übernommenen Kfz-Kosten** (z. B. Benzinkosten, Versicherungsbeiträge oder Wagenpflege) auf den geldwerten Vorteil nach der Bruttolistenpreisregelung anzurechnen (BFH-Urteil vom 18.10.2007, BStBl. 2008 II S. 198). Diese Rechtsprechung hat der Bundesfinanzhof jedoch geändert und **rechnet** auch einzelne, individuelle Kosten des Arbeitnehmers zu seinen Gunsten **auf** den **geldwerten Vorteil an** (BFH-Urteil vom 30.11.2016, BStBl. 2017 II S. 1014). Die Finanzverwaltung folgt dieser Rechtsprechung, wenn die Kostenübernahme arbeitsvertraglich vereinbart ist oder auf einer anderen arbeitsrechtlichen Vereinbarung beruht. Vgl. wegen der Einzelheiten die Erläuterungen unter der vorstehenden Nr. 9 Buchstabe d. Zur **Meistbegünstigungsregelung** bei der **Fahrtenbuchmethode** vgl. die Erläuterungen unter der vorstehenden Nr. 2 Buchstabe b einschließlich des Beispiels A.

c) Abgrenzung Nutzungsüberlassung – Kostenerstattung

Ist nicht der Arbeitgeber, sondern der **Arbeitnehmer** selbst der Leasingnehmer, kommen die unter den Nummern 2 und 3 dargestellten Berechnungsmethoden nicht in Betracht, da keine unentgeltliche oder verbilligte Überlassung eines Firmenwagens durch den Arbeitgeber vorliegt, wenn der Arbeitnehmer selbst das Fahrzeug geleast hat. Kostenerstattungen des Arbeitgebers an den Arbeitnehmer führen in diesem Fall zu Barlohn (BFH-Urteil vom 6.11.2001, BStBl. 2002 II S. 164).

Eine Nutzungsüberlassung **durch den Arbeitgeber,** die nach den unter den Nummern 2 und 3 dargestellten Berechnungsmethoden zu bewerten ist, liegt aber (ausnahmsweise) auch dann vor, wenn der Arbeitnehmer das Kraftfahrzeug auf Veranlassung des Arbeitgebers least, dieser sämtliche Kosten des Kraftfahrzeugs trägt und im Innenverhältnis allein über die Nutzung des Kraftfahrzeugs bestimmt (BFH-Urteil vom 6.11.2001, BStBl. 2002 II S. 370). Bei diesem Urteil handelt es sich um einen Sonderfall, denn der Sachverhalt wies folgende Besonderheiten auf:

- **Der Arbeitgeber** hatte die Verhandlungen mit dem Leasingunternehmen geführt und erreicht, dass die privaten Leasingverträge mit den leitenden Angestellten zu Großauftragsbedingungen abgeschlossen wurden.
- **Der Arbeitgeber** hatte sich zur Übernahme der Fahrzeuge zu garantierten Rückkaufswerten verpflichtet, die Fahrzeuge nach Ablauf der Leasingzeit erworben und mit Gewinn veräußert.
- **Der Arbeitgeber** hatte zudem in den Vorjahren und auch in den Folgejahren jeweils selbst entsprechende Leasingverträge mit dem Leasingunternehmen abgeschlossen. Dies war in den Streitjahren nur deshalb nicht möglich, weil sein Kreditrahmen ausgeschöpft war.
- **Der Arbeitgeber** konnte die Nutzung der Fahrzeuge gegenüber dem Arbeitnehmer jederzeit widerrufen, die Herausgabe der Fahrzeuge ohne Angabe von Gründen verlangen oder ein anderes Fahrzeug zuteilen.

Aufgrund dieser Besonderheiten war der Arbeitgeber als **„wirtschaftlicher Leasingnehmer"** anzusehen. Damit lag auch hier eine mit der 1 %-Methode bzw. 0,03 %-Methode zu bewertende **Nutzungsüberlassung** eines Firmenwagens vor und nicht die Zuwendung von Barlohn an den Arbeitnehmer.

Vgl. im Übrigen auch das Stichwort „Leasingfahrzeuge". Der Sonderfall des sog. „Behördenleasings" im öffentlichen Dienst ist beim Stichwort „Leasingfahrzeuge" unter Nr. 3 beschrieben.

d) Zweivertragsmodell

Einzelne Leasingfirmen bieten ein sog. Zweivertragsmodell an, mit dem ein und dasselbe Fahrzeug gleichzeitig vom Arbeitgeber und auch vom Arbeitnehmer geleast wird. Sinn dieses Modells soll es sein, dass beim zur Durchführung von Privatfahrten sowie von Fahrten zwischen Wohnung und erster Tätigkeitsstätte berechtigten Arbeitnehmer aufgrund der von ihm zu zahlenden Leasingraten ein geldwerter Vorteil nicht entsteht.

Beispiel

Für ein Fahrzeug wird nicht ein einheitlicher Leasingvertrag über die gesamte Nutzung des Fahrzeugs abgeschlossen, sondern es werden mit dem Arbeitgeber und mit dem Arbeitnehmer jeweils gesonderte Leasingverträge abgeschlossen.

a) Der **Arbeitgeber** least das Fahrzeug von Montag bis Freitag von 8 Uhr bis 17 Uhr für eine monatliche Leasingrate von 500 €.

b) Der **Arbeitnehmer** least das gleiche Fahrzeug von Montag bis Freitag von 17 Uhr bis 8 Uhr, an Samstagen, Sonntagen und Feiertagen von 0 Uhr bis 24 Uhr sowie für einen Zeitraum von vier Wochen im Kalenderjahr (Urlaub). Die Leasingrate des Arbeitnehmers beträgt 200 €.

Die Leasinggesellschaft hält in diesem Fall die steuerlichen Regelungen über die private Nutzung eines Firmenwagens (Anwendung der

1) Randnummer 50 Buchstabe c des BMF-Schreibens vom 4.4.2018 (BStBl. I S. 592). Das BMF-Schreiben ist als Anlage 1 zu H 8.1 (9–10) LStR im **Steuerhandbuch für das Lohnbüro 2021** abgedruckt, das im selben Verlag erschienen ist.

F

Lohn-steuer-pflichtig	Sozial-versich.-pflichtig

1 %-Methode) für nicht anwendbar, weil der Arbeitnehmer das Fahrzeug für private Zwecke selbst geleast habe und damit keine Fahrzeugüberlassung durch den Arbeitgeber vorliege.

Die Finanzverwaltung erkennt eine solche Vertragsgestaltung nicht an, sondern geht aufgrund der im Steuerrecht geltenden wirtschaftlichen Betrachtungsweise von einem **einheitlichen Leasingvertrag des Arbeitgebers** aus.[1] Soweit der Arbeitnehmer selbst Anteile an den Leasingraten zu tragen hat, können diese – wie in dem Beispiel unter Buchstabe a dargestellt – auf den nach den allgemeinen Bewertungsgrundsätzen ermittelten geldwerten Vorteil angerechnet werden und – in Abhängigkeit der Höhe der vom Arbeitnehmer zu tragenden Leasingrate – zu einem geldwerten Vorteil von 0 € führen.

F

11. Arbeitnehmer mit mehreren Tätigkeitsstätten

Ein Arbeitnehmer kann je Dienstverhältnis **höchstens eine erste Tätigkeitsstätte** haben (§ 9 Abs. 4 Satz 5 EStG). Hingegen kann ein Arbeitnehmer mit mehreren Dienstverhältnissen auch mehrere erste Tätigkeitsstätten haben (je Dienstverhältnis jedoch wiederum höchstens eine).

Soll der Arbeitnehmer an **mehreren Tätigkeitsstätten** tätig werden und ist er **einer** bestimmten Tätigkeitsstätte arbeits- oder dienstrechtlich **dauerhaft zugeordnet,** ist es unerheblich, in welchem Umfang er seine berufliche Tätigkeit an dieser oder an den anderen Tätigkeitsstätten ausüben soll. Auch auf die Regelmäßigkeit des Aufsuchens dieser Tätigkeitsstätten kommt es dann nicht mehr an. Die vom **Arbeitgeber** getroffene **Zuordnungsentscheidung**, welche Tätigkeitsstätte „erste Tätigkeitsstätte“ sein soll, hat **Vorrang.** In den Fällen der Firmenwagengestellung ist daher auch abzuwägen, welche Auswirkungen sich durch die Zuordnungsentscheidung auf die Höhe des geldwerten Vorteils ergeben.

Beispiel A

Arbeitnehmer A übt seine Tätigkeit auf Dauer an vier Tagen am Sitz der Geschäftsleitung in Frankfurt und an einem Tag in der Woche an der Betriebsstätte in Offenbach aus. Der Arbeitgeber hat ihn der Betriebsstätte in Offenbach zugeordnet. Die Entfernung von der Wohnung des A zum Sitz der Geschäftsleitung in Frankfurt beträgt 12 km und zur Betriebsstätte in Offenbach 20 km. Für alle Fahrten steht ihm ein Firmenwagen mit einem Bruttolistenpreis von 40 000 € zur Verfügung.

Der monatliche geldwerte Vorteil beträgt:

Privatfahrten 1 % von 40 000 € =	400 €
4 Fahrten von der Wohnung zur ersten Tätigkeitsstätte in Offenbach bei Einzelbewertung 0,002 % von 40 000 € = 0,80 € × 20 km × 4 Fahrten	64 €
Summe des geldwerten Vorteils	464 €

Hinweise: Zur Einzelbewertung der Fahrten nach der 0,002 %-Regelung anstelle der Anwendung der 0,03 %-Regelung vgl. die Ausführungen unter der vorstehenden Nr. 3 Buchstabe c. Bei den Fahrten des A von seiner Wohnung zum Sitz der Geschäftsleitung in Frankfurt handelt es sich um Reisekosten. Die Firmenwagengestellung für diese Fahrten ist ein steuerfreier Sachbezug (§ 3 Nr. 16 EStG).

Fehlt es an einer Zuordnung durch den Arbeitgeber oder ist diese nicht eindeutig und erfüllen **mehrere Tätigkeitsstätten** in einem Dienstverhältnis die **zeitlichen** (= quantitativen) **Voraussetzungen** für die Annahme einer ersten Tätigkeitsstätte, kann der **Arbeitgeber** die erste Tätigkeitsstätte **bestimmen** (§ 9 Abs. 4 Satz 6 EStG). Dabei muss es sich nicht um die Tätigkeitsstätte handeln, an der der Arbeitnehmer den zeitlich überwiegenden oder qualitativ bedeutsameren Teil seiner beruflichen Tätigkeit ausüben soll.

Beispiel B

Ein in Köln wohnender Filialleiter ist an zwei Tagen in der Woche in einer Filiale seines Arbeitgebers in Köln (Entfernung von der Wohnung = 5 km) und an drei Tagen in der Woche in einer Filiale seines Arbeitgebers in Münster (Entfernung = 160 km) tätig. Dem Arbeitnehmer steht für sämtliche Fahrten ein Firmenwagen mit einem Bruttolistenpreis von 50 000 € zur Verfügung. Zur besseren Vergleichbarkeit der Ergebnisse soll von der durchaus möglichen Einzelbewertung der Fahrten zwischen Wohnung und Tätigkeitsstätte mit 0,002% des Bruttolistenpreises je Entfernungskilometer und Fahrt kein Gebrauch gemacht werden.

Lohn-steuer-pflichtig	Sozial-versich.-pflichtig

- Der Arbeitgeber bestimmt die Filiale in Köln zur ersten Tätigkeitsstätte. Der monatliche geldwerte Vorteil beträgt:

Privatfahrten 1 % von 50 000 € =	500 €
Fahrten von der Wohnung zur ersten Tätigkeitsstätte in Köln 0,03 % von 50 000 € × 5 km	75 €
Summe des geldwerten Vorteils	575 €

Bei der Firmenwagengestellung für die Fahrten von der Wohnung zur Tätigkeitsstätte in Münster handelt es sich um steuerfreie Reisekosten in Form eines Sachbezugs (§ 3 Nr. 16 EStG).

- Der Arbeitgeber bestimmt die Filiale in Münster zur ersten Tätigkeitsstätte. Der monatliche geldwerte Vorteil beträgt:

Privatfahrten 1 % von 50 000 € =	500 €
Fahrten von der Wohnung zur ersten Tätigkeitsstätte in Münster 0,03 % von 50 000 € × 160 km	2 400 €
Summe des geldwerten Vorteils	2 900 €

Bei der Firmenwagengestellung für die Fahrten von der Wohnung zur Tätigkeitsstätte in Köln handelt es sich um steuerfreie Reisekosten in Form eines Sachbezugs (§ 3 Nr. 16 EStG). Hinweis: Fährt der Arbeitnehmer nicht täglich nach Münster, sondern übernachtet dort während seiner dreitägigen Tätigkeit, liegt eine beruflich veranlasste doppelte Haushaltsführung vor. In diesem Fall wird eine Familienheimfahrt wöchentlich nicht besteuert (vgl. nachfolgende Nr. 14). Die 0,03 %-Regelung käme für die Fahrten von der Zweitwohnung in Münster zur ersten Tätigkeitsstätte zur Anwendung.

Macht der Arbeitgeber von seinem im Gesetz vorgesehenen **Bestimmungsrecht keinen Gebrauch** oder ist seine Bestimmung nicht eindeutig, ist die der Wohnung des Arbeitnehmers örtlich **am nächsten liegende Tätigkeitsstätte** die erste Tätigkeitsstätte (§ 9 Abs. 4 Satz 7 EStG). Die Fahrten zu weiter entfernten Tätigkeitsstätten sind in diesem Fall beruflich veranlasste Auswärtstätigkeiten. Es kommt folglich in diesem Fall automatisch zum steuerlich günstigsten Ergebnis (vgl. vorstehendes Beispiel B Lösung a = Köln).

Beispiel C

Ein in Heidelberg wohnender Filialleiter ist an drei Tagen in der Woche in einer Filiale seines Arbeitgebers in Heidelberg (Entfernung von der Wohnung 15 km) und an zwei Tagen in der Woche in einer Filiale seines Arbeitgebers in Stuttgart tätig (Entfernung von der Wohnung = 125 km). Der Arbeitgeber verzichtet auf die Zuordnung zu einer ersten Tätigkeitsstätte und bestimmt auch keine erste Tätigkeitsstätte. Der Filialleiter erhält für sämtliche Fahrten einen Firmenwagen mit einem Bruttolistenpreis von 50 000 €.

Beide Tätigkeitsstätten erfüllen mit drei bzw. zwei Tagen die zeitlichen Voraussetzungen für eine erste Tätigkeitsstätte. Erste Tätigkeitsstätte des Filialleiters ist die seiner Wohnung am nächsten liegende betriebliche Einrichtung seines Arbeitgebers in Heidelberg. Die Tätigkeit in Stuttgart ist eine beruflich veranlasste Auswärtstätigkeit, für die hinsichtlich der Firmenwagengestellung ein steuerfreier Reisekostenersatz in Form eines Sachbezugs vorliegt. Der monatliche geldwerte Vorteil beträgt:

Privatfahrten 1 % von 50 000 € =	500 €
12 Fahrten von der Wohnung zur ersten Tätigkeitsstätte in Heidelberg bei Einzelbewertung 0,002 % von 50 000 € = 1 € × 15 km × 12 Fahrten	180 €
Summe des geldwerten Vorteils	680 €

Hat ein Arbeitnehmer **mehrere Tätigkeitsstätten, ohne** dass der Arbeitgeber eine dauerhafte **Zuordnung** zu einer Tätigkeitsstätte vorgenommen hat und erfüllen die Tätigkeitsstätten auch **nicht** die **zeitlichen Voraussetzungen** für eine erste Tätigkeitsstätte, liegt insgesamt eine beruflich veranlasste **Auswärtstätigkeit** – ohne Vorhandensein einer ersten Tätigkeitsstätte – vor. Vgl. auch die Erläuterungen und Beispiele in Anhang 4 „Reisekosten bei Auswärtstätigkeiten“ unter Nr. 3.

1) Verfügung der OFD Berlin vom 12.7.1999 (Az.: St 423 – S 2334 – 4/96). Die Verfügung ist als Anlage 5 zu H 8.1 (9–10) LStR im **Steuerhandbuch für das Lohnbüro 2021** abgedruckt, das im selben Verlag erschienen ist.

	Lohnsteuerpflichtig	Sozialversich.-pflichtig

Beispiel D

D ist als Gebietsleiterin für 15 Filialen ihres Arbeitgebers zuständig, die sie im Schnitt dreimal wöchentlich aufsucht. Sie ist keiner Filiale zugeordnet und erfüllt auch bei keiner Filiale die zeitlichen Voraussetzungen für eine erste Tätigkeitsstätte. Für ihre Fahren steht ihr ein Firmenwagen mit einem Bruttolistenpreis von 40 000 € zur uneingeschränkten Nutzung zur Verfügung.

D übt insgesamt eine beruflich veranlasste Auswärtstätigkeit ohne Vorhandensein einer ersten Tätigkeitsstätte aus. Fahrten zwischen Wohnung und einer ersten Tätigkeitsstätte liegen nicht vor. Der monatliche geldwerte Vorteil für die Firmenwagengestellung zur privaten Nutzung beträgt:

1 % von 40 000 € =	400 €

Mehrere erste Tätigkeitsstätten können bei einem Arbeitnehmer nur dann vorliegen, wenn er auch **in mehreren Arbeitsverhältnissen** bei unterschiedlichen Arbeitgebern beschäftigt ist. Steht ihm in einem Arbeitsverhältnis ein Firmenwagen auch zur privaten Nutzung zur Verfügung und nutzt er dieses Fahrzeug auch für Fahrten zwischen Wohnung und erster Tätigkeitsstätte in dem anderen Arbeitsverhältnis, entsteht für diese Fahrten bei Anwendung der Bruttolistenpreisregelung kein weiterer geldwerter Vorteil. Bei der Fahrtenbuchmethode sind die Fahrten mit dem Firmenwagen im anderen Arbeitsverhältnis als Privatfahrten aufzuzeichnen (vgl. die Erläuterungen unter der vorstehenden Nr. 3 Buchstabe h).

Beispiel E

Ein Arbeitnehmer nutzt einen vom Arbeitgeber überlassenen Firmenwagen (Bruttolistenpreis 30 000 €) zu Privatfahrten, Fahrten Wohnung/erste Tätigkeitsstätte (Entfernungskilometer 10) sowie Fahrten zwischen Wohnung und erster Tätigkeitsstätte in einem zweiten Dienstverhältnis bei einem anderen Arbeitgeber (Entfernungskilometer 25).

Der monatliche geldwerte Vorteil berechnet sich wie folgt:

Privatfahrten:	
1 % von 30 000 € =	300 €
Fahrten Wohnung – erste Tätigkeitsstätte:	
0,03 % von 30 000 € × 10 km	90 €
Geldwerter Vorteil	390 €

Die Fahrten zwischen Wohnung und erster Tätigkeitsstätte in dem anderen, weiteren Dienstverhältnis (Entfernungskilometer 25) sind mit dem nach der 1 %-Regelung ermittelten geldwerten Vorteil für die Privatfahrten (monatlich 300 €) abgegolten. Unabhängig davon kann der Arbeitnehmer auch für diese Fahrten in dem anderen, weiteren Dienstverhältnis die Entfernungspauschale geltend machen (vgl. auch die Erläuterungen beim Stichwort „Entfernungspauschale" unter Nr. 8).

12. Sonderfälle

a) Garagengeld

Ersetzt der Arbeitgeber seinen Arbeitnehmern die Kosten für eine Garage (dies kann entweder eine eigene oder angemietete Garage sein), damit dort der Firmenwagen untergestellt werden kann, gilt nach dem BFH-Urteil vom 7.6.2002, BStBl. II S. 829 Folgendes:

Zahlt der Arbeitgeber dem Arbeitnehmer ein Entgelt dafür, dass der Firmenwagen in einer Garage abgestellt wird, **die dem Arbeitnehmer gehört,** handelt es sich bei diesen Zahlungen um Einnahmen aus Vermietung und Verpachtung. Damit scheidet eine Versteuerung als Arbeitslohn aus. Es liegt auch kein beitragspflichtiges Arbeitsentgelt vor. nein nein

Hat der Arbeitnehmer hingegen eine Garage zum Abstellen des Firmenwagens **angemietet** und ersetzt der Arbeitgeber die monatlich anfallende Miete, ist dieser Arbeitgeberersatz als Auslagenersatz nach § 3 Nr. 50 EStG steuerfrei, wenn das Unterstellen des Firmenwagens in der Garage **ausschließlich im Interesse des Arbeitgebers** erfolgt. Dieses ausschließliche eigenbetriebliche Interesse war im Urteilsfall vorhanden, weil sich in den Firmenwagen der Außendienstmitarbeiter (auch über Nacht) stets wertvolle Werkzeuge und Waren befanden und der Arbeitgeber deshalb seine Arbeitnehmer durch eine sog. Kraftfahrzeug-Überlassungs-Vereinbarung ausdrücklich verpflichtet hatte, die Firmenwagen in einer Garage abzustellen. nein nein

	Lohnsteuerpflichtig	Sozialversich.-pflichtig

Hat der Arbeitnehmer die angemietete Garage durch Begründung eines eigenständigen Mietverhältnisses an den Arbeitgeber **untervermietet,** handelt es sich bei den Zahlungen des Arbeitgebers um Einnahmen aus Vermietung und Verpachtung (BFH-Urteil vom 7.6.2002, BStBl. II S. 878). Damit scheidet eine Versteuerung als Arbeitslohn aus. Es liegt auch kein beitragspflichtiges Arbeitsentgelt vor. nein nein

Die Auswirkungen der beiden BFH-Urteile sind ausführlich beim Stichwort „Garagengeld" erläutert.

Bei der Ermittlung des geldwerten Vorteils nach der individuellen Methode (Fahrtenbuchmethode) gehören **Garagenkosten** zu den **Gesamtkosten** des Fahrzeugs (vgl. die Erläuterungen unter der vorstehenden Nr. 2 Buchstabe b).

b) Wagenpflegepauschale

In einem nicht veröffentlichten Urteil hat der Bundesfinanzhof entschieden, dass bei einem beamteneigenen Kraftfahrzeug eine sog. Wagenpflegepauschale (im Streitfall ca. 15 € monatlich) steuerfrei gezahlt werden kann. Verschiedentlich war hierzu die Auffassung vertreten worden, dass dieses Urteil auch auf „private Arbeitgeber" anzuwenden sei. Allen Arbeitnehmern, die einen Firmenwagen nutzen, hätte hiernach eine steuerfreie Wagenpflegepauschale von etwa 15 bis 25 € monatlich steuerfrei gezahlt werden können. Die Finanzverwaltung hat dies mit der Begründung verneint, dass das zu „beamteneigenen Wagen" ergangene Urteil nicht auf betriebliche Fahrzeuge, die einem Arbeitnehmer zur Nutzung überlassen werden, angewendet werden könne. Für Firmenwagen, bei denen der Arbeitnehmer regelmäßig die Wagenpflege des betrieblichen Fahrzeugs zahlt, damit es für berufliche Fahrten sauber zur Verfügung steht, kommt deshalb nur ein **Auslagenersatz** im Rahmen von R 3.50 LStR zur Anwendung, das heißt die Zahlung einer Wagenpflegepauschale ist nur bei Nachweis der tatsächlich entstandenen Kosten für einen repräsentativen Zeitraum von drei Monaten möglich (vgl. die Erläuterungen beim Stichwort „Auslagenersatz").

Umgekehrt kann der Arbeitnehmer den pauschal nach der 1 %-Methode ermittelten geldwerten Vorteil um die von ihm übernommenen Kosten für die Wagenpflege vermindern (vgl. die Erläuterungen und das Beispiel unter Nr. 9 Buchstabe d).

c) Einem Arbeitnehmer werden mehrere Firmenwagen überlassen

Der Bundesfinanzhof hatte darüber zu entscheiden, ob bei einem **Unternehmer** die monatliche **1%-Bruttolistenpreisregelung** auf alle zum Betriebsvermögen gehörenden Kraftfahrzeuge einzeln, also **mehrfach anzuwenden** ist, wenn nur eine Person die Fahrzeuge auch privat nutzt. Im Streitfall hielt ein selbstständig tätiger Unternehmensberater mehrere Kraftfahrzeuge im Betriebsvermögen, die er auch privat nutzte. Seine Ehefrau hatte an Eides statt versichert, nur ihr eigenes Fahrzeug zu nutzen; Kinder waren nicht vorhanden. Gleichwohl hat der **Bundesfinanzhof** die Auffassung des Finanzamts **bestätigt,** dass die **1 %-Bruttolistenpreisregelung auf jedes** vom Unternehmer privat genutzte **Fahrzeug** anzuwenden ist, wenn der Unternehmer selbst verschiedene Fahrzeuge zu Privatfahrten nutzt (d. h. fahrzeugbezogene und nicht personenbezogene Anwendung der 1%-Bruttolistenpreisregelung; BFH-Urteil vom 9.3.2010, BStBl. II S. 903).

Stehen einem **Arbeitnehmer** gleichzeitig mehrere Firmenfahrzeuge auch für private Zwecke zur Verfügung, ist zwar auch für jedes Fahrzeug die Privatnutzung mit monatlich 1 % des Listenpreises anzusetzen. Dies gilt auch beim Einsatz eines Wechselkennzeichens. Ist die **gleichzeitige private Nutzung** der verschiedenen, auch privat genutzten Firmenwagen jedoch so gut wie **ausgeschlossen,** weil die Nutzung durch andere zur Privatsphäre des Ar-

Lohn-steuer-pflichtig	Sozial-versich.-pflichtig

beitnehmers gehörende Personen (z. B. Ehefrau, Kinder) nicht in Betracht kommt, ist für den Ansatz der reinen Privatfahrten mit der 1 %-Regelung vom Bruttolistenpreis des **überwiegend genutzten** Fahrzeugs auszugehen.[1] Diese für Arbeitnehmer gegenüber Selbstständigen vorteilhafte Regelung gilt auch für Gesellschafter-Geschäftsführer einer GmbH.[2] Die Finanzverwaltung hält an ihrer erfreulichen Auffassung fest, obwohl der Bundesfinanzhof auch für den Bereich der Arbeitnehmerbesteuerung entschieden hat, dass – unabhängig von einer Nutzung durch andere zur Privatsphäre des Arbeitnehmers gehörende Personen – für jedes Fahrzeug ein geldwerter Vorteil nach der 1 %-Bruttolistenpreisregelung zu berechnen ist, wenn dem Arbeitnehmer mehrere Fahrzeuge auch zur privaten Nutzung überlassen werden (= mehrfacher Nutzungsvorteil; BFH-Urteil vom 13.6.2013, BStBl. 2014 II S. 340). Die Veröffentlichung des Urteils im Bundessteuerblatt wurde nämlich mit einer Fußnote vorgenommen, die auf die großzügigere Verwaltungsauffassung hinweist. Der Bundesfinanzhof hält auch in seiner Rechtsprechung weiterhin daran fest, dass in Fällen, in denen der Arbeitnehmer arbeitsvertraglich mehr als ein Fahrzeug unentgeltlich oder verbilligt privat nutzen darf, der in der Überlassung der Fahrzeuge zur privaten Nutzung liegende geldwerte Vorteil für jedes Fahrzeug nach der 1 %-Bruttolistenpreisregelung zu ermitteln ist, wenn keine Fahrtenbücher geführt werden (BFH-Beschluss vom 24.5.2019, BFH/NV 2019 S. 1072). Dies gilt auch dann, wenn eine Überlassung der Fahrzeuge an Dritte arbeitsvertraglich verboten ist. Es spielt keine Rolle, dass es denkgesetzlich ausgeschlossen ist, mit mehreren Fahrzeugen gleichzeitig zu fahren. Entscheidend ist vielmehr, dass der Arbeitnehmer nach Belieben auf beide Fahrzeuge zugreifen und diese – wenn auch nicht gleichzeitig – nutzen kann. Dadurch erspart er sich den Betrag, den er für die Nutzungsmöglichkeit vergleichbarer Fahrzeuge am Markt aufwenden müsste. Die Finanzverwaltung bleibt trotz dieser erneuten (für den Arbeitnehmer ungünstigeren) Rechtsprechung des Bundesfinanzhofs weiterhin großzügiger: Ist die gleichzeitige private Nutzung der verschiedenen, auch privat genutzten Firmenwagen so gut wie ausgeschlossen, weil die Nutzung durch andere zur Privatsphäre des Arbeitnehmers gehörende Personen (z. B. Ehegatte, Kinder) nicht in Betracht kommt, ist für den Ansatz der reinen Privatfahrten nach der 1 %-Regelung vom Bruttolistenpreis des überwiegend genutzten Fahrzeugs auszugehen. Sofern der Arbeitgeber im Lohnsteuerabzugsverfahren nach dieser Verwaltungsauffassung verfahren ist, kann er für eine etwaig zu wenig einbehaltene Lohnsteuer nicht in Haftung genommen werden.

Kann der Arbeitnehmer **abwechselnd** unterschiedliche **Pkws zu Fahrten zwischen Wohnung und erster Tätigkeitsstätte** benutzen, ist für die Berechnung des pauschalen Nutzungswerts der Listenpreis des Pkws zugrunde zu legen, der vom Arbeitnehmer im Kalendermonat **überwiegend genutzt** wird. Der Nutzungswert für Fahrten zwischen Wohnung und erster Tätigkeitsstätte ist folglich insgesamt **nur einmal** zu erfassen. Abzustellen ist dabei auf den Bruttolistenpreis desjenigen Pkws, den der Arbeitnehmer überwiegend für Fahrten zwischen Wohnung und erster Tätigkeitsstätte nutzt. Dies gilt allerdings nicht in den Fällen der Einzelbewertung mit 0,002 % des Bruttolistenpreises pro Entfernungskilometer und Fahrt. In diesem Fall ist der geldwerte Vorteil entsprechend den Angaben des Arbeitnehmers zur tatsächlichen Nutzung der Fahrzeuge fahrzeugbezogen zu ermitteln (vgl. vorstehende Nr. 3 Buchstabe c).

d) Nutzung eines Firmenwagens durch mehrere Arbeitnehmer

Nutzen mehrere Arbeitnehmer einen Firmenwagen zu Privatfahrten, bewertete die Finanzverwaltung früher den monatlichen geldwerten Vorteil bei jedem nutzungsberechtigten Arbeitnehmer mit 1 % des Bruttolistenpreises.

Der Bundesfinanzhof hat hierzu mit Urteil vom 15.5.2002, BStBl. 2003 II S. 311 entschieden, dass die 1 %-Regelung nicht personenbezogen, sondern **fahrzeugbezogen** auszulegen sei. Der nach der 1 %-Regelung ermittelte geldwerte Vorteil muss deshalb **nach Köpfen** auf die nutzungsberechtigten Arbeitnehmer aufgeteilt werden, und zwar unabhängig von der tatsächlichen Nutzung des Firmenwagens durch den einzelnen Arbeitnehmer in dem jeweiligen Kalendermonat. Dabei kommt es nicht darauf an, ob der Firmenwagen innerhalb eines Kalendermonats gleichzeitig oder zeitlich nacheinander von mehreren Arbeitnehmern genutzt wird (vgl. zur Aufteilung nach Köpfen auch das Beispiel A unter dem nachfolgenden Buchstaben e). Die vorstehenden Grundsätze gelten **auch für Fahrten zwischen Wohnung und erster Tätigkeitsstätte,** die mit der 0,03 %-Methode bewertet werden. Das bedeutet, dass für Fahrten zwischen Wohnung und erster Tätigkeitsstätte bei jedem Arbeitnehmer der geldwerte Vorteil mit 0,03 % des Bruttolistenpreises für jeden seiner Entfernungskilometer zu ermitteln und dieser Wert durch die Zahl der Nutzungsberechtigten zu teilen ist. Dem einzelnen nutzungsberechtigten Arbeitnehmer bleibt es unbenommen, zur Einzelbewertung seiner tatsächlichen Fahrten zwischen Wohnung und erster Tätigkeitsstätte mit 0,002 % des Bruttolistenpreises pro Entfernungskilometer und Fahrt überzugehen (vgl. vorstehende Nr. 3 Buchstabe c[3]). Siehe im Übrigen hierzu auch die Beispiele C und D unter dem nachfolgenden Buchstaben e.

e) Fahrzeugpool[4]

Insbesondere in größeren Firmen werden den Arbeitnehmern aus unterschiedlichen Gründen und/oder aufgrund unterschiedlicher Vereinbarungen Poolfahrzeuge zur Nutzung überlassen. Dabei ist zunächst zu klären, ob dem **Grunde nach** ein **geldwerter Vorteil** entsteht (vgl. hierzu auch das Beispiel unter der vorstehenden Nr. 1 Buchstabe a).

Der Bundesfinanzhof hat bereits im Jahr 2010 erstmals entschieden, dass der Ansatz eines geldwerten Vorteils voraussetzt, dass der Arbeitgeber seinem Arbeitnehmer **tatsächlich** einen **Firmenwagen** zur **privaten Nutzung überlässt.** Aus der Bereitstellung eines Fahrzeugs zu betrieblichen Zwecken könne nicht aufgrund des Anscheinsbeweises geschlossen werden, dass das Fahrzeug vom Arbeitnehmer auch privat genutzt werde (BFH-Urteil vom 21.4.2010, BStBl. II S. 848). Im Streitfall hatten rund 80 Mitarbeiter Zugriff auf sechs Poolfahrzeuge, die für betriebliche Fahrten zur Verfügung standen. Die Privatnutzung war arbeitsvertraglich verboten, die Schlüssel wurden in einem Schlüsselkasten im Betrieb aufbewahrt. Fahrtenbücher wurden allerdings nicht geführt. Der Bundesfinanzhof lehnte in solch einem Fall den Ansatz eines geldwerten Vorteils ab. Es gebe weder einen Anscheinsbeweis dafür, dass dem Arbeitnehmer ein Dienstwagen aus dem arbeitgebereigenen Fuhrpark zur Verfügung stehe, noch dass der Arbeitnehmer ein solches Fahrzeug (unbefugt) auch privat nutze. Dies gelte auch dann, wenn der Arbeitnehmer Angehöriger des Betriebsinhabers sei.

---

1) Randnummer 22 des BMF-Schreibens vom 4.4.2018 (BStBl. I S. 592). Das BMF-Schreiben ist als Anlage 1 zu H 8.1 (9–10) LStR im **Steuerhandbuch für das Lohnbüro 2021** abgedruckt, das im selben Verlag erschienen ist.

2) Zur derzeit gültigen Verwaltungsauffassung bei Selbstständigen vgl. Randnummer 12 des BMF-Schreibens vom 18.11.2009 (BStBl. I S. 1326), geändert durch BMF-Schreiben vom 15.11.2012 (BStBl. I S. 1099). Das BMF-Schreiben einschließlich der Änderung ist als Anlage 2 zu H 8.1 (9–10) LStR im **Steuerhandbuch für das Lohnbüro 2021** abgedruckt, das im selben Verlag erschienen ist.

3) Randnummer 21 des BMF-Schreibens vom 4.4.2018 (BStBl. I S. 592). Das BMF-Schreiben ist als Anlage 1 zu H 8.1 (9–10) LStR im **Steuerhandbuch für das Lohnbüro 2021** abgedruckt, das im selben Verlag erschienen ist.

4) Randnummer 11 des BMF-Schreibens vom 4.4.2018 (BStBl. I S. 592). Das BMF-Schreiben ist als Anlage 1 zu H 8.1 (9–10) LStR im **Steuerhandbuch für das Lohnbüro 2021** abgedruckt, das im selben Verlag erschienen ist.

Lohn-steuer-pflichtig	Sozial-versich.-pflichtig

Die sich aus den vorstehenden Erläuterungen ergebenden Grundsätze hat der Bundesfinanzhof bestätigt (BFH-Urteil vom 6.10.2011, BStBl. 2012 II S. 362). Dieser Streitfall betraf den Verkäufer eines Autohauses, der für betriebliche Fahrten und für Fahrten zwischen Wohnung und regelmäßiger Arbeitsstätte (ab 1.1.2014 = erste Tätigkeitsstätte) auf Probe- und Vorführwagen eines Fahrzeugpools zugreifen durfte. Eine darüber hinausgehende Privatnutzung war nach dem Arbeitsvertrag untersagt, Fahrtenbücher wurden aber für die Fahrzeuge nicht geführt. Die Ernsthaftigkeit des ausgesprochenen Nutzungsverbots ergab sich aus der Tatsache, dass ein anderer Arbeitnehmer wegen Verstoßes gegen die arbeitsrechtliche Nutzungsregelung abgemahnt worden war. Die Finanzverwaltung folgte der Rechtsprechung des Bundesfinanzhofs von Beginn an bezogen auf Poolfahrzeuge. Ist dem Arbeitnehmer kein bestimmtes Fahrzeug zugewiesen, sondern steht ein Fahrzeugpool für dienstliche Zwecke zur Verfügung, genügte ihr ein schriftliches Nutzungsverbot des Arbeitgebers für private Zwecke. Mittlerweile bedarf es der Feststellung, dass der Arbeitgeber seinen Arbeitnehmern **Poolfahrzeuge** (auch) **zur privaten Nutzung überlässt.** Vgl. die Erläuterungen unter der nachfolgenden Nr. 18 Buchstabe a.

Dürfen **Poolfahrzeuge auch privat** genutzt werden, gilt Folgendes: Nach dem BFH-Urteil vom 15.5.2002 (BStBl. 2003 II S. 311) ist die 1 %-Regelung nicht personenbezogen, sondern **fahrzeugbezogen** auszulegen. Der nach der 1 %-Regelung ermittelte geldwerte Vorteil muss deshalb **nach Köpfen** auf die nutzungsberechtigten Arbeitnehmer aufgeteilt werden, und zwar unabhängig von der tatsächlichen Nutzung der Firmenwagen durch die einzelnen Arbeitnehmer in dem jeweiligen Kalendermonat. Dabei kommt es nicht darauf an, ob die Firmenwagen innerhalb eines Kalendermonats gleichzeitig oder zeitlich nacheinander von mehreren Arbeitnehmern genutzt werden.

Beispiel A

In einem Fahrzeugpool befinden sich vier Fahrzeuge mit einem Bruttolistenpreis von 18 000 €, 22 000 €, 27 000 € und 33 000 €.

Fünf Arbeitnehmer sind berechtigt auf diesen Fahrzeugpool zuzugreifen und dürfen die Fahrzeuge auch für Privatfahrten nutzen.

Ermittlung des monatlichen geldwerten Vorteils:

Fahrzeug 1: 1 % von 18 000 €	180,– €
Fahrzeug 2: 1 % von 22 000 €	220,– €
Fahrzeug 3: 1 % von 27 000 €	270,– €
Fahrzeug 4: 1 % von 33 000 €	330,– €
Geldwerter Vorteil insgesamt	1 000,– €
Zu verteilen nach Köpfen auf fünf Arbeitnehmer (auf den Umfang der tatsächlichen Nutzung des einzelnen Arbeitnehmers kommt es nicht an!). Steuer- und beitragspflichtiger geldwerter Vorteil je Arbeitnehmer	200,– €

Die Aufteilung nach den vorstehenden Grundsätzen ist unabhängig davon vorzunehmen, ob die **Anzahl der Nutzungsberechtigten** die in einem Fahrzeugpool zur Verfügung stehenden Kraftfahrzeuge **übersteigt** (vgl. vorstehendes Beispiel A) **oder unterschreitet** (vgl. nachfolgendes Beispiel B).

Beispiel B

Im Fahrzeugpool des Unternehmens befinden sich vier Fahrzeuge mit Bruttolistenpreisen von 35 000 €, 42 000 €, 51 000 € und 62 000 €. Fünf Arbeitnehmer sind berechtigt, auf diesen Fahrzeugpool zuzugreifen und die Fahrzeuge auch für Privatfahrten zu nutzen.

Zum 30.6.2021 scheiden von diesen fünf Arbeitnehmern zwei Arbeitnehmer aus. Die verbleibenden drei Arbeitnehmer können auch ab Juli 2021 auf den Fahrzeugpool mit den vier Fahrzeugen zugreifen.

Die Summe der Bruttolistenpreise der vier Fahrzeuge im Fahrzeugpool beträgt 190 000 €. Bei Anwendung der 1 %-Bruttolistenpreisregelung ergibt sich ein monatlicher geldwerter Vorteil von 1900 € (= 1 % von 190 000 €).

In den Monaten Januar bis Juni 2021 ist dieser geldwerte Vorteil gleichmäßig auf fünf Arbeitnehmer zu verteilen, sodass sich je Arbeitnehmer ein geldwerter Vorteil von 380 € ergibt (1900 € : fünf Arbeitnehmer).

Ab Juli 2021 ist der geldwerte Vorteil von 1900 € aufgrund des Ausscheidens von zwei Arbeitnehmern nur noch auf die verbliebenen drei Arbeitnehmer zu verteilen. Für diese drei Arbeitnehmer ergibt sich ein geldwerter Vorteil in Höhe von jeweils 633 € monatlich (1900 € : drei Arbeitnehmer).

Die in dem BFH-Urteil vom 15.5.2002 (BStBl. 2003 II S. 311) für die 1 %-Regelung aufgestellten Grundsätze gelten **auch für Fahrten zwischen Wohnung und erster Tätigkeitsstätte,** die mit der 0,03 %-Methode bewertet werden. Das bedeutet, dass für Fahrten zwischen Wohnung und erster Tätigkeitsstätte der geldwerte Vorteil grundsätzlich mit 0,03 % der Bruttolistenpreise aller Kraftfahrzeuge zu ermitteln und die Summe durch die Zahl der Nutzungsberechtigten zu teilen ist. Dieser Wert ist beim einzelnen Arbeitnehmer mit der Zahl der Entfernungskilometer zu multiplizieren. Dem einzelnen nutzungsberechtigten Arbeitnehmer bleibt es zudem unbenommen, zur Einzelbewertung seiner tatsächlichen Fahrten zwischen Wohnung und erster Tätigkeitsstätte mit 0,002 % des Bruttolistenpreises pro Entfernungskilometer und Fahrt überzugehen (vgl. hierzu die Erläuterungen und Beispiele unter der vorstehenden Nr. 3 Buchstabe c[1]).

Beispiel C

Wie Beispiel A. Die Entfernung zwischen Wohnung und erster Tätigkeitsstätte soll beim Arbeitnehmer C 20 km und beim Arbeitnehmer D 25 km betragen.

Die Summe der Bruttolistenpreise der im Beispiel A angegebenen Fahrzeuge beträgt 100 000 € (18 000 € + 22 000 € + 27 000 € + 33 000 €). Somit ergibt sich folgende Lösung:

0,03 % von 100 000 € =	30 €
geteilt durch fünf Arbeitnehmer	6 €
Monatlicher geldwerter Vorteil bei Arbeitnehmer C 20 Entfernungs-km × 6 € =	120 €
Monatlicher geldwerter Vorteil bei Arbeitnehmer D 25 Entfernungs-km × 6 € =	150 €

Beispiel D

Wie Beispiel A. Die Entfernung zwischen Wohnung und erster Tätigkeitsstätte soll beim Arbeitnehmer E 40 km betragen. Da er jedoch monatlich nur zehn Fahrten zwischen Wohnung und erster Tätigkeitsstätte durchführt, kann zur Ermittlung des geldwerten Vorteils eine Einzelbewertung vorgenommen werden. Somit ergibt sich folgende Lösung:

Die Summe der Bruttolistenpreise der im Beispiel A angegebenen Fahrzeuge beträgt 100 000 € (18 000 € + 22 000 € + 27 000 € + 33 000 €).

0,002 % von 100 000 € =	2,00 €
geteilt durch fünf Arbeitnehmer	0,40 €
Monatlicher geldwerter Vorteil bei Arbeitnehmer E bei zehn Fahrten 0,40 € × 40 Entfernungs-km × 10 Fahrten =	160,00 €

Sofern keine Einzelbewertung durchgeführt wird, ergibt sich ein monatlicher geldwerter Vorteil von 240 € (6 € – vgl. Beispiel C – × 40 Entfernungs-km).

f) Campingfahrzeug als Firmenwagen

Mit Urteil vom 6.11.2001 (BStBl. II S. 370) hat der Bundesfinanzhof entschieden, dass auch Campingfahrzeuge Kraftfahrzeuge im Sinne des § 8 Abs. 2 EStG sind. Das bedeutet, dass der steuer- und beitragspflichtige geldwerte Vorteil für die private Nutzung des Campingfahrzeugs nach der 1 %-Methode zu ermitteln ist, wenn nicht die individuelle Methode (Einzelnachweis der Kosten und Führen eines ordnungsgemäßen Fahrtenbuchs) gewählt wird. ja ja

Auch für die mit einem solchen Fahrzeug durchgeführten Fahrten zwischen Wohnung und erster Tätigkeitsstätte ist ein geldwerter Vorteil entweder nach der 0,03 %-Methode

1) Randnummer 11 des BMF-Schreibens vom 4.4.2018 (BStBl. I S. 592). Das BMF-Schreiben ist als Anlage 1 zu H 8.1 (9–10) LStR im **Steuerhandbuch für das Lohnbüro 2021** abgedruckt, das im selben Verlag erschienen ist.

F

Lohnsteuerpflichtig | Sozialversich.-pflichtig

oder der individuellen Methode (= Fahrtenbuchmethode) anzusetzen. ja ja

Die Finanzverwaltung hat das BFH-Urteil in die Hinweise zu den Lohnsteuer-Richtlinien übernommen (Hinweise zu R 8.1 (9–10) Stichwort „Kraftfahrzeuge")[1].

g) Lkw, Zugmaschine und Geländewagen als Firmenwagen

Der Bundesfinanzhof hat entschieden, dass eine Ermittlung des geldwerten Vorteils für die Privatnutzung nach der **1 %-Methode nicht** bei Fahrzeugen vorzunehmen ist, die nach ihrer objektiven Beschaffenheit und Einrichtung typischerweise so gut wie ausschließlich nur zur Beförderung von Gütern bestimmt und für eine Nutzung zu privaten Zwecken nicht geeignet sind (BFH-Urteil vom 18.12.2008, BStBl. 2009 II S. 381). Im Streitfall war dem Arbeitnehmer eines Unternehmens für Heizungs- und Sanitärbedarf ein zweisitziger Kastenwagen (sog. **Werkstatt-/Monteurwagen**) überlassen worden, der einen fensterlosen Aufbau mit Materialschränken und -fächern hatte sowie mit Werkzeug ausgestattet und mit einer Beschriftung versehen war. Nach Ansicht des Gerichts machten Bauart und Ausstattung deutlich, dass ein solcher Wagen typischerweise nicht für private Zwecke eingesetzt werde. Ausschlaggebend waren die Anzahl der Sitzplätze (im Streitfall zwei), das äußere Erscheinungsbild, die Verblendung der hinteren Seitenfenster und das Vorhandensein einer Abtrennung zwischen Lade- und Fahrgastraum. Für die vom Arbeitnehmer im entschiedenen Streitfall mit dem Werkstattwagen unstreitig durchgeführten Fahrten zwischen Wohnung und erster Tätigkeitsstätte war allerdings ein geldwerter Vorteil in Höhe von monatlich 0,03 % des Bruttolistenpreises je Entfernungskilometer anzusetzen.

Unter Berücksichtigung dieser Rechtsprechung kann davon ausgegangen werden, dass **Lkw** oder **Zugmaschinen** typischerweise nicht für private Zwecke eingesetzt werden und daher im Regelfall **kein geldwerter Vorteil für Privatfahrten** anzusetzen ist. Obwohl die Fahrer dieser Fahrzeuge in aller Regel keine erste Tätigkeitsstätte haben, ist es denkbar, dass sich für die Fahrten zum täglichen „Einsatzort" ein geldwerter Vorteil ergibt (bei Vorliegen eines „Arbeitgeber-Sammelpunktes"; vgl. hierzu vorstehende Nr. 3 Buchstabe i).

Ein **Geländewagen** oder Kombi (sog. Kombinationskraftwagen) ist hingegen ein steuerlich relevanter Firmenwagen (BFH-Urteil vom 13.2.2003, BStBl. II S. 472). Für die Ermittlung des geldwerten Vorteils in den Fällen der Prozent-Methode ist der **Bruttolistenpreis in voller Höhe** anzusetzen. Eine betragsmäßige Begrenzung des Bruttolistenpreises ist nicht vorzunehmen.

h) Abgrenzung zwischen Kostenerstattung und Nutzungsüberlassung

Der Bundesfinanzhof hat in zwei Urteilen zur Abgrenzung der Kostenerstattung von einer Nutzungsüberlassung Stellung genommen. Die zwei Urteile lassen sich im Ergebnis wie folgt zusammenfassen:

Erstattet der Arbeitgeber dem Arbeitnehmer sämtliche Kosten, die dem Arbeitnehmer für sein **eigenes Auto** entstehen (Abschreibung, Steuern, Versicherung, Reparaturen, Pflege, Reifen, Benzin, Schmierstoffe), muss der Arbeitnehmer diese Kostenerstattung als **Barlohn** versteuern. Eine Bewertung dieser Kostenerstattung mit der 1 %-Methode bzw. 0,03 %-Methode oder nach der Fahrtenbuchmethode ist nicht zulässig (BFH-Urteil vom 6.11.2001, BStBl. 2002 II S. 164).

Keine Kostenerstattung, sondern eine mit der 1 %-Methode bzw. 0,03 %-Methode oder nach der Fahrtenbuchmethode zu bewertende Nutzungsüberlassung liegt dagegen vor, wenn der Arbeitnehmer das Kraftfahrzeug auf Veranlassung des Arbeitgebers least, dieser sämtliche Kosten des Kraftfahrzeugs trägt und im Innenverhältnis allein über die Nutzung des Kraftfahrzeugs bestimmt (BFH-Urteil vom 6.11.2001, BStBl. 2002 II S. 370). Vgl. zu diesem Sonderfall auch die Erläuterungen unter der vorstehenden Nr. 10 Buchstabe c). Auf das Stichwort „Leasingfahrzeuge" wird ergänzend hingewiesen.

i) Verbilligter Kauf eines Firmenwagens durch den Arbeitnehmer

Der Erwerb eines (gebrauchten) Firmenwagens vom Arbeitgeber führt beim Arbeitnehmer zum Zufluss von steuerpflichtigen Arbeitslohn, wenn der gezahlte Kaufpreis hinter dem **„üblichen Endpreis"** des Fahrzeugs zurückbleibt (§ 8 Abs. 2 Satz 1 EStG).

Auf die Erläuterungen beim Stichwort „Kraftfahrzeuge" wird Bezug genommen. Maßgebend für die Bestimmung des „üblichen Endpreises" ist nicht der Händler-Einkaufspreis sondern der Verkehrswert, das heißt der Händler-Verkaufspreis (einschließlich Umsatzsteuer). Häufig wird ein Gutachten über den Händler-Einkaufspreis vorgelegt. Die Finanzverwaltung ermittelt dann den lohnsteuerpflichtigen geldwerten Vorteil im Normalfall wie folgt:

Wert des Firmenwagens laut Gutachten unter Berücksichtigung nachträglicher Zusatzausstattung	.... €
zuzüglich: Gewinnaufschlag z. B. + 20 %[2]	.... €
abzüglich: Abschlag für fehlende Garantieleistung z. B. 5 %	.... €
Ortsüblicher Endpreis	.... €
96 % des ortsüblichen Endpreises	.... €
(zur Anwendung der 96 %-Regelung vgl. die Erläuterungen beim Stichwort „Sachbezüge" unter Nr. 3 Buchstabe b)	
abzüglich: Zahlung des Arbeitnehmers	.... €
verbleibender Betrag = steuerpflichtiger geldwerter Vorteil	.... €

13. Pauschalierung der Lohnsteuer mit 15 % bei Fahrten zwischen Wohnung und erster Tätigkeitsstätte

a) Allgemeines

Der Arbeitgeber hat bei der Versteuerung des geldwerten Vorteils für die unentgeltliche oder verbilligte Überlassung eines Firmenwagens zu Fahrten zwischen Wohnung und erster Tätigkeitsstätte die Möglichkeit, die Lohnsteuer insoweit mit **15 %** zu pauschalieren, als der Arbeitnehmer Werbungskosten in Höhe der Entfernungspauschale geltend machen könnte (vgl. das Stichwort **„Entfernungspauschale")**. Dementsprechend kann auch der geldwerte Vorteil für die unentgeltliche oder verbilligte Nutzung des Firmenwagens zu Fahrten zwischen Wohnung und erster Tätigkeitsstätte mit 15 % pauschal besteuert werden. **Die Pauschalierung der Lohnsteuer mit 15 % löst Beitragsfreiheit in der Sozialversicherung aus.** Allerdings verliert der Arbeitnehmer den Werbungskostenabzug, soweit eine Pauschalierung mit 15 % durchgeführt wurde. Macht der Arbeitgeber von der Pauschalierungsmöglichkeit Gebrauch, kann aus Vereinfachungsgründen unterstellt werden, dass der Arbeitnehmer das Fahrzeug an 15 Arbeitstagen monatlich (180 Tagen jährlich) für Fahrten zwischen Wohnung und erster Tätigkeitsstätte benutzt. Die Auswirkungen einer Pauschalierung der Lohnsteuer mit 15 % soll an folgendem Beispiel verdeutlicht werden:

1) Die amtlichen Hinweise zu den Lohnsteuer-Richtlinien sind im **Steuerhandbuch für das Lohnbüro 2021** abgedruckt, das im selben Verlag erschienen ist.

2) Bei der Bemessung des prozentualen Gewinnaufschlags ist zu beachten, dass neben dem gewerblichen Gebrauchtwagenhandel auch ein nennenswerter privater Automarkt besteht. Auf diesem Markt ist in der Regel für identische bzw. gleichartige Fahrzeuge nur ein geringerer Kaufpreis zu zahlen.

Lohn-steuer-pflichtig | Sozial-versich.-pflichtig

Beispiel A

Der Arbeitnehmer nutzt 2021 einen Firmenwagen (Bruttolistenpreis im Zeitpunkt der Erstzulassung 30 000 €) für Fahrten zwischen Wohnung und erster Tätigkeitsstätte. Die Entfernung beträgt 30 km. Für die Nutzung des Firmenwagens zu Fahrten zwischen Wohnung und erster Tätigkeitsstätte ergibt sich folgender monatlich zu versteuernder geldwerter Vorteil:

30 km × 0,03 % von 30 000 €	=	270,– €

Der Arbeitgeber kann die Lohnsteuer mit 15 % pauschalieren, soweit der Arbeitnehmer Werbungskosten für Fahrten zwischen Wohnung und erster Tätigkeitsstätte in Höhe der Entfernungspauschale geltend machen könnte. Dabei ist von 15 Arbeitstagen monatlich auszugehen:

20 km × 0,30 € ×15 Arbeitstage	=	90,– €
10 km × 0,35 € ×15 Arbeitstage	=	52,50 €
Summe	=	142,50 €
zur Versteuerung als laufender Arbeitslohn verbleiben (270 € – 142,50 € =)		127,50 €

Für die Berechnung der Sozialversicherungsbeiträge gilt Folgendes:

Soweit die Lohnsteuer mit 15 % pauschaliert wird, tritt Beitragsfreiheit in der Sozialversicherung ein. Beitragspflichtig ist demnach nur der Betrag von 127,50 €.

Durch die Pauschalierung des Betrags von 142,50 € monatlich verliert der Arbeitnehmer in dieser Höhe den Werbungskostenabzug bei der Veranlagung zur Einkommensteuer.

Eine vollständige Lohnabrechnung für den Fall, dass der geldwerte Vorteil für Fahrten zwischen Wohnung und erster Tätigkeitsstätte zum Teil pauschal mit 15 % und zum Teil als laufender Arbeitslohn versteuert wird, ist beim Stichwort „Gesellschafter-Geschäftsführer" unter Nr. 7 auf Seite 530 abgedruckt.

Die Berechnung des steuerpflichtigen geldwerten Vorteils unterscheidet sich folglich von der Berechnung des pauschal mit 15 % zu besteuernden Betrags. Denn pauschal mit 15 % kann nur der Betrag besteuert werden, den der Arbeitnehmer in Höhe der Entfernungspauschale als Werbungskosten geltend machen könnte, höchstens jedoch der nach der 0,03 %-Methode ermittelte geldwerte Vorteil.

Bei der Pauschalierung mit 15 % kann **aus Vereinfachungsgründen** unterstellt werden, dass der Arbeitnehmer das Fahrzeug an **15 Arbeitstagen** monatlich (180 Arbeitstagen jährlich) für Fahrten zwischen Wohnung und erster Tätigkeitsstätte nutzt. Der Pauschalierung kann jedoch die **tatsächliche (höhere) Anzahl der Arbeitstage** zugrunde gelegt werden, an denen der Arbeitnehmer den Firmenwagen für Fahrten zwischen Wohnung und erster Tätigkeitsstätte genutzt hat.

Wird im Lohnsteuerabzugsverfahren – regelmäßig wegen der geringen Anzahl von Fahrten zwischen Wohnung und erster Tätigkeitsstätte – eine Einzelbewertung der tatsächlich durchgeführten Fahrten mit 0,002 % des Bruttolistenpreises pro Entfernungskilometer und Fahrt vorgenommen (vgl. hierzu die Erläuterungen und Beispiele unter der vorstehenden Nr. 3 Buchstabe c), ist auch die Ermittlung der Entfernungspauschale für die Lohnsteuerpauschalierung mit 15 % anhand der vom Arbeitnehmer erklärten Anzahl der Tage vorzunehmen. Die vorstehend erwähnte monatliche 15-Tage-Regelung ist in diesem Fall nicht anwendbar.[1)]

Beispiel B

Der Arbeitnehmer nutzt einen Firmenwagen (Bruttolistenpreis im Zeitpunkt der Erstzulassung 40 000 €) im Monat Mai 2021 an 10 Tagen für Fahrten zwischen Wohnung und erster Tätigkeitsstätte. Die Entfernung beträgt 60 km. Arbeitgeber und Arbeitnehmer haben eine Einzelbewertung der Fahrten zur Ermittlung des geldwerten Vorteils vereinbart. Für den Monat Mai 2021 ergibt sich folgender geldwerter Vorteil:

10 Fahrten à 0,002 % von 40 000 € × 60 km	=	480 €

Der Arbeitgeber kann die Lohnsteuer mit 15 % pauschalieren, soweit der Arbeitnehmer Werbungskosten für Fahrten zwischen Wohnung und erster Tätigkeitsstätte in Höhe der Entfernungspauschale geltend machen könnte. Dabei ist wegen der gewählten Einzelbewertung von 10 Arbeitstagen auszugehen:

Lohn-steuer-pflichtig | Sozial-versich.-pflichtig

20 km × 0,30 € × 10 Arbeitstage	=	60 €
40 km × 0,35 € × 10 Arbeitstage	=	140 €
Summe	=	200 €
zur Versteuerung als laufender Arbeitslohn verbleiben (480 € – 200 €)	=	280 €

Die steuerliche Förderung von **Elektro- und extern aufladbaren Hybridelektrofahrzeugen,** die im Zeitraum vom **1.1.2019 bis 2030 angeschafft oder geleast** werden, erfolgt durch eine **Halbierung** oder gar **Viertelung der Bemessungsgrundlage** (vgl. vorstehende Nr. 2 Buchstabe b sowie Nr. 3 Buchstabe a).

F

Beispiel C

Der Arbeitnehmer erhält als Firmenwagen ein in 2021 angeschafftes Hybridelektrofahrzeug mit einer Batteriekapazität von 16,3 kWh auch zur privaten Nutzung sowie für die Fahrten zwischen Wohnung und erster Tätigkeitsstätte (Entfernung = 20 km). Der Bruttolistenpreis beträgt 45 280 €.

Die Hälfte des Bruttolistenpreises beträgt folglich 22 640 €, abgerundet auf volle Hundert Euro = 22 600 €.

Der monatliche geldwerte Vorteil in 2021 ermittelt sich wie folgt:

Privatfahrten 1 % von 22 600 € =	226,00 €
Fahrten zwischen Wohnung und erster Tätigkeitsstätte 0,03 % von 22 600 € × 20 km =	135,60 €
Geldwerter Vorteil insgesamt	361,60 €

Der geldwerte Vorteil für die Fahrten zwischen Wohnung und erster Tätigkeitsstätte in Höhe von 135,60 € kann in folgendem Umfang pauschal besteuert werden:

15 Arbeitstage × 20 km × 0,30 €	90,00 €
zur Versteuerung als laufender Arbeitslohn verbleiben 135,60 € abzüglich 90 €	45,60 €

Für den **Arbeitgeber** ist die Pauschalierung mit 15 % deshalb besonders wichtig, weil sie Beitragsfreiheit in der Sozialversicherung auslöst und sich der Arbeitgeber somit den Arbeitgeberanteil am Gesamtsozialversicherungsbeitrag spart.

Für den **Arbeitnehmer** muss die Pauschalierung jedoch nicht immer günstiger sein. Die normale Versteuerung als laufender Arbeitslohn ist für den Arbeitnehmer gegenüber der Lohnsteuerpauschalierung mit 15 % dann vorteilhaft, wenn der laufende Monatslohn ohnehin die Beitragsbemessungsgrenze in der allgemeinen Rentenversicherung (2021 monatlich 7100 € in den alten und 6700 € in den neuen Bundesländern) überschreitet **und** der Arbeitnehmer mit anderen Werbungskosten den bei seiner Einkommensteuer-Veranlagung zu berücksichtigenden allgemeinen Arbeitnehmer-Pauschbetrag in Höhe von 1000 € bereits erreicht hat, sodass sich die Fahrtkosten (= Entfernungspauschale) für Fahrten zwischen Wohnung und erster Tätigkeitsstätte steuerlich voll als Werbungskosten auswirken können. Die Frage, ob normal besteuert oder mit 15 % pauschaliert werden soll, ist deshalb mit dem Arbeitnehmer im Einzelnen abzustimmen. Dies gilt insbesondere dann, wenn die Pauschalsteuer von 15 % im arbeitsrechtlichen Innenverhältnis auf den Arbeitnehmer abgewälzt werden soll. Die **Abwälzung der Pauschalsteuer** ist anhand eines Berechnungsbeispiels beim Stichwort „Fahrten zwischen Wohnung und erster Tätigkeitsstätte" unter Nr. 6 auf Seite 396 erläutert. Vgl. außerdem das Stichwort „Abwälzung der Pauschalsteuer auf den Arbeitnehmer".

b) Behinderte Arbeitnehmer

Auch für behinderte Arbeitnehmer gilt der Grundsatz, dass eine Saldierung des vom Arbeitgeber zu versteuernden geldwerten Vorteils für die unentgeltliche oder verbilligte Nutzung eines Firmenwagens zu Fahrten zwischen

1) Randnummer 10 Buchstabe c des BMF-Schreibens vom 4.4.2018 (BStBl. I S. 592). Das BMF-Schreiben ist als Anlage 1 zu H 8.1 (9–10) LStR im **Steuerhandbuch für das Lohnbüro 2021** abgedruckt, das im selben Verlag erschienen ist.

	Lohnsteuerpflichtig	Sozialversich.-pflichtig

Wohnung und erster Tätigkeitsstätte mit dem beim Arbeitnehmer möglichen Werbungskostenabzug nicht zulässig ist. Das bedeutet, dass auch behinderte Arbeitnehmer einerseits den geldwerten Vorteil versteuern müssen, andererseits aber bei der Veranlagung zur Einkommensteuer Werbungskosten geltend machen können und zwar für **jeden Kilometer** der **einfachen Entfernung** zwischen Wohnung und erster Tätigkeitsstätte in Höhe der tatsächlich entstandenen Kosten, das heißt mit den für Auswärtstätigkeiten geltenden Kilometersatz in Höhe von (2 × 0,30 € =) **0,60 €.** Dies entspricht einem Satz von 0,30 € je gefahrenen Kilometer.

F

Diese Regelung gilt für Behinderte,

- deren Grad der Behinderung mindestens 70 beträgt,
- deren Grad der Behinderung weniger als 70, aber mindestens 50 beträgt und die in ihrer Bewegungsfähigkeit im Straßenverkehr erheblich beeinträchtigt sind (Merkzeichen „G").

Für die Pauschalierung der Lohnsteuer mit 15 % gilt bei diesen Arbeitnehmern folgende Besonderheit:

Die Pauschalierung des mit 0,03 % des Bruttolistenpreises ermittelten geldwerten Vorteils ist bei diesen Arbeitnehmern **in voller Höhe** zulässig und nicht nur in Höhe der Entfernungspauschale wie bei den übrigen Arbeitnehmern und auch nicht nur in Höhe des für Auswärtstätigkeiten geltenden Kilometersatzes von (2 × 0,30 € =) 0,60 €, den der behinderte Arbeitnehmer als Werbungskosten geltend machen könnte.

Beispiel

Der Arbeitnehmer ist behindert (Grad der Behinderung mindestens 70 oder mindestens 50 mit Gehbehinderung). Er nutzt einen Firmenwagen (Bruttolistenpreis im Zeitpunkt der Erstzulassung 30 000 €) für Fahrten zwischen Wohnung und erster Tätigkeitsstätte. Die Entfernung beträgt 20 km. Es ergibt sich folgender monatlich zu versteuernder geldwerter Vorteil:

0,03 % von 30 000 € = 9 € × 20 km =	180,– €
Der Arbeitgeber kann die Lohnsteuer in voller Höhe mit 15 % pauschalieren	180,– €
als steuer- und beitragspflichtiger Arbeitslohn verbleiben	0,– €

In der Höhe, in der der geldwerte Vorteil pauschal mit 15 % besteuert wurde, kann der Arbeitnehmer keine Werbungskosten für Fahrten zwischen Wohnung und erster Tätigkeitsstätte geltend machen.

Wird einem behinderten Arbeitnehmer ein Pkw mit Fahrer zur Verfügung gestellt (vgl. die Erläuterungen unter der nachfolgenden Nr. 15), weil der Arbeitnehmer wegen der Behinderung keine gültige Fahrerlaubnis besitzt oder wegen der Behinderung von seiner Fahrerlaubnis keinen Gebrauch macht, kann u. E. der Wert der unentgeltlichen oder verbilligten Überlassung des Pkws und der Fahrerzuschlag pauschal besteuert werden, da zumindest in diesen Fällen der Fahrerzuschlag als Werbungskosten abziehbar wäre (§ 9 Abs. 2 Satz 3 EStG i. V. m. R 9.1 Abs. 4 Satz 2 LStR).

c) Beruflich veranlasste Auswärtstätigkeiten

Die steuerliche Berücksichtigung der **Fahrtkosten** im Zusammenhang mit einer beruflich veranlassten Auswärtstätigkeit ist dem Grunde und der Höhe nach durch die gesetzliche Reisekostenreform zum 1.1.2014 grundsätzlich unverändert geblieben. Allerdings hat der Gesetzgeber festgelegt, dass es ungeachtet des Vorliegens einer beruflich veranlassten Auswärtstätigkeit dennoch in den folgenden Fällen zum Ansatz der **Entfernungspauschale** kommt:

- Dauerhafte Fahrten zu einem vom Arbeitgeber bestimmten **Sammelpunkt** und
- dauerhafte Fahrten zu einem **weiträumigen Tätigkeitsgebiet** (vgl. die Ausführungen und Beispiele beim Stichwort „Entfernungspauschale" unter Nr. 11).

	Lohnsteuerpflichtig	Sozialversich.-pflichtig

In beiden Fällen müssen die Fahrten „dauerhaft" durchgeführt werden. Dauerhaft bedeutet auch hier unbefristet, für die Dauer des gesamten Dienstverhältnisses oder über einen Zeitraum von 48 Monaten hinaus.

Folgerichtig geht der Gesetzgeber auch von einem **geldwerten Vorteil** aus, wenn dem Arbeitnehmer für **derartige Fahrten** ein **Firmenwagen** zur Verfügung gestellt wird. Die Bewertung dieses geldwerten Vorteils ist entsprechend den Regelungen für die Fahrten zwischen Wohnung und erster Tätigkeitsstätte vorzunehmen (§ 8 Abs. 2 Sätze 3 und 4 i. V. m. § 9 Abs. 1 Satz 3 Nr. 4a Satz 3 EStG); vgl. im Einzelnen die Ausführungen unter der vorstehenden Nr. 3 Buchstabe i. Der geldwerte Vorteil kann auch für die vorstehenden Fahrten in Höhe der Entfernungspauschale mit 15 % pauschal besteuert werden.

Beispiel

Kundendienstmonteur A sucht auf Dauer täglich den Betrieb seines Arbeitgebers auf, um dort die Auftragsbestätigungen für den laufenden Tag abzuholen bzw. für den Vortag abzugeben; die Entfernung von seiner Wohnung beträgt 20 km. Ihm steht für sämtliche Fahrten ein Firmenwagen (kein Werkstattwagen) mit einem Bruttolistenpreis von 25 000 € zur Verfügung.

A hat im Betrieb des Arbeitgebers keine erste Tätigkeitsstätte. Da er ihn jedoch dauerhaft typischerweise arbeitstäglich aufsucht, um von dort seine eigentliche Einsatzorte aufzusuchen, ist auch für die Fahrt von der Wohnung zum Betrieb ein geldwerter Vorteil anzusetzen. Der monatliche geldwerte Vorteil für die Fahrten von der Wohnung zum Betrieb beträgt:

0,03 % von 25 000 € × 20 km	150 €
Der Arbeitgeber kann die Lohnsteuer mit 15 % pauschalieren, soweit der Arbeitnehmer Werbungskosten für diese Fahrten in Höhe der Entfernungspauschale geltend machen könnte. Dabei ist von 15 Arbeitstagen monatlich auszugehen. 20 km × 0,30 € × 15 Arbeitstage	90 €
zur Versteuerung als laufender Arbeitslohn verbleiben (150 € – 90 €)	
Summe	60 €

Daneben ist als laufender Arbeitslohn für die Privatnutzung des Firmenwagens ein geldwerter Vorteil von 250 € monatlich (1 % von 25 000 €) zu besteuern.

14. Familienheimfahrten im Rahmen einer beruflich veranlassten doppelten Haushaltsführung

Nach § 8 Abs. 2 Satz 5 EStG wird bei wöchentlichen Familienheimfahrten mit einem vom Arbeitgeber unentgeltlich oder verbilligt zur Verfügung gestellten Firmenwagen kein geldwerter Vorteil angesetzt, wenn für diese Fahrten ein Werbungskostenabzug beansprucht werden könnte, falls der Arbeitnehmer die Familienheimfahrten mit dem eigenen Pkw durchführen würde.

Ein Werbungskostenabzug kann nach § 9 Abs. 1 Satz 3 Nr. 5 Satz 5 EStG in Höhe der Entfernungspauschale für **eine Familienheimfahrt wöchentlich** beansprucht werden. Dementsprechend entsteht bei der Nutzung eines Firmenwagens für eine Familienheimfahrt wöchentlich **kein geldwerter Vorteil.**[1] Der Arbeitnehmer kann für eine solche Fahrt aber auch keine Werbungskosten in Höhe der Entfernungspauschale geltend machen (§ 9 Abs. 1 Satz 3 Nr. 5 Satz 8 EStG). nein nein

Der Bundesfinanzhof hält es angesichts der gesetzlichen Regelungen aus systematischen Gründen für zutreffend, dass bei einer Firmenwagengestellung durch den Arbeitgeber für eine Familienheimfahrt wöchentlich kein geldwerter Vorteil angesetzt und **keine Werbungskosten** in Höhe der Entfernungspauschale berücksichtigt werden (BFH-Urteil vom 28.2.2013, BStBl. II S. 629).

Fährt der Arbeitnehmer jedoch **mehr als einmal** in der Woche an den Ort des eigenen Hausstands, ist diese zusätzliche Heimfahrt vom Werbungskostenabzug ausgeschlossen, sodass der Arbeitnehmer bei einer Firmen-

1) Zur umsatzsteuerlichen Bemessungsgrundlage vgl. die Erläuterungen und das Beispiel unter der nachfolgenden Nr. 20 Buchstabe b.

Lohn-steuer-pflichtig | Sozial-versich.-pflichtig

wagengestellung diese Fahrten versteuern muss, und zwar mit **0,002 % des Bruttolistenpreises je Entfernungskilometer** zwischen dem Beschäftigungsort und dem Ort des eigenen Hausstands. ja ja

Wird für die Ermittlung des geldwerten Vorteils ein **individueller Kilometersatz** (= Fahrtenbuchmethode) nach der unter Nr. 2 dargestellten Methode ermittelt, sind die **steuerpflichtigen Familienheimfahrten** (= mehr als eine Fahrt wöchentlich) mit diesem individuellen Kilometersatz als geldwerter Vorteil zu versteuern.

Die ab 2019 geltenden Regelungen für Elektro- und Hybridelektrofahrzeuge sind bei Vorhandensein eines solchen Fahrzeugs bei beiden Methoden (Bruttolistenpreisregelung oder Fahrtenbuchmethode) zu beachten (vgl. vorstehende Nr. 2 Buchstabe b und Nr. 3 Buchstabe a).

Werden Familienheimfahrten mit dem Firmenwagen durchgeführt, handelt es sich begrifflich nicht um Fahrten zwischen Wohnung und erster Tätigkeitsstätte. Deshalb kann der geldwerte Vorteil für ggf. steuerpflichtige Heimfahrten vom Arbeitgeber **nicht mit 15 % pauschal besteuert** werden.

Beispiel A

Ein Arbeitnehmer führt einen beruflich veranlassten doppelten Haushalt. Der Arbeitnehmer wohnt mit seiner Familie in A und unterhält am Beschäftigungsort in B seit drei Jahren eine weitere Wohnung. Die Entfernung zwischen A und B beträgt 250 km. Der Arbeitgeber hat ihm ein Fahrzeug (Listenpreis 30 000 €) zur Verfügung gestellt. In 2021 führt er neben den wöchentlichen Heimfahrten zusätzliche zehn Fahrten zu seiner Familienwohnung durch.

Für wöchentlich eine Familienheimfahrt könnte der Arbeitnehmer Werbungskosten geltend machen, sodass eine Versteuerung dieser Fahrten unterbleibt. Hinsichtlich der zehn zusätzlichen Fahrten steht dem Arbeitnehmer kein Werbungskostenabzug zu. Der geldwerte Vorteil für diese Fahrten muss deshalb versteuert werden und zwar mit **0,002 %** des Bruttolistenpreises je **Entfernungskilometer.** Für die zehn Fahrten ergibt sich folgender geldwerter Vorteil:

0,002 % von 30 000 € = 0,60 € × 250 km	150,– €
für 10 Familienheimfahrten 150 € × 10	1500,– €

Der geldwerte Vorteil ist individuell nach den Lohnsteuerabzugsmerkmalen des Arbeitnehmers zu versteuern. Eine Pauschalierung mit 15 % ist nicht zulässig, weil es sich begrifflich nicht um Fahrten zwischen Wohnung und erster Tätigkeitsstätte handelt.

Zu beachten ist, dass eine **doppelte Haushaltsführung nicht** vorliegt, **solange** die auswärtige Beschäftigung als beruflich veranlasste **Auswärtstätigkeit** anzusehen ist (R 9.11 Abs. 1 Satz 2 LStR).

Beispiel B

Ein Arbeitnehmer wird für zwei Jahre befristet von seinem Arbeitgeber an eine 100 km entfernt liegende Betriebsstätte abgeordnet. Ihm steht für sämtliche Fahrten ein Firmenwagen (Bruttolistenpreis 25 000 €) zur Verfügung. Während der Abordnung fährt er zweimal wöchentlich (= achtmal monatlich) nach Hause.

Es handelt sich für die gesamten **zwei Jahre** um eine beruflich veranlasste **Auswärtstätigkeit.** Für den gesamten Zeitraum ist für sämtliche **Zwischenheimfahrten** – auch für die zweite Fahrt wöchentlich nach Hause – **kein geldwerter Vorteil** anzusetzen. Für die Privatnutzung des Firmenwagens ist ein geldwerter Vorteil von 250 € monatlich (1 % von 25 000 €) zu besteuern.

Für die Fahrt von der **Zweitwohnung** am Beschäftigungsort zur **ersten Tätigkeitsstätte** gelten im Rahmen einer doppelten Haushaltsführung die Grundsätze für Fahrten zwischen Wohnung und erster Tätigkeitsstätte. Bei Gestellung eines Firmenwagens für diese Fahrten ist ein geldwerter Vorteil nach der Bruttolistenpreisregelung oder Fahrtenbuchmethode zu ermitteln. Eine Pauschalbesteuerung dieser Fahrten bis zur Höhe der Entfernungspauschale mit 15 % ist möglich und führt zur Beitragsfreiheit. ja nein

15. Überlassung eines Firmenwagens mit Fahrer

a) Allgemeines

Wird dem Arbeitnehmer für die Benutzung des Firmenwagens vom Arbeitgeber ein **Fahrer** zur Verfügung gestellt, handelt es sich um die Gewährung eines weiteren steuerpflichtigen geldwerten Vorteils, der **zusätzlich zu erfassen** ist (R 8.1 Abs. 10 Satz 1 LStR). Dies gilt auch dann, wenn der Dienstwagen büromäßig eingerichtet ist und der Arbeitnehmer die Fahrzeit zur Erledigung beruflicher Arbeiten nutzt (BFH-Urteil vom 27.9.1996, BStBl. 1997 II S. 147). Der Bundesfinanzhof hatte allerdings im Jahr 2010 Zweifel geäußert, ob die Gestellung eines Fahrers für die Fahrten zwischen Wohnung und regelmäßiger Arbeitsstätte (ab 1.1.2014 = erste Tätigkeitsstätte) zu einem zusätzlichen geldwerten Vorteil führt (BFH-Urteil vom 22.9.2010, BStBl. 2011 II S. 354). Hieran hält er nicht mehr fest und geht bei einer Fahrergestellung für solche Fahrten ebenso wie die Finanzverwaltung von Arbeitslohn aus. Für die Annahme eines geldwerten Vorteils komme es nicht darauf an, ob der Arbeitnehmer in dem mit Fahrer überlassenen Firmenwagen bereits auf dem Weg zur ersten Tätigkeitsstätte büromäßige Tätigkeiten tatsächlich ausübe oder ausüben könne. **Entscheidend** ist vielmehr, dass der Arbeitgeber seinem Arbeitnehmer für eine Aufgabe, die Angelegenheit des Arbeitnehmers ist, eine Dienstleistung in Form der **Personalüberlassung** zur Verfügung stellt, die für sich betrachtet einen Wert hat. Diese Personalüberlassung betrifft auch nicht den unmittelbaren betrieblichen Bereich des Arbeitgebers, den er mit Arbeitsmitteln und Personal auszustatten hat, um den eigentlichen Arbeitsprozess zu fördern. Insofern ist eine solche Personalüberlassung ein vom Arbeitgeber zugewendeter Vorteil, dem Entlohnungscharakter für das Zurverfügungstellen der Arbeitskraft zukommt (BFH-Urteil vom 15.5.2013, BStBl. 2014 II S. 589). ja ja

Ausgehend von der vorstehenden Rechtsprechung des Bundesfinanzhofs ist der zusätzliche geldwerte Vorteil aus der Fahrergestellung entsprechend den allgemeinen, lohnsteuerlichen Bewertungsgrundsätzen mit dem üblichen **Endpreis** am Abgabeort anzusetzen. Dies ist der Betrag, den ein **fremder Dritter** für eine von ihm bezogene vergleichbare **Dienstleistung verlangen würde.**

Im Hinblick auf die praktischen Schwierigkeiten bei dieser Endpreisfeststellung hat die Finanzverwaltung[1] keine Bedenken **(= Wahlrecht),** wenn als Endpreis am Abgabeort der **Anteil** am **Bruttoarbeitslohn** und den **Lohnnebenkosten** (Arbeitgeberbeiträge zur Sozialversicherung, Verpflegungszuschüsse, Fort- und Weiterbildungskosten) des Fahrers angesetzt wird, der der **Einsatzdauer** des Fahrers (einschließlich Stand- und Wartezeiten) für alle Privatfahrten zu dessen **Gesamtarbeitszeit** entspricht. Privatfahrten sind neben den „reinen Privatfahrten" auch Fahrten zwischen Wohnung und erster Tätigkeitsstätte bzw. Arbeitgeber-Sammelpunkt oder weiträumigem Tätigkeitsgebiet sowie Familienheimfahrten im Rahmen einer doppelten Haushaltsführung. Die durch die An- und Abfahrten des Fahrers durchgeführten Leerfahrten und die anfallenden Rüstzeiten sind den dienstlichen Fahrten zuzurechnen. Sie gehören damit zwar zur Gesamtarbeitszeit des Fahrers, nicht jedoch zur Einsatzzeit des Fahrers für private Fahrten des Arbeitnehmers. Folglich führen die Leerfahrten und Rüstzeiten nicht zu einer Erhöhung des geldwerten Vorteils des Arbeitnehmers aus der Fahrergestellung. Die Vereinfachungsregelung ist einheitlich für alle Privatfahrten und für das gesamte Kalenderjahr anzuwenden.

Als **weitere Vereinfachungsregelung** lässt es die Finanzverwaltung zu, die Bewertung der Fahrergestellung mit den bereits zuvor geltenden **prozentualen Zuschlägen** zum geldwerten Vorteil aus der Firmenwagengestellung vorzunehmen (vgl. hierzu die nachfolgenden Buchstaben b bis d).

Der Arbeitgeber kann im **Lohnsteuerabzugsverfahren** den geldwerten Vorteil aus einer Fahrergestellung nach

1) Randnummer 41 des BMF-Schreibens vom 4.4.2018 (BStBl. I S. 592). Das BMF-Schreiben ist als Anlage 1 zu H 8.1 (9–10) LStR im **Steuerhandbuch für das Lohnbüro 2021** abgedruckt, das im selben Verlag erschienen ist.

F

	Lohn-steuer-pflichtig	Sozial-versich.-pflichtig

einer der vorstehenden Methoden ansetzen. Dieses Wahlrecht hat der Arbeitgeber für das Kalenderjahr für alle Privatfahrten einheitlich auszuüben. Bei einer Bewertung der Fahrergestellung mit dem üblichen Endpreis bzw. den anteiligen Lohnkosten hat der Arbeitgeber die Berechnungsgrundlagen zu dokumentieren, als Belege zum Lohnkonto aufzubewahren und dem Arbeitnehmer auf Verlangen formlos mitzuteilen. Der Arbeitnehmer kann den geldwerten Vorteil aus einer Fahrergestellung bei seiner **Einkommensteuer-Veranlagung** abweichend vom Arbeitgeber bewerten und gegenüber dem Finanzamt nachweisen. Diese Wahl kann im Kalenderjahr für alle Fahrten nur einheitlich ausgeübt werden. Bei einer abweichenden Bewertung sind der im Lohnsteuerabzugsverfahren angesetzte geldwerte Vorteil sowie die Berechnungsgrundlagen nachzuweisen (z. B. durch eine formlose Mitteilung des Arbeitgebers).

F

Das Wahlrecht für die Bewertung der Fahrergestellung im Lohnsteuerabzugs- bzw. Einkommensteuer-Veranlagungsverfahren ist im Übrigen auch bei einem Fahrzeugwechsel und/oder Fahrerwechsel im Laufe des Kalenderjahres einheitlich auszuüben. Ein Methodenwechsel im Laufe des Kalenderjahres ist nicht zulässig.

b) Fahrten zwischen Wohnung und erster Tätigkeitsstätte[1)]

Die Inanspruchnahme eines Fahrers kann aus Vereinfachungsgründen abweichend vom vorstehenden Buchstaben a durch einen Zuschlag von **50 %** zu dem für die Überlassung des Pkws für diese Fahrten anzusetzenden (pauschal oder individuell ermittelten) geldwerten Vorteils berücksichtigt werden. ja ja

Beispiel

Der Arbeitnehmer nutzt einen Firmenwagen mit Fahrer (Bruttolistenpreis im Zeitpunkt der Erstzulassung 30 000 €) für Fahrten zwischen Wohnung und erster Tätigkeitsstätte. Die Entfernung beträgt 20 km. Für die Nutzung des Firmenwagens mit Fahrer zu Fahrten zwischen Wohnung und erster Tätigkeitsstätte ergibt sich folgender monatlich zu versteuernder geldwerter Vorteil:

0,03 % von 30 000 € = 9 € × 20 km	180,– €
Fahrerzuschlag 50 %	90,– €
insgesamt monatlich zu versteuernder geldwerter Vorteil	270,– €

Mit dem Ansatz dieses Zuschlags sind auch die Fahrten abgegolten, bei denen der Chauffeur leer zur Wohnung des Arbeitnehmers, zurück zum Betrieb oder zu seiner eigenen Wohnung fährt (sog. **Leerfahrten**). Es entsteht in diesen Fällen auch kein geldwerter Vorteil beim Fahrer.

Die vorstehenden Ausführungen gelten entsprechend bei einer Fahrergestellung für dauerhafte Fahrten zu einem Arbeitgeber-Sammelpunkt oder zu einem weiträumigen Tätigkeitsgebiet (§ 9 Abs. 1 Satz 3 Nr. 4a Satz 3 EStG).

Der Fahrerzuschlag kann vom Arbeitnehmer **nicht** als Werbungskosten geltend gemacht werden. Damit entfällt auch für den Fahrerzuschlag von vornherein die Pauschalierungsmöglichkeit mit 15 %. Bei behinderten Arbeitnehmern vgl. die Erläuterungen unter der vorstehenden Nr. 13 Buchstabe b.

c) Familienheimfahrten[1)]

Wird dem Arbeitnehmer für die Nutzung des Firmenwagens zu **steuerpflichtigen** Familienheimfahrten (= mehr als eine Fahrt wöchentlich) im Rahmen einer doppelten Haushaltsführung ein Fahrer zur Verfügung gestellt, kann die Inanspruchnahme des Fahrers aus Vereinfachungsgründen abweichend vom vorstehenden Buchstaben a durch einen Zuschlag von **50 %** zu dem individuell oder pauschal ermittelten geldwerten Vorteil für steuerpflichtige Familienheimfahrten (vgl. vorstehende Nr. 14) erfasst werden.

	Lohn-steuer-pflichtig	Sozial-versich.-pflichtig

d) Reine Privatfahrten[1)]

Die Inanspruchnahme eines Fahrers bei den reinen Privatfahrten (z. B. bei Anwendung der 1 %-Regelung) kann aus Vereinfachungsgründen abweichend vom vorstehenden Buchstaben a mit folgenden Zuschlägen angesetzt werden:

- Zuschlag 50 %, wenn der Fahrer überwiegend in Anspruch genommen wird;
- Zuschlag 40 %, wenn der Arbeitnehmer den Firmenwagen häufig selbst steuert;
- Zuschlag 25 %, wenn der Arbeitnehmer den Firmenwagen weit überwiegend selbst steuert. Der Zuschlag von 25 % ist bei einer Fahrergestellung selbst dann vorzunehmen, wenn der Arbeitnehmer den Firmenwagen ausschließlich selbst steuert.

e) Fälle, in denen ein Zuschlag für den Fahrer nicht anzusetzen ist

Ein Zuschlag für die Inanspruchnahme des Fahrers bei Privatfahrten, bei Fahrten zwischen Wohnung und erster Tätigkeitsstätte sowie bei steuerpflichtigen Familienheimfahrten unterbleibt in den Fällen, in denen ein Arbeitnehmer aus Sicherheitsgründen ein gepanzertes Fahrzeug mit Fahrer zur Verfügung gestellt bekommt, das zum Selbststeuern nicht geeignet ist. In welche Gefährdungsstufe der Arbeitnehmer einzuordnen ist, ist ohne Bedeutung (R 8.1 Abs. 10 Nr. 4 LStR).

16. Unfall mit dem Firmenwagen

a) Allgemeines

Wurde der geldwerte Vorteil bei einer Firmenwagengestellung für Privatfahrten nach der Prozent-Methode (1 %-Bruttolistenpreisregelung) ermittelt, waren nach früherer Verwaltungsauffassung grundsätzlich auch die vom Arbeitgeber getragenen Unfallkosten mit dem sich nach der Bruttolistenpreisregelung ergebenden Wert abgegolten, und zwar auch dann, wenn sich der Unfall auf einer Privatfahrt des Arbeitnehmers ereignet hatte. Bei der Ermittlung des geldwerten Vorteils für Privatfahrten nach der Fahrtenbuchmethode gehörten die Unfallkosten zu den Gesamtkosten des Fahrzeugs.

Demgegenüber hatte der **Bundesfinanzhof** bereits im Jahr 2007 entschieden, dass neben dem geldwerten Vorteil aus der Firmenwagengestellung ein **zusätzlicher geldwerter Vorteil** anzusetzen ist, wenn der Arbeitgeber gegenüber dem Arbeitnehmer auf **Schadensersatz** nach einem während einer beruflichen Fahrt (= Auswärtstätigkeit) **alkoholbedingt** verursachten **Unfall verzichtet** (BFH-Urteil vom 24.5.2007, BStBl. II S. 766). Dies wurde auch von der Finanzverwaltung so gesehen. Der Bundesfinanzhof geht aber auch davon aus, dass Unfallkosten nicht zu den Aufwendungen im Sinne des § 8 Abs. 2 Satz 4 EStG gehören, die unmittelbar dem Halten und dem Betrieb des Fahrzeugs zu dienen bestimmt sind und im Zusammenhang mit seiner Nutzung typischerweise anfallen.

Die Finanzverwaltung hat die vorstehende Rechtsprechung des Bundesfinanzhofs zum Anlass genommen, die steuerliche Behandlung von Unfallkosten bei Firmenwagengestellungen an Arbeitnehmer ab dem 1.1.2011 zu ändern. Die nunmehr geltende Verwaltungsauffassung in den Lohnsteuer-Richtlinien gilt sowohl bei der Ermittlung des geldwerten Vorteils nach der Bruttolistenpreisregelung als auch bei Anwendung der Fahrtenbuchmethode (R 8.1 Abs. 9 Nr. 1 Satz 9 i. V. m. Nr. 2 Sätze 9 bis 16 LStR).

1) Bei einem Ansatz der Gesamtkosten als Nutzungswert ist dieser um 50 % zu erhöhen, wenn das Kfz mit Fahrer zur Verfügung gestellt worden ist (R 8.1 Abs. 10 Satz 3 Nr. 3 LStR).

Lohn- steuer- pflichtig | Sozial- versich.- pflichtig

b) Vereinfachungsregelung bei Unfallkosten von 1000 € zuzüglich Umsatzsteuer

Nach den Lohnsteuer-Richtlinien gehören Unfallkosten zunächst einmal nicht mehr zu den Gesamtkosten eines dem Arbeitnehmer überlassenen Firmenwagens (R 8.1 Abs. 9 Nr. 2 Satz 11 LStR). Vom Arbeitgeber getragene Unfallkosten sind daher neben dem sich nach der Prozent-Methode (Bruttolistenpreisregelung) oder der individuellen Methode (Fahrtenbuchmethode) ergebenden geldwerten Vorteil gesondert zu würdigen.

Bei Unfallkosten, die – bezogen auf den einzelnen Schadensfall und **nach Erstattungen** von dritter Seite (z. B. Versicherungen) – einen Betrag von 1000 € zuzüglich Umsatzsteuer nicht übersteigen, wird es aber von der Finanzverwaltung nicht beanstandet **(= Wahlrecht),** wenn sie als Reparaturkosten in die **Gesamtkosten** einbezogen werden (R 8.1 Abs. 9 Nr. 2 Satz 12 LStR). Diese Vereinfachungsregelung gilt auch bei Anwendung der Prozent-Methode (Bruttolistenpreisregelung), sodass Unfallkosten bis zu einem Betrag von 1000 € zuzüglich Umsatzsteuer bei Anwendung der **Bruttolistenpreisregelung nicht** als **gesonderter geldwerter Vorteil** anzusetzen sind. Grund dieser Vereinfachungsregelung ist, dass insbesondere Leasingfahrzeuge am Ende der Leasingzeit vom Arbeitgeber bzw. Arbeitnehmer beschädigt an die Leasinggesellschaft zurückgegeben werden, diese dem Arbeitgeber hierfür Reparaturkosten in Rechnung stellt und nicht mehr feststellbar ist, auf welches Ereignis der Schaden an dem Fahrzeug eigentlich zurückzuführen ist. Da die Betragsgrenze von 1000 € zuzüglich Umsatzsteuer auf die – nach Abzug der Versicherungsleistung – verbleibenden Unfallkosten abstellt, kann die **Vereinfachungsregelung** in der Praxis in **nahezu allen Fällen** angewendet werden.

Beispiel

Anlässlich der Rückgabe eines geleasten Firmenwagens an die Leasinggesellschaft wird eine Beschädigung des Fahrzeugs an der Stoßstange festgestellt, die nicht auf dem üblichen Gebrauch des Fahrzeugs beruht. Die Beseitigung des Schadens kostet einschließlich Umsatzsteuer 800 €.

Aufgrund der vorstehenden Vereinfachungsregelung beanstandet es die Finanzverwaltung nicht, wenn die Aufwendungen in Höhe von 800 € als Reparaturkosten in die Gesamtkosten einbezogen werden. Wird der geldwerte Vorteil aus der Firmenwagengestellung nach der Prozent-Methode (Bruttolistenpreisregelung) ermittelt, ist kein weiterer geldwerter Vorteil anzusetzen. Bei Ermittlung des geldwerten Vorteils nach der Fahrtenbuchmethode führt die Einbeziehung der Aufwendungen in die Gesamtkosten letztlich zu einem höheren km-Satz für die Privatfahrten und die Fahrten zwischen Wohnung und erster Tätigkeitsstätte sowie ggf. steuerpflichtige Familienheimfahrten.

Die Kosten für einen Leihwagen sind u. E. nicht als Unfallkosten in die Prüfung der 1000-€-Grenze einzubeziehen, da es sich bei der Überlassung des Leihwagens vom Arbeitgeber an den Arbeitnehmer wiederum um eine Firmenwagengestellung handelt.

c) Schadensersatzpflicht des Arbeitnehmers

Ist der Arbeitnehmer gegenüber dem Arbeitgeber wegen Unfallkosten nach allgemeinen zivilrechtlichen Regelungen schadensersatzpflichtig (z. B. Unfall bei Privatfahrt) und verzichtet der Arbeitgeber auf diesen Schadensersatz, liegt in Höhe dieses Verzichts – neben dem geldwerten Vorteil aus der Firmenwagengestellung – ein weiterer, **zusätzlich** zu erfassender **geldwerter Vorteil** vor (R 8.1 Abs. 9 Nr. 2 Satz 13 LStR). Der geldwerte Vorteil ist im Zeitpunkt des Verzichts zu erfassen. Dies ist der Zeitpunkt, in dem der Arbeitgeber zu erkennen gibt, dass er keinen Rückgriff beim Arbeitnehmer nehmen wird (BFH-Urteil vom 27.3.1992, BStBl. II S. 837). Erstattungen durch Dritte (z. B. einer Versicherung) sind unabhängig vom Zahlungszeitpunkt des Dritten vorteilsmindernd zu berücksichtigen, sodass der geldwerte Vorteil **regelmäßig** in Höhe der vereinbarten **Selbstbeteiligung** anzusetzen ist (R 8.1 Abs. 9 Nr. 2 Satz 14 LStR). Anschließend ist die Anwendung der Vereinfachungsregelung unter dem vorstehenden Buchstaben b in Betracht zu ziehen.

Beispiel A

Der Arbeitnehmer verursacht auf einer Privatfahrt einen Unfall, der zu einem Schaden an dem vom Arbeitgeber zur Verfügung gestellten Firmenwagen in Höhe von 5000 € zuzüglich 950 € Umsatzsteuer führt. Die Vollkaskoversicherung des Arbeitgebers übernimmt nach Abzug der Selbstbeteiligung von 1000 € und unter Berücksichtigung der Vorsteuerabzugsberechtigung des Arbeitgebers die restlichen Kosten von 4000 €. Der Arbeitgeber nimmt seinen Arbeitnehmer nicht in Regress.

Grundsätzlich liegt aufgrund des Regressverzichts des Arbeitgebers gegenüber dem Arbeitnehmer ein geldwerter Vorteil in Höhe der Selbstbeteiligung von 1000 € vor. Aufgrund der unter dem vorstehenden Buchstaben b beschriebenen Vereinfachungsregelung beanstandet es die Finanzverwaltung nicht (Wahlrecht), wenn die Aufwendungen in Höhe von 1000 € zuzüglich Umsatzsteuer (= 950 €!) als Reparaturkosten in die Gesamtkosten einbezogen werden.

Hat der Arbeitgeber – aus welchen Gründen auch immer – auf den Abschluss einer **Vollkaskoversicherung verzichtet** oder eine Versicherung mit einer Selbstbeteiligung von mehr als 1000 € abgeschlossen, ist aus Vereinfachungsgründen so zu verfahren, als bestünde eine Versicherung mit einer Selbstbeteiligung in Höhe von 1000 €, sofern es bei einer bestehender Versicherung zu einer Erstattung gekommen wäre (R 8.1 Abs. 9 Nr. 2 Satz 15 LStR). Hierdurch soll eine Gleichbehandlung der Arbeitnehmer unabhängig davon erreicht werden, ob der Arbeitgeber in den Fällen der Firmenwagengestellung eine Vollkaskoversicherung abgeschlossen hat oder nicht. Die Finanzverwaltung wendet die unter dem vorstehenden Buchstaben b beschriebene **Vereinfachungsregelung** (Unfallkosten bis 1000 € zuzüglich Umsatzsteuer als **Gesamtkosten**) auch bei einer fehlenden Vollkaskoversicherung oder einer Vollkaskoversicherung mit einer höheren Selbstbeteiligung (z. B. 2000 €) an. Dies wurde in den LStÄR 2015 ausdrücklich klargestellt (R 8.1 Abs. 9 Nr. 2 Sätze 12 und 15 LStR).

Beispiel B

Wie Beispiel A. Der Arbeitgeber hat auf den Abschluss einer Vollkaskoversicherung verzichtet.

Der Sachverhalt wird aus Vereinfachungsgründen so behandelt, als bestünde eine Vollkaskoversicherung mit einer Selbstbeteiligung von 1000 €. Somit liegt grundsätzlich wiederum aufgrund des Regressverzichts des Arbeitgebers gegenüber dem Arbeitnehmer ein geldwerter Vorteil in Höhe der (hier gedachten) Selbstbeteiligung von 1000 € vor.

Die Vereinfachungsregelung unter dem vorstehenden Buchstaben b kann aus Gleichbehandlungsgründen aller Arbeitnehmer in Anspruch genommen werden (Einbeziehung der Unfallkosten von 1000 € zuzüglich Umsatzsteuer in die Gesamtkosten), obwohl es nicht zu einer Erstattung von Unfallkosten von dritter Seite gekommen ist.

Allerdings ist zu beachten, dass eine Versicherung bei einem vorsätzlich oder grob fahrlässig verursachten Unfall (z. B. **Trunkenheitsfahrt)** nicht zahlt bzw. – bei nicht abgeschlossener Vollkaskoversicherung – nicht zahlen würde. In diesem Fall liegt daher ein **geldwerter Vorteil** in Höhe des **tatsächlichen Schadensverzichts** des Arbeitgebers vor. Der Zufluss dieses geldwerten Vorteils ist in dem Zeitpunkt gegeben, in dem der Arbeitgeber zu erkennen gibt, dass er beim Arbeitnehmer keinen Rückgriff nehmen wird (BFH-Urteil vom 27.3.1992, BStBl. II S. 837).

Beispiel C

Wie Beispiel A. Der Unfall ereignet sich anlässlich einer Trunkenheitsfahrt des Arbeitnehmers.

Da die Vollkaskoversicherung in diesem Fall wegen des vorsätzlichen bzw. grob fahrlässigen Verhaltens des Arbeitnehmers nicht zahlt, liegt ein steuer- und sozialversicherungspflichtiger geldwerter Vorteil in Höhe des tatsächlichen Schadenersatzverzichts des Arbeitgebers von 5000 € vor. Aufgrund der Vorsteuerabzugsberechtigung ist dem Arbeitgeber hinsichtlich der Umsatzsteuer von 950 € kein Schaden entstanden. Ein Werbungskostenabzug in Höhe des versteuerten geldwerten Vorteils ist auch dann ausgeschlossen, wenn sich dieser Unfall anlässlich einer Fahrt zwischen Wohnung und erster Tätigkeitsstätte ereignet hat (BFH-Urteil vom 24.5.2007, BStBl. II S. 766: Kein Werbungskostenabzug bei alkoholbedingter Fahruntüchtigkeit).

F

Lohn- steuer- pflichtig | Sozial- versich.- pflichtig

d) Keine Schadensersatzpflicht des Arbeitnehmers

Liegt keine Schadensersatzpflicht des Arbeitnehmers vor (z. B. Fälle höherer Gewalt, Verursachung des Schadens durch einen Dritten), ist auch kein geldwerter Vorteil gegeben (R 8.1 Abs. 9 Nr. 2 Satz 16 LStR). In diesen Fällen besteht auch keinerlei Veranlassung, von der unter dem vorstehenden Buchstaben b beschriebenen Vereinfachungsregelung Gebrauch zu machen.

Beispiel

Der Arbeitnehmer stellt den vom Arbeitgeber überlassenen Firmenwagen nachts auf der Straße vor seiner Wohnung ab. Am nächsten Morgen stellt der Arbeitnehmer fest, dass der Wagen in der Nacht von einem unbekannten Dritten beschädigt worden ist.

Da der Schaden von einem Dritten verursacht worden ist, liegt keine Schadensersatzpflicht des Arbeitnehmers gegenüber seinem Arbeitgeber und damit auch kein steuer- und sozialversicherungspflichtiger geldwerter Vorteil in Form eines Regressverzichts vor. Von der unter dem Buchstaben b beschriebenen Vereinfachungsregelung (= Einbeziehung der Unfallkosten in die Gesamtkosten) ist kein Gebrauch zu machen.

F

e) Unfälle auf beruflichen Fahrten

Bei Unfällen auf beruflichen Fahrten (Auswärtstätigkeit, Fahrt zwischen Wohnung und erster Tätigkeitsstätte, wöchentliche Familienheimfahrt bei doppelter Haushaltsführung[1)]) verzichtet die Finanzverwaltung – wegen der zumindest im Einkommensteuer-Veranlagungsverfahren möglichen Saldierung von Arbeitslohn und Werbungskosten – auf den Ansatz eines geldwerten Vorteils, es sei denn, es handelt sich z. B. um eine Trunkenheitsfahrt (vgl. den vorstehenden Buchstaben c; R 8.1 Abs. 9 Nr. 2 Satz 16 LStR). Auch in diesen Fällen besteht keinerlei Veranlassung, von der unter dem vorstehenden Buchstaben b beschriebenen Vereinfachungsregelung Gebrauch zu machen.

Beispiel

Der Arbeitnehmer verursacht auf einer Fahrt zwischen Wohnung und erster Tätigkeitsstätte einen Unfall, der zu einem Schaden an dem ihm von seinem Arbeitgeber zur Verfügung gestellten Firmenwagen in Höhe von 3500 € führt. Die Vollkaskoversicherung des Arbeitgebers übernimmt nach Abzug der Selbstbeteiligung von 1000 € die restlichen Kosten von 2500 €. Der Arbeitgeber nimmt seinen Arbeitnehmer nicht in Regress.

Da es sich um einen Unfall anlässlich einer beruflichen Fahrt handelt, wird steuerlich auf den Ansatz eines geldwerten Vorteils – auch in Höhe der Selbstbeteiligung in der Vollkaskoversicherung von 1000 € – verzichtet. Andererseits kann der Arbeitnehmer – da kein geldwerter Vorteil angesetzt wird – neben der Entfernungspauschale keine Unfallkosten als Werbungskosten bei den Einkünften aus nichtselbstständiger Arbeit geltend machen.

17. Anwendung des Rabattfreibetrags bei der Überlassung von Firmenwagen

Der Rabattfreibetrag in Höhe von 1080 € jährlich kommt bei einer unentgeltlichen oder verbilligten Überlassung von Waren und Dienstleistungen nur dann zur Anwendung, wenn der Arbeitgeber mit „der Überlassung von Fahrzeugen" Handel treibt (vgl. „Rabatte, Rabattfreibetrag"). Bei der Überlassung von Firmenwagen zu Privatfahrten können diese Voraussetzungen nur in Ausnahmefällen erfüllt sein, z. B. bei **Leasingunternehmen,** die den eigenen Mitarbeitern Firmenwagen zur Verfügung stellen, oder bei **Firmen,** die **geschäftsmäßig Fahrzeuge verleihen.** In allen anderen Fällen treibt der Arbeitgeber mit der „Überlassung von Fahrzeugen" keinen Handel; eine Anwendung des Rabattfreibetrags kommt deshalb nicht in Betracht.

Die an sich günstige Anwendung des Rabattfreibetrags kann jedoch auch eine Kehrseite haben. Denn die in R 8.1 Abs. 9 und 10 LStR für die Nutzung von Firmenwagen zu Privatfahrten getroffenen Regelungen sind damit in diesen Fällen **nicht anwendbar.** Das bedeutet, dass nicht einerseits der geldwerte Vorteil für die unentgeltliche oder verbilligte Nutzung des Firmenwagens nach der 1 %-Methode ermittelt werden kann und andererseits hiervon der Rabattfreibetrag von 1080 € jährlich zum Abzug kommt. Die Bewertung des geldwerten Vorteils ist vielmehr nach § 8 Abs. 3 EStG vorzunehmen, das heißt, dass der geldwerte Vorteil mit dem Preis anzusetzen ist, zu dem der Arbeitgeber die Leistung fremden Letztverbrauchern im allgemeinen Geschäftsverkehr anbietet. Dadurch wird sich regelmäßig ein höherer Wert als nach der 1 %-Methode ergeben. Nur wenn die Bewertung des geldwerten Vorteils nach diesen Grundsätzen erfolgt, kann auch der Rabattfreibetrag von 1080 € jährlich abgezogen werden.

Wird bei der Überlassung eines Kraftwagens der auf die Fahrten zwischen Wohnung und erster Tätigkeitsstätte entfallende Nutzungsvorteil pauschal mit 15 % besteuert, ist der für die individuelle Besteuerung maßgebende Wert der Kraftwagenüberlassung insgesamt nach § 8 Abs. 3 EStG zu ermitteln und um den pauschal versteuerten Betrag zu kürzen. Von dem gekürzten Betrag kann dann der Rabattfreibetrag von 1080 € jährlich abgezogen werden.

Die sich aus den vorstehenden Absätzen ggf. ergebenden negativen Folgerungen durch die Rabattregelung des § 8 Abs. 3 EStG können aber mittlerweile vermieden werden, da die Finanzverwaltung aufgrund der Rechtsprechung des Bundesfinanzhofs ihren früheren Nichtanwendungserlass aufgehoben hat[2)] und daher ein **Wahlrecht** zwischen der Rabattregelung des **§ 8 Abs. 3 EStG** und den allgemeinen Bewertungsvorschriften des **§ 8 Abs. 2 EStG** (einschließlich R 8.1 Abs. 9 und 10 LStR) besteht. Vgl. auch das Stichwort „Rabatte, Rabattfreibetrag" unter Nr. 2 Buchstabe c.

Zum Erwerb eines Pkws von ihrem Arbeitgeber durch Arbeitnehmer der Automobilindustrie vgl. auch die Erläuterungen beim Stichwort „Jahreswagen".

18. Nutzungsverbot, Nutzungsverzicht und Haftung des Arbeitgebers

a) Nutzungsverbot und Nutzungsmöglichkeit

Der Bundesfinanzhof hat bereits im Jahr 2010 erstmals entschieden, dass der Ansatz eines geldwerten Vorteils voraussetzt, dass der Arbeitgeber seinem Arbeitnehmer **tatsächlich** einen **Firmenwagen** zur **privaten Nutzung überlässt.** Aus der Bereitstellung eines Fahrzeugs zu betrieblichen Zwecken könne nicht aufgrund des Anscheinsbeweises geschlossen werden, dass das Fahrzeug vom Arbeitnehmer auch privat genutzt werde (BFH-Urteil vom 21.4.2010, BStBl. II S. 848). Im Streitfall hatten rund 80 Mitarbeiter Zugriff auf sechs Poolfahrzeuge, die für betriebliche Fahrten zur Verfügung standen. Die Privatnutzung war arbeitsvertraglich verboten, die Schlüssel wurden in einem Schlüsselkasten im Betrieb aufbewahrt. Fahrtenbücher wurden allerdings nicht geführt. Der Bundesfinanzhof lehnte den Ansatz eines geldwerten Vorteils ab, da es weder einen Anscheinsbeweis dafür gebe, dass dem Arbeitnehmer ein Dienstwagen aus dem arbeitgebereigenen Fuhrpark zur Verfügung stehe, noch dass der Arbeitnehmer ein solches Fahrzeug (unbefugt) auch privat nutze. Dies gilt auch dann, wenn es sich bei dem Arbeitnehmer um einen Angehörigen des Unternehmers (= Arbeitgeber) handelt.

Die sich aus den vorstehenden Erläuterungen ergebenden Grundsätze hat der Bundesfinanzhof bestätigt (BFH-Urteil vom 6.10.2011, BStBl. 2012 II S. 362). Dieser Streitfall betraf den Verkäufer eines Autohauses, der für betriebliche Fahrten und für Fahrten zwischen Wohnung und re-

1) Die Fahrt zwischen Wohnung und erster Tätigkeitsstätte und die wöchentliche Familienheimfahrt bei doppelter Haushaltsführung werden aufgrund R 8.1 Abs. 9 Nr. 2 Satz 16 LStR als berufliche Fahrt gewertet. Dies gilt ausschließlich für die Behandlung von Unfallkosten, da es sich systematisch um Privatfahrten handelt.

2) BMF-Schreiben vom 16.5.2013 (BStBl. I S. 729). Das BMF-Schreiben ist als Anlage 10 zu H 8.2 LStR im **Steuerhandbuch für das Lohnbüro 2021** abgedruckt, das im selben Verlag erschienen ist.

Lohn- steuer- pflichtig | Sozial- versich.- pflichtig

gelmäßiger Arbeitsstätte (ab 1.1.2014 = erste Tätigkeitsstätte) auf Probe- und Vorführwagen eines Fahrzeugpools zugreifen durfte. Eine darüber hinausgehende Privatnutzung war nach dem Arbeitsvertrag untersagt, Fahrtenbücher wurden aber für die Fahrzeuge nicht geführt. Die Ernsthaftigkeit des ausgesprochenen Nutzungsverbots für die Privatnutzung ergab sich aus der Tatsache, dass ein anderer Arbeitnehmer wegen Verstoßes gegen die arbeitsrechtliche Nutzungsregelung abgemahnt worden war.

Die Finanzverwaltung folgte der Rechtsprechung des Bundesfinanzhofs von Beginn an bezogen auf Poolfahrzeuge. Wurde dem Arbeitnehmer kein bestimmtes Fahrzeug zugewiesen, sondern stand ein Fahrzeugpool für dienstliche Zwecke zur Verfügung, genügte ihr ein schriftliches Nutzungsverbot des Arbeitgebers für private Zwecke (vgl. zu Poolfahrzeugen auch die Erläuterungen unter der vorstehenden Nr. 12 Buchstabe e).

Beispiel A

Arbeitnehmer A, der auch im Außendienst beschäftigt ist, hat für dienstliche Fahrten Zugriff auf einen Fahrzeugpool. Für insgesamt 25 Außendienstmitarbeiter stehen 15 Firmenfahrzeuge zur Verfügung. Jedem Außendienstmitarbeiter ist schriftlich vom Arbeitgeber untersagt worden, die Fahrzeuge für Privatfahrten zu nutzen.

Beim Arbeitnehmer A (und auch bei seinen Kollegen) ist kein geldwerter Vorteil anzusetzen, da die Firmenfahrzeuge nicht zur privaten Nutzung überlassen worden sind und das schriftliche Nutzungsverbot des Arbeitgebers genügt, um vom Ansatz eines geldwerten Vorteils abzusehen.

Der sog. Anscheinsbeweis für eine Privatnutzung (vgl. BFH-Urteil vom 7.11.2006, BStBl. 2007 II S. 116) kam nach der früheren Rechtsprechung des Bundesfinanzhofs (Urteil vom 21.4.2010, BStBl. II S. 848) erst dann zur Anwendung, wenn dem Arbeitnehmer ein Firmenwagen tatsächlich (auch) zur privaten Nutzung überlassen worden ist. In diesem Fall sprach der Anscheinsbeweis dafür, dass der Arbeitnehmer von dieser privaten Nutzungsmöglichkeit auch Gebrauch machte. Der Anscheinsbeweis konnte vom Arbeitnehmer widerlegt werden, wobei aber die bloße Behauptung, das Fahrzeug nicht privat genutzt zu haben, nicht ausreichte. Ebenso genügte die Behauptung nicht, dass für privat veranlasste Fahrten auch private Fahrzeuge zur Verfügung gestanden hätten (BFH-Beschluss vom 22.2.2012, BFH/NV 2012 S. 988).

Die Rechtsprechung zum sog. Anscheinsbeweis hat der Bundesfinanzhof korrigiert. Stellt der Arbeitgeber dem Arbeitnehmer einen Firmenwagen (auch) zur **Privatnutzung** zur Verfügung, führt dies beim Arbeitnehmer auch dann zu einem steuerpflichtigen **geldwerten Vorteil,** wenn der Arbeitnehmer das Fahrzeug tatsächlich nicht privat nutzen sollte. Der Vorteil, in Gestalt der konkreten Möglichkeit, das Fahrzeug auch zu Privatfahrten nutzen zu dürfen, ist dem Arbeitnehmer bereits mit der Überlassung des Fahrzeugs zugeflossen. Somit besteht der geldwerte Vorteil aus einer Firmenwagenüberlassung zur privaten Nutzung bereits in der **Nutzungsmöglichkeit.**[1] Die Möglichkeit der **Widerlegung** des **Anscheinsbeweises** ist somit **entfallen** (BFH-Urteil vom 21.3.2013, BStBl. II S. 700). Ein geldwerter Vorteil nach der Bruttolistenpreisregelung ist daher selbst dann anzusetzen, wenn der Arbeitnehmer – ohne Führung eines ordnungsgemäßen Fahrtenbuchs – von der vom Arbeitgeber eingeräumten Möglichkeit der Privatnutzung freiwillig keinen Gebrauch macht (BFH-Urteil vom 6.2.2014, BStBl. II S. 641). Zum Nutzungsverzicht vgl. nachfolgenden Buchstaben b.

Beispiel B

Arbeitnehmer B steht laut Anstellungsvertrag ein Firmenwagen auch zur Privatnutzung zur Verfügung.

Aufgrund der Nutzungsmöglichkeit für Privatfahrten hat B einen geldwerten Vorteil zu versteuern. Im Gegensatz zur früheren Rechtsprechung besteht für Arbeitnehmer nicht die Möglichkeit, den sog. Anscheinsbeweis zu widerlegen. Wird kein Fahrtenbuch geführt, ist der geldwerte Vorteil nach der 1 %-Bruttolistenpreisregelung zu ermitteln (vgl. vorstehende Nr. 3 Buchstabe b).

Lohn- steuer- pflichtig | Sozial- versich.- pflichtig

Der Bundesfinanzhof betont aber erneut, dass ein geldwerter Vorteil nur dann anzusetzen ist, wenn **feststeht,** dass der Arbeitgeber dem Arbeitnehmer **tatsächlich** den Firmenwagen **zur privaten Nutzung** arbeitsvertraglich oder doch zumindest auf Grundlage einer konkludent getroffenen Nutzungsvereinbarung überlassen hat. Folglich darf ein **geldwerter Vorteil nicht** angesetzt werden, wenn der Arbeitnehmer zur **Privatnutzung** des Firmenwagens **nicht** (mehr) **befugt** ist. Diese Entscheidungen des Bundesfinanzhofs sind ergangen zu einem Gesellschafter-Geschäftsführer einer GmbH (BFH-Urteil vom 21.3.2013, BStBl. II S. 1044), angestellten Allein-Geschäftsführer einer GmbH (BFH-Urteil vom 21.3.2013, BStBl. II S. 918) und einem familienangehörigen Geschäftsführer eines Familienunternehmens (BFH-Urteil vom 18.4.2013, BStBl. II S. 920); wenn die vorstehenden Grundsätze selbst für den Leitungsbereich eines Unternehmens gelten, sind sie erst recht für die „normalen" Arbeitnehmer anzuwenden. Wird zudem ein Firmenwagen vom Gesellschafter-Geschäftsführer unbefugterweise auch privat genutzt, handelt es sich nicht um Arbeitslohn, sondern um eine verdeckte Gewinnausschüttung (vgl. nachfolgenden Buchstaben d).

F

Beispiel C

Dem Gesellschafter-Geschäftsführer einer GmbH ist nach dem Anstellungsvertrag eine Privatnutzung der Firmenfahrzeuge untersagt. Es liegen keinerlei Anhaltspunkte für eine andere, konkludent getroffene Nutzungsvereinbarung und/oder eine vertragswidrige Privatnutzung vor.

Ein geldwerter Vorteil für die Privatnutzung eines Firmenwagens ist nicht anzusetzen, da der Gesellschafter-Geschäftsführer zu einer solchen Nutzung nicht befugt ist.

Die Finanzverwaltung verlangte bei einzeln zugewiesenen Fahrzeugen in der Vergangenheit, dass der Arbeitgeber die Einhaltung eines schriftlichen Nutzungsverbots überwacht oder die verbotene Privatnutzung nach den besonderen Umständen des Einzelfalles so gut wie ausgeschlossen ist. Letzteres war immer dann der Fall, wenn der Arbeitnehmer den Firmenwagen nach der Arbeitszeit, an Wochenenden und während des Urlaubs auf dem Betriebsgelände abstellt und den Schlüssel beim Arbeitgeber nachweislich abgegeben hatte. Das Nutzungsverbot und seine Überwachung durch den Arbeitgeber sollten als Beleg zum Lohnkonto genommen werden. Als Überwachungsmöglichkeiten kamen neben einem Fahrtenbuch auch eine regelmäßige Kontrolle des Benzinverbrauchs und/oder der Kilometerstände in Betracht.

Angesichts der eindeutigen Rechtsprechung des Bundesfinanzhofs und dem in den Streitfällen entschiedenen Personenkreis (= Leitungsbereich des Unternehmens) hat die Finanzverwaltung keine andere Möglichkeit, als der Rechtsprechung des Bundesfinanzhofs für alle Arbeitnehmer zu folgen. **Damit kommt es für den Ansatz eines geldwerten Vorteils allein darauf an, ob der Arbeitgeber dem Arbeitnehmer tatsächlich den Firmenwagen zur privaten Nutzung arbeitsvertraglich oder doch zumindest auf Grundlage einer konkludent getroffenen Nutzungsvereinbarung überlassen hat oder nicht.**

Bei der Beurteilung der Nutzungsmöglichkeit ist unter Berücksichtigung sämtlicher Umstände des Einzelfalles zu entscheiden, ob und welches betriebliche Fahrzeug dem Arbeitnehmer ausdrücklich oder doch zumindest konkludent auch zur privaten Nutzung überlassen worden ist. Diese reine Sachverhaltsentscheidung obliegt in streitigen Fällen dem Finanzgericht (BFH-Urteil vom 6.2.2014,

1) Bei **Gewinneinkunftsarten** (z. B. Einkünfte aus Gewerbebetrieb) liegt eine Nutzungsentnahme nur vor, wenn ein Wirtschaftsgut (hier der Geschäftswagen) für betriebsfremde Zwecke verwendet wird (= Entnahmehandlung). Im betrieblichen Bereich wird es daher weiterhin beim sog. Anscheinsbeweis bleiben, dass betriebliche Fahrzeuge, die zu privaten Zwecken zur Verfügung stehen, auch tatsächlich privat genutzt werden. Dieser Anscheinsbeweis wäre dann ggf. vom Unternehmer zu widerlegen (z. B. dadurch, dass für Privatfahrten private Fahrzeuge zur Verfügung stehen, die in Status, Ausstattung und Gebrauchswert den betrieblichen Fahrzeugen entsprechen; BFH-Urteil vom 4.12.2012, BStBl. 2013 II S. 365).

Lohn-steuer-pflichtig | Sozial-versich.-pflichtig

BStBl. II S. 641). Steht nicht fest, dass der Arbeitgeber dem Arbeitnehmer einen Firmenwagen zur privaten Nutzung überlassen hat, kann auch der sog. Anscheinsbeweis diese fehlende Feststellung nicht ersetzen. Es gibt **keinen allgemeinen Erfahrungssatz,** dass ein Privatnutzungsverbot nur zum Schein ausgesprochen ist oder ein **Privatnutzungsverbot** generell **missachtet** wird. Das gilt selbst dann, wenn der Arbeitgeber ein arbeitsvertragliches Nutzungsverbot nicht überwacht.

Bei einer **festgestellten, nachhaltigen „vertragswidrigen" Privatnutzung** eines Firmenwagens durch den Arbeitnehmer liegt allerdings der Schluss nahe, dass ein privates Nutzungsverbot nicht ernst gemeint ist, sondern lediglich „auf dem Papier" steht, da der Arbeitgeber üblicherweise eine unbefugte Nutzung durch den Arbeitnehmer nicht duldet. Unterbindet der Arbeitgeber die unbefugte Nutzung durch den Arbeitnehmer nicht, kann die „vertragswidrige" Privatnutzung auf einer vom schriftlich Vereinbarten abweichenden, **mündlich oder konkludent getroffenen Nutzungs- oder Überlassungsvereinbarung** beruhen und damit den Ansatz eines nach der monatlichen 1 %-Bruttolistenpreisregelung ermittelten geldwerten Vorteils rechtfertigen (BFH-Urteil vom 14.11.2013, BFH/NV 2014 S. 678).

F

Bei einer **vereinzelten vertragswidrigen Nutzung** des Firmenwagens zu privaten Zwecken hat der Arbeitgeber gegenüber dem Arbeitnehmer – vorbehaltlich einer verdeckten Gewinnausschüttung (vgl. nachfolgenden Buchstaben d) – einen Schadensersatzanspruch. Verzichtet der Arbeitgeber auf die Geltendmachung dieser Forderung, führt dies – in dem Zeitpunkt, in dem der Arbeitgeber dies zu erkennen gibt – zu einer Lohnzuwendung.

Wird einem Arbeitnehmer ein Firmenwagen aus besonderem Anlass oder zu einem besonderen Zweck **von Fall zu Fall** überlassen, gilt die unter der vorstehenden Nr. 5 erläuterte Regelung. Das bedeutet, dass die von Fall zu Fall durchgeführten Privatfahrten mit 0,001 % des Bruttolistenpreises zu versteuern sind.[1]

Beispiel D

Einem Autoverkäufer ist die private Nutzung der Vorführwagen schriftlich untersagt worden. Aus besonderem Anlass nimmt der Arbeitnehmer nach Absprache mit dem Arbeitgeber den Vorführwagen über das Wochenende mit nach Hause und fährt privat 200 km. Bei einem Bruttolistenpreis des Vorführwagens in Höhe von 30 000 € beträgt der geldwerte Vorteil für diese Privatfahrt

0,001 % von 30 000 € = 0,30 € × 200 km = 60,– €

b) Nutzungsverzicht des Arbeitnehmers

Dem Nutzungsverbot des Arbeitgebers für Privatfahrten (= kein geldwerter Vorteil) wird ein ausdrücklich mit Wirkung für die Zukunft erklärter schriftlicher Nutzungsverzicht des Arbeitnehmers auf Privatfahrten gleichgestellt (ebenfalls kein geldwerter Vorteil), wenn aus **außersteuerlichen Gründen** ein **Nutzungsverbot** des Arbeitgebers in Betracht kommt und der Nutzungsverzicht dokumentiert wird. Die erwähnten „außersteuerlichen Gründe" dürfen nicht im Ermessen des Arbeitgebers stehen, sondern müssen sich z. B. aus einer Betriebsvereinbarung oder sonstigen Vereinbarung ergeben. Die Nutzungsverzichtserklärung ist im Übrigen als Beleg zum Lohnkonto zu nehmen. Nutzt der Arbeitnehmer in diesen Fällen einen Firmenwagen (auch) privat, ist der geldwerte Vorteil nach der Bruttolistenpreisregelung zu ermitteln, da keine „unbefugte" Privatnutzung vorliegt, die zu einer Schadenersatzforderung des Arbeitgebers führen würde.

Beispiel

Im Unternehmen des Arbeitgebers A haben alle Arbeitnehmer ab der zweiten Führungsebene nach der Betriebsvereinbarung Anspruch auf einen Firmenwagen (auch) zur Privatnutzung (Bruttolistenpreis 50 000 €). Arbeitnehmer B verzichtet schriftlich auf eine Privatnutzung. Die Nutzungsverzichtserklärung wird zum Lohnkonto des B genommen. Im Rahmen einer Lohnsteuer-Außenprüfung wird festgestellt (z. B. anhand eines Bußgeldbescheids), dass B einen Firmenwagen des A dennoch (auch) privat genutzt hat.

Aus den Sachverhaltsfeststellungen ergibt sich, dass der Nutzungsverzicht des B nicht ernst gemeint war und letztlich auch nicht umgesetzt worden ist. Aus diesem Grund ist bei B für die Privatnutzung des Firmenwagens ein steuer- und sozialversicherungspflichtiger monatlicher geldwerter Vorteil in folgender Höhe anzusetzen: 1 % von 50 000 € = 500 €.

c) Haftung des Arbeitgebers

Der Arbeitgeber haftet nach § 42d EStG für die Lohnsteuer, den Solidaritätszuschlag und die Kirchensteuer, wenn er den durch die dem Arbeitnehmer eingeräumte private Nutzung des Firmenwagens entstehenden geldwerten Vorteil nicht oder nicht in der zutreffenden Höhe als Sachbezug dem Barlohn zurechnet. Gleiches gilt für die Sozialversicherungsbeiträge (vgl. nachfolgende Nr. 19).

Im Hinblick auf die unter dem vorstehenden Buchstaben a) erwähnte Rechtsprechung des Bundesfinanzhofs und der darauf beruhenden Verwaltungsauffassung wird empfohlen, eine **eindeutige** arbeitsrechtliche **Regelung** zu treffen, ob der Arbeitnehmer den Firmenwagen privat nutzen darf oder nicht (z. B. die Nutzungsbefugnis bezieht sich auch auf den privaten Bereich). Auslegungsbedürftige Formulierungen (z. B. *„im Regelfall"* ist eine Privatnutzung untersagt) sind unbedingt zu vermeiden. Sofern wegen eines Verstoßes des Arbeitnehmers gegen das Nutzungsverbot arbeitsrechtliche Sanktionen ergriffen worden sind (Ermahnung, Abmahnung oder gar Kündigung), sollten diese zu den Lohnunterlagen genommen werden, allein um die Ernsthaftigkeit der arbeitsrechtlichen Vereinbarung zu dokumentieren. Darüber hinaus ist in diesen Fällen zur Vermeidung einer Lohnzuwendung ein etwaiger Schadenersatzanspruch des Arbeitgebers gegenüber dem Arbeitnehmer zu realisieren.

d) Privatnutzung eines Firmenwagens durch Gesellschafter-Geschäftsführer

Die Finanzverwaltung hat zu der Frage Stellung genommen, in welchen Fällen die Privatnutzung eines Firmenwagens durch den Gesellschafter-Geschäftsführer zu Arbeitslohn bzw. zu einer verdeckten Gewinnausschüttung führt und wie die Bewertung vorzunehmen ist.[2] Im Einzelnen gilt Folgendes:

Abweichend vom schriftlichen Anstellungsvertrag kann eine Firmenwagengestellung zur Privatnutzung auch durch eine **mündliche oder konkludente Überlassungs-/Nutzungsvereinbarung** zwischen der GmbH und dem beherrschenden oder nicht beherrschenden Gesellschafter-Geschäftsführer erfolgen, wenn entsprechend dieser Vereinbarung **tatsächlich verfahren wird.** Da es sich regelmäßig um eine Überlassung im Rahmen eines Arbeitsverhältnisses handelt, muss die tatsächliche Durchführung der Vereinbarung – insbesondere durch zeitnahe Verbuchung des Lohnaufwands und Abführung der Lohnsteuer sowie ggf. der Sozialversicherungsbeiträge – nachgewiesen werden. Die Ermittlung der Höhe des **Arbeitslohns** hat nach den allgemeinen lohnsteuerlichen Grundsätzen **(1 %-/0,03 %-Bruttolistenpreisregelung oder Fahrtenbuchmethode)** zu erfolgen.

Die **ohne** eine fremdübliche Überlassungs- oder Nutzungs**vereinbarung** erfolgende oder darüber hinausgehende oder einem ausdrücklichen Verbot widersprechende Privatnutzung eines Firmenwagens führt sowohl bei einem beherrschenden als auch bei einem nicht beherrschenden Gesellschafter-Geschäftsführer zu einer **verdeckten Gewinnausschüttung,** da sie durch das Ge-

1) Randnummer 13 des BMF-Schreibens vom 4.4.2018 (BStBl. I S. 592). Das BMF-Schreiben ist als Anlage 1 zu H 8.1 (9–10) LStR im **Steuerhandbuch für das Lohnbüro 2021** abgedruckt, das im selben Verlag erschienen ist.

2) BMF-Schreiben vom 3.4.2012 (BStBl. I S. 478). Das BMF-Schreiben ist als Anlage 6 zu H 8.1 (9–10) LStR im **Steuerhandbuch für das Lohnbüro 2021** abgedruckt, das im selben Verlag erschienen ist.

Lohnsteuerpflichtig | Sozialversich.-pflichtig

sellschaftsverhältnis zumindest mitveranlasst ist (so auch BFH-Urteil vom 21.3.2013, BStBl. II S. 1044). Die in diesem Fall beim Gesellschafter-Geschäftsführer vorliegenden **Einnahmen aus Kapitalvermögen** sind nach den Grundsätzen der 1 %-/0,03 %-Bruttolistenpreisregelung zu ermitteln und unterliegen grundsätzlich der 25 %-igen Abgeltungsteuer. Auf der Ebene der GmbH ist die verdeckte Gewinnausschüttung dem Einkommen der GmbH hinzuzurechnen und grundsätzlich mit dem gemeinen Wert der Nutzungsüberlassung (also unter Einbeziehung eines angemessenen Gewinnaufschlags) anzusetzen. Aus Vereinfachungsgründen kann das Finanzamt allerdings im Einzelfall zulassen, dass die Höhe der verdeckten Gewinnausschüttung auch auf der Ebene der GmbH ebenfalls nach der **1 %-/0,03 %-Bruttolistenpreisregelung** ermittelt wird.

19. Sozialversicherungsrechtliche Behandlung des geldwerten Vorteils

a) Allgemeines

Der geldwerte Vorteil aus der Nutzung eines Firmenwagens zu Privatfahrten, zu Fahrten zwischen Wohnung und erster Tätigkeitsstätte sowie zu steuerpflichtigen Familienheimfahrten gehört zum beitragspflichtigen Entgelt. ja ja

Soweit bei Fahrten zwischen Wohnung und erster Tätigkeitsstätte der geldwerte Vorteil **pauschal mit 15 % besteuert** wird (vgl. vorstehende Nr. 13), gehört er nicht zum beitragspflichtigen Entgelt. ja nein

Nach § 40 Abs. 2 Satz 2 EStG hat der Arbeitgeber bei der Versteuerung des geldwerten Vorteils für die unentgeltliche oder verbilligte Überlassung eines Firmenwagens zu Fahrten zwischen Wohnung und erster Tätigkeitsstätte die Möglichkeit, die Lohnsteuer insoweit mit 15 % zu pauschalieren, als der Arbeitnehmer Werbungskosten in Höhe der Entfernungspauschale geltend machen könnte.

Arbeitnehmer können **Werbungskosten** für Fahrten zwischen Wohnung und erster Tätigkeitsstätte in Höhe der Entfernungspauschale geltend machen (vgl. das Stichwort **„Entfernungspauschale")**. Dementsprechend kann der geldwerte Vorteil für die unentgeltliche oder verbilligte Nutzung des Firmenwagens zu Fahrten zwischen Wohnung und erster Tätigkeitsstätte mit 15 % pauschal besteuert werden.

b) Private Nutzung des Firmenwagens während des Bezugs von Entgeltersatzleistungen

Nach § 23c SGB IV gehören Leistungen des Arbeitgebers, die für die Zeit des Bezugs von Lohnersatzleistungen (weiter) gewährt werden, nicht zum beitragspflichtigen Arbeitsentgelt, **wenn** diese Einnahmen zusammen mit den Entgeltersatzleistungen (z. B. dem Krankengeld oder Mutterschaftsgeld) **das Nettoarbeitsentgelt um nicht mehr als 50 € im Monat übersteigen (Freigrenze).** Zu den Einnahmen in diesem Sinne gehören auch Sachbezüge, z. B. der geldwerte Vorteil für die private Nutzung des Firmenwagens.

Beispiel

Der geldwerte Vorteil für die private Nutzung des Firmenwagens (Bruttolistenpreis 18 000 €) beträgt bei Anwendung der 1 %-Methode monatlich		180,– €
Der Bruttolohn des Arbeitnehmers beträgt 3500 € monatlich; der Nettolohn soll 2400 € betragen! Der Arbeitnehmer erhält im Juni 2021 für 15 Tage Krankengeld wegen Arbeitsunfähigkeit. Das tägliche Krankengeld soll (2400 € : 30 = 80 € × 70 % =)		56,– €
betragen. Es ergibt sich Folgendes:		
Nettoarbeitsentgelt täglich 2400 € : 30	=	80,– €
geldwerter Vorteil täglich 180 € : 30	=	6,– €
Vergleichsberechnung 56 € + 6 €	=	62,– €

Der durch die private Nutzung des Firmenwagens während des Bezugs von Krankengeld entstehende geldwerte Vorteil gehört nicht zum beitragspflichtigen Arbeitsentgelt, weil es sich um einen Zuschuss zum Krankengeld handelt, der zusammen mit dem Krankengeld unter dem Nettoarbeitsentgelt von 80 € liegt. Zu einer beitragspflichtigen Einnahme kommt es erst dann, wenn der geldwerte Vorteil aus der privaten Nutzung des Firmenwagens zusammen mit dem Krankengeld das Nettoentgelt um **mehr als 50 €** im Monat übersteigt. Auf die ausführlichen Erläuterungen beim Stichwort „Arbeitsentgelt" unter Nr. 2 Buchstabe f wird Bezug genommen.

20. Umsatzsteuerpflicht des geldwerten Vorteils

a) Entgeltliche Firmenwagengestellung

Die Überlassung von Firmenwagen durch den Arbeitgeber an den Arbeitnehmer zur privaten Nutzung ist als entgeltliche Leistung anzusehen, wenn sie

- im Arbeitsvertrag geregelt,
- auf mündlichen Abreden beruht oder
- auf sonstigen Umständen des Arbeitsverhältnisses (z. B. der faktischen betrieblichen Übung)

zurückzuführen ist. Dies gilt grundsätzlich auch bei einer Überlassung von Firmenwagen an Gesellschafter-Geschäftsführer von Kapitalgesellschaften (vgl. aber auch BFH-Urteil vom 5.6.2014, BStBl. 2015 II S. 785, wonach die Pkw-Gestellung mit Auswirkung auf die umsatzsteuerliche Bemessungsgrundlage auf dem Arbeitsverhältnis oder auch auf dem Gesellschaftsverhältnis beruhen kann[1]). Die Gegenleistung des Arbeitnehmers besteht in der anteiligen Arbeitsleistung, die er für die Privatnutzung des Firmenwagens erbringt.

Der Arbeitgeber kann die Vorsteuerbeträge aus den Anschaffungskosten und den Unterhaltskosten des Fahrzeugs dem Grunde nach abziehen. Die spätere Veräußerung oder Entnahme des Fahrzeugs unterliegt der Umsatzsteuer.

Die Überlassung eines Firmenwagens an Arbeitnehmer für Privatfahrten (einschließlich Fahrten zwischen Wohnung und erster Tätigkeitsstätte und Familienheimfahrten) ist ein umsatzsteuerpflichtiger Sachbezug. Die Ermittlungen der umsatzsteuerlichen Bemessungsgrundlage bei der Überlassung von Firmenwagen für Privatfahrten, Fahrten zwischen Wohnung und erster Tätigkeitsstätte und Familienheimfahrten ist im BMF-Schreiben vom 5.6.2014 (BStBl. I S. 896) festgelegt worden.[2] Als Bemessungsgrundlage können hiernach die lohnsteuerlichen Werte zugrunde gelegt werden. Die **lohnsteuerlichen Werte** sind allerdings als **Bruttowerte** anzusehen, aus denen die **Umsatzsteuer** mit $^{19}/_{119}$ **herauszurechnen** ist. Von den nach der 1 %-Methode sowie der 0,03 %- oder 0,002 %-Methode ermittelten Werten darf ein **Abschlag von 20 %** für Kfz-Kosten ohne Vorsteuer **nicht** vorgenommen werden (vgl. nachfolgend unter Buchstabe c).[3] Zahlt der Ar-

1) **Umsatzsteuerlich** ist wegen der Höhe der Bemessungsgrundlage danach zu unterscheiden, ob ein unmittelbarer Zusammenhang zwischen der Nutzungsüberlassung und der Arbeitsleistung besteht **(= tauschähnlicher Umsatz)** oder ob die Nutzungsüberlassung ohne eine Gegenleistung hierfür erfolgt **(= unentgeltliche Wertabgabe).**
Bei einem **tauschähnlichen Umsatz** gilt als Bemessungsgrundlage der Wert jedes Umsatzes als Entgelt für den anderen Umsatz. Aus Vereinfachungsgründen kann als Bemessungsgrundlage vom **lohnsteuerlichen geldwerten Vorteil** ausgegangen werden. Hierbei handelt es sich um einen **Bruttowert,** aus dem die Umsatzsteuer herauszurechnen ist.
Bei einer **unentgeltlichen Wertabgabe** sind als Bemessungsgrundlage die Kosten bzw. Ausgaben anzusetzen, soweit sie zum vollen oder teilweisen Vorsteuerabzug berechtigt haben. Aus Vereinfachungsgründen kann vom ertragsteuerlichen **„1 %-Wert"** ausgegangen werden, wobei für die nicht mit Vorsteuer belasteten Kosten ein **Abschlag von 20 %** vorzunehmen ist. Bei dem so ermittelten Wert handelt es sich um einen **Nettowert;** die Umsatzsteuer hierfür ist mit dem allgemeinen Steuersatz von 19 % zu ermitteln.

2) Das BMF-Schreiben vom 5.6.2014 (BStBl. I S. 896) ist auszugsweise als Anlage 9 zu H 8.1 (9–10) LStR im **Steuerhandbuch für das Lohnbüro 2021** abgedruckt, das im selben Verlag erschienen ist.

3) Umsatzsteuerlich ist bei Elektro- und Hybridelektrofahrzeugen keine pauschale Kürzung des Bruttolistenpreises oder der AfA-Bemessungsgrundlage um die Kosten für das Batteriesystem vorzunehmen. Auch der an diese Stelle ab 2019 tretende Ansatz des halben Bruttolistenpreises bzw. der hälftigen AfA bei der Fahrtenbuchmethode ist umsatzsteuerlich nicht zu übernehmen. Entsprechendes gilt ab 2020 für die „Viertelregelung".

Lohn- steuer- pflichtig | Sozial- versich.- pflichtig

beitnehmer für die Überlassung des Firmenwagens eine pauschale oder eine kilometerbezogene Vergütung, wird dadurch die umsatzsteuerliche Bemessungsgrundlage für die Fahrzeugüberlassung **nicht** gemindert. Andererseits sind die Zahlungen des Arbeitnehmers nicht als Entgelt zu behandeln.

F

Beispiel A

Geldwerter Vorteil für die private Nutzung eines Firmenwagens (Listenpreis 20 000 €) bei Anwendung der 1 %-Regelung monatlich	=	200,– €
der Arbeitnehmer zahlt für die Privatfahrten monatlich eine Pauschale in Höhe von	=	100,– €
verbleiben als geldwerter Vorteil	=	100,– €
Fahrten Wohnung–erste Tätigkeitsstätte, einfache Entfernung 30 km, monatlich 0,03 % von 20 000 € = 6 € × 30 km	=	180,– €
insgesamt		280,– €
von dem auf Fahrten zwischen Wohnung und erster Tätigkeitsstätte entfallenden geldwerten Vorteil in Höhe von 180 € werden monatlich pauschal mit 15 % besteuert:		
20 km × 0,30 € × 15 Arbeitstage	=	90,– €
10 km × 0,35 € × 15 Arbeitstage	=	52,50 €
Summe	=	142,50 €

Dem laufenden Monatslohn werden zur normalen Besteuerung nach der Monatstabelle (280 € – 142,50 € =) 137,50 € hinzugerechnet.

Die umsatzsteuerliche Bemessungsgrundlage beträgt brutto (200 € + 180 € =) 380 €. Es ist weder die Zuzahlung des Arbeitnehmers in Höhe von 100 € zu kürzen, noch ist der mit 15 % pauschal besteuerte Betrag abzuziehen. Der Betrag von 380 € ist allerdings ein Bruttobetrag, aus dem die Umsatzsteuer bei einem Steuersatz von 19 % mit $^{19}/_{119}$ herauszurechnen ist:

$^{19}/_{119}$ von 380 €	=	60,67 €
als Bemessungsgrundlage für die Umsatzsteuer verbleiben monatlich (380 € – 60,67 €)	=	319,33 €

Wird der private Nutzungswert mit Hilfe eines ordnungsgemäßen **Fahrtenbuchs** anhand der durch Belege nachgewiesenen Gesamtkosten ermittelt (vgl. die Erläuterungen unter der vorstehenden Nr. 2)[1], ist von diesem Wert auch bei der Umsatzsteuer auszugehen, wobei allerdings die **Umsatzsteuer außer Betracht** bleibt (= Netto-Gesamtkosten). Aus den Gesamtkosten dürfen die nicht mit Vorsteuern belasteten Kosten nicht herausgerechnet werden (vgl. nachfolgend unter Buchstaben c). Die Fahrten zwischen Wohnung und erster Tätigkeitsstätte sowie die Heimfahrten aus Anlass einer doppelten Haushaltsführung werden umsatzsteuerlich den Privatfahrten des Arbeitnehmers zugerechnet.

Beispiel B

Ein Firmenwagen mit einer Jahresfahrleistung von 20 000 km wird von einem Arbeitnehmer laut ordnungsgemäß geführtem Fahrtenbuch an 180 Tagen jährlich für Fahrten zur 10 km entfernten ersten Tätigkeitsstätte benutzt. Die übrigen Privatfahrten des Arbeitnehmers belaufen sich auf insgesamt 3400 km. Die gesamten Kraftfahrzeugkosten (Nettoaufwendungen einschließlich Abschreibung) betragen 9000 €. Von den Privatfahrten des Arbeitnehmers entfallen 3600 km auf Fahrten zwischen Wohnung und erster Tätigkeitsstätte (180 Tage × 20 km) und 3400 km auf sonstige Fahrten. Dies entspricht einer Privatnutzung von insgesamt 35 % (7000 km von 20 000 km). Für die umsatzsteuerliche Bemessungsgrundlage ist von einem Betrag von 35 % von 9000 € = 3150 € auszugehen. Die Umsatzsteuer beträgt 19 % von 3150 € = 598,50 €.

Das Beispiel wurde dem BMF-Schreiben vom 5.6.2014 (BStBl. I S. 896) entnommen.[2]

Umsatzsteuerlich ist zu beachten, dass der **Leistungsort** sich nach dem **Wohnsitz des Arbeitnehmers** bestimmt. Ist der Wohnsitz des Arbeitnehmers im Ausland, ist die Leistung nicht umsatzsteuerbar!

Beispiel C

Ein deutscher Arbeitgeber beschäftigt einen Arbeitnehmer mit Wohnsitz in den Niederlanden. Nach dem Doppelbesteuerungsabkommen Deutschland/Niederlande hat Deutschland das Besteuerungsrecht. Der Arbeitnehmer erhält für Privatfahrten und die Fahrten zwischen Wohnung und erster Tätigkeitsstätte (Entfernung = 50 km) einen Firmenwagen mit einem Bruttolistenpreis von 30 000 €.

Der in Deutschland lohnsteuerpflichtige monatliche geldwerte Vorteil ermittelt sich wie folgt:

Privatfahrten 1 % von 30 000 €	300 €
Fahrten zwischen Wohnung und erster Tätigkeitsstätte 0,03 % von 30 000 € = 9 € × 50 km	450 €
Monatlicher geldwerter Vorteil	750 €

Umsatzsteuerlich ist die entgeltliche Pkw-Überlassung des Arbeitgebers an den Arbeitnehmer nicht steuerbar, weil der Arbeitnehmer seinen Wohnsitz in den Niederlanden hat (§ 3a Abs. 3 Nr. 2 Satz 3 UStG). Auch die Höhe der Bemessungsgrundlage bestimmt sich nach den ausländischen Rechtsvorschriften.

b) Familienheimfahrten im Rahmen einer doppelten Haushaltsführung

Auch bei Familienheimfahrten im Rahmen einer steuerlich anerkannten doppelten Haushaltsführung, für die **lohnsteuerlich kein geldwerter Vorteil** anzusetzen ist, liegt **umsatzsteuerlich ein steuerpflichtiger Sachbezug** vor. Dieser kann aus Vereinfachungsgründen mit dem lohnsteuerlichen Wert angesetzt werden, der für Familienheimfahrten gilt. Dies sind 0,002 % des Bruttolistenpreises des benutzten Fahrzeugs für jeden Kilometer der einfachen Entfernung zwischen Familienwohnsitz und Beschäftigungsort (vgl. die Erläuterungen unter der vorstehenden Nr. 14).[1] Von dem so ermittelten Wert darf ein Abschlag von 20 % für die nicht mit Umsatzsteuer belasteten Kosten nicht vorgenommen werden (vgl. nachfolgend unter Buchstaben c). Der nach der **0,002 %-Methode** ermittelte Betrag ist ein **Bruttobetrag,** aus dem die **Umsatzsteuer** mit $^{19}/_{119}$ **herauszurechnen** ist.

Beispiel A

Ein Arbeitgeber stellt seinem Arbeitnehmer im Rahmen einer doppelten Haushaltsführung einen Firmenwagen für Familienheimfahrten zur Verfügung (Bruttolistenpreis 25 000 €). Die einfache Entfernung zwischen Familienwohnung und Beschäftigungsort beträgt 120 km.

Lohnsteuerlich entsteht kein steuerpflichtiger geldwerter Vorteil, soweit nur eine Familienheimfahrt wöchentlich ausgeführt wird (vgl. die Erläuterungen unter der vorstehenden Nr. 14). Umsatzsteuerlich handelt es sich jedoch dennoch um einen steuerpflichtigen Sachbezug, der nach der 0,002 %-Methode bewertet werden kann.

Es ergibt sich folgende Bemessungsgrundlage je Familienheimfahrt:

0,002 % von 25 000 € = 0,50 € × 120 km	=	60,– €
Dieser Betrag ist ein Bruttobetrag. Aus ihm muss die Umsatzsteuer mit $^{19}/_{119}$ herausgerechnet werden.		
$^{19}/_{119}$ von 60 €	=	9,58 €
als umsatzsteuerliche Bemessungsgrundlage verbleiben je Familienheimfahrt		50,42 €

Beispiel B

Arbeitnehmer B, mit beruflich veranlasster doppelter Haushaltsführung, nutzt seinen Firmenwagen mit einem Bruttolistenpreis von 30 000 € im gesamten Jahr 2021 zu Privatfahrten, zu Fahrten von der Zweitwohnung zur 10 km entfernten Tätigkeitsstätte und zu 20 Familienheimfahrten (höchstens eine Fahrt wöchentlich) zum 150 km entfernten Wohnsitz der Familie.

Der lohnsteuerliche geldwerte Vorteil beträgt:

Privatfahrten 1 % von 30 000 € × 12 Monate	3600 €
Fahrten zwischen Wohnung und erster Tätigkeitsstätte: 0,03 % von 30 000 € × 10 km × 12 Monate	1080 €
Summe	4680 €

1) Umsatzsteuerlich ist bei Elektro- und Hybridelektrofahrzeugen keine pauschale Kürzung des Bruttolistenpreises oder der AfA-Bemessungsgrundlage um die Kosten für das Batteriesystem vorzunehmen. Auch der an diese Stelle ab 2019 tretende Ansatz des halben Bruttolistenpreises bzw. der hälftigen AfA bei der Fahrtenbuchmethode ist umsatzsteuerlich nicht zu übernehmen. Entsprechendes gilt ab 2020 für die „Viertelregelung“.

2) Das BMF-Schreiben vom 5.6.2014 (BStBl. I S. 896) ist auszugsweise als Anlage 9 zu H 8.1 (9–10) LStR im **Steuerhandbuch für das Lohnbüro 2021** abgedruckt, das im selben Verlag erschienen ist.

	Lohn-steuer-pflichtig	Sozial-versich.-pflichtig

Für die wöchentliche Familienheimfahrt im Rahmen der beruflich veranlassten doppelten Haushaltsführung ist lohnsteuerlich kein geldwerter Vorteil anzusetzen (§ 8 Abs. 2 Satz 5 EStG).

Die Umsatzsteuer für die Firmenwagengestellung ist wie folgt zu ermitteln:

Privatfahrten 1 % von 30 000 € × 12 Monate	3600 €
Fahrten zwischen Wohnung und erster Tätigkeitsstätte: 0,03 % von 30 000 € × 10 km × 12 Monate	1080 €
Familienheimfahrten im Rahmen der doppelten Haushaltsführung 0,002 % von 30 000 € × 150 km × 20 Fahrten	1800 €
Summe	6480 €

Die Umsatzsteuer für die sonstige Leistung an den Arbeitnehmer beträgt $^{19}/_{119}$ von 6480 € = 1034,62 €. Die umsatzsteuerliche Bemessungsgrundlage beträgt folglich 5445,38 €.

c) Unentgeltliche Firmenwagengestellung

Von einer **unentgeltlichen** Überlassung von Firmenwagen an Arbeitnehmer kann ausnahmsweise ausgegangen werden, wenn die vereinbarte private Nutzung des Fahrzeuges derart gering ist, dass sie für die Gehaltsbemessung keine wirtschaftliche Rolle spielt, und nach den objektiven Gegebenheiten eine weitergehende private Nutzungsmöglichkeit ausscheidet. Danach kann Unentgeltlichkeit nur angenommen werden, wenn dem Arbeitnehmer das Fahrzeug aus besonderem Anlass oder zu einem besonderen Zweck nur **gelegentlich** (von Fall zu Fall) an nicht mehr als fünf Kalendertagen im Kalendermonat für private Zwecke überlassen wird (vgl. die vorstehenden Erläuterungen unter der Nr. 5). Falls in diesen Fällen die Nutzung des Fahrzeuges zu Privatfahrten und zu Fahrten zwischen Wohnung und erster Tätigkeitsstätte je Fahrtkilometer mit 0,001 % des inländischen Listenpreises des Kraftfahrzeugs bewertet wird, kann u. E. nach wie vor für die nicht mit Vorsteuern belasteten Kosten ein **Abschlag von 20 %** vorgenommen werden, obwohl das BMF-Schreiben vom 5.6.2014 (BStBl. I S. 896)[1)] hierzu keine Aussage mehr enthält.

Beispiel

Ein Arbeitnehmer hat einen Todesfall in der Familie. Für die Fahrt zur Beerdigung erhält er vom Arbeitgeber einen Firmenwagen (Bruttolistenpreis 35 000 €). Der geldwerte Vorteil für den nur aus diesem besonderen Anlass (= gelegentlich) überlassenen Firmenwagen errechnet sich bei einer gefahrenen Strecke von 120 km wie folgt:

0,001 % × 35 000 € × 120 km	=	42,– €

Der lohnsteuerliche Wert kann auch als Bemessungsgrundlage für die Umsatzsteuer herangezogen werden. Da im Beispielsfall ausnahmsweise eine unentgeltliche Überlassung des Firmenwagens im umsatzsteuerlichen Sinne vorliegt, ist u. E. ein Abschlag von 20 % für die nicht mit Vorsteuer belasteten Kosten vorzunehmen. Bei dem verbleibenden Betrag handelt es sich um einen Bruttobetrag, aus dem die Umsatzsteuer mit $^{19}/_{119}$ herauszurechnen ist. Hiernach ergibt sich folgende umsatzsteuerliche Bemessungsgrundlage:

lohnsteuerlicher geldwerter Vorteil		42,– €
abzüglich 20 % für nicht mit Vorsteuer belastete Kfz-Kosten		8,40 €
verbleibender Betrag		33,60 €
der verbleibende Betrag ist ein Bruttobetrag, aus dem die Umsatzsteuer mit $^{19}/_{119}$ herauszurechnen ist ($^{19}/_{119}$ von 33,60 €)	=	5,36 €
Bemessungsgrundlage für die Umsatzsteuer		28,24 €

In den Fällen der unentgeltlichen Firmenwagengestellung bestimmt sich der **umsatzsteuerliche Leistungsort** – unabhängig vom Wohnsitz des Arbeitnehmers – nach dem **Sitz des Arbeitgebers/Unternehmers.**

d) Zuzahlungen des Arbeitnehmers zu den Anschaffungskosten des Firmenwagens

Mit BMF-Schreiben vom 30.12.1997 (BStBl. 1998 I S. 110)[2)] ist die umsatzsteuerliche Behandlung von Zuzahlungen des Arbeitnehmers zu den Anschaffungskosten des Firmenwagens geregelt worden. Hiernach gilt Folgendes:

	Lohn-steuer-pflichtig	Sozial-versich.-pflichtig

Bei Anwendung der **1 %-Methode** mindern die Zuzahlungen des Arbeitnehmers nicht die umsatzsteuerliche Bemessungsgrundlage, und zwar auch dann nicht, wenn sie lohnsteuerlich auf den nach der 1 %-Methode ermittelten geldwerten Vorteil angerechnet werden. Andererseits ist die Zuzahlung nicht als Entgelt zu behandeln.

Beispiel

Bruttolistenpreis des Pkws ohne Sonderausstattung	22 000,– €
Sonderausstattung (vom Arbeitnehmer z. B. 2021 bezahlt)	3 000,– €
Bemessungsgrundlage für die 1 %-Regelung	25 000,– €
geldwerter Vorteil 1 % aus 25 000 € = 250 € × 12	3 000,– €
./. Zuzahlung des Arbeitnehmers	3 000,– €
geldwerter Vorteil im Kalenderjahr 2021	0,– €

Die umsatzsteuerliche Bemessungsgrundlage beträgt 3000 €. Der Betrag von 3000 € ist allerdings ein Bruttobetrag, aus dem die Umsatzsteuer mit $^{19}/_{119}$ herauszurechnen ist.

$^{19}/_{119}$ von 3000 €	=	478,99 €
als Bemessungsgrundlage für die Umsatzsteuer verbleiben jährlich (3000 € – 478,99 €)	=	2 521,01 €

Bei Anwendung der **individuellen Methode** (Fahrtenbuchmethode) gilt Folgendes: Die Zuzahlung des Arbeitnehmers zu den Anschaffungskosten des Firmenwagens ist ein Zuschuss im Sinne von R 6.5 Abs. 2 EStR. Das bedeutet, dass der Zuschuss entweder erfolgswirksam als Betriebseinnahme gebucht wird (in diesem Fall bleiben die Anschaffungskosten des Firmenwagens unverändert) oder aber erfolgsneutral als Minderung der Anschaffungskosten und damit als Minderung der Bemessungsgrundlage für die Abschreibung behandelt werden kann. Umsatzsteuerlich muss auch in den Fällen, in denen der Zuschuss erfolgsneutral behandelt wird, für Zwecke der umsatzsteuerlichen Bemessungsgrundlage die Abschreibung anhand der **ungekürzten** Anschaffungskosten ermittelt werden.

F

Fitnessraum

Stellt der Arbeitgeber seinen Arbeitnehmern unentgeltlich einen Fitnessraum zur Verfügung, handelt es sich um eine steuer- und beitragsfreie Leistung zur Verbesserung der Arbeitsbedingungen im ganz überwiegenden eigenbetrieblichen Interesse des Arbeitgebers (H 19.3 LStR, „Leistungen zur Verbesserung der Arbeitsbedingungen"[3)]). nein nein

Fitnessstudio

Wichtiges auf einen Blick:

Seit 1.1.2020 liegt auch bei **zweckgebundenen Geldzuwendungen** sowie **nachträglichen Kostenerstattungen Barlohn** und kein Sachlohn vor mit der Folge, dass die monatliche 44-Euro-Freigrenze für Sachbezüge nicht in Anspruch genommen werden kann (vgl. das nachfolgende Beispiel D). **Gutscheine** sind **Sachlohn,** wenn sie ausschließlich zum Bezug von Waren und Dienstleistungen berechtigen und die Kriterien des § 2 Abs. 1 Nr. 10 des Zahlungsdiensteaufsichtsgesetzes erfüllen. Sie sind hinsichtlich der 44-Euro-Freigrenze begünstigt, wenn sie zusätzlich zum ohnehin geschuldeten Arbeitslohn gewährt werden.

1) Abschnitt II. 4 des BMF-Schreibens vom 5.6.2014 (BStBl. I S. 896). Das BMF-Schreiben ist auszugsweise als Anlage 9 zu H 8.1 (9–10) LStR im **Steuerhandbuch für das Lohnbüro 2021** abgedruckt, das im selben Verlag erschienen ist.

2) Das BMF-Schreiben vom 30.12.1997 (BStBl. 1998 I S. 110) ist als Anlage 8 zu H 8.1 (9–10) LStR im **Steuerhandbuch für das Lohnbüro 2021** abgedruckt, das im selben Verlag erschienen ist.

3) Die amtlichen Hinweise zu den Lohnsteuer-Richtlinien sind im **Steuerhandbuch für das Lohnbüro 2021** abgedruckt, das im selben Verlag erschienen ist.

	Lohnsteuerpflichtig	Sozialversich.-pflichtig
Stellt der Arbeitgeber selbst unentgeltlich einen Fitnessraum für seine Arbeitnehmer zur Verfügung, handelt es sich um eine steuer- und beitragsfreie Leistung zur Verbesserung der Arbeitsbedingungen im ganz überwiegenden eigenbetrieblichen Interesse des Arbeitgebers (vgl. das Stichwort „Fitnessraum").	nein	nein
Übernimmt der Arbeitgeber die **Mitgliedsbeiträge** des Arbeitnehmers für ein Fitnessstudio, handelt es sich um steuer- und beitragspflichtigen Arbeitslohn.	ja	ja

Die Steuerbefreiungsvorschrift des § 3 Nr. 34 EStG, wonach zusätzlich zum ohnehin geschuldeten Arbeitslohn erbrachte Leistungen des Arbeitgebers zur Verhinderung und Verminderung von Krankheitsrisiken und zur betrieblichen **Gesundheitsförderung** seiner Arbeitnehmer bis zu einem **Freibetrag von 600 € jährlich** steuer- und sozialversicherungsfrei sind, ist auf die Übernahme der Beiträge für ein Fitnessstudio **nicht anwendbar** (vgl. die Erläuterungen beim Stichwort „Gesundheitsförderung").

Anwendbar ist jedoch die für Sachbezüge geltende **monatliche 44-Euro-Freigrenze.** Ein Sachbezug liegt bei der Übernahme von Beiträgen zu einem Fitnessstudio immer dann vor, wenn der **Arbeitgeber** Vertragspartner des Leistungserbringers (= Fitnessstudio) ist. Kein Sachbezug sondern eine Barlohnzuwendung des Arbeitgebers liegt hingegen vor, wenn das Vertragsverhältnis über die Leistung zwischen dem Fitnessstudio und dem **Arbeitnehmer** besteht und der Arbeitgeber dem Arbeitnehmer den Mitgliedsbeitrag durch eine Geldzuwendung ersetzt. Auch **Gutscheine** für Fitnessleistungen (z. B. für den Besuch der Trainingsstätten und zum Bezug der dort angebotenen Waren/Dienstleistungen) sind Sachlohn und bei zusätzlicher Gewährung hinsichtlich der 44-Euro-Freigrenze begünstigt.

Beispiel A

Der Arbeitgeber gibt seinem Arbeitnehmer einen Gutschein **für den Monat Mai 2021,** der für fünf Besuche des Fitnessstudios „Quäldich" in München berechtigt. Der Arbeitgeber rechnet den Gutschein direkt mit dem Fitnessstudio ab und zahlt hierfür 40 €. Dieser Betrag ist in Anwendung der **monatlichen** 44-Euro-Freigrenze für Sachbezüge lohnsteuer- und sozialversicherungsfrei.

Beispiel B

Der Arbeitnehmer zahlt die monatlichen Beiträge an das Fitnessstudio „Quäldich" selbst und legt die Quittungen seinem Arbeitgeber vor. Der Arbeitgeber zahlt dem Arbeitnehmer den monatlichen Betrag von 40 € zusammen mit dem Arbeitslohn bar aus. Die monatliche 44-Euro-Freigrenze für Sachbezüge ist nicht anwendbar, weil es sich nicht um Sachbezüge, sondern um Barzuwendungen handelt.

Die Anwendung der monatlichen 44-Euro-Freigrenze ist auch dann möglich, wenn sich der Arbeitnehmer an den Kosten des Arbeitgebers für das Fitnessstudio beteiligt.

Beispiel C

Der Arbeitgeber gibt seinem Arbeitnehmer einen Gutschein **für den Monat Mai 2021,** der zum freien Eintritt in das Fitnessstudio „Quäldich" in München berechtigt. Der Arbeitgeber rechnet den Gutschein direkt mit dem Fitnessstudio ab und zahlt hierfür 70 €. Der Arbeitnehmer beteiligt sich mit 30 € an den Kosten des Arbeitgebers für das Fitnessstudio. Der Arbeitgeber behält die 30 € vom Lohn des Arbeitnehmers ein. Der geldwerte Vorteil für den Arbeitnehmer beträgt (70 € – 30 € =) 40 €. Dieser Betrag ist in Anwendung der **monatlichen** 44-Euro-Freigrenze für Sachbezüge lohnsteuer- und sozialversicherungsfrei.

Barlohn und kein Sachbezug liegt seit 1.1.2020 – im Gegensatz zur Rechtslage bis 31.12.2019 – auch dann vor, wenn der Arbeitnehmer von seinem Arbeitgeber eine **zweckgebundene Geldzuwendung** erhält (§ 8 Abs. 1 Satz 2 EStG).

Beispiel D

Der Arbeitgeber ermöglicht dem Arbeitnehmer den monatlichen Besuch eines Fitnessstudios. Hierfür erhält der Arbeitnehmer vom Arbeitgeber monatlich eine zweckgebundene Geldzuwendung von 40 €, die er nachweislich für den Besuch eines Fitnessstudios verwendet.

Der Arbeitgeber gewährt in diesem Fall dem Arbeitnehmer eine zweckgebundene Geldzuwendung, für die die monatliche 44-Euro-Freigrenze für Sachbezüge nicht in Anspruch genommen werden kann.

Ein Sachbezug liegt auch nicht vor, wenn der Arbeitnehmer anstelle der Sachleistung Barlohn verlangen kann. Zur Abgrenzung zwischen Barlohn und Sachbezug wird zudem auf die Erläuterungen und die Beispiele beim Stichwort „Warengutscheine" unter Nr. 2 auf Seite 1031 hingewiesen.

Vgl. auch „Firmenfitnessmitgliedschaften".

Fleischbeschauer

	Lohnsteuerpflichtig	Sozialversich.-pflichtig
Haupt- oder nebenamtliche Fleischbeschauer sind als Arbeitnehmer anzusehen.	ja	ja

Flexibilisierung der Arbeitszeit

siehe „Arbeitszeitkonten"

Flexibilitätsprämie

	Lohnsteuerpflichtig	Sozialversich.-pflichtig
Einige Arbeitgeber sind bereit, ihren Arbeitnehmern eine sog. Flexibilitätsprämie zu zahlen, wenn eine **Versetzung** des Arbeitnehmers mit **besonderen Erschwernissen** verbunden ist (z. B. deutlich längere Fahrtstrecke und/oder deutlich höhere Kosten z. B. infolge von Kinderbetreuung). Solche Flexibilitätsprämien gehören mangels einer Steuerbefreiungsvorschrift zum steuer- und sozialversicherungspflichtigen Arbeitslohn. Eine ermäßigte Besteuerung nach der sog. Fünftelregelung kommt nicht in Betracht, da es sich nicht um Arbeitslohn handelt, der für eine mehrjährige Tätigkeit gezahlt wird (vgl. die Erläuterungen beim Stichwort „Arbeitslohn für mehrere Jahre").	ja	ja

Fliegendes Personal

Wichtiges auf einen Blick:

1. Flughafengelände als erste Tätigkeitsstätte

Der Bundesfinanzhof hat die Auffassung der Finanzverwaltung bestätigt, dass das fliegende Personal (Piloten und Flugbegleiter) seine erste Tätigkeitsstätte an einem Flughafen hat, wenn es vom Arbeitgeber arbeitsrechtlich diesem Flughafen dauerhaft zugeordnet wurde und auf dem Flughafengelände zumindest in geringem Umfang Tätigkeiten erbracht werden, die arbeitsvertraglich geschuldet sind (BFH-Urteil vom 10.4.2019, BFH/NV 2019 S. 904). Entsprechendes gilt für das Bodenpersonal, wie z. B. einer Luftsicherheitskontrollkraft (BFH-Urteil vom 11.4.2019, BStBl. II S. 551). Vgl. die Ausführungen unter der nachfolgenden Nr. 1.

2. Verpflegungspauschalen bei Auswärtstätigkeiten

Die Verpflegungspauschalen bei beruflich veranlassten Auswärtstätigkeiten sind zum 1.1.2020 auf **28 € bei 24 Stunden Abwesenheit** und auf **14 € bei acht Stunden Abwesenheit** von der Wohnung und der ersten Tätigkeitsstätte **sowie** für den **An- und Abreisetag** bei mehrtägigen Auswärtstätigkeiten erhöht worden. Siehe hierzu auch die Erläuterungen unter Nr. 3.

Gliederung:

Lohn-steuer-pflichtig Sozial-versich.-pflichtig

1. Erste Tätigkeitsstätte

Auch bei einem großflächigen und entsprechend infrastrukturell erschlossenen Gebiet (wie z. B. ein Flughafengelände) kann es sich um eine erste Tätigkeitsstätte handeln. Beim fliegenden Personal (z. B. Piloten oder Flugbegleitern) kommt daher als erste Tätigkeitsstätte insbesondere der Stammflughafen (home base) in Betracht. Ein Flugzeug kann hingegen keine erste Tätigkeitsstätte sein, weil es sich nicht um eine ortsfeste Einrichtung handelt. Die Bestimmung der ersten Tätigkeitsstätte erfolgt vorrangig anhand der dauerhaften dienst- oder arbeitsrechtlichen Festlegungen durch den Arbeitgeber. Diese können sich u. a. aus dem Arbeitsvertrag oder anderen dienstrechtlichen Verfügungen ergeben. Sie können aber auch mündlich oder konkludent erfolgen. Die Zuordnung ist dauerhaft, wenn sie unbefristet (bis auf Weiteres), für die Dauer des Dienstverhältnisses oder über einen Zeitraum von mehr als 48 Monaten festgelegt wurde. Im Ergebnis ist eine Zuordnung dauerhaft, wenn sie weder kalendermäßig noch nach Art, Zweck oder Beschaffenheit der Arbeitsleistung zeitlich bestimmt ist. Entscheidend hierfür ist die auf die Zukunft gerichtete Prognose. Von einer **dauerhaften Zuordnung zu einem Stammflughafen** kann z. B. in folgenden Fällen ausgegangen werden:

- Dem Arbeitnehmer wird der Dienstort München zugewiesen.
- Der Arbeitnehmer wird als Flugzeugführer für das Flugzeugmuster ABC 123 mit dem Beschäftigungsort München eingestellt.
- Der Arbeitnehmer wird als Flugzeugführer bei der Flotte MUC xx/xx in München beschäftigt. Der Arbeitnehmer kann jederzeit auf anderen Flugzeugmustern, an anderen Orten sowie bei anderen Konzerngesellschaften eingesetzt werden.

Der Bundesfinanzhof hat bestätigt, dass das fliegende Personal (Piloten und Flugbegleiter) seine erste Tätigkeitsstätte an einem Flughafen hat, wenn es vom Arbeitgeber arbeitsrechtlich diesem Flughafen dauerhaft zugeordnet wurde und auf dem Flughafengelände zumindest in geringem Umfang Tätigkeiten erbracht werden, die arbeitsvertraglich geschuldet sind (BFH-Urteil vom 10.4.2019, BFH/NV 2019 S. 904). Beim fliegenden Personal gehört zu diesen arbeitsvertraglichen Pflichten insbesondere die Teilnahme an dem vor jedem Flug obligatorischen Briefing.

Beispiel A

A ist Pilot bei einer Fluggesellschaft und von seinem Arbeitgeber dem Flughafen München dauerhaft zugeordnet worden, von dem seine Flüge regelmäßig starten und landen.

Das von A geflogene Flugzeug ist keine erste Tätigkeitsstätte, da es sich nicht um eine ortsfeste betriebliche Einrichtung handelt. Erste Tätigkeitsstätte des A ist der Flughafen München, da der Arbeitgeber ihn dort dauerhaft zugeordnet hat und A dort beruflich tätig wird (z. B. hinsichtlich der Vorbereitungshandlungen für die Flüge). Unerheblich ist, dass es sich um eine betriebliche Einrichtung eines Dritten (der Flughafengesellschaft) und nicht des Arbeitgebers (= Fluggesellschaft) handelt.

Sind dienst- oder arbeitsrechtliche Festlegungen nicht vorhanden oder nicht eindeutig, werden für die Bestimmung der ersten Tätigkeitsstätte **(hilfsweise)** die **zeitlichen** (quantitativen) **Kriterien** herangezogen. Diese sind erfüllt, wenn der Arbeitnehmer dauerhaft typischerweise arbeitstäglich, je Arbeitswoche zwei volle Arbeitstage oder mindestens ein Drittel seiner vereinbarten Arbeitszeit am Flughafen bzw. auf dem Flughafengelände tätig werden soll. Zur Erfüllung der zeitlichen Kriterien muss der Arbeitnehmer dort seine eigentliche berufliche Tätigkeit und nicht nur Vorbereitungs-, Hilfs- oder Nebentätigkeiten ausüben.

Die vorstehenden Ausführungen gelten entsprechend für das **Bodenpersonal.** Hierzu zählen u. a. Fluglotsen, Reinigungs- oder Sicherheitskräfte, Arbeitnehmer im Shuttleservice und Mitarbeiter von Geschäften im Flughafen. Auch der Bundesfinanzhof hat bestätigt, dass eine Luftsicherheitskontrollkraft, die auf einem Flughafen an wechselnden Kontrollstellen zur Durchführung von Sicherheitskontrollen eingesetzt wird, auf dem Flughafengelände ihre erste (großräumige) Tätigkeitsstätte hat (BFH-Urteil vom 11.4.2019, BStBl. II S. 551).

Beispiel B

Arbeitnehmer B ist beim Flughafen München angestellt und diesem arbeitsrechtlich dauerhaft zugeordnet. Er fährt die Passagiere in den Bussen vom Terminal zum Flugzeug bzw. zurück.

Bei B ist der Flughafen München erste Tätigkeitsstätte, da es sich um ein Betriebsgelände mit mehreren ortsfesten betrieblichen Einrichtungen handelt und er dem Flughafen dauerhaft zugeordnet ist. Unerheblich ist, dass B dort seine Tätigkeit auf einem Fahrzeug ausübt. Es handelt sich nicht um eine Auswärtstätigkeit in Form einer Fahrtätigkeit.

Wäre B von seinem Arbeitgeber dem Flughafen München nicht zugeordnet worden, würde es sich bei diesem dennoch um die erste Tätigkeitsstätte des B handeln, weil auch die zeitlichen Kriterien für die Annahme einer ersten Tätigkeitsstätte (hier: arbeitstägliches Tätigwerden) erfüllt sind.

Da bei B keine beruflich veranlasste Auswärtstätigkeit vorliegt, kann auch eine Verpflegungspauschale weder von ihm als Werbungskosten abgezogen noch vom Arbeitgeber steuerfrei ersetzt werden.

Zum Begriff der ersten Tätigkeitsstätte vgl. auch die Erläuterungen und zahlreichen Beispiele in Anhang 4 unter Nr. 3.

2. Fahrtkosten zum Flughafen

Handelt es sich beim Flughafen um die **erste Tätigkeitsstätte,** sind die Fahrten von der Wohnung dorthin mit der **Entfernungspauschale** (ab 2021 0,30 € jeweils für die ersten 20 vollen Entfernungskilometer und 0,35 € jeweils ab dem 21. vollen Entfernungskilometer) anzusetzen. Durch den Ansatz der Entfernungspauschale sind sämtliche Aufwendungen abgegolten, z. B. auch Parkgebühren für das Abstellen des Fahrzeugs während der Arbeitszeit.

Beispiel A

Stewardess A (Flughafen = erste Tätigkeitsstätte) fährt mit ihrem eigenen Pkw von ihrer Wohnung zum Flughafen München, um dort ihre Tätigkeit als Flugbegleiterin aufzunehmen.

Für die Fahrten von ihrer Wohnung zum Flughafen kann lediglich die Entfernungspauschale angesetzt werden.

Die Abgeltungswirkung der Entfernungspauschale für die Aufwendungen für den Weg zwischen Wohnung und erster Tätigkeitsstätte gilt **arbeitstäglich für zwei Wege,** nämlich für einen Hin- und einen Rückweg. Legt der Arbeitnehmer nur einen Weg zurück, ist nur die Hälfte der Entfernungspauschale je Entfernungskilometer und Arbeitstag als Werbungskosten zu berücksichtigen.

Beispiel B

Flugbegleiter B hat seine erste Tätigkeitsstätte am Flughafen C, der 100 km von der Wohnung des B entfernt liegt. Im Jahr 2021 fährt A an 50 Arbeitstagen von seiner Wohnung zum Flughafen und zurück. An 110 weiteren Arbeitstagen führt er nur eine Fahrt aus (Hin- oder Rückfahrt). Die als Werbungskosten abziehbare Entfernungspauschale berechnet sich wie folgt:

50 Tage × 20 Entfernungskilometer × 0,30 € =	300 €
50 Tage × 80 Entfernungskilometer × 0,35 € =	1 400 €
110 Tage × 20 Entfernungskilometer × 0,15 € =	330 €
110 Tage × 80 Entfernungskilometer × 0,175 € =	1 540 €
Werbungskosten für den Weg zwischen Wohnung und erster Tätigkeitsstätte	3 570 €

Liegt keine erste Tätigkeitsstätte vor, ist zu prüfen, ob es sich beim Stammflughafen um einen **Arbeitgeber-Sammelpunkt** handelt. Dies ist der Fall, wenn der Arbeitnehmer den Flughafen aufgrund einer dienst- oder arbeitsrechtlichen Festlegung des Arbeitgebers zur Aufnahme seiner beruflichen Tätigkeit dauerhaft und typischerweise arbeitstäglich aufzusuchen hat. „Typischerweise arbeitstäglich“ erfordert ein – bis auf Urlaubs-, Krankheits- oder

F

	Lohn-steuer-pflichtig	Sozial-versich.-pflichtig

Fortbildungstage – arbeitstägliches Aufsuchen desselben Ortes. Auch die Fahrten von der Wohnung zu einem solchen Arbeitgeber-Sammelpunkt können nur in Höhe der **Entfernungspauschale** berücksichtigt werden.

Liegt weder eine erste Tätigkeitsstätte noch ein Arbeitgeber-Sammelpunkt vor, können die Fahrtkosten hingegen nach Reisekostengrundsätzen (z. B. 0,30 € je gefahrenen Kilometer) angesetzt werden.

3. Verpflegungsmehraufwendungen

F

Die Verpflegungspauschalen betragen seit 1.1.2020 bei **eintägigen** Auswärtstätigkeiten im Inland mit einer Abwesenheitszeit von mehr als acht Stunden für jeden Kalendertag 14 €. Bei **mehrtägigen** Auswärtstätigkeiten im Inland mit Übernachtung betragen seit 1.1.2020 die Verpflegungspauschalen für jeden Kalendertag mit einer Abwesenheitszeit von 24 Stunden 28 € und für den An- und Abreisetag ohne Mindestabwesenheitszeit 14 €. Bei **Auslandsreisen** gelten besondere Pauschbeträge (vgl. Anhang 5a).

Handelt es sich beim Flughafen um eine erste Tätigkeitsstätte, liegt erst mit dem **Verlassen des Flughafens** eine **Auswärtstätigkeit** vor. Sie wird bereits mit dem Erreichen dieses Flughafens beendet. Dies ist bei eintägigen Auswärtstätigkeiten von Bedeutung für die Berechnung der Abwesenheitsdauer für die Verpflegungspauschalen. Liegt hingegen am Flughafen keine erste Tätigkeitsstätte vor, beginnt die für die Auswärtstätigkeit maßgebende Abwesenheitszeit mit dem Verlassen der Wohnung und endet, wenn der Arbeitnehmer in seine Wohnung zurückkehrt. Wird der Arbeitnehmer in diesem Fall am jeweiligen Flughafen mindestens an drei Tagen wöchentlich tätig, ist die Dreimonatsfrist zu beachten. Nach Ablauf der Dreimonatsfrist ist die Tätigkeitszeit an diesen Flughäfen für die Ermittlung der Abwesenheitszeit nicht mehr zu berücksichtigen.

Die in Betracht kommende **Verpflegungspauschale** ist zu **kürzen,** wenn dem Arbeitnehmer vom Arbeitgeber oder auf dessen Veranlassung von einem Dritten eine Mahlzeit zur Verfügung gestellt wird. Bei Langstreckenflügen führt also die **Bordverpflegung** für das fliegende Personal zu einer Kürzung der Verpflegungspauschale. Aufgrund der arbeitsmäßigen Gegebenheiten ist von einer Mahlzeitengestellung durch den Arbeitgeber auszugehen. Vgl. hierzu im Einzelnen die Erläuterungen in Anhang 4 Nr. 10.

Vgl. im Übrigen auch die Erläuterungen und Beispiele beim Stichwort „Fahrtätigkeit".

4. Zuschläge für Sonntags-, Feiertags- und Nachtarbeit

Bei Fluggesellschaften, die in nicht unerheblichem Maß Interkontinentalflüge oder Flüge in unterschiedlichen Zeitzonen durchführen, können für die Feststellung des steuerfreien Vergütungsanteils (§ 3b EStG) vom Betriebsstättenfinanzamt Erleichterungen zugelassen werden (Verzicht auf Einzelanschreibungen, pauschale Ermittlung der steuerfrei zu belassenen Beträge).

Demgegenüber ist für Fluggesellschaften die Aufzeichnung der tatsächlich begünstigten Zeiten für die steuerfreien Zuschläge zumutbar, wenn die Flüge fast ausschließlich innerhalb derselben Zeitzone durchgeführt werden. Dabei bestehen aus Vereinfachungsgründen keine Bedenken, wenn diese Aufzeichnungen nach den zeitlichen Verhältnissen am jeweiligen Stationierungsort des Arbeitnehmers geführt werden.

Zur Steuerfreiheit von Zuschlägen für Sonntags-, Feiertags- und Nachtarbeit vgl. dieses Stichwort.

	Lohn-steuer-pflichtig	Sozial-versich.-pflichtig

Fliegerzulagen, Flugprämien

Fliegerzulagen an das fliegende Personal der Bundeswehr und der Bundespolizei sind als Aufwandsentschädigungen aus Bundeskassen lohnsteuerfrei (vgl. „Aufwandsentschädigungen aus öffentlichen Kassen").	nein	nein
Fliegerzulagen an fliegendes Personal der Luftfahrtindustrie (Einflieger, Testpiloten usw.) sind mangels einer entsprechenden Befreiungsvorschrift steuerpflichtig.	ja	ja

Flüchtlinge

1. Allgemeines

Bei Aufnahme einer Arbeit benötigt der Arbeitgeber, sofern nicht eine Pauschalierung der Lohnsteuer bei Aushilfskräften und Teilzeitbeschäftigten (vgl. dieses Stichwort) in Betracht kommt, für den **Abruf** der individuellen elektronischen Lohnsteuerabzugsmerkmale **(ELStAM)** die **Identifikationsnummer** und das **Geburtsdatum** seines zukünftigen Arbeitnehmers. Sofern die Identifikationsnummer noch nicht vorliegt, kann der Arbeitgeber für einen Zeitraum von bis zu drei Monaten die voraussichtlichen Lohnsteuerabzugsmerkmale anwenden (vgl. die Erläuterungen beim Stichwort „Elektronische Lohnsteuerabzugsmerkmale (ELStAM)" unter Nr. 3 Buchstabe d und Nr. 6 Buchstabe b). Auch für die Beantragung von **Kindergeld** sind sowohl die steuerliche Identifikationsnummer des Berechtigten als auch die des Kindes erforderlich (siehe hierzu die Ausführungen in Anhang 9 unter den Nrn. 5 und 12 Buchstabe b).

2. Vergabe der Identifikationsnummer

Personen, die in Deutschland einen Wohnsitz oder ihren gewöhnlichen Aufenthalt haben, sind unbeschränkt steuerpflichtig. Das gilt auch für Personen, die als Flüchtlinge oder Asylsuchende in das Bundesgebiet einreisen und zunächst z. B. in Erstaufnahmeeinrichtungen, Turnhallen oder Wohncontainern untergebracht sind. Die Vergabe der Identifikationsnummer wird **durch die Anmeldung bei der zuständigen Meldebehörde des Unterbringungsortes angestoßen.** Sobald die zuständige Meldebehörde Daten dieser Personen in das Melderegister aufgenommen hat, erfolgt eine automatische Mitteilung an das Bundeszentralamt für Steuern. Damit die Vergabe der Identifikationsnummer möglichst schnell erfolgen kann und das Mitteilungsschreiben den Arbeitnehmer auch erreicht, sind bei der melderechtlichen Erfassung der Person vollständige und genaue Angaben zu machen (z. B. Angabe aller Vornamen, bei Unterbringung in Sammelunterkünften ggf. Zusätze wie z. B. Haus 3 oder Flur 8). Das Mitteilungsschreiben wird mit der durch das Bundeszentralamt für Steuern zugeteilten Identifikationsnummer an die von der Meldebehörde übermittelte Adresse versandt.

Sofern die Identifikationsnummer dem Arbeitnehmer nicht mehr bekannt sein sollte, kann eine **erneute Mitteilung** beim Bundeszentralamt für Steuern beantragt werden. Dabei sollten möglichst Unterlagen zur Feststellung der Identität des Arbeitnehmers beigefügt werden, wie z. B. Kopie (keine Originale) des Reisepasses, Auskunftsnachweis, Aufenthaltstitel, Geburtsurkunde, Heiratsurkunde oder Führerschein.

Die Vergabe einer Identifikationsnummer sagt übrigens nichts über den aufenthaltsrechtlichen Status einer Person oder die Erlaubnis zur Ausübung einer Erwerbstätigkeit aus, sondern erfolgt **ausschließlich** aufgrund **steuerrechtlicher Bestimmungen.** Der Abruf der elektronischen Lohnsteuerabzugsmerkmale erfolgt allein zur Wahrnehmung und Sicherstellung der steuerlichen Pflichten des Arbeitgebers. Er beinhaltet keine Regelungen zur Erwerbserlaubnis.

Lohnsteuerpflichtig | Sozialversich.-pflichtig

3. Deutschkurs des Arbeitgebers

Bei Flüchtlingen und anderen Arbeitnehmern, deren Muttersprache nicht Deutsch ist, sind Bildungsmaßnahmen zum Erwerb oder zur Verbesserung der deutschen Sprache dem **ganz überwiegenden eigenbetrieblichen Interesse des Arbeitgebers** zuzuordnen, wenn der Arbeitgeber die **Sprachkenntnisse** in dem für den Arbeitnehmer vorgesehenen Aufgabengebiet **verlangt.** Sie führen daher in der Regel nicht zu Arbeitslohn (vgl. „Deutschkurse"). nein nein

Arbeitslohn kann bei solchen Bildungsmaßnahmen nur dann vorliegen, wenn konkrete Anhaltspunkte für einen Belohnungscharakter der Maßnahme vorliegen. ja ja

Eigene Aufwendungen eines in Deutschland lebenden Ausländers für das Erlernen der deutschen Sprache gehören regelmäßig zu den nicht abziehbaren Kosten der Lebensführung und können daher auch dann **nicht als Werbungskosten** abgezogen werden, wenn ausreichend Sprachkenntnisse für einen angestrebten Ausbildungsplatz förderlich sind (BFH-Urteil vom 15.3.2007, BStBl. II S. 814).

4. Flüchtlingshelfer

Flüchtlingshelfer sind in der Regel **unentgeltlich** tätig. Sie haben daher **weder** Anspruch auf die sog. **Übungsleiterpauschale** von 3000 € jährlich **noch** auf die sog. **Ehrenamtspauschale** von 840 € jährlich, da ausschließlich Einnahmen steuerbefreit werden. Vgl. auch das Stichwort „Nebentätigkeit für gemeinnützige Organisationen" besonders unter Nr. 12 am Ende.

Flugversicherung

Zur Flugversicherung des Arbeitnehmers durch den Arbeitgeber siehe „Unfallversicherung".

Förderbetrag zur betrieblichen Altersversorgung

Zahlt der Arbeitgeber für einen geringverdienenden Arbeitnehmer (Arbeitslohn bei monatlicher Lohnzahlung bis 2575 €) mit erstem Dienstverhältnis einen zusätzlichen Arbeitgeberbeitrag zur kapitalgedeckten betrieblichen Altersversorgung zwischen 240 € und 960 € jährlich ein, erhält er hierfür über die Lohnsteuer-Anmeldung einen BAV-Förderbetrag von 30%.

Der geförderte zusätzliche Arbeitgeberbeitrag ist steuer- und beitragsfrei. nein nein

Zum Förderbetrag zur betrieblichen Altersversorgung bei Geringverdienern im Einzelnen vgl. Anhang 6 unter Nr. 17.

Forderungsübergang

Geht der Anspruch auf Arbeitslohn auf einen Dritten über (z. B. durch Pfändung oder Abtretung des Arbeitslohns), ist dieser Vorgang für den Zufluss des Arbeitslohns beim Arbeitnehmer ohne Bedeutung; auch der durch Pfändung oder Abtretung direkt an einen Dritten überwiesene Teil des Arbeitslohns ist dem Arbeitnehmer zugeflossen und damit steuer- und beitragspflichtig (BFH-Urteil vom 16.3.1993, BStBl. II S. 507). ja ja

Zahlungen eines Insolvenzverwalters an die Bundesagentur für Arbeit sind nur dann steuerfrei, soweit sie aufgrund des gesetzlichen Forderungsübergangs nach § 115 SGB X geleistet werden und über das Vermögen des früheren Arbeitgebers das Insolvenzverfahren eröffnet worden ist (§ 3 Nr. 2 Buchstabe b EStG, R 3.2 Abs. 1 Satz 2 LStR).

Lohnsteuerpflichtig | Sozialversich.-pflichtig

Steuerpflichtiger Arbeitslohn liegt in diesem Fall lediglich in Höhe der Differenz zwischen dem erfüllten Arbeitslohnanspruch und den an die Bundesagentur für Arbeit geleisteten Rückzahlungen des vom Arbeitnehmer bezogenen Arbeitslosengeldes vor.

Kommt es außerhalb eines Insolvenzverfahrens zu einem gesetzlichen Forderungsübergang nach § 115 SGB X, liegt steuer- und beitragspflichtiger Arbeitslohn vor (z. B. wenn der Arbeitgeber eine Lohnnachzahlung unmittelbar an die Arbeitsverwaltung leistet; BFH-Urteil vom 15.11.2007, BStBl. 2008 II S. 375). ja ja

Siehe auch die Stichworte: Abtretung von Arbeitslohn, Abtretung von Forderungen als Arbeitslohn, Insolvenzverwalter und Lohnpfändung.

Forderungsverzicht

Im (rechtswirksamen) Verzicht des Arbeitgebers auf eine (nicht völlig wertlose) Forderung gegenüber dem Arbeitnehmer ist steuerpflichtiger Arbeitslohn zu sehen, wenn der Verzicht durch das **Dienstverhältnis veranlasst** ist. ja ja

Dies ist z. B. der Fall, wenn

- der Arbeitgeber den gestundeten **Kaufpreis** für ein entgeltlich überlassenes Arbeitsgerät **erlässt,**
- der Arbeitgeber auf eine **Schadensersatzforderung** gegenüber dem Arbeitnehmer **verzichtet,** weil dieser im Zustand der absoluten Fahruntüchtigkeit einen Firmenwagen beschädigt hat (BFH-Urteil vom 24.5.2007, BStBl. II S. 766; vgl. hierzu auch die Erläuterungen beim Stichwort „Firmenwagen zur privaten Nutzung" unter Nr. 16 Buchstabe c) oder
- der Arbeitgeber nach Inanspruchnahme **als Haftender für Lohnsteuer** darauf **verzichtet,** seine Arbeitnehmer in Regress zu nehmen (BFH-Beschluss vom 5.3.2007, BFH/NV 2007 S. 1122). Vgl. hierzu das Stichwort „Haftung des Arbeitgebers" unter Nr. 8.

Der Arbeitslohn fließt dem Arbeitnehmer erst in dem Zeitpunkt zu, in dem der Arbeitgeber **endgültig** zu erkennen gibt, dass er keinen Rückgriff nehmen wird.

Vgl. auch das Stichwort „Darlehen an Arbeitnehmer" unter Nr. 2.

Forstleute

Die an staatliche Forstbedienstete aus **öffentlichen Kassen** gezahlten Entschädigungen sind grundsätzlich nach § 3 Nr. 12 EStG steuerfrei (vgl. das Stichwort „Aufwandsentschädigungen aus öffentlichen Kassen"). nein nein

Jagdaufwandsentschädigungen an Jäger, die im **privaten** Dienst beschäftigt sind, gehören ebenso wie das Futtergeld, das Schussgeld und die Pauschalentschädigung für das Dienstzimmer zum steuer- und beitragspflichtigen Arbeitslohn. ja ja

Der sog. **Dienstkleidungszuschuss,** der an Privatforstbedienstete in Anlehnung an die Regelungen im staatlichen Forstdienst gezahlten Entschädigungen gewährt wird, ist als Barablösung im Sinne des § 3 Nr. 31 EStG steuerfrei[1]. nein nein

Vgl. auch die Erläuterungen bei den Stichwörtern „Arbeitskleidung", „Entfernungsentschädigung", „Futtergeld", „Hundegeld", „Motorsägegeld", „Transportentschädigung" und „Weiträumiges Tätigkeitsgebiet".

---

1) Bundeseinheitliche Regelung, z. B. Schreiben des Bayer. Staatsministeriums der Finanzen vom 29.6.1990 (Az.: 32 – S 2337 – 10/28 – 39220). Das Schreiben ist als Anlage 2 zu H 3.31 LStR im **Steuerhandbuch für das Lohnbüro 2021** abgedruckt, das im selben Verlag erschienen ist.

	Lohn-steuer-pflichtig	Sozial-versich.-pflichtig

Fortbildungskosten

Wichtiges auf einen Blick:

1. Steuerfreistellung von Weiterbildungsmaßnahmen nach § 82 SGB III

Durch das sog. Jahressteuergesetz 2019 ist eine Steuerfreistellung der Weiterbildungsleistungen des Arbeitgebers für Maßnahmen nach § 82 Abs. 1 und 2 SGB III sowie für Weiterbildungsleistungen des Arbeitgebers, die der Verbesserung der Beschäftigungsfähigkeit des Arbeitnehmers dienen, eingeführt worden (§ 3 Nr. 19 EStG). Die Weiterbildung darf allerdings keinen überwiegenden Belohnungscharakter haben. Vgl. hierzu die Erläuterungen unter der nachfolgenden Nr. 2 Buchstabe f.

F

2. Verpflegungspauschalen bei Auswärtstätigkeiten

Die Verpflegungspauschalen bei beruflich veranlassten Auswärtstätigkeiten, zu den auch Fortbildungsmaßnahmen gehören, sind zum 1.1.2020 auf **28 € bei 24 Stunden Abwesenheit** und auf **14 € bei acht Stunden Abwesenheit** von der Wohnung und der ersten Tätigkeitsstätte **sowie** für den **An- und Abreisetag** bei mehrtägigen Auswärtstätigkeiten erhöht worden. Vgl. zum Umfang des steuerfreien Arbeitgeberersatzes bei Fortbildungsmaßnahmen auch die Ausführungen unter der nachfolgenden Nr. 3 Buchstabe b.

Gliederung:

1. Abgrenzung Ausbildung – Fortbildung

a) Allgemeines

Steuerlich ist zwischen Ausbildungskosten und Fortbildungskosten zu unterscheiden. Ausbildungskosten sind Kosten der privaten Lebensführung, die eingeschränkt als Sonderausgaben abzugsfähig sind, wohingegen Fortbildungskosten als Werbungskosten abgezogen werden können. Auf die ausführlichen Erläuterungen zum Abzug der Ausbildungskosten als Sonderausgaben und zum Abzug der Fortbildungskosten als Werbungskosten in Anhang 7 Abschnitt B Nr. 2 und Abschnitt C Nr. 6 wird hingewiesen.

b) Studium

Da Ausbildungskosten grundsätzlich zu den Kosten der privaten Lebensführung gehören, sind Ausbildungsvergütungen steuerpflichtiger Arbeitslohn, wenn die betreffende Person im Rahmen eines Arbeitsverhältnisses ausgebildet wird (z. B. Beamtenanwärter; vgl. auch das Stichwort „Auszubildende“). Ebenso ist bei einem **Studium** von einem **Ausbildungsdienstverhältnis** auszugehen, wenn das Studium selbst Gegenstand des Ausbildungsdienstverhältnisses ist. Voraussetzung ist, dass die Teilnahme an dem berufsbegleitenden Studium zu den Dienstpflichten des Arbeitnehmers gehört. Der Arbeitnehmer wird also auch für das Studieren bezahlt. Die den Arbeitnehmern in diesen Fällen entstehenden Aufwendungen sind dann allerdings auch Werbungskosten. ja ja

Ist das Studium hingegen nicht Gegenstand des Dienstverhältnisses, liegt auch dann kein Ausbildungsdienstverhältnis vor, wenn das Studium von einem Dritten durch die Hingabe von Mitteln (z. B. Stipendien) gefördert wird. Da eine Steuerbefreiungsvorschrift für aus privaten Mitteln stammende Studienbeihilfen nicht besteht, liegen – abhängig von den Gesamtumständen des Einzelfalles – Arbeitslohn oder sonstige Einkünfte vor. Von Arbeitslohn ist insbesondere auszugehen, wenn die Studienbeihilfen privater Arbeitgeber im Hinblick auf ein künftiges Dienstverhältnis gewährt werden (§ 2 Abs. 2 Nr. 1 LStDV[1]). Vgl. auch die Stichworte „Bachelor-Abschluss“, „Diplomanden“, „Master-Abschluss“, „Studenten in dualen Studiengängen“ und „Studiengebühren“.

c) Sonstiges

Zur Abgrenzung zwischen Ausbildungskosten und Fortbildungskosten vgl. auch die Erläuterungen beim Stichwort „Führerschein“.

Die Steuerfreiheit von Ausbildungsbeihilfen **aus öffentlichen Mitteln** ist beim Stichwort „Stipendien“ erläutert.

Für die steuerliche Behandlung von Aufwendungen, die der Arbeitgeber für die Fortbildung seiner Arbeitnehmer ausgibt, gilt Folgendes:

2. Fortbildung im ganz überwiegenden betrieblichen Interesse

a) Allgemeines

Im Gegensatz zu den Ausbildungskosten sind **Fortbildungskosten** solche Aufwendungen, die die **Kenntnisse im ausgeübten Beruf erweitern** und um sich den steigenden und ändernden Anforderungen anzupassen. Arbeitgeberleistungen, die der beruflichen Fortbildung oder Weiterbildung des Arbeitnehmers dienen, gehören nicht zum steuerpflichtigen Arbeitslohn, wenn diese Bildungsmaßnahmen im **ganz überwiegenden betrieblichen Interesse** des Arbeitgebers durchgeführt werden. nein nein

Bildet sich der Arbeitnehmer nicht im ganz überwiegenden betrieblichen Interesse des Arbeitgebers fort, gehört der geldwerte Vorteil der vom Arbeitgeber aufgewendeten Fort- oder Weiterbildungskosten als Werbungskostenersatz zum steuerpflichtigen Arbeitslohn (BFH-Urteil vom 16.4.1993, BStBl. II S. 640). ja ja

Der Arbeitnehmer kann berufliche Fort- und Weiterbildungskosten grundsätzlich als Werbungskosten bei seiner Veranlagung zur Einkommensteuer geltend machen. Auf die ausführlichen Erläuterungen in Anhang 7 Abschnitt B Nr. 2 Stichwort „Fortbildungskosten“ auf Seite 1221 wird Bezug genommen.

Das ganz überwiegende betriebliche Interesse des Arbeitgebers vorausgesetzt, sind steuer- und beitragsfrei die Aufwendungen für Fortbildungsmaßnahmen

- am Arbeitsplatz,
- in zentralen betrieblichen Bildungseinrichtungen,
- in außerbetrieblichen Einrichtungen,
- durch fremde Unternehmen, wenn diese für Rechnung des Arbeitgebers tätig werden (vgl. nachfolgende Nr. 3, wenn der Arbeitnehmer Rechnungsempfänger ist).

b) Erhöhung der Einsatzfähigkeit des Arbeitnehmers

Nach R 19.7 Abs. 2 Satz 1 LStR ist bei einer Bildungsmaßnahme ein **ganz überwiegendes betriebliches Interesse** des Arbeitgebers anzunehmen, wenn sie die Ein-

1) Die Lohnsteuer-Durchführungsverordnung (LStDV) ist als Anhang 1 im **Steuerhandbuch für das Lohnbüro 2021** abgedruckt, das im selben Verlag erschienen ist.

Lohnsteuerpflichtig | Sozialversich.-pflichtig

satzfähigkeit des Arbeitnehmers im Betrieb des Arbeitgebers erhöhen soll. Hierzu wurde in R 19.7 Abs. 2 Satz 2 LStR klargestellt, dass es für die Annahme eines ganz überwiegenden betrieblichen Interesses des Arbeitgebers nicht Voraussetzung ist, dass der Arbeitgeber die Teilnahme an der Bildungsmaßnahme zumindest teilweise auf die Arbeitszeit anrechnet. Auch wenn der Arbeitnehmer die Fortbildungsveranstaltung in seiner Freizeit besucht (z. B. nach Feierabend oder an einem arbeitsfreien Samstag), kann diese Bildungsmaßnahme die Einsatzfähigkeit des Arbeitnehmers im Betrieb des Arbeitgebers erhöhen und demnach im ganz überwiegenden betrieblichen Interesse des Arbeitgebers stattfinden; steuerpflichtiger Arbeitslohn liegt dann nicht vor. nein nein

Beispiel

Ein Steuerfachwirt nimmt einmal monatlich auf Wunsch seines Arbeitgebers nach Feierabend in der Zeit von 16.30 Uhr bis 19.30 Uhr an einer Fortbildungsmaßnahme teil. Die Fortbildungsmaßnahme wird von einem privaten Anbieter für Rechnung des Arbeitgebers erbracht. Die Kosten des Arbeitgebers belaufen sich auf 75 € monatlich.

Es handelt sich um Fortbildungsmaßnahmen im ganz überwiegendem betriebliche Interesse des Arbeitgebers, da durch die Bildungsmaßnahme die Einsatzfähigkeit des Steuerfachwirts in der Praxis des Arbeitgebers erhöht werden soll. Die vom Arbeitgeber für den Arbeitnehmer entrichtete „Teilnahmegebühr" von 75 € monatlich führt daher nicht zu steuerpflichtigen Arbeitslohn. Unmaßgeblich ist, dass der Arbeitnehmer die Fortbildungsveranstaltung nach Feierabend und damit in seiner Freizeit besucht. Hinweis: Der Arbeitgeber ist aus der Rechnung des privaten Anbieters zum Vorsteuerabzug berechtigt (vgl. das Stichwort „Umsatzsteuerpflicht bei Sachbezügen" unter Nr. 1 Buchstabe b).

Rechnet der Arbeitgeber die Teilnahme an der Bildungsmaßnahme zumindest teilweise auf die Arbeitszeit an, ist die Prüfung weiterer Voraussetzungen eines ganz überwiegenden betrieblichen Interesses des Arbeitgebers entbehrlich, es sei denn, es liegen konkrete Anhaltspunkte für den Belohnungscharakter der Maßnahme vor (R 19.7 Abs. 2 Satz 3 LStR). nein nein

c) Sprachliche Bildungsmaßnahmen

Auch sprachliche Bildungsmaßnahmen sind unter den genannten Voraussetzungen dem ganz überwiegenden betrieblichen Interesse zuzuordnen, wenn der Arbeitgeber die Sprachkenntnisse in dem für den Arbeitnehmer vorgesehenen Aufgabengebiet verlangt (R 19.7 Abs. 2 Satz 4 LStR). Dabei genügt die Vermittlung von Grundkenntnissen einer Fremdsprache, wenn diese für die berufliche Tätigkeit ausreichen (BFH-Urteil vom 24.2.2011, BStBl. II S. 796). nein nein

Beispiel

Der Arbeitgeber führt für seine auch im Ausland eingesetzten Mitarbeiter während der Arbeitszeit Englischkurse durch externe Privatlehrer durch.

Es handelt sich um Fortbildungsmaßnahmen im ganz überwiegenden eigenbetrieblichen Interesse des Arbeitgebers, da qualifizierte Englischkenntnisse bei den Auslandstätigkeiten der Arbeitnehmer erforderlich sind.

Findet die Fortbildungsveranstaltung im Ausland statt, gilt Folgendes:

Mit Urteil vom 13.6.2002 (BStBl. 2003 II S. 765) hat der Bundesfinanzhof entschieden, dass die früher bei einer Gesamtwürdigung von privater und beruflicher Veranlassung einer Fortbildungsveranstaltung (im Streitfall ein Sprachkurs) zugrunde gelegte Vermutung, es spreche für eine überwiegend private Veranlassung, wenn die Veranstaltung **im Ausland** stattfinde, und die daraus gezogene Folgerung der steuerlichen Nichtanerkennung der entsprechenden Aufwendungen, für Mitgliedstaaten der Europäischen Union nicht mehr aufrechterhalten werden kann. Nach dem BMF-Schreiben vom 26.9.2003 (BStBl. I S. 447)[1] gelten die Grundsätze dieses Urteils auch für die Entscheidung der Frage, ob im Falle einer **Kostenübernahme durch den Arbeitgeber** für solche Fortbildungsveranstaltungen Arbeitslohn vorliegt oder ein ganz überwiegend eigenbetriebliches Interesse des Arbeitgebers für die Zahlung angenommen werden kann.

Lohnsteuerpflichtig | Sozialversich.-pflichtig

Außerdem gelten die Grundsätze dieser Entscheidung nicht nur für alle Mitgliedstaaten der Europäischen Union, sondern auch für Staaten, auf die das Abkommen über den europäischen Wirtschaftsraum (Island, Liechtenstein, Norwegen) Anwendung findet, und wegen eines bilateralen Abkommens, das die Dienstleistungsfreiheit ebenfalls festschreibt, auch für die Schweiz.

Des Weiteren gelten die Grundsätze dieses BFH-Urteils nicht nur für Sprachkurse, sondern **für Fortbildungsveranstaltungen im Ausland ganz allgemein** (z. B. bei Studien- und Kongressreisen).

F

Außerdem lässt der Bundesfinanzhof die Aufwendungen eines Arbeitnehmers auch dann teilweise zum Werbungskostenabzug zu, wenn der Sprachkurs im **außereuropäischen Ausland** (hier Englischgrundkurs in Südafrika) durchgeführt wird (BFH-Urteil vom 24.2.2011, BStBl. II S. 796); ebenso für einen Spanischkurs in Südamerika (BFH-Beschluss vom 9.1.2013, BFH/NV 2013 S. 552). Die Kursgebühren hat er in vollem Umfang und die übrigen Reisekosten wegen der privaten Mitveranlassung zur Hälfte steuermindernd als Werbungskosten berücksichtigt. Für die nicht zu entscheidende Frage, in welchem Umfang die Reisekosten vom Arbeitgeber steuerfrei ersetzt werden könnten, kann u. E. nichts anderes gelten.

Zur Aufteilung von Aufwendungen für Tagungen und Kongresse im Ausland, die teils berufliche teils private Veranstaltungsteile beinhalten, vgl. auch die Erläuterungen in Anhang 4 „Reisekosten bei Auswärtstätigkeiten" unter Nr. 2 Buchstabe d.

Bei Flüchtlingen und anderen Arbeitnehmern, deren **Muttersprache nicht Deutsch** ist, sind Bildungsmaßnahmen zum Erwerb oder zur **Verbesserung der deutschen Sprache** dem ganz überwiegenden eigenbetrieblichen Interesse des Arbeitgebers zuzuordnen, wenn der Arbeitgeber die Sprachkenntnisse in dem für den Arbeitnehmer vorgesehenen Aufgabengebiet verlangt. Sie führen daher in der Regel nicht zu Arbeitslohn.[2] nein nein

Arbeitslohn kann bei solchen Bildungsmaßnahmen nur dann vorliegen, wenn konkrete Anhaltspunkte für einen Belohnungscharakter der Maßnahme vorliegen. ja ja

Eigene Aufwendungen eines in Deutschland lebenden Ausländers für das Erlernen der deutschen Sprache gehören aber regelmäßig zu den nicht abziehbaren Kosten der Lebensführung und können daher auch dann **nicht als Werbungskosten** abgezogen werden, wenn ausreichend Sprachkenntnisse für einen angestrebten Ausbildungsplatz förderlich sind (BFH-Urteil vom 15.3.2007, BStBl. II S. 814).

d) Berufsbegleitendes Studium

Von einer beruflichen Fort- und Weiterbildungsleistung ist auch auszugehen, wenn z. B. Teilzeitbeschäftigte ohne arbeitsvertragliche Verpflichtung ein berufsbegleitendes Studium absolvieren und das Teilzeitarbeitsverhältnis das Studium lediglich ermöglicht. Diese Fallkonstellation ist u. a. bei Arbeitnehmern in der Kreditwirtschaft beim Besuch der sog. Bankakademie häufig anzutreffen.

Die Finanzverwaltung[3] geht auch in diesem Fall von einer nicht zu Arbeitslohn führenden Leistung im **ganz überwiegenden eigenbetrieblichen Interesse des Arbeitgebers** aus, wenn

1) Das BMF-Schreiben vom 26.9.2003 (BStBl. I S. 447) ist als Anlage 3 zu H 19.7 LStR im **Steuerhandbuch für das Lohnbüro 2021** abgedruckt, das im selben Verlag erschienen ist.

2) BMF-Schreiben vom 4.7.2017 (BStBl. I S. 882). Das BMF-Schreiben ist als Anlage 12 zu H 19.3 LStR im **Steuerhandbuch für das Lohnbüro 2021** abgedruckt, das im selben Verlag erschienen ist.

3) BMF-Schreiben vom 13.4.2012 (BStBl. I S. 531). Das BMF-Schreiben ist als Anlage 1 zu H 19.7 LStR im **Steuerhandbuch für das Lohnbüro 2021** abgedruckt, das im selben Verlag erschienen ist.

Lohnsteuerpflichtig | Sozialversich.-pflichtig

- es sich – was in aller Regel bei einer beruflichen Fort- und Weiterbildung der Fall ist – **nicht** um eine **Erstausbildung** handelt,
- eine **berufliche Veranlassung** für das Studium gegeben ist (dies ist beruflichen Fort- und Weiterbildungsmaßnahmen im Normalfall immanent) und
- durch das Studium die **Einsatzfähigkeit** des Arbeitnehmers im Betrieb des Arbeitgebers **erhöht** werden soll.

Die vom Arbeitgeber getragenen oder übernommenen Studiengebühren sind übrigens auch **beitragsfrei,** wenn sie steuerlich kein Arbeitslohn sind, sondern aus ganz überwiegendem betrieblichem Interesse des Arbeitgebers gezahlt worden sind (§ 1 Abs. 1 Satz 1 Nr. 15 SvEV[1]). — nein | nein

Unerheblich ist in diesen Fällen, ob die **Studiengebühren** vom Arbeitgeber oder vom Arbeitnehmer **geschuldet** werden. Allerdings muss der Arbeitgeber die Übernahme vom Arbeitnehmer geschuldeter Studiengebühren vorab schriftlich zusagen (vgl. nachfolgende Nr. 3). Ebenso kommt es bei beruflichen Fort- und Weiterbildungsleistungen allgemein nicht darauf an, in welchem Umfang **Rückforderungsmöglichkeiten** des Arbeitgebers bestehen, wenn der Arbeitnehmer das Unternehmen kurze Zeit nach Beendigung der Bildungsmaßnahme verlässt.

Nicht selten werden Studienkosten von Arbeitgebern zunächst einmal im Darlehenswege übernommen, wobei weder die Hingabe noch die Rückzahlung der **Darlehensmittel** zu lohnsteuerlichen Folgerungen führt. Allerdings kann es sich beim späteren Verzicht auf die Darlehensrückzahlung oder beim Zinsvorteil ebenfalls um eine Leistung im ganz überwiegenden eigenbetrieblichen Interesse des Arbeitgebers handeln, wenn im Zeitpunkt der Einräumung des Arbeitgeberdarlehens die vorstehenden Voraussetzungen erfüllt gewesen sind.[2] Sollte der Arbeitnehmer im Hinblick auf die „nur" darlehensweise gewährten Mittel des Arbeitgebers bei seiner Einkommensteuer-Veranlagung einen Werbungskostenabzug geltend gemacht haben, läge u.E. im Zeitpunkt des Erlasses des Arbeitgebers (ggf. anteilig) steuer- und beitragspflichtiger Arbeitslohn (da Werbungskostenersatz) vor. — ja | ja

Beispiel A

Arbeitgeber A gewährt dem Arbeitnehmer B zur Begleichung der Studiengebühren für ein berufsbegleitendes Studium (keine Erstausbildung, beruflich veranlasst, Einsatzfähigkeit des B im Unternehmen soll erhöht werden) ein unverzinsliches Darlehen in Höhe von 3000 €. Da B nach Abschluss des Studiums für die vereinbarten drei Jahre im Unternehmen verbleibt, erlässt A ihm den Darlehensbetrag.

Sowohl beim Verzicht auf die Darlehensrückzahlung als auch beim Zinsvorteil aus dem Darlehen handelt es sich um eine Leistung im ganz überwiegenden eigenbetrieblichen Interesse des A und damit nicht um steuer- und sozialversicherungspflichtigen Arbeitslohn.

Übernimmt im Falle des Arbeitgeberwechsels der **neue Arbeitgeber** die **Verpflichtung** des Arbeitnehmers, die vom bisherigen Arbeitgeber getragenen **Studiengebühren** an diesen **zurückzuzahlen,** führt dies nach Auffassung der Finanzverwaltung zu steuer- und sozialversicherungspflichtigen **Arbeitslohn,** da insoweit kein ganz überwiegend eigenbetriebliches Interesse des neuen Arbeitgebers anzunehmen ist. Dies gilt sowohl bei sofortiger Übernahme des Rückzahlungsbetrags als auch bei Übernahme des Rückzahlungsbetrags durch den neuen Arbeitgeber im Darlehenswege.[3] — ja | ja

Beispiel B

Der neue Arbeitgeber C verpflichtet sich zur Übernahme der Rückzahlungsverpflichtung seines neu eingestellten Arbeitnehmers A gegenüber dessen bisherigen Arbeitgeber B und zahlt den Betrag von 3000 € unmittelbar nach Beginn des Dienstverhältnisses an A aus, der damit seine Rückzahlungsverpflichtung gegenüber seinem bisherigen Arbeitgeber B erfüllt.

Die Zahlung von C an A ist steuer- und sozialversicherungspflichtiger Arbeitslohn. Das gilt auch dann, wenn C den Rückzahlungsbetrag von 3000 € auf dem abgekürzten Zahlungsweg direkt an den bisherigen Arbeitgeber B überweist.

Beispiel C

Der neue Arbeitgeber C gewährt seinem neu eingestellten Arbeitnehmer A aufgrund einer getroffenen Vereinbarung in Höhe der Rückzahlungsverpflichtung von 3000 € ein Darlehen, auf dessen Rückzahlung für jeden vollen Monat der Tätigkeit bei A in Höhe von 100 € verzichtet wird (Laufzeit = 2,5 Jahre).

Im Zeitpunkt des Verzichts auf die Rückzahlung des Darlehens liegt jeweils in Höhe von 100 € steuer- und sozialversicherungspflichtiger Arbeitslohn vor. Zur Behandlung der Zinsersparnis vgl. das Stichwort „Zinsersparnisse, Zinszuschüsse".

Nicht selten wird die Erstattung der Gebühren für ein berufsbegleitendes Studium des Arbeitnehmers durch den Arbeitgeber vom erfolgreichen **Bestehen** der **Abschlussprüfung** abhängig gemacht. In diesem Fall geht die Finanzverwaltung von einem **steuer- und beitragspflichtigen Bonus** und nicht von einer bedingungslosen, von vornherein vereinbarten Kostenübernahme aus.

Beispiel D

Eine Bankangestellte macht von September 2019 bis August 2021 eine Fortbildung zur Bankfachwirtin. Nach der im Juli 2019 getroffenen Vereinbarung erstattet die Bank die angefallenen Lehrgangs- und Prüfungsgebühren, wenn die Bankangestellte die Abschlussprüfung besteht. Der Bankangestellten sind in den Jahren 2019 bis 2021 jeweils 3000 € Fortbildungskosten entstanden. Nach erfolgreicher Abschlussprüfung erstattet ihr die Bank im Oktober 2021 einen Betrag von 5000 €.

Die Bankangestellte kann bei ihren Einkommensteuer-Veranlagungen 2019 bis 2021 jeweils einen Betrag von 3000 € als Werbungskosten geltend machen. Die Erstattung der Lehrgangs- und Prüfungsgebühren durch die Bank im Oktober 2021 führt zu steuer- und beitragspflichtigen Arbeitslohn, da es sich um eine Art Bonus handelt.

Zur Behandlung der Rückzahlung an den bisherigen Arbeitgeber in den vorstehenden Beispielen B und C vgl. das Stichwort „Rückzahlung von Arbeitslohn" am Ende der Nr. 2. Zur Übernahme der Studiengebühren durch den Arbeitgeber bei einem **Ausbildungsdienstverhältnis** vgl. die Erläuterungen beim Stichwort „Studiengebühren".

e) Outplacement-Beratung

Zur steuerlichen Behandlung der Aufwendungen des Arbeitgebers für eine sog. Outplacement-Beratung seiner Arbeitnehmer, das heißt, einer Beratung zur beruflichen Neuorientierung, wird auf das Stichwort „Outplacement-Beratung" hingewiesen.

f) Steuerfreistellung von Weiterbildungsmaßnahmen nach § 82 SGB III

Durch das sog. Jahressteuergesetz 2019 ist eine Steuerfreistellung der Weiterbildungsleistungen des Arbeitgebers für Maßnahmen nach § 82 Abs. 1 und 2 SGB III sowie für Weiterbildungsleistungen des Arbeitgebers, die der Verbesserung der Beschäftigungsfähigkeit des Arbeitnehmers dienen, eingeführt worden (§ 3 Nr. 19 EStG). Die Weiterbildung darf allerdings keinen überwiegenden Belohnungscharakter haben. — nein | nein

§ 82 SGB III umfasst Weiterbildungen, welche Fertigkeiten, Kenntnisse und Fähigkeiten vermitteln, die über eine arbeitsplatzbezogene Fortbildung hinausgehen. Für eine **Förderung des Arbeitnehmers durch die Bundesagentur für Arbeit** durch volle oder teilweise Übernahme der Kosten ist grundsätzlich auch ein angemessener Arbeitgeberbeitrag zu den Lehrgangskosten bei den Weiterbildungsmaßnahmen Voraussetzung. Die Höhe dieses Arbeitgeberbeitrags richtet sich nach der Betriebsgröße auf Grundlage der Beschäftigtenzahl (§ 82 Abs. 2 SGB III). Bei

1) Die Sozialversicherungsentgeltverordnung (SvEV) ist als Anhang 2 im **Steuerhandbuch für das Lohnbüro 2021** abgedruckt, das im selben Verlag erschienen ist.
2) BMF-Schreiben vom 13.4.2012 (BStBl. I S. 531). Das BMF-Schreiben ist als Anlage 1 zu H 19.7 LStR im **Steuerhandbuch für das Lohnbüro 2021** abgedruckt, das im selben Verlag erschienen ist.
3) Kurzinformation der Senatsverwaltung für Finanzen Berlin vom 16.1.2015, LSt Nr. 1/15. Die Kurzinformation ist als Anlage 5 zu H 19.7 LStR im **Steuerhandbuch für das Lohnbüro 2021** abgedruckt, das im selben Verlag erschienen ist.

Lohnsteuerpflichtig | Sozialversich.-pflichtig

Bildungsmaßnahmen im Sinne des § 82 SGB III ist bei einer Finanzierung dieser Maßnahmen durch den Arbeitgeber von einem ganz überwiegend eigenbetrieblichen Interesse des Arbeitgebers auszugehen; insoweit kommt der Steuerbefreiungsvorschrift lediglich deklaratorische (klarstellende) Bedeutung zu.

Beispiel A

Der Arbeitnehmer nimmt an einer beruflichen Weiterbildungsmaßnahme teil und erhält für seine Weiterbildungskosten einen Zuschuss von der Bundesagentur, da sich auch sein Arbeitgeber mit 50 % an den Lehrgangskosten beteiligt (§ 82 Abs. 1 und 2 SGB III).

Sowohl der Zuschuss der Bundesagentur für Arbeit als auch der Zuschuss des Arbeitgebers ist steuerfrei. Ein Werbungskostenabzug beim Arbeitnehmer ist nur möglich, soweit ihm über die beiden Zuschüsse der Bundesagentur für Arbeit und seines Arbeitgebers hinaus noch eigene Kosten (z. B. Fahrtkosten) entstehen (Folge aus § 3c EStG).

Die Steuerbefreiung gilt darüber hinaus auch für Weiterbildungsleistungen des Arbeitgebers, die der **Verbesserung der Beschäftigungsfähigkeit** des Arbeitnehmers dienen. Hierunter sind Weiterbildungsmaßnahmen zu verstehen, die eine Anpassung und Fortentwicklung der beruflichen Kompetenzen des Arbeitnehmers ermöglichen und somit zur besseren Bewältigung der beruflichen Herausforderungen beitragen (z. B. **Sprach- oder Computerkurse, die nicht arbeitsplatzbezogen sind**). Sie können als Präsenzveranstaltungen oder Online durchgeführt werden. Dies gilt auch für Video-Schulungen und eLearning-Angebote ohne Dozenten/Referenten. nein | nein

Beispiel B

Der Arbeitnehmer besucht einen berufsbezogenen, aber nicht arbeitsplatzbezogenen Computerkurs; die engen Voraussetzungen für eine Förderung der Maßnahme durch die Bundesagentur für Arbeit nach § 82 Abs. 1 SGB III sind nicht erfüllt. Die für die Maßnahme entstehenden Kosten werden dennoch vom Arbeitgeber getragen.

Die vom Arbeitgeber übernommenen Kosten sind steuer- und sozialversicherungsfrei.

Zur Anwendung der Steuerbefreiungsvorschrift bei einer beruflichen Neuorientierung vgl. das Stichwort „Outplacement-Beratung"

3. Höhe des steuerfreien Arbeitgeberersatzes

a) Allgemeines

Leistungen des Arbeitgebers gehören – das ganz überwiegende betriebliche Interesse vorausgesetzt – auch dann nicht zum steuer- und beitragspflichtigen Arbeitslohn, wenn das fremde Unternehmen, das die Fortbildung veranstaltet, dem Arbeitgeber die Leistung in Rechnung stellt (R 19.7 Abs. 1 Satz 3 LStR; vgl. auch die Beispiele unter der vorstehenden Nr. 2 Buchstaben b und c).

Ein nicht zu Arbeitslohn führendes ganz überwiegendes eigenbetriebliches Interesse des Arbeitgebers kann aber auch dann vorliegen, wenn der **Arbeitnehmer** bezüglich der Fortbildungsmaßnahme **Rechnungsempfänger** ist. Allerdings unter der Voraussetzung, dass der **Arbeitgeber** die Übernahme bzw. den Ersatz der Aufwendungen allgemein oder für die infrage stehende Bildungsmaßnahme **vor Vertragsabschluss schriftlich** zugesagt hat; dies gilt auch bei der Übernahme von Studiengebühren durch den Arbeitgeber. Hierdurch sollen insbesondere Schwierigkeiten in den Fällen vermieden werden, in denen eine Anmeldung zu der Bildungsmaßnahme durch den teilnehmenden Arbeitnehmer vorgeschrieben ist, was u. a. bei Fortbildungsmaßnahmen im medizinischen Bereich der Fall sein kann (R 19.7 Abs. 1 Satz 4 LStR).

Beispiel

Der Arbeitnehmer hat den Vertrag über eine berufliche Fortbildungsmaßnahme abgeschlossen und hat vom Veranstalter eine Rechnung über 1500 € erhalten. Im Hinblick auf die vor Vertragsabschluss erteilte schriftliche Zusage bezüglich der Übernahme der Aufwendungen ersetzt der Arbeitgeber dem Arbeitnehmer den Betrag von 1500 €. Durch die Bildungsmaßnahme soll unstreitig die Einsatzfähigkeit des Arbeitnehmers im Betrieb des Arbeitgebers erhöht werden.

Bei den vom Arbeitgeber getragenen Aufwendungen handelt es sich um eine Leistung im ganz überwiegenden betrieblichen Interesse des Arbeitgebers, die nicht zu steuerpflichtigen Arbeitslohn führt. Unmaßgeblich ist, dass der Arbeitnehmer Rechnungsempfänger ist, da der Arbeitgeber vor Vertragsabschluss eine schriftliche Zusage zur Kostenübernahme erteilt hat. Da der Arbeitgeber dem Arbeitnehmer die Aufwendungen ersetzt hat, kann der Arbeitnehmer diese nicht als Werbungskosten geltend machen (siehe folgenden Absatz). Ein Vorsteuerabzug beim Arbeitgeber kommt nicht in Betracht, da er nicht Leistungsempfänger ist (der Vertrag über die Fortbildungsmaßnahme wurde vom Arbeitnehmer abgeschlossen).

Um bei einem nicht steuerpflichtigen Arbeitgeberersatz – wie im vorstehenden Beispiel – einen Werbungskostenabzug beim Arbeitnehmer auszuschließen, hat der Arbeitgeber auf der ihm vom Arbeitnehmer vorgelegten **Originalrechnung** die Höhe der **Kostenübernahme anzugeben** und eine **Kopie** dieser **Rechnung** zum **Lohnkonto** zu nehmen. Der Arbeitgeber ist übrigens in diesen Fällen nicht zum Vorsteuerabzug berechtigt, da nicht er, sondern der Arbeitnehmer Leistungsempfänger ist (vgl. vorstehendes Beispiel).

b) Reisekostenersatz des Arbeitgebers

Ersetzt der Arbeitgeber neben den eigentlichen Fortbildungskosten (Kursgebühren usw.) auch Fahrtkosten, Verpflegungsmehraufwendungen und Übernachtungskosten, beurteilt sich dieser Arbeitgeberersatz nach den für **Auswärtstätigkeiten** geltenden Grundsätzen (vgl. zu „Reisekosten bei Auswärtstätigkeiten" die Ausführungen in Anhang 4).

Die **Fahrtkosten** kann der Arbeitgeber hiernach regelmäßig in folgender Höhe steuerfrei ersetzen:

a) Bei Benutzung öffentlicher Verkehrsmittel in Höhe der tatsächlich entstandenen Kosten. nein | nein
b) Bei Benutzung eigener Fahrzeuge ohne Einzelnachweis in Höhe folgender Kilometergelder je gefahrenen Kilometer: nein | nein

– Pkw	0,30 €
– andere motorbetriebene Fahrzeuge	0,20 €

Der steuerfreie Ersatz der Fahrtkosten ist unabhängig davon möglich, ob die Fahrten von der Wohnung oder vom (Ausbildungs-)Betrieb aus angetreten werden.

Die **Übernachtungskosten** kann der Arbeitgeber entweder in Höhe der bei Auswärtstätigkeiten geltenden Übernachtungspauschale von 20 € oder in Höhe der tatsächlich entstandenen Übernachtungskosten steuerfrei ersetzen. Im Ausland gelten besondere Übernachtungspauschalen, die direkt aus der alphabetischen Länderübersicht in Anhang 5a auf Seite 1165 abgelesen werden können. nein | nein

Die **Verpflegungsmehraufwendungen** kann der Arbeitgeber in Höhe der bei Auswärtstätigkeiten geltenden Verpflegungspauschale steuerfrei ersetzen. Bei einer Fortbildungsveranstaltung im Inland gelten seit 1.1.2020 folgende Verpflegungspauschalen: nein | nein

– bei einer Abwesenheit von 24 Stunden:	**28,– €**
– bei einer Abwesenheit von weniger als 24 Stunden, aber mehr als acht Stunden:	**14,– €**

Der Betrag von 14 € gilt auch bei mehrtägigen beruflich veranlassten Auswärtstätigkeiten mit Übernachtung für den **An- und Abreisetag** ohne Prüfung einer Mindestabwesenheitsdauer.

Bei einer Fortbildungsveranstaltung im Ausland gelten besondere pauschale Auslandstagegelder, die direkt aus der alphabetischen Länderübersicht in Anhang 5a auf Seite 1165 abgelesen werden können.

Lohnsteuerpflichtig | Sozialversich.-pflichtig

Zahlt der Arbeitgeber bei einer Fortbildungsveranstaltung z. B. in einem Hotel die Aufwendungen für die Verpflegung (z. B. das Frühstück, Mittag- und oder Abendessen), ist zu beachten, dass Mahlzeiten, die der Arbeitgeber oder auf dessen Veranlassung ein Dritter zur **üblichen Beköstigung** (Preis der Mahlzeit bis 60 € = übliche Beköstigung) des Arbeitnehmers abgibt, **nicht** zu **versteuern** sind, wenn der Arbeitnehmer wegen einer Abwesenheit von seiner Wohnung und der ersten Tätigkeitsstätte eine Verpflegungspauschale in Anspruch nehmen kann (§ 8 Abs. 2 Sätze 8 und 9 EStG). Allerdings wird die **Verpflegungspauschale wegen** der zur Verfügung gestellten **Mahlzeiten** wie folgt **gekürzt** (§ 9 Abs. 4a Satz 8 EStG):

- um 20 % für ein Frühstück und
- um jeweils 40 % für ein Mittag- und Abendessen

der für die 24-stündige Abwesenheit geltenden Tagespauschale. Das entspricht für Auswärtstätigkeiten im Inland einer Kürzung der jeweils zustehenden Verpflegungspauschale um 5,60 für ein Frühstück (= 20 % von 28 €) und jeweils 11,20 für ein Mittag- und Abendessen (= jeweils 40 % von 28 €).

Beispiel

Der Arbeitgeber führt 2021 eine eintägige Fortbildungsveranstaltung für seine Arbeitnehmer durch. Es liegt eine Auswärtstätigkeit vor; diese dauert mehr als 10 Stunden. Die Kosten für das Mittagessen bei dieser Veranstaltung betragen durchschnittlich pro Arbeitnehmer 45 €.

Beim vom Arbeitgeber zur Verfügung gestellten Mittagessen handelt es sich um eine „übliche Mahlzeit" (Preis bis 60 €), die nicht als Arbeitslohn zu versteuern ist, da die Arbeitnehmer wegen der 10-stündigen Abwesenheit Anspruch auf eine Verpflegungspauschale haben. Wegen der Mahlzeitengestellung ist die Verpflegungspauschale allerdings wie folgt zu kürzen:

Verpflegungspauschale bei 10 Stunden Abwesenheitszeit:	14,00 €
Kürzung: 1 × Mittagessen (40 % von 28 €)	11,20 €
verbleiben:	2,80 €

Der Betrag von 2,80 € kann vom Arbeitgeber steuerfrei erstattet bzw. vom Arbeitnehmer als Werbungskosten abgezogen werden. Wegen der Mahlzeitengestellung ist im Lohnkonto der Großbuchstabe „M" aufzuzeichnen und zusätzlich in der Lohnsteuerbescheinigung anzugeben (vgl. hierzu Anhang 4 Nr. 10 Buchstabe f).

4. Anwendungsbereich der Dreimonatsfrist

Der in R 19.7 Abs. 3 LStR festgelegte Grundsatz, dass Aufwendungen für Fortbildungsveranstaltungen nach den für Auswärtstätigkeiten geltenden Grundsätzen steuerfrei erstattet werden können, gilt auch für länger dauernde Fortbildungsveranstaltungen. Lediglich die Erstattung der **Verpflegungspauschalen** ist bei längerfristigen Auswärtstätigkeiten an derselben Tätigkeitsstätte auf die ersten **drei Monate** beschränkt. Allerdings können auch die Verpflegungspauschalen zeitlich unbegrenzt steuerfrei erstattet werden, wenn die auswärtige Tätigkeitsstätte an nicht mehr als zwei Tagen wöchentlich aufgesucht wird (vgl. hierzu auch die Erläuterungen und die Beispiele beim Stichwort „Berufsschule").

Beispiel

Ein lediger Arbeitnehmer wohnt in Garmisch-Partenkirchen und besucht in München sieben Monate lang unter Fortzahlung des Arbeitslohns einen Lehrgang zur Vorbereitung auf die Meisterprüfung.[1] Er mietet für sieben Monate (1. 2.–31. 8. 2021) in München ein Zimmer (monatliche Miete 400 €) und fährt von dort täglich 10 km mit dem Pkw zur Ausbildungsstätte. Seine bisherige Wohnung in Garmisch-Partenkirchen (Miete monatlich 600 €) behält er bei. Dort ist auch weiterhin der Mittelpunkt seiner Lebensinteressen. Der Arbeitnehmer fährt jedes Wochenende mit dem Pkw zu seiner Wohnung nach Garmisch-Partenkirchen (einfache Entfernung 100 km). Der Arbeitgeber kann folgende Aufwendungen steuerfrei ersetzen:

– die Lehrgangsgebühr für die Vorbereitung auf die Meisterprüfung von z. B.	2 000,– €
– für die erste Fahrt nach München 0,30 € je gefahrenen Kilometer (0,30 € × 100 km)	30,– €
– für jede wöchentliche Heimfahrt 0,60 € je Einfachkilometer (0,60 € × 100 km)	60,– €
– 3 Monate lang (1. 2.–30. 4. 2021) für jeden Tag, an dem der Arbeitnehmer sich 24 Stunden in München aufgehalten hat, für Verpflegungsmehraufwendungen	28,– €
für die An- und Rückreisetage bei Wochenendheimfahrten in dem Zeitraum 1. 2.–30. 4. 2021 können ohne Prüfung einer Mindestabwesenheitsdauer 14 € steuerfrei gezahlt werden.	
– für sieben Monate die im Einzelnen nachgewiesenen Übernachtungskosten in München in Höhe von monatlich	400,– €
– für die letzte Fahrt von München nach Garmisch 0,30 € je gefahrenen Kilometer (0,30 € × 100 km)	30,– €
– für jede Fahrt von München aus zur Ausbildungsstätte 0,60 € je Einfachkilometer (0,60 € × 10 km)	6,– €

Die Dreimonatsfrist gilt nur für die steuerfreie Erstattung der Verpflegungspauschalen.

Fotokopiergerät

siehe „Arbeitszimmer" unter Nr. 1 Buchstabe d

Fotomodelle

Fotomodelle, die nur von Fall zu Fall und vorübergehend zu Aufnahmen herangezogen werden, sind nicht Arbeitnehmer; sie erzielen vielmehr gewerbliche Einkünfte, die durch eine Veranlagung zur Einkommensteuer steuerlich erfasst werden (BFH-Urteil vom 8. 6. 1967, BStBl. III S. 618 und vom 14. 6. 2007, BStBl. 2009 II S. 931). nein | ja

Demgegenüber sind nach Auffassung des Bundessozialgerichts Fotomodelle versicherungsrechtlich in aller Regel als Arbeitnehmer anzusehen, da sich das Bundessozialgericht nicht an die Entscheidung des Bundesfinanzhofs gebunden fühlt und sich auch nicht gezwungen sieht, diese Frage dem Gemeinsamen Senat der obersten Gerichtshöfe des Bundes vorzulegen, da der Arbeitnehmerbegriff im steuerlichen Sinne durchaus in Randbereichen abweichend von dem arbeitsrechtlichen Begriff des Arbeitnehmers ausgelegt werden kann (BSG-Urteil vom 12.12.1990 – 11 RAr 73/90).

Vgl. auch die Erläuterungen beim Stichwort „Künstler" unter Nr. 5.

FPZ-Rückenkonzept

1. Allgemeines

Arbeitgeber bieten ihren Arbeitnehmern Leistungen nach dem sog. FPZ-Rückenkonzept an (FPZ = Forschungs- und Präventionszentrum). Träger des FPZ-Rückenkonzepts ist die Forschungs- und Präventionszentrum GmbH in Köln. Mittlerweile gibt es zertifizierte FPZ-Rückenzentren in ganz Deutschland. Aus der Erkenntnis heraus, dass die wirbelsäulenstabilisierende Muskulatur eine Schlüsselfunktion für die Vorbeugung und Beseitigung von Rückenschmerzen hat, entwickelte das FPZ eine analysegestützte medizinische Trainingstherapie zur Stärkung der Wirbelsäulenmuskulatur (FPZ-Konzept). Die Stärkung des Muskelkorsetts soll durch ein langfristiges und konsequent kontrolliertes Training erreicht werden. Das Angebot umfasst Krafttraining an besonderen Fitnessgeräten, Stretchingübungen sowie Übungen zur mechanischen Entlastung der Wirbelsäule und zur Entspannung der Rumpf-, Nacken- und Halsmuskulatur.

1) Da der Arbeitnehmer den Lehrgang unter Fortzahlung seines Arbeitslohns absolviert, wird die Fortbildungsstätte nicht außerhalb eines Dienstverhältnisses zum Zwecke einer vollzeitigen Bildungsmaßnahme aufgesucht. Sie wird daher nicht zur „ersten Tätigkeitsstätte" (vgl. hierzu § 9 Abs. 4 Satz 8 EStG).

Lohn-steuer-pflichtig | Sozial-versich.-pflichtig

2. Arbeitslohn oder ganz überwiegend eigenbetriebliches Interesse

Das Finanzgericht Köln hat in einem Einzelfall das Vorliegen von **Arbeitslohn** bei Arbeitgeberzuschüssen in Höhe von 2/3 der Kosten bei regelmäßiger Teilnahme am FPZ-Rückentraining an unter medizinischen Gesichtspunkten ausgesuchte, an Bildschirmarbeitsplätzen eingesetzte Arbeitnehmer **verneint** (Urteil des Finanzgerichts Köln vom 27.4.2006 15 K 3887/04). Entscheidend für das **ganz überwiegend eigenbetriebliche Interesse** des Arbeitgebers sei, ob die Art der jeweiligen Berufstätigkeit als solche zu einer erhöhten Anfälligkeit für Rückenbeschwerden führe und die angebotene Maßnahme die Beschwerden lindere oder ihnen vorbeuge, sodass Krankheitstage verringert werden könnten. Die in diesem Zusammenhang vom Arbeitgeber vorgelegten Gutachten, die einen Zusammenhang zwischen Bildschirmarbeitsplatz und behandlungswürdiger orthopädischer Erkrankung aufzeigten, und die Feststellung des Arbeitgebers, dass sich die Fehlzeiten von Arbeitnehmern im FPZ-Programm verringert hatten sowie die Auswahl der Arbeitnehmer unter Berücksichtigung medizinischer Gesichtspunkte durch den Betriebsarzt überzeugten das Gericht. Unerheblich sei, ob der Arbeitnehmer im Einzelfall tatsächlich überwiegend aufgrund seiner beruflichen Tätigkeit eine Rückenerkrankung erlitten habe. Der Bundesfinanzhof hat die Nichtzulassungsbeschwerde der Finanzverwaltung gegen das Urteil des Finanzgerichts als unbegründet zurückgewiesen (BFH-Beschluss vom 4.7.2007, BFH/NV 2007 S. 1874). Er weist darauf hin, dass der Arbeitgeber im Streitfall nachweislich die Teilnahme von Arbeitnehmern an gesundheitsfördernden Programmen unterstützt habe, die insbesondere den Belastungen entgegenwirken, denen die Arbeitnehmer speziell durch ihre Bildschirmarbeitsplätze ausgesetzt waren. In vergleichbaren Fällen (z. B. Arbeitnehmer mit **Bildschirmarbeitsplätzen, Beteiligung** des **Betriebsarztes)** ist das ganz überwiegend eigenbetriebliche Interesse des Arbeitgebers zu bejahen. nein nein

3. Steuerfreistellung des Arbeitslohns bis zu 600 € jährlich

Werden die Leistungen des Arbeitgebers im Zusammenhang mit dem FPZ-Rückenkonzept nicht im ganz überwiegenden eigenbetrieblichen Interesse erbracht und handelt es sich folglich um Arbeitslohn, ist die **Steuerbefreiungsvorschrift** des § 3 Nr. 34 EStG mit dem Ziel der Verhinderung und Minderung von Krankheitsrisiken und der Stärkung der **betrieblichen Gesundheitsförderung** zu beachten.

Danach sind die **zusätzlich zum ohnehin geschuldeten Arbeitslohn** erbrachten Leistungen des Arbeitgebers zur Verhinderung und Minderung von Krankheitsrisiken und der betrieblichen Gesundheitsförderung steuer- und sozialversicherungsfrei gestellt, soweit sie **je Arbeitnehmer 600 € jährlich** (= Freibetrag) nicht übersteigen (§ 3 Nr. 34 EStG); bis 31.12.2019 betrug der Freibetrag 500 € jährlich. Unter die Steuerbefreiungsvorschrift fallen neben den unmittelbaren Sachleistungen des Arbeitgebers auch **Barleistungen** (Zuschüsse) des Arbeitgebers an seine Arbeitnehmer, die diese für extern durchgeführte Maßnahmen aufwenden. nein nein

Zu den begünstigten Maßnahmen für die Inanspruchnahme des Steuerfreibetrags gehört u. a. die Vorbeugung und Reduzierung spezieller gesundheitlicher Risiken durch geeignete verhaltens- und gesundheitsorientierte **Bewegungsprogramme.** Die Maßnahme muss allerdings von der Zentralen Prüfstelle Prävention oder einer Krankenkasse **zertifiziert** worden sein. Vgl. zu den steuerfreien und steuerpflichtigen Arbeitgeberleistungen auch das Stichwort „Gesundheitsförderung" unter den Nrn. 3 und 4.

Lohn-steuer-pflichtig | Sozial-versich.-pflichtig

Wird der jährliche steuer- und sozialversicherungsfreie **Höchstbetrag** von 600 € je Arbeitnehmer **überschritten,** ist zu **prüfen,** ob es sich beim übersteigenden Betrag um eine nicht zu Arbeitslohn führende Maßnahme im ganz überwiegenden **eigenbetrieblichen Interesse** des Arbeitgebers handelt.

Beispiel

Zur Vermeidung stressbedingter Gesundheitsrisiken ermöglicht der Arbeitgeber seinen Arbeitnehmern auf seine Kosten den Besuch von Kursen zur Stressbewältigung und Entspannung. Die Kosten betragen pro Arbeitnehmer 580 € jährlich. Außerdem bezuschusst er die Teilnahme am FPZ-Rückenkonzept mit 120 € je Arbeitnehmer.

Da es sich bei der Teilnahme am FPZ-Rückenkonzept um eine Leistung im ganz überwiegenden eigenbetrieblichen Interesse des Arbeitgebers handeln soll (vgl. die Erläuterungen unter der vorstehenden Nr. 2), ist der geldwerte Vorteil für den Besuch der Kurse zur Stressbewältigung und Entspannung in Höhe von 580 € nach § 3 Nr. 34 EStG steuerfrei.

F

Freianzeigen

siehe „Anzeigen"

Freibeträge

Beim Lohnsteuerabzug durch den Arbeitgeber sind dreierlei Freibeträge von Bedeutung:

- Freibeträge, die bereits in das Zahlenwerk der Lohnsteuertabellen eingearbeitet sind (z. B. Arbeitnehmer-Pauschbetrag, Entlastungsbetrag für Alleinerziehende für das erste Kind in Höhe des Teilbetrags von 1908 €, Sonderausgaben-Pauschbetrag, Vorsorgepauschale). Wie diese Freibeträge in das Zahlenwerk der Lohnsteuertabellen eingearbeitet sind, ist beim Stichwort „Tarifaufbau" im Einzelnen dargestellt.
- Freibeträge, die der Arbeitgeber vor Anwendung der Lohnsteuertabellen vom Arbeitslohn des Arbeitnehmers abziehen muss, ohne dass sie vom Finanzamt geprüft und festgesetzt werden. Dies sind der Altersentlastungsbetrag, der Versorgungsfreibetrag und der Zuschlag zum Versorgungsfreibetrag (vgl. diese beiden Stichworte).
- Freibeträge, die auf Antrag vom Finanzamt festgesetzt werden und die deshalb Bestandteil der Lohnsteuerabzugsmerkmale des Arbeitnehmers sind. Diese Freibeträge sind ebenfalls vor Anwendung der Lohnsteuertabelle vom Arbeitslohn abzuziehen.

Die Bildung von Freibeträgen wegen erhöhter Werbungskosten, Sonderausgaben, außergewöhnlicher Belastungen usw. wird vom Finanzamt vorgenommen und berührt deshalb den Lohnsteuerabzug nur indirekt. Viele Arbeitgeber beraten jedoch ihre Arbeitnehmer in dieser Angelegenheit (insbesondere wenn sie beschränkt steuerpflichtige ausländische Saisonarbeiter beschäftigen). Aber auch für andere Arbeitgeber ist die Kenntnis der bei der Bildung von Freibeträgen geltenden Vorschriften von Bedeutung. In **Anhang 7** sind deshalb diese Bestimmungen zusammengefasst dargestellt.

Bei der Berücksichtigung aller genannten Freibeträge ist ein wichtiger sozialversicherungsrechtlicher Grundsatz zu beachten der besagt, dass diese Freibeträge das **sozialversicherungspflichtige Entgelt nicht mindern** dürfen.

Freibrot

Soweit an Arbeitnehmer in der Brotindustrie oder in Bäckereien unentgeltlich oder verbilligt Brot oder Backwaren abgegeben werden, ist dieser Vorteil grundsätzlich steuer- und beitragspflichtig. ja ja

	Lohn-steuer-pflichtig	Sozial-versich.-pflichtig
Der geldwerte Vorteil ist jedoch in Anwendung des Rabattfreibetrags (vgl. dieses Stichwort) steuer- und beitragsfrei, soweit er 1125 € im Kalenderjahr nicht übersteigt (1080 € Rabattfreibetrag jährlich zuzüglich 4 % Abschlag vom Endpreis).	nein	nein

Beispiel

Ein Arbeitnehmer ist in einer Bäckerei und Konditorei beschäftigt. Er hat die Möglichkeit, Brot und Backwaren im Wert von 1125 € im Kalenderjahr 2021 unentgeltlich mitzunehmen.

Wert des Brotes und der Backwaren	1 125,– €
4 % Abschlag vom Endpreis	45,– €
verbleibender geldwerter Vorteil	1 080,– €

Dieser Betrag ist steuer- und beitragsfrei, da der Rabattfreibetrag von jährlich 1080 € nicht überschritten wird.

F

Freie Mitarbeiter

Es kommt vor, dass auch für abhängig beschäftigte Arbeitnehmer ein Vertrag über sog. „freie Mitarbeit" geschlossen wird. In solchen Verträgen ist oft eine Klausel enthalten, dass der „freie Mitarbeiter" für die Abführung der Steuer und Sozialversicherungsbeiträge selbst zu sorgen habe. Diese Verträge sind weder für die lohnsteuerliche noch für die sozialversicherungsrechtliche Beurteilung bindend. Die Arbeitnehmereigenschaft und damit die Lohnsteuer- und Beitragspflicht beurteilt sich anhand der hierfür geltenden Kriterien entsprechend der tatsächlichen Durchführung des Beschäftigungsverhältnisses. Vertragliche Regelungen können Anhaltspunkte für die zutreffende Beurteilung beinhalten; eine Befreiung des Arbeitgebers von der Pflicht zur Einbehaltung und Abführung der Lohnsteuer und Sozialversicherungsbeiträge kann durch einen – wie auch immer bezeichneten – Vertrag nicht erreicht werden. Der vertraglichen Gestaltung kommt jedoch dann eine ausschlaggebende Bedeutung zu, wenn es sich um eine Tätigkeit handelt, die sowohl selbständig als auch nichtselbständig ausgeübt werden kann, wie dies bei vielen höherwertigen Tätigkeiten der Fall ist. Dies gilt aber nicht bei „einfachen" Tätigkeiten. So kann z. B. eine Putzfrau nicht als „freie Mitarbeiterin" und ein Bauhilfsarbeiter nicht als „freier Mitarbeiter" beschäftigt werden, da bei einfacheren Tätigkeiten stets ein abhängiges und weisungsgebundenes Beschäftigungsverhältnis vorliegt, und zwar ohne Rücksicht darauf, wie die Vertragsgestaltung aussieht.

Aber auch bei sog. höherwertigen Tätigkeiten kann nicht nach freier Wahl entweder eine selbständige oder eine abhängige (nichtselbständige) Tätigkeit ausgeübt werden. Möglich ist dies nur bei Tätigkeiten, die eine freie Gestaltung der Arbeitszeit und damit ein Tätigwerden für **mehrere Auftraggeber** zulassen. Besteht nach der Art der ausgeübten Tätigkeit zwangsläufig die Verpflichtung, die vereinbarte Leistung im Betrieb des (einzigen) Auftraggebers zu einer bestimmten Arbeitszeit zu erbringen, liegt eine abhängige Beschäftigung vor, da sich aus der festen Arbeitszeit und dem Tätigwerden im Unternehmen des Auftraggebers im Regelfall bereits eine organisatorische Eingliederung in den Betrieb des Arbeitgebers ableitet. Bestimmte Tätigkeiten lassen dagegen durchaus eine Beschäftigung entweder aufgrund eines Arbeitsvertrags oder aufgrund eines Vertrags über freie Mitarbeit zu (vgl. hierzu die Stichworte „Stundenbuchhalter" und „Vertreter"). Zu der geltenden sozialversicherungsrechtlichen Regelung für scheinselbständige Arbeitnehmer und der damit zusammenhängenden Statusprüfung wird auf das Stichwort „Scheinselbständigkeit" hingewiesen.

Lohn-steuer-pflichtig | Sozial-versich.-pflichtig

Freie Unterkunft und Verpflegung

Neues und Wichtiges auf einen Blick:

1. Sachbezugswerte 2021

Der Sachbezugswert für **freie Verpflegung** wurde ab 1.1.2021 von bisher 258 € auf **263 € monatlich** angehoben.

Der Sachbezugswert für **freie Unterkunft** beträgt ab 1.1.2021 statt bisher 235 € nunmehr **237 € monatlich.**

Damit steigt der Sachbezugswert für **freie Unterkunft und Verpflegung** ab 1. 1. 2021 von bisher 493 € auf **500 € monatlich.**

Auf die als **Anhang 3** zum Lexikon abgedruckte Übersicht „Sachbezugswerte 2021" wird hingewiesen.

Der Sachbezugswert für einzelne Mahlzeiten (sog. Kantinenessen) erhöht sich ab 1.1.2021

– für ein Frühstück	**1,83 €**
– für ein Mittag- oder Abendessen	**3,47 €**

Auf die ausführlichen Erläuterungen beim Stichwort „Mahlzeiten" wird Bezug genommen.

2. Bewertungsabschlag bei Wohnungsüberlassung

Während bei der Überlassung einer Unterkunft der geldwerte Vorteil mit dem amtlichen Sachbezugswert (2021 = 237 €) bewertet wird, ist die Überlassung einer Wohnung mit dem **ortsüblichen Mietpreis** (= Kaltmiete plus umlagefähige Nebenkosten) **abzüglich eines Bewertungsabschlags von einem Drittel** vorzunehmen. Die nach Anwendung des Bewertungsabschlags ermittelte Vergleichsmiete ist Bemessungsgrundlage für die Bewertung der Mietvorteile. Das vom Arbeitnehmer für die Wohnung tatsächlich gezahlte Entgelt (tatsächliche Miete plus Nebenkosten) ist mindernd auf den Mietvorteil anzurechnen. Der Bewertungsabschlag ist nicht vorzunehmen, wenn die Kaltmiete (ohne Nebenkosten) mehr als 25 € pro qm beträgt. Vgl. im Einzelnen das Stichwort „Wohnungsüberlassung".

Gliederung:

	Lohn-steuer-pflichtig	Sozial-versich.-pflichtig

13. Verhältnis der Sachbezugswerte zu tarifvertraglichen Regelungen
14. Umsatzsteuerpflicht bei der Gewährung von Unterkunft und Verpflegung

1. Allgemeines

Gewährt der Arbeitgeber dem Arbeitnehmer freie Unterkunft und Verpflegung, ist dieser geldwerte Vorteil als Sachbezug steuer- und beitragspflichtig. ja ja

Wird Unterkunft und Verpflegung nur **verbilligt** gewährt, ist der Unterschied zwischen dem Wert des Sachbezugs und dem vom Arbeitnehmer gezahlten Entgelt steuer- und beitragspflichtig. ja ja

Bei der steuer- und beitragsrechtlichen Behandlung von Sachbezügen nehmen die Sachbezüge „Unterkunft und Verpflegung" eine Sonderstellung ein, da hierfür in der Sozialversicherungsentgeltverordnung[1] besondere Sachbezugswerte amtlich festgesetzt werden, die der Arbeitgeber beachten muss. Ab **1. 1. 2021** gelten folgende Werte:

Sachbezugswert „Freie Verpflegung" in allen Bundesländern

	Frühstück Euro	Mittagessen Euro	Abendessen Euro	Gesamtwert Euro
	alle Beschäftigten, auch Jugendliche und Azubis			
monatlich	55,–	104,–	104,–	263,–
täglich	1,83	3,47	3,47	8,77

Sachbezugswert „Freie Unterkunft" in allen Bundesländern

	Euro
1. Beschäftigte allgemein	
monatlich	237,–
täglich	7,90
2. Jugendliche und Auszubildende	
monatlich	201,45
täglich	6,72

Eine Tabelle mit sämtlichen Einzelwerten ist als **Anhang 3** auf Seite 1125 abgedruckt.

Bei der Gewährung von unentgeltlichen oder verbilligten Mahlzeiten im Betrieb gelten die Tageswerte der amtlichen Sachbezugswerte. Anzusetzen sind

- für ein Frühstück 1,83 €
- für ein Mittag- oder Abendessen 3,47 €

Die Besonderheiten bei der unentgeltlichen oder verbilligten Abgabe dieser sog. **Kantinenessen** sind beim Stichwort „Mahlzeiten" ausführlich anhand von Beispielen erläutert.

Bei der Anwendung der amtlichen Sachbezugswerte für die Unterkunft ist zu beachten, dass streng zwischen den Begriffen **„Unterkunft"** und **„Wohnung"** zu unterscheiden ist. Denn nur für eine „Unterkunft" im Sinne der Sozialversicherungsentgeltverordnung ist der amtliche Sachbezugswert anzusetzen, wohingegen der geldwerte Vorteil für die unentgeltliche oder verbilligte Überlassung einer **„Wohnung" mit dem ortsüblichen Mietpreis abzüglich** eines **Bewertungsabschlags von einem Drittel** zu bewerten ist (vgl. das Stichwort „Wohnungsüberlassung"). Allerdings ist hierzu die Regelung in § 2 Abs. 3 Satz 3 SvEV[1] zu beachten, wonach bei wesentlichen Abweichungen vom Durchschnittsstandard **im Einzelfall** auch bei Unterkünften aus **Billigkeitsgründen** anstelle des Sachbezugswerts der ortsübliche Mietpreis (ohne Bewertungsabschlag) angesetzt werden kann.

	Lohn-steuer-pflichtig	Sozial-versich.-pflichtig

Im Einzelnen gilt für die Anwendung der amtlichen Sachbezugswerte Folgendes:

2. Freie oder verbilligte Verpflegung

Der amtliche Sachbezugswert für freie Verpflegung beträgt ab 1. 1. 2021 einheitlich in allen Bundesländern 263,– € monatlich. Wird nur ein Teil der Verpflegung unentgeltlich gewährt, gelten folgende Werte:

- für das Frühstück monatlich 55,– €
- für das Mittagessen monatlich 104,– €
- für das Abendessen monatlich 104,– €

Bei der Berechnung der Sachbezugswerte für kürzere Zeiträume als einen Monat (sog. Teillohnzahlungszeiträume, vgl. dieses Stichwort) ist für jeden Tag ein Dreißigstel des Monatswerts anzusetzen. Die jeweiligen Tagesbeträge sind mit der Anzahl der Kalendertage des Teillohnzahlungszeitraums zu multiplizieren.

Beispiel A

Ein Arbeitnehmer (17 Jahre) nimmt am 16. 1. 2021 eine Beschäftigung auf und wird bei freier Verpflegung und freier Unterkunft in den Arbeitgeberhaushalt aufgenommen.

Verpflegung (Tageswert lt. Anhang 3)	8,77 € × 16 Tage	=	140,32 €
Unterkunft (Tageswert lt. Anhang 3)	5,53 € × 16 Tage	=	88,48 €
Sachbezugswert insgesamt:			228,80 €

Wird einem Arbeitnehmer am Beschäftigungsort eine Unterkunft ständig unentgeltlich überlassen und fährt der Arbeitnehmer jedes Wochenende nach Hause, ist für die Unterkunft der Monatswert anzusetzen und nicht die Summe der Tageswerte für die einzelnen Tage der tatsächlichen Nutzung. Denn maßgebend für den Ansatz des Monatswerts ist die ständig vorhandene Möglichkeit die Unterkunft zu nutzen.

Beispiel B

Einem Arbeitnehmer wird vom Arbeitgeber im Januar 2021 eine Unterkunft am Beschäftigungsort zur ständigen Nutzung zur Verfügung gestellt. Die Wochenenden und Feiertage verbringt er in seiner Privatwohnung. Maßgebend für die Bewertung des Sachbezugswerts „Freie Unterkunft" ist der Monatswert für die Unterkunft (237 €) und nicht die Summe der Tageswerte (7,90 € × 20 = 158,– €). Wird die freie Unterkunft im Rahmen einer doppelten Haushaltsführung gewährt, kann der Sachbezug steuerfrei sein (vgl. die Erläuterungen unter der nachfolgenden Nr. 12).

Die Sachbezugswerte für Verpflegung gelten jedoch **nicht in allen Fällen,** in denen der Arbeitgeber Verpflegung an seine Arbeitnehmer unentgeltlich oder verbilligt abgibt. In folgenden Fällen können die Sachbezugswerte für Verpflegung nicht angesetzt werden:

- Bei einem **Erholungsaufenthalt** von Arbeitnehmern auf Kosten des Arbeitgebers in Pensionen und Hotels oder in betriebseigenen Erholungsheimen (vgl. das Stichwort „Erholungsbeihilfen" unter Nr. 6).
- Bei einer Verpflegung im Rahmen von **Betriebsveranstaltungen** (vgl. dieses Stichwort).
- Bei einer Verpflegung des Arbeitnehmers im Rahmen sog. **Belohnungsessen** (vgl. das Stichwort „Bewirtungskosten" unter Nr. 7).

Zur Gewährung von Mahlzeiten anlässlich beruflich veranlasster **Auswärtstätigkeiten** vgl. Anhang 4 „Reisekosten bei Auswärtstätigkeiten" unter Nr. 10.

1) Die Sozialversicherungsentgeltverordnung (SvEV) ist als Anhang 2 im **Steuerhandbuch für das Lohnbüro 2021** abgedruckt, das im selben Verlag erschienen ist.

F

Lohn-steuer-pflichtig | Sozial-versich.-pflichtig

3. Freie oder verbilligte Verpflegung für Familienangehörige

Wird unentgeltliche oder verbilligte Verpflegung nicht nur dem Arbeitnehmer, sondern auch seinen nicht bei demselben Arbeitgeber beschäftigten Familienangehörigen gewährt, erhöht sich der Sachbezugswert für Verpflegung für jeden Familienangehörigen,

- der das 18. Lebensjahr vollendet hat — um 100 %
- der das 14., aber noch nicht das 18. Lebensjahr vollendet hat — um 80 %
- der das 7., aber noch nicht das 14. Lebensjahr vollendet hat — um 40 %
- der das 7. Lebensjahr noch nicht vollendet hat — um 30 %.

Nach § 2 Abs. 2 Satz 2 SvEV[1)] bleibt das Lebensalter des Familienangehörigen im **ersten Lohnabrechnungszeitraum des Kalenderjahrs** für die Berechnung des Sachbezugswerts für Verpflegung im gesamten Kalenderjahr maßgebend. Auf die Tabelle in **Anhang 3** wird hingewiesen.

Beispiel

Ein Arbeitnehmer erhält 2021 für sich und seine (nicht berufstätige) Ehefrau freie Verpflegung. Der Sachbezugswert für die freie Verpflegung errechnet sich wie folgt:

freie Verpflegung für den Arbeitnehmer monatlich		263,– €
freie Verpflegung für die Ehefrau (100 %)[2)]	=	263,– €
Dem Arbeitslohn des Arbeitnehmers ist monatlich ein Sachbezugswert zuzurechnen von insgesamt		526,– €

Die zuvor genannten Prozentsätze gelten jedoch nur dann, wenn die Familienangehörigen bei einem **anderen** Arbeitgeber beschäftigt sind (oder überhaupt keiner Beschäftigung nachgehen). Sind mehrere Familienangehörige bei demselben Arbeitgeber beschäftigt, ist für jeden Beschäftigten der **ungekürzte**[3)] Sachbezugswert für Verpflegung anzusetzen. Diese Regelung hat allerdings nur noch geringe Bedeutung, da seit 1.1.2007 für den Ehegatten und über 18 Jahre alte Kinder die Erhöhung ohnehin stets 100 % beträgt. Sind Ehegatten bei demselben Arbeitgeber beschäftigt, sind die Erhöhungsbeträge für die Verpflegung der Kinder beiden Ehegatten je zur Hälfte zuzurechnen.

Werden einzelne Kantinenmahlzeiten auch an Familienangehörige abgegeben, gilt hierfür der Wert von 1,83 € für ein Frühstück bzw. 3,47 € für ein Mittag- oder Abendessen.

4. Freie oder verbilligte Unterkunft

a) Allgemeines

Die amtlichen Sachbezugswerte für die „Unterkunft" einerseits und die „Verpflegung" andererseits stehen einander **völlig getrennt** gegenüber. Die Anwendung des Sachbezugswerts „Unterkunft" erfolgt unabhängig davon, ob auch ein Sachbezugswert für die Verpflegung angesetzt wird oder nicht. Außerdem muss zwischen den Begriffen **„Unterkunft"** und **„Wohnung"** unterschieden werden. Denn nur für eine Unterkunft gilt der amtliche Sachbezugswert. Handelt es sich dagegen um eine Wohnung, ist der Wert einer unentgeltlichen oder verbilligten Überlassung regelmäßig nach dem **ortsüblichen Mietpreis abzüglich eines Bewertungsabschlags von einem Drittel** zu bemessen. Der Begriff „Wohnung" (im Gegensatz zur „Unterkunft") ist in R 8.1 Abs. 6 LStR wie folgt definiert:

„Eine Wohnung ist eine in sich geschlossene Einheit von Räumen, in denen ein selbstständiger Haushalt geführt werden kann. Wesentlich ist, dass eine Wasserversorgung und -entsorgung, zumindest eine einer Küche vergleichbare Kochgelegenheit sowie eine Toilette vorhanden sind.

Lohn-steuer-pflichtig | Sozial-versich.-pflichtig

Danach stellt z. B. ein Einzimmerappartement mit Küchenzeile und WC als Nebenraum eine Wohnung dar, dagegen ist ein Wohnraum bei Mitbenutzung von Bad, Toilette und Küche eine Unterkunft."

Für „vollständige" Wohnungen ist also der ortsübliche Mietpreis abzüglich eines Bewertungsabschlags von einem Drittel anzusetzen (zum Ausnahmefall vgl. nachfolgend unter Buchstabe b).

Der **Sachbezugswert** für die Unterkunft gilt nur für die Überlassung solcher Wohnräume, die den oben definierten Begriff „Wohnung" nicht erfüllen (zum Ausnahmefall vgl. nachfolgend unter Buchstabe c). Immer dann also, wenn der Arbeitnehmer etwas „mitbenutzen" muss (sei es eine Gemeinschaftsküche, eine Gemeinschaftsdusche, eine Gemeinschaftstoilette), handelt es sich um eine Unterkunft mit der Folge, dass hierfür der amtliche Sachbezugswert anzusetzen ist.

Hiernach ergibt sich folgende Übersicht:

unentgeltliche oder verbilligte Überlassung von Wohnraum

es handelt sich um eine **Unterkunft**	es handelt sich um eine **Wohnung**
Bewertung mit dem amtlichen Sachbezugswert	**Bewertung mit dem ortsüblichen Mietpreis abzüglich des seit 1.1.2020 geltenden Bewertungsabschlags von einem Drittel**

Die Bewertungsvorschrift ist zwingend (es besteht also kein Wahlrecht zwischen Sachbezugswert und ortsüblichem Mietpreis). Der amtliche Sachbezugswert ist deshalb auch dann anzusetzen, wenn der Arbeitgeber die Unterkunft zu einem höheren Preis angemietet und zusätzlich mit Einrichtungsgegenständen ausgestattet hat. Die Regelung soll an zwei Beispielen verdeutlicht werden:

Beispiel A

Der Arbeitnehmer erhält freie Unterkunft und Verpflegung. Der Arbeitgeber überlässt seinem Arbeitnehmer ein möbliertes Zimmer, das er für 250 € monatlich angemietet hat. Der Arbeitgeber übernimmt auch die Kosten für Heizung (monatlich 45 €) und Beleuchtung (monatlich 10 €). Es ergibt sich Folgendes:

Die freie Verpflegung ist mit dem amtlichen Sachbezugswert anzusetzen	263,– €

Das möblierte Zimmer ist eine „Unterkunft" im Sinne der Sozialversicherungsentgeltverordnung. Diese ist mit dem amtlichen Sachbezugswert zu bewerten. Ob daneben noch unentgeltliche oder verbilligte Verpflegung gewährt wird ist ohne Bedeutung. Der amtliche Sachbezugswert für Unterkunft beträgt für das Kalenderjahr 2021 monatlich 237,– €. Die Heizung und Beleuchtung sind mit dem Ansatz dieses Betrags abgegolten (vgl. nachfolgend unter Nr. 5).

Der Wert der freien Unterkunft und Verpflegung beträgt somit monatlich insgesamt 500,– €.

Beispiel B

Der Arbeitnehmer erhält freie Unterkunft und Verpflegung. Der Arbeitgeber hat als Unterkunft eine Einzimmerwohnung für 300 € monatlich angemietet. Der Arbeitgeber trägt außerdem die Kosten für die Heizung (ortsüblicher Wert 45 €) und Beleuchtung (ortsüblicher Wert 15 € monatlich). Es ergibt sich Folgendes:

---

1) Die Sozialversicherungsentgeltverordnung (SvEV) ist als Anhang 2 im **Steuerhandbuch für das Lohnbüro 2021** abgedruckt, das im selben Verlag erschienen ist.

2) Entsprechendes gilt bei eingetragenen Lebenspartnern.

3) Die amtliche Begründung hierzu lautet: Sind mehrere Familienangehörige bei demselben Arbeitgeber beschäftigt, sind das jeweilige Beschäftigungsverhältnis und damit auch die als Arbeitsentgelt gewährten Sachbezüge eigenständig zu bewerten. Für eine Verminderung des Sachbezugswertes ist insoweit kein Raum.

	Lohn-steuer-pflichtig	Sozial-versich.-pflichtig

Die freie Verpflegung ist mit dem amtlichen Sachbezugswert anzusetzen	263,– €
Da es sich bei der „Unterkunft" um eine abgeschlossene Wohnung handelt, ist eine Bewertung mit dem amtlichen Sachbezugswert **nicht** zulässig. Anzusetzen ist vielmehr der ortsübliche Preis (auch für Heizung und Beleuchtung)	
Mietwert monatlich	300,– €
Wert der Heizung monatlich	45,– €
Wert der Beleuchtung monatlich	15,– €
Zwischensumme	360,– €
abzüglich	
Bewertungsabschlag $^1/_3$	120,– €
Geldwerter Vorteil	240,– €
Wert der freien Unterkunft (= Wohnung) und Verpflegung monatlich insgesamt	503,– €

Die Unterscheidung zwischen einer „Unterkunft" einerseits und einer „Wohnung" andererseits ist somit von erheblicher steuerlicher und beitragsrechtlicher Auswirkung. Nur wenn eine Unterkunft im Sinne der Sozialversicherungsentgeltverordnung vorliegt, ist die Anwendung der Sachbezugswerte zulässig. In allen anderen Fällen muss der ortsübliche Mietpreis abzüglich des Bewertungsabschlags von einem Drittel angesetzt werden. Bei der Ermittlung des ortsüblichen Mietpreises und des Bewertungsabschlags sind eine Reihe von Sondervorschriften zu beachten. Diese sind ausführlich beim Stichwort **„Wohnungsüberlassung"** anhand von Beispielen erläutert. Anhand des vorstehenden Beispiels B wird deutlich, dass die Überlassung einer Wohnung gegenüber der Überlassung einer Unterkunft aufgrund des zu berücksichtigenden Bewertungsabschlags von einem Drittel ggf. auch zu einem niedrigeren geldwerten Vorteil führen kann.

b) Bewertung einer „Wohnung" mit dem Sachbezugswert für Unterkunft

Wie unter dem vorstehenden Buchstaben a erläutert, ist für **Wohnungen** regelmäßig der ortsübliche Mietpreis abzüglich des Bewertungsabschlags von einem Drittel anzusetzen. Von diesem Grundsatz gibt es folgende Ausnahme:

Eine „Unterkunft" liegt auch in den Fällen vor, in denen der Arbeitgeber mehreren Arbeitnehmern eine **Wohnung zur gemeinsamen Nutzung zur Verfügung stellt** (Wohngemeinschaft). Denn die Mitglieder der Wohngemeinschaft benutzen gemeinsam die vorhandenen Einrichtungen (insbesondere Küche, Bad, Toilette).

Beispiel:

Ist ein beim selben Arbeitgeber beschäftigtes Ehepaar gemeinsam in einer Einzimmer-Wohnung untergebracht, handelt es sich nicht um die Überlassung einer „Wohnung" sondern um eine „Unterkunft", deren Wert mit dem Sachbezugswert unter Berücksichtigung eines Abschlags von 40 % wegen Mehrfachbelegung anzusetzen ist (vgl. nachfolgend unter Nr. 7).

Ist das Ehepaar nicht bei demselben Arbeitgeber beschäftigt, ist die Wohnung mit dem ortsüblichen Wert abzüglich des Bewertungsabschlags von einem Drittel anzusetzen. Der geldwerte Vorteil ist bei dem Ehegatten als Arbeitslohn anzusetzen, dem die Wohnung von seinem Arbeitgeber überlassen worden ist.[1]

c) Bewertung einer „Unterkunft" mit dem ortsüblichen Mietpreis

Stellt der Arbeitgeber seinen Arbeitnehmern Wohnraum in Personalunterkünften oder Wohnheimen unentgeltlich oder verbilligt zur Verfügung, wird es sich im Normalfall um eine Unterkunft handeln, die mit dem amtlichen Sachbezugswert zu bewerten ist. Der geldwerte Vorteil ist nur dann mit dem ortsüblichen Mietpreis abzüglich des Bewertungsabschlags von einem Drittel zu bewerten, wenn es sich um eine (abgeschlossene) Wohnung handelt.

Für eine „Unterkunft" war früher ausnahmslos der amtliche Sachbezugswert anzusetzen (ggf. gemindert um einen Abschlag wegen Mehrfachbelegung). Dies wurde durch den Bundesfinanzhof ausdrücklich bestätigt (BFH-Urteil vom 23.8.2007, BStBl. II S. 948). Da der Ansatz des Sachbezugswerts insbesondere bei wesentlichen Abweichungen vom Durchschnittsstandard als unbillig empfunden wurde, gibt es seit 1.1.2004 eine Ausnahmeregelung, wonach **eine Unterkunft mit dem ortsüblichen Mietpreis** bewertet werden kann, wenn **nach Lage des einzelnen Falles** der Ansatz des Sachbezugswerts unbillig wäre[2]. Die besonderen Quadratmeterpreise, die in § 2 Abs. 4 Satz 2 SvEV[3] für Fälle festgesetzt sind, in denen der ortsübliche Mietpreis nur mit außergewöhnlichen Schwierigkeiten ermittelt werden kann (vgl. das Stichwort „Wohnungsüberlassung" unter Nr. 7 auf Seite 1050), sind auch in dem geschilderten Ausnahmefall anwendbar (§ 2 Abs. 3 Satz 3 zweiter Halbsatz SvEV)[3]. Ein **Bewertungsabschlag von einem Drittel** ist in diesen Fällen aber **nicht** vorzunehmen.

F

5. Heizung und Beleuchtung

Der Sachbezugswert für die Unterkunft beträgt ab 1.1.2021 monatlich 237,– € einheitlich in allen Bundesländern, und zwar ohne Rücksicht darauf, ob die Unterkunft mit oder ohne Heizung überlassen wird. Der früher amtlich festgesetzte Kürzungsbetrag für eine unbeheizte Unterkunft ist seit 1.1.2002 weggefallen. Die unentgeltliche Heizung ist also in dem amtlichen **Sachbezugswert enthalten.** Außerdem ist in den amtlichen Sachbezugswerten die unentgeltliche Beleuchtung enthalten, wobei die Sozialversicherungsentgeltverordnung weder für die Heizung noch für die Beleuchtung Angaben darüber enthält, welcher Anteil des Sachbezugswerts auf die Heizung oder Beleuchtung entfällt. Dies hat Auswirkungen auf die Fälle, in denen zwar die Unterkunft, nicht aber die Heizung und Beleuchtung unentgeltlich oder verbilligt überlassen werden.

Beispiel

Der Arbeitgeber stellt dem Arbeitnehmer eine Unterkunft unentgeltlich zur Verfügung. Für die Heizung hat der Arbeitnehmer monatlich 25 € und für die Beleuchtung monatlich 5 € zu zahlen. Es ergibt sich für das Kalenderjahr 2021 folgende Bewertung der freien Unterkunft:

voller Sachbezugswert	237,– €
Hierin ist der Wert der Heizung enthalten, für die der Arbeitnehmer 25 € monatlich zahlen muss. Außerdem ist hierin der Wert der Beleuchtung enthalten, für die der Arbeitnehmer 5 € monatlich bezahlen muss. Da es sich insoweit um eine entgeltliche Überlassung der Unterkunft handelt, ist der Sachbezugswert um die Zuzahlung des Arbeitnehmers zu kürzen (25 € + 5 € =)	30,– €
als steuer- und beitragspflichtiger Sachbezug verbleiben monatlich	207,– €

Wird keine Unterkunft, sondern eine abgeschlossene Wohnung unentgeltlich oder verbilligt überlassen, ist dieser geldwerte Vorteil mit dem ortsüblichen Mietpreis anzusetzen. Übernimmt der Arbeitgeber auch die Heizung und Beleuchtung, ist dieser zusätzlich gewährte geldwerte Vorteil daneben zu erfassen und zwar ebenfalls mit dem ortsüblichen Preis. Dies gilt sowohl für die Heizung als auch für die Beleuchtung. Der Bewertungsabschlag von einem Drittel ist von der Kaltmiete plus umlagefähige Nebenkosten vorzunehmen (vgl. die ausführlichen Erläuterungen beim Stichwort „Wohnungsüberlassung" unter Nr. 8 auf Seite 1050).

1) Die vorstehenden Grundsätze gelten entsprechend bei eingetragenen Lebenspartnern.

2) Die amtliche Begründung zu der seit 1.1.2004 geltenden Ausnahmeregelung lautet:
Um auch bei Unterkünften – wie bei Wohnungen – den in Einzelfällen sehr unterschiedlichen Ausstattungsqualitäten Rechnung tragen zu können, soll wesentlichen Abweichungen vom Durchschnittsstandard einer Unterkunft durch Rückgriff auf den ortsüblichen Mietpreis entsprochen werden können.

3) Die Sozialversicherungsentgeltverordnung (SvEV) ist als Anhang 2 im **Steuerhandbuch für das Lohnbüro 2021** abgedruckt, das im selben Verlag erschienen ist.

Lohn-steuer-pflichtig Sozial-versich.-pflichtig

6. Aufnahme in den Haushalt des Arbeitgebers

Wird der Arbeitnehmer in den Haushalt des Arbeitgebers aufgenommen, vermindert sich der amtliche Sachbezugswert für die Unterkunft um **15 %.** Eine **Aufnahme in den Arbeitgeberhaushalt** liegt vor, wenn der Arbeitnehmer sowohl in die Wohnungs- als auch in die Verpflegungsgemeinschaft des Arbeitgebers aufgenommen wird. Wird **nur die Unterkunft** zur Verfügung gestellt, liegt keine „Aufnahme in den Arbeitgeberhaushalt" vor, sodass der ungekürzte Unterkunftswert anzusetzen ist. Die ab 1. 1. 2021 im Einzelnen maßgebenden Werte ergeben sich aus der Übersicht in **Anhang 3** auf Seite 1125.

F

7. Gemeinschaftsunterkunft und Mehrfachbelegung

Wird dem Arbeitnehmer die unentgeltliche oder verbilligte Unterkunft als **Gemeinschaftsunterkunft** zur Verfügung gestellt, vermindert sich der amtliche Sachbezugswert für die Unterkunft um **15 %.** Eine Gemeinschaftsunterkunft liegt vor, wenn die Unterkunft z. B. durch Gemeinschaftswaschräume oder Gemeinschaftsküchen Wohnheimcharakter hat oder Zugangsbeschränkungen unterworfen ist (R 8.1 Abs. 5 Satz 3 LStR). Eine Gemeinschaftsunterkunft stellen hiernach z. B. Lehrlingswohnheime, Schwesternwohnheime, Kasernen dar. Charakteristisch für Gemeinschaftsunterkünfte sind also gemeinschaftlich zu nutzende Wasch- bzw. Duschräume, Toiletten und ggf. Gemeinschafts-Küche oder Kantine. Allein durch die Mehrfachbelegung wird die Unterkunft noch nicht zu einer Gemeinschaftsunterkunft, für die ein 15 %iger Abschlag anzusetzen ist. Allerdings wird der **Mehrfachbelegung** durch **gesonderte Abschläge** Rechnung getragen. Die Abschläge bei der Mehrfachbelegung von Unterkünften betragen

- bei Belegung mit zwei Arbeitnehmern **40 %,**
- bei Belegung mit drei Arbeitnehmern **50 %,**
- bei Belegung mit mehr als drei Arbeitnehmern **60 %.**

Ist bei einer Gemeinschaftsunterkunft der Raum mit mehreren Beschäftigten belegt, wird der Abschlag für die Gemeinschaftsunterkunft (15 %) und der Abschlag für die Mehrfachbelegung (z. B. 40 %) zusammengerechnet.

Beispiel

Ein volljähriger Arbeitnehmer ist in einer Gemeinschaftsunterkunft untergebracht. Das Zimmer ist mit zwei Arbeitnehmern belegt. Es ergibt sich für die freie Unterkunft folgender Sachbezugswert:

ungekürzter Sachbezugswert für die Unterkunft		237,– €
Abschlag für Gemeinschaftsunterkunft 15 % und Abschlag für die Belegung des Raumes mit zwei Arbeitnehmern 40 % ergibt 55 % von 237,– €	=	130,35 €
verbleiben		106,65 €

Auf die Übersicht „Sachbezugswerte 2021" in **Anhang 3** auf Seite 1125 wird hingewiesen.

8. Freie Unterkunft für Jugendliche und Auszubildende

Für Jugendliche bis zur Vollendung des 18. Lebensjahres und für Auszubildende vermindert sich im Kalenderjahr 2021 der Sachbezugswert für die Unterkunft in folgender Höhe:

- Minderung bei der **Unterkunft** um **15 %**
- bei Aufnahme des Jugendlichen oder Auszubildenden in den Arbeitgeberhaushalt oder bei Unterbringung in einer Gemeinschaftsunterkunft um zweimal 15 % = **30 %**

Beispiel A

Ein Auszubildender erhält im Kalenderjahr 2021 freie Unterkunft. Es ergibt sich folgender Sachbezugswert:

Freie Unterkunft (voller Wert)		237,– €
Abschlag für Auszubildende 15 %	=	35,55 €
für die freie Unterkunft sind anzusetzen		201,45 €

Beispiel B

Ein Auszubildender im Hotel- und Gaststättengewerbe erhält im Kalenderjahr 2021 freie Unterkunft und Verpflegung. Er ist in den Arbeitgeberhaushalt aufgenommen. Es ergibt sich folgender Sachbezugswert:

Freie Verpflegung (voller Wert)		263,– €
Freie Unterkunft (voller Wert)		237,– €
Abschlag für Auszubildende im Arbeitgeberhaushalt (2 × 15 % =) 30 % von 237,– €	=	71,10 €
für die freie Unterkunft sind anzusetzen		165,90 €
Ist der Raum mit zwei Arbeitnehmern belegt, ergibt sich Folgendes:		
Freie Unterkunft (voller Wert)		237,– €
Abschlag für Auszubildende im Arbeitgeberhaushalt (2 × 15 % =) 30 % zuzüglich 40 % wegen Mehrfachbelegung ergibt 70 %; 70 % von 237,– €	=	165,90 €
für die freie Unterkunft sind anzusetzen		71,10 €

Eine Gesamtübersicht der einzelnen Werte ist in **Anhang 3** auf Seite 1125 abgedruckt.

Praktikanten können nur dann als Auszubildende im Sinne der Sozialversicherungsentgeltverordnung angesehen werden, wenn sie eine breit angelegte berufliche Grundausbildung im Sinne des § 1 Berufsbildungsgesetz (BBiG) erhalten, die die für die Ausübung einer qualifizierten Berufstätigkeit notwendigen fachlichen Kenntnisse und Fertigkeiten in einem geordneten Ausbildungsgang vermittelt.

Bei Jugendlichen, die im Laufe des Kalenderjahres das 18. Lebensjahr vollenden, ist der volle Sachbezugswert erst vom Beginn des nächsten Lohnzahlungszeitraums an zugrunde zu legen.

Beispiel C

Ein Arbeitnehmer vollendet am 2. Juni 2021 das 18. Lebensjahr. Der Sachbezugswert für freie Unterkunft und Verpflegung beträgt für diesen Arbeitnehmer bis einschließlich Juni monatlich 464,45 € (263 € + 201,45 €), ab Juli monatlich 500,– €.

Steht der Arbeitnehmer weiterhin in einem Ausbildungsverhältnis, ist auch über das 18. Lebensjahr hinaus der ermäßigte Sachbezugswert für die Unterkunft maßgebend.

9. Anwendung der Freigrenze von 44 € auf Unterkunft und Verpflegung

Für Sachbezüge gibt es eine **Freigrenze** von **44 € monatlich.** Die 44-Euro-Freigrenze gilt nur für Sachbezüge, die nach § 8 Abs. 2 **Satz 1** EStG zu bewerten sind. Für Sachbezüge, die mit den amtlichen Sachbezugswerten nach § 8 Abs. 2 **Satz 6** EStG zu bewerten sind, gilt deshalb die Freigrenze ebenso wenig wie für Sachbezüge, auf die der Rabattfreibetrag anwendbar ist (und die deshalb nach § 8 Abs. 3 EStG bewertet werden).

Für die mit den Sachbezugswerten bewertete unentgeltliche oder verbilligte **Unterkunft** und **Verpflegung** kommt somit die Anwendung der Freigrenze **nicht** in Betracht (vgl. die Erläuterungen beim Stichwort „Sachbezüge" unter Nr. 4 Buchstabe a).

Die Freigrenze von 44 € monatlich ist auch dann nicht zu berücksichtigen, wenn nach der Sonderregelung in § 2 Abs. 4 Satz 2 SvEV[1)] die besonderen Quadratmeterpreise von 4,16 € bzw. 3,40 € zum Ansatz kommen. Denn auch bei diesen Quadratmeterpreisen handelt es sich um **amtliche Sachbezugswerte,** die die Anwendung der 44-Euro-Freigrenze ausschließen.

1) Die Sozialversicherungsentgeltverordnung (SvEV) ist als Anhang 2 im **Steuerhandbuch für das Lohnbüro 2021** abgedruckt, das im selben Verlag erschienen ist.

Lohnsteuerpflichtig Sozialversich.-pflichtig

10. Anwendung des Rabattfreibetrags bei der Gewährung von Unterkunft und Verpflegung

a) Allgemeines

Wie bei allen anderen Sachbezügen ist auch bei der unentgeltlichen oder verbilligten Gewährung von Unterkunft und Verpflegung die Klärung der Frage von entscheidender Bedeutung, ob auf den Sachbezug der Rabattfreibetrag in Höhe von 1080 € jährlich anzuwenden ist oder nicht. Wird nämlich der Rabattfreibetrag angewendet, gelten für die Bewertung des Sachbezugs die besonderen Bewertungsvorschriften des § 8 Abs. 3 EStG, das heißt, **die amtlichen Sachbezugswerte sind nicht anwendbar.** Bei der Gewährung von unentgeltlicher oder verbilligter Verpflegung, Unterkunft, Heizung und Beleuchtung ist deshalb stets zu prüfen, ob auf diese Sachbezüge der Rabattfreibetrag angewendet werden kann oder nicht. Hierzu gilt im Einzelnen Folgendes:

b) Rabattfreibetrag bei der Gewährung von Unterkunft

Der Bundesfinanzhof hat mit Urteil vom 4.11.1994 (BStBl. 1995 II S. 338) entschieden, dass auch die unentgeltliche oder verbilligte Überlassung von Wohnungen und Unterkünften eine Dienstleistung ist, für die der Rabattfreibetrag in Anspruch genommen werden kann, wenn die übrigen hierfür erforderlichen Voraussetzungen vorliegen. Dies ist dann der Fall, wenn der Arbeitgeber Wohnungen oder Unterkünfte auch an fremde Dritte vermietet (z. B. ein Hotel oder ein Wohnungsbauunternehmen). Die **Anwendung des Rabattfreibetrags** hat jedoch auch eine Kehrseite. Denn die auf § 8 Abs. 2 EStG beruhenden **Sachbezugswerte** für die Unterkunft sind damit in diesen Fällen **nicht anwendbar,** das heißt, die Unterkunft ist in diesem Ausnahmefall mit dem ortsüblichen Mietpreis zu bewerten. Die Auswirkungen des BFH-Urteils, das in die Hinweise zu R 8.2 LStR (Stichwort „Dienstleistungen")[1] übernommen wurde, soll an einem Beispiel verdeutlicht werden:

Beispiel

Ein Hotelbetrieb überlässt Hotelzimmer (die auch fremden Dritten angeboten werden) unentgeltlich an seine Arbeitnehmer.

Nach dem BFH-Urteil vom 4.11.1994 (BStBl. 1995 II S. 338) ist die Anwendung des § 8 Abs. 3 EStG für diese Fälle möglich. Das bedeutet, dass zwar einerseits der geldwerte Vorteil um den Rabattfreibetrag von 1080 € jährlich zu kürzen ist, andererseits aber der geldwerte Vorteil nicht mit dem amtlichen Sachbezugswert, sondern mit dem ortsüblichen Mietpreis bewertet werden muss. Dies kann sich durchaus zuungunsten des Arbeitnehmers auswirken, z. B. wenn einem Arbeitnehmer im Hotel- und Gaststättengewerbe ein **Hotelzimmer** unentgeltlich überlassen wird. Denn das Zimmer ist mit dem ortsüblichen Mietpreis zu bewerten, z. B. mit 30 € je Übernachtung, monatlich also (30 Tage × 30 € =) 900 €. Hiervon ist der Rabattfreibetrag von 90 € monatlich abzuziehen, sodass als lohnsteuerpflichtiger Sachbezug ein Betrag von 810 € monatlich verbleibt.

Wird dem Arbeitnehmer kein Hotelzimmer (das auch fremden Dritten angeboten wird) überlassen, sondern wohnt er in einer **Personalunterkunft,** ist die unentgeltliche oder verbilligte Überlassung dagegen stets mit dem amtlichen Sachbezugswert (ohne Kürzung um den Rabattfreibetrag) zu bewerten. Dies sind monatlich 237,– € im Kalenderjahr 2021.

Das sich in dem vorstehenden Beispiel in der ersten Alternative bei der Anwendung der Rabattregelung des § 8 Abs. 3 EStG ergebende ungünstige Ergebnis kann aber vermieden werden, da die Finanzverwaltung aufgrund der Rechtsprechung des Bundesfinanzhofs ein **Wahlrecht** zwischen der Anwendung der **Rabattregelung des § 8 Abs. 3 EStG** und den **allgemeinen Bewertungsvorschriften des § 8 Abs. 2 EStG** zulässt. Das Wahlrecht kann bereits im Lohnsteuerabzugsverfahren oder bei der Einkommensteuer-Veranlagung des Arbeitnehmers ausgeübt werden.[2] Wird von diesem Wahlrecht Gebrauch gemacht, ist der monatliche steuerpflichtige geldwerte Vorteil auch in der ersten Alternative des Beispiels in Höhe des amtlichen Sachbezugswerts von 237 € (statt 810 € bei Anwendung der Rabattregelung) anzusetzen. Der Rabattfreibetrag von 90 € monatlich (1080 € jährlich) kann aber vom amtlichen Sachbezugswert nicht abgezogen werden.

Vgl. auch die Ausführungen beim Stichwort „Rabatte, Rabattfreibetrag" unter Nr. 2 Buchstabe c.

c) Rabattfreibetrag bei der Gewährung von Heizung und Beleuchtung

Bei der Gewährung von unentgeltlicher oder verbilligter Heizung und Beleuchtung ist der Rabattfreibetrag nur in seltenen Ausnahmefällen anwendbar (z. B. bei Stromlieferungen an Arbeitnehmer von Elektrizitätswerken; vgl. die Stichworte „Heizung" und „Strom").

F

d) Rabattfreibetrag bei der Gewährung von Verpflegung

Bei der Gewährung freier oder verbilligter Verpflegung ist der Rabattfreibetrag dann anwendbar, wenn der Arbeitgeber mit der Verpflegung selbst Handel treibt, also z. B. im Hotel- und Gaststättengewerbe. Zu beachten ist jedoch auch in diesen Fällen, dass sich die Gewährung des Rabattfreibetrags und der Ansatz der amtlichen Sachbezugswerte gegenseitig ausschließen.

Beispiel

Das Personal eines Altenheimes erhält freie Verpflegung. Die Mahlzeiten entsprechen denen der Heimbewohner.

Bei der unentgeltlichen oder verbilligten Überlassung von Verpflegung handelt es sich um eine Ware, mit der der Arbeitgeber Handel treibt. Der Rabattfreibetrag ist anzuwenden, weil der Arbeitgeber ein sog. Personalessen nicht besonders zubereiten lässt und er die Ware „Verpflegung" damit überwiegend für Fremde und nicht für den Bedarf der Arbeitnehmer herstellt.

Für die Bewertung gelten **nicht** die amtlichen Sachbezugswerte, sondern die besondere Bewertungsvorschrift des § 8 Abs. 3 EStG. Anzusetzen ist hiernach der den Heimbewohnern abverlangte Endpreis abzüglich 4 % (vgl. „Rabatte, Rabattfreibetrag").

Die Finanzverwaltung lässt allerdings aufgrund der Rechtsprechung des Bundesfinanzhofs ein **Wahlrecht** zwischen der Anwendung der **Rabattregelung des § 8 Abs. 3 EStG** und den **allgemeinen Bewertungsvorschriften des § 8 Abs. 2 EStG** zu. Das Wahlrecht kann bereits im Lohnsteuerabzugsverfahren oder bei der Einkommensteuer-Veranlagung des Arbeitnehmers ausgeübt werden.[2] Wird von diesem Wahlrecht Gebrauch gemacht, ist der geldwerte Vorteil auch in dem vorstehenden Beispiel in Höhe des amtlichen Sachbezugswerts – ohne Berücksichtigung des Rabattfreibetrags – anzusetzen.

Vgl. auch die Ausführungen beim Stichwort „Rabatte, Rabattfreibetrag" unter Nr. 2 Buchstabe c. Zur Ausschöpfung des Rabattfreibetrags und anschließender Bewertung der Mahlzeiten mit dem Sachbezugswert vgl. das Stichwort „Mahlzeiten" unter Nr. 9.

11. Lohnabrechnung mit Sachbezug und Nettogewährung des Sachbezugs

Trägt der **Arbeitnehmer** die auf den Sachbezug entfallenden Steuerabzüge und Sozialversicherungsbeiträge, sind der Barlohn und der Vorteil aus der Sachbezugsgewährung im Abrechnungsmonat zusammenzurechnen. Wurde der Sachbezug verbilligt gewährt, ist der Unterschied zwischen dem Wert des Sachbezugs und dem Entgelt des Arbeitnehmers steuer- und beitragspflichtig. Das vom Arbeitnehmer gezahlte Entgelt darf den steuer- und beitragspflichtigen Barlohn nicht mindern; der Betrag mindert vielmehr den auszuzahlenden Nettolohn.

1) Die amtlichen Hinweise zu den Lohnsteuer-Richtlinien sind im **Steuerhandbuch für das Lohnbüro 2021** abgedruckt, das im selben Verlag erschienen ist.

2) BMF-Schreiben vom 16.5.2013 (BStBl. I S. 729). Das BMF-Schreiben ist als Anlage 10 zu H 8.2 LStR im **Steuerhandbuch für das Lohnbüro 2021** abgedruckt, das im selben Verlag erschienen ist.

Lohn-steuer-pflichtig Sozial-versich.-pflichtig

Beispiel

Der im Hotelgewerbe beschäftigte volljährige Arbeitnehmer erhält im Haushalt des Arbeitgebers volle Verpflegung. Zusammen mit einem weiteren Beschäftigten bewohnt er ein vom Arbeitgeber zur Verfügung gestelltes möbliertes Personalzimmer. Für Verpflegung und Unterkunft behält der Arbeitgeber vereinbarungsgemäß monatlich pauschal 150 € ein.

Bei einem monatlichen Barlohn von 1500 € und Anwendung der Steuerklasse I, 0 Kinderfreibeträge ergibt sich folgende Lohnabrechnung:

monatlicher Barlohn		1 500,– €
Ermittlung der Bemessungsgrundlage für die Berechnung der Lohnabzüge: Barlohn	1 500,– €	
zuzüglich steuer- und beitragspflichtiger Sachbezugswert für Unterkunft und Verpflegung	219,65 €	
steuer- und beitragspflichtiger Gesamtbetrag	1 719,65 €	
Abzüge (aus 1719,65 €):		
Lohnsteuer (Steuerklasse I)	105,25 €	
Solidaritätszuschlag	0,– €	
Kirchensteuer (z. B. 8 %)	8,42 €	
Sozialversicherungsbeiträge (z. B. 20,225 %)	347,80 €	461,47 €
Nettolohn		1038,53 €
für die Unterkunft und Verpflegung gezahltes Entgelt		150,– €
Auszahlungsbetrag		888,53 €

Ermittlung des Sachbezugswerts für Unterkunft und Verpflegung:

Wert der unentgeltlichen Verpflegung		263,– €
Bewertung der Unterkunft: ungekürzter Sachbezugswert	237,– €	
Abschlag wegen Unterbringung im Haushalt 15 % und Abschlag für die Belegung des Raumes mit zwei Arbeitnehmern 40 % ergibt zusammen 55 % von 237,– €	– 130,35 €	
verbleibender Sachbezugswert	106,65 €	106,65 €
Sachbezugswert für Unterkunft und Verpflegung insgesamt		369,65 €
abzüglich hierfür vereinbartes Entgelt		150,– €
steuer- und beitragspflichtiger Vorteil		219,65 €

Zur Ermittlung des steuerpflichtigen Arbeitslohns und des beitragspflichtigen Arbeitsentgelts sind der Barlohn und der geldwerte Vorteil aus der Sachbezugsgewährung zusammenzurechnen (1500,– € + 219,65 € =) 1719,65 €.

Es kommt vor, dass die auf den Sachbezug „Freie Unterkunft und Verpflegung" entfallenden Lohnabzüge vom **Arbeitgeber** übernommen werden und der Arbeitnehmer nur die auf den Barlohn entfallenden Abzüge tragen muss. Eine solche **Teilnettolohnberechnung** mit Abtasten der Monatslohnsteuertabelle ist in **Anhang 13** auf Seite 1313 abgedruckt.

12. Freie Unterkunft und Verpflegung im Rahmen einer doppelten Haushaltsführung

Wird freie Unterkunft einem Arbeitnehmer gewährt, der die Voraussetzungen für die Annahme einer doppelten Haushaltsführung im steuerlichen Sinne für Verheiratete oder Ledige erfüllt, ist dieser geldwerte Vorteil nach den für Auslösungen geltenden Vorschriften steuerfrei. Gewährt der Arbeitgeber neben der freien Unterkunft auch freie Verpflegung, führt diese innerhalb des Dreimonatszeitraums zu einer Kürzung der Verpflegungspauschalen und muss nach Ablauf des Dreimonatszeitraums mit den Sachbezugswerten versteuert werden (vgl. hierzu die ausführlichen Erläuterungen anhand eines Beispiels beim Stichwort „Doppelte Haushaltsführung" unter Nr. 5 auf Seite 293).

Lohn-steuer-pflichtig Sozial-versich.-pflichtig

13. Verhältnis der Sachbezugswerte zu tarifvertraglichen Regelungen

Die durch die Sozialversicherungsentgeltverordnung festgesetzten Sachbezugswerte für freie Unterkunft und Verpflegung gelten auch dann, wenn arbeitsrechtlich (z. B. in einem Tarifvertrag, einer Betriebsvereinbarung oder in einem Arbeitsvertrag) für die Sachbezüge **höhere oder geringere Werte vereinbart** sind. Werden die Sachbezüge, auf die der Arbeitnehmer arbeitsrechtlich einen bestimmten Anspruch hat, durch eine Barvergütung abgegolten, sind für die steuerliche Bewertung nicht die amtlichen Sachbezugswerte maßgebend, sondern die Barvergütung.

Werden die Barvergütungen allerdings nur gelegentlich oder vorübergehend gezahlt, z. B. bei tageweiser auswärtiger Beschäftigung, im Krankheits- oder Urlaubsfall, sind weiterhin die amtlichen Sachbezugswerte zugrunde zu legen. Das setzt aber voraus, dass die Barvergütung nicht überhöht ist, also keine anderen Lohnbestandteile enthält. Geht die Barvergütung über den tatsächlichen Wert der Sachbezüge hinaus, ist die Barvergütung der Besteuerung zugrunde zu legen (R 8.1 Abs. 4 Satz 4 LStR).

14. Umsatzsteuerpflicht bei der Gewährung von Unterkunft und Verpflegung

Bei Gewährung von freier Unterkunft und Verpflegung ist die Gewährung der Unterkunft (einschließlich Heizung und Beleuchtung) grundsätzlich umsatzsteuerfrei nach § 4 Nr. 12 Buchstabe a UStG (vgl. das Stichwort „Umsatzsteuerpflicht bei Sachbezügen" unter Nr. 3). Die Gewährung der Verpflegung ist umsatzsteuerpflichtig. Als Bemessungsgrundlage kann nach Abschnitt 1.8 Absatz 9 UStAE[1] von den amtlichen Sachbezugswerten ausgegangen werden.

Beispiel

Amtlicher Sachbezugswert 2021 für freie Unterkunft und Verpflegung in den alten Bundesländern monatlich		500,– €
davon ab: umsatzsteuerfreie Unterkunft		237,– €
verbleiben für die Verpflegung		263,– €
Dieser Betrag ist ein Bruttobetrag. Aus ihm muss die Umsatzsteuer ab Juli 2021 bei einem Steuersatz von 19 % mit $^{19}/_{119}$ herausgerechnet werden.[2]		
$^{19}/_{119}$ von 263,– €	=	41,99 €
als umsatzsteuerliche Bemessungsgrundlage verbleiben monatlich		221,01 €

Umsatzsteuerfrei ist jedoch nur die **dauerhafte Überlassung** von Unterkünften durch den Arbeitgeber an seine Arbeitnehmer. Überlässt ein Arbeitgeber in seinem Hotel oder in seiner Pension auch Räume an eigene Arbeitnehmer, ist diese Leistung umsatzsteuerpflichtig, wenn diese Räume wahlweise zur vorübergehenden Beherbergung von Gästen einerseits und zur Unterbringung des eigenen Personals andererseits bereitgehalten werden (Abschnitt 1.8 Abs. 5 Satz 3 UStAE[1]). Ebenfalls umsatzsteuerpflichtig ist die kurzfristige Überlassung von Räumlichkeiten (vgl. hierzu „Saisonbeschäftigte" unter Nr. 5).

Freifahrten

Wichtiges auf einen Blick:

Zum 1.1.2019 wurde eine **Steuerbefreiungsvorschrift** in § 3 Nr. 15 EStG eingeführt, um Arbeitgeberleistungen (Sachbezüge und Barzuschüsse) für bestimmte Fahrten

1) Der vollständige Wortlaut des Abschnitts 1.8 UStAE ist als Anhang 14 im **Steuerhandbuch für das Lohnbüro 2021** abgedruckt, das im selben Verlag erschienen ist.

2) Im Zeitraum 1.1.2021 bis 30.6.2021 gilt der ermäßigte Steuersatz von 7 %. Die Umsatzsteuer beträgt $^{7}/_{107}$ von 263 € = 17,21 € und die umsatzsteuerliche Bemessungsgrundlage 245,79 €.

Lohnsteuerpflichtig | Sozialversich.-pflichtig

mit öffentlichen Verkehrsmitteln im Linienverkehr sowie im öffentlichen Personennahverkehr zu begünstigen. Die **Finanzverwaltung** hat ein umfangreiches **Anwendungsschreiben** mit zahlreichen Beispielen zur Steuerbefreiungsvorschrift bekannt gegeben.[1]

Nachfolgend wird die Steuerfreiheit von. sog. Freifahrten bei beruflich veranlassten Auswärtstätigkeiten, Fahrten zwischen Wohnung und erster Tätigkeitsstätte und Privatfahrten in Grundzügen dargestellt. Auf die weiterführenden Erläuterungen und Beispiele bei den Stichworten „BahnCard", „Fahrkostenzuschüsse" und „Fahrten zwischen Wohnung und erster Tätigkeitsstätte" wird hingewiesen.

Gliederung:

1. Beruflich veranlasste Auswärtstätigkeiten und Familienheimfahrten
2. Fahrten zwischen Wohnung und erster Tätigkeitsstätte
3. Privatfahrten
4. Jahresnetzkarten
5. Umsatzsteuerliche Behandlung

1. Beruflich veranlasste Auswärtstätigkeiten und Familienheimfahrten

Wenn bei beruflich veranlassten Auswärtstätigkeiten des Arbeitnehmers das Beförderungsmittel (z. B. ein Pkw) zur Verfügung gestellt oder ein Freifahrtschein für ein öffentliches Verkehrsmittel (z. B. ein Flugticket oder eine Fahrkarte der Deutschen Bahn) überlassen wird, liegt kein steuerpflichtiger Arbeitslohn, sondern **steuerfreier Reisekostenersatz** vor. nein nein

Entsprechendes gilt bei Familienheimfahrten im Rahmen einer beruflich veranlassten doppelten Haushaltsführung. nein nein

Vgl. auch die Erläuterungen beim Stichwort „Bahncard".

2. Fahrten zwischen Wohnung und erster Tätigkeitsstätte

Seit 1.1.2019 werden Arbeitgeberleistungen **(Barzuschüsse und Sachleistungen)** für Fahrten des Arbeitnehmers zwischen **Wohnung und erster Tätigkeitsstätte** sowie dauerhafte Fahrten zu einem weiträumigen Tätigkeitsgebiet oder zu einem vom Arbeitgeber festgelegten Sammelpunkt **steuerfrei** gestellt (§ 3 Nr. 15 EStG). Die Fahrten müssen mit **öffentlichen Verkehrsmitteln im Linienverkehr** (ohne Luftverkehr) durchgeführt werden; die Steuerbefreiung kommt also u. a. bei Benutzung eines Taxis, Mietwagens oder Pkw (privater Pkw oder Firmenwagen) nicht zur Anwendung. Die Arbeitgeberleistungen müssen zudem **zusätzlich** zum ohnehin geschuldeten Arbeitslohn erbracht werden. nein nein

Beispiel A

Der Arbeitgeber überlässt dem Arbeitnehmer für Fahrten zwischen Wohnung und erster Tätigkeitsstätte (von Düsseldorf nach Frankfurt) unentgeltlich eine BahnCard 100.

Der geldwerte Vorteil ist steuer- und sozialversicherungsfrei (§ 3 Nr. 15 Satz 2 EStG).

Beispiel B

Der Arbeitgeber stellt dem Arbeitnehmer ein monatliches Job-Ticket zur Verfügung. Nach Anrechnung der Zuzahlung des Arbeitnehmers ergibt sich ein geldwerter Vorteil von 40 €.

Der geldwerte Vorteil in Form des Sachbezugs in Höhe von 40 € ist steuer- und sozialversicherungsfrei (§ 3 Nr. 15 Satz 2 EStG). Er wird nicht auf die 44-Euro-Freigrenze für Sachbezüge angerechnet.

Beispiel C

Arbeitnehmer A zahlt für sein monatliches Job-Ticket für den Weg zur Arbeit 100 €. Der Arbeitgeber erstattet ihm den Betrag.

Der Barzuschuss des Arbeitgebers ist steuer- und sozialversicherungsfrei (§ 3 Nr. 15 Satz 1 EStG).

Die steuerfreien Arbeitgeberleistungen (Barzuschüsse und Sachleistungen) **mindern** die beim Arbeitnehmer als Werbungskosten zu berücksichtigende **Entfernungspauschale** (§ 3 Nr. 15 Satz 3 EStG). Sie sind daher vom Arbeitgeber in der Lohnsteuerbescheinigung unter Nr. 17 anzugeben (§ 41b Abs. 1 Satz 2 Nr. 6 EStG).

3. Privatfahrten

Ebenfalls **steuerfrei** sind seit 1.1.2019 Arbeitgeberleistungen (Barzuschüsse und Sachleistungen) für private Fahrten des Arbeitnehmers im **öffentlichen Personennahverkehr** (§ 3 Nr. 15 EStG); die Steuerbefreiung gilt im Gegensatz zur vorstehenden Nr. 2 auch bei Betriebsrentnern. Auch in diesem Fall müssen die Arbeitgeberleistungen **zusätzlich** zum ohnehin geschuldeten Arbeitslohn erbracht werden. Zur Abgrenzung zwischen Personenfernverkehr (Privatfahrten = steuerpflichtig) und Personennahverkehr (Privatfahrten = steuerfrei) vgl. das Stichwort „Fahrtkostenzuschüsse" unter den Nrn. 2 und 3. nein nein

Beispiel A

Der Arbeitgeber überlässt dem Arbeitnehmer für Privatfahrten ein Monatsticket der Preisstufe B für den öffentlichen Personennahverkehr.

Der geldwerte Vorteil ist steuer- und sozialversicherungsfrei (§ 3 Nr. 15 Satz 2 EStG).

Beispiel B

Der Arbeitnehmer fährt am Wochenende aus privaten Gründen mit der Straßenbahn in die Stadt. Die Kosten für Hin- und Rückfahrt in Höhe von 6,40 € werden dem Arbeitnehmer vom Arbeitgeber erstattet.

Der Barzuschuss des Arbeitgebers ist steuer- und sozialversicherungsfrei (§ 3 Nr. 15 Satz 1 EStG).

Die Steuerfreiheit der Arbeitgeberleistungen gilt nicht für **Privatfahrten** im **Personenfernverkehr;** diese Arbeitgeberleistungen sind **steuerpflichtig.** ja ja

Gewähren allerdings Verkehrsbetriebe ihren Arbeitnehmern oder deren Angehörigen unentgeltliche oder verbilligte Privatfahrten im Personenfernverkehr mit den vom Arbeitgeber betriebenen Verkehrsmitteln, kommt für die den Arbeitnehmern zuzurechnenden geldwerten Vorteile der **Rabattfreibetrag** von 1080 € jährlich in Betracht. Das gilt auch bei Pensionären. nein nein

Beispiel C

Ein Betriebsrentner der Deutschen Bahn AG erhält eine Freifahrtberechtigung für den Personenfernverkehr.

Der geldwerte Vorteil ist bis zum Rabattfreibetrag von 1080 € jährlich steuerfrei und hinsichtlich des übersteigenden Betrags steuerpflichtig.

Vgl. im Übrigen auch das Stichwort „Elektro-Bike".

4. Jahresnetzkarten

Bei Überlassung einer Jahresnetzkarte mit uneingeschränktem Nutzungsrecht fließt der Arbeitslohn **in voller Höhe** – und nicht anteilig – im Zeitpunkt der Überlassung bzw. bei Ausübung des Bezugsrechts durch den Arbeitnehmer zu (BFH-Urteil vom 12.4.2007, BStBl. II S. 719 und vom 14.11.2012, BStBl. 2013 II S. 382). Auf den konkreten Fahrtantritt kommt es nicht an. Die Steuerfreiheit oder Steuerpflicht des geldwerten Vorteils ist nach den unter den Nrn. 1 bis 3 dargestellten Grundsätzen zu entscheiden. Zu den erforderlichen Amortisationsprüfungen bei gemischter Nutzung einer BahnCard zu „Reisekostenfahrten", „Fahrten zwischen Wohnung und erster Tätigkeitsstätte" und Privatfahrten vgl. das Stichwort „BahnCard" unter Nr. 3.

5. Umsatzsteuerliche Behandlung

Die dem Arbeitnehmer und seinen Angehörigen sowie den Pensionären gewährten Freifahrten sind grundsätzlich umsatzsteuerpflichtig. Zu den Besonderheiten bei der unentgeltlichen oder verbilligten Überlassung von Job-Tickets vgl. das Stichwort „Umsatzsteuerpflicht bei Sachbezügen" unter Nr. 5.

---

1) BMF-Schreiben vom 15.8.2019 (BStBl. I S. 875). Das BMF-Schreiben ist als Anlage zu H 3.15 LStR im **Steuerhandbuch für das Lohnbüro 2021** abgedruckt, das im selben Verlag erschienen ist.

	Lohnsteuerpflichtig	Sozialversich.-pflichtig
Zum Vorsteuerabzug bei beruflich veranlassten Auswärtstätigkeiten vgl. Anhang 4 Nrn. 21 und 24.		

Freiflüge, verbilligte Flüge

Wichtiges auf einen Blick:

Die Finanzverwaltung hat im Herbst 2018 die **Flugkilometerwerte** für die von den Luftfahrtunternehmen gewährten unentgeltlichen oder verbilligten Flüge für die Kalenderjahre **2019, 2020 und 2021** bekannt gemacht.[1] Dabei wurden die bisherigen Flugkilometerwerte beibehalten. Der sich nach diesen Durchschnittswerten ergebende Betrag ist um **10 %** (zuvor 15 %) zu **erhöhen.** Die von den Arbeitnehmern jeweils gezahlten **Entgelte** – mit Ausnahme der von ihnen getragenen Nebenkosten – sind **abzuziehen.**

F

Vgl. zu den Flugkilometerwerten und den dabei zu beachten Besonderheiten die Erläuterungen unter der nachfolgenden Nr. 3.

Gliederung:

1. Allgemeines
2. Freiflüge, die von Luftverkehrsgesellschaften gewährt werden
   a) Anwendung des Rabattfreibetrags
   b) Keine Anwendung des Rabattfreibetrags
3. Sachbezugswerte
   a) Besondere Sachbezugswerte für 2019, 2020 und 2021
   b) Ansatz mit 60 %
   c) Ansatz mit 80 %
   d) Erhöhung um 10 %
   e) Berechnungsbeispiel
   f) Für welche Luftfahrtunternehmen gelten die besonderen Sachbezugswerte
   g) Geltung der besonderen Sachbezugswerte für andere Arbeitgeber
4. Miles & More
5. Umsatzsteuerpflicht der Freiflüge

1. Allgemeines

	Lohnsteuerpflichtig	Sozialversich.-pflichtig
Gewährt ein Arbeitgeber seinem Arbeitnehmer einen verbilligten Flug oder einen Freiflug (z. B. wenn der Arbeitgeber dem Arbeitnehmer das Flugticket für eine Urlaubsreise „schenkt"), ist der dadurch entstehende geldwerte Vorteil steuer- und beitragspflichtig.	ja	ja

Der Wert des Tickets ist mit dem üblichen Endpreis am Abgabeort anzusetzen und der Rabattfreibetrag ist nicht anwendbar, wenn es sich um einen „normalen" Arbeitgeber handelt, das heißt, wenn der Arbeitgeber nicht mit Flügen Handel treibt (vgl. das Stichwort „Incentive-Reisen"). Etwaige Zuzahlungen des Arbeitnehmers mindern den geldwerten Vorteil. Zur Versteuerung eines solchen geldwerten Vorteils vgl. auch das Stichwort „Pauschalierung der Lohnsteuer für Belohnungsessen, Incentive-Reisen, VIP-Logen und ähnliche Sachbezüge".

2. Freiflüge, die von Luftverkehrsgesellschaften gewährt werden

Gewährt hingegen eine **Luftverkehrsgesellschaft** ihren eigenen Arbeitnehmern oder den Arbeitnehmern von Geschäftspartnern Freiflüge oder verbilligte Flüge, stellt sich die Frage, wie der hierdurch entstehende geldwerte Vorteil zu bewerten ist und ob der Rabattfreibetrag in Höhe von 1080 € jährlich angewendet werden kann. Nach der bundeseinheitlichen Verwaltungsregelung[1] gilt Folgendes:

a) Anwendung des Rabattfreibetrags

Gewähren Luftverkehrsgesellschaften ihren Arbeitnehmern unentgeltlich oder verbilligt Flüge, die **unter gleichen Beförderungsbedingungen** auch betriebsfremden Fluggästen angeboten werden, sind grundsätzlich die für eine Rabattgewährung durch den Arbeitgeber geltenden Vorschriften anzuwenden (vgl. das Stichwort „Rabatte, Rabattfreibetrag").[2] Etwaige Zuzahlungen des Arbeitnehmers mindern den geldwerten Vorteil.

Beispiel

Eine Fluggesellschaft gewährt im Kalenderjahr 2021 einem Arbeitnehmer Freiflüge, für die ein fremder Fluggast 2000 € zahlen müsste. Es ergibt sich folgende Berechnung des steuer- und beitragspflichtigen geldwerten Vorteils:

Preis, den ein fremder Fluggast zahlen müsste:	2 000,– €
abzüglich 4 % nach § 8 Abs. 3 EStG (vgl. das Stichwort „Rabatte, Rabattfreibetrag")	80,– €
verbleiben	1 920,– €
Rabattfreibetrag	1 080,– €
steuer- und beitragspflichtiger geldwerter Vorteil	840,– €

Liegen die Voraussetzungen der besonderen Rabattregelung des § 8 Abs. 3 EStG vor, kann der geldwerte Vorteil allerdings wahlweise nach den allgemeinen Bewertungsvorschriften des § 8 Abs. 2 EStG ohne 4 %igen Bewertungsabschlag und ohne Rabattfreibetrag oder mit diesen Abschlägen auf der Grundlage des Endpreises des Arbeitgebers nach § 8 Abs. 3 EStG bewertet werden (BFH-Urteil vom 26.7.2012, BStBl. 2013 II S. 402). Dieses **Wahlrecht** wird von der Finanzverwaltung sowohl im Lohnsteuerabzugsverfahren als auch im Veranlagungsverfahren angewendet. Zur Bewertung der Freiflüge, verbilligten Flüge nach § 8 Abs. 2 EStG mit besonderen Sachbezugswerten vgl. nachfolgende Nr. 3.

b) Keine Anwendung des Rabattfreibetrags

Die vorstehend unter Buchstabe a) genannten Grundsätze (4 % Abschlag, Anwendung des Rabattfreibetrags von 1080 €) sind ungeachtet des bestehenden Wahlrechts von vornherein **nicht anzuwenden,** wenn

- die unentgeltlichen oder verbilligten Mitarbeiterflüge Arbeitnehmern **anderer Arbeitgeber** (z. B. Mitarbeitern von Reisebüros) gewährt werden,
- die **Lohnsteuer** für die unentgeltlichen oder verbilligten Flüge **pauschal erhoben wird** (vgl. „Rabatte, Rabattfreibetrag" unter Nr. 5),
- **Beschränkungen im Reservierungsstatus** vorhanden sind und die Luftverkehrsgesellschaft Flüge mit entsprechenden Beschränkungen betriebsfremden Fluggästen nicht anbietet.[2]

3. Sachbezugswerte

a) Besondere Sachbezugswerte für 2019, 2020 und 2021

Ist der Rabattfreibetrag nach den Ausführungen unter der vorstehenden Nr. 2 **nicht anzuwenden,** gelten für die Bewertung der Freiflüge besondere Sachbezugswerte. Diese durch bundeseinheitliche Regelung besonders festgesetzten Werte betragen in den Kalenderjahren **2019, 2020** und **2021**[1]:

- Wenn **keine Beschränkungen im Reservierungsstatus** bestehen, ist der Wert des Fluges wie folgt zu berechnen:

---

1) Gleichlautender Erlass der obersten Finanzbehörden der Länder vom 16.10.2018 (BStBl. I S. 1088). Der Erlass ist als Anlage 2 zu H 8.2 LStR im **Steuerhandbuch für das Lohnbüro 2021** abgedruckt, das im selben Verlag erschienen ist.

2) Nach dem BFH-Urteil vom 26.9.2019 (BStBl. 2020 II S. 62) dürfte nur auf die Beförderungsleistung „Flug" und nicht auf die darüber hinausgehenden Beförderungsbedingungen abzustellen sein.

	Lohn-steuer-pflichtig	Sozial-versich.-pflichtig

bei einem Flug von	Euro je Flugkilometer (Fkm)
1 – 4 000 km	0,04
4 001 – 12 000 km	$0{,}04 - \frac{0{,}01 \times (\text{Fkm} - 4\,000)}{8\,000}$
mehr als 12 000 km	0,03

Jeder Flug ist gesondert zu bewerten. Die Zahl der Flugkilometer ist mit dem Wert anzusetzen, der der im Flugschein angegebenen Streckenführung entspricht. Nimmt der Arbeitgeber einen nicht vollständig ausgeflogenen Flugschein zurück, ist die tatsächlich ausgeflogene Strecke zugrunde zu legen. Bei der Berechnung des Flugkilometerwerts sind die Beträge bis zur fünften Dezimalstelle anzusetzen. Die nach dem IATA-Tarif zulässigen Kinderermäßigungen sind entsprechend anzuwenden.

b) Ansatz mit 60 %

- Bei Beschränkungen im Reservierungsstatus **mit** dem Vermerk „space available – SA –" auf dem Flugschein beträgt der Wert je Flugkilometer **60 %** des nach Buchstabe a) ermittelten Werts.

c) Ansatz mit 80 %

- Bei Beschränkungen im Reservierungsstatus **ohne** Vermerk „space available – SA –" auf dem Flugschein beträgt der Wert je Flugkilometer **80 %** des nach Buchstabe a ermittelten Werts.

d) Erhöhung um 10 %

Der nach den vorstehenden Grundsätzen (Buchstaben a bis c) ermittelte Wert des Fluges ist um **10 %** zu erhöhen, da nur besonders günstige Angebote in die Durchschnittsermittlung einfließen.

Die von den Arbeitnehmern jeweils gezahlten **Entgelte** sind **abzuziehen. Nicht** abzuziehen sind die von den Arbeitnehmern gezahlten **Nebenkosten** (z. B. Steuern, Flughafengebühren, Luftsicherheitsgebühren, sonstige Gebühren, sonstige Zuschläge, Luftverkehrssteuer). Ein Treibstoffzuschlag ist von den Mitarbeitern der Luftunternehmen ohnehin nicht zu entrichten.

e) Berechnungsbeispiel

Beispiel

Der Arbeitnehmer erhält 2021 einen Freiflug Frankfurt–Palma de Mallorca und zurück. Der Flugschein trägt den Vermerk „SA". Die Flugstrecke beträgt insgesamt 2507 Kilometer. Der Flugkilometerwert für diesen Flug beträgt

	0,04 €
Minderung wegen „SA"-Vermerk auf 60 % (60 % von 0,04 € =)	0,024 €
Der Wert dieses Fluges beträgt somit (0,024 € × 2507 km = 60,168 €) aufgerundet	60,17 €
Erhöhung um 10 % =	6,02 €
Sachbezugswert insgesamt	66,19 €

Der Ansatz der oben genannten Sachbezugswerte ist nur dann zulässig, wenn der Rabattfreibetrag **nicht** zur Anwendung kommt (Sachbezugswerte und Rabattfreibetrag schließen sich gegenseitig aus, vgl. die Übersicht beim Stichwort „Rabatte, Rabattfreibetrag" unter Nr. 2 Buchstabe b auf Seite 800). Der Rabattfreibetrag darf also von den oben genannten Sachbezugswerten nicht abgezogen werden. Muss der Arbeitnehmer für den Flug etwas bezahlen, gilt Folgendes: Von dem jeweiligen Sachbezugswert (im obigen Beispiel 66,19 €) sind die von den **Arbeitnehmern** jeweils gezahlten **Entgelte abzuziehen.** Nicht abzuziehen sind die von den Arbeitnehmern getragenen Nebenkosten (vgl. vorstehenden Buchstaben d).

f) Für welche Luftfahrtunternehmen gelten die besonderen Sachbezugswerte

Luftfahrtunternehmen im Sinne der vorstehenden Regelungen sind Unternehmen, denen die Betriebsgenehmigung zur Beförderung von Fluggästen im gewerblichen Luftverkehr nach der Verordnung (EWG) Nr. 2407/92 des Rates vom 23.7.1992 (Amtsblatt EG Nr. L 240/1) oder nach entsprechenden Vorschriften anderer Staaten erteilt worden ist.

g) Geltung der besonderen Sachbezugswerte für andere Arbeitgeber

Der nach den vorstehenden Buchstaben a–d ermittelte besondere Sachbezugswert gilt auch für Flüge, die der Arbeitnehmer von einem Arbeitgeber erhalten hat, der kein Luftfahrtunternehmer ist, wenn

- der Arbeitgeber diesen Flug von einem Luftfahrtunternehmen erhalten hat und
- dieser Flug den unter den vorstehenden Buchstaben b oder c genannten Beschränkungen im Reservierungsstatus unterliegt.

4. Miles & More

Die Lufthansa hat ein Prämienprogramm eingeführt, das sich „Miles & More" nennt. Danach werden denjenigen Fluggästen Prämien gewährt, die besonders häufig die Lufthansa benutzen. Der Wert der Prämien richtet sich im Wesentlichen nach der Zahl der geflogenen Meilen. Die Meilen werden auch den Fluggästen gutgeschrieben, die **im Auftrag und für Rechnung ihres Arbeitgebers** fliegen.

Die von der Lufthansa eingeräumten Preisvorteile gehören grundsätzlich zum steuerpflichtigen Arbeitslohn, **soweit die prämierten Flugmeilen auf Auswärtstätigkeiten** des Arbeitnehmers **entfallen,** die vom Arbeitgeber bezahlt wurden und der Arbeitnehmer den Preisvorteil für einen **privaten** Flug oder für Sachprämien verwendet. Steuerpflichtiger Arbeitslohn würde nur dann nicht entstehen, wenn der Arbeitnehmer die auf Auswärtstätigkeiten erworbenen Bonusmeilen auch wieder für Auswärtstätigkeiten verwenden würde. Da der Arbeitgeber in die Arbeitslohnzahlung durch einen Dritten eingeschaltet ist (Beschaffung bzw. Bezahlung der Tickets), obliegt ihm im Grundsatz auch der Lohnsteuerabzug (§ 38 Abs. 1 Satz 3 EStG).

Für diese Fälle gibt es allerdings eine besondere Pauschalierungsvorschrift im Einkommensteuergesetz (§ 37a EStG), wonach Prämien aus sog. Kundenbindungsprogrammen vom **Anbieter des Programms** mit 2,25 % **pauschal besteuert** werden können (vgl. die Erläuterungen unter dem Stichwort „Miles & More").

5. Umsatzsteuerpflicht der Freiflüge

Der Wert von Freiflügen, die der Arbeitgeber seinen Arbeitnehmern gewährt, ist – vorbehaltlich eines ausländischen Leistungsortes und einer etwaigen Steuerbefreiung – **umsatzsteuerpflichtig.** Der Rabattfreibetrag in Höhe von 1080 € jährlich ist bei der Umsatzsteuer nicht anwendbar (vgl. „Umsatzsteuerpflicht von Sachbezügen" unter Nr. 9).

Freimilch

Freimilch, die der Arbeitgeber dem Arbeitnehmer **zum Verzehr im Betrieb** unentgeltlich oder verbilligt überlässt, gehört nicht zum steuerpflichtigen Arbeitslohn (R 19.6 Absatz 2 Satz 1 LStR). nein nein

F

	Lohn-steuer-pflichtig	Sozial-versich.-pflichtig

Freitabak, Freizigarren, Freizigaretten

Seit 1. 1. 1990 gelten auch in der tabakverarbeitenden Industrie die Vorschriften für Belegschaftsrabatte, d. h., dass unentgeltlich oder verbilligt überlassene Tabakwaren für den Verbrauch außerhalb des Betriebs nur noch bis zum Rabattfreibetrag von 1080 € jährlich steuerfrei sind. Für die Prüfung der Frage, ob die gewährten Sachbezüge den Rabattfreibetrag übersteigen, ist stets vom Letztverbraucherpreis abzüglich 4 % auszugehen (vgl. „Rabatte, Rabattfreibetrag"). Im Einzelnen gilt Folgendes:

Tabakwaren, die der Arbeitgeber den Arbeitnehmern **zum Verbrauch im Betrieb** unentgeltlich oder verbilligt überlässt, gehören als Aufmerksamkeiten (vgl. dieses Stichwort) nicht zum Arbeitslohn und sind deshalb steuer- und beitragsfrei (R 19.6 Abs. 2 Satz 1 LStR). nein nein

Werden Tabakwaren z. B. von Arbeitgebern in der Tabakindustrie unentgeltlich oder verbilligt zum Verbrauch **außerhalb des Betriebs** abgegeben, ist dieser Vorteil grundsätzlich steuer- und beitragspflichtig. ja ja

Der geldwerte Vorteil ist jedoch in Anwendung des Rabattfreibetrags (vgl. dieses Stichwort) steuer- und beitragsfrei, soweit er 1125 € im Kalenderjahr nicht übersteigt (1080 € Rabattfreibetrag zuzüglich 4 % Abschlag vom Endpreis). nein nein

Beispiel

Ein Arbeitnehmer ist in der Tabakindustrie beschäftigt. Er hat die Möglichkeit Tabak, Zigarren und Zigaretten im Wert von 1125 € im Kalenderjahr 2021 kostenlos mitzunehmen.

Wert der Tabakwaren	1 125,– €
4 % Abschlag vom Endpreis	45,– €
verbleibender geldwerter Vorteil	1 080,– €

Dieser Betrag ist steuer- und beitragsfrei, da der Rabattfreibetrag von jährlich 1080 € nicht überschritten wird.

Ist der Rabattfreibetrag von 1080 € jährlich nicht anwendbar, weil die Tabakwaren nicht vom Arbeitgeber selbst, sondern von einem mit dem Arbeitgeber verbundenen Unternehmen (Konzernbetrieb) unentgeltlich oder verbilligt abgegeben werden, bleibt der geldwerte Vorteil dann steuer- und beitragsfrei, wenn die **monatliche** Freigrenze von 44 € nicht überschritten wird (vgl. „Sachbezüge" unter Nr. 4). nein nein

Der Wert unentgeltlicher oder verbilligter Freizigaretten und anderer Tabakwaren für Arbeitnehmer in tabakverarbeitenden Betrieben ist umsatzsteuerpflichtig; der Rabattfreibetrag ist bei der Umsatzsteuer nicht anwendbar; vgl. das Stichwort „Umsatzsteuerpflicht bei Sachbezügen" unter Nr. 9.

Freitrunk

siehe „Getränke" und „Haustrunk"

Freiwillige Krankenversicherung

siehe „Arbeitgeberzuschuss zur Krankenversicherung" und „Jahresarbeitsentgeltgrenze"

Freiwilliges soziales Jahr

siehe „Bundesfreiwilligendienst"

	Lohn-steuer-pflichtig	Sozial-versich.-pflichtig

Fremdgeschäftsführer

Fremdgeschäftsführer sind steuerlich **Arbeitnehmer** und sozialversicherungsrechtlich abhängig beschäftigt. ja ja

Arbeitszeitkonten (Zeitwertkonten) sind auch bei Fremdgeschäftsführern anzuerkennen. Da die bloße Organstellung als Geschäftsführer für den Zuflusszeitpunkt von Wertgutschriften auf einem Arbeitszeitkonten ohne Bedeutung ist, sind Fremdgeschäftsführer für die Frage des Zuflusses von Arbeitslohn wie alle anderen Arbeitnehmer zu behandeln (BFH-Urteil vom 22.2.2018, BStBl. II S. 496). Erst die **Auszahlung** des Guthabens während der Freistellung löst also den Zufluss von Arbeitslohn und damit eine **Besteuerung** aus.

Die Zahlung **steuerfreie Zuschläge für Sonntags-, Feiertags- und Nachtarbeit** ist wegen der erweiterten Dienstleistungsverpflichtung auch bei einem Fremdgeschäftsführer **nicht möglich** (BFH-Urteil vom 27.6.1997, BFH/NV 1997 S. 849). ja ja

Frostzulage

Die Frostzulage ist als „Erschwerniszulage" steuer- und beitragspflichtig. ja ja

Frühstück

Ein vom Arbeitgeber im Betrieb unentgeltlich gewährtes Frühstück ist weder als Ganzes noch hinsichtlich der verabreichten Getränke eine steuerfreie Annehmlichkeit, sondern steuerpflichtiger Arbeitslohn (BFH-Urteil vom 14.6.1985, BFH/NV 1986 S. 303). ja ja

Das Frühstück ist mit dem amtlichen Sachbezugswert von 1,83 € zu bewerten (vgl. „Mahlzeiten"). Zuzahlungen der Arbeitnehmer mindern diesen geldwerten Vorteil.

Unbelegte Backwaren mit einem Heißgetränk sind aber kein Frühstück (BFH-Urteil vom 3.7.2019, BFH/NV 2019 S. 1295). nein nein

Bei einer arbeitstäglichen Gewährung des Frühstücks kann die Versteuerung individuell durch Zurechnung beim einzelnen Arbeitnehmer oder pauschal mit dem Pauschsteuersatz von 25 % erfolgen. Die Pauschalierung mit 25 % löst Beitragsfreiheit in der Sozialversicherung aus (§ 1 Abs. 1 Satz 1 Nr. 3 SvEV[1]). Zur Pauschalierung der Lohnsteuer mit 25 % vgl. das Stichwort „Mahlzeiten" unter Nr. 7. ja nein

Zur Mahlzeitengestellung bei beruflich veranlassten Auswärtstätigkeiten einschließlich der Kürzung der Verpflegungspauschalen siehe Anhang 4 unter Nr. 10.

Führerschein

1. Allgemeines

Seit 1990 ist ein steuerfreier Werbungskostenersatz durch den Arbeitgeber nur in den gesetzlich geregelten Ausnahmefällen zulässig. Es müsste sich deshalb beim Ersatz der Führerscheinkosten um Auslagenersatz i. S. des § 3 Nr. 50 EStG handeln, damit Steuerfreiheit eintreten könnte. In der Praxis ist jedoch ein Ersatz der Führerscheinkosten als Auslagenersatz in der Regel nicht denkbar, da immer ein gewisses Maß an Eigeninteresse des Arbeitnehmers am Erwerb eines Führerscheins vorhanden ist (vgl. die grundsätzlichen Ausführungen beim Stichwort

1) Die Sozialversicherungsentgeltverordnung (SvEV) ist als Anhang 2 im **Steuerhandbuch für das Lohnbüro 2021** abgedruckt, das im selben Verlag erschienen ist.

Lohnsteuerpflichtig Sozialversich.-pflichtig

„Auslagenersatz"). Der Ersatz von Führerscheinkosten durch den Arbeitgeber ist deshalb im Regelfall steuerpflichtiger Arbeitslohn. Zum Vorliegen von Auslagenersatz bei Übernahme der Kosten für den Erwerb der Fahrerlaubnis in Klasse C bei Handwerksbetrieben vgl. Nr. 2 am Ende. ja ja

2. Ganz überwiegend eigenbetriebliches Interesse des Arbeitgebers

In Grenzfällen ist allerdings zu prüfen, ob die Übernahme der Führerscheinkosten durch den Arbeitgeber überhaupt den Arbeitslohnbegriff erfüllt (vgl. die Ausführungen beim Stichwort „Annehmlichkeiten" und im Teil A Nr. 4). Denn Arbeitslohn liegt nach der Rechtsprechung des Bundesfinanzhofs nicht vor, wenn sich eine Zuwendung des Arbeitgebers an den Arbeitnehmer bei objektiver Würdigung aller Umstände nicht als Entlohnung, sondern lediglich als notwendige Begleiterscheinung betriebsfunktionaler Zielsetzung erweist. Geldwerte Vorteile besitzen dann keinen Arbeitslohncharakter, **wenn sie im ganz überwiegend eigenbetrieblichen Interesse des Arbeitgebers gewährt werden.** Dies ist der Fall, wenn sich aus den Begleitumständen wie Anlass, Art und Höhe des Vorteils, Auswahl der Begünstigten, freie oder nur gebundene Verfügbarkeit, Freiwilligkeit oder Zwang zur Annahme des Vorteils und seiner besonderen Geeignetheit für den jeweiligen verfolgten betrieblichen Zweck ergibt, dass diese Zielsetzung ganz im Vordergrund steht und ein damit einhergehendes eigenes Interesse des Arbeitnehmers, den betreffenden Vorteil zu erlangen, deshalb vernachlässigt werden kann. In Grenzfällen ist eine wertende Gesamtbeurteilung aller den Vorgang prägenden Umstände vorzunehmen.

Einen solchen Grenzfall hat der Bundesfinanzhof entschieden (BFH-Urteil vom 26.6.2003, BStBl. II S. 886) und bei einem Polizeianwärter die vom Dienstherrn im Rahmen einer umfassenden **Gesamtausbildung** zum Polizeivollzugsdienst übernommenen Kosten für den Erwerb der **Fahrerlaubnis der Klasse B** (früher Führerscheinklasse 3) nicht als steuerpflichtigen Arbeitslohn angesehen. nein nein

Ausgehend hiervon hat die Finanzverwaltung einen weiteren Grenzfall positiv entschieden. Die Tätigkeit als Straßenwärter erfordert die Fahrerlaubnis Klasse C (früher Führerscheinklasse 2 – LKW) und E (Anhänger). Voraussetzung hierfür ist der vorherige Erwerb der Fahrerlaubnis Klasse B (früher Führerscheinklasse 3). Da ein Teil der Auszubildenden unter 18 Jahre alt ist, werden sie auf Veranlassung der Ausbildungsstätte sowie auf Kosten des Dienstherrn bei örtlichen Fahrschulen unterrichtet. Das Nichtbestehen der Fahrprüfung Klasse B führt zur Entlassung aus dem Ausbildungsdienstverhältnis. Der Erwerb der **Fahrerlaubnis Klasse B** ist somit zwingende **Voraussetzung** für den weiteren **Ausbildungsfortgang.** Die Finanzverwaltung hat daher entschieden, dass der im Rahmen der Berufsausbildung zum Straßenwärter miterlangte Erwerb der Fahrerlaubnis der Klasse B ebenfalls als Leistung im ganz überwiegend eigenbetrieblichen Interesse des Arbeitgebers anzusehen ist, die nicht zu einem steuerpflichtigen Arbeitslohn führt.[1] nein nein

Inhaber der Fahrerlaubnis Klasse B dürfen nur noch Fahrzeuge mit einer zulässigen Gesamtmasse von nicht mehr als 3,5 t führen. Die Fahrzeuge der (freiwilligen) **Feuerwehren** überschreiten zumeist dieses Gewicht, sodass viele Gemeinden die Kosten für den Erwerb der **Führerscheinklasse C 1/C** übernehmen.

Für die Feuerwehren ist es unerlässlich, dass die oft ehrenamtlich tätigen Feuerwehrleute nicht nur für den Einsatz entsprechend ausgebildet werden, sondern auch die im Ernstfall benötigten Gerätschaften bedienen können und dürfen. Dies schließt den Erwerb der Erlaubnis zum Führen der entsprechenden Feuerwehrfahrzeuge mit ein. Da die Erlaubnis zum Führen dieser Fahrzeuge oft nicht vorliegt, müssen die Feuerwehren eine entsprechende Ausbildung anbieten, um überhaupt einsatzfähig zu sein und den betrieblichen Zweck verfolgen zu können. Der Arbeitgeber hat damit ein ganz wesentliches Interesse an der Führerscheinausbildung einzelner Feuerwehrleute. Der Vorteil des Arbeitnehmers, die Führerscheinklasse ggf. auch für private Zwecke nutzen zu können, ist lediglich eine Begleiterscheinung und tritt hinter dem vom Arbeitgeber verfolgten Zweck zurück.[2] nein nein

Auch in **Handwerksbetrieben** werden oft Transportkapazitäten benötigt, bei denen Fahrzeuge das Gewicht von 3,5 t überschreiten. Daher übernehmen Handwerksbetriebe häufig die Kosten für den Erwerb der Führerscheinklasse C1/C1E. Die Kosten für den Erwerb einer Fahrerlaubnis für eine Fahrzeugklasse, die im privaten Alltagsleben nicht üblich ist, können vom Handwerksbetrieb als **Auslagenersatz** (§ 3 Nr. 50 EStG) **steuerfrei** ersetzt werden. Es kommen hier allerdings nur die Kosten für den Erwerb der Fahrerlaubnis in **Klasse C** zum Ansatz, wenn der Arbeitnehmer bereits eine Fahrerlaubnis in Klasse B besessen hat, oder – wenn zugleich auch die Fahrerlaubnis der Klasse B erworben wurde – die nachweislich für Klasse C entstandenen Mehrkosten.[3] nein nein

3. Werbungskosten

Allerdings ist zu beachten, dass Aufwendungen eines Arbeitnehmers für den Erwerb des Führerscheins der **Klasse B** (früher Führerscheinklasse 3) – auch bei den o. a. Berufsgruppen – wegen der privaten Mitveranlassung und fehlender Aufteilungskriterien des Aufwands insgesamt **nicht** als **Werbungskosten** abgezogen werden können (§ 12 Nr. 1 Satz 2 EStG).

Nach dem Berufskraftfahrer-Qualifikations-Gesetz und der Berufskraftfahrer-Qualifikationsverordnung sind alle gewerblichen Arbeitnehmer, die als Fahrer im Personenverkehr tätig sind, gesetzlich verpflichtet, als Berufsneueinsteiger neben dem Erwerb des Führerscheins der Klassen C, CE auch eine **Grundqualifikation** zu durchlaufen (z. B. bei der IHK). Handelt es sich um Aufwendungen des Arbeitnehmers für eine erstmalige Berufsausbildung, sind sie nur dann als Werbungskosten abziehbar, wenn die Berufsausbildung im Rahmen eines Dienstverhältnisses stattfindet. Ist dies zu verneinen, können die Aufwendungen bis zu 6000 € jährlich als Sonderausgaben abgezogen werden (§ 10 Abs. 1 Nr. 7 EStG). Dies gilt sowohl für die Aufwendungen für den Erwerb des Lkw-Führerscheins als auch für den Erwerb der Grundqualifikation.

Fahrzeuglenker, die bereits im Besitz der o. a. Führerscheine sind, haben zwar eine Bestandsgarantie, müssen aber alle fünf Jahre eine **berufliche Weiterbildung** leisten. Bei den von den Arbeitnehmern getragenen Weiterbildungskosten handelt es sich um Werbungskosten. Zur steuerlichen Behandlung bei Übernahme dieser Aufwendungen durch den Arbeitgeber vgl. das Stichwort „Fortbildungskosten" unter Nr. 3.

Führungszeugnis

Auslagenersatz und durchlaufende Gelder sind steuer- und beitragsfrei. Es handelt sich dabei um Beträge, die ein Arbeitnehmer vom Arbeitgeber erhält,

---

1) Erlass des Finanzministeriums Nordrhein-Westfalen vom 13.12.2004 (Az.: S 2332 – 76 – V B 3). Der Erlass ist als Anlage 5 zu H 3.50 LStR im **Steuerhandbuch für das Lohnbüro 2021** abgedruckt, das im selben Verlag erschienen ist.

2) Erlass des Bayerischen Staatsministeriums der Finanzen vom 16.6.2004 (Az.: 34 – S 2337 – 158 – 25617/04). Der Erlass ist als Anlage 4 zu H 3.50 LStR im **Steuerhandbuch für das Lohnbüro 2021** abgedruckt, das im selben Verlag erschienen ist.

3) Verfügung des Bayerischen Landesamtes für Steuern vom 26.6.2009 (Az.: S 2332.1.1 – 3/3 – St 32/33). Die Verfügung ist als Anlage 6 zu H 3.50 LStR im **Steuerhandbuch für das Lohnbüro 2021** abgedruckt, das im selben Verlag erschienen ist.

Lohnsteuerpflichtig | Sozialversich.-pflichtig

- um sie für den Arbeitgeber auszugeben (= durchlaufende Gelder) oder
- weil er sie für den Arbeitgeber ausgegeben hat (= Auslagenersatz); vgl. im Einzelnen das Stichwort „Auslagenersatz". nein nein

Bei der Aufnahme einer Beschäftigung erfolgt die Übernahme der Kosten für ein (erweitertes) Führungszeugnis durch den Arbeitgeber nicht ausschließlich im betrieblichen Interesse, da der Arbeitnehmer selbst ein nicht unerhebliches Interesse hieran hat. Auch die Kosten für (erweitere) Führungszeugnisse im laufenden Arbeitsverhältnis sind **nicht ausschließlich** dem **betrieblichen Interesse** des Arbeitgebers zuzuordnen. Das nicht unerhebliche Interesse des Arbeitnehmers, die Unbedenklichkeit seines Einsatzes zu belegen, ist hier gegeben. Schließlich muss der Arbeitnehmer bei Nichtvorlage mit einer Beendigung seiner Beschäftigung rechnen. Dass der Arbeitgeber individuell arbeitsvertraglich zur Übernahme der Kosten verpflichtet ist, steht dem nicht entgegen. Somit liegt in diesen Fällen **steuerpflichtiger Arbeitslohn und** in gleicher Höhe beim Arbeitnehmer **Werbungskosten** vor (= steuerpflichtiger Werbungskostenersatz). ja ja

Steuerfreier Auslagenersatz ist aber ausnahmsweise gegeben, wenn die Übernahme der Kosten für erweiterte Führungszeugnisse **tarifvertraglich geregelt** sein sollte. Hier kann sich der Arbeitgeber der Inanspruchnahme durch den Arbeitnehmer nicht entziehen, weil der Arbeitgeber einer tarifvertraglichen Bindung unterliegt und das Risiko des Entstehens der Aufwendungen bei ihm liegt (siehe auch BFH-Urteil vom 28.3.2006, BStBl. II S. 473). nein nein

Fünftelregelung

Die sog. Fünftelregelung ist ein besonderes Verfahren zur Besteuerung bestimmter sonstiger Bezüge (einmalige Zuwendungen). Der **sonstige Bezug** wird bei der Berechnung der Steuer nur mit **einem Fünftel** angesetzt. Die sich hiernach ergebende **Steuer** wird **verfünffacht.** Hiermit soll der Steuerprogression die Spitze genommen werden. Die Fünftelregelung gilt für bestimmte Entschädigungen, z. B. für Abfindungen wegen Entlassung aus dem Dienstverhältnis, und für Arbeitslohn, der für mehrere Jahre gezahlt wird. Die Steuerberechnung nach der Fünftelregelung ist beim Stichwort „Sonstige Bezüge" unter Nr. 6 auf Seite 882 anhand von Beispielen erläutert.

Siehe die Stichworte „Abfindung wegen Entlassung aus dem Dienstverhältnis", „Arbeitslohn für mehrere Jahre" und „Entschädigungen".

Fürsorgeleistungen

Gliederung:

1. Allgemeines

Durch das Gesetz zur Anpassung der Abgabenordnung an den Zollkodex der Union und zur Änderung weiterer steuerlicher Vorschriften vom 22.12.2014 (BGBl. I S. 2415, BStBl. 2015 I S. 55) ist ab 1.1.2015 eine **Steuerbefreiungsvorschrift** (§ 3 Nr. 34a EStG) mit dem Ziel eingeführt worden, die Rahmenbedingungen für die Vereinbarkeit von Familie und Beruf zu verbessern. Um z. B. den Beschäftigten, die nach der Elternzeit wieder in den Beruf zurückkehren, den Wiedereinstieg problemloser zu ermöglichen oder Arbeitnehmern, die pflegebedürftige Angehörige betreuen, entsprechend zu unterstützen, hat der Arbeitgeber die Möglichkeit, seinen Arbeitnehmern mit steuer- und beitragsfreien Serviceleistungen zu helfen und so die **Vereinbarkeit von Beruf und Familie zu erleichtern.**

Durch die Steuerbefreiungsvorschrift des § 3 Nr. 34a EStG werden steuer- und beitragsfrei gestellt, die **zusätzlich** zum ohnehin geschuldeten Arbeitslohn erbrachten Leistungen des Arbeitgebers

- an ein Dienstleistungsunternehmen, das den Arbeitnehmer hinsichtlich der **Betreuung** von **Kindern** oder **pflegebedürftigen Angehörigen berät oder** hierfür **Betreuungspersonen vermittelt** und
- zur **kurzfristigen Betreuung von Kindern** (leibliche Kinder, Adoptivkinder, Pflegekinder, Stiefkinder, nicht aber Kinder des Partners einer nichtehelichen Lebensgemeinschaft), die das 14. Lebensjahr noch nicht vollendet haben oder wegen einer vor dem 25. Lebensjahr eingetretenen körperlichen, geistigen oder seelischen Behinderung außerstande sind, sich selbst finanziell zu unterhalten, oder von **pflegebedürftigen Angehörigen** des Arbeitnehmers. Die kurzfristige Betreuung muss aus zwingenden und **beruflich** veranlassten **Gründen notwendig** sein. Die Leistungen des Arbeitgebers sind in diesem Fall bis zu einem Betrag von **600 € jährlich** steuerfrei (Freibetrag). Die Steuerbefreiung gilt auch dann, wenn die Betreuung im privaten Haushalt des Arbeitnehmers stattfindet. nein nein

Durch das Merkmal **„zusätzlich zum ohnehin geschuldeten Arbeitslohn"** wird sichergestellt, dass die Steuerbefreiung allein für Leistungen beansprucht werden kann, die der Arbeitgeber zusätzlich für den Zweck „bessere Vereinbarkeit von Familie und Beruf" erbringt. Für Leistungen, die z. B. unter Anrechnung auf den vereinbarten Arbeitslohn oder durch dessen Umwandlung erbracht werden, kann die Steuerfreiheit hingegen nicht beansprucht werden (vgl. das Stichwort „Gehaltsumwandlung" unter Nr. 4).

2. Beratung und Vermittlung einer Betreuungsleistung

Steuerfrei sind die zusätzlich zum ohnehin geschuldeten Arbeitslohn erbrachten Leistungen des Arbeitgebers an ein Dienstleistungsunternehmen, das den Arbeitnehmer

- hinsichtlich der Betreuung von Kindern oder pflegebedürftigen Angehörigen **berät** oder
- hierfür Betreuungspersonen **vermittelt.** nein nein

Da der Arbeitgeber die zusätzlich zum ohnehin geschuldeten Arbeitslohn erbrachte Leistung unmittelbar an das Dienstleistungsunternehmen erbringt, handelt es sich steuerlich um einen Sachbezug. Die **Steuerfreiheit dieses Sachbezugs** ist – im Gegensatz zu den nachfolgenden Betreuungsleistungen unter der Nr. 3 – der Höhe nach **nicht begrenzt.** Die unter der nachfolgenden Nr. 3 beschriebene Steuerbefreiung für die Betreuungsleistung kann daneben in Anspruch genommen werden.

Beispiel A

Arbeitgeber A zahlt an ein Dienstleistungsunternehmen einen Betrag von 500 €, damit dieses Unternehmen die Arbeitnehmerin B hinsichtlich der Betreuungsmöglichkeiten für ihre pflegebedürftige Mutter berät.

Die zusätzlich zum ohnehin geschuldeten Arbeitslohn erbrachte Leistung des Arbeitgebers an das Dienstleistungsunternehmen in Höhe von 500 € führt bei B zu einem steuerfreien Sachbezug nach § 3 Nr. 34a EStG.

Beispiel B

Arbeitgeber C zahlt an ein Dienstleistungsunternehmen einen Betrag von 1000 €, damit dieses Unternehmen eine Betreuungsperson für die Betreuung des nicht schulpflichtigen Kindes der Arbeitnehmerin D vermittelt.

Die zusätzlich zum ohnehin geschuldeten Arbeitslohn erbrachte Leistung des Arbeitgebers an das Dienstleistungsunternehmen in Höhe von 1000 € führt bei D zu einem steuerfreien Sachbezug nach § 3

Lohn-steuer-pflichtig	Sozial-versich.-pflichtig

Nr. 34a EStG. Die Aussage in R 3.33 Abs. 1 Satz 3 LStR 2015, wonach Leistungen für die Vermittlung einer Unterbringungs- und Betreuungsmöglichkeit von nicht schulpflichtigen Kindern durch Dritte nicht steuerfrei sind, ist durch die Einführung der Steuerbefreiungsvorschrift des § 3 Nr. 34a EStG überholt.

3. Betreuungsleistung

Steuerfrei sind auch die zusätzlich zum ohnehin geschuldeten Arbeitslohn erbrachten Leistungen des Arbeitgebers zur **kurzfristigen Betreuung von Kindern** (leibliche Kinder, Adoptivkinder, Pflegekinder, Stiefkinder, nicht aber Kinder des Partners einer nichtehelichen Lebensgemeinschaft), die das 14. Lebensjahr noch nicht vollendet haben oder wegen einer vor dem 25. Lebensjahr eingetretenen körperlichen, geistigen oder seelischen Behinderung außerstande sind, sich selbst finanziell zu unterhalten, oder von **pflegebedürftigen Angehörigen** des Arbeitnehmers. Die kurzfristige Betreuung muss aus zwingenden und **beruflich** veranlassten **Gründen notwendig** sein. Die Leistungen des Arbeitgebers sind in diesem Fall bis zu einem Betrag von **600 € jährlich** steuerfrei (Freibetrag). Die Steuerbefreiung gilt auch dann, wenn die Betreuung im privaten Haushalt des Arbeitnehmers stattfindet.

Neben den Beratungs- und Vermittlungsleistungen (vgl. vorstehende Nr. 2) kann der Arbeitgeber also auch bestimmte Betreuungskosten, die **kurzfristig aus zwingenden beruflich veranlassten Gründen** entstehen, zusätzlich zum ohnehin geschuldeten Arbeitslohn steuerfrei ersetzen. Dazu gehören Aufwendungen

- für eine zusätzliche, außergewöhnliche – also außerhalb der regelmäßig üblicherweise erforderlichen – Betreuung, die z. B. durch dienstlich veranlasste **Fortbildungsmaßnahmen** des Arbeitnehmers anfällt,
- wegen eines zwingenden Einsatzes zu **außergewöhnlichen Dienstzeiten** oder
- die bei **Krankheit** eines Kindes bzw. pflegebedürftigen Angehörigen notwendig werden.

Ein zusätzlicher Betreuungsbedarf wird unterstellt, wenn der Arbeitnehmer aufgrund einer Pandemie zu außergewöhnlichen Zeiten arbeitet oder die Regelbetreuung der Kinder infolge der zur Eindämmung der Pandemie angeordneten Schließung von Schulen und Betreuungseinrichtungen weggefallen ist. Dabei ist von einer „kurzfristig" zu organisierenden Betreuung auszugehen, bis die Einrichtungen ihren regulären Betrieb wieder aufnehmen.

Die Betreuungskosten (einschließlich Fahrt- und Übernachtungskosten der Betreuungsperson und der betreuten Person) sind auch dann über die Steuerbefreiungsvorschrift begünstigt, wenn sie im Privathaushalt des Arbeitnehmers anfallen. Die zusätzlich zum ohnehin geschuldeten Arbeitslohn erbrachten Leistungen des Arbeitgebers können – im Gegensatz zur vorstehenden Nr. 2 – sowohl an die Betreuungsperson (= Sachbezug) als auch an den Arbeitnehmer (= Geldleistung) erbracht werden. Die Steuerbefreiung für die Betreuungsleistung kann zudem neben der unter der vorstehenden Nr. 2 beschriebenen Steuerbefreiung für die Beratungs- oder Vermittlungsleistung in Anspruch genommen werden.

Der Höhe nach sind die zusätzlichen Arbeitgeberleistungen für die vorstehenden Betreuungen beim einzelnen Arbeitnehmer bis zu **600 € jährlich** steuer- und sozialversicherungsfrei. Hierbei handelt es sich um einen **Freibetrag** und nicht um eine Freigrenze. nein nein

Beispiel A

Die teilzeitbeschäftigte Arbeitnehmerin A muss aufgrund einer beruflichen, einwöchigen Fortbildungsmaßnahme für die zu Hause stattfindende Nachmittagsbetreuung ihres achtjährigen Sohnes einen Betrag von 200 € zuzüglich 25 € Fahrtkosten der Betreuungsperson aufwenden, den sie von ihrem Arbeitgeber nach Vorlage der entsprechenden Nachweise (vgl. nachfolgende Nr. 4) erstattet bekommt.

Der zusätzlich zum ohnehin geschuldeten Arbeitslohn vom Arbeitgeber gezahlte Betrag von 225 € (einschließlich der Fahrtkosten) ist steuer- und sozialversicherungsfrei (§ 3 Nr. 34a EStG). Unmaßgeblich ist, dass die Betreuung im Privathaushalt von A stattfindet.

Abwandlung 1

Wie Beispiel A. Der Sohn ist 16 Jahre alt.

Der Betrag von 225 € einschließlich der Fahrtkosten ist steuer- und beitragspflichtig, da der Sohn die für die Steuerbefreiungsvorschrift maßgebende Altersgrenze von 14 Jahren überschritten hat.

Abwandlung 2

Wie Beispiel A. Der Sohn ist vier Jahre alt und wird auf Kosten des Arbeitgebers in der Fortbildungseinrichtung betreut. Dem Arbeitgeber entstehen hierdurch Aufwendungen in Höhe von 300 €.

Der zusätzlich zum ohnehin geschuldeten Arbeitslohn vom Arbeitgeber erbrachte Sachbezug in Höhe von 300 € ist steuer- und sozialversicherungsfrei (§ 3 Nr. 34a EStG).

Wird der Freibetrag von 600 € jährlich je Arbeitnehmer **überschritten,** ist der übersteigende Betrag **steuer- und beitragspflichtig.** ja ja

Beispiel B

Wegen einer dreiwöchigen Erkrankung ihrer zehnjährigen Tochter wendet die berufstätige Arbeitnehmerin B für die zu Hause stattfindende Betreuung einen Betrag von 1000 € auf, den sie von ihrem Arbeitgeber nach Vorlage der entsprechenden Nachweise (vgl. nachfolgende Nr. 4) erstattet bekommt.

Der zusätzlich zum ohnehin geschuldeten Arbeitslohn vom Arbeitgeber gezahlte Betrag ist in Höhe des Höchstbetrags von 600 € steuer- und sozialversicherungsfrei (§ 3 Nr. 34a EStG) und in Höhe des übersteigenden Betrags von 400 € steuer- und beitragspflichtig. Für die Inanspruchnahme des Freibetrags ist unmaßgeblich, dass die Betreuung im Privathaushalt von B stattfindet.

Beispiel C

Wie Beispiel B. Die Betreuungsperson ist von einem Dienstleistungsunternehmen vermittelt worden, das vom Arbeitgeber beauftragt worden war und für seine Leistung einen Betrag von 300 € berechnet hat, die vom Arbeitgeber beglichen worden sind.

Neben dem steuerfreien Betrag von 600 € für die Betreuungsleistung (vgl. vorstehendes Beispiel B), ist auch der Betrag von 300 € für die Vermittlung der Betreuung nach § 3 Nr. 34a EStG steuerfrei.

4. Nachweise

Die Verwendung der steuerfreien Geld- oder Sachleistung ist vom Arbeitgeber im Lohnkonto des jeweiligen Arbeitnehmers aufzuzeichnen und durch entsprechende Belege nachzuweisen (§ 4 Abs. 2 Nr. 4 LStDV)[1].

5. Vorsteuerabzug und Umsatzsteuerpflicht

Der Arbeitgeber ist aus den Rechnungen der Dienstleistungsunternehmen für die Beratung und Vermittlung von Betreuungsmöglichkeiten bzw. aus den Rechnungen Dritter für die Betreuungsleistung **nicht zum Vorsteuerabzug berechtigt,** weil bei Leistungsbezug bereits feststeht, dass diese für den privaten Bereich der Arbeitnehmer erbracht werden. Andererseits fällt für die Erbringung der sonstigen Leistung an die Arbeitnehmer für deren privaten Bedarf auch keine Umsatzsteuer an (vgl. das Stichwort „Umsatzsteuerpflicht bei Sachbezügen" unter Nr. 1).

6. Pauschale Zahlungen des Arbeitgebers

Über den Anwendungsbereich der Steuerbefreiungsvorschrift des § 3 Nr. 34a EStG hinaus war bereits zuvor in den LStR die Aussage enthalten, dass zu den nicht steuerpflichtigen Leistungen im **ganz überwiegenden eigenbetrieblichen Interesse des Arbeitgebers** pauschale Zahlungen des Arbeitgebers an ein Dienstleistungsunternehmen gehören, das sich verpflichtet, alle Arbeitnehmer des Auftraggebers unentgeltlich in persönlichen und sozialen Angelegenheiten zu beraten und zu betreuen (R 19.3 Abs. 2 Nr. 5 LStR). nein nein

Der Anwendungsbereich bei Pauschalzahlungen des Arbeitgebers geht also erheblich über den Anwendungs-

1) Die Lohnsteuer-Durchführungsverordnung (LStDV) ist als Anhang 1 im **Steuerhandbuch für das Lohnbüro 2021** abgedruckt, das im selben Verlag erschienen ist.

F

	Lohn-steuer-pflichtig	Sozial-versich.-pflichtig

bereich der Steuerbefreiungsvorschrift des § 3 Nr. 34a EStG hinaus, weil bei den Pauschalzahlungen eine Beratung und Betreuung der Arbeitnehmer durch ein Dienstleistungsunternehmen in **sämtlichen persönlichen und sozialen Angelegenheiten** möglich ist (u. a. Vermögensberatung, Rechtsberatung). Gleichwohl kommt die Richtlinienregelung in der Praxis nur selten zur Anwendung, da sich die Dienstleistungsunternehmen im Hinblick auf den ungewissen Arbeitsumfang kaum auf eine Pauschalzahlung für eine Beratung und Betreuung aller Arbeitnehmer des Auftraggebers in diesem Bereich einlassen werden.

Beispiel

Arbeitgeber A schließt mit einem Beratungsunternehmen im Januar 2021 einen Vertrag, wonach sich das Beratungsunternehmen verpflichtet, allen in 2021 entlassenen Arbeitnehmern bei der Suche nach einem neuen Arbeitsplatz behilflich zu sein. A zahlt für diese Leistung an das Beratungsunternehmen einmalig einen Betrag von 20 000 €.

Die Zahlung des Arbeitgebers an das Beratungsunternehmen führt bei den von der Entlassung betroffenen Arbeitnehmern nicht zu einem steuerpflichtigen geldwerten Vorteil (R 19.3 Abs. 2 Nr. 5 LStR). Vgl. auch das Stichwort „Outplacement-Beratung".

G

Funktionszulagen

Funktionszulagen sind Lohnzulagen bei außergewöhnlich langen Vertretungen anderer Arbeitnehmer oder bei vertretungsweiser Erledigung höherwertiger Arbeit. Funktionszulagen sind steuer- und beitragspflichtiger Arbeitslohn. ja ja

Fußballspieler

Vertragsfußballspieler sind Arbeitnehmer. Ihre Bezüge unterliegen dem Lohnsteuerabzug nach den allgemeinen Vorschriften. Siehe hierzu auch das Stichwort „Antrittsprämie". ja ja

Zur Beurteilung der Amateurfußballspieler vgl. das Stichwort „Amateursportler".

Fußballtrainer

Fußballtrainer sind in aller Regel Arbeitnehmer, da sie in den Organismus des Vereins eingegliedert und weisungsgebunden sind. ja ja

Die Aufwendungen eines hauptamtlichen Fußballtorwarttrainers für ein Sky-Bundesliga-Abo sind als Werbungskosten abziehbar, wenn tatsächlich eine berufliche Verwendung gegeben ist (BFH-Urteil vom 16.1.2019, BStBl. II S. 376).

Siehe auch das Stichwort „Übungsleiter".

Futtergeld

Ein pauschales Futtergeld für den Arbeitnehmern gehörende Wachhunde von z. B. 3 € täglich ist steuer- und beitragspflichtig (vgl. „Hundegeld"). ja ja

Gästehaus

Ein Gästehaus ist ein meist separater Bereich eines Gebäudes oder ein eigenständiger Bau, der zur vorübergehenden Unterbringung von Gästen genutzt wird.

Werden Arbeitnehmer zur **Erholung** unentgeltlich oder verbilligt in einem Gästehaus des Arbeitnehmers untergebracht, handelt es sich um Arbeitslohn; dies gilt unabhängig davon, ob das Gästehaus im Inland oder Ausland belegen sind (vgl. auch BFH-Urteil vom 9.4.1997, BStBl. II S. 539). Die Bewertung des geldwerten Vorteils ist mit dem üblichen Endpreis am Abgabeort ggf. vermindert um eine Zuzahlung des Arbeitnehmers vorzunehmen (vgl. „Sachbezüge" unter Nr. 3). ja ja

Bei einer **beruflich veranlassten Unterbringung** wird es sich in der Regel um steuerfreie Reisekosten in Form einer Sachleistung handeln. nein nein

Bei einer dauerhaften Überlassung zu Wohnzwecken vgl. das Stichwort „Wohnungsüberlassung".

Garagengeld

Gliederung:

1. Allgemeines
2. Unterbringung des Firmenwagens in einer arbeitnehmereigenen Garage
3. Unterbringung des Firmenwagens in einer angemieteten Garage
4. Kein zusätzlicher geldwerter Vorteil, durch die Zahlung von lohnsteuerfreien Garagengeldern
5. Änderung des Lohnsteuerabzugs für das laufende Kalenderjahr
6. Rückwirkende Änderung des Lohnsteuerabzugs für bereits abgelaufene Kalenderjahre
7. Rückwirkende Änderung einer Lohnsteuerpauschalierung

1. Allgemeines

Überlässt der Arbeitgeber seinen Arbeitnehmern einen Firmenwagen (vgl. auch das Stichwort „Firmenwagen zur privaten Nutzung"), kommt es häufig vor, dass der Firmenwagen über Nacht in einer Garage des Arbeitnehmers abgestellt wird. Insbesondere bei Außendienstmitarbeitern, die im Firmenwagen wertvolle Waren oder andere beruflich notwendige Gegenstände transportieren, ist der Arbeitgeber stark daran interessiert, dass der Firmenwagen über Nacht diebstahlsicher untergebracht wird und er ersetzt den Arbeitnehmern deshalb entweder die Aufwendungen für eine eigene oder die Mietkosten für eine angemietete Garage.

Der Bundesfinanzhof hat für die steuerliche Behandlung der sog. Garagengelder mit Urteilen vom 7.6.2002 (BStBl. II S. 829 und S. 878) folgende Fälle unterschieden:

2. Unterbringung des Firmenwagens in einer arbeitnehmereigenen Garage

Zahlt der Arbeitgeber dem Arbeitnehmer ein Entgelt dafür, dass der Firmenwagen in einer Garage abgestellt wird, **die dem Arbeitnehmer gehört,** handelt es sich bei diesen Zahlungen nach Auffassung des Bundesfinanzhofs um Einnahmen aus Vermietung und Verpachtung. Damit scheidet eine Versteuerung als Arbeitslohn aus. Steuerlich hat also nur die Einkunftsart gewechselt. Der Arbeitnehmer kann allerdings seine Aufwendungen für die Garage als Werbungskosten von den steuerpflichtigen Einnahmen aus Vermietung und Verpachtung abziehen.

Auswirkungen ergeben sich jedoch bei der Sozialversicherung, da kein beitragspflichtiges Arbeitsentgelt vorliegt. nein nein

3. Unterbringung des Firmenwagens in einer angemieteten Garage

Hat der Arbeitnehmer eine Garage zum Abstellen des Firmenwagens **angemietet** und ersetzt der Arbeitgeber die monatlich anfallende Miete, ist dieser Arbeitgeberersatz nach Auffassung des Bundesfinanzhofs als Aus-

	Lohnsteuerpflichtig	Sozialversich.-pflichtig
lagenersatz im Sinne des § 3 Nr. 50 EStG dann steuerfrei, wenn das Unterstellen des Firmenwagens in der Garage **ausschließlich im Interesse des Arbeitgebers** erfolgt. Dieses ausschließliche eigenbetriebliche Interesse war im Urteilsfall vorhanden, weil sich in den Firmenwagen der Außendienstmitarbeiter (auch über Nacht) stets wertvolle Werkzeuge und Waren befanden und der Arbeitgeber deshalb die Arbeitnehmer durch eine sog. Kraftfahrzeug-Überlassungs-Vereinbarung ausdrücklich verpflichtet hatte, die Firmenwagen in einer Garage abzustellen (vgl. die ausführlichen Erläuterungen beim Stichwort „Auslagenersatz").	nein	nein
Hat der Arbeitnehmer die angemietete Garage allerdings an den Arbeitgeber durch Begründung eines eigenständigen Mietverhältnis **untervermietet,** handelt es sich bei den Zahlungen des Arbeitgebers um Einnahmen aus Vermietung und Verpachtung (BFH-Urteil vom 7.6.2002, BStBl. II S. 878). Damit scheidet eine Versteuerung als Arbeitslohn aus. Es liegt auch kein beitragspflichtiges Arbeitsentgelt vor.	nein	nein

4. Kein zusätzlicher geldwerter Vorteil, durch die Zahlung von lohnsteuerfreien Garagengeldern

Der Bundesfinanzhof hat in den oben genannten Urteilen klargestellt, dass durch die Nutzung der arbeitnehmereigenen oder von einem fremden Dritten angemieteten Garage, für die der Arbeitgeber ein lohnsteuerfreies Garagengeld zahlt, kein zusätzlicher steuerpflichtiger geldwerter Vorteil entsteht. Denn diese Fälle können nicht anders behandelt werden, wie wenn der Arbeitgeber eine eigene Garage besitzt oder eine Garage anmietet und diese Garage dem Arbeitnehmer unentgeltlich zum Unterstellen des Firmenwagens überlässt.

Bei der Ermittlung des geldwerten Vorteils für die Privatnutzung des Firmenwagens nach der 1 %-Methode ist deshalb die Nutzung der Garage durch den Arbeitnehmer mit dem Pauschalbetrag abgegolten. Beim Einzelnachweis der tatsächlichen Kosten nach der sog. individuellen Methode gehören dagegen die tatsächlichen Aufwendungen des Arbeitgebers für die Garage zu den Gesamtkosten des Fahrzeugs, das heißt, sie erhöhen den individuellen Kilometersatz (so auch BFH-Urteil vom 14.9.2005, BStBl. 2006 II S. 72; vgl. die Erläuterungen beim Stichwort „Firmenwagen zur privaten Nutzung" unter den Nrn. 2 und 3).

5. Änderung des Lohnsteuerabzugs für das laufende Kalenderjahr

Wurden die Garagengelder bisher durch Zurechnung zum laufenden steuerpflichtigen Arbeitslohn nach der (Monats-)Lohnsteuertabelle besteuert, kann der Arbeitgeber den Lohnsteuerabzug zugunsten des Arbeitnehmers berichtigen, solange er die Lohnsteuerbescheinigung noch nicht ausgestellt oder übermittelt hat (vgl. hierzu die ausführlichen Erläuterungen beim Stichwort „Änderung des Lohnsteuerabzugs" unter Nr. 5).

Der vorstehende Grundsatz gilt in allen Fällen, in denen der Arbeitgeber Zuwendungen an seine Arbeitnehmer zu Unrecht als steuerpflichtigen Arbeitslohn behandelt hat.

6. Rückwirkende Änderung des Lohnsteuerabzugs für bereits abgelaufene Kalenderjahre

Der Arbeitgeber muss dem Arbeitnehmer für bereits abgelaufene Kalenderjahre eine Bescheinigung über die Höhe der besteuerten und damit im Bruttoarbeitslohn (Zeile 3 der Lohnsteuerbescheinigung) zu Unrecht enthaltenen Garagengelder erteilen, damit eine Berücksichtigung bei noch nicht bestandskräftigen Veranlagungen zur Einkommensteuer der Arbeitnehmer erfolgen kann. Das Muster einer solchen Bescheinigung könnte für eine Unterbringung des Firmenwagens in einer **arbeitnehmereigenen** Garage wie folgt aussehen:

Bestätigung zur Vorlage beim Finanzamt

Arbeitgeber:
Name der Firma ______________________________
Anschrift: ______________________________

Arbeitnehmer:
Name, Vorname ______________________________
Anschrift: ______________________________

Zur Vorlage beim Finanzamt wird bestätigt, dass im steuerpflichtigen Bruttoarbeitslohn, der dem o. a. Arbeitnehmer in Zeile 3 seiner Lohnsteuerbescheinigung für das Kalenderjahr ____ bescheinigt wurde, ein Garagengeld in Höhe von € _____ für das Unterstellen des Firmenwagens in einer arbeitnehmereigenen Garage enthalten ist, das nach der Rechtsprechung des Bundesfinanzhofs nicht zum steuerpflichtigen Arbeitslohn, sondern zu den Einnahmen aus Vermietung und Verpachtung gehört.

______________________ ______________________
Ort, Datum Unterschrift des Arbeitgebers

Das Finanzamt des Arbeitnehmers wird aufgrund dieser Bescheinigung den steuerpflichtigen Jahresarbeitslohn bei der Veranlagung zur Einkommensteuer um das Garagengeld kürzen und dieses als Einnahmen aus Vermietung und Verpachtung ansetzen. Davon kann der Arbeitnehmer seine Aufwendungen für die Garage als Werbungskosten abziehen.

Liegt bei einer **angemieteten** Garage steuerfreier Auslagenersatz vor, könnte das Muster der Bescheinigung wie folgt aussehen:

Bestätigung zur Vorlage beim Finanzamt

Arbeitgeber:
Name der Firma ______________________________
Anschrift: ______________________________

Arbeitnehmer:
Name, Vorname ______________________________
Anschrift: ______________________________

Zur Vorlage beim Finanzamt wird bestätigt, dass im steuerpflichtigen Bruttoarbeitslohn, der dem o. a. Arbeitnehmer in Zeile 3 seiner Lohnsteuerbescheinigung für das Kalenderjahr ____ bescheinigt wurde, ein Garagengeld in Höhe von € _____ für das Unterstellen des Firmenwagens in einer vom Arbeitnehmer gemieteten Garage enthalten ist, das nach der Rechtsprechung des Bundesfinanzhofs als Auslagenersatz im Sinne des § 3 Nr. 50 EStG steuerfrei ist, weil das Unterstellen des Firmenwagens in der Garage ausschließlich im betrieblichen Interesse erfolgte[1].

______________________ ______________________
Ort, Datum Unterschrift des Arbeitgebers

Das Finanzamt des Arbeitnehmers wird aufgrund dieser Bescheinigung den steuerpflichtigen Jahresarbeitslohn bei der Veranlagung zur Einkommensteuer um das steuerfreie Garagengeld kürzen.

Wurde die angemietete Garage vom Arbeitnehmer durch Begründung eines eigenständigen Mietverhältnisses an den Arbeitgeber **untervermietet,** kann die gleiche Bescheinigung verwendet werden, wie bei einer arbeitnehmereigenen Garage, da auch in diesem Fall Einnahmen aus Vermietung und Verpachtung vorliegen.

Entsprechend den vorstehenden Ausführungen kann in allen Fällen verfahren werden, in denen der Arbeitgeber Zuwendungen an seine Arbeitnehmer zu Unrecht als steuerpflichtigen Arbeitslohn behandelt hat. Der Text der Bescheinigung ist dabei an den jeweils vorliegenden Sachverhalt anzupassen.

1) In Zweifelsfällen kann es sinnvoll sein, das betriebliche Interesse des Arbeitgebers (z. B. Aufbewahrung wertvoller Werkzeuge und Waren im Fahrzeug) näher zu erläutern, um Rückfragen des Finanzamts zu vermeiden.

G

Lohn-steuer-pflichtig	Sozial-versich.-pflichtig

7. Rückwirkende Änderung einer Lohnsteuerpauschalierung

Wurden die Garagengelder bisher **pauschal besteuert** (z. B. Pauschalierung der Lohnsteuer mit einem besonderen Pauschsteuersatz auf Antrag des Arbeitgebers nach § 40 Abs. 1 Satz 1 Nr. 1 EStG; vgl. „Pauschalierung der Lohnsteuer" unter Nr. 2), besteht gegenüber der Änderung der vom Arbeitslohn einbehaltenen Lohnsteuer (vgl. vorstehend unter Nrn. 5 und 6) ein gravierender Unterschied:

Der Arbeitgeber kann die von ihm durchgeführte Pauschalierung der Lohnsteuer ändern, solange noch keine Festsetzungsverjährung eingetreten und der **Vorbehalt der Nachprüfung für die abgegebenen Lohnsteuer-Anmeldungen noch nicht aufgehoben** wurde, und zwar aus folgenden Gründen:

G

Die Lohnsteuer-Anmeldung ist eine Steuererklärung im Sinne des § 150 AO. Sie steht als Steueranmeldung einer Steuerfestsetzung unter dem Vorbehalt der Nachprüfung gleich (§§ 164, 168 AO). Der Vorbehalt der Nachprüfung bewirkt, dass die Steuerfestsetzung in Form der vom Arbeitgeber beim Betriebsstättenfinanzamt eingereichten Lohnsteuer-Anmeldung aufgehoben oder geändert werden kann, solange der Vorbehalt wirksam ist. Der **Arbeitgeber** kann also hinsichtlich Lohnsteuerpauschalierungen jederzeit die Aufhebung oder Änderung der Steuerfestsetzung in der Lohnsteuer-Anmeldung sowohl **zu seinen Gunsten** als auch zu seinen Ungunsten beantragen. Es genügt hierfür, wenn er für die bereits abgelaufenen Anmeldungszeiträume eine berichtigte Lohnsteuer-Anmeldung abgibt. Die Abgabe einer berichtigten Lohnsteuer-Anmeldung ist also so lange möglich, solange der Vorbehalt der Nachprüfung noch nicht aufgehoben wurde. Der Vorbehalt der Nachprüfung wird bei Lohnsteuer-Anmeldungen regelmäßig so lange aufrechterhalten, bis bei dem Arbeitgeber eine Lohnsteuer-Außenprüfung durchgeführt worden oder die **sog. Festsetzungsfrist** (§ 169 AO) abgelaufen ist. Die Festsetzungsfrist beträgt **vier Jahre** und beginnt im Normalfall mit Ablauf des Kalenderjahres, in dem die Lohnsteuer-Anmeldung beim Finanzamt eingereicht worden ist (vgl. „Verjährung").

Der vorstehende Grundsatz gilt in allen Fällen, in denen der Arbeitgeber Zuwendungen an seine Arbeitnehmer zu Unrecht pauschal besteuert hat.

Vgl. auch die Erläuterungen, das Schaubild und das Beispiel beim Stichwort „Änderung der Lohnsteuerpauschalierung".

Garnentschädigung

Die Garnentschädigung an Heimarbeiter ist als Heimarbeiterzuschlag (vgl. dieses Stichwort) steuerfrei. nein nein

Gastarbeiter

Gliederung:

1. Allgemeines

Unter dem Begriff „Gastarbeiter" versteht man im allgemeinen Sprachgebrauch einen ausländischen Arbeitnehmer, der vorübergehend in Deutschland arbeitet. Dabei unterscheidet der Sprachgebrauch nicht nach steuerlichen Gesichtspunkten. Der „Gastarbeiter" kann deshalb entweder unbeschränkt oder nur beschränkt steuerpflichtig sein, je nachdem, ob er in Deutschland eine Wohnung bzw. seinen gewöhnlichen Aufenthalt hat oder nicht. Die Besonderheiten, die bei **beschränkt** steuerpflichtigen Gastarbeitern zu beachten sind, sind ausführlich beim Stichwort „Beschränkt steuerpflichtige Arbeitnehmer" anhand von Beispielen erläutert. Hat der ausländische Arbeitnehmer im Inland einen Wohnsitz oder seinen gewöhnlichen Aufenthalt (länger als sechs Monate), ist er **unbeschränkt** steuerpflichtig.

2. Steuerklasse III bei Gastarbeitern

Der Europäische Gerichtshof hat im sog. Schumacker-Urteil entschieden, dass unbeschränkt steuerpflichtige Arbeitnehmer aus einem EU/EWR-Mitgliedstaat (vgl. dieses Stichwort) einem unbeschränkt steuerpflichtigen Inländer **völlig gleichzustellen** sind, das heißt, dass die Steuerklasse III auch dann gewährt werden muss, wenn der Ehegatte seinen Wohnsitz zwar nicht in Deutschland, aber in einem EU/EWR-Mitgliedstaat hat. Der Gesetzgeber hat diese Forderung vollzogen und in § 1a Abs. 1 EStG angeordnet, dass sämtliche familienbezogenen Steuervergünstigungen, die früher mangels unbeschränkter Steuerpflicht der betreffenden Bezugsperson nicht gewährt werden konnten, zu gewähren sind, wenn es sich beim Arbeitnehmer um einen Staatsbürger eines EU/EWR-Mitgliedstaats handelt.

Bei einem **unbeschränkt** steuerpflichtigen Arbeitnehmer ist die frühere Einschränkung, dass er neben den inländischen Einkünften nur geringfügige Auslandseinkünfte haben darf, seit 2008 entfallen (vgl. auch die folgende Übersicht). Dies hat der Bundesfinanzhof bestätigt (BFH-Urteil vom 8.9.2010, BStBl. 2011 II S. 269). Es ist allerdings in geeigneter Form glaubhaft zu machen, dass der andere Ehegatte in einem EU/EWR-Mitgliedstaat ansässig ist und die Ehegatten nicht dauernd getrennt leben. Obwohl für die Durchführung der Zusammenveranlagung (= Steuerklasse III) auf den Nachweis der ausländischen Einkünfte verzichtet werden kann, sind sie bei der Einkommensteuer-Veranlagung über den Progressionsvorbehalt (vgl. dieses Stichwort) zu berücksichtigen (§ 32b Abs. 1 Satz 1 Nr. 5 EStG).

Die vorstehenden Ausführungen gelten entsprechend für eingetragene Lebenspartner (§ 2 Abs. 8 EStG; vgl. auch das Stichwort „Lebenspartnerschaft nach ausländischem Recht"). Sie sind zudem auch dann anzuwenden, wenn der Ehegatte/Lebenspartner seinen Wohnsitz/gewöhnlichen Aufenthalt in der **Schweiz** hat.[1]

Bei einem **beschränkt** steuerpflichtigen Arbeitnehmer, der aufgrund eines Antrags als unbeschränkt steuerpflichtig behandelt werden will, ist hingegen weiterhin Voraussetzung, dass dieser Arbeitnehmer nahezu seine gesamten Einkünfte in Deutschland bezieht. Dies ist der Fall, wenn

- die Summe aller Einkünfte im Kalenderjahr 2021 zu mindestens **90 %** der deutschen Einkommensteuer unterliegt **oder**
- diejenigen Einkünfte, die nicht der deutschen Besteuerung unterliegen, höchstens **9744 €**[2] (= steuerlicher Grundfreibetrag) im Kalenderjahr 2021 betragen.

Ist der beschränkt steuerpflichtige ausländische Arbeitnehmer verheiratet, und lebt der Ehegatte in einem EU/EWR-Mitgliedstaat, verdoppelt sich der vorstehende Betrag für die Prüfung der Zusammenveranlagung auf **19 488 €**[2]. Die Höhe der ausländischen Einkünfte muss durch eine Bescheinigung der ausländischen Steuerbehörde auf amtlichem Vordruck nachgewiesen werden (vgl. das nachfolgende Beispiel B).

1) BMF-Schreiben vom 16.9.2013 (BStBl. I S. 1325). Das BMF-Schreiben ist als Anlage 4 zu § 1a EStG im **Steuerhandbuch für das Lohnbüro 2021** abgedruckt, das im selben Verlag erschienen ist.

2) Der Betrag von 19 488 € (9744 € pro Ehegatte) wird bei bestimmten Ländern um 25 % bzw. 50 % gekürzt. Vgl. hierzu die in Anhang 10 abgedruckte Ländergruppeneinteilung.

Lohn- steuer- pflichtig | Sozial- versich.- pflichtig

Ist der Gastarbeiter unbeschränkt steuerpflichtig (Wohnsitz/gewöhnlicher Aufenthalt in Deutschland) oder hat er als beschränkt Steuerpflichtiger den Nachweis erbracht, dass er nahezu seine gesamten Einkünfte in Deutschland erzielt, erhält er folgende Vergünstigungen:

- Den Splittingvorteil **(Steuerklasse III)** für seinen in einem EU/EWR-Mitgliedstaat (vgl. dieses Stichwort) oder in der Schweiz[1] lebenden Ehegatten (es ist nicht erforderlich, dass auch der Ehegatte EU/EWR-Staatsbürger ist).
- Den Abzug der Unterhaltsaufwendungen für den geschiedenen oder dauernd getrennt lebenden Ehegatten bis zum Höchstbetrag von 13 805 € zuzüglich Aufwendungen für die Basis-Krankenversicherung und Pflege-Pflichtversicherung als Sonderausgaben (sog. **Realsplitting**), wenn der ehemalige Ehegatte seinen Wohnsitz in einem EU/EWR-Mitgliedstaat oder in der Schweiz[1] hat. Für die Anwendung des Realsplittings ist es allerdings Voraussetzung, dass die Besteuerung der Unterhaltszahlungen beim geschiedenen Ehegatten im Ausland durch eine Bescheinigung der zuständigen ausländischen Steuerbehörde nachgewiesen wird. Entsprechendes gilt für Zahlungen im Rahmen eines schuldrechtlichen Versorgungsausgleichs.

Wichtig ist die Einordnung eines Gastarbeiters aus einem EU/EWR-Mitgliedstaat in die Steuerklasse III anstelle der früher geltenden Steuerklasse I, obwohl der Ehegatte nicht in Deutschland, sondern im Heimatstaat lebt. Diese Änderung soll anhand folgender Übersicht verdeutlicht werden.

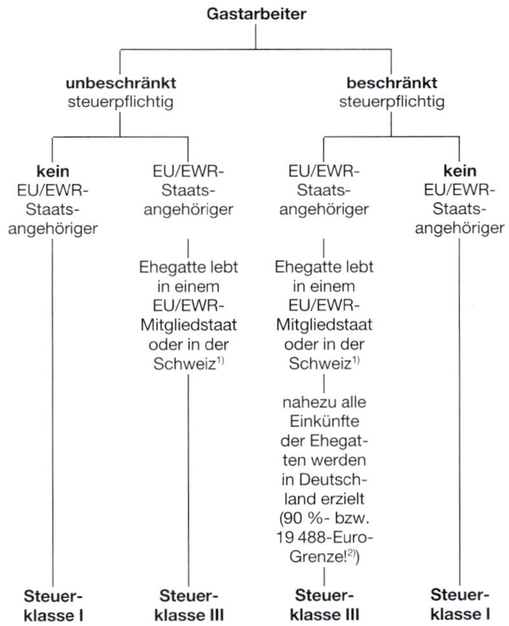

Beispiel A

Die Ehefrau eines **unbeschränkt** steuerpflichtigen italienischen Gastarbeiters lebt in der Familienwohnung in Neapel. Der Gastarbeiter erhält die Steuerklasse III (allerdings entfällt in diesem Fall der früher für den Unterhalt der Ehefrau gewährte Unterhaltsfreibetrag). Auf die Höhe der ausländischen Einkünfte kommt es für die Gewährung der Steuerklasse III nicht an.

Beispiel B

Ein **beschränkt** steuerpflichtiger österreichischer Gastarbeiter (kein Grenzgänger) lebt mit seiner serbischen Ehefrau in der Familienwohnung in Österreich und arbeitet in Rosenheim. Auf Antrag wird er als unbeschränkt steuerpflichtig behandelt und erhält 2021 die Steuerklasse III, wenn die Summe aller Einkünfte im Kalenderjahr zu mindestens 90 % der deutschen Einkommensteuer unterliegt oder diejenigen Einkünfte, die nicht der deutschen Besteuerung unterliegen, höchstens 19 488 € betragen. Die Höhe der ausländischen Einkünfte ist durch eine Bescheinigung der österreichischen Steuerbehörde nachzuweisen.

Lohn- steuer- pflichtig | Sozial- versich.- pflichtig

Vgl. im Einzelnen die Erläuterungen beim Stichwort „Beschränkt steuerpflichtige Arbeitnehmer" unter Nr. 6 Buchstaben a und b.

Beispiel C

Ein unbeschränkt steuerpflichtiger italienischer Gastarbeiter ist geschieden und arbeitet in München. Er zahlt seiner geschiedenen Frau (die in Rom lebt) Unterhalt. Der Gastarbeiter kann seine Unterhaltsleistungen für die geschiedene Ehefrau bis zum Höchstbetrag von 13 805 € zuzüglich Aufwendungen für die Basis-Krankenversicherung und Pflege-Pflichtversicherung als Sonderausgaben geltend machen (sog. Realsplitting). Für die Anwendung des Realsplittings ist es allerdings Voraussetzung, dass die Besteuerung der Unterhaltszahlungen beim geschiedenen Ehegatten im Ausland durch eine Bescheinigung der zuständigen ausländischen Steuerbehörde nachgewiesen wird.

Beispiel D

Sachverhalt wie Beispiel C. Die geschiedene Ehefrau des Italieners lebt jedoch nicht in Italien, sondern in der Schweiz. Auch in diesem Fall erhält der Italiener ebenfalls das Realsplitting (= Sonderausgabenabzug der Unterhaltsleistungen bis zu 13 805 €), da ein Wohnsitz in der Schweiz einem Wohnsitz in einem EU-/EWR-Mitgliedstaat gleichgestellt worden ist.[1]

G

3. Steuerklasse II für Gastarbeiter

Ein **unbeschränkt** steuerpflichtiger Gastarbeiter (Wohnsitz bzw. gewöhnlicher Aufenthalt in Deutschland oder nahezu alle Einkünfte werden in Deutschland erzielt) erhält die Steuerklasse II, wenn ihm der **Entlastungsbetrag für Alleinerziehende** zusteht. Der Entlastungsbetrag beträgt 4008 € jährlich für das erste Kind und 240 € jährlich für jedes weitere Kind. Die Gewährung setzt unter anderem voraus, dass der allein stehende Arbeitnehmer mit dem Kind, für das er Kindergeld oder kindbedingte Freibeträge erhält, eine Haushaltsgemeinschaft in einer gemeinsamen Wohnung – die sich auch im Ausland befinden kann – bildet (vgl. die Erläuterungen beim Stichwort „Steuerklassen"). Da in der Steuerklasse II automatisch nur der Entlastungsbetrag für das erste Kind von 1908 € jährlich berücksichtigt werden kann, ist für den Erhöhungsbetrag von 2100 € für das erste Kind sowie den Erhöhungsbetrag für das zweite und jedes weitere Kind von jeweils 240 € jährlich ein Freibetrag zu beantragen (vgl. Anhang 7 Abschnitt G). Ein lediglich beschränkt steuerpflichtiger Gastarbeiter erhält hingegen keinen Entlastungsbetrag für Alleinerziehende (§ 50 Abs. 1 Satz 4 EStG). Zum Entlastungsbetrag für Alleinerziehende vgl. auch die Erläuterungen in Anhang 9 unter Nr. 15 auf Seite 1303.

4. Übrige Steuervergünstigungen

Ein **unbeschränkt** steuerpflichtiger Gastarbeiter (Wohnsitz bzw. gewöhnlicher Aufenthalt in Deutschland oder nahezu alle Einkünfte werden in Deutschland erzielt) erhält dieselben Freibeträge wie jeder andere Arbeitnehmer auch. Nach § 39a EStG werden auf Antrag folgende Freibeträge und Pauschbeträge als Lohnsteuerabzugsmerkmal gebildet:

- Freibetrag für Werbungskosten, die den Arbeitnehmer-Pauschbetrag von 1000 € übersteigen (erläutert in **Anhang 7 Abschnitt B**). Bei Versorgungsbezügen beträgt der Werbungskosten-Pauschbetrag 102 €.
- Freibetrag für unbeschränkt abzugsfähige Sonderausgaben und Spenden, die den Sonderausgaben-Pauschbetrag von 36 € – bei verheirateten Arbeitnehmern 72 € – übersteigen (erläutert in **Anhang 7 Abschnitt C**).

Einen Freibetrag für die folgenden, in **Anhang 7 Abschnitt D** erläuterten außergewöhnlichen Belastungen:

- Unterhaltsfreibeträge für gesetzlich unterhaltsberechtigte Personen (z. B. Eltern, Großeltern; nicht jedoch Geschwister, Onkel, Tante, Neffen und Nichten). Ein Unterhaltsfreibetrag wird jedoch nur für solche Personen ge-

---

1) BMF-Schreiben vom 16.9.2013 (BStBl. I S. 1325). Das BMF-Schreiben ist als Anlage 4 zu § 1a EStG im **Steuerhandbuch für das Lohnbüro 2021** abgedruckt, das im selben Verlag erschienen ist.

2) Der Betrag von 19 488 € (9744 € pro Ehegatte) wird bei bestimmten Ländern um 25 % bzw. 50 % gekürzt. Vgl. hierzu die in Anhang 10 abgedruckte Ländergruppeneinteilung.

Lohn-steuer-pflichtig | Sozial-versich.-pflichtig

währt, für die weder der Arbeitnehmer noch eine andere Person Kindergeld oder kindbedingte Freibeträge erhält. Außerdem wird für den im Bereich EU/EWR oder in der Schweiz wohnenden Ehegatten kein Unterhaltsfreibetrag gewährt, wenn die Eheleute den Splittingvorteil (Steuerklasse III) erhalten (vgl. Anhang 7 Abschnitt D Nrn. 3 und 4).

- Einen Ausbildungsfreibetrag für volljährige zur Berufsausbildung auswärts untergebrachte Kinder, für die der Arbeitnehmer Kindergeld oder kindbedingte Freibeträge erhält (vgl. Anhang 7 Abschnitt D Nrn. 5 und 6).
- Pauschbeträge für Behinderte und Hinterbliebene. Zur Übertragung des einem Kind des Arbeitnehmers zustehenden Behinderten-Pauschbetrags auf den Arbeitnehmer vgl. die Erläuterungen in Anhang 7 Abschnitt D Nr. 8 Buchstabe d.
- Pflegepauschbeträge (vgl. Anhang 7 Abschnitt D Nr. 10).
- Freibeträge für außergewöhnliche Belastungen allgemeiner Art (vgl. Anhang 7 Abschnitt D Nr. 1).

G

Zudem kann in der Steuerklasse II automatisch nur der **Entlastungsbetrag für Alleinerziehende** für das erste Kind von 1908 € jährlich berücksichtigt werden. Für den **Erhöhungsbetrag** von 2100 € für das erste Kind sowie den Erhöhungsbetrag für das zweite und jedes weitere Kind von jeweils 240 € jährlich ist ein Freibetrag zu beantragen (vgl. Anhang 7 Abschnitt G).

Außerdem kann das Vierfache der Steuerermäßigung für haushaltsnahe Beschäftigungsverhältnisse, haushaltsnahe Dienstleistungen und Handwerkerleistungen sowie energetische Gebäudesanierungsmaßnahmen (vgl. die Erläuterungen beim Stichwort „Hausgehilfin" unter Nr. 9) als Freibetrag berücksichtigt werden.

Die Berücksichtigung dieser Freibeträge als Lohnsteuerabzugsmerkmal wird mit dem amtlichen Vordruck „Antrag auf Lohnsteuer-Ermäßigung 2021" sowie den dazu gehörenden Anlagen beantragt.

Zur Bescheinigung von Freibeträgen bei beschränkt steuerpflichtigen Gastarbeitern vgl. die Erläuterungen beim Stichwort „Beschränkt steuerpflichtige Arbeitnehmer" unter Nr. 8.

Gastschauspieler

siehe „Künstler"

Gebührenerlass

Der Gebührenerlass für Standesangehörige und Standesorganisationen der Notare führt bei den begünstigten Arbeitnehmern von Notaren oder von Notarkassen zu einem geldwerten Vorteil und damit zu Arbeitslohn bzw. ggf. Arbeitslohn von dritter Seite. ja ja

Beispiel

B erwirbt eine Eigentumswohnung für 500 000 €. Notar A erlässt den bei ihm angestellten B die Notargebühren.

Der geldwerte Vorteil ist nach der Gebührentabelle wie folgt zu berechnen:

Beurkundungsverfahren	(935 € × 2,0)	1870,00 €
Vollzugsgebühr	(935 € × 0,5)	467,50 €
Betreuungsgebühr	(935 € × 0,5)	467,50 €
Dokumentenpauschale		20,00 €
Post- und Telekommunikationspauschale		20,00 €
Auslagen Grundbucheinsicht		10,00 €
Summe		2855,00 €
Umsatzsteuer 19 %		542,45 €
Summe		3397,45 €
abzüglich 4 %		135,90 €
Geldwerter Vorteil		3261,55 €
abzüglich Rabattfreibetrag		1080,00 €
Steuerpflichtiger geldwerter Vorteil		2181,55 €

Wäre B z. B. nicht beim Notar A, sondern bei der Notarkasse angestellt, könnte der Rabattfreibetrag nicht in Anspruch genommen werden und es läge Arbeitslohn von dritter Seite in Höhe von 3397,45 € vor.

Geburtsbeihilfen

Geburtsbeihilfen sind einmalige oder laufende Geld- bzw. Sachleistungen des Arbeitgebers an den Arbeitnehmer. Der früher geltende Steuerfreibetrag für Geburtsbeihilfen ist zum 1.1.2006 weggefallen. Damit sind die seit dem 1.1.2006 gezahlten Geburtsbeihilfen lohnsteuer- und beitragspflichtig. ja ja

Nach Wegfall der Steuerbefreiungsvorschrift sind nur noch **Sachzuwendungen** des Arbeitgebers anlässlich des besonderen persönlichen Ereignisses „Geburt eines Kindes" bis zu einem Wert von **60 €** steuer- und sozialversicherungsfrei (sog. Freigrenze für Aufmerksamkeiten z. B. für Babykleidung, Spielsachen, Bücher, CD/DVD usw.). Auf die Erläuterungen beim Stichwort „Aufmerksamkeiten" wird hingewiesen.

Anstelle der Freigrenze für Aufmerksamkeiten in Höhe von 60 € kann auch die monatliche Freigrenze für geringfügige Sachbezüge in Höhe von 44 € in Anspruch genommen werden, wenn sie nicht bereits ohnehin durch andere Sachbezüge ausgeschöpft wurde. Auf die Erläuterungen beim Stichwort „Sachbezüge" unter Nr. 4 wird hingewiesen.

Geburtstagsfeier

Durch das Gesetz zur Anpassung der Abgabenordnung an den Zollkodex der Union und zur Änderung weiterer steuerlicher Vorschriften vom 22.12.2014 (BGBl. I S. 2415, BStBl. 2015 I S. 55) ist die lohnsteuerliche Behandlung von **Betriebsveranstaltungen** ab 1.1.2015 erstmals gesetzlich geregelt und anstelle der Freigrenze von 110 € ein **Freibetrag** von **110 €** für **jeden** teilnehmenden **Arbeitnehmer** (einschließlich der Aufwendungen für seine Begleitpersonen) eingeführt worden (vgl. das Stichwort „Betriebsveranstaltungen").

Entgegen ihren ursprünglichen Absicht ist die 110-Euro-Freibetragsregelung nicht auf die nachfolgend erläuterten Geburtstagsfeiern übertragen worden. Die Verwaltungsanweisung zu den Betriebsveranstaltungen[1)] verweist nämlich lediglich auf die für die Geburtstagsfeiern maßgebende Stelle in den Lohnsteuer-Richtlinien und erhält darüber hinaus keine Aussage zu einer entsprechenden Anwendung der Regelungen für Betriebsveranstaltungen. Es bleibt daher bei den nachfolgend erläuterten **Geburtstagsfeiern** bei einer **110-Euro-Freigrenze** und einer **Einbeziehung** von **Geschenken bis** zu einem Gesamtwert von **60 €** in die für die Prüfung der Freigrenze maßgebenden Gesamtkosten.

Die Finanzverwaltung hatte früher stets steuerpflichtigen Arbeitslohn angenommen, wenn der Arbeitgeber Bewirtungsaufwendungen anlässlich eines Geburtstags oder einer Beförderungsfeier des Arbeitnehmers übernommen hat. Hierzu hat der Bundesfinanzhof durch Urteil vom 28. 1. 2003 (BStBl. II S. 724) Folgendes entschieden:

Lädt ein Arbeitgeber anlässlich des Geburtstags eines Arbeitnehmers Geschäftsfreunde, Repräsentanten des öf-

1) BMF-Schreiben vom 14.10.2015 (BStBl. I S. 832). Das BMF-Schreiben ist als Anlage zu H 19.5 LStR im **Steuerhandbuch für das Lohnbüro 2021** abgedruckt, das im selben Verlag erschienen ist.

Lohn-steuer-pflichtig	Sozial-versich.-pflichtig

fentlichen Lebens, Vertreter von Verbänden und Berufsorganisationen sowie Mitarbeiter der Firma zu einem Empfang ein, ist unter Abwägung der konkreten Umstände des Einzelfalles zu entscheiden, ob es sich um ein **Fest des Arbeitgebers** und damit um eine betriebliche Veranstaltung (grundsätzlich steuerfrei) **oder** aber um ein **privates Fest des Arbeitnehmers** mit der Folge handelt, dass sämtliche vom Arbeitgeber getragenen Aufwendungen einen lohnsteuerpflichtigen geldwerten Vorteil für den Arbeitnehmer darstellen.

Für ein Fest des Arbeitgebers spricht die Tatsache, dass der Arbeitgeber als Gastgeber auftritt, das heißt, dass er und nicht der Arbeitnehmer die Gästeliste bestimmt und das Fest in den Räumen der Firma stattfindet. Nach der Urteilsbegründung des Bundesfinanzhofs darf der Geburtstag des Arbeitnehmers nicht „das tragende Element" der Feier sein. Der Geburtstag des Arbeitnehmers darf vielmehr „lediglich den Aufhänger für die ansonsten im Vordergrund stehende Repräsentation des Unternehmens bilden".

Die Finanzverwaltung hat die Grundsätze des BFH-Urteils in die Lohnsteuer-Richtlinien übernommen und ausgeführt, dass übliche Sachleistungen des Arbeitgebers für einen Empfang anlässlich eines **runden Geburtstags** des Arbeitnehmers dann nicht zum steuerpflichtigen Arbeitslohn gehören, wenn es sich bei der Veranstaltung unter Berücksichtigung aller Umstände des Einzelfalles **um ein Fest des Arbeitgebers (betriebliche Veranstaltung) handelt** und die Aufwendungen des Arbeitgebers einschließlich Umsatzsteuer 110 € je teilnehmende Person nicht übersteigen (R 19.3 Abs. 2 Nr. 4 LStR). Diese **110-Euro-Freigrenze** ist ungeachtet der gesetzlich eingeführten 110-Euro-Freibetragsregelung für Betriebsveranstaltungen (vgl. dieses Stichwort) weiterhin anzuwenden. Für ein Fest des Arbeitgebers (betriebliche Veranstaltung) spricht, dass

- dieser als Gastgeber auftritt,
- er die Gästeliste nach geschäftsbezogenen Gesichtspunkten bestimmt,
- er in seine Geschäftsräume einlädt und
- das Fest den Charakter einer betrieblichen Veranstaltung und nicht einer privaten Feier des Arbeitnehmers hat.

Unschädlich ist, wenn der Arbeitnehmer einen begrenzten Kreis der teilnehmenden Personen selbst benennen kann (sog. private Gäste).

Beispiel A

Ein Arbeitgeber gibt anlässlich des 60. Geburtstages seines langjährigen Prokuristen einen Empfang in der Firma, zu dem er Geschäftsfreunde, Kunden und die Kollegen des Prokuristen einlädt (= 50 Personen). Der Empfang hat den Charakter einer betrieblichen Veranstaltung und nicht einer privaten Feier des Arbeitnehmers. Die Aufwendungen betragen je Teilnehmer 100 € einschließlich Umsatzsteuer. Da die maßgebende Freigrenze nicht überschritten ist und es sich außerdem um ein Fest des Arbeitgebers handelt (betriebliche Veranstaltung), sind die Zuwendungen kein lohnsteuerpflichtiger geldwerter Vorteil.

Handelt es sich bei dem Fest zwar um eine betriebliche Veranstaltung des Arbeitgebers, wird aber die **110-Euro-Grenze überschritten,** liegt in Höhe der anteiligen Kosten, die der Arbeitgeber für den Arbeitnehmer selbst, seine Angehörigen sowie für private Gäste des geehrten Arbeitnehmers übernimmt, steuerpflichtiger Arbeitslohn beim geehrten Arbeitnehmer vor (R 19.3 Abs. 2 Nr. 4 Satz 2 erster Halbsatz LStR). Der Teil der Aufwendungen, der auf eingeladene Kollegen, Geschäftsfreunde, Kunden, Repräsentanten des öffentlichen Lebens, Vertreter von Berufsverbänden usw. entfällt, gehört unabhängig von der Höhe der auf den einzelnen eingeladenen Teilnehmer entfallenden Kosten nicht zum steuerpflichtigen Arbeitslohn des Arbeitnehmers, weil es sich um eine betriebliche Veranstaltung des Arbeitgebers handelt.

Lohn-steuer-pflichtig	Sozial-versich.-pflichtig

Beispiel B

Gleicher Sachverhalt wie Beispiel A. Die Aufwendungen betragen jedoch je Teilnehmer 180 €. Da die maßgebende Freigrenze überschritten ist, liegt in Höhe der auf den Arbeitnehmer, seine Angehörigen und Freunde entfallenden Kosten ein lohnsteuerpflichtiger geldwerter Vorteil vor. Nehmen z. B. die Ehefrau, zwei Kinder und vier Freunde des Arbeitnehmers an der Feier teil, ergibt sich für den Arbeitnehmer ein geldwerter Vorteil von (8 × 180 € =) 1440 €. Der geldwerte Vorteil in Höhe von 1440 € unterliegt als sonstiger Bezug beim Arbeitnehmer dem Lohnsteuerabzug. Will der Arbeitgeber die anfallende Lohnsteuer übernehmen, muss er grundsätzlich eine Nettolohnberechnung vornehmen (vgl. das Berechnungsbeispiel in Anhang 12). Eine Pauschalierung der Lohnsteuer mit 25 % ist nicht möglich, da der Empfang anlässlich des 60. Geburtstags keine Betriebsveranstaltung darstellt. Da es sich allerdings um eine Sachzuwendung handelt, besteht auch die Möglichkeit der Pauschalierung der Lohnsteuer mit 30 % (§ 37b Abs. 2 EStG; vgl. hierzu die Erläuterungen beim Stichwort „Pauschalierung der Lohnsteuer für Belohnungsessen, Incentive-Reisen, VIP-Logen und ähnliche Sachbezüge").

In die Prüfung der 110-Euro-Grenze sind auch **Geschenke** bis zu einem Gesamtwert von 60 € mit einzubeziehen (R 19.3 Abs. 2 Nr. 4 Satz 2 zweiter Halbsatz LStR).

Beispiel C

Gleicher Sachverhalt wie Beispiel A. Der Prokurist erhält außerdem einen Reisegutschein im Wert von 3000 €. Bei Einbeziehung des Geschenks im Wert von 3000 € in die Berechnung der Freigrenze wäre diese an sich überschritten. Das Geschenk bleibt jedoch bei der Berechnung der Freigrenze außer Ansatz, da nur Geschenke bis zu einem Gesamtwert von 60 € in die Prüfung der Freigrenze mit einbezogen werden. Dem Prokuristen fließt vielmehr ein sonstiger Bezug in Höhe von 3000 € zu, der dem Lohnsteuerabzug unterliegt. Will der Arbeitgeber die anfallende Lohnsteuer übernehmen, muss er grundsätzlich eine Nettolohnberechnung vornehmen (vgl. das Berechnungsbeispiel in Anhang 12). Eine Pauschalierung der Lohnsteuer mit 25 % ist nicht möglich, da der Empfang anlässlich des 60. Geburtstags keine Betriebsveranstaltung darstellt. Da es sich allerdings um eine Sachzuwendung handelt, besteht auch die Möglichkeit der Pauschalierung der Lohnsteuer mit 30 % (§ 37b Abs. 2 EStG; vgl. hierzu die Erläuterungen beim Stichwort „Pauschalierung der Lohnsteuer für Belohnungsessen, Incentive-Reisen, VIP-Logen und ähnliche Sachbezüge").

Handelt es sich nicht um eine betriebliche Veranstaltung im vorstehenden Sinne, weil der Arbeitgeber nicht in erster Linie Geschäftsfreunde, Repräsentanten des öffentlichen Lebens oder Verbandsvertreter eingeladen hat, und ist die Veranstaltung aufgrund ihrer Ausgestaltung auch nicht als privates Fest des Arbeitnehmers anzusehen, kann es sich um eine **Betriebsveranstaltung** handeln (vgl. das Stichwort „Betriebsveranstaltungen").

Vgl. im Übrigen auch die Erläuterungen beim Stichwort „Bewirtungskosten" besonders unter den Nrn. 10 und 11. Zum Vorsteuerabzug von Sachgeschenken in Form von Aufmerksamkeiten vgl. „Umsatzsteuerpflicht bei Sachbezügen" unter Nr. 1 Buchstabe b.

Geburtstagsgeschenke

siehe „Gelegenheitsgeschenke"

Gefahrenzulagen

Gefahrenzulagen sind „Erschwerniszuschläge" und als solche lohnsteuer- und beitragspflichtig. ja ja

Es ist aus Verfassungsgründen nicht erforderlich, die Steuerbefreiung für Zuschläge für Sonntags-, Feiertags- und Nachtarbeit (vgl. dieses Stichwort) auf Gefahrenzulagen und ähnliche Zulagen z. B. im Kampfmittelräumdienst auszudehnen (BFH-Urteil vom 15.9.2011, BStBl. 2012 II S. 144).

Siehe auch das Stichwort „Grubenwehren".

G

Lohn-steuer-pflichtig	Sozial-versich.-pflichtig

Gehaltsumwandlung

Neues und Wichtiges auf einen Blick:

1. Gesetzliche Regelung der Zusätzlichkeitsvoraussetzung

Das in zahlreichen Steuerbefreiungs-, Pauschalierungs- und Bewertungsvorschriften enthaltene Tatbestandmerkmal „zusätzlich zum ohnehin geschuldeten Arbeitslohn" ist durch das sog. Jahressteuergesetz 2020 rückwirkend zum 1.1.2020 gesetzlich definiert worden (§ 8 Abs. 4 EStG). Im Sinne des Einkommensteuergesetzes werden Leistungen (Sachbezüge oder Zuschüsse) des Arbeitgebers oder auf seine Veranlassung eines Dritten nur dann zusätzlich zum ohnehin geschuldeten Arbeitslohn erbracht, wenn

G

- die Leistung **nicht** auf den Anspruch auf Arbeitslohn **angerechnet,**
- der Anspruch auf Arbeitslohn **nicht** zugunsten der Leistung **herabgesetzt,**
- die verwendungs- oder zweckgebundene Leistung **nicht anstelle** einer bereits vereinbarten künftigen **Erhöhung** des Arbeitslohns gewährt und
- **bei Wegfall** der Leistung der Arbeitslohn **nicht** (automatisch) **erhöht**

wird. Dies gilt unabhängig davon, ob der Arbeitslohn tarifgebunden ist oder nicht.

2. Gutscheine und Geldkarten

Seit 1.1.2020 liegt bei zweckgebundenen Geldleistungen, nachträglichen Kostenerstattungen, Geldsurrogaten und anderen Vorteilen, die auf einen Geldbetrag lauten, Barlohn und kein **Sachlohn** vor. Sachlohn ist aber weiterhin gegeben bei **Gutscheinen und Geldkarten**, die **ausschließlich** zum Bezug von **Waren oder Dienstleistungen** berechtigen und die Kriterien des § 2 Absatz 1 Nummer 10 des Zahlungsdiensteaufsichtsgesetzes erfüllen. Die **monatliche 44-Euro-Freigrenze** für Sachbezüge ist bei diesen Gutscheinen und Geldkarten aber nur dann anwendbar, wenn sie zusätzlich zum ohnehin geschuldeten Arbeitslohn gewährt werden und mithin **bei** „schädlichen" **Gehaltsumwandlungen ausgeschlossen.**

Vgl. zu den beiden vorstehenden Punkten auch nachfolgende Nr. 4.

Gliederung:

1. Allgemeines

Häufig stehen Arbeitgeber und Arbeitnehmer vor der Frage, ob nicht durch die Umwandlung von steuerpflichtigem Arbeitslohn in eine steuerfreie oder zumindest pauschal besteuerte Sonderzuwendung Steuern und Sozialversicherungsbeiträge gespart werden können. Diese sog. Gehaltsumwandlung hat deshalb große Bedeutung, weil sie für pauschal mit 20 % besteuerte Beiträge zu einer Direktversicherung, Pensionskasse oder Gruppenunfallversicherung ausdrücklich in R 40b.1 Abs. 5 LStR zugelassen ist und der Arbeitnehmer bis zu 4 % der Beitragsbemessungsgrenze in der allgemeinen Rentenversicherung – West – sogar einen Rechtsanspruch auf die Umwandlung von Barlohn in **Beiträge zu einer betrieblichen Altersversorgung** hat (vgl. „Zukunftsicherung" unter Nr. 16; zur Zulässigkeit von Gehaltsumwandlungen im Rahmen der betrieblichen Altersversorgung vgl. außerdem in Anhang 6 die Nrn. 3 und 13 Buchstabe a).

Außerdem ist die Problematik der Gehaltsumwandlungen durch den BFH-Beschluss vom 20.8.1997 (BStBl. II S. 667) in Bewegung geraten und musste neu überdacht werden. Denn der Bundesfinanzhof hat entschieden, dass Arbeitgeber und Arbeitnehmer im gegenseitigen Einvernehmen steuerpflichtigen Barlohn durch steuerpflichtigen Sachlohn ersetzen können. Außerdem hat der BFH im Beschluss vom 20.8.1997 ausdrücklich seine Rechtsprechung zum Gehaltsverzicht unter Verwendungsauflage bestätigt (BFH-Urteil vom 30.7.1993, BStBl. II S. 884) und ausgeführt, dass diese Rechtsprechung bei der Umwandlung von Barlohn in Sachlohn nicht einschlägig sei. Hiernach ergeben sich für Gehaltsumwandlungen drei Möglichkeiten:

- Umwandlung von Barlohn in einen Sachbezug (vgl. nachfolgende Nr. 2).
- Umwandlung von Barlohn in später zufließenden Versorgungslohn (Zuflussverlagerung mit der Folge einer nachgelagerten Besteuerung; siehe nachfolgende Nr. 3).
- Umwandlung von steuerpflichtigem Barlohn in eine steuerfreie oder zumindest pauschal besteuerte Lohnzuwendung (Gehaltsumwandlung im engeren Sinne; vgl. nachfolgende Nr. 4).

Im Einzelnen gilt für diese Formen der Gehaltsumwandlung Folgendes:

2. Umwandlung von Barlohn in einen Sachbezug

a) Allgemeines

Mit Beschluss vom 20.8.1997 (BStBl. II S. 667) hat der Bundesfinanzhof die Umwandlung von Barlohn in einen Sachbezug ausdrücklich zugelassen. Die Auswirkung dieser BFH-Rechtsprechung soll an einem Beispiel verdeutlicht werden:

Beispiel A

Einem Arbeitnehmer wird ein Firmenwagen auch zur privaten Nutzung – ohne Fahrten Wohnung/erste Tätigkeitsstätte – überlassen (Bruttolistenpreis 50 000 €). Im Gegenzug „verzichtet" der Arbeitnehmer (Monatsgehalt 5000 €) auf 600 € monatlich.[1] Es ergibt sich Folgendes:

	keine Anerkennung der Barlohnumwandlung	Barlohnumwandlung wird anerkannt
ursprünglich vereinbarter Barlohn	5 000 €	5 000 €
vereinbarter Barlohnverzicht[1]	–	600 €
	5 000 €	4 400 €
geldwerter Vorteil nach der 1 %-Methode	500 €	500 €
	5 500 €	4 900 €
Entgelt für die private Nutzung 600 € (zu berücksichtigen höchstens in Höhe des geldwerten Vorteils)	500 €	–
zu versteuernder Monatslohn	5 000 €	4 900 €

Das Ersetzen von Barlohn durch Sachlohn ist steuerlich folglich nur dann interessant, wenn das vom Arbeitnehmer an den Arbeitgeber für den Sachbezug zu entrichtende Entgelt **höher** ist als die steuerliche Bewertung des Sachbezugs. Dies ist z. B. bei der Ausgabe von Essensmarken und beim sog. Restaurantscheck-Verfahren der Fall. Die Anwendung des sog. Restaurantscheck-Verfahrens setzte nach früherer Auffassung der Finanzverwaltung unter anderem voraus, dass der Arbeitnehmer nicht zugunsten von Essensmarken oder Restaurantschecks auf ihm zu-

1) Bei diesen Sachverhalten liegt kein „Verzicht" des Arbeitnehmers im eigentlichen Sinne vor, da der Arbeitnehmer die Vereinbarung nicht ohne Aussicht auf einen entsprechenden Ausgleich (hier: Firmenwagengestellung) schließen würde.

Lohn-steuer-pflichtig	Sozial-versich.-pflichtig

stehenden Barlohn verzichtet hat (sog. Ausschluss einer Gehaltsumwandlung). Im Hinblick auf den oben genannten BFH-Beschluss vom 20.8.1997 konnte diese Auffassung nicht länger aufrechterhalten werden. In R 8.1 Abs. 7 Nr. 4 Buchstabe c LStR ist deshalb die Umwandlung von Barlohn in Essensmarken oder Restaurantschecks ausdrücklich zugelassen worden. Auf die ausführlichen Erläuterungen beim Stichwort „Mahlzeiten" unter Nr. 6 Buchstabe c wird Bezug genommen. Vgl. außerdem die Erläuterungen beim Stichwort „Firmenwagen zur privaten Nutzung" unter Nr. 6 Buchstabe a.

Eine Gehaltsumwandlung des Arbeitnehmers **zugunsten von (Sach-)Leistungen im ganz überwiegenden eigenbetrieblichen Interesse des Arbeitgebers erkennt** die **Finanzverwaltung** aber **nicht an.** Eine solche Vereinbarung macht ihrer Meinung nach deutlich, dass das eigene Interesse des Arbeitnehmers an der künftigen Leistung des Arbeitgebers nicht mehr vernachlässigt werden kann und somit „kein ganz überwiegendes eigenbetriebliches Interesse des Arbeitgebers" vorliegt. Der steuer- und sozialversicherungspflichtige Bruttoarbeitslohn ändert sich daher in diesem Fall durch die getroffene Vereinbarung nicht.

Beispiel B

Arbeitgeber und Arbeitnehmer vereinbaren im April 2021 den Bruttoarbeitslohn von monatlich 3000 € ab 1. Mai 2021 zugunsten der Gestellung eines Parkplatzes in der der Firma gegenüberliegenden Tiefgarage um 100 € auf 2900 € monatlich herabzusetzen.

Die Finanzverwaltung erkennt Gehaltsumwandlungen zugunsten von Leistungen im ganz überwiegenden eigenbetrieblichen Interesse des Arbeitgebers nicht an. Der steuer- und sozialversicherungspflichtige Bruttoarbeitslohn ändert sich daher nicht und beträgt auch ab Mai 2021 unverändert 3000 €. Ein geldwerter Vorteil aus der Gestellung des Parkplatzes an den Arbeitnehmer ist nicht zu versteuern und zu verbeitragen. Das gilt auch dann, wenn der Arbeitgeber für den Tiefgaragenplatz z. B. 130 € monatlich aufwenden sollte, da neben der unentgeltlichen auch die verbilligte Zurverfügungstellung eines Parkplatzes nicht zu einem steuer- und beitragspflichtigen geldwerten Vorteil führt. Vgl. auch das Stichwort „Parkplätze" unter den Nrn. 1 und 2.

Beispiel C

Der Arbeitnehmer hat im Mai 2021 Geburtstag. Zugunsten eines Sachgeschenks vereinbart er mit dem Arbeitgeber im April 2021 seinen Bruttoarbeitslohn für Mai von 3000 € auf 2940 € herabzusetzen.

Die Gehaltsumwandlung wird von der Finanzverwaltung nicht anerkannt. Der steuer- und sozialversicherungspflichtige Bruttoarbeitslohn des Arbeitnehmers beträgt auch für den Monat Mai 2021 unverändert 3000 €.

Erhält der Arbeitnehmer anlässlich seines Geburtstags im Mai 2021 von seinem Arbeitgeber ein Sachgeschenk im Wert von bis zu 60 €, handelt es sich um eine steuer- und beitragsfreie Aufmerksamkeit (R 19.6 Abs. 1 Satz 2 LStR).

b) Sozialversicherungsrechtliche Behandlung

In der Sozialversicherung wird selbst bei einer Änderung des Arbeitsvertrags die Barlohn**minderung** nicht anerkannt, wenn der Arbeitnehmer ein Wahlrecht zwischen Barlohn und Sachbezug hat. Anders ist es hingegen bei einem Gehalts**verzicht** durch Abänderung des Arbeitsvertrags. Denn das laufende Arbeitsentgelt, auf das zugunsten eines Sachbezugs verzichtet wird, unterliegt nicht der Beitragspflicht in der Sozialversicherung.[1]

In der Vergangenheit haben die Sozialversicherungsträger die beitragsrechtliche Beachtung eines Barlohnverzichts zugunsten eines Sachbezugs davon abhängig gemacht, dass die Entgeltumwandlung

- arbeitsrechtlich zulässig,
- auf künftig fällig werdende Arbeitsentgeltansprüche gerichtet und schriftlich niedergelegt war.

Hierzu hat das Bundessozialgericht (BSG) in seinem Urteil vom 2.3.2010, B 12 R 5/09 R, festgestellt, dass die Wirksamkeit einer Entgeltumwandlung allein danach zu beurteilen ist, ob sie arbeitsrechtlich zulässig ist. Besondere zusätzliche Erfordernisse im Beitragsrecht der Sozialversicherung dürfen nicht aufgestellt werden.

Lohn-steuer-pflichtig	Sozial-versich.-pflichtig

Das BSG hat also mit obigem Urteil entschieden, dass derartige Entgeltumwandlungen auch **ohne besondere Schriftformerfordernisse** wirksam sind. Demnach können auch mündlich vereinbarte Entgeltumwandlungen das sozialversicherungspflichtige Entgelt vermindern. Das gilt auch dann, wenn die Summe aus dem Wert des Sachbezugs und dem reduzierten Barlohn geringer ist als ein dem Arbeitnehmer ohne Sachbezüge zustehender reiner Barlohn. Die Wirksamkeit des Entgeltverzichts bzw. der Entgeltumwandlung ist demnach allein danach zu beurteilen, ob der Entgeltverzicht bzw. die Entgeltumwandlung auf künftig fällig werdende Arbeitsentgeltbestandteile gerichtet und arbeitsrechtlich zulässig ist. Dies gilt allerdings nicht, wenn ein Wahlrecht zwischen der „Zusatzleistung" und den „bisherigen" Arbeitsentgeltbestandteilen besteht oder der Verzicht bzw. die Umwandlung durch den Arbeitnehmer widerrufen werden kann. **Nicht unterschritten werden dürfen etwa tarifliche oder gesetzliche Mindestlöhne!**

G

In diesem Zusammenhang sind nach Auffassung der Spitzenorganisationen der Sozialversicherungsträger die Grundsätze des Steuerrechts für die Zulässigkeit einer Gehaltsumwandlung zu beachten (vgl. hierzu nachfolgende Nr. 4).

Sofern **allein das Beitragsrecht** der Sozialversicherung – nicht aber das Steuerrecht – für bestimmte Tatbestände ein Zusätzlichkeitserfordernis verlangt, führt ein Gehaltsverzicht dann zur Beitragsfreiheit der daraus resultierenden Arbeitgeberleistung, wenn der Verzicht ernsthaft gewollt und nicht nur vorübergehend sowie arbeitsrechtlich zulässig ist. Hierunter fallen insbesondere

- Aufwandsentschädigungen aus öffentlichen Kassen nach § 3 Nr. 12 EStG
- Erstattung von Reise- und Umzugskosten und Trennungsgelder aus öffentlichen Kassen nach § 3 Nr. 13 EStG
- Erstattung von Reise-, Umzugskosten und Mehraufwendungen wegen doppelter Haushaltsführung nach § 3 Nr. 16 EStG
- Aufstockungsbeträge und zusätzliche Rentenversicherungsbeiträge nach dem AltTZG nach § 3 Nr. 28 EStG
- Entschädigung für betriebliche Nutzung privater Werkzeuge nach § 3 Nr. 30 EStG
- unentgeltliche oder verbilligte Überlassung von Berufsbekleidung nach § 3 Nr. 31 EStG
- unentgeltliche oder verbilligte Sammelbeförderung zur ersten Tätigkeitsstätte nach § 3 Nr. 32 EStG
- Sachprämien aus Kundenbindungsprogrammen nach § 3 Nr. 38 EStG
- Mitarbeiterkapitalbeteiligung nach § 3 Nr. 39 EStG
- private Nutzung betrieblicher PC und Telekommunikationsgeräte sowie Zubehör und Software nach § 3 Nr. 45 EStG
- durchlaufende Gelder und Auslagenersatz nach § 3 Nr. 50 EStG
- gesetzlich verpflichtende Zukunftsicherungsleistungen des Arbeitgebers nach § 3 Nr. 62 EStG
- Kaufkraftausgleich für Auslandseinsatz nach § 3 Nr. 64 EStG
- Beiträge zur kapitalgedeckten betrieblichen Altersversorgung nach § 40b EStG i.d.F. vom 31.12.2004 und
- Beiträge zur umlagefinanzierten betrieblichen Altersversorgung nach § 3 Nr. 56 EStG bzw. nach § 40b EStG.

Enthält **weder das Steuerrecht noch das Beitragsrecht** der Sozialversicherung ein Zusätzlichkeitserfordernis,

1) Bei diesen Sachverhalten liegt kein „Verzicht" des Arbeitnehmers im eigentlichen Sinne vor, da der Arbeitnehmer die Vereinbarung nicht ohne Aussicht auf einen entsprechenden Ausgleich schließen würde.

Lohn-steuer-pflichtig Sozial-versich.-pflichtig

führt eine Gehaltsumwandlung oder ein Gehaltsverzicht für die daraus resultierende steuerfreie bzw. pauschal besteuerte Arbeitgeberleistung im Rahmen der Sozialversicherungsentgeltverordnung zur Beitragsfreiheit. Hierunter fallen z. B.

- sonstige Bezüge für mehrere Arbeitnehmer nach § 40 Abs. 1 Satz 1 Nr. 1 EStG i. V. mit § 1 Abs. 1 Satz 1 Nr. 2 SvEV[1] (soweit kein einmalig gezahltes Arbeitsentgelt)
- Arbeitslohn aus Anlass einer Betriebsveranstaltung nach § 40 Abs. 2 Satz 1 Nr. 2 EStG i. V. m. § 1 Abs. 1 Satz 1 Nr. 3 SvEV[1]
- Erholungsbeihilfen nach § 40 Abs. 2 Satz 1 Nr. 3 EStG i. V. mit § 1 Abs. 1 Satz 1 Nr. 3 SvEV[1]
- Vergütungen für Verpflegungsmehraufwendungen nach § 40 Abs. 2 Satz 1 Nr. 4 EStG i. V. mit § 1 Abs. 1 Satz 1 Nr. 3 SvEV[1]
- Sachbezüge in Form unentgeltlicher oder verbilligter Beförderung zur ersten Tätigkeitsstätte nach § 40 Abs. 2 Satz 2 Nr. 1 Buchstabe a und Nr. 2 EStG i. V. mit § 1 Abs. 1 Satz 1 Nr. 3 SvEV[1]
- Beiträge zur kapitalgedeckten betrieblichen Altersversorgung nach § 3 Nr. 63 EStG i. V. mit § 1 Abs. 1 Satz 1 Nr. 9 SvEV[1]
- Sachprämien aus Kundenbindungsprogrammen i. S. v. § 3 Nr. 38 EStG nach § 37a EStG i. V. mit § 1 Abs. 1 Satz 1 Nr. 13 SvEV[1]
- Geschenke i. S. von § 4 Abs. 5 Satz 1 Nr. 1 Satz 1 EStG an Arbeitnehmer nicht verbundener Unternehmen nach § 37b Abs. 1 EStG i. V. mit § 1 Abs. 1 Satz 1 Nr. 14 SvEV.[2]

G

c) Umwandlung von Barlohn in einen durch den Rabattfreibetrag begünstigten Sachbezug

Verschiedene Arbeitgeber gewähren ihren Arbeitnehmern aus Gründen der Steuerersparnis z. B. kein Weihnachtsgeld in bar, sondern in Form von Sachbezügen. Erhalten z. B. Arbeitnehmer eines Kaufhauses anstelle eines Weihnachtsgeldes einen Warengutschein im Wert von 1125 € (abzüglich 4 % Preisabschlag = 1080 €), der zum Bezug der im Kaufhaus angebotenen Waren berechtigt, ist dieser Betrag in Anwendung des Rabattfreibetrags von 1080 € jährlich steuerfrei; Warengutscheine, die beim Arbeitgeber einzulösen sind, sind stets Sachbezüge (vgl. das Stichwort „Warengutscheine" unter Nr. 1). Denn eine Umwandlung von Barlohn in einen Sachbezug hat der Bundesfinanzhof ausdrücklich zugelassen (BFH-Beschluss vom 20.8.1997, BStBl. II S. 667). Die Finanzverwaltung folgt dieser Rechtsprechung und hat dies hinsichtlich der Umwandlung von Barlohn in Essensmarken oder Restaurantschecks ausdrücklich klargestellt, wobei Voraussetzung ist, dass der **Arbeitsvertrag** entsprechend **geändert** wird (R 8.1 Abs. 7 Nr. 4 Buchstabe c LStR).

Auch der Bundesfinanzhof hat ausdrücklich bestätigt, dass die Umwandlung von Barlohn in Sachlohn voraussetzt, dass der Arbeitnehmer unter Änderung des Anstellungsvertrages auf einen Teil seines Barlohns verzichtet und ihm der Arbeitgeber stattdessen Sachlohn (z. B. in Form eines Nutzungsvorteils oder Warenbezugsscheins) gewährt (BFH-Urteil vom 6.3.2008, BStBl. II S. 530). Der **Rabattfreibetrag** kann folglich **nicht** in Anspruch genommen werden, wenn der Arbeitnehmer ein **Wahlrecht** zwischen **Geld** und einer **Sachleistung** hat. Im Streitfall vereinbarten Arbeitgeber und Betriebsrat, dass das tarifvertraglich zustehende Urlaubsgeld von den Arbeitnehmern ganz oder teilweise als Warengutschrift in Anspruch genommen werden konnte. Wählte ein Mitarbeiter diese Möglichkeit, erhielt er anstelle der Geldzahlung eine Warengutschrift über den Betrag. Diese konnte bis zum jeweiligen Jahresende in allen Filialen des Arbeitgebers eingelöst werden; eine Barauszahlung war nicht möglich. Der Bundesfinanzhof geht davon aus, dass das in dieser Form zugewandte Urlaubsgeld nicht als Sachlohn, sondern als Barlohn zu behandeln sei. Der Rabattfreibetrag von bis zu 1080 € komme nicht zur Anwendung, wenn Urlaubsgeld **nach Wahl** der Arbeitnehmer als **Geld oder Warengutschein** ausbezahlt werden könne. Die Richter hoben hervor, dass die Inanspruchnahme des Rabattfreibetrags voraussetze, dass der Anspruch des Arbeitnehmers originär auf Sachlohn gerichtet sei. Habe stattdessen der Arbeitnehmer einen auf Geld gerichteten Anspruch und verwende er diesen zum Erwerb der entsprechenden Ware oder Dienstleistung, sei dies Barlohn, der zum Erwerb einer Sache – im Streitfall eines Gutscheines – verwendet werde und kein Sachlohn; vgl. zur Abgrenzung von Barlohn und Sachlohn auch das Stichwort „Warengutscheine" unter Nr. 2.

Sachleistungen, die **anstelle** von in den Vorjahren außervertraglich **(freiwillig)** gezahltem **Barlohn** gewährt werden, sind allerdings bis zur Höhe des **Rabattfreibetrags** von 1080 € steuerfrei. Allerdings ist auch in diesem Fall ein Wahlrecht des Arbeitnehmers zwischen Barlohn und Sachlohn zu vermeiden.

Für die aus den vorstehend erwähnten Gründen bedeutsame Frage, ob ein Anspruch auf Barlohn oder Sachlohn besteht, ist auf den Zeitpunkt abzustellen, zu dem der Arbeitnehmer über seinen Lohnanspruch verfügt. Eine Verfügung über den Lohnanspruch setzt aber voraus, dass der Lohnanspruch schon entstanden ist. Hat der Arbeitnehmer bereits im Jahr **vor der Entstehung** des Lohnanspruchs (also bis spätestens 31.12.2020) durch eine Entscheidung für Barlohn oder Sachlohn seinen künftigen **Lohnanspruch** für 2021 **unwiderruflich konkretisiert,** kann im Jahr 2021 nur noch der Barlohnanspruch oder der Sachlohnanspruch zur Entstehung kommen. Im Jahr 2021 hat der Arbeitnehmer in diesem Fall also **kein Wahlrecht mehr** zwischen Geld und einer Sachleistung. Hat der Arbeitnehmer sich also in diesem Fall im Jahr 2020 für den Sachlohnanspruch (z. B. Warengutschein) entschieden, kann er im Jahr 2021 den Rabattfreibetrag in Anspruch nehmen.

Beispiel

Der Tarifvertrag sieht für die Arbeitnehmer einen Anspruch auf eine „Vorsorgeleistung" im Wert von 150 € pro Kalenderjahr vor. Es gibt drei mögliche Leistungsformen:

1. Erhöhung des Arbeitgeberbeitrags zur betrieblichen Altersversorgung,
2. Gutschrift als Wertguthaben auf einem Langzeitkonto (Arbeitszeitkonto) oder
3. Leistung in Form eines Warengutscheins (auf Wunsch des Arbeitnehmers).

Die Auszahlung als Barlohn ist ausdrücklich ausgeschlossen.

Die Auswahl zwischen diesen verschiedenen Leistungen erfolgt nach folgendem Verfahren: Grundsätzlich wählt zunächst der Arbeitgeber, ob er die Leistung in Form eines Arbeitgeberbeitrags zur betrieblichen Altersversorgung oder in Form einer Wertgutschrift auf einem Langzeitkonto erbringt. Er hat kein Wahlrecht, sich für einen Warengutschein zu entscheiden. Nur der Arbeitnehmer kann – dann allerdings bindend – festlegen, dass die Leistung in Form eines Warengutscheins zu erbringen ist. Diese Wahl kann der Arbeitnehmer schon treffen, bevor der Arbeitgeber entschieden hat, welche der beiden anderen Leistungen er erbringen möchte.

Da der Arbeitnehmer sich vor dem 1.1.2021 (und damit vor dem Entstehen seines Lohnanspruchs 2021) unwiderruflich zu entscheiden hat, ob er einen Warengutschein erhalten möchte, besteht in diesem Fall zum maßgebenden Zeitpunkt (= Entstehen des Lohnanspruchs 2021) ausschließlich ein originärer Sachlohnanspruch und gerade kein wahlweiser Barlohnanspruch mit der Folge, dass der Rabattfreibetrag von bis zu 1080 € jährlich in Anspruch genommen werden kann.

Die **Sozialversicherung** folgt den vorstehenden Grundsätzen nicht uneingeschränkt. Denn die Spitzenverbände der Sozialversicherungsträger lassen eine Umwandlung von Barlohn in einen durch den Rabattfreibetrag begüns-

1) Die Sozialversicherungsentgeltverordnung (SvEV) ist als Anhang 2 im **Steuerhandbuch für das Lohnbüro 2021** abgedruckt, das im selben Verlag erschienen ist.
2) Eine Gehaltsumwandlung zugunsten eines „Geschenks" wird aber in der Praxis kaum vorkommen.

Lohn-steuer-pflichtig Sozial-versich.-pflichtig

tigten Sachbezug dann nicht mit sozialversicherungsrechtlicher Wirkung zu, wenn Warengutscheine oder Sachzuwendungen anstelle des vertraglich vereinbarten Arbeitsentgelts gewährt werden. Oder umgekehrt ausgedrückt: Nur wenn freiwillige Lohnzahlungen, die über den Tarif- oder Arbeitsvertrag hinausgehen, durch Warengutscheine oder Sachzuwendungen ersetzt werden, tritt Beitragsfreiheit in Anwendung des Rabattfreibetrags nach § 8 Abs. 3 EStG ein. In der Niederschrift über das Besprechungsergebnis der Spitzenverbände der Sozialversicherungsträger werden folgende drei Fälle unterschieden:

- Geldwerte Vorteile aus Warengutscheinen und Sachleistungen, die der Arbeitgeber als **freiwillige Leistung** zusätzlich zum Arbeitsentgelt gewährt, fallen unter § 8 Abs. 3 EStG und gehören – soweit sie hiernach steuerfrei sind – nicht zum Arbeitsentgelt im Sinne der Sozialversicherung.
- Geldwerte Vorteile aus Warengutscheinen und Sachleistungen, die **anstelle** von in den Vorjahren außervertraglich **(freiwillig) gezahltem Arbeitsentgelt** gewährt werden, fallen unter § 8 Abs. 3 EStG und gehören – soweit sie hiernach steuerfrei sind – nicht zum Arbeitsentgelt im Sinne der Sozialversicherung.
- Geldwerte Vorteile aus Warengutscheinen und Sachleistungen, die **anstelle von vertraglich vereinbartem Arbeitsentgelt** gewährt werden, fallen **nicht** unter § 8 Abs. 3 EStG und gehören somit in voller Höhe zum beitragspflichtigen Arbeitsentgelt im Sinne der Sozialversicherung.

3. Umwandlung von Barlohn in später zufließende Versorgungsbezüge

Hierbei handelt es sich eigentlich nicht um eine Gehaltsumwandlung, sondern um ein Hinausschieben des Zuflusszeitpunkts mit der Folge einer nachgelagerten Besteuerung. Diese Gestaltungen sind auch unter der Bezeichnung „arbeitnehmerfinanzierte Pensionszusagen" bekannt geworden. Es handelt sich dabei um Modelle, bei denen der Arbeitgeber dem Arbeitnehmer eine Anwartschaft auf eine Betriebsrente gewährt (sog. **Direktzusage**) und der Arbeitnehmer dafür mit einer **Gehaltsminderung** einverstanden ist. Der steuerliche Vorteil liegt darin, dass bei einem Arbeitnehmer mit hohem Einkommen durch die Gehaltsherabsetzung zunächst eine erhebliche Steuerersparnis eintritt, während die später zufließende Betriebsrente (regelmäßig Versorgungsbezug) geringer besteuert werden soll. Die tatsächliche steuerliche Belastung im Alter kann jedoch niemand vorhersagen.

Die Finanzverwaltung erkennt die Gehaltsminderung unabhängig davon an, ob sie sich auf fest vereinbarte Gehaltsteile oder auf freiwillige zusätzliche Leistungen bezieht, ob sie unwiderruflich vereinbart oder zeitlich befristet ist. Auch spielt es keine Rolle, wenn die Ansprüche des Arbeitnehmers auf Versorgungsleistungen von Beginn an unverfallbar sind. Die Herabsetzung von Arbeitslohn (laufender Arbeitslohn, Einmal- und Sonderzahlungen) zugunsten einer betrieblichen Altersversorgung wird von der Finanzverwaltung steuerlich selbst dann als Gehaltsumwandlung anerkannt, wenn die Gehaltsänderungsvereinbarung **bereits erdiente, aber noch nicht fällig** gewordene Anteile umfasst. Dies gilt auch, wenn eine Einmal- oder Sonderzahlung für einen Zeitraum von mehr als einem Jahr gewährt wird. Selbst eine mögliche arbeitsrechtliche Unwirksamkeit der getroffenen Vereinbarung, z. B. wegen eines Verstoßes gegen den Tarifvorrang, wäre steuerlich unbeachtlich, soweit und solange Arbeitnehmer und Arbeitgeber einvernehmlich handeln und das wirtschaftliche Ergebnis der Vereinbarung eintreten und bestehen lassen (vgl. die ausführlichen Erläuterungen beim Stichwort „Arbeitnehmerfinanzierte Pensionszusage"). Zur Zulässigkeit von Gehaltsumwandlungen im Rahmen der betrieblichen Altersversorgung vgl. auch Anhang 6 Nr. 3.

Lohn-steuer-pflichtig Sozial-versich.-pflichtig

4. Gehaltsumwandlung im engeren Sinne

Für bestimmte steuerfreie oder pauschal besteuerbare Zuwendungen ist gesetzlich festgelegt worden, dass die Steuerfreiheit nur dann eintritt oder eine Pauschalbesteuerung möglich ist, wenn die Zuwendung **zusätzlich zum ohnehin geschuldeten Arbeitslohn** erbracht wird. Im Einzelnen handelt es sich um folgende gesetzliche Regelungen:

- Steuerfreie **Fahrtkostenzuschüsse** nach § 3 Nr. 15 EStG (vgl. das die Stichworte „Fahrtkostenzuschüsse" und „Freifahrten").
- Steuerfreie **Kindergartenzuschüsse** nach § 3 Nr. 33 EStG (vgl. das Stichwort „Kindergartenzuschüsse").
- Steuerfreie Arbeitgeberleistungen zur **Gesundheitsförderung** nach § 3 Nr. 34 EStG (vgl. das Stichwort „Gesundheitsförderung").
- Steuerfreie **Fürsorgeleistungen** nach § 3 Nr. 34a EStG zur besseren Vereinbarkeit von Familie und Beruf (vgl. das Stichwort „Fürsorgeleistungen").
- Steuerfreie **Fahrradgestellung** nach § 3 Nr. 37 EStG (vgl. das Stichwort „Elektro-Bike" unter Nr. 1).
- Steuerfreie Arbeitgeberleistungen für das **Aufladen** von **Elektrofahrzeugen** der Arbeitnehmer sowie die Überlassung von Ladevorrichtungen nach § 3 Nr. 46 EStG (vgl. das Stichwort „Elektrofahrzeuge" unter Nr. 2 Buchstabe a).
- Bei **Fahrtkostenzuschüssen** für Pkw-Benutzung kann die Lohnsteuer bis zur Höhe der als Werbungskosten abziehbaren Entfernungspauschale **mit 15 % pauschaliert** werden. Diese Pauschalierung ist ebenfalls nur dann zulässig, wenn der pauschal besteuerte Fahrkostenzuschuss zusätzlich zum ohnehin geschuldeten Arbeitslohn gewährt wird (§ 40 Abs. 2 Satz 2 Nr. 1 Buchstabe b EStG, vgl. „Fahrten zwischen Wohnung und erster Tätigkeitsstätte" besonders unter Nr. 9).
- Pauschalierung der Lohnsteuer mit 25 % bei **Computerübereignung** und **Arbeitgeberzuschüssen zur Internetnutzung** nach § 40 Abs. 2 Satz 1 Nr. 5 EStG (vgl. „Computer" unter Nr. 2).
- Pauschalierung der Lohnsteuer mit 25 % bei **Übereignung** einer **Ladevorrichtung** und **Arbeitgeberzuschüssen** für den Erwerb und die Nutzung einer solchen Vorrichtung für Elektrofahrzeuge der Arbeitnehmer nach § 40 Abs. 2 Satz 1 Nr. 6 EStG (vgl. „Elektrofahrzeuge" unter Nr. 2 Buchstabe b).
- Pauschalierung der Lohnsteuer mit 25 % bei **Übereignung** von **Fahrrädern** nach § 40 Abs. 2 Satz 1 Nr. 7 EStG (vgl. „Elektro-Bike" unter Nr. 5 Buchstabe b).
- **Pauschalierung** der Lohnsteuer mit 30 % für bestimmte **Sachbezüge** an eigene Arbeitnehmer bis 10 000 € nach **§ 37b EStG** (vgl. das Stichwort „Pauschalierung der Lohnsteuer für Belohnungsessen, Incentice-Reisen, VIP-Logen und ähnliche Sachbezüge").

Ebenso ist das Zusätzlichkeitserfordernis seit 1.1.2020 bei einer Umwandlung von Barlohn in einen Sachbezug **Gutschein oder Geldkarte** zur Nutzung der **44-Euro-Freigrenze** zu beachten.

Das Erfordernis der zusätzlichen Zahlung zum ohnehin geschuldeten Arbeitslohn lässt sich aber nicht aus dem Wortlaut oder Wesen der Zuwendung ableiten. So sind z. B. Erholungs„beihilfen" bei Beachtung des Höchstbetrags (= Freigrenze) auch dann mit 25 % pauschalierungsfähig, wenn die Zuwendung nicht zusätzlich zum ohnehin geschuldeten Arbeitslohn erbracht wird (vgl. die Stichwörter „Erholungsbeihilfen" unter Nr. 5 und „Auslagenersatz" unter Nr. 3).

Für Gehaltsumwandlungen im engeren Sinne ergibt sich somit folgendes Schema:

Gehaltsumwandlung

ohne Weiteres möglich

z. B.

- bei einem Rechtsanspruch auf die Umwandlung von Barlohn in eine **betriebliche Altersversorgung** nach § 1a BetrAVG[1]; Entsprechendes gilt bei freiwilligen Gehaltsumwandlungen (ausführlich erläutert in Anhang 6 unter den Nrn. 3 und 13);
- bei einer Umwandlung des Barlohns in pauschal mit 20 % besteuerte **Beiträge zu einer Direktversicherung** (= Lebensversicherung), Pensionskasse oder Gruppenunfallversicherung. Diese Möglichkeit der Gehaltsumwandlung ist ausführlich beim Stichwort „Zukunftsicherung" unter den Nrn. 7 und 16 erläutert;
- pauschal mit 25 % besteuerte Fahrtkostenzuschüsse;
- bei einer Umwandlung von Barlohn in eine steuerfreie Reisekostenvergütung (BFH-Urteil vom 27.4.2001, BStBl. II S. 601);
- bei einer Umwandlung von Barlohn in steuerfreie geldwerte Vorteile aus der **Überlassung** von betrieblichen **Personalcomputern** (Datenverarbeitungsgeräten) und **Telekommunikationsanlagen** (z. B. Handys) zur privaten Nutzung (vgl. „Computer" unter den Nrn. 1 und 3 und „Telefonkosten" unter Nr. 4);
- bei einer Umwandlung von Barlohn in eine steuerbegünstigte **Vermögensbeteiligung** (vgl. dieses Stichwort);
- bei einer Umwandlung von Barlohn in einen Sachbezug zur Nutzung der 44-€-Freigrenze für Sachbezüge (ohne Gutscheine und Geldkarten).

im Grundsatz nicht möglich

bei einer Umwandlung des Barlohns **in andere steuerfreie oder pauschal besteuerte Zuwendungen,** z. B.

- steuerfreie Fahrtkostenzuschüsse,
- steuerfreie Kindergartenzuschüsse,
- steuerfreie Arbeitgeberleistungen zur Gesundheitsförderung,
- steuerfreie Fürsorgeleistungen,
- steuerfreie Fahrradgestellung,
- steuerfreie Arbeitgeberleistungen für das Aufladen von Elektrofahrzeugen,
- bei Gutscheinen und Geldkarten zur Anwendung der monatlichen 44-Euro-Freigrenze für Sachbezüge,
- pauschal mit 15 % besteuerte Fahrtkostenzuschüsse,
- pauschal mit 25 % besteuerte Computerübereignung,
- pauschal mit 25 % besteuerte Arbeitgeberzuschüsse zur Internetnutzung,
- pauschal mit 25 % besteuerte Übereignung von Ladevorrichtungen und entsprechende Arbeitgeberzuschüsse für Elektrofahrzeuge,
- pauschal mit 25 % besteuerte Übereignung von Fahrrädern,
- pauschal mit 30 % besteuerte Sachbezüge an eigene Arbeitnehmer bis 10 000 € nach § 37b EStG.

G

Der **Bundesfinanzhof** hatte in seiner Rechtsprechung (BFH-Urteile vom 19.9.2012, BStBl. 2013 II S. 395 und S. 398) darauf hingewiesen, dass die Voraussetzung „zusätzlich zum ohnehin geschuldeten Arbeitslohn" nur bei freiwilligen Arbeitgeberleistungen erfüllt sei. Der ohnehin geschuldete Arbeitslohn sei der arbeitsrechtlich geschuldete. „Zusätzlich" zum ohnehin geschuldeten Arbeitslohn würden daher nur freiwillige Leistungen erbracht.

Erfreulicherweise folgte die **Finanzverwaltung** der restriktiven Rechtsprechung des Bundesfinanzhofs zu Gunsten der Arbeitnehmer aus Gründen des Vertrauensschutzes und der Kontinuität der Rechtsanwendung nicht.

Kam die zweckbestimmte Leistung zu dem Arbeitslohn hinzu, den der Arbeitgeber schuldete, war die Voraussetzung „zusätzlich zum ohnehin geschuldeten Arbeitslohn" auch dann erfüllt, wenn der Arbeitnehmer arbeitsvertraglich oder aufgrund einer anderen arbeitsrechtlichen Rechtsgrundlage einen Anspruch auf die zweckbestimmte Leistung hatte. Entsprechend der bereits zuvor bestehenden Verwaltungsauffassung waren lediglich **Gehaltsumwandlungen** sowie eine Anrechnung der zweckbestimmten Leistung auf den arbeitsrechtlich geschuldeten Arbeitslohn für die Steuerfreiheit oder Pauschalbesteuerung einer eigentlich begünstigten Arbeitgeberleistung **schädlich** (vgl. auch R 3.33 Abs. 5 Sätze 1 und 2 LStR). Auch bei einer Nettolohnvereinbarung (vgl. das Stichwort „Nettolöhne") muss die begünstigte Arbeitgeberleistung zusätzlich zum ohnehin geschuldeten Netto-Arbeitslohn erbracht werden.

Beispiel A

Die Arbeitnehmerin hat nach ihrem Arbeitsvertrag Anspruch auf einen Bruttoarbeitslohn von monatlich 2500 €. Sie vereinbart mit ihrem Arbeitgeber im März 2021 ab 1.4.2021 den Bruttoarbeitslohn auf 2420 € herabzusetzen und ihr einen steuerfreien Kindergartenzuschuss in Höhe von 80 € monatlich zu zahlen.

Der ab 1.4.2021 gezahlte „Kindergartenzuschuss" ist nicht steuerfrei, da er nicht zusätzlich zum ohnehin geschuldeten, sondern durch Umwandlung des geschuldeten Bruttoarbeitslohns erbracht wird. Der steuer- und sozialversicherungspflichtige Bruttoarbeitslohn beträgt daher auch ab April 2021 unverändert 2500 € monatlich. Entsprechendes gilt, wenn keine Herabsetzung, sondern eine Anrechnung auf den Arbeitslohnanspruch vereinbart wird.

Beispiel B

Wie Beispiel A. Die Arbeitnehmerin A erhält allerdings ab 1. April 2021 zusätzlich zum ohnehin geschuldeten Bruttoarbeitslohn von 2500 € monatlich einen Kindergartenzuschuss von 80 € monatlich; ein entsprechender Nachweis, dass Aufwendungen in dieser Höhe für die Unterbringung und Verpflegung ihrer nicht schulpflichtigen Tochter in einem Kindergarten entstehen, wurde von A vorgelegt.

Der Kindergartenzuschuss wird zusätzlich zum ohnehin geschuldeten Arbeitslohn gezahlt und ist steuer- und sozialversicherungsfrei (§ 3 Nr. 33 EStG). Es spielt keine Rolle, dass die Zahlung des Kindergartenzuschusses wiederum auf einer Vereinbarung zwischen Arbeitgeber und Arbeitnehmer beruht.

Bei einer Gehaltsumwandlung zugunsten eines steuerfreien Kindergartenzuschusses ist die erforderliche Zusätzlichkeitsvoraussetzung aber erfüllt, soweit die vereinbarte **Leistung** des **Arbeitgebers höher** ist **als** der **umgewandelte Betrag.**

Beispiel C

Der Arbeitgeber vereinbart mit seinem Arbeitnehmer eine Herabsetzung des Arbeitslohns von 2100 € auf 1900 €. Im Gegenzug erbringt der Arbeitgeber Leistungen im Wert von 300 € monatlich zur Unterbringung und Betreuung des nicht schulpflichtigen Kindes des Arbeitnehmers in einem Kindergarten.

Der Arbeitgeber erbringt lediglich zusätzliche Leistungen in Form von steuerfreien Kindergartenzuschüssen in Höhe von 100 €; dieser Betrag von 100 € ist steuerfrei. Hinsichtlich des Mehrbetrages von 200 € (300 € abzüglich 100 €) liegt eine schädliche Gehaltsumwandlung vor. Der steuer- und beitragspflichtige Arbeitslohn beträgt daher nach wie vor 2100 €.

In seiner neuen, **geänderten Rechtsprechung** vertritt der **Bundesfinanzhof** die Auffassung, dass der ohnehin geschuldete Arbeitslohn derjenige sei, den der Arbeitnehmer verwendungsfrei und ohne eine bestimmte Zweckbindung (folglich „ohnehin" laut Arbeitsvertrag) erhalte. Zusätzlicher Arbeitslohn liege dagegen vor, wenn dieser verwendungs- bzw. zweckgebunden neben dem ohnehin geschuldeten Arbeitslohn geleistet werde (BFH-Urteil vom 1.8.2019, BStBl. 2020 II S. 106). Dabei komme es nicht darauf an, ob der Arbeitnehmer auf den zusätzlichen Arbeitslohn einen arbeitsrechtlichen Anspruch habe. Lediglich in Anrechnungs-/Verrechnungsfällen werde nicht „zusätzlich zum", sondern „ersatzweise an Stelle von" regelbesteuertem Arbeitslohn geleistet. Dem Arbeitgeber sei es damit verwehrt, einseitig (ohne Vertragsänderung) eine im Hinblick auf die lohnsteuerlichen Begünstigungstatbestände optimierte Steuerberechnung durchzuführen. Darüber hinaus stehe es den Vertragsparteien aber frei, ihre arbeitsrechtlichen Beziehungen im Rahmen der gesetzlichen Vorgaben nach ihren Wünschen und Bedürfnissen zu gestalten. Für das Zusätzlichkeitserfordernis stellt der Bundesfinanzhof auf den Zeitpunkt der Lohnzahlung ab. Erfolge vor diesem Zeitpunkt eine arbeits- und zivilrechtlich zulässige Reduzierung des vereinbarten Lohnes, würden die durch eine Steuerbefreiungs- oder

Lohn-steuer-pflichtig Sozial-versich.-pflichtig

1) Das Betriebsrentengesetz (BetrAVG) ist als Anhang 13 im **Steuerhandbuch für das Lohnbüro 2021** abgedruckt, das im selben Verlag erschienen ist.

Lohn- steuer- pflichtig | Sozial- versich.- pflichtig

Pauschalierungsvorschrift begünstigten Zuschüsse zusätzlich zum ohnehin geschuldeten Arbeitslohn gezahlt. Dabei spiele es keine Rolle, wenn der Lohnverzicht für andere Ansprüche nicht gelte (z. B. für künftige Lohnerhöhungen, Urlaubs- oder Weihnachtsgeld), sondern diese mithilfe eines Schattengehalts auf Grundlage des bisherigen Bruttoarbeitslohns berechnet würden. Das Zusätzlichkeitskriterium sei in diesen Fällen aber dann nicht erfüllt, wenn eine Umwandlung in steuerbegünstigte Zuschüsse nur auf dem Papier erfolge, weil zwischen den Parteien Einigkeit dahingehend bestehe, dass der vereinbarte Lohn auch dann in voller Höhe (weiter) gezahlt werde, wenn die Voraussetzungen für die Zuschüsse wegfallen (sog. Rückfallklausel). Mit dieser Begründung hat die neue Rechtsprechung auf tarifgebundenen Arbeitslohn keine Auswirkung, da in jedem Fall der tarifliche Lohn nach Wegfall des Zuschusses wieder auflebt.

Im Vorgriff auf eine Gesetzesänderung hat die Finanzverwaltung einen Nichtanwendungserlass herausgegeben, sodass die vorstehend erwähnte Rechtsprechung des Bundesfinanzhofs über die entschiedenen Einzelfälle hinaus nicht anzuwenden ist (BMF-Schreiben vom 5.2.2020, BStBl. I S. 222).[1] Im sog. Jahressteuergesetz 2020 ist das Tatbestandmerkmal „zusätzlich zum ohnehin geschuldeten Arbeitslohn" nunmehr rückwirkend zum 1.1.2020 gesetzlich definiert worden (§ 8 Abs. 4 EStG). Im Sinne des Einkommensteuergesetzes werden Leistungen (Sachbezüge oder Zuschüsse) des Arbeitgebers oder auf seine Veranlassung eines Dritten nur dann zusätzlich zum ohnehin geschuldeten Arbeitslohn erbracht, wenn

- die Leistung **nicht** auf den Anspruch auf Arbeitslohn **angerechnet** (vgl. vorstehendes Beispiel A),
- der Anspruch auf Arbeitslohn **nicht** zugunsten der Leistung **herabgesetzt** (vgl. vorstehendes Beispiel A),
- die verwendungs- oder zweckgebundene Leistung **nicht anstelle** einer bereits **vereinbarten** künftigen **Erhöhung** des Arbeitslohns gewährt (vgl. Abwandlung zum nachfolgenden Beispiel D) und
- **bei Wegfall** der Leistung der Arbeitslohn **nicht** (automatisch) **erhöht** (vgl. nachfolgendes Beispiel D)

wird. Dies gilt unabhängig davon, ob der Arbeitslohn tarifgebunden ist oder nicht. Von einer zusätzlich zum ohnehin geschuldeten Arbeitslohn erbrachten Leistung ist aber auch dann auszugehen, wenn die zusätzliche Leistung einzelvertraglich oder durch Betriebsvereinbarung, Tarifvertrag oder durch Besoldungsgesetz festgelegt worden ist (vgl. auch das vorstehende Beispiel B).

In Arbeitsverträgen ist gelegentlich eine Klausel enthalten, wonach sich der Arbeitgeber vorbehält, die zugesagten steuerfreien oder pauschal zu besteuernden Leistungen unter bestimmten Voraussetzungen zu kürzen oder einzustellen. Der Arbeitnehmer hat dann die Möglichkeit, anstelle der bisher zugesagten Leistungen eine Erhöhung seiner laufenden Bezüge zu verlangen. Bei einer solchen **„Rückfallklausel"** ist die Voraussetzung „zusätzlich zum ohnehin geschuldeten Arbeitslohn" nicht erfüllt, sondern ebenfalls von einer für die Steuerfreiheit bzw. Pauschalbesteuerung **schädlichen Gehaltsumwandlung** auszugehen.

Beispiel D

Wie Beispiel B. Allerdings wird bereits im März 2021 festgelegt, dass mit Beginn der Schulpflicht des Kindes der Bruttoarbeitslohn 2580 € beträgt.

Auch in diesem Fall ist aufgrund der „Rückfallklausel" von einer Gehaltsumwandlung auszugehen. Der steuer- und sozialversicherungspflichtige Bruttoarbeitslohn beträgt ab April 2021 2580 €.

Abwandlung

Wie Beispiel B. Entsprechend der bereits vor einiger Zeit getroffenen Vereinbarung würde sich der Arbeitslohn zum 1. April 2021 von 2500 € auf 2580 € erhöhen. Im März 2021 wird festgelegt, dass anstelle dieser Erhöhung ab 1. April 2021 Kindergartenzuschuss von 80 € monatlich gezahlt wird.

Lohn- steuer- pflichtig | Sozial- versich.- pflichtig

Der ab 1. April 2021 gezahlte Kindergartenzuschuss ist nicht steuerfrei, da er anstelle einer bereits vereinbarten künftigen Erhöhung des Arbeitslohns und damit nicht zusätzlich zum ohnehin geschuldeten Arbeitslohn gezahlt wird.

In der Praxis wird vereinzelt versucht, anstelle einer Gehaltsumwandlung eine **Änderungskündigung** zu vereinbaren, um das gewünschte Ergebnis (Steuerfreiheit oder Pauschalierungsmöglichkeit der anderen angebotenen Leistung) zu erreichen. Die Finanzverwaltung wird in diesen Fällen von einer einvernehmlichen Änderung des Arbeitsvertrags ausgehen und die Gehaltsumwandlung **nicht anerkennen,** wenn der Arbeitnehmer in Erwartung der angebotenen Leistung die Änderungskündigung akzeptiert und dabei auf die Einhaltung der Kündigungsfrist und anderer arbeitsrechtlicher Voraussetzungen verzichtet. Bei einer Änderungskündigung muss die Herabsetzung des Arbeitslohns zudem mit der betrieblichen Notwendigkeit dieser Maßnahme und nicht mit der Gewährung künftiger Leistungen begründet werden.

Bei **befristeten Arbeitsverträgen** besteht hingegen seit jeher die Möglichkeit, diese Arbeitsverträge zeitlich auslaufen zu lassen und anschließend Arbeitsverträge mit geändertem Inhalt zu schließen.

Beispiel E

Der befristete Arbeitsvertrag mit der Arbeitnehmerin A, der u. a. einen Bruttoarbeitslohn von monatlich 2500 € vorsieht, endet zum 30.4.2021. Ab 1.5.2021 schließt der Arbeitgeber mit A einen neuen Arbeitsvertrag über einen Bruttoarbeitslohn von monatlich 2450 € zuzüglich 50 € steuer- und sozialversicherungsfreien Kindergartenzuschuss (§ 3 Nr. 33 EStG).

Der ab 1.5.2021 abgeschlossene Arbeitsvertrag über ein neues (nunmehr vermindertes) Grundgehalt zuzüglich steuerfreier Arbeitgeberleistung ist anzuerkennen, da es sich um einen neuen Arbeitsvertrag nach Auslaufen eines befristeten Arbeitsvertrags handelt.

Das Umwandlungsverbot gilt jedoch nur für die Umwandlung sowohl von laufendem Barlohn als auch von einmaligen Bezügen, auf die der Arbeitnehmer einen tarifvertraglichen, arbeitsvertraglichen oder durch Betriebsvereinbarung bzw. betrieblicher Übung **arbeitsrechtlich abgesicherten Anspruch** hat (= arbeitsrechtlich geschuldeter Arbeitslohn). Ist hingegen ein arbeitsrechtlicher Anspruch auf eine freiwillige Sonderzahlung (z. B. das Weihnachtsgeld) noch nicht entstanden, kann diese Sonderzahlung im Grundsatz in eine steuerfreie oder pauschalierungsfähige Leistung umgewandelt werden. Bei Gratifikationen und ähnlichen freiwilligen Sonderzahlungen, die in eine steuerfreie oder pauschalierungsfähige Leistung umgewandelt werden sollen, ist deshalb zu prüfen, ob hierauf bereits ein arbeitsrechtlicher Anspruch entstanden ist. Ein arbeitsrechtlicher Anspruch des Arbeitnehmers kann sich ergeben aus

- einem **Tarifvertrag;**
  Tarifverträge sind zu beachten bei tarifgebundenen Parteien sowie bei allgemeinverbindlichen Tarifverträgen. Dasselbe gilt, wenn ein Tarifvertrag aufgrund einzelvertraglicher Inbezugnahme gilt;
- einer **Betriebsvereinbarung;**
- dem **Arbeitsvertrag;**
- einer **betrieblichen Übung;**
  Voraussetzung hierfür ist die wiederholte, nach der ständigen Rechtsprechung des Bundesarbeitsgerichts mindestens **dreimalige vorbehaltlose** Auszahlung.
  Der Arbeitgeber kann also eine betriebliche Übung dadurch ausschließen, dass er bei der Auszahlung von Sonderzahlungen den Arbeitnehmern gegenüber einen Bindungswillen für die Zukunft ausdrücklich ausschließt;

1) BMF-Schreiben vom 5.2.2020 (BStBl. I S. 222). Das BMF-Schreiben ist als Anlage 6 zu H 8.1 (1–4) LStR im **Steuerhandbuch für das Lohnbüro 2021** abgedruckt, das im selben Verlag erschienen ist.

G

	Lohn-steuer-pflichtig	Sozial-versich.-pflichtig

- dem **Gleichheitsgrundsatz;**
  zahlt der Arbeitgeber eine Sonderzahlung an alle oder eine bestimmte abgrenzbare Gruppe von Arbeitnehmern, verbietet der Gleichheitsgrundsatz den willkürlich sachfremden Ausschluss einzelner Arbeitnehmer von der Zahlung. Vgl. hierzu aber auch die nachfolgenden Ausführungen und das Beispiel F.

Eine **zusätzliche Zahlung** zum ohnehin geschuldeten Arbeitslohn liegt also bei der Umwandlung einer Sonderzahlung in eine steuerfreie oder pauschalierungsfähige Leistung unstreitig dann vor, wenn ein **arbeitsvertraglicher Anspruch** auf den Arbeitslohn, der umgewandelt werden soll, **nach keiner der** oben **genannten Anspruchsgrundlagen entstanden** ist.

G

Anders als früher geht die Finanzverwaltung daher auch dann von einer zusätzlichen Leistung aus, wenn sie unter **Anrechnung** auf eine andere **freiwillige Sonderzahlung** (z. B. freiwillig geleistetes Weihnachtsgeld) erbracht wird. Dabei ist es unschädlich, wenn der Arbeitgeber verschiedene zweckgebundene Leistungen zur Auswahl anbietet (z. B. Kindergartenzuschuss, Fahrtkostenzuschuss) oder die übrigen Arbeitnehmer die freiwillige Sonderzahlung erhalten (R 3.33 Abs. 5 Sätze 3 und 4 LStR). Damit folgt die Verwaltung insoweit der Rechtsprechung des Bundesfinanzhofs, der davon ausgeht, dass zusätzlich zum ohnehin geschuldeten Arbeitslohn erbrachte Arbeitgeberleistungen immer dann vorliegen, wenn sie zu den Lohnzahlungen hinzukommen, die arbeitsrechtlich geschuldet werden (BFH-Urteil vom 1.10.2009, BStBl. 2010 II S. 487). Unmaßgeblich ist also, dass der Arbeitnehmer die betragsmäßig gleiche Leistung des Arbeitgebers auch ohne die Zweckbindung erhalten kann.

Beispiel F

Der Arbeitgeber zahlt seinen Arbeitnehmern **erstmalig** ein freiwilliges Weihnachtsgeld in Höhe eines Monatsgehalts. Dabei geht er wie folgt vor: Er errechnet für den einzelnen Arbeitnehmer einen Pkw-Fahrtkostenzuschuss in Höhe der in Betracht kommenden Entfernungspauschale, zahlt ihn an den jeweiligen Arbeitnehmer aus und besteuert ihn pauschal mit 15 % (§ 40 Abs. 2 Satz 2 Nr. 1 Buchstabe b EStG). Der Differenzbetrag zum freiwilligen Weihnachtsgeld wird mit der Bezeichnung „Weihnachtsgeld" nach den individuellen Lohnsteuerabzugsmerkmalen der einzelnen Arbeitnehmer besteuert. Arbeitnehmer mit „höheren Fahrtkostenzuschüssen" erhalten weniger Weihnachtsgeld als Arbeitnehmer mit „niedrigeren Fahrtkostenzuschüssen". Arbeitnehmern, die „keine Fahrtkostenzuschüsse" erhalten, wird das volle Weihnachtsgeld in Höhe eines Monatsgehalts ausgezahlt.

Die Zusätzlichkeitsvoraussetzung des § 40 Abs. 2 Satz 2 Nr. 1 Buchstabe b EStG ist hinsichtlich der gezahlten Fahrtkostenzuschüsse erfüllt, da der Fahrtkostenzuschuss zu dem Arbeitslohn hinzukommt, den der Arbeitgeber arbeitsrechtlich schuldet. Unschädlich ist, dass Arbeitnehmer, die keinen Fahrtkostenzuschuss bekommen, das freiwillige Weihnachtsgeld in voller Höhe erhalten.

5. Wechsel der Einkunftsart

Bei einem Wechsel der Einkunftsart (z. B. von Arbeitslohn zu sonstigen Einkünften) prüft die Finanzverwaltung, ob die getroffene Vereinbarung einem Fremdvergleich standhält. Vgl. hierzu das Stichwort „Werbung auf Arbeitnehmer-Fahrzeugen".

Siehe auch das Stichwort „Spenden der Belegschaft".

Gehaltsverzicht

Ein Gehaltsverzicht liegt begrifflich nur vor, wenn **endgültig** auf Teile des Gehalts verzichtet wird. Wird dagegen auf Teile des Barlohns verzichtet, weil dafür ein Sachbezug oder eine andere Surrogatleistung (Ersatzleistung) gewährt wird, liegt eine **Gehaltsumwandlung** vor (vgl. dieses Stichwort). Für den „echten" Gehaltsverzicht gilt lohnsteuerlich Folgendes:

Vereinbaren Arbeitgeber und Arbeitnehmer zur wirtschaftlichen Gesundung des Unternehmens einen freiwilligen Gehaltsverzicht als Sanierungsbeitrag, unterliegt nur der geminderte Arbeitslohn dem Lohnsteuerabzug. Dies gilt auch für tarifgebundene Arbeitnehmer, obwohl für diese ein Gehaltsverzicht nicht zulässig wäre. In anderen Fällen führt nur ein Gehaltsverzicht **ohne jede Bedingung** zur Minderung des steuerpflichtigen Arbeitslohns. Kann der Arbeitnehmer in irgendeiner Weise bestimmen, zu welchem Zweck die Mittel, die der Arbeitgeber vom Lohn einbehält, verwendet werden sollen, liegt kein Gehaltsverzicht, sondern Einkommensverwendung vor, die sich auf die Höhe des zugeflossenen Arbeitslohns nicht auswirkt.

Bei der **Sozialversicherung** ist zu beachten, dass dort nicht das Zuflussprinzip, sondern das **Anspruchsprinzip** maßgebend ist. Die Kürzung des Arbeitsentgelts, auf das der Arbeitnehmer bereits einen Anspruch erlangt hat, bleibt deshalb beitragsrechtlich ohne Auswirkung (BSG-Urteil vom 14.7.2004 Az.: B 12 KR 1/04 R). Das sozialversicherungsrechtliche Anspruchs- oder Entstehungsprinzip ist ausführlich beim Stichwort „Zufluss von Arbeitslohn" unter Nr. 2 erläutert.

Siehe aber auch das Stichwort „Spenden der Belegschaft".

Gehaltsvorschüsse

Gehaltsvorschüsse sind Vorauszahlungen auf einen Arbeitslohn, der künftig erst noch verdient werden muss. Die Lohnsteuer ist bei jeder Zahlung von Arbeitslohn einzubehalten, also auch bei der Zahlung von Vorschüssen. Da Vorschüsse lohnsteuerpflichtig sind, sind sie auch beitragspflichtig bei der Sozialversicherung. ja ja

Siehe die Stichworte: Abschlagszahlungen, Vorauszahlungen von Arbeitslohn, Vorschüsse.

Geldstrafen

Neues auf einen Blick:

Arbeitslohn bei dem eine Ordnungswidrigkeit (z.B. Parkverstoß) begehenden Arbeitnehmer liegt nicht vor, wenn der Arbeitgeber als Halter des Kfz das Verwarnungsgeld wegen einer ihm erteilten Verwarnung bezahlt; der **Arbeitgeber begleicht** in diesem Fall seine **eigene Schuld.**

Bei einem vertraglichen oder gesetzlichen Regressanspruch des Arbeitgebers gegen den verursachenden Arbeitnehmer führt allerdings der **Erlass** eines realisierbaren **Schadensersatzanspruchs** zum Zufluss von Arbeitslohn (BFH-Urteil vom 13.8.2020 VI R 1/17).

Übernimmt der Arbeitgeber eine Geldstrafe, die der Arbeitnehmer erhalten hat, handelt es sich um steuerpflichtigen Arbeitslohn. Gleiches gilt für Geldbußen, Ordnungs- und Verwarnungsgelder. ja ja

Es spielt keine Rolle, ob die Bestrafung mit dem Dienstverhältnis in Zusammenhang steht, oder dem Privatbereich des Arbeitnehmers zuzuordnen ist.

Beispiel

Der Chauffeur einer Firma fährt ein Vorstandsmitglied zu einer wichtigen Sitzung. Um rechtzeitig anzukommen, überschreitet er die Geschwindigkeitsbegrenzung, gerät in eine Radarkontrolle und muss 50 € Bußgeld bezahlen. Der Arbeitgeber ersetzt dem Chauffeur die 50 €.

Dieser Arbeitgeberersatz ist steuer- und beitragspflichtiger Arbeitslohn. Es handelt sich nicht um einen steuerfreien Ersatz von Reisenebenkosten (vgl. Anhang 4 „Reisekosten bei Auswärtstätigkeiten" unter Nr. 13).

Der Bundesfinanzhof bejaht das Vorliegen von **steuerpflichtigem Arbeitslohn**, wenn der Arbeitgeber **Bußgelder** übernimmt, die gegen die bei ihm angestellten Fahrer wegen **Verstößen gegen die Lenk- und Ruhezeiten** verhängt worden sind (BFH-Urteil vom 14.11.2013, BStBl. 2014 II S. 278 unter Aufgabe seiner früheren Rechtsprechung). Er verneint ein ganz überwiegendes eigenbetriebliches Interesse des Arbeitgebers, da es sich bei

Lohnsteuerpflichtig | Sozialversich.-pflichtig

rechtswidrigen Handlungen nicht um eine betriebsfunktionale Zielsetzung handelt, bei der der betriebliche Zweck im Vordergrund steht. Auch aus der Höhe der gegen einzelne Fahrer verhängten Bußgeldbescheide (2900 € bis 3700 €) wurde deutlich, dass ein nicht unerhebliches Interesse der Arbeitnehmer an der Übernahme der Beträge gegeben war. Auch die **Sozialversicherung** geht davon aus, dass die generelle Beurteilung der vom Arbeitgeber übernommenen Verwarnungs- und Bußgelder als steuerpflichtiger Arbeitslohn auch **beitragsrechtlich** zum **Arbeitsentgelt** derartiger Zuwendungen führt (Besprechung der Spitzenverbände der Sozialversicherungsträger am 9.4.2014 unter Nr. 4). ja ja

Ist das Bußgeld wegen eines Fehlverhaltens des Arbeitnehmers gegen den Arbeitgeber als Halter des Fahrzeugs verhängt worden, ist zu prüfen, ob der Arbeitgeber einen (vertraglichen oder gesetzlichen) Regressanspruch gegen den Arbeitnehmer hat. Verzichtet der Arbeitgeber gegenüber dem Arbeitnehmer auf einen solchen Anspruch, führt dies in dem Zeitpunkt zu einem geldwerten Vorteil, in dem der Arbeitgeber zu erkennen gibt, dass er keinen Rückgriff nehmen wird (BFH-Urteil vom 13.8.2020 VI R 1/17). ja ja

In einem weiteren Streitfall hat der Bundesfinanzhof entschieden, dass die Übernahme der Zahlung einer Geldbuße oder Geldauflage durch den Arbeitgeber wegen **Verstoß** gegen das **Lebensmittelrecht** durch einen bei ihm beschäftigten Arbeitnehmer zu steuerpflichtigem Arbeitslohn führt. Ein Werbungskostenabzug der Geldbuße bzw. Geldauflage kommt nicht in Betracht (BFH-Urteil vom 22.7.2008, BStBl. 2009 II S. 151). Geldauflagen können nur dann als Werbungskosten abgezogen werden, wenn sie der Wiedergutmachung des durch die Tat verursachten Schadens dienen (vgl. auch BFH-Urteil vom 15.1.2009, BStBl. 2010 II S. 111). In diesem Streitfall hat der Bundesfinanzhof einen Betrag von 50 000 € zum Werbungskostenabzug zugelassen, den der Kläger wegen **unzulässiger Preisabsprachen** an den Geschädigten zu leisten hatte. ja ja

Zum steuerpflichtigen Arbeitslohn gehören auch die vom Arbeitgeber übernommenen Kosten eines **Strafverfahrens** (Gerichtskosten, Kosten für den Verteidiger). Vgl. aber auch die Erläuterungen beim Stichwort „Versicherungsschutz" unter Nr. 2. ja ja

Beruht der strafrechtliche Schuldvorwurf auf dem beruflichen Verhalten des Arbeitnehmers, kann dieser die Kosten des Strafverfahrens als **Werbungskosten** im Rahmen seiner Veranlagung zur Einkommensteuer beim Finanzamt geltend machen (BFH-Urteil vom 19.2.1982, BStBl. II S. 467). Es kommt nicht darauf an, ob der Arbeitnehmer vorsätzlich oder fahrlässig gehandelt hat. Unerheblich ist auch, ob der Vorwurf zu Recht erhoben wurde. Betrifft der Tatvorwurf aber Verstöße, durch die der Arbeitgeber bewusst geschädigt wurde (z. B. Untreue, Unterschlagung, Betrug, Diebstahl), ist ein Werbungskostenabzug ausgeschlossen (BFH-Urteil vom 30.6.2004, BFH/NV 2004 S. 1639). Entsprechendes gilt, wenn der Arbeitnehmer sich oder einen Dritten durch die schädigende Handlung bereichert hat. Der Werbungskostenabzug ist aber nicht ausgeschlossen, wenn das Strafverfahren nach § 153a StPO eingestellt wird. Die Verfahrenseinstellung rechtfertigt nämlich nicht die Schlussfolgerung, dass der Arbeitnehmer die ihm zur Last gelegte Tat begangen hat (BFH-Beschluss vom 17.8.2011, BFH/NV 2011 S. 2040).

Von den Geldstrafen, Geldbußen, Ordnungs- und Verwarnungsgeldern sind die gelegentlich in Tarifverträgen, Betriebsvereinbarungen oder Arbeitsverträgen festgelegten **Vertragsstrafen** zu unterscheiden. Diese werden vom Arbeitgeber beim Arbeitnehmer erhoben und sind beim Arbeitnehmer als Werbungskosten abziehbar. So hat der Bundesfinanzhof die Zahlung einer Vertragsstrafe als Erwerbsaufwand (= Betriebsausgabe/Werbungskosten) anerkannt, die der Arbeitnehmer an den Arbeitgeber zahlen musste, weil er vor Ablauf der Verpflichtungszeit aus dem

Lohnsteuerpflichtig | Sozialversich.-pflichtig

Dienstverhältnis ausgeschieden war und sich selbstständig gemacht hatte (BFH-Urteil vom 22.6.2006, BStBl. 2007 II S. 4).

Bei der Sozialversicherung ist zu beachten, dass dort für laufendes Arbeitsentgelt nicht das Zuflussprinzip, sondern das Anspruchsprinzip maßgebend ist. Die Kürzung wegen einer Vertragsstrafe aus Arbeitsentgelt, auf das der Arbeitnehmer bereits einen Anspruch erlangt hat, bleibt deshalb beitragsrechtlich ohne Auswirkung (BSG-Urteil vom 21.5.1996 – 12 RK 64/94 und vom 14.7.2004 – B 12 KR 1/04 R). nein ja

Zum Werbungskostenabzug vgl. auch die Erläuterungen in Anhang 7 Abschnitt B Nr. 2 Stichwort „Prozesskosten".

Geldwerter Vorteil

Geldwerter Vorteil ist ein Begriff, der sich aus § 8 EStG und § 14 SGB IV ableitet und im Lohnsteuerrecht ebenso wie im Sozialversicherungsrecht oft verwendet wird, wenn ein Arbeitnehmer Arbeitslohn in Form unentgeltlicher oder verbilligter Überlassung von **Sachwerten** oder ähnlicher Leistungen erhält. Der Begriff der Einnahmen im Sinne des § 8 EStG setzt nicht zwangsläufig die Übertragung eines Wirtschaftsguts im engeren Sinne voraus, da auch ein **Nutzungsrecht** (z. B. Gestellung eines Firmenwagens für Privatfahrten) oder die unentgeltliche Teilnahme an einer Veranstaltung zu den Einnahmen gehören können. Als geldwertes Gut kommt jeder greifbare Vorteil in Betracht, dem ein in Geld ausdrückbarer Wert zukommt, ohne dass es sich um ein selbstständig bewertbares oder verkehrsfähiges Gut handeln muss. Der Vorteil muss auch keine Marktgängigkeit besitzen. Der geldwerte Vorteil entspricht hiernach dem Geldbetrag, den der Arbeitnehmer ausgeben müsste (oder mehr ausgeben müsste), wenn er sich die Sache oder die Leistung selbst beschaffen würde. Im Allgemeinen ist dieser Geldbetrag als steuerpflichtiger Arbeitslohn anzusetzen. Für die Bewertung bestimmter Sachbezüge gelten jedoch durch Verordnung der Bundesregierung festgesetzte amtliche Sachbezugswerte oder einheitliche Bewertungsrichtlinien der obersten Finanzbehörden des Bundes oder der Länder (vgl. „Sachbezüge"). Vielfach ist der Bezug solcher Sachwerte und Leistungen durch den sog. Rabattfreibetrag steuerbegünstigt (vgl. „Rabatte, Rabattfreibetrag") oder in Ausnahmefällen auch steuerfrei (vgl. „Annehmlichkeiten").

Beispiel für einen geldwerten Vorteil

Ein Arbeitnehmer erhält von seinem Arbeitgeber eine Werkswohnung, bestehend aus drei Zimmern, Küche und Bad für eine monatliche Miete von 100 € zur Verfügung gestellt. Für die gleiche Wohnung werden am gleichen Ort unter normalen Verhältnissen (d. h. ohne dass zwischen Hauseigentümer und Mieter ein Dienstverhältnis besteht) im Durchschnitt 600 € Miete bezahlt. Der geldwerte Vorteil für den Arbeitnehmer beträgt unter Berücksichtigung des Bewertungsabschlags von einem Drittel monatlich 300 € (600 € abzüglich 1/3 = 400 € abzüglich 100 € Entgelt). Dieser Betrag ist zur Berechnung der Steuer und Sozialversicherungsbeiträge in voller Höhe dem laufenden Barlohn hinzuzurechnen.

Siehe auch die Stichworte: Badeeinrichtungen, Belohnungen, Betriebsveranstaltungen, Computer, Deputate, Einkaufs-App, Eintrittskarten, Fahrten zwischen Wohnung und erster Tätigkeitsstätte, Familienheimfahrten, Firmenfitnessmitgliedschaften, Firmenkreditkarte, Firmenwagen zur privaten Nutzung, Fitnessraum, Fitnessstudio, Freie Unterkunft und Verpflegung, Freifahrten, Freiflüge, verbilligte Flüge, Freitabak, Freizigarren, Freizigaretten, Fürsorgeleistungen, Genussmittel, Genussrechte, Gesundheitsförderung, Getränke, Haustrunk, Incentive-Reisen, Kindergartenzuschüsse, Kreislauftrainingskuren, Mahlzeiten, Miles & More, Parkplätze, Pauschalierung der Lohnsteuer für Belohnungsessen, Incentive-Reisen, VIP-Logen und ähnliche Sachbezüge, Payback-Punkte, Telefonkosten, Vermögensbeteiligungen, Vorsorgekuren, Vorsorgeuntersuchungen, Warengutscheine, Wohnungsüberlassung, Zinsersparnisse und Zinszuschüsse.

	Lohn-steuer-pflichtig	Sozial-versich.-pflichtig

Gelegenheitsgeschenke

Wichtiges auf einen Blick:

Seit dem 1.1.2020 liegt bei **zweckgebundenen Geldleistungen, nachträglichen Kostenerstattungen,** Geldsurrogaten und anderen Vorteilen, die auf einen Geldbetrag lauten, **Barlohn** und kein Sachlohn vor. **Sachlohn** ist aber weiterhin gegeben bei **Gutscheinen und Geldkarten,** die **ausschließlich** zum Bezug von **Waren oder Dienstleistungen** berechtigen und die Kriterien des § 2 Absatz 1 Nummer 10 des Zahlungsdiensteaufsichtsgesetzes erfüllen. Die monatliche 44-Euro-Freigrenze für Sachbezüge ist bei diesen Gutscheinen und Geldkarten seit dem 1.1.2020 aber nur dann anwendbar, wenn sie zusätzlich zum ohnehin geschuldeten Arbeitslohn gewährt werden.

G

Zur Abgrenzung der Frage, ob es sich bei der Zuwendung des Arbeitgebers um einen begünstigten Sachbezug oder um Barlohn handelt, vgl. auch die Stichwort „Sachbezüge" und „Warengutscheine".

Gelegenheitsgeschenke sind **Sach**zuwendungen von geringem Wert (Blumen, Buch, CD/DVD), die vom Arbeitgeber dem Arbeitnehmer oder seinen Angehörigen **aus besonderem persönlichem Anlass** im privaten Bereich (z. B. Geburtstag, Heirat, Geburt eines Kindes) oder beruflichen Bereich (z. B. Jubiläum, bestandene Prüfung) gegeben werden. Gelegenheitsgeschenke sind steuer- und beitragsfrei, wenn der Wert der Sachzuwendung **60 €** einschließlich Umsatzsteuer nicht übersteigt (R 19.6 Abs. 1 Satz 2 LStR). nein nein

Beispiel A

Der Arbeitgeber schenkt seiner Sekretärin zum Geburtstag im April 2021 einen Blumenstrauß im Wert von 30 €.

Es handelt sich um eine steuer- und beitragsfreie Aufmerksamkeit, da der Wert dieser Sachzuwendung 60 € nicht übersteigt (R 19.6 Abs. 1 Satz 2 LStR).

Beispiel B

Wie Beispiel A. Die Sekretärin erhält allerdings von ihrem Arbeitgeber zum Geburtstag einen Geschenkgutschein für ein Musikgeschäft über 50 € (ein Eintausch des Gutscheins in Geld ist ausgeschlossen).

Es handelt sich auch in diesem Fall um eine steuer- und beitragsfreie Aufmerksamkeit, da der Wert der Sachzuwendung 60 € nicht übersteigt (R 19.6 Abs. 1 Satz 2 LStR). Zur Abgrenzung von Sachlohn (Sachbezug) und Barlohn bei Gutscheinen vgl. auch die Erläuterungen beim Stichwort „Warengutscheine".

Beispiel C

Die Auszubildenden erhalten von ihrem Arbeitgeber nach bestandener Abschlussprüfung jeweils Buchgeschenke im Wert von 45 €.

Es handelt sich um eine steuer- und beitragsfreie Aufmerksamkeit, da der Wert der Sachzuwendung 60 € nicht übersteigt (R 19.6 Abs. 1 Satz 2 LStR). Unmaßgeblich ist, dass das besondere persönliche Ereignis im beruflichen Bereich eingetreten ist.

Anlässlich **eines** besonderen persönlichen **Ereignisses** kann die **Freigrenze von 60 €** für Aufmerksamkeiten **einmal** genutzt werden, nicht jedoch mehrfach für den Arbeitnehmer und dessen Angehörige.

Beispiel D

Anlässlich der Geburt eines Kindes kann der Arbeitgeber dem Arbeitnehmer, dessen Ehegatten **oder** dem Kind eine Sachzuwendung bis 60 € zukommen lassen. Es ist nicht möglich, die Freigrenze für Aufmerksamkeiten in Höhe von 60 € für Sachzuwendungen in diesem Fall dreimal in Anspruch zu nehmen.

Sollten allerdings beide Ehegatten bei diesem Arbeitgeber beschäftigt sein, kann die Freigrenze für Aufmerksamkeiten in Höhe von 60 € für Sachzuwendungen zweimal in Anspruch genommen werden.

Übersteigt der Wert der Sachzuwendung die **Freigrenze** von 60 €, ist die Zuwendung **in vollem Umfang** steuer- und beitragspflichtig (also nicht nur der übersteigende Betrag, da es sich um eine Freigrenze und nicht um einen Freibetrag handelt). ja ja

Beispiel E

Wie Beispiel A. Die Sekretärin erhält von ihrem Arbeitgeber zum Geburtstag im April 2021 einen Bildband über die USA im Wert von 80 €.

Die Sachzuwendung ist in vollem Umfang steuer- und beitragspflichtig, da der Wert der Sachzuwendung die Freigrenze von 60 € übersteigt. Die Sachzuwendung führt in Höhe von 76,80 € zu steuer- und sozialversicherungspflichtigen Arbeitslohn (96 % von 80 € = 76,80 €; vgl. zur Bewertung der Sachzuwendung die Erläuterungen beim Stichwort „Sachbezüge" besonders unter Nr. 3 Buchstaben b und c).

Der Arbeitgeber ist aus dem Kauf des Bildbandes nicht zum Vorsteuerabzug berechtigt. Gleichzeitig unterliegt die Sachzuwendung an den Arbeitnehmer nicht der Umsatzsteuer (vgl. das Stichwort „Umsatzsteuerpflicht bei Sachbezügen" unter Nr. 1 Buchstabe a).

Seit dem 1.1.2020 liegt u. a. bei **zweckgebundenen Geldleistungen** und **nachträglichen Kostenerstattungen Barlohn** und kein Sachlohn vor. ja ja

Beispiel F

A darf sich anlässlich ihres Geburtstags in einer Buchhandlung Bücher im Wert von bis zu 50 € selbst aussuchen. Den Betrag erhält sie anschließend von ihrem Arbeitgeber gegen Vorlage der Quittung erstattet.

Nachträgliche Kostenerstattungen sind ebenso wie zweckgebundene Geldzuwendungen seit dem 1.1.2020 Barlohn und keine Sachzuwendung. Die Erstattung des Betrags durch den Arbeitgeber an A ist daher steuer- und beitragspflichtig.

Bei der Freigrenze von 60 € handelt es sich **nicht um einen Jahresbetrag,** sondern um eine Regelung, die in Abhängigkeit von den Gegebenheiten unter Umständen mehrfach im Jahr oder gar mehrfach im Monat ausgeschöpft werden kann (z. B. Sachgeschenke zum Namenstag, Geburtstag, zur Verlobung oder zur Einschulung des Kindes).

Beispiel G

Eine Arbeitnehmerin hat im Mai 2021 Geburtstag sowie 10-jähriges Dienstjubiläum. Sie erhält von ihrem Arbeitgeber zum Geburtstag einen Blumenstrauß und zum Dienstjubiläum ein Buchgeschenk im Wert von jeweils 35 €.

Bei beiden Sachzuwendungen handelt es sich um eine steuer- und beitragsfreie Aufmerksamkeit, da der Wert der einzelnen Sachzuwendung 60 € nicht übersteigt. Unmaßgeblich ist, dass der Wert der beiden Sachzuwendungen im Mai 2021 zusammen den Wert von 60 € übersteigt. Maßgebend ist nämlich stets der Wert der einzelnen Sachzuwendung anlässlich des jeweiligen besonderen persönlichen Ereignisses.

Eine **Gehaltsumwandlung** des Arbeitnehmers zugunsten eines Gelegenheitsgeschenks (dies sind ja Leistungen im ganz überwiegend eigenbetrieblichen Interesse des Arbeitgebers) erkennt die Finanzverwaltung **nicht** an. Der steuer- und sozialversicherungspflichtige Bruttoarbeitslohn ändert sich daher in diesem Fall nicht (vgl. auch das Stichwort „Gehaltsumwandlung" unter Nr. 2 Buchstabe a).

Beispiel H

Der Arbeitnehmer hat im Mai 2021 Geburtstag. Zugunsten eines Sachgeschenks vereinbart er mit dem Arbeitgeber im April 2021 seinen Bruttoarbeitslohn für Mai von 3000 € auf 2940 € herabzusetzen.

Die Gehaltsumwandlung wird von der Finanzverwaltung nicht anerkannt. Der steuer- und sozialversicherungspflichtige Bruttoarbeitslohn des Arbeitnehmers beträgt auch für den Monat Mai 2021 unverändert 3000 €.

Erhält der Arbeitnehmer anlässlich seines Geburtstags im Mai 2021 von seinem Arbeitgeber ein Sachgeschenk im Wert von bis zu 60 €, handelt es sich um eine steuer- und beitragsfreie Aufmerksamkeit (R 19.6 Abs. 1 Satz 2 LStR).

Ist Steuerpflicht gegeben, ist der Gesamtwert des Geschenks als „sonstiger Bezug" (vgl. dieses Stichwort) der Besteuerung zu unterwerfen. Es ist der **objektive Wert maßgebend** und nicht etwa der Wert, den der Beschenkte dem Geschenk beimisst; deshalb ist dieser objektive Wert auch dann anzusetzen, wenn der subjektive Wert geringer scheint, z. B., weil der Beschenkte für das Geschenk keine Verwendungsmöglichkeit hat oder weil es seinem persönlichen Geschmack nicht entspricht.

	Lohnsteuerpflichtig	Sozialversich.-pflichtig
Wegen der Möglichkeit der Pauschalierung von Sachgeschenken mit 30 % vgl. „Pauschalierung der Lohnsteuer für Belohnungsessen, Incentive-Reisen, VIP-Logen und ähnliche Sachbezüge“.		

Neben der Freigrenze von 60 € für Gelegenheitsgeschenke **aus besonderem persönlichem Anlass** gibt es eine Freigrenze für Sachbezüge von **44 € monatlich.** Diese monatliche 44-Euro-Freigrenze (einschließlich Umsatzsteuer) gilt für Sachbezüge, die dem Arbeitnehmer vom Arbeitgeber **ohne besonderen Anlass** zugewendet werden (vgl. das Stichwort „Sachbezüge“ unter Nr. 4 auf Seite 847). Die 60-€-Freigrenze für Gelegenheitsgeschenke aus besonderem Anlass und die 44-€-Freigrenze für Sachbezüge ohne besonderen Anlass können in einem Kalendermonat **nebeneinander** angewendet werden.

Beispiel I

Die Arbeitnehmer der Firma A erhalten jeweils am ersten Werktag im Monat einen Benzingutschein (vgl. die Erläuterungen beim Stichwort „Warengutscheine“), durch den die 44-Euro-Freigrenze für Sachbezüge nicht überschritten wird. Daneben erhält der Arbeitnehmer anlässlich seines runden Geburtstags im Juni 2021 zwei CDs im Wert von insgesamt 50 €.

Es handelt sich um eine steuer- und beitragsfreie Aufmerksamkeit, da der Wert der CDs 60 € nicht übersteigt (R 19.6 Abs. 1 Satz 2 LStR). Unmaßgeblich ist, dass der Arbeitnehmer in diesem Monat auch einen Benzingutschein erhält, auf den die 44-Euro-Freigrenze für Sachbezüge angewendet wurde.

Gemeinschaftsunterkunft

siehe „Freie Unterkunft und Verpflegung“

Genussmittel

Genussmittel und Getränke (z. B. Kaffee, Tee, Fruchtsäfte, Cola, Limonade, Mineralwasser, Zigaretten, Eis, Plätzchen, Schokolade), die der Arbeitgeber den Arbeitnehmern zum **Verzehr im Betrieb** unentgeltlich oder verbilligt überlässt, bleiben als Aufmerksamkeiten steuerfrei (R 19.6 Abs. 2 Satz 1 LStR). Eine wertmäßige Obergrenze enthalten die Lohnsteuer-Richtlinien nicht. — nein | nein

Beispiel

Die Mitarbeiter einer Schokoladenfabrik haben während der Arbeitszeit die Möglichkeit, die Produkte zu probieren. Bei der Zurverfügungstellung der Süßigkeiten handelt es sich um eine nicht steuerpflichtige und beitragsfreie Aufmerksamkeit.

Der Begriff „Genussmittel“ ist eng auszulegen (sonst könnten auch Kantinenmahlzeiten steuerfrei gewährt werden; zur Abgrenzung der Genussmittel von einer Mahlzeit vgl. auch das Stichwort „Mahlzeiten“ unter Nr. 3). Die unentgeltliche oder verbilligte Überlassung von **Speisen** ist nur dann nach R 19.6 Abs. 2 Satz 2 LStR als Aufmerksamkeit steuerfrei, wenn sie während eines außergewöhnlichen Arbeitseinsatzes (z. B. während einer außergewöhnlichen betrieblichen Besprechung, nicht jedoch bei regelmäßigen Sitzungen der Geschäftsleitung oder bei normalen Überstunden) im **ganz überwiegenden betrieblichen Interesse** an einer **günstigen** Gestaltung des **Arbeitsablaufs** überlassen werden und der Wert **60 €** je Arbeitnehmer nicht übersteigt (sog. Arbeitsessen). Der Bundesfinanzhof geht auch bei der Zurverfügungstellung von unbelegten Backwaren mit einem Heißgetränk im Rahmen des Austauschs beruflicher Angelegenheiten von einer steuerfreien Aufmerksamkeit aus (BFH-Urteil vom 3.7.2019 VI R 36/17, BFH/NV 2019 S. 1295). — nein | nein

Auf die ausführlichen Erläuterungen zu den sog. Arbeitsessen beim Stichwort „Bewirtungskosten“ unter Nr. 6 wird Bezug genommen.

In anderen Fällen ist die unentgeltliche oder verbilligte Überlassung von Verpflegung grundsätzlich steuerpflichtiger Arbeitslohn (vgl. insbesondere das Schema beim Stichwort „Mahlzeiten“ unter Nr. 1). — ja | ja

Bei steuerpflichtigen Bewirtungen (sog. **Belohnungsessen**) ist die 44-Euro-Freigrenze zu beachten, vgl. das Stichwort „Bewirtungskosten“ unter Nr. 7. Siehe hierzu außerdem das Stichwort „Pauschalierung der Lohnsteuer für Belohnungsessen, Incentive-Reisen, VIP-Logen und ähnliche Sachbezüge“.

Siehe auch die Stichworte: Bewirtungskosten, Freimilch, Freitabak, Freizigarren, Freizigaretten, Getränke.

Genussrechte

Genussrechte sind Forderungsrechte gegen eine Kapitalgesellschaft, die eine Beteiligung am Gewinn und Liquidationserlös sowie ggf. zusätzliche Rechte (z. B. feste Verzinsung) gewähren. Ein Stimmrecht ist allerdings ausgeschlossen.

Unentgeltlich oder verbilligt eingeräumte Genussrechte führen im Zeitpunkt der **Einräumung** zu lohnsteuerpflichtigen und beitragspflichtigen Arbeitslohn. Das gilt auch dann, wenn sie mit einer schuldrechtlichen Verfügungsbeschränkung (z. B. mehrjährige Sperr- oder Haltefrist) versehen sind. — ja | ja

Auch **Ausschüttungen** aus Genussrechten können zu lohnsteuerpflichtigem und beitragspflichtigem Arbeitslohn führen. Anhaltspunkte hierfür sind, dass nur aktive Arbeitnehmer die Genussrechte zeichnen können und eine vergleichbare Anlage am Kapitalmarkt nicht angeboten wird. Letzteres ist der Fall, wenn die erzielte Rendite deutlich über den Renditemöglichkeiten am Kapitalmarkt liegt. — ja | ja

Ebenso liegt Arbeitslohn bei der **Verzinsung** von Genussrechten vor, wenn die Höhe der Verzinsung völlig **unbestimmt** ist (sie sollte nach der Vereinbarung „angemessen“ sein) und von einem aus Arbeitgeber und einem Vertreter der Arbeitnehmer bestehenden **Partnerschaftsausschuss festgelegt** wird (BFH-Urteil vom 21.10.2014, BStBl. 2015 II S. 593). — ja | ja

Der Bundesfinanzhof geht bei einem Überschuss aus dem **Rückverkauf der Genussrechte** vom Arbeitnehmer an den Arbeitgeber von steuerpflichtigen Arbeitslohn aus, wenn

- der Arbeitnehmer die von seinem Arbeitgeber erworbenen Genussrechte nur durch eine Rückveräußerung an den Arbeitgeber nach Ablauf der Laufzeit verwerten kann und
- die Höhe des Rückkaufswertes der Genussrechte von der Art der Beendigung des Anstellungsverhältnisses abhängt (BFH-Urteil vom 5.11.2013, BStBl. 2014 II S. 275).

Regelmäßig wird es sich in solch einem Fall um Arbeitslohn für mehrere Jahre (vgl. dieses Stichwort) handeln, der nach der Fünftelregelung ermäßigt besteuert werden kann. — ja | ja

Zu steuerlichen Vergünstigungen vgl. das Stichwort „Vermögensbeteiligungen“.

Gepäckträger

Gepäckträger sind in aller Regel selbständig tätig. — nein | nein

Lohn-steuer-pflichtig | Sozial-versich.-pflichtig

Geringfügige Beschäftigung

Änderungsintensives Stichwort – bleiben Sie auf dem Laufenden unter

www.lexikon-lohnbuero.de/newsletter **!**

Neues und Wichtiges auf einen Blick:

1. Höhe der Umlage U1 und U2 seit 1.10.2020

G

Zum 1.10.2020 ist die Umlage **U1** (Erstattung bei Krankheit) von 0,9 % auf **1,0 %** und die Umlage **U2** (Erstattung bei Mutterschutz) von 0,19 % auf **0,39 %** angehoben worden. Auslöser für die Anhebung sind zum einen die durch die Corona-Pandemie geringeren Umlageeinnahmen und zum anderen die deutlich gestiegenen Ausgaben bei den Erstattungsleistungen. Unverändert bleibt die Höhe der Erstattung für den Arbeitgeber. Diese liegt weiterhin im Krankheitsfall bei 80 % und bei einer Mutterschaft sogar bei 100 %.

2. Kurzfristige Beschäftigung während der Corona-Pandemie

Während der Corona-Pandemie sind die Zeitgrenzen für eine kurzfristige Beschäftigung befristet für den Zeitraum **1.3.2020 bis 31.10.2020** auf **fünf Monate oder 115 Arbeitstage** angehoben worden. Seit 1.11.2020 gelten wieder die bekannten Zeitgrenzen für sozialversicherungsfreie kurzfristige Beschäftigungen von drei Monaten oder 70 Arbeitstagen.

Arbeitgeber beschäftigten aufgrund der Corona-Pandemie ihre **geringfügig Beschäftigten** teilweise in größerem Umfang als ursprünglich vereinbart. Dies konnte zum Überschreiten der monatlichen Verdienstgrenze von 450 € führen. In Anlehnung an die Zeitgrenzen für kurzfristige Beschäftigungen war für eine Übergangszeit vom **1.3.2020 bis 31.10.2020** ein **fünfmaliges unvorhersehbares Überschreiten der Verdienstgrenze möglich.** Eine solche Unvorhersehbarkeit liegt z. B. vor, wenn andere Arbeitnehmer erkrankt sind oder unter Quarantäne stehen.

Gliederung:

1. Allgemeines

Durch das Gesetz zu Änderungen im Bereich der geringfügigen Beschäftigungen ergaben sich überwiegend Änderungen bei den **geringfügig entlohnten Beschäftigungen** (seit 1.1.2013 450-Euro-Jobs) nach § 8 Abs. 1 Nr. 1 SGB IV. Wesentliche Änderung seit 1.1.2013 ist, dass es in der Rentenversicherung grundsätzlich keine versicherungsfreie geringfügig entlohnte Beschäftigung mehr gibt (der Hinweis auf § 8 Abs. 1 SGB IV ist in der Bestimmung des § 5 Abs. 2 SGB VI auf die Nr. 2 im § 8 Abs. 1 SGB IV reduziert worden).

Für geringfügige Beschäftigungen nach § 8 Abs. 1 Nr. 2 SGB IV **(kurzfristige Beschäftigungen)** gilt die frühere versicherungsrechtliche Beurteilung grundsätzlich uneingeschränkt für alle Versicherungszweige, also auch für die Rentenversicherung weiter.

Für die am 31.12.2012 bereits laufenden geringfügigen Beschäftigungen, die über den 1.1.2013 hinaus bestehen, gelten Bestandsschutz- und Übergangsvorschriften. Diese sind unter der nachfolgenden Nr. 15 beschrieben.

Seit 1.1.2013 ist bei der versicherungsrechtlichen Beurteilung verstärkt auf die unterschiedliche Behandlung in der Kranken- und damit der Pflegeversicherung, der Arbeitslosenversicherung und insbesondere der Rentenversicherung zu achten.

Lohnsteuerpflichtig | Sozialversich.-pflichtig

Für **Beschäftigungen, die seit 1.1.2013 begründet werden,** gilt Folgendes:

Kranken- und Pflegeversicherung

In der Krankenversicherung und damit der Pflegeversicherung ergeben sich grundsätzlich kaum Besonderheiten. Es ist darauf zu achten, dass die Geringfügigkeitsgrenze 450 € beträgt. Auf die Ausführungen zur versicherungsrechtlichen Beurteilung, Zusammenrechnung mit weiteren Beschäftigungen, insbesondere der Hauptbeschäftigung etc. unter den nachfolgenden Nrn. 11 und 12 wird verwiesen. Es ist ein Augenmerk darauf zu richten, dass die versicherungsrechtliche Beurteilung in der Krankenversicherung von der in der Rentenversicherung abweicht.

Einzugsstelle für Pauschalbeiträge bei Versicherungsfreiheit in der Krankenversicherung in Höhe von 13 % ist die Minijob-Zentrale der Deutschen Rentenversicherung Knappschaft-Bahn-See. Sofern Versicherungspflicht in der Kranken- und Pflegeversicherung eintritt, wechselt die Zuständigkeit für den Beitragseinzug und die Entgegennahme der Meldungen auf die zuständige Krankenkasse. Hierbei ist dann ggf. auch eine Ummeldung in der Rentenversicherung vorzunehmen (siehe nachfolgende Absätze).

Rentenversicherung

In der Rentenversicherung gibt es seit 1.1.2013 grundsätzlich keine versicherungsfreien geringfügig entlohnten Beschäftigungen mehr. Das bedeutet, dass in der Rentenversicherung jede Beschäftigung, also auch Beschäftigungen unter 450 €, grundsätzlich versicherungspflichtig sind.

Bei einer versicherungs**pflichtigen** geringfügig entlohnten Beschäftigung (Entgelt bis 450 € und ohne Befreiungsantrag des Arbeitnehmers) hat der Arbeitgeber einen Beitragsanteil von 15 % und der Versicherte einen Anteil von 3,6 % des beitragspflichtigen Entgeltes zu bezahlen.

Von dieser grundsätzlichen Versicherungspflicht in der geringfügig entlohnten Nebenbeschäftigung kann sich der Versicherte jedoch durch einen Antrag beim Arbeitgeber befreien lassen (§ 6 Abs. 1b SGB VI). Eine Befreiung ist nur bei einem Entgelt von bis zu 450 € möglich. Die Regelung zum Verzicht auf die Versicherungsfreiheit (sog. Option) gilt für Beschäftigungen seit 1.1.2013 nicht mehr. Sofern der Versicherte sich von der Versicherungspflicht befreien lässt, hat der Arbeitgeber einen pauschalen Beitrag zur Rentenversicherung von 15 % an die Minijob-Zentrale zu bezahlen (Beitragsgruppe 0500; in diesen Fällen sind ebenfalls Meldungen an die Minijob-Zentrale zu erstatten).

Für das beitragspflichtige Entgelt in der Rentenversicherung wurde die Mindestbemessungsgrundlage von 155 € (frühere Mindestbemessungsgrundlage für den sog. Aufstockungsbetrag bei Verzicht auf die Versicherungsfreiheit) auf 175 € erhöht (jetzt Mindestbemessungsgrundlage bei Versicherungspflicht und einem Entgelt unter 175 €). Die Mindestbemessungsgrundlage gilt bei versicherungs**pflichtigen** geringfügig entlohnten Beschäftigungen.

Einzugsstelle für die Pflichtbeiträge des Versicherten und den Anteil des Arbeitgebers bei Versicherungspflicht einer geringfügig entlohnten Beschäftigung in der Rentenversicherung ist ebenfalls die Minijob-Zentrale.

Auch die Meldungen bei Versicherungspflicht in der Rentenversicherung aufgrund einer geringfügig entlohnten Beschäftigung sind mit den gleichen Beitragsgruppen an die Minijob-Zentrale zu erstatten. Beitragsgruppe Rentenversicherung bei Versicherungspflicht „0100".

Sofern Versicherungspflicht wegen Überschreitens der Entgeltgrenze von 450 € besteht oder eintritt, liegt keine geringfügig entlohnte Beschäftigung mehr vor. Einzugsstelle wird dann die zuständige Krankenkasse des Beschäftigten.

Lohnsteuerpflichtig | Sozialversich.-pflichtig

Arbeitslosenversicherung

In der Arbeitslosenversicherung ergeben sich seit 1.1.2013 grundsätzlich kaum Besonderheiten. Es ist darauf zu achten, dass die Geringfügigkeitsgrenze 450 € beträgt. Es ist ein Augenmerk darauf zu richten, dass die versicherungsrechtliche Beurteilung in der Arbeitslosenversicherung von der in der Rentenversicherung abweichen kann.

2. Geringfügige Beschäftigungen

Die sozialversicherungsrechtliche Beurteilung geringfügiger Beschäftigungen ist in § 8 SGB IV geregelt. Diese Regelungen gelten grundsätzlich für alle Versicherungszweige (Kranken-, Pflege-, Renten- und Arbeitslosenversicherung). Seit 1.1.2013 besteht in der Rentenversicherung bei einer geringfügig entlohnten Beschäftigung grundsätzlich immer Versicherungspflicht (auch bei einem Entgelt von unter 450 €). Außerdem gelten die Regelungen für geringfügige Beschäftigungsverhältnisse nach § 8a Satz 1 SGB IV auch für Beschäftigungen in Privathaushalten. Eine Beschäftigung im Privathaushalt liegt nach § 8a Satz 2 SGB IV vor, wenn diese durch einen privaten Haushalt begründet ist und die Tätigkeit sonst gewöhnlich durch Mitglieder des privaten Haushalts erledigt wird (vgl. die Erläuterungen beim Stichwort „Haushilfin").

G

Geringfügige Beschäftigungen werden unterteilt in

- **geringfügig entlohnte Beschäftigungen** und
- Beschäftigungen, die wegen ihrer kurzen Dauer geringfügig sind; sie werden als **kurzfristige Beschäftigungen** bezeichnet.

Versicherungsfreiheit aufgrund einer geringfügigen Beschäftigung kommt allerdings für verschiedene Personengruppen nicht in Betracht. Die Beschäftigung der nachstehend genannten Personen ist selbst dann nicht versicherungsfrei, wenn sie die Voraussetzungen der Geringfügigkeit erfüllen. Ausgenommen sind demnach

- Personen, die zu ihrer **Berufsausbildung** beschäftigt werden, auch wenn diese außerbetrieblich durchgeführt wird (z. B. Auszubildende, Studenten in dualen Studiengängen und Praktikanten, vgl. diese Stichwörter),
- Personen, die ein freiwilliges soziales oder ökologisches Jahr oder Bundesfreiwilligendienst leisten,
- Behinderte in geschützten Einrichtungen,
- Personen in Einrichtungen der Jugendhilfe,
- Personen, die nach längerer Krankheit wieder stufenweise ins Erwerbsleben eingegliedert werden,
- Personen während konjunktureller oder saisonaler Kurzarbeit.

Diese Ausnahmen bedeuten, dass in den genannten Beschäftigungsverhältnissen Versicherungspflicht auch dann besteht, wenn das regelmäßige Arbeitsentgelt 450 € monatlich nicht überschreitet oder die Beschäftigung nur kurzfristig ausgeübt wird.

3. Geringfügig entlohnte Beschäftigung (sog. 450-Euro-Jobs)

a) 450-Euro-Grenze

Eine geringfügig entlohnte Beschäftigung liegt dann vor, wenn das Arbeitsentgelt regelmäßig im Monat 450 € nicht überschreitet. Die wöchentliche Arbeitszeit spielt dabei grundsätzlich keine Rolle.

Beispiel A

Eine Arbeitnehmerin arbeitet als Putzfrau in einem Kaufhaus gegen ein monatliches Entgelt von 450 €, sie ist über ihren Ehemann in der gesetzlichen Krankenversicherung familienversichert.

Die Arbeitnehmerin ist in der Kranken-, Pflege- und Arbeitslosenversicherung versicherungsfrei, weil das Arbeitsentgelt 450 € nicht übersteigt. In der Rentenversicherung besteht dagegen Versicherungspflicht. Der Arbeitgeber hat den Pauschalbeitrag zur Krankenversicherung in Höhe von 13 % zu bezahlen. Zur Rentenversicherung bezahlt der Arbeitgeber einen Beitragsanteil von 15 % und die Arbeitnehmerin 3,6 %. Werden keine individuellen Lohnsteuerabzugsmerkmale nachgewiesen, muss eine Pauschalsteuer von 2 % gezahlt werden, die auch den Solidaritätszuschlag und die Kirchensteuer mit abgilt. Ist die Arbeitnehmerin bei einem Arbeitgeber mit maximal 30 Arbeitnehmern beschäftigt, fallen außerdem Beiträge zur Umlage U1 für Entgeltfortzahlungen im Krankheitsfall an. Außerdem fallen Beiträge zur Umlage U2 für Mutterschaftsaufwendungen an, und zwar auch bei Arbeitgebern, die mehr als 30 Arbeitnehmer beschäftigen. Für die Arbeitnehmerin ergibt sich folgende Lohnabrechnung:

Monatslohn		450,– €
Lohnsteuer	0,– €	
Solidaritätszuschlag	0,– €	
Kirchensteuer	0,– €	
Rentenversicherung (3,6 %)	16,20 €	16,20 €
Nettolohn		433,80 €
Der Arbeitgeber muss folgende Pauschalabgaben zahlen:		
Lohnsteuer (einschließlich Solidaritätszuschlag und Kirchensteuer)	2,0 %	9,– €
Krankenversicherung pauschal	13,0 %	58,50 €
Rentenversicherung	15,0 %	67,50 €
Umlage U1	1,0 %	4,50 €
Umlage U2	0,39 %	1,76 €
Insolvenzgeldumlage	0,12 %	0,54 €
insgesamt		141,80 €

G

Die Verdienstgrenze beträgt also einheitlich für die alten und neuen Bundesländer 450 € im Monat. Hierbei handelt es sich um einen Monatswert, der auch dann gilt, wenn die Beschäftigung nicht während des gesamten Kalendermonats besteht (BSG-Urteil vom 5.12.2017 – B 12 R 10/15 R).

Die Arbeitszeit ist für die Geringfügigkeit grundsätzlich nicht mehr von Bedeutung, gleichwohl verlangen die Sozialversicherungsträger in ihren Geringfügigkeits-Richtlinien nach wie vor einen Nachweis über die regelmäßige Arbeitszeit und die tatsächlich geleisteten Arbeitsstunden, und zwar aus folgenden Gründen:

Für die Prüfung der 450-Euro-Grenze kommt es nicht auf das tatsächlich gezahlte Arbeitsentgelt, sondern auf das Arbeitsentgelt an, auf das ein Rechtsanspruch besteht. Denn das im Sozialversicherungsrecht geltende sog. Entstehungsprinzip stellt auf den **Anspruch auf Arbeitsentgelt** ab (wohingegen das im Lohnsteuerrecht geltende Zuflussprinzip allein an die tatsächliche Auszahlung des Arbeitslohns anknüpft). Das **Zuflussprinzip** gilt zwar auch im Sozialversicherungsrecht, allerdings **nur für einmalige Zuwendungen** (§ 22 Abs. 1 SGB IV, vgl. die ausführlichen Erläuterungen unter dem nachfolgenden Buchstaben b). Für **laufenden Arbeitslohn** gilt nach wie vor das sog. **Entstehungsprinzip.** Dies hat das Bundessozialgericht in mehreren Revisionsverfahren ausdrücklich bestätigt (z. B. Urteil des Bundessozialgerichts vom 14.7.2004, B 12 KR 1/04 R). In dem entschiedenen Fall beschäftigte der Arbeitgeber Aushilfskräfte mit einem Stundenlohn, der ein monatliches Arbeitsentgelt unter der Geringfügigkeitsgrenze ergab. Im Rahmen einer Betriebsprüfung wurde festgestellt, dass die Arbeitnehmer nach Tarifverträgen, die für allgemeinverbindlich erklärt waren, **Anspruch auf einen höheren Stundenlohn** hatten und dadurch die monatliche Geringfügigkeitsgrenze überschritten war. Das Bundessozialgericht hat in diesen Fällen die Anwendung des Entstehungsprinzips ausdrücklich bestätigt und ausführlich begründet. Hiermit relativiert sich der Wegfall der früheren 15-Stunden-Wochengrenze in der Praxis. Denn anhand der nach wie vor geforderten Aufzeichnung der tatsächlich geleisteten Arbeitsstunden kann der Prüfer feststellen, ob der nach tarifvertraglichen oder arbeitsrechtlichen Bestimmungen ggf. geschuldete Arbeitslohn zu einem Überschreiten der 450-Euro-Grenze führt. Damit würde Versicherungspflicht eintreten, was zu erheblichen Beitragsnachforderungen führen kann. Hierauf sollte der Arbeitgeber bei der Gestaltung der Arbeitsverträge für seine Mini-Jobs achten. Diese Konstellation wird durch das Mindestlohngesetz entsprechend verstärkt. **Geringfügig Beschäftigte haben grundsätzlich Anspruch auf den Mindestlohn.** Dieser beträgt **seit 1.1.2021 9,50 Euro je Arbeitsstunde und erhöht sich zum 1.7.2021 auf 9,60 Euro je Arbeitsstunde** (bis 31.12.2020 = 9,35 Euro). Einzelheiten zum Mindestlohngesetz siehe unter dem Stichwort „Mindestlohn".

Beispiel B

Eine Arbeitnehmerin arbeitet Freitag und Samstag jeweils vier Stunden für einen Stundenlohn von 10 €. Der für allgemeinverbindlich erklärte Tarifvertrag sieht jedoch einen Stundenlohn von 14,50 € vor. Im August 2021 wurde an neun Arbeitstagen jeweils vier Stunden gearbeitet und hierfür ein Arbeitslohn von (9 × 4 × 10 € =) 360 € ausgezahlt.

Bei einer Betriebsprüfung wird die untertarifliche Vergütung festgestellt. Für die Beurteilung der Versicherungspflicht wird auf einen Stundenlohn von 14,50 € abgestellt. Daraus errechnet sich für August 2021 ein Lohn in Höhe von 522 € (= 9 × 4 × 14,50 €). Aufgrund dieser – auch in den anderen Monaten auftretenden – Überschreitung der Monatsentgeltgrenze von 450 € wird die Beschäftigung sowohl rückwirkend als auch zukünftig versicherungspflichtig.

Durch das Überschreiten der 450-Euro-Grenze entfällt die Pauschalabgabe. Für das Beschäftigungsverhältnis sind Sozialversicherungsbeiträge in allen vier Versicherungszweigen nach den allgemeinen Grundsätzen zu zahlen. Außerdem entfällt die Pauschalsteuer von 2 %, weil die Pauschalierung der Lohnsteuer mit 2 % an die Zahlung des pauschalen Beitrags zur Rentenversicherung in Höhe von 15 % anknüpft. Fällt kein pauschaler, sondern der „normale" Beitrag zur Rentenversicherung an, muss der Arbeitnehmer den Arbeitslohn individuell versteuern. Eine Pauschalierung der Lohnsteuer mit 20 % scheidet aus, weil es sich nicht um ein geringfügiges Beschäftigungsverhältnis handelt.

Das Beispiel zeigt, dass es ratsam ist, jeden einzelnen Arbeitsvertrag ständig im Auge zu behalten und notfalls anzupassen. Dabei ist zu prüfen, ob und inwieweit Tarifverträge, Betriebsvereinbarungen oder „betriebliche Übung" oder das Mindestlohngesetz im Einzelfall Anwendung finden. Wichtig ist, dass eine einmalige Überprüfung nicht ausreicht! Da sich die tariflichen Arbeitsbedingungen regelmäßig – meist jährlich – ändern, die Versicherungspflichtgrenze für geringfügig entlohnte Beschäftigungen jedoch mit monatlich 450 € festgeschrieben wurde, muss vorausschauend geplant werden. Sonst kann es vorkommen, dass zwar derzeit die Versicherungspflichtgrenze noch unter-, durch nachfolgende tarifliche Erhöhungen jedoch überschritten wird. Nach den Geringfügigkeitsrichtlinien der Sozialversicherungsträger gilt für einen Verzicht auf künftige Ansprüche auf laufenden Arbeitslohn Folgendes:

Ein Verzicht auf künftig entstehende Ansprüche auf laufendes Arbeitsentgelt wird nur dann anerkannt, wenn er **arbeitsrechtlich zulässig** ist. Ein Verzicht z. B. auf tarifvertragliche Ansprüche ist nur zulässig, wenn der Tarifvertrag eine diesbezügliche Öffnungsklausel enthält. Rückwirkende Verzichtserklärungen sind für die versicherungsrechtliche Beurteilung in jedem Fall unerheblich. Vgl. zum Verzicht auf laufendes Arbeitsentgelt die Erläuterungen beim Stichwort „Zufluss von Arbeitslohn" unter Nr. 2 Buchstabe h.

b) Ermittlung des Arbeitsentgelts, einmalige Zuwendungen

Arbeitsentgelt sind alle laufenden und einmaligen Einnahmen aus einer Beschäftigung, gleichgültig, ob ein Rechtsanspruch auf die Einnahmen besteht, unter welcher Bezeichnung oder in welcher Form sie geleistet werden und ob sie unmittelbar aus der Beschäftigung oder im Zusammenhang mit ihr erzielt werden (§ 14 Abs. 1 Satz 1 SGB IV). Es kann im Normalfall davon ausgegangen werden, dass alle steuerpflichtigen Einnahmen aus einer Beschäftigung auch Arbeitsentgelt darstellen (vgl. die Erläuterungen unter der nachfolgenden Nr. 4).

Ob die Grenze von 450 € überschritten wird, hängt von der Höhe des **„regelmäßigen"** monatlichen Arbeitsentgelts ab. Dabei ist mindestens auf das Arbeitsentgelt abzustellen, auf das der Arbeitnehmer einen Rechts-

Lohnsteuerpflichtig Sozialversich.-pflichtig

anspruch hat (z. B. aufgrund des Mindestlohngesetzes, eines Tarifvertrags, einer Betriebsvereinbarung oder einer Einzelabsprache); insoweit kommt es auf die Höhe des tatsächlich gezahlten Arbeitsentgelts nicht an. Ein arbeitsrechtlich zulässiger Verzicht auf künftig entstehende Arbeitsentgeltansprüche mindert das zu berücksichtigende Arbeitsentgelt. Vgl. auch die Ausführungen unter dem vorstehenden Buchstaben a.

Das regelmäßige Arbeitsentgelt ermittelt sich abhängig von der Anzahl der Monate, für die eine Beschäftigung gegen Arbeitsentgelt besteht, wobei maximal ein Jahreszeitraum (12 Monate) zugrunde zu legen ist. Sofern die Beschäftigung im Laufe eines Kalendermonats beginnt, kann für den Beginn des Jahreszeitraums auf den 1. Tag des Monats abgestellt werden (z. B. Beginn der Beschäftigung am 15.2., Beginn des Jahreszeitraums 1.2.). Dabei darf das regelmäßige monatliche Arbeitsentgelt im Durchschnitt einer Jahresbetrachtung 450 € nicht übersteigen (maximal 5400 € pro Jahr bei durchgehender mindestens 12 Monate dauernder Beschäftigung gegen Arbeitsentgelt in jedem Monat). Steht bereits zu Beginn der Beschäftigung fest, dass diese nicht durchgehend für mindestens 12 Monate gegen Arbeitsentgelt besteht, ist die zulässige Arbeitsentgeltgrenze für den Gesamtzeitraum entsprechend zu reduzieren.

Die Ermittlung des regelmäßigen Arbeitsentgelts ist **vorausschauend** bei Beginn der Beschäftigung bzw. erneut bei jeder dauerhaften Veränderung in den Verhältnissen vorzunehmen. Stellen Arbeitgeber aus abrechnungstechnischen Gründen stets zu Beginn eines jeden Kalenderjahres eine erneute vorausschauende Betrachtung zur Ermittlung des regelmäßigen Arbeitsentgelts an, bestehen hiergegen keine Bedenken. Eine erstmalige vorausschauende Betrachtung für eine im Laufe eines Kalenderjahres aufgenommene Beschäftigung kann demnach zu Beginn des nächsten Kalenderjahres durch eine neue jährliche Betrachtung für dieses Kalenderjahr ersetzt werden.

Sofern eine Beschäftigung mit einem Arbeitsentgelt von mehr als 450 € im Monat durch die vertragliche Reduzierung der Arbeitszeit auf eine Beschäftigung mit einem Arbeitsentgelt bis zu 450 € im Monat umgestellt wird, ist der Beschäftigungsabschnitt ab dem Zeitpunkt der Arbeitszeitreduzierung bzw. für den Zeitraum der Arbeitszeitreduzierung getrennt zu beurteilen. Dies gilt auch bei einer Reduzierung der Arbeitszeit z. B. wegen einer Pflege- oder Elternzeit (vgl. hierzu auch das Stichwort „Pflegezeit" unter Nr. 4).

Einmalige Einnahmen, deren Gewährung mit hinreichender Sicherheit (z. B. aufgrund eines für allgemeinverbindlich erklärten Tarifvertrags oder aufgrund Gewohnheitsrechts wegen betrieblicher Übung) mindestens einmal jährlich zu erwarten ist, sind bei der Ermittlung des Arbeitsentgelts zu berücksichtigen. Der Arbeitgeber muss also insbesondere bei der Zahlung von Urlaubs- und Weihnachtsgeld bereits im Laufe des Kalenderjahres **vorausblickend** darauf achten, dass die 450-Euro-Grenze nicht überschritten wird. Die Regelung soll an einem Beispiel verdeutlicht werden.

Beispiel A

Eine Arbeitnehmerin arbeitet für ein monatliches Arbeitsentgelt von 420 €. Außerdem erhält sie jeweils im Dezember ein vertraglich zugesichertes Weihnachtsgeld in Höhe von 210 €. Für die sozialversicherungsrechtliche Beurteilung maßgebendes Arbeitsentgelt:

laufendes Arbeitsentgelt 420 € × 12	5040,– €
Weihnachtsgeld	210,– €
insgesamt	5250,– €
ein Zwölftel	437,50 €

Die 450-Euro-Grenze wird nicht überschritten. Es handelt sich deshalb um eine geringfügige und damit in der Kranken-, Pflege- und Arbeitslosenversicherung versicherungsfreie Beschäftigung. In der Rentenversicherung besteht Versicherungspflicht. Zur Befreiung von der Versicherungspflicht vgl. nachfolgende Nr. 8.

Lohnsteuerpflichtig Sozialversich.-pflichtig

Wichtig ist bei der Berücksichtigung einmaliger Zuwendungen, dass es nicht auf den Anspruch, sondern auf den Zufluss ankommt. Denn nach § 22 Abs. 1 SGB IV gilt für einmalige Zuwendungen nicht das Entstehungsprinzip, sondern das **Zuflussprinzip.** Dieser bewussten Abkehr des Gesetzgebers vom Entstehungsprinzip bei einmalig gezahltem Arbeitsentgelt haben auch die Sozialversicherungsträger in den Geringfügigkeitsrichtlinien Rechnung getragen und bestimmt, dass ein tarifvertraglich bestehender Anspruch auf eine Sonderzahlung, auf die ausdrücklich verzichtet wird, auf das regelmäßige Arbeitsentgelt nicht anzurechnen ist, und zwar ungeachtet der arbeitsrechtlichen Zulässigkeit eines solchen Verzichts. Außerdem ist es unerheblich auf welcher arbeitsrechtlichen Grundlage der Entgeltanspruch beruht. Der Verzicht kann nur für die Zukunft erfolgen.

Beispiel B

Eine Arbeitnehmerin arbeitet ab 1. Juli 2021 für ein monatliches Arbeitsentgelt von 450 €. Eine Betriebsvereinbarung sieht ein Weihnachtsgeld in Höhe eines Monatsgehalts vor. Die Arbeitnehmerin hat jedoch bei Beginn des Beschäftigungsverhältnisses am 1. Juli 2021 im Voraus auf das Weihnachtsgeld verzichtet. Es handelt es sich um eine geringfügige Beschäftigung, weil die monatliche Entgeltgrenze von 450 € nicht überschritten wird.

Die Abkehr vom Entstehungsprinzip und die Anwendung des Zuflussprinzips gilt nach der ausdrücklichen gesetzlichen Regelung in § 22 Abs. 1 SGB IV nur für einmalige Zuwendungen. Für laufendes Arbeitsentgelt gilt weiterhin das Entstehungsprinzip und der Grundsatz, dass **nur ein arbeitsrechtlich zulässiger schriftlicher Verzicht** auf künftig entstehende Arbeitsentgeltansprüche das zu berücksichtigende Arbeitsentgelt mindert (vgl. die Erläuterungen unter dem vorstehenden Buchstaben a).

c) Schwankende Arbeitslöhne

Sozialversicherungsrechtlich gilt Folgendes: Bei **unvorhersehbar** schwankender Höhe des Arbeitsentgelts **und** in den Fällen, in denen im Rahmen einer Dauerbeschäftigung **saisonbedingt vorhersehbar** unterschiedliche Arbeitsentgelte erzielt werden, ist der regelmäßige Betrag durch Schätzung bzw. durch eine Durchschnittsberechnung zu ermitteln. Bei neu eingestellten Arbeitnehmern kann dabei von der Vergütung eines vergleichbaren Arbeitnehmers ausgegangen werden. Im Rahmen der Schätzung ist es auch zulässig, wenn Arbeitgeber bei ihrer Jahresprognose allein die Einhaltung der jährlichen Geringfügigkeitsgrenze von 5400 € unterstellen, ohne die Arbeitseinsätze und damit die zu erwartenden Arbeitsentgelte für die einzelnen Monate im Vorfeld festzulegen. Die Tatsache, dass aufgrund des unvorhersehbaren Jahresverlaufs in einzelnen Monaten auch Arbeitsentgelte oberhalb von 450 € erzielt werden, ist unschädlich für das Vorliegen einer geringfügig entlohnten Beschäftigung, solange die jährliche Entgeltgrenze von 5400 € nicht überschritten wird.

Die Feststellung der gewissenhaften Schätzung bleibt für die Vergangenheit auch dann maßgebend, wenn sie infolge nicht sicher voraussehbarer Umstände mit den tatsächlichen Arbeitsentgelten aus der Beschäftigung nicht übereinstimmt (vgl. Urteile des BSG vom 27.9.1961 – 3 RK 12/57 –, SozR Nr. 6 zu § 168 RVO, vom 23.11.1966 – 3 RK 56/64 –, USK 6698, und vom 23.4.1974 – 4 RJ 335/72 –, USK 7443). Dies gilt nicht, wenn eine regelmäßige geringfügig entlohnte Beschäftigung auszuschließen ist, weil deren Umfang erheblichen Schwankungen unterliegt. Das ist dann der Fall, wenn eine in wenigen Monaten eines Jahres ausgeübte Vollzeitbeschäftigung nur deshalb geringfügig entlohnt ausgeübt würde, weil die Arbeitszeit und das Arbeitsentgelt in den übrigen Monaten des Jahres lediglich soweit reduziert werden, dass das Jahresarbeitsentgelt 5400 € nicht übersteigt. Dies gilt auch dann, wenn unverhältnismäßige Schwankungen saisonbedingt begründet werden. In diesen Fällen liegt in den Monaten

G

Lohn-steuer-pflichtig	Sozial-versich.-pflichtig

des Überschreitens der Entgeltgrenze keine geringfügig entlohnte Beschäftigung vor.

Bisher konnte es in Einzelfällen – insbesondere bei schwankenden Arbeitslöhnen – zu unterschiedlichen steuer- und sozialversicherungsrechtlichen Beurteilungen kommen, ob eine geringfügige Beschäftigung vorliegt oder nicht. So lehnte die Finanzverwaltung das Vorliegen eines geringfügig entlohnten Beschäftigungsverhältnisses ab, wenn ein vorhersehbares Überschreiten der monatlichen Entgeltgrenze von 450 € in mehr als drei Monaten innerhalb eines Zwölfmonatszeitraums vorlag. Dies galt auch dann, wenn die Jahresarbeitsentgeltgrenze von 5400 € (450 € × 12 Monate) nicht überschritten wurde.

Um in der Praxis die notwendige Rechtsklarheit sicherzustellen, sollen unterschiedliche Auslegungen im Steuer- und Sozialversicherungsrecht über das Vorliegen einer geringfügigen Beschäftigung vermieden werden. Dies wird dadurch gewährleistet, dass der **sozialversicherungsrechtlichen Beurteilung** über das Vorliegen einer geringfügigen Beschäftigung **steuerlich gefolgt** wird.

Zu Arbeitszeitkonten vgl. den nachfolgenden Buchstaben e.

d) Gelegentliches Überschreiten der 450-Euro-Grenze

Überschreitet das Arbeitsentgelt regelmäßig 450 €, tritt ab dem Tag des Überschreitens Versicherungspflicht ein. Für die zurückliegende Zeit verbleibt es bei der Versicherungsfreiheit.

Ein nur **gelegentliches** und **nicht vorhersehbares** Überschreiten der Geringfügigkeitsgrenzen führt nicht zur Versicherungspflicht. Als gelegentlich ist dabei ein Zeitraum bis zu **drei Monaten** innerhalb eines Jahres anzusehen.[1)]

Beispiel A

Ein Arbeitnehmer übt eine geringfügige Dauerbeschäftigung aus und erhält hierfür 450 € monatlich. Im August 2021 fallen wider Erwarten Überstunden durch die Vertretung eines krank gewordenen Kollegen an. Dadurch erhöht sich der Monatslohn auf 1000 €. Gleichwohl liegt auch im August in der Kranken-, Pflege- und Arbeitslosenversicherung eine geringfügige Beschäftigung vor, weil es sich nur um ein gelegentliches und unvorhersehbares Überschreiten der 450-Euro-Grenze handelt. Der Arbeitnehmer bleibt deshalb auch im August in der Kranken-, Pflege- und Arbeitslosenversicherung versicherungsfrei. In der Rentenversicherung besteht Versicherungspflicht. Für August 2021 ergibt sich folgende Lohnabrechnung:

Monatslohn		1 000,– €
Lohnsteuer	0,– €	
Solidaritätszuschlag	0,– €	
Kirchensteuer	0,– €	
Sozialversicherung (Arbeitnehmeranteil)	36,– €	36,– €
auszuzahlender Betrag		964,– €

Der Arbeitgeber muss im August 2021 folgende Pauschalabgaben zahlen (aus 1000 €):

Lohnsteuer (einschließlich Solidaritätszuschlag und Kirchensteuer)	2 %	20,– €
Krankenversicherung pauschal	13 %	130,– €
Rentenversicherung	15 %	150,– €
insgesamt		300,– €
Der Arbeitnehmer hat in der Rentenversicherung 3,6 % aus 1000 € zu bezahlen.		36,– €

Ist der Arbeitnehmer privat krankenversichert, entfällt der pauschale Arbeitgeberanteil zur Krankenversicherung in Höhe von 13 %.

Das gelegentliche Überschreiten der 450-Euro-Grenze muss also **unvorhersehbar** sein, damit es nicht zur Versicherungspflicht führt. Keine Probleme bereitet deshalb – wie im Beispiel dargestellt – eine Krankheitsvertretung oder z. B. eine Vertretung wegen der Quarantäne von Mitarbeitern während der Corona-Pandemie. Schwieriger wird es bereits, wenn regelmäßig Urlaubsvertretungen wahrgenommen werden oder zu bestimmten, alljährlich wiederkehrenden Spitzenzeiten (z. B. Weihnachtsgeschäft, Inventur), der erhöhte Arbeitsanfall durch Mehrarbeit von ansonsten geringfügig entlohnten Beschäftigten aufgefangen wird. In diesen Fällen wird der Nachweis der Unvorhergesehenheit nur schwer zu erbringen sein.

Lohn-steuer-pflichtig	Sozial-versich.-pflichtig

Außerdem ist nach der Auffassung der Sozialversicherungsträger Folgendes zu beachten:

Sofern im **unmittelbaren Anschluss** an eine geringfügig entlohnte (Dauer-)Beschäftigung bei demselben Arbeitgeber eine auf längstens drei Monate befristete Beschäftigung mit einem Arbeitsentgelt von mehr als 450 € vereinbart wird, ist von der widerlegbaren Vermutung auszugehen, dass es sich um die Fortsetzung der bisherigen (Dauer-)Beschäftigung handelt mit der Folge, dass vom Zeitpunkt der Vereinbarung der befristeten Beschäftigung an die Arbeitsentgeltgrenze überschritten wird und damit Versicherungspflicht eintritt. Dies gilt umso mehr, wenn sich an die befristete Beschäftigung wiederum unmittelbar eine – für sich betrachtet – geringfügig entlohnte Beschäftigung anschließt. Versicherungsfreiheit wegen Vorliegens einer kurzfristigen Beschäftigung (vgl. nachfolgend unter Nr. 16) kommt in diesen Fällen nur dann in Betracht, wenn es sich bei den einzelnen Beschäftigungen um völlig voneinander unabhängige Beschäftigungsverhältnisse handelt.

In den Fällen, in denen die Arbeitsentgeltgrenze von 450 € infolge einer **rückwirkenden Erhöhung des Arbeitsentgelts** überschritten wird, tritt Versicherungspflicht mit dem Tage ein, an dem der Anspruch auf das erhöhte Arbeitsentgelt entstanden ist (z. B. Tag des Abschlusses eines Tarifvertrags); für die zurückliegende Zeit verbleibt es bei der Versicherungsfreiheit. Allerdings sind in diesen Fällen für das nachgezahlte Arbeitsentgelt Pauschalbeiträge (auch von dem 450 € übersteigenden Betrag) zu zahlen.

Arbeitgeber beschäftigten aufgrund der **Corona-Pandemie** ihre 450-Euro-Minijobber teilweise in größerem Umfang als ursprünglich vereinbart. Dies konnte zum Überschreiten der monatlichen Verdienstgrenze von 450 € führen. In Anlehnung an die Zeitgrenzen für kurzfristige Beschäftigungen war für eine Übergangszeit vom **1.3.2020 bis 31.10.2020** ein **fünfmaliges unvorhersehbares Überschreiten der Verdienstgrenze möglich.** Eine solche Unvorhersehbarkeit lag z. B. vor, wenn andere Arbeitnehmer erkrankt sind oder unter Quarantäne stehen.

Verdient ein Minijobber in den Kalendermonaten März bis Oktober 2020 mehr als ursprünglich vorgesehen, ist zu prüfen, wie oft dies innerhalb des letzten Zeitjahres (= 12-Monats-Zeitraum) geschehen ist. Der 12-Monats-Zeitraum endet immer mit dem Ende des Kalendermonats, in dem ein unvorhersehbares Überschreiten vorliegt und beginnt 12 Monate vorher. Wurde die Verdienstgrenze innerhalb des 12-Monats-Zeitraums maximal in fünf Kalendermonaten nicht vorhersehbar überschritten, liegt ein gelegentliches Überschreiten vor; dies gilt sowohl im Sozialversicherungsrecht als auch im Steuerrecht.

Beispiel B

Eine Raumpflegerin arbeitet seit dem 1.1.2019 gegen ein monatliches Arbeitsentgelt von 420 €. Im März 2020 bittet der Arbeitgeber sie, vom 1.4. bis zum 31.5.2020 mehr zu arbeiten, da aufgrund der Corona-Pandemie ein erhöhter Reinigungsbedarf besteht. Dadurch erhöht sich der Verdienst in den Monaten April und Mai 2020 auf monatlich 2000 €. Die Raumpflegerin hatte zudem bereits im Juni, September und Dezember 2019 Krankheitsvertretungen für Vollzeitkräfte übernommen und dadurch in diesen Monaten die monatliche Verdienstgrenze von 450 € überschritten.

Die Beschäftigung der Raumpflegerin bleibt auch für die Monate April und Mai 2020 ein 450-Euro-Minijob. Innerhalb des maßgebenden, rückblickenden 12-Monats-Zeitraums (1.6.2019 bis 31.5.2020) wurde maximal in fünf Kalendermonaten die Verdienstgrenze nicht vorherseh-

1) Aufgrund der Corona-Pandemie war im Zeitraum 1.3.2020 bis 31.10.2020 ein fünfmaliges unvorhersehbares Überschreiten der Verdienstgrenze möglich.

Lohn-steuer-pflichtig | Sozial-versich.-pflichtig

bar überschritten (Juni, September und Dezember 2019 sowie April und Mai 2020). Damit liegt ein gelegentliches Überschreiten der Verdienstgrenze vor und es handelt sich weiter um einen Minijob.

e) Arbeitszeitkonten bei 450-Euro-Jobs

Seit 1.1.2009 sind sozialversicherungsrechtlich relevante flexible Arbeitszeitregelungen auch für geringfügig Beschäftigte möglich. Dabei ist zwischen sonstigen flexiblen Arbeitszeitregelungen (z. B. Gleitzeit- oder Jahreszeitkonten) und Wertguthabenvereinbarungen (z. B. Langzeit- oder Lebensarbeitszeitkonten) zu unterscheiden.

Soweit in einer geringfügig entlohnten Beschäftigung mit einem Stundenlohnanspruch und schwankender Arbeitszeit im Rahmen einer **sonstigen flexiblen Arbeitszeitregelung** ein verstetigtes Arbeitsentgelt gezahlt werden soll, sind für die Ermittlung des regelmäßigen Arbeitsentgelts die sich aus der zu erwartenden Gesamtjahresarbeitszeit abzuleitenden Ansprüche auf Arbeitsentgelt zu berücksichtigen. Hierbei sind bereits bestehende und zu erwartende Arbeitszeitguthaben einzubeziehen. Demzufolge darf das durchschnittliche monatliche Arbeitsentgelt in einem Jahr unter Berücksichtigung des zu Beginn des Jahres in einem Zeitguthaben bereits enthaltenen sowie des zum Ende des Jahres in einem Zeitguthaben zu erwartenden Arbeitsentgeltanspruchs die entgeltliche Geringfügigkeitsgrenze nicht übersteigen.

Beispiel A

Einstellung eines Hausmeisters zum 1.4. auf Stundenlohnbasis (10 € pro Stunde). Es wird ein verstetigtes Arbeitsentgelt von 420 Euro im Monat vereinbart. Dies entspricht einer monatlichen Arbeitszeit von 42 Stunden (Jahresarbeitszeit = 504 Stunden). Der Arbeitseinsatz soll flexibel erfolgen und die wöchentliche Arbeitszeit demnach schwanken. Der Arbeitgeber schließt mit dem Hausmeister daher eine Gleitzeitvereinbarung über die Einrichtung eines Arbeitszeitkontos ab, die es dem Hausmeister ermöglicht, monatliche Überstunden auf- und abzubauen.

Soweit der Arbeitgeber in der vorausschauenden Betrachtung davon ausgeht, dass das Arbeitszeitkonto zum Ende des maßgebenden Zeitjahres (31.3. des Folgejahres) maximal 36 Stunden Restguthaben enthalten wird, ist der Hausmeister versicherungsfrei, weil das durchschnittliche Arbeitsentgelt 450 € nicht übersteigt (504 + 36 = 540 Stunden : 12 Monate × 10 € = 450 €). Der Arbeitgeber hat von dem verstetigten Arbeitsentgelt den Pauschalbeitrag zur Krankenversicherung und gemeinsam mit dem Arbeitnehmer Beiträge zur Rentenversicherung zu zahlen. Der Arbeitnehmer kann die Befreiung von der Rentenversicherungspflicht beantragen.

Dies gilt in einer Beschäftigung mit Anspruch auf einen festen Monatslohn, in der die vertraglich geschuldete Arbeitszeit über Zeitguthaben flexibel gestaltet werden kann, entsprechend.

Im Rahmen einer **Wertguthabenvereinbarung** wird durch den Verzicht auf die Auszahlung erarbeiteten Arbeitsentgelts Wertguthaben für dessen Entsparung in Zeiten einer (längerfristigen) Freistellung von der Arbeitsleistung aufgebaut. Der Auszahlungsverzicht zugunsten eines Wertguthabens begründet hinsichtlich des ins Wertguthaben eingestellten Arbeitsentgelts eine Verschiebung der Beitragsfälligkeit. Vor Klärung der beitragsrechtlichen Konsequenzen für eine Beschäftigung ist aber zunächst deren versicherungsrechtlicher Status festzustellen. Aus diesem Grunde ist vor Abschluss einer Wertguthabenvereinbarung vorrangig zunächst zu prüfen, ob dies im Rahmen einer geringfügig entlohnten oder einer mehr als geringfügig entlohnten Beschäftigung erfolgen soll. Für die Klärung dieser Ausgangsfrage wird das zu erwartende vertraglich vereinbarte Bruttoarbeitsentgelt für die Ermittlung des regelmäßigen Arbeitsentgelts berücksichtigt. Sofern wegen Nichtüberschreitung der Arbeitsentgeltgrenze von 450 € eine geringfügig entlohnte Beschäftigung vorliegt, ist nach Abschluss einer Wertguthabenvereinbarung für weitere klärungsbedürftige Sachverhalte, wie beispielsweise bei der Zusammenrechnung mit weiteren Beschäftigungen, das Arbeitsentgelt maßgebend, welches sowohl in der Arbeitsphase als auch in der Freistellungsphase tatsächlich ausgezahlt, gemeldet und verbeitragt wird.

Lohn-steuer-pflichtig | Sozial-versich.-pflichtig

Auch für die Prüfung der Angemessenheit der Entsparung eines Wertguthabens nach § 7 Abs. 1a Satz 1 Nr. 2 SGB IV ist dabei – unabhängig von einem Wechsel des Versicherungsstatus aufgrund der Zusammenrechnung mehrerer Beschäftigungen – dieses Arbeitsentgelt zugrunde zu legen.

Für Zeiten der **Freistellung von der Arbeitsleistung im Rahmen sonstiger flexibler Arbeitszeitregelungen** kann eine Beschäftigung nach § 7 Abs. 1 SGB IV jedoch nur für **längstens einen Monat** begründet werden, während bei Freistellungen von der Arbeitsleistung auf der Grundlage einer Wertguthabenvereinbarung (§ 7b SGB IV) auch für Zeiten von mehr als einem Monat eine Beschäftigung besteht (§ 7 Abs. 1a SGB IV).

Sonstige flexible Arbeitszeitregelungen verfolgen im Unterschied zu Wertguthabenvereinbarungen nicht das Ziel der (längerfristigen) Freistellung von der Arbeitsleistung unter Verwendung eines aufgebauten Wertguthabens. Vielmehr erfolgt bei diesen Arbeitszeitregelungen bei schwankender Arbeitszeit regelmäßig ein Ausgleich in einem Arbeitszeitkonto.

G

Für diese Arbeitszeitregelungen zur flexiblen Gestaltung der werktäglichen oder wöchentlichen Arbeitszeit oder zum Ausgleich betrieblicher Produktions- und Arbeitszeitzyklen unter Verstetigung des regelmäßigen Arbeitsentgelts besteht bei Abweichungen der tatsächlichen Arbeitszeit von der vertraglich geschuldeten (Kern-)Arbeitszeit auch in Zeiten der vollständigen Verringerung der Arbeitszeit (Freistellung) unter Fortzahlung eines verstetigten Arbeitsentgelts nach Maßgabe des § 7 Abs. 1a Satz 2 SGB IV allerdings bis zu drei Monaten die Beschäftigung nach § 7 Abs. 1 SGB IV fort. Der Beitragspflicht unterliegt ausschließlich das ausgezahlte vertraglich geschuldete verstetigte Arbeitsentgelt, unabhängig von der im Rahmen einer geringeren oder höheren Arbeitszeit tatsächlich erbrachten Arbeitsleistung. Einer Verschiebung der Fälligkeit von Sozialversicherungsbeiträgen auf den Zeitpunkt der Inanspruchnahme des Zeitguthabens – wie bei Wertguthabenvereinbarungen bedarf es in diesen Fällen daher nicht. Für die beitragsrechtliche Behandlung der in entsprechenden Beschäftigungen mit einem Stundenlohnanspruch aus einem Arbeitszeitkonto beanspruchten Arbeitsentgelte wurde das Zuflussprinzip eingeführt (§ 22 Abs. 1 Satz 2 SGB IV). Hiernach hängt die Fälligkeit der Beiträge für Arbeitsentgelte aus einem Stundenlohnanspruch, die während des Abbaus eines Arbeitszeitkontos einer sonstigen flexiblen Arbeitszeitregelung ausgezahlt werden, vom Zufluss des Arbeitsentgelts ab.

Die sonstigen flexiblen Arbeitszeitregelungen für geringfügig Beschäftigte müssen neben dem Aufbau von Zeitguthaben auch deren tatsächlichen Abbau ermöglichen. Ist der Abbau eines Zeitguthabens von vornherein nicht beabsichtigt, ist die Arbeitszeitvereinbarung sozialversicherungsrechtlich irrelevant (§ 32 SGB I). In diesen Fällen wäre – unabhängig von der Führung eines Arbeitszeitkontos – vom Beginn der Beschäftigung an der versicherungs- und beitragsrechtlichen Beurteilung das tatsächlich erarbeitete Arbeitsentgelt zugrunde zu legen.

Beispiel B

Die Reinigungskraft eines Gebäudereinigungsunternehmens ist mit einem monatlichen Arbeitsentgelt in Höhe von 450 € für drei Jahre befristet geringfügig entlohnt beschäftigt. Die Arbeitszeit kann über ein Arbeitszeitkonto flexibel gestaltet werden. Zusätzlich erklärt sich die Reinigungskraft bereit, Urlaubs- und Krankheitsvertretungen zu übernehmen, die ihrem Arbeitszeitkonto gut geschrieben werden. Das Arbeitszeitguthaben soll am Ende der Beschäftigung in Arbeitsentgelt abgegolten werden.

Da bereits von vornherein feststeht, dass die aufgrund der Urlaubs- und Krankheitsvertretungen aufgebauten Arbeitszeitguthaben nicht bis zum Ende der Beschäftigung abgebaut werden, hat die versicherungs- und beitragsrechtliche Beurteilung unter Berücksichtigung der zu erwartenden Vertretungsarbeit zu erfolgen. Die sonstige flexible Arbeitszeitregelung ist dabei irrelevant.

Lohn- steuer- pflichtig | Sozial- versich.- pflichtig

Dies gilt gleichermaßen, wenn erkennbar wird, dass die ursprünglich vorausschauende Schätzung des regelmäßigen Arbeitsentgelts nicht gewissenhaft erfolgt ist, weil bewusst längerfristige (mehr als einen Monat dauernde) Freistellungen von der Arbeitsleistung zugelassen wurden.

Beispiel C

Der Hausmeister arbeitet vom 1.4. bis 30.9. jeweils 76 Stunden im Monat. Ab 1.10. erfolgt eine Freistellung von der Arbeitsleistung. Die Überstunden werden vollständig abgebaut, sodass die Arbeit erst am 1.4. des Folgejahres wieder aufgenommen wird. Das verstetigte Arbeitsentgelt wird entsprechend der Vereinbarung auch in den Monaten der Freistellung gezahlt.

Die ursprünglich vorausschauende Schätzung des regelmäßigen Arbeitsentgelts ist nicht gewissenhaft erfolgt, weil der Arbeitgeber bewusst eine längerfristige (mehr als einen Monat dauernde) Freistellung von der Arbeitsleistung zugelassen hat. Die Arbeitszeitvereinbarung ist daher sozialversicherungsrechtlich irrelevant.

Die sozialversicherungsrechtliche Beschäftigung besteht längstens für einen Monat der Freistellung und endet am 31.10. Das darüber hinaus für die Freistellungsphase vom 1.11. bis 31.3. gezahlte Arbeitsentgelt ist als Einmalzahlung dem Entgeltabrechnungszeitraum bis 31.10. zuzuordnen.

Das Arbeitsentgelt für den abgelaufenen Beschäftigungszeitraum vom 1.4. bis 31.10. beträgt:

April bis September (6 × 380 € =)	2280 €
Oktober (lfd. Entgelt) (1 × 380 € =)	380 €
November bis März (einmaliges Entgelt) (5 × 380 € =)	1900 €
Zusammen	4560 €

Das erzielte Arbeitsentgelt übersteigt die zulässige anteilige Arbeitsentgeltgrenze für die Zeit von April bis Oktober von 3150 € (5400 € × 210 : 360), sodass für den Beschäftigungszeitraum vom 1.4. bis 31.10. nachträglich Versicherungspflicht eintritt. Für die Zeit ab 1.11. ergibt sich wieder Versicherungsfreiheit, vorausgesetzt das regelmäßige monatliche Arbeitsentgelt ab diesem Zeitpunkt beträgt nicht mehr als 450 €.

Es ergeben sich folgende Meldungen an die Minijob-Zentrale:

Stornierung der Anmeldung zum 1.4. (Personengruppenschlüssel 109, Beitragsgruppenschlüssel 6500)

Anmeldung zum 1.11.:

Personengruppenschlüssel:	109
Beitragsgruppenschlüssel:	6 5 0 0

Der Krankenkasse ist Folgendes zu melden:

An- und Abmeldung vom 1.4. bis 31.10.:

Personengruppenschlüssel:	101
Beitragsgruppenschlüssel:	1 1 1 1

Wertguthabenvereinbarungen sollen (längerfristige) **Freistellungen von der Arbeitsleistung unter Verwendung eines aufgebauten Wertguthabens** ermöglichen. Eine Freistellung im Rahmen einer Wertguthabenvereinbarung dient vorrangig dem Zweck, auch in Zeiten von mehr als einem Monat aufgrund der gesetzlichen Beschäftigungsfiktion (§ 7 Abs. 1a SGB IV) den Versicherungsschutz in der Kranken-, Pflege-, Renten- und Arbeitslosenversicherung aufrecht zu erhalten. Dies ist in einer geringfügigen Beschäftigung, die Versicherungsfreiheit begründet, nicht möglich. Im Rahmen der nunmehr zulässigen Wertguthabenvereinbarung in einer geringfügigen Beschäftigung (§ 7b Nr. 5 SGB IV) besteht in Zeiten der Freistellung von der Arbeitsleistung und der Fortzahlung des Arbeitsentgelts aus einem Wertguthaben lediglich die versicherungsfreie Beschäftigung fort.

Soweit Wertguthaben in einer geringfügigen Beschäftigung aufgebaut wurde, kann dessen Entsparung lediglich in geringfügig entlohntem Umfang erfolgen. Es fehlt zwar an einer klarstellenden entsprechenden gesetzlichen Regelung. Allerdings schließen Sinn und Zweck von Wertguthabenvereinbarungen aus, dass aus einer während der Arbeitsphase versicherungsfreien geringfügigen Beschäftigung ein sozialversicherungsrechtlicher Schutz in einer während der Freistellungsphase versicherungspflichtigen Beschäftigung begründet werden kann.

Lohn- steuer- pflichtig | Sozial- versich.- pflichtig

Für die Prüfung der Angemessenheit der Entsparung des Wertguthabens nach § 7 Abs. 1a Satz 1 Nr. 2 SGB IV gilt – wie bei einer versicherungspflichtigen Beschäftigung – als Höchstgrenze zwar ebenfalls 130 Prozent des durchschnittlich gezahlten Arbeitsentgelts der unmittelbar vorangegangenen zwölf Kalendermonate der Arbeitsphase, allerdings können bei der Entsparung eines Wertguthabens aus einer geringfügig entlohnten Beschäftigung nicht mehr als 450 € monatlich aus dem Wertguthaben entnommen werden. Wird das Wertguthaben mit einem monatlichen Arbeitsentgelt von mehr als 450 € entspart, bleibt die Beschäftigung dennoch auch in der Freistellungsphase versicherungsfrei geringfügig entlohnt und die Pauschalbeiträge sind auf das tatsächlich ausgezahlte Arbeitsentgelt zu zahlen. Da in vorgenannten Fällen keine versicherungspflichtige (Haupt-)Beschäftigung begründet wird, ist bei der Zusammenrechnung mit weiteren geringfügig entlohnten Beschäftigungen auch das tatsächlich entsparte Arbeitsentgelt zu berücksichtigen, in dessen Folge die Beschäftigungen mehr als geringfügig entlohnt und somit versicherungspflichtig zu beurteilen sind.

Nach § 7b Nr. 5 SGB IV kann Wertguthaben aus einer versicherungspflichtigen Beschäftigung während der Freistellung von der Arbeitsleistung zudem nicht im Rahmen einer geringfügig entlohnten Beschäftigung versicherungsfrei entspart werden. Demzufolge muss jedoch die Umwandlung einer versicherungspflichtigen Beschäftigung bereits in der Ansparphase in eine versicherungsfreie Beschäftigung durch eine Wertguthabenvereinbarung erst recht unzulässig sein (§ 32 SGB I). Soweit geringfügig Beschäftigten der Abschluss von Wertguthabenvereinbarungen ermöglicht wurde, der auch in Zeiten der Freistellung von der Arbeitsleistung nicht mit einem besonderen Versicherungsschutz verbunden ist, kann dies nicht dazu führen, dass durch eine Wertguthabenvereinbarung eine versicherungspflichtige Beschäftigung (bereits in der Ansparphase des Wertguthabens) versicherungsfrei wird.

Beispiel D

Eine Verkäuferin ist gegen ein monatliches Arbeitsentgelt von 800 € beschäftigt. Die Verkäuferin verzichtet im Rahmen einer Wertguthabenvereinbarung auf die Auszahlung von monatlich 450 €. Diese sollen monatlich als Wertguthaben für eine spätere Freistellung angespart werden.

Die Verkäuferin ist weiterhin versicherungspflichtig in der Kranken-, Renten-, Arbeitslosen- und Pflegeversicherung, weil das Bruttoarbeitsentgelt 450 € übersteigt. Die Umwandlung einer versicherungspflichtigen Beschäftigung in eine versicherungsfreie Beschäftigung durch eine Wertguthabenvereinbarung ist unzulässig. Die besonderen Regelungen zu Wertguthabenvereinbarungen finden keine Anwendung. Auf Basis des monatlich erarbeiteten Arbeitsentgeltanspruchs von 800 € besteht Beitragspflicht. Eine sozialversicherungsrechtlich relevante Entsparung des „Wertguthabens" ist nicht möglich. Die versicherungspflichtige Beschäftigung endet vor Beginn der Freistellung der Verkäuferin von der Arbeitsleistung und der Auszahlung des „Wertguthabens".

Personengruppenschlüssel:	101
Beitragsgruppenschlüssel:	1 1 1 1

Wurde eine entsprechende Wertguthabenvereinbarung geschlossen, ist sie sozialversicherungsrechtlich nicht relevant. Da in diesen Fällen eine Wertguthabenvereinbarung nach § 7b SGB IV nicht vorliegt, finden auch die besonderen beitragsrechtlichen Regelungen zur Verschiebung der Beitragsfälligkeit nach § 23b Abs. 1 SGB IV keine Anwendung. Demzufolge ist das Arbeitsentgelt für die versicherungs- und beitragsrechtliche Beurteilung maßgebend, welches erarbeitet wurde. Die nur teilweise Auszahlung des Arbeitsentgelts im Rahmen des Aufbaus eines „Arbeitsentgeltkontos" ist dabei unerheblich. Bei den später aus diesem Konto ausgezahlten Beträgen handelt es sich nicht um sozialversicherungsrechtlich relevantes Arbeitsentgelt.

Da versicherungsfreie kurzfristige Beschäftigungen im Voraus auf einen kurzen Zeitraum begrenzt werden, sind hier

Lohn- steuer- pflichtig | Sozial- versich.- pflichtig

Wertguthabenvereinbarungen für eine (längerfristige) Freistellung von der Arbeitsleistung nicht möglich.

Bei Freistellungen von der Arbeitsleistung im Rahmen sonstiger flexibler Arbeitszeitregelungen **von mehr als einem Monat,** ist wegen Beendigung des versicherungsrechtlichen Beschäftigungsverhältnisses nach Ablauf eines Monats (Abmeldung zum Ende des Monats) das darüber hinaus ausgezahlte Arbeitsentgelt wie einmalig gezahltes Arbeitsentgelt zu behandeln und dem letzten Entgeltabrechnungszeitraum zuzuordnen (§ 23a SGB IV); Gleiches gilt für Zeitguthaben, welches nicht durch Freizeit ausgeglichen, sondern in Arbeitsentgelt abgegolten wird.

Auswirkungen auf die versicherungsrechtliche Beurteilung für abgelaufene Beschäftigungszeiträume ergeben sich hierdurch nicht, vorausgesetzt es liegt keine nichtige Vereinbarung vor. Der Arbeitgeber hat allerdings für die Zeit ab der auf die Arbeitsunterbrechung folgenden ersten Arbeitsaufnahme das regelmäßige Arbeitsentgelt vorausschauend neu zu bestimmen.

Bei einer Wertguthabenvereinbarung besteht die Beschäftigung auch bei einer Freistellung von mehr als einem Monat fort, wenn aus dem Wertguthaben während der Freistellung ein angemessenes Arbeitsentgelt (§ 7 Abs. 1a Satz 1 Nr. 2 SGB IV) bezogen wird, welches mindestens 70 % des durchschnittlich gezahlten Arbeitsentgelts der unmittelbar vorangegangenen zwölf Kalendermonate der Arbeitsphase entspricht.

4. Auswirkungen von steuerfreiem und pauschal besteuertem Arbeitslohn auf die 450-Euro-Grenze

a) Steuerfreier Arbeitslohn

Bei der Prüfung der 450-Euro-Grenze bleibt steuerfreier Arbeitslohn außer Betracht, wenn die Steuerfreiheit auch Beitragsfreiheit in der Sozialversicherung auslöst. Bei der Prüfung der 450-Euro-Grenze bleiben somit z. B. außer Betracht:

- **steuer- und beitragsfreier** Arbeitslohn (z. B. Kindergartenzuschüsse, Fahrtkostenzuschüsse für öffentliche Verkehrsmittel, Rabattfreibetrag in Höhe von 1080 € jährlich, Sachbezüge bis zu 44 € monatlich, Zuschläge für Sonntags-, Feiertags- und Nachtarbeit, vgl. die nachfolgenden Beispiele A und B);
- **Beiträge zu Direktversicherungen,** Pensionskassen und Pensionsfonds, die nach § 3 Nr. 63 Satz 1 und 2 EStG sowie der zusätzliche Arbeitgeberbeitrag für Geringverdiener (§ 100 Abs. 6 Satz 1 EStG; vgl. Anhang 6 Nr. 17), die steuerfrei und auch beitragsfrei sind;[1]
- die **steuer- und beitragsfreie Übungsleiterpauschale** in Höhe von 250 € monatlich (**3000 € jährlich,** vgl. die ausführlichen Erläuterungen beim Stichwort „Nebentätigkeit für gemeinnützige Organisationen"),
- steuer- und beitragsfreie Einnahmen aus ehrenamtlicher Tätigkeit (sog. **Ehrenamtspauschale**) in Höhe von 840 € jährlich (§ 3 Nr. 26a EStG, vgl. die ausführlichen Erläuterungen beim Stichwort „Nebentätigkeit für gemeinnützige Organisationen" unter Nr. 10);
- steuer- und beitragsfreie Aufwendungen des Arbeitgebers für die **Gesundheitsförderung** seiner Arbeitnehmer in Höhe von 600 € jährlich (vgl. das Stichwort „Gesundheitsförderung");
- steuer- und beitragsfreie **Fürsorgeleistungen** des Arbeitgebers (vgl. das Stichwort „Fürsorgeleistungen").

Beispiel A

Eine Arbeitnehmerin erhält für eine Teilzeitbeschäftigung 450 € monatlich. Zusätzlich bekommt sie von ihrem Arbeitgeber jeden Monat einen Benzingutschein für 30 Liter Superbenzin. Dieser Warengutschein ist ein Sachbezug, der mit dem üblichen Endpreis am Abgabeort bewertet wird (vgl. das Stichwort „Warengutscheine"). Solange der Preis für 30 Liter Superbenzin die monatliche 44-Euro-Freigrenze für geringwertige Sachbezüge nicht übersteigt, ist der Wert des Warengutscheins steuer- und beitragsfrei und bleibt deshalb bei der Prüfung, ob die monatliche 450-Euro-Grenze überschritten ist, außer Betracht. Die monatliche 44-Euro-Freigrenze für geringwertige Sachbezüge ist beim Stichwort „Sachbezüge" unter Nr. 4 anhand von Beispielen ausführlich erläutert.

Beispiel B

Eine Küchenaushilfe arbeitet seit 1.1.2021 in einer Gaststätte nur an Sonn- und Feiertagen. Sie erhält einen Stundenlohn von 10 €. Hierzu wird ein Zuschlag bei Sonntagsarbeit von 50 %, bei Feiertagsarbeit von 100 % und ein Zuschlag bei Nachtarbeit (20 Uhr bis 6 Uhr) von 25 % gezahlt. Für Mai 2021 rechnet sie folgende Stunden ab:

- 20 Stunden Sonntagsarbeit, davon 16 nach 20 Uhr;
- 10 Stunden Feiertagsarbeit, davon 8 nach 20 Uhr.

Es ergibt sich folgende Lohnabrechnung:

– 4 Stunden Sonntagsarbeit zu 15 € (10 € + 50 %)	=	60,– €
– 16 Stunden Sonntagsarbeit mit Nachtarbeitszuschlag zu 17,50 € (10 € + 75 %)	=	280,– €
– 2 Stunden Feiertagsarbeit zu 20 € (10 € + 100 %)	=	40,– €
– 8 Stunden Feiertagsarbeit mit Nachtarbeitszuschlag zu 22,50 € (10 € + 125 %)	=	180,– €
insgesamt		560,– €

Der steuerpflichtige und damit auch beitragspflichtige Arbeitslohn beträgt (30 Stunden zu 10 € =) 300 € im Monat Mai 2021. Die Zuschläge für Sonntags-, Feiertags- und Nachtarbeit in Höhe von insgesamt 260 € sind steuer- und beitragsfrei. Da die 450-Euro-Grenze nicht überschritten ist, handelt es sich um eine geringfügige versicherungsfreie Beschäftigung, für die der Arbeitgeber den besonderen Arbeitgeberanteil zur Rentenversicherung in Höhe von 15 % entrichten muss (und ggf. 13 % Pauschalbeitrag zur Krankenversicherung). Auf die seit 1.1.2013 grundsätzlich bestehende Rentenversicherungspflicht hat die Arbeitnehmerin verzichtet. Durch die Zahlung des besonderen Arbeitgeberanteils zur Rentenversicherung in Höhe von 15 % besteht für den Arbeitgeber die Möglichkeit der Lohnsteuerpauschalierung mit 2 %. Damit sind auch der Solidaritätszuschlag und die Kirchensteuer mit abgegolten. Die Pauschalsteuer beträgt monatlich 2 % von 300 € = 6 €.

Sonntags-, Feiertags- und Nachtarbeitszuschläge (SFN-Zuschläge), die ohne tatsächliche Arbeitsleistung während eines **Beschäftigungsverbots** nach dem **Mutterschutzgesetz** oder im Fall der **Entgeltfortzahlung** bei Krankheit gewährt werden, erfüllen nicht die Voraussetzungen für eine Steuerfreiheit. Die dann als Arbeitsentgelt zu berücksichtigenden Zuschläge wirken sich jedoch nicht auf den Status der geringfügig entlohnten Beschäftigung aus. Dies gilt unabhängig davon, ob ein arbeitsrechtlicher Anspruch darauf besteht. In diesen Fällen sind allerdings auch von einem **450 Euro übersteigenden Betrag** die im Rahmen der geringfügigen Beschäftigung entfallenden Abgaben **(Pauschalbeiträge, Umlagen, Steuern)** an die Minijob-Zentrale zu zahlen. Diese Ausnahmeregelung findet aber keine Anwendung für ebenfalls als Arbeitsentgelt zu berücksichtigende SFN-Zuschläge während bezahlter Urlaubs- oder Feiertage, weil die Zahlung aus diesen Anlässen einplanbar und vorhersehbar ist.

Beispiel C

Arbeitgeber A ist Inhaber einer Großbäckerei und beschäftigt B als Minijobberin auf 450-Euro-Basis. Für ihre regelmäßige Nachtarbeit erhält sie steuerfreie SFN-Zuschläge in Höhe von 50 Euro, die ihrem Lohn zugerechnet werden. B erwartet einige Zeit später ein Kind und fällt aufgrund eines Beschäftigungsverbots aus. A ist als Arbeitgeber dennoch gesetzlich dazu verpflichtet, ihren Verdienst weiter zu zahlen – samt den SFN-Zuschlägen.

Da B die Arbeitsleistung nicht erbringt, wird der SFN-Zuschlag von 50 Euro nunmehr steuer- und beitragspflichtig. Die o. a. Sonderregelung bei Mutterschutz und Krankheit führt trotz Überschreitens der

1) Die Steuerfreiheit der Beiträge zu Direktversicherungen, Pensionskassen und Pensionsfonds nach § 3 Nr. 63 EStG setzt voraus, dass es sich bei dem 450-Euro-Job um das **erste** Dienstverhältnis handelt. Bei einem pauschal mit 2 % versteuerten 450-Euro-Job ist diese Voraussetzung erfüllt, wenn der 450-Euro-Job das einzige Dienstverhältnis des Arbeitnehmers ist. Zudem beträgt die Steuerfreiheit nach § 3 Nr. 63 EStG bis zu 8 % der Beitragsbemessungsgrenze in der gesetzlichen Rentenversicherung (2021: 6816 € jährlich). Sozialversicherungsrechtlich besteht eine Beitragsfreiheit einschließlich des zusätzlichen steuerfreien Arbeitgeberbeitrags für Geringverdiener jedoch nach wie vor nur bis zu 4 % der Beitragsbemessungsgrenze in der gesetzlichen Rentenversicherung (2021: 3408 € jährlich).

G

Lohn- Sozial-
steuer- versich.-
pflichtig pflichtig

Obergrenze von 450 Euro dazu, dass B Minijobberin bleibt und A als Arbeitgeber die üblichen Abgaben, allerdings von einem Betrag von 500 Euro (450 Euro plus 50 Euro), zu zahlen hat.

b) Sonderfälle

Es gibt Fälle, in denen die Steuerfreiheit keine Beitragsfreiheit in der Sozialversicherung auslöst. Auch umgekehrt gibt es Lohnbestandteile, die zwar sozialversicherungsfrei aber steuerpflichtig sind. Für diese Fälle gilt Folgendes:

In R 40a.2 Satz 4 LStR wurde klargestellt, dass für steuerpflichtige Lohnbestandteile, die nicht zum sozialversicherungspflichtigen Arbeitsentgelt gehören (z. B. Abfindungen), die Lohnsteuerpauschalierung nach § 40a Abs. 2 und 2a EStG nicht zulässig ist. Diese Lohnbestandteile unterliegen der Lohnsteuererhebung vielmehr nach den allgemeinen Regelungen.

G

Beispiel A

Eine geringfügig entlohnte Arbeitnehmerin scheidet nach 10-jähriger Betriebszugehörigkeit aus dem Arbeitsverhältnis aus und erhält aufgrund eines Aufhebungsvertrags eine Abfindung wegen Entlassung aus dem Dienstverhältnis in Höhe von 3000 €. Die Abfindung ist in voller Höhe steuerpflichtig. Die Lohnsteuer ist nach den individuellen Lohnsteuerabzugsmerkmalen der Arbeitnehmerin einzubehalten; zum Abruf der elektronischen Lohnsteuerabzugsmerkmale – ELStAM – vgl. dieses Stichwort. Sind dem Arbeitgeber die individuellen Lohnsteuerabzugsmerkmale (insbesondere Steuerklasse) nicht bekannt, muss er die Lohnsteuer nach Steuerklasse VI einbehalten (vgl. das Stichwort „Nichtvorlage der Lohnsteuerabzugsmerkmale").

Außerdem wurde in R 40a.2 Satz 3 LStR klargestellt, dass bei der Pauschalierung der Lohnsteuer mit 2 % für 450-Euro-Jobs Lohnbestandteile außer Ansatz bleiben, die nicht zum sozialversicherungspflichtigen Arbeitsentgelt gehören, und zwar unabhängig davon, ob es sich um **steuerpflichtige oder steuerfreie Lohnbestandteile** handelt. Denn für die Pauschalierung nach § 40a Abs. 2 und 2a EStG gilt der sozialversicherungsrechtliche Arbeitslohnbegriff. Damit bleiben steuerfreie Direktversicherungsbeiträge und steuerfreie Beiträge an Pensionskassen und Pensionsfonds einschließlich des zusätzlichen steuerfreien Arbeitgeberbeitrags für Geringverdiener im Kalenderjahr 2021 bis zu einem Betrag von 3408 € jährlich (284 € monatlich) bei der Prüfung der Pauschalierungsgrenzen und bei der Berechnung der 2 %igen Pauschalsteuer außer Ansatz, da sie bis zu dieser Höhe auch sozialversicherungsrechtlich nicht zum beitragspflichtigen Arbeitsentgelt gehören.

Dagegen gehören steuerfreie Direktversicherungsbeiträge und Beiträge an Pensionskassen und Pensionsfonds oberhalb von 4 % bis zu 8 % der Beitragsbemessungsgrenze in der gesetzlichen Rentenversicherung zum **sozialversicherungspflichtigen Entgelt** und unterliegen damit der 2 %igen Pauschalsteuer, wenn diese Beiträge im Rahmen eines geringfügigen Beschäftigungsverhältnisses gezahlt werden sollten. Wichtig ist darauf zu achten, dass durch die beitragspflichtigen Beträge die Arbeitsentgeltgrenze von 450 € nicht überschritten wird.

Beispiel B

Ein Arbeitgeber zahlt für seine Arbeitnehmerin neben 450 € Barlohn steuerfreie Direktversicherungsbeiträge bis zu 6 % der Beitragsbemessungsgrenze in der gesetzlichen Rentenversicherung (2021 = 5112 €).

Es liegt keine geringfügige Beschäftigung vor, da 2 % der Beitragsbemessungsgrenze der gesetzlichen Rentenversicherung für die Direktversicherungsbeiträge zwar auch steuerfrei, aber zum sozialversicherungspflichtigen Arbeitsentgelt gehören (2021 = 1704 €). Steuerlich ist der steuerpflichtige Barlohn von 450 € nach den Lohnsteuerabzugsmerkmalen der Arbeitnehmerin zu besteuern (vgl. „Elektronische Lohnsteuerabzugsmerkmale – ELStAM").

Die Pauschalierung der Lohnsteuer mit 2 % nach § 40a Abs. 2 EStG knüpft also voll an die sozialversicherungsrechtliche Behandlung an. Dies gilt auch für die Bemessungsgrundlage, das heißt Bemessungsgrundlage für die 2 %ige Pauschalsteuer ist das sozialversicherungspflichtige Arbeitsentgelt. Dies kann dazu führen, dass die 2 %ige Pauschalsteuer auch für das vertraglich geschuldete tatsächlich aber nicht gezahlte Arbeitsentgelt zu zahlen ist, wenn sozialversicherungsrechtlich das **Anspruchsprinzip** und nicht das Zuflussprinzip zur Anwendung kommt. In R 40a.2 Satz 3 LStR wurde dies ausdrücklich klargestellt, denn dort heißt es wörtlich: „Bemessungsgrundlage für die einheitliche Pauschalsteuer (§ 40a Abs. 2 EStG) ... ist das sozialversicherungsrechtliche Arbeitsentgelt." Das BFH-Urteil vom 29.5.2008 (BStBl. 2009 II S. 147) steht dem nicht entgegen, da es zu der vor dem 1. April 2003 geltenden Rechtslage ergangen und daher für die seit diesem Zeitpunkt geltende Rechtslage nicht relevant ist.

c) Entgeltumwandlung für eine betriebliche Altersversorgung bei 450-Euro-Jobs

Arbeitslohn aus einem Beschäftigungsverhältnis kann grundsätzlich zur Finanzierung einer betrieblichen Altersversorgung verwendet werden. Dies gilt auch für 450-Euro-Jobs.

In der Sozialversicherung haben Entgeltumwandlungen zu Gunsten einer betrieblichen Altersversorgung zur Folge, dass die verwendeten Entgeltbestandteile – unabhängig von der Höhe des Verdienstes – nicht zum beitragspflichtigen Arbeitsentgelt gehören, soweit sie 4 % der Beitragsbemessungsgrenze in der gesetzlichen Rentenversicherung nicht übersteigen. Im Kalenderjahr 2021 sind dies 4 % von 85 200 € = 3408 €.

Allerdings führen nur **künftige** Entgeltumwandlungen zur Beitragsfreiheit, das heißt, rückwirkende Entgeltumwandlungen sind nicht zulässig. Für Entgeltansprüche, die auf einem Tarifvertrag beruhen, kann eine Entgeltumwandlung nur vorgenommen werden, soweit dies durch den Tarifvertrag vorgesehen oder zugelassen ist.

Eine geringfügige Beschäftigung liegt vor, wenn das regelmäßige Arbeitsentgelt nach der Entgeltumwandlung die Arbeitsentgeltgrenze von 450 € nicht mehr übersteigt.

Beispiel A

Das monatliche Bruttoarbeitsentgelt einer Arbeitnehmerin beträgt 510 €. Für die Zukunft wird eine Entgeltumwandlung zu Gunsten einer betrieblichen Altersversorgung (z. B. einer Direktversicherung) in Höhe von 60 € monatlich vereinbart.

Es verbleibt ein beitragspflichtiges Arbeitsentgelt von 450 € monatlich. Damit besteht wegen geringfügiger Entlohnung Versicherungsfreiheit in der Kranken-, Pflege- und Arbeitslosenversicherung. Der Arbeitgeber hat für das Arbeitsentgelt in Höhe von 450 € monatlich Pauschalbeiträge zur Krankenversicherung zu zahlen. Außerdem fällt pauschale Lohnsteuer in Höhe von 2 % an. In der Rentenversicherung besteht Versicherungspflicht. Der Arbeitgeber hat hierfür einen Anteil von 15 % und der Arbeitnehmer 3,6 % zu entrichten. Zur Befreiung von der Rentenversicherungspflicht vgl. nachfolgende Nr. 8.

Eine Entgeltumwandlung zu Gunsten einer betrieblichen Altersversorgung ist auch bei reinen 450-€-Jobs zulässig.

Beispiel B

Das monatliche Arbeitsentgelt einer Arbeitnehmerin beträgt 450 €. Für die Zukunft wird eine Entgeltumwandlung zu Gunsten einer betrieblichen Altersversorgung (z. B. einer Direktversicherung) in Höhe von 60 € monatlich vereinbart.

Es verbleibt ein Arbeitsentgelt von 390 € monatlich. Der Arbeitgeber hat für das verbleibende Arbeitsentgelt in Höhe von 390 € monatlich die (verminderten) Pauschalbeiträge zur Krankenversicherung zu zahlen. Außerdem fällt pauschale Lohnsteuer in Höhe von 2 % an. In der Rentenversicherung besteht Versicherungspflicht. Der Arbeitgeber hat hierfür einen Anteil von 15 % und der Arbeitnehmer 3,6 % zu entrichten. Zur Befreiung von der Rentenversicherungspflicht vgl. nachfolgende Nr. 8.

Ein Rechtsanspruch auf Entgeltumwandlung besteht nach § 17 Abs. 1 in Verbindung mit § 1a BetrAVG[1] für Arbeitnehmer, die in der gesetzlichen Rentenversicherung pflichtversichert sind. Bei Arbeitnehmern, die in einer geringfügig entlohnten Beschäftigung versicherungsfrei sind, sind Entgeltumwandlungen zugunsten einer betrieblichen

1) Das Betriebsrentengesetz (BetrAVG) ist als Anhang 13 im **Steuerhandbuch für das Lohnbüro 2021** abgedruckt, das im selben Verlag erschienen ist.

Lohn- steuer- pflichtig | Sozial- versich.- pflichtig

Altersversorgung davon abhängig, ob der Arbeitgeber freiwillig zu einer solchen arbeitsvertraglichen Änderung bereit ist. Zum Rechtsanspruch auf Entgeltumwandlung vgl. die ausführlichen Erläuterungen und Beispiele in Anhang 6 unter Nr. 13 Buchstabe a.

Zur Entgeltumwandlung zugunsten einer betrieblichen Altersversorgung und der Problematik der sog. „Überversorgung" bei Ehegatten-Arbeitsverhältnissen vgl. die Erläuterungen beim Stichwort „Zukunftsicherung" unter Nr. 18.

d) Pauschal besteuerter Arbeitslohn

Bei der Prüfung der 450-Euro-Grenze bleibt pauschal besteuerter Arbeitslohn außer Betracht, wenn die Pauschalierung Beitragsfreiheit in der Sozialversicherung auslöst. Bei der Prüfung der 450-Euro-Grenze bleiben somit z. B. außer Betracht:

- **Pkw-Fahrtkostenzuschüsse** zu den Aufwendungen des Arbeitnehmers für Fahrten zwischen Wohnung und erster Tätigkeitsstätte, soweit sie **pauschal mit 15 % besteuert** werden (vgl. das nachfolgende Beispiel);
- **Arbeitgeberleistungen** zu den Aufwendungen des Arbeitnehmers für **Fahrtkosten,** die pauschal mit **15 %** oder **25 %** besteuert werden (vgl. das Stichwort „Fahrten zwischen Wohnung und erster Tätigkeitsstätte" unter Nr. 5);
- **Beiträge zu Direktversicherungen** (sog. Altverträge), **Pensionskassen und Gruppenunfallversicherungen, die pauschal mit 20 % besteuert** werden. Pauschal besteuerte Beiträge zu Direktversicherungen, Pensionskassen und Gruppenunfallversicherungen bleiben bei der Prüfung der sozialversicherungsrechtlichen Geringfügigkeitsgrenze außer Betracht, wenn die Pauschalbesteuerung mit 20 % Beitragsfreiheit auslöst. Dies ist der Fall, wenn die Direktversicherungs-, Pensionskassen- oder Gruppenunfallversicherungsbeiträge zusätzlich zum Arbeitslohn oder die Direktversicherungs-/Pensionskassenbeiträge ausschließlich aus Einmalzahlungen geleistet werden (vgl. das Stichwort „Zukunftsicherung");
- die Übereignung von Datenverarbeitungsgeräten (z. B. **Personalcomputern**) und die Arbeitgeberzuschüsse für die **Internetnutzung,** soweit zulässigerweise eine Pauschalierung der Lohnsteuer mit **25 %** erfolgt, weil diese Pauschalierung mit 25 % Beitragsfreiheit auslöst (vgl. das Stichwort „Computer" unter Nr. 2);
- die Übereignung von Ladevorrichtungen und entsprechende Arbeitgeberzuschüsse für den Erwerb und die Nutzung für private **Elektrofahrzeuge** der Arbeitnehmer, soweit zulässigerweise eine Pauschalierung der Lohnsteuer mit 25 % erfolgt, weil diese Pauschalierung mit 25 % Beitragsfreiheit auslöst (vgl. das Stichwort „Elektrofahrzeuge" unter Nr. 2 Buchstabe b);
- die Übereignung von **Fahrrädern,** soweit zulässigerweise eine Pauschalierung mit 25 % erfolgt, weil diese Pauschalierung mit 25 % Beitragsfreiheit auslöst (vgl. das Stichwort „Elektro-Bike" unter Nr. 5 Buchstabe b);
- steuerpflichtige Zuwendungen bei **Betriebsveranstaltungen,** soweit zulässigerweise eine Pauschalierung mit **25 %** erfolgt, weil diese Pauschalierung mit 25 % Beitragsfreiheit auslöst (vgl. das Stichwort „Betriebsveranstaltungen" unter Nr. 6);
- bei einer Pauschalierung der Lohnsteuer mit 25 % für steuerpflichtige **Reisekostenvergütungen bei Auswärtstätigkeiten, Erholungsbeihilfen** und **Mahlzeiten** gilt das Gleiche (vgl. hierzu auch das Stichwort „Pauschalierung der Lohnsteuer" unter Nr. 1).

Beispiel

Eine Arbeitnehmerin erhält ab 1.1.2021 für eine Teilzeitbeschäftigung 450 € monatlich. Sie arbeitet an 12 Tagen im Monat und fährt mit dem Pkw zur Arbeitsstätte. Die einfache Entfernung zwischen Wohnung und ihrer ersten Tätigkeitsstätte beträgt 36 km. Der Arbeitgeber zahlt für diese Fahrten einen Fahrtkostenzuschuss in Höhe des Betrags, den der Arbeitnehmer als Entfernungspauschale bei den Werbungskosten absetzen könnte, wenn der Arbeitgeber keinen Fahrtkostenzuschuss zahlen würde. Es ergibt sich folgende monatliche Lohnabrechnung:

Arbeitslohn		450,– €
Fahrtkostenzuschuss in Höhe der Entfernungspauschale		
20 km × 0,30 € × 12 Arbeitstage	=	72,– €
16 km × 0,35 € × 12 Arbeitstage	=	67,20 €
insgesamt		589,20 €

Der Fahrtkostenzuschuss ist steuerpflichtig, das heißt, die Entgeltgrenze von 450 € monatlich wäre an sich überschritten. Der Fahrtkostenzuschuss bleibt jedoch bei der Prüfung der Entgeltgrenze außer Betracht, soweit er zulässigerweise nach § 40 Abs. 2 EStG mit 15 % pauschaliert wird. Eine Pauschalierung des Fahrtkostenzuschusses mit 15 % ist zulässig, soweit die gesetzliche Entfernungspauschale nicht überschritten wird. Die Entfernungspauschale beträgt ab 1.1.2021 0,30 € für die ersten zwanzig Kilometer und jeweils 0,35 € ab dem 21. Kilometer der einfachen Entfernung zwischen Wohnung und erster Tätigkeitsstätte (vgl. die ausführlichen Erläuterungen bei den Stichwörtern „Entfernungspauschale" und „Fahrten zwischen Wohnung und erster Tätigkeitsstätte" unter Nr. 5). Im Beispielsfall sind also 139,20 € pauschalierungsfähig. Die Pauschalbesteuerung nach § 40 Abs. 2 EStG mit 15 % löst Beitragsfreiheit in der Sozialversicherung aus. Der pauschal besteuerte Fahrtkostenzuschuss bleibt somit bei der Beurteilung der monatlichen Entgeltgrenze von 450 € außer Betracht. Da die 450-Euro-Grenze nicht überschritten ist, handelt es sich um eine geringfügige versicherungsfreie Beschäftigung, für die der Arbeitgeber den besonderen Arbeitgeberanteil zur Rentenversicherung in Höhe von 15 % entrichten muss (und ggf. auch 13 % Pauschalbeitrag zur Krankenversicherung). Auf die seit 1.1.2013 grundsätzlich bestehende Rentenversicherungspflicht hat die Arbeitnehmerin verzichtet. Durch die Zahlung des besonderen Arbeitgeberanteils zur Rentenversicherung in Höhe von 15 % besteht für den Arbeitgeber die Möglichkeit der Lohnsteuerpauschalierung mit 2 %. Damit sind auch der Solidaritätszuschlag und die Kirchensteuer mit abgegolten. Die Pauschalsteuer beträgt monatlich 2 % von 450 € = 9 €.

Der Fahrtkostenzuschuss in Höhe von 139,20 € monatlich ist pauschal zu besteuern. Die pauschale Lohn- und Kirchensteuer sowie der Solidaritätszuschlag, der im Fall der Pauschalbesteuerung weiterhin zu erheben ist, für den Fahrtkostenzuschuss betragen monatlich:

pauschale Lohnsteuer (15 % von 139,20 €)	=	20,88 €
Solidaritätszuschlag (5,5 % von 20,88 €)	=	1,14 €
Kirchensteuer (z. B. in Bayern 7 % von 20,88 €)	=	1,46 €

Besonders zu beachten ist in diesen Fällen, dass die 2 %ige Pauschalsteuer, die auch den Solidaritätszuschlag und die Kirchensteuer abgilt, mit den pauschalen Sozialversicherungsbeiträgen von 15 % für die Rentenversicherung und 13 % für die Krankenversicherung mit Beitragsnachweis an die Minijob-Zentrale bei der Deutschen Rentenversicherung Knappschaft-Bahn-See abzuführen ist. Die 15 %ige Pauschalsteuer für den Fahrtkostenzuschuss ist hingegen zusammen mit dem Solidaritätszuschlag und der pauschalen Kirchensteuer beim Finanzamt mit der Lohnsteuer-Anmeldung anzumelden und an das Betriebsstättenfinanzamt abzuführen.

5. Pauschalbeiträge

Für Pauschalbeiträge bei 450-€-Jobs ergibt sich grundsätzlich folgende Übersicht:

450-€-Job	pauschaler Beitrag zur Rentenversicherung	pauschaler Beitrag zur Krankenversicherung[1)]	Pauschalsteuer	Pauschalabgabe insgesamt
in Privathaushalten	5 %	5 %[1)]	2 %	12 %
außerhalb von Privathaushalten	15 %	13 %[1)]	2 %	30 %

Auch durch die Änderungen seit 1.1.2013 bleibt die Verteilung der Pauschalabgaben grundsätzlich unverändert.

Die für geringfügige Beschäftigungsverhältnisse geltenden Regelungen sind nachfolgend anhand von Beispielen im Einzelnen erläutert. Die Erläuterungen gelten im Grundsatz auch für geringfügige Beschäftigungsverhältnisse in privaten Haushalten. Aus Gründen der Übersichtlichkeit und vor allem weil für geringfügige Beschäftigungsverhält-

1) Der Pauschalbeitrag zur Krankenversicherung fällt nur dann an, wenn der Beschäftigte in der **gesetzlichen Krankenversicherung** versichert ist (z. B. im Rahmen der Familienversicherung, als Rentner, Student, Arbeitsloser, bei freiwilliger Versicherung).

G

Lohn-steuer-pflichtig	Sozial-versich.-pflichtig

nisse in Privathaushalten andere Pauschalbeiträge zur Renten- und Krankenversicherung gelten, sind unter dem Stichwort „Hausgehilfin" die sozialversicherungsrechtlichen und steuerlichen Besonderheiten für geringfügige Beschäftigungsverhältnisse in Privathaushalten gesondert dargestellt.

Gesondert dargestellt, und zwar unter dem Stichwort „Übergangsbereich nach § 20 Abs. 2 SGB IV" ist auch die sozialversicherungsrechtliche Sonderregelung für Beschäftigungsverhältnisse, bei denen der Monatslohn im Bereich von 450,01 € bis 1300 € liegt.

Die **Pauschalierung der Lohnsteuer** mit 2 % für „normale" 450-Euro-Jobs ist nachfolgend in den wesentlichen Grundzügen erläutert. Aus Gründen der Übersichtlichkeit sind alle steuerlichen Pauschalierungsvorschriften für Aushilfskräfte und Teilzeitbeschäftigte (2 %, 5 %, 20 % und 25 %) unter dem Stichwort „Pauschalierung der Lohnsteuer bei Aushilfskräften und Teilzeitbeschäftigten" zusammengefasst dargestellt.

G

6. Pauschalbeitrag zur Krankenversicherung in Höhe von 13 % oder 5 %

Der Arbeitgeber einer geringfügig entlohnten Beschäftigung hat für Versicherte, die in dieser Beschäftigung versicherungsfrei oder nicht versicherungspflichtig sind, einen Pauschalbeitrag zur Krankenversicherung von 13 % des Arbeitsentgelts aus dieser Beschäftigung zu zahlen. Wird die geringfügig entlohnte Beschäftigung in einem Privathaushalt ausgeübt, beträgt der Pauschalbeitrag zur Krankenversicherung 5 % des Arbeitsentgelts. Deshalb ist die Abgrenzung zwischen diesen Arten von Beschäftigungsverhältnissen von erheblicher Bedeutung (vgl. das Stichwort „Hausgehilfin").

Voraussetzung für die Zahlung des Pauschalbeitrags von 13 % oder 5 % ist, dass der geringfügig Beschäftigte in der **gesetzlichen Krankenversicherung** versichert ist (z. B. im Rahmen der Familienversicherung, als Rentner, Student oder Arbeitsloser, bei freiwilliger Versicherung).

Für geringfügig Beschäftigte, die privat oder gar nicht krankenversichert sind, fällt kein Pauschalbeitrag an.

Ebenso ist für geringfügig Beschäftigte kein Zusatzbeitrag zur Krankenversicherung zu zahlen.

Weitere Voraussetzung für die Zahlung des Pauschalbeitrags zur Krankenversicherung ist, dass der Arbeitnehmer in der geringfügig entlohnten Beschäftigung krankenversicherungsfrei oder nicht krankenversicherungspflichtig ist. Der Pauschalbeitrag kommt demzufolge entweder dann in Betracht, wenn die Versicherungsfreiheit auf den Regelungen für die geringfügig entlohnten Beschäftigungen beruht oder aus anderen Gründen Krankenversicherungsfreiheit besteht. Der Pauschalbeitrag ist deshalb auch für nach § 6 Abs. 1 Nr. 1 SGB V wegen **Überschreitens der Jahresarbeitsentgeltgrenze** krankenversicherungsfreie Arbeitnehmer, für nach § 6 Abs. 1 Nr. 2 SGB V krankenversicherungsfreie **Beamte** sowie für nach § 6 Abs. 1 Nr. 3 SGB V krankenversicherungsfreie **Werkstudenten** zu zahlen, die daneben eine geringfügig entlohnte Beschäftigung ausüben und gesetzlich krankenversichert sind.

Beispiel

Ein Student übt eine Teilzeitbeschäftigung aus, für die er einen Monatslohn von 450 € erhält. Der Arbeitgeber hat für den Studenten als individuelles Lohnsteuerabzugsmerkmal die Steuerklasse I abgerufen. Für den 450-Euro-Job des Studenten ergibt sich folgende Lohnabrechnung:

Monatslohn		450,– €
Lohnsteuer (Steuerklasse I)	0,– €	
Solidaritätszuschlag	0,– €	
Kirchensteuer	0,– €	
Sozialversicherung (Arbeitnehmeranteil 3,6 % von 450 €)	16,20 €	16,20 €
Nettolohn		433,80 €

Der Arbeitgeber muss bei versicherungs**frei** geringfügig Beschäftigten einen Beitragsanteil von 13 % für die Krankenversicherung bezahlen.

Dies sind	58,50 €

In der Rentenversicherung hat der Arbeitgeber für diese versicherungs**pflichtige** geringfügige Beschäftigung einen Beitragsanteil von 15 % zu bezahlen. Der Arbeitnehmer zahlt 3,6 %. Zur Befreiung von der Rentenversicherungspflicht vgl. nachfolgende Nr. 8.

15 % von 450 €	67,50 €

Die Pauschalsteuer von 2 % entfällt, weil dem Arbeitgeber die individuellen Lohnsteuerabzugsmerkmale des Studenten bekannt sind. Sind dem Arbeitgeber die individuellen Lohnsteuerabzugsmerkmale des Studenten nicht bekannt, muss der Arbeitgeber 2 % Pauschalsteuer zahlen.

Der 13 %ige pauschale Beitrag zur Krankenversicherung entfällt, wenn der Student privat krankenversichert ist.

Das Beispiel gilt auch für Schüler, die auf 450-Euro-Basis arbeiten.

Für **Praktikanten,** die ein Praktikum machen, das in einer Studien- oder Prüfungsordnung vorgeschrieben ist, fällt ein Pauschalbeitrag zur Krankenversicherung selbst dann nicht an, wenn das Praktikum die Kriterien einer geringfügig entlohnten Beschäftigung erfüllt. Wird **neben** einem Zwischenpraktikum eine geringfügig entlohnte Beschäftigung ausgeübt, hat der Arbeitgeber der geringfügig entlohnten Beschäftigung den Pauschalbeitrag zur Krankenversicherung zu zahlen, wenn der Praktikant in der gesetzlichen Krankenversicherung versichert ist. Entsprechendes gilt für Vor- und Nachpraktikanten, die kein Arbeitsentgelt erhalten. Erhalten die Praktikanten Arbeitsentgelt, unterliegen sie als Arbeitnehmer grundsätzlich der Krankenversicherungspflicht, sodass für eine **daneben** ausgeübte geringfügig entlohnte Beschäftigung ein Pauschalbeitrag zu zahlen ist. Werden weitere geringfügig entlohnte Beschäftigungen ausgeübt, sind dagegen aus den weiteren Beschäftigungen individuelle Beiträge zu zahlen.

Für Personen, die ein **nicht** in der Studien- oder Prüfungsordnung vorgeschriebenes Praktikum ableisten, fallen Pauschalbeiträge zur Krankenversicherung an, wenn das Praktikum die Kriterien einer geringfügig entlohnten Beschäftigung erfüllt und der Arbeitnehmer gesetzlich krankenversichert ist (vgl. das Stichwort „Praktikanten").

Der Pauschbetrag fällt im Übrigen auch für solche geringfügig entlohnte Beschäftigte an, die zwar aufgrund dieser Beschäftigung nicht versicherungspflichtig werden, gleichwohl aber in der gesetzlichen Krankenversicherung **(freiwillig)** versichert sind (z. B. hauptberuflich Selbstständige, die daneben eine geringfügig entlohnte Beschäftigung ausüben).

7. Beitrag zur Rentenversicherung in Höhe von 15 % oder 5 %

a) Pauschalbeitrag zur Rentenversicherung

Der Arbeitgeber einer **versicherungsfreien** geringfügig entlohnten Beschäftigung hat einen Pauschalbeitrag zur Rentenversicherung von 15 % des Arbeitsentgelts aus dieser Beschäftigung zu zahlen. Wird die geringfügig entlohnte **versicherungsfreie** Beschäftigung in einem Privathaushalt ausgeübt, beträgt der Pauschalbeitrag zur Rentenversicherung 5 % des Arbeitsentgelts (vgl. das Stichwort „Hausgehilfin"). Bei den geringfügigen Beschäftigungen gibt es eine **versicherungsfreie** geringfügig entlohnte Beschäftigung nur noch dann, wenn der geringfügig Beschäftigte

- nach der Bestandsregelung des § 230 Abs. 8 SGB VI weiterhin nach den früheren Voraussetzungen versicherungsfrei,
- von der Rentenversicherungspflicht befreit oder
- nach § 5 Abs. 4 SGB VI (z. B. als Bezieher einer Vollrente wegen Alters nach Erreichen der Regelaltersgrenze oder als Beamtenpensionär) rentenversicherungsfrei

ist.

Lohnsteuerpflichtig Sozialversich.-pflichtig

Dem Pauschalbeitrag zur Rentenversicherung in Höhe von 15 % oder 5 % kommt auch ab 1.1.2013 weiterhin große Bedeutung zu, da an diesen Pauschalbeitrag die 2 %ige Pauschalsteuer anknüpft, die für einen 450-Euro-Job gezahlt werden muss (vgl. die Erläuterungen unter der nachfolgenden Nr. 10). Ob der Arbeitnehmer neben dem 15 %igen oder 5 %igen Pauschalbeitrag zur Rentenversicherung auch noch einen Pauschalbeitrag zur Krankenversicherung in Höhe von 13 % oder 5 % zahlen muss, ist für die 2 %ige Pauschalsteuer ohne Bedeutung.

Anknüpfungspunkt für den Pauschalbeitrag zur Rentenversicherung in Höhe von 15 % oder 5 % ist also allein die Ausübung eines geringfügig entlohnten **versicherungsfreien** Beschäftigungsverhältnisses.

Für Beamte, die neben ihrer Beamtentätigkeit einen 450-Euro-Job ausüben, fällt im Normalfall ein Beitrag zur Rentenversicherung an, da in der Rentenversicherung grundsätzlich Versicherungspflicht besteht.

Beispiel A

Ein privat krankenversicherter Beamter übt neben seiner Beamtenbeschäftigung einen 450-Euro-Job aus. Für den 450-Euro-Job ergibt sich folgende Lohnabrechnung:

Monatslohn		450,– €
Lohnsteuer	0,– €	
Solidaritätszuschlag	0,– €	
Kirchensteuer	0,– €	
Rentenversicherung (3,6 %)	16,20 €	16,20 €
Nettolohn		433,80 €

Der Arbeitgeber muss folgende Pauschalabgaben zahlen:

Lohnsteuer (einschließlich Solidaritätszuschlag und Kirchensteuer)	2 %	9,– €
Krankenversicherung (kein Pauschalbeitrag, da privat krankenversichert)		0,– €
Rentenversicherung pauschal	15 %	67,50 €
insgesamt		76,50 €

Die grundsätzliche Versicherungspflicht in der Rentenversicherung besteht auch für Beamte, die eine geringfügig entlohnte Beschäftigung ausüben. Nur bei Beamten, bei denen der Dienstherr die Gewährleistung auf Versorgungsanwartschaften (Pensionsgarantie) **auch auf die geringfügig entlohnte Beschäftigung erstreckt,** sind keine Pauschalbeiträge zu zahlen, da nur dann auch in der Nebentätigkeit Versicherungsfreiheit (wie in der Beamtentätigkeit) besteht. Hierfür ist es allerdings erforderlich, dass der Dienstherr einen entsprechenden Gewährleistungsbescheid erteilt. Dies ist nur möglich, wenn die beamtenrechtlichen Voraussetzungen (u. a. dienstliches oder überwiegend öffentliches Interesse an der Nebentätigkeit) vorliegen. Für eine „normale" Nebenbeschäftigung wird dies in aller Regel nicht der Fall sein.

Der Pauschalbeitrag ist auch für solche Arbeitnehmer zu zahlen, die eine geringfügig entlohnte Beschäftigung ausüben und **von der Rentenversicherungspflicht befreit** sind (§ 6 SGB VI). Hierunter fallen vor allem Personen, die zugunsten einer **berufsständischen Versorgungseinrichtung** von der Rentenversicherungspflicht befreit sind (z. B. Anwälte, Ärzte, Apotheker, Architekten), sowie befreite Lehrer und Erzieher sowie Handwerker. Bei den nach § 6 Abs. 1 Satz 1 Nr. 1 SGB VI von der Rentenversicherungspflicht befreiten Mitgliedern berufsständischer Versorgungseinrichtungen erhält seit 1.1.2013 für eine geringfügig entlohnte Beschäftigung in einem Beruf, für den die Befreiung erfolgt ist, die berufsständische Versorgungseinrichtung die Beiträge.

Seit 1.1.2013 ist der Pauschalbeitrag zur Rentenversicherung auch für Arbeitnehmer zu zahlen, die nach § 6 Abs. 1b SGB VI von der Rentenversicherungspflicht befreit sind. Hier handelt es sich um Beschäftigte, die sich von der ab 1.1.2013 an grundsätzlich bestehenden Versicherungspflicht in einer geringfügig entlohnten Beschäftigung (Entgelt bis 450,– €) befreien lassen. Der Arbeitgeber hat trotz Befreiung den Pauschalbeitrag zur Rentenversicherung zu bezahlen.

Der Pauschalbeitrag zur Rentenversicherung fällt darüber hinaus auch für Personen an, die nach § 5 Abs. 4 SGB VI rentenversicherungsfrei sind und eine geringfügig entlohnte Beschäftigung ausüben. Dies sind Bezieher einer **Vollrente wegen Alters** nach Erreichen der Regelaltersgrenze, **Ruhestandsbeamte** und gleichgestellte Personen sowie Bezieher einer berufsständischen Altersversorgung und auch Personen nach der Vollendung des 65. Lebensjahres, die bis dahin nicht rentenversichert waren oder danach eine Beitragserstattung aus ihrer Versicherung erhalten haben.

Beispiel B

Der Bezieher einer Vollrente wegen Alters übt nach Erreichen der Regelaltersgrenze nebenher einen 450-Euro-Job aus. Sozialversicherungsrechtlich handelt es sich um eine versicherungsfreie geringfügige Beschäftigung, für die der Arbeitgeber einen 15 %igen Arbeitgeberanteil zur Rentenversicherung, einen 13 %igen Arbeitgeberanteil zur Krankenversicherung und 2 % Pauschalsteuer zu entrichten hat.

Für den 450-Euro-Job ergibt sich folgende Lohnabrechnung:

Monatslohn		450,– €
Lohnsteuer	0,– €	
Solidaritätszuschlag	0,– €	
Kirchensteuer	0,– €	
Sozialversicherung (Arbeitnehmeranteil)	0,– €	0,– €
Nettolohn		450,– €

Der Arbeitgeber muss bei versicherungsfrei geringfügig Beschäftigten einen Beitragsanteil von 15 % für die Rentenversicherung, 13 % für die Krankenversicherung und 2 % Pauschalsteuer bezahlen.

Lohnsteuer (einschließlich Solidaritätszuschlag und Kirchensteuer)	2 %	9,– €
Krankenversicherung pauschal	13 %	58,50 €
Rentenversicherung pauschal	15 %	67,50 €
insgesamt		135,– €

Der 13 %ige pauschale Beitrag zur Krankenversicherung entfällt, wenn der Rentner privat krankenversichert ist.

Hat der Rentner die Altersgrenze für eine Regelaltersrente noch nicht vollendet, müssen die Hinzuverdienstgrenzen beachtet werden, da bei einem schädlichen Hinzuverdienst, die Vollrente entfällt (vgl. das Stichwort „Rentner").

Beispiel C

Ein **privat** krankenversicherter pensionierter Beamter, Richter oder Soldat übt nebenher einen 450-Euro-Job aus. Sozialversicherungsrechtlich handelt es sich um eine versicherungsfreie geringfügige Beschäftigung, für die der Arbeitgeber einen 15 %igen Arbeitgeberanteil zur Rentenversicherung zu entrichten hat. Ein 13 %iger Arbeitgeberanteil zur Krankenversicherung fällt nur dann an, wenn der pensionierte Beamte, Richter oder Soldat in der gesetzlichen Krankenversicherung (z. B. freiwillig) versichert ist. Außerdem muss der Arbeitgeber 2 % Pauschalsteuer bezahlen. Für den 450-Euro-Job ergibt sich folgende Lohnabrechnung:

Monatslohn		450,– €
Lohnsteuer	0,– €	
Solidaritätszuschlag	0,– €	
Kirchensteuer	0,– €	
Sozialversicherung (Arbeitnehmeranteil)	0,– €	0,– €
Nettolohn		450,– €

Der Arbeitgeber muss folgende Pauschalabgaben zahlen:

Lohnsteuer (einschließlich Solidaritätszuschlag und Kirchensteuer)	2 %	9,– €
Krankenversicherung		0,– €
Rentenversicherung pauschal	15 %	67,50 €
insgesamt		76,50 €

Für **Praktikanten** gilt Folgendes:

Praktikanten, die ein in einer Studien- oder Prüfungsordnung vorgeschriebenes Praktikum ableisten, unterliegen

G

Lohnsteuerpflichtig | Sozialversich.-pflichtig

als zur Berufsausbildung Beschäftigte grundsätzlich der Rentenversicherungspflicht, für die die Versicherungsfreiheit aufgrund einer geringfügigen Beschäftigung nach § 5 Abs. 2 Satz 3 SGB VI ausgeschlossen ist. Für vorgeschriebene Zwischenpraktika besteht zudem nach § 5 Abs. 3 SGB VI Versicherungsfreiheit. Pauschalbeiträge sind demnach für vorgeschriebene Praktika nicht zu zahlen.

Nach § 172 Abs. 3 Satz 2 SGB VI gilt die Regelung über den Pauschalbeitrag zur Rentenversicherung nicht für Studierende, die während der Dauer eines Studiums als ordentlich Studierende einer Fachschule oder Hochschule ein Praktikum ableisten (Zwischenpraktikum), das nicht in ihrer Studien- oder Prüfungsordnung vorgeschrieben ist und die Kriterien für eine geringfügig entlohnte Beschäftigung erfüllt. Für diese Praktikanten sind Pauschalbeiträge daher nicht zu zahlen.

G

Werden **nicht** vorgeschriebene Vor- oder Nachpraktika geringfügig entlohnt ausgeübt, gelten die allgemeinen Regelungen. Pauschalbeiträge sind daher zur Rentenversicherung zu zahlen.

b) Pflichtbeiträge zur Rentenversicherung in Höhe von 15 %

Seit 1.1.2013 sind grundsätzlich alle geringfügig entlohnten Beschäftigungen (Entgelt unter 450 €) in der Rentenversicherung versicherungspflichtig.

Bei einer versicherungs**pflichtigen** geringfügig entlohnten Beschäftigung (Entgelt bis 450 € und ohne Befreiungsantrag des Arbeitnehmers) hat der Arbeitgeber grundsätzlich einen Beitragsanteil von 15 % des beitragspflichtigen Entgeltes zu bezahlen. Wird die Beschäftigung im Privathaushalt ausgeübt, trägt der Arbeitgeber grundsätzlich 5 % (§ 168 Abs. 1 Nrn. 1b und 1c SGB VI).

Das bedeutet, dass seit 1.1.2013 der Arbeitgeber grundsätzlich für jede geringfügig entlohnte Beschäftigung, die nicht in einem Privathaushalt ausgeübt wird, einen Beitragsanteil von 15 % zu entrichten hat. Dies gilt sowohl für versicherungsfreie geringfügig entlohnte Beschäftigungen als auch für jede andere geringfügig entlohnte Beschäftigung, da für diese ab 1.1.2013, abgesehen von den unter dem vorstehenden Buchstaben a geschilderten Ausnahmen, immer Versicherungspflicht besteht. Überschreitet das Arbeitsentgelt in der geringfügig entlohnten Beschäftigung oder durch Zusammenrechnung mehrerer Beschäftigungen die Grenze von 450 €, kommt es ab diesem Zeitpunkt zu einer hälftigen Beitragsteilung zwischen Arbeitgeber und Arbeitnehmer. Liegt das Entgelt zwischen 450,01 € und 1300 €, sind die Ausführungen unter dem Stichwort „Übergangsbereich nach § 20 Abs. 2 SGB IV" zu beachten.

Wie unter dem vorstehenden Buchstaben a beschrieben, sind Pauschalbeiträge für vorgeschriebene Praktika nicht zu zahlen. Wird neben einem vorgeschriebenen Praktikum eine geringfügig entlohnte Beschäftigung ausgeübt, besteht in dieser Beschäftigung grundsätzlich Versicherungspflicht. Bei einem Entgelt bis 450 € hat der Arbeitgeber einen Beitragsanteil von 15 % zu entrichten.

c) Mindestbemessungsgrundlage

Für das beitragspflichtige Entgelt in der Rentenversicherung beträgt die Mindestbemessungsgrundlage 175 €. Die Mindestbeitragsbemessungsgrundlage ist bei allen rentenversicherungspflichtigen 450-Euro-Minijobs anzuwenden. Für Personen, die mehrere geringfügig entlohnte Beschäftigungen oder eine geringfügig entlohnte Beschäftigung neben einer versicherungspflichtigen (Haupt-)Beschäftigung ausüben, sind die Arbeitsentgelte für die Prüfung der Mindestbeitragsbemessungsgrundlage aus allen Beschäftigungen zusammenzurechnen. Zu den Details zur Ermittlung der Beitragslastverteilung siehe die Ausführungen unter Nr. 9.

Lohnsteuerpflichtig | Sozialversich.-pflichtig

8. Befreiung von der Versicherungspflicht in der Rentenversicherung

Bis 31.12.2012 bestand für geringfügig entlohnte Beschäftigte die Möglichkeit, bei Versicherungsfreiheit in der Rentenversicherung die Versicherungspflicht zu wählen (sog. Option). Diese Wahlalternative ist zum 1.1.2013 weggefallen.

Ab diesem Zeitpunkt sind alle nach dem 31.12.2012 begründeten geringfügig entlohnten Beschäftigungen (Entgelt bis 450 €) in der Rentenversicherung grundsätzlich versicherungspflichtig.

Sofern ein Arbeitnehmer aufgrund einer nach dem 31.12.2012 aufgenommenen geringfügig entlohnten Beschäftigung in der Rentenversicherung versicherungspflichtig wird, kann er sich von der eingetretenen Versicherungspflicht auf Antrag befreien lassen (§ 6 Abs. 1b SGB VI). Der Befreiungsantrag ist beim Arbeitgeber schriftlich zu stellen. Der Antrag kann bei mehreren, gleichzeitig ausgeübten Beschäftigungen nur einheitlich (bei allen Arbeitgebern) gestellt werden. Er ist für die Dauer aller Beschäftigungen bindend, d. h. er kann nicht widerrufen werden. Kein Befreiungsrecht steht folgenden Personen zu:

- Personen, die im Rahmen betrieblicher Berufsausbildung tätig sind (z. B. Auszubildende),
- Personen, die Dienst nach dem Jugendfreiwilligendienstegesetz oder dem Bundesfreiwilligendienstgesetz leisten (z. B. freiwilliges soziales oder ökologisches Jahr, Bundesfreiwilligendienst),
- Behinderte Heimarbeiter in anerkannten Werkstätten oder Behinderte in Anstalten oder Heimen (§ 1 Satz 1 Nr. 2 SGB VI),
- Personen in Einrichtungen der Jugendhilfe oder ähnliche Einrichtungen (§ 1 Satz 1 Nr. 3 SGB VI),
- Auszubildende in außerbetrieblichen Einrichtungen (§ 1 Satz 5 Nr. 1 SGB VI),
- Mitglieder geistlicher Genossenschaften oder ähnliche Gemeinschaften (§ 1 Satz 1 Nr. 4 SGB VI),
- Teilnehmer einer stufenweisen Wiedereingliederung nach § 74 SGB V.

Die oben genannte Befreiungsmöglichkeit nach § 6 Abs. 1b SGB VI besteht auch nicht für Personen, die aufgrund der Neuregelung in einer bereits am 31.12.2012 bestehenden Beschäftigung mit einem Entgelt zwischen 400,01 und 450 € ab 1.1.2013 versicherungspflichtig wurden (§ 231 Abs. 9 SGB VI). **Diese Einschränkung galt aber nur bis 31.12.2014.**

Die Befreiung erfolgt ohne Bescheid der Einzugsstelle (Krankenkasse) oder des Rentenversicherungsträgers. Sie gilt als erteilt, wenn die Einzugsstelle nicht innerhalb eines Monats nach Eingang der Meldung des Befreiungsantrages durch den Arbeitgeber bei der Einzugsstelle dem Befreiungsantrag widerspricht.

Die Befreiung wirkt bei Vorliegen der Voraussetzungen grundsätzlich rückwirkend vom Beginn des Monats, in dem der Antrag des Arbeitnehmers beim Arbeitgeber eingegangen ist. Dies gilt dann, wenn der Arbeitgeber den Befreiungsantrag mit der ersten folgenden Entgeltabrechnung, spätestens aber innerhalb von sechs Wochen nach Zugang, gemeldet und die Einzugsstelle nicht innerhalb eines Monats nach Eingang der Meldung widersprochen hat. Erfolgt die Arbeitgebermeldung später, wirkt die Befreiung mit dem Monatsersten nach Ablauf der Widerspruchsfrist der Einzugsstelle.

Die Meldung eines Arbeitnehmerantrags auf Befreiung von der Versicherungspflicht aufgrund einer geringfügig entlohnten Beschäftigung ist verpflichtender Bestandteil der durch den Arbeitgeber zu erstattenden Meldungen im Rahmen des maschinellen Meldeverfahrens (§ 28a Abs. 1

Lohn-steuer-pflichtig | Sozial-versich.-pflichtig

Nr. 11 SGB IV i. V. mit § 5 Abs. 12 Datenerfassungs- und -übermittlungsverordnung – DEÜV).

Der Antrag auf Befreiung ist zu den Lohnunterlagen zu nehmen. Das Eingangsdatum ist entsprechend zu dokumentieren.

Bei einer Befreiung ist grundsätzlich ein Pauschalbeitrag zur Rentenversicherung zu zahlen (siehe vorstehende Nr. 7 Buchstabe a).

9. Mindestbeitragsbemessungsgrundlage

Für diejenigen **Arbeitnehmer,** die eine geringfügig versicherungs**pflichtige** Beschäftigung ausüben, gilt bei niedrigerem Entgelt seit 1.1.2013 eine **Mindestbeitragsbemessungsgrundlage** von **175 €** monatlich (§ 163 Abs. 8 SGB VI). Das bedeutet, dass als Rentenversicherungsbeitrag seit 1.1.2018 mindestens ein Betrag von (18,6 % von 175 € =) 32,55 € zu zahlen ist.

Beispiel A

Arbeitsentgelt aus der geringfügig entlohnten Beschäftigung 100 €. Der Arbeitnehmer ist rentenversicherungspflichtig.

18,6 % aus 175 €	32,55 €
abzüglich Arbeitgeberanteil 15 % aus 100 €	15,– €
Arbeitnehmeranteil	17,55 €

Bei monatlichen Arbeitsentgelten unter 175 € muss der Arbeitnehmer also den vom Arbeitgeber zu zahlenden Beitragsanteil von 15 % stets auf 32,55 € aufstocken. Dieser Aufstockungsbetrag wird nach § 2 Abs. 1 Satz 5 Beitragsverfahrensverordnung (BVV) ermittelt, indem der gerundete Arbeitgeberbeitragsanteil vom Mindestbeitrag abgezogen wird. Hiernach ergeben sich entsprechend den unterschiedlichen Beitragssätzen zur Rentenversicherung seit 1.1.2013 folgende Aufstockungsbeträge:

seit 1.1.2018	**32,55 €**
1.1.2015 – 31.12.2017	32,73 €
1.1.2013 – 31.12.2014	33,08 €

Sofern das Beschäftigungsverhältnis im Laufe eines Monats beginnt oder endet, kommt ein **anteiliger Mindestbeitrag** in Betracht. Entsprechendes gilt im Falle von Arbeitsunterbrechungen (z. B. wegen Ablaufs der Entgeltfortzahlung bei Arbeitsunfähigkeit). Die anteilige Mindestbeitragsbemessungsgrundlage ist wie folgt zu ermitteln:

$$\frac{175\,€ \times \text{Kalendertage}}{30} = \text{anteilige Mindestbeitragsbemessungsgrundlage}$$

Dagegen führt ein unbezahlter Urlaub von nicht mehr als einem Monat nicht zu einer Kürzung der Mindestbeitragsbemessungsgrundlage. Dauert der unbezahlte Urlaub länger als einen Monat, ist die Mindestbeitragsbemessungsgrundlage entsprechend zu kürzen. Für Kalendermonate, in denen tatsächliches Arbeitsentgelt nicht erzielt wird, ist allerdings kein Mindestbeitrag zu zahlen, sodass eine Aufstockung entfällt.

Beispiel B

Eine Arbeitnehmerin arbeitet für einen Monatslohn von 90 €. Das Beschäftigungsverhältnis endet am 20. 6. 2021; für den Monat Juni 2021 erhält sie ein Arbeitsentgelt von 60 €.

Für den Monat Juni 2021 ergibt sich für die Berechnung der Rentenversicherungsbeiträge eine monatliche Mindestbeitragsbemessungsgrundlage von (175 € × 20 : 30 =) 116,67 €, sodass der Mindestbeitrag 21,70 € (18,6 % aus 116,67 €) beträgt. Dieser Mindestbeitrag ist wie folgt aufzubringen:

Mindestbeitrag (18,6 % von 116,67 €)	21,70 €
abzüglich Arbeitgeberanteil (15 % von 60 €)	9,– €
Arbeitnehmeranteil	12,70 €

Lohn-steuer-pflichtig | Sozial-versich.-pflichtig

10. Pauschalierung der Lohnsteuer

Nach § 40a Abs. 2 EStG kann der Arbeitgeber den Arbeitslohn für einen 450-Euro-Job entweder nach den individuellen Lohnsteuerabzugsmerkmalen des Arbeitnehmers (z. B. Steuerklasse I, Religionszugehörigkeit „rk") oder pauschal mit **2 %** besteuern, wenn der Arbeitgeber für diese geringfügige Beschäftigung einen **Pauschalbeitrag zur gesetzlichen Rentenversicherung** in Höhe von **15 %** für „normale" 450-Euro-Jobs oder in Höhe von **5 %** für 450-Euro-Jobs in einem Privathaushalt entrichtet. Die Voraussetzungen für eine Pauschalierung der Lohnsteuer mit 2 % richten sich ausschließlich nach den sozialversicherungsrechtlichen Vorschriften. Auf die Höhe des Stundenlohns kommt es nicht an. Die 2 %ige Pauschalsteuer ist eine Abgeltungsteuer und gilt auch den Solidaritätszuschlag und die Kirchensteuer mit ab. Der pauschal besteuerte Arbeitslohn und die 2 %ige Pauschalsteuer bleiben bei der Veranlagung des Arbeitnehmers zur Einkommensteuer außer Ansatz. Die Pauschalsteuer von 2 % ist zusammen mit dem pauschalen Kranken- und Rentenversicherungsbeitrag mit Beitragsnachweis an die Minijob-Zentrale bei der Deutschen Rentenversicherung Knappschaft-Bahn-See abzuführen (vgl. die ausführlichen Erläuterungen beim Stichwort „Pauschalierung der Lohnsteuer bei Aushilfskräften und Teilzeitbeschäftigten").

Die Pauschalierungsmöglichkeit mit 2 % ist als **„Kannvorschrift"** ausgestaltet. Das bedeutet, dass anstelle der Pauschalierung der Lohnsteuer mit 2 % auch ein Lohnsteuerabzug nach den individuellen Lohnsteuerabzugsmerkmalen des Arbeitnehmers durchgeführt werden kann. Dies werden in der Praxis diejenigen Fälle sein, in denen die Steuerklasse I, II, III oder IV zur Anwendung kommt, weil dann für den Arbeitnehmer keine Lohnsteuer anfällt und sich der Arbeitgeber die 2 %ige Lohnsteuer spart. Wird also ein 450-Euro-Job nach einer der Steuerklassen I, II, III oder IV besteuert (z. B. Schüler, Studenten), ist dies für den Arbeitgeber günstiger als die 2 %ige Lohnsteuerpauschalierung (vgl. die Erläuterungen beim Stichwort „Pauschalierung der Lohnsteuer bei Aushilfskräften und Teilzeitbeschäftigten" unter Nr. 2 Buchstabe i auf Seite 748).

11. Zusammenrechnung von mehreren geringfügig entlohnten Beschäftigungsverhältnissen

Werden mehrere geringfügig entlohnte Beschäftigungen bei verschiedenen Arbeitgebern nebeneinander ausgeübt, dann sind für die versicherungsrechtliche Beurteilung in der Kranken-, Pflege- und Arbeitslosenversicherung die Arbeitsentgelte aus den einzelnen Beschäftigungen zusammenzurechnen. Eine Zusammenrechnung ist nicht vorzunehmen, wenn eine geringfügig entlohnte Beschäftigung mit einer kurzfristigen Beschäftigung zusammentrifft. In der Rentenversicherung ist für die rein versicherungsrechtliche Beurteilung eine Zusammenrechnung grundsätzlich nicht erforderlich, da hier grundsätzlich jede Beschäftigung der Versicherungspflicht unterliegt. Hier ist jedoch von Bedeutung, ob trotz Zusammenrechnung noch eine bzw. mehrere geringfügig entlohnte versicherungspflichtige Beschäftigungen vorliegen, da sich hiernach die Beitragsaufteilung (Arbeitgeber 15 %; Arbeitnehmer 3,6 % oder Differenz zur Mindestbemessungsgrundlage) ergibt.

Eine versicherungsfreie geringfügig entlohnte Beschäftigung im Sinne des § 8 Abs. 1 Nr. 1 SGB IV liegt bei mehreren nebeneinander ausgeübten Minijobs in der Kranken-, Pflege- und Arbeitslosenversicherung so lange vor, solange die zusammengerechneten Arbeitsentgelte aus allen Beschäftigungsverhältnissen 450 € im Monat nicht übersteigen. Jeder Arbeitgeber hat in diesem Fall Beiträge zur Rentenversicherung und ggf. auch Pauschalbeiträge zur Krankenversicherung sowie die 2 %ige Pauschalsteuer zu zahlen.

	Lohn-steuer-pflichtig	Sozial-versich.-pflichtig

Beispiel A

Eine privat krankenversicherte Raumpflegerin arbeitet beim Arbeitgeber A gegen ein monatliches Arbeitsentgelt von 170 € und beim Arbeitgeber B gegen ein monatliches Arbeitsentgelt von 150 €.

Die Raumpflegerin ist in beiden Beschäftigungen in der Kranken-, Pflege- und Arbeitslosenversicherung versicherungsfrei, weil das zusammengerechnete Arbeitsentgelt (320 €) aus diesen Beschäftigungen 450 € nicht übersteigt. In der Rentenversicherung besteht Versicherungspflicht. Die Arbeitgeber haben Beiträge zur Rentenversicherung sowie die 2 %ige Pauschalsteuer zu zahlen.

Übersteigen die zusammengerechneten Arbeitsentgelte die monatliche 450-Euro-Grenze, tritt Sozialversicherungspflicht in der Kranken-, Pflege- und Arbeitslosenversicherung ein. In der Rentenversicherung besteht für jede einzelne Beschäftigung grundsätzlich Versicherungspflicht. Übersteigen die zusammengerechneten Entgelte die monatliche 450-Euro-Grenze, liegen keine geringfügig entlohnten versicherungspflichtigen Beschäftigungen mehr vor. Dies hat zur Folge, dass der Arbeitgeber nicht mehr einen Anteil von 15 % und der Arbeitnehmer von 3,6 % zu tragen hat, sondern dass es in allen Beschäftigungen grundsätzlich zu einer hälftigen Beitragsteilung kommt (Arbeitgeber 9,3 %, Arbeitnehmer 9,3 %). Die Regelungen zum Übergangsbereich nach § 20 Abs. 2 SGB IV sind ggf. zu beachten. Eine Steuerpauschalierung mit 2 % ist nicht möglich.

G

Beispiel B

Eine Verkäuferin arbeitet befristet beim Arbeitgeber A vom 2. 5. bis zum 28. 6. (Sechstagewoche), 58 Kalendertage, gegen ein monatliches Arbeitsentgelt von 700 € und beim Arbeitgeber B vom 2. 5. bis zum 3. 8. (Sechstagewoche), 94 Kalendertage, gegen ein monatliches Arbeitsentgelt von 320 €.

Die Beschäftigung beim Arbeitgeber A ist wegen ihrer Dauer und die Beschäftigung beim Arbeitgeber B wegen der Höhe des Arbeitsentgelts geringfügig. Deshalb ist die Verkäuferin in beiden Beschäftigungen versicherungsfrei. Eine Zusammenrechnung der beiden Beschäftigungen kann nicht vorgenommen werden, da es sich bei der Beschäftigung beim Arbeitgeber A um eine kurzfristige Beschäftigung (vgl. nachfolgend unter Nr. 16) und bei der Beschäftigung beim Arbeitgeber B um eine geringfügig entlohnte Beschäftigung handelt. Der Arbeitgeber B hat die Pauschalabgabe von (15 % + 13 % + 2 % =) 30 % zu zahlen. Arbeitgeber A hat zur Berechnung der Steuerbeträge die individuellen Lohnsteuerabzugsmerkmale der Verkäuferin abzurufen (vgl. „Elektronische Lohnsteuerabzugsmerkmale – ELStAM“).

Beispiel C

Eine Verkäuferin arbeitet befristet beim Arbeitgeber A vom 2. 5. bis zum 28. 6. (Sechstagewoche), 58 Kalendertage, gegen ein monatliches Arbeitsentgelt von 720 € und vom 3. 8. bis zum 30. 9. (Sechstagewoche), 59 Kalendertage, beim Arbeitgeber B gegen ein monatliches Arbeitsentgelt von 310 €.

Die zweite Beschäftigung beim Arbeitgeber B ist keine kurzfristige Beschäftigung, weil zu ihrem Beginn feststeht, dass sie zusammen mit der ersten Beschäftigung die Grenze von drei Monaten (90 Kalendertagen) überschreitet (vgl. die nachfolgenden Erläuterungen zu kurzfristigen Beschäftigungen unter Nr. 16). Sie ist aber eine geringfügig entlohnte Beschäftigung und damit versicherungsfrei, weil das monatliche Arbeitsentgelt 450 € nicht übersteigt. Der Arbeitgeber B hat die Pauschalabgabe von 30 % zu zahlen. Arbeitgeber A hat zur Berechnung der Steuerbeträge die individuellen Lohnsteuerabzugsmerkmale der Verkäuferin abzurufen (vgl. „Elektronische Lohnsteuerabzugsmerkmale – ELStAM“).

Beispiel D

Eine Verkäuferin arbeitet beim Arbeitgeber A gegen ein monatliches Arbeitsentgelt von 350 € (Dauerbeschäftigung). Am 1. 7. nimmt sie zusätzlich eine bis zum 20. 8. befristete Beschäftigung beim Arbeitgeber B auf; dort arbeitet sie als Verkäuferin gegen ein monatliches Arbeitsentgelt von 200 €.

Die Verkäuferin bleibt auch in der Zeit vom 1. 7. bis zum 20. 8. weiterhin versicherungsfrei in der Kranken-, Arbeitslosen- und Pflegeversicherung, weil es sich bei der Beschäftigung beim Arbeitgeber A um eine geringfügig entlohnte und bei der Beschäftigung beim Arbeitgeber B um eine kurzfristige Beschäftigung, vgl. nachfolgend unter Nr. 16, handelt und keine Zusammenrechnung vorzunehmen ist. Der Arbeitgeber A hat die Pauschalabgabe von 30 % zu zahlen.

	Lohn-steuer-pflichtig	Sozial-versich.-pflichtig

12. Zusammenrechnung von Hauptbeschäftigungen und geringfügig entlohnten Beschäftigungen

a) Allgemeines

Versicherungspflichtige Hauptbeschäftigungen werden in der Kranken- und Pflegeversicherung im Grundsatz mit geringfügigen Beschäftigungen zusammengerechnet. Von diesem Grundsatz gibt es eine Ausnahme, denn **eine** Nebenbeschäftigung bis zu 450 € monatlich bleibt anrechnungsfrei.

Beispiel

Eine allein stehende Arbeitnehmerin bezieht aus ihrem ersten Arbeitsverhältnis 2000 € monatlich und hat nebenher einen 450-Euro-Job. Die beiden Arbeitsverhältnisse werden für die Berechnung der Sozialversicherungsbeiträge in der Kranken-, Pflege- und Arbeitslosenversicherung nicht zusammengerechnet. In der Rentenversicherung besteht Versicherungspflicht. Für den 450-Euro-Job ergibt sich folgende Lohnabrechnung:

Monatslohn		450,– €
Lohnsteuer	0,– €	
Solidaritätszuschlag	0,– €	
Kirchensteuer	0,– €	
Rentenversicherung (3,6 %)	16,20 €	16,20 €
Nettolohn		433,80 €

Dem Arbeitgeber müssen für den 450-Euro-Job die individuellen Lohnsteuerabzugsmerkmale der Arbeitnehmerin nicht bekannt sein.

Der Arbeitgeber muss folgende Pauschalabgaben zahlen:

Lohnsteuer (einschließlich Solidaritätszuschlag und Kirchensteuer)	2 %	9,– €
Krankenversicherung pauschal	13 %	58,50 €
Rentenversicherung	15 %	67,50 €
insgesamt		135,– €

Zu den nicht geringfügigen versicherungspflichtigen (Haupt-)Beschäftigungen gehören u. a. auch:

- Beschäftigungen, die im Rahmen der Bestandsschutzregelungen (siehe Nr. 15) der Versicherungspflicht in der Kranken-, Pflege-, Renten- und Arbeitslosenversicherung unterliegen.
- Beschäftigungen im Rahmen betrieblicher Berufsbildung bzw. Berufsausbildung oder außerbetrieblicher Berufsausbildung. Hierzu gehören unter anderem duale Studiengänge oder Vor- und Nachpraktika, die in einer Studien- oder Prüfungsordnung vorgeschrieben sind; in der Kranken- und Pflegeversicherung allerdings nur dann, wenn Arbeitsentgelt gezahlt wird. Vorgeschriebene Zwischenpraktika begründen hingegen keine versicherungspflichtige Beschäftigung.
- Versicherungspflichtige Beschäftigungen, die für die Dauer des Bezuges von Entgeltersatzleistungen nach dem Sozialgesetzbuch (z. B. Kurzarbeitergeld nach den Vorschriften des SGB III, Krankengeld nach den Vorschriften des SGB V, Übergangsgeld nach den Vorschriften des SGB VI) unterbrochen werden. Zeiten des Bezugs von Elterngeld während der Elternzeit nach dem Gesetz zum Elterngeld und zur Elternzeit (BEEG) gehören nicht hierzu.
- Zeiten der Ableistung eines freiwilligen sozialen oder ökologischen Jahres bzw. des Bundesfreiwilligendienstes.

Sowohl lohnsteuerlich als auch sozialversicherungsrechtlich ist jedoch zu beachten, dass ein Arbeitnehmer **nicht gleichzeitig für denselben** Arbeitgeber in **zwei Arbeitsverhältnissen** tätig sein kann (z. B. Haupttätigkeit und Minijob beim selben Arbeitgeber). Das gilt auch dann, wenn es sich um unterschiedliche Tätigkeiten handelt. In § 40a Abs. 4 Nr. 2 EStG wurde dies ausdrücklich klargestellt.

Möglich ist es hingegen vom bisherigen Arbeitgeber eine Betriebsrente zu beziehen (Versorgungsempfänger) und daneben für diesen Arbeitgeber noch einen Minijob auszuüben.

Lohn-steuer-pflichtig | Sozial-versich.-pflichtig

b) Auszubildende mit Minijob

Auszubildende üben eine versicherungspflichtige (Haupt-)Beschäftigung aus (vgl. das Stichwort „Auszubildende"). Eine (einzelne) daneben ausgeübte geringfügig entlohnte Beschäftigung bleibt deshalb anrechnungsfrei.

Beispiel

Ein Auszubildender mit einer monatlichen Ausbildungsvergütung von 600 € übt nebenher **einen** 450-Euro-Job aus. Die Arbeitslöhne aus einer versicherungspflichtigen Hauptbeschäftigung und **einem** 450-Euro-Job werden in der Kranken-, Pflege- und Arbeitslosenversicherung nicht zusammengerechnet. In der Rentenversicherung besteht Versicherungspflicht. Für den 450-Euro-Job ergibt sich deshalb folgende Lohnabrechnung:

Monatslohn		450,– €
Lohnsteuer	0,– €	
Solidaritätszuschlag	0,– €	
Kirchensteuer	0,– €	
Rentenversicherung (Arbeitnehmeranteil 3,6 %)	16,20 €	16,20 €
Nettolohn		433,80 €

Der Arbeitgeber muss folgende Pauschalabgaben zahlen:

Lohnsteuer (einschließlich Solidaritätszuschlag und Kirchensteuer)	2 %	9,– €
Krankenversicherung pauschal	13 %	58,50 €
Rentenversicherung pauschal	15 %	67,50 €
insgesamt		135,– €

c) Mehrere Minijobs neben einer Haupttätigkeit

Werden neben einer sozialversicherungspflichtigen Hauptbeschäftigung **mehrere** geringfügig entlohnte Beschäftigungen ausgeübt, dann scheidet für **eine** geringfügig entlohnte Beschäftigung die Zusammenrechnung mit der Hauptbeschäftigung aus. In der Rentenversicherung besteht in jeder Beschäftigung Versicherungspflicht. Ausgenommen von der Zusammenrechnung wird dabei diejenige geringfügig entlohnte Beschäftigung, die **zeitlich zuerst aufgenommen** worden ist, sodass diese Beschäftigung versicherungsfrei bleibt. Die **weiteren** geringfügig entlohnten Beschäftigungen sind mit der versicherungspflichtigen Hauptbeschäftigung zusammenzurechnen, sodass für diese Minijobs die Zahlung pauschaler Arbeitgeberbeiträge zur Kranken- und Rentenversicherung sowie die 2 %ige Pauschalsteuer entfällt. Eine Pauschalierung der Lohnsteuer mit 20 % anstelle von 2 % ist möglich, wenn der Monatslohn für die geringfügig entlohnte Beschäftigung 450 € nicht übersteigt (vgl. die Erläuterungen beim Stichwort „Pauschalierung der Lohnsteuer bei Aushilfskräften und Teilzeitbeschäftigten" unter Nr. 2 Buchstabe b auf Seite 744).

Beispiel

Eine Verkäuferin arbeitet beim Arbeitgeber A gegen ein monatliches Arbeitsentgelt von 1000 €. Bei Arbeitgeber B arbeitet sie ab 1. Juni 2021 gegen ein monatliches Arbeitsentgelt von 150 € und beim Arbeitgeber C ab 1. August 2021 gegen ein monatliches Entgelt von 240 €.

Die Verkäuferin unterliegt in der (Haupt-)Beschäftigung beim Arbeitgeber A der Versicherungspflicht. Bei den beiden übrigen Beschäftigungen handelt es sich jeweils um geringfügig entlohnte Beschäftigungen, weil das Arbeitsentgelt aus den einzelnen Beschäftigungen 450 € nicht übersteigt. Da die Beschäftigung beim Arbeitgeber B zeitlich zuerst aufgenommen wird, wird sie **nicht** mit der versicherungspflichtigen (Haupt-)Beschäftigung zusammengerechnet und bleibt in der Kranken- und Pflegeversicherung versicherungsfrei. In der Rentenversicherung besteht Versicherungspflicht. Der Arbeitgeber B muss die Pauschalabgabe von 30 % bezahlen. Die Beschäftigung beim Arbeitgeber C ist hingegen mit der versicherungspflichtigen (Haupt-)Beschäftigung zusammenzurechnen mit der Folge, dass volle Versicherungspflicht in der Kranken-, Renten- und Pflegeversicherung begründet wird. In der Arbeitslosenversicherung besteht sowohl beim Arbeitgeber B als auch beim Arbeitgeber C Versicherungsfreiheit, weil das Arbeitsentgelt aus diesen Beschäftigungen jeweils 450 € nicht überschreitet und geringfügig entlohnte Beschäftigungen mit versicherungspflichtigen (Haupt-)Beschäftigungen bei der Arbeitslosenversicherung generell nicht zusammengerechnet werden.

Da für die Beschäftigung beim Arbeitgeber C kein pauschaler Beitrag zur Rentenversicherung von 15 % entrichtet wird (sondern der hälftige Arbeitgeberanteil von 9,3 %), entfällt die 2 %ige Steuerpauschalierung (eine Pauschalierung der Lohnsteuer mit 20 % ist jedoch möglich, vgl. das Stichwort „Pauschalierung der Lohnsteuer bei Aushilfskräften und Teilzeitbeschäftigten" unter Nr. 2 Buchstabe b).

d) Sonderfälle

Die Zusammenrechnung einer nicht geringfügigen (Haupt-)Beschäftigung mit geringfügig entlohnten Beschäftigungen ist nur vorgesehen, **wenn die nicht geringfügige (Haupt-)Beschäftigung Versicherungspflicht begründet.** Deshalb scheidet z. B. eine Zusammenrechnung einer nach § 6 Abs. 1 Nr. 2 SGB V und § 5 Abs. 1 Nr. 1 SGB VI in der Kranken-, Pflege- und Rentenversicherung versicherungsfreien (nicht geringfügigen) **Beamtenbeschäftigung** mit geringfügig entlohnten Beschäftigungen aus. Allerdings hat hinsichtlich der neben einer versicherungsfreien Beamtenbeschäftigung ausgeübten geringfügig entlohnten Beschäftigungen eine Zusammenrechnung zu erfolgen, und zwar auch bei der Arbeitslosenversicherung.

G

Beispiel A

Ein privat krankenversicherter Beamter übt neben seiner Beamtenbeschäftigung beim Arbeitgeber A weitere Beschäftigungen beim Arbeitgeber B und C aus. Beim Arbeitgeber B arbeitet er als Programmierer gegen ein monatliches Arbeitsentgelt von 300 €; beim Arbeitgeber C arbeitet er als Buchhalter gegen ein monatliches Arbeitsentgelt von 200 €.

Der Beamte ist sowohl beim Arbeitgeber B als auch beim Arbeitgeber C in der Krankenversicherung und damit auch in der Pflegeversicherung versicherungsfrei. In der Renten- und **Arbeitslosenversicherung** besteht für den Beamten aufgrund der Beschäftigungen beim Arbeitgeber B und C Versicherungspflicht, weil das zusammengerechnete Arbeitsentgelt aus diesen Beschäftigungen 450 € übersteigt.

Beispiel B

Ein privat krankenversicherter Beamter übt neben seiner Beamtenbeschäftigung beim Arbeitgeber A weitere Beschäftigungen beim Arbeitgeber B und C aus. Beim Arbeitgeber B arbeitet er als Buchhalter gegen ein monatliches Arbeitsentgelt von 500 €; beim Arbeitgeber C arbeitet er als Taxifahrer gegen ein monatliches Arbeitsentgelt von 200 €.

Der Beamte ist aufgrund der Beschäftigung beim Arbeitgeber B und C in der Krankenversicherung und damit auch in der Pflegeversicherung versicherungsfrei. In der Beschäftigung beim Arbeitgeber B unterliegt der Beamte der Versicherungspflicht in der Renten- und Arbeitslosenversicherung, weil das Arbeitsentgelt 450 € übersteigt. Die Beschäftigung beim Arbeitgeber C bleibt als (erste) geringfügig entlohnte Beschäftigung neben der versicherungspflichtigen (Haupt-)Beschäftigung beim Arbeitgeber B in der Rentenversicherung auf Antrag versicherungsfrei, weil das monatliche Arbeitsentgelt 450 € nicht übersteigt. In der Arbeitslosenversicherung besteht in der Beschäftigung beim Arbeitgeber C ebenfalls Versicherungsfreiheit, weil geringfügig entlohnte Beschäftigungen mit versicherungspflichtigen Beschäftigungen nicht zusammengerechnet werden.

Der Grundsatz, dass die Zusammenrechnung einer nicht geringfügigen (Haupt-)Beschäftigung mit geringfügig entlohnten Beschäftigungen nur dann vorzunehmen ist, wenn die nicht geringfügige (Haupt-)Beschäftigung Versicherungspflicht begründet, gilt bei der **Krankenversicherung** auch für diejenigen Arbeitnehmer, die bereits wegen Überschreitens der Jahresarbeitsentgeltgrenze nach § 6 Abs. 1 Nr. 1 SGB V versicherungsfrei sind.

Bei der **Rentenversicherung** gilt der Grundsatz, dass die Zusammenrechnung einer nicht geringfügigen (Haupt-)Beschäftigung mit geringfügig entlohnten Beschäftigten nur dann vorzunehmen ist, wenn die nicht geringfügige (Haupt-)Beschäftigung Versicherungspflicht begründet, auch für diejenigen Arbeitnehmer, die wegen Zugehörigkeit zu einer berufsständischen Versorgungseinrichtung von der Versicherungspflicht nach § 6 Abs. 1 Nr. 1 SGB VI befreit sind.

13. Überschreiten der Jahresarbeitsentgeltgrenze in der Krankenversicherung durch Mehrfachbeschäftigungen

In der Krankenversicherung unterliegen Arbeitnehmer nur dann der Versicherungspflicht, wenn ihr regelmäßiges Jahresarbeitsentgelt die Jahresarbeitsentgeltgrenze nicht

Lohn- Sozial-
steuer- versich.-
pflichtig pflichtig

übersteigt. Auf die ausführlichen Erläuterungen beim Stichwort „Jahresarbeitsentgeltgrenze" wird Bezug genommen.

Die Versicherungsfreiheit in der Krankenversicherung bedeutet gleichzeitig, dass auch in der sozialen Pflegeversicherung keine Versicherungspflicht aufgrund der Beschäftigung besteht. Wird die Jahresarbeitsentgeltgrenze überschritten, endet die Krankenversicherungspflicht mit Ablauf des Kalenderjahres, in dem die Grenze überschritten wird, vorausgesetzt, das Arbeitsentgelt überschreitet auch die Jahresarbeitsentgeltgrenze des folgenden Kalenderjahres.

Ein Überschreiten der Jahresarbeitsentgeltgrenze kann auch durch Zusammenrechnung einer nicht geringfügigen versicherungspflichtigen (Haupt-)Beschäftigung mit einer bei einem anderen Arbeitgeber ausgeübten zweiten und jeder weiteren für sich gesehen geringfügig entlohnten und damit versicherungsfreien Beschäftigung erfolgen. Arbeitnehmer, die neben einer nicht geringfügig versicherungspflichtigen (Haupt-)Beschäftigung und einer geringfügig entlohnten Beschäftigung eine weitere (zweite oder dritte) geringfügig entlohnte Beschäftigung aufnehmen und deren regelmäßiges Jahresarbeitsentgelt dadurch die Jahresarbeitsentgeltgrenze überschreitet, werden auch in der weiteren geringfügig entlohnten Beschäftigung zunächst krankenversicherungspflichtig. Die Krankenversicherungspflicht endet in beiden Beschäftigungen mit dem Ablauf des Kalenderjahres, in dem die Jahresarbeitsentgeltgrenze überschritten wird, sofern die Arbeitsentgelte aus beiden Beschäftigungen auch die vom Beginn des nächsten Kalenderjahres an geltende Jahresarbeitsentgeltgrenze überschreiten.

G

14. Beginn der Versicherungspflicht bei Mehrfachbeschäftigungen

Der Arbeitgeber hat nach § 28a SGB IV jeden Versicherungspflichtigen und jeden geringfügig entlohnten Beschäftigten zu melden und nach § 28e SGB IV den Gesamtsozialversicherungsbeitrag zu zahlen. Hieraus erwächst für den Arbeitgeber die Verpflichtung, das Versicherungsverhältnis des jeweiligen Arbeitnehmers zu beurteilen, Beiträge zu berechnen und gegebenenfalls vom Arbeitsentgelt einzubehalten und an die Einzugsstelle abzuführen. Außerdem hat der Arbeitgeber nach § 8 Abs. 1 Nr. 9 Beitragsverfahrensverordnung (BVV) die für die Versicherungsfreiheit oder die Befreiung von der Versicherungspflicht maßgebenden Angaben – z. B. bei geringfügig Beschäftigten – zu den Entgeltunterlagen zu nehmen.

Andererseits ist der Arbeitnehmer nach § 28o SGB IV verpflichtet, dem Arbeitgeber die zur Durchführung des Meldeverfahrens und der Beitragszahlung erforderlichen Angaben zu machen. Hierzu gehört auch, dass der Arbeitnehmer seinen Arbeitgeber über eventuelle Vorbeschäftigungen oder über aktuelle weitere Beschäftigungen bei anderen Arbeitgebern informiert, damit der Arbeitgeber prüfen kann, ob eine geringfügig entlohnte Beschäftigung mit anderen geringfügig entlohnten Beschäftigungen oder mit einer nicht geringfügigen versicherungspflichtigen Beschäftigung zusammenzurechnen ist.

Sofern ein Sozialversicherungsträger im Nachhinein (z. B. durch Datenabgleich bei der Deutschen Rentenversicherung Knappschaft-Bahn-See oder bei der Datenstelle der Rentenversicherungsträger oder im Rahmen einer Betriebsprüfung) feststellt, dass mehrere geringfügig entlohne Beschäftigungen oder eine geringfügig entlohne Beschäftigung mit einer nicht geringfügigen versicherungspflichtigen Beschäftigung zusammenzurechnen sind und damit Versicherungspflicht gegeben ist, tritt die Versicherungspflicht nach § 8 Abs. 2 Satz 3 SGB IV **erst mit der Bekanntgabe dieser Feststellung** durch die Einzugsstelle oder durch einen Rentenversicherungsträger ein. Dies gilt dann nicht, wenn der Arbeitgeber vorsätzlich oder

Lohn- Sozial-
steuer- versich.-
pflichtig pflichtig

grob fahrlässig versäumt hat, den Sachverhalt für die versicherungsrechtliche Beurteilung aufzuklären (§ 8 Abs. 2 Satz 4 SGB IV).

Zuständige Einzugsstelle im oben genannten Sinne ist die Minijob-Zentrale bei der Deutschen Rentenversicherung Knappschaft-Bahn-See. Der Rentenversicherungsträger ist zuständig, wenn eine unterbliebene Zusammenrechnung im Rahmen einer Betriebsprüfung festgestellt wird. Die Minijob-Zentrale bzw. der Rentenversicherungsträger wird dem Arbeitgeber im Übrigen in dem Bescheid über die festgestellte Versicherungspflicht definitiv den Tag des Beginns der Versicherungspflicht mitteilen und den bzw. die Arbeitgeber auffordern, die entsprechenden Meldungen vorzunehmen.

Beispiel

Eine Kellnerin arbeitet beim Arbeitgeber A gegen ein monatliches Arbeitsentgelt von 250 € und wird als geringfügig entlohnte Beschäftigte bei der Minijob-Zentrale gemeldet.

Am 1. 8. 2021 nimmt sie zusätzlich eine Beschäftigung als Kellnerin gegen ein monatliches Arbeitsentgelt von 300 € beim Arbeitgeber B auf. Die Kellnerin hat die Frage des Arbeitgebers B nach dem Vorliegen einer weiteren Beschäftigung verneint. Arbeitgeber B meldet die Arbeitnehmerin somit ebenfalls im Rahmen einer geringfügig entlohnten Beschäftigung bei der Minijob-Zentrale an.

Die Minijob-Zentrale bei der Deutschen Rentenversicherung Knappschaft-Bahn-See stellt im Oktober des Jahres 2021 fest, dass die Kellnerin in beiden Beschäftigungen versicherungspflichtig ist, weil das zusammengerechnete Arbeitsentgelt aus beiden Beschäftigungen 450 € übersteigt. Mit Bescheid vom 16. 10. 2021 informiert die Minijob-Zentrale bei der Deutschen Rentenversicherung Knappschaft-Bahn-See die Arbeitgeber A und B darüber, dass die Arbeitnehmerin zum 19. 10. 2021 als geringfügig Beschäftigte bei der Minijob-Zentrale ab- und zum 20. 10. 2021 als versicherungspflichtig Beschäftigte bei der zuständigen Krankenkasse anzumelden ist.

Um Streitereien mit den Prüfern von vornherein zu vermeiden, empfiehlt es sich die entsprechenden Angaben zur richtigen sozialversicherungsrechtlichen Beurteilung mit einem **Personalfragebogen** zu erheben und zu dokumentieren. Das Muster eines solchen Personalfragebogens ist als Anhang 18 auf Seite 1344 abgedruckt.

15. Übergangsregelungen ab 1.1.2013

Kranken- und Pflegeversicherung

Für bereits am 31.12.2012 bestehende, krankenversicherungspflichtige Beschäftigungsverhältnisse mit **Entgelt bis 450 €** verblieb es bei der Versicherungspflicht **bis längstens 31.12.2014,** sofern nicht die Voraussetzungen für eine Familienversicherung nach § 10 SGB V vorlagen und solange das Arbeitsentgelt 400 € monatlich überschritten hatte.

Das bedeutet, dass versicherungspflichtige Beschäftigungsverhältnisse mit einem Entgelt zwischen 400,01 € und 450 €, die bis 31.12.2012 begonnen haben und dementsprechend nach den bis dahin geltenden Regelungen versicherungspflichtig beurteilt wurden, weil sie mehr als geringfügig entlohnt waren, zunächst krankenversicherungspflichtig blieben. Dieser Bestandsschutz endete am 31.12.2014. D. h., dass ab 1.1.2015 bei unverändertem Beschäftigungsverhältnis mit Ausnahme der Rentenversicherung Versicherungsfreiheit eintrat.

Beschäftigte, die am 31.12.2012 in einer mehr als geringfügigen Beschäftigung standen (Entgelt mehr als 400 €) und keinen Anspruch auf Familienversicherung nach § 10 SGB V hatten, wurden nur dann versicherungsfrei, wenn sie einen Antrag auf Befreiung von der Versicherungspflicht stellten (§ 7 Abs. 3 SGB V alte Fassung). Der Antrag war für Beschäftigte mit einem Entgelt bis zu 450 € möglich. Der Antrag war bis spätestens 31.3.2013 bei der zuständigen Krankenkasse zu stellen.

Rentenversicherung

Laufende geringfügige versicherungsfreie Beschäftigungen (Entgelt bis 400 €), die über den 1.1.2013 hinaus bestehen, bleiben zunächst rentenversicherungsfrei, so-

Lohn- steuer- pflichtig | Sozial- versich.- pflichtig

lange das regelmäßige Entgelt nicht mehr als 400 € beträgt. Auf Antrag des Versicherten können diese mit Wirkung für die Zukunft auf die Versicherungsfreiheit verzichten (§ 230 Abs. 8 SGB VI) und werden damit rentenversicherungspflichtig. Der Antrag ist beim Arbeitgeber zu stellen.

Laufende Beschäftigungen, die bis 31.12.2012 versicherungs**pflichtig** waren und deren Entgelt zwischen 400,01 € und 450 € beträgt, bleiben weiterhin versicherungspflichtig. Eine Befreiungsmöglichkeit nach § 6 Abs. 1b SGB VI besteht für am 31.12.2012 bereits bestehende Beschäftigungen nicht (§ 231 Abs. 9 SGB VI).

Arbeitslosenversicherung

Für bis 31.12.2012 arbeitslosenversicherungspflichtige Beschäftigungsverhältnisse mit Entgelt bis 450 € verblieb es bei der Versicherungspflicht **bis längstens 31.12.2014,** solange das Arbeitsentgelt 400 € überstieg. Sofern das Arbeitsentgelt unter 400 € sinkt, tritt ab diesem Zeitpunkt Versicherungsfreiheit ein. Auch bei diesen Beschäftigten trat bei unveränderten Verhältnissen ab 1.1.2015 Versicherungsfreiheit ein. Arbeitnehmer mit einem Entgelt von 400,01 € bis 450 € können bei der zuständigen Agentur für Arbeit einen Antrag auf Befreiung von dieser Versicherungspflicht stellen (§ 444 Abs. 1 SGB III). Ein solcher Antrag ist auf die geringfügige Beschäftigung beschränkt und wirkt vom 1.1.2013 an, wenn er bis 31.3.2013 gestellt wurde. Wird er später gestellt, wirkt er vom Beginn des auf die Antragstellung folgenden Kalendermonats an.

16. Kurzfristige Beschäftigungen

a) Allgemeines

Bis auf die Erhöhung der Arbeitsentgeltgrenze auf 450 € zur Prüfung der Berufsmäßigkeit ergaben sich für die kurzfristigen Beschäftigungen ab 1.1.2013 keine Änderungen. Die bisherigen Regelungen galten unverändert weiter. Ab 1.1.2015 wurden die Zeitgrenzen von zwei Monaten bzw. 50 Arbeitstagen auf drei Monate bzw. 70 Arbeitstage erhöht. Diese Regelung galt zunächst befristet bis 31.12.2018 für alle befristeten Beschäftigungen, die nach dem 31.12.2014 aufgenommen werden. Zum 1.1.2019 sind die Zeitgrenzen dauerhaft auf drei Monate bzw. 70 Arbeitstage erhöht worden. Während der Corona-Pandemie sind die Zeitgrenzen für eine kurzfristige Beschäftigung befristet für den Zeitraum 1.3.2020 bis 31.10.2020 auf fünf Monate oder 115 Arbeitstage angehoben worden. **Seit 1.11.2020** gelten wieder die bekannten Zeitgrenzen für sozialversicherungsfreie kurzfristige Beschäftigungen von **drei Monaten oder 70 Arbeitstagen** (§ 8 Abs. 1 Nr. 2 SGB IV). Die sich daraus ergebenden Konsequenzen haben die Spitzenorganisationen der Sozialversicherung in ihrer gemeinsamen Verlautbarung vom 30.3.2020 beschrieben (vgl. www.aok.de/fk/sozialversicherung/rundschreiben/jahrgang-2020/).

Für eine **zeitlich** geringfügige (sog. kurzfristige Beschäftigung) fallen keine Beiträge zur Sozialversicherung an, und zwar auch keine Pauschalbeiträge zur Kranken- und Rentenversicherung. Das gilt auch dann, wenn die kurzfristige Beschäftigung gleichzeitig die Voraussetzungen einer geringfügig entlohnten Beschäftigung erfüllt. **Der Arbeitslohn für die kurzfristige Beschäftigung unterliegt jedoch der Lohnsteuer.** Der Lohnsteuerabzug kann entweder nach den individuellen Lohnsteuerabzugsmerkmalen des Arbeitnehmers oder pauschal mit 25 % des Arbeitslohns vorgenommen werden. Bei Aushilfskräften in der Land- und Forstwirtschaft beträgt die pauschale Lohnsteuer 5 %. Die nach den individuellen Lohnsteuerabzugsmerkmalen (z. B. Steuerklasse I, Religionszugehörigkeit „rk") ermittelte Lohnsteuer oder bei Einhaltung der übrigen steuerlichen Voraussetzungen die pauschale Lohnsteuer in Höhe von 25 % oder 5 % muss der Arbeitgeber mit dem bei einer Pauschalbesteuerung weiterhin zu erhebenden Solidaritätszuschlag und der Kirchensteuer beim Betriebsstättenfinanzamt anmelden und dorthin

Lohn- steuer- pflichtig | Sozial- versich.- pflichtig

abführen (vgl. die ausführlichen Erläuterungen beim Stichwort „Pauschalierung der Lohnsteuer bei Aushilfskräften und Teilzeitbeschäftigten"). Im Einzelnen gilt für kurzfristige Beschäftigungen Folgendes:

Eine zeitlich geringfügige, d. h. kurzfristige Beschäftigung liegt nach § 8 Abs. 1 Nr. 2 SGB IV vor, wenn die Beschäftigung für eine Zeitdauer ausgeübt wird, die im Laufe eines Kalenderjahres seit ihrem Beginn auf nicht mehr als

- drei Monate
  oder
- insgesamt 70 Arbeitstage

nach ihrer Eigenart begrenzt zu sein pflegt oder im Voraus vertraglich (z. B. durch einen auf längstens ein Jahr befristeten Rahmenvertrag) begrenzt ist; dies gilt auch dann, wenn die kurzfristige Beschäftigung die Voraussetzungen einer geringfügig entlohnten Beschäftigung erfüllt. Die Voraussetzung einer kurzfristigen Beschäftigung sind mithin nur gegeben, wenn die Beschäftigung von vornherein auf nicht mehr als drei Monate oder 70 Arbeitstage (auch kalenderjahrüberschreitend) befristet ist. Eine kurzfristige Beschäftigung liegt allerdings nicht mehr vor, wenn die Beschäftigung **berufsmäßig** ausgeübt wird und das Arbeitsentgelt aus dieser Beschäftigung 450 € überschreitet.

Beispiel A

Eine Hausfrau übt jedes Jahr im Juli, August und September eine Aushilfstätigkeit als Verkäuferin aus. Der Monatslohn beträgt 1800 €. Die Beschäftigung ist sozialversicherungsfrei, da sie von vornherein auf drei Monate befristet ist und nicht berufsmäßig ausgeübt wird; vgl. zur Berufsmäßigkeit nachfolgenden Buchstaben e). Für den Lohnsteuerabzug müssen dem Arbeitgeber die individuellen Lohnsteuerabzugsmerkmale (z. B. Steuerklasse V, Religionszugehörigkeit „rk") der Arbeitnehmerin bekannt sein, da ansonsten der Arbeitslohn nach Steuerklasse VI besteuert wird. Eine Pauschalierung der Lohnsteuer ist wegen der zeitlichen Dauer nicht möglich.

Eine zeitliche Beschränkung der Beschäftigung nach ihrer Eigenart liegt vor, wenn sie sich aus der Art, dem Wesen oder dem Umfang der zu verrichtenden Arbeit ergibt (Schlussverkauf, Ausstellungen, Messen). Versicherungsfreiheit besteht jedoch trotz Kurzfristigkeit nicht, wenn diese Beschäftigungen **berufsmäßig** ausgeübt werden (vgl. die Erläuterungen unter dem nachfolgenden Buchstaben e).

Eine kurzfristige Beschäftigung liegt selbst dann nicht vor, wenn die Zeitdauer von 70 Arbeitstagen im Laufe eines Kalenderjahres innerhalb eines Dauerarbeitsverhältnisses oder eines regelmäßig wiederkehrenden Arbeitsverhältnisses nicht überschritten wird; eine Beschäftigung, die aufgrund eines über zwölf Monate hinausgehenden Rahmenvertrags begründet wird, ist dabei als Dauerarbeitsverhältnis anzusehen (z. B. bei sog. Ultimo-Aushilfen). Allerdings ist in den vorgenannten Fällen zu prüfen, ob die Beschäftigung die Voraussetzungen einer geringfügig entlohnten Beschäftigung erfüllt.

Beispiel B

Eine Hausfrau arbeitet aufgrund eines unbefristeten Vertrags als Bankkauffrau bei einem Geldinstitut jeweils an den letzten vier Arbeitstagen im Kalendermonat gegen ein monatliches Arbeitsentgelt von 500 €.

Die Bankkauffrau ist versicherungspflichtig, weil das Arbeitsentgelt 450 € übersteigt. Dabei ist unerheblich, dass die für die Kurzfristigkeit einer Beschäftigung maßgebende Zeitdauer von 70 Arbeitstagen im Laufe eines Jahres nicht überschritten wird; die Tatsache, dass die Bankkauffrau eine Dauerbeschäftigung ausübt, schließt das Vorliegen einer kurzfristigen Beschäftigung aus.

b) Auf ein Jahr befristete Rahmenverträge

Die Unterscheidung, ob es sich um eine geringfügig entlohnte (Dauer-)Beschäftigung oder um eine kurzfristige Beschäftigung handelt, ist angesichts der Tatsache, dass für kurzfristige Beschäftigungen keine Pauschalbeiträge zu entrichten sind, von großer Bedeutung. In der Praxis werden deshalb vermehrt Überlegungen angestellt, eine

G

Lohn-steuer-pflichtig | Sozial-versich.-pflichtig

auf Dauer angelegte, regelmäßige Beschäftigung durch Kettenarbeitsverträge in eine kurzfristige Beschäftigung umzuwandeln. Hierzu ist Folgendes zu bemerken:

Eine Beschäftigung, die sich über einen längeren Zeitraum ständig wiederholen soll, wird regelmäßig ausgeübt. Dies ist dann der Fall, wenn ein über ein Jahr hinausgehender Arbeitsvertrag geschlossen wird, und zwar auch dann, wenn dieser Vertrag maximal nur Arbeitseinsätze von 70 Arbeitstagen innerhalb eines Jahres vorsieht (vgl. das Beispiel B unter dem vorstehenden Buchstaben a). Ist der Rahmenvertrag zunächst auf ein Jahr oder weniger begrenzt und werden für diesen Zeitraum Arbeitseinsätze von maximal 70 Arbeitstagen vereinbart, bleibt diese Beschäftigung zunächst als kurzfristige Beschäftigung versicherungsfrei. Wird ein solcher Rahmenvertrag auf mehr als ein Jahr verlängert, liegt von dem Zeitpunkt an, an dem die Verlängerung vereinbart wird, eine regelmäßige Beschäftigung vor. Wird ein Rahmenvertrag zunächst auf ein Jahr begrenzt und unmittelbar im Anschluss daran ein neuer Rahmenvertrag geschlossen (Kettenvertrag), ist vom Beginn des neuen Rahmenvertrags an von einer regelmäßigen Beschäftigung auszugehen. Dies ist dann nicht der Fall, **wenn zwischen den beiden Rahmenverträgen eine Unterbrechung von mindestens zwei Monaten** liegt. Wird also im Anschluss an einen Rahmenvertrag mit einem Abstand von mindestens zwei Monaten ein neuer Rahmenvertrag mit einer Befristung auf ein Jahr und einer Begrenzung auf maximal 70 Arbeitstage abgeschlossen, kann im Regelfall vom Beginn des neuen Rahmenvertrages an wiederum von einer kurzfristigen Beschäftigung ausgegangen werden.

G

Beispiel

Mit einer Hausfrau ist ein vom 1.1. bis 31.12.2021 befristeter Arbeitsvertrag abgeschlossen worden, der mit Ausnahme des Monats August (Ferien) verschiedene Büroarbeiten jeweils am Montag zum Inhalt hatte. Ein weiterer befristeter Arbeitsvertrag gleichen Inhalts schließt sich erst nach einer Unterbrechung von zwei Monaten an und läuft vom 1.3.2022 bis zum 28.2.2023.

Werden Arbeitnehmer wiederholt von ein und demselben Arbeitgeber beschäftigt, ohne dass ein Rahmenvertrag besteht, liegt eine regelmäßige Beschäftigung so lange **nicht** vor, als im laufenden Kalenderjahr die Zeitgrenze von 70 Arbeitstagen nicht überschritten wird.

c) Drei Monate oder 70 Arbeitstage

Hinsichtlich der Bestimmung der Frist von drei Monaten oder 70 Arbeitstagen gilt Folgendes: Vom Dreimonatszeitraum ist nur dann auszugehen, wenn die Beschäftigung an mindestens fünf Tagen in der Woche ausgeübt wird. Bei einer Arbeitszeit von weniger als fünf Tagen in der Woche ist der Zeitraum von 70 Arbeitstagen maßgebend.

Beispiel

In einem Betrieb werden für Saisonarbeiten mehrere Aushilfskräfte eingestellt mit einer regelmäßigen Arbeitszeit von wöchentlich

a) sechs Tagen

b) fünf Tagen

c) vier Tagen.

Da in den Fällen a) und b) die Beschäftigung an mindestens fünf Tagen in der Woche ausgeübt wird, ist von dem Dreimonatszeitraum auszugehen, im Falle c) dagegen von dem Zeitraum von 70 Arbeitstagen.

Sofern lediglich eine Beschäftigung zu beurteilen ist, wird die Entscheidung ob der Zeitraum von 70 Arbeitstagen oder drei Monaten anzuwenden ist, keine Schwierigkeiten bereiten. Zweifel können dagegen auftreten, wenn mehrere kurzfristige Beschäftigungen, auch bei verschiedenen Arbeitgebern, ausgeübt werden oder in der Vergangenheit ausgeübt wurden. Denn bei einer Zusammenrechnung von mehreren Beschäftigungszeiten treten an die Stelle des Dreimonatszeitraums 90 Kalendertage. Hierbei werden volle Kalendermonate mit 30 Kalendertagen und Teilmonate mit den tatsächlichen Kalendertagen berücksichtigt. Umfasst ein Zeitraum keinen Kalendermonat, aber einen Zeitmonat, ist dieser ebenfalls mit 30 Kalendertagen anzusetzen. Sind bei einer Zusammenrechnung Zeiten, in denen die Beschäftigung regelmäßig an mindestens fünf Tagen in der Woche ausgeübt wurde, und Beschäftigungszeiten mit einer Arbeitszeit an weniger als fünf Tagen in der Woche zu berücksichtigen, dann ist einheitlich von dem Zeitraum von 70 Arbeitstagen auszugehen (vgl. die Erläuterungen und Beispiele unter dem nachfolgenden Buchstaben d). Klargestellt wurde außerdem in den Geringfügigkeitsrichtlinien, dass Überschneidungen von kurzfristigen Beschäftigungsverhältnissen hinsichtlich der Arbeitstage nicht mehrfach gerechnet werden.

d) Zusammenrechnung mehrerer Beschäftigungsverhältnisse innerhalb eines Jahres

Bei der Prüfung, ob die Zeiträume von drei Monaten oder 70 Arbeitstagen überschritten werden, sind die Zeiten mehrerer aufeinander folgender kurzfristiger Beschäftigungen zusammenzurechnen, unabhängig davon, ob sie geringfügig entlohnt oder mehr als geringfügig entlohnt sind. Dies gilt auch dann, wenn die einzelnen Beschäftigungen bei verschiedenen Arbeitgebern ausgeübt werden. Es ist jeweils bei Beginn einer neuen Beschäftigung zu prüfen, ob diese zusammen mit den schon im laufenden Kalenderjahr ausgeübten Beschäftigungen die maßgebende Zeitgrenze überschreitet. Wird durch eine Zusammenrechnung mehrerer kurzfristiger Beschäftigungen die Grenze von drei Monaten oder 70 Arbeitstagen überschritten, handelt es sich um eine regelmäßig ausgeübte Beschäftigung; in diesen Fällen ist gegebenenfalls zu prüfen, ob eine geringfügig entlohnte Beschäftigung vorliegt.

Die vorstehenden Ausführungen gelten auch für Beschäftigungen, **die über den Jahreswechsel hinausgehen,** d. h., beginnt eine Beschäftigung in einem Kalenderjahr, in dem die Dauer von drei Monaten bzw. 70 Arbeitstagen zusammen mit Vorbeschäftigungen erreicht ist, besteht für die gesamte Dauer dieser Beschäftigung Versicherungspflicht, und zwar auch insoweit, als die zu beurteilende Beschäftigung in das neue Kalenderjahr hineinreicht. Eine nach Kalenderjahren getrennte versicherungsrechtliche Beurteilung dieser Beschäftigung erfolgt nicht. Ist die Dauer von drei Monaten bzw. 70 Arbeitstagen bei Beginn einer kalenderjahrüberschreitenden Beschäftigung unter Hinzurechnung von Vorbeschäftigungen noch nicht erreicht, bleibt die kalenderjahrüberschreitende Beschäftigung versicherungsfrei, wenn sie auf drei Monate bzw. 70 Arbeitstage befristet ist.

Beispiel A

Eine Verkäuferin nimmt am 15.11.2020 eine bis zum 15.3.2021 befristete Beschäftigung (Fünftagewoche) gegen ein monatliches Arbeitsentgelt von 1500 € auf.

Die Verkäuferin ist versicherungspflichtig, weil die Beschäftigungszeit von vorneherein auf mehr als drei Monate befristet und deshalb nicht kurzfristig ist. Dem steht nicht entgegen, dass die Beschäftigungszeit in den beiden Kalenderjahren jeweils drei Monate nicht überschreitet.

Beispiel B

Eine Hausfrau nimmt am 1.12.2020 eine Beschäftigung als Aushilfsverkäuferin gegen ein monatliches Arbeitsentgelt von 1000 € auf. Die Beschäftigung ist von vornherein bis zum 28.2.2021 befristet. Die Hausfrau hat im Kalenderjahr 2020 bereits vom 1.6. bis zum 31.8. eine Beschäftigung ausgeübt.

Die am 1.12.2020 aufgenommene Beschäftigung ist nicht kurzfristig und daher versicherungspflichtig, weil zu ihrem Beginn feststeht, dass die Beschäftigungsdauer im Kalenderjahr 2020 unter Berücksichtigung der Vorbeschäftigung mehr als drei Monate beträgt. Die Beschäftigung bleibt auch über den Jahreswechsel hinaus weiterhin versicherungspflichtig, weil bei kalenderjahrüberschreitenden Beschäftigungen eine getrennte versicherungsrechtliche Beurteilung nicht in Betracht kommt.

Beispiel C

Eine Hausfrau nimmt am 1.12.2020 eine Beschäftigung als Aushilfsverkäuferin gegen ein monatliches Arbeitsentgelt von 900 € auf. Die Beschäftigung ist von vornherein bis zum 28.2.2021 befristet. Die Hausfrau hat im Kalenderjahr 2020 bereits vom 1.7. bis zum 31.8. eine Beschäftigung ausgeübt.

Lohnsteuerpflichtig Sozialversich.-pflichtig

Die am 1.12.2020 aufgenommene Beschäftigung ist kurzfristig und damit versicherungsfrei in der Kranken-, Renten- und Arbeitslosenversicherung sowie nicht versicherungspflichtig in der Pflegeversicherung, weil zu ihrem Beginn feststeht, dass die Beschäftigungsdauer im Kalenderjahr 2020 unter Berücksichtigung der Vorbeschäftigung nicht mehr als drei Monate beträgt. Die Beschäftigung bleibt auch über den Jahreswechsel hinaus weiterhin versicherungsfrei bzw. nicht versicherungspflichtig, weil sie auf nicht mehr als drei Monate befristet ist.

Beispiel D

Eine Hausfrau nimmt am 2. 5. eine Beschäftigung als Aushilfsverkäuferin (Urlaubsvertretung) auf, die von vornherein bis zum 18. 6. befristet ist und wöchentlich sechs Arbeitstage umfassen soll. Die Hausfrau war im laufenden Kalenderjahr wie folgt beschäftigt:

a) vom 2. 1. bis 25. 1. (Fünf-Tage-Woche) =	24 Kalendertage
b) vom 31. 3. bis 18. 4. (Sechs-Tage-Woche) =	19 Kalendertage
c) vom 2.5 bis 18. 6. (Sechs-Tage-Woche) =	48 Kalendertage
zusammen =	91 Kalendertage

Die wöchentliche Arbeitszeit beträgt jeweils 40 Stunden.

Die Beschäftigung zu c) ist versicherungspflichtig, weil zu ihrem Beginn feststeht, dass sie zusammen mit den im laufenden Kalenderjahr bereits verrichteten Beschäftigungen die Grenze von drei Monaten (90 Kalendertagen) überschreitet. Stehen bereits bei Aufnahme der ersten Beschäftigung (am 2. 1.) die gesamten folgenden Beschäftigungszeiten fest, unterliegen alle Beschäftigungen der Versicherungspflicht.

Die o. g. Beispiele gelten für alle nach dem 31.12.2014 aufgenommenen Beschäftigungen.

e) Prüfung der Berufsmäßigkeit

Eine kurzfristige Beschäftigung erfüllt dann nicht mehr die Voraussetzungen einer geringfügigen Beschäftigung, wenn die Beschäftigung berufsmäßig ausgeübt wird. Die Prüfung der Berufsmäßigkeit ist jedoch nicht erforderlich, wenn das aufgrund dieser Beschäftigung erzielte monatliche Arbeitsentgelt 450 € nicht überschreitet. Darüber hinaus braucht die Berufsmäßigkeit der Beschäftigung auch dann nicht geprüft zu werden, wenn die Beschäftigung bereits infolge Überschreitens der Zeitgrenzen als nicht geringfügig anzusehen ist. Berufsmäßig wird eine Beschäftigung dann ausgeübt, wenn sie für die in Betracht kommende Person nicht von untergeordneter wirtschaftlicher Bedeutung ist. Aushilfsweise tätige **Hausfrauen, Rentner, Schüler und Studenten** sind in der Regel nicht berufsmäßig beschäftigt.

Beschäftigungen, die nur gelegentlich ausgeübt werden, sind also grundsätzlich von untergeordneter wirtschaftlicher Bedeutung und daher als nicht berufsmäßig anzusehen. Dies gilt sinngemäß auch für kurzfristige Beschäftigungen, die neben einer Beschäftigung mit einem Entgelt von mehr als 450 € (Hauptbeschäftigung) ausgeübt werden.

Beispiel A

Ein Kraftfahrer übt beim Arbeitgeber A eine Dauerbeschäftigung gegen ein monatliches Arbeitsentgelt von 2500 € aus. Am 1. 7. nimmt er zusätzlich eine Beschäftigung beim Arbeitgeber B als Kellner auf, die von vornherein bis zum 15.9. befristet ist; in dieser Beschäftigung erzielt er ein monatliches Arbeitsentgelt von 500 €.

Die Beschäftigung beim Arbeitgeber B bleibt versicherungsfrei, weil sie von vornherein auf nicht mehr als drei Monate befristet ist und auch nicht berufsmäßig ausgeübt wird.

Folgt eine kurzfristige Beschäftigung auf bereits ausgeübte Beschäftigungen, ist Berufsmäßigkeit ohne weitere Prüfung anzunehmen, wenn die Beschäftigungszeiten im Laufe eines Kalenderjahres insgesamt mehr als drei Monate oder 70 Arbeitstage betragen. Dabei können nur solche Beschäftigungen berücksichtigt werden, in denen die monatliche Arbeitsentgeltgrenze von 450 € überschritten wird.

Beispiel B

Eine Hausfrau nimmt am 13. 8. eine Beschäftigung als Aushilfsverkäuferin gegen ein monatliches Arbeitsentgelt von 1400 € auf. Die Beschäftigung ist von vornherein bis zum 20. 9. befristet. Im laufenden Kalenderjahr war die Hausfrau wie folgt beschäftigt (das Arbeitsentgelt betrug jeweils mehr als 450 €):

a) vom 2. 3. bis 15. 6.	=	106 Kalendertage
b) vom 13. 8. bis 20. 9.	=	39 Kalendertage
zusammen	=	145 Kalendertage

Eine Zusammenrechnung der beiden Beschäftigungszeiten scheidet aus, da hiernach nur geringfügige (d. h. Beschäftigungen von einer Dauer von nicht mehr als drei Monaten bzw. 70 Arbeitstagen) zusammengerechnet werden können. Für die Prüfung der Berufsmäßigkeit sind die Beschäftigungen jedoch in jedem Falle zusammenzurechnen. Da die Beschäftigungszeiten im laufenden Kalenderjahr insgesamt 145 Kalendertage, also mehr als drei Monate, betragen, wird die Beschäftigung berufsmäßig ausgeübt; es besteht deshalb Versicherungspflicht.

Bei Personen, die aus dem Berufsleben ausgeschieden sind, werden nur die Beschäftigungszeiten **nach dem Ausscheiden** angerechnet.

Beispiel C

Eine Verkäuferin hatte ihre langjährige, versicherungspflichtige Beschäftigung aufgrund ihrer Heirat zum 31. 3. aufgegeben. Von diesem Zeitpunkt an war sie nicht mehr berufstätig. Am 1. 8. nimmt sie eine Beschäftigung als Aushilfsverkäuferin auf, die von vornherein bis zum 15.9. befristet ist. Die Arbeitszeit beträgt täglich acht Stunden (5-Tage-Woche); als Vergütung werden 1000 € bezahlt.

Es handelt sich um eine kurzfristige Beschäftigung (nicht mehr als drei Monate). Bei der Prüfung der Berufsmäßigkeit bleibt die bis zum 31. 3. ausgeübte Beschäftigung außer Betracht, da bei Personen, die aus dem Berufsleben ausgeschieden sind, nur Beschäftigungszeiten nach dem Ausscheiden angerechnet werden. Die Beschäftigung ist daher sozialversicherungsfrei.

Bei der Prüfung der Berufsmäßigkeit wird also zum einen darauf abgestellt, ob die Beschäftigung für den betreffenden Arbeitnehmer von mehr als untergeordneter wirtschaftlicher Bedeutung ist. Nach der Rechtsprechung des Bundessozialgerichts ist dies dann anzunehmen, wenn aus dem Entgelt der zu beurteilenden Beschäftigung der Lebensunterhalt ganz oder zu einem erheblichen Teil bestritten wird. Hierbei sind die Lebensumstände des Beschäftigten, insbesondere seine Vermögens- und Einkommensverhältnisse und etwaige Unterhaltsansprüche zu berücksichtigen. Diese Verhältnisse sind nicht nur für die Dauer der zu beurteilenden Beschäftigung zu beachten.

Bei folgenden Personengruppen wird hiernach im Regelfall von Berufsmäßigkeit ausgegangen:

- Bezieher von Arbeitslosengeld und Arbeitslosengeld II, und zwar unabhängig davon, ob die kurzfristige Beschäftigung während des Leistungsbezuges aufgenommen wird oder der Leistungsbezug erst während der kurzfristigen Beschäftigung beginnt;
- Arbeitsuchende, die bei einer Agentur für Arbeit gemeldet sind (ohne Leistungsbezug); ansonsten wie bei tatsächlichen Leistungsbeziehern;
- Mütter oder Väter während der Elternzeit;
- Bezieher von Sozialhilfe;
- Beschäftigung zwischen Schulentlassung und Aufnahme eines Berufsausbildungsverhältnisses (nicht Studium);
- Beschäftigung zwischen Schulentlassung und Ableistung eines freiwilligen sozialen oder ökologischen Jahres oder Teilnahme am Bundesfreiwilligendienst (selbst wenn danach die Aufnahme eines Studiums beabsichtigt ist);
- Beschäftigungen während eines unbezahlten Urlaubs.

Bei den genannten Personen besteht unter Beachtung der beschriebenen Besonderheiten aufgrund der Berufsmäßigkeit ohne Rücksicht auf die Dauer der befristeten Beschäftigung immer Versicherungspflicht, und zwar auch dann, wenn es sich lediglich um einen einzigen Beschäftigungstag handelt. Versicherungsfreiheit besteht nur dann, wenn die (ggf. anteilige) monatliche Arbeitsentgeltgrenze von 450 € nicht überschritten wird.

Lohn-steuer-pflichtig Sozial-versich.-pflichtig

Beispiel D

Ein Bezieher von Arbeitslosengeld vereinbart eine auf zwei Tage (Samstag und Sonntag) befristete Beschäftigung als Kellner zu je sieben Stunden; das Arbeitsentgelt beträgt pro Tag 50 €.

Da das Arbeitsentgelt die für den Beschäftigungszeitraum anteilige Arbeitsentgeltgrenze (450 € : 30 × 2 = 30 €) übersteigt und der Arbeitnehmer als Bezieher von Arbeitslosengeld als berufsmäßig Beschäftigter anzusehen ist, besteht Versicherungspflicht in der Kranken-, Renten- und Pflegeversicherung. In der Arbeitslosenversicherung besteht Versicherungsfreiheit, weil die wöchentliche Arbeitszeit weniger als 15 Stunden beträgt (vgl. die Erläuterungen zur Arbeitslosenversicherung unter der nachfolgenden Nr. 17).

Zusammenfassend ist für die Prüfung der Berufsmäßigkeit Folgendes festzuhalten:

G

Im Gegensatz zur Prüfung der Kurzfristigkeit werden bei der Prüfung der Berufsmäßigkeit im Grundsatz **alle Beschäftigungen** (nicht nur kurzfristige) innerhalb des laufenden Kalenderjahres angerechnet, bei denen das Arbeitsentgelt mehr als 450 € betragen hat. Das bedeutet, dass auch versicherungspflichtige Beschäftigungen, die beispielsweise auf mehr als drei Monate befristet waren (= mehr als kurzfristig), hier berücksichtigt werden. Darüber hinaus werden auch Zeiträume des Bezuges von Leistungen einer Agentur für Arbeit (Arbeitslosengeld I oder II) wie Beschäftigungszeiten mit einbezogen.

Berufsmäßigkeit wird dagegen nicht angenommen, wenn eine kurzfristige Beschäftigung **neben einer Hauptbeschäftigung** ausgeübt wird. Dies gilt auch für kurzfristige Beschäftigungen neben der Teilnahme am Bundesfreiwilligendienst und neben dem freiwilligen Wehrdienst. Dies stellt einen wesentlichen Unterschied zur Behandlung von 450-Euro-Jobs neben einer Hauptbeschäftigung dar. Dort erfolgt nämlich ab dem zweiten 450-Euro-Job in der Kranken- und Pflegeversicherung eine Zusammenrechnung mit der Folge der Versicherungspflicht.

f) Kurzfristige Beschäftigung im Anschluss an einen 450-Euro-Job

Sofern im unmittelbaren Anschluss an eine geringfügig entlohnte (Dauer-)Beschäftigung bei demselben Arbeitgeber eine auf längstens drei Monate befristete Beschäftigung mit einem Arbeitsentgelt von mehr als 450 € vereinbart wird, geht die Sozialversicherung von der widerlegbaren Vermutung aus, dass es sich um die Fortsetzung der bisherigen (Dauer-)Beschäftigung handelt mit der Folge, dass vom Zeitpunkt der Vereinbarung der befristeten Beschäftigung an die Arbeitsentgeltgrenze überschritten wird und damit Versicherungspflicht eintritt. Dies wird umso mehr angenommen, wenn sich an die befristete Beschäftigung wiederum unmittelbar eine – für sich betrachtet – geringfügig entlohnte Beschäftigung anschließt. Versicherungsfreiheit wegen Vorliegens einer kurzfristigen Beschäftigung kommt in Fällen der hier in Rede stehenden Art nur dann in Betracht, wenn es sich bei den einzelnen Beschäftigungen um völlig voneinander unabhängige Beschäftigungsverhältnisse handelt.

g) Ab wann tritt die Versicherungspflicht ein, wenn die 70-Tage- oder Drei-Monats-Grenze überschritten wird?

Überschreitet eine Beschäftigung, die als kurzfristige Beschäftigung angesehen wird, entgegen der ursprünglichen Erwartung die Zeitdauer von drei Monaten oder 70 Arbeitstagen, tritt vom Tage des Überschreitens an Versicherungspflicht ein, es sei denn, dass die Merkmale einer geringfügig entlohnten Beschäftigung vorliegen.

Stellt sich im Laufe der Beschäftigung heraus, dass sie länger dauern wird, beginnt gegebenenfalls die Versicherungspflicht bereits mit dem Tage, an dem das Überschreiten der Zeitdauer erkennbar wird, also nicht erst nach Ablauf der drei Monate bzw. 70 Arbeitstage; für die zurückliegende Zeit verbleibt es bei der Versicherungsfreiheit.

Lohn-steuer-pflichtig Sozial-versich.-pflichtig

Sofern ein zunächst auf ein Jahr oder weniger befristeter **Rahmenvertrag** mit Arbeitseinsätzen bis zu maximal 70 Arbeitstagen auf eine Dauer von über einem Jahr verlängert wird, liegt vom Zeitpunkt der Vereinbarung der Verlängerung an eine regelmäßige Beschäftigung vor. Wird ein Rahmenvertrag zunächst auf ein Jahr begrenzt und im unmittelbaren Anschluss daran ein neuer Rahmenvertrag abgeschlossen, ist vom Beginn des neuen Rahmenvertrags an von einer regelmäßig ausgeübten Beschäftigung auszugehen, wenn zwischen den beiden Rahmenverträgen kein Zeitraum von **mindestens zwei Monaten** liegt. Auch in diesen Fällen ist allerdings zu prüfen, ob die Merkmale einer geringfügig entlohnten Beschäftigung vorliegen.

17. Besonderheiten in der Arbeitslosenversicherung

Die Arbeitslosenversicherungsfreiheit geringfügiger Beschäftigungen ergibt sich aus § 27 Abs. 2 SGB III. Eine Ausnahmeregelung besteht allerdings nach § 27 Abs. 5 SGB III für solche Arbeitnehmer, die **neben** dem Anspruch auf Arbeitslosengeld eine mehr als geringfügige, aber kurzzeitige Beschäftigung ausüben; sie sind in der Arbeitslosenversicherung versicherungsfrei. Als kurzzeitig gilt eine Beschäftigung, deren wöchentliche Arbeitszeit weniger als 15 Stunden beträgt.

Die Versicherungsfreiheit nach § 27 Abs. 5 SGB III gilt nicht für Bezieher von Teilarbeitslosengeld; sie sind nur dann arbeitslosenversicherungsfrei, wenn sie eine geringfügige (geringfügig entlohnte) Beschäftigung ausüben.

Die Besonderheit in der Arbeitslosenversicherung bedeutet, dass Personen, die **neben dem Bezug der oben genannten Leistungen durch eine Agentur für Arbeit** in einer Beschäftigung stehen, in der sie zwar mehr 450 € monatlich verdienen, die regelmäßige wöchentliche Arbeitszeit aber weniger als 15 Stunden beträgt, versicherungsfrei in der Arbeitslosenversicherung bleiben, solange die Beschäftigung und der Bezug der Leistungen parallel nebeneinander bestehen. Versicherungsfreiheit besteht allerdings nur während des Überschneidungszeitraumes. In der Kranken-, Pflege- und Rentenversicherung besteht Versicherungspflicht für die gesamte Dauer der Beschäftigung.

18. Aufzeichnungspflichten

Die Regelungen der Beitragsverfahrensverordnung (BVV) über die Führung von Entgeltunterlagen gelten uneingeschränkt auch für geringfügig Beschäftigte. Der Arbeitgeber hat die für die Versicherungsfreiheit maßgebenden Angaben in den Entgeltunterlagen aufzuzeichnen und Nachweise, aus denen die erforderlichen Angaben ersichtlich sind, zu den Entgeltunterlagen zu nehmen. Hierzu gehören insbesondere Angaben und Unterlagen über

- das monatliche Arbeitsentgelt,
- die Beschäftigungsdauer,
- die regelmäßige wöchentliche Arbeitszeit und die tatsächlich geleisteten Arbeitsstunden,
- Beginn, Ende und Dauer der täglichen Arbeitszeit,
- das Vorliegen weiterer Beschäftigungen (z. B. Erklärungen des Beschäftigten),
- die Bestätigung, dass vom Beschäftigten die Aufnahme weiterer Beschäftigungen anzuzeigen ist,
- die Feststellungen der Minijob-Zentrale oder des Rentenversicherungsträgers über das Vorliegen von Sozialversicherungspflicht,
- Bescheide der zuständigen Einzugsstelle über die Feststellung des Bestehens oder Nichtbestehens von Versicherungspflicht,
- die Bescheinigung über eine Entsendung für Aushilfsbeschäftigungen von Saisonarbeitskräften,

Lohn- steuer- pflichtig | Sozial- versich.- pflichtig

- den Antrag des Beschäftigten auf Befreiung von der Rentenversicherungspflicht und den Tag des Eingangs beim Arbeitgeber.

Bei kurzfristig Beschäftigten sind zusätzlich Nachweise oder Erklärungen über

- eventuelle weitere kurzfristige Beschäftigungen im Kalenderjahr vor Beginn der zu beurteilenden Beschäftigung,
- den Status (z. B. Hausfrau, Schüler, Student, Arbeitsloser, Rentner) des Beschäftigten

den Entgeltunterlagen beizufügen.

Die Entscheidung darüber, ob bei geringfügig entlohnten oder kurzfristigen Beschäftigungen Sozialversicherungspflicht vorliegt oder nicht, ist oft schwierig zu treffen, zumal häufig vorangegangene oder gleichzeitig ausgeübte Beschäftigungen in die Prüfung mit einbezogen werden müssen. Um Nachforderungen bei den Beiträgen zur Sozialversicherung zu vermeiden, empfiehlt es sich deshalb für den Arbeitgeber, die Feststellung der Versicherungspflicht nachprüfbar zu dokumentieren. Dies kann durch den als **Anhang 18** abgedruckten **Personalfragebogen** erfolgen.

19. Abführen der Beiträge

Die Pauschalbeiträge zur Krankenversicherung und Rentenversicherung für 450-Euro-Jobs sowie die Beiträge zur Rentenversicherung für eine geringfügig entlohnte versicherungs**pflichtige** Beschäftigung sind **der Minijob-Zentrale** bei der Deutschen Rentenversicherung Knappschaft-Bahn-See **im Beitragsnachweis für geringfügig Beschäftigte nachzuweisen,** und zwar

- unter 6000 Pauschalbeitrag zur Krankenversicherung,
- unter 0100 Beitrag zur Rentenversicherung bei einer geringfügig entlohnten versicherungs**pflichtigen** Beschäftigung,
- unter 0500 Pauschalbeitrag zur Rentenversicherung.

Zusatzbeiträge zur Krankenversicherung fallen für geringfügig Beschäftigte nicht an.

Für die Erhebung der einheitlichen **Pauschsteuer von 2 %,** die auch den Solidaritätszuschlag und die Kirchensteuer abgilt, ist ebenfalls die **Minijob-Zentrale** bei der Deutschen Rentenversicherung Knappschaft-Bahn-See zuständig. Anmeldung und Abführung der Pauschsteuer sind analog zu den für die Pauschalbeiträge zur Rentenversicherung geltenden Vorschriften abzuwickeln. Zu diesem Zweck besteht im Beitragsnachweis für geringfügig Beschäftigte die Möglichkeit, auch die Pauschsteuer nachzuweisen. Wird hiervon Gebrauch gemacht, ist auch die **Steuernummer des Arbeitgebers im Beitragsnachweis anzugeben.**

Seit 1.1.2009 ist die Minijob-Zentrale auch zuständig für den Einzug der **Insolvenzgeldumlage.** Die Insolvenzgeldumlage muss sowohl bei geringfügig entlohnten Beschäftigungen (sog. 450-€-Jobs) als auch bei kurzfristigen Beschäftigungsverhältnissen abgeführt werden. Die Insolvenzgeldumlage ist ab 1.1.2021 auf 0,12 % festgesetzt worden.

Die Minijob-Zentrale ist auch dann Einzugsstelle für die Insolvenzgeldumlage, wenn es sich um nach § 6 Abs. 1 Satz 1 Nr. 1 SGB VI von der Rentenversicherungspflicht befreite Mitglieder berufsständischer Versorgungswerke handelt, die wegen Verzichts auf die Rentenversicherungsfreiheit nach § 230 Abs. 8 Satz 2 SGB VI keine Rentenversicherungsbeiträge und wegen einer privaten Krankenversicherung auch keine Pauschalbeiträge an die Minijob-Zentrale zahlen. Der Einzug der Insolvenzgeldumlage erfolgt ebenfalls durch die Minijob-Zentrale, wenn neben der Pauschalbeitragszahlung in der Kranken- oder Rentenversicherung aufgrund der Bestandsschutzregelung über den 31. März 2003 hinaus für dieselbe Beschäftigung auch Pflichtbeiträge zur Renten- oder Krankenversicherung an die zuständige Krankenkasse gezahlt werden.

Die Umlagebeträge sind im Beitragsnachweisdatensatz unter dem Beitragsgruppenschlüssel 0050 anzugeben.

Auf die ausführlichen Erläuterungen beim Stichwort „Insolvenzgeldumlage“ wird Bezug genommen.

20. Meldepflichten

Für geringfügig Beschäftigte gilt das Meldeverfahren nach der Datenerfassungs- und -übermittlungsverordnung (DEÜV). Dies bedeutet, dass nicht nur An- und Abmeldungen, sondern grundsätzlich auch alle anderen Meldungen zu erstatten sind. Die Meldepflichten für geringfügig Beschäftigte sind in Anhang 15 unter Nr. 15 ausführlich erläutert. Geringfügig Beschäftigte in Privathaushalten sind in einem vereinfachten, dem so genannten Haushaltsscheckverfahren, zu melden (vgl. die Erläuterungen beim Stichwort „Hausgehilfin“ besonders unter Nr. 7).

Da die Rentenversicherungsträger im Rahmen der Betriebsprüfung auch die Beitragszahlung zur Unfallversicherung prüfen werden, beinhaltet das Meldeverfahren zur Sozialversicherung auch die prüfrelevanten Informationen zur Unfallversicherung. Das bedeutet, dass in allen Entgeltmeldungen die unfallversicherungsspezifischen Daten zwingend anzugeben sind. Dies hat zur Folge, dass **auch für kurzfristig Beschäftigte Entgeltmeldungen zur Unfallversicherung zu erstatten sind.**

Zukünftig sind in den Entgeltunterlagen für geringfügig Beschäftigte auch Angaben darüber zu machen, ob die Lohnsteuer pauschal oder nach den individuellen Lohnsteuerabzugsmerkmalen abgerechnet wurde. Zusätzlich sind die steuerlichen Ordnungsmerkmale (= Identifikationsnummern) des Arbeitgebers und des Arbeitnehmers anzugeben. Die Neuregelung tritt zum 1.1.2021 in Kraft, wird aber erst zum 1.1.2022 tatsächlich umgesetzt.

21. Lohnfortzahlungsversicherung

a) Allgemeines

Im Aufwendungsausgleichsgesetz (AAG) ist die Erstattung der Arbeitgeberaufwendungen für die Entgeltfortzahlung im Krankheitsfall und beim Mutterschutz geregelt. Die wichtigsten Inhalte des Aufwendungsausgleichsgesetzes sind

- die Teilnahme **aller Arbeitgeber** am Ausgleichsverfahren der Arbeitgeberaufwendungen für **Mutterschaftsleistungen** (U2),
- die **Einbeziehung** der Aufwendungen für die **Entgeltfortzahlung der Angestellten** im Arbeitsunfähigkeitsfall in das Ausgleichsverfahren der Arbeitgeberaufwendungen (U1),
- die **Erweiterung der** an den Ausgleichsverfahren **teilnehmenden Krankenkassen** auf die Ersatz- und Betriebskrankenkassen,
- die **Festschreibung einer einheitlichen** Grenze von 30 Arbeitnehmern für die Teilnahme am Ausgleichsverfahren der Arbeitgeberaufwendungen bei Arbeitsunfähigkeit (U1).

Die Minijob-Zentrale bei der Deutschen Rentenversicherung Knappschaft-Bahn-See ist für die Durchführung des Ausgleichsverfahrens U1 und U2 zuständig.

b) Kreis der Arbeitgeber

Am Ausgleichsverfahren U1 für die Entgeltfortzahlung bei Arbeitsunfähigkeit im Krankheitsfall nehmen grundsätzlich alle Arbeitgeber mit **maximal 30 Arbeitnehmer** teil (Ausnahme: öffentlich-rechtliche Arbeitgeber). Ein Arbeitgeber nimmt am Ausgleichsverfahren U1 teil, wenn er in dem Kalenderjahr, das demjenigen, für das die Feststellung zu treffen ist, vorangegangen ist, für mindestens acht Monate nicht mehr als 30 Arbeitnehmer beschäftigt hat. Falls ein Betrieb nicht das ganze maßgebliche Kalenderjahr bestanden hat, nimmt der Arbeitgeber am Ausgleich der Arbeitgeberaufwendungen teil, wenn er während des Zeitraums des Bestehens des Betriebs in der überwiegenden Zahl der Kalendermonate nicht mehr als 30 Arbeitnehmer beschäftigt hat. Für die Ermittlung der Mitarbeiterzahl sind alle Arbeitnehmer maßgebend, die ein Arbeitgeber beschäftigt. Das bedeutet, dass alle Arbeiter und Angestellten zu berücksichtigen sind, ungeachtet ihrer Krankenkassenzugehörigkeit. Nicht mitgezählt werden

- Auszubildende und Praktikanten,
- schwerbehinderte Menschen,
- Bezieher von Vorruhestandsgeld,
- freiwillig Wehrdienstleistende und
- Freiwillige im Bundesfreiwilligendienst.

G

Eine besondere Regelung gilt für Teilzeitbeschäftigte. Sie werden bei der Feststellung der Gesamtzahl der Arbeitnehmer entsprechend ihrer Arbeitszeit berücksichtigt, und zwar wie folgt:

- Arbeitnehmer, die wöchentlich regelmäßig nicht mehr als 10 Stunden zu leisten haben, werden mit dem Faktor **0,25,**
- Arbeitnehmer, die wöchentlich regelmäßig nicht mehr als 20 Stunden zu leisten haben, werden mit dem Faktor **0,5,**
- Arbeitnehmer, die wöchentlich regelmäßig nicht mehr als 30 Stunden zu leisten haben, werden mit dem Faktor **0,75,** angesetzt.

Dabei ist stets von der regelmäßigen wöchentlichen Arbeitszeit auszugehen. Schwankt die Arbeitszeit von Woche zu Woche, dann ist die regelmäßige wöchentliche Arbeitszeit in den einzelnen Kalendermonaten im Wege einer Durchschnittsberechnung zu ermitteln.

Die Teilnahme am Ausgleichsverfahren wird jeweils zu Beginn eines Kalenderjahrs für das gesamte Kalenderjahr festgestellt.

c) Umlagen U1 und U2

Die für die Durchführung des Erstattungsverfahrens erforderlichen Mittel werden durch Umlagen von den am Ausgleich beteiligten Arbeitgebern aufgebracht, und zwar durch die Umlage U1 und die Umlage U2.

Die **Umlage U1** ist für den Ausgleich der Arbeitgeberaufwendungen für die **Entgeltfortzahlung** bei Krankheit bzw. Kur zu entrichten. Sie errechnet sich aus den Bruttoarbeitsentgelten aller im Betrieb geringfügig beschäftigten Arbeitnehmer. Der Betrag zur Umlage U1 beträgt seit 1.10.2020 1,0 % (zuvor: 0,9 %).

Die **Umlage U2** ist für den Ausgleich der Aufwendungen nach dem **Mutterschutzgesetz** zu entrichten. Sie errechnet sich aus den Bruttoarbeitsentgelten aller im Betrieb geringfügig beschäftigten Arbeitnehmer und beträgt seit 1.10.2020 0,39 % (zuvor: 0,19 %).

d) Erstattung von Arbeitgeberaufwendungen

Geringfügig Beschäftigte, die durch Arbeitsunfähigkeit infolge Krankheit oder infolge einer medizinischen Vorsorge- bzw. Rehabilitationsmaßnahme an ihrer Arbeitsleistung verhindert sind, haben grundsätzlich Anspruch auf Entgeltfortzahlung durch den Arbeitgeber für längstens 42 Tage. Die Erstattung durch die Deutsche Rentenversicherung Knappschaft-Bahn-See beträgt 80 % des fortgezahlten Bruttoarbeitsentgelts.

Des Weiteren gehören Leistungen nach dem Mutterschutzgesetz zu den erstattungsfähigen Arbeitgeberaufwendungen. Danach erstattet die Deutsche Rentenversicherung Knappschaft-Bahn-See für Arbeitnehmerinnen

- 100 % des Arbeitgeberzuschusses zum Mutterschaftsgeld während der Schutzfristen vor und nach der Entbindung zuzüglich der darauf entfallenden pauschalen Kranken- und Rentenversicherungsbeiträge,
- 100 % des fortgezahlten Arbeitsentgelts für die Dauer von Beschäftigungsverboten.

Die Erstattungen werden auf Antrag gewährt und können sofort nach geleisteter Entgeltfortzahlung erfolgen.

22. Arbeitsvertrag für geringfügige Beschäftigungsverhältnisse

Nach dem sog. Nachweisgesetz muss der Arbeitgeber bei Teilzeitkräften spätestens einen Monat nach Beginn des Arbeitsverhältnisses die wesentlichen Vertragsbedingungen **schriftlich niederlegen, unterschreiben und aushändigen.** Eine Ausnahme besteht nur für eine Aushilfstätigkeit von höchstens **einem** Monat. Eine Änderung wesentlicher Vertragsbedingungen muss spätestens einen Monat nach der Änderung schriftlich mitgeteilt werden. Die Pflicht zur schriftlichen Mitteilung der Vertragsbedingungen entfällt nur dann, wenn ein **schriftlicher Arbeitsvertrag** vorhanden ist, der die erforderlichen Angaben enthält. Es empfiehlt sich deshalb, in allen Fällen einen schriftlichen Arbeitsvertrag abzuschließen.

Geringverdienergrenze

1. Lohnsteuer

Unter Berücksichtigung der Freibeträge, die in den Lohnsteuertarif eingearbeitet sind, ergibt sich eine Lohnsteuer erst dann, wenn die sog. Besteuerungsgrenzen überschritten sind (vgl. hierzu das Stichwort „Tarifaufbau"). Diese Besteuerungsgrenzen sind in den einzelnen Steuerklassen unterschiedlich hoch. Sie betragen 2021

Steuerklasse	**Jahres**arbeitslohn, bis zu dem keine Lohnsteuer anfällt – rentenversicherungspflichtige Arbeitnehmer	nicht rentenversicherungspflichtige Arbeitnehmer
I	13 453 €	12 259 €
II	15 832 €	14 427 €
III	25 534 €	23 340 €
IV	13 453 €	12 259 €
V	1 301 €	1 186 €

Steuerklasse	**Monats**arbeitslohn, bis zu dem keine Lohnsteuer anfällt – rentenversicherungspflichtige Arbeitnehmer	nicht rentenversicherungspflichtige Arbeitnehmer
I	1 121 €	1 021 €
II	1 319 €	1 202 €
III	2 127 €	1 945 €
IV	1 121 €	1 021 €
V	108 €	98 €

Zur Durchführung des Lohnsteuerabzugs benötigt der Arbeitgeber die individuellen Lohnsteuerabzugsmerkmale des Arbeitnehmers (Steuerklasse, Zahl der Kinderfreibeträge, Steuerfreibetrag, Religionszugehörigkeit usw.)[1].

Ohne Kenntnis der Lohnsteuerabzugsmerkmale des Arbeitnehmers muss der Arbeitgeber die Lohnsteuer nach der (ungünstigsten) **Steuerklasse VI** einbehalten, sofern nicht eine Pauschalierung der Lohnsteuer mit 25 %, 20 %, 5 % oder 2 % in Betracht kommt. Auf die ausführlichen Erläuterungen beim Stichwort „Pauschalierung der Lohnsteuer bei Aushilfskräften und Teilzeitbeschäftigten" wird hingewiesen.

1) Auf die ausführlichen Erläuterungen beim Stichwort „Elektronische Lohnsteuerabzugsmerkmale (ELStAM)" wird hingewiesen.

Lohn-steuer-pflichtig Sozial-versich.-pflichtig

2. Sozialversicherung

Geringverdiener im sozialversicherungsrechtlichen Sinne dürfen nicht mit den sozialversicherungsfreien geringfügig Beschäftigten verwechselt werden. Geringverdiener sind nämlich aufgrund ihres Beschäftigungsverhältnisses sozialversicherungspflichtig; allerdings muss der Arbeitgeber den Gesamtsozialversicherungsbeitrag (Arbeitnehmer- **und** Arbeitgeberanteil) **allein** tragen. Im Einzelnen gilt Folgendes:

Der Arbeitgeber hat für die im Rahmen einer **betrieblichen Berufsbildung** (z. B. Auszubildende, Praktikanten) beschäftigten Arbeitnehmer, deren monatliches Arbeitsentgelt 325 € nicht übersteigt, sowie für Personen, die ein freiwilliges soziales Jahr im Sinne des Gesetzes zur Förderung eines freiwilligen sozialen Jahres, ein freiwilliges ökologisches Jahr im Sinne des Gesetzes zur Förderung von Jugendfreiwilligendiensten oder Bundesfreiwilligendienst nach dem Bundesfreiwilligengesetz leisten, den Gesamtsozialversicherungsbeitrag allein zu tragen. Diese sog. Geringverdienergrenze beträgt **seit 1.8.2003 unverändert 325 €.** Seit 1.1.2020 gilt nach dem Berufsbildungsgesetz für Auszubildende grundsätzlich ein höherer Mindestvergütungsanspruch. Aufgrund dieses höheren Anspruchs, der laufend fortgeschrieben wird, verliert die sozialversicherungsrechtliche Geringverdienergrenze immer mehr an Bedeutung.

Die bei Anwendung der Geringverdienergrenze bei Auszubildenden zu beachtenden Besonderheiten sind beim Stichwort „Auszubildende“ erläutert.

3. Übergangsbereich nach § 20 Abs. 2 SGB IV

Zum 1.7.2019 ist an die Stelle der früheren Gleitzone (bis 850 €) der sog. Übergangsbereich im Niedriglohnbereich getreten. Arbeitnehmer zahlen einen geringeren Arbeitnehmeranteil am Gesamtsozialversicherungsbeitrag als andere Arbeitnehmer, wenn ihr monatlicher Arbeitslohn im Bereich von 450,01 € bis 1300 € liegt. Der Übergangsbereich im Niedriglohnbereich gilt **nicht** für die im Rahmen einer betrieblichen Berufsbildung beschäftigten Arbeitnehmer (z. B. Auszubildende, Praktikanten; vgl. das Stichwort „Übergangsbereich nach § 20 Abs. 2 SGB IV“).

4. Förderbetrag zur betrieblichen Altersversorgung bei Geringverdienern

Zum 1.1.2018 ist erstmals ein Förderbetrag zur betrieblichen Altersversorgung bei Geringverdienern eingeführt worden. Die Förderung wurde durch das Gesetz zur Einführung der Grundrente mit Wirkung ab 1.1.2020 ausgebaut. Zahlt der Arbeitgeber für einen geringverdienenden Arbeitnehmer mit erstem Dienstverhältnis einen zusätzlichen Arbeitgeberbeitrag zur kapitalgedeckten betrieblichen Altersversorgung zwischen 240 € und 960 € ein, erhält er hiervon über die Lohnsteuer-Anmeldung einen BAV-Förderbetrag von 30 %. Somit ergibt sich ein jährlicher Förderhöchstbetrag von 288 € (= 30 % von 960 €). **Geringverdiener** in diesem Sinne sind seit 2020 **Arbeitnehmer,** deren **laufender Arbeitslohn** im Zeitpunkt der Beitragsleistung folgende Beträge **nicht übersteigt:**

– monatliche Lohnzahlung	2575,00 €,
– wöchentliche Lohnzahlung	600,84 €,
– tägliche Lohnzahlung	85,84 €,
– jährliche Lohnzahlung	30 900,00 €.

In der Sozialversicherung ist der geförderte Arbeitgeberbeitrag für den Geringverdiener beitragsfrei, wird allerdings auf das insgesamt begünstigte Volumen von 4 % der Beitragsbemessungsgrenze in der allgemeinen Rentenversicherung (West) angerechnet. Bei dem Förderbetrag von 30 % handelt es sich nicht um einen geldwerten Vorteil für den Beschäftigten. Beitragspflicht besteht dafür daher nicht.

Lohn-steuer-pflichtig Sozial-versich.-pflichtig

Zum Förderbetrag zur betrieblichen Altersversorgung bei Geringverdienern im Einzelnen vgl. Anhang 6 unter Nr. 17.

Geschäftsjubiläum

siehe „Jubiläumszuwendungen“

Geschäftswagen zur privaten Nutzung

siehe „Firmenwagen zur privaten Nutzung“

Geschenke

Die lohnsteuerliche Beurteilung von „Geschenken“, die der Arbeitnehmer von seinem Arbeitgeber erhält, ist beim Stichwort „Gelegenheitsgeschenke“ erläutert. Macht der Arbeitnehmer im Auftrag des Arbeitgebers einem Kunden ein Geschenk vgl. das Stichwort „Werbegeschenke“.

Geschenk-Lose

siehe „Verlosungsgewinne“

Gesellschafter-Geschäftsführer

Neues und Wichtiges auf einen Blick:

1. Arbeitszeitkonten bei Organen einer Körperschaft

Vereinbarungen über die Einrichtung von Arbeitszeitkonten bei Arbeitnehmern, die zugleich als Organ einer Körperschaft bestellt sind (z. B. Vorstandsmitglieder einer AG oder Geschäftsführer einer GmbH), sind **steuerlich** grundsätzlich **anzuerkennen, wenn** der **Arbeitnehmer nicht** an der Körperschaft **beteiligt** ist (z. B. Fremdgeschäftsführer).

Ist der Arbeitnehmer an der Körperschaft beteiligt. beherrscht diese aber nicht (z. B. **Minderheits-Gesellschafter-Geschäftsführer**), ist nach allgemeinen Grundsätzen zu **prüfen,** ob eine verdeckte Gewinnausschüttung vorliegt. Die Vermutung der Veranlassung einer solchen Vereinbarung durch das Gesellschaftsverhältnis (= verdeckte Gewinnausschüttung) kann durch einen betriebsinternen Fremdvergleich widerlegt werden. Liegt danach keine verdeckte Gewinnausschüttung vor, sind Vereinbarungen über die Einrichtung von Arbeitszeitkonten steuerlich grundsätzlich anzuerkennen.

Ist der Arbeitnehmer an der Körperschaft beteiligt und beherrscht diese **(beherrschender Gesellschafter-Geschäftsführer),** liegt eine **verdeckte Gewinnausschüttung** vor, und Vereinbarungen über die Einrichtung von Arbeitszeitkonten sind steuerlich nicht anzuerkennen.

Vgl. die Ausführungen unter der nachfolgenden Nr. 6 Buchstabe h.

2. Tantiemezufluss bei verspätetem Jahresabschluss

Wird der Jahresabschluss nicht innerhalb der im GmbHG vorgesehenen Frist (acht Monate, bei kleinen Gesellschaften elf Monate) und damit verspätet festgestellt, führt dies auch bei einem beherrschenden Gesellschafter-Geschäftsführer nicht per se zu einer Vorverlegung des Zuflusses einer Tantieme auf den Zeitpunkt, zu dem die Fälligkeit bei fristgerechter Aufstellung des Jahresabschlusses eingetreten wäre. Eine **vorgezogene (fiktive) Fälligkeit** kann der noch nicht existente Jahresabschluss laut Bundesfinanzhof **nicht bewirken.** Denn der konkrete

G

	Lohn-steuer-pflichtig	Sozial-versich.-pflichtig

Anspruch entsteht erst mit der Feststellung des Jahresabschlusses. Etwas anderes kommt allenfalls in Betracht, wenn die Frist (nachweislich) „willkürlich" nicht eingehalten worden ist (BFH-Urteil vom 28.4.2020, BFH/NV 2020 S. 1125).

Siehe auch die Erläuterungen unter der nachfolgenden Nr. 6 Buchstabe m.

Gliederung:

1. Gesellschafter einer GmbH

a) Gesellschafter-Geschäftsführer mit mindestens 50 % Anteil am Stammkapital

Der Geschäftsführer einer GmbH, der als Gesellschafter mindestens über die Hälfte des Stammkapitals verfügt und damit die Entscheidungen der Gesellschaft maßgeblich beeinflussen kann, ist **nicht Arbeitnehmer im Sinne der Sozialversicherung**. Er hat maßgeblichen Einfluss auf das Unternehmen, da gegen seinen Willen keine Beschlüsse gefasst werden können. Ein abhängiges Beschäftigungsverhältnis liegt demnach nicht vor. Er ist jedoch **Arbeitnehmer im Sinne des Lohnsteuerrechts** (sogar bei einer sog. Einmann-GmbH), wenn dies in den Verhältnissen klar zum Ausdruck kommt (z. B. durch einen Anstellungsvertrag); es ist dann nicht entscheidend, in welchem Verhältnis er an der GmbH beteiligt ist (BFH-Urteil vom 23.4.2009, BStBl. 2012 II S. 262). In diesem Fall sind die von ihm bezogenen Vergütungen Arbeitslohn, soweit sie nach dem Umfang und der Bedeutung seiner Arbeitsleistung **angemessen** sind, d. h. im Zweifel für die gleiche Leistung auch einem Fremden gezahlt werden würden. — ja — nein

Arbeitsrechtlich ist der Geschäftsführer einer GmbH, unabhängig davon, ob er zugleich ihr Gesellschafter ist, **kein Arbeitnehmer.** Die arbeitsrechtlichen Vorschriften, z. B. über die Lohn- und Gehaltsfortzahlung, den Urlaub, den Mutterschutz, die Kündigung finden deshalb keine Anwendung. Vermögenswirksame Leistungen nach dem Vermögensbildungsgesetz kann die GmbH für ihren Geschäftsführer nicht erbringen. Aufgrund der fehlenden Arbeitnehmereigenschaft werden Geschäftsführer einer GmbH bei der Ermittlung der für die Teilnahme an der Lohnfortzahlungsversicherung maßgeblichen Anzahl von Beschäftigten nicht mitgerechnet (vgl. hierzu auch Teil B „Grundsätzliches zur Kranken-, Pflege-, Renten- und Arbeitslosenversicherung", Nr. 10 „Ausgleich der Arbeitgeberaufwendungen").

Die Besonderheiten, die sich durch die unterschiedliche lohnsteuerliche und sozialversicherungsrechtliche Behandlung ergeben, soll das Lohnabrechnungsbeispiel für den Gesellschafter-Geschäftsführer einer GmbH unter der nachfolgenden Nr. 7 verdeutlichen.

b) Übrige Gesellschafter-Geschäftsführer

Aber auch der Gesellschafter-Geschäftsführer einer GmbH, dessen Anteil am Stammkapital **weniger als die Hälfte** beträgt, steht dann nicht in einem abhängigen Beschäftigungsverhältnis im Sinne der Sozialversicherung, wenn er aufgrund seiner Beteiligung, seiner Gesellschaftsrechte (z. B. Sperrminorität), der vertraglichen Gestaltung seiner Mitarbeit oder wegen der besonderen Verhältnisse im Einzelfall die Gesellschaft beherrscht, insbesondere einen so maßgebenden Einfluss auf die Willensbildung der Gesellschaft hat, dass er alle ihre Tätigkeit betreffenden Entscheidungen maßgeblich beeinflussen, insbesondere ihm nicht genehme Entscheidungen verhindern kann. Das hängt immer von den individuellen vertraglichen und tatsächlichen Gestaltungen, insbesondere der Stimmrechtsverteilung innerhalb der Gesellschaft ab.[1)]

Er ist jedoch Arbeitnehmer im Sinne des Lohnsteuerrechts, wenn dies in den Verhältnissen klar zum Ausdruck kommt (z. B. durch einen Anstellungsvertrag); es ist dann nicht entscheidend, in welchem Verhältnis er an der GmbH beteiligt ist (BFH-Urteil vom 23.4.2009, BStBl. 2012 II S. 262). In diesem Fall sind die von ihm bezogenen Vergütungen Arbeitslohn, soweit sie nach dem Umfang und der Bedeutung seiner Arbeitsleistung **angemessen** sind, d. h. im Zweifel für die gleiche Leistung auch einem Fremden gezahlt werden würden. — ja — nein

c) Abhängiges Beschäftigungsverhältnis

Mitarbeitende Gesellschafter einer GmbH können aber nach der Rechtsprechung des Bundessozialgerichts durchaus in einem abhängigen und damit sozialversicherungspflichtigen Beschäftigungsverhältnis zur GmbH stehen. Allerdings liegt bei mitarbeitenden Gesellschaftern – und das gilt auch für Gesellschafter-Geschäftsführer – ein abhängiges Beschäftigungsverhältnis zur GmbH nur dann vor, wenn die Gesellschafter

- funktionsgerecht dienend am Arbeitsprozess der GmbH teilhaben,

1) Die Spitzenverbände der Sozialversicherungsträger haben eine 16-seitige Entscheidungshilfe zur versicherungsrechtlichen Beurteilung von Gesellschafter-Geschäftsführern einer GmbH herausgegeben. Das **PC-Lexikon** für das Lohnbüro 2021 enthält neben den steuerlichen Rechtsgrundlagen auch die aktuellen Rundschreiben und Niederschriften der Spitzenverbände der Sozialversicherung, die Sie mit Mausklick im Volltext abrufen und ausdrucken können. Eine Bestellkarte finden Sie vorne im Lexikon.

Lohn-steuer-pflichtig | Sozial-versich.-pflichtig

- für ihre Beschäftigung ein entsprechendes Arbeitsentgelt erhalten und
- keinen maßgeblichen Einfluss auf die Geschicke der Gesellschaft kraft eines etwaigen Anteils am Stammkapital geltend machen können.

Ist dies der Fall, können die Gesellschafter sowohl lohnsteuerlich als auch sozialversicherungsrechtlich Arbeitnehmer sein. ja ja

Das Bundessozialgericht hat in zwei weiteren Streitfällen seine bisherige Rechtsprechung bekräftigt und entsprechende Entscheidungen der Vorinstanzen bestätigt. Im ersten Fall verfügte der klagende Geschäftsführer lediglich über einen **Anteil von 45,6 %** am Stammkapital. Eine mit seinem Bruder als weiterem Gesellschafter der GmbH getroffene „Stimmbindungsabrede" änderte an der Annahme von Sozialversicherungspflicht ebenso wenig etwas, wie dessen Angebot an den Kläger, künftig weitere Anteile zu erwerben. Im zweiten Fall verfügte der klagende Geschäftsführer lediglich über einen **Anteil von 12 %** am Stammkapital und war ebenfalls **sozialversicherungspflichtig.** In beiden Fällen betonte das Bundessozialgericht, dass es nicht darauf ankomme, dass ein Geschäftsführer einer GmbH im Außenverhältnis weitreichende Befugnisse habe und ihm häufig Freiheiten hinsichtlich der Tätigkeit – z. B. bei den Arbeitszeiten – eingeräumt würden. **Entscheidend** sei vielmehr der Grad der rechtlich **durchsetzbaren Einflussmöglichkeiten** auf die **Beschlüsse** der **Gesellschafterversammlung** (BSG-Urteile vom 14.3.2018 B 12 KR 13/17 R und B 12 R 5/16 R).

Gesellschafter-Geschäftsführer, die hiernach in einem Beschäftigungsverhältnis im Sinne des § 7 Abs. 1 SGB IV stehen, haben bei Versicherungsfreiheit in der Krankenversicherung wegen Überschreiten der Jahresarbeitsentgeltgrenze sowohl Anspruch auf einen Arbeitgeberzuschuss zu ihrem Krankenversicherungsbeitrag nach § 257 SGB V als auch Anspruch auf einen Arbeitgeberzuschuss zu ihrem Pflegeversicherungsbeitrag nach § 61 Abs. 1 und 2 SGB XI. Die in diesem Fall aufgrund der gesetzlichen Verpflichtung geleisteten Arbeitgeberzuschüsse sind nach § 3 Nr. 62 Satz 1 EStG steuer- und damit auch beitragsfrei. nein nein

d) Statusprüfung

Der Datensatz für die Anmeldung zur Sozialversicherung enthält zwei sogenannte Statuskennzeichen. Denn für GmbHs, die einen Geschäftsführer, der zugleich Gesellschafter ist, versicherungspflichtig beschäftigen, ist bei der Anmeldung eines derartigen Beschäftigungsverhältnisses das Statuskennzeichen im Datensatz zu füllen. Das Statuskennzeichen „1" steht dabei für ein Beschäftigungsverhältnis zum Arbeitgeber als Ehegatte oder Lebenspartner (vgl. das Stichwort „Ehegattenarbeitsverhältnis"), das Statuskennzeichen **„2"** für eine **Tätigkeit als geschäftsführender Gesellschafter einer GmbH.** Die Durchführung dieses Statusfeststellungsverfahrens, ausgelöst durch das korrekt ausgefüllte Feld „Statuskennzeichen 2", ist obligatorisch. Der Grund für diese Meldepflicht ist folgender:

Die Einzugsstellen und die Deutsche Rentenversicherung sind bei einer versicherungspflichtigen Beschäftigung eines geschäftsführenden Gesellschafters einer GmbH von Amts wegen verpflichtet zu prüfen, ob diese zu Recht als Beschäftigte angemeldet werden. Anschließend wird hierzu eine verbindliche Entscheidung in Form eines Verwaltungsakts getroffen.

Ergibt die Prüfung, dass entsprechend der Anmeldung des Arbeitgebers ein Beschäftigungsverhältnis vorliegt und damit zu Recht auch Beiträge zur Arbeitslosenversicherung gezahlt werden, ist die Bundesagentur für Arbeit hieran gebunden. Bei späteren Anträgen, beispielsweise auf Arbeitslosengeld, darf die Bundesagentur für Arbeit also die Leistung nicht deshalb versagen, weil aus ihrer Sicht der Beitragszahlung gar kein Beschäftigungsverhältnis zugrunde lag. Trägt der Arbeitgeber das Statuskennzeichen „2" in den Datensatz ein, bekommt er einen Fragebogen zugesandt. Aufgrund der Angaben in diesem Fragebogen werden die zuständigen Stellen anschließend die Statusprüfung vornehmen. Bis zur Entscheidung darüber sind entsprechend der Anmeldung Gesamtsozialversicherungsbeiträge abzuführen. Sollte sich herausstellen, dass kein Beschäftigungsverhältnis vorliegt, werden die Einzugsstellen ein Erstattungsverfahren durchführen.

e) Rückwirkender Wegfall der Sozialversicherungspflicht

Gesellschafter-Geschäftsführer einer GmbH werden oft auch dann als sozialversicherungspflichtige Arbeitnehmer behandelt, wenn sie zu mehr als 50 % an der GmbH beteiligt sind. Ein versicherungspflichtiges Beschäftigungsverhältnis liegt in diesen Fällen jedoch nicht vor. Die für einen solchen Gesellschafter-Geschäftsführer gezahlten Arbeitgeberanteile zur Sozialversicherung (dies sind Zuschüsse zur Kranken-, Pflege-, Arbeitslosen- und Rentenversicherung) können deshalb nicht nach § 3 Nr. 62 EStG steuerfrei gelassen werden, da sie nicht aufgrund einer gesetzlichen Verpflichtung gezahlt wurden. Gleichgestellte Aufwendungen liegen ebenfalls nicht vor. Erhält der Versicherungsträger Kenntnis davon, dass Gesellschafter-Geschäftsführer zu Unrecht der Versicherungspflicht unterworfen und Versicherungsbeiträge für sie abgeführt worden sind, werden die geleisteten Beiträge zurückerstattet (vgl. zu den steuerlichen Folgen auch die Erläuterungen beim Stichwort „Zukunftsicherung" unter Nr. 5 Buchstabe c auf Seite 1074).

f) Unternehmergesellschaft (haftungsbeschränkt)

Durch das Gesetz zur Modernisierung des GmbH-Rechts und zur Bekämpfung von Missbrauch wurde u. a. die Gründung einer GmbH erleichtert. Ein wesentlicher Bestandteil des o. g. Gesetzes ist insbesondere die Streichung der Mindesthöhe des Stammkapitals von 25 000 €. Insofern ist nunmehr die Gründung einer GmbH mit einem Stammkapital von 1 € möglich. Eine solche Gesellschaft muss allerdings die Bezeichnung „Unternehmergesellschaft (haftungsbeschränkt)" oder „UG (haftungsbeschränkt)" führen.

Die Spitzenverbände der Sozialversicherungsträger haben sich darauf verständigt dass die zur versicherungsrechtlichen Beurteilung von Gesellschafter-Geschäftsführern und mitarbeitenden Gesellschaftern und Fremdgeschäftsführern einer GmbH entwickelten Grundsätze uneingeschränkt auch für die genannten Personen gelten, wenn es sich bei der Gesellschaft um eine GmbH mit der Bezeichnung „Unternehmergesellschaft (haftungsbeschränkt)" oder „UG (haftungsbeschränkt)" handelt. Die Angabe einer Tätigkeit als geschäftsführender Gesellschafter einer solchen Gesellschaft in der Anmeldung nach der DEÜV (für das obligatorische Statusfeststellungsverfahren) ist für diese Gesellschaftform ebenfalls verbindlich.

g) Arbeitgeberzuschüsse zur Kranken- und Pflegeversicherung für GmbH-Gesellschafter-Geschäftsführer

Anspruch auf einen Zuschuss des Arbeitgebers zu den Beiträgen zur Kranken- und Pflegeversicherung nach § 257 Abs. 1 bzw. 2 SGB V und § 61 Abs. 1 und 2 SGB XI haben Beschäftigte dann, wenn sie wegen Überschreitens der Jahresarbeitsentgeltgrenze versicherungsfrei oder von der Versicherungspflicht befreit sind. Diese Regelung gilt nur für abhängig beschäftigte Arbeitnehmer. Ein Gesellschafter-Geschäftsführer einer GmbH hat also grundsätzlich nur dann einen Anspruch gegen seinen Arbeitgeber, wenn er in einem abhängigen Beschäftigungsverhältnis zur GmbH steht [vgl. hierzu auch „Buchstabe d)

G

Lohn-steuer-pflichtig | Sozial-versich.-pflichtig

Statusprüfung" und „Buchstabe c) Abhängiges Beschäftigungsverhältnis"].

Vgl. zur Steuerpflicht der Arbeitgeberzuschüsse zur Kranken- und Pflegeversicherung auch das Beispiel zur Lohnabrechnung unter der nachfolgenden Nr. 7.

h) Gesellschafter-Geschäftsführer als geringfügig Beschäftigter

Der beherrschende Gesellschafter-Geschäftsführer einer GmbH ist mangels Vorliegen eines abhängigen Beschäftigungsverhältnisses nicht Arbeitnehmer im Sinne der Sozialversicherung (vgl. die Erläuterungen unter dem vorstehenden Buchstaben a). Wenn der Gesellschafter-Geschäftsführer **nicht der Sozialversicherung unterliegt,** erübrigt sich die Frage, ob er bei seiner GmbH eine geringfügige Beschäftigung im sozialversicherungsrechtlichen Sinne ausüben kann. **Pauschalabgaben** sind für einen 450-Euro-Job bei seiner GmbH **nicht** zu entrichten.

Bleibt die Frage, ob der 450-Euro-Job bei seiner GmbH – ohne Sozialabgaben – mit 20 % Lohnsteuer (zuzüglich Solidaritätszuschlag und Kirchensteuer) pauschal besteuert werden kann. Nach den Lohnsteuer-Richtlinien kommt diese Pauschalierung nur in Betracht, wenn der Arbeitgeber für einen geringfügig Beschäftigten im sozialversicherungsrechtlichen Sinne keinen Pauschalbeitrag zur gesetzlichen Rentenversicherung zu entrichten hat (R 40a.2 Satz 2 LStR). Da jedoch kein abhängiges Beschäftigungsverhältnis vorliegt, ist der Gesellschafter-Geschäftsführer nicht geringfügig im sozialversicherungsrechtlichen Sinne beschäftigt. Mithin ist die Lohnsteuer für den 450-Euro-Job bei seiner GmbH nach der individuellen Steuerklasse des Gesellschafter-Geschäftsführers – ggf. **Steuerklasse VI** – zu erheben (vgl. Urteil des Finanzgerichts Rheinland-Pfalz vom 27.2.2014 6 K 1485/11).

Beispiel

Der Gesellschafter-Geschäftsführer ist mit Hauptbeschäftigung bei „seiner" GmbH I und mit Nebenbeschäftigung auf 450-Euro-Basis bei „seiner" GmbH II tätig.

Die Lohnsteuer für den 450-Euro-Job aus der Nebenbeschäftigung bei der GmbH II des Gesellschafter-Geschäftsführers ist nach der Steuerklasse VI zu ermitteln.

2. Vorstandsmitglieder von Aktiengesellschaften

Mitglieder des Vorstands einer Aktiengesellschaft sind nach § 1 Satz 3 SGB VI nicht rentenversicherungspflichtig. Dies gilt nach der Rechtsprechung auch für die stellvertretenden Vorstandsmitglieder. Für diesen Personenkreis besteht auch keine Versicherungspflicht in der Arbeitslosenversicherung. Mitglieder und stellvertretende Mitglieder des Vorstands einer Aktiengesellschaft sind jedoch Arbeitnehmer im Sinne des Lohnsteuerrechts. ja nein[1)]

Für die steuerliche Behandlung von **Arbeitgeberzuschüssen zur Kranken- und Pflegeversicherung** gilt Folgendes:

Das Bundesministerium für Arbeit und Soziales vertritt die Auffassung, dass Vorstandsmitglieder einer Aktiengesellschaft

- grundsätzlich nach § 1 Satz 1 Nr. 1 SGB VI von der Rentenversicherungspflicht erfasst würden, wenn sie nicht durch § 1 Satz 3 SGB VI nicht rentenversicherungspflichtig wären,
- als Beschäftigte im Sinne des § 7 Abs. 1 SGB IV anzusehen sind, wenn sie funktionsgerecht dienend am Arbeitsprozess teilhaben,
- Anspruch auf einen Zuschuss zu ihrem Krankenversicherungsbeitrag nach § 257 SGB V und zu ihrem Pflegeversicherungsbeitrag nach § 61 SGB XI haben und
- diese Zuschüsse steuerfrei nach § 3 Nr. 62 EStG sind, weil sie aufgrund gesetzlicher Verpflichtung geleistet werden und im Übrigen die Finanzverwaltung der Entscheidung des zuständigen Sozialversicherungsträgers zu folgen hat (BFH-Urteile vom 6.6.2002, BStBl. 2003 II S. 34 und vom 21.1.2010, BStBl. II S. 703).

Begründet wird dies mit der Entstehungsgeschichte der Regelung in § 1 Satz 3 SGB VI[2)].

Die Finanzverwaltung hat sich der Auffassung des Bundesministeriums für Arbeit und Soziales angeschlossen, die Vorstandsmitglieder von Aktiengesellschaften als abhängig Beschäftigte im Sinne des § 7 SGB IV zu beurteilen und deshalb die Zuschüsse für ihre Zukunftsicherung (Kranken- und Pflegeversicherung) nach § 3 Nr. 62 EStG steuerfrei zu belassen. In Zweifelsfällen kann die Entscheidung der Sozialversicherungsträger eingeholt werden, der dann zu folgen sei.

Die vorstehenden Grundsätze gelten auch für die **Vorstandsmitglieder von Versicherungsvereinen auf Gegenseitigkeit.**

3. Organe ausländischer Kapitalgesellschaften

Mit der versicherungsrechtlichen Beurteilung in Deutschland beschäftigter Mitglieder von Organen einer ausländischen Kapitalgesellschaft hat sich das Bundessozialgericht in seinem Urteil vom 27.2.2008 – B 12 KR 23/06 R – (USK 2008-28) befasst. Dabei ging es konkret um die versicherungsrechtliche Beurteilung eines Mitglieds des Board of Directors (BoD) einer irischen Kapitalgesellschaft in Form einer private limited company in seiner Beschäftigung für die Gesellschaft in Deutschland. Hierzu hat das Bundessozialgericht entschieden, dass in Deutschland beschäftigte Mitglieder des Board of Directors einer private limited company irischen Rechts auch unter Berück-

1) Nach § 229 Abs. 1 SGB VI bleiben Personen, die am 31.12.1991 als Mitglieder des Vorstands einer Aktiengesellschaft rentenversicherungspflichtig waren, in dieser Tätigkeit weiterhin versicherungspflichtig. Sie werden jedoch auf Antrag von der Versicherungspflicht befreit. Die Befreiung wirkte vom 1.1.1992 an, wenn sie bis zum 31. März 1992 beantragt wurde, ansonsten vom Eingang des Antrags an. Die Befreiung von der Versicherungspflicht ist auf die jeweilige Tätigkeit beschränkt.

2) Das Bundessozialgericht hat durch Urteil vom 31. Mai 1989 – 4 RA 22/88 – entschieden, dass Vorstandsmitglieder von Aktiengesellschaften in einer Beschäftigung im Sinne von § 7 Abs. 1 SGB IV stehen. Bei ihnen äußere sich die „nichtselbstständige Arbeit" im Sinne des § 7 Abs. 1 SGB IV – wie bei anderen hochqualifizierten Tätigkeiten – nicht in der Weisungsgebundenheit gegenüber dem Arbeitgeber, sondern in der funktionsgerecht dienenden Teilhabe am Arbeitsprozess.
Das Urteil des Bundessozialgerichts vom 31. Mai 1989 veranlasste den Gesetzgeber, den damals in der parlamentarischen Beratung befindlichen Entwurf eines Gesetzes zur Reform der gesetzlichen Rentenversicherung (Bundestags-Drucksache 11/4452) in Artikel 1 § 1 um den Satz „Mitglieder des Vorstandes einer Aktiengesellschaft sind nicht versicherungspflichtig" zu ergänzen (vgl. Bundestags-Drucksache 11/5490 S. 11). Begründet wurde diese Ergänzung in dem Bericht des Bundestagsausschusses für Arbeit und Sozialordnung (Bundestags-Drucksache 11/5530 S. 40) mit dem Hinweis auf die neuere Rechtsprechung, womit zweifellos das Urteil des Bundessozialgerichts vom 31. Mai 1989 gemeint war.
Der vorgenannten Ergänzung hätte es nicht bedurft, wenn der Gesetzgeber davon ausgegangen wäre, dass Vorstandsmitglieder von Aktiengesellschaften keine Beschäftigten sind; dann nämlich würden sie von der Rentenversicherungspflicht nach § 1 Satz 1 Nr. 1 SGB VI nicht erfasst. Da der Gesetzgeber sie jedoch als Beschäftigte und damit als nach § 1 Satz 1 Nr. 1 SGB VI rentenversicherungspflichtig ansah, er sie aber andererseits (weiterhin) von der Rentenversicherungspflicht freistellen wollte, war die beschriebene Ergänzung unerlässlich.
Hieraus folgt, dass Vorstandsmitglieder von Aktiengesellschaften, wenn sie funktionsgerecht dienend am Arbeitsprozess teilhaben, als Beschäftigte im Sinne des § 7 Abs. 1 SGB IV anzusehen sind und als solche sowohl Anspruch auf einen Zuschuss zu ihrem Krankenversicherungsbeitrag nach § 257 SGB V als auch Anspruch auf einen Zuschuss zu ihrem Pflegeversicherungsbeitrag nach § 61 SGB XI haben. Hiervon gehen auch die Spitzenorganisationen der Sozialversicherung aus, die in ihrem gemeinsamen Rundschreiben vom 20. Oktober 1994 zu den versicherungs-, melde- und beitragsrechtlichen Vorschriften des Pflege-Versicherungsgesetzes zu den nach § 61 SGB XI anspruchsberechtigten Arbeitnehmern auch die Vorstandsmitglieder von Aktiengesellschaften zählen. Denn in den Ausführungen unter E 2.1 (Voraussetzungen für die Gewährung eines Beitragszuschusses) heißt es wörtlich: „Zu den anspruchsberechtigten Arbeitnehmern zählen auch die Vorstandsmitglieder von Aktiengesellschaften bzw. von großen Versicherungsvereinen auf Gegenseitigkeit."

Lohnsteuerpflichtig | Sozialversich.-pflichtig

sichtigung des Rechts der Europäischen Gemeinschaft nicht wie Mitglieder des Vorstandes einer deutschen Aktiengesellschaft von der Versicherungspflicht in der gesetzlichen Renten- und Arbeitslosenversicherung ausgenommen sind.

Die Spitzenverbände der Sozialversicherungsträger vertreten die Auffassung, dass dem Urteil des Bundessozialgerichts vom 27.2.2008 über den entschiedenen Einzelfall hinaus grundsätzliche Bedeutung beizumessen und den aufgestellten Grundsätzen für Kapitalgesellschaftsformen der EU-Mitgliedstaaten hinsichtlich ihrer Vergleichbarkeit mit einer Aktiengesellschaft nach deutschem Recht bzw. ihrer Vergleichbarkeit mit einer GmbH nach deutschem Recht zu folgen ist (vgl. Besprechungsergebnis vom 30./31.3.2009). Beschäftigte Organmitglieder dieser Gesellschaftsformen werden daher – unabhängig von der Bezeichnung ihrer jeweiligen Organfunktion – statusrechtlich dem Vorstand einer deutschen Aktiengesellschaft bzw. der Geschäftsführung einer deutschen GmbH gleichgestellt. Eine Übersicht der Kapitalgesellschaften in den einzelnen Mitgliedstaaten der Europäischen Union, die als Parallelformen der deutschen Aktiengesellschaft betrachtet werden und der Gesellschaftsformen, die als der deutschen GmbH vergleichbar behandelt werden, ist unter der nachfolgenden Nr. 8 abgedruckt.

4. Offene Handelsgesellschaft und Gesellschaft bürgerlichen Rechts

Mitarbeitende Gesellschafter einer offenen Handelsgesellschaft (OHG) oder einer Gesellschaft bürgerlichen Rechts (GbR) sind steuerlich stets als **Mitunternehmer** und nicht als Arbeitnehmer zu behandeln. Etwaige Vergütungen für die Mitarbeit sind somit kein Arbeitslohn, sondern werden den Gewinneinkünften zugerechnet. Das gilt selbst dann, wenn ein Gesellschafter mit der Geschäftsführung beauftragt ist und hierfür ein laufendes Gehalt bezieht.

Gesellschafter einer OHG oder einer Gesellschaft bürgerlichen Rechts können sozialversicherungsrechtlich zu der Gesellschaft nie in einem versicherungspflichtigen Beschäftigungsverhältnis stehen, da sie für die Verbindlichkeiten der Gesellschaft unbeschränkt persönlich haften (und bei einer so weitgehenden Haftung eine Arbeitnehmereigenschaft ausgeschlossen ist). nein nein

5. Kommanditgesellschaften

Bei Kommanditgesellschaften (bzw. Kommanditgesellschaften auf Aktien) gilt Folgendes:

a) Komplementäre

Komplementäre sind wie Gesellschafter einer OHG oder einer Gesellschaft bürgerlichen Rechts zu behandeln und daher weder lohnsteuerlich noch sozialversicherungsrechtlich Arbeitnehmer. nein nein

b) Kommanditisten

Kommanditisten, die als Angestellte (auch als Geschäftsführer) oder Arbeiter im Betrieb einer Kommanditgesellschaft gegen Entgelt beschäftigt werden, sind grundsätzlich **versicherungspflichtig.** Lediglich wenn der bei der Gesellschaft beschäftigte Kommanditist mit Zustimmung aller Gesellschafter geschäftsführend tätig ist, ohne dabei von dem Komplementär oder von den Beschlüssen der Gesellschaft abhängig zu sein, ist Versicherungspflicht zu verneinen. Versicherungspflicht scheidet auch dann aus, wenn Kommanditisten unmittelbar und ausschließlich aufgrund des Gesellschaftsvertrages zur Mitarbeit in der Gesellschaft verpflichtet sind und kein dem Umfang ihrer Dienstleistung entsprechendes Arbeitsentgelt erhalten, sondern sich ihre Vergütung als vorweggenommene Gewinnbeteiligung darstellt.

Steuerlich ist die Tätigkeitsvergütung der Kommanditisten in aller Regel kein Arbeitslohn, sondern den Gewinneinkünften zuzurechnen. Ist ein Kommanditist sozialversicherungsrechtlich als Arbeitnehmer anzusehen, und ist die Kommanditgesellschaft demzufolge zur Leistung der Arbeitgeberanteile zu den Sozialversicherungsbeiträgen verpflichtet, handelt es sich dabei steuerlich gleichwohl nicht um steuerfreien Arbeitslohn, sondern um eine Vergütung für die Tätigkeit im Dienste der Kommanditgesellschaft, also um gewerbliche Einkünfte (BFH-Urteil vom 19.10.1970, BStBl. 1971 II S. 177). Wegen der fehlenden lohnsteuerlichen Arbeitnehmereigenschaft können von der Kommanditgesellschaft auch keine steuerfreien Beiträge zur betrieblichen Altersversorgung (vgl. Anhang 6 Nr. 5) erbracht werden. nein ja

6. Lohnsteuerliche Besonderheiten bei Gesellschafter-Geschäftsführern einer GmbH

a) Allgemeines

Bei der steuerlichen Anerkennung von Gehältern besonders für beherrschende Gesellschafter-Geschäftsführer einer GmbH stellt sich vorrangig stets die Frage, ob eine **verdeckte Gewinnausschüttung** gegeben ist. Dabei ist – neben der Angemessenheit der Gesamtbezüge – zu beachten, dass alle Vergütungen und geldwerten Vorteile aufgrund einer im **Voraus** getroffenen klaren und eindeutigen Vereinbarung gezahlt werden müssen, um eine verdeckte Gewinnausschüttung zu vermeiden. Die Gegenleistungen für die Geschäftsführertätigkeit müssen also von vornherein vertraglich festgelegt werden. Als Betriebsausgaben und damit als Arbeitslohn werden die Geschäftsführerbezüge zudem nur anerkannt, soweit sie insgesamt nicht unangemessen sind. In die **Angemessenheitsprüfung** sind sämtliche Vergütungen, also Barbezüge, Sachbezüge und andere geldwerte Vorteile mit einzubeziehen. Die Prüfung, ob eine verdeckte Gewinnausschüttung vorliegt, erfolgt in folgenden Schritten:

In einem **ersten Schritt** sind alle vereinbarten Vergütungsbestandteile einzeln danach zu beurteilen, ob sie **dem Grunde nach** als durch das Gesellschaftsverhältnis veranlasst anzusehen sind. Ist dies der Fall, führt die Vermögensminderung, die sich hierdurch bei der GmbH ergibt, in vollem Umfang zu einer verdeckten Gewinnausschüttung. Zur Frage des Vorliegens einer verdeckten Gewinnausschüttung bei einer vertragswidrigen Privatnutzung eines Firmenwagens durch den Gesellschafter-Geschäftsführer vgl. die Erläuterungen beim Stichwort „Firmenwagen zur privaten Nutzung" unter Nr. 18 Buchstabe d.

In einem **zweiten Schritt** sind die verbleibenden Vergütungsbestandteile danach zu beurteilen, ob sie **der Höhe nach** als durch das Gesellschaftsverhältnis veranlasst anzusehen sind (z. B. Verhältnis der Tantieme zum Festgehalt). Soweit die gesellschaftliche Veranlassung gegeben ist, der Vergütungsbestandteil also der Höhe nach unangemessen ist, führt dies insoweit zu verdeckten Gewinnausschüttungen.

Losgelöst vom Vorliegen einer verdeckten Gewinnausschüttung ist es auch nicht immer leicht zu entscheiden, ob ein **Vorteil** in der Eigenschaft **als Gesellschafter** (kein Arbeitslohn) **oder als Geschäftsführer** (Arbeitslohn) zufließt. Im Streitfall ging es um ein Aktienankaufs-/Vorkaufsrecht. Entscheidend war für den Bundesfinanzhof letztlich, dass das dem Kläger eingeräumte Ankaufsrecht ihm nur in seiner Eigenschaft und in seiner Stellung als Geschäftsführer oder Vorstandsmitglied zugestanden hatte und er das Recht dann verloren hätte, wenn er aus dieser Position entlassen worden wäre. Folge dieser Würdigung: Dem Kläger floss zwar nicht zum Zeitpunkt der Rechtseinräumung, aber zum Zeitpunkt des entgeltlichen Verzichts auf dieses Recht ein als Arbeitslohn zu versteuernder geldwerter Vorteil zu (BFH-Urteil vom 19.6.2008, BStBl. II S. 826; vgl. auch die Erläuterungen bei den Stichwörtern „Aktienoptionen" und „Vermögensbeteiligungen" unter Nr. 5 Buchstabe c).

b) Überstundenvergütungen

Wie unter dem vorstehenden Buchstaben a ausgeführt, ist in einem ersten Schritt zu prüfen, ob Vergütungsbestandteile bereits **dem Grunde nach** durch das Gesellschaftsverhältnis veranlasst sind. Zu einer Vereinbarung von Überstundenvergütungen hat der Bundesfinanzhof entschieden, dass eine solche Vereinbarung nicht mit dem Aufgabenbild eines Gesellschafter-Geschäftsführers vereinbar ist (BFH-Urteil vom 19.3.1997, BStBl. II S. 577 und BFH-Urteil vom 27.3.2001, BStBl. II S. 655). Die Überstundenvergütungen sind deshalb bei der GmbH nicht als Betriebsausgaben abzugsfähig; sie sind verdeckte Gewinnausschüttungen und gehören als solche beim Gesellschafter-Geschäftsführer nicht zum Arbeitslohn, sondern zu den Einkünften aus Kapitalvermögen, die grundsätzlich der 25 %igen Abgeltungsteuer unterliegen.

c) Zuschläge für Sonntags-, Feiertags- und Nachtarbeit

Zuschläge, die eine GmbH ihrem Gesellschafter-Geschäftsführer für Sonntags-, Feiertags- und Nachtarbeit zahlt, sind nach Auffassung der Finanzverwaltung ebenfalls mit dem Aufgabenbild des Gesellschafter-Geschäftsführers im Grundsatz nicht vereinbar und daher regelmäßig als **verdeckte Gewinnausschüttung** zu behandeln (= Einkünfte aus Kapitalvermögen beim Gesellschafter-Geschäftsführer, die grundsätzlich der 25 %igen Abgeltungsteuer unterliegen). Dies hat zur Folge, dass für diese Zuschläge die Steuerfreiheit im Rahmen des § 3b EStG nicht in Betracht kommt, da diese Steuerfreiheit voraussetzt, dass die Zuschläge den Einkünften aus nichtselbstständiger Arbeit zuzurechnen sind. Dieser Grundsatz gilt gleichermaßen für beherrschende und nicht beherrschende Gesellschafter-Geschäftsführer (BFH-Urteile vom 19.3.1997, BStBl. II S. 577 und vom 27.3.2001, BStBl. II S. 655). Er ist selbst dann anzuwenden, wenn sowohl in der betreffenden Branche als auch in dem einzelnen Betrieb regelmäßig in der Nacht sowie an Sonn- und Feiertagen gearbeitet werden muss und gesellschaftsfremde Arbeitnehmer typischerweise solche steuerfreien Zuschläge erhalten (BFH-Urteil vom 14.7.2004, BFH/NV 2005 S. 247). Unerheblich ist auch, dass dem Gesellschafter-Geschäftsführer keine Gewinntantieme zusteht und er für Sonntags-, Feiertags- und Nachtarbeit ausschließlich die nach einem festen Grundlohn berechneten Zuschläge erhält (BFH-Urteil vom 19.7.2001, BFH/NV 2001 S. 1608). Bezieht ein nicht beherrschender Gesellschafter, der zugleich leitender Angestellter der GmbH ist, neben einem hohen Festgehalt, Sonderzahlungen und einer Gewinntantieme zusätzlich auch Zuschläge für Sonntags-, Feiertags-, Mehr- und Nachtarbeit, liegen regelmäßig ebenfalls verdeckte Gewinnausschüttungen vor (BFH-Urteil vom 13.12.2006, BStBl. 2007 II S. 393). Auch bei einem Fremdgeschäftsführer ist die Zahlung steuerfreier Zuschläge für Sonntags-, Feiertags- und Nachtarbeit wegen der erweiterten Dienstleistungsverpflichtung nicht möglich (BFH-Urteil vom 27.6.2017, BFH/NV 1997 S. 849).

(Steuerfreier) Arbeitslohn und damit keine verdeckte Gewinnausschüttung kann aber auch bei Gesellschafter-Geschäftsführern **ausnahmsweise** dann vorliegen, wenn im Einzelfall entsprechende Vereinbarungen über die Zahlung von Sonntags-, Feiertags- und Nachtarbeit nicht nur mit dem Gesellschafter-Geschäftsführer, sondern auch mit **vergleichbaren gesellschaftsfremden** Arbeitnehmern abgeschlossen wurden. Eine solche Gestaltung weist im Rahmen des betriebsinternen Fremdvergleichs darauf hin, dass die Vereinbarung speziell in dem betreffenden Unternehmen auf betrieblichen Gründen beruht (BFH-Urteil vom 14.7.2004, BStBl. 2005 II S. 307). Für die Frage der Vergleichbarkeit kommt es darauf an, dass die gesellschaftsfremden Arbeitnehmer

- eine mit dem Geschäftsführer vergleichbare Leitungsfunktion haben und
- eine Vergütung erhalten, die sich in derselben Größenordnung bewegt wie die Gesamtbezüge des Gesellschafter-Geschäftsführers.[1)]

d) Vorsorgepauschale bei Gesellschafter-Geschäftsführern

Seit dem 1.1.2010 setzt sich die Vorsorgepauschale zusammen aus einem

- Teilbetrag für die Rentenversicherung,
- Teilbetrag für die gesetzliche Kranken- und soziale Pflegepflichtversicherung und
- Teilbetrag für die private Basiskranken- und Pflegepflichtversicherung.

Der Teilbetrag der Vorsorgepauschale für die Rentenversicherung und für die gesetzliche Kranken- und soziale Pflegeversicherung ist mangels Versicherungspflicht bei beherrschenden Gesellschafter-Geschäftsführern nicht zu berücksichtigen.[2)] **Anzusetzen** ist bei beherrschenden Gesellschafter-Geschäftsführern der **Teilbetrag** für die **private Basiskranken- und Pflegepflichtversicherung.** Berücksichtigt werden die der GmbH vom Gesellschafter-Geschäftsführer mitgeteilten privaten Basiskranken- und Pflegepflichtversicherungsbeiträge. Werden der GmbH vom Gesellschafter-Geschäftsführer keine Beiträge zur privaten Basiskranken- und Pflegepflichtversicherung mitgeteilt, wird die **Mindestvorsorgepauschale** angesetzt. Wegen der Einzelheiten zur Vorsorgepauschale vgl. die ausführlichen Erläuterungen in Anhang 8.

Zur Ermittlung der abziehbaren Sonderausgaben bei der Einkommensteuer-Veranlagung des Gesellschafter-Geschäftsführers vgl. die Erläuterungen unter dem nachfolgenden Buchstaben f.

e) Nachversteuerung von Arbeitslohn bei Gesellschafter-Geschäftsführern

Sind Zuwendungen an den Gesellschafter-Geschäftsführer nachzuversteuern und **übernimmt der Arbeitgeber nachträglich die Lohnsteuer,** ist dies eine verdeckte Gewinnausschüttung. Bei der Höhe der verdeckten Gewinnausschüttung ist jedoch zu beachten, dass die übernommene Lohnsteuer als verdeckte Gewinnausschüttung keinen zusätzlichen Arbeitslohn darstellt. Eine **Netto-Einzelberechnung** kommt somit **nicht** in Betracht.

Beispiel

Nachzuversteuernder Betrag für das Kalenderjahr 2020 im Kalenderjahr 2021 (z. B. höhere Bewertung der Pkw-Nutzung)	3 000,– €
Lohnsteuer lt. Brutto-Einzelberechnung (vgl. das Stichwort „Haftung des Arbeitgebers“ Nr. 11 Buchstabe b auf Seite 553)	1 000,– €
Solidaritätszuschlag 5,5 %	55,– €
Kirchensteuer (z. B. 8 %)	80,– €
Vom Arbeitgeber nachzuversteuern (= verdeckte Gewinnausschüttung)	1 135,– €

Die verdeckte Gewinnausschüttung führt beim **Gesellschafter zu Einnahmen aus Kapitalvermögen** (§ 20 Abs. 1 Nr. 1 Satz 2 EStG), die bei seiner Einkommensteuer-Veranlagung 2021 grundsätzlich mit dem Abgeltungsteuersatz von 25 % zu erfassen sind.

Werden dagegen Zuwendungen an den Gesellschafter-Geschäftsführer zu Recht in eine Pauschalierung der Lohnsteuer einbezogen (weil es sich um Arbeitslohn handelt), führt die auf die Bezüge entfallende pauschale Lohnsteuer **nicht** zu einer verdeckten Gewinnausschüttung, da

1) Verfügung der OFD Düsseldorf vom 7.7.2005 (Az.: St 22 – S 2343 – 41 – St 213 – K). Die Verwaltungsanweisung ist als Anlage 6 zu H 3b LStR im **Steuerhandbuch für das Lohnbüro 2021** abgedruckt, das im selben Verlag erschienen ist.

2) Ein Teilbetrag für die gesetzliche Krankenversicherung sowie ein Teilbetrag für die soziale Pflegepflichtversicherung sind ausnahmsweise anzusetzen, wenn der nicht rentenversicherungspflichtige Gesellschafter-Geschäftsführer freiwillig in der gesetzlichen Krankenversicherung versichert ist.

Lohn- steuer- pflichtig | Sozial- versich.- pflichtig

die pauschale Lohnsteuer eine Steuer des Arbeitgebers (= GmbH) ist.

f) Kürzung des Sonderausgaben-Höchstbetrags zur Basisversorgung

Beiträge zur sog. Basisversorgung sind 2021 zu 92 % als Sonderausgaben abziehbar (maximal 92 % von 25 787 € bzw. 51 574 €). Der Höchstbetrag von 25 787 € bzw. 51 574 € ist bei beherrschenden Gesellschafter-Geschäftsführern im Jahr 2021 um einen fiktiven Gesamtbeitrag zur gesetzlichen Rentenversicherung (maximal 18,6 % der Beitragsbemessungsgrenze Ost) zu kürzen, wenn sie im Zusammenhang mit ihrer Tätigkeit aufgrund vertraglicher Vereinbarungen Anwartschaftsrechte in einem der fünf Durchführungswege (Direktzusage, Unterstützungskasse, Direktversicherung, Pensionskasse, Pensionsfonds) der betrieblichen Altersversorgung erworben haben (vgl. die Erläuterungen in Anhang 8a Nr. 4 Buchstabe b). Der maximale Kürzungsbetrag beträgt 2021 also 14 954 € (= 18,6 % von 80 400 €). Der nach der Kürzung verbleibende Höchstbetrag beträgt also 10 833 € bzw. 36 620 € (25 787 €/51 574 € abzüglich 14 954 €).

Die im vorstehenden Umfang beschriebene Kürzung ist selbst dann vorzunehmen, wenn die Beiträge zur betrieblichen Altersversorgung vergleichsweise gering sind und durch eine Gehaltsumwandlung des Gesellschafter-Geschäftsführers finanziert werden (BFH-Urteil vom 15.7.2014, BStBl. 2015 II S. 213).

g) Kürzung des Vorwegabzugs im Rahmen der sog. Günstigerprüfung nach altem Recht

Die sog. Günstigerprüfung beim Sonderausgabenabzug und die damit verbundene Frage der Kürzung des Vorwegabzugs galt für die Veranlagungszeiträume 2005 bis 2019. Sie ist also für die Veranlagungszeiträume ab dem Kalenderjahr 2020 **nicht mehr von Bedeutung.** Für die vorhergehenden Jahre wird auf die Ausführungen im Lexikon für das Lohnbüro, Ausgabe 2019, beim Stichwort „Gesellschafter-Geschäftsführer" unter Nr. 6 Buchstabe g auf Seite 501 f. verwiesen.

h) Arbeitszeitkonten

Vereinbarungen über die Einrichtung von Arbeitszeitkonten bei Arbeitnehmern, die zugleich als Organ einer Körperschaft bestellt sind (z. B. Geschäftsführer einer GmbH), sind steuerlich grundsätzlich **anzuerkennen**, wenn der Arbeitnehmer **nicht** an der Körperschaft **beteiligt** ist. Daher sind z. B. bei einem Fremdgeschäftsführer Arbeitszeitkonten anzuerkennen (BFH-Urteil vom 22.2.2018, BStBl. 2019 II S. 496).[1)]

Beispiel A

Beim Fremdgeschäftsführer A wird eine Sonderzahlung teilweise zugunsten einer Wertgutschrift auf dem Zeitwertkonto verwendet.

Bei einem Fremdgeschäftsführer sind Zeitwertkonten anzuerkennen mit der Folge, dass die Wertgutschrift nicht bereits im Zeitpunkt der Gutschrift, sondern erst im Zeitpunkt der späteren Auszahlung zu versteuern und zu verbeitragen ist.

Ist der Arbeitnehmer an der Körperschaft beteiligt, beherrscht diese aber nicht (z. B. **Minderheits-Gesellschafter-Geschäftsführer**), ist nach allgemeinen Grundsätzen zu prüfen, ob eine verdeckte Gewinnausschüttung vorliegt. Die Vermutung der Veranlassung einer solchen Vereinbarung durch das Gesellschaftsverhältnis (= verdeckte Gewinnausschüttung) kann durch einen betriebsinternen Fremdvergleich widerlegt werden. Liegt danach keine verdeckte Gewinnausschüttung vor, sind Vereinbarungen über die Einrichtung von Arbeitszeitkonten steuerlich grundsätzlich anzuerkennen.

Lohn- steuer- pflichtig | Sozial- versich.- pflichtig

Beispiel B

Beim Minderheits-Gesellschafter-Geschäftsführer C (beteiligt an der GmbH zu 30 %) wird eine Sonderzahlung in Höhe von 20 000 € zugunsten einer Wertgutschrift auf dem Zeitwertkonto verwendet.

Bei Minderheits-Gesellschafter-Geschäftsführern wird eine Veranlassung durch das Gesellschaftsverhältnis und damit das Vorliegen einer verdeckten Gewinnausschüttung vermutet, die dem Einkommen der GmbH wieder hinzuzurechnen ist und bei C zu Einkünften aus Kapitalvermögen führt, die der 25 %igen Abgeltungsteuer unterliegen. Die Vermutung kann durch einen betriebsinternen Fremdvergleich widerlegt werden. Sofern dies gelingt, ist das Zeitwertkonto anzuerkennen, und die Wertgutschrift führt erst im Zeitpunkt der Auszahlung zu Arbeitslohn.

Ist der Arbeitnehmer an der Körperschaft beteiligt und beherrscht diese **(beherrschender Gesellschafter-Geschäftsführer),** liegt eine verdeckte Gewinnausschüttung vor, und Vereinbarungen über die Errichtung von Arbeitszeitkonten sind steuerlich nicht anzuerkennen.[1)]

G

Auch der Bundesfinanzhof hält Arbeitszeitkonten mit dem Aufgabenbild eines beherrschenden Gesellschafter-Geschäftsführers für nicht vereinbar (BFH-Urteil vom 11.11.2015, BStBl. 2016 II S. 489). Er begründet dies mit der sog. **Allzuständigkeit des beherrschenden GmbH-Geschäftsführers,** die ihn verpflichtet, Arbeiten auch dann zu erledigen, wenn sie außerhalb der üblichen Arbeitszeiten oder über diese hinaus anfallen. Damit nicht vereinbar sei ein Verzicht auf unmittelbare Entlohnung zu Gunsten später zu vergütender Freizeit. Dies käme – zeitversetzt – einer mit der Organstellung nicht zu vereinbarenden Abgeltung von Überstunden gleich. Die **verdeckte Gewinnausschüttung** ist dem Einkommen der GmbH wieder hinzuzurechnen und führt beim beherrschenden Gesellschafter-Geschäftsführer zu **Einnahmen aus Kapitalvermögen,** die der 25%igen Abgeltungsteuer unterliegen.

Beispiel C

Beim beherrschenden Gesellschafter-Geschäftsführer D (beteiligt an der GmbH zu 75 %) wird eine Sonderzahlung in Höhe von 50 000 € zugunsten einer Wertgutschrift auf dem Zeitwertkonto verwendet. Bei beherrschenden Gesellschafter-Geschäftsführern werden Vereinbarungen über die Einrichtung von Arbeitszeitkonten steuerlich nicht anerkannt. Somit führt die Wertgutschrift in Höhe von 50 000 € zum Vorliegen einer verdeckten Gewinnausschüttung, die dem Einkommen der GmbH wieder hinzuzurechnen ist und bei D zu Einkünften aus Kapitalvermögen führt, die der 25 %igen Abgeltungsteuer unterliegen.

Besondere **Übergangsregelung: Zuführungen** zu einem Zeitwertkonto **bis** zum **31.1.2009** sind bei Organen von Körperschaften erst bei Auszahlung zu versteuern. Die Anwendung der Übergangsregelung setzt aber voraus, dass die Zeitwertkontenmodelle aus Vertrauensschutzgründen steuerlich anzuerkennen gewesen wären und es sich nicht um verdeckte Gewinnausschüttungen handelt. Das Vorliegen und der Nachweis der Vertrauensschutzgründe bedarf grundsätzlich einer Prüfung im jeweiligen Einzelfall. Bei Anwendung dieser Übergangsregelung sind etwaige als Arbeitslohn zu besteuernde Zuführungen (z. B. Gutschriften nach dem 31.1.2009) im Zeitwertkonto gesondert aufzuzeichnen.

Beispiel D

Das Betriebsstättenfinanzamt hat einer GmbH aufgrund einer gestellten Anrufungsauskunft im Januar 2008 mitgeteilt, dass auch für beherrschende Gesellschafter-Geschäftsführer Zeitwertkontenmodelle gebildet werden dürfen. Die GmbH hat für ihren beherrschenden Gesellschafter-Geschäftsführer daher bis zum 31.1.2009 einen Betrag in Höhe von 50 000 € in ein Zeitwertkonto eingestellt.

Angesichts der positiven Anrufungsauskunft des Betriebsstättenfinanzamts sind die bis zum 31.1.2009 zum Zeitwertkonto des beherrschenden Gesellschafter-Geschäftsführers vorgenommenen Zuführungen aufgrund der Übergangsregelung erst bei Auszahlung als Arbeitslohn zu versteuern.

1) Vgl. Abschnitt A IV. 2b) des BMF-Schreibens vom 17.6.2009 (BStBl. I S. 1286), geändert durch BMF-Schreiben vom 8.8.2019 (BStBl. I 874). Das BMF-Schreiben ist als Anlage 3 zu H 38.2 LStR im **Steuerhandbuch für das Lohnbüro 2021** abgedruckt, das im selben Verlag erschienen ist.

Lohn-steuer-pflichtig	Sozial-versich.-pflichtig

Der **Erwerb einer Organstellung** hat keinen Einfluss auf ein bis zu diesem Zeitpunkt aufgebautes Guthaben. Nach Erwerb der Organstellung ist hinsichtlich der weiteren Zuführungen zu dem Zeitwertkonto eine verdeckte Gewinnausschüttung zu prüfen.

Beispiel E

Das Zeitwertkonto eines Arbeitnehmers weist zum 30. 6. 2021 ein Guthaben von 80 000 € auf. Zum 1. 7. 2021 erwirbt er die Mehrheit der Anteile an der GmbH und wird zum Geschäftsführer bestellt.

Der Erwerb der Organstellung als beherrschender Gesellschafter-Geschäftsführer hat keinen Einfluss auf das bis zum 30. 6. 2021 aufgebaute Guthaben. Dieses Guthaben ist erst bei seiner späteren Auszahlung als Arbeitslohn zu versteuern. Alle weiteren Zuführungen zu dem Zeitwertkonto ab 1. 7. 2021 (= Erwerb der Organstellung als beherrschender Gesellschafter-Geschäftsführer) würden allerdings unmittelbar zu verdeckten Gewinnausschüttungen führen.

G

Sollte das Dienstverhältnis nach Beendigung der Organstellung weiter bestehen, kann das Guthaben auf dem Zeitwertkonto nach dem Zeitpunkt der Beendigung der Organstellung durch „unversteuerte" Zuführungen weiter aufgebaut oder das aufgebaute Guthaben für Zwecke der Freistellung verwendet werden.

Die vorstehend beschriebenen Besonderheiten bei Organen von Körperschaften von Zeitwertkontenvereinbarungen sind nicht anzuwenden, wenn die Organtätigkeit nicht beim Arbeitgeber, sondern auf dessen Weisung bei einem Dritten (z. B. einem verbundenen Unternehmen) ausgeübt wird. In diesem Fall übt der Arbeitnehmer im Verhältnis zu seinem Arbeitgeber, mit dem die Zeitwertkontenvereinbarung besteht, keine Organtätigkeit aus.

Beispiel F

Arbeitnehmer F (5 % Beteiligung) hat mit seinem Arbeitgeber (= Konzernmutter) einen Arbeitsvertrag mit Zeitwertkontenvereinbarung als leitender Angestellter abgeschlossen. Die Geschäftsführertätigkeit bei der Konzerntochter gehört zu den Aufgaben im Rahmen des Arbeitsverhältnisses zur Konzernmutter. Ein gesondertes Arbeitsverhältnis mit der Konzerntochter, bei der die Geschäftsführertätigkeit ausgeübt wird, besteht nicht.

Die Zeitwertkontenvereinbarung ist bei Vorliegen der übrigen Voraussetzungen lohnsteuerlich anzuerkennen, weil F im Verhältnis zu seinem Arbeitgeber (= Konzernmutter) keine Organtätigkeit ausübt.

i) Freiwillige Berufsgenossenschaftsbeiträge

Zukunftsicherungsleistungen zugunsten des Gesellschafter-Geschäftsführers einer GmbH sind nicht steuerfrei, weil sie nicht aufgrund einer gesetzlichen Verpflichtung gezahlt werden (vgl. die Ausführungen beim Stichwort „Zukunftsicherung" unter Nr. 5 Buchstabe c).

Dies gilt auch für freiwillige Berufsgenossenschaftsbeiträge. Auch solche Zahlungen der GmbH sind daher **steuerpflichtiger Arbeitslohn** des Gesellschafter-Geschäftsführers. ja nein

k) Pensionszusage

Ein **Versorgungsanspruch** gegenüber der GmbH ist von einem beherrschenden Gesellschafter-Geschäftsführer grundsätzlich nur dann **erdienbar,** wenn zwischen der Erteilung der Pensionszusage und dem vorgesehenen Eintritt in den Ruhestand ein Zeitraum von mindestens zehn Jahren liegt; allerdings ist diese Frist mangels eindeutiger gesetzlicher Vorgaben nicht im Sinne einer allgemeingültigen zwingenden Voraussetzung zu verstehen. Die fehlende Erdienbarkeit eines Versorgungsanspruchs ist ein gewichtiges Indiz für die Mitveranlassung des Versorgungsanspruchs durch das Gesellschaftsverhältnis mit der Folge, dass dem Grunde nach von einer verdeckten Gewinnausschüttung auszugehen ist.

Bei einer **Gehaltsumwandlung** des Gesellschafter-Geschäftsführers zugunsten einer Versorgungsanwartschaft auf betriebliche Altersversorgung scheitert die steuerliche Anerkennung regelmäßig nicht an der fehlenden Erdienbarkeit. Dies hat der Bundesfinanzhof entschieden (BFH-Urteil vom 7.3.2018, BStBl. 2019 II S. 70). Bei der durch Gehaltsumwandlung finanzierten Altersversorgung disponiert der Arbeitnehmer wirtschaftlich betrachtet ausschließlich über sein eigenes (künftiges) Vermögen, indem er Aktivbezüge zugunsten künftiger Altersbezüge zurücklegt. Daher besteht regelmäßig keine Veranlassung, die Gehaltsumwandlung am Maßstab der Erdienbarkeit darauf zu überprüfen, ob zwischen der Leistung des Arbeitgebers (risikobehaftete, wirtschaftlich sehr belastende Versorgungszusage) und der – unter Umständen zeitlich begrenzten – Gegenleistung des Arbeitnehmers ein Missverhältnis besteht. Ebenso ist keine erneute Erdienbarkeitsprüfung vorzunehmen, wenn bei einer bestehenden Versorgungszusage lediglich der Durchführungsweg geändert wird (wertgleiche Umstellung einer Direktzusage in eine Unterstützungskassenzusage), da sich keine finanzielle Mehrbelastung für das Unternehmen ergibt.

Die Finanzverwaltung hat zu den ertragsteuerlichen Folgerungen beim Verzicht des Gesellschafter-Geschäftsführers auf eine Pensionszusage Stellung genommen:[1)]

Der vollständige Verzicht auf eine Pensionszusage ist regelmäßig durch das Gesellschaftsverhältnis veranlasst, weil ein Nichtgesellschafter der GmbH diesen Vermögensvorteil (entschädigungsloser Wegfall einer Pensionsverpflichtung) nicht eingeräumt hätte. Bei einem **vollständigen Verzicht** auf eine Pensionsanwartschaft liegt eine zu **Arbeitslohn** führende **verdeckte Einlage** in Höhe des bis zum Verzichtszeitpunkt bereits erdienten Anteils der Versorgungsleistungen vor. Es handelt sich regelmäßig um eine Vergütung für eine mehrjährige Tätigkeit, für die die Anwendung der Fünftelregelung in Betracht kommt (BFH-Urteil vom 23.8.2017, BStBl. 2018 II S. 208). Die verdeckte Einlage führt außerdem zu nachträglichen Anschaffungskosten des Gesellschafter-Geschäftsführers für die GmbH-Anteile.

Bei einem **teilweisen Verzicht** ist von einer zu Arbeitslohn führenden verdeckten Einlage insoweit auszugehen, als der Barwert der bis zu dem Verzichtszeitpunkt bereits erdienten Versorgungsleistungen den Barwert der nach dem Teilverzicht noch verbleibenden Versorgungsleistungen übersteigt.

Der erdiente Teil der Versorgungsleistungen kann in beiden Fällen nach dem Verhältnis der abgeleisteten Dienstzeit und der in der Zusage vorgesehenen Altersgrenze ermittelt werden.

Beispiel

Beherrschender Gesellschafter-Geschäftsführer einer GmbH; geboren am 1.1.1970; Diensteintritt in die GmbH 1.1.1995; am 1.1.2005 Zusage einer Alters- und Invalidenrente über 3000 € monatlich; Pensionseintritt mit Vollendung des 67. Lebensjahres; Herabsetzung der Versorgungsanwartschaft am 1.1.2021 auf 1500 € monatlich.

Zum Zeitpunkt der Herabsetzung ist die ursprüngliche Zusage zu 0,5 (= 16 von 32 Jahren) erdient. Da die nach Herabsetzung noch verbleibenden Versorgungsleistungen genau dem bereits erdienten Anteil entsprechen, beträgt der Wert der zu Arbeitslohn führenden verdeckten Einlage 0 €.

Die Höhe der verdeckten Einlage ist bei der Ermittlung des der Körperschaftsteuer unterliegenden zu versteuernden Einkommens der GmbH abzuziehen. Die GmbH hat die in ihrer Steuerbilanz gebildete **Pensionsrückstellung** (ganz oder teilweise) gewinnerhöhend **aufzulösen.**

Bei **Auszahlung** der Altersversorgungsleistungen aufgrund einer Pensionszusage **und Weiterbeschäftigung,** also ohne Beendigung der beruflichen Tätigkeit, ist bei einem Gesellschafter-Geschäftsführer zu beachten, dass ein ordentlicher und gewissenhafter Geschäftsleiter der GmbH in solch einem Fall verlangen würde, dass

1) BMF-Schreiben vom 14.8.2012 (BStBl. I S. 874). Das BMF-Schreiben ist als Anlage 10 zu H 19.3 LStR im **Steuerhandbuch für das Lohnbüro 2021** abgedruckt, das im selben Verlag erschienen ist.

Lohn-steuer-pflichtig	Sozial-versich.-pflichtig

- das Einkommen aus der fortbestehenden Tätigkeit als Geschäftsführer auf die Versorgungsleistung angerechnet wird oder
- den vereinbarten Eintritt der Versorgungsfälligkeit aufschieben, bis der Begünstigte seine Geschäftsführerfunktion beendet hat.

Geschieht dies nicht, liegt eine verdeckte Gewinnausschüttung vor, die dem Einkommen der GmbH hinzuzurechnen ist und beim Gesellschafter-Geschäftsführer zu Kapitaleinkünften führt. Daran ändert sich nichts, wenn der Gesellschafter-Geschäftsführer seine Arbeitszeit und sein Gehalt nach Eintritt des Versorgungsfalls reduziert (BFH-Urteil vom 23.10.2013, BStBl. 2015 II S. 413).

Die Zahlung einer **Abfindung** durch die GmbH gegen Verzicht des Gesellschafter-Geschäftsführers auf die ihm erteilte Pensionszusage führt jedenfalls dann zu einer verdeckten Gewinnausschüttung, wenn als Versorgungsfälle ursprünglich nur die dauernde Arbeitsunfähigkeit und die Beendigung des Geschäftsführervertrags mit oder nach Vollendung des 65. bzw. 67. Lebensjahres vereinbart waren. Entsprechendes gilt, wenn die GmbH ihrem beherrschenden Gesellschafter-Geschäftsführer an Stelle der monatlichen Rente „spontan" die Zahlung einer Kapitalabfindung der Versorgungsanwartschaft zusagt (BFH-Urteile vom 11.9.2013, BStBl. 2014 II S. 726 und vom 23.10.2013, BStBl. 2014 II S. 729).

Ein Zufluss von Arbeitslohn ist gegeben, wenn im Fall der Ablösung der Pensionszusage der Ablösungsbetrag auf Verlangen des Gesellschafter-Geschäftsführers zur **Übernahme der Pensionsverpflichtung** an einen Dritten gezahlt wird (BFH-Urteil vom 12.4.2007, BStBl. II S. 581). — ja — nein

Hat der Gesellschafter-Geschäftsführer kein Wahlrecht, den Ablösungsbetrag alternativ an sich auszahlen zu lassen, führt die Zahlung des Ablösebetrags an den die Pensionsverpflichtung übernehmenden Dritten nicht zum Zufluss von Arbeitslohn. Dies gilt selbst dann, wenn der Gesellschafter-Geschäftsführer auch den Dritten beherrscht. Erst die späteren **Versorgungsleistungen** führen in diesem Fall zu einem **Zufluss** von Arbeitslohn, von denen der übernehmende Dritte den Lohnsteuereinbehalt vorzunehmen und die übrigen Arbeitgeberpflichten zu erfüllen hat (BFH-Urteil vom 18.8.2016, BStBl. 2017 II S. 730). Allerdings ist von einem Zufluss von Arbeitslohn auszugehen, wenn der Ablösungsbetrag ohne Wahlrecht des Arbeitnehmers anlässlich eines Wechsels von einem internen Durchführungsweg (Pensionszusage, Unterstützungskasse) zu einer externen Versorgungseinrichtung (Pensionskasse, Pensionsfonds, Direktversicherung) geleistet wird.[1]

l) Verdeckte Gewinnausschüttung bei gemischt veranlassten Aufwendungen

Die Finanzverwaltung folgt der Rechtsprechung des Bundesfinanzhofs, wonach sog. **gemischte Aufwendungen** (also berufliche und private Aufwendungen) in Werbungskosten und nicht abziehbare Kosten der privaten Lebensführung **aufgeteilt** werden können, wenn eine Trennung nach objektiven Kriterien möglich ist. Dieser Grundsatz gilt auch für die Frage, in welchem Umfang aufteilbare gemischte Aufwendungen, die teils gesellschaftsrechtlich und teils betrieblich veranlasst sind, bei einem Gesellschafter-Geschäftsführer einer GmbH zu einer **verdeckten Gewinnausschüttung** und damit zu Einkünften aus Kapitalvermögen führen.[2]

Sind Aufwendungen betrieblich veranlasst und **private Belange** nur in **untergeordnetem Maße** berührt, unterbleibt eine Aufteilung. Die Aufwendungen sind bei der GmbH insgesamt als Betriebsausgaben abziehbar, eine teilweise **verdeckte Gewinnausschüttung** ist **nicht** anzusetzen.

Beispiele für eine untergeordnete private Veranlassung (= keine verdeckte Gewinnausschüttung): Feier des Betriebsjubiläums einer GmbH, bei der auch die Gesellschafter und deren Familien bewirtet werden; Beiträge einer GmbH an einen Industrieverein, der gelegentlich auch Veranstaltungen durchführt, die dem repräsentativen Bereich zuzuordnen sind. Entsprechendes gilt für Reisekosten, wenn der Reise ein unmittelbarer betrieblicher Anlass zugrunde liegt (z. B. ortsgebundener Geschäftstermin oder die GmbH ist als Aussteller auf einer Messe vertreten). Die Verbindung einer solchen Reise mit einem vorhergehenden oder nachfolgenden Privataufenthalt am Reiseort ist unabhängig von der Dauer unschädlich.

Im umgekehrten Fall (gesellschaftsrechtliche Veranlassung mit **geringfügigen betrieblichen Bezügen**) ist insgesamt eine **verdeckte Gewinnausschüttung** anzunehmen.

Beispiel A

Der Gesellschafter-Geschäftsführer einer GmbH nimmt an seinem privaten Urlaubsort einen geschäftlichen Termin wahr. Die GmbH erstattet die Aufwendungen für die An- und Abreise zum Urlaubsort.

Es handelt sich insgesamt um eine verdeckte Gewinnausschüttung.

G

Sind Aufwendungen **gemischt** betrieblich und gesellschaftsrechtlich **veranlasst,** kommt es darauf an, ob und inwieweit die Aufwendungen durch einen ordentlichen und gewissenhaften Geschäftsleiter übernommen worden wären. Besteht ein objektiver **Aufteilungsmaßstab** (Zeit-, Mengen-, Flächenanteile oder Köpfe), führen die betrieblich veranlassten Aufwendungen nicht zu einer verdeckten Gewinnausschüttung.

Beispiel B

Der Gesellschafter-Geschäftsführer fliegt neun Tage nach London, um an einem dreitägigen Fachkongress teilzunehmen. Die GmbH erstattet die Flugkosten.

Die Erstattung der Flugkosten führt in Höhe von $^6/_9$ zu einer verdeckten Gewinnausschüttung, da die Reise nur zu $^3/_9$ betrieblich veranlasst ist.

Die Übernahme von Aufwendungen durch die GmbH, die der **privaten Lebensführung** des Gesellschafter-Geschäftsführers zuzurechnen sind (z. B. Kosten seiner privaten Geburtstagsfeier) oder von **nicht aufteilbaren** gemischten **Aufwendungen** (z. B. Auslandsgruppenreisen zu Informationszwecken, bei denen kein Zeitabschnitt eindeutig den betrieblichen Interessen der GmbH zugerechnet werden kann oder ein allgemeines Kommunikationsseminar des Gesellschafter-Geschäftsführers), führen insgesamt – also in Höhe der von der GmbH getragenen Kosten – zu einer **verdeckten Gewinnausschüttung.**

m) Zufluss von Gehaltsbestandteilen

Bei beherrschenden Gesellschafter-Geschäftsführern ist der Zufluss von Arbeitslohn nicht erst im Zeitpunkt der Zahlung oder der Gutschrift auf dem Konto des Gesellschafters, sondern bereits im Zeitpunkt der Fälligkeit der Forderung anzunehmen, wenn der Anspruch eindeutig, unbestritten sowie fällig ist und sich gegen eine zahlungsfähige Gesellschaft richtet. Dies wird damit begründet, dass ein beherrschender Gesellschafter es regelmäßig in der Hand hat, sich geschuldete Beträge auszahlen zu lassen.

Wird der Jahresabschluss nicht innerhalb der im GmbHG vorgesehenen Frist (acht Monate, bei kleinen Gesellschaften elf Monate) und damit verspätet festgestellt, führt dies auch bei einem beherrschenden Gesellschafter-Geschäftsführer nicht per se zu einer Vorverlegung des **Zuflusses einer Tantieme** auf den Zeitpunkt, zu dem die Fälligkeit bei fristgerechter Aufstellung des Jahresabschlusses eingetreten wäre. Eine vorgezogene (fiktive) Fälligkeit kann der noch nicht existente Jahresabschluss laut Bundesfinanzhof nicht bewirken. Denn der konkrete Anspruch entsteht erst mit der Feststellung des Jahres-

1) BMF-Schreiben vom 4.7.2017 (BStBl. I S. 883). Das BMF-Schreiben ist als Anlage 13 zu H 19.3 LStR im **Steuerhandbuch für das Lohnbüro 2021** abgedruckt, das im selben Verlag erschienen ist.

2) Kurzinformation des Finanzministeriums Schleswig-Holstein vom 1.11.2010 (Az.: VI 3011 – S 2742 – 121). Die Kurzinformation ist als Anlage 5 zu H 9.1 LStR im **Steuerhandbuch für das Lohnbüro 2021** abgedruckt, das im selben Verlag erschienen ist.

	Lohnsteuerpflichtig	Sozialversich.-pflichtig

abschlusses. Etwas anderes kommt allenfalls in Betracht, wenn die Frist (nachweislich) „willkürlich“ nicht eingehalten worden ist (BFH-Urteil vom 28.4.2020, BFH/NV 2020 S. 1125).

Irrtümliche Überweisungen sind im Zuflusszeitpunkt als steuerpflichtiger Arbeitslohn anzusetzen. Die Rückzahlung des versehentlich überwiesenen Betrags ist auch bei einem (Allein-)Gesellschafter-Geschäftsführer erst im Zeitpunkt des tatsächlichen Abflusses als negative Einnahme zu berücksichtigen (BFH-Urteil vom 14.4.2016, BStBl. II S. 778). Die vorstehend beschriebene Zuflussfiktion kommt hier nicht zur Anwendung. Der beherrschende Gesellschafter beherrscht zwar die Gesellschaft, die beherrschte Gesellschaft aber nicht den beherrschenden Gesellschafter. Die beherrschte Gesellschaft hat es nämlich insbesondere nicht in der Hand, sich Beträge, die ihr beherrschender Gesellschafter schuldet, auszahlen zu lassen. Daher ist auch bei einem beherrschenden Gesellschafter-Geschäftsführer eine Arbeitslohnrückzahlung erst im Zeitpunkt des tatsächlichen Abflusses und nicht bereits im Zeitpunkt der Fälligkeit der Forderung der Gesellschaft als negative Einnahme zu berücksichtigen.

Der Bundesfinanzhof hat entschieden, dass beim Gesellschafter-Geschäftsführer einer GmbH ein Zufluss von Arbeitslohn jedenfalls dann nicht vorliegt, wenn die arbeitsvertragliche Zusage von Gehaltsbestandteilen (z. B. Weihnachts- und Urlaubsgeld) **vor** dem Zeitpunkt der **Entstehung** dieser Sonderzuwendungen einvernehmlich **aufgehoben** wird. Dabei kann diese Aufhebung der arbeitsvertraglichen Zusage seiner Ansicht nach ausdrücklich (z. B. Gesellschafterbeschluss über die Nichtauszahlung) oder konkludent (mehrjährige Nichtauszahlung der Sonderzuwendungen) erfolgen (BFH-Urteil vom 15.5.2013, BStBl. 2014 II S. 495). nein nein

Die Finanzverwaltung hat zu dieser Rechtsprechung wie folgt Stellung genommen:[1] Dem beherrschenden Gesellschafter-Geschäftsführer fließt eine eindeutige und unbestrittene Forderung gegen „seine“ Kapitalgesellschaft bereits mit deren **Fälligkeit** zu. Ob sich der Vorgang in der Bilanz der Kapitalgesellschaft tatsächlich gewinnmindernd ausgewirkt hat (z. B. durch die Bildung einer Verbindlichkeit), ist für diese **Zuflussfiktion** unerheblich, sofern eine solche Verbindlichkeit nach den Grundsätzen ordnungsgemäßer Buchführung hätte gebildet werden müssen.

Der Verzicht auf Tätigkeitsvergütungen kann beim Gesellschafter-Geschäftsführer also dennoch zum Lohnzufluss und gleichzeitig zu einer verdeckten Einlage in die Kapitalgesellschaft führen, die die Anschaffungskosten des Gesellschafter-Geschäftsführers für seine Anteile erhöht. Dabei kommt es darauf an, inwieweit ein oder mehrere Passivposten in der Bilanz der Gesellschaft hätten eingestellt werden müssen, die zum Zeitpunkt des Verzichts auf die Gehaltsbestandteile durch den Gesellschafter-Geschäftsführer erstellt worden wäre. Auf die tatsächliche Buchung der Passivposten in der Bilanz der Gesellschaft kommt es für die Frage des Zuflusses aufgrund einer verdeckten Einlage nicht an.

Verzichtet also der Gesellschafter-Geschäftsführer **nach Entstehung** seines Anspruchs auf Tätigkeitsvergütungen, wird damit der **Zufluss** der Einnahmen, verbunden mit der Verpflichtung zur Lohnversteuerung, nicht verhindert. Gleichzeitig liegt eine die Anschaffungskosten des Gesellschafters erhöhende verdeckte Einlage vor. ja nein

Verzichtet der Gesellschafter-Geschäftsführer auf noch **nicht entstandene Gehaltsansprüche,** ergeben sich hieraus weder bei der Kapitalgesellschaft noch beim Gesellschafter-Geschäftsführer steuerliche Folgen. Ein **Zufluss** von Arbeitslohn liegt daher **nicht** vor (ebenso BFH-Urteil vom 15.6.2016, BStBl. II S. 903). nein nein

7. Gehaltsabrechnung für den Gesellschafter-Geschäftsführer einer GmbH

Die Lohnabrechnung für einen Gesellschafter-Geschäftsführer, der kein Arbeitnehmer im Sinne des Sozialversicherungsrechts ist, soll an einem Beispiel verdeutlicht werden.

Beispiel

Der Geschäftsführer einer GmbH ist mit mehr als 50 % an der Gesellschaft beteiligt. Er übt auf die Gesellschaft beherrschenden Einfluss aus und ist deshalb kein abhängig Beschäftigter im Sinne des Sozialversicherungsrechts. Über die Geschäftsführertätigkeit und die von der GmbH hierfür zu erbringenden Gegenleistungen bestehen von vornherein getroffene Vereinbarungen. Die Vergütungen sind insgesamt angemessen und werden deshalb steuerlich anerkannt. Der Geschäftsführer erhält vertragsgemäß folgende Vergütungen:

- ein monatliches Gehalt von 5000 €;
- einen Zuschuss zur Krankenversicherung, wie er auch für andere in einer privaten Krankenversicherung versicherte Angestellte der GmbH nach § 257 SGB V zu leisten ist;
- einen Zuschuss zur Pflegeversicherung, wie er auch für andere in einer privaten Krankenversicherung versicherte Angestellte der GmbH nach § 61 SGB XI zu leisten ist;
- einen Geschäftswagen zur unentgeltlichen privaten Nutzung;
- einen Direktversicherungsbeitrag zu einer Lebensversicherung mit Kapitalauszahlung in Höhe des halben Höchstbeitrags zur gesetzlichen Rentenversicherung; dabei trägt die Gesellschaft die pauschale Lohn- und Kirchensteuer sowie den bei einer Pauschalbesteuerung weiterhin zu erhebenden Solidaritätszuschlag für einen Betrag von monatlich 146 € (der Vertrag wurde im Jahre 2004 abgeschlossen).

Der Gesellschafter-Geschäftsführer hat folgende Lohnsteuerabzugsmerkmale: Steuerklasse III/0 Kinderfreibeträge, Kirchensteuermerkmal rk.

a) monatliches Gehalt		5 000,– €
b) Zuschuss zur Krankenversicherung		384,58 €
c) Zuschuss zur Pflegeversicherung		73,77 €
d) geldwerter Vorteil aus der privaten Nutzung des Geschäftswagens, soweit nicht pauschal besteuert		905,– €
e) Direktversicherungsbeitrag, soweit nicht pauschal besteuert		514,30 €
Steuerpflichtige Bruttovergütungen		6 877,65 €
Abzüge:		
Lohnsteuer für 6877,65 € nach Steuerklasse III/0. Der Gesellschafter-Geschäftsführer hat keine Beiträge zur privaten Basiskrankenversicherung und Pflegepflichtversicherung mitgeteilt, sodass die Mindestvorsorgepauschale anzusetzen ist.	1 345,83 €	
Solidaritätszuschlag	0,– €[2]	
Kirchensteuer (z. B. 8 %)	107,66 €	
Direktversicherungsbeitrag	514,30 €	
geldwerter Vorteil Geschäftswagen[3]	905,– €	2 872,79 €
auszuzahlendes Nettogehalt		4 004,86 €

Zuschuss zur Krankenversicherung

Der Gesellschafter-Geschäftsführer ist kein „abhängig Beschäftigter“ im Sinne der Sozialversicherung. Der Zuschuss zur Krankenversicherung wird ihm deshalb nur in Anlehnung an § 257 SGB V gewährt; er ist steuerpflichtiger Arbeitslohn. Der Zuschuss beträgt 7,3 % + 0,65 % =) 7,95 % von 4837,50 € (vgl. auch die Erläuterungen beim Stichwort „Arbeitgeberzuschuss zur Krankenversicherung“)	384,58 €

1) BMF-Schreiben vom 12.5.2014 (BStBl. I S. 860). Das BMF-Schreiben ist als Anlage 6 zu H 38.2 LStR im **Steuerhandbuch für das Lohnbüro 2021** abgedruckt, das im selben Verlag erschienen ist.

2) Bei Anwendung der Steuerklassen I und IV beträgt der Solidaritätszuschlag 72,75 €. Berechnung: Lohnsteuer bei Anwendung der Steuerklasse I und IV 2024,41 € abzüglich Freigrenze von 1413 € = 611,41 € × 11,9 % (Übergangsbereich) = 72,75 €.

3) Der geldwerte Vorteil wurde zur Ermittlung der steuerpflichtigen Bruttovergütung dem Barlohn hinzugerechnet. Der Sachbezug muss deshalb bei der Berechnung des auszuzahlenden Nettobetrags (rein rechnerisch) wieder gekürzt werden (vgl. das Beispiel einer Lohnabrechnung mit Sachbezügen beim Stichwort „Sachbezüge“ unter Nr. 2).

	Lohnsteuerpflichtig	Sozialversich.-pflichtig

Zuschuss zur Pflegeversicherung

Der Gesellschafter-Geschäftsführer ist kein „abhängig Beschäftigter" im Sinne des § 61 SGB XI. Der Zuschuss zur Pflegeversicherung wird ihm deshalb nur in Anlehnung an § 61 SGB XI gezahlt; er ist deshalb steuerpflichtiger Arbeitslohn. Der Zuschuss beträgt:

1,525 % von 4837,50 € (monatliche Beitragsbemessungsgrenze 2021[1] in der sozialen Pflegeversicherung) 73,77 €

Privatnutzung des Geschäftswagens

Die vertraglich geregelte Privatnutzung wird monatlich mit 1 % des Listenpreises als geldwerter Vorteil versteuert (Listenpreis 50 000 €). Die Fahrten zwischen Wohnung und erster Tätigkeitsstätte sind zusätzlich als geldwerter Vorteil zu versteuern und zwar mit 0,03 % des Listenpreises monatlich je Kilometer der einfachen Entfernung zwischen Wohnung und erster Tätigkeitsstätte (vgl. das Stichwort „Firmenwagen zur privaten Nutzung").

Die einfache Entfernung zwischen Wohnung und erster Tätigkeitsstätte beträgt 40 km. Der geldwerte Vorteil beträgt somit 0,03 % von 50 000 € = 15 € x 40 km = 600 € monatlich. Davon kann pauschal mit 15 % der Betrag besteuert werden, der in Höhe der Entfernungspauschale als Werbungskosten abgezogen werden könnte. Zum laufenden steuerpflichtigen Monatslohn sind somit hinzuzurechnen:

1 % von 50 000 €	=	500,– €
0,03 % von 50 000 € = 15 € x 40 km	=	600,– €
insgesamt		1 100,– €
abzüglich pauschal zu besteuernder Betrag		
20 km x 0,30 € für 15 Arbeitstage		90,– €
20 km x 0,35 € für 15 Arbeitstage		105,– €
Summe		195,– €
mit dem laufenden Monatslohn zu versteuern		905,– €
pauschal mit 15 % sind monatlich zu besteuern:		195,– €
Lohnsteuer hierauf 15 %	=	29,25 €
Solidaritätszuschlag 5,5 % von 29,25 €	=	1,60 €
Kirchensteuer (z. B. in Bayern) 7 % von 29,25 €	=	2,04 €
Pauschalsteuer insgesamt		32,89 €

Da bei einem Gesellschafter-Geschäftsführer durch die Lohnsteuerpauschalierung keine Sozialversicherungsbeiträge gespart werden können, ist es meist günstiger, wenn die Lohnsteuerpauschalierung unterbleibt und der Vorteil individuell versteuert wird. Bei der Einkommensteuer-Veranlagung wird dann zur Abgeltung der Aufwendungen für Fahrten zwischen Wohnung und erster Tätigkeitsstätte die Entfernungspauschale berücksichtigt und die individuelle Besteuerung damit im Ergebnis insoweit wieder ausgeglichen. Der Arbeitgeber (die Gesellschaft) spart dadurch die Pauschalsteuer.

Anders ist es hingegen, wenn der Gesellschafter-Geschäftsführer bei der Veranlagung keine weiteren Werbungskosten geltend machen kann, weil sich bei ihm dann durch Anrechnung des Arbeitnehmer-Pauschbetrags von 1000 € die Entfernungspauschale nicht voll auswirkt.

Direktversicherung

Der Beitrag zu der Direktversicherung mit Kapitalauszahlung beläuft sich laut Geschäftsführervertrag auf 9,3 % von 7100 € (Beitragsbemessungsgrenze 2021[2] in der gesetzlichen Rentenversicherung).

9,3 % von 7100 €	=	660,30 €
hiervon werden nach § 40b EStG pauschal mit 20 % besteuert (vgl. „Zukunftsicherung")		146,– €
vom Geschäftsführer sind als laufender Arbeitslohn zu versteuern		514,30 €
Pauschal mit 20 % sind zu besteuern		146,– €
pauschale Lohnsteuer 20 % von 146 €	=	29,20 €
Solidaritätszuschlag 5,5 % von 29,20 €	=	1,60 €
Kirchensteuer 7 % von 29,20 €	=	2,04 €
Pauschalsteuer insgesamt		32,84 €

	Lohnsteuerpflichtig	Sozialversich.-pflichtig

Abzuführende Lohn- und Kirchensteuer

	Lohnsteuer	Kirchensteuer rk	Kirchensteuer pauschal
– für die nach der Monatstabelle besteuerten Vergütungen	1 345,83 €	107,66 €	
– pauschalierte Steuer für die Direktversicherung	29,20 €		2,04 €
– pauschalierte Steuer für Fahrten zwischen Wohnung und erster Tätigkeitsstätte	29,25 €		2,04 €
insgesamt	1 404,28 €	107,66 €	4,08 €

Abzuführender Solidaritätszuschlag

Der abzuführende Solidaritätszuschlag beträgt

(0,– € + 1,60 € + 1,60 €) = 3,20 €

G

8. Übersicht über gleichgesetzte Kapitalgesellschaften in den Mitgliedstaaten der Europäischen Union

Kapitalgesellschaften in den einzelnen Mitgliedstaaten der Europäischen Union, die als Parallelformen einerseits mit der deutschen Aktiengesellschaft (AG) und andererseits mit der deutschen GmbH gleichgesetzt werden (vgl. die Erläuterungen unter der vorstehenden Nr. 3):

Mitgliedstaat	**mit deutscher AG vergleichbar** *[inoffizielle Abkürzung]*	**mit deutscher GmbH vergleichbar**
Belgien	la société anonyme/ de naamloze vennootschap *[N.V.]*	la société privée à responsabilité limitée/ besloten vennootschap met beperkte aansprakelijkheid
Bulgarien	акционерно дружество *[Akzionerno druschestwo – AD]*	дружество с ограничена отговорност
Dänemark	aktieselskaber *[A/S]*	Anpartselskaber *[APS]*
Estland	aktsiaselts	osaühing
Finnland	julkinen osakeyhtiö / publikt aktiebolag *[OYJ]*	./.
Frankreich	la société anonyme *[S. A.]*	la société à responsabilité limitée
Griechenland	ανώνυμη εταιρία *[Anonimi etairia – AE]*	εταιρία περιορισμένης ευθύνης
Irland	public companies limited by shares, public companies limited by guarantee having a share capital	private companies limited by shares, private companies limited by guarantee having a share capital
Italien	società per azioni *[SpA]*	società a responsabilità limitata

1) Die Beitragsbemessungsgrenze in der Kranken- und Pflegeversicherung beträgt 2021 sowohl in den alten Bundesländern als auch in den neuen Bundesländern monatlich 4837,50 €.

2) Die Beitragsbemessungsgrenze in der Rentenversicherung beträgt 2021 in den alten Bundesländern 7100 € monatlich und in den neuen Bundesländern 6700 € monatlich.

	Lohnsteuerpflichtig	Sozialversich.-pflichtig

Mitgliedstaat	mit deutscher AG vergleichbar *[inoffizielle Abkürzung]*	mit deutscher GmbH vergleichbar
Kroatien	dioničko društvo (d.d.)	društvo s ograničenom odgovornošcu (d.o.o.)
Lettland	akciju sabiedrība	un sabiedrība ar ierobežotu atbildību
Litauen	akcinės bendrovės	uždarosios akcinės bendrovės
Luxemburg	la société anonyme	la société à responsabilité limitée
Malta	kumpaniji pubbliċi/ public limited liability companies	kumpaniji privati/ private limited liability companies
Niederlande	de naamloze vennootschap *[N.V.]*	de besloten vennootschap met beperkte aansprakelijkheid
Österreich	die Aktiengesellschaft *[AG]*	die Gesellschaft mit beschränkter Haftung
Polen	spółka akcyjna *[S. A.]*	spółka z ograniczoną odpowiedzialnością
Portugal	a sociedade anónima de responsabilidade limitada *[S. A.]*	a sociedade por quotas de responsabilidade limitada
Rumänien	societate pe acțiuni *[S. A.]*	societate cu răspundere limitată
Schweden	publikt aktiebolag *[AB]*	./.
Slowakei	akciová spoločnost' *[a.s.]*	spoločnost' s ručením obmedzeným (s.r.o.)
Slowenien	delniška družba	družba z omejeno odgovornostjo
Spanien	la sociedad anónima *[S. A.]*	la sociedad de responsabilidad limitada
Tschechische Republik	akciová společnost' *[a.s.]*	společnost' s ručením omezeným
Ungarn	részvénytársasá *[Rt]*	korlátolt felelősségű társaság
Vereinigtes Königreich[1]	public companies limited by shares, public companies limited by guarantee having a share capital *[LTD]*	private companies limited by shares, private companies limited by guarantee having a share capital
Zypern	Δημόσια Εταιρεία περιορισμένης ευθύνης με μετοχές, Δημόσια Εταιρεία περιορισμένης ευθύνης με εγγύηση	ιδιωτική εταιρεία

G

	Lohnsteuerpflichtig	Sozialversich.-pflichtig

Gesundheitsförderung

Wichtiges auf einen Blick:

Zum 1.1.2020 ist der **steuerfreie Höchstbetrag** von zuvor 500 € jährlich auf **600 € jährlich je Arbeitnehmer** erhöht worden. Unter die Steuerbefreiungsvorschrift des § 3 Nr. 34 EStG fallen

- gesundheitsfördernde Maßnahmen in Betrieben **(= betriebliche Gesundheitsförderung),** die den vom Spitzenverband der **Krankenkassen** festgelegten **Kriterien entsprechen** sowie
- Maßnahmen zur individuellen **verhaltensbezogenen Prävention,** die nach den Vorschriften des SGB V zertifiziert sind. Bei Maßnahmen zur individuellen verhaltensbezogenen Prävention ist die **Zertifizierung** der Maßnahme zwingende Voraussetzung für die Gewährung der Steuerbefreiung.

Vgl. im Einzelnen die nachfolgenden Ausführungen und Beispiele.

Gliederung:

1. Allgemeines
2. Leistungen im ganz überwiegenden eigenbetrieblichen Interesse des Arbeitgebers
3. Steuerfreie Arbeitgeberleistungen
   a) Freibetrag von 600 € jährlich je Arbeitnehmer
   b) Verhaltensbezogene Prävention außerhalb des Betriebs
   c) Verhaltensbezogene Prävention innerhalb des Betriebes
   d) Betriebliche Gesundheitsförderung
4. Steuerpflichtige Arbeitgeberleistungen
5. Umsatzsteuerpflicht der Sachleistungen des Arbeitgebers

1. Allgemeines

Durch das Jahressteuergesetz 2009 ist eine **Steuerbefreiungsvorschrift** mit dem Ziel der Verbesserung des allgemeinen Gesundheitszustands und der Stärkung der betrieblichen Gesundheitsförderung eingeführt worden. Hierdurch soll die Bereitschaft des Arbeitgebers erhöht werden, seinen Arbeitnehmern **Dienstleistungen** zur Verbesserung des allgemeinen Gesundheitszustands sowie zur betrieblichen Gesundheitsförderung anzubieten und/oder entsprechende **Barzuschüsse** für die Durchführung derartiger Maßnahmen zuzuwenden.

Seit dem 1.1.2019 setzt die Inanspruchnahme der Steuerbefreiungsvorschrift voraus, dass die

- gesundheitsfördernden Maßnahmen in Betrieben **(= betriebliche Gesundheitsförderung),** den vom Spitzenverband der **Krankenkassen** festgelegten **Kriterien entsprechen**
- Maßnahmen zur individuellen **verhaltensbezogenen Prävention,** nach den Vorschriften des SGB V zertifiziert sind. Bei Maßnahmen zur individuellen verhaltensbezogenen Prävention ist die **Zertifizierung** der Maßnahme zwingende Voraussetzung für die Gewährung der Steuerbefreiung.

Durch die Steuerbefreiungsvorschrift werden die **zusätzlich zum ohnehin geschuldeten Arbeitslohn** erbrachten Sachleistungen und Barzuschüsse des Arbeitgebers zur Verbesserung des allgemeinen Gesundheitszustandes und der betrieblichen Gesundheitsförderung steuerfrei gestellt, soweit sie **je Arbeitnehmer 600 € jährlich** (= Freibetrag) nicht übersteigen (§ 3 Nr. 34 EStG). Die Erhöhung des Freibetrags von zuvor 500 € jährlich auf 600 € jährlich je Arbeitnehmer erfolgte mit Wirkung ab dem 1.1.2020. nein nein

1) Das Vereinigte Königreich gehört im Jahr 2021 nicht mehr zur Europäischen Union.

Lohn- steuer- pflichtig | Sozial- versich.- pflichtig

Bei den Arbeitgeberleistungen zur Gesundheitsförderung (Sachleistungen und Barzuschüssen) ist steuerlich zu differenzieren zwischen nicht zu Arbeitslohn führenden Leistungen des Arbeitgebers im ganz überwiegenden eigenbetrieblichen Interesse (vgl. nachfolgende Nr. 2), in bestimmtem Umfang steuerfreien Arbeitgeberleistungen (vgl. nachfolgende Nr. 3) und steuerpflichtigen Arbeitgeberleistungen (vgl. nachfolgende Nr. 4).

2. Leistungen im ganz überwiegenden eigenbetrieblichen Interesse des Arbeitgebers

Im Hinblick auf das hohe persönliche Interesse der Arbeitnehmer an ihrer eigenen Gesundheit und einer Verringerung ihres Krankheitsrisikos kann im Bereich der Gesundheitsförderung nur bei wenigen Arbeitgeberleistungen von einem „ganz überwiegenden eigenbetrieblichen Interesse des Arbeitgebers" ausgegangen werden. Hierzu folgende **beispielhafte Aufzählung,** der u. E. von vornherein nicht zu Arbeitslohn führenden Arbeitgeberleistungen:

- Schutzimpfungen entsprechend den Empfehlungen der Ständigen Impfkommission;
- „Gesundheitsgerechte" Arbeitsmittel am Arbeitsplatz (vgl. nachfolgendes Beispiel A);
- Maßnahmen zur Vorbeugung spezifisch berufsbedingter Beeinträchtigungen der Gesundheit (belegt durch medizinische Gutachten);
- Beratung zur Gestaltung gesundheitsförderlicher Arbeitsbedingungen in Abstimmungen mit Vertretern des Arbeitsschutzes;
- Analyseleistungen (z. B. Arbeitsunfähigkeits-, Arbeitssituations- und Alterstrukturanalysen, Befragungen von Mitarbeiterinnen und Mitarbeitern, Workshop zur Bedarfsfeststellung);
- Moderation von Arbeitsgruppen, Gesundheitszirkeln und ähnlichen Gremien;
- Beratung der betrieblich Verantwortlichen zur Ziel- und Konzeptentwicklung sowie zu allen Themen der Beschäftigtengesundheit einschließlich Unterstützungsmöglichkeiten zur Vereinbarkeit von Beruf und Privatleben;
- Qualifizierung/Fortbildung von Beschäftigten zu innerbetrieblichen Multiplikatorinnen und Multiplikatoren in Fragen betrieblicher Gesundheitsförderung;
- Aufbau eines Projektmanagements;
- Interne Kommunikation und Öffentlichkeitsarbeit (z. B. Veranstaltungen zur Gesundheitsförderung, Arbeitsplatz- und Arbeitsablaufgestaltung);
- Dokumentation, Evaluation und Qualitätssicherung.

Beispiel A

Der Arbeitgeber stellt seinen Arbeitnehmern an deren Arbeitsplatz Schreibtische und Bürostühle zur Verfügung, die den neuesten ergonomischen Ansprüchen genügen.

Bei der Zurverfügungstellung von „gesundheitsgerechten" Arbeitsmitteln (hier Schreibtisch und Bürostuhl am Arbeitsplatz) handelt es sich um nicht steuerpflichtige Leistungen im ganz überwiegenden eigenbetrieblichen Interesse des Arbeitgebers.

Beispiel B

Drei Mitarbeiter werden auf Kosten des Arbeitgebers im Rahmen von Lehrgängen jeweils zum „Gesundheitsbeauftragten" ihrer Abteilung fortgebildet.

Bei den vom Arbeitgeber hierfür getragenen Kosten handelt es sich um nicht steuerpflichtige Leistungen im ganz überwiegenden eigenbetrieblichen Interesse des Arbeitgebers.

Von einem ganz überwiegenden eigenbetrieblichen Interesse des Arbeitgebers ist auch dann auszugehen, wenn die Arbeitgeberleistung im „Gesundheitsbereich" lediglich in der Gestellung von Räumlichkeiten besteht.

Beispiel C

Der Arbeitgeber stellt für Vorträge im Bereich „präventive Gesundheitsmaßnahmen" im Betrieb jeweils einen Raum zur Verfügung. Die für den jeweiligen Vortrag anfallende Gebühr wird von den Arbeitnehmern jeweils unmittelbar an den Veranstalter entrichtet.

Bei der Raumgestellung des Arbeitgebers handelt es sich um nicht steuerpflichtige Leistungen im ganz überwiegenden eigenbetrieblichen Interesse des Arbeitgebers. Die Arbeitnehmer können die von ihnen entrichtete Gebühr nicht als Werbungskosten bei den Einkünften aus nichtselbstständiger Arbeit geltend machen.

3. Steuerfreie Arbeitgeberleistungen

a) Freibetrag von 600 € jährlich je Arbeitnehmer

Zum steuerfreien Arbeitslohn gehören die zusätzlich zum ohnehin geschuldeten Arbeitslohn erbrachten Leistungen des Arbeitgebers zur Verhinderung und Verminderung von Krankheitsrisiken und zur Förderung der Gesundheit in Betrieben, die hinsichtlich Qualität, Zweckbindung, Zielgerichtetheit und Zertifizierung den Anforderungen der §§ 20 und 20b SGB V entsprechen und beim jeweiligen Arbeitnehmer seit 1.1.2020 600 € je Kalenderjahr (bis 31.12.2019 = 500 € jährlich) nicht übersteigen (§ 3 Nr. 34 EStG). Der Freibetrag gilt also nicht für jede einzelne Maßnahme, sondern insgesamt für **alle begünstigten Maßnahmen,** an denen der Arbeitnehmer im Kalenderjahr teilgenommen hat.

Unter die Steuerbefreiungsvorschrift fallen sowohl Maßnahmen zur individuellen **verhaltensbezogenen Prävention,** die zertifiziert sind (vgl. nachfolgenden Buchstaben b und c), als auch gesundheitsfördernde Maßnahmen in Betrieben **(= betriebliche Gesundheitsförderung),** die den vom Spitzenverband Bund der Krankenkassen festgelegten Kriterien entsprechen (vgl. nachfolgenden Buchstaben d).

b) Verhaltensbezogene Prävention außerhalb des Betriebs

Der unter dem vorstehenden Buchstaben a erwähnte Steuerfreibetrag von 600 € jährlich je Arbeitnehmer kommt auch zur Anwendung bei Zuschüssen des Arbeitgebers für vom Arbeitnehmer selbst beschaffte und vorfinanzierte Leistungen der individuellen verhaltensbezogenen Prävention außerhalb des Betriebes, die den Anforderungen des § 20 Abs. 5 SGB V in Verbindung mit dem GKV-Leitfaden Prävention entsprechen. Handlungsfelder und Präventionsprinzipien sind:

- Reduzierung von Bewegungsmangel durch gesundheitssportliche Aktivität,
- Vorbeugung und Reduzierung spezieller gesundheitlicher Risiken durch geeignete verhaltens- und gesundheitsorientierte Bewegungsprogramme,
- Vermeidung von Mangel- und Fehlernährung,
- Vermeidung und Reduktion von Übergewicht,
- Förderung von Stressbewältigungskompetenzen (Multimodales Stressmanagement),
- Förderung von Entspannung (Palliativ-regeneratives Stressmanagement),
- Förderung des Nichtrauchens und
- Reduzierung des Alkoholkonsums.

Die Inanspruchnahme des Steuerfreibetrags setzt eine **Zertifizierung** der Maßnahme durch die Zentrale Prüfstelle Prävention oder eine Krankenkasse voraus. Der Arbeitnehmer hat dem Arbeitgeber eine von der Kursleitung unterschriebene Teilnahmebescheinigung i. V. m. mit einem von der Kursleitung zur Verfügung zu stellenden Nachweis der Zertifizierung der entsprechenden Maßnahme (z. B. Kursidentifikationsnummer der jeweiligen Prüfstelle) sowie einen Zahlungsnachweis vorzulegen. Die steuerfreien Arbeitgeberleistungen zur Gesundheitsförderung sind im Lohnkonto des jeweiligen Arbeitnehmers zu erfassen (§ 4 Abs. 2 Nr. 4 LStDV[1]).

1) Die Lohnsteuer-Durchführungsverordnung (LStDV) ist als Anhang 1 im **Steuerhandbuch für das Lohnbüro 2021** abgedruckt, das im selben Verlag erschienen ist.

G

Lohn-steuer-pflichtig	Sozial-versich.-pflichtig

Beispiel A

Der Arbeitnehmer besucht in seiner Freizeit achtmal einen Yoga-Kurs. Er legt seinem Arbeitgeber die von der Kursleitung unterschriebene Teilnahmebescheinigung, den erhaltenen Nachweis über die Zertifizierung des Kurses sowie einen Nachweis über den gezahlten Betrag von 112 € vor. Der Arbeitgeber erstattet dem Arbeitnehmer daraufhin diesen Betrag.

Die Erstattung des Arbeitgebers in Höhe von 112 € ist steuer- und sozialversicherungsfrei (§ 3 Nr. 34 EStG).

Beispiel B

Der Arbeitnehmer macht in seiner Freizeit eine Raucherentwöhnungstherapie. Er legt seinem Arbeitgeber die von dem Therapeuten unterschriebene Teilnahmebescheinigung, den erhaltenen Nachweis über die Zertifizierung der Therapie sowie einen Nachweis über den gezahlten Betrag von 185 € vor. Der Arbeitgeber erstattet dem Arbeitnehmer daraufhin diesen Betrag.

Die Erstattung des Arbeitgebers in Höhe von 185 € ist steuer- und sozialversicherungsfrei (§ 3 Nr. 34 EStG).

G

c) Verhaltensbezogene Prävention innerhalb des Betriebes

Der Steuerfreibetrag von 600 € jährlich je Arbeitnehmer gilt ebenso für Arbeitgeberleistungen der individuellen verhaltensbezogenen Prävention innerhalb des Betriebsgeländes, die den Anforderungen des § 20 Abs. 5 SGB V i. V. m. dem GKV-Leitfaden Prävention entsprechen; zu den begünstigten Maßnahmen im Einzelnen vgl. vorstehenden Buchstaben b. Voraussetzung für die Inanspruchnahme des Steuerfreibetrags ist auch hier eine **Zertifizierung** der Maßnahme durch die Zentrale Prüfstelle Prävention oder eine Krankenkasse. Die Kursleitung hat dem Arbeitgeber einen Nachweis über die Zertifizierung der Maßnahmen (z. B. Kursidentifikationsnummer der jeweiligen Prüfstelle) und eine Teilnahmebescheinigung des jeweiligen Arbeitnehmers auszuhändigen. Die steuerfreien Arbeitgeberleistungen zur Gesundheitsförderung sind auch hier im Lohnkonto des jeweiligen Arbeitnehmers zu erfassen (§ 4 Abs. 2 Nr. 4 LStDV[1]).

d) Betriebliche Gesundheitsförderung

Ebenfalls begünstigt sind Arbeitgeberleistungen für von ihm beschaffte Leistungen der betrieblichen Gesundheitsförderung für Arbeitnehmer, die die Anforderungen des § 20b SGB V in Verbindung mit dem GKV-Leitfaden Prävention erfüllen. Für Maßnahmen der betrieblichen Gesundheitsförderung ist keine Zertifizierung erforderlich. Die Begünstigung einer Maßnahme im Rahmen der betrieblichen Gesundheitsförderung sollte daher stets im Vorfeld vom Arbeitgeber mit der Krankenkasse abgestimmt werden. Die Leistung wird regelmäßig auf dem Betriebsgelände erbracht; sie kann aber auch in einer anderen geeigneten Einrichtung (z. B. Fitnessstudio oder Praxisräume einer freiberuflichen Fachkraft) durchgeführt werden. Der Steuerfreibetrag von 600 € jährlich je Arbeitnehmer kommt für Maßnahmen im Handlungsfeld „Gesundheitsförderlicher Arbeits- und Lebensstil" mit den folgenden Präventionsprinzipien in Betracht:

Stressbewältigung und Ressourcenstärkung

Sensibilisierung und Information zu durch Stress bedingten Gesundheitsproblemen und ihrer Verhütung; Vermittlung und praktische Einübung von Selbstmanagement-Kompetenzen in Bereichen wie systematisches Problemlösen, Zeitmanagement und persönliche Arbeitsorganisation; Vermittlung von Methoden zur Ressourcenstärkung, insbesondere kognitive Umstrukturierung zur Einstellungsänderung, positive Selbstinstruktion, Stärkung der Achtsamkeit, Resilienz, Balance von Berufs- und Privatleben sowie deren praktische Einübung; Vermittlung und praktische Einübung von Entspannungsverfahren wie Autogenes Training und Progressive Relaxation, Hatha Yoga, Thai Chi und Qigong; Vermittlung von Selbstbehauptungs- und sozialkommunikativen Kompetenzen; Anleitungen für Übungen außerhalb der Trainingssitzungen.

Lohn-steuer-pflichtig	Sozial-versich.-pflichtig

Beispiel A

Der Arbeitgeber bietet seinen Arbeitnehmern im Rahmen der betrieblichen Gesundheitsförderung zusätzlich zum ohnehin geschuldeten Arbeitslohn einen „Thai-Chi-Kurs" an, der den vom Spitzenverband Bund der Krankenkassen festgelegten Kriterien entspricht. Der geldwerte Vorteil beträgt je Arbeitnehmer 700 €.

Der geldwerte Vorteil ist in Höhe von 600 € steuer- und sozialversicherungsfrei (§ 3 Nr. 34 EStG) und in Höhe von 100 € steuer- und beitragspflichtig.

Bewegungsförderliches Arbeiten und körperlich aktive Beschäftigte

Sensibilisierung und Information zu durch Bewegungsmangel und körperliche Fehlbelastungen bedingten Gesundheitsproblemen und ihrer Verhütung; Vermittlung von Wissen und Aufbau von Handlungskompetenzen zur Vorbeugung von bewegungsmangelbedingten und durch Fehlbeanspruchungen induzierten Beschwerden und Erkrankungen; Anleitung zur Bewältigung von Schmerzen und Beschwerden im Bereich des Muskel- und Skelettsystems (z. B. Pausengymnastik, Ausgleichsgymnastik, Krafttraining mit bis zu 50 % Geräteeinsatz, Ausdauertraining auch im Wasser, Lauftreff); Anleitung zur Bewältigung von Schmerzen und Beschwerden im Bereich des Muskel- und Skelettsystems (z. B. Rückenschule, Muskelaufbautraining auch mit bis zu 50 % Geräteeinsatz).

Beispiel B

Der Arbeitgeber bietet seinen Arbeitnehmern im Rahmen der betrieblichen Gesundheitsförderung ein Ausdauertrainingsprogramm in der Gruppe an, das den vom Spitzenverband Bund der Krankenkassen festgelegten Kriterien entspricht. Der geldwerte Vorteil beträgt je Arbeitnehmer 250 €.

Der geldwerte Vorteil ist in Höhe von 250 € steuer- und sozialversicherungsfrei (§ 3 Nr. 34 EStG).

Gesundheitsgerechte Ernährung im Arbeitsalltag

Sensibilisierung und Information für einen gesundheitsgerechten Ernährungsstil auch durch Erstellung individueller Gesundheitsprofile (z. B. Übergewicht, Bluthochdruck, Diabetes mellitus, Fettstoffwechselstörungen, Metabolisches Syndrom); Gruppen- und Einzelberatungen zur Vermeidung/Reduzierung von Übergewicht sowie von Mangel- und Fehlernährung; Gruppenangebote zur gesunden Ernährung mit praktischen Übungen einschließlich Kochen

Beispiel C

Der Arbeitgeber bietet seinen Arbeitnehmern einen Lehrgang zur Förderung eines bedarfsgerechten, gesundheitsfördernden Ernährungsverhaltens an, der den vom Spitzenverband Bund der Krankenkassen festgelegten Kriterien entspricht. Der geldwerte Vorteil beträgt je Arbeitnehmer 150 €.

Der geldwerte Vorteil ist in Höhe von 150 € steuer- und sozialversicherungsfrei (§ 3 Nr. 34 EStG).

Verhaltensbezogene Suchtprävention im Betrieb

Sensibilisierung und Information zu Suchtgefahren und ihrer Verhütung; Beratungen/Kurse zur Tabakentwöhnung, zum gesundheitsgerechten Alkoholkonsum sowie zu weiteren Suchtformen

Beispiel D

Der Arbeitgeber führt für seine Arbeitnehmer im Betrieb eine Informationsveranstaltung zu den gesundheitlichen Folgen eines riskanten Alkoholkonsums sowie über die Möglichkeiten zur Reduzierung des Alkoholkonsums durch. Der geldwerte Vorteil beträgt je Arbeitnehmer 100 €.

Der geldwerte Vorteil ist in Höhe von 100 € steuer- und sozialversicherungsfrei (§ 3 Nr. 34 EStG).

Die steuerfreien Arbeitgeberleistungen zur Gesundheitsförderung sind im Lohnkonto des jeweiligen Arbeitnehmers zu erfassen (§ 4 Abs. 2 Nr. 4 LStDV[1]).

1) Die Lohnsteuer-Durchführungsverordnung (LStDV) ist als Anhang 1 im **Steuerhandbuch für das Lohnbüro 2021** abgedruckt, das im selben Verlag erschienen ist.

Lohn-steuer-pflichtig Sozial-versich.-pflichtig

4. Steuerpflichtige Arbeitgeberleistungen

Bei folgenden, beispielhaften Leistungen/Maßnahmen des Arbeitgebers handelt es sich weder um nicht steuerpflichtige Arbeitgeberleistungen im ganz überwiegenden eigenbetrieblichen Interesse des Arbeitgebers (vgl. vorhergehende Nr. 2) noch kann hierfür der unter der vorstehenden Nr. 3 Buchstabe a erwähnte Freibetrag von 600 € jährlich in Anspruch genommen werden mit der Folge, dass für entsprechende Arbeitgeberleistungen Steuer- und Sozialversicherungspflicht besteht:

- **Massagen,** unabhängig davon, ob die Massage innerhalb oder außerhalb des Betriebs erfolgt;
- Physiotherapeutische Behandlungen;
- Screenings (Gesundheitsuntersuchungen, Vorsorgeuntersuchungen) ohne Verknüpfung mit Interventionen aus den Handlungsfeldern der betrieblichen Gesundheitsförderung der Krankenkassen;
- Übernahme von **Mitgliedsbeiträgen** in Sportvereinen, Fitnessstudios und ähnlichen Einrichtungen;
- Maßnahmen ausschließlich zum Erlernen einer Sportart;
- Trainingsprogramme mit einseitigen körperlichen Belastungen (z. B. Training nur der unteren Extremitäten wie beispielsweise beim **Spinning**);
- Maßnahmen von Anbietern, die ein wirtschaftliches Interesse am Verkauf von Begleitprodukten haben (z. B. Diäten, Nahrungsergänzungsmittel);
- Maßnahmen, bei denen der Einsatz von Medikamenten zur Gewichtsabnahme, Formula-Diäten (Nahrungsersatz- oder -ergänzungsmittel) sowie extrem kalorienreduzierter Kost propagiert wird;
- **Zuschüsse** für Sport- und Übungsgeräte des Arbeitnehmers;
- Zuschüsse für Einrichtungsgegenstände und bauliche Maßnahmen in der Wohnung/im Haus des Arbeitnehmers sowie
- Zuschüsse zur Kantinenverpflegung.

Beispiel A

Der Arbeitnehmer lässt sich wöchentlich massieren, damit hierdurch die durch die sitzende Tätigkeit auftretenden Belastungen gemindert werden. Die Aufwendungen in Höhe von 30 € werden ihm vom Arbeitgeber gegen Vorlage der Rechnung erstattet.

Bei der Erstattung des Arbeitgebers an den Arbeitnehmer in Höhe von 30 € handelt es sich um steuer- und beitragspflichtigen Arbeitslohn.

Beispiel B

Der Arbeitnehmer erwirbt zu entsprechenden Trainingszwecken ein Rudergerät für 1300 €. Der Arbeitgeber leistet hierzu einen Zuschuss von 300 €.

Beim Zuschuss des Arbeitgebers in Höhe von 300 € handelt es sich um steuer- und beitragspflichtigen Arbeitslohn.

Beispiel C

In der Betriebskantine wird arbeitstäglich ein Mittagessen für 6 € angeboten. Die Arbeitnehmer erhalten hierfür einen Arbeitgeberzuschuss von 4 € täglich und müssen 2 € selbst bezahlen.

Der Freibetrag von 600 € jährlich (vgl. vorstehende Nr. 3 Buchstabe a) kann für den Zuschuss zur Kantinenverpflegung nicht in Anspruch genommen werden. Das Mittagessen ist mit dem amtlichen Sachbezugswert von 3,47 € zu bewerten. Nach Abzug der Zuzahlung des Arbeitnehmers von 2 € ergibt sich ein geldwerter Vorteil in Höhe von 1,47 € arbeitstäglich, der mit 25 % pauschaliert werden kann und in diesem Fall beitragsfrei ist (§ 40 Abs. 2 Satz 1 Nr. 1 EStG).

Auch mit der Teilnahme an einer **Sensibilisierungswoche** wendet der Arbeitgeber seinen Arbeitnehmern Arbeitslohn zu. Dies hat der Bundesfinanzhof zu einem einwöchigen Seminar zur Vermittlung grundlegender Erkenntnisse über einen gesunden Lebensstil entschieden (BFH-Urteil vom 21.11.2018, BStBl. 2019 II S. 404). Die im Streitfall vom Arbeitgeber seinen Arbeitnehmern angebotene „Sensibilisierungswoche" umfasste u. a. Kurse zu gesunder Ernährung und Bewegung, Körperwahrnehmung, Stressbewältigung und Burn-Out, Herz-Kreislauf-Training, Achtsamkeit, Eigenverantwortung durch Erkennen eigener Defizite und Nachhaltigkeit. Der Bundesfinanzhof bejahte die „Entlohnung" der Arbeitnehmer, da es sich um eine allgemein gesundheitspräventive Maßnahme auf freiwilliger Basis handelte, für die die Arbeitnehmer Urlaub nehmen bzw. ihr Zeitguthaben einsetzen mussten und die nicht als betriebliche Fortbildungsveranstaltung anzusehen war. Den Steuerfreibetrag von bis zu 600 € jährlich je Arbeitnehmer hatte das Finanzamt im Streitfall bereits im Rahmen der Berechnung der Lohnsteuer-Nachforderung berücksichtigt.

Bei steuerpflichtigen Arbeitgeberleistungen (nur für Sachleistungen, nicht für Barzuschüsse) kommt die monatliche 44-Euro-Freigrenze für Sachbezüge (§ 8 Abs. 2 Satz 11 EStG) in Betracht, sofern diese Freigrenze nicht bereits durch andere Sachleistungen aufgebraucht worden ist.

5. Umsatzsteuerpflicht der Sachleistungen des Arbeitgebers

Zur umsatzsteuerlichen Behandlung der Sachleistungen des Arbeitgebers an den Arbeitnehmer einschließlich der Frage der Vorsteuerabzugsberechtigung vgl. das Stichwort „Umsatzsteuerpflicht bei Sachbezügen" unter Nr. 16.

Vgl. auch die Stichworte „Betriebliches Gesundheitsmanagement", „Bildschirmarbeit", „Fitnessraum", „Fitnessstudio", „FPZ-Rückenkonzept", „Impfung", „Raucherentwöhnung" und „Vorsorgekuren, Vorsorgeuntersuchungen".

Gesundheitsfonds

Der Gesundheitsfonds startete am 1. Januar 2009. Der Gesundheitsfonds ist die zentrale Stelle, in der die Geldmittel der gesetzlichen Krankenversicherung verwaltet werden. Der Gesundheitsfonds wird vom Bundesversicherungsamt verwaltet. Er speist sich aus Krankenkassenbeiträgen der Arbeitnehmer und der Arbeitgeber aber auch aus Beiträgen von Rentnern, geringfügig Beschäftigten, Künstlern und Publizisten, Wehr- und Zivildienstleistenden, Beziehern von Arbeitslosen- und Unterhaltsgeld sowie aus Steuermitteln. Alle Beträge fließen in einen zentralen Topf, den Gesundheitsfonds. Von hier aus werden die Mittel dann vom Bundesversicherungsamt auf die Krankenkassen verteilt.

Die Beitragssätze zur Krankenversicherung werden wegen des Gesundheitsfonds nicht mehr individuell durch die Krankenkassen, sondern für alle Krankenkassen einheitlich per Rechtsverordnung durch die Bundesregierung festgelegt. Der einheitliche allgemeine Beitragssatz zur Krankenversicherung beträgt seit 1.1.2015 14,6 %. Der ermäßigte Beitragssatz wurde auf 14,0 % festgesetzt. Decken die Zuweisungen aus dem Gesundheitsfonds die Ausgaben einer Krankenkasse nicht, kann diese einen Zusatzbeitrag erheben. Seit 1.1.2019 wird auch der Zusatzbeitrag je zur Hälfte von Arbeitnehmer und Arbeitgeber getragen. Der Arbeitgeberanteil beträgt demnach 7,3 % + die Hälfte des Zusatzbeitragssatzes der Krankenkasse des Arbeitnehmers bzw. beim ermäßigten Beitragssatz 7,0 % + die Hälfte des Zusatzbeitragssatzes der Krankenkasse des Arbeitnehmers.

Trotz Gesundheitsfonds ändert sich für die Arbeitgeber nichts am gewohnten Beitragseinzugsverfahren. Die Krankenkassen ziehen weiterhin die Beiträge ein und leiten sie an den Gesundheitsfonds weiter. Beiträge für geringfügig Beschäftigte gehen unverändert an die Minijobzentrale. Erheben Krankenkassen Zusatzbeiträge, sind diese von den Versicherten zu zahlen.

Ein evtl. Zusatzbeitrag ist vom Arbeitgeber im Wege des Lohnabzugsverfahrens einzubehalten und an die zuständige Krankenkasse abzuführen.

Über den jeweiligen einkommensabhängigen Zusatzbeitragssatz haben die Krankenkassen entsprechend zu informieren.

Lohnsteuerpflichtig | Sozialversich.-pflichtig

Getränke

Getränke (z. B. Kaffee, Tee, Fruchtsäfte, Cola, Limonade, Mineralwasser, Milch), die der Arbeitgeber dem Arbeitnehmer **zum Verzehr im Betrieb** unentgeltlich oder verbilligt überlässt, bleiben als Aufmerksamkeiten steuerfrei (R 19.6 Abs. 2 Satz 1 LStR). nein nein

Steuerfrei sind hiernach z. B. unentgeltliche oder verbilligte Getränke aus einem im Betrieb aufgestellten Getränkeautomaten oder Getränke, die nicht im Zusammenhang mit Mahlzeiten (vgl. dieses Stichwort) unentgeltlich oder verbilligt in der Kantine ausgegeben werden.

Beispiel

In einer Arztpraxis erhalten die Arzthelferinnen auf Kosten des Chefs Kaffee (einschließlich Milch und Zucker) sowie Mineralwasser.

Die unentgeltliche Zurverfügungstellung der Getränke ist als Aufmerksamkeit steuer- und beitragsfrei (R 19.6 Abs. 2 Satz 1 LStR).

Zu den Getränken, die Brauereien und andere Getränkefirmen ihren Arbeitnehmern unentgeltlich oder verbilligt zum **häuslichen Verzehr** überlassen vgl. „Haustrunk“.

Gewinnbeteiligung

Gewinnanteile, die aufgrund eines Arbeitsverhältnisses gewährt werden, sind steuer- und beitragspflichtiger Arbeitslohn. ja ja

Gewinnbeteiligungen werden in der Regel einmalig gezahlt (z. B. eine jährlich nach Aufstellung der Bilanz zahlbare Gewinnbeteiligung); sie sind deshalb als sonstige Bezüge (vgl. dieses Stichwort) zu versteuern. Beitragsrechtlich ist eine solche Gewinnbeteiligung als einmalige Zuwendung zu behandeln und im Monat der Zahlung beitragspflichtig. Die Sozialversicherungsbeiträge sind nach dem beim Stichwort „Einmalige Zuwendungen“ dargestellten Verfahren zu berechnen.

Beispiel

Die Führungskräfte erhalten zusätzlich zu ihrem Lohn eine Gewinnbeteiligung von 1 % des positiven Betriebsergebnisses. Die Gewinnbeteiligung ist als sonstiger Bezug bzw. einmalige Zuwendung steuer- und beitragspflichtig.

Zur Behandlung von „gutgeschriebenen“ Gewinnanteilen vgl. „Gutschrift von Arbeitslohn“.

Nach der Rechtsprechung des Bundesfinanzhofs kann ein Arbeitsverhältnis dann nicht mehr angenommen werden, wenn die Gewinnbeteiligung ungewöhnlich hoch ist und deshalb von einem Mitunternehmerrisiko bzw. einer Mitunternehmerinitiative auszugehen ist. In solchen Fällen kann die Finanzverwaltung prüfen, ob der Arbeitsvertrag nicht als verdeckter Gesellschaftsvertrag anzusehen ist. Wäre dies der Fall, würde die Gewinnbeteiligung (und ein etwa daneben gezahltes „Gehalt“) nicht lohnsteuerpflichtig sein, sondern Teil der Einkünfte aus Gewerbebetrieb und müsste dann durch Veranlagung zur Einkommensteuer steuerlich erfasst werden.

Gleichbehandlungsgesetz

siehe „Abfindungen nach dem Gleichbehandlungsgesetz“

Gleisbauarbeiter

Ein Gleisbauarbeiter hat im Regelfall keine erste Tätigkeitsstätte und ist daher bei seiner individuellen beruflichen Tätigkeit typischerweise nur an ständig wechselnden Tätigkeitsstätten tätig. Somit können ihm steuerfreie Auslösungen wegen **Auswärtstätigkeiten** gezahlt werden (vgl. im Einzelnen die Erläuterungen bei den Stichwörtern „Einsatzwechseltätigkeit“ und zu „Reisekosten bei Auswärtstätigkeiten“ den Anhang 4).

Gleitzone im Niedriglohnbereich

Auf die Erläuterungen unter dem Stichwort „Übergangsbereich nach § 20 Abs. 2 SGB IV“ (bis 30.6.2019: „Gleitzone“) wird hingewiesen.

Gratifikationen

Gratifikationen, die aufgrund eines Arbeitsverhältnisses gewährt werden, sind steuer- und beitragspflichtiger Arbeitslohn. ja ja

Die Berechnung der Lohnsteuer und der Sozialversicherungsbeiträge für Gratifikationen ist anhand eines Beispiels beim Stichwort „Weihnachtsgeld“ dargestellt.

Zur Umwandlung steuer- und beitragspflichtiger Gratifikationen in steuerfreie Bezüge vgl. das Stichwort „Gehaltsumwandlung“.

Grenzgänger

Wichtiges auf einen Blick:

1. Betroffener Personenkreis

Grenzgängerregelungen sind in den Doppelbesteuerungsabkommen mit **Frankreich, Österreich** und der **Schweiz** enthalten.

Sog. **Grenzgänger** sind Arbeitnehmer, die regelmäßig zwischen ihrem Wohnort in einem Vertragsstaat und dem Arbeitsort im anderen Vertragsstaat hin und zurück pendeln. Das **Besteuerungsrecht** für diese Grenzgänger steht nach den Doppelbesteuerungsabkommen (DBA) dem **Wohnsitzstaat** zu. Dieses Besteuerungsrecht des Wohnsitzstaates entfällt jedoch bei einer berufsbedingten Nichtrückkehr an den Wohnsitz an mehr als 45 Tagen (DBA-Frankreich und DBA-Österreich) bzw. an mehr als 60 Tagen (DBA-Schweiz). Das Besteuerungsrecht für die Lohneinkünfte steht dann dem Tätigkeitsstaat zu.

Vgl. zu den Einzelheiten der Vereinbarungen besonders die Ausführungen unter den nachfolgenden Nrn. 3 und 5.

2. Grenzgängerregelung mit Österreich

Deutschland und Österreich haben eine Konsultationsvereinbarung zu Zweifelsfragen hinsichtlich der Auslegung der Grenzgängerregelung getroffen.[1] Auf die Erläuterungen unter der nachfolgenden Nr. 3 Buchstabe c wird hingewiesen.

Gliederung:

1) BMF-Schreiben vom 18.4.2019 (BStBl. I S. 456). Das BMF-Schreiben ist als Anlage 11 zu H 39b.10 LStR im **Steuerhandbuch für das Lohnbüro 2021** abgedruckt, das im selben Verlag erschienen ist.

Lohn- steuer- pflichtig | Sozial- versich.- pflichtig

10. Sozialversicherung
11. Kindergeld
12. Härteausgleich bei der Einkommensteuer-Veranlagung

1. Allgemeines

Der Begriff „Grenzgänger" findet sich in einigen Doppelbesteuerungsabkommen (vgl. dieses Stichwort), die Deutschland mit Nachbarstaaten abgeschlossen hat. Denn Grenzgänger sind Arbeitnehmer, die in einer bestimmten Grenzzone eines Staates wohnen und in der entsprechenden Grenzzone des Nachbarstaates arbeiten und täglich an ihren Wohnort zurückkehren; zur Sonderregelung im Verhältnis zur Schweiz vgl. nachfolgende Nr. 5. Die steuerliche Behandlung der Grenzgänger richtet sich nach dem mit dem jeweiligen Nachbarstaat abgeschlossenen Doppelbesteuerungsabkommen (DBA). Durch den Aufenthalt im Ausland nur während der Arbeitszeit wird dort weder ein Wohnsitz noch ein gewöhnlicher Aufenthalt noch Ansässigkeit begründet. Das **Besteuerungsrecht** wird deshalb dem **Wohnsitzstaat** zugewiesen. Gelegentliche Übernachtungen am Arbeitsort und Unterbrechungen der Grenzüberschreitung durch Urlaub und Erkrankung sind unbeachtlich. Zur Abgrenzung der Begriffe „Grenzgänger" und „Grenzpendler" vgl. die Erläuterungen beim Stichwort „Grenzpendler".

Vermehrte Home-Office-Tage im Zusammenhang mit der Corona-Pandemie sollen nicht zu einem Wechsel des Besteuerungsrechts führen (vgl. das Stichwort „Corona-Pandemie" unter Nr. 12 Buchstabe d).

2. Grenzgängerregelungen

Folgende Doppelbesteuerungsabkommen enthalten eine Grenzgängerregelung:

	Fundstelle BStBl. I	
	Jahr	Seite
Frankreich (Art. 13 Abs. 5)	1961	342
	1970	900
	1990	413
	2002	891
	2016	515
Österreich (Art. 15 Abs. 6)	2002	584
	2012	366
Schweiz (Art. 15a)	1972	518
	1980	398
	1990	409
	1993	927
	2003	165
	2012	512

Die frühere Grenzgängerregelung mit Belgien ist seit 2004 weggefallen (vgl. die Erläuterungen unter Nr. 6).

Nach den genannten Doppelbesteuerungsabkommen steht das **Besteuerungsrecht** für Grenzgänger dem **Wohnsitzstaat** zu. Voraussetzung hierfür ist grundsätzlich, dass die Tätigkeit innerhalb einer bestimmten **Grenzzone** ausgeübt wird. Die Grenzzone beträgt:

Staat	**Grenzzone**
Frankreich	20 km bzw. 30 km[1]
Österreich	30 km
Schweiz	Keine Kilometergrenze, vgl. nachfolgend unter Nr. 5

Die Grenzgängereigenschaft bleibt auch in der Freistellungsphase der **Altersteilzeit** erhalten mit der Folge, dass für den „nachgezahlten Arbeitslohn" aus der Arbeitsphase der Wohnsitzstaat das Besteuerungsrecht hat. Entsprechendes gilt für **Abfindungszahlungen** aufgrund der Grenzgängereigenschaft.

Arbeitnehmer, die im Ausland außerhalb der 20 km bzw. 30 km Zone leben und im Inland arbeiten, werden von der Grenzgängerregelung nicht erfasst. Sie sind mit ihrem in Deutschland erzielten Arbeitslohn beschränkt steuerpflichtig (vgl. die Ausführungen beim Stichwort „Beschränkt steuerpflichtige Arbeitnehmer").

Über die vorstehenden Regelungen hinaus haben Deutschland und Luxemburg eine Verständigungsvereinbarung zur Besteuerung von Grenzpendlern getroffen.[2]

3. Grenzgängerregelung mit Frankreich und Österreich

a) Allgemeines

Die Eigenschaft als Grenzgänger erfordert im Grundsatz eine **tägliche Rückkehr zum Wohnort.** Gelegentliche Übernachtungen am Arbeitsort und Unterbrechungen der täglichen Rückkehr durch Urlaub oder Krankheit sind grundsätzlich unschädlich.

In einer Verständigungsvereinbarung mit Frankreich und einer Konsultationsvereinbarung zum DBA Österreich ist bestimmt, dass die Grenzgängereigenschaft abweichend vom allgemeinen Grundsatz dann nicht verloren geht, wenn der Grenzgänger an nicht mehr als **45 Arbeitstagen** im Kalenderjahr nicht an seinen Wohnsitz zurückkehrt oder außerhalb der Grenzzone für den Arbeitgeber tätig ist.[3] Überschreiten die Tage der Nichtrückkehr oder der Tätigkeit außerhalb der Grenzzone 45 Arbeitstage im Jahr, steht das Besteuerungsrecht für die gesamten Arbeitseinkünfte dem Tätigkeitsstaat zu. Im Verhältnis zur Schweiz gelten 60 Nichtrückkehrtage (vgl. nachfolgende Nr. 5).

G

b) Frankreich

Mit Frankreich wurde zur Anwendung der Grenzgängerregelung Folgendes vereinbart (BMF-Schreiben 3.4.2006, BStBl. I S. 304[4]):

Tätigkeiten in der Grenzzone des Ansässigkeitsstaates des Arbeitnehmers gelten als innerhalb der Grenzzone ausgeübt (so auch BFH-Beschluss vom 9.10.2014, BFH/NV 2015 S. 167). Als Arbeitstage gelten die vertraglich vereinbarten Arbeitstage (Kalendertage abzüglich der Tage, an denen der Arbeitnehmer laut Arbeitsvertrag nicht zu arbeiten verpflichtet ist, wie z. B. Urlaubstage, Wochenendtage, gesetzliche Feiertage) sowie alle weiteren Tage, an denen der Arbeitnehmer seine Tätigkeit ausübt. Daneben gelten auch Krankheitstage nicht als Tage der Nichtrückkehr. Ein Nichtrückkehrtag ist nicht schon deshalb anzunehmen, weil sich die Arbeitszeit des Arbeitnehmers bedingt durch die Anfangszeiten oder durch die Dauer der Arbeitszeit über mehr als einen Kalendertag erstreckt (z. B. bei Schichtarbeitern oder Personal mit Nachtdiensten). Bei mehrtägigen Auswärtstätigkeiten gehören die Tage der Hinreise sowie der Rückreise stets zu den Nichtrückkehrtagen.

Ausgangssachverhalt

Ein Grenzgänger hat seinen Wohnsitz in Straßburg (französisches Grenzgebiet). Sein gewöhnlicher Arbeitsort befindet sich in Kehl (deutsches Grenzgebiet).

Beispiel A

Der Arbeitnehmer verlässt seinen Wohnsitz am Montagmorgen und begibt sich an seinen gewöhnlichen Arbeitsort im Grenzgebiet. Er verlässt dann dienstlich das Grenzgebiet. Am Abend kehrt er an seinen Arbeitsort im Grenzgebiet und anschließend an seinen Wohnsitz zurück.

---

1) Das Doppelbesteuerungsabkommen mit Frankreich regelt die Grenzzonen unterschiedlich: Für die deutsche Seite gelten 20 km diesseits und jenseits der Grenze, wohingegen für die in Frankreich ansässigen Arbeitnehmer 30 km gelten.

2) BMF-Schreiben vom 14.6.2011 (BStBl. I S. 576). Das BMF-Schreiben ist als Anlage 8 zu H 39b.10 LStR im **Steuerhandbuch für das Lohnbüro 2021** abgedruckt, das im selben Verlag erschienen ist.

3) Ist der Arbeitnehmer nicht während des ganzen Kalenderjahres in der Grenzzone beschäftigt, gelten 20 % der Arbeitstage als unschädlich, höchstens jedoch 45 Arbeitstage im Kalenderjahr.

4) Das BMF-Schreiben ist als Anlage 7 zu H 39b.10 LStR im **Steuerhandbuch für das Lohnbüro 2021** abgedruckt, das im selben Verlag erschienen ist.

Der Grenzgänger verrichtet auch im Grenzgebiet dienstliche Tätigkeiten. Er ist damit nicht den ganzen Arbeitstag außerhalb des Grenzgebiets beschäftigt. Es ist kein Nichtrückkehrtag anzusetzen.

Beispiel B

Der Grenzgänger verlässt seinen Wohnsitz am Montagmorgen und begibt sich an seinen gewöhnlichen Arbeitsort im Grenzgebiet. Er verlässt dann dienstlich das Grenzgebiet. Am Abend kehrt er direkt an seinen Wohnsitz zurück.

Lösung wie in Beispiel A.

Beispiel C

Der Arbeitnehmer verlässt seinen Wohnsitz am Montagmorgen und begibt sich direkt an seinen Arbeitsort außerhalb des Grenzgebiets. Nach seinem Arbeitstag kehrt er am Abend direkt an seinen Wohnsitz zurück.

Der Arbeitnehmer ist den ganzen Arbeitstag außerhalb der Grenzzone beschäftigt. Es ist damit ein Nichtrückkehrtag zu berücksichtigen.

G

Beispiel D

Der Arbeitnehmer übt seine Tätigkeit nachts zwischen 20.00 Uhr und 4.00 Uhr morgens aus. Er verlässt seinen Wohnsitz am Montagabend, begibt sich an seinen gewöhnlichen Arbeitsort im Grenzgebiet und verlässt dann dienstlich das Grenzgebiet. Am Dienstagmorgen kehrt er an seinen Arbeitsort im Grenzgebiet und anschließend an seinen Wohnsitz zurück.

Da der Grenzgänger im Grenzgebiet dienstliche Tätigkeiten verrichtet, ist er keinen ganzen Arbeitstag außerhalb des Grenzgebiets beschäftigt. Es ist damit kein Nichtrückkehrtag anzusetzen. Unbeachtlich ist das Erstrecken der Arbeitszeit auf zwei Kalendertage.

Beispiel E

Der Arbeitnehmer übt seine Tätigkeit nachts zwischen 20.00 Uhr und 4.00 Uhr morgens aus. Er verlässt seinen Wohnsitz am Montagabend und begibt sich direkt an einen Arbeitsort außerhalb des Grenzgebiets. Am Dienstagmorgen kehrt er direkt an seinen Wohnsitz zurück.

Der Arbeitnehmer ist den ganzen Arbeitstag außerhalb der Grenzzone beschäftigt. Es ist damit ein Nichtrückkehrtag anzusetzen. Das Erstrecken der Arbeitszeit auf zwei Kalendertage führt zu keiner Erhöhung der zu zählenden Nichtrückkehrtage.

Beispiel F

Der Arbeitnehmer verlässt seinen Wohnsitz am Montagmorgen und begibt sich an seinen gewöhnlichen Arbeitsort im Grenzgebiet. Er verlässt dann dienstlich für mehrere Tage das Grenzgebiet. Am Donnerstagabend kehrt er an seinen Wohnsitz zurück.

Bei mehrtägiger Auswärtstätigkeit sind sämtliche Reisetage, sofern es sich bei diesen um Arbeitstage handelt, als Tage im Sinne der Nichtrückkehr zu zählen (hier: vier Tage). Unbeachtlich ist, dass der Arbeitnehmer vor Antritt seiner mehrtägigen Auswärtstätigkeit in der Grenzzone dienstliche Tätigkeiten verrichtet hat.

Beispiel G

Der Arbeitnehmer verlässt seinen Wohnsitz am Donnerstagmorgen, begibt sich an seinen gewöhnlichen Arbeitsort und verlässt dann dienstlich für mehrere Tage das Grenzgebiet. Am folgenden Dienstag kehrt er an seinen Wohnsitz zurück. Der Sonnabend und der Sonntag stellen gemäß Arbeitsvertrag keine Arbeitstage für den Arbeitnehmer dar. Jedoch muss der Arbeitnehmer während seiner Auswärtstätigkeit auf Anordnung seines Arbeitgebers an dem Sonnabend arbeiten.

Bei mehrtägiger Auswärtstätigkeit sind sämtliche Reisetage, sofern es sich bei diesen um Arbeitstage handelt, als Tage im Sinne einer Nichtrückkehr zu zählen. Da der Arbeitnehmer auch an dem Sonnabend arbeiten muss, wird auch dieser Tag als Nichtrückkehrtag gewertet. In diesem Fall sind damit fünf Tage anzusetzen.

Im DBA zwischen **Deutschland und Frankreich** wurde ein **Fiskalausgleich** für Grenzgänger eingeführt. Dies bedeutet, dass Frankreich als Wohnsitzland der Grenzgänger einen Ausgleich für die Steuereinnahmen an Deutschland leistet (1,5 % der Bruttovergütungen der Grenzgänger, maximal 44 % der Steuer auf diese Beträge). Ebenso ist Deutschland als Wohnsitzland der Grenzgänger Frankreich gegenüber zu einem Ausgleich verpflichtet. Zur Feststellung des Ausgleichsanspruchs im Rahmen des Fiskalausgleichs hat der deutsche Arbeitgeber für französische Grenzgänger, bei denen aufgrund der Grenzgängerregelung von einem Lohnsteuerabzug abzusehen ist, in Zeile 2 der **Lohnsteuerbescheinigung** den Großbuchstaben **„FR"** zu **bescheinigen** und um das Bundesland zu ergänzen, in dem der Grenzgänger im Bescheinigungszeitraum zuletzt tätig war („FR1" für Baden-Württemberg, „FR2" für Rheinland-Pfalz und „FR3" für Saarland). Die vorstehenden Eintragungen setzen entsprechende Aufzeichnungen im Lohnkonto voraus. Vgl. auch die Erläuterungen bei den Stichwörtern „Lohnkonto" unter Nr. 3 und „Lohnsteuerbescheinigung" unter Nr. 3 Buchstabe e.

c) Österreich

Deutschland und Österreich haben eine Konsultationsvereinbarung zu Zweifelsfragen hinsichtlich der Auslegung der Grenzgängerregelung getroffen.[1] Danach ist über die vorstehenden Ausführungen hinaus (vgl. vorstehenden Buchstabe a) Folgendes zu beachten:

Die maßgebliche **Grenzzone** für die Anwendung der Grenzgängerregelung umfasst einen Grenzstreifen entlang der Grenze von **30 km,** wobei die **Luftlinie** und nicht die Zahl der Straßenkilometer maßgeblich ist.

Die Grenzgängereigenschaft erfordert grundsätzlich eine **tägliche Rückkehr zum Hauptwohnort** im Ansässigkeitsstaat in der Grenzzone. Die Begründung eines bloßen Zweitwohnsitzes in der Grenzzone reicht für die Anwendung der Grenzgängerregelung nicht aus. Die Grenzgängereigenschaft bleibt erhalten, wenn der Arbeitnehmer während des ganzen Kalenderjahres beschäftigt ist und in dieser Zeit an höchstens 45 Arbeitstagen nicht zum Wohnsitz zurückkehrt oder außerhalb der Grenzzone für seinen Arbeitgeber tätig ist; bei zeitweiser Beschäftigung im Kalenderjahr sind 20 % der tatsächlichen Arbeitstage maßgebend. Hält sich der Arbeitnehmer an einem Arbeitstag mehr als die Hälfte der täglichen Arbeitszeit im Ansässigkeitsstaat, im anderen Staat außerhalb der Grenzzone oder in Drittstaaten auf, handelt es sich um einen Nichtrückkehrtag. Krankheits- oder Urlaubstage sowie Elternkarenz oder Elternzeit gelten nicht als Tage der Nichtrückkehr. Home-Office-Tage (Teleworking-Programm) sind hingegen Tage der Nichtrückkehr (vgl. aber auch das Stichwort „Corona-Pandemie" unter Nr. 12 Buchstabe d). Bei **mehreren Arbeitgebern** in der Grenzzone sind die anfallenden schädlichen Tage zusammenzurechnen und es ist eine Jahresbetrachtung vorzunehmen. Bei **Schichtdienst,** der an einem Kalendertag beginnt und am nächsten Kalendertag endet (z. B. 20 Uhr bis 6 Uhr am Folgetag), entsteht kein weiterer schädlicher Nichtrückkehrtag. Entsprechendes gilt auch bei **Bereitschaftsdiensten,** wenn die Bereitschaft am Arbeitsort geleistet wird.

Bei **Zuzug** in die Grenzzone bzw. **Wegzug** aus der Grenzzone während des Kalenderjahres wird der jeweilige Zeitraum der Ansässigkeit in der Grenzzone des einen Staates bei gleichzeitiger Tätigkeit in der Grenzzone des anderen Staates betrachtet (Anwendung der vorstehend erwähnten 20 %-Regelung).

Beispiel A

Grenzgängereigenschaft vom 12. Mai bis zum 11. November 2021 mit 120 tatsächlichen Arbeitstagen.

20 % von 120 tatsächlichen Arbeitstagen = 24 Arbeitstage als Obergrenze für schädliche Arbeitstage, die für den Erhalt der Grenzgängereigenschaft nicht überschritten werden darf. Dieser Wert überschreitet auch nicht den absoluten Wert von maximal 45 Arbeitstagen.

Beispiel B

Der Arbeitnehmer ist in Deutschland ansässig, hat seinen Hauptwohnsitz in der Grenzzone und verrichtet seine Tätigkeit in der Grenzzone in Österreich. Damit ist der Grenzgänger-Tatbestand in diesem Zeitraum erfüllt.

Verlegt nun der Arbeitnehmer während des Kalenderjahres seine Ansässigkeit von der Grenzzone seines bisherigen Ansässigkeitsstaates Deutschland in die Grenzzone Österreichs, stimmen Ansässigkeitsstaat und Tätigkeitsstaat überein. Die Grenzgängereigenschaft entfällt ab diesem Zeitpunkt. Die schädlichen Tage sind anteilig zu überprüfen. Die Tage nach Wegfall der Grenzgängereigenschaft stellen dabei keine schädlichen Arbeitstage dar.

Beispiel C

Der Arbeitnehmer mit Ansässigkeit in der deutschen Grenzzone arbeitet zunächst auch in der Grenzzone in Deutschland, also seinem Ansässigkeitsstaat. Dann nimmt er in der Grenzzone in Österreich ein Beschäftigungsverhältnis auf.

1) BMF-Schreiben vom 18.4.2019 (BStBl. I S. 456). Das BMF-Schreiben ist als Anlage 11 zu H 39b.10 LStR im **Steuerhandbuch für das Lohnbüro 2021** abgedruckt, das im selben Verlag erschienen ist.

Lohn- steuer- pflichtig | Sozial- versich.- pflichtig

Ab diesem Zeitpunkt ist der Grenzgänger-Tatbestand erfüllt. Die Arbeitstage vor Erfüllen des Grenzgänger-Tatbestandes, also der Arbeitsausübung in Deutschland, gelten nicht als schädliche Arbeitstage.

Verlässt ein als Grenzgänger tätiger **Berufskraftfahrer** in Ausübung seiner Berufstätigkeit im Zuge einer Tagestour (ein- oder mehrmals) die Grenzzone von 30 km, ist eine Tätigkeit außerhalb der Grenzzone nur anzunehmen, wenn sich der Berufskraftfahrer während der Tagestour überwiegend (d. h. mehr als die Hälfte der täglichen Arbeitszeit) außerhalb der Grenzzone aufhält. Arbeitstage mit überwiegendem Aufenthalt außerhalb der Grenzzone sind in die „45-Tage-Frist", die für die Beibehaltung der Grenzgängereigenschaft maßgeblich ist, einzubeziehen. Arbeitstage mit überwiegendem Aufenthalt innerhalb der Grenzzone bleiben für die Anwendung der „45-Tage-Frist" außer Ansatz.

Entfällt die **Grenzgängereigenschaft,** weil die schädlichen Nichtrückkehrtage die maßgebende Grenze überschreiten, geht das **Besteuerungsrecht** auf den **Tätigkeitsstaat** (= Ansässigkeits-/Betriebsstättenstaat des Arbeitgebers) über.

4. Freistellungsbescheinigung

In Deutschland wird vom **Lohnsteuerabzug** bei Grenzgängern aufgrund eines Doppelbesteuerungsabkommens nur dann **abgesehen,** wenn eine Freistellungsbescheinigung des Betriebsstättenfinanzamts vorliegt (Ausnahme: Schweiz; vgl. die Erläuterungen unter der nachfolgenden Nr. 5). Die Freistellungsbescheinigung kann beim Betriebsstättenfinanzamt durch den Arbeitnehmer oder in dessem Auftrag auch durch den Arbeitgeber beantragt werden.

5. Sonderregelung für die Schweiz

Seit 1994 ist die Besteuerung der Grenzgänger aus der Schweiz durch eine Änderung des Doppelbesteuerungsabkommens mit der Schweiz neu geregelt worden. Kernpunkte der heute gültigen Regelung sind:

- Wegfall der früher geltenden 30-km-Grenzzone.
- Einführung einer Abzugssteuer in Höhe von 4,5 %.
- Aufhebung der Sonderregelung für leitende Angestellte.

Nach Wegfall der früher geltenden 30-km-Grenzzone stellt sich die Frage, wer als Grenzgänger aus der Schweiz anzusehen ist. Hierzu gilt Folgendes:

- Grenzgänger ist jede in der Schweiz wohnende Person, die in Deutschland ihren Arbeitsort hat und von dort regelmäßig an ihren Wohnsitz zurückkehrt **(unabhängig von der zurückgelegten Entfernung).**[1)]
- Die Grenzgängereigenschaft hängt ausschließlich von der **regelmäßigen** Rückkehr an den Wohnsitz ab. Eine regelmäßige Rückkehr wird auch dann angenommen, wenn sich die Arbeitszeit über mehrere Tage erstreckt (z. B. Schichtarbeiter, Personal mit Nachtdiensten, Krankenhauspersonal mit Bereitschaftsdienst; vgl. BFH-Urteil vom 16.5.2001, BStBl. II S. 633 und BFH-Urteile vom 27.8.2008, BStBl. 2009 II S. 94 und S. 97). Schließt sich z. B. beim Krankenhauspersonal unmittelbar im Anschluss an eine reguläre Tagesschicht im Krankenhaus in der darauffolgenden Nacht während der Woche oder am Wochenende eine Rufbereitschaft (Pikettdienst außerhalb des Krankenhauses) an und folgt darauf wiederum unmittelbar eine weitere reguläre Tagesschicht, ist nach Ansicht des Bundesfinanzhofs nur **von einem einzelnen Nichtrückkehrtag** auszugehen (BFH-Urteil vom 13.11.2013, BStBl. 2014 II S. 508).
- Wenn der Grenzgänger **aus beruflichen Gründen** bis zu **60 Arbeitstagen** im Kalenderjahr nicht an seinen Wohnsitz zurückkehrt, bleibt die Grenzgängereigenschaft erhalten. Eine Nichtrückkehr aufgrund der Arbeitsausübung liegt dann vor, wenn die Rückkehr an den Wohnsitz aus beruflichen Gründen nicht möglich oder nicht zumutbar ist und auch tatsächlich nicht erfolgt. Bei Benutzung eines Kraftfahrzeugs ist eine Rückkehr des Arbeitnehmers nach Arbeitsende an ihren Wohnsitz insbesondere nicht zumutbar, wenn die kürzeste Straßenentfernung für die einfache Wegstrecke über 100 Kilometer beträgt. Bei Benutzung öffentlicher Verkehrsmittel ist eine Rückkehr nach Arbeitsende an den Wohnsitz insbesondere nicht zumutbar, wenn die schnellste Verbindung zu den allgemein üblichen Pendelzeiten für die einfache Wegstrecke länger als 1,5 Stunden beträgt. Eine Rückkehr an den Wohnsitz ist auch dann nicht zumutbar, wenn der Arbeitgeber die Wohn-/Übernachtungskosten des Arbeitnehmers trägt. Von einem Nichtrückkehrtag ist bei vorliegender Unzumutbarkeit der Rückkehr nur auszugehen, wenn der Arbeitnehmer glaubhaft macht, dass er auch tatsächlich nicht an seinen Wohnsitz zurückgekehrt ist. Privat veranlasste Übernachtungen werden bei der Berechnung nicht mitgezählt.
- Zu den Nichtrückkehrtagen zählen auch eintägige **Dienstreisen** in Drittstaaten, nicht aber eintägige Dienstreisen im Tätigkeits- oder Ansässigkeitsstaat. Bei einer mehrtägigen Dienstreise gehört der Rückreisetag nur dann zu den Nichtrückkehrtagen, wenn der Arbeitnehmer erst am Folgetag seinen Wohnsitz erreicht. Bei einer mehrtägigen Dienstreise sind **Wochenende** oder **Feiertage** keine Nichtrückkehrtage, wenn die Arbeit an diesen Tagen nicht ausdrücklich vereinbart ist und der Arbeitgeber für die an diesen Tagen geleistete Arbeit weder einen anderweitigen Freizeitausgleich noch ein zusätzliches Entgelt gewährt. Trägt der Arbeitgeber die Reisekosten, werden bei mehrtägigen Geschäftsreisen alle Wochenend- und Feiertage als Nichtrückkehrtage angesehen; dies gilt auch für leitende Angestellte, die ihre Tätigkeit zeitlich eigenverantwortlich wahrnehmen und während einer Dienstreise am Wochenende freiwillig arbeiten.
- Als Arbeitstage werden die im Arbeitsvertrag vereinbarten Tage angesehen. Beginnt oder endet die Beschäftigung im Laufe des Kalenderjahres oder liegt eine Teilzeitbeschäftigung an bestimmten Tagen vor, sind die 60 Tage entsprechend zu kürzen.

Beispiel A

Ein in der Schweiz wohnender Arbeitnehmer ist 40 Mal im Jahr für jeweils drei Tage ununterbrochen bei seinem deutschen Arbeitgeber tätig.

Der Arbeitnehmer kann zwar tatsächlich an insgesamt 80 Tagen (40 × 2) nicht in seine Wohnung in der Schweiz zurückkehren. Dennoch kann er nicht 80 „Nichtrückkehrtage" aufweisen, da es insoweit darauf ankommt, an wie vielen Tagen nach dem Ende der jeweiligen dreitägigen Dienstzeit eine Heimfahrt in die Schweiz nicht möglich war. Die Grenzgängereigenschaft bleibt daher erhalten (BFH-Urteile vom 27.8.2008, BStBl. 2009 II S. 94 und S. 97).

Bei einem **unterjährigen Arbeitgeberwechsel** ist auf die arbeitnehmerbezogene Sichtweise abzustellen. Das bedeutet, dass die maximal unschädliche Anzahl an Nichtrückkehrtagen nicht mehr für jedes Arbeitsverhältnis gesondert ermittelt wird (frühere arbeitgeberbezogene Sichtweise), sondern **alle Nichtrückkehrtage eines Kalenderjahres zusammenzurechnen** sind (BMF-Schreiben vom 18.12.2014, BStBl. 2015 I S. 22).

Beispiel B

Ein Arbeitnehmer, wohnhaft in Deutschland, arbeitet in der Schweiz vom 1. Januar bis 30. Juni 2021 für Arbeitgeber A und vom 1. Juli bis 31. Dezember 2021 für Arbeitgeber B.

a) Während der Tätigkeit für A hat er 25, während der Tätigkeit für B 50 Nichtrückkehrtage.
Wegen der Überschreitung der 60-Tage-Grenze bei insgesamt 75 Nichtrückkehrtagen ist der Arbeitnehmer das gesamte Kalenderjahr 2021 über nicht als Grenzgänger zu betrachten.

---

1) Besonderheiten können für deutsche Staatsangehörige gelten, die in die Schweiz abwandern (Art. 15a Abs. 1 Satz 4 i. V. m. Art. 4 Abs. 4 DBA-Schweiz).

G

Lohn-steuer-pflichtig | Sozial-versich.-pflichtig

b) Während der Tätigkeit für A hat er 25, während der Tätigkeit für B 35 Nichtrückkehrtage.
Weil die 60-Tages-Grenze insgesamt nicht überschritten wird, ist der Arbeitnehmer das gesamte Kalenderjahr 2021 über als Grenzgänger anzusehen.

Ein deutscher Arbeitgeber muss seit 1994 eine **Abzugssteuer in Höhe von 4,5 %** des Bruttoarbeitslohns einbehalten. Eine Freistellung vom Lohnsteuerabzug durch den deutschen Arbeitgeber ist damit bei schweizerischen Grenzgängern nicht möglich. Im Einzelnen gilt Folgendes:

Schweizerische Arbeitnehmer, die die Grenzgängereigenschaft erfüllen, sind **beschränkt einkommensteuerpflichtig.** Der Lohnsteuerabzug ist in diesen Fällen jedoch abweichend von den bei anderen beschränkt einkommensteuerpflichtigen Arbeitnehmern geltenden gesetzlichen Bestimmungen durchzuführen. Die schweizerischen Grenzgänger erhalten keine besondere Bescheinigung für den **Lohnsteuerabzug** durch den Arbeitgeber, in die die maßgebende Steuerklasse eingetragen ist. Der Arbeitgeber muss vielmehr **pauschal 4,5 %** vom Bruttolohn des Arbeitnehmers einbehalten, wenn der Arbeitnehmer seine Eigenschaft als „Schweizer Grenzgänger" durch eine amtliche Bescheinigung der Schweizer Finanzbehörde nachweist. **Persönliche Abzüge,** wie Werbungskosten, Sonderausgaben und Unterhaltsleistungen an Kinder werden **nicht berücksichtigt.** Die Regelung, dass in diesen Fällen die Lohnsteuer höchstens 4,5 % des steuerpflichtigen Arbeitslohnes des jeweiligen Lohnzahlungszeitraumes beträgt, gilt auch bei der Pauschalierung der Lohnsteuer für Aushilfskräfte und Teilzeitbeschäftigte sowie in den übrigen Fällen der Pauschalierung (z. B. Fahrtkostenzuschüsse). Bei Beendigung des Dienstverhältnisses oder nach Ablauf des Kalenderjahres hat der Arbeitgeber dem schweizerischen Grenzgänger eine besondere **Lohnsteuerbescheinigung** nach amtlichem Muster auszustellen.

G

Die vorstehenden Regelungen gelten entsprechend, wenn deutsche Arbeitnehmer, die die Grenzgängereigenschaft erfüllen, bei einem „Schweizer Arbeitgeber" beschäftigt sind. Der Umrechnungskurs für den Schweizer Franken – wegen der erforderlichen Umrechnung des Bruttoarbeitslohns und der Abzugsteuer von Schweizer Franken in Euro – wird auf der Basis der durchschnittlichen monatlichen Umsatzsteuerumrechnungskurse ermittelt (vgl. BFH-Urteil vom 3.12.2009, BStBl. 2010 II S. 698).[1]

Tagegelder aus der gesetzlichen schweizerischen Invalidenversicherung sind bei einem deutschen Arbeitnehmer kein steuerpflichtiger Arbeitslohn (BFH-Beschluss vom 6.10.2010, BFH/NV 2011 S. 39). Da der Arbeitnehmer einen eigenen Rechtsanspruch gegen diese Versicherung erwirbt, sind die Beitragsleistungen des Arbeitgebers als Arbeitslohn zu versteuern (vgl. das Stichwort „Unfallversicherung").

Die Finanzverwaltung hat in einem ausführlichen Anwendungsschreiben zur steuerlichen Behandlung der Beiträge und Leistungen an bzw. von Vorsorgeeinrichtungen nach der zweiten Säule der schweizerischen Altersvorsorge (= berufliche Vorsorge) Stellung genommen (BMF-Schreiben vom 27.7.2016, BStBl. I S. 759). Danach gilt Folgendes:

Die **berufliche Vorsorge** erfolgt – neben der staatlichen und privaten Vorsorge – über eine in das Register für die berufliche Vorsorge eingetragene Vorsorgeeinrichtung (z. B. Pensionskasse, Stiftung oder Freizügigkeitskonto). Innerhalb der beruflichen Vorsorge wird zwischen einer gesetzlichen Mindestabsicherung (dem **„Obligatorium"**) und einer weitergehenden Vorsorgeverpflichtung (dem **„Überobligatorium"**) unterschieden. Die Beitragszahlung des Arbeitgebers und des Arbeitnehmers an eine Vorsorgeeinrichtung erfolgt durch den Arbeitgeber für das Obligatorium und das Überobligatorium im Regelfall in einem Betrag. Bei der steuerlichen Behandlung der Beiträge und Leistungen der beruflichen Vorsorge ist zwischen der gesetzlich vorgeschriebenen Mindestabsicherung („Obligatorium") und der zusätzlichen Absicherung („Überobligatorium") **zu unterscheiden** und sowohl die Beiträge als auch die Leistungen sind entsprechend aufzuteilen. Eine Unterscheidung zwischen öffentlich-rechtlichen und privatrechtlichen Vorsorgeeinrichtungen ist hingegen nicht vorzunehmen.

Obligatorium:

Das Obligatorium ist mit der deutschen Rentenversicherung vergleichbar. Die aufgrund gesetzlicher Verpflichtung des **Arbeitgebers** zu zahlenden **Beiträge** in das Obligatorium sind in vollem Umfang **steuerfrei;** die inländische Beitragsbemessungsgrenze in der gesetzlichen Rentenversicherung ist unbeachtlich. Die **Beiträge** des **Arbeitnehmers** gehören zu den als **Sonderausgaben** bis zu einem bestimmten Höchstbetrag abziehbaren Aufwendungen zur Altersbasisversorgung.

Die **Leistungen** aus dem Obligatorium sind in der Regel in Höhe des **Besteuerungsanteils** als **sonstige Einkünfte** anzusetzen (vgl. das Stichwort „Renten" unter Nr. 2). Dies gilt sowohl für Leibrenten als auch für Kapitalauszahlungen. Für **Kapitalauszahlungen** kommt die ermäßigte Besteuerung nach der **Fünftelregelung** in Betracht.

Überobligatorium:

Beim Überobligatorium handelt es sich um eine **privatrechtliche Rechtsbeziehung,** die nicht mit der deutschen Rentenversicherung vergleichbar ist. Seit 2018 sind die überobligatorischen Beiträge des Arbeitgebers nicht mehr steuerfrei (Aufhebung des § 3 Nr. 62 Satz 4 EStG). Die Beiträge des Arbeitnehmers und die steuerpflichtigen Beiträge des Arbeitgebers sind nicht als Sonderausgaben abziehbar.

Die als **Renten** erbrachten Leistungen aus dem Überobligatorium führen in Höhe des **Ertragsanteils** zu sonstigen Einkünften. Die Besteuerung von **Kapitalauszahlungen** richtet sich nach den Grundsätzen für Lebensversicherungsverträge und führt **ggf. zu Einkünften aus Kapitalvermögen.**

Austrittsleistungen:

Die Übertragung von Austrittsleistungen zwischen schweizerischen Vorsorgeeinrichtungen führt mangels Zufluss bzw. Abfluss weder zu steuerpflichtigen Einnahmen noch zu Sonderausgaben.

Beendigung des Arbeitsverhältnisses:

Zur Übertragung von Vorsorgekapital zwischen schweizerischen Versorgungseinrichtungen bei Beendigung des Arbeitsverhältnisses vgl. Anhang 6 unter Nr. 15 Buchstabe c am Ende.

6. Sonderregelung für belgische „Grenzgänger"[2]

Durch ein Zusatzabkommen zum Doppelbesteuerungsabkommen mit Belgien ist die früher geltende belgische Grenzgängerregelung ab 1.1.2004 aufgehoben worden. Der Arbeitslohn wird hiernach – wie bei anderen beschränkt steuerpflichtigen Arbeitnehmern auch – im Tätigkeitsstaat versteuert, das heißt, alle in Belgien wohnenden Arbeitnehmer, die in Deutschland arbeiten und die früher wegen der Grenzgängerregelung im Wohnsitzstaat Belgien besteuert wurden, unterliegen seit 1.1.2004 im Tätigkeitsstaat Deutschland der **beschränkten Steuerpflicht** (vgl. das Stichwort „Beschränkt steuerpflichtige Arbeitnehmer"). Hierzu gibt es allerdings eine Besonderheit, denn trotz der in Belgien im Grundsatz eingetretenen

1) Randnummer 266 des BMF-Schreibens vom 3.5.2018 (BStBl. I S. 643). Das BMF-Schreiben ist als Anlage 2 zu H 39b.10 LStR im **Steuerhandbuch für das Lohnbüro 2021** abgedruckt, das im selben Verlag erschienen ist.

2) Zu vermehrten Home-Office-Tagen im Zusammenhang mit der Corona-Pandemie vgl. dieses Stichwort unter Nr. 12 Buchstabe d. Zu einem Wechsel des Besteuerungsrechts soll es in solch einem Fall nicht kommen.

Lohn-steuer-pflichtig Sozial-versich.-pflichtig

Steuerfreiheit erheben die **belgischen Kommunen** eine **Zusatzsteuer** auf der Grundlage einer (fiktiven) Steuer, die in Belgien zu zahlen wäre, wenn die betreffenden Einkünfte aus Belgien stammen würden. Zum Ausgleich hierfür wird in **Deutschland eine 8%ige Steuerentlastung** gewährt. Dies gilt auch beim Lohnsteuerabzug, das heißt, die vom deutschen Arbeitgeber an sich einzubehaltende **Lohnsteuer wird um 8 % gemindert.** Ob ein solcher Fall vorliegt, ergibt sich aus der vorzulegenden Lohnsteuerabzugsbescheinigung.[1] Denn diese Bescheinigung enthält für die betreffenden Fälle seit 1.1.2004 als Ankreuzfeld folgenden Zusatz:

„Die einzubehaltende Lohnsteuer ist nach Punkt 11 Nummer 2 des Schlussprotokolls zum Abkommen zur Vermeidung der Doppelbesteuerung zwischen der Bundesrepublik Deutschland und dem Königreich Belgien um 8 % zu mindern. Bei der Ermittlung der Bemessungsgrundlage für den Solidaritätszuschlag ist die 8%ige Minderung ebenfalls zu berücksichtigen."

Die Minderung der deutschen Lohnsteuer ist aber nicht vorzunehmen bei Einkünften eines in Belgien wohnenden Geschäftsführers einer deutschen Kapitalgesellschaft, da diese Einkünfte unter Artikel 16 DBA – Belgien fallen und nicht der belgischen Gemeindesteuer unterworfen werden.

7. Nachbarländer ohne Grenzgängerregelung[2]

Die Doppelbesteuerungsabkommen mit den Ländern Dänemark, Luxemburg[3], Niederlande, Polen und Tschechien enthalten keine Grenzgänger-Regelung. Die Besteuerung der Grenzgänger richtet sich deshalb nach den allgemein geltenden Grundsätzen, wonach der **Tätigkeitsstaat** das Besteuerungsrecht hat. Die Arbeitnehmer aus den genannten Staaten sind im Regelfall mit ihrem in Deutschland bezogenen Arbeitslohn beschränkt steuerpflichtig, da sie im Inland weder einen Wohnsitz noch einen gewöhnlichen Aufenthalt begründen. Die Besteuerung des Arbeitslohns richtet sich deshalb nach den beim Stichwort „Beschränkt steuerpflichtige Arbeitnehmer" dargestellten Grundsätzen.

8. Kirchensteuer

Im Ausland ansässige **Grenzgänger unterliegen** wegen des Territorialprinzips **nicht der Kirchensteuer.** Arbeitgeber in der Bundesrepublik Deutschland brauchen deshalb auch dann keine Kirchensteuer einzubehalten, wenn der Arbeitslohn des Grenzgängers lohnsteuerpflichtig sein sollte (z. B. bei Grenzgängern aus der Schweiz).

9. Vermögensbildung

Im Ausland ansässige Grenzgänger erhalten für vermögenswirksame Leistungen ihres inländischen Arbeitgebers eine Sparzulage unabhängig davon, ob ihr Arbeitslohn nach einem Doppelbesteuerungsabkommen steuerfrei oder steuerpflichtig ist.

Grenzgänger mit Wohnsitz im Inland, die bei einem ausländischen Arbeitgeber beschäftigt sind, erhalten für vermögenswirksam angelegte Teile ihres Arbeitslohns ebenfalls eine Sparzulage.

10. Sozialversicherung

In der Sozialversicherung werden Grenzgänger im Regelfall wie andere Arbeitnehmer behandelt, das heißt ihre Versicherungspflicht richtet sich nach den am Beschäftigungsort maßgebenden Rechtsvorschriften (Territorialprinzip). Für Grenzgänger gelten die Vorschriften der VO Nr. 883/04 und 987/09 sowie in Teilen die VO 1408/71 über die soziale Sicherheit. Hinsichtlich der Zuständigkeiten sowie des räumlichen und persönlichen Geltungsbereiches der jeweiligen Verordnungen wird auf die Ausführungen in den Stichworten „Einstrahlung" und „Ausstrahlung" verwiesen.

Lohn-steuer-pflichtig Sozial-versich.-pflichtig

Grenzgänger können ihre gesetzlichen Sozialversicherungsbeiträge in Deutschland auch dann nur bis zu den gesetzlich vorgesehenen Höchstbeträgen als Sonderausgaben geltend machen, wenn sie später im Ausland (z. B. Frankreich) ihre Alterseinkünfte voll versteuern müssen. Die Beschränkung des Sonderausgabenabzugs bei Grenzgängern verstößt nicht gegen Europarecht (BFH-Urteil vom 24.6.2009, BStBl. II S. 1000).

11. Kindergeld

Wohnen Eltern mit ihren Kindern in Deutschland, arbeiten aber beide in der Schweiz, steht ihnen auch ein Anspruch auf die Differenz zwischen dem in der Schweiz gezahlten und dem höheren deutschen Kindergeld zu (sog. **Differenzkindergeld**; BFH-Urteil vom 12.9.2013, BStBl. 2016 II S. 1005). Die Berechnung des Differenzkindergeldes ist kindbezogen – und nicht familienbezogen – vorzunehmen (BFH-Urteil vom 4.2.2016, BStBl. 2017 II S. 121).

G

Der in Deutschland lebende Elternteil (kein Grenzgänger) hat zudem Anspruch auf **Kindergeld in voller Höhe** und nicht nur auf Differenzkindergeld, wenn der in der Schweiz als Grenzgänger arbeitende Elternteil – trotz Anspruch – kein Kindergeld beantragt (EuGH-Urteil vom 14.10.2010 C 16/09).

12. Härteausgleich bei der Einkommensteuer-Veranlagung

Beträgt die Summe der Einkünfte, von denen ein Steuerabzug vom Arbeitslohn nicht vorgenommen worden ist, bis zu 820 €, ist bei der Einkommensteuer-Veranlagung des Arbeitnehmers vom Einkommen ein sog. Härteausgleich abzuziehen (vgl. „Veranlagung von Arbeitnehmern" unter Nr. 3).

Aus Gleichbehandlungsgründen ist diese steuerliche Vergünstigung auch Arbeitnehmern zu gewähren, die mit ihrem **vom ausländischen Arbeitgeber bezogenen Arbeitslohn** in Deutschland unbeschränkt steuerpflichtig sind und mangels Vornahme eines Lohnsteuerabzugs zur Einkommensteuer zu veranlagen sind. Nach Ansicht des Bundesfinanzhofs ist kein sachlicher Grund ersichtlich, diesen Arbeitnehmern den Härteausgleich zu versagen, der ihnen ohne Weiteres zugestanden hätte, wenn sie bei einem inländischen Arbeitgeber beschäftigt gewesen wären (BFH-Urteil vom 27.11.2014, BStBl. 2015 II S. 793). Im Streitfall lagen bei dem mit seinem Ehepartner zusammen zur Einkommensteuer veranlagten Arbeitnehmer neben dem ausländischen Arbeitslohn **andere Einkünfte** in Höhe von 457 € vor. Entsprechend den allgemeinen Grundsätzen gewährte das Gericht einen Härteausgleich von 363 € (820 € abzüglich 457 €).

Grenzpendler

Der Begriff „Grenzpendler" findet sich in den amtlichen Vordrucken der Finanzverwaltung, und zwar im Vordruck **„Anlage Grenzpendler EU/EWR"** und **„Anlage Grenzpendler außerhalb EU/EWR".** Beide Vordrucke werden als Anlage zum „Antrag auf Lohnsteuer-Ermäßigung 2021" verwendet, mit dem die Eintragung eines Freibetrags auf der Lohnsteuerabzugsbescheinigung 2021 beantragt wer-

1) Die ab 1. 1. 2021 geltende Lohnsteuerabzugsbescheinigung für beschränkt steuerpflichtige Arbeitnehmer ist als Anlage 3 zu H 39.4 LStR im **Steuerhandbuch für das Lohnbüro 2021** abgedruckt, das im selben Verlag erschienen ist.

2) Zu vermehrten Home-Office-Tagen im Zusammenhang mit der Corona-Pandemie vgl. dieses Stichwort unter Nr. 12 Buchstabe d. Zu einem Wechsel des Besteuerungsrechts soll es in solch einem Fall nicht kommen.

3) Deutschland und Luxemburg haben eine Verständigungsvereinbarung zur Besteuerung von Grenzpendlern – insbesondere zur Aufteilung des Arbeitslohns – beschlossen. Vgl. hierzu BMF-Schreiben vom 14.6.2011 (BStBl. I S. 576). Das BMF-Schreiben ist als Anlage 8 zu H 39b.10 LStR im **Steuerhandbuch für das Lohnbüro 2021** abgedruckt, das im selben Verlag erschienen ist.

Lohn-steuer-pflichtig | Sozial-versich.-pflichtig

den kann (vgl. hierzu die ausführlichen Erläuterungen beim Stichwort „Beschränkt steuerpflichtige Arbeitnehmer" unter Nr. 5 auf Seite 208). Der in den oben genannten Vordrucken verwendete Begriff „Grenzpendler" wird für **beschränkt** steuerpflichtige Arbeitnehmer verwendet, und zwar unabhängig davon, ob sie beschränkt steuerpflichtig sind, weil sie sich nicht mehr als sechs Monate in Deutschland aufhalten oder ob sie (ggf. über Jahre hinweg) in Deutschland arbeiten und **täglich** an ihren ausländischen Wohnort zurückkehren. Durch die tägliche Rückkehr an den ausländischen Wohnort wird in Deutschland kein gewöhnlicher Aufenthalt begründet (weil die Nächte nicht in Deutschland verbracht werden), sodass dieser Personenkreis mit dem in Deutschland erzielten Arbeitslohn (nur) beschränkt steuerpflichtig ist.

G

Der Unterschied zwischen einem Grenzpendler und einem Grenzgänger besteht darin, dass ein „Grenzgänger" ein Arbeitnehmer ist, der unter die sog. **Grenzgängerregelung** fällt, die einige mit Deutschland abgeschlossene Doppelbesteuerungsabkommen enthalten (vgl. das Stichwort „Grenzgänger"). Fällt ein ausländischer Arbeitnehmer, der **täglich** an seinen ausländischen Wohnort zurückkehrt, nicht unter die Grenzgängerregelung (weil das geltende Doppelbesteuerungsabkommen keine Grenzgängerregelung enthält), handelt es sich um einen **beschränkt steuerpflichtigen Grenzpendler.** Diese Form der beschränkten Steuerpflicht kann – im Gegensatz zu einem vorübergehend bis zu sechs Monaten in Deutschland tätigen Gastarbeiter – oft mehrere Jahre oder gar Jahrzehnte dauern (vgl. „Beschränkt steuerpflichtige Arbeitnehmer").

Deutschland und Luxemburg haben eine Verständigungsvereinbarung zur Besteuerung von Grenzpendlern getroffen.[1)]

Grenzsteuersatz

siehe „Tarifaufbau" unter Nr. 6

Grubenwehren

Die Mitglieder der Grubenwehren im Bergbau erhalten für Übungen und für den Gefahreneinsatz besondere Vergütungen. Diese Vergütungen sind steuer- und beitragspflichtig. ja ja

Die Versteuerung der Vergütungen der Grubenwehren für Übungs- und Rettungsschichten ist nach den allgemeinen Grundsätzen durchzuführen. Neben den Sondervergütungen etwa gezahlte tarifliche Zuschläge für Sonntags-, Feiertags- und Nachtarbeit sind beim Vorliegen der Voraussetzungen des § 3 b EStG steuerfrei. Zur Steuer- und Sozialversicherungsfreiheit im Einzelnen vgl. das Stichwort „Zuschläge für Sonntags-, Feiertags- und Nachtarbeit".

Grundfähigkeitenversicherung

Eine Grundfähigkeitenversicherung dient der Absicherung des biometrischen Risikos „Invalidität", denn der Verlust einer Grundfähigkeit führt zum Eintritt eines Invaliditätsgrades; ebenso wie der Eintritt einer Erwerbsminderung, Erwerbsunfähigkeit oder Berufsunfähigkeit. Eine Versicherung, die das biometrische Risiko „Invalidität" absichert, erfüllt auch dann die Voraussetzungen für das Vorliegen einer **betrieblichen Altersversorgung,** wenn der Leistungsfall nicht zusätzlich daran geknüpft wird, dass der Arbeitnehmer tatsächlich durch den Eintritt des Invaliditätsgrades in seiner Berufsausübung beeinträchtigt ist. Es steht dem Arbeitgeber aber frei, in seiner Versorgungszusage und entsprechend in den versicherungsvertraglichen Vereinbarungen den Leistungsfall in diesem Sinne einzuschränken.

Zur Behandlung der Beiträge zu einer sowie der Leistungen aus einer solchen Versicherung vgl. die Gesamtdarstellung zur betrieblichen Altersversorgung in Anhang 6.

Grundfreibetrag

siehe „Tarifaufbau" unter Nr. 7

Grundstücke

Gliederung:

1. Allgemeines
2. Optionsrecht
3. Rückkaufsrecht
4. Vorkaufsrecht
5. Erbbaurecht
6. Wohnrecht
7. Besteuerung

1. Allgemeines

Überträgt ein Arbeitgeber einem Arbeitnehmer unentgeltlich oder verbilligt ein Grundstück (unbebautes Grundstück, Einfamilienhaus, Eigentumswohnung usw.), ergibt sich für den Arbeitnehmer ein steuerpflichtiger geldwerter Vorteil. Zur Bewertung eines solchen Vorteils ist von dem üblichen Endpreis am Abgabeort auszugehen (§ 8 Abs. 2 Satz 1 EStG), was jeweils im Ergebnis dem Betrag entspricht, der für Grundstücke gleicher Lage und Art am Ort gezahlt wird (Verkehrswert). ja ja

Ein weiterer geldwerter Vorteil kann dem Arbeitnehmer durch die Übernahme von Grunderwerbsteuer, Gebühren, Notariatskosten usw. durch den Arbeitgeber eingeräumt werden. ja ja

Handelt es sich bei einem Grundstück um eine Ware im Sinne des § 8 Abs. 3 EStG, die der Arbeitgeber nicht überwiegend für den Bedarf seiner Arbeitnehmer vertreibt (z. B. eine Wohnungsbaugesellschaft, ein Bauunternehmen usw.), ist der Sachbezug nach § 8 Abs. 3 EStG zu bewerten, das heißt, der Rabattfreibetrag von 1080 € und ein Preisabschlag von 4 % sind bei der Ermittlung des steuerpflichtigen geldwerten Vorteils abzuziehen (vgl. das Stichwort „Rabatte, Rabattfreibetrag").

2. Optionsrecht

Räumt ein Arbeitgeber einem Arbeitnehmer ein – ggf. befristetes – Ankaufsrecht (Optionsrecht) an einem Grundstück zu einem festen Kaufpreis oder zu von der Marktsituation unabhängigen Bedingungen (z. B. Buchwert) ein, ist ein etwa sich daraus ergebender Unterschiedsbetrag zum Verkehrswert als Ausfluss des Dienstverhältnisses anzusehen. Solange der Arbeitnehmer das Optionsrecht jedoch nicht ausübt, ist kein Arbeitslohn gegeben. Für die Frage eines geldwerten Vorteils bei einem ausgeübten Optionsrecht des Arbeitnehmers ist daher nicht der Wert des Grundstücks bei der Einräumung, sondern sein Wert bei der Ausübung des Optionsrechts maßgebend.

3. Rückkaufsrecht

Wird ein Wiederkaufsrecht (Rückkaufsrecht) derart vereinbart, dass der das Grundstück veräußernde Arbeitgeber das Grundstück innerhalb einer bestimmten Frist zum Veräußerungspreis wiederkaufen kann, wenn der erwerbende Arbeitnehmer gewisse Bedingungen nicht erfüllt, bleibt diese Vereinbarung nach geltendem Recht so lange ohne steuerliche Auswirkung, als der Veräußerer das

1) BMF-Schreiben vom 14.6.2011 (BStBl. I S. 576). Das BMF-Schreiben ist als Anlage 8 zu H 39b.10 LStR im **Steuerhandbuch für das Lohnbüro 2021** abgedruckt, das im selben Verlag erschienen ist.

Lohnsteuerpflichtig | Sozialversich.-pflichtig

Recht nicht ausübt. Es ist deshalb nicht gerechtfertigt, deswegen etwa den Verkehrswert niedriger anzusetzen.

Wenn der Arbeitgeber sein Wiederkaufsrecht (Rückkaufsrecht) ausübt und der Arbeitnehmer vom Arbeitgeber für das noch voll werthaltige Grundstück nur den von ihm tatsächlich bezahlten Betrag, nicht aber auch den Wert des von ihm versteuerten Preisnachlasses zurückerhält, ist dieser Vorgang steuerlich ebenso zu behandeln wie die Rückzahlung von Arbeitslohn. In Höhe des als Arbeitslohn besteuerten geldwerten Vorteils (Differenz zwischen dem Erwerbspreis und dem Verkehrswert) entstehen im Kalenderjahr der Rückübereignung des Grundstücks beim Arbeitnehmer negative Einnahmen. Diese können wie Werbungskosten vom steuerpflichtigen Arbeitslohn abgezogen werden, allerdings ohne Anrechnung auf den Arbeitnehmer-Pauschbetrag. Wirken sich die negativen Einnahmen hierbei nicht oder nicht in vollem Umfang aus, ist ein Verlustabzug nach § 10d EStG vorzunehmen (vgl. das Stichwort „Rückzahlung von Arbeitslohn").

4. Vorkaufsrecht

Bei der Einräumung eines Vorkaufsrechts erwirbt der Arbeitnehmer noch keine Vorteile gegenüber einem Dritten. Die Einräumung eines Vorkaufsrechts ist daher lohnsteuerlich ohne Bedeutung. nein nein

5. Erbbaurecht

Wird ein Grundstück an den Arbeitnehmer veräußert, das mit einem Erbbaurecht belastet ist, ist der Verkehrswert dieses Grundstücks unter Berücksichtigung der vertraglichen Vereinbarungen sowie sonstiger den Wert beeinflussender Umstände zu ermitteln. Dabei kann das Erbbaurecht auch dann zu einer Wertminderung des Grundstücks führen, wenn es zugunsten des erwerbenden Arbeitnehmers bestellt ist.

6. Wohnrecht

Überlässt der Arbeitgeber dem Arbeitnehmer lebenslänglich die unentgeltliche oder verbilligte Nutzung eines Einfamilienhauses im Hinblick auf das zwischen ihnen bestehende Dienstverhältnis, fließt dem Arbeitnehmer aufgrund dieses Wohnrechts monatlich ein geldwerter Vorteil zu (vgl. zur Ermittlung der Höhe dieses geldwerten Vorteils das Stichwort „Wohnungsüberlassung"). Vereinbaren Arbeitgeber und Arbeitnehmer die Übertragung des betroffenen Grundstücks an den Arbeitnehmer zu einem wegen des Wohnrechts geminderten Kaufpreis, fließt hiermit der zu diesem Zeitpunkt bestehende Kapitalwert des obligatorischen Wohnrechts dem Arbeitnehmer als geldwerter Vorteil zu. Hierbei handelt es sich u. E. um Arbeitslohn für mehrere Jahre (vgl. dieses Stichwort), der nach der Fünftelregelung ermäßigt besteuert werden kann. ja ja

Erfolgt eine solche Vereinbarung im Zusammenhang mit einer vom Arbeitgeber ausgesprochenen Kündigung des Dienstverhältnisses, kann eine steuerbegünstigte Abfindung vorliegen (vgl. das Stichwort „Abfindung wegen Entlassung aus dem Dienstverhältnis"). ja nein

Zum Vorliegen einer Entschädigung bei Ablösung des Wohnrechts vgl. das Stichwort „Entschädigungen" unter Nr. 2 Buchstabe a.

7. Besteuerung

Die Berechnung der Lohnsteuer für den geldwerten Vorteil in Form eines sonstigen Bezugs erfolgt nach dem beim Stichwort „Sonstige Bezüge" dargestellten Verfahren. Die Berechnung der Sozialversicherungsbeiträge ist beim Stichwort „Einmalige Zuwendungen" dargestellt.

Dabei ist zu beachten, dass es sich steuerlich um eine Vergütung für eine mehrjährige Tätigkeit handeln kann, auf die die sog. Fünftelregelung anzuwenden ist (vgl. das Stichwort „Arbeitslohn für mehrere Jahre").

Lohnsteuerpflichtig | Sozialversich.-pflichtig

Gründungszuschuss

Arbeitnehmer, die eine selbständige, hauptberufliche Tätigkeit aufnehmen und dadurch die Arbeitslosigkeit beenden, haben zur Sicherung des Lebensunterhalts und zur sozialen Sicherung in der Zeit nach der Existenzgründung Anspruch auf einen Gründungszuschuss, den die Bundesagentur für Arbeit zahlt (§ 93 SGB III). Der Gründungszuschuss fasst die früheren Einzelmaßnahmen, das Überbrückungsgeld und den Existenzgründungszuschuss (Ich-AG), zusammen.

Der Gründungszuschuss nach § 93 SGB III ist steuerfrei und unterliegt **nicht** dem Progressionsvorbehalt (vgl. das Stichwort „Progressionsvorbehalt"). nein nein

Gruppenunfallversicherung

siehe „Unfallversicherung"

Gutscheine

siehe „Warengutscheine"

Gutschrift von Arbeitslohn

Wird Arbeitslohn am Fälligkeitstag nicht ausgezahlt, sondern dem Arbeitnehmer in irgendeiner Form gutgeschrieben, hängt die Lohnsteuerpflicht davon ab, ob in der Gutschrift des Arbeitslohns bereits ein Zufluss an den Arbeitnehmer zu sehen ist. Für die Beurteilung dieser Frage gelten folgende Grundsätze:

- Bleibt der Arbeitslohn im Interesse des Arbeitnehmers mit seiner ausdrücklichen Zustimmung im Betrieb stehen, z. B. weil er ihn dem Arbeitgeber als Darlehen zur Verfügung stellt, ist zugeflossener Arbeitslohn anzunehmen (der Arbeitnehmer hat über den Arbeitslohn durch die Überlassung als Darlehen verfügt). ja ja
- Gewinnbeteiligungen, die dem Arbeitnehmer zwar gutgeschrieben werden, aber als Erfolgsbeteiligung im Betrieb verbleiben, sind nicht im Zeitpunkt der Gutschrift, sondern erst bei der tatsächlichen Auszahlung (als einmalige Zuwendung) bei der Beitragsberechnung zu berücksichtigen (BSG-Urteil vom 1.12.1977, 12 RK 11/76). Auch lohnsteuerlich ist der Arbeitslohn erst dann zugeflossen, wenn der Arbeitnehmer über die gutgeschriebenen Beträge wirtschaftlich verfügen kann (BFH-Urteil vom 14. 5. 1982, BStBl. II S. 469). Ein Zufluss ist aber steuerlich gegeben, wenn der Arbeitgeber aufgrund einer mit dem Arbeitnehmer geschlossenen Vereinbarung über eine stille Mitarbeiterbeteiligung Gutschriften auf Beteiligungskonten als Beteiligungskapital vornimmt (BFH-Urteil vom 11.2.2010, BFH/NV 2010 S. 1094).
- Wird der Arbeitslohn zwar nicht ausdrücklich festgelegt, jedoch in der Weise im Betrieb belassen, dass der Arbeitnehmer jederzeit darüber verfügen kann (ihn z. B. abheben oder überweisen lassen kann), ist ebenfalls zugeflossener Arbeitslohn anzunehmen. ja ja
- Wird der Arbeitslohn deshalb nicht ausgezahlt, weil sich der Arbeitgeber in Zahlungsschwierigkeiten befindet oder weil er ihn aus sonstigen Gründen (z. B. wegen Schadensersatzforderungen) gegen den Willen des Arbeitnehmers zurückbehalten will, ist der Arbeitslohn lohnsteuerlich gesehen noch nicht zugeflossen; bei der Sozialversicherung gilt das Anspruchsprinzip, das heißt, dass Beitragspflicht eintritt, sobald der Anspruch auf das Arbeitsentgelt entstanden ist. nein ja

Siehe auch das Stichwort „Zufluss von Arbeitslohn".

Haftung des Arbeitgebers

Neues auf einen Blick:

1. Lohnzufluss bei Summenbescheiden

Zur Frage des **Lohnzuflusses** bei der Nachentrichtung von Sozialversicherungsbeiträgen aufgrund eines **Summenbescheides** nach § 28f Abs. 2 SGB IV ist beim BFH ein neues Revisionsverfahren anhängig. Das FG Köln vertritt die Auffassung, dass in diesen Fällen mangels wirtschaftlichem Vorteil für den einzelnen Arbeitnehmer ein Lohnzufluss nicht vorliegt (vgl. unter Nr. 13 Buchstabe c).

2. Nachunternehmerhaftung

Die **Nachunternehmerhaftung** für **Sozialversicherungsbeiträge** gilt nach dem Vorbild der Baubranche auch für Unternehmer der **Fleischwirtschaft** und der **Kurier-, Express- und Paketbranche.** Diese Unternehmer haften für die von den von ihnen beauftragten Nachunternehmern abzuführenden Gesamtsozialversicherungsbeiträge und Beiträge zur gesetzlichen Unfallversicherung wie ein selbstschuldnerischer Bürge (§ 28e SGB IV). Durch Vorlage einer Unbedenklichkeitsbescheinigung der für den Nachunternehmer zuständigen Einzugsstelle kann eine Befreiung von der Nachunternehmerhaftung erreicht werden (vgl. die Erläuterungen unter Nr. 13 Buchstaben g und h).

H

Gliederung:

1. Allgemeines

Der Arbeit**nehmer** ist zwar beim Lohnsteuerabzug Steuerschuldner; der Arbeit**geber** haftet aber nach § 42d EStG für die richtige Einbehaltung und Abführung der Lohnsteuer. Der Zweck der Arbeitgeberhaftung besteht darin, den Steueranspruch des Staates durch Abzug an der Quelle in einem möglichst einfachen Verfahren sicherzustellen. Die Arbeitgeberhaftung ist jedoch nicht das einzige Mittel, den Lohnsteuerabzug durchzusetzen. Meldet ein Arbeitgeber keine Lohnsteuer an, kann das Finanzamt die Abgabe der Lohnsteuer-Anmeldung mit Zwangsmitteln durchsetzen oder die Lohnsteuer im Schätzungswege festsetzen. Die Möglichkeit gegen den Arbeitgeber einen Haftungsbescheid zu erlassen, bleibt davon unberührt (BFH-Urteil vom 7.7.2004, BStBl. II S. 1087). Darüber hinaus drohen dem Arbeitgeber bußgeld- und strafrechtliche Sanktionen.

Ein wesentliches Merkmal der lohnsteuerlichen Arbeitgeberhaftung liegt darin, dass die Haftung nicht von einem **Verschulden des Arbeitgebers** abhängt. Das Finanzamt muss dem Arbeitgeber also kein Verschulden nachweisen, es genügt allein die (objektive) Feststellung, dass Lohnsteuer unrichtig einbehalten wurde. Mit oder ohne Verschulden des Arbeitgebers an der unzutreffenden Einbehaltung der Lohnsteuer greift die Arbeitgeberhaftung jedoch nicht automatisch, sondern erst nach der Ermessensentscheidung des Finanzamts, den Arbeitgeber in Anspruch zu nehmen. Bei der Ermessensprüfung kann der Grad des Verschuldens des Arbeitgebers gleichwohl von Bedeutung sein (BFH-Beschluss vom 19.5.2009, BFH/NV 2009 S. 1454).

Weiterhin ist die Haftung des Arbeitgebers **nicht subsidiär.** Die Haftung des Arbeitgebers setzt also nicht voraus, dass das Finanzamt zunächst ohne Erfolg versucht haben muss, den Steueranspruch beim Arbeitnehmer durchzusetzen. Sie greift auch dann, wenn das Finanzamt auf den Erlass eines Steuerbescheids gegenüber dem Arbeitnehmer ganz verzichtet.

Soweit die Haftung des Arbeitgebers reicht, sind der Arbeitgeber und der Arbeitnehmer **Gesamtschuldner,** dass heißt, beide schulden in vollem Umfang denselben Anspruch nebeneinander. Durch die Zahlung eines Gesamtschuldners erlischt in gleichem Maße die Steuer-/Haftungsschuld des anderen.

Die Verwirklichung des grundsätzlich bestehenden Haftungsanspruches kann jedoch eingeschränkt sein dadurch, dass

– das Finanzamt eine **verbindliche Zusage** oder eine **Anrufungsauskunft** erteilt hat (vgl. „Auskunft“);

Lohnsteuerpflichtig | Sozialversich.-pflichtig

- der zugrunde liegende Steueranspruch bereits **verjährt** ist (vgl. „Verjährung");
- die Grundsätze von **Treu und Glauben** einer Haftungsinanspruchnahme entgegenstehen (sog. **Entschließungsermessen,** vgl. Nr. 6);
- bei der Auswahl zwischen der Inanspruchnahme des Arbeitgebers als Haftender und des Arbeitnehmers als Steuerschuldner bestimmte Grundsätze zu beachten sind (sog. **Auswahlermessen,** vgl. Nr. 7).

Eine Pauschalierung der Lohnsteuer nach den §§ 40, 40 a oder 40 b EStG schließt eine Haftung des Arbeitgebers aus, soweit der Arbeitgeber den Pauschalierungsantrag oder seine Zustimmung zur Pauschalierung nicht mehr widerrufen oder anfechten kann. In den Fällen der Lohnsteuerpauschalierung ist der **Arbeitgeber** selbst **Schuldner** der Lohnsteuer. Er wird bei fehlerhafter Lohnsteuerpauschalierung mithin auch durch einen Steuerbescheid (Nachforderungsbescheid) in Anspruch genommen. In allen anderen Fällen der Lohnsteuernacherhebung (insbesondere nach einer Lohnsteuer-Außenprüfung) kann gegen den Arbeitgeber nur ein Haftungsbescheid ergehen.

Eine Haftung des Arbeitgebers scheidet auch bei der Pauschalierung der Einkommensteuer von Sachzuwendungen an Arbeitnehmer nach der Vorschrift des § 37b EStG aus. Entsprechendes gilt für im Rahmen von Kundendienstprogrammen gewährte Sachprämien i. S. d. § 3 Nr. 38 EStG (vgl. das Stichwort „Miles & More"), die nach § 37a Abs. 1 EStG pauschal versteuert werden können. Die pauschale Einkommensteuer gilt als pauschale Lohnsteuer, auf die die Vorschrift des § 40 Abs. 3 EStG sinngemäß anzuwenden ist (§§ 37a Abs. 2. 37b Abs. 3 und 4 EStG). Der Arbeitgeber ist daher Schuldner der pauschalen Einkommensteuer und kann bei einer Nacherhebung vom Finanzamt nur durch Steuerbescheid und nicht durch Haftungsbescheid in Anspruch genommen werden.

Ergänzend zur Haftung nach § 42d Abs. 1 Nr. 3 EStG haftet der Arbeitgeber als **Datenübermittler** i. S. d. § 93c Abs. 4 AO für die durch eine unrichtige, unvollständige oder nicht erfolgte Datenübermittlung entgangene Steuer (§ 72a Abs. 4 AO). Für die Prüfung der zutreffenden Datenübermittlung gemäß § 93c Abs. 4 Satz 1 AO und eine Haftungsinanspruchnahme nach § 72a Abs. 4 AO ist das Betriebsstättenfinanzamt des Arbeitgebers zuständig (§ 41b Abs. 4 EStG). Hierzu können die vom Arbeitgeber übermittelten LSt-Bescheinigungsdaten verwendet werden (§ 41b Abs. 5 Satz 1 EStG).

2. Arbeitgeberbegriff

Es können nur solche Arbeitgeber als Haftende in Anspruch genommen werden, die auch rechtlich zur Einbehaltung und Abführung der Lohnsteuer verpflichtet sind. Dies sind nur der **inländische Arbeitgeber** (vgl. die Erläuterungen in Teil A unter Nr. 2 auf Seite 5) und der **ausländische Verleiher** (zur Haftung bei Leiharbeitsverhältnissen vgl. das Stichwort „Arbeitnehmerüberlassung" unter Nr. 14). Inländischer Arbeitgeber ist auch ein im Ausland ansässiger Arbeitgeber, der im Inland eine Betriebsstätte oder einen ständigen Vertreter hat (BFH-Urteil vom 5.10.1977, BStBl. 1978 II S. 205).

Bei verbundenen Gesellschaften ist nicht jede Gesellschaft Arbeitgeber des für verschiedene Gesellschaften handelnden Arbeitnehmers, sondern nur diejenige von der er angestellt ist und entlohnt wird und die ihn mit der Tätigkeit für die andere Gesellschaft betraut hat. Eine Gesellschaft (GmbH & Co KG) haftet deshalb nicht für die Lohnsteuer des bei einer verbundenen Gesellschaft (Komplementär-GmbH) angestellten Geschäftsführers (Urteil des Finanzgerichts Hamburg vom 19.11.2004, EFG 2005 S. 1268).

In den Fällen der internationalen **Arbeitnehmerentsendung** ist auch das in Deutschland ansässige aufnehmende Unternehmen zum Lohnsteuerabzug verpflichtet, das den Arbeitslohn für die ihm geleistete Arbeit wirtschaftlich trägt oder nach dem Fremdvergleichsgrundsatz hätte tragen müssen (§ 38 Abs. 1 Satz 2 EStG). Voraussetzung hierfür ist nicht, dass das Unternehmen dem Arbeitnehmer den Arbeitslohn im eigenen Namen und für eigene Rechnung auszahlt (vgl. das Stichwort „Arbeitnehmerüberlassung" unter Nr. 13 Buchstabe e). Bei Arbeitgebern des öffentlichen Rechts ist die **öffentliche Kasse,** die den Arbeitslohn zahlt, im Fall der Haftung in Anspruch zu nehmen.

Ein Dritter, der einem Arbeitnehmer Arbeitslohn zahlt, ist grundsätzlich kein Arbeitgeber, weil zwischen ihm und dem Arbeitnehmer kein Dienstverhältnis begründet wird. Demgegenüber haftet der Arbeitgeber nicht nur für den von ihm gezahlten Arbeitslohn, sondern auch dann, wenn der Arbeitslohn ganz oder teilweise nicht durch den Arbeitgeber selbst, sondern durch Dritte gezahlt wird (vgl. das Stichwort „Lohnzahlung durch Dritte"). Freiwillige **Trinkgeldzahlungen** durch Dritte unterliegen nicht dem Lohnsteuerabzug; sie sind nach § 3 Nr. 51 EStG ohne betragsmäßige Begrenzung steuerfrei (vgl. das Stichwort „Trinkgelder"). Trinkgelder, auf die ein **Rechtsanspruch** besteht (z. B. die Bedienungsgelder im Hotel- und Gaststättengewerbe oder die tariflichen Metergelder im Möbeltransportgewerbe) sind weiterhin in voller Höhe steuer- und beitragspflichtig. Der Lohnsteuer unterliegen auch freiwillige Sonderzahlungen eines Konzerns an Arbeitnehmer eines konzernverbundenen Unternehmens (§ 38 Abs. 1 Satz 3 EStG). Solche Zahlungen sind nicht nach § 3 Nr. 51 EStG steuerfrei (BFH-Urteil vom 3.5.2007, BStBl. II S. 712). Das bedeutet, dass in den vorgenannten Fällen auch weiter die Haftung des Arbeitgebers greift, wenn der Arbeitgeber die Lohnsteuer von diesen Zahlungen nicht vorschriftsmäßig einbehält.

Bei Übernahme lohnsteuerlicher Pflichten durch Dritte (§ 38 Abs. 3a EStG) haftet auch der Dritte neben dem Arbeitgeber als Gesamtschuldner (vgl. unter Nr. 14 sowie das Stichwort „Lohnsteuerabzug durch einen Dritten").

3. Umfang der Arbeitgeberhaftung

a) Einbehaltung und Abführung der Lohnsteuer

Nach § 42d Abs. 1 Nr. 1 EStG haftet der Arbeitgeber für die Lohnsteuer, die er einzubehalten und abzuführen hat. Die Arbeitgeberhaftung erstreckt sich auch auf die Kirchensteuer und den Solidaritätszuschlag. Zahlt ein öffentlicher Arbeitgeber das **Kindergeld** an seine Arbeitnehmer aus, so erstreckt sich die Arbeitgeberhaftung auch auf das ausgezahlte Kindergeld (vgl. Anhang 9 unter Nr. 3). Für private Arbeitgeber besteht keine Verpflichtung zur Auszahlung des Kindergeldes; damit entfällt insoweit auch eine Haftung nach § 42d EStG.

„Richtige Einbehaltung und Abführung" der Lohnsteuer bedeutet:

aa) Der Arbeitgeber darf **keine** von ihm beschäftigte Person, die **Arbeitnehmer** ist, **vom Lohnsteuerabzug ausnehmen.** Das gilt auch dann, wenn der Arbeitnehmer zur Einkommensteuer veranlagt wird oder auf das Jahr gesehen, voraussichtlich lohnsteuerfrei bleiben wird (z. B. Aushilfskräfte, Werkstudenten).

bb) Der Arbeitgeber muss **alle** Leistungen, die Arbeitslohn sind und nicht aufgrund einer bestimmten Vorschrift steuerfrei sind, dem Lohnsteuerabzug unterwerfen. Der Beantwortung dieser – zum Teil schwierigen – Frage dient der alphabetische Hauptteil des Lexikons.

cc) Der Arbeitgeber muss die Lohnsteuer richtig **berechnen,** d. h.

- in jedem Lohnzahlungszeitraum die zutreffende Lohnsteuer entweder **maschinell** oder aus der maßgebenden **Lohnsteuertabelle** (Allgemeine oder Besondere

H

Lohn-steuer-pflichtig Sozial-versich.-pflichtig

Lohnsteuertabelle, Monats-, Wochen-, Tagestabelle) ermitteln;

- bei der **maschinellen Lohnsteuerermittlung** bzw. **vor Anwendung** der Allgemeinen oder Besonderen Lohnsteuertabelle in eigener Zuständigkeit den Altersentlastungsbetrag oder die Freibeträge für Versorgungsbezüge berücksichtigen, wenn die Voraussetzungen für den Abzug dieser Freibeträge erfüllt sind;
- bei der Durchführung des Lohnsteuerabzugs die vom Bundeszentralamt für Steuern (monatlich) abgerufenen **ELStAM** (Steuerklasse, Zahl der Kinderfreibeträge, Kirchensteuermerkmal, Freibetrag und Hinzurechnungsbetrag) des Arbeitnehmers anwenden (vgl. „Elektronische Lohnsteuerabzugsmerkmale [ELStAM]"). Sofern das Finanzamt dem Arbeitnehmer eine Bescheinigung für den Lohnsteuerabzug auf Papier ausgestellt hat (z. B. bei beschränkter oder erweitert unbeschränkter Einkommensteuerpflicht oder bei unzutreffenden Meldedaten), sind die darin bescheinigten Lohnsteuerabzugsmerkmale für den Lohnsteuerabzug maßgebend; diese gehen den ggf. vom Arbeitgeber abgerufenen ELStAM vor;
- bei einer **Lohnsteuerpauschalierung** den vorgeschriebenen Pauschsteuersatz anwenden;
- bei der Zahlung von **Nettolöhnen** oder von **sonstigen Bezügen** die besonderen Berechnungsvorschriften beachten;
- für den Fall, dass der Arbeitnehmer dem Arbeitgeber zum Zweck des Abrufs der elektronischen Lohnsteuerabzugsmerkmale die ihm zugeteilte Identifikationsnummer sowie den Tag der Geburt schuldhaft (absichtlich oder grob fahrlässig) nicht mitteilt, die Lohnsteuer ohne Rücksicht auf den Familienstand des Arbeitnehmers nach der Steuerklasse VI berechnen (§ 39c Abs. 1 Satz 1 EStG);
- bei fehlender Abrufberechtigung der ELStAM für einen Arbeitnehmer (z. B. aufgrund einer vom Arbeitnehmer beantragten Vollsperre seiner ELStAM) die Steuerklasse VI anwenden (§ 39e Abs. 6 Satz 8 EStG).

H

dd) Die Lohnsteuer muss bei **jeder** Lohnzahlung bzw. im Falle der Leistung regelmäßiger Abschlagszahlungen (vgl. dieses Stichwort) bei jeder Lohnabrechnung **einbehalten** werden. Auch dann, wenn der Arbeitgeber einen geringeren als den tariflich oder vertraglich vereinbarten Arbeitslohn zahlt, ist der tatsächlich gezahlte Arbeitslohn um die darauf entfallende Lohnsteuer zu kürzen (vgl. „Zufluss von Arbeitslohn").

ee) Die Lohnsteuer ist zu den festgesetzten Terminen an das Finanzamt **abzuführen** (vgl. „Abführung der Lohnsteuer"). Die bloße Anmeldung der Lohnsteuer reicht dabei nicht aus. Mit der Einbehaltung gilt die Lohnsteuer für den Arbeitnehmer als „bezahlt". In der Zeit zwischen der Einbehaltung und der Abführung verwaltet der Arbeitgeber die Lohnsteuer treuhänderisch. Der Arbeitgeber muss seine Haftung in dieser Hinsicht deshalb besonders ernst nehmen. Er muss für die einbehaltene Lohnsteuer nicht nur persönlich einstehen; die Nichtabführung der einbehaltenen Lohnsteuer ist auch als Steuerhinterziehung strafbar.

b) Lohnsteuer-Jahresausgleich

Nach § 42d Abs. 1 Nr. 2 EStG erstreckt sich die Arbeitgeberhaftung auf die richtige Durchführung des **Lohnsteuer-Jahresausgleichs durch den Arbeitgeber.** Der Arbeitgeber haftet danach für die Lohnsteuer, die er durch eine unzulässige oder unzutreffende Durchführung des Lohnsteuer-Jahresausgleichs nach § 42b EStG (vgl. dieses Stichwort) dem Arbeitnehmer zu viel erstattet hat. Fehler beim sog. Permanenten Lohnsteuer-Jahresausgleich, der als besondere Form der Lohnsteuererhebung bei der maschinellen Lohnabrechnung zugelassen werden kann (vgl. R 39b.8 LStR), erfüllen nicht den Tatbestand des § 42d Abs. 1 Nr. 2 EStG, sondern führen zu einer Haftung wegen nicht einbehaltener Lohnsteuer nach § 42d Abs. 1 Nr. 1 EStG.

Lohn-steuer-pflichtig Sozial-versich.-pflichtig

c) Fehler im Lohnkonto/in der Lohnsteuerbescheinigung

In § 42d Abs. 1 Nr. 3 EStG ist bestimmt, dass der Arbeitgeber auch für die Einkommensteuer oder Lohnsteuer haftet, die aufgrund fehlerhafter Angaben im **Lohnkonto** oder durch fehlerhafte **Eintragungen in der Lohnsteuerbescheinigung** verkürzt wird. Der Arbeitgeber haftet also für Steuerausfälle, wenn er die gesetzlich vorgeschriebene elektronische Lohnsteuerbescheinigung (vgl. das Stichwort „Lohnsteuerbescheinigung") unzutreffend übermittelt und das Finanzamt deshalb bei einer Veranlagung zur Einkommensteuer zu viel erstattet bzw. die Einkommensteuer zu niedrig festsetzt. Eine Haftung des Arbeitgebers dürfte auch dann in Betracht kommen, wenn er seiner Pflicht, die Lohnsteuerbescheinigung elektronisch an die Finanzverwaltung zu übermitteln, nicht oder nicht rechtzeitig nachkommt und hierdurch Einkommensteuer beim betreffenden Arbeitnehmer verkürzt wird. Neben der Haftung nach § 42d Abs. 1 Nr. 3 EStG haftet der Arbeitgeber auch als **Datenübermittler** i. S. d. § 93c Abs. 4 AO für die durch eine unrichtige, unvollständige oder nicht erfolgte Datenübermittlung entgangene Steuer (§ 72a Abs. 4 AO).

Beispiel A

Der Arbeitgeber hat in der elektronischen Lohnsteuerbescheinigung 2021 die auf die Entfernungspauschale anzurechnenden steuerfreien Arbeitgeberleistungen für Fahrten zwischen Wohnung und Arbeitsstätte (vgl. dieses Stichwort) nicht übermittelt. Dem Arbeitnehmer wird deshalb bei der Veranlagung zur Einkommensteuer zu viel Lohnsteuer erstattet. Hierfür haftet der Arbeitgeber, weil die Angabe der steuerfreien Arbeitgeberleistungen für Fahrten zwischen Wohnung und Arbeitsstätte Inhalt der gesetzlich vorgeschriebenen elektronischen Lohnsteuerbescheinigung nach § 41b Abs. 1 Satz 2 Nr. 6 EStG ist.

Beispiel B

Der Arbeitgeber hat in der elektronischen Lohnsteuerbescheinigung 2021 die pauschal mit 15 % besteuerten Fahrtkostenzuschüsse nicht übermittelt. Hierdurch unterbleibt die Anrechnung auf die als Werbungskosten abziehbare Entfernungspauschale. Dem Arbeitnehmer wird deshalb bei der Veranlagung zur Einkommensteuer zu viel Lohnsteuer erstattet. Hierfür haftet der Arbeitgeber, weil die Angabe der pauschalbesteuerten Arbeitgeberleistungen für Fahrten zwischen Wohnung und Arbeitsstätte Inhalt der gesetzlich vorgeschriebenen elektronischen Lohnsteuerbescheinigung nach § 41b Abs. 1 Satz 2 Nr. 7 EStG ist.

Beispiel C

Der Arbeitgeber übermittelt in der elektronischen Lohnsteuerbescheinigung 2021 einen um den Altersentlastungsbetrag geminderten Jahresarbeitslohn. Dadurch wird bei einer Veranlagung durch das Finanzamt ein zu hoher Erstattungsbetrag festgesetzt. Der Arbeitgeber haftet für die zu viel erstattete Lohnsteuer. Das Gleiche gilt, wenn bei der Berechnung der Lohnsteuer berücksichtigte Freibeträge für Versorgungsbezüge nicht in dem mit der elektronischen Lohnsteuerbescheinigung übermittelten Bruttolohn enthalten sind. In diesen Fällen erstattet das Finanzamt eine zu hohe Lohnsteuer (weil es den Versorgungsfreibetrag oder Altersentlastungsbetrag nochmals berücksichtigt). Für diese zu viel vom Finanzamt erstattete Steuer haftet der Arbeitgeber.

Beispiel D

Der Arbeitgeber übermittelt in der elektronischen Lohnsteuerbescheinigung 2021 die von ihm gezahlten Lohnersatzleistungen (z. B. Kurzarbeitergeld, Aufstockungsbeträge nach dem Altersteilzeitgesetz) nicht. Das Finanzamt wendet deshalb bei einer Veranlagung zur Einkommensteuer den sog. „Progressionsvorbehalt" (vgl. dieses Stichwort) nicht an und erstattet zu viel Lohnsteuer. Der Arbeitgeber haftet für die zu viel erstattete Lohnsteuer.

Beispiel E

Der Arbeitgeber erfasst eine Tantieme, für die die Lohnsteuer ordnungsgemäß nach den für sonstige Bezüge geltenden Vorschriften einbehalten wurde, nicht in der elektronischen Lohnsteuerbescheinigung. Bei einer Veranlagung des Arbeitnehmers, in die auch die Einkünfte der Ehefrau mit einbezogen werden, wird die Tantieme nicht erfasst und damit die insgesamt für die Ehegatten anfallende Einkommensteuer zu niedrig festgesetzt. Der Arbeitgeber haftet für die Einkommensteuer, die infolge der Steuerprogression unter Einbeziehung anderer Einkünfte zu niedrig festgesetzt wird.

Beispiel F

Der Arbeitgeber übermittelt den Arbeitslohn aus einem zweiten Dienstverhältnis nicht elektronisch an die Finanzverwaltung. Bei der Einkom-

Lohn-steuer-pflichtig | Sozial-versich.-pflichtig

mensteuerveranlagung des Arbeitnehmers bleibt der Arbeitslohn deshalb außer Ansatz. Der Arbeitgeber kann für die zu wenig festgesetzte Einkommensteuer durch Haftungsbescheid in Anspruch genommen werden.

Den Angaben im Lohnkonto und in der elektronischen Lohnsteuerbescheinigung kommt damit erhöhte Bedeutung zu. Die Pflege dieser Daten sollte der Arbeitgeber deshalb besonders sorgfältig vornehmen.

Arbeitgeber, die bei der Lohnabrechnung eines der vielfach auf dem Markt angebotenen Lohnabrechnungsprogramme verwenden, sollten hierbei Folgendes beachten:

Bei Lohnsteuer-Außenprüfungen durch die Finanzämter wird auch festgestellt, dass die im Handel angebotenen Lohnabrechnungsprogramme vereinzelt gravierende Fehler enthalten. Auch bei der maschinellen Lohnabrechnung und der Übermittlung der elektronischen Lohnsteuerbescheinigung kommt es vor, dass gegen lohnsteuerliche Vorschriften verstoßen wird. Da der Arbeitgeber allenfalls einen privatrechtlichen Regressanspruch gegen die Software-Firma hat, ist der Einsatz falscher Lohnabrechnungsprogramme stets mit einem Haftungs- und Prozessrisiko verbunden. Die Arbeitgeber sollten deshalb die zum Einsatz kommenden Lohnabrechnungsprogramme gründlich prüfen. Ein Hilfsmittel zur Prüfung der Lohnabrechnungsprogramme ist der für die maschinelle Berechnung der Lohnsteuer vom Bundesministerium der Finanzen erstellte Programmablaufplan, der auch entsprechende Prüftabellen enthält. Der Programmablaufplan wird jährlich im Bundessteuerblatt Teil I bekannt gemacht (§ 39b Abs. 6 EStG).

Eine **„Garantie“** für die Richtigkeit eines **Lohnabrechnungsprogramms** kann die Finanzverwaltung nicht erteilen. Ein Prüf- oder Genehmigungsverfahren für kommerzielle Softwareprodukte durch die Finanzbehörden ist aus Wettbewerbsgründen nicht vorgesehen.

Der **Hersteller** eines Lohnabrechnungsprogramms muss seinerseits alles dafür tun, damit über sein Programm keine unrichtigen oder unvollständigen Lohnsteuerdaten an die Finanzverwaltung übermittelt werden:

- Die Programme des Herstellers müssen die richtige und vollständige Verarbeitung der steuerlich relevanten Daten gewährleisten (§ 87c Abs. 1 AO).
- Auf den Programmumfang sowie auf Fallgestaltungen, in denen eine richtige und vollständige Erhebung, Verarbeitung und Übermittlung ausnahmsweise nicht möglich ist, ist in der Programmbeschreibung an hervorgehobener Stelle hinzuweisen (§ 87c Abs. 2 AO).
- Vor der erstmaligen Nutzung eines Programms und vor jeder späteren Programmänderung ist die Durchführung von Testläufen und die Erstellung von entsprechenden Prüfprotokollen erforderlich (§ 87c Abs. 3 AO). Die Protokolle sind fünf Jahre lang aufzubewahren und den Finanzbehörden auf Verlagen zur Prüfung vorzulegen.
- Erkannte Programmfehler sind unverzüglich durch den Programmhersteller durch Nachbesserung oder Ablösung der fehlerhaften Programme zu korrigieren. Geschieht dies nicht unverzüglich, ist die Finanzbehörde berechtigt, die fehlerhaften Programme eines Herstellers von der elektronischen Datenübermittlung an die Finanzverwaltung auszuschließen (§ 87c Abs. 4 AO).

Darüber hinaus kann der Hersteller eines Lohnabrechnungsprogramms in **Haftung** genommen werden, wenn durch eine schuldhafte Verletzung der vorgenannten Pflichten fehlerhafte oder unvollständige Daten an die Finanzverwaltung übermittelt werden und dadurch Steuern verkürzt oder zu Unrecht steuerliche Vorteile erlangt werden (§ 72a Abs. 1 AO); vgl. die Erläuterungen unter Nr. 15.

Lohn-steuer-pflichtig | Sozial-versich.-pflichtig

4. Grenzen der Arbeitgeberhaftung

a) Maßgeblichkeit der (elektronischen) Lohnsteuerabzugsmerkmale

Bei der Durchführung des Lohnsteuerabzugs sind die vom Bundeszentralamt für Steuern zum Abruf bereitgestellten elektronischen Lohnsteuerabzugsmerkmale (Steuerklasse, Zahl der Kinderfreibeträge, Kirchensteuermerkmal, Freibetrag und Hinzurechnungsbetrag) des Arbeitnehmers maßgebend (§ 39e Abs. 5 Satz 1 EStG). Diese muss der Arbeitgeber bei Beschäftigungsbeginn des Arbeitnehmers elektronisch abrufen und danach so lange anzuwenden, bis ihm für den Arbeitnehmer geänderte elektronische Lohnsteuerabzugsmerkmale bereitgestellt werden oder er die Beendigung des Dienstverhältnisses mitteilt. Ab 1.1.2020 werden auch die nach § 1 Abs. 4 EStG beschränkt steuerpflichtigen Arbeitnehmer in das ELStAM-Verfahren eingebunden; das Betriebsstättenfinanzamt vergibt auf Antrag die für den Arbeitgeberabruf erforderliche Identifikationsnummer, sofern diese dem Arbeitnehmer noch nicht zugeteilt wurde; vgl. im Einzelnen die Erläuterungen beim Stichwort „Elektronische Lohnsteuerabzugsmerkmale (ELStAM)“.

Das Finanzamt erteilt zunächst weiter eine Bescheinigung für den Lohnsteuerabzug auf Papier, wenn die für den Abruf der elektronischen Lohnsteuerabzugsmerkmale erforderliche Identifikationsnummer dem Arbeitnehmer noch nicht zugeteilt wurde (z. B. gemäß § 39 Abs. 3 EStG bei erweitert unbeschränkt steuerpflichtigen Arbeitnehmern). Das Gleiche gilt ab 1.1.2020 übergangsweise für beschränkt steuerpflichtige Arbeitnehmer, wenn diese die Berücksichtigung eines Freibetrags beim Lohnsteuerabzug beantragen. Die darin bescheinigten Lohnsteuerabzugsmerkmale muss der Arbeitgeber ebenfalls bei der Durchführung des Lohnsteuerabzugs zwingend anwenden. Entsprechendes gilt für unbeschränkt einkommensteuerpflichtige Arbeitnehmer, deren ELStAM aufgrund unzutreffender Meldedaten gebildet worden sind (§ 39 Abs. 1 Satz 2 und 3 EStG) und denen das Finanzamt als Ersatz für die ELStAM eine Bescheinigung mit den anzuwendenden Lohnsteuerabzugsmerkmalen auf Papier ausgestellt hat.

Der Arbeitgeber braucht nicht zu überprüfen, ob die abgerufenen oder bescheinigten Lohnsteuerabzugsmerkmale zutreffend sind; er kann auf deren Richtigkeit vertrauen. Der Arbeitgeber haftet nicht für zu wenig einbehaltene Steuerabzugsbeträge aufgrund der Anwendung einer unzutreffenden Steuerklasse bzw. Zahl der Kinderfreibeträge oder eines zu hohen Freibetrags des Arbeitnehmers (§ 42d Abs. 2 EStG). Der Arbeitnehmer muss diese Merkmale umgehend von seinem Finanzamt ändern lassen, wenn bei ihm eine ungünstigere Steuerklasse, eine geringere Zahl der Kinderfreibeträge oder ein niedrigerer Freibetrag zu berücksichtigen ist. In diesen Fällen kann das Finanzamt die zu niedrig einbehaltenen Steuerabzugsbeträge nur vom Arbeitnehmer selbst nachfordern (§ 39 Abs. 5, § 39a Abs. 5 EStG).

Der Arbeitgeber haftet selbst dann nicht, wenn er weiß, dass die abgerufenen oder bescheinigten Lohnsteuerabzugmerkmale unzutreffend sind. Er darf in diesen Fällen beim Lohnsteuerabzug nicht die ihm bekannten steuerlichen Familienverhältnisse zugrunde legen, wenn diese zu einer niedrigeren Lohnsteuer führen. Andernfalls haftet er nach § 42d Abs. 1 Nr. 1 EStG. Der Arbeitgeber sollte jedoch den Arbeitnehmer auf die notwendige Berichtigung der Lohnsteuerabzugsmerkmale aus Fürsorgegründen aufmerksam machen.

b) Anwendung der Lohnsteuertabelle

Der Arbeitgeber ist bei der **maschinellen Lohnsteuerberechnung** verpflichtet, die Lohnsteuer nach der Formel des Einkommensteuertarifs zu berechnen und ausgehend vom Arbeitslohn die Bemessungsgrundlage (also das zu versteuernde Einkommen) für die Anwendung der Tarifformel zu ermitteln (§ 39b Abs. 2 und 3 EStG). Tabellensprünge wie bei einer gedruckten Lohnsteuertabelle sind hierbei nicht mehr vorgesehen. Die Anwendung der stufenlosen Tarifformel bei einer maschinellen Berechnung der Lohnsteuer führt gegenüber dem Ablesen der Lohnsteuer aus einer gedruckten Lohnsteuertabelle zu geringfügigen Abweichungen (vgl. das Stichwort „Lohnsteuertabellen" unter Nr. 1).

Dieses Auseinanderlaufen von maschinell ermittelter oder aus einer Tabelle abgelesener Lohnsteuer wurde vom Gesetzgeber bewusst in Kauf genommen. Eine **Lohnsteuerhaftung** des Arbeitgebers kommt insoweit nicht in Betracht.

c) Verjährung

Die Haftung des Arbeitgebers hängt von der für die Lohnsteuer geltenden Festsetzungsfrist ab (BFH-Urteil vom 6.3.2008, BStBl. II S. 597). Die Festsetzungsfrist für die Lohnsteuer richtet sich ausschließlich nach der vom Arbeitgeber abzugebenden Lohnsteuer-Anmeldung; die Einkommensteuererklärung der betroffenen Arbeitnehmer ist insoweit nicht maßgebend. Durch die Erweiterung der Vorschriften zur Ablaufhemmung in § 171 Abs. 15 AO kann sich ein Arbeitgeber seiner Haftung für Lohnsteuer nicht mehr dadurch entziehen, indem er die Durchführung einer Lohnsteuer-Außenprüfung bewusst bis zum Ende der Verjährungsfristen beim Arbeitnehmer hinauszögert (vgl. die Erläuterungen beim Stichwort „Verjährung" unter Nr. 5 Buchstabe b).

Ist für die einzelne Lohnsteuer-Anmeldung Festsetzungsverjährung eingetreten, schließt dies eine Arbeitgeberhaftung für diesen Anmeldungszeitraum aus (§ 191 Abs. 5 Satz 1 Nr. 1 AO); vgl. das Stichwort „Verjährung" unter Nr. 5 Buchst. a). Das Finanzamt hat allerdings weiterhin zu prüfen, ob die Inanspruchnahme des Arbeitgebers ermessensgerecht ist und eine Haftung nach den Grundsätzen von „Treu und Glauben" nicht von vornherein ausgeschlossen ist (vgl. die Erläuterungen unter Nr. 6).

d) Anzeige des Arbeitgebers

Ein Haftungsausschluss besteht nach § 42d Abs. 2 EStG auch dann, wenn Lohnsteuer in den vom Arbeitgeber angezeigten Fällen des § 38 Abs. 4 Satz 2 und 3 EStG und des § 41c EStG **ausschließlich vom Arbeitnehmer** nachzufordern ist. Die Anzeige des Arbeitgebers an das Betriebsstättenfinanzamt bewirkt, dass er grundsätzlich nicht mehr als Haftender in Anspruch genommen werden kann. Hierdurch erübrigt sich auch die weitere Ermessensprüfung des Finanzamts (vgl. Nr. 5).

Hat der Arbeitgeber bei **Sachleistungen** oder **Einmalbezügen** Lohnsteuer einzubehalten, reicht der dem Arbeitnehmer zustehende Barlohn u. U. nicht zur Deckung der einzubehaltenden Lohnsteuer aus. In diesem Fall hat der Arbeitnehmer dem Arbeitgeber den Fehlbetrag zur Verfügung zu stellen oder der Arbeitgeber einen entsprechenden Teil anderer Bezüge des Arbeitnehmers zurückzubehalten. Soweit der Arbeitnehmer seiner Verpflichtung nicht nachkommt und der Arbeitgeber den Fehlbetrag nicht durch Zurückbehaltung von anderen Bezügen des Arbeitnehmers aufbringen kann, hat der Arbeitgeber dies dem Betriebsstättenfinanzamt anzuzeigen (§ 38 Abs. 4 Satz 2 EStG). Diese Anzeige des Arbeitgebers ersetzt quasi die Erfüllung der Einbehaltungspflichten (BFH-Urteil vom 9.10.2002, BStBl. II S. 884). Bei unterlassener Anzeige hat jedoch der Arbeitgeber die Lohnsteuer nicht ordnungsgemäß einbehalten und kann daher nach § 42d Abs. 1 Nr. 1 EStG als Haftungsschuldner in Anspruch genommen werden.

Beispiel

Der Arbeitnehmer hat die Rechte aus einer Pensionszusage des Arbeitgebers am 15. Januar 2021 an einen Dritten abgetreten. Die Versicherungsgesellschaft zahlt daraufhin das in der Rückdeckungsversicherung angesammelte Kapital in Höhe von 150 000,– € an einen Dritten aus. Der Nettoarbeitslohn des Arbeitnehmers beträgt monatlich 5000,– €. Andere Bezüge des Arbeitnehmers stehen zum Ausgleich der einzubehaltenden Lohnsteuer nicht zur Verfügung.

Die Abtretung der Ansprüche aus der Rückdeckungsversicherung löst beim Arbeitnehmer im Monat Januar 2021 einen Lohnzufluss aus. Die von dem Einmalbezug einzubehaltende Lohnsteuer in Höhe von 35 000,– € kann aus dem Barlohn des Arbeitnehmers nur teilweise beglichen werden. Der Arbeitgeber muss daher – neben der Einbehaltung des Nettoarbeitslohns von 5000,– € – den Arbeitnehmer auffordern, den Fehlbetrag (35 000,– € abzüglich 5000,– € = 30 000,– €) zur Deckung der einzubehaltenden Lohnsteuer zur Verfügung zu stellen. Kommt der Arbeitnehmer dieser Aufforderung nicht nach, ist der Arbeitgeber verpflichtet dies dem Betriebstättenfinanzamt anzuzeigen. Er kann daraufhin nicht mehr als Haftungsschuldner in Anspruch genommen werden. Das Finanzamt muss die bisher nicht einbehaltene Lohnsteuer unmittelbar beim Arbeitnehmer nachfordern. Unterlässt der Arbeitgeber die Anzeige kann er für den Fehlbetrag als Haftungsschuldner in Anspruch genommen werden.

Bei steuerpflichtigen **Lohnzahlungen** durch **Dritte,** die der Arbeitgeber nicht kennt, besteht eine Anzeigeverpflichtung des Arbeitnehmers gegenüber dem Arbeitgeber (vgl. das Stichwort „Lohnzahlung durch Dritte"). Der Arbeitgeber kann allerdings vom Finanzamt für zu wenig einbehaltene Lohnsteuer nicht in Anspruch genommen werden, wenn die Angaben des Arbeitnehmers unvollständig oder unrichtig waren. Wenn der Arbeitnehmer aber erkennbar unrichtige Angaben macht, muss der Arbeitgeber dies wiederum dem Betriebsstättenfinanzamt anzeigen. Diese Anzeige muss der Arbeitgeber auch erstatten, wenn der Arbeitnehmer die Bar- oder Sachbezüge von Dritten überhaupt nicht mitteilt, der Arbeitgeber aber weiß oder erkennen kann, dass solche Zuwendungen zugeflossen sind (§ 38 Abs. 4 Satz 3 EStG). Aufgrund der Anzeige fordert das Finanzamt die Lohnsteuer unmittelbar vom **Arbeitnehmer** nach. Unterlässt der Arbeitgeber die Anzeige kann er nach § 42d Abs. 1 Nr. 1 EStG als Haftungsschuldner in Anspruch genommen werden.

Die Anzeige nach § 41c Abs. 4 EStG betrifft die Fälle, in denen zwar der Arbeitgeber die unvorschriftsmäßige Lohnsteuererhebung erkennt, er aber von seiner Berechtigung, die Lohnsteuer nachträglich einzubehalten, keinen Gebrauch macht oder keinen Gebrauch mehr machen kann (z. B. weil der Arbeitnehmer aus der Firma ausgeschieden ist und vom Arbeitgeber keinen Arbeitslohn mehr bezieht oder die Lohnsteuerbescheinigung nach Ablauf des Kalenderjahres bereits elektronisch an die Finanzverwaltung übermittelt wurde). Durch die unverzügliche Anzeige an das Betriebsstättenfinanzamt wird der Arbeitgeber ebenfalls von der Haftung befreit. Dies gilt aber nicht bei vorsätzlichem unrichtigem Lohnsteuereinbehalt. Hat sich z. B. der Arbeitgeber überhaupt nicht über die richtige Einbehaltung der Lohnsteuer unterrichtet und ist sein Verhalten völlig willkürlich, so kann er sich trotz der Anzeige nicht auf den Haftungsausschluss berufen. Weicht der Arbeitgeber von einer erteilten **Anrufungsauskunft** ab, kann er nicht dadurch einen Haftungsausschluss bewirken, dass er die Abweichung dem Betriebsstättenfinanzamt anzeigt (BFH-Urteil vom 4.6.1993, BStBl. II S. 687). Der Haftungsausschluss aufgrund der Anzeige nach § 41c Abs. 4 EStG setzt eine nach § 41c Abs. 1 EStG bestehende Korrekturberechtigung durch den Arbeitgeber voraus. Daran fehlt es, wenn eine Lohnsteuer-Anmeldung vorsätzlich fehlerhaft abgegeben wurde und dies dem Arbeitgeber durch die positive Kenntnis der eingesetzten Mitarbeiter über den fehlerhaften Lohnsteuereinbehalt zuzurechnen ist (BFH-Urteil vom 21.4.2010, BStBl. II S. 833).

Verzichtet ein Arbeitgeber auf die nachträgliche Änderung des Lohnsteuerabzugs bei rückwirkenden Gesetzesänderungen (§ 41c Abs. 1 Nr. 2 EStG) und teilt er dies dem Betriebsstättenfinanzamt mit, kann er für die nachzuerhebende Lohnsteuer nicht in Anspruch genommen werden. Es besteht in diesen Fällen allerdings eine gesetzliche Verpflichtung zur rückwirkenden Änderung des Lohnsteuerabzugs, wenn dies dem Arbeitgeber wirtschaftlich zumutbar ist. Davon ist bei Arbeitgebern mit maschineller

Lohnabrechnung regelmäßig auszugehen (vgl. das Stichwort „Änderung des Lohnsteuerabzugs" unter Nr. 2).

5. Ermessensprüfung des Finanzamts

Soweit die Haftung des Arbeitgebers reicht, sind der Arbeitgeber und der Arbeitnehmer Gesamtschuldner. Das Betriebsstättenfinanzamt kann die Steuer- oder Haftungsschuld nach **pflichtgemäßem Ermessen** gegenüber jedem Gesamtschuldner geltend machen (§ 42d Abs. 3 EStG). Das Finanzamt muss dabei nach pflichtgemäßem Ermessen zunächst prüfen, ob der Arbeitgeber überhaupt in Anspruch genommen werden kann, oder ob die Inanspruchnahme des Arbeitgebers wegen eines Verstoßes gegen Treu und Glauben von vornherein ausgeschlossen ist (sog. **Entschließungsermessen,** vgl. Nr. 6). Erst nach dieser Prüfung stellt sich die Frage, ob im Rahmen der gesamtschuldnerischen Haftung der Arbeitgeber oder der Arbeitnehmer in Anspruch genommen wird (sog. **Auswahlermessen,** vgl. Nr. 7). Die Ermessensausübung ist also **zweistufig.** Hiernach ergibt sich folgende Übersicht:

Nacherhebung von Lohnsteuer

Inanspruchnahme des **Arbeitnehmers**	Inanspruchnahme des **Arbeitgebers**
stets möglich, da der Arbeitnehmer Steuerschuldner ist (Ausnahme: **Nettolohnvereinbarung,** vgl. Nr. 9)	Ausübung des **Entschließungsermessens**
	Ausübung des **Auswahlermessens**

6. Einschränkung der Arbeitgeberhaftung durch den Grundsatz von Treu und Glauben (Entschließungsermessen)

Die Inanspruchnahme des Arbeitgebers muss unterbleiben, wenn sie „unbillig" wäre, das heißt, gegen den Grundsatz von Treu und Glauben verstoßen würde. Eine Inanspruchnahme des Arbeitgebers kann danach wegen eines Verstoßes gegen Treu und Glauben von vornherein ausgeschlossen sein, wenn

a) der Arbeitgeber eine bestimmte Methode der Steuerberechnung angewendet und das **Finanzamt** hiervon Kenntnis erlangt und **nicht beanstandet hat** (BFH-Urteil vom 20.7.1962, BStBl. 1963 III S. 23) oder wenn der Arbeitgeber durch die **Prüfung** und Erörterung einer Rechtsfrage **durch das Finanzamt** in einer unrichtigen Rechtsauslegung bestärkt wurde.

Wird z. B. vom Prüfer im Rahmen einer Lohnsteuer-Außenprüfung ein klar zu Tage liegender Sachverhalt untersucht und die Sachbehandlung des Arbeitgebers (z. B. die Freistellung bestimmter Zuwendungen von der Lohnsteuer oder die Bewertung bestimmter geldwerter Vorteile) erkennbar gebilligt, dann kann der Arbeitgeber zumindest für die bereits geprüften Lohnzahlungszeiträume später nicht mehr in Anspruch genommen werden (BFH-Urteil vom 2.8.1956, BStBl. III S. 340).

Hat der Prüfer den fraglichen Sachverhalt und seine Stellungnahme in einem **schriftlichen Prüfungsbericht** niedergelegt, und hat das Finanzamt diese Ausführungen unbeanstandet hingenommen, **oder** ist der Arbeitgeber durch **wiederholte Prüfung** und Erörterung einer Rechtsfrage in seiner unrichtigen Rechtsauslegung bestärkt worden, so befreit dies den Arbeitgeber auch von der Haftung für die anschließenden **noch nicht geprüften** Lohnzahlungszeiträume. Die Behandlung der fraglichen Tatbestände durch die Lohnsteuer-Außenprüfung wirkt in diesen Fällen wie eine „Anrufungsauskunft". Das Finanzamt kann in diesem Fall seine Auffassung bei der nächsten Lohnsteuer-Außenprüfung oder durch einen anderen Verwaltungsakt (z. B. eine schriftliche Verfügung) mit Wirkung für die Arbeitgeberhaftung nur für die Zukunft ändern (vgl. BFH-Urteile vom 18.10.1957, BStBl. 1958 III S. 16, vom 5.3.1965, BStBl. III S. 355 und vom 7.12.1984, BStBl. 1985 II S. 164).

Lohn-steuer-pflichtig Sozial-versich.-pflichtig

b) der Arbeitgeber einem **entschuldbaren Rechtsirrtum** unterlegen ist, z. B. weil das Finanzamt eine unklare oder falsche **Auskunft** gegeben hat (BFH-Urteile vom 24.11.1961, BStBl. 1962 III S. 37 und vom 18.9.1981, BStBl. II S. 801) oder er die Lohnsteuer entsprechend einer **Billigkeitsregelung** der Finanzbehörden materiell unzutreffend einbehalten hat (BFH-Urteil vom 13.6.2013, BStBl. 2014 II S. 340).

Hat der Arbeitgeber z. B. auf eine – schriftliche – Anfrage beim Finanzamt, in der der Sachverhalt vollständig und zutreffend geschildert worden ist, über die steuerliche Behandlung des Tatbestands vom Finanzamt eine bestimmte Auskunft (sog. **Anrufungsauskunft**) erhalten (§ 42e EStG) und sich nach ihr gerichtet, so kann das Finanzamt zwar seine Rechtsauffassung nachträglich ändern, eine etwaige höhere Lohnsteuer aber nicht mehr vom Arbeitgeber, sondern nur noch vom Arbeitnehmer nachfordern, wenn dieser zur Einkommensteuer veranlagt wird. Dies gilt selbst dann, wenn die Lohnsteuer beim Arbeitnehmer uneinbringlich geworden sein sollte. Zur nunmehr zulässigen Anfechtung einer dem Arbeitgeber erteilten Anrufungsauskunft vgl. BFH-Urteile vom 30.4.2009, BStBl. 2011 II S. 233 und vom 27.2.2014, BStBl. II S. 894 sowie das Stichwort „Auskunft".

Die Bindungswirkung einer Anrufungsauskunft entfällt, wenn sich die der Auskunft zugrunde liegenden gesetzlichen Vorschriften ändern. Eines förmlichen Widerrufs oder einer Mitteilung an den Steuerpflichtigen bedarf es in diesem Fall nicht (Urteil des FG Düsseldorf vom 8.5.2003, EFG 2003 S. 1101).

Bei Vorliegen einer Anrufungsauskunft kann nach einer Lohnsteuer-Außenprüfung Lohnsteuer vom Arbeitgeber auch nicht im Wege der Lohnsteuerpauschalierung nach § 40 Abs. 1 Satz 1 Nr. 2 EStG nacherhoben werden (BFH-Urteil vom 16.11.2005, BStBl. 2006 II S. 210).

Erteilt das Betriebsstättenfinanzamt dem Arbeitgeber eine Lohnsteueranrufungsauskunft, sind die Finanzbehörden im Rahmen des Lohnsteuerabzugsverfahrens an diese auch gegenüber dem **Arbeitnehmer** gebunden. Das Finanzamt kann daher die vom Arbeitgeber aufgrund einer (unrichtigen) Anrufungsauskunft nicht einbehaltene und abgeführte Lohnsteuer vom Arbeitnehmer nicht nach § 42d Abs. 3 Satz 4 Nr. 1 EStG nachfordern. In einem solchen Fall wird zwar nicht die Einkommensteuerschuld, aber die Lohnsteuerschuld des Arbeitnehmers wie auch die Entrichtungsschuld des Arbeitgebers durch das Finanzamt im Wege der Anrufungsauskunft verbindlich festgestellt (BFH-Urteil vom 17.10.2013, BStBl. 2014 II S. 892).

Der Inhalt einer im Lohnsteuerabzugsverfahren dem Arbeitgeber erteilten Anrufungsauskunft bindet allerdings das Wohnsitzfinanzamt bei der **Einkommensteuerveranlagung** des Arbeitnehmers nicht (BFH-Urteil vom 13.1.2011, BStBl. II S. 479). Das Finanzamt kann daher bei der Einkommensteuerveranlagung zum Nachteil des Arbeitnehmers eine ungünstigere Auffassung vertreten und die Lohnsteuer von diesem nachfordern, sofern dies verfahrensmäßig noch zulässig ist. Für die Einkommensteuerfestsetzung beim Arbeitnehmer darf jedoch noch keine Verjährung eingetreten sein (vgl. das Stichwort „Verjährung" unter Nr. 5 Buchstabe b und Nr. 7 Buchstabe f). Möchte der Arbeitgeber die Inanspruchnahme des Arbeitnehmers vermeiden, sollte er der Lohnsteuerpauschalierung nach § 40 Abs. 1 Satz 1 Nr. 2 EStG schriftlich zustimmen und gegebenenfalls mit dem Finanzamt einen diesbezüglichen Rechtsbehelfsverzicht vereinbaren.

H

Macht der Arbeitgeber in schwierigen Fällen, in denen ihm bei Anwendung der gebotenen Sorgfalt Zweifel über die Rechtslage kommen müssen, von der Möglichkeit der Anrufungsauskunft keinen Gebrauch, so ist ein auf dieser Unterlassung beruhender Rechtsirrtum grundsätzlich nicht entschuldbar und steht der Inanspruchnahme des Arbeitgebers im Wege der Haftung nicht entgegen (BFH-Urteile vom 18.8.2005, BStBl. 2006 II S. 30 und vom 29.5.2008, BStBl. II S. 933).

c) der Arbeitgeber den Angaben in einem **Manteltarifvertrag** über die Steuerfreiheit vertraut hat (BFH-Urteil vom 18.9.1981, BStBl. II S. 801).

d) der Arbeitgeber den Lohnsteuerabzug entsprechend der von einer vorgesetzten Landesbehörde oder Mittelbehörde im Sinne von § 2a FVG (z. B. Oberfinanzdirektion, Landesamt für Steuern) in einer **Verwaltungsanweisung** geäußerten Auffassung durchführt, auch wenn er diese Anweisung nicht gekannt hat (BFH-Urteil vom 25.10.1985, BStBl. 1986 II S. 98).

H

Ob die Betriebsstätte des Arbeitgebers in dem Geschäftsbereich der Oberfinanzdirektion liegt, die die Verfügung erlassen hat, ist ohne Bedeutung. Denn vom Arbeitgeber können nicht bessere Rechtskenntnisse verlangt werden, als von einer Oberfinanzdirektion. Dies gilt aber dann nicht mehr, wenn dem Arbeitgeber bekannt ist, dass das für ihn zuständige Betriebsstättenfinanzamt eine andere Auffassung vertritt.

e) der Arbeitgeber den individuellen Lohnsteuerabzug ohne **Berücksichtigung von Gesetzesänderungen** durchgeführt hat, soweit es ihm in der kurzen Zeit zwischen der Verkündung des Gesetzes und den folgenden Lohnabrechnungen bei Anwendung eines strengen Maßstabs **nicht zumutbar** war, die Gesetzesänderungen zu berücksichtigen (vgl. R 42d.1 Abs. 4 Satz 4 LStR).

7. Inanspruchnahme des Arbeitgebers oder des Arbeitnehmers (Auswahlermessen)

a) Allgemeines

Verstößt die Inanspruchnahme des Arbeitgebers nicht gegen die Grundsätze von Treu- und Glauben (Entschließungsermessen) ist vom Finanzamt zu prüfen, ob im Rahmen der gesamtschuldnerischen Haftung **vorrangig der Arbeitgeber** anstelle des Arbeitnehmers in Anspruch genommen werden kann (Auswahlermessen). Das Finanzamt muss die Wahl, an welchen Gesamtschuldner es sich halten will, nach pflichtgemäßem Ermessen unter Beachtung der durch Recht und Billigkeit gezogenen Grenzen und unter verständiger Abwägung der Interessen aller Beteiligten treffen.

Der Inanspruchnahme des Arbeitgebers steht es nicht entgegen, dass das Finanzamt über einen längeren Zeitraum von seinen Befugnissen zur Überwachung des Lohnsteuerabzugs durch eine Lohnsteuer-Außenprüfung keinen Gebrauch gemacht hat (BFH-Urteil vom 11.8.1978, BStBl. II S. 683).

b) Inanspruchnahme des Arbeitnehmers als Steuerschuldner

Die Grundsätze von Recht und Billigkeit verlangen keine vorrangige Inanspruchnahme des Arbeitnehmers (BFH-Urteil vom 6.5.1959, BStBl. III S. 292). Um eine Ermessensentscheidung handelt es sich aber nur, soweit der Arbeit**geber** in Anspruch genommen werden soll. Der Arbeit**nehmer** als Steuerschuldner kann stets ohne Ermessensprüfung in Anspruch genommen werden, wenn die Lohnsteuer nicht ordnungsgemäß **einbehalten** worden ist. Im Lohnsteuerabzugsverfahren ist lediglich eine Nachforderung der Lohnsteuer nach § 42d Abs. 3 Satz 4 Nr. 1 EStG beim Arbeitnehmer ausgeschlossen, wenn sein Arbeitgeber diese aufgrund einer unrichtigen **Anrufungsauskunft** nicht einbehalten und abgeführt hat (BFH-Urteil vom 17.10.2013, BStBl. 2014 II S. 892). Die Nachforderung der Lohnsteuer im Veranlagungsverfahren bleibt davon jedoch unberührt (siehe unten).

Die Inanspruchnahme des Arbeitnehmers erfolgt durch Nachforderungsbescheid oder nach Ablauf des Kalenderjahrs durch Veranlagung zur Einkommensteuer. Wurde bereits eine Veranlagung für das betreffende Kalenderjahr durchgeführt, so erfolgt die Nachholung durch eine Änderung des Einkommensteuerbescheids.

Die nach § 42d Abs. 3 Satz 4 EStG bestehenden Beschränkungen für die Inanspruchnahme des Arbeitnehmers im Lohnsteuerabzugsverfahren (als Gesamtschuldner neben dem Arbeitgeber) steht der Inanspruchnahme des Arbeitnehmers bei der Einkommensteuerveranlagung nicht entgegen (BFH-Urteil vom 13.1.2011, BStBl. II S. 479). Diese Vorschrift hat – trotz ihres irreführenden Wortlauts – keine Auswirkungen auf das Veranlagungsverfahren (BFH-Urteil vom 17.5.1985, BStBl. II S. 660).

Im Einkommensteuer-Veranlagungsverfahren besteht zudem keine Bindung an eine ggf. vom Arbeitgeber durchgeführte Lohnsteuerpauschalierung. Wird nachträglich festgestellt, dass die Pauschalierungsvoraussetzungen nicht vorgelegen haben, so kann das Finanzamt ohne weiteres den bisher pauschal versteuerten Arbeitslohn beim Arbeitnehmer im Rahmen einer Veranlagung zur Einkommensteuer erfassen (BFH-Urteil vom 10.6.1988, BStBl. II S. 981). Für den Arbeitgeber entsteht in einem solchen Fall ein Anspruch auf Erstattung der pauschalen Lohnsteuer.

c) Unzulässige Inanspruchnahme des Arbeitgebers

Die Frage, ob der **Arbeitgeber** vor dem Arbeitnehmer in Anspruch genommen werden darf, hängt wesentlich von den Gesamtumständen des Einzelfalls ab, wobei von dem gesetzgeberischen Zweck des Lohnsteuerverfahrens, durch den Abzug an der Quelle den schnellen Eingang der Lohnsteuer in einem vereinfachten Verfahren sicherzustellen, auszugehen ist (BFH-Urteil vom 26.7.1974, BStBl. II S. 756). Eine vorrangige Inanspruchnahme des Arbeitgebers vor dem Arbeitnehmer kann danach unzulässig sein, wenn die Lohnsteuer ebenso schnell und ebenso einfach vom Arbeitnehmer nacherhoben werden kann, weil z. B. der **Arbeitnehmer** ohnehin zu **veranlagen** ist (BFH-Urteile vom 30.11.1966, BStBl. 1967 III S. 331 und vom 12.1.1968, BStBl. II S. 324); das gilt insbesondere dann, wenn der Arbeitnehmer inzwischen aus dem Betrieb ausgeschieden ist (BFH-Urteil vom 10.1.1964, BStBl. III S. 213). War nach diesen Grundsätzen die Inanspruchnahme des Arbeitgebers unzulässig, so kann der Arbeitgeber trotzdem dann in Anspruch genommen werden, wenn der Versuch des Finanzamts, die Lohnsteuer beim Arbeitnehmer nachzuerheben, erfolglos verlaufen ist (BFH-Urteil vom 18.7.1958, BStBl. III S. 384). Wie bereits ausgeführt, ist das Finanzamt auch dann nicht gehindert, den Arbeitgeber als Gesamtschuldner in Anspruch zu nehmen, wenn der Arbeitnehmer zur Einkommensteuer veranlagt wird (§ 42d Abs. 3 Satz 3 EStG). Dies gilt auch dann, wenn die Einkommensteuerfestsetzung des Arbeitnehmers bestandskräftig und verfahrensrechtlich nicht mehr änderbar ist oder der Arbeitnehmer für das Kalenderjahr keine Einkommensteuer schuldet (BFH-Urteil vom 6.3.2008, BStBl. II S. 597). Das hiervon abweichende BFH-Urteil vom 9.10.1992, BStBl. 1993 II S. 169 ist überholt.

d) Ermessensfehlerfreie Inanspruchnahme des Arbeitgebers

Die Inanspruchnahme des Arbeitgebers anstelle des Arbeitnehmers ist in aller Regel **ermessensfehlerfrei,** wenn

- die Einbehaltung der Lohnsteuer in einem rechtlich einfach und eindeutig vorliegenden Fall nur deshalb unterblieben ist, weil der Arbeitgeber sich über seine Verpflichtungen nicht hinreichend unterrichtet hat (BFH-Urteil vom 5.2.1971, BStBl. II S. 353);

Lohn-steuer-pflichtig Sozial-versich.-pflichtig

- sie der Vereinfachung dient, weil gleiche oder ähnliche Berechnungsfehler bei einer größeren Zahl von Arbeitnehmern (in der Regel mehr als 40 Arbeitnehmer) gemacht worden sind (BFH-Urteile vom 16.3.1962, BStBl. III S. 282, vom 6.3.1980, BStBl. II S. 289 und vom 24.1.1992, BStBl. II S. 696);
- das Finanzamt aufgrund einer fehlerhaften Unterlassung des Arbeitgebers aus tatsächlichen Gründen nicht in der Lage ist, die Arbeitnehmer als Schuldner der Lohnsteuer heranzuziehen (BFH-Urteil vom 7.12.1984, BStBl. 1985 II S. 164);
- sich der Arbeitgeber mit einer Inanspruchnahme als Haftungsschuldner einverstanden erklärt hat. Dies gilt auch dann, wenn sich die Haftungsschuld nur auf die Lohnsteuer eines namentlich bekannten Arbeitnehmers bezieht, der zudem als Geschäftsführer des Arbeitgebers selbst für den ordnungsgemäßen Lohnsteuerabzug verantwortlich war (BFH-Urteil vom 24.8.2017, BStBl. 2018 II S. 72);
- die individuelle Ermittlung der Lohnsteuer schwierig ist und der Arbeitgeber sich bereit erklärt, die Lohnsteuerschulden seiner Arbeitnehmer endgültig zu tragen (BFH-Urteil vom 7.12.1984, BStBl. 1985 S. 170) und keinen Antrag auf Pauschalierung stellt. In diesen und vergleichbaren Fällen kann die nachzufordernde Lohnsteuer unter Anwendung eines durchschnittlichen Bruttosteuersatzes – gegebenenfalls im Schätzungswege – ermittelt werden (vgl. BFH-Urteile vom 12.6.1986, BStBl. II S. 681 und vom 29.10.1993, BStBl. 1994 II S. 197). Zahlt der Arbeitgeber als Haftungsschuldner die nachgeforderte Lohnsteuer ohne dafür bei den Arbeitnehmern Regress zu nehmen, fließt den Arbeitnehmern erst mit der Zahlung ein geldwerter Vorteil zu, der dann nach den Grundsätzen der Nettobesteuerung (vgl. R 39b.9 LStR) dem Lohnsteuerabzug unterliegt (vgl. die Hinweise unter der nachfolgenden Nr. 8);
- eine **Nettolohnvereinbarung** vorliegt. Eine Inanspruchnahme des Arbeitnehmers ist im Falle der Nettolohnvereinbarung nur möglich, wenn der Arbeitnehmer weiß, dass der Arbeitgeber die Lohnsteuer nicht angemeldet hat (BFH-Urteil vom 8.11.1985, BStBl. 1986 II S. 186). Vgl. die Ausführungen unter Nr. 9.
- der Arbeitgeber aufgrund unrichtiger Angaben in den Lohnkonten oder den Lohnsteuerbescheinigungen vorsätzlich Lohnsteuer verkürzt hat. Liegt eine vorsätzlich begangene Steuerstraftat vor, ist das Auswahlermessen des Finanzamts, den Arbeitgeber in Haftung zu nehmen, vorgeprägt. In diesen Fällen bedarf es keiner besonderen Begründung der Ermessensentscheidung durch das Finanzamt (BFH-Urteil vom 12.2.2009, BStBl. II S. 478).

8. Rückgriff auf den Arbeitnehmer

Mit der Erfüllung des Haftungsanspruchs erlangt der Arbeitgeber einen (arbeitsrechtlich befristeten) Ausgleichsanspruch gegenüber dem Arbeitnehmer (§ 426 Abs. 2 Satz 1 BGB). Dies gilt nicht bei einer Nettolohnvereinbarung (vgl. die Erläuterungen unter der folgenden Nr. 9). Liegt keine Nettolohnvereinbarung vor, so ist der Arbeitgeber berechtigt, die von ihm nachgezahlte Lohnsteuer von den Arbeitnehmern, um deren Lohnsteuer es sich handelt, zurückzuverlangen (im Gegensatz zur Sozialversicherung, bei der dies nur in sehr eingeschränktem Umfang möglich ist, vgl. Nr. 13). Dieser **Rückgriff** ist jedoch rein **privatrechtlicher** Natur. Das Finanzamt ist weder befugt noch verpflichtet, sich dabei einzuschalten. Verzichtet der Arbeitgeber freiwillig darauf, eine Lohnsteuernachholung auf den Arbeitnehmer abzuwälzen, so liegt in diesem **Verzicht ein geldwerter Vorteil,** der selbst wieder steuerpflichtiger Arbeitslohn ist. Die Annahme von Arbeitslohn erfordert nicht das Zustandekommen eines Erlassvertrages zwischen Arbeitgeber und Arbeitnehmer im Sinne von § 397 BGB (BFH-Beschluss vom 5.3.2007, BFH/NV 2007 S. 1122). Der Vorteil ist im Zeitpunkt des Verzichts als „sonstiger Bezug" zur Lohnsteuer heranzuziehen. Will der Arbeitgeber auch diese Lohnsteuer übernehmen, so ist sie nach den Grundsätzen der Nettobesteuerung zu ermitteln (vgl. die Erläuterungen unter Nr. 11 Buchstabe c). Der Arbeitgeber kann dieses Verfahren vermeiden, wenn er im Anschluss an die Lohnsteuer-Außenprüfung sich entweder aus Vereinfachungsgründen mit der sofortigen Inanspruchnahme als Haftungsschuldner mit der individuellen Nettosteuerberechnung einverstanden erklärt oder bei einer größeren Zahl von Nachforderungsfällen die Festsetzung eines besonderen Pauschsteuersatzes nach § 40 Abs. 1 Nr. 2 EStG beantragt und diese Pauschalsteuer übernimmt.

Trägt der Arbeitgeber die nachgeforderten Steuerbeträge zwangsläufig selbst, weil ihm wegen der Entlassung oder der Zahlungsunfähigkeit des Arbeitnehmers ein Rückgriff nicht möglich ist, so führt die Übernahme der Steuernachforderung durch den Arbeitgeber nicht zu einem weiteren geldwerten Vorteil. Hat der Arbeitgeber jedoch aufgrund einer Vereinbarung mit dem Arbeitnehmer auf sein Rückgriffsrecht verzichtet (z. B. bei einer Nettolohnvereinbarung) oder ist ihm aufgrund eines tarifvertraglichen Ausschlusses (z. B. nach 6 Monaten nach Bekanntgabe des Haftungsbescheides, vgl. BAG-Urteil vom 20.3.1984[1)]) bzw. bei Verjährung der Ansprüche des Arbeitgebers nach Ablauf von drei Jahren (§§ 195, 199 Abs. 1 BGB) ein Rückgriff auf den Arbeitnehmer nicht möglich, so stellt die endgültige Übernahme der Steuerbeträge im Jahr der Zahlung einen netto zu besteuernden geldwerten Vorteil dar.

9. Nettolohnvereinbarungen, Schwarzgeldzahlungen und missglückte Pauschalierung

a) Nettolohnvereinbarungen

Arbeitnehmer und Arbeitgeber können arbeitsvertraglich eine Nettolohnvereinbarung treffen. Erforderlich ist allerdings eine klare und ausdrückliche Vereinbarung, die im Streitfall als Ausnahme vom Grundsatz des Bruttolohnes durch den Arbeitnehmer dargelegt und bewiesen werden muss (BFH-Urteile vom 14.3.1986, BStBl. II S. 886 und vom 13.10.1989, BStBl. 1990 II S. 30).

Die Nettolohnvereinbarung befreit den Arbeitnehmer von seiner Steuerschuld und ggf. auch von seiner Beitragslast bezüglich der Sozialversicherungsbeiträge. Obwohl die Nettolohnvereinbarung lediglich einen **arbeitsrechtlichen** Anspruch des Arbeitnehmers auf Befreiung von den Lohnabzugsbeträgen begründet, schützt ihn die Befreiungswirkung faktisch gegen die Inanspruchnahme durch das Finanzamt. Diese Schutzwirkung resultiert daraus, dass der Arbeitnehmer durch die vom Arbeitgeber erteilte Zusage, die Lohnabzugsbeträge zu übernehmen, davon ausgehen kann, dass mit der Auszahlung des Nettolohns der (fiktive) Bruttolohn vorschriftsmäßig gekürzt wurde.

Die Nettolohnvereinbarung ist ein Sonderfall des Lohnsteuerabzugs. Voraussetzung für die aus § 42d Abs. 3 Satz 4 EStG abgeleitete „Tilgungsmaßnahme" ist, dass der Arbeitnehmer dem Arbeitgeber seine Identifikationsnummer sowie den Tag der Geburt für den Abruf der elektronischen Lohnsteuerabzugsmerkmale mitgeteilt oder ersatzweise dem Arbeitgeber eine Bescheinigung für den Lohnsteuerabzug vorgelegt hat. Denn insofern darf der Arbeitnehmer nur dann von einem vorschriftsmäßigen Lohnsteuereinbehalt ausgehen, wenn dem Arbeitgeber die für den Lohnsteuerregelabzug maßgebenden Lohnsteuerabzugsmerkmale des Arbeitnehmers vorliegen (BFH-Urteil vom 28.2.1992, BStBl. II S. 732).

Stellt sich bei einer eindeutigen Nettolohnvereinbarung nachträglich heraus, dass die Lohnsteuer vom Arbeitgeber unzutreffend einbehalten wurde, so handelt das Finanzamt ermessensfehlerfrei, wenn es den **Arbeitgeber**

1) BAG-Urteil vom 20.3.1984 (veröffentlicht in der Zeitschrift „Der Betrieb" 1984 S. 1888).

H

als Haftungsschuldner **in Anspruch nimmt.** Eine Inanspruchnahme des **Arbeitnehmers** ist im Falle der Nettolohnvereinbarung nur dann möglich, wenn der Arbeitnehmer weiß, dass der Arbeitgeber die Lohnsteuer nicht angemeldet hat (BFH-Urteil vom 8.11.1985, BStBl. 1986 II S. 186). Die Inanspruchnahme des Arbeitgebers erfolgt im Regelfall durch **Netto-Einzelberechnung** nach den Besteuerungsmerkmalen des Jahres, in dem der unzutreffend besteuerte Arbeitslohn zugeflossen ist (vgl. die Erläuterungen unter Nr. 11 Buchstabe c).

Keine Nettolohnvereinbarung liegt bei einem lediglich irrtümlich unterbliebenen Lohnsteuerabzug vor. Haben sich z. B. die Parteien eines Vertrages über freie Mitarbeit über die Rechtsnatur des zwischen ihnen bestehenden Verhältnisses geirrt und lag tatsächlich ein Arbeitsverhältnis vor, sind als Bruttolohn die zugeflossenen Geld- und Sachzuwendungen anzusehen. Eine Hochrechnung auf einen Bruttolohn unter Berücksichtigung der nicht abgeführten Lohnsteuer ist in diesem Fall nicht zulässig (vgl. BFH-Urteil vom 23.4.1997, BFH/NV 1997 S. 656).

b) Schwarzgeldzahlungen

Bei Lohnsteuer-Außenprüfungen oder Steuerfahndungsprüfungen werden nicht selten sog. **Schwarzgeldzahlungen** festgestellt. Diesen Zahlungen liegen Schwarzlohnvereinbarungen zugrunde, das heißt Arbeitgeber und Arbeitnehmer haben einvernehmlich mit dem Zweck der Hinterziehung der Lohnsteuer und der Gesamtbeiträge zur Sozialversicherung zusammengewirkt, um zum beiderseitigen Vorteil diese Lohnabzüge zu ersparen. Derartige Absprachen kommen sowohl in der Form vor, dass die gesamte Arbeitsvergütung schwarz ausgezahlt wird als auch in der Form, dass Teile der Arbeitsvergütung beispielsweise die Überstundenvergütung, schwarz ausgezahlt werden.

Sind bei **illegalen Beschäftigungsverhältnissen** Beiträge zur Sozialversicherung und zur Arbeitsförderung nicht gezahlt worden, gilt für den Bereich der Sozialversicherung ein Nettoarbeitsentgelt als vereinbart (§ 14 Abs. 2 Satz 2 SGB IV). Eine **Schwarzlohnvereinbarung** zwischen Arbeitgeber und Arbeitnehmer mit dem Ziel der einvernehmlichen Hinterziehung der Lohnsteuer **stellt demgegenüber keine Nettolohnvereinbarung dar** (BFH-Urteil vom 21.2.1992, BStBl II S. 443). Behandeln z. B. Arbeitgeber und Arbeitnehmer ein reguläres Arbeitsverhältnis nach außen als geringfügiges Beschäftigungsverhältnis i. S. d. § 8 Abs. 1 Nr. 1 SGB IV, um Steuern und Sozialversicherungsbeiträge zu hinterziehen, kann aus diesem Verhalten nicht auf den Abschluss einer Nettolohnvereinbarung geschlossen werden. Zur arbeitsrechtlichen Abgrenzung einer Nettolohnvereinbarung von einer Schwarzgeldabrede vgl. BAG-Urteil vom 17.3.2010, Az. 5 AZR 301/09[1].

Die Nachversteuerung bei Schwarzlohnvereinbarungen erfolgt in der Praxis auf der Basis eines **Nettosteuersatzes** (BFH-Urteil vom 21.2.1992, BStBl. II S. 443). Da im Regelfall sowohl ein Rückgriff des Arbeitgebers hinsichtlich der Anteile des Arbeitnehmers bei den Sozialversicherungsbeiträgen wie auch ein **Rückgriff** des Arbeitgebers hinsichtlich der Lohnsteuer aus tatsächlichen und rechtlichen Gründen **ausscheidet,** wird bei einer Inanspruchnahme des Arbeitgebers als Haftungsschuldner Folgendes versteuert:

- der schwarz ausgezahlte Barlohn;
- die auf den Schwarzlohn entfallenden Steuern, für die der Arbeitgeber haftet (geldwerter Vorteil für den Arbeitnehmer);
- die vom Arbeitgeber nachzuzahlenden Arbeitnehmeranteile zur Gesamtsozialversicherung als zusätzlicher geldwerter Vorteil für den Arbeitnehmer (BFH-Urteil vom 13.9.2007, BStBl. 2008 II S. 58); dem Lohnzufluss steht nicht entgegen, dass der Arbeitgeber beim Arbeitnehmer gemäß § 28g SGB IV keinen Rückgriff mehr nehmen kann;
- die Steuern, die auf die Nacherhebung der Arbeitnehmeranteile zur Gesamtsozialversicherung entfallen (als weiterer geldwerter Vorteil für den Arbeitnehmer).

Können bei Schwarzgeldzahlungen die Höhe und die Empfänger der Lohnzahlungen nicht mehr ermittelt werden, kommt eine Schätzung der Lohnsteuer in Betracht. Die Schätzung der nicht dem Lohnsteuerabzug unterworfenen Arbeitslöhne kann z. B. nach einem Prozentsatz der festgestellten Nettoumsätze erfolgen. Auch strafrechtlich wird eine Schätzung der Lohnsteuer in den Fällen der sog. Schwarzlohnabrede vom BGH anerkannt (vgl. BGH-Beschluss vom 8.2.2011[2]).

c) Missglückte Pauschalierung bei Aushilfskräften und Teilzeitbeschäftigten

Bei Aushilfskräften und Teilzeitbeschäftigten kann die Lohnsteuer bei Vorliegen bestimmter Voraussetzungen pauschal versteuert werden (vgl. das Stichwort „Pauschalierung der Lohnsteuer bei Aushilfskräften und Teilzeitbeschäftigten"). Der pauschal versteuerte Arbeitslohn bleibt bei einer Veranlagung des Arbeitnehmers zur Einkommensteuer außer Betracht. Schuldner der pauschalen Lohnsteuer ist stets der Arbeitgeber, auch wenn der Arbeitnehmer die Pauschalsteuer im Innenverhältnis übernimmt (vgl. das Stichwort „Abwälzung der Pauschalsteuer auf den Arbeitnehmer").

Stellt sich nachträglich heraus, dass die vorgenommene Pauschalversteuerung ganz oder teilweise unzulässig war, wird der bisher pauschal versteuerte Arbeitslohn nach den individuellen Besteuerungsmerkmalen des Arbeitnehmers nachversteuert, wenn nicht eine andere als die vom Arbeitgeber gewählte Pauschalierungsmöglichkeit in Betracht kommt. Dabei ist zu beachten, dass allein aus der Vereinbarung eines Pauschalierungsarbeitsverhältnisses noch nicht die Schlussfolgerung gezogen werden kann, dass der Arbeitgeber auch dann gegenüber seinen Arbeitnehmern zur Übernahme der Lohnsteuer verpflichtet ist, wenn sich die Pauschalierungsvoraussetzungen als nicht gegeben erweisen (BFH vom 8.11.1985, BStBl. 1986 II S. 274). Von einer Nettolohnvereinbarung kann nur dann ausgegangen werden, wenn der Abschluss einer derartigen Vereinbarung klar und einwandfrei feststellbar ist (BFH-Urteil vom 14.3.1986, BStBl. II S. 886). Diese kann bei einer fehlgeschlagenen Pauschalversteuerung nicht unterstellt werden (BFH-Urteil vom 13.10.1989, BStBl. 1990 II S. 30).

Die nachzuerhebende Steuer ist somit im Grundsatz vom vereinbarten Lohn brutto zu ermitteln. Gegebenenfalls kommt eine Hochrechnung der Bruttosteuer als Nettobezug in Betracht, wenn der Arbeitgeber auf seine Regressansprüche gegen die Arbeitnehmer verzichtet (vgl. die Erläuterungen unter Nr. 11). Hierbei ist jedoch zu beachten, dass dem Arbeitgeber gerade bei Beschäftigung von Teilzeitkräften wegen der oft nur kurzen Beschäftigungsdauer ein Regress beim Arbeitnehmer nicht mehr möglich ist. Der Arbeitgeber trägt die nachzuentrichtende Steuer in diesen Fällen unfreiwillig, sodass er nur mit der Bruttosteuer in Anspruch genommen werden kann. Die Übernahme der Lohnsteuer stellt hier keine beabsichtigte Zuwendung des Arbeitgebers an die Arbeitnehmer dar.

10. Einwendungen gegen eine Lohnsteuernachforderung aus sachlichen Gründen

Lohnsteuernachforderungen ergeben sich oft daraus, dass das Finanzamt zu einem bestimmten Sachverhalt

1) BAG-Urteil vom 17.3.2010 (veröffentlicht in der Zeitschrift „Der Betrieb" 2010 S. 1241).

2) BGH-Beschluss vom 8.2.2011 (veröffentlicht in der Zeitschrift „Neue Juristische Wochenschrift" 2011 S. 2526).

Lohn-steuer-pflichtig	Sozial-versich.-pflichtig

eine andere Rechtsauffassung vertritt als der Arbeitgeber. Hat der Arbeitgeber deshalb keine oder eine geringere Lohnsteuer einbehalten, weil er z. B. von ihm beschäftigte Personen nicht als Arbeitnehmer betrachtet oder bestimmte Zuwendungen für lohnsteuerfrei gehalten hat, so kann er seine abweichende Meinung im ordentlichen Rechtsbehelfsverfahren gegen den Haftungsbescheid (Einspruch, Klage, Revision) gegebenenfalls bis zum Bundesfinanzhof geltend machen.

Ansprüche auf **Steuerermäßigungen,** die der **Arbeitnehmer** in den dafür vorgesehenen Verfahren (z. B. Berücksichtigung einer günstigeren Steuerklasse oder steuerfreier Beträge, Antrag auf Durchführung einer Einkommensteuerveranlagung zur Erstattung von Lohnsteuer) hätte geltend machen müssen und die er wegen Ablaufs der dafür festgesetzten Fristen nicht mehr verwirklichen kann, können auch im Lohnsteuerhaftungsverfahren **im Grundsatz nicht mehr** berücksichtigt werden (BFH-Beschluss vom 6.6.2005, BFH/NV 2005 S. 1793). Nur in Ausnahmefällen, z. B. wenn sich Arbeitgeber und Arbeitnehmer in gutem Glauben über die Zugehörigkeit bestimmter Bezüge zum Arbeitslohn geirrt haben und es der Arbeitnehmer deshalb unterlassen hat, mit diesen Bezügen zusammenhängende Aufwendungen als Werbungskosten geltend zu machen, kann die Steuerermäßigung im Haftungsverfahren noch nachgeholt werden (BFH-Urteile vom 29.11.1968, BStBl. 1969 II S. 173 und vom 5.11.1971, BStBl. 1972 II S. 137). Der Irrtum des Arbeitgebers darf aber nicht auf einer groben und für ihn offensichtlichen Verletzung steuerlicher Pflichten beruhen. Ein solcher Irrtum ist deshalb nicht anzuerkennen, wenn der Arbeitgeber (z. B. bei einer früheren Lohnsteuer-Außenprüfung) auf die Lohnsteuerpflicht bestimmter Zuwendungen hingewiesen wurde (BFH-Urteil vom 10.2.1961, BStBl. III S. 139). Entsprechendes gilt, wenn der Arbeitgeber in schwierigen Fällen, in denen ihm bei Anwendung der gebotenen Sorgfalt Zweifel über die Rechtslage kommen müssten, von der Möglichkeit der Anrufungsauskunft nach § 42e EStG keinen Gebrauch gemacht hat (BFH-Urteil vom 18.8.2005, BStBl. 2006 II S. 30).

Ausnahmsweise kann von einer Inanspruchnahme des Arbeitgebers abgesehen werden, wenn es sich um einen oder wenige langfristig beschäftigte und geringfügig entlohnte Arbeitnehmer handelt, für die keine ELStAM abgerufen wurden oder Bescheinigungen für den Lohnsteuerabzug vorgelegen haben, und damit gerechnet werden kann, dass deren Einkünfte keinen materiellen Steueranspruch ausgelöst haben. Voraussetzung ist, dass die Namen der Arbeitnehmer und ihre Anschriften bekannt sind und sich das Verhalten des Arbeitgebers nicht als grob fahrlässig darstellt (BFH-Urteil vom 15.11.1974, BStBl. 1975 II S. 297).

Wird Lohnsteuer vom Arbeitnehmer nachgefordert, kann dieser sämtliche Gründe gegen die Nachforderung geltend machen, und zwar auch dann, wenn die Frist für den Antrag auf Durchführung einer Einkommensteuerveranlagung zur Erstattung von Lohnsteuer für das betreffende Kalenderjahr bereits verstrichen ist; wobei das Nachschieben von Steuerermäßigungen jedoch nicht zu einer Erstattung führen darf (BFH-Urteil vom 26.1.1973, BStBl. II S. 423).

11. Berechnung der Steuernachforderung

a) Allgemeines

Bei Nachforderungen für abgelaufene Kalenderjahre ist die Jahreslohnsteuer zu ermitteln, wenn der Arbeitnehmer während des ganzen Jahres bei demselben Arbeitgeber beschäftigt gewesen ist. Für die Lohnsteuerermittlung ist grundsätzlich von den persönlichen Lohnsteuerabzugsmerkmalen des Arbeitnehmers auszugehen. Bei der Feststellung der Besteuerungsgrundlagen trifft den Arbeitgeber eine erhöhte Mitwirkungspflicht.

Lohn-steuer-pflichtig	Sozial-versich.-pflichtig

Sofern der Arbeitnehmer dem Arbeitgeber zum Zweck des Abrufs seiner elektronischen Lohnsteuerabzugsmerkmale (ELStAM) die ihm zugeteilte Identifikationsnummer sowie den Tag der Geburt schuldhaft (absichtlich oder grob fahrlässig) nicht mitteilt, ist der Arbeitgeber nach § 39c Abs. 1 Satz 1 EStG verpflichtet, die Lohnsteuer nach Steuerklasse VI einzubehalten (vgl. das Stichwort „Nichtvorlage der Lohnsteuerabzugsmerkmale"). Bei fehlender Abrufberechtigung des Arbeitgebers (z. B. aufgrund einer vom Arbeitnehmer beantragten Abrufsperre seiner ELStAM) ist dieser ebenfalls zur Anwendung der Steuerklasse VI verpflichtet (§ 39e Abs. 6 Satz 8 EStG). Entsprechendes gilt für einen beschränkt oder erweitert unbeschränkt steuerpflichtigen Arbeitnehmer, der seinem Arbeitgeber keine gesonderte Bescheinigung für den Lohnsteuerabzug vorgelegt hat (§ 39 Abs. 3 EStG). Führt der Arbeitgeber in diesen Fällen den Lohnsteuerabzug trotz fehlender Kenntnis der individuellen Lohnsteuerabzugsmerkmale des Arbeitnehmers nicht nach der Steuerklasse VI, sondern nach der Steuerklasse I bis V durch, so kann der Arbeitgeber auch noch **nach Ablauf des Kalenderjahres** als **Haftungsschuldner** nach § 42d Abs. 1 Nr. 1 EStG grundsätzlich mit Steuerklasse VI in Anspruch genommen werden (BFH-Urteil vom 12.1.2001, BStBl. 2003 II S. 151, BFH-Beschlüsse vom 29.7.2009, BFH/NV 2009 S. 1809 und vom 18.9.2012, BFH/NV 2012 S. 1961; H 42d.1 – Allgemeines zur Arbeitgeberhaftung – LStH). Der BFH begründet dies damit, dass die Anwendung der Regelung in § 39c Abs. 1 EStG gerade Steuerausfälle verhindern soll (insbesondere bei Arbeitnehmern, die nebeneinander aus zwei Beschäftigungsverhältnissen Arbeitslohn beziehen) und deshalb zeitlich nicht beschränkt sein kann. Die bloße Behauptung des Arbeitgebers, dass die von den Beschäftigten geschuldete Einkommensteuer hinter den haftungsgegenständlichen Lohnsteuerbeträgen zurückbleibe, reicht nicht aus, um die Haftungsinanspruchnahme als ungerechtfertigt anzusehen. Etwas anderes gilt nur dann, wenn der Arbeitgeber nachweist, dass es sich tatsächlich um das erste Dienstverhältnis gehandelt hat (BFH-Urteil vom 29.5.2008, BStBl. II S. 933).

Werden durch eine Lohnsteuer-Außenprüfung nachzuversteuernde Zuwendungen festgestellt und steht fest, dass die Steuer vom Arbeitgeber nachgefordert wird, so ergeben sich für die Berechnung der Steuernachforderung mehrere Möglichkeiten, je nach dem, ob der Arbeitgeber die im Haftungsverfahren gezahlte Lohnsteuer dem Arbeitnehmer weiterbelasten will, ob er die Lohnsteuer endgültig übernimmt oder ob eine Lohnsteuerpauschalierung in Betracht kommt:

- **Brutto-Einzelberechnung,**
- **Netto-Einzelberechnung,**
- Anwendung eines **Pauschsteuersatzes** auf Antrag des Arbeitgebers,
- **Schätzung der Lohnsteuer** bei Fehlen eines Pauschalierungsantrags.

b) Brutto-Einzelberechnung

Die Brutto-Einzelberechnung kommt in Betracht, wenn Steuerabzugsbeträge von den Arbeitnehmern nachzufordern sind, der Arbeitgeber aber nicht beabsichtigt, die nachgeforderten Steuerabzugsbeträge zu übernehmen, das heißt der Arbeitgeber erklärt, dass er die von ihm im Haftungsverfahren gezahlte Lohnsteuer vom Arbeitnehmer zurückfordern wird. Die nachzufordernde Lohnsteuer ist dabei grundsätzlich individuell zu ermitteln. Der individuellen Ermittlung der Steuerabzugsbeträge steht nicht entgegen, dass es sich um eine Vielzahl von Fällen handelt oder sie mit einem großen Arbeitsaufwand verbunden ist (BFH-Urteil vom 17.3.1994, BStBl. II S. 536). Der Arbeitgeber hat im Rahmen seiner Mitwirkungspflichten dem Finanzamt angemessene und zumutbare Hilfestel-

H

lung bei der Berechnung der Steuerabzugsbeträge zu leisten (BFH-Urteil vom 1.7.1994, BFH/NV 1995 S. 297).

Der Nachforderungsbetrag ergibt sich aus dem Unterschied zwischen der Lohnsteuer, die auf den bisher versteuerten Arbeitslohn, und der Lohnsteuer, die auf den vom Prüfer festgestellten Arbeitslohn entfällt. Für die Berechnung der (Brutto-)Lohnsteuer ist der Lohnsteuertarif des Kalenderjahres anzuwenden, in dem der zu versteuernde geldwerte Vorteil zugeflossen ist.

Beispiel

Bei einer Lohnsteuer-Außenprüfung im Kalenderjahr 2021 wird Folgendes festgestellt:

Ein Arbeitnehmer (Steuerklasse III/1 Kinderfreibetrag), rk Kirchensteuer (8 %) bewohnte im Kalenderjahr 2020 eine Werkswohnung, die ihm sein Arbeitgeber verbilligt überlassen hat. Hierfür wäre ihm – nach Abzug des Bewertungsabschlags von 1/3 der ortsüblichen Miete gemäß § 8 Abs. 2 Satz 12 EStG – ein geldwerter Vorteil von (150,– € × 12 Monate =) 1800,– € zuzurechnen gewesen. Die Besteuerung dieses geldwerten Vorteils ist bisher unterblieben. Der bisher versteuerte Jahresarbeitslohn 2020 beträgt 35 000,– €. Es ergibt sich für das Kalenderjahr 2020 folgende Berechnung der Steuernachforderung:

		LSt	SolZ	KiSt
bisheriger Jahresarbeitslohn	40 000,– €	2 738,– €	0,– €	76,48 €
geldwerter Vorteil	1 800,– €			
Gesamt	41 800,– €	3 110,– €	0,– €	100,80 €
Nachforderung		**372,– €**	**0,– €**	**24,32 €**

Bei der nächsten Lohnsteuer-Außenprüfung prüft das Finanzamt, ob der Arbeitgeber den nachentrichteten Betrag in Höhe von 396,32 € (372,– € + 0,–€ + 24,32 €) vom Arbeitnehmer zurückgefordert hat. Hat der Arbeitgeber diesen Betrag nicht vom Arbeitnehmer zurückgefordert, so erfasst das Finanzamt die Übernahme durch den Arbeitgeber wiederum als steuerpflichtigen geldwerten Vorteil. Der Vorteil ist im Zeitpunkt des Verzichts auf den Rückgriff als „sonstiger Bezug" zu versteuern (vgl. die Erläuterungen unter dem nachfolgenden Buchstaben c). Übernimmt der Arbeitgeber die hierauf entfallende Lohnsteuer, so ist eine Nettobesteuerung dieses sonstigen Bezugs durchzuführen (die Nettobesteuerung eines sonstigen Bezugs ist beim Stichwort „Sonstige Bezüge" unter Nr. 13 dargestellt).

Auch wenn der Arbeitgeber die Steuerbeträge nach einer Lohnsteuer-Außenprüfung nicht an den Arbeitnehmer weiterbelasten kann, ist für den bisher unversteuerten Arbeitslohn im Zuflussjahr die Bruttosteuer zu ermitteln. Ob in der unterbliebenen Weiterbelastung ein zusätzlicher steuerpflichtiger Vorteil zu sehen ist, hängt von den Gründen ab. Entscheidend ist, ob der Arbeitgeber objektiv seinen Ausgleichsanspruch gegen den Arbeitnehmer nicht mehr geltend machen kann (z. B. der Arbeitnehmer ist aus dem Dienstverhältnis ausgeschieden oder zahlungsunfähig), ob er erfolglos war oder ob er lediglich aus subjektiven Gründen (z. B. Regressverzicht gegenüber dem Arbeitnehmer oder zu hoher Verwaltungsaufwand) auf die Geltendmachung seines Anspruchs verzichtet. Kann der Arbeitgeber seinen Ausgleichsanspruch aus objektiven Gründen nicht geltend machen, hat er die nachgeforderten Steuerbeträge aufgrund seiner Haftung an das Finanzamt zu entrichten. Darin kann kein zusätzlicher Arbeitslohn gesehen werden (vgl. unter Nr. 8).

c) Netto-Einzelberechnung

Ist der Arbeitgeber bereit, die Steuerabzugsbeträge, die auf den bisher nicht versteuerten Arbeitslohn entfallen, zu übernehmen, so ist in entsprechender Anwendung des BFH-Urteils vom 29.10.1993 (BStBl. 1994 II S. 197) zunächst nur die **Bruttosteuer** zu ermitteln, die für die einzelnen Kalenderjahre des Prüfungszeitraums im Einzelfall auf den Nachforderungsgrund entfällt. Erst die Zahlung der nachgeforderten Lohnsteuerbeträge an das Finanzamt (also die Entrichtung der Haftungsschuld durch den Arbeitgeber) führt beim Arbeitnehmer zu einem weiteren Lohnzufluss. Denn der Arbeitgeber übernimmt im Zeitpunkt der Zahlung die Lohnsteuer des Arbeitnehmers. Bei einer endgültigen Übernahme wird dieser Lohn als Nettozuwendung versteuert (R 39b.9 Abs. 1 LStR). Für die Berechnung der Lohnsteuer ist der netto gezahlte sonstige Bezug auf einen Bruttobetrag hochzurechnen. Aus Vereinfachungsgründen sind vor der Steuerberechnung vom Nettolohn der auf den Lohnzahlungszeitraum entfallende Anteil der Freibeträge für Versorgungsbezüge und des Altersentlastungsbetrags abzuziehen, wenn die Voraussetzungen für den Abzug dieser Beträge jeweils erfüllt sind (R 39b.9 Abs. 1 Satz 5 LStR). Übernimmt der Arbeitgeber außer der Lohnsteuer auch den Solidaritätszuschlag, die Kirchensteuer und ggf. den Arbeitnehmeranteil am Gesamtsozialversicherungsbeitrag, so sind bei der Ermittlung des Bruttoarbeitslohns außer der Lohnsteuer auch diese weiteren Abzugsbeträge einzubeziehen (R 39b.9 Abs. 2 Nr. 2 LStR). Auf das Berechnungsbeispiel in **Anhang 12** auf Seite 1311 wird hingewiesen.

Wird eine Nettolohnvereinbarung festgestellt (vgl. unter Nr. 9 Buchstabe a), vom Arbeitgeber das Vorliegen einer Nettozuwendung eingeräumt oder ist der Arbeitgeber aus Vereinfachungsgründen mit der sofortigen Inanspruchnahme als Haftungsschuldner mit der individuellen Nettosteuerberechnung einverstanden (vgl. unter Nr. 8), ist die Lohnsteuer bereits für das **Jahr des Zuflusses** des nachzuversteuernden sonstigen Bezuges im Wege der Nettolohnversteuerung nach R 39b.9 Abs. 2 LStR zu berechnen. Übernimmt der Arbeitgeber in diesem Fall auch die auf den sonstigen Bezug entfallende Kirchensteuer, den Solidaritätszuschlag und den Arbeitnehmeranteil am Gesamtsozialversicherungsbeitrag, so sind in die Berechnung der Steuernachforderung diese weiteren Lohnabzugsbeträge einzubeziehen (R 39b.9 Abs. 1 Satz 1 LStR). Möchte der Arbeitgeber die Lohnsteuer für seine Arbeitnehmer übernehmen und wendet er sich im Grunde nach gegen die Festsetzung einer Haftungsschuld (z. B. zur Klärung einer materiell rechtlichen Frage), reicht dies für eine Nettolohnversteuerung hingegen nicht aus. In diesem Fall kann der Arbeitgeber zunächst nur in Höhe der Bruttolohnsteuer in Anspruch genommen werden (vgl. unter Nr. 11 Buchstabe b).

d) Pauschsteuersatz auf Antrag des Arbeitgebers

Die Berechnung der Steuernachforderung ist insbesondere dann, wenn mehrere Arbeitnehmer betroffen sind, mit einem erheblichen Arbeitsaufwand verbunden. Bei einer Nachforderung von Lohnsteuer in einer größeren Zahl von Fällen kann deshalb die Lohnsteuer mit einem Pauschsteuersatz erhoben werden, **wenn der Arbeitgeber dies** nach § 40 Abs. 1 Nr. 2 EStG **beantragt** und damit der Nachforderung pauschaler Lohnsteuer zustimmt (BFH-Urteil vom 20.11.2008, BStBl. 2009 II S. 374). Dabei kommt es nicht darauf an, ob sonstige Bezüge oder Teile des **laufenden** Arbeitslohns nachzuversteuern sind. Auch die **Pauschalierungsgrenze von 1000 €,** die bei einer Pauschalierung von sonstigen Bezügen normalerweise zu beachten ist, findet bei einer Lohnsteuer-Außenprüfung **keine Anwendung.** Pauschalierte Lohnsteuer darf nur für solche Einkünfte aus nichtselbstständiger Arbeit erhoben werden, die dem Lohnsteuerabzug unterliegen, wenn der Arbeitgeber keinen Pauschalierungsantrag gestellt hätte (BFH-Urteil vom 10.5.2006, BStBl. II S. 669).

Derjenige, der für den Arbeitgeber im Rahmen der Lohnsteuer-Außenprüfung auftritt, ist in der Regel nach den Grundsätzen der Anscheinsvollmacht dazu befugt, einen Antrag auf Lohnsteuer-Pauschalierung zu stellen (BFH-Urteil vom 10.10.2002, BStBl. 2003 II S. 156). Es empfiehlt sich, die Antragstellung aktenkundig zu machen.

Der Arbeitgeber ist an seinen Pauschalierungsantrag gebunden, sobald der Pauschalierungsbescheid bekannt gegeben worden ist. War sich der Arbeitgeber über die Bedeutung und Rechtsfolgen des Antrags auf Pauschalierung der Steuern nicht im Klaren und sind im Einspruchsverfahren seine Einwendungen gegen den Pauschalierungsbescheid als Rücknahme oder Anfechtung des Pauschalierungsantrags zu verstehen, so wäre es im Regelfall ermessensfehlerhaft, wenn das Finanzamt den Pauscha-

Lohn-steuer-pflichtig Sozial-versich.-pflichtig

lierungsbescheid aufrechterhält, obwohl es den Steueranspruch durch Erlass eines Haftungsbescheids gegenüber dem Arbeitgeber realisieren könnte (BFH-Urteil vom 5.3.1993, BStBl. II S. 692). Wird der Nachforderungsbescheid auf den Einspruch des Arbeitgebers aufgehoben, ist der dort berücksichtigte Arbeitslohn dann entweder durch Haftungsbescheid nachzuversteuern oder im Rahmen der Einkommensteuerveranlagung des Arbeitnehmers zu erfassen (BFH-Beschluss vom 18.1.1991, BStBl. II S. 309). Für Nachforderungszeiträume, die wegen des Ablaufs der Festsetzungsfrist nicht mehr im Haftungswege oder im Rahmen der Einkommensteuerveranlagung realisiert werden können, muss jedoch der Pauschalierungsbescheid bestehen bleiben (BFH-Urteil vom 5.3.1993, BStBl. II S. 692).

Ein nach § 40 Abs. 1 Nr. 2 EStG ergangener Lohnsteuer-Pauschalierungsbescheid ist nicht deshalb nichtig, weil der Arbeitgeber keinen Pauschalierungsantrag gestellt hat (BFH-Urteil vom 7.2.2002, BStBl. II S. 438). Deshalb ist ein bestandskräftig gewordener Pauschalierungsbescheid auch dann als verbindlich anzuerkennen, wenn er vom Finanzamt ohne Antrag des Arbeitgebers erlassen wurde. Um verfahrensrechtliche Schwierigkeiten zu vermeiden, sollte jedoch stets auf den erforderlichen (schriftlichen) Pauschalierungsantrag geachtet werden.

Die Pauschalierung setzt voraus, dass der Arbeitgeber die pauschale Lohnsteuer übernimmt. Dazu wird der für das jeweilige Zuflussjahr des nachzuversteuernden Betrags ermittelte Bruttosteuersatz auf den Nettosteuersatz hochgerechnet. Im Rahmen der Lohnsteuerpauschalierung übernimmt der Arbeitgeber auch die Kirchensteuer und einen ggf. anfallenden Solidaritätszuschlag. Die Übernahme der Kirchensteuer stellt zwar für den Arbeitnehmer einen Vorteil dar, die Finanzverwaltung verzichtet aber bei der Anwendung eines Pauschsteuersatzes aus Vereinfachungsgründen auf die Einbeziehung dieses Vorteils. Das Gleiche gilt für die Übernahme des Solidaritätszuschlags. Die Ermittlung des Pauschsteuersatzes ist beim Stichwort „Pauschalierung der Lohnsteuer" unter Nr. 2 Buchstabe b anhand eines Beispiels auf Seite 734 dargestellt (ebenso die Berechnung der Kirchensteuer und des gegebenenfalls nachzuerhebenden Solidaritätszuschlags).

Der pauschal versteuerte Arbeitslohn, die pauschale Lohn- und Kirchensteuer sowie der pauschalierte Solidaritätszuschlag bleiben bei der Einkommensteuerveranlagung des Arbeitnehmers außer Ansatz. Sie dürfen deshalb **nicht** in der (elektronischen) Lohnsteuerbescheinigung berücksichtigt werden. Die pauschale Lohnsteuer entsteht nicht erst durch den auf das Pauschalierungsverfahren hin ergehenden Bescheid über die nachzuerhebende Lohnsteuer, sondern bereits im Zeitpunkt des Lohnzuflusses beim Arbeitnehmer (BFH-Urteil vom 6.5.1994, BStBl. II S. 715). Der Entstehungszeitpunkt der pauschalen Lohnsteuer ist vor allem für die Festsetzungsverjährung von großer Bedeutung. Denn die Festsetzungsfrist beträgt in der Regel 4 Jahre, beginnend mit dem Zeitpunkt, in dem die Steuer entsteht (vgl. das Stichwort „Verjährung").

Hat das Finanzamt einen Haftungsbescheid erlassen, darf das Finanzgericht diesen Bescheid nicht aufheben und stattdessen einen Nachforderungsbetrag festsetzen (BFH-Urteil vom 24.9.2015, BStBl. 2016 II S. 176). Ein im finanzgerichtlichen Verfahren gestellter Antrag, die Lohnsteuer für geldwerte Vorteile bei Fahrten zwischen Wohnung und Arbeitsstätte nach § 40 Abs. 2 Satz 2 EStG nachträglich mit 15 % zu pauschalieren, ist unbeachtlich. Das Wahlrecht des Arbeitgebers zur Lohnsteuerpauschalierung nach § 40 Abs. 2 Satz 2 EStG wird nicht durch einen Antrag, sondern durch die Anmeldung der mit einem Pauschsteuersatz erhobenen Lohnsteuer ausgeübt.

Lohn-steuer-pflichtig Sozial-versich.-pflichtig

e) Schätzung der Lohnsteuer bei fehlendem Pauschalierungsantrag

Stellt der Arbeitgeber keinen Pauschalierungsantrag, so gehen die Lohnsteuer-Außenprüfer im Regelfall nach folgenden Grundsätzen vor:

Kann die Höhe des nachzuversteuernden Betrags für den einzelnen Arbeitnehmer nicht genau festgestellt werden, weil eine genaue Feststellung **objektiv unmöglich** ist und der Arbeitgeber die Lohnsteuer von den Arbeitnehmern nicht zurückverlangt oder nicht zurückverlangen kann, so ist die nachzuerhebende Lohnsteuer in Anlehnung an § 40 Abs. 1 EStG regelmäßig mit dem niedrigeren Bruttosteuersatz zu schätzen. Eine Schätzung mit einem Nettosteuersatz im Jahr des Zuflusses des Arbeitslohns ist nur beim Vorliegen einer Nettolohnvereinbarung zulässig. Die Steuerbeträge sind durch **Haftungsbescheid** und nicht durch Steuerbescheid zu erheben, da es sich nicht um eine Pauschalierung der Lohnsteuer nach § 40 EStG handelt und der Arbeitgeber demnach nicht Steuerschuldner ist.

Sind die nachzuversteuernden Beträge der Höhe nach für jeden Arbeitnehmer eindeutig feststellbar und ist somit die Berechnung der individuellen Steuer **möglich** (z. B. Nachversteuerung von geldwerten Vorteilen bei der Überlassung von Werkswohnungen oder bei der privaten Pkw-Nutzung), so ist bei einem Fehlen des Antrags des Arbeitgebers auf Pauschalierung eine Brutto-Einzelberechnung (vgl. unter b) oder bei einem Verzicht auf Regress gegenüber den Arbeitnehmern eine Netto-Einzelberechnung (vgl. unter c) für jeden einzelnen Arbeitnehmer durchzuführen. Eine Ermittlung der Lohnsteuer in Anlehnung an die für eine Pauschalierung geltenden Grundsätze ist nach dem BFH-Urteil vom 17.3.1994 (BStBl. II S. 536) nicht zulässig. Der Arbeitgeber muss in diesen Fällen aufgrund seiner Mitwirkungspflicht dem Prüfer alle für eine derartige Berechnung erforderlichen Merkmale (Bruttoarbeitslohn, Freibeträge, Steuerklasse usw.) vorlegen.

12. Verfahren bei der Lohnsteuernachholung

Wird Lohnsteuer beim Arbeitgeber nachgeholt, so ist zu unterscheiden, ob es sich um die Nachforderung pauschaler Lohnsteuer oder um eine Inanspruchnahme des Arbeitgebers im Haftungsverfahren handelt.

Lohnsteuernacherhebung beim Arbeitgeber

durch **Nachforderungsbescheid**	durch **Haftungsbescheid**
Durch diesen Bescheid wird **pauschale Lohnsteuer** (§§ 37b, 40, 40 a und 40 b EStG) vom Arbeitgeber als Steuerschuldner nachgefordert. Der Nachforderungsbescheid ist ein Steuerbescheid im Sinne des § 155 AO für den die Änderungsvorschriften der §§ 172 ff. AO gelten.	Durch diesen Bescheid wird der Arbeitgeber als **Haftungsschuldner** in Anspruch genommen (der Arbeitnehmer bleibt Steuerschuldner). Der Haftungsbescheid ist **kein Steuerbescheid** im Sinne des § 155 AO; eine Änderung richtet sich deshalb nach den §§ 130, 131 AO.

Zur Nachforderung von Lohnsteuer beim Arbeitnehmer vgl. R 41c.3 LStR sowie das Stichwort „Nachforderung der Lohnabzugsbeträge vom Arbeitnehmer". Zur Nachforderung der Lohnsteuer durch Erhöhung der Lohnsteuer-Entrichtungsschuld des Arbeitgebers vgl. BFH-Urteil vom 30.10.2008, BStBl. 2009 II S. 354 sowie die Erläuterungen beim Stichwort „Änderung des Lohnsteuerabzugs" unter Nr. 5b. Eine Änderung der Lohnsteuer zugunsten des Arbeitgebers oder des Arbeitnehmers ist nach der Übermittlung der elektronischen Lohnsteuerbescheinigung nur im Fall „veruntreuter Beträge" möglich (§ 41c Abs. 3 Satz 4 EStG); vgl. die Erläuterungen beim Stichwort „Änderung des Lohnsteuerabzugs" unter Nr. 5c.

Lohn- Sozial-
steuer- versich.-
pflichtig pflichtig

a) Haftungsbescheid

Wird der Arbeitgeber anstelle des Arbeitnehmers im Haftungsverfahren in Anspruch genommen, so erlässt das Finanzamt über die Lohnsteuernachforderung einen Haftungsbescheid mit Rechtsbehelfsbelehrung und Erläuterung der Steuerfestsetzung. Hiervon kann jedoch Abstand genommen werden, wenn der Haftungsschuldner (Arbeitgeber) seine **Zahlungsverpflichtung** gegenüber dem Prüfer oder dem Finanzamt schriftlich anerkennt oder wenn der Arbeitgeber über die von ihm eingehaltene, aber noch nicht abgeführte Lohnsteuer eine Lohnsteueranmeldung abgibt (§ 42d Abs. 4 EStG). Erkennt der Arbeitgeber nach einer Lohnsteuer-Außenprüfung seine Zahlungsverpflichtung gegenüber dem Finanzamt schriftlich an (§ 42d Abs. 4 Nr. 2 EStG), ergeht unter Bezugnahme auf diese Zahlungsverpflichtung nur ein Bescheid über die Aufhebung des Vorbehalts der Nachprüfung. Das Leistungsgebot für den Arbeitgeber und die Fälligkeit der nachzuzahlenden Beträge ergibt sich unmittelbar aus dem Zahlungsanerkenntnis. Das Haftungsanerkenntnis nach einer Lohnsteuer-Außenprüfung bedeutet zwar keinen Rechtsbehelfsverzicht und setzt auch keine Rechtsbehelfsfrist in Lauf (BFH-Urteil vom 14.11.1986, BStBl. 1987 II S. 198). Will der Arbeitgeber Einwendungen gegen das Anerkenntnis geltend machen, so empfiehlt es sich, diese im Rahmen eines Einspruchs gegen den Bescheid über die Aufhebung des Vorbehalts der Nachprüfung vorzubringen. Dieser Bescheid umfasst nämlich gleichzeitig auch die Aufhebung des Vorbehalts der Nachprüfung für das Zahlungsanerkenntnis. Das Anerkenntnis nach § 42d Abs. 4 Nr. 2 EStG steht einer Lohnsteueranmeldung gleich (§ 167 Abs. 1 Satz 3 AO) und ist damit nach Bestandskraft des Aufhebungsbescheids nur noch eingeschränkt änderbar.

Wird vom Arbeitgeber pauschale Lohnsteuer nacherhoben (dies sind nach § 40 Abs. 3 EStG alle Pauschalierungen im Sinne der §§ 37b, 40, 40a und 40b EStG) und wird er zugleich als Haftungsschuldner in Anspruch genommen, so ist die Steuerschuld von der Haftungsschuld eindeutig zu trennen. Dies kann im Entscheidungssatz des zusammengefassten Nachforderungs- und Haftungsbescheids, in der Begründung dieses Bescheids oder in dem dem Arbeitgeber bereits bekannten oder beigefügten Bericht einer Lohnsteuer-Außenprüfung, auf den zur Begründung Bezug genommen ist, erfolgen (BFH-Urteil vom 1.8.1985, BStBl. II S. 664). Die Steuerschuld und Haftungsschuld können äußerlich in einer Verfügung verbunden werden (BFH-Urteil vom 16.11.1984, BStBl. 1985 II S. 266). Bei einer Nachforderung von Lohnsteuer für abgelaufene Kalenderjahre braucht die Steuerschuld oder der Haftungsbetrag nur nach Kalenderjahren aufgegliedert zu werden (BFH-Urteile vom 18.7.1985, BStBl. 1986 II S. 152 und vom 22.11.1988, BStBl. 1989 II S. 220). Eine Aufgliederung auf die einzelnen Lohnsteuer-Anmeldungszeiträume ist nicht erforderlich.

Wird im Anschluss an eine Außenprüfung pauschale Lohnsteuer fälschlicherweise durch einen Haftungsbescheid geltend gemacht, kann mit der Aufhebung des Haftungsbescheides die Unanfechtbarkeit i. S. des § 171 Abs. 4 Satz 1 AO und damit das Ende der Ablaufhemmung für die Festsetzungsfrist eintreten (BFH-Urteil vom 6.5.1994, BStBl. II S. 715). Der Eintritt der Festsetzungsverjährung kann nur vermieden werden, wenn der nicht korrekte Haftungsbescheid erst dann aufgehoben wird, nachdem zuvor der formell korrekte Nachforderungsbescheid erlassen worden ist.

Der Haftungsbetrag ist grundsätzlich auf die einzelnen Arbeitnehmer aufzuschlüsseln und individuell zu ermitteln. Dies gilt trotz des damit verbundenen Arbeitsaufwands auch in einer Vielzahl von Fällen. Hierdurch wird dem Arbeitgeber erst die Weiterbelastung der nachgeforderten Beträge an die Arbeitnehmer ermöglicht (vgl. die Erläuterungen bei Nr. 8). Etwas anderes gilt nur dann, wenn entweder die Voraussetzungen des § 162 AO für eine

Lohn- Sozial-
steuer- versich.-
pflichtig pflichtig

Schätzung der Lohnsteuer vorliegen oder der Arbeitgeber mit der Berechnung der Haftungsschuld nach einem durchschnittlichen Steuersatz einverstanden ist (BFH-Urteil vom 17.3.1994, BStBl. II S. 536).

Der Arbeitgeber kann gegen den Haftungsbescheid **Einspruch** einlegen. Werden vom Arbeitgeber nur bestimmte Haftungsbestände in einem zusammengefassten Haftungsbescheid mit Einspruch angefochten, so wird der restliche Teil des Bescheids nach Ablauf der einmonatigen Rechtsbehelfsfrist bestandskräftig und kann in einem eventuellen späteren Klageverfahren nicht mehr aufgegriffen werden.

Das Finanzamt kann im finanzgerichtlichen Verfahren einen angefochtenen Haftungsbescheid, der in formeller Hinsicht fehlerhaft ist, durch den gleichzeitigen Erlass eines neuen Haftungsbescheides aufheben (BFH-Urteil vom 5.10.2004, BStBl. 2005 II S. 323). Der neue Haftungsbescheid wird nach § 68 Satz 1 FGO zum Gegenstand des Verfahrens. Während eines sich daran anschließenden Revisionsverfahrens kann das Finanzamt allerdings weiter bestehende Ermessenfehler nicht mehr heilen. Werden in einem Revisionsverfahren erstmals Ermessenerwägungen angestellt, können diese nach Auffassung des BFH nicht mehr berücksichtigt werden (BFH-Urteil vom 15.5.2013, BStBl. II S. 737).

In Kirchensteuerangelegenheiten ist in einzelnen Bundesländern (z. B. in Rheinland-Pfalz) als Rechtsbehelf nicht der Einspruch, sondern der Widerspruch gegeben. Das Rechtsbehelfsverfahren richtet sich hierbei nicht nach den Vorschriften der AO sondern nach dem Verwaltungsverfahrensgesetz und der Verwaltungsgerichtsordnung. Ein Widerspruch ist jedoch dann nicht zulässig, wenn die Einwendungen gegen die Inanspruchnahme durch Anfechtung der Lohnsteuerhaftung/-nachforderung geltend gemacht werden können. Wird ein Bescheid wegen der Höhe der Lohnsteuer geändert, so führt das von Amts wegen zu einer entsprechenden Änderung der Kirchensteuer.

Auch der **Arbeitnehmer** hat gegen den Haftungsbescheid insoweit ein eigenes Einspruchsrecht, als er persönlich für die nachgeforderte Lohnsteuer in Anspruch genommen werden kann (BFH-Urteile vom 29.6.1973, BStBl. II S. 780 und vom 7.12.1984, BStBl. 1985 II S. 170). Der Einspruch ist zwar grundsätzlich innerhalb eines Monats nach Bekanntgabe des Verwaltungsakts einzulegen. Da der Haftungsbescheid dem Arbeitnehmer jedoch nicht bekannt gegeben wird, kann dieser den Bescheid noch bis zum Ablauf **eines Jahres** nach dessen Bekanntgabe an den Arbeitgeber anfechten (BFH-Urteil vom 3.7.2019, BStBl. 2020 II S. 241). In einem allein vom Arbeitnehmer veranlassten Einspruchsverfahren ist der Arbeitgeber hinzuzuziehen. Umgekehrt hat das Finanzamt bei einem Einspruch des Arbeitgebers den Arbeitnehmer zum Einspruchsverfahren hinzuzuziehen, wenn die Entscheidung auch gegenüber dem Arbeitnehmer nur einheitlich ergehen kann (§ 360 Abs. 3 Satz 1 AO). Eine Anhörung der Arbeitnehmer **vor** Erlass des Haftungsbescheides ist nicht erforderlich (Urteil des FG Niedersachsen vom 28.8.2009, Az. 11 K 528/07, EFG 2009 S. 1904).

b) Nachforderungsbescheid

Wird **pauschale** Lohnsteuer nacherhoben, die der Arbeitgeber zu übernehmen hat, so wird kein Haftungsbescheid, sondern ein **Nachforderungsbescheid** (Steuerbescheid) erlassen, da der Arbeitgeber Schuldner der pauschalen Lohnsteuer ist. Gegebenenfalls wird der Nachforderungsbescheid mit dem Haftungsbescheid zusammengefasst, wenn der Arbeitgeber gleichzeitig als Haftungsschuldner in Anspruch genommen wird. Ein Nachforderungsbescheid kann mehrere steuerpflichtige Sachverhalte und Kalenderjahre umfassen (Sammelnachforderungsbescheid; vgl. BFH-Urteil vom 30.8.1988, BStBl. 1989 II S. 193). Die voneinander unabhängigen

Lohn-steuer-pflichtig | Sozial-versich.-pflichtig

Nachforderungsfälle werden nur äußerlich in einem Bescheid zusammengefasst. Das Finanzamt kann bei Bedarf sog. Teilnachforderungsbescheide für bestimmte Sachverhalte erlassen, solange der Vorbehalt der Nachprüfung für die betroffenen Lohnsteuer-Anmeldungszeiträume noch besteht. Der Nachforderungsbescheid ist kein Haftungsbescheid, sondern ein Steuerbescheid und unterliegt daher den Regeln über die Aufhebung und Änderung von Steuerbescheiden (§§ 172 bis 177 AO).

Die Nachforderung pauschaler Lohnsteuer setzt einen Antrag oder die Zustimmung des Arbeitgebers zur Lohnsteuerpauschalierung nach den vorgenannten Vorschriften voraus. Die pauschale Lohnsteuer entsteht nach dem BFH-Urteil vom 6.5.1994 (BStBl. II S. 715) im Zeitpunkt des Zuflusses des Arbeitslohns beim Arbeitnehmer. Die Pauschalsteuer ist deshalb im Nachforderungsbescheid als Steuerschuld des jeweiligen Jahres auszuweisen, in dem der Arbeitslohn zugeflossen ist.

Aufgrund erneut anhängiger Verfahren zur **Verfassungsmäßigkeit** des **Solidaritätszuschlaggesetzes** 1995 – SolZG – (Vorlagebeschluss des FG Niedersachsen vom 21.8.2013, Az. 7 K 143/08; Az. beim BVerfG: 2 BvL 6/14) erlässt die Finanzverwaltung Lohnsteuer-Nachforderungsbescheide, mit denen Solidaritätszuschlag auf die pauschale Lohnsteuer festgesetzt wird, gemäß § 165 Abs. 1 Satz 2 Nr. 3 AO weiter vorläufig. Einen entsprechenden Vorläufigkeitsvermerk enthält auch der Bescheid über die Aufhebung des Vorbehalts der Nachprüfung nach einer Lohnsteuer-Außenprüfung, soweit pauschale Lohnsteuer Gegenstand der Lohnsteuer-Anmeldungen und Steuerfestsetzungen für den geprüften Zeitraum gewesen ist. Um den Rechtsschutz in Bezug auf die Erhebung des Solidaritätszuschlags zu wahren, sollte darauf geachtet werden, dass die Bescheide des Finanzamts den o. a. **Vorläufigkeitsvermerk** enthalten. Eine **Aussetzung** der **Vollziehung** des Solidaritätszuschlags kommt allerdings **nicht** in Betracht. Insoweit hat das öffentliche Interesse am Vollzug des SolZG Vorrang gegenüber dem Interesse des Steuerpflichtigen an der Gewährung eines vorläufigen Rechtsschutzes (BFH-Beschluss vom 15.6.2016, BStBl. II S. 846).

c) Zahlungsfrist, Kleinbetragsgrenze

Für die durch Haftungsbescheid oder Nachforderungsbescheid angeforderten Steuerbeträge hat das Finanzamt eine **Zahlungsfrist** von einem Monat einzuräumen (R 42d.1 Abs. 7 LStR).

Für die Steuernacherhebung durch Haftungs- oder Nachforderungsbescheid gilt eine Kleinbetragsgrenze von **10 €.** Das Finanzamt muss bis zu diesem Betrag auf die Geltendmachung seiner Steuer- oder Haftungsforderungen verzichten (§ 42d Abs. 5 EStG). Die Kleinbetragsgrenze bezieht sich dabei auf die **Summe** der Lohnsteuernachforderungen aus ggf. mehreren Kalenderjahren.

Eine Haftungsinanspruchnahme des Arbeitgebers unterbleibt, wenn beim Arbeitnehmer selbst eine Nachforderung unzulässig ist, weil der Mindestbetrag 10 € nicht überschritten ist (R 42d.3 Satz 4 LStR).

d) Änderungssperre

Wurde nach einer ergebnislosen Lohnsteuer-Außenprüfung der Vorbehalt der Nachprüfung aufgehoben, steht nach den BFH-Urteilen vom 15.5.1992 (BStBl. 1993 II S. 840 und S. 829) einer Änderung der betreffenden Lohnsteuer-Anmeldungen nach § 173 Abs. 1 AO durch Erlass eines **Haftungs- oder Nachforderungsbescheids gegen den Arbeitgeber** die Änderungssperre des § 173 Abs. 2 AO entgegen, es sei denn, es liegt eine Steuerhinterziehung oder eine leichtfertige Steuerverkürzung vor. Gleiches gilt, wenn nach einer Lohnsteuer-Außenprüfung bereits ein Haftungs- oder Nachforderungsbescheid ergangen ist und später für die gleichen Anmeldungszeiträume neue Tatsachen im Sinne des § 173 Abs. 1 AO bekannt werden. Ein bisher zu Unrecht nicht erfasster Sachverhalt des Prüfungszeitraums der Lohnsteuer-Außenprüfung kann hiernach später nicht mehr durch einen (weiteren) Haftungsbescheid realisiert werden (BFH-Urteil vom 7.2.2008, BStBl. 2009 II S. 703). Dies lehnt der BFH in dem vorgenannten Urteil grundsätzlich ab, da auch der weitere Haftungsbescheid eine Änderung der Lohnsteuer-Anmeldung des Arbeitgebers darstellt, die aber nach der Aufhebung des Vorbehalts der Nachprüfung aufgrund der Änderungssperre nicht mehr möglich ist. Etwas anderes gelte nur dann, wenn der Arbeitgeber eine leichtfertige Steuerverkürzung oder gar eine Steuerhinterziehung begangen habe; in diesem Fall ist der Arbeitgeber nicht besonders schutzbedürftig und mithin der Erlass eines weiteren Haftungsbescheids zulässig.

Damit eine spätere Inanspruchnahme des Arbeitgebers als Haftungsschuldner sichergestellt ist, wird die Finanzverwaltung versuchen, den Eintritt der Änderungssperre des § 173 Abs. 2 AO auszuschließen. Verfahrensrechtlich ist dies wie folgt möglich (BFH-Urteil vom 17.2.1995, BStBl. II S. 555):

Der Vorbehalt der Nachprüfung wird aufgehoben. Es wird ein Haftungsbescheid **mit Leistungsgebot** über die unstreitig nachzuzahlende Lohnsteuer erlassen. Mit gleicher Post erlässt das Finanzamt einen weiteren Haftungsbescheid **ohne Leistungsgebot** über diejenige Lohnsteuer, die zunächst bei den Arbeitnehmern nachgefordert werden soll. Der Erlass des Leistungsgebots ist für den Fall vorbehalten, dass die Steuererhebung beim Arbeitnehmer nicht möglich oder erfolglos ist.

In einem Haftungsbescheid ohne Leistungsgebot wird für die Berechnung der gegenüber dem Arbeitgeber geltend zu machenden Haftungsschulden nicht auf die beim Arbeitnehmer festzusetzende Einkommensteuer, sondern auf die einzubehaltende Lohnsteuer abgestellt (BFH-Urteile vom 22.7.1993, BStBl. II S. 775 und vom 1.7.1994, BFH/NV 1995 S. 297). Die im Haftungsbescheid aufzuführende Lohnsteuer ist deshalb

- unabhängig von der festzusetzenden Einkommensteuer
- nach den Lohnsteuerabzugsmerkmalen des Arbeitnehmers zu ermitteln

(vgl. die Erläuterungen zu Nr. 11).

Nachdem die Steuernacherhebung bei den Arbeitnehmern abgeschlossen ist, wird das Finanzamt bei nur teilweiser Zahlung durch die Arbeitnehmer, den Haftungsbescheid teilweise wieder zurücknehmen (§ 130 AO) und über den verbleibenden Betrag ein Leistungsgebot erteilen. Bei Nichtzahlung durch die Arbeitnehmer erhält der Arbeitgeber ein **gesondertes Leistungsgebot** über den vollen Haftungsbetrag, ohne dass ein neuer Haftungsbescheid erlassen werden muss. Der Arbeitgeber muss in diesen Fällen beachten, dass er Einwendungen gegen das gesonderte Leistungsgebot nicht mehr erheben kann. Diese muss er bereits im Rechtsbehelfsverfahren gegen den zuvor erlassenen Haftungsbescheid ohne Leistungsgebot vorbringen. Wird die festgesetzte Steuer in vollem Umfang von den betroffenen Arbeitnehmern bezahlt, wird der an den Arbeitgeber ergangene Haftungsbescheid nach § 130 Abs. 1 AO ganz aufgehoben.

Auf Sachverhalte, die sich auf andere Steuerarten auswirken (z. B. Arbeitsverhältnisse zwischen Ehegatten, Bezüge von Gesellschafter-Geschäftsführern), findet die oben genannte BFH-Rechtsprechung zur Änderungssperre keine Anwendung. Die Änderungssperre betrifft nur die Lohnsteuer-Anmeldungen des geprüften Zeitraums, für die der Vorbehalt der Nachprüfung aufgehoben wurde. Sie wirkt nur gegenüber dem Arbeitgeber und schließt damit eine unmittelbare **Inanspruchnahme des Arbeitnehmers** als Steuerschuldner nicht aus.

H

Lohnsteuerpflichtig | Sozialversich.-pflichtig

e) Steuernacherhebung bei der Lohnsteuer-Nachschau

Zur zeitnahen Aufklärung möglicher steuererheblicher Sachverhalte kann das Finanzamt neben der Lohnsteuer-Außenprüfung eine sog. **Lohnsteuer-Nachschau** nach § 42g EStG durchführen (vgl. das Stichwort „Lohnsteuer-Nachschau"). Wird dabei z. B. festgestellt, dass der Arbeitgeber die Lohnsteuer nicht vorschriftsmäßig einbehalten hat, kann er vom Finanzamt durch Lohnsteuer-Haftungs- oder Lohnsteuer-Nachforderungsbescheid in Anspruch genommen werden. Dies gilt unabhängig davon, ob das Finanzamt von der Lohnsteuer-Nachschau zu einer Lohnsteuer-Außenprüfung übergeht oder eine Lohnsteuer-Außenprüfung gegebenenfalls zu einem späteren Zeitpunkt durchführt.

Soll aufgrund der Lohnsteuer-Nachschau der Arbeitgeber in Haftung genommen oder bei ihm Lohnsteuer nachgefordert werden, ist ihm zuvor **rechtliches Gehör** zu gewähren (§ 91 AO); vgl. Rz. 17 des BMF-Schreibens vom 16.10.2014, BStBl. I. S. 1408[1]. Die für den Erlass von Haftungsbescheiden geltenden Grundsätze zur Ermessensausübung sind entsprechend zu beachten (vgl. die Ausführungen unter Nr. 5 und Nr. 6).

H

Da die Lohnsteuer-Nachschau keine Außenprüfung i. S. d. §§ 193 ff. AO ist, besteht für den Arbeitgeber nicht die Möglichkeit, seine Zahlungsverpflichtung nach § 42d Abs. 4 Satz 1 Nr. 2 EStG anzuerkennen. Allerdings kann die Lohnsteuer-Nachschau auch zu einer nachträglichen oder geänderten Lohnsteuer-Anmeldung führen.

Neben dem Arbeitgeber kann auch der jeweilige Arbeitnehmer im Rahmen der allgemeinen gesetzlichen Regelungen in Anspruch genommen werden (§ 42d Abs. 3 EStG). Erkenntnisse der Lohnsteuer-Nachschau können zudem im Veranlagungsverfahren des Arbeitnehmers berücksichtigt werden (Rz. 18 des o. a. BMF-Schreibens vom 16.10.2014).

13. Sozialversicherung

a) Arbeitgeber als Schuldner (Rückgriffsrecht)

Im Steuerrecht ist **Steuerschuldner** stets der **Arbeitnehmer.** Der Arbeitgeber haftet lediglich für die richtige Einbehaltung und Abführung der Lohnsteuer. Aus diesem Steuerschuldverhältnis des Arbeitnehmers ergibt sich zwangsläufig ein Rückgriffsrecht des Arbeitgebers, wenn er vom Finanzamt für zu wenig einbehaltene Lohnsteuer als Haftungsschuldner in Anspruch genommen wird.

Völlig anders ist dieses Verhältnis im Sozialversicherungsrecht geregelt. Nach § 28e Abs. 1 SGB IV hat der **Arbeitgeber den Gesamtsozialversicherungsbeitrag zu zahlen;** er ist gegenüber der Einzugsstelle (Krankenkasse) im Regelfall **Schuldner** der Sozialversicherungsbeiträge. Die Beitragspflicht des Arbeitnehmers besteht lediglich darin, dass er eine Kürzung seines Arbeitslohns um den Arbeitnehmeranteil am Gesamtsozialversicherungsbeitrag hinnehmen muss.

Ein unterbliebener Abzug darf nach § 28g Satz 3 SGB IV grundsätzlich nur bei den **drei** nächsten Lohn- oder Gehaltszahlungen nachgeholt werden, danach nur dann, wenn der Abzug ohne Verschulden des Arbeitgebers unterblieben ist. Wird kein Lohn mehr gezahlt, weil der Arbeitnehmer ausgeschieden ist, so entfällt auch diese Möglichkeit. Hat der Arbeitgeber also den rechtzeitigen Beitragsabzug versäumt (weil er sich z. B. über die Beitragspflicht bestimmter Bezüge nicht im Klaren war), dann muss er auch den Arbeit**nehmer**anteil selbst tragen. Ein Rückgriffsrecht gegenüber dem Arbeitnehmer steht ihm – im Gegensatz zum Steuerrecht – auch nach bürgerlichem Recht nicht zu. Dies gilt selbst dann, wenn das Beschäftigungsverhältnis nicht mehr besteht.

Eine Nacherhebung der Arbeitnehmeranteile zum Gesamtsozialversicherungsbeitrag ist allerdings uneingeschränkt möglich, wenn der Arbeitnehmer seine Mitwirkungspflichten nach § 28o Abs. 1 SGB IV **vorsätzlich** oder **grob fahrlässig** verletzt hat (§ 28g Satz 4 SGB IV). Der Beschäftigte hat hiernach dem Arbeitgeber die zur Durchführung des Meldeverfahrens und der Beitragszahlung erforderlichen Angaben zu machen und, soweit erforderlich, Unterlagen vorzulegen; dies gilt bei mehreren Beschäftigungen gegenüber allen beteiligten Arbeitgebern. Wurde z. B. ein Arbeitnehmer als versicherungsfrei angesehen, weil er seinem Arbeitgeber weitere Beschäftigungen verschwiegen hat, und stellt sich nachträglich die Versicherungspflicht heraus, kann der Arbeitgeber den Beitragsanteil des Beschäftigten auch noch später (außerhalb des Lohnabzugs) vom Arbeitnehmer einfordern, selbst nach Ende des Beschäftigungsverhältnisses.

Das Rückgriffsrecht des Arbeitgebers ist nach § 28g Satz 4 SGB IV ebenfalls dann nicht eingeschränkt, wenn der Beschäftigte den Gesamtsozialversicherungsbeitrag allein trägt oder solange dieser nur Sachbezüge erhält.

b) Beitragsnacherhebung nach Prüfung des Arbeitgebers

Stellen die Träger der Rentenversicherung (Bundesversicherungsanstalt, Landesversicherungsanstalten) anlässlich einer **Betriebsprüfung** fest, dass keine oder zu wenig Beiträge abgeführt worden sind, so sind sie nach dem aufgezeigten Schuldverhältnis ohne weiteres berechtigt, die zu wenig berechneten Beiträge beim Arbeitgeber nachzufordern. In diesen Fällen ist der Arbeitgeber – wie bereits dargelegt – nicht berechtigt, die zu wenig einbehaltenen Arbeitnehmeranteile für andere als die letzten drei Lohnzahlungszeiträume (im Regelfall also die letzten drei Monate) vom Lohn oder Gehalt einzubehalten. Der Arbeitgeber wird also mit den Arbeitnehmeranteilen endgültig belastet.

Werden im Anschluss an eine Prüfung durch den Rentenversicherungsträger vom Arbeitgeber die **Arbeitnehmeranteile** am Gesamtsozialversicherungsbeitrag nachgefordert, weil er **irrtümlich** den Arbeitslohn des Arbeitnehmers nicht um den gesetzlichen Arbeitnehmeranteil gekürzt hat, kann der Arbeitgeber im Hinblick auf die gesetzliche Lastenverschiebung die übernommenen Beiträge dem Arbeitnehmer nicht weiterbelasten (§ 28g SGB IV). Insoweit liegt **kein** steuerpflichtiger Arbeitslohn vor (BFH-Urteil vom 29.10.1993, BStBl. 1994 II S. 194). Das vorgenannte Urteil wird von der Finanzverwaltung weiterhin angewendet (vgl. H 19.3 LStH), auch wenn der BFH in einer neueren Entscheidung (Urteil vom 13.9.2007, BStBl. 2008 II S. 58) an der Begründung nicht mehr festhält, dass der Vorteil im Fall der Nachentrichtung nicht in der Nachzahlung der Beiträge liege, sondern (bereits) in der endgültigen Befreiung des Arbeitnehmers von der sozialversicherungsrechtlichen Beitragslast.

Steuerpflichtiger Arbeitslohn ist dagegen stets anzunehmen, wenn Arbeitgeber und Arbeitnehmer eine **Nettolohnvereinbarung** getroffen haben oder der Arbeitgeber zwecks **Steuer- und Beitragshinterziehung** die Unmöglichkeit einer späteren Rückbelastung beim Arbeitnehmer bewusst in Kauf genommen hat. Der Zufluss des Arbeitslohns ist im Fall einer Nettolohnvereinbarung im Zeitpunkt der Lohnzahlung und im Fall einer Schwarzlohnzahlung im Zeitpunkt der Nachentrichtung der Beiträge bewirkt (BFH-Urteil vom 13.9.2007, BStBl. 2008 II S. 58).

Sind bei illegalen Beschäftigungsverhältnissen Steuern und Beiträge zur Sozialversicherung nicht gezahlt worden, gilt für den Bereich der Sozialversicherung ein Nettoarbeitsentgelt als vereinbart (§ 14 Abs. 2 Satz 2 SGB IV), nicht jedoch für den steuerlichen Bereich. **Verzichtet** ein Arbeitgeber nach einer Betriebsprüfung der Rentenversicherungsträger auf sein für drei Lohn- und Gehaltszah-

1) Das BMF-Schreiben ist als Anlage zu H 42g LStR im **Steuerhandbuch für das Lohnbüro 2021** abgedruckt, das im selben Verlag erschienen ist.

Lohn-steuer-pflichtig | Sozial-versich.-pflichtig

lungen bestehendes Rückgriffsrecht gegenüber dem Arbeitnehmer (§ 28g Satz 3 SGB IV), liegt in Höhe der übernommenen Arbeitnehmeranteile Arbeitslohn vor.

Wie sich eine Lohnsteuernachforderung im Anschluss an eine Lohnsteuer-Außenprüfung auf die Sozialversicherung auswirkt, ist beim Stichwort „Pauschalierung der Lohnsteuer" unter Nr. 3 Buchstabe e auf Seite 740 erläutert.

c) Nacherhebungen bei mangelhaften Aufzeichnungen

Der prüfende Rentenversicherungsträger ist ohne Weiteres berechtigt, zu wenig einbehaltene Beiträge beim Arbeitgeber nachzufordern. Da im Grundsatz nur für namentlich bezeichnete Versicherte Beiträge zur Sozialversicherung erhoben werden dürfen, stellt sich die Frage, wie verfahren wird, wenn der **Arbeitgeber** seine **Aufzeichnungspflichten nicht erfüllt** hat und deshalb die beschäftigten Personen namentlich nicht mehr festgestellt werden können. Für diese Fälle ist in § 28f Abs. 2 SGB IV der Erlass eines sog. **„Summenbescheides"** vorgesehen. Dabei werden zwei Fälle unterschieden:

- Im ersten Fall kann zwar die Lohnsumme ermittelt werden, nicht aber die auf die einzelnen Beschäftigten entfallenden Entgelte. Ausgehend von der festgestellten Lohnsumme können die Beiträge zur Kranken-, Renten- und Arbeitslosenversicherung durch Summenbescheid geltend gemacht werden.
- Im zweiten Fall kann nicht einmal mehr die Lohnsumme wegen fehlender Unterlagen festgestellt werden. In diesen Fällen kann die Höhe der Arbeitsentgelte geschätzt werden, wobei ortsübliche Maßstäbe mit zu berücksichtigen sind. Für die geschätzten Arbeitsentgelte werden die Sozialversicherungsbeiträge nacherhoben.

Der prüfende Träger der Rentenversicherungsträger hat einen ergangenen Summenbescheid insoweit zu widerrufen, als nachträgliche Versicherungs- oder Beitragspflicht oder Versicherungsfreiheit festgestellt und die Höhe des Arbeitsentgelts nachgewiesen werden. Die von dem Arbeitgeber aufgrund dieses Bescheids geleisteten Zahlungen sind dann mit der Beitragsforderung zu verrechnen.

Zur Frage des **Lohnzuflusses** bei der Nachentrichtung von Arbeitnehmeranteilen zur Sozialversicherung aufgrund eines **Summenbescheides** nach § 28f Abs. 2 SGB IV ist beim BFH ein neues Revisionsverfahren anhängig. Das FG Köln verneint in diesen Fällen in einem neuen Urteil einen **Lohnzufluss** bei den einzelnen Arbeitnehmern (Urteil vom 24.1.2020, Az. 1 K 1041/17, EFG 2020 S. 728). Das FG begründet seine Entscheidung damit, dass aufgrund der sozialversicherungsrechtlichen Besonderheiten des Summenbescheids eine individuelle Zuordnung der beitragspflichtigen Arbeitsentgelte auf die einzelnen Arbeitnehmer nicht möglich sei. Als Folge davon ergebe sich durch die pauschale Nacherhebung der Sozialversicherungsbeiträge für den einzelnen Arbeitnehmer keine Erhöhung seiner späteren Leistungen und damit kein wirtschaftlicher Vorteil. Die vom Finanzamt eingelegte Revision ist beim BFH unter dem Az. VI R 27/20 anhängig, sodass der BFH die vorliegende Rechtsfrage nun abschließend klären muss.

d) Haftung bei Arbeitnehmerüberlassung

Bei erlaubter Arbeitnehmerüberlassung hat der Verleiher den Gesamtsozialversicherungsbeitrag zu entrichten. Der Entleiher haftet jedoch kraft Gesetzes wie ein selbstschuldnerischer Bürge für die Zahlungsverpflichtung des Verleihers, soweit ihm Arbeitnehmer gegen Vergütung zur Arbeitsleistung überlassen worden sind (§ 28e Abs. 2 Satz 1 SGB IV). Bei unerlaubter Arbeitnehmerüberlassung wird sozialversicherungsrechtlich dagegen ein Arbeitsverhältnis mit dem Entleiher fingiert (§ 10 Abs. 1 AÜG), sodass dieser den Gesamtsozialversicherungsbeitrag schuldet. Zahlt jedoch der Verleiher das Arbeitsentgelt, obwohl der Überlassungsvertrag mit dem Entleiher als auch die Arbeitsverträge mit den Leiharbeitnehmern nach § 9 Abs. 1 Nr. 1 bis 1b AÜG unwirksam sind, so hat er auch den hierauf entfallenden Gesamtsozialversicherungsbeitrag zu zahlen. Verleiher und Entleiher haften in diesen Fällen als Gesamtschuldner. Auf die Erläuterungen beim Stichwort „Arbeitnehmerüberlassung" unter Nr. 8 wird im Einzelnen hingewiesen.

e) Haftung des Reeders

Soweit ein Reeder nicht Arbeitgeber ist, haften Arbeitgeber und Reeder als Gesamtschuldner für die Sozialversicherungsbeiträge der bei der Seekrankenkasse pflichtversicherten Seeleute (§ 28e Abs. 3 SGB IV).

f) Generalunternehmerhaftung im Baugewerbe

Wegen der besonderen Bedeutung der illegalen Beschäftigung im Baugewerbe ist im Bereich der Sozialversicherung eine Haftung **gewerblicher Auftraggeber** von **Bauleistungen** (sog. Generalunternehmerhaftung) eingeführt worden. Ein (General-)Unternehmer des Baugewerbes, der einen anderen (Sub-)Unternehmer mit der Erbringung von Bauleistungen beauftragt, haftet danach für die Erfüllung der Zahlungspflicht dieses Unternehmers oder eines von diesem Unternehmer beauftragten Verleihers wie ein selbstschuldnerischer Bürge (§ 28e Abs. 3a SGB IV). Die Haftung erstreckt sich auch auf die vom Subunternehmer gegenüber ausländischen Sozialversicherungsträgern abzuführenden Beiträge. Diese Regelung greift ab einem geschätzten Gesamtwert aller für ein Bauwerk in Auftrag gegebenen Bauleistungen von 275 000 € (für die Schätzung gilt § 3 der Vergabeverordnung vom 12.4.2016, BGBl. I S. 624).

Die Haftung des Generalunternehmers ist **subsidiär.** Sie greift daher nur dann, wenn die zuständige Einzugsstelle den Subunternehmer erfolglos gemahnt hat und die Mahnfrist abgelaufen ist (§ 28e Abs. 3a Satz 3 i. V. m. Abs. 2 Satz 2 SGB IV).

Die Haftung ist **verschuldensabhängig.** Weist der Hauptunternehmer gegenüber der Einzugsstelle nach, dass er **ohne eigenes Verschulden** davon ausgehen konnte, dass der Subunternehmer oder ein von ihm beauftragter Verleiher seine Zahlungspflicht erfüllt, entfällt seine Haftung nach § 28e Abs. 3a SGB IV. Ein Verschulden des Genaralunternehmers ist nach § 28e Abs. 3b Satz 2 SGB IV ausgeschlossen, soweit und solange er Fachkunde, Zuverlässigkeit und Leistungsfähigkeit des Nachunternehmers oder des von diesem beauftragten Verleihers durch eine sog. **Präqualifikation** nachweist, die die Eignungsvoraussetzungen nach § 6 der Vergabe- und Vertragsordnung für Bauleistungen Teil A i.d.F. der Bekanntmachung vom 1.7.2016 (BAnz. AT 1.7.2016 B4) erfüllt. Die Beweislast für das Nichtvorliegen der Haftung trägt somit der Generalunternehmer. Dieser muss insbesondere nachweisen, dass er bei der Auswahl der Subunternehmer die Sorgfaltspflicht eines ordentlichen Kaufmanns aufgewandt hat. Dazu gehört z. B. eine Prüfung des Angebots des Subunternehmers darauf, ob bei den Lohnkosten Sozialversicherungsbeiträge einkalkuliert sind. Der Generalunternehmer kann den Nachweis anstelle der Präqualifikation auch durch Vorlage einer **Unbedenklichkeitsbescheinigung** der zuständigen Einzugsstelle für den Subunternehmer oder den von diesem beauftragten Verleiher erbringen. Die Unbedenklichkeitsbescheinigung enthält Angaben über die ordnungsgemäße Zahlung der Sozialversicherungsbeiträge und die Zahl der gemeldeten Beschäftigten (§ 28e Abs. 3f SGB IV).

Die Haftung des Generalunternehmers erstreckt sich auch auf das von dem **Subunternehmer beauftragte** nächste **Unternehmen,** wenn die Beauftragung des unmittelbaren Subunternehmers als ein Rechtsgeschäft anzusehen ist, dessen Ziel vor allem die **Umgehung** der Generalunter-

H

Lohn-steuer-pflichtig Sozial-versich.-pflichtig

nehmerhaftung ist (§ 28e Abs. 3e SGB IV). Ein Rechtsgeschäft, das als Umgehungstatbestand anzusehen ist, ist in der Regel anzunehmen, wenn der unmittelbare Subunternehmer

- weder selbst eigene Bauleistungen noch planerische oder kaufmännische Leistungen erbringt,
- weder technisches noch planerisches oder kaufmännisches Fachpersonal in nennenswertem Umfang beschäftigt oder
- in einem gesellschaftlichen Abhängigkeitsverhältnis zum Hauptunternehmer steht.

Einer besonderen Prüfung bedürfen die Umstände des Einzelfalles vor allem in den Fällen, in denen der unmittelbare Subunternehmer seinen handelsrechtlichen Sitz außerhalb des Europäischen Wirtschaftsraums hat.

Werden vom Subunternehmer zur Durchführung des Werkes weitere Subunternehmer eingeschaltet, so verringern sich die Möglichkeiten des Generalunternehmers, die Erfüllung der Zahlungspflicht der weiteren Subunternehmer festzustellen und nachzuweisen. Gleichwohl hat er alle Anstrengungen zu unternehmen, um die Erfüllung der Zahlungspflichten sicherzustellen. Zur Sorgfaltspflicht des Generalunternehmers gehört beispielsweise, seine unmittelbar beauftragten Subunternehmer nachweisbar zu verpflichten, ihrerseits die Erfüllung der Zahlungspflicht der weiteren Subunternehmer zu prüfen und sich von diesen geeignete Nachweise vorlegen zu lassen.

Ein Unternehmer, der Bauleistungen im Auftrag eines anderen Unternehmers erbringt, ist verpflichtet, auf Verlangen der Einzugsstelle Firma und Anschrift dieses Unternehmers mitzuteilen. Kann dieser **Auskunftsanspruch** nicht durchgesetzt werden, hat ein Unternehmer, der einen Gesamtauftrag für die Erbringung von Bauleistungen für ein Bauwerk erhält, der Einzugsstelle auf Verlangen Firma und Anschrift aller Unternehmer, die von ihm mit der Erbringung von Bauleistungen beauftragt wurden, zu benennen (§ 28e Abs. 3c SGB IV).

g) Nachunternehmerhaftung in der Fleischwirtschaft

Die Nachunternehmerhaftung für Sozialversicherungsbeiträge gilt seit 2017 auch für Unternehmen der **Fleischwirtschaft.** Unternehmer aus dieser Branche, die andere Unternehmen mit Tätigkeiten des Schlachtens und der Fleischverarbeitung beauftragen, haften für die von den Subunternehmern abzuführenden Gesamtsozialversicherungsbeiträge sowie für die Beiträge zur gesetzlichen Unfallversicherung wie ein gesamtschuldnerischer Bürge. Die Haftung erstreckt sich auch auf ein von einem Nachunternehmer beauftragtes weiteres Unternehmen („Subunternehmerkette").

Die für die Generalunternehmerhaftung im Baugewerbe geltenden Regelungen in § 28e Abs. 3a, Abs. 3b Satz 1, Abs. 3c Satz 1, Abs. 3e, Abs. 3f Sätze 1 und 2 und Absatz 4 SGB IV sowie in § 150 Abs. 3 SGB VII gelten für Unternehmer in der Fleischwirtschaft entsprechend (§ 3 des Gesetzes zur Sicherung von Arbeitnehmerrechten in der Fleischwirtschaft – GSA Fleisch – vom 17.7.2017, BGBl. I S. 2541, 2572). Ziel dieser Regelung ist, einer Umgehung der Pflicht zur ordnungsgemäßen Zahlung von Sozialversicherungsbeiträgen durch die im Bereich der Fleischwirtschaft – ebenso wie im Baugewerbe – verbreitete Beauftragung von Nachunternehmern entgegenzuwirken. Mit Blick auf die auch in der Fleischwirtschaft verbreitete grenzüberschreitende Entsendung von Arbeitnehmern im Rahmen von Werkverträgen gilt die Haftung entsprechend für die vom Nachunternehmer gegenüber ausländischen Sozialversicherungsträgern abzuführenden Beiträge (§ 3 Abs. 1 GSA Fleisch i. V. m. § 28e Abs. 3a Satz 2 SGB IV).

Ordnungsgemäß arbeitende Unternehmen der Fleischwirtschaft können im Einzelfall von der Nachunternehmerhaftung befreit werden. Der Nachweis dafür ist **ausschließlich** durch die Vorlage einer **Unbedenklichkeitsbescheinigung** der zuständigen Einzugsstelle für den Nachunternehmer oder den von diesem beauftragten Verleiher zu erbringen (§ 3 Abs. 1 GSA Fleisch i. V. m. § 28e Abs. 3f Sätze 1 und 2 SGB IV). Die Unbedenklichkeitsbescheinigungen enthalten Angaben über die ordnungsgemäße Zahlung der Sozialversicherungsbeiträge und die Zahl der gemeldeten Beschäftigten. Voraussetzung für die Haftungsbefreiung ist, dass die in der Bescheinigung dokumentierte Anzahl der gemeldeten Beschäftigten ausreichend ist, um die in Auftrag gegebenen Arbeiten auszuführen. Für die Freistellung von der Haftung für Beiträge zur gesetzlichen Unfallversicherung ist eine qualifizierte Unbedenklichkeitsbescheinigung des zuständigen Unfallversicherungsträgers (Berufsgenossenschaft) vorzulegen, die insbesondere Angaben über die bei dem Unfallversicherungsträger eingetragenen Unternehmensteile und diesen zugehörigen Lohnsummen des Nachunternehmers oder des von diesem beauftragten Verleihers sowie die ordnungsgemäße Zahlung der Beiträge enthält (§ 3 Abs. 2 GSA Fleisch i. V. m. § 150 Abs. 3 SGB VII).

h) Nachunternehmerhaftung in der Kurier-, Express- und Paketbranche

Nach dem Vorbild der bestehenden Haftungsregelungen für die Baubranche und die Fleischwirtschaft (vgl. die Erläuterungen unter Nr. 13 Buchstabe f und g) gilt die Nachunternehmerhaftung für Sozialversicherungsbeiträge nun auch für die **Kurier-, Express-** und **Paketbranche** (KEP-Branche). Ein Unternehmer im Speditions-, Transport- und damit verbundenen Logistikgewerbe, der im Bereich der KEP-Branche tätig ist und der einen anderen Unternehmer mit der Beförderung von Paketen beauftragt, haftet für die Erfüllung der Zahlungspflicht dieses Unternehmers oder eines von diesem Unternehmer beauftragten Verleihers für die Gesamtsozialversicherungsbeiträge sowie für die Beiträge zur gesetzlichen Unfallversicherung wie ein selbstschuldnerischer Bürge (§ 28e Abs. 3h Satz 1 i. V. m. Abs. 3a SGB IV; § 150 Abs. 3 SGB VII i.d.F. des Paketboten-Schutz-Gesetzes vom 15.11.2019, BGBl. I S. 1602). Die Regelungen des Paketboten-Schutz-Gesetzes gelten seit dem 23.11.2019 und sind (vorerst) befristet bis 31.12.2025.

Die Haftung entfällt, wenn der Unternehmer der KEP-Branche nachweist, dass er ohne eigenes Verschulden davon ausgehen konnte, dass der Nachunternehmer oder ein von ihm beauftragter Verleiher seine Zahlungspflicht erfüllt. Dieser Nachweis kann durch Vorlage einer **Unbedenklichkeitsbescheinigung** der für den Nachunternehmer oder den von ihm beauftragten Verleiher zuständigen Einzugsstelle erbracht werden. Die Einzugsstelle bescheinigt darin insbesondere, dass der Nachunternehmer oder der von diesem beauftragte Verleiher bei ihr als zuverlässiger Zahler bekannt ist. Die Nachunternehmerhaftung entfällt außerdem, wenn der Hauptunternehmer Fachkunde, Zuverlässigkeit und Leistungsfähigkeit des Nachunternehmers durch eine **Präqualifikation** nachweist. Unter Präqualifikation versteht man eine wettbewerbliche Eignungsprüfung, bei der potenzielle Auftragnehmer nach speziellen Vorgaben unabhängig von einer konkreten Ausschreibung ihre Fachkunde und Leistungsfähigkeit vorab nachweisen (z. B. durch den Eintrag des Nachunternehmers oder des von diesem beauftragten Verleihers in das von den Industrie- und Handelskammern geführte bundesweite amtliche Verzeichnis präqualifizierter Unternehmen aus dem Liefer- und Dienstleistungsbereich).

i) Umfang der Haftung

Die Haftung im Sozialversicherungsrecht umfasst neben den Beiträgen auch Säumniszuschläge, die infolge der Pflichtverletzung zu zahlen sind, sowie Zinsen für gestundete Beiträge/Beitragsansprüche (§ 28e Abs. 4 SGB IV).

Lohn- steuer- pflichtig | Sozial- versich.- pflichtig

14. Haftung bei Übernahme lohnsteuerlicher Pflichten durch Dritte

Das geltende Lohnsteuerverfahren verpflichtet nur den inländischen Arbeitgeber zur Vornahme des Lohnsteuerabzugs. Daneben treten in der Praxis jedoch Fallgestaltungen auf, in denen ein Dritter im eigenen Namen lohnsteuerlich wie ein Arbeitgeber handelt (z. B. bei den Sozialkassen des Baugewerbes, bei studentischen Arbeitsvermittlungen, im Konzernbereich, bei Kirchenkassen). Um auch in diesen Fällen die Lohnsteuererhebung sicherzustellen bzw. zu erleichtern, besteht die Möglichkeit die **lohnsteuerlichen Pflichten auf Dritte** zu übertragen (§ 38 Abs. 3a EStG). Soweit sich aus einem Dienstverhältnis oder früheren Dienstverhältnis tarifvertragliche Ansprüche des Arbeitnehmers unmittelbar gegen einen Dritten mit Wohnsitz, Geschäftsleitung oder Sitz im Inland richten und von diesem gezahlt werden, hat der Dritte die Pflichten des Arbeitgebers zu erfüllen (§ 38 Abs. 3a Satz 1 EStG). In anderen Fällen kann das Finanzamt zulassen, dass ein Dritter mit Wohnsitz, Geschäftsleitung oder Sitz im Inland als **Dienstleister** die Pflichten des Arbeitgebers im eigenen Namen erfüllt (§ 38 Abs. 3a Satz 2 EStG). Auf die Erläuterungen beim Stichwort „Lohnsteuerabzug durch einen Dritten“ wird hingewiesen.

Soweit der Arbeitgeber einem Dritten lohnsteuerliche Arbeitgeberpflichten überträgt, kann er sich dadurch **nicht** aus seiner Haftung für Lohnsteuer befreien (§ 42d Abs. 1 Nr. 4 EStG). Die Haftung des Arbeitgebers erstreckt sich dabei auch auf die **pauschale Lohnsteuer** nach den §§ 37b, 40 bis 40b EStG, die von einem Dritten zu erheben ist.

Erfüllt in den o.g. Fällen des § 38 Abs. 3a EStG ein Dritter die lohnsteuerlichen Pflichten des Arbeitgebers, so haftet auch der **Dritte** neben dem Arbeitgeber (§ 42d Abs. 9 EStG). Es besteht eine **Gesamtschuldnerschaft** zwischen Arbeitgeber, dem Dritten und dem Arbeitnehmer (R 42d.3 Satz 2 LStR). Die Einbeziehung des Dritten in die Gesamtschuldnerschaft ist erforderlich, weil sich Lohnsteuerfehlbeträge aus dessen Handeln ergeben können. Der Arbeitgeber kann nicht aus der Gesamtschuldnerschaft entlassen werden, weil Fehlbeträge auch auf falschen Angaben gegenüber dem Dritten beruhen können. Das Finanzamt muss die Wahl, an welchen Gesamtschuldner es sich halten will, nach pflichtgemäßem Ermessen unter Beachtung der durch Recht und Billigkeit gezogenen Grenzen und unter verständiger Abwägung der Interessen aller Beteiligten treffen. Dabei sind die gleichen Grundsätze anzuwenden, die für die Ermessensabwägung zwischen Arbeitgeber und Arbeitnehmer gelten (vgl. unter Nr. 6 und Nr. 7). Bei der Ermessensentscheidung des Betriebsstättenfinanzamts, welcher Gesamtschuldner in Anspruch genommen werden soll, wird zu berücksichtigen sein, wer den Fehler zu vertreten hat. Der Arbeitgeber und der Dritte können auch dann in Anspruch genommen werden, wenn der Arbeitnehmer zur Einkommensteuer veranlagt wird.

Eine Haftung des Arbeitgebers kommt in Fällen des § 38 Abs. 3a EStG allerdings nur in Betracht, wenn der **Dritte** die Lohnsteuer für den Arbeitgeber **nicht** vorschriftsmäßig vom Arbeitslohn einbehalten hat. An einem derartigen Fehlverhalten fehlt es, wenn beim Lohnsteuerabzug entsprechend einer **Lohnsteueranrufungsauskunft** oder in Übereinstimmung mit den Vorgaben der zuständigen Finanzbehörden der Länder oder des Bundes verfahren wird (BFH-Urteil vom 20.3.2014, BStBl. 2014 II S. 592). Im Streitfall hatte die Urlaubs- und Lohnausgleichskasse vom Betriebsstättenfinanzamt schriftlich die unzutreffende Auskunft erhalten, dass für die Urlaubsentschädigungen der ausländischen Arbeitnehmer des Arbeitgebers mangels eines deutschen Besteuerungsrechts kein Lohnsteuerabzug vorzunehmen sei. In einem solchen Fall kann weder der Arbeitgeber noch der Dritte für den unterbliebenen Lohnsteuerabzug in Haftung genommen werden, da es bereits an einer vorschriftswidrigen Einbehaltung und Abführung der Lohnsteuer durch den Dritten fehlt.

Die Haftung des Dritten **beschränkt** sich auf die Lohnsteuer, die für die Zeit zu erheben ist, für die er sich gegenüber dem Arbeitgeber zur Vornahme des Lohnsteuerabzugs verpflichtet hat; der maßgebende Zeitraum endet nicht, bevor der Dritte seinem Betriebsstättenfinanzamt die Beendigung seiner Verpflichtung gegenüber dem Arbeitgeber angezeigt hat.

Erfüllt der Dritte die Pflichten des Arbeitgebers, kann er den Arbeitslohn, der einem Arbeitnehmer in demselben Lohnabrechnungszeitraum aus mehreren Dienstverhältnissen zufließt, für die Lohnsteuerermittlung **zusammenrechnen** (§ 38 Abs. 3a Satz 7 EStG). Im Fall der Haftung ist als Haftungsschuld der Betrag zu ermitteln, um den die Lohnsteuer, die für den gesamten Arbeitslohn des Lohnzahlungszeitraums zu berechnen und einzubehalten ist, die insgesamt tatsächlich einbehaltene Lohnsteuer übersteigt. Hat der Dritte für Zwecke der Lohnsteuerberechnung Arbeitslohn aus mehreren Dienstverhältnissen zusammengefasst, ist der Haftungsbetrag bei fehlerhafter Lohnsteuerberechnung nach dem Verhältnis der Arbeitslöhne bzw. für nachträglich zu erfassende Arbeitslohnbeträge nach dem Verhältnis dieser Beträge auf die betroffenen Arbeitgeber aufzuteilen.

Beispiel

Ein Student (Steuerklasse I, ohne Konfession) ist aushilfsweise für insgesamt fünf Arbeitgeber tätig. Die studentische Arbeitsvermittlung hat sich gegenüber den Arbeitgebern vertraglich verpflichtet, die lohnsteuerlichen Arbeitgeberpflichten zu übernehmen. Im Kalenderjahr 2020 erzielte der Student einen Bruttoarbeitslohn von insgesamt 15 000,– €, der von der studentischen Arbeitsvermittlung ordnungsgemäß versteuert wurde. Im Rahmen einer Lohnsteuer-Außenprüfung im Kalenderjahr 2021 stellt sich heraus, dass der Student von zwei Arbeitgebern im Monat Juli 2020 für Überstunden jeweils weitere 250,– € in bar erhalten hat, die bisher nicht versteuert wurden.

Der nachzufordernde Haftungsbetrag ist vom Betriebsstättenfinanzamt wie folgt zu ermitteln:

	Arbeitslohn	Lohnsteuer
Bruttoarbeitslohn bisher	15 000,– €	255,– €
Überstundenvergütung 2 × 250,– €	+ 500,– €	
Gesamt Bruttoarbeitslohn	15 500,– €	326,– €
Differenz = Haftungsbetrag		71,– €

Solidaritätszuschlag fällt wegen der sog. Nullzone (für das Jahr 2020 in Steuerklasse I bis zu einer Lohnsteuer von 972,– € jährlich) nicht an.

Der Haftungsbetrag ist im Verhältnis der nachträglich zu erfassenden Überstundenvergütung auf die beiden zahlenden Arbeitgeber aufzuteilen. Auf jeden Arbeitgeber entfallt somit eine Haftungsschuld von (71,– € : 2 =) 35,50 €.

Bei der Übertragung lohnsteuerlicher Pflichten ist das **Betriebsstättenfinanzamt** des **Dritten** für die Geltendmachung der Steuer- oder Haftungsschuld zuständig (§ 42d Abs. 9 Satz 8 EStG). Dieses führt auch die Lohnsteuer-Außenprüfung bei dem Dritten durch; eine Außenprüfung ist aber auch noch beim Arbeitgeber möglich (§ 42 f Abs. 3 EStG).

Eine Haftungsinanspruchnahme des Arbeitgebers und auch des Dritten unterbleibt, wenn beim Arbeitnehmer selbst die Nachforderung unzulässig ist, weil der Mindestbetrag von 10 € des § 42d Abs. 5 EStG nicht überschritten wird. Für die im Haftungsbescheid angeforderten Steuerbeträge beträgt die Zahlungsfrist einen Monat (R 42d.3 Satz 5 LStR).

15. Haftung anderer Personen für Lohnsteuer

Neben dem Arbeitgeber haften:

a) der Insolvenzverwalter;

b) der gesetzliche Vertreter juristischer Personen, z. B. der Geschäftsführer einer GmbH;

c) die Vorstände und Geschäftsführer nicht rechtsfähiger Personenvereinigungen;

H

	Lohn-steuer-pflichtig	Sozial-versich.-pflichtig

d) die Erben, Erbschaftsbesitzer, Testamentsvollstrecker, Pfleger, Liquidatoren, Vermögensverwalter;

e) der Bevollmächtigte, Beistand oder Vertreter, wenn er gleichzeitig Verfügungsberechtigter im Sinne der §§ 34 und 35 Abgabenordnung ist;

f) Hersteller von nichtamtlicher Software, soweit steuerlich relevante Daten in Folge einer Pflichtverletzung nach § 87c AO (z. B. aufgrund fehlerhafter Programmierung) unrichtig oder unvollständig verarbeitet und dadurch Steuern verkürzt oder zu Unrecht steuerliche Vorteile erlangt werden (§ 72a Abs. 1 AO);

g) Auftragnehmer (z. B. Steuerberater), die für die Datenübermittlung fehlerhafte Software einsetzen und dadurch Steuern verkürzt oder zu Unrecht steuerliche Vorteile erlangt werden (§ 72a Abs. 2 Nr. 1 AO); entsprechendes gilt für Auftragnehmer, die der Identifizierungspflicht ihres Auftraggebers (Mandanten) nicht nachkommen (§ 72a Abs. 2 Nr. 2 i. V. m. § 87c Abs. 2 AO);

H

h) Datenübermittler, die nach Maßgabe des § 93c AO zur Datenübermittlung an die Finanzverwaltung verpflichtet sind, wenn sie unrichtige oder unvollständige Daten übermitteln oder Daten pflichtwidrig nicht übermitteln (§ 72a Abs. 4 AO);

i) der persönlich haftende Gesellschafter von Personengesellschaften, soweit sie nicht schon als Arbeitgeber haften;

j) der Erwerber eines Betriebes für die Lohnsteuer, die seit Beginn des letzten, vor der Übereignung liegenden Kalenderjahres entstanden ist und die innerhalb von einem Jahr nach der Anmeldung des Betriebs durch den Erwerber festgesetzt oder angemeldet worden ist (§ 75 AO). Die Jahresfrist beginnt frühestens mit dem Zeitpunkt der Betriebsübernahme. Der Erwerber eines Betriebs haftet jedoch nicht für Lohnsteuer, die der Vorgänger fälschlicherweise nicht einbehalten hat. Der Erwerber haftet auch nicht für Säumniszuschläge, die dem Vorbesitzer wegen verspäteter Lohnsteuerentrichtung belastet worden sind. Die Haftung beschränkt sich auf den Bestand des übernommenen Vermögens. Die Haftung entfällt bei Erwerb aus einer Insolvenzmasse und aus Erwerben im Vollstreckungsverfahren (§ 75 Abs. 2 AO). Der Betrieb muss im Ganzen erworben worden sein, das heißt, das gesamte lebende Unternehmen (die Einrichtung und dauernden Maßnahmen, die einem Unternehmen dienen oder seine wesentlichen Grundlagen ausmachen) muss übergehen, sodass der Erwerber das Unternehmen ohne nennenswerte finanzielle Aufwendungen fortsetzen kann. Welche die wesentlichen Grundlagen eines Unternehmens sind, ist nach wirtschaftlichen Gesichtspunkten zu beurteilen und kann je nach der Art des Unternehmens verschieden sein. Die Haftung entfällt auch dann nicht, wenn der Betrieb vor der Wiederaufnahme durch den Rechtsnachfolger einige Zeit geruht hat, es sei denn, dass der Betrieb wegen einer allzu langen Stilllegung seinen Charakter als lebender Organismus verloren hat.

Die Haftung der unter a) bis h) genannten Personen kommt (im Gegensatz zur lohnsteuerlichen Arbeitgeberhaftung, die ohne ein Verschulden besteht) nur dann zum Zug, wenn sie ihre steuerlichen Pflichten **schuldhaft,** d. h. **vorsätzlich** oder **grob fahrlässig,** verletzt haben.

Zur Frage der **schuldhaften Pflichtverletzung** des gesetzlichen Vertreters bei der Abführung von Lohnsteuer, zum Umfang der Haftung und zum Auswahlermessen bei mehreren gesetzlichen Vertretern ist die einschlägige BFH-Rechtsprechung zu beachten; vgl. im Einzelnen H 42d.1 (Haftung anderer Personen) LStH. Nimmt das Finanzamt sowohl den Arbeitgeber nach § 42d EStG als auch den früheren Gesellschafter-Geschäftsführer u. a. wegen Lohnsteuer-Hinterziehung nach § 71 AO in Haftung, so hat es insoweit eine Ermessensentscheidung nach § 191 Abs. 1 i. V. m. § 5 AO zu treffen und die Ausübung dieses Ermessens regelmäßig zu begründen (BFH-Urteil vom 9.8.2002, BStBl. 2003 II S. 160).

	Lohn-steuer-pflichtig	Sozial-versich.-pflichtig

Handelsvertreter

siehe „Vertreter“

Hand- und Spanndienste

	Lohn-steuer-pflichtig	Sozial-versich.-pflichtig
Vergütungen der Gemeinden für Hand- und Spanndienste sind kein Arbeitslohn.	nein	nein
Es muss sich aber tatsächlich um Hand- und Spanndienste aufgrund der Gemeindeordnung und um entsprechend geringfügige Entschädigungen handeln. Werden zur Durchführung gemeindlicher Vorhaben Arbeitskräfte eingestellt, deren arbeitsrechtliche und versicherungsrechtliche Stellung sich nicht von der anderer Arbeitnehmer unterscheidet (vor allem nicht in der Höhe des Entgelts), liegen normale Dienstverhältnisse vor, aus denen alle steuerlichen und beitragsrechtlichen Folgerungen zu ziehen sind.	ja	ja

Vgl. auch das Stichwort „Ein-Euro-Jobs“.

Handy

siehe „Telefonkosten“

Hausgehilfin

Neues auf einen Blick:

1. Erhöhung der Umlagen U1 und U2 zum 1.10.2020

Die Umlagen U1 und U2 sind für den Ausgleich der Aufwendungen des Arbeitgebers bei Krankheit und nach dem Mutterschutzgesetz zu entrichten. Sie errechnen sich aus den Bruttoarbeitsentgelten aller im Betrieb geringfügig beschäftigten Arbeitnehmer und betragen seit dem 1.10.2020 **1,0% (U1;** vorher 0,9 %) und **0,39 % (U2;** vorher 0,19 %).

2. Energetische Gebäudesanierung

Energetische Sanierungsmaßnahmen **an selbstgenutztem Wohneigentum** werden ab dem Kalenderjahr 2020 bis 2029 durch einen prozentualen Abzug der Aufwendungen von der Steuerschuld gefördert, wenn das begünstigte Objekt bei der Durchführung der energetischen Maßnahme älter als zehn Jahre und innerhalb der Europäischen Union oder dem Europäischen Wirtschaftsraum belegen ist. Je selbstgenutzten Objekt beträgt die Steuerermäßigung **20 % der Aufwendungen, maximal insgesamt 40 000 €;** steuerlich gefördert werden also Aufwendungen bis 200 000 €. Die steuerliche Förderung von maximal 40 000 € kann für mehrere Einzelmaßnahmen an einem begünstigten Objekt in Anspruch genommen werden.

Der Abzug von der Steuerschuld erfolgt **innerhalb von drei Jahren** und zwar im Jahr des Abschlusses der Maßnahme und im darauf folgenden Kalenderjahr in Höhe von jeweils 7 % der Aufwendungen (höchstens jeweils 14 000 €) und im übernächsten Kalenderjahr in Höhe von 6 % der Aufwendungen (höchstens 12 000 €). Dabei werden auch **50 % der Aufwendungen für einen Energieberater,** der mit der planerischen Begleitung oder Beaufsichtigung der energetischen Maßnahme beauftragt worden ist, berücksichtigt.

Im **Lohnsteuer-Ermäßigungsverfahren** wird vom Finanzamt für die Steuerermäßigung – verteilt über drei

Lohn- steuer- pflichtig | Sozial- versich.- pflichtig

Jahre – ein Freibetrag für das ELStAM-Verfahren in Höhe des vierfachen Betrags der höchstens abziehbaren Aufwendungen gebildet.

Vgl. im Einzelnen die Erläuterungen unter der nachfolgenden Nr. 9 Buchstabe I.

Gliederung:

1. Allgemeines
2. Definition der Beschäftigung in einem Privathaushalt
   a) Allgemeines
   b) Beschäftigung von Familienangehörigen
3. Pauschalabgabe von 12 % für Beschäftigungen in einem Privathaushalt
4. Befreiung von der Rentenversicherungspflicht
   a) Allgemeines
   b) Mindestbeitragsbemessungsgrenze
5. Zusammenrechnung von mehreren geringfügig entlohnten Beschäftigungsverhältnissen
6. Zusammenrechnung von Hauptbeschäftigungen mit geringfügig entlohnten Beschäftigungsverhältnissen in Privathaushalten
7. Haushaltsscheckverfahren
   a) Allgemeines
   b) Meldungen im Haushaltsscheck-Verfahren
   c) Art der Meldungen im Haushaltsscheck-Verfahren
   d) SEPA-Basislastschriftmandat
   e) Zuständige Einzugsstelle, Meldeanlass, Meldefristen
   f) Aufzeichnungspflichten
   g) Verfahren bei der Minijob-Zentrale
   h) Bescheinigungen
8. Pauschalierung der Lohnsteuer mit 2 %
   a) Allgemeines
   b) Individuelle Lohnsteuerabzugsmerkmale oder Pauschalierung der Lohnsteuer mit 2 %
9. Steuerliche Vergünstigungen
   a) Allgemeines
   b) Geringfügig entlohnte Beschäftigung (sog. 450-Euro-Job)
   c) Sozialversicherungspflichtige Beschäftigung in einem privaten Haushalt
   d) Haushaltsnahe Dienstleistungen, die nicht im Rahmen des Arbeitsverhältnisses erbracht werden
   e) Zusätzliche Förderung von Handwerkerleistungen
   f) Freibetrag für das Lohnsteuerabzugsverfahren
   g) Steuerermäßigung nach § 35a EStG bei Wohnungseigentümergemeinschaften und Mietern
   h) Aufwendungen für eine Haushaltshilfe als außergewöhnliche Belastung
   i) Dienst- oder Werkswohnung
   k) Kinderbetreuungskosten
   l) Energetische Gebäudesanierung
10. Schwarzarbeit in Privathaushalten

1. Allgemeines

Zwischen „normalen" 450-Euro-Jobs einerseits und **450-Euro-Jobs in Privathaushalten** andererseits wird sozialversicherungsrechtlich hinsichtlich der Pauschalbeiträge und dem Meldeverfahren unterschieden. Für „normale" 450-Euro-Jobs muss der Arbeitgeber eine Pauschalabgabe von **30 %** bezahlen, und zwar 15 % für die Rentenversicherung, 13 % für die Krankenversicherung und 2 % Pauschalsteuer (vgl. das Stichwort „Geringfügige Beschäftigung"). Für 450-Euro-Jobs in Privathaushalten beträgt die Pauschalabgabe dagegen lediglich **12 %.** Davon entfallen 5 % auf die Rentenversicherung, 5 % auf die Krankenversicherung und 2 % auf die Pauschalsteuer. Der 5 %ige Pauschalbeitrag zur Krankenversicherung ist jedoch nur dann zu zahlen, wenn der/die Beschäftigte in der **gesetzlichen** Krankenversicherung versichert ist (z. B. im Rahmen einer Familienversicherung oder als Rentner). Ist der geringfügig in einem Privathaushalt Beschäftigte **privat oder gar nicht versichert,** fällt kein Pauschalbeitrag zur Krankenversicherung an.

Für 450-Euro-Jobs in Privathaushalten gilt zwingend das **Haushaltsscheckverfahren** (vgl. nachfolgend unter Nr. 7).

Nach § 35a EStG erhält der Arbeitgeber für die Beschäftigung einer Haushaltshilfe eine Reihe von Steuervergünstigungen. Diese sind nachfolgend unter Nr. 9 erläutert.

Im Einzelnen gilt für 450-Euro-Jobs in Privathaushalten Folgendes:

2. Definition der Beschäftigung in einem Privathaushalt

a) Allgemeines

Für die Annahme einer geringfügigen Beschäftigung im Privathaushalt wird nach § 8a Satz 2 SGB IV gefordert, dass diese durch einen **privaten** Haushalt begründet ist und die Tätigkeit sonst gewöhnlich durch Mitglieder des privaten Haushalts erledigt wird. Hierzu gehören z. B.

- Reinigung der Wohnung des Arbeitgebers;
- Zubereitung von Mahlzeiten im Haushalt des Arbeitgebers;
- Gartenpflege, nicht jedoch die erstmalige Errichtung einer Gartenanlage oder das Pflanzen einer Hecke;
- Pflege, Versorgung und Betreuung von Kindern, kranken, alten oder pflegebedürftigen Personen.

Keine begünstigte haushaltsnahe Tätigkeit ist dagegen z. B.

- die Erteilung von Unterricht (z. B. Nachhilfeunterricht, Sprachunterricht);
- die Vermittlung besonderer Fähigkeiten;
- sportliche und andere Freizeitbetätigungen (z. B. Fußball, Reiten, Golf, Tennis, Tanzen, Musizieren).

Die abhängige Beschäftigung muss durch einen privaten Haushalt begründet werden. Nach Auffassung der Spitzenverbände der Sozialversicherungsträger kommen als **Arbeitgeber** im Haushaltsscheckverfahren nur **natürliche Personen** in Betracht. Deshalb fallen Beschäftigungen in privaten Haushalten, die durch Dienstleistungsagenturen oder andere Unternehmen begründet sind, nicht unter diese Regelung. Entsprechendes gilt für Beschäftigungen, die mit Wohnungseigentümergemeinschaften oder Vermietern geschlossen werden, da es sich hierbei nicht um einen Privathaushalt im engeren Sinne handelt. Für Dienstleistungen in einem Haushalt, die zwar auf 450-Euro-Basis erbracht werden, bei denen der Arbeitgeber aber ein gewerblicher Unternehmer, eine Wohnungseigentümergemeinschaft oder ein Vermieter ist, gilt deshalb nicht die 12 %ige, sondern die 30 %ige Pauschalabgabe.

Nach der gemeinsamen Verlautbarung der Sozialversicherungsträger zum Haushaltsscheckverfahren wird eine Beschäftigung nur dann ausschließlich im Privathaushalt ausgeübt, wenn der Arbeitnehmer für denselben Arbeitgeber keine weiteren Dienstleistungen, wie z. B. in den dem Privathaushalt angeschlossenen Geschäftsräumen, erbringt. Wird der Arbeitnehmer z. B. auch in den Geschäftsräumen tätig, ist ohne Rücksicht auf die arbeitsvertragliche Gestaltung sozialversicherungsrechtlich von einem einheitlichen Beschäftigungsverhältnis auszugehen, sodass das Haushaltsscheckverfahren keine Anwendung finden kann.

b) Beschäftigung von Familienangehörigen

Nach der gemeinsamen Verlautbarung der Sozialversicherungsträger zum Haushaltsscheckverfahren gilt für die Beschäftigung von Familienangehörigen Folgendes:

Lohn- steuer- pflichtig | Sozial- versich.- pflichtig

Ein entgeltliches Beschäftigungsverhältnis wird grundsätzlich nicht dadurch ausgeschlossen, dass jemand für einen nahen Verwandten oder Familienangehörigen im Privathaushalt tätig wird. Allerdings ist bei solchen Beschäftigungsverhältnissen die Arbeitnehmereigenschaft zu prüfen und dabei festzustellen, ob der Arbeitsvertrag zum Schein abgeschlossen wurde (§ 117 BGB) oder die Tätigkeit lediglich eine familienhafte Mithilfe darstellt. Die erforderliche Abgrenzung ist nach den in ständiger Rechtsprechung des Bundessozialgerichts festgelegten Abgrenzungskriterien ausgehend von den gesamten Umständen des Einzelfalles vorzunehmen. Ein entgeltliches Beschäftigungsverhältnis im Privathaushalt unter Ehegatten scheidet allerdings regelmäßig aus, weil in der Ehe bereits gesetzliche Dienstleistungspflichten in Bezug auf die Haushaltsführung bestehen. Gleiches gilt dem Grunde nach für im Haushalt Dienste leistende Kinder, die dem elterlichen Hausstand angehören und von den Eltern unterhalten werden.

H

Die Ausführungen decken sich im Wesentlichen mit den Anweisungen der Finanzverwaltung, die bundeseinheitlich zu Beschäftigungsverhältnissen mit nahen Angehörigen, eingetragenen Lebenspartnern oder zwischen Partnern einer nicht ehelichen Lebensgemeinschaft für die Anwendung der Steuervergünstigungen nach § 35a Abs. 1 und 2 EStG (nachfolgend erläutert unter Nr. 9) ergangen sind und in denen Folgendes festgelegt worden ist:

Da familienrechtliche Verpflichtungen grundsätzlich nicht Gegenstand eines steuerlich anzuerkennenden Vertrags sein können, kann zwischen Ehegatten, die **in einem Haushalt zusammenlebenden** (§§ 1360, 1356 Abs. 1 BGB) oder zwischen Eltern und in deren im Haushalt lebenden Kindern (§ 1619 BGB) ein haushaltsnahes Beschäftigungsverhältnis im Sinne des § 35a Abs. 1 oder 2 EStG nicht begründet werden. Dies gilt entsprechend für die Partner einer eingetragenen Lebenspartnerschaft. Auch bei in einem Haushalt zusammenlebenden Partnern einer nicht ehelichen Lebensgemeinschaft oder einer nicht eingetragenen Lebenspartnerschaft kann regelmäßig nicht von einem begünstigten Beschäftigungsverhältnis ausgegangen werden, weil jeder Partner auch seinen eigenen Haushalt führt und es deshalb an dem für Beschäftigungsverhältnisse typischen Über- und Unterordnungsverhältnis fehlt.

Ein steuerlich nicht begünstigtes Vertragsverhältnis liegt darüber hinaus auch dann vor, wenn der Vertragspartner eine zwischengeschaltete Person (z. B. GmbH) ist und die Arbeiten im Namen dieser zwischengeschalteten Person von einer im Haushalt lebenden Person ausgeführt werden.

Haushaltsnahe Beschäftigungsverhältnisse mit **Angehörigen,** die **nicht im Haushalt** des Steuerpflichtigen **leben** (z. B. mit Kindern, die in einem eigenen Haushalt leben), können steuerlich nur anerkannt werden, wenn die Verträge zivilrechtlich wirksam zustande gekommen sind, inhaltlich dem zwischen Fremden Üblichen entsprechen und tatsächlich auch so durchgeführt werden.

3. Pauschalabgabe von 12 % für Beschäftigungen in einem Privathaushalt

Arbeitgeber, die in ihrem Haushalt Arbeitnehmer auf 450-Euro-Basis beschäftigen, sind gegenüber den Arbeitgebern im gewerblichen Bereich erheblich begünstigt. Denn neben einer steuerlichen Förderung nach § 35a EStG (vgl. nachfolgend unter Nr. 9) zahlen die Arbeitgeber geringfügig Beschäftigter in Privathaushalten anstelle der Pauschalabgabe von 30 % lediglich 12 %. Folgende Übersicht soll dies verdeutlichen:

Lohn- steuer- pflichtig | Sozial- versich.- pflichtig

450-Euro-Job	Pauschaler Beitrag zur Rentenversicherung	Pauschaler Beitrag zur Krankenversicherung[1]	Pauschalsteuer	Pauschalabgabe insgesamt
in Privathaushalten	5 %	5 %[1]	2 %	12 %
außerhalb von Privathaushalten	15 %	13 %[1]	2 %	30 %

Die 450-Euro-Jobs in Privathaushalten unterscheiden sich von den „normalen" 450-Euro-Jobs nur durch die Höhe der Pauschalbeiträge zur Renten- und Krankenversicherung. Bei den Voraussetzungen, ob überhaupt ein geringfügig entlohntes Beschäftigungsverhältnis vorliegt, für das Pauschalbeiträge zur Renten- und Krankenversicherung entrichtet werden müssen, bestehen **keine Unterschiede.** Auf die Erläuterungen beim Stichwort „Geringfügige Beschäftigung" wird deshalb Bezug genommen, und zwar auf

- Nr. 3 „Geringfügig entlohnte Beschäftigung (sog. 450-Euro-Jobs)";
- Nr. 4 „Auswirkungen von steuerfreiem und pauschal besteuertem Arbeitslohn auf die 450-Euro-Grenze";
- Nr. 6 „Pauschalbeitrag zur Krankenversicherung in Höhe von 13 % oder 5 %";
- Nr. 7 „Beitrag zur Rentenversicherung in Höhe von 15 % oder 5 %".

Beispiel

Eine Arbeitnehmerin arbeitet seit 1.1.2013 als Putzfrau in einem Privathaushalt gegen ein monatliches Arbeitsentgelt von 450 €, sie ist über ihren Ehemann in der gesetzlichen Krankenversicherung familienversichert. Von der Rentenversicherungspflicht hat sie sich befreien lassen.

Die Arbeitnehmerin ist in der Kranken-, Pflege-, und Arbeitslosenversicherung versicherungsfrei, weil das Arbeitsentgelt 450 € nicht übersteigt. In der Rentenversicherung besteht wegen der Befreiung Versicherungsfreiheit; vgl. zur Möglichkeit der Befreiung von der Rentenversicherungspflicht nachfolgende Nr. 4. Der Arbeitgeber hat den Pauschalbeitrag zur Kranken- und Rentenversicherung in Höhe von (5 % + 5 % =) 10 % zu bezahlen. Wird das Arbeitsentgelt nicht nach den individuellen Lohnsteuerabzugsmerkmalen besteuert, muss eine Pauschalsteuer von 2 % gezahlt werden, die auch den Solidaritätszuschlag und die Kirchensteuer mit abgilt. Ist die Arbeitnehmerin bei einem Arbeitgeber mit maximal 30 Arbeitnehmern beschäftigt ist, fallen außerdem Beiträge zur Umlage U1 für Entgeltfortzahlungen im Krankheitsfall an. Außerdem fallen Beiträge zur Umlage U2 für Mutterschaftsaufwendungen an, und zwar auch bei Arbeitgebern, die mehr als 30 Arbeitnehmer beschäftigen. Für die Arbeitnehmerin ergibt sich folgende Lohnabrechnung:

Monatslohn		450,– €
Lohnsteuer	0,– €	
Solidaritätszuschlag	0,– €	
Kirchensteuer	0,– €	
Sozialversicherung	0,– €	0,– €
Nettolohn		450,– €

Der Arbeitgeber muss folgende Pauschalabgaben zahlen:

Lohnsteuer (einschließlich Solidaritätszuschlag und Kirchensteuer)	2,0 %	9,– €
Krankenversicherung pauschal	5,0 %	22,50 €
Rentenversicherung pauschal	5,0 %	22,50 €
Umlage U1	1,0 %	4,50 €
Umlage U2	0,39 %	1,76 €
Unfallversicherung	1,6 %	7,20 €
insgesamt		67,46 €

1) Der Pauschalbeitrag zur Krankenversicherung fällt nur dann an, wenn der Beschäftigte in der **gesetzlichen Krankenversicherung** versichert ist (z. B. im Rahmen der Familienversicherung, als Rentner, Student, Arbeitsloser, freiwillige Versicherung). Für geringfügig Beschäftigte, die privat oder gar nicht krankenversichert sind, fällt kein Pauschalbeitrag zur Krankenversicherung an.

Lohn-steuer-pflichtig	Sozial-versich.-pflichtig

4. Befreiung von der Rentenversicherungspflicht

a) Allgemeines

Bis 31.12.2012 bestand für geringfügig entlohnte Beschäftigte die Möglichkeit, bei Versicherungsfreiheit in der Rentenversicherung die Versicherungspflicht zu wählen (sog. Option). Diese Wahlalternative ist zum 1.1.2013 weggefallen.

Ab diesem Zeitpunkt sind alle nach dem 31.12.2012 begründeten geringfügig entlohnten Beschäftigungen (Entgelt bis 450 €), auch die im Privathaushalt ausgeübten, in der Rentenversicherung grundsätzlich versicherungspflichtig.

Sofern ein Arbeitnehmer aufgrund einer nach dem 31.12.2012 aufgenommenen geringfügig entlohnten Beschäftigung im Privathaushalt in der Rentenversicherung versicherungspflichtig wird, kann er sich von der eingetretenen Versicherungspflicht auf Antrag befreien lassen (§ 6 Abs. 1b SGB VI). Der Befreiungsantrag ist beim Arbeitgeber schriftlich zu stellen. Der Antrag kann bei mehreren gleichzeitig ausgeübten Beschäftigungen nur einheitlich (bei allen Arbeitgebern) gestellt werden. Er ist für die Dauer aller Beschäftigungen bindend, d. h. er kann nicht widerrufen werden. Einzelheiten zur Befreiung siehe unter dem Stichwort „Geringfügige Beschäftigung“, Nr. 8.

Sofern ein Arbeitnehmer von seinem Befreiungsrecht keinen Gebrauch macht, sind für ihn Rentenversicherungsbeiträge unter Zugrundelegung des vollen Beitragssatzes in der Rentenversicherung zu zahlen. Den Aufstockungsbetrag zwischen den vom Arbeitgeber zu zahlenden Pauschalbetrag von 5 % und dem vollen Beitragssatz von 18,6 %, also (18,6 % minus 5 % =) **13,6 %** trägt der Arbeitnehmer. Der Aufstockungsbetrag ist durch den Arbeitgeber vom Arbeitsentgelt einzubehalten.

Beispiel

Eine Arbeitnehmerin ist seit 1.1.2013 als Putzfrau in einem Privathaushalt beschäftigt und erhält hierfür einen Monatslohn von 450 €. Die Arbeitnehmerin muss einen Arbeitnehmerbeitrag zur Rentenversicherung in Höhe von 13,6 % bezahlen. Es ergibt sich folgende Lohnabrechnung:

Monatslohn		450,– €
Lohnsteuer	0,– €	
Solidaritätszuschlag	0,– €	
Kirchensteuer	0,– €	
Arbeitnehmeranteil zur Rentenversicherung 13,6 %	61,20 €	61,20 €
Nettolohn		388,80 €

Der Arbeitgeber muss folgende Pauschalabgaben zahlen:

Lohnsteuer (einschließlich Solidaritätszuschlag und Kirchensteuer)	2,0 %	9,– €
Krankenversicherung pauschal	5,0 %	22,50 €
Rentenversicherung pauschal	5,0 %	22,50 €
Umlage U1	1,0 %	4,50 €
Umlage U2	0,39 %	1,76 €
Unfallversicherung	1,6 %	7,20 €
insgesamt		67,46 €

b) Mindestbeitragsbemessungsgrenze

Zu beachten ist, dass im Falle der Rentenversicherungspflicht als Mindestbeitragsbemessungsgrundlage nach § 163 Abs. 8 SGB VI ein Betrag in Höhe von **175 €** zugrunde zu legen ist. Der Aufstockungsbetrag für Arbeitnehmer mit einem monatlichen Arbeitsentgelt unterhalb der Mindestbeitragsbemessungsgrundlage ermittelt sich, indem der – ausgehend vom tatsächlich erzielten Arbeitsentgelt berechnete – Pauschalbeitrag des Arbeitgebers vom Mindestbeitrag (175 € × voller Beitragssatz zur Rentenversicherung) abgezogen wird. Das bedeutet, dass als Rentenversicherungsbeitrag mindestens ein Beitrag von (18,6 % von 175 € =) **32,55 €** zu zahlen ist. Reicht das Arbeitsentgelt zur Deckung des Aufstockungsbetrages nicht aus, hat der Arbeitnehmer dem Arbeitgeber den Restbetrag zu erstatten.

Lohn-steuer-pflichtig	Sozial-versich.-pflichtig

Beispiel

Arbeitsentgelt aus der geringfügig entlohnten Beschäftigung in einem Privathaushalt 100 €. Der Arbeitnehmer lässt sich von der Rentenversicherungspflicht nicht befreien.

18,6 % aus 175 €	32,55 €
abzüglich Arbeitgeberanteil 5 % aus 100 €	5,– €
Arbeitnehmeranteil	27,55 €

Sofern das Beschäftigungsverhältnis im Laufe eines Monats beginnt oder endet, kommt ein **anteiliger Mindestbeitrag** in Betracht. Entsprechendes gilt im Falle von Arbeitsunterbrechungen (z. B. wegen Arbeitsunfähigkeit). Auf die Erläuterungen beim Stichwort „Geringfügige Beschäftigung“ unter Nr. 9 auf Seite 511 wird Bezug genommen.

5. Zusammenrechnung von mehreren geringfügig entlohnten Beschäftigungsverhältnissen

Werden mehrere geringfügig entlohnte Beschäftigungen bei verschiedenen Arbeitgebern nebeneinander ausgeübt, dann sind für die versicherungsrechtliche Beurteilung in allen Versicherungszweigen die Arbeitsentgelte aus den einzelnen Beschäftigungen zusammenzurechnen, und zwar unabhängig davon, ob die geringfügig entlohnten Beschäftigungen in Privathaushalten oder außerhalb von Privathaushalten ausgeübt werden.

Übersteigt das zusammengerechnete monatliche Arbeitsentgelt die 450-Euro-Grenze, tritt folglich Versicherungspflicht bei allen Arbeitgebern in allen vier Zweigen der Sozialversicherung ein. Das bedeutet, dass jeder Arbeitgeber nicht den „pauschalen“ Arbeitgeberanteil zur Rentenversicherung zu entrichten hat, sondern den hälftigen Arbeitgeberanteil zur Rentenversicherung in Höhe von 9,3 %. Damit entfällt auch die Steuerpauschalierung mit 2 %, die auch den Solidaritätszuschlag und die Kirchensteuer mit abgilt. Der Arbeitnehmer müsste deshalb bei allen Arbeitgebern eine Besteuerung nach seinen individuellen Lohnsteuerabzugsmerkmalen (einschließlich Steuerklasse VI ab dem zweiten Dienstverhältnis) in Kauf nehmen. Nach § 40a Abs. 2a EStG besteht jedoch für alle Beschäftigungsverhältnisse die Möglichkeit einer Pauschalierung der Lohnsteuer mit 20 %, weil der Monatslohn 450 € nicht übersteigt (auf die Höhe des Stundenlohns kommt es nicht an). Die Besteuerung nach den individuellen Lohnsteuerabzugsmerkmalen bei allen geringfügig entlohnten Beschäftigungsverhältnissen wäre dann günstiger, wenn der Arbeitnehmer durch die Bildung von Freibeträgen und Hinzurechnungsbeträgen insgesamt den Lohnsteuerabzug vermeiden könnte (vgl. Beispiel B).

Beispiel A

Eine privat krankenversicherte Putzfrau arbeitet im privaten Haushalt des Arbeitgebers A gegen ein monatliches Arbeitsentgelt von 170 € und in den Geschäftsräumen des Arbeitgebers B gegen ein monatliches Arbeitsentgelt von 250 €. Die Arbeitsentgelte aus den beiden geringfügig entlohnten Beschäftigungsverhältnissen sind für die Prüfung der 450-Euro-Grenze unabhängig davon zusammenzurechnen, dass die Beschäftigung beim Arbeitgeber A in einem Privathaushalt und die Beschäftigung beim Arbeitgeber B außerhalb von einem Privathaushalt ausgeübt wird. Die Putzfrau unterliegt in beiden Beschäftigungsverhältnissen nicht der Sozialversicherungspflicht, weil das zusammengerechnete monatliche Arbeitsentgelt 450 € nicht übersteigt. In der Rentenversicherung besteht allerdings Versicherungspflicht; vgl. zur Möglichkeit der Befreiung von der Rentenversicherungspflicht vorstehende Nr. 4. Beide Arbeitgeber haben Beiträge zur Rentenversicherung sowie die 2 %ige Pauschalsteuer zu zahlen, und zwar in folgender Höhe:

Arbeitgeber A	(5 % + 2 % =)	7 % von 170 €	11,90 €
Arbeitgeber B	(15 % + 2 % =)	17 % von 250 €	42,50 €

Für geringfügig Beschäftigte, die privat krankenversichert sind, fällt kein Pauschalbeitrag zur Krankenversicherung an (vgl. vorstehende Nr. 3).

Beispiel B

Eine Arbeitnehmerin arbeitet seit 1.1.2013 an drei Tagen in der Woche in einem Lebensmittelgeschäft beim Arbeitgeber A und erhält hierfür monatlich 450 €. Außerdem putzt sie an jeweils zwei Abenden in den privaten Haushalten der Arbeitgeber B und C. Die Arbeitnehmerin

H

Lohn-steuer-pflichtig Sozial-versich.-pflichtig

erhält vom Arbeitgeber B monatlich 250 € und vom Arbeitgeber C monatlich 200 €.

Durch die sozialversicherungsrechtliche Zusammenrechnung der drei, für sich allein betrachtet, geringfügig entlohnten Beschäftigungsverhältnisse tritt Versicherungspflicht in allen vier Zweigen der Sozialversicherung ein. Alle drei Arbeitgeber müssen einen hälftigen Arbeitgeberanteil zur Rentenversicherung in Höhe von 9,3 % bezahlen. Damit entfällt für alle drei Beschäftigungsverhältnisse die 2 % Pauschalsteuer. Eine Pauschalierung der Lohnsteuer mit 20 % – ggf. unter Abwälzung auf die Arbeitnehmerin – wäre dagegen für alle drei Beschäftigungsverhältnisse möglich (vgl. das Stichwort „Pauschalierung der Lohnsteuer bei Aushilfskräften und Teilzeitbeschäftigten" unter Nr. 3 Buchstaben b, f und g).

Es wird jedoch in allen drei Beschäftigungsverhältnissen eine individuelle Besteuerung nach den Lohnsteuerabzugsmerkmalen der Arbeitnehmerin vorgenommen und zwar

- beim Arbeitgeber A mit der Steuerklasse I und einem **Hinzurechnungsbetrag von 450 €;**
- beim Arbeitgeber B mit der Steuerklasse VI und einem **Freibetrag von 250 €;**
- beim Arbeitgeber C mit der Steuerklasse VI und einem **Freibetrag von 200 €.**

H

Damit fällt in allen drei Beschäftigungsverhältnissen weder Lohnsteuer noch Solidaritätszuschlag und auch keine Kirchensteuer an. Die Möglichkeit, korrespondierende Freibeträge und Hinzurechnungsbeträge in Anspruch zu nehmen, ist beim Stichwort „Pauschalierung der Lohnsteuer bei Aushilfskräften und Teilzeitbeschäftigten" unter Nr. 12 auf Seite 759 erläutert.

6. Zusammenrechnung von Hauptbeschäftigungen mit geringfügig entlohnten Beschäftigungsverhältnissen in Privathaushalten

Versicherungspflichtige Hauptbeschäftigungen werden im Grundsatz mit geringfügigen Beschäftigungen zusammengerechnet. Davon gibt es eine Ausnahme, denn **eine** Nebenbeschäftigung bis zu 450 € monatlich bleibt in der Kranken-, Pflege- und Arbeitslosenversicherung anrechnungsfrei.

Beispiel A

Eine alleinstehende Arbeitnehmerin bezieht aus ihrem ersten Arbeitsverhältnis als Verkäuferin 2300 € monatlich und hat nebenher seit 1.1.2013 eine Putzstelle in einem privaten Haushalt. Hierfür erhält sie monatlich 450 €. Die beiden Arbeitsverhältnisse werden in der Kranken-, Pflege- und Arbeitslosenversicherung für die Berechnung der Sozialversicherungsbeiträge nicht zusammengerechnet. In der Rentenversicherung besteht Versicherungspflicht; vgl. zur Möglichkeit der Befreiung von der Rentenversicherungspflicht bei der geringfügigen Beschäftigung vorstehende Nr. 4. Für den 450-Euro-Job ergibt sich folgende Lohnabrechnung:

Monatslohn		450,– €
Lohnsteuer	0,– €	
Solidaritätszuschlag	0,– €	
Kirchensteuer	0,– €	
Rentenversicherung (18,6 % – 5 %)	61,20 €	61,20 €
Nettolohn		388,80 €

Der Arbeitgeber benötigt nicht die individuellen Lohnsteuerabzugsmerkmale der Arbeitnehmerin.

Der Arbeitgeber muss folgende Pauschalabgaben zahlen:

Lohnsteuer (einschließlich Solidaritätszuschlag und Kirchensteuer)	2,0 %	9,– €
Krankenversicherung pauschal	5,0 %	22,50 €
Rentenversicherung pauschal	5,0 %	22,50 €
Umlage U1	1,0 %	4,50 €
Umlage U2	0,39 %	1,76 €
Unfallversicherung	1,6 %	7,20 €
insgesamt		67,46 €

Werden neben einer Hauptbeschäftigung **mehrere** geringfügig entlohnte Beschäftigungen ausgeübt, dann scheidet für **eine** geringfügig entlohnte Beschäftigung in der Kranken-, Pflege- und Arbeitslosenversicherung die Zusammenrechnung mit der Hauptbeschäftigung aus. Ausgenommen von der Zusammenrechnung wird nach den Geringfügigkeitsrichtlinien dabei diejenige geringfügig entlohnte Beschäftigung, die **zeitlich zuerst aufgenommen** worden ist, sodass diese Beschäftigung versicherungsfrei bleibt. Die **weiteren** geringfügig entlohnten Beschäftigungen sind mit der versicherungspflichtigen Hauptbeschäftigung zusammenzurechnen, sodass für diese Mini-Jobs die Zahlung pauschaler Arbeitgeberbeiträge zur Kranken- und Rentenversicherung sowie die 2 %ige Pauschalsteuer entfällt. Damit findet auch das Haushaltsscheckverfahren keine Anwendung mehr. Der Arbeitgeber hat dann das übliche Beitrags- und Meldeverfahren gegenüber der Krankenkasse durchzuführen, die der Arbeitnehmer gewählt hat.

Lohn-steuer-pflichtig Sozial-versich.-pflichtig

Eine Pauschalierung der Lohnsteuer mit 20 % anstelle von 2 % ist möglich, wenn der Monatslohn für die jeweilige geringfügig entlohnte Beschäftigung 450 € nicht übersteigt (vgl. die Erläuterungen beim Stichwort „Pauschalierung der Lohnsteuer bei Aushilfskräften und Teilzeitbeschäftigten" unter Nr. 3 Buchstabe b auf Seite 749).

Beispiel B

Eine alleinstehende Arbeitnehmerin bezieht aus ihrem ersten Arbeitsverhältnis als Verkäuferin beim Arbeitgeber A einen Monatslohn von 2000 €. Außerdem hat sie zwei Putzstellen in Privathaushalten, und zwar beim Arbeitgeber B ab 1. Juni 2021 gegen ein monatliches Arbeitsentgelt von 150 € und beim Arbeitgeber C ab 1. August 2021 gegen ein monatliches Entgelt von 240 €.

Die Verkäuferin unterliegt in der (Haupt-)Beschäftigung beim Arbeitgeber A der Versicherungspflicht. Bei den beiden übrigen Beschäftigungen handelt es sich jeweils um geringfügig entlohnte Beschäftigungen, weil das Arbeitsentgelt aus den einzelnen Beschäftigungen 450 € nicht übersteigt. Obwohl die zusammengerechneten Arbeitslöhne aus den beiden geringfügig entlohnten Beschäftigungsverhältnissen die monatliche 450-Euro-Grenze nicht übersteigen wird nur die beim Arbeitgeber B ausgeübte, **zeitlich zuerst aufgenommene Beschäftigung nicht** mit der versicherungspflichtigen (Haupt-)Beschäftigung zusammengerechnet. Der Arbeitgeber B muss die Pauschalabgabe von (5 % + 5 % + 2 % =) 12 % bezahlen. Die Beschäftigung beim Arbeitgeber C ist hingegen mit der versicherungspflichtigen (Haupt-) Beschäftigung zusammenzurechnen mit der Folge, dass volle Versicherungspflicht in der Kranken-, Renten- und Pflegeversicherung begründet wird. In der Arbeitslosenversicherung besteht sowohl beim Arbeitgeber B als auch beim Arbeitgeber C Versicherungsfreiheit, weil das Arbeitsentgelt aus diesen Beschäftigungen jeweils 450 € nicht überschreitet und geringfügig entlohnte Beschäftigungen mit versicherungspflichtigen (Haupt-)Beschäftigungen bei der Arbeitslosenversicherung nicht zusammengerechnet werden.

Da für die Beschäftigung beim Arbeitgeber C kein pauschaler Rentenversicherungsbeitrag von 5 % entrichtet wird (sondern der hälftige Arbeitgeberbeitrag von 9,3 %), entfällt die 2 %ige Steuerpauschalierung (eine Pauschalierung der Lohnsteuer mit 20 % ist jedoch möglich, weil das Arbeitsentgelt 450 € monatlich nicht übersteigt, vgl. das Stichwort „Pauschalierung der Lohnsteuer bei Aushilfskräften und Teilzeitbeschäftigten" unter Nr. 3 Buchstabe b).

7. Haushaltsscheckverfahren

a) Allgemeines

Für geringfügige Beschäftigungen in Privathaushalten ist eine unbürokratische Abwicklung durch das Haushaltsscheck-Verfahren vorgesehen. Die Anwendung des Haushaltsscheck-Verfahrens ist daran gebunden, dass das Arbeitsentgelt regelmäßig im Monat 450 Euro nicht übersteigt und die Tätigkeit durch einen Privathaushalt begründet ist.

Nach § 28a Absatz 7 Satz 1 SGB IV hat der Arbeitgeber (Privathaushalt) der Einzugsstelle (Deutsche Rentenversicherung Knappschaft-Bahn-See/Minijob-Zentrale) für einen in seinem Haushalt beschäftigten Arbeitnehmer eine vereinfachte Meldung, den Haushaltsscheck, zu erstatten. Der Haushaltsscheck enthält gegenüber der Meldung nach § 28a Absatz 3 SGB IV reduzierte Angaben. Der Arbeitgeber kann den Haushaltsscheck sowohl handschriftlich als auch elektronisch an die Minijob-Zentrale senden. Die Minijob-Zentrale prüft nach Eingang des Haushaltsschecks die Einhaltung der Arbeitsentgeltgrenzen bei geringfügiger Beschäftigung und vergibt, sofern noch nicht vorhanden, die Betriebsnummer. Auf der Grundlage des gemeldeten Arbeitsentgelts berechnet die Minijob-Zentrale die zu zahlenden Abgaben (Gesamtsozialversicherungsbeiträge, Beiträge zur Unfallversicherung, Umlagen zum Ausgleich der Arbeitgeberaufwendungen bei Krankheit und Mutterschaft sowie gegebenenfalls zu

Lohn-steuer-pflichtig Sozial-versich.-pflichtig

zahlende Pauschsteuer). Diese werden im Haushaltsscheck-Verfahren per SEPA-Basislastschriftmandat vom Konto des Arbeitgebers halbjährlich durch die Minijob-Zentrale eingezogen. Bei jeder dauerhaften Änderung des Arbeitsentgelts oder bei schwankender Höhe des Arbeitsentgelts muss der Arbeitgeber die Minijob-Zentrale erneut informieren. Hierfür stehen zusätzlich der Halbjahresscheck oder der Änderungsscheck zur Verfügung.

Die Teilnahme am Haushaltsscheck-Verfahren ist für geringfügige Beschäftigungen mit haushaltsnahen Dienstleistungen im Privathaushalt obligatorisch. Der Arbeitgeber kann somit nicht alternativ das übliche Melde- und Beitragsverfahren nutzen.

b) Meldungen im Haushaltsscheck-Verfahren

Meldungen im Haushaltsscheck-Verfahren können

- schriftlich mittels Papierbeleg erfolgen oder
- durch elektronische Datenübertragung übermittelt werden.

Das automatisierte Verfahren gilt seit 1.1.2019. Voraussetzung für die Übermittlung von Haushaltsscheck-Meldungen im elektronischen Verfahren ist insbesondere, dass die Daten über die Beschäftigungszeiten und die Höhe der beitragspflichtigen Bruttoarbeitsentgelte aus systemgeprüften Programmen oder mittels systemgeprüfter maschinell erstellter Ausfüllhilfen übermittelt werden. Für die Beurteilung einer ordnungsgemäßen Abwicklung der Entgeltabrechnung und für die Berechnung der Beiträge sind die Regelungen der Beitragsverfahrensverordnung (in der jeweils geltenden Fassung) maßgebend. Die Beschreibung des Verfahrens und der Datensätze ist in den „Gemeinsamen Grundsätzen für die Gestaltung des Haushaltsschecks und das der Einzugsstelle in diesem Verfahren zu erteilende Lastschriftmandat nach § 28b Absatz 2 SGB IV in der vom 1. Juli 2018 an geltenden Fassung" beschrieben (vgl. www.aok.de/fk/sozialversicherung/rundschreiben/jahrgang-2018/).

c) Art der Meldungen im Haushaltsscheck-Verfahren

Der **Haushaltsscheck** ist zwingend bei jedem Beginn einer nach § 8a SGB IV geringfügigen Beschäftigung im Privathaushalt zu nutzen. Er kann optional auch für Änderungen oder Abmeldungen verwendet werden. Die erstmalige Nutzung des Haushaltsschecks bedingt ein vom Arbeitgeber schriftlich zu erteilendes SEPA-Basislastschriftmandat. Der Haushaltsscheck beinhaltet folgende Angaben:

- Name, Vorname, ggf. Vorsatzwort, Namenszusatz und Titel, Anschrift, Betriebsnummer und Steuernummer sowie die Telefonnummer und E-Mail-Adresse des Arbeitgebers,
- Name, Vorname, ggf. Vorsatzwort, Namenszusatz und Titel, Anschrift, Versicherungsnummer, Geburtsort, Geburtsname und Geburtsdatum sowie die Telefonnummer und E-Mail-Adresse des Arbeitnehmers,
- Kennzeichnung über die Zahlung von Pauschsteuer,
- Kennzeichnung über eine versicherungspflichtige (Haupt-)Beschäftigung des Arbeitnehmers,
- Kennzeichnung, falls der Arbeitnehmer nicht gesetzlich krankenversichert ist,
- Kennzeichnung, ob der Arbeitnehmer Pflichtbeiträge zur Rentenversicherung zahlen möchte,
- Beginn und Ende der Beschäftigung,
- Höhe des monatlich gleichbleibend oder schwankend gezahlten Arbeitsentgelts in Euro (kaufmännisch auf volle Euro-Beträge gerundet).

Der **Halbjahresscheck** ergänzt den Haushaltsscheck. Er umfasst einen Beschäftigungszeitraum von einem Kalenderhalbjahr und wird von der Minijob-Zentrale automatisch den Haushalten zur Verfügung gestellt, die Arbeitnehmer mit schwankenden Arbeitsentgelten melden. Er stellt lediglich ein zusätzliches Angebot zum Haushaltsscheck dar, die Nutzung steht dem Arbeitgeber frei. Leitgedanke dieses Schecks ist der Abbau von Bürokratie, sodass der Privathaushalt als Arbeitgeber eines geringfügig entlohnten Beschäftigten von nicht erforderlichen Verwaltungspflichten entlastet wird.

Eine Ausstattung des Arbeitgebers mit einem maschinell erstellten Halbjahresscheck setzt voraus, dass der Arbeitgeber zunächst einen Haushaltsscheck mit schwankenden Bezügen (Angabe eines monatlich wechselnden Arbeitsentgelts im Haushaltsscheck) einreicht. Nach dessen Verarbeitung stellt die Minijob-Zentrale dem Arbeitgeber halbjährlich einen Halbjahresscheck bereit. Alternativ kann er unter minijob-zentrale.de heruntergeladen werden.

Der Halbjahresscheck umfasst einen Beschäftigungszeitraum von einem Kalenderhalbjahr. Der Arbeitgeber ergänzt die einzelnen Monate und bescheinigt die jeweiligen Verdienste seiner Haushaltshilfe. Der Meldezeitraum darf immer nur das erste oder zweite Kalenderhalbjahr umfassen, beispielsweise Januar bis Juni oder Juli bis Dezember. Anzugeben sind alle Monate, in denen das Arbeitsverhältnis im Halbjahr bestanden hat. Der Arbeitgeber muss auch Monate melden, für die er kein Arbeitsentgelt gezahlt hat („Nullmonate"). Beispielsweise, weil das Arbeitsverhältnis wegen eines unbezahlten Urlaubs, aufgrund einer (längeren) Arbeitsunfähigkeit (nach Ablauf der Entgeltfortzahlung) oder bei einer Freistellung von Arbeitsleistung (z. B. Gartenarbeit nur jeden dritten Monat) länger als einen Monat unterbrochen war. Das Feld „Arbeitsentgelt" ist in diesem Fall mit 0 Euro vorzugeben.

Der Halbjahresscheck enthält folgende Angaben:

- Name, Vorname und Betriebsnummer des Arbeitgebers
- Name, Vorname und Versicherungsnummer des Arbeitnehmers
- Kennzeichnung über die Beendigung der Beschäftigung
- Die Höhe des monatlich gezahlten Arbeitsentgelts ist in Euro (kaufmännisch auf volle Euro-Beträge gerundet) anzugeben.

Der **Änderungsscheck** stellt ein zusätzliches Angebot zum Haushaltsscheck dar. Er dient der vereinfachten Meldung von Änderungen im Beschäftigungsverhältnis. Die Nutzung steht dem Arbeitgeber frei und ist nicht zwingend. Der Änderungsscheck soll den Arbeitgeber von den nicht erforderlichen Verwaltungspflichten entlasten und die Bürokratie abbauen. Er kann bei der Minijob-Zentrale angefordert werden und steht online unter minijob-zentrale.de zur Verfügung. Folgende Änderungen können Arbeitgeber mitteilen:

- Änderungsdatum
- Name, Vorname des Arbeitgebers und Arbeitnehmers
- Anschrift des Arbeitgebers und Arbeitnehmers
- Besteuerungsart
- Vorliegen einer gesetzlichen Krankenversicherung
- Wunsch, selbst Pflichtbeiträge zur Rentenversicherung zahlen zu wollen oder nicht
- Beschäftigungsende
- Grund der Beendigung
- Entgelthöhe in Euro (kaufmännisch auf volle Euro-Beträge gerundet)
- Kennzeichnung über schwankendes Arbeitsentgelt
- Bankverbindung (Name, Vorname und Anschrift des Kontoinhabers, Kreditinstitut, IBAN)

Der Änderungsscheck enthält ergänzende Erläuterungen für den Arbeitgeber.

d) SEPA-Basislastschriftmandat

Bei erstmaliger Verwendung eines Haushaltsschecks hat der Arbeitgeber der Minijob-Zentrale der Deutschen

Lohn- steuer- pflichtig | Sozial- versich.- pflichtig

Rentenversicherung Knappschaft-Bahn-See gesondert schriftlich ein Lastschriftmandat zum Einzug der im Haushaltsscheck-Verfahren anfallenden Abgaben zu erteilen. Hierbei sind die für den Euro-Zahlungsverkehrsraum geltenden SEPA-Regularien zu beachten.

e) Zuständige Einzugsstelle, Meldeanlass, Meldefristen

Der Haushaltsscheck ist nach § 28a Absatz 7 Satz 1 SGB IV unverzüglich bei der zuständigen Einzugsstelle, der Deutschen Rentenversicherung Knappschaft-Bahn-See, Minijob-Zentrale (§ 28i Satz 5 SGB IV), einzureichen. Dies gilt für jeden Meldeanlass, das heißt, bei Beginn der Beschäftigung, bei Änderungen im laufenden Beschäftigungsverhältnis (z. B. Änderung des Arbeitsentgelts) und bei Beendigung der Beschäftigung. Auch der optional verwendete Halbjahres- oder Änderungsscheck ist unverzüglich einzureichen.

f) Aufzeichnungspflichten

Arbeitgeber, die das Haushaltsscheck-Verfahren nutzen, müssen der Minijob-Zentrale keinen Beitragsnachweis einreichen (§ 28f Absatz 3 Satz 1 2. Halbsatz SGB IV). Anders als bei gewerblichen Arbeitgebern, berechnet bei diesem Verfahren die Minijob-Zentrale die Abgaben für den Privathaushalt.

Arbeitgeber werden nach § 28p Absatz 10 SGB IV wegen der beschäftigten Arbeitnehmer in Privathaushalten nicht vom Rentenversicherungsträger geprüft. Im Übrigen sind Privathaushalte von der Führung von Entgeltunterlagen freigestellt (§ 28f Absatz 1 Satz 2 SGB IV).

g) Verfahren bei der Minijob-Zentrale

Die Minijob-Zentrale prüft das Vorliegen einer geringfügigen Beschäftigung. Fehlende Angaben auf dem Haushaltsscheck werden gegebenenfalls durch Nachfragen beim Arbeitgeber oder Arbeitnehmer recherchiert.

Stellt die Minijob-Zentrale fest, dass das Haushaltsscheck-Verfahren keine Anwendung finden kann (keine haushaltsnahen Tätigkeiten, die gewöhnlich durch Familienmitglieder erledigt werden), informiert sie den Arbeitgeber und fordert ihn auf, die Beschäftigung im Rahmen des normalen Melde- und Beitragsverfahrens für geringfügig Beschäftigte bei der Minijob-Zentrale abzuwickeln. Übersteigt das Arbeitsentgelt regelmäßig im Monat die Entgeltgrenze von 450 Euro, fordert die Minijob-Zentrale den Arbeitgeber auf, den Arbeitnehmer als versicherungspflichtig Beschäftigten bei der zuständigen Krankenkasse anzumelden.

Nach § 28h Absatz 3 Satz 1 Halbsatz 1 SGB IV vergibt die Minijob-Zentrale bei Verwendung des Haushaltsschecks im Auftrag der Bundesagentur für Arbeit die Betriebsnummer des Arbeitgebers, sofern für den Privathaushalt eine solche noch nicht existiert. Die Minijob-Zentrale vergibt die Betriebsnummern im Haushaltsscheck-Verfahren auf vollmaschinellem Wege und teilt sie der Datenstelle der Rentenversicherung (DSRV) mittels des Datenbausteins Betriebsdaten (DSBD) mit. Die DSRV leitet den Datenbaustein an den BNS weiter.

Die steuerliche Behandlung von geringfügig entlohnten Beschäftigungen ist in den Geringfügigkeits-Richtlinien ausführlich beschrieben. Danach kann der Arbeitgeber die Lohnsteuer pauschal in Höhe von zwei Prozent erheben. Im Haushaltsscheck kann er ankreuzen, ob er sich für die Pauschsteueroption entscheidet oder nicht. Falls ja, berechnet die Minijob-Zentrale die einheitliche Pauschsteuer zusammen mit den übrigen Abgaben, wobei zusätzlich die Steuernummer des Arbeitgebers im Haushaltsscheck anzugeben ist. Nach § 40a Absatz 6 EStG ist die Deutsche Rentenversicherung Knappschaft-Bahn-See für die Erhebung der einheitlichen Pauschsteuer nach § 40a Absatz 2 EStG zuständig. Für die Anmeldung und

Lohn- steuer- pflichtig | Sozial- versich.- pflichtig

Abführung dieser Pauschsteuer gelten die gleichen Regelungen wie für die Rentenversicherungsbeiträge. Die Deutsche Rentenversicherung Knappschaft-Bahn-See ist berechtigt, die Pauschsteuer zusammen mit den übrigen Abgaben beim Arbeitgeber einzuziehen.

Nach § 185 Absatz 4 Satz 3 SGB VII beträgt der Beitragssatz zur Unfallversicherung für geringfügig Beschäftigte, die im Haushaltsscheck-Verfahren gemeldet werden, seit dem 1. Januar 2006 bundeseinheitlich 1,6 Prozent. Die Deutsche Rentenversicherung Knappschaft-Bahn-See wurde von den kommunalen Unfallversicherungsträgern in der am 24. August 2005 geschlossenen Verwaltungsvereinbarung beauftragt, die Unfallversicherungsbeiträge für die am Haushaltsscheck-Verfahren teilnehmenden Arbeitgeber zu berechnen und zusammen mit den übrigen Abgaben einzuziehen.

Nach § 28h Absatz 3 Satz 1 SGB IV berechnet die Minijob-Zentrale bei Verwendung eines Haushaltsschecks den Gesamtsozialversicherungsbeitrag und die Umlagen zum Ausgleich der Arbeitgeberaufwendungen bei Krankheit und Mutterschaft (U1 und U2). Dies gilt ebenfalls für die Beiträge zur Unfallversicherung und die einheitliche Pauschsteuer. Insolvenzgeldumlage wird nicht erhoben (§ 358 Absatz 1 Satz 2 SGB III).

Die Beiträge zur Kranken-, Renten- und Unfallversicherung, die im Rahmen des Haushaltsscheck-Verfahrens berechnet werden, werden nach § 23 Absatz 2a SGB IV für das in den Monaten Januar bis Juni erzielte Arbeitsentgelt am 31. Juli des laufenden Jahres und für das in den Monaten Juli bis Dezember erzielte Arbeitsentgelt am 31. Januar des folgenden Jahres fällig. Gleiches gilt für die weiteren Abgaben, wie die einheitliche Pauschsteuer sowie die Umlagen zum Ausgleich der Arbeitgeberaufwendungen bei Krankheit und Mutterschaft. Die Minijob-Zentrale zieht die errechneten Abgaben am Fälligkeitstag im Wege des Lastschriftverfahrens ein.

Die Minijob-Zentrale leitet die Beiträge zur Krankenversicherung nach § 28k Absatz 2 Satz 1 SGB IV zugunsten des Gesundheitsfonds an das Bundesversicherungsamt, bei Versicherten in der landwirtschaftlichen Krankenversicherung an die Sozialversicherung für Landwirtschaft, Forsten und Gartenbau weiter. Die Beiträge zur Rentenversicherung werden nach § 28k Absatz 1 SGB IV von der Minijob-Zentrale nach einem von der Deutschen Rentenversicherung Bund festgelegten Verteilungsschlüssel zwischen den Trägern der Deutschen Rentenversicherung aufgeteilt und weitergeleitet. Die Beiträge zur gesetzlichen Unfallversicherung werden von der Minijob-Zentrale gemäß der Verwaltungsvereinbarung vom 24. August 2005 an die zuständigen Unfallversicherungsträger weitergeleitet. Die einheitliche Pauschsteuer wird von der Minijob-Zentrale an das Bundeszentralamt für Steuern weitergeleitet und von dort nach einem Verteilungsschlüssel an die Bundesländer weiterverteilt.

Die Minijob-Zentrale stellt nach Eingang eines Haushaltsschecks fest, welche Angaben, die nicht aus dem Haushaltsscheck hervorgehen, für die Erfassung und Weiterleitung von Meldedaten an die Rentenversicherung erforderlich sind. Dabei können Daten aus dem Datenbestand der Minijob-Zentrale übernommen werden. Die fehlenden Angaben sind über den Arbeitgeber oder Arbeitnehmer zu ermitteln. Die Datenerfassung erfolgt anhand der Angaben im Haushaltsscheck-Verfahren. Die Art der Datenerfassung bleibt der Minijob-Zentrale freigestellt. Die Datensätze werden mit dem Datensatz Meldungen (DSME) an die DSRV weitergeleitet. Vor der Weiterleitung an die DSRV sind die Datensätze mit dem maschinell zu führenden Bestand der Minijob-Zentrale abzugleichen. Für die Weiterleitung der Daten durch die Minijob-Zentrale gelten die in der Datenerfassungs- und -übermittlungsverordnung (DEÜV) festgelegten Fristen.

Die Minijob-Zentrale übermittelt der Unfallversicherung die Daten zum Privathaushalt. Die Datenübermittlung er-

Lohn- Sozial-
steuer- versich.-
pflichtig pflichtig

folgt dezentral an den jeweils zuständigen kommunalen Unfallversicherungsträger. Die Meldefristen richten sich von diesem Zeitpunkt an grundsätzlich nach den Regelungen der DEÜV; die Meldungen werden monatlich unmittelbar nach Erstellung der Meldungen zur Rentenversicherung erzeugt und weitergeleitet. Der Datensatz enthält keine Angaben zum Arbeitnehmer, sondern gibt lediglich die Beschäftigtenzahl beim jeweiligen Arbeitgeber wieder. Näheres ist in der technischen Anlage zu der am 24. August 2005 geschlossenen Verwaltungsvereinbarung geregelt. Unter anderem ist darin festgelegt, dass die Deutsche Gesetzliche Unfallversicherung (DGUV) eine Zuordnungsdatei zur Ermittlung des zuständigen Unfallversicherungsträgers und eine Adressdatei dieser Träger erstellt und pflegt. Änderungen übermittelt die DGUV unverzüglich an die Minijob-Zentrale.

h) Bescheinigungen

Die Minijob-Zentrale hat dem Arbeitnehmer nach § 28h Absatz 3 Satz 3 SGB IV den Inhalt der Meldung schriftlich mitzuteilen. Zu diesem Zweck erhält der Arbeitnehmer über die an die Rentenversicherung gemeldeten Zeiten und Arbeitsentgelte eine entsprechende Bescheinigung. Die Bedeutung der Bescheinigung muss für den Arbeitnehmer erkennbar sein. Die Bescheinigung ist mindestens einmal jährlich bis zum 30. April eines jeden Jahres für alle im Vorjahr gemeldeten Daten auszustellen. Im Falle der Auflösung des Arbeitsverhältnisses ist die Bescheinigung unverzüglich nach Abgabe der letzten Meldung für den Arbeitnehmer auszustellen. Zahlt der Arbeitnehmer die Differenz vom vollen Rentenversicherungsbeitrag und des fünfprozentigen Beitragsanteils des Arbeitgebers, erhält der Arbeitnehmer eine Bescheinigung für das Finanzamt über die nachgewiesenen Beiträge. Diese können in der Steuererklärung geltend gemacht werden. Vgl. hierzu das Stichwort „Pauschalierung der Lohnsteuer bei Aushilfskräften und Teilzeitbeschäftigten“ unter Nr. 6 Buchstabe b.

Die am Haushaltsscheck-Verfahren teilnehmenden Arbeitgeber erhalten von der Minijob-Zentrale vor den jeweiligen Fälligkeitsterminen einen Bescheid über die Höhe der einzuziehenden Abgaben für den entsprechenden Abgabenzeitraum und nach Ablauf eines Kalenderjahres eine Bescheinigung für das Finanzamt (§ 28h Absatz 4 SGB IV). Sie beinhaltet den Zeitraum, für den Beiträge zur Rentenversicherung gezahlt wurden sowie die Höhe des im Vorjahr gezahlten Arbeitsentgelts und der darauf entfallenden Abgaben.

8. Pauschalierung der Lohnsteuer mit 2 %

a) Allgemeines

Nach § 40a Abs. 2 EStG kann der Arbeitgeber den Arbeitslohn für einen 450-Euro-Job unter Verzicht auf die Anwendung der individuellen Lohnsteuerabzugsmerkmale pauschal mit **2 %** besteuern, wenn der Arbeitgeber für diese geringfügige Beschäftigung einen **Beitrag zur gesetzlichen Rentenversicherung** in Höhe von **15 %** für „normale“ 450-Euro-Jobs oder in Höhe von **5 %** für 450-Euro-Jobs in einem Privathaushalt entrichtet. Die Voraussetzungen für eine Pauschalierung der Lohnsteuer mit 2 % richten sich ausschließlich nach den sozialversicherungsrechtlichen Vorschriften. Die Höhe des Stundenlohns spielt keine Rolle. Die 2 %ige Pauschalsteuer ist eine Abgeltungsteuer und gilt auch den Solidaritätszuschlag und die Kirchensteuer mit ab. Der pauschal besteuerte Arbeitslohn und die 2 %ige Pauschalsteuer bleiben bei der Veranlagung des Arbeitnehmers zur Einkommensteuer außer Ansatz.

Nach § 40a Abs. 6 EStG ist die Minijob-Zentrale bei der Deutschen Rentenversicherung Knappschaft-Bahn-See für die Erhebung der 2 %igen Pauschalsteuer zuständig. Für die Anmeldung und Abführung dieser Pauschalsteuer an die Minijob-Zentrale bei der Deutschen Rentenversicherung Knappschaft-Bahn-See gelten die gleichen Regelungen wie für die pauschalen Rentenversicherungsbeiträge. Die Minijob-Zentrale bei der Deutschen Rentenversicherung Knappschaft-Bahn-See ist berechtigt, die Pauschalsteuer zusammen mit den Sozialversicherungsbeiträgen beim Arbeitgeber einzuziehen.

Zu beachten ist, dass für steuerpflichtige **Lohnbestandteile,** die **nicht** zum sozialversicherungsrechtlichen **Arbeitsentgelt** gehören, eine Pauschalierung der Lohnsteuer mit 2 % nicht zulässig ist. Dieser Arbeitslohn ist vielmehr nach den allgemeinen Regelungen (individuelle Lohnsteuerabzugsmerkmale) zu versteuern.

b) Individuelle Lohnsteuerabzugsmerkmale oder Pauschalierung der Lohnsteuer mit 2 %

Die Pauschalierungsmöglichkeit mit 2 % ist als **„Kannvorschrift“** ausgestaltet. Das bedeutet, dass anstelle der Pauschalierung der Lohnsteuer mit 2 % auch ein Lohnsteuerabzug nach den individuellen Lohnsteuerabzugsmerkmalen durchgeführt werden kann. Dies werden in der Praxis diejenigen Fälle sein, in denen der Lohnsteuerabzug nach der Steuerklasse I, II, III oder IV vorgenommen werden kann, weil dann keine Lohnsteuer anfällt und sich der Arbeitgeber die 2 %ige Lohnsteuer spart. Sofern der Lohnsteuerabzug also für den 450-Euro-Job nach der Steuerklasse I, II, III oder IV vorgenommen werden kann, ist dies für den Arbeitgeber günstiger als die 2 %ige Lohnsteuerpauschalierung (vgl. die ausführlichen Erläuterungen beim Stichwort „Pauschalierung der Lohnsteuer bei Aushilfskräften und Teilzeitbeschäftigten“ besonders unter Nr. 2 Buchstabe i).

Zu beachten ist, dass für steuerpflichtige **Lohnbestandteile,** die **nicht** zum sozialversicherungsrechtlichen **Arbeitsentgelt** gehören, eine Pauschalierung der Lohnsteuer mit 2 % nicht zulässig ist. Dieser Arbeitslohn (z. B. Abfindungen) ist vielmehr nach den allgemeinen Regelungen (individuelle Lohnsteuerabzugsmerkmale) zu versteuern.

9. Steuerliche Vergünstigungen

a) Allgemeines

Seit 2003 gibt es steuerliche Vergünstigungen, und zwar zum einen für Beschäftigungsverhältnisse in privaten Haushalten und zum anderen für die Inanspruchnahme haushaltsnaher Dienstleistungen auf freiberuflicher oder gewerblicher Basis (§ 35a EStG). Die Steuerentlastung für abhängige Beschäftigungsverhältnisse in privaten Haushalten wird dem **Arbeitgeber** in Form eines **Abzugsbetrages von der tariflichen Einkommensteuer** bis maximal 0 € gewährt, und zwar nach geltender Rechtslage wie folgt:

- Bei einer **geringfügigen Beschäftigung** in Privathaushalten bis zu einem Monatslohn von 450 € beträgt der beim Arbeitgeber (= Auftraggeber) von der Einkommensteuer abzuziehende Betrag **20 % der Aufwendungen,** höchstens **510 €** jährlich.
- Bei Beschäftigungsverhältnissen in privaten Haushalten, für die **Pflichtbeiträge zur gesetzlichen Sozialversicherung** entrichtet werden, beträgt der beim Arbeitgeber (= Auftraggeber) von der Einkommensteuer abzuziehende Betrag **20 % der Aufwendungen,** höchstens **4000 €** jährlich.

Liegt kein abhängiges Beschäftigungsverhältnis vor, wird gleichwohl eine steuerliche Entlastung gewährt, und zwar für die Inanspruchnahme haushaltsnaher **Dienstleistungen, die nicht im Rahmen eines Arbeitsverhältnisses erbracht werden** (z. B. wenn der Steuerpflichtige seine Fenster durch einen Selbstständigen oder ein Dienstleistungsunternehmen putzen lässt). In diesen Fällen erhält der Steuerpflichtige einen von der Einkommensteuer abzuziehenden Entlastungsbetrag von **20 %** der Aufwendungen, höchstens **4000 €** jährlich. Entsprechendes gilt

H

	Lohn-steuer-pflichtig	Sozial-versich.-pflichtig

bei Inanspruchnahme von Pflege- und Betreuungsleistungen. Zu beachten ist, dass die Steuerermäßigung für sozialversicherungspflichtige Beschäftigungsverhältnisse und haushaltsnahe Dienstleistungen einschließlich Pflege- und Betreuungsleistungen zusammen berechnet wird, das heißt, insgesamt 20 % der Aufwendungen, höchstens 4000 € jährlich beträgt.

Außerdem sind **Handwerkerleistungen** für Renovierungs-, Erhaltungs- und Modernisierungsmaßnahmen durch einen von der Einkommensteuer abzuziehenden Entlastungsbetrag begünstigt. Der Abzugsbetrag beträgt **20 %** der Aufwendungen, **höchstens 1200 €** jährlich.

Die Inanspruchnahme der Steuerermäßigung für haushaltsnahe Beschäftigungsverhältnisse, haushaltsnahe Dienstleistungen und Handwerkerleistungen soll durch folgendes Schaubild verdeutlicht werden:

	Prozent-satz	Höchst-betrag
Haushaltsnahe Minijobber	20 %	510,– €
Haushaltsnahe Vollbeschäftigungsverhältnisse	20 %	4 000,– €
Haushaltsnahe Dienstleistungen		
Pflege- und Betreuungsleistungen		
Handwerkerleistungen im Haushalt	20 %	1 200,– €

H

Im Einzelnen gilt für die Inanspruchnahme der steuerlichen Entlastungen nach § 35a EStG Folgendes:

b) Geringfügig entlohnte Beschäftigung (sog. 450-Euro-Job)

Bei einer geringfügig entlohnten Beschäftigung in einem Privathaushalt bis zu einem Monatslohn von 450 € beträgt die steuerliche Entlastung nach § 35a Abs. 1 EStG **20 % der Aufwendungen,** höchstens **510 €** jährlich. Eine steuerlich begünstigte geringfügige Beschäftigung in diesem Sinne liegt nur dann vor, wenn der Arbeitgeber am **Haushaltsscheckverfahren** teilnimmt (vgl. die Erläuterungen unter der vorstehenden Nr. 7).

Beispiel A

Ein Steuerpflichtiger (Arbeitgeber) zahlt einer Haushaltshilfe monatlich 300 €, jährlich also	3 600,– €
Pauschalabgaben (5 % + 5 % + 2 % =) 12 %	432,– €
Beiträge zur Umlage U1 1,0 %	36,– €
Beiträge zur Umlage U2 0,39 %	14,04 €
Unfallversicherung 1,6 %	57,60 €
Aufwendungen für die Haushaltshilfe insgesamt	4 139,64 €
Betrag den der Steuerpflichtige von seiner persönlichen Einkommensteuerschuld abziehen kann:	
20 % von 4139,64 € =	827,92 €
höchstens (= Höchstbetrag)	510 €

Zu den begünstigten Aufwendungen, für die eine Einkommensteuerermäßigung geltend gemacht werden kann, gehören also das Arbeitsentgelt, die Pauschalabgaben, die Umlagen U1 und U2 sowie die Unfallversicherungsbeiträge. Die Höhe der Aufwendungen ist nachzuweisen. Bei geringfügigen Beschäftigungsverhältnissen in Privathaushalten ergibt sich der überwiegende Teil der Aufwendungen aus der von der Minijob-Zentrale der Deutschen Rentenversicherung Knappschaft-Bahn-See zum Jahresende erteilten Bescheinigung. Hinzuzurechnen sind noch etwaige Sachbezüge und die hierauf entfallenden Steuerbeträge.

Besteht das geringfügig entlohnte Beschäftigungsverhältnis nicht während des ganzen Kalenderjahres, vermindert sich der Höchstbetrag von 510 € nicht **(keine Zwölftelung).**

Beispiel B

Ein Steuerpflichtiger beschäftigt ab 1.9.2021 eine Haushaltshilfe für monatlich 400 €.

Lohnaufwendungen 2021: 4 × 400 €	1 600,– €
Pauschalabgaben (5 % + 5 % + 2 % =) 12 %	192,– €
Beiträge zur Umlage U1 1,0 %	16,– €
Beiträge zur Umlage U2 0,39 %	6,24 €
Unfallversicherung 1,6 %	25,60 €
Aufwendungen für die Haushaltshilfe insgesamt	1 839,84 €
Betrag den der Steuerpflichtige von seiner persönlichen Einkommensteuerschuld abziehen kann:	
20 % von 1839,84 € =	367,96 €

Der Höchstbetrag von 510 € ist nicht überschritten. Der **Höchstbetrag ist nicht zeitanteilig** (hierbei würde sich lediglich ein Betrag von 170 € = 4/12 von 510 € ergeben) zu berechnen.

Die Steuerentlastung von 20 %, höchstens 510 € jährlich, wird nicht für solche Aufwendungen gewährt, die Betriebsausgaben bzw. Werbungskosten sind, oder soweit sie als Sonderausgaben oder außergewöhnliche Belastung berücksichtigt worden sind (vgl. die nachfolgenden Buchstaben h und k).

Weiterhin ist zu beachten, dass nicht jedes Beschäftigungsverhältnis im Sinne des § 8a SGB IV nach § 35a Abs. 1 EStG begünstigt ist, weil hiernach nur geringfügige Beschäftigungsverhältnisse erfasst werden, die **in** einem inländischen Haushalt oder in einem Haushalt in einem Mitgliedstaat der EU/des EWR ausgeübt werden. § 8a SGB IV setzt dagegen lediglich voraus, dass die geringfügige Beschäftigung **durch** einen privaten Haushalt **begründet** ist. Bei beschränkt steuerpflichtigen Arbeitnehmern (vgl. dieses Stichwort) kann die Steuerermäßigung nach § 35a EStG nicht in Anspruch genommen werden (vgl. § 50 Abs. 1 Satz 3 EStG).

Da **Wohnungseigentümergemeinschaften** nicht am Haushaltsscheckverfahren teilnehmen können, sind von diesen eingegangene **geringfügigen Beschäftigungsverhältnisse** als **haushaltsnahe Dienstleistungen** zu berücksichtigen (vgl. nachfolgend unter Buchstabe d). Entsprechendes gilt für geringfügige Beschäftigungsverhältnisse von Vermietern im Rahmen ihrer Vermietertätigkeit. Hier liegen beim Mieter haushaltsnahe Dienstleistungen (vgl. den nachfolgenden Buchstaben d) vor.

c) Sozialversicherungspflichtige Beschäftigung in einem privaten Haushalt

Bei Beschäftigungsverhältnissen in privaten Haushalten, für die **Pflichtbeiträge zur gesetzlichen Sozialversicherung** entrichtet werden, beträgt der beim Arbeitgeber von der Einkommensteuer abzuziehende Betrag **20 % der Aufwendungen,** höchstens **4000 €** jährlich.

Beispiel A

Ein Steuerpflichtiger wendet für ein haushaltsnahes sozialversicherungspflichtiges Beschäftigungsverhältnis inklusive aller Abgaben 18 000 € auf.

Betrag den der Steuerpflichtige von seiner persönlichen Einkommensteuerschuld abziehen kann:	
20 % von 18 000 €	3 600,– €

Der Höchstbetrag von 4000 € ist nicht überschritten.

Besteht das haushaltsnahe sozialversicherungspflichtige Beschäftigungsverhältnis nicht während des ganzen Kalenderjahres, vermindert sich der Höchstbetrag von 4000 € nicht **(keine Zwölftelung).**

Beispiel B

Ein Steuerpflichtiger (Arbeitgeber) beschäftigt ab 1. September 2021 eine Haushälterin. Die Haushälterin bekommt einen Barlohn von 1000 € monatlich sowie freie Unterkunft und Verpflegung. Der steuer- und beitragspflichtige Monatslohn beträgt somit:

Lohn-steuer-pflichtig Sozial-versich.-pflichtig

Barlohn	1 000,– €
Sachbezugswert für freie Unterkunft und Verpflegung (vgl. Anhang 3)	500,– €
	1 500,– €

Die Lohnsteuer (z. B. nach Steuerklasse I) und der hälftige Arbeitnehmeranteil am Gesamtsozialversicherungsbeitrag sind vom Barlohn einzubehalten. Die Aufwendungen des Steuerpflichtigen für die Inanspruchnahme der Steuervergünstigung nach § 35a EStG errechnen sich wie folgt:

Barlohn und Sachbezug monatlich	1 500,– €
Arbeitgeberanteil am Gesamtsozialversicherungsbeitrag (19,975 %)	299,63 €
Umlage U1 und U2 (angenommen)	30,– €
Beitrag zur gesetzlichen Unfallversicherung (angenommen mit 1 %)	15,– €
insgesamt	1 844,63 €
für 4 Monate (1 844,63 € × 4)	7 378,52 €
Die Einkommensteuerermäßigung beträgt 20 % von 7 378,52 €	1 475,70 €

Der Höchstbetrag von 4000 € ist nicht überschritten. Der **Höchstbetrag ist nicht zeitanteilig** (hierbei würde sich lediglich ein Betrag von 1334 € = 4/12 von 4000 € ergeben) zu berechnen.

Die Steuerentlastung von 20 %, höchstens 4000 € jährlich, wird nicht für solche Aufwendungen gewährt, die Betriebsausgaben bzw. Werbungskosten sind oder soweit sie als Sonderausgaben oder außergewöhnliche Belastung berücksichtigt worden sind (vgl. die nachfolgenden Buchstaben h und k).

Eine **sozialversicherungspflichtige Beschäftigung** in einem privaten Haushalt kann auch zu einer **Wohnungseigentümergemeinschaft** bestehen. Auch in diesem Fall kann die vorstehende Steuerermäßigung bei den jeweiligen Miteigentümern, die die Wohnung zu eigenen Wohnzwecken nutzen, oder Mietern in Anspruch genommen werden.

Im Übrigen sind auch sozialversicherungspflichtige Beschäftigungsverhältnisse begünstigt, die in einem Haushalt in einem Mitgliedstaat der EU/des EWR ausgeübt werden (vgl. auch die Erläuterungen unter dem vorstehenden Buchstaben b).

d) Haushaltsnahe Dienstleistungen, die nicht im Rahmen des Arbeitsverhältnisses erbracht werden

Neben der Steuerermäßigung für haushaltsnahe Beschäftigungsverhältnisse (vorstehend erläutert unter den Buchstaben b und c) gibt es eine Steuerermäßigung für haushaltsnahe Dienstleistungen einschließlich Pflege- und Betreuungsleistungen, die nicht im Rahmen eines Arbeitsverhältnisses sondern vom Auftragnehmer als **selbstständige** Tätigkeit erbracht werden. Die Einkommensteuerermäßigung beträgt **20 %** der Aufwendungen, höchstens **4000 €** jährlich. Wichtig ist, dass die **Steuerermäßigung** für **sozialversicherungspflichtige Beschäftigungsverhältnisse** und **haushaltsnahe Dienstleistungen** einschließlich **Pflege- und Betreuungsleistungen** zusammen berechnet wird, das heißt, **insgesamt** 20 % der Aufwendungen, **höchstens 4000 €** jährlich beträgt (vgl. auch das Schaubild unter dem vorstehenden Buchstaben a).

Zu den haushaltsnahen Dienstleistungen gehören alle Tätigkeiten, die im Zusammenhang mit der Haushaltsführung anfallen, gewöhnlich durch Mitglieder des privaten Haushalts erledigt und für die nunmehr fremde Dritte beschäftigt werden. Begünstigt sind z. B.

- Tätigkeiten eines selbstständigen Fensterputzers,
- Gartenpflegearbeiten (z. B. Rasenmähen, Heckenschneiden) durch einen selbstständigen Gärtner,
- Reinigung und Winterdienst (Schneeräumung) auf öffentlichen Gehwegen, wenn der Eigentümer oder Mieter hierzu verpflichtet ist (BFH-Urteil vom 20.3.2014, BStBl. II S. 880),

Lohn-steuer-pflichtig Sozial-versich.-pflichtig

- Inanspruchnahme haushaltsnaher Tätigkeiten – einschließlich Versorgung und Betreuung von Haustieren in der Wohnung (BFH-Urteil vom 3.9.2015, BStBl. 2016 II S. 47) sowie ein sog. „Hundegassiservice" (BFH-Urteil vom 25.9.2017, BFH/NV 2018 S. 39) – über eine Dienstleistungsagentur,
- Dienstleistungen einer Umzugsfirma anlässlich von privaten Umzügen,
- Tätigkeiten eines selbstständigen Pflegedienstes.

Beispiel A

Ein Arbeitnehmer fährt im Sommer für drei Wochen in Urlaub. Er beauftragt eine Dienstleistungsagentur in dieser Zeit in der Wohnung „nach dem Rechten" zu sehen. Der Dienstleistungsagentur leert den Briefkasten, gießt die Blumen, lüftet die Wohnung und schneidet einmal wöchentlich den Rasen. Der Arbeitnehmer zahlt dafür an die Dienstleistungsagentur 300 €. Eine Einkommensteuerermäßigung wegen Vorliegens eines haushaltsnahen Beschäftigungsverhältnisses scheidet aus, da kein abhängiges Beschäftigungsverhältnis begründet worden ist. Allerdings kann die Einkommensteuerermäßigung für haushaltsnahe Dienstleistungen in Anspruch genommen werden; sie beträgt 20 % von 300 € = 60 €. Der Arbeitnehmer kann als Lohnsteuerabzugsmerkmal auch einen Freibetrag in Höhe von (4 × 60 € =) 240 € bilden lassen (vgl. die Erläuterungen unter dem nachfolgenden Buchstaben f).

Beispiel B

Ein Steuerpflichtiger wendet für ein haushaltsnahes sozialversicherungspflichtiges Beschäftigungsverhältnis inklusive aller Abgaben 18 000 € auf. Für haushaltsnahe Dienstleistungen durch einen selbstständigen Gärtner entstehen ihm im Jahre 2021 Aufwendungen in Höhe von 2500 €.

Betrag, den der Steuerpflichtige von seiner persönlichen Einkommensteuerschuld abziehen kann:

20 % von 20 500 €	4 100 €
Höchstbetrag	4 000 €

Die Steuerermäßigung nach § 35a Abs. 2 EStG beträgt 4000 € jährlich (= Höchstbetrag).

Zu den begünstigten **haushaltsnahen Dienstleistungen** gehören auch **geringfügige Beschäftigungsverhältnisse**, die von **Wohnungseigentümergemeinschaften** begründet worden sind. Entsprechendes gilt für geringfügige Beschäftigungsverhältnisse von **Vermietern** im Rahmen ihrer Vermietertätigkeit. Hier liegen beim Mieter haushaltsnahe Dienstleistungen vor. Ebenso begünstigt sind Aufwendungen eines in einem **Heim** untergebrachten Steuerpflichtigen für Dienstleistungen, die mit denen einer Hilfe im Haushalt vergleichbar sind (z. B. Reinigung des Zimmers oder Apartments, Wäscheservice im Heim). Die Pflege- und Betreuungsleistungen in einem Heim sind bei Vorhandensein eines eigenen Haushalts berücksichtigungsfähig (z. B. Apartment mit Bad und Kochgelegenheit). Dies gilt auch für die Aufwendungen für ein Notrufsystem im Rahmen des „Betreuten Wohnens" in einer Seniorenresidenz (BFH-Urteil vom 3.9.2015, BStBl. 2016 II S. 272). Der Bundesfinanzhof hat zudem entschieden, dass die Steuerermäßigung für haushaltsnahe Dienstleistungen bei einer Heimunterbringung nur dann in Anspruch genommen werden kann, wenn dem Steuerpflichtigen die Kosten wegen seiner **eigenen** Unterbringung in einem Heim oder seiner eigenen zur dauernden Pflege entstehen. Aufwendungen des Steuerpflichtigen wegen der **Unterbringung oder Pflege anderer Personen** (z. B. eines Elternteils) können nicht berücksichtigt werden (BFH-Urteil vom 3.4.2019, BStBl. II S. 445).

Die haushaltsnahen Dienstleistungen einschließlich Pflege- und Betreuungsleistungen sind auch dann begünstigt, wenn sie in einem Haushalt bzw. einem Heim in einem Mitgliedstaat der EU/des EWR erbracht werden (vgl. auch die Erläuterungen unter den vorstehenden Buchstaben b und c).

Zu den begünstigten Zahlungsarten (keine Barzahlung!), vgl. nachfolgenden Buchstaben e.

Lohn-steuer-pflichtig Sozial-versich.-pflichtig

e) Zusätzliche Förderung von Handwerkerleistungen

Bei Inanspruchnahme von Handwerkerleistungen ermäßigt sich die Einkommensteuer zusätzlich um weitere **20 %** der Aufwendungen des Steuerzahlers, höchstens **1200 €** jährlich, wobei nur der Arbeitslohn (einschließlich in Rechnung gestellte Maschinen- und Fahrtkosten) begünstigt ist und **nicht** auch die **Materialkosten.** Die Aufwendungen vermindern sich um etwaige Versicherungsleistungen, da der Steuerzahler insoweit wirtschaftlich nicht belastet ist. Der Höchstbetrag von 1200 € jährlich gilt auch dann, wenn zusammen zur Einkommensteuer veranlagte Ehegatten mehrere Wohnungen zeitgleich tatsächlich nutzen (BFH-Urteil vom 29.7.2010, BStBl. 2014 II S. 151). Begünstigt sind alle handwerklichen Tätigkeiten für **Renovierungs-, Erhaltungs- und Modernisierungsmaßnahmen,** die im Haushalt des Steuerzahlers oder in unmittelbarem räumlichen Zusammenhang mit dem Haushalt erbracht werden. Arbeitskosten für Leistungen, die in einem Handwerksbetrieb anfallen, sind daher nicht begünstigt (BFH-Urteil vom 13.5.2020 VI R 7/18). Es kommt aber nicht darauf an, ob es sich um regelmäßig vorzunehmende Renovierungsarbeiten oder kleine Ausbesserungsarbeiten handelt, die gewöhnlich durch Mitglieder des privaten Haushalts erledigt werden, oder um Erhaltungs- und Modernisierungsaufwendungen, die im Regelfall nur von Fachkräften durchgeführt werden.

H

Zu den begünstigten Handwerkerleistungen gehören u. a.:

- Malerarbeiten wie Streichen/Lackieren von Türen, Fenstern (innen und außen), Wandschränken, Heizkörpern und -rohren,
- Reparatur oder Austausch von Bodenbelägen (z. B. Teppichboden, Parkett, Fliesen),
- Reparatur oder Austausch von Fenster und Türen,
- Reparatur und Wartung von Heizungsanlagen, Elektro-, Gas- und Wasserinstallationen,
- Reparatur und Wartung von Haushaltsgeräten im Haushalt des Steuerzahlers (z. B. Fernsehreparatur vor Ort, aber keine Steuerermäßigung bei Mitnahme des Fernsehers zur Reparatur); Entsprechendes gilt für die Reparatur von Waschmaschine, Geschirrspüler, Herd und anderer Gegenstände im Haushalt des Steuerzahlers, die in der Hausratversicherung mitversichert werden können,
- Erhaltungsarbeiten an Innen- und Außenwänden,
- Modernisierungsarbeiten am Dach, an der Fassade, an Garagen,
- Modernisierung des Badezimmers,
- Maßnahmen zur Modernisierung der Gartengestaltung,
- Pflasterarbeiten im Rahmen einer Renovierungs- oder Modernisierungsmaßnahme auf dem Wohngrundstück.

Nicht begünstigt sind handwerkliche Tätigkeiten im Rahmen einer **Neubaumaßnahme** bis zur Fertigstellung des Haushalts (= Abschluss der wesentlichen Bauarbeiten mit zumutbarem Wohnungsbezug). Bei einem vorhandenen Haushalt ist eine Renovierungs-, Erhaltungs- oder Modernisierungsmaßnahme aber auch dann begünstigt, wenn durch sie Wohn-/Nutzfläche geschaffen wird (siehe auch BFH-Urteil vom 13.7.2011, BStBl. 2012 II S. 232). Letztlich sind **alle Arbeiten nach Einzug in ein bezugsfertiges Gebäude** begünstigt, auch wenn sie in engem zeitlichen und sachlichen Zusammenhang mit der Neuerrichtung eines Gebäudes anfallen, z. B. als Teilleistung eines einheitlichen Vertrages. Es kommt ausschließlich darauf an, dass das Objekt im Zeitpunkt der Ausführung der Arbeiten bezugsfertig ist.

Beispiel A

Ein Haus- oder Eigentumswohnungsbesitzer lässt sich einen neuen Teppichboden in seine Wohnung legen. Die Materialkosten betragen 3000 €. Das Verlegen des Teppichs kostet 1000 €. Der Wohnungsbesitzer kann 20 % aus 1000 € = 200 € von seiner Einkommensteuerschuld abziehen. Er kann auch einen Freibetrag von 4 × 200 € = 800 € als Lohnsteuerabzugsmerkmal bilden lassen (vgl. auch die Erläuterungen unter dem nachfolgenden Buchstaben f).

Lohn-steuer-pflichtig Sozial-versich.-pflichtig

Ebenfalls begünstigt sind handwerkliche Leistungen für **Hausanschlüsse** (z. B. Trinkwasser- oder Abwasserversorgung, Kabel für Strom oder Fernsehen), soweit die Aufwendungen die Zuleitung zum Haus oder zur Wohnung betreffen und nicht im Zusammenhang mit einer Neubaumaßnahme stehen; dies gilt auch, soweit die Maßnahme auf öffentlichen Grundstücksraum entfällt, der im unmittelbarem räumlichen Zusammenhang zum Haushalt des Steuerzahlers steht (BFH-Urteil vom 20.3.2014, BStBl. II S. 882). Nicht begünstigt ist der Baukostenzuschuss für eine öffentliche Mischwasserleitung, da er allen Nutzern des Versorgungsnetzes zugutekommt und damit die Leistung nicht „im Haushalt" erbracht wird (BFH-Urteil vom 21.2.2018, BStBl. II S. 641). Entsprechendes gilt, wenn der Steuerzahler aufgrund öffentlich-rechtlicher Verpflichtung zur Zahlung eines Erschließungsbeitrags für eine öffentliche Straße herangezogen wird (BFH-Urteil vom 28.4.2020 VI R 50/17). Denn auch Leistungen im allgemeinen Straßenbau kommen nicht nur einzelnen Grundstückseigentümern, sondern allen Nutzern zugute.

Der Bundesfinanzhof lehnt es ab, zwischen Handwerkerleistungen, durch die ein Objekt in seinem Zustand beeinflusst/verändert wird und Leistungen eines Handwerkers (Untersuchungen und Gutachten), die lediglich dazu dienen, den aktuellen Zustand des Objekts festzustellen, zu unterscheiden. **Gutachtertätigkeiten** zur Überprüfung der Funktionsfähigkeit einer Anlage (im Streitfall Dichtheitsprüfung einer Abwasseranlage nach dem Landeswassergesetz) und damit die Feststellung des unter Umständen noch mangelfreien Istzustandes können ebenso eine steuerbegünstigte Handwerkerleistung sein, wie die Beseitigung eines bereits eingetretenen Schadens oder vorbeugende Maßnahmen zur Schadensabwehr (= „vorbeugende Erhaltungsmaßnahme"; BFH-Urteil vom 6.11.2014, BStBl. 2015 II S. 481). Dies gilt auch dann, wenn hierüber eine Bescheinigung für „amtliche Zwecke" erstellt wird. Folglich sind auch **Schornsteinfegerleistungen** (u. a. Reinigungs- und Kehrarbeiten sowie Mess- oder Überprüfungsarbeiten einschließlich Feuerstättenschau) bis auf etwaige Materialkosten in vollem Umfang begünstigte Handwerkerleistungen.

Die Steuerermäßigung für Handwerkerleistungen **entfällt für öffentlich geförderte Maßnahmen,** für die zinsverbilligte Darlehen oder steuerfreie Zuschüsse in Anspruch genommen wurden. Werden mehrere Handwerkerleistungen durchgeführt, ist darauf abzustellen, ob die einzelne Maßnahme öffentlich gefördert worden ist oder nicht. Mit dem sog. **Baukindergeld** (= 10 Jahre lang 1200 € je Kind von der KfW-Bank) wird ausschließlich der erstmalige Erwerb von Wohneigentum oder die Neuanschaffung von Wohnraum gefördert. Handwerkerleistungen sind nicht Gegenstand der Förderung, sodass Baukindergeld auch die Inanspruchnahme der **Steuerermäßigung für Handwerkerleistungen nicht ausschließt.**

Um die Steuerermäßigung für die Handwerkerleistungen in Anspruch nehmen zu können, muss der Steuerpflichtige eine Rechnung erhalten haben und die Zahlung muss auf ein Konto des Leistungserbringers erfolgt sein (z. B. durch Überweisung – auch im Wege des Onlinebankings – oder Teilnahme am elektronischen Lastschriftverfahren bzw. Electronic-Cash-Verfahren). **Barzahlungen** werden auch dann **nicht anerkannt,** wenn sie auf der Rechnung quittiert sind. Dies gilt entsprechend für haushaltsnahe Dienstleistungen (vgl. die Erläuterungen unter dem vorstehenden Buchstaben d). Rechnungen von Internet-Portalen, die die Leistung vermittelt haben, werden von der Finanzverwaltung anerkannt, wenn der Leistende in der Rechnung eindeutig (Name, Anschrift, Steuernummer) bezeichnet ist und der Leistungsempfänger angegeben wird.

Lohnsteuerpflichtig | Sozialversich.-pflichtig

Bei Vorliegen der entsprechenden Voraussetzungen kann die Steuerermäßigung für **allgemeine** haushaltsnahe Dienstleistungen (Fensterputzer, Gärtner) und für **Handwerkerleistungen** nebeneinander in Anspruch genommen werden.

Beispiel B

Aufwendungen für **haushaltsnahe Dienstleistungen** (z. B. Fensterputzer, Gärtner) 3500 €.

Steuerermäßigung 20 % von 3500 € =	700 €
Der Höchstbetrag von 4000 € jährlich ist nicht überschritten.	

Aufwendungen für **Handwerkerleistungen**
(z. B. für Malerarbeiten und Verlegen eines neuen Teppichbodens)

Arbeitskosten 5000 €	
Steuerermäßigung 20 % von 5000 € =	1 000 €
Der Höchstbetrag von 1200 € jährlich ist nicht überschritten.	
Summe der Steuerermäßigung insgesamt	1 700 €

Der Steuerpflichtige kann 1700 € von seiner Einkommensteuerschuld abziehen. Bereits für das Lohnsteuerabzugsverfahren kann er als Lohnsteuerabzugsmerkmal einen Freibetrag von 4 × 1700 € = 6800 € bilden lassen (vgl. die Erläuterungen unter dem nachfolgenden Buchstaben f).

Eine kumulative Inanspruchnahme bzw. eine Doppelförderung für ein und dieselbe Handwerkerleistung ist allerdings nicht möglich. Deshalb sind auch Aufwendungen, die Betriebsausgaben oder Werbungskosten sind, nicht nochmals begünstigt.

Die Handwerkerleistungen sind aber auch dann berücksichtigungsfähig, wenn sie in einem Haushalt in einem Mitgliedstaat der EU/des EWR erbracht werden (vgl. auch die Erläuterungen unter den vorstehenden Buchstaben b bis d).

f) Freibetrag für das Lohnsteuerabzugsverfahren

Die Einkommensteuerentlastung nach § 35a EStG kann bei der Einkommensteuer-Veranlagung, bei den Einkommensteuer-Vorauszahlungen und auch beim Lohnsteuerabzug durch den Arbeitgeber berücksichtigt werden. Um eine Berücksichtigung bereits im sog. Lohnsteuer-Ermäßigungsverfahren (vgl. Anhang 7) zu erreichen, wird die Steuerentlastung nach § 35a EStG durch **Vervierfachung** in einen Freibetrag umgerechnet und dieser Freibetrag vom Finanzamt als Lohnsteuerabzugsmerkmal gebildet (§ 39a Abs. 1 Satz 1 Nr. 5 Buchstabe c EStG).

Beispiel

Ein Arbeitnehmer beschäftigt eine Haushaltshilfe im Rahmen eines geringfügig entlohnten Beschäftigungsverhältnisses. Seine Aufwendungen für den Zeitraum Januar bis Dezember 2021 betragen voraussichtlich 2000 €.

Die Einkommensteuerentlastung nach § 35a EStG beträgt 20 % von 2000 € = 400 €. Der Höchstbetrag von 510 € jährlich wird nicht überschritten. Will sich der Arbeitnehmer für die Einkommensteuerentlastung nach § 35a EStG einen Freibetrag als Lohnsteuerabzugsmerkmal bilden lassen, ergibt sich ein Jahresfreibetrag von 400 € × 4 = 1600 €.

Die höchstmöglichen Freibeträge betragen somit

- 510 € × 4 = **2040 €,** wenn die Hausgehilfin auf 450-Euro-Basis beschäftigt wird (vgl. Buchstabe b);
- 4000 € × 4 = **16 000 €,** wenn die Hausgehilfin sozialversicherungspflichtig ist (vgl. Buchstabe c) und/oder ein Selbstständiger die haushaltsnahe Dienstleistung erbringt (vgl. Buchstabe d) und/oder ein selbstständiger Pflegedienst die begünstigte Leistung erbringt oder begünstigte Leistungen (insbesondere Pflege und Betreuung) bei einer Heimunterbringung vorliegen (vgl. Buchstabe d);
- 1200 € × 4 = **4800 €,** wenn begünstigte Handwerkerleistungen entstehen (vgl. Buchstabe e).

Lohnsteuerpflichtig | Sozialversich.-pflichtig

g) Steuerermäßigung nach § 35a EStG bei Wohnungseigentümergemeinschaften und Mietern

Die Steuerermäßigung für haushaltsnahe Beschäftigungsverhältnisse und haushaltsnahe Dienstleistungen bzw. Handwerkerleistungen kann im Grundsatz nur dann in Anspruch genommen werden, wenn der Steuerpflichtige selbst der Arbeitgeber bzw. Auftraggeber ist.

Besteht das Beschäftigungsverhältnis zu einer Wohnungseigentümergemeinschaft (z. B. bei Reinigung und Pflege von Gemeinschaftsräumen) oder ist eine Wohnungseigentümergemeinschaft Auftraggeber der haushaltsnahen Dienstleistung bzw. der handwerklichen Leistung, kann der einzelne **Wohnungseigentümer,** der die Wohnung zu eigenen Wohnzwecken nutzt, die Steuerermäßigung in Anspruch nehmen, wenn folgende Voraussetzungen erfüllt sind:

- die entsprechenden Beträge für die begünstigten sozialversicherungspflichtigen Beschäftigungsverhältnisse, Dienst- bzw. Handwerkerleistungen sind in der Jahresabrechnung über die Nebenkosten jeweils gesondert aufgeführt,
- der Anteil der steuerbegünstigten Kosten (Arbeits- und Fahrtkosten) ist ausgewiesen und
- der Anteil des jeweiligen Wohnungseigentümers wurde anhand seines Beteiligungsverhältnisses individuell berechnet.

Zu beachten ist, dass geringfügige Beschäftigungsverhältnisse, die von Wohnungseigentümergemeinschaften begründet worden sind, zu den begünstigten haushaltsnahen Dienstleistungen (vgl. vorstehenden Buchstaben d) gehören.

Hat die Wohnungseigentümergemeinschaft – wie dies in der Regel der Fall ist – zur Wahrnehmung ihrer Aufgaben und Interessen einen Verwalter bestellt und ergeben sich die erforderlichen Angaben nicht bereits aus der Jahresabrechnung über die Nebenkosten, ist der Nachweis der Höhe der begünstigten Aufwendungen gegenüber dem Finanzamt durch eine Bescheinigung des Verwalters über den Anteil des jeweiligen Wohnungseigentümers an der begünstigen Maßnahme zu führen.

Beispiel A

Eine Wohnungseigentümergemeinschaft lässt das Dach für 15 000 € brutto neu eindecken. Der Anteil der begünstigten Arbeitskosten beträgt 6000 € brutto. Der Verwalter bescheinigt dem Wohnungseigentümer A – entsprechend seinem Beteiligungsverhältnis – einen Anteil von 18 500/100 000.

Begünstigte Aufwendungen	6 000 €
Anteil A 18 500/100 000	1 110 €
davon 20 % Steuerermäßigung	222 €

Es wird übrigens von der Finanzverwaltung nicht beanstandet, wenn Wohnungseigentümer die gesamten Aufwendungen erst in dem Jahr geltend machen, in dem die Jahresabrechnung über die Nebenkosten von der Eigentümerversammlung genehmigt worden ist.

Die Steuerermäßigung für haushaltsnahe Beschäftigungsverhältnisse und haushaltsnahe Dienst- bzw. Handwerkerleistungen kann auch von **Mietern** in Anspruch genommen werden, wenn in den von ihnen zu zahlenden Nebenkosten Beträge für solch begünstigte Tätigkeiten enthalten sind und der Anteil des Mieters an diesen Aufwendungen aus der jährlichen Nebenkostenabrechnung hervorgeht oder durch eine Bescheinigung des Vermieters oder seines Verwalters nachgewiesen wird.

Beispiel B

Der Vermieter eines Mehrfamilienhauses beschäftigt für die Reinigung des Treppenhauses und der übrigen gemeinschaftlichen Räume ein Reinigungsunternehmen. Die Aufwendungen belaufen sich auf 6500 €. Aus der Nebenkostenabrechnung des Mieters A ergibt sich ein Anteil von 812,50 €. Der Mieter kann bei seiner Einkommensteuererklärung

H

	Lohn-steuer-pflichtig	Sozial-versich.-pflichtig

folgende Steuerermäßigung wegen haushaltsnaher Dienstleistungen geltend machen:

Begünstigte Aufwendungen	812,50 €
davon 20 % Steuerermäßigung	162,50 €

h) Aufwendungen für eine Haushaltshilfe als außergewöhnliche Belastung

Die Einkommensteuerermäßigung nach § 35a EStG ist ausgeschlossen, soweit die Aufwendungen als außergewöhnliche Belastungen berücksichtigt worden sind. Dabei kann zu Gunsten der Steuerermäßigung auf den Abzug der außergewöhnlichen Belastungen verzichtet werden; es besteht also **ein Wahlrecht,** weil außergewöhnliche Belastungen nur auf Antrag berücksichtigt werden. Im Regelfall ist aber der Abzug als außergewöhnliche Belastungen günstiger, weil der Grenzsteuersatz höher als 20 % ist (vgl. zu den Grenzsteuersätzen das Stichwort „Tarifaufbau" unter Nr. 6). Handelt es sich um Aufwendungen, für die beim Abzug als außergewöhnliche Belastung eine zumutbare Eigenbelastung zu kürzen ist, kann für den Teil der Aufwendungen, der durch den Ansatz der zumutbaren Belastung nach § 33 Abs. 3 EStG nicht als außergewöhnliche Belastung berücksichtigt wird, die Steuerermäßigung nach § 35a EStG in Anspruch genommen werden. Denkbar ist das Zusammentreffen von außergewöhnlichen Belastungen allgemeiner Art (§ 33 EStG) und der Steuerermäßigung nach § 35a EStG z. B., wenn infolge Pflegebedürftigkeit eine Heimunterbringung erfolgt, eine ambulante Pflegekraft beschäftigt oder ein Pflegedienst in Anspruch genommen wird. Auch für den Teil der Aufwendungen, der wegen Gegenrechnung von Pflegegeld oder Pflegetagegeld nicht als außergewöhnliche Belastung berücksichtigt wird, kann die Steuerermäßigung nach § 35a EStG geltend gemacht werden. Nimmt die pflegebedürftige Person einen Behinderten-Pauschbetrag in Anspruch, schließt dies aber eine (teilweise) Berücksichtigung von Pflegeaufwendungen nach § 35a EStG aus. Dies gilt auch für den Teil der Aufwendungen, die den Behinderten-Pauschbetrag übersteigen (BFH-Urteil vom 5.6.2014, BStBl. II S. 970). Zu beachten ist die Entscheidung des Bundesfinanzhofs, dass die Steuerermäßigung nach § 35a EStG für haushaltsnahe Dienstleistungen bei einer Heimunterbringung nur dann in Anspruch genommen werden kann, wenn dem Steuerpflichtigen die Kosten wegen seiner eigenen Unterbringung in einem Heim oder seiner eigenen zur dauernden Pflege entstehen. Aufwendungen des Steuerpflichtigen wegen der Unterbringung oder Pflege anderer Personen (z. B. eines Elternteils) können nicht berücksichtigt werden (BFH-Urteil vom 3.4.2019, BStBl. II S. 445). Hier kommt von vornherein allenfalls ein Abzug als außergewöhnliche Belastungen in Betracht.

H

i) Dienst- oder Werkswohnung

Für vom Arbeitnehmer bewohnte Dienst- oder Werkswohnungen gilt Folgendes: Lässt der Arbeitgeber haushaltsnahe Dienstleistungen oder Handwerkerleistungen von einem (fremden) Dritten durchführen, und trägt er hierfür die Aufwendungen, kann der Arbeitnehmer die Steuerermäßigung nach § 35a EStG nur in Anspruch nehmen, wenn er die Aufwendungen – neben dem Mietwert der Wohnung – als Arbeitslohn **versteuert** und der Arbeitgeber eine Bescheinigung erteilt hat, aus der eine Aufteilung der Aufwendungen nach haushaltsnahen Dienstleistungen und Handwerkerleistungen, jeweils unterteilt nach Arbeitskosten und Materialkosten, hervorgeht. Zusätzlich muss aus der Bescheinigung hervorgehen, dass die Leistungen durch (fremde) Dritte ausgeführt worden sind und zu welchem Wert sie zusätzlich zum Mietwert der Wohnung als Arbeitslohn versteuert worden sind. Die Steuerermäßigung kann nicht in Anspruch genommen werden, wenn die haushaltsnahen Dienstleistungen oder Handwerkerleistungen durch eigenes Personal des Arbeitgebers durchgeführt worden sind.

	Lohn-steuer-pflichtig	Sozial-versich.-pflichtig

Pauschale Zahlungen des Arbeitnehmers an den Arbeitgeber für die Durchführung von Schönheitsreparaturen sind ebenfalls nicht begünstigt, wenn sie unabhängig davon erfolgen, ob und ggf. in welcher Höhe der Arbeitgeber tatsächlich Reparaturen an der Dienstwohnung in Auftrag gibt (BFH-Urteil vom 5.7.2012, BStBl. 2013 II S. 14).

k) Kinderbetreuungskosten

Führen Kinderbetreuungskosten (vgl. dieses Stichwort) dem Grunde nach zu **Sonderausgaben, scheidet** eine steuerliche Vergünstigung nach **§ 35a EStG aus.**

Eine Steuerermäßigung scheidet sowohl für das nicht als Sonderausgaben abziehbare Drittel der Aufwendungen als auch für Aufwendungen aus, die sich aufgrund des Höchstbetrags von 4000 € jährlich nicht als Sonderausgaben auswirken.

Ist allerdings ein Abzug von Kinderbetreuungskosten als Sonderausgaben dem Grunde nach nicht möglich (z. B. weil das Kind 15 Jahre alt ist), kann unter den weiteren Voraussetzungen die Steuerermäßigung für haushaltsnahe Beschäftigungsverhältnisse bzw. haushaltsnahe Dienstleistungen in Anspruch genommen werden.

Bei Aufwendungen für Unterricht (Nachhilfeunterricht, Fremdsprachenunterricht, Musikunterricht) handelt es sich allerdings bereits begrifflich nicht um Kinderbetreuungskosten mit der Folge, dass die Steuerermäßigung aus diesem Grund nicht in Betracht kommt.

l) Energetische Gebäudesanierung

Energetische Sanierungsmaßnahmen an selbstgenutztem Wohneigentum werden ab dem Kalenderjahr 2020 bis 2029 durch einen prozentualen Abzug der Aufwendungen von der Steuerschuld gefördert, wenn das begünstigte Objekt bei der Durchführung der energetischen Maßnahme älter als zehn Jahre und innerhalb der Europäischen Union oder dem Europäischen Wirtschaftsraum belegen ist (§ 35c EStG). Je selbstgenutzten Objekt beträgt die Steuerermäßigung **20% der Aufwendungen, maximal insgesamt 40 000 €;** steuerlich gefördert werden also Aufwendungen bis 200 000 €. Die steuerliche Förderung von maximal 40 000 € kann für mehrere Einzelmaßnahmen an einem begünstigten Objekt in Anspruch genommen werden. Energetische Maßnahmen in diesem Sinne sind:

- Wärmedämmung von Wänden, Dachflächen oder Geschossdecken,
- Erneuerung der Fenster, Außentüren oder Heizungsanlage,
- Erneuerung oder Einbau einer Lüftungsanlage,
- Einbau von digitalen Systemen zur energetischen Betriebs- oder Verbrauchsoptimierung und
- Optimierung bestehender Heizungsanlagen, sofern diese älter als zwei Jahre sind.

Der Abzug von der Steuerschuld erfolgt **innerhalb von drei Jahren** und zwar im Jahr des Abschlusses der Maßnahme und im darauf folgenden Kalenderjahr in Höhe von jeweils 7% der Aufwendungen (höchstens jeweils 14 000 €) und im übernächsten Kalenderjahr in Höhe von 6% der Aufwendungen (höchstens 12 000 €). Dabei werden auch **50 % der Aufwendungen für einen Energieberater,** der mit der planerischen Begleitung oder Beaufsichtigung der energetischen Maßnahme beauftragt worden ist, berücksichtigt.

Begünstigt sind solche Maßnahmen an selbstgenutzten Wohngebäuden/Eigentumswohnungen, die im Zeitpunkt der Durchführung der förderfähigen Maßnahme **älter als zehn Jahre** sind. Maßgebend für diese Altersbestimmung ist der Herstellungsbeginn des Gebäudes. Die Maßnahmen müssen von einem **Fachunternehmen** durchgeführt werden, die eine **Bescheinigung nach amtlich vorgeschriebenem Muster** erteilen; alternativ kann diese

Lohn-steuer-pflichtig Sozial-versich.-pflichtig

Bescheinigung vom Energieberater ausgestellt werden. Es bleibt dem Steuerzahler unbenommen, mehrere Maßnahmen an dem Gebäude gleichzeitig oder zeitlich hintereinander durchzuführen.

Beispiel

A lässt an seinem 15 Jahre alten Einfamilienhaus im Jahr 2021 begünstigte Wärmedämmungsmaßnahmen durchführen. Die Kosten hierfür betragen 25 000 €.

A kann in den Jahren 2021 und 2022 eine Steuerermäßigung von 1750 € (= 7% von 25 000 €) und in 2023 von 1500 € (6% von 25 000 €) geltend machen. Der Höchstbetrag für die Steuerermäßigung von 40 000 € ist nicht überschritten.

Die Inanspruchnahme der Steuerermäßigung setzt zudem das Vorliegen einer **Rechnung** und die **Zahlung auf das Konto des Leistenden** voraus. Nimmt der Steuerzahler die steuerliche Förderung für Modernisierungsaufwendungen in Sanierungsgebieten, für Baudenkmale oder für Handwerkerleistungen in Anspruch, kann die Steuerermäßigung nicht geltend gemacht werden. Entsprechendes gilt, wenn er zinsverbilligte Darlehen oder steuerfreie Zuschüsse nach anderen Förderprogrammen (z. B. KfW-Förderung) für die Einzelmaßnahme am Wohngebäude erhält (= **Ausschluss von Mehrfachförderungen**).

Im **Lohnsteuer-Ermäßigungsverfahren** wird vom Finanzamt für die Steuerermäßigung – verteilt über drei Jahre – ein **Freibetrag** für das ELStAM-Verfahren in Höhe des vierfachen Betrags der höchstens abziehbaren Aufwendungen gebildet.

10. Schwarzarbeit in Privathaushalten

Seit 1. August 2004 sind bei Beschäftigungsverhältnissen in privaten Haushalten und bei der Inanspruchnahme haushaltsnaher Dienstleistungen auf freiberuflicher oder gewerblicher Basis die Vorschriften des § 50e EStG in der Fassung des Gesetzes zur Intensivierung der Bekämpfung der Schwarzarbeit und damit zusammenhängender Steuerhinterziehung vom 23.7.2004 (BGBl. I S. 1842) zu beachten, sowie weitere Vorschriften, insbesondere die **Rechnungsausstellungs- und Aufbewahrungspflichten im Umsatzsteuerrecht.** Danach ist der leistende Unternehmer bei Leistungen im Zusammenhang mit einem Grundstück (z. B. auch Fensterputzen) an Privatpersonen innerhalb von sechs Monaten zur Ausstellung einer Rechnung verpflichtet. Anderenfalls droht ein Bußgeld bis 5000 €. Der Leistungsempfänger **(auch Privatpersonen)** müssen die Rechnung oder den Zahlungsbeleg **zwei Jahre aufbewahren.** Anderenfalls droht hier ein Bußgeld bis zu 500 €.

Aus **lohnsteuerlicher** Sicht ist zu beachten, dass bei 450-Euro-Jobs in Privathaushalten, die nicht ordnungsgemäß angemeldet werden, keine **strafrechtliche** Verfolgung vorgesehen ist, sondern „nur" eine Verfolgung sowohl des Arbeitgebers als auch des Arbeitnehmers über die **Bußgeldvorschriften** der §§ 377 bis 384 AO (Geldbuße bis zu 50 000 €, Verjährung nach fünf Jahren). § 50e EStG gilt zwar in erster Linie für Arbeitgeber, die eine geringfügige Beschäftigung in Privathaushalten (§ 8a SGB IV) nicht ordnungsgemäß bei der Minijob-Zentrale bei der Deutschen Rentenversicherung Knappschaft-Bahn-See anmelden; sie gelten aber auch für Arbeitnehmer, die die Finanzbehörden pflichtwidrig über steuerlich erhebliche Tatsachen bei der Ausübung von 450-Euro-Jobs in Unkenntnis lassen, z. B. wenn der Arbeitnehmer mehrere geringfügige Beschäftigungen ausübt, die zusammengerechnet den Betrag von 450 € übersteigen (§ 50e Abs. 2 Satz 2 EStG).

Hausgewerbetreibende

Hausgewerbetreibende sind im Gegensatz zu den als Arbeitnehmer geltenden Heimarbeitern selbstständige Gewerbetreibende, deren Gewinne durch Veranlagung zur Einkommensteuer erfasst werden (R 15.1 Abs. 2 EStR). Für die steuerrechtliche Beurteilung ist nicht unbedingt die sozialversicherungsrechtliche Behandlung, sondern das Gesamtbild der Verhältnisse entscheidend. Hausgewerbetreibende unterscheiden sich von den Heimarbeitern insbesondere dadurch, dass sie fremde Arbeitskräfte beschäftigen, ein unternehmerisches Risiko tragen, dass sie für eine größere Zahl von Auftraggebern tätig sind und ggf. ein größeres Betriebsvermögen besitzen.

Nach § 12 Abs. 1 SGB IV sind Hausgewerbetreibende selbstständig Tätige, die in eigener Arbeitsstätte im Auftrag und für Rechnung von Gewerbetreibenden, gemeinnützigen Unternehmen oder öffentlich-rechtlichen Körperschaften gewerblich arbeiten, auch wenn sie die Roh- und Hilfsstoffe selbst beschaffen oder vorübergehend für eigene Rechnung tätig sind. Hausgewerbetreibende sind nicht kranken- und pflegeversicherungspflichtig, sondern nur rentenversicherungspflichtig (§ 2 Nr. 6 SGB VI). Sie unterliegen nicht der Beitragspflicht zur Arbeitslosenversicherung.

Hausgewerbetreibende im Sinne des § 2 Abs. 2 des Heimarbeitsgesetzes gelten als Arbeitnehmer im Sinne des 5. Vermögensbildungsgesetzes. Sie können deshalb vermögenswirksame Leistungen anlegen.

Haushaltsfreibetrag

An die Stelle des früher geltenden Haushaltsfreibetrags ist seit 1.1.2004 der Entlastungsbetrag für Alleinerziehende getreten. Der Entlastungsbetrag für Alleinerziehende ist in Anhang 9 Nr. 15 im Einzelnen erläutert. Der Entlastungsbetrag beträgt 4008 € jährlich für das erste Kind und 240 € jährlich für jedes weitere Kind. Da in der Steuerklasse II nur der Entlastungsbetrag von 1908 € jährlich für das erste Kind berücksichtigt werden kann, ist für den Erhöhungsbetrag von 2100 € für das erste Kind sowie für den Erhöhungsbetrag von jeweils 240 € jährlich für das zweite und jedes weitere Kind ein Freibetrag zu beantragen (vgl. Anhang 7 Abschnitt G).

Haushaltsnahe Dienstleistungen

siehe „Hausgehilfin"

Haushaltsscheck

siehe „Hausgehilfin" unter Nr. 7

Häusliches Arbeitszimmer

siehe „Arbeitszimmer"

Hausmeister

Bei einer Beschäftigung als Hausmeister wird wegen der weitgehenden Weisungsbefugnis des Hausbesitzers und dem fehlenden Unternehmerrisiko in aller Regel ein Arbeitsverhältnis vorliegen. Das gilt auch dann, wenn die Tätigkeit nur nebenberuflich ausgeübt wird. Zur lohnsteuerlichen Erfassung des Vorteils aus der verbilligten Überlassung einer Hausmeisterwohnung vgl. das Stichwort „Wohnungsüberlassung" unter Nr. 3. ja ja

	Lohn-steuer-pflichtig	Sozial-versich.-pflichtig

Hausmeisterzulage

Eine Hausmeisterzulage ist als Funktionszulage steuer- und beitragspflichtig.	ja	ja

Haus- und Verpflegungs-gemeinschaft

siehe „Freie Unterkunft und Verpflegung"

Haustrunk

Seit 1.1.1990 gelten steuerlich auch im Brauereigewerbe die Vorschriften für Belegschaftsrabatte, d. h., dass die unentgeltliche oder verbilligte Überlassung von Bier, Cola, Limonade, Mixgetränken usw. in Höhe des Rabattfreibetrags von jährlich 1080 € steuerfrei bleibt. Für die Prüfung der Frage, ob die gewährten Sachbezüge den Rabattfreibetrag übersteigen, ist vom Letztverbraucherpreis abzüglich 4 % auszugehen.

H

Beispiel

Ein Arbeitnehmer ist bei einer Münchner Brauerei beschäftigt. Ein Kasten des Bieres dieser Brauerei wird im Getränkemarkt um 11,25 € verkauft. Unter Berücksichtigung des 4 %igen Preisabschlags kann die Brauerei dem Arbeitnehmer jährlich 100 Kasten Bier unentgeltlich überlassen, ohne dass der Rabattfreibetrag von 1080 € jährlich überschritten wird:

11,25 € x 100	=	1 125,— €
abzüglich 4 % von 1125 €		45,— €
verbleibender Sachbezugswert		1 080,— €

Unentgeltlich oder verbilligt gewährte Sachbezüge sind umsatzsteuerpflichtig. Dies gilt auch für den Haustrunk. Der Rabattfreibetrag wird bei der Umsatzsteuer nicht berücksichtigt. Vgl. hierzu das Stichwort „Umsatzsteuerpflicht bei Sachbezügen" unter Nr. 9.

Hausverwalter

Hausverwalter sind in der Regel selbständig tätig (BStBl. 1956 III S. 45 und BStBl. 1966 III S. 489).	nein	nein

Der Verwalter einer Eigentumswohnanlage ist demnach nicht Arbeitnehmer der Wohneigentümergemeinschaft. Die Vergütungen, die ein Hausverwalter erhält (z. B. 30 € monatlich je Wohnung), sind Einnahmen aus sonstiger selbständiger Arbeit. Diese werden im Rahmen einer Veranlagung zur Einkommensteuer steuerlich erfasst.

Heilberufsausweis

Der **elektronische** Heilberufsausweis ist eine qualifizierte Signaturkarte für Heilberufsangehörige. Er weist den Träger eindeutig als Angehörigen der jeweiligen Berufsgruppe aus (Arzt, Zahnarzt, Psychotherapeuten, Apotheker, andere Gesundheitsberufe). Mit dem elektronischen Heilberufsausweis kann der Träger eine rechtssichere elektronische Unterschrift (qualifizierte Signatur) erstellen.

Trägt der Arbeitnehmer die Kosten für einen elektronischen Heilberufsausweis selbst, handelt es sich um Werbungskosten bei den Einkünften aus nichtselbstständiger Arbeit.

Ein Arbeitgeberzuschuss zum elektronischen Heilberufsausweis ist steuer- und beitragspflichtig.	ja	ja

	Lohn-steuer-pflichtig	Sozial-versich.-pflichtig

Heimarbeiter

1. Allgemeines

Wer Heimarbeiter ist, bestimmt sich nach § 2 Abs. 1 des Heimarbeitsgesetzes.

Heimarbeiter werden nach Rechtsprechung und Verwaltungsübung lohnsteuerlich allgemein als Arbeitnehmer angesehen.

Die Abgrenzung von den Hausgewerbetreibenden ist schwierig, weil sowohl die Hausgewerbetreibenden wie die Heimarbeiter in eigener Wohnung oder Betriebsstätte im Auftrag und für Rechnung von Gewerbetreibenden unter eigener Handarbeit Waren herstellen oder bearbeiten und dabei wesentlich am einzelnen Stück mitarbeiten. Auch sind beide sozialversicherungspflichtig. Es wurde deshalb durch die Rechtsprechung bisher auf das Gesamtbild der typischen Verhältnisse des betreffenden Wirtschaftszweiges abgestellt, das in der Mehrzahl der Fälle den Ausschlag **für** die Annahme eines **Dienstverhältnisses** gab. In dem Urteil vom 24. 11. 1961 (BStBl. 1962 III S. 37) hat der Bundesfinanzhof in der Urteilsbegründung ausgesprochen, dass Heimarbeiter „in der Regel selbständig" tätig seien. Da in diesem und einigen nicht veröffentlichten anderen Urteilen des Bundesfinanzhofs besondere Verhältnisse vorlagen, die nicht ohne Weiteres auf die Gesamtheit der Heimarbeiter übertragen werden können, wird weiterhin von dem Grundsatz ausgegangen, dass Heimarbeiter im Allgemeinen nichtselbständig und damit lohnsteuerpflichtig sind (R 15.1 Abs. 2 EStR).

Zu den Heimarbeitern gehören auch die Büroheimarbeiter (Stenotypistinnen, Phonotypistinnen, Buchhalterinnen u. a.).

2. Lohnsteuerabzug

Sind Heimarbeiter Arbeitnehmer, müssen dem Arbeitgeber die jeweiligen individuellen Lohnsteuerabzugsmerkmale bekannt sein. Ist dies nicht der Fall, muss der Arbeitgeber eine höhere Lohnsteuer nach der Steuerklasse VI berechnen (vgl. das Stichwort „Elektronische Lohnsteuerabzugsmerkmale – ELStAM"). Werden Heimarbeiter von einem Unternehmen kurzfristig oder in geringem Umfang und gegen geringen Arbeitslohn beschäftigt, kann der Arbeitgeber beim Vorliegen der Voraussetzungen des § 40 a EStG die Steuerabzugsbeträge mit einem Pauschsteuersatz von 25 %, 20 % oder 2 % berechnen (vgl. das Stichwort „Pauschalierung der Lohnsteuer bei Aushilfskräften und Teilzeitbeschäftigten"). Wegen der Besonderheiten bei der Steuerberechnung für Heimarbeiter vgl. „Heimarbeiterzuschläge".

3. Vermögenswirksame Leistungen

Heimarbeiter gelten als Arbeitnehmer im Sinne des 5. Vermögensbildungsgesetzes. Sie können deshalb vermögenswirksame Leistungen erhalten oder selbst erbringen.

4. Sozialversicherungsrechtliche Behandlung

Heimarbeiter sind nach § 12 Abs. 2 SGB IV Beschäftigte, die in einer eigenen Arbeitsstätte erwerbsmäßig arbeiten, und zwar im Auftrag und für Rechnung von Gewerbetreibenden, gemeinnützigen Unternehmen oder öffentlich-rechtlichen Körperschaften. Das Unterschiedsmerkmal gegenüber den Hausgewerbetreibenden besteht darin, dass die Heimarbeiter unselbständige Tätigkeiten erwerbsmäßig ausüben, während die Hausgewerbetreibenden selbständige Tätigkeiten gewerblich ausüben. Der einzelne Heimarbeiter arbeitet also in persönlicher Abhängigkeit zwecks Erlangung eines Verdienstes und überlässt die Verwertung des Arbeitsergebnisses dem mittelbaren oder unmittelbaren Auftraggeber.

	Lohnsteuerpflichtig	Sozialversich.-pflichtig
Heimarbeiter in diesem Sinne unterliegen der Kranken-, Pflege-, Renten- und Arbeitslosenversicherungspflicht. Obwohl Heimarbeiter keinen Anspruch auf Entgeltfortzahlung im Krankheitsfall haben, gilt für sie der **allgemeine Beitragssatz** in der Krankenversicherung. Der nach § 10 Entgeltfortzahlungsgesetz zu zahlende Heimarbeiterzuschlag ist beitragsfrei, aber lohnsteuerpflichtig (vgl. „Heimarbeiterzuschläge“).		

Heimarbeiter stehen unter einem besonderen gesetzlichen Schutz. Besondere Regelungen für Heimarbeiter enthält vor allem das Heimarbeitsgesetz aber auch das Entgeltfortzahlungsgesetz, das Bundesurlaubsgesetz, das Mutterschutzgesetz und das Schwerbehindertengesetz.

Seit 1.1.2013 sind im Rahmen des Meldeverfahrens zur Sozialversicherung die Heimarbeiter mit dem speziellen Personengruppenschlüssel „124“ zu melden.

Heimarbeiterzuschläge

Heimarbeiterzuschläge zur Abgeltung der mit der Heimarbeit verbundenen Aufwendungen (z. B. für Miete, Heizung und Beleuchtung der Arbeitsräume, für Arbeitsgeräte, Zutaten usw.) sind steuer- und beitragsfrei, soweit sie 10 % des Grundlohns nicht übersteigen (R 9.13 Abs. 2 LStR). Vgl. auch „Garnentschädigung“. — nein / nein

Dabei ist es steuerlich zulässig, den Grundlohn abzusenken und dafür einen steuerfreien Heimarbeiterzuschlag zu zahlen (vgl. auch das Stichwort „Gehaltsumwandlung“). Der so geminderte Grundlohn bildet die Bezugsgröße für den steuerfreien Heimarbeiterzuschlag.

Diese Steuerfreiheit gilt nur für Heimarbeiter i. S. d. Heimarbeitsgesetzes. Sie kann nicht von Arbeitnehmern in Anspruch genommen werden, die ihre Tätigkeit (teilweise) in ihrem Home-Office ausüben.

Nach § 10 des Gesetzes über die Zahlung des Arbeitsentgelts an Feiertagen und im Krankheitsfall (Entgeltfortzahlungsgesetz) wird Heimarbeitern zur Sicherung im Krankheitsfall ein Zuschlag zum Arbeitsentgelt bezahlt. Der vom Auftraggeber zu zahlende Zuschlag beträgt für Heimarbeiter und Hausgewerbetreibende ohne fremde Hilfskräfte 3,4 % und für Hausgewerbetreibende mit höchstens zwei Hilfskräften 6,4 % des Bruttoarbeitsentgelts (ohne die für den Lohnausfall an Feiertagen, den Urlaub und den Arbeitsausfall infolge Krankheit zu leistenden Zahlungen). Dieser Zuschlag ist **lohnsteuerpflichtig, aber beitragsfrei**[1]. — ja / nein

Bei geringfügig Beschäftigten, für die der Arbeitgeber Pauschalabgaben entrichtet, brauchen ihm aber hierfür die individuellen Lohnsteuerabzugsmerkmale des geringfügig Beschäftigten nicht bekannt zu sein (einzige Ausnahme zu R 40a.2 Satz 4 LStR). In diesem Fall unterliegt der Heimarbeitszuschlag also auch nicht der Besteuerung.

Das sog. **Feiertagsgeld** nach § 11 des Entgeltfortzahlungsgesetzes ist steuer- und beitragspflichtig. — ja / ja

Heiratsbeihilfen

Heiratsbeihilfen sind einmalige oder laufende Geld- bzw. Sachleistungen des Arbeitgebers an den Arbeitnehmer. Seit 1.1.2006 sind Heiratsbeihilfen steuer- und beitragspflichtig. — ja / ja

Steuerfrei und sozialversicherungsfrei sind nur noch **Sachzuwendungen** des Arbeitgebers anlässlich des besonderen persönlichen Ereignisses „Heirat“ bis zu einem Wert von 60 € einschließlich Umsatzsteuer (sog. Freigrenze für Aufmerksamkeiten z. B. für Blumen, Bücher, CD/DVD usw.). Auf die Erläuterungen beim Stichwort „Aufmerksamkeiten“ wird hingewiesen.

Neben der Freigrenze für Aufmerksamkeiten in Höhe von 60 € kann in demselben Kalendermonat auch die monatliche Freigrenze für geringfügige Sachbezüge in Höhe von 44 € in Anspruch genommen werden. Auf die Erläuterungen beim Stichwort „Sachbezüge“ unter Nr. 4 wird hingewiesen.

Heizung

Freie Heizung ist im Grundsatz ein steuer- und beitragspflichtiger Sachbezug. — ja / ja

Die Bewertung des Sachbezugs „Heizung“ erfolgt stets mit dem ortsüblichen Preis, da seit 1. 1. 2002 der früher geltende Sachbezugswert für Heizung gestrichen wurde (vgl. das Stichwort „Wohnungsüberlassung“ unter Nr. 8 Buchstabe a). Bei Zurverfügungstellung einer Unterkunft ist der Wert der Heizung im Sachbezugswert enthalten (vgl. das Beispiel beim Stichwort „Freie Unterkunft und Verpflegung“ unter Nr. 5).

Die Abgabe von Heizmaterial an Arbeitnehmer ist durch den **Rabattfreibetrag** in Höhe von **1080 €** jährlich begünstigt, wenn der Arbeitgeber mit dem Heizmaterial handelt (das Heizmaterial also in erster Linie an Fremde verkauft und nur in zweiter Linie auch seine Arbeitnehmer beliefert). — nein / nein

Dies ist z. B. der Fall

- bei der Abgabe von Kohle an die Bergleute eines Bergbauunternehmens;
- bei der Abgabe von Holz an Waldarbeiter durch einen Forstbetrieb;
- bei der Abgabe von Strom an Arbeitnehmer eines Elektrizitätswerks;
- bei der Abgabe von Fernwärme an die Arbeitnehmer eines Heizkraftwerks.

Beispiel

Ein Waldarbeiter erhält von seinem Arbeitgeber unentgeltlich Holz im Wert von 1125 € jährlich. Vom Endpreis am Abgabeort ist ein Preisabschlag von 4 % vorzunehmen. Es ergibt sich Folgendes:

Wert des Holzes jährlich	1 125,— €
Preisabschlag 4 % (4 % von 1125 € =)	45,— €
verbleibender geldwerter Vorteil	1 080,— €

Dieser Betrag ist steuerfrei, da er den Rabattfreibetrag von 1080 € nicht übersteigt. Ist der Wert der Heizung in Anwendung des Rabattfreibetrags steuerfrei, ist er auch beitragsfrei bei der Sozialversicherung.

Werden Arbeitnehmern unentgeltlich oder verbilligt Sachbezüge gewährt, muss der Arbeitgeber die umsatzsteuerlichen Vorschriften beachten. Denn die unentgeltliche oder verbilligte Abgabe von Sachbezügen ist umsatzsteuerpflichtig. Der Rabattfreibetrag ist bei der Umsatzsteuer nicht anwendbar (vgl. das Stichwort „Umsatzsteuerpflicht bei Sachbezügen“ unter Nr. 9).

Hinterbliebenenbezüge

Zur steuerlichen Behandlung des Arbeitslohns, der den Hinterbliebenen eines verstorbenen Arbeitnehmers ausgezahlt wird, vgl. die Stichwörter „Rechtsnachfolger“, „Sterbegeld“ und „Versorgungsbezüge, Versorgungsfreibetrag“.

1) Beträge nach § 10 des Entgeltfortzahlungsgesetzes sind nach § 1 Abs. 1 Satz 1 Nr. 5 SvEV beitragsfrei. Die Sozialversicherungsentgeltverordnung ist als Anhang 2 im **Steuerhandbuch für das Lohnbüro 2021** abgedruckt, das im selben Verlag erschienen ist.

Lohn- steuer- pflichtig | Sozial- versich.- pflichtig

Hinterbliebenenfreibetrag

siehe Anhang 7 Abschnitt D Nr. 9 auf Seite 1248

Hinweise zu den Lohnsteuer-Richtlinien

siehe „Lohnsteuer-Richtlinien"

Hinzurechnungsbetrag beim Lohnsteuerabzug

Gliederung:

1. Allgemeines
2. Verfahren bei der Festsetzung von Hinzurechnungsbeträgen
3. Berücksichtigung beim Lohnsteuerabzug durch den Arbeitgeber
   a) Freibetrag im zweiten Dienstverhältnis
   b) Hinzurechnungsbetrag im ersten Dienstverhältnis
4. Eintragung von Freibeträgen und Hinzurechnungsbeträgen bei 450-Euro-Jobs
5. Nicht rentenversicherungspflichtige Arbeitnehmer und Versorgungsempfänger
6. Hinzurechnungsbeträge auch für beschränkt steuerpflichtige Arbeitnehmer

H

1. Allgemeines

Seit 1.1.2000 gibt es nicht nur Freibeträge, die der Arbeitgeber vom Arbeitslohn abziehen muss, sondern auch einen **Hinzurechnungsbetrag,** den der Arbeitgeber **dem Arbeitslohn hinzurechnen muss, bevor er die Lohnsteuer berechnet** (§ 39a Abs. 1 Satz 1 Nr. 7 EStG). Die Gründe für die Einführung von Hinzurechnungsbeträgen beim Lohnsteuerabzug waren folgende:

In einer Vielzahl von Fällen haben Arbeitnehmer mehrere Arbeitsverhältnisse mit geringem Arbeitslohn (z. B. Studenten, Rentner, Pensionäre, Auszubildende). Dabei wird der steuerliche Grundfreibetrag im ersten Dienstverhältnis oftmals nicht voll ausgeschöpft. Trotzdem unterliegt der Arbeitslohn des Arbeitnehmers im zweiten Dienstverhältnis in voller Höhe dem Lohnsteuerabzug, denn der zweite Arbeitgeber muss den Lohnsteuerabzug nach Steuerklasse VI vornehmen. Das gilt z. B. für Rentner, die neben einer Betriebsrente noch Arbeitslohn aus einem gering entlohnten Beschäftigungsverhältnis beziehen oder die mehrere Betriebsrenten erhalten und auch für Arbeitnehmer, die aus mehreren Dienstverhältnissen nur geringe Arbeitslöhne beziehen. Der Lohnsteuerabzug nach der Steuerklasse VI ist in diesen Fällen auch dann vorzunehmen, wenn das gesamte zu versteuernde Einkommen des Arbeitnehmers unter dem steuerlichen Grundfreibetrag liegt und deshalb die einbehaltene Lohnsteuer nach Ablauf des Kalenderjahres im Rahmen einer Einkommensteuer-Veranlagung wieder zu erstatten ist. Die Zusammenhänge sollen an einem Beispiel verdeutlicht werden:

Beispiel A

Ein Auszubildender mit Ausbildungsvergütung von 550 € monatlich ist nebenher als Aushilfskellner tätig und verdient in diesem zweiten Arbeitsverhältnis 500 € monatlich. Beim Arbeitgeber, mit dem das Ausbildungsverhältnis besteht, erfolgt der Lohnsteuerabzug nach Steuerklasse I, wohingegen der Lohnsteuerabzug beim Nebenjob nach Steuerklasse VI vorgenommen wird. Beim Lohnsteuerabzug für den Nebenjob ergeben sich nach Steuerklasse VI folgende Steuerabzüge:

Arbeitslohn		500,— €
Lohnsteuer (Steuerklasse VI)	56,08 €	
Solidaritätszuschlag	0,— €	
Kirchensteuer (8 %)	4,48 €	60,56 €
Nettolohn (ohne Berücksichtigung der Sozialversicherungsbeiträge)		439,44 €

Die Steuerabzugsbeträge von jährlich (12 × 60,56 € =) 726,72 € kann sich der Auszubildende nach Ablauf des Kalenderjahres im Rahmen einer Veranlagung zur Einkommensteuer wieder erstatten lassen, da seine Einkünfte im Kalenderjahr den steuerlichen Grundfreibetrag nicht übersteigen. Bei einer Veranlagung nach Ablauf des Kalenderjahres ergibt sich Folgendes:

Ausbildungsvergütung (12 × 550 €)		6 600,— €
Nebenjob (12 × 500 €)		6 000,— €
insgesamt		12 600,— €
abzüglich Arbeitnehmer-Pauschbetrag		1 000,— €
Einkünfte aus nichtselbstständiger Arbeit		11 600,— €
abzüglich:		
Vorsorgeaufwendungen angenommen mit ca. 20 % aus 12 600 € (vgl. Anhang 8a)	2 520,— €	
Sonderausgaben-Pauschbetrag	36,— €	2 556,— €
verbleiben (= zu versteuerndes Einkommen)		9 044,— €
Hierauf entfallende Steuer nach der Grundtabelle		0,— €

Da das zu versteuernde Einkommen den steuerlichen Grundfreibetrag für das Kalenderjahr 2021 in Höhe von 9744 € nicht übersteigt, ergibt sich keine Einkommensteuer, sodass die einbehaltene Lohn- und Kirchensteuer in voller Höhe wieder erstattet wird.

Hat ein Arbeitnehmer mehrere Jobs mit geringem Arbeitslohn oder ein Rentner eine Betriebsrente und einen Nebenjob, wird in vielen Fällen während des Kalenderjahres Lohnsteuer nach Steuerklasse VI einbehalten, die nach Ablauf des Jahres im Wege einer Veranlagung zur Einkommensteuer wieder erstattet werden muss. Dies wurde von dem betroffenen Personenkreis als ungerecht und bürokratisch empfunden. Durch die seit 1.1.2000 geltende Regelung ist deshalb ein Verfahren eingeführt worden, nach dem sich ein Arbeitnehmer einen Freibetrag für sein zweites Dienstverhältnis bilden lassen kann, **wenn in gleicher Höhe ein Hinzurechnungsbetrag bei seinem ersten Dienstverhältnis berücksichtigt wird.** Einzige Voraussetzung hierfür ist, dass der Arbeitslohn aus dem ersten Dienstverhältnis niedriger ist als der Eingangsbetrag derjenigen Jahreslohnsteuertabelle, die für den Lohnsteuerabzug nach der für das erste Dienstverhältnis geltenden Steuerklasse maßgebend ist.

Beispiel B

Der Auszubildende im Beispiel A beantragt bei seinem Wohnsitzfinanzamt, dass bei seinem ersten Dienstverhältnis (Steuerklasse I) ein **Hinzurechnungsbetrag** in Höhe von **500 € monatlich** berücksichtigt wird. Dementsprechend erhält er bei seinem zweiten Dienstverhältnis einen **Freibetrag** in Höhe von ebenfalls **500 € monatlich.** Der Arbeitgeber, zu dem das Ausbildungsverhältnis besteht (Steuerklasse I), muss die Lohnsteuer für den Arbeitslohn **zuzüglich Hinzurechnungsbetrag** berechnen. Der Arbeitgeber, mit dem das Ausbildungsverhältnis besteht und der eine Ausbildungsvergütung in Höhe 550 € monatlich zahlt, muss also die Lohnsteuer nach Steuerklasse I für einen Betrag von insgesamt (550 € + 500 € =) **1050 €** berechnen. Die Lohnsteuer beträgt für 1050 € nach Steuerklasse I 0 €. Der Arbeitgeber, zu dem das zweite Dienstverhältnis besteht (= Steuerklasse VI), muss die Lohnsteuer für einen Betrag von (500 € abzüglich Freibetrag von 500 € =) 0 € berechnen, dass heißt, für den Nebenjob fällt trotz Anwendung der Steuerklasse VI keine Lohnsteuer an.

Das Verfahren erscheint auf den ersten Blick einfach, hat jedoch seine Tücken, denn der Gesetzgeber räumt dem Arbeitnehmer einen relativ großen Spielraum bei der Auswahl des Freibetrags ein, den sich der Arbeitnehmer bilden lassen kann. Der Arbeitnehmer kann sich nämlich einen Freibetrag **nach eigener Wahl** bis zur Höhe des **Eingangsbetrags der Jahreslohnsteuertabelle** bilden lassen, bis zu dem im **ersten** Dienstverhältnis Lohnsteuer nicht zu erheben ist (§ 39a Abs. 1 Satz 1 Nr. 7 EStG). Der Gesetzgeber hat also ganz bewusst darauf verzichtet, den Freibetrag auf den im ersten Dienstverhältnis nicht ausgeschöpften steuerlichen Grundfreibetrag zu beschränken. Denn in Höhe des beim zweiten Dienstverhältnis anzuwendenden Freibetrags wird ein Hinzurechnungsbetrag beim ersten Dienstverhältnis berücksichtigt. Dieses kor-

Lohn- steuer- pflichtig | Sozial- versich.- pflichtig

respondierende Prinzip stellt **im Lohnsteuerabzugsverfahren** den zutreffenden Ausgleich sicher. Wird der Freibetrag und dementsprechend auch der Hinzurechnungsbetrag nicht richtig gewählt, kann es **im Veranlagungsverfahren** nach Ablauf des Kalenderjahres durchaus zu Steuernachzahlungen kommen (vgl. nachfolgend unter Nr. 2). Um solche Nachzahlungen zu vermeiden muss der Arbeitnehmer im eigenen Interesse bestrebt sein, sich einen Freibetrag nur in der Höhe bilden zu lassen, in der beim ersten Dienstverhältnis der steuerfreie Eingangsbetrag der **Jahreslohnsteuertabelle** noch nicht ausgeschöpft ist. Diese steuerfreien Eingangsbeträge sind beim Stichwort „Tarifaufbau" unter Nr. 7 auf Seite 917 erläutert; sie betragen bei Anwendung der **Allgemeinen Lohnsteuertabelle 2021** für rentenversicherungspflichtige Arbeitnehmer:

Steuerklasse	jährlich	monatlich
I	13 453,— €	1 121,— €
II	15 832,— €	1 319,— €
III	25 534,— €	2 127,— €
IV	13 453,— €	1 121,— €
V	1 301,— €	108,— €

Hat ein Arbeitnehmer im ersten Dienstverhältnis die Steuerklasse I und übersteigt sein Jahresarbeitslohn aus dem ersten Dienstverhältnis den für die Steuerklasse I maßgebenden steuerfreien Eingangsbetrag von 13 453 € nicht, kann er **beliebig zwischen 0 und 13 453 € einen Jahresfreibetrag auswählen** und diesen Freibetrag beim zweiten Dienstverhältnis berücksichtigen lassen. In gleicher Höhe wird dann ein Hinzurechnungsbetrag beim ersten Dienstverhältnis berücksichtigt. Die Wahl des Freibetrags ist also nicht auf die Differenz zwischen dem Jahresarbeitslohn aus dem ersten Dienstverhältnis und den Eingangsbeträgen der Jahreslohnsteuertabelle beschränkt. Gleichwohl wird sich der Arbeitnehmer bei dem zu bildenden Freibetrag auf den beim ersten Dienstverhältnis noch nicht ausgeschöpften Eingangsbetrag beschränken, weil sich andernfalls beim Veranlagungsverfahren nach Ablauf des Kalenderjahres eine Steuernachzahlung ergeben kann.

Beispiel C

Ein Auszubildender (Ausbildungsbeginn 2019) mit einer Ausbildungsvergütung von 300 € monatlich ist nebenher als Aushilfskellner tätig und verdient in diesem zweiten Arbeitsverhältnis 750 € monatlich. Der Auszubildende hat beim Arbeitgeber, mit dem das Ausbildungsverhältnis besteht, die Steuerklasse I und beim Nebenjob die Steuerklasse VI.

Um einen überhöhten Lohnsteuerabzug beim Nebenjob zu vermeiden, wird der Auszubildende beim zweiten Arbeitsverhältnis mit der Steuerklasse VI einen Freibetrag in Höhe des beim ersten Dienstverhältnis (= Ausbildungsverhältnis) noch nicht ausgeschöpften Eingangsbetrags berücksichtigen lassen. Der bei Anwendung der Steuerklasse I noch nicht ausgeschöpfte Eingangsbetrag beträgt

– monatlich (1121 € – 300 € =)	821,— €
– jährlich (13 453 € – 3600 € =)	9 853,— €

Der Auszubildende wird also beim zweiten Dienstverhältnis mit der Steuerklasse VI einen Jahresfreibetrag in Höhe von 9853 € (monatlicher Freibetrag 821 €) berücksichtigen lassen. Dementsprechend wird beim ersten Dienstverhältnis mit der Steuerklasse I ein jährlicher Hinzurechnungsbetrag in Höhe von 9853 € (monatlich 821 €) berücksichtigt. Bei Anwendung der Steuerklasse I ergibt sich für die Ausbildungsvergütung zuzüglich Hinzurechnungsbetrag (300 € + 821 € = 1121 €) keine Lohnsteuer. Auch im zweiten Dienstverhältnis ergibt sich nach Abzug des Freibetrags kein steuerpflichtiger Betrag.

Das korrespondierende Freibetrags- und Hinzurechnungsverfahren gilt also nur für diejenigen Arbeitnehmer, die im ersten Dienstverhältnis nicht mehr verdienen als die vorstehend erläuterten Eingangsbeträge (1121 € **monatlich** bei Anwendung der Steuerklasse I). Dies sind Kleinverdiener mit mehreren gering entlohnten Jobs und Rentner, die nebenher arbeiten. Außerdem ist zu berücksichtigen, dass sich der Arbeitnehmer den Freibetrag nicht nur bei **einer** Nebenbeschäftigung mit der Steuerklasse VI bilden lassen, sondern ihn beliebig auf mehrere Nebenbeschäftigungen mit der Steuerklasse VI verteilen kann.

Lohn- steuer- pflichtig | Sozial- versich.- pflichtig

Das Verfahren spielt deshalb insbesondere auch bei den sog. **450-Euro-Jobs** eine Rolle, die nicht pauschal, sondern nach der Steuerklasse VI besteuert werden. Weiterhin spielt das Verfahren bei den Beziehern einer Altersrente eine Rolle, die daneben noch eine oder mehrere **Betriebsrenten** erhalten oder gering vergütete Nebenjobs ausüben. Wie sich im Falle eines Altersrentners mit Betriebsrente und Nebenjob die Wahl des zutreffenden Freibetrags gestaltet, ist beim Stichwort „Pauschalierung der Lohnsteuer bei Aushilfskräften und Teilzeitbeschäftigten" unter Nr. 12 auf Seite 759 erläutert.

2. Verfahren bei der Festsetzung von Hinzurechnungsbeträgen

Zuständig für die Festsetzung eines Freibetrags beim zweiten Dienstverhältnis und dementsprechend eines Hinzurechnungsbetrags beim ersten Dienstverhältnis ist das **Wohnsitzfinanzamt des Arbeitnehmers.** Denn die Regelung ist verfahrensrechtlich ein Teil des sog. Lohnsteuer-Ermäßigungsverfahrens, das heißt des Verfahrens zur Festsetzung eines Freibetrags. Dementsprechend ist im amtlichen **Antragsvordruck** für das **Lohnsteuer-Ermäßigungsverfahren 2021** in den Zeilen 36 bis 39 die korrespondierende Eintragung von Freibeträgen und Hinzurechnungsbeträgen vorgesehen. Dabei muss der Arbeitnehmer durch Ankreuzen erklären, dass sein Arbeitslohn aus dem ersten Dienstverhältnis voraussichtlich den steuerfreien Eingangsbetrag der für ihn maßgebenden Jahreslohnsteuertabelle 2021 nicht übersteigt. Für Arbeitnehmer, die einen Freibetrag mit korrespondierendem Hinzurechnungsbetrag in der gleichen Höhe haben wollen wie im Vorjahr, gibt es eine Eintragungsmöglichkeit in Zeile 20 des Vordrucks.

Eine Übertragung des nicht ausgeschöpften Eingangsbetrags auf den Ehegatten ist unzulässig. Es ist also nicht möglich, dass für den **Ehemann** ein Hinzurechnungsbetrag festgesetzt wird, damit die **Ehefrau** mit der Steuerklasse V oder Steuerklasse VI einen Freibetrag erhält.[1)]

Aus der Anbindung an das Lohnsteuer-Ermäßigungsverfahren folgt, dass ein bereits gebildeter oder noch zu bildender Freibetrag **mit dem Hinzurechnungsbetrag saldiert** wird. Das Verfahren zur Bildung eines Freibetrags ist ausführlich in Anhang 7 erläutert. Ebenso wie ein Freibetrag entweder vor Beginn des Kalenderjahres oder erst im Laufe des Kalenderjahres gebildet werden kann, kann auch das korrespondierende Freibetrags- und Hinzurechnungsbetragsverfahren bereits vor Beginn des Kalenderjahres oder erst im Laufe des Kalenderjahres beantragt werden. Der Freibetrag und der entsprechende Hinzurechnungsbetrag werden bei einer Antragstellung im Laufe des Kalenderjahres auf die restlichen Monate des Jahres verteilt. Nach dem 30. November 2021 ist die Bildung eines Freibetrags oder Hinzurechnungsbetrags für das Jahr 2021 nicht mehr zulässig. Die Verteilung von Frei- und Hinzurechnungsbeträgen auf die restlichen Monate des Jahres sowie die Saldierung eines Hinzurechnungsbetrags mit einem gleichzeitig zu bildenden Freibetrag soll an einem Beispiel verdeutlicht werden:

Beispiel

Ein Auszubildender (Ausbildungsbeginn 2019) mit einer Ausbildungsvergütung von 400 € monatlich lässt ab 1. September korrespondierende Frei- und Hinzurechnungsbeträge bilden, weil er ab diesem Zeitpunkt einer Nebenbeschäftigung nachgeht, für die er monatlich 1000 € erhält. Da er im ersten Dienstverhältnis die Steuerklasse I hat, kann er beliebig zwischen 0 € und 13 453 € einen Jahresfreibetrag auswählen. Wählt er z. B. einen Jahresfreibetrag von 4000 € aus, wird dieser Betrag auf die Monate September bis Dezember verteilt, sodass sich ein monatlicher Freibetrag von 1000 € ergibt. Dementsprechend wird ein Hinzurechnungsbetrag von 1000 € monatlich für die Zeit vom 1. September bis 31. Dezember bei der Ausbildungsvergütung berücksichtigt. Beantragt der Auszubildende gleichzeitig die Bildung eines Freibetrags wegen erhöhter Werbungskosten z. B. wegen Aufwendun-

1) Entsprechendes gilt bei eingetragenen Lebenspartnerschaften (§ 2 Abs. 8 EStG).

H

Lohn-steuer-pflichtig Sozial-versich.-pflichtig

gen für Fahrten zwischen Wohnung und erster Tätigkeitsstätte in Höhe von 800 € jährlich (200 € monatlich ab 1. September), wird der Freibetrag von 200 € monatlich mit dem Hinzurechnungsbetrag von 1000 € monatlich saldiert, sodass ein monatlicher Hinzurechnungsbetrag von 800 € für die Zeit vom 1. September bis 31. Dezember verbleibt. Damit ergibt sich z. B. für September folgende Berechnung der Steuerabzugsbeträge:

Ausbildungsvergütung	400,– €
zuzüglich Hinzurechnungsbetrag	800,– €
Bemessungsgrundlage für die Lohnsteuer	1 200,– €
Lohnsteuer (nach Steuerklasse I)	9,41 €
Solidaritätszuschlag	0,– €
Kirchensteuer (8 %)	0,75 €
Steuerabzüge insgesamt	10,16 €

Das Beispiel zeigt, dass insbesondere bei der Bildung von Frei- und Hinzurechnungsbeträgen im Laufe des Kalenderjahres durch die Verteilung auf den Rest des Kalenderjahres erstaunlich hohe Freibeträge und damit korrespondierende Hinzurechnungsbeträge entstehen können.

H

Wird der Freibetrag und der korrespondierende Hinzurechnungsbetrag vom Arbeitnehmer falsch gewählt oder ändern sich im Laufe des Jahres die Verhältnisse, ohne dass der Arbeitnehmer den Freibetrag und Hinzurechnungsbetrag den geänderten Verhältnissen anpasst, kann es zu Steuernachzahlungen im Veranlagungsverfahren kommen. Diese Fälle werden über den Veranlagungstatbestand des § 46 Abs. 2 Nr. 2 EStG erfasst (= Pflichtveranlagung für Arbeitnehmer, die nebeneinander Arbeitslohn von mehreren Arbeitgebern bezogen haben; vgl. „Veranlagung von Arbeitnehmern“ unter Nr. 2).

3. Berücksichtigung beim Lohnsteuerabzug durch den Arbeitgeber

a) Freibetrag im zweiten Dienstverhältnis

Im ELStAM-Verfahren kann der **Arbeitnehmer** entscheiden, **ob** und ggf. in **welcher Höhe** der **Arbeitgeber,** mit dem das zweite Dienstverhältnis besteht, einen in diesen Fällen beantragten und vom Finanzamt ermittelten **Freibetrag abrufen** soll. Allein für eine solche Verteilung auf die einzelnen Dienstverhältnisse ist ein Antrag beim Finanzamt nicht erforderlich.

Der **Arbeitgeber** hat den vom Arbeitnehmer **genannten Betrag** im Rahmen der üblichen Anmeldung des Arbeitnehmers zum ELStAM-Verfahren bzw. bei der Anfrage von elektronischen Lohnsteuerabzugsmerkmalen an die Finanzverwaltung **zu übermitteln.** Nach Prüfung des übermittelten Betrags stellt die **Finanzverwaltung** dem Arbeitgeber den tatsächlich zu berücksichtigenden **Freibetrag** als ELStAM **zum Abruf bereit.** Nur dieser Freibetrag ist für den Arbeitgeber maßgebend und für den Lohnsteuerabzug anzuwenden sowie in der üblichen Lohn- und Gehaltsabrechnung des Arbeitnehmers als ELStAM in Form eines Freibetrags auszuweisen.

b) Hinzurechnungsbetrag im ersten Dienstverhältnis

Der Arbeitgeber im ersten Dienstverhältnis muss den im ELStAM-Verfahren übermittelten Hinzurechnungsbetrag beim Lohnsteuerabzug berücksichtigen, auch wenn er der Meinung ist, dass die Hinzurechnung zu falschen Ergebnissen führt. Der Arbeitgeber kann den Arbeitnehmer allerdings beraten und zu einer Änderung des gebildeten Hinzurechnungsbetrags veranlassen, wenn er erkennt, dass z. B. aufgrund der geänderten Verhältnisse eine Berichtigung erforderlich ist. Eine andere Möglichkeit hat der Arbeitgeber nicht.

Der Arbeitgeber muss den Hinzurechnungsbetrag nicht nur bei der Berechnung der Lohnsteuer für den laufenden Arbeitslohn berücksichtigen, sondern **auch bei der Besteuerung sonstiger Bezüge.** Auf das Berechnungsschema für die Besteuerung sonstiger Bezüge beim Stichwort „Sonstige Bezüge“ unter Nr. 5 Buchstabe c auf Seite 882 wird Bezug genommen.

Lohn-steuer-pflichtig Sozial-versich.-pflichtig

Ein Hinzurechnungsbetrag muss vor der Berechnung der Lohnsteuer dem Arbeitslohn auch dann hinzugerechnet werden, wenn der Arbeitgeber eine Nettolohnvereinbarung mit dem Arbeitnehmer getroffen hat. Da dies zu Lasten des Arbeitgebers geht, muss dieser prüfen, ob nicht durch eine **Änderung der Nettolohnvereinbarung** die auf die Berücksichtigung des Hinzurechnungsbetrags entfallende Mehrsteuer dem Arbeitnehmer angelastet, das heißt vom Arbeitslohn abgezogen werden kann.

Außerdem muss der Arbeitgeber im Zusammenhang mit dem Hinzurechnungsverfahren beachten, dass er bei denjenigen Arbeitnehmern **keinen Lohnsteuer-Jahresausgleich** durchführen darf, bei denen ein Hinzurechnungsbetrag beim Lohnsteuerabzug berücksichtigt wurde. Dies gilt auch dann, wenn der Hinzurechnungsbetrag nur für einen Teil des Kalenderjahres gegolten hat (z. B. nur vom 1. Januar bis 30. Juni 2021).

Zur Berechnung der Lohnsteuer beim Zusammentreffen eines Hinzurechnungsbetrags mit einem in der Steuerklasse IV gebildeten Faktor vgl. das Stichwort „Faktorverfahren“ unter Nr. 3 sowie das dortige Beispiel C.

4. Eintragung von Freibeträgen und Hinzurechnungsbeträgen bei 450-Euro-Jobs

Auf die ausführlichen Erläuterungen beim Stichwort „Pauschalierung der Lohnsteuer bei Aushilfskräften und Teilzeitbeschäftigten“ unter Nr. 12 auf Seite 759 wird Bezug genommen.

5. Nicht rentenversicherungspflichtige Arbeitnehmer und Versorgungsempfänger

Nach dem seit 1.1.2000 geltenden Verfahren kann sich der Arbeitnehmer einen Freibetrag und einen damit korrespondierenden Hinzurechnungsbetrag bis zur Eingangsstufe derjenigen Jahreslohnsteuertabelle bilden lassen, die für den Lohnsteuerabzug bei seinem ersten Dienstverhältnis maßgebend ist. Da für den Lohnsteuerabzug unterschiedliche Lohnsteuertabellen gelten, je nachdem, ob der Arbeitnehmer rentenversicherungspflichtig ist oder nicht, gelten auch für das Freibetrags- und Hinzurechnungsverfahren unterschiedliche Grenzbeträge, je nachdem, ob der Arbeitslohn aus dem ersten Dienstverhältnis nach der **Allgemeinen Lohnsteuertabelle** für rentenversicherungspflichtige Arbeitnehmer oder nach der **Besonderen Lohnsteuertabelle** für nicht rentenversicherungspflichtige Arbeitnehmer besteuert wird. Die Unterschiede zwischen der Allgemeinen und Besonderen Lohnsteuertabelle sind beim Stichwort „Lohnsteuertabellen“ ausführlich anhand von Beispielen erläutert. Wie bereits ausgeführt, spielt der Eingangsbetrag der jeweiligen Jahrestabelle in zweierlei Hinsicht eine Rolle. Nämlich zum einen für die Beantwortung der Frage, ob für den Arbeitnehmer nach der Höhe seines Arbeitslohns aus dem ersten Dienstverhältnis überhaupt das beschriebene Verfahren anwendbar ist und (falls dies zutrifft) zum anderen für die Begrenzung des Frei- und Hinzurechnungsbetrags nach oben. Die steuerfreien Eingangsbeträge der **Besonderen Jahreslohnsteuertabelle** für nicht rentenversicherungspflichtige Arbeitnehmer für das Kalenderjahr 2021 betragen:

Steuerklasse	jährlich	monatlich
I	12 259,– €	1 021,– €
II	14 427,– €	1 202,– €
III	23 340,– €	1 945,– €
IV	12 259,– €	1 021,– €
V	1 186,– €	98,– €

Für die Empfänger von Betriebsrenten (sog. Werkspensionen) und anderen Versorgungsbezügen gelten folgende Grenzen:[1]

1) Vgl. Zeile 38 des amtlichen Vordrucks „Antrag auf Lohnsteuer-Ermäßigung 2021“.

			Lohn-steuer-pflichtig	Sozial-versich.-pflichtig
Steuerklasse	**jährlich**	**monatlich**		
I	15 615,– €	1 301,– €		
II	19 649,– €	1 637,– €		
III	26 445,– €	2 203,– €		
IV	15 615,– €	1 301,– €		
V	2 179,– €	181,– €		

Für den **Lohnsteuerabzug durch den Arbeitgeber** ist es gleichgültig, wie der Hinzurechnungsbetrag zustande gekommen ist. Der Arbeitgeber muss den Hinzurechnungsbetrag **in jedem Fall** dem Arbeitslohn hinzurechnen, bevor er die Lohnsteuer berechnet, egal ob die Lohnsteuer nach der Allgemeinen oder Besonderen Lohnsteuertabelle einzubehalten ist.

6. Hinzurechnungsbeträge auch für beschränkt steuerpflichtige Arbeitnehmer

Zum Begriff der beschränkt steuerpflichtigen Arbeitnehmer wird auf die ausführlichen Erläuterungen beim Stichwort „Beschränkt steuerpflichtige Arbeitnehmer“ Bezug genommen. Das Verfahren zur Eintragung von Freibeträgen und damit korrespondierenden Hinzurechnungsbeträgen gilt **auch für beschränkt steuerpflichtige Arbeitnehmer.**

Hinzuverdienst bei Renten

siehe „Rentner“ unter Nr. 6

Hitzezuschläge

Hitzezuschläge sind als „Erschwerniszuschläge“ steuer- und beitragspflichtig. ja ja

Hochzeitsgeschenke

siehe „Heiratsbeihilfen“

Holzabgabe an Forstbedienstete

siehe „Heizung“

Home-Office

Neues auf einen Blick:

Durch das sog. Jahressteuergesetz 2020 ist vor allem aufgrund der Veränderungen in der Arbeitswelt durch die Corona-Pandemie erstmals eine sog. **Home-Office-Pauschale** eingeführt worden. Diese Pauschale wird für die **Kalenderjahre 2020 und 2021** gewährt, wenn beim Arbeitnehmer **kein häusliches Arbeitszimmer** vorhanden ist oder der Arbeitnehmer auf einen Abzug der Aufwendungen für ein häusliches Arbeitszimmer als Werbungskosten verzichtet hat. Die Pauschale beträgt **5 € täglich** und wird für höchstens 120 Tage angesetzt; somit ergibt sich ein **Höchstbetrag von 600 € jährlich** (120 Tage á 5 €). Ein Abzug höherer Aufwendungen als die vorgenannte Pauschale ist nicht möglich.

Wegen der Einzelheiten vgl. nachfolgende Nr. 6.

Gliederung:

Lohn-steuer-pflichtig Sozial-versich.-pflichtig

1. Allgemeines

Besonders in Zeiten der Corona-Pandemie hat das Arbeiten im Home-Office enorm an Bedeutung gewonnen. Es kommt daher immer häufiger vor, dass Arbeitnehmer ihre beruflichen Aufgaben ausschließlich oder weit überwiegend zu Hause in ihrem häuslichen Arbeitszimmer/Home-Office erledigen. Wegen der möglichen Einsparung bei den Bürokapazitäten liegt das Arbeiten im Home-Office auch im eigenen Interesse des Arbeitgebers. Daraus ergibt sich zwangsläufig die Frage, ob dort eine erste Tätigkeitsstätte begründet wird bzw. wann eine steuerliche Auswärtstätigkeit beginnt und endet, welche Auswirkungen sich auf die Höhe des geldwerten Vorteils bei der Zurverfügungstellung eines Firmenwagens ergeben und welche steuerlichen Folgerungen eintreten, wenn neben dem Arbeitsvertrag mit dem Arbeitgeber auch ein Mietvertrag für das Home-Office abgeschlossen wird.

2. Keine erste Tätigkeitsstätte im Home-Office

Der Bundesfinanzhof hat zur bis zum 31.12.2013 geltenden Rechtslage entschieden, dass ein häusliches Arbeitszimmer selbst dann nicht als regelmäßige Arbeitsstätte angesehen werden kann, wenn der Arbeitgeber den Raum vom Arbeitnehmer anmietet und anschließend wiederum dem Arbeitnehmer zur beruflichen Nutzung überlässt (BFH-Urteil vom 9.6.2011, BStBl. II S. 38). Die berufliche Nutzung des Raums löst nicht die Einbindung in die private Sphäre des Arbeitnehmers und lässt den Charakter der Wohnung insgesamt unberührt. Folglich handelt es sich nicht um eine Betriebsstätte des Arbeitgebers, die auch im Falle der Anmietung nur bei einer räumlichen Trennung zwischen Wohnung und beruflich genutztem Raum vorliegen kann; im Falle einer räumlichen Trennung würde es sich auch um ein sog. außerhäusliches Arbeitszimmer handeln, das von vornherein nicht einer Abzugsbeschränkung unterliegt. Erst recht liege keine regelmäßige Arbeitsstätte vor, wenn der Arbeitnehmer – ohne Anmietung durch den Arbeitgeber – in seinem häuslichen Arbeitszimmer/Home-Office beruflich tätig werde.

Die vorstehenden Ausführungen gelten entsprechend für die ab 1.1.2014 geltende Rechtslage. Das häusliche Arbeitszimmer ist **keine erste Tätigkeitsstätte,** weil es sich nicht um eine betriebliche Einrichtung des Arbeitgebers handelt. Das gilt auch dann, wenn der Arbeitgeber vom Arbeitnehmer einen oder mehrere Räume anmietet, die der Wohnung des Arbeitnehmers zuzurechnen sind.

Sofern der Arbeitnehmer auch im Betrieb des Arbeitgebers oder bei einem Dritten nicht über eine erste Tätigkeitsstätte verfügt, liegt ab Verlassen der Wohnung (in der sich auch das häusliche Arbeitszimmer/Home-Office befindet) bis zur Rückkehr eine **Auswärtstätigkeit** vor. Zum Begriff der ersten Tätigkeitsstätte vgl. die Ausführungen zu Reisekosten bei Auswärtstätigkeiten in Anhang 4 unter Nr. 3.

Beispiel A

Außendienstmitarbeiter A erledigt sämtliche anfallenden Büroarbeiten in seinem Home-Office von zu Hause aus. Den Betrieb des Arbeitgebers sucht er nur hin und wieder zu Absprachen auf, ohne dort eine erste Tätigkeitsstätte zu begründen. Für sämtliche Fahrten steht ihm ein Firmenwagen (Bruttolistenpreis 50 000 €) – eine Privatnutzung ist erlaubt – zur Verfügung.

A hat einen geldwerten Vorteil aus der Privatnutzung des Firmenwagens in Höhe von monatlich 500 € zu versteuern (1 % von 50 000 €). Mangels erster Tätigkeitsstätte ist kein weiterer geldwerter Vorteil nach der 0,03 %-Bruttolistenpreisregelung anzusetzen. Dies gilt auch für die Fahrten von der Wohnung zum Betrieb des Arbeitgebers.

Beispiel B

Ein Arbeitnehmer soll seine berufliche Tätigkeit an drei Tagen in seinem Home-Office ausüben und an zwei vollen Tagen in der betrieblichen Einrichtung seines Arbeitgebers in Augsburg tätig werden.

Das Home-Office ist keine betriebliche Einrichtung und daher keine erste Tätigkeitsstätte. Erste Tätigkeitsstätte ist hier die betriebliche Einrichtung des Arbeitgebers in Augsburg, da der Arbeitnehmer dort an zwei vollen Tagen beruflich tätig werden soll (§ 9 Abs. 4 Satz 4

H

Lohn-steuer-pflichtig	Sozial-versich.-pflichtig

EStG). Steht ihm ein Firmenwagen auch für private Zwecke zur Verfügung, ist sowohl für die Privatfahrten als auch für die Fahrten zwischen Wohnung und erster Tätigkeitsstätte ein geldwerter Vorteil nach der Bruttolistenpreisregelung oder der Fahrtenbuchmethode zu ermitteln.

Beispiel C

Ein Arbeitnehmer soll seine berufliche Tätigkeit im Home-Office ausüben und zusätzlich jeden Arbeitstag für zwei Stunden in der betrieblichen Einrichtung seines Arbeitgebers in Augsburg tätig werden. Dabei übt er seine eigentliche berufliche Tätigkeit und nicht nur Vorbereitungshandlungen aus.

Das Home-Office ist keine betriebliche Einrichtung und daher keine erste Tätigkeitsstätte. Erste Tätigkeitsstätte ist hier die betriebliche Einrichtung des Arbeitgebers in Augsburg, da der Arbeitnehmer dort typischerweise arbeitstäglich tätig werden soll. In diesem Fall ist es unerheblich, dass er dort weniger als 1/3 der gesamten regelmäßigen Arbeitszeit tätig wird.

Beispiel D

Ein Arbeitnehmer soll seine berufliche Tätigkeit im Home-Office ausüben und zusätzlich jeden Tag in einer anderen betrieblichen Einrichtung seines Arbeitgebers tätig werden. Die Arbeitszeit in den verschiedenen Tätigkeitsstätten beträgt jeweils weniger als 1/3 der gesamten Arbeitszeit des Arbeitnehmers.

H

Das Home-Office ist keine betriebliche Einrichtung und daher keine erste Tätigkeitsstätte. Auch an den anderen Tätigkeitsstätten des Arbeitgebers hat der Arbeitnehmer keine erste Tätigkeitsstätte, da er diese Tätigkeitsstätte nicht arbeitstäglich aufsucht und dort jeweils weniger als 1/3 seiner gesamten Arbeitszeit tätig wird. Der Arbeitnehmer übt folglich insgesamt eine beruflich veranlasste Auswärtstätigkeit aus.

Zu beachten ist, dass eine **erste Tätigkeitsstätte** – durch dauerhafte Zuordnung oder durch dauerhaftes Erfüllen der zeitlichen Kriterien – auch in der betrieblichen Einrichtung eines **Dritten** vorliegen kann.

Beispiel E

Der im IT-Bereich tätige Arbeitnehmer ist von seinem Arbeitgeber seinem Home-Office dauerhaft zugeordnet worden. Er wird bis auf Weiteres und arbeitstäglich ausschließlich beim Kunden E tätig. Für sämtliche Fahrten steht dem Arbeitnehmer ein Firmenwagen mit einem Bruttolistenpreis von 50 000 € zur Verfügung. Die Entfernung von seiner Wohnung zum Kunden E beträgt 80 km.

Da das Home-Office keine betriebliche Einrichtung des Arbeitgebers ist, geht die vom Arbeitgeber getroffene Zuordnungsentscheidung ins Leere. Die erste Tätigkeitsstätte ist nach zeitlichen Kriterien zu bestimmen und befindet sich beim Kunden E, da der Arbeitnehmer dort typischerweise arbeitstäglich und dauerhaft tätig werden soll. Der monatliche geldwerte Vorteil aus der Firmenwagengestellung beträgt:

Privatfahrten 1 % von 50 000 €	500 €
Fahrten Wohnung/erste Tätigkeitsstätte 0,03 % von 50 000 € × 80 km	1200 €
Summe des geldwerten Vorteils aus der Firmenwagengestellung	1700 €

Zu Fahrten zwischen Wohnung und erster Tätigkeitsstätte während der Corona-Pandemie vgl. dieses Stichwort unter Nr. 12 Buchstabe b.

3. Werbungskostenabzug für das Home-Office

In der Regel können die Aufwendungen für das häusliche Arbeitszimmer nicht in vollem Umfang als Werbungskosten abgezogen werden, da es sich – besonders bei Außendienstlern – nicht um den Mittelpunkt der gesamten beruflichen und betrieblichen Betätigung handelt. Steht dem Arbeitnehmer allerdings für seine berufliche Tätigkeit **kein anderer Arbeitsplatz** zur Verfügung, können die Aufwendungen bis zu **1250 €** als Werbungskosten berücksichtigt werden (vgl. die Erläuterungen und Beispiele beim Stichwort „Arbeitszimmer" unter Nr. 2 Buchstabe c). Ein anderer Arbeitsplatz steht auch dann nicht zur Verfügung, wenn der Büroarbeitsplatz wegen der Corona-Pandemie nicht benutzt werden kann (z. B. bei Betriebsschließung). Zum Abzug einer sog. Home-Office-Pauschale in den Fällen, in denen kein häusliches Arbeitszimmer vorhanden ist, vgl. nachfolgende Nr. 6.

Das häusliche Arbeitszimmer bildet allerdings auch dann den **Mittelpunkt** der gesamten beruflichen Betätigung, wenn bei einem Arbeitnehmer mit einer beruflichen Tätigkeit eine in qualitativer Hinsicht gleichwertige Arbeitsleistung wöchentlich an drei Tagen an einem häuslichen Telearbeitsplatz und an zwei Tagen im Betrieb des Arbeitgebers zu erbringen ist (BFH-Urteil vom 23.5.2006, BStBl. II S. 600). Bei einer beruflichen Tätigkeit, die qualitativ gleichwertig im häuslichen Arbeitszimmer (= Telearbeitsplatz) als auch am außerhäuslichen Arbeitsplatz erbracht wird, befindet sich der Tätigkeitsmittelpunkt (= Vollabzug der Aufwendungen) also im häuslichen Arbeitszimmer, wenn der Arbeitnehmer dort mehr als die Hälfte seiner Arbeitszeit tätig wird.

Hat der Arbeitnehmer **im Betrieb des Arbeitgebers seine erste Tätigkeitsstätte** und arbeitet er ein bis zwei Tage in der Woche von zu Hause aus, können die Aufwendungen für das häusliche Arbeitszimmer (Home-Office) steuerlich regelmäßig nicht geltend gemacht werden. Auch eine Anwendung der Regelungen für Heimarbeiter (vgl. hierzu das Stichwort „Heimarbeiterzuschläge") kommt nicht in Betracht. Bei den Fahrten zwischen Wohnung und erster Tätigkeitsstätte ist zu beachten, dass die **Entfernungspauschale** für Home-Office-Arbeitstage nicht angesetzt werden kann.

Zur Frage, in welchem Umfang bei einem Home-Office ein steuerfreier Arbeitgeberersatz für Aufwendungen des Arbeitnehmers möglich ist, vgl. das Stichwort „Telearbeitsplatz".

4. Mietverhältnis mit dem Arbeitgeber

Vermietet der Arbeitnehmer sein Home-Office an den Arbeitgeber mit anschließender Rücküberlassung, liegen ggf. **Einnahmen aus Vermietung und Verpachtung** vor und die Aufwendungen für das häusliche Arbeitszimmer können bei Vorhandensein einer Überschusserzielungsabsicht in vollem Umfang bei dieser Einkunftsart als Werbungskosten berücksichtigt werden. Entscheidend für das Vorliegen von Vermietungseinkünften ist, dass die Anmietung des Raumes im eigenbetrieblichen Interesse des Arbeitgebers erfolgt. Vgl. hierzu die Erläuterungen beim Stichwort „Arbeitszimmer" unter Nr. 3.

Bei vor dem 1.1.2019 abgeschlossenen Mietverträgen wird das Vorliegen der Überschusserzielungsabsicht zugunsten des Arbeitnehmers unterstellt. Etwaige Verluste aus Vermietung und Verpachtung können daher in diesen Fällen spätestens in der Einkommensteuererklärung mit den Lohneinkünften des Arbeitnehmers verrechnet werden.[1)]

Bei einer umsatzsteuerpflichtigen Vermietung an den Arbeitgeber kann der Arbeitnehmer die ihm für Renovierungsaufwendungen in Rechnung gestellte Umsatzsteuer als Vorsteuer geltend machen. Dies gilt nicht nur für die Aufwendungen zur Renovierung des beruflich genutzten Büros oder Besprechungsraums, sondern auch für Aufwendungen eines Sanitärraums (WC und Waschbecken mit Handtuchhalter und Seifenspender). Ausgeschlossen vom Vorsteuerabzug sind allerdings die Aufwendungen für ein mit Dusche und Badewanne ausgestattetes Badezimmer (BFH-Urteil vom 7.5.2020 V R 1/18).

5. Essensmarken und Mahlzeitenzuschüsse

Essensmarken und Mahlzeitenzuschüsse bis zu 6,57 € täglich, werden mit dem amtlichen Sachbezugswert von 3,47 € täglich bewertet. Der steuerpflichtige geldwerte Vorteil (3,47 € abzüglich etwaiger Zuzahlungen des Arbeitnehmers) kann mit 25% pauschal besteuert werden und ist in diesem Fall sozialversicherungsfrei (vgl. im Einzelnen das Stichwort „Mahlzeiten" unter den Nrn. 6 und 7). ja nein

Arbeitstägliche Mahlzeitenzuschüsse können auch an Arbeitnehmer gezahlt werden, die ihre Tätigkeit ausschließlich oder gelegentlich in einem Home-Office verrichten.

1) BMF-Schreiben vom 18.4.2019 (BStBl. I S. 461). Das BMF-Schreiben ist als Anlage 7 zu H 19.3 LStR im **Steuerhandbuch für das Lohnbüro 2021** abgedruckt, das im selben Verlag erschienen ist.

Lohn- steuer- pflichtig | Sozial- versich.- pflichtig

Das gilt auch dann, wenn sie nicht mehr als sechs Stunden täglich arbeiten und die betriebliche Arbeitszeitregelung keine entsprechenden Ruhepausen vorsieht.[1)]

6 Home-Office-Pauschale

Durch das sog. Jahressteuergesetz 2020 ist vor allem aufgrund der Veränderungen in der Arbeitswelt durch die Corona-Pandemie erstmals eine sog. Home-Office-Pauschale eingeführt worden. Diese Pauschale wird für die **Kalenderjahre 2020 und 2021** gewährt, wenn beim Arbeitnehmer **kein häusliches Arbeitszimmer** vorhanden ist oder der Arbeitnehmer auf einen Abzug der Aufwendungen für ein häusliches Arbeitszimmer als Werbungskosten verzichtet hat. Die Pauschale beträgt **5 € täglich** und wird für höchstens 120 Tage angesetzt; somit ergibt sich ein **Höchstbetrag von 600 € jährlich** (120 Tage á 5 €). Ein Abzug höherer Aufwendungen als die vorgenannte Pauschale ist nicht möglich.

Der Ansatz der Pauschale setzt voraus, dass der Arbeitnehmer am jeweiligen Arbeitstag seine berufliche Tätigkeit **ausschließlich** in seinem häuslichen Arbeitszimmer ausübt. Er darf daher an diesem Kalendertag auch keine außerhalb der Wohnung liegende Betätigungsstätte aufsuchen. Die Home-Office-Pauschale kommt daher z. B. nicht für Kalendertage in Betracht, an denen der Arbeitnehmer (auch) einen Kunden aufsucht oder ein Seminar besucht. Entsprechendes gilt beim Aufsuchen eines weiträumigen Tätigkeitsgebiets oder eines Sammelpunktes.

Die Pauschale wirkt sich zudem nur dann aus, wenn die Werbungskosten zusammen mit der Home-Office-Pauschale den Betrag von 1000 € übersteigen; anderenfalls wird nur der Arbeitnehmer-Pauschbetrag in dieser Höhe berücksichtigt. Ein steuerfreier Arbeitgeberersatz der Home-Office-Pauschale ist nicht möglich. Außerdem vermindern sich die Arbeitstage für die Fahrten zwischen Wohnung und erster Tätigkeitsstätte um die Anzahl der Tage, für die die Home-Office-Pauschale geltend gemacht wird.

Beispiel A

Arbeitnehmer A hat 220 Arbeitstage. Hiervon ist er 120 Tage im Home-Office (kein häusliches Arbeitszimmer) und 100 Tage im Betrieb des Arbeitgebers tätig. Die Fahrten von der Wohnung zum Betrieb (= erste Tätigkeitsstätte; einfache Entfernung 52 km) führt er mit seinem eigenen Pkw durch. Die Werbungskosten ermitteln sich im Kalenderjahr 2021 wie folgt:

Home-Office-Pauschale: 120 Arbeitstage × 5 € =	600,– €
Fahrten zwischen Wohnung und erster Tätigkeitsstätte 100 Arbeitstage × 20 km × 0,30 € =	600,– €
100 Arbeitstage × 32 km × 0,35 € =	1120,– €
Werbungskosten insgesamt =	2320,– €

Beispiel B

An 30 seiner 120 Home-Office-Tage führt A auch Kundenbesuche durch. Die dabei entstehenden Reisekosten bekommt er von seinem Arbeitgeber steuerfrei ersetzt.

Die Home-Office-Pauschale kann nur für 90 Tage in Anspruch genommen werden. Die Werbungskosten hierfür betragen somit 450 € (90 Tage á 5 €).

7. Corona-Pandemie

Zu aufgetretenen Fragen zum Home-Office im Zusammenhang mit der Corona-Pandemie vgl. dieses Stichwort unter Nr. 12.

Honorare

Honorare sind Arbeitslohn, wenn die ihnen zugrunde liegenden Leistungen (z. B. Gutachten, literarische Arbeiten, Vorträge usw.) im Rahmen eines Dienstverhältnisses ausgeführt werden (z. B. das Gutachten eines bei einer Universitätsklinik angestellten Assistenzarztes, das als solches der Universitätsklinik ergeht; BFH-Urteil vom 19.4.1956, BStBl. III S. 187).[2)] Vgl. auch das Stichwort „Arzt" unter Nr. 2. ja ja

Eine Leistung im Rahmen des Dienstverhältnisses liegt vor, wenn sie entweder zu den unmittelbaren Dienstaufgaben des Arbeitnehmers gehört oder als freiwillige Nebentätigkeit (für denselben Arbeitgeber) mit diesen Dienstaufgaben in wirtschaftlichem Zusammenhang steht. Die Entscheidung ist nach dem gegebenen Sachverhalt von Fall zu Fall zu treffen; so können z. B. Einnahmen, die ein angestellter Schriftleiter aus freiwilliger schriftstellerischer Tätigkeit für seinen Arbeitgeber erzielt, Einnahmen aus selbstständiger Arbeit sein. Diese Einnahmen sind zwar einkommensteuerpflichtig aber nicht lohnsteuerpflichtig (BFH-Urteil vom 3.3.1955, BStBl. III S. 153). Lohnsteuerpflichtiger Arbeitslohn liegt allerdings vor, wenn dem Arbeitnehmer aus dem Arbeitsverhältnis **Nebenpflichten** obliegen, deren Erfüllung der Arbeitgeber erwarten darf. Das gilt unabhängig davon, ob der Arbeitsvertrag ausdrücklich eine entsprechende Regelung enthält. Beispiele für lohnsteuerpflichtigen Arbeitslohn aus einer Nebentätigkeit: Provisionen an den Arbeitnehmer einer Bank für die Benennung von Immobilieninteressenten, Bankangestellte wird als Hostess bei Veranstaltungen ihres Arbeitgebers tätig. ja ja

Vgl. die Erläuterungen bei den Stichworten „Beamte" unter Nr. 1 und „Nebentätigkeit".

Hundegeld

Die vom Arbeitgeber **ohne Einzelnachweis** der entstandenen Kosten ersetzten Futter- und Pflegekosten gehören zum steuerpflichtigen Arbeitslohn und zum beitragspflichtigen Entgelt. Nach bundeseinheitlicher Verwaltungsanweisung[3)] liegt kein steuerfreier Auslagenersatz vor, wenn der Hund dem Wachmann gehört (auch ein steuerfreies Werkzeuggeld liegt nicht vor, da der Hund kein Werkzeug im Sinne des § 3 Nr. 30 EStG ist, vgl. „Werkzeuggeld"). ja ja

Gehört der Hund nicht dem Arbeitnehmer (sondern z. B. der Bewachungsfirma), liegt dem Grunde nach Auslagenersatz vor. Ein **pauschaler** Auslagenersatz für den im Eigentum der Wachgesellschaft stehenden Wachhund wird ohne Weiteres von der Finanzverwaltung nicht anerkannt, da es sich z. B. bei 3 € täglich (= 1095 € jährlich) nicht mehr um einen geringfügigen Betrag handelt, der ohne Einzelnachweis steuerfrei gelassen werden kann. Wird jedoch für einen **repräsentativen** Zeitraum von **drei Monaten nachgewiesen,** dass das Futter für den Wachhund täglich 3 € kostet, kann das Futtergeld von 3 € täglich so lange als **Auslagenersatz** (vgl. dieses Stichwort) steuer- und beitragsfrei gezahlt werden, bis sich die Verhältnisse wesentlich ändern (R 3.50 Abs. 2 Satz 2 LStR). nein nein

Soweit ein steuerfreier Ersatz durch den Arbeitgeber nicht möglich ist, muss der Wachmann seine Aufwendungen für den Wachhund bei einer Veranlagung zur Einkommensteuer als **Werbungskosten** geltend machen (BFH-Urteil vom 30.6.2010, BStBl. 2011 II S. 45).

1) BMF-Schreiben vom 18.1.2019 (BStBl. I S. 466). Das BMF-Schreiben ist als Anlage 3 zu H 8.1 (7) LStR im **Steuerhandbuch für das Lohnbüro 2021** abgedruckt, das im selben Verlag erschienen ist.

2) Kurzinformation des Finanzministeriums Schleswig-Holstein vom 7.12.2012 (Az.: VI 302 – S 2246 – 25). Die Verwaltungsanweisung ist als Anlage 2 zu H 19.2 LStR im **Steuerhandbuch für das Lohnbüro 2021** abgedruckt, das im selben Verlag erschienen ist.

3) Bundeseinheitlich abgestimmte Regelung; z. B. Erlass des Bayerischen Staatsministeriums der Finanzen vom 11. 7. 1990 Az.: 32 – S 2336 – 4/22 – 28874. Der Erlass ist als Anlage 1 zu H 3.50 LStR im **Steuerhandbuch für das Lohnbüro 2021** abgedruckt, das im selben Verlag erschienen ist.

Lohn-steuer-pflichtig	Sozial-versich.-pflichtig

Hypotax-Zahlungen

Der Begriff „Hypotax“ umschreibt eine **fiktive Steuer** vom Einkommen eines nach Deutschland oder ins Ausland entsandten Arbeitnehmers, die der Arbeitnehmer bei einer Steuerpflicht des Arbeitslohns in seinem Heimatland zu entrichten hätte. Der Arbeitnehmer soll dadurch während seines Auslandsaufenthalts netto das gleiche Gehaltsniveau haben wie bei einer Tätigkeit in seinem Heimatland. Er soll finanziell nicht schlechter, aber auch nicht besser gestellt werden, als wenn er dieselbe Tätigkeit im Heimatland ausgeübt hätte. Dem Arbeitnehmer wird daher vom Arbeitgeber eine fiktive Steuer einbehalten, die sich nach dem Steuersystem seines Heimatlandes berechnet. Im Ergebnis handelt es sich bei der „Hypotax“ um einen Steuerausgleichsmechanismus.

Da die **tatsächliche Steuerbelastung höher oder niedriger** sein kann als die vom Arbeitnehmer gezahlte hypothetische Steuer (= Hypotax), stellt sich die Frage, welche steuerliche Folgerungen sich in diesen Fällen ergeben. Da die hypothetische Steuer nicht tatsächlich zufließt, unterliegt sie auch nicht der Besteuerung. Maßgebend sind stets die tatsächlich anfallenden und vom Arbeitgeber im Tätigkeitsstaat gezahlten Steuern. Hierzu folgende Beispiele:

H

Beispiel A

Ein deutscher Arbeitnehmer wird von seinem Arbeitgeber ins Ausland entsandt; das Besteuerungsrecht für den Arbeitslohn in dieser Zeit steht dem ausländischen Staat zu. Dem Arbeitnehmer ist von seinem Arbeitgeber nach Abzug einer fiktiven deutschen Steuer von 500 € ein monatlicher Nettoarbeitslohn von 3000 € zugesagt worden. Die vom Arbeitgeber für den Arbeitnehmer im Ausland tatsächlich abgeführte Steuer beträgt aber nur 300 €.

Bei Anwendung des Progressionsvorbehalts (vgl. dieses Stichwort) ist von einem monatlichen Arbeitslohn von 3300 € (3000 € plus 300 € tatsächliche Steuerbelastung) auszugehen. Der Betrag der tatsächlichen Steuerbelastung ist zudem erst im Kalenderjahr der Steuerzahlung im Ausland im Rahmen des Progressionsvorbehalts anzusetzen.

Sofern der Arbeitgeber die dem Arbeitnehmer obliegenden steuerlichen Pflichten (z. B. Abgabe der Steuererklärung ggf. einschließlich Steuerberatung) im ausländischen Staat erfüllt, ist hierfür ein weiterer geldwerter Vorteil im Rahmen des Progressionsvorbehalts anzusetzen (vgl. auch das Stichwort „Doppelbesteuerungsabkommen“ unter Nr. 9 Buchstabe l). Zur Übernahme von Steuerberatungskosten siehe auch das Stichwort „Nettolöhne“ unter Nr. 1.

Beispiel B

Wie Beispiel A. Die vom Arbeitgeber für den Arbeitnehmer im Ausland abgeführte Steuer beträgt aber 700 €.

Bei Anwendung des Progressionsvorbehalts (vgl. dieses Stichwort) ist von einem monatlichen Arbeitslohn von 3700 € (Nettoarbeitslohn 3000 € plus tatsächliche ausländische Steuer 700 €) auszugehen. Der Betrag der tatsächlichen Steuerbelastung ist zudem erst im Kalenderjahr der Steuerzahlung im Ausland im Rahmen des Progressionsvorbehalts anzusetzen.

Beispiel C

Ein ausländischer Arbeitnehmer wird von seinem Arbeitgeber nach Deutschland entsandt; das Besteuerungsrecht für den Arbeitslohn in dieser Zeit steht dem deutschen Staat zu. Dem Arbeitnehmer ist von seinem ausländischen Arbeitgeber unter Berücksichtigung einer fiktiven ausländischen Steuer von 500 € ein Nettoarbeitslohn von 3000 € zugesagt worden.

Der Nettoarbeitslohn von 3000 € ist unter Berücksichtigung der tatsächlichen deutschen Steuerbelastung in einen Bruttoarbeitslohn hochzurechnen und im Rahmen der Einkommensteuer-Veranlagung des Arbeitnehmers anzusetzen (vgl. das Stichwort „Nettolöhne“).

Beispiel D

Ein in Deutschland unbeschränkt steuerpflichtiger Arbeitnehmer erhält einen monatlichen Nettolohn von 4000 €. Hiervon sind 1000 € in Deutschland und 3000 € in Frankreich steuerpflichtig.

Der auf Deutschland entfallende Nettolohn von 1000 € ist unter Berücksichtigung der tatsächlichen deutschen Steuerbelastung in einen Bruttoarbeitslohn hochzurechnen (vgl. das Stichwort „Nettolöhne“). Bei Anwendung des Progressionsvorbehalts (vgl. dieses Stichwort) ist der auf Frankreich entfallende Nettolohn von 3000 € zuzüglich der tatsächlich gezahlten französischen Steuer anzusetzen. Dabei ist die tatsächlich gezahlte französische Steuer allerdings erst im Kalenderjahr der Steuerzahlung in Frankreich zu berücksichtigen.

Lohn-steuer-pflichtig	Sozial-versich.-pflichtig

Beispiel E

Ein in Deutschland wohnhafter Arbeitnehmer ist für seinen inländischen Arbeitgeber sowohl im Inland als auch in der Schweiz tätig. Der auf das Inland entfallende Arbeitslohnanteil beträgt brutto 25 000 €. Das DBA-Schweiz weist das Besteuerungsrecht für diesen Arbeitslohnanteil Deutschland zu. Hierauf entfällt eine inländische Steuer von 7000 €. Der auf die Schweiz entfallende Arbeitslohnanteil beträgt brutto 50 000 €. Das Besteuerungsrecht für diesen Arbeitslohnanteil steht der Schweiz zu. Im Inland ist dieser Arbeitslohnanteil unter Progressionsvorbehalt steuerfrei zu stellen. Die in der Schweiz erhobene Steuer beläuft sich auf 7500 €.

Es ist vereinbart, dass der Arbeitgeber die tatsächlich anfallenden Steuern in Deutschland und in der Schweiz übernimmt. Im Gegenzug wird der Bruttoarbeitslohn um eine hypothetische inländische Steuer – sogenannte Hypotax – vermindert, die angefallen wäre, wenn der Arbeitnehmer seine Tätigkeit ausschließlich in Deutschland ausgeübt und somit 75 000 € verdient hätte. Die Hypotax beträgt in diesem Fall 20 000 €.

Die Lohnabrechnung sieht wie folgt aus:

Auszahlungsbetrag Deutschland	25 000 €
Auszahlungsbetrag Schweiz	50 000 €
abzüglich Hypotax	20 000 €
Nettoauszahlungsbetrag	55 000 €
zuzüglich tatsächlich anfallender Steuer in Deutschland	7 000 €
zuzüglich tatsächlich anfallender Steuer in der Schweiz	7 500 €
Arbeitslohn insgesamt	69 500 €

Damit ergibt sich in Deutschland folgende Berechnung des steuerpflichtigen und – unter Progressionsvorbehalt – steuerfrei zu stellenden Arbeitslohns:

Der Nettoauszahlungsbetrag ist im Verhältnis der im Inland steuerpflichtigen zu den im Inland steuerfreien Lohnbestandteilen vor Abzug der Hypotax aufzuteilen. Steuerpflichtig ist somit ein Betrag von 55 000 € × 25 000 €/75 000 € = 18 333 € zuzüglich der im Inland tatsächlich anfallenden Steuer von 7000 € = 25 333 €. Unter Progressionsvorbehalt steuerfrei zu stellen ist ein Betrag von 55 000 € × 50 000 €/75 000 € = 36 667 € zuzüglich der in der Schweiz tatsächlich angefallenen Steuer von 7500 € = 44 167 €.

Abwandlung:

Wie Beispiel E, nur wird der Arbeitnehmer nicht in der Schweiz, sondern in den USA tätig. Die tatsächlich anfallende Steuer in den USA beträgt 15 000 €.

Hier sieht die Lohnabrechnung wie folgt aus:

Auszahlungsbetrag Deutschland	25 000 €
Auszahlungsbetrag USA	50 000 €
abzüglich Hypotax	20 000 €
Nettoauszahlungsbetrag	55 000 €
zuzüglich tatsächlich anfallender Steuer in Deutschland	7 000 €
zuzüglich tatsächlich anfallender Steuer in den USA	15 000 €
Arbeitslohn insgesamt	77 000 €

Der Nettoauszahlungsbetrag ist auch hier im Verhältnis den im Inland steuerpflichtigen zu den im Inland steuerfreien Lohnbestandteilen vor Abzug der Hypotax aufzuteilen. Steuerpflichtig ist somit ein Betrag von 55 000 € × 25 000 €/75 000 € = 18 333 € zuzüglich der im Inland tatsächlich anfallenden Steuer von 7000 € = 25 333 €. Unter Progressionsvorbehalt steuerfrei zu stellen ist ein Betrag von 55 000 € × 50 000 €/75 000 € = 36 667 € zuzüglich der in den USA tatsächlich angefallenen Steuer von 15 000 € = 51 667 €.

Von den vorstehenden Ausführungen und Beispielen zu unterscheiden sind **Treuhandmodelle,** bei denen die Arbeitnehmer freiwillig Beiträge in ein gemeinsames Treuhandvermögen leisten, ohne dass der Arbeitgeber eine Zuschuss- oder Insolvenzpflicht hat und aus diesem Treuhandvermögen die ausländischen Steuern beglichen werden. In diesen Fällen gelten die in das gemeinsame Treuhandvermögen (sog. Steuertopf) von den Arbeitnehmern eingebrachten Beträge, die aus dem geschuldeten Arbeitslohn finanziert werden, als sog. Einkommensverwendung. Denn der Arbeitnehmer hat mit der Einbringung der Beträge Rechtsansprüche gegenüber einem fremden Dritten (Treuhandvermögen) erworben. Damit führen die eingebrachten Beträge nicht zu einer Minderung des Bruttoarbeitslohnes. Die Aufteilung des ungekürzten Bruttoarbeitslohnes in einen steuerpflichtigen und steuerfreien Teil erfolgt nach allgemeinen Grundsätzen. Im Gegenzug bewirkt die Finanzierung der anfallenden Steuer im Aus-

Lohnsteuerpflichtig | Sozialversich.-pflichtig

land oder in Deutschland aus dem Treuhandvermögen keinen Zufluss von Arbeitslohn.

Vgl. auch die Erläuterungen beim Stichwort „Nettolöhne".

Impfung

Aufwendungen des Arbeitgebers zugunsten seiner Arbeitnehmer für **Schutzimpfungen,** die von der ständigen Impfkommission empfohlen werden, führen u.E. als Leistungen im ganz überwiegenden eigenbetrieblichen Interesse des Arbeitgebers nicht zu Arbeitslohn. Dies gilt z. B. für die Grippeschutzimpfung (Influenza) und FSME. Es fehlt in solchen Fällen auch an einer Bereicherung der Arbeitnehmer, da die Kosten für derartige Impfungen regelmäßig von den Krankenkassen übernommen werden. nein nein

Die Übernahme der Kosten durch den Arbeitgeber für erforderliche, nicht rein vorbeugende Impfungen im Zusammenhang mit einer beruflich veranlassten **Auswärtstätigkeit** des Arbeitnehmers im Ausland ist u.E. **steuerfreier Reisekostenersatz.** Dies gilt u.E. auch für die Kosten einer Malariaprophylaxe durch Medikamente (vgl. Anhang 4 „Reisekosten bei Auswärtstätigkeiten" besonders unter Nr. 13). nein nein

Incentive-Reisen

Nach Auffassung der Finanzverwaltung liegt eine Incentive-Reise in Abgrenzung zu einer Incentive-Maßnahme vor, wenn es sich um eine mehrtägige Veranstaltung handelt, die **mindestens eine Übernachtung** umfasst.[1] Diese Voraussetzung ist nicht erfüllt, wenn die Teilnehmer nach Ende einer eintägigen Veranstaltung vor Ort übernachten und die hierfür entstehenden Aufwendungen selbst tragen. Die Unterscheidung ist deswegen von Bedeutung, weil bei einer Incentive-Reise die Aufwendungen für eine geschäftlich veranlasste Bewirtung (Betriebsausgabenabzug 70 %) in die Bemessungsgrundlage für die Pauschalierung nach § 37b EStG mit 30 % einbezogen werden (vgl. das Stichwort „Pauschalierung der Lohnsteuer für Belohnungsessen, Incentive-Reisen, VIP-Logen und ähnliche Sachbezüge" unter Nr. 5), während bei Incentive-Maßnahmen der Bewirtungsanteil in der Regel aus der Bemessungsgrundlage für diese Pauschalierungsvorschrift herausgerechnet werden kann. Eine Incentive-Maßnahme wäre z. B. eine eintägige Musik- oder Sportveranstaltung mit Bewirtung der Teilnehmer. Vgl. hierzu das Stichwort „Pauschalierung der Lohnsteuer für Belohnungsessen, Incentive-Reisen, VIP-Logen und ähnliche Sachbezüge" unter Nr. 4 zur Behandlung der Aufwendungen einschließlich Bewirtung für eine VIP-Loge.

Beispiel

Die Abteilungsleiter des Unternehmens A besuchen im Oktober 2020 als Belohnung für die im laufenden Jahr erbrachte Arbeitsleistung das Oktoberfest in München. Die Anreise erfolgt am Freitagmorgen per Flugzeug, nachmittags wird das Oktoberfest besucht. Die Übernachtung findet in einem Münchener Hotel statt. Am Samstag sehen sich die Teilnehmer noch ein Bundesligaspiel an und fliegen anschließend zurück. Im Rahmen der Pauschalierung nach § 37b Abs. 2 EStG hat das Unternehmen die auf die Bewirtung entfallenden Kosten nicht in die Bemessungsgrundlage aufgenommen.

Es liegen die Voraussetzungen einer Incentive-Reise (Belohnungscharakter sowie Veranstaltung mit mindestens einer Übernachtung) vor. Der geldwerte Vorteil bei Teilnahme an einer Incentive-Reise ist – abweichend zu einer Tagesveranstaltung mit Incentive-Charakter – steuerlich in seiner Gesamtheit zu beurteilen. Der auf die Verpflegung entfallende Anteil der Gesamtaufwendungen ist in die Bemessungsgrundlage des § 37b EStG einzubeziehen.

Der **Bundesfinanzhof** hat zu einer **Außendienstmitarbeitertagung** im Ausland entschieden, dass kein Arbeitslohn vorliegt, soweit die Reise im ganz überwiegenden eigenbetrieblichen Interesse des Arbeitgebers durchgeführt wird. Ist die Reise „gemischt veranlasst" (weil sie z. B. auch touristische Programmpunkte beinhaltet, die als Arbeitslohn anzusehen sind), ist eine **Aufteilung** der Kosten anhand der beruflichen und privaten Zeitanteile vorzunehmen (BFH-Urteil vom 18.8.2005, BStBl. 2006 II S. 30). Auf die ausführlichen Erläuterungen zu Reisekosten bei Auswärtstätigkeiten in Anhang 4 unter Nr. 2 Buchstabe d auf Seite 1130 wird Bezug genommen. Die Finanzverwaltung wendet das Urteil auch bei Incentive-Reisen an und hat dies in den Hinweisen zu den Lohnsteuer-Richtlinien ausdrücklich klargestellt (H 19.7 LStR, Stichwort „Incentive-Reisen"). Kommt eine Aufteilung in Arbeitslohn und Zuwendungen im ganz überwiegenden eigenbetrieblichen Interesse des Arbeitgebers nicht in Betracht sind die Regelungen im BMF-Schreiben vom 14.10.1996 (BStBl. I S. 1192)[2] weiter anzuwenden. Hiernach gilt Folgendes:

Veranstaltet der Arbeitgeber sog. Incentive-Reisen, um bestimmte Arbeitnehmer für besondere Leistungen zu **belohnen** und zu weiteren Leistungssteigerungen zu motivieren, erhalten die Arbeitnehmer damit einen **steuerpflichtigen geldwerten Vorteil,** wenn auf den Reisen ein **Besichtigungsprogramm angeboten** wird, das einschlägigen Touristikreisen entspricht und der berufliche Erfahrungsaustausch zwischen den Arbeitnehmern demgegenüber zurücktritt (BFH-Urteil vom 9.3.1990, BStBl. II S. 711). Der Wert der Reise (grundsätzlich der übliche Endpreis am Abgabeort) gehört zum steuer- und beitragspflichtigen Arbeitslohn. Das gilt auch für den Teil der Aufwendungen, der auf die Bewirtung entfällt. ja ja

Das Gleiche gilt, wenn die **Zuwendung durch einen Dritten** erfolgt, z. B. wenn ein Automobilhersteller dem Autoverkäufer eines Autohauses als Belohnung für Vertragsabschlüsse eine solche Reise finanziert. Es handelt sich dann um eine Lohnzahlung durch einen Dritten; das Autohaus muss als Arbeitgeber den Wert der Reise dem Lohnsteuerabzug unterwerfen (vgl. das Stichwort „Lohnzahlung durch Dritte"). ja ja

Ein geldwerter Vorteil entsteht ausnahmsweise dann nicht, wenn die **Betreuungsaufgaben** das Eigeninteresse des Arbeitnehmers an der Teilnahme des touristischen Programms in den Hintergrund treten lassen (BFH-Urteil vom 5.9.2006, BStBl. 2007 II S. 312). Ein zu Arbeitslohn führendes erhebliches Eigeninteresse des Arbeitnehmers liegt aber bereits dann vor, wenn er von seinem Ehepartner oder Lebenspartner begleitet wird und nicht für die organisatorische Durchführung der Reise, sondern lediglich für die Betreuung der Gäste verantwortlich ist (BFH-Urteil vom 25.3.1993, BStBl. II S. 639). ja ja

Die vorstehenden Grundsätze gelten auch dann, wenn die Aufwendungen für die Incentive-Reise beim Arbeitgeber (ausnahmsweise) einem Betriebsausgabenabzugsverbot (z. B. § 4 Abs. 5 Satz 1 Nr. 10 EStG) unterliegen.[3]

Der Wert der Reise (hier = Bruttoaufwand des Arbeitgebers – bei einer Incentive-Reise einschließlich der Aufwendungen, die auf die Bewirtung entfallen –; § 37b Abs. 2 i. V. m. Abs. 1 EStG) kann **pauschal mit 30 % besteuert** werden, wenn die für den jeweiligen Empfänger geltende Pauschalierungsgrenze von 10 000 € nicht überschritten wird (vgl. die Erläuterungen beim Stichwort „Pauschalierung der Lohnsteuer für Belohnungsessen, Incentive-Rei-

1) Randnummer 10 des BMF-Schreibens vom 19.5.2015 (BStBl. I S. 468), geändert durch BMF-Schreiben vom 28.6.2018 (BStBl. I S. 814). Das BMF-Schreiben ist als Anlage 1 zu H 37b LStR im **Steuerhandbuch für das Lohnbüro 2021** abgedruckt, das im selben Verlag erschienen ist.

2) Das BMF-Schreiben ist als Anlage 2 zu H 19.7 LStR im **Steuerhandbuch für das Lohnbüro 2021** abgedruckt, das im selben Verlag erschienen ist.

3) Verfügung der Oberfinanzdirektionen Münster und Rheinland vom 28.1.2011 (Az.: S 2144 – 50 – St 12-33 Ms und S 2145 – 2009/0009 – St 14 Rhld). Die Verfügung ist als Anlage 4 zu H 19.7 LStR im **Steuerhandbuch für das Lohnbüro 2021** abgedruckt, das im selben Verlag erschienen ist.

Lohnsteuerpflichtig | Sozialversich.-pflichtig

sen, VIP-Logen und ähnliche Sachbezüge“ unter Nr. 5 auf Seite 768).

Zur umsatzsteuerlichen Behandlung von Incentive-Reisen vgl. das Stichwort „Umsatzsteuerpflicht bei Sachbezügen“ unter Nr. 14.

Infektionsschutzgesetz

Entschädigungen für Verdienstausfall nach dem Infektionsschutzgesetz sind steuerfrei (§ 3 Nr. 25 EStG). nein nein

Die Entschädigungen unterliegen jedoch dem Progressionsvorbehalt (vgl. dieses Stichwort). Sie sind deshalb im Lohnkonto und in der (elektronischen) Lohnsteuerbescheinigung gesondert zu vermerken (vgl. „Lohnkonto“ und „Lohnsteuerbescheinigung“). Der Arbeitgeber darf für den Arbeitnehmer keinen Lohnsteuer-Jahresausgleich durchführen, wenn der Arbeitnehmer zu irgendeinem Zeitpunkt im Kalenderjahr Entschädigungen für Verdienstausfall nach dem Infektionsschutzgesetz bezogen hat. Auch der sog. Permanente Lohnsteuer-Jahresausgleich (vgl. dieses Stichwort) ist nicht zulässig.

Inkassogebühren

Die Inkassogebühren der nebenberuflichen Inkassoagenten von Versicherungsgesellschaften usw. sind nach der Rechtsprechung des Bundesfinanzhofs im BStBl. 1962 III S. 125 kein Arbeitslohn, da die nebenberuflichen Inkassoagenten nicht als Arbeitnehmer angesehen werden (vgl. „Beitragskassierer“). Die Inkassogebühren sind aber einkommensteuerpflichtig und im Wege einer Veranlagung steuerlich zu erfassen. nein nein

Die Inkassoprämien der als Arbeitnehmer tätigen Auslieferungsfahrer gehören dagegen zum Arbeitslohn. ja ja

Influencer

Wird die Tätigkeit als Influencer mit Einkunftserzielungsabsicht betrieben, liegen i. d. R. Einkünfte aus Gewerbebetrieb oder selbstständiger Arbeit vor. Einnahmen aus dem Marketing oder aus der Werbung führen zu gewerblichen Einkünften. nein nein

Beschäftigt der Influencer Mitarbeiter als Arbeitnehmer, hat er die lohnsteuerlichen Arbeitgeberpflichten zu erfüllen.

Insassen-Unfallversicherung

siehe „Autoinsassen-Unfallversicherung“

Insolvenzgeld

Bei Zahlungsunfähigkeit seines Arbeitgebers hat der Arbeitnehmer Anspruch auf Ersatz des Arbeitslohnes, den ihm der Arbeitgeber für die letzten **drei Monate** vor Eröffnung des Insolvenzverfahrens noch schuldet. Dieses sog. Insolvenzgeld wird auf Antrag von der Agentur für Arbeit in Höhe der **Nettobezüge** gezahlt, die der Arbeitnehmer für die letzten drei Monate vor Eröffnung des Insolvenzverfahrens noch zu beanspruchen hat. Übersteigt das Arbeitsentgelt die monatliche Beitragsbemessungsgrenze in der allgemeinen Rentenversicherung, ist „Nettoarbeitsgelt“ die Differenz zwischen der Beitragsbemessungsgrenze und der hierauf entfallenden gesetzlichen Abzüge (§ 167 Abs. 1 SGB III). Das Insolvenzgeld wird auch gezahlt, wenn der Antrag auf Eröffnung des Insolvenzverfahrens mangels Masse gar nicht gestellt oder abgelehnt wird (§ 165 SGB III).

Das Insolvenzgeld ist zwar **steuerfrei** nach § 3 Nr. 2 Buchstabe b EStG, es unterliegt jedoch dem sog. Progressionsvorbehalt (vgl. dieses Stichwort).

Die Bundesagentur für Arbeit ist nach § 32b Abs. 3 EStG verpflichtet, das gezahlte Insolvenzgeld der Finanzverwaltung bis Ende Februar des auf die Zahlung folgenden Kalenderjahres elektronisch zu übermitteln, damit das Finanzamt das Insolvenzgeld beim Progressionsvorbehalt im Rahmen einer Veranlagung des Arbeitnehmers zur Einkommensteuer berücksichtigen kann. Dies geschieht automatisch, wenn der Arbeitnehmer in seiner Einkommensteuererklärung keine davon abweichenden Angaben macht (§ 150 Abs. 7 AO).

Zahlungen von Arbeitslohn durch den Insolvenzverwalter an die Agentur für Arbeit wegen des gesetzlichen Forderungsübergangs nach § 169 Satz 1 SGB III und an die Einzugsstelle der Sozialversicherungsbeiträge nach § 175 Abs. 2 SGB III sind ebenfalls nach § 3 Nr. 2 Buchstabe b EStG steuerfrei. In diesen Fällen liegt bei der Ausschüttung von Masseverbindlichkeiten gemäß § 55 Abs. 1 Nr. 2 InsO (u. a. Zahlungen an freigestellte Arbeitnehmer bis zum Ablauf der Kündigungsfrist) steuerpflichtiger Arbeitslohn in Höhe der Differenz zwischen dem (erfüllten) Arbeitslohnanspruch und den an die Bundesagentur für Arbeit geleisteten Rückzahlungen des vom Arbeitnehmer bezogenen Arbeitslosengeldes vor.[1]

Soweit der Arbeitnehmer geldwerte Vorteile (z. B. Firmenwagen) oder Teilarbeitslohn für den Zeitraum der Insolvenzgeldzahlungen tatsächlich erhalten hat, greift die Steuerbefreiung des § 3 Nr. 2 Buchstabe b EStG nicht. Für diesen Arbeitslohn ist eine Lohnversteuerung vorzunehmen. ja ja

In den Fällen des § 170 Abs. 1 i. V. m. Abs. 4 SGB III (= Übertragung der Ansprüche auf Arbeitsentgelt durch den Arbeitnehmer auf einen Dritten – z. B. ein Kreditinstitut –) ist Empfänger des an diesen Dritten ausgezahlten Insolvenzgeldes der Arbeitnehmer, der seinen Arbeitsentgeltanspruch übertragen hat (§ 32b Abs. 3 Satz 3 EStG). Der Bundesfinanzhof hat entschieden, dass dem Arbeitnehmer die für die Übertragung des Arbeitsentgeltanspruchs von dem Dritten gewährten Entgelte bereits **im Zeitpunkt der Auszahlung der vorfinanzierten Beträge zugeflossen** sind und bereits in diesem Kalenderjahr dem Progressionsvorbehalt unterliegen (BFH-Urteil vom 1.3.2012, BStBl. II S. 596). Aus Vereinfachungsgründen gilt die Zahlung des Dritten für einen bestimmten Lohnabrechnungszeitraum innerhalb dieses Zeitraums als zugeflossen (= Zuflussfiktion).

Beispiel

Wegen wirtschaftlicher Schwierigkeiten des Arbeitgebers übernimmt ein Kreditinstitut die Vorfinanzierung der Arbeitslöhne. Es schließt hierzu einen Forderungskaufvertrag über die Arbeitslohnforderungen des Arbeitnehmers A und zahlt noch im Jahr 2021 einen Betrag von 3000 € an den Arbeitnehmer aus. Die Agentur für Arbeit bewilligt im Februar 2022 ein Insolvenzgeld in Höhe von 4000 €. Von diesem Betrag werden 3000 € an das Kreditinstitut und 1000 € an den Arbeitnehmer überwiesen.

Dem Arbeitnehmer ist im Kalenderjahr 2021 ein Insolvenzgeld in Höhe von 3000 € und im Kalenderjahr 2022 in Höhe von 1000 € zugeflossen. Die Beträge sind steuerfrei, unterliegen aber in dieser Höhe in dem jeweiligen Kalenderjahr dem Progressionsvorbehalt.

Ein Arbeitnehmer kann die **Entfernungspauschale** für Fahrten zwischen Wohnung und erster Tätigkeitsstätte auch für den Zeitraum geltend machen, für den er steuerfreies Insolvenzgeld erhält (BFH-Urteil vom 23.11.2000, BStBl. 2001 II S. 199 zum Konkursausfallgeld). Es besteht

1) Verfügung der OFD Hannover vom 20.3.2008 (Az.: S 2342 – 157 – StO 213). Die Verfügung ist als Anlage zu H 3.2 LStR im **Steuerhandbuch für das Lohnbüro 2021** abgedruckt, das im selben Verlag erschienen ist.

Lohn- steuer- pflichtig | Sozial- versich.- pflichtig

kein unmittelbarer wirtschaftlicher Zusammenhang zwischen diesen Aufwendungen und dem Insolvenzgeld.

Zu Lohnnachzahlungen des Arbeitgebers unmittelbar an die Arbeitsverwaltung aufgrund eines gesetzlichen Forderungsübergangs außerhalb eines Insolvenzverfahrens vgl. die Stichworte „Arbeitslohn für mehrere Jahre“ und „Forderungsübergang“.

Siehe außerdem die Stichworte „Insolvenzgeldumlage“, „Insolvenzsicherung“ und „Insolvenzverwalter“.

Insolvenzgeldumlage

Neues auf einen Blick:

Der Umlagesatz beträgt im Kalenderjahr 2021 0,12 %.

Gliederung:

1. Allgemeines
2. Umlagepflichtige Arbeitgeber
3. Nicht umlagepflichtige Arbeitgeber
4. Bemessungsgrundlagen
   a) Umlagesatz
   b) Umlagepflichtiges Arbeitsentgelt
      aa) Leistungen des Arbeitgebers während des Bezugs von Entgeltersatzleistungen
      bb) Geringfügige Beschäftigungen und Beschäftigungen im Übergangsbereich nach § 20 Abs. 2 SGB IV
      cc) Bezieher von Kurzarbeitergeld, Saisonkurzarbeitergeld und Transferkurzarbeitergeld
      dd) Ehrenamtliche Tätigkeiten
      ee) Einrichtungen der Jugendhilfe
      ff) Werkstätten für behinderte Menschen
      gg) Assistenzkräfte von behinderten Menschen
      hh) Praktikanten
      ii) Duale Studiengänge
      jj) Vorstandsmitglieder einer Aktiengesellschaft
      kk) Personen im freiwilligen sozialen oder ökologischen Jahr
      ll) Ausländische Saisonarbeitskräfte
      mm) Einstrahlung und Ausstrahlung
      nn) Altersteilzeitarbeitsverhältnisse und sonstige flexible Arbeitszeitverhältnisse
      oo) Sonntags-, Feiertags- und Nachtarbeitszuschläge
   c) Berücksichtigung der Beitragsbemessungsgrenze der Rentenversicherung
   d) Berechnung der Umlage
   e) Einmalig gezahltes Arbeitsentgelt
   f) März-Klausel
   g) Nachweis der Umlage
5. Einzug und Weiterleitung der Umlage
   a) Zuständigkeiten
   b) Feststellung der Teilnahme am Umlageverfahren

1. Allgemeines

Mit Artikel 3 des Gesetzes zur Modernisierung der gesetzlichen Unfallversicherung (Unfallversicherungsmodernisierungsgesetz – UVMG) vom 30. Oktober 2008 (BGBl. I S. 2130) wurde der Einzug der Umlage für das Insolvenzgeld von den Unfallversicherungsträgern auf die Einzugsstellen übertragen. Seit dem 1. Januar 2009 wird die Insolvenzgeldumlage durch die Einzugsstellen mit dem Gesamtsozialversicherungsbeitrag eingezogen und an die Bundesagentur für Arbeit (BA) weitergeleitet.

Die für den Gesamtsozialversicherungsbeitrag geltenden Vorschriften des Vierten Buches Sozialgesetzbuch (SGB IV) finden für den Einzug der Umlage entsprechende Anwendung. Das Meldeverfahren nach der Datenerfassungs- und -übermittlungsverordnung (DEÜV) wird durch den Einzug der Umlage durch die Einzugsstellen nicht tangiert. Insbesondere wird im Meldeverfahren keine neue

Lohn- steuer- pflichtig | Sozial- versich.- pflichtig

Beitragsgruppe für die Insolvenzgeldumlage eingeführt. Im Beitragsnachweisdatensatz ist die Insolvenzgeldumlage mit der Beitragsgruppe 0050 zu berücksichtigen. Die Umlage für das Insolvenzgeld zählt nicht zu den erstattungsfähigen Aufwendungen im Sinne des § 1 Aufwendungsausgleichsgesetz (AAG).

2. Umlagepflichtige Arbeitgeber

Die Mittel für die Zahlung des Insolvenzgeldes werden nach § 358 Abs. 1 SGB III durch eine monatliche Umlage von den Arbeitgebern aufgebracht. Die alleinige Aufbringung der Umlage durch die Arbeitgeber ist verfassungsgemäß (Entscheidung des BVerfG vom 18. September 1978 – 1 BvR 638/78 – SozR 4100 § 186b Nr. 2). Für die Umlagepflicht ist die Größe, Branche und Ertragslage des Betriebes unmaßgeblich. Bei Fortführung eines Betriebes durch den Insolvenzverwalter nach Eröffnung des Insolvenzverfahrens kann der Betrieb jedoch nicht mehr zur Umlage herangezogen werden (Urteil des BSG vom 31. Mai 1978 – 12 RAr 57/77 – SozR 4100 § 186c Nr. 2).

Grundsätzlich sind also alle Arbeitgeber umlagepflichtig.

Zu den umlagepflichtigen Arbeitgebern gehören z. B. auch Ärzte und Zahnärztekammern. Hinsichtlich der Rechtsanwaltskammern vertritt die DRV die Auffassung, dass diese nicht insolvenzfähig sind und daher nicht zu den umlagepflichtigen Arbeitgebern gehören.

Da aufgrund landesrechtlicher Regelungen in allen 16 Bundesländern die Insolvenzfähigkeit der Industrie- und Handelskammern ausgeschlossen ist, besteht für diese keine Umlagepflicht.

Für Kreishandwerkerschaften und Innungen als Körperschaften des öffentlichen Rechts besteht Umlagepflicht, da für diese Einrichtungen die Insolvenzfähigkeit gegeben ist. Sind Wasser- und Abwasserverbände als Körperschaften des öffentlichen Rechts aufgestellt, muss in diesen Fällen die Insolvenzfähigkeit geprüft werden.

3. Nicht umlagepflichtige Arbeitgeber

Arbeitgeber der öffentlichen Hand bleiben von der Zahlung der Umlage ausgenommen. Als Arbeitgeber der öffentlichen Hand gelten insbesondere

a) der Bund, die Länder und die Gemeinden,
b) Körperschaften, Stiftungen und Anstalten des öffentlichen Rechts, über deren Vermögen ein Insolvenzverfahren nicht zulässig ist,
c) juristische Personen des öffentlichen Rechts, bei denen der Bund, ein Land oder eine Gemeinde kraft Gesetzes die Zahlungsfähigkeit sichert,
d) als Körperschaften des öffentlichen Rechts organisierte Religionsgemeinschaften und ihre gleiche Rechtsstellung genießende Untergliederungen (ergibt sich unmittelbar aus Art. 140 Grundgesetz i. V. m. Art. 137 Abs. 3, 5 und 6 Weimarer Verfassung),
e) öffentlich-rechtliche Rundfunkanstalten nach Art. 5 Abs. 1 S. 2 GG.

Private Haushalte sind ebenfalls von der Zahlung der Umlage ausgenommen. Als Privathaushalte kommen nur natürliche Personen in Betracht. Beschäftigungen in privaten Haushalten, die durch Dienstleistungsagenturen oder andere Unternehmen begründet sind, sind nicht von der Umlagepflicht befreit. Dies gilt auch für Beschäftigungsverhältnisse, die mit Hausverwaltungen geschlossen werden. Botschaften und Konsulate ausländischer Staaten in der Bundesrepublik Deutschland gehören nicht zu den von der Insolvenzgeldumlage erfassten Betrieben.

Juristische Personen des Privatrechts sind unabhängig von ihrer Rechtsform umlagepflichtig.

Die Gemeinnützigkeit einer solchen juristischen Person des Privatrechts führt nicht dazu, dass sie von einer Umlagepflicht befreit ist.

Lohn-steuer-pflichtig | Sozial-versich.-pflichtig

Die als GmbH gegründeten Tochterfirmen öffentlich-rechtlicher Rundfunkanstalten sind ebenfalls als juristische Personen des Privatrechts zu sehen und daher umlagepflichtige Arbeitgeber.

Kassenärztliche Vereinigungen und Kassenzahnärztliche Vereinigungen sind Körperschaften des öffentlichen Rechts. Da sie der Aufsicht des für ihren räumlichen Bereich zuständigen Landesgesundheitsministeriums unterstehen, müssen hier im Einzelfall landesrechtliche Regelungen geprüft werden, ob ein Insolvenzverfahren über das Vermögen der jeweiligen Kassenärztlichen Vereinigungen zulässig ist. Dementsprechend gelten die Grundsätze der §§ 11, 12 InsO.

4. Bemessungsgrundlagen

a) Umlagesatz

Nach § 358 Abs. 2 SGB III ist die Umlage nach einem Prozentsatz des Arbeitsentgelts (Umlagesatz) zu erheben. Nach § 360 SGB III beträgt der Umlagesatz vom 1.1.2021 bis 31.12.2021 0,12 %.

b) Umlagepflichtiges Arbeitsentgelt

Für die Umlage ist nach § 358 Abs. 2 SGB III Bemessungsgrundlage das Arbeitsentgelt, nach dem die Beiträge zur gesetzlichen Rentenversicherung der im Betrieb beschäftigten Arbeitnehmer und Auszubildenden bemessen werden oder bei Versicherungspflicht in der gesetzlichen Rentenversicherung zu bemessen wären. Die Kopplung an die Bemessungsgrundlage für die Rentenversicherungsbeiträge bedeutet, dass für die Berechnung der Umlage nur solche Bezüge herangezogen werden können, die laufendes oder einmalig gezahltes Arbeitsentgelt im Sinne der Sozialversicherung darstellen. Vergütungen, die nicht zum Arbeitsentgelt im Sinne der Sozialversicherung gehören, bleiben mithin bei der Bemessung der Umlage außer Ansatz. Bei rentenversicherungsfreien oder von der Rentenversicherungspflicht befreiten Arbeitnehmern (z. B. aufgrund der Mitgliedschaft in einem berufsständischen Versorgungswerk oder nicht deutsche Besatzungsmitglieder deutscher Seeschiffe) ist das Arbeitsentgelt maßgebend, nach dem die Rentenversicherungsbeiträge im Falle des Bestehens von Rentenversicherungspflicht zu berechnen wären. Das Arbeitsentgelt der in der Landwirtschaft Beschäftigten (einschließlich der rentenversicherungspflichtigen mitarbeitenden Familienangehörigen von landwirtschaftlichen Unternehmern) und die Vergütung von Heimarbeitern werden für die Berechnung der Umlage herangezogen, jedoch nicht das Vorruhestandsgeld und die Vergütung der Hausgewerbetreibenden.

Im Übrigen unterliegt auch das nach dem Entgeltfortzahlungsgesetz (EFZG) sowie das aufgrund arbeitsvertraglicher oder tarifvertraglicher Regelungen an arbeitsunfähige Arbeitnehmer fortgezahlte Arbeitsentgelt der Umlagepflicht.

Von der Umlagepflicht wird auch das Arbeitsentgelt von beschäftigten Erwerbsunfähigkeitsrentnern, Erwerbsminderungsrentnern, Altersrentnern und Personen während der Elternzeit, erfasst.

Die Bezüge der in § 5 Abs. 1 Nr. 1 SGB VI genannten Personen (u. a. Beamte, insichbeurlaubte Beamte, Richter, Soldaten auf Zeit und Berufssoldaten) werden bei der Berechnung der Umlage nicht berücksichtigt, sofern die Entgelte aus der zur Rentenversicherungsfreiheit führenden Beschäftigung erzielt werden. Dagegen ist beispielsweise das Arbeitsentgelt, das ein Beamter in einer Nebentätigkeit in der Privatwirtschaft erhält, umlagepflichtig. Entscheidend für die Umlagepflicht von Körperschaften des öffentlichen Rechts ist die Insolvenzfähigkeit der Körperschaft.

Bei Mehrfachbeschäftigten ist § 22 Abs. 2 SGB IV bezüglich der anteiligen Berücksichtigung mehrerer beitragspflichtiger Einnahmen entsprechend anzuwenden unabhängig davon, ob für alle Arbeitgeber Umlagepflicht besteht. Die versicherungsfreie geringfügige Beschäftigung bei einem Arbeitgeber und die versicherungspflichtige Beschäftigung bei einem anderen Arbeitgeber führt nicht zur Zusammenrechnung beider Arbeitsentgelte, da nicht beitragspflichtige Einnahmen aus einem Versicherungsverhältnis mit beitragspflichtigen Einnahmen eines anderen Versicherungsverhältnisses zusammentreffen.

aa) Leistungen des Arbeitgebers während des Bezugs von Entgeltersatzleistungen

Zuschüsse des Arbeitgebers zum Krankengeld, Verletztengeld, Übergangsgeld oder Krankentagegeld und sonstige Einnahmen aus einer Beschäftigung, die für die Zeit des Bezuges von Krankengeld, Krankentagegeld, Versorgungskrankengeld, Verletztengeld, Übergangsgeld, Mutterschaftsgeld, Erziehungsgeld oder Elterngeld weiter erzielt werden, gelten nach § 23c SGB IV nicht als beitragspflichtiges Arbeitsentgelt, wenn die Einnahmen zusammen mit den genannten Sozialleistungen das Nettoarbeitsentgelt (§ 47 SGB V) nicht um mehr als 50 Euro monatlich übersteigen. Soweit hiernach beitragspflichtige Einnahmen vorliegen, sind diese ebenfalls umlagepflichtig.

bb) Geringfügige Beschäftigungen und Beschäftigungen im Übergangsbereich nach § 20 Abs. 2 SGB IV

Für geringfügig entlohnte Beschäftigungen (§ 8 Abs. 1 Nr. 1 SGB IV) und kurzfristige Beschäftigungen (§ 8 Abs. 1 Nr. 2 SGB IV) ist für die Berechnung der Insolvenzgeldumlage das Arbeitsentgelt maßgebend, nach dem die Rentenversicherungsbeiträge zu bemessen sind oder im Falle des Bestehens von Rentenversicherungsfreiheit zu bemessen wären. Maßgebend ist somit das tatsächliche Arbeitsentgelt im Sinne von § 14 SGB IV, also bei schwankendem Arbeitsentgelt im Rahmen einer geringfügig entlohnten Beschäftigung auch der die 450-Euro-Grenze überschreitende Betrag.

Für Arbeitnehmer, die eine versicherungspflichtige Beschäftigung mit einem Arbeitsentgelt innerhalb des Übergangsbereichs (Arbeitsentgelt von 450,01 bis 1300,00 € im Monat) ausüben, gelten besondere Regelungen für die Ermittlung der Beitragsbemessungsgrundlage. In der Rentenversicherung ist bei Beschäftigungen im Übergangsbereich der nach den speziellen Vorschriften errechnete Betrag Beitragsbemessungsgrundlage. Dieser Betrag ist zugleich als umlagepflichtiges Arbeitsentgelt zu berücksichtigen.

cc) Bezieher von Kurzarbeitergeld, Saisonkurzarbeitergeld und Transferkurzarbeitergeld

Für Bezieher von Kurzarbeitergeld, Saisonkurzarbeitergeld und Transferkurzarbeitergeld (§ 358 Abs. 2 Satz 2 SGB III) ist der Berechnung der Umlage nur das tatsächlich erzielte Arbeitsentgelt bis zur Beitragsbemessungsgrenze in der gesetzlichen Rentenversicherung und nicht das fiktive Arbeitsentgelt zugrunde zu legen.

Für die Berechnung der Beiträge zur Rentenversicherung wird Mehrarbeitsvergütung oder einmalig gezahltes Arbeitsentgelt während des Bezugs von Kurzarbeitergeld nur insoweit berücksichtigt, als die anteilige Jahresbeitragsbemessungsgrenze noch nicht durch laufendes und fiktives Arbeitsentgelt ausgeschöpft ist. Da das fiktive Arbeitsentgelt für die Berechnung der Umlage unberücksichtigt bleibt, wird die Mehrarbeitsvergütung oder das einmalig gezahlte Arbeitsentgelt gegebenenfalls in stärkerem Maße in die Berechnung der Umlage einbezogen.

Lohn- steuer- pflichtig | Sozial- versich.- pflichtig

dd) Ehrenamtliche Tätigkeiten

Bei den in § 163 Abs. 3 und 4 SGB VI genannten Arbeitnehmern, die ehrenamtlich tätig sind, ist die Umlage nur aus dem tatsächlich erzielten Arbeitsentgelt und nicht aus dem fiktiven Arbeitsentgelt zu berechnen.

ee) Einrichtungen der Jugendhilfe

Bei Personen, die in Einrichtungen der Jugendhilfe für eine Erwerbstätigkeit befähigt werden sollen, unterliegt nur das tatsächlich erzielte Arbeitsentgelt der Umlagepflicht. Das fiktive Arbeitsentgelt wird hier nicht für die Umlageberechnung herangezogen.

ff) Werkstätten für behinderte Menschen

Bei der Berechnung der Umlage sind die Arbeitsentgelte des in den nachstehend genannten Einrichtungen beschäftigten Personals zu berücksichtigen sowie die Arbeitsentgelte von behinderten Menschen, die als Arbeitnehmer beschäftigt sind. Indiz hierfür ist ein vorliegender Arbeitsvertrag.

Die Arbeitsentgelte behinderter Menschen in anerkannten Werkstätten für behinderte Menschen, in anerkannten Blindenwerkstätten, Anstalten, Heimen oder gleichartigen Einrichtungen sind dann nicht bei der Insolvenzgeldumlage zu berücksichtigen, wenn keine Beschäftigung (z. B. mit Arbeitsvertrag), sondern lediglich ein „arbeitnehmerähnliches" Rechtsverhältnis vorliegt.

gg) Assistenzkräfte von behinderten Menschen

Soweit eine Assistenzkraft zeitlich überwiegend außerhalb des privaten Haushalts von einem behinderten Menschen mehr als geringfügig beschäftigt wird, unterliegt das erzielte Arbeitsentgelt der Umlagepflicht unabhängig davon aus welchen Mitteln die Refinanzierung erfolgt.

hh) Praktikanten

Praktikanten und zur Berufsausbildung Beschäftigte gehören grundsätzlich zu den Arbeitnehmern im Sinne der Sozialversicherung. Wird ihnen tatsächlich kein Arbeitsentgelt gezahlt, werden auch keine Umlagebeträge fällig. Wird im Rahmen eines Studiums ein Praktikum durchgeführt, für das Arbeitsentgelt gezahlt wird, sind Umlagebeträge zur Insolvenzgeldumlage zu entrichten.

ii) Duale Studiengänge

Studierende während eines sogenannten praxisintegrierten dualen Studiums für das durchgehend eine Praktikantenvergütung bzw. ein Stipendium gewährt wird, sind seit 1.1.2012 als zur Berufsausbildung Beschäftigte anzusehen. Umlagebeiträge zur Insolvenzgeldumlage sind zu entrichten.

jj) Vorstandsmitglieder einer Aktiengesellschaft

Arbeitsentgelte von Vorstandsmitgliedern einer Aktiengesellschaft sind bei der Bemessung zur Insolvenzgeldumlage nicht zu berücksichtigen (vgl. BSG-Urteile vom 22.4.1987 – 10 RAr 5/86 und 10 RAr 6/86).

kk) Personen im freiwilligen sozialen oder ökologischen Jahr

Bei Personen, die ein freiwilliges soziales Jahr im Sinne des Gesetzes zur Förderung von Jugendfreiwilligendiensten (Jugendfreiwilligendienstegesetz) leisten, ist grundsätzlich das tatsächlich erzielte Arbeitsentgelt bei der Bemessung der Umlage zu berücksichtigen, sofern für den Arbeitgeber nicht die Befreiungstatbestände des § 358 Abs. 1 Satz 2 SGB III gelten. Gleiches gilt für Personen, die ein freiwilliges ökologisches Jahr im Sinne des Jugendfreiwilligendienstegesetzes leisten.

Lohn- steuer- pflichtig | Sozial- versich.- pflichtig

ll) Ausländische Saisonarbeitskräfte

Arbeitsentgelte ausländischer Saisonarbeitskräfte, die eine Entsende-Bescheinigung vorlegen, sind bei der Bemessung zur Umlage nicht zu berücksichtigen, da sie weiterhin den sozialversicherungsrechtlichen Vorschriften ihres Heimatlandes unterliegen.

mm) Einstrahlung und Ausstrahlung

Hinsichtlich der Berechnung der Umlage in Entsendefällen ist das Arbeitsentgelt für Arbeitnehmer, die den deutschen Rechtsvorschriften über die Versicherungspflicht unterliegen, zu berücksichtigen. Werden die Personalkosten im Inland steuerlich berücksichtigt, sind Umlagebeträge zu entrichten.

nn) Altersteilzeitarbeitsverhältnisse und sonstige flexible Arbeitszeitverhältnisse

Bei der Berechnung der Umlage ist das Arbeitsentgelt der Arbeitnehmer in der Altersteilzeit oder sonstigen flexiblen Arbeitszeitverhältnissen nach § 7 Abs. 1a SGB IV zu berücksichtigen und zwar unabhängig davon, ob sie sich in der Arbeits- oder in der Freistellungsphase befinden. Als umlagepflichtiges Arbeitsentgelt ist in der Arbeitsphase das tatsächlich erzielte (ausgezahlte) Arbeitsentgelt maßgebend, in der Freistellungsphase das ausgezahlte Wert- bzw. Entgeltguthaben. Bei Altersteilzeitarbeit wird der Aufstockungsbetrag nach § 3 Abs. 1 Nr. 1 Buchstabe a Altersteilzeitgesetz (AtG), der zusätzliche Beitrag zur Rentenversicherung nach § 3 Abs. 1 Nr. 1 Buchstabe b AtG sowie die nach § 163 Abs. 5 SGB VI zugrunde zu legende zusätzliche beitragspflichtige Einnahme für die Berechnung der Umlage nicht berücksichtigt. Dies gilt sowohl für die Arbeits- als auch für die Freistellungsphase.

Vom Wertguthaben in einem sog. Störfall wird Insolvenzgeldumlage erhoben. Als umlagepflichtiges Entgelt aus dem Wertguthaben gilt dabei das nach den besonderen Bestimmungen ermittelte rentenversicherungspflichtige Entgelt.

oo) Sonntags-, Feiertags- und Nachtarbeitszuschläge

Steuerfreie Zuschläge für Sonntags-, Feiertags- oder Nachtarbeit sind dem Arbeitsentgelt nur hinzuzurechnen, soweit sie auf einem Grundlohn von mehr als 25 Euro je Stunde beruhen. Ergibt sich danach beitragspflichtiges Arbeitsentgelt zur Rentenversicherung, ist dieses auch bei der Umlageberechnung zu berücksichtigen. Für seemännische Beschäftigungsverhältnisse sind für die Insolvenzgeldumlage die Sonn-, Feiertags- und Nachtarbeitszuschläge in voller Höhe umlagepflichtig.

c) Berücksichtigung der Beitragsbemessungsgrenze der Rentenversicherung

Das für die Berechnung des Insolvenzgeldes zu berücksichtigende Arbeitsentgelt ist auf die Beitragsbemessungsgrenze der allgemeinen Rentenversicherung begrenzt. Das gilt auch für Beschäftigte, für die Beiträge zur knappschaftlichen Rentenversicherung zu zahlen sind.

d) Berechnung der Umlage

Die Umlage ist vom Arbeitsentgelt zu berechnen. Für beitragsfreie Zeiten in der Sozialversicherung (z. B. bei Bezug von Krankengeld, Mutterschaftsgeld oder Übergangsgeld) wird grundsätzlich keine Umlage erhoben, weil es mangels eines Arbeitsentgelts an einer Bemessungsgrundlage fehlt.

e) Einmalig gezahltes Arbeitsentgelt

Einmalig gezahltes Arbeitsentgelt wird, anders als bei der Berechnung der Umlagen U1 und U2 bei der Bemessung der Insolvenzgeldumlage herangezogen.

I

	Lohn-steuer-pflichtig	Sozial-versich.-pflichtig

f) März-Klausel

Bei Einmalzahlungen im ersten Quartal eines Kalenderjahres ist ggf. auch die März-Klausel anzuwenden. Die Zuordnung des einmalig gezahlten Arbeitsentgelts zum letzten Entgeltabrechnungszeitraum des Vorjahres richtet sich auch bei der Bemessung der Insolvenzgeldumlage nach den für die März-Klausel geltenden allgemeinen Grundsätzen.

g) Nachweis der Umlage

Die Umlagebeträge sind im Beitragsnachweisdatensatz unter dem Beitragsgruppenschlüssel 0050 anzugeben.

5. Einzug und Weiterleitung der Umlage

Die für den Einzug und die Weiterleitung des Gesamtsozialversicherungsbeitrags geltenden Vorschriften des SGB IV finden auf die Umlage entsprechende Anwendung, soweit das SGB III nichts anderes bestimmt. Damit sind auch die zu den Vorschriften über den Gesamtsozialversicherungsbeitrag erlassenen Rechtsverordnungen (z. B. die Beitragsverfahrensverordnung – BVV) und gemeinsamen Verlautbarungen und Besprechungsergebnisse maßgebend.

Die Prüfung bei den Arbeitgebern durch die Rentenversicherungsträger umfasst auch die Prüfung der Insolvenzgeldumlage und werden im Rahmen der turnusmäßigen Betriebsprüfungen durchgeführt. Der Arbeitgeber hat zur Prüfung der Vollständigkeit der Umlageabrechnung das umlagepflichtige Arbeitsentgelt und die Umlage zu erfassen und zur Verfügung zu stellen.

a) Zuständigkeiten

Zuständig für den Einzug der Umlage und deren Weiterleitung an die Bundesagentur für Arbeit sind die Einzugsstellen für den Gesamtsozialversicherungsbeitrag. Hierbei ist als Einzugsstelle die Krankenkasse zuständig,

a) bei der der Arbeitnehmer versichert ist,
b) sofern eine Mitgliedschaft bei einer Krankenkasse nicht besteht, die zuständige Einzugsstelle für die Beiträge zur Rentenversicherung und/oder zur BA und
c) sofern sich eine Zuständigkeit nach Buchst. a) oder b) nicht ergibt, die Krankenkasse, die der Arbeitgeber gewählt hat.

Für alle geringfügig Beschäftigten nach dem SGB IV ist die zuständige Einzugsstelle immer die Deutsche Rentenversicherung Knappschaft-Bahn-See/Minijobzentrale als Träger der Rentenversicherung.

b) Feststellung der Teilnahme am Umlageverfahren

Die Umlagepflicht des Arbeitgebers ergibt sich kraft Gesetzes und ist nicht von einem rechtsbegründenden Verwaltungsakt der Einzugsstelle abhängig. Die Einzugsstellen treffen in Zweifelsfällen die Entscheidung über die Umlagepflicht der Arbeitgeber und über die Erstattung zu Unrecht gezahlter Umlagen für Entgeltabrechnungszeiträume ab 1. Januar 2009. Die Entscheidungen der Einzugsstellen sind verbindlich für alle Beteiligten.

Insolvenzsicherung

Gliederung:

1. Allgemeines

Immer mehr Arbeitgeber sichern die Ansprüche der Arbeitnehmer aus einer betrieblichen Altersversorgung für den Fall der Insolvenz zusätzlich zur Insolvenzsicherung über den Pensions-Sicherungs-Verein auch privatrechtlich ab. Diese privatrechtliche Absicherung geschieht vielfach über sog. „Contractual Trust Agreement" (CTA). Dabei handelt es sich um **Treuhandkonstruktionen,** durch die der besondere Zugriff des Insolvenzverwalters auf die ganz oder teilweise unter „wirtschaftlicher Beteiligung" des Arbeitnehmers (z. B. durch Gehaltsumwandlung) erworbenen Ansprüche auf Leistungen der betrieblichen Altersversorgung verhindert wird.

Es ist gesetzlich sichergestellt worden (§ 3 Nr. 65 Satz 1 Buchstabe c EStG), dass das **Einstehen eines Dritten** neben dem Arbeitgeber für die Erfüllung von Ansprüchen aufgrund bestehender Versorgungsverpflichtungen oder -anwartschaften im Fall der Eröffnung des Insolvenzverfahrens oder in gleichstehenden Fällen (z. B. Abweisung des Antrags auf Eröffnung des Insolvenzverfahrens mangels Masse; vgl. im Einzelnen § 7 Abs. 1 Satz 4 BetrAVG[1]) **nicht** zu einem **Zufluss** von steuerpflichtigem Arbeitslohn beim Arbeitnehmer und ggf. dessen Hinterbliebenen führt. Schließlich führt diese zusätzliche Insolvenzsicherung nicht zu neuen oder höheren Ansprüchen, sondern schützt nur die bereits vorhandenen Ansprüche für den Fall der Insolvenz des Arbeitgebers. — nein | nein

Die spätere **Zahlung** der **Versorgungsleistungen** durch den Dritten an den Arbeitnehmer oder seine Hinterbliebenen führt zum Zufluss von **Arbeitslohn,** von dem der Dritte den Lohnsteuerabzug vorzunehmen hat (§ 3 Nr. 65 Sätze 2 bis 4 EStG). Auf die ausführlichen Erläuterungen beim Stichwort „Contractual Trust Agreement (CTA-Modelle)" wird hingewiesen. — ja | nein[2]

2. Betriebliche Altersversorgung und Insolvenzsicherung

Durch das Betriebsrentengesetz[1] wurde zur Absicherung von Versorgungszusagen auf Leistungen aus der betrieblichen Altersversorgung für den Fall der Zahlungsunfähigkeit des Arbeitgebers eine sog. Insolvenzsicherung eingeführt (zu den verschiedenen Formen der betrieblichen Altersversorgung vgl. das Stichwort „Zukunftsicherung"). Träger der Insolvenzsicherung ist ein privatrechtlicher Versicherungsverein auf Gegenseitigkeit, der im Falle der Insolvenz des Arbeitgebers die Ansprüche, die sich aus unmittelbaren Versorgungszusagen des Arbeitgebers ergeben, zu erfüllen hat (**Pensions-Sicherungs-Verein,** 50996 Köln, Bahnstr. 6 oder 50963 Köln). Die Mittel für die Durchführung der Insolvenzsicherung werden aufgrund öffentlich-rechtlicher Verpflichtung durch Beiträge der Arbeitgeber aufgebracht, die die Versorgung ihrer Mitarbeiter nicht über Pensionskassen oder Direktversicherungen durchgeführt haben. Der Arbeitgeber hat dem Verein das Bestehen einer betrieblichen Altersversorgung innerhalb von drei Monaten nach der Versorgungszusage mitzuteilen. Die Beiträge an den Träger der Insolvenzsicherung gehören als Ausgaben des Arbeitgebers für die Zukunftsicherung des Arbeitnehmers, die aufgrund gesetzlicher Verpflichtung geleistet werden, zu den steuerfreien Einnahmen des Arbeitnehmers im Sinne des § 3 Nr. 62 EStG. Beim Arbeitgeber gehören sie zu den abziehbaren Betriebsausgaben. — nein | nein

Durch die Insolvenzsicherung der betrieblichen Altersversorgung werden nicht neue und auch keine höheren Ansprüche geschaffen, sondern nur bereits vorhandene An-

1) Das Betriebsrentengesetz (BetrAVG) ist als Anhang 13 im **Steuerhandbuch für das Lohnbüro 2021** abgedruckt, das im selben Verlag erschienen ist.

2) Wegen der Krankenversicherungspflicht vgl. Teil B Nr. 12 auf Seite 24.

Lohnsteuerpflichtig | Sozialversich.-pflichtig

sprüche gegen Insolvenzen geschützt. Die in Insolvenzfällen zu erbringenden **Versorgungsleistungen** des Trägers der Insolvenzsicherung behalten daher grundsätzlich ihren ursprünglichen steuerlichen Charakter, so als wäre der Insolvenzfall nicht eingetreten. Das bedeutet z. B., dass Versorgungsleistungen an einen Arbeitnehmer, die auf einer Pensionszusage beruhen oder die über eine Unterstützungskasse hätten durchgeführt werden sollen, auch nach Eintritt des Insolvenzfalles und Übernahme der Leistungen durch den Träger der Insolvenzsicherung zu den Einnahmen aus **nichtselbstständiger Arbeit** gehören, die dem Lohnsteuerabzug unterliegen. Der Lohnsteuerabzug ist von dem Versicherungsunternehmen durchzuführen, das die Versorgungsleistungen auszahlt (§ 3 Nr. 65 Sätze 2 bis 4 EStG; vgl. auch nachfolgenden Absatz). Entsprechendes gilt, wenn die Auszahlung der Versorgungsleistungen vom Träger der Insolvenzsicherung vorgenommen wird. ja nein[1]

Der Träger der Insolvenzsicherung (also der Pensions-Sicherungs-Verein) kann auch Beiträge zugunsten eines Versorgungsberechtigten an eine Pensionskasse oder ein Lebensversicherungsunternehmen zur Ablösung seiner Verpflichtungen im Versorgungsfall erbringen. Diese Beiträge sind nach § 3 Nr. 65 Satz 1 Buchstabe a EStG steuerfrei. Da die Leistungen der Pensionskasse oder des Lebensversicherungsunternehmens nur als Leibrente zu erfassen wären, ordnet § 3 Nr. 65 Satz 2 EStG an, dass diese Leistungen zu den Einkünften gehören, zu denen die Versorgungsleistungen gehören würden, die ohne Eintritt des Versicherungsfalls zu erbringen wären. Als Einkünfte aus nichtselbstständiger Arbeit sind deshalb nur die Leistungen zu behandeln, die ohne Eintritt des Insolvenzfalles aus einer Unterstützungskasse oder aufgrund einer Pensionszusage gezahlt worden wären. Soweit dies der Fall ist, hat die Pensionskasse oder das Versicherungsunternehmen von diesen Leistungen Lohnsteuer einzubehalten. Die Pensionskasse oder das Lebensversicherungsunternehmen gelten insoweit als Arbeitgeber und der Leistungsempfänger als Arbeitnehmer (§ 3 Nr. 65 Sätze 3 und 4 EStG). Dies hat auch zur Folge, dass die Pensionskasse oder das Lebensversicherungsunternehmen für den jeweiligen Leistungsempfänger die elektrischen Lohnsteuerabzugsmerkmale (ELStAM) abrufen muss. ja nein[1]

Beispiel

Wegen Insolvenz des Arbeitgebers gehen die Versorgungsansprüche der Arbeitnehmer aus einer Direktzusage auf den Pensions-Sicherungs-Verein über. Der Pensions-Sicherungs-Verein überträgt diese Verpflichtung gegen eine entsprechende Beitragszahlung auf ein Versicherungsunternehmen, das die Auszahlung der Versorgungsleistung an die Arbeitnehmer vornimmt.

Auch bei der Zahlung der Versorgungsleistung des Versicherungsunternehmens handelt es sich um Arbeitslohn, von dem ein Lohnsteuerabzug durch das Versicherungsunternehmen vorzunehmen ist (§ 3 Nr. 65 Sätze 2 bis 4 EStG).

Die Steuerfreiheit gilt auch für Leistungen zur Übertragung/Übernahme von Direktzusagen oder für Zusagen, die von einer Unterstützungskasse erbracht werden sollen, wenn die **Betriebstätigkeit eingestellt** und das Unternehmen liquidiert wird, nicht jedoch, wenn der Betrieb veräußert und vom Erwerber fortgeführt wird (§ 3 Nr. 65 Satz 1 Buchstabe b EStG, R 3.65 Abs. 1 LStR). Auch in diesem Fall gehören die späteren Versorgungsleistungen regelmäßig zu den Einkünften aus nichtselbstständiger Arbeit, die Pensionskasse bzw. das Lebensversicherungsunternehmen gelten als Arbeitgeber – der zum Lohnsteuerabzug verpflichtet ist – und der Leistungsempfänger gilt als Arbeitnehmer (§ 3 Nr. 65 Sätze 2 bis 4 EStG). Die vorstehenden Grundsätze gelten auch dann, wenn es sich um Versorgungszusagen an beherrschende Gesellschafter-Geschäftsführer handelt (R 3.65 Abs. 1 Satz 3 LStR). ja nein[1]

Lohnsteuerpflichtig | Sozialversich.-pflichtig

3. Erwerb einer Rückdeckungsversicherung im Insolvenzfall

Durch § 8 Abs. 3 BetrAVG[2] erhält der Arbeitnehmer im Insolvenzfall des Arbeitgebers das Recht, eine für ihn abgeschlossene Rückdeckungsversicherung fortzusetzen; dies gilt allerdings nicht, wenn die Rückdeckungsversicherung in die Insolvenzmasse des Arbeitgebers fällt. Macht der Arbeitnehmer von diesem Recht Gebrauch, fließt ihm grundsätzlich ein zu besteuernder geldwerter Vorteil aus dem aktiven Beschäftigungsverhältnis zu. Eine Besteuerung widerspricht aber dem Grundgedanken der nachgelagerten Besteuerung.

Der Erwerb der Ansprüche aus einer Rückdeckungsversicherung im Insolvenzfall wird daher **steuerfrei** gestellt (§ 3 Nr. 65 Satz 1 Buchstabe d EStG). Dies gilt durch die im Gesetz enthaltene Formulierung „im Zusammenhang" auch für Zusagebestandteile, die nicht dem gesetzlichen Insolvenzschutz durch den Pensions-Sicherungs-Verein unterliegen. Darüber hinaus werden von der Steuerfreiheit auch Ansprüche erfasst, die auf noch nach Eröffnung des Insolvenzverfahrens erbrachten Beiträgen beruhen. Diese Steuerbefreiungsvorschrift gilt auch für (beherrschende) Gesellschafter-Geschäftsführer einer GmbH. nein nein

Die **späteren Versorgungsleistungen** aus einer Rückdeckungsversicherung, in die der Arbeitnehmer eingetreten ist, gehören zu den **sonstigen Einkünften** im Sinne des § 22 Nr. 5 Satz 1 EStG; dies gilt für die gesamten Leistungen (§ 3 Nr. 65 Satz 5 1. Halbsatz EStG). Es muss daher in der Einkommensteuererklärung keine gesonderte Aufteilung in Einkünfte aus nichtselbstständiger Arbeit und sonstige Einkünfte vorgenommen werden. Das Versorgungsunternehmen muss keinen Lohnsteuerabzug durchführen. Es muss lediglich – wie in anderen Fällen sonst auch – eine Rentenbezugsmitteilung an die zentrale Stelle der Finanzverwaltung übermitteln. nein nein

Beispiel

Anlässlich der Insolvenz seines Arbeitgebers ist die Rückdeckungsversicherung auf den Arbeitnehmer übertragen worden. Er erhält aus dieser Rückdeckungsversicherung später monatliche Versorgungsleistungen in Höhe von 300 €.

Die späteren monatlichen Versorgungsleistungen in Höhe von 300 € führen zu voll steuerpflichtigen Einkünften nach § 22 Nr. 5 Satz 1 EStG.

Die Besteuerung als sonstige Einkünfte kommt auch dann in den Fällen zur Anwendung, in denen der Arbeitnehmer die Versicherung mit eigenen Beiträgen fortsetzt. Entsprechend der Systematik sind Leistungen, die auf geförderten Beiträgen beruhen, voll nachgelagert zu besteuern. Die auf nicht geförderten Beiträgen beruhenden Leistungen werden grundsätzlich nur mit dem Ertragsanteil besteuert. Allerdings können bei Vorliegen der entsprechenden Voraussetzungen auch Einkünfte aus Kapitalvermögen vorliegen (§ 20 Abs. 1 Nr. 6 EStG; vgl. § 3 Nr. 65 Satz 5 2. Halbsatz EStG).

Die vorstehend beschriebene Steuerbefreiung gilt **nicht** in den Fällen einer **Liquidation.**

Vgl. im Übrigen auch das Stichwort „Rückdeckung".

4. Verlust eines Bezugsrechts

Der Bundesfinanzhof hat bestätigt, dass der Verlust des durch eine Direktversicherung eingeräumten widerruflichen Bezugsrechts bei Insolvenz des Arbeitgebers keine lohnsteuerrechtlichen Folgen auslöst. Arbeitnehmer, die bei der Eröffnung des Insolvenzverfahrens eine unverfallbare Versorgungsanwartschaft haben, besitzen einen Anspruch gegen den Träger der Insolvenzsicherung, wenn die Anwartschaft auf einer Direktversicherung beruht und

1) Wegen der Krankenversicherungspflicht von Versorgungsbezügen vgl. die Erläuterungen in Teil B Nr. 12 auf Seite 24.

2) Das Betriebsrentengesetz (BetrAVG) ist als Anhang 13 im **Steuerhandbuch für das Lohnbüro 2021** abgedruckt, das im selben Verlag erschienen ist.

Lohn-steuer-pflichtig Sozial-versich.-pflichtig

der Arbeitnehmer hinsichtlich der Leistungen des Versicherers widerruflich bezugsberechtigt ist. Auf diese Weise bleibt im Ergebnis der Versicherungsschutz für die von der Insolvenz betroffenen Arbeitnehmer erhalten. Zwar werden aufgrund des Widerrufs der Bezugsrechte durch den Insolvenzverwalter die Deckungsmittel aus der Versicherung zur Masse gezogen und gehen den Arbeitnehmern insofern verloren. Dieser Verlust wird jedoch durch den gewährleisteten gesetzlichen Insolvenzschutz kompensiert. Der Anspruch gegen den Pensions-Sicherungs-Verein tritt an die Stelle des ursprünglichen Versorgungsanspruchs. Da sich der Umfang der gesicherten Leistungsanwartschaften prinzipiell nach der Versorgungszusage des Arbeitgebers richtet, ist wirtschaftlich kein Verlust der Versorgungsanwartschaften gegeben. Im Hinblick darauf sind auch die als Arbeitslohn versteuerten Versicherungsbeiträge nicht verloren, sodass für die Annahme einer Arbeitslohnrückzahlung kein Raum ist (BFH-Urteil vom 5.7.2007, BStBl. II S. 774). Vgl. auch die Erläuterungen beim Stichwort „Zukunftsicherung" unter Nr. 17.

5. Wertguthaben auf einem Zeitwertkonto

Bezüglich des Insolvenzschutzes des Wertguthabens auf einem Zeitwertkonto vgl. die Erläuterungen beim Stichwort „Arbeitszeitkonten" unter Nr. 9 Buchstabe f).

J

6. Altersteilzeit

Zur Insolvenzsicherung bei Vereinbarung von Altersteilzeit vgl. dieses Stichwort unter Nr. 3 Buchstabe b.

Insolvenzverwalter

Zahlungen eines Insolvenzverwalters an die Bundesagentur für Arbeit sind **steuerfrei,** soweit sie aufgrund des **gesetzlichen Forderungsübergangs** nach § 115 SGB X geleistet werden und über das Vermögen des früheren Arbeitgebers das **Insolvenzverfahren** eröffnet worden ist (§ 3 Nr. 2 Buchstabe b EStG, R 3.2 Abs. 1 Satz 2 LStR); Entsprechendes gilt, wenn der Antrag auf Eröffnung des Insolvenzverfahrens mangels Masse gar nicht gestellt oder abgelehnt wird. Steuerpflichtiger Arbeitslohn liegt in diesem Fall lediglich in Höhe der Differenz zwischen dem erfüllten Arbeitslohnanspruch und den an die Bundesagentur für Arbeit geleisteten Rückzahlungen des vom Arbeitnehmer bezogenen **Arbeitslosengeldes** vor.[1]

Auch bei den folgenden Sozialleistungen, bei denen es in den vorstehend genannten Fällen zu einem gesetzlichen Forderungsübergang nach § 115 SGB X auf andere Sozialleistungsträger kommt, ist entsprechend zu verfahren:

- von der Berufsgenossenschaft gezahlte **Verletztengeldansprüche** (steuerfrei nach § 3 Nr. 1 Buchstabe a EStG; Progressionsvorbehalt nach § 32b Abs. 1 Satz 1 Nr. 1 Buchstabe b EStG),
- von der gesetzlichen Krankenversicherung geleistete **Entgeltfortzahlung** im **Krankheitsfall** innerhalb der Sechs-Wochen-Frist (steuerfrei nach § 3 Nr. 1 Buchstabe a EStG; Progressionsvorbehalt nach § 32b Abs. 1 Satz 1 Nr. 1 Buchstabe b EStG),
- von der Deutschen Rentenversicherung gezahltes Übergangsgeld (steuerfrei nach § 3 Nr. 1 Buchstabe c EStG; Progressionsvorbehalt nach § 32b Abs. 1 Satz 1 Nr. 1 Buchstabe b EStG),
- von der Agentur für Arbeit (Jobcenter) gezahlte Leistungen zur **Sicherung** des **Lebensunterhalts** nach dem SGB II (steuerfrei nach § 3 Nr. 2 Buchstabe d EStG; kein Progressionsvorbehalt).

Auch bei den vorstehenden Sachverhalten ist und bleibt die steuerliche Behandlung der jeweiligen Sozialleistung **(= Steuerbefreiung)** maßgebend. Die Zahlungen des Insolvenzverwalters an den jeweiligen Sozialleistungsträger aufgrund des gesetzlichen Forderungsübergangs nach § 115 SGB X in Insolvenzfällen wird als steuerfrei behandelt. Steuerpflichtiger Arbeitslohn liegt daher auch in diesen Fällen nur in Höhe der Differenz zwischen dem (erfüllten) Arbeitslohnanspruch des Arbeitnehmers und den vom Insolvenzverwalter wegen der Eröffnung des Insolvenzverfahrens an den jeweiligen Sozialleistungsträger aufgrund des gesetzlichen Forderungsübergangs nach § 115 SGB X geleisteten Beträgen vor.

Vgl. auch die Erläuterungen beim Stichwort „Insolvenzgeld".

Instrumentengeld

Hierunter versteht man Zuschüsse des Arbeitgebers (sog. Ausgleichszahlung) an Musiker zur Abgeltung der Abnutzung und der Instandhaltungskosten eigener Musikinstrumente der Arbeitnehmer. Das Instrumentengeld ist nach Auffassung der Finanzverwaltung[2] kein steuer- und beitragsfreies Werkzeuggeld, da Musikinstrumente keine Werkzeuge sind (BFH-Urteil vom 21.8.1995, BStBl. II S. 906).

Ein Instrumentengeld kann jedoch nach dem BFH-Urteil vom 28.3.2006 (BStBl. II S. 473) als **Auslagenersatz** steuerfrei sein, wenn es für die Kosten der Instandsetzung der dem Arbeitnehmer gehörenden Musikinstrumente gezahlt wird und **tarifvertraglich** vereinbart worden ist. nein nein

Wird das Instrumentengeld aufgrund einer Betriebsvereinbarung oder aufgrund einer individuellen arbeitsvertraglichen Vereinbarung gezahlt, liegt kein steuerfreier Auslagenersatz vor. ja ja

Siehe auch die Stichworte: Auslagenersatz, Blattgeld, Rohrgeld, Saitengeld, Werkzeuggeld.

Internetzugang

Steht dem Arbeitnehmer am Arbeitsplatz ein Internetanschluss zur Verfügung, stellt eine unentgeltliche oder verbilligte Nutzung dieses Anschlusses zu privaten Zwecken keinen geldwerten Vorteil dar (§ 3 Nr. 45 EStG). Entsprechendes gilt für betriebliche PCs und Laptops mit Internetanschluss in der Wohnung des Arbeitnehmers. Auf die ausführlichen Erläuterungen beim Stichwort „Computer" wird Bezug genommen. nein nein

Jagdaufwandsentschädigung

Siehe die Stichworte: Entfernungsentschädigung, Forstleute, Hundegeld, Motorsägegeld.

Jahresarbeitsentgeltgrenze

Gliederung:

1. Allgemeines
2. Feststellung des regelmäßigen Jahresarbeitsentgelts
   a) Arbeitsentgelt als Berechnungsgrundlage
   b) Regelmäßigkeit des Arbeitsentgelts
   c) Variable Entgeltbestandteile
   d) Zuschläge mit Rücksicht auf den Familienstand

1) Verfügung der OFD Hannover vom 20.3.2008 (Az.: S 2342 – 157 – StO 213). Die Verfügung ist als Anlage zu H 3.2 LStR im **Steuerhandbuch für das Lohnbüro 2021** abgedruckt, das im selben Verlag erschienen ist.

2) Bundeseinheitliche Regelung; für Bayern bekannt gemacht mit Schreiben des Bayer. Staatsministeriums der Finanzen vom 22.3.1991 (Az.: 32 – S 2355 – 26/2 – 5320). Das Schreiben ist als Anlage 1 zu H 3.30 LStR im **Steuerhandbuch für das Lohnbüro 2021** abgedruckt, das im selben Verlag erschienen ist.

Lohnsteuerpflichtig Sozialversich.-pflichtig

e) Vorausschauende Betrachtung der Einkommensverhältnisse
f) Vereinbarung eines Nettoarbeitsentgelts
3. Maßgebende Jahresarbeitsentgeltgrenze
4. Beginn der Versicherungsfreiheit bei Überschreiten der Jahresarbeitsentgeltgrenze
   a) Überschreiten der Jahresarbeitsentgeltgrenze von Beginn der Beschäftigung an
   b) Überschreiten der Jahresarbeitsentgeltgrenze im Laufe der Beschäftigung
   c) Überschreiten der Jahresarbeitsentgeltgrenze nach Unterbrechung der Beschäftigung
   d) Ausscheiden aus der gesetzlichen Krankenversicherung
5. Ende der Versicherungsfreiheit bei Unterschreiten der Jahresarbeitsentgeltgrenze
   a) Minderung des Jahresarbeitsentgelts
   b) Anhebung der Jahresarbeitsentgeltgrenze
   c) Unterbrechungen des entgeltlichen Beschäftigungsverhältnisses
   d) Nachträglich festgestelltes Ende der Versicherungsfreiheit
6. Folgewirkungen der Versicherungsfreiheit
   a) Auswirkungen der Versicherungsfreiheit auf andere Versicherungstatbestände
   b) Auswirkungen der Versicherungsfreiheit auf die landwirtschaftliche Krankenversicherung
7. Befreiung von der Versicherungspflicht
   a) Voraussetzungen für die Befreiung
   b) Wirkungen der Befreiung
8. Ausschluss der Versicherungspflicht für ältere Arbeitnehmer
9. Meldepflichten

1. Allgemeines

Die gegen Arbeitsentgelt mehr als geringfügig beschäftigten Arbeitnehmer unterliegen nach § 5 Abs. 1 Nr. 1 SGB V und § 20 Abs. 1 Satz 2 Nr. 1 in Verb. mit Satz 1 SGB XI grundsätzlich der Versicherungspflicht in der gesetzlichen Krankenversicherung und sozialen Pflegeversicherung. Sie sind nach § 6 Abs. 1 Nr. 1 SGB V allerdings krankenversicherungsfrei, wenn ihr regelmäßiges Jahresarbeitsentgelt die Jahresarbeitsentgeltgrenze übersteigt. Die Krankenversicherungsfreiheit bewirkt, dass aufgrund der Beschäftigung auch keine Versicherungspflicht in der sozialen Pflegeversicherung eintritt. In der Renten- und Arbeitslosenversicherung hat die Höhe des regelmäßigen Jahresarbeitsentgelts für den Versicherungsstatus von Arbeitnehmern dagegen keine Relevanz. Zur Bestimmung des versicherungsrechtlichen Status ist ein Vergleich des regelmäßigen Arbeitsentgelts auf der Grundlage eines prognostizierten Jahreswertes mit der maßgebenden Jahresarbeitsentgeltgrenze anzustellen. Überschreitet das regelmäßige Jahresarbeitsentgelt des Arbeitnehmers die Jahresarbeitsentgeltgrenze, tritt Versicherungsfreiheit ein. Die Versicherungsfreiheit endet bei Unterschreiten der Jahresarbeitsentgeltgrenze.

Der GKV-Spitzenverband hat mit seinen Grundsätzlichen Hinweisen zur Versicherungsfreiheit von Arbeitnehmern bei Überschreiten der Jahresarbeitsentgeltgrenze vom 20. März 2019 eine Entscheidungshilfe mit empfehlendem Charakter zur Verfügung gestellt, die die Voraussetzungen der Versicherungsfreiheit näher beschreibt und insbesondere die Folgen des Über- bzw. Unterschreitens darstellt. Die in den Grundsätzlichen Hinweisen enthaltenen Aussagen sind nachfolgend wiedergegeben.

2. Feststellung des regelmäßigen Jahresarbeitsentgelts

a) Arbeitsentgelt als Berechnungsgrundlage

Als Berechnungsgrundlage zur Feststellung des regelmäßigen Jahresarbeitsentgelts ist das regelmäßige Arbeitsentgelt (§ 14 Abs. 1 SGB IV) aus der Beschäftigung, deren Versicherungspflicht bzw. Versicherungsfreiheit zu beurteilen ist, heranzuziehen. Dementsprechend fließen alle Einnahmen, die dem Arbeitnehmer in ursächlichem Zusammenhang mit der Beschäftigung gewährt werden, in die Ermittlung des regelmäßigen Jahresarbeitsentgelts ein. Einnahmen aus einer Beschäftigung, die dem Arbeitsentgelt nicht zuzurechnen sind, insbesondere Zuwendungen nach § 1 Abs. 1 Satz 1 SvEV, bleiben auch bei der Feststellung des regelmäßigen Jahresarbeitsentgelts unberücksichtigt. Vergütungsbestandteile, die für Zeiten der tatsächlichen Arbeitsleistung in ein Wertguthaben nach § 7b SGB IV eingebracht werden, sind erst für Zeiten der Inanspruchnahme des Wertguthabens dem regelmäßigen Jahresarbeitsentgelt zuzurechnen. Weitere Einnahmen, die nicht aus einer gegenwärtig ausgeübten Beschäftigung herrühren (z. B. Renten, Versorgungsbezüge, Einkünfte aus Vermietung und Verpachtung, Kapitalerträge, Unterhaltsleistungen), sind dem regelmäßigen Jahresarbeitsentgelt nicht zuzurechnen (vgl. Urteile des BSG vom 21. September 1993 – 12 RK 39/91 – USK 9360 und vom 23. Juni 1994 – 12 RK 42/92 – USK 9414). Dementsprechend bleibt auch ein Arbeitseinkommen aus einer neben der Beschäftigung ausgeübten selbstständigen Erwerbstätigkeit bei der Feststellung des regelmäßigen Jahresarbeitsentgelts außen vor. Wird neben einer Beschäftigung eine selbstständige Erwerbstätigkeit ausgeübt, ist vielmehr der Versicherungsausschluss nach § 5 Abs. 5 SGB V wegen einer hauptberuflichen selbstständigen Tätigkeit zu prüfen. Im Falle der Mehrfachbeschäftigung sind für die Feststellung des regelmäßigen Jahresarbeitsentgelts die regelmäßigen Arbeitsentgelte aus allen Beschäftigungen zusammenzurechnen, wenn die jeweilige Beschäftigung für sich betrachtet zunächst Versicherungspflicht für den Arbeitnehmer begründen würde. Eine Zusammenrechnung der regelmäßigen Arbeitsentgelte findet ebenfalls statt, wenn das regelmäßige Arbeitsentgelt aus einer Beschäftigung (für sich betrachtet) bereits die Jahresarbeitsentgeltgrenze überschreitet; infolge der Zusammenrechnung ist auch in allen weiteren Beschäftigungen von einem Überschreiten der Jahresarbeitsentgeltgrenze auszugehen, sodass die Versicherungsfreiheit nach § 6 Abs. 1 Nr. 1 SGB V auf alle Beschäftigungen ausstrahlt. Eine Zusammenrechnung des regelmäßigen Arbeitsentgelts aus einer mehr als geringfügigen Beschäftigung mit dem regelmäßigen Arbeitsentgelt aus einer bei einem anderen Arbeitgeber ausgeübten geringfügigen Beschäftigung ist – neben dem Zusammenrechnungsverbot nach § 8 Abs. 2 Satz 1 SGB IV bei Beurteilung der Geringfügigkeit einer Beschäftigung – auch bei der Feststellung des regelmäßigen Jahresarbeitsentgelts nicht statthaft. Dagegen ist das regelmäßige Arbeitsentgelt aus einer mehr als geringfügigen Beschäftigung mit dem regelmäßigen Arbeitsentgelt aus einer zweiten oder weiteren (für sich betrachtet) geringfügig entlohnten Beschäftigung zusammenzurechnen.

b) Regelmäßigkeit des Arbeitsentgelts

Zum regelmäßigen Jahresarbeitsentgelt gehören alle Einnahmen, die nach § 14 Abs. 1 SGB IV Arbeitsentgelt im Sinne der Sozialversicherung darstellen und mit **an Sicherheit grenzender Wahrscheinlichkeit mindestens einmal jährlich gezahlt werden.** Neben dem laufenden Arbeitsentgelt sind also auch regelmäßig gewährte Sonderzuwendungen bzw. Einmalzahlungen bei der Ermittlung des Jahresarbeitsentgelts zu berücksichtigen, wenn sie mit hinreichender Sicherheit (z. B. aufgrund eines für allgemein verbindlich erklärten Tarifvertrages) mindestens einmal jährlich erwartet werden können. Das ist z. B. auch dann der Fall, wenn über die Gewährung von Sonderzuwendungen bzw. Einmalzahlungen keine schriftliche Vereinbarung, sondern nur eine mündliche Absprache besteht oder die Gewährung auf Gewohnheit oder betrieblicher Übung beruht. Verzichtet der Arbeitnehmer im Voraus auf die Sonderzuwendung bzw. Einmalzahlung, ist

J

Lohn-steuer-pflichtig Sozial-versich.-pflichtig

dieser Verzicht – ungeachtet der arbeitsrechtlichen Zulässigkeit eines solchen Verzichts – auch bei der Feststellung des regelmäßigen Jahresarbeitsentgelts zu beachten, sofern er auf künftig fällig werdende Ansprüche gerichtet ist. Ein Verzicht auf künftig fällig werdende Entgeltansprüche liegt auch vor, wenn Arbeitnehmer sich im Rahmen einer ihnen eröffneten Wahloption statt eines tariflichen Zusatzgeldes pro Jahr für zusätzliche freie Arbeitstage entscheiden (z. B. nach dem Tarifabschluss 2018 für die Metall- und Elektro-Industrie). Im Übrigen sind Sonderzuwendungen bzw. Einmalzahlungen bei der Ermittlung des Jahresarbeitsentgelts nur insoweit zu berücksichtigen, als sie aus der zu beurteilenden Beschäftigung resultieren; einmalige Einnahmen aus ruhenden Beschäftigungsverhältnissen (z. B. bei Elternzeit) bleiben außer Betracht. Ferner sind Vergütungen für vertraglich vorgesehene Bereitschaftsdienste in die Berechnung des regelmäßigen Jahresarbeitsentgelts mit einzubeziehen (vgl. Urteile des BSG vom 9. Dezember 1981 – 12 RK 19/81 – USK 81288 und 12 RK 20/81 – USK 81301). Vergütungen für Überstunden gehören dagegen zu den unregelmäßigen Arbeitsentgeltbestandteilen und sind daher bei der Berechnung des regelmäßigen Jahresarbeitsentgelts außer Betracht zu lassen; etwas anderes gilt lediglich für feste Pauschbeträge, die als Abgeltung für Überstunden regelmäßig zum laufenden Arbeitsentgelt gezahlt werden.

J

c) Variable Entgeltbestandteile

Variable Arbeitsentgeltbestandteile gehören – unabhängig davon, ob sie individuell-leistungsbezogen oder unternehmenserfolgsbezogen gezahlt werden – grundsätzlich nicht zum regelmäßigen Arbeitsentgelt, da in aller Regel zum Zeitpunkt der Ermittlung des regelmäßigen Jahresarbeitsentgelts ungewiss ist, ob und gegebenenfalls in welcher Höhe diese Entgeltbestandteile gewährt werden. Besteht hingegen ein Anspruch auf einen Mindestbetrag oder garantierten Anteil an individuell-leistungsbezogenen oder unternehmenserfolgsbezogenen Arbeitsentgeltbestandteilen, sind diese Entgeltbestandteile bei der Ermittlung des regelmäßigen Jahresarbeitsentgelts zu berücksichtigen. Entsprechend dieser Grundsätze sind auch variable Arbeitsentgeltbestandteile, die in Form von einmalig gezahltem Arbeitsentgelt gewährt werden, angesichts der regelmäßig nicht vorhersehbaren Erfüllung der üblicherweise an sie gestellten Voraussetzungen und mithin der im Vorfeld ungewissen Gewährung von vornherein nicht dem regelmäßigen Jahresarbeitsentgelt zuzuordnen. Bei ihnen handelt es sich um unregelmäßige Arbeitsentgeltbestandteile, die einer prognostischen Betrachtung bzw. einer Schätzung im Wege einer Durchschnittsbetrachtung nicht zugänglich sind. Hierunter fallen beispielsweise die nachträgliche Zahlung eines (anteiligen) Weihnachtsgeldes in Abhängigkeit vom Geschäftsergebnis des Vorjahres oder die Zahlung einer individuellen Prämie im Rahmen der sogenannten leistungsorientierten Bezahlung.

Variable Arbeitsentgeltbestandteile, die individuell-leistungsbezogen gewährt werden, sind allerdings dann dem regelmäßigen Jahresarbeitsentgelt zuzurechnen, wenn sie üblicherweise Bestandteil des monatlich zufließenden laufenden Arbeitsentgelts sind und dieses insoweit mitprägen. Sofern sich das monatlich zufließende Arbeitsentgelt typischerweise aus einem vertraglich fest vereinbarten Fixum sowie einem erfolgsabhängigen und somit variablen Anteil zusammensetzt, wird das monatliche Arbeitsentgelt auch von dem variablen Anteil dergestalt charakterisiert, dass bei dem variablen Arbeitsentgeltbestandteil gleichermaßen von einem regelmäßigen Arbeitsentgelt auszugehen ist; die Höhe des monatlich zufließenden variablen Arbeitsentgeltbestandteils bzw. dessen Relation zum ggf. vertraglich vereinbarten Fixum ist dabei grundsätzlich nicht von Bedeutung. Bei schwankender Höhe des variablen Arbeitsentgeltbestandteils ist der für die Ermittlung des regelmäßigen Jahresarbeitsentgelts maßgebende Betrag im Wege einer Prognose bzw. vorausschauenden Schätzung zu ermitteln.

d) Zuschläge mit Rücksicht auf den Familienstand

Zuschläge, die mit Rücksicht auf den Familienstand gezahlt werden, bleiben bei der Berechnung des regelmäßigen Jahresarbeitsentgelts nach ausdrücklicher Bestimmung in § 6 Abs. 1 Nr. 1 letzter Satzteil SGB V außer Betracht, obwohl sie Arbeitsentgelt im Sinne der Sozialversicherung sind. Dabei ist nicht Voraussetzung, dass bestimmte Bezüge ausdrücklich als Familienzuschläge bezeichnet sind; es kommt nur darauf an, dass es sich um **Entgelte oder Entgeltbestandteile handelt, die an den Familienstand gekoppelt** sind. Zwar enthalten viele Tarifverträge heutzutage keine familienbezogenen Entgeltbestandteile mehr; ein im Rahmen einer Besitzstandsregelung gewährter kinderbezogener Familienzuschlag stellt jedoch einen mit Rücksicht auf den Familienstand gezahlten Zuschlag dar.

e) Vorausschauende Betrachtung der Einkommensverhältnisse

Ob das regelmäßige Jahresarbeitsentgelt aus einer Beschäftigung bzw. mehreren Beschäftigungen die maßgebende Jahresarbeitsentgeltgrenze übersteigt, ist in einer vorausschauenden Betrachtungsweise auf der Grundlage der gegenwärtigen und bei normalem Verlauf für ein Zeitjahr zu erwartenden Einkommensverhältnisse festzustellen. Dies gilt auch bei befristeten Arbeitsverträgen. Eine solche **Feststellung** ist bei **Aufnahme der Beschäftigung**, bei **jeder wesentlichen Änderung** der Einkommensverhältnisse, bei einer **Änderung der rechtlichen Verhältnisse**, insbesondere hinsichtlich der Arbeitsentgelteigenschaft, sowie bei der **jährlichen Anpassung der Jahresarbeitsentgeltgrenzen** vorzunehmen. Dabei dürfen Erhöhungen des Arbeitsentgelts erst von dem **Zeitpunkt** an berücksichtigt werden, **von dem an der Anspruch** auf das erhöhte Entgelt **besteht** (vgl. Urteil des BSG vom 7. Dezember 1989 – 12 RK 19/87 – USK 89115). Das bedeutet: Eine im Laufe des Jahres bereits absehbare Entgelterhöhung (z. B. aus Anlass einer bereits feststehenden Tariferhöhung oder des Vorrückens in eine Dienstalters- oder Erfahrungsstufe) bleibt bei der Ermittlung des regelmäßigen Jahresarbeitsentgelts zunächst unberücksichtigt. Erst die mit dem Entstehen des Anspruchs auf das erhöhte Arbeitsentgelt einhergehende Änderung der Einkommensverhältnisse löst – von diesem Zeitpunkt an – eine neue zukunftsbezogene Feststellung des regelmäßigen Jahresarbeitsentgelts und eine daran geknüpfte versicherungsrechtliche Bewertung aus. Gleiches gilt für im Laufe des Jahres bereits absehbare Entgeltminderungen (z. B. aus Anlass des Entgeltausfalls wegen Beginns der Schutzfristen und einer sich anschließenden Elternzeit oder der Reduzierung des Beschäftigungsumfangs von einer Vollzeit- in eine Teilzeitbeschäftigung). Es genügt für die Berücksichtigung derartiger Entgeltveränderungen in diesem Kontext mithin nicht, dass sie in absehbarer Zukunft eintreten sollen, selbst wenn eine hohe Wahrscheinlichkeit hierfür besteht. Der Verzicht auf Arbeitsentgelt (z. B. auf ein tarifliches Zusatzgeld pro Jahr zugunsten zusätzlicher freier Arbeitstage) löst erst von dem Zeitpunkt an, von dem er wirksam erklärt wird, eine neue zukunftsbezogene Feststellung des regelmäßigen Jahresarbeitsentgelts und eine daran geknüpfte versicherungsrechtliche Bewertung aus. In den Fällen, in denen es um das Ausscheiden aus der Versicherungspflicht mit Ablauf des laufenden Kalenderjahres wegen Überschreitens der Jahresarbeitsentgeltgrenze geht, ist die abweichende Verfahrensweise zur Feststellung des regelmäßigen Jahresarbeitsentgelts im Rahmen einer Prognose für das nächste Kalenderjahr zu beachten. Das regelmäßige Jahresarbeitsentgelt wird im Rahmen der vorausschauenden Betrachtung durch Multiplikation der aktuellen Monatsbezüge mit zwölf (ohne Rücksicht auf

Lohn-steuer-pflichtig Sozial-versich.-pflichtig

das Kalenderjahr) unter Berücksichtigung der regelmäßig gewährten Sonderzuwendungen bzw. Einmalzahlungen ermittelt.

Beispiel:

Beschäftigungsbeginn 1.1.2021; Probezeit bis 31.3.2021; mtl. Gehalt 4000,– €

Weihnachtsgeld i. H. eines Gehaltes

Gehalt nach Ablauf der Probezeit 5000,– €

Regelm. Jahresarbeitsentgelt ab 1.1.2021: 4000,– € × 12 + Weihnachtsgeld (4000,– €) = 52 000,– €

Regelm. Jahresarbeitsentgelt ab 1.4.2021: 5000,– € × 12 + Weihnachtsgeld (5000,– €) = 65 000,– €

Dies gilt selbst dann, wenn die Beschäftigungsdauer aufgrund einer Befristung des Arbeitsverhältnisses weniger als zwölf Monate beträgt. Bei Arbeitnehmern, die auf Basis der geleisteten Arbeitsstunden entlohnt werden, ist der aktuelle Stundenlohn zunächst auf einen Monatswert umzurechnen (Stundenlohn × individuelle wöchentliche Arbeitszeit × 13 : 3), anschließend ist das regelmäßige Jahresarbeitsentgelt, wie beschrieben, zu ermitteln. Auch hier gilt, dass künftige (Stunden-)Lohnerhöhungen erst von dem Zeitpunkt an berücksichtigt werden dürfen, von dem an der Anspruch auf das erhöhte Arbeitsentgelt besteht, und zwar selbst dann, wenn Beginn und Höhe der Lohnerhöhung bereits vorher feststehen. Für Lohnminderungen gilt Entsprechendes. Bei schwankenden Bezügen muss das regelmäßige Jahresarbeitsentgelt im Wege einer Prognose bzw. vorausschauenden Schätzung ermittelt werden. Die hiernach erforderliche Prognose erfordert keine alle Eventualitäten berücksichtigende genaue Vorhersage, sondern eine ungefähre Einschätzung, welches Arbeitsentgelt nach der bisherigen Übung mit hinreichender Sicherheit zu erwarten ist. Prognose- bzw. Schätzungsgrundlage kann das Arbeitsentgelt des Vorjahres oder – bei Neueintritt von Arbeitnehmern – das Arbeitsentgelt vergleichbarer Mitarbeiter sein, wenn davon auszugehen ist, dass sich das Arbeitsentgelt bei normalem Ablauf der Dinge nicht relevant verändern wird. Erweist sich eine – richtige – Prognose im Nachhinein infolge nicht vorhersehbarer Umstände als unzutreffend, so bleibt sie für die Vergangenheit gleichwohl maßgebend. Der mit der ursprünglichen Prognose nicht mehr übereinstimmende Sachverhalt kann jedoch Anlass für eine neue Feststellung unter wiederum vorausschauender Betrachtung der Einkommensverhältnisse sein. Die gegebenenfalls vorzunehmende neue Prognose erfolgt zu dem Zeitpunkt, von dem an erkennbar wird, dass sich die Einkommensverhältnisse relevant ändern. Überschreitet daraufhin das regelmäßige Jahresarbeitsentgelt des Arbeitnehmers die Jahresarbeitsentgeltgrenze, tritt Versicherungsfreiheit mit Ablauf des Kalenderjahres ein. Bei Unterschreiten der Jahresarbeitsentgeltgrenze endet hingegen die Versicherungsfreiheit.

f) Vereinbarung eines Nettoarbeitsentgelts

Nach § 14 Abs. 2 SGB IV gelten bei einem vereinbarten Nettoarbeitsentgelt die Einnahmen des Arbeitnehmers einschließlich der darauf entfallenden Steuern (Lohnsteuer, gegebenenfalls Kirchensteuer sowie Solidaritätszuschlag) und der gesetzlichen Arbeitnehmeranteile an den Sozialversicherungsbeiträgen als Arbeitsentgelt. Zur Feststellung, ob bei einer Nettolohnvereinbarung Versicherungsfreiheit wegen Überschreitens der Jahresarbeitsentgeltgrenze besteht, ist zunächst das maßgebende Bruttoarbeitsentgelt durch Hochrechnung unter Berücksichtigung der vom Arbeitgeber übernommenen Steuern und – unter Annahme von Krankenversicherungspflicht – der vom Arbeitgeber übernommenen Arbeitnehmeranteile an den Sozialversicherungsbeiträgen zu ermitteln. Solange das auf diese Weise ermittelte Bruttoarbeitsentgelt nach Abzug des Arbeitnehmeranteils an den Beiträgen zur Kranken- und Pflegeversicherung die Jahresarbeitsentgeltgrenze nicht übersteigt, liegt Versicherungsfreiheit nicht vor (vgl. Urteil des BSG vom 19. Dezember 1995 – 12 RK 39/94 –, USK 9584).

Lohn-steuer-pflichtig Sozial-versich.-pflichtig

3. Maßgebende Jahresarbeitsentgeltgrenze

Die Jahresarbeitsentgeltgrenze ist seit dem 1. Januar 2003 formal von der Beitragsbemessungsgrenze der Rentenversicherung abgekoppelt. Seit diesem Zeitpunkt ist in § 6 Abs. 6 SGB V eine allgemeine Jahresarbeitsentgeltgrenze und daneben in § 6 Abs. 7 SGB V eine besondere Jahresarbeitsentgeltgrenze normiert. Die besondere Jahresarbeitsentgeltgrenze, die betragsmäßig niedriger ist als die allgemeine Jahresarbeitsentgeltgrenze, gilt aus Gründen des Bestands- und Vertrauensschutzes für Arbeitnehmer, die am 31. Dezember 2002 wegen Überschreitens der an diesem Tag geltenden Jahresarbeitsentgeltgrenze versicherungsfrei und bei einem privaten Krankenversicherungsunternehmen in einer substitutiven Krankenversicherung versichert waren. Die Voraussetzungen der Bestands- und Vertrauensschutzregelung erfüllen hingegen Personen, die am 31. Dezember 2002 aufgrund einer anderen Statuszugehörigkeit (z. B. als Beamte oder selbstständig Tätige) privat krankenversichert waren, nicht. Eine substitutive Krankenversicherung (§ 146 Versicherungsaufsichtsgesetz – VAG) ist eine private Krankenversicherung, die dem vollständigen oder teilweisen Ersatz der gesetzlichen Krankenversicherung dient; hierzu gehört beispielsweise die private Krankheitsvollversicherung. Die besondere Jahresarbeitsentgeltgrenze ist für die unter die Bestands- und Vertrauensschutzregelung fallenden Arbeitnehmer sowohl in dem am 31. Dezember 2002 bestehenden Beschäftigungsverhältnis anwendbar als auch für alle künftigen Beschäftigungsverhältnisse zu beachten, selbst wenn zwischenzeitlich Versicherungspflicht aufgrund eines anderen Tatbestandes (z. B. wegen des Bezugs von Arbeitslosengeld) bestanden hat. Für alle Arbeitnehmer, die nicht die Voraussetzungen der besonderen Jahresarbeitsentgeltgrenze erfüllen, gilt die allgemeine Jahresarbeitsentgeltgrenze des § 6 Abs. 6 SGB V. Die für das jeweilige Kalenderjahr maßgebenden Jahresarbeitsentgeltgrenzen werden in der Rechtsverordnung zur Festsetzung der Beitragsbemessungsgrenzen in der Rentenversicherung nach § 160 SGB VI zum 1. Januar eines jeden Jahres von der Bundesregierung unter Berücksichtigung der Entwicklung der Arbeitnehmereinkommen fortgeschrieben und neu festgesetzt (vgl. § 6 Abs. 6 Satz 4 und Abs. 7 Satz 2 SGB V). Die **allgemeine Jahresarbeitsentgeltgrenze** für das Jahr 2021 beträgt **64 350 EUR.** Die **besondere Jahresarbeitsentgeltgrenze** beträgt im Jahr 2021 **58 050 EUR.**

Übersicht

Höhe der Jahresarbeitsentgeltgrenzen nach § 6 Abs. 6 und 7 SGB V seit 2010

	„allgemeine" Jahresarbeitsentgeltgrenze (§ 6 Abs. 6 SGB V)	„besondere" Jahresarbeitsentgeltgrenze (§ 6 Abs. 7 SGB V)
2010	49 950 €	45 000 €
2011	49 500 €	44 550 €
2012	50 850 €	45 900 €
2013	52 200 €	47 250 €
2014	53 550 €	48 600 €
2015	54 900 €	49 500 €
2016	56 250 €	50 850 €
2017	57 600 €	52 200 €
2018	59 400 €	53 100 €
2019	60 750 €	54 450 €
2020	62 550 €	56 250 €
2021	**64 350 €**	**58 050 €**

J

Lohn-steuer-pflichtig | Sozial-versich.-pflichtig

4. Beginn der Versicherungsfreiheit bei Überschreiten der Jahresarbeitsentgeltgrenze

a) Überschreiten der Jahresarbeitsentgeltgrenze von Beginn der Beschäftigung an

Arbeitnehmer sind nach § 6 Abs. 1 Nr. 1 SGB V krankenversicherungsfrei, wenn ihr regelmäßiges Jahresarbeitsentgelt die Jahresarbeitsentgeltgrenze übersteigt. Die Versicherungsfreiheit besteht von Beginn der Beschäftigung an, wenn das regelmäßige Jahresarbeitsentgelt aus der zu beurteilenden Beschäftigung bei vorausschauender Betrachtungsweise die Jahresarbeitsentgeltgrenze übersteigt.

Beispiel

Beschäftigungsbeginn 1.1.2021: Gehalt 5500,– €

Regelm. Jahresarbeitsentgelt: 5500,– € × 12 = 66 000,– €

Krankenversicherungsfreiheit ab Beginn der Beschäftigung.

Besteht hingegen in dem Beschäftigungsverhältnis zunächst Versicherungspflicht, weil die Jahresarbeitsentgeltgrenze nicht überschritten ist, gilt für den Eintritt der Versicherungsfreiheit § 6 Abs. 4 SGB V. D. h. ein Ausscheiden aus der Versicherungspflicht ist grds. erst zum Ende des Kalenderjahres möglich.

J

Beispiel

Beschäftigungsbeginn 1.1.2021; Probezeit bis 31.3.2021; mtl. Gehalt 4000,– €

Weihnachtsgeld i.H. eines Gehaltes

Gehalt nach Ablauf der Probezeit 5000,– €

Regelm. Jahresarbeitsentgelt ab 1.1.2021: 4000,– € × 12 + Weihnachtsgeld (4000,– €) = 52 000,– €

Regelm. Jahresarbeitsentgelt ab 1.4.2021: 5000,– € × 12 + Weihnachtsgeld (5000,– €) = 65 000,– €

Ab Beginn der Beschäftigung besteht Krankenversicherungspflicht. Ab 1.4.2021 übersteigt das regelm. Jahresarbeitsentgelt die Grenze von 64 350,– EUR. Ein Ausscheiden zum 31.12.2021 kommt ggf. in Frage, wenn die Grenze des Jahres 2022 auch überschritten wird.

Tritt zu einer (für sich betrachtet) versicherungspflichtigen Beschäftigung eine aufgrund des Überschreitens der Jahresarbeitsentgeltgrenze krankenversicherungsfreie Beschäftigung hinzu, besteht vom Tag des Hinzutritts der weiteren (die Jahresarbeitsentgeltgrenze überschreitenden) Beschäftigung für den (dann) mehrfachbeschäftigten Arbeitnehmer auch in der bereits bestehenden Beschäftigung Versicherungsfreiheit. Dies gilt auch dann, wenn der Zeitraum, in dem sich die Beschäftigungen überschneiden, nur von kurzer Dauer ist.

Seit 1.1.2011 besteht die Möglichkeit, dass Berufsanfänger mit einem Arbeitsentgelt oberhalb der Versicherungspflichtgrenze ab Beginn ihrer Beschäftigung eine freiwilligen Mitgliedschaft in der gesetzlichen Krankenversicherung abschließen können. Das Wahlrecht als höher verdienender Arbeitnehmer zur gesetzlichen Krankenversicherung besteht damit grds. nur einmalig. Der Beitritt ist innerhalb von 3 Monaten nach Beschäftigungsaufnahme zu erklären. Diese Regelung gilt auch für Personen, die erstmals im Inland eine Beschäftigung aufnehmen. Diese Personen haben ein Beitrittsrecht zur gesetzlichen Krankenversicherung, auch wenn ihr Einkommen die Versicherungspflichtgrenze übersteigt.

b) Überschreiten der Jahresarbeitsentgeltgrenze im Laufe der Beschäftigung

Besteht für den Arbeitnehmer zunächst Versicherungspflicht, weil die Jahresarbeitsentgeltgrenze nicht überschritten wird, endet diese – im Falle der Entgelterhöhung – mit Ablauf des Kalenderjahres des Überschreitens, vorausgesetzt, dass das regelmäßige Jahresarbeitsentgelt auch die vom Beginn des nächsten Kalenderjahres an geltende Jahresarbeitsentgeltgrenze übersteigt (§ 6 Abs. 4 Satz 1 und 2 SGB V). Entsprechendes gilt im Falle des Überschreitens der Jahresarbeitsentgeltgrenze aufgrund

Lohn-steuer-pflichtig | Sozial-versich.-pflichtig

der Aufnahme einer weiteren (entweder mehr als geringfügigen oder zweiten oder weiteren geringfügigen) für sich betrachtet versicherungspflichtigen Beschäftigung. Für die Feststellung, ob das regelmäßige Jahresarbeitsentgelt auch die vom Beginn des nächsten Kalenderjahres an geltende Jahresarbeitsentgeltgrenze übersteigt, ist eine den Grundsätzen der vorausschauenden Betrachtung der Einkommensverhältnisse abweichende Verfahrensweise zu beachten. In diesen Fällen, in denen es um das Ausscheiden aus der Versicherungspflicht mit Ablauf des Kalenderjahres wegen Überschreitens der Jahresarbeitsentgeltgrenze geht, ist zum Ende/Ablauf des laufenden Kalenderjahres (Prognosezeitpunkt) das vereinbarte Arbeitsentgelt auf ein zu erwartendes Jahresarbeitsentgelt für das nächste Kalenderjahr (Prognosezeitraum) hochzurechnen. Prognosegrundlage sind dabei zunächst die zu diesem Zeitpunkt bestehenden Verhältnisse. Entsprechend dem Urteil des BSG vom 7. Juni 2018 – B 12 KR 8/16 R – USK 2018-15, sind allerdings die zum Prognosezeitpunkt objektiv feststehenden (z. B. durch vertragliche Regelungen) oder mit hinreichender Sicherheit absehbaren Entgeltveränderungen (z. B. aus Anlass des Entgeltausfalls wegen Beginn der Schutzfristen und einer sich anschließenden Elternzeit) in die Prognose mit einzubeziehen und zu berücksichtigen. Entgeltveränderungen sind sowohl Entgeltminderungen als auch Entgelterhöhungen. Bei einer Entgelterhöhung zum 1. Januar des Jahres, die erstmalig im Laufe der Beschäftigung zu einem Überschreiten der Jahresarbeitsentgeltgrenze führt, kommt es frühestens zum 31. Dezember dieses Jahres zum Ausscheiden aus der Versicherungspflicht. Grund hierfür ist, dass der Anspruch auf das erhöhte Entgelt erst im Laufe des Kalenderjahres (wenngleich auch zum 1. Januar) entstanden ist. Im gleichen Sinne regelt auch § 6 Abs. 4 Satz 3 SGB V, dass bei rückwirkender Erhöhung des Arbeitsentgelts die Krankenversicherungspflicht erst mit Ablauf des Kalenderjahres endet, in dem der Anspruch auf das erhöhte Arbeitsentgelt entstanden ist. Im Unterschied hierzu bleibt ein nach § 6 Abs. 1 Nr. 1 SGB V versicherungsfreier Arbeitnehmer, dessen regelmäßiges Arbeitsentgelt die Jahresarbeitsentgeltgrenze des laufenden und – allein aufgrund einer Entgelterhöhung zu Beginn des nächsten Kalenderjahres – auch des nächsten Kalenderjahres übersteigt, von der Krankenversicherungspflicht ausgenommen und damit (weiterhin) versicherungsfrei. Dies gilt auch dann, wenn das Arbeitsentgelt erst im Laufe des Monats Januar des nächsten Kalenderjahres mit Wirkung vom Ersten dieses Monats an erhöht wird und der Anspruch hierauf (z. B. durch tarif- oder arbeitsvertragliche Vereinbarung) spätestens bis zum 15. Januar entstanden ist (vgl. Urteil des BSG vom 31. August 1976 – 12/3/12 RK 21/74 –, USK 76126 in Verb. mit Punkt 1 der Niederschrift über die Besprechung der Spitzenorganisationen der Sozialversicherung vom 28./29. September 1977). Das Gesetz schiebt den Zeitpunkt, zu dem eine bestehende Versicherungspflicht als Arbeitnehmer wegen Überschreitens der Jahresarbeitsentgeltgrenze enden kann, damit generell auf das Kalenderjahresende hinaus. Die Anwendung der Überschreitensregelung des § 6 Abs. 4 SGB V unterscheidet nicht danach, aus welchem Grund die Jahresarbeitsentgeltgrenze überschritten wird. Es ist mithin unbedeutend, ob innerhalb eines Beschäftigungsverhältnisses das Überschreiten der Jahresarbeitsentgeltgrenze auf eine reine Entgelterhöhung zurückgeht oder diese mit einem beruflichen Aufstieg oder der Übernahme neuer Aufgaben verbunden ist. Auch eine Umwandlung des Beschäftigungsverhältnisses von Teilzeit- in Vollzeitarbeit oder der mit einer Entgelterhöhung einhergehende Statuswechsel vom Auszubildenden oder Teilnehmer an einem dualen Studiengang zum Arbeitnehmer (beim gleichen Arbeitgeber) führt frühestens mit Ablauf des Kalenderjahres des Überschreitens der Jahresarbeitsentgeltgrenze zum Ende der Versicherungspflicht. Übt ein Arbeitnehmer hingegen im unmittelbaren Anschluss an eine während des Studiums ausgeübte Beschäftigung, für die Versicherungsfreiheit

Lohn-steuer-pflichtig | Sozial-versich.-pflichtig

nach § 6 Abs. 1 Nr. 3 SGB V („Werkstudentenprivileg") bestand, beim selben Arbeitgeber eine Beschäftigung mit einem regelmäßigen Jahresarbeitsentgelt oberhalb der Jahresarbeitsentgeltgrenze aus, kommt die Regelung des § 6 Abs. 4 SGB V nicht zur Anwendung. Grund hierfür ist, dass aufgrund der Beschäftigung (während des Studiums) keine Versicherungspflicht als Arbeitnehmer besteht, die bis zum Kalenderjahresende fortzuführen wäre. In diesen Fällen besteht Versicherungsfreiheit in der Krankenversicherung nach § 6 Abs. 1 Nr. 1 SGB V mit Beginn der Beschäftigung, aus der heraus das regelmäßige Jahresarbeitsentgelt oberhalb der Jahresarbeitsentgeltgrenze erzielt wird.

c) Überschreiten der Jahresarbeitsentgeltgrenze nach Unterbrechung der Beschäftigung

Für Arbeitnehmer, die vor Inanspruchnahme der Elternzeit aufgrund der Höhe ihres regelmäßigen Jahresarbeitsentgelts in der gesetzlichen Krankenversicherung versicherungsfrei waren, stellt sich der Versicherungsstatus nach Beendigung der Elternzeit bei (Wieder-)Aufnahme der Beschäftigung bzw. Rückkehr zu den ursprünglichen Einkommensverhältnissen in Abhängigkeit von den Gegebenheiten während der Elternzeit differenziert dar. Hierbei sind im Wesentlichen 5 Fallgruppen zu unterscheiden:

aa) Während der Elternzeit wird keine Teilzeitbeschäftigung ausgeübt. Die (Wieder-)Aufnahme der Beschäftigung mit einem regelmäßigen Jahresarbeitsentgelt oberhalb der Jahresarbeitsentgeltgrenze nach Ende der Elternzeit führt von Beginn an zur Versicherungsfreiheit nach § 6 Abs. 1 Nr. 1 SGB V.

bb) Während der Elternzeit wird eine zulässige Teilzeitbeschäftigung beim gleichen Arbeitgeber, der die Elternzeit gewährt, ausgeübt. Von der Möglichkeit der Befreiung von der Versicherungspflicht nach § 8 Abs. 1 Nr. 2 SGB V wird kein Gebrauch gemacht. Die (Wieder-)Aufnahme der Beschäftigung mit einem regelmäßigen Jahresarbeitsentgelt oberhalb der Jahresarbeitsentgeltgrenze nach Ende der Elternzeit führt von Beginn der Beschäftigung an nicht zur Versicherungsfreiheit nach § 6 Abs. 1 Nr. 1 SGB V. Die aus Anlass der Ausübung der nicht vollen Erwerbstätigkeit während der Elternzeit bestehende Versicherungspflicht endet nach § 6 Abs. 4 Satz 1 SGB V frühestens zum Ablauf des Kalenderjahres, wenn die nicht volle Erwerbstätigkeit bis zum Ende der Elternzeit ausgeübt wird. Ein Ausscheiden aus der Versicherungspflicht kommt dementsprechend frühestens zum Ende des Kalenderjahres in Betracht, vorausgesetzt, dass die vom Beginn des nächsten Kalenderjahres an geltende Jahresarbeitsentgeltgrenze ebenfalls überschritten wird. Wird die nicht volle Erwerbstätigkeit während der Elternzeit nicht bis zum Ende der Elternzeit ausgeübt, zieht die (Wieder-)Aufnahme der Beschäftigung mit einem regelmäßigen Jahresarbeitsentgelt oberhalb der Jahresarbeitsentgeltgrenze nach Ende der Elternzeit von Beginn an Versicherungsfreiheit nach § 6 Abs. 1 Nr. 1 SGB V nach sich; § 6 Abs. 4 Satz 1 SGB V ist nicht anzuwenden.

cc) Während der Elternzeit wird eine zulässige Teilzeitbeschäftigung beim gleichen Arbeitgeber, der die Elternzeit gewährt, ausgeübt. Es wird von der Möglichkeit der Befreiung von der Versicherungspflicht nach § 8 Abs. 1 Nr. 2 SGB V Gebrauch gemacht. Die (Wieder-)Aufnahme der Beschäftigung mit einem regelmäßigen Jahresarbeitsentgelt oberhalb der Jahresarbeitsentgeltgrenze nach Ende der Elternzeit führt von Beginn der Beschäftigung an zur Versicherungsfreiheit nach § 6 Abs. 1 Nr. 1 SGB V. Die Regelung des § 6 Abs. 4 Satz 1 SGB V findet keine Anwendung, da keine Versicherungspflicht, die zum Ablauf des Kalenderjahres enden würde, besteht. Die Rückkehr zu den ursprünglichen Einkommensverhältnissen nach Ende der Elternzeit führt in diesen Fällen somit direkt zur Versicherungsfreiheit, wenn bei vorausschauender Betrachtung das regelmäßige Jahresarbeitsentgelt die Jahresarbeitsentgeltgrenze überschreitet.

Lohn-steuer-pflichtig | Sozial-versich.-pflichtig

dd) Während der Elternzeit wird eine zulässige Teilzeitbeschäftigung bei einem anderen Arbeitgeber als der, der die Elternzeit gewährt hat, ausgeübt. Von der Möglichkeit der Befreiung von der Versicherungspflicht nach § 8 Abs. 1 Nr. 2 SGB V wird kein Gebrauch gemacht. Die Ausführungen zur Fallgruppe b gelten gleichermaßen. Dies gilt ausdrücklich auch in den Fällen, in denen die nicht volle Erwerbstätigkeit bis zum Ende der Elternzeit ausgeübt wird und ein Ausscheiden aus der Versicherungspflicht nach § 6 Abs. 4 Satz 1 SGB V dementsprechend frühestens zum Ende des Kalenderjahres in Betracht kommt. Die bis zum Ende der Elternzeit ausgeübte nicht volle Erwerbstätigkeit und die sich unmittelbar anschließende wieder aufgenommene Beschäftigung gebieten eine einheitliche Betrachtung des Versicherungsverhältnisses. Von daher sind die Betroffenen denjenigen Arbeitnehmern gleichzustellen, die während der Elternzeit eine zulässige Teilzeitbeschäftigung beim gleichen Arbeitgeber ausüben (so auch Urteil des BSG vom 25. Februar 1997 – 12 RK 51/96 –, USK 9701 zum Ausscheiden aus der Krankenversicherungspflicht im Anschluss an eine Beschäftigung während des Grundwehrdienstes bei Wiederaufnahme der Beschäftigung nach Beendigung des Grundwehrdienstes).

ee) Während der Elternzeit wird eine zulässige Teilzeitbeschäftigung bei einem anderen Arbeitgeber als der, der die Elternzeit gewährt hat, ausgeübt. Es wird von der Möglichkeit der Befreiung von der Versicherungspflicht nach § 8 Abs. 1 Nr. 2 SGB V Gebrauch gemacht. Die Ausführungen zur Fallgruppe cc gelten gleichermaßen.

d) Ausscheiden aus der gesetzlichen Krankenversicherung

Die Mitgliedschaft versicherungspflichtiger Arbeitnehmer, deren Versicherungspflicht wegen Überschreitens der maßgebenden Jahresarbeitsentgeltgrenze mit Ablauf des Kalenderjahres erlischt, wird grundsätzlich als freiwillige Mitgliedschaft im Rahmen der sog. obligatorischen Anschlussversicherung nach § 188 Abs. 4 Satz 1 SGB V fortgeführt. Die freiwillige Mitgliedschaft ist für die aus der Versicherungspflicht ausscheidenden Arbeitnehmer nicht an die Erfüllung bestimmter Vorversicherungszeiten im System der gesetzlichen Krankenversicherung geknüpft. Die freiwillige Mitgliedschaft im Rahmen der sog. obligatorischen Anschlussversicherung kommt allerdings nicht zustande, wenn das Mitglied innerhalb von zwei Wochen nach Hinweis der Krankenkasse über die Austrittsmöglichkeit seinen Austritt aus der gesetzlichen Krankenversicherung erklärt. Der Austritt wird nach § 188 Abs. 4 Satz 2 SGB V allerdings nur wirksam, wenn das Bestehen einer anderweitigen Absicherung im Krankheitsfall nachgewiesen wird (z. B. durch eine Krankheitskostenvollversicherung eines Unternehmens der privaten Krankenversicherung) und diese Absicherung sich lückenlos an die vorangegangene Versicherung anschließt. Näheres zur Austrittserklärung enthalten die „Grundsätzliche Hinweise zur Umsetzung der obligatorischen Anschlussversicherung nach § 188 Abs. 4 SGB V" in der jeweils aktuellen Fassung. Dem Ausscheiden aus der gesetzlichen Krankenversicherung steht im Übrigen nicht entgegen, dass die „allgemeine" Mindestbindung nach § 175 Abs. 4 Satz 1 SGB V oder die Mindestbindung nach § 53 Abs. 8 SGB V bei Teilnahme an einem Wahltarif gegebenenfalls nicht erfüllt ist. Sofern gegen Ende des Kalenderjahres bereits mit hinreichender Sicherheit angenommen werden kann, dass vom nächsten Kalenderjahr an Krankenversicherungsfreiheit wegen Überschreitens der Jahresarbeitsentgelt-

J

Lohn-steuer-pflichtig Sozial-versich.-pflichtig

geltgrenze bestehen wird, sollten Austrittserklärungen bereits angenommen werden, ungeachtet dessen, dass sich die Wirksamkeit derartiger Willenserklärungen noch nicht entfalten kann. Die entsprechenden Mitgliedschaften wären dann, ggf. nach der Meldung durch den Arbeitgeber über die Änderung der Beitragsgruppe, mit Ablauf des Kalenderjahres zu beenden.

5. Ende der Versicherungsfreiheit bei Unterschreiten der Jahresarbeitsentgeltgrenze

a) Minderung des Jahresarbeitsentgelts

Die Versicherungsfreiheit nach § 6 Abs. 1 Nr. 1 SGB V endet, wenn das regelmäßige Jahresarbeitsentgelt die Jahresarbeitsentgeltgrenze nicht mehr übersteigt. Dabei tritt das Ende der Versicherungsfreiheit unmittelbar ein, das heißt mit dem Tag, der dem Tag vorhergeht, von dem an die Jahresarbeitsentgeltgrenze unterschritten wird, und nicht erst mit dem Ende des Kalenderjahres; § 6 Abs. 4 Satz 1 SGB V ist im Falle des Unterschreitens der Jahresarbeitsentgeltgrenze nicht entsprechend anzuwenden. Eine Minderung des regelmäßigen Jahresarbeitsentgelts auf einen Betrag unterhalb der Jahresarbeitsentgeltgrenze führt dementsprechend zur Versicherungspflicht des Arbeitnehmers, sofern nicht andere Regelungen (z. B. die Versicherungsfreiheit nach § 6 Abs. 3a SGB V für Arbeitnehmer, die bei Erfüllung des Versicherungspflichttatbestandes das 55. Lebensjahr bereits vollendet haben und ohne ausreichende GKV-Vorversicherung sind) den Eintritt der Versicherungspflicht verhindern. Die Versicherungsfreiheit endet grundsätzlich auch dann, wenn die Entgeltminderung ihrem Anschein nach nur vorübergehender Natur oder zeitlich befristet ist, es sei denn, die Entgeltminderung ist nur von kurzer Dauer. Eine zu Beginn der Minderung des laufenden Arbeitsentgelts gegebenenfalls bereits absehbare Rückkehr zu den Verhältnissen vor der Entgeltminderung bleibt bei der versicherungsrechtlichen Beurteilung zunächst unberücksichtigt. Erst die mit dem Wegfall der befristeten Entgeltminderung einhergehende Änderung der Einkommensverhältnisse bzw. die Rückkehr zu den ursprünglichen Einkommensverhältnissen löst – von diesem Zeitpunkt an – eine neue zukunftsbezogene Feststellung des regelmäßigen Jahresarbeitsentgelts und eine daran geknüpfte versicherungsrechtliche Bewertung aus. Ergibt diese Beurteilung ein Überschreiten der Jahresarbeitsentgeltgrenze, endet die Versicherungspflicht jedoch nicht sofort, sondern frühestens mit Ablauf des Kalenderjahres, wenn das Entgelt auch die vom Beginn des nächsten Kalenderjahres an geltende Jahresarbeitsentgeltgrenze übersteigt (§ 6 Abs. 4 Satz 1 und 2 SGB V). Ein bei vorliegender Versicherungsfreiheit nur vorübergehendes Unterschreiten der Jahresarbeitsentgeltgrenze, das ohne Auswirkungen auf den Versicherungsstatus bleibt, wird nur in engen Grenzen für zulässig und vertretbar erachtet und ist auf wenige Sachverhalte beschränkt. Hier in Betracht kommen im Wesentlichen die Fälle der Kurzarbeit (mit Ausnahme des Bezugs von Transferkurzarbeitergeld) und der stufenweisen Wiedereingliederung in das Erwerbsleben. In diesen Fällen bleibt der Versicherungsstatus für die Dauer des jeweiligen Tatbestandes unverändert. Dies ist gerechtfertigt, da das aus Anlass der Kurzarbeit oder der Wiedereingliederung ausfallende regelmäßige Arbeitsentgelt durch eine Entgeltersatzleistung (Kurzarbeitergeld bzw. Krankengeld) ersetzt wird und der eigentliche Entgeltanspruch dem Grunde nach unberührt bleibt. Darüber hinaus lässt eine zeitlich befristete Minderung des laufenden Arbeitsentgelts bei absehbarer Rückkehr zu den oder annähernd den Verhältnissen vor der Entgeltminderung die Versicherungsfreiheit dann fortbestehen, wenn die Entgeltminderung nur von kurzer Dauer ist und insofern bei einer Gesamtschau nicht von einem regelmäßigen (geminderten) Arbeitsentgelt ausgegangen werden kann. Für eine Entgeltminderung von nur kurzer Dauer kann nicht auf starre Zeitgrenzen zurückgegriffen werden; sie ist in aller Regel jedoch anzunehmen, wenn die vorübergehende Minderung des Arbeitsentgelts nicht mehr als drei Monate ausmacht. Die Versicherungsfreiheit besteht bei einer zeitlich befristeten Minderung des Arbeitsentgelts infolge Ausübung einer Teilzeitbeschäftigung während der Elternzeit oder im Rahmen einer Freistellung nach § 3 des Pflegezeitgesetzes nicht fort, es sei denn, das regelmäßige Jahresarbeitsentgelt aus der Teilbeschäftigung übersteigt die Jahresarbeitsentgeltgrenze. Eine vorübergehende Absenkung des Arbeitsentgelts aufgrund kollektivrechtlicher Beschäftigungssicherungsvereinbarungen lässt die Versicherungsfreiheit dagegen enden, wenn dadurch die Jahresarbeitsentgeltgrenze unterschritten wird. Derartige Vereinbarungen waren in der Vergangenheit – entsprechend der damaligen Regelung in § 421t Abs. 2 Nr. 3 SGB III – aus beschäftigungspolitischen Erwägungen dem Bezug von Kurzarbeitergeld für eine befristete Zeit gleichzustellen und führten für die betroffenen Arbeitnehmer nicht zu einer Änderung im Versicherungsstatus. Diese Regelung hat jedoch seit dem 1. April 2012 keine Bedeutung mehr, ungeachtet dessen, dass die Sonderbemessungsregelung zu den kollektivrechtlichen Vereinbarungen zur Beschäftigungssicherung, die dem Kurzarbeitergeld vorgelagert sind, dauerhaft in die Regelungen zum Kurzarbeitergeld übernommen worden sind.

J

b) Anhebung der Jahresarbeitsentgeltgrenze

Das Ende der Versicherungsfreiheit nach § 6 Abs. 1 Nr. 1 SGB V tritt auch ein, wenn das Unterschreiten der Jahresarbeitsentgeltgrenze auf die Anhebung der Jahresarbeitsentgeltgrenze zurückzuführen ist.

Beispiel

Regelmäßiges Jahresarbeitsentgelt 63 000,– €

Jahresarbeitsentgeltgrenze 2020 62 550,– €

Der Arbeitnehmer war somit im Kalenderjahr 2020 krankenversicherungsfrei.

Für 2021 wird die Jahresarbeitsentgeltgrenze angehoben auf 64 350,– €.

Der Arbeitnehmer wird ab 1.1.2021 krankenversicherungspflichtig.

In diesem Fall haben betroffene Arbeitnehmer allerdings die Möglichkeit der Befreiung von der Versicherungspflicht nach § 8 Abs. 1 Nr. 1 SGB V.

c) Unterbrechungen des entgeltlichen Beschäftigungsverhältnisses

Wird die Beschäftigung eines nach § 6 Abs. 1 Nr. 1 SGB V versicherungsfreien Arbeitnehmers ohne Entgeltzahlung unterbrochen, gilt nach § 7 Abs. 3 Satz 1 SGB IV die Beschäftigung gegen Arbeitsentgelt als fortbestehend, längstens jedoch für einen Monat. Diese Fiktion des für eine begrenzte Zeit fortdauernden entgeltlichen Beschäftigungsverhältnisses erfasst auch die nach § 6 Abs. 1 Nr. 1 SGB V versicherungsfreien Arbeitnehmer. Sie führt dazu, dass die Versicherungsfreiheit bei einem fortbestehenden Beschäftigungsverhältnis mit unterbrochener Arbeitsentgeltzahlung zunächst fortwirkt, spätestens jedoch nach Ablauf eines Monats endet. Bei Unterbrechung des entgeltlichen Beschäftigungsverhältnisses aus Anlass der Inanspruchnahme von Elternzeit – unabhängig von der Dauer der beanspruchten Elternzeit – endet die Versicherungsfreiheit nach § 6 Abs. 1 Nr. 1 SGB V mit Beginn der Elternzeit; der Monatszeitraum des § 7 Abs. 3 Satz 1 SGB V findet keine Anwendung (§ 7 Abs. 3 Satz 3 SGB IV). Gleiches gilt bei einer Freistellung von der Arbeitsleistung nach § 3 des Pflegezeitgesetzes (§ 7 Abs. 3 Satz 4 SGB IV). Das Ende der Versicherungsfreiheit nach § 6 Abs. 1 Nr. 1 SGB V lässt allerdings nicht den Rückschluss zu, dass im Anschluss daran Versicherungspflicht eintritt. Der Eintritt von Versicherungspflicht für Arbeitnehmer verlangt die Beschäftigung gegen Entgelt; genau hieran fehlt es in diesen Sachverhalten. Wird im Anschluss an die Elternzeit unbezahlter Urlaub oder eine andere Art der Freistellung von der Arbeitsleistung ohne Entgeltzahlung vereinbart bzw. in Anspruch genommen, besteht ebenfalls

Lohn-steuer-pflichtig Sozial-versich.-pflichtig

keine Versicherungsfreiheit nach § 6 Abs. 1 Nr. 1 SGB V, da bereits während der Elternzeit der Tatbestand des Überschreitens der Jahresarbeitsentgeltgrenze wegen des vollständigen Wegfalls des Arbeitsentgelts nicht mehr erfüllt ist. Zwar gilt in diesen Fällen das entgeltliche Beschäftigungsverhältnis nach § 7 Abs. 3 Satz 1 SGB IV für den ersten Monat des unbezahlten Urlaubs oder der anderen Art der Freistellung von der Arbeitsleistung ohne Entgeltzahlung als fortbestehend. In der Konsequenz führt die fehlende Entgeltzahlung mit Beginn des zweiten Monats zu einem Ende des Beschäftigungsverhältnisses. Damit verbunden ist die Pflicht des Arbeitgebers zur Abgabe einer Abmeldung zur Renten- und Arbeitslosenversicherung. Ein Fortbestehen der Versicherungsfreiheit nach § 6 Abs. 1 Nr. 1 SGB V wird in diesen Fällen jedoch nicht angenommen. Die gleichen versicherungsrechtlichen Folgen ergeben sich im Übrigen in den Fällen, in denen nach dem Ende des Krankengeldbezugs (insbesondere durch Erreichen der Höchstanspruchsdauer) die entgeltliche Beschäftigung bei Fortbestehen des Arbeitsverhältnisses nicht (wieder) aufgenommen wird. Dem steht nicht entgegen, dass die Frage des Fortbestehens der Versicherungsfreiheit nach § 6 Abs. 1 Nr. 1 SGB V für die Dauer des Krankengeldbezugs anders bewertet wird als während der Elternzeit. Entscheidend ist, dass der vorübergehende Charakter des Entgeltwegfalls und die damit einhergehende Fortdauer der Versicherungsfreiheit nach § 6 Abs. 1 Nr. 1 SGB V typischerweise nicht mehr unterstellt werden kann.

Zu den Zeiten der Unterbrechung eines entgeltlichen Beschäftigungsverhältnisses, die ohne Auswirkungen auf den krankenversicherungsrechtlichen Status bleiben, zählen insbesondere:

- Zeiten der Arbeitsunfähigkeit nach Ablauf der Entgeltfortzahlung (unabhängig davon, ob Krankengeld oder Krankentagegeld gezahlt wird),
- Zeiten des Bezugs von Verletztengeld, Übergangsgeld oder Versorgungskrankengeld,
- Zeiten des Bezugs von Mutterschaftsgeld,
- Zeiten des Bezugs von Kurzarbeitergeld mit Ausnahme des Transferkurzarbeitergeldes nach § 111 SGB III,
- Zeiten, in denen sich der Arbeitnehmer rechtmäßig im Arbeitskampf befand,
- Zeiten der Teilnahme an einer Eignungsübung.

d) Nachträglich festgestelltes Ende der Versicherungsfreiheit

Die Versicherungsfreiheit nach § 6 Abs. 1 Nr. 1 SGB V endet mit dem Unterschreiten der Jahresarbeitsentgeltgrenze, und zwar auch dann, wenn erst nachträglich festgestellt wird (z. B. im Rahmen von Betriebsprüfungen), dass die Jahresarbeitsentgeltgrenze unterschritten ist. Sofern der Arbeitnehmer in der gesetzlichen Krankenversicherung freiwillig versichert ist, endet mit dem Eintritt der Versicherungspflicht auch die freiwillige Krankenversicherung (§ 191 Nr. 2 SGB V). Aus verwaltungspraktischen Erwägungen wird in diesen Fällen akzeptiert, dass das Versicherungsverhältnis in der gesetzlichen Krankenversicherung nicht rückwirkend, sondern zukunftsorientiert berichtigt bzw. umgestellt wird. Bei entsprechenden Feststellungen im Rahmen von Betriebsprüfungen haben sich die Spitzenorganisationen der Sozialversicherung darauf verständigt, die Krankenversicherungspflicht mit Beginn des Monats, der dem Datum des Prüfbescheides folgt, eintreten zu lassen. Im Prüfbescheid wird der Arbeitgeber darauf hingewiesen, dass er von diesem Zeitpunkt an das Krankenversicherungsverhältnis umzustellen und die entsprechenden Änderungen (Anzeige des Beitragsgruppenwechsels) zu melden hat. Die vorstehenden Ausführungen gelten nicht, wenn während der Versicherungsfreiheit eine private Krankenversicherung bestand. In diesen Fällen ist das Versicherungsverhältnis entsprechend der wahren Rechtslage abzuwickeln; dementsprechend ist das Bestehen von Krankenversicherungspflicht auch rückwirkend festzustellen. Dem steht nicht entgegen, dass sich dadurch unter Umständen eine Doppelversicherung in der gesetzlichen und privaten Krankenversicherung ergeben kann, weil nur eingeschränkte Möglichkeiten der Rückabwicklung des privaten Versicherungsvertrages bestehen.

6. Folgewirkungen der Versicherungsfreiheit

a) Auswirkungen der Versicherungsfreiheit auf andere Versicherungstatbestände

Arbeitnehmer, die nach § 6 Abs. 1 Nr. 1 SGB V versicherungsfrei sind, bleiben nach § 6 Abs. 3 Satz 1 SGB V auch dann versicherungsfrei, wenn sie die Voraussetzungen der Versicherungspflicht nach § 5 Abs. 1 Nr. 1 oder Nr. 5 bis 13 SGB V erfüllen. Hierüber wirkt die Krankenversicherungsfreiheit nicht nur auf den jeweiligen zur Versicherungsfreiheit führenden Tatbestand, sondern absolut auch auf andere Versicherungstatbestände, die der Arbeitnehmer nebenher verwirklicht (z. B. nach § 5 Abs. 1 Nr. 11 SGB V als Rentenbezieher oder nach § 189 SGB V als Rentenantragsteller). Im Falle der Mehrfachbeschäftigung findet § 6 Abs. 3 Satz 1 SGB V allerdings insofern keine Anwendung, als bei einem Überschreiten der Jahresarbeitsentgeltgrenze allein durch das regelmäßige Arbeitsentgelt aus einer Beschäftigung auch in allen weiteren Beschäftigungen von einem Überschreiten der Jahresarbeitsentgeltgrenze auszugehen ist, sodass die Versicherungsfreiheit nach § 6 Abs. 1 Nr. 1 SGB V auf alle Beschäftigungen ausstrahlt.

b) Auswirkungen der Versicherungsfreiheit auf die landwirtschaftliche Krankenversicherung

Nach § 3a Nr. 1 KVLG 1989 sind unter anderem Personen wegen Versicherungsfreiheit aus der Pflichtversicherung in der landwirtschaftlichen Krankenversicherung (LKV) ausgeschlossen, die die Voraussetzungen für die Versicherungsfreiheit als höherverdienender Arbeitnehmer im Sinne des § 6 Abs. 1 Nr. 1 SGB V erfüllen; § 6 Abs. 4 SGB V gilt. Übt ein landwirtschaftlicher Unternehmer, der aufgrund der Bewirtschaftung eines landwirtschaftlichen Unternehmens der Krankenversicherungspflicht nach § 2 Abs. 1 Nr. 1 KVLG 1989 unterliegt, daneben eine abhängige Beschäftigung gegen ein regelmäßiges Jahresarbeitsentgelt aus, das die Jahresarbeitsentgeltgrenze übersteigt und deshalb aufgrund dieser Beschäftigung versicherungsfrei nach § 6 Abs. 1 Nr. 1 SGB V ist, führt diese Versicherungsfreiheit nach § 3a Nr. 1 KVLG 1989 zugleich zur Versicherungsfreiheit in der Tätigkeit als landwirtschaftlicher Unternehmer. Mitarbeitende Familienangehörige unterliegen der Versicherungspflicht in der LKV nach § 2 Abs. 1 Nr. 3 KVLG 1989 auch dann, wenn sie in dem landwirtschaftlichen Unternehmen als Arbeitnehmer beschäftigt sind und ihr regelmäßiges Jahresarbeitsentgelt die Jahresarbeitsentgeltgrenze übersteigt (vgl. Urteil des BSG vom 5. Februar 1976 – 11 RK 2/75 –, USK 7601). In diesen Fällen ist die landwirtschaftliche Krankenkasse für die Durchführung der Pflichtmitgliedschaft in der LKV zuständig; § 3a Nr. 1 KVLG 1989 in Verb. mit § 6 Abs. 1 Nr. 1 SGB V findet insoweit keine Anwendung. Steht jedoch der in der LKV aufgrund der Versicherungspflicht nach § 2 Abs. 1 Nr. 3 KVLG 1989 versicherte mitarbeitende Familienangehörige gleichzeitig in einem anderen nach § 5 Abs. 1 Nr. 1 SGB V dem Grunde nach krankenversicherungspflichtigen Beschäftigungsverhältnis außerhalb der Landwirtschaft und überschreitet das regelmäßige Jahresarbeitsentgelt aus der weiteren Beschäftigung im Sinne des § 42 Abs. 2 KVLG 1989 die Jahresarbeitsentgeltgrenze, ist diese Beschäftigung krankenversicherungsfrei nach § 6 Abs. 1 Nr. 1 SGB V mit der Folge, dass diese Krankenversicherungsfreiheit nach § 3a Nr. 1 KVLG 1989 zugleich auf die Beschäftigung als mitarbeitender Familienangehöriger durchgreift.

J

Lohn- steuer- pflichtig | Sozial- versich.- pflichtig

J

7. Befreiung von der Versicherungspflicht

a) Voraussetzungen für die Befreiung

Arbeitnehmer, die wegen Änderung der Jahresarbeitsentgeltgrenze krankenversicherungspflichtig werden, können sich nach § 8 Abs. 1 Nr. 1 SGB V auf Antrag von der Versicherungspflicht befreien lassen. Die Befreiung von der Versicherungspflicht setzt voraus, dass ein bislang nach § 6 Abs. 1 Nr. 1 SGB V versicherungsfreier Arbeitnehmer durch eine Änderung der Jahresarbeitsentgeltgrenze, die sich in aller Regel als Anhebung zum 1. Januar eines jeden Jahres darstellt, versicherungspflichtig wird. Zwischen der Anhebung der Jahresarbeitsentgeltgrenze und dem Eintritt der Krankenversicherungspflicht des Arbeitnehmers muss mithin ein Zusammenhang bestehen; tritt die Versicherungspflicht dagegen wegen Minderung des regelmäßigen Jahresarbeitsentgelts ein, wird das Befreiungsrecht nicht ausgelöst. Durch die Befreiungsregelung erhalten privat krankenversicherte Arbeitnehmer die Möglichkeit, ihren privaten Krankenversicherungsschutz fortzuführen. Eine Befreiung von der Krankenversicherungspflicht zugunsten einer freiwilligen Krankenversicherung, nachrangigen Versicherungspflicht nach § 5 Abs. 1 Nr. 13 SGB V oder Familienversicherung ist nicht möglich bzw. ausgeschlossen. Die Befreiung von der Krankenversicherungspflicht ist antragsgebunden. Der Antrag ist nach § 8 Abs. 2 Satz 1 SGB V innerhalb von drei Monaten nach Beginn der Krankenversicherungspflicht zu stellen. Er ist an die bzw. eine Krankenkasse zu richten, die im Falle des Bestehens von Krankenversicherungspflicht nach § 173 Abs. 2 SGB V wählbar wäre, unabhängig davon, an welche Krankenkasse als zuständige Einzugsstelle nach § 28i Satz 2 SGB IV bislang die Beiträge zur Renten- und Arbeitslosenversicherung gezahlt worden sind. Die Wahl der Krankenkasse hinsichtlich der Befreiung von der Krankenversicherungspflicht gilt im Falle der Ablehnung der Befreiung gleichzeitig als Wahl der Krankenkasse für die Durchführung der Mitgliedschaft aufgrund der versicherungspflichtigen Beschäftigung. Wird die Befreiung erst zwei Wochen nach Eintritt der Versicherungspflicht beantragt, entscheidet die Krankenkasse über die Befreiung, bei der im Zeitpunkt der Antragstellung die Mitgliedschaft gemäß § 175 Abs. 3 Satz 1 und 2 SGB V geführt wird oder zu führen ist. Seit 1. August 2013 ist eine Befreiung nur möglich, wenn der Betroffene einen anderweitigen Anspruch auf Absicherung im Krankheitsfall hat und diesen nachweist (§ 8 Abs. 2 Satz 4 SGB V). Dabei muss das Bestehen einer anderweitigen Absicherung im Krankheitsfall bereits für den Zeitpunkt nachgewiesen werden, an dem die Befreiung ihre Wirkung entfaltet. Das in diesem Zusammenhang (positiv) verwendete Tatbestandsmerkmal des anderweitigen Anspruchs auf Absicherung im Krankheitsfall ist inhaltlich deckungsgleich mit dem in § 5 Abs. 1 Nr. 13 SGB V (negativ) verwendeten Tatbestandsmerkmal des anderweitigen Anspruchs auf Absicherung im Krankheitsfall. An eine anderweitige Absicherung im Sinne des § 8 Abs. 2 Satz 4 SGB V werden mithin keine anderen Anforderungen gestellt als im Anwendungsbereich der Regelung zum Ausschluss der nachrangigen Versicherungspflicht. Eine Absicherung auf dem Sicherungsniveau des § 193 Abs. 3 Satz 1 VVG genügt von daher auch den Anforderungen an eine Befreiung von der Versicherungspflicht.

b) Wirkungen der Befreiung

Die Befreiung wirkt vom Beginn der Versicherungspflicht an, wenn seit diesem Zeitpunkt noch keine Leistungen (einschließlich Leistungen für nach § 10 SGB V familienversicherte Angehörige) in Anspruch genommen wurden, sonst vom Beginn des Kalendermonats an, der auf die Antragstellung folgt (§ 8 Abs. 2 Satz 2 SGB V). Die Befreiung von der Krankenversicherungspflicht kann nicht widerrufen werden (§ 8 Abs. 2 Satz 3 SGB V). Die Befreiung von der Krankenversicherungspflicht nach § 8 SGB V wirkt tatbestandsbezogen auf das jeweilige Versicherungspflichtverhältnis, das zur Befreiung geführt hat. Befreiungsentscheidungen sind danach nur auf das jeweilige Versicherungspflichtverhältnis, aus dessen Anlass sie ausgesprochen werden, bezogen. Die Befreiung von der Versicherungspflicht nach § 8 Abs. 1 Nr. 1 SGB V wegen Erhöhung der Jahresarbeitsentgeltgrenze wirkt dementsprechend nicht über das Ende des Versicherungspflichttatbestandes (hier: das entgeltliche Beschäftigungsverhältnis), für den die Befreiung ausgesprochen worden ist, hinaus, wenn hiernach Versicherungspflicht aufgrund eines anderen Versicherungspflichttatbestandes eintritt (Urteil des BSG vom 25. Mai 2011 – B 12 KR 9/09 R –, USK 2011-65). Über die Regelung des § 6 Abs. 3 SGB V wirkt die Befreiung auch auf andere Versicherungspflichttatbestände, sodass die von der Versicherungspflicht befreiten Personen für die Dauer der Befreiung auch dann nicht versicherungspflichtig werden, wenn sie eine der in § 5 Abs. 1 Nr. 1 oder Nr. 5 bis 13 SGB V genannten Voraussetzungen erfüllen. Die Befreiung von der Krankenversicherungspflicht nach § 8 Abs. 1 Nr. 1 SGB V entfaltet keine Regelungswirkung für eine im Anschluss an das Ende der Beschäftigung eintretende Versicherungspflicht wegen eines anderen Tatbestandes (z. B. aufgrund des Bezugs von Arbeitslosengeld nach § 5 Abs. 1 Nr. 2 SGB V). Das Vorliegen eines anderen Versicherungspflichttatbestandes führt vielmehr dazu, dass sich zu diesem Zeitpunkt die Befreiung und der sie feststellende Verwaltungsakt im Sinne des § 39 Abs. 2 SGB X auf andere Weise erledigen. Aufgrund dieser Erledigung zieht die erneute Aufnahme einer Beschäftigung unter den Voraussetzungen des § 5 Abs. 1 Nr. 1 SGB V Versicherungspflicht nach sich. Ein Fortwirken der Befreiung über das einzelne (zur Befreiung führende) Beschäftigungsverhältnis ist jedoch dann anzunehmen, wenn im unmittelbaren Anschluss hieran oder auch nach einer kurzfristigen (sozialversicherungsrechtlich irrelevanten) Unterbrechung eine neue Beschäftigung aufgenommen wird, die grundsätzlich nach § 5 Abs. 1 Nr. 1 SGB V versicherungspflichtig wäre. Dies gilt auch für weitere (noch folgende) Beschäftigungen. Als kurzfristige Unterbrechungen im vorstehenden Sinne werden Zeiträume von bis zu einem Monat angesehen, in denen kein anderer Versicherungspflichttatbestand vorliegt. Die Befreiung von der Krankenversicherungspflicht bewirkt, dass auch keine Versicherungspflicht in der sozialen Pflegeversicherung eintritt.

8. Ausschluss der Versicherungspflicht für ältere Arbeitnehmer

Personen, die erst nach Vollendung des 55. Lebensjahrs versicherungspflichtig würden, sind in der gesetzlichen Krankenversicherung versicherungsfrei, wenn in den letzten 5 Jahren vor Beginn der an sich versicherungspflichtigen Tätigkeit kein gesetzlicher Krankenversicherungsschutz bestanden hat (also keine Pflichtversicherung, keine freiwillige Versicherung, keine Familienversicherung, § 6 Abs. 3a SGB V).

Dieser Ausschluss von der gesetzlichen Krankenversicherung trifft vor allem ältere Arbeitnehmer, die privat versichert sind, aber wegen einer Minderung ihres Arbeitsentgelts (z. B. wegen Altersteilzeitarbeit) die Jahresarbeitsentgeltgrenze nicht mehr überschreiten. Sie erhalten vom Arbeitgeber einen Beitragszuschuss zum privaten Krankenversicherungsbeitrag. Einzelheiten hierzu siehe Punkt 4b) im Teil B. Grundsätzliches zur Kranken-, Pflege-, Renten- und Arbeitslosenversicherung.

9. Meldepflichten

Bei Wegfall der Versicherungsfreiheit wegen Überschreitens der Jahresarbeitsentgeltgrenze ist eine Abmeldung unter Angabe der Schlüsselzahl „31“ oder „32“ erforderlich. Gleichzeitig ist unter Angabe der Schlüsselzahl „11“ oder „12“ eine Anmeldung zu erstatten.

Bei Eintritt der Versicherungsfreiheit ab Beginn der Beschäftigung ist eine Anmeldung mit der Angabe der

Lohn-steuer-pflichtig Sozial-versich.-pflichtig

Schlüsselzahl „10" vorzunehmen. Bei Eintritt der Versicherungsfreiheit in einem laufenden und fortbestehenden Beschäftigungsverhältnis ist zunächst eine Abmeldung mit der Angabe der Schlüsselzahl „12" und danach eine Anmeldung mit der Schlüsselzahl „32" vorzunehmen. Bei der Beitragsgruppe ist in der Anmeldung an der ersten Stelle eine „0" zu melden.

Auf die ausführlichen Erläuterungen im Anhang 15 wird hingewiesen.

Jahresarbeitszeitkonto

siehe „Arbeitszeitkonten"

Jahresausgleich

siehe „Lohnsteuer-Jahresausgleich durch den Arbeitgeber"

Jahresmeldung

Nach Ablauf eines Kalenderjahres haben die Arbeitgeber für die Versicherungspflichtigen den Zeitraum der Beschäftigung im vergangenen Jahr und die Höhe des beitragspflichtigen Arbeitsentgelts – unter Berücksichtigung der Beitragsbemessungsgrenze in der Renten- und Arbeitslosenversicherung – mit der 1. folgenden Lohn- und Gehaltsabrechnung, **spätestens bis zum 15. Februar** des folgenden Jahres zu melden.

Da diese Abgabefrist vor dem Ende der sog. Märzklausel (Zeitraum 1. Januar bis 31. März) liegt, kann es vorkommen, dass einmalig gezahltes Arbeitsentgelt dem Vorjahr zuzuordnen ist und demzufolge in der Jahresmeldung noch nicht berücksichtigt werden konnte. Hier ist demnach eine Sondermeldung mit dem Abgabegrund 54 zu erstatten.

Die Jahresmeldung ist nur zu erstatten, wenn das Beschäftigungsverhältnis über das Jahresende hinaus unverändert fortbesteht. Ist zum Jahresende eine Abmeldung notwendig, z. B. wegen Ende des Beschäftigungsverhältnisses oder Ende der Versicherungspflicht, entfällt die Jahresmeldung; die notwendigen Daten werden mit der Abmeldung an den Rentenversicherungsträger übermittelt. Wurde bereits in dem Kalenderjahr eine Unterbrechungsmeldung oder wegen versicherungsrechtlicher Änderungen eine Abmeldung und Neuanmeldung erstattet, darf nur das noch nicht gemeldete beitragspflichtige Arbeitsentgelt in die Jahresmeldung aufgenommen werden.

Bei der Abgabe der Meldung ist auf Folgendes zu achten:

Es ist das **Bruttoarbeitsentgelt** zu melden, für das in dem angegebenen Zeitraum Beiträge oder Beitragsanteile entrichtet wurden oder zu entrichten waren; die in dem Zeitraum geltende Beitragsbemessungsgrenze in der Rentenversicherung ist zu beachten. Einzugeben sind nur volle Euro-Beträge. Sind Cent-Beträge angefallen, gilt Folgendes:

Centbeträge von mehr als 49 sind nach oben, von weniger als 50 nach unten auf volle Euro-Beträge zu runden. Der Entgeltbetrag ist mit sechs Ziffern einzugeben; bei Entgeltbeträgen von weniger als sechs Stellen sind die fehlenden Stellen mit Nullen in der Weise auszufüllen, dass diese den Ziffern vorgesetzt werden, die den Entgeltbetrag kennzeichnen. Ist kein Arbeitsentgelt einzutragen, sind sechs Nullen einzugeben. Seit 1. 1. 2009 gilt, dass auch die Daten für die Unfallversicherung und damit auch das unfallversicherungspflichtige Arbeitsentgelt in der Jahresmeldung zu melden ist. Hierfür gibt es einen gesonderten Datenbaustein (DBUV).

Lohn-steuer-pflichtig Sozial-versich.-pflichtig

Hinsichtlich der Jahresentgeltmeldung bei Bezug von **Kurzarbeitergeld** gelten Besonderheiten. Zu melden ist neben dem tatsächlich erzielten Arbeitsentgelt auch ausgefallenes Arbeitsentgelt für die Stunden, für die eine dieser Leistungen gezahlt wurde. Dabei werden **80 %** des Stundensatzes, nach dem sich das Kurzarbeitergeld bemisst, berücksichtigt.

Jahresmeldungen sind auch für die geringfügig entlohnten Beschäftigungsverhältnisse (sog. 450-Euro-Jobs) einzureichen. Für kurzfristige Beschäftigungen (höchstens 3 Monate bzw. 70 Arbeitstage im Jahr) sind aufgrund gesetzl. Neuregelung grds. Jahresmeldungen abzugeben. Hierbei ist jedoch das unfallversicherungspflichtige Entgelt anzugeben.

Seit 1.1.2016 ist für die Unfallversicherung eine gesonderte Jahresmeldung zu erstatten (UV-Jahresmeldung).

Ab 1.1.2021 werden fehlende Jahresmeldungen von den Einzugsstellen innerhalb des Arbeitgeber-Meldeverfahrens bei den Arbeitgebern in elektronischer Form angefordert.

Auf die ausführlichen Erläuterungen zu den Meldepflichten des Arbeitgebers in **Anhang 15** des Lexikons wird hingewiesen.

Jahreswagen

Arbeitnehmer, die in der Automobilindustrie beschäftigt sind, z. B. bei BMW, VW, Audi oder Mercedes, erhalten neue Pkws mit erheblichen Preisnachlässen. Voraussetzung für diesen Belegschaftsrabatt kann nach betriebsinternen Regelungen sein, dass der Arbeitnehmer den Pkw mindestens ein Jahr selbst fahren muss. Im allgemeinen Sprachgebrauch werden diese Autos deshalb als „Jahreswagen" bezeichnet.

Der den Arbeitnehmern in der Automobilindustrie beim Kauf eines Neuwagens gewährte Preisnachlass gehört als geldwerter Vorteil zum Arbeitslohn und zwar unabhängig davon, ob der Arbeitnehmer das Auto ein Jahr selbst fährt oder nicht. Der Preisnachlass ist lohnsteuerpflichtig, soweit der sog. Rabattfreibetrag in Höhe von 1080 € jährlich überschritten wird. Für diese Steuer hat sich die Bezeichnung **„Jahreswagensteuer"** eingebürgert. Es handelt sich jedoch nicht um eine besondere Steuer für Arbeitnehmer der Automobilindustrie, sondern um die ganz allgemein geltende Besteuerung der in vielfältiger Form auftretenden Belegschaftsrabatte. Alle diese Rabatte sind lohnsteuerpflichtig, soweit sie den Rabattfreibetrag von 1080 € jährlich übersteigen. Beim Stichwort „Rabatte, Rabattfreibetrag" unter Nr. 4 Buchstabe b auf Seite 804 ist die Berechnung der „Jahreswagensteuer" anhand von Beispielen erläutert.

Job-Ticket

Auf die ausführlichen Erläuterungen beim Stichwort „Fahrten zwischen Wohnung und erster Tätigkeitsstätte" unter Nr. 4 wird Bezug genommen.

Journalisten

Journalisten können entweder als fest angestellte Arbeitnehmer oder aber als freie Mitarbeiter tätig sein. Zur Scheinselbständigkeit vgl. dieses Stichwort. Den Journalisten wurde früher auf Antrag ein besonderer Werbungskosten-Pauschbetrag vom Finanzamt auf der Lohnsteuerkarte eingetragen. Dieser besondere Werbungskosten-Pauschbetrag für Journalisten ist seit 1. 1. 2000 weggefallen.

Siehe auch das Stichwort Beschränkt steuerpflichtige Künstler, Berufssportler, Schriftsteller und Journalisten.

Lohnsteuerpflichtig | Sozialversich.-pflichtig

Jubilarfeier

siehe „Betriebsveranstaltungen" und „Bewirtungskosten" unter Nr. 10 und Nr. 11

Jubiläumszuwendungen

Gliederung:

1. Arbeitnehmerjubiläum
2. Besteuerung von steuerpflichtigen Zuwendungen bei Arbeitnehmerjubiläen
3. Geschäftsjubiläum
4. Besteuerung von steuerpflichtigen Zuwendungen bei Geschäftsjubiläen
5. Umsatzsteuerpflicht von Sachzuwendungen bei einem Arbeitnehmer- oder Geschäftsjubiläum
6. Werbungskostenabzug beim Arbeitnehmer

1. Arbeitnehmerjubiläum

1999 sind die früher geltenden **Steuerfreibeträge** für Jubiläumszuwendungen **abgeschafft** worden. Bar- und Sachzuwendungen des Arbeitgebers anlässlich eines Arbeitnehmerjubiläums sind deshalb in voller Höhe steuer- und beitragspflichtig. ja ja

Steuerfreiheit für **Sachzuwendungen** kommt nur dann in Betracht, wenn es sich um ein sog. Gelegenheitsgeschenk handelt. Dies ist der Fall, wenn der Wert des Geschenks 60 € nicht übersteigt. Unerheblich ist, dass das besondere persönliche Ereignis (= Jubiläum) im beruflichen Bereich eingetreten ist (vgl. das Stichwort „Gelegenheitsgeschenke"). nein nein

Beispiel A

Der Arbeitnehmer erhält anlässlich seines 10-jährigen Arbeitnehmerjubiläums vom Arbeitgeber eine Uhr im Wert von 200 € geschenkt. Diese Jubiläumszuwendung ist steuer- und beitragspflichtig. Beträgt der Wert der Uhr lediglich 60 €, bleibt dieses Jubiläumsgeschenk als sog. Gelegenheitsgeschenk steuer- und beitragsfrei.

Neben der Freigrenze von **60 €** für Gelegenheitsgeschenke **aus besonderem persönlichem Anlass** gibt es eine Freigrenze für Sachbezüge von **44 € monatlich.** Diese monatliche 44-Euro-Freigrenze (einschließlich Umsatzsteuer) gilt für Sachbezüge, die **ohne besonderen Anlass** zugewendet werden (vgl. das Stichwort „Sachbezüge" unter Nr. 4). Die 60-€-Freigrenze für Gelegenheitsgeschenke aus besonderem Anlass und die 44-€-Freigrenze für Sachbezüge ohne besonderen Anlass können in einem Kalendermonat **nebeneinander** angewendet werden. nein nein

Beispiel B

Wie Beispiel A; Wert der Uhr 60 €. Außerdem erhält der Arbeitnehmer einen Benzingutschein im Wert von 44 €.

Die Uhr im Wert von 60 € bleibt als Gelegenheitsgeschenk und der Benzingutschein wegen der 44-Euro-Freigrenze für Sachbezüge steuer- und beitragsfrei.

2. Besteuerung von steuerpflichtigen Zuwendungen bei Arbeitnehmerjubiläen

Die Besteuerung von steuerpflichtigen Zuwendungen anlässlich eines Arbeitnehmerjubiläums erfolgt als sonstiger Bezug (einmalige Zuwendung). Dabei ist im Regelfall die sog. Fünftelregelung anzuwenden (vgl. die Erläuterungen beim Stichwort „Sonstige Bezüge" unter Nr. 6 Buchstabe b auf Seite 883). Dort ist auch ein Berechnungsbeispiel zur Anwendung der Fünftelregelung abgedruckt. Will der Arbeitgeber die Lohn- und Kirchensteuer sowie den Solidaritätszuschlag für die steuerpflichtige Jubiläumszuwendung an mehrere Arbeitnehmer übernehmen, kann er eine **Pauschalierung** beantragen. Diese Möglichkeit ist für steuerpflichtige Jubiläumszuwendungen anhand eines Berechnungsbeispiels beim Stichwort „Pauschalierung der Lohnsteuer" unter Nr. 2 Buchstabe a, Beispiel B, auf Seite 734 ausführlich dargestellt.

Eine **Nettolohnbesteuerung** unter Anwendung der **Fünftelregelung** ist in **Anhang 14** abgedruckt (mit Berücksichtigung der Sozialversicherungsbeiträge und der anteiligen Jahresbeitragsbemessungsgrenze).

Bei steuerpflichtigen Sachzuwendungen kommt auch eine Pauschalierung der Lohnsteuer mit 30 % nach § 37b Abs. 2 EStG in Betracht, vgl. hierzu das Stichwort „Pauschalierung der Lohnsteuer für Belohnungsessen, Incentive-Reisen, VIP-Logen und ähnliche Sachbezüge". Auch diese Pauschalierung ist beitragspflichtig.

Zum Vorliegen einer Betriebsveranstaltung bei Jubilarfeiern vgl. die Erläuterungen beim Stichwort „Betriebsveranstaltungen" besonders unter Nr. 2.

3. Geschäftsjubiläum

Der früher geltende Freibetrag bei **Geschäftsjubiläen,** die begangen wurden, weil das Geschäft 25, 50 oder ein sonstiges Vielfaches von 25 Jahren bestand, ist ebenfalls abgeschafft worden. Seit 1999 ist eine Jubiläumszuwendung (Bar- oder Sachzuwendung) anlässlich eines Geschäftsjubiläums in vollem Umfang steuer- und beitragspflichtig. ja ja

Sachzuwendungen anlässlich eines Geschäftsjubiläums können **nicht** bis zu einem Wert von 60 € als sog. Gelegenheitsgeschenk (vgl. dieses Stichwort) steuerfrei belassen werden, weil das Geschäftsjubiläum **kein besonderes persönliches Ereignis** des Arbeitnehmers ist.

Eine Sachzuwendung anlässlich eines Geschäftsjubiläums kann aber in Anwendung der für geringfügige Sachbezüge geltenden **44-Euro-Freigrenze** steuerfrei sein, wenn diese Freigrenze in dem betreffenden Monat nicht bereits durch andere Sachbezüge ausgeschöpft worden ist (vgl. das Stichwort „Sachbezüge" unter Nr. 4). nein nein

Beispiel

Alle Arbeitnehmer erhalten anlässlich des 10-jährigen Geschäftsjubiläums vom Arbeitgeber eine Uhr im Wert von 200 € geschenkt. Diese Jubiläumszuwendung ist steuer- und beitragspflichtig. Beträgt der Wert der Uhr lediglich 44 €, bleibt das Jubiläumsgeschenk in Anwendung der für Sachbezüge geltenden monatlichen 44-Euro-Freigrenze steuer- und beitragsfrei, wenn die Freigrenze in diesem Monat noch nicht durch andere Sachzuwendungen ausgeschöpft worden ist.

4. Besteuerung von steuerpflichtigen Zuwendungen bei Geschäftsjubiläen

Die anlässlich eines Geschäftsjubiläums gezahlte steuerpflichtige Jubiläumszuwendung kann bei Arbeitnehmern, die bereits mehrere Jahre dem Betrieb angehören, als Entlohnung für eine mehrjährige Tätigkeit behandelt und unter Anwendung der sog. Fünftelregelung ermäßigt besteuert werden (vgl. das Stichwort „Sonstige Bezüge" unter Nr. 6 Buchstabe b auf Seite 883). Allerdings liegt keine Entlohnung für eine mehrjährige Tätigkeit bei Jubiläumszuwendungen vor, die ohne Rücksicht auf die Dauer der Betriebszugehörigkeit aus Anlass des Geschäftsjubiläums erfolgen (BFH-Urteil vom 3.7.1987, BStBl. II S. 820). Aus den Zahlungsmodalitäten muss sich also ergeben, dass eine **mehrjährige Tätigkeit** mit der Zuwendung abgegolten wird.

Beispiel

Alle Arbeitnehmer erhalten anlässlich des 100-jährigen Geschäftsjubiläums vom Arbeitgeber eine Einmalzahlung von 1000 €. Dies gilt selbst für diejenigen Arbeitnehmer, die erst 2021 eingestellt worden sind.

Die Jubiläumszuwendung von 1000 € ist steuer- und beitragspflichtig. Eine ermäßigte Besteuerung nach der Fünftelregelung kommt nicht in Betracht, da mit der Zuwendung keine mehrjährige Tätigkeit abgegolten wird.

Will der Arbeitgeber die Lohn- und Kirchensteuer sowie den Solidaritätszuschlag für die steuerpflichtige Jubilä-

Lohn-steuer-pflichtig | Sozial-versich.-pflichtig

umszuwendung anlässlich seines Geschäftsjubiläums übernehmen, kann er eine **Pauschalierung** beantragen. Diese Möglichkeit ist für steuerpflichtige Jubiläumszuwendungen anhand eines Berechnungsbeispiels beim Stichwort „Pauschalierung der Lohnsteuer" unter Nr. 2 Buchstabe a, Beispiel B, auf Seite 734 ausführlich dargestellt.

Bei steuerpflichtigen Sachzuwendungen anlässlich eines Geschäftsjubiläums kommt auch eine Pauschalierung der Lohnsteuer mit 30 % nach § 37b Abs. 2 EStG in Betracht, vgl. hierzu das Stichwort „Pauschalierung der Lohnsteuer für Belohnungsessen, Incentive-Reisen, VIP-Logen und ähnliche Sachbezüge". Auch diese Pauschalierung ist beitragspflichtig.

Bei einer Feier für die Arbeitnehmer anlässlich eines Geschäftsjubiläums wird es sich regelmäßig um eine **Betriebsveranstaltung** (vgl. dieses Stichwort) handeln.

5. Umsatzsteuerpflicht von Sachzuwendungen bei einem Arbeitnehmer- oder Geschäftsjubiläum

Beabsichtigt der Arbeitgeber bereits beim Einkauf des Sachgeschenks die Verwendung für das Arbeitnehmer- oder Firmenjubiläum, berechtigt der Wareneinkauf durch den Arbeitgeber **nicht** zum **Vorsteuerabzug** und die Umsatzbesteuerung der unentgeltlichen Sachzuwendung an den Arbeitnehmer scheidet dementsprechend aus (BFH-Urteil vom 9.12.2010, BStBl. 2012 II S. 53). Lediglich bei sog. Aufmerksamkeiten bis 60 € (vgl. dieses Stichwort) bleibt der Vorsteuerabzug dem Grunde nach erhalten und die Weitergabe des Geschenks ist nicht umsatzsteuerbar. Auf die ausführlichen Erläuterungen beim Stichwort „Umsatzsteuerpflicht bei Sachbezügen" unter Nr. 1 Buchstaben a und b wird Bezug genommen.

6. Werbungskostenabzug beim Arbeitnehmer

Der Bundesfinanzhof hat zum Werbungskostenabzug entschieden, dass es sich bei einem **Dienstjubiläum** um ein **berufsbezogenes Ereignis** handelt. Aufwendungen für eine betriebsinterne Feier anlässlich eines Dienstjubiläums sind ausschließlich beruflich veranlasst und daher als Werbungskosten zu berücksichtigen, wenn der Arbeitnehmer die **Gäste nach abstrakten berufsbezogenen Kriterien** einlädt (z. B. alle Arbeitnehmer einer Abteilung). Die Aufwendungen (im Streitfall für Häppchen, Wein und Sekt) sind in **vollem Umfang** und nicht nur zu 70 % als **Werbungskosten** zu berücksichtigen, wenn der Arbeitnehmer ausschließlich Arbeitskollegen bewirtet (BFH-Urteil vom 20.1.2016, BStBl. II S. 744). Vgl. auch das Stichwort „Bewirtungskosten" unter Nr. 11.

Kaminkehrer

Siehe die Stichworte: Kleidergeld, Wäschegeld und Waschgeld.

Kapitalbeteiligungen

siehe „Vermögensbeteiligungen"

KAPOVAZ

Hierbei handelt es sich um die Abkürzung für „**Kap**azitäts**o**rientierte **v**ariable **A**rbeits**z**eit", eine Form der Teilzeitarbeit. Dabei leisten die Arbeitnehmer eine fest vereinbarte Arbeitszeit auf Abruf. Je nach Ausgestaltung kann hiermit eine ständige Arbeitsbereitschaft der Arbeitnehmer verbunden sein, entweder ganzjährig oder saisonal (z. B. in der Vorweihnachtszeit).

Bei der Lohnsteuer und der Sozialversicherung gelten auch für diese Arbeitsverhältnisse die allgemeinen Grundsätze, also im Steuerrecht das Zuflussprinzip und im Beitragsrecht das Entstehungsprinzip. Vgl. hierzu im Einzelnen „Zufluss von Arbeitslohn".

Angesichts der Erhöhung der Wochenstundengrenze im Teilzeit- und Befristungsgesetz von 10 auf 20 Stunden wird – selbst unter Zugrundelegung lediglich des Mindestlohns – die Grenze des § 8 Abs. 1 Nr. 1 SGB IV von 450 € in der Regel überschritten. Somit können Arbeitnehmer mit entsprechenden Abrufarbeitsverhältnissen ohne Festlegung der Arbeitszeit nicht (mehr) geringfügig entlohnt beschäftigt sein.

Kantinenessen

siehe „Mahlzeiten"

Karenzentschädigung

siehe „Konkurrenzverbot"

Kaskoversicherung für Unfallschäden bei Auswärtstätigkeiten

Verwendet ein Arbeitnehmer sein eigenes Fahrzeug für **Auswärtstätigkeiten** und erleidet er auf einer solchen Fahrt einen unverschuldeten **Unfall,** ist der Arbeitgeber nach der Rechtsprechung des Bundesarbeitsgerichts verpflichtet, dem Arbeitnehmer den Unfallschaden zu ersetzen. Ersetzt der Arbeitgeber die entstandenen Unfallkosten, ist dieser Kostenersatz steuerfrei (vgl. das Stichwort „Unfallkosten"). nein nein

Um das Risiko dieses Kostenersatzes abzudecken, veranlassen die Arbeitgeber häufig ihre Arbeitnehmer zum Abschluss einer Kaskoversicherung, wobei die Prämien für die Kaskoversicherung ganz oder teilweise vom Arbeitgeber übernommen werden. Hierbei unterscheidet man zwei Fälle: Entweder wird **vom Arbeitnehmer** eine normale Kaskoversicherung abgeschlossen, die die Schäden auf allen – dienstlichen und privaten – Fahrten abdeckt, oder es wird **vom Arbeitgeber** eine sog. „Dienstreisen-Kaskoversicherung" abgeschlossen, die nur Schäden auf dienstlichen Fahrten abdeckt. Für diese beiden Fälle ergibt sich folgende unterschiedliche steuerliche Behandlung:

Erstattet der Arbeitgeber dem Arbeitnehmer neben dem für die Benutzung des privaten Pkws zu Auswärtstätigkeiten geltenden Kilometersatz von 0,30 € je gefahrenen Kilometer ganz oder teilweise die Prämien für eine **private Kaskoversicherung,** handelt es sich um steuerpflichtigen Arbeitslohn (die Prämien für die Kaskoversicherung sind mit dem steuerfreien Kilometersatz von 0,30 € abgegolten; BFH-Urteil vom 21.6.1991, BStBl. II S. 814). ja ja

Steuerpflichtiger Arbeitslohn liegt u.E. auch dann vor, wenn der Arbeitgeber dem Arbeitnehmer neben dem Kilometersatz von 0,30 € die Prämien für eine vom Arbeitnehmer für seinen privaten Pkw abgeschlossene Dienstreise-Kaskoversicherung (d. h. der Versicherungsschutz der Fahrzeugvollversicherung deckt nur diejenigen Unfallkosten ab, die auf Dienstfahrten entstanden sind) erstattet. Auch in diesem Fall sind die Prämien für die Kaskoversicherung mit dem steuerfreien Kilometersatz von 0,30 € abgegolten. ja ja

Hat hingegen der **Arbeitgeber Dienstreise-Kaskoversicherungen** für die seinen Arbeitnehmern gehörende Kfz **abgeschlossen,** führt die Prämienzahlung nicht zu steuer- und sozialversicherungspflichtigen Arbeitslohn, da im Hinblick auf seine arbeitsrechtliche Erstattungspflicht ein ganz überwiegendes eigenbetriebliches Interesse des Ar-

K

Lohnsteuerpflichtig | Sozialversich.-pflichtig

beitgebers vorliegt (BFH-Urteil vom 27.6.1991, BStBl. 1992 II S. 365). Der Arbeitgeber kann den Arbeitnehmern daneben die bei Auswärtstätigkeiten anfallenden Kraftfahrzeugkosten mit dem Kilometersatz von 0,30 € steuerfrei ersetzen. nein nein

Siehe auch die Stichworte: „Autoinsassen-Unfallversicherung", „Reisegepäckversicherung", „Unfallversicherung".

Kassenverlustentschädigungen

siehe „Fehlgeldentschädigungen"

Kassenverwalter

Kassenverwalter von Gemeinden sind Arbeitnehmer. Die ihnen gewährten Aufwandsentschädigungen sind Arbeitslohn. ja ja[1]

Wird die Tätigkeit als Kassenverwalter einer Gemeinde **ehrenamtlich** ausgeübt, bleibt die dafür gewährte Aufwandsentschädigung teilweise steuerfrei. Wegen der Einzelheiten vgl. „Aufwandsentschädigungen aus öffentlichen Kassen".

Kassierer

siehe „Beitragskassierer"

K

Kaufkraftausgleich

Gliederung:

1. Allgemeines
2. Arbeitnehmer im öffentlichen Dienst und vergleichbare Personen
3. Arbeitnehmer in der Privatwirtschaft
4. Höhe des steuerfreien Kaufkraftausgleichs
5. Steuerfreier Mietzuschuss

1. Allgemeines

Arbeitnehmer im öffentlichen Dienst erhalten Gehaltszuschläge, wenn sich ihr dienstlicher Wohnsitz im Ausland befindet. Unter anderem erhalten sie auch einen Ausgleich für den Fall, dass die Kaufkraft ihrer Bezüge niedriger ist, als die Lebenshaltungskosten am ausländischen Dienstort. In § 3 Nr. 64 EStG ist die Steuerfreiheit solcher Auslandszulagen geregelt. Hierbei werden drei Fälle unterschieden:

1. Gruppe: Arbeitnehmer im öffentlichen Dienst (§ 3 Nr. 64 **Satz 1** EStG).

2. Gruppe: Den Arbeitnehmern im öffentlichen Dienst vergleichbare Personen (§ 3 Nr. 64 **Satz 2** EStG).

3. Gruppe: Übrige Arbeitnehmer = Arbeitnehmer in der Privatwirtschaft (§ 3 Nr. 64 **Satz 3** EStG).

2. Arbeitnehmer im öffentlichen Dienst und vergleichbare Personen

Arbeitnehmer im **öffentlichen Dienst** erhalten Gehaltszuschläge, wenn sich ihr dienstlicher Wohnsitz im Ausland befindet (vgl. „Auslandsbeamte"). Zu den Personen, für die diese Regelungen des öffentlichen Dienstes anzuwenden sind, gehören Arbeitnehmer, die zu einer inländischen juristischen Person des öffentlichen Rechts **unmittelbar** in einem Dienstverhältnis stehen **(Gruppe 1).** Arbeitnehmer, die zu einer anderen Person in einem Dienstverhältnis stehen, deren Arbeitslohn aber **wie im öffentlichen Dienst ermittelt, aus einer öffentlichen Kasse gezahlt** und ganz oder im Wesentlichen **aus öffentlichen Mitteln aufgebracht** wird **(Gruppe 2),** zählen ebenfalls zu dem begünstigten Personenkreis. Unter die Gruppe 2 fallen insbesondere Arbeitnehmer des Goethe-Instituts e. V., der Max-Planck-Gesellschaft e. V., des Deutschen akademischen Austauschdienstes e. V. und der Deutschen Gesellschaft für Internationale Zusammenarbeit (GIZ); zum Begriff „Öffentliche Kassen" vgl. dieses Stichwort. Den Umfang der Steuerfreiheit für diese Gehaltszuschläge regelt § 3 Nr. 64 **Sätze 1 und 2** EStG. Eine Ausdehnung der Steuerbefreiungsvorschrift auf Arbeitnehmer, die aus einem Dienstverhältnis zu einer ausländischen juristischen Person Bezüge aus einer ausländischen öffentlichen Kasse erzielen, ist auch aus EU-rechtlichen Gründen nicht erforderlich (EuGH-Urteil vom 15.9.2011, BStBl. 2013 II S. 56).

Die sog. steuerfreien Auslandsdienstbezüge umfassen den Auslandszuschlag, den Mietzuschuss (vgl. Nr. 5), den Kaufkraftausgleich, den Auslandsverwendungszuschlag und die Auslandsverpflichtungsprämie (§§ 52 bis 57 BBesG). Für Arbeitslohn der nach anderen (besoldungsrechtlichen) Vorschriften gezahlt wird, ist die Steuerbefreiungsvorschrift des § 3 Nr. 64 EStG nicht anwendbar (z. B. Zahlung von Reisekosten). Durch den Kaufkraftausgleich nach § 55 BBesG soll der Kaufkraftverlust ausgeglichen werden, der dem Empfänger der Bezüge aufgrund der Lebenshaltungskosten am ausländischen Dienstort entsteht. Der Kaufkraftausgleich zu den Auslandsdienstbezügen im öffentlichen Dienst wird vom Auswärtigen Amt im Einvernehmen mit dem Bundesministerium des Innern und dem Bundesministerium der Finanzen festgesetzt. Dieser Kaufkraftausgleich ist nach § 3 Nr. 64 EStG steuerfrei.

Beamte, die z. B. als nationale Sachverständige bei der Europäischen Union (EU) tätig werden, erhalten von der EU zusätzlich zu ihren Dienstbezügen sog. EU-Tagegelder. Diese EU-Tagegelder sind nur insoweit nach § 3 Nr. 64 EStG steuerfrei, soweit sie auf steuerfreie Auslandsdienstbezüge angerechnet werden.[2] Der übersteigende Teil des EU-Tagegeldes gehört – vorbehaltlich eines Doppelbesteuerungsabkommens – zum steuerpflichtigen Arbeitslohn.

3. Arbeitnehmer in der Privatwirtschaft

Wird einem Arbeitnehmer **außerhalb des öffentlichen Dienstes,** also von einem privaten inländischen Arbeitgeber ebenfalls ein Kaufkraftausgleich gewährt **(= Gruppe 3),** bleibt er im Rahmen der in der nachfolgenden Tabelle (Nr. 4) aufgeführten Abschlagssätze steuer- und damit auch beitragsfrei in der Sozialversicherung, wenn der Arbeitnehmer aus dienstlichen Gründen ins Ausland entsandt wird und dort für einen begrenzten Zeitraum **einen Wohnsitz** oder **gewöhnlichen Aufenthalt** hat (§ 3 Nr. 64 Satz 3 EStG). nein nein

Die Regelungen zum Kaufkraftausgleich haben jedoch bei Arbeitnehmern privater Arbeitgeber geringe Bedeutung, da bei diesem Personenkreis in der Regel schon eine generelle Steuerbefreiung aufgrund eines Doppelbesteuerungsabkommens oder des Auslandstätigkeitserlasses gegeben ist (vgl. die Stichwörter „Doppelbesteuerungsabkommen" und „Auslandstätigkeit/Auslandstätigkeitserlass"). Der Vorteil eines steuerfreien Kaufkraftausgleichs gegenüber steuerfreiem Arbeitslohn nach einem Doppelbesteuerungsabkommen oder dem Auslandstätigkeitserlass liegt darin, dass die **Zahlung** eines **Kaufkraftausgleichs nicht** dem **Progressionsvorbehalt** (vgl. dieses Stichwort) unterliegt. Im Einzelnen gilt für die Zahlung von Kaufkraftzuschlägen in der Privatwirtschaft nach R 3.64 LStR Folgendes:

1) Sofern nicht versicherungsfrei als Beamte.

2) BMF-Schreiben vom 12.4.2006 (BStBl. I S. 340). Das BMF-Schreiben ist als Anlage 4 zu H 39b.10 LStR im **Steuerhandbuch für das Lohnbüro 2021** abgedruckt, das im selben Verlag erschienen ist.

Lohn-steuer-pflichtig Sozial-versich.-pflichtig

Ein steuerfreier Kaufkraftausgleich kommt nur in Betracht, wenn der geplante, zeitlich begrenzte **Auslandsaufenthalt sechs Monate** überschreitet, da bei einer kürzeren Dauer im Ausland weder ein gewöhnlicher Aufenthalt im Sinne von § 9 AO vorliegt, noch von der Begründung eines Wohnsitzes im Sinne von § 8 AO ausgegangen werden kann. Eine Entsendung für einen begrenzten Zeitraum ist anzunehmen, wenn eine Rückkehr des Arbeitnehmers nach Beendigung der Tätigkeit vorgesehen ist. Es ist aber unerheblich, ob der Arbeitnehmer tatsächlich zurückkehrt oder nicht. Der Umfang der Steuerfreiheit des Kaufkraftausgleichs für private Arbeitnehmer bestimmt sich nach den Sätzen des Kaufkraftausgleichs im öffentlichen Dienst. Diese für die einzelnen Länder in Betracht kommenden Kaufkraftzuschläge und ihre jeweilige Geltungsdauer werden laufend im Bundessteuerblatt Teil I bekannt gegeben (vgl. Gesamtübersicht zum 1.1.2020 vom 13.1.2020, BStBl. I S. 176). Die ab 1.1.2021 geltende Gesamtübersicht wird im Januar 2021 im Bundessteuerblatt Teil I veröffentlicht. Die Zuschläge beziehen sich jeweils auf den Auslandsdienstort einer Vertretung der Bundesrepublik Deutschland und gelten – sofern nicht im Einzelnen andere Zuschläge festgesetzt sind – jeweils für den gesamten konsularischen Amtsbezirk der Vertretung. Die konsularischen Amtsbezirke der Vertretungen ergeben sich vorbehaltlich späterer Änderungen, die im Bundesanzeiger veröffentlicht werden, aus dem Verzeichnis der Vertretungen der Bundesrepublik Deutschland im Ausland. Die regionale Begrenzung der Zuschlagssätze gilt auch für die Steuerbefreiung nach § 3 Nr. 64 EStG. Für ein Land, das von einer Vertretung der Bundesrepublik Deutschland nicht erfasst wird, kann jedoch der Zuschlagssatz angesetzt werden, der für einen vergleichbaren konsularischen Amtsbezirk eines Nachbarlandes festgesetzt worden ist.

4. Höhe des steuerfreien Kaufkraftausgleichs

Kaufkraftausgleich im öffentlichen Dienst wird jedoch nur auf 60 % der Dienstbezüge, die bei Verwendung im Inland zustehen, sowie auf 60 % der Auslandsdienstbezüge gewährt. Da eine vergleichbare Bemessungsgrundlage außerhalb des öffentlichen Dienstes regelmäßig nicht vorhanden ist, ist der steuerfreie Teil des Kaufkraftausgleichs durch Anwendung eines entsprechenden Abschlagssatzes nach den Gesamtbezügen einschließlich des Kaufkraftausgleichs zu bestimmen. Dabei ist es gleichgültig, ob die Bezüge im Inland oder im Ausland ausgezahlt werden.

	Prozentsätze:						
Einem Zuschlagssatz von	5	10	15	20	25	30	35
entspricht ein Abschlagssatz von	2,91	5,66	8,26	10,71	13,04	15,25	17,36
Einem Zuschlagssatz von	40	45	50	55	60	65	70
entspricht ein Abschlagssatz von	19,35	21,26	23,08	24,81	26,47	28,06	29,58
Einem Zuschlagssatz von	75	80	85	90	95	100	
entspricht ein Abschlagssatz von	31,03	32,43	33,77	35,06	36,31	37,50	

Für andere Zuschlagssätze errechnet sich der Abschlagssatz nach folgender Formel:

$$\frac{\text{Zuschlagssatz} \times 600}{1000 + 6 \times \text{Zuschlagssatz}}.$$

Ergibt sich nach Anwendung des Abschlagssatzes ein höherer Betrag als der tatsächlich gewährte Kaufkraftausgleich, kann nur der tatsächlich gewährte Kaufkraftausgleich steuerfrei gestellt werden. Zu den Gesamtbezügen, auf die der Abschlagssatz anzuwenden ist, gehören nicht etwaige steuerfreie Reisekostenvergütungen und steuerfreie Vergütungen für Mehraufwendungen bei doppelter Haushaltsführung.

Lohn-steuer-pflichtig Sozial-versich.-pflichtig

Wird ein Zuschlagssatz rückwirkend erhöht, ist der Arbeitgeber berechtigt (regelmäßig sogar verpflichtet), die bereits abgeschlossenen Lohnabrechnungen insoweit wieder aufzurollen und bei der jeweils nächstfolgenden Lohnzahlung die ggf. zu viel einbehaltene Lohnsteuer zu erstatten (vgl. „Änderung des Lohnsteuerabzugs"). Die Herabsetzung eines Zuschlagssatzes ist erstmals bei der Lohnabrechnung des Arbeitslohns zu berücksichtigen, der für einen nach der Veröffentlichung der Herabsetzung beginnenden Lohnzahlungszeitraum gezahlt wird.

Beispiel

Ein verheirateter Arbeitnehmer mit einem Monatslohn von 5000 € wird für ein Jahr nach Kamerun zu einem Zweigbetrieb der Firma entsandt. Er behält seinen Familienwohnsitz im Inland bei, begründet im Ausland jedoch einen 2. Wohnsitz. Zuzüglich zu seinem Monatslohn erhält er Auslösungen und einen Kaufkraftausgleich in Höhe von 2000 € monatlich. Die Auslösungen werden in Höhe von 40 % des Auslandsübernachtungsgelds gezahlt (= 72 €).

Für den Arbeitnehmer ergibt sich folgende monatliche Lohnabrechnung:

Monatslohn	5 000,– €
Kaufkraftausgleich	2 000,– €
Auslösungen (31 Tage à 72 €)	2 232,– €
Bruttolohn	9 232,– €
Vom Bruttolohn sind steuerfrei:	
a) die Auslösungen in Höhe von	2 232,– €
b) der Kaufkraftausgleich in Höhe von	396,20 €
insgesamt	2 628,20 €

Lohnsteuerpflichtig ist demnach ein Monatslohn in Höhe von (9232 € – 2628,20 € =) 6603,80 €.

Der steuerfreie Kaufkraftausgleich errechnet sich wie folgt:

Für Kamerun soll für den öffentlichen Dienst im Bundessteuerblatt Teil I ein Zuschlagssatz von 10 % festgesetzt sein. Dies entspricht laut Tabelle einem Abschlagssatz von 5,66 %. Dieser Abschlagssatz ist auf den Monatslohn zuzüglich tatsächlich gezahltem Kaufkraftausgleich anzuwenden (= 7000 €). Die steuerfreien Auslösungen (= Reisekostenvergütungen) bleiben außer Betracht. Als steuerfreier Kaufkraftausgleich ergibt sich hiernach ein Betrag von (5,66 % aus 7000 € =) 396,20 €.

Die steuerlichen Regelungen zum Kaufkraftausgleich haben bei Arbeitnehmern in der Privatwirtschaft kaum Bedeutung, da bei diesen Arbeitnehmern in aller Regel bereits eine generelle Steuerbefreiung aufgrund eines Doppelbesteuerungsabkommens oder des Auslandstätigkeitserlasses gegeben ist. Der Vorteil eines steuerfreien Kaufkraftausgleichs gegenüber steuerfreiem Arbeitslohn nach einem Doppelbesteuerungsabkommen oder dem Auslandstätigkeitserlass liegt darin, dass die **Zahlung** eines **Kaufkraftausgleichs nicht** dem **Progressionsvorbehalt** (vgl. dieses Stichwort) unterliegt.

5. Steuerfreier Mietzuschuss

Arbeitnehmer im **öffentlichen Dienst** erhalten einen Mietzuschuss, wenn sich der dienstliche Wohnsitz im Ausland befindet. Der Mietzuschuss wird gewährt, wenn die für die Wohnung im Ausland bezahlte Miete 18 % des Gehalts übersteigt, das dem Bediensteten bei einer Verwendung im Inland zustünde. Der Mietzuschuss beträgt regelmäßig 90 % des Mehrbetrags.

Beispiel

Gehalt			5 000,– €
Miete, die für die Wohnung im Ausland gezahlt werden muss			1 500,– €
Der Mietzuschuss errechnet sich wie folgt:			
18 % des Gehalts	=	900,– €	
gezahlte Miete	=	1 500,– €	
Mehrbetrag		600,– €	
Mietzuschuss 90 % des Mehrbetrags			540,– €

K

Lohn- Sozial-
steuer- versich.-
pflichtig pflichtig

Dieser **Mietzuschuss**, der nach den §§ 52 Abs. 1 und 54 Abs. 1 BBesG gezahlt wird, ist nach § 3 Nr. 64 EStG **steuerfrei**.

Auch bei **privaten Arbeitnehmern,** denen der Arbeitgeber eine Wohnung im Ausland zur Verfügung stellt, ist der unter Berücksichtigung des Bewertungsabschlags ermittelte geldwerte Vorteil aus der verbilligten Überlassung bis zu der Höhe steuerfrei, bis zu der ein **steuerfreier Mietzuschuss** nach den Vorschriften des Bundesbesoldungsgesetzes (§§ 52 Abs. 1 und 54 Abs. 1 BBesG) gezahlt werden könnte. Die Steuerfreiheit wird durch eine entsprechende Begrenzung des bei unentgeltlicher oder verbilligter Überlassung der Wohnung anzusetzenden geldwerten Vorteils realisiert (vgl. das Stichwort „Wohnungsüberlassung" unter Nr. 15). Allerdings ist zu beachten, dass es sich regelmäßig um steuerfreien Arbeitslohn nach dem Auslandstätigkeitserlass oder einem Doppelbesteuerungsabkommen oder gar ganz oder teilweise um nicht dem Progressionsvorbehalt unterliegende steuerfreie Auslösungen (vgl. dieses Stichwort) handelt.

Kellner/Kellnerin

Kellner und Bedienungen im Hotel- und Gaststättengewerbe sind **nichtselbstständig** tätig. Sie sind in den Betrieb des Arbeitgebers eingegliedert, auch wenn sie nur kurzfristig (aushilfsweise) beschäftigt werden oder der Betrieb des Arbeitgebers selbst nur kurze Zeit besteht, wie dies bei Bier- oder Weinfesten und Veranstaltungen von Vereinen häufig der Fall ist. Die umsatzorientierte Entlohnung der Kellner und Bedienungen begründet auch bei nur kurzfristiger Beschäftigung noch kein Unternehmerrisiko, das zur Selbstständigkeit führen könnte, sondern lediglich ein Vergütungsrisiko, das in der Gastronomie berufstypisch ist. ja ja

Die im Hotel- und Gaststättengewerbe üblichen freiwilligen Trinkgeldzahlungen der Kunden sind steuer- und beitragsfrei (§ 3 Nr. 51 EStG; vgl. das Stichwort „Trinkgelder"). nein nein

Ebenfalls steuer- und beitragsfrei sind in bestimmtem Umfang Zuschläge für Sonntags-, Feiertags- und Nachtarbeit (vgl. dieses Stichwort). nein nein

Eine selbstständige Tätigkeit kann allenfalls vorliegen, wenn eine Bedienungskraft ein unternehmerisches Risiko trägt, weil sie z. B. Biermarken kaufen und wiederverkaufen muss und nicht nach Stunden bezahlt wird. Vgl. aber auch das Stichwort „Scheinselbstständigkeit".

Kilometergelder

siehe Anhang 4 „Reisekosten bei Auswärtstätigkeiten" unter Nr. 7 besonders Buchstaben f und g

Kilometerpauschale

siehe „Entfernungspauschale" und „Fahrten zwischen Wohnung und erster Tätigkeitsstätte"

Kinder

Auf die ausführlichen Erläuterungen in **Anhang 9** wird hingewiesen.

Lohn- Sozial-
steuer- versich.-
pflichtig pflichtig

Kinderbetreuungsfreibetrag

Seit 1. 1. 2002 gibt es einen **Freibetrag für Betreuungs- und Erziehungs- oder Ausbildungsbedarf** als Ergänzung zum Kinderfreibetrag. Der Freibetrag ist ausführlich in **Anhang 9** unter Nr. 7 erläutert.

Siehe auch „Kinderbetreuungskosten".

Kinderbetreuungskosten

Gliederung:

1. Allgemeines
2. Begünstigte Kinderbetreuungskosten
   a) Art der Betreuung
   b) Höchstbetrag
   c) Nachweise
   d) Nicht verheiratete Eltern
3. Begünstigte Kinder
4. Anspruchsvoraussetzungen der Eltern
5. Sonstiges

1. Allgemeines

Ein Abzug von Kinderbetreuungskosten war bis einschließlich 2005 nur in geringem Umfang als außergewöhnliche Belastung möglich. Vom 1.1.2006 bis 31.12.2011 wurden die Kinderbetreuungskosten regelmäßig wie Werbungskosten oder Betriebsausgaben oder als Sonderausgaben berücksichtigt. Seit dem 1.1.2012 können Kinderbetreuungskosten nur noch als **Sonderausgaben** und nicht mehr – wie zuvor – auch wie Werbungskosten bzw. Betriebsausgaben abgezogen werden (§ 10 Abs. 1 Nr. 5 EStG).[1] Eine Auswirkung der Kinderbetreuungskosten bei Gewerbetreibenden auf die Gewerbesteuer kann sich daher nicht mehr ergeben.

2. Begünstigte Kinderbetreuungskosten

a) Art der Betreuung

Zu den berücksichtigungsfähigen Kinderbetreuungskosten gehören z. B. die Kosten für einen **Babysitter,** einen **Kindergarten,** eine Kindertagesstätte, eine Ganztagspflegestelle, eine **Tagesmutter** oder eine **Erzieherin.** Begünstigt sind auch die Aufwendungen für die Beaufsichtigung des Kindes bei Erledigung der häuslichen **Schulaufgaben** (BFH-Urteil vom 17.11.1978, BStBl. 1979 II S. 142). Ebenfalls begünstigt ist der Betreuungsaufwand bei Unterbringung eines Kindes im Internat.

Nicht abziehbar sind hingegen Aufwendungen einschließlich damit in Zusammenhang stehende Nebenkosten wie z. B. Fahrtkosten für **Unterricht** (z. B. Schulgeld, Nachhilfe-, Fremdsprachen-, Musikunterricht), die Vermittlung besonderer Fähigkeiten (z. B. Computerkurse), sportliche und andere **Freizeitbetätigungen** (z. B. Mitgliedschaft in Sport- oder anderen Vereinen, Golf-, Reit-, Tennisunterricht, Ferienaufenthalte einschließlich Ferienlager) und Nebenkosten zur Kinderbetreuung (z. B. **Verpflegung** des Kindes). Nicht abziehbare Unterrichtskosten liegen aber nicht alleine deshalb vor, weil das Kind einen zweisprachig geführten Kindergarten besucht (BFH-Urteil vom 19.4.2012, BStBl. II S. 862). Zu den **begünstigten** Kinderbetreuungskosten gehören auch die **Gebühren** für den Besuch einer **Vorschule** oder **Vorklasse.** In diesen Fällen findet nämlich eine spielerische Vorbereitung auf die Grundschule statt, die pädagogisch und erzieherisch ausgerichtet ist. Letztlich erhalten Kinder, die

1) Knüpfen außersteuerliche Rechtsnormen an die Begriffe Einkünfte, Summe der Einkünfte, Gesamtbetrag der Einkünfte an, mindern sich für deren Zwecke diese Größen um die als Sonderausgaben abziehbaren Kinderbetreuungskosten (§ 2 Abs. 5a Satz 2 EStG). Dadurch sollen außersteuerliche negative Auswirkungen der Zuordnung der Kinderbetreuungskosten zu den Sonderausgaben vermieden werden (vgl. z. B. § 14 Abs. 1 Wohngeldgesetz).

Lohn-steuer-pflichtig Sozial-versich.-pflichtig

eine Kindertagesstätte, eine Vorschule oder Vorklasse besuchen, die gleichen Betreuungsleistungen. Von nicht abziehbaren Unterricht ist erst mit dem Besuch der Grundschule auszugehen.

Ggf. ist eine **Aufteilung** der begünstigten und nicht begünstigten Aufwendungen im Schätzungswege vorzunehmen (z. B. bei der Beschäftigung einer **Haushaltshilfe,** die den Haushalt führt und die Kinder betreut). Bei Aufnahme eines **Au-pairs** in die Familie unterstellt die Finanzverwaltung, dass 50 % der Aufwendungen auf die begünstigte Kinderbetreuung und die anderen 50 % auf die nicht begünstigte Erledigung von leichten Haushaltsarbeiten entfallen. Bei einer **Nachmittagsbetreuung** in der Schule verlangt die Verwaltung, dass eine Aufschlüsselung der Beiträge in begünstigte Aufwendungen (z. B. Hausaufgabenbetreuung) und nicht begünstigte Aufwendungen (z. B. Nachhilfe oder Computerkurs) erfolgt.

Zu den begünstigten Aufwendungen gehören alle Ausgaben in Geld oder Geldeswert (Wohnung, Kost, Waren, sonstige Sachleistungen) für die Dienstleistungen zur Kinderbetreuung. Hierzu zählt auch die **Fahrtkostenerstattung** an die Betreuungsperson, nicht aber Aufwendungen für die Fahrt des Kindes zur Betreuungsperson (BFH-Urteil vom 29.8.1986, BStBl. 1987 II S. 167). **Steuerfreie Arbeitgeberleistungen** (vgl. das Stichwort „Kindergartenzuschüsse") für die Betreuung des Kindes mindern vor Anwendung der nachfolgend beschriebenen Drittelregelung die steuerlich zu berücksichtigenden Aufwendungen. Entsprechendes gilt bei einer Erstattung der Aufwendungen von anderer Seite (z. B. durch die Stadt wegen der Höhe des Einkommens der Eltern).

Beispiel

Die zusammen zur Einkommensteuer veranlagten Eltern wenden für ihr nicht schulpflichtiges Kind Betreuungskosten in Höhe von 12 000 € jährlich auf. Der Ehemann hat hierfür von seinem Arbeitgeber steuerfreie Leistungen in Höhe von 4200 € erhalten.

Bei den Eltern sind im Rahmen der Veranlagung zur Einkommensteuer Sonderausgaben in Höhe von 4000 € abzuziehen (12 000 € abzüglich 4200 € = 7800 € × $^2/_3$ = 5200 €, höchstens 4000 €).

Abwandlung

Die von den Eltern aufgewandten Kinderbetreuungskosten betragen 8400 €.

Die abziehbaren Sonderausgaben im Rahmen der Veranlagung zur Einkommensteuer betragen 2800 € (8400 € abzüglich 4200 € = 4200 € × $^2/_3$ = 2800 €). Der Höchstbetrag für den Sonderausgabenabzug von 4000 € ist nicht überschritten.

b) Höchstbetrag

Der Höhe nach sind **zwei Drittel** der Kinderbetreuungskosten, **höchstens 4000 € jährlich** je Kind als Sonderausgaben abziehbar. Bei mehreren Kindern kann der Höchstbetrag von 4000 € **für jedes Kind** in Anspruch genommen werden (zu den begünstigten Kindern vgl. nachfolgende Nr. 3). Eine zeitanteilige Kürzung des Höchstbetrags wird nicht vorgenommen, wenn Kinderbetreuungskosten nicht während des gesamten Kalenderjahres geleistet worden sind. Die Beschränkung des Abzugs von Kinderbetreuungskosten auf zwei Drittel der Aufwendungen, höchstens 4000 € je Kind, ist verfassungsgemäß (BFH-Urteil vom 9.2.2012, BStBl. II S. 567).

Beispiel A

Bei den Eheleuten A und B fallen ab März 2021 Kinderbetreuungskosten von 600 € monatlich für die Betreuung der 10-jährigen Tochter an.

Die Aufwendungen in Höhe von 6000 € (10 Monate à 600 €) werden in Höhe von zwei Dritteln = 4000 € als Sonderausgaben abgezogen. Der Höchstbetrag von 4000 € wird nicht für zwei Monate zeitanteilig gekürzt, obwohl in den Monaten Januar und Februar 2021 keine Kinderbetreuungskosten angefallen sind.

Die Höhe der Kinderbetreuungskosten ist aber **monatsweise** (nicht tageweise) zu berechnen, wenn die Voraussetzungen für den Abzug der Aufwendungen im Laufe des Kalenderjahres entfallen (z. B. weil das Kind die Altersgrenze von 14 Jahren erreicht; vgl. nachfolgende Nr. 3).

Beispiel B

Die Tochter der Ehegatten A und B vollendet am 15. Oktober 2021 ihr 14. Lebensjahr. Kinderbetreuungskosten sind im gesamten Jahr 2021 angefallen.

Die Kinderbetreuungskosten können von Januar bis **Oktober** 2021 in Höhe von zwei Dritteln bis zum Höchstbetrag von 4000 € als Sonderausgaben abgezogen werden. Eine zeitanteilige Kürzung des Höchstbetrags von 4000 € ist nicht vorzunehmen.

Hat das Kind keinen Wohnsitz oder gewöhnlichen Aufenthalt in Deutschland, ist der Höchstbetrag von 4000 € jährlich ggf. nach den Verhältnissen des Wohnsitzstaates des Kindes um 25 %, 50 % oder 75 % zu kürzen (vgl. hierzu die sog. Ländergruppeneinteilung aufgenommen in Anhang 10).

c) Nachweise

Für die Aufwendungen für die Kinderbetreuung muss man eine **Rechnung** erhalten haben und die Zahlung muss unbar (z. B. **Überweisung,** Dauerauftrag, Einzugsermächtigung, elektronisches Lastschriftverfahren) auf das Konto des Erbringers der Leistung erfolgt sein. Auf Anforderung ist dies gegenüber dem Finanzamt nachzuweisen. Ein Arbeitsvertrag z. B. mit der Kindererzieherin oder der Gebührenbescheid des Kindergartens gelten als Rechnung in diesem Sinne. Kinderbetreuungskosten, die durch **Barzahlungen** oder Barschecks bezahlt wurden, sind **nicht begünstigt** (so auch BFH-Beschluss vom 8.5.2012, BFH/NV 2012 S. 1305). Dies gilt auch dann, wenn die Betreuungsperson im Rahmen eines geringfügigen Beschäftigungsverhältnisses angestellt ist (BFH-Urteil vom 18.12.2014, BStBl. 2015 II S. 583).

d) Nicht verheiratete Eltern

Hat bei zusammenlebenden, **nicht miteinander verheirateten Eltern** nur ein Elternteil den Vertrag mit der Kindertagesstätte abgeschlossen und das Entgelt bezahlt, können die Aufwendungen weder vollständig noch anteilig dem anderen Elternteil zugerechnet werden (BFH-Urteil vom 25.11.2010, BStBl. 2011 II S. 450). Haben in solch einem Fall beide Elternteile Aufwendungen gehabt, gilt für jeden Elternteil ein Höchstbetrag von 2000 €; einvernehmlich kann eine andere Aufteilung des Höchstbetrags beim Finanzamt beantragt werden.

3. Begünstigte Kinder

Begünstigt sind Kinderbetreuungskosten für **leibliche Kinder, Adoptiv- und Pflegekinder.** Nicht begünstigt sind hingegen Betreuungsaufwendungen für Stief- und Enkelkinder. Berücksichtigt werden die Kinder vom Tag der Geburt, solange sie das **14. Lebensjahr noch nicht vollendet** haben **oder** – ohne weitere Altersgrenze – wenn sie wegen einer vor Vollendung des 25. Lebensjahres eingetretenen körperlichen, geistigen oder seelischen **Behinderung** (Eintritt der Behinderung bis 2006 = 27 Jahre) außerstande sind, sich selbst finanziell zu unterhalten.

Beispiel

Die Großeltern haben im Kalenderjahr 2021 Kinderbetreuungskosten in Höhe von 1800 € für die Betreuung ihres fünfjährigen Enkels durch eine Tagesmutter bezahlt.

Die Aufwendungen können bei den Großeltern nicht als Sonderausgaben berücksichtigt werden, da der Aufwand für Enkelkinder nicht als Sonderausgaben abzugsfähig ist.

Des Weiteren muss das **Kind zum Haushalt** der Eltern bzw. des Elternteils gehören, das heißt, in deren Haushalt leben. Bei nicht zusammenlebenden Eltern ist grundsätzlich die Meldung des Kindes maßgebend. Eine vorübergehende auswärtige Unterbringung des Kindes (z. B. zu Schul- oder Ausbildungszwecken) ist unschädlich. Die Zahlung des Kindergeldes an einen Elternteil ist ein weiteres Indiz für die Zugehörigkeit des Kindes zu dessen

K

	Lohn-steuer-pflichtig	Sozial-versich.-pflichtig

Haushalt. Es ist im Einzelfall denkbar, dass das Kind zum Haushalt beider getrennt lebender Elternteile gehört (sog. gleichwertige Haushaltsaufnahme; BFH-Urteil vom 28.4.2010, BStBl. 2011 II S. 30).

4. Anspruchsvoraussetzungen der Eltern

Seit 2012 kommt es auf die persönlichen Anspruchsvoraussetzungen bei den Eltern (z. B. Erwerbstätigkeit, Ausbildung, Behinderung, Krankheit) **nicht mehr an.** Dadurch ist der steuermindernde Abzug der Kinderbetreuungskosten wesentlich **vereinfacht** worden. Bei beschränkt steuerpflichtigen Arbeitnehmern können Kinderbetreuungskosten jedoch nicht als Sonderausgaben abgezogen werden (vgl. § 50 Abs. 1 Satz 4 EStG).

5. Sonstiges

Für Kinderbetreuungskosten kann im Rahmen des Lohnsteuer-Ermäßigungsverfahrens ein **Freibetrag** gebildet werden (§ 39a EStG; vgl. Anhang 7).

Ist ein Abzug von Kinderbetreuungskosten **dem Grunde nach** als Sonderausgaben **nicht** möglich (z. B., weil das Kind 15 Jahre alt ist), kann unter den weiteren Voraussetzungen eine Steuerermäßigung für **haushaltsnahe Beschäftigungsverhältnisse** bzw. haushaltsnahe **Dienstleistungen** (§ 35a EStG; vgl. auch „Hausgehilfin" unter Nr. 9 Buchstabe k) in Betracht kommen.

Ist hingegen ein Sonderausgabenabzug dem Grunde nach möglich, scheidet eine Inanspruchnahme der Steuerermäßigung nach § 35a EStG aus. Das gilt sowohl für das nicht als Sonderausgaben abziehbare Drittel der Aufwendungen als auch für die Aufwendungen, die sich aufgrund des Höchstbetrags von 4000 € nicht als Sonderausgaben auswirken.

Kinderdorfmütter

Kinderdorfmütter sind Arbeitnehmer; ihr Entgelt ist steuer- und beitragspflichtiger Arbeitslohn. ja ja

siehe aber auch „Tagesmütter"

Kinderfreibeträge

Die Kinderfreibeträge betragen:

	2019		2020		2021	
	monatl.	jährl.	monatl.	jährl.	monatl.	jährl.
halber Kinderfreibetrag	**207,50 €**	**2 490 €**	**215,50 €**	**2 586 €**	**227,50 €**	**2 730 €**
ganzer Kinderfreibetrag	**415,– €**	**4 980 €**	**431,– €**	**5 172 €**	**455,– €**	**5 460 €**

Seit 1996 wirkt sich der Kinderfreibetrag nicht mehr auf die Höhe der Lohnsteuer aus. Bei der Ermittlung der Bemessungsgrundlage für den Solidaritätszuschlag und der Kirchensteuer wird der Kinderfreibetrag jedoch weiterhin berücksichtigt. Anstelle des bis 31.12.1995 im Lohnsteuertarif enthaltenen Kinderfreibetrags wird dem Arbeitnehmer ein höheres Kindergeld gewährt, wobei nach Ablauf des Kalenderjahres vom Finanzamt im Rahmen einer Veranlagung zur Einkommensteuer geprüft wird, ob die steuerliche Berücksichtigung des Kinderfreibetrags „günstiger" ist als das während des Kalenderjahres gezahlte Kindergeld. Seit 2002 wird in diese Vergleichsberechnung auch der Freibetrag für Betreuungs- und Erziehungs- oder Ausbildungsbedarf mit einbezogen. Der seit 2002 geltende Freibetrag für Betreuungs- und Erziehungs- oder Ausbildungsbedarf beträgt je Kind:

	2010 bis 2020		2021	
	monatl.	jährl.	monatl.	jährl.
ganzer Freibetrag für Betreuung und Erziehung oder Ausbildung	**220 €**	**2 640 €**	**244 €**	**2 928 €**
halber Freibetrag für Betreuung und Erziehung oder Ausbildung	**110 €**	**1 320 €**	**122 €**	**1 464 €**

Die Inanspruchnahme des Kinderfreibetrags zuzüglich des Freibetrags für den Betreuungs- und Erziehungs- oder Ausbildungsbedarf anstelle des Kindergelds, der Kinderbegriff und die Anspruchsvoraussetzungen für das Kindergeld sind ausführlich anhand von Beispielen in **Anhang 9** erläutert. Die Berücksichtigung der Kinderfreibeträge bei der Berechnung der Bemessungsgrundlage für den Solidaritätszuschlag und die Kirchensteuer ist bei diesen Stichworten anhand von Beispielen erläutert. Zur steuerlichen Berücksichtigung von „Kinderbetreuungskosten" vgl. dieses Stichwort.

Kindergartenzuschüsse

Gliederung:

1. Allgemeines
2. Begünstigte und nicht begünstigte Kindergartenzuschüsse
   a) Betriebskindergarten und Barzuschüsse
   b) Gehaltsumwandlung nicht möglich
   c) Besondere Arbeitgeberleistungen
   d) Betreuung im Haushalt
3. Nicht schulpflichtige Kinder

1. Allgemeines

Steuer- und **sozialversicherungsfrei** sind Arbeitgeberleistungen zur **Unterbringung** (einschließlich Unterkunft und **Verpflegung**) und **Betreuung** von nicht schulpflichtigen Kindern des Arbeitnehmers in Kindergärten oder vergleichbaren Einrichtungen (z. B. bei einer Tagesmutter), die der Arbeitgeber **zusätzlich** zum ohnehin geschuldeten Arbeitslohn erbringt. Eine betragsmäßige Obergrenze gibt es nicht. nein nein

Im Einzelnen gilt für Kindergartenzuschüsse Folgendes:

2. Begünstigte und nicht begünstigte Kindergartenzuschüsse

a) Betriebskindergarten und Barzuschüsse

Die unentgeltliche oder verbilligte Betreuung der Kinder von Arbeitnehmern in einem **Betriebskindergarten** war bereits seit jeher kein steuer- und beitragspflichtiger Arbeitslohn. nein nein

Seit 1992 gibt es darüber hinaus eine generelle Steuerfreiheit für alle Leistungen des Arbeitgebers zur Unterbringung (einschließlich Unterkunft und Verpflegung) und Betreuung von **nicht schulpflichtigen** Kindern der Arbeitnehmer in Kindergärten oder vergleichbaren Einrichtungen (§ 3 Nr. 33 EStG). Deshalb sind auch **Barzuschüsse,** die der Arbeitgeber zu den Aufwendungen des Arbeitnehmers für einen Kindergartenplatz erbringt, steuer- und beitragsfrei; die Aufwendungen des Arbeitnehmers sind aber vor dem Arbeitgeberzuschuss um etwaige Zuschüsse von dritter Seite (z. B. eines Landes) zu mindern. Die steuerfreien Arbeitgeberleistungen für die Betreuung des Kindes mindern zudem die als Sonderausgaben abziehbaren Kinderbetreuungskosten (vgl. die Erläuterungen bei diesem Stichwort). nein nein

Die Steuerbefreiung kann auch dann in Anspruch genommen werden, wenn der nicht bei dem Arbeitgeber beschäftigte Elternteil die vom Arbeitgeber erstatteten Aufwendungen wirtschaftlich getragen hat (R 3.33 Abs. 1 Satz 2 LStR).

Lohnsteuerpflichtig | Sozialversich.-pflichtig

Beispiel

Die Eltern einer vierjährigen Tochter sind nicht miteinander verheiratet. Die kindergeldberechtigte Mutter hat die Tochter in einem Kindergarten untergebracht und zahlt hierfür 100 € monatlich. Der Betrag von 100 € monatlich wird vom Arbeitgeber des Vaters erstattet.

Die Erstattung der Aufwendungen durch den Arbeitgeber des Vaters ist steuer- und sozialversicherungsfrei, obwohl die Aufwendungen wirtschaftlich von der nicht bei ihm beschäftigten Mutter des Kindes getragen wurden.

Bei Barzuschüssen des Arbeitgebers ist die Steuer- und Sozialversicherungsfreiheit nur dann gegeben, wenn der Arbeitnehmer dem Arbeitgeber die zweckentsprechende Verwendung nachgewiesen hat. Der **Arbeitgeber** hat die Nachweise im **Original** als **Belege** zum Lohnkonto aufzubewahren (R 3.33 Abs. 4 Sätze 2 und 3 LStR).

b) Gehaltsumwandlung nicht möglich

Weitere Voraussetzung für die Steuer- und Beitragsfreiheit ist, dass die Zuschüsse **zusätzlich** zum ohnehin geschuldeten Arbeitslohn erbracht werden. Der Kindergartenzuschuss muss zu dem Arbeitslohn hinzukommen, den der Arbeitgeber (ohnehin) schuldet. Unerheblich ist, dass der Kindergartenzuschuss seinerseits aufgrund einer arbeitsvertraglichen oder anderen arbeitsrechtlichen Rechtsgrundlage erbracht wird und somit ein Anspruch auf diese begünstigte Leistung besteht (vgl. das nachfolgende Beispiel B). nein nein

Zur Zusätzlichkeitsvoraussetzung im Einzelnen vgl. das Stichwort „Gehaltsumwandlung" unter Nr. 4.

Beispiel A

Die Arbeitnehmerin A hat laut Tarifvertrag Anspruch auf einen Arbeitslohn von 2200 € monatlich. Im März 2021 vereinbart sie mit ihrem Arbeitgeber, dass ab 1. April 2021 ein Arbeitslohn von 2100 € zuzüglich 100 € Kindergartenzuschuss gezahlt wird.

Der ab April 2021 gezahlte Kindergartenzuschuss ist steuerpflichtig und nicht steuerfrei, da wegen der Anrechnung auf den Lohnanspruch eine (schädliche) Gehaltsumwandlung vorliegt und der Zuschuss somit nicht zusätzlich zum ohnehin geschuldeten Arbeitslohn gezahlt wird.

Beispiel B

Wie Beispiel A. Die Arbeitnehmerin A erhält allerdings ab 1. April 2021 zusätzlich zum ohnehin geschuldeten Arbeitslohn von 2200 € monatlich einen Kindergartenzuschuss von 100 € monatlich; ein entsprechender Nachweis, dass Aufwendungen in dieser Höhe für die Unterbringung, Betreuung und Verpflegung ihrer nicht schulpflichtigen Tochter in einem Kindergarten entstehen, wurde von A vorgelegt.

Der Kindergartenzuschuss wird zusätzlich zum ohnehin geschuldeten Arbeitslohn gezahlt und ist steuer- und sozialversicherungsfrei (§ 3 Nr. 33 EStG). Unerheblich ist, dass bezüglich der Zahlung des Kindergartenzuschusses eine Vereinbarung zwischen Arbeitgeber und Arbeitnehmer besteht.

Bei einer Gehaltsumwandlung zugunsten eines steuerfreien Kindergartenzuschusses ist die erforderliche Zusätzlichkeitsvoraussetzung auch erfüllt, soweit die vereinbarte **Leistung** des **Arbeitgebers höher** ist **als** der **umgewandelte Betrag.**

Beispiel C

Der Arbeitgeber vereinbart mit seinem Arbeitnehmer eine Herabsetzung des tariflichen Arbeitslohns von 2100 € auf 1900 €. Im Gegenzug erbringt der Arbeitgeber Leistungen im Wert von 300 € monatlich zur Unterbringung und Betreuung des nicht schulpflichtigen Kindes des Arbeitnehmers in einem Kindergarten.

Der Arbeitgeber erbringt lediglich zusätzliche Leistungen in Form von steuerfreien Kindergartenzuschüssen in Höhe von 100 €; dieser Betrag von 100 € ist steuerfrei. Hinsichtlich des Mehrbetrages von 200 € (300 € abzüglich 100 €) liegt wegen der Herabsetzung des Lohnanspruchs eine schädliche Gehaltsumwandlung vor. Der steuer- und beitragspflichtige Arbeitslohn beträgt daher nach wie vor 2100 €.

In der Praxis wird vereinzelt versucht, anstelle einer nicht möglichen Gehaltsumwandlung eine **Änderungskündigung** zu vereinbaren, um das gewünschte Ergebnis (Steuerfreiheit der Kindergartenzuschüsse) zu erreichen. Die Finanzverwaltung wird allerdings auch in diesen Fällen von einer einvernehmlichen Änderung des Arbeitsvertrags ausgehen und die Gehaltsumwandlung **nicht anerkennen,** wenn der Arbeitnehmer in Erwartung der angebotenen Leistung die Änderungskündigung akzeptiert und dabei auf die Einhaltung der Kündigungsfrist und anderer arbeitsrechtlicher Voraussetzungen verzichtet. Bei einer Änderungskündigung muss die Herabsetzung des Arbeitslohns zudem mit der betrieblichen Notwendigkeit dieser Maßnahme und nicht mit der Gewährung künftiger Leistungen begründet werden.

Bei **befristeten Arbeitsverträgen** besteht hingegen die Möglichkeit, diese Arbeitsverträge zeitlich auslaufen zu lassen und anschließend Arbeitsverträge mit geändertem Inhalt zu schließen.

Beispiel D

Der befristete Arbeitsvertrag mit der Arbeitnehmerin A, der u. a. einen Bruttoarbeitslohn von monatlich 2500 € vorsieht, endet zum 30.4.2021. Ab 1.5.2021 schließt der Arbeitgeber mit A einen neuen Arbeitsvertrag über einen Bruttoarbeitslohn von monatlich 2450 € zuzüglich 50 € steuer- und sozialversicherungsfreien Kindergartenzuschuss (§ 3 Nr. 33 EStG).

Der ab 1.5.2021 abgeschlossene Arbeitsvertrag über ein neues (nunmehr vermindertes) Grundgehalt zuzüglich steuerfreier Arbeitgeberleistung ist anzuerkennen, da es sich um einen neuen Arbeitsvertrag nach Auslaufen eines befristeten Arbeitsvertrags handelt.

Die für eine Steuer- und Sozialversicherungsfreiheit erforderliche zusätzliche Leistung des Arbeitgebers liegt auch dann vor, wenn der Kindergartenzuschuss unter **Anrechnung** auf eine andere **freiwillige Sonderzahlung** des Arbeitgebers (z. B. freiwillig geleistetes Weihnachtsgeld) erbracht wird. Dabei ist es unschädlich, wenn die übrigen Arbeitnehmer die freiwillige Sonderzahlung in voller Höhe erhalten. Aufgrund der Freiwilligkeit der Leistung hat der Arbeitnehmer insoweit noch keinen Anspruch (vgl. die Erläuterungen beim Stichwort „Gehaltsumwandlung" unter Nr. 4 und das dortige Beispiel F). nein nein

c) Besondere Arbeitgeberleistungen

Es ist **gleichgültig,** ob die Unterbringung und Betreuung des Kindes in **betrieblichen** oder **außerbetrieblichen Kindergärten** erfolgt. Vergleichbare Einrichtungen sind z. B. Schulkindergärten, Kindertagesstätten, Kinderkrippen, Tagesmütter, Wochenmütter und Ganztagespflegestellen. Auch Internate sind eine „vergleichbare Einrichtung", wenn das Internat auch nicht schulpflichtige Kinder aufnimmt. Dabei ist zu beachten, dass Arbeitgeberleistungen insoweit nicht steuerfrei sind, als sie auf den **Unterricht** des Kindes entfallen. Das Gleiche gilt auch für andere Leistungen, die nicht unmittelbar der Betreuung eines Kindes dienen, z. B. die Beförderung zwischen Wohnung und Kindergarten. ja ja

Seit dem 1.1.2015 sind auch die individuellen Leistungen des Arbeitgebers an ein Dienstleistungsunternehmen für die **Vermittlung** von Unterbringungs- und Betreuungsmöglichkeiten der nicht schulpflichtigen Kinder der Arbeitnehmer steuerfrei (§ 3 Nr. 34a EStG; vgl. das Stichwort „Fürsorgeleistungen" besonders unter Nr. 2). Die gegenteilige Aussage in den Lohnsteuer-Richtlinien (R 3.33 Abs. 1 Satz 3 LStR) ist durch die Gesetzesänderung überholt. Pauschale Arbeitgeberzahlungen an ein Dienstleistungsunternehmen, das sich verpflichtet, alle Arbeitnehmer kostenlos in Angelegenheiten zu beraten und zu betreuen (z. B. durch die Übernahme der Vermittlung von Betreuungspersonen für Familienangehörige) gehören übrigens von vornherein nicht zum Arbeitslohn (R 19.3 Abs. 2 Nr. 5 LStR). Auch Zuwendungen des Arbeitgebers an eine Einrichtung, durch die der Arbeitgeber für die Kinder seiner Arbeitnehmer ein **Belegungsrecht** ohne Bewerbungsverfahren und Wartezeit erwirkt, führen nicht zu einem geldwerten Vorteil (R 3.33 Abs. 1 Satz 4 LStR). nein nein

Gebühren für den Besuch einer **Vorschule** oder **Vorklasse** – die es in einigen Bundesländern gibt – gehören auch zu den begünstigten Betreuungsleistungen. In diesen Fällen findet nämlich eine spielerische Vorbereitung auf die Grundschule statt, die pädagogisch und erzieherisch ausgerichtet ist. Letztlich erhalten Kinder, die eine Kinder-

K

	Lohn-steuer-pflichtig	Sozial-versich.-pflichtig
tagesstätte, eine Vorschule oder Vorklasse besuchen, die gleichen Betreuungsleistungen, sodass nicht von einem (schädlichen) Unterricht des Kindes auszugehen ist.	nein	nein

d) Betreuung im Haushalt

Aufwendungen für die Betreuung des Kindes **im eigenen Haushalt** des Arbeitnehmers, z. B. durch Kinderpflegerinnen, Hausgehilfinnen oder Familienangehörige, können hingegen nicht steuerfrei vom Arbeitgeber ersetzt werden. Der eigene Haushalt des Arbeitnehmers ist keine einem Kindergarten vergleichbare Einrichtung zur Unterbringung und Betreuung von Kindern. — ja ja

Beispiel

Für die Betreuung des Kindes im eigenen Haushalt entstehen dem Arbeitnehmer monatliche Aufwendungen von 150 €.

Eine steuerfreie Erstattung des Betrags durch den Arbeitgeber ist nicht möglich, da die Unterbringung und Betreuung des Kindes nicht in einem Kindergarten bzw. einer vergleichbaren Einrichtung erfolgt. Zur Berücksichtigung der Aufwendungen als Sonderausgaben vgl. die Erläuterungen beim Stichwort „Kinderbetreuungskosten" besonders unter Nr. 2 Buchstabe a.

3. Nicht schulpflichtige Kinder

Begünstigt sind nur Leistungen zur Unterbringung (einschließlich Unterkunft und Verpflegung) und Betreuung von **nicht schulpflichtigen** Kindern. Ob ein Kind schulpflichtig ist, bestimmt sich nach dem jeweiligen landesrechtlichen Schulgesetz. Aus **Vereinfachungsgründen** braucht der Arbeitgeber die Schulpflicht bei Kindern nicht zu prüfen, die

- das 6. Lebensjahr noch nicht vollendet haben oder
- im laufenden Kalenderjahr das 6. Lebensjahr nach dem 30. Juni vollenden, es sei denn, sie sind vorzeitig eingeschult worden oder
- im laufenden Kalenderjahr das 6. Lebensjahr vor dem 1. Juli vollenden. In diesem Fall entfällt die Prüfung der Schulpflicht durch den Arbeitgeber aber nur in den Monaten Januar bis Juli dieses Jahres.

K

Den nicht schulpflichtigen Kindern stehen schulpflichtige Kinder gleich, solange sie mangels Schulreife vom Schulbesuch zurückgestellt sind. Hierzu gehören auch die Kinder, die zwar im laufenden Kalenderjahr das 6. Lebensjahr vollenden, aber erst im nächsten Kalenderjahr eingeschult werden.

Durch die Lohnsteuer-Änderungsrichtlinien 2015 vom 22.10.2014 (BStBl. I S. 1344) sind den noch nicht schulpflichtigen Kindern **schulpflichtige Kinder gleichgestellt** worden, die **noch nicht eingeschult** worden sind (R 3.33 Abs. 3 Satz 4 LStR). Damit erübrigen sich weitestgehend die vorstehenden Vereinfachungsregelungen.

Beispiel

Die Schulpflicht soll für Kinder, die bis zum 30.6.2021 das 6. Lebensjahr vollendet haben, am 1.8.2021 beginnen. Aufgrund der Sommerferien wird das Kind A, das im Mai 2021 sechs Jahre alt geworden ist, am 14. September 2021 eingeschult.

Bis einschließlich 13. September 2021 kann ein Arbeitgeber steuerfreie Kindergartenzuschüsse zahlen, da das Kind A bis zu seiner Einschulung einem nicht schulpflichtigen Kind gleichgestellt ist.

Kindergeld

Das Kindergeld beträgt **monatlich:**

	1.1.2019 bis 30.6.2019	1.7.2019 bis 31.12.2020	**seit 1.1.2021**
für das erste Kind	194 €	204 €	**219 €**
für das zweite Kind	194 €	204 €	**219 €**
für das dritte Kind	200 €	210 €	**225 €**
für jedes weitere Kind	225 €	235 €	**250 €**

Die **Einkünfte- und Bezügegrenze** für Kinder über 18 Jahre zur Gewährung von Kindergeld oder Freibeträgen für Kinder ist seit 2012 **weggefallen** (vgl. Anhang 9 Nr. 9).

Die Anspruchsvoraussetzungen für das Kindergeld und die Inanspruchnahme des Kinderfreibetrags zuzüglich des Freibetrags für den Betreuungs- und Erziehungs- oder Ausbildungsbedarf anstelle des Kindergelds nach Ablauf des Kalenderjahres sowie der Kinderbegriff sind ausführlich anhand von Beispielen in **Anhang 9** erläutert. Zum Kinderzuschlag für Geringverdiener vgl. die Erläuterungen in Anhang 9 Nr. 5 Buchstabe f.

Kinder-Krankengeld

Gliederung:

1. Allgemeines
2. Lohnsteuerliche Behandlung
3. Sozialversicherungsrechtliche Behandlung
4. Datenaustausch-Entgeltersatzleistungen

1. Allgemeines

Nach § 45 SGB V erhalten in der gesetzlichen Krankenversicherung versicherte Arbeitnehmer ein sogenanntes Kinder-Krankengeld, wenn es nach ärztlichem Zeugnis erforderlich ist, dass der Versicherte zur Beaufsichtigung, Betreuung oder Pflege seines erkrankten Kindes der Arbeit fernbleibt, eine andere im Haushalt des Versicherten lebende Person die Beaufsichtigung, Betreuung oder Pflege nicht übernehmen kann und das Kind das **12. Lebensjahr** noch nicht vollendet hat oder behindert und auf Hilfe angewiesen ist. Der Anspruch auf unbezahlte Freistellung von der Arbeit zur Pflege eines kranken Kindes beträgt für jedes Kind **10 Arbeitstage** im Kalenderjahr; für **Alleinerziehende 20 Arbeitstage.** Der Anspruch ist allerdings insgesamt auf höchstens 25 Arbeitstage im Kalenderjahr begrenzt (für Alleinerziehende auf 50 Arbeitstage). Im Kalenderjahre 2020 betrug der Anspruch für jedes Kind 15 Arbeitstage, für Alleinerziehende 30 Arbeitstage. Der Anspruch war auf höchstens 35 Tage (Alleinerziehende 70 Arbeitstage) begrenzt. Für die genannten Zeiträume haben die Krankenkassen das Kinder-Krankengeld zu zahlen, wenn der Arbeitgeber keine Entgeltfortzahlung für diese Zeit gewährt. Das Kinder-Krankengeld beträgt 90 % des ausgefallenen Nettoarbeitsentgeltes aus dem beitragspflichtigen Arbeitsentgelt, wenn in den letzten zwölf Monaten Einmalzahlungen gewährt wurden 100 %. Das Kinder-Krankengeld darf 70 % der Beitragsbemessungsgrenze in der Krankenversicherung nicht überschreiten. Ein Anspruch auf Freistellung von der Arbeit unter Fortzahlung der Bezüge wegen Pflege eines erkrankten Kindes ergibt sich nach der Rechtsprechung des Bundesarbeitsgerichts aus § 616 BGB. Allerdings ist dieser Anspruch auf bezahlte Freistellung von der Arbeit abdingbar und meist auch in den Tarifverträgen abbedungen. In diesen Fällen muss die Krankenkasse das Kinder-Krankengeld zahlen. In einigen Tarifverträgen ist die Zahlung eines Arbeitgeberzuschusses zum Krankengeld vorgesehen (vgl. das Stichwort „Krankengeldzuschüsse"). In diesen Fällen zahlt der Arbeitgeber auch einen Zuschuss zum Kinder-Krankengeld in Höhe des Unterschiedsbetrags zwischen Krankengeld und Nettolohn.

2. Lohnsteuerliche Behandlung

Das Kinder-Krankengeld ist als Leistung der gesetzlichen Krankenversicherung lohnsteuerfrei nach § 3 Nr. 1 Buchstabe a EStG.

Das Kinder-Krankengeld ist zwar steuerfrei, es unterliegt jedoch dem sog. **Progressionsvorbehalt** (vgl. dieses Stichwort). Der hierbei anzusetzende Betrag wird von der Krankenkasse an die Finanzverwaltung elektronisch übermittelt (§ 32b Abs. 3 EStG). — nein nein

	Lohn-steuer-pflichtig	Sozial-versich.-pflichtig

In dem Monat, in dem die Entgeltfortzahlung endet und die beitragsfreie Zeit der Krankengeldzahlung beginnt, entsteht **beitragsrechtlich** ein **Teillohnzahlungszeitraum.** Bei der Lohnsteuer wird dagegen der Lohnzahlungszeitraum durch ausfallende (unbezahlte) Arbeitstage nicht unterbrochen. Auf das Beispiel einer vollständigen Lohnabrechnung beim Übergang von der Lohnfortzahlung zum Krankengeld (mit Erläuterung der Meldepflichten) beim Stichwort „Teillohnzahlungszeitraum" unter Nr. 4 auf Seite 920 wird hingewiesen.

Zahlt der Arbeitgeber zusätzlich zum Kinder-Krankengeld einen Zuschuss, gilt Folgendes:

Krankengeldzuschüsse, die der Arbeitnehmer zusätzlich zum Kinder-Krankengeld erhält, sind lohnsteuerpflichtig aber im Normalfall sozialversicherungsfrei (vgl. nachfolgend unter Nr. 3). ja nein

Fällt bei Zuschüssen des Arbeitgebers zum Kinder-Krankengeld wegen der geringen Höhe der Zuschüsse und Anwendung der Monatslohnsteuertabelle keine Lohnsteuer an, müssen die Zuschüsse trotzdem im Lohnkonto und in der (elektronischen) Lohnsteuerbescheinigung als steuerpflichtiger Arbeitslohn erfasst werden. Außerdem ist im Lohnkonto und in der (elektronischen) Lohnsteuerbescheinigung ein „U" zu bescheinigen, wenn der Arbeitnehmer für fünf oder mehr Arbeitstage Kinder-Krankengeld – mit oder ohne Arbeitgeberzuschuss – erhält (vgl. „Lohnkonto" unter Nr. 9).

3. Sozialversicherungsrechtliche Behandlung

Beitragsrechtlich gilt nach § 23c SGB IV einheitlich für alle Versicherungszweige Folgendes:

Zuschüsse des Arbeitgebers zum Krankengeld, Verletztengeld, Übergangsgeld, Pflegeunterstützungsgeld oder Krankentagegeld und sonstige Einnahmen aus einer Beschäftigung, die für die Zeit des Bezuges von Krankengeld, Krankentagegeld, Versorgungskrankengeld, Verletztengeld, Übergangsgeld, Pflegeunterstützungsgeld, Mutterschaftsgeld oder Elterngeld weiter erzielt werden, gelten nicht als beitragspflichtiges Arbeitsentgelt, wenn die Einnahmen zusammen mit den genannten Sozialleistungen das Nettoarbeitsentgelt im Sinne des § 47 Abs. 1 SGB V nicht um mehr als **50 €** übersteigen (Freigrenze).

Nach dieser Regelung sind Krankengeldzuschüsse, die der Arbeitnehmer zusätzlich zum Kinder-Krankengeld erhält, beitragsfrei wenn das Nettoarbeitsentgelt nicht um mehr als 50 € überschritten wird. ja nein

Die Anwendung des § 23c SGB IV auf Krankengeldzuschüsse ist ausführlich beim Stichwort „Arbeitsentgelt" unter Nr. 2 auf Seite 108 erläutert.

4. Datenaustausch-Entgeltersatzleistungen

Im Rahmen der Zahlung von Kinder-Krankengeld findet zwischen Arbeitgebern und den Krankenkassen ein Austausch von Daten und Meldungen statt. Das Verfahren hierzu ist in der Verfahrensbeschreibung für die Erstattung der Mitteilungen im Rahmen des Datenaustausches Entgeltersatzleistungen nach § 107 SGB IV in der seit 1.1.2020 geltenden Fassung beschrieben. Darüber hinaus gelten die dazugehörigen Gemeinsamen Grundsätze in der seit 1.1.2020 geltenden Fassung (siehe auch www.gkv-datenaustausch.de/arbeitgeber/entgeltersatzleistungen/entgeltersatzleistungen.jsp).

Kinderzulagen

Kinderzulagen oder Kinderzuschläge, die der Arbeitgeber zahlt, gehören ebenso wie Familienzuschläge (vgl. dieses Stichwort) zum steuer- und beitragspflichtigen Arbeitslohn. ja ja

Dies gilt auch für Kinderzuschläge und Kinderbeihilfen, die aufgrund der Besoldungsgesetze, besonderer Tarife oder ähnlicher Vorschriften gewährt werden (§ 3 Nr. 11 Satz 2 EStG). ja ja

Bei der **Feststellung der Krankenversicherungspflicht** bleiben Zuschläge, die mit Rücksicht auf den Familienstand gezahlt werden, unberücksichtigt, d. h. bei der Ermittlung des regelmäßigen Jahresarbeitsentgelts werden diese Zuschläge **nicht berücksichtigt** (vgl. das Stichwort „Jahresarbeitsentgeltgrenze" besonders unter Nr. 2).

Kinderzuschlag als Sozialleistung

Der Kinderzuschlag nach § 6a Bundeskindergeldgesetz ist als Sozialleistung steuerfrei und unterliegt nicht dem Progressionsvorbehalt (vgl. dieses Stichwort). nein nein

Vgl. zu diesem Kinderzuschlag auch die Erläuterungen in Anhang 9 Nr. 5 Buchstabe f.

Kirchenbedienstete/Kirchenmusiker

Nebenamtliche **Kirchenbedienstete,** z. B. Küster, Mesner, sind stets als Arbeitnehmer anzusehen. Die ihnen gewährten Vergütungen sind steuer- und beitragspflichtiger Arbeitslohn. ja ja

Für diese Arbeitnehmer kommt jedoch meist eine Pauschalierung der Lohnsteuer in Betracht; vgl. „Pauschalierung der Lohnsteuer bei Aushilfskräften und Teilzeitbeschäftigten". Zur Inanspruchnahme eines Steuerfreibetrags von 840 € jährlich vgl. „Nebentätigkeit für gemeinnützige Organisationen" unter Nr. 10.

Nebenberufliche **Kirchenmusiker** sind im Normalfall selbstständig tätig, es sei denn, dass ausnahmsweise ein festes Beschäftigungsverhältnis zu einer Kirchengemeinde vorliegt. Bei fester Beschäftigung besteht ggf. die Möglichkeit einer Lohnsteuerpauschalierung. nein nein

Nebenberufliche Kirchenmusiker können einen Steuerfreibetrag von nunmehr 3000 € jährlich (250 € monatlich) in Anspruch nehmen und zwar ohne Rücksicht darauf, ob sie als Arbeitnehmer oder selbstständig Beschäftigte tätig werden (vgl. „Nebentätigkeit für gemeinnützige Organisationen" besonders unter Nr. 2).

Siehe auch die Stichworte „Chorleiter" und „Organisten".

Kirchensteuer

Neues auf einen Blick:

1. Arbeitnehmer mit Kindern

Durch das sog. Zweite Familienentlastungsgesetz ist für das Kalenderjahr 2021 neben dem Grundfreibetrag u. a. auch der **Kinderfreibetrag erhöht** worden:

	2020	**2021**
halber Kinderfreibetrag	2586 €	**2730 €**
ganzer Kinderfreibetrag	5172 €	**5460 €**

Der **Freibetrag** für **Betreuungs- und Erziehungs- oder Ausbildungsbedarf** ist ebenfalls **erhöht** worden. Er beträgt 1464 € (halber Freibetrag) bzw. 2928 € (ganzer Freibetrag).

Die Erhöhung dieser Freibeträge führt bei Arbeitnehmern mit Kindern dazu, dass sich die **Kirchensteuer vermindert.** Zudem erfolgt die Berücksichtigung des Kinderfreibetrags und des Freibetrags für den Betreuungs- und

K

Erziehungs- oder Ausbildungsbedarf stets mit dem halben oder ganzen Jahresbetrag und nicht nach dem Monatsprinzip.

Vgl. die Ausführungen unter der nachfolgenden Nr. 2.

2. Steuersatz bei Pauschalierung der Kirchensteuer

Der Steuersatz für eine Pauschalierung der Kirchensteuer ist in **Baden-Württemberg** zum **1.1.2021** von 5,5 % auf **5 %** gesenkt worden.

Vgl. zur Pauschalierung der Kirchensteuer im Einzelnen die Erläuterungen unter der nachfolgenden Nr. 10.

Gliederung:

1. Kirchensteuerpflicht und Kirchensteuersätze
2. Berechnung der Kirchensteuer bei Arbeitnehmern mit Kindern
3. Mindestkirchensteuer
4. Kappung der Kirchensteuer
5. Beginn und Ende der Kirchensteuerpflicht
6. Besonderheiten bei verheirateten und verpartnerten Arbeitnehmern
   a) Allgemeines
   b) Halbteilungsgrundsatz
   c) Abschaffung des Halbteilungsgrundsatzes
   d) Glaubensverschiedenheit
7. Betriebsstättenprinzip
8. Berechnung der Kirchensteuer bei ausländischen Arbeitnehmern
9. Kirchensteuerberechnung bei der Besteuerung sonstiger Bezüge
10. Pauschalierung der Kirchensteuer
    a) Allgemeines
    b) Vereinfachtes Verfahren
    c) Ausscheiden der nicht kirchensteuerpflichtigen Arbeitnehmer
    d) Nachweis, dass der Arbeitnehmer nicht kirchensteuerpflichtig ist

K

1. Kirchensteuerpflicht und Kirchensteuersätze

Neben der Lohnsteuer ist bei jeder Lohnzahlung an Arbeitnehmer, die der Kirchensteuerpflicht unterliegen, auch Kirchensteuer einzubehalten und an das Finanzamt abzuführen. Nach Einführung der elektronischen Lohnsteuerabzugsmerkmale (**ELStAM**; vgl. dieses Stichwort) **übermitteln** die **Gemeinden** die rechtliche **Zugehörigkeit** zu einer steuererhebenden **Religionsgemeinschaft** sowie das Datum des Eintritts und des Austritts **an** die **Datenbank** der Finanzverwaltung. Die Finanzämter haben insoweit keinen Zugriff auf die Datenbank, da es sich bei der Religionszugehörigkeit um Meldedaten handelt. Dem Arbeitgeber wird im ELStAM-Verfahren das Kirchensteuerabzugsmerkmal übermittelt. Gehört der Arbeitnehmer keiner Religionsgemeinschaft an, für die Kirchensteuer von der Finanzverwaltung erhoben wird, wird dem Arbeitgeber kein Kirchensteuerabzugsmerkmal bereitgestellt. Zu den Besonderheiten bei verheirateten und verpartnerten Arbeitnehmern vgl. nachfolgende Nr. 6.

Bei Arbeitnehmern mit einer **Lohnsteuerabzugsbescheinigung** (vgl. dieses Stichwort), ergibt sich für den Arbeitgeber die Religionsgemeinschaft des Arbeitnehmers aus dieser Bescheinigung. Zur Einbehaltung der Kirchensteuer bei Anwendung der Steuerklasse VI vgl. das Stichwort „Nichtvorlage der Lohnsteuerabzugsmerkmale“ am Ende der Nr. 1. Bei der Pauschalierung der Lohnsteuer ist die Kirchensteuer ebenfalls pauschal zu errechnen (vgl. nachfolgend unter Nr. 10). Keine Kirchensteuer ist bei beschränkt steuerpflichtigen Arbeitnehmern einzubehalten, da sie keinen Wohnsitz oder gewöhnlichen Aufenthalt in Deutschland haben (vgl. nachfolgend unter Nr. 8). Der Arbeitgeber haftet auch für die zutreffende Einbehaltung und Abführung der Kirchensteuer. Die Höhe der Kirchensteuer ist in den einzelnen Ländern verschieden, da das Kirchensteuerrecht in den Ländern der Bundesrepublik Deutschland nicht einheitlich geregelt ist. Derzeit (Stand 1. 1. 2021) gelten folgende Kirchensteuersätze:

Land	Kirchensteuersatz
Baden-Württemberg	8 %
Bayern	8 %
Berlin	9 %
Brandenburg	9 %
Bremen	9 %
Hamburg	9 %
Hessen	9 %
Mecklenburg-Vorpommern	9 %
Niedersachsen	9 %
Nordrhein-Westfalen	9 %
Rheinland-Pfalz	9 %
Saarland	9 %
Sachsen	9 %
Sachsen-Anhalt	9 %
Schleswig-Holstein	9 %
Thüringen	9 %

Bei der Berechnung der Kirchensteuer mit 8 % oder 9 % bleiben Bruchteile eines Cents außer Betracht.

Kirchensteuerpflichtig sind diejenigen Arbeitnehmer, die nach den für sie gebildeten individuellen Abzugsmerkmalen einer zur Erhebung von Kirchensteuer berechtigten Religionsgemeinschaft angehören. Diese Religionsgemeinschaften werden durch folgende Abkürzungen gekennzeichnet:[1]

römisch-katholisch	=	rk
evangelisch	=	ev
evangelisch-lutherisch	=	lt
evangelisch-reformiert	=	rf
französisch-reformiert	=	fr
alt-katholisch	=	ak
israelitische Bekenntnissteuer/Kultussteuer	=	is/il/issl
jüdische Kultussteuer	=	ih/jh/is/jd
freireligiöse Landesgemeinde Baden	=	fb
israelitische Religionsgemeinschaft Baden	=	ib
israelitische Religionsgemeinschaft Württembergs	=	iw
freireligiöse Landesgemeinde Pfalz	=	fg
freireligiöse Gemeinde Mainz	=	fm
freie Religionsgemeinschaft Alzey	=	fa
freireligiöse Gemeinde Offenbach	=	fs

Der Arbeitgeber hat die Kirchensteuer nur dann vom Arbeitslohn einzubehalten, wenn ihm von der Finanzverwaltung ein entsprechendes Kirchensteuerabzugsmerkmal bereitgestellt oder mitgeteilt worden ist. Die Bereitstellung/Eintragung der Religionszugehörigkeit verletzt nach dem Beschluss des Bundesverfassungsgerichts vom 25.5.2001 Az.: 1 BvR 2253/00 keine Grundrechte des Arbeitnehmers.

Gehört der Arbeitnehmer einer nicht kirchensteuerberechtigten Religionsgemeinschaft (z. B. der griechisch-orthodoxen) oder keiner Religionsgemeinschaft an, wird kein Kirchensteuerabzugsmerkmal gebildet. Dem Arbeitgeber wird daher im ELStAM-Verfahren kein Kirchensteuerabzugsmerkmal bereitgestellt. Auf einer Lohnsteuerabzugsbescheinigung sind bei den Besteuerungsmerkmalen für den Kirchensteuerabzug zwei Striche „– –“ eingetragen. Diese Eintragung bedeutet also, dass keine

1) Im ELStAM-Verfahren werden dem Arbeitgeber auch die Religionsgemeinschaften lt, rf und fr als ev mitgeteilt.

Lohn-steuer-pflichtig Sozial-versich.-pflichtig

Kirchensteuer einzubehalten ist. Auch die Bescheinigung „– –" ist nach einem Beschluss des Bundesverfassungsgerichts vom 30.9.2002 Az.: 1 BvR 1744/02 verfassungsgemäß.

2. Berechnung der Kirchensteuer bei Arbeitnehmern mit Kindern

Die Kirchensteuer wird durch Anwendung des maßgebenden Kirchensteuersatzes von 8 % oder 9 % auf die Bemessungsgrundlage berechnet. Bemessungsgrundlage ist im Normalfall die vom Arbeitslohn einzubehaltende Lohnsteuer, sodass die Kirchensteuer 8 % oder 9 % derjenigen Lohnsteuer beträgt, die dem Arbeitnehmer vom Arbeitslohn abgezogen wird. Das gilt auch dann, wenn die Lohnsteuer im Faktorverfahren ermittelt wurde (vgl. hierzu die Erläuterungen beim Stichwort „Faktorverfahren"). Die vorstehenden Ausführungen gelten aber nicht bei Arbeitnehmern mit Kindern, und zwar aus folgenden Gründen:

Seit Inkrafttreten des Familienleistungsausgleichs zum 1.1.1996 werden bei der Berechnung der **Lohnsteuer keine Kinderfreibeträge** mehr berücksichtigt. Denn die lohnsteuerliche Entlastung für Kinder im Laufe des Kalenderjahres wird nur noch durch das Kindergeld gewährt (vgl. Anhang 9). **Dies gilt jedoch nicht für die Kirchensteuer.** Bei der Berechnung der Bemessungsgrundlage für die Kirchensteuer werden vielmehr auch weiterhin die **Kinderfreibeträge** berücksichtigt, wobei seit 1.1.2002 auch der Freibetrag für Betreuungs- und Erziehungs- oder Ausbildungsbedarf in die Berechnung der Bemessungsgrundlage mit einbezogen wird. Dies gilt bei **laufenden Arbeitslohn** und beim **betrieblichen Lohnsteuer-Jahresausgleich,** nicht jedoch bei sonstigen Bezügen (vgl. nachfolgende Nr. 9).

Bei Arbeitnehmern mit Kindern ermäßigt sich also die Kirchensteuer, und zwar durch eine Berücksichtigung der Kinderfreibeträge und der Freibeträge für Betreuungs- und Erziehungs- oder Ausbildungsbedarf (§ 51a Abs. 2a EStG). Allerdings werden diese Freibeträge nicht als Abzugsbetrag von der Lohnsteuer gekürzt, sondern **bei der Ermittlung der** für die Kirchensteuer maßgebenden **Bemessungsgrundlage** berücksichtigt, und zwar für das Kalenderjahr 2021 in folgender Höhe:

Steuerklassen I, II und III

Zahl der Kinderfreibeträge	Kinderfreibetrag		Betreuungsfreibetrag	
	jährl.	monatl.	jährl.	monatl.
0,5	2 730 €	227,50 €	1 464 €	122 €
1,0	5 460 €	455,– €	2 928 €	244 €
1,5	8 190 €	682,50 €	4 392 €	366 €
2,0	10 920 €	910,– €	5 856 €	488 €
2,5	13 650 €	1 137,50 €	7 320 €	610 €
3,0	16 380 €	1 365,– €	8 784 €	732 €
usw.				

Steuerklasse IV

Zahl der Kinderfreibeträge	Kinderfreibetrag		Betreuungsfreibetrag	
	jährl.	monatl.	jährl.	monatl.
0,5	1 365 €	113,75 €	732 €	61 €
1,0	2 730 €	227,50 €	1 464 €	122 €
1,5	4 095 €	341,25 €	2 196 €	183 €
2,0	5 460 €	455,– €	2 928 €	244 €
2,5	6 825 €	568,75 €	3 660 €	305 €
3,0	8 190 €	682,50 €	4 392 €	366 €
usw.				

Die Berücksichtigung des Kinderfreibetrags und des Freibetrags für Betreuungs- und Erziehungs- oder Ausbildungsbedarf bei der Bemessungsgrundlage für die Kirchensteuer erfolgt **stets** mit dem **halben oder ganzen Jahresbetrag** und nicht nach dem Monatsprinzip (vgl. hierzu die Erläuterungen in Anhang 9 unter Nr. 6 und Nr. 7).

Wie die Kinderfreibeträge und die Freibeträge für Betreuungs- und Erziehungs- oder Ausbildungsbedarf bei der Ermittlung der Bemessungsgrundlage für die Berechnung der Kirchensteuer berücksichtigt werden, soll folgendes Beispiel verdeutlichen:

Beispiel A

Ein Arbeitnehmer hat folgende Lohnsteuerabzugsmerkmale: Steuerklasse III; Zahl der Kinderfreibeträge 1,0; Kirchensteuermerkmal rk. Sein Monatslohn beträgt 3000 €. Die Lohn- und Kirchensteuer errechnet sich im Kalenderjahr 2021 wie folgt:

a) Berechnung der Lohnsteuer

Jahresarbeitslohn (3000 € × 12)			36 000,– €
abzüglich			
Arbeitnehmer-Pauschbetrag	1 000,– €		
Sonderausgaben-Pauschbetrag	36,– €[1]		
Vorsorgepauschale (vgl. Tabelle in Anhang 8 Nr. 10 Buchstabe b)	6 116,– €		7 152,– €
zu versteuerndes Einkommen			28 848,– €
Steuer nach der Einkommensteuer-Splittingtabelle für das Kalenderjahr 2021 (= Jahreslohnsteuer)			1 746,– €
die monatliche Lohnsteuer beträgt 1/12		=	145,50 €

Bruchteile eines Cents bleiben außer Ansatz.

b) Berechnung der Kirchensteuer

zu versteuerndes Einkommen (siehe oben)		28 848,– €
abzüglich ein Kinderfreibetrag (Steuerklasse III)		5 460,– €
abzüglich ein Freibetrag für Betreuungs- und Erziehungs- oder Ausbildungsbedarf (Steuerklasse III)		2 928,– €
verbleiben		20 460,– €
Steuer lt. Splittingtabelle 2021		140,– €
monatlich 1/12 (= Bemessungsgrundlage für die Kirchensteuer)		11,66 €
auf die so ermittelte Bemessungsgrundlage ist der maßgebende Kirchensteuersatz von 8 % oder 9 % anzuwenden:		
Kirchensteuer 8 % von 11,66 €	=	0,93 €
Kirchensteuer 9 % von 11,66 €	=	1,04 €

Die Berücksichtigung der Kinderfreibeträge und der Freibeträge für Betreuungs- und Erziehungs- oder Ausbildungsbedarf bei der Berechnung der für die Kirchensteuer maßgebenden Bemessungsgrundlage ist in die **Lohnsteuertabellen 2021 bereits eingearbeitet,** sodass der Arbeitgeber die Kirchensteuer ohne weiteres – entsprechend der Zahl der Kinderfreibeträge – aus der Spalte 8 % oder 9 % Kirchensteuer ablesen kann. Auf die im selben Verlag erschienenen **Lohnsteuertabellen 2021** für Jahr/Monat/Woche/Tag wird hingewiesen. Alle Steuerabzugsbeträge (Lohnsteuer, Solidaritätszuschlag und Kirchensteuer) können aus diesen Tabellen ohne komplizierte Berechnungen in einem Arbeitsgang abgelesen werden.

Bei Anwendung des Faktorverfahrens (vgl. dieses Stichwort) ist auf die sog. Maßstablohnsteuer für den laufenden Arbeitslohn (= Lohnsteuer, die unter Berücksichtigung des Kinderfreibetrags und des Freibetrags für den Betreuungs- und Erziehungs- oder Ausbildungsbedarf ermittelt wurde) zunächst der neben der Steuerklasse IV bescheinigte Faktor und anschließend – je nach Bundesland – der Kirchensteuersatz von 8 % oder 9 % anzuwenden.

1) Der Sonderausgaben-Pauschbetrag beträgt beim Lohnsteuerabzug seit 1.1.2010 auch bei der Steuerklasse III 36 € (statt früher 72 €), weil der dem Ehegatten zustehende Sonderausgaben-Pauschbetrag von 36 € bei Anwendung der Steuerklasse V berücksichtigt wird (§ 39b Abs. 2 Satz 5 Nr. 2 EStG). Auf die Erläuterungen beim Stichwort „Tarifaufbau" unter Nr. 7 wird Bezug genommen.

K

Lohnsteuerpflichtig | Sozialversich.-pflichtig

Beispiel B

Die unter Berücksichtigung des Kinderfreibetrags und des Freibetrags für Betreuungs- und Erziehungs- oder Ausbildungsbedarf ermittelte monatliche Lohnsteuer soll 250 € betragen. Als Lohnsteuerabzugsmerkmal des Arbeitnehmers ist neben der Steuerklasse IV der Faktor 0,9 gebildet worden.

Monatliche Lohnsteuer unter Berücksichtigung der Freibeträge für Kinder	250,– €
Anwendung des Faktors 0,9 = Bemessungsgrundlage für die Kirchensteuer	225,– €
Kirchensteuer 8 % von 225,– €	18,00 €
Kirchensteuer 9 % von 225,– €	20,25 €

Ohne Anwendung des Faktorverfahrens hätte die Kirchensteuer 20,– € (8 % von 250,– €) bzw. 22,50 € (9 % von 250,– €) betragen.

Zur Berechnung der Kirchensteuer bei **sonstigen Bezügen** vgl. nachfolgende Nr. 9.

3. Mindestkirchensteuer

Eine Mindestkirchensteuer wird in Deutschland in der Regel nicht mehr erhoben.

4. Kappung der Kirchensteuer

Eine Höchstkirchensteuer, das heißt eine **prozentuale Begrenzung der Kirchensteuer nach oben** (= Kappung) besteht in folgenden Bundesländern:

- In Baden-Württemberg: **2,75 %** evangelische Kirche Württemberg und **3,5 %** evangelische Kirche Baden und katholische Kirche.
- In Berlin, Brandenburg, Hamburg, Mecklenburg-Vorpommern und Schleswig-Holstein wird die Kirchensteuer auf **3 %** des zu versteuernden Einkommens begrenzt.
- In Bremen, Hessen (evangelische Kirche), Niedersachsen[1], Nordrhein-Westfalen (evangelische Kirche), Rheinland-Pfalz (evangelische Kirche), Saarland (evangelische Kirche), Sachsen, Sachsen-Anhalt und Thüringen wird die Kirchensteuer auf **3,5 %** des zu versteuernden Einkommens begrenzt.
- In Hessen, Nordrhein-Westfalen, Rheinland-Pfalz und Saarland wird die Kirchensteuer – jeweils bei den katholischen Diözesen – auf **4 %** des zu versteuernden Einkommens begrenzt.

In einigen Ländern muss die Kappung der Kirchensteuer ausdrücklich **beantragt** werden, und zwar in Baden-Württemberg, Hessen (evangelische Kirche), Nordrhein-Westfalen, Rheinland-Pfalz und dem Saarland.

In **Bayern** gibt es **keine Kappung** der Kirchensteuer.

K

5. Beginn und Ende der Kirchensteuerpflicht

Bei einem Kircheneintritt ist Kirchensteuer erst ab dem Monat zu entrichten, der auf den Monat des Kircheneintritts folgt.

Bei einem Kirchenaustritt endet der Kirchensteuerabzug mit Ablauf des Monats in dem der Kirchenaustritt erfolgt ist.

Beim Kirchensteuerabzug durch den Arbeitgeber ist in jedem Fall die als Kirchensteuerabzugsmerkmal gebildete Religionszugehörigkeit maßgebend. Ohne eine entsprechende Änderung des Kirchensteuerabzugsmerkmals darf der Arbeitgeber nicht vom Kirchensteuerabzug absehen und zwar auch dann nicht, wenn ihm der Arbeitnehmer durch amtliche Unterlagen (z. B. Austrittserklärung) nachweist, dass er aus der Kirche ausgetreten ist.

6. Besonderheiten bei verheirateten und verpartnerten Arbeitnehmern

a) Allgemeines

Ist der Arbeitnehmer verheiratet oder verpartnert wird für den Kirchensteuerabzug zwischen konfessionsgleichen, konfessionsverschiedenen und glaubensverschiedenen Eheleuten bzw. eingetragenen Lebenspartnern unterschieden. Diese Begriffe bedeuten Folgendes:

- **Konfessionsgleichheit** liegt vor, wenn beide Eheleute/Lebenspartner die gleiche Konfession haben (z. B. beide sind evangelisch oder beide sind katholisch).
- **Konfessionsverschiedenheit** liegt vor, wenn zwar beide Ehegatten/Lebenspartnern einer erhebungsberechtigten Religionsgemeinschaft angehören, diese Religionsgemeinschaften jedoch unterschiedlich sind (z. B. einer ist evangelisch, der andere katholisch – oder umgekehrt).
- **Glaubensverschiedenheit** liegt vor, wenn
  - der Arbeitnehmer einer erhebungsberechtigten Religionsgemeinschaft angehört und der Ehegatte/Lebenspartner nicht in der Kirche (also glaubenslos) ist;
  - der Arbeitnehmer einer erhebungsberechtigten Religionsgemeinschaft angehört und der Ehegatte/Lebenspartner zwar ebenfalls einer Religionsgemeinschaft angehört, diese jedoch nicht berechtigt ist, eine Kirchensteuer zu erheben (z. B. griechisch-orthodox).

Aufgrund datenschutzrechtlicher Einwände darf sowohl bei **Konfessionsgleichheit** als auch bei **Glaubensverschiedenheit** das Kirchensteuerabzugsmerkmal des Ehegatten bzw. Lebenspartners nicht gebildet werden. Liegt **Konfessionsverschiedenheit** vor, werden die Kirchensteuerabzugsmerkmale beider Ehegatten/Lebenspartner als Lohnsteuerabzugsmerkmal gebildet, da dies für die Durchführung des sog. Halbteilungsgrundsatzes (vgl. nachfolgend unter b) zwingend erforderlich ist (und deshalb in diesem Fall die datenschutzrechtlichen Einwände nicht greifen). Die Bildung der Kirchensteuerabzugsmerkmale soll an folgenden Beispielen verdeutlicht werden:

Konfessionszugehörigkeit		
Arbeitnehmer	**Ehegatte/ Lebens-partner**	**Kirchensteuerabzugs-merkmal**
ev	ev	ev
rk	rk	rk
ev	rk	ev rk
rk	ev	rk ev
rk	– –	rk
ev	– –	ev
– –	rk	– –[2]
– –	ev	– –[2]
– –	– –	– –[2]

Ist also nur **ein** Kirchensteuerabzugsmerkmal gebildet worden (z. B. „rk" oder „ev"), bedeutet dies, dass – je nach Kirchensteuersatz – 8 % oder 9 % Kirchensteuer vom Arbeitslohn einzubehalten und über das Finanzamt an die betreffende Kirche abzuführen sind. Ob der Arbeitnehmer ledig oder verheiratet oder verpartnert ist, spielt keine Rolle.

Sind keine Kirchensteuerabzugsmerkmale gebildet worden, bedeutet dies, dass keine Kirchensteuer einzubehalten ist. Ob der Arbeitnehmer ledig oder verheiratet oder verpartnert ist, spielt keine Rolle.

Sind **zwei** Kirchensteuerabzugsmerkmale gebildet worden (z. B. „rk ev" oder „ev rk"), muss – mit Ausnahme der Länder Bayern, Bremen und Niedersachsen – der sog. Halbteilungsgrundsatz angewendet werden (vgl. nachfolgend unter b).

1) Der Prozentsatz für die Kappung der Kirchensteuer beträgt bei der Evangelisch-Lutherischen Kirche in Norddeutschland für ihren niedersächsischen Gebietsteil 3 % und für den in Niedersachsen gelegenen Teil der Erzdiözese Paderborn 4 %.

2) Es wird kein Kirchensteuerabzugsmerkmal gebildet.

Lohn-steuer-pflichtig	Sozial-versich.-pflichtig

b) Halbteilungsgrundsatz

Der sog. Halbteilungsgrundsatz gilt nur bei **konfessionsverschiedenen** Eheleuten oder Lebenspartnern (Bildung der Kirchensteuerabzugsmerkmale z. B. „ev rk" oder „rk ev"). Der Halbteilungsgrundsatz besagt, dass die einbehaltene Kirchensteuer von 8 % oder 9 % **je zur Hälfte** auf die beiden Religionsgemeinschaften der Eheleute/Lebenspartner aufgeteilt werden muss.

Beispiel A

Als Kirchensteuerabzugsmerkmal sind „rk ev" gebildet worden. Liegt die lohnsteuerliche Betriebsstätte des Arbeitgebers (vgl. nachfolgend unter Nr. 7) in einem Land, in dem ein Kirchensteuersatz von 9 % gilt und der Halbteilungsgrundsatz anzuwenden ist, ergibt sich Folgendes:

Die Kirchensteuer ist entweder mit 9 % der Lohnsteuer – unter Berücksichtigung der Freibeträge für Kinder (vgl. Nr. 2) – zu berechnen oder aus einer der im Handel befindlichen Lohnsteuertabellen abzulesen. Die sich hiernach ergebende Kirchensteuer ist je zur Hälfte an die katholische und evangelische Kirche abzuführen. Beträgt die Kirchensteuer für den Arbeitnehmer nach der Lohnsteuertabelle z. B. 50 €, sind 25 € an die katholische und 25 € an die evangelische Kirche abzuführen. Dies geschieht dadurch, dass der Arbeitgeber diese Beträge – insgesamt für alle seine Arbeitnehmer – in die entsprechende Zeile der Lohnsteuer-Anmeldung einträgt und die Gesamtschuld an das Finanzamt zahlt.

Eine Ausnahme vom Halbteilungsgrundsatz galt früher nur in den Ländern Bremen und Niedersachsen. Seit 1995 ist der Halbteilungsgrundsatz auch in Bayern weggefallen (vgl. nachfolgend unter Buchstabe c). Beim Kirchensteuerabzug in **Bayern**, **Bremen und Niedersachsen** ist die volle Kirchensteuer an diejenige Religionsgemeinschaft abzuführen, der der Arbeitnehmer angehört.

Maßgebend für die Anwendung des Halbteilungsgrundsatzes ist – ebenso wie für die Anwendung des Kirchensteuersatzes von 8 % oder 9 % – das Kirchensteuerrecht desjenigen Landes, in dem die lohnsteuerliche Betriebsstätte des Arbeitgebers liegt (vgl. nachfolgende Nr. 7).

Beispiel B

Ein bayerischer Arbeitnehmer ist in München für eine Firma tätig, die ihre lohnsteuerliche Betriebsstätte in Düsseldorf hat. Als Kirchensteuerabzugsmerkmal des Arbeitnehmers ist „rk ev" gebildet worden. Der Arbeitgeber in Düsseldorf hat die Kirchensteuer entsprechend dem Betriebsstättenprinzip mit 9 % zu berechnen und über das Finanzamt die Kirchensteuer entsprechend dem Halbteilungsgrundsatz je zur Hälfte an die katholische und evangelische Kirche abzuführen, obwohl die Kirchensteuer in Bayern 8 % beträgt und es in Bayern keinen Halbteilungsgrundsatz gibt.

Wie die Kirchensteuer bei konfessionsverschiedenen Ehen/Lebenspartnerschaften in die (elektronische) Lohnsteuerbescheinigung einzutragen ist, ist beim Stichwort „Lohnsteuerbescheinigung" unter Nr. 7 ausführlich anhand von Beispielen dargestellt.

c) Abschaffung des Halbteilungsgrundsatzes

Nach Bremen und Niedersachsen wurde in Bayern der Halbteilungsgrundsatz mit Wirkung vom 1.1.1995 abgeschafft. Deshalb ist bei einem Arbeitnehmer, dessen Ehegatte/Lebenspartner einer anderen Religionsgemeinschaft angehört (Bildung der Kirchensteuerabzugsmerkmal z. B. „rk ev"), die einzubehaltende Kirchensteuer **nicht mehr je zur Hälfte** auf die Religionsgemeinschaften beider Ehegatten/Lebenspartner **aufzuteilen** und auch nicht mehr getrennt in der Lohnsteuerbescheinigung des Arbeitnehmers zu bescheinigen, sondern in voller Höhe dem Arbeitnehmer und dessen Religionsgemeinschaft zuzurechnen.

Beispiel

Ein Arbeitnehmer ist bei einem Arbeitgeber beschäftigt, der seine lohnsteuerliche Betriebsstätte in Bayern hat. Als Kirchensteuerabzugsmerkmal ist „rk ev" gebildet worden.

Seit 1.1.1995 muss der Arbeitgeber die **volle** Kirchensteuer von 8 % an die **katholische** Kirche abführen. Bei der Lohnsteuerbescheinigung muss der Arbeitgeber dementsprechend die **volle** Kirchensteuer **in Zeile 6** der Lohnsteuerbescheinigung 2021 eintragen.

Es ist dabei gleichgültig, ob der Arbeitnehmer in Bayern wohnt oder seinen Wohnsitz in einem Land hat, in dem der Halbteilungsgrundsatz noch gilt. Kommt der Arbeitnehmer z. B. aus Hessen, muss der bayerische Arbeitgeber gleichwohl die volle Kirchensteuer von 8 % über das Finanzamt an die katholische Kirche abführen (obwohl in Hessen bei einem Kirchensteuersatz von 9 % nach wie vor der Halbteilungsgrundsatz gilt und die dortigen Arbeitgeber hiernach verfahren).

Das Kirchensteuerabzugsmerkmal des Ehegatten/Lebenspartners hat also für den Kirchensteuerabzug in Bayern seit 1.1.1995 **keine Bedeutung** mehr.

Für den Lohn- und Kirchensteuerabzug in Bayern könnte deshalb das Kirchensteuerabzugsmerkmal des Ehegatten/Lebenspartners bei Konfessionsverschiedenheit – ebenso wie bei Konfessionsgleichheit – ohne weiteres weggelassen werden. Es wird nur deshalb auch in Bayern weiterhin als Lohnsteuerabzugsmerkmal gebildet, weil bayerische Arbeitnehmer auch in anderen Bundesländern arbeiten, in denen die Arbeitgeber den Halbteilungsgrundsatz durchführen müssen (vgl. das Beispiel B unter dem vorstehenden Buchstaben b).

Die vorstehenden Ausführungen gelten entsprechend für die Länder **Bremen** und **Niedersachsen,** wo der Halbteilungsgrundsatz ebenfalls nicht anzuwenden ist.

d) Glaubensverschiedenheit

Gehört ein verheirateter/verpartnerter Arbeitnehmer nach den von der Finanzverwaltung gebildeten Lohnsteuerabzugsmerkmalen keiner kirchensteuerberechtigten Religionsgemeinschaft an, ist keine Kirchensteuer zu erheben; die Zugehörigkeit seines Ehegatten/Lebenspartners zu einer kirchensteuerberechtigten Religionsgemeinschaft ist ohne Bedeutung. Deshalb werden sowohl bei ledigen als auch bei verheirateten/verpartnerten Arbeitnehmern, die keiner hebeberechtigten Religionsgemeinschaft angehören, im elektronischen Verfahren keine Kirchensteuerabzugsmerkmale zum Abruf bereitgestellt bzw. auf der Lohnsteuerabzugsbescheinigung (vgl. dieses Stichwort) zwei waagerechte Striche „– –" eingetragen. Dies bedeutet, dass der Arbeitgeber keine Kirchensteuer einzubehalten hat.

Von den meisten Kirchen wird bei **glaubensverschiedenen** Ehen/Lebenspartnerschaften allerdings ein (besonderes) **Kirchgeld** im Rahmen der Einkommensteuer-Veranlagung des Arbeitnehmers erhoben. Dieses Kirchgeld, das nicht im Lohnsteuerabzugsverfahren erhoben wird, ist regelmäßig wie folgt gestaffelt:

Stufe	Bemessungsgrundlage (Gemeinsam zu versteuerndes Einkommen nach Abzug der kindbedingten Freibeträge) Euro	Jährliches Kirchgeld Euro
1	30 000 – 37 499	96
2	37 500 – 49 999	156
3	50 000 – 62 499	276
4	62 500 – 74 999	396
5	75 000 – 87 499	540
6	87 500 – 99 999	696
7	100 000 – 124 999	840
8	125 000 – 149 999	1 200
9	150 000 – 174 999	1 560
10	175 000 – 199 999	1 860
11	200 000 – 249 999	2 220
12	250 000 – 299 999	2 940
13	300 000 und mehr	3 600

In Baden-Württemberg und Nordrhein-Westfalen wird das besondere Kirchgeld von der evangelischen Kirche erhoben; in Nordrhein-Westfalen auch von den jüdischen Gemeinden und den Alt-Katholiken. In Bayern wird seit 2018 auch von den evangelischen Kirchen kein besonderes Kirchgeld mehr erhoben.

Zwischen der Kirchensteuer und dem Kirchgeld in glaubensverschiedener Ehe wird eine **Vergleichsberechnung**

K

Lohn-steuer-pflichtig	Sozial-versich.-pflichtig

durchgeführt. Festgesetzt wird der sich hierbei ergebende höhere Betrag. Eventuell bereits im Laufe des Kalenderjahres gezahlte Kirchensteuer wird angerechnet.

Das Bundesverfassungsgericht hat mehrere Verfassungsbeschwerden glaubensverschiedener Ehegatten gegen die Heranziehung zum besonderen Kirchgeld nicht zur Entscheidung angenommen (Pressemitteilung Nr. 105 aus 2010 vom 12.11.2010).

7. Betriebsstättenprinzip

Alle Bezüge, die lohnsteuerpflichtig sind, unterliegen auch der Kirchensteuer. Der Steuersatz beträgt 8 % oder 9 % der Lohnsteuer, je nachdem, in welchem Land die lohnsteuerliche Betriebsstätte des Arbeitgebers liegt.

Für den Kirchensteuerabzug vom Arbeitslohn gilt das sogenannte **Betriebsstättenprinzip.** Der Arbeitgeber hat deshalb die Kirchensteuer nach dem für die Betriebsstätte maßgebenden Steuersatz einzubehalten, **auch wenn der Arbeitnehmer in einem anderen Bundesland wohnt.** Gleiches gilt für die Anwendung des sog. Halbteilungsgrundsatzes (vgl. vorstehende Nr. 6 Buchstabe b).

Hat der Arbeitgeber Kirchensteuer nach einem Steuersatz einbehalten, der höher ist, als der für den Wohnsitz des Arbeitnehmers maßgebende Kirchensteuersatz, wird dem Arbeitnehmer der Unterschiedsbetrag bei einer Veranlagung zur Einkommensteuer erstattet (in Bayern von den Kirchensteuerämtern). Wird der Arbeitnehmer nicht zur Einkommensteuer veranlagt, kann der Arbeitnehmer die Erstattung bei der zuständigen Kirchenbehörde beantragen.

K

Beispiel

Eine Düsseldorfer Firma hat eine Zweigniederlassung in München. Die lohnsteuerliche Betriebsstätte (vgl. dieses Stichwort) befindet sich in Düsseldorf. Die Kirchensteuer ist deshalb für alle Arbeitnehmer der Münchener Zweigniederlassung mit einem Kirchensteuersatz von 9 % einzubehalten und in Nordrhein-Westfalen abzuführen. Diejenigen Arbeitnehmer, die ihren Wohnsitz in Bayern haben, erhalten die zu viel einbehaltene Kirchensteuer (= Differenz zwischen den unterschiedlichen Kirchensteuersätzen von 8 % und 9 %) vom zuständigen Kirchensteueramt erstattet.

Hat der Arbeitgeber aufgrund des Betriebsstättenprinzips eine niedrigere Kirchensteuer einbehalten, als am Wohnsitz des Arbeitnehmers zu erheben gewesen wäre, ist der Unterschiedsbetrag nachzufordern. Die Nachforderung erfolgt im Rahmen einer Veranlagung zur Einkommensteuer oder durch besonderen Nachforderungsbescheid der Kirchenbehörden.

8. Berechnung der Kirchensteuer bei ausländischen Arbeitnehmern

Bei der Kirchensteuer gilt das sog. Territorialprinzip. Das bedeutet, dass jeder Arbeitnehmer, der in Deutschland seinen Wohnsitz oder gewöhnlichen Aufenthalt hat, kirchensteuerpflichtig ist, wenn er einer hebeberechtigten Kirche angehört. Auf die Staatsangehörigkeit kommt es also nicht an. Kirchensteuerpflichtig können hiernach nur unbeschränkt steuerpflichtige Arbeitnehmer sein, weil der Begriff der unbeschränkten Steuerpflicht im Sinne des Einkommensteuergesetzes ebenfalls an den Wohnsitz oder gewöhnlichen Aufenthalt anknüpft.

Bei unbeschränkt steuerpflichtigen Arbeitnehmern wird das Kirchensteuerabzugsmerkmal elektronisch zum Abruf bereitgestellt. Gehört der Arbeitnehmer keiner zur Erhebung von Kirchensteuer berechtigten Religionsgemeinschaft an, wird hierfür auch kein Kirchensteuerabzugsmerkmal gebildet und folglich auch keins bereitgestellt. Ggf. ergibt sich das Kirchensteuerabzugsmerkmal ersatzweise aus der Lohnsteuerabzugsbescheinigung (vgl. dieses Stichwort). Die Eintragung zweier waagerechter Striche auf dieser Bescheinigung bedeutet, dass keine Kirchensteuer einzubehalten ist.

Lohn-steuer-pflichtig	Sozial-versich.-pflichtig

Bei ausländischen Arbeitnehmern ohne Wohnsitz oder gewöhnlichen Aufenthalt in Deutschland tritt lediglich beschränkte Steuerpflicht ein. **Beschränkt steuerpflichtige Arbeitnehmer sind** mangels Wohnsitzes oder gewöhnlichen Aufenthalts im Inland **nicht kirchensteuerpflichtig.** Merkmale für den Kirchensteuerabzug werden bei beschränkt steuerpflichtigen Arbeitnehmern im ELStAM-Verfahren nicht bereitgestellt bzw. in der Lohnsteuerabzugsbescheinigung nicht ausgewiesen. Kirchensteuer ist deshalb vom Arbeitgeber nicht einzubehalten. Das gilt auch dann, wenn der beschränkt steuerpflichtige Arbeitnehmer ein EU-/EWR-Staatsangehöriger ist, der nahezu alle Einkünfte in Deutschland erzielt und daher einem inländischen Arbeitnehmer völlig gleichgestellt ist (vgl. hierzu das Stichwort „Beschränkt steuerpflichtige Arbeitnehmer" unter Nr. 6).

Bei beschränkt steuerpflichtigen Aushilfskräften und Teilzeitbeschäftigten kann die Lohnsteuer in gleicher Weise pauschaliert werden wie bei unbeschränkter Steuerpflicht (vgl. das Stichwort „Pauschalierung der Lohnsteuer bei Aushilfskräften und Teilzeitbeschäftigten"). **Auch in diesen Fällen wird keine (pauschale) Kirchensteuer erhoben.** Der Pauschsteuersatz von 2 %, der auch die Kirchensteuer und den Solidaritätszuschlag mit abgilt, verringert sich allerdings nicht.

Bei ausländischen Arbeitnehmern wird für die Frage, ob unbeschränkte oder lediglich beschränkte Steuerpflicht vorliegt, häufig auf die Aufenthaltserlaubnis mit Berechtigung zur Ausübung einer Erwerbstätigkeit abgestellt. Hierbei ergibt sich für ausländische **Saisonarbeiter** hinsichtlich der Erhebung der Kirchensteuer Folgendes:

a) Ist die Aufenthaltserlaubnis in der Bundesrepublik Deutschland für höchstens sechs Monate erteilt, sind die Saisonarbeiter beschränkt lohnsteuerpflichtig. In diesem Fall entsteht **keine Kirchensteuerpflicht.**

b) Ist die Aufenthaltserlaubnis in der Bundesrepublik Deutschland für eine Dauer von mehr als sechs Monaten erteilt, sind die Saisonarbeiter unbeschränkt lohnsteuerpflichtig. In diesem Fall ist die Kirchensteuer nach dem gebildeten Kirchensteuerabzugsmerkmal laufend zu erheben.

c) Wurde die Aufenthaltsdauer in der Bundesrepublik Deutschland zunächst für höchstens sechs Monate erteilt und nachträglich über eine Gesamtdauer von mehr als sechs Monaten verlängert, erstreckt sich die unbeschränkte Lohnsteuerpflicht auch auf die ersten sechs Monate. Gleichwohl ist die Kirchensteuer erst von dem Zeitpunkt an laufend zu erheben, in dem die Aufenthaltsdauer verlängert wurde.

9. Kirchensteuerberechnung bei der Besteuerung sonstiger Bezüge

Bei der Besteuerung sonstiger Bezüge **nach der Jahreslohnsteuertabelle** (vgl. das Stichwort „Sonstige Bezüge") ist die Kirchensteuer für den sonstigen Bezug **in allen Fällen** durch die Anwendung des maßgebenden Kirchensteuersatzes von 8 % oder 9 % auf die sich für den sonstigen Bezug ergebende Lohnsteuer zu errechnen. Es ist **nicht zulässig,** die Kirchensteuer ebenfalls aus der Jahreslohnsteuertabelle abzulesen und die Differenz zu bilden. Ein etwaiger Ausgleich erfolgt beim Lohnsteuer-Jahresausgleich durch den Arbeitgeber oder bei einer Veranlagung zur Einkommensteuer durch das Finanzamt.

Beispiel

Ein Arbeitnehmer mit einem Monatslohn von 2500 € erhält im August ein Urlaubsgeld von 500 € und im Dezember eine Weihnachtszuwendung von 1500 €. Bei Steuerklasse III/1 Kinderfreibetrag (Kirchensteuerabzugsmerkmal rk) ergibt sich 2021 folgende Besteuerung des Weihnachtsgeldes:

Voraussichtlicher laufender Arbeitslohn (12 × 2500 €)	30 000,– €
zuzüglich Urlaubsgeld	500,– €
maßgebender Jahresarbeitslohn	30 500,– €

Lohn-steuer-pflichtig | Sozial-versich.-pflichtig

Lohnsteuer nach Steuerklasse III/1 Kinderfreibetrag der Jahreslohnsteuertabelle 2021

a) vom maßgebenden Jahresarbeitslohn (30 500 €) 746,– €

b) vom maßgebenden Jahresarbeitslohn einschließlich Weihnachtsgeld (30 500 € + 1500 €) = 32 000 € 1014,– €

Lohnsteuer für das Weihnachtsgeld 268,– €

Die Kirchensteuer beträgt 8 % von 268 € = 21,44 €

Die Kirchensteuer für den sonstigen Bezug wird in **allen Fällen** durch die Anwendung des maßgebenden Kirchensteuersatzes von 8 % oder 9 % auf die sich für den sonstigen Bezug ergebende Lohnsteuer errechnet. Es ist **nicht zulässig,** die Kirchensteuer ebenfalls aus der Jahreslohnsteuertabelle abzulesen und die Differenz zu bilden.

Würde man die Kirchensteuer ebenfalls aus der Jahreslohnsteuertabelle ablesen, ergäbe sich Folgendes:

Kirchensteuer nach Steuerklasse III/1 Kinderfreibetrag

a) vom maßgebenden Jahresarbeitslohn (30 500 €) 0,– €

b) vom maßgebenden Jahresarbeitslohn einschließlich Weihnachtsgeld (30 500 € + 1500 €) = 32 000 € 0,– €

Kirchensteuer für den sonstigen Bezug 0,– €

Dieses Verfahren ist **nicht zulässig,** da für die Berechnung der Kirchensteuer die Freibeträge für Kinder nur beim Steuerabzug vom laufenden Arbeitslohn und dem betrieblichen Lohnsteuerjahresausgleich, nicht aber beim Steuerabzug für sonstige Bezüge zu berücksichtigen sind (§ 51a Abs. 2a EStG). Ein Ausgleich der Kirchensteuer ist erst beim Lohnsteuer-Jahresausgleich durch den Arbeitgeber oder bei einer Veranlagung zur Einkommensteuer durch das Finanzamt möglich.

10. Pauschalierung der Kirchensteuer

a) Allgemeines

Pauschaliert der Arbeitgeber die Lohnsteuer für **unbeschränkt** steuerpflichtige Arbeitnehmer, ist er verpflichtet, auch die anfallende Kirchensteuer zu pauschalieren. Nur bei 450-Euro-Jobs, für die eine Pauschalsteuer von 2 % gezahlt wird, ist die Kirchensteuer mit den 2 % abgegolten (vgl. das Stichwort „Pauschalierung der Lohnsteuer bei Aushilfskräften und Teilzeitbeschäftigten"). Bei einer Pauschalierung der Lohnsteuer für **beschränkt** steuerpflichtige Arbeitnehmer fällt **keine** Kirchensteuer an (vgl. vorstehende Nr. 8). Der Pauschsteuersatz von 2 %, der auch die Kirchensteuer und den Solidaritätszuschlag mit abgilt, verringert sich allerdings auch in diesem Fall nicht.

b) Vereinfachtes Verfahren

Die Pauschalierung der Kirchensteuer erfolgt nach einem **vereinfachten Verfahren,** für das in den einzelnen Ländern des Bundesgebietes niedrigere Prozentsätze als beim normalen Kirchensteuerabzug gelten. Diese niedrigeren Prozentsätze berücksichtigen, dass ggf. nicht alle Arbeitnehmer für die die Lohnsteuer pauschaliert wird, kirchensteuerpflichtig sind. Die ermäßigten pauschalen Kirchensteuersätze ergeben sich aus der folgenden Aufstellung (maßgebend ist das Land, in dem die lohnsteuerliche Betriebsstätte des Arbeitgebers liegt, vgl. die Erläuterungen unter der vorstehenden Nr. 7 und das Stichwort „Betriebsstätte"):

Bundesland	Regelsteuersatz	Steuersatz bei Pauschalierungen
Baden-Württemberg	8 %	5 %
Bayern	8 %	7 %
Berlin	9 %	5 %
Brandenburg	9 %	5 %
Bremen	9 %	7 %
Hamburg	9 %	4 %
Hessen	9 %	7 %
Mecklenburg-Vorpommern	9 %	5 %
Niedersachsen	9 %	6 %
Nordrhein-Westfalen	9 %	7 %
Rheinland-Pfalz	9 %	7 %
Saarland	9 %	7 %
Sachsen	9 %	5 %
Sachsen-Anhalt	9 %	5 %
Schleswig-Holstein	9 %	6 %
Thüringen	9 %	5 %

Früher war die mit dem ermäßigten Kirchensteuersatz im vereinfachten Verfahren pauschalierte Kirchensteuer nach einem fest vorgegebenen prozentualen Verteilungsschlüssel auf die katholische und evangelische Kirche aufzuteilen (z. B. in Bayern mit 70 % auf die katholische und mit 30 % auf die evangelische Kirche). Diese prozentuale **Aufteilung** durch den Arbeitgeber ist seit 2007 weggefallen, weil die im vereinfachten Verfahren ermittelte pauschale Kirchensteuer in eine besondere Zeile der Lohnsteuer-Anmeldung 2021 (= Zeile 25, Kennzahl 47) einzutragen ist und **das Finanzamt** aufgrund dieser Eintragung die Aufteilung der pauschalen Kirchensteuer auf die erhebungsberechtigten Religionsgemeinschaften vornimmt.

c) Ausscheiden der nicht kirchensteuerpflichtigen Arbeitnehmer

Pauschaliert der Arbeitgeber die Lohnsteuer und damit auch die Kirchensteuer für mehrere Arbeitnehmer von denen ein Teil nicht kirchensteuerpflichtig ist, kann er zwischen dem **vereinfachten Verfahren** und einem **Nachweisverfahren** wählen. Denn diejenigen Arbeitnehmer, die nachgewiesenermaßen keiner kirchensteuerberechtigten Konfession angehören, kann der Arbeitgeber aus der Kirchensteuerpauschalierung ausscheiden. Führt der Arbeitgeber für einen Teil der Arbeitnehmer, deren Lohnsteuer pauschaliert wird, den Nachweis, dass sie nicht kirchensteuerpflichtig sind, ist die Kirchensteuer für die übrigen Arbeitnehmer allerdings mit dem **vollen** Kirchensteuersatz (9 % oder 8 %) und nicht mit dem für Pauschalierungsfälle vorgesehenen ermäßigten Kirchensteuersatz zu berechnen und entsprechend der Religionszugehörigkeit aufzuteilen. Die im Nachweisverfahren ermittelte Kirchensteuer ist in der Lohnsteuer-Anmeldung unter der jeweiligen Kirchensteuer-Kennzahl (z. B. ev = 61, rk = 62; Zeile 26 bzw. Zeile 27 der Lohnsteuer-Anmeldung) einzutragen.[1)]

Beispiel A

Ein Arbeitgeber in Bayern pauschaliert die Lohnsteuer für Aushilfskräfte mit 25 %. Der Arbeitgeber hat zwei Möglichkeiten, die Kirchensteuer zu berechnen:

- Er kann für **alle** unter die Pauschalierung der Lohnsteuer fallenden Arbeitnehmer die Kirchensteuer im vereinfachten Verfahren mit **7 %** der Lohnsteuer pauschalieren.
- Er kann aber auch die nicht kirchensteuerpflichtigen Arbeitnehmer aus der Besteuerung mit pauschaler Kirchensteuer herausnehmen, muss aber dann die Kirchensteuer für die übrigen Arbeitnehmer mit dem normalen Kirchensteuersatz, das heißt mit **8 %** der pauschalen Lohnsteuer errechnen.

Wählt der Arbeitgeber das vereinfachte Verfahren, ist die mit 7 % errechnete pauschale Kirchensteuer in Zeile 25 (= Kennzahl 47) der Lohnsteuer-Anmeldung 2021 einzutragen.

Wählt der Arbeitgeber das Nachweisverfahren, ist die mit 8 % errechnete Kirchensteuer in der Lohnsteuer-Anmeldung 2021 unter der jeweiligen Kirchensteuer-Kennzahl einzutragen, z. B. evangelische Kirchensteuer in Zeile 26 (= Kennzahl 61) und römisch-katholische Kirchensteuer in Zeile 27 (= Kennzahl 62).

Bei der Trennung der kirchensteuerpflichtigen von den nicht kirchensteuerpflichtigen Arbeitnehmern stellt sich häufig die Frage, wie die pauschale Lohnsteuer, die als Bemessungsgrundlage für die Kirchensteuer dient, aufgeteilt werden soll, wenn die auf den einzelnen Arbeitnehmer entfallende Lohnsteuer nicht ermittelt werden kann (z. B. bei einer Pauschalierung der Lohnsteuer für sonstige Bezüge in einer Vielzahl von Fällen; vgl. hierzu das Stich-

1) Gleich lautende Erlasse der obersten Finanzbehörden der Länder vom 8.8.2016 (BStBl. I S. 773). Der Erlass ist als Anlage 1 zu H 40a.1 LStR im **Steuerhandbuch für das Lohnbüro 2021** abgedruckt, das im selben Verlag erschienen ist.

K

Lohn-steuer-pflichtig	Sozial-versich.-pflichtig

wort „Pauschalierung der Lohnsteuer" unter Nr. 2). Hierzu gilt Folgendes:

Kann der Arbeitgeber die auf den **einzelnen** kirchensteuerpflichtigen Arbeitnehmer entfallende pauschale Lohnsteuer nicht individuell zuordnen, kann er aus Vereinfachungsgründen die gesamte pauschale Lohnsteuer im Verhältnis der kirchensteuerpflichtigen zu den nicht kirchensteuerpflichtigen Arbeitnehmern aufteilen.[1)]

Beispiel B

Die pauschale Lohnsteuer beträgt z. B. für 35 Arbeitnehmer 1050 €. Weist der Arbeitgeber nach, dass von diesen 35 Arbeitnehmern 15 keiner kirchensteuerberechtigten Religionsgemeinschaft angehören, ergibt sich folgende Berechnung der Kirchensteuer:

Auf die 20 kirchensteuerpflichtigen Arbeitnehmer entfällt eine anteilige pauschale Lohnsteuer in Höhe von $^{20}/_{35}$ von 1050 € =	600,– €
die Kirchensteuer hierfür beträgt bei einem Regelkirchensteuersatz von 8 % (z. B. in Bayern) =	48,– €

Die nach dem im Beispiel B dargestellten Verfahren ermittelte Kirchensteuer ist im Verhältnis der Konfessions- bzw. Religionszugehörigkeit der kirchensteuerpflichtigen Arbeitnehmer aufzuteilen. Die Konfessions- bzw. Religionszugehörigkeit ist anhand des in den Lohnkonten aufgezeichneten Kirchensteuerabzugsmerkmals zu ermitteln. Die im Nachweisverfahren ermittelten Kirchensteuern sind in der Lohnsteuer-Anmeldung unter der jeweiligen Kirchensteuer-Kennzahl (z. B. ev = 61, rk = 62; Zeile 26 bzw. 27 der Lohnsteuer-Anmeldung) einzutragen.

K

Die Frage, ob ein Teil der Arbeitnehmer aus der Pauschalierung der Kirchensteuer ausscheidet, weil er keiner kirchensteuerberechtigten Konfession angehört, **ist für jeden Pauschalierungstatbestand getrennt zu beurteilen;**[1)] ausgenommen ist lediglich die Pauschalierung nach § 40a Abs. 2 EStG, weil durch den Pauschsteuersatz von 2 % die Kirchensteuer und der Solidaritätszuschlag abgegolten sind. Nimmt der Arbeitgeber z. B. bei den Pkw-Fahrtkostenzuschüssen für den Weg zur ersten Tätigkeitsstätte die nicht kirchensteuerpflichtigen Arbeitnehmer aus der Pauschalbesteuerung heraus, führt dies **nicht** dazu, dass er auch bei den Beiträgen zu einer noch pauschal besteuerten Direktversicherung den Regelkirchensteuersatz von 8 % oder 9 % anwenden muss. Der Arbeitgeber kann vielmehr isoliert für die Direktversicherungsbeiträge erneut entscheiden, ob er die betroffenen Arbeitnehmer mit dem ermäßigten Kirchensteuersatz besteuern will, oder ob er die nicht kirchensteuerpflichtigen Arbeitnehmer herausnimmt und den Rest mit dem Regelkirchensteuersatz von 8 % oder 9 % besteuert. Für **jeden einzelnen der nachfolgend aufgeführten Pauschalierungssachverhalte** kann der Arbeitgeber also die oben geschilderte Entscheidung **gesondert** treffen:

- bei einer Pauschalierung der Lohnsteuer für **Aushilfskräfte und Teilzeitbeschäftigte** mit 25 %, 20 % oder 5 % (vgl. das Stichwort „Pauschalierung der Lohnsteuer bei Aushilfskräften und Teilzeitbeschäftigten" unter den Nrn. 3 bis 5),
- bei einer Pauschalierung der Lohnsteuer mit 15 % für **Pkw-Fahrtkostenzuschüsse** des Arbeitgebers zu den Aufwendungen des Arbeitnehmers für Fahrten zwischen Wohnung und erster Tätigkeitsstätte und für die **Firmenwagenstellung** zu Fahrten zwischen **Wohnung** und **erster Tätigkeitsstätte** (vgl. „Fahrten zwischen Wohnung und erster Tätigkeitsstätte" unter den Nrn. 5 und 8),
- bei einer Pauschalierung der Lohnsteuer mit 25 % für **Arbeitgeberleistungen** zu den Aufwendungen des Arbeitnehmers für **Fahrtkosten** ohne Anrechnung auf die Entfernungspauschale,
- bei einer Pauschalierung der Lohnsteuer mit 25 % für unentgeltliche oder verbilligte **Mahlzeiten** im Betrieb (vgl. „Mahlzeiten") oder im Rahmen einer beruflich veranlassten Auswärtstätigkeit (vgl. „Reisekosten bei Auswärtstätigkeiten" in Anhang 4 Nr. 10 Buchstabe g),
- bei einer Pauschalierung der Lohnsteuer mit 25 % für **Erholungsbeihilfen** (vgl. „Erholungsbeihilfen" unter Nr. 5),
- bei einer Pauschalierung der Lohnsteuer mit 25 % für steuerpflichtige Zuwendungen bei **Betriebsveranstaltungen** (vgl. „Betriebsveranstaltungen" unter Nr. 6),
- bei einer Pauschalierung der Lohnsteuer mit 25 % für steuerpflichtige Teile von **Reisekosten** (vgl. „Reisekosten bei Auswärtstätigkeiten" in Anhang 4 unter Nr. 12),
- bei einer Pauschalierung der Lohnsteuer mit 25 % bei **Übereignung** von **Datenverarbeitungsgeräten** (z. B. einen PC) und Arbeitgeberzuschüssen zur **Internetnutzung** (vgl. „Computer" unter Nr. 2),
- bei einer Pauschalierung der Lohnsteuer mit 25 % bei einer **Übereignung** von **Ladevorrichtungen** für das elektrische Aufladen von Arbeitnehmer-Fahrzeugen sowie Barzuschüssen des Arbeitgebers zu den Aufwendungen des Arbeitnehmers für den Erwerb und die Nutzung einer solchen Ladevorrichtung (vgl. **„Elektrofahrzeuge"** unter Nr. 2 Buchstabe b),
- bei einer Pauschalierung der Lohnsteuer mit 25 % bei **Übereignung** von **Fahrrädern** (vgl. Elektro-Bike unter Nr. 5 Buchstabe b),
- bei einer Pauschalierung der Lohnsteuer mit 20 % für Beiträge zu einer **Direktversicherung** oder **Pensionskasse** (vgl. das Stichwort „Zukunftsicherung" unter Nr. 10 ff),
- bei einer Pauschalierung der Lohnsteuer mit 20 % für Beiträge zu einer **Gruppenunfallversicherung** (vgl. das Stichwort „Unfallversicherung" unter Nr. 5),
- bei einer Pauschalierung der Lohnsteuer für **sonstige Bezüge** in einer **größeren Zahl von Fällen** (vgl. das Stichwort „Pauschalierung der Lohnsteuer" unter Nr. 2),
- bei der Nacherhebung von Lohnsteuer insbesondere im Anschluss an eine **Lohnsteuer-Außenprüfung** (vgl. das Stichwort „Pauschalierung der Lohnsteuer" unter Nr. 3).

Bei allen aufgeführten Pauschalierungsmöglichkeiten führt also das Ausscheiden der nicht kirchensteuerpflichtigen Arbeitnehmer dazu, dass für die verbleibenden kirchensteuerpflichtigen Arbeitnehmer der Regelkirchensteuersatz von 8 % oder 9 % angewendet werden muss. Der Arbeitgeber muss also bei jeder einzelnen Pauschalierungsmöglichkeit prüfen, welche Vorgehensweise günstiger ist, denn das Ausscheiden der nicht kirchensteuerpflichtigen Arbeitnehmer muss nicht immer zu einer Steuerersparnis führen:

Beispiel C

Für 100 Arbeitnehmer werden Direktversicherungsbeiträge in Höhe von 146 € monatlich pauschal besteuert. Die pauschale Lohnsteuer beträgt 20 % von 14 600 € = 2920 €.

5 Arbeitnehmer sind nicht kirchensteuerpflichtig; der Arbeitgeber kann diese Arbeitnehmer aus der Kirchensteuerpauschalierung herausnehmen. Tut er dies, muss er die Kirchensteuer für die übrigen Arbeitnehmer mit dem **vollen** Kirchensteuersatz berechnen (z. B. in Bayern 8 %):

95 Arbeitnehmer × 146 €	=	13 870,– €
pauschale Lohnsteuer 20 % von 13 870 €	=	2 774,– €
pauschale Kirchensteuer **8 %** von 2774 €	=	221,92 €

Nimmt der Arbeitgeber die 5 kirchensteuerfreien Arbeitnehmer nicht aus der Berechnung der pauschalen Kirchensteuer heraus, ergibt sich Folgendes:

100 Arbeitnehmer × 146 €	=	14 600,– €
pauschale Lohnsteuer 20 % von 14 600 €	=	2 920,– €
pauschale Kirchensteuer **7 %** von 2920 €	=	204,40 €

1) Gleich lautende Erlasse der obersten Finanzbehörden der Länder vom 8.8.2016 (BStBl. I S. 773). Der Erlass ist als Anlage 1 zu H 40a.1 LStR im **Steuerhandbuch für das Lohnbüro 2021** abgedruckt, das im selben Verlag erschienen ist.

	Lohn-steuer-pflichtig	Sozial-versich.-pflichtig

Die Kirchensteuer ist also in diesem Fall **niedriger,** das heißt, dass es nicht immer günstiger ist, die nicht kirchensteuerpflichtigen Arbeitnehmer aus der Berechnung der pauschalen Kirchensteuer herauszunehmen.

Weiterhin stellt sich die Frage, wie lange der Arbeitgeber an die einmal getroffene Wahl gebunden ist. Durch bundeseinheitliche Regelung ist klargestellt, dass der Arbeitgeber das Wahlrecht für jede einzelne Pauschalierungsmöglichkeit und **jeden einzelnen Lohnsteuer-Anmeldungszeitraum** (also in der Regel der Monat) gesondert treffen kann.[1] Arbeitgeber mit monatlichem Lohnsteuer-Anmeldungszeitraum können also praktisch jeden Monat das Verfahren wechseln.

Das bei der Erhebung der Kirchensteuer bestehende **Wahlrecht** zwischen einem vereinfachten Verfahren und einem Nachweisverfahren gilt auch bei der **Pauschalierung** der Lohnsteuer für Belohnungsessen, Incentive-Reisen, VIP-Logen und ähnliche Sachbezüge mit **30 %** (§ 37b Abs. 1 und 2 EStG) und für Sachprämien aus Kundenbindungsprogrammen mit **2,25 %** (§ 37a EStG; vgl. das Stichwort „Miles & More"). Da es sich bei Sachzuwendungen an Dritte und an eigene Arbeitnehmer um getrennte Pauschalierungskreise handelt, kann auch das bei der Erhebung der Kirchensteuer bestehende Wahlrecht zwischen einem vereinfachten Verfahren und einem Nachweisverfahren für den einzelnen Pauschalierungskreis i. S. d. § 37b Abs. 1 oder 2 EStG gesondert ausgeübt werden.

d) Nachweis, dass der Arbeitnehmer nicht kirchensteuerpflichtig ist

Der Arbeitgeber muss **nachweisen,** dass ein Teil der Arbeitnehmer, für die die Lohnsteuer pauschaliert werden soll, keiner kirchensteuerberechtigten Konfession angehören. Dieser Nachweis ist anhand des dem Arbeitgeber für den einzelnen Arbeitnehmer vorliegenden Kirchensteuerabzugsmerkmals zu führen. Dies gilt grundsätzlich für alle Pauschalierungsfälle. Kann der Nachweis nicht über die dem Arbeitgeber vorliegenden (elektronischen) Lohnsteuerabzugsmerkmale erbracht werden, wird als Nachweis, dass der Arbeitnehmer nicht kirchensteuerpflichtig ist, eine vom Arbeitnehmer unterschriebene Erklärung akzeptiert (vgl. auch die allerdings nicht abschließende Aufzählung in R 41.1 Abs. 4 Satz 3 LStR). Das Muster einer solchen Erklärung ist amtlich vorgeschrieben.[1] Es muss folgenden Inhalt haben und sollte stets als Beleg zum Lohnkonto genommen werden (vgl. § 4 Abs. 2 Nr. 8 Satz 5 LStDV[2]):

Muster:
Erklärung gegenüber dem Betriebsstättenfinanzamt zur Religionszugehörigkeit für die Erhebung der pauschalen Lohnsteuer nach §§ 40, 40a Abs. 1, 2a und 3 und § 40b EStG und der pauschalen Einkommensteuer nach §§ 37a und 37b EStG

Finanzamt____________________

Arbeitgeber/Unternehmen/Steuerpflichtiger:
Name der Firma: ____________________
Anschrift: ____________________

Arbeitnehmer/Empfänger der Sachprämien oder Sachzuwendungen:
Name, Vorname: ____________________
Anschrift: ____________________

Ich, der vorbezeichnete Arbeitnehmer/Empfänger der Sachprämien oder Sachzuwendungen, erkläre, dass ich

□ keiner Religionsgemeinschaft angehöre, die Kirchensteuer erhebt, und zwar

a) □ seit Beginn meines Beschäftigungsverhältnisses mit dem oben genannten Arbeitgeber.

b) □ im Zeitpunkt der Gewährung (bitte Datum oder Zeitraum angeben: ______) der Sachprämie oder Sachzuwendung.

c) □ seit dem __________ (bei Änderungen nach dem unter Buchstaben a bzw. b genannten Zeitpunkt).

□ einer Religionsgemeinschaft angehöre, die Kirchensteuer erhebt

□ evangelisch □ römisch-katholisch
□ alt-katholisch □ jüdisch/israelitisch □ freireligiös

und zwar seit dem ____________________*.

* Datumsangabe nur erforderlich, wenn Sie gegenüber dem o. g. Arbeitgeber/Unternehmen/Steuerpflichtigen früher erklärt haben, dass Sie keiner Religionsgemeinschaft angehören, die Kirchensteuer erhebt, und zwischenzeitlich in eine solche Religionsgemeinschaft eingetreten sind oder Sie zu einer anderen Kirchensteuer erhebenden Religionsgemeinschaft gewechselt sind.

Ich versichere, die Angaben in dieser Erklärung wahrheitsgemäß nach bestem Wissen und Gewissen gemacht zu haben. Mir ist bekannt, dass die Erklärung als Grundlage für das Besteuerungsverfahren dient.

____________________ ____________________

Ort, Datum — Unterschrift des Arbeitnehmers/Empfängers der Sachprämien oder Sachzuwendungen

Diese Erklärung ist vom Arbeitgeber/Unternehmen/Steuerpflichtigen aufzubewahren.

Kleidergeld

Schornsteinfegermeister und Schornsteinfegergesellen haben nach einjähriger Betriebszugehörigkeit Anspruch auf Gestellung von berufsbezogener Arbeitskleidung (Ober- und Unterbekleidung) bis zu einem bestimmten Betrag, der in § 6 Nr. 5 des Bundestarifvertrags für das Schornsteinfegerhandwerk festgelegt ist. Arbeitnehmer des Schornsteinfegerhandwerks, die weniger als ein Jahr im gleichen Betrieb beschäftigt sind, erhalten wöchentlich $^{1}/_{52}$ dieses Betrags zur Abgeltung des Aufwands für Arbeitskleidung ausgezahlt. Das in § 6 Nr. 5 des Bundestarifvertrags für das Schornsteinfegerhandwerk festgelegte Kleidergeld ist als **Barablösung** einer Verpflichtung zur Gestellung von typischer Berufskleidung steuerfrei (§ 3 Nr. 31 EStG). nein nein

Zum sog. Waschgeld der Kaminkehrer vgl. „Waschgeld".

Orchestermusiker erhalten nach tariflichen Vorschriften für jede Veranstaltung, für die Frack bzw. Abendkleid vorgeschrieben und getragen worden ist, ein Kleidergeld. Dieses Kleidergeld ist nach bundeseinheitlichen Erlassen der Finanzverwaltung[3] als Barablösung einer Verpflichtung zur Gestellung von typischer Berufskleidung steuerfrei (§ 3 Nr. 31 EStG). nein nein

Siehe auch die Stichworte: Arbeitskleidung und Bekleidungszuschüsse.

Kleiderkasse

siehe „Arbeitskleidung"

Knappschaftsversicherung

Die Knappschaftsversicherung ist die zusammengefasste Kranken- und Rentenversicherung im Bergbau. Sitz des Verbundes Knappschaft-Bahn-See ist in 44789 Bochum, Pieperstr. 14–28. Dort werden zu Versicherungsfragen der Bergleute Auskünfte erteilt.

1) Gleich lautende Erlasse der obersten Finanzbehörden der Länder vom 8.8.2016 (BStBl. I S. 773). Der Erlass ist als Anlage 1 zu H 40a.1 LStR im **Steuerhandbuch für das Lohnbüro 2021** abgedruckt, das im selben Verlag erschienen ist.

2) Die Lohnsteuer-Durchführungsverordnung (LStDV) ist als Anhang 1 im **Steuerhandbuch für das Lohnbüro 2021** abgedruckt, das im selben Verlag erschienen ist.

3) Bundeseinheitliche Regelung, z. B. Erlass der Berliner Senatsverwaltung für Finanzen vom 1. 4. 1993 (Az.: III D 12 – S 2334 – 10/91). Der Erlass ist als Anlage 1 zu H 3.31 LStR im **Steuerhandbuch für das Lohnbüro 2021** abgedruckt, das im selben Verlag erschienen ist.

	Lohnsteuerpflichtig	Sozialversich.-pflichtig

Zu den Beitragsbemessungsgrenzen und dem Beitragssatz in der knappschaftlichen Rentenversicherung vgl. die Stichwörter „Beitragsbemessungsgrenzen“ und „Beitragssatz“.

Kohleausstieg

siehe „Anpassungsgeld“

Kohlendeputate

siehe „Heizung“

Kommanditist

siehe „Gesellschafter-Geschäftsführer“ unter Nr. 5

Konkurrenzverbot

Nach Beendigung des Arbeitsverhältnisses darf der Arbeitnehmer dem Arbeitgeber im Grundsatz beliebig Konkurrenz machen (zur Konkurrenz während der Dauer des Arbeitsverhältnisses siehe „Wettbewerbsverbot“). Durch Vertrag zwischen Arbeitgeber und Arbeitnehmer kann jedoch für die Zeit **nach Beendigung** des Arbeitsverhältnisses ein Konkurrenzverbot für die Dauer von längstens zwei Jahren vereinbart werden **(sog. Konkurrenzklausel).** Die Konkurrenzklausel ist nur verbindlich, wenn der Arbeitgeber sich verpflichtet, für die Dauer des Verbots eine Entschädigung zu zahlen (sog. Karenzentschädigung).

K

Karenzentschädigungen, die aufgrund einer Konkurrenzklausel gezahlt werden, gehören als Entgelt für die Nichtausübung einer Tätigkeit zum steuerpflichtigen Arbeitslohn (§ 2 Abs. 2 Nr. 4 LStDV[1)]). Die Lohnsteuer ist im Zeitpunkt der Zahlung einzubehalten. Wird die Entschädigung als Einmalzahlung geleistet, ist sie als sonstiger Bezug unter Anwendung der sog. **Fünftelregelung** ermäßigt zu besteuern, wenn eine Zusammenballung von Einkünften vorliegt (vgl. das Stichwort „Entschädigungen“ unter Nr. 1 Buchstabe b).

Bei der Karenzentschädigung handelt es sich nicht um Arbeitsentgelt im sozialversicherungsrechtlichen Sinne, da es sich nicht um eine Zahlung des Arbeitgebers für eine während der Beschäftigung geleistete Arbeit handelt (Urteil des LSG Berlin vom 27.7.1983 – L 9 Kr 45/78). — ja — nein

Steuerpflichtiger Arbeitslohn liegt jedoch dann nicht vor, wenn eine eindeutige Zuordnung zu einer der Einkunftsarten des § 2 Abs. 1 Satz 1 Nr. 1 bis 6 EStG nicht möglich ist, weil eine Karenzentschädigung für die Nichtausübung mehrerer unterschiedlich zu qualifizierender Tätigkeiten gezahlt wird. Die Entschädigung gehört in diesen Fällen zu den **sonstigen Einkünften** i. S. des § 22 Nr. 3 EStG (BFH-Urteil vom 12.6.1996, BStBl. II S. 516 und vom 23.2.1999, BStBl. II S. 590) und wird durch eine Veranlagung zur Einkommensteuer erfasst. Lohnsteuer ist somit nicht einzubehalten. — nein — nein

Abkommensrechtlich wird die „Arbeitsleistung“ (= das Nicht-Tätig-Werden) in dem Staat erbracht, in dem sich der Arbeitnehmer während der Dauer des Verbots aufhält. Die Fiktion eines Tätigkeitsortes unabhängig von der körperlichen Anwesenheit (z. B. in dem Staat, in dem der Arbeitnehmer nicht tätig werden darf), ist nicht möglich (BFH-Urteil vom 5.10.1994, BStBl. 1995 II S. 95). Hält der Arbeitnehmer sich während des maßgebenden Zeitraums in mehreren Staaten auf, ist das Entgelt entsprechend aufzuteilen.

Konkursausfallgeld

siehe „Insolvenzgeld“

Konsularbeamte

siehe „Erweiterte unbeschränkte Steuerpflicht“ und „Persönliche Lohnsteuerbefreiungen“

Kontoführungsgebühren

Der Ersatz von Kontoführungsgebühren und Kontoeröffnungsgebühren durch den Arbeitgeber gehört als Werbungskostenersatz zum steuerpflichtigen Arbeitslohn (R 19.3 Abs. 3 Satz 2 Nr. 1 LStR). Wegen grundsätzlicher Ausführungen hierzu vgl. das Stichwort „Auslagenersatz“). — ja — ja

Bei einer Veranlagung zur Einkommensteuer kann der Arbeitnehmer ohne Nachweis 16 € jährlich als Werbungskosten geltend machen.

Zum Arbeitslohn gehören auch die geldwerten Vorteile, die Arbeitnehmern von Kreditinstituten durch die unentgeltliche oder verbilligte Kontenführung bei ihrem Arbeitgeber entstehen. In diesen Fällen ist jedoch die Rabattregelung anwendbar mit der Folge, dass die von Kreditinstituten für ihre Arbeitnehmer übernommenen Kontoführungsgebühren und die übrigen Belegschaftsrabatte (z. B. bei der Depotführung) bis zum Rabattfreibetrag von 1080 € jährlich steuerfrei sind (vgl. das Stichwort „Rabatte, Rabattfreibetrag“ unter Nr. 10 Buchstabe b). — nein — nein

Sind die Kontoführungsgebühren in Anwendung des Rabattfreibetrags steuerfrei, kann der Arbeitnehmer keine Werbungskosten bei seiner Veranlagung zur Einkommensteuer geltend machen.

Kopiergerät

siehe „Arbeitsmittel“, „Arbeitszimmer“, „Werkzeuggeld“

Kraftfahrerzulage

Die Kraftfahrerzulage ist als „Erschwerniszuschlag“ lohnsteuer- und sozialversicherungspflichtig. — ja — ja

Kraftfahrzeuge

Übereignet ein Arbeitgeber einem Arbeitnehmer unentgeltlich oder verbilligt einen bisher zur privaten und beruflichen Nutzung überlassenen Firmenwagen, ergibt sich in Höhe der Verbilligung ein geldwerter Vorteil für den Arbeitnehmer, der steuer- und beitragspflichtig ist. — ja — ja

Wegen der beim verbilligten Kauf eines Firmenwagens zu beachtenden Besonderheiten wird auf die Erläuterungen beim Stichwort „Firmenwagen zur privaten Nutzung“ unter Nr. 12 Buchstabe i hingewiesen.

Verkauft eine Firma, die Kraftfahrzeuge herstellt oder mit ihnen handelt, diese Fahrzeuge verbilligt an ihre Belegschaftsmitglieder, gelten in diesem Ausnahmefall besondere Vorschriften (Anwendung des Rabattfreibetrags von 1080 € und spezielle Bewertungsvorschriften), die unter dem Stichwort „Jahreswagen“ sowie „Rabatte, Rabattfreibetrag“ unter Nr. 4 Buchstabe b dargestellt sind.

1) Die Lohnsteuer-Durchführungsverordnung (LStDV) ist als Anhang 1 im **Steuerhandbuch für das Lohnbüro 2021** abgedruckt, das im selben Verlag erschienen ist.

Lohn-steuer-pflichtig | Sozial-versich.-pflichtig

In allen anderen Fällen, in denen ein Arbeitgeber einem Arbeitnehmer ein Kraftfahrzeug unentgeltlich oder verbilligt übereignet, ist die Verbilligung (die in der Regel in der Differenz zwischen Kaufpreis des Arbeitnehmers und Verkehrswert des Fahrzeugs besteht) in voller Höhe zu versteuern. ja ja

Dabei spielt es keine Rolle, ob der unentgeltlich oder verbilligt übereignete Pkw zum Betriebs- oder Privatvermögen des Arbeitgebers gehört hat.

Kann der Arbeitgeber keine Schätzurkunde vorlegen, aus der der Verkehrswert im Zeitpunkt der unentgeltlichen oder verbilligten Überlassung hervorgeht, wird die Finanzverwaltung den Wert durch Schätzung ermitteln, wobei auch die Zusatzausstattung (z. B. Navigationsgerät, Klimaanlage, Standheizung, Spezialfelgen) einbezogen wird. Stehen keine anderen Unterlagen zur Verfügung, kann der Verkehrswert in Anlehnung an die sog. „Schwacke-Liste" für den Gebrauchtwagenhandel festgestellt werden. Dabei ist von den Händler-Verkaufspreisen (einschließlich Umsatzsteuer) auszugehen. Vgl. die Erläuterungen beim Stichwort „Firmenwagen zur privaten Nutzung" unter Nr. 12 Buchstabe i.

Kraftfahrzeuggestellung

siehe „Firmenwagen zur privaten Nutzung"

Kraftfahrzeugkosten

Zur Behandlung der Kraftfahrzeugkosten bei **beruflichen Reisen** vgl. die Erläuterungen in Anhang 4 „Reisekosten bei Auswärtstätigkeiten" unter Nr. 7 auf Seite 1139.

Zur Behandlung der Kraftfahrzeugkosten bei **Familienheimfahrten** im Rahmen einer doppelten Haushaltsführung vgl. das Stichwort „Familienheimfahrten".

Zur Behandlung der Kraftfahrzeugkosten bei **Fahrten zwischen Wohnung und erster Tätigkeitsstätte** vgl. dieses Stichwort.

Zum Abzug der Kraftfahrzeugkosten als Werbungskosten in Höhe der **Entfernungspauschale** vgl. dieses Stichwort.

Kraftfahrzeugunfall

siehe „Unfallkosten"

Krankenbezüge

1. Allgemeines

Erkrankt ein Arbeitnehmer, ist das Entgelt für sechs Wochen weiterzuzahlen (vgl. das Stichwort „Entgeltfortzahlung"). Durch Tarifvertrag, Betriebsvereinbarung oder Einzelarbeitsvertrag können sich auch längere Entgeltfortzahlungszeiten ergeben (zum Teil bis zu 78 Wochen). Der im Krankheitsfall fortgezahlte Arbeitslohn ist steuer- und beitragspflichtig. Sowohl lohnsteuerlich als auch beitragsrechtlich ergeben sich bei der Lohnabrechnung keine Besonderheiten. ja ja

Besteht die Krankheit nach Beendigung des Entgeltfortzahlungszeitraums weiter, erhält der Arbeitnehmer Krankengeld oder Krankentagegeld von seiner Krankenkasse oder seiner privaten Versicherung. Das Krankengeld oder Krankentagegeld ist steuerfrei (§ 3 Nr. 1 Buchstabe a EStG). nein nein[1)]

In dem Monat, in dem die Entgeltfortzahlung endet und die beitragsfreie Zeit der Krankengeldzahlung beginnt, entsteht beitragsrechtlich ein **Teillohnzahlungszeitraum.** Bei der Lohnsteuer wird dagegen der Lohnzahlungszeitraum durch ausfallende (unbezahlte) Arbeitstage **nicht** unterbrochen. Auf das Beispiel einer vollständigen Lohnabrechnung beim Übergang von der Lohnfortzahlung zum Krankengeld (mit Erläuterung der Meldepflichten) beim Stichwort „Teillohnzahlungszeitraum" unter Nr. 4 auf Seite 920 wird hingewiesen.

Wird in der beitragsfreien Zeit des Krankengeldbezugs eine **einmalige Zuwendung** gezahlt, ist diese auch **beitragspflichtig** (§ 23 a SGB IV). ja ja

2. Anwendung des Progressionsvorbehalts

Das von den **gesetzlichen** Krankenkassen gezahlte Krankengeld ist zwar steuerfrei, es unterliegt jedoch dem sog. **Progressionsvorbehalt** (vgl. dieses Stichwort); dies gilt auch bei freiwillig gesetzlich Versicherten (BFH-Urteil vom 26.11.2008, BStBl. 2009 II S. 376). Der hierbei anzusetzende Betrag wird von der Krankenkasse an die Finanzverwaltung elektronisch übermittelt (§ 32b Abs. 3 EStG).

Damit das Finanzamt diese Fälle erkennen kann, muss der Arbeitgeber bei der Zahlung von Krankengeld für mindestens **fünf** aufeinander folgende Arbeitstage sowohl im Lohnkonto als auch in der Lohnsteuerbescheinigung 2021 den Buchstaben „U" bescheinigen (U steht für Unterbrechung). Auf die ausführlichen Erläuterungen zur Bescheinigung des Buchstabens U beim Stichwort „Lohnkonto" unter Nr. 9 auf Seite 639 wird Bezug genommen. Ist im Lohnkonto des Arbeitnehmers ein U bescheinigt, darf der Arbeitgeber für diesen Arbeitnehmer **keinen Lohnsteuer-Jahresausgleich durchführen** (vgl. das Stichwort „Lohnsteuer-Jahresausgleich durch den Arbeitgeber" unter Nr. 3).

Das von **privaten** Krankenkassen gezahlte Krankentagegeld ist ebenfalls steuerfrei, unterliegt aber **nicht** dem Progressionsvorbehalt (R 32b Abs. 1 Satz 3 EStR, BFH-Urteil vom 13.11.2014, BStBl. 2015 II S. 563, vgl. das Stichwort „Progressionsvorbehalt"). Gleichwohl muss der Arbeitgeber auch in diesen Fällen den Buchstaben „U" sowohl im Lohnkonto als auch auf der Lohnsteuerbescheinigung eintragen, wenn der Arbeitnehmer an mindestens fünf aufeinanderfolgenden Arbeitstagen krank war und für diese Tage keine Entgeltfortzahlung erhalten hat.

Krankengeld

siehe „Krankenbezüge"

Krankengeldzuschüsse

Viele Arbeitgeber gewähren ihren Arbeitnehmern nach Ablauf des Entgeltfortzahlungsanspruchs einen Zuschuss zum Krankengeld. Hierfür gibt es keine gesetzliche Verpflichtung; die Zahlung von Zuschüssen zum Krankengeld erfolgt vielmehr aufgrund tariflicher oder betrieblicher Regelungen und zwar meistens in Höhe des Unterschiedsbetrags zwischen dem von der Krankenkasse gezahlten Krankengeld und dem letzten Nettoverdienst. Für die steuer- und beitragsrechtliche Behandlung der Arbeitgeberzuschüsse zum Krankengeld gilt Folgendes:

Krankengeldzuschüsse, die der Arbeitnehmer zusätzlich zum Krankengeld oder Krankentagegeld **aus der gesetzlichen oder privaten Krankenversicherung** erhält, sind lohnsteuerpflichtig. ja nein

1) Das von den gesetzlichen Krankenkassen gezahlte Krankengeld ist grundsätzlich versicherungspflichtig in der Renten-, Arbeitslosen- und Pflegeversicherung. Die Beiträge werden vom Empfänger und der Krankenkasse getragen (vgl. das Stichwort „Lohnersatzleistungen").

K

Lohnsteuerpflichtig | Sozialversich.-pflichtig

Fällt wegen der geringen Höhe der Zuschüsse und Anwendung der Monatslohnsteuertabelle keine Lohnsteuer an, müssen die Zuschüsse trotzdem im Lohnkonto und in der (elektronischen) Lohnsteuerbescheinigung als steuerpflichtiger Arbeitslohn erfasst werden. Außerdem ist im Lohnkonto und in der (elektronischen) Lohnsteuerbescheinigung ein „U" zu bescheinigen, wenn der Arbeitnehmer für fünf oder mehr Arbeitstage Krankengeld erhält (vgl. „Lohnkonto" unter Nr. 9). Das gilt auch dann, wenn der Arbeitgeber in dieser Zeit einen Krankengeldzuschuss leistet.

Beitragsrechtlich gilt nach § 23 c SGB IV einheitlich für alle Versicherungszweige Folgendes:

Zuschüsse des Arbeitgebers zum Krankengeld, Verletztengeld, Übergangsgeld, Pflegeunterstützungsgeld oder Krankentagegeld und sonstige Einnahmen aus einer Beschäftigung, die für die Zeit des Bezuges von Krankengeld, Krankentagegeld, Versorgungskrankengeld, Verletztengeld, Übergangsgeld, Pflegeunterstützungsgeld, Mutterschaftsgeld oder Elterngeld weiter erzielt werden, gelten nicht als beitragspflichtiges Arbeitsentgelt, wenn die Einnahmen zusammen mit den genannten Sozialleistungen das Nettoarbeitsentgelt im Sinne des § 47 Abs. 1 SGB V nicht um mehr als **50 €** übersteigen (Freigrenze).

Nach dieser Regelung sind sowohl Krankengeldzuschüsse, die der Arbeitgeber zusätzlich zum Krankengeld aus der **gesetzlichen** Krankenversicherung zahlt, beitragsfrei als auch Krankengeldzuschüsse, die der Arbeitgeber neben Krankengeld oder Krankentagegeld aus einer **privaten** Krankenversicherung zahlt, wenn das Nettoarbeitsentgelt nicht um mehr als 50 € überschritten wird, was in aller Regel der Fall ist. — ja | nein

Die Anwendung des § 23 c SGB IV auf Krankengeldzuschüsse ist ausführlich beim Stichwort „Arbeitsentgelt" unter Nr. 2 auf Seite 108 erläutert.

Krankenkassenwahlrecht

vgl. Teil B Nr. 2 b auf Seite 11

Krankenversicherung

Für **Arbeitnehmer** besteht Krankenversicherungspflicht, wenn ihr regelmäßiges Jahresarbeitsentgelt die sog. **Jahresarbeitsentgeltgrenze** nicht übersteigt (vgl. das Stichwort „Jahresarbeitsentgeltgrenze").

Krankenversicherungspflichtige Arbeitnehmer können die Mitgliedschaft bei einer **gesetzlichen** Krankenversicherung mit Ausnahme der Landwirtschaftlichen Krankenkasse völlig frei wählen (vgl. Teil B Nr. 2 auf Seite 10). Gesetzliche Krankenkassen sind

- die AOK,
- die Betriebskrankenkassen,
- die Innungskrankenkassen,
- die Ersatzkassen,
- die Landwirtschaftliche Krankenkasse,
- die Knappschaft.

Arbeitnehmer, deren regelmäßiges Jahresarbeitsentgelt die sog. Jahresarbeitsentgeltgrenze übersteigt, können sich entweder

- **freiwillig** in einer gesetzlichen Krankenkasse oder
- bei einer **privaten** Krankenkasse versichern lassen.

Dies hat Auswirkungen auf die Anwendung des **steuerlichen Progressionsvorbehalts beim Krankengeld.** Denn das von den gesetzlichen Krankenkassen an ihre Mitglieder (freiwillig oder pflichtversichert) gezahlte Krankengeld unterliegt dem Progressionsvorbehalt, das von den privaten Krankenkassen gezahlte Krankentagegeld hingegen nicht (vgl. das Stichwort „Progressionsvorbehalt"). Diese unterschiedliche Behandlung ist auch nach Einführung des Basistarifs in der privaten Krankenversicherung verfassungsgemäß (BFH-Urteil vom 13.11.2014, BStBl. 2015 II S. 563).

Krankheitskosten bei Auslandsaufenthalt

Erkrankt ein sozialversicherungspflichtiger Arbeitnehmer bei einer privaten Reise ins Ausland, hat er nach sozialversicherungsrechtlichen Vorschriften einen Leistungsanspruch auf Behandlung der Krankheit. Das gilt selbst dann, wenn die Behandlungskosten im Ausland höher als im Inland sind.

Denselben Leistungsanspruch hat ein sozialversicherungspflichtiger Arbeitnehmer gegenüber seinem Arbeitgeber, wenn er anlässlich eines **beruflichen Aufenthalts im Ausland erkrankt** (§ 17 Abs. 1 SGB V). Das bedeutet im Ergebnis, dass der Arbeitnehmer von seinem **Arbeitgeber** die Erstattung höherer Kosten für Auslandsbehandlung in gleicher Höhe verlangen kann, wie er für sie einen entsprechenden **Erstattungsanspruch** nach sozialversicherungsrechtlichen Vorschriften gegenüber seiner Krankenkasse hätte, wenn er privat ins Ausland gereist und dort erkrankt wäre. Da der Arbeitgeber die Entsendung des Arbeitnehmers ins Ausland veranlasst hat, werden entsprechend höhere Behandlungskosten nicht von der Krankenversicherung des Arbeitnehmers getragen. Die Krankenversicherung erstattet deshalb an den **Arbeitgeber** nur Krankheitskosten, wie sie im Inland angefallen wären (§ 17 Abs. 2 SGB V). Das bedeutet im Ergebnis, dass der Arbeitgeber die **Differenz** zwischen **Auslands- und Inlandskrankheitskosten** wegen der von ihm veranlassten Entsendung seines Arbeitnehmers ins Ausland **zu tragen** hat.

Allerdings sind als Leistungen aus einer Krankenversicherung auch die vom Arbeitgeber zu tragenden höheren Krankheitskosten für eine Behandlung im Ausland **steuer- und beitragsfrei,** weil der Arbeitnehmer insoweit auch dem **Arbeitgeber** gegenüber einen **Erstattungsanspruch** nach sozialversicherungsrechtlichen Vorschriften hat. Unerheblich ist, dass der Arbeitgeber selbst nur einen Anspruch auf Erstattung der niedrigeren Krankheitskosten für eine Inlandsbehandlung gegenüber der Krankenversicherung seines Arbeitnehmers hat. — nein | nein

Erstattet aber der Arbeitgeber seinem im Ausland behandelten Arbeitnehmer darüber hinaus Kosten, auf die der Arbeitnehmer keinen Anspruch gegenüber seiner Krankenversicherung hat (z. B. **Chefarztbehandlung** oder **Einzelzimmerzuschläge** bei Krankenhausaufenthalt), beruhen diese Erstattungen nicht auf sozialversicherungsrechtlichen Vorschriften. Sie können daher nur bis zu einem Betrag von **600 € jährlich** unter der Voraussetzung einer **Unterstützungsleistung steuerfrei** belassen werden (vgl. das Stichwort „Unterstützungen"). — nein | nein

Hat der Arbeitgeber zugunsten seiner Arbeitnehmer für Auslandsaufenthalte eine **Auslandskrankenversicherung** abgeschlossen und steht dem Arbeitnehmer aufgrund der vertraglichen Regelungen ein unmittelbarer Rechtsanspruch auf Auskehrung der Versicherungsleistungen im Versicherungsfall gegenüber dem Versicherungsunternehmen zu, sind die Beiträge – vorbehaltlich der 44-€-Freigrenze für Sachbezüge – **steuer- und beitragspflichtiger Arbeitslohn.** Eine steuerliche Behandlung als steuerfreie Reisenebenkosten kommt nicht in Betracht (vgl. Anhang 4 „Reisekosten bei Auswärtstätigkeiten" unter Nr. 13). — ja | ja

Ausnahmsweise kann es sich beim Abschluss einer Auslandskrankenversicherung um eine Leistung im **ganz**

Lohn-steuer-pflichtig | Sozial-versich.-pflichtig

überwiegenden eigenbetrieblichen Interesse des Arbeitgebers handeln. Voraussetzung hierfür ist, dass

- es sich um einen Gruppenversicherungsvertrag anlässlich einer Vielzahl von Dienstreisen handelt,
- die Versicherung unter Fürsorgegesichtspunkten und zur Verwaltungsvereinfachung (keine betriebsinterne Leistungsabrechnung erforderlich) abgeschlossen wurde und
- die sich aus den Beiträgen ergebende Bereicherung der Arbeitnehmer sehr geringfügig ist (in einem positiv entschiedenen Einzelfall 0,23 € pro Auslandsdienstreisetag). nein nein

Kreditkarte

siehe „Firmenkreditkarte"

Kreislauftrainingskuren

Kreislauftrainingskuren, die vom Arbeitgeber finanziert werden, sind kein geldwerter Vorteil und deshalb wie Unterstützungen (vgl. dieses Stichwort) steuerfrei und beitragsfrei, wenn die Kuren im ganz überwiegenden eigenbetrieblichen Interesse des Arbeitgebers zur Wiederherstellung oder Erhaltung der Arbeitsfähigkeit durchgeführt werden (BFH-Urteil vom 24.1.1975, BStBl. II S. 340). nein nein

Dieses Urteil zur Steuerfreiheit vom Betriebsarzt verordneter sog. Kreislauftrainingskuren ist nur bei genau gleich gelagerten Sachverhalten anzuwenden. Die Teilnehmer der notwendigen Kur wurden vom Betriebsarzt ausgewählt und die Kur wurde unter betriebsärztlicher Aufsicht in einer streng auf den Kurzweck abgestellten Weise durchgeführt. Übernimmt der Arbeitgeber ganz allgemein bei älteren Arbeitnehmern die Kosten für eine Kur (z. B. für alle über 55 Jahre alten Arbeitnehmer), handelt es sich um steuerpflichtigen Arbeitslohn (BFH-Urteil vom 31.10.1986, BStBl. 1987 II S. 142). Ebenso, wenn der Arbeitgeber die Kosten für eine sog. Regenerationskur trägt (BFH-Urteil vom 11.3.2010, BStBl. II S. 763). ja ja

Siehe auch das Stichwort „Vorsorgekuren, Vorsorgeuntersuchungen".

Kundenbindungsprogramm

siehe „Miles & More"

Künstler

Gliederung:

1. Allgemeines
2. Tätigkeit bei Theaterunternehmen (Bühnenkünstler)
   a) Spielzeitverpflichtete Künstler
   b) Gastspielverpflichtete Künstler
3. Tätigkeit bei Kulturorchestern
4. Tätigkeit bei Hörfunk und Fernsehen
5. Tätigkeit bei Film- und Fernsehproduktionen
6. Synchronisierung
7. Tätigkeit bei Konzertunternehmen und Kapellenagenturen
8. Wiederholungshonorare
9. Steuerabzug vom Arbeitslohn
10. Berechnung der Sozialversicherungsbeiträge für unständig Beschäftigte bei Rundfunk- und Fernsehanstalten
11. Künstlersozialversicherung

Lohn-steuer-pflichtig | Sozial-versich.-pflichtig

1. Allgemeines

Künstler können entweder unbeschränkt oder nur beschränkt steuerpflichtig sein, je nachdem, ob sie in Deutschland einen Wohnsitz oder gewöhnlichen Aufenthalt haben oder nicht. Für beschränkt steuerpflichtige Künstler gelten Sonderregelungen, die beim Stichwort „Beschränkt steuerpflichtige Künstler, Berufssportler, Schriftsteller und Journalisten" erläutert sind. Für Künstler, die **nebenberuflich** für eine gemeinnützige Organisation tätig sind (z. B. Kirchenmusiker oder Organisten), gibt es einen Steuerfreibetrag von nunmehr 3000 € jährlich (vgl. das Stichwort „Nebentätigkeit für gemeinnützige Organisationen").

Sowohl für beschränkt als auch für unbeschränkt steuerpflichtige Künstler ist die Beantwortung der Frage von ausschlaggebender Bedeutung, ob eine **selbstständige** oder **nichtselbstständige** Tätigkeit vorliegt. Für steuerliche Zwecke ist diese Frage im sog. Künstlererlass[1)] beantwortet worden. Für die Belange der Sozialversicherung haben die Spitzenverbände der Sozialversicherungsträger einen eigenen Abgrenzungskatalog erstellt, der sich jedoch in den meisten Fällen mit der steuerlichen Einordnung deckt.

Im Übrigen gelten für die Abgrenzung zwischen selbstständiger und nichtselbstständiger Arbeit sowohl bei beschränkt als auch bei unbeschränkt steuerpflichtigen Künstlern die allgemeinen Abgrenzungsmerkmale (vgl. die Ausführungen im Teil A unter Nr. 3 auf Seite 6). Danach liegt eine nichtselbstständige Arbeit vor, wenn die tätige Person in der Betätigung ihres geschäftlichen Willens unter der Leitung eines Arbeitgebers steht oder in den geschäftlichen Organismus des Arbeitgebers eingegliedert und dessen Weisungen zu folgen verpflichtet ist. Dies führt bei künstlerischen und verwandten Berufen im Allgemeinen zu folgenden Ergebnissen:

2. Tätigkeit bei Theaterunternehmen (Bühnenkünstler)

a) Spielzeitverpflichtete Künstler

Künstler und Angehörige von verwandten Berufen, die auf Spielzeit- oder Teilspielzeitvertrag angestellt sind, sind in den Theaterbetrieb eingegliedert und damit nichtselbstständig. Dabei spielt es keine Rolle, ob der Künstler gleichzeitig eine Gastspielverpflichtung bei einem anderen Unternehmen eingegangen ist. ja ja

b) Gastspielverpflichtete Künstler

Bei **Gastspielen** sind Künstler in der Regel selbstständig. Wegen der verhältnismäßig kurzen Berührung mit dem Theater fehlt es an einer Eingliederung in den Theaterbetrieb. Entscheidend ist, dass das Theater bei einer Gastspielverpflichtung nicht im Wesentlichen über die Arbeitskraft des Gastkünstlers verfügen kann, sondern der Künstler auch während des zeitlichen Rahmens des Gastspielvertrags seine Arbeitskraft frei und ohne Einfluss des Gastspieltheaters nutzen kann. Ob ein Künstler allein (Solokünstler) oder in einer Gruppe (z. B. Chor) auftritt und welchen künstlerischen Rang er hat, spielt für die Abgrenzung keine entscheidende Rolle. Bei Anwendung dieser Grundsätze gilt nach Auffassung der Finanzverwaltung im Einzelnen Folgendes:

Gastspielverpflichtete

- Regisseure,
- Choreographen,
- Bühnenbildner und
- Kostümbildner

sind stets **selbstständig.**

---

1) Der Künstlererlass des Bundesministeriums der Finanzen vom 5.10.1990 (BStBl. I S. 638) ist als Anlage 1 zu H 19.0 LStR im **Steuerhandbuch für das Lohnbüro 2021** abgedruckt, das im selben Verlag erschienen ist.

K

Lohn- steuer- pflichtig | Sozial- versich.- pflichtig

Gastspielverpflichtete

- Dirigenten

sind **nichtselbstständig;** sie sind nur ausnahmsweise selbstständig, wenn sie nur für kurze Zeit einspringen. In der Sozialversicherung wird ein gastspielverpflichteter Dirigent als selbstständig behandelt, wenn er die Einstudierung nur eines bestimmten Stückes oder Konzertes übernimmt und/oder nach dem jeweiligen Gastspielvertrag voraussehbar nicht mehr als fünf Vorstellungen oder Konzerte dirigiert.

Gastspielverpflichtete

- Schauspieler,
- Sänger,
- Tänzer und
- andere Künstler

sind **nichtselbstständig,** wenn sie eine Rolle in einer Aufführung übernehmen und gleichzeitig eine Probenverpflichtung zur Einarbeitung in die Rolle oder eine künstlerische Konzeption eingehen. Stell- oder Verständigungsproben reichen für die Annahme einer nichtselbstständigen Tätigkeit nicht aus. Voraussetzung ist außerdem, dass die Probenverpflichtung tatsächlich erfüllt wird. Die Zahl der Aufführungen ist nicht entscheidend.

Gastspielverpflichtete Künstler einschließlich der Instrumentalsolisten sind **selbstständig,** wenn sie an einer konzertanten Opernaufführung, einem Oratorium, Liederabend oder dergleichen mitwirken.

Aushilfen für Chor und Orchester sind **selbstständig,** wenn sie nur für kurze Zeit einspringen.

Sozialversicherungsrechtlich sind gastspielverpflichtete Künstler (Schauspieler, Sänger, Tänzer und andere Künstler) in der Regel in den Theaterbetrieb eingegliedert und damit abhängig beschäftigt. Eine selbstständige Tätigkeit ist ausnahmsweise anzunehmen, wenn der Künstler aufgrund seiner hervorragenden künstlerischen Stellung maßgeblich zum künstlerischen Erfolg einer Aufführung beizutragen verspricht und wenn nach dem jeweiligen Gastspielvertrag nur wenige Vorstellungen vereinbart sind. Orchesteraushilfen sind ausnahmsweise selbstständig tätig, wenn sie ohne Verpflichtung für den allgemeinen Dienst (z. B. keine regelmäßige Probenverpflichtung) bestimmte musikalische Aufgaben übernehmen und sich dadurch von fest angestellten Orchestermitgliedern unterscheiden. Andere Aushilfen (Schauspieler, Chorsänger, Sänger und Tänzer) sind grundsätzlich abhängig beschäftigt.

3. Tätigkeit bei Kulturorchestern

Die Mitglieder von Kulturorchestern sind grundsätzlich nichtselbstständig. Arbeitgeber ist der Träger des Orchesters (Theaterunternehmen, Stadtverwaltung, Musikverein usw.).

Alle **gastspielverpflichteten** Künstler, z. B. Dirigenten, Vokal- und Instrumentalsolisten, sind stets und ohne Rücksicht auf die Art und Anzahl der Aufführungen **selbstständig.** Orchesteraushilfen sind ebenfalls selbstständig, wenn sie nur für kurze Zeit einspringen.

4. Tätigkeit bei Hörfunk und Fernsehen

Von den Rundfunk- und Fernsehanstalten werden neben dem fest angestellten Personal Künstler und Angehörige von verwandten Berufen auf Honorarbasis als sog. **freie Mitarbeiter** beschäftigt. Diese freien Mitarbeiter sind grundsätzlich Arbeitnehmer. Bestimmte Gruppen von freien Mitarbeitern sind jedoch selbstständig, soweit sie nur für einzelne Produktionen (z. B. ein Fernsehspiel, eine Unterhaltungssendung oder einen aktuellen Beitrag) tätig werden.

Lohn- steuer- pflichtig | Sozial- versich.- pflichtig

Im Einzelnen handelt es sich um folgende Mitarbeiter, die selbstständig tätig werden:

- Architekten,
- Arrangeure,
- Artisten, die als Gast außerhalb eines Ensembles oder einer Gruppe eine Sololeistung erbringen,
- Autoren,
- Berichterstatter,
- Bildhauer,
- Bühnenbildner,
- Choreographen,
- Chorleiter, soweit sie als Gast mitwirken oder Träger des Chores sind,
- Darsteller, die als Gast in einer Sendung mit Live-Charakter mitwirken,
- Dirigenten, soweit sie als Gast mitwirken oder Träger des Klangkörpers sind,
- Diskussionsleiter,
- Dolmetscher,
- Fachberater,
- Fotografen,
- Gesprächsteilnehmer,
- Grafiker,
- Interviewpartner,
- Journalisten,
- Kommentatoren,
- Komponisten,
- Korrespondenten,
- Kostümbildner,
- Kunstmaler,
- Lektoren,
- Moderatoren, wenn der eigenschöpferische Teil der Leistung überwiegt,
- musikalische Leiter, soweit sie als Gast mitwirken oder Träger des Chores sind,
- Quizmaster,
- Realisatoren, wenn der eigenschöpferische Teil der Leistung überwiegt,
- Regisseure,
- Solisten (Gesang, Musik, Tanz), die als Gast außerhalb eines Ensembles oder einer Gruppe eine Sololeistung erbringen,
- Schriftsteller,
- Übersetzer.

Eine von vornherein auf Dauer angelegte Tätigkeit, auch wenn mehrere Honorarverträge abgeschlossen werden, ist dagegen in jedem Fall als nichtselbstständig zu behandeln.

Beispiel A

Ein Journalist reist ins Ausland, um in mehreren Beiträgen über kulturelle Ereignisse zu berichten. Eine Rundfunkanstalt verpflichtet sich vor Reiseantritt, diese Beiträge abzunehmen.

Die Tätigkeit ist nichtselbstständig, weil sie von vornherein auf Dauer angelegt ist und die Berichte aufgrund einer vorher eingegangenen Gesamtverpflichtung geliefert werden. Dies gilt auch, wenn diese Beiträge einzeln abgerechnet werden.

Beispiel B

Ein Journalist wird von einer Rundfunkanstalt für kulturpolitische Sendungen um Beiträge gebeten. Die Beiträge liefert er aufgrund von jeweils einzeln abgeschlossenen Vereinbarungen.

Die Tätigkeit ist selbstständig, weil sie nicht von vornherein auf Dauer angelegt ist.

Die Tätigkeit für denselben Auftraggeber in mehreren zusammenhängenden Leistungsbereichen ist einheitlich zu beurteilen. Die Einordnung einer solchen Mischtätigkeit

Lohnsteuerpflichtig Sozialversich.-pflichtig

richtet sich nach der überwiegend ausgeübten Tätigkeit. Dabei kann auch auf die Höhe des aufgeteilten Honorars abgestellt werden.

Im Einzelfall kann auch ein freier Mitarbeiter, der nicht zu den vorgenannten Berufsgruppen gehört, als selbstständig anerkannt werden. Das für die Veranlagung zur Einkommensteuer des Mitarbeiters zuständige Wohnsitzfinanzamt muss hierüber jedoch eine Bescheinigung erteilen und sich zuvor mit dem Betriebsstättenfinanzamt des Auftraggebers abstimmen. Ebenso kann im Einzelfall die Selbstständigkeit eines zu den vorgenannten Berufsgruppen gehörenden Mitarbeiters verneint werden und von einer Arbeitnehmertätigkeit auszugehen sein.

5. Tätigkeit bei Film- und Fernsehproduktionen

Schauspieler, Regisseure, Kameraleute, Regieassistenten und sonstige Mitarbeiter an einer Film- und Fernsehproduktion sind **Arbeitnehmer** (BFH-Urteil vom 6.10.1971, BStBl. 1972 II S. 88). Sie sind durch das notwendige Zusammenwirken aller Beteiligten in den Organismus der Produktion eingegliedert und damit nichtselbstständig. Dies gilt auch für nur in geringem Umfang und gelegentlich mitwirkende Komparsen (= Statisten). Allerdings kann es sich auch bei der Tätigkeit als Komparse (= Statist) um eine nebenberufliche künstlerische Tätigkeit handeln mit der Folge, dass – bei einem „begünstigten Auftraggeber" – der Steuerfreibetrag von nunmehr 3000 € jährlich in Anspruch genommen werden kann (BFH-Urteil vom 18.4.2007, BStBl. II S. 702; vgl. auch das Stichwort „Nebentätigkeit für gemeinnützige Organisationen").

Filmautoren, Filmkomponisten und Fachberater sind im Allgemeinen nicht in den Organismus des Unternehmens eingegliedert, sie sind deshalb in der Regel selbstständig tätig.

Entgegen den Ausführungen im sog. Künstlererlass hat der Bundesfinanzhof entschieden, dass ausländische Fotomodelle, die zur **Produktion von Werbefilmen/Werbespots** kurzfristig (im Streitfall ein bis drei Tage) im Inland einer Beschäftigung nachgehen, selbstständig sein können (BFH-Urteil vom 14.6.2007, BStBl. 2009 II S. 931). Die Fotomodelle trugen im Streitfall ein Unternehmerrisiko (keine Folgeaufträge bei schlechter Erfüllung), das Vergütungsrisiko im Krankheitsfall und hatten keinen Anspruch auf Sozialleistungen. Vgl. auch das Stichwort „Fotomodelle".

Auch Regisseure und Kameramänner, die für den Dreh von Werbespots tätig werden, können selbstständig sein (BFH-Beschluss vom 2.7.2008, BFH/NV 2008 S. 1485). Im Streitfall schuldeten die Regisseure und Kameramänner nach den vertraglichen Vereinbarungen nicht nur die Ausführung ihrer Tätigkeit, sondern – vergleichbar einem Werkunternehmer – auch den Erfolg ihrer Leistung.

6. Synchronisierung

Synchronsprecher sind in der Regel selbstständig tätig, vgl. BFH-Urteil vom 12.10.1978 (BStBl. 1981 II S. 706). Das gilt nicht nur für Lippensynchronsprecher, sondern auch für Synchronsprecher für besondere Filme (z. B. Kultur-, Lehr- und Werbefilme), bei denen der in eine andere Sprache zu übertragende Begleittext zu sprechen ist. Synchronregisseure sind ebenfalls selbstständig tätig.

7. Tätigkeit bei Konzertunternehmen und Kapellenagenturen

Zur Einordnung von Musikern vgl. dieses Stichwort.

8. Wiederholungshonorare

Wiederholungshonorare und Erlösbeteiligungen, die an ausübende Künstler von Hörfunk- oder Fernsehproduktionen als Nutzungsentgelte für die Übertragung originärer urheberrechtlicher Verwertungsrechte gezahlt werden, sind **kein Arbeitslohn.** Derartige Zahlungen gehören vielmehr zu den Einkünften aus selbstständiger Arbeit (BFH-Urteil vom 26.7.2006, BStBl. II S. 917). Dies gilt auch dann, wenn es sich beim Ersthonorar um Arbeitslohn handelt.

Entscheidend für diese Differenzierung ist, dass die Zahlungen auf unterschiedlichen Rechtsgründen beruhen. Im Streitfall war die Erstvergütung die arbeitsrechtlich vereinbarte Vergütung. Hingegen lagen den Wiederholungsvergütungen bzw. Erlösbeteiligungen, die in der Person des ausübenden Künstlers entstanden, originäre urheberrechtliche Schutzrechte zugrunde.

9. Steuerabzug vom Arbeitslohn

Bei Annahme einer nichtselbstständigen Tätigkeit ist der Arbeitgeber zur Einbehaltung und Abführung der Lohnsteuer verpflichtet und trägt folglich auch das Haftungsrisiko (vgl. „Haftung des Arbeitgebers"). Die Höhe der einzubehaltenden Lohnsteuer richtet sich dabei nach der für den jeweiligen Lohnzahlungszeitraum maßgebenden Lohnsteuertabelle. Bei täglicher Zahlung des Honorars ist grundsätzlich die Lohnsteuertabelle für tägliche Lohnzahlungen anzuwenden. Stellt sich die tägliche Lohnzahlung lediglich als Abschlagszahlung auf ein für einen längeren Lohnabrechnungszeitraum vereinbartes Honorar dar, ist der Lohnabrechnungszeitraum als Lohnzahlungszeitraum zu betrachten (vgl. „Abschlagszahlungen"). Können die Honorare nicht als Abschlagszahlungen angesehen werden, sodass sie nach der Tagestabelle zu besteuern wären, ergeben sich vielfach unbillige Härten. Diese liegen darin, dass die notwendigen Vor- und Nacharbeiten bei der Bestimmung des Lohnzahlungszeitraums nicht berücksichtigt werden. Für diese Fälle ist deshalb durch bundeseinheitliche Verwaltungsanweisung eine Billigkeitsregelung getroffen worden, mit der der Lohnzahlungszeitraum stufenweise bis auf **einen Monat** erweitert wird.[1] Allerdings ist diese Billigkeitsregelung nach der Einführung der elektronischen Lohnsteuerabzugsmerkmale in der Praxis technisch nicht umsetzbar.

10. Berechnung der Sozialversicherungsbeiträge für unständig Beschäftigte bei Rundfunk- und Fernsehanstalten

Für die Beitragsberechnung ist ohne Rücksicht auf die Beschäftigungsdauer innerhalb **eines Monats** das erzielte Bruttoarbeitsentgelt bis zur Höhe der für Monatsbezüge geltenden Beitragsbemessungsgrenze maßgebend. Bestanden innerhalb eines Kalendermonats weitere Beschäftigungsverhältnisse vgl. das Stichwort „Mehrfachbeschäftigung" unter Nr. 2.

11. Künstlersozialversicherung

Auf die ausführlichen Erläuterungen beim Stichwort „Künstlersozialabgabe" wird Bezug genommen.

Künstlersozialabgabe

Das Künstlersozialversicherungsgesetz (KSVG) bietet selbstständigen Künstlern und Publizisten sozialen Schutz in der Renten-, Kranken- und Pflegeversicherung. Wie Arbeitnehmer zahlen sie nur etwa die Hälfte der Versicherungsbeiträge; die andere Beitragshälfte wird aus einem Zuschuss des Bundes und aus einer Künstlersozialabgabe der Unternehmen finanziert, die künstlerische und publizistische Leistungen in Anspruch nehmen und verwerten (Verwerter). Seit dem Inkrafttreten des KSVG ist praktisch für jede Inanspruchnahme künstlerischer oder publizistischer Leistungen durch einen Verwerter eine Sozialabgabe zu zahlen.

1) Randziffer 2 des BMF-Schreibens vom 5.10.1990 (BStBl. I S. 638). Das BMF-Schreiben ist als Anlage 1 zu H 19.0 LStR im **Steuerhandbuch für das Lohnbüro 2021** abgedruckt, das im selben Verlag erschienen ist.

K

- Für angestellte Künstler/Publizisten ist der Gesamtsozialversicherungsbeitrag an die zuständige Einzugsstelle abzuführen.
- Für selbstständige Künstler/Publizisten ist die Künstlersozialabgabe an die Künstlersozialkasse zu zahlen.

Unternehmer, die Leistungen selbstständiger Künstler/Publizisten in Anspruch nehmen, müssen an dem gesetzlich geregelten Meldeverfahren teilnehmen. Der erste Schritt hierfür ist eine formlose Meldung bei der Künstlersozialkasse.

Die Unternehmen, die typischerweise künstlerische oder publizistische Werke oder Leistungen verwerten, sind im Künstlersozialversicherungsgesetz aufgezählt. Die hier vom Gesetzgeber benutzten Begriffe werden in den verschiedenen Kunst-Branchen allerdings häufig nicht einheitlich gebraucht. Allgemein lässt sich sagen: Alle Unternehmen, die durch ihre Organisation, besondere Branchenkenntnisse oder spezielles Know-how den Absatz künstlerischer Leistungen am Markt fördern oder ermöglichen, gehören grundsätzlich zum Kreis der künstlersozialabgabepflichtigen Personen. Die nachfolgend genannten Branchen sind in einem sehr weiten Sinne zu verstehen und beziehen sich auch auf Unternehmen, die nur partiell in diesen Branchen tätig werden:

Verlage (Buchverlage, Presseverlage etc.), Presseagenturen und Bilderdienste, Theater, Orchester, Chöre, Veranstalter jeder Art, Konzert- und Gastspieldirektionen, Tourneeveranstalter, Künstleragenturen, Künstlermanager, Rundfunk- und Fernsehanbieter, Hersteller von Bild- und Tonträgern (Film, TV, Musik-Produktion, Tonstudio etc.), Galerien, Kunsthändler, Werbeagenturen, PR-Agenturen, Agenturen für Öffentlichkeitsarbeit, Unternehmen, die das eigene Unternehmen oder eigene Produkte/Verpackungen etc. bewerben, Design-Unternehmen, Museen und Ausstellungsräume, Zirkus- und Varieteunternehmen, Ausbildungseinrichtungen für künstlerische und publizistische Tätigkeiten (z. B. auch für Kinder oder Laien).

Außerdem sind alle Unternehmen abgabepflichtig, die regelmäßig von Künstlern oder Publizisten erbrachte Werke oder Leistungen für das eigene Unternehmen nutzen, um im Zusammenhang mit dieser Nutzung (mittelbar oder unmittelbar) Einnahmen zu erzielen.

Unternehmen, die Werbung oder Öffentlichkeitsarbeit für Zwecke ihres eigenen Unternehmens betreiben, sind ebenfalls abgabepflichtig, wenn sie nicht nur gelegentlich Aufträge an selbstständige Künstler und Publizisten erteilen. Von einer nicht nur gelegentlichen Auftragserteilung ist dann auszugehen, wenn die Summe der Entgelte für solche Aufträge im Kalenderjahr 450 € übersteigt. Zu den Abgabepflichtigen zählen damit praktisch alle verkaufsorientierten Unternehmen, die regelmäßig Aufträge an selbstständige Künstler und Publizisten erteilen, um beispielsweise Geschäftsberichte, Kataloge, Prospekte, Zeitschriften, Broschüren, Zeitungsartikel zu erstellen, Produkte zu gestalten und Konzerte, Theateraufführungen und Vorträge zu veranstalten.

Bemessungsgrundlage der Künstlersozialabgabe sind alle in einem Kalenderjahr an selbstständige Künstler und Publizisten gezahlten Entgelte. Entgelt in diesem Sinne ist alles, was der Unternehmer aufwendet, um das künstlerische/publizistische Werk oder die Leistung zu erhalten oder zu nutzen. Ob es sich bei den Aufwendungen um Gagen, Honorare, Tantiemen, Lizenzen, Ankaufpreise, Zahlungen aus Kommissionsgeschäften, Sachleistungen, Ausfallhonorare, freiwillige Leistungen zu Lebensversicherungen oder zu Pensionskassen oder andere Formen der Bezahlung handelt, ist unerheblich. Zum Entgelt gehören grundsätzlich auch alle Auslagen (z. B. Kosten für Telefon und Fracht) und Nebenkosten (z. B. für Material, Hilfskräfte und nicht künstlerische Nebenleistungen), die dem Künstler vergütet werden.

Der Prozentsatz der Künstlersozialabgabe beträgt für das Kalenderjahr 2021 **4,2 %** (vgl. Künstlersozialabgabeverordnung 2021).

Die Künstlersozialabgabe wird auch für Zahlungen an Personen erhoben, die selbstständig künstlerisch/publizistisch tätig sind, aber nicht nach dem KSVG versichert werden können. Künstler oder Publizist in diesem Sinne ist auch, wer die künstlerische/publizistische Tätigkeit nur nebenberuflich oder nicht berufsmäßig ausübt (z. B. Beamte, Studenten, Rentner, die nebenbei publizistisch oder künstlerisch tätig sind), oder wer seinen ständigen Aufenthalt im Ausland hat oder im Ausland tätig ist.

Für die Frage der Selbstständigkeit kommt es allein auf das Verhältnis zwischen dem Künstler und seinem Auftraggeber an. Von selbstständiger Tätigkeit ist stets auszugehen, wenn der Künstler im Unternehmen des Abgabepflichtigen nicht abhängig als Arbeitnehmer beschäftigt ist, sondern auf freiberuflicher Basis tätig wird. Eine anderweitige hauptberufliche Tätigkeit ist hier ebenfalls ohne Belang.

Unerheblich für die Einbeziehung der gezahlten Entgelte ist schließlich, ob die selbstständigen Künstler/Publizisten als einzelne Freischaffende oder als Gruppe (z. B. als Gesellschaft bürgerlichen Rechts) oder unter einer Firma beauftragt werden. Die steuerliche Einstufung dieser Personen als Gewerbetreibende oder als Freiberufler ist für die Beurteilung der selbstständigen künstlerischen oder publizistischen Tätigkeit nicht maßgeblich.

Die an nicht versicherte Künstler/Publizisten gezahlten Entgelte werden in die Bemessungsgrundlage einbezogen, um Wettbewerbsnachteile der versicherten Künstler und Publizisten zu vermeiden.

Nicht abgabepflichtig sind Zahlungen an juristische Personen, die gesondert ausgewiesene Umsatzsteuer, steuerfreie Aufwandsentschädigungen (z. B. Reise- und Bewirtungskosten) und Entgelte, die im Rahmen der sogenannten Übungsleiterpauschale in Höhe von 3000 € jährlich steuerfreie Aufwandsentschädigungen sind (§ 3 Nr. 26 EStG).

Die Deutsche Rentenversicherung hat den gesetzlichen Auftrag erhalten, möglichst alle Unternehmen zu erfassen, die Werke oder Leistungen von selbstständigen Künstlern oder Publizisten verwerten. Die Unternehmen sind verpflichtet, dem Rentenversicherungsträger über alle für die Feststellung der Abgabepflicht und der Höhe der Künstlersozialabgabe erforderlichen Tatsachen Auskunft zu geben. Die Deutsche Rentenversicherung ist im Rahmen der Ersterfassung und der Betriebsprüfungen bei Arbeitgebern für die Überwachung der rechtzeitigen und vollständigen Entrichtung der Künstlersozialabgabe zuständig. Sämtliche Zahlungen sind ausschließlich an die Künstlersozialkasse zu leisten.

Seit 1.1.2015 kann auch die Künstlersozialkasse selbst bei den Arbeitgebern die korrekte Durchführung der Meldepflichten und die vollständige Abführung der Künstlersozialabgabe prüfen. Hierbei wird es sich i. d. R. von Schwerpunktprüfungen oder Prüfungen aus besonderem Anlass handeln. Die Künstlersozialkasse hat sich dabei mit den für die Prüfung ebenfalls zuständigen Rentenversicherungsträgern abzustimmen, um Doppelprüfungen zu vermeiden.

Kurierfahrer

Kurierfahrer sind in der Regel keine Arbeitnehmer. Es fehlt meist an der für ein Arbeitsverhältnis typischen Weisungsbefugnis des Auftraggebers. Seine Einflussnahme beschränkt sich im Allgemeinen auf die Beschreibung des Kurierauftrags, aber nicht auf den Tätigkeitsablauf selbst. Die Selbständigkeit des Kurierfahrers kommt vor allem

	Lohnsteuerpflichtig	Sozialversich.-pflichtig
durch den Einsatz eines eigenen Fahrzeugs, dessen Unterhaltskosten der Kurierfahrer selbst zu tragen hat, die Übernahme von Beförderungsrisiken und die Möglichkeit, einen Ersatzkurier auf eigene Rechnung einzusetzen, zum Ausdruck (= Unternehmerrisiko).	nein	nein

Vgl. auch die Erläuterungen beim Stichwort „Scheinselbstständigkeit".

Kurkosten

Siehe die Stichworte: Erholungsbeihilfen, Kreislauftrainingskuren und Vorsorgekuren, Vorsorgeuntersuchungen.

Kurzarbeitergeld

Neues auf einen Blick

Im Zusammenhang mit den wirtschaftlichen Belastungen für Arbeitgeber und Arbeitnehmer aufgrund der **Corona-Pandemie** wurden durch den Gesetzgeber die Regelungen zum Kurzarbeitergeld befristet für die Jahre 2020 und 2021 teilweise flexibler gestaltet und ausgeweitet (vgl. § 109 Abs. 5 SGB III i. V. m. der Verordnung über Erleichterungen der Kurzarbeit vom 27.3.2020, BGBl. I S. 595; Corona-Steuerhilfegesetz vom 19.6.2020, BGBl. I S. 1385; Verordnung über die Bezugsdauer von Kurzarbeitergeld vom 16.4.2020, BGBl. I S. 801; Erste Verordnung zur Änderung der Kurzarbeitergeldverordnung vom 21.10.2020, BGBl. I S. 2259; Gesetz zur Beschäftigungssicherung infolge der COVID-19-Pandemie vom 3.12.2020, BGBl. I S. 2691). Dies betrifft insbesondere

- die Anspruchsvoraussetzungen,
- die Höhe,
- die Bezugsdauer,
- die Hinzuverdienstgrenzen,
- die steuerliche Behandlung von Arbeitgeberzuschüssen und
- die Erstattung von Sozialversicherungsbeiträgen.

Einzelheiten zu diesen einzelnen Regelungen sind unter der nachfolgenden Nr. 8 dargestellt. Unter den nachfolgenden Nrn. 1 bis 7 werden die grundsätzlich gültigen Regelungen erläutert.

Gliederung:

Lohnsteuerpflichtig | Sozialversich.-pflichtig

1. Allgemeines

Die Zahlung von Kurzarbeitergeld ist in den §§ 95 bis 109 SGB III geregelt.[1]

Kurzarbeitergeld wird bei Erfüllung der dort genannten Voraussetzungen gewährt, wenn in Betrieben oder Betriebsabteilungen die regelmäßige betriebsübliche wöchentliche Arbeitszeit infolge wirtschaftlicher Ursachen oder eines unabwendbaren Ereignisses vorübergehend verkürzt wird.

Das Kurzarbeitergeld beträgt

- **67 %**
  für Arbeitnehmer, die mindestens ein Kind im Sinne des § 32 Abs. 1, Abs. 3 bis 5 EStG haben, unabhängig von der Haushaltszugehörigkeit oder vom in- oder ausländischen Wohnsitz des Kindes (das sind leibliche Kinder sowie Adoptiv- und Pflegekinder, vgl. Anhang 9)
- **60 %**
  für die übrigen Arbeitnehmer

der **Nettoentgeltdifferenz** im Anspruchszeitraum **(Kalendermonat).**

Die Höhe des Kurzarbeitergeldes richtet sich nach dem **pauschalierten Nettoentgeltausfall** im Anspruchszeitraum (Kalendermonat). Das ist der Unterschiedsbetrag **(= Nettoentgeltdifferenz)** zwischen

- dem pauschalierten Nettoentgelt aus dem **Sollentgelt** und
- dem pauschalierten Nettoentgelt aus dem **Istentgelt.**

Sollentgelt ist das beitragspflichtige Bruttoarbeitsentgelt, das der Arbeitnehmer ohne den Arbeitsausfall im Anspruchszeitraum (Kalendermonat) erzielt hätte, einschließlich

- vermögenswirksame Leistungen,
- Anwesenheitsprämien,
- Leistungs- und Erschwerniszulagen,
- Zuschläge für Sonntags-, Feiertags- und Nachtarbeit, soweit sie steuer- und beitragspflichtig sind.

Nicht zum Sollentgelt gehören die Mehrarbeitsvergütung (Stundenlöhne und Zuschläge), einmalig gezahltes Arbeitsentgelt und die steuer- und beitragsfreien Zuschläge für Sonntags-, Feiertags- und Nachtarbeit.

Istentgelt ist das im jeweiligen Anspruchszeitraum (Kalendermonat) tatsächlich erzielte gesamte beitragspflichtige Arbeitsentgelt ohne einmalig gezahltes Arbeitsentgelt aber **einschließlich der Vergütung für Mehrarbeit** (Stundenlöhne und Zuschläge). Das **Soll-** und das **Istentgelt** wird auf den nächsten durch 20 teilbaren Euro-Betrag gerundet.

Das **pauschalierte monatliche Nettoentgelt** wird ermittelt, in dem das gerundete Soll- und das gerundete Istentgelt um folgende pauschalierte Abzüge vermindert wird:

- Sozialversicherungspauschale in Höhe von 20 %
- Lohnsteuer nach der Steuerklasse
- Solidaritätszuschlag.

Maßgebend ist die im jeweiligen Kalendermonat (Anspruchszeitraum) geltende **Steuerklasse** und Zahl der **Kinderfreibeträge.** Wird eine Eintragung zu einem späteren Zeitraum geändert, ist die Änderung für einen bereits abgerechneten Kalendermonat unbeachtlich.

Das Kurzarbeitergeld wird nach dem höheren Leistungssatz gewährt, wenn als Lohnsteuerabzugsmerkmal mindestens der Kinderfreibetragszähler **0,5** gebildet worden ist.

1) Zu den befristeten Sonderregelungen aufgrund der Corona-Pandemie siehe nachfolgende Nr. 8.

K

Lohnsteuerpflichtig | Sozialversich.-pflichtig

Ein Kind, das das 18. Lebensjahr vollendet hat, kann unter bestimmten Voraussetzungen (z. B. Berufsausbildung) bei den Eltern steuerlich berücksichtigt werden. Der Arbeitnehmer muss den Kinderfreibetragszähler grundsätzlich beim Finanzamt beantragen, um den höheren Leistungssatz für das Kurzarbeitergeld zu erhalten.

Zur Ermittlung der Höhe des Kurzarbeitergelds stellt die Bundesagentur für Arbeit eine **Tabelle zur Berechnung des Kurzarbeitergeldes und des Saisonkurzarbeitergeldes** zur Verfügung, aus der bei dem jeweiligen Bruttoarbeitsentgelt (Soll- und Istentgelt) die pauschalierten monatlichen Nettoentgelte unter Berücksichtigung der Leistungssätze und der Steuerklasse des Arbeitnehmers abgelesen werden können (sog. rechnerische Leistungssätze). Die Differenz zwischen den nach den vorstehenden Kriterien abgelesenen Leistungssätzen stellt das für den Kalendermonat zustehende Kurzarbeitergeld dar.

Beispiel

Bruttoarbeitsentgelt (ohne Kurzarbeit) = 2500,00 €; während der Kurzarbeit wird ein Entgelt von 1250,00 € erzielt. Lohnsteuerabzugsmerkmal des Arbeitnehmers ist die Steuerklasse III und ein Kinderfreibetragszähler von 1,0 (= Leistungssatz 67 %)

Sollentgelt	2 500,00 €	
Rechnerischer Leistungssatz =		1 288,75 €
Istentgelt	1 250,00 €	
Rechnerischer Leistungssatz =		675,36 €
Kurzarbeitergeld		613,39 €

Der Arbeitgeber muss die Kurzarbeit dem **Arbeitsamt** schriftlich oder elektronisch **anzeigen.** Das Kurzarbeitergeld kann frühestens von dem Kalendermonat an gewährt werden, in dem die Anzeige beim Arbeitsamt eingegangen ist. Mit der Anzeige sind das Vorliegen eines erheblichen Arbeitsausfalls und die betrieblichen Voraussetzungen für das Kurzarbeitergeld glaubhaft zu machen (§ 99 SGB III).

Das Kurzarbeitergeld ist für den jeweiligen Anspruchszeitraum (Kalendermonat) innerhalb einer **Ausschlussfrist** von **drei Monaten** zu beantragen. Die Frist beginnt mit Ablauf des Kalendermonats, für den Kurzarbeitergeld beantragt wird.

Für gesetzliche Feiertage haben Arbeitnehmer nach § 2 Abs. 2 Entgeltfortzahlungsgesetz keinen Anspruch auf Kurzarbeitergeld, sondern auf Feiertagslohn. Ein Anspruch auf Kurzarbeitergeld besteht daher nicht. Fällt ein Feiertag in den Kurzarbeitszeitraum, ist die Feiertagsvergütung in der Höhe, die der Arbeitnehmer ohne den Arbeitsausfall aufgrund des Feiertages hätte, ausschließlich vom Arbeitgeber zu zahlen. Er muss damit Entgeltfortzahlung in der Höhe des Kurzarbeitergeldes leisten. Die Entgeltfortzahlung ist im Gegensatz zum Kurzarbeitergeld steuerpflichtig und voll beitragspflichtig. Die Lohnsteuer ist vom Arbeitnehmer zu tragen. Die Beiträge zur Kranken-, Pflege-, Arbeitslosen- und Rentenversicherung sind vom Arbeitgeber allein zu tragen.

Das Kurzarbeitergeld wird grundsätzlich für längstens zwölf Monate gewährt (§ 104 Abs. 1 SGB III). Liegen auf dem Arbeitsmarkt außergewöhnliche Verhältnisse vor, kann das Bundesministerium für Arbeit und Soziales durch Rechtsverordnung die Bezugsfrist bis auf 24 Monate verlängern (vgl. § 109 SGB III).[1]

2. Lohnsteuerliche Behandlung

Das nach den §§ 95 bis 109 SGB III gezahlte Kurzarbeitergeld ist als Lohnersatzleistung nach § 3 Nr. 2 Buchstabe a EStG **steuerfrei.** Es unterliegt jedoch dem sog. Progressionsvorbehalt (vgl. dieses Stichwort), der vom Finanzamt bei der Einkommensteuer-Veranlagung berechnet wird. Deshalb muss das Kurzarbeitergeld in Zeile 15 der elektronischen Lohnsteuerbescheinigung 2021 gesondert eingetragen werden. — nein | nein

Lohnsteuerpflichtig | Sozialversich.-pflichtig

Zahlt der Arbeitgeber einen **Zuschuss** zum Kurzarbeitergeld, ist dieser Zuschuss befristet für Lohnzahlungszeiträume März 2020 bis Dezember 2021 steuerfrei (§ 3 Nr. 28a EStG) und unbefristet beitragsfrei (§ 1 Abs. 1 Satz 1 Nr. 8 SvEV[2]), soweit er zusammen mit dem Kurzarbeitergeld 80 % des ausgefallenen Arbeitsentgelts nicht übersteigt (vgl. nachfolgend unter den Nrn. 5 und 8). — nein | nein

Zuschüsse, die der Arbeitgeber als Ausgleich zum Kurzarbeitergeld wegen Überschreitens der Beitragsbemessungsgrenze leistet, sind allerdings steuerpflichtig.

Beim Ausfall voller Arbeitstage entsteht kein Teillohnzahlungszeitraum (anzuwenden ist stets die Monatstabelle, vgl. das nachfolgende Berechnungsbeispiel). Fallen mehr als fünf aufeinander folgende Arbeitstage aus, ist kein Eintrag des Buchstabens „U" im Lohnkonto erforderlich, da die Höhe des Kurzarbeitergeldes gesondert in Zeile 15 der elektronischen Lohnsteuerbescheinigung zu bescheinigen ist (R 41.2 Satz 3 LStR).

3. Beitragsrechtliche Behandlung

Das versicherungspflichtige Beschäftigungsverhältnis besteht während der Zahlung von Kurzarbeitergeld fort. Der Arbeitgeber hat also die Sozialversicherungsbeiträge für die Zeit der Zahlung des Kurzarbeitergeldes weiterhin zu berechnen und abzuführen.

Für die beitragsrechtliche Behandlung bei Kurzarbeit gilt Folgendes:

a) Krankenversicherung

Die für die Berechnung der Krankenversicherungsbeiträge bei Beziehern von Kurzarbeitergeld maßgebende Bemessungsgrundlage wird durch Addition des tatsächlich erzielten Arbeitsentgelts (sog. Istentgelt oder Kurzlohn) und des gekürzten fiktiven Arbeitsentgelts ermittelt. Für das infolge von Kurzarbeit ausgefallene Arbeitsentgelt ist nach § 232a Abs. 2 SGB V ein **fiktives Arbeitsentgelt** anzusetzen. Ausgangsbasis ist der (auf 80 % verminderte) Unterschiedsbetrag zwischen dem Bruttoarbeitsentgelt, das der Arbeitnehmer ohne den Arbeitsausfall im Anspruchszeitraum erzielt hätte (Sollentgelt), und dem Bruttoarbeitsentgelt, das er im Anspruchszeitraum tatsächlich erzielt hat (Istentgelt). Dabei sind das Sollentgelt und das Istentgelt – anders als in § 106 Abs. 1 Satz 5 SGB III für das Leistungsrecht der Arbeitslosenversicherung vorgeschrieben – nicht auf den nächsten durch zwanzig teilbaren Euro-Betrag zu runden; der auf 80 % verminderte Unterschiedsbetrag ist jedoch in der zweiten Dezimalstelle kaufmännisch zu runden. Übersteigt dieser Betrag die für den Entgeltabrechnungszeitraum maßgebende Beitragsbemessungsgrenze der Krankenversicherung, sind die Beiträge zunächst vom tatsächlich erzielten Arbeitsentgelt (Istentgelt) zu berechnen; das gekürzte fiktive Arbeitsentgelt wird nur noch insoweit für die Beitragsberechnung herangezogen, als die Beitragsbemessungsgrenze der Krankenversicherung noch nicht durch das tatsächlich erzielte Arbeitsentgelt ausgeschöpft ist. Ein eventueller Zuschuss zum Kurzarbeitergeld wird nicht auf das fiktive Arbeitsentgelt angerechnet (vgl. nachfolgend unter Nr. 5).

b) Pflegeversicherung

Für die Beiträge zur Pflegeversicherung gilt dieselbe Beitragsbemessungsgrundlage (und Beitragsbemessungsgrenze) wie in der Krankenversicherung. Der Berechnung der Pflegeversicherungsbeiträge ist deshalb neben dem

1) Zu den befristeten Sonderregelungen aufgrund der Corona-Pandemie siehe nachfolgende Nr. 8.

2) Die Sozialversicherungsentgeltverordnung (SvEV) ist als Anhang 2 im **Steuerhandbuch für das Lohnbüro 2021** abgedruckt, das im selben Verlag erschienen ist.

Lohn- steuer- pflichtig | Sozial- versich.- pflichtig

tatsächlich erzielten Arbeitsentgelt das gekürzte fiktive Arbeitsentgelt (vgl. Ausführungen unter dem vorstehenden Buchstaben a) zugrunde zu legen.

c) Rentenversicherung

Die für die Berechnung der Rentenversicherungsbeiträge bei Beziehern von Kurzarbeitergeld maßgebende Berechnungsgrundlage wird durch Addition des tatsächlich erzielten Arbeitsentgelts (Istentgelt) und des gekürzten fiktiven Arbeitsentgelts ermittelt. Für das infolge von Kurzarbeit ausgefallene Arbeitsentgelt ist nach § 163 Abs. 6 SGB VI ebenfalls ein **fiktives Arbeitsentgelt** anzusetzen. Ausgangsbasis ist auch bei der Rentenversicherung der (auf 80 % verminderte) Unterschiedsbetrag zwischen dem Bruttoarbeitsentgelt, das der Arbeitnehmer ohne den Arbeitsausfall im Anspruchszeitraum erzielt hätte (Sollentgelt), und dem Bruttoarbeitsentgelt, das er im Anspruchszeitraum tatsächlich erzielt hat (Istentgelt). Die Ermittlung der Beitragsbemessungsgrundlage in der Rentenversicherung erfolgt somit nach denselben Grundsätzen wie in der Kranken- und Pflegeversicherung, wobei allerdings die höhere Beitragsbemessungsgrenze der Rentenversicherung beachtet werden muss. Übersteigt das für die Berechnung der Rentenversicherungsbeiträge maßgebende Arbeitsentgelt diese Beitragsbemessungsgrenze, sind die Beiträge zunächst vom tatsächlich erzielten Arbeitsentgelt (Istentgelt) zu berechnen; das gekürzte fiktive Arbeitsentgelt wird nur noch insoweit für die Beitragsberechnung herangezogen, als die Beitragsbemessungsgrenze noch nicht durch das tatsächlich erzielte Arbeitsentgelt (Istentgelt) ausgeschöpft ist. Ein eventueller Zuschuss zum Kurzarbeitergeld wird nicht auf das fiktive Arbeitsentgelt angerechnet (vgl. nachfolgend unter Nr. 5).

In die Versicherungsnachweise (Entgeltbescheinigung) muss das Arbeitsentgelt eingetragen werden, von dem die Rentenversicherungsbeiträge tatsächlich berechnet worden sind. Dieses Entgelt besteht aus der Summe

- des tatsächlich erzielten Arbeitsentgelts (Istentgelt),
- 80 % des Unterschiedsbetrages zwischen dem ungerundeten Sollentgelt und dem ungerundeten Istentgelt,
- ggf. Einmalzahlung.

d) Arbeitslosenversicherung

Beiträge zur Arbeitslosenversicherung sind für Bezieher von Kurzarbeitergeld lediglich aus dem tatsächlich erzielten Arbeitsentgelt (Istentgelt) zu berechnen. Die Berechnung eines fiktiven Arbeitsentgelts entfällt also für den Bereich der Arbeitslosenversicherung. Das Kurzarbeitergeld ist beitragsfrei.

e) Verteilung der Beitragslast

Für die Verteilung der Beitragslast auf Arbeitnehmer und Arbeitgeber gilt Folgendes:

Beim Bezug von Kurzarbeitergeld tragen Arbeitnehmer und Arbeitgeber die Beiträge zur Kranken-, Pflege-, Renten- und Arbeitslosenversicherung **aus dem tatsächlich bezogenen Arbeitsentgelt** jeweils zur Hälfte; dies gilt auch für den kassenindividuellen Zusatzbeitrag. Den Beitragszuschlag zur Pflegeversicherung für Kinderlose (0,25 %) trägt der Arbeitnehmer allein.

Die auf das **gekürzte fiktive Arbeitsentgelt** entfallenden Kranken-, Pflege- und Rentenversicherungsbeiträge **muss der Arbeitgeber allein tragen.** Diese alleinige Beitragstragungspflicht umfasst den gesamten aus dem fiktiven Arbeitsentgelt ermittelten Beitrag zur Krankenversicherung, also auch den kassenindividuellen Zusatzbeitrag. Der Beitragszuschlag für Kinderlose in der Pflegeversicherung wird von der Bundesagentur für Arbeit pauschal abgegolten.

Lohn- steuer- pflichtig | Sozial- versich.- pflichtig

Folgende Lohnabrechnung mit Kurzarbeitergeld soll die geltende Regelung verdeutlichen:

Beispiel A

Ein Betrieb ist im Juni 2021 aus wirtschaftlichen Gründen gezwungen, Kurzarbeit einzuführen. Der Arbeitnehmer würde ohne Arbeitsausfall einen Monatslohn von 2050 € erhalten. Wegen der Kurzarbeit erhält er jedoch nur 1500 € (sog. Kurzlohn oder Istentgelt). Das wegen Kurzarbeit ausfallende Arbeitsentgelt beträgt somit 550 €. Das nach den Leistungstabellen der Bundesagentur für Arbeit errechnete Kurzarbeitergeld soll (angenommen) 168 € betragen.

Lohnsteuerabzugsmerkmal des Arbeitnehmers sind die Steuerklasse I/0 und das Kirchensteuermerkmal „rk".

Für den Abrechnungsmonat Juni 2021 ergibt sich folgende Ermittlung der beitragspflichtigen Einnahmen:

Soll-Stunden (die ohne den Arbeitsausfall zu leisten wären)		164 Stunden
Ist-Stunden (tatsächlich geleistete Arbeitszeit)		120 Stunden
Stundenlohn		12,50 €
Die beitragspflichtigen Einnahmen betragen		
Sollentgelt (12,50 € × 164 Stunden)	=	2 050,– €
Istentgelt (12,50 € × 120 Stunden)	=	1 500,– €
Unterschiedsbetrag zwischen Sollentgelt und Istentgelt	=	550,– €
80 % des Unterschiedsbetrags	=	440,– €

Für Juni 2021 ergibt sich folgende Lohnabrechnung:

Entsprechend der Ausfallzeit gekürzter Monatslohn		1 500,– €
Kurzarbeitergeld		168,– €
insgesamt		1 668,– €
abzüglich:		
Lohnsteuer (Steuerklasse I/0)	58,33 €	
Solidaritätszuschlag	0,– €	
Kirchensteuer	4,66 €	
Sozialversicherungsbeiträge	303,38 €	366,37 €
auszuzahlender Betrag		1 301,63 €

Berechnung der Lohn- und Kirchensteuer sowie des Solidaritätszuschlags

Die Steuerabzugsbeträge sind aus dem tatsächlich gezahlten Arbeitslohn in Höhe von 1500 € zu berechnen (sog. Kurzlohn oder Istentgelt). Das Kurzarbeitergeld ist steuerfrei. Es unterliegt jedoch dem sog. Progressionsvorbehalt (vgl. dieses Stichwort). Deshalb muss es in der elektronischen Lohnsteuerbescheinigung (Zeile 15) gesondert bescheinigt werden.

Lohnsteuer (Steuerklasse I/0) für 1500 €	58,33 €
Solidaritätszuschlag	0,– €
Kirchensteuer	4,66 €

Berechnung der Sozialversicherungsbeiträge

Zur **Arbeitslosenversicherung** wird nur das tatsächlich gezahlte Arbeitsentgelt (Istentgelt) herangezogen:

Beitrag: 2,4 % von 1500 €		36,– €
Arbeitnehmeranteil ½	=	18,– €
Arbeitgeberanteil ½	=	18,– €

In der **Kranken-, Pflege- und Rentenversicherung** werden die Beiträge für das tatsächlich gezahlte Arbeitsentgelt (Istentgelt) vom Arbeitnehmer und Arbeitgeber je zur Hälfte getragen; dies gilt seit 1.1.2019 auch für den kassenindividuellen Zusatzbeitrag. Für das auf 80 % gekürzte ausgefallene Arbeitsentgelt (sog. Fiktivlohn) muss der Arbeitgeber den Beitrag (einschließlich des Zusatzbeitrages zur Krankenversicherung) allein tragen.

	Arbeitnehmer-anteil	Arbeitgeber-anteil
Kurzlohn: 1500 €		
Krankenversicherung (jeweils 7,3 %)	109,50 €	109,50 €
Krankenversicherung (Zusatzbeitrag) (z. B. jeweils 0,65 %)	9,75 €	9,75 €
Pflegeversicherung (1,775 % bzw. 1,525 %)	26,63 €	22,88 €
Rentenversicherung (2 × 9,3 %)	139,50 €	139,50 €
ausgefallenes Entgelt: (2050 € – 1500 € =) 550 € 80 % = 440 €		
Krankenversicherung (14,6 %)		64,24 €
Krankenversicherung (Zusatzbeitrag) (z. B. 1,3 %)		5,72 €
Pflegeversicherung (3,05 %)		13,42 €
Rentenversicherung (18,6 %)		81,84 €

K

Lohnsteuerpflichtig | Sozialversich.-pflichtig

Zusammengerechnet ergibt sich Folgendes:

	Arbeitnehmeranteil	Arbeitgeberanteil
Arbeitslosenversicherung	18,– €	18,– €
Krankenversicherung	119,25 €	189,21 €
Pflegeversicherung	26,63 €	36,30 €
Rentenversicherung	139,50 €	221,34 €
	303,38 €	464,85 €

Meldepflichtig in der Rentenversicherung ist das tatsächlich gezahlte Arbeitsentgelt (Istentgelt) zuzüglich 80 % des ausgefallenen Arbeitsentgelts insgesamt also (1500 € + 440 € =) 1940 €.

Die Berechnung der Beiträge bei Bezug von Kurzarbeitergeld, insbesondere zur Begrenzung der beitragspflichtigen Einnahmen bei höheren Arbeitsentgelten, haben früher unterschiedliche Interpretationen zugelassen, nachdem der Wortlaut der gesetzlichen Regelungen nicht klar und eindeutig war, in welchem Berechnungsschritt die Begrenzung des Bruttoarbeitsentgelts, das der Arbeitnehmer ohne den Arbeitsausfall erzielt hätte, auf die Beitragsbemessungsgrenze vorzunehmen ist.

Nach Auffassung der Spitzenorganisationen der Sozialversicherung (vgl. Besprechungsergebnis vom 13./14.10.2009) kann für die Feststellung des Unterschiedsbetrags zwischen Sollentgelt und Istentgelt das leistungsrechtlich definierte Sollentgelt nur bis zum Betrag der Beitragsbemessungsgrenze in der Arbeitslosenversicherung berücksichtigt werden. Anschließend ist der Unterschiedsbetrag (Differenz) zwischen Sollentgelt und Istentgelt festzustellen und auf 80 % zu kürzen. Das so ermittelte fiktive Entgelt ist dem tatsächlich erzielten Arbeitsentgelt, soweit vorhanden, hinzuzurechnen. Im letzten Schritt findet eine Begrenzung der beitragspflichtigen Einnahmen auf die Beitragsbemessungsgrenze des Versicherungszweiges statt, zu dem die Beiträge zu entrichten sind; dabei ist das tatsächliche Arbeitsentgelt vorrangig vor dem fiktiven Entgelt zu berücksichtigen. Für die Bemessung der Beiträge zur Arbeitslosenversicherung ist ein fiktives Entgelt nicht anzusetzen.

Beispiel B

Bruttoarbeitsentgelt, das der Arbeitnehmer ohne den Arbeitsausfall im Entgeltabrechnungszeitraum erzielt hätte		7 500,– €
Bruttoarbeitsentgelt, das der Arbeitnehmer im Entgeltabrechnungszeitraum tatsächlich erzielt hat		0,– €
Sollentgelt nach § 106 SGB III (begrenzt auf die Beitragsbemessungsgrenze)		7 100,– €
Istentgelt nach § 106 SGB III		0,– €
Differenz zwischen Sollentgelt und Istentgelt		7 100,– €
Kürzung des Differenzbetrags auf 80 % (= fiktives Entgelt)		5 680,– €
Beitragsbemessungsgrundlage Rentenversicherung		
tatsächliches Arbeitsentgelt		0,– €
fiktives Entgelt	+	5 680,– €
		5 680,– €
Beitragsbemessungsgrundlage Kranken- und Pflegeversicherung		
tatsächliches Arbeitsentgelt		0,– €
fiktives Entgelt	+	5 680,– €
	=	5 680,– €
Bemessungsgrundlage (begrenzt auf Beitragsbemessungsgrenze)		4 837,50 €
Beitragsbemessungsgrundlage Arbeitslosenversicherung		
Beitragsbemessungsgrundlage (tatsächliches Arbeitsentgelt)		0,– €

Beispiel C

Bruttoarbeitsentgelt, das der Arbeitnehmer ohne den Arbeitsausfall im Entgeltabrechnungszeitraum erzielt hätte		7 500,– €
Bruttoarbeitsentgelt, das der Arbeitnehmer im Entgeltabrechnungszeitraum tatsächlich erzielt hat		3 750,– €
Sollentgelt nach § 106 SGB III (begrenzt auf die Beitragsbemessungsgrenze)		7 100,– €
Istentgelt nach § 106 SGB III		3 750,– €
Differenz zwischen Sollentgelt und Istentgelt		3 350,– €
Kürzung des Differenzbetrags auf 80 % (= fiktives Entgelt)		2 680,– €
Beitragsbemessungsgrundlage Rentenversicherung		
tatsächliches Arbeitsentgelt		3 750,– €
fiktives Entgelt	+	2 680,– €
	=	6 430,– €
Beitragsbemessungsgrundlage		6 430,– €
Beitragsbemessungsgrundlage Kranken- und Pflegeversicherung		
tatsächliches Arbeitsentgelt		3 750,– €
fiktives Entgelt	+	2 680,– €
	=	6 430,– €
Bemessungsgrundlage (begrenzt auf Beitragsbemessungsgrenze)		4 837,50 €
Beitragsbemessungsgrundlage Arbeitslosenversicherung		
Beitragsbemessungsgrundlage (tatsächliches Arbeitsentgelt)		3 750,– €

4. Einmalige Zuwendungen und Kurzarbeitgeld

Für die Prüfung, ob durch das einmalig gezahlte Entgelt die anteilige Beitragsbemessungsgrenze überschritten wird, sind bei Bezug von Kurzarbeitergeld vorrangig das tatsächliche und das fiktive Arbeitsentgelt heranzuziehen.

Für die Berechnung der Beiträge wird das einmalig gezahlte Arbeitsentgelt nur insoweit berücksichtigt, als die anteilige Jahresbeitragsbemessungsgrenze noch nicht durch tatsächliches und fiktives Arbeitsentgelt sowie durch in früheren Entgeltabrechnungszeiträumen zur Beitragspflicht herangezogenes einmalig gezahltes Arbeitsentgelt ausgeschöpft ist. Dies bedeutet, dass auch für den Entgeltabrechnungszeitraum, dem das einmalig gezahlte Arbeitsentgelt zuzuordnen ist, neben dem laufenden Arbeitsentgelt vorrangig ein fiktives Arbeitsentgelt anzusetzen ist.

5. Zuschuss zum Kurzarbeitergeld[1)]

Um die für den Arbeitnehmer finanziell nachteiligen Auswirkungen der Kurzarbeit abzumildern, gewähren manche Arbeitgeber einen Zuschuss zum Kurzarbeitergeld. Auch mehrere Tarifverträge – vor allem in den neuen Bundesländern – sehen die Zahlung eines Arbeitgeberzuschusses zum Kurzarbeitergeld vor. Dieser Zuschuss gehört nach § 1 Abs. 1 Satz 1 Nr. 8 SvEV[2)] nicht zum beitragspflichtigen Arbeitsentgelt, soweit er zusammen mit dem Kurzarbeitergeld **80 % des Unterschiedsbetrags von Sollentgelt und Istentgelt nicht übersteigt.** Das bedeutet, dass die Zuschüsse zum Kurzarbeitergeld im Normalfall bei der Berechnung der Sozialversicherungsbeiträge außer Betracht bleiben. Die Zuschüsse sind befristet bis Dezember 2021 auch steuerfrei (§ 3 Nr. 28a EStG). nein nein

Soweit der Zuschuss 80 % des ausgefallenen Arbeitsentgelts übersteigt, ist er steuer- und beitragspflichtig (also nur der übersteigende Teil ist sowohl steuer- als auch beitragspflichtig). ja ja

Auch Zuschüsse, die der Arbeitgeber als Ausgleich zum Kurzarbeitergeld wegen Überschreitens der Beitragsbemessungsgrenze leistet, sind steuerpflichtig. ja ja

1) Zu den befristeten Sonderregelungen aufgrund der Corona-Pandemie vgl. auch nachfolgende Nr. 8.

2) Die Sozialversicherungsentgeltverordnung (SvEV) ist als Anhang 2 im **Steuerhandbuch für das Lohnbüro 2021** abgedruckt, das im selben Verlag erschienen ist.

Lohn-steuer-pflichtig Sozial-versich.-pflichtig

6. Beitragszuschuss zur Kranken- und Pflegeversicherung bei Beziehern von Kurzarbeitergeld

a) Allgemeines

Soweit für krankenversicherungspflichtige Bezieher von Kurzarbeitergeld Beiträge zur Kranken- und Pflegeversicherung aus einem fiktiven Arbeitsentgelt zu zahlen sind, hat der Arbeitgeber die Beiträge allein zu tragen; der Arbeitnehmer wird insoweit nicht mit Beiträgen belastet. Für die in der gesetzlichen Krankenversicherung freiwillig oder für die bei einem privaten Krankenversicherungsunternehmen versicherten Bezieher von Kurzarbeitergeld hat der Arbeitgeber hinsichtlich des fiktiven Arbeitsentgelts im Ergebnis den **vollen Beitrag** zur Kranken- und Pflegeversicherung als Zuschuss zu zahlen. Insofern besteht eine Gleichbehandlung der Pflichtversicherten und freiwillig Versicherten sowie der privat Krankenversicherten.

b) Freiwillig in der gesetzlichen Krankenversicherung versicherte Bezieher von Kurzarbeitergeld

Freiwillig in der gesetzlichen Krankenversicherung versicherte Arbeitnehmer erhalten von ihrem Arbeitgeber als Beitragszuschuss die Hälfte des Beitrags, der für einen krankenversicherungspflichtigen Arbeitnehmer bei der Krankenkasse, bei der die Mitgliedschaft besteht, zu zahlen wäre.

Zusätzlich zum regulär zu zahlenden Zuschussbetrag wird Beziehern von Kurzarbeitergeld ein Arbeitgeberzuschuss in Höhe der Hälfte des Betrags eingeräumt, den der Arbeitgeber bei krankenversicherungspflichtigen Arbeitnehmern als Beitrag allein zu tragen hat. Im Ergebnis bedeutet dies, dass bezüglich des fiktiven Arbeitsentgelts vom Arbeitgeber ein Beitragszuschuss in Höhe des vollen Beitrags zu zahlen ist.

In Bezug auf das fiktive Arbeitsentgelt ergibt sich somit keine Änderung, das heißt, dass der Arbeitgeber – wie bisher – aus dem fiktiven Arbeitsentgelt einen Beitragszuschuss in Höhe des vollen Beitrags zu zahlen hat. Die Berechnung des Beitragszuschusses aus dem fiktiven Arbeitsentgelt erfolgt in der Weise, dass zunächst der reguläre Beitragszuschuss auf der Grundlage des paritätischen Beitragssatzes aller gesetzlichen Krankenkassen erfolgt. Anschließend wird dann in einem zweiten Rechenschritt der Beitragszuschuss auf der Grundlage des zusätzlich zu tragenden Beitrages zur Krankenversicherung von z. B. 1,3 % errechnet.

Beispiel

Monatslohn eines freiwillig in der gesetzlichen Krankenversicherung versicherten Arbeitnehmers (Sollentgelt)	5 500,– €
Beitragssatz der Krankenkasse	14,6 %
Zusatzbeitrag z. B. angenommen	1,3 %
monatlicher Beitragszuschuss (7,3 % + 0,65 % = 7,95 % von 4837,50 € =)	384,58 €
wegen Kurzarbeit fällt im Februar 2021 die Hälfte der Arbeitszeit aus. Der Kurzlohn (Istentgelt) beträgt	2 750,– €
hierauf entfallender Beitragszuschuss (7,3 % + 0,65 % = 7,95 % von 2750 € =)	218,63 €
Berechnung des fiktiven Arbeitsentgelts: 80 % des Unterschiedsbetrags zwischen Sollentgelt und Istentgelt (5500 € – 2750 € =) 2750 € × 0,8 = 2200 €, höchstens jedoch bis zur Beitragsbemessungsgrenze (4837,50 € – 2750 € =)	2 087,50 €
auf das fiktive Arbeitsentgelt entfallender Beitragszuschuss (7,3 % + 0,65 % = 7,95 % von 2087,50 € =)	165,96 €
Zuzüglich eines Betrages in Höhe des bei Versicherungspflicht des Arbeitnehmers vom Arbeitgeber zu tragenden Beitrags (7,3 % + 0,65 % = 7,95 % von 2087,50 € =)	165,96 €
Beitragszuschuss des Arbeitgebers insgesamt 218,63 € + 165,96 € + 165,96 €	**550,55 €**

Lohn-steuer-pflichtig Sozial-versich.-pflichtig

c) Privat krankenversicherte Bezieher von Kurzarbeitergeld

Für die bei einem privaten Krankenversicherungsunternehmen versicherten Arbeitnehmer, die Kurzarbeitergeld beziehen, erhalten als Beitragszuschuss einen Betrag, den der Arbeitgeber bei Versicherungspflicht zu zahlen hätte. Der Zuschuss ist jedoch höchstens auf den Beitrag begrenzt, den der Arbeitnehmer tatsächlich an das private Krankenversicherungsunternehmern zu zahlen hat.

Für die Berechnung des Beitragszuschusses aus dem **Istentgelt** und dem fiktiven Arbeitsentgelt ist der allgemeine bzw. ermäßigte Beitragssatz der gesetzlichen Krankenversicherung zu berücksichtigen. Darüber hinaus ist auch der durchschnittliche Zusatzbeitragssatz (2021: 1,3 %) anzusetzen.

7. Insolvenzgeldumlage

Seit 1.1.2009 muss der Arbeitgeber die **Insolvenzgeldumlage** mit Beitragsnachweis an die Krankenkassen abführen. Die Insolvenzgeldumlage beträgt ab 1.1.2021 wie bisher 0,12 %. Die Insolvenzgeldumlage bemisst sich nach dem Arbeitsentgelt, aus dem die Beiträge zur gesetzlichen Rentenversicherung berechnet werden (vgl. das Stichwort „Insolvenzgeldumlage"). Eine von der Bemessungsgrundlage für die Rentenversicherungsbeiträge abweichende Regelung gilt für Bezieher von Kurzarbeitergeld (§ 358 Abs. 2 Satz 3 SGB III). Während die Rentenversicherungsbeiträge für diese Personen aus dem tatsächlich erzielten Arbeitsentgelt zuzüglich 80 % des Unterschiedsbetrages zwischen dem Sollentgelt und dem Istentgelt berechnet werden, ist der Berechnung der Umlage nur das tatsächlich erzielte Arbeitsentgelt bis zur Beitragsbemessungsgrenze in der gesetzlichen Rentenversicherung zugrunde zu legen. Das fiktive Arbeitsentgelt wird für die Umlageberechnung nicht herangezogen.

8. Sonderregelungen aufgrund der Corona-Pandemie

a) Anspruchsvoraussetzungen

Wenn aufgrund schwieriger wirtschaftlicher Entwicklungen Aufträge ausbleiben, kann ein Betrieb Kurzarbeit anmelden, wenn mindestens 10 % der Beschäftigten vom Arbeitsausfall betroffen sein könnten. Diese Schwelle lag bisher bei 30 % der Belegschaft. Auf den Aufbau negativer Arbeitszeitsalden vor Zahlung des Kurzarbeitergeldes wird vollständig oder teilweise verzichtet. Bisher wurde verlangt, dass in Betrieben, in denen Vereinbarungen zu Arbeitszeitschwankungen genutzt werden, diese auch zur Vermeidung von Kurzarbeit eingesetzt und ins Minus gefahren werden. Auch Leiharbeitnehmer können nunmehr Kurzarbeitergeld beziehen. Dies gilt bis zum 31.12.2021 für alle Betriebe (auch Leiharbeitsfirmen), die bis zum 31.3.2021 mit Kurzarbeit beginnen.

b) Höhe des Kurzarbeitergeldes

Für Arbeitnehmer, die wegen der Corona-Krise mindestens 50 % weniger arbeiten, wird das Kurzarbeitergeld ab dem vierten Monat des Bezugs von bisher 60 % (bei Arbeitnehmern mit Kindern 67 %) auf 70 % bzw. 77 % und ab dem siebten Monat des Bezugs auf 80 % bzw. 87 % des pauschalierten Nettoentgelts erhöht. Diese Erhöhungen gelten längstens bis zum 31.12.2021 für alle Beschäftigten, die bis März 2021 in Kurzarbeit gehen (§ 421c SGB III).

c) Bezugsdauer

Die Bezugsdauer für das Kurzarbeitergeld ist bei Arbeitnehmern, deren Anspruch auf Kurzarbeitergeld bis zum 31.12.2019 entstanden ist, von zuvor 12 auf 21 Monate – längstens allerdings bis zum 31.12.2020, verlängert worden. Die Verordnung über die Bezugsdauer für das Kurzarbeitergeld (Kurzarbeitergeldbezugsdauerverordnung – KugBeV) wurde am 20.4.2020 im Bundesgesetzblatt ver-

K

Lohn-steuer-pflichtig | Sozial-versich.-pflichtig

öffentlicht. Nach der 2. Verordnung über die Bezugsdauer für das Kurzarbeitergeld wird die Bezugsdauer für das Kurzarbeitergeld für Betriebe, die bis zum 31.12.2020 Kurzarbeit eingeführt haben, auf 24 Monate – längstens allerdings bis zum 31.12.2021 – verlängert. Die Zweite Kurzarbeitergeldbezugsdauerverordnung – 2. KugBeV – wurde am 19.10.2020 im Bundesgesetzblatt veröffentlicht.

d) Hinzuverdienstgrenzen

Zum Hinzuverdienst wurde geregelt, dass in der Zeit vom 1.5.2020 bis zum 31.12.2020 die Hinzuverdienstgrenze bis zur vollen Höhe des bisherigen Monatseinkommens für alle Berufe geöffnet wird. Im Jahr 2021 werden lediglich Minijobs nicht auf das Kurzarbeitergeld angerechnet.

e) Erstattung von Sozialversicherungsbeiträgen

Die Sozialversicherungsbeiträge, die Arbeitgeber normalerweise für ihre Beschäftigten zahlen müssen, werden von der Bundesagentur für Arbeit vollständig erstattet. Damit soll ein Anreiz geschaffen werden, Zeiten der Kurzarbeit stärker für die Weiterbildung der Beschäftigten zu nutzen. Nach der ersten Verordnung zur Änderung der Kurzarbeitergeldverordnung vom 21.10.2020 (BGBl. I S. 2259) werden die Sozialversicherungsbeiträge den Arbeitgebern in der ersten Jahreshälfte 2021 in voller Höhe und in der zweiten Jahreshälfte 2021 grundsätzlich zur Hälfte erstattet werden, sofern die Kurzarbeit bis zum 30.6.2021 eingeführt wird.

f) Arbeitgeberzuschüsse zum Kurzarbeitergeld

L

In Anlehnung an die entsprechende Regelung im Sozialversicherungsrecht zur Beitragsfreiheit werden Zuschüsse des Arbeitgebers zum Kurzarbeitergeld (einschließlich Saison- und Transferkurzarbeitergeld) steuerfrei gestellt, soweit sie zusammen mit dem Kurzarbeitergeld **80 % des Unterschiedsbetrags** zwischen dem nach sozialversicherungsrechtlichen Vorschriften ermittelten Soll-Entgelt und Ist-Entgelt nicht übersteigen. Die **Steuerfreiheit** gilt nur für Zuschüsse zum Kurzarbeitergeld, die für nach dem 29.2.2020 beginnende und **vor dem 1.1.2022 endende Lohnzahlungszeiträume** geleistet werden. Die in der Lohnsteuerbescheinigung anzugebenden Arbeitgeberzuschüsse unterliegen allerdings dem **Progressionsvorbehalt** und können daher bei der Einkommensteuer-Veranlagung zu einer Steuernachzahlung führen.

Kurzfristig beschäftigte Arbeitnehmer

Aushilfskräfte und Gelegenheitsarbeiter üben ihre Tätigkeit in aller Regel im Rahmen eines abhängigen Beschäftigungsverhältnisses aus. Denn bei einfachen Arbeiten trägt der Beschäftigte im Allgemeinen kein unternehmerisches Risiko, auch wenn er nur kurzfristig und gelegentlich eingesetzt ist. Bei solchen Tätigkeiten unterliegt der Beschäftigte besonders stark den Weisungen des Auftraggebers, die eine eigene unternehmerische Initiative unterbinden. Der Bundesfinanzhof hat deshalb entschieden, dass bei einfacheren Arbeiten auch dann ein Arbeitsverhältnis vorliegt, wenn es sich nur um kurzfristige Einsätze handelt (BFH-Urteil vom 24.11.1961, BStBl. 1962 III S. 37).

Aushilfskräfte und Gelegenheitsarbeiter unterliegen dem Lohnsteuerabzug grundsätzlich nach den allgemeinen Vorschriften. — ja | nein[1]

Unter bestimmten Voraussetzungen kann jedoch der Arbeitgeber die Steuerabzugsbeträge unter Verzicht auf die Kenntnis der individuellen Lohnsteuerabzugsmerkmale des Arbeitnehmers mit einem Pauschsteuersatz von 25 %, 20 %, 5 % oder 2 % erheben. Näheres siehe „Pauschalierung der Lohnsteuer bei Aushilfskräften und Teilzeitbeschäftigten".

Lohn-steuer-pflichtig | Sozial-versich.-pflichtig

Land- und Forstwirtschaft

Zur Pauschalierung der Lohnsteuer für Aushilfskräfte in der Land- und Forstwirtschaft mit **5 %** vgl. „Pauschalierung der Lohnsteuer bei Aushilfskräften und Teilzeitbeschäftigten" unter Nr. 5.

Laptop

Überlasst der Arbeitgeber dem Arbeitnehmer einen betrieblichen Laptop (auch) zur privaten Nutzung, ist der geldwerte Vorteil steuer- und beitragsfrei (§ 3 Nr. 45 EStG; vgl. „Computer" unter Nr. 1). — nein | nein

Übereignet hingegen der Arbeitgeber dem Arbeitnehmer einen betrieblichen Laptop, ist der geldwerte Vorteil steuerpflichtig, kann aber mit 25% pauschal besteuert werden und ist in diesem Fall beitragsfrei (§ 40 Abs. 2 Satz 1 Nr. 5 EStG; vgl. „Computer" Nr. 2). — ja | nein

Zum **Werbungskostenabzug** bei einem privaten Laptop des Arbeitnehmers, der auch beruflich genutzt wird, vgl. „Computer" unter Nr. 5.

Laufende Bezüge

Laufende Bezüge sind die regelmäßigen Zahlungen (Gehälter, Löhne, Pensionen usw.) für die üblichen Lohnzahlungszeiträume (Monat, Woche usw.). Dazu gehören auch solche Bezüge, deren Höhe schwankt (z. B. laufende Umsatzprovision).

Zum laufenden Arbeitslohn gehören insbesondere
- Monatslöhne und -gehälter,
- Wochen- und Tageslohn,
- Mehrarbeitsvergütungen,
- Zuschläge und Zulagen,
- geldwerte Vorteile aus der ständigen Überlassung von Firmenwagen zur privaten Nutzung und zu Fahrten zwischen Wohnung und erster Tätigkeitsstätte,
- Vorauszahlungen von Arbeitslohn, wenn sich die Vorauszahlung ausschließlich auf Lohnzahlungszeiträume des laufenden Kalenderjahres bezieht,
- Nachzahlungen von Arbeitslohn, wenn sich der Gesamtbetrag einer Nachzahlung ausschließlich auf Lohnzahlungszeiträume des laufenden Kalenderjahres bezieht. Eine Nachzahlung von Arbeitslohn, die weiter als zum Beginn des laufenden Kalenderjahres zurückreicht, ist lohnsteuerlich ausnahmslos als sonstiger Bezug zu behandeln.
- Zum laufenden Arbeitslohn gehört auch derjenige laufende Arbeitslohn, der für das abgelaufene Kalenderjahr innerhalb der **ersten drei Wochen** des neuen Kalenderjahrs gezahlt wird. Wird der laufende Arbeitslohn für das abgelaufene Kalenderjahr später als drei Wochen nach Beginn des neuen Jahres gezahlt, handelt es sich um einen sonstigen Bezug (vgl. die Erläuterungen beim Stichwort „Nachzahlung von laufendem Arbeitslohn").

Die laufenden Bezüge sind nach der für den Lohnzahlungszeitraum maßgebenden Lohnsteuertabelle (Monats-, Wochen-, Tagestabelle) zu besteuern.

Vergütungen, die ihrem Wesen nach zum laufenden Arbeitslohn gehören, sind für die Berechnung der Lohnsteuer auch dann mit dem laufenden Arbeitslohn des Lohnzahlungszeitraums zusammenzurechnen, wenn sie zu ei-

1) Sofern es sich um eine kurzfristige Beschäftigung im sozialversicherungsrechtlichem Sinne handelt (vgl. das Stichwort „Geringfügige Beschäftigung" unter Nr. 16).

Lohn-steuer-pflichtig | Sozial-versich.-pflichtig

nem anderen Zeitpunkt als dieser gezahlt werden (etwa Mehrarbeitslohn).

Vom laufenden Arbeitslohn zu unterscheiden sind die sonstigen Bezüge oder einmaligen Zuwendungen, da diese sowohl lohnsteuerlich als auch sozialversicherungsrechtlich anders behandelt werden als der laufende Arbeitslohn. Die Berechnung der Lohnsteuer ist beim Stichwort „Sonstige Bezüge" dargestellt. Die Berechnung der Sozialversicherungsbeiträge ist unter dem Stichwort „Einmalige Zuwendungen" erläutert.

Siehe auch die Stichworte: Nachzahlung von laufendem Arbeitslohn, Vorauszahlungen von Arbeitslohn und Vorschüsse.

Leasingfahrzeuge

1. Allgemeines

Wird dem Arbeitnehmer vom Arbeitgeber ein Leasingfahrzeug (auch) zur privaten Nutzung überlassen, stellt sich die Frage,

- ob es sich um eine **Firmenwagenüberlassung** handelt und der geldwerte Vorteil nach der Bruttolistenpreisregelung bzw. Fahrtenbuchmethode – ggf. unter Beachtung der vereinbarten Gehaltsumwandlung – zu ermitteln ist **oder**
- ob die **vergünstigten Leasingkonditionen** als geldwerter Vorteil anzusetzen sind.

2. Firmenwagengestellung bei Leasingfahrzeugen

Least der Arbeitgeber ein Kfz von einer Leasinggesellschaft und überlässt es dem Arbeitnehmer auch zur privaten Nutzung, liegt unter folgenden Voraussetzungen eine Firmenwagengestellung vor, für die der geldwerte Vorteil nach der Bruttolistenpreisregelung bzw. Fahrtenbuchmethode – ggf. unter Beachtung der vereinbarten Gehaltsumwandlung – zu ermitteln ist:[1)]

Der Anspruch auf die Kraftfahrzeugüberlassung resultiert aus dem Arbeitsvertrag oder aus einer anderen **arbeitsrechtlichen Rechtsgrundlage,** weil er

- im Rahmen einer steuerlich anzuerkennenden **Gehaltsumwandlung** mit Wirkung für die Zukunft vereinbart worden ist. Für die Gehaltsumwandlung ist es erforderlich, dass der Arbeitnehmer unter Änderung des Arbeitsvertrags auf einen Teil seines Barlohns „verzichtet" und ihm der Arbeitgeber stattdessen Sachlohn in Form eines Nutzungsrechts an einem betrieblichen Kraftfahrzeug des Arbeitgebers gewährt **oder**
- **arbeitsvertraglicher Vergütungsbestandteil** ist. Davon ist insbesondere auszugehen, wenn von vornherein bei Abschluss eines Arbeitsvertrags eine solche Vereinbarung getroffen wird oder wenn die Übernahme einer anderen beruflichen Position mit der Überlassung eines betrieblichen Kraftfahrzeugs des Arbeitgebers verbunden ist.

Von einem betrieblichen Kraftfahrzeug des Arbeitgebers ist in Leasingfällen auszugehen, wenn der **Arbeitgeber** und nicht der Arbeitnehmer gegenüber der Leasinggesellschaft **zivilrechtlich Leasingnehmer** ist.

Darüber hinaus ist von einer Firmenwagengestellung auszugehen, wenn ein Arbeitnehmer der Automobilbranche ein Fahrzeug zu vergünstigten Konditionen über eine Beteiligungsgesellschaft least (sog. Werksangehörigen-Leasing). Dies gilt auch dann, wenn der Arbeitgeber nicht selbst Automobilhersteller ist, sondern einem Konzern angehört, zu dem auch ein Automobilhersteller gehört.

Zur Ermittlung der Höhe des geldwerten Vorteils vgl. das Stichwort „Firmenwagen zur privaten Nutzung" besonders unter den Nrn. 2, 3 und 6.

Lohn-steuer-pflichtig | Sozial-versich.-pflichtig

3. Vergünstigte Leasingkonditionen als geldwerter Vorteil

Ohne arbeitsrechtliche Rechtsgrundlage liegt eine Firmenwagenüberlassung (auch) zur privaten Nutzung nicht vor, wenn das vom Arbeitgeber geleaste Kraftfahrzeug dem Arbeitnehmer aufgrund einer **Sonderrechtsbeziehung** (z. B. Gemeinderatsbeschluss) im Innenverhältnis zuzurechnen ist, weil der Arbeitnehmer gegenüber dem Arbeitgeber die wesentlichen Rechte und Pflichten des Leasingnehmers hat. Gibt der Arbeitgeber in diesem Fall vergünstigte Leasingkonditionen an den Arbeitnehmer weiter, liegt hierin ein geldwerter Vorteil, der entsprechend den Regelungen für Sachbezüge mit dem um übliche Preisnachlässe geminderten üblichen Endpreis am Abgabeort abzüglich der Zahlung des Arbeitnehmers zu bewerten ist. Damit errechnet sich der geldwerte Vorteil aus der Differenz zwischen den für Dritte üblichen und den vom Arbeitnehmer tatsächlich geleisteten Leasinggebühren (§ 8 Abs. 2 Satz 1 EStG; BFH-Urteil vom 18.12.2014, BStBl. 2015 II S. 670 zum sog. **Behördenleasing**).

Die vorstehenden Ausführungen gelten entsprechend, wenn der Arbeitgeber es seinen Arbeitnehmern durch einen abgeschlossenen Rahmenvertrag ermöglicht, direkt mit dem Leasinggeber Leasingverträge zu vergünstigten Leasingkonditionen abzuschließen.

4. Übertragbarkeit auf andere Wirtschaftsgüter

Die vorstehenden Grundsätze sind auch im Falle des Leasings anderer Wirtschaftsgüter (z. B. Elektro-Bike, E-Scooter, Computer) anzuwenden. Vgl. die Stichwörter „Computer" unter Nr. 3 Buchstabe a und „Elektro-Bike" unter Nr. 5 Buchstabe a.

Lebensmittel

Siehe die Stichworte: Deputate, Genussmittel, Getränke, Mahlzeiten, Rabatte, Rabattfreibetrag und Sachbezüge.

Lebenspartnerschaft nach ausländischem Recht

Die einkommensteuerlichen Regelungen – insbesondere zur Zusammenveranlagung (= **Steuerklasse III,** IV, V und Faktorverfahren) für Ehegatten und Ehen sind auch auf Lebenspartner und Lebenspartnerschaften anzuwenden (§ 2 Abs. 8 EStG).

Die materiell-rechtlichen Voraussetzungen sind bei ausländischen Steuerpflichtigen nach dem Gesetz des Staates zu beurteilen, dem er angehört. Damit setzt die Anwendung der **Steuervergünstigungen für Ehegatten auf** eine **ausländische Lebenspartnerschaft** voraus, dass die Form der Lebensgemeinschaft **nach dem Recht dieses Staates der Ehe** in diesem Land **rechtlich vergleichbar** ausgestaltet ist. Auf die Vergleichbarkeit der ausländischen Lebenspartnerschaft mit der deutschen eingetragenen Lebenspartnerschaft im Sinne des Lebenspartnerschaftsgesetzes kommt es hingegen nicht an.

Der **französische PACS** (= zivilrechtlicher Vertrag zweier Personen gleichen oder unterschiedlichen Geschlechts), ist der Ehe nach französischem Recht **nicht vergleichbar,** da er nicht nur durch Scheidung, für die bestimmte Scheidungsgründe gegeben sein müssen, sondern ohne besonderen Grund mit einer Frist von drei Monaten sogar einseitig aufgelöst werden kann. Weitere Unterschiede bestehen in Frankreich auch im Unterhalts-, Aufenthalts-

1) Vgl. Randnummer 46 bis 48 des BMF-Schreibens vom 4.4.2018 (BStBl. I S. 592 ff.). Das BMF-Schreiben ist als Anlage 1 zu H 8.1 (9–10) LStR im **Steuerhandbuch für das Lohnbüro 2021** abgedruckt, das im selben Verlag erschienen ist.

L

Lohnsteuer-pflichtig | Sozialversich.-pflichtig

und Adoptionsrecht. Zudem besteht in Frankreich auch für gleichgeschlechtliche Paare die Möglichkeit, eine Ehe einzugehen.

Auch der **luxemburgische PACS** ist mit der Ehe in Luxemburg **nicht vergleichbar,** da die Bedingungen des Eingehens und Beendens anders sind als in einer Ehe. Der luxemburgische PACS kann z. B. einvernehmlich durch eine gemeinsame oder einseitige Erklärung oder durch Heirat eines der beiden Lebenspartner beendet werden. Auch wird ein Lebenspartner nicht automatisch Erbe des anderen. Weitere Unterschiede bestehen im Unterhaltsrecht und in der Namengebung für Kinder.

Schließlich ist auch die registrierte Partnerschaft **(Geregistreede Partners)** in den **Niederlanden** mit der Ehe in den Niederlanden **nicht vergleichbar.** Rechtliche Unterschiede zur Ehe bestehen bei der Begründung und Beendigung einer registrierten Partnerschaft.

Vgl. auch das Stichwort „Eheöffnungsgesetz".

Lebensversicherung

Bei Aufwendungen des Arbeitgebers für eine Lebensversicherung des Arbeitnehmers gilt Folgendes:

- Im Falle der Befreiung von der gesetzlichen Rentenversicherungspflicht in der Angestelltenversicherung oder in der Knappschaftsversicherung siehe „Befreiende Lebensversicherung".
- In anderen Fällen siehe „Direktversicherung".

Lehrabschlussprämien

Lehrabschlussprämien sind Vergütungen an Auszubildende zum Abschluss der Lehrzeit. ja ja

Bei Sachzuwendungen von geringem Wert (bis 60 €) liegt nach R 19.6 Abs. 1 Satz 2 LStR eine steuerfreie „Aufmerksamkeit" vor (vgl. dieses Stichwort). Dies gilt auch dann, wenn das besondere persönliche Ereignis – wie hier – im beruflichen Bereich eingetreten ist. nein nein

Beispiel

Ein angehender Landschaftsgärtner erhält zum Abschluss seiner Lehrzeit ein Buch über Gartengestaltung im Wert von **60 €.** Es handelt sich um eine steuer- und beitragsfreie Aufmerksamkeit, da der Wert der Sachzuwendung 60 € nicht übersteigt.

Lehrbeauftragte

Lehrbeauftragte an Hochschulen sind in der Regel keine Arbeitnehmer, sondern selbständig tätig (BFH-Urteil vom 17. 7. 1958, BStBl. III S. 360, Urteil des Bundessozialgerichts vom 25. 9. 1981, 12 RK 5/80). nein nein

Lehrlinge

Lehrlinge oder „Auszubildende" im Sinne des Sozialversicherungsrechts sind Arbeitnehmer (vgl. „Auszubildende"). ja ja

Lehrtätigkeit

Probleme bei der Einordnung einer Lehrtätigkeit als Arbeitsverhältnis oder Ausübung eines freien Berufs ergeben sich insbesondere bei **nebenberuflichen** Lehrtätigkeiten. Von den nebenberuflichen Lehrkräften sind zunächst die **hauptamtlichen** Lehrkräfte zu unterscheiden, die für ihren „Hauptarbeitgeber" an der eigenen Schule oder an einer anderen Schule derselben Schulform **zusätzlichen Unterricht** geben und hierfür eine besondere Vergütung erhalten. Diese zusätzliche Tätigkeit gehört zu den eigentlichen Dienstobliegenheiten, die der Arbeitgeber erwarten darf. Die Tätigkeit wird also nicht nebenberuflich ausgeübt, wenn sie als Teil der Haupttätigkeit anzusehen ist (Hinweise zu R 19.2 LStR – Nebenberufliche Lehrtätigkeit –[1]). Die Vergütungen sind zusammen mit den Bezügen für die „Haupttätigkeit" dem Lohnsteuerabzug zu unterwerfen. Ist die Lehrtätigkeit nicht Ausfluss der Haupttätigkeit, sondern tatsächlich „nebenberuflich", gilt für die Beantwortung der Frage, ob ein Arbeitsverhältnis oder eine selbstständige Tätigkeit vorliegt, Folgendes:

Ob eine Nebentätigkeit in einem Arbeitsverhältnis oder selbstständig ausgeübt wird, ist nach den allgemeinen Abgrenzungskriterien zu beurteilen, die in Teil A des Lexikons unter Nr. 3 auf Seite 6 dargestellt sind. Dabei ist die Nebentätigkeit im Regelfall für sich allein zu beurteilen. Die Art einer etwaigen Haupttätigkeit ist für die Beurteilung der Nebentätigkeit nur wesentlich, wenn beide Tätigkeiten unmittelbar zusammenhängen, die Nebentätigkeit sozusagen Ausfluss der Haupttätigkeit ist. Hiernach liegt bei Lehrkräften, die im Hauptberuf eine nichtselbstständige Tätigkeit ausüben, eine Lehrtätigkeit im Nebenberuf nur dann vor, wenn diese Lehrtätigkeit nicht zu den eigentlichen Dienstobliegenheiten des Arbeitnehmers aus der Haupttätigkeit gehört. Gehört die nebenher ausgeübte Lehrtätigkeit **nicht** zu den Dienstobliegenheiten des Arbeitnehmers aus der Haupttätigkeit gilt Folgendes:

Die Ausübung der Lehrtätigkeit im Nebenberuf ist in der Regel als **Ausübung eines freien Berufs** anzusehen, es sei denn, dass gewichtige Anhaltspunkte – z. B. Arbeitsvertrag unter Zugrundelegung eines Tarifvertrags, Anspruch auf Urlaubs- und Feiertagsvergütung – für das Vorliegen einer Arbeitnehmertätigkeit sprechen. Handelt es sich um die nebenberufliche Lehrtätigkeit an einer Schule oder einem Lehrgang mit einem allgemein feststehenden und nicht nur von Fall zu Fall aufgestellten Lehrplan, sind die nebenberuflich tätigen Lehrkräfte dagegen in der Regel Arbeitnehmer, es sei denn, dass sie in den Schul- oder Lehrgangsbetrieb nicht fest eingegliedert sind. Hat die Lehrtätigkeit nur einen geringen Umfang, kann das ein Anhaltspunkt dafür sein, dass eine feste Eingliederung in den Schul- oder Lehrgangsbetrieb nicht vorliegt. Ein geringer Umfang in diesem Sinne kann stets angenommen werden, wenn die nebenberuflich tätige Lehrkraft bei der einzelnen Schule oder dem einzelnen Lehrgang **in der Woche durchschnittlich nicht mehr als sechs Unterrichtsstunden** erteilt (R 19.2 Satz 3 LStR). Die Lehrveranstaltungen von Volkshochschulen werden nach Auffassung der Finanzverwaltung nicht als Lehrgang in diesem Sinne angesehen. Die dort mit Nebentätigkeit beschäftigten Lehrkräfte sind deshalb in der Regel selbstständig tätig, es sei denn, dass ein Arbeitsvertrag für die Arbeitnehmereigenschaft spricht.

Die 6-Stunden-Regelung darf jedoch nicht schematisch angewandt werden. Der Bundesfinanzhof hat im Urteil vom 4.12.1975, BStBl. 1976 II S. 292 einen Ingenieur, der nur zwei Stunden wöchentlich Unterricht erteilte, als nichtselbstständig angesehen, weil sich aus der schriftlichen Vereinbarung ergab, dass ein Arbeitsverhältnis gewollt und auch tatsächlich durchgeführt worden war. Andererseits hat der Bundesfinanzhof im Urteil vom 4.10.1984, BStBl. 1985 II S. 51 einen Lehrbeauftragten an einer Fachhochschule als selbstständig beurteilt, obwohl dieser bis zu acht Stunden wöchentlich Unterricht erteilte und eine Fortzahlung der Unterrichtsvergütung bei Krankheit bis zu sechs Wochen vereinbart war. Als entscheidend für diese Beurteilung sah der Bundesfinanzhof in diesem Fall das Rechtsverhältnis an, das der Tätigkeit zugrunde lag, denn

1) Die amtlichen Hinweise zu den Lohnsteuer-Richtlinien sind im **Steuerhandbuch für das Lohnbüro 2021** abgedruckt, das im selben Verlag erschienen ist.

Lohnsteuerpflichtig | Sozialversich.-pflichtig

das maßgebliche Fachhochschulgesetz bestimmte hierzu, dass die Lehrbeauftragten die ihnen übertragenen Lehraufgaben „selbstständig" wahrnehmen.

Die nebenberufliche Lehrtätigkeit von Handwerksmeistern an Berufs- und Meisterschulen ist in aller Regel eine **selbstständige** Tätigkeit.

Wird die nebenberufliche Lehrtätigkeit für eine gemeinnützige Organisation ausgeübt, sind die Einnahmen bis zur Höhe von insgesamt nunmehr **3000 €** im Kalenderjahr **steuerfrei.** Dabei kommt es nicht darauf an, ob die nebenberufliche Lehrtätigkeit selbstständig oder nichtselbstständig ausgeübt wird. Auf die ausführlichen Erläuterungen beim Stichwort „Nebentätigkeit für gemeinnützige Organisationen" wird Bezug genommen. nein nein

Zur sozialversicherungsrechtlichen Behandlung wird auf das Stichwort „Scheinselbstständigkeit" Bezug genommen.

Zu nebenberuflich ausgeübten Lehr- oder Prüfungstätigkeiten bei Beamten vgl. dieses Stichwort unter Nr. 1.

Lehrzulagen

Lehrzulagen zum laufenden Arbeitslohn an Arbeitnehmer, die mit der Ausbildung des Nachwuchses für den eigenen Betrieb beauftragt sind, sind steuerpflichtig. ja ja

In öffentlichen Verwaltungen können Lehrzulagen oder Lehrentschädigungen den Charakter von „Aufwandsentschädigungen aus öffentlichen Kassen" (vgl. dieses Stichwort) haben und als solche im Haushaltsplan ausgewiesen sein. In diesem Fall sind sie steuerfrei. nein nein

Siehe auch das Stichwort „Lehrtätigkeit".

Leistungszulagen

Leistungszulagen für die Erledigung schwieriger Arbeiten oder als Anerkennung besonderer Tüchtigkeit sind steuer- und beitragspflichtig. ja ja

Liquidationspool

Vergütungen, die Arbeitnehmer eines Krankenhauses als Anteil an den Liquidationseinnahmen der liquidationsberechtigten Chefärzte erhalten, gehören zu den Einkünften aus nichtselbstständiger Arbeit (BFH-Urteil vom 11.11.1971, BStBl. 1972 II S. 213).

In der Regel erfolgt die Mitarbeit des Krankenhauspersonals im Rahmen des Dienstverhältnisses zum Krankenhausträger. Vergütungen, die der Chefarzt für diese Mitarbeit aus seinen Liquidationseinnahmen dem Krankenhauspersonal zahlt, müssen deshalb vom Krankenhausträger bei den Mitarbeitern lohnsteuerlich erfasst werden. Dabei ist es unerheblich, ob der Chefarzt die Mitarbeiter freiwillig oder aufgrund besonderer Verpflichtung beteiligt, ob er Zahlungen direkt an Mitarbeiter leistet oder ob er die Mittel einem Pool zuführt, der die Zuwendungen verteilt. Die Vergütungen stellen **Lohnzahlungen Dritter** im Sinne des § 38 Abs. 1 Satz 3 EStG dar, für die der **Krankenhausträger** als Arbeitgeber zusammen mit dem dienstvertraglichen Arbeitslohn die **Lohnsteuer einzubehalten** und abzuführen hat. ja ja

Soweit der Krankenhausträger die Vergütungen nicht selbst ermitteln kann und sie ihm auch nicht vom liquidationsberechtigten Arzt mitgeteilt werden, hat sie der Arbeitnehmer dem Krankenhausträger anzuzeigen. Zur Form dieser Anzeige und zu den aus einer unvollständigen Anzeige resultierenden Haftungsfolgen wird auf die Ausführungen beim Stichwort „Lohnzahlung durch Dritte" unter Nr. 4 hingewiesen.

Lohnsteuerpflichtig | Sozialversich.-pflichtig

Nur wenn ausnahmsweise gegenüber dem Krankenhausträger keine Verpflichtung des Krankenhauspersonals zur Mitarbeit im Liquidationsbereich des Chefarztes gegeben ist, entfällt für den Krankenhausträger die Verpflichtung zum Lohnsteuerabzug. In solchen Fällen ist der **Chefarzt** insoweit selbst **Arbeitgeber** und hat die lohnsteuerlichen Pflichten zu erfüllen. In diesem Fall wird der Lohnsteuerabzug durch den Chefarzt in aller Regel nach der Steuerklasse VI erfolgen. ja ja

Liquidationsrecht

Zu den Einnahmen eines angestellten Chefarztes aus dem ihm eingeräumten Liquidationsrecht für die gesondert berechenbaren **wahlärztlichen Leistungen** im stationären Bereich hat der Bundesfinanzhof mit Urteil vom 5.10.2005 (BStBl. 2006 II S. 94) Folgendes entschieden: „Ein angestellter Chefarzt bezieht mit den Einnahmen aus dem ihm eingeräumten Liquidationsrecht für die gesondert berechenbaren wahlärztlichen Leistungen in der Regel **Arbeitslohn,** wenn die wahlärztlichen Leistungen innerhalb eines Dienstverhältnisses erbracht werden".

Das bedeutet Folgendes:

- Wird der Behandlungsvertrag über die wahlärztlichen Leistungen unmittelbar zwischen dem Chefarzt und dem Patienten geschlossen und der Chefarzt liquidiert selbst aus diesem Vertrag, liegen selbständige Einkünfte im Sinne des § 18 EStG vor. Erfolgt in diesem Fall die Liquidation durch das Krankenhaus, liegen regelmäßig nichtselbständige Einkünfte (= Arbeitslohn) im Sinne des § 19 EStG vor.
- Wird der Behandlungsvertrag über die wahlärztlichen Leistungen zwischen dem Krankenhaus und dem Patienten geschlossen und hat der Chefarzt die wahlärztlichen Leistungen aus seiner Dienstverpflichtung gegenüber dem Krankenhaus zu erbringen, wobei das Krankenhaus auch die Liquidation der Einnahmen übernimmt, liegen regelmäßig nichtselbständige Einkünfte im Sinne des § 19 EStG (= Arbeitslohn) vor.
- Wird der Behandlungsvertrag über die wahlärztlichen Leistungen zwischen dem Krankenhaus und dem Patienten geschlossen und der Chefarzt hat die wahlärztlichen Leistungen aus seiner Dienstverpflichtung gegenüber dem Krankenhaus zu erbringen, liegen regelmäßig nichtselbständige Einkünfte im Sinne des § 19 EStG (= Arbeitslohn) vor, auch wenn dem Chefarzt durch das Krankenhaus ein eigenes Liquidationsrecht über diese wahlärztlichen Leistungen eingeräumt worden ist (= der im BFH-Urteil vom 5.10.2005, BStBl. 2006 II S. 94, entschiedene Fall).

Zusammenfassend lässt sich festhalten, dass **nichtselbstständige Einkünfte** im Sinne des § 19 EStG (= Arbeitslohn) regelmäßig vorliegen, wenn das **Krankenhaus** den **Behandlungsvertrag** mit dem Patienten abgeschlossen hat **oder** in die **Liquidation** des vom Chefarzt mit dem Patienten abgeschlossenen Vertrags eingeschaltet ist.[1] Der Krankenhausträger hat in diesen Fällen den Lohnsteuerabzug vorzunehmen. Dabei ist die Lohnsteuer von dem Betrag zu berechnen, der dem Arzt nach Abzug der gesetzlich oder vertraglich geschuldeten und aus den „Bruttoliquidationserlösen" zu bestreitenden Zahlungen verbleibt **(= „Nettoliquidationserlöse").** Werden die Zahlungen regelmäßig geleistet (z. B. vierteljährlich) und liegt ihnen der gleiche Abrechnungszeitraum zugrunde, handelte es sich nach früherer Verwaltungsauffassung um

1) Zur Abgrenzung der nichtselbständigen Einkünfte von den selbständigen Einkünften in diesen Fällen vgl. auch die Verfügung der OFD Karlsruhe vom 24.4.2006 (Az.: S 236.0/15 – St 131). Die Verfügung ist als Anlage 2 zu H 19.3 LStR im **Steuerhandbuch für das Lohnbüro 2021** abgedruckt, das im selben Verlag erschienen ist.

L

Lohn- steuer- pflichtig | Sozial- versich.- pflichtig

laufenden Arbeitslohn und nicht um einen sonstigen Bezug. Dies galt auch dann, wenn die Zahlungen der Höhe nach schwankten. Demgegenüber ist in den LStR 2015 geregelt worden, dass Zahlungen innerhalb eines Kalenderjahres als viertel- oder halbjährige Teilbeträge den sonstigen Bezügen zuzurechnen sind (R 39b.2 Abs. 2 Satz 2 Nr. 10 LStR). Schließlich gibt es in der Regel keinen vierteljährlichen oder halbjährlichen Lohnzahlungszeitraum.

Erbringt der Chefarzt Leistungen im **ambulanten Bereich** auf eigene Rechnung und eigenes Risiko, handelt es sich regelmäßig um Einkünfte aus selbständiger Arbeit im Sinne des § 18 EStG.

Lohnabrechnung

siehe „Berechnung der Lohnsteuer und der Sozialversicherungsbeiträge"

Lohnabrechnungszeitraum

siehe „Berechnung der Lohnsteuer und der Sozialversicherungsbeiträge" unter Nr. 6

Lohnausfallvergütung

siehe „Entgeltfortzahlung" und „Verdienstausfallentschädigungen".

L

Lohnbescheinigung

siehe „Lohnsteuerbescheinigung"

Lohnersatzleistungen

Lohnersatzleistungen wie z. B. das Krankengeld der gesetzlichen Krankenkassen, Arbeitslosengeld, Kurzarbeitergeld, Saisonkurzarbeitergeld sind steuerfrei nach § 3 Nrn. 1 und 2 EStG, unterliegen jedoch dem sog. Progressionsvorbehalt (§ 32 b Abs. 1 Satz 1 Nr. 1 EStG, vgl. die ausführlichen Erläuterungen beim Stichwort „Progressionsvorbehalt"). Zu den Aufzeichnungs- und Bescheinigungspflichten des Arbeitgebers bei Lohnersatzleistungen vgl. das Stichwort „Lohnkonto" besonders unter den Nrn. 9 und 12 sowie „Lohnsteuerbescheinigung" unter Nr. 12.

Soweit Sozialleistungsträger (Krankenkassen, Pflegekassen, Rentenversicherungsträger, Unfallversicherungsträger, Bundesagentur für Arbeit) anstelle des ausgefallenen Arbeitsentgeltes z. B. Krankengeld, Übergangsgeld, Pflegeunterstützungsgeld, Verletztengeld oder Arbeitslosengeld gewähren, sind von ihnen auch Beiträge aus den Geldleistungen zu zahlen. Diese Beiträge werden durch den Versicherten im Wege des Einbehalts von der zustehenden Geldleistung und durch den Leistungsträger aufgebracht (wie beim Entgeltabzugsverfahren durch den Arbeitgeber). Der Leistungsträger tritt insoweit an die Stelle des Arbeitgebers; ihm obliegen grundsätzlich die gleichen Verpflichtungen hinsichtlich der Berechnung, Abführung und Meldung z. B. an den Rentenversicherungsträger. Die Anteile des Sozialversicherungsträgers an den Beiträgen (sog. Trägeranteile, die den Arbeitgeberanteilen entsprechen) gehören nicht zu den dem Progressionsvorbehalt unterliegenden Leistungen.

Lohnfortzahlung

siehe „Entgeltfortzahlung"

Lohn- steuer- pflichtig | Sozial- versich.- pflichtig

Lohnfortzahlungsversicherung

vgl. die Erläuterungen im Teil B unter Nr. 10 auf Seite 16

Lohnkonto

Neues und Wichtiges auf einen Blick:

1. Aufzeichnung der Lohnsteuerabzugsmerkmale im Lohnkonto

Der Arbeitgeber hat im Kalenderjahr 2021 die im elektronischen Verfahren abgerufenen **elektronischen Lohnsteuerabzugsmerkmale (ELStAM)** in das jeweilige Lohnkonto des Arbeitnehmers zu übernehmen. Entsprechendes gilt für die in **Lohnsteuerabzugsbescheinigungen** ausgewiesenen Lohnsteuerabzugsmerkmale der Arbeitnehmer.

Vgl. auch die Ausführungen unter der nachfolgenden Nr. 2 sowie bei den Stichwörtern „Elektronische Lohnsteuerabzugsmerkmale (ELStAM)" besonders unter Nr. 3 Buchstabe e sowie Nr. 5 und „Lohnsteuerabzugsbescheinigung".

2. Aufzeichnungs- und Bescheinigungserleichterungen

Durch die sog. Fünfte Verordnung zur Änderung steuerlicher Verordnungen vom 25.6.2020 (BGBl. I S. 555) ist in der Lohnsteuer-Durchführungsverordnung klargestellt worden, dass **folgender steuerfreier Arbeitslohn nicht** im Lohnkonto des Arbeitnehmers **aufzuzeichnen** und daher auch nicht in der Lohnsteuerbescheinigung des Arbeitnehmers anzugeben ist (§ 4 Abs. 2 Nr. 4 LStDV[1]):

- Steuerfreie Fahrradgestellung (§ 3 Nr. 37 EStG),
- Steuerfreie Gestellung eines PC, Datenverarbeitungs- oder Telekommunikationsgeräts (§ 3 Nr. 45 EStG),
- Steuerfreies Aufladen von Elektrofahrzeugen einschließlich Nutzungsüberlassung der Ladevorrichtungen (§ 3 Nr. 46 EStG),
- Steuerfreie Trinkgelder (§ 3 Nr. 51 EStG).

Vgl. auch die Erläuterungen unter der nachfolgenden Nr. 11.

3. Pauschal besteuerte Fahrtkostenzuschüsse

Werden Fahrtkostenzuschüsse des Arbeitgebers (Sachleistungen und Barzuschüsse) für **Fahrten mit öffentlichen Verkehrsmitteln** im Linienverkehr sowie im öffentlichen Personennahverkehr anstelle der Steuerbefreiung nach § 3 Nr. 15 EStG mit 25 % pauschal besteuert, wird **keine Anrechnung** auf die **Entfernungspauschale** vorgenommen (§ 40 Abs. 2 Satz 2 Nr. 2 EStG). Infolge des Verzichts auf die Anrechnung dieser pauschal besteuerten Arbeitgeberleistungen auf die Entfernungspauschale müssen die Beträge vom Arbeitgeber auch nicht in der elektronischen Lohnsteuerbescheinigung angegeben werden. Auch eine gesonderte **Aufzeichnung im Lohnkonto ist nicht vorzunehmen,** da nach der Gesetzesbegründung eine individuelle Zurechnung der Arbeitgeberleistungen auf den einzelnen Arbeitnehmer nicht erforderlich ist. Vgl. zu pauschal besteuerten Fahrtkostenzuschüssen im Einzelnen nachfolgende Nr. 10 Buchstabe b.

4. Steuerfreie Fahrtkostenzuschüsse

Der Arbeitgeber hat sowohl in den Fällen von steuerfreien Sachleistungen und Barzuschüssen für Fahrberechtigungen des Arbeitnehmers als auch bei einem Nutzungsverzicht des Arbeitnehmers auf Fahrberechtigungen **Auf-**

1) Die Lohnsteuer-Durchführungsverordnung (LStDV) ist als Anhang 1 im **Steuerhandbuch für das Lohnbüro 2021** abgedruckt, das im selben Verlag erschienen ist.

Lohn- steuer- pflichtig | Sozial- versich.- pflichtig

zeichnungen im jeweiligen Lohnkonto des Arbeitnehmers zu führen, um zutreffende Angaben in der Lohnsteuerbescheinigung machen zu können. Vgl. hierzu die Erläuterungen und Beispiele unter Nr. 11 Buchstabe d.

5. Sozialversicherungsbeiträge bei steuerfreien Auslandseinkünften

Ist im Bescheinigungszeitraum sowohl steuerpflichtiger als auch nach einem Doppelbesteuerungsabkommen oder dem Auslandstätigkeiterlass steuerfreier Arbeitslohn vorhanden, darf nur der Anteil der Sozialversicherungsbeiträge in der Lohnsteuerbescheinigung angegeben werden, der sich nach dem **Verhältnis des steuerpflichtigen Arbeitslohns zum gesamten Arbeitslohn** ergibt. Diese Verhältnisrechnung ist auch dann durchzuführen, wenn der steuerpflichtige Arbeitslohn die für die Beitragsberechnung maßgebende Beitragsbemessungsgrenze übersteigt. Steuerpflichtige Arbeitslohnanteile, die unabhängig von der Beitragsbemessungsgrenze nicht der Sozialversicherungspflicht unterliegen, sind in die Verhältnisrechnung nicht mit einzubeziehen.

Vgl. nachfolgende Nr. 14 Buchstabe d und das Stichwort „Lohnsteuerbescheinigung" unter Nr. 24.

Gliederung:

Lohn- steuer- pflichtig | Sozial- versich.- pflichtig

1. Allgemeines

Der Arbeitgeber hat am Ort der lohnsteuerlichen Betriebsstätte für **jeden Arbeitnehmer** und **jedes Kalenderjahr** ein Lohnkonto zu führen (§ 41 Abs. 1 EStG). Eine besondere Form des Lohnkontos ist nicht vorgeschrieben; sie hängt weitgehend von der Art der Lohnabrechnung ab. Bedient sich der Arbeitgeber noch der personellen (manuellen) Lohnabrechnung, dann wird dem Lohnkonto in Karteiform der Vorzug zu geben sein. Bei maschineller Lohnabrechnung empfiehlt es sich, für jeden Arbeitnehmer ein sog. Stammblatt zu führen, das alle für den Lohnsteuerabzug maßgebenden Merkmale enthält. Dieses Stammblatt ist mit den für jeden Lohnzahlungszeitraum erstellten Lohn- und Gehaltsabrechnungen zu verbinden. Die aus steuerlicher Sicht erforderlichen Angaben ergeben sich im Einzelnen aus §§ 4 und 5 LStDV[1]; sie sind nachfolgend dargestellt (wegen der sozialversicherungsrechtlichen Aufzeichnungspflichten wird auf die Erläuterungen in Teil B Nr. 7 auf Seite 14 hingewiesen).

Der Arbeitgeber hat für **jeden** Arbeitnehmer ein **eigenes** Lohnkonto zu führen (gleichgültig ob der Arbeitnehmer beschränkt oder unbeschränkt steuerpflichtig ist). Zur Führung eines Sammellohnkontos vgl. die Erläuterungen unter der nachfolgenden Nr. 19.

L

2. Anlegen eines neuen Lohnkontos für 2021

Zu Beginn eines Kalenderjahres ist stets ein **neues** Lohnkonto anzulegen. In dieses Lohnkonto sind einzutragen:

a) **Persönliche Angaben** wie Vorname, Familienname, Geburtsdatum, Anschrift und Identifikationsnummer des jeweiligen Arbeitnehmers,

b) **Steuerklasse**/Faktor, Zahl der **Kinderfreibeträge** und **Religionszugehörigkeit;**[2] Entsprechendes gilt für die Religionszugehörigkeit des Ehegatten/Lebenspartners des Arbeitnehmers, wenn dieser einer anderen steuererhebenden Religionsgemeinschaft angehört (vgl. die Erläuterungen zum sog. Halbteilungsgrundsatz beim Stichwort „Kirchensteuer" unter Nr. 6 Buchstabe b),

c) jährliche und monatliche (wöchentlich, tägliche) **Freibeträge** und **Hinzurechnungsbeträge** und

d) die **Beschäftigungsdauer** im Kalenderjahr 2021.

Der Arbeitgeber hat die individuellen **Lohnsteuerabzugsmerkmale** des Arbeitnehmers einschließlich etwaiger Änderungen im Laufe des Jahres und den jeweiligen Gültigkeitszeitraum in das Lohnkonto zu übernehmen.

3. Aufzeichnungen für die Eintragung der Buchstaben F, FR, M, S und U in die Lohnsteuerbescheinigung 2021

In Zeile 2 des amtlichen Vordrucks für die (elektronische) Lohnsteuerbescheinigung 2021 sind die Buchstaben **F,**

1) Die Lohnsteuer-Durchführungsverordnung (LStDV) ist als Anhang 1 im **Steuerhandbuch für das Lohnbüro 2021** abgedruckt, das im selben Verlag erschienen ist.

2) Im Lohnkonto ist auch der Zeitraum festzuhalten, für den wegen schuldhafter Nichtvorlage der Lohnsteuerabzugsmerkmale die Lohnsteuer nach Steuerklasse VI einbehalten wurde (vgl. hierzu „Nichtvorlage der Lohnsteuerabzugsmerkmale" unter Nr. 5).

FR, M, S und **U** einzutragen, wenn die Voraussetzungen vorliegen, an die der Gesetzgeber die Verpflichtung zur Eintragung geknüpft hat. Der Arbeitgeber muss deshalb bereits im Laufe des Kalenderjahres durch entsprechende Aufzeichnungen im Lohnkonto dafür sorgen, dass er beim vorzeitigen Ausscheiden des Arbeitnehmers oder am Ende des Kalenderjahres diese gesetzlich auferlegten Pflichten erfüllen kann. Die früher vorgeschriebene Eintragung des Buchstabens B bei Anwendung der Besonderen Lohnsteuertabelle ist seit 1.1.2010 weggefallen, obwohl es nach wie vor eine Besondere Lohnsteuertabelle mit einer gekürzten Vorsorgepauschale gibt (vgl. die Erläuterungen beim Stichwort „Lohnsteuertabellen"). Im Einzelnen gilt für die Eintragung Folgendes:

- Eintragung des Buchstabens **„F"** im Lohnkonto, wenn der Arbeitgeber den Arbeitnehmer in dem betreffenden Lohnzahlungszeitraum unentgeltlich oder verbilligt von der Wohnung zur ersten Tätigkeitsstätte befördert hat (vgl. die Erläuterungen beim Stichwort „Sammelbeförderung" besonders unter Nr. 3).
- Eintragung des Buchstabens **„FR"** im Lohnkonto, wenn für einen französischen Grenzgänger aufgrund der Grenzgängerregelung von einem Lohnsteuerabzug abzusehen ist. Der Großbuchstabe „FR" ist um das Bundesland zu ergänzen, in dem der Grenzgänger im Bescheinigungszeitraum zuletzt tätig war („FR1" für Baden-Württemberg, „FR2" für Rheinland-Pfalz und „FR3" für Saarland). Die Eintragungen dienen der Feststellung des Ausgleichsanspruchs im Rahmen des zwischen Deutschland und Frankreich vereinbarten Fiskalausgleichs. Vgl. auch die Stichworte „Grenzgänger" unter Nr. 3 und „Lohnsteuerbescheinigung" unter Nr. 3 Buchstabe e.
- Eintragung des Buchstabens **„M"** im Lohnkonto, wenn dem Arbeitnehmer anlässlich einer beruflich veranlassten **Auswärtstätigkeit** oder im Rahmen einer **doppelten Haushaltsführung** vom Arbeitgeber oder auf dessen Veranlassung von einem Dritten eine mit dem amtlichen Sachbezugswert zu bewertende **Mahlzeit** (= Preis der Mahlzeit bis 60 €) zur Verfügung gestellt worden ist. Sofern das Betriebsstättenfinanzamt für steuerfrei gezahlte Reisekostenvergütungen eine andere Aufzeichnung als im Lohnkonto zugelassen hat, war bis einschließlich 2018 eine Aufzeichnung des Buchstabens M nicht erforderlich. Diese Übergangsregelung ist zum 31.12.2018 endgültig ausgelaufen und **seit 2019** ist die **Eintragung** des Großbuchstabens **„M"** in der Lohnsteuerbescheinigung **verpflichtend** (vgl. die Erläuterungen und Beispiele unter der nachfolgenden Nr. 11 Buchstabe c sowie in Anhang 4 „Reisekosten bei Auswärtstätigkeiten" unter Nr. 10 Buchstabe f).
- Eintragung des Buchstabens **„S"** im Lohnkonto, wenn bei der Besteuerung eines **sonstigen Bezugs** der Arbeitslohn aus einem früheren Dienstverhältnis bei der Ermittlung des voraussichtlichen Jahresarbeitslohns außer Betracht geblieben ist (vgl. die Erläuterungen beim Stichwort „Sonstige Bezüge" unter Nr. 4 Buchstabe b auf Seite 880).
- Eintragung des Buchstabens **„U"** im Lohnkonto, wenn der **Arbeitslohn für mindestens fünf aufeinanderfolgende Arbeitstage im Wesentlichen wegfällt** (z. B. wegen Krankheit), das Beschäftigungsverhältnis aber weiterbesteht. Nicht zu bescheinigen sind hingegen Zeiträume, in denen der Arbeitnehmer Lohnersatzleistungen erhalten hat (z. B. Kurzarbeitergeld, Winterausfallgeld, Zuschuss zum Mutterschaftsgeld nach dem Mutterschutzgesetz; vgl. die nachfolgenden Erläuterungen unter Nr. 9).

L

4. Laufende Eintragungen im Lohnkonto 2021

Der Arbeitgeber hat im Lohnkonto bei der Abrechnung von laufendem Arbeitslohn und sonstigen Bezügen Folgendes einzutragen:

a) Den Tag der jeweiligen Lohnzahlung und den Lohnzahlungszeitraum (z. B. „19.1.2021" für „3. Lohnwoche").

b) Den **steuerpflichtigen Bruttoarbeitslohn,** getrennt nach Barlohn und Sachbezügen. Ein eventuell bei der Lohnabrechnung gekürzter Altersentlastungsbetrag, Versorgungsfreibetrag oder Zuschlag zum Versorgungsfreibetrag dürfen **nicht** vom Bruttolohn abgezogen werden; die Berücksichtigung des Altersentlastungsbetrags oder der Versorgungsfreibeträge ist jedoch bei der Berechnung der Lohnsteuer gesondert zu vermerken. Für Versorgungsbezüge gelten erweiterte Aufzeichnungspflichten (vgl. nachfolgend unter Nrn. 8 und 15). Die vom Arbeitgeber zusätzlich gezahlten vermögenswirksamen Leistungen müssen ebenfalls im steuerpflichtigen Bruttoarbeitslohn enthalten sein.

Sog. Belegschaftsspenden gehören nicht zum steuerpflichtigen Arbeitslohn. Hier ist zumindest der Verzicht des Arbeitnehmers auf den jeweiligen Arbeitslohn im Lohnkonto zu dokumentieren (vgl. „Arbeitszeitkonto" unter Nr. 3 Buchstabe e und „Spenden der Belegschaft").

c) Die vom Bruttoarbeitslohn einbehaltenen Steuerabzugsbeträge. Dies sind

- die **Lohnsteuer,**
- der **Solidaritätszuschlag** und
- die **Kirchensteuer.**

Diese Abzugsbeträge sind getrennt voneinander im Lohnkonto einzutragen.

d) Trägt der Arbeitgeber im Falle der **Nettolohnzahlung** die auf den Arbeitslohn entfallende Steuer selbst, ist in jedem Fall der durch Abtasten der Lohnsteuertabelle ermittelte Bruttoarbeitslohn und die hierauf entfallende Lohn- und Kirchensteuer sowie der Solidaritätszuschlag einzutragen (vgl. „Nettolöhne").

5. Sachbezüge

Sachbezüge sind im Lohnkonto einzeln zu bezeichnen und einzutragen (Angabe des Tags der Abgabe, des Abgabeorts und des ggf. hierfür vom Arbeitnehmer gezahlten Entgelts; bei laufenden Sachbezügen ist der Abgabezeitraum an Stelle des Abgabetags anzugeben). Einzutragen ist der für steuerliche Zwecke maßgebende Wert. Dies kann entweder der amtliche Sachbezugswert sein, wenn für diesen Sachbezug amtliche Werte festgesetzt und anwendbar sind, oder es sind der ortsübliche Preis bzw. der günstigste Marktpreis. Der Arbeitgeber hat die Grundlagen für den ermittelten und der Lohnversteuerung zugrunde gelegten Endpreis als Belege zum Lohnkonto aufzubewahren, zu dokumentieren und dem Arbeitnehmer auf Verlangen formlos mitzuteilen. Hierdurch erhält der Arbeitnehmer die Möglichkeit, etwaige, zu seinen Gunsten bestehende Bewertungswahlrechte auszuüben (vgl. u. a. die Stichwörter „Firmenwagen zur privaten Nutzung" unter Nr. 3 Buchstabe c zur Einzelbewertung der Fahrten zwischen Wohnung und erster Tätigkeitsstätte sowie unter Nr. 15 Buchstabe a bei einer Fahrergestellung, „Sachbezüge" unter Nr. 3 Buchstabe c und „Zinsersparnisse und Zinszuschüsse" am Ende der Nr. 2). Waren und Dienstleistungen, auf deren unentgeltliche oder verbilligte Abgabe der Rabattfreibetrag (vgl. „Rabatte, Rabattfreibetrag") anwendbar ist, sind gesondert zu kennzeichnen und **ohne Kürzung um den Rabattfreibetrag von 1080 €** im Lohnkonto einzutragen. Zu den Aufzeichnungsvorschriften bei sog. Personalrabatten und den hierfür geltenden Aufzeichnungserleichterungen vgl. das Stichwort „Rabatte, Rabattfreibetrag" unter Nr. 11. In das Lohnkonto sind auch solche Sachbezüge einzutragen, die in Anwendung der für geringfügige Sachbezüge geltenden monatlichen 44-Euro-Freigrenze steuerfrei bleiben (vgl. „Sachbezüge" unter Nr. 4); zu Aufzeichnungserleichterungen vgl. das Stichwort „Sachbezüge" unter Nr. 6.

Lohnsteuerpflichtig | Sozialversich.-pflichtig

Werden in den Fällen der **Firmenwagengestellung** vom Arbeitnehmer selbst getragene Kfz-Kosten auf den geldwerten Vorteil angerechnet, hat der Arbeitgeber die Erklärungen des Arbeitnehmers und die Belege zum Lohnkonto zu nehmen. Vgl. hierzu das Stichwort „Firmenwagen zur privaten Nutzung" besonders unter Nr. 9 Buchstabe d.

Zu Aufzeichnungserleichterungen bei gesetzlich steuerfreiem Arbeitslohn vgl. nachfolgende Nr. 11.

6. Sonstige Bezüge

Handelt es sich bei dem gezahlten Arbeitslohn um einen **sonstigen Bezug,** der nach der Jahreslohnsteuertabelle besteuert worden ist, sind die Aufzeichnungen im Lohnkonto in gleicher Weise vorzunehmen, wie beim laufenden Arbeitslohn.

Ist bei der Besteuerung eines **sonstigen Bezugs** der Arbeitslohn aus einem **früheren Dienstverhältnis** nicht in die Ermittlung des voraussichtlichen Jahresarbeitslohns einbezogen worden, ist dies im Lohnkonto durch die Eintragung des Großbuchstabens **„S"** zu vermerken (§ 41 Abs. 1 Satz 6 EStG, vgl. die ausführlichen Erläuterungen beim Stichwort „Sonstige Bezüge" unter Nr. 4 Buchstabe b auf Seite 880).

Sonstige Bezüge, die pauschal mit einem besonders ermittelten Pauschsteuersatz besteuert werden, sind gesondert im Lohnkonto aufzuzeichnen, damit die hierfür geltende 1000-Euro-Grenze (vgl. „Pauschalierung der Lohnsteuer" unter Nr. 2) vom Finanzamt nachgeprüft werden kann (vgl. auch nachfolgende Nr. 10 Buchstabe c).

7. Arbeitslohn für mehrere Jahre und Entschädigungen

Arbeitslohn für mehrere Jahre und Entschädigungen muss der Arbeitgeber in eine besondere Zeile der elektronischen Lohnsteuerbescheinigung eintragen, wenn er die ermäßigte Besteuerung in Form der sog. **Fünftelregelung** angewendet hat. Für diese Eintragung ist die Zeile 10 der Lohnsteuerbescheinigung vorgesehen. Um diese Eintragungen vornehmen zu können, ist bereits bei der Führung des Lohnkontos Folgendes zu beachten:

Ermäßigt besteuerter Arbeitslohn für mehrere Jahre einerseits und ermäßigt besteuerte Entschädigungen andererseits müssen **nicht voneinander getrennt** im Lohnkonto eingetragen und nicht getrennt in der Lohnsteuerbescheinigung angegeben werden. Eine getrennte Bescheinigung sieht das Muster der elektronischen Lohnsteuerbescheinigung 2021 nicht vor. Denn sowohl die ermäßigte Besteuerung von Arbeitslohn für eine mehrjährige Tätigkeit als auch die ermäßigte Besteuerung von Entschädigungen erfolgt einheitlich nach der sog. Fünftelmethode. Deshalb wurde vom Gesetzgeber eine getrennte Eintragung dieser ermäßigt besteuerten Bezüge weder im Lohnkonto noch in der elektronischen Lohnsteuerbescheinigung vorgeschrieben.

Es erscheint jedoch zweckmäßig, diese ermäßigt besteuerten Bezüge **getrennt** im Lohnkonto aufzuzeichnen, und zwar nicht nur dann, wenn diese Vergütungen ermäßigt besteuert wurden, sondern auch in den Fällen, in denen die Voraussetzungen für eine Anwendung der sog. Fünftelregelung nicht vorgelegen haben, und zwar aus folgenden Gründen:

Es gibt Fälle, in denen die ermäßigte Besteuerung nach der sog. Fünftelmethode zu einer höheren Steuer führt, als der normale Lohnsteuerabzug (vgl. die Erläuterungen beim Stichwort „Sonstige Bezüge" unter Nr. 6 Buchstabe a auf Seite 882). Der Arbeitgeber darf deshalb in solch einem Fall die Fünftelregelung **nicht** anwenden. Der Arbeitnehmer kann jedoch die ermäßigte Besteuerung sowohl bei Arbeitslohn für eine mehrjährige Tätigkeit als auch bei Entschädigungen nach Ablauf des Kalenderjahres im Wege einer Veranlagung zur Einkommensteuer nochmals gesondert beantragen, weil sich durch die Zusammenrechnung mit anderen Einkünften oder durch eine Zusammenveranlagung mit dem Ehegatten[1] eine Steuervergünstigung ergeben kann. Hierzu benötigt er aber eine gesonderte Bescheinigung seines Arbeitgebers, weil die „normal" versteuerten Entschädigungen und Arbeitslöhne für eine mehrjährige Tätigkeit im steuerpflichtigen Bruttoarbeitslohn enthalten sind, der in Zeile 3 auf der Lohnsteuerbescheinigung 2021 einzutragen ist. Diese vom Arbeitnehmer ggf. benötigte besondere Bescheinigung kann der Arbeitgeber ohne zusätzlichen Arbeitsaufwand nur dann erteilen, wenn er den Arbeitslohn für mehrere Jahre und die Entschädigungen **bereits im Laufe des Jahres getrennt im Lohnkonto aufgezeichnet hat,** und zwar unabhängig davon, ob diese Bezüge in Anwendung der Fünftelregelung ermäßigt besteuert wurden oder nicht. Für diese gesonderte Bescheinigung der „normal" versteuerten Entschädigungen und dem Arbeitslohn für mehrere Jahre enthält die elektronische Lohnsteuerbescheinigung für das Kalenderjahr 2021 ein eigenes Eintragungsfeld (Zeile 19). Hierdurch erübrigt sich das Ausstellen von zusätzlichen gesonderten Bescheinigungen neben der Lohnsteuerbescheinigung.

Zu beachten ist auch, dass im Gegensatz zu Entschädigungen der Arbeitslohn für mehrere Jahre in der Regel beitragspflichtig ist.

8. Versorgungsbezüge

Zum steuerpflichtigen Arbeitslohn gehören nach § 19 Abs. 1 Satz 1 Nr. 2 EStG auch sog. Versorgungsbezüge (vgl. „Versorgungsbezüge, Versorgungsfreibetrag"). Lohnsteuerpflichtige Versorgungsbezüge sind insbesonders die sog. **Betriebsrenten** der Werkspensionäre und die **Ruhegehälter** der **Beamtenpensionäre,** da diese Bezüge nicht auf eigenen Beitragsleistungen des Arbeitnehmers, sondern auf einer **Versorgungszusage des Arbeitgebers** beruhen.

Für lohnsteuerpflichtige Versorgungsbezüge wird nach § 19 Abs. 2 EStG ein Versorgungsfreibetrag und ein Zuschlag zum Versorgungsfreibetrag gewährt. Diese „steuerbegünstigten Versorgungsbezüge" müssen im Lohnkonto gesondert aufgezeichnet und in eine besondere Zeile der Lohnsteuerbescheinigung eingetragen werden. In der Lohnsteuerbescheinigung für das Kalenderjahr 2021 ist dies die Zeile 8. Steuerbegünstigte (= ermäßigt besteuerte) Versorgungsbezüge für mehrere Kalenderjahre sind in Zeile 9 der Lohnsteuerbescheinigung für das Kalenderjahr 2021 einzutragen.

Seit 1.1.2005 sind zusätzliche Aufzeichnungs- und Bescheinigungspflichten hinzugekommen, denn § 4 Abs. 1 Nr. 4 LStDV[2] schreibt vor, dass bei Versorgungsbezügen die „für eine zutreffende Berechnung des Versorgungsfreibetrags und des Zuschlags zum Versorgungsfreibetrag erforderlichen Angaben" im Lohnkonto aufzuzeichnen sind. Was dies genau bedeutet, ist unter der nachfolgenden Nr. 15 im Einzelnen erläutert.

9. Eintragung des Buchstabens „U" im Lohnkonto

Der Großbuchstabe **„U"** ist in den Fällen im Lohnkonto einzutragen, in denen das Beschäftigungsverhältnis zwar weiterbesteht, der Anspruch auf Arbeitslohn aber für mindestens **fünf** aufeinander folgende **Arbeitstage im Wesentlichen weggefallen** ist (U steht für **Unterbrechung**). Die Eintragung des genauen Zeitraums ist nicht erforderlich (§ 41 Abs. 1 Satz 5 EStG). Als „wesentlich" in diesem Sinne sind immer die Grundbezüge des Arbeitnehmers anzusehen. Von einem wesentlichen Wegfall des Arbeits-

1) Die Regelungen im Einkommensteuergesetz zu Ehegatten und Ehen (z. B. der sog. Splittingvorteil) sind auch auf Lebenspartner und Lebenspartnerschaften anzuwenden (Generalklausel des § 2 Abs. 8 EStG).

2) Die Lohnsteuer-Durchführungsverordnung (LStDV) ist als Anhang 1 im **Steuerhandbuch für das Lohnbüro 2021** abgedruckt, das im selben Verlag erschienen ist.

Lohn-steuer-pflichtig Sozial-versich.-pflichtig

lohns ist somit immer dann auszugehen, wenn der Arbeitgeber während der Unterbrechung lediglich die vermögenswirksamen Leistungen weiterzahlt. Gleiches gilt, wenn der Arbeitgeber nach Wegfall der Lohnfortzahlung einen steuerpflichtigen Zuschuss zum (steuerfreien) Krankengeld gewährt oder während einer Unterbrechung lediglich die Beiträge zu einer Direktversicherung oder Unfallversicherung weiterzahlt. Außerdem ist von einem wesentlichen Wegfall des Anspruchs auf Arbeitslohn auszugehen, wenn während unbezahlter Fehlzeiten (z. B. **Elternzeit**) eine Beschäftigung mit reduzierter Arbeitszeit aufgenommen wird.

Weiterhin stellt sich die Frage, welcher Zeitraum unter „fünf aufeinander folgenden Arbeitstagen" zu verstehen ist.

Beispiel A

Der Arbeitnehmer bezieht Krankengeld für eine Woche, und zwar vom 29.1.2021 (Freitag) bis 4.2.2021 (Donnerstag). Samstag und Sonntag wird in dem Betrieb nicht gearbeitet. Frage: Handelt es sich um fünf **zusammenhängende** Arbeitstage? Antwort: Ja, weil der Zeitraum von „fünf zusammenhängenden Arbeitstagen" durch Sonn- und Feiertage, arbeitsfreie Samstage oder andere arbeitsfreie Werktage (sog. Freizeittage) nicht unterbrochen wird. Unbeachtlich ist auch, dass die Tage in zwei verschiedenen Lohnzahlungszeiträumen liegen. Der Arbeitgeber hat im Lohnkonto 2021 ein „U" einzutragen.

Ein „U" ist demnach im Lohnkonto und auf der Lohnsteuerbescheinigung z. B. in folgenden Fällen zu vermerken:

- Bezug von Krankengeld für fünf oder mehr Arbeitstage nach Ablauf der Lohnfortzahlung (mit oder ohne Zuschuss des Arbeitgebers).
- Bezug von sog. Kinder-Krankengeld wegen Pflege eines Kindes für fünf oder mehr Arbeitstage (vgl. „Kinder-Krankengeld").
- Bezug von Elterngeld.
- Bezug von Mutterschaftsgeld (ohne Zuschuss des Arbeitgebers).
- Unbezahlter Urlaub für fünf oder mehr Arbeitstage.
- Eine Wehrübung von mindestens fünf Tagen ohne Lohnfortzahlung durch den Arbeitgeber.
- Elternzeit und zwar auch dann, wenn während der Elternzeit eine Beschäftigung mit reduzierter Arbeitszeit beim selben Arbeitgeber aufgenommen wird (R 41.2 Satz 1 LStR).
- Pflegezeit, wenn der Anspruch auf Arbeitslohn durch die Inanspruchnahme der Pflegezeit für mindestens fünf aufeinanderfolgende Arbeitstage im Wesentlichen wegfällt.

L

Für **jeden einzelnen Unterbrechungszeitraum** ist ein neuer Buchstabe „U" einzutragen.

Beispiel B

Ein Arbeitnehmer nimmt an einer viertägigen Wehrübung (ohne Lohnfortzahlung) teil; er nimmt anschließend einen Tag unbezahlten Urlaub. Es handelt sich um einen (einheitlichen) Unterbrechungszeitraum, auch wenn diesem zwei unterschiedliche Sachverhalte zugrunde liegen. Im Lohnkonto ist nur ein „U" einzutragen.

Beispiel C

Der Arbeitnehmer nimmt im Januar 2021 und im Juli 2021 jeweils eine Woche unbezahlten Urlaub.

Es handelt sich um zwei Unterbrechungszeiträume. Im Lohnkonto und in der Lohnsteuerbescheinigung sind jeweils zwei „U" einzutragen. Es spielt keine Rolle, dass der Sachverhalt („unbezahlter Urlaub") im Januar und Juli der gleiche ist.

Der Unterbrechungszeitraum von fünf Arbeitstagen bezieht sich auf das Kalenderjahr. Bei Unterbrechungen, die sich über den Jahreswechsel hinaus erstrecken, ist deshalb jedes Kalenderjahr für sich zu betrachten.

Beispiel D

Ein Arbeitnehmer nimmt vom 30.12.2021 bis 6.1.2022 unbezahlten Urlaub. In das Kalenderjahr 2021 fallen zwei Arbeitstage (der 30. und der 31. Dezember 2021). In das Kalenderjahr 2022 fallen vier Arbeitstage (der 3., 4., 5. und der 6. Januar 2022). Da jedes Kalenderjahr für sich zu betrachten ist, ist weder im Lohnkonto 2021 noch im Lohnkonto 2022 ein U einzutragen.

Lohn-steuer-pflichtig Sozial-versich.-pflichtig

Kein „U" ist beim Bezug von Kurzarbeiter- oder Saison-Kurzarbeitergeld zu vermerken. Ebenso ist kein „U" zu vermerken, wenn zum Mutterschaftsgeld ein Arbeitgeberzuschuss gezahlt wird. Denn sowohl das Kurzarbeitergeld als auch das Saison-Kurzarbeitergeld sowie der Arbeitgeberzuschuss zum Mutterschaftsgeld sind mit den ausgezahlten Beträgen im Lohnkonto und auch in der elektronischen Lohnsteuerbescheinigung gesondert einzutragen, und zwar in Zeile 15 der Lohnsteuerbescheinigung 2021. Daher bedarf es keines zusätzlichen Eintrags des Buchstabens U (§ 41 Abs. 1 Satz 5 i. V. m. Satz 4 EStG). Die vorstehenden Ausführungen gelten entsprechend bei Zahlung einer Entschädigung für Verdienstausfall nach dem Infektionsschutzgesetz, von Aufstockungsbeträgen nach dem Altersteilzeitgesetz, von Altersteilzeitzuschlägen oder eines Zuschusses bei Beschäftigungsverboten für die Zeit vor oder nach einer Entbindung sowie für den Entbindungstag während der Elternzeit nach beamtenrechtlichen Vorschriften.[1)]

Die Kennzeichnung der elektronischen Lohnsteuerbescheinigung mit dem Buchstaben U soll das Finanzamt bei der Veranlagung zur Einkommensteuer darauf hinweisen, dass der Arbeitnehmer Lohnersatzleistungen bezogen haben kann, die dem Progressionsvorbehalt unterliegen. Darüber hinaus ist der Lohnsteuer-Jahresausgleich durch den Arbeitgeber ausgeschlossen, wenn der Buchstabe U im Lohnkonto eingetragen oder auf der elektronischen Lohnsteuerbescheinigung vermerkt ist (vgl. „Lohnsteuer-Jahresausgleich durch den Arbeitgeber" unter Nr. 3).

10. Pauschal besteuerter Arbeitslohn

a) Allgemeines

Pauschal besteuerter Arbeitslohn ist **gesondert** im Lohnkonto einzutragen. Denn diese gesondert einzutragenden Beträge sind bei der Ermittlung des lohnsteuerpflichtigen Bruttoarbeitslohns, der in Zeile 3 der Lohnsteuerbescheinigung 2021 zu bescheinigen ist, **nicht** mitzuzählen. Im Einzelnen gilt Folgendes:

b) Pauschal besteuerte Fahrtkostenzuschüsse für Fahrten zwischen Wohnung und erster Tätigkeitsstätte

Wird der Zuschuss des Arbeitgebers zu den Aufwendungen des Arbeitnehmers für Fahrten zwischen Wohnung und erster Tätigkeitsstätte pauschal mit 15 % besteuert, muss der pauschal besteuerte Fahrtkostenzuschuss und die darauf entfallende pauschale Lohn- und Kirchensteuer sowie der Solidaritätszuschlag im Lohnkonto getrennt vom übrigen Gehalt des Arbeitnehmers aufgezeichnet werden. Denn einerseits bleibt zwar der pauschal besteuerte Arbeitslohn bei dem in Zeile 3 der Lohnsteuerbescheinigung 2021 einzutragenden Bruttoarbeitslohn außer Betracht, andererseits muss aber der pauschal besteuerte Fahrtkostenzuschuss (ohne die Steuerabzugsbeträge) gesondert in Zeile 18 der Lohnsteuerbescheinigung 2021 eingetragen werden. Die Steuerbefreiung von Leistungen des Arbeitgebers (Sachbezug = Ticketüberlassung oder Zuschüsse zum Ticket) für Fahrten zwischen Wohnung und erster Tätigkeitsstätte mit öffentlichen Verkehrsmitteln im Linienverkehr (§ 3 Nr. 15 EStG) setzt voraus, dass die Leistungen zusätzlich zum ohnehin geschuldeten Arbeitslohn gewährt werden. In den Fällen der Gehaltsumwandlung zugunsten eines (Job-)Tickets (Sachleistung) scheidet daher eine Steuerbefreiung aus. Vorteile bis 44 € monatlich bleiben allerdings in diesen

1) Die beiden zuletzt genannten Zuschläge bzw. Zuschüsse werden nur an Arbeitnehmer und Arbeitnehmerinnen im öffentlichen Dienst gezahlt; sie haben deshalb für Arbeitgeber in der privaten Wirtschaft keine Bedeutung.

Lohn-steuer-pflichtig Sozial-versich.-pflichtig

Fällen aufgrund der Anwendung der 44-Euro-Freigrenze für Sachbezüge steuer- und beitragsfrei, sofern diese noch nicht anderweitig ausgeschöpft wurde. Bei Übersteigen dieser Grenze wäre der dann steuerpflichtige Sachbezug aus der Job-Ticket-Überlassung für die Fahrten zur Arbeit ebenfalls pauschalierungsfähig mit 15 %. Auch dieser pauschal besteuerte Sachbezug wäre im Lohnkonto des Arbeitnehmers aufzuzeichnen und gesondert in Zeile 18 der Lohnsteuerbescheinigung 2021 einzutragen (vgl. hierzu die ausführlichen Erläuterungen beim Stichwort „Fahrten zwischen Wohnung und erster Tätigkeitsstätte" unter Nr. 5).

Ebenso ist zu verfahren, wenn in den Fällen der Firmenwagengestellung der geldwerte Vorteil für die Fahrten zwischen Wohnung und erster Tätigkeitsstätte mit 15 % pauschal besteuert worden ist (vgl. „Firmenwagen zur privaten Nutzung" unter Nr. 13).

Werden die Arbeitgeberleistungen (Sachleistungen und Barzuschüsse) mit 25 % pauschal besteuert, wird keine Anrechnung auf die Entfernungspauschale vorgenommen (§ 40 Abs. 2 Satz 2 Nr. 2 EStG). Infolge des Verzichts auf die Anrechnung dieser pauschal besteuerten Arbeitgeberleistungen auf die Entfernungspauschale müssen die Beträge vom Arbeitgeber auch nicht in der elektronischen Lohnsteuerbescheinigung angegeben werden. Auch eine gesonderte Aufzeichnung im Lohnkonto ist nicht vorzunehmen, da nach der Gesetzesbegründung eine individuelle Zurechnung der Arbeitgeberleistungen auf den einzelnen Arbeitnehmer nicht erforderlich ist. Der administrative Aufwand beim Arbeitgeber soll bewusst verringert werden. Vgl. zur Pauschalbesteuerung der Arbeitgeberleistungen mit 25 % das Stichwort „Fahrten zwischen Wohnung und erster Tätigkeitsstätte" unter Nr. 5.

Die vorstehenden Ausführungen gelten entsprechend bei pauschal besteuerten Fahrtkostenzuschüssen für Fahrten zu einem Arbeitgeber-Sammelpunkt oder zu einem weiträumigen Tätigkeitsgebiet (vgl. hierzu das Stichwort „Entfernungspauschale" unter Nr. 11). Sie gelten auch dann, wenn die Pauschalbesteuerung Privatfahrten des Arbeitnehmers umfasst.

c) Sonstiger pauschal besteuerter Arbeitslohn

Bezüge, die mit einem **festen** Pauschsteuersatz nach § 40 Abs. 2 EStG besteuert worden sind und die darauf entfallende Lohn- und Kirchensteuer sowie der Solidaritätszuschlag sind gesondert im Lohnkonto einzutragen; hierunter fallen außer den Fahrtkostenzuschüssen:

- Mahlzeiten, Erholungsbeihilfen, Übereignung von Datenverarbeitungsgeräten (z. B. Computern), Internetzuschüsse, Betriebsveranstaltungen, Übereignung von Ladevorrichtungen sowie entsprechende Arbeitgeberzuschüsse für den Erwerb und die Nutzung solcher Ladevorrichtungen für private Elektrofahrzeuge der Arbeitnehmer, Übereignung von Fahrrädern;
- steuerpflichtige Teile von Reisekostenvergütungen.

Wegen der Möglichkeit diese pauschal besteuerten Zuwendungen in einem Sammellohnkonto einzutragen vgl. Nr. 19.

Beiträge zu Unfallversicherungen, die nach § 40b EStG mit dem festen Pauschsteuersatz von 20 % besteuert wurden, sind ebenfalls gesondert im Lohnkonto einzutragen. Zur Aufzeichnung von Beiträgen zur betrieblichen Altersversorgung vgl. die ausführlichen Erläuterungen unter der nachfolgenden Nr. 13.

Außer den Bezügen, die mit einem festen Pauschsteuersatz besteuert wurden, müssen auch Bezüge, die mit einem **besonderen** Pauschsteuersatz besteuert worden sind, und die darauf entfallende Lohn- und Kirchensteuer sowie der Solidaritätszuschlag ebenfalls gesondert im Lohnkonto eingetragen werden.

Lohn-steuer-pflichtig Sozial-versich.-pflichtig

Hierunter fallen:

- sonstige Bezüge bis 1000 € jährlich je Arbeitnehmer in einer größeren Zahl von Fällen (vgl. „Pauschalierung der Lohnsteuer" unter Nr. 2);
- Nacherhebung von Lohnsteuer insbesondere aufgrund einer Lohnsteuer-Außenprüfung in einer größeren Zahl von Fällen (vgl. „Pauschalierung der Lohnsteuer" unter Nr. 3).

Wegen der Möglichkeit, diesen pauschal besteuerten Arbeitslohn in einem Sammellohnkonto einzutragen, vgl. nachfolgende Nr. 19.

Die nach § 37b EStG pauschal besteuerten Zuwendungen müssen **nicht** im Lohnkonto aufgezeichnet werden (vgl. das Stichwort „Pauschalierung der Lohnsteuer für Belohnungsessen, Incentive-Reisen, VIP-Logen und ähnliche Sachbezüge"). Zur Aufzeichnung und Bescheinigung von Sozialversicherungsbeiträgen in diesen Fällen vgl. aber nachfolgende Nr. 14 Buchstabe d.

11. Steuerfreier Arbeitslohn

a) Allgemeines

Grundsätzlich sind alle steuerfreien Bezüge im Lohnkonto aufzuzeichnen. Durch die sog. Fünfte Verordnung zur Änderung steuerlicher Verordnungen vom 25.6.2020 (BGBl. I S. 555) ist in der Lohnsteuer-Durchführungsverordnung klargestellt worden, dass **folgender steuerfreier Arbeitslohn nicht** im Lohnkonto des Arbeitnehmers aufzuzeichnen und daher auch nicht in der Lohnsteuerbescheinigung des Arbeitnehmers anzugeben ist (§ 4 Abs. 2 Nr. 4 LStDV[1]):

- steuerfreie Fahrradgestellung (§ 3 Nr. 37 EStG),
- steuerfreie Gestellung eines PC, Datenverarbeitungs- oder Telekommunikationsgeräts (§ 3 Nr. 45 EStG),
- steuerfreies Aufladen von Elektrofahrzeugen einschließlich Nutzungsüberlassung der Ladevorrichtungen (§ 3 Nr. 46 EStG),
- steuerfreie Trinkgelder (§ 3 Nr. 51 EStG).

Insbesondere die folgenden steuerfreien Bezüge sind aber gesondert im Lohnkonto aufzuzeichnen:

- steuerfreie Fahrtkostenzuschüsse u. a. für Fahrten zwischen Wohnung und erster Tätigkeitsstätte;
- steuerfreie Auslösungen bei doppelter Haushaltsführung, Reisekostenvergütungen oder Umzugskostenvergütungen;
- steuerfreie Arbeitgeberzuschüsse zur freiwilligen Krankenversicherung;
- steuerfreie Beihilfen, Unterstützungen, Fürsorgeleistungen, Kindergartenzuschüsse;
- steuerfreie Sachbezüge aller Art und zwar auch dann, wenn die für Sachbezüge geltende Freigrenze von monatlich 44 € nicht überschritten wird (vgl. das Stichwort „Sachbezüge" besonders unter Nr. 4).

b) Ausnahmen von der Aufzeichnungspflicht für steuerfreien Arbeitslohn

Mit **Genehmigung des Betriebsstättenfinanzamts** braucht der Arbeitgeber Reisekosten, durchlaufende Gelder, Auslagenersatz und sonstige steuerfreie Bezüge nach § 3 EStG nicht in das Lohnkonto einzutragen, wenn es sich um Fälle von geringer Bedeutung handelt oder wenn die zuverlässige Nachprüfung in anderer geeigneter Weise sichergestellt ist (z. B. durch die kaufmännische Buchführung und die dazugehörigen Belege).

Diese in § 4 Abs. 2 Nr. 4 Satz 2 LStDV[1] geregelte Ausnahmegenehmigung durch das Betriebsstättenfinanzamt

1) Die Lohnsteuer-Durchführungsverordnung (LStDV) ist als Anhang 1 im **Steuerhandbuch für das Lohnbüro 2021** abgedruckt, das im selben Verlag erschienen ist.

L

Lohn-steuer-pflichtig Sozial-versich.-pflichtig

gilt nicht für Arbeitslohn, der aufgrund eines Doppelbesteuerungsabkommens oder aufgrund des Auslandstätigkeitserlasses (vgl. diese Stichworte) nicht dem Lohnsteuerabzug unterliegt. Dieser steuerfreie Arbeitslohn ist wegen des Progressionsvorbehalts in jedem Fall getrennt vom übrigen (steuerpflichtigen) Arbeitslohn im Lohnkonto einzutragen und in der elektronischen Lohnsteuerbescheinigung gesondert zu bescheinigen. Die Freistellungsbescheinigung des Betriebsstättenfinanzamts ist als Beleg zum Lohnkonto zu nehmen. Im Lohnkonto ist ein Hinweis auf diese Freistellungsbescheinigung aufzunehmen. Außerdem ist der Zeitraum, für den die Lohnsteuerbefreiung gilt, das Finanzamt, das die Bescheinigung ausgestellt hat, und der Tag der Ausstellung anzugeben (§ 4 Abs. 1 Nr. 3 LStDV[1]).

c) Besonderheiten bei steuerfreien Reisekosten und Auslösungen

Nach § 41b Abs. 1 Satz 2 Nr. 10 EStG muss der Arbeitgeber steuerfreie **Verpflegungszuschüsse** bei einer beruflich veranlassten Auswärtstätigkeit im Lohnkonto aufzeichnen und gesondert in die Lohnsteuerbescheinigung eintragen. Ebenso muss der Arbeitgeber steuerfreie **Vergütungen** bei einer doppelten Haushaltsführung im Lohnkonto gesondert aufzeichnen und in die Lohnsteuerbescheinigung eintragen, wobei der gesetzliche Begriff „Vergütungen“ sowohl steuerfreie Verpflegungsgelder als auch steuerfreie Übernachtungskosten und auch den steuerfreien Arbeitgeberersatz für Familienheimfahrten umfasst.

Diese seit 1.1.2004 geltende Bescheinigungspflicht hat in der Praxis zu Problemen geführt, weil die Reisekostenstelle in den Betrieben regelmäßig organisatorisch vom Lohnbüro getrennt ist. Die Finanzverwaltung hat deshalb die gesetzliche Pflicht zur Eintragung steuerfreier Reisekosten in die Lohnsteuerbescheinigung auf bestimmte Fälle beschränkt (BMF-Schreiben vom 27.1.2004, BStBl. I S. 173[2]). Steuerfreie Reisekosten sind danach entgegen der gesetzlichen Regelung nur dann zu bescheinigen, wenn sie im Lohnkonto aufgezeichnet werden und damit auch Gegenstand der Lohn- und Gehaltsabrechnung des jeweiligen Arbeitnehmers sind. Denn die Lohnsteuerbescheinigung kann in diesen Fällen ohne größeren zusätzlichen Aufwand um die steuerfreien Reisekostenbeträge erweitert werden.

Keine Bescheinigungspflicht besteht hingegen, wenn die Reisekostenvergütungen getrennt von der Lohn- und Gehaltsabrechnung aufgezeichnet werden. Hierzu ist es erforderlich, das das Betriebsstättenfinanzamt die gesonderte Aufzeichnung der steuerfreien Reisekostenerstattungen außerhalb des Lohnkontos zugelassen hat (§ 4 Abs. 2 Nr. 4 Satz 2 LStDV[1]). Grundsätzlich muss der Arbeitgeber die Aufzeichnungsmöglichkeit außerhalb des Lohnkontos schriftlich beantragen und das Betriebsstättenfinanzamt muss diesem Verfahren ausdrücklich zustimmen. Aus Vereinfachungsgründen gilt eine stillschweigende Zustimmung der Finanzverwaltung zu diesen Aufzeichnungserleichterungen des Arbeitgebers auch ohne ausdrückliche Antragstellung des Arbeitgebers als erteilt, wenn bereits **vor dem 1.1.2004 die steuerfreien Lohnteile außerhalb des Lohnkontos aufgezeichnet wurden.** Besteht nach diesen Ausführungen keine Bescheinigungspflicht für steuerfreie Reisekosten und Auslösungen, galt dies bis einschließlich 2018 auch für den **Großbuchstaben „M“.** Diese Übergangsregelung ist jedoch zum 31.12.2018 endgültig ausgelaufen und **seit 2019** ist die **Eintragung** des Großbuchstabens „M“ in der Lohnsteuerbescheinigung **verpflichtend** (vgl. vorstehende Nr. 3).

Zur Aufzeichnung von steuerfreien Beiträgen zu Direktversicherungen, Pensionskassen und Pensionsfonds vgl. die Erläuterungen unter der nachfolgenden Nr. 13.

L

Lohn-steuer-pflichtig Sozial-versich.-pflichtig

d) Besonderheiten bei steuerfreien Fahrtkostenzuschüssen

Die steuerfreien Leistungen (Sachleistungen und Barzuschüsse) nach § 3 Nr. 15 EStG hat der Arbeitgeber im Lohnkonto des jeweiligen Arbeitnehmers aufzuzeichnen (§ 4 Abs. 2 Nr. 4 LStDV[1]) und in der Lohnsteuerbescheinigung anzugeben. Bei **Fahrberechtigungen** mit einer Gültigkeit über **zwei oder mehr Kalenderjahre** ist der Wert der Fahrberechtigung anteilig auf den Gültigkeitszeitraum zu verteilen und entsprechend aufzuzeichnen sowie zu bescheinigen.

Beispiel A

Der Arbeitgeber überlässt seinem Arbeitnehmer T am 1.12.2021 ein Jahresticket (Gültigkeit bis zum 30.11.2022) für den regionalen Verkehrsverbund, das er zum Preis von 600 € erworben hat.

Das überlassene Jahresticket im Wert von 600 € ist als Fahrberechtigung für den öffentlichen Personennahverkehr in voller Höhe steuerfrei (§ 3 Nr. 15 Satz 2 EStG; steuerfreier Zufluss 1.12.2021). Für die Anrechnung auf die Entfernungspauschale ist die steuerfreie Arbeitgeberleistung anteilig auf den Gültigkeitszeitraum der Fahrberechtigung von 12 Monaten zu verteilen. Somit ist die steuerfreie Arbeitgeberleistung im Jahr 2021 mit 50 € ($^1/_{12}$) und im Jahr 2022 mit 550 € ($^{11}/_{12}$) auf die Entfernungspauschale anzurechnen.

Überlässt der Arbeitgeber seinen Arbeitnehmern eine **Fahrberechtigung (Sachleistung)** für den Personennahverkehr, hat er zum Nachweis der Voraussetzungen für die Steuerfreiheit nach § 3 Nr. 15 EStG den **Beleg** über die erworbenen Fahrberechtigungen zum Lohnkonto aufzubewahren. Entsprechendes gilt für eine Fahrberechtigung im Personenfernverkehr, die lediglich zur Nutzung für die Strecke von der Wohnung zur Arbeit berechtigt.

Überlässt der Arbeitgeber seinen Arbeitnehmern eine Fahrberechtigung für den Personenfernverkehr, die über die Strecke von der Wohnung zu Arbeit hinausgeht und auch zu Fahrten genutzt werden kann, die zu einem steuerfreien Arbeitgeberersatz im reisekostenrechtlichen Sinne führen, hat er für das Vorliegen der Voraussetzungen der Steuerfreiheit den Nachweis der von ihm durchgeführten **Prognoseberechnung** zum Lohnkonto des jeweiligen Arbeitnehmers aufzubewahren.

Zahlt der Arbeitgeber einen Zuschuss zu den vom Arbeitnehmer selbst erworbenen Fahrberechtigungen **(Barzuschuss),** hat er zum Nachweis der zweckgebundenen Verwendung alternativ Folgendes zum Lohnkonto aufzubewahren:

- Die vom Arbeitnehmer erworbenen und genutzten Fahrausweise oder
- entsprechende Belege (z. B. Rechnung über den Erwerb eines Fahrausweises oder Bestätigung des Verkehrsträgers über den Bezug eines Job-Tickets).

Der Zuschuss des Arbeitgebers darf die Aufwendungen des Arbeitnehmers (einschließlich Umsatzsteuer) nicht übersteigen.

Beispiel B

Der Arbeitgeber erstattet seinen Arbeitnehmern gegen Vorlage des Fahrausweises die Aufwendungen für Privatfahrten im Personennahverkehr.

Die Erstattung des Arbeitgebers ist nach § 3 Nr. 15 Satz 1 EStG steuer- und sozialversicherungsfrei. Die vom Arbeitnehmer erworbenen Fahrausweise sind als Beleg zum Lohnkonto des jeweiligen Arbeitnehmers aufzubewahren.

Erklärt ein Arbeitnehmer gegenüber dem Arbeitgeber, auf die Fahrberechtigung vollumfänglich zu verzichten, kann nur dann von einer Kürzung der Entfernungspauschale abgesehen werden, wenn der Arbeitnehmer die Fahr-

1) Die Lohnsteuer-Durchführungsverordnung (LStDV) ist als Anhang 1 im **Steuerhandbuch für das Lohnbüro 2021** abgedruckt, das im selben Verlag erschienen ist.

2) Das BMF-Schreiben vom 27.1.2004 (BStBl. I S. 173) ist als Anhang 15 im **Steuerhandbuch für das Lohnbüro 2021** abgedruckt, das im selben Verlag erschienen ist.

Lohn-steuer-pflichtig	Sozial-versich.-pflichtig

berechtigung tatsächlich nicht annimmt oder ab dem Zeitpunkt, zu dem er sie zurückgibt. Der **Nachweis des Nutzungsverzichts** ist zum Lohnkonto des jeweiligen Arbeitnehmers aufzubewahren.

Beispiel C

Ein Arbeitgeber schließt mit einem regionalen Verkehrsträger einen Vertrag, wonach alle 50 Arbeitnehmer seines Unternehmens eine Fahrberechtigung für den gesamten Verkehrsverbund erhalten sollen. Hierfür zahlt der Arbeitgeber einschließlich Umsatzsteuer 30 000 € an den Verkehrsträger (Pauschalpreis pro Arbeitnehmer 600 € jährlich). Arbeitnehmer S verzichtet auf die Fahrberechtigung.

Da S auf die Jahreskarte verzichtet hat, erfolgt bei ihm keine Kürzung der Entfernungspauschale und daher auch kein Ausweis in der Lohnsteuerbescheinigung.

12. Aufzeichnungen für Zwecke des Progressionsvorbehalts

Folgende steuerfreien Bezüge sind gesondert im Lohnkonto 2021 einzutragen und für Zwecke des Progressionsvorbehalts gesondert in Zeile 15 der elektronischen Lohnsteuerbescheinigung 2021 zu bescheinigen:

- das **Kurzarbeitergeld,**
- das **Saison-Kurzarbeitergeld**,
- **Zuschüsse** des Arbeitgebers zum **Kurzarbeitergeld**,
- der **Zuschuss** des Arbeitgebers zum **zum Mutterschaftsgeld** nach dem Mutterschutzgesetz,
- der Zuschuss bei einem Beschäftigungsverbot für die Zeit vor oder nach einer Entbindung sowie für den Entbindungstag während einer Elternzeit nach beamtenrechtlichen Vorschriften,[1]
- die Entschädigungen für Verdienstausfall nach dem Infektionsschutzgesetz (z. B. aufgrund der Corona-Pandemie),
- der **Aufstockungsbetrag** nach dem Altersteilzeitgesetz,
- die sog. Altersteilzeitzuschläge, die Beamte, Richter und Soldaten nach beamtenrechtlichen Vorschriften erhalten,[1]
- Zuschläge, die versicherungsfrei Beschäftigte im Sinne des § 27 Abs. 1 Nrn. 2 und 3 SGB III zur Aufstockung der Bezüge bei Altersteilzeit nach beamtenrechtlichen Vorschriften oder Grundsätzen erhalten.[2]

Kurzarbeitergeld oder Saison-Kurzarbeitergeld sind im Lohnkonto des Kalenderjahres einzutragen, in dem der Lohnzahlungszeitraum endet, für den diese Beträge gezahlt werden. Entsprechendes gilt grundsätzlich auch für die anderen vom Arbeitgeber gezahlten Lohnersatzleistungen (vgl. auch das Stichwort „Progressionsvorbehalt" unter der Nr. 3).

Fordert der Arbeitgeber an den Arbeitnehmer ausgezahltes Kurzarbeitergeld oder Saison-Kurzarbeitergeld zurück, ist der zurückgezahlte Betrag im Lohnkonto des Kalenderjahres einzutragen, in dem die Rückzahlung erfolgt.

Die Eintragungen der oben genannten Lohnersatzleistungen im Lohnkonto und damit auch in der elektronischen Lohnsteuerbescheinigung dienen zwar in erster Linie der Realisierung des sog. Progressionsvorbehalts durch das Finanzamt. Gleichzeitig muss der Arbeitgeber aber beachten, dass er für diese Arbeitnehmer keinen Lohnsteuer-Jahresausgleich durchführen darf (vgl. das Stichwort „Lohnsteuer-Jahresausgleich durch den Arbeitgeber" unter Nr. 3).

Auch der steuerfreie Arbeitslohn aufgrund eines **Doppelbesteuerungsabkommens** oder aufgrund des **Auslandstätigkeitserlasses** ist getrennt vom übrigen (steuerpflichtigen) Arbeitslohn im Lohnkonto einzutragen und in Zeile 16 Buchstaben a und b der elektronischen Lohnsteuerbescheinigung jeweils gesondert zu bescheinigen.

13. Besondere Aufzeichnungspflichten für Beiträge zu Direktversicherungen, Pensionskassen und Pensionsfonds

a) Steuerfreie Beiträge zu Direktversicherungen, Pensionskassen und Pensionsfonds

Der Arbeitgeber hat die steuerfreien Beiträge zu Direktversicherungen, Pensionskassen und Pensionsfonds im Lohnkonto gesondert aufzuzeichnen. Er muss im Hinblick auf die zutreffende Besteuerung der späteren Versorgungsleistungen diese Aufzeichnungen getrennt für **jeden Arbeitnehmer** vornehmen.

Auf die ausführlichen Erläuterungen in Anhang 6 Nr. 10 wird Bezug genommen.

b) Pauschalierung der Lohnsteuer mit 20 %

Soll die Pauschalierung der Lohnsteuer mit 20 % nach § 40b EStG beibehalten werden, hat der Arbeitgeber für jeden Arbeitnehmer Folgendes aufzuzeichnen:

Durch den Wegfall der Verzichtserklärung des Arbeitnehmers für die Steuerfreiheit der Beiträge zur betrieblichen Altersversorgung und der damit verbundenen Weiterführung der Pauschalbesteuerung hat der Arbeitgeber bei Durchführung einer kapitalgedeckten betrieblichen Altersversorgung über eine Pensionskasse oder Direktversicherung lediglich die Tatsache aufzuzeichnen, dass **vor dem 1.1.2018 mindestens ein Betrag** nach „§ 40b alt" (also in einer vor dem 1.1.2005 geltenden Fassung) **pauschal besteuert worden ist** (§ 5 Abs. 1 LStDV).[3]

Auf die ausführlichen Erläuterungen in Anhang 6 Nr. 10 wird Bezug genommen.

c) BAV-Förderbetrag für Geringverdiener

Die **Voraussetzungen** für die Inanspruchnahme des BAV-Förderbetrags für Geringverdiener sind vom Arbeitgeber im Lohnkonto des jeweiligen Arbeitnehmers **aufzuzeichnen,** insbesondere um die Nachprüfung im Rahmen einer Lohnsteuer-Nachschau oder Lohnsteuer-Außenprüfung zu ermöglichen (§ 4 Abs. 2 Nr. 7 LStDV[3]). Aufzuzeichnen sind, dass (vgl. § 100 Abs. 3 EStG):

- der Arbeitslohn des Arbeitnehmers im Lohnzahlungszeitraum, für den der Förderbetrag geltend gemacht wird, im Inland dem Lohnsteuerabzug unterliegt,
- der Arbeitgeber für den Arbeitnehmer einen zusätzlichen Arbeitgeberbeitrag an eine kapitalgedeckte Versorgungseinrichtung (Pensionsfonds, Pensionskasse, Direktsicherung) in Höhe von mindestens 240 € im Kalenderjahr zahlt,
- im Zeitpunkt der Beitragsleistung der laufende Arbeitslohn die Geringverdienergrenze (2575 € monatlich) nicht überschritten hat,
- eine Auszahlung der Versorgungsleistung in Form einer Rente oder eines Auszahlungsplans vorgesehen ist und
- die Vertriebskosten nur als fester, prozentualer Anteil der laufenden Beiträge einbehalten werden.

Vgl. zum BAV-Förderbetrag auch die Ausführungen in Anhang 6 unter Nr. 17.

1) Diese Beträge werden nur im öffentlichen Dienst gezahlt; sie haben deshalb für Arbeitgeber in der privaten Wirtschaft keine Bedeutung.

2) Gilt nur für versicherungsfrei Beschäftigte mit beamtenähnlichem Status (z. B. Kirchenbeamte und Pfarrer), diese Bescheinigungspflicht hat also für Arbeitgeber in der privaten Wirtschaft keine Bedeutung.

3) Die Lohnsteuer-Durchführungsverordnung (LStDV) ist als Anhang 1 im **Steuerhandbuch für das Lohnbüro 2021** abgedruckt, das im selben Verlag erschienen ist.

L

Lohn-steuer-pflichtig | Sozial-versich.-pflichtig

14. Sozialversicherungsbeiträge und Beitragszuschüsse zur Kranken- und Pflegeversicherung

a) Arbeitnehmer- und Arbeitgeberanteil zur Rentenversicherung

Zum Sonderausgabenbezug für die sog. Altersbasisversorgung wird auf die ausführlichen Erläuterungen in Anhang 8a Bezug genommen. Folgende Eintragungen sind hierfür in der Lohnsteuerbescheinigung erforderlich:

- Die Höhe der Beiträge zur gesetzlichen Rentenversicherung, und zwar **getrennt nach Arbeitnehmer- und Arbeitgeberanteil** (Zeilen 22 und 23 jeweils Buchstabe a) der Lohnsteuerbescheinigung für das Kalenderjahr 2021).
- Die Höhe der Beiträge zu berufsständischen Versorgungseinrichtungen, und zwar **getrennt nach Arbeitnehmeranteil und Arbeitgeberzuschuss** (Zeilen 22 und 23 jeweils Buchstabe b) der Lohnsteuerbescheinigung für das Kalenderjahr 2021).

Damit der Arbeitgeber diese Bescheinigungspflichten erfüllen kann, muss er bereits bei der Führung des Lohnkontos die entsprechenden Aufzeichnungen machen.

Auf die ausführlichen Erläuterungen beim Stichwort „Lohnsteuerbescheinigung" unter Nr. 19 wird hingewiesen.

b) Steuerfreie Beitragszuschüsse des Arbeitgebers zur Kranken- und Pflegeversicherung

Die steuerfreien Beitragszuschüsse des Arbeitgebers zur **gesetzlichen oder privaten** Kranken- und zur gesetzlichen Pflegeversicherung sind getrennt in Zeile 24 zu den Buchstaben a, b und c der Lohnsteuerbescheinigung für das Kalenderjahr 2021 einzutragen. Auf die ausführlichen Erläuterungen bei den Stichwörtern „Arbeitgeberzuschuss zur Krankenversicherung" und „Arbeitgeberzuschuss zur Pflegeversicherung" wird Bezug genommen.

L

Damit der Arbeitgeber diese Bescheinigungspflichten erfüllen kann, muss er bereits bei der Führung des Lohnkontos die entsprechenden Aufzeichnungen machen.

c) Beiträge des Arbeitnehmers zur Kranken-, Pflege- und Arbeitslosenversicherung

In der Lohnsteuerbescheinigung sind folgende Sozialversicherungsbeiträge des Arbeitnehmers im Einzelnen anzugeben:

- in Zeile 25 die Beiträge des Arbeitnehmers zur **gesetzlichen Krankenversicherung (GKV);**
- in Zeile 26 die Beiträge des Arbeitnehmers zur **sozialen Pflegeversicherung;**
- in Zeile 27 die Beiträge des Arbeitnehmers zur **Arbeitslosenversicherung.**

Außerdem wurde in die Lohnsteuerbescheinigung eine Zeile 28 eingefügt, in die der Arbeitgeber die im Lohnsteuerabzugsverfahren berücksichtigten Beiträge eines **privat krankenversicherten Arbeitnehmers (PKV)** zu seiner privaten Kranken- und Pflege-Pflichtversicherung bzw. die Mindestvorsorgepauschale eintragen muss.

Der Grund für diese Eintragungen ist die Vorsorgepauschale, die in den amtlichen Lohnsteuertarif eingearbeitet ist, und der Sonderausgabenabzug für Vorsorgeaufwendungen bei der Einkommensteuer-Veranlagung des Arbeitnehmers. Alle Einzelheiten hierzu sind in **Anhang 8** und **Anhang 8a** ausführlich anhand von Beispielen erläutert.

Damit der Arbeitgeber diese Bescheinigungspflichten erfüllen kann, muss er bereits bei der Führung des Lohnkontos die entsprechenden Aufzeichnungen machen.

Lohn-steuer-pflichtig | Sozial-versich.-pflichtig

d) Keine Bescheinigung von Beiträgen, die auf steuerfreien Arbeitslohn entfallen

Bei den Eintragungen in die Zeilen 22 bis 27 der Lohnsteuerbescheinigung muss der Arbeitgeber darauf achten, dass grundsätzlich keine Beiträge bescheinigt werden dürfen, die **auf steuerfreien Arbeitslohn** entfallen, z. B. auf Arbeitslohn, der aufgrund eines Doppelbesteuerungsabkommens oder nach dem sog. Auslandstätigkeitserlass steuerfrei ist. Der Arbeitgeber muss also bereits bei der Führung des Lohnkontos diese Trennung vornehmen, damit er am Ende des Jahres die zutreffenden Eintragungen in die elektronische Lohnsteuerbescheinigung machen kann.

Aufgrund der Rechtsprechung des EuGH (Urteil vom 22.6.2017 C-20/16, BStBl. 2017 II S. 1271) sind Sozialversicherungsbeiträge als Sonderausgaben zu berücksichtigen, wenn

- sie in unmittelbarem wirtschaftlichen Zusammenhang mit in einem EU-/EWR-Mitgliedstaat erzielten Einnahmen aus nichtselbstständiger Arbeit stehen,
- diese Einnahmen nach einem Doppelbesteuerungsabkommen in Deutschland steuerfrei sind und
- der ausländische Beschäftigungsstaat keinerlei Abzug der mit den steuerfreien Einnahmen in unmittelbarem Zusammenhang stehenden Beiträge in seinem Besteuerungsverfahren zulässt.

Diese Grundsätze der Rechtsprechung des EuGH wurden in das EStG übernommen und die Schweiz in den Anwendungsbereich einbezogen (vgl. § 10 Abs. 2 Satz 1 Nr. 1 letzter Satzteil EStG). Da der **Arbeitgeber** allerdings **keine Kenntnis** darüber hat, ob der ausländische Beschäftigungsstaat einen Abzug der Beiträge zulässt, sind Beiträge, die mit steuerfreiem Arbeitslohn in unmittelbarem wirtschaftlichem Zusammenhang stehen, nicht in der Lohnsteuerbescheinigung auszuweisen. Folglich sind auch im Lohnkonto **keine** entsprechenden **Aufzeichnungen** vorzunehmen.

Die vorstehend erwähnte Trennung bei der Eintragung in die Lohnsteuerbescheinigung ist erforderlich, damit das Finanzamt bei der Veranlagung zur Einkommensteuer erkennen kann, ob bestimmte Sonderausgaben abzugsfähig sind oder nicht. Denn Sonderausgaben, die in unmittelbarem wirtschaftlichem Zusammenhang mit steuerfreien Einnahmen stehen, dürfen nach § 10 Abs. 2 Satz 1 Nr. 1 EStG grundsätzlich nicht als Sonderausgaben abgezogen werden. Deshalb dürfen z. B. auch Sozialversicherungsbeiträge, die auf steuerfreien (aber sozialversicherungspflichtigen) Arbeitslohn entfallen, **nicht** bescheinigt werden.[1)]

Bei **Pflichtversicherungen** sind also die gesetzlichen **Arbeitgeber- und Arbeitnehmeranteile,** die auf **steuerfreien Arbeitslohn** entfallen, grundsätzlich **nicht zu bescheinigen.** Die auf steuerfreien Arbeitslohn entfallenden Zuschüsse und Beiträge für **freiwillig** in der gesetzlichen Kranken- und soziale Pflegeversicherung Versicherte und **privat** Kranken- und Pflegeversicherte sind hingegen unter Nr. 24 bis 26 **in voller Höhe** zu bescheinigen.[2)]

1) Nach § 3 Nr. 63 EStG sind Beiträge des Arbeitgebers zu einem Pensionsfonds, einer Pensionskasse oder für eine Direktversicherung bis zu 8 % der Beitragsbemessungsgrenze in der gesetzlichen Rentenversicherung steuerfrei (für 2021 sind dies 8 % von 85 200 € = 6816 €). Sozialversicherungsrechtlich sind lediglich 4 % der Beitragsbemessungsgrenze in der gesetzlichen Rentenversicherung sozialversicherungsfrei und darüber hinausgehende Beiträge sozialversicherungspflichtig (§ 1 Abs. 1 Satz 1 Nr. 9 SvEV). Diese Sozialversicherungsbeiträge dürfen aber nicht in den Beiträgen enthalten sein, die in den Zeilen 22 bis 27 bescheinigt werden.

2) Die Finanzverwaltung wendet die Vorschrift des § 10 Abs. 2 Satz 1 Nr. 1 EStG nur bei den in der gesetzlichen Krankenversicherung pflichtversicherten Arbeitnehmern, nicht aber bei in der gesetzlichen Krankenversicherung freiwillig versicherten oder privat versicherten Arbeitnehmern an (vgl. auch BFH-Urteil vom 18.4.2012, BStBl. II S. 721).

Lohn- steuer- pflichtig | Sozial- versich.- pflichtig

Ist im Bescheinigungszeitraum sowohl steuerpflichtiger als auch (z. B. nach einem Doppelbesteuerungsabkommen oder dem Auslandstätigkeitserlass) steuerfreier Arbeitslohn vorhanden, gilt für die Bescheinigung der Sozialversicherungsbeiträge Folgendes:

Es ist nur der Anteil der Sozialversicherungsbeiträge zu bescheinigen, der sich nach dem Verhältnis des steuerpflichtigen Arbeitslohns zum gesamten Arbeitslohn ergibt. Diese Verhältnisrechnung ist auch dann durchzuführen, wenn der steuerpflichtige Arbeitslohn die für die Beitragsberechnung maßgebende Beitragsbemessungsgrenze übersteigt. Steuerpflichtige Arbeitslohnanteile, die unabhängig von der Beitragsbemessungsgrenze nicht der Sozialversicherungspflicht unterliegen (z. B. Entlassungsabfindungen), sind in diese Verhältnisrechnung nicht mit einzubeziehen.

Werden bei einem sozialversicherungspflichtigen Arbeitnehmer Beiträge von pauschal besteuertem Arbeitslohn erhoben (z. B. nach § 37b Abs. 2 EStG; vgl. das Stichwort „Pauschalierung der Lohnsteuer für Belohnungsessen, Incentive-Reisen, VIP-Logen und ähnliche Sachbezüge"), sind diese Beiträge ebenfalls aufzuzeichnen und zu bescheinigen.

15. Besondere Aufzeichnungspflichten für Versorgungsbezüge

Der Arbeitgeber ist nach § 4 Abs. 1 Nr. 4 LStDV[1] verpflichtet, die für eine zutreffende Berechnung des Versorgungsfreibetrags und des Zuschlags zum Versorgungsfreibetrag erforderlichen Angaben für jeden Versorgungsbezug gesondert im Lohnkonto aufzuzeichnen. Was dies genau bedeutet, wird in den Zeilen 29, 30, 31 und 32 des amtlichen Musters der elektronischen Lohnsteuerbescheinigung für das Kalenderjahr 2021 konkretisiert und im sog. Ausschreibungserlass der Finanzverwaltung hierzu im Einzelnen erläutert.[2]

Dabei ist zu berücksichtigen, dass sich die Höhe des Versorgungsfreibetrags zum einen nach der Bemessungsgrundlage (= Höhe der steuerbegünstigten Versorgungsbezüge) und zum anderen nach dem **Kalenderjahr des Versorgungsbeginns** richtet; das Kalenderjahr des Versorgungsbeginns ist zudem für die Höhe des Zuschlags zum Versorgungsfreibetrag maßgebend (vgl. die Erläuterungen beim Stichwort „Versorgungsbezüge, Versorgungsfreibetrag"). Dementsprechend ist sowohl die Bemessungsgrundlage für den Versorgungsfreibetrag als auch das Kalenderjahr des Versorgungsbeginns im Lohnkonto aufzuzeichnen und in die Lohnsteuerbescheinigung wie folgt einzutragen:

- In Zeile 29, die Bemessungsgrundlage für den Versorgungsfreibetrag (= das Zwölffache des Versorgungsbezugs für den **ersten vollen Monat** zuzüglich voraussichtlicher Sonderzahlungen z. B. Weihnachtsgeld).
- In Zeile 30, das maßgebende Kalenderjahr des Versorgungsbeginns (vierstellig).

Nach § 19 Abs. 2 Satz 12 EStG ermäßigen sich der Versorgungsfreibetrag und der Zuschlag zum Versorgungsfreibetrag für jeden vollen Kalendermonat, für den keine Versorgungsbezüge gezahlt werden, um **ein Zwölftel.** Die Zwölftelung kommt insbesondere dann in Betracht, wenn die Zahlung von Versorgungsbezügen im Laufe des Kalenderjahrs beginnt oder endet **(sog. unterjährige Zahlung).** Entsprechend den Aufzeichnungen im Lohnkonto ist deshalb auf der Lohnsteuerbescheinigung Folgendes einzutragen:

- In Zeile 31 bei unterjähriger Zahlung laufender Versorgungsbezüge: Erster und letzter Monat, für den die Versorgungsbezüge gezahlt wurden. Die Eintragung ist zweistellig mit Bindestrich vorzunehmen (vgl. die nachfolgenden Beispiele).

Lohn- steuer- pflichtig | Sozial- versich.- pflichtig

Beispiele

Zahlung einer Betriebsrente ab 15. 2. 2021

Bescheinigung in Zeile 31: „02–12"

Weil der Arbeitnehmer verstorben ist, wird eine Betriebsrente im Kalenderjahr 2021 nur vom 1. 1. bis 30. 6. 2021 gezahlt.

Bescheinigung in Zeile 31: „01–06"

- In Zeile 32 sind Sterbegelder, Kapitalauszahlungen, Abfindungen von Versorgungsbezügen und Nachzahlungen von Versorgungsbezügen, die als sonstiger Bezug besteuert wurden, einzutragen. Denn **Sterbegelder** und Kapitalauszahlungen oder Abfindungen von Versorgungsbezügen sowie **Nachzahlungen von Versorgungsbezügen,** die sich ganz oder teilweise auf vorangegangene Kalenderjahre beziehen, sind als eigenständige zusätzliche Versorgungsbezüge zu behandeln (= sonstiger Bezug). In diesen Fällen sind die maßgebenden Freibeträge für Versorgungsbezüge in voller Höhe und nicht nur zeitanteilig zu berücksichtigen. Auf die ausführlichen Erläuterungen beim Stichwort „Sterbegeld" wird Bezug genommen.
  Da in diesen Fällen eine Zwölftelung **nicht** stattfindet, müssen diese Versorgungsbezüge im Lohnkonto gesondert aufgezeichnet und in die elektronische Lohnsteuerbescheinigung gesondert eingetragen werden, und zwar zum einen in Zeile 32 der gezahlte Betrag (= Bemessungsgrundlage für den Versorgungsfreibetrag) und zum anderen in Zeile 30 das Jahr des Versorgungsbeginns.
  Die in Zeile 32 eingetragenen Zahlungen müssen auch in Zeile 3 und in Zeile 8 der Lohnsteuerbescheinigung enthalten sein.

Vgl. zudem die Erläuterungen unter der vorstehenden Nr. 8.

In der Lohnsteuerbescheinigung 2021 (Zeile 34) ist der bei **Betriebsrenten** berücksichtigte und damit verbrauchte **Freibetrag nach dem DBA Türkei** zu bescheinigen; dieser Betrag kann bei anderen Einkünften (z. B. Sozialversicherungsrente) nicht mehr genutzt werden (vgl. hierzu auch das Stichwort „Lohnsteuerbescheinigung" unter Nr. 28). Damit der Arbeitgeber diese Bescheinigungspflicht erfüllen kann, muss er bereits bei der Führung des Lohnkontos entsprechende Aufzeichnungen machen.

16. Vermögenswirksame Leistungen

Da die Bescheinigung der vermögenswirksamen Leistungen in der Lohnsteuerbescheinigung seit 1.1.1994 weggefallen ist, sind ab diesem Zeitpunkt auch die entsprechenden Eintragungen im Lohnkonto entfallen. Der Arbeitgeber muss jedoch auch weiterhin vermögenswirksame Leistungen für den Arbeitnehmer an das Anlageinstitut überweisen, wenn der Arbeitnehmer dies verlangt. Eine Aufzeichnung der überwiesenen Beträge im Lohnkonto ist deshalb bereits aus abrechnungstechnischen Gründen notwendig. Lediglich die Angabe des maßgebenden Sparzulagensatzes im Lohnkonto ist seit 1.1.1994 weggefallen (vgl. die Erläuterungen beim Stichwort „Vermögensbildung der Arbeitnehmer").

17. Vermögensbeteiligungen

Zur Aufzeichnungspflicht bei der Überlassung von Vermögensbeteiligungen an den Arbeitnehmer vgl. das Stichwort „Vermögensbeteiligungen" unter Nr. 7.

18. Eintragungen im Lohnkonto bei Durchführung des Lohnsteuer-Jahresausgleichs

Führt der Arbeitgeber den Lohnsteuer-Jahresausgleich durch, muss er die im Jahresausgleich erstatteten Steuer-

1) Die Lohnsteuer-Durchführungsverordnung (LStDV) ist als Anhang 1 im **Steuerhandbuch für das Lohnbüro 2021** abgedruckt, das im selben Verlag erschienen ist.

2) BMF-Schreiben vom 9.9.2019 (BStBl. I S. 911). Das BMF-Schreiben ist als Anlage 1 zu H 41b LStR im **Steuerhandbuch für das Lohnbüro 2021** abgedruckt, das im selben Verlag erschienen ist.

L

beträge (Lohnsteuer, Solidaritätszuschlag, Kirchensteuer) **im Lohnkonto gesondert eintragen,** obwohl diese Beträge nicht mehr gesondert in der elektronischen Lohnsteuerbescheinigung bescheinigt werden (§ 42b Abs. 4 EStG). Auf die ausführlichen Erläuterung beim Stichwort „Lohnsteuer-Jahresausgleich durch den Arbeitgeber" unter Nr. 15 wird Bezug genommen.

19. Sammellohnkonto

Unter dem steuerlichen Begriff „Sammellohnkonto" ist ein Lohnkonto zu verstehen, das für mehrere Arbeitnehmer gemeinsam geführt wird.

Die Aufzeichnung des Arbeitslohnes und der darauf entfallenden Lohnsteuer in einem steuerlichen Sammellohnkonto ist nach § 4 Abs. 2 Nr. 8 LStDV[1)] bei folgenden pauschal besteuerten Bezügen zulässig, wenn der Arbeitgeber die auf den einzelnen Arbeitnehmer entfallende Lohnsteuer nicht ohne Weiteres ermitteln kann:

- bei der Nacherhebung von Lohnsteuer in einer größeren Zahl von Fällen (vgl. „Pauschalierung der Lohnsteuer" unter Nr. 3);
- bei Zuwendungen in der Form von Mahlzeiten oder bei Zuwendungen anlässlich von Betriebsveranstaltungen, bei Erholungsbeihilfen, bei steuerpflichtigen Teilen von Verpflegungsmehraufwendungen, bei Übereignung von Datenverarbeitungsgeräten (z. B. Computern), bei Internetzuschüssen, bei Übereignung von Ladevorrichtungen und entsprechenden Arbeitgeberzuschüssen für den Erwerb und die Nutzung solcher Ladevorrichtungen für private Elektrofahrzeuge der Arbeitnehmer sowie bei Übereignung von Fahrrädern und E-Bikes, die verkehrsrechtlich als Fahrrad einzustufen sind (vgl. § 40 Abs. 2 Nrn. 1 bis 7 EStG).

L

Das Sammellohnkonto muss folgende Angaben enthalten: Tag der Zahlung, Zahl der bedachten Arbeitnehmer, Summe der insgesamt gezahlten Bezüge, Höhe der pauschalen Lohn- und Kirchensteuer sowie des Solidaritätszuschlags; außerdem Hinweise auf die als Belege zum Sammellohnkonto aufzubewahrenden Unterlagen (Zahlungsnachweise, Berechnungsunterlagen, Unterlagen über Kirchensteuerpflicht oder Kirchensteuerfreiheit der Arbeitnehmer).

Da bei der **Sozialversicherung** die Führung eines **Sammellohnkontos nicht zulässig** ist (vgl. hierzu die Ausführungen in Teil B Nr. 7), haben die steuerlichen Vorschriften zum Sammellohnkonto in § 4 Abs. 2 Nr. 8 LStDV[1)] kaum noch praktische Bedeutung.

20. Aufzeichnungspflichten bei Aushilfskräften und Teilzeitbeschäftigten

Auf die Erläuterungen beim Stichwort „Pauschalierung der Lohnsteuer bei Aushilfskräften und Teilzeitbeschäftigten" besonders unter Nr. 9 wird Bezug genommen.

21. Form des Lohnkontos

Eine besondere **Form** ist für das **Lohnkonto** nicht vorgeschrieben; es genügen **fortlaufende Aufzeichnungen** (getrennt für jedes Kalenderjahr), die den zuvor dargestellten Anforderungen gerecht werden, wobei diese Angaben als **Mindestanforderungen** aufzufassen sind. Die Aufzeichnungen im Lohnkonto sind in enger Verbindung mit den Angaben in der elektronischen Lohnsteuerbescheinigung zu sehen; d. h. die Aufzeichnungen im Lohnkonto dienen einerseits als Nachweis für eine eventuelle Lohnsteuer-Außenprüfung und andererseits als Grundlage für die Erfüllung der Bescheinigungspflichten (vgl. „Lohnsteuerbescheinigung"). Das zuständige Betriebsstättenfinanzamt kann auf Antrag bei Arbeitgebern, die für die **Lohnabrechnung ein maschinelles Verfahren** anwenden, Ausnahmen von den vorstehenden Vorschriften zulassen, wenn die Möglichkeit zur Nachprüfung in anderer Weise sichergestellt ist. Dabei ist die Möglichkeit zur Nachprüfung in anderer Weise nur dann gegeben, wenn zumindest die Zahlung der Bezüge und die Art der anderweitigen Aufzeichnung im Lohnkonto vermerkt wird (§ 4 Abs. 3 LStDV[1)]).

Seit dem 1.1.2018 hat der Arbeitgeber die im Lohnkonto aufgezeichneten Daten der Finanzverwaltung nach einer **amtlich vorgeschriebenen digitalen Schnittstelle** elektronisch bereitzustellen. Der frühere Empfehlungscharakter für die Anwendung einer solchen Schnittstelle ist also seit 2018 **verpflichtend.** Auf Antrag des Arbeitgebers kann das Betriebsstättenfinanzamt zur Vermeidung unbilliger Härten zulassen, dass der Arbeitgeber die Daten in anderer auswertbarer Form bereitstellt. Vgl. zur digitalen LohnSchnittstelle im Einzelnen die Erläuterungen unter beim Stichwort „Lohnsteuer-Außenprüfung" unter Nr. 3.

22. Aufbewahrung des Lohnkontos

Das Lohnkonto ist beim Ausscheiden des Arbeitnehmers, spätestens am Ende des Kalenderjahres, aufzurechnen und mit den dazugehörenden Belegen gemäß § 41 Abs. 1 Sätze 9 und 10 EStG bis zum Ablauf des **sechsten** Kalenderjahres, das auf die zuletzt eingetragene Lohnzahlung folgt, aufzubewahren (das Lohnkonto 2021 also bis Ende des Jahres 2027). Dies gilt ungeachtet der zehnjährigen Aufbewahrungsfrist in § 147 Abs. 3 der Abgabenordnung, da § 41 Abs. 1 Sätze 9 und 10 EStG als „lex specialis" der Regelung in § 147 Abs. 3 AO vorgeht.

23. Führung des Lohnkontos durch Dritte

Soweit ein Dritter nach § 38 Abs. 3a EStG die Pflichten des Arbeitgebers zu erfüllen hat, ist von ihm ein Lohnkonto zu führen. In den Fällen, in denen die lohnsteuerlichen Pflichten mit Zustimmung des Finanzamts vom Arbeitgeber auf einen Dritten übertragen werden (§ 38 Abs. 3a Satz 2 EStG), hat der Dritte den Arbeitgeber im Lohnkonto anzugeben und auch den Arbeitslohn einzutragen, der nicht von ihm, sondern vom Arbeitgeber selbst gezahlt wird. In den Fällen, in denen der Arbeitnehmer Arbeitslohn aus mehreren Dienstverhältnissen erhält, die der Dritte für die Lohnsteuerermittlung zusammenrechnet (§ 38 Abs. 3a Satz 7 EStG), ist der Arbeitslohn für jedes Dienstverhältnis gesondert im Lohnkonto aufzuzeichnen (§ 4 Abs. 4 LStDV[1)]).

24. Sozialversicherungsrechtliche Aufzeichnungspflichten

Zu den sozialversicherungsrechtlichen Aufzeichnungspflichten wird auf die Erläuterungen in Teil B Nr. 7 auf Seite 14 hingewiesen.

Lohnnachzahlung

siehe „Nachzahlung von laufendem Arbeitslohn"

Lohnpfändung

Wichtiges auf einen Blick:

1. Aktuelle Lohnpfändungstabelle

Seit 1.7.2019 gilt die aktuelle Lohnpfändungstabelle. Sie ist als **Anhang 16** abgedruckt.

2. Lexikon Arbeitsrecht

Wegen weiterer pfändungsrechtlicher Besonderheiten wird auf das im selben Verlag erschienene Lexikon Arbeitsrecht verwiesen.

1) Die Lohnsteuer-Durchführungsverordnung (LStDV) ist als Anhang 1 im **Steuerhandbuch für das Lohnbüro 2021** abgedruckt, das im selben Verlag erschienen ist.

Lohn-steuer-pflichtig | Sozial-versich.-pflichtig

Gliederung:

1. Allgemeines
2. Begriff des Arbeitseinkommens
3. Unpfändbare Teile des Arbeitseinkommens
4. Berechnung des Nettoarbeitseinkommens und Ermittlung der Pfändungsgrenze
   a) Allgemeines
   b) Berechnung des Nettoarbeitseinkommens nach der Bruttomethode oder der Nettomethode
5. Besonderheiten bei einer Pfändung wegen Unterhaltsansprüchen

1. Allgemeines

Zu den Aufgaben der Lohnabrechnung gehört auch der Vollzug von Pfändungen des Arbeitseinkommens. Der Arbeitgeber ist gegenüber dem Gläubiger für eine ordnungsgemäße Durchführung der Pfändung verantwortlich; gleichzeitig hat er die zur Wahrung der Interessen des Arbeitnehmers bestehenden Vollstreckungsschutzbestimmungen (§§ 850 bis 850k Zivilprozessordnung) zu beachten.

Die Pfändung wird mit Zustellung des Beschlusses wirksam. Diesem Zeitpunkt kommt vor allem für die Rangfolge Bedeutung zu, wenn dasselbe Arbeitseinkommen durch mehrere Gläubiger gepfändet wird. Der Arbeitgeber sollte deshalb stets den Zustellungszeitpunkt des Pfändungsbeschlusses vermerken.

Für die lohnsteuerliche und beitragsrechtliche Behandlung gilt Folgendes:

Geht der Anspruch auf Arbeitslohn auf einen Dritten über, ist dieser Vorgang für den Zufluss des Arbeitslohns beim Arbeitnehmer ohne Bedeutung; auch der durch die Pfändung direkt an einen Dritten überwiesene Teil des Arbeitslohns ist dem Arbeitnehmer zugeflossen und damit steuer- und beitragspflichtig (BFH-Urteil vom 16.3.1993, BStBl. II S. 507). — ja | ja

Die Pfändungsschutzvorschriften der §§ 850 bis 850k Zivilprozessordnung spielen für die steuer- und beitragsrechtliche Behandlung keine Rolle. Das bedeutet, dass der Steuerabzug auch dann zulässig ist, wenn sich dadurch ein Nettolohn ergibt, der unter den Pfändungsfreigrenzen liegt. Denn pfändbar ist nur der Teil des Arbeitslohns, der nach Abzug von Steuern und Sozialversicherungsbeiträgen verbleibt. **Öffentlich-rechtliche Ansprüche** auf Steuern und Sozialversicherungsbeiträge haben also stets **Vorrang.** Wird bei einer rückwirkenden Änderung des Lohnsteuerabzugs nachträglich Lohnsteuer einbehalten, sind auch in diesem Fall die Pfändungsschutzbestimmungen des § 850 ff. ZPO nicht anzuwenden, das heißt, dass durch nachträglich einbehaltene Lohnsteuer der dem Arbeitnehmer zustehende Arbeitslohn bis auf 0 Euro gemindert werden kann. Dies ergibt sich aus R 41c.1 Abs. 4 Satz 3 LStR.

2. Begriff des Arbeitseinkommens

Der Begriff umfasst unabhängig von der Bezeichnung alle Vergütungen, die dem Arbeitnehmer aus dem Arbeitsverhältnis zustehen. Auch der Wert der **Sachbezüge** wird dem Arbeitseinkommen zugerechnet, wenn sie neben dem Geldeinkommen bezogen werden (z. B. freie Unterkunft und Verpflegung, geldwerter Vorteil bei Überlassung eines Firmenwagens zur privaten Nutzung).

3. Unpfändbare Teile des Arbeitseinkommens

Unpfändbar sind insbesondere

- die Hälfte der Gesamtvergütung für die Überstunden (Grundvergütung + Zuschlag),
- das zusätzliche Urlaubsgeld; die Lohnfortzahlung während des Urlaubs (Urlaubsentgelt) und eine beim Ausscheiden des Arbeitnehmers aus dem Arbeitsverhältnis gezahlte Urlaubsabgeltung[1] nach § 7 Abs. 4 des Bundesurlaubsgesetzes sind dagegen pfändbar,
- Zuwendungen aus Anlass eines besonderen Betriebsereignisses und Treuegelder (z. B. Jubiläumszuwendungen),
- Aufwandsentschädigungen und Auslösungen für eine auswärtige Tätigkeit (Reisekosten, Umzugskosten),
- Gefahren-, Schmutz- und Erschwerniszulagen; hierzu rechnet das BAG auch steuerfreie Zuschläge für Sonntags-, Feiertags- und Nachtarbeit (BAG-Urteil vom 23.8.2017 – 10 AZR 859/16); Zuschläge für Samstagsarbeit sind hingegen pfändbar (BGH-Beschluss vom 20.9.2018 – IX ZB 41/16),
- Heirats- und Geburtsbeihilfen,
- Weihnachtszuwendungen bis zur Hälfte des monatlichen Arbeitseinkommens, **höchstens jedoch bis zu 500 €.**

Für **vermögenswirksame Leistungen** gilt Folgendes:

Die Zahlungen, die der Arbeitgeber zur Vermögensbildung des Arbeitnehmers erbringt, sind ebenso unpfändbar, wie die Teile des Einkommens des Arbeitnehmers, die der Arbeitgeber zur vermögenswirksamen Anlage vereinbarungsgemäß unmittelbar dieser Anlage gutschreibt (§ 2 Abs. 7 des 5. VermBG; § 851 Abs. 1 ZPO). Die Vereinbarung muss vor der Zustellung des Pfändungs- und Überweisungsbeschlusses an den Drittschuldner getroffen worden sein. Andernfalls ist die Vereinbarung dem Pfändungsgläubiger gegenüber unwirksam.

Nicht zum Arbeitseinkommen i. S. d. § 850 ZPO gehört auch der im Wege einer **Gehaltsumwandlung** für die betriebliche Altersversorgung entfallende Barlohn. Ändern beispielsweise Arbeitgeber und Arbeitnehmer ihre ursprüngliche Lohnvereinbarung dahin, dass in Zukunft anstelle eines Teils des monatlichen Barlohns vom Arbeitgeber eine Versicherungsprämie auf einen Lebensversicherungsvertrag zugunsten des Arbeitnehmers **(Direktversicherung)** gezahlt werden soll (Gehaltsumwandlung), entstehen nach dem Urteil des Bundesarbeitsgerichts vom 17.2.1998 3 AZR 611/97 insoweit **keine pfändbaren Ansprüche auf Arbeitseinkommen.**

4. Berechnung des Nettoarbeitseinkommens und Ermittlung der Pfändungsgrenze

a) Allgemeines

Das für die Pfändung maßgebende Nettoarbeitseinkommen ist vom Arbeitgeber zu berechnen. Hierzu sind vom pfändbaren Bruttoarbeitseinkommens abzuziehen

- Lohn- und Kirchensteuer sowie der Solidaritätszuschlag,
- Beiträge des Arbeitnehmers zur Sozialversicherung (Renten-, Kranken-, Pflege- und Arbeitslosenversicherung) und gleichgestellte Abgaben in der „üblichen" Größenordnung. Zu den gleichgestellten Abgaben gehören die Beiträge des Arbeitnehmers zu einer privaten Kranken- und Pflegeversicherung. Als „übliche" Größenordnung gelten die vergleichbaren Beiträge zur gesetzlichen Kranken- und Pflegeversicherung,
- gesetzlicher Beitragszuschuss zur Kranken- und Pflegeversicherung.

Die Pfändungsgrenze hat der Arbeitgeber anhand der amtlichen **Lohnpfändungstabelle** zu ermitteln (abgedruckt als **Anhang 16**). Diese weist zu dem jeweiligen Nettoarbeitseinkommen den pfändbaren Betrag unter Berücksichtigung der Unterhaltspflichten des Schuldners aus. Die unterhaltsberechtigten Angehörigen hat der Arbeitgeber festzustellen. In Betracht kommen

- der Ehegatte,
- der frühere Ehegatte,
- der (frühere) Lebenspartner,
- Verwandte (Kinder, Enkelkinder, Eltern, Großeltern),
- die Mutter bzw. der Vater eines nichtehelichen Kindes.

1) Beschluss des Bundesarbeitsgerichts vom 28.8.2001 – 9 AZR 611/99 (Betriebs-Berater 2001 S. 2378).

L

Lohn- steuer- pflichtig | Sozial- versich.- pflichtig

b) Berechnung des Nettoarbeitseinkommens nach der Bruttomethode oder der Nettomethode

Das Bundesarbeitsgericht hat mit Urteil vom 17.4.2013, 10 AZR 59/12 zur Berechnung des pfändbaren Einkommens Folgendes entschieden (Leitsätze des Urteils):

„Bei der Berechnung des pfändbaren Einkommens gemäß § 850e Nr. 1 Satz 1 ZPO gilt die sog. Nettomethode. Die der Pfändung entzogenen Bezüge sind mit ihrem Bruttobetrag vom Gesamteinkommen abzuziehen. Ein erneuter Abzug der auf diesen Bruttobetrag entfallenden Steuern und Abgaben erfolgt nicht."

Im Lexikon für das Lohnbüro wurde früher entsprechend der seinerzeit herrschenden Meinung von der sog. Bruttomethode ausgegangen. Die Unterschiede zwischen der früher geltenden Bruttomethode und der nunmehr anzuwendenden Nettomethode sind im nachfolgenden Beispiel erläutert.

Beispiel

Ein Arbeitnehmer mit einem Monatslohn von 2500 € erhält im Januar 2021 eine Überstundenvergütung von 125 € und eine Gefahrenzulage von 200 €. Der Arbeitnehmer hat folgende Lohnsteuerabzugsmerkmale: Steuerklasse III/0, Religionszugehörigkeit ev. Für Januar 2021 ergibt sich folgende Lohnabrechnung:

Monatslohn		2 500,– €
Überstundenvergütung:		
– Grundvergütung	100,– €	
– Zuschlag 25 %	25,– €	125,– €
Gefahrenzulage		200,– €
Bruttoarbeitslohn		2 825,– €
Abzüge (aus 2825 €):		
Lohnsteuer (Steuerklasse III/0)	111,33 €	
Solidaritätszuschlag	0,– €	
Kirchensteuer (8 %)	8,90 €	
Sozialversicherung (20,225 %)	571,36 €	691,59 €
Nettolohn		**2 133,41 €**

Zur Ermittlung des pfändbaren Arbeitseinkommens sind vom Nettolohn die Beträge abzuziehen, die nicht zum pfändbaren Arbeitseinkommen gehören. Dies sind

– die Hälfte der Überstundenvergütung	62,50 €	
– die Gefahrenzulage	200,– €	262,50 €
verbleibender Betrag		1 870,91 €

Nach der früher geltenden sog. **Bruttomethode** waren vom Nettolohn in Höhe von 2133,41 € die unpfändbaren Beiträge **in voller Höhe** abzuziehen, sodass sich ein verbleibender Betrag in Höhe von 1870,91 € ergab. Für diesen Betrag war der pfändbare Betrag aus der Lohnpfändungstabelle abzulesen.

Nach dem Urteil des Bundesarbeitsgerichts vom 17.4.2013, 10 AZR 59/12 ist jedoch bei Lohnpfändungen nicht die Bruttomethode, sondern die **Nettomethode** anzuwenden. Das bedeutet, dass die unpfändbaren Beträge **nicht in voller Höhe** abzuziehen sind, sondern nur mit dem **Restbetrag,** der verbleibt, wenn man von den unpfändbaren Beträgen die hierauf entfallenden Lohnabzüge (Lohnsteuer, Solidaritätszuschlag, Kirchensteuer und Sozialversicherungsbeiträge) abzieht. Hiernach ergibt sich folgende Berechnung:

	Bruttolohn 2825 €	Bruttolohn ohne unpfändbare Beträge (2825 €–262,50 €) **= 2562,50 €**	**Differenz**
Lohnsteuer	111,33 €	65,83 €	45,50 €
Solidaritätszuschlag	0,00 €	0,00 €	0,00 €
Kirchensteuer	8,90 €	5,26 €	3,64 €
Sozialversicherung 20,225 %	571,36 €	518,27 €	53,09 €
insgesamt	691,59 €	589,36 €	102,23 €

Lohn- steuer- pflichtig | Sozial- versich.- pflichtig

Auf die unpfändbaren Beträge entfallen folgenden Abzüge:

– Lohnsteuer	45,50 €
– Solidaritätszuschlag	0,– €
– Kirchensteuer	3,64 €
– SV-Beiträge	53,09 €
insgesamt	102,23 €

Das pfändbare Arbeitseinkommen errechnet sich somit wie folgt:

Nettolohn	2133,41 €
abzüglich **Nettobetrag** der unpfändbaren Beträge (262,50 € – 102,23 €)	160,27 €
pfändbarer Nettolohn monatlich	1973,14 €

Für den maßgebenden pfändbaren Nettolohn ist der pfändbare Betrag aus der Lohnpfändungstabelle abzulesen (abgedruckt als **Anhang 16**). Der pfändbare Betrag beträgt unter Berücksichtigung der Unterhaltspflicht für die Ehefrau 173,92 €.

An den Arbeitnehmer sind auszuzahlen:

Nettolohn	2133,41 €
abzüglich Pfändungsbetrag	173,92 €
auszuzahlender Betrag	1959,49 €

5. Besonderheiten bei einer Pfändung wegen Unterhaltsansprüchen

Bei einer Pfändung wegen Unterhaltsansprüchen ist die **Lohnpfändungstabelle nicht anwendbar.** Der pfandfrei bleibende Betrag wird vielmehr vom Vollstreckungsgericht im Pfändungsbeschluss festgelegt. Das für die Pfändung verfügbare Nettoarbeitseinkommen hat der Arbeitgeber wie bei anderen Pfändungen selbst zu berechnen. Dabei ist zu beachten, dass dem Schuldner von Überstundenvergütungen, vom zusätzlichen Urlaubsgeld und vom Weihnachtsgeld mindestens die Hälfte des Betrags belassen werden muss, der bei einer anderweitigen Pfändung unpfändbar wäre.

Wegen weiterer pfändungsrechtlicher Besonderheiten wird auf das im selben Verlag erschienene Lexikon Arbeitsrecht verwiesen.

Lohnsteuer-Abgleich

Seit einigen Jahren führt die Finanzverwaltung für den einzelnen Arbeitgeber programmgesteuert einen sog. Lohnsteuer-Abgleich durch. Dies bedeutet, dass sie die (Jahresgesamt-)Summe der vom Arbeitgeber einzubehaltenden Lohnsteuer (Kennzahl 42 der **Lohnsteuer-Anmeldungen**) mit der (Gesamt-)Summe der einbehaltenen Lohnsteuer nach den Angaben in sämtlichen vom Arbeitgeber für seine Arbeitnehmer an die Finanzverwaltung übermittelten elektronischen Lohnsteuerbescheinigungen (= Zeile 4 und Zeile 11 der **elektronischen Lohnsteuerbescheinigung) vergleicht.** Die Finanzverwaltung nimmt also in diesem Bereich eine programmgesteuerte Schlüssigkeitsprüfung vor. Kommt es zu nennenswerten Abweichungen, erhält der Arbeitgeber ein Schreiben von der Finanzverwaltung mit der Bitte, die Differenz aufzuklären. In einigen Fällen wird auch eine Lohnsteuer-Nachschau oder Lohnsteuer-Außenprüfung (vgl. diese Stichworte) durchgeführt.

Die Finanzverwaltung verfolgt mit dem Vorgehen das Ziel, bei den Arbeitgebern technische Defizite, organisatorische Mängel (z. B. Benutzung einer zwischenzeitlich geänderten Steuernummer) oder gar bewusste Betrugsfälle aufzuklären.

Allerdings können die Abweichungen ihren **Grund** auch in den speziellen **lohnsteuerlichen Regelungen** haben. Besonders bei **Abschlagszahlungen** können der Zeitraum der Lohnsteuer-Anmeldung und das Kalenderjahr der Bescheinigung in der elektronischen Lohnsteuerbescheinigung zeitlich auseinanderfallen. Geschieht dies bei zahlreichen Arbeitnehmern des Arbeitgebers, können sich im Rahmen des Lohnsteuer-Abgleichs nennenswerte Abwei-

L

Lohn-steuer-pflichtig	Sozial-versich.-pflichtig

chungen ergeben. Vgl. hierzu das Stichwort „Abschlagszahlungen“ unter Nr. 1 sowie insbesondere das dortige Beispiel D.

Ab dem Lohnzahlungszeitraum Januar 2021 sind daher in der elektronischen Lohnsteuer-Anmeldung die Summen der im Lohnsteuer-Anmeldungszeitraum einzubehaltenden Lohnsteuer, **getrennt nach Kalenderjahren,** in denen der Arbeitslohn bezogen wird oder als bezogen gilt, anzugeben (§ 41a Abs. 1 Satz 1 Nr. 1 EStG). Durch diese Maßnahme wird die Effektivität des sog. Lohnsteuerabgleichs zwischen Lohnsteuer-Anmeldung und Lohnsteuerbescheinigung gesteigert und Rückfragen bei den Arbeitgebern werden vermieden.

Lohnsteuerabzug durch einen Dritten

Gliederung:

1. Allgemeines

Das Lohnsteuerabzugsverfahren verpflichtet im Grundsatz nur den (inländischen) Arbeitgeber zur Vornahme des Lohnsteuerabzugs. Dies hat früher in der Praxis bei folgenden Fallgruppen zu Problemen geführt:

- Teile des Arbeitslohns werden z. B. aufgrund tarifvertraglicher Regelungen nicht vom Arbeitgeber oder einem früheren Arbeitgeber, sondern von einem Dritten gezahlt **(Sozialkassen des Baugewerbes).**
- Für Arbeitnehmer mit mehreren aufeinander folgenden kurzfristigen Dienstverhältnissen zu unterschiedlichen Arbeitgebern fasst ein Dritter die Löhne zur Berechnung der Lohnsteuer zusammen. Für eine Vielzahl von Arbeitnehmern meldet er die Lohnsteuer unter eigenem Namen bei seinem Betriebsstättenfinanzamt an und führt sie dorthin ab **(studentische Arbeitsvermittlungen).**
- Für Arbeitnehmer mit mehreren gleichzeitig nebeneinander bestehenden Dienstverhältnissen übernimmt **einer der Arbeitgeber** die lohnsteuerlichen Arbeitgeberpflichten, der dann in der Regel als Stammarbeitgeber und Abrechnungsstelle auch den Arbeitslohn aus den anderen Dienstverhältnissen auszahlt (**Mehrfacharbeitsverhältnisse**, die insbesondere bei Versicherungsunternehmen wegen der Spartentrennung auftreten). Auch in diesen Fällen werden die Löhne aus sämtlichen Dienstverhältnissen für Zwecke der Lohnsteuerberechnung zusammengerechnet.
- Für Arbeitnehmer mit nur einem Dienstverhältnis übernimmt **ein Dritter** die Arbeitgeberpflichten einschließlich der Lohnzahlung (leitende Konzernmitarbeiter, Auszahlung von Betriebsrenten, zentrale Abrechnungsstellen für Arbeitnehmer bei den Kirchen und den Einrichtungen der Wohlfahrtspflege, Arbeitnehmer von Wohnungseigentümergemeinschaften, Mitarbeiter von Landtagsabgeordneten und Bundestagsabgeordneten).

Lohn-steuer-pflichtig	Sozial-versich.-pflichtig

Um auch in diesen Fällen die Lohnsteuererhebung sicherzustellen bzw. zu erleichtern, ist seit dem Kalenderjahr 2004 die **Übertragung lohnsteuerlicher Pflichten auf Dritte** eingeführt worden (§ 38 Abs. 3a EStG). Im Einzelnen gilt für den Lohnsteuerabzug durch einen Dritten Folgendes:

2. Der Dritte ist gesetzlich zur Durchführung des Lohnsteuerabzugs verpflichtet

a) Sozialkassen des Baugewerbes

Nach § 38 Abs. 3a **Satz 1** EStG ist ein Dritter, der Arbeitnehmern eines anderen Arbeitgebers Arbeitslohn zahlt, **gesetzlich verpflichtet** den Lohnsteuerabzug durchzuführen, **soweit dieser Dritte tarifvertragliche Geldansprüche** erfüllt, die sich gegen ihn (also den Dritten) und nicht direkt gegen den eigentlichen Arbeitgeber richten. Hiernach sind die Sozialkassen des Baugewerbes zum Lohnsteuerabzug verpflichtet, soweit sie tarifvertragliche Geldansprüche erfüllen (vgl. das Stichwort „Urlaubsgelder im Baugewerbe“).

Bei den Zahlungen im Baugewerbe durch die Urlaubs- und Lohnausgleichskasse handelte es sich immer schon um Lohnzahlungen eines Dritten. Eine Pauschalbesteuerung durch die Urlaubs- und Lohnausgleichskasse war aber früher nicht zulässig. Da der Empfänger im Zeitpunkt der Zahlung in keinem Dienstverhältnis stand, konnte früher auch kein Arbeitgeber den Lohnsteuerabzug durchführen. Die Lohnzahlungen waren jedoch im Rahmen einer Einkommensteuer-Veranlagung des Empfängers zu erfassen. Dazu hatte die Urlaubs- und Lohnausgleichskasse eine Bescheinigung über die Höhe der Lohnzahlungen auszustellen, in der auch ein Hinweis darauf enthalten sein musste, dass der Betrag in der Einkommensteuererklärung anzugeben war.

Seit 1.1.2004 ist die Urlaubs- und Lohnausgleichskasse als Dritte zum Lohnsteuerabzug **gesetzlich verpflichtet.** Um das Verfahren zu erleichtern, enthält § 39c EStG in Absatz 3 folgende Regelung:

„In den Fällen des § 38 Abs. 3a **Satz 1 kann** der Dritte die Lohnsteuer für einen sonstigen Bezug mit **20 %** unabhängig von den Lohnsteuerabzugsmerkmalen des Arbeitnehmers ermitteln, wenn der maßgebende Jahresarbeitslohn nach § 39b Abs. 3 zuzüglich des sonstigen Bezugs 10 000 € nicht übersteigt. Bei der Feststellung des maßgebenden Jahresarbeitslohns sind nur die Lohnzahlungen des Dritten zu berücksichtigen.“

Die Vorschrift des § 39c Abs. 3 EStG ermöglicht es also dem gesetzlich zum Lohnsteuerabzug verpflichteten Dritten, innerhalb einer Jahresarbeitslohngrenze von 10 000 € die Lohnsteuer für sonstige Bezüge mit einem festen Steuersatz von 20 % zu erheben (zuzüglich Solidaritätszuschlag und Kirchensteuer). Die Kenntnis der Lohnsteuerabzugsmerkmale des Arbeitnehmers ist nicht erforderlich. Damit entfällt zugleich für den Dritten die Verpflichtung zum Abruf der elektronischen Lohnsteuerabzugsmerkmale der Arbeitnehmer.

Die Möglichkeit der Pauschalbesteuerung soll dafür sorgen, dass der Aufwand, der den Sozialkassen des Baugewerbes durch die in § 38 Abs. 3a Satz 1 EStG eingeführte Lohnsteuerabzugsverpflichtung entsteht, in vertretbarem Rahmen bleibt.

Schuldner der pauschalen Lohnsteuer von 20 % (zuzüglich Solidaritätszuschlag und Kirchensteuer) **bleibt** allerdings **der Arbeitnehmer** (im Gegensatz zu den „normalen“ Lohnsteuerpauschalierungen nach den §§ 40, 40a und 40b EStG; vgl. hierzu das Stichwort „Pauschalierung der Lohnsteuer“).

Der pauschal mit 20 % besteuerte Arbeitslohn muss deshalb in der Einkommensteuererklärung des Arbeitnehmers, zu dessen Abgabe er in diesen Fällen verpflichtet ist, angegeben werden (§ 46 Abs. 2 Nr. 5 EStG). **Die**

L

pauschale Lohnsteuer wird auf die Einkommensteuerschuld angerechnet. Deshalb hat der Dritte dem Arbeitnehmer einen Ausdruck der elektronischen Lohnsteuerbescheinigung oder eine Besondere Lohnsteuerbescheinigung nach amtlichem Vordruck auszustellen und dort den Arbeitslohn und die einbehaltene Lohnsteuer anzugeben (vgl. das Stichwort „Besondere Lohnsteuerbescheinigung" unter Nr. 2). Die vorstehend beschriebene Pauschalierung der Lohnsteuer mit 20 % nach § 39c Abs. 3 EStG gilt übrigens auch für **beschränkt** steuerpflichtige Arbeitnehmer.

b) Deutsche Rentenversicherung

Ist das **Guthaben** eines **Zeitwertkontos** auf die Deutsche Rentenversicherung übertragen worden, handelt es sich bei der **Auszahlung** des Guthabens um **Arbeitslohn,** für den die **Deutsche Rentenversicherung Lohnsteuer** einzubehalten und abzuführen hat (§ 38 Abs. 3 Satz 3 EStG). Vgl. hierzu die Erläuterungen beim Stichwort „Arbeitszeitkonten" unter Nr. 8.

Vgl. zudem die Erläuterungen beim Stichwort „Contractual Trust Agreement (CTA-Modelle)".

3. Freiwillige Übernahme des Lohnsteuerabzugs durch Dritte

a) Allgemeines

Eine **freiwillige** Übernahme der lohnsteuerlichen Pflichten des Arbeitgebers durch einen Dritten kann insbesondere in Betracht kommen bei Auszahlung von Betriebsrenten, studentischen Arbeitsvermittlungen, Mehrfacharbeitsverhältnissen bei Versicherungsunternehmen, zentralen Abrechnungsstellen für Arbeitnehmer bei Kirchen und Einrichtungen der Wohlfahrtspflege, leitenden Konzernmitarbeitern sowie Arbeitnehmern von Wohnungseigentümergemeinschaften. Die in diesen Fällen früher bestehenden Schwierigkeiten (vgl. Nr. 1) sind also durch eine gesetzliche Regelung beseitigt worden. Im Einzelnen gilt Folgendes:

L

b) Antrag beim Betriebsstättenfinanzamt des Dritten

Nach § 38 Abs. 3a Satz 2 EStG kann das Finanzamt **auf schriftlichen Antrag** zulassen, dass ein Dritter mit Wohnsitz, Geschäftsleitung oder Sitz im Inland, die Pflichten des Arbeitgebers im eigenen Namen erfüllt. Voraussetzung ist, dass der Dritte

- sich hierzu gegenüber dem Arbeitgeber verpflichtet hat,
- **den Arbeitslohn auszahlt** (oder er nur Arbeitgeberpflichten für von ihm vermittelte Arbeitnehmer übernimmt) und
- die Steuererhebung nicht beeinträchtigt wird.

Der Dritte kann also den Lohnsteuerabzug vornehmen, wenn er sich hierzu gegenüber dem eigentlichen Arbeitgeber verpflichtet hat und das Finanzamt zustimmt. Hierdurch sollen in erster Linie die bereits früher in der Praxis geduldeten Fälle legalisiert werden (vgl. die Erläuterungen unter der vorstehenden Nr. 1). In der Praxis wird die Übertragung der lohnsteuerlichen Pflichten des Arbeitgebers auf einen Dritten aber ggf. daran scheitern, dass der Dritte den Arbeitslohn nicht auszahlt.

Die Zustimmung zur Übertragung lohnsteuerlicher Pflichten auf Dritte erteilt das **Betriebsstättenfinanzamt des Dritten** im Einvernehmen mit dem Betriebsstättenfinanzamt des Arbeitgebers. Sie kann nur erteilt werden, wenn der Dritte für den gesamten Arbeitslohn des Arbeitnehmers die Lohnsteuerabzugsverpflichtung übernimmt (R 38.5 Satz 2 LStR). Die Zustimmung kann mit Nebenbestimmungen (§ 120 AO) versehen werden, z. B. kann der Arbeitgeber zur Vorlage seiner Sachkonten verpflichtet werden, wenn beim Dritten der Lohnsteuerabzug überprüft wird. Welches Finanzamt Betriebsstättenfinanzamt ist, bestimmt sich nach § 41 Abs. 2 EStG (vgl. das Stichwort „Betriebsstättenfinanzamt"). Das Betriebsstättenfinanzamt kann die Zustimmung mit Wirkung für die Zukunft widerrufen, wenn es feststellt, dass der Dritte seinen übernommenen Pflichten nicht ordnungsgemäß nachkommt.

Dritter im vorstehenden Sinne kann übrigens **nur ein anderer Rechtsträger** als der Arbeitgeber selbst sein, **nicht** aber eine von mehreren lohnsteuerlichen **Betriebsstätten** desselben Arbeitgebers.

Beispiel A

Ein Konzernunternehmen hat bundesweit in sechs Regionalstellen lohnsteuerliche Betriebsstätten eingerichtet, in denen die Arbeitslöhne ermittelt werden.

Die Übertragung der lohnsteuerlichen Pflichten auf eine der Regionalstellen kommt nicht in Betracht, solange die Arbeitslöhne weiterhin in den sechs Regionalstellen ermittelt werden (= sechs lohnsteuerliche Betriebsstätten) und eine der Regionalstellen lediglich die Auszahlung der Löhne und die Abführung der Steuerabzugsbeträge und Sozialabgaben übernommen hat.

Beispiel B

Einem Konzernunternehmen gehören bundesweit 50 Gesellschaften an, die jeweils in der Rechtsform einer GmbH oder GmbH & Co. KG geführt werden.

Im Verhältnis zur jeweiligen Gesellschaft ist jede andere Konzerngesellschaft „Dritter" (= anderer Rechtsträger als der Arbeitgeber). Es ist daher möglich, einer dieser Gesellschaften die Auszahlung des Arbeitslohns und die Lohnsteuerabzugs- und -abführungsverpflichtung zu übertragen.

c) Zusammenfassung der Arbeitslöhne aus mehreren Arbeitsverhältnissen

Erfüllt ein Dritter die Pflichten für Arbeitnehmer, die zu mehreren Arbeitgebern oder zu ihm und einem anderen Arbeitgeber in einem Dienstverhältnis stehen, darf er die Arbeitslöhne, die denselben Lohnzahlungszeitraum betreffen, zusammenrechnen, die Lohnsteuer nach der Summe und den individuellen Lohnsteuerabzugsmerkmalen des Arbeitnehmers berechnen und in einer Summe in die (elektronische) Lohnsteuerbescheinigung eintragen (§ 38 Abs. 3a Satz 7 EStG).

Beispiel

Ein Arbeitnehmer ist bei drei Tochterfirmen eines Konzerns gleichzeitig tätig und hat deshalb drei Arbeitsverhältnisse. Er erhält monatlich

– bei Arbeitgeber A	900 €
– bei Arbeitgeber B	1000 €
– bei Arbeitgeber C	1200 €

Der Arbeitgeber A übernimmt mit Zustimmung „seines" Betriebsstättenfinanzamts für alle Arbeitgeber die lohnsteuerlichen Pflichten.

Der Arbeitgeber A kann die Arbeitslöhne aus allen drei Arbeitsverhältnissen zusammenrechnen und für den Arbeitnehmer die elektronischen Lohnsteuerabzugsmerkmale abrufen; der Arbeitslohn für den Arbeitnehmer beträgt insgesamt 3100 €. Von diesem Betrag hat der Arbeitgeber A als Hauptarbeitgeber (= Steuerklasse I bis V) die Steuerabzugsbeträge (Lohnsteuer, Solidaritätszuschlag und ggf. Kirchensteuer) zu ermitteln und an „sein" Betriebsstättenfinanzamt abzuführen. Für den Arbeitnehmer wird nur eine (elektronische) Lohnsteuerbescheinigung erteilt.

Zur Möglichkeit bei verschiedenartigen Bezügen für einen Bezug die Steuerklasse I bis V und für den weiteren Bezug die Steuerklasse VI anzuwenden vgl. das Stichwort „Elektronische Lohnsteuerabzugsmerkmale (ELStAM)" unter Nr. 4.

4. Aufzeichnungs- und Bescheinigungspflichten

Hat der Dritte die Arbeitgeberpflichten zu erfüllen (entweder auf Antrag oder weil er hierzu gesetzlich verpflichtet ist), tritt er mit allen Konsequenzen an die Stelle des eigentlichen Arbeitgebers, denn er haftet neben dem eigentlichen Arbeitgeber als Gesamtschuldner für ggf. zu wenig einbehaltene Lohnsteuer (vgl. nachfolgend unter Nr. 5). Der Dritte hat also – sofern keine Pauschalbesteuerung in Betracht kommt (vgl. vorstehende Nr. 2 Buchstabe a) – die elektronischen Lohnsteuerabzugsmerkmale

Lohn- steuer- pflichtig | Sozial- versich.- pflichtig

der Arbeitnehmer abzurufen, die Lohnkonten zu führen (vgl. hierzu das Stichwort „Lohnkonto" unter Nr. 23) und die (elektronischen) Lohnsteuerbescheinigungen zu erteilen und zwar genauso, wie wenn er selbst der eigentliche Arbeitgeber wäre. Außerdem hat er die Lohn- und Kirchensteuer sowie den Solidaritätszuschlag bei seinem Betriebsstättenfinanzamt anzumelden und an dieses abzuführen. Weiterhin hat er – wie der eigentliche Arbeitgeber – auch sämtliche Anzeigepflichten nach § 41c EStG zu erfüllen. Alle im Lexikon unter den einzelnen Stichworten aufgeführten Arbeitgeberpflichten gelten deshalb auch für einen Dritten, der die Arbeitgeberpflichten auf Antrag und mit Zustimmung des Finanzamts übernommen hat oder im Sonderfall des § 38 Abs. 3a Satz 1 EStG bzw. § 38 Abs. 3 Satz 3 EStG (vgl. die Erläuterungen unter Nr. 2) hierzu sogar gesetzlich verpflichtet ist.

Da der Dritte alle Pflichten des Arbeitgebers zu erfüllen hat, wird die **Lohnsteuer-Außenprüfung** auch bei ihm durchgeführt. Denn die Zuständigkeit für die Überprüfung des vom Dritten durchgeführten Lohnsteuerabzugs ist dem für den Dritten zuständigen Betriebsstättenfinanzamt übertragen worden (§ 42f Abs. 3 EStG). Eine Prüfung ist aber auch beim eigentlichen Arbeitgeber möglich, um feststellen zu können, ob unmittelbar vom Arbeitgeber gezahlte Lohnteile versteuert worden sind. Ferner kann das eigentlich zuständige Finanzamt ein anderes Finanzamt mit der Prüfung beauftragen (§ 195 Satz 2 AO), z. B. wenn der zu prüfende Arbeitgeber außerhalb des zuständigen Finanzamtsbezirks ansässig ist.

Ausgehend von den vorstehenden Ausführungen kann beim Dritten auch eine **Lohnsteuer-Nachschau** (vgl. dieses Stichwort) durchgeführt werden.

Der Dritte hat aber nicht nur die Pflichten, sondern auch die Rechte des Arbeitgebers. Daher hat auch der die Arbeitgeberpflichten erfüllende Dritte **Anspruch** auf eine gebührenfreie **Anrufungsauskunft** hat (R 42e Abs. 1 Satz 1 LStR; vgl. das Stichwort „Auskunft" unter Nr. 4). Zum Haftungsausschluss, wenn im Lohnsteuerverfahren entsprechend einer Anrufungsauskunft verfahren worden ist, vgl. nachfolgende Nr. 5.

5. Haftung bei der Übertragung der Arbeitgeberpflichten auf einen Dritten

Soweit der Arbeitgeber einem Dritten lohnsteuerliche Arbeitgeberpflichten überträgt, kann er sich dadurch **nicht aus seiner Haftung für die Lohnsteuer befreien** (§ 42d Abs. 1 Nr. 4 EStG). Die Haftung des Arbeitgebers erstreckt sich dabei auch auf die **pauschale Lohnsteuer** nach den §§ 37b, 40, 40a und 40b EStG, die der Dritte abzuführen hat.

Erfüllt ein Dritter nach § 38 Abs. 3a EStG die lohnsteuerlichen Pflichten des Arbeitgebers, haftet auch der **Dritte** neben dem Arbeitgeber und dem Arbeitnehmer als **Gesamtschuldner** (§ 42d Abs. 9 EStG). Die Einbeziehung des Dritten in die Gesamtschuldnerschaft ist erforderlich, weil sich Lohnsteuerfehlbeträge aus dessen Handeln ergeben können. Der Arbeitgeber kann nicht aus der Gesamtschuldnerschaft entlassen werden, weil Fehlbeträge auch auf falschen Angaben seinerseits gegenüber dem Dritten beruhen können. Bei der Ermessensentscheidung des Betriebsstättenfinanzamts, welcher Gesamtschuldner in Anspruch genommen werden soll, wird zu berücksichtigen sein, wer den Fehlbetrag zu vertreten hat. Der Arbeitgeber und der Dritte können auch dann in Anspruch genommen werden, wenn der Arbeitnehmer zur Einkommensteuer veranlagt wird.

Die **Haftung** des Dritten **beschränkt** sich in den Fällen der freiwilligen Übernahme des Lohnsteuerabzugs auf die Lohnsteuer, die für die Zeit zu erheben ist, für die er sich gegenüber dem Arbeitgeber zur Vornahme des Lohnsteuerabzugs verpflichtet hat; der maßgebende Zeitraum endet nicht, bevor der Dritte seinem Betriebsstättenfinanzamt die Beendigung seiner Verpflichtung gegenüber dem Arbeitgeber angezeigt hat.

Lohn- steuer- pflichtig | Sozial- versich.- pflichtig

Erfüllt ein Dritter auf Antrag die Pflichten des Arbeitgebers, kann er den Arbeitslohn, der einem Arbeitnehmer in demselben Lohnabrechnungszeitraum aus mehreren Dienstverhältnissen zufließt, für die Lohnsteuerermittlung **zusammenrechnen** (vgl. die Erläuterungen unter der vorstehenden Nr. 3 Buchstabe c). Im Fall der Haftung des Arbeitgebers ist als Haftungsschuld der Betrag zu ermitteln, um den die Lohnsteuer, die für den gesamten Arbeitslohn des Lohnzahlungszeitraums zu berechnen und einzubehalten ist, die insgesamt tatsächlich einbehaltene Lohnsteuer übersteigt. Der Haftungsbetrag ist nach dem Verhältnis der Arbeitslöhne bzw. für nachträglich zu erfassende Arbeitslohnbeträge nach dem Verhältnis dieser Beträge auf die betroffenen Arbeitgeber aufzuteilen.

Beispiel

Der Dritte hat den Arbeitslohn eines Arbeitnehmers aus den Arbeitsverhältnissen beim Arbeitgeber A (= 900 €), Arbeitgeber B (= 1000 €) und Arbeitgeber C (= 1200 €) zusammengefasst, die Lohnsteuer berechnet und an das Finanzamt abgeführt. Später stellt sich heraus, dass aufgrund fehlerhafter Angaben der Arbeitgeber der Arbeitslohn beim Arbeitgeber B um 100 € und beim Arbeitgeber C um 50 € höher ist. Der Haftungsbetrag ist im Verhältnis $^2/_3$ (Anteil Arbeitgeber B) zu $^1/_3$ (Anteil Arbeitgeber C) aufzuteilen.

Eine **Haftung** des Arbeitgebers kommt nur in Betracht, wenn der Dritte die Lohnsteuer für den Arbeitgeber nicht vorschriftsmäßig einbehalten hat. Ein derartiges Fehlverhalten des Dritten liegt jedoch **nicht** vor, wenn dieser beim Lohnsteuerabzug entsprechend einer **Anrufungsauskunft** des Betriebsstättenfinanzamts oder nach den Vorgaben der jeweils zuständigen obersten Finanzbehörden der Länder oder des Bundes **verfahren** ist (BFH-Urteil vom 20.3.2014, BStBl. II S. 592; vgl. das Stichwort „Auskunft" unter Nr. 2 Buchstabe c). In solch einem Fall kann **weder** der **Arbeitgeber noch der Dritte** für den unterbliebenen Lohnsteuerabzug in Haftung genommen werden, da es bereits an einer vorschriftswidrigen Einbehaltung und Abführung der Lohnsteuer durch den Dritten fehlt.

Bei der Übertragung lohnsteuerlicher Pflichten ist ansonsten das **Betriebsstättenfinanzamt** des **Dritten** für die Geltendmachung der Steuer- oder Haftungsschuld zuständig. Für die durch Haftungsbescheid angeforderten Steuerbeträge ist eine Zahlungsfrist von einem Monat zu setzen.

Wegen weiterer Einzelheiten zur Haftung bei Übernahme lohnsteuerlicher Pflichten durch Dritte vgl. das Stichwort „Haftung des Arbeitgebers" unter Nr. 14.

Lohnsteuerabzugsbescheinigung

Neues auf einen Blick:

1. Beschränkt steuerpflichtige Arbeitnehmer[1)]

Seit 1.1.2020 ist für die „Standardfälle" **(Steuerklasse I, ohne Freibetrag)** der Gruppe 3 der beschränkt steuerpflichtigen Arbeitnehmer (§ 1 Abs. 4 EStG) der Arbeitgeberabruf für die elektronischen Lohnsteuerabzugsmerkmale freigeschaltet (= Einbeziehung in das **ELStAM-Verfahren**). Für beschränkt steuerpflichtige Arbeitnehmer der Gruppe 3 (§ 1 Abs. 4 EStG), die die Bildung eines **Freibetrags** für das Lohnsteuerabzugsverfahren beantragt haben, hat das Betriebsstättenfinanzamt des Arbeitgebers auf Antrag des Arbeitnehmers eine **Lohnsteuerabzugsbescheinigung („Papierbescheinigung")** auszustellen und den Arbeitgeberabruf zu sperren. Dies gilt auch dann,

1) BMF-Schreiben vom 7.11.2019 (BStBl. I S. 1087). Das BMF-Schreiben ist als Anlage 2 zu H 39e LStR im **Steuerhandbuch für das Lohnbüro 2021** abgedruckt, das im selben Verlag erschienen ist.

L

Lohn- steuer- pflichtig | Sozial- versich.- pflichtig

wenn der Arbeitnehmer meldepflichtig oder eine Identifikationsnummer vorhanden ist.

Für die **Gruppe der übrigen,** im Inland **nicht meldepflichtigen Personen** (u. a. nach § 1 Abs. 2 oder § 1 Abs. 3 EStG unbeschränkt steuerpflichtige Arbeitnehmer) ist die Teilnahme am ELStAM-Verfahren **erst** in einer **späteren programmtechnischen Ausbaustufe** vorgesehen. Dies gilt auch dann, wenn für diesen Arbeitnehmerkreis auf Anforderung des Finanzamts oder aus anderen Gründen (z. B. früherer Wohnsitz im Inland) steuerliche Identifikationsnummern vorliegen. Für diese Arbeitnehmer erteilt das Betriebsstättenfinanzamt des Arbeitgebers auch ab 1.1.2021 weiterhin eine **Lohnsteuerabzugsbescheinigung („Papierbescheinigung")** und **sperrt** den **Arbeitgeberabruf** für die ELStAM.

Vgl. die Ausführungen unter der nachfolgenden Nr. 4 und das Stichwort „Elektronische Lohnsteuerabzugsmerkmale (ELStAM)".

2. Antragsfrist für die Lohnsteuerabzugsbescheinigung

Der Antrag auf Ausstellung einer Lohnsteuerabzugsbescheinigung 2021 ist **bis zum 31.12.2021** zu stellen (R 39.3 Satz 1 LStR). Wird der Antrag nicht oder nicht fristgerecht gestellt, kann der Arbeitgeber auch nach Ablauf des Kalenderjahres 2021 nach der ungünstigen Steuerklasse VI in Haftung genommen werden (BFH-Urteil vom 12.1.2001, BStBl. 2003 II S. 151). Vgl. auch das Stichwort „Haftung des Arbeitgebers" unter Nr. 11.

Vgl. auch die Ausführungen unter der nachfolgenden Nr. 1.

L

Gliederung:

1. Allgemeines
2. Unbeschränkt steuerpflichtige Arbeitnehmer
3. Eingetragene Lebenspartner
4. Beschränkt steuerpflichtige Arbeitnehmer
5. Abruf einer unzutreffenden ELStAM
6. Korrektur der ELStAM für zurückliegende Lohnzahlungszeiträume
7. Nichtteilnahme am ELStAM-Verfahren in sog. Härtefällen

1. Allgemeines

Die bereits vor dem 1.1.2021 vom Arbeitgeber für die bei ihm **beschäftigten Arbeitnehmer** abgerufenen elektronischen Lohnsteuerabzugsmerkmale **(ELStAM)** sind auch im Kalenderjahr 2021 **weiter anzuwenden,** bis die Finanzverwaltung dem Arbeitgeber für diese Arbeitnehmer geänderte ELStAM zum Abruf bereitstellt. Der Arbeitgeber darf diese Arbeitnehmer nicht erneut zur ELStAM-Datenbank anmelden. Lediglich zum 1.1.2021 oder im Laufe des Kalenderjahres 2021 **neu eingestellte Arbeitnehmer** hat der Arbeitgeber einmalig bei der ELStAM-Datenbank **anzumelden.** Mit der Anmeldebestätigung werden dem Arbeitgeber die ELStAM der neu eingestellten Arbeitnehmer zur Verfügung gestellt. Der dem Arbeitnehmer auf dessen Wunsch im Lohnsteuer-Ermäßigungsverfahren für das Kalenderjahr 2021 vom Finanzamt zur Verfügung gestellte **ELStAM-Ausdruck** ist ausschließlich für die Unterlagen des Arbeitnehmers und nicht zur Vorlage beim Arbeitgeber bestimmt. Er darf daher vom Arbeitgeber auf **keinen** Fall als **Nachweis** der individuellen Lohnsteuerabzugsmerkmale verwendet werden. Dem Arbeitgeber werden auch in diesem Fall die ELStAM zum nächsten Monatswechsel elektronisch zum Abruf bereitgestellt.

Auf die ausführlichen Erläuterungen beim Stichwort „Elektronische Lohnsteuerabzugsmerkmale (ELStAM)" wird hingewiesen.

Lohn- steuer- pflichtig | Sozial- versich.- pflichtig

Nachfolgend sind die Fälle angesprochen, in denen es auch im Kalenderjahr 2021 zur Ausstellung einer Lohnsteuerabzugsbescheinigung in Papierform kommt. Der Antrag auf Ausstellung einer Lohnsteuerabzugsbescheinigung 2021 ist **bis zum 31.12.2021** zu stellen (R 39.3 Satz 1 LStR). Wird der Antrag nicht oder nicht fristgerecht gestellt, kann der Arbeitgeber auch nach Ablauf des Kalenderjahres 2021 nach der ungünstigen Steuerklasse VI in Haftung genommen werden (BFH-Urteil vom 12.1.2001, BStBl. 2003 II S. 151). Vgl. auch das Stichwort „Haftung des Arbeitgebers" unter Nr. 11. Im Einzelnen gilt Folgendes:

2. Unbeschränkt steuerpflichtige Arbeitnehmer

Für alle Bürger, die in Deutschland gemeldet sind, wird eine **Identifikationsnummer** vergeben. Für die Pflege der Meldedaten ist in diesen Fällen die Meldebehörde zuständig, in dessen Zuständigkeitsbereich der Bürger mit Hauptwohnung gemeldet ist. In Fällen, in denen (noch) keine Identifikationsnummer vergeben wurde bzw. keine Pflege der Meldedaten durch die Meldebehörde erfolgt, gelten Besonderheiten.

Ist einem unbeschränkt einkommensteuerpflichtigen Arbeitnehmer mit **Wohnsitz im Inland** noch **keine Identifikationsnummer** zugeteilt worden oder besteht für einen unbeschränkt steuerpflichtigen Arbeitnehmer mit lediglich gewöhnlichem Aufenthalt im Inland keine Meldepflicht (mehr), können ELStAM weder automatisiert gebildet noch vom Arbeitgeber abgerufen werden. In diesen Fällen hat das **Wohnsitzfinanzamt** auf Antrag eine **Bescheinigung für den Lohnsteuerabzug** für die Dauer eines Kalenderjahres auszustellen. Auch der Arbeitgeber hat die Möglichkeit, die Bescheinigung für den Lohnsteuerabzug für den Arbeitnehmer zu beantragen, sofern der Arbeitnehmer ihn dazu bevollmächtigt hat.

In Fällen, in denen bei **Zuzug** aus dem Ausland eine Identifikationsnummer durch die Meldebehörde angefordert wurde, bedarf es der Ausstellung einer Bescheinigung nur dann, wenn die Identifikationsnummer nicht zeitnah vergeben werden kann. Der Arbeitgeber kann in diesen Fällen bis zum Abruf der ELStAM bzw. bis zur Vorlage der Bescheinigung längstens für die Dauer von drei Kalendermonaten die voraussichtlichen Lohnsteuerabzugsmerkmale anwenden (§ 39c Abs. 1 EStG).

Die Lohnsteuerabzugsbescheinigung ersetzt die Verpflichtung und Berechtigung des Arbeitgebers zum Abruf der elektronischen Lohnsteuerabzugsmerkmale. Der Arbeitgeber hat diese **jahresbezogene Bescheinigung** als Beleg zum Lohnkonto zu nehmen und während des Dienstverhältnisses aufzubewahren, längstens bis zum Ablauf des jeweiligen Kalenderjahres. Bei **Beendigung** des Arbeitsverhältnisses vor Ablauf des Kalenderjahres hat er dem Arbeitnehmer diese Bescheinigung **auszuhändigen** (§ 39e Abs. 8 EStG). Da eine solche Bescheinigung nicht arbeitgeberbezogen ausgestellt wird, kann der Arbeitnehmer sie im Falle eines Arbeitgeberwechsels dem neuen Arbeitgeber vorlegen.

Hat der Arbeitnehmer die Ausstellung einer solchen Bescheinigung nicht beantragt oder legt er sie nicht innerhalb von sechs Wochen nach Beginn des Dienstverhältnisses vor, hat der Arbeitgeber die Lohnsteuer nach der **Steuerklasse VI** zu ermitteln (§ 39c Abs. 2 Satz 2 EStG). Zu einer etwaigen Änderung des Lohnsteuerabzugs vgl. dieses Stichwort.

Erhält der Arbeitnehmer seine **Identifikationsnummer zugeteilt,** hat er sie dem Arbeitgeber mitzuteilen (§ 39e Abs. 4 Satz 1 Nr. 1 EStG). Mit dieser Angabe und dem (bereits vorliegenden) Geburtsdatum ist der Arbeitgeber berechtigt, die **ELStAM** des Arbeitnehmers **abzurufen.** Die vorliegende Papierbescheinigung hindert den Arbeitgeber nicht, im laufenden Kalenderjahr zum ELStAM-Ver-

Lohnsteuerpflichtig Sozialversich.-pflichtig

fahren zu wechseln, um so die ELStAM des Arbeitnehmers abrufen zu können. Die Lohnsteuerabzugsbescheinigung ist in diesem Fall weder an das ausstellende Finanzamt zurückzugeben noch an den Arbeitnehmer herauszugeben.

3. Eingetragene Lebenspartner

Aufgrund der Generalklausel in § 2 Abs. 8 EStG gelten alle **Steuerklassen** bzw. **Steuerklassenkombinationen** für **Ehegatten** auch für **eingetragene Lebenspartnerschaften.** Dies gilt auch für das Faktorverfahren.

Die zuständigen Meldebehörden haben an die ELStAM-Datenbank für jede Person mit dem Familienstand „in eingetragener Lebenspartnerschaft" auch

- das Datum der Begründung der Lebenspartnerschaft (Beginndatum) und
- die Identifikationsnummer des Lebenspartners übermittelt.

Somit kann auch für in einer eingetragenen Lebenspartnerschaft lebende Arbeitnehmer das elektronische ELStAM-Verfahren angewendet werden. Sofern nicht zuvor beim Finanzamt die Erteilung einer ungünstigeren Steuerklasse beantragt worden ist (vgl. § 38b Abs. 3 Satz 1 EStG), erhalten Lebenspartner aufgrund dieser Übermittlung programmgesteuert die Steuerklasse IV, die dem Arbeitgeber über die monatliche Änderungsliste mitgeteilt wird.[1] Zur Änderung der Steuerklassenkombination vgl. das Stichwort „Steuerklassen" unter den Nrn. 3 und 4. Vgl. auch das Stichwort „Lebenspartnerschaft nach ausländischem Recht".

Übermittelt die Meldebehörde die **Umwandlung** einer eingetragenen Lebenspartnerschaft in eine **Ehe,** wird der Familienstand in der ELStAM-Datenbank auf „verheiratet" geändert. Steuerliche Folgen ergeben sich jedoch nicht, da die **bisherigen Steuerklassen beibehalten** werden.

4. Beschränkt steuerpflichtige Arbeitnehmer[2]

Seit 1.1.2020 ist für die „Standardfälle" **(Steuerklasse I, ohne Freibetrag)** der Gruppe 3 der beschränkt steuerpflichtigen Arbeitnehmer (§ 1 Abs. 4 EStG) der Arbeitgeberabruf für die elektronischen Lohnsteuerabzugsmerkmale freigeschaltet (= Einbeziehung in das **ELStAM-Verfahren**). Für beschränkt steuerpflichtige Arbeitnehmer der Gruppe 3 (§ 1 Abs. 4 EStG), die die Bildung eines **Freibetrags** für das Lohnsteuerabzugsverfahren beantragt haben, hat das Betriebsstättenfinanzamt des Arbeitgebers auf Antrag des Arbeitnehmers eine **Lohnsteuerabzugsbescheinigung („Papierbescheinigung")** auszustellen und den Arbeitgeberabruf zu sperren. Dies gilt auch dann, wenn der Arbeitnehmer meldepflichtig oder eine Identifikationsnummer vorhanden ist.

Für die **Gruppe der übrigen,** im Inland **nicht meldepflichtigen Personen** (u. a. nach § 1 Abs. 2 oder § 1 Abs. 3 EStG unbeschränkt steuerpflichtige Arbeitnehmer) ist die Teilnahme am ELStAM-Verfahren **erst** in einer **späteren programmtechnischen Ausbaustufe** vorgesehen. Dies gilt auch dann, wenn für diesen Arbeitnehmerkreis auf Anforderung des Finanzamts oder aus anderen Gründen (z. B. früherer Wohnsitz im Inland) steuerliche Identifikationsnummern vorliegen. Für diese Arbeitnehmer erteilt das Betriebsstättenfinanzamt des Arbeitgebers auch ab 1.1.2021 weiterhin eine **Lohnsteuerabzugsbescheinigung („Papierbescheinigung")** und **sperrt** den **Arbeitgeberabruf** für die ELStAM.

Der Arbeitgeber eines beschränkt einkommensteuerpflichtigen Arbeitnehmers ist zum **Abruf** der ELStAM berechtigt und **verpflichtet,** wenn dem beschränkt einkommensteuerpflichtigen Arbeitnehmer eine Identifikationsnummer zugeteilt und diese dem Arbeitgeber mitgeteilt wurde und der Arbeitnehmer keine **Papierbescheinigung** vorgelegt hat. Wurde dem Arbeitgeber vom beschränkt einkommensteuerpflichtigen Arbeitnehmer eine Papierbescheinigung vorgelegt, tritt diese für den vermerkten Gültigkeitszeitraum an die Stelle der bereits abgerufenen ELStAM. Der Arbeitgeber hat in diesem Fall den Lohnsteuerabzug anhand der Papierbescheinigung vorzunehmen.

Der Arbeitgeber hat die in der jahresbezogenen Lohnsteuerabzugsbescheinigung („Papierbescheinigung") ausgewiesenen Lohnsteuerabzugsmerkmale in das Lohnkonto des Arbeitnehmers zu übernehmen, diese Bescheinigung als Beleg zum Lohnkonto zu nehmen und während des Dienstverhältnisses aufzubewahren, längstens bis zum Ablauf des jeweiligen Kalenderjahres. Bei Beendigung des Arbeitsverhältnisses vor Ablauf des Kalenderjahres hat er dem Arbeitnehmer diese Bescheinigung auszuhändigen. Da eine solche Bescheinigung nicht arbeitgeberbezogen ausgestellt wird, kann der Arbeitnehmer sie im Falle eines Arbeitgeberwechsels dem neuen Arbeitgeber vorlegen.

5. Abruf einer unzutreffenden ELStAM

Stellt die Finanzverwaltung dem Arbeitgeber **unzutreffende ELStAM** bereit (z. B. Steuerklasse I statt III), kann der Arbeitnehmer deren Berichtigung beim Finanzamt beantragen. **Gründe** für unzutreffende Lohnsteuerabzugsmerkmale:

- Fälle mit abweichenden melderechtlichen Merkmalen,
- Fälle, in denen die unzutreffende Bildung auf Programmfehler zurückzuführen ist,
- Fälle, in denen ein Abruf der ELStAM wegen technischer Störungen nicht möglich ist.

Um bei unzutreffenden ELStAM, die zeitnah nicht korrigiert werden können, den zutreffenden Lohnsteuerabzug vornehmen zu können, stellt das Finanzamt auf Antrag des Arbeitnehmers eine **Bescheinigung für den Lohnsteuerabzug** für die Dauer eines Kalenderjahres aus und **sperrt** in der Regel gleichzeitig den **Arbeitgeberabruf** (Vollsperrung). Durch diese Sperrung erhält der Arbeitgeber für den Arbeitnehmer keine sog. Änderungslisten mehr. Legt der Arbeitnehmer dem Arbeitgeber die Bescheinigung für den Lohnsteuerabzug vor, sind die darauf eingetragenen Lohnsteuerabzugsmerkmale maßgebend. Folglich hat sie der Arbeitgeber in das Lohnkonto des Arbeitnehmers zu übernehmen, dem Lohnsteuerabzug zugrunde zu legen und den Lohnsteuerabzug nicht nach der Steuerklasse VI vorzunehmen.

Hebt das Finanzamt die Sperre nach einer Korrektur der (fehlerhaften) Daten auf, werden dem Arbeitgeber die zutreffenden ELStAM wieder per Änderungsliste zum Abruf bereitgestellt. Mit dem erneuten Abruf der ELStAM durch den Arbeitgeber verliert die Bescheinigung für den Lohnsteuerabzug ihre Gültigkeit. Eine Vernichtung der Bescheinigung durch den Arbeitgeber darf erst nach Ablauf des jeweiligen Kalenderjahres erfolgen. Die Bescheinigung ist nicht an das Finanzamt zurückzugeben.

Vgl. auch die ausführlichen Erläuterungen beim Stichwort „Elektronische Lohnsteuerabzugsmerkmale (ELStAM)" unter Nr. 3 Buchstabe g und unter Nr. 6 Buchstabe a.

1) Sofern die eingetragene Lebenspartnerschaft dem Arbeitgeber nicht bekannt werden soll, besteht die Möglichkeit beim Finanzamt eine ungünstigere Steuerklasse zu beantragen (§ 38b Abs. 3 Satz 1 EStG). Von einer ungünstigeren Steuerklasse wird auch dann ausgegangen, wenn statt der Steuerklasse IV die Steuerklasse I gewählt wird, obwohl die Höhe der Lohnsteuer in der Regel nicht voneinander abweicht.

2) BMF-Schreiben vom 7.11.2019 (BStBl. I S. 1087). Das BMF-Schreiben ist als Anlage 2 zu H 39e LStR im **Steuerhandbuch für das Lohnbüro 2021** abgedruckt, das im selben Verlag erschienen ist.

L

Lohn-steuer-pflichtig Sozial-versich.-pflichtig

6. Korrektur der ELStAM für zurückliegende Lohnzahlungszeiträume

Ist eine Korrektur einer unzutreffenden ELStAM durch das Finanzamt für zurückliegende Lohnzahlungszeiträume erforderlich, stellt das Finanzamt auf Antrag des Arbeitnehmers eine **befristete Bescheinigung** für den Lohnsteuerabzug aus. Dies gilt insbesondere für Änderungen der ELStAM im Einspruchsverfahren oder bei verzögert übermittelten bzw. weiterverarbeiteten Daten der Meldebehörden. In der befristeten Bescheinigung werden die anzuwendenden Lohnsteuerabzugsmerkmale für im Kalenderjahr zurückliegende Monate ausgewiesen (befristet bis zum Monatsende vor Bereitstellung der zutreffenden ELStAM). Weil diese Lohnsteuerabzugsmerkmale nur **für die Vergangenheit** anzuwenden sind, wird der **Arbeitgeberabruf** für die ELStAM **nicht gesperrt.**[1] Aufgrund der vorgelegten befristeten Bescheinigung ist eine Korrektur des Lohnsteuerabzugs für die zurückliegenden Monate möglich (vgl. das Stichwort „Änderung des Lohnsteuerabzugs").

Beispiel

Aufgrund eines Einspruchsverfahrens bildet das Finanzamt Mitte April 2021 erstmals einen Freibetrag im Lohnsteuer-Ermäßigungsverfahren in Höhe von 300 € monatlich rückwirkend ab Januar 2021 (= Monat der Antragstellung; § 39a Abs. 2 Satz 7 EStG). Ab Mai 2021 ist der Freibetrag in dieser Höhe in der elektronisch gebildeten ELStAM enthalten.

Für die Monate Januar bis April 2021 erteilt das Finanzamt dem Arbeitnehmer eine befristete Bescheinigung für den Lohnsteuerabzug zur Vorlage beim Arbeitgeber aus, in der auch ein Freibetrag in Höhe von 300 € monatlich ausgewiesen ist (Gültigkeitsangabe: Januar bis April 2021). Der Arbeitgeberabruf für die ELStAM wird nicht gesperrt, da die Bescheinigung nur für die Vergangenheit gültig ist. Der Arbeitgeber ist berechtigt aufgrund dieser Bescheinigung den Lohnsteuerabzug für die Monate Januar bis April 2021 zu ändern und einen Freibetrag in Höhe von 300 € monatlich zu berücksichtigen.

7. Nichtteilnahme am ELStAM-Verfahren in sog. Härtefällen

Sind Arbeitgeber nicht in der Lage und ist es ihnen nicht zumutbar, die ELStAM der Arbeitnehmer elektronisch abzurufen, wird ein Ersatzverfahren angeboten (§ 39e Abs. 7 EStG). Auf Antrag des Arbeitgebers kann das Betriebsstättenfinanzamt zur **Vermeidung unbilliger Härten** die Nichtteilnahme am elektronischen ELStAM-Verfahren zulassen. Dieser Antrag ist **für jedes Kalenderjahr** unter Darlegung der Gründe neu zu beantragen; ggf. rückwirkend bis zum Beginn des Kalenderjahres der Antragstellung. Wird kein neuer Antrag gestellt, besteht ab diesem Jahr die Verpflichtung zur Teilnahme am ELStAM-Verfahren. Eine **unbillige Härte** liegt insbesondere bei einem Arbeitgeber vor, der nicht über die technischen Möglichkeiten der Kommunikation über das Internet verfügt und für den eine solche Kommunikationsform wirtschaftlich oder persönlich unzumutbar ist (§ 150 Abs. 8 AO ist entsprechend anzuwenden).

Gibt das Betriebsstättenfinanzamt dem Antrag statt, wird dem Arbeitgeber eine **arbeitgeberbezogene** Bescheinigung zur Durchführung des Lohnsteuerabzugs erteilt, welche die für das jeweilige Kalenderjahr **gültigen Lohnsteuerabzugsmerkmale** der einzelnen Arbeitnehmer – also **aller im Betrieb beschäftigten Arbeitnehmer** – enthält. Im Fall der Änderung von Lohnsteuerabzugsmerkmalen wird dem Arbeitgeber automatisch eine geänderte Bescheinigung übersandt. Diese Bescheinigungen sind nur für den beantragenden Arbeitgeber bestimmt und dürfen von einem weiteren Arbeitgeber nicht als Grundlage für den Lohnsteuerabzug verwendet werden.

Vgl. zur sog. Härtefallregelung im Einzelnen das Stichwort „Elektronische Lohnsteuerabzugsmerkmale (ELStAM)" unter Nr. 5.

Lohn-steuer-pflichtig Sozial-versich.-pflichtig

Lohnsteuer-Anmeldung

siehe „Abführung und Anmeldung der Lohnsteuer"

Lohnsteuer-Außenprüfung

Gliederung:

1. Allgemeines

Das Betriebsstättenfinanzamt (vgl. dieses Stichwort) überwacht die ordnungsgemäße Einbehaltung und Abführung der Lohnsteuer, Kirchensteuer und des Solidaritätszuschlags durch turnusmäßige Lohnsteuer-Außenprüfungen. Dabei kann die Prüfung auf die wesentlichen Besteuerungsgrundlagen beschränkt werden (sog. abgekürzte Lohnsteuer-Außenprüfung). Die Durchführung einer Lohnsteuer-Außenprüfung und der Zeitpunkt des Beginns werden mit einer schriftlichen Prüfungsanordnung mindestens zwei Wochen vorher mitgeteilt. Sind wichtige Gründe vorhanden (z. B. Krankheit des Steuerberaters, des Arbeitgebers, des Lohnbuchhalters oder der Lohnbuchhalterin), kann der Beginn der Lohnsteuer-Außenprüfung hinausgeschoben werden. Die Arbeitgeber sind verpflichtet, den Prüfern das Betreten der Geschäftsräume in den üblichen Geschäftsstunden zu gestatten und ihnen die erforderlichen Hilfsmittel und einen geeigneten Arbeitsplatz unentgeltlich zur Verfügung zu stellen. Den Prüfern ist nicht nur Einsicht in die lohnsteuerlichen Unterlagen (Lohnkonten, Lohnlisten usw.) zu gewähren, sondern auch Einsicht in die Geschäftsbücher, Sachkonten, Abschlussberichte und sonstigen Buchführungsunterlagen (einschließlich Arbeitsverträge der leitenden Angestellten und GmbH-Gesellschafter-Geschäftsführer), soweit dies nach dem Ermessen des Prüfers zur Durchführung der Lohnsteuerprüfung erforderlich ist. Die Arbeitgeber (Lohnbuchhalter) haben über alle für den Betrieb tätigen Personen jede gewünschte Auskunft zur Feststellung der für die Lohnsteuer bedeutsamen Verhältnisse zu geben; in gleicher Weise haben auch die Arbeitnehmer selbst dem Lohnsteuerprüfer Auskunft zu erteilen.

Zu den Auswirkungen einer Lohnsteuer-Außenpüfung auf den Ablauf der steuerlichen Festsetzungsfrist vgl. das Stichwort „Verjährung" unter Nr. 7.

2. Datenzugriff bei der Außenprüfung

Wer aufzubewahrende Unterlagen nur in Form einer Wiedergabe auf einem Bildträger oder auf anderen Datenträgern vorlegen kann, ist verpflichtet, auf seine Kosten diejenigen Hilfsmittel (z. B. Lesegeräte) zur Verfügung zu stellen, die erforderlich sind, um die Unterlagen lesbar zu machen; auf Verlangen des Prüfers hat der Arbeitgeber auf eigene Kosten die Unterlagen unverzüglich ganz oder teilweise auszudrucken oder ohne Hilfsmittel lesbare Reproduktionen zu beschaffen.

Durch diese Vorschriften in §§ 146, 146a, 147 und 200 der Abgabenordnung haben die Finanzbehörden im Rahmen von Außenprüfungen bei DV-gestützten Buchführungssystemen das Recht, Einsicht in die gespeicherten

1) Randnummer 37 des BMF-Schreibens vom 7.8.2013 (BStBl. I S. 951). Das BMF-Schreiben ist als Anlage 1 zu H 39e LStR im **Steuerhandbuch für das Lohnbüro 2021** abgedruckt, das im selben Verlag erschienen ist.

Lohn- steuer- pflichtig | Sozial- versich.- pflichtig

Daten zu nehmen und das Datenverarbeitssystem der Unternehmen zur Prüfung zu nutzen. Die Einzelheiten dieses Prüfungsrechts der Finanzämter sind in den „Grundsätzen zum Datenzugriff und zur Prüfbarkeit digitaler Unterlagen" geregelt.[1)]

Wird der Datenzugriff nicht, nicht zeitnah oder nicht in vollem Umfang eingeräumt, kann das Finanzamt ein Verzögerungsgeld zwischen 2500 € und 250 000 € festsetzen (§ 146 Abs. 2b AO). Entsprechendes gilt, wenn Auskünfte oder Unterlagen nicht, nicht zeitnah oder nicht in vollem Umfang erteilt oder vorgelegt werden.

3. Digitale LohnSchnittstelle

Eine wesentliche Form der Umsetzung des Datenzugriffsrechts der Finanzverwaltung (vgl. vorstehende Nr. 2) ist die Überlassung von Datenträgern an Außenprüfer zur Auswertung auf den Notebooks der Prüfer. In Deutschland werden von den Arbeitgebern zurzeit ca. 260 verschiedene Lohnabrechnungsprogramme eingesetzt. Jedes Programm ist anders aufgebaut und strukturiert, sodass auch die Dateien und Felder mit den steuerlich relevanten Daten entsprechend unterschiedlich aufgebaut, bezeichnet, formatiert und verknüpft sind. Um

- Zweifelsfragen und Unklarheiten zu den Inhalten von elektronischen Dateien und Datenfeldern,
- technische Schwierigkeiten beim Aufbereiten der elektronischen Daten sowie
- Datennachforderungen durch den Außenprüfer auf weiteren Datenträgern

zu vermeiden, hat die Finanzverwaltung die „Digitale LohnSchnittstelle" (DLS) erarbeitet und beschrieben. Die DLS ist eine **Schnittstellenbeschreibung** für den **Export** von **Daten** aus dem Lohnbuchhaltungssystem des **Arbeitgebers** zur Übergabe **an** den **Lohnsteuer-Außenprüfer.** Sie soll dabei eine einheitliche Strukturierung und Bezeichnung der Dateien und Datenfelder gemäß den Anforderungen der Grundsätze zum Datenzugriff und zur Prüfbarkeit digitaler Unterlagen – unabhängig von dem beim Arbeitgeber eingesetzten Lohnabrechnungsprogramm – sicherstellen.

Die seit dem 1.1.2018 im Lohnkonto aufzuzeichnenden Daten hat der Arbeitgeber der Finanzverwaltung nach einer amtlich vorgeschriebenen digitalen Schnittstelle elektronisch bereitzustellen. Dies gilt **unabhängig** von dem **vom** Arbeitgeber eingesetzten **Lohnabrechnungsprogramm.** Der frühere Empfehlungscharakter für die Anwendung einer solchen Schnittstelle ist also seit 2018 verpflichtend (§ 4 Abs. 2a i. V. m. § 8 Abs. 3 LStDV[2)]). Auf Antrag des Arbeitgebers kann das Finanzamt aber zur Vermeidung unbilliger Härten zulassen, dass der Arbeitgeber die Daten in anderer auswertbarer Form bereitstellt. **Die jeweils aktuelle Version der „Digitalen LohnSchnittstelle" mit weitergehenden Informationen steht auf der Internetseite des Bundeszentralamtes für Steuern unter www.bzst.bund.de zum Download bereit.**

Mit der einheitlichen Schnittstellenbeschreibung soll erreicht werden, dass die im Lohnkonto aufzuzeichnenden Angaben in den dem Lohnsteuer-Außenprüfer überlassenen Daten enthalten sind. Zum anderen sollen die Voraussetzungen dafür geschaffen werden, die elektronischen Daten innerhalb kurzer Zeit zu erhalten und mittels der von der Finanzverwaltung eingesetzten Prüfsoftware auszuwerten.

Die DLS stellt allerdings im Rahmen der digitalen Zugriffsmöglichkeit **keine abschließende** Definition und **Aufzählung** der **steuerrelevanten Daten** dar, sondern liefert eine Datensatzbeschreibung für den Kernbereich der Lohndaten, die für die weitaus überwiegende Mehrzahl der Prüfungen als ausreichend angesehen werden können. Das **allgemeine Datenzugriffsrecht** (vgl. vorstehende Nr. 2) auf darüber hinausgehende prüfungsrelevante steuerliche Daten bleibt hiervon aber **unberührt.**

4. Rechte des Arbeitgebers

Der Arbeitgeber ist während der Lohnsteuer-Außenprüfung über die festgestellten Sachverhalte und die möglichen steuerlichen Auswirkungen zu unterrichten. Der Arbeitgeber hat ein Recht auf eine **Schlussbesprechung,** es sei denn, dass sich durch die Lohnsteuer-Außenprüfung keine Änderung der Besteuerungsgrundlagen ergibt oder es sich um eine abgekürzte Lohnsteuer-Außenprüfung handelt; er kann allerdings auf die Schlussbesprechung verzichten. Über das Ergebnis der Lohnsteuer-Außenprüfung ist ein **Prüfungsbericht** zu fertigen und dem Arbeitgeber zu übersenden. Führt die Lohnsteuer-Außenprüfung zu keiner Änderung der Besteuerungsgrundlagen, genügt eine schriftliche Mitteilung hierüber. Der Arbeitgeber kann beantragen, dass ihm der Prüfungsbericht vor der Auswertung durch das Finanzamt zur Stellungnahme übersandt wird; dies gilt allerdings nicht bei abgekürzten Lohnsteuer-Außenprüfungen.

Ergibt sich während einer Lohnsteuer-Außenprüfung der Verdacht einer Steuerstraftat oder einer Steuerordnungswidrigkeit und richtet sich der Verdacht gegen den Arbeitgeber, dürfen Ermittlungen bei ihm erst fortgesetzt werden, wenn ihm die Einleitung des Straf- bzw. Bußgeldverfahrens **mitgeteilt** worden ist. Denn die Mitwirkung des Arbeitgebers kann in diesem Fall, soweit die Feststellungen auch für Zwecke eines Steuerstraf- oder Bußgeldverfahrens gegen ihn verwendet werden können, nicht mehr erzwungen werden (§ 393 Abs. 1 Satz 2 AO).

5. Betriebsprüfung durch die Rentenversicherung

Die Rentenversicherungsträger müssen **mindestens alle vier Jahre** eine Beitragsprüfung durchführen. Auf Verlangen des Arbeitgebers kann auch eine Prüfung in kürzeren Abständen stattfinden. Um Prüfungsbeanstandungen zu vermeiden, sollte der Arbeitgeber auch die Beratungsangebote der Krankenkassen wahrnehmen. Für die Durchführung der Beitragsprüfungen gelten im Wesentlichen die gleichen Grundsätze wie bei einer Lohnsteuer-Außenprüfung (vgl. das Stichwort „Betriebsprüfung").

L

6. Zeitgleiche Lohnsteuer-Außenprüfung und Betriebsprüfung

Auf Verlangen des Arbeitgebers können die Lohnsteuer-Außenprüfung und die Betriebsprüfung der Rentenversicherungsträger zur gleichen Zeit durchgeführt werden (§ 42f Abs. 4 EStG). Hierdurch sollen die beim Arbeitgeber durch Prüfungen zwangläufig entstehenden Belastungen reduziert werden. Der **Antrag** des Arbeitgebers auf zeitgleiche Prüfung (formfrei oder per Vordruck) ist bei seinem **Betriebsstättenfinanzamt** zu stellen.[3)] Das Betriebsstättenfinanzamt hat den Antrag zu prüfen und die Einzelheiten mit dem Rentenversicherungsträger abzustimmen. Als frühester Prüfungstermin kommt regelmäßig ein Zeitraum ab dem dritten Monat nach Antragstellung in Betracht.

Wird eine zeitgleiche Prüfung durchgeführt, ist von Bedeutung, dass es sich weder um eine gemeinsame noch um eine einheitliche Prüfung von Finanzverwaltung und Sozialversicherungsträger, sondern um **zwei getrennte**

1) Die Finanzverwaltung hat im umfangreichen BMF-Schreiben vom 28.11.2019 (BStBl. I S. 1269) zu den Grundsätzen der ordnungsgemäßen Führung und Aufbewahrung von Büchern, Aufzeichnungen und Unterlagen in elektronischer Form sowie zum Datenzugriff (GoBD) Stellung genommen. Neben dem Datenzugriff nimmt sie in diesem Schreiben auch zur Lesbarmachung von elektronischen Unterlagen, der elektronischen Aufbewahrung sowie der elektronischen Erfassung von Papierdokumenten Stellung. Weitere Themen sind die Datensicherheit und die Protokollierung von Änderungen.

2) Die Lohnsteuer-Durchführungsverordnung (LStDV) ist als Anhang 1 im **Steuerhandbuch für das Lohnbüro 2021** abgedruckt, das im selben Verlag erschienen ist.

3) Der Vordruck ist als Anlage 2 zu H 42f LStR im **Steuerhandbuch für das Lohnbüro 2021** abgedruckt, das im selben Verlag erschienen ist.

Prüfungen handelt, die lediglich zeitgleich durchgeführt werden.

Ein **Rechtsanspruch** des Arbeitgebers auf zeitgleiche Prüfung besteht übrigens **nicht.** Es handelt sich um eine Ermessensentscheidung des Finanzamts. Gegen die Ablehnung eines Antrags auf zeitgleiche Prüfung kann der Arbeitgeber allerdings Einspruch einlegen.

7. Lohnsteuer-Nachschau

In Anlehnung an das Umsatzsteuerrecht ist die Möglichkeit einer Lohnsteuer-Nachschau (§ 42g EStG) eingeführt worden. Es handelt sich um ein besonderes Verfahren zur zeitnahen Aufklärung steuererheblicher Sachverhalte. Sofern die bei der Lohnsteuer-Nachschau getroffenen Feststellungen hierzu Anlass geben, kann ohne vorherige Prüfungsanordnung zu einer Lohnsteuer-Außenprüfung übergegangen werden. Auf diesen **Übergang** zur **Lohnsteuer-Außenprüfung** wird der Arbeitgeber schriftlich hingewiesen. Wegen weiterer Einzelheiten – auch zu den verfahrensrechtlichen Unterschieden – vgl. das Stichwort „Lohnsteuer-Nachschau".

Lohnsteuerberechnung

siehe „Berechnung der Lohnsteuer und der Sozialversicherungsbeiträge"

Lohnsteuerbescheinigung

L

Neues und Wichtiges auf einen Blick:

1. Ausstellungserlass für die Lohnsteuerbescheinigungen

Grundlage für die Erstellung der Lohnsteuerbescheinigung ist der von der Finanzverwaltung bekannt gegebene Ausstellungserlass für die elektronischen und besonderen Lohnsteuerbescheinigungen.[1] Die danach vorzunehmenden Eintragungen in der Lohnsteuerbescheinigung sind unter den nachfolgenden Nrn. 2 bis 30 im Einzelnen erläutert.

2. Aufzeichnungs- und Bescheinigungserleichterung

Durch die sog. Fünfte Verordnung zur Änderung steuerlicher Verordnungen vom 25.6.2020 (BGBl. I S. 555) ist in der Lohnsteuer-Durchführungsverordnung klargestellt worden, dass **folgender steuerfreier Arbeitslohn nicht im Lohnkonto** des Arbeitnehmers aufzuzeichnen und daher auch **nicht in** der **Lohnsteuerbescheinigung** des Arbeitnehmers anzugeben ist (§ 4 Abs. 2 Nr. 4 LStDV[2]):

- Steuerfreie Fahrradgestellung (§ 3 Nr. 37 EStG),
- Steuerfreie Gestellung eines PC, Datenverarbeitungs- oder Telekommunikationsgeräts (§ 3 Nr. 45 EStG),
- Steuerfreies Aufladen von Elektrofahrzeugen einschließlich Nutzungsüberlassung der Ladevorrichtungen (§ 3 Nr. 46 EStG),
- Steuerfreie Trinkgelder (§ 3 Nr. 51 EStG).

Vgl. auch die Erläuterungen beim Stichwort „Lohnkonto" unter Nr. 11.

3. Steuerfreie Fahrtkostenzuschüsse

In der Lohnsteuerbescheinigung sind die auf die Entfernungspauschale anzurechnenden steuerfreien Arbeitgeberleistungen auszuweisen. Dies sind die steuerfreien Sachleistungen und Barzuschüsse des Arbeitgebers für **Fahrten mit öffentlichen Verkehrsmitteln im Linienverkehr** (ohne Luftverkehr) **zwischen Wohnung und erster Tätigkeitsstätte** und dauerhafte Fahrten zu einem weiträumigen Tätigkeitsgebiet oder Arbeitgeber-Sammelpunkt sowie für **(Privat-)Fahrten im öffentlichen Personennahverkehr.** Ebenfalls anzugeben sind Sachbezüge, die wegen der **monatlichen 44-Euro-Freigrenze für Sachbezüge** oder des **Rabattfreibetrags von 1080 € jährlich** steuerfrei bleiben. Vgl. die Erläuterungen und Beispiele unter der nachfolgenden Nr. 14.

4. Pauschal besteuerte Fahrtkostenzuschüsse

In **Zeile 18** der Lohnsteuerbescheinigung 2021 sind die pauschal mit **15 %** besteuerten Arbeitgeberleistungen für Fahrten zwischen Wohnung und erster Tätigkeitsstätte sowie für dauerhafte Fahrten zu einem weiträumigen Tätigkeitsgebiet oder Arbeitgeber-Sammelpunkt einzutragen, da sie auf die **Entfernungspauschale anzurechnen** sind.

Werden Fahrtkostenzuschüsse des Arbeitgebers (Sachleistungen und Barzuschüsse) mit **25 %** pauschal besteuert, wird **keine Anrechnung** auf die **Entfernungspauschale** vorgenommen. Infolge des Verzichts auf die Anrechnung dieser pauschal besteuerten Arbeitgeberleistungen auf die Entfernungspauschale müssen die Beträge vom Arbeitgeber auch nicht in der elektronischen Lohnsteuerbescheinigung angegeben werden.

Vgl. zu pauschal besteuerten Fahrtkostenzuschüssen im Einzelnen nachfolgende Nr. 15.

5. Corona-Beihilfe

Arbeitgeber können ihren Arbeitnehmern in der Zeit zwischen dem 1.3.2020 und 30.6.2021 einmalig einen Betrag von 1500 € steuer- und beitragsfrei auszahlen oder als Sachleistungen gewähren (§ 3 Nr. 11a EStG). Diese steuerfreien Leistungen unterliegen nicht dem Progressionsvorbehalt. Die steuerfreie Beihilfe oder Unterstützungsleistung ist dennoch im **Lohnkonto** des jeweiligen Arbeitnehmers **aufzuzeichnen.** Ein Ausweis in der **Lohnsteuerbescheinigung** 2021 ist allerdings **nicht** vorzunehmen.

Gliederung:

1) BMF-Schreiben vom 9.9.2019 (BStBl. I S. 911). Das BMF-Schreiben ist als Anlage 1 zu H 41b LStR im **Steuerhandbuch für das Lohnbüro 2021** abgedruckt, das im selben Verlag erschienen ist.

2) Die Lohnsteuerdurchführungsverordnung (LStDV) ist als Anhang 1 im **Steuerhandbuch für das Lohnbüro 2021** abgedruckt, das im selben Verlag erschienen ist.

Lohn-steuer-pflichtig Sozial-versich.-pflichtig

10. Eintragung in Zeile 10 der Lohnsteuerbescheinigung 2021
11. Eintragungen in den Zeilen 11, 12, 13 und 14 der Lohnsteuerbescheinigung 2021
12. Eintragung in Zeile 15 der Lohnsteuerbescheinigung 2021
13. Eintragung in Zeile 16 der Lohnsteuerbescheinigung 2021
14. Eintragung in Zeile 17 der Lohnsteuerbescheinigung 2021
15. Eintragung in Zeile 18 der Lohnsteuerbescheinigung 2021
16. Eintragung in Zeile 19 der Lohnsteuerbescheinigung 2021
17. Eintragung in Zeile 20 der Lohnsteuerbescheinigung 2021
18. Eintragung in Zeile 21 der Lohnsteuerbescheinigung 2021
19. Eintragung in Zeilen 22 und 23 der Lohnsteuerbescheinigung 2021
20. Eintragung in Zeile 24 der Lohnsteuerbescheinigung 2021
21. Eintragung in Zeile 25 der Lohnsteuerbescheinigung 2021
22. Eintragung in Zeile 26 der Lohnsteuerbescheinigung 2021
23. Eintragung in Zeile 27 der Lohnsteuerbescheinigung 2021
24. Eintragungen in Zeilen 22 bis 27 bei steuerfreiem oder pauschal besteuertem Arbeitslohn
25. Eintragung in Zeile 28 der Lohnsteuerbescheinigung 2021
26. Eintragung in Zeilen 29, 30, 31 und 32 der Lohnsteuerbescheinigung 2021
27. Eintragung in Zeile 33 der Lohnsteuerbescheinigung 2021
28. Eintragung in Zeile 34 der Lohnsteuerbescheinigung 2021
29. Eintragungen in die freien Zeilen der Lohnsteuerbescheinigung 2021
30. Eintragungen in die letzte Zeile der Lohnsteuerbescheinigung 2021
31. Besondere Lohnsteuerbescheinigung
32. Aushändigung der Lohnsteuerbescheinigung
33. Nachträgliche Korrektur oder Stornierung der Lohnsteuerbescheinigung
    a) Zeitliche Grenze der Korrektur oder Stornierung
    b) Unrichtige Datensätze
    c) Nachzahlungen
    d) Änderung des Lohnsteuerabzugs

1. Allgemeines

a) Elektronische Lohnsteuerbescheinigung

Bei Beendigung eines Dienstverhältnisses oder am Ende des Kalenderjahres hat der Arbeitgeber das Lohnkonto des Arbeitnehmers abzuschließen und aufgrund der Aufzeichnungen im Lohnkonto der Finanzverwaltung spätestens bis Ende Februar des Folgejahres nach amtlich vorgeschriebenem Datensatz eine **elektronische Lohnsteuerbescheinigung** zu übermitteln. Die elektronische Lohnsteuerbescheinigung für das Kalenderjahr 2021 muss der Finanzverwaltung also bis **spätestens 28. Februar 2022** übermittelt werden.[1] Dies gilt sowohl für unbeschränkt als auch beschränkt steuerpflichtige Arbeitnehmer. Damit gewährleistet ist, dass die Daten der elektronischen Lohnsteuerbescheinigung der Finanzverwaltung vollständig zur Verfügung stehen, muss nach der elektronischen Übermittlung das Verarbeitungsprotokoll abgerufen werden. Im Ausdruck der elektronischen Lohnsteuerbescheinigung ist das elektronisch vergebene Transferticket der Datenübermittlung anzugeben.

Lohn-steuer-pflichtig Sozial-versich.-pflichtig

Das nachfolgend abgedruckte Muster für den Ausdruck der elektronischen Lohnsteuerbescheinigung für das Kalenderjahr 2021 ist durch BMF-Schreiben vom 9.9.2020 (BStBl. I S. 926)[2] veröffentlicht worden. Im Ausstellungserlass vom 9.9.2019 (BStBl. I S. 911)[2] sind die vorzunehmenden Eintragungen im Einzelnen erläutert. Außerdem muss die elektronische Lohnsteuerbescheinigung 2021 folgende Angaben enthalten:

- Name, Vorname, Geburtsdatum und aktuelle Anschrift des Arbeitnehmers,
- die Identifikationsnummer des Arbeitnehmers,
- die individuellen Lohnsteuerabzugsmerkmale des Arbeitnehmers (Steuerklasse ggf. mit Faktor, Zahl der Kinderfreibeträge, Kirchensteuermerkmale, steuerfreier Jahresbetrag, Jahreshinzurechnungsbetrag),
- die Anschrift und die Steuernummer des Arbeitgebers.

Die abgerufenen elektronischen **Lohnsteuerabzugsmerkmale** (ELStAM) oder die auf der entsprechenden Lohnsteuerabzugsbescheinigung (vgl. dieses Stichwort) eingetragenen Lohnsteuerabzugsmerkmale sind der Finanzverwaltung **vollständig zu übermitteln.** Dabei ist im elektronischen Datensatz neben den (elektronischen) Lohnsteuerabzugsmerkmalen auch das Datum „gültig ab" zu übermitteln. Hiervon abweichend sind im Muster des **Ausdrucks** der elektronischen Lohnsteuerbescheinigung aus Vereinfachungsgründen nur die im **letzten Lohnzahlungszeitraum zugrunde gelegten Lohnsteuerabzugsmerkmale** – ohne „gültig ab" – zu bescheinigen.

Sofern für den Arbeitnehmer keine steuerliche **Identifikationsnummer** vergeben wurde oder der Arbeitnehmer die Identifikationsnummer dem Arbeitgeber nicht mitgeteilt hat, ist weiterhin die **eTIN** (= elektronische Transfer-Identifikations-Nummer) anzugeben und für die elektronische Übermittlung der Lohnsteuerbescheinigung zu verwenden. Ein amtlicher Gemeindeschlüssel (AGS) ist nicht anzugeben.

Neben der Übermittlung der elektronischen Lohnsteuerbescheinigung an die Finanzverwaltung hat der Arbeitgeber **dem Arbeitnehmer** einen nach amtlich vorgeschriebenem Muster gefertigten **Ausdruck der elektronischen Lohnsteuerbescheinigung auszuhändigen** oder elektronisch bereitzustellen. Im Ausdruck der elektronischen Lohnsteuerbescheinigung ist das elektronisch vergebene Transferticket anzugeben. Für Arbeitnehmer, für die der Arbeitgeber die Lohnsteuer ausschließlich nach den §§ 40, 40a und 40b EStG **pauschal** erhoben hat, ist keine Lohnsteuerbescheinigung zu erstellen.

b) Besondere Lohnsteuerbescheinigung

In bestimmten Fällen hat das Finanzamt nach wie vor eine Lohnsteuerabzugsbescheinigung in Papierform auszustellen (vgl. im Einzelnen das Stichwort „Lohnsteuerabzugsbescheinigung"). Dies gilt insbesondere für

---

1) Die Datenübermittlung ist nach amtlich vorgeschriebenem Datensatz durch Datenfernübertragung über die amtlich bestimmte Schnittstelle authentifiziert vorzunehmen. Das für die Authentifizierung erforderliche Zertifikat muss vom Datenübermittler einmalig auf der Internetseite www.elster.de beantragt werden. Ohne Authentifizierung ist eine elektronische Übermittlung der Lohnsteuerbescheinigung nicht möglich. Für jede elektronische Lohnsteuerbescheinigung ist eine eindeutige, durch den Datenlieferanten zu vergebene ID (KmID) zu erstellen, deren Zusammensetzung in der technischen Schnittstellenbeschreibung zur elektronischen Lohnsteuerbescheinigung dokumentiert ist. Einzelheiten zum amtlich vorgeschriebenem Datensatz sind unter www.elster.de abrufbar.

2) Das BMF-Schreiben vom 9.9.2019 (BStBl. I S. 911) und das Muster für den Ausdruck der durch BMF-Schreiben vom 9.9.2020 (BStBl. I S. 926) bekannt gemachten elektronischen Lohnsteuerbescheinigung für das Kalenderjahr 2021 sind als Anlage 1 zu H 41b LStR im **Steuerhandbuch für das Lohnbüro 2021** abgedruckt, das im selben Verlag erschienen ist.

- beschränkt steuerpflichtige Arbeitnehmer, denen für das Lohnsteuerabzugsverfahren ein Freibetrag zu bescheinigen ist (vgl. dieses Stichwort),
- erweitert unbeschränkt steuerpflichtige Arbeitnehmer (vgl. das Stichwort „Erweiterte unbeschränkte Steuerpflicht") und
- in Sonderfällen für bestimmte unbeschränkt steuerpflichtige Arbeitnehmer (vgl. das Stichwort „Lohnsteuerabzugsbescheinigung" besonders unter den Nrn. 2 und 7).

Nimmt der **Arbeitgeber** in den vorstehenden Fällen **nicht am ElsterLohn-Verfahren teil,** hat er nach Ablauf des Kalenderjahres oder wenn das Dienstverhältnis vor Ablauf des Kalenderjahres beendet wird, eine **Besondere Lohnsteuerbescheinigung** auszustellen und dem Arbeitnehmer eine Zweitausfertigung auszuhändigen (§ 41b Abs. 1 Sätze 4 und 5 EStG); dies gilt z. B. für Arbeitgeber, die wegen Anwendung der sog. Härtefallregelung nicht am ELStAM-Verfahren teilnehmen (vgl. das Stichwort „Elektronische Lohnsteuerabzugsmerkmale – ELStAM" – unter Nr. 5) oder wenn der Arbeitslohn einer geringfügig Beschäftigten im Privathaushalt nach den individuellen Lohnsteuerabzugsmerkmalen besteuert worden ist; vgl. auch das Stichwort „Besondere Lohnsteuerbescheinigung" unter Nr. 3. Die Besonderen Lohnsteuerbescheinigungen hat der Arbeitgeber zudem seinem Betriebsstättenfinanzamt zu übersenden.

Bei beschränkt steuerpflichtigen Arbeitnehmern sind die Zeilen für die Kirchensteuer nicht auszufüllen, weil beschränkt steuerpflichtige Arbeitnehmer nicht kirchensteuerpflichtig sind (vgl. die Erläuterungen beim Stichwort „Kirchensteuer" unter Nr. 8).

L

c) Muster der Lohnsteuerbescheinigung 2021

1. Bescheinigungszeitraum	vom – bis	
2. Zeiträume ohne Anspruch auf Arbeitslohn	Anzahl „U"	
Großbuchstaben (S, M, F, FR)		
	Euro	Ct
3. Bruttoarbeitslohn einschl. Sachbezüge ohne 9. und 10.		
4. Einbehaltene Lohnsteuer von 3.		
5. Einbehaltener Solidaritätszuschlag von 3.		
6. Einbehaltene Kirchensteuer des Arbeitnehmers von 3.		
7. Einbehaltene Kirchensteuer des Ehegatten/Lebenspartners von 3. (nur bei Konfessionsverschiedenheit)		
8. In 3. enthaltene Versorgungsbezüge		
9. Ermäßigt besteuerte Versorgungsbezüge für mehrere Kalenderjahre		
10. Ermäßigt besteuerter Arbeitslohn für mehrere Kalenderjahre (ohne 9.) und ermäßigt besteuerte Entschädigungen		
11. Einbehaltene Lohnsteuer von 9. und 10.		
12. Einbehaltener Solidaritätszuschlag von 9. und 10.		
13. Einbehaltene Kirchensteuer des Arbeitnehmers von 9. und 10.		
14. Einbehaltene Kirchensteuer des Ehegatten/Lebenspartners von 9. und 10. (nur bei Konfessionsverschiedenheit)		

15. (Saison-)Kurzarbeitergeld, Zuschuss zum Mutterschaftsgeld, Verdienstausfallentschädigung (Infektionsschutzgesetz), Aufstockungsbetrag und Altersteilzeitzuschlag			
16. Steuerfreier Arbeitslohn nach	a) Doppelbesteuerungsabkommen (DBA)		
	b) Auslandstätigkeitserlass		
17. Steuerfreie Arbeitgeberleistungen, die auf die Entfernungspauschale anzurechnen sind			
18. Pauschal mit 15 % besteuerte Arbeitgeberleistungen für Fahrten zwischen Wohnung und erster Tätigkeitsstätte			
19. Steuerpflichtige Entschädigungen und Arbeitslohn für mehrere Kalenderjahre, die nicht ermäßigt besteuert wurden – in 3. enthalten			
20. Steuerfreie Verpflegungszuschüsse bei Auswärtstätigkeit			
21. Steuerfreie Arbeitgeberleistungen bei doppelter Haushaltsführung			
22. Arbeitgeberanteil/-zuschuss	a) zur gesetzlichen Rentenversicherung		
	b) an berufsständische Versorgungseinrichtungen		
23. Arbeitnehmeranteil	a) zur gesetzlichen Rentenversicherung		
	b) an berufsständische Versorgungseinrichtungen		
24. Steuerfreie Arbeitgeberzuschüsse	a) zur gesetzlichen Krankenversicherung		
	b) zur privaten Krankenversicherung		
	c) zur gesetzlichen Pflegeversicherung		
25. Arbeitnehmerbeiträge zur gesetzlichen Krankenversicherung			
26. Arbeitnehmerbeiträge zur sozialen Pflegeversicherung			
27. Arbeitnehmerbeiträge zur Arbeitslosenversicherung			
28. Beiträge zur privaten Kranken- und Pflege-Pflichtversicherung oder Mindestvorsorgepauschale			
29. Bemessungsgrundlage für den Versorgungsfreibetrag zu 8.			
30. Maßgebendes Kalenderjahr des Versorgungsbeginns zu 8. und/oder 9.			
31. Zu 8. bei unterjähriger Zahlung: Erster und letzter Monat, für den Versorgungsbezüge gezahlt wurden			

Lohn-steuer-pflichtig Sozial-versich.-pflichtig

32. Sterbegeld; Kapitalauszahlungen/Abfindungen und Nachzahlungen von Versorgungsbezügen – in 3. und 8. enthalten		
33. Ausgezahltes Kindergeld		–
34. Freibetrag DBA Türkei		
Finanzamt, an das die Lohnsteuer abgeführt wurde (Name und vierstellige Nr.)		

Für die Eintragung in die einzelnen Zeilen der Lohnsteuerbescheinigung 2021 gilt Folgendes:

2. Eintragung in Zeile 1 der Lohnsteuerbescheinigung 2021

Einzutragen ist die Dauer des Dienstverhältnisses während des Kalenderjahres beim Arbeitgeber. Zeiträume, in denen kein Lohn gezahlt wurde (z. B. bei unbezahltem Urlaub), unterbrechen die Dauer des Dienstverhältnisses nicht, wenn der Arbeitgeber nicht von einer Beendigung des Dienstverhältnisses ausgeht (vgl. die Erläuterungen beim Stichwort „Teillohnzahlungszeitraum" unter Nr. 3 Buchstabe a). Für diese Unterbrechungen ist allerdings in **Zeile 2** der Lohnsteuerbescheinigung die Anzahl der Buchstaben U einzutragen (vgl. die Erläuterungen zur nachfolgenden Nr. 3 Buchstabe a).

Bei sonstigen Bezügen, die nach Beendigung des Dienstverhältnisses gezahlt werden, ist der Monat der Auszahlung zu bescheinigen.

3. Eintragung in Zeile 2 der Lohnsteuerbescheinigung 2021

In der Zeile 2 der Lohnsteuerbescheinigung sind die Angaben zu den Buchstaben **F, FR, M, S** und **U** einzutragen. Die früher vorgeschriebene Eintragung des Buchstabens B bei Anwendung der Besonderen Lohnsteuertabelle ist seit 1.1.2010 weggefallen, obwohl es nach wie vor eine Besondere Lohnsteuertabelle mit einer gekürzten Vorsorgepauschale gibt (vgl. die Erläuterungen beim Stichwort „Lohnsteuertabellen"). Im Einzelnen gilt Folgendes:

a) Eintragung der Anzahl der im Lohnkonto vermerkten Buchstaben U

Einzutragen ist die **Anzahl** der im Lohnkonto vermerkten Buchstaben „U". Dies sind die Unterbrechungszeiträume, in denen an mindestens fünf aufeinanderfolgenden Arbeitstagen der Anspruch auf Arbeitslohn im Wesentlichen weggefallen ist (z. B. wegen Krankheit). Nicht zu bescheinigen sind Unterbrechungszeiträume, in denen der Arbeitnehmer Lohnersatzleistungen erhalten hat (z. B. Kurzarbeitergeld), die in Zeile 15 der Lohnsteuerbescheinigung einzutragen sind (vgl. hierzu nachfolgende Nr. 12). Der genaue Zeitraum der Unterbrechung braucht nicht angegeben zu werden. Hat der Arbeitnehmer z. B. im Kalenderjahr 2021 einmal zwei Wochen und einmal eine Woche unbezahlten Urlaub genommen, ist in **Zeile 2** der Lohnsteuerbescheinigung die Zahl „2" oder in Worten „zwei" einzutragen (zur Eintragung des Buchstabens „U" im Lohnkonto vgl. die ausführlichen Erläuterungen beim Stichwort „Lohnkonto" unter Nr. 9 auf Seite 639).

b) Eintragung des Buchstabens F

Der Buchstabe „F" ist einzutragen, wenn der Arbeitgeber den Arbeitnehmer **unentgeltlich oder verbilligt** von der Wohnung zur ersten Tätigkeitsstätte befördert hat, weil die Entfernungspauschale für Strecken mit steuerfreier **Sammelbeförderung** nicht als Werbungskosten abgezogen werden kann. Es ist aber nicht zu bescheinigen, an wie vielen Tagen eine steuerfreie Sammelbeförderung zwischen Wohnung und erster Tätigkeitsstätte durchgeführt worden ist.

Der Buchstabe „F" ist auch einzutragen für dauerhafte Fahrten zu einem Arbeitgeber-Sammelpunkt oder zu einem weiträumigen Tätigkeitsgebiet in Form einer Sammelbeförderung (§ 3 Nr. 32 i. V. m. § 9 Abs. 1 Satz 3 Nr. 4a Satz 3 EStG). Vgl. hierzu auch das Stichwort „Entfernungspauschale" unter Nr. 11.

Der Buchstabe „F" ist im Übrigen nicht zu bescheinigen, wenn die Sammelbeförderung im Rahmen einer beruflich veranlassten Auswärtstätigkeit erfolgt, da es sich dann lohnsteuerlich um steuerfreie Reisekosten handelt. Wegen weiterer Einzelheiten vgl. das Stichwort „Sammelbeförderung".

Bei einer steuerfreien Fahrradgestellung (§ 3 Nr. 37 EStG) ist der Buchstabe „F" ebenfalls nicht zu bescheinigen (vgl. hierzu „Elektro-Bike" unter Nr. 1).

c) Eintragung des Buchstabens S

Ist bei der Besteuerung eines **sonstigen Bezugs** der Arbeitslohn aus einem früheren Dienstverhältnis nicht in die Ermittlung des voraussichtlichen Jahresarbeitslohns einbezogen worden (weil der neue Arbeitgeber diesen Arbeitslohn nicht kennt), ist dies in der Lohnsteuerbescheinigung durch die Eintragung des Buchstabens **„S"** zu vermerken (vgl. die ausführlichen Erläuterungen beim Stichwort „Sonstige Bezüge" unter Nr. 4 Buchstabe b auf Seite 880).

Der Arbeitnehmer ist in diesem Fall verpflichtet, eine Einkommensteuererklärung abzugeben (§ 46 Abs. 2 Nr. 5a EStG).

d) Eintragung des Buchstabens M

Seit 2014 ist in Zeile 2 der Buchstabe „M" zu bescheinigen, wenn dem Arbeitnehmer anlässlich einer beruflich veranlassten **Auswärtstätigkeit** oder im Rahmen einer **doppelten Haushaltsführung** vom Arbeitgeber oder auf dessen Veranlassung von einem Dritten eine mit dem amtlichen **Sachbezugswert** zu **bewertende Mahlzeit** (= Preis der Mahlzeit bis 60 €; § 8 Abs. 2 Satz 8 EStG) zur Verfügung gestellt worden ist. Die Bescheinigung des Buchstabens „M" ist **unabhängig** von der **Anzahl der Mahlzeitengestellungen** an den Arbeitnehmer im jeweiligen Kalenderjahr vorzunehmen. Hierdurch soll letztlich sichergestellt werden, dass die Reisekosten des Arbeitnehmers bei der Einkommensteuer-Veranlagung in zutreffender Höhe als Werbungskosten berücksichtigt werden.

Die Bescheinigung ist auch **unabhängig davon** vorzunehmen, ob die Besteuerung der Mahlzeit im Hinblick auf die **Kürzung** der **Verpflegungspauschale** unterbleibt (§ 8 Abs. 2 Satz 9 EStG) oder die **Mahlzeit** wegen des fehlenden Anspruchs auf eine Verpflegungspauschale individuell oder pauschal **besteuert** worden ist.

Sofern das Betriebsstättenfinanzamt für steuerfrei gezahlte Reisekostenvergütungen eine andere Aufzeichnung als im Lohnkonto zugelassen hat, war bis einschließlich 2018 eine Bescheinigung des Buchstabens „M" nicht erforderlich. Diese Übergangsregelung ist zum 31.12.2018 endgültig ausgelaufen und seit 2019 ist die **Eintragung** des Großbuchstabens **„M"** in der Lohnsteuerbescheinigung **verpflichtend.**

Werden dem Arbeitnehmer im Kalenderjahr ausschließlich Mahlzeiten zur Verfügung gestellt, die keinen Arbeitslohn darstellen (z. B. Teilnahme des Arbeitnehmers an einer geschäftlich veranlassten Bewirtung) oder deren Preis 60 € übersteigt, und die daher nicht mit dem amtlichen Sachbezugswert zu bewerten sind, ist – unabhängig von einer etwaigen Kürzung der Verpflegungspauschale – von vornherein kein Buchstabe „M" zu bescheinigen.

Vgl. auch die Erläuterungen und Beispiele in Anhang 4 „Reisekosten bei Auswärtstätigkeiten" unter Nr. 10 Buchstabe f sowie unter dem Buchstaben h das Schaubild.

Lohn-steuer-pflichtig	Sozial-versich.-pflichtig

e) Eintragung des Buchstabens FR

Der Buchstabe **„FR"** ist einzutragen, wenn für einen französischen Grenzgänger vom Lohnsteuerabzug abzusehen ist. Der Großbuchstabe „FR" ist um das Bundesland zu ergänzen, in dem der Grenzgänger im Bescheinigungszeitraum zuletzt tätig war („FR1" für Baden-Württemberg, „FR2" für Rheinland-Pfalz und „FR3" für Saarland). Die Eintragungen dienen der Feststellung des Ausgleichsanspruchs im Rahmen des zwischen Deutschland und Frankreich vereinbarten Fiskalausgleichs. Die vorstehenden Eintragungen setzen auch entsprechende Aufzeichnungen im Lohnkonto voraus.

4. Eintragung in Zeile 3 der Lohnsteuerbescheinigung 2021

Einzutragen ist der **steuerpflichtige** Bruttoarbeitslohn (einschließlich des Werts der steuerpflichtigen Sachbezüge und des Arbeitgeberanteils zu den vermögenswirksamen Leistungen), der im Laufe des Kalenderjahres 2021 der Lohnsteuerberechnung zugrunde zu legen war. Zum Bruttoarbeitslohn gehören auch die laufend und einmalig gezahlten Versorgungsbezüge, die nicht ermäßigt besteuert wurden (vgl. hierzu auch die nachfolgenden Erläuterungen zu den Eintragungen in die Zeilen 8, 9 und 32 der Lohnsteuerbescheinigung 2021). Der einzutragende Bruttojahresarbeitslohn darf **nicht** um den **Versorgungsfreibetrag**, den **Zuschlag zum Versorgungsfreibetrag** und um den **Altersentlastungsbetrag gekürzt werden.** Freibeträge, die im Lohnsteuer-Ermäßigungsverfahren gebildet worden sind, sind ebenfalls nicht abzuziehen und Hinzurechnungsbeträge sind nicht hinzuzurechnen. Sachbezüge in Form von Belegschaftsrabatten sind um den Rabatt-Freibetrag zu kürzen.

L

Zu berücksichtigen für die Bescheinigung sind die laufenden Lohnzahlungen für alle Lohnzahlungszeiträume, die **im Kalenderjahr 2021 geendet haben.** Sonstige Bezüge gehören zum Bruttoarbeitslohn des Kalenderjahres 2021, wenn sie dem Arbeitnehmer im Kalenderjahr 2021 **zugeflossen** sind. Wegen der Zuordnung, die insbesondere am Jahresende Schwierigkeiten bereiten kann, vgl. das Stichwort „Berechnung der Lohnsteuer und der Sozialversicherungsbeiträge" unter Nr. 6 auf Seite 196.

Bei einer **Nettoentlohnung** errechnet sich der Bruttoarbeitslohn aus der Summe der dem Arbeitnehmer tatsächlich ausbezahlten Beträge (Nettolohn) und der vom Arbeitgeber übernommenen Lohnabzugsbeträge (Lohnsteuer, Solidaritätszuschlag, Kirchensteuer und Arbeitnehmeranteile zur Sozialversicherung). Vgl. „Nettolöhne".

Nicht zum zu bescheinigenden steuerpflichtigen Bruttoarbeitslohn gehören **alle steuerfreien Bezüge** (z. B. steuerfreie Fahrtkostenzuschüsse, steuerfreie Reisekostenvergütungen, steuerfreie Beiträge zur betrieblichen Altersversorgung, steuerfreie Zuschläge für Sonntags-, Feiertags- und Nachtarbeit) und der Arbeitslohn, für den die Lohnsteuer **pauschaliert** worden ist. Steuerfreier Arbeitslohn und pauschal besteuerter Arbeitslohn bleiben folglich bei der Bescheinigung des steuerpflichtigen Bruttoarbeitslohns in Zeile 3 der Lohnsteuerbescheinigung stets außer Ansatz. Die auf den pauschal besteuerten Arbeitslohn entfallende pauschale Lohn- und Kirchensteuer sowie der bei einer Pauschalierung anfallende Solidaritätszuschlag dürfen ebenfalls nicht in den Steuerabzugsbeträgen enthalten sein, die in die Lohnsteuerbescheinigung eingetragen werden.

Ermäßigt besteuerte Entlassungsentschädigungen und ermäßigt besteuerter Arbeitslohn für mehrere Jahre dürfen ebenfalls nicht in dem in Zeile 3 bescheinigten Bruttoarbeitslohn enthalten sein. Der ermäßigt besteuerte Arbeitslohn für eine mehrjährige Tätigkeit und die ermäßigt besteuerten Entlassungsentschädigungen sind in Zeile 10 der Lohnsteuerbescheinigung 2021 gesondert einzutragen. Entsprechendes gilt für ermäßigt besteuerte Versorgungsbezüge, die ausschließlich in Zeile 9 zu bescheinigen sind.

Hat der Arbeitgeber **steuerpflichtigen Arbeitslohn zurückgefordert,** ist in Zeile 3 der Lohnsteuerbescheinigung 2021 bei fortbestehendem Dienstverhältnis nur der **gekürzte** steuerpflichtige Bruttoarbeitslohn zu bescheinigen. Das gilt auch dann, wenn der zurückgezahlte Arbeitslohn im Zuflussjahr ermäßigt besteuert worden ist. Ergibt die Verrechnung von ausgezahltem und zurückgefordertem Arbeitslohn einen negativen Betrag, ist dieser Betrag mit einem Minuszeichen zu versehen (vgl die Erläuterungen beim Stichwort „Rückzahlung von Arbeitslohn").

Beispiel

Arbeitnehmer A hat ein Monatsgehalt von brutto 3000 € und erhält in dieser Höhe ein „13. Gehalt" als Weihnachtsgeld. Aufgrund von verbilligten Personaleinkäufen hat er einen geldwerten Vorteil von 2600 € erzielt, der nach Abzug des Rabattfreibetrags von 1080 € in Höhe von 1520 € versteuert worden ist. Der Arbeitgeber zahlt zusätzlich einen steuerfreien Kindergartenzuschuss in Höhe von 50 € monatlich und übernimmt den im Dezember fälligen Beitrag zur nach wie vor mit 20 % pauschal besteuerten Direktversicherung in Höhe von 1752 €.

In Zeile 3 der Lohnsteuerbescheinigung ist folgender Bruttoarbeitslohn zu bescheinigen:

Laufender Arbeitslohn 3000 € × 12 Monate	36 000 €
Weihnachtsgeld	3 000 €
Sachbezug 2600 € abzüglich 1080 € (nach Abzug des Rabattfreibetrags)	1 520 €
Summe = Zeile 3 der Lohnsteuerbescheinigung	40 520 €

Der steuerfreie Kindergartenzuschuss in Höhe von 600 € jährlich und der mit 20 % pauschal besteuerte Direktversicherungsbeitrag in Höhe von 1752 € sind nicht in Zeile 3 der Lohnsteuerbescheinigung anzugeben.

5. Eintragung in Zeile 4 der Lohnsteuerbescheinigung 2021

In diese Zeile ist die vom steuerpflichtigen Bruttoarbeitslohn des Kalenderjahres 2021 insgesamt **einbehaltene Lohnsteuer** einzutragen. War keine Lohnsteuer einzubehalten, ist eine Null oder ein waagerechter Strich einzutragen.

Führt der Arbeitgeber einen Lohnsteuer-Jahresausgleich durch (vgl. dieses Stichwort), ist in Zeile 4 der Lohnsteuerbescheinigung 2021 der Betrag als einbehaltene Lohnsteuer einzutragen, der nach Verrechnung mit der im Jahresausgleich erstatteten Lohnsteuer als Jahreslohnsteuer verbleibt (§ 42b Abs. 4 EStG).

Pauschale Lohnsteuer (z. B. für pauschal besteuerte Fahrtkostenzuschüsse) darf **in keinem Fall** in der in Zeile 4 bescheinigten Lohnsteuer enthalten sein.

6. Eintragung in Zeile 5 der Lohnsteuerbescheinigung 2021

In diese Zeile ist der vom steuerpflichtigen Bruttolohn des Kalenderjahres insgesamt einbehaltene **Solidaritätszuschlag** einzutragen. Führt der Arbeitgeber einen Lohnsteuer-Jahresausgleich durch (vgl. dieses Stichwort), ist in Zeile 5 der Betrag als einbehaltener Solidaritätszuschlag zu bescheinigen, der nach Verrechnung mit dem im Jahresausgleich erstatteten Solidaritätszuschlag verbleibt. Der bei einer Pauschalierung der Lohnsteuer anfallende Solidaritätszuschlag darf nicht in dem in Zeile 5 bescheinigten Betrag enthalten sein.

7. Eintragungen in den Zeilen 6 und 7 der Lohnsteuerbescheinigung 2021

In den Zeilen 6 und 7 der Lohnsteuerbescheinigung 2021 ist die vom Arbeitslohn im Kalenderjahr 2021 insgesamt einbehaltene **Kirchensteuer** einzutragen.

Ist als Lohnsteuerabzugsmerkmal des Arbeitnehmers nur **ein** Kirchensteuermerkmal gebildet worden (z. B. „rk" oder „ev"), ist die gesamte einbehaltene Kirchensteuer stets in Zeile 6 zu bescheinigen. Dies gilt sowohl für ledige

Lohn-steuer-pflichtig	Sozial-versich.-pflichtig

als auch für verheiratete oder verpartnerte Arbeitnehmer. Die gesamte einbehaltene Kirchensteuer ist auch dann in einem Betrag in Zeile 6 zu bescheinigen, wenn der Arbeitnehmer im Laufe des Kalenderjahres die Konfession gewechselt hat (da sich die zeitliche Zuordnung der Kirchensteuer aus der der Finanzverwaltung übermittelten Dauer der Zugehörigkeit zu der jeweiligen Religionsgemeinschaft ergibt).

Beispiel A

Der Arbeitnehmer ist ledig. Vom 1. 1. 2021 bis 30. 6. 2021 ist er rk, ab 1. 7. 2021 ev. Der volle Betrag der einbehaltenen Kirchensteuer (8 % oder 9 %) ist in Zeile 6 zu bescheinigen.

Sind als Lohnsteuerabzugsmerkmal des Arbeitnehmers **zwei** Kirchensteuermerkmale gebildet worden (z. B. „ev rk" oder „rk ev"), ist die einbehaltene Kirchensteuer **je zur Hälfte** in die Zeilen 6 und 7 einzutragen. Dies gilt sowohl bei Haupt- als auch bei Nebenarbeitsverhältnissen (Steuerklasse VI). Diese Aufteilung ist eine Folge des sog. Halbteilungsgrundsatzes, der beim Stichwort „Kirchensteuer" unter Nr. 6 Buchstabe b auf Seite 615 erläutert ist. Eine Ausnahme von diesem Halbteilungsgrundsatz gibt es in **Bremen, Niedersachsen** und **in Bayern:**

In diesen Ländern ist abweichend von dem Grundsatz, dass bei konfessionsverschiedenen Ehen und eingetragenen Lebenspartnerschaften die einbehaltene Kirchensteuer je zur Hälfte in die Zeilen 6 und 7 eingetragen werden muss, angeordnet worden, dass die gesamte einbehaltene Kirchensteuer in voller Höhe in Zeile 6 zu bescheinigen ist.

Beispiel B

Ein Arbeitnehmer ist verheiratet. Als Lohnsteuerabzugsmerkmal sind die Kirchensteuermerkmale „rk ev" gebildet worden. Die für das Kalenderjahr 2021 einbehaltene Kirchensteuer beträgt 200 €. Der Arbeitgeber hat – außer in den Ländern Bayern, Bremen und Niedersachsen – in Zeile 6 einen Betrag von 100 € und in Zeile 7 ebenfalls einen Betrag von 100 € einzutragen.

Arbeitgeber in den Ländern Bayern, Bremen und Niedersachsen müssen den gesamten Betrag von 200 € in Zeile 6 eintragen.

Wechselt ein Arbeitnehmer oder sein Ehegatte/eingetragener Lebenspartner im Laufe des Kalenderjahres die Konfession, gilt der Halbteilungsgrundsatz nur für den Zeitraum, in dem die Eheleute unterschiedlichen Religionsgemeinschaften angehörten.

Beispiel C

Der Arbeitnehmer ist verheiratet. Vom 1. 1. 2021 – 30. 6. 2021 sind als Kirchensteuermerkmale rk/ev gebildet worden. Ab. 1. 7. 2021 wurden die Kirchensteuermerkmale geändert in ev/ev. Die für das Kalenderjahr 2021 insgesamt einbehaltene Kirchensteuer beträgt 300 €. Für die Zeit vom 1. 1. 2021 – 30. 6. 2021 ist die Kirchensteuer getrennt zu bescheinigen (75 € in Zeile 6 für den Ehemann und 75 € in Zeile 7 für die Ehefrau). Ab 1. 7. 2021 ist nicht mehr zu trennen. Die ab 1. 7. 2021 einbehaltene Kirchensteuer (150 €) ist nur beim Ehemann einzutragen (in Zeile 6 zusammen mit der Kirchensteuer des Ehemannes für das erste Halbjahr 2021). In Zeile 6 sind somit für das Kalenderjahr 2021 insgesamt (75 € + 150 € =) 225 € einzutragen. Arbeitgeber in den Ländern Bayern, Bremen und Niedersachsen müssen den gesamten Betrag in Höhe von 300 € in Zeile 6 eintragen.

Ist keine Kirchensteuer einbehalten worden, ist der für diese Eintragungen vorgesehene Raum durch einen waagerechten Strich auszufüllen oder eine Null einzutragen.

Beispiel D

Der Arbeitnehmer ist verheiratet. Als Lohnsteuerabzugsmerkmal ist folgendes Kirchensteuermerkmal gebildet worden „– –". Für den Arbeitnehmer war keine Kirchensteuer einzubehalten. In Zeile 6 ist zur Vermeidung von Missverständnissen ein waagerechter Strich oder eine Null einzutragen.

8. Eintragung in Zeile 8 der Lohnsteuerbescheinigung 2021

Einzutragen ist der Bruttobetrag der durch die Versorgungsfreibeträge begünstigten Versorgungsbezüge, einschließlich etwaiger Erhöhungen durch regelmäßige Anpassungen. Der **Versorgungsfreibetrag** und der **Zuschlag zum Versorgungsfreibetrag dürfen dabei nicht vom Bruttobetrag der Versorgungsbezüge abgezogen werden.** Weiterhin ist zu beachten, dass die durch die Versorgungsfreibeträge begünstigten Versorgungsbezüge im steuerpflichtigen Bruttoarbeitslohn (Zeile 3) enthalten sein müssen. Ebenso müssen die Lohnabzugsbeträge (Lohn- und Kirchensteuer sowie der Solidaritätszuschlag), die auf die in Zeile 3 enthaltenen Versorgungsbezüge entfallen, in den Beträgen enthalten sein, die in den Zeilen 4 bis 7 der Lohnsteuerbescheinigung 2021 bescheinigt werden.

Beispiel A

A, Betriebsrentner seit 1.1.2021, erhält neben seiner gesetzlichen Sozialversicherungsrente einen monatlichen Versorgungsbezug von 500 €.

In den Zeilen 3 und 8 ist ein Betrag von 6000 € anzugeben. Der Versorgungsfreibetrag in Höhe von 912 € (15,2 % von 6000 €; der Höchstbetrag von 1140 € ist nicht überschritten) und der Zuschlag zum Versorgungsfreibetrag in Höhe von 342 € werden zwar bei der Berechnung der monatlichen Lohnsteuer berücksichtigt, sie dürfen aber nicht von den in der Lohnsteuerbescheinigung zu bescheinigenden Beträgen abgezogen werden. Vgl. hierzu auch die Erläuterungen unter der nachfolgenden Nr. 26.

Zu den Versorgungsbezügen gehören nicht nur laufend, sondern auch einmalig gezahlte Versorgungsbezüge einschließlich Sterbegelder und Abfindungen oder Kapitalauszahlungen solcher Ansprüche. Nicht einzutragen sind jedoch Versorgungsbezüge für mehrere Jahre, die ermäßigt besteuert wurden. Denn **ermäßigt besteuerte Versorgungsbezüge** für mehrere Jahre müssen stets in Zeile 9 der Lohnsteuerbescheinigung 2021 bescheinigt werden (vgl. hierzu auch nachfolgende Nr. 9).

Die Finanzverwaltung hat festgestellt, dass bei Versorgungsempfängern die Eintragungen in Zeile 3 („Bruttoarbeitslohn einschließlich Sachbezüge ohne 9. und 10.") und Zeile 8 („In 3. enthaltene Versorgungsbezüge") häufig voneinander abweichen. Die Differenzen beruhen zumeist darauf, dass die Versorgungsempfänger **neben** ihren **Ruhegehältern** z. B. noch **Fahrvergünstigungen** (z. B. steuerpflichtige Fahrtkostenzuschüsse), **Firmenwagenüberlassung** zur privaten Nutzung, **Rabatte,** verbilligte **Wohnungsüberlassung, Beihilfeleistungen** oder **Zuschüsse** zu **Kontoführungsgebühren** erhalten haben.

Es ist darauf zu achten, dass **sämtliche Zuwendungen** an Versorgungsempfänger – soweit es sich nicht ausnahmsweise um Bezüge aus einer aktiv ausgeübten Tätigkeit handelt – auch in Zeile 8 der Lohnsteuerbescheinigung als **Versorgungsbezüge** bescheinigt werden. Andernfalls könnte es nämlich aufgrund der unterschiedlichen Höhe des Arbeitnehmer-Pauschbetrags für aktive Bezüge (= 1000 €) und des Werbungskosten-Pauschbetrags für Versorgungsbezüge (= 102 €) zu fehlerhaften – und zwar zu niedrigen – Einkommensteuer-Festsetzungen der Versorgungsempfänger kommen, für die der Arbeitgeber in Haftung genommen werden könnte (vgl. das Stichwort „Haftung des Arbeitgebers" unter Nr. 3 Buchstabe c).

Beispiel B

Wie Beispiel A. A erhält auch als Betriebsrentner weiterhin Vergünstigungen. Der steuerpflichtige geldwerte Vorteil beträgt monatlich 50 €.

In den Zeilen 3 und 8 ist ein Betrag von 6600 € anzugeben (Betriebsrente 500 € × 12 = 6000 € zuzüglich geldwerter Vorteil in Höhe von 50 € × 12 = 600 €).

Beispiel C

Wie Beispiel A. A erhält im Kalenderjahr 2021 neben seiner Betriebsrente noch eine Provision in Höhe von 2000 € für seine im Kalenderjahr 2020 ausgeübte aktive Tätigkeit.

In Zeile 3 der Lohnsteuerbescheinigung sind die Betriebsrente in Höhe von 6000 € (12 × 500 €) und die Provision in Höhe von 2000 € in einer Summe (= 8000 €) anzugeben.

In Zeile 8 ist hingegen lediglich die Betriebsrente in Höhe von 6000 € anzugeben, da es sich bei der Provision nicht um einen begünstigten Versorgungsbezug handelt.

L

Lohn- steuer- pflichtig | Sozial- versich.- pflichtig

9. Eintragung in Zeile 9 der Lohnsteuerbescheinigung 2021

In Zeile 9 der Lohnsteuerbescheinigung 2021 sind nur Versorgungsbezüge für mehrere Jahre einzutragen, die nach der sog. **Fünftelregelung** ermäßigt besteuert wurden (vgl. das Stichwort „Sonstige Bezüge" unter Nr. 6 auf Seite 882). Diese Versorgungsbezüge dürfen **nicht** im Bruttoarbeitslohn (Zeile 3) enthalten sein. Auch hier dürfen der Versorgungsfreibetrag und der Zuschlag zum Versorgungsfreibetrag nicht vom Bruttobetrag der Versorgungsbezüge abgezogen werden.

Versorgungsbezüge, die für mehrere Jahre gezahlt werden, dürften seltene Ausnahmefälle sein. Denkbar ist der Fall, dass Versorgungsbezüge für einen Zeitraum nachgezahlt werden, der sich auf zwei Kalenderjahre erstreckt und einen Zeitraum von mehr als zwölf Monaten umfasst (vgl. die Erläuterungen beim Stichwort „Arbeitslohn für mehrere Jahre"). Außerdem liegen bei einer Kapitalisierung der Betriebsrente Versorgungsbezüge für mehrere Jahre vor (vgl. „Versorgungsbezüge, Versorgungsfreibetrag" unter Nr. 7 Buchstabe b).

Beispiel

Die 64-jährige A, Betriebsrentnerin seit 1.1.2021, erhält von ihrem Arbeitgeber im Dezember 2021 anstelle ihrer monatlichen Betriebsrente auf ihren Wunsch eine Kapitalauszahlung von 20 000 €.

Der nach Abzug des Versorgungsfreibetrags (15,2 % von 20 000 € = 3040 €, höchstens 1140 €) und des Zuschlags zum Versorgungsfreibetrag (= 342 €) verbleibende Betrag von 18 518 € (20 000 € abzüglich 1140 € abzüglich 342 €) kann nach der sog. Fünftelregelung ermäßigt besteuert werden. Eine Zwölftelung des Versorgungsfreibetrags und des Zuschlags zum Versorgungsfreibetrag ist nicht vorzunehmen. In Zeile 9 der Lohnsteuerbescheinigung ist ein Betrag von 20 000 € einzutragen. Der Betrag von 20 000 € darf nicht in dem in Zeile 3 enthaltenen Bruttoarbeitslohn enthalten sein. Die darauf entfallenden Steuerabzugsbeträge sind in den Zeilen 11 bis 14 einzutragen.

10. Eintragung in Zeile 10 der Lohnsteuerbescheinigung 2021

In Zeile 10 der Lohnsteuerbescheinigung 2021 ist der Arbeitslohn einzutragen, der sich auf mehrere Kalenderjahre bezieht und der nach der sog. **Fünftelregelung ermäßigt besteuert** wurde (z. B. eine Jubiläumszuwendung oder die Nachzahlung von Arbeitslohn für mehrere Jahre, vgl. das Stichwort „Sonstige Bezüge" unter Nr. 6 auf Seite 882 und das Stichwort „Arbeitslohn für mehrere Jahre"). Versorgungsbezüge, die sich auf mehrere Jahre beziehen und nach der sog. Fünftelregelung ermäßigt besteuert wurden, sind gesondert in Zeile 9 einzutragen. Sowohl der in Zeile 9 als auch der in Zeile 10 bescheinigte Arbeitslohn für mehrere Jahre darf **nicht** in dem in Zeile 3 bescheinigten Bruttoarbeitslohn enthalten sein.

In Zeile 10 der Lohnsteuerbescheinigung 2021 sind außerdem die ermäßigt besteuerten Entschädigungen (vgl. dieses Stichwort) einzutragen. In aller Regel handelt es sich hierbei um die steuerpflichtigen Teile von **Entlassungsentschädigungen,** die unter Anwendung der sog. **Fünftelregelung ermäßigt besteuert** wurden (vgl. das Stichwort „Abfindung wegen Entlassung aus dem Dienstverhältnis"). Bei der Bescheinigung von Entlassungsentschädigungen ist zu beachten, dass in dem in Zeile 3 zu bescheinigenden Jahresbruttoarbeitslohn die **ermäßigt** besteuerten Teile von Entlassungsentschädigungen **nicht** enthalten sein dürfen. Die **ermäßigt** besteuerten Teile von Entlassungsentschädigungen sind in Zeile 10 und die hierauf entfallende Lohn- und Kirchensteuer sowie der Solidaritätszuschlag in den Zeilen 11 bis 14 der Lohnsteuerbescheinigung 2021 einzutragen (vgl. auch nachfolgende Nr. 11).

Beispiel A

Arbeitnehmer A (monatlicher Bruttoarbeitslohn 3000 €) wird zum 30.6.2021 entlassen und erhält eine Abfindungszahlung von 25 000 €.

Lohn- steuer- pflichtig | Sozial- versich.- pflichtig

Die Abfindungszahlung von 25 000 € kann nach der Fünftelregelung ermäßigt besteuert werden, da sie die bis zum Jahresende entfallenden Einnahmen (6 × 3000 € = 18 000 €) übersteigt (vgl. das Stichwort „Abfindung wegen Entlassung aus dem Dienstverhältnis" unter Nr. 9). Der Betrag von 25 000 € ist in Zeile 10 zu bescheinigen und darf im Bruttoarbeitslohn in Zeile 3 nicht enthalten sein. Die darauf entfallenden Steuerabzugsbeträge sind in den Zeilen 11 bis 14 einzutragen.

In Zeile 10 der Lohnsteuerbescheinigung dürfen nur **ermäßigt** besteuerte Entschädigungen und Vergütungen für eine mehrjährige Tätigkeit eingetragen werden. Wurden diese Vergütungen **nicht** ermäßigt besteuert, müssen sie in dem in Zeile 3 bescheinigten Bruttoarbeitslohn enthalten sein. Die auf diese Vergütungen entfallenden Steuerabzüge (Lohnsteuer, Solidaritätszuschlag und Kirchensteuer) müssen dann auch in den Beträgen enthalten sein, die in den Zeilen 4 bis 7 bescheinigt werden. Die **nicht** ermäßigt besteuerten Entschädigungen und Arbeitslöhne für mehrere Jahre sollen in Zeile 19 der Lohnsteuerbescheinigung 2021 eingetragen werden, damit der Arbeitnehmer die ermäßigte Besteuerung noch nachträglich im Einkommensteuer-Veranlagungsverfahren beantragen kann. Vgl. die Erläuterungen unter der nachfolgenden Nr. 16.

Beispiel B

Wie Beispiel A. Die Abfindungszahlung beträgt 15 000 €. Der Arbeitgeber hat keine Kenntnis, in welchem Umfang der Arbeitnehmer nach Beendigung des Dienstverhältnisses neue Einkünfte erzielt.

Die Abfindungszahlung von 15 000 € kann nicht nach der Fünftelregelung ermäßigt besteuert werden, da sie die bis zum Jahresende entfallenden Einnahmen (6 × 3000 € = 18 000 €) nicht übersteigt. Der Betrag von 15 000 € soll in Zeile 19 bescheinigt werden und muss im Bruttoarbeitslohn in Zeile 3 enthalten sein. Die darauf entfallenden Steuerabzugsbeträge sind in den Zeilen 4 bis 7 einzutragen.

11. Eintragungen in den Zeilen 11, 12, 13 und 14 der Lohnsteuerbescheinigung 2021

In diesen Zeilen ist die Lohn- und Kirchensteuer sowie der Solidaritätszuschlag einzutragen, die auf ermäßigt besteuerte Entschädigungen und auf ermäßigt besteuerten mehrjährigen Arbeitslohn entfallen (vgl. vorstehende Nr. 10). Auch die Steuerabzugsbeträge für ermäßigt besteuerte Versorgungsbezüge (vgl. vorstehende Nr. 9) sind in diesen Zeilen zu bescheinigen.

12. Eintragung in Zeile 15 der Lohnsteuerbescheinigung 2021

Einzutragen sind:

- das Kurzarbeitergeld,[1]
- das Saison-Kurzarbeitergeld,[1]
- der Zuschuss zum Kurzarbeitergeld,[1]
- der Zuschuss zum Mutterschaftsgeld,
- der Zuschuss bei einem Beschäftigungsverbot für die Zeit vor oder nach einer Entbindung sowie für den Entbindungstag während einer Elternzeit nach beamtenrechtlichen Vorschriften,[2]

1) Durch das sog. Corona-Steuerhilfegesetz wurden in Anlehnung an die entsprechende Regelung im Sozialversicherungsrecht **Zuschüsse** des Arbeitgebers zum **Kurzarbeitergeld** (einschließlich Saison- und Transferkurzarbeitergeld) steuerfrei gestellt, soweit sie zusammen mit dem Kurzarbeitergeld 80% des Unterschiedsbetrags zwischen dem nach sozialversicherungsrechtlichen Vorschriften ermittelten Soll-Entgelt und Ist-Entgelt nicht übersteigen. Diese Steuerfreiheit gilt nur für Zuschüsse zum Kurzarbeitergeld, die für nach **dem 29.2.2020** beginnende und **vor dem 1.1.2022** endende Lohnzahlungszeiträume geleistet werden. Sie unterliegen zudem dem **Progressionsvorbehalt.** Die vorstehenden Leistungen sind daher gesondert im Lohnkonto einzutragen und in der Lohnsteuerbescheinigung in **Zeile 15** einzutragen.

2) Die Beträge werden nur im öffentlichen Dienst gezahlt, sie haben deshalb für Arbeitgeber in der privaten Wirtschaft keine Bedeutung.

Lohn-steuer-pflichtig | Sozial-versich.-pflichtig

- die Verdienstausfallentschädigungen nach dem Infektionsschutzgesetz,[1)]
- der Aufstockungsbetrag nach dem Altersteilzeitgesetz,
- Altersteilzeitzuschläge nach beamtenrechtlichen Grundsätzen,[2)]
- Zuschläge, die versicherungsfrei Beschäftigte im Sinne des § 27 Abs. 1 Nrn. 1 bis 3 SGB III zur Aufstockung der Bezüge bei Altersteilzeit nach beamtenrechtlichen Vorschriften oder Grundsätzen erhalten.[3)]

Einzutragen sind die tatsächlich gezahlten Beträge. Sind steuerfreie Beträge vom Arbeitnehmer an den Arbeitgeber zurückgezahlt worden (z. B. Kurzarbeitergeld), darf nur die um den Rückforderungsbetrag geminderte Lohnersatzleistung bescheinigt werden. Ergibt die Verrechnung von ausgezahlten und zurückgeforderten Beträgen einen negativen Betrag, ist dieser Betrag – als negativ gekennzeichnet (mit einem Minuszeichen) – zu bescheinigen.

Wird vom Arbeitgeber in den Fällen des § 47b Abs. 4 SGB V **Krankengeld in Höhe** des **Kurzarbeitergeldes** gezahlt, ist dieses **nicht** in Zeile 15 einzutragen.

Vgl. auch die Erläuterungen beim Stichwort „Progressionsvorbehalt“.

13. Eintragung in Zeile 16 der Lohnsteuerbescheinigung 2021

In Zeile 16 der Lohnsteuerbescheinigung 2021 ist getrennt voneinander der Arbeitslohn einzutragen, der nach einem **Doppelbesteuerungsabkommen** (Buchstabe a) steuerfrei geblieben ist und der Arbeitslohn, der nach dem **Auslandstätigkeitserlass** (Buchstabe b) nicht dem Lohnsteuerabzug unterworfen wurde (vgl. diese Stichworte).

14. Eintragung in Zeile 17 der Lohnsteuerbescheinigung 2021

In Zeile 17 der Lohnsteuerbescheinigung 2021 sind die **steuerfreien** Zuschüsse und Sachbezüge des Arbeitgebers für Fahrten zwischen Wohnung und erster Tätigkeitsstätte betragsmäßig einzutragen. Bei einer **steuerfreien Sammelbeförderung** erfolgt kein Eintrag in Zeile 17. Der Arbeitgeber muss vielmehr den Buchstaben **„F“** in die Zeile 2 der Lohnsteuerbescheinigung 2021 eintragen (vgl. vorstehende Nr. 3 Buchstabe b).

Seit 1.1.2019 sind Arbeitgeberleistungen **(Barzuschüsse und Sachleistungen)** für Fahrten des Arbeitnehmers zwischen **Wohnung und erster Tätigkeitsstätte steuerfrei** (§ 3 Nr. 15 Sätze 1 und 2 EStG). Die Fahrten müssen mit **öffentlichen Verkehrsmitteln im Linienverkehr** (ohne Luftverkehr) durchgeführt werden; die Steuerbefreiung gilt also für Job-Tickets und auch für die BahnCard, kommt aber u. a. nicht bei Benutzung eines Taxis, Mietwagens oder Pkw (privater Pkw oder Firmenwagen) zur Anwendung. Ebenfalls steuerfrei sind Barzuschüsse und Sachleistungen des Arbeitgebers für **Privatfahrten im öffentlichen Personennahverkehr** (§ 3 Nr. 15 Sätze 1 und 2 EStG). Die Arbeitgeberleistungen müssen zudem **zusätzlich** zum ohnehin geschuldeten Arbeitslohn erbracht werden. Die steuerfreien Arbeitgeberleistungen (Barzuschüsse und Sachleistungen) **mindern** die beim Arbeitnehmer als Werbungskosten zu berücksichtigende **Entfernungspauschale** (§ 3 Nr. 15 Satz 3 EStG).

Es muss der **genaue Betrag** der insgesamt im Kalenderjahr 2021 steuerfrei gelassenen geldwerten Vorteile vom Arbeitgeber in Zeile 17 bescheinigt werden, weil diese Arbeitgeberleistungen auf die als Werbungskosten anzusetzende Entfernungspauschale anzurechnen sind (vgl. die Stichwörter „Entfernungspauschale“ unter Nr. 12 Buchstabe a und „Fahrten zwischen Wohnung und erster Tätigkeitsstätte“ besonders unter Nr. 10).

Lohn-steuer-pflichtig | Sozial-versich.-pflichtig

Beispiel A

Der Arbeitgeber überlässt dem Arbeitnehmer für Fahrten zwischen Wohnung und erster Tätigkeitsstätte (von Düsseldorf nach Frankfurt) unentgeltlich eine BahnCard 100, 2. Klasse, zum Preis von 4395 €. Der reguläre Verkaufspreis einer Fahrberechtigung nur für diese Strecke von Düsseldorf nach Frankfurt beträgt für den Gültigkeitszeitraum 4500 €.

Der geldwerte Vorteil ist steuer- und sozialversicherungsfrei (§ 3 Nr. 15 Satz 2 EStG). Der Betrag von 4395 € wird auf die Entfernungspauschale angerechnet und ist in Zeile 17 der Lohnsteuerbescheinigung einzutragen.

Beispiel B

Der Arbeitgeber stellt dem Arbeitnehmer ein monatliches Job-Ticket zur Verfügung. Nach Anrechnung der Zuzahlung des Arbeitnehmers ergibt sich ein geldwerter Vorteil von 40 €.

Der geldwerte Vorteil in Form des Sachbezugs in Höhe von 40 € ist steuer- und sozialversicherungsfrei (§ 3 Nr. 15 Satz 2 EStG). Er wird nicht auf die 44-Euro-Freigrenze für Sachbezüge angerechnet, er mindert jedoch in Höhe von 480 € (12 × 40 €) die Entfernungspauschale und ist daher in Zeile 17 der Lohnsteuerbescheinigung einzutragen.

Beispiel C

Arbeitnehmer A zahlt für sein monatliches Job-Ticket für den Weg zur Arbeit 100 €. Der Arbeitgeber erstattet ihm den Betrag.

Der Barzuschuss des Arbeitgebers ist steuer- und sozialversicherungsfrei (§ 3 Nr. 15 Satz 1 EStG). Der Betrag von 1200 € (12 × 100 €) mindert jedoch die Entfernungspauschale und ist daher in Zeile 17 der Lohnsteuerbescheinigung einzutragen.

Beispiel D

Arbeitnehmer D benutzt für den Weg von der Wohnung zur Arbeit (= 20 km) an 220 Arbeitstagen seinen Pkw. Für Privatfahrten im öffentlichen Personennahverkehr hat er steuerfreie Arbeitgeberleistungen in Höhe von 300 € erhalten.

Ermittlung der Entfernungspauschale:

220 Arbeitstage × 20 km × 0,30 € =	1320 €
Anrechnung der steuerfreien Arbeitgeberleistung (= Zeile 17; § 3 Nr. 15 Satz 3 EStG)	300 €
Verbleibende Entfernungspauschale	1020 €

Ebenfalls in Zeile 17 der Lohnsteuerbescheinigung sind anzugeben Sachbezüge, die wegen der **monatlichen 44-Euro-Freigrenze für Sachbezüge** oder des **Rabattfreibetrags von 1080 € jährlich** steuerfrei bleiben.

Beispiel E

Arbeitnehmerin B, vollzeitbeschäftigt, hohe Werbungskosten u. a. durch Entfernungspauschale, hat eine Monatsfahrkarte zu einem üblichen Preis von 50 € durch Gehaltsumwandlung finanziert.

Üblicher Preis für eine Monatsfahrkarte	50,00 €
Vom Verkehrsträger eingeräumte Job-Ticketermäßigung 10 %	5,00 €
Differenz	45,00 €
davon 96 % (R 8.1 Abs. 2 Satz 3 LStR)	43,20 €

Unter der Voraussetzung, dass keine weiteren Sachbezüge i. S. d. § 8 Abs. 2 Satz 1 EStG im Monat gewährt werden, die zu einer Überschreitung der 44-Euro-Grenze führen, bleibt der Vorteil außer Ansatz, wird aber auf die Entfernungspauschale angerechnet (§ 9 Abs. 1 Satz 3 Nr. 4 Satz 5 EStG).

Der Arbeitgeber ist gesetzlich verpflichtet, diese Eintragung vorzunehmen (§ 41b Abs. 1 Satz 2 Nr. 6 EStG). Füllt der Arbeitgeber die Zeile 17 der Lohnsteuerbescheinigung nicht aus, obwohl er steuerfreie Arbeitgeberleis-

1) Spricht das Gesundheitsamt für eine Person aufgrund einer Corona-Infektion ein Beschäftigungsverbot aus (Quarantäne-Zeit), wird der Verdienstausfall durch die **Verdienstausfallentschädigung** nach dem **Infektionsschutzgesetz** kompensiert. Auch diese Zahlung ist **steuerfrei,** unterliegt jedoch dem **Progressionsvorbehalt.** Der Arbeitgeber hat die Verdienstausfallentschädigung an den Arbeitnehmer auszuzahlen und bekommt sie von der Entschädigungsbehörde erstattet. Die vorstehenden Leistungen sind daher gesondert im Lohnkonto aufzuzeichnen und in der Lohnsteuerbescheinigung in **Zeile 15** einzutragen. Gleiches gilt bei Zahlung einer Verdienstausfallentschädigung nach dem Infektionsschutzgesetz an Eltern, die während der Corona-Krise wegen der Schließung oder Einschränkung von Kita's oder Schulen ihre Kinder zu Hause betreuen.

2) Die Beträge werden nur im öffentlichen Dienst gezahlt, sie haben deshalb für Arbeitgeber in der privaten Wirtschaft keine Bedeutung.

3) Gilt nur für versicherungsfrei Beschäftigte mit beamtenähnlichem Status (z. B. Kirchenbeamte und Pfarrer), hat also für Arbeitgeber in der privaten Wirtschaft keine Bedeutung.

L

Lohn-steuer-pflichtig Sozial-versich.-pflichtig

tungen für Fahrten zwischen Wohnung und erster Tätigkeitsstätte erbracht hat, haftet er für die durch das Finanzamt bei einer Veranlagung des Arbeitnehmers zur Einkommensteuer ggf. zu viel erstattete Steuer (vgl. das Stichwort „Haftung des Arbeitgebers" unter Nr. 3 Buchstabe c).

Die vorstehenden Ausführungen gelten entsprechend bei steuerfreien Arbeitgeberleistungen für dauerhafte Fahrten zu einem Arbeitgeber-Sammelpunkt oder einem weiträumigen Tätigkeitsgebiet. Vgl. hierzu auch das Stichwort „Entfernungspauschale" unter Nr. 11.

Die zusätzlich zum ohnehin geschuldeten Arbeitslohn gewährten geldwerten Vorteile (Sachbezüge) aus der unentgeltlichen oder verbilligten **Nutzungsüberlassung** eines betrieblichen **Fahrrads** vom Arbeitgeber an den Arbeitnehmer insbesondere zur privaten Nutzung und zur Nutzung für Fahrten zwischen Wohnung und erster Tätigkeitsstätte ist seit 1.1.2019 (bis einschließlich 2030) **steuerfrei** (§ 3 Nr. 37 EStG). Die Steuerbefreiung gilt sowohl für Pedelecs als auch für „normale" Fahrräder. Sie ist aber nicht anzuwenden für Elektrofahrräder, die verkehrsrechtlich als Kraftfahrzeug einzuordnen sind; dies ist der Fall, wenn der Motor auch Geschwindigkeiten über 25 Stundenkilometer unterstützt (vgl. im Einzelnen das Stichwort „Elektro-Bike"). Wird das Fahrrad (auch) zu Fahrten zwischen Wohnung und erster Tätigkeitsstätte genutzt, sind die steuerfreien Sachbezüge **nicht auf die Entfernungspauschale anzurechnen.** Eintragungen in der Lohnsteuerbescheinigung sind daher nicht vorzunehmen. Zudem unterbleibt eine Anrechnung auf die 44-Euro-Sachbezugsfreigrenze.

15. Eintragung in Zeile 18 der Lohnsteuerbescheinigung 2021

L

In Zeile 18 der Lohnsteuerbescheinigung 2021 sind die **pauschal mit 15 % besteuerten** Arbeitgeberleistungen für Fahrten zwischen Wohnung und erster Tätigkeitsstätte einzutragen.

Beispiel A

Arbeitgeber A zahlt dem Arbeitnehmer B, der seine Fahrten zwischen Wohnung und erster Tätigkeitsstätte mit dem eigenen Pkw durchführt (Entfernung 30 km), einen Fahrtkostenzuschuss von 100 € monatlich, den er zu Recht mit 15% pauschal besteuert, da der Fahrtkostenzuschuss die Entfernungspauschale nicht übersteigt.

Der Arbeitgeber hat in Zeile 18 der Lohnsteuerbescheinigung einen Betrag von 1200 € (100 € × 12) zu bescheinigen.

Werden Arbeitgeberleistungen (Sachleistungen und Barzuschüsse) anstelle einer Steuerfreiheit der Leistungen nach § 3 Nr. 15 EStG mit **25 % pauschal besteuert,** wird **keine Anrechnung** auf die Entfernungspauschale vorgenommen (§ 40 Abs. 2 Satz 2 Nr. 2 EStG). Die Pauschalierungsmöglichkeit mit 25 % gilt auch für Arbeitgeberleistungen, die nicht zusätzlich zum ohnehin geschuldeten Arbeitslohn (sondern mittels Gehaltsumwandlung) erbracht werden und deshalb die Voraussetzungen für eine Steuerfreistellung der Arbeitgeberleistung nach § 3 Nr. 15 EStG gar nicht erfüllen. Infolge des Verzichts auf die Anrechnung dieser pauschal besteuerten Arbeitgeberleistungen auf die Entfernungspauschale müssen die Beträge vom Arbeitgeber auch **nicht** in der elektronischen Lohnsteuerbescheinigung **angegeben** werden. Vgl. zur Pauschalbesteuerung der Arbeitgeberleistungen mit 25 % das Stichwort „Fahrten zwischen Wohnung und erster Tätigkeitsstätte" unter Nr. 5.

Beispiel B

Arbeitgeber A gewährt seinem Arbeitnehmer B zusätzlich zum ohnehin geschuldeten Arbeitslohn eine Fahrberechtigung für den öffentlichen Personennahverkehr im Wert von 100 € (= Aufwand des Arbeitgebers), die auch den Weg zwischen Wohnung und erster Tätigkeitsstätte abdeckt. Aufgrund der schlechten Verkehrsanbindung nutzt B hierfür allerdings seinen Pkw (220 Arbeitstage á 40 km).

Die Zurverfügungstellung der Fahrberechtigung im Wert von 100 € ist steuerfrei und mindert in dieser Höhe die Entfernungspauschale (§ 3 Nr. 15 Sätze 2 und 3 EStG). Um eine Anrechnung auf die Entfernungspauschale zu vermeiden, nimmt A – ggf. unter Abwälzung der Pauschalsteuer auf B – eine Pauschalbesteuerung mit 25 % nach § 40 Abs. 2 Satz 2 Nr. 2 EStG vor. Bemessungsgrundlage hierfür sind die Aufwendungen des A in Höhe von 1200 € jährlich (§ 40 Abs. 2 Satz 4 EStG).

Lohn-steuer-pflichtig Sozial-versich.-pflichtig

Die Steuerbefreiung von Leistungen des Arbeitgebers (Sachbezug = Ticketüberlassung oder Zuschüsse zum Ticket) für Fahrten zwischen Wohnung und erster Tätigkeitsstätte mit öffentlichen Verkehrsmitteln im Linienverkehr setzt voraus, dass die Leistungen zusätzlich **zum ohnehin geschuldeten** Arbeitslohn gewährt werden. In den Fällen der **Gehaltsumwandlung** zugunsten eines (Job-)Tickets (Sachleistung) scheidet daher eine Steuerbefreiung aus. Vorteile bis 44 € monatlich bleiben allerdings in diesen Fällen aufgrund der Anwendung der **44 Euro-Freigrenze** für Sachbezüge steuer- und beitragsfrei, sofern diese noch nicht anderweitig ausgeschöpft wurde. Bei Übersteigen dieser Grenze wäre der dann steuerpflichtige Sachbezug aus der Job-Ticket-Überlassung für die Fahrten zur Arbeit ebenfalls pauschalierungsfähig mit 15 %. Auch dieser pauschal versteuerte Sachbezug wäre im Lohnkonto des Arbeitnehmers aufzuzeichnen und gesondert in Zeile 18 der Lohnsteuerbescheinigung 2021 einzutragen. Würde der Arbeitgeber in diesem Fall zur Vermeidung der Anrechnung auf die Entfernungspauschale anstelle der Pauschalierung mit 15 % den Pauschsteuersatz von 25 % anwenden, entfällt die Eintragung in Zeile 18.

Der Arbeitgeber ist gesetzlich verpflichtet, diese Eintragung vorzunehmen, wenn pauschal besteuerte Arbeitgeberleistungen auf die Entfernungspauschale anzurechnen sind (§ 41b Abs. 1 Satz 2 Nr. 7 EStG). Füllt der Arbeitgeber in diesem Fall die Zeile 18 nicht aus, obwohl er mit 15 % pauschal besteuerte Fahrtkostenzuschüsse gezahlt hat, haftet er für die durch das Finanzamt bei einer Veranlagung des Arbeitnehmers zur Einkommensteuer ggf. zu viel erstattete Steuer (vgl. das Stichwort „Haftung des Arbeitgebers" unter Nr. 3 Buchstabe c). Damit diesbezüglich keine Missverständnisse entstehen, sollte der Arbeitgeber in die Zeile 18 einen waagerechten Strich oder eine Null eintragen, wenn er keine mit 15 % pauschal besteuerten Fahrtkostenzuschüsse gezahlt hat.

Die vorstehenden Ausführungen gelten entsprechend bei mit 15 % pauschal besteuerten Arbeitgeberleistungen zu einem Arbeitgeber-Sammelpunkt oder einem weiträumigen Tätigkeitsgebiet. Vgl. hierzu auch das Stichwort „Entfernungspauschale" unter Nr. 11.

16. Eintragung in Zeile 19 der Lohnsteuerbescheinigung 2021

In diese Zeile **soll** der Arbeitgeber **Entschädigungen und Arbeitslohn für mehrere Jahre** dann eintragen, wenn diese Vergütungen **nicht** in Anwendung der sog. Fünftelregelung ermäßigt besteuert wurden. Zur Eintragung besteht zwar keine gesetzliche Verpflichtung, der Arbeitgeber sollte aber die Eintragung im Interesse seiner Arbeitnehmer aus folgenden Gründen vornehmen:

Der Arbeitgeber **muss ermäßigt** besteuerte Entschädigungen und ermäßigt besteuerten Arbeitslohn für mehrere Jahre getrennt vom übrigen Arbeitslohn in Zeile 10 der Lohnsteuerbescheinigung 2021 gesondert bescheinigen. Es gibt jedoch Fälle, in denen die Anwendung der Fünftelregelung beim Lohnsteuerabzug durch den Arbeitgeber zu einer höheren Lohnsteuer führt, als der normale Lohnsteuerabzug. Der Arbeitgeber darf deshalb in diesen Fällen die Fünftelregelung nicht anwenden. Entsprechendes gilt, wenn der Arbeitgeber nicht eindeutig erkennen kann, ob die Voraussetzungen für die Anwendung der Fünftelregelung gegeben sind (vgl. die Erläuterungen beim Stichwort „Abfindung wegen Entlassung aus dem Dienstverhältnis" besonders unter Nr. 9). Damit der Arbeitnehmer die ermäßigte Besteuerung noch nachträglich im Veranlagungsverfahren zur Einkommensteuer beantragen kann, muss ihm der Arbeitgeber diese Vergütungen besonders

Lohn- steuer- pflichtig | Sozial- versich.- pflichtig

bescheinigen. Hierfür ist die Zeile 19 vorgesehen, in der die entsprechenden Angaben gemacht werden können. Von dieser Möglichkeit sollte der Arbeitgeber in jedem Fall Gebrauch machen. Damit der Arbeitgeber die Angaben in Zeile 19 der Lohnsteuerbescheinigung 2021 machen kann, muss er allerdings nicht nur die ermäßigt besteuerten Entschädigungen und Arbeitslöhne für mehrere Jahre im Lohnkonto 2021 gesondert aufzeichnen; er muss darüber hinaus auch Entschädigungen und Arbeitslöhne für mehrere Jahre im **Lohnkonto gesondert aufzeichnen,** die nicht ermäßigt besteuert wurden.

Beispiel A

Arbeitnehmer A (monatlicher Bruttoarbeitslohn 3000 €) wird zum 30.6.2021 entlassen und erhält eine Abfindungszahlung von 25 000 €.

Die Abfindungszahlung von 25 000 € kann nach der Fünftelregelung ermäßigt besteuert werden, da sie die bis zum Jahresende entfallenden Einnahmen (6 × 3000 € = 18 000 €) übersteigt (vgl. das Stichwort „Abfindung wegen Entlassung aus dem Dienstverhältnis" unter Nr. 9). Der Betrag von 25 000 € ist in Zeile 10 zu bescheinigen und darf im Bruttoarbeitslohn in Zeile 3 nicht enthalten sein. Die darauf entfallenden Steuerabzugsbeträge sind in den Zeilen 11 bis 14 einzutragen.

Beispiel B

Wie Beispiel A. Die Abfindungszahlung beträgt 15 000 €. Der Arbeitgeber hat keine Kenntnis, in welchem Umfang der Arbeitnehmer nach Beendigung des Dienstverhältnisses neue Einkünfte erzielt.

Die Abfindungszahlung von 15 000 € kann nicht nach der Fünftelregelung ermäßigt besteuert werden, da sie die bis zum Jahresende entfallenden Einnahmen (6 × 3000 € = 18 000 €) nicht übersteigt. Der Betrag von 15 000 € soll in Zeile 19 bescheinigt werden und muss im Bruttoarbeitslohn in Zeile 3 enthalten sein. Die darauf entfallenden Steuerabzugsbeträge sind in den Zeilen 4 bis 7 einzutragen.

17. Eintragung in Zeile 20 der Lohnsteuerbescheinigung 2021

In dieser Zeile sind die **steuerfreien Verpflegungszuschüsse** bei einer beruflich veranlassten **Auswärtstätigkeit** einzutragen. Der Begriff „Auswärtstätigkeit" umfasst alles, was unter die Reisekosten im lohnsteuerlichen Sinne einzuordnen ist. Somit sind **alle** bei einer Auswärtstätigkeit gezahlten steuerfreien Verpflegungsleistungen einzutragen, also nicht nur die bei einer Fahrtätigkeit und Einsatzwechseltätigkeit gezahlten Beträge, sondern auch die bei Dienstreisen steuerfrei gezahlten Pauschalen für Verpflegungsmehraufwand. Im Einzelnen gilt Folgendes:

Nach § 41b Abs. 1 Satz 2 Nr. 10 EStG muss der Arbeitgeber steuerfreie Verpflegungszuschüsse bei einer Auswärtstätigkeit sowie steuerfreie Vergütungen bei einer doppelten Haushaltsführung in die Lohnsteuerbescheinigung eintragen.

Diese seit 1.1.2004 geltende Bescheinigungspflicht hat in der Praxis zu Problemen geführt, weil die Reisekostenstelle in den Betrieben regelmäßig organisatorisch vom Lohnbüro getrennt ist. Die Finanzverwaltung hat deshalb die gesetzliche Pflicht zur Eintragung steuerfreier Reisekosten in die Lohnsteuerbescheinigung auf bestimmte Fälle beschränkt (BMF-Schreiben vom 27.1.2004, BStBl. I S. 173, Textziffer III.7)[1]. Steuerfreie Reisekosten sind danach entgegen der gesetzlichen Regelung nur dann zu bescheinigen, wenn sie im Lohnkonto aufgezeichnet werden und damit auch Gegenstand der Lohn- und Gehaltsabrechnung des jeweiligen Arbeitnehmers sind. Denn die Lohnsteuerbescheinigung kann in diesen Fällen ohne größeren zusätzlichen Aufwand um die steuerfreien Reisekostenbeträge erweitert werden.

Keine Bescheinigungspflicht besteht hingegen weiterhin, wenn die Reisekostenvergütungen getrennt von der Lohn- und Gehaltsabrechnung aufgezeichnet werden. Hierzu ist es erforderlich, dass das Betriebsstättenfinanzamt die gesonderte Aufzeichnung der steuerfreien Reisekostenerstattungen außerhalb des Lohnkontos zugelassen hat (§ 4 Abs. 2 Nr. 4 Satz 2 LStDV[2]). Grundsätzlich muss der Arbeitgeber die Aufzeichnungsmöglichkeit außerhalb des Lohnkontos schriftlich beantragen und das Betriebsstättenfinanzamt muss diesem Verfahren ausdrücklich zustimmen. Aus Vereinfachungsgründen gilt eine stillschweigende Zustimmung der Finanzverwaltung zu diesen Aufzeichnungserleichterungen des Arbeitgebers auch ohne ausdrückliche Antragstellung des Arbeitgebers als erteilt, wenn bereits **vor 2004 die steuerfreien Lohnteile außerhalb des Lohnkontos aufgezeichnet wurden.**[3]

Seit dem 1.1.2014 führt die Gewährung üblicher **Mahlzeiten** (= Preis der Mahlzeit bis 60 €; § 8 Abs. 2 Satz 8 EStG) zu einer **Kürzung der Verpflegungspauschale** in folgender Höhe

- um 20 % für ein Frühstück und
- um jeweils 40 % für ein Mittag- und Abendessen

der für die 24-stündige Abwesenheit geltenden Tagespauschale (§ 9 Abs. 4a Satz 8 EStG). Die Gewährung einer Mahlzeit anlässlich einer beruflich veranlassten Auswärtstätigkeit kann daher selbst nicht mehr zu einem steuerfreien Verpflegungszuschuss führen, der in der **Zeile 20** zu bescheinigen wäre. Zur **Bescheinigung** des **Großbuchstabens „M"**, die ab 2019 unabhängig von den vorstehenden Ausführungen vorzunehmen ist, vgl. die Ausführungen unter der vorstehenden Nr. 3 Buchstabe d.

18. Eintragung in Zeile 21 der Lohnsteuerbescheinigung 2021

In Zeile 21 sind die steuerfreien Arbeitgeberleistungen bei einer doppelten Haushaltsführung einzutragen, und zwar im Gegensatz zu den Eintragungen in Zeile 20 nicht nur die steuerfreien Verpflegungszuschüsse, sondern **alle steuerfreien Arbeitgeberleistungen** (also der steuerfreie Arbeitgeberersatz für Familienheimfahrten, Übernachtungskosten und Verpflegungsmehraufwand, vgl. das Stichwort „Doppelte Haushaltsführung"). Der Arbeitgeber ist gesetzlich verpflichtet, diese Eintragungen vorzunehmen (§ 41b Abs. 1 Satz 2 Nr. 10 EStG).

Zu der Frage wie zu verfahren ist, wenn dieser steuerfreie Arbeitgeberersatz bisher nicht im Lohnkonto aufgezeichnet wurde, wird auf die vorstehenden Erläuterungen zu Zeile 20 der Lohnsteuerbescheinigung 2021 Bezug genommen (vgl. vorstehende Nr. 17).

19. Eintragung in Zeilen 22 und 23 der Lohnsteuerbescheinigung 2021

Der **Arbeitgeber**anteil an den Beiträgen zur **gesetzlichen Rentenversicherung** (Buchstabe a) oder der Arbeitgeberzuschuss an **berufsständische Versorgungseinrichtungen,** die den gesetzlichen Rentenversicherungen vergleichbare Leistungen erbringen (Buchstabe b), ist in Zeile 22 getrennt einzutragen; der entsprechende **Arbeitnehmer**anteil ist in Zeile 23 ebenfalls jeweils getrennt zu bescheinigen.

Zu der **getrennten** Bescheinigung des Arbeitnehmer- und Arbeitgeberanteils ist der Arbeitgeber gesetzlich verpflichtet (§ 41b Abs. 1 Satz 2 Nr. 11 EStG).

In den Zeilen 22 und 23 der Lohnsteuerbescheinigung 2021 sind auch Beiträge zur Alterssicherung einzutragen, die aufgrund einer nach ausländischen Gesetzen bestehenden Verpflichtung an solche **ausländische Sozialversicherungsträger** geleistet werden, die den inländischen Sozialversicherungsträgern vergleichbar sind; die inländische Beitragsbemessungsgrenze ist dabei nicht zu beachten. Zusätzliche Voraussetzung ist allerdings, dass in

L

1) Das BMF-Schreiben vom 27.1.2004 (BStBl. I S. 173) ist als Anhang 15 im **Steuerhandbuch für das Lohnbüro 2021** abgedruckt, das im selben Verlag erschienen ist.

2) Die Lohnsteuer-Durchführungsverordnung (LStDV) ist als Anhang 1 im **Steuerhandbuch für das Lohnbüro 2021** abgedruckt, das im selben Verlag erschienen ist.

3) Einige Arbeitgeber (z. B. im öffentlichen Dienst) bescheinigen bei einer Auswärtstätigkeit inzwischen neben den steuerfreien Verpflegungszuschüssen, den steuerfreien Fahrtkostenersatz, steuerfreie Unterkunftskosten und den steuerfreien Ersatz von Reisenebenkosten.

Lohn-steuer-pflichtig Sozial-versich.-pflichtig

diesen Beiträgen zumindest **teilweise** ein **Arbeitnehmeranteil** enthalten ist.[1] Beiträge zur Alterssicherung an ausländische Versicherungsunternehmen sind nicht zu bescheinigen.

In den Zeilen 22 und 23 sind auch „Rentenversicherungsbeiträge" bei **geringfügig Beschäftigten** einzutragen, wenn die Lohnsteuer nicht pauschal erhoben wurde (der Arbeitgeberbeitrag in Höhe von 15 % oder 5 % und der Arbeitnehmerbeitrag bei Rentenversicherungspflicht). Bei geringfügiger Beschäftigung gilt dies für den Arbeitgeberbeitrag auch dann, wenn der Arbeitnehmer rentenversicherungsfrei ist und daher kein Arbeitnehmeranteil zur Rentenversicherung gezahlt wurde. Diese Bescheinigungsvorschriften hängen mit dem **Sonderausgabenabzug** dieser Beiträge zusammen, der beim Stichwort „Pauschalierung der Lohnsteuer bei Aushilfskräften und Teilzeitbeschäftigten" unter Nr. 6 Buchstabe b erläutert ist.

Bei **weiterbeschäftigten Altersrentnern** gehören die Arbeitgeberbeiträge zur gesetzlichen Rentenversicherung nicht zum steuerpflichtigen Arbeitslohn. Sie sind auch nicht in Zeile 22 Buchstabe a der Lohnsteuerbescheinigung 2021 als steuerfreie Arbeitgeberanteile zur gesetzlichen Rentenversicherung zu bescheinigen. Das gilt auch im Falle einer geringfügigen Beschäftigung. Auf das Beispiel einer vollständigen Lohnabrechnung für einen weiterbeschäftigten Altersrentner beim Stichwort „Rentner" unter Nr. 5 wird hingewiesen. Hat der Beschäftigte jedoch auf die Versicherungsfreiheit verzichtet, sind die Arbeitgeberanteile/-zuschüsse und Arbeitnehmeranteile nach den allgemeinen Regelungen zu bescheinigen.

L

Zahlt ein Arbeitgeber bei **Altersteilzeit steuerfreie** Beiträge zur gesetzlichen Rentenversicherung im Sinne des § 3 Nr. 28 EStG, können diese nicht als Sonderausgaben berücksichtigt werden; sie sind deshalb auch nicht in der Lohnsteuerbescheinigung 2021 anzugeben. Werden darüber hinaus **steuerpflichtige** Beiträge zum Ausschluss einer Minderung der Altersrente gezahlt, sind diese an die gesetzliche Rentenversicherung abgeführten Beiträge als Sonderausgaben abzugsfähig und deshalb in Zeile 23 Buchstabe a zu bescheinigen (vgl. die Erläuterungen beim Stichwort „Altersteilzeit" unter Nr. 12).

Rentenversicherungsbeiträge des Arbeitgebers, die im Zusammenhang mit **steuerfreiem Kurzarbeitergeld** stehen (§ 3 Nr. 2 EStG), sind in Zeile 22 nicht zu bescheinigen. Dies gilt entsprechend für solche Arbeitgeberbeiträge an berufsständische Versorgungseinrichtungen.

Bei Beiträgen an **berufsständische Versorgungseinrichtungen** ist zudem Folgendes zu beachten: In Fällen, in denen der Arbeitgeber die Beiträge unmittelbar an eine berufsständische Versorgungseinrichtung abführt (sog. **Firmenzahler**), ist der Arbeitgeberzuschuss in Zeile 22 Buchstabe b und der Arbeitnehmeranteil in Zeile 23 Buchstabe b zu bescheinigen. Führt der Arbeitnehmer den gesamten Beitrag selbst an die berufsständische Versorgungseinrichtung ab (sog. **Selbstzahler**) und zahlt der Arbeitgeber hierfür einen zweckgebundenen Zuschuss, ist in Zeile 22 Buchstabe b der Zuschuss zu bescheinigen. Eine Eintragung in Zeile 23 Buchstabe b (Arbeitnehmeranteil) ist in diesen Fällen nicht vorzunehmen.

20. Eintragung in Zeile 24 der Lohnsteuerbescheinigung 2021

In diese Zeile sind folgende **steuerfreie Arbeitgeberzuschüsse zur Kranken- und Pflegeversicherung** einzutragen (vgl. hierzu auch die Stichworte „Arbeitgeberzuschuss zur Krankenversicherung" und „Arbeitgeberzuschuss zur Pflegeversicherung"):

Steuerfreie Zuschüsse des Arbeitgebers zur gesetzlichen Krankenversicherung bei **freiwillig** in der **gesetzlichen** Krankenversicherung versicherten Arbeitnehmern, soweit der Arbeitgeber zur Zuschussleistung gesetzlich verpflichtet ist, sind in Zeile 24 Buchstabe a der Lohnsteuerbescheinigung 2021 einzutragen.

Lohn-steuer-pflichtig Sozial-versich.-pflichtig

Entsprechende Zuschüsse zu **privaten Krankenversicherungen** sind in Zeile 24 Buchstabe b zu bescheinigen.

In Zeile 24 Buchstabe c sind schließlich steuerfreie Zuschüsse des Arbeitgebers zu **gesetzlichen Pflegeversicherungen** (soziale Pflegeversicherung und private Pflege-Pflichtversicherung) einzutragen.

Bei freiwillig in der gesetzlichen Krankenversicherung versicherten oder privat versicherten Arbeitnehmern, die **Kurzarbeitergeld** beziehen, sind in Zeile 24 Buchstaben a bis c die **gesamten** vom **Arbeitgeber** gewährten **Zuschüsse** zur **Kranken- und Pflegeversicherung** zu bescheinigen. Vorsorgeaufwendungen (insbesondere Renten-, Kranken- und Pflegeversicherungsbeiträge) dürfen nämlich steuerlich nicht als Sonderausgaben abgezogen werden, wenn sie in einem unmittelbaren wirtschaftlichen Zusammenhang mit steuerfreien Einnahmen stehen. Dabei ist gesetzlich festgelegt worden, dass steuerfreie Zuschüsse des Arbeitgebers zu einer Kranken- und Pflegeversicherung insgesamt in unmittelbarem wirtschaftlichem Zusammenhang mit den als Sonderausgaben abziehbaren Beiträgen zur Basis-Krankenversicherung und Pflege-Pflichtversicherung stehen (§ 10 Abs. 2 Satz 1 Nr. 1 EStG; BFH-Urteil vom 2.9.2014, BStBl. 2015 II S. 257). Dies hat auch die Bescheinigung der entsprechenden steuerfreien Arbeitgeberzuschüsse bei Bezug von Kurzarbeitergeld zur Folge.

Zu bescheinigen sind auch Zuschüsse des Arbeitgebers zur Kranken- und Pflegeversicherung an **ausländische Versicherungsunternehmen** und an **ausländische Sozialversicherungsträger.**

Nicht einzutragen ist hingegen der **Arbeitgeberanteil** zur gesetzlichen Krankenversicherung und sozialen Pflegeversicherung bei **pflichtversicherten** Arbeitnehmern. Bei pflichtversicherten Arbeitnehmern sind auch keine Arbeitgeberbeiträge zur Kranken- und Pflegeversicherung für Kurzarbeitergeld zu bescheinigen.

Zu den vorstehend beschriebenen Eintragungen ist der Arbeitgeber gesetzlich verpflichtet (§ 41b Abs. 1 Satz 2 Nr. 12 EStG).

21. Eintragung in Zeile 25 der Lohnsteuerbescheinigung 2021

In Zeile 25 der Lohnsteuerbescheinigung 2021 ist der **Arbeitnehmerbeitrag** zur (inländischen) **gesetzlichen** Krankenversicherung (einschließlich des Arbeitnehmeranteils am einkommensabhängigen Zusatzbeitrags nach § 242 SGB V) bei pflichtversicherten Arbeitnehmern einzutragen. Es sind die an die Krankenkasse abgeführten Beiträge zu bescheinigen, d. h. ggf. mit Beitragsanteilen für Krankengeld. Beiträge an ausländische Sozialversicherungsträger sind nicht zu bescheinigen.

Bei **freiwillig** in der gesetzlichen Krankenversicherung **versicherten** Arbeitnehmern ist in Zeile 25 der gesamte Beitrag (einschließlich des Arbeitnehmeranteils am einkommensabhängigen Zusatzbeitrags nach § 242 SGB V) zu bescheinigen, wenn der Arbeitgeber die Beiträge an die Krankenkasse abführt (sog. **Firmenzahler**); dies gilt auch in den Fällen des Bezugs von Kurzarbeitergeld. Arbeitgeberzuschüsse sind nicht von den Arbeitnehmerbeiträgen abzuziehen, sondern gesondert unter Nr. 24 zu bescheinigen.

1) Werden von ausländischen Sozialversicherungsträgern Globalbeiträge erhoben, ist eine Aufteilung vorzunehmen. In diesen Fällen ist in den Zeilen 22 und 23 – jeweils Buchstabe a – der auf die Rentenversicherung entfallende Teilbetrag einzutragen. Die für die Aufteilung maßgebenden staatenbezogenen Prozentsätze sind von der Finanzverwaltung für den Veranlagungszeitraum 2021 durch BMF-Schreiben vom 13.11.2020 bekannt gemacht worden. Das BMF-Schreiben ist als Anlage 2 zu H 41b LStR im **Steuerhandbuch für das Lohnbüro 2021** abgedruckt, das im selben Verlag erschienen ist.

Lohn-steuer-pflichtig | Sozial-versich.-pflichtig

In Fällen, in denen der freiwillig in der gesetzlichen Krankenversicherung versicherte Arbeitnehmer und nicht der Arbeitgeber die Beiträge an die Krankenkasse abführt (sog. **Selbstzahler**), sind in Zeile 25 keine Eintragungen vorzunehmen; dies gilt auch in den Fällen des Bezugs von Kurzarbeitergeld. Arbeitgeberzuschüsse sind unabhängig davon ungekürzt in Zeile 24 zu bescheinigen.

Die vom **Arbeitnehmer** allein zu tragenden **Beiträge** aus **Versorgungsbezügen** an die gesetzliche Krankenversicherung sind in der Zeile 25 zu bescheinigen. Dies gilt für pflichtversicherte Arbeitnehmer und für freiwillig in der gesetzlichen Krankenversicherung versicherte Arbeitnehmer, wenn der Arbeitgeber die Beiträge an die Krankenkasse abführt (sog. **Firmenzahler**).

Zu der Eintragung in Zeile 25 ist der Arbeitgeber gesetzlich verpflichtet (§ 41b Abs. 1 Satz 2 Nr. 13 EStG).

Die Beiträge des Arbeitnehmers für eine private Krankenversicherung (PKV) sind in Zeile 28 der Lohnsteuerbescheinigung 2021 einzutragen, vgl. die Erläuterungen unter der nachfolgenden Nr. 25.

22. Eintragung in Zeile 26 der Lohnsteuerbescheinigung 2021

In Zeile 26 der Lohnsteuerbescheinigung 2021 ist der **Arbeitnehmerbeitrag** zur (inländischen) **sozialen Pflegeversicherung** einzutragen. Beiträge an ausländische Sozialversicherungsträger sind nicht zu bescheinigen.

Zu der Eintragung in Zeile 26 ist der Arbeitgeber gesetzlich verpflichtet (§ 41b Abs. 1 Satz 2 Nr. 13 EStG).

Zur Eintragung der Beiträge des Arbeitnehmers für eine **private** Pflegeversicherung in die Lohnsteuerbescheinigung 2021 vgl. die Erläuterungen unter der nachfolgenden Nr. 25.

Die unter der vorstehenden Nr. 21 gemachten Ausführungen zu freiwillig versicherten Arbeitnehmern (Firmenzahler/Selbstzahler) und zu den Versorgungsbezügen gelten für die soziale Pflegeversicherung entsprechend.

23. Eintragung in Zeile 27 der Lohnsteuerbescheinigung 2021

In diese Zeile ist der vom Arbeitnehmer gezahlte Beitragsanteil zur gesetzlichen **Arbeitslosenversicherung** einzutragen; dies gilt auch bei Beitragszahlungen an ausländische Sozialversicherungsträger. Zu dieser Eintragung in Zeile 27 ist der Arbeitgeber gesetzlich verpflichtet (§ 41b Abs. 1 Satz 2 Nr. 14 EStG).

24. Eintragungen in Zeilen 22 bis 27[1] bei steuerfreiem oder pauschal besteuertem Arbeitslohn

In den Zeilen 22 bis 27 dürfen grundsätzlich keine Beträge bescheinigt werden, die auf steuerfreien Arbeitslohn entfallen, z. B. auf Arbeitslohn, der nach dem sog. Auslandstätigkeitserlass oder aufgrund eines Doppelbesteuerungsabkommens steuerfrei ist. Hierdurch soll sichergestellt werden, dass das Finanzamt bei der Veranlagung zur Einkommensteuer den Abzug von Vorsorgeaufwendungen zutreffend berechnen kann. Denn Vorsorgeaufwendungen, die in unmittelbarem wirtschaftlichem Zusammenhang mit steuerfreien Einnahmen stehen, dürfen nach § 10 Abs. 2 Satz 1 Nr. 1 EStG grundsätzlich nicht als Sonderausgaben abgezogen werden. Deshalb sind z. B. auch Beiträge, die auf steuerfreien (aber sozialversicherungspflichtigen) Arbeitslohn zur betrieblichen Altersversorgung entfallen, nicht zu bescheinigen.[2]

Aufgrund der Rechtsprechung des EuGH (Urteil vom 22.6.2017 C-20/16, BStBl. 2017 II S. 1271) sind Sozialversicherungsbeiträge als Sonderausgaben zu berücksichtigen, wenn

- sie in unmittelbarem wirtschaftlichen Zusammenhang mit in einem EU-/EWR-Mitgliedstaat erzielten Einnahmen aus nichtselbstständiger Arbeit stehen,
- diese Einnahmen nach einem DBA in Deutschland steuerfrei sind und
- der ausländische Beschäftigungsstaat keinerlei Abzug der mit den steuerfreien Einnahmen in unmittelbarem Zusammenhang stehenden Beiträge im Besteuerungsverfahren zulässt.

Diese Grundsätze der Rechtsprechung des EuGH wurden in das EStG übernommen und gelten auch im Verhältnis zur Schweiz (vgl. § 10 Abs. 2 Satz 1 Nr. 1 letzter Satzteil EStG). Da der **Arbeitgeber** allerdings **keine Kenntnis** darüber hat, ob der ausländische Beschäftigungsstaat einen Abzug der Beiträge zulässt, sind Beiträge, die mit steuerfreiem Arbeitslohn in unmittelbarem wirtschaftlichem Zusammenhang stehen, nicht in der Lohnsteuerbescheinigung auszuweisen. Folglich sind auch im Lohnkonto **keine** entsprechenden **Aufzeichnungen** vorzunehmen.

Bei **Pflichtversicherungen** sind also die gesetzlichen **Arbeitgeber- und Arbeitnehmeranteile**, die auf **steuerfreien Arbeitslohn** entfallen, grundsätzlich **nicht zu bescheinigen.** Die auf steuerfreien Arbeitslohn entfallenden Zuschüsse und Beiträge für **freiwillig** in der gesetzlichen Kranken- und sozialen Pflegeversicherung Versicherte und **privat** Kranken- und Pflegeversicherte sind hingegen unter Nr. 24 bis 26 **in voller Höhe** zu bescheinigen.[3]

Ist bei einem pflichtversicherten Arbeitnehmer in einem Monat sowohl steuerpflichtiger als auch (z. B. nach einem Doppelbesteuerungsabkommen oder nach dem Auslandstätigkeitserlass) steuerfreier Arbeitslohn vorhanden, gilt für die Bescheinigung der Sozialversicherungsbeiträge Folgendes:

Es ist nur der Anteil der Sozialversicherungsbeiträge zu bescheinigen, der sich nach dem Verhältnis des steuerpflichtigen Arbeitslohns zum gesamten Arbeitslohn des Bescheinigungszeitraums ergibt. Diese Verhältnisrechnung ist auch durchzuführen, wenn der steuerpflichtige Arbeitslohn im Bescheinigungszeitraum die für die Beitragsberechnung maßgebende Beitragsbemessungsgrenze übersteigt. Steuerpflichtige Arbeitslohnanteile, die unabhängig von der Beitragsbemessungsgrenze nicht der Sozialversicherungspflicht unterliegen (z. B. Entlassungsabfindungen), sind im Übrigen in die vorstehende Verhältnisrechnung nicht mit einzubeziehen.

Beispiel A

Der steuerpflichtige Arbeitslohn eines pflichtversicherten Arbeitnehmers beträgt 15 572,40 € und der gesamte Arbeitslohn 57 000 €. Der Anteil des steuerpflichtigen Arbeitslohns am gesamten Arbeitslohn beträgt somit 27,32 %.

Der Anteil der zu bescheinigenden Sozialversicherungsbeiträge beträgt somit 27,32 %.

Werden bei einem sozialversicherungspflichtigen Arbeitnehmer Beiträge von pauschal besteuertem Arbeitslohn

---

1) Zu den Eintragungen während einer Quarantäne-Zeit vgl. das Stichwort „Corona-Pandemie" unter Nr. 6.

2) Nach § 3 Nr. 63 EStG sind Beiträge des Arbeitgebers zu einem Pensionsfonds, einer Pensionskasse oder für eine Direktversicherung bis zu 8 % der Beitragsbemessungsgrenze in der gesetzlichen Rentenversicherung steuerfrei (für 2021 sind dies 8 % von 85 200 € = 6816 €). Sozialversicherungsrechtlich sind lediglich 4 % der Beitragsbemessungsgrenze in der gesetzlichen Rentenversicherung sozialversicherungsfrei und darüber hinausgehende Beiträge sozialversicherungspflichtig (§ 1 Abs. 1 Satz 1 Nr. 9 SvEV). Diese Sozialversicherungsbeiträge dürfen aber nicht in den Beiträgen enthalten sein, die in den Zeilen 22 bis 27 bescheinigt werden.

3) Die Finanzverwaltung wendet die Vorschrift des § 10 Abs. 2 Satz 1 Nr. 1 EStG nur bei den in der gesetzlichen Krankenversicherung pflichtversicherten Arbeitnehmern, nicht aber bei in der gesetzlichen Krankenversicherung freiwillig versicherten oder privat versicherten Arbeitnehmern an (vgl. auch BFH-Urteil vom 18.4.2012, BStBl. II S. 721).

L

Lohnsteuerpflichtig | Sozialversich.-pflichtig

erhoben (z. B. nach § 37b Abs. 2 EStG), sind diese ebenfalls zu bescheinigen.[1)]

Außerdem sind Beiträge zu sozialversicherungspflichtigem Arbeitsentgelt zu bescheinigen, auch wenn es steuerlich nicht zu Arbeitslohn führt.

Beispiel B

Ein Arbeitnehmer wandelt von seinem Bruttoarbeitslohn 60 000 € insgesamt 5000 € zugunsten einer Pensionszusage seines Arbeitgebers um.

Eine Pensionszusage (vgl. dieses Stichwort) führt steuerlich nicht zu Arbeitslohn. Dies gilt auch in den Fällen einer Gehaltsumwandlung. Der steuerpflichtige Arbeitslohn beträgt 55 000 €. Die Gehaltsumwandlung von 5000 € ist sozialversicherungsrechtlich aber nur in Höhe von 4 % der Beitragsbemessungsgrenze in der Rentenversicherung (2021 = 3408 €) beitragsfrei (§ 14 Abs. 1 Satz 2 SGB IV). Der übersteigende Betrag von 1592 € (5000 € abzüglich 3408 €) ist beitragspflichtig. Die hierauf entfallenden Sozialversicherungsbeiträge sind zu bescheinigen.

Werden Sozialversicherungsbeiträge erstattet, sind nur die gekürzten Beiträge zu bescheinigen (vgl. „Rückzahlung von Arbeitslohn" unter den Nrn. 4 und 5).

25. Eintragung in Zeile 28 der Lohnsteuerbescheinigung 2021

In diese Zeile ist der tatsächlich im Lohnsteuerabzugsverfahren berücksichtigte **Teilbetrag** der **Vorsorgepauschale** für die Beiträge zur **privaten Basis-Krankenversicherung** und **privaten Pflege-Pflichtversicherung** zu bescheinigen. Beiträge an ausländische Versicherungsunternehmen sind aber nicht einzutragen.

Beispiel A

Nachgewiesener Monatsbeitrag ohne Arbeitgeberzuschuss 500 €, Beschäftigungsdauer 3 Monate.

Bescheinigung in Zeile 28: 1500 €.

L

Wurde beim Lohnsteuerabzug – ggf. auch nur in einzelnen Lohnzahlungszeiträumen – die **Mindestvorsorgepauschale** berücksichtigt, ist auch diese zu bescheinigen. Vgl. zur Berechnung der Vorsorgepauschale auch die Erläuterungen in Anhang 8 unter Nr. 8.

Beispiel B

Ansatz der Mindestvorsorgepauschale für 2 Monate.

Bescheinigung von $^{2}/_{12}$ der Mindestvorsorgepauschale von 1900 € bzw. 3000 €.

Bei **geringfügig Beschäftigten,** bei denen die Lohnsteuer nach den Lohnsteuerabzugsmerkmalen des Arbeitnehmers erhoben wird und kein Arbeitnehmeranteil zur Krankenversicherung zu entrichten ist, ist an Stelle des Teilbetrags für die gesetzliche Krankenversicherung die **Mindestvorsorgepauschale** anzusetzen und zu **bescheinigen.** Entsprechendes gilt für andere Arbeitnehmer (z. B. **Praktikanten, Schüler, Studenten**), wenn kein Arbeitnehmeranteil zur Kranken- und Pflegeversicherung zu entrichten ist.

Der Arbeitgeber ist zu der Eintragung in Zeile 28 gesetzlich verpflichtet (§ 41b Abs. 1 Satz 2 Nr. 15 EStG).

Werden vom Arbeitnehmer Beiträge zu einer privaten Kranken- und Pflegeversicherung nachgewiesen, aber kein Arbeitslohn gezahlt, darf der Arbeitgeber keine Lohnsteuerbescheinigung ausstellen.

26. Eintragung in Zeilen 29, 30, 31 und 32 der Lohnsteuerbescheinigung 2021

Für die Ermittlung des bei Versorgungsbezügen nach § 19 Abs. 2 EStG zu berücksichtigenden Versorgungsfreibetrags sowie des Zuschlags zum Versorgungsfreibetrag sind

- die **Bemessungsgrundlage** des Versorgungsfreibetrags,
- das **Jahr des Versorgungsbeginns** und
- bei unterjähriger Zahlung von Versorgungsbezügen der **erste und letzte Monat,** für den Versorgungsbezüge gezahlt werden,

maßgebend. Folgt ein Hinterbliebenenbezug einem Versorgungsbezug, bestimmen sich Prozentsatz, Höchstbetrag des Versorgungsfreibetrags und der Zuschlag zum Versorgungsfreibetrag für den Hinterbliebenenbezug nach dem Jahr des Beginns des Versorgungsbezugs des Verstorbenen (§ 19 Abs. 2 Satz 7 EStG). Unabhängig davon ist bei erstmaliger Zahlung dieses Hinterbliebenenbezugs im laufenden Kalenderjahr eine unterjährige Zahlung zu bescheinigen.

Sterbegelder, Kapitalauszahlungen und **Abfindungen** von Versorgungsbezügen sowie **Nachzahlungen** von Versorgungsbezügen, die sich ganz oder teilweise auf vorangegangene Kalenderjahre beziehen, sind als **eigenständige zusätzliche Versorgungsbezüge** zu behandeln. Für diese Bezüge sind die Höhe des gezahlten Bruttobetrags im Kalenderjahr und das maßgebende Kalenderjahr des Versorgungsbeginns anzugeben. In diesen Fällen sind die maßgebenden Freibeträge in voller Höhe und nicht zeitanteilig zu berücksichtigen.

Im Einzelnen enthält das Muster der elektronischen Lohnsteuerbescheinigung für das Kalenderjahr 2021 hierfür vier zusätzliche Eintragungszeilen, die wie folgt auszufüllen sind:

- In **Zeile 29** ist die Bemessungsgrundlage für den Versorgungsfreibetrag einzutragen. Dies ist das Zwölffache des Versorgungsbezugs für den **ersten vollen Monat** zuzüglich voraussichtlicher Sonderzahlungen, z. B. Weihnachtsgeld. In die Bemessungsgrundlage sind auch zusätzlich zu den laufenden Versorgungsbezügen gewährte weitere Zuwendungen und geldwerte Vorteile einzubeziehen (z. B. steuerpflichtige Fahrtkostenzuschüsse, Freifahrtberechtigungen, Firmenwagenüberlassung zur privaten Nutzung, Rabatte, verbilligte Wohnungsüberlassung, Zuschüsse zu Kontoführungsgebühren oder Beihilfen; vgl. auch vorstehende Nr. 8).
- In **Zeile 30** ist das maßgebende Kalenderjahr des Versorgungsbeginns einzutragen (vierstellig). Maßgebend ist das Kalenderjahr, in dem erstmals ein Anspruch auf die Versorgungsbezüge besteht und der Arbeitnehmer das 63. Lebensjahr (bei Schwerbehinderung das 60. Lebensjahr) vollendet hat. Vgl. hierzu das Stichwort „Versorgungsbezüge, Versorgungsfreibetrag" unter Nr. 7 Buchstabe b.
- In **Zeile 31** ist nur bei unterjähriger Zahlung laufender Versorgungsbezüge der erste und der letzte Monat, für den die Versorgungsbezüge gezahlt wurden, einzutragen; dies gilt auch bei unterjährigem Wechsel des Versorgungsträgers. Denn nach § 19 Abs. 2 Satz 12 EStG ermäßigen sich der Versorgungsfreibetrag und der Zuschlag zum Versorgungsfreibetrag für jeden vollen Kalendermonat, für den keine Versorgungsbezüge gezahlt werden, um **ein Zwölftel.** Die Zwölftelung kommt insbesondere dann in Betracht, wenn die Zahlung von Versorgungsbezügen im Laufe des Kalenderjahres beginnt oder endet **(sog. unterjährige Zahlung).** Die Eintragung ist zweistellig mit Bindestrich vorzunehmen.

Beispiel

Zahlung einer Betriebsrente ab 15.2.2021

Bescheinigung in Zeile 31: „02–12"

Weil der Arbeitnehmer verstorben ist, wird eine Betriebsrente im Kalenderjahr 2021 nur vom 1.1. bis 30.6.2021 gezahlt.

Bescheinigung in Zeile 31: „01–06"

1) Auf den Hinzurechnungsbetrag nach § 1 Abs. 1 Sätze 3 und 4 SvEV (vgl. hierzu Anhang 19) entfallende Vorsorgeaufwendungen sind nur insoweit zu bescheinigen, als sie auf den Teil des Hinzurechnungsbetrags entfallen, der dem Anteil der pauschal besteuerten Umlagen an der Summe aus pauschal besteuerten und steuerfreien Umlagen entspricht (quotale Aufteilung nach dem Verhältnis der Beiträge im Bescheinigungszeitraum).

Lohn- steuer- pflichtig | Sozial- versich.- pflichtig

– In **Zeile 32** sind Sterbegelder, Kapitalauszahlungen, Abfindungen von Versorgungsbezügen und Nachzahlungen von Versorgungsbezügen, die als sonstiger Bezug versteuert wurden, einzutragen. Denn **Sterbegelder** und **Kapitalauszahlungen** oder **Abfindungen** von Versorgungsbezügen sowie **Nachzahlungen von Versorgungsbezügen,** die sich ganz oder teilweise auf vorangegangene Kalenderjahre beziehen, sind als eigenständige zusätzliche Versorgungsbezüge zu behandeln (= sonstiger Bezug). In diesen Fällen sind die maßgebenden Freibeträge für Versorgungsbezüge in voller Höhe und nicht nur zeitanteilig zu berücksichtigen. Auf die ausführlichen Erläuterungen beim Stichwort „Sterbegeld" wird Bezug genommen.
  Da in diesen Fällen folglich **keine** Zwölftelung stattfindet, müssen diese Versorgungsbezüge im Lohnkonto gesondert aufgezeichnet und in die elektronische Lohnsteuerbescheinigung gesondert eingetragen werden, und zwar zum einen in Zeile 32 die Bemessungsgrundlage für den Versorgungsfreibetrag und zum anderen in Zeile 30 das Jahr des Versorgungsbeginns.
  Die in Zeile 32 eingetragenen Zahlungen müssen auch in Zeile 3 und in Zeile 8 der Lohnsteuerbescheinigung **enthalten** sein. Sterbegelder, Kapitalauszahlungen und Abfindungen von Versorgungsbezügen und die als sonstige Bezüge zu behandelnden Nachzahlungen von Versorgungsbezügen, die in den Zeilen 3 und 8 enthalten sind, sind also in Zeile 32 nochmals gesondert zu bescheinigen. Nach § 34 EStG **ermäßigt zu besteuernde Versorgungsbezüge für mehrere Jahre** sind dagegen nur in Zeile 9 zu bescheinigen. Zusätzlich ist zu den in Zeile 9 bescheinigten Versorgungsbezügen jeweils in Zeile 30 das Kalenderjahr des Versorgungsbeginns anzugeben.

Werden **mehrere Versorgungsbezüge** gezahlt, gilt Folgendes:

Fällt der maßgebende Beginn mehrerer **laufender** Versorgungsbezüge in dasselbe Kalenderjahr (Zeile 30), kann der Arbeitgeber in Zeile 29 die zusammengerechneten Bemessungsgrundlagen dieser Versorgungsbezüge in einem Betrag bescheinigen. In diesem Fall sind auch in Zeile 8 die steuerbegünstigten Versorgungsbezüge zusammenzufassen.

Bei mehreren als **sonstige Bezüge** gezahlten Versorgungsbezügen mit maßgebendem Versorgungsbeginn in demselben Kalenderjahr können die Zeilen 8 und/oder 9 sowie 30 und 32 zusammengefasst werden. Gleiches gilt, wenn der Versorgungsbeginn laufender Versorgungsbezüge und als sonstige Bezüge gezahlter Versorgungsbezüge in dasselbe Kalenderjahr fällt.

Bei mehreren laufenden Versorgungsbezügen und als sonstige Bezüge gezahlten Versorgungsbezügen mit **unterschiedlichen Versorgungsbeginnen** sind die Angaben zu den Zeilen 8 und/oder 9 sowie 29 bis 32 jeweils **getrennt** zu bescheinigen.

Um die Angaben in den Zeilen 29, 30, 31 und 32 machen zu können, sind entsprechende Aufzeichnungen im Lohnkonto erforderlich. Beim Stichwort „Lohnkonto" unter Nr. 15 auf Seite 645 sind diese in § 4 Abs. 1 Nr. 4 LStDV[1] festgelegten Aufzeichnungspflichten erläutert.

27. Eintragung in Zeile 33 der Lohnsteuerbescheinigung 2021

In dieser Zeile war früher das vom Arbeitgeber ausgezahlte Kindergeld einzutragen. Nachdem die Auszahlung des Kindergelds für Arbeitgeber in der Privatwirtschaft seit 1.1.1999 weggefallen ist, kommt bei diesen Arbeitgebern eine Eintragung in Zeile 33 der Lohnsteuerbescheinigung 2021 nicht mehr in Betracht. Die Zeile 33 der Lohnsteuerbescheinigung 2021 hat nur noch Bedeutung für Arbeitgeber im **öffentlichen Dienst,** da diese ggf. auch weiterhin das Kindergeld auszahlen (vgl. die Erläuterungen in Anhang 9 unter den Nrn. 2 und 3). Eine Eintragung ist aber nur dann vorzunehmen, wenn das Kindergeld von einem Arbeitgeber im öffentlichen Dienst zusammen mit den Bezügen oder dem Arbeitsentgelt ausgezahlt wird (§ 72 Abs. 7 Satz 1 EStG). Sie entfällt daher, wenn das Kindergeld losgelöst von der Zahlung der Bezüge von einer Bundesfamilienkasse oder einer Landesfamilienkasse vorgenommen wird.

28. Eintragung in Zeile 34 der Lohnsteuerbescheinigung 2021

Für **Betriebsrenten** steht der **Türkei** als Ansässigkeitsstaat des Arbeitnehmers das Besteuerungsrecht zu. Deutschland kann die von hier aus gezahlten Betriebsrenten ebenfalls besteuern, soweit ihr Bruttobetrag (vor Abzug von Steuern und Sozialabgaben) 10 000 € übersteigt. Die Steuer ist auf 10 % des Bruttobetrags beschränkt. Auf entsprechenden Antrag des Arbeitnehmers bzw. Arbeitgebers im Namen des Arbeitnehmers erteilt das Betriebsstättenfinanzamt eine Bescheinigung für den Lohnsteuerabzug, wonach der Jahresarbeitslohn bis zur Höhe von 10 000 € freizustellen und die Steuer auf 10 % zu begrenzen sind. Der Betrag von 10 000 € wird durch den Arbeitgeber gekürzt um den

- Versorgungsfreibetrag,
- Zuschlag zum Versorgungsfreibetrag und
- Arbeitnehmer-Pauschbetrag von 102 €,

da insoweit alterseinkünftespezifische Frei- bzw. Pauschbeträge vorliegen. Die Vorsorgepauschale und der Sonderausgaben-Pauschbetrag mindern den Freibetrag nicht. Der Grundfreibetrag wird vorrangig von dem vorstehend beschriebenen gekürzten Betrag berücksichtigt (BMF-Schreiben vom 11.12.2014, BStBl. 2015 I S. 92).

In Zeile 34 der Lohnsteuerbescheinigung 2021 ist der nach den vorstehenden Grundsätzen berücksichtigte und damit **verbrauchte Freibetrag** nach dem DBA Türkei zu **bescheinigen**; dieser Betrag kann bei anderen Einkünften (z. B. Sozialversicherungsrente) nicht mehr genutzt werden. Die Abgeltungswirkung des Lohnsteuerabzugs bei beschränkt steuerpflichtigen Arbeitnehmern für die Betriebsrenten gilt weiterhin.

Beispiel

Betriebsrente 6000 € (Versorgungsbeginn 2012), Versorgungsfreibetrag 1728 €, Zuschlag zum Versorgungsfreibetrag 648 € und Werbungskosten-Pauschbetrag 102 €.

In der Steuerklasse I beträgt die Lohnsteuer 0 €. Der Freibetrag von 10 000 € ist in Höhe von 2478 € (1728 € zuzüglich 648 € zuzüglich 102 €) verbraucht. Der Betrag von 2478 € ist in Zeile 34 der Lohnsteuerbescheinigung 2021 anzugeben. Für andere Alterseinkünfte (z. B. Sozialversicherungsrente) verbleibt ein Freibetrag von 7522 € (10 000 € abzüglich 2478 €).

Abwandlung

Betriebsrente 50 000 €, Versorgungsfreibetrag 2160 €, Zuschlag zum Versorgungsfreibetrag 648 € und Werbungskosten-Pauschbetrag 102 €.

Die Lohnsteuer wird begrenzt auf 5000 € (10 % von 50 000 €). Der Freibetrag von 10 000 € ist in voller Höhe verbraucht und in Zeile 34 der Lohnsteuerbescheinigung 2021 anzugeben. Es verbleibt kein Restbetrag, der bei den übrigen Renteneinkünften berücksichtigt werden könnte.

29. Eintragungen in die freien Zeilen der Lohnsteuerbescheinigung 2021

In die freien Zeilen der Lohnsteuerbescheinigung kann der Arbeitgeber Daten eintragen, die er **freiwillig** an die Finanzverwaltung übermitteln möchte, z. B.

- bei Fahrten zwischen Wohnung und erster Tätigkeitsstätte: „Anzahl der Arbeitstage",
- bei Arbeitgeberbeiträgen zur Zusatzversorgung, die nach den individuellen Lohnsteuerabzugsmerkmalen

1) Die Lohnsteuer-Durchführungsverordnung (LStDV) ist als Anhang 1 im **Steuerhandbuch für das Lohnbüro 2021** abgedruckt, das im selben Verlag erschienen ist.

L

	Lohn-steuer-pflichtig	Sozial-versich.-pflichtig

versteuert wurden: „Steuerpflichtiger Arbeitgeberbeitrag zur Zusatzversorgung“,

- Arbeitnehmerbeitrag/-anteil zur Zusatzversorgung,
- Arbeitnehmerbeitrag zur Winterbeschäftigungs-Umlage,
- bei steuerfreiem Fahrtkostenersatz für beruflich veranlasste Auswärtstätigkeiten: „Steuerfreie Fahrtkosten bei beruflich veranlasster Auswärtstätigkeit“,
- Versorgungsbezüge für mehrere Kalenderjahre, die **nicht** ermäßigt besteuert wurden – in 3. und 8. enthalten.

Außerdem sind weitere, nicht der Finanzverwaltung übermittelte Angaben zulässig (betriebsinterne, für den Arbeitnehmer bestimmte Informationen); dies ist entsprechend zu kennzeichnen.

Der Ausdruck der elektronischen Lohnsteuerbescheinigung kann von dem amtlichen Muster abweichen, wenn er sämtliche Angaben in gleicher Reihenfolge enthält und in Format und Aufbau dem amtlichen Muster entspricht.

30. Eintragungen in die letzte Zeile der Lohnsteuerbescheinigung 2021

In der letzten Zeile der Lohnsteuerbescheinigung 2021 muss der Arbeitgeber das Finanzamt angeben, an das er die Lohnsteuer abgeführt hat, sowie dessen **vierstellige Finanzamtsnummer.** Bei Finanzamtsaußenstellen mit eigener Nummer ist diese Nummer einzutragen.

Außerdem ist in der elektronischen Lohnsteuerbescheinigung die Anschrift des Arbeitgebers sowie die Steuernummer seiner lohnsteuerlichen Betriebsstätte anzugeben. Hat ein Dritter für den Arbeitgeber die lohnsteuerlichen Pflichten übernommen (vgl. „Lohnsteuerabzug durch einen Dritten“), ist die Anschrift und Steuernummer des Dritten anzugeben.

L

31. Besondere Lohnsteuerbescheinigung

Nimmt der Arbeitgeber nicht am ElsterLohn-Verfahren teil, muss er die Lohnsteuerbescheinigung nach einem entsprechenden amtlich vorgeschriebenen Vordruck erteilen (**Besondere Lohnsteuerbescheinigung,** vgl. dieses Stichwort).

Vgl. hierzu außerdem vorstehende Nr. 1 Buchstabe b.

32. Aushändigung der Lohnsteuerbescheinigung

Nach § 41b Abs. 1 Satz 3 EStG hat der Arbeitgeber dem Arbeitnehmer einen **Ausdruck der elektronischen Lohnsteuerbescheinigung auszuhändigen oder elektronisch bereitzustellen.** Hierbei soll das elektronisch vergebene Transferticket der Datenübermittlung angegeben werden.

Die Anschrift des Arbeitnehmers kann im Ausdruck – abweichend von der im Datensatz elektronisch übermittelten Adresse – so gestaltet sein, dass sie den Gegebenheiten des Unternehmens entspricht (z. B. Übermittlung durch Hauspost, Auslandszustellung). Eintragungsfelder (Tabellen) mit zeitraumbezogenen Angaben (Historie) können variabel – je nach Füllungsgrad – ausgedruckt werden. Es ist darauf zu achten, dass die Identifikationsnummer/eTIN bei Benutzung von Fensterbriefumhüllungen im Adressfeld nicht sichtbar ist.

33. Nachträgliche Korrektur oder Stornierung der Lohnsteuerbescheinigung

a) Zeitliche Grenze der Korrektur oder Stornierung

Stellt der Arbeitgeber **bis zum Ablauf des siebten auf den Besteuerungszeitraum folgenden Kalenderjahres** fest, dass die übermittelten Daten unzutreffend waren, hat er die Lohnsteuerbescheinigung durch Übermittlung eines weiteren Datensatzes zu korrigieren oder zu stornieren, sofern die lohnsteuerlichen Regelungen zur Änderung des Lohnsteuerabzugs (vgl. dieses Stichwort) dem nicht entgegenstehen.

b) Unrichtige Datensätze

Eine Korrektur der elektronisch an das Finanzamt übermittelten Lohnsteuerbescheinigung ist grundsätzlich nur dann möglich, wenn es sich um eine bloße Berichtigung eines zunächst **unrichtig übermittelten Datensatzes** handelt (R 41c.1 Abs. 7 LStR). Dies können unzutreffende Angaben oder Lohnsteuerdaten (einbehaltene Lohnsteuer oder einbehaltener Solidaritätszuschlag) sein (z. B. bei einem Zahlendreher). Die geänderten Lohnsteuerbescheinigungen sind mit dem Merker „Korrektur“ zu versehen.

Eine **Stornierung** von bereits übermittelten Lohnsteuerbescheinigungen ist möglich. Sie kommt insbesondere in Betracht, wenn

- ein **falsches Kalenderjahr** angegeben wurde,
- kennzeichnende Daten zu einer **Person** (Identifikationsnummer, eTIN, Name, Vorname und Geburtsdatum) **falsch** übermittelt wurden oder
- mehrere Einzel-Bescheinigungen zu einem Arbeitsverhältnis durch eine **zusammenfassende Bescheinigung** ersetzt werden.

Eine Stornierungsmitteilung storniert über die eindeutige verfahrensweite Kennzeichnung genau eine Lohnsteuerbescheinigung.[1] Der Arbeitnehmer ist über eine Korrektur oder Stornierung zu informieren.

c) Nachzahlungen

Stellen Nachzahlungen laufenden Arbeitslohn dar, sind diese für die Berechnung der Lohnsteuer den Lohnzahlungszeiträumen zuzurechnen, für die sie geleistet werden (vgl. die Erläuterungen beim Stichwort „Nachzahlung von laufendem Arbeitslohn“). Wird eine solche Nachzahlung nach Beendigung des Dienstverhältnisses im selben Kalenderjahr für Lohnzahlungszeiträume bis zur Beendigung des Dienstverhältnisses geleistet, ist die bereits erteilte und übermittelte Lohnsteuerbescheinigung zu korrigieren. Die berichtigte Lohnsteuerbescheinigung ist mit dem Merker „Korrektur“ zu versehen. Dem betroffenen Arbeitnehmer ist der Ausdruck der erneut übermittelten Daten mit dem Hinweis auszuhändigen, dass nunmehr diese geänderte Lohnsteuerbescheinigung der Einkommensteuererklärung zugrunde zu legen ist.

Sonstige Bezüge, die nach Beendigung des Dienstverhältnisses oder in folgenden Kalenderjahren gezahlt werden, sind gesondert zu bescheinigen; als Dauer des Dienstverhältnisses ist in diesen Fällen der Monat der Zahlung anzugeben.

d) Änderung des Lohnsteuerabzugs

Eine **Korrektur des Lohnsteuerabzugs** ist nach der **erstmaligen** elektronischen Übermittlung der Lohnsteuerbescheinigung **grundsätzlich nicht mehr möglich**. Stellt sich nachträglich heraus, dass der Lohnsteuerabzug zu niedrig durchgeführt wurde, muss der Arbeitgeber dem Betriebsstättenfinanzamt unverzüglich Anzeige erstatten. Wurde der Lohnsteuerabzug zu hoch durchgeführt, erfolgt eine Erstattung der zu viel gezahlten Lohnsteuer im Rahmen einer Veranlagung des Arbeitnehmers zur Einkommensteuer. Eine Minderung des Lohnsteuerabzugs nach Übermittlung der Lohnsteuerbescheinigung wird aber zugelassen, wenn sich der Arbeitnehmer ohne vertraglichen Anspruch und gegen den Willen des Arbeitgebers Beträge verschafft hat, für die Lohnsteuer einbehalten wurde **(veruntreute Beträge).** Der Arbeitgeber ist in diesem Fall der Minderung der Lohnsteuer zur Übermittlung einer geän-

1) Eine detaillierte Beschreibung der technischen Umsetzung des Korrektur- und Stornierungsverfahrens ist in der technischen Schnittstellenbeschreibung zur elektronischen Lohnsteuerbescheinigung dokumentiert.

Lohnsteuer-pflichtig Sozialversich.-pflichtig

derter Lohnsteuerbescheinigung an die Finanzverwaltung verpflichtet, um sein anderenfalls bestehendes Haftungsrisiko auszuschließen. Die berichtigte Lohnsteuerbescheinigung ist mit dem Merker „Korrektur" zu versehen. Auf die ausführlichen Erläuterungen beim Stichwort „Änderung des Lohnsteuerabzugs" unter Nr. 5 Buchstabe c wird Bezug genommen.

Eine Änderung des Lohnsteuerabzugs (im Sinne des § 41c Abs. 3 Satz 1 EStG) liegt aber nicht vor, wenn der Arbeitgeber eine Lohnsteuerbescheinigung berichtigt, die weder einbehaltene noch an das Finanzamt abgeführte Beträge unzutreffenderweise als Lohnsteuer ausweist (BFH-Beschluss vom 18.8.2011, BFH/NV 2011 S. 2042). Diese Rechtsprechung kann insbesondere bei **Insolvenzverfahren** von Bedeutung sein. Auch in diesem Fall ist die berichtigte Lohnsteuerbescheinigung mit dem Merker „Korrektur" zu versehen.

Wurde der **Lohnsteuerabzug** in **zu geringer Höhe** vorgenommen, hat der Arbeitgeber dies dem Betriebsstättenfinanzamt anzuzeigen (§ 41c Abs. 4 EStG; vgl. „Anzeigepflichten des Arbeitgebers im Lohnsteuerverfahren").

Siehe auch die Stichworte: Änderung des Lohnsteuerabzugs, Anzeigepflichten des Arbeitgebers im Lohnsteuerverfahren, Besondere Lohnsteuerbescheinigung, Lohnkonto, Nachzahlung von laufendem Arbeitslohn, Sonstige Bezüge.

Lohnsteuer-Ermäßigungsverfahren

Besonders für Werbungskosten, Sonderausgaben und außergewöhnliche Belastungen kann vom Finanzamt ein Freibetrag gebildet werden, der beim Lohnsteuerabzug durch den Arbeitgeber zu berücksichtigen ist. Dieses Verfahren wird Lohnsteuer-Ermäßigungsverfahren genannt. Es ist in **Anhang 7** ausführlich anhand von Beispielen erläutert.

Lohnsteuer-Jahresausgleich durch den Arbeitgeber

Wichtiges auf einen Blick:

Beschränkt steuerpflichtige Arbeitnehmer (§ 1 Abs. 4 EStG) sind seit 2020 in die Regelungen für den betrieblichen Lohnsteuer-Jahresausgleich durch den Arbeitgeber **einbezogen** worden, wenn sie das gesamte Kalenderjahr bei demselben Arbeitgeber beschäftigt sind.

Vgl. auch die Erläuterungen unter der nachfolgenden Nr. 11.

Gliederung:

1. Allgemeines
2. Zuständigkeit des Arbeitgebers
3. Fälle, in denen der Arbeitgeber keinen Jahresausgleich durchführen darf
4. Frist für die Durchführung des Jahresausgleichs durch den Arbeitgeber
5. Ermittlung des maßgebenden Jahresarbeitslohns
6. Durchführung des Lohnsteuer-Jahresausgleichs
7. Nachforderung von Lohnsteuer beim Jahresausgleich durch den Arbeitgeber
   a) Allgemeines
   b) Zutreffender Lohnsteuerabzug während des Jahres
   c) Falscher Lohnsteuerabzug während des Jahres
8. Zusammenfassung des Lohnsteuer-Jahresausgleichs und der Dezember-Abrechnung
9. Versorgungsfreibetrag und Zuschlag zum Versorgungsfreibetrag beim Jahresausgleich durch den Arbeitgeber
10. Altersentlastungsbetrag beim Jahresausgleich durch den Arbeitgeber
11. Lohnsteuer-Jahresausgleich für beschränkt steuerpflichtige Arbeitnehmer
12. Entnahme des Erstattungsbetrags aus dem Lohnsteueraufkommen
13. Ausgleich des Solidaritätszuschlags durch den Arbeitgeber
14. Kirchensteuer-Jahresausgleich
15. Aufzeichnungs- und Bescheinigungspflichten beim Jahresausgleich durch den Arbeitgeber

1. Allgemeines

Sinn und Zweck des vom Arbeitgeber durchzuführenden Lohnsteuer-Jahresausgleichs ist es, die für die einzelnen Monate nach der Monatslohnsteuertabelle einbehaltene Lohnsteuer nach Ablauf des Kalenderjahres anhand der **Jahreslohnsteuertabelle** zu überprüfen. Ergibt diese Überprüfung, dass während des Jahres zu viel Lohnsteuer einbehalten wurde, ist der zu viel einbehaltene Betrag dem Arbeitnehmer zu erstatten. Eine Erstattung kann z. B. auf schwankendem Arbeitslohn im Laufe des Kalenderjahres oder auf der Nachholung von Freibeträgen (vgl. nachfolgende Nrn. 9 und 10) beruhen. Früher gab es nicht nur einen Lohnsteuer-Jahresausgleich durch den Arbeitgeber, sondern auch einen Jahresausgleich durch das Finanzamt. An die Stelle des Lohnsteuer-Jahresausgleiches durch das Finanzamt ist eine Veranlagung zur Einkommensteuer auf Antrag des Arbeitnehmers getreten (vgl. das Stichwort „Veranlagung von Arbeitnehmern"). **Nur noch der Arbeitgeber** kann einen Lohnsteuer-Jahresausgleich durchführen und anhand der Jahreslohnsteuertabelle feststellen, ob ggf. im Laufe des Kalenderjahres zu viel Lohnsteuer einbehalten wurde.

Stellt der Arbeitgeber bei der Durchführung des Lohnsteuer-Jahresausgleiches fest, dass während des Jahres **zu wenig** Lohnsteuer einbehalten wurde, muss er diese Lohnsteuer nicht vom Arbeitslohn des Arbeitnehmers einbehalten, wenn der Lohnsteuerabzug während der einzelnen Lohnabrechnungszeiträume zutreffend durchgeführt wurde. Stellt der Arbeitgeber allerdings fest, dass der Lohnsteuer-Fehlbetrag auf einen **falschen Lohnsteuerabzug** während des Jahres zurückzuführen ist, ist er verpflichtet, den Lohnsteuerabzug nachträglich zu berichtigen und die zu wenig einbehaltene Lohnsteuer nachträglich vom Arbeitslohn des Arbeitnehmers einzubehalten. Tut er dies nicht, haftet er für die zu wenig einbehaltene Lohnsteuer (vgl. das Stichwort „Änderung des Lohnsteuerabzugs"). Vgl. auch die Erläuterungen unter der nachfolgenden Nr. 7.

Eines besonderen Antrags des Arbeitnehmers auf Durchführung des Lohnsteuer-Jahresausgleiches durch den Arbeitgeber bedarf es nicht. Voraussetzung ist jedoch, dass kein Ausschlusstatbestand vorliegt (vgl. nachfolgende Nr. 3). Außerdem muss im gesamten Kalenderjahr 2021 **ein durchgängiges Dienstverhältnis zu demselben Arbeitgeber** bestanden haben (vgl. nachfolgende Nr. 2).

2. Zuständigkeit des Arbeitgebers

Der Arbeitgeber ist nach § 42b Abs. 1 Satz 2 EStG zur Durchführung des Lohnsteuer-Jahresausgleiches **gesetzlich verpflichtet,** wenn er am 31. Dezember mindestens **10 Arbeitnehmer** beschäftigt, deren Arbeitslohn nach den jeweiligen individuellen Lohnsteuerabzugsmerkmalen besteuert wird. Beschäftigt der Arbeitgeber weniger als 10 Arbeitnehmer, ist er zwar nicht verpflichtet, den Lohnsteuer-Jahresausgleich durchzuführen, er ist jedoch hierzu berechtigt. Die Arbeitgeber machen in aller Regel von dieser Berechtigung im Interesse ihrer Arbeitnehmer auch Gebrauch und führen den Lohnsteuer-Jahresausgleich durch, damit die Arbeitnehmer sofort nach Ablauf des Kalenderjahres die zu viel gezahlte Lohnsteuer zurück-

L

Lohn- steuer- pflichtig | Sozial- versich.- pflichtig

erhalten. Im Zeitalter der maschinellen Lohnabrechnung ist dies in der Praxis auch unproblematisch.

Ein Lohnsteuer-Jahresausgleich durch den Arbeitgeber ist zudem nur noch zulässig, wenn seit Beginn des Kalenderjahres ein **durchgängiges (ununterbrochenes) Dienstverhältnis** zu **demselben Arbeitgeber** bestanden hat (§ 42b Abs. 1 Satz 1 EStG). Es genügt seit 2012 nicht mehr, dass der Arbeitnehmer ständig in einem Dienstverhältnis zu mehreren Arbeitgebern gestanden hat. Grund für diese Änderung war, dass jedem Arbeitgeber nur noch die elektronischen Lohnsteuerabzugsmerkmale des Arbeitnehmers für das bestehende Dienstverhältnis und nicht für vorherige Dienstverhältnisse bekannt sind. Somit kann der aktuelle Arbeitgeber die Ausschlusstatbestände für einen Lohnsteuer-Jahresausgleich (vgl. nachfolgende Nr. 3) bei einem unterjährigen Arbeitgeberwechsel nicht mehr zweifelsfrei erkennen.

Beispiel A

Arbeitnehmer A ist im Kalenderjahr 2021 bis zum 31.7.2021 beim Arbeitgeber B und ab 1.8.2021 beim Arbeitgeber C beschäftigt.

Arbeitnehmer A ist zwar während des gesamten Kalenderjahres 2021 durchgängig beschäftigt. Dennoch darf Arbeitgeber C keinen Lohnsteuer-Jahresausgleich für 2021 durchführen, da zu ihm kein durchgängiges Dienstverhältnis im Kalenderjahr 2021 bestanden hat.

Nicht erforderlich ist aber, dass der Arbeitnehmer ununterbrochen „gearbeitet" hat. Das Dienstverhältnis besteht auch weiter, wenn die Arbeitnehmerin oder der Arbeitnehmer z. B. längere Zeit krank war (mit Lohnfortzahlung).

Beispiel B

Arbeitnehmer A ist im Kalenderjahr 2021 ausschließlich beim Arbeitgeber B beschäftigt und vom 1.12. bis 31.12.2021 krankgeschrieben (mit Lohnfortzahlung).

Der Arbeitgeber ist grundsätzlich berechtigt, den Lohnsteuer-Jahresausgleich durchzuführen, da das Dienstverhältnis während des ganzen Kalenderjahres 2021 bestanden hat.

Zu den Ausschlusstatbeständen, bei deren Vorliegen der Arbeitgeber keinen Lohnsteuer-Jahresausgleich durchführen darf, vgl. nachfolgende Nr. 3.

3. Fälle, in denen der Arbeitgeber keinen Jahresausgleich durchführen darf

In keinem Fall darf nach § 42b Abs. 1 Satz 3 EStG der Lohnsteuer-Jahresausgleich vom Arbeitgeber durchgeführt werden,

a) wenn der Arbeitnehmer für das ganze Kalenderjahr oder für einen Teil des Kalenderjahres nach der **Steuerklasse V oder VI** zu besteuern war;

b) wenn der Arbeitnehmer für **einen Teil des Kalenderjahres** nach der Steuerklasse II, III oder IV zu besteuern war;

Beispiel A

Ein Arbeitnehmer heiratet am 3. August 2021 und die Steuerklasse wird von bisher I in III geändert. Der Arbeitgeber darf für diesen Arbeitnehmer keinen Lohnsteuer-Jahresausgleich durchführen.

Abwandlung

Der Arbeitnehmer wird während des ganzen Kalenderjahres nach der Steuerklasse III besteuert. Der Arbeitgeber darf für diesen Arbeitnehmer einen Lohnsteuer-Jahresausgleich durchführen.

Beispiel B

Arbeitnehmer-Ehegatten lassen bei sich die Steuerklasse IV im Laufe des Kalenderjahres in III beim Ehemann und V bei der Ehefrau ändern. Weder der Arbeitgeber des Ehemannes noch der Arbeitgeber der Ehefrau darf den Lohnsteuer-Jahresausgleich durchführen.

Beispiel C

Ein Arbeitnehmer wird während des ganzen Kalenderjahres nach der Steuerklasse VI besteuert. Der Arbeitgeber darf keinen Lohnsteuer-Jahresausgleich durchführen.

Lohn- steuer- pflichtig | Sozial- versich.- pflichtig

Beispiel D

Bei einem Arbeitnehmer wurde die Steuerklasse II nur für die Monate November und Dezember gebildet. Der Arbeitgeber darf für diesen Arbeitnehmer keinen Lohnsteuer-Jahresausgleich durchführen.

c) wenn beim Lohnsteuerabzug des Arbeitnehmers ein **Freibetrag** oder Hinzurechnungsbetrag zu berücksichtigen war;

d) wenn bei der Berechnung der Lohnsteuer das sog. **Faktorverfahren** angewandt wurde (vgl. hierzu das Stichwort „Faktorverfahren");

e) wenn Teilbeträge der Vorsorgepauschale nur **zeitweise** beim Lohnsteuerabzug berücksichtigt wurden; das gilt auch, wenn ein Arbeitnehmer im Laufe des Kalenderjahres teilweise zum Rechtskreis West und teilweise zum Rechtskreis Ost gehörte oder unterschiedliche Beitragssätze (unter Berücksichtigung des Beitragszuschlags zur sozialen Pflegeversicherung für Kinderlose) anzuwenden waren.[1]

Beispiel E

Ein Arbeitnehmer, Bruttoarbeitslohn 90 000 €, gehört im Kalenderjahr 2021 für die Rentenversicherung bis zum 31.7.2021 zum Rechtskreis West und ab 1.8.2021 zum Rechtskreis Ost.

Der Arbeitgeber darf keinen Lohnsteuer-Jahresausgleich durchführen.

Beispiel F

Ein Arbeitnehmer wird im Mai 2021 erstmals Vater eines Kindes und erhält folglich ab Mai neben der Steuerklasse III den Kinderfreibetragszähler 1,0. Ab diesem Zeitpunkt ändert sich der in den Lohnsteuertarif eingearbeitet Teilbetrag der Vorsorgepauschale für die Pflegeversicherung, weil der Beitragssatz von bisher 1,775 % auf 1,525 % sinkt.

Für diesen Arbeitnehmer darf kein Lohnsteuer-Jahresausgleich 2021 durchgeführt werden.

Der Arbeitgeber darf den Jahresausgleich auch nicht durchführen, wenn sich im Laufe des Kalenderjahres 2021 der **Zusatzbeitragssatz** der **Krankenkasse** (vgl. § 242 SGB V) **geändert** hat;

f) wenn der Arbeitnehmer im Kalenderjahr eine der folgenden **Lohnersatzleistungen** bezogen hat:

- Kurzarbeitergeld,
- Saisonkurzarbeitergeld,
- Zuschuss zum Kurzarbeitergeld,
- Zuschuss zum Mutterschaftsgeld nach dem Mutterschutzgesetz,
- Zuschuss bei einem Beschäftigungsverbot für die Zeit vor oder nach einer Entbindung sowie für den Entbindungstag während einer Elternzeit nach beamtenrechtlichen Vorschriften,[2]
- Entschädigungen für Verdienstausfall nach dem Infektionsschutzgesetz,
- Aufstockungsbeträge nach dem Altersteilzeitgesetz,
- Altersteilzeitzuschläge nach beamtenrechtlichen Grundsätzen.[2]

g) wenn im Lohnkonto der Buchstabe „U" eingetragen ist.

Die Voraussetzungen für die Eintragung des Buchstabens „U" im Lohnkonto sind ausführlich anhand von Beispielen beim Stichwort „Lohnkonto" unter Nr. 9 auf Seite 639 erläutert.

Beispiel G

Der Arbeitnehmer hat für eine Woche Krankengeld nach Ablauf der Lohnfortzahlung bezogen. Im Lohnkonto ist deshalb ein „U" eingetragen. Der Arbeitgeber darf keinen Lohnsteuer-Jahresausgleich durchführen.

1) Tz. 8 des BMF-Schreibens vom 26.11.2013 (BStBl. I S. 1532). Das BMF-Schreiben ist als Anlage zu H 39b.7 LStR im **Steuerhandbuch für das Lohnbüro 2021** abgedruckt, das im selben Verlag erschienen ist.

2) Dieser Ausschlusstatbestand betrifft nur den öffentlichen Dienst; er hat für Arbeitgeber in der privaten Wirtschaft keine Bedeutung.

Lohn- steuer- pflichtig | Sozial- versich.- pflichtig

Beispiel H

Der Arbeitnehmer hat eine Verdienstausfallentschädigung nach dem Infektionsschutzgesetz erhalten. Der Arbeitgeber darf keinen Lohnsteuer-Jahresausgleich durchführen.

Beispiel I

Eine Arbeitnehmerin nimmt ab 1. November Elternzeit. Im Lohnkonto ist deshalb ein „U" eingetragen. Der Arbeitgeber darf keinen Lohnsteuer-Jahresausgleich durchführen.

h) wenn der Arbeitnehmer im Kalenderjahr Arbeitslohn bezogen hat, der nach einem Doppelbesteuerungsabkommen oder nach dem Auslandstätigkeitserlass (vgl. diese Stichworte) vom Lohnsteuerabzug befreit war;

i) wenn es der Arbeitnehmer beantragt (weil er ohnehin zur Einkommensteuer veranlagt wird, vgl. das Stichwort „Veranlagung von Arbeitnehmern").

Der Lohnsteuer-Jahresausgleich ist für die unter den Buchstaben a bis i genannten Fälle ausgeschlossen worden, da es letztlich auch im Interesse der Arbeitnehmer nicht sinnvoll sein kann, wenn der Arbeitgeber im Jahresausgleich Lohn- und Kirchensteuer sowie ggf. Solidaritätszuschlag erstattet und das Finanzamt bei einer Veranlagung zur Einkommensteuer (z. B. nach Anwendung des Progressionsvorbehalts) diese Beträge vom Arbeitnehmer ggf. wieder zurückfordern muss.

4. Frist für die Durchführung des Jahresausgleichs durch den Arbeitgeber

Der **Arbeitgeber** darf den Lohnsteuer-Jahresausgleich **frühestens** bei der Lohnabrechnung für den letzten im Kalenderjahr endenden Lohnzahlungszeitraum und **spätestens** bei der Lohnabrechnung für den letzten **im Monat Februar des nächsten Jahres** endenden Lohnzahlungszeitraum durchführen (§ 42b Abs. 3 Satz 1 EStG). Der späteste Zeitpunkt für die Durchführung des betrieblichen Lohnsteuer-Jahresausgleichs wurde vor einigen Jahren an die Frist für die Übermittlung der elektronischen Lohnsteuerbescheinigung durch den Arbeitgeber an die Finanzverwaltung angeglichen.

Beispiel A

Bei einem monatlich entlohnten Arbeitnehmer darf der Arbeitgeber den Lohnsteuer-Jahresausgleich für das Kalenderjahr 2021 frühestens bei der Berechnung der auf den Arbeitslohn für Dezember 2021 entfallenden Lohnsteuer durchführen. Spätestens darf der Arbeitgeber bei monatlich entlohnten Arbeitnehmern den Jahresausgleich 2021 bei der Lohnabrechnung für Februar 2022 durchführen. Dabei ist es gleichgültig, ob der Arbeitslohn im Voraus oder nachträglich bezahlt wird.

Beispiel B

Bei einem wöchentlich entlohnten Arbeitnehmer darf der Arbeitgeber den Lohnsteuer-Jahresausgleich für das Kalenderjahr 2021 spätestens anlässlich der Lohnzahlung für die 8. Lohnwoche des Jahres 2022 durchführen.

Nach **Übersendung der elektronischen Lohnsteuerbescheinigung** an das Finanzamt darf der Arbeitgeber einen Lohnsteuer-Jahresausgleich nicht mehr durchführen (§ 41c Abs. 3 EStG).

5. Ermittlung des maßgebenden Jahresarbeitslohns

Der für die Durchführung des Lohnsteuer-Jahresausgleichs maßgebende steuerpflichtige Jahresarbeitslohn ist anhand der Eintragungen im Lohnkonto festzustellen. Maßgebender Jahresarbeitslohn ist der steuerpflichtige Brutto-Jahresarbeitslohn (einschließlich des Wertes der steuerpflichtigen Sachbezüge), der dem Arbeitnehmer für alle im Kalenderjahr endenden Lohnzahlungszeiträume zugeflossen ist.

Bei der Ermittlung des maßgebenden Jahresarbeitslohnes bleiben steuerfreier Arbeitslohn und Arbeitslohn, der vom Arbeitgeber **pauschal** besteuert wurde, außer Ansatz.

Beispiel A

Der Arbeitgeber hat Fahrtkostenzuschüsse für Fahrten mit dem Pkw zwischen Wohnung und erster Tätigkeitsstätte pauschal mit 15 % besteuert. Die Fahrtkostenzuschüsse und die hierauf entfallende Lohn- und Kirchensteuer sowie der Solidaritätszuschlag bleiben beim Lohnsteuer-Jahresausgleich durch den Arbeitgeber außer Ansatz.

Sonstige Bezüge, die dem Arbeitnehmer im Kalenderjahr zugeflossen sind, gehören zum maßgebenden Jahresarbeitslohn, wenn sie nach der Jahreslohnsteuertabelle besteuert wurden. Wurden sonstige Bezüge pauschal besteuert, bleiben sie bei der Ermittlung des maßgebenden Jahresarbeitslohnes außer Ansatz (vgl. „Pauschalierung der Lohnsteuer" unter Nr. 2).

Bei sonstigen Bezügen gilt also ausschließlich das **Zuflussprinzip.** Hierauf ist besonders zu achten, wenn zum Jahreswechsel sonstige Bezüge zusammen mit laufendem Arbeitslohn ausgezahlt werden.

Beispiel B

Lohnzahlungszeitraum für den laufenden Arbeitslohn ist der Kalendermonat. Der Monatslohn für Dezember 2021 wird zusammen mit dem Weihnachtsgeld (= sonstiger Bezug) am 4.1.2022 an den Arbeitnehmer ausgezahlt. Der laufende Arbeitslohn gehört zum maßgebenden Jahresarbeitslohn für das Kalenderjahr 2021. Auf den Zeitpunkt der Lohnzahlung kommt es beim laufenden Arbeitslohn nicht an. Das Weihnachtsgeld gehört zum maßgebenden Jahresarbeitslohn 2022, da es im Kalenderjahr 2022 zugeflossen ist.

Wichtig ist also in diesen Fällen, wann dem Arbeitnehmer der Arbeitslohn zufließt. Wird der Arbeitslohn, wie dies heute allgemein üblich ist, unbar gezahlt, wird der Arbeitgeber von dem Tag ausgehen können, an dem er den Überweisungsauftrag erteilt. Wird also im Beispielsfall der Überweisungsauftrag noch im Dezember 2021 erteilt, ist der sonstige Bezug im Dezember 2021 zugeflossen und kann mit den Dezemberbezügen abgerechnet werden.

Hat der Arbeitgeber aufgrund einer **Nettolohnvereinbarung** den Arbeitslohn netto gezahlt, dann ist der auf einen Bruttobetrag umgerechnete Nettoarbeitslohn in den Lohnsteuer-Jahresausgleich einzubeziehen.

Ermäßigt besteuerte **Entschädigungen** (dies sind in aller Regel Entlassungsentschädigungen, vgl. Stichwort „Entschädigungen" unter Nr. 1 Buchstabe b auf Seite 361) und ermäßigt besteuerter **Arbeitslohn für mehrere Jahre** (vgl. dieses Stichwort) sowie die auf diese Teile des Arbeitslohns entfallenden Steuerabzugsbeträge hat der Arbeitgeber nur dann in den Lohnsteuer-Jahresausgleich einzubeziehen, **wenn der Arbeitnehmer dies ausdrücklich beantragt.** Sind diese Vergütungen in den Lohnsteuer-Jahresausgleich einzubeziehen, werden sie mit der **vollen** Tabellensteuer versteuert und nicht nach der sog. Fünftelregelung (R 42b Abs. 2 LStR). Der Arbeitnehmer wird deshalb die Einbeziehung nur dann beantragen, wenn sich auch bei Anwendung der für seine Steuerklasse maßgebenden Jahreslohnsteuertabelle noch eine günstigere Besteuerung ergibt, als die für solche Bezüge im laufenden Lohnsteuerabzugsverfahren während des Kalenderjahres bereits gewährte Steuerermäßigung nach der sog. Fünftelregelung betragen hat.

Der nach diesen Grundsätzen festgestellte Jahresarbeitslohn ist ggf. noch zu kürzen um

- den **Altersentlastungsbetrag** (vgl. nachfolgend unter Nr. 10);
- den **Versorgungsfreibetrag** und den **Zuschlag zum Versorgungsfreibetrag,** wenn im Jahresarbeitslohn Versorgungsbezüge enthalten sind (vgl. nachfolgend unter Nr. 9).

Die Berücksichtigung des Altersentlastungsbetrags, des Versorgungsfreibetrags und des Zuschlags zum Versorgungsfreibetrag beim Lohnsteuer-Jahresausgleich durch den Arbeitgeber sind unter den folgenden Nrn. 9 und 10 ausführlich anhand von Beispielen erläutert.

6. Durchführung des Lohnsteuer-Jahresausgleichs

Für den (ggf. um den Altersentlastungsbetrag und den Versorgungsfreibetrag sowie Zuschlag zum Versorgungsfreibetrag gekürzten) Jahresarbeitslohn ist die Lohn- und Kirchensteuer sowie der Solidaritätszuschlag nach der

L

Lohn- steuer- pflichtig | Sozial- versich.- pflichtig

Jahreslohnsteuertabelle zu ermitteln. Bei der Berechnung der Lohn- und Kirchensteuer sowie des Solidaritätszuschlags nach der Jahreslohnsteuertabelle ist Folgendes zu beachten: Für die Anwendung der Steuerklasse und der Zahl der Kinderfreibeträge sind die individuellen Lohnsteuerabzugsmerkmale des jeweiligen Arbeitnehmers maßgebend. Waren während des Kalenderjahres verschiedene Steuerklassen anzuwenden, hat der Arbeitgeber bei der Durchführung des Jahresausgleichs die für den **letzten** Lohnzahlungszeitraum des Kalenderjahres berücksichtigte Steuerklasse für das ganze Ausgleichsjahr zugrunde zu legen (sofern der Arbeitgeber in solch einem Fall überhaupt einen Jahresausgleich durchführen darf; vgl. vorstehende Nr. 3 und das nachfolgende Beispiel B). Gleiches gilt für die Zahl der Kinderfreibeträge.

Beispiel A

Bei einem Arbeitnehmer mit Steuerklasse III/1 Kinderfreibetrag wird am 3. Juni 2021 ein weiteres Kind geboren. Als Lohnsteuerabzugsmerkmale des Arbeitnehmers werden mit Wirkung ab 3. 6. 2021 die Steuerklasse III/2 Kinderfreibeträge vermerkt. Beim Lohnsteuer-Jahresausgleich 2021 ist die Steuerklasse III/2 Kinderfreibeträge für das ganze Kalenderjahr anzuwenden.

In diesem Zusammenhang ist jedoch zu beachten, dass bei einer Änderung der Steuerklasse wegen Eheschließung (z. B. Änderung der Steuerklasse I in III oder IV) oder bei einem Steuerklassentausch von Arbeitnehmerehegatten (z. B. von IV/IV in III/V oder umgekehrt) der Arbeitgeber den Lohnsteuer-Jahresausgleich nicht durchführen darf (vgl. die Ausführungen unter der vorstehenden Nr. 3).

Beispiel B

Ein Arbeitnehmer heiratet am 3. August und lässt ab diesem Zeitpunkt die Steuerklasse von bisher I in III ändern. Nach der Bestimmung, dass die zuletzt berücksichtigte Steuerklasse für das ganze Ausgleichsjahr zugrunde zu legen ist, wäre dies für den Arbeitnehmer die Steuerklasse III. Der Arbeitgeber darf für diesen Arbeitnehmer jedoch keinen Lohnsteuer-Jahresausgleich durchführen, weil er (nur) für einen Teil des Kalenderjahres nach der Steuerklasse III zu besteuern war.

L

Außerdem darf der Arbeitgeber den Lohnsteuer-Jahresausgleich bei Anwendung der Steuerklasse II nicht durchführen, wenn die **Steuerklasse II nur für einen Teil des Kalenderjahres** gegolten hat (vgl. die Erläuterungen unter der vorstehenden Nr. 3).

Bei der Durchführung des Lohnsteuer-Jahresausgleichs wird der Arbeitgeber zweckmäßigerweise nach folgendem Schema vorgehen:

Zuerst ist zu prüfen, ob der Arbeitgeber berechtigt ist, für den betreffenden Arbeitnehmer einen Lohnsteuer-Jahresausgleich durchzuführen (vgl. vorstehende Nrn. 2 und 3).

Dann ist der steuerpflichtige Bruttojahresarbeitslohn nach den Eintragungen im Lohnkonto zu errechnen ...... Euro

Von diesem Bruttojahresarbeitslohn sind abzuziehen:

Der Altersentlastungsbetrag, wenn der Arbeitnehmer vor Beginn des Kalenderjahres das 64. Lebensjahr vollendet hat (vgl. nachfolgend unter Nr. 10) ...... Euro

Der Versorgungsfreibetrag und der Zuschlag zum Versorgungsfreibetrag, wenn im Bruttojahresarbeitslohn Versorgungsbezüge enthalten sind (vgl. nachfolgend unter Nr. 9) ...... Euro

Der verbleibende Betrag ist der für den Lohnsteuer-Jahresausgleich maßgebende Jahresarbeitslohn ...... Euro

Für diesen maßgebenden Jahresarbeitslohn ist nach der zuletzt berücksichtigten Steuerklasse und Zahl der Kinderfreibeträge die Lohn- und Kirchensteuer sowie der Solidaritätszuschlag nach der **Jahres**lohnsteuertabelle zu berechnen ...... Euro

Lohn- steuer- pflichtig | Sozial- versich.- pflichtig

Von diesem Betrag ist die beim laufenden Lohnsteuerabzug während des Jahres einbehaltene Lohn- und Kirchensteuer sowie der Solidaritätszuschlag abzuziehen ...... Euro

Der Differenzbetrag ist die dem Arbeitnehmer im Lohnsteuer-Jahresausgleich zu erstattende Lohn- und Kirchensteuer sowie der zu erstattende Solidaritätszuschlag ...... Euro

Im Hinblick auf die Vorsorgepauschale ist bei **Beitragsänderungen** für **private Basiskranken- und Pflege-Pflichtversicherungsbeiträge** im Laufe des Kalenderjahres, die der Arbeitnehmer dem Arbeitgeber zur Berücksichtigung im Lohnsteuerabzugsverfahren nachweist, folgende Besonderheit zu beachten:

Damit es bei steigenden Beiträgen nicht zu einer ungerechtfertigten Lohnsteuerminderung bzw. bei sinkenden Beiträgen zu einer ungerechtfertigten Lohnsteuernachzahlung kommt, darf der neuere Beitrag beim Lohnsteuer-Jahresausgleich nicht verwendet werden, denn innerhalb des Lohnsteuerberechnungsprogramms wird der Beitrag immer mit zwölf multipliziert. Die einzelnen Monatsbeiträge müssen vielmehr aufaddiert und vor Eingabe in das Lohnsteuerberechnungsprogramm gezwölftelt werden. Nur so ergibt sich durch den Lohnsteuer-Jahresausgleich ein zutreffendes Ergebnis. In der Lohnsteuerbescheinigung wird dann die Summe der einzelnen Beiträge bescheinigt. Es bestehen **keine Bedenken,** wenn der **Arbeitgeber** auch in diesen Fällen **keinen Lohnsteuer-Jahresausgleich durchführt** (vgl. auch vorstehende Nr. 3).

7. Nachforderung von Lohnsteuer beim Jahresausgleich durch den Arbeitgeber

a) Allgemeines

Sinn und Zweck des vom Arbeitgeber durchzuführenden Lohnsteuer-Jahresausgleichs ist es, die für die einzelnen Monate nach der Monatslohnsteuertabelle einbehaltene Lohnsteuer nach Ablauf des Kalenderjahres anhand der Jahreslohnsteuertabelle zu überprüfen. Ergibt diese Überprüfung, dass während des Jahres zu viel Lohnsteuer einbehalten wurde, ist der zu viel einbehaltene Betrag dem Arbeitnehmer zu erstatten. Es gibt jedoch Fälle, in denen die beim Jahresausgleich durch den Arbeitgeber ermittelte Jahreslohnsteuer **höher** ist als die im Laufe des Kalenderjahres einbehaltene Lohnsteuer. Bei der Durchführung des Lohnsteuer-Jahresausgleichs durch den Arbeitgeber würde sich also eine **Nachforderung** von Lohnsteuer ergeben. Hierbei sind zwei Fälle zu unterscheiden (vgl. außerdem die nachfolgende Nr. 8):

b) Zutreffender Lohnsteuerabzug während des Jahres

Stellt der Arbeitgeber bei der Durchführung des Lohnsteuer-Jahresausgleichs fest, dass während des Jahres **zu wenig** Lohnsteuer einbehalten wurde, muss er diese Lohnsteuer nicht vom Arbeitslohn des Arbeitnehmers einbehalten, wenn der Lohnsteuerabzug während der einzelnen Lohnabrechnungszeiträume **zutreffend** durchgeführt wurde. Der Arbeitgeber hat in diesem Fall nichts zu veranlassen. Er muss weder die zu wenig einbehaltene Lohnsteuer vom Arbeitnehmer nachfordern noch ist er verpflichtet, das Finanzamt zu unterrichten. Die Nachforderung der zu wenig einbehaltenen Lohnsteuer erfolgt im Rahmen einer Veranlagung des Arbeitnehmers zur Einkommensteuer durch das Finanzamt.

c) Falscher Lohnsteuerabzug während des Jahres

Stellt der Arbeitgeber allerdings fest, dass der Lohnsteuer-Fehlbetrag auf einen **Fehler beim Lohnsteuerabzug** während des Jahres zurückzuführen ist, ist er verpflichtet, die zu wenig einbehaltene Lohnsteuer nachträglich vom Arbeitslohn des Arbeitnehmers einzubehalten. Tut er dies

Lohn-steuer-pflichtig Sozial-versich.-pflichtig

nicht, haftet er für die zu wenig einbehaltene Lohnsteuer (vgl. das Stichwort „Änderung des Lohnsteuerabzugs").

8. Zusammenfassung des Lohnsteuer-Jahresausgleichs und der Dezember-Abrechnung

Anstelle des gesondert durchgeführten Lohnsteuer-Jahresausgleichs kann der Arbeitgeber den Jahresausgleich auch mit der **Lohnabrechnung für Dezember zusammenfassen** und beides in einem Arbeitsgang durchrechnen. Dieses Verfahren wird in der Praxis häufig von Firmen mit maschineller Lohnabrechnung durchgeführt.

Führt der Arbeitgeber den Lohnsteuer-Jahresausgleich nicht gesondert durch, sondern fasst er den Lohnsteuer-Jahresausgleich mit der Lohnabrechnung für Dezember zusammen (was nach R 42b Abs. 3 LStR zulässig ist), erfolgt hierdurch automatisch eine Nachholung von Lohnsteuer, die während des Jahres zu wenig einbehalten wurde, und zwar unabhängig davon, ob der Lohnsteuerabzug während des Jahres zutreffend vorgenommen wurde oder falsch war.

Zu den Aufzeichnungs- und Bescheinigungspflichten vgl. nachfolgende Nr. 15.

9. Versorgungsfreibetrag und Zuschlag zum Versorgungsfreibetrag beim Jahresausgleich durch den Arbeitgeber

Erhält ein Arbeitnehmer von seinem (früheren) Arbeitgeber **steuerbegünstigte** Versorgungsbezüge (z. B. eine Betriebsrente), steht ihm ein Versorgungsfreibetrag und ein Zuschlag zum Versorgungsfreibetrag zu (vgl. „Versorgungsbezüge, Versorgungsfreibetrag"). Beide Freibeträge sind nicht nur beim laufenden Lohnsteuerabzug, sondern auch beim Lohnsteuer-Jahresausgleich durch den Arbeitgeber zu berücksichtigen.

Die Höhe des Versorgungsfreibetrags und des Zuschlags zum Versorgungsfreibetrag richten sich nach dem **Jahr des Versorgungsbeginns.** Für das Kalenderjahr 2021 gelten deshalb unterschiedliche Beträge je nachdem, seit wann dem Arbeitnehmer die Versorgungsbezüge gewährt werden:

Jahr des Versorgungsbeginns	Versorgungsfreibetrag			Zuschlag zum Versorgungsfreibetrag	
	in % der Versorgungsbezüge	Höchstbetrag			
		jährlich	monatlich	jährlich	monatlich
2005 oder früher	**40 %**	**3000 €**	**250 €**	**900 €**	**75 €**
2006	**38,4 %**	**2880 €**	**240 €**	**864 €**	**72 €**
2007	**36,8 %**	**2760 €**	**230 €**	**828 €**	**69 €**
2008	**35,2 %**	**2640 €**	**220 €**	**792 €**	**66 €**
2009	**33,6 %**	**2520 €**	**210 €**	**756 €**	**63 €**
2010	**32,0 %**	**2400 €**	**200 €**	**720 €**	**60 €**
2011	**30,4 %**	**2280 €**	**190 €**	**684 €**	**57 €**
2012	**28,8 %**	**2160 €**	**180 €**	**648 €**	**54 €**
2013	**27,2 %**	**2040 €**	**170 €**	**612 €**	**51 €**
2014	**25,6 %**	**1920 €**	**160 €**	**576 €**	**48 €**
2015	**24,0 %**	**1800 €**	**150 €**	**540 €**	**45 €**
2016	**22,4 %**	**1680 €**	**140 €**	**504 €**	**42 €**
2017	**20,8 %**	**1560 €**	**130 €**	**468 €**	**39 €**
2018	**19,2 %**	**1440 €**	**120 €**	**432 €**	**36 €**
2019	**17,6 %**	**1320 €**	**110 €**	**396 €**	**33 €**
2020	**16,0 %**	**1200 €**	**100 €**	**360 €**	**30 €**
2021	**15,2 %**	**1140 €**	**95 €**	**342 €**	**29 €**[1]

Die vollen Jahresbeträge stehen dem Arbeitnehmer nur dann zu, wenn ihm in allen Monaten des Kalenderjahres 2021 steuerbegünstigte Versorgungsbezüge zugeflossen sind. Denn nach § 19 Abs. 2 Satz 12 EStG ermäßigen sich die Jahresbeträge für jeden vollen Kalendermonat, für den keine Versorgungsbezüge gezahlt werden, um ein Zwölftel. Werden Versorgungsbezüge laufend gezahlt, ist der Versorgungsfreibetrag und der Zuschlag zum Versorgungsfreibetrag nur mit dem auf den Lohnzahlungszeitraum entfallenden anteiligen Jahresbetrag zu berücksichtigen. Bei monatlicher Lohnzahlung sind also die ggf. zeitanteilig ermäßigten Jahresbeträge mit einem **Zwölftel** anzusetzen (vgl. das Stichwort „Versorgungsbezüge, Versorgungsfreibetrag" unter Nr. 4). Dadurch können die Jahreshöchstbeträge beim laufenden Lohnsteuerabzug während des Kalenderjahres unter Umständen nicht voll ausgeschöpft werden. Sowohl der Versorgungsfreibetrag als auch der Zuschlag zum Versorgungsfreibetrag sind deshalb im Rahmen des Lohnsteuer-Jahresausgleichs bei der Berechnung des maßgebenden Jahresarbeitslohns besonders zu ermitteln.

Beispiel

Ein Arbeitnehmer erhält von Januar bis Juni 2021 Versorgungsbezüge in Höhe von 300 € monatlich. Von Juli bis Dezember 2021 erhält er Versorgungsbezüge in Höhe von 700 € monatlich. Versorgungsbeginn ist der 1. 1. 2021. Bei der Besteuerung der Versorgungsbezüge hat der Arbeitgeber in den Monaten Januar bis Juni 2021 einen Versorgungsfreibetrag in Höhe von (15,2 % von 300 € =) 46 € × 6 = 276 € und einen Zuschlag zum Versorgungsfreibetrag in Höhe von (29 € × 6 =) 174 € steuerfrei gelassen. Bei der Besteuerung der Versorgungsbezüge von Juli bis Dezember 2021 hat der Arbeitgeber einen Versorgungsfreibetrag in Höhe von (95 € × 6 =) 570 € und einen Zuschlag zum Versorgungsfreibetrag in Höhe von (29 € × 6 =) 174 € steuerfrei abgezogen. Bei der Durchführung des Lohnsteuer-Jahresausgleichs durch den Arbeitgeber sind sowohl der Versorgungsfreibetrag als auch der Zuschlag zum Versorgungsfreibetrag gesondert zu ermitteln, und zwar wie folgt:

Versorgungsbezüge Januar bis Juni (300 € × 6 =)	1 800,– €
Versorgungsbezüge Juli bis Dezember (700 € × 6 =)	4 200,– €
insgesamt	6 000,– €
abzüglich Versorgungsfreibetrag:[2]	
15,2 % von 6000 € = 912 € (der Höchstbetrag von 95 € × 12 = 1140 € ist nicht erreicht)	912,– €
verbleiben	5 088,– €
abzüglich Zuschlag zum Versorgungsfreibetrag	342,– €
für den Lohnsteuer-Jahresausgleich durch den Arbeitgeber maßgebender Jahresarbeitslohn 2021	4 746,– €

10. Altersentlastungsbetrag beim Jahresausgleich durch den Arbeitgeber

Einen Altersentlastungsbetrag erhalten Arbeitnehmer, die vor Beginn des Kalenderjahres das 64. Lebensjahr vollendet haben (§ 24a EStG). Für das Kalenderjahr 2021 erhalten somit alle Arbeitnehmer einen Altersentlastungsbetrag, die vor dem 2.1.1957 geboren sind.

Der Altersentlastungsbetrag errechnet sich mit einem bestimmten Prozentsatz des Arbeitslohns, soweit es sich nicht um steuerbegünstigte Versorgungsbezüge handelt. Für steuerbegünstigte Versorgungsbezüge wird also kein Altersentlastungsbetrag gewährt (vgl. vorstehend unter Nr. 9). Außerdem ist der Altersentlastungsbetrag auf einen Höchstbetrag im Kalenderjahr begrenzt. Sowohl der Prozentsatz als auch der Höchstbetrag werden seit dem Kalenderjahr 2005 stufenweise abgebaut (vgl. die Erläuterungen beim Stichwort „Altersentlastungsbetrag" besonders unter Nr. 8). Die Höhe des Altersentlastungsbetrags ist deshalb je nachdem, welches Kalenderjahr auf die Vollendung des 64. Lebensjahres folgt, unterschiedlich hoch, das heißt für das Kalenderjahr 2021 gelten folgende unterschiedlichen Altersentlastungsbeträge:

1) Auf volle Euro gerundet.
2) Die zutreffende Bemessungsgrundlage für die Berechnung des Versorgungsfreibetrags soll 6000 € betragen.

L

Lohn-steuer-pflichtig	Sozial-versich.-pflichtig

Arbeitnehmer, die das 64. Lebensjahr vollendet haben	Altersentlastungsbetrag		
	Prozent-satz	Höchstbetrag	
		jährlich	monatlich
vor dem 1.1.2005 (Geburtsdatum: vor dem 2.1.1941)	**40 %**	**1 900 €**	**159 €**
vor dem 1.1.2006, aber nach dem 31.12.2004 (Geburtsdatum: 2.1.1941 bis 1.1.1942)	**38,4 %**	**1 824 €**	**152 €**
vor dem 1.1.2007, aber nach dem 31.12.2005 (Geburtsdatum: 2.1.1942 bis 1.1.1943)	**36,8 %**	**1 748 €**	**146 €**
vor dem 1.1.2008, aber nach dem 31.12.2006 (Geburtsdatum: 2.1.1943 bis 1.1.1944)	**35,2 %**	**1 672 €**	**140 €**
vor dem 1.1.2009, aber nach dem 31.12.2007 (Geburtsdatum: 2.1.1944 bis 1.1.1945)	**33,6 %**	**1 596 €**	**133 €**
vor dem 1.1.2010, aber nach dem 31.12.2008 (Geburtsdatum: 2.1.1945 bis 1.1.1946)	**32,0 %**	**1 520 €**	**127 €**
vor dem 1.1.2011, aber nach dem 31.12.2009 (Geburtsdatum: 2.1.1946 bis 1.1.1947)	**30,4 %**	**1 444 €**	**121 €**
vor dem 1.1.2012, aber nach dem 31.12.2010 (Geburtsdatum: 2.1.1947 bis 1.1.1948)	**28,8 %**	**1 368 €**	**114 €**
vor dem 1.1.2013, aber nach dem 31.12.2011 (Geburtsdatum: 2.1.1948 bis 1.1.1949)	**27,2 %**	**1 292 €**	**108 €**
vor dem 1.1.2014, aber nach dem 31.12.2012 (Geburtsdatum: 2.1.1949 bis 1.1.1950)	**25,6 %**	**1 216 €**	**102 €**
vor dem 1.1.2015, aber nach dem 31.12.2013 (Geburtsdatum: 2.1.1950 bis 1.1.1951)	**24,0 %**	**1 140 €**	**95 €**

L

Lohn-steuer-pflichtig	Sozial-versich.-pflichtig

Arbeitnehmer, die das 64. Lebensjahr vollendet haben	Altersentlastungsbetrag		
	Prozent-satz	Höchstbetrag	
		jährlich	monatlich
vor dem 1.1.2016, aber nach dem 31.12.2014 (Geburtsdatum: 2.1.1951 bis 1.1.1952)	**22,4 %**	**1 064 €**	**89 €**
vor dem 1.1.2017, aber nach dem 31.12.2015 (Geburtsdatum: 2.1.1952 bis 1.1.1953)	**20,8 %**	**988 €**	**83 €**
vor dem 1.1.2018, aber nach dem 31.12.2016 (Geburtsdatum: 2.1.1953 bis 1.1.1954)	**19,2 %**	**912 €**	**76 €**
vor dem 1.1.2019, aber nach dem 31.12.2017 (Geburtsdatum: 2.1.1954 bis 1.1.1955)	**17,6 %**	**836 €**	**70 €**
vor dem 1.1.2020, aber nach dem 31.12.2018 (Geburtsdatum: 2.1.1955 bis 1.1.1956)	**16,0 %**	**760 €**	**64 €**
vor dem 1.1.2021, aber nach dem 31.12.2019 (Geburtsdatum: 2.1.1956 bis 1.1.1957)	**15,2 %**	**722 €**	**61 €**[1]

Bei den vorstehenden jährlichen Höchstbeträgen handelt es sich um Jahresbeträge, die dem Arbeitnehmer im Jahresausgleichsverfahren ohne Rücksicht darauf zustehen, auf welchen Zeitraum des Kalenderjahres sich der begünstigte Arbeitslohn bezieht. Da der Arbeitgeber bei der Besteuerung des laufenden Arbeitslohns nur den zeitanteiligen Monatsbetrag steuerfrei belassen darf, wird der Jahreshöchstbetrag unter Umständen nicht voll ausgeschöpft. Der zu berücksichtigende steuerfreie Jahresbetrag ist deshalb im Rahmen des Lohnsteuer-Jahresausgleichs besonders zu ermitteln.

Beispiel

Der Arbeitnehmer (geboren am 26. 6. 1956) hat von Januar bis Juni 2021 Arbeitslohn in Höhe von 3000 € monatlich bezogen. Mit Vollendung seines 65. Lebensjahres tritt er in den Ruhestand und erhält ab 1. Juli 2021 eine Betriebsrente in Höhe von 1200 € monatlich. Bei der Besteuerung des Arbeitslohns für Januar bis Juni hat der Arbeitgeber einen Altersentlastungsbetrag in Höhe von (6 × 61 € =) **366 €** und bei der Besteuerung der Versorgungsbezüge für die Monate Juli bis Dezember einen Versorgungsfreibetrag in Höhe von (6 × 95 € =) **570 €** sowie einen Zuschlag zum Versorgungsfreibetrag in Höhe von (6 × 29 € =) **174 €** steuerfrei gelassen.

Bei der Ermittlung des maßgebenden Arbeitslohns für den Lohnsteuer-Jahresausgleich ist von folgenden Beträgen auszugehen:

Arbeitslohn Januar bis Juni (6 × 3000 €)	18 000,– €
davon sind 15,2 %, höchstens 722 € als Altersentlastungsbetrag steuerfrei	722,– €

1) Auf volle Euro gerundet.

Lohn- steuer- pflichtig | Sozial- versich.- pflichtig

verbleiben	17 278,– €
Versorgungsbezüge Juli bis Dezember (6 × 1200 €)	7 200,– €
insgesamt	24 478,– €
abzüglich Versorgungsfreibetrag: Der Versorgungsfreibetrag beträgt 15,2 % der Versorgungsbezüge, höchstens jedoch (6/12 von 1140 € =) 570 €, da die Versorgungsbezüge nur vom 1. Juli bis 31. Dezember 2021 zugeflossen sind (§ 19 Abs. 2 Satz 12 EStG). Versorgungsfreibetrag: 15,2 % von 14 400 € = 2189 €, höchstens 1140 € × 6/12 = 570 €	570,– €
verbleiben	23 908,– €
abzüglich Zuschlag zum Versorgungsfreibetrag (6/12 von 342 € =) 171 €	171,– €
maßgebender Jahresarbeitslohn für den Lohnsteuer-Jahresausgleich 2021	23 737,– €

11. Lohnsteuer-Jahresausgleich für beschränkt steuerpflichtige Arbeitnehmer

Seit 1996 werden beschränkt steuerpflichtige Arbeitnehmer, die nahezu ihre gesamten Einkünfte in Deutschland erzielen, einem unbeschränkt steuerpflichtigen Arbeitnehmer gleichgestellt. Gleichwohl waren beschränkt steuerpflichtige Arbeitnehmer von der Durchführung des Lohnsteuer-Jahresausgleichs durch den Arbeitgeber bis einschließlich 2019 ausgeschlossen, da der Gesetzeswortlaut auf die unbeschränkte Steuerpflicht des Arbeitnehmers abstellte; daher war u.E. allerdings schon vor 2020 ein Lohnsteuer-Jahresausgleich durch den Arbeitgeber möglich, wenn der beschränkt steuerpflichtige Arbeitnehmer einem unbeschränkt steuerpflichtigen Arbeitnehmer gleichzustellen war (Fall des § 1 Abs. 3 EStG) und das gesamte Kalenderjahr ein durchgängiges Dienstverhältnis zu demselben Arbeitgeber bestanden hat.

Durch das sog. Jahressteuergesetz 2019 ist für die Durchführung des Lohnsteuer-Jahresausgleichs durch den Arbeitgeber das Tatbestandsmerkmal „unbeschränkte Steuerpflicht" gestrichen worden, und zwar aus folgenden Gründen: Durch die grundsätzlich gegebene Einbeziehung der beschränkt steuerpflichtigen Arbeitnehmer in das ELStAM-Verfahren entfällt für den Arbeitgeber die bisher anhand der Lohnsteuerabzugsbescheinigung mögliche Unterscheidung, ob der Arbeitnehmer beschränkt oder unbeschränkt steuerpflichtig ist. Aus Gründen des Datenschutzes ist nämlich kein Lohnsteuerabzugsmerkmal „Ausschluss vom Lohnsteuer-Jahresausgleich" oder „beschränkte Steuerpflicht" vorgesehen.

Aufgrund der vorstehenden Erwägungen und der Tatsache, dass auch bei **beschränkt steuerpflichtigen Arbeitnehmern** die Jahreslohnsteuer vom Jahresarbeitslohn zu ermitteln ist, sind sie in die Regelungen für den betrieblichen Lohnsteuer-Jahresausgleich durch den Arbeitgeber **einbezogen** worden, wenn der beschränkt steuerpflichtige Arbeitnehmer das **gesamte Kalenderjahr bei demselben Arbeitgeber beschäftigt** ist.

Beispiel

Der beschränkt einkommensteuerpflichtige Arbeitnehmer A (Fall des § 1 Abs. 4 EStG) ist das gesamte Kalenderjahr 2021 beim Arbeitgeber B beschäftigt.

Arbeitgeber B ist berechtigt, auch für den Arbeitnehmer A den betrieblichen Lohnsteuer-Jahresausgleich 2021 durchzuführen.

12. Entnahme des Erstattungsbetrags aus dem Lohnsteueraufkommen

Die sich bei Durchführung des Lohnsteuer-Jahresausgleichs ergebende Differenz zwischen der einbehaltenen Lohnsteuer und der Jahreslohnsteuer ist dem Arbeitnehmer zu erstatten. Die zu erstattende Lohnsteuer ist bei der Lohnabrechnung der Lohnsteuer zu entnehmen, die der Arbeitgeber für den Lohnzahlungszeitraum insgesamt einbehalten oder übernommen hat. Übersteigt die zu erstattende Lohnsteuer die einbehaltene Lohnsteuer, wird der Fehlbetrag auf Antrag des Arbeitgebers vom Betriebsstättenfinanzamt erstattet. Der Antrag auf Erstattung des Fehlbetrags erfolgt durch entsprechende Angaben in der Lohnsteuer-Anmeldung (der in die Lohnsteuer-Anmeldung einzutragende Betrag ist mit einem **deutlichen Minuszeichen** kenntlich zu machen). Die Eintragung eines Rotbetrags ist nicht zulässig. Gleiches gilt für den Solidaritätszuschlag. Der Arbeitgeber kann den zu viel einbehaltenen Solidaritätszuschlag auch dann erstatten, wenn sich beim Ausgleich der Lohnsteuer keine Erstattung ergibt (vgl. zum Ausgleich des Solidaritätszuschlags auch nachfolgende Nr. 13). Zum Kirchensteuer-Jahresausgleich vgl. nachfolgende Nr. 14.

13. Ausgleich des Solidaritätszuschlags durch den Arbeitgeber

Aufgrund der sehr deutlichen Anhebung der sog. Nullzone ist ab Januar 2021 in sehr viel weniger Fällen als bisher beim individuellen Lohnsteuerabzug ein Solidaritätszuschlag zu erheben (vgl. das Stichwort „Solidaritätszuschlag"). Zur Behandlung eines etwaig erhobenen Solidaritätszuschlages beim Lohnsteuer-Jahresausgleich gilt folgender Grundsatz:

Führt der Arbeitgeber für den Arbeitnehmer einen Lohnsteuer-Jahresausgleich durch, muss er auch für den Solidaritätszuschlag einen Jahresausgleich vornehmen. Der Solidaritätszuschlag kann dabei nicht ohne Weiteres mit 5,5 % der Jahreslohnsteuer errechnet werden, weil der **Nullbereich** und der sog. **Übergangsbereich** zu beachten sind. Außerdem sind die Kinderfreibeträge und der Freibetrag für Betreuungs- und Erziehungs- oder Ausbildungsbedarf bei der Berechnung der Bemessungsgrundlage für den Solidaritätszuschlag zu berücksichtigen (vgl. hierzu auch die Erläuterungen unter der nachfolgenden Nr. 14). Übersteigt die Summe der in den einzelnen Lohnzahlungszeiträumen einbehaltenen Solidaritätszuschläge den im Jahresausgleich errechneten Solidaritätszuschlag, ist der Unterschiedsbetrag dem Arbeitnehmer vom Arbeitgeber zu erstatten. Übersteigt dagegen der im Jahresausgleich errechnete Solidaritätszuschlag die Summe der einbehaltenen Solidaritätszuschlagsbeträge, hat der Arbeitgeber den Unterschiedsbetrag grundsätzlich **nicht** nachzufordern. Eine Nachforderung des Solidaritätszuschlags wird ausschließlich vom Finanzamt im Rahmen einer Veranlagung des Arbeitnehmers zur Einkommensteuer durchgeführt. Eine Ausnahme von diesem Grundsatz gilt nur, wenn der Arbeitgeber den Solidaritätszuschlag im Laufe des Jahres falsch berechnet hat. In diesem Fall muss der Arbeitgeber den Solidaritätszuschlag berichtigen und den zu wenig einbehaltenen Solidaritätszuschlag nachträglich einbehalten.

Ergibt sich beim Solidaritätszuschlag eine Erstattung, bei der Lohnsteuer dagegen eine Nachforderung, erfolgt keine Verrechnung. Der Solidaritätszuschlag kann in diesen Fällen also auch dann erstattet werden, wenn sich beim Lohnsteuer-Jahresausgleich **keine** Lohnsteuererstattung ergibt. Es gelten hier die gleichen Grundsätze wie beim Ausgleich der Kirchensteuer (vgl. die Erläuterungen unter der folgenden Nr. 14).

Führt der Arbeitgeber den Lohnsteuer-Jahresausgleich nicht gesondert durch, sondern fasst er den Lohnsteuer-Jahresausgleich mit der Lohnabrechnung für Dezember zusammen (was nach R 42b Abs. 3 LStR zulässig ist), erfolgt hierdurch automatisch eine Nachholung von Lohnsteuer, die während des Jahres zu wenig einbehalten wurde. Gleiches gilt für den Solidaritätszuschlag (vgl. vorstehende Nr. 8).

14. Kirchensteuer-Jahresausgleich

Wird für den Arbeitnehmer ein Lohnsteuer-Jahresausgleich durchgeführt, ist stets auch die Kirchensteuer auszugleichen.

Bei der Berechnung der Bemessungsgrundlage für die Kirchensteuer wird der Kinderfreibetrag und der Frei-

L

Lohn-steuer-pflichtig	Sozial-versich.-pflichtig

betrag für Betreuungs- und Erziehungs- oder Ausbildungsbedarf berücksichtigt.

Allerdings werden die Kinderfreibeträge und der Freibetrag für Betreuungs- und Erziehungs- oder Ausbildungsbedarf nicht von der Lohnsteuer abgezogen, sondern bei der Berechnung der für die Kirchensteuer maßgebenden Bemessungsgrundlage vom zu versteuernden Einkommen gekürzt. Wie dies geschieht, ist beim Stichwort „Kirchensteuer" unter Nr. 2 auf Seite 613 anhand von Beispielen erläutert.

Der Kirchensteuersatz beträgt in den einzelnen Bundesländern 8 % oder 9 % der Bemessungsgrundlage. Maßgebend ist der **Kirchensteuersatz,** der **am Ort der lohnsteuerlichen Betriebsstätte** des Arbeitgebers gilt.

Ein Fehlbetrag ist grundsätzlich nicht nachzufordern, wenn die beim laufenden Steuerabzug während des Jahres einbehaltene Kirchensteuer geringer ist als die Jahreskirchensteuer, die sich bei Anwendung der Jahrestabelle ergibt (zur Zusammenfassung des Lohnsteuer-Jahresausgleichs mit der Dezember-Abrechnung vgl. vorstehende Nr. 8). Hat der Arbeitgeber allerdings die Kirchensteuer im Laufe des Jahres falsch berechnet, z. B. weil er bei sonstigen Bezügen nicht 8 % oder 9 % der auf den sonstigen Bezug entfallenden Lohnsteuer angesetzt, sondern die Kirchensteuer nach der Jahrestabelle ermittelt und die Differenz gebildet hat (vgl. das Stichwort „Kirchensteuer" unter Nr. 9 auf Seite 616), muss der Arbeitgeber den Kirchensteuerabzug berichtigen und die zu wenig einbehaltene Kirchensteuer nachträglich einbehalten.

L

Übersteigt dagegen die während des Jahres einbehaltene Kirchensteuer den sich nach der Jahrestabelle ergebenden Betrag, ist dem Arbeitnehmer die Differenz zu erstatten. Der Arbeitgeber kann die Kirchensteuer auch dann erstatten, wenn sich bei dem vom Arbeitgeber durchgeführten Lohnsteuer-Jahresausgleich **keine** Lohnsteuererstattung ergibt.

Ist ein Arbeitnehmer im Laufe des Kalenderjahres aus der Kirchensteuerpflicht ausgeschieden und ist dies bei den Lohnsteuerabzugsmerkmalen des Arbeitnehmers berücksichtigt worden, ist zunächst der Teil des auszugleichenden Lohnsteuerbetrags festzustellen, der auf den Zeitraum entfällt, in dem der Arbeitnehmer dem Kirchensteuerabzug unterlegen hat. Die auszugleichende Kirchensteuer ist nur aus diesem Teil der Lohnsteuer zu berechnen (sog. Zwölftelung).[1)]

Beispiel

Ein Arbeitnehmer in Bayern mit der Steuerklasse I ist nach den Lohnsteuerabzugsmerkmalen mit Wirkung vom 1. 10. aus der katholischen Kirche ausgetreten. Die im Jahresausgleich auszugleichende Lohnsteuer beträgt 80 €. Davon entfallen auf die Zeit vom 1. 1. bis 30. 9. ¾ von 80 € = 60 €. Die auszugleichende Kirchensteuer beträgt 8 % von 60 € = 4,80 €.

15. Aufzeichnungs- und Bescheinigungspflichten beim Jahresausgleich durch den Arbeitgeber

Die beim Lohnsteuer-Jahresausgleich durch den Arbeitgeber erstattete Lohn- und Kirchensteuer sowie der Solidaritätszuschlag sind **im Lohnkonto gesondert einzutragen** (obwohl sie auf der elektronischen Lohnsteuerbescheinigung nicht mehr gesondert bescheinigt werden; § 42b Abs. 4 EStG). Denn in Zeile 4 der elektronischen Lohnsteuerbescheinigung hat der Arbeitgeber den Betrag als einbehaltene Lohnsteuer einzutragen, der **nach Verrechnung** mit der im Jahresausgleich erstatteten Lohnsteuer als Jahreslohnsteuer **verbleibt.** Gleiches gilt für den Solidaritätszuschlag (Zeile 5 der Lohnsteuerbescheinigung) und die Kirchensteuer (Zeilen 6 und 7 der Lohnsteuerbescheinigung).

Lohnsteuerkarte

Die Ausstellung einer Lohnsteuerkarte erfolgte letztmalig für das Kalenderjahr 2010. Die Lohnsteuerkarte 2010 sowie die später ausgestellten Ersatzbescheinigungen galten übergangsweise bis einschließlich 2013 weiter.

Heute sind für den individuellen Lohnsteuerabzug die **elektronischen Lohnsteuerabzugsmerkmale (ELStAM;** vgl. dieses Stichwort) bzw. die sich aus der Lohnsteuerabzugsbescheinigung (vgl. dieses Stichwort) ergebenden Steuermerkmale des Arbeitnehmers maßgebend.

Lohnsteuer-Nachschau

Gliederung:

1. Allgemeines
2. Durchführung der Lohnsteuer-Nachschau
3. Mitwirkungspflichten der Beteiligten
4. Recht auf Datenzugriff
5. Übergang zu einer Lohnsteuer-Außenprüfung
6. Auswertung der Feststellungen
7. Verfahrensrechtliche Besonderheiten

1. Allgemeines

In Anlehnung an das Umsatzsteuerrecht ist für die Finanzverwaltung durch das Amtshilferichtlinie-Umsetzungsgesetz vom 26.6.2013 (BGBl. I S. 1809) die Möglichkeit einer Lohnsteuer-Nachschau eingeführt worden (§ 42g EStG).

Die Lohnsteuer-Nachschau soll der Sicherstellung einer ordnungsgemäßen Einbehaltung und Abführung der Lohnsteuer, des Solidaritätszuschlags und der Kirchensteuer dienen. Sie ist ein besonderes Verfahren zur **zeitnahen Aufklärung** möglicher steuererheblicher Sachverhalte. Dabei bedeutet zeitnah, dass sich die Lohnsteuer-Nachschau auf aktuelle, nicht weit zurückliegende Anmeldungszeiträume bezieht. Steuererheblich sind Sachverhalte, die eine Lohnsteuerpflicht begründen oder zu einer Änderung der Höhe der Lohnsteuer oder der Zuschlagsteuern (Solidaritätszuschlag, Kirchensteuer) führen können. Durch § 42g EStG soll also eine hinreichende Rechtsgrundlage für eine schnelle und effektive Prüfung durch die Finanzämter geschaffen werden, die sich spontan ein zuverlässiges Bild über das Unternehmen (räumliche Verhältnisse, tatsächlich eingesetztes Personal, üblicher Geschäftsbetrieb) machen sollen.

Eine Lohnsteuer-Nachschau kommt **insbesondere in Betracht** (= beispielhafte Aufzählung):

- bei Beteiligung an Einsätzen der Finanzkontrolle Schwarzarbeit,
- zur Feststellung der Arbeitgeber- oder Arbeitnehmereigenschaft,
- zur Feststellung der Anzahl der insgesamt beschäftigten Arbeitnehmer,
- bei Aufnahme eines neuen Betriebs,
- zur Feststellung, ob der Arbeitgeber eine lohnsteuerliche Betriebsstätte unterhält,
- zur Feststellung, ob eine Person selbstständig oder als Arbeitnehmer tätig ist,
- zur Prüfung der steuerlichen Behandlung von sog. Minijobs (ausgenommen sind Beschäftigungen in Privathaushalten),

1) Bei Berücksichtigung des Kinderfreibetrags und des Freibetrags für den Betreuungs- und Erziehungs- oder Ausbildungsbedarf ist für die auszugleichende Kirchensteuer eine gesonderte Berechnung durchzuführen.

Lohn-steuer-pflichtig Sozial-versich.-pflichtig

- zur Prüfung des Abrufs und der Anwendung der elektronischen Lohnsteuerabzugsmerkmale (ELStAM) und
- zur Prüfung der Anwendung von Pauschalierungsvorschriften.

Nicht Gegenstand einer Lohnsteuer-Nachschau sind hingegen:
- Ermittlungen der individuellen steuerlichen Verhältnisse der Arbeitnehmer, soweit sie für den Lohnsteuerabzug nicht von Bedeutung sind,
- die Erfüllung der Pflichten des Arbeitgebers nach dem Fünften Vermögensbildungsgesetz und
- Beschäftigungen in Privathaushalten.

2. Durchführung der Lohnsteuer-Nachschau

Eine Lohnsteuer-Nachschau findet während der üblichen Geschäfts- und Arbeitszeiten statt. Außerhalb der Geschäftszeiten kann sie vorgenommen werden, wenn dort Arbeitnehmer anzutreffen sind. Dazu können die mit der Nachschau beauftragten Finanzbeamten **ohne vorherige Ankündigung** und **außerhalb einer Lohnsteuer-Außenprüfung** Grundstücke und Räume von Personen betreten, die eine gewerbliche oder berufliche Tätigkeit ausüben. Die Grundstücke und Räume müssen nicht im Eigentum der gewerblich oder beruflich tätigen Person stehen. Die Lohnsteuer-Nachschau kann sich auch auf gemietete oder gepachtete Grundstücke und Räume sowie auf andere Orte erstrecken, an denen steuererhebliche Sachverhalte verwirklicht werden (z. B. Baustellen). Wohnräume dürfen hingegen gegen den Willen des Inhabers nur zur Verhütung dringender Gefahren für die öffentliche Ordnung und Sicherheit betreten werden. Häusliche Arbeitszimmer oder Büros, die innerhalb einer ansonsten privat genutzten Wohnung belegen sind, dürfen aber auch dann betreten bzw. besichtigt werden, wenn sie nur durch die ausschließlich privat genutzten Wohnräume erreichbar sind.

Ein Durchsuchungsrecht gewährt die Lohnsteuer-Nachschau übrigens nicht. Das Öffnen von Schränken, Schubladen und sonstigen Behältnissen ist also unzulässig. Das bloße Betreten und Besichtigen von Geschäftsräumen, Betriebsräumen oder Grundstücken ist allerdings noch keine Durchsuchung.

Eine weitere (wiederholte) Lohnsteuer-Nachschau beim selben Arbeitgeber ist möglich.

3. Mitwirkungspflichten der Beteiligten

Die von einer Lohnsteuer-Nachschau betroffenen Arbeitgeber (das gilt auch, wenn die Arbeitgebereigenschaft streitig ist) haben auf Verlangen der Finanzverwaltung **Lohn- und Geschäftsunterlagen,** Aufzeichnungen, Bücher, Geschäftspapiere und andere Urkunden über die der Nachschau unterliegenden Sachverhalte **vorzulegen** und **Auskünfte zu erteilen,** soweit dies zur Feststellung steuerlicher Folgerungen zweckdienlich ist.

Darüber hinaus haben die **Arbeitnehmer** des Arbeitgebers jede gewünschte **Auskunft** über Art und Höhe ihrer Einnahmen zu geben und auf Verlangen der Finanzverwaltung eventuelle in ihrem Besitz befindliche **Bescheinigungen** über den Lohnsteuerabzug sowie die Belege über bereits entrichtete Lohnsteuer vorzulegen. Dies gilt auch für Personen, bei denen es streitig ist, ob sie Arbeitnehmer des Arbeitgebers sind oder waren. Die Auskunftspflicht betrifft alle Fragen, die für die Beurteilung von Bedeutung sind, ob und in welcher Höhe eine Pflicht zum Lohnsteuerabzug und zum Einbehalt von Zuschlagsteuern (Solidaritätszuschlag, Kirchensteuer) besteht.

4. Recht auf Datenzugriff

Die Finanzverwaltung darf während einer Lohnsteuer-Nachschau nur dann auf **elektronische Daten zugreifen,** wenn der Arbeitgeber zustimmt. Stimmt der Arbeitgeber nicht zu, kann sie verlangen, dass die erforderlichen Unterlagen in Papierform vorgelegt werden. Sofern sie nur in elektronischer Form vorliegen, kann die Finanzverwaltung verlangen, dass die Unterlagen unverzüglich ausgedruckt werden.

Seit dem 1.1.2018 hat der Arbeitgeber die im Lohnkonto aufgezeichneten Daten der Finanzverwaltung nach einer **amtlich vorgeschriebenen digitalen Schnittstelle** elektronisch bereitzustellen; dies gilt auch im Rahmen einer Lohnsteuer-Nachschau. Der frühere Empfehlungscharakter für die Anwendung einer solchen Schnittstelle ist also seit 2018 verpflichtend (§ 4 Abs. 2a i. V. m. § 8 Abs. 3 LStDV[1)]). Auf Antrag des Arbeitgebers kann das Betriebsstättenfinanzamt zur Vermeidung unbilliger Härten zulassen, dass der Arbeitgeber die Daten in anderer auswertbarer Form bereitstellt. **Die jeweils aktuelle Version der „Digitalen LohnSchnittstelle“ mit weitergehenden Informationen steht auf der Internetseite des Bundeszentralamtes für Steuern unter www.bzst.bund.de zum Download bereit.** Vgl. zur digitalen LohnSchnittstelle im Einzelnen auch die Erläuterungen beim Stichwort „Lohnsteuer-Außenprüfung“ unter Nr. 3.

5. Übergang zu einer Lohnsteuer-Außenprüfung

Sofern die bei der Lohnsteuer-Nachschau getroffenen Feststellungen hierzu Anlass geben (z. B. weil erhebliche Fehler beim Lohnsteuerabzug festgestellt werden), kann ohne vorherige Prüfungsanordnung zu einer Lohnsteuer-Außenprüfung (vgl. dieses Stichwort) übergegangen werden. Auf diesen Übergang zur Lohnsteuer-Außenprüfung wird der Arbeitgeber schriftlich hingewiesen. Dabei sind insbesondere Prüfungszeitraum und Prüfungsumfang festzulegen. Der Beginn der Lohnsteuer-Außenprüfung nach erfolgter Lohnsteuer-Nachschau ist besonders wegen der Ablaufhemmung bei der Festsetzungsfrist unter Angabe von Datum und Uhrzeit aktenkundig zu machen. Ein Übergang zur Lohnsteuer-Außenprüfung kommt insbesondere in Betracht, wenn:
- bei der Lohnsteuer-Nachschau **erhebliche Fehler** beim Lohnsteuerabzug festgestellt werden,
- der für die Besteuerung maßgebliche Sachverhalt im Rahmen der Nachschau nicht abschließend geprüft werden kann und **weitere Ermittlungen** erforderlich sind,
- der Arbeitgeber seinen **Mitwirkungspflichten** im Rahmen der Lohnsteuer-Nachschau **nicht nachkommt** oder
- die Ermittlung von Sachverhalten aufgrund des **fehlenden Datenzugriffs** nicht oder nur erschwert möglich ist.

6. Auswertung der Feststellungen

Der Arbeitgeber kann aufgrund der im Rahmen der Lohnsteuer-Nachschau gewonnenen Erkenntnisse durch Lohnsteuer-**Nachforderungsbescheid** oder Lohnsteuer-**Haftungsbescheid** in Anspruch genommen werden. Auch gegenüber dem Arbeitnehmer ist ein Lohnsteuer-Nachforderungsbescheid oder die Berücksichtigung der Ergebnisse bei der **Veranlagung zur Einkommensteuer** möglich.

Werden anlässlich einer Lohnsteuer-Nachschau Verhältnisse festgestellt, die für die Festsetzung und Erhebung anderer Steuern erheblich sein können, ist die Auswertung dieser Feststellung insoweit zulässig, als ihre Kenntnis für die Besteuerung des Arbeitgebers oder anderer Personen von Bedeutung sein kann.

1) Die Lohnsteuer-Durchführungsverordnung (LStDV) ist als Anhang 1 im **Steuerhandbuch für das Lohnbüro 2021** abgedruckt, das im selben Verlag erschienen ist.

L

7. Verfahrensrechtliche Besonderheiten

Zu beachten ist, dass zwischen einer Lohnsteuer-Außenprüfung und einer Lohnsteuer-Nachschau erhebliche **verfahrensrechtliche Unterschiede** bestehen. Hierzu im Einzelnen Folgendes:

- Der Beginn einer Lohnsteuer-Nachschau hemmt nicht den Ablauf der Festsetzungsfrist (vgl. zur Lohnsteuer-Außenprüfung das Stichwort „Verjährung" unter Nr. 7);
- der bei den Lohnsteuer-Anmeldungen bestehende Vorbehalt der Nachprüfung muss nach einer Lohnsteuer-Nachschau nicht aufgehoben werden (vgl. zur Lohnsteuer-Außenprüfung das Stichwort „Verjährung" unter Nr. 4);
- im Anschluss an eine Lohnsteuer-Nachschau ist eine verbindliche Zusage nicht möglich (vgl. zur verbindlichen Zusage das Stichwort „Auskunft" unter Nr. 5);
- die sog. Änderungssperre (= Steuerbescheide aufgrund Außenprüfung können nur bei Steuerhinterziehung oder leichtfertiger Steuerverkürzung geändert werden; vgl. § 173 Abs. 2 AO) findet bei einer Lohnsteuer-Nachschau keine Anwendung.

Eine **strafbefreiende Selbstanzeige** ist in der Zeit **nicht möglich,** in der ein Amtsträger der Finanzbehörde zur Lohnsteuer-Nachschau erschienen ist. Führt die Nachschau zu keinen Ergebnissen, entfällt der Sperrgrund, sobald die Nachschau beendet ist (z. B. Verlassen des Ladenlokals oder der Geschäftsräume). Sofern die Nachschau jedoch zu Erkenntnissen oder Ergebnissen führt, die Anlass für weitere Maßnahmen bieten, greift im Regelfall ein anderer Sperrgrund für eine strafbefreiende Selbstanzeige (z. B. bei Übergang zur Lohnsteuer-Außenprüfung).

L

Vgl. auch das Stichwort „Lohnsteuer-Außenprüfung".

Lohnsteuerpauschalierung

siehe „Pauschalierung der Lohnsteuer"

Lohnsteuer-Richtlinien

Neben Gesetzen und Verordnungen, die die Pflichten des Arbeitgebers beim Steuerabzug vom Arbeitslohn regeln, werden zur Klärung von Zweifels- und Auslegungsfragen bei der Anwendung der gesetzlichen Vorschriften sowie zur Sicherstellung einer möglichst gleichmäßigen Besteuerung aller Arbeitnehmer und eines möglichst einfachen Vollzugs des Lohnsteuerrechts von der Bundesregierung mit Zustimmung des Bundesrats die amtlichen Lohnsteuer-Richtlinien erlassen. **Seit 1.1.2015 gelten die Lohnsteuer-Richtlinien 2015** (LStR 2015) in der Fassung der Lohnsteuer-Änderungsrichtlinien 2015 (LStÄR 2015) vom 22.10.2014 (BStBl. I S. 1344)[1].

Die Lohnsteuer-Richtlinien gliedern sich in die eigentlichen Richtlinien einerseits, das heißt die Verwaltungsanweisungen, die mit Zustimmung des Bundesrats erlassen werden, und die sog. **Hinweise** zu den Richtlinien andererseits. In den Hinweisen kann wiederum auf Verwaltungserlasse verwiesen werden, die im Bundessteuerblatt (Teil I) veröffentlicht worden sind. Diese Verwaltungserlasse können dann ohne Zustimmung des Bundesrats geändert werden (z. B. die Übernachtungs- und Verpflegungspauschalen bei Auswärtstätigkeiten im Ausland oder die Pauschbeträge für Umzugskosten). Dies ist mit ein Grund dafür, dass die Lohnsteuer-Richtlinien im Regelfall nur alle paar Jahre geändert werden, wohingegen die amtlichen Hinweise zu den Lohnsteuer-Richtlinien jährlich aktualisiert werden. Den Erläuterungen in diesem Lexikon liegen die **Lohnsteuer-Richtlinien 2015** (LStR) und die **amtlichen Lohnsteuer-Hinweise 2021** zugrunde.[1] Die amtlichen Hinweise enthalten in erster Linie die im Bundessteuerblatt (Teil II) veröffentlichte Rechtsprechung des Bundesfinanzhofs. Denn die im Bundessteuerblatt veröffentlichte höchstrichterliche Rechtsprechung ist für die Finanzverwaltung verbindlich, soweit nicht ausdrücklich ein sog. **Nichtanwendungserlass** ergangen ist oder die Rechtsprechung aufgrund von Gesetzesänderungen überholt ist. Da es häufig länger dauern kann, bis eine Veröffentlichung von Urteilen und Beschlüssen im Bundessteuerblatt Teil II erfolgt (und damit eine allgemeine Anwendung durch die Finanzämter sichergestellt ist), haben die obersten Finanzbehörden des Bundes und der Länder beschlossen, die zur Veröffentlichung im Bundessteuerblatt Teil II vorgesehenen BFH-Entscheidungen vorab auf der **Internetseite des Bundesministeriums der Finanzen zu veröffentlichen** (www.bundesfinanzministerium.de unter Service/Publikationen/BFH-Entscheidungen). Die zum Abdruck im Bundessteuerblatt Teil II bestimmten BFH-Entscheidungen sind damit bereits ab dem Zeitpunkt der Veröffentlichung auf der Internetseite des Bundesfinanzministeriums allgemein anzuwenden.

Nicht im Bundessteuerblatt veröffentlichte Entscheidungen (z. B. nur in der Zeitschrift BFH/NV veröffentlichte Urteile) können, soweit sie nicht im Widerspruch zu veröffentlichten Entscheidungen stehen, in gleich gelagerten Fällen herangezogen werden. Im Gegensatz zu den Gesetzen, Verordnungen und den im Bundessteuerblatt veröffentlichten Urteilen des Bundesfinanzhofs, binden die Verwaltungserlasse einschließlich der Lohnsteuer-Richtlinien nur die Verwaltungsbehörden (Finanzämter, Oberfinanzdirektionen, Landesämter für Steuern); die Steuergerichte sind weder an die mit Zustimmung des Bundesrats erlassenen Richtlinien noch an die im Bundessteuerblatt veröffentlichten Verwaltungserlasse gebunden. Allerdings sind Vereinfachungsregelungen und typisierende Bewertungsvorschriften auch von den Steuergerichten unter dem Gesichtspunkt der nach außen hin publizierten **Selbstbindung der Verwaltung** und im Hinblick auf das Prinzip der Gleichmäßigkeit der Besteuerung zu beachten (BFH-Urteil vom 6.11.2001, BStBl. 2002 II S. 370).

Lohnsteuertabellen

Neues auf einen Blick:

Auch für 2021 gibt es wieder neue Lohnsteuertabellen. Durch das Zweite Gesetz zur steuerlichen Entlastung von Familien sowie zur Anpassung weiterer steuerlicher Regelungen ist nämlich u. a. der **Grundfreibetrag erhöht** worden:

Grundfreibetrag	**2021**	2022
Einzelveranlagung	**9 744 €**	9 984 €
Zusammenveranlagung	**19 488 €**	19 968 €

Außerdem sind durch dieses Gesetz, zum **Abbau der sog. „kalten Progression",** die Grenzwerte des progressiven Steuertarifs in Höhe der geschätzten Inflationsrate erhöht worden. Von „kalter Progression" spricht man, wenn trotz einer Lohnerhöhung nach Abzug der Steuern und Sozialabgaben und unter Berücksichtigung der Inflation die tatsächliche Kaufkraft sinkt.

Ferner ist der **Solidaritätszuschlag** für einen Großteil der Steuerzahler abgeschafft bzw. abgeflacht worden.

Des Weiteren hat sich die in den Lohnsteuertarif eingearbeitete **Vorsorgepauschale** ab 1.1.2021 **erhöht** (vgl. hierzu die ausführlichen Erläuterungen in Anhang 8).

1) Sowohl die Lohnsteuer-Richtlinien 2015 als auch die amtlichen Lohnsteuer-Hinweise 2021 sind im **Steuerhandbuch für das Lohnbüro 2021** abgedruckt, das im selben Verlag erschienen ist.

Lohn- steuer- pflichtig | Sozial- versich.- pflichtig

Somit gelten ab 1.1.2021 sowohl völlig **neue Lohnsteuerabzugsbeträge** als auch **neue Abzugsbeträge** beim **Solidaritätszuschlag und** der **Kirchensteuer** (vgl. auch diese Stichworte). Die neuen Abzugsbeträge beim Solidaritätszuschlag und der Kirchensteuer können auch auf die Erhöhung der Kinderfreibeträge (vgl. dieses Stichwort) zurückzuführen sein. Außerdem wird auf die Erläuterungen beim Stichwort „Tarifaufbau" verwiesen.

Auf die im selben Verlag erschienenen **Rehm-Tabellen 2021** für Jahr/Monat/Tag, die auch als PC-Version erhältlich sind, wird hingewiesen.

Gliederung:

1. Allgemeines
2. Wodurch unterscheidet sich die Allgemeine Lohnsteuertabelle von der Besonderen Lohnsteuertabelle?
3. Geltungsbereich der Allgemeinen und Besonderen Lohnsteuertabelle
4. Aufzeichnungs- und Verfahrensvorschriften bei Anwendung der Lohnsteuertabelle mit der gekürzten Vorsorgepauschale

1. Allgemeines

Die Lohnsteuer ist keine eigene Steuerart, sondern nur eine besondere Erhebungsform der Einkommensteuer für die „Einkünfte aus nichtselbstständiger Arbeit" (= Arbeitslohn).

Deshalb leitet sich der Lohnsteuertarif direkt aus dem Einkommensteuertarif ab, dessen Berechnungsformel in § 32a Abs 1 EStG festgelegt ist. Um den Lohnsteuerabzug für den Arbeitgeber zu erleichtern, sind verschiedene **Steuerklassen** geschaffen worden, damit die den Arbeitnehmern zustehenden Pauschbeträge für Werbungskosten und Sonderausgaben, die Vorsorgepauschale sowie bei Alleinerziehenden der Entlastungsbetrag für das erste Kind (für 2021 mit einem Teilbetrag in Höhe von 1908 €) in den Lohnsteuertarif eingearbeitet werden können.

Die bei den einzelnen Steuerklassen eingearbeiteten Freibeträge sind beim Stichwort „Tarifaufbau" unter Nr. 7 auf Seite 917 im Einzelnen dargestellt.

Arbeitgeber mit maschineller Lohnabrechnung müssen bei der Berechnung der Lohnsteuer die Formel des Einkommensteuertarifs nach § 32a Abs. 1 EStG anwenden und ausgehend vom Arbeitslohn die Bemessungsgrundlage (also das „zu versteuernde Einkommen") für die Anwendung der Tarifformel ermitteln. Tabellensprünge wie bei einer gedruckten Lohnsteuertabelle sind hierbei nicht notwendig. Die Anwendung der **stufenlosen Tarifformel** bei einer maschinellen Berechnung der Lohnsteuer führt gegenüber dem Ablesen der Lohnsteuer aus einer gedruckten Lohnsteuertabelle zu geringfügigen Abweichungen, weil gedruckte Lohnsteuertabellen auf Tabellensprüngen von 36 € aufbauen, die der Gesetzgeber vorgegeben hat (§ 51 Abs. 4 Nr. 1a EStG). **Diese Abweichungen wurden vom Gesetzgeber bewusst in Kauf genommen.** Sowohl bei der maschinell errechneten Lohnsteuer als auch bei der aus einer gedruckten Tabelle abgelesenen Lohnsteuer handelt es sich um den zutreffenden **gesetzlich vorgeschriebenen Lohnsteuerabzug,** der am Stufenendbetrag im Normalfall übereinstimmt. Folgende Übersicht für das Kalenderjahr 2021 soll dies verdeutlichen (Steuerklasse III/0):

monatlicher Arbeitslohn	Lohnsteuer bei maschineller Lohnabrechnung	Lohnsteuer beim Ablesen aus einer gedruckten Lohnsteuertabelle
3 000,00 €	143,66 €	144,16 €
3 001,50 €	144,— €	144,16 €
3 002,99 €	144,16 €	144,16 €

Lohn- steuer- pflichtig | Sozial- versich.- pflichtig

2. Wodurch unterscheidet sich die Allgemeine Lohnsteuertabelle von der Besonderen Lohnsteuertabelle?

Der Lohnsteuerabzug durch den Arbeitgeber richtet sich nach der für den Arbeitnehmer maßgebenden Steuerklasse. Entsprechend den unterschiedlichen Steuerklassen werden die verschiedenen Pauschbeträge berücksichtigt, die dem Arbeitnehmer beim Lohnsteuerabzug zustehen. Dies gilt auch für die in den Lohnsteuertarif eingearbeitete Vorsorgepauschale.

Die Zweiteilung der Lohnsteuertabellen hat ihre Ursache in der unterschiedlichen Vorsorgepauschale für rentenversicherungspflichtige Arbeitnehmer einerseits und für nicht rentenversicherungspflichtige Arbeitnehmer andererseits (Allgemeine und Besondere Lohnsteuertabelle). Es gibt also nach wie vor

- eine **Allgemeine Lohnsteuertabelle mit der ungekürzten Vorsorgepauschale** für rentenversicherungspflichtige Arbeitnehmer[1] und
- eine **Besondere Lohnsteuertabelle mit einer gekürzten Vorsorgepauschale,** für nicht rentenversicherungspflichtige Arbeitnehmer.

Allerdings gibt es seit 1.1.2010 eine Reihe von **Mischformen** bei der Berechnung der Vorsorgepauschale, wobei jeder Sozialversicherungszweig (Renten-, Kranken- und Pflegeversicherung) gesondert geprüft werden muss. Bei der Kranken- und Pflegeversicherung wird außerdem unterschieden zwischen Arbeitnehmern, die in der gesetzlichen Krankenversicherung (GKV) pflicht- oder freiwillig versichert sind und Arbeitnehmern, die in einer privaten Krankenkasse versichert sind (PKV). Eine Mischform kann z. B. eintreten, wenn ein Arbeitnehmer zwar rentenversicherungspflichtig, aber nicht kranken- und pflegeversicherungspflichtig ist (z. B. ein Werkstudent) oder umgekehrt, wenn ein Arbeitnehmer zwar kranken- und pflegeversicherungspflichtig aber nicht rentenversicherungspflichtig ist (z. B. ein weiterbeschäftigter Altersvollrentner mit Regelaltersrente).

Die einzelnen Möglichkeiten zur Berechnung der seit 1.1.2010 geltenden Vorsorgepauschale sind anhand von Beispielen in **Anhang 8** ausführlich erläutert. Außerdem sind dort zwei Vorsorgepauschale-Tabellen abgedruckt und zwar eine Tabelle mit der ungekürzten Vorsorgepauschale für rentenversicherungspflichtige Arbeitnehmer (GKV versichert) und eine Tabelle mit der gekürzten Vorsorgepauschale für nicht rentenversicherungspflichtige Arbeitnehmer (vgl. die Nrn. 10 und 11 in Anhang 8).

Arbeitgeber mit maschineller Lohnabrechnung müssen alle seit 1.1.2010 möglichen Mischformen der Vorsorgepauschale in ihrem Rechenprogramm berücksichtigen. Dabei ist der für das betreffende Kalenderjahr vom Bundesfinanzministerium im Bundessteuerblatt Teil I veröffentlichte **Programmablaufplan** für die maschinelle Berechnung der Lohnsteuer, des Solidaritätszuschlags und der Kirchensteuer zu beachten (sog. PAP)[2].

Der Arbeitgeber kann aber auch weiterhin die im Handel angebotenen gedruckten Allgemeinen und Besonderen Lohnsteuertabellen verwenden. Auf die im selben Verlag erschienenen **Rehm-Tabellen 2021** für **Jahr, Monat, Tag** wird besonders hingewiesen.

1) Bei der Berechnung der Vorsorgepauschale werden Beiträge zur Arbeitslosenversicherung nicht berücksichtigt. Dementsprechend wird für die ungekürzte Vorsorgepauschale darauf abgestellt, ob der Arbeitnehmer rentenversicherungspflichtig ist und in der gesetzlichen Krankenversicherung (GKV) versichert ist. Dabei spielt es keine Rolle, ob der Arbeitnehmer in der GKV pflichtversichert oder freiwillig versichert ist.

2) Der für das Kalenderjahr 2021 maßgebende Programmablaufplan ist mit Datum vom 9.11.2020 im Bundessteuerblatt 2020 Teil I Seite 1068 veröffentlicht.

Lohnsteuerpflichtig Sozialversich.-pflichtig

3. Geltungsbereich der Allgemeinen und Besonderen Lohnsteuertabelle

Die beiden Lohnsteuertabellen unterscheiden sich nur durch die Vorsorgepauschale. Die Allgemeine Lohnsteuertabelle für rentenversicherungspflichtige Arbeitnehmer enthält die ungekürzte Vorsorgepauschale, die sich aus folgenden Teilbeträgen zusammensetzt und zwar

- einem Teilbetrag für die **Rentenversicherung,**
- einem Teilbetrag für die **Krankenversicherung** und
- einem Teilbetrag für die **Pflegeversicherung.**

Ein Teilbetrag für die **Arbeitslosenversicherung** ist bei der Berechnung der Vorsorgepauschale **nicht** vorgesehen.

Die Besondere Lohnsteuertabelle enthält lediglich eine **Mindestvorsorgepauschale** für die Beiträge zur Kranken- und Pflegeversicherung.

Die **Allgemeine Lohnsteuertabelle** gilt somit

- für rentenversicherungspflichtige Arbeitnehmer, die in der gesetzlichen Krankenversicherung (GKV) pflichtversichert oder freiwillig versichert sind;
- für Arbeitnehmer, die wegen der Versicherung in einer berufsständischen Versorgungseinrichtung von der gesetzlichen Rentenversicherung befreit sind (§ 6 Abs. 1 Nr. 1 SGB VI) und die in der gesetzlichen Krankenversicherung (GKV) pflichtversichert oder freiwillig versichert sind.

Die **Besondere Lohnsteuertabelle** berücksichtigt keinen Teilbetrag für die Rentenversicherung, sondern lediglich einen Teilbetrag für die Kranken- und Pflegeversicherung in Form der Mindestvorsorgepauschale. Die **Besondere Lohnsteuertabelle** gilt somit z. B.

- für Beamte, Richter, Berufssoldaten, Soldaten auf Zeit;
- für Arbeitnehmer, die nach § 5 Abs. 1 Nr. 2 und 3 SGB VI rentenversicherungsfrei sind (z. B. Beschäftigte bei Trägern der Sozialversicherung, Geistliche der als öffentlich-rechtliche Körperschaften anerkannten Religionsgemeinschaften) und die im Krankheitsfall wie Beamte abgesichert sind;
- für Vorstandsmitglieder von Aktiengesellschaften und beherrschenden Gesellschafter-Geschäftsführer einer GmbH, die nicht der gesetzlichen Rentenversicherungspflicht unterliegen und die in einer privaten Kranken- und Pflegeversicherung versichert sind;
- für Arbeitnehmer, die von ihrem Arbeitgeber nur Versorgungsbezüge im Sinne des § 19 Abs. 2 EStG erhalten (z. B. Beamtenpensionäre, Werkspensionäre);
- für andere Arbeitnehmer, die nicht in der gesetzlichen Rentenversicherung pflichtversichert sind und deshalb auch keinen Arbeitnehmerbeitrag zur gesetzlichen Rentenversicherung zu leisten haben (z. B. Schüler oder Praktikanten).

L

Weisen privat krankenversicherte Arbeitnehmer, für die die Besondere Lohnsteuertabelle anzuwenden ist, dem Arbeitgeber die vom Versicherungsunternehmen bescheinigten Basiskranken- und Pflegepflichtversicherungsbeiträge nach, sind diese nachgewiesenen Beiträge zu berücksichtigen, wenn sie höher sind als die Mindestvorsorgepauschale (vgl. die Erläuterungen in Anhang 8 Nr. 7 auf Seite 1257).

4. Aufzeichnungs- und Verfahrensvorschriften bei Anwendung der Lohnsteuertabelle mit der gekürzten Vorsorgepauschale

Bis 31.12.2009 musste der Arbeitgeber bei jeder Lohnzahlung im Lohnkonto den **Buchstaben „B"** eintragen, wenn die Lohnsteuer für den Arbeitnehmer in dem betreffenden Lohnzahlungszeitraum unter Anwendung der gekürzten Vorsorgepauschale, das heißt nach der sog. B-Lohnsteuertabelle ermittelt wurde. Die Eintragung des Buchstabens B im Lohnkonto ist seit 1.1.2010 **weggefallen,** obwohl es nach wie vor eine Besondere Lohnsteuertabelle gibt.

Auch bei der Ausschreibung der (elektronischen) Lohnsteuerbescheinigung musste der Arbeitgeber früher den Buchstaben „B" eintragen, wenn er die Lohnsteuer für irgendeinen Lohnzahlungszeitraum des Kalenderjahrs unter Anwendung der gekürzten Vorsorgepauschale ermittelt hatte. Auch dieser Eintrag ist seit 1.1.2010 weggefallen, obwohl es nach wie vor eine Besondere Lohnsteuertabelle gibt. Auf die ausführlichen Erläuterungen beim Stichwort „Lohnsteuerbescheinigung" wird Bezug genommen.

Lohnsteuertarif

siehe „Tarifaufbau"

Lohnumwandlung

siehe „Gehaltsumwandlung"

Lohnverwendungsabrede

siehe „Gehaltsumwandlung"

Lohnverzicht

siehe „Gehaltsverzicht"

Lohnzahlung an ausgeschiedene Arbeitnehmer

siehe „Sonstige Bezüge" Nr. 9

Lohnzahlung durch Dritte

Neues auf einen Blick:

Eine Lohnzahlung von dritter Seite liegt vor, wenn der **Hauptgesellschafter** des Arbeitgeber-Unternehmens einem Arbeitnehmer dieser Gesellschaft eine **Beteiligung** am künftigen Erlös aus der **Veräußerung** seiner Geschäftsanteile zusagt. Es handelte sich im Streitfall um ein schuldrechtliches Versprechen und nicht um eine Unterbeteiligung an diesen Geschäftsanteilen (BFH-Urteil vom 3.7.2019, BFH/NV 2012 S. 12).

Gliederung:

1. Allgemeines
2. Verpflichtung des Arbeitgebers zum Lohnsteuerabzug bei einer unechten Lohnzahlung durch Dritte
3. Verpflichtung des Arbeitgebers zum Lohnsteuerabzug bei einer echten Lohnzahlung durch Dritte
4. Verfahren beim Lohnsteuerabzug
5. Lohnsteuerabzug durch einen Dritten
6. Sozialversicherungsrechtliche Behandlung

1. Allgemeines

Geld- und Sachleistungen eines Dritten gehören zum Arbeitslohn, wenn sie Entgelt für eine Leistung sind, die der Arbeitnehmer im Rahmen seines Dienstverhältnisses für seinen Arbeitgeber erbringt, erbracht hat oder erbringen soll (BFH-Urteil vom 28.2.2013, BStBl. II S. 642). Hingegen liegt kein Arbeitslohn vor, wenn die Zuwendung auf

Lohnsteuerpflichtig | Sozialversich.-pflichtig

anderen Rechtsbeziehungen zwischen dem Arbeitnehmer und dem Dritten beruht. Auch bei einem überwiegend **eigenwirtschaftlichen Interesse des Dritten** liegt regelmäßig **kein Arbeitslohn** vor.

Beispiel A

Der verbilligte Warenbezug von einem Lieferanten des Arbeitgebers durch die Arbeitnehmer im Rahmen eines sog. „Mitarbeiter-Vorteilsprogramms" – ohne Mitwirkung des Arbeitgebers an der Rabattgewährung (vgl. nachfolgende Nr. 3) – führt nicht zwingend zu einer Lohnzahlung durch Dritte. Dies gilt z. B., wenn dargelegt werden kann, dass der Dritte das Mitarbeiter-Vorteilsprogramm im eigenen Interesse (Kundengewinnung, Kundenbindung, Gewinnerzielung durch Synergieeffekte) aufgelegt hat. Dabei kommt es nicht darauf an, ob der Dritte das Mitarbeiter-Vorteilsprogramm auch anderen Arbeitnehmern seiner Kunden angeboten hat (BFH-Urteil vom 18.10.2012, BStBl. 2015 II S. 184).

Beispiel B

Der Arbeitnehmer eines Reisebüros hat für eine vom Arbeitgeber vermittelte Pauschalreise, die im Katalog des Reiseveranstalters zum Preis von 2000 € angeboten wird, nur 1500 € zu zahlen. Vom Preisnachlass entfallen 300 € auf die Reiseleistung des Veranstalters und 200 € auf die Vermittlung des Arbeitgebers, der insoweit keine Vermittlungsprovision erhält.

Die unentgeltliche Vermittlungsleistung des Arbeitgebers ist nach § 8 Abs. 3 EStG mit dem um 4 % = 8 € geminderten Endpreis von 200 € zu bewerten, sodass sich ein Arbeitslohn von 192 € ergibt, der im Rahmen des Rabatt-Freibetrags von 1080 € jährlich steuerfrei ist.

Auf die darüber hinausgehende Verbilligung der Pauschalreise um 300 € ist der Rabatt-Freibetrag nicht anwendbar, weil die Reise nicht vom Arbeitgeber durchgeführt wird; sie ist deshalb nach § 8 Abs. 2 EStG zu bewerten. Nach R 8.1 Abs. 2 Satz 3 LStR kann der für die Reiseleistung maßgebende Preis mit 1728 € (96 % von 1800 €) bewertet werden, sodass sich ein steuerlicher Preisvorteil von 228 € (= 1728 € abzüglich 1500 € Zahlung des Arbeitnehmers) ergibt (= Lohnzahlung von dritter Seite – hier Reiseveranstalter an Arbeitnehmer des Reisebüros).

Rabatte, die der Arbeitgeber nicht nur seinen Arbeitnehmern, sondern auch fremden Dritten üblicherweise einräumt, sind bei den Arbeitnehmern kein Arbeitslohn. Dies muss erst recht gelten, wenn es um von Dritten den Arbeitnehmern des Arbeitgebers im normalen Geschäftsverkehr üblicherweise gewährte Preisvorteile geht. Der Bundesfinanzhof hat daher entschieden, dass **kein Arbeitslohn** von dritter Seite vorliegt, wenn **Rabatte** eines Versicherungsunternehmens beim Abschluss von Versicherungsverträgen sowohl Arbeitnehmern des Arbeitgebers als **auch** einem **weiteren Personenkreis** (Angehörige der gesamten Versicherungsbranche, Arbeitnehmer weiterer Unternehmen) eingeräumt werden (BFH-Urteil vom 10.4.2014, BStBl. 2015 II S. 191). Im Streitfall bestanden keine Vereinbarungen oder Absprachen zwischen dem Arbeitgeber und den Versicherungsunternehmen, die den Arbeitnehmern des Arbeitgebers die Preisvorteile gewährten. Der Hinweis auf diese „betrieblichen Zusatzleistungen" im Personalhandbuch des Arbeitgebers sowie die Zurverfügungstellung eines Raumes im Unternehmen des Arbeitgebers für Vertragsabschlüsse sind lohnsteuerlich unerheblich. Es lag vielmehr nahe, dass das rabattgewährende Unternehmen sich durch die Vorgehensweise aus eigenwirtschaftlichen Gründen (z. B. niedrige Marketing- und Vertriebskosten, geringer Betreuungsbedarf) einen attraktiven Kundenkreis erschließen wollte (vgl. hierzu auch das vorstehende Beispiel A).

Neben der vorstehend erwähnten Rabattgewährung durch Dritte kann es in der Praxis auch noch in anderen Fällen zu Lohnzahlungen von dritter Seite kommen. Beispielhaft erwähnt seien:

- Nachwuchsförderpreis des Arbeitgeberverbandes für die fachlichen Leistungen im Arbeitsverhältnis (BFH-Urteil vom 23.4.2009, BStBl. II S. 668),
- Bonuszahlung der Konzernmutter an die Arbeitnehmer der verbundenen Konzerntochter als Anerkennung für die geleistete Arbeit (BFH-Urteil vom 28.2.2013, BStBl. II S. 642; vgl. das nachfolgende Beispiel C),
- Verbilligter Erwerb von Vermögensbeteiligungen im Hinblick auf ein künftiges Beschäftigungsverhältnis von einem Mitgesellschafter (BFH-Urteil vom 26.6.2014, BStBl. II S. 864),
- Freiwillige Zahlungen von Notaren an Notarassessoren für deren Vertretungstätigkeit (BFH-Urteil vom 10.3.2015, BStBl. II S. 767),
- Verbilligter Erwerb einer GmbH-Beteiligung vom Gesellschafter des Arbeitgebers (BFH-Urteil vom 15.3.2018, BStBl. II S. 550),
- Beteiligung eines Arbeitnehmers am künftigen Erlös des Hauptgesellschafters des Arbeitgeber-Unternehmens aus der Veräußerung seiner Geschäftsanteile. Es handelte sich im Streitfall um ein schuldrechtliches Versprechen und nicht um eine Unterbeteiligung an diesen Geschäftsanteilen (BFH-Urteil vom 3.7.2019, BFH/NV 2012 S. 12).

Beispiel C

Die Konzernmutter B-GmbH verabschiedete sich von den 167 Mitarbeitern der an die D-AG verkauften Konzerntochter A-GmbH mit folgendem Überraschungsgeschenk: „Jeder Mitarbeiter erhält 5200 €, die schenkungsteuerfrei sind. Mit dem Bonus für die erweiterte Geschäftsführung zahlt die B-GmbH 2,8 Mio. € an die Belegschaft der A-GmbH als außerordentliche Anerkennung für die geleistete Arbeit."

Ausschlaggebend für eine Lohnzahlung durch Dritte war, dass alle 167 Arbeitnehmer der A-GmbH die Zuwendung der ehemaligen Konzernmutter erhalten hatten, sie zusammen mit den Bonuszahlungen ausgezahlt worden war, im unmittelbaren zeitlichen Zusammenhang mit der Anteilsveräußerung stand und eine Anerkennung für die geleistete Arbeit war. Die persönlichen Auffassungen und Einschätzungen der Beteiligten, die vielleicht subjektiv von einer Schenkung ausgingen, spielten keine Rolle. Ebenso ist es für die steuerliche Würdigung unerheblich, ob eine solche Zuwendung ggf. gegen betriebliche Compliance-Regeln verstößt.

Hinweis: Eine ermäßigte Besteuerung nach der Fünftelregelung kam nicht in Betracht, da die Zuwendung dem Grunde und der Höhe nach nicht von der Dauer der Firmenzugehörigkeit abhängig war (BFH-Urteil vom 7.8.2014, BFH/NV 2015 S. 181).

Erhalten **Lehrkräfte** in einer von dem (kommunalen) Schulträger selbst oder einem von ihm beauftragten Unternehmen betriebenen Schulmensa eine **Mahlzeit** zu einem Preis, welcher unterhalb des Sachbezugswertes liegt, handelt es sich beim Preisnachlass von dritter Seite um einen steuerpflichtigen geldwerten Vorteil.

Eine Lohnzahlung durch Dritte kann auch dann vorliegen, wenn der Vorteil nicht den Arbeitnehmer, sondern einer Kapitalgesellschaft des Arbeitnehmers zugewendet wird (= **Lohnzahlung durch Dritte an Dritte;** BFH-Urteil vom 1.9.2016, BStBl. 2017 II S. 69).

Der Arbeitgeber hat die Lohnsteuer auch für den Arbeitslohn einzubehalten und an das Finanzamt abzuführen, der im Rahmen des Dienstverhältnisses von einem Dritten gezahlt wird (§ 38 Abs. 1 Satz 3 EStG). Die **Verpflichtung** des **Arbeitgebers** zur Einbehaltung der Lohnsteuer kann also nicht dadurch beseitigt werden, dass ein **Dritter** tatsächlich oder rechtlich in die Auszahlung des Arbeitslohns **eingeschaltet** wird. Damit der Arbeitgeber den Lohnsteuerabzug durchführen kann, muss der Arbeitnehmer dem Arbeitgeber alle als Arbeitslohn zu erfassende Bezüge, die er von Dritten erhält, jeden Monat – aus Nachweisgründen am besten schriftlich – mitteilen (§ 38 Abs. 4 Satz 3 EStG).

Den Dritten treffen somit keinerlei lohnsteuerliche Pflichten. Die Verpflichtung zum Lohnsteuerabzug und die daraus resultierende Haftung bleiben stets beim Arbeitgeber. Zur Übertragung der lohnsteuerlichen Pflichten auf einen Dritten vgl. nachfolgende Nr. 5 sowie das Stichwort „Lohnsteuerabzug durch einen Dritten".

Der Arbeitgeber ist jedoch bei einer Lohnzahlung durch Dritte **nicht in jedem Fall** zum Lohnsteuerabzug verpflichtet. Im Einzelnen gilt für die Verpflichtung des Arbeitgebers zum Lohnsteuerabzug bei einer Lohnzahlung durch Dritte Folgendes:

L

Lohnsteuerpflichtig | Sozialversich.-pflichtig

2. Verpflichtung des Arbeitgebers zum Lohnsteuerabzug bei einer unechten Lohnzahlung durch Dritte

Bei der Verpflichtung des Arbeitgebers zum Lohnsteuerabzug ist zwischen einer echten und einer unechten Lohnzahlung durch Dritte zu unterscheiden. Denn bei einer sog. **unechten** Lohnzahlung durch Dritte ergibt sich die Verpflichtung des Arbeitgebers zum Lohnsteuerabzug bereits aus § 38 Abs. 1 **Satz 1** EStG, wohingegen die Verpflichtung des Arbeitgebers zum Lohnsteuerabzug bei einer sog. **echten** Lohnzahlung durch Dritte in § 38 Abs. 1 **Satz 3** EStG gesondert geregelt ist.

Eine **unechte Lohnzahlung durch Dritte** ist dann anzunehmen, wenn sich die Lohnzahlung des Dritten als eigene Lohnzahlung des Arbeitgebers darstellt, das heißt der Dritte fungiert lediglich als Leistungsmittler oder Erfüllungsgehilfe (R 38.4 Abs. 1 LStR). Das ist z. B. der Fall, wenn

- der Arbeitgeber in irgendeiner Form tatsächlich oder rechtlich in die Arbeitslohnzahlung eingeschaltet ist (BFH-Urteil vom 13.3.1974, BStBl. II S. 411) oder
- der Dritte in der praktischen Auswirkung nur die Stellung einer zahlenden Kasse hat, z. B. eine selbstständige Kasse zur Zahlung von Unterstützungen oder Erholungsbeihilfen (BFH-Urteil vom 30.5.2001, BStBl. 2002 II S. 230).

In den Fällen der unechten Lohnzahlung durch Dritte zahlt also im Ergebnis der Dritte den Arbeitslohn nur **im Auftrag des Arbeitgebers aus.** Nach der Rechtsprechung des Bundesfinanzhofs bleibt der den Dritten als Leistungsmittler einsetzende Arbeitgeber damit derjenige, der den Arbeitslohn zahlt. Deshalb ist der Arbeitgeber bei einer unechten Lohnzahlung durch Dritte – wie bei jeder anderen Lohnzahlung auch – bereits nach § 38 Abs. 1 **Satz 1** EStG zum Lohnsteuerabzug verpflichtet.

L

3. Verpflichtung des Arbeitgebers zum Lohnsteuerabzug bei einer echten Lohnzahlung durch Dritte

Früher war der Arbeitgeber bei einer Lohnzahlung durch Dritte zum Lohnsteuerabzug verpflichtet, wenn der Dritte üblicherweise den Arbeitslohn für die Arbeitsleistung gezahlt hat (sog. echte Lohnzahlung durch einen Dritten). Da insbesondere das Tatbestandsmerkmal „üblicherweise" in der Praxis Schwierigkeiten bereitet hat, wurde die Verpflichtung des Arbeitgebers zum Lohnsteuerabzug bei einer echten Lohnzahlung durch Dritte auf eine gesetzliche Grundlage gestellt. § 38 Abs. 1 Satz 3 EStG in der seit 1.1.2004 geltenden Fassung schreibt Folgendes vor:

„Der Lohnsteuer unterliegt auch der im Rahmen des Dienstverhältnisses von einem Dritten gewährte Arbeitslohn, wenn der Arbeitgeber **weiß oder erkennen kann,** dass derartige Vergütungen erbracht werden; dies ist insbesondere anzunehmen, wenn Arbeitgeber und Dritter **verbundene Unternehmen** im Sinne von § 15 des Aktiengesetzes sind."

Früher war der Arbeitnehmer lediglich durch die Lohnsteuer-Richtlinien verpflichtet, dem Arbeitgeber Lohnzahlungen von Dritten anzuzeigen. Auch diese Verpflichtung ist auf eine gesetzliche Grundlage gestellt worden, denn § 38 Abs. 4 Satz 3 EStG in der seit 1.1.2004 geltenden Fassung bestimmt, dass der Arbeitnehmer bei einer Lohnzahlung durch Dritte verpflichtet ist, dem Arbeitgeber diese Lohnzahlungen **für jeden Lohnzahlungszeitraum** – aus Nachweisgründen am besten schriftlich – **anzuzeigen,** und zwar unabhängig davon, ob es sich um Bar- oder Sachbezüge handelt. Im Einzelnen gilt bei einer echten Lohnzahlung durch Dritte Folgendes:

Eine **echte Lohnzahlung durch Dritte** liegt dann vor, wenn dem Arbeitnehmer Vorteile von einem Dritten eingeräumt werden, die ein Entgelt für eine Leistung sind, die der Arbeitnehmer im Rahmen seines Dienstverhältnisses für den Arbeitgeber erbringt (R 38.4 Abs. 2 Satz 1 LStR). Während der Arbeitgeber in den Fällen der unechten Lohnzahlung durch Dritte im Normalfall weiß, welchen Lohn der Dritte auszahlt, ist dies bei einer echten Lohnzahlung durch Dritte oft nicht der Fall. Für die echte Lohnzahlung durch Dritte ist deshalb im § 38 Abs. 1 **Satz 3** EStG ausdrücklich festgelegt worden, dass der Arbeitgeber die Lohnsteuer einzubehalten und die damit verbundenen sonstigen Pflichten zu erfüllen hat, wenn er **weiß oder erkennen kann, dass derartige Vergütungen erbracht werden.** Die seit 1.1.2004 im Gesetz selbst geregelte Verpflichtung des Arbeitgebers zum Lohnsteuerabzug bei einer echten Rabattgewährung durch Dritte war früher nur im zwischenzeitlich aufgehobenen BMF-Schreiben vom 27.9.1993 (BStBl. I S. 814) enthalten. Die Verpflichtung des Arbeitgebers zum Lohnsteuerabzug ist deshalb in diesen Fällen nichts Neues; die frühere Verwaltungsanweisung wurde lediglich auf eine gesetzliche Grundlage gestellt.

Abgestellt wird also darauf, ob der Arbeitgeber weiß oder erkennen kann, dass Bar- oder Sachleistungen im Rahmen des Dienstverhältnisses von einem Dritten erbracht werden. Ob das „üblicherweise" geschieht, ist ohne Bedeutung. Das Gesetz führt beispielhaft auf, dass eine zum Lohnsteuerabzug verpflichtende Lohnzahlung durch Dritte immer dann vorliegt, wenn Arbeitgeber und Dritter **verbundene Unternehmen** im Sinne von § 15 des Aktiengesetzes sind. Dies ist jedoch nicht der einzige Fall. Denn der Arbeitgeber weiß immer dann, ob eine Lohnzahlung durch Dritte vorliegt, wenn er an der Verschaffung von unentgeltlichen oder verbilligten Sachbezügen oder geldwerten Vorteilen selbst aktiv mitgewirkt hat. Die aktive Mitwirkung des Arbeitgebers spricht zugleich dafür, dass die geldwerten Vorteile zum Arbeitslohn gehören.

Bei einer **aktiven Mitwirkung des Arbeitgebers an der Rabattgewährung** von dritter Seite ist der Arbeitgeber bei Vorliegen von Arbeitslohn **zum Lohnsteuerabzug verpflichtet.** In anderen Fällen ist zu **prüfen,** ob der Arbeitgeber weiß oder erkennen kann, dass derartige Vorteile gewährt werden.

Eine **aktive Mitwirkung des Arbeitgebers** in diesem Sinne liegt vor, wenn[1)]

- aus dem Handeln des Arbeitgebers ein **Anspruch** des Arbeitnehmers auf den Preisvorteil entstanden ist (z. B. durch den Abschluss eines Rahmenvertrags mit einem Lieferanten) oder
- der Arbeitgeber für den Dritten Verpflichtungen übernommen hat, z. B. **Inkassotätigkeit** oder Haftung.

Einer aktiven Mitwirkung des Arbeitgebers steht gleich, wenn

- zwischen dem Arbeitgeber und dem Dritten eine enge wirtschaftliche oder tatsächliche Verflechtung oder enge Beziehung sonstiger Art besteht, z. B. **Organschaftsverhältnis** oder
- dem Arbeitnehmer Preisvorteile von einem Unternehmen eingeräumt werden, dessen Arbeitnehmer ihrerseits Preisvorteile vom Arbeitgeber erhalten **(wechselseitige Rabattgewährung).**[2)]

Auf die ausführlichen Erläuterungen beim Stichwort „Rabatte, Rabattfreibetrag" unter Nr. 6 wird Bezug genommen.

1) BMF-Schreiben vom 20.1.2015 (BStBl. I S. 143). Das BMF-Schreiben ist als Anlage 5 zu H 8.2 LStR im **Steuerhandbuch für das Lohnbüro 2021** abgedruckt, das im selben Verlag erschienen ist.

2) Bei einer aktiven Mitwirkung des Arbeitgebers an einer Rabattgewährung von dritter Seite sind in der Rechtsprechung Tendenzen zu erkennen, dass von einer unmittelbaren Zuwendung des eigentlichen Arbeitgebers an seine Arbeitnehmer (= Lohnsteuerabzugsverpflichtung nach § 38 Abs. 1 Satz 1 EStG) und nicht von einer Lohnzahlung durch Dritte auszugehen ist (vgl. BFH-Urteil vom 14.11.2012, BStBl. 2013 II S. 382).

Lohn-steuer-pflichtig	Sozial-versich.-pflichtig

Eine Lohnzahlung durch Dritte, bei der der Arbeitgeber zum Lohnsteuerabzug verpflichtet ist, liegt auch in folgenden Fällen vor (vgl. zu weiteren beispielhaften Sachverhalten auch die vorstehende Nr. 1):

- Bei einer Beteiligung des Krankenhauspersonals an den **Liquidationseinnahmen** der Chefärzte (vgl. das Stichwort „Liquidationspool").
- Bei **Provisionen und Sachprämien,** die Arbeitnehmer von Kreditinstituten für den Abschluss von Bauspar- oder Versicherungsverträgen von den Bausparkassen oder Versicherungsunternehmen erhalten.

Bei Provisionen und Sachprämien an Arbeitnehmer von Kreditinstituten gilt dies allerdings nur für solche Bankangestellte, zu deren Aufgabengebiet der Abschluss von solchen Verträgen gehört, da nur bei diesen die Vergütungen im Rahmen des Dienstverhältnisses anfallen. Zum steuerpflichtigen Arbeitslohn gehören in diesen Fällen auch die Vergütungen für Eigenversicherungen und im Verwandtenbereich abgeschlossene Verträge, und zwar unabhängig davon, ob der Abschluss während oder außerhalb der Bankarbeitszeit getätigt wird.

Ist aufgrund der vertraglichen Gestaltung das Kreditinstitut gegenüber der Bausparkasse oder dem Versicherungsunternehmen provisionsberechtigt und leitet es die Provisionen an seine Arbeitnehmer weiter, liegt stets Arbeitslohn vor, unabhängig davon, ob es sich um Arbeitnehmer mit oder ohne Kundenkontakt handelt, und unabhängig davon, ob die Verträge während der Dienstzeit oder in der Freizeit abgeschlossen wurden; die Verpflichtung des Arbeitgebers zum Lohnsteuerabzug ergibt sich in diesen Fällen bereits aus § 38 Abs. 1 Satz 1 EStG. Die Weitergabe der von der Versicherung erhaltenen Provisionen durch den Arbeitgeber an den Arbeitnehmer stellt Barlohn und keinen Sachbezug dar (BFH-Urteil vom 23.8.2007, BStBl. 2008 II S. 52). Lediglich wenn der Arbeitgeber als Vermittler gegenüber seinem Arbeitnehmer auf die Provision verzichtet, handelt es sich um einen Sachbezug, der im Rahmen des § 8 Abs. 3 EStG (= Anwendung des Rabattfreibetrags von 1080 € jährlich) steuerfrei sein kann. Auf die Erläuterungen beim Stichwort „Rabatte, Rabattfreibetrag" unter Nr. 10 Buchstabe d wird hingewiesen.

Schließlich liegt nach Meinung der Finanzverwaltung eine echte Lohnzahlung durch Dritte auch vor, wenn ein **Berufssportler** von einem inländischen Verband für Länderspiele, Turnierteilnahmen usw. Vergütungen (Geldprämien, Sachbezüge) erhält. Der Verein als Arbeitgeber des Berufssportlers muss in diesem Fall den Lohnsteuerabzug vornehmen. Der Bundesfinanzhof geht aber von einer gesonderten Rechtsbeziehung zwischen den Spielern und dem Verband aus, wenn im Verhältnis zum Verein keine arbeitsrechtliche Verpflichtung der Spieler besteht, an den Verbandsmaßnahmen teilzunehmen (BFH-Beschluss vom 11.1.2017, BFH/NV 2017 S. 473). Vgl. die Erläuterungen beim Stichwort „Berufssportler".

Seit dem 1.12.2011 hat der **Entleiher** dem **Leiharbeitnehmer** Zugang zu den Gemeinschaftseinrichtungen und Gemeinschaftsdiensten im Unternehmen unter den gleichen Bedingungen zu gewähren wie vergleichbaren Arbeitnehmern in dem Betrieb, in dem der Leiharbeitnehmer seine Arbeitsleistung erbringt. Eine unterschiedliche Behandlung ist nur bei Vorliegen sachlicher Gründe gerechtfertigt. Gemeinschaftseinrichtungen oder Gemeinschaftsdienste in diesem Sinne sind insbesondere Kinderbetreuungseinrichtungen, Gemeinschaftsverpflegung und Beförderungsmittel (§ 13b AÜG). Sofern sich hieraus **geldwerte Vorteile** beim Leiharbeitnehmer ergeben (z. B. Gemeinschaftsverpflegung, verbilligter Personaleinkauf ohne Rabattfreibetrag), ist der **Verleiher** als lohnsteuerlicher Arbeitgeber wegen echter Lohnzahlungen von dritter Seite zum **Lohnsteuerabzug** verpflichtet, wenn er weiß oder erkennen kann, dass derartige Vergütungen erbracht werden.[1)]

Lohn-steuer-pflichtig	Sozial-versich.-pflichtig

Beispiel

Im Betrieb des Entleihers erhalten sowohl die eigenen Arbeitnehmer als auch die Leiharbeitnehmer (erste Tätigkeitsstätte im Betrieb des Entleihers liegt vor) unentgeltlich ein Mittagessen. Dem Verleiher ist dies bekannt.

Der Verleiher hat auch für die geldwerten Vorteile aus der unentgeltlichen Gestellung der Mittagessen an seine Arbeitnehmer (= Leiharbeitnehmer im Betrieb des Entleihers) den Lohnsteuerabzug vorzunehmen. Das Mittagessen ist mit dem Sachbezugswert (3,47 €) zu bewerten.

Siehe zu Lohnzahlungen durch Dritte außerdem die Stichworte „Apothekerzuschüsse", „Gebührenerlass", „Incentive-Reisen", „Pauschalierung der Lohnsteuer für Belohnungsessen, Incentive-Reisen, VIP-Logen und ähnliche Sachbezüge" unter Nr. 3, „Preise", „Remunerationen", „Richter", „Schöffen", „Trinkgelder", „Unfallversicherung" unter Nr. 8 Buchstaben b und c und „Zeugengebühren".

Schmiergelder an Arbeitnehmer sind keine Lohnzahlung durch Dritte, sondern führen zu sonstigen Einkünften (vgl. „Schmiergelder").

4. Verfahren beim Lohnsteuerabzug

Falls der Arbeitgeber die Höhe der Lohnzahlung des Dritten nicht kennt, muss ihm der Arbeitnehmer diese Bezüge für jeden Lohnzahlungszeitraum – aus Nachweisgründen am besten schriftlich – anzeigen (§ 38 Abs. 4 Satz 3 EStG). Die Anzeige ist als Beleg zum Lohnkonto aufzubewahren. Der Arbeitgeber kann vom Finanzamt für zu wenig einbehaltene Lohnsteuer nicht in Anspruch genommen werden, wenn die Angaben des Arbeitnehmers unvollständig oder unrichtig waren. Wenn der Arbeitnehmer aber **erkennbar unrichtige Angaben** macht, muss der Arbeitgeber dies dem Betriebsstättenfinanzamt unter Angabe der ihm bekannten Tatsachen **anzeigen.** Diese Anzeige muss der Arbeitgeber auch erstatten, wenn der Arbeitnehmer die Bar- oder Sachbezüge von Dritten überhaupt nicht mitteilt, der Arbeitgeber aber weiß oder erkennen kann, dass solche Zuwendungen zugeflossen sind (§ 38 Abs. 4 Satz 3 EStG). Aufgrund der Anzeige fordert das Finanzamt die Lohnsteuer unmittelbar vom Arbeitnehmer nach. Beim Arbeitgeber führt die rechtzeitige Anzeige der ihm bekannten Tatsachen zum Haftungsausschluss. Die Anzeigeverpflichtung des Arbeitnehmers spielt vor allem bei einer Rabattgewährung durch Dritte eine große Rolle. Sie ist deshalb beim Stichwort „Rabatte, Rabattfreibetrag" unter Nr. 6 Buchstabe e auf Seite 809 ausführlich erläutert.

Ist der von dem Dritten gezahlte Arbeitslohn so hoch, dass der vom Arbeitgeber gezahlte Arbeitslohn zur Deckung der Lohnsteuer nicht ausreicht, muss der Arbeitnehmer dem Arbeitgeber gemäß § 38 Abs. 4 Satz 1 EStG den Fehlbetrag zur Verfügung stellen. Falls der Arbeitnehmer dieser Verpflichtung nicht nachkommt, hat der Arbeitgeber dies dem Betriebsstättenfinanzamt ebenfalls anzuzeigen, das die Lohnsteuer dann direkt beim Arbeitnehmer nachfordert (vgl. das Stichwort „Anzeigepflichten des Arbeitgebers im Lohnsteuerverfahren" unter Nr. 2).

Der Arbeitgeber selbst kann übrigens die Lohnzahlung eines Dritten nicht nach § 37b EStG mit 30 % pauschal besteuern. Die Pauschalierung nach § 37b EStG mit 30 % kann nur der Zuwendende selbst vornehmen (vgl. die Erläuterungen beim Stichwort „Pauschalierung der Lohnsteuer für Belohnungsessen, Incentive-Reisen, VIP-Logen und ähnliche Sachbezüge" unter den Nrn. 2 und 3; vgl. dort am Ende der Nr. 2 allerdings das Wahlrecht für verbundene Unternehmen). Erhält der Arbeitnehmer im Nachhinein eine Mitteilung vom Zuwendenden über die

1) Für Zwecke der Inanspruchnahme von Steuerbefreiungsvorschriften und für die Bewertung von Sachbezügen (u. a. Ansatz der Sachbezugswerte für arbeitstägliche Mahlzeiten) werden die Leistungen an den Leiharbeitnehmer so behandelt, als hätte der Arbeitgeber (= Verleiher) und nicht der Entleiher diese Leistungen erbracht. Der Rabattfreibetrag kann aber für Leistungen des Entleihers nicht in Anspruch genommen werden, da lohnsteuerlicher Arbeitgeber der Verleiher ist (vgl. das Stichwort „Rabatte, Rabattfreibetrag" unter Nr. 6 Buchstabe a).

L

Lohn-steuer-pflichtig Sozial-versich.-pflichtig

Anwendung des § 37b EStG, kann der Arbeitgeber bei bereits durchgeführter individueller Besteuerung des Arbeitslohns eine Korrektur des Lohnsteuerabzugs vornehmen, sofern eine solche Änderung noch zulässig ist (vgl. die Erläuterungen beim Stichwort „Änderung des Lohnsteuerabzugs"). Anderenfalls hat die Korrektur im Rahmen der Einkommensteuer-Veranlagung des Arbeitnehmers zu erfolgen.

5. Lohnsteuerabzug durch einen Dritten

Die vorstehenden Erläuterungen befassen sich mit der Frage, in welchen Fällen der **Arbeitgeber** zum Lohnsteuerabzug verpflichtet ist, wenn der Arbeitslohn von einem Dritten gezahlt wird, und wie der Arbeitgeber davon erfährt, ob und ggf. in welcher Höhe der Dritte Arbeitslohn gezahlt hat.

Es gibt jedoch auch umgekehrte Fälle, in denen die Pflichten des Arbeitgebers zur Einbehaltung und Abführung der Lohnsteuer auf einen Dritten übertragen werden, sei es aufgrund ausdrücklicher gesetzlicher Verpflichtung oder auf Antrag beim Betriebsstättenfinanzamt des Dritten. Diese Fälle sind beim Stichwort „Lohnsteuerabzug durch einen Dritten" ausführlich erläutert.

6. Sozialversicherungsrechtliche Behandlung

Die Grundsätze zur Lohnzahlung durch Dritte gelten für den Bereich der **Sozialversicherung** entsprechend. Bereits in § 160 Abs. 1 der Reichsversicherungsordnung war bestimmt, dass zum Entgelt auch die Bezüge gehören, die der Versicherte vom Arbeitgeber „oder einem Dritten" erhält. § 14 Abs. 1 SGB IV enthält diese Formulierung zwar nicht ausdrücklich, eine Rechtsänderung ist hierdurch jedoch nicht eingetreten (vgl. BSG-Urteil vom 26.10.1988 – 12 RK 18/87 – „Die Beiträge" 1988 S. 368).

M

Lohnzahlungszeitraum

Lohnzahlungszeitraum ist der Zeitraum, für den Arbeitslohn gezahlt wird, gleichgültig, wie der Arbeitslohn berechnet wird, ob es sich also um Zeitlohn oder Leistungslohn (Akkordlohn, Stücklohn) handelt. Im Normalfall wird der Lohnzahlungszeitraum einen Monat, eine Woche oder einen Tag umfassen und sich mit dem Lohnabrechnungszeitraum decken. Im Einzelnen vgl. das Stichwort „Berechnung der Lohnsteuer und der Sozialversicherungsbeiträge" unter Nr. 6 auf Seite 196.

Siehe auch „Abschlagszahlungen" und „Teillohnzahlungszeitraum".

Lohnzuschläge

Siehe die Stichworte: Zulagen, Zuschläge und Zuschläge für Sonntags-, Feiertags- und Nachtarbeit.

Losgewinn

siehe „Verlosungsgewinne"

März-Klausel

siehe „Einmalige Zuwendungen" unter Nr. 3

Lohn-steuer-pflichtig Sozial-versich.-pflichtig

Mahlzeiten

Änderungsintensives Stichwort – bleiben Sie auf dem Laufenden unter

www.lexikon-lohnbuero.de/newsletter **!**

Neues und Wichtiges auf einen Blick:

1. Sachbezugswerte 2021

Ab 1. 1. 2021 gelten für Mahlzeiten im Betrieb (sog. Kantinenessen) folgende Sachbezugswerte:

- für ein Frühstück **1,83 €,**
- für ein Mittag- oder Abendessen **3,47 €.**

Der Bundesfinanzhof hat entschieden, dass **unbelegte Backwaren mit einem Heißgetränk kein Frühstück** in diesem Sinne sind (BFH-Urteil vom 3.7.2019, BFH/NV 2019 S. 1295).

Zum Begriff der Mahlzeit vgl. nachfolgende Nr. 3.

2. Verrechnungswert einer Essensmarke

Der höchstmögliche Verrechnungswert einer Essensmarke, um eine Bewertung des Mittagessens mit dem Sachbezugswert bei einer Ausgabe von Essensgutscheinen oder Restaurantschecks zu erreichen, beträgt für **2021** (3,47 € + 3,10 € =) **6,57 €.**

Vgl. auch die Erläuterungen unter der nachfolgenden Nr. 6 Buchstabe a.

3. Arbeitstägliche Arbeitgeberzuschüsse

In Anlehnung an die Regelung für Essensmarken (vgl. vorstehende Nr. 2) ist es auch möglich, dass der Arbeitgeber dem Arbeitnehmer einen arbeitstäglichen Essenszuschuss bis zu **6,57 €** zahlt, wenn der Arbeitnehmer die Mahlzeiteneinnahme dem Arbeitgeber durch einen Einzelbeleg nachweist. Auch in diesem Fall erfolgt die **Bewertung** des Mittagessens mit dem amtlichen **Sachbezugswert** von **3,47 €.**

Wichtig ist bei arbeitstäglichen Arbeitgeberzuschüssen, dass der Zuschuss den amtlichen Sachbezugswert der eingenommenen Mahlzeit um nicht mehr als 3,10 € übersteigt. Damit beträgt der Höchstbetrag beim Mittag- oder Abendessen – wie bei den Essensmarken 6,57 € (3,10 € + 3,47 €) und beim Frühstück – abweichend von der Regelung bei den Essensmarken – 4,93 € (3,10 € + 1,83 €). Die Verwaltungsauffassung ist in den Ausführungen und Erläuterungen unter der nachfolgenden Nr. 6 Buchstabe e eingearbeitet.

4. Freie Unterkunft und Verpflegung

Werden dem Arbeitnehmer nicht nur einzelne Mahlzeiten, sondern die **gesamte Verpflegung** und ggf. auch noch die Unterkunft gewährt, werden diese geldwerten Vorteile mit den amtlichen Sachbezugswerten für freie Unterkunft und Verpflegung bewertet. Die hiermit zusammenhängenden Fragen sind beim Stichwort „Freie Unterkunft und Verpflegung" erläutert. Nachfolgend ist die steuerliche Behandlung **einzelner Mahlzeiten** (sog. Kantinenessen) dargestellt, die der Arbeitgeber dem Arbeitnehmer unentgeltlich oder verbilligt gewährt.

5. Umsatzsteuersatz bei Mahlzeitenabgabe an Arbeitnehmer

Aufgrund der Corona-Pandemie gilt für Restaurant- und Verpflegungsleistungen, zu denen auch die Mahlzeiten-

Lohnsteuerpflichtig | Sozialversich.-pflichtig

abgabe an Arbeitnehmer gehört, nach geltender Rechtsfolge **zeitlich befristet** der **ermäßigte Steuersatz.** Folgende Steuersätze sind maßgebend:

1.1.2020 bis 30.6.2020	(Regelsteuersatz)	19%,
1.7.2020 bis 31.12.2020	(ermäßigter Steuersatz)	5%,
1.1.2021 bis 30.6.2021	(ermäßigter Steuersatz)	7%,
ab 1.7.2021	(Regelsteuersatz)	19%.

Der ermäßigte Umsatzsteuersatz von 5 % bzw. 7 % gilt nicht für die Abgabe von Getränken. Vgl. die nachfolgende Nr. 11 und die ausführlichen Erläuterungen beim Stichwort „Umsatzsteuerpflicht bei Sachbezügen" unter Nr. 2.

Gliederung:

1. Allgemeines

Wenn es um die lohnsteuerliche Erfassung von Mahlzeiten geht, die der Arbeitgeber dem Arbeitnehmer unentgeltlich oder verbilligt gewährt, kommen in erster Linie die arbeitstäglichen Mahlzeiten (sog. **Kantinenessen**) in Betracht.

Bei der Lohnabrechnung müssen jedoch nicht nur die Mahlzeiten im Betrieb (sog. Kantinenessen) lohnsteuerlich beurteilt werden, sondern auch Mahlzeiten, die der Arbeitnehmer während einer Auswärtstätigkeit oder im Rahmen einer doppelten Haushaltsführung auf Veranlassung des Arbeitgebers erhält. Auch im Rahmen von Übernachtungen unter Übernahme des Frühstücks durch den Arbeitgeber kann eine Verpflegung des Arbeitnehmers vorliegen, die lohnsteuerlich beurteilt werden muss. Probleme bereiten in der Praxis auch die sog. Arbeitsessen und die Teilnahme des Arbeitnehmers an der Bewirtung von Geschäftsfreunden.

Für den Arbeitgeber stellt sich deshalb zum einen die Frage, ob überhaupt eine **steuerpflichtige** Mahlzeitengewährung an den Arbeitnehmer vorliegt, die dem Lohnsteuerabzug unterworfen werden muss, und zum anderen, ob die ggf. steuerpflichtige Mahlzeit mit dem Sachbezugswert oder mit ihrem tatsächlichen Wert als geldwerter Vorteil anzusetzen ist. In diese Prüfung sind auch Mahlzeiten einzubeziehen, die der Arbeitnehmer von einem Dritten auf Veranlassung des Arbeitgebers erhalten hat.

Hiernach ergibt sich für Mahlzeiten, die der Arbeitnehmer vom Arbeitgeber unentgeltlich oder verbilligt erhält, folgende Übersicht:

Mahlzeiten

- **kein** Arbeitslohn
  - Mahlzeiten im **ganz überwiegenden betrieblichen Interesse**[1]
    - Aufzählung in R 8.1 Abs. 8 Nr. 1 LStR:
      - Teilnahme an der **Bewirtung** von Geschäftsfreunden
      - Mahlzeiten während eines außergewöhnlichen Arbeitseinsatzes (sog. **Arbeitsessen**)
      - Mahlzeiten bei **Betriebsveranstaltungen** (bei Nichtüberschreitung des Freibetrags von 110 € für die anteiligen Gesamtaufwendungen; § 19 Abs. 1 Satz 1 Nr. 1a Satz 3 EStG)

      Auf die Stichworte „Bewirtungskosten" besonders unter den Nrn. 3 und 6 und „Betriebsveranstaltungen" wird hingewiesen.
- **Arbeitslohn**
  - Bewertung mit dem **Sachbezugswert** (3,47 €)
    - arbeitstägliche Mahlzeiten (sog. **Kantinenessen**)
    - Mahlzeiten anlässlich einer **Auswärtstätigkeit** bzw. einer doppelten Haushaltsführung und anlässlich von Seminaren und Fortbildungsmaßnahmen, wenn der Wert der Mahlzeit 60 € nicht übersteigt und der Arbeitnehmer steuerlich keinen Anspruch auf eine Verpflegungspauschale hat (z. B. weil die Abwesenheitszeit nicht mehr als acht Stunden beträgt oder der Dreimonatszeitraum abgelaufen ist; § 8 Abs. 2 Sätze 8 und 9 EStG); vgl. Anhang 4 „Reisekosten bei Auswärtstätigkeiten" unter Nr. 10 Buchstaben c auf Seite 1150 und g.
  - Bewertung mit dem **tatsächlichen** Wert
    - **Belohnungsessen**
    - Mahlzeiten anlässlich regelmäßiger Geschäftsleitungssitzungen
    - Verköstigung in betriebseigenen Erholungsheimen

    Auf die Stichworte „Bewirtungskosten" unter Nr. 7 und „Erholungsbeihilfen" unter Nr. 6 wird hingewiesen.

Die nachfolgenden Erläuterungen befassen sich mit den **arbeitstäglich** gewährten Mahlzeiten, also mit den **sog. Kantinenessen,** die mit dem amtlichen Sachbezugswert für Mahlzeiten bewertet werden, sowie mit der Gewährung von Essensmarken und arbeitstäglichen Mahlzeitenzuschüssen des Arbeitgebers. Im Einzelnen gilt für die lohnsteuerliche Erfassung dieser Sachverhalte Folgendes:

2. Arbeitstägliche Mahlzeiten im Betrieb

Der Vorteil, den ein Arbeitnehmer durch die Gewährung **unentgeltlicher** Mahlzeiten im Betrieb erhält, gehört in Höhe des **amtlichen Sachbezugswerts** zum steuer- und beitragspflichtigen Arbeitslohn. ja ja

Wird die Mahlzeit an den Arbeitnehmer nicht unentgeltlich, sondern **verbilligt** abgegeben, gehört die Differenz zwischen dem amtlichen Sachbezugswert und dem vom Arbeitnehmer gezahlten Entgelt (zu dem auch die Umsatzsteuer gehört) zum steuerpflichtigen Arbeitslohn. ja ja

Da der Wert von arbeitstäglichen Mahlzeiten, die der Arbeitgeber unentgeltlich oder verbilligt an die Arbeitnehmer im Betrieb abgibt, stets mit den **amtlichen Sachbezugswerten** zu bewerten ist, lässt sich **bei einer Zuzahlung** durch den Arbeitnehmer folgender Grundsatz aufstellen:

1) Ein ganz überwiegendes eigenbetriebliches Interesse des Arbeitgebers kann auch bei einer Abgabe von Mahlzeiten an pädagogische Mitarbeiter z. B. in Pflegeeinrichtungen, Kindergärten und Schulen vorliegen, wenn sie diese Mahlzeiten aufgrund einer dienstlichen Verpflichtung (= Dienstaufgabe) gemeinsam mit den von ihnen betreuten Personen einnehmen. Ebenso, wenn der Arbeitnehmer als 24-Stunden-Pflegekraft gemeinsam mit der zu pflegenden Person in einem Haushalt wohnt und dort auch verpflegt wird.

Lohn- steuer- pflichtig | Sozial- versich.- pflichtig

Ein lohnsteuerpflichtiger geldwerter Vorteil entsteht bei der verbilligten Abgabe einer Mahlzeit in keinem Fall, **wenn der Arbeitnehmer einen Essenspreis mindestens in Höhe des amtlichen Sachbezugswerts bezahlt.** nein nein

Sowohl in den alten als auch in den neuen Bundesländern gelten für unentgeltlich oder verbilligt abgegebene Mahlzeiten (Frühstück, Mittag- oder Abendessen) folgende Sachbezugswerte:

	Frühstück	Mittag- oder Abendessen
2021	**1,83 €**	**3,47 €**
2020	1,80 €	3,40 €
2019	1,77 €	3,30 €
2018	1,73 €	3,23 €
2017	1,70 €	3,17 €
2016	1,67 €	3,10 €

Die Sachbezugswerte für Frühstück, Mittag- und Abendessen gelten für alle Arbeitnehmer in allen Bundesländern gleichermaßen. Die früheren ermäßigten Werte für Jugendliche unter 18 Jahren und Auszubildende sind seit 1.1.1999 weggefallen.

Wie bereits ausgeführt, werden einzelne Mahlzeiten, die der Arbeitgeber zur üblichen arbeitstäglichen Beköstigung seiner Arbeitnehmer unentgeltlich oder verbilligt im Betrieb abgibt (sog. Kantinenessen), **stets mit dem amtlichen Sachbezugswert bewertet.**

Gewährt der Arbeitgeber also seinen Arbeitnehmern unentgeltlich oder verbilligt einzelne Mahlzeiten, deren Werte die oben genannten amtlichen Sachbezugswerte übersteigen, fließt der **übersteigende** Betrag den Arbeitnehmern steuerfrei zu.

Beispiel A

Eine Firma hat für ihre Führungskräfte ein Vorstandskasino eingerichtet. Der Wert der **unentgeltlich** abgegebenen Mahlzeiten (einschließlich der Getränke) beträgt 30 € je Mahlzeit. Lohnsteuerlich ist jedoch der Sachbezugswert für Mahlzeiten maßgebend, dies sind 3,47 €; der restliche geldwerte Vorteil in Höhe von 26,53 € fließt den Arbeitnehmern steuerfrei zu. Der Arbeitgeber kann außerdem die Lohnsteuer pauschal mit 25 % aus den Sachbezugswerten errechnen (vgl. nachfolgend unter Nr. 7).

M

Da sich durch die Ausgabe von Essensgutscheinen eine genaue wertmäßige Begrenzung durchführen lässt, kann der Arbeitgeber dem Arbeitnehmer durch eine entsprechende Gestaltung der Abrechnung von Kantinenessen einen genau festgelegten steuerfreien Vorteil arbeitstäglich zuwenden.

Beispiel B

Ein Arbeitgeber will seinen Arbeitnehmern arbeitstäglich ein um 2 € verbilligtes Mittagessen steuer- und beitragsfrei gewähren. Hierzu gibt der Arbeitgeber je Arbeitstag einen Essensgutschein im Wert von 5,47 € aus, für den der Arbeitnehmer aber nur 3,47 € (= amtlicher Sachbezugswert) bezahlen muss. Der Arbeitgeber zieht den Betrag von 3,47 € je Arbeitstag gleich bei der Lohnzahlung ab. Der Arbeitnehmer erhält in der Betriebskantine je Essensgutschein eine Mahlzeit im Wert von 5,47 €. Der Arbeitgeber kann dem Arbeitnehmer somit einen Vorteil von arbeitstäglich 2 € steuer- und beitragsfrei zuwenden.

Werden arbeitstägliche Mahlzeiten nicht vom Arbeitgeber selbst (z. B. in der Betriebskantine) sondern durch einen Dritten (z. B. durch eine Gaststätte in der Umgebung oder eine sonstige Einrichtung) abgegeben, gibt es für die steuer- und beitragsfreie Verbilligung eine betraglich festgelegte Obergrenze von 3,10 € arbeitstäglich. Diese Obergrenze ist unter der nachfolgenden Nr. 6 erläutert. Zur Abgabe der Mahlzeiten in verpachteten Kantinen vgl. auch die Erläuterungen unter der nachfolgenden Nr. 5.

Die zusätzlich zum ohnehin geschuldeten Arbeitslohn erbrachten Arbeitgeberleistungen zur Verhinderung und Minderung von Krankheitsrisiken und zur betrieblichen **Gesundheitsförderung** sind bis zu **600 € jährlich je Arbeitnehmer steuerfrei** (§ 3 Nr. 34 EStG; bis 31.12.2019 betrug der Freibetrag 500 € jährlich, vgl. die Ausführungen und Beispiele beim Stichwort „Gesundheitsförderung"). Dieser Steuerfreibetrag kann für Zuschüsse des Arbeitgebers zur **Kantinenverpflegung nicht** in Anspruch genommen werden.

Beispiel C

In der Betriebskantine wird arbeitstäglich ein Mittagessen für 6 € angeboten. Die Arbeitnehmer erhalten hierfür einen Arbeitgeberzuschuss von 4 € täglich und müssen 2 € selbst bezahlen.

Der Freibetrag von 600 € jährlich kann für den Zuschuss des Arbeitgebers zur Kantinenverpflegung nicht in Anspruch genommen werden. Das Mittagessen ist mit dem amtlichen Sachbezugswert von 3,47 € zu bewerten. Nach Abzug der Zuzahlung des Arbeitnehmers von 2 € ergibt sich ein geldwerter Vorteil in Höhe von 1,47 € arbeitstäglich, der mit 25 % pauschaliert werden kann und in diesem Fall beitragsfrei ist (§ 40 Abs. 2 Satz 1 Nr. 1 EStG).

3. Begriff der Mahlzeit

Mahlzeiten sind alle kalten und warmen Speisen und Lebensmittel, die üblicherweise der Ernährung dienen und die zum Verzehr während der Arbeitszeit oder im unmittelbaren Anschluss daran geeignet sind. Mahlzeiten sind deshalb auch ein Snack oder Imbiss, Vor- oder Nachspeisen sowie eine Pausenverpflegung (Brotzeit mit belegten Broten oder Brötchen, Joghurt, Obst oder Kuchen). Kleine Tüten mit Chips, Salzgebäck, Schokowaffeln, Müsliriegel oder vergleichbaren anderen Knabbereien – wie sie z. B. auf innerdeutschen Flügen gereicht werden – erfüllen nicht das Kriterium einer Mahlzeit. Getränke gehören zu den Mahlzeiten, wenn sie üblicherweise zusammen mit der Mahlzeit eingenommen werden. Getränke, die der Arbeitgeber seinen Arbeitnehmern außerhalb von Mahlzeiten zum Verzehr im Betrieb unentgeltlich oder verbilligt überlässt, z. B. durch Getränkeautomaten, gehören als Aufmerksamkeiten nicht zum steuerpflichtigen Arbeitslohn (vgl. „Getränke"). Entsprechendes gilt für Plätzchen oder Schokolade (vgl. „Genussmittel").

Der Bundesfinanzhof hat entschieden, dass **unbelegte Backwaren mit einem Heißgetränk kein Frühstück** in diesem Sinne sind (BFH-Urteil vom 3.7.2019, BFH/NV 2019 S. 1295). Dabei kommt es auf die Art der Backwaren (z. B. Brötchen, Käsebrötchen, Käse-Kürbis-Brötchen, Roggenbrötchen, Laugenbrötchen, Schokobrötchen, Rosinenbrot/-brötchen) und des Heißgetränks (z. B. Kaffee, Tee, Kakao) nicht an. Selbst für ein einfaches Frühstück müsse noch ein Aufstrich oder ein Belag hinzutreten (z. B. Butter, Aufschnitt, Käse oder Marmelade). Im Streitfall habe die Überlassung der Backwaren nebst Heißgetränken lediglich der Ausgestaltung des Arbeitsplatzes und der Schaffung günstiger betrieblicher Arbeitsbedingungen gedient, da sie während der bezahlten Arbeitszeit im Rahmen des Austauschs über berufliche Angelegenheiten stattfand mit der Folge, dass es sich um eine nicht steuerpflichtige Aufmerksamkeit handelte.

Die Sachbezugswerte sind also einerseits auch bei geringerwertigen Mahlzeiten maßgebend; andererseits sind mit den Sachbezugswerten auch die – ggf. teuren – Getränke mit abgedeckt. Die Sachbezugswerte sind als Durchschnittswerte unabhängig vom objektiven Wert der Mahlzeit anzusetzen.

Beispiel

Der Arbeitgeber gewährt unentgeltliche Mahlzeiten in der Kantine. Der Arbeitnehmer isst einen Salatteller im Wert von 1,75 €. Der Wert der Mahlzeit ist mit dem amtlichen Sachbezugswert von 3,47 € anzusetzen. Ein Wahlrecht zwischen tatsächlichem Wert und amtlichem Sachbezugswert besteht nicht.

Welcher Sachbezugswert anzusetzen ist, richtet sich allein nach dem **Zeitpunkt der Esseneinnahme.** Wird z. B. in einem Schichtbetrieb ständig ein Salatbuffet angeboten, ist der Salatteller je nach Tageszeit als Frühstück oder als Mittag- bzw. Abendessen zu bewerten. Es kommt also darauf an, dass die Verpflegung an die Stelle einer Mahlzeit tritt, die üblicherweise zu der entsprechenden Zeit eingenommen wird.

Lohn-steuer-pflichtig | Sozial-versich.-pflichtig

4. Mahlzeiten, die im Betrieb abgegeben werden

Eine Bewertung unentgeltlich oder verbilligt abgegebener Mahlzeiten mit dem amtlichen Sachbezugswert ist ohne weitere Voraussetzung immer dann möglich, wenn die Mahlzeiten **im Betrieb** abgegeben werden. Für die Bewertung der Mahlzeiten mit dem amtlichen Sachbezugswert ist es ohne Bedeutung, ob der Arbeitgeber für die Betriebskantine Essensmarken ausgibt und mit welchem Wert ggf. ausgegebene Essensmarken in Zahlung genommen werden. Lohnsteuerpflichtig ist stets der amtliche Sachbezugswert für Mahlzeiten, abzüglich etwaiger Zuzahlungen des Arbeitnehmers.

In den Fällen, in denen die Arbeitnehmer unterschiedliche Mahlzeiten zu unterschiedlichen Preisen verbilligt erhalten, kann die Zuzahlung der Arbeitnehmer mit dem **Durchschnittswert** angesetzt werden, wenn der Arbeitgeber den sich ggf. ergebenden steuerpflichtigen Betrag **pauschal besteuert** (vgl. die Erläuterungen unter der folgenden Nr. 7). Die Zuzahlung bei teueren Essen gleicht also den Vorteil bei billigen Essen aus (ebenso die Bezahlung von Getränken, vgl. vorstehende Nr. 3). In die Durchschnittsrechnung sind aber nur solche Mahlzeiten einzubeziehen, die **allen** Arbeitnehmern angeboten werden (also nicht das Vorstandskasino). Erfolgt die Abgabe der Mahlzeiten von verschiedenen Einrichtungen (z. B. mehrere Kantinen), ist der Durchschnittswert für jede Kantine gesondert zu ermitteln. Eine Versteuerung entfällt, wenn die Arbeitnehmer im Durchschnitt einen Essenspreis mindestens in Höhe des amtlichen Sachbezugswerts bezahlen (vgl. die Beispiele A und B).

Beispiel A

Der Arbeitgeber bietet im Kalenderjahr 2021 in einer betriebseigenen Kantine bestimmte Essen zu festen Preisen an. Nach Ablauf des Lohnzahlungszeitraums (z. B. am Schluss des Kalendermonats) stellt er folgende Essensabgaben fest:

Menü I zu 3,10 €	× 300	=	930,– €
Menü II zu 3,50 €	× 600	=	2 100,– €
Menü III zu 4,50 €	× 200	=	900,– €
Salatteller zu 3,– €	× 200	=	600,– €
Zahl der verbilligten Essen	1300		
Essenspreis für alle Arbeitnehmer			4 530,– €

Durchschnittswert: 4530 € : 1300 Essen = 3,4846153 €.

Die durchschnittliche Zuzahlung übersteigt also den amtlichen Sachbezugswert für das Kalenderjahr 2021 in Höhe von 3,47 €. Ein steuerpflichtiger Vorteil entsteht deshalb für keinen Arbeitnehmer, gleichgültig welchen Wert sein Essen tatsächlich gehabt hat.

Beispiel B

Der Arbeitgeber kalkuliert mit einem Essenspreis von 3,20 € für Erwachsene und 2,– € für Auszubildende sowie mit durchschnittlich 20 Essenstagen im Monat. 70 Erwachsene zahlen somit ein monatliches Pauschalentgelt von jeweils 64 € und vier Auszubildende von jeweils 40 €.

Die Summe der Pauschalentgelte beträgt im Monat Juni 2021			4 640,– €
die Einnahmen aus dem Getränkeverkauf während der Essensausgabe in der Kantine betragen			500,– €
Summe der Zuzahlungen			5 140,– €
Im Monat Juni ausgegebene Essen			
– an Erwachsene	1400 × 3,47 €	=	4 858,– €
– an Auszubildende	80 × 3,47 €	=	277,60 €
Summe der Sachbezugswerte			5 135,60 €

Die Entgelte der Arbeitnehmer übersteigen somit die Sachbezugswerte für die ausgegebenen Essen, sodass im Monat Juni 2021 kein steuerpflichtiger Vorteil übrig bleibt.

5. Abgabe von Mahlzeiten in verpachteten Kantinen

Die für eine Bewertung der Mahlzeiten mit den Sachbezugswerten notwendige „Abgabe im Betrieb" ist auch bei Mahlzeiten erfüllt, die Arbeitnehmer in einer nicht vom Arbeitgeber selbst betriebenen Kantine erhalten, wenn der Arbeitgeber gegenüber dieser Einrichtung **Barzuschüsse oder andere Leistungen** (z. B. verbilligte

Lohn-steuer-pflichtig | Sozial-versich.-pflichtig

Überlassung von Räumen, Energie oder Einrichtungsgegenständen) **zur Verbilligung** der Mahlzeiten erbringt und vertragliche Beziehungen zwischen dem Arbeitgeber und dem Betreiber der Einrichtung (z. B. einem Kantinenpächter) über die Abgabe von Mahlzeiten an die Arbeitnehmer bestehen. Mittelbare Beziehungen zwischen dem Arbeitgeber und dem Betreiber der Einrichtung, z. B. unter Einschaltung eines sog. Essensmarkenemittenten, reichen aus (vgl. hierzu nachfolgende Nr. 6). Es ist auch nicht erforderlich, dass die Mahlzeiten im Rahmen eines Reihengeschäfts zunächst an den Arbeitgeber und erst von diesem an die Arbeitnehmer abgegeben werden (R 8.1 Abs. 7 Nr. 2 LStR).

Beispiel

Der Arbeitgeber lässt die Kantine von einem Pächter bewirtschaften. Der Arbeitgeber zahlt die Betriebskosten der Kantine (Heizung, Strom usw.) sowie die Löhne für einen Teil des Küchenpersonals. Die Arbeitnehmer erhalten für jeden Arbeitstag eine Essensmarke im Wert von 1 €. In der Kantine werden keine festen Menüs angeboten; jeder Arbeitnehmer kann sich sein Essen selbst zusammenstellen (sog. Komponenten-Essen) und bezahlt den entsprechenden Preis an der Kasse. Die Essensmarken nimmt der Kantinenpächter in Zahlung und löst sie beim Arbeitgeber ein.

Die Subventionierung der Kantine durch die Übernahme von Löhnen und Betriebskosten durch den Arbeitgeber ist im Grundsatz ein geldwerter Vorteil. Damit der Arbeitgeber prüfen kann, ob sich für den einzelnen Arbeitnehmer ein zu versteuernder Betrag ergibt, muss ihm der Kantinenpächter für den Lohnzahlungszeitraum die Zahl der Essensteilnehmer (z. B. 4000) und die Summe der Zuzahlungen durch die Arbeitnehmer (z. B. 14 000 €) mitteilen. Die durchschnittliche Zuzahlung beträgt bei 14 000 € für 4000 Essen genau 3,50 € pro Mahlzeit. Da die Zuzahlung den Sachbezugswert von 3,47 € überschreitet, führt die Verbilligung der Essen um 1 € nicht zu einem steuerpflichtigen Vorteil.

6. Essensgutscheine, Restaurantschecks und Arbeitgeberzuschüsse

a) Bewertung von Essensmarken mit dem Sachbezugswert[1)]

M

Die Bewertung mit dem amtlichen Sachbezugswert ist jedoch nicht nur bei der Abgabe von Mahlzeiten „im Betrieb" zugelassen worden, sondern auch bei der Ausgabe von Essensmarken oder Restaurantschecks, die vom Arbeitgeber an den Arbeitnehmer verteilt und von einer **Gaststätte** oder vergleichbaren Annahmestelle bei der Abgabe einer Mahlzeit in Zahlung genommen werden. Das bedeutet, dass auch bei der Ausgabe von Essensmarken und Restaurantgutscheinen dann kein steuerpflichtiger geldwerter Vorteil entsteht, wenn der Arbeitnehmer mindestens den Sachbezugswert für das Essen selbst bezahlt. Allerdings sind bei der Ausgabe von Essensmarken und Restaurantschecks nach R 8.1 Abs. 7 Nr. 4 LStR eine Reihe von Besonderheiten zu beachten, damit die Bewertung des Essens mit dem Sachbezugswert erfolgen kann. Die Bewertung der Mahlzeit mit dem Sachbezugswert setzt voraus, dass

- tatsächlich **Mahlzeiten** abgegeben werden. Lebensmittel sind nur dann als Mahlzeiten anzuerkennen, wenn sie zum unmittelbaren Verzehr geeignet oder zum Verbrauch während der Essenpausen bestimmt sind. Dabei ist es auch zulässig, dass der Arbeitnehmer einzelne Bestandteile seiner Mahlzeit bei verschiedenen Akzeptanzstellen erwirbt.
- für jede Mahlzeit lediglich **eine** Essensmarke täglich in Zahlung genommen wird. Es ist nicht zulässig, dass der Arbeitnehmer mehrere Mahlzeiten (z. B. für bis zu fünf Arbeitstagen) oder Bestandteile einer Mahlzeit auf Vorrat erwirbt. Dies gilt auch bei Vorliegen besonderer Verhältnisse, wie z. B. während der Corona-Pandemie.
- der Verrechnungswert der Essensmarke den amtlichen Sachbezugswert einer Mittagsmahlzeit um nicht mehr als **3,10 €** übersteigt,

1) Im Hinblick auf die nachfolgend beschriebenen engen formalen Voraussetzungen sind u. E. arbeitstägliche Arbeitgeberzuschüsse zu bevorzugen (vgl. hierzu nachfolgenden Buchstaben e).

Lohn-steuer-pflichtig Sozial-versich.-pflichtig

- die Essensmarken nicht an Arbeitnehmer ausgegeben werden, die eine **Auswärtstätigkeit** bis zu drei Monaten ausüben. In den ersten drei Monaten einer beruflich veranlassten Auswärtstätigkeit ist der Wert der Essensmarke wie ein Verpflegungszuschuss (steuerfrei im Rahmen der Verpflegungspauschalen von 14 € bzw. 28 €) zu behandeln. Zur Ausgabe von Essensmarken an Arbeitnehmern mit Auswärtstätigkeit nach Ablauf der Dreimonatsfrist vgl. den nachfolgenden Buchstaben d.

Sind die vorgenannten Voraussetzungen erfüllt, ist der Wert der Mahlzeiten mit dem Sachbezugswert zu bewerten und zwar unabhängig davon, ob der Arbeitgeber mit einer Gaststätte direkte vertragliche Beziehungen unterhält oder ein Unternehmen einschaltet, das die Essensmarken ausgibt (sog. **Essensmarkenemittent**).

Kernpunkt dieser Regelung ist die wertmäßige Begrenzung der Essensmarke nach oben. Um eine missbräuchliche Bewertung der Mahlzeiten mit dem Sachbezugswert zu vermeiden (insbesondere bei Barlohnumwandlungen, vgl. die Erläuterungen unter dem nachfolgenden Buchstaben c) wurde der höchstmögliche Betrag, den der Arbeitgeber dem Arbeitnehmer durch die Ausgabe von Essensmarken oder Restaurantschecks steuerfrei zuwenden kann, **auf 3,10 € arbeitstäglich begrenzt.** Die Obergrenze wurde an den Sachbezugswert für Mahlzeiten gekoppelt, was zwar regelmäßig einen jährlichen Anstieg der Obergrenze zur Folge hat, den höchstmöglichen steuerfreien geldwerten Vorteil aber konstant bei 3,10 € arbeitstäglich festschreibt. Für das Kalenderjahr 2021 darf der Verrechnungswert der Essensmarke also (3,10 € + 3,47 € =) **6,57 €** nicht übersteigen.

Beispiel A

Ein Arbeitgeber vereinbart im Kalenderjahr 2021 mit einer Gaststätte die Entgegennahme von Essensgutscheinen. Der Wert eines Essensgutscheins beträgt 6,57 €. Muss der Arbeitnehmer für das Essen nichts zuzahlen, ist der amtliche Sachbezugswert in Höhe von 3,47 € zu versteuern.

M

Muss der Arbeitnehmer zum Essen zuzahlen, vermindert die Zuzahlung den steuerpflichtigen Sachbezugswert. Die **Zuzahlung muss** jedoch in einer durch das Finanzamt überprüfbaren Form **nachgewiesen** werden. Wie dies am zweckmäßigsten geschieht, wird anhand der nachstehenden Beispiele C und D erläutert.

Eine Bewertung der abgegebenen Mahlzeit mit dem Sachbezugswert ist also nur dann möglich, wenn der Verrechnungswert der Essensmarke den amtlichen Sachbezugswert einer Mittagsmahlzeit um nicht mehr als **3,10 €** übersteigt. Hiernach ergeben sich folgende Grenzbeträge:

Kalenderjahr		**Grenzbetrag**
2021	(3,10 € + 3,47 €)	**6,57 €**
2020	(3,10 € + 3,40 €)	6,50 €
2019	(3,10 € + 3,30 €)	6,40 €
2018	(3,10 € + 3,23 €)	6,33 €
2017	(3,10 € + 3,17 €)	6,27 €
2016	(3,10 € + 3,10 €)	6,20 €

Übersteigt der Wert der Essensmarke den Grenzbetrag, ist eine Bewertung der Mahlzeit mit dem amtlichen Sachbezugswert ausgeschlossen. Hierzu stellt sich die Frage, ob in diesen Fällen der entstehende geldwerte Vorteil mit 25 % pauschal besteuert werden kann. Diese Frage wird von der Finanzverwaltung verneint (zur Pauschalierung der Lohnsteuer bei Mahlzeiten vgl. nachfolgend unter Nr. 7).

Nach R 8.1 Abs. 7 Nr. 4 LStR darf der Arbeitgeber im Grundsatz nur **eine** Essensmarke für jeden Arbeitstag ausgeben, wobei diejenigen Arbeitstage, an denen der Arbeitnehmer eine Auswärtstätigkeit ausübt, außer Ansatz bleiben; auch ein Kauf mehrerer Mahlzeiten oder von Bestandteilen von Mahlzeiten auf Vorrat ist nicht zulässig. Um diese Voraussetzung erfüllen zu können, müsste der Arbeitgeber für jeden einzelnen Arbeitnehmer **die Abwesenheitstage feststellen** (z. B. Abwesenheit infolge von Auswärtstätigkeiten, Urlaub oder Erkrankung) und die für diese Tage ausgegebenen Essensmarken **zurückfordern.** Da diese Überwachung für den Arbeitgeber sehr arbeitsaufwendig ist, enthalten die Lohnsteuer-Richtlinien folgende zweistufige Vereinfachungsregelung:

- Der Arbeitgeber braucht die Essensmarken nicht zurückfordern, wenn er die Abwesenheitstage bei der Ausgabe der Essensmarken für den **Folgemonat verrechnet.**
- Darüber hinaus kann der Arbeitgeber **völlig auf die Überwachung der Abwesenheitstage verzichten,** wenn er pro Arbeitnehmer nicht mehr als **15 Essensmarken** monatlich (ergibt 180 jährlich) ausgibt und dabei diejenigen Arbeitnehmer ausklammert, die im Jahresdurchschnitt mehr als drei Arbeitstage im Monat eine Auswärtstätigkeit ausüben. Zur Anwendung der 15-Tage-Regelung bei arbeitstäglichen Mahlzeitenzuschüssen vgl. nachfolgenden Buchstaben e).

Beispiel B

Ein Arbeitgeber beschäftigt keine Arbeitnehmer, die mehr als drei Tage im Monat eine Auswärtstätigkeit ausüben. Er gibt 2021 zu Beginn jeden Monats 15 Essensmarken an jeden Arbeitnehmer aus. Eine Überwachung, ob und wie lange der Arbeitnehmer in Urlaub oder krank war, und eine eventuelle Rückforderung von Essensmarken ist nicht erforderlich. Damit ist auch die Überwachung, ob – wie es die getroffenen Vereinbarungen Arbeitgeber/Arbeitnehmer und Arbeitgeber/Annahmestelle vorsehen – für jede Mahlzeit lediglich eine Essensmarke täglich in Zahlung genommen wird, hinfällig.

Der Arbeitgeber muss die Ausgabe von Essensgutscheinen, die Berücksichtigung von Abwesenheitstagen und insbesondere auch die Verrechnung von Zuzahlungen des Arbeitnehmers in einer für die Lohnsteuer-Außenprüfung nachvollziehbaren Form im Lohnkonto festhalten. Die Lohnsteuer-Richtlinien enthalten hierzu folgende Aufbewahrungserleichterungen:

Die von Annahmestellen (z. B. Gaststätten) eingelösten Essensmarken brauchen nicht an den Arbeitgeber zurückgegeben und von ihm aufbewahrt werden, wenn die Annahmestelle über die Essensmarken mit dem Arbeitgeber abrechnet und die Abrechnungen, aus denen sich ergibt, wie viel Essensmarken mit welchem Verrechnungswert eingelöst worden sind, vom Arbeitgeber aufbewahrt werden. Dasselbe gilt, wenn ein Essensmarkenemittent eingeschaltet ist, und der Arbeitgeber von diesem eine entsprechende Abrechnung erhält und aufbewahrt. Hiernach ergibt sich folgender **Hinweis für die Praxis:**

Die eingelösten Essensmarken brauchen vom Essensmarkenemittenten (Gaststätte) nicht zurückgegeben werden. Aufzubewahren sind lediglich die Abrechnungen mit den Annahmestellen, aus denen sich ergeben muss, wie viele Essensmarken mit welchem Verrechnungswert eingelöst worden sind.

Muss der Arbeitnehmer für die Essensmarken etwas bezahlen, muss die Zuzahlung in einer für das Finanzamt nachprüfbaren Form nachgewiesen werden. Hierzu gilt Folgendes:

Soll durch die Ausgabe von Essensmarken und Restaurantschecks kein steuerpflichtiger geldwerter Vorteil entstehen, muss der Arbeitgeber sicherstellen, dass die Zuzahlung des Arbeitnehmers mindestens in Höhe des Sachbezugswerts erfolgt. Im Kalenderjahr 2021 muss die Zuzahlung also mindestens 3,47 € für das Mittagessen betragen. Dies kann der Arbeitgeber durch eine entsprechende Vereinbarung mit der jeweiligen Gaststätte erreichen, die dann aber auch tatsächlich so durchgeführt werden muss. Am zweckmäßigsten ist jedoch der **Verkauf der Essensmarken an die Arbeitnehmer** selbst zu einem Preis in Höhe des Sachbezugswerts. Dieser Verkauf der Essensmarken durch den Arbeitgeber soll an zwei Beispielen verdeutlicht werden, und zwar zum einen der Verkauf einzelner Essensmarken (Beispiel C) und zum

	Lohn-steuer-pflichtig	Sozial-versich.-pflichtig

anderen die Abrechnung einer monatlichen Essensmarkenpauschale (Beispiel D).

Beispiel C

Der Arbeitgeber verkauft im Kalenderjahr 2021 Essensmarken im Wert von 5,– €, die in verschiedenen Gaststätten eingelöst werden können, zu einem Preis von 1,– € an die Arbeitnehmer.

Da der Verrechnungswert der Essensmarke in Höhe von 5,– € den Grenzwert von 6,57 € nicht übersteigt, wird die Mahlzeit mit dem Sachbezugswert von 3,47 € bewertet. Steuer- und beitragspflichtig ist die Differenz zwischen Sachbezugswert und Zuzahlung des Arbeitnehmers, also (3,47 € – 1,– € =) 2,47 € für jede Mahlzeit. Der Arbeitgeberzuschuss in Höhe von 4,– € bleibt somit in Höhe von (4,– € – 2,47 € =) 1,53 € steuerfrei. Der steuerpflichtige Betrag in Höhe von 2,47 € kann pauschal mit 25 % besteuert werden. Dies löst die Beitragsfreiheit in der Sozialversicherung aus (vgl. nachfolgend unter Nr. 7).

Beispiel D

Der Arbeitgeber will im Kalenderjahr 2021 zu den arbeitstäglichen Mahlzeiten einen steuerfreien Zuschuss in Höhe von 3,10 € gewähren. Da der Nachweis, dass von der Annahmestelle (Gaststätte oder sonstige Einrichtung) für jede Mahlzeit nur eine Essensmarke in Zahlung genommen wird, schwierig zu führen ist, gibt der Arbeitgeber für jeden Kalendermonat nur 15 Essensmarken an die Arbeitnehmer aus und bezieht nur solche Arbeitnehmer in dieses pauschale Ausgabeverfahren ein, die durchschnittlich nicht an mehr als drei Arbeitstagen im Kalendermonat eine Auswärtstätigkeit ausüben. Auf den Essensmarken ist ein Verrechnungspreis von 6,57 € angegeben.

Bei der Lohnabrechnung behält er den Arbeitnehmern den maßgeblichen Sachbezugswert in Höhe von 3,47 € für 15 Mahlzeiten vom Nettolohn ein (3,47 € × 15 = 52,05 €).

Der vom Arbeitgeber darüber hinaus eingeräumte monatliche geldwerte Vorteil in Höhe von 46,50 € (3,10 € × 15) ist steuer- und beitragsfrei.

b) Begrenzung des steuerpflichtigen Betrags auf den Wert der Essensmarke

Es gibt jedoch auch Fälle, in denen eine wertmäßige Begrenzung nach **oben** (auf 6,57 €) keine Rolle spielt, sondern sich umgekehrt die Frage stellt, welcher Betrag bei der Ausgabe einer Essensmarke im Wert von z. B. 0,50 € oder 1 € in denjenigen Fällen zu versteuern ist, in denen die Zuzahlung des Arbeitnehmers die Höhe des amtlichen Sachbezugswerts nicht erreicht. Hierzu gilt Folgendes:

Zahlt der Arbeitnehmer bei der Ausgabe von Essensmarken **weniger** als den amtlichen Sachbezugswert zum Essen dazu, sind nach R 8.1 Abs. 7 Nr. 4 Buchstabe b LStR zwei Fälle zu unterscheiden:

a) Die Differenz zwischen Sachbezugswert und Zuzahlung ist **niedriger** als der Wert der Essensmarke; zu versteuern ist die Differenz zum Sachbezugswert (vgl. Beispiele A und B).

b) Die Differenz zwischen Sachbezugswert und Zuzahlung ist **höher** als der Wert der Essensmarke; zu versteuern ist der Wert der Essensmarke (vgl. Beispiel C).

Beispiel A

Ein Arbeitgeber gibt Essensmarken im Wert von 2,– € aus, die an einem Imbissstand in Zahlung genommen werden. Der Arbeitnehmer kauft einen Imbiss für 3,50 € und zahlt 1,50 € aus der eigenen Tasche. Für die Bewertung des Sachbezugs ergibt sich Folgendes:

Sachbezugswert für Mahlzeiten	3,47 €
Zuzahlung des Arbeitnehmers	1,50 €
lohnsteuerpflichtig	1,97 €

Beispiel B

Preis der Mahlzeiten	3,47 €
abzüglich Wert der Essensmarke	3,47 €
Zahlung des Arbeitnehmers	0,– €
Sachbezugswert der Mahlzeit	3,47 €
abzüglich Zahlung des Arbeitnehmers	0,– €
Verbleibender Wert	3,47 €
Anzusetzen ist der Sachbezugswert	3,47 €

Beispiel C

Ein Arbeitgeber gibt Essensmarken im Wert von 1 € aus, die an einem Imbissstand in Zahlung genommen werden. Der Arbeitnehmer kauft einen Imbiss im Wert von 2 € und zahlt 1 € dazu. Für die Bewertung des Sachbezugs ergibt sich Folgendes:

Sachbezugswert für Mahlzeiten	3,47 €
Zuzahlung des Arbeitnehmers	1,– €
verbleiben	2,47 €
höchstens lohnsteuerpflichtig ist jedoch nur der niedrigere Wert der Essensmarke von	1,– €

Diese Regelung gilt nur bei der Ausgabe von Essensmarken für Mahlzeiten, die **außerhalb** des Betriebs eingenommen werden. Gelten die Essensmarken für den Bezug von Mahlzeiten in einer vom Arbeitgeber **selbst betriebenen Kantine,** ist der Wert der Mahlzeit stets mit dem amtlichen Sachbezugswert anzusetzen; der Wert der Essensmarken ist – wie unter Nr. 4 bereits ausgeführt – für die Besteuerung ohne Bedeutung. Lohnsteuerpflichtig ist immer der Sachbezugswert (ggf. gemindert um eine Zuzahlung des Arbeitnehmers). Zu verpachteten Kantinen mit Arbeitgeberzuschüssen vgl. vorstehende Nr. 5.

c) Umwandlung von Barlohn in Essensgutscheine oder Restaurantschecks

Da bei einer Ausgabe von Essensgutscheinen im Wert von 6,57 € je Mahlzeit lediglich der Sachbezugswert in Höhe von 3,47 € zu versteuern ist, dem Arbeitnehmer also 3,10 € arbeitstäglich steuerfrei zugewendet werden können, stellt sich die Frage, ob Barlohn in Essensgutscheine mit dem Ziel umgewandelt werden kann, Steuern zu sparen. Eine solche Barlohnumwandlung läuft nach folgenden Grundsätzen ab:

Der Arbeitnehmer erwirbt für einen Monat 15 Restaurantschecks im Wert von jeweils 6,57 €. Da er mindestens den Sachbezugswert selbst zuzahlen muss, um den Ansatz eines geldwerten Vorteils zu vermeiden, werden dem Arbeitnehmer 15 × 3,47 € = 52,05 € vom Arbeitslohn einbehalten. Die Differenz wird durch eine Barlohnumwandlung finanziert:

15 Schecks zu jeweils 6,57 €	=	98,55 €
abzüglich Zuzahlung des Arbeitnehmers 15 × 3,47 €	=	52,05 €
Differenz monatlich		46,50 €

Diese Differenz wird durch eine Gehaltsumwandlung finanziert, z. B. durch Verrechnung des Jahresbetrags von (46,50 € × 12 =) 558 € mit dem Weihnachtsgeld. Hierdurch tritt eine **Minderung des steuerpflichtigen Arbeitslohns** in Höhe von 558 € ein, was zu einer Steuerersparnis führt, die je nach Grenzsteuersatz (vgl. hierzu die Erläuterungen beim Stichwort „Tarifaufbau" unter Nr. 6 auf Seite 915) zwischen 80 € und 235 € jährlich beträgt. Früher war es nach Auffassung der Finanzverwaltung Voraussetzung für eine Bewertung der Mahlzeiten mit dem amtlichen Sachbezugswert, dass der Arbeitnehmer nicht zugunsten von Essensmarken oder Restaurantschecks auf den ihm zustehenden Barlohn „verzichtet" hat (sog. Ausschluss einer Gehaltsumwandlung). Im Hinblick auf den BFH-Beschluss vom 20.8.1997 (BStBl. II S. 667) in dem der Bundesfinanzhof entschieden hat, dass Arbeitgeber und Arbeitnehmer im gegenseitigen Einvernehmen ohne weiteres Barlohn durch einen Sachbezug ersetzen können, hat die Finanzverwaltung ihre einschränkende Haltung ausdrücklich aufgegeben (R 8.1 Abs. 7 Nr. 4 Buchstabe c LStR). Eine Gehaltsumwandlung führt jedoch nur dann zur Bewertung der Mahlzeiten mit dem amtlichen Sachbezugswert, wenn der Verrechnungswert der Essensmarke **6,57 € nicht übersteigt.** Außerdem muss der Austausch von Barlohn durch Essensmarken ausdrücklich **durch eine Änderung des Arbeitsvertrags vereinbart** werden. Bei Beachtung der vorstehenden Grundsätze wird sozialversicherungsrechtlich ebenso verfahren, wobei allerdings kein Wahlrecht zwischen Barlohn und Sachbezug bestehen darf (vgl. auch das Stichwort „Firmenwagen zur privaten Nutzung" unter Nr. 6 Buchstabe b). Zu beachten ist zudem sozialversicherungsrechtlich, dass tarifliche oder gesetzliche Mindestlöhne nicht unterschritten werden dürfen.

Lohnsteuerpflichtig | Sozialversich.-pflichtig

d) Ausgabe von Essensmarken an Arbeitnehmer mit Auswärtstätigkeit

Nach den Ausführungen unter dem vorstehenden Buchstaben a) kommt die besondere Bewertungsregelung für Essensmarken nicht für Arbeitnehmer in Betracht, die eine Auswärtstätigkeit ausüben. Die Verwaltung lässt aber bei Arbeitnehmern mit längerfristiger beruflich veranlasster Auswärtstätigkeit folgende Ausnahme zu:[1)]

- Bei der Hingabe von **Essensmarken** durch den Arbeitgeber im Rahmen einer beruflich veranlassten Auswärtstätigkeit des Arbeitnehmers handelt es sich nicht um eine Zurverfügungstellung von Mahlzeiten, sondern um einen **Verpflegungszuschuss.** Dies gilt bei allen Arbeitnehmern, die eine beruflich veranlasste Auswärtstätigkeit ausüben.
- Bei Arbeitnehmern mit Auswärtstätigkeit wird bei der Hingabe von Essensmarken **nach Ablauf der Dreimonatsfrist** an derselben Tätigkeitsstätte der geldwerte Vorteil – bei Vorliegen der übrigen Voraussetzungen – mit dem niedrigeren Sachbezugswert angesetzt.

Beispiel

Verleiher A überlässt Entleiher B seinen Arbeitnehmer C für ein Jahr (= beruflich veranlasste Auswärtstätigkeit). C, der arbeitstäglich mehr als acht Stunden von seiner Wohnung abwesend ist, erhält von A arbeitstäglich eine Essensmarke im Wert von 5 €.

In den ersten drei Monaten handelt es sich bei der Essensmarke um einen steuerfreien Verpflegungszuschuss. Den Differenzbetrag zur steuerfreien Verpflegungspauschale von 9 € (14 € abzüglich 5 €) kann C als Werbungskosten geltend machen.

Ab dem vierten Monat liegt bei C ein geldwerter Vorteil in Höhe von 3,47 € täglich vor, da die Essensmarke den höchstmöglichen Verrechnungswert von 6,57 € nicht übersteigt. Der geldwerte Vorteil von 3,47 € kann von A mit 25 % pauschal besteuert werden (vgl. nachfolgende Nr. 7).

e) Arbeitstägliche Arbeitgeberzuschüsse

M

In Anlehnung an die Regelung für Essensmarken (vgl. vorstehende Buchstaben a bis d) ist es auch möglich, dass der Arbeitgeber dem Arbeitnehmer einen arbeitstäglichen Essenszuschuss bis zu 6,57 € zahlt, wenn der Arbeitnehmer die Mahlzeiteneinnahme dem Arbeitgeber durch einen Einzelbeleg oder im Rahmen eines elektronischen Verfahrens nachweist. Auch in diesem Fall erfolgt die Bewertung des Mittagessens mit dem amtlichen Sachbezugswert von 3,47 €.

Nach Auffassung der Finanzverwaltung gilt für die lohnsteuerliche Behandlung von arbeitstäglichen Mahlzeitenzuschüssen des Arbeitgebers im Einzelnen Folgendes:[2)]

Hat der Arbeitnehmer arbeitsvertraglich oder aufgrund einer anderen arbeitsrechtlichen Rechtsgrundlage einen Anspruch auf arbeitstägliche Zuschüsse des Arbeitgebers zu Mahlzeiten, ist als **Arbeitslohn** nicht der Zuschuss, sondern die **Mahlzeit** anzusetzen. Die Bewertung ist mit dem **amtlichen Sachbezugswert** (2021 = 3,47 €) vorzunehmen, wenn sichergestellt ist, dass

- tatsächlich eine **Mahlzeit** (Frühstück, Mittag- oder Abendessen) durch den Arbeitnehmer **erworben** wird. Lebensmittel sind als Mahlzeiten anzuerkennen, wenn sie zum unmittelbaren Verzehr geeignet oder zum Verbrauch während der Essenspausen bestimmt sind. Dabei ist es auch zulässig, dass der Arbeitnehmer einzelne Bestandteile seiner Mahlzeit bei verschiedenen Akzeptanzstellen erwirbt.
- für jede Mahlzeit lediglich **ein Zuschuss arbeitstäglich** (ohne Krankheits- und Urlaubstage) beansprucht werden kann. Es wird von der Finanzverwaltung nicht akzeptiert, dass der Arbeitnehmer mehrere Mahlzeiten (z. B. für bis zu fünf Arbeitstagen) oder Bestandteile einer Mahlzeit auf Vorrat erwirbt. Dies gilt auch bei Vorliegen besonderer Verhältnisse, wie z. B. während der Corona-Pandemie.
- der Zuschuss den amtlichen Sachbezugswert der Mahlzeit um nicht mehr als 3,10 € übersteigt. Damit ergibt sich für 2021 ein **maximaler Zuschussbetrag** von arbeitstäglich **6,57 €** (3,10 € + 3,47 €) für ein **Mittag- oder Abendessen** und **4,93 €** (3,10 € + 1,83 €) für ein **Frühstück,**
- der **Zuschuss** den tatsächlichen **Preis** der Mahlzeit **nicht übersteigt** und
- der Zuschuss nicht von Arbeitnehmern beansprucht werden kann, die eine Auswärtstätigkeit ausüben, bei der die Dreimonatsfrist noch nicht abgelaufen ist. In den ersten drei Monaten ist der Zuschuss bei diesen Arbeitnehmern wie eine Verpflegungspauschale zu behandeln (vgl. vorstehenden Buchstaben d).

Es kommt nicht darauf an, ob zwischen dem Arbeitgeber und dem die bezuschusste Mahlzeit abgebenden Unternehmen (Gaststätte oder Ähnliches) vertragliche Beziehungen bestehen oder nicht. Der Arbeitgeber hat die vorstehenden Voraussetzungen nachzuweisen. Dabei ist es neben der **manuellen Überprüfung** der ihm vom Arbeitnehmer vorgelegten Einzelbelege auch möglich, dass der Arbeitgeber **elektronische Verfahren** nutzt. So kann z. B. ein Anbieter die Belege vollautomatisch digitalisieren, prüfen und dem Arbeitgeber monatliche Abrechnungen übermitteln, aus der sich dieselben Erkenntnisse gewinnen lassen. Der Arbeitgeber hat die Belege bzw. Abrechnungen zum Lohnkonto zu nehmen und aufzubewahren.

In den vorstehenden Fällen kann der Arbeitgeber den arbeitstäglichen Zuschuss zu den Mahlzeiten in Höhe des **amtlichen Sachbezugswerts von 1,83 € oder 3,47 € mit 25 % pauschal besteuern** (= Sozialversicherungsfreiheit), obwohl keine vertraglichen Beziehungen zu dem die bezuschusste Mahlzeit abgebenden Unternehmen bestehen.

Beispiel A

Der Arbeitnehmer geht mittags essen, wo er möchte, und fotografiert mit seinem Smartphone anschließend den Kassenbeleg. Der Anbieter der sog. Mahlzeiten-App digitalisiert und prüft die Belege vollautomatisch und übermittelt dem Arbeitgeber arbeitnehmerbezogen eine monatliche Abrechnungsdatei. Der Arbeitnehmer erhält eine Erstattung von maximal 6,57 € pro Arbeitstag mit der nächsten Gehaltsabrechnung.

Auch in diesem Fall ist die Mahlzeit mit dem amtlichen Sachbezugswert von 3,47 € zu bewerten und kann pauschal mit 25 % besteuert werden. Im Fall der Pauschalbesteuerung ist der geldwerte Vorteil sozialversicherungsfrei. Der darüber hinausgehende Betrag von 3,10 € stellt im Ergebnis einen steuerfreien Zuschuss des Arbeitgebers dar.

Vom **Arbeitnehmer** darüber hinausgehende **Zuzahlungen** für die Mahlzeit sind auf den Sachbezugswert **anzurechnen.** Dies gilt sowohl bei arbeitstäglichen Mahlzeitenzuschüssen als auch bei Essensmarken.

Beispiel B

Der Arbeitnehmer erhält einen arbeitstäglichen Mahlzeitenzuschuss oder eine Essensmarke in Höhe von 6,57 €. Das vom Arbeitnehmer in einer Gaststätte eingenommene Mittagessen kostet 11 €.

Arbeitstäglicher Mahlzeitenzuschuss	6,57 €	
Steuerlich anzusetzender Sachbezugswert	3,47 €	3,47 €
abzüglich Zuzahlung des Arbeitnehmers		4,43 €
Geldwerter Vorteil		0 €

Beträgt allerdings der arbeitstägliche **Mahlzeitenzuschuss** oder der Wert der Essensmarke zu einem Mittagessen **mehr als 6,57 €,** ist der tatsächliche Zuschuss oder der tatsächliche Verrechnungswert als Arbeitslohn anzusetzen.

1) BMF-Schreiben vom 5.1.2015 (BStBl. I S. 119). Das BMF-Schreiben ist als Anlage 2 zu H 8.1 (7) LStR im **Steuerhandbuch für das Lohnbüro 2021** abgedruckt, das im selben Verlag erschienen ist.

2) BMF-Schreiben vom 18.1.2019 (BStBl. I S. 66). Das BMF-Schreiben ist als Anlage 3 zu H 8.1 (7) LStR im **Steuerhandbuch für das Lohnbüro 2021** abgedruckt, das im selben Verlag erschienen ist.

	Lohn-steuer-pflichtig	Sozial-versich.-pflichtig

Beispiel C

Der Arbeitnehmer erhält einen arbeitstäglichen Mahlzeitenzuschuss oder eine Essensmarke in Höhe von 10 €. Die vom Arbeitnehmer in einer Gaststätte eingenommene Mahlzeit kostet 15 €.

Tatsächlicher Mahlzeitenzuschuss oder Wert der Essensmarke	10 €
Geldwerter Vorteil	10 €

Die Anwendung der **15-Tage-Regelung** (vgl. vorstehenden Buchstaben a) kommt bei arbeitstäglichen Arbeitgeberzuschüssen ebenfalls in Betracht, z. B. wenn **digitale Essensmarken im Vorhinein** monatlich wiederkehrend durch den Arbeitgeber mit dem jeweils aktuell zulässigen Höchstbetrag den Arbeitnehmern gewährt werden. Die Einlösung der digitalen Essensmarken durch den Arbeitnehmer erfolgt mittels einer für ihn personalisierten, nicht übertragbaren „Bezahlkarte“[1] über den an der Kasse angeschlossenen Zahlungsterminal der Annahmestellen. Der Systemanbieter stellt durch die technische Systemkonfiguration sicher, dass nur eine digitale Essensmarke pro Tag eingelöst werden kann. Die jeweils zu Monatsbeginn stattfindende Aufladung der digitalen Essensmarken entspricht der Vorgehensweise bei der Ausgabe von „Papier-Essensmarken“. Die Pflicht zur Feststellung der Abwesenheitstage und zur Anpassung der digitalen Essensmarken im Folgemonat entfällt, da der Arbeitgeber monatlich nicht mehr als 15 digitale Essensmarken auflädt.

Zulässig sind aber **maximal 15 Zuschüsse zu Mahlzeiten im Kalendermonat** (= **insgesamt** für Frühstück, Mittag- und Abendessen). Je Arbeitstag und je bezuschusster Mahlzeit (Frühstück, Mittag- oder Abendessen) kann nur ein Zuschuss mit dem amtlichen Sachbezugswert angesetzt werden.

Beispiel D

Der Arbeitgeber zahlt seinem Arbeitnehmer für 15 Arbeitstage monatlich einen Zuschuss zu einem Frühstück, das der Arbeitnehmer in einer Bäckerei in der Nähe des Betriebs einnimmt.

Der Zuschuss des Arbeitgebers darf arbeitstäglich maximal 4,93 € betragen (Sachbezugswert für ein Frühstück 1,83 € zuzüglich 3,10 €). Als Arbeitslohn ist in diesem Fall der Sachbezugswert von 1,83 € anzusetzen, der mit 25 % pauschal besteuert werden kann und in diesem Fall sozialversicherungsfrei ist. Der darüber hinausgehende Zuschuss von 3,10 € arbeitstäglich bleibt steuer- und sozialversicherungsfrei.

Außerdem ist zu aufgetretenen Fragen Folgendes zu beachten:

Gemischte Belege

Der Arbeitnehmer reicht beim Arbeitgeber einen Beleg ein, der neben der arbeitstäglichen Mahlzeit noch weitere, gleichzeitig mit der Mahlzeit erworbene Produkte enthält, die nicht Teil der Mahlzeit sind. Unter der Voraussetzung, dass der Arbeitnehmer den Teilbetrag für die Mahlzeit eindeutig bestimmt, steht es der Bewertung mit dem günstigen Sachbezugswert nicht entgegen, wenn die Rechnung zusätzliche Artikel enthält.

Sammelbeleg mehrerer Arbeitnehmer

Mehrere Arbeitnehmer nehmen ihre Mahlzeit gemeinsam ein. Dabei bezahlt jeder sein Essen selbst, jedoch stellt das Restaurant keine getrennten Einzelbelege, sondern einen Sammelbeleg aus. Gegenüber dem Arbeitgeber beantragt der Arbeitnehmer einen Essenszuschuss nur für den Teilbetrag der Rechnung, der auf das von ihm konsumierte und bezahlte Essen entfällt. Auch in diesem Fall scheitert die Bewertung mit dem amtlichen Sachbezugswert nicht daran, dass weitere Beträge auf der Rechnung enthalten sind, solange der Arbeitnehmer nur für die tatsächlich von ihm verzehrte Mahlzeit Zuschüsse geltend macht. Inwieweit für die übrigen Mahlzeiten Zuschüsse durch andere Arbeitnehmer beantragt werden, ist insoweit ohne Bedeutung.

	Lohn-steuer-pflichtig	Sozial-versich.-pflichtig

Kurzzeitige Auswärtstätigkeiten

Der Arbeitnehmer wird an einzelnen Tagen sowohl an der ersten Tätigkeitsstätte als auch auswärts tätig. Unter der Voraussetzung, dass der Arbeitnehmer für diesen Tag keinen Anspruch auf eine steuerfreie Verpflegungspauschale wegen Auswärtstätigkeit hat, ist eine Bewertung der Mahlzeit mit dem amtlichen Sachbezugswert möglich.

Mehrere Arbeitgeber

Der Arbeitnehmer hat mehrere Arbeitsverhältnisse und wird an einem Tag für verschiedene Arbeitgeber tätig. Da sich die Gestellung arbeitstäglicher Mahlzeiten grundsätzlich am jeweiligen Arbeitsverhältnis orientiert, bestehen keine Bedenken, dass jeder Arbeitgeber für Tage, an denen der Arbeitnehmer für mehrere Arbeitgeber tätig wird, die Regelung für Mahlzeitenzuschüsse anwenden kann.

Stichprobenkontrolle

Der Arbeitgeber hat die Voraussetzungen für die Sachbezugsbewertung nachzuweisen. Bei einer größeren Zahl von Arbeitnehmern ist allerdings eine Einzelkontrolle unzumutbar, weshalb in entsprechenden Fällen eine stichprobenhafte Prüfung der ordnungsgemäßen Verwendung der Zuschüsse ausreichend, aber auch erforderlich ist. Die Stichprobenkontrolle hat in einem regelmäßigen Turnus zu erfolgen und ist zu dokumentieren. Unabhängig davon sind sämtliche Belege zum Lohnkonto zu nehmen.

7. Pauschalierung der Lohnsteuer mit 25 %

Falls arbeitstägliche Mahlzeiten unentgeltlich gewährt werden oder die Zuzahlung des Arbeitnehmers für eine Mahlzeit den Sachbezugswert nicht erreicht, entsteht ein steuer- und beitragspflichtiger geldwerter Vorteil. ja ja

Die Versteuerung kann individuell durch Zurechnung beim einzelnen Arbeitnehmer oder pauschal mit dem **Pauschsteuersatz von 25 %** erfolgen. Die Pauschalierung mit 25 % löst Beitragsfreiheit in der Sozialversicherung aus (§ 1 Abs. 1 Satz 1 Nr. 3 SvEV[2]). ja nein

M

Diese in § 40 Abs. 2 Satz 1 Nr. 1 EStG geregelte Pauschalierungsmöglichkeit erfasst die Abgabe von **arbeitstäglichen Mahlzeiten im Betrieb.** Ebenfalls mit 25 % können vom Arbeitgeber an den Arbeitnehmer an ein anderes Unternehmen geleistete Barzuschüsse für die Mahlzeitenabgabe pauschaliert werden (vgl. nachfolgende Nr. 8 Buchstabe b). Wird bei der Ausgabe von Essensmarken oder Restaurantschecks der vorstehend unter Nr. 6 Buchstabe a erläuterte Grenzwert von (3,10 € + 3,47 € =) **6,57 €** überschritten, ist eine Bewertung der Mahlzeit mit dem amtlichen Sachbezugswert ausgeschlossen. Hierzu stellt sich die Frage, ob in diesen Fällen der entstehende geldwerte Vorteil mit 25 % pauschal besteuert werden kann. Diese Frage wird von der Finanzverwaltung verneint. Denn die aus Gründen der Verwaltungsvereinfachung zugelassene Pauschalbesteuerung geht von einer Bewertung der Mahlzeit mit dem amtlichen Sachbezugswert aus. Ist jedoch eine Bewertung mit dem amtlichen Sachbezugswert nicht möglich, weil die hierfür geltende steuerliche Wertgrenze überschritten wird, ist auch für die Anwendung der Pauschalbesteuerung mit 25 % kein Raum (R 40.2 Abs. 1 Nr. 1 Satz 2 LStR).

Beispiel A

Ein Arbeitgeber vereinbart im Kalenderjahr 2021 mit einer Gaststätte die Entgegennahme von Essensgutscheinen für ein Mittagessen. Der Wert eines Essensgutscheins beträgt 7,50 €. Das Essen kann nicht mit dem amtlichen Sachbezugswert von 3,47 € bewertet werden, da die hierfür maßgebende Grenze für den Essensgutschein von 6,57 € überschritten ist. Die Versteuerung des geldwerten Vorteils von arbeitstäg-

1) Ungeachtet des Begriffs „Bezahlkarte“ geht die Finanzverwaltung bei Essensmarken und arbeitstäglichen Mahlzeitenzuschüssen nach wie vor von einem Sachbezug (= der Mahlzeit) aus.

2) Die Sozialversicherungsentgeltverordnung (SvEV) ist als Anhang 2 im **Steuerhandbuch für das Lohnbüro 2021** abgedruckt, das im selben Verlag erschienen ist.

lich 7,50 € richtet sich nach den allgemein geltenden Grundsätzen (individuelle Besteuerung als laufender Arbeitslohn). Eine Pauschalierung der Lohnsteuer mit 25 % ist nicht möglich.

Ungeachtet der Betragsangabe auf dem Gutschein handelt es sich um einen Sachbezug mit der Folge, dass die 44-Euro-Freigrenze für Sachbezüge anwendbar ist, sofern sie nicht schon anderweitig ausgeschöpft wurde (vgl. auch das Stichwort „Warengutscheine").

Beispiel B

Gleicher Sachverhalt wie Beispiel A. Der Wert eines Essensgutscheins beträgt 5 €. Das Essen ist mit dem amtlichen Sachbezugswert von 3,47 € zu bewerten, da die Wertgrenze von 6,57 € nicht überschritten ist. Der steuerpflichtige geldwerte Vorteil von arbeitstäglich 3,47 € kann mit 25 % pauschal besteuert werden (zuzüglich 5,5 % Solidaritätszuschlag und pauschale Kirchensteuer).

Bei einer Pauschalierung der Lohnsteuer mit 25 % für die Abgabe arbeitstäglicher Mahlzeiten im Betrieb ist zu beachten, dass

- ein **Antrag** beim Finanzamt für die Pauschalierung **nicht** erforderlich ist;
- die Pauschalierung auch dann zulässig ist, wenn nur wenige Arbeitnehmer betroffen sind;
- die Pauschalierung auch dann möglich ist, wenn **mehr als eine Mahlzeit** arbeitstäglich gewährt wird;[1)]
- zusätzlich zur pauschalen Lohnsteuer weiterhin ein Solidaritätszuschlag von 5,5 % und (pauschale) Kirchensteuer anfällt (vgl. „Solidaritätszuschlag" unter Nr. 8 und „Kirchensteuer" unter Nr. 10);
- die Pauschalierung der Lohnsteuer mit 25 % **Sozialversicherungsfreiheit** nach § 1 Abs. 1 Satz 1 Nr. 3 SvEV[2)] auslöst.

Bei der Ausgabe von **Essensmarken** ist die Pauschalbesteuerung nur zulässig, wenn die Mahlzeit mit dem amtlichen Sachbezugswert anzusetzen ist. Ausnahmsweise kann auch der Verrechnungswert der Essensmarke pauschal mit 25 % besteuert werden, wenn der in R 8.1 Abs. 7 Nr. 4 Buchstabe b LStR genannte Sonderfall vorliegt. Dieser Sonderfall, in dem ausnahmsweise der niedrige Verrechnungswert der Essensmarke anzusetzen ist, ist unter der vorstehenden Nr. 6 Buchstabe b (Beispiel C) erläutert. Die vorstehenden Ausführungen gelten sinngemäß bei arbeitstäglichen Mahlzeitenzuschüssen des Arbeitgebers (vgl. vorstehende Nr. 6 Buchstabe e). In diesem Fall ist der besondere Höchstbetrag des Zuschusses für ein Frühstück von 4,93 € (3,10 € + 1,83 €) zu beachten.

Zur Abwälzung der Pauschalsteuer auf den Arbeitnehmer wird auf die Erläuterungen beim Stichwort „Abwälzung der Pauschalsteuer auf den Arbeitnehmer" hingewiesen.

Zur vereinfachten Ermittlung der Pauschalierungsgrundlage ist in R 8.1 Abs. 7 Nr. 5 LStR zugelassen worden, dass der geldwerte Vorteil aus der unentgeltlichen oder verbilligten Überlassung von Mahlzeiten mit einem **Durchschnittswert** der Pauschalierung zugrunde gelegt wird.

Hierdurch wird insbesondere den abrechnungstechnischen Schwierigkeiten Rechnung getragen, die in Kantinen mit Freiwahlessen entstehen, weil die Mahlzeiten dem einzelnen Arbeitnehmer nicht zugeordnet werden können. Der Durchschnittswert kann wie folgt ermittelt werden:

Zunächst ist das durchschnittliche Entgelt zu ermitteln, indem das Gesamtentgelt für die Mahlzeiten eines Lohnzahlungszeitraums durch die Anzahl dieser Mahlzeiten geteilt wird. Der geldwerte Vorteil je abgegebener Mahlzeit ist dann der Betrag, der sich ergibt, wenn das durchschnittliche Entgelt vom Sachbezugswert abgezogen wird. Daraus folgt, dass kein zu versteuernder geldwerter Vorteil entsteht, wenn das durchschnittliche Entgelt den Sachbezugswert erreicht. In der Praxis richtet sich der Durchschnittswert nach dem Umsatz der Kasse, an der die Mahlzeiten, einschließlich der zur Mahlzeit gehörenden Getränke, bezahlt werden. Der Umsatz einer Kasse, an der nur Getränke bezahlt werden, ist in die Durchschnittsberechnung nicht mit einzubeziehen. In die Durchschnittsberechnung darf das Entgelt für solche Mahlzeiten nicht einbezogen werden, die der Arbeitgeber nur einem Teil seiner Arbeitnehmer anbietet (z. B. in einem Vorstandskasino). Der Arbeitgeber darf zwar das im Vorstandskasino gezahlte Entgelt nicht in die Durchschnittsberechnung mit einbeziehen (R 8.1 Abs. 7 Nr. 5 Satz 3 LStR), die Möglichkeit einer Pauschalbesteuerung dieser Mahlzeiten auf der Grundlage der amtlichen Sachbezugswerte bleibt jedoch erhalten. Unterhält der Arbeitgeber mehrere Kantinen, muss der Durchschnittswert für jede einzelne Kantine ermittelt werden.

Es reicht aus, wenn die Durchschnittsberechnung für den jeweiligen Lohnzahlungszeitraum (im Regelfall also jeden Monat) durchgeführt wird. Eine arbeitstägliche Durchschnittsberechnung ist hiernach nicht erforderlich. Eine über den Lohnzahlungszeitraum hinausgehende Durchschnittsberechnung ist jedoch nicht möglich (R 8.1 Abs. 7 Nr. 5 Satz 2 LStR). Eine Durchschnittsberechnung für ein Vierteljahr oder gar eine jahresbezogene Durchschnittsberechnung ist somit unzulässig.

Beispiel C

Der Arbeitgeber bietet 2021 in einer betriebseigenen Kantine Menüs zu festen Preisen an. Nach Ablauf des Lohnzahlungszeitraums (im Regelfall also nach Ablauf eines Monats) stellt er folgende Essensausgaben fest:

Menü I zu 2,– €	× 1000	=	2 000,– €
Menü II zu 2,50 €	× 2000	=	5 000,– €
Menü III zu 3,70 €	× 1000	=	3 700,– €
Salatteller zu 1,80 €	× 1000	=	1 800,– €
Zahl der verbilligten Essen	5000		
Essenspreis für alle Arbeitnehmer			12 500,– €

Durchschnittswert: 12 500 € : 5000 = 2,50 €.

Die durchschnittliche Aufzahlung erreicht somit den Sachbezugswert nicht; die Differenz ist deshalb zu versteuern. Steuerpflichtig sind je

Essen 3,47 € – 2,50 €	=	0,97 €
pauschal zu versteuern sind insgesamt:		
für 5000 Essen jeweils 0,97 €	=	4 850,– €
Lohnsteuer hierauf 25 %	=	1 212,50 €
Solidaritätszuschlag 5,5 % aus 1212,50 €	=	66,68 €
Kirchensteuer z. B. 7 % aus 1212,50 €	=	84,87 €
Pauschalsteuer insgesamt		1 364,05 €

Die durchschnittliche Zuzahlung darf der Besteuerung nur dann zugrunde gelegt werden, wenn der Arbeitgeber die Steuer pauschaliert (nicht also bei einer individuellen Besteuerung des geldwerten Vorteils zu Lasten des einzelnen Arbeitnehmers).

Bei außergewöhnlich großen Kantinen hat die Ermittlung des Durchschnittswerts wegen der Menge der zu erfassenden Daten zu Schwierigkeiten geführt. Die Lohnsteuer-Richtlinien enthalten deshalb in R 8.1 Abs. 7 Nr. 5 Satz 5 LStR folgende Vereinfachungsregelung:

„Ist die Ermittlung des Durchschnittswertes wegen der Menge der zu erfassenden Daten besonders aufwendig, kann die Ermittlung des Durchschnittswertes für einen **repräsentativen Zeitraum** und bei einer Vielzahl von Kantinen für eine repräsentative Auswahl der Kantinen durchgeführt werden." Der Arbeitgeber muss sich wegen der Anwendung dieser Regelung mit seinem Betriebsstät-

1) § 40 Abs. 2 Satz 1 Nr. 1 EStG. Mit dieser Regelung soll den Schwierigkeiten bei der Abrechnung begegnet werden, die sich bei der Einnahme mehrerer Mahlzeiten in der Kantine am selben Tag ergeben (z. B. Einnahme von Frühstück bzw. Brotzeit und Mittagessen oder Einnahme von Mittag- und Abendessen bei Fortbildungsveranstaltungen im Betrieb). Nicht anwendbar ist diese Regelung auf jene Fälle, in denen die unentgeltlichen oder verbilligten Mahlzeiten als **Lohnbestandteil** gewährt werden, wie dies regelmäßig im Hotel- und Gaststättengewerbe, in der Landwirtschaft und zum Teil auch beim Krankenhauspersonal der Fall ist.

2) Die Sozialversicherungsentgeltverordnung (SvEV) ist als Anhang 2 im **Steuerhandbuch für das Lohnbüro 2021** abgedruckt, das im selben Verlag erschienen ist.

	Lohnsteuerpflichtig	Sozialversich.-pflichtig
tenfinanzamt abstimmen (vgl. das Stichwort „Auskunft" unter Nr. 2).		

8. Steuerpflichtige Essenszuschüsse

a) Barzuschüsse (sog. Essensgeld)

Zahlt der Arbeitgeber dem Arbeitnehmer ein sog. Essensgeld, das heißt einen Barzuschuss zum laufenden Arbeitslohn, ohne dass nachprüfbar (z. B. durch die Ausgabe von Essensmarken) festgehalten wird, ob der Arbeitnehmer hierfür auch tatsächlich Mahlzeiten erwirbt, ist dieses Essensgeld steuer- und beitragspflichtig. Eine Pauschalierung der Lohnsteuer mit 25 % ist nicht möglich. ja ja

Zum Ansatz der Sachbezugswerte und Pauschalierung der Lohnsteuer mit 25 % bei arbeitstäglichen Mahlzeitenzuschüssen des Arbeitgebers sowie der erforderlichen Nachweisführung vgl. vorstehende Nr. 6 Buchstabe e.

b) Steuerpflichtige Essenszuschüsse bei der Abgabe von Mahlzeiten

Ergibt sich bei der unentgeltlichen oder verbilligten Mahlzeitengewährung ein steuerpflichtiger geldwerter Vorteil, hat der Arbeitgeber zwei Möglichkeiten, die Besteuerung durchzuführen:

a) Der geldwerte Vorteil kann durch Zurechnung zum laufenden Lohn individuell besteuert werden. Die Zuwendung unterliegt in diesem Fall jedoch nicht nur dem Lohnsteuerabzug; es fallen auch Beiträge zur Sozialversicherung (Arbeitnehmer- und Arbeitgeberanteile) an. ja ja

b) Der Arbeitgeber kann den geldwerten Vorteil jedoch auch pauschal mit 25 % besteuern. In diesem Fall unterliegt die Zuwendung nach § 1 Abs. 1 Satz 1 Nr. 3 SvEV[1] nicht der Beitragspflicht in der Sozialversicherung. ja nein

Bei der Ausgabe von **Essensmarken** ist die Pauschalbesteuerung nur zulässig, **wenn die Mahlzeit mit dem amtlichen Sachbezugswert zu bewerten ist.** Ausnahmsweise kann auch der Verrechnungswert der Essensmarke pauschal mit 25 % besteuert werden, wenn der in R 8.1 Abs. 7 Nr. 4 Buchstabe b LStR genannte Sonderfall vorliegt. Dieser Sonderfall, in dem ausnahmsweise der niedrige Verrechnungswert der Essensmarke anzusetzen ist, ist unter der vorstehenden Nr. 6 Buchstabe b (Beispiel C) erläutert. Die vorstehenden Ausführungen gelten sinngemäß bei arbeitstäglichen Mahlzeitenzuschüssen des Arbeitgebers (vgl. vorstehende Nr. 6 Buchstabe e).

9. Anwendung des Rabattfreibetrags bei der Gewährung von Mahlzeiten

Die Anwendung des Rabattfreibetrags in Höhe von 1080 € setzt voraus, dass der Arbeitgeber mit den unentgeltlich oder verbilligt abgegebenen Waren handelt, diese Waren also nicht nur für die Abgabe an seine Arbeitnehmer herstellt (vgl. das Stichwort „Rabatte, Rabattfreibetrag"). Auf die Abgabe von Mahlzeiten in **Betriebskantinen** ist deshalb der **Rabattfreibetrag** im Normalfall **nicht anwendbar** (zur Ausnahme vgl. das nachfolgende Beispiel D). Im Hotel- und Gaststättengewerbe ist dagegen bei der Abgabe von Mahlzeiten an Arbeitnehmer der Rabattfreibetrag anwendbar, es sei denn, es handelt sich um die Abgabe von **Personalessen,** die fremden Gaststättenbesuchern nicht angeboten werden.

Beispiel A

Die Bedienung in einer Gaststätte erhält arbeitstäglich eine unentgeltliche Mahlzeit, die sie aus der Speisekarte wählen kann. Der Rabattfreibetrag ist anwendbar. Für die Bewertung der Mahlzeiten gelten nicht die amtlichen Sachbezugswerte sondern die besonderen Bewertungsvorschriften des § 8 Abs. 3 EStG. Anzusetzen ist hiernach für jede Mahlzeit der auf der Speisekarte ausgezeichnete Endpreis abzüglich 4 %. Geht man davon aus, dass die Bedienung jeden Tag ein Gericht im Wert von 4 € isst und 280 Tage im Kalenderjahr 2021 arbeitet, ergibt sich Folgendes:

4 € × 280 Arbeitstage	=	1 120,– €
abzüglich 4 %	=	44,80 €
geldwerter Vorteil im Kalenderjahr 2021		1 075,20 €

Dieser geldwerte Vorteil ist steuerfrei, da er den Rabattfreibetrag von 1080 € nicht übersteigt.

Wird der Rabattfreibetrag von 1080 € überschritten, ist eine Pauschalierung der Lohnsteuer mit 25 % möglich. Die Bewertung der Mahlzeit ist dann mit dem Sachbezugswert vorzunehmen.

Beispiel B

Die Bedienung in einer Gaststätte erhält arbeitstäglich eine unentgeltliche Mahlzeit, die sie frei aus der Speisekarte des Lokals wählen kann. **Bei jedem einzelnen Sachbezug,** also bei jeder einzelnen Mahlzeit, kann zwischen der Pauschalbesteuerung mit 25 % und der Bewertung mit dem amtlichen Sachbezugswert einerseits oder einer Bewertung nach § 8 Abs. 3 EStG (Preis laut Speisekarte) und Anwendung des Rabattfreibetrags andererseits gewählt werden. Der Arbeitgeber wird so lange den Rabattfreibetrag anwenden, bis 1080 € überschritten sind. Hierbei gelten die besonderen Bewertungsvorschriften des § 8 Abs. 3 EStG, d. h., es ist der auf der Speisekarte ausgezeichnete Endpreis abzüglich 4 % maßgebend. Wird zu irgendeinem Zeitpunkt im Kalenderjahr 2021 der Rabattfreibetrag von 1080 € überschritten, wird der Arbeitgeber ab diesem Zeitpunkt die Pauschalbesteuerung für Mahlzeiten mit 25 % wählen. Der Wert der einzelnen Mahlzeit ist dann mit den amtlichen Sachbezugswerten anzusetzen (3,47 € je Mahlzeit). Die Anwendung des Rabattfreibetrags erfordert es, dass die hiernach von der Steuer freigestellten Sachbezüge gesondert im Lohnkonto aufgezeichnet werden. Diese Aufzeichnungen sind arbeitsaufwendig. Der Arbeitgeber kann deshalb die Pauschalierung für alle Mahlzeiten wählen; in diesem Fall sind für alle Mahlzeiten die Sachbezugswerte anzuwenden.

Beispiel C

Ein Hotel gibt unentgeltliche Personalessen an die Angestellten aus. Die Personalessen werden fremden Gaststättenbesuchern nicht auf der Speisekarte angeboten. Der Rabattfreibetrag von 1080 € ist **nicht** anwendbar. Lohnsteuerpflichtig ist je Essen der amtliche Sachbezugswert. Der so ermittelte geldwerte Vorteil kann pauschal mit 25 % besteuert werden.

Beispiel D

Der Arbeitgeber betreibt eine betriebseigene Kantine, in der auch Arbeitnehmer anderer Arbeitgeber gegen Einlösung von Essensmarken essensberechtigt sind. Falls die Zahl der an fremde Arbeitnehmer ausgegebenen Essen die Zahl der an die eigenen Arbeitnehmer ausgegebenen Essen mindestens erreicht oder gar **überwiegt,** ist der Rabattfreibetrag von 1080 € auf die Essensausgabe an die **eigene** Belegschaft anwendbar.

In der Betriebskantine werden monatlich folgende Essen ausgegeben:

1000 Essen an fremde Arbeitnehmer zum Preis	von 4,60 €
800 Essen an eigene Arbeitnehmer	**unentgeltlich**

Da die Mahlzeiten im Beispielsfall **nicht überwiegend für die eigenen Arbeitnehmer hergestellt** werden, findet die steuerliche Rabattregelung Anwendung (§ 8 Abs. 3 EStG). Die an die eigene Belegschaft abgegebenen Essen sind nicht mit dem Sachbezugswert zu bewerten, sondern mit dem für fremde Letztverbraucher maßgebenden Endpreis anzusetzen. Das ist im Beispielsfall der von den fremden Arbeitnehmern entrichtete Essenspreis von 4,60 €. Danach ergibt sich folgende Ermittlung des geldwerten Vorteils für die an die eigenen Arbeitnehmer unentgeltlich abgegebenen Kantinenessen:

20 Arbeitstage monatlich à 4,60 €	=	92,– €
abzüglich 4 %	=	3,68 €
monatlicher geldwerter Vorteil		88,32 €
jährlicher geldwerter Vorteil 88,32 € × 12		1 059,84 €
jährlicher Rabattfreibetrag		1 080,– €

Sämtliche unentgeltlich an die eigenen Arbeitnehmer abgegebenen Mahlzeiten im Wert von 4,60 € arbeitstäglich bleiben in Anwendung des Rabattfreibetrags steuer- und auch beitragsfrei.

Auf die ausführlichen Erläuterungen bei den Stichworten „Rabatte, Rabattfreibetrag" und „Sachbezüge" wird hingewiesen.

1) Die Sozialversicherungsentgeltverordnung (SvEV) ist als Anhang 2 im **Steuerhandbuch für das Lohnbüro 2021** abgedruckt, das im selben Verlag erschienen ist.

M

	Lohn-steuer-pflichtig	Sozial-versich.-pflichtig

10. Anwendung der 44-Euro-Freigrenze bei der Abgabe von Mahlzeiten

Nach § 8 Abs. 2 Satz 11 EStG bleiben Sachbezüge bis zu einer Freigrenze von **monatlich 44 €** steuerfrei. Die Freigrenze dient der Vereinfachung und gilt deshalb nur dann, wenn für die Sachbezüge weder amtliche Sachbezugswerte gelten noch der Rabattfreibetrag in Höhe von 1080 € jährlich anwendbar ist.

Für die mit den amtlichen Sachbezugswerten bewerteten Kantinenmahlzeiten kommt deshalb die Anwendung der Freigrenze **nicht** in Betracht. Ist hingegen eine Mahlzeit nicht mit dem amtlichen Sachbezugswert, sondern mit dem tatsächlichen Preis zu bewerten, wie dies z. B. bei sog. Belohnungsessen der Fall ist, dann ist auf diese Sachbezüge auch die 44-Euro-Freigrenze anwendbar (vgl. das Stichwort „Bewirtungskosten" unter Nr. 7 auf Seite 239).

Zur Inanspruchnahme der 44-Euro-Freigrenze bei Gutscheinen mit Betragsangabe vgl. auch die vorstehende Nr. 7 Beispiel A.

11. Umsatzsteuerpflicht bei der Gewährung unentgeltlicher oder verbilligter Mahlzeiten

Die Gewährung unentgeltlicher oder verbilligter Mahlzeiten durch den Arbeitgeber ist umsatzsteuerpflichtig. Als Bemessungsgrundlage können bei der Abgabe von Mahlzeiten durch unternehmenseigene Kantinen nach Abschnitt 1.8 Abs. 11 UStAE[1] die amtlichen Sachbezugswerte für Mahlzeiten herangezogen werden. Dies gilt auch dann, wenn der Arbeitnehmer in den Fällen der Verbilligung ein Entgelt unterhalb des Sachbezugswerts zahlt.

Beispiel

Amtlicher Sachbezugswert für eine Mahlzeit 2021		3,47 €
Dieser Betrag kann als Bemessungsgrundlage für die Berechnung der Umsatzsteuer herangezogen werden. Allerdings handelt es sich um einen Bruttowert; die darin enthaltene Umsatzsteuer muss bei einem Steuersatz von 19 % mit $^{19}/_{119}$ herausgerechnet werden.[2]		
$^{19}/_{119}$ von 3,47 €	=	0,55 €
als umsatzsteuerliche Bemessungsgrundlage verblieben je Mahlzeit		2,92 €

Auf die ausführlichen Erläuterungen beim Stichwort „Umsatzsteuerpflicht bei Sachbezügen" unter Nr. 2 wird hingewiesen.

Maifeier

siehe „Betriebsveranstaltungen"

Maigeld

Zuwendungen des Arbeitgebers anlässlich des Maifeiertags (Maigeld) gehören zum steuerpflichtigen Arbeitslohn (BFH-Urteil vom 30. 8. 1972, BStBl. 1973 II S. 64). ja ja

Managerversicherung

siehe „Versicherungsschutz" unter Nr. 2

Mankogelder

siehe „Fehlgeldentschädigungen"

	Lohn-steuer-pflichtig	Sozial-versich.-pflichtig

Mannequins

siehe „Fotomodelle" und „Künstler" unter Nr. 5.

Marktforscher

Die Marktforscher wirtschaftswissenschaftlicher Institutionen sind Arbeitnehmer. Die ihnen gewährten Zahlungen sind steuer- und beitragspflichtiger Arbeitslohn. ja ja

Sind die Marktforscher für mehrere Auftraggeber von Fall zu Fall tätig und deshalb nicht in den Betrieb eines Unternehmens fest eingegliedert, sind sie selbständig tätig. Ihre Vergütungen unterliegen nicht dem Lohnsteuerabzug, sondern werden im Wege einer Veranlagung zur Einkommensteuer steuerlich erfasst. nein nein

Maschinelle Lohnabrechnung

Für Arbeitgeber mit maschineller Lohnabrechnung hat das Bundesministerium der Finanzen einen Programmablaufplan herausgegeben, der die Berechnung des jeweils geltenden Lohnsteuertarifs enthält. Dieser Programmablaufplan enthält auch die Ermittlung der Lohnsteuer für sonstige Bezüge, für Versorgungsbezüge und die Anwendung der Fünftelregelung für Vergütungen bei mehrjähriger Tätigkeit und bei Abfindungen.

Bei der Programmierung der Lohnsteuer nach dem Programmablaufplan ist zu beachten, dass die sich ergebende Lohnsteuer von der aus einer gedruckten Lohnsteuertabelle abgelesenen Lohnsteuer geringfügig abweichen kann. Auf die Ausführungen beim Stichwort „Lohnsteuertabellen" wird hingewiesen.

Arbeitgeber, die die Programmierarbeiten nicht selbst durchführen, sondern eines der vielfach auf dem Markt angebotenen Lohnabrechnungsprogramme verwenden, sollten hierbei Folgendes beachten:

Bei Lohnsteuer-Außenprüfungen durch die Finanzämter wird immer wieder festgestellt, dass die im Handel angebotenen Lohnabrechnungsprogramme zum Teil gravierende **Fehler** enthalten. Auch bei der maschinellen Ausstellung der (elektronischen) Lohnsteuerbescheinigung schleichen sich immer wieder Fehler ein. Leidtragender ist stets der **Arbeitgeber**, da dieser für die zutreffende Berechnung und Abführung der Lohnsteuer (einschließlich falscher Angaben in der Lohnsteuerbescheinigung) dem Finanzamt gegenüber **haftet** (vgl. das Stichwort „Haftung des Arbeitgebers"). Da er allenfalls einen privatrechtlichen Regressanspruch gegen die Software-Firma hat, ist der Einsatz falscher Lohnabrechnungsprogramme stets mit einem Prozessrisiko verbunden. Die Arbeitgeber sollten deshalb die zum Einsatz kommenden Lohnabrechnungsprogramme gründlich prüfen.

Massagen am Arbeitsplatz

siehe „Bildschirmarbeit" unter Nr. 1, „Gesundheitsförderung" und „Masseure"

1) Der vollständige Wortlaut des Abschnitts 1.8 UStAE ist als Anhang 14 im **Steuerhandbuch für das Lohnbüro 2021** abgedruckt, das im selben Verlag erschienen ist.

2) Im Zeitraum 1.1.2021 bis 30.6.2021 ist die im Bruttowert enthaltene Umsatzsteuer bei einem Steuersatz von 7 % mit $^{7}/_{107}$ herauszurechnen. Die Umsatzsteuer beträgt 0,23 € und die umsatzsteuerliche Bemessungsgrundlage 3,24 €.

M

Lohnsteuerpflichtig | Sozialversich.-pflichtig

Masseure

Masseure, die in verschiedenen Saunabetrieben von Fall zu Fall Massagen verabreichen, ihre Arbeitszeit im Wesentlichen frei gestalten können und deshalb nicht in den Betrieb des Unternehmens fest eingegliedert sind, sind als Gewerbetreibende selbstständig tätig. Die Vergütungen dieser Masseure unterliegen nicht dem Lohnsteuerabzug, sondern werden im Wege einer Veranlagung zur Einkommensteuer steuerlich erfasst (zur „Scheinselbstständigkeit" vgl. dieses Stichwort). Die vorstehenden Ausführungen gelten entsprechend für Masseure, die in verschiedenen Unternehmen/Verwaltungen Massagen anbieten („Mobile Massage am Arbeitsplatz"). **nein nein**

Ist jedoch ein Arbeitsverhältnis mit festen Arbeitszeiten vereinbart und sind sie deshalb in den Betrieb des Unternehmens eingegliedert, sind sie Arbeitnehmer. **ja ja**

Master-Abschluss

Sozialversicherungsrechtlich gehören Personen, die sich allein zur Erstellung der für einen Studienabschluss erforderlichen Masterarbeit in einen Betrieb begeben und in dieser Zeit neben der Masterarbeit keine für den Betrieb verwertbare Arbeitsleistung erbringen, nicht zum Personenkreis der abhängig Beschäftigten. Ob in Abhängigkeit von der Verwertung der Masterarbeit Vergütungen oder Honorare gezahlt werden, ist für die sozialversicherungsrechtliche Beurteilung nicht von Belang.

Wird dagegen eine **verwertbare Arbeitsleistung** erbracht, sind für die sozialversicherungsrechtliche Beurteilung die für Werkstudenten geltenden Grundsätze maßgebend. Auf die ausführlichen Erläuterungen beim Stichwort „Diplomanden" wird Bezug genommen.

Steuerlich ist bei einem Studium nur dann von einem Ausbildungsdienstverhältnis auszugehen, wenn das Studium selbst Gegenstand des **Ausbildungsdienstverhältnisses** ist, das Studium also zu den Pflichten als Arbeitnehmer gehört. Der Arbeitnehmer wird also (auch) für das Studieren bezahlt.

Ist das Studium hingegen nicht Gegenstand des Dienstverhältnisses, liegt auch dann kein Ausbildungsdienstverhältnis vor, wenn das Studium von einem Dritten durch die Hingabe von Mitteln (z. B. Stipendien) gefördert wird. Da eine Steuerbefreiungsvorschrift für aus privaten Mitteln stammende Studienbeihilfen nicht besteht, liegen – abhängig von den Gesamtumständen des Einzelfalles – Arbeitslohn oder sonstige Einkünfte vor. Von Arbeitslohn ist insbesondere auszugehen, wenn die Studienbeihilfen privater Arbeitgeber im Hinblick auf ein künftiges Dienstverhältnis gewährt werden (§ 2 Abs. 2 Nr. 1 LStDV[1]).

Vgl. auch die Stichworte „Bachelor-Abschluss", „Diplomanden", „Praktikanten", „Studenten" und „Studenten in dualen Studiengängen".

Mehldeputate

siehe „Deputate"

Mehrarbeitslohn/ Mehrarbeitszuschläge

Das Arbeitszeitgesetz kennt den Begriff der Mehrarbeit oder der Überstunden nicht. Es kennt nur zulässige Arbeitszeiten und verbietet eine darüber hinausgehende Arbeit. Mehrarbeit ist daher eine Frage der vertraglichen Arbeitszeit. Die betriebliche Praxis spricht hier von Überstunden, auch wenn der Sprachgebrauch nicht einheitlich ist. Überstunden liegen immer dann vor, wenn die vertraglich vereinbarte Arbeitszeit überschritten wird. Für den Arbeitgeber stellt sich die Frage, ob Überstunden mit einem höheren Entgelt – einem sog. Überstundenzuschlag – zu vergüten sind. Eine gesetzliche Regelung, nach der für Überstunden ein besonderer Zuschlag zu zahlen ist, gibt es nicht. Die Zahlung eines solchen Zuschlags und dessen Höhe muss daher im Arbeitsvertrag vereinbart werden, sofern sie sich nicht aus einer tariflichen Regelung ergibt. In der heutigen Zeit wird Mehrarbeit häufig durch Freizeit ausgeglichen. Wird ein Überstundenzuschlag gezahlt, setzt sich die Überstundenbezahlung aus dem Grundlohn für die jeweilige Überstunde und dem tariflich oder arbeitsvertraglich vereinbarten Mehrarbeitszuschlag zusammen. Beide Teile gehören zum laufenden Arbeitslohn (vgl. R 39b.2 Abs. 1 Nr. 3 LStR). Der Grundlohn ist steuer- und beitragspflichtig wie alle anderen Vergütungen für die geleistete Arbeit auch. Der Überstundenzuschlag stellt begrifflich eine Erschwerniszulage dar und ist wie diese ebenfalls steuer- und beitragspflichtig. **ja ja**

Auch Entschädigungszahlungen für rechtswidrig geleistete Mehrarbeit gehören zum steuerpflichtigen Arbeitslohn (BFH-Urteil vom 14.6.2016, BStBl. II S. 901). **ja ja[2]**

Wegen der Behandlung von einheitlichen Zuschlägen, die die Mehrarbeit zur Nachtzeit und an Sonn- und Feiertagen abgelten sollen, vgl. die Erläuterungen beim Stichwort „Zuschläge für Sonntags-, Feiertags- und Nachtarbeit" unter Nr. 7 auf Seite 1110.

Bei der Berechnung der Sozialversicherungsbeiträge für Überstundenvergütungen gilt Folgendes:

Überstundenvergütungen sind aufgrund ihrer Zeitbezogenheit **laufendes Arbeitsentgelt.** Dies gilt selbst dann, wenn die Vergütung für mehrere Zeiträume in einem Betrag ausbezahlt wird. Laufendes Arbeitsentgelt ist stets dem Lohnabrechnungszeitraum zuzuordnen, in dem es erzielt wurde. Zahlt der Arbeitgeber seinen Beschäftigten nur einen Teil des laufenden Lohnes aus, sind Beiträge zunächst nur von diesem Teilbetrag zu berechnen. Werden die nicht ausgezahlten Lohnteile (z. B. Überstundenvergütungen) zu einem späteren Zeitpunkt nachgezahlt, sind sie auf die jeweiligen Lohnabrechnungszeiträume, auf die sie entfallen, aufzuteilen. Hierbei sind die Beiträge für die einzelnen Beitragsperioden neu zu berechnen. Diese Methode der Beitragsberechnung von Überstundenvergütungen bringt für die Arbeitgeber eine erhebliche Mehrarbeit mit sich, zumal bei regelmäßig anfallenden Überstunden in jedem Monat eine Doppelberechnung durchgeführt werden muss. Es wird daher nicht beanstandet, wenn die Überstundenvergütungen zum Zwecke der Beitragsberechnung nicht dem Entgelt des Lohnabrechnungszeitraumes, in dem sie verdient wurden, sondern dem Entgelt des nächsten oder übernächsten Lohnabrechnungszeitraums hinzugerechnet werden.

Diese vereinfachte Beitragsberechnung für Überstundenvergütungen ist aber nur für die Betriebe zulässig, in denen die Überstundenvergütungen **„regelmäßig"** erst im nächsten oder übernächsten Monat abgerechnet werden, der der Leistung der Überstunden folgt.

Beispiel

Überstunden werden regelmäßig erst im übernächsten Monat abgerechnet. Die Vergütung für die im Monat Juni geleisteten Überstunden wird mit der Lohnabrechnung für August gezahlt. Die Beitragsberechnung kann zusammen mit dem Arbeitsentgelt für August erfolgen.

Werden die Überstundenvergütungen aber nicht betriebsüblich im nächsten oder übernächsten Monat, sondern erst später (z. B. vierteljährlich oder halbjährlich) abgerechnet, müssen die Lohnabrechnungen für die Lohnzahlungszeiträume, für die die Überstundenbezahlung erfolgt,

1) Die Lohnsteuer-Durchführungsverordnung (LStDV) ist als Anhang 1 im **Steuerhandbuch für das Lohnbüro 2021** abgedruckt, das im selben Verlag erschienen ist.

2) Sofern nicht versicherungsfrei, z. B. als Beamter.

M

Lohn-steuer-pflichtig	Sozial-versich.-pflichtig

wieder aufgerollt werden. Dabei ist grundsätzlich auch die Lohn- und Kirchensteuer sowie der Solidaritätszuschlag für diese Zeiträume neu zu berechnen (vgl. das Stichwort „Nachzahlung von laufendem Arbeitslohn"). Ebenso sind die Beiträge zur Sozialversicherung unter Beachtung der Beitragsbemessungsgrenzen für jeden abzurechnenden Lohnzahlungszeitraum neu zu ermitteln.

Fällt die Bezahlung der Überstunden in eine beitragsfreie Zeit (z. B. beim Bezug von Krankengeld) gilt Folgendes:

Wird Krankengeld nur für einen Teil des Monats gezahlt, bilden die restlichen Tage sozialversicherungsrechtlich einen Teillohnzahlungszeitraum (vgl. dieses Stichwort). Die Überstundenvergütung ist mit dem für diesen Teillohnzahlungszeitraum gezahlten Arbeitsentgelt unter Beachtung der anteiligen Beitragsbemessungsgrenzen (siehe Tabelle im Stichwort „Teillohnzahlungszeitraum" unter Nr. 4 auf Seite 920) zusammenzurechnen.

Falls die Beitragsfreiheit für den gesamten Lohnabrechnungszeitraum besteht, muss die Überstundenvergütung zur Berechnung der Beiträge dem letzten mit beitragspflichtigem Arbeitsentgelt belegten Abrechnungszeitraum zugerechnet werden. Das Gleiche gilt für Überstundenvergütungen, die erst nach Beendigung der Beschäftigung ausgezahlt werden.

Auf die Jahresarbeitsentgeltgrenze, die für die Begrenzung der Versicherungspflicht in der Krankenversicherung gilt, sind Mehrarbeitsvergütungen (Grundlohn und Mehrarbeitszuschlag) **nicht** anzurechnen. **Feste Pauschbeträge,** die als Abgeltung für Überstunden regelmäßig zum Arbeitslohn gewährt werden, und regelmäßig gezahlte Bereitschaftsdienstzulagen sind dagegen in die Berechnung des regelmäßigen Jahresarbeitsentgelts mit einzubeziehen (vgl. „Jahresarbeitsentgeltgrenze" besonders unter Nr. 2).

M

Mehrere Dienstverhältnisse

Siehe die Stichworte: Elektronische Lohnsteuerabzugsmerkmale (ELStAM), Geringfügige Beschäftigung, Mehrfachbeschäftigung, Pauschalierung der Lohnsteuer bei Aushilfskräften und Teilzeitbeschäftigten.

Mehrfachbeschäftigung

1. Lohnsteuer

Arbeitet ein Arbeitnehmer bei mehreren Arbeitgebern, benötigt jeder Arbeitgeber zur Durchführung des Lohnsteuerabzugs die individuellen Lohnsteuerabzugsmerkmale des Arbeitnehmers (Steuerklasse, Zahl der Kinderfreibeträge, Religionszugehörigkeit, Steuerfreibetrag usw.). Vgl. hierzu die ausführlichen Erläuterungen beim Stichwort „Elektronische Lohnsteuerabzugsmerkmale (ELStAM)".

Der Arbeitnehmer kann wählen, welches Arbeitsverhältnis sein „erstes" Dienstverhältnis sein soll (= Anwendung einer der Steuerklassen I, II, III, IV oder V) und welches Arbeitsverhältnis sein „zweites" oder weiteres Dienstverhältnis ist (= Anwendung der Steuerklasse VI). Im Regelfall wird diese Entscheidung von der Höhe des Arbeitslohns abhängen. Deshalb wird der Arbeitnehmer die günstigere Steuerklasse bei dem Dienstverhältnis berücksichtigen lassen, aus dem er den höheren Arbeitslohn bezieht. Dies ist dann sein „erstes" Dienstverhältnis. Bei Anforderung der elektronischen Lohnsteuerabzugsmerkmale hat der Arbeitgeber anzugeben, ob es sich um ein erstes oder weiteres Dienstverhältnis (= Steuerklasse VI) des jeweiligen Arbeitnehmers handelt. Der Arbeitgeber hat sich also als Hauptarbeitgeber (Steuerklasse I bis V) oder Nebenarbeitgeber (Steuerklasse VI) anzumelden.

Lohn-steuer-pflichtig	Sozial-versich.-pflichtig

Beispiel

	LSt	SolZ[1]	KiSt
Erstes Arbeitsverhältnis (Steuerklasse I) Monatslohn 3000 €	393,08 €	0,– €	31,44 €
Zweites Arbeitsverhältnis (Steuerklasse VI) Monatslohn 1500 €	252,– €	0,– €	20,16 €
Lohnsteuerabzug insgesamt	645,08 €	0,– €	51,60 €
Der Steuerabzug in der Steuerklasse VI erscheint sehr hoch. Die Annahme eines Gesamtarbeitslohns von 4500 € zeigt jedoch, dass der Steuerabzug insgesamt **noch zu niedrig** ist:			
Steuerklasse I Monatslohn (3000 € + 1500 € =) 4500 €	801,91 €	0,– €	64,15 €
Beim monatlichen Lohnsteuerabzug zu wenig entrichtet	156,83 €	0,– €	12,55 €

Die durch den laufenden Lohnsteuerabzug während des Kalenderjahres zu wenig entrichteten Beträge in Höhe von **monatlich 169,38 €** werden nach Ablauf des Kalenderjahres durch eine Veranlagung zur Einkommensteuer nachgefordert. Da der Arbeitnehmer aus mehreren Arbeitsverhältnissen nebeneinander Arbeitslohn bezogen hat, ist er zur Abgabe einer Einkommensteuererklärung verpflichtet (vgl. das Stichwort „Veranlagung von Arbeitnehmern" unter Nr. 2).

Fällt im ersten Dienstverhältnis wegen eines niedrigen Arbeitslohns keine Lohnsteuer an und wird im zweiten Dienstverhältnis durch den Steuerabzug nach Steuerklasse VI zu viel Lohnsteuer einbehalten, kann dies dadurch vermieden werden, dass der beim ersten Dienstverhältnis nicht ausgenutzte Tabelleneingangsbetrag auf das zweite Dienstverhältnis übertragen wird (vgl. das Stichwort „Hinzurechnungsbetrag beim Lohnsteuerabzug").

Sind die Voraussetzungen für eine Pauschalierung der Lohnsteuer mit 25 %, 20 % oder 5 % erfüllt, kann der Arbeitslohn ohne weiteres pauschal besteuert werden, denn die Voraussetzungen für eine Pauschalierung der Lohnsteuer sind bei jedem Dienstverhältnis gesondert zu prüfen. Ob der Arbeitnehmer neben dem pauschal besteuerten Arbeitsverhältnis noch eine weitere (Haupt-)Beschäftigung ausübt, ist ohne Bedeutung (vgl. das Stichwort „Pauschalierung der Lohnsteuer bei Aushilfskräften und Teilzeitbeschäftigten"). Dies gilt steuerlich auch bei einer Pauschalierung der Lohnsteuer mit 2 % für eine Beschäftigung auf 450-Euro-Basis, wobei hier die sozialversicherungsrechtlichen Sonderregelungen zu beachten sind (vgl. das Stichwort „Geringfügige Beschäftigung").

2. Sozialversicherung

Steht ein sozialversicherungspflichtiger Arbeitnehmer zur gleichen Zeit in mehreren versicherungspflichtigen Beschäftigungsverhältnissen, sind für die Berechnung der Sozialversicherungsbeiträge die Entgelte zusammenzurechnen. Überschreitet die Summe die Beitragsbemessungsgrenze nicht, muss jeder Arbeitgeber die Beiträge von dem bei ihm erzielten Arbeitsentgelt berechnen und abführen. Überschreitet die Summe der Entgelte die Beitragsbemessungsgrenze, gilt für die Berechnung des einzelnen beitragspflichtigen Entgelts folgende Formel (§ 22 Abs. 2 SGB IV):

$$\frac{\text{Beitragsbemessungsgrenze} \times \text{Arbeitsentgelt aus Einzelbeschäftigung}^{2)}}{\text{Summe der Arbeitsentgelte}}$$

Seit 1.1.2012 wird eine Begrenzung der Entgelte auf die jeweilige Beitragsbemessungsgrenze vorgenommen, bevor die Verhältnisermittlung berechnet wird. Der Berechnungsvorgang für diese Konstellation ergibt sich aus Beispiel B.

1) Durch die ab 2021 wesentlich erhöhte Nullzone beträgt der Solidaritätszuschlag im Beispielsfall 0,–. Vgl. im Einzelnen das Stichwort „Solidaritätszuschlag".

2) Begrenzt auf die Beitragsbemessungsgrenze.

	Lohn-steuer-pflichtig	Sozial-versich.-pflichtig

Beispiel A

Ein Arbeitnehmer arbeitet gleichzeitig für zwei Arbeitgeber. Er erhält für Januar 2021 folgende Arbeitslöhne:

Arbeitgeber A: Arbeitsentgelt	4 600,– €
Arbeitgeber B: Arbeitsentgelt	2 900,– €
zusammen	7 500,– €

Aufteilung:

Die Beitragsbemessungsgrenze in der Renten- und Arbeitslosenversicherung beträgt in den alten Bundesländern 7100 €. Es ergibt sich folgende Berechnung:

(7100 € × 4600 €) : 7500 € = 4354,67 €

(7100 € × 2900 €) : 7500 € = 2745,33 €

Beim Arbeitgeber A beträgt das beitragspflichtige Entgelt somit 4354,67 €; beim Arbeitgeber B 2745,33 €. Zur Kranken- und Pflegeversicherung vgl. das Beispiel B.

In der Praxis erfolgt die korrekte Aufteilung über ein zeitlich nachgelagertes Verfahren. Beitragskorrekturen werden in Folge des Überschreitens der Beitragsbemessungsgrenze im Rahmen einer Rückschau vorgenommen. Die Krankenkassen ermitteln bei versicherungspflichtigen Mehrfachbeschäftigten auf Grundlage der von den Arbeitgebern abgegebenen Entgeltmeldungen von Amts wegen, ob die Voraussetzungen des § 22 Abs. 2 SGB IV vorliegen und Beiträge zu Unrecht entrichtet wurden. Soweit bei einer versicherungspflichtigen Mehrfachbeschäftigung die Einzugsstelle auf Grundlage eingegangener Entgeltmeldungen also nicht ausschließen kann, dass die in dem sich überschneidenden Meldezeitraum erzielten Arbeitsentgelte die Beitragsbemessungsgrenze zur gesetzlichen Krankenversicherung überschreiten, fordert sie den Arbeitgeber auf, für den zu beurteilenden Zeitraum GKV-Monatsmeldungen abzugeben (§ 26 Absatz 4 Satz 2 SGB IV). Dabei können die Krankenkassen weitere Angaben zur Ermittlung der zugrunde zu legenden Entgelte bei den Arbeitgebern anfordern. Anschließend melden die Krankenkassen den beteiligten Arbeitgebern die ermittelten Gesamtentgelte zurück. Auf dieser Grundlage können die Arbeitgeber das Verfahren nach § 22 Abs. 2 SGB IV durchführen.

Diese Meldungen werden mit dem Datensatz Krankenkassenmeldung (DSKK) und dem Datenbaustein Meldesachverhalt GKV-Monatsmeldung (DBMM) angefordert. Die GKV-Monatsmeldung ist mit dem Datensatz Meldung (DSME) und dem Datenbaustein Krankenversicherung (DBKV) zu erstatten. Das Prüfergebnis wird durch die Einzugsstelle mit dem DSKK und dem Datenbaustein Meldesachverhalt Beitragsbemessungsgrenze (DBBG) zurückgemeldet.

Zum Beitragszuschlag zur Pflegeversicherung für Kinderlose in Höhe von 0,25 % gilt Folgendes:

Den Beitragszuschlag zur Pflegeversicherung für Kinderlose trägt der Arbeitnehmer allein. Bemessungsgrundlage für die Berechnung des Beitragszuschlags sind die beitragspflichtigen Einnahmen. Treffen beitragspflichtige Einnahmen aus mehreren Versicherungsverhältnissen zusammen und übersteigen sie die für das jeweilige Versicherungsverhältnis maßgebliche Beitragsbemessungsgrenze, berechnet sich der Beitragszuschlag für Mitglieder ohne Kinder aus dem jeweiligen Anteilsverhältnis der Einzelentgelte zur Beitragsbemessungsgrenze.

Steht ein Arbeitnehmer gleichzeitig in mehreren versicherungspflichtigen Beschäftigungsverhältnissen und übersteigt das Arbeitsentgelt aus allen Beschäftigungen insgesamt die Jahresarbeitsentgeltgrenze, sind die Arbeitgeber **anteilmäßig** verpflichtet, sowohl einen **Arbeitgeberzuschuss zur Krankenversicherung** als auch einen Arbeitgeberzuschuss zur Pflegeversicherung zu zahlen.

	Lohn-steuer-pflichtig	Sozial-versich.-pflichtig

Beispiel B

Ein Arbeitnehmer ist freiwillig in der gesetzlichen Krankenversicherung versichert. Seine Krankenkasse erhebt einen Zusatzbeitrag von 1,3 %. Er erhält 2021 Arbeitslohn von zwei Arbeitgebern gleichzeitig und zwar in folgender Höhe:

Arbeitgeber A: Arbeitsentgelt	5 000,– €
Arbeitgeber B: Arbeitsentgelt	2 000,– €
zusammen	7 000,– €
Jahresbetrag (7000 € × 12)	84 000,– €

Der Jahresbetrag übersteigt somit die Beitragsbemessungsgrenze 2021 in Höhe von 58 050 €.

Der Anteil der jeweiligen Arbeitsentgelte an der Beitragsbemessungsgrenze von monatlich 4837,50 € beträgt:

Arbeitgeber A: (4837,50 € × 4837,50 €[1]) : 6837,50 €[2] =	3422,51 €
Arbeitgeber B: (4837,50 € × 2000 €) : 6837,50 €[2] =	1414,99 €

Der Zuschuss beträgt demnach bei einem Beitragssatz von 14,6 % und einem angenommenen Zusatzbeitrag von 1,3 % (= 15,9 % in der Summe)

für den Arbeitgeber A: (7,3 % + 0,65 % =) 7,95 % von 3422,51 € =	272,09 €
für den Arbeitgeber B: (7,3 % + 0,65 % =) 7,95 % von 1414,99 € =	112,49 €
Arbeitgeberzuschüsse zur Krankenversicherung insgesamt	384,58 €

In gleicher Weise ist der anfallende **Arbeitgeberzuschuss zur Pflegeversicherung** aufzuteilen.

Sonderfälle

Bei der anteiligen Aufteilung der beitragspflichtigen Einnahmen aus mehreren Beschäftigungen gibt es eine Vielzahl von möglichen Konstellationen (z. B. Hinzutritt und Wegfall von Beschäftigungen, Entgelt mit unterschiedlichen Zuordnungsmonaten, Bezug von Kurzarbeitergeld, Beschäftigungen in Altersteilzeit, Beschäftigungen sowohl in den alten als auch den neuen Bundesländern etc.). Die konkrete Handhabung haben die Spitzenorganisationen der Sozialversicherung in ihren „Gemeinsamen Grundsätzen zur Beitragsberechnung nach § 22 Abs. 2 SGB IV bei Arbeitnehmern mit mehreren versicherungspflichtigen Beschäftigungen" vom 12.11.2014 beschrieben. Sie finden diese z. B. unter www.aok.de/fk/sozialversicherung/rundschreiben/jahrgang-2010-2016/.

Mehrjährige Tätigkeit

Vergütungen für eine mehrjährige Tätigkeit, die sich in einem Jahr zusammenballen, sind als „sonstige Bezüge" nach einem besonderen Verfahren zu besteuern (sog. **Fünftelregelung**). Dieses Verfahren ist beim Stichwort „Sonstige Bezüge" unter Nr. 6 auf Seite 882 anhand eines Beispiels erläutert. Auf die grundsätzlichen Ausführungen beim Stichwort „Arbeitslohn für mehrere Jahre" wird Bezug genommen. ja ja

Meisterbonus

In einigen Bundesländern (z. B. in Bayern) erhält jeder erfolgreiche Absolvent der beruflichen Weiterbildung zum Meister oder zu einem gleichwertigen Abschluss einen Meisterbonus z. B. in Höhe von 1000 €. Er ist nach den Vergaberichtlinien nicht an eine Einkünfteerzielung geknüpft.

Der Meisterbonus kann als Zuschuss keiner der steuerlich sieben Einkunftsarten zugeordnet werden und ist deshalb **nicht einkommensteuerpflichtig.** Der Meisterbonus **mindert** zudem **nicht** die vom Empfänger in diesem Zusammenhang als **Werbungskosten** oder Betriebsausgaben geltend gemachten Fortbildungskosten, da es sich nicht um eine steuerfreie, sondern um eine nicht steuer-

1) Begrenzt auf die Beitragsbemessungsgrenze.
2) Summe aus 2000 € + 4837,50 € = 6837,50 €.

M

Lohnsteuerpflichtig | Sozialversich.-pflichtig

bare Einnahme handelt. Außerdem besteht kein unmittelbarer wirtschaftlicher Zusammenhang zwischen dem Meisterbonus und den steuerlich als Werbungskosten oder Betriebsausgaben geltend gemachten Fortbildungskosten, da der Meisterbonus allein wegen des erfolgreichen Ablegens einer Prüfung ausbezahlt wird (Gerichtsbescheid des Finanzgerichts München vom 30.5.2016, 15 K 474/16).

Meldepflichten in der Sozialversicherung

Eine ausführliche Gesamtdarstellung der geltenden Meldevorschriften ist in **Anhang 15** des Lexikons abgedruckt.

Metergelder

Unter Metergeldern versteht man die Trinkgelder der Möbeltransportarbeiter.

Metergelder, auf die ein Rechtsanspruch besteht, d. h. die tariflich festgelegt sind, sind in voller Höhe steuer- und beitragspflichtig. ja ja

Metergelder, auf die **kein Rechtsanspruch** besteht, d. h. die über die tariflichen Metergelder hinaus vom Umziehenden freiwillig bezahlt werden, sind als Trinkgeld steuer- und beitragsfrei. nein nein

Zur Steuerfreiheit der freiwilligen Trinkgelder vgl. das Stichwort „Trinkgelder".

Mietbeihilfen

M

siehe „Wohnungsüberlassung"

Miles & More

Viele Unternehmen, insbesondere Fluggesellschaften, haben **sog. Kundenbindungsprogramme** eingeführt, bei denen der Kunde für die Inanspruchnahme einer Leistung Bonuspunkte erhält, die wiederum unter bestimmten Voraussetzungen in Sachprämien umgewandelt werden können.

So hat z. B. die Lufthansa ein Prämienprogramm aufgelegt, das sich „Miles & More" nennt. Danach werden denjenigen Fluggästen Prämien gewährt, die besonders häufig die Lufthansa benutzen. Der Wert der Prämien richtet sich im Wesentlichen nach der Zahl der geflogenen Meilen. Die Meilen werden auch den Fluggästen gutgeschrieben, die **im Auftrag und für Rechnung ihres Arbeitgebers** fliegen.

Die von der Lufthansa eingeräumten Preisvorteile gehören grundsätzlich zum steuerlichen Arbeitslohn, **soweit die prämierten Flugmeilen auf Auswärtstätigkeiten entfallen,** die vom Arbeitgeber bezahlt wurden. Da der Arbeitgeber in die Arbeitslohnzahlung durch einen Dritten eingeschaltet ist (Beschaffung bzw. Bezahlung der Tickets), obliegt ihm im Grundsatz auch der Lohnsteuerabzug (vgl. das Stichwort „Lohnzahlung durch Dritte" unter Nr. 3). Steuerpflichtiger Arbeitslohn entsteht nur dann nicht, wenn der Arbeitnehmer (wie dies häufig im öffentlichen Dienst geschieht) die auf Auswärtstätigkeiten erworbenen Bonusmeilen auch wieder für Auswärtstätigkeiten verwendet (vgl. auch „Freiflüge, verbilligte Flüge" unter Nr. 4).

Die Erfassung dieser geldwerten Vorteile als steuerpflichtiger Arbeitslohn hat in der Praxis zu erheblichen Schwierigkeiten geführt. Es wurde deshalb eine Steuerbefreiungsvorschrift eingeführt (§ 3 Nr. 38 EStG), wonach

Lohnsteuerpflichtig | Sozialversich.-pflichtig

Sachprämien aus sog. Kundenbindungsprogrammen **steuerfrei** sind, soweit der Wert der Prämien **1080 €** im Kalenderjahr nicht übersteigt. nein nein

Außerdem wurde eine Pauschalierungsvorschrift in das Einkommensteuergesetz aufgenommen (§ 37a EStG), wonach die gesamten Prämien aus diesen Kundenbindungsprogrammen vom Anbieter des Programms (also von einem Dritten) **mit 2,25 % pauschal besteuert** werden können, zuzüglich Solidaritätszuschlag und Kirchensteuer. Diese Regelung, die erstmals die Pauschalierung der Lohnsteuer **durch einen Dritten** zuließ (vgl. jetzt auch § 37b EStG), ist gezielt auf die sog. Vielfliegerprogramme zugeschnitten, wie sie z. B. von der Lufthansa unter der Bezeichnung **„Miles & More"** angeboten werden.

Eine Inanspruchnahme der Steuerbefreiungsvorschrift (§ 3 Nr. 38 EStG) und der Pauschalbesteuerung (§ 37a EStG) kommen – über den Gesetzeswortlaut hinaus – aber auch für Sachprämien in Betracht, die in einem **Kundenbindungsprogramm** aufgrund des **Erwerbs von Waren** gewährt werden. Dies setzt allerdings voraus, dass

- der Erwerb von Waren keine prägende Wirkung für das Kundenbindungsprogramm hat **oder**
- der Erwerb der Waren nicht überwiegend im betrieblichen/beruflichen Bereich stattfindet und daher beim Empfänger nicht zu Erwerbsaufwand (Betriebsausgaben oder Werbungskosten) führt.

Beispiel

Ein Möbelhaus gewährt im Rahmen eines Kundenbindungsprogramms Bonuspunkte für den Erwerb von Möbeln, die von den Kunden gegen Sachprämien eingelöst werden können.

Das Möbelhaus kann eine Pauschalbesteuerung nach § 37a EStG vornehmen, da sicherlich davon ausgegangen werden kann, dass der Erwerb der Möbel nicht überwiegend im betrieblichen/beruflichen Bereich stattfindet.

Mit der gleichen Begründung ist u.E. eine Pauschalbesteuerung nach § 37a EStG zulässig, wenn ein Mineralölkonzern im Rahmen eines Kundenbindungsprogramms Bonuspunkte z. B. für den Erwerb von Kraftstoffen vergibt. Der Anteil von privaten Kfz dürfte insgesamt immer noch höher sein als der Anteil von Firmen-/Geschäftswagen, sodass der Erwerb der Waren nicht überwiegend im betrieblichen/beruflichen Bereich stattfindet.

Macht der Anbieter des Kundenbindungsprogramms von der Pauschalierungsmöglichkeit mit 2,25 % des gesamten Werts der Prämien Gebrauch, bedeutet dies, dass der Wert der Freiflüge oder anderer Prämien dem Arbeitnehmer steuer- und beitragsfrei zufließt. Dies wurde sozialversicherungsrechtlich in § 1 Abs. 1 Satz 1 Nr. 13 SvEV[1] ausdrücklich geregelt. nein nein

Macht z. B. eine **ausländische** Fluggesellschaft von der Pauschalierungsmöglichkeit keinen Gebrauch, ist der Wert der Freiflüge oder anderer Prämien bis zum Freibetrag in Höhe von 1080 € jährlich steuer- und beitragsfrei. nein nein

Der den Freibetrag von 1080 € jährlich übersteigende Betrag ist bei einer privaten Nutzung der auf Auswärtstätigkeiten erworbenen Bonusmeilen steuer- und beitragspflichtig, wenn von der Pauschalierungsmöglichkeit nach § 37a EStG kein Gebrauch gemacht wird. ja ja

Zur Erfassung und Bewertung der Sachprämien ist eine bundeseinheitliche Verwaltungsanweisung ergangen, die für die Fluggesellschaften als Prämienanbieter von Bedeutung ist. Danach gelten folgende Grundsätze[2]: Der Besteuerung unterliegen nur die tatsächlich in **Anspruch genommenen Prämien** und nicht bereits die Gutschriften von Bonuspunkten auf dem Prämienkonto. Freiflüge sind

1) Die Sozialversicherungsentgeltverordnung (SvEV) ist als Anhang 2 im **Steuerhandbuch für das Lohnbüro 2021** abgedruckt, das im selben Verlag erschienen ist.

2) Bundeseinheitliche Regelung, z. B. Schreiben des Bayerischen Staatsministeriums der Finanzen vom 21.10.1997 (Az.: 32 – S 2334 – 110/19 – 36228). Das Schreiben ist als Anlage 1 zu § 37a EStG im **Steuerhandbuch für das Lohnbüro 2021** abgedruckt, das im selben Verlag erschienen ist.

Lohn-steuer-pflichtig Sozial-versich.-pflichtig

grundsätzlich mit den jeweils für Mitarbeiterflüge maßgeblichen Flugkilometerwerten ohne Abschläge anzusetzen (vgl. das Stichwort „Freiflüge, verbilligte Flüge"). Upgrades können anhand des Punkte-/Meilenverbrauchs in einen Flugkilometerwert umgerechnet und mit dem Wert angesetzt werden, der sich für einen entsprechenden Mitarbeiterflug ergeben würde; Entsprechendes gilt für die Wertfeststellung von Erlebnisprämien.

Mindestlohn

Zum 1. Januar 2015 wurde per Gesetz ein flächendeckender Mindestlohn (MiLoG) eingeführt. Grundsätzlich gilt der Mindestlohn in Höhe von 8,50 € je Stunde bundesweit für alle Beschäftigten über 18 Jahre. Auf die Branche (egal ob im gewerblichen oder kaufmännischen Bereich bzw. in Privathaushalten) oder die Ausgestaltung des Beschäftigungsverhältnisses (z. B. 450-€-Job) kommt es grundsätzlich nicht an. Auch die Ausbildung bzw. die sonstige berufliche Qualifikation des Arbeitnehmers spielt keine Rolle.

Zum 1. Januar 2019 wurde der Mindestlohn von 8,84 € auf 9,19 € erhöht. Ab 1.1.2020 erfolgte eine Erhöhung auf 9,35 €. Ab dem 1.1.2021 steigt der gesetzliche Mindestlohn nach der Dritten Verordnung zur Anpassung des Mindestlohns – MiLoV3 vom 9.11.2020, BGBl. I Nr. 51, S. 2356 in vier Stufen bis 1.7.2022 weiter an (1.1.2021: 9,50 €; 1.7.2021: 9,60 €; 1.1.2022: 9,82 €; 1.7.2022: 10,45 €).

Neben dem o.g. gesetzlichen Mindestlohn gibt es etliche Branchen-Mindestlöhne. Diese werden von den Tarifvertragsparteien ausgehandelt und von der Bundesregierung für allgemein verbindlich erklärt. Branchen-Mindestlöhne gelten dann für alle Betriebe der Branche, auch wenn diese nicht tarifgebunden sind.

Ausnahmen

Keinen Anspruch auf Zahlung des Mindestlohns haben die in § 22 MiLoG genannten Personen. Dies sind:

- Praktikanten, wenn:
  - das Praktikum aufgrund einer schulrechtlichen Bestimmung, einer Ausbildungsordnung, einer hochschulrechtlichen Bestimmung oder im Rahmen einer Ausbildung an einer gesetzlichen Berufsakademie verpflichtend zu leisten ist,
  - das Praktikum von einer Dauer bis zu drei Monaten zur Orientierung für eine Berufsausbildung oder für die Aufnahme eines Studiums dienen soll,
  - das Praktikum von einer Dauer bis zu drei Monaten begleitend zu einer Berufs- oder Hochschulausbildung durchgeführt wird, wenn nicht schon zuvor ein solches Praktikumsverhältnis mit demselben Auszubildenden bestand oder
  - es sich um eine Teilnahme an einer Einstiegsqualifizierung nach § 54a des Dritten Buches Sozialgesetzbuch (SGB III) oder an einer Berufsvorbereitung nach §§ 68 bis 70 BBiG handelt
- Personen im Sinne von § 2 Abs. 1 und 2 Jugendarbeitsschutzgesetz (JArbSchG), also Kinder und Jugendliche unter 18 Jahren ohne abgeschlossene Berufsausbildung
- Beschäftigte während ihrer Berufsausbildung
- ehrenamtlich Tätige
- Langzeitarbeitslose, die unmittelbar vor der Beschäftigung gemäß § 18 SGB III mindestens ein Jahr arbeitslos waren, für die ersten sechs Monate der Beschäftigung

Durch das Gesetz zur Modernisierung und Stärkung der beruflichen Bildung wurde ab 1.1.2020 für neue Ausbildungsverträge, die außerhalb der Tarifbindung liegen, eine Mindestvergütung für Auszubildende eingeführt (2020 im ersten Ausbildungsjahr monatlich 515 €, 2021 550 €, 2022 585 € und ab 2023 620 €).

Dabei gehen die bestehenden Regelungen des Arbeitnehmer-Entsendegesetzes (AEntG), des Arbeitnehmerüberlassungsgesetzes (AÜG) und der auf deren Grundlage erlassenen Rechtsverordnungen vor, soweit die Höhe der auf ihrer Grundlage festgesetzten Branchenmindestlöhne die Höhe des Mindestlohnes nach MiLoG nicht unterschreitet.

Zeitungszusteller haben seit 1.1.2017 Anspruch auf den vollen Mindestlohn je Arbeitsstunde. Bis dahin gab es hier eine Staffelung (ab 1.1.2015: 6,38 €; ab 1.1.2016: 7,23 €).

Bis 31.12.2014 abgeschlossene Tarifverträge in bestimmten Branchen, die noch niedrigere Lohnuntergrenzen enthielten (z. B. Landwirtschaft oder Taxigewerbe), durften längstens bis 31.12.2016 laufen.

Unabdingbarkeit

Vereinbarungen, die den Anspruch auf Mindestlohn unterschreiten oder seine Geltendmachung beschränken oder ausschließen, sind unwirksam. Die Arbeitnehmerin oder der Arbeitnehmer kann auf den entstandenen Anspruch nur durch gerichtlichen Vergleich verzichten; im Übrigen ist ein Verzicht ausgeschlossen. Die Verwirkung des Anspruchs ist ausgeschlossen.

Verstöße gegen das Mindestlohngesetz können mit Bußgeld belegt werden und ab einer bestimmten Höhe zum Ausschluss von öffentlichen Aufträgen führen.

Berechnung und Zahlung

Beim Mindestlohn handelt es sich um einen Bruttolohn je Zeitstunde, der grundsätzlich als Geldleistung zu berechnen und auszuzahlen ist. Sachbezüge gehören grds. nicht zum Mindestlohn (Ausnahme Saisonarbeitskräfte).

Einmalzahlungen können grds. nur im Fälligkeitszeitraum angerechnet werden, wenn sie unwiderrufbar und tatsächlich ausbezahlt werden.

Details zur Berechnung und Zahlung finden Sie z. B. unter www.zoll.de/DE/Fachthemen/Arbeit/Mindestarbeitsbedingungen/Mindestlohn-Mindestlohngesetz/mindestlohn-mindestlohngesetz_node.html.

Sozialversicherungsrechtliche Auswirkungen

Sozialversicherungsrechtlich hat der Mindestlohn in verschiedenen Bereichen, insbesondere im Hinblick auf das in der Sozialversicherung geltende Anspruchsprinzip, gravierende Auswirkungen. Er ist z. B. bei der Beurteilung der Versicherungspflicht aufgrund der Entgelthöhe (z. B. Geringfügige Beschäftigungen) und der Berechnung und Zuordnung der Beiträge von Bedeutung. Zu beachtende Einzelheiten sind bei den jeweiligen Stichworten vermerkt (z. B. „Einmalige Zuwendungen", „Zufluss von Arbeitslohn", „Geringfügige Beschäftigung" etc.).

Aufzeichnungspflichten

Arbeitgeber von geringfügig Beschäftigten und Arbeitgeber in bestimmten Wirtschaftszweigen (Bau, Gaststätten- und Beherbergung, Personenbeförderung, Spedition, Transport, Logistik, Schausteller, Forstwirtschaft, Gebäudereinigung, Messebau, Fleischerwirtschaft, Prostitutionsgewerbe) sind verpflichtet Beginn, Ende und Dauer der **täglichen Arbeitszeit** ihrer Arbeitnehmer zeitnah aufzuzeichnen (spätestens bis zum Ablauf des siebten Tages nach der Arbeitsleistung) und diese Daten mindestens zwei Jahre aufzubewahren (§ 17 Abs. 1 Mindestlohngesetz).

Für Arbeitnehmer, die ausschließlich mobil beschäftigt sind (z. B. Außendienst) und deshalb keine konkreten täglichen Beginn- und Endezeiten vorgegeben haben und sich ihre tägliche Arbeitszeit eigenverantwortlich einteilen, genügt es, wenn nur die Dauer der tatsächlichen täglichen

M

Lohn-steuer-pflichtig	Sozial-versich.-pflichtig

Arbeitszeit aufgezeichnet wird (§ 1 Mindestlohnaufzeichnungsverordnung – MiLoAufzV).

Für die in den o. g. Wirtschaftszweigen beschäftigten Arbeitnehmer entfällt die Aufzeichnung der täglichen Arbeitszeit, wenn der jeweilige Arbeitnehmer mtl. ein regelmäßiges verstetigtes Entgelt von mehr als 2956 € brutto erhält, bzw. bereits seit mehr als zwölf Monaten mehr als 2000 € mtl. erhalten hat.

Darüber hinaus gelten die Regelungen für die Aufzeichnungen nicht für mitarbeitende Familienangehörige des Arbeitgebers (Ehegatten, eingetragene Lebenspartner, Kinder und Eltern).

Die konkreten Ausnahmeregelungen gelten seit 1.8.2015 und sind in der Mindestlohndokumentationspflichtenverordnung – MiLoDoV geregelt.

Minijobs

siehe „Geringfügige Beschäftigung"

Mitarbeiterbeteiligungsprogramm nach französischem Recht

Allein das Innehaben von Ansprüchen oder Rechten gegenüber dem Arbeitgeber führt beim Arbeitnehmer regelmäßig noch nicht zu einem Lohnzufluss. Der **Zufluss** von Arbeitslohn ist grundsätzlich erst mit der **Erfüllung des Anspruchs** bzw. der Erfüllung der Gewinnchance gegeben. Ein Vorteil ist nämlich dem Arbeitnehmer erst dann zugeflossen, wenn die geschuldete Leistung tatsächlich erbracht worden ist, er also wirtschaftlich verfügt oder zumindest verfügen kann.

M

Bei Mitarbeiterbeteiligungsprogrammen mittels Einschaltung eines Fonds Commun de Placement d'Entreprise **(FCPE) nach französischem Recht** erfolgt eine **Besteuerung** des geldwerten Vorteils als **Arbeitslohn** erst im Zeitpunkt der **Auflösung des Programms** und Überweisung eines Geldbetrags an den Arbeitnehmer bzw. bei Zuwendung anderer Vorteile (z. B. Tausch in Aktien; ggf. ist beim Erhalt von Sachbezügen die Steuerfreiheit für Vermögensbeteiligungen von derzeit bis zu 360 € anzuwenden). Dies gilt unabhängig von der Ausgestaltung im Einzelfall. Somit ist es z. B. unerheblich, wenn der Arbeitnehmer FCPE-Anteile über eine im Programm vorgesehene Mindesthaltedauer hinaus hält (kein Zufluss von Arbeitslohn bei Ablauf der Mindesthaltefrist) und/oder er unter bestimmten Voraussetzungen weitere FCPE-Anteile (z. B. aufgrund der Übertragung von Bonusaktien) gutgeschrieben erhält. Bis zur Auflösung des Programms fließen dem Arbeitnehmer auch keine Kapitaleinkünfte (z. B. Dividenden, Zinsen) zu.[1)]

Die vorstehenden Grundsätze gelten sowohl beim **klassischen FCPE,** bei dem die Mitarbeiter das wirtschaftliche Eigentum an den über den FCPE gehaltenen Aktien erhalten, als auch beim sog. **„Leverage FCPE"** (Garantiemodell), bei dem die Arbeitnehmer nicht als wirtschaftliche Eigentümer der Aktien anzusehen sind. Bei beiden Modellen ist also die im vorstehenden Absatz beschriebene **„Endbesteuerung"** vorzunehmen. Dabei können sich beim klassischen FCPE für den Arbeitnehmer auch Verluste ergeben, wenn seine Aufwendungen zum Erwerb der Beteiligung die später zugewendeten Vorteile übersteigen. Diese Verluste sind bei Auflösung des Programms als **Werbungskosten** bei den Einkünften aus nichtselbständiger Arbeit zu berücksichtigen und wirken sich somit sozialversicherungsrechtlich nicht aus. Beim sog. „Leverage FCPE" können hingegen keine Verluste entstehen, da der Arbeitnehmer mindestens eine Rückzahlung in Höhe seiner Aufwendungen erhält (= Garantiemodell).

Siehe auch die Stichworte „Aktienoptionen", „Vermögensbeteiligungen", „Zufluss von Arbeitslohn".

Mitgliedsbeiträge

Siehe die Stichworte: Berufsverband und Vereinsbeiträge.

Mobilitätshilfen

Agenturen für Arbeit können an ehemals Arbeitslose nach Beschäftigungsaufnahme außerhalb des Wohnsitzortes aber auch an Arbeitsuchende, die von Arbeitslosigkeit bedroht sind, Zahlungen zur Abgeltung von Fahrtkosten und anderer Aufwendungen (z. B. doppelte Haushaltsführung, Reisekosten- und Umzugskostenbeihilfen) leisten. Die Zahlungen werden als Leistungen zur Förderung der regionalen Mobilität (Mobilitätshilfen) bezeichnet. Sie stehen im Ermessen der Arbeitsverwaltung. Die Zahlungen der Agentur für Arbeit sind steuerfrei (§ 3 Nr. 2 EStG). nein nein

Mobilitätshilfen unterliegen auch nicht dem sog. Progressionsvorbehalt. Sie mindern allerdings die abziehbaren Werbungskosten des Arbeitnehmers (§ 3 c EStG i. V. m. R 9.1 Abs. 4 Satz 3 LStR).

Mobilitätsprämie

Zur Entlastung der unbeschränkt und beschränkt steuerpflichtigen Arbeitnehmer, die einen besonders langen Arbeitsweg haben, wird **ab 2021** bis 2026 die Entfernungspauschale – unabhängig vom benutzten Verkehrsmittel – **ab dem 21. Entfernungskilometer** auf **0,35 €** und ab 2024 auf 0,38 € angehoben. Hierdurch soll in pauschalierender Weise die sich durch die CO_2-Bepreisung ergebende Erhöhung der Aufwendungen für die Fahrten zwischen Wohnung und erster Tätigkeitsstätte sowie für wöchentliche Familienheimfahrten im Rahmen einer beruflich veranlassten doppelten Haushaltsführung teilweise ausgeglichen werden.

Soweit die **erhöhte Entfernungspauschale zu keiner steuerlichen Entlastung** geführt hat, können Arbeitnehmer, deren Arbeitslohn nicht pauschal besteuert wird, im Zeitraum von 2021 bis 2026 als Steuervergütung eine **steuerfreie Mobilitätsprämie von Höhe von 14 % des Betrags** beantragen, der zu keiner steuerlichen Entlastung geführt hat. Hierzu folgende Beispiele:

Beispiel A

Der Arbeitnehmer fährt im Kalenderjahr 2021 an 150 Tagen von seiner Wohnung zur ersten Tätigkeitsstätte (= 40 Entfernungskilometer). Die übrigen Werbungskosten betragen 500 €. Sein zu versteuerndes Einkommen beträgt 7000 €.

Es ergibt sich folgende Entfernungspauschale:

150 Tage × 20 km × 0,30 € =	900 €
150 Tage × 20 km (für den 21. bis 40.) × 0,35 € =	1050 €
Summe	1 950 €
übrige Werbungskosten	500 €
Werbungskosten gesamt	2 450 €

Der Arbeitnehmer-Pauschbetrag von 1000 € wird um 1450 € überschritten. Die erhöhte Entfernungspauschale ab dem 21. Entfernungskilometer beträgt 1050 €. Das zu versteuernde Einkommen von 7000 € unterschreitet den Grundfreibetrag um 2744 €. Die erhöhte Entfernungspauschale liegt innerhalb dieses Betrags, um den das zu versteuernde Einkommen den Grundfreibetrag unterschreitet und hat insoweit zu keiner steuerlichen Entlastung geführt. Bemessungsgrund-

1) Textziffer 4 des BMF-Schreibens vom 8.12.2009, BStBl. I S. 1513. Das BMF-Schreiben ist als Anlage zu H 3.39 LStR im **Steuerhandbuch für das Lohnbüro 2021** abgedruckt, das im selben Verlag erschienen ist.

	Lohnsteuerpflichtig	Sozialversich.-pflichtig

lage für die Mobilitätsprämie sind somit 1050 €. Die als Steuervergütung auszuzahlende Mobilitätsprämie beträgt 14 % von 1050 € = 147 €.

Beispiel B

Wie Beispiel A. Die übrigen Werbungskosten betragen 0 €. Das zu versteuernde Einkommen beträgt 8 744 €.

Es ergibt sich folgende Entfernungspauschale:

150 Tage × 20 km × 0,30 € =	900 €
150 Tage × 20 km (für den 21. bis 40.) × 0,35 € =	1 050 €
Summe	1 950 €
übrige Werbungskosten	0 €
Werbungskosten gesamt	1 950 €

Der Arbeitnehmer-Pauschbetrag von 1000 € wird um 950 € überschritten. Davon entfallen auf die erhöhte Entfernungspauschale ab dem 21. Entfernungskilometer 950 €. Das zu versteuernde Einkommen in Höhe von 8744 € unterschreitet den Grundfreibetrag von 9744 € um 1000 €. Die erhöhte Entfernungspauschale liegt innerhalb dieses Betrags, um den das zu versteuernde Einkommen den Grundfreibetrag unterschreitet und hat insoweit zu keiner steuerlichen Entlastung geführt. Bemessungsgrundlage für die Mobilitätsprämie sind somit 950 €. Die als Steuervergütung auszuzahlende Mobilitätsprämie beträgt 14 % von 950 € = 133 €.

Beispiel C

Wie Beispiel B. Die übrigen Werbungskosten betragen 0 €. Das zu versteuernde Einkommen beträgt 9048 €.

Es ergibt sich folgende Entfernungspauschale:

150 Tage × 20 km × 0,30 € =	900 €
150 Tage × 20 km (für den 21. bis 40.) × 0,35 € =	1 050 €
Summe	1 950 €
übrige Werbungskosten	0 €
Werbungskosten gesamt	1 950 €

Der Arbeitnehmer-Pauschbetrag von 1000 € wird um 950 € überschritten. Davon entfallen auf die erhöhte Entfernungspauschale ab dem 21. Entfernungskilometer 950 €. Das zu versteuernde Einkommen in Höhe von 9048 € unterschreitet den Grundfreibetrag von 9744 € um 696 €. Die erhöhte Entfernungspauschale von 950 € liegt somit in Höhe von 696 € innerhalb dieses Betrags, um den das zu versteuernde Einkommen den Grundfreibetrag unterschreitet und hat in dieser Höhe zu keiner steuerlichen Entlastung geführt. 254 € (950 € abzüglich 696 €) haben sich hingegen über den Werbungskostenabzug ausgewirkt. Bemessungsgrundlage für die Mobilitätsprämie sind somit 696 €. Die als Steuervergütung auszuzahlende Mobilitätsprämie beträgt 14 % von 696 € = 98 €.

Mobiltelefon

siehe „Telefonkosten“

Mobilzeitkonten

siehe „Arbeitszeitkonten“

Montageerlass

siehe „Auslandstätigkeit, Auslandstätigkeitserlass“

Motorsägegeld

Ein an Waldarbeiter für den Einsatz eigener Motorsägen gezahltes Motorsägegeld ist nach § 3 Nr. 30 EStG als Werkzeuggeld steuer- und beitragsfrei[1]. — nein — nein

Auf die ausführlichen Erläuterungen beim Stichwort „Werkzeuggeld“ wird hingewiesen.

Vgl. außerdem die Erläuterungen bei den Stichwörtern „Arbeitskleidung“, „Entfernungsentschädigung“, „Forstleute“, „Transportentschädigung“ und „Weiträumiges Tätigkeitsgebiet“.

	Lohnsteuerpflichtig	Sozialversich.-pflichtig

Musiker

1. Allgemeines

Musiker in Orchestern, Kapellen usw. können je nach der Gestaltung des Vertragsverhältnisses selbstständig tätig oder Arbeitnehmer sein. Liegt eine nichtselbstständige Tätigkeit vor, muss der Lohnsteuerabzug – vorbehaltlich einer möglichen Pauschalierung – nach den individuellen Lohnsteuerabzugsmerkmalen des jeweiligen Musikers vorgenommen werden; der Arbeitgeber hat also die elektronischen Lohnsteuerabzugsmerkmale abzurufen (vgl. das Stichwort „Elektronische Lohnsteuerabzugsmerkmale – ELStAM“). Sind Musiker **nebenberuflich** tätig, können sie unter bestimmten Voraussetzungen einen Freibetrag von nunmehr jährlich 3000 € erhalten, und zwar unabhängig davon, ob die Tätigkeit selbstständig oder nichtselbstständig ausgeübt wird (vgl. das Stichwort „Nebentätigkeit für gemeinnützige Organisationen“ besonders unter Nr. 2 Buchstabe c).

Sind Musiker beschränkt steuerpflichtig, das heißt, haben sie in Deutschland weder einen Wohnsitz noch ihren gewöhnlichen Aufenthalt, richtet sich die steuerliche Behandlung nach den beim Stichwort „Beschränkt steuerpflichtige Künstler, Berufssportler, Schriftsteller und Journalisten“ dargestellten Grundsätzen.

Zur Abgrenzung der selbstständigen von der nichtselbstständigen Arbeit hat sich zur einheitlichen Behandlung der meist wiederkehrenden Formen der Beschäftigung von Musikern folgende Sachbehandlung herausgebildet:

2. Musikkapelle als Personengesellschaft

Der Zusammenschluss von Musikern zu einer Personengesellschaft (Gesellschaft bürgerlichen Rechts) setzt klare und eindeutige Vereinbarungen der Kapellenmitglieder und ein **Auftreten** der Kapelle nach außen **als Gesellschaft** voraus, d. h. die Gesellschaft muss als Träger der Musikkapelle erkennbar sein. Dies wird insbesondere durch die Erfassung der Musikkapelle als selbstständiges Unternehmen beim Finanzamt dokumentiert. Gegenüber den Veranstaltern (z. B. Gastwirte) tritt die Musikkapelle ebenfalls als selbstständig auf mit der Folge, dass Rechtsbeziehungen nur zwischen ihr und dem Veranstalter, nicht aber zwischen den einzelnen Musikern und dem Veranstalter entstehen.

Der von der Musikkapelle im Kalenderjahr erzielte Gewinn wird vom Finanzamt festgestellt und auf die Gesellschafter aufgeteilt. Der danach auf den einzelnen Musiker entfallende Anteil ist bei diesem im Rahmen seiner Einkommensteuer-Veranlagung bei den Einkünften aus Gewerbebetrieb oder selbstständiger Arbeit zu erfassen. — nein — nein[2]

3. Loser Zusammenschluss von Musikern

Fehlt es bei der Bildung einer Kapelle an den in Nr. 2 erwähnten klaren Vereinbarungen und dem entsprechenden einheitlichen Auftreten nach außen, bewirkt ein loser Zusammenschluss von Musikern noch nicht, dass die Kapelle als solche, etwa als Gesellschaft des bürgerlichen Rechts oder als Verein, ein eigenes Steuersubjekt bildet. Auch ist in einem solchen Fall der Kapellenleiter oder Organisator, selbst wenn er allein die Verhandlungen mit dem Veranstalter führt, nicht als Unternehmer anzusehen, zu dem die übrigen Musiker in einem Arbeitsverhältnis stehen. Hier bestehen vielmehr unmittelbare **Rechtsbeziehungen** zwischen dem **einzelnen Musiker** und dem jeweiligen **Veranstalter** (z. B. Gastwirt). Nach der Rechtsprechung des Bundesfinanzhofs sind dabei sowohl

1) Bundeseinheitliche Regelung, z. B. Schreiben des Bayer. Staatsministeriums der Finanzen vom 7. 10. 1982 (Az.: 32 – S 2332 – 49/14 – 49 572). Das Schreiben ist als Anlage 2 zu H 3.30 LStR im **Steuerhandbuch für das Lohnbüro 2021** abgedruckt, das im selben Verlag erschienen ist.

2) Zur Sozialversicherung vgl. „Künstlersozialabgabe“.

M

Lohn-steuer-pflichtig | Sozial-versich.-pflichtig

die einzelnen Musiker als auch der Kapellenleiter als Arbeitnehmer des Veranstalters anzusehen, wenn in einem Unternehmen zur Erreichung des Betriebszwecks oder zur gewerblichen Darbietung von Musik, einzelne Musiker oder Musikkapellen beschäftigt werden.

Danach sind Gaststätten, Theater-, Film- und Schallplattenunternehmen, Rundfunkgesellschaften, Fernsehgesellschaften usw. regelmäßig verpflichtet, von den Vergütungen an die beschäftigten Musiker Lohnsteuer einzubehalten (siehe „Künstler"). ja ja

Die Musiker sind jedoch nicht Arbeitnehmer des Veranstalters (Gastwirt, Theater usw.), wenn die Kapelle von ihm nur **gelegentlich** – etwa für einen Abend oder an einem Wochenende – **verpflichtet** wird (BFH-Urteil vom 10.9.1976 – BStBl. 1977 II S. 178). In diesem Fall sind die Musiker selbstständig tätig. Die Vergütung unterliegt somit nicht dem Lohnsteuerabzug. Vielmehr müssen die Musiker ihre Einnahmen in ihrer Einkommensteuererklärung angeben. nein nein

Ob eine gelegentliche Verpflichtung vorliegt, muss nach den Umständen des Einzelfalls entschieden werden. Sie ist ungeachtet der formalen Vertragsgestaltung nicht gegeben, wenn ein vom Willen der Beteiligten getragenes, auf Dauer angelegtes Beschäftigungsverhältnis vorliegt. Die Musiker werden keinesfalls nur gelegentlich für einen Gastwirt tätig, wenn sie z. B. während der Faschingssaison einmal wöchentlich in seinem Betrieb spielen. In solchen Fällen ist vielmehr generell vom Vorliegen eines Arbeitsverhältnisses auszugehen.

Soweit Vereine im Rahmen einer in eigener Regie betriebenen Gaststätte oder bei Festveranstaltungen Musiker beschäftigen, gelten die gleichen Grundsätze. Zu einer Festveranstaltung, wie z. B. zu einem Faschingsball, zu einem Feuerwehrfest, einer Weihnachtsfeier usw., verpflichtete Musiker werden im Allgemeinen nur gelegentlich für den Verein tätig; sie sind schon deshalb nicht als Arbeitnehmer anzusehen. Führt ein Verein jedoch eine Festveranstaltung durch, die sich über mehrere Tage erstreckt, stehen die hierzu beschäftigten Musiker zum veranstaltenden Verein in einem Arbeitsverhältnis, wenn es sich für die auftretende Kapelle nicht nur um eine gelegentliche Verpflichtung, also um eine Tätigkeit an einem Tag oder einem Wochenende handelt.[1] Vgl. das Stichwort „Kurzfristig beschäftigte Arbeitnehmer".

M

Werden Musiker bei Anlässen tätig, die nicht von Unternehmern veranstaltet werden (z. B. bei **privaten Festlichkeiten**), sind sie in der Regel als selbstständig Tätige anzusehen. Die dabei erzielten Einkünfte sind als Einkünfte aus Gewerbebetrieb oder aus selbstständiger Arbeit im Wege der Veranlagung zur Einkommensteuer heranzuziehen. Eine gleiche Beurteilung kann angebracht sein, wenn namhafte Künstler lediglich von Fall zu Fall bei der Herstellung von Schallplatten mitwirken. nein nein

4. Der Kapellenleiter tritt als Unternehmer auf

Berühmte Kapellen, die stets geschlossen auftreten und ständig unter der Leitung desselben Kapellenleiters stehen, bilden in der Regel ein eigenes Unternehmen. In diesen Fällen ist der Kapellenleiter als **Arbeitgeber** der Kapellenmitglieder anzusehen und verpflichtet, von den Bezügen der einzelnen Musiker Lohnsteuer einzubehalten. ja ja

Mutterschaftsgeld

Gliederung:

1. Anspruch auf Mutterschaftsgeld
2. Zuschuss des Arbeitgebers zum Mutterschaftsgeld
3. Höhe des Zuschusses zum Mutterschaftsgeld
4. Nutzung eines Firmenwagens während des Bezugs von Mutterschaftsgeld
5. Lohnabrechnung mit Arbeitgeberzuschuss zum Mutterschaftsgeld
6. Auswirkung von Freibeträgen und Steuerklassenwechsel auf den Arbeitgeberzuschuss zum Mutterschaftsgeld
7. Lohnfortzahlungsversicherung (Umlageverfahren U2)

1. Anspruch auf Mutterschaftsgeld

Frauen, die **bei Beginn der Mutterschutzfrist in einem Arbeitsverhältnis stehen** (oder in Heimarbeit beschäftigt sind oder deren Arbeitsverhältnis während ihrer Schwangerschaft vom Arbeitgeber zulässig aufgelöst worden ist), erhalten **von der Krankenkasse** bzw. vom **Bundesamt für Soziale Sicherung** Mutterschaftsgeld. Anspruch auf Mutterschaftsgeld haben auch Frauen, deren Arbeitsverhältnis unmittelbar vor Beginn der Mutterschutzfrist endet, wenn sie am letzten Tag des Arbeitsverhältnisses Mitglied einer Krankenkasse waren. Beim Bundesamt für Soziale Sicherung sind Anträge und ein Merkblatt erhältlich (www.mutterschaftsgeld.de). Für Arbeitnehmerinnen, die in der gesetzlichen Krankenversicherung pflichtversichert oder freiwillig versichert sind, ist die Krankenkasse zuständig (z. B. die AOK).

Das Mutterschaftsgeld wird während der Mutterschutzfrist gezahlt. Als Mutterschutzfrist wird der Zeitraum von **sechs Wochen vor** und **acht Wochen nach der Entbindung** bezeichnet. An die Stelle von acht Wochen tritt bei Früh- oder Mehrlingsgeburten oder wenn in den ersten acht Wochen nach der Geburt beim Kind eine Behinderung festgestellt wird, ein Zeitraum von 12 Wochen (vgl. das Stichwort „Mutterschutzfrist").

Die Höhe des Mutterschaftsgeldes bestimmt sich nach dem um die gesetzlichen Abzüge verminderten durchschnittlichen kalendertäglichen Arbeitsentgelt der letzten drei abgerechneten Kalendermonate vor der Schutzfrist (bei wöchentlicher Abrechnung der letzten 13 abgerechneten Wochen). Maßgebend für die Höhe des Mutterschaftsgeldes ist also das **Nettoarbeitsentgelt** (umgerechnet auf einen Kalendertag). Einmalig gezahltes Arbeitsentgelt bleibt außer Betracht.

Beispiel

Bemessungszeitraum Dezember 2021:

Laufendes Arbeitsentgelt	2 500,– €
Weihnachtsgeld	1 000,– €
Dezemberbezüge insgesamt	3 500,– €
– Beitragspflichtiges Entgelt	3 500,– €
– Steuerpflichtiges Entgelt	3 500,– €
– Bruttoarbeitsentgelt, von dem das fiktive Nettoarbeitsentgelt als Bemessungsgrundlage für das Mutterschaftsgeld zu ermitteln ist	2 500,– €

Arbeitnehmerinnen, die in der **gesetzlichen Krankenversicherung** versichert sind (entweder pflichtversichert oder freiwillig versichert), erhalten von ihrer Krankenkasse nach § 24i SGB V ein **Mutterschaftsgeld** von höchstens **13 € pro Kalendertag.** Dieses Mutterschaftsgeld ist steuer- und beitragsfrei, unterliegt aber dem sog. Progressionsvorbehalt. nein nein

Arbeitnehmerinnen, die nicht in der gesetzlichen Krankenversicherung versichert sind (d. h. Arbeitnehmerinnen, die bei einer **privaten** Krankenkasse versichert sind), erhalten auf Antrag vom Bundesamt für Soziale Sicherung ebenfalls ein Mutterschaftsgeld bis zu 13 € am Tag, **höchstens jedoch insgesamt 210 €** (§ 19 Abs. 2 Mutterschutz-

1) Bundeseinheitliche Regelung, z. B. Schreiben des Bayer. Staatsministeriums der Finanzen vom 14.12.1977 (Az.: 32 – S 2113 – 1/15 – 50 086). Das Schreiben ist als Anlage 2 zu H 19.0 LStR im **Steuerhandbuch für das Lohnbüro 2021** abgedruckt, das im selben Verlag erschienen ist.

Lohnsteuerpflichtig | Sozialversich.-pflichtig

gesetz). Auch dieses Mutterschaftsgeld ist steuer- und beitragsfrei und unterliegt dem sog. Progressionsvorbehalt. nein nein

2. Zuschuss des Arbeitgebers zum Mutterschaftsgeld

Der Arbeitgeber muss einen **Zuschuss zum Mutterschaftsgeld** zahlen, wenn das Nettoarbeitsentgelt den Höchstbetrag des Mutterschaftsgeldes (13 € kalendertäglich) übersteigt (§ 20 Abs. 1 Satz 1 Mutterschutzgesetz). Der Zuschuss ist während der Mutterschutzfrist in Höhe des Unterschiedsbetrags zwischen 13 € und dem um die gesetzlichen Abzüge verminderten durchschnittlichen kalendertäglichen Arbeitsentgelt zu zahlen. Der Zuschuss des Arbeitgebers zum Mutterschaftsgeld ist steuer- und beitragsfrei. nein nein

Arbeitnehmerinnen, die nicht in der gesetzlichen Krankenversicherung versichert sind und deren Mutterschaftsgeld deshalb auf insgesamt 210 € begrenzt ist, erhalten gleichwohl für die Zeit der Mutterschutzfrist einen Arbeitgeberzuschuss in Höhe des Unterschiedsbetrags zwischen dem auf einen Kalendertag entfallenden Nettoarbeitsentgelt und 13 €. Auch dieser Zuschuss ist steuer- und beitragsfrei. nein nein

Die Beitragsfreiheit des Zuschusses zum Mutterschaftsgeld ist in § 1 Abs. 1 Satz 1 Nr. 6 SvEV[1] geregelt. Die Steuerfreiheit des Zuschusses zum Mutterschaftsgeld ergibt sich aus § 3 Nr. 1 Buchstabe d EStG.

Auch der **Zuschuss zum Mutterschaftsgeld** ist also steuerfrei, unterliegt jedoch ebenfalls dem sog. **Progressionsvorbehalt** (vgl. dieses Stichwort). Der vom Arbeitgeber als Zuschuss zum Mutterschaftsgeld steuerfrei gezahlte Betrag muss deshalb im Lohnkonto gesondert vermerkt und in die Lohnsteuerbescheinigung gesondert eingetragen werden, und zwar in **Zeile 15** der elektronischen Lohnsteuerbescheinigung für das Kalenderjahr 2021.

Für die Eintragung des Buchstabens „U“ im Lohnkonto gilt Folgendes:

Der Buchstabe „U“ (für Unterbrechung) ist im Lohnkonto dann einzutragen, wenn nur das Mutterschaftsgeld gezahlt wird. Zahlt der Arbeitgeber auch einen Zuschuss zum Mutterschaftsgeld ist kein „U“ im Lohnkonto einzutragen (vgl. die Erläuterungen beim Stichwort „Lohnkonto“ unter Nr. 9 auf Seite 639).

3. Höhe des Zuschusses zum Mutterschaftsgeld

Maßgebend für die Berechnung des Arbeitgeberzuschusses zum Mutterschaftsgeld ist nach § 20 Abs. 1 Mutterschutzgesetz das um die gesetzlichen Abzüge verminderte durchschnittliche kalendertägliche Arbeitsentgelt der letzten drei Kalendermonate vor Beginn der Schutzfrist (bei wöchentlicher Abrechnung der letzten 13 abgerechneten Wochen). Bei der Berechnung des Zuschusses zum Mutterschaftsgeld ist nicht vom sozialversicherungsrechtlichen Entgeltbegriff, sondern vom **arbeitsrechtlichen** Entgeltbegriff auszugehen. Das bedeutet, dass auch das steuerfreie Arbeitsentgelt zur Bemessungsgrundlage gehört (z. B. steuer- und beitragsfreie Zuschläge für Sonntags-, Feiertags- und Nachtarbeit). Zum arbeitsrechtlichen Entgelt gehören auch vermögenswirksame Leistungen des Arbeitgebers und vermögenswirksam angelegte Teile des Arbeitslohn. Nicht zum arbeitsrechtlichen Entgelt gehören hingegen die Beitragszuschüsse des Arbeitgebers zur Krankenversicherung (§ 257 SGB V) und zur Pflegeversicherung (§ 61 SGB XI). Auf die Erläuterungen bei den Stichworten „Arbeitgeberzuschuss zur Krankenversicherung“ und „Arbeitgeberzuschuss zur Pflegeversicherung“ wird Bezug genommen.

Nicht nur vorübergehende **Erhöhungen des Arbeitsentgelts,** die **während der Mutterschutzfristen** wirksam werden, sind ab dem Zeitpunkt der Erhöhung in die Berechnungen des Zuschusses zum Mutterschaftsgeld mit einzubeziehen. Der neu zu berechnende Zuschuss ist also von dem Zeitpunkt an zu zahlen, von dem an die Erhöhung des Arbeitsentgelts wirksam geworden wäre. Unter den Begriff „nicht nur vorübergehende Erhöhungen des Arbeitsentgelts“ fallen insbesondere dauerhafte Erhöhungen der Grundvergütung z. B. aufgrund tarifvertraglicher Änderungen. Demgegenüber sind Veränderungen bei variablen Zulagen und Zuschlägen (z. B. Zeitzuschläge, Erschwerniszuschläge, Gefahrenzuschläge usw.) sowie Vergütungen für Bereitschaftsdienst und Rufbereitschaft nicht zu berücksichtigen, da diese Vergütungen in der Regel nicht auf Dauer in unveränderter Höhe bezogen werden. Diese (unständigen) Lohnbestandteile sind vielmehr mit den Beträgen zu berücksichtigen, die im Berechnungszeitraum tatsächlich gezahlt wurden; das Gleiche gilt für Wechselschicht- und Schichtzulagen. Zu berücksichtigen sind jedoch dauerhafte Verdienstkürzungen, die während oder nach Ablauf des Berechnungszeitraums eintreten und nicht auf einem mutterschutzrechtlichen Beschäftigungsverbot beruhen.

Einmalig gezahltes Arbeitsentgelt sowie Tage, an denen infolge Kurzarbeit, Arbeitsausfällen oder unverschuldeter Arbeitsversäumnis kein oder ein vermindertes Arbeitsentgelt erzielt wurde, bleiben außer Betracht (§ 21 Abs. 2 Mutterschutzgesetz).

Der steuerfreie Zuschuss zum Mutterschaftsgeld kann vermögenswirksam angelegt werden.

Erhält eine freiwillig krankenversicherte Arbeitnehmerin Mutterschaftsgeld, steht ihr für diese Zeit **kein Beitragszuschuss zur freiwilligen Krankenversicherung** nach § 257 SGB V zu, da der Beitragszuschuss nur für Zeiten gezahlt wird, für die Anspruch auf Arbeitsentgelt besteht (vgl. das Stichwort „Arbeitgeberzuschuss zur Krankenversicherung“). Gleiches gilt für einen Beitragszuschuss zur Pflegeversicherung. Zahlt der Arbeitgeber gleichwohl den Beitragszuschuss in voller Höhe weiter, handelt es sich insoweit um eine freiwillige Leistung, die steuerpflichtig ist. Bei der Sozialversicherung kann nach § 23c SGB IV Beitragsfreiheit eintreten, wenn die Freigrenze von 50 € nicht überschritten wird (vgl. die Erläuterungen beim Stichwort „Arbeitsentgelt“ unter Nr. 3 auf Seite 109). ja nein

4. Nutzung eines Firmenwagens während des Bezugs von Mutterschaftsgeld

Erhält eine Arbeitnehmerin sowohl Mutterschaftsgeld als auch einen Arbeitgeberzuschuss zum Mutterschaftsgeld und darüber hinaus weitere Zuwendungen vom Arbeitgeber (z. B. einen Firmenwagen zur unentgeltlichen privaten Nutzung), gilt Folgendes:

Die unentgeltliche private Nutzung des Firmenwagens während des Bezugs von Mutterschaftsgeld ist ein Sachbezug, der zusammen mit dem Barlohn für den betreffenden Monat lohnsteuerpflichtig ist (vgl. das Stichwort „Firmenwagen zur privaten Nutzung“).

Sozialversicherungsrechtlich ist die unentgeltliche private Nutzung des Firmenwagens während des Bezugs von Mutterschaftsgeld eine arbeitgeberseitige Leistung nach § 23c SGB IV. Arbeitgeberseitige Leistungen während des Bezugs von Mutterschaftsgeld gelten nicht als beitragspflichtiges Arbeitsentgelt, wenn diese arbeitgeberseitigen Leistungen zusammen mit dem Mutterschaftsgeld das Nettoarbeitsentgelt nicht um mehr als 50 € übersteigen (Freigrenze).

Zahlt der Arbeitgeber einen Zuschuss zum Mutterschaftsgeld nach den Vorschriften des Mutterschaftsgesetzes (vgl. die Erläuterungen unter der vorstehenden Nr. 3) und wird zusätzlich der Firmenwagen während des Bezugs von Mutterschaftsgeld zur privaten Nutzung überlassen, ist die Freigrenze von 50 € im Normalfall (weit) überschrit-

1) Die Sozialversicherungsentgeltverordnung (SvEV) ist als Anhang 2 im **Steuerhandbuch für das Lohnbüro 2021** abgedruckt, das im selben Verlag erschienen ist.

M

Lohn- steuer- pflichtig | Sozial- versich.- pflichtig

ten, sodass der z. B. nach der sog. 1 %-Methode ermittelte Nutzungswert für den Firmenwagen in voller Höhe beitragspflichtig ist. Auf die ausführlichen Erläuterungen anhand eines Beispiels beim Stichwort „Arbeitsentgelt" unter Nr. 3 Buchstabe c auf Seite 110 wird Bezug genommen.

5. Lohnabrechnung mit Arbeitgeberzuschuss zum Mutterschaftsgeld

Die Berechnung des Zuschusses zum Mutterschaftsgeld soll anhand eines Beispiels erläutert werden:

Beispiel

Eine Angestellte, Steuerklasse IV/0, Kirchensteuermerkmal rk, legt ein ärztliches Attest über das voraussichtliche Entbindungsdatum 26. 9. 2021 vor. Zur Berechnung des vom Arbeitgeber zu leistenden Zuschusses zum Mutterschaftsgeld ist das Nettoarbeitsentgelt der letzten drei abgerechneten Kalendermonate vor Beginn der Schutzfrist zu ermitteln (bei wöchentlicher Abrechnung für die letzten 13 Wochen). Maßgebend ist das laufende Entgelt (einschließlich Zulagen, Zuschläge, Mehrarbeitsvergütung, vermögenswirksame Leistungen). Einmalzahlungen bleiben außer Betracht.

Beginn der Schutzfrist 15. 8. 2021.

Abgerechnete Monate	Mai	Juni	Juli
Bruttolohn	2 000,– €	2 000,– €	2 000,– €
abzüglich:			
Lohnsteuer	163,50 €	163,50 €	163,50 €
Solidaritätszuschlag	0,– €	0,– €	0,– €
Kirchensteuer (8 %)	13,08 €	13,08 €	13,08 €
Sozialversicherung (20,225 %)	404,50 €	404,50 €	404,50 €
Nettoarbeitsentgelt	1 418,92 €	1 418,92 €	1 418,92 €
insgesamt für 3 Monate 1 418,92 € x 3 =)			4 256,76 €

Der Zuschuss des Arbeitgebers bemisst sich nach dem kalendertäglichen Nettoarbeitsentgelt. Bei der Umrechnung ist der Monat mit 30 Tagen anzusetzen.

Kalendertägliches Nettoarbeitsentgelt (4 256,76 € : 90) =	47,30 €
Mutterschaftsgeld der Krankenkasse	13,– €
Vom Arbeitgeber kalendertäglich zu zahlender Zuschuss	34,30 €

Der Betrag von 34,30 € ist steuer- und beitragsfrei.

Für den Monat August 2021 ergibt sich folgende Lohnabrechnung:

Monatliches Gehalt 2000 €; auf die Zeit bis zum Beginn der Schutzfrist am 15. 8. 2021 entfallen (zur Berechnung vgl. das Stichwort „Teillohnzahlungszeitraum").

$$\frac{2000 \text{ €} \times 10 \text{ Arbeitstage} \times 8 \text{ Stunden}}{166{,}8 \text{ Stunden (bei einer 38,5-Stunden-Woche)}} = 959{,}23 \text{ €}$$

Bei einer wöchentlichen Arbeitszeit von 40 Stunden beträgt der Divisor 173,3.

Gehalt für 14 Tage (steuer- und beitragspflichtig)		959,23 €
abzüglich:		
Lohnsteuer lt. Monatstabelle		
(Steuerklasse IV/0)	0,– €	
Solidaritätszuschlag	0,– €	
Kirchensteuer (8 %)	0,– €	
Sozialversicherung (20,225 %)	194,– €	194,– €
Nettolohn		765,23 €
Zuschuss zum Mutterschaftsgeld für 17 Kalendertage im August (34,30 € x 17 = 583,10 €)		583,10 €
auszuzahlender Betrag		1 348,33 €

Berechnung der Lohnsteuer- und Sozialversicherungsbeiträge:

Im August entsteht sozialversicherungsrechtlich ein Teillohnzahlungszeitraum vom 1. 1. bis 14. 8. 2021 = 14 Kalendertage.

Die anteilige Beitragsbemessungsgrenze (alte Bundesländer) für 14 Kalendertage beträgt

- in der Kranken- und Pflegeversicherung 2 257,50 €
- in der Renten- und Arbeitslosenversicherung 3 313,33 €

Vgl. die Tabelle für Teillohnzahlungszeiträume bei diesem Stichwort unter Nr. 4 auf Seite 920. Da der Arbeitslohn die anteiligen Beitragsbemessungsgrenzen nicht übersteigt, sind die Beiträge aus dem tatsächlichen Arbeitsentgelt zu berechnen. Gleiches gilt für die neuen Bundesländer, da auch die dort geltenden Beitragsbemessungsgrenzen nicht überschritten sind.

M

Lohn- steuer- pflichtig | Sozial- versich.- pflichtig

Bei der Lohnsteuer ergibt sich kein Teillohnzahlungszeitraum (vgl. die Erläuterungen beim Stichwort „Teillohnzahlungszeitraum" unter Nr. 3 auf Seite 919). Die Lohn- und Kirchensteuer sowie der Solidaritätszuschlag ist deshalb für 959,23 € nach der Monatstabelle zu berechnen. Nach Steuerklasse IV/0 ergibt sich eine Lohnsteuer von 0,– €. Auch die Kirchensteuer und der Solidaritätszuschlag betragen jeweils 0 €.

6. Auswirkung von Freibeträgen und Steuerklassenwechsel auf den Arbeitgeberzuschuss zum Mutterschaftsgeld

Der Zuschuss zum Mutterschaftsgeld hängt vom Nettoarbeitsentgelt der letzten drei abgerechneten Kalendermonate ab. Für die Höhe des Nettoarbeitsentgelts wiederum sind die individuellen Lohnsteuerabzugsmerkmale der Arbeitnehmerin (Steuerklasse, Freibetrag) entscheidend. Es stellt sich somit die Frage, wie sich ein Steuerklassenwechsel oder die Berücksichtigung eines Freibetrags auf den Arbeitgeberzuschuss zum Mutterschaftsgeld auswirken.

Beispiel A

	Steuerklasse V kein Freibetrag		Steuerklasse III/0 kein Freibetrag	
Monatsgehalt		2 000,– €		2 000,– €
Lohnsteuer	396,66 €		0,– €	
Solidaritätszuschlag	0,– €		0,– €	
Kirchensteuer	31,73 €		0,– €	
Sozialversicherung z. B. 20,225 %	404,50 €	832,89 €	404,50 €	404,50 €
Nettoarbeitsentgelt		1 167,11 €		1 595,50 €
täglich 1/30 =		38,90 €		53,18 €
Mutterschaftsgeld		13,– €		13,– €
Täglicher Arbeitgeberzuschuss		25,90 €		40,18 €
bei 30 Kalendertagen		777,– €		1 205,40 €

Der steuer- und beitragsfreie Einkommensvorteil von (1205,40 € – 777,– € =) 428,40 € monatlich könnte Anlass dazu geben, für den Berechnungszeitraum des Arbeitgeberzuschusses vom Finanzamt die Lohnsteuerabzugsmerkmale ändern zu lassen; z. B. könnten – wie im obigen Beispiel – die Steuerklassen zwischen den Ehegatten getauscht werden, sodass als Lohnsteuerabzugsmerkmal des Ehemanns die Steuerklasse V und bei der Ehefrau die Steuerklasse III gebildet wird. Auch ein beim Ehemann berücksichtigter Freibetrag kann ggf. als Lohnsteuerabzugsmerkmal der Ehefrau übernommen werden. Nach den steuerlichen Vorschriften sind solche Änderungen bis 30. November des laufenden Jahres zulässig. Allerdings wird sowohl ein Wechsel der Steuerklassen als auch ein Freibetrag erst **ab Beginn des auf die Antragstellung folgenden Monats** vorgenommen bzw. gebildet. Ein rückwirkender Steuerklassenwechsel oder die rückwirkende Bildung eines Freibetrags ist also nicht möglich.

Das Mutterschutzgesetz verbietet eine solche Beeinflussung des Nettoarbeitsentgelts nicht ausdrücklich. Es fehlt hier an einer der Vorschrift des § 153 Abs. 2 und 3 SGB III entsprechenden Regelung, die für die Berechnung des Arbeitslosengeldes einen willkürlichen Steuerklassentausch nicht anerkennt.

Gleichwohl hat das Bundesarbeitsgericht (Urteil vom 22.10.1986 – 5 AZR 733/85, DB 1987 S. 944 und Urteil vom 18.9.1991 – 5 AZR 581/90, DB 1992 S. 787) entschieden, dass der Arbeitgeber bei der Berechnung des Zuschusses zum Mutterschaftsgeld einem **Steuerklassentausch** nicht zu folgen braucht, wenn die Änderung der Steuermerkmale **ohne sachlichen Grund** nur deshalb erfolgt ist, um den Nettoverdienst im Berechnungszeitraum zu erhöhen. Ein solches Ausnützen einer steuerlich zwar zulässigen Gestaltungsmöglichkeit ist nach Auffassung des Bundesarbeitsgerichts rechtsmissbräuchlich und daher **unbeachtlich.** Erfolgt die Änderung der Steuerklassen aber in Anpassung an die tatsächlichen Lohnverhältnisse, stellt dies keine missbräuchliche Änderung dar.

	Lohn-steuer-pflichtig	Sozial-versich.-pflichtig

Auf die als **Anhang 11** beigefügte Tabelle zur richtigen Steuerklassenwahl bei Ehegatten, die beide sozialversicherungspflichtig sind, wird hingewiesen. Ein zulässiger Wechsel der Steuerklassen sollte möglichst schon vor Beginn des Kalenderjahres vorgenommen werden, spätestens drei Monate vor Beginn der Mutterschutzfrist, weil der Zuschuss zum Mutterschaftsgeld vom Nettoverdienst in diesen drei Monaten berechnet wird (vgl. die Erläuterungen unter der vorstehenden Nr. 5). Zur Auswirkung eines Steuerklassenwechsels auf die Höhe des Elterngeldes vgl. dieses Stichwort unter Nr. 6.

Eine weitere steuerrechtliche Möglichkeit ist die **Berücksichtigung eines Steuerfreibetrags** im Zusammenhang mit dem Arbeitgeberzuschuss zum Mutterschaftsgeld.

Beispiel B

Eine Arbeitnehmerin befindet sich ab Mitte August 2021 in Mutterschutz (= Beginn der Schutzfrist). Sie hat sich ab 1. Mai 2021 als weiteres Lohnsteuerabzugsmerkmal einen Steuerfreibetrag von 1500 € monatlich bilden lassen und erhielt deshalb seitdem eine erhöhte Nettovergütung ausgezahlt. Der Freibetrag war vorher beim Ehemann der Arbeitnehmerin berücksichtigt worden.

Die Frage nach der Zulässigkeit eines solchen Vorgehens der Arbeitnehmerin ist wie im vorhergehenden Fall des Steuerklassentauschs zu entscheiden. Auch hier ist von einer rechtsmissbräuchlichen Absicht bei zeitnaher Änderung der Steuermerkmale zum Bezugszeitraum für den Zuschuss auszugehen. Diesen Absichtszusammenhang kann die Arbeitnehmerin entkräften, wenn sie einen triftigen sonstigen sachlichen Grund für die Änderung darlegen kann.

7. Lohnfortzahlungsversicherung (Umlageverfahren U2)

Seit 1.1.2006 sind **alle Arbeitgeber** in das Umlageverfahren U2 für Mutterschutzaufwendungen einbezogen worden (vgl. die Erläuterung in Teil B Nr. 10 auf Seite 16).

Mutterschutz

Das Mutterschutzgesetz (MuSchG) in seiner bisherigen Fassung ist 1952 in Kraft getreten und bisher nur in wenigen Regelungsbereichen geändert worden. Es bestand daher nach Auffassung der Bundesregierung wegen der Veränderung der gesellschaftlichen und rechtlichen Rahmenbedingungen Bedarf an einer grundlegenden Reform. Das neue Mutterschutzgesetz trat zum 1.1.2018 in Kraft.

Mit der Reform soll berufsgruppenunabhängig ein für alle Frauen einheitliches Gesundheitsschutzniveau in der Schwangerschaft, nach der Entbindung und während der Stillzeit sichergestellt werden. Auch Schülerinnen und Studentinnen sollen in den Anwendungsbereich des Gesetzes einbezogen werden, soweit die jeweilige Ausbildungsstelle (z. B. Schule oder Hochschule) Ort, Zeit und Ablauf von Ausbildungsveranstaltungen verpflichtend vorgibt. Die Verordnung zum Schutze der Mütter am Arbeitsplatz (MuSchArbV) wird in das Gesetz integriert. Die Pflichten der Arbeitgeber zur Beurteilung der Arbeitsbedingungen und die im Einzelfall für eine schwangere oder stillende Frau notwendige Umgestaltung der Arbeitsbedingungen werden neu strukturiert und klarer gefasst. Damit werden auch die Möglichkeiten der Weiterbeschäftigung während der Schwangerschaft und der Stillzeit für die Praxis deutlicher geregelt.

Dem Arbeitgeber sind durch das Mutterschutzgesetz eine ganz Reihe von Pflichten auferlegt, wenn er eine werdende Mutter beschäftigt. Insbesondere folgende Pflichten müssen erfüllt werden:

- Beachtung von Beschäftigungsverboten innerhalb der Schutzfrist und Beschäftigungsbeschränkungen außerhalb der Schutzfrist; ggf. Zahlung von Mutterschutzlohn,
- Einhaltung der Schutzfrist,
- Zahlung eines Zuschusses zum Mutterschaftsgeld,
- Die werdende Mutter muss dem Arbeitgeber den mutmaßlichen Tag der Entbindung mitteilen, sobald ihr Zustand bekannt ist,
- Einhalten des Kündigungsverbots.

Zum **Kündigungsverbot** ist Folgendes zu bemerken:

Vom Beginn der Schwangerschaft an bis zum Ablauf von vier Monaten nach der Entbindung ist die Kündigung des Arbeitsverhältnisses durch den Arbeitgeber unzulässig. Das bedeutet, dass der Arbeitgeber während dieser Zeit auch nicht zu einem danach liegenden Zeitpunkt kündigen darf. Voraussetzung für das Wirksamwerden des Kündigungsverbotes ist, dass dem Arbeitgeber im Zeitpunkt der Kündigung die Schwangerschaft oder die Entbindung bekannt war oder ihm innerhalb von zwei Wochen nach Zugang der Kündigung mitgeteilt wird. Die Frist von zwei Wochen ist eine Ausschlussfrist. Geht die Mitteilung dem Arbeitgeber nicht innerhalb dieser Frist zu oder unterlässt die Arbeitnehmerin die Mitteilung, wird das Arbeitsverhältnis durch die Kündigung aufgelöst. Das Überschreiten dieser Frist ist jedoch unschädlich, wenn es auf einem von der Arbeitnehmerin nicht zu vertretenden Grund beruht und die Mitteilung unverzüglich nachgeholt wird. Die Arbeitnehmerin ist darlegungs- und beweispflichtig dafür, dass sie die Frist ohne Verschulden versäumt hat.

Die Kosten für Zeugnisse und Bescheinigungen, die eine schwangere oder stillende Frau auf Verlangen des Arbeitgebers vorzulegen hat, trägt nach den gesetzlichen Regelungen im Mutterschutzgesetz der Arbeitgeber (§ 9 Abs. 6 Satz 2 MuSchG). Mithin handelt es sich nicht um steuer- und beitragspflichtigen Arbeitslohn. nein nein

Mutterschutzfrist

M

Die Regelungen zu den Mutterschutzfristen wurden durch die Reform des Mutterschutzgesetzes erweitert.

Werdende Mütter dürfen in den letzten **6 Wochen vor der Entbindung** nicht mehr beschäftigt werden, es sei denn, dass sie sich zur Arbeitsleistung ausdrücklich bereit erklären. Für die Berechnung der Frist sind die Angaben des Arztes oder der Hebamme maßgebend.

Bis zum Ablauf von **8 Wochen nach der Entbindung** (bei Früh- oder Mehrlingsgeburten oder wenn in den ersten acht Wochen nach der Geburt beim Kind eine Behinderung festgestellt wird, 12 Wochen) dürfen Wöchnerinnen nicht beschäftigt werden. Diese Zeitspanne, also 6 Wochen vor und 8 bzw. 12 Wochen nach der Entbindung wird als Mutterschutzfrist bezeichnet. Bei Frühgeburten und allen anderen **vorzeitigen Entbindungen** (vgl. § 6 Abs. 2 Satz 2 MuSchG) verlängert sich die Zeit nach der Entbindung (12 Wochen) um den Zeitraum, der von den 6 Wochen vor der Entbindung nicht in Anspruch genommen werden konnte.

Beispiel

Mutmaßlicher Entbindungstag lt. ärztlicher Bescheinigung	= 8. September 2021
Schutzfrist vor der Entbindung	= 28. Juli bis 7. September 2021 (= 42 Tage)
Letzter Arbeitstag	= 27. Juli 2021
Tatsächlicher Entbindungstag	= 9. August 2021
Fiktiver Zeitraum der Schutzfrist (§ 3 Abs. 2 Mutterschutzgesetz)	= 28. Juni bis 8. August 2021
In Anspruch genommene Schutzfrist	= 28. Juli bis 8. August 2021 (= 12 Tage)
Dadurch „nicht in Anspruch genommen“	= 28. Juni bis 27. Juli 2021 (= 30 Tage)

Die Schutzfrist von zwölf Wochen (letzter Tag = 1. November 2021) verlängert sich um 30 Tage und endet somit mit Ablauf des 1. Dezember 2021.

Lohn-steuer-pflichtig | Sozial-versich.-pflichtig

Mutterschutzlohn

Für die Zeit der Mutterschutzfrist werden Mutterschaftsgeld und der Arbeitgeberzuschuss zum Mutterschaftsgeld bezahlt (vgl. das Stichwort „Mutterschaftsgeld"). Wird außerhalb der Mutterschutzfrist ohne Einschränkung wie bisher weitergearbeitet und erhält die Arbeitnehmerin somit wie bisher ihren Arbeitslohn, so ergeben sich keine Besonderheiten. Es bestehen jedoch sowohl für werdende als auch für stillende Mütter bestimmte Beschäftigungsverbote z. B.

- bei Gefährdung von Leben oder Gesundheit von Mutter und Kind lt. ärztlichem Zeugnis;
- Verbot von schwerer körperlicher Arbeit und Umgang mit gesundheitsgefährdenden Stoffen;
- Verbot von Mehrarbeit, Nacht- und Sonntagsarbeit;
- eingeschränkte Leistungsfähigkeit nach der Entbindung (und nach der Schutzfrist) lt. ärztlichem Zeugnis.

Soweit die obigen Beschäftigungsverbote einer Fortsetzung der üblichen Arbeit oder der Beschäftigung im bisherigen Umfang entgegenstehen, kann die Arbeitnehmerin mit anderen zumutbaren Arbeiten beschäftigt werden. Dies darf jedoch nicht zu einer Verdienstminderung führen. Der Arbeitgeber hat deshalb mindestens den **Durchschnittsverdienst** der letzten 13 Wochen oder der letzten 3 Monate vor Beginn des Monats, in dem die Schwangerschaft eingetreten ist, **weiterzuzahlen.** Dieser Durchschnittsverdienst wird Mutterschutzlohn genannt. Bei der Berechnung des Mutterschutzlohns ist Folgendes zu beachten:

- In den Durchschnittsverdienst sind alle laufenden Arbeitsentgelte einzubeziehen. Außer Betracht bleiben jedoch einmalige Zuwendungen.
- Verdiensterhöhungen nicht nur vorübergehender Art, die während oder nach dem Berechnungszeitraum eintreten, sind zu berücksichtigen.
- Verdienstkürzungen, die im Berechnungszeitraum infolge von Kurzarbeit, Arbeitsausfällen oder unverschuldeter Arbeitsversäumnis eintreten, bleiben für die Berechnung des Durchschnittsverdienstes außer Betracht. Zu berücksichtigen sind jedoch dauerhafte Verdienstkürzungen (zu unterschiedlichen Wirksamkeitszeitpunkten), die während oder nach Ablauf des Berechnungszeitraums eintreten (§ 11 Abs. 2 des Mutterschutzgesetzes).
- Wird das Arbeitsverhältnis erst nach Eintritt der Schwangerschaft begonnen, so ist der Durchschnittsverdienst aus dem Arbeitsentgelt der ersten 13 Wochen oder 3 Monate der Beschäftigung zu berechnen.
- Hat das Arbeitsverhältnis nicht 13 Wochen oder 3 Monate bestanden, ist der kürzere Zeitraum zugrunde zu legen.

Da es sich beim Mutterschutzlohn um einen Bruttolohn handelt, gehört der Mutterschutzlohn zum laufenden Arbeitsentgelt und ist ohne Besonderheit steuer- und beitragspflichtig. ja ja

Nachforderung der Lohnabzugsbeträge vom Arbeitnehmer

1. Lohn- und Kirchensteuer, Solidaritätszuschlag

a) Regressanspruch des Arbeitgebers in Haftungsfällen

Der Arbeitgeber haftet gesamtschuldnerisch für die richtige Einbehaltung und Abführung der Lohnsteuer. Werden im Rahmen einer Lohnsteuer-Außenprüfung Steuerabzugsbeträge (Lohnsteuer, Kirchensteuer, Solidaritätszuschlag) vom Arbeitgeber als Haftungsschuldner nachgefordert, hat der Arbeitgeber einen Regressanspruch gegen den Arbeitnehmer. Verzichtet der Arbeitgeber auf die Erfüllung dieses an sich gegebenen Anspruchs, liegt hierin für den Arbeitnehmer ein steuerpflichtiger geldwerter Vorteil (vgl. das Stichwort „Haftung des Arbeitgebers" unter Nr. 8). ja ja

b) Vorliegen einer Anrufungsauskunft

Vom Arbeitnehmer als Steuerschuldner kann das Finanzamt die Lohn- oder Kirchensteuer sowie den Solidaritätszuschlag **nachfordern,** wenn der Arbeitgeber die Steuerabzugsbeträge **nicht vorschriftsmäßig** vom Arbeitslohn einbehalten hat (§ 42d Abs. 3 Satz 4 Nr. 1 EStG). An einer vorschriftswidrigen Einbehaltung und Abführung fehlt es aber, wenn der Arbeitgeber bei seinem Betriebsstättenfinanzamt eine **Anrufungsauskunft eingeholt hat und danach verfahren** ist. Ist der Arbeitgeber entsprechend einer Anrufungsauskunft verfahren, hat er den Weisungen und Vorschriften des Finanzamts Rechnung getragen und damit die Lohnsteuer vorschriftsmäßig einbehalten und abgeführt. Dies gilt unabhängig davon, ob die vom Finanzamt erteilte Anrufungsauskunft materiell richtig oder unrichtig ist. Ein **Lohnsteuer-Nachforderungsbescheid** gegenüber dem Arbeitnehmer ist laut Bundesfinanzhof in diesen Fällen **nicht möglich** (BFH-Urteil vom 17.10.2013, BStBl. 2014 II S. 892). Denn die Finanzverwaltung ist an die dem Arbeitgeber erteilte Anrufungsauskunft im Rahmen des Lohnsteuerabzugsverfahrens auch gegenüber dem Arbeitnehmer gebunden. Nach wie vor ist die Finanzverwaltung aber im Einkommensteuer-Veranlagungsverfahren des Arbeitnehmers nicht an eine im Lohnsteuerabzugsverfahren erteilte Anrufungsauskunft gebunden. Eine unrichtig erteilte Anrufungsauskunft könnte also bei der Einkommensteuer-Veranlagung zu Lasten des Arbeitnehmers richtig gestellt werden. Vgl. auch die Ausführungen beim Stichwort „Auskunft" unter Nr. 2 Buchstabe c.

c) Veranlagung und Nettolohnvereinbarung

Nach Ablauf des Kalenderjahres erfolgt eine mögliche Inanspruchnahme des Arbeitnehmers durch Nachforderungsbescheid oder durch eine Veranlagung zur Einkommensteuer. Wurde bereits eine Veranlagung für das betreffende Kalenderjahr durchgeführt, kann die Nachholung nur im Wege der Änderung dieses Bescheides erfolgen (BFH-Urteil vom 21.2.1992, BStBl. II S. 565). Eine weitere Ausnahme von der Inanspruchnahme des Arbeitnehmers besteht nur in den Fällen der Nettolohnvereinbarung (vgl. die Erläuterungen beim Stichwort „Haftung des Arbeitgebers" unter Nr. 9 Buchstabe a auf Seite 551).

d) Ausschließlich Nachforderung beim Arbeitnehmer

Arbeitgeber und Arbeitnehmer sind Gesamtschuldner der Lohnsteuer nur insoweit, als eine Haftung des Arbeitgebers vorliegt. In folgenden Fällen liegt keine Haftung des Arbeitgebers vor; die Steuerabzugsbeträge sind deshalb vom Finanzamt ausschließlich beim Arbeitnehmer nachzufordern (§ 42d Abs. 2 EStG):

a) wenn als Lohnsteuerabzugsmerkmal nach den Verhältnissen zu **Beginn des Kalenderjahres 2021** eine zu günstige Steuerklasse gebildet worden ist und der Arbeitnehmer die falsche Bildung nicht hat berichtigen lassen (§ 39 Abs. 5 EStG);

Beispiel

A hat sich im Dezember 2020 von seiner Ehefrau auf Dauer getrennt. Da die Eheleute dies dem zuständigen Wohnsitzfinanzamt nicht angezeigt haben, ist bei A die Steuerklasse nicht mit Wirkung ab Januar 2021 von III in I geändert worden.

Die im Kalenderjahr 2021 bei A zu wenig einbehaltene Lohnsteuer ist durch einen Nachforderungsbescheid gegenüber A nachzufordern.

b) wenn als Lohnsteuerabzugsmerkmal die Steuerklasse II gebildet worden ist oder der Entlastungsbetrag für Al-

N

Lohn-steuer-pflichtig Sozial-versich.-pflichtig

leinerziehende als Freibetrag berücksichtigt wurde und die Voraussetzungen hierfür **im Laufe des Kalenderjahres 2021 weggefallen** sind (§ 39 Abs. 5 EStG);

c) wenn der Arbeitgeber nach § 41c Abs. 4 EStG dem Finanzamt eine Anzeige erstattet hat, dass er von seiner Berechtigung bzw. Verpflichtung zum nachträglichen Lohnsteuereinbehalt keinen Gebrauch macht bzw. die Lohnsteuer nicht nachträglich einbehalten kann (vgl. „Anzeigepflichten des Arbeitgebers im Lohnsteuerverfahren" unter Nr. 1);

d) wenn der **Barlohn** des Arbeitnehmers zur Deckung der Lohnsteuer **nicht ausreicht,** die Steuer weder aus zurückbehaltenen anderen Bezügen des Arbeitnehmers noch durch einen entsprechenden Barzuschuss des Arbeitnehmers aufgebracht werden kann und der Arbeitgeber dies dem Finanzamt anzeigt (§ 38 Abs. 4 EStG; vgl. das Beispiel beim Stichwort „Anzeigepflichten des Arbeitgebers im Lohnsteuerverfahren" unter Nr. 2);

e) wenn als Lohnsteuerabzugsmerkmal ein **Freibetrag unzutreffend** berücksichtigt worden ist; dies gilt z. B. auch dann, wenn ein Freibetrag rückwirkend herabgesetzt worden ist und der Arbeitgeber die zu wenig erhobene Lohnsteuer nicht nachträglich einbehalten kann (§ 39a Abs. 5 EStG);

f) wenn nachträglich festgestellt wird, dass bei einem **beschränkt steuerpflichtigen** Arbeitnehmer die **Voraussetzungen** der **unbeschränkten** Steuerpflicht (nach §§ 1 Abs. 2, Abs. 3 oder 1a EStG) **nicht vorgelegen** haben (§ 50 Abs. 2 Satz 2 Nr. 2 EStG). Das gilt auch dann, wenn das Finanzamt bereits bei Erteilung der Lohnsteuerabzugsbescheinigung hätte erkennen können, dass die Voraussetzungen der unbeschränkten Steuerpflicht nicht vorliegen (BFH-Urteil vom 23.9.2008, BStBl. 2009 II S. 666).

Die Nachforderung ist bis zum Ablauf der Festsetzungsfrist zulässig. Die Festsetzungsfrist beträgt im Allgemeinen vier Jahre, bei hinterzogener Lohnsteuer zehn Jahre.

Wird vom Finanzamt zu Unrecht nachgeforderte Lohnsteuer dem Arbeitnehmer später wieder erstattet (z. B. nach einem erfolgreichen Rechtsbehelfsverfahren), ist die Erstattung nicht zu verzinsen (keine Anwendung des § 233a AO auf Lohnsteuer; BFH-Urteil vom 17.11.2010, BFH/NV 2011 S. 737).

2. Sozialversicherungsbeiträge

Nach § 28g SGB IV hat der Arbeitgeber gegen den Arbeitnehmer einen Anspruch darauf, dass der Arbeitnehmer seinen Anteil am Gesamtsozialversicherungsbeitrag trägt (= Arbeitnehmeranteil).

Der Arbeitgeber kann den Anspruch auf den Arbeitnehmeranteil nur durch Abzug vom Arbeitsentgelt des Arbeitnehmers geltend machen. Hat er dies bei einer Entgeltzahlung versäumt, darf er den unterbliebenen Abzug nur noch bei den **drei** nächsten Lohn- oder Gehaltszahlungen nachholen; danach nur noch dann, wenn der Abzug ohne Verschulden des Arbeitgebers unterblieben ist. Das ist z. B. der Fall, wenn der Arbeitgeber den Beitragsabzug unterlassen hat, weil er von der Krankenkasse eine falsche Auskunft erhalten hat. Eine schuldlose nachträgliche Beitragsentrichtung liegt dagegen nicht vor, wenn der Arbeitgeber aufgrund eines **Rechtsirrtums** die Beiträge zu niedrig errechnet hat. Berichtigt der Arbeitgeber die Beitragsrechnung also infolge eines Rechtsirrtums, kann er den Arbeitnehmeranteil nur rückwirkend für drei Lohn- oder Gehaltszahlungen nachträglich einbehalten (im Regelfall also rückwirkend für drei Monate).

Hat der Arbeitgeber den rechtzeitigen Beitragsabzug versäumt, dann muss er den Arbeitnehmeranteil selbst tragen. Ein Rückgriffsrecht gegenüber dem Arbeitnehmer steht ihm – im Gegensatz zum Steuerrecht – auch nach bürgerlichem Recht nicht zu. Das gilt auch dann, wenn das Beschäftigungsverhältnis bereits beendet ist.

Diese Regelung wurde insbesondere dann als unbillig empfunden, wenn der Arbeitnehmer seine Mitwirkungspflichten (§ 28o Abs. 1 SGB IV) grob verletzt hat. Die vorstehend aufgezeigten Regelungen gelten deshalb dann nicht, wenn der Arbeitnehmer **grob fahrlässig** oder gar **vorsätzlich** seine Auskunfts- und Vorlagepflicht gegenüber seinem Arbeitgeber verletzt (§ 28g Satz 4 SGB IV). Wurde z. B. ein Arbeitnehmer als versicherungsfrei angesehen, weil er seinem Arbeitgeber weitere Beschäftigungen verschwiegen hat, und stellt sich nachträglich die Versicherungspflicht heraus, darf der Arbeitgeber den Beitragsanteil des Beschäftigten auch noch später nachfordern, selbst nach Ende der Beschäftigung.

Außerdem hat der Gesetzgeber in § 28g Satz 4 SGB IV noch zwei weitere Ausnahmen von dem Grundsatz gemacht, dass nicht oder zu niedrig einbehaltene Arbeitnehmeranteile nur bei den nächsten drei Lohnzahlungen nachgeholt werden können, und zwar

- soweit es sich um Beitragsanteile handelt, die **ausschließlich vom Arbeitnehmer zu tragen** sind. Damit sind die Beitragsanteile gemeint, die auf den in der Pflegeversicherung zu zahlenden Beitragszuschlag bei Kinderlosigkeit (0,25 %) entfallen.
- solange der Arbeitnehmer **nur Sachbezüge** erhält.

Zur lohnsteuerlichen Behandlung der vom Arbeitgeber übernommenen Arbeitnehmeranteile am Gesamtsozialversicherungsbeitrag bei gesetzlicher Beitragslastverschiebung vgl. auch das Stichwort „Zukunftsicherung" unter Nr. 5 am Ende des Buchstabens a.

Nachgelagerte Besteuerung

1. Allgemeines

Der Begriff der nachgelagerten Besteuerung spielt vor allem im Zusammenhang mit der betrieblichen Altersversorgung eine Rolle. Denn bei Zukunftsicherungsleistungen des Arbeitgebers für den Arbeitnehmer gilt Folgendes:

Die Entscheidung der Frage, ob Ausgaben des Arbeitgebers für die Zukunftsicherung gegenwärtig zufließender Arbeitslohn des Arbeitnehmers sind oder nicht, ist für die steuerliche Behandlung der späteren Leistungen aus dieser Zukunftsicherung als Arbeitslohn von grundlegender Bedeutung. Denn es gilt folgender Grundsatz:

Sind die Ausgaben **für** die Zukunftsicherung gegenwärtig zufließender **Arbeitslohn,** können die späteren Leistungen **aus** der Zukunftsicherung kein Arbeitslohn sein. Die später zufließenden Leistungen werden in diesem Fall als **sonstige Einkünfte** nach § 22 EStG steuerlich erfasst. Lösen die Ausgaben **für** die Zukunftsicherung dagegen **keinen** Zufluss von **Arbeitslohn** aus, sind die späteren Leistungen **aus** der Zukunftsicherung **steuerpflichtiger Arbeitslohn** (sog. Versorgungsbezüge), und zwar auch dann, wenn sie von einer selbständigen Versorgungseinrichtung erbracht werden.

2. Echte nachgelagerte Besteuerung als Arbeitslohn

Ausgehend von diesen Grundsätzen sind die Modelle zur sog. **arbeitnehmerfinanzierten Versorgungszusage** entwickelt worden. Dabei wird ein Teil des Barlohns (ausgehend vom Bruttoarbeitslohn) in eine Pensionszusage umgewandelt und damit der Besteuerung mit dem Grenzsteuersatz entzogen (vgl. die Tabelle zu den Grenzsteuersätzen beim Stichwort „Tarifaufbau" unter Nr. 6 auf Seite 915). Da die Leistungen für die betriebliche Altersversorgung in Form der Direktzusage kein gegenwärtig zufließender Arbeitslohn sind, gehören die späteren Leistungen aus der Pensionszusage zum Arbeitslohn (sog.

N

echte nachgelagerte Besteuerung als Arbeitslohn). Die Finanzverwaltung erkennt die Minderung des steuerpflichtigen Arbeitslohns nur unter bestimmten Voraussetzungen an. Diese Voraussetzungen sind beim Stichwort „Arbeitnehmerfinanzierte Pensionszusage" erläutert.

Zu einer echten nachgelagerten Besteuerung als Arbeitslohn führen auch die Leistungen einer **Unterstützungskasse.**

Vgl. auch die Erläuterungen bei den Stichwörtern „Pensionszusage" und „Unterstützungskasse".

3. Nachgelagerte Besteuerung als sonstige Einkünfte

Außerdem ist die Steuerfreiheit für Beiträge zu Pensionskassen, Pensionsfonds und Direktversicherungen nach § 3 Nr. 56 EStG und § 3 Nr. 63 EStG zu beachten. Werden Beiträge zu Pensionskassen, Pensionsfonds und Direktversicherungen gezahlt, handelt es sich um gegenwärtig zufließenden Arbeitslohn, weil der Arbeitnehmer einen eigenen Rechtsanspruch auf die späteren Versorgungsleistungen hat. Soll dieser gegenwärtig zufließende Arbeitslohn steuerfrei bleiben, bedarf es hierfür einer ausdrücklichen gesetzlichen Regelung. Diese wurde in § 3 Nr. 56 EStG bzw. § 3 Nr. 63 EStG geschaffen. Die Tatsache, dass es sich bei Beiträgen zu Pensionskassen, Pensionsfonds und Direktversicherungen um gegenwärtig zufließenden Arbeitslohn handelt, hat nach den vorstehend dargelegten Grundsätzen zur sog. echten nachgelagerten Besteuerung zur Folge, dass die später zufließenden Versorgungsleistungen **kein Arbeitslohn** sein können. Um aufgrund der Steuerfreiheit der Beiträge gleichwohl zu einer nachgelagerten Besteuerung zu gelangen, wurde in § 22 Nr. 5 EStG eine besondere Form der nachgelagerten Besteuerung als „sonstige Einkünfte" eingeführt. Die Steuerfreiheit nach § 3 Nr. 56 EStG oder § 3 Nr. 63 EStG löst also eine **nachgelagerte Besteuerung als sonstige Einkünfte** aus, soweit die Versorgungsleistungen auf steuerfreien Beitragszahlungen beruhen. Sind die Beiträge zu Pensionskassen, Pensionsfonds und Direktversicherungen individuell oder pauschal besteuert worden, werden die später zufließenden laufenden Versorgungsleistungen regelmäßig mit dem Ertragsanteil besteuert. Bei Kapitalleistungen erfolgt ggf. eine Besteuerung der Erträge (= Leistung abzüglich Beiträge). Auf das Abgrenzungsschema beim Stichwort „Zukunftsicherung" unter Nr. 1 und auf die ausführlichen Erläuterungen zur **betrieblichen Altersversorgung** in **Anhang 6** besonders unter Nr. 11 wird Bezug genommen.

Nachtarbeitszuschläge

siehe „Zuschläge für Sonntags-, Feiertags- und Nachtarbeit"

Nachzahlung von laufendem Arbeitslohn

1. Lohnsteuerliche Behandlung

a) Allgemeines

Nachzahlungen von Arbeitslohn gehören lohnsteuerlich zum **laufenden Arbeitslohn,** wenn sich der **Gesamtbetrag** einer Nachzahlung **ausschließlich** auf das **laufende** Kalenderjahr bezieht.

Nachzahlungen von Arbeitslohn gehören lohnsteuerlich stets zu den **sonstigen Bezügen,** wenn sich die Nachzahlung ausschließlich auf bereits abgelaufene Kalenderjahre bezieht. Nachzahlungen gehören aber auch dann **in voller Höhe** zu den sonstigen Bezügen, wenn sich die Nachzahlung zum Teil auf das laufende Kalenderjahr und **zum Teil** auf bereits **abgelaufene** Kalenderjahre bezieht. Der **gesamte** Betrag, also auch der Teil der Nachzahlung, der auf das laufende Jahr entfällt, ist in diesem Fall im Monat des Zuflusses als sonstiger Bezug zu besteuern. Eine Aufteilung des Gesamtbetrags in laufenden Arbeitslohn für den Betrag, der auf Zeiträume des laufenden Jahres entfällt, und einen sonstigen Bezug für die bereits abgelaufenen Jahre, ist nicht zulässig. Die Besteuerung richtet sich nach dem beim Stichwort „Sonstige Bezüge" dargestellten Verfahren.

Aus Vereinfachungsgründen können jedoch auch Nachzahlungen, die an sich begrifflich zum laufenden Arbeitslohn gehören, wie sonstige Bezüge besteuert werden (R 39b.5 Abs. 4 Satz 2 LStR).

Hiernach ergibt sich folgendes Schema:

Nachzahlung vom laufenden Arbeitslohn

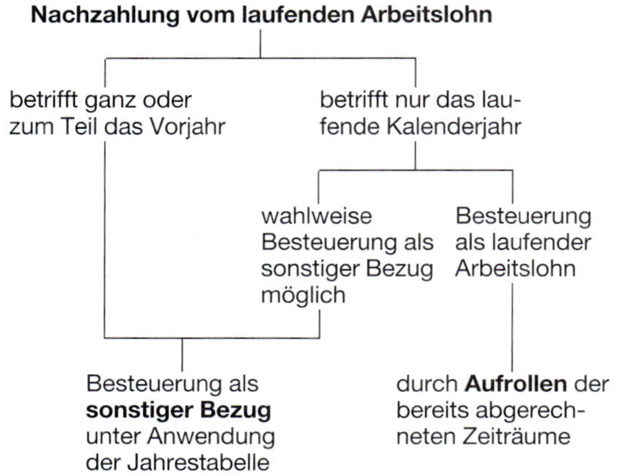

Die Besteuerung von **Lohnnachzahlungen als sonstige Bezüge** ist auch beim Stichwort „Sonstige Bezüge" unter Nr. 7 auf Seite 885 erläutert.

b) Besteuerung als laufender Arbeitslohn oder sonstiger Bezug

Eine Nachzahlung von Arbeitslohn gehört also nur dann zum laufenden Arbeitslohn, wenn sie sich **ausschließlich** auf Lohnzahlungszeiträume bezieht, die im Kalenderjahr der Zahlung enden.

Beispiel A

Der Arbeitgeber zahlt für die Monate Januar bis Juni 2021 Arbeitslohn in Höhe von 600 € am 16.12.2021 nach. Der nachgezahlte Arbeitslohn in Höhe von 600 € gehört zum laufenden Arbeitslohn, weil die Nachzahlung nur das laufende Kalenderjahr betrifft.

Beispiel B

Der Arbeitgeber zahlt für die Monate Juli bis Dezember 2020 Arbeitslohn in Höhe von 600 € am 18.2.2021 nach. Der nachgezahlte Arbeitslohn in Höhe von 600 € betrifft das bereits abgelaufene Kalenderjahr. Es handelt sich deshalb um einen sonstigen Bezug, der im Jahr des Zuflusses (2021) zu besteuern ist.

Beispiel C

Der Arbeitgeber zahlt für die Zeit vom 1. 7. 2020 bis 30. 6. 2021 Arbeitslohn in Höhe von 1200 € am 20. 7. 2021 nach. Der nachgezahlte Arbeitslohn in Höhe von 1200 € ist insgesamt ein sonstiger Bezug und als solcher im Juli 2021 zu besteuern. Eine Aufteilung in einen sonstigen Bezug für die Monate Juli bis Dezember 2020 und laufenden Arbeitslohn für die Monate Januar bis Juni 2021 ist nicht zulässig.

In diesem Zusammenhang ist die Frage aufgetreten, wie die Fälle zu beurteilen sind, in denen der laufende Arbeitslohn für Dezember erst im nachfolgenden Kalenderjahr ausgezahlt wird. Hierzu gilt Folgendes:

Der im Januar eines Jahres gezahlte laufende Arbeitslohn für den Dezember des Vorjahres kann nur dann abrechnungsmäßig dem Vorjahr zugeordnet werden, wenn die Lohnabrechnung in den **ersten drei Januarwochen** erfolgt. Wird später abgerechnet, liegt ein sonstiger Bezug vor, der nach den hierfür maßgebenden Vorschriften im

Lohn-steuer-pflichtig Sozial-versich.-pflichtig

Zeitpunkt des Zuflusses zu besteuern ist (R 39b.2 Abs. 1 Nr. 7 und Abs. 2 Satz 2 Nr. 8 LStR).

Für die Besteuerung der Nachzahlung als laufenden Arbeitslohn ist also die Abgrenzung zum sonstigen Bezug von großer Bedeutung. Denn nur dann, wenn die Nachzahlung zum laufenden Arbeitslohn gehört, weil sie sich ausschließlich auf Lohnzahlungszeiträume des laufenden Kalenderjahres bezieht, kann die Nachzahlung für die Berechnung der Lohnsteuer den Lohnzahlungszeiträumen zugerechnet werden, für die die Nachzahlung geleistet wird (= **rückwirkende Neuberechnung der Lohnsteuer durch Aufrollen** der bereits abgerechneten Lohnzahlungszeiträume). Die unterschiedliche Besteuerung als laufender Arbeitslohn oder sonstiger Bezug soll das nachfolgende Beispiel verdeutlichen:

Beispiel D

Ein Arbeitnehmer (Steuerklasse III/0) mit einem laufenden Bruttolohn von 2500 € monatlich, erhält ab September 2021 monatlich 100 € mehr und eine Nachzahlung von 800 € für die Monate Januar bis August 2021. Vom Monatslohn in Höhe von 2500 € ist die Lohnsteuer nach Steuerklasse III/0 mit 55,16 € einbehalten worden. Wenn man den Monatslohn von 2500 € um die auf einen Monat entfallende anteilige Nachzahlung in Höhe von 100 € erhöht, ergibt sich eine Lohnsteuer von 72,33 €.

Auf die anteilige monatliche Nachzahlung von 100 € entfällt demnach eine Lohnsteuer von **(72,33 € – 55,16 € =) 17,17 €.** Der Betrag von **17,17 €** vervielfacht mit der Anzahl der in Betracht kommenden Monate, ergibt die Lohnsteuer für die Nachzahlung **(17,17 € × 8 Monate =) 137,36 €.** Vom Monatslohn für September zuzüglich der Nachzahlung (2600 € + 800 € = 3400 €) ist daher Lohnsteuer in Höhe von insgesamt **(72,33 € + 137,36 € =) 209,69 €** einzubehalten. In gleicher Weise ist die auf die Nachzahlung entfallende Kirchensteuer sowie der Solidaritätszuschlag nach der Steuerklasse III/0 zu berechnen:

Solidaritätszuschlag:	
– auf den Monatslohn von 2500 € entfällt ein Solidaritätszuschlag von	0,– €
– auf den Monatslohn von 2600 € entfällt ein Solidaritätszuschlag von	0,– €
Differenz monatlich	0,– €
Der auf die gesamte Nachzahlung von 800 € entfallende Solidaritätszuschlag beträgt	0,– €
Kirchensteuer:	
– auf den Monatslohn von 2500 € entfällt eine Kirchensteuer (8 %) von	4,41 €
– auf den Monatslohn von 2600 € entfällt eine Kirchensteuer (8 %) von	5,78 €
Differenz monatlich	1,37 €
Die auf die gesamte Nachzahlung von 800 € entfallende Kirchensteuer beträgt (1,37 € × 8) =	10,96 €

Da die im September 2021 gezahlte Nachzahlung in Höhe von 800 € für die Monate Januar bis August 2021 sich ausschließlich auf Lohnzahlungszeiträume bezieht, die im Kalenderjahr der Zahlung enden, handelt es sich bei der Nachzahlung begrifflich um laufenden Arbeitslohn. Trotzdem kann der Arbeitgeber diese Nachzahlung **wie** einen sonstigen Bezug besteuern, es sei denn, der Arbeitnehmer widerspricht dieser Besteuerungsform und verlangt eine Besteuerung der Nachzahlung als laufenden Arbeitslohn, also eine Verteilung der Nachzahlung auf die Lohnzahlungszeiträume, auf die sich die Nachzahlung bezieht (R 39b.5 Abs. 4 Satz 2 LStR).

Besteuert der Arbeitgeber die Nachzahlung wie einen sonstigen Bezug, ergibt sich folgende Steuerberechnung:

voraussichtlicher laufender Jahresarbeitslohn (8 × 2500 € + 4 × 2600 €)	30 400,– €
Lohnsteuer nach Steuerklasse III/0 der Jahreslohnsteuertabelle	
a) vom maßgebenden Jahresarbeitslohn (30 400 €)	730,– €
b) vom maßgebenden Jahresarbeitslohn einschließlich der Nachzahlung (30 400 € + 800 € =) 26 400 €	868,– €
Lohnsteuer für die Nachzahlung	138,– €
Der Solidaritätszuschlag beträgt wegen der Nullzone =	0,– €
Die Kirchensteuer beträgt 8 % von 138 € =	11,04 €

Die Besteuerung als sonstiger Bezug ist somit sowohl bei der Lohnsteuer, als auch bei der Kirchensteuer geringfügig **ungünstiger** als die Verteilung auf acht Monate.

Lohn-steuer-pflichtig Sozial-versich.-pflichtig

Nach der Vereinfachungsregelung in R 39b.5 Abs. 4 Satz 2 LStR können Nachzahlungen trotz der Formulierung „als" nur **wie** sonstige Bezüge unter Anwendung der Jahrestabelle besteuert werden (sie bleiben aber begrifflich laufender Arbeitslohn). Das bedeutet, dass eine Pauschalierung der Lohnsteuer nach § 40 Abs. 1 Satz 1 Nr. 1 EStG (vgl. hierzu das Stichwort „Pauschalierung der Lohnsteuer" unter Nr. 2) für solche Nachzahlungen nicht zulässig ist. Zur Besteuerung von **Lohnnachzahlungen an** bereits **ausgeschiedene Arbeitnehmer** wird auf die Berechnungsbeispiele beim Stichwort „Sonstige Bezüge" unter Nr. 9 Buchstabe b und c auf Seite 886 hingewiesen. Hinsichtlich der Angaben in der Lohnsteuerbescheinigung (vgl. dieses Stichwort) gilt in diesen Fällen Folgendes: Wird eine Nachzahlung von laufendem Arbeitslohn nach Beendigung des Arbeitsverhältnisses im laufenden Kalenderjahr für Lohnzahlungszeiträume bis zur Beendigung geleistet, ist eine bereits erteilte und übermittelte **Lohnsteuerbescheinigung** zu **korrigieren.** Die berichtigte Lohnsteuerbescheinigung ist mit dem Merker „Korrektur" zu versehen. **Sonstige Bezüge,** die nach Beendigung des Arbeitsverhältnisses oder in folgenden Kalenderjahren gezahlt werden, sind **gesondert** zu **bescheinigen.** Als Dauer des Arbeitsverhältnisses ist in diesem Fall der Kalendermonat der Zahlung in der Lohnsteuerbescheinigung anzugeben.[1]

c) Anwendung der sog. Fünftelregelung

Bei der Nachzahlung von laufendem Arbeitslohn kommt die sog. Fünftelregelung zur Anwendung, wenn es sich um Arbeitslohn für eine **mehrjährige Tätigkeit** handelt. Die Anwendung der Fünftelregelung bedeutet, dass die Nachzahlung für Zwecke der Steuerberechnung mit einem Fünftel als sonstiger Bezug besteuert und die auf dieses Fünftel entfallende Lohnsteuer verfünffacht wird.

Um eine „mehrjährige" Tätigkeit im Sinne des § 34 Abs. 2 Nr. 4 EStG handelt es sich dann, wenn sich die Tätigkeit über zwei Kalenderjahre erstreckt und einen Zeitraum von **mehr als 12 Monaten** umfasst. Somit muss es sich für die Anwendung der Fünftelregelung um eine Nachzahlung von laufendem Arbeitslohn für mindestens 13 Monate handeln.

Die Anwendung der Fünftelregelung auf Vergütungen für eine mehrjährige Tätigkeit ist beim Stichwort „Sonstige Bezüge" unter Nr. 6 Buchstabe b auf Seite 883 anhand eines Beispiels erläutert.

2. Sozialversicherungsrechtliche Behandlung

Zur Berechnung der Sozialversicherungsbeiträge bei der Nachzahlung von laufendem Arbeitslohn ist zu unterscheiden zwischen

- Nachzahlungen aufgrund von **rückwirkenden** Lohn- und Gehaltserhöhungen und
- Nachzahlungen von laufendem Arbeitslohn, auf den der Arbeitnehmer bereits einen **Anspruch** erlangt hat.

Im Einzelnen gilt Folgendes:

Nachzahlungen aufgrund **rückwirkender** Lohn- und Gehaltserhöhungen sind auf die Lohnabrechnungszeiträume zu verteilen, für die sie bestimmt sind. Das bedeutet, dass jeder betroffene Abrechnungsmonat unter Beachtung der maßgebenden monatlichen Beitragsbemessungsgrenze **neu aufzurollen** ist. Aus Vereinfachungsgründen kann die Nachzahlung jedoch als einmalig gezahltes Entgelt behandelt werden. Dabei ist die anteilige Jahresbeitragsbemessungsgrenze für den Nachzahlungszeitraum zugrunde zu legen.

1) BMF-Schreiben vom 9.9.2019 (BStBl. I S. 911) unter III. Das BMF-Schreiben ist als Anlage 1 zu H 41b LStR im **Steuerhandbuch für das Lohnbüro 2021** abgedruckt, das im selben Verlag erschienen ist.

N

Lohn-steuer-pflichtig | Sozial-versich.-pflichtig

Beispiel

Ein Arbeitnehmer (alte Bundesländer) mit der Steuerklasse I/0 bezieht einen Monatslohn von 4400 €. Im Mai erhält er eine Gehaltserhöhung von 600 € monatlich rückwirkend ab 1.2.2021.

Laufendes monatliches Arbeitsentgelt vor der Lohnerhöhung	4 400,– €
Nachzahlung Februar bis April (3 × 600 €)	1 800,– €

Der Arbeitgeber kann die Sozialversicherungsbeiträge für die Nachzahlung entweder durch Aufrollen der Beitragsberechnung für die Monate Februar, März und April oder wie folgt berechnen:

Anteilige Beitragsbemessungsgrenze Februar bis April in der	Kranken- und Pflegeversicherung	Renten- und Arbeitslosenversicherung
3 × 4837,50 €	14 512,50 €	
3 × 7100 €		21 300,– €
abzüglich das im Nachzahlungszeitraum bereits gezahlte beitragspflichtige Entgelt		
3 × 4400 €	13 200,– €	13 200,– €
noch nicht verbrauchte Beitragsbemessungsgrenze	1 312,50 €	8 100,– €

Die Nachzahlung von 1800 € unterliegt somit in Höhe von 1312,50 € der Beitragspflicht in der Kranken- und Pflegeversicherung und in voller Höhe der Beitragspflicht in der Renten- und Arbeitslosenversicherung.

	Arbeitnehmeranteil	Arbeitgeberanteil
Krankenversicherung (jeweils 7,3 %) aus 1312,50 €	95,81 €	95,81 €
Krankenversicherung (Zusatzbeitrag) (jeweils 0,65 % aus 1312,50 €)	8,53 €	8,53 €
Pflegeversicherung 1,775 % und 1,525 % aus 1312,50 €	23,30 €	20,02 €
Rentenversicherung 2 × 9,3 % aus 1800 €	167,40 €	167,40 €
Arbeitslosenversicherung 2 × 1,2 % aus 1800 €	21,60 €	21,60 €
insgesamt	316,64 €	313,36 €

Berechnung der Lohn- und Kirchensteuer:

maßgebender Jahresarbeitslohn (4 × 4400 € + 8 × 5000 €) =		57 600,– €
Lohnsteuer nach Steuerklasse I der Jahreslohnsteuertabelle		
– vom maßgebenden Jahresarbeitslohn (57 600 €)		10 715,– €
– vom maßgebenden Jahresarbeitslohn einschließlich Gehaltsnachzahlung (57 600 € + 1800 € =) 59 400 €		11 324,– €
Lohnsteuer für die Gehaltsnachzahlung		609,– €
Solidaritätszuschlag wegen der Nullzone		0,– €
Kirchensteuer (8 % aus 609 €)		48,72 €
Die Gehaltsnachzahlung beträgt netto:		
Nachzahlung		1 800,– €
abzüglich:		
Lohnsteuer	609,– €	
Solidaritätszuschlag	0,– €	
Kirchensteuer	48,72 €	
Sozialversicherungsbeitrag (Arbeitnehmeranteil)	316,64 €	974,36 €
Nachzahlung netto		825,64 €

Von rückwirkenden Lohn- oder Gehaltserhöhungen sind Nachzahlungen von geschuldetem Arbeitslohn zu unterscheiden. Durch die Nachzahlung von geschuldetem Arbeitslohn wird lediglich ein bereits früher entstandener Entgeltanspruch beglichen. Hat der Arbeitgeber also einen zu niedrigen Lohn gezahlt und nimmt er später die notwendige Berichtigung vor (z. B. aufgrund eines Urteils des Arbeitsgerichts), ist er verpflichtet, die Beitragsberechnung neu aufzurollen.

Zur sozialversicherungsrechtlichen Behandlung der Nachzahlung von Arbeitslohn an ausgeschiedene Arbeitnehmer siehe das Stichwort „Sonstige Bezüge“ unter Nr. 9 Buchstabe d.

N

Lohn-steuer-pflichtig | Sozial-versich.-pflichtig

NATO-Mitarbeiter

Ruhegehaltszahlungen an ehemalige NATO-Bedienstete sind als Versorgungsbezüge grundsätzlich Einkünfte aus nichtselbstständiger Arbeit (BFH-Urteil vom 22.11.2006, BStBl. 2007 II S. 402).

siehe auch „Persönliche Lohnsteuerbefreiungen“

Navigationsgerät

Sehr häufig erhalten Arbeitnehmer vom Arbeitgeber einen Firmenwagen, der mit einem fest installierten Navigationsgerät ausgestattet ist. Der Wert des Navigationsgerätes gehört zum Bruttolistenpreis des Firmenwagens, der die Bemessungsgrundlage für die sog. 1 %-Regelung darstellt (BFH-Urteil vom 16. 2. 2005, BStBl. II S. 563). Es handelt sich nicht um ein steuerfreies Telekommunikationsgerät i. S.d. § 3 Nr. 45 EStG. Auf die Erläuterungen beim Stichwort „Firmenwagen“ unter Nr. 3 Buchstabe a auf Seite 424 wird Bezug genommen.

Nebenamtlich tätige Kirchenbedienstete

siehe „Kirchenbedienstete/Kirchenmusiker“

Nebenberufliche künstlerische Tätigkeit

siehe „Nebentätigkeit für gemeinnützige Organisationen“

Nebenberufliche Pflegetätigkeit

siehe „Nebentätigkeit für gemeinnützige Organisationen“

Nebenberufliche Prüfungstätigkeit

Eine nebenberufliche Prüfungstätigkeit ist nach der Rechtsprechung des Bundesfinanzhofs in der Regel als selbstständige Tätigkeit anzusehen (BFH-Urteile vom 14.3.1958, BStBl. III S. 255, vom 2.4.1958, BStBl. III S. 293 und vom 29.1.1987, BStBl. II S. 783). Trifft dies zu, sind die Prüfungsvergütungen zwar einkommensteuerpflichtig, jedoch kein Arbeitslohn. nein nein

Der beim Stichwort „Nebentätigkeit für gemeinnützige Organisationen“ abgehandelte steuerfreie Betrag von nunmehr **3000 €** jährlich gilt auch bei nebenberuflicher Prüfungstätigkeit, da eine abschließende Prüfung als Bestandteil einer Ausbildung anzusehen ist. Dies wurde in den Hinweisen zu R 3.26 LStR beim Stichwort „Prüfer“ ausdrücklich klargestellt.[1)]

Nebentätigkeit

Ob eine Nebentätigkeit in einem Arbeitsverhältnis oder selbständig ausgeübt wird, ist nach den allgemeinen Abgrenzungskriterien zu beurteilen, die in Teil A des Lexikons unter Nr. 3 auf Seite 6 dargestellt sind. Dabei ist die Nebentätigkeit im Regelfall für sich allein zu beurteilen. Die Art einer etwaigen Haupttätigkeit ist für die Beurtei-

1) Die amtlichen Hinweise zu den Lohnsteuer-Richtlinien sind im **Steuerhandbuch für das Lohnbüro 2021** abgedruckt, das im selben Verlag erschienen ist.

	Lohnsteuerpflichtig	Sozialversich.-pflichtig

lung der Nebentätigkeit nur wesentlich, wenn beide Tätigkeiten unmittelbar zusammenhängen.

Bei einer Nebentätigkeit für denselben Arbeitgeber, bei dem bereits eine Haupttätigkeit ausgeübt wird, ist die Nebentätigkeit als Arbeitnehmertätigkeit einzuordnen, wenn dem Arbeitnehmer aus dem Arbeitsverhältnis Nebenpflichten obliegen, deren Erfüllung der Arbeitgeber erwarten darf. Das gilt unabhängig davon, ob der Arbeitsvertrag ausdrücklich eine entsprechende Regelung enthält oder der Arbeitgeber die zusätzlichen Leistungen besonders vergüten muss.

Beispiel

In einer Bank werden einige Mitarbeiterinnen im Anschluss an die reguläre Arbeitszeit anlässlich von public-relations-Veranstaltungen des Arbeitgebers (Buchvorstellungen, Empfänge, Vorträge usw.) als Betreuungshostessen für Gäste eingesetzt. Die Mitarbeiterinnen erhalten dafür eine besondere Vergütung.

Die Vergütungen unterliegen zusammen mit dem Arbeitslohn aus der „Haupttätigkeit“ dem Lohnsteuerabzug. Auch wenn die Mitarbeiterinnen rechtlich nicht zu dieser Tätigkeit verpflichtet sind, kann der Arbeitgeber doch ein zusätzliches Engagement über die üblichen Arbeitszeiten hinaus erwarten, wenn er hierfür eine gesonderte Vergütung bietet (BFH-Urteil vom 7.11.2006, BFH/NV 2007 S. 426).

Bei Nebentätigkeiten für den eigenen Arbeitgeber ist also regelmäßig davon auszugehen, dass die erhaltene Vergütung lohnsteuer- und damit auch sozialversicherungspflichtig ist. — ja — ja

Allerdings kann ein Arbeitnehmer im Rahmen einer Nebentätigkeit auch **selbständig** tätig werden, wenn er eigene Unternehmerinitiative entfaltet und eigenes Unternehmerrisiko trägt; dies gilt auch dann, wenn die Nebentätigkeit inhaltlich mit der Haupttätigkeit zusammenhängt (vgl. BFH-Urteil vom 20.12.2000, BStBl. 2001 II S. 496). Dies kann insbesondere bei einer nebenberuflichen Lehr- oder Vortragstätigkeit der Fall sein. Diese Fälle sind deshalb ausführlich beim Stichwort „Lehrtätigkeit“ erläutert. — nein — nein

Vgl. im Übrigen auch das Stichwort „Beamte“ unter Nr. 1.

Nebentätigkeit für gemeinnützige Organisationen

Neues und Wichtiges auf einen Blick:

1. Erhöhung der Übungsleiterpauschale und der Ehrenamtspauschale zum 1.1.2021

Zum 1.1.2021 sind durch das sog. Jahressteuergesetz 2020 die sog. Übungsleiterpauschale von 2400 € jährlich auf **3000 € jährlich** und die Ehrenamtspauschale von 720 € jährlich auf **840 € jährlich** erhöht worden.

2. Verluste aus Nebentätigkeiten

Der Bundesfinanzhof hat mittlerweile mehrfach entschieden, dass Verluste aus einer begünstigten nebenberuflichen Tätigkeit z. B. als Trainer oder Übungsleiter auch dann steuerlich berücksichtigt werden können, wenn die Einnahmen den Steuerfreibetrag von nunmehr 3000 € jährlich (= sog. Übungsleiterpauschale) nicht übersteigen. Dies setzt allerdings voraus, dass hinsichtlich der Tätigkeit eine Gewinn-/Überschusserzielungsabsicht besteht (BFH-Urteile vom 20.12.2017, BStBl. 2019 II S. 469 und vom 20.11.2018, BStBl. 2019 II S. 422).

Entscheidend ist also, ob der Steuerpflichtige bei seiner konkreten Vorgehensweise einen **Totalgewinn/Totalüberschuss** erzielen kann (= anteiliger Abzug der Aufwendungen) oder eine verlustbringende Tätigkeit möglicherweise wegen persönlicher Neigungen ausgeübt wird (= kein Abzug der Aufwendungen wegen steuerlich unbeachtlicher „Liebhaberei“). Letzteres ist insbesondere bei eher geringen Einnahmen und höheren Aufwendungen (z. B. Fahrtkosten) zu prüfen.

Vgl. die Ausführungen unter der nachfolgenden Nr. 11.

Gliederung:

1. Allgemeines

N

Nach § 3 Nr. 26 EStG und § 1 Abs. 1 Satz 1 Nr. 16 SvEV[1] sind Einnahmen für folgende **nebenberufliche** Tätigkeiten bis zu einem Höchstbetrag von insgesamt **3000 €** im Jahr **steuer- und beitragsfrei:** — nein — nein

- nebenberufliche Tätigkeit als **Übungsleiter, Ausbilder, Erzieher, Betreuer**[2] **oder eine vergleichbare Tätigkeit,**
- nebenberufliche Tätigkeit als **künstlerische** Tätigkeit,
- nebenberufliche Tätigkeit als **Pflege** alter, kranker oder behinderter Menschen.

Weitere Voraussetzung ist, dass

- die nebenberufliche Tätigkeit der Förderung **gemeinnütziger, mildtätiger** oder **kirchlicher** Zwecke dient **und**
- die nebenberufliche Tätigkeit im Dienst oder Auftrag einer juristischen Person des öffentlichen Rechts oder einer gemeinnützigen, mildtätigen oder kirchlichen Zwecken dienenden Einrichtung **(begünstigter Arbeitgeber bzw. Auftraggeber)** ausgeübt wird.

1) Die Sozialversicherungsentgeltverordnung (SvEV) ist als Anhang 2 im **Steuerhandbuch für das Lohnbüro 2021** abgedruckt, das im selben Verlag erschienen ist.

2) Die Tätigkeit des „Betreuers“ wurde ab 1.1.2000 in die nach § 3 Nr. 26 EStG begünstigten Tätigkeiten aufgenommen. Nach der Gesetzesbegründung handelt es sich hierbei um eine Tätigkeit, durch die ein direkter pädagogisch ausgerichteter **persönlicher Kontakt** zu der betreuten **Person** hergestellt wird. Begünstigt ist nur die Betreuung von **Menschen;** deshalb ist die Betreuung von Tieren oder von Sachen bzw. Gegenständen (z. B. als Gerätewart oder Platzwart) nicht begünstigt (vgl. aber nachfolgende Nr. 10). Zur Betreuung in Form der Rechtsfürsorge vgl. nachfolgende Nr. 13.

Lohn-steuer-pflichtig	Sozial-versich.-pflichtig

Alle **vier** Voraussetzungen, nämlich

- Nebenberuflichkeit,
- begünstigte Tätigkeit (z. B. Übungsleiter),
- gemeinnützige, mildtätige oder kirchliche Zwecke,
- begünstigter Arbeitgeber bzw. Auftraggeber (z. B. gemeinnütziger Verein)

müssen **gleichzeitig nebeneinander** erfüllt sein.

Ob die nebenberufliche Tätigkeit als Übungsleiter, Ausbilder, Erzieher oder Betreuer usw. im Rahmen eines Arbeitsverhältnisses oder selbstständig ausgeübt wird, ist für die Steuerfreiheit der Einnahmen ohne Bedeutung (vgl. nachfolgend unter Nr. 6).

Im Einzelnen gilt Folgendes:

2. Begünstigte Tätigkeiten

a) Nebenberufliche Tätigkeit als Übungsleiter, Ausbilder, Erzieher, Betreuer oder eine vergleichbare Tätigkeit

Übungsleiter, Ausbilder, Erzieher und Betreuer[1] haben miteinander gemeinsam, dass sie mit anderen Menschen zusammenarbeiten. Gemeinsamer Nenner der begünstigten Tätigkeiten ist also die auf einem persönlichen Kontakt beruhende Einflussnahme auf andere Menschen, um auf diese Weise deren geistige und körperliche Fähigkeiten zu entwickeln und zu fördern. Die Tätigkeiten sind somit alle **pädagogisch ausgerichtet.**

Der Freibetrag von 3000 € jährlich (250 € monatlich) kommt somit nach R 3.26 Abs. 1 LStR z. B. für folgende nebenberufliche Tätigkeiten in Betracht:
- Lehr- und Vortragstätigkeit aller Art,
- Übungsleiter- und Trainertätigkeit,
- Tätigkeit als Aufsichtsperson (z. B. in der Altenpflege) oder als Jugendleiter,
- Chorleiter- und Dirigententätigkeit,
- Betreuertätigkeit z. B. in der Telefonfürsorge,
- Mütterberatung,
- Erste-Hilfe-Kurse,
- Prüfungstätigkeit (BFH-Urteil vom 23.6.1988, BStBl. II S. 890).

N

Nicht begünstigt ist z. B. die nebenberufliche Tätigkeit als
- Vereinsvorsitzender,
- Vereinskassierer,
- Bürokraft,
- Gerätewart,
- Platzwart,
- Ordner,
- Schiedsrichter,
- Reinigungspersonal.

Für diese Personen kommt jedoch in der Regel der Freibetrag von jetzt 840 € jährlich nach § 3 Nr. 26a EStG in Betracht, wenn ein begünstigter Auftraggeber vorhanden ist (vgl. die Erläuterungen unter der nachfolgenden Nr. 10). Zur Betreuung in Form der Rechtsfürsorge vgl. nachfolgende Nr. 13.

Die Abgrenzung, ob eine pädagogisch ausgerichtete und damit eine nach § 3 Nr. 26 EStG steuerfreie Tätigkeit vorliegt ist in der Praxis oft schwierig. Die Finanzverwaltung hat deshalb für bestimmte Tätigkeiten eine Abgrenzung vorgenommen.[2] Hiernach ist eine nebenberufliche Tätigkeit u. a. nach § 3 Nr. 26 EStG begünstigt
- von Ärzten im Behindertensport und Coronar-Sport;
- im Bereich der Bahnhofsmission mit einem Anteil von 60 %;
- Fahrer und Beifahrer im Behindertentransport zu jeweils 50 %;
- als ehrenamtlicher Ferienbetreuer;
- als ehrenamtlicher Schulweghelfer und Schulbusbegleiter;
- bei Stadtführern und Museumsführern;
- von Feuerwehrleuten, soweit sie eine Ausbildungstätigkeit ausüben.[3]

Nicht nach § 3 Nr. 26 EStG begünstigt sind
- ehrenamtliche Betreuer im Sinne des § 1896 BGB, der Vormund (§ 1773 Abs. 1 BGB) oder Pfleger (§§ 1909 ff. BGB; vgl. aber die Erläuterungen unter der nachfolgenden Nr. 13);
- Hauswirtschaftliche Tätigkeiten in Altenheimen und Krankenhäusern (vgl. aber nachfolgende Nr. 10);
- Prädikanten und Lektoren der evangelischen Kirche;
- Versichertenälteste/Versichertenberater der Deutschen Rentenversicherung sowie Mitglieder eines Widerspruchausschusses (BFH-Urteil vom 3.7.2018, BStBl. II S. 715);
- gerichtlich bestellte Dolmetscher (BFH-Urteil vom 11.5.2005, BFH/NV S. 1694);
- Verantwortliche für die Pressearbeit in einem Berufsverband (Urteil des Finanzgerichts Sachsen-Anhalt vom 20.8.2002, EFG S. 1579).

Die genannten Tätigkeiten sind zwar nicht nach § 3 Nr. 26 EStG begünstigt; für sie kommt jedoch in der Regel der Freibetrag von 840 € jährlich nach § 3 Nr. 26a EStG in Betracht, wenn ein „begünstigter Auftraggeber" vorhanden ist (vgl. die Erläuterungen unter der nachfolgenden Nr. 10).

Einsatz- und Bereitschaftsdienstzeiten der **Rettungssanitäter und Ersthelfer** sind als einheitliche Tätigkeit zu behandeln, die insgesamt nach § 3 Nr. 26 EStG (= Freibetrag von 3000 € jährlich) begünstigt ist und für die deshalb eine zusätzliche Steuerbefreiung nach § 3 Nr. 26a EStG (= Freibetrag von 840 € jährlich) nicht in Betracht kommt.[4] Entsprechendes gilt bei Vorliegen der übrigen Voraussetzungen für **Rettungsschwimmer** und **Notärzte** sowie Rettungsmänner zur Rettung Schiffbrüchiger (vgl. hierzu den nachfolgenden Buchstaben d).

b) Nebenberufliche Lehrtätigkeit

Große Bedeutung hat die Gewährung des steuer- und sozialversicherungsfreien Freibetrags von 3000 € jährlich (250 € monatlich) für die Lehr-, Vortrags- und Prüfungstätigkeit im Rahmen der allgemeinen Ausbildung und Fortbildung an Schulen, Hochschulen, Universitäten, Volkshochschulen usw. (vgl. hierzu auch die Stichwörter „Lehrtätigkeit" und „Nebenberufliche Prüfungstätigkeit").

---

1) Die Tätigkeit des „Betreuers" wurde ab 1.1.2000 in die nach § 3 Nr. 26 EStG begünstigten Tätigkeiten aufgenommen. Nach der Gesetzesbegründung handelt es sich hierbei um eine Tätigkeit, durch die ein direkter pädagogisch ausgerichteter **persönlicher Kontakt** zu der betreuten **Person** hergestellt wird. Begünstigt ist nur die Betreuung von **Menschen;** deshalb ist die Betreuung von Tieren oder von Sachen bzw. Gegenständen (z. B. als Gerätewart oder Platzwart) nicht begünstigt (vgl. aber nachfolgende Nr. 10). Zur Betreuung in Form der Rechtsfürsorge vgl. nachfolgende Nr. 13.

2) Verfügung der OFD Frankfurt am Main vom 2.9.2019 (Az.: S 2245 A-002-St 29). Die Verfügung ist als Anlage 1 zu H 3.26 LStR im **Steuerhandbuch für das Lohnbüro 2021** abgedruckt, das im selben Verlag erschienen ist.

3) Die Finanzverwaltung hat durch Erlass bzw. Verfügung geregelt, inwieweit es sich bei der Tätigkeit einzelner Funktionsträger der Feuerwehr um eine Ausbildungstätigkeit handelt (z. B. Verfügung der OFD Frankfurt am Main vom 15.6.2015 Az.: S 2337 A – 23 – St 211). Die Verfügung ist als Anlage 2 zu H 3.26 LStR im **Steuerhandbuch für das Lohnbüro 2021** abgedruckt, das im selben Verlag erschienen ist.

4) Textziffer 5 des BMF-Schreibens vom 21.11.2014 (BStBl. I S. 1581). Das BMF-Schreiben ist als Anlage zu H 3.26a LStR im **Steuerhandbuch für das Lohnbüro 2021** abgedruckt, das im selben Verlag erschienen ist.

Lohn-steuer-pflichtig Sozial-versich.-pflichtig

Für die Gewährung des Freibetrags von 3000 € jährlich ist es ohne Bedeutung, ob die nebenberufliche Tätigkeit selbstständig oder nichtselbstständig ausgeübt wird. Für die grundsätzliche Frage, ob überhaupt ein lohnsteuer- und sozialversicherungspflichtiges Beschäftigungsverhältnis gegeben ist (z. B. bei einer Beschäftigung auf 450-Euro-Basis), kommt der Abgrenzung zwischen selbstständiger und nichtselbstständiger Tätigkeit erhebliche Bedeutung zu, und zwar vor allem deshalb, weil die lohnsteuerlichen und sozialversicherungsrechtlichen Abgrenzungskriterien unterschiedlich sind. Die Frage, ob eine nebenberufliche Lehrtätigkeit selbstständig oder nichtselbstständig ausgeübt wird, wird deshalb unter der nachfolgenden Nr. 6 gesondert abgehandelt.

c) Nebenberufliche künstlerische Tätigkeit

Unter die Begünstigung kann z. B. die nebenberuflich ausgeübte Konzerttätigkeit eines Musikers in Kirchen fallen. Viele Tätigkeiten sind aber bereits als Ausbildungstätigkeit begünstigt (z. B. Chorleiter). Häufig fehlt es allerdings an einem „begünstigten Auftraggeber", weil die Künstler nicht im Dienst oder Auftrag einer Gemeinde, eines Vereins oder einer anderen gemeinnützigen Organisation, sondern im eigenen Namen tätig werden. Außerdem wird der Begriff „künstlerische Tätigkeit" im Sinne des § 3 Nr. 26 EStG von der Finanzverwaltung **eng ausgelegt.** Es gelten deshalb grundsätzlich dieselben strengen Anforderungen wie für die hauptberufliche künstlerische Tätigkeit im Sinne des § 18 Abs. 1 Nr. 1 EStG. Allerdings ist zu berücksichtigen, dass unter § 3 Nr. 26 EStG nur nebenberufliche Tätigkeiten fallen. Diese nach Art und Höhe vorgegebenen Begrenzungen beeinflussen auch die Auslegung einer künstlerischen Tätigkeit im Sinne des § 3 Nr. 26 EStG. Eine künstlerische Tätigkeit in diesem Sinn kann daher auch vorliegen, wenn sie die **eigentliche künstlerische (Haupt-)Tätigkeit unterstützt und ergänzt,** sofern sie Teil des gesamten künstlerischen Geschehens ist. Auch der **Komparse** kann daher – anders als z. B. ein Bühnentechniker – eine künstlerische Tätigkeit ausüben, wenn sich seine Tätigkeit nicht auf eine rein mechanische Funktion (sog. menschliche Requisite) beschränkt (BFH-Urteil vom 18.4.2007, BStBl. II S. 702).

Die Darbietung von Musik auf Feuerwehrveranstaltungen oder auf Schützen- und Volksfesten ist **nicht künstlerisch** im Sinne des § 3 Nr. 26 EStG. Vergütungen, die in diesen Fällen an die Musiker gezahlt werden, fallen daher nicht unter die Steuerbefreiung.

d) Nebenberufliche Pflegetätigkeit

Die Pflege alter, kranker oder behinderter Menschen umfasst außer der Dauerpflege auch Hilfsdienste bei der häuslichen Betreuung durch ambulante Pflegedienste, z. B. Unterstützung bei der Grund- und Behandlungspflege, bei häuslichen Verrichtungen und Einkäufen, beim Schriftverkehr, bei der Altenhilfe entsprechend § 71 SGB XII, z. B. Hilfe bei der Wohnungs- und Heimplatzbeschaffung, in Fragen der Inanspruchnahme altersgerechter Dienste, und bei Sofortmaßnahmen gegenüber Schwerkranken und Verunglückten, z. B. durch Rettungssanitäter und Ersthelfer sowie Feuerwehrleute (vgl. auch vorstehenden Buchstaben a am Ende).

Die Tätigkeit von Küchenpersonal und Reinigungskräften in Altenheimen, Krankenhäusern und Behinderteneinrichtungen ist keine begünstigte Pflegetätigkeit, da keine häusliche Pflege im engeren Sinne stattfindet und damit kein unmittelbarer persönlicher Bezug zu den gepflegten Menschen entsteht. Die Tätigkeit der Helfer im sog. Hintergrunddienst des Hausnotrufdienstes ist begünstigt, soweit sie auf tatsächliche Rettungseinsätze gegenüber den Bewohnern und Bereitschaftszeiten entfällt. Begünstigte Bereitschaftszeiten liegen auch dann vor, wenn während der Bereitschaft eine Einweisung, Einrichtung, Wartung und Überprüfung der Hausnotrufgeräte erfolgt.

Lohn-steuer-pflichtig Sozial-versich.-pflichtig

Wenn für eine nebenberufliche Tätigkeit im Umfeld der Pflegeberufe keine Steuerbefreiung nach § 3 Nr. 26 EStG in Betracht kommt, weil keine „Pflegeleistung" erbracht wird, ist zu prüfen, ob eine Steuerbefreiung nach § 3 Nr. 26a in Höhe von 840 € jährlich infrage kommt, was in der Regel der Fall sein wird (vgl. die Erläuterungen unter der nachfolgenden Nr. 10).

3. Begünstigter Arbeitgeber/Auftraggeber und begünstigter Zweck

Der Freibetrag von 3000 € jährlich wird nur gewährt, wenn die begünstigte nebenberufliche Tätigkeit im Dienst oder im Auftrag einer inländischen juristischen Person des **öffentlichen Rechts** (z. B. Bund, Länder, Gemeinden, Gemeindeverbände, Industrie- und Handelskammern, Berufskammern, Universitäten, Träger der Sozialversicherung)[1] oder einer unter § 5 Abs. 1 Nr. 9 des Körperschaftsteuergesetzes (KStG) fallenden Einrichtung erfolgt (sog. begünstigter Arbeitgeber/Auftraggeber). Zu den Einrichtungen im Sinne des § 5 Abs. 1 Nr. 9 KStG gehören Körperschaften, Personenvereinigungen, Stiftungen und Vermögensmassen, die nach der Satzung oder dem Stiftungsgeschäft und nach der tatsächlichen Geschäftsführung ausschließlich und unmittelbar **gemeinnützige, mildtätige oder kirchliche Zwecke** verfolgen. Dies sind insbesondere Sport-, Heimat- und Brauchtumsvereine. Nicht zu den begünstigten Einrichtungen im Sinne des § 5 Abs. 1 Nr. 9 KStG gehören beispielsweise Berufsverbände (Arbeitgeberverband, Gewerkschaft) oder Parteien. Fehlt es an einem begünstigten Auftraggeber bzw. Arbeitgeber, kann der Steuerfreibetrag nicht in Anspruch genommen werden.

Die Tätigkeit selbst muss ebenfalls der Verfolgung gemeinnütziger, mildtätiger oder kirchlicher Zwecke dienen, dies wird jedoch unterstellt, wenn sie der Erfüllung der Satzungszwecke der Einrichtung dient.

Die Ausübung der oben genannten nebenberuflichen Tätigkeiten ist somit z. B. bei folgenden Körperschaften begünstigt:

- Volkshochschulen,
- Lehr- und Prüfungstätigkeit an Schulen und Universitäten,
- gemeinnützigen Sportvereinen,
- gemeinnützigen Musikvereinen,
- kirchlichen Einrichtungen,
- Einrichtungen der Wohlfahrtspflege,
- Rettungsdienstorganisationen,
- Feuerwehren.

N

4. Nebenberuflichkeit/Drittelregelung

Voraussetzung für die Anwendung des Freibetrags von 3000 € jährlich ist, dass die begünstigte Tätigkeit nebenberuflich ausgeübt wird. Die Tätigkeit wird nebenberuflich ausgeübt, wenn sie – bezogen auf das Kalenderjahr – **nicht mehr als ein Drittel der Arbeitszeit** eines vergleichbaren Vollzeiterwerbs in Anspruch nimmt (BFH-Urteil vom 30.3.1990, BStBl. II S. 854). Dabei wird pauschalierend von einer **Wochenarbeitszeit von 14 Stunden** (= 1/3 von 42 Stunden) ausgegangen. Es besteht im Einzelfall die Möglichkeit eine höhere tarifliche Arbeitszeit nachzuweisen.

1) Die juristische Person des öffentlichen Rechts kann ihren Sitz auch in einem anderen EU-/EWR-Mitgliedstaat haben (vgl. BFH-Urteil vom 22.8.2008, BStBl. 2010 II S. 265 zu Zahlungen einer französischen Universität). Der Gesetzeswortlaut des § 3 Nr. 26 EStG ist entsprechend ergänzt worden. Nach Auffassung des EuGH ist die Steuerbefreiung auch für Einnahmen aus einer nebenberuflichen Lehrtätigkeit im Dienst einer juristischen Person mit Sitz in der Schweiz zu gewähren (EuGH-Urteil vom 21.9.2016 – C-478/15 Radgen). Auch insoweit ist der Gesetzeswortlaut ergänzt worden.

Lohn-steuer-pflichtig	Sozial-versich.-pflichtig

Beispiel A

Ein ehrenamtlicher Helfer wird je nach Bedarf wöchentlich für 13 Stunden als Sanitäter oder Altenpfleger eingesetzt. Für diese Tätigkeitsbereiche sind unterschiedliche tarifliche Arbeitszeiten vereinbart (38,5-Stunden-Woche bzw. 41-Stunden-Woche).

Bei der Prüfung der Drittelregelung sind die tariflichen Arbeitszeiten aus Vereinfachungsgründen unbeachtlich. Bei einer regelmäßigen Wochenarbeitszeit von höchstens 14 Stunden ist pauschalierend von einer nebenberuflichen Tätigkeit auszugehen. Im Einzelfall kann zudem eine höhere tarifliche Arbeitszeit nachgewiesen werden. Die Einnahmen des ehrenamtlichen Helfers aus seiner Tätigkeit sind bis 3000 € jährlich steuer- und beitragsfrei.

Beispiel B

Ein Lehrer ist zu 50 % teilzeitbeschäftigt (= 14 Pflichtstunden wöchentlich).

Eine nebenberufliche Tätigkeit liegt nicht vor, da bei Lehrern zur Prüfung der Drittelregelung auf die Pflichtstunden (= Deputat) bei Vollzeitbeschäftigung abzustellen ist.

Beispiel C

Ein Arbeitnehmer wird für einen Zeitraum von zwei Monaten als Lehrkraft in Vollzeit beschäftigt.

Eine nebenberufliche Tätigkeit liegt nicht vor. Eine typischerweise hauptberuflich ausgeübte Tätigkeit kann nicht wegen ihrer zeitlichen Befristung als nebenberuflich angesehen werden.

Beispiel D

Ein hauptberuflich beschäftigter Arbeitnehmer reduziert für einen befristeten Zeitraum seine Arbeitszeit auf 12 Stunden wöchentlich, um neben seiner Berufstätigkeit seine pflegebedürftige Mutter zu versorgen.

Eine nebenberufliche Tätigkeit liegt nicht vor. Eine vorübergehende Reduzierung der regelmäßigen Wochenarbeitszeit führt nicht dazu, dass eine hauptberufliche Tätigkeit während des Zeitraums, für den die Reduzierung der Arbeitszeit gilt, als nebenberuflich angesehen werden kann.

In welchem Umfang mit den Einnahmen aus dieser Tätigkeit der Lebensunterhalt bestritten wird, ist nach der Rechtsprechung des Bundesfinanzhofs nicht von Bedeutung. Nebenberuflich können deshalb auch Personen tätig sein, die keinen Hauptberuf ausüben, z. B. Hausfrauen, Vermieter, Rentner, Studenten und Arbeitslose. Eine Tätigkeit wird dann **nicht** „nebenberuflich" ausgeübt, wenn sie als **Teil der Haupttätigkeit** anzusehen ist, also zwischen den beiden Tätigkeiten ein unmittelbarer Zusammenhang besteht. Dies kann insbesondere bei einer nebenher ausgeübten Lehrtätigkeit vorkommen, die zu den Dienstobliegenheiten der hauptamtlichen Lehrtätigkeit gehört (vgl. das Stichwort „Lehrtätigkeit"). Daher muss z. B. auch bei der begünstigten Notarzttätigkeit eine klare Abgrenzung von Haupt- und Nebenberuf gegeben sein; dies ist bei unterschiedlichen Auftraggebern zu bejahen. Die Gleichartigkeit von haupt- und nebenberuflicher Tätigkeit ist in diesem Fall unschädlich.

N

Die für die Inanspruchnahme des steuerfreien Höchstbetrags von 3000 € erforderliche Nebenberuflichkeit liegt laut Bundesfinanzhof nicht vor, wenn eine weitere Beschäftigung für **denselben Arbeitgeber** als Teil einer nichtselbstständigen Haupttätigkeit anzusehen ist, weil zwischen beiden Tätigkeiten ein unmittelbarer Zusammenhang besteht. Einen solchen Zusammenhang nimmt der Bundesfinanzhof an, wenn

- beide Tätigkeiten **gleichartig** sind **oder** (nicht und!)
- der Arbeitnehmer mit der Nebentätigkeit eine ihm aus seinem Dienstverhältnis faktisch oder rechtlich obliegende **Nebenpflicht** erfüllt **oder** (nicht und!)
- der Arbeitnehmer auch in der zusätzlichen Tätigkeit der **Weisung und Kontrolle** des Arbeitgebers unterliegt (BFH-Urteil vom 11.12.2017, BFH/NV 2018 S. 337).

Vgl. hierzu auch das Stichwort „Beamte" unter Nr. 1

5. Mehrere Nebentätigkeiten nebeneinander

Übt jemand mehrere **verschiedenartige** Tätigkeiten im Sinne des § 3 Nr. 26 EStG aus, ist die Nebenberuflichkeit für jede Tätigkeit getrennt zu beurteilen. Mehrere **gleichartige** Tätigkeiten sind für die Prüfung der Drittelregelung zusammenzufassen, wenn sie sich nach der Verkehrsanschauung als Ausübung eines einheitlichen Hauptberufs darstellen, z. B. Unterricht von jeweils weniger als dem dritten Teil des Pensums einer Vollzeitkraft in mehreren Schulen (vgl. R 3.26 Abs. 2 Satz 4 LStR).

Bei mehreren Nebentätigkeiten ist zudem immer der Grundsatz zu beachten, dass der Freibetrag von 3000 € jährlich für alle begünstigten Nebentätigkeiten (vgl. Nr. 2) insgesamt nur **einmal** in Anspruch genommen werden kann.

Beispiel

Frau Müller ist von der Kirchengemeinde sowohl als Organistin (3 Stunden wöchentlich), Reinigungskraft in der Kirche (3 Stunden wöchentlich) und als Pfarrhaushälterin (8 Stunden wöchentlich) angestellt (= drei Arbeitsverträge!). Der Stundenlohn beträgt jeweils 12 €. Unter Berücksichtigung des Urlaubs hat Frau Müller 46 Wochen im Jahr gearbeitet.

Es liegen mehrere verschiedenartige Tätigkeiten vor. Die Nebenberuflichkeit ist für jede Tätigkeit getrennt zu beurteilen und für alle drei Tätigkeiten erfüllt, da sie zeitlich nicht mehr als $^1/_3$ der Arbeitszeit eines vergleichbaren Vollzeiterwerbs betragen.

Bei der Tätigkeit als Organistin handelt es sich um eine für die Inanspruchnahme des Übungsleiterfreibetrags begünstigte künstlerische Tätigkeit. Die Einnahmen in Höhe von 1656 € (3 Stunden × 46 Arbeitswochen × 12 €) sind steuerfrei. Der nicht ausgeschöpfte Teil des Übungsleiterfreibetrags von 1344 € (3000 € abzüglich 1656 €) kann nicht für die anderen Tätigkeiten genutzt werden.

Die Tätigkeit als Reinigungskraft ist zwar hinsichtlich des Übungsleiterfreibetrags nicht begünstigt, hierfür kann jedoch die Ehrenamtspauschale in Höhe von 840 € jährlich in Anspruch genommen werden. Die Einnahmen betragen auch hier 1656 € (3 Stunden × 46 Arbeitswochen × 12 €). Sie sind in Höhe von 840 € steuerfrei und in Höhe von 816 € steuerpflichtig.

Die Tätigkeit als Pfarrhaushälterin ist hinsichtlich des Übungsleiterfreibetrags ebenfalls nicht begünstigt. Die Inanspruchnahme der Ehrenamtspauschale ist zwar grundsätzlich möglich, scheidet hier jedoch aus, da die Ehrenamtspauschale bereits in voller Höhe für die Tätigkeit als Reinigungskraft verbraucht worden ist. Die Einnahmen in Höhe von 4416 € (8 Stunden × 46 Arbeitswochen × 12 €) sind daher steuerpflichtig.

Der Übungsleiterfreibetrag von 3000 € jährlich und die Ehrenamtspauschale von 840 € jährlich gehören sozialversicherungsrechtlich nicht zum Arbeitsentgelt (§ 1 Abs. 1 Satz 1 Nr. 16 SvEV[1]). Da das beitragspflichtige Arbeitsentgelt mithin monatlich 436,– € beträgt (816 € zuzüglich 4416 € = 5232 € : 12 Monate), liegt eine geringfügige Beschäftigung vor, für die grundsätzlich 30% Pauschalabgaben an die Knappschaft abzuführen sind.

6. Einordnung der Nebentätigkeit als selbstständige oder nichtselbstständige Tätigkeit

a) Nebenberufliche Lehrtätigkeit

Probleme bei der Einordnung einer Tätigkeit als Arbeitsverhältnis oder Ausübung eines freien Berufs ergeben sich insbesondere bei nebenberuflichen Lehrtätigkeiten. Hierzu gilt im Einzelnen Folgendes:

Ob eine Nebentätigkeit in einem Arbeitsverhältnis oder selbstständig ausgeübt wird, ist nach den allgemeinen Abgrenzungskriterien zu beurteilen, die in Teil A unter Nr. 3 auf Seite 6 dargestellt sind. Dabei ist die Nebentätigkeit im Regelfall für sich allein zu beurteilen. Die Art einer etwaigen Haupttätigkeit ist für die Beurteilung der Nebentätigkeit nur wesentlich, wenn beide Tätigkeiten unmittelbar zusammenhängen, die Nebentätigkeit sozusagen Ausfluss der Haupttätigkeit ist. Hiernach liegt bei Lehrkräften, die im Hauptberuf eine nichtselbstständige Tätigkeit ausüben, eine Lehrtätigkeit im Nebenberuf nur dann vor, wenn diese Lehrtätigkeit nicht zu den eigentlichen Dienstobliegenheiten des Arbeitnehmers aus der Haupttätigkeit gehört (vgl. das Stichwort „Lehrtätigkeit" sowie die vorstehende Nr. 4). Gehört die nebenher ausgeübte Lehrtätigkeit **nicht** zu den Dienstobliegenheiten des Arbeitnehmers aus der Haupttätigkeit gilt Folgendes:

Die Ausübung der **Lehrtätigkeit im Nebenberuf** ist in der Regel als **Ausübung eines freien Berufs** anzusehen, es sei denn, dass gewichtige Anhaltspunkte – z. B. Arbeits-

1) Die Sozialversicherungsentgeltverordnung (SvEV) ist als Anhang 2 im **Steuerhandbuch für das Lohnbüro 2021** abgedruckt, das im selben Verlag erschienen ist.

Lohn-steuer-pflichtig Sozial-versich.-pflichtig

vertrag unter Zugrundelegung eines Tarifvertrags, Anspruch auf Urlaubs- und Feiertagsvergütung – für das Vorliegen einer Arbeitnehmertätigkeit sprechen.

Wird die **nebenberufliche Lehrtätigkeit an einer Schule** ausgeübt, gilt nach R 19.2 LStR Folgendes:

Bei einer nebenberuflichen Lehrtätigkeit an einer Schule oder einem Lehrgang mit einem allgemein feststehenden und nicht nur von Fall zu Fall aufgestellten Lehrplan sind die nebenberuflich tätigen Lehrkräfte in der Regel Arbeitnehmer, es sei denn, dass sie in den Schul- oder Lehrgangsbetrieb nicht fest eingegliedert sind. Hat die Lehrtätigkeit nur einen geringen Umfang, kann das ein Anhaltspunkt dafür sein, dass eine feste Eingliederung in den Schul- oder Lehrgangsbetrieb nicht vorliegt. Ein geringer Umfang in diesem Sinne kann stets angenommen werden, wenn die nebenberuflich tätige Lehrkraft bei der einzelnen Schule oder dem einzelnen Lehrgang in der Woche durchschnittlich **nicht mehr als sechs Unterrichtsstunden** erteilt (R 19.2 Satz 3 LStR). Die Lehrveranstaltungen von Volkshochschulen werden nach Auffassung der Finanzverwaltung nicht als Lehrgang in diesem Sinne angesehen. Die dort mit Nebentätigkeit beschäftigten Lehrkräfte sind deshalb in der Regel selbstständig tätig, es sei denn, dass ein Arbeitsvertrag für die Arbeitnehmereigenschaft spricht.

b) Nebenberuflich tätige Übungsleiter usw.

Nach R 19.2 Satz 4 LStR gelten die vorstehend unter dem Buchstaben a für nebenberufliche Lehrkräfte aufgestellten Grundsätze ausdrücklich auch für die nebenberuflich tätigen **Übungsleiter, Ausbilder, Erzieher, Betreuer und ähnliche Personen.** Die sog. Sechs-Stunden-Regelung wurde also ausdrücklich auch für diesen Personenkreis übernommen.

Damit hat sich die Finanzverwaltung bewusst in Widerspruch zu der von den Spitzenorganisationen der Sozialversicherung vertretenen Auffassung gesetzt, dass Übungsleiter im Grundsatz zu den abhängig Beschäftigten gehören.

Denn die Spitzenverbände der Sozialversicherungsträger haben zur versicherungsrechtlichen Beurteilung von Übungsleitern in Sportvereinen folgende Verlautbarung herausgegeben:

Die Beurteilung, ob ein Übungsleiter seine Tätigkeit als Selbstständiger oder in einem Beschäftigungsverhältnis ausübt, richtet sich **nach den Umständen des Einzelfalls.** Kriterien für eine selbstständige Tätigkeit sind

- die Durchführung des Trainings in eigener Verantwortung, das heißt der Übungsleiter legt Dauer, Lage und Inhalte des Trainings selbst fest und stimmt sich wegen der Nutzung der Sportanlage mit anderen Beauftragten des Vereins ab und
- je geringer der zeitliche Aufwand des Übungsleiters und je geringer seine Vergütung ist, desto mehr spricht dies für seine Selbstständigkeit.

Je größer dagegen der zeitliche Aufwand und je höher die Vergütung des Übungsleiters ist, desto mehr spricht für eine Eingliederung in den Verein und damit für eine abhängige Beschäftigung. Anhaltspunkte für die Annahme eines Beschäftigungsverhältnisses sind auch vertraglich mit dem Verein vereinbarte Ansprüche auf durchgehende Bezahlung bei Urlaub oder Krankheit sowie Ansprüche auf Weihnachtsgeld oder vergleichbare Leistungen.

Die Regelung soll an zwei Beispielen verdeutlicht werden:

Beispiel A

Ein Fußballtrainer hat mit seinem Sportverein einen „Freien-Mitarbeiter-Vertrag als Übungsleiter/Sport" gegen ein monatliches Honorar von 1000 € abgeschlossen. Seither wird er vom Verein als selbstständiger Übungsleiter geführt. Beiträge zur Sozialversicherung werden vom Verein nicht abgeführt.

Lohn-steuer-pflichtig Sozial-versich.-pflichtig

Im Rahmen einer Betriebsprüfung durch den Rentenversicherungsträger stellt sich heraus, dass die tatsächliche Ausgestaltung völlig konträr zum Vertrag steht. So legt nicht der Trainer die Lage und Dauer des Trainings fest. Vielmehr wird ihm vom Verein vorgeschrieben, dass er das Training zweimal in der Woche von 18 bis 21 Uhr auf dem vereinseigenen Sportplatz durchzuführen hat. Ferner muss der Übungsleiter die Trainingseinheiten dokumentieren und diese monatlich beim Vereinsvorstand einreichen. Er unterliegt also einem umfassenden Weisungsrecht und ist – ungeachtet des vorliegenden Vertrages – beim Verein, der hier Arbeitgeberfunktion hat, abhängig beschäftigt. Es besteht somit in allen Sozialversicherungszweigen Versicherungspflicht.

Der als Honorar vereinbarte Betrag stellt grundsätzlich Arbeitsentgelt dar. Da die Übungsleiterpauschale in Höhe von 250 € monatlich weder steuer- noch sozialversicherungspflichtig ist, sind 750 € monatlich beitragspflichtiges Arbeitsentgelt. Zur Berechnung der Sozialversicherungsbeiträge vgl. auch das Stichwort „Übergangsbereich nach § 20 Abs. 2 SGB IV".

Beispiel B

Ein Skilehrer schließt mit einer privaten Skischule einen „Freien-Mitarbeiter-Vertrag" gegen ein monatliches Honorar von 600 € ab. Er teilt seine Schüler selbstständig in die einzelnen Leistungsklassen ein und bestimmt nach eigenem Ermessen Ort, Zeit und Dauer des Skiunterrichts. Eigentum der Skischule verwendet er nicht – er hat seine eigene Ausrüstung. Unter den gleichen Bedingungen ist er auch noch für eine andere Skischule tätig.

Der Skilehrer übt seine Tätigkeit grundsätzlich weisungsfrei aus. Er legt selbstständig Ort, Zeit und Dauer des Skiunterrichts fest. Er wird für einen weiteren Auftraggeber tätig.

Vertragsgestaltung und tatsächliche Ausgestaltung der Tätigkeit stimmen überein – es liegt keine abhängige Beschäftigung vor.

Der Übungsleiterfreibetrag in Höhe von 250 € monatlich kann nicht abgezogen werden, da die Tätigkeit für eine private Skischule und nicht für eine gemeinnützige Organisation (z. B. Verein) ausgeübt wird. Das Honorar des Skilehrers wird durch eine Veranlagung zur Einkommensteuer steuerlich erfasst.

Auch das Bundessozialgericht hat sich mehrfach mit dieser Problematik befasst. So hat das Bundessozialgericht mit Urteil vom 18.12.2001 – B 12 KR 8/01 R – die Annahme einer abhängigen Beschäftigung für den Fall bestätigt, dass eine Diplom-Sportlehrerin an einem Abend in der Woche **drei Stunden** Gymnastikunterricht als Übungsleiterin für einen Verein erteilt hat. Hierfür erhielt sie eine monatliche Pauschalvergütung von 613,55 € (1200 DM), und zwar **auch im Urlaubs- und Krankheitsfall.** Die Fortzahlung der Vergütung im Urlaubs- und Krankheitsfall hat das Bundessozialgericht als besonders gewichtiges Indiz für ein abhängiges Beschäftigungsverhältnis angesehen und ausgeführt, dass es sich sowohl beim Anspruch auf bezahlten Erholungsurlaub als auch beim Anspruch auf Entgeltfortzahlung im Krankheitsfall um Rechte handle, die ausschließlich Arbeitnehmern vorbehalten seien. Außerdem hat das Bundessozialgericht auch dem Umstand erhebliche Bedeutung beigemessen, dass bei einer Vertretung der Übungsleiterin im Urlaubs- oder Krankheitsfall die Vertretung vom Verein und nicht von der Übungsleiterin organisiert werden musste. Das Bundessozialgericht hat hierzu wörtlich Folgendes ausgeführt:

„Arbeitnehmer haben ihre Arbeitsleistung in der Regel höchstpersönlich zu erbringen und dürfen sich hierbei nicht Dritter als Erfüllungsgehilfen bedienen. Es ist Sache des Arbeitgebers und nicht des Arbeitnehmers, in Verhinderungsfällen eine Ersatzkraft einzusetzen, sofern der Arbeitsausfall nicht hingenommen werden soll. Demgegenüber hat ein selbstständiger Unternehmer im Falle seiner Verhinderung selbst eine Ersatzkraft zu stellen, sofern er hierzu nach den vertraglichen Grundlagen berechtigt oder verpflichtet ist. Jedenfalls hätte er, wenn seine Arbeitsleistung ersatzlos entfällt – anders als die Übungsleiterin – keinen Anspruch auf Vergütung. Gerade darin zeigt sich sein unternehmerisches Risiko."

Das Urteil des Bundessozialgerichts zeigt, dass es nicht allein auf zeitlichen Umfang der Beschäftigung, sondern immer auf die Gesamtumstände des Einzelfalles ankommt. Im Steuerrecht gilt hingegen die Sechsstundengrenze. Um eine einheitliche Handhabung zu erreichen, muss ein entsprechender Arbeitsvertrag abgeschlossen werden, der auch für den steuerlichen Bereich sicherstellt,

Lohn-steuer-pflichtig Sozial-versich.-pflichtig

dass bei einer Beschäftigung von bis zu sechs Stunden in der Woche von einer nichtselbstständigen Tätigkeit auszugehen ist. Dies ist möglich, weil die steuerliche Sechs-Stunden-Regelung nicht schematisch anzuwenden ist. Denn der Bundesfinanzhof hat im Urteil vom 4.12.1975, BStBl. 1976 II S. 292 einen Ingenieur, der nur zwei Stunden wöchentlich Unterricht erteilte, als nichtselbstständig angesehen, weil sich aus der schriftlichen Vereinbarung ergab, dass ein Arbeitsverhältnis gewollt und auch tatsächlich durchgeführt worden war.

Ist der Übungsleiter **selbstständig** tätig, gilt sozialversicherungsrechtlich Folgendes:

Selbstständig tätige Übungsleiter unterliegen grundsätzlich der Rentenversicherungspflicht nach § 2 Satz 1 Nr. 1 SGB VI, sofern sie im Zusammenhang mit ihrer selbstständigen Tätigkeit keinen versicherungspflichtigen Arbeitnehmer beschäftigen und das monatliche Arbeitseinkommen aus der selbstständigen Übungsleitertätigkeit höher ist als 450 €. Auch hier ist bei der Ermittlung des Arbeitseinkommens § 3 Nr. 26 EStG zu berücksichtigen, das heißt Einnahmen bis 3000 € jährlich bzw. 250 € monatlich sind steuer- und beitragsfrei. Besteht Rentenversicherungspflicht als Selbstständiger nach § 2 Satz 1 Nr. 1 SGB VI, ist der Selbstständige gesetzlich verpflichtet, sich beim zuständigen Rentenversicherungsträger innerhalb von drei Monaten nach Aufnahme der selbstständigen Tätigkeit zu melden (§ 190a SGB VI).

7. Steuerliche Behandlung des Arbeitslohns für eine nebenberufliche Tätigkeit als Übungsleiter, Ausbilder, Erzieher oder Betreuer

Der Freibetrag in Höhe von 3000 € gilt sowohl bei Einkünften aus nichtselbstständiger Arbeit **(= Arbeitslohn)** als auch bei Einkünften aus selbstständiger Tätigkeit (= freiberufliche Tätigkeit). Auf die unter der vorstehenden Nr. 6 erläuterten Abgrenzungskriterien wird Bezug genommen. Ist die nebenberufliche Tätigkeit als Übungsleiter, Ausbilder, Erzieher oder Betreuer als nichtselbstständige Tätigkeit zu behandeln, stellen die hierfür gezahlten Vergütungen **Arbeitslohn** dar, für den im Rahmen der gesetzlichen Bestimmungen **Lohnsteuer** und **Sozialversicherungsbeiträge** zu entrichten sind. Für die lohnsteuerliche Behandlung des Arbeitslohns für eine Tätigkeit als Übungsleiter, Ausbilder, Erzieher oder Betreuer ergibt sich unter Berücksichtigung des Steuerfreibetrags von 3000 € jährlich (250 € monatlich) folgende Übersicht:

N

Monatslohn des Übungsleiters, Ausbilders, Erziehers oder Betreuers

bis 700 €
abzüglich **250 €** Freibetrag
verbleibender Arbeitslohn **bis 450 €**
Pauschalabgabe von 30 % für 450-Euro-Jobs

über 700 €
abzüglich **250 €** Freibetrag
verbleibender Arbeitslohn **über 450 €**
Durchführung des Lohnsteuerabzugs nach den individuellen Lohnsteuerabzugsmerkmalen des Arbeitnehmers, insbesondere nach der gebildeten Steuerklasse[1)]

Wird die nebenberufliche Tätigkeit als Übungsleiter, Ausbilder, Erzieher oder Betreuer in einem Dienstverhältnis ausgeübt, bleibt der Freibetrag von 3000 € jährlich (250 € monatlich) bei der Prüfung der Frage, ob die 450-Euro-Grenze eingehalten ist, außer Betracht, das heißt, das Arbeitsentgelt wird für die Prüfung der 450-Euro-Grenze um den Freibetrag vermindert (vgl. das obige Schaubild).

Lohn-steuer-pflichtig Sozial-versich.-pflichtig

Bei Durchführung des Lohnsteuerabzugs nach den individuellen Lohnsteuerabzugsmerkmalen hat der Arbeitgeber den steuerfreien Betrag beim Lohnsteuerabzug zu berücksichtigen. Für den Freibetrag in Höhe von 3000 € jährlich wird vom Finanzamt kein Freibetrag in Form eines Lohnsteuerabzugmerkmals gebildet, weil es sich um eine Steuerfreistellung der Einnahmen und nicht um Werbungskosten handelt. Der Arbeitgeber hat also den steuerfreien Betrag von den Einnahmen abzuziehen. Steuerfreier Auslagenersatz, Reisekostenersatz usw. können zusätzlich zu dem Freibetrag von 3000 € vom Arbeitgeber steuerfrei gezahlt werden. Der 3000-Euro-Freibetrag ist nur auf die von anderen Steuerbefreiungsvorschriften nicht erfassten Beträge anzuwenden. Bei der Anwendung verschiedener Befreiungsvorschriften ist die für den Steuerpflichtigen **günstigste Reihenfolge** anzuwenden (R 3.26 Abs. 7 Satz 2 zweiter Halbsatz LStR). Folgende andere Befreiungsvorschriften kommen insbesondere in Betracht:

- § 3 Nr. 12 EStG (vgl. die Erläuterungen beim Stichwort „Aufwandsentschädigungen aus öffentlichen Kassen“);
- § 3 Nr. 13 und Nr. 16 EStG (vgl. die Erläuterungen beim Stichwort „Reisekostenvergütungen aus öffentlichen Kassen“ und in Anhang 4 „Reisekosten bei Auswärtstätigkeiten“).

Beispiel A

Der Trainer der Seniorenmannschaft in einem Sportverein erhält einen monatlichen Betrag von 250 € und für die Fahrten mit seinem eigenen Pkw zu den Auswärtsspielen einen Betrag von 0,30 € je gefahrenen Kilometer.

Der monatliche Betrag von 250 € ist als sog. Übungsleiterpauschale steuerfrei nach § 3 Nr. 26 EStG und der Fahrtkostenersatz ist steuerfreier Reisekostenersatz nach § 3 Nr. 16 EStG.

Die sog. steuerfreie Ehrenamtspauschale von 840 € jährlich (§ 3 Nr. 26a EStG) ist ausgeschlossen, wenn für die Einnahmen aus der betreffenden Tätigkeit – ganz oder teilweise – bereits der Übungsleiterfreibetrag oder die Steuerfreiheit für Aufwandsentschädigungen aus öffentlichen Kassen gewährt wurde (vgl. die Erläuterungen unter der nachfolgenden Nr. 10).

Werden **mehrere** begünstigte nebenberufliche Tätigkeiten ausgeübt, kann der Freibetrag **insgesamt** für alle Tätigkeiten **nur einmal** in Höhe von 3000 € gewährt werden (vgl. vorstehend unter Nr. 5). Um sicherzustellen, dass die Steuerbefreiung nicht mehrfach in Anspruch genommen wird, hat der Arbeitgeber sich von dem Arbeitnehmer **schriftlich bestätigen zu lassen,** dass die Steuerbefreiung nicht bereits in einem anderen Dienst- oder Auftragsverhältnis berücksichtigt worden ist oder berücksichtigt wird. Diese Erklärung ist als **Beleg zum Lohnkonto** zu nehmen (R 3.26 Abs. 10 Sätze 2 und 3 LStR).

Bei der steuerfreien Übungsleiterpauschale von 3000 € handelt es sich um einen **Jahresbetrag**. Eine zeitanteilige Berechnung des Steuerfreibetrags ist daher auch dann nicht vorzunehmen, wenn die begünstigte Tätigkeit nicht während des gesamten Kalenderjahres, sondern nur in einigen Monaten ausgeübt wird (R 3.26 Abs. 8 LStR).

Beispiel B

B ist vom 1. August 2021 bis 31. Dezember 2021 in einem Sportverein tätig und erhält hierfür monatlich 250 € (250 € × 5 Monate = 1250 €).

Der Betrag von 1250 € ist in voller Höhe steuerfrei, da die Einnahmen unter dem Freibetrag von 3000 € liegen und dieser Freibetrag nicht zeitanteilig zu gewähren ist.

Bei Ausübung mehrerer begünstigter Tätigkeiten kann die Übungsleiterpauschale von 3000 € jährlich im Lohnsteuerabzugsverfahren aufgeteilt werden. Dies gilt unabhängig davon, ob die Tätigkeiten nacheinander oder nebeneinander ausgeübt werden.

1) Der Arbeitgeber hat für den jeweiligen Arbeitnehmer die elektronischen Lohnsteuerabzugsmerkmale (ELStAM; vgl dieses Stichwort) abzurufen.

Lohn-steuer-pflichtig	Sozial-versich.-pflichtig

Beispiel C

Ein beim Verein A beschäftigter Trainer beendet zum 31.5. diese Tätigkeit und nimmt ab 1.6. eine Trainertätigkeit beim Verein B auf. Der Verein A hat in den Monaten Januar bis Mai einen monatlichen Freibetrag von 250 € (= 1/12 des steuerfreien Höchstbetrags von 3000 € jährlich) berücksichtigt.

Auch der Verein B kann ab Juni einen monatlichen Freibetrag von 250 € (= 1/12 des steuerfreien Höchstbetrags von 3000 € jährlich) berücksichtigen. Dies setzt allerdings voraus, dass der Trainer dem Verein B mitteilt, bis zu welchem Teilbetrag der Steuerfreibetrag beim Verein A noch nicht ausgeschöpft worden ist (in diesem Beispiel sind dies 1750 € = 3000 € abzüglich fünf Monate à 250 €).

Beispiel D

Ein Jugendtrainer ist zeitgleich bei den Vereinen A und B beschäftigt. Er teilt den Vereinen A und B jeweils schriftlich mit, dass ein Übungsleiterfreibetrag von monatlich 125 € berücksichtigt werden kann (125 € × 12 Monate × 2 Auftraggeber = 3000 €).

Die Vereine A und B können jeweils einen Übungsleiterfreibetrag von 125 € monatlich berücksichtigen. Eine anderweitige Aufteilung des steuerfreien Höchstbetrags auf die beiden Vereine ist ebenfalls zulässig.

8. Sozialversicherungsrechtliche Behandlung

a) Geringfügig entlohnte Beschäftigungen (sog. 450-Euro-Jobs)

Für einen sog. **450-Euro-Job** muss kein Lohnsteuerabzug nach den individuellen Abzugsmerkmalen (z. B. Steuerklasse) des Arbeitnehmers vorgenommen werden, wenn der **Arbeitgeber** eine Pauschalabgabe von **30 %** an die Minijob-Zentrale abführt. Davon entfallen 15 % auf die Rentenversicherung, 13 % auf die Krankenversicherung und 2 % auf die Pauschalsteuer. Für geringfügig Beschäftigte, die privat krankenversichert sind, fällt kein pauschaler 13 %iger Krankenversicherungsbeitrag an. Die 2 %ige Pauschalsteuer gilt auch den Solidaritätszuschlag und die Kirchensteuer mit ab. Die Pauschalabgabe von 30 % ist an die sog. Minijob-Zentrale Deutsche Rentenversicherung Knappschaft-Bahn-See abzuführen. Diese Stelle ist auch für das Umlageverfahren nach dem Aufwendungsausgleichsgesetz bei geringfügigen Beschäftigungsverhältnissen zuständig. Auf die ausführlichen Erläuterungen beim Stichwort „Geringfügige Beschäftigung“ wird hingewiesen.

b) Sozialversicherungsrechtliche Behandlung des steuerfreien Betrags von 3000 €

Nach § 1 Abs. 1 Satz 1 Nr. 16 SvEV[1] gehört der nach § 3 Nr. 26 EStG steuerfreie Betrag von 3000 € jährlich (250 € monatlich) nicht zum Arbeitsentgelt in der Sozialversicherung. — nein — nein

Bei der Anwendung des steuerfreien Jahresbetrags von 3000 € stellt sich die Frage, ob der steuerfreie Jahresbetrag von 3000 € pro rata (d. h. monatlich mit 250 €) oder en bloc (z. B. jeweils zum Jahresbeginn) beim regelmäßigen Arbeitsentgelt im Sinne des § 8 Abs. 1 Nr. 1 SGB IV berücksichtigt werden kann.

Die Spitzenverbände der Sozialversicherung vertreten hierzu die Auffassung, dass der steuerliche Freibetrag in der Sozialversicherung in der gleichen Weise zu berücksichtigen ist wie im Steuerrecht. Die Spitzenverbände der Sozialversicherungsträger empfehlen allerdings, dass bei Beschäftigungen, die das ganze Kalenderjahr über andauern, im Interesse einer kontinuierlichen versicherungsrechtlichen Beurteilung ein Freibetrag von monatlich 250 € in Abzug gebracht werden sollte. Eine andere Handhabung (z. B. sofortige Ausschöpfung des Steuerfreibetrags zu Beginn des Kalenderjahres) könnte dazu führen, dass die ersten Monate eines Kalenderjahres nicht mit Arbeitsentgelt belegt wären und somit keine Beschäftigung **gegen Arbeitsentgelt** vorliegen würde und unter Umständen erst nach Ausschöpfung des Steuerfreibetrags Versicherungspflicht eintreten könnte; hinzu kommt, dass bei einer derartigen Fallgestaltung jeweils Ab- und Anmeldungen sowie gegebenenfalls Stornierungen und Neu-Meldungen vorzunehmen wären.

Lohn-steuer-pflichtig	Sozial-versich.-pflichtig

Bei Aufnahme oder Beendigung einer Beschäftigung im Laufe eines Kalenderjahres kann monatlich ein entsprechend höherer steuerfreier Betrag berücksichtigt werden.

Beispiel

Eine privat krankenversicherte Hausfrau nimmt am 1. März 2021 im Rahmen einer abhängigen Beschäftigung eine nebenberufliche Lehrtätigkeit auf. Sie arbeitet gegen ein monatliches Arbeitsentgelt von 1000 €. Auf das Arbeitsentgelt wird zunächst der Steuerfreibetrag von jährlich 3000 € angewendet. Die nebenberufliche Lehrerin ist für die Zeit vom 1. 3. bis 31. 5. 2021 wegen der vollen Ausschöpfung des Steuerfreibetrags von (3 × 1000 € =) 3000 € nicht gegen Arbeitsentgelt beschäftigt. Für diese Zeit ist weder ein Pauschalbetrag zu zahlen noch eine Meldung zu erstatten. Ab 1. Juni 2021 besteht Versicherungspflicht in allen vier Versicherungszweigen, weil das Arbeitsentgelt 450 € übersteigt. Zur Berechnung der Sozialversicherungsbeiträge vgl. das Stichwort „Übergangsbereich nach § 20 Abs. 2 SGB IV“.

Bei einer Beendigung der Beschäftigung im Laufe eines Kalenderjahres gilt dies jedoch nur dann, wenn das Ende der Beschäftigung (von vornherein) feststeht, und bei Beginn einer Beschäftigung im Laufe eines Kalenderjahres nur insoweit, als der Steuerfreibetrag noch nicht ausgeschöpft ist. Sofern eine auf Dauer angelegte Beschäftigung im Laufe des Kalenderjahres endet, wird durch die steuerlich mögliche, rückwirkende Ausschöpfung des vollen Steuerfreibetrags die versicherungs- und beitragsrechtliche Beurteilung einer Beschäftigung nicht berührt.

9. Lohnabrechnungen für die Beschäftigung eines Übungsleiters auf 450-Euro-Basis

Die lohnsteuerlichen und sozialversicherungsrechtlichen Vorschriften sollen durch folgende zusammenfassende Abrechnungsbeispiele verdeutlicht werden:

Beispiel A

Ein Arbeitnehmer, der in seinem Hauptberuf 3000 € monatlich verdient, ist seit 1.1.2021 nebenher als Übungsleiter für einen Sportverein tätig und erhält hierfür 700 € monatlich. Von den 700 € sind 250 € nach § 3 Nr. 26 EStG steuer- und damit auch beitragsfrei. Für den verbleibenden Arbeitslohn in Höhe von 450 € gilt Folgendes:

Die Arbeitslöhne aus einer versicherungspflichtigen Hauptbeschäftigung und **einer** geringfügig entlohnten Nebenbeschäftigung werden nicht zusammengerechnet. In der Rentenversicherung besteht gleichwohl grundsätzlich Versicherungspflicht. Aus diesem Grund hat der Arbeitnehmer als Pflichtbeitrag die Differenz zwischen dem Pauschalbeitrag des Arbeitgebers und dem allgemeinen Beitragssatz zu zahlen (450 € × 18,6 %) – (450 € × 15 %) = 16,20 €. Für den 450-Euro-Job ergibt sich deshalb folgende Lohnabrechnung

Monatslohn		450,– €
Lohnsteuer	0,– €	
Solidaritätszuschlag	0,– €	
Kirchensteuer	0,– €	
Sozialversicherung (Arbeitnehmeranteil)	16,20 €	16,20 €
Nettolohn		433,80 €

Für Lohnsteuer und Sozialversicherung muss der Arbeitgeber folgende Pauschalabgaben zahlen:

Lohnsteuer (einschließlich Solidaritätszuschlag und Kirchensteuer)	2,0 %	9,– €
Krankenversicherung pauschal	13,0 %	58,50 €
Rentenversicherung pauschal	15,0 %	67,50 €
Umlage U1	1,0 %	4,50 €
Umlage U2	0,39 %	1,76 €
Insolvenzgeldumlage	0,12 %	0,54 €
insgesamt		141,80 €

Der Übungsleiter kann sich aber auch von der Rentenversicherungspflicht befreien lassen. In diesem Fall entfällt der o. g. Arbeitnehmeranteil in Höhe von 16,20 €.

Für die Beiträge zur Lohnfortzahlungsversicherung (U1 und U2) gilt Folgendes:

Ist ein Arbeitnehmer bei einem Verein mit maximal 30 Arbeitnehmern beschäftigt, fallen zusätzlich zur Pauschalabgabe von 30 % noch Beiträge zur Lohnfortzahlungsversicherung (U1 und U2) an. Der Umlagesatz für die Umlage U2 (Mutterschutz) beträgt 0,39 %. Der Um-

1) Die Sozialversicherungsentgeltverordnung (SvEV) ist als Anhang 2 im **Steuerhandbuch für das Lohnbüro 2021** abgedruckt, das im selben Verlag erschienen ist.

N

	Lohn-steuer-pflichtig	Sozial-versich.-pflichtig

lagesatz U1 beträgt 1,0 % (vgl. Stichwort „Geringfügige Beschäftigung“ unter Nr. 21).

Außerdem fällt grundsätzlich Insolvenzgeldumlage an, die mit Beitragsnachweis an die Krankenkasse abzuführen ist. Die Insolvenzgeldumlage beträgt für das Kalenderjahr 2021 0,12 % (vgl. das Stichwort „Insolvenzgeldumlage“).

Des Weiteren fallen für den Übungsleiter Beiträge zur gesetzlichen Unfallversicherung an, da der Übungsleiter nach § 2 Abs. 1 Nr. 1 SGB VII kraft Gesetzes in der gesetzlichen Unfallversicherung versichert ist.

Beispiel B

Ein Altersrentner ist nach Erreichen der Regelaltersgrenze seit 1.1.2021 nebenher bei einem Sportverein als Übungsleiter tätig und erhält hierfür 700 € monatlich. Der Lohnsteuerabzug soll nach den individuellen Besteuerungsmerkmalen des Rentners (hier u. a. Steuerklasse I) vorgenommen werden. Für den Arbeitslohn in Höhe von 700 € ergibt sich Folgendes:

Von den 700 € sind 250 € nach § 3 Nr. 26 EStG steuer- und damit auch beitragsfrei. Für die verbleibenden 450 € ergibt sich folgende Lohnabrechnung

Monatslohn		450,– €
Lohnsteuer	0,– €	
Solidaritätszuschlag	0,– €	
Kirchensteuer	0,– €	
Sozialversicherung (Arbeitnehmeranteil)	0,– €	0,– €
Nettolohn		450,– €
Der Sportverein muss bei geringfügig Beschäftigten einen pauschalen Beitragsanteil von 15 % für die Rentenversicherung und 13 % für die Krankenversicherung bezahlen. Dies sind 28 % von 450 € =		126,– €

Die Pauschalsteuer von 2 % entfällt, weil der Lohnsteuerabzug nach den individuellen Besteuerungsmerkmalen (hier Steuerklasse I) vorgenommen wird. Geschieht dies nicht, muss der Arbeitgeber 2 % Pauschalsteuer zahlen.

Der 13 %ige pauschale Beitrag zur Krankenversicherung entfällt, wenn der Rentner privat krankenversichert ist.

Da für den Rentner aufgrund des Altersrentenbezuges nach Erreichen der Regelaltersgrenze Versicherungsfreiheit besteht, fällt kein Arbeitnehmeranteil an (§ 5 Abs. 4 Nr. 1 SGB VI).

Hat der Verein maximal 30 Arbeitnehmer fallen Beiträge zur Lohnfortzahlungsversicherung U1 und U2 an (vgl. „Geringfügige Beschäftigung“ unter Nr. 21).

10. Freibetrag von 840 € jährlich für Vereinskassierer, Platzwarte und Ordner und andere ehrenamtlich für gemeinnützige Organisationen tätige Personen (sog. Ehrenamtspauschale)

Der Freibetrag von 840 € jährlich für nebenberufliche Tätigkeiten im gemeinnützigen Bereich gehört ebenso wie die Übungsleiterpauschale nach § 1 Abs. 1 Satz 1 Nr. 16 SvEV[1] nicht zum sozialversicherungspflichtigen Arbeitsentgelt. — nein — nein

Die Voraussetzungen „nebenberuflich“, „gemeinnütziger Bereich“ und „begünstigter Arbeitgeber bzw. Auftraggeber“ sind identisch mit den Voraussetzungen für die Inanspruchnahme der sog. Übungsleiterpauschale (vgl. die Erläuterungen unter den vorstehenden Nrn. 3 und 4). Der Freibetrag von 840 € jährlich ist für diejenigen ehrenamtlich im gemeinnützigen Bereich tätigen Personen gedacht, die die Voraussetzungen für den sog. Übungsleiterfreibetrag von 3000 € jährlich nicht erfüllen (z. B. Platzwarte, Ordner). Die Finanzverwaltung hat ein Anwendungsschreiben zu § 3 Nr. 26a EStG veröffentlicht.[2] Hiernach gilt Folgendes:

Der Freibetrag in Höhe von 840 € jährlich kommt für solche Einnahmen aus Nebentätigkeiten **nicht** in Betracht, für die

- ein **Übungsleiterfreibetrag** oder
- eine steuerfreie **Aufwandsentschädigung aus öffentlichen Kassen** nach § 3 Nr. 12 EStG gewährt wird (vgl. das Stichwort „Aufwandsentschädigungen aus öffentlichen Kassen“).

Beispiel A

Ein ehrenamtliches Mitglied der freiwilligen Feuerwehr erhält eine Aufwandsentschädigung in Höhe von 6200 € jährlich. Von seiner Tätigkeit entfallen 50 % auf eine durch den sog. Übungsleiterfreibetrag begünstigte Ausbildertätigkeit. Es ergibt sich Folgendes:

- 2400 € jährlich sind als Aufwandsentschädigung aus öffentlichen Kassen steuerfrei nach § 3 Nr. 12 EStG;
- 3000 € jährlich sind steuerfrei nach § 3 Nr. 26 EStG, weil die Hälfte der Vergütung auf eine Ausbildertätigkeit entfällt.

Der verbleibende Rest in Höhe von (6200 € – 5400 € =) 800 € kann nicht nach § 3 Nr. 26a EStG steuerfrei gelassen werden, weil diese Steuerbefreiungsvorschrift nicht anwendbar ist, wenn die betreffende Tätigkeit gleichzeitig auch nach § 3 Nr. 12 EStG und/oder § 3 Nr. 26 EStG begünstigt ist.

Der Freibetrag von 840 € jährlich ist also in erster Linie für diejenigen Personen gedacht, die nebenberuflich für einen gemeinnützigen Verein tätig sind, aber für diese Tätigkeit den Freibetrag in Höhe von 3000 € jährlich nicht erhalten können, weil sie keine pädagogisch ausgerichtete Tätigkeit als Übungsleiter, Ausbilder, Erzieher, Betreuer oder Ähnliches ausüben. Den Freibetrag von 840 € jährlich erhalten somit insbesondere

- Vereinsvorstände,
- Vereinskassierer,
- Bürokräfte,
- Gerätewarte,
- Platzwarte,
- Reinigungspersonal,
- Küster,
- Mesner,
- Ordner,
- Schiedsrichter,
- ehrenamtliche Torrichter bei Skisportveranstaltungen,
- Parcourschefs, Parcourschefsassistenten und ehrenamtliche Richter bei Pferdesportveranstaltungen.

Auch die steuerfreie Ehrenamtspauschale von 840 € jährlich kann nur dann in Anspruch genommen werden, wenn die **Tätigkeit der Förderung gemeinnütziger, mildtätiger oder kirchlicher Zwecke dient** (R 3.26a Abs. 1 EStR; vgl. das nachfolgende Beispiel C). Für Vergütungen oder Aufwendungsersatz, die Amateursportler (z. B. Fußballspieler) vom Verein erhalten, kann der Freibetrag von 840 € jährlich nicht in Anspruch genommen werden, weil es sich nicht um eine Tätigkeit im „gemeinnützigen Bereich“ handelt.

Der Freibetrag von 840 € jährlich kann neben dem Übungsleiterfreibetrag gewährt werden, wenn eine Person beim selben Verein sowohl als Übungsleiter als auch als Platzwart oder Gerätewart tätig ist (vgl. hierzu auch das Beispiel B beim Stichwort „Vereinsvorsitzender“).

Da der Freibetrag von 840 € jährlich ebenso wie der Übungsleiterfreibetrag nach § 1 Abs. 1 Satz 1 Nr. 16 SvEV[1] nicht zum sozialversicherungspflichtigen Arbeitsentgelt gehört, kann auch er zu einer faktischen Anhebung der 450-Euro-Grenze für Minijobs führen.

Beispiel B

Ein Arbeitnehmer, der in seinem Hauptberuf 3000 € monatlich verdient, ist seit 1.1.2021 nebenher für einen Sportverein tätig und erhält hierfür folgende monatliche Vergütungen

- als Übungsleiter 700 € monatlich und
- als Gerätewart 70 € monatlich.

Der Betrag von 70 € monatlich ist steuer- und beitragsfrei nach § 3 Nr. 26a EStG und § 1 Abs. 1 Satz 1 Nr. 16 SvEV[1].

1) Die Sozialversicherungsentgeltverordnung (SvEV) ist als Anhang 2 im **Steuerhandbuch für das Lohnbüro 2021** abgedruckt, das im selben Verlag erschienen ist.

2) BMF-Schreiben vom 21.11.2014 (BStBl. I S. 1581). Das BMF-Schreiben ist als Anlage zu H 3.26a LStR **im Steuerhandbuch für das Lohnbüro 2021** abgedruckt, das im selben Verlag erschienen ist.

Lohn-steuer-pflichtig Sozial-versich.-pflichtig

Der Betrag von 700 € monatlich ist in Höhe von 250 € monatlich ebenfalls steuer- und beitragsfrei nach § 3 Nr. 26 EStG und § 1 Abs. 1 Satz 1 Nr. 16 SvEV[1].

Der verbleibende Betrag in Höhe von 450 € monatlich ist nach den für Minijobs geltenden Regelungen abzurechnen. Auf das Beispiel A unter der vorstehenden Nr. 9 wird Bezug genommen.

Aber auch andere Tätigkeiten, die nebenberuflich für eine mildtätige, gemeinnützige oder kirchliche Organisation ausgeübt werden, sind durch den Steuerfreibetrag von 840 € jährlich begünstigt z. B. **Mahlzeitendienste bei gemeinnützigen Hilfsorganisationen.** Die Tätigkeit muss allerdings der Förderung gemeinnütziger, mildtätiger oder kirchlicher Zwecke dienen.

Beispiel C

Eine Arbeitnehmerin ist bei der Stadt als Reinigungskraft für die städtischen Gebäude beschäftigt.

Unabhängig davon, dass die Tätigkeit im Dienst einer juristischen Person des öffentlichen Rechts ausgeübt wird, kann die steuerfreie Ehrenamtspauschale von 840 € nicht in Anspruch genommen werden, weil die Tätigkeit nicht der Förderung gemeinnütziger, mildtätiger oder kirchlicher Zwecke dient.

Einsatz- und Bereitschaftsdienstzeiten der **Rettungssanitäter und Ersthelfer** sind als einheitliche Tätigkeit zu behandeln, die insgesamt nach § 3 Nr. 26 EStG durch den Freibetrag von 3000 € jährlich begünstigt sind und für die deshalb eine zusätzliche Steuerbefreiung nach § 3 Nr. 26a EStG **nicht** gewährt werden kann (vgl. die Erläuterungen unter der vorstehenden Nr. 2 Buchstabe a).

11. Steuerfreie Übungsleiterpauschale und Werbungskostenabzug im Veranlagungsverfahren

Beim Freibetrag nach § 3 Nr. 26 EStG in Höhe von 3000 € jährlich handelt es sich begrifflich nicht um eine steuerfreie Aufwandsentschädigung sondern um eine Steuerbefreiung der Einnahmen. Aus diesem Grunde ist im Hinblick auf § 3c EStG auch eine Regelung zur Berücksichtigung von Werbungskosten in die Vorschrift des § 3 Nr. 26 EStG aufgenommen worden. Im Einzelnen gilt zum Werbungskosten- bzw. Betriebsausgabenabzug Folgendes:

Der Steuerfreibetrag in Höhe von 3000 € gilt sowohl bei Einkünften aus nichtselbstständiger Arbeit **(= Arbeitslohn)** als auch bei Einkünften aus selbstständiger Tätigkeit (= freiberufliche Tätigkeit). Auf die unter der vorstehenden Nr. 6 erläuterten Abgrenzungskriterien wird Bezug genommen. Steuerfrei sind sämtliche Einnahmen aus den bezeichneten Tätigkeiten bis zur Höhe von insgesamt 3000 € im Jahr. Übersteigen die Einnahmen den Betrag von 3000 €, ist der übersteigende Betrag der Einnahmen im Rahmen der Einkünfte aus nichtselbstständiger oder selbstständiger Arbeit zu versteuern. Wird die Tätigkeit **unentgeltlich** ausgeübt, kann die steuerfreie Übungsleiterpauschale – auch bei Vorhandensein anderer Einkünfte – nicht berücksichtigt werden. Vgl. auch nachfolgende Nr. 12.

Nach § 3c EStG dürfen Ausgaben, die mit steuerfreien Einnahmen in unmittelbarem wirtschaftlichen Zusammenhang stehen, nicht als Betriebsausgaben oder Werbungskosten abgezogen werden. Hierzu bestimmt § 3 Nr. 26 Satz 2 EStG Folgendes: Überschreiten die begünstigten Einnahmen den Freibetrag von 3000 € jährlich, dürfen die mit den nebenberuflichen Tätigkeiten in unmittelbarem wirtschaftlichen Zusammenhang stehenden Ausgaben abweichend von § 3c EStG nur insoweit als Betriebsausgaben oder Werbungskosten abgezogen werden, als sie den Betrag der steuerfreien Einnahmen übersteigen. Die Regelung führt dazu, dass auch bei Einnahmen von mehr als 3000 € Werbungskosten oder Betriebsausgaben nur dann abgezogen werden können, **wenn auch die Ausgaben den Freibetrag von 3000 € übersteigen.** Der 3000 € übersteigende Betrag ist dann allerdings voll abziehbar und nicht in einen abziehbaren Teil (im Verhältnis der steuerpflichtigen Einnahmen zu den Gesamteinnahmen) und einen nicht abziehbaren Teil (im Verhältnis der steuerfreien Einnahmen zu den Gesamteinnahmen) aufzuteilen.

Beispiel A

Ein Übungsleiter erzielt im Kalenderjahr 2021 Einnahmen in Höhe von 4600 € und weist Werbungskosten in Höhe von 3100 € nach, die mit der Übungsleitertätigkeit in Zusammenhang stehen. Der Übungsleiter kann die mit seiner Tätigkeit in Zusammenhang stehenden Werbungskosten abziehen, soweit sie 3000 € übersteigen. Es verbleiben somit positive Einkünfte aus nichtselbstständiger Arbeit in Höhe von (4600 € Einnahmen abzüglich 3000 € Freibetrag abzüglich 100 € den Freibetrag übersteigende Werbungskosten =) 1500 €.

Beispiel B

Ein Übungsleiter erzielt im Kalenderjahr 2021 Einnahmen in Höhe von 4600 € und weist Werbungskosten in Höhe von 1500 € nach, die mit seiner Übungsleitertätigkeit in Zusammenhang stehen. Der Übungsleiter kann die mit seiner Tätigkeit in Zusammenhang stehenden Werbungskosten **nicht** von seinen steuerpflichtigen Einnahmen abziehen, weil sie 3000 € nicht übersteigen. Es verbleiben somit positive Einkünfte aus nichtselbstständiger Arbeit in Höhe von (4600 € – 3000 € =) 1600 €.

In R 3.26 Abs. 9 Satz 2 LStR ist festgelegt worden, dass **bei Einnahmen aus nichtselbstständiger Arbeit** (= Arbeitslohn) in jedem Fall der Arbeitnehmer-Pauschbetrag in Höhe von 1000 € anzusetzen ist, soweit er nicht bei einem anderen Dienstverhältnis bereits verbraucht ist.

Beispiel C

Ein im Hauptberuf selbstständig Tätiger ist nebenher als Übungsleiter in einem Arbeitsverhältnis tätig und erzielt aus dieser Tätigkeit Einnahmen in Höhe von 4000 € im Kalenderjahr 2021. Neben dem Steuerfreibetrag von 3000 € kann auch noch der Arbeitnehmer-Pauschbetrag in Höhe von 1000 € von den Einnahmen abgezogen werden, sodass die Einkünfte aus nichtselbstständiger Arbeit (4000 € – 3000 € – 1000 € =) 0 € betragen. Dieses Ergebnis ergibt sich bereits durch die Vornahme des Lohnsteuerabzugs nach den individuellen Besteuerungsmerkmalen des Arbeitnehmers (z. B. mit der Steuerklasse I) bei der Übungsleitertätigkeit. Würde die Übungsleitertätigkeit selbstständig ausgeübt, müssten (4000 € – 3000 € =) 1000 € als Einkünfte aus selbstständiger Tätigkeit versteuert werden.

Unterschreiten die **Einnahmen** den **Freibetrag** von 3000 €, sind die mit der nebenberuflichen Tätigkeit im Zusammenhang stehenden Aufwendungen in folgendem Sonderfall als Werbungskosten oder Betriebsausgaben **abziehbar.**

Beispiel D

Zur Vorbereitung einer Tätigkeit als Kursleiterin bei der Volkshochschule entstehen D Aufwendungen. Wegen einer schweren Erkrankung kann sie das geplante Seminar und einen für das kommende Jahr geplanten Kurs nicht durchführen. Einnahmen erzielt sie nicht.

Die entstandenen Aufwendungen können als vorweggenommene, letztlich vergebliche Betriebsausgaben steuerlich berücksichtigt und der Verlust mit anderen Einkünften verrechnet werden (BFH-Urteil vom 6.7.2005, BStBl. 2006 II S. 163).

Der Bundesfinanzhof hat darüber hinaus mittlerweile mehrfach entschieden, dass **Verluste aus einer begünstigten nebenberuflichen Tätigkeit** z. B. als Trainer oder Übungsleiter auch dann steuerlich berücksichtigt werden können, wenn die Einnahmen den Steuerfreibetrag von 3000 € jährlich (= sog. Übungsleiterpauschale) nicht übersteigen. Dies setzt allerdings voraus, dass hinsichtlich der Tätigkeit eine **Gewinn-/Überschusserzielungsabsicht** besteht (BFH-Urteile vom 20.12.2017, BStBl. 2019 II S. 469 und vom 20.11.2018, BStBl. 2019 II S. 422).

Beispiel E

Ein nebenberuflich tätiger Trainer erzielt Einnahmen in Höhe von 1500 €. Seine Aufwendungen im Zusammenhang mit dieser Tätigkeit betragen 1800 €.

Die Aufwendungen werden – vorbehaltlich des nachfolgenden Absatzes – in Höhe von 300 € berücksichtigt und dieser Verlust kann mit anderen Einkünften z. B. aus einer hauptberuflichen Arbeitnehmertätigkeit verrechnet werden.

1) Die Sozialversicherungsentgeltverordnung (SvEV) ist als Anhang 2 im **Steuerhandbuch für das Lohnbüro 2021** abgedruckt, das im selben Verlag erschienen ist.

N

Lohn-steuer-pflichtig Sozial-versich.-pflichtig

Entscheidend für die Verlustberücksichtigung ist aber, ob der Steuerpflichtige bei seiner konkreten Vorgehensweise einen **Totalgewinn/Totalüberschuss** erzielen kann (= anteiliger Abzug der Aufwendungen) oder eine verlustbringende Tätigkeit möglicherweise wegen persönlicher Neigungen ausgeübt wird (= kein Abzug der Aufwendungen wegen steuerlich unbeachtlicher „Liebhaberei"). Letzteres ist insbesondere bei eher geringen Einnahmen und höheren Aufwendungen (z. B. Fahrtkosten) zu prüfen.

12. Steuerfreibetrag von 840 € jährlich und Werbungskosten im Veranlagungsverfahren

Beim Freibetrag nach § 3 Nr. 26a EStG in Höhe von 840 € jährlich handelt es sich begrifflich nicht um eine steuerfreie Aufwandsentschädigung, sondern um eine Steuerbefreiung der Einnahmen. Aus diesem Grunde ist im Hinblick auf § 3c EStG auch eine Regelung zur Berücksichtigung von Werbungskosten in die Vorschrift des § 3 Nr. 26a EStG aufgenommen worden. Im Einzelnen gilt zum Werbungskosten- bzw. Betriebsausgabenabzug Folgendes:

Nach § 3c EStG dürfen Ausgaben, die mit steuerfreien Einnahmen in unmittelbarem wirtschaftlichen Zusammenhang stehen, nicht als Betriebsausgaben oder Werbungskosten abgezogen werden. Hierzu bestimmt § 3 Nr. 26a Satz 3 EStG Folgendes: Überschreiten die begünstigten Einnahmen den Freibetrag von 840 € jährlich, dürfen die mit den nebenberuflichen Tätigkeiten in unmittelbarem wirtschaftlichen Zusammenhang stehenden Ausgaben abweichend von § 3c EStG nur insoweit als Betriebsausgaben oder Werbungskosten abgezogen werden, als sie den Betrag der steuerfreien Einnahmen übersteigen. Allerdings ist auch hier bei einer Arbeitnehmertätigkeit mindestens der Arbeitnehmer-Pauschbetrag von 1000 € anzusetzen, soweit er nicht bei einem anderen Dienstverhältnis verbraucht ist.

Beispiel

Ein nebenberuflicher Schiedsrichter im Amateurbereich erzielt Einnahmen in Höhe von 1500 €. Im Zusammenhang mit der Tätigkeit sind ihm Telefon- und Fahrtkosten von 400 € sowie einmalige Fortbildungskosten von 700 € entstanden, insgesamt also 1100 €.

Der Schiedsrichter kann die mit seiner Tätigkeit in Zusammenhang stehenden Werbungskosten abziehen, soweit sie 840 € übersteigen. Es verbleiben positive sonstige Einkünfte nach § 22 Nr. 3 EStG in Höhe von 400 € (1500 € Einnahmen abzüglich 840 € Freibetrag abzüglich 260 € den Freibetrag übersteigende Werbungskosten).

N

Unterschreiten die **Einnahmen** den **Freibetrag** von 840 €, sind die mit der nebenberuflichen Tätigkeit im Zusammenhang stehenden **Aufwendungen** in der Regel **nicht** als Werbungskosten oder Betriebsausgaben **abziehbar.** Auch hier ist zur Berücksichtigung von Verlusten die nur selten vorliegende Gewinn-/Überschusserzielungsabsicht erforderlich. Vgl. hierzu auch die Ausführungen und das Beispiel E am Ende der vorstehenden Nr. 11.

Wird die Tätigkeit **unentgeltlich** ausgeübt, kann die steuerfreie Ehrenamtspauschale von 840 € jährlich – auch bei Vorhandensein anderer Einkünfte – nicht berücksichtigt werden, da nach dem Gesetzeswortlaut ausschließlich Einnahmen steuerbefreit werden (BFH-Beschluss vom 25.4.2012, BFH/NV 2012 S. 1330).

13. Ehrenamtlich tätige Betreuer, Vormünder und Pfleger

Nach § 1896 BGB ist für Personen, die aufgrund einer psychischen Krankheit oder einer Behinderung nicht in der Lage sind, ihre Angelegenheiten zu besorgen, ein Betreuer durch das Betreuungsgericht zu bestellen. Neben Berufsbetreuern werden vorrangig **ehrenamtliche Betreuer** eingesetzt.

Die Steuerbefreiungsvorschrift des § 3 Nr. 26b EStG sieht für Aufwandsentschädigungen im Sinne des § 1835a BGB einen Freibetrag von 3000 € jährlich vor. Dabei ist zu beachten, dass der sog. Übungsleiterfreibetrag in Höhe von 3000 € für alle begünstigten Tätigkeiten – einschließlich der ehrenamtlichen Betreuertätigkeit – insgesamt nur einmal gewährt wird.

Beispiel

Ein ehrenamtlicher Betreuer im Sinne des § 1896 BGB hat sechs Betreuungen übernommen. Für jede Betreuung erhält er eine Aufwandsentschädigung nach § 1835a BGB in Höhe von 399 €, insgesamt also (399 € × 6 =) 2394 €. Hat der ehrenamtliche Betreuer keine weiteren Einnahmen, die in Anwendung des sog. Übungsleiterfreibetrags in Höhe von 3000 € jährlich steuerfrei sind (vgl. die Erläuterungen unter den vorstehenden Nrn. 1 bis 9), bleibt der Betrag von 2394 € in voller Höhe steuerfrei.

Die steuerfreie Ehrenamtspauschale von 840 € jährlich (vgl. vorstehende Nr. 10) kann für die Tätigkeit als ehrenamtlicher Betreuer nicht neben dem Steuerfreibetrag von 3000 € jährlich (§ 3 Nr. 26b EStG) in Anspruch genommen werden. Dies wurde in § 3 Nr. 26a Satz 2 EStG gesetzlich klargestellt.

Die anhand des Beispiels dargestellte Regelung gilt entsprechend auch für ehrenamtlich tätige Vormünder (§ 1773 Abs. 1 Satz 1 BGB) und Pfleger (§§ 1909 ff., 1915 Abs. 1 Satz 1 BGB).

Nach Abzug des Freibetrags verbleibende steuerpflichtige Einkünfte gehören zu den Einkünften aus sonstiger selbstständiger Arbeit (§ 18 Abs. 1 Nr. 3 EStG; BFH-Urteil vom 17.10.2012, BStBl. 2013 II S. 799). nein nein

Eine Betriebsausgabenpauschale (z. B. 25 % der Betriebseinnahmen) wird seit 2015 für Betreuer, Vormünder und Pfleger nicht mehr gewährt.

Negative Einnahmen

siehe „Rückzahlung von Arbeitslohn"

Nettolöhne

Neues auf einen Blick:

Übernimmt der Arbeitgeber, der mit dem Arbeitnehmer unter **Abtretung** der **Steuererstattungsansprüche** eine Nettolohnvereinbarung abgeschlossen hat, die **Steuerberatungskosten** für die Erstellung der Einkommensteuererklärungen des Arbeitnehmers, wendet er diesem damit regelmäßig keinen Arbeitslohn zu. Arbeitslohn liegt aber regelmäßig vor, soweit die Steuerberatungskosten anderen Einkunftsarten (z. B. Kapitalvermögen oder Vermietung und Verpachtung) als den aus dem Arbeitsverhältnis erzielten Einkünften aus nichtselbstständiger Arbeit zuzuordnen sind.

Wird für die Steuerberatungskosten eine **pauschale Vergütung** je Arbeitnehmer oder für alle Arbeitnehmer vereinbart, bestehen grundsätzlich keine Bedenken, wenn aus Vereinfachungsgründen auf die Erfassung der anteilig den anderen Einkunftsarten zuzuordnenden Steuerberatungskosten verzichtet wird. Vgl. die Erläuterungen unter der nachfolgenden Nr. 1.

Gliederung:

Lohn-steuer-pflichtig | Sozial-versich.-pflichtig

1. Begriff des Nettolohns

Die Zahlung von Nettolohn muss **ausdrücklich** zwischen Arbeitgeber und Arbeitnehmer **vereinbart** werden, wenn ihr arbeitsrechtlich eine Bedeutung zukommen soll. Ohne eine solche Vereinbarung schuldet der Arbeitgeber den Bruttolohn. Denjenigen, der sich auf den Abschluss einer Nettolohnvereinbarung beruft, trifft eine erhöhte Nachweispflicht sowohl hinsichtlich des Abschlusses als auch des Inhalts der Vereinbarungen (BFH-Beschluss vom 25.10.2013, BFH/NV 2014 S. 181). Wird vertraglich festgelegt, dass der Arbeitgeber den Lohn steuerfrei auszahlen soll, ist dies nicht als Nettolohnvereinbarung zu werten, wenn sich die Annahme über die Steuerfreiheit als unzutreffend erweist.[1]

Durch eine Nettolohnvereinbarung übernimmt der Arbeitgeber im Innenverhältnis die vom Arbeitnehmer geschuldeten Abzugsbeträge (Lohnsteuer, Kirchensteuer, Solidaritätszuschlag und ggf. Arbeitnehmeranteil zur Sozialversicherung). Der Arbeitgeber übernimmt also eine fremde Schuld. Die übernommenen **Lohnabzüge** stellen daher **zusätzlichen Arbeitslohn** dar. Zur Ermittlung der zutreffenden Abzugsbeträge muss der Nettolohn auf einen Bruttolohn hochgerechnet werden (sog. Abtasten der Lohnsteuertabelle). Erst dieser Bruttolohn ist der Arbeitslohn im Sinne des Lohnsteuerrechts und das maßgebende Arbeitsentgelt für die Sozialversicherung (§ 14 Abs. 2 Satz 1 SGB IV, R 39b.9 Abs. 1 Satz 2 LStR). In die Lohnsteuerbescheinigung und in die Entgeltbescheinigung für die Sozialversicherung ist deshalb der Bruttolohn und keinesfalls der Nettolohn einzutragen. ja ja

Die Nettolohnvereinbarung wirkt nur im Innenverhältnis zwischen Arbeitgeber und Arbeitnehmer. **Schuldner** der Lohnsteuer gegenüber dem Finanzamt bleibt – anders als bei einer Pauschalierung der Lohnsteuer – **der Arbeitnehmer.** Falls Lohnsteuer zu erstatten ist, z. B. aufgrund einer Einkommensteuer-Veranlagung durch das Finanzamt, hat deshalb nicht der Arbeitgeber, sondern der Arbeitnehmer den Erstattungsanspruch gegenüber dem Finanzamt. In Fällen der Nettolohnvereinbarung wird deshalb oft von vornherein die Abtretung des Erstattungsanspruchs durch den Arbeitnehmer an den Arbeitgeber vereinbart. Nur auf diesem Weg kann der Arbeitgeber erreichen, dass er letztlich nicht mehr Lohnsteuer übernimmt, als der Arbeitnehmer dem Finanzamt tatsächlich schuldet. Zur Haftung des Arbeitgebers bei Nettolohnvereinbarungen vgl. Stichwort „Haftung des Arbeitgebers" unter Nr. 9 Buchstabe a auf Seite 551.

Hat ein **ausländischer Arbeitgeber,** der nicht zum Lohnsteuerabzug verpflichtet ist (vgl. § 38 Abs. 1 EStG), mit einem unbeschränkt steuerpflichtigen Arbeitnehmer eine Nettolohnvereinbarung getroffen, gilt Folgendes: Bei der Einkommensteuer-Veranlagung des Arbeitnehmers ist nur der Nettolohn zu versteuern (Zuflussprinzip). Erst wenn die angefallenen Steuerbeträge vom ausländischen Arbeitgeber tatsächlich an den Arbeitnehmer oder an das Finanzamt gezahlt werden, ist dieser Betrag bei der Einkommensteuer-Veranlagung des Kalenderjahres der tatsächlichen Zahlung als Arbeitslohn anzusetzen (vgl. auch BFH-Urteil vom 6.12.1991, BStBl. 1992 II S. 441).

Unter Aufgabe seiner früheren Rechtsprechung hat der Bundesfinanzhof entschieden, dass die Übernahme von **Steuerberatungskosten** durch den Arbeitgeber nicht zu steuer- und beitragspflichtigen Arbeitslohn führt, wenn Arbeitgeber und Arbeitnehmer eine Nettolohnvereinbarung abgeschlossen haben und der Arbeitnehmer seine **Steuererstattungsansprüche an den Arbeitgeber abgetreten** hat (BFH-Urteil vom 9.5.2019, BStBl. II S. 785). Die Finanzverwaltung geht aber weiterhin regelmäßig von Arbeitslohn aus, soweit die Steuerberatungskosten **anderen Einkunftsarten** (z. B. Kapitalvermögen oder Vermietung und Verpachtung) als den aus dem Arbeitsverhältnis erzielten Einkünften aus nichtselbstständiger Arbeit zuzuordnen sind. Wird für die Steuerberatungskosten eine **pauschale Vergütung** je Arbeitnehmer oder für alle Arbeitnehmer vereinbart, hat sie grundsätzlich keine Bedenken, aus Vereinfachungsgründen auf die Erfassung der anteilig den anderen Einkunftsarten zuzuordnenden Steuerberatungskosten zu verzichten. Aufgrund der Formulierung „grundsätzlich keine Bedenken" kann aber das Finanzamt im Einzelfall eine hiervon abweichende Auffassung vertreten und insoweit anteilig Arbeitslohn annehmen.

Fließt aufgrund der Abtretung Lohnsteuer vom Arbeitnehmer an den Arbeitgeber zurück, mindert dieser Vorgang im Jahr der **Rückzahlung** den steuerpflichtigen Arbeitslohn des Arbeitnehmers (vgl. das Stichwort „Rückzahlung von Arbeitslohn"). Der Bundesfinanzhof hat die Auffassung der Finanzverwaltung bestätigt, dass diese Rückzahlung durch eine **Verminderung** des laufenden **Bruttoarbeitslohns** und nicht des laufenden Nettolohns zu berücksichtigen ist (BFH-Urteil vom 30.7.2009, BStBl. 2010 II S. 148). Eine Hochrechnung der an den Arbeitgeber zurückgeflossenen Steuererstattung auf einen fiktiven Bruttobetrag ist nicht vorzunehmen. Gibt der Arbeitnehmer seinen Wohnsitz im Inland auf und wird eine Steuererstattung aufgrund einer Nettolohnvereinbarung erst im Folgejahr an den Arbeitgeber weitergeleitet, ist ein Verlustrücktrag in das Vorjahr möglich (§ 10d EStG).

Liegt eine Nettolohnvereinbarung vor, wirken sich etwaige **Gesetzesänderungen** stets auf den hochgerechneten Bruttolohn aus. Dies bedeutet, dass eine Steuererhöhung (z. B. Erhöhung der Steuersätze) zu Lasten des Arbeitgebers geht. Umgekehrt begünstigt eine Senkung des Eingangssteuersatzes oder eine Abflachung des Tarifverlaufs nicht den Arbeitnehmer, sondern den Arbeitgeber. Die gleichen Grundsätze gelten für Nettolohnvereinbarungen mit Übernahme der Sozialversicherungsbeiträge. Sollen sich etwaige Gesetzesänderungen beim Arbeitnehmer auswirken, muss die Nettolohnvereinbarung entsprechend geändert werden. Vorsicht ist bei Nettolohnvereinbarungen insbesondere auch im Hinblick auf die Möglichkeit der **Berücksichtigung eines Hinzurechnungsbetrags** beim Lohnsteuerabzug geboten. Der Arbeitgeber sollte die auf einen Hinzurechnungsbetrag entfallenden Steuerabzüge stets von der Nettolohnvereinbarung ausschließen (vgl. „Hinzurechnungsbetrag beim Lohnsteuerabzug").

Wird bei **Teilzeitbeschäftigten** oder **Aushilfskräften** die Lohnsteuer pauschal nach § 40a EStG erhoben, ist der Arbeitgeber zwar kraft Gesetzes Steuerschuldner der abzuführenden Pauschalsteuer, die zugrunde liegende Lohnvereinbarung ist deshalb jedoch noch keine Nettolohnvereinbarung. Eine Nettolohnvereinbarung liegt nur dann vor, wenn der vereinbarte Lohn – vor Pauschalsteuer – auch tatsächlich als Nettolohn vereinbart ist. Solchen Vereinbarungen kommt erhebliche Bedeutung zu, wenn Lohnsteuer vom Finanzamt wegen einer „missglückten" Pauschalierung nachgefordert wird (vgl. das Stichwort „Haftung des Arbeitgebers" unter Nr. 9 Buchstabe c auf Seite 552). Beim Stichwort „Haftung des Arbeitgebers" unter Nr. 9 Buchstabe b auf Seite 552 sind auch die Auswirkungen dargestellt, die sich ergeben, wenn aufgrund von **Schwarzgeldvereinbarungen** Nettolöhne an die Arbeitnehmer gezahlt werden.

Streitigkeiten darüber, ob eine **Nettolohnvereinbarung** vorliegt oder nicht, unterliegen nicht dem Finanzgerichtsweg (BFH-Beschluss vom 29.6.1993, BStBl. II S. 760), sondern sind vor den Arbeitsgerichten auszutragen. Dies gilt auch, wenn bei einer Nettolohnvereinbarung Streitig-

1) Bei einem Arbeitnehmer mit beruflich veranlasster Auswärtstätigkeit wird neben dem Stundenlohn eine Auslöse von täglich 15 € vereinbart, die ausdrücklich als „steuerfrei" bezeichnet wird. Stellt sich nachträglich heraus, dass die Vertragsparteien hinsichtlich der Steuerfreiheit einem Irrtum unterlegen sind, schuldet der Arbeitnehmer mangels einer eindeutigen Nettolohnvereinbarung die Steuerabzugsbeträge. Der Arbeitgeber haftet für diese Steuerbeträge nach den allgemeinen Grundsätzen der Arbeitgeberhaftung (vgl. „Haftung des Arbeitgebers").

Lohn- steuer- pflichtig | Sozial- versich.- pflichtig

keiten über die Höhe des in der Lohnsteuerbescheinigung auszuweisenden Bruttoarbeitslohns bestehen (BFH-Urteil vom 13.12.2007, BStBl. 2008 II S. 434). Ungeachtet dessen hat das Finanzamt im Falle einer Nettolohnvereinbarung die vom Arbeitgeber einzubehaltende Lohnsteuer bei der Einkommensteuer-Veranlagung des Arbeitnehmers so anzurechnen, als ob sie tatsächlich einbehalten und abgeführt worden sei.

2. Nettolohnberechnung für laufenden Arbeitslohn

Steuerpflichtiger Bruttolohn ist bei der Zahlung von Nettolöhnen derjenige Betrag, der nach Abzug der vom Arbeitgeber übernommenen Steuern (Lohnsteuer, Solidaritätszuschlag, Kirchensteuer) und Arbeitnehmeranteile am Gesamtsozialversicherungsbeitrag den ausgezahlten Nettolohn ergibt. Führen zudem mehrere Bruttoarbeitslöhne zum gewünschten Nettolohn, kann der niedrigste Bruttoarbeitslohn zugrunde gelegt werden (R 39b.9 Abs. 1 Satz 5 LStR). Steuerfreie Zuschläge für Sonntags-, Feiertags- oder Nachtarbeit müssen neben dem vereinbarten Nettolohn gezahlt werden (vgl. das Stichwort „Zuschläge für Sonntags-, Feiertags- und Nachtarbeit" unter Nr. 2 Buchstabe d).

Der Bruttoarbeitslohn ist aus dem laufenden Nettolohn mit Hilfe der maßgebenden Abzugstabelle (im Normalfall also die **Monatstabelle**) durch sog. Abtasten zu ermitteln. Nach den Lohnsteuer-Richtlinien sind folgende Beträge erst beim **Bruttoarbeitslohn** zu **berücksichtigen** (R 39b.9 Abs. 1 Satz 4 LStR):

- ein **Freibetrag** (vgl. Anhang 7),
- der **Versorgungsfreibetrag** und der Zuschlag zum Versorgungsfreibetrag (vgl. „Versorgungsbezüge, Versorgungsfreibetrag"),
- der **Altersentlastungsbetrag** (vgl. dieses Stichwort) und
- ein **Hinzurechnungsbetrag** (vgl. „Hinzurechnungsbetrag beim Lohnsteuerabzug").

N

Ein Abzug bzw. Hinzurechnung der Beträge vom bzw. zum Nettoarbeitslohn ist also nicht zulässig. Die bis zum 31.12.2014 in den früheren Lohnsteuer-Richtlinien geltende Vereinfachungsregelung, wonach die Freibeträge für Versorgungsbezüge und der Altersentlastungsbetrag vom Nettolohn abgezogen werden konnten, ist ab dem 1.1.2015 nicht mehr fortgeführt worden. Bei einer maschinellen Nettolohnberechnung stellt dies in der Praxis kein Problem dar. Eine manuelle Nettolohnberechnung durch Abtasten einer gedruckten Lohnsteuertabelle ist allerdings nur noch in den Fällen möglich, in denen keiner der vorstehend erwähnten Beträge zu berücksichtigen ist. Eine solche manuelle Berechnung wird zudem nur anerkannt, wenn sich gegenüber der maschinellen Lohnsteuerberechnung keine Abweichungen ergeben. Geringfügige Abweichungen aufgrund des Lohnstufenabstands in den Lohnsteuertabellen sind allerdings unbeachtlich (R 39b.9 Abs. 3 LStR).

Das „Abtasten" geschieht in der Weise, dass zuerst aus dem Nettolohn und der darauf entfallenden Lohnsteuer eine Summe A gebildet wird, anschließend aus dem Nettolohn und der Lohnsteuer aus der Summe A eine Summe B, dann aus dem Nettolohn und der Lohnsteuer aus der Summe B eine Summe C und so weiter, bis eine Summe erreicht wird, bei der nach Kürzung der auf sie entfallenden Lohnsteuer der Nettolohn verbleibt. Diese zuletzt ermittelte Summe ist der Bruttolohn.

Übernimmt der Arbeitgeber außer der Lohnsteuer auch die Kirchensteuer, den Solidaritätszuschlag und den Arbeitnehmeranteil zu den Sozialversicherungsbeiträgen, sind bei der Ermittlung des Bruttoarbeitslohns auch diese weiteren Abzugsbeträge einzurechnen.

Ein vollständiges Beispiel für die **Nettolohnberechnung bei laufendem Arbeitslohn mit Übernahme der Sozialversicherungsbeiträge** ist als **Anhang 13** auf Seite 1313 abgedruckt.

Die vom Arbeitgeber übernommenen Steuerbeträge und Sozialversicherungsbeiträge gelten für die steuerliche Beurteilung als für Rechnung des Arbeitnehmers gezahlte Beträge. Deshalb sind im **Lohnkonto** und in der elektronischen **Lohnsteuerbescheinigung** als Arbeitslohn nicht der gezahlte Nettolohn, sondern der ermittelte Bruttoarbeitslohn und als einbehaltene Steuerbeträge die vom Arbeitgeber übernommenen Steuerbeträge einzutragen (vgl. die Stichworte „Lohnkonto" und „Lohnsteuerbescheinigung").

3. Nettolohnberechnung bei sonstigen Bezügen

Werden **sonstige Bezüge** (einmalige Zuwendungen) netto gezahlt, gilt Folgendes:

Entsprechend der Berechnung der Lohnsteuer für sonstige Bezüge nach der Jahreslohnsteuertabelle ist auch das sog. Abtasten bei netto gezahlten sonstigen Bezügen nach der **Jahrestabelle** durchzuführen (vgl. das Stichwort „Sonstige Bezüge" unter Nr. 13). Bei der Berechnung der Sozialversicherungsbeiträge ist zu beachten, dass die **anteilige Jahresbeitragsbemessungsgrenze** für den einmaligen Bezug gilt, wenn dieser zusammen mit dem laufenden Monatslohn die Monatsbeitragsbemessungsgrenze übersteigt. Ein zusammenfassendes Beispiel, das **alle diese Besonderheiten** enthält, ist als **Anhang 12** auf Seite 1311 abgedruckt.

Bei der Berechnung der Lohnsteuer für einen sonstigen Bezug, der einem Arbeitnehmer nach einem **Wechsel** von der **unbeschränkten** zur **beschränkten Steuerpflicht** in diesem Kalenderjahr zufließt, ist der während des Zeitraums der unbeschränkten Steuerpflicht gezahlte Arbeitslohn beim Jahresarbeitslohn mit zu berücksichtigen (BFH-Urteil vom 25.8.2009, BStBl. 2010 II S. 150). Das gilt auch bei einer Nettolohnvereinbarung.

Beispiel

Eine Tochtergesellschaft eines japanischen Unternehmens beschäftigt von der Muttergesellschaft nach Deutschland entsandte Arbeitnehmer. Zwischen der Tochtergesellschaft und den Arbeitnehmern besteht eine Nettolohnvereinbarung. Im Jahr 2021 kehrt ein Arbeitnehmer nach Japan zurück. Nach seinem Wegzug erhält er noch im Jahr 2021 eine Bonuszahlung, die auf die in Deutschland geleistete Tätigkeit entfällt.

Der Bundesfinanzhof hat die Auffassung der Finanzverwaltung bestätigt, wonach der Jahresarbeitslohn unter Berücksichtigung des Arbeitslohns des Zeitraums der unbeschränkten Steuerpflicht zu ermitteln ist (BFH-Urteil vom 25.8.2009, BStBl. 2010 II S. 150). Die Finanzverwaltung hat übrigens die Steuerberechnung im Streitfall aus Billigkeitsgründen nach der für den Zeitraum der unbeschränkten Steuerpflicht geltenden Steuerklasse vorgenommen.

Tilgt der Arbeitgeber bei einer Nettolohnvereinbarung eine **Einkommensteuernachzahlung** des Arbeitnehmers für ein vorangegangenes Kalenderjahr, ist der geldwerte Vorteil auf einen **Bruttobetrag hochzurechnen** (BFH-Urteil vom 3.9.2015, BStBl. 2016 II S. 31). ja ja

Übernimmt ein Arbeitgeber im Fall einer Nettolohnvereinbarung in einem Kalenderjahr die vom Arbeitnehmer **nachzuzahlende Einkommensteuer für mindestens zwei Kalenderjahre,** handelt es sich um Arbeitslohn für mehrere Jahre (vgl. dieses Stichwort), der nach der **Fünftelregelung ermäßigt besteuert** werden kann. Demgegenüber handelt es sich bei den vom Arbeitgeber ggf. ebenso übernommenen laufenden Einkommensteuer-Vorauszahlungen des Arbeitnehmers nicht um Arbeitslohn für mehrere Jahre, sodass für diese übernommenen Beträge eine ermäßigte Besteuerung nach der Fünftelregelung ausscheidet. ja ja

Des Weiteren ist in **Anhang 14** auf Seite 1315 eine Nettolohnberechnung für sonstige Bezüge abgedruckt, die nach der **Fünftelregelung** unter Übernahme der **Sozialversicherungsbeiträge** besteuert werden.

Lohn- steuer- pflichtig | Sozial- versich.- pflichtig

4. Sozialversicherung und Nettolohnvereinbarung

a) Allgemeines

Die vom Arbeitgeber übernommene Lohn- und Kirchensteuer sowie der Solidaritätszuschlag und der Arbeitnehmeranteil zur Sozialversicherung sind beitragspflichtiges Entgelt (§ 14 Abs. 2 Satz 1 SGB IV). Zur Ermittlung der gesetzlichen Abzüge und für die Entgeltbescheinigung (Rentenversicherung) muss daher der Bruttoverdienst festgestellt werden. Dies geschieht durch „Abtasten" wie bei der Lohnsteuer. **Dabei sind die Beitragsbemessungsgrenzen zu beachten.**

b) Beschäftigungsverhältnisse im Übergangsbereich nach § 20 Abs. 2 SGB IV

Ist für eine Beschäftigung ein Nettoarbeitsentgelt im Sinne des § 14 Abs. 2 SGB IV vereinbart, ist bei dem für die Prüfung, ob es sich um eine Beschäftigung im Übergangsbereich handelt, zugrunde zu legenden Bruttoarbeitsentgelt nicht die reduzierte Bemessungsgrundlage sondern das tatsächliche Bruttoarbeitsentgelt zu berücksichtigen (vgl. die Erläuterungen beim Stichwort „Übergangsbereich nach § 20 Abs. 2 SGB IV").

c) Jahresarbeitsentgeltgrenze

Für die Ermittlung der Jahresarbeitsentgeltgrenze in der Krankenversicherung gilt Folgendes: Wird bei der Errechnung des Bruttoentgelts die Jahresarbeitsentgeltgrenze (vgl. dieses Stichwort) schon durch Hinzurechnen der Lohn- und Kirchensteuer sowie des Solidaritätszuschlags zum Nettolohn überschritten, tritt Versicherungsfreiheit ein. Wird jedoch der Grenzbetrag nur zusammen mit den Arbeitnehmeranteilen zu den Sozialversicherungsbeiträgen überschritten, bleibt Krankenversicherungspflicht dennoch bestehen, weil die vom Arbeitgeber übernommenen Sozialversicherungsanteile bei der Feststellung der Krankenversicherungspflicht außer Ansatz bleiben.

Vgl. auch die Erläuterungen beim Stichwort „Hypotax-Zahlungen".

Nettolohnoptimierung

Von einer Nettolohnoptimierung spricht man, wenn steuerpflichtige Gehaltsbestandteile in eine steuerfreie oder pauschal besteuerte Zuwendung umgewandelt werden sollen (= Gehaltsumwandlung). Ziel dieser Vorgehensweise ist es, den gleichen Nettolohn wie vor der Umwandlung bei einer geringeren Steuer- und Abgabenlast zu erreichen.

Die Anerkennung einer **Gehaltsumwandlung** setzt nach Auffassung der Finanzverwaltung zunächst einmal voraus, dass die Änderung des Arbeitsvertrags vor Entstehung des Lohnanspruchs zwischen Arbeitnehmer und Arbeitgeber abgeschlossen wird. Eine solche Gehaltsumwandlung ist zudem nicht möglich, wenn die steuerfreie oder pauschal besteuerte Zuwendung zusätzlich zum ohnehin geschuldeten Arbeitslohn erbracht werden muss. Sie wird folglich nur dann anerkannt, wenn die steuerfreie oder pauschal besteuerte Zuwendung ohne diese Zusätzlichkeitsvoraussetzung erbracht werden kann. Auch eine Gehaltsumwandlung zugunsten von Leistungen im ganz überwiegenden eigenbetrieblichen Interesse des Arbeitgebers ist nach Auffassung der Finanzverwaltung nicht möglich.

Bei den nachfolgend aufgeführten Sachverhalten ist eine Umwandlung von steuerpflichtigen Gehaltsbestandteilen in steuerfreie oder pauschal besteuerte Zuwendungen mit Wirkung für die Zukunft **möglich:**

- Umwandlung von Barlohn in Sachbezüge (insbesondere zugunsten der Gestellung eines Firmenwagens oder Elektro-Bikes),
- Umwandlung von Barlohn in Sachlohn zur Inanspruchnahme der 44-Euro-Freigrenze (ausgenommen hiervon sind Gutscheine und Geldkarten),
- Umwandlung von Barlohn zugunsten der steuerfreien Gestellung von Telekommunikations- und Datenverarbeitungsgeräten,
- Umwandlung von Barlohn in Essenmarken oder sog. Restaurantschecks,
- Umwandlung von Barlohn zugunsten von mit 25 % pauschal besteuerten Arbeitgeberleistungen (Barzuschüsse und Sachleistungen) für Fahrtkosten,
- Umwandlung von Barlohn zugunsten von mit 25% pauschal besteuerten Erholungsbeihilfen,
- Umwandlung von Barlohn in einen pauschalen Auslagenersatz.

Eine Umwandlung von steuerpflichtigen Gehaltsbestandteilen in eine steuerfreie oder pauschal besteuerte Zuwendung ist hingegen **nicht möglich,** wenn die begünstigte Leistung zusätzlich zum ohnehin geschuldeten Arbeitslohn erbracht werden muss. Somit kommt eine Gehaltsumwandlung wegen des Zusätzlichkeitserfordernisses z. B. nicht in Betracht:

- zugunsten von steuerfreien Fahrtkostenzuschüssen (§ 3 Nr. 15 EStG),
- zugunsten von steuerfreien Kindergartenzuschüssen (§ 3 Nr. 33 EStG),
- zugunsten von steuerfreier Gesundheitsförderung (§ 3 Nr. 34 EStG),
- zugunsten von steuerfreien Fürsorgeleistungen (§ 3 Nr. 34a EStG),
- zugunsten einer steuerfreien Fahrradgestellung (§ 3 Nr. 37 EStG),
- zugunsten steuerfreier Leistungen für das Aufladen von Elektrofahrzeugen (§ 3 Nr. 46 EStG),
- zugunsten von pauschal mit 15% besteuerten Fahrtkostenzuschüssen (§ 40 Abs. 2 Satz 2 Nr. 1 Buchstabe b EStG),
- zugunsten von pauschal mit 25% besteuerten Zuschüssen zur Internetnutzung (§ 40 Abs. 2 Satz 1 Nr. 5 EStG),
- zugunsten der mit 25 % besteuerten Übereignung von Ladevorrichtungen sowie entsprechender Arbeitgeberzuschüsse für Elektrofahrzeuge (§ 40 Abs 2 Satz 1 Nr. 6 EStG),
- zugunsten von der mit 25 % besteuerten Übereignung eines Fahrrads (§ 40 Abs. 2 Satz 1 Nr. 7 EStG),
- zugunsten von Leistungen im ganz überwiegend eigenbetrieblichen Interesse des Arbeitgebers (z. B. Parkplatzgestellung).

Bei den vorstehenden Sachverhalten ist aber zu beachten, dass die Zusätzlichkeitsvoraussetzung teilweise erfüllt ist, wenn die vereinbarte Leistung des Arbeitgebers höher ist als der umgewandelte Betrag.

Beispiel

Der Arbeitgeber vereinbart mit seinem Arbeitnehmer eine Herabsetzung des Arbeitslohns von 2100 € auf 1900 €. Im Gegenzug erbringt der Arbeitgeber Leistungen im Wert von 300 € monatlich zur Unterbringung und Betreuung des nicht schulpflichtigen Kindes des Arbeitnehmers in einem Kindergarten.

Der Arbeitgeber erbringt lediglich zusätzliche Leistungen in Form von steuerfreien Kindergartenzuschüssen in Höhe von 100 €; dieser Betrag von 100 € ist steuerfrei. Hinsichtlich des Mehrbetrages von 200 € (300 € abzüglich 100 €) liegt eine schädliche Gehaltsumwandlung vor. Der steuer- und beitragspflichtige Arbeitslohn beträgt daher nach wie vor 2100 €.

Beim Stichwort „Gehaltsumwandlung" ist zudem unter Nr. 4 eine Übersicht abgedruckt, in welchen Fällen bei Änderung des Arbeitsvertrags eine Gehaltsumwandlung ohne Weiteres möglich bzw. wegen der Zusätzlichkeitsvoraussetzung nicht möglich ist. Zur sozialversicherungs-

N

Lohn-steuer-pflichtig Sozial-versich.-pflichtig

rechtlichen Behandlung vgl. das Stichwort „Gehaltsumwandlung“ unter Nr. 2 Buchstabe b.

Im Jahressteuergesetz 2020 ist die **Zusätzlichkeitsvoraussetzung** rückwirkend zum 1.1.2020 **gesetzlich** geregelt worden (§ 8 Abs. 4 EStG). Im Sinne des Einkommensteuergesetzes werden Leistungen (Sachbezüge oder Zuschüsse) des Arbeitgebers oder auf seine Veranlassung eines Dritten **nur dann** zusätzlich zum ohnehin geschuldeten Arbeitslohn erbracht, **wenn**

- die Leistung nicht auf den Anspruch auf Arbeitslohn angerechnet,
- der Anspruch auf Arbeitslohn nicht zugunsten der Leistung herabgesetzt,
- die verwendungs- oder zweckgebundene Leistung nicht anstelle einer bereits vereinbarten künftigen Erhöhung des Arbeitslohns gewährt und
- bei Wegfall der Leistung der Arbeitslohn nicht (automatisch) erhöht

wird. Dies gilt unabhängig davon, ob der Arbeitslohn tarifgebunden ist oder nicht. Von einer zusätzlich zum ohnehin geschuldeten Arbeitslohn erbrachten Leistung ist aber auch dann auszugehen, wenn die zusätzliche Leistung einzelvertraglich oder durch Betriebsvereinbarung, Tarifvertrag oder durch Besoldungsgesetz festgelegt worden ist.

Durch diese Gesetzesänderung ist die gegenteilige Rechtsprechung des Bundesfinanzhofs (BFH-Urteil vom 1.8.2019, BStBl. 2020 II S. 106), wonach eine Gehaltsumwandlung zur Erfüllung des Zusätzlichkeitskriteriums bis zum Zeitpunkt der Lohnzahlung möglich sei, überholt. Im Vorgriff auf eine Gesetzesänderung hatte die Finanzverwaltung bereits einen Nichtanwendungserlass herausgegeben, sodass die vorstehend erwähnte Rechtsprechung des Bundesfinanzhofs über die entschiedenen Einzelfälle hinaus nicht anzuwenden ist.[1)]

Neujahrsgeschenke

N

siehe „Weihnachtsgeld“

Nichtraucherprämien

Bei der Nichtraucherprämie handelt es sich um eine persönliche Zulage, die zum steuer- und beitragspflichtigen Arbeitslohn gehört. ja ja

Siehe auch das Stichwort „Gesundheitsförderung“.

Nichtvorlage der Lohnsteuerabzugsmerkmale

Gliederung:

1. Allgemeines

Der Arbeitgeber ist grundsätzlich verpflichtet, den Lohnsteuerabzug nach den individuellen Lohnsteuerabzugsmerkmalen des jeweiligen Arbeitnehmers durchzuführen. Er hat daher grundsätzlich für jeden Arbeitnehmer die elektronischen Lohnsteuerabzugsmerkmale (ELStAM; vgl. dieses Stichwort) abzurufen; zu einer Lohnsteuerabzugsbescheinigung in Papierform vgl. das Stichwort „Lohnsteuerabzugsbescheinigung“. Eine Ausnahme besteht für die Fälle, in denen die Lohnsteuer **pauschal** berechnet werden kann (vgl. „Pauschalierung der Lohnsteuer bei Aushilfskräften und Teilzeitbeschäftigten“) oder in dem Ausnahmefall, dass ein **Dritter** zum Lohnsteuerabzug verpflichtet ist (vgl. die Erläuterungen unter der nachfolgenden Nr. 6).

Sind dem Arbeitgeber die individuellen Lohnsteuerabzugsmerkmale des Arbeitnehmers durch dessen **Verschulden** nicht bekannt und kommt eine Pauschalbesteuerung nicht in Betracht, muss der Arbeitgeber die Lohnsteuer nach der ungünstigen **Steuerklasse VI** einbehalten (§ 39c Abs. 1 EStG; vgl. nachfolgende Nrn. 2 und 3).

Auswirkung:

Arbeitslohn 2800 € monatlich	
Steuerklasse III/0, Lohnsteuer	106,83 €
Steuerklasse VI, Lohnsteuer	681,83 €
Differenz monatlich	575,– €

Der Arbeitgeber hat die Lohnsteuer ohne Rücksicht auf den tatsächlichen Familienstand des Arbeitnehmers so lange unter Anwendung der Steuerklasse VI zu berechnen und einzubehalten, bis ihm die individuellen Lohnsteuerabzugsmerkmale des Arbeitnehmers vorliegen. Der Arbeitnehmer wird dadurch im Ergebnis so besteuert, als ob er in einem zweiten Dienstverhältnis stünde, d. h. seine Lohnsteuerabzugsmerkmale einem anderen Arbeitgeber vorliegen würden.

Für die **Einbehaltung** der **Kirchensteuer** gilt Folgendes:

Aus der Nichtvorlage der Lohnsteuerabzugsmerkmale kann der Arbeitgeber nicht ohne Weiteres schließen, dass der Arbeitnehmer keiner kirchensteuererhebenden Religionsgemeinschaft angehört. Der **Arbeitgeber** ist deshalb auch bei einer Nichtvorlage der Lohnsteuerabzugsmerkmale zur Einbehaltung der Kirchensteuer **verpflichtet.** Er darf hiervon nur dann absehen, wenn ihm der Arbeitnehmer schriftlich erklärt, dass er keiner kirchensteuererhebenden Religionsgemeinschaft angehört. Die für eine Pauschalierung der Kirchensteuer bei konfessionslosen Arbeitnehmern entwickelten Grundsätze betreffend den Nachweis, dass der Arbeitnehmer nicht kirchensteuerpflichtig ist, gelten bei der Nichtvorlage der Lohnsteuerabzugsmerkmale entsprechend (vgl. das Stichwort „Kirchensteuer“ unter Nr. 10 Buchstabe d).

2. Schuldhafte Nichtvorlage der Lohnsteuerabzugsmerkmale

Liegen dem Arbeitgeber die individuellen Lohnsteuerabzugsmerkmale des Arbeitnehmers nicht vor, hat er die Lohnsteuererhebung nach der **Steuerklasse VI** durchzuführen (vgl. aber nachfolgende Ausführungen sowie Nr. 3). Die Ermittlung der Lohnsteuer nach der Steuerklasse VI wegen Nichtvorlage der Lohnsteuerabzugsmerkmale setzt jedoch ein schuldhaftes Verhalten **(Vorsatz oder Fahrlässigkeit)** des Arbeitnehmers voraus.

Im elektronischen **ELStAM-Verfahren** kommt ein Lohnsteuerabzug nach der Steuerklasse VI wegen Nichtvorlage der Lohnsteuerabzugsmerkmale insbesondere dann in Betracht, wenn der Arbeitnehmer

- seinem Arbeitgeber bei Beginn des Dienstverhältnisses die zum Abruf der ELStAM erforderliche steuerliche **Identifikationsnummer und** das **Geburtsdatum schuldhaft nicht mitteilt,**

1) BMF-Schreiben vom 5.2.2020 (BStBl. I S. 222). Das BMF-Schreiben ist als Anlage 6 zu H 8.1 (1–4) im **Steuerhandbuch für das Lohnbüro 2021** abgedruckt, das im selben Verlag erschienen ist.

Lohn-steuer-pflichtig Sozial-versich.-pflichtig

- eine Übermittlung der ELStAM an den **Arbeitgeber gesperrt** hat (§ 39e Abs. 6 Satz 6 Nr. 1 i. V. m. Satz 8 EStG) oder
- beim Finanzamt beantragt hat, für ihn keine ELStAM zu bilden oder die gebildeten ELStAM nicht bereitzustellen (sog. **Vollsperrung;** § 39e Abs. 6 Satz 6 Nr. 2 i. V. m. Satz 8 EStG).

3. Lohnsteuerabzug bei unverschuldeter Nichtvorlage der Lohnsteuerabzugsmerkmale

Im elektronischen **ELStAM-Verfahren** hat der Arbeitgeber in den folgenden Fällen für die Lohnsteuerberechnung die **voraussichtlichen Lohnsteuerabzugsmerkmale** (Steuerklasse, Zahl der Kinderfreibeträge und Religionszugehörigkeit) längstens für die Dauer von **drei Kalendermonaten** zugrunde zu legen (§ 39c Abs. 1 Satz 2 EStG), wenn

- ein Abruf der ELStAM wegen **technischer Störungen** nicht möglich ist; als Störungen in diesem Sinne kommen insbesondere technische Schwierigkeiten des Arbeitgebers bei Anforderung und Abruf, Bereitstellung oder Übermittlung der ELStAM in Betracht[1] oder
- der Arbeitnehmer die **fehlende** Mitteilung über die ihm zuzuteilende **Identifikationsnummer nicht zu vertreten** hat.

Aufgrund dieser Ausnahmeregelungen kann der Arbeitgeber im ELStAM-Verfahren den Lohnsteuerabzug für die Dauer von **längstens drei Monaten** nach den ihm **bekannten persönlichen Besteuerungsmerkmalen** des Arbeitnehmers durchführen (Steuerklasse, Zahl der Kinderfreibeträge und Religionszugehörigkeit). Erhält der Arbeitgeber die (elektronischen) Lohnsteuerabzugsmerkmale vor Ablauf der drei Monate, hat er die Lohnsteuerermittlungen für die vorangegangenen Kalendermonate zu überprüfen und erforderlichenfalls zu ändern (§ 39c Abs. 1 Satz 4 EStG). Die zu wenig oder zu viel einbehaltene Lohnsteuer ist bei der nächsten Lohnabrechnung auszugleichen (vgl. auch „Änderung des Lohnsteuerabzugs").

Es kann nicht ausgeschlossen werden, dass dem Arbeitgeber für Arbeitnehmer in den folgenden Fällen fehlerhafte elektronische Lohnsteuerabzugsmerkmale zur Verfügung gestellt werden:[1]

- aufgrund einer unvollständigen Datenlieferung der Gemeinden entfällt die Ehegattenverknüpfung und die Finanzverwaltung teilt dem Arbeitgeber **rückwirkend** eine **fehlerhafte Steuerklasse** mit (z. B. Steuerklasse I statt der bisherigen Steuerklasse III) oder
- durch einen Fehler eines weiteren Arbeitgebers des Arbeitnehmers, der sich unzutreffender Weise als Hauptarbeitgeber anmeldet, wird dem Arbeitgeber des ersten Dienstverhältnisses **zu Unrecht die Steuerklasse VI** mitgeteilt.

Nach der bundesweit abgestimmten Auffassung der Finanzverwaltung kann der Arbeitgeber auch dann für die **Dauer von längstens drei Monaten die voraussichtlichen Lohnsteuerabzugsmerkmale** des Arbeitnehmers anwenden, wenn ohne Änderung der persönlichen Verhältnisse des Arbeitnehmers und ohne dessen Zutun dem Arbeitgeber unzutreffende elektronische Lohnsteuerabzugsmerkmale bereitgestellt werden, die zu einem unzutreffenden Lohnsteuerabzug führen. Die gesetzliche Regelung des § 39c Abs. 1 Satz 2 EStG wird weit und praxisorientiert ausgelegt, **auch wenn** in den Fällen der Bereitstellung unzutreffender elektronischer Lohnsteuerabzugsmerkmale **keine „technische Störung" im engeren Sinne** vorliegt. Der Arbeitnehmer muss dem Arbeitgeber also in diesen Fällen nicht zwingend eine vom Finanzamt ausgestellte „Papierbescheinigung" für den Lohnsteuerabzug vorlegen (vgl. zu dieser Möglichkeit das Stichwort „Lohnsteuerabzugsbescheinigung" unter Nr. 5).

Lohn-steuer-pflichtig Sozial-versich.-pflichtig

Hat der Arbeitnehmer **nach Ablauf der drei Monate** die Identifikationsnummer sowie den Tag seiner Geburt nicht mitgeteilt oder ersatzweise die Bescheinigung für den Lohnsteuerabzug nicht vorgelegt (vgl. das Stichwort „Lohnsteuerabzugsbescheinigung" unter Nr. 2), ist **rückwirkend** die Besteuerung nach der **Steuerklasse VI** durchzuführen und die Lohnsteuerermittlungen für die ersten drei Monate sind zu korrigieren. Erhält der Arbeitgeber in diesen Fällen die ELStAM oder ersatzweise die Bescheinigung für den Lohnsteuerabzug nach Ablauf der Dreimonatsfrist, ist eine erneute Änderung des Lohnsteuerabzugs nur bei Vorliegen der gesetzlichen Voraussetzungen (vgl. § 41c Abs. 1 Satz 1 Nr. 1 EStG; siehe hierzu das Stichwort „Änderung des Lohnsteuerabzugs") möglich.

Zur schuldhaften bzw. unverschuldeten Nichtvorlage der Lohnsteuerabzugsmerkmale in den Fällen, in denen noch eine Lohnsteuerabzugsbescheinigung vorzulegen ist, sowie den hierfür geltenden zeitlichen Voraussetzungen vgl. das Stichwort „Lohnsteuerabzugsbescheinigung".

4. Haftung des Arbeitgebers

Es steht nicht im Ermessen des Arbeitgebers, ob er die erhöhte Lohnsteuer nach Steuerklasse VI erheben will oder nicht, sondern er ist beim Vorliegen der Voraussetzungen (schuldhafte Nichtvorlage der Lohnsteuerabzugsmerkmale) dazu verpflichtet. Kommt er dieser Verpflichtung nicht nach, kann er vom Finanzamt auch für die erhöhte Lohnsteuer in Haftung genommen werden. Dies gilt auch, wenn das Kalenderjahr, für das keine individuellen Lohnsteuerabzugsmerkmale bekannt sind, bereits abgelaufen ist (BFH-Urteil vom 12.1.2001, BStBl. 2003 II S. 151). Vgl. auch „Haftung des Arbeitgebers" unter Nr. 11 Buchstabe a auf Seite 553.

5. Aufzeichnungs- und Bescheinigungspflichten

Den **Zeitraum,** für den wegen **schuldhafter Nichtvorlage** die Lohnsteuer nach Steuerklasse VI einbehalten wurde, ist im **Lohnkonto festzuhalten.**

6. Lohnsteuerabzug durch einen Dritten

Ist ein Dritter zum Lohnsteuerabzug verpflichtet, weil er tarifvertragliche Ansprüche eines Arbeitnehmers eines anderen Arbeitgebers unmittelbar in Geld zu erfüllen hat (§ 38 Abs. 3a Satz 1 EStG), kann der Dritte die Lohnsteuer für einen sonstigen Bezug nach § 39c Abs. 3 EStG mit 20 % unabhängig von den individuellen Lohnsteuerabzugsmerkmalen ermitteln. Es handelt sich dabei nicht um eine pauschale Lohnsteuer im Sinne der §§ 40, 40a oder 40b EStG. Schuldner der Lohnsteuer bleibt auch in diesem Fall der Arbeitnehmer. Der versteuerte Arbeitslohn ist im Rahmen einer Einkommensteuer-Veranlagung des Arbeitnehmers zu erfassen und die **pauschal erhobene Lohnsteuer auf die Einkommensteuerschuld anzurechnen.** Der Dritte hat daher dem Arbeitnehmer einen Ausdruck der elektronischen Lohnsteuerbescheinigung auszuhändigen oder eine Besondere Lohnsteuerbescheinigung auszustellen (vgl. dieses Stichwort) und dort den Arbeitslohn sowie die einbehaltene Lohnsteuer zu bescheinigen (§ 41b EStG). Auf die ausführlichen Erläuterungen beim Stichwort „Lohnsteuerabzug durch einen Dritten" unter Nr. 2 wird Bezug genommen.

Notstandsbeihilfen

siehe „Unterstützungen"

N

1) Bei Abruf einer unzutreffenden ELStAM z. B. wegen fehlerhafter Meldedaten ist vorrangig eine Lohnsteuerabzugsbescheinigung auszustellen (vgl. das Stichwort „Lohnsteuerabzugsbescheinigung" unter Nr. 5).

Lohn- steuer- pflichtig | Sozial- versich.- pflichtig

Öffentliche Kassen

Der Begriff ist im Lohnsteuerrecht deshalb von Bedeutung, weil er bei der **Steuerfreiheit verschiedener Arbeitgeberleistungen** eine Rolle spielt (z. B. bei Reisekostenvergütungen, Trennungsgeldern, Umzugskostenvergütungen sowie Unterstützungen und Beihilfen). Voraussetzung für die Steuerfreiheit dieser Vergütungen ist unter anderem, dass die Zahlung aus einer öffentlichen Kasse erfolgt. Die Zahlung aus einer öffentlichen Kasse ist außerdem eine der Voraussetzungen, die für die Steuerfreiheit von Aufwandsentschädigungen gefordert werden. Des Weiteren ist zu beachten, dass der Auslandstätigkeitserlass nicht anzuwenden ist, wenn der Arbeitslohn aus inländischen öffentlichen Kassen gezahlt wird (vgl. das Stichwort „Auslandstätigkeit, Auslandstätigkeitserlass" unter Nr. 5 Buchstabe b).

Öffentliche Kassen sind zum einen die Kassen der **juristischen Person des öffentlichen Rechts.** Hierzu gehören neben den Kassen des Bundes und der Länder, die Kassen der Gemeinden, Gemeindeverbände, der öffentlich-rechtlichen Religionsgemeinschaften, des Bundeseisenbahnvermögens, der Deutschen Bundesbank, der Ortskrankenkassen, Landwirtschaftliche Krankenkassen, Innungskrankenkassen, Ersatzkassen, Berufsgenossenschaften, Gemeindeunfallversicherungsverbände, der öffentlich-rechtlichen Sparkassen, der öffentlich-rechtlichen Rundfunkanstalten und der Deutschen Rentenversicherung (Bund, Knappschaft-Bahn-See, Regionalträger) sowie die Unterstützungskassen der Postunternehmen einschließlich deren Nachfolgeunternehmen. Auch andere Kassen sind öffentliche Kassen, sofern sie einer Dienstaufsicht und Prüfung der Finanzgebarung durch die öffentliche Hand unterliegen (BFH-Urteil vom 7.8.1986, BStBl. II S. 848); z. B. der Nachprüfung durch den Prüfungsverband öffentlicher Kassen oder einem kommunalen Prüfungsverband.

Daneben sind auch Kassen von inländischen **juristischen Personen des Privatrechts** und sonstigen inländischen öffentlich-rechtlichen oder privatrechtlichen Institutionen inländische öffentliche Kassen, wenn die juristische Person des Privatrechts oder die Institution überwiegend (d.h. zu mehr als 50 %) aus inländischen (öffentlichen) Haushaltsmitteln finanziert wird. Weitere Voraussetzung ist, dass

O

- der Bund und/oder ein Land oder mehrere Länder (unmittelbar oder mittelbar) an der juristischen Person des Privatrechts oder der Institution mehrheitlich beteiligt sind oder
- bei mitgliedschaftlich organisierten Institutionen der Bund, die Länder oder andere inländische juristische Personen des öffentlichen Rechts satzungsgemäß als ordentliche Mitglieder maßgeblichen Einfluss auf die Institution ausüben.

Hiernach fallen z. B. die Deutsche Gesellschaft für Internationale Zusammenarbeit (GIZ) GmbH, der Deutsche Akademische Auslandsdienst e. V. (DAAD) und das Goethe-Institut e. V. unter den Begriff der inländischen öffentlichen Kasse.

Politische Stiftungen (auch parteinahe Stiftungen genannt) sind keine öffentliche Kassen in diesem Sinne, da sie bei der Durchführung ihrer Projekte im Ausland keiner staatlichen Einflussnahme unterliegen.

Optionen

siehe „Aktienoptionen"

Ordensangehörige

Zwischen dem Ordensangehörigen und dem Orden besteht kein Dienstverhältnis im steuerlichen Sinne (BFH-Urteil vom 30.7.1965, BStBl. III S. 525). Das gilt auch dann, wenn das Ordensmitglied in einem wirtschaftlichen Geschäftsbetrieb des Ordens tätig ist.

Lohn- steuer- pflichtig | Sozial- versich.- pflichtig

Nach dem BFH-Urteil vom 11.5.1962 (BStBl. III S. 310) ist auch ein Dienstverhältnis zwischen dem Ordensangehörigen und dem außerhalb des Ordens stehenden Auftraggeber (Schule, Krankenanstalt, Kirchengemeinde) jedenfalls dann nicht anzunehmen, wenn der Orden nicht ein bestimmtes Mitglied abzustellen hat und die Beteiligten bürgerlich-rechtliche Beziehungen zwischen dem Auftraggeber (Arbeitgeber) und dem Ordensangehörigen nicht begründen wollten und tatsächlich nicht begründet haben. Die von den Beteiligten bürgerlich-rechtlich ernsthaft vereinbarte und durchgeführte Regelung ihrer beiderseitigen Beziehungen ist grundsätzlich auch für die steuerliche Beurteilung maßgebend.[1] Ein Ordensangehöriger wird deshalb nur dann als **Arbeitnehmer** angesehen, wenn der Orden zur Erledigung der Arbeiten einen bestimmten Ordensangehörigen zur Verfügung stellt und entweder der Ordensangehörige selbst oder für diesen der Orden ausdrücklich einen Dienstvertrag abschließt. Außerdem ist von einem Dienstverhältnis auszugehen, wenn ein Ordensangehöriger formell in ein Beamtenverhältnis (z. B. als Hochschullehrer) berufen wird.

In allen anderen Fällen werden steuerlich nur Rechtsbeziehungen zwischen Orden und dem Auftraggeber angenommen, aufgrund deren sich der Orden verpflichtet, bestimmte Leistungen (Unterrichtserteilung, Krankenpflege usw.) für den Auftraggeber zu bewirken oder für diese Zwecke Arbeitskräfte zur Verfügung zu stellen (Gestellungsverträge). In diesen Fällen liegt jedoch keine Überlassung von Arbeitnehmern im Sinne des Arbeitnehmerüberlassungsgesetzes vor.

Nach § 6 Abs. 1 Nr. 7 SGB V sind satzungsmäßige Mitglieder geistlicher Genossenschaften, Diakonissen und ähnliche Personen **krankenversicherungsfrei,** wenn sie sich aus überwiegend religiösen oder sittlichen Beweggründen mit Krankenpflege, Unterricht oder anderen gemeinnützigen Tätigkeiten beschäftigen und nicht mehr als freien Unterhalt oder ein geringes Arbeitsentgelt beziehen, das nur zur Beschaffung der unmittelbaren Lebensbedürfnisse an Wohnung, Verpflegung, Kleidung und dergleichen ausreicht. In der **Arbeitslosenversicherung** besteht **Versicherungsfreiheit** nach § 27 Abs. 1 Nr. 4 SGB III. In der **Rentenversicherung** besteht ebenfalls **Versicherungsfreiheit** (§ 5 Abs. 1 Satz 1 Nr. 3 SGB VI), wenn nach den Regeln der Gemeinschaft eine Anwartschaft auf die in der Gemeinschaft übliche Versorgung bei verminderter Erwerbsfähigkeit und im Alter gewährleistet und die Erfüllung dieser Gewährleistung gesichert ist.

Wenn auch die Vorschrift des § 6 Abs. 1 Nr. 7 SGB V entweder nur freien Unterhalt oder nur ein geringes Arbeitsentgelt zulässt, wird Versicherungsfreiheit auch dann noch anerkannt, wenn neben dem freien Unterhalt ein geringfügiges Taschengeld gezahlt wird; als geringfügig gilt dabei ein Betrag bis zu einem Einundzwanzigstel der monatlichen Bezugsgröße. Ein Einundzwanzigstel der monatlichen Bezugsgröße beträgt im Jahr 2021 156,67 €.

Organisten

Nebenberuflich tätige Organisten in Kirchen sind für die Beantwortung der Frage, ob sie ihre Tätigkeit selbstständig oder nichtselbstständig ausüben wie nebenberufliche Lehrkräfte zu behandeln (vgl. das Stichwort „Nebentätigkeit für gemeinnützige Organisationen" unter Nr. 6 Buchstabe a auf Seite 716). Hiernach wird ihre Tätigkeit grund-

1) Bundeseinheitliche Regelung. Für Bayern bekannt gegeben mit Schreiben des Bayer. Staatsministeriums der Finanzen vom 18.3.1963 (Az.: S 2220 – 27/22 – 12 351). Das Schreiben ist als Anlage 3 zu H 19.0 LStR im **Steuerhandbuch für das Lohnbüro 2021** abgedruckt, das im selben Verlag erschienen ist

Lohn-steuer-pflichtig	Sozial-versich.-pflichtig

sätzlich als selbstständige Tätigkeit angesehen, es sei denn, dass im Einzelfall ein festes Beschäftigungsverhältnis zu einer Kirchengemeinde, einem Orden usw. vorliegt. Bei fester Beschäftigung besteht ggf. die Möglichkeit einer Pauschalierung der Lohnsteuer (vgl. „Pauschalierung der Lohnsteuer bei Aushilfskräften und Teilzeitbeschäftigten").

Nebenberuflich tätige Organisten können den Freibetrag für eine künstlerische Tätigkeit in Höhe von **3000 €** jährlich beanspruchen, vgl. „Nebentätigkeit für gemeinnützige Organisationen".

Organspende

Durch das Gesetz zur Änderung des Transplantationsgesetzes wurden ab 1.8.2012 Regelungen zur Verbesserung der sozialen Sicherung von Organ- oder Gewebespendern geschaffen. Grundgedanke dabei war, dass der Spender keine Nachteile hinsichtlich seiner wirtschaftlichen und sozialen Absicherung haben soll. Wesentliche Auswirkung für den Personal- und Lohnabrechnungsbereich ist, dass der Organspender bei Arbeitsunfähigkeit infolge einer Organ- oder Gewebespende einen Anspruch auf Entgeltfortzahlung nach dem Entgeltfortzahlungsgesetz gegenüber seinem Arbeitgeber bis zur Dauer von sechs Wochen hat (vgl. § 3a Abs. 1 EntgFG). Der Arbeitgeber hat wiederum nach § 3a Abs. 2 EntgFG einen Anspruch auf Erstattung des fortgezahlten Entgelts für diesen Zeitraum gegenüber der Krankenkasse bzw. gegenüber dem privaten Krankenversicherungsunternehmen des Organ- bzw. Gewebeempfängers. Im Rahmen dieses Erstattungsverfahrens hat die Krankenkasse des Empfängers auch die auf das fortgezahlte Entgelt entfallenen und vom Arbeitgeber getragenen Beiträge zur Sozialversicherung sowie zur betrieblichen Altersversorgung zu erstatten.

Für diese Erstattung wird keine eigene oder gesonderte Umlage erhoben. Die Erstattung findet auch außerhalb des bekannten (maschinellen) Erstattungsverfahrens nach dem Aufwendungsausgleichsgesetz (AAG) statt. Anträge können deshalb formlos, in der Regel schriftlich bei der Krankenkasse des Organempfängers gestellt werden.

Während der Entgeltfortzahlung bleibt das versicherungspflichtige Beschäftigungsverhältnis des Organspenders erhalten. Auch bestehende andere Versicherungen (z. B. eine freiwillige Versicherung) bleiben durch die durch die Organspende begründete Arbeitsunterbrechung grds. unberührt. Sofern es nach Ablauf der Entgeltfortzahlung zu einer Krankengeldzahlung kommt, bleibt die Mitgliedschaft versicherungspflichtiger Arbeitnehmer, aber auch von privat Krankenversicherten, ebenfalls erhalten.

Während der Zeit des Krankengeldbezuges besteht im Regelfall Versicherungspflicht zur Pflege-, Renten- und Arbeitslosenversicherung. Hier hat die Krankenkasse bzw. das Krankenversicherungsunternehmen, die bzw. welches das Krankengeld bezahlt, die Versicherungspflicht in den einzelnen Versicherungszweigen zu prüfen und ggf. entsprechende Beiträge zu bezahlen und nachzuweisen. Ggf. sind durch die Krankenkassen auch Meldungen zu erstellen (z. B. über den Krankengeldbezug an den Rentenversicherungsträger). Für den Arbeitgeber ergeben sich i. d. R. die üblichen Meldepflichten (z. B. Unterbrechungsmeldung nach Ablauf eines Kalendermonats nach dem Ende der Entgeltfortzahlung) wie bei anderen Krankengeldbeziehern auch.

Ortszuschlag

	Lohnsteuerpflichtig	Sozialversich.-pflichtig
Der Ortszuschlag ist steuer- und beitragspflichtig.	ja	ja

Lohn-steuer-pflichtig	Sozial-versich.-pflichtig

Outplacement-Beratung

Neues auf einen Blick:

Seit 1.1.2019 sind Weiterbildungsleistungen des Arbeitgebers für Maßnahmen nach § 82 Abs. 1 und 2 SGB III sowie Weiterbildungsleistungen des Arbeitgebers, die der Verbesserung der Beschäftigungsfähigkeit des Arbeitnehmers dienen, steuer- und sozialversicherungsfrei (§ 3 Nr. 19 EStG).

Durch das Jahressteuergesetz 2020 sind mit rückwirkender Wirkung **ab 1.1.2020** auch Beratungsleistungen des Arbeitgebers oder auf dessen Veranlassung von einem Dritten zur beruflichen Neuorientierung bei Beendigung des Arbeitsverhältnisses **steuerfrei** gestellt worden. Zu diesen Beratungsleistungen zur beruflichen Neuorientierung gehören sowohl die sog. **Outplacement-Beratung** als auch die Newplacement-Beratung.

1. Allgemeines

Unter Outplacement-Beratung versteht man eine Beratung zur beruflichen Neuorientierung. Verschiedene Arbeitgeber verpflichten im Zusammenhang mit der Entlassung von Arbeitnehmern sog. Outplacement-Beratungsunternehmen, um ihre aus dem Dienstverhältnis ausscheidenden Arbeitnehmer durch individuelle Betreuung, fachliche Beratung und organisatorische Unterstützung bei der Suche nach einem neuen Arbeitsplatz zu unterstützen. Die Beratung kann – wenn mehrere Arbeitnehmer eines Arbeitgebers betroffen sind – auch als Gruppenberatung stattfinden. Die **Art und Weise,** in der Outplacement-Beratung betrieben wird, ist **sehr unterschiedlich.** Teilweise werden Lehrgänge innerhalb der Arbeitszeit und vor Aufhebung des Dienstverhältnisses durchgeführt, teilweise erstreckt sich die Beratung auch über den Auflösungszeitpunkt hinaus und kann in der gezielten Beratung einzelner Arbeitnehmer und der Zurverfügungstellung von Bürokapazitäten für die Zeit nach Beendigung des Dienstverhältnisses bestehen.

2. Zufluss von Arbeitslohn

Übernimmt der Arbeitgeber die Aufwendungen für die Beratung ausscheidender Arbeitnehmer durch ein Outplacement-Unternehmen, liegt **Arbeitslohn** vor, da die Beratung nicht im ganz überwiegenden eigenbetrieblichen Interesse erfolgt. Denn das Interesse des Arbeitgebers beschränkt sich bei ausscheidenden Arbeitnehmern im Regelfall auf die sozialverträgliche Beendigung des Arbeitsverhältnisses, wohingegen die Beratung selbst auf die Interessen des einzelnen Arbeitnehmers und speziell dessen künftige berufliche Entwicklung zugeschnitten ist.

3. Steuerfreistellung der Outplacement-Beratung ab 1.1.2020

Seit 1.1.2019 sind Weiterbildungsleistungen des Arbeitgebers für Maßnahmen nach § 82 Abs. 1 und 2 SGB III sowie Weiterbildungsleistungen des Arbeitgebers, die der Verbesserung der Beschäftigungsfähigkeit des Arbeitnehmers dienen, steuer- und sozialversicherungsfrei (§ 3 Nr. 19 EStG). Durch das Jahressteuergesetz 2020 sind mit rückwirkender Wirkung ab 1.1.2020 auch Beratungsleistungen des Arbeitgebers oder auf dessen Veranlassung von einem Dritten zur beruflichen Neuorientierung bei Beendigung des Arbeitsverhältnisses steuerfrei gestellt worden. Zu diesen Beratungsleistungen zur beruflichen Neuorientierung gehören sowohl die sog. Outplacement-Beratung als auch die Newplacement-Beratung.

Die Steuerfreistellung gilt für sämtliche im Rahmen einer Outplacement-Beratung separat zu beurteilenden Teilleistungen mit den Schwerpunkten „Perspektivberatung", „Steuer- und sozialversicherungsrechtliche Beratung", „Marktvorbereitung" und „Vermarktung/Neuplatzierung". Der Begriff „Neuplatzierung" entspricht zudem der in der

Gesetzesbegründung verwendeten Formulierung Newplacement-Beratung. Somit sind u.E. auch Vorteile zugunsten des ausscheidenden Arbeitnehmers durch die Zurverfügungstellung eines Headhunters steuerfrei, da unter „Newplacement" allgemein die Jobsuche für Führungskräfte verstanden wird.

Durch die Steuerfreiheit der Beratungsleistungen ist ein Werbungskostenabzug der geldwerten Vorteile beim Arbeitnehmer gesetzlich ausgeschlossen.

Beispiel

A scheidet zum 30.6.2021 aus dem Unternehmen aus und erhält von seinem Arbeitgeber neben einer Abfindung eine Outplacement-Beratung zur beruflichen Neuorientierung im Wert von 5000 €.

Die Outplacement-Beratung im Wert von 5000 € ist steuerfrei. Ein Werbungskostenabzug für diesen Vorteil kommt nicht in Betracht.

Die Steuerfreiheit kommt allerdings nicht in Betracht, wenn die Leistungen überwiegend Belohnungscharakter haben.

4. Nicht steuerpflichtige Leistungen

Kein Arbeitslohn liegt vor, wenn der Arbeitgeber aufgrund des von ihm mit dem Beratungsunternehmen abgeschlossenen Vertrags zwar Aufwendungen tätigt, der Arbeitnehmer aber die ihm zugedachte Beratungsleistung gar **nicht in Anspruch nimmt.** nein nein

Ebenso wenig liegt Arbeitslohn vor, wenn das Beratungsunternehmen aufgrund eines **alle** Arbeitnehmer in ihrer Gesamtheit **pauschal begünstigenden Vertrags** tätig wird und dem einzelnen Arbeitnehmer der individuell verursachte Beratungsaufwand nicht zugeordnet werden kann (R 19.3 Abs. 2 Nr. 5 LStR). nein nein

Beispiel

Arbeitgeber A schließt mit einem Beratungsunternehmen im Januar 2021 einen Vertrag, wonach sich das Beratungsunternehmen verpflichtet, allen in 2021 entlassenen Arbeitnehmern bei der Suche nach einem neuen Arbeitsplatz behilflich zu sein. A zahlt für diese Leistung an das Beratungsunternehmen einmalig einen Betrag von 20 000 €.

Die Zahlung des Arbeitgebers an das Beratungsunternehmen führt bei den von der Entlassung betroffenen Arbeitnehmern nicht zu einem steuerpflichtigen geldwerten Vorteil (R 19.3 Abs. 2 Nr. 5 LStR).

Auch bei **Trainings- und Qualifikationsmaßnahmen** im Sinne des **SGB III** liegt kein Arbeitslohn vor, wenn sie der Arbeitgeber oder eine zwischengeschaltete Beschäftigungsgesellschaft im Zusammenhang mit Auflösungsvereinbarungen erbringt (R 19.7 Abs. 2 Satz 5 LStR). nein nein

Parkgebühren

Parkgebühren, die vom Arbeitgeber als **Reisenebenkosten**[1] erstattet werden, sind lohnsteuer- und sozialversicherungsfrei. nein nein

Parkgebühren, die vom Arbeitgeber in anderen Fällen, insbesondere im Zusammenhang mit Fahrten zwischen Wohnung und erster Tätigkeitsstätte oder anderen **Privatfahrten** erstattet werden, sind steuer- und beitragspflichtiger Arbeitslohn. In den Fällen der **Firmenwagengestellung** führt die Erstattung des Arbeitgebers von Parkgebühren für Privatfahrten des Arbeitnehmers zu zusätzlichem Arbeitslohn. Die Erstattung ist **nicht** durch den Ansatz eines geldwerten Vorteils für die Zurverfügungstellung des Firmenwagens nach der Bruttolistenpreisregelung oder Fahrtenbuchmethode **abgegolten** (vgl. „Firmenwagen zur privaten Nutzung" unter Nr. 2 Buchstabe b und Nr. 3 Buchstabe a). ja ja

Die erstatteten Parkgebühren für den Parkplatz am Arbeitsplatz können **nicht** wie Fahrtkostenzuschüsse **pauschal** mit 15 % **besteuert** werden, weil die Entfernungspauschale für Fahrten zwischen Wohnung und erster Tätigkeitsstätte die Parkgebühren mit abgilt und der Arbeitnehmer die Parkgebühren deshalb nicht zusätzlich als Werbungskosten geltend machen kann. Auch eine Steuerbefreiung in Anlehnung an die Steuerbefreiungsvorschrift für Fahrtkostenzuschüsse (§ 3 Nr. 15 EStG) kommt nicht in Betracht.

Beispiel

Der Arbeitgeber erstattet dem Arbeitnehmer die Aufwendungen für den Tiefgaragenplatz gegenüber der Firma in Höhe von 120 € monatlich.

Die Erstattung des Arbeitgebers führt zu steuer- und beitragspflichtigen Arbeitslohn. Eine Pauschalbesteuerung mit 15 % kommt nicht in Betracht, weil die Parkgebühren durch die Entfernungspauschale abgegolten sind und nicht zusätzlich als Werbungskosten geltend gemacht werden können.

Vgl. für den Fall der Parkplatzgestellung durch den Arbeitgeber auch die Erläuterungen beim Stichwort „Parkplätze".

Parkplätze

Gliederung:

1. Unentgeltliche oder verbilligte Parkplatzgestellung
2. Keine Gehaltsumwandlung zugunsten einer Parkplatzgestellung
3. Parkmöglichkeit für Firmenwagen
4. Ersatz von Parkgebühren
5. Umsatzsteuerliche Behandlung der Parkplatzgestellung

1. Unentgeltliche oder verbilligte Parkplatzgestellung

Stellt der Arbeitgeber für das Abstellen von Fahrzeugen während der Arbeitszeit eine Parkmöglichkeit unentgeltlich oder verbilligt zur Verfügung, handelt es sich um Leistungen, die der Arbeitgeber im ganz **überwiegenden eigenbetrieblichen Interesse** erbringt; diese gehören nach bundeseinheitlicher Verwaltungsauffassung nicht zum Arbeitslohn. Das gilt auch dann, wenn der Arbeitgeber die Park- oder Einstellplätze von einem Dritten anmietet und sie seinen Arbeitnehmern unentgeltlich oder verbilligt überlässt. nein nein

Es sind hin und wieder Einzelfälle bekannt geworden, nach denen ein geldwerter Vorteil vorliegen sollte, wenn eine eindeutige Privilegierung einzelner Arbeitnehmer gegeben ist (z. B., wenn ein Arbeitnehmer einen Parkplatz für seinen privaten Pkw zur ausschließlichen Nutzung ohne Vorliegen betrieblicher Gründe – also anders als z. B. bei einem Außendienstmitarbeiter – zugewiesen bekommt). Auch das Finanzgericht Köln wollte nach einem viel beachteten Urteil vom 15.3.2006 (Az. 11 K 5680/04, rechtskräftig) bei der unentgeltlichen oder verbilligten Überlassung von Parkplätzen durch den Arbeitgeber an den Arbeitnehmer grundsätzlich von steuerpflichtigem Arbeitslohn ausgehen. Eine Ausnahme sollte aber wegen der arbeitsvertraglichen Fürsorgepflicht bei der Parkplatzgestellung an behinderte Arbeitnehmer gelten. Die Verwaltung hat aufgrund dieses Urteils erneut klargestellt, dass vom Arbeitgeber den Arbeitnehmern unentgeltlich oder verbilligt zur Verfügung gestellte Parkplätze **generell nicht zu besteuern** sind.[2]

Beispiel

Der Arbeitgeber mietet für seine Arbeitnehmer in der der Firma gegenüberliegenden Tiefgarage Stellplätze für deren private Pkws an. Die Stellplätze stehen den Arbeitnehmern ständig zur Verfügung. Der übliche Preis für einen solchen Stellplatz beträgt monatlich 120 €.

---

1) Reisenebenkosten liegen nur dann vor, wenn die mit den Parkgebühren zusammenhängenden Fahrtkosten ebenfalls Reisekosten sind. Fahrtkosten gehören zu den Reisekosten, wenn es sich um eine beruflich veranlasste Auswärtstätigkeit handelt (vgl. die Erläuterungen zu „Reisekosten bei Auswärtstätigkeiten" in Anhang 4).

2) Erlass des Finanzministeriums Nordrhein-Westfalen vom 28.9.2006 (Az.: S 2334 – 61 – V B 3). Der Erlass ist als Anlage 2 zu H 19.6 LStR im **Steuerhandbuch für das Lohnbüro 2021** abgedruckt, das im selben Verlag erschienen ist.

	Lohnsteuerpflichtig	Sozialversich.-pflichtig

Der sich für den einzelnen Arbeitnehmer aus der Parkplatzgestellung ergebende Vorteil ist steuer- und sozialversicherungsfrei.

Hinweis: Der Arbeitgeber ist aus der Anmietung des Tiefgaragenstellplatzes zum Vorsteuerabzug berechtigt. Die unentgeltliche Überlassung des Stellplatzes an den Arbeitnehmer ist nicht umsatzsteuerpflichtig, da die Finanzverwaltung den Begriff „(ganz) überwiegendes betriebliches Interesse" bei der Lohnsteuer und Umsatzsteuer einheitlich auslegt. Zwar ist nach Abschnitt 1.8 Abs. 4 Satz 3 Nr. 5 UStAE[1] nur das Zurverfügungstellen von Parkplätzen auf dem Betriebsgelände nicht umsatzsteuerbar, es handelt sich allerdings nach der Einleitung des Satzes („insbesondere") nur um eine beispielhafte Aufzählung. Vgl. auch die Erläuterungen unter der nachfolgenden Nr. 5.

2. Keine Gehaltsumwandlung zugunsten einer Parkplatzgestellung

Stellt der Arbeitgeber dem Arbeitnehmer für das Abstellen von Fahrzeugen während der Arbeitszeit eine Parkmöglichkeit unentgeltlich oder verbilligt zur Verfügung, handelt es sich um nicht steuer- und beitragspflichtige Leistungen, die der Arbeitgeber im ganz überwiegenden eigenbetrieblichen Interesse erbringt (vgl. vorstehende Nr. 1). Eine **Gehaltsumwandlung** des Arbeitnehmers zugunsten von Leistungen im ganz überwiegenden eigenbetrieblichen Interesse des Arbeitgebers erkennt die Finanzverwaltung aber **nicht** an. Der steuer- und sozialversicherungspflichtige Bruttoarbeitslohn ändert sich daher in diesem Fall nicht (vgl. die Erläuterungen beim Stichwort „Gehaltsumwandlung" unter Nr. 2 Buchstabe a).

Beispiel

Arbeitgeber und Arbeitnehmer vereinbaren im April 2021 den Bruttoarbeitslohn von monatlich 3000 € ab 1. Mai 2021 zugunsten der Gestellung eines Parkplatzes in der der Firma gegenüberliegenden Tiefgarage um 100 € auf 2900 € monatlich herabzusetzen.

Die Finanzverwaltung erkennt Gehaltsumwandlungen zugunsten von Leistungen im ganz überwiegenden eigenbetrieblichen Interesse des Arbeitgebers nicht an. Der steuer- und sozialversicherungspflichtige Bruttoarbeitslohn ändert sich daher nicht und beträgt auch ab Mai 2021 unverändert 3000 €. Ein geldwerter Vorteil aus der Gestellung des Parkplatzes an den Arbeitnehmer ist nicht zu versteuern und zu verbeitragen. Das gilt auch dann, wenn der Arbeitgeber für den Tiefgaragenplatz z. B. 130 € monatlich aufwenden sollte, da neben der unentgeltlichen auch die verbilligte Zurverfügungstellung eines Parkplatzes nicht zu einem steuer- und beitragspflichtigen geldwerten Vorteil führt.

3. Parkmöglichkeit für Firmenwagen

Bei einer Firmenwagengestellung durch den Arbeitgeber kann sich für den Arbeitnehmer aus einer Parkplatzgestellung ohnehin kein geldwerter Vorteil ergeben, da ein Fahrzeug des Arbeitgebers auf einem Parkplatz des Arbeitgebers abgestellt wird. — nein | nein

4. Ersatz von Parkgebühren

Ersetzt der Arbeitgeber dem Arbeitnehmer unmittelbar die **Parkgebühren,** liegt steuerpflichtiger **Arbeitslohn** vor (vgl. das Stichwort „Parkgebühren"). — ja | ja

Beispiel

Der Arbeitnehmer mietet den Tiefgaragenplatz selbst an und der Arbeitgeber erstattet ihm den Betrag von 120 € monatlich.

Bei der Erstattung des Arbeitgebers handelt es sich um steuer- und beitragspflichtigen Arbeitslohn. Eine Pauschalbesteuerung mit 15 % nach den Regelungen für Fahrten zwischen Wohnung und erster Tätigkeitsstätte (vgl. dieses Stichwort) kommt nicht in Betracht, weil die Parkgebühren durch die Entfernungspauschale abgegolten sind und nicht gesondert als Werbungskosten geltend gemacht werden können. Auch eine Steuerbefreiung (z. B. nach § 3 Nr. 15 EStG) kommt für die Arbeitgebererstattung nicht in Betracht.

5. Umsatzsteuerliche Behandlung der Parkplatzgestellung

Die **unentgeltliche Zurverfügungstellung** eines Parkplatzes durch den Arbeitgeber an den Arbeitnehmer ist **nicht umsatzsteuerpflichtig,** da die Finanzverwaltung auch in diesem Fall von einer Leistung im ganz überwiegenden eigenbetrieblichen Interesse des Arbeitgebers ausgeht. Außerdem ist der Arbeitgeber aus der etwaigen Eingangsleistung dem Grunde nach zum Vorsteuerabzug berechtigt (vgl. das Beispiel unter der vorstehenden Nr. 1).

Überlässt der Arbeitgeber hingegen seinen Arbeitnehmern einen Parkplatz **gegen Kostenbeteiligung,** handelt es sich um eine **umsatzsteuerpflichtige entgeltliche Leistung** (BFH-Urteil vom 14.1.2016, BStBl. II S. 360). Aus der Nichtbesteuerung einer unentgeltlichen Gestellung kann man laut Bundesfinanzhof keinen Rückschluss auf die umsatzsteuerliche Behandlung einer verbilligten Gestellung ziehen. Ob es sich um eine nicht umsatzsteuerpflichtige Leistung im ganz überwiegenden eigenbetrieblichen Interesse des Arbeitgebers handelt, ist nur bei unentgeltlichen, nicht aber bei (ggf. verbilligten) entgeltlichen Leistungen von Bedeutung. Ein Ansatz der Mindestbemessungsgrundlage kommt allerdings nicht in Betracht.

Pauschalierung der Lohnsteuer

Neues auf einen Blick:

In allen Fällen der Pauschalierung der Lohnsteuer ist der **Solidaritätszuschlag** auch ab dem 1.1.2021 **weiterhin mit 5,5 % der pauschalen Lohnsteuer zu erheben.** Dies gilt – wie bisher – nicht für die 2 %ige Pauschalsteuer bei geringfügiger Beschäftigung, die den Solidaritätszuschlag mit abdeckt.

Gliederung:

1. Allgemeines
2. Pauschalierung der Lohnsteuer mit einem besonderen Pauschsteuersatz auf Antrag des Arbeitgebers (§ 40 Abs. 1 Satz 1 Nr. 1 EStG)
   a) Pauschalierungsvoraussetzungen
   b) Berechnung des Pauschsteuersatzes
   c) Pauschalierung der Kirchensteuer
   d) Erhebung des Solidaritätszuschlags
   e) Auswirkung der Pauschalbesteuerung mit einem besonders ermittelten Pauschsteuersatz auf die Sozialversicherung
   f) Auswirkung der Pauschalbesteuerung mit einem festen Pauschsteuersatz auf die Sozialversicherung
   g) Auswirkung der Pauschalierung von Sachzuwendungen an Arbeitnehmer nach § 37b EStG auf die Sozialversicherung
3. Pauschalierung der Lohnsteuer bei Lohnsteuer-Außenprüfungen (§ 40 Abs. 1 Satz 1 Nr. 2 EStG)
   a) Berechnung der Lohnsteuer
   b) Solidaritätszuschlag
   c) Kirchensteuer
   d) Verfahren bei der Nachholung von Steuern
   e) Berechnung der Sozialversicherungsbeiträge

1. Allgemeines

Normalerweise wird die Lohnsteuer, der Solidaritätszuschlag und die Kirchensteuer nach den persönlichen Besteuerungsmerkmalen des Arbeitnehmers (Steuerklasse, Zahl der Kinderfreibeträge, Kirchensteuermerkmale) berechnet. Unter bestimmten Voraussetzungen kann die Lohnsteuer jedoch **pauschal** erhoben werden. Mit einer Pauschalierung der Lohnsteuer ist stets auch eine pauschale Erhebung des Solidaritätszuschlags und der Kirchensteuer verbunden. Die weitestgehende Abschaffung des Solidaritätszuschlags zum 1.1.2021 gilt nicht in den Fällen der Pauschalierung der Lohnsteuer.

Bei der Pauschalierung der Lohnsteuer unterscheidet man zwischen einer Pauschalierung der Lohnsteuer für den **gesamten** Arbeitslohn (nur möglich bei Aushilfskräften und Teilzeitbeschäftigten) und der Pauschalierung von **Teilen** des Arbeitslohns. Weiterhin wird unterschieden

1) Der vollständige Wortlaut des Abschnitts 1.8 UStAE ist als Anhang 14 im **Steuerhandbuch für das Lohnbüro 2021** abgedruckt, das im selben Verlag erschienen ist.

Lohnsteuerpflichtig | Sozialversich.-pflichtig

zwischen einer Pauschalierung der Lohnsteuer mit **festen** Pauschsteuersätzen und einer Pauschalierung mit **besonders ermittelten** Pauschsteuersätzen. Einen Überblick über die einzelnen Pauschalierungsmöglichkeiten soll die nachstehende Übersicht verschaffen:

Pauschalierung der Lohnsteuer

- **mit festen Pauschsteuersätzen**
- mit **besonders ermittelten Pauschsteuersätzen;** diese Pauschalierung löst **keine** Beitragsfreiheit in der Sozialversicherung aus.
  - auf **Antrag des Arbeitgebers** für **sonstige Bezüge** bis zu **1000 €** jährlich.
  - bei der Nachholung von Lohnsteuer insbesondere durch das Finanzamt im Anschluss an eine Lohnsteuer-Außenprüfung.

Pauschalierung der Lohnsteuer mit **festen Pauschsteuersätzen**
(kein Antrag des Arbeitgebers erforderlich)

- bei Fahrtkostenzuschüssen mit Anrechnung auf die Entfernungspauschale mit **15 %,**
- bei Fahrkostenzuschüssen ohne Anrechnung auf die Entfernungspauschale mit **25 %,**
- bei Zukunftsicherungsleistungen mit **20 %** oder **15 %,**
- bei Mahlzeiten mit **25 %,**
- bei Betriebsveranstaltungen mit **25 %,**
- bei Erholungsbeihilfen mit **25 %,**
- bei steuerpflichtigen Teilen von Reisekosten mit **25 %,**
- bei der Übereignung von Datenverarbeitungsgeräten (z. B. Personalcomputern) und Zuschüssen zur Internetnutzung mit **25 %,**
- bei der Übereignung von Ladevorrichtungen für das elektrische Aufladen von Arbeitnehmer-Fahrzeugen sowie Barzuschüssen des Arbeitgebers zu solchen Aufwendungen des Arbeitnehmers mit **25 %,**
- bei der Übereignung von Fahrrädern mit **25 %.**

Alle genannten Pauschalierungen lösen **Beitragsfreiheit in der Sozialversicherung** aus.

- bei Teilzeitbeschäftigten mit **2 %** oder **20 %,**
- bei Aushilfskräften mit **25 %,**
- bei Aushilfskräften in der Land- und Forstwirtschaft mit **5 %.**

Auf die Erläuterungen beim Stichwort „Pauschalierung der Lohnsteuer bei Aushilfskräften und Teilzeitbeschäftigten" wird Bezug genommen.
Die sozialversicherungsrechtliche Behandlung beurteilt sich bei Aushilfskräften und Teilzeitbeschäftigten nach besonderen Vorschriften, vgl. das Stichwort „Geringfügige Beschäftigung".

Die seit 1.1.2007 geltende Regelung in § 37b EStG nach der bestimmte **Sachzuwendungen an Arbeitnehmer** und Nichtarbeitnehmer bis zu einem Höchstbetrag von **10 000 €** mit **30 %** pauschal besteuert werden können, löst nur in **Ausnahmefällen** Beitragsfreiheit in der Sozialversicherung aus. Auf die ausführlichen Erläuterungen beim Stichwort „Pauschalierung der Lohnsteuer für Belohnungsessen, Incentive-Reisen, VIP-Logen und ähnliche Sachbezüge" unter Nr. 11 wird hingewiesen.

Die nachfolgenden Erläuterungen befassen sich mit der **Ermittlung eines besonderen Pauschsteuersatzes,** und zwar sowohl bei der Pauschalierung der Lohnsteuer für sonstige Bezüge bis 1000 € auf Antrag des Arbeitgebers (Nr. 2 der Erläuterungen) als auch bei einer Pauschalierung der Lohnsteuer im Anschluss an eine Lohnsteuer-Außenprüfung durch das Finanzamt (Nr. 3 der Erläuterungen), da die Ermittlung des besonderen Pauschsteuersatzes **in beiden Fällen nach denselben Grundsätzen** erfolgt.

Die Pauschalierung der Lohnsteuer mit **festen Pauschsteuersätzen** ist bei den einzelnen Stichworten ausführlich erläutert (vgl. nachstehende Übersicht). Außerdem ist in **Anhang 2a** eine Gesamtübersicht über die Entwicklung aller Pauschalierungsmöglichkeiten in den letzten vier Jahren abgedruckt.

Pauschalierung der Lohnsteuer mit einem festen Pauschsteuersatz

	Pauschsteuersatz
– Abgabe von **Mahlzeiten** im Betrieb oder bei einer Auswärtstätigkeit (siehe „Mahlzeiten" unter Nr. 7 auf Seite 693 und Anhang 4 unter Nr. 10 Buchstabe g auf Seite 1155)	**25 %**
– Zuwendungen bei **Betriebsveranstaltungen** (siehe „Betriebsveranstaltungen" unter Nr. 6 auf Seite 229)	**25 %**
– Gewährung von **Erholungsbeihilfen** (siehe „Erholungsbeihilfen" unter Nr. 5 auf Seite 367)	**25 %**
– Steuerpflichtiger Ersatz von Verpflegungskosten bei **Auswärtstätigkeiten** (siehe Anhang 4 unter Nr. 12 Buchstabe b auf Seite 1157)	**25 %**
– bei der Übereignung von Datenverarbeitungsgeräten (z. B. **Personalcomputern**) und bei Barzuschüssen des Arbeitgebers zur Internetnutzung (siehe „Computer" unter Nr. 2 auf Seite 250)	**25 %**
– bei der Übereignung von **Ladevorrichtungen** für das **elektrische Aufladen** von Arbeitnehmer-Fahrzeugen sowie Barzuschüssen des Arbeitgebers zu solchen Aufwendungen des Arbeitnehmers (vgl. „Elektrofahrzeuge" unter Nr. 2 Buchstabe b auf Seite 322)	**25 %**
– bei der Übereignung von **Fahrrädern** (siehe „Elektro-Bike" unter Nr. 5 Buchstabe b auf Seite 317)	**25 %**
– **Firmenwagengestellung** für Fahrten zwischen Wohnung und erster Tätigkeitsstätte mit Anrechnung auf die Entfernungspauschale (siehe „Firmenwagen zur privaten Nutzung" unter Nr. 13 auf Seite 446)	**15 %**
– **Fahrtkostenzuschüsse** für Fahrten zwischen Wohnung und erster Tätigkeitsstätte bis zur Höhe der abziehbaren Werbungskosten mit Anrechnung auf die Entfernungspauschale (siehe „Fahrten zwischen Wohnung und erster Tätigkeitsstätte" unter Nr. 5 auf Seite 394)	**15 %**
– **Fahrtkostenzuschüsse** ohne Anrechnung auf die Entfernungspauschale (siehe „Fahrten zwischen Wohnung und erster Tätigkeitsstätte" unter Nr. 5 auf Seite 394)	**25 %**
– Freifahrtberechtigunten der **Soldaten** (siehe „Bundeswehr" unter Nr. 3)	**25 %**
– Beiträge zu **Direktversicherungen** und **Pensionskassen in sog. Altfällen** (siehe „Zukunftsicherung" unter Nr. 10 auf Seite 1080 und Anhang 6 unter Nr. 6 auf Seite 1181)	**20 %**

P

Lohnsteuerpflichtig | Sozialversich.-pflichtig

	Pauschsteuersatz
– Beiträge zu **Gruppenunfallversicherungen** (siehe „Zukunftsicherung“ unter Nr. 7 auf Seite 1076)	**20 %**
– bestimmte **Sonderzahlungen an umlagefinanzierte Versorgungskassen** (siehe Anhang 6 Nr. 5 Buchstabe e auf Seite 1177)	**15 %**
– Beschäftigung von **Teilzeitkräften auf 450-Euro-Basis,** für die der Arbeitgeber einen pauschalen Beitrag zur Rentenversicherung von 15 % oder 5 % entrichtet (siehe „Pauschalierung der Lohnsteuer bei Aushilfskräften und Teilzeitbeschäftigten“ unter Nr. 2 auf Seite 743)	**2 %**
– Beschäftigung von **Teilzeitkräften auf 450-Euro-Basis,** für die der Arbeitgeber **keinen** pauschalen Beitrag zur Rentenversicherung von 15 % oder 5 % entrichtet (siehe „Pauschalierung der Lohnsteuer bei Aushilfskräften und Teilzeitbeschäftigten“ unter Nr. 3 auf Seite 749)	**20 %**
– Beschäftigung von kurzfristigen **Aushilfskräften** (siehe „Pauschalierung der Lohnsteuer bei Aushilfskräften und Teilzeitbeschäftigten“ unter Nr. 4 auf Seite 752)	**25 %**
– Beschäftigung von Aushilfskräften in der **Land- und Forstwirtschaft** (siehe „Pauschalierung der Lohnsteuer bei Aushilfskräften und Teilzeitbeschäftigten“ unter Nr. 5 auf Seite 753)	**5 %**
– Gewährung von Sachprämien bei Kundenbindungsprogrammen (siehe „Miles & More“ auf Seite 700)	**2,25 %**
– Gewährung bestimmter **Sachbezüge bis 10 000 €** (siehe „Pauschalierung der Lohnsteuer für Belohnungsessen, Incentive-Reisen, VIP-Logen und ähnliche Sachbezüge“ auf Seite 760)	**30 %**

Die Sozialversicherungsentgeltverordnung bestimmt, dass bestimmte Einnahmen, Zuwendungen und Leistungen nur dann nicht dem Arbeitsentgelt zuzurechnen sind, soweit diese vom Arbeitgeber oder von einem Dritten **mit der Entgeltabrechnung für den jeweiligen Abrechnungszeitraum lohnsteuerfrei belassen oder pauschal besteuert** werden (§ 1 Abs. 1 Satz 2 SvEV[1)]). Damit soll klargestellt werden, dass es bei der Gewährung bestimmter Einnahmen für die **Beitragsfreiheit** auf die rechtlich zulässige und tatsächliche lohnsteuerfreie oder pauschal besteuerte Behandlung im Rahmen der Entgeltabrechnung durch den Arbeitgeber (oder gegebenenfalls einen Dritten) ankommt.

Dazu haben die Spitzenorganisationen der Sozialversicherung Folgendes klargestellt (Besprechungsergebnis zu TOP 5 über Fragen des gemeinsamen Beitragseinzugs vom 20.4.2016):

Die Nichtzurechnung bestimmter Einnahmen, Zuwendungen und Leistungen zum Arbeitsentgelt setzt voraus, dass diese vom Arbeitgeber oder einem Dritten mit der Entgeltabrechnung für den jeweiligen Abrechnungszeitraum lohnsteuerfrei behandelt oder pauschal besteuert werden. Nach Ansicht des Gesetzgebers kommt es für die beitragsrechtliche Behandlung auf die **rechtlich zulässige und tatsächliche Erhebung der Lohnsteuer im jeweiligen Entgeltabrechnungszeitraum** an.

Eine vom Arbeitgeber erst **im Nachhinein** geltend gemachte Möglichkeit der Steuerfreiheit bzw. Pauschalbesteuerung wirkt sich auf die beitragsrechtliche Behandlung der Arbeitsentgeltbestandteile nur aus, wenn der Arbeitgeber die von ihm vorgenommene **steuerrechtliche Behandlung noch ändern kann.** Eine mit der Entgeltabrechnung vorgenommene lohnsteuerpflichtige Behandlung von Arbeitsentgeltbestandteilen kann vom Arbeitgeber jedoch grundsätzlich nur bis zur Erstellung der Lohnsteuerbescheinigung, also längstens bis Ende Februar des Folgejahres, geändert werden.

Hingegen sind die Einnahmen, Zuwendungen und Leistungen dem sozialversicherungsrechtlich relevanten **Arbeitsentgelt** zuzurechnen, wenn der Arbeitgeber im Rahmen der Entgeltabrechnung zwar eine (rechtlich zulässige) **steuerfreie oder pauschal besteuerte Behandlung** hätte durchführen können, von dieser Möglichkeit jedoch **keinen Gebrauch gemacht** und die Arbeitsentgeltbestandteile (zunächst) steuerpflichtig belassen hat.

Die nachträgliche Änderung der Besteuerung im Rahmen einer **Lohnsteuer-Außenprüfung** führt nicht zu einer geänderten Beurteilung der Beitragspflicht, da hier nicht der Arbeitgeber die steuerpflichtige Erhebung ändert, sondern die Finanzverwaltung als prüfende Behörde.

2. Pauschalierung der Lohnsteuer mit einem besonderen Pauschsteuersatz auf Antrag des Arbeitgebers (§ 40 Abs. 1 Satz 1 Nr. 1 EStG)

a) Pauschalierungsvoraussetzungen

Von **sonstigen Bezügen** (einmaligen Zuwendungen), die der Arbeitgeber in einer größeren Zahl von Fällen gewährt, kann die Lohnsteuer mit Genehmigung des Finanzamts pauschal erhoben werden, wenn der Arbeitgeber die Lohnsteuer übernimmt und die sog. **1000-Euro-Grenze** beachtet wird. Ob eine Berechnung der Lohnsteuer nach den allgemeinen Vorschriften schwierig ist oder einen unverhältnismäßig hohen Zeitaufwand erfordern würde, ist nicht Voraussetzung für die Pauschalierung. Die Pauschalbesteuerung sonstiger Bezüge ist also ohne weiteres möglich, wenn folgende drei Voraussetzungen erfüllt sind:

- **größere Zahl von Fällen,**
- Übernahme der Lohnsteuer durch den Arbeitgeber (= Anwendung des **Nettosteuersatzes**) und
- Beachtung der **1000-Euro-Grenze.**

Im Einzelnen gilt Folgendes:

Sind die drei genannten Voraussetzungen erfüllt, kann der Arbeitgeber bei seinem Betriebsstättenfinanzamt beantragen, dass die Lohnsteuer für sonstige Bezüge (einmalige Zuwendungen) mit einem besonderen Pauschsteuersatz ermittelt wird. Der Arbeitgeber muss den Pauschsteuersatz selbst berechnen und die Berechnungsgrundlagen dem Antrag beifügen (vgl. die nachfolgenden Erläuterungen unter dem nachfolgenden Buchstaben b). Bei den einzelnen Pauschalierungsvoraussetzungen ist Folgendes zu beachten:

Eine **größere Zahl von Fällen** ist ohne weitere Prüfung anzunehmen, wenn gleichzeitig **mindestens 20 Arbeitnehmer** in die Pauschalbesteuerung einbezogen werden. Wird ein Antrag auf Lohnsteuerpauschalierung für weniger als 20 Arbeitnehmer gestellt, kann unter Berücksichtigung der besonderen Verhältnisse des Arbeitgebers und der mit der Pauschalbesteuerung angestrebten Vereinfachung eine größere Zahl von Fällen auch bei weniger als 20 Arbeitnehmern angenommen werden.

Weitere Voraussetzung ist das Vorliegen eines **sonstigen Bezugs** (= einmalige Zuwendung). Der Begriff „sonstiger Bezug“ ist als Gegensatz zum laufenden Arbeitslohn zu verstehen (vgl. die Erläuterungen zum Stichwort „Sonstige Bezüge“ unter Nr. 1 auf Seite 878). Teile des laufenden

1) Die Sozialversicherungsentgeltverordnung (SvEV) ist als Anhang 2 im **Steuerhandbuch für das Lohnbüro 2021** abgedruckt, das im selben Verlag erschienen ist.

P

Lohn- steuer- pflichtig | Sozial- versich.- pflichtig

Arbeitslohns können somit nicht mit einem besonders ermittelten Pauschsteuersatz besteuert werden.

Die Pauschalierung der Lohnsteuer für sonstige Bezüge mit einem besonderen Steuersatz auf Antrag des Arbeitgebers ist nur zulässig, soweit der Gesamtbetrag der pauschal mit einem besonderen Steuersatz besteuerten Bezüge eines Arbeitnehmers **1000 €** im Kalenderjahr **nicht übersteigt.** Anhand der Aufzeichnungen im Lohnkonto (vgl. dieses Stichwort) ist vom Arbeitgeber vor jedem Pauschalierungsantrag zu prüfen, ob die Summe aus den im laufenden Kalenderjahr bereits gezahlten sonstigen Bezügen, für die die Lohnsteuer mit einem besonderen Steuersatz erhoben worden ist, und aus dem sonstigen Bezug, der nunmehr an den einzelnen Arbeitnehmer gezahlt werden soll, den Jahresbetrag von 1000 € übersteigt. Wird die 1000-Euro-Grenze durch den sonstigen Bezug, der gewährt werden soll, überschritten, kann der 1000 € übersteigende Betrag nicht mehr pauschal besteuert werden.

Beispiel A

Ein Arbeitnehmer hat im August 2021 ein Urlaubsgeld in Höhe von 900 € erhalten, das auf Antrag des Arbeitgebers mit einem besonders ermittelten Pauschsteuersatz versteuert wurde. Er erhält im Dezember 2021 einen weiteren sonstigen Bezug in Höhe von 300 €, für den der Arbeitgeber die Pauschalierung beantragt. Von den 300 € sind jedoch lediglich (1000 € – 900 € =) 100 € pauschalierungsfähig; der Restbetrag von 200 € muss unter Anwendung der Jahreslohnsteuertabelle nach den für sonstige Bezüge allgemein geltenden Besteuerungsgrundsätzen ermittelt werden. Will der Arbeitgeber die Lohnsteuer auch für den Teil des sonstigen Bezugs übernehmen, der die 1000-Euro-Grenze übersteigt, muss er eine Nettolohnberechnung durchführen (vgl. Stichwort „Sonstige Bezüge“ unter Nr. 13 auf Seite 889 und den Anhang 12).

Auf die 1000-Euro-Grenze werden jedoch nur solche pauschal besteuerten Bezüge angerechnet, für die ein **besonderer** Pauschsteuersatz ermittelt wurde. Bezüge, für die eine Pauschalierung mit einem **festen** Pauschsteuersatz durchgeführt wurde (z. B. Fahrtkostenzuschüsse, Kantinenmahlzeiten, Beiträge zu Direktversicherungen, Erholungsbeihilfen, Zuwendungen bei Betriebsveranstaltungen, steuerpflichtige Teile von Reisekostenvergütungen, Barzuschüsse zur Internetnutzung, nach § 37b EStG pauschal besteuerte Bezüge) werden nicht auf die 1000-Euro-Grenze angerechnet.

Die 1000-Euro-Grenze bezieht sich auf jedes einzelne Arbeitsverhältnis. Wechselt der Arbeitnehmer im Laufe des Kalenderjahres den Arbeitgeber, kann sowohl der alte als auch der neue Arbeitgeber die 1000-Euro-Grenze ausschöpfen.

P

Die Pauschalierung sonstiger Bezüge mit einem **besonders ermittelten** Pauschsteuersatz löst keine Sozialversicherungsfreiheit aus. Im Gegensatz hierzu löst die Pauschalierung der Lohnsteuer mit einem **festen** Pauschsteuersatz Sozialversicherungsfreiheit[1)] aus; vgl. hierzu die Erläuterungen unter der vorstehenden Nr. 1 am Ende und dem nachfolgenden Buchstaben e. Übernimmt deshalb der Arbeitgeber bei einer Pauschalierung der Lohnsteuer mit einem besonders ermittelten Pauschsteuersatz die auf den pauschal besteuerten sonstigen Bezug entfallenden Arbeit**nehmer**anteile zur Sozialversicherung, ist dies ein **geldwerter Vorteil,** der wiederum **pauschal besteuert** werden kann und **bei der 1000-Euro-Grenze zu berücksichtigen** ist.

Beispiel B

Ein Arbeitgeber beschäftigt 30 Arbeitnehmer. Aus Anlass des 25-jährigen Bestehens seines Unternehmens gewährt er jedem Betriebsangehörigen im Kalenderjahr 2021 einen bestimmten Betrag als **Jubiläumszuwendung.** Die Arbeitnehmer erhalten die Jubiläumszuwendung netto.

Jubiläumszuwendungen sind in voller Höhe steuerpflichtig. Sie können jedoch unter Anwendung der sog. Fünftelregelung ermäßigt besteuert werden (vgl. das Stichwort „Jubiläumszuwendungen“). Will der Arbeitgeber keine Nettolohnberechnung unter Anwendung der für steuerpflichtige Jubiläumszuwendungen geltenden Fünftelregelung durchführen (eine solche Nettolohnberechnung unter Übernahme der Sozialversicherungsbeiträge ist als **Anhang 14** abgedruckt), kann er eine Pauschalierung der Lohnsteuer nach den folgenden Grundsätzen beantragen:

Im Kalenderjahr 2021 erhalten

25 Arbeitnehmer	200,– €	× 25 =	5 000,– €
4 Arbeitnehmer	1 000,– €	× 4 =	4 000,– €
1 Arbeitnehmer	1 500,– €		
von diesen 1500 € sind höchstens pauschalierungsfähig			1 000,– €
Die pauschal zu besteuernden Jubiläumszuwendungen betragen somit insgesamt			10 000,– €

Die Jubiläumszuwendungen unterliegen (obwohl die Lohnsteuer pauschal erhoben wird) außerdem als einmalig gezahltes Arbeitsentgelt der Beitragspflicht in der Sozialversicherung. Übernimmt der Arbeitgeber auch den Arbeitnehmeranteil zur Sozialversicherung, liegt hierin ein geldwerter Vorteil, der wiederum lohnsteuerlich zu erfassen ist.

Der Arbeitgeber kann diesen geldwerten Vorteil in die Pauschalierung der Lohnsteuer einbeziehen; er muss dabei aber die **1000-Euro-Grenze** beachten. Im Beispielsfall bedeutet dies, dass nur die Übernahme des Arbeitnehmeranteils von 25 Arbeitnehmern einbezogen werden kann. Bei den übrigen fünf Arbeitnehmern ist die 1000-Euro-Grenze bereits durch die Jubiläumszuwendung ausgeschöpft.

Falls die betroffenen 25 Arbeitnehmer mit der Jubiläumszuwendung in allen Zweigen der Sozialversicherung innerhalb der Jahresbeitragsbemessungsgrenzen bleiben, ergibt sich folgende Berechnung:

Arbeitnehmeranteil zur Sozialversicherung 2021:

Beitrag zur Krankenversicherung (7,3 % zuzüglich der Hälfte des Zusatzbeitrags von z. B. 0,65 %)	7,950 %
Beitrag zur Pflegeversicherung (1,525 % + 0,25 %)	1,775 %
Beitrag zur Rentenversicherung	9,300 %
Beitrag zur Arbeitslosenversicherung	1,200 %
insgesamt	20,225 %

Die Übernahme dieses Arbeitnehmeranteils durch den Arbeitgeber stellt eine Nettozuwendung dar. Der Bruttobeitragssatz zur Sozialversicherung in Höhe von 20,225 % muss deshalb auf einen Nettobeitragssatz umgerechnet werden (vgl. die Erläuterungen unter der nachfolgenden Nr. 3 Buchstabe a zur Umrechnung eines Bruttosteuersatzes in einen Nettosteuersatz). Die Umrechnung erfolgt nach folgender Formel:

$$\frac{100 \times \text{Bruttobeitragssatz}}{100 - \text{Bruttobeitragssatz}} = \text{Nettobeitragssatz}$$

$$\text{Berechnung: } \frac{100 \times 20{,}225}{100 - 20{,}225} = 25{,}353\ \%$$

Als steuerpflichtiger geldwerter Vorteil sind somit in die Pauschalierung einzubeziehen:

25,353 % von 5000 € = 1267 €.

Die pauschal zu besteuernden Bezüge betragen folglich insgesamt

10 000 € + 1267 € = 11 267 €.

Die Ermittlung des Pauschsteuersatzes für die Bemessungsgrundlage von 11 267 € richtet sich nach dem folgenden unter Buchstabe b dargestellten Verfahren, wobei von einem durchschnittlichen Betrag der pauschal zu besteuernden Bezüge von 11 267 € : 30 Arbeitnehmer = 375 € auszugehen ist.

Im Beispielsfall können wegen Überschreitung der 1000-Euro-Grenze nicht in die Pauschalierung einbezogen werden:

- Bei einem Arbeitnehmer ein Teil der Jubiläumszuwendung in Höhe von 500 € und die vom Arbeitgeber übernommenen Arbeitnehmeranteile zur Sozialversicherung.
- Bei vier Arbeitnehmern die vom Arbeitgeber übernommenen Arbeitnehmeranteile zur Sozialversicherung.

Diese Zuwendungen sind als Nettozahlung nach der Fünftelregelung zu versteuern (vgl. **Anhang 14**).

b) Berechnung des Pauschsteuersatzes

Die Festsetzung eines Pauschsteuersatzes für sonstige Bezüge durch das Finanzamt setzt voraus, dass der Arbeitgeber die hierfür erforderlichen Berechnungsgrundlagen seinem Pauschalierungsantrag beifügt. Er muss deshalb den Durchschnittsbetrag der pauschal zu besteu-

1) Einzige Ausnahme: Die Pauschalbesteuerung von Sachzuwendungen bis 10 000 € mit 30 % nach § 37b EStG. Diese Pauschalierung mit dem festen Pauschsteuersatz von 30 % löst nur in Ausnahmefällen Sozialversicherungsfreiheit aus. Auf die ausführlichen Erläuterungen beim Stichwort „Pauschalierung der Lohnsteuer für Belohnungsessen, Incentive-Reisen, VIP-Logen und ähnliche Sachbezüge“ unter Nr. 11 wird Bezug genommen.

Lohn-steuer-pflichtig | Sozial-versich.-pflichtig

ernden Bezüge und die Summe der Jahresarbeitslöhne der betroffenen Arbeitnehmer ermitteln. Die Jahresarbeitslöhne sind hierbei um folgende Beträge zu kürzen:

- um die Summe der **Jahresfreibeträge** der betroffenen Arbeitnehmer (zum Freibetragsverfahren vgl. die Erläuterungen in Anhang 7);
- um den **Entlastungsbetrag für Alleinerziehende** für Arbeitnehmer, für die die Steuerklasse II gilt;
- um den **Altersentlastungsbetrag,** wenn die Voraussetzungen für den Abzug dieses Freibetrags vorliegen;
- um den Versorgungsfreibetrag und den Zuschlag zum Versorgungsfreibetrag, wenn es sich bei den pauschal zu besteuernden sonstigen Bezügen um **Versorgungsbezüge** handelt.

Ist bei der Berechnung der Lohnsteuer für einen Arbeitnehmer ein **Hinzurechnungsbetrag** zu berücksichtigen, muss dieser den Jahresarbeitslöhnen hinzugerechnet werden (vgl. das Stichwort „Hinzurechnungsbetrag beim Lohnsteuerabzug").

Zur Ermittlung des besonderen Pauschsteuersatzes **kann**[1] der Arbeitgeber die Zahl der betroffenen Arbeitnehmer in folgende Gruppen einordnen:

Gruppe a Arbeitnehmer mit der Steuerklasse I, II, IV,

Gruppe b Arbeitnehmer mit der Steuerklasse III,

Gruppe c Arbeitnehmer mit der Steuerklasse V und VI.

Aus Vereinfachungsgründen kann für die Ermittlung der Summe der Jahresarbeitslöhne und die Einordnung der betroffenen Arbeitnehmer in die oben genannten Gruppen eine **repräsentative Auswahl** der betroffenen Arbeitnehmer zugrunde gelegt werden. Zur Festsetzung eines Pauschsteuersatzes für das laufende Kalenderjahr können aus Vereinfachungsgründen für die Ermittlung der Summe der Jahresarbeitslöhne der betroffenen Arbeitnehmer auch die **Verhältnisse des Vorjahres** zugrunde gelegt werden (Summen der Lohnkonten). Aus der Summe der Jahresarbeitslöhne hat der Arbeitgeber den durchschnittlichen Jahresarbeitslohn der erfassten Arbeitnehmer zu berechnen. Für jede der drei oben genannten Gruppen hat der Arbeitgeber sodann den Steuerbetrag zu ermitteln, der auf den Durchschnittsbetrag der pauschal zu besteuernden Bezüge entfällt, wenn er dem durchschnittlichen Jahresarbeitslohn hinzugerechnet wird.

Der Durchschnittsbetrag der pauschal zu besteuernden Bezüge ist auf den nächsten durch **216 ohne Rest teilbaren Euro-Betrag aufzurunden** (R 40.1 Abs. 3 Satz 7 zweiter Halbsatz LStR)[2].

Für die Berechnung der Lohnsteuer nach der Jahrestabelle gilt für die drei Gruppen von Arbeitnehmern Folgendes:
- für die **Gruppe a)** ist die Steuerklasse **I** maßgebend;
- für die **Gruppe b)** ist die Steuerklasse **III** maßgebend;
- für die **Gruppe c)** ist die Steuerklasse **V** maßgebend.

Seit 1.1.2010 gibt es nicht nur eine ungekürzte und eine gekürzte Vorsorgepauschale, sondern auch eine ganze Reihe von **Mischformen.** In den Lohnsteuer-Richtlinien ist deshalb festgelegt worden, dass die Lohnsteuer für die drei Gruppen von Arbeitnehmern **stets mit der vollen Vorsorgepauschale** für sozialversicherungspflichtige Arbeitnehmer zu berechnen ist, und zwar in allen für die drei Gruppen geltenden Steuerklassen (= Steuerklasse I, III und V). Ob der Arbeitnehmer in der Pflegeversicherung einen Beitragszuschlag für Kinderlose zahlt oder nicht, ist ohne Bedeutung, das heißt der Beitragszuschlag für Kinderlose bleibt bei der Berechnung der maßgebenden Vorsorgepauschale außer Betracht.[3] Auch individuelle Verhältnisse eines Arbeitnehmers aufgrund des Faktorverfahrens (vgl. dieses Stichwort) bleiben unberücksichtigt (R 40.1 Abs. 3 Satz 2 LStR). Seit 1.1.2015 gibt es Zusatzbeiträge zur gesetzlichen Krankenversicherung, die von den einzelnen Kassen unterschiedlich festgesetzt werden.

Lohn-steuer-pflichtig | Sozial-versich.-pflichtig

Außerdem kann sich der Zusatzbeitrag im Laufe eines Kalenderjahres ändern. Bei der Berechnung des Durchschnittssteuersatzes nach § 40 Absatz 1 EStG i. V. m. R 40.1 LStR kann der Arbeitgeber aus Vereinfachungsgründen beim Teilbetrag der Vorsorgepauschale für die gesetzliche Krankenversicherung den durchschnittlichen Zusatzbeitragssatz nach § 242a SGB V zugrunde legen. Bei der Pauschalierung der Lohnsteuer im Rahmen einer Lohnsteuer-Außenprüfung nach Ablauf des Kalenderjahres ist der **zuletzt im jeweiligen Kalenderjahr geltende Zusatzbeitragssatz** maßgebend.

Durch Multiplikation der Steuerbeträge mit der Zahl der in der entsprechenden Gruppe erfassten Arbeitnehmer und Division der sich hiernach ergebenden Summe der Steuerbeträge durch die Gesamtzahl der Arbeitnehmer und den gerundeten Durchschnittsbetrag der pauschal zu besteuernden Bezüge ist hiernach die durchschnittliche Steuerbelastung zu berechnen, der die pauschal zu besteuernden Bezüge unterliegen.

Das Finanzamt hat den Pauschsteuersatz nach dieser Steuerbelastung so zu berechnen, dass unter Berücksichtigung der Übernahme der pauschalen Lohnsteuer durch den Arbeitgeber insgesamt nicht zu wenig Lohnsteuer erhoben wird **(= Umrechnung des Bruttosteuersatzes in einen Nettosteuersatz** vgl. § 40 Abs. 1 Satz 2 EStG). Die Prozentsätze der durchschnittlichen Steuerbelastung und des Pauschsteuersatzes sind mit **einer Dezimalstelle** anzusetzen, das heißt, die nachfolgenden Dezimalstellen entfallen zugunsten des Arbeitgebers (R 40.1 Abs. 3 Satz 10 LStR).

Die Ermittlung eines besonderen Pauschsteuersatzes soll an folgendem Beispiel verdeutlicht werden:

Beispiel

Der Arbeitgeber ermittelt für 30 sozialversicherungspflichtige Arbeitnehmer im Kalenderjahr 2021 den durchschnittlichen Betrag der pauschal zu besteuernden sonstigen Bezüge mit 375 € (vgl. die Berechnung des Durchschnittsbetrags im Beispiel B unter dem vorstehenden Buchstaben a). Der Durchschnittsbetrag von 375 € ist auf den nächsten durch 216 ohne Rest teilbaren Euro-Betrag aufzurunden; dies sind 432 €. Die Zahl der betroffenen Arbeitnehmer beträgt:

a) in den Steuerklassen I, II und IV mit 15,

b) in der Steuerklasse III mit 12 und

c) in den Steuerklassen V und VI mit 3.

1) Der Arbeitgeber **kann** die dargestellte Einteilung in drei Gruppen, die in R 40.1 Abs. 3 Satz 1 Nr. 2 LStR festgelegt ist, seiner Ermittlung des Pauschsteuersatzes zugrunde legen. Er kann aber auch eine noch detaillierte Aufgliederung vornehmen, wenn dies zu einem für ihn günstigeren Ergebnis führt.

2) Durch die Lohnsteuer-Richtlinien 2005 war das Aufrunden auf den nächsten durch 216 ohne Rest teilbaren Euro-Betrag abgeschafft worden. Seit 1.1.2008 ist wieder auf den nächsten durch 216 ohne Rest teilbaren Euro-Betrag aufzurunden. Die Abschaffung der Rundungsvorschrift durch die Lohnsteuer-Richtlinien 2005 war mit der Einführung des stufenlosen Tarifs begründet worden. Denn der Betrag von 216 € stellt das kleinste gemeinsame Vielfache aller möglichen Tabellensprünge des damaligen Stufentarifs dar – ausgehend von 36-€-Sprüngen. Bei der Abschaffung der Rundungsvorschrift wurde allerdings außer Acht gelassen, dass auch der „stufenlose" Tarif Sprünge aufweist, und zwar bedingt durch die in den Lohnsteuertarif eingearbeitete Vorsorgepauschale. Zu den sich bei der Vorsorgepauschale ergebenden Sprüngen, die zwischen 5 € und ca. 50 € liegen können, wird auf die Erläuterungen zur Vorsorgepauschale in Anhang 8 hingewiesen. Ohne Rundungsvorschrift können sich bei einer Pauschalierung der Lohnsteuer mit einem besonders ermittelten Pauschsteuersatz insbesondere bei sehr geringen pauschal zu besteuernden sonstigen Bezügen **ungerechtfertigt hohe Prozentsätze** ergeben. Deshalb wurde wieder eine Rundungsvorschrift eingeführt, wobei – wohl aus Vereinfachungsgründen – der „alte" Betrag von 216 € genommen wurde. Da die Wiedereinführung der Rundungsvorschrift als „Vergünstigung" gedacht ist, muss u. E. eine Aufrundung auf den nächsten durch 216 ohne Rest teilbaren Betrag dann unterbleiben, wenn dies zu einem höheren Pauschsteuersatz führen würde.

3) Seit 1.1.2010 ist die Lohnsteuer bei der Berücksichtigung von Kindern geringfügig **höher** als bei Arbeitnehmern ohne Kinder. Die Ursache hierfür ist nicht ein unterschiedlicher Lohnsteuertarif, sondern die Vorsorgepauschale, die bei Arbeitnehmern ohne Kinder durch den bei der Pflegeversicherung anfallenden Beitragszuschlag für Kinderlose höher ist als bei Arbeitnehmern mit Kindern. Diese höheren Beiträge zur Pflegeversicherung wirken sich über die Vorsorgepauschale bei der Berechnung der Lohnsteuer steuermindernd aus. Bei der Berechnung eines Pauschsteuersatzes bleibt diese geringfügige Steuerminderung außer Betracht.

P

Lohn-steuer-pflichtig	Sozial-versich.-pflichtig

Der Arbeitgeber errechnet aufgrund der Eintragungen in den **Lohnkonten des Vorjahres** die Summe der Jahresarbeitslöhne der betroffenen Arbeitnehmer unter Abzug aller aufgrund der individuellen Lohnsteuerabzugsmerkmale der betroffenen Arbeitnehmer geltenden Jahresfreibeträge mit 900 000 €.

Dies ergibt einen durchschnittlichen Jahresarbeitslohn von (900 000 € : 30 Arbeitnehmer =) 30 000 €.

Die Erhöhung des durchschnittlichen Jahresarbeitslohns in Höhe von 30 000 € um den auf 432 € aufgerundeten Durchschnittsbetrag der pauschal zu versteuernden Bezüge ergibt folgende Steuerbeträge:

a) Jahreslohnsteuer nach Steuerklasse I vom durchschnittlichen Jahresarbeitslohn (30 000 €)	3 309,– €
Jahreslohnsteuer nach Steuerklasse I vom durchschnittlichen Jahresarbeitslohn einschließlich 432 € (30 432 €)	3 409,– €
Differenz	100,– €
b) Jahreslohnsteuer nach Steuerklasse III vom durchschnittlichen Jahresarbeitslohn (30 000 €)	662,– €
Jahreslohnsteuer nach Steuerklasse III vom durchschnittlichen Jahresarbeitslohn einschließlich 432 € (30 432 €)	736,– €
Differenz	74,– €
c) Jahreslohnsteuer nach Steuerklasse V vom durchschnittlichen Jahresarbeitslohn (30 000 €)	6 628,– €
Jahreslohnsteuer nach Steuerklasse V vom durchschnittlichen Jahresarbeitslohn einschließlich 432 € (30 432 €)	6 766,– €
Differenz	138,– €

Die durchschnittliche Steuerbelastung der pauschal zu versteuernden Bezüge errechnet sich hiernach wie folgt:

Steuerklassen Gruppe	Zahl der Arbeitnehmer	Differenzbetrag	insgesamt
a)	15	100,– €	1 500,– €
b)	12	74,– €	888,– €
c)	3	138,– €	414,– €
Summe der Steuerbelastungen			2 802,– €

Die Gesamtsumme der auf 432 € aufgerundeten sonstigen Bezüge beträgt:

432 € für 30 Arbeitnehmer	= 12 960,– €	
hierauf entfallende Steuerbelastung	= 2 802,– €	
	= 21,620 %	
abgerundet	= 21,6 %	(Bruttosteuersatz)

Der Pauschsteuersatz beträgt unter Berücksichtigung der Übernahme der pauschalen Lohnsteuer durch den Arbeitgeber:

$$\frac{100 \times 21{,}6\ \%}{100 - 21{,}6\ \%} = 27{,}5510\ \%$$

abgerundet = 27,5 % (Nettosteuersatz).

Sowohl der Bruttosteuersatz als auch der Nettosteuersatz sind nur mit **einer** Dezimalstelle anzusetzen; die weiteren Dezimalstellen entfallen zugunsten des Arbeitgebers (R 40.1 Abs. 3 Satz 10 LStR).

P

Die pauschale Lohnsteuer für die sonstigen Bezüge beträgt demnach:

375 € × 30 Arbeitnehmer	=	11 250,– €
27,5 % von 11 250 €	=	3 093,75 €
Der Solidaritätszuschlag beträgt 5,5 % von 3093,75 €	=	170,15 €
Die pauschalierte Kirchensteuer beträgt (z. B. in Bayern) 7 % von 3093,75 €	=	216,56 €

Sowohl die Übernahme der Kirchensteuer als auch die Übernahme des Solidaritätszuschlags durch den Arbeitgeber wäre an sich wiederum ein geldwerter Vorteil. Durch bundeseinheitliche Verwaltungsanweisungen ist jedoch angeordnet worden, dass dieser geldwerte Vorteil aus Vereinfachungsgründen außer Ansatz bleibt (vgl. die Erläuterungen zur Kirchensteuer und zum Solidaritätszuschlag unter den nachfolgenden Buchstaben c und d).

Die pauschal zu besteuernden sonstigen Bezüge unterliegen als einmalig gezahltes Arbeitsentgelt der Beitragspflicht in der Sozialversicherung. Übernimmt der Arbeitgeber auch den Arbeitnehmeranteil zur Sozialversicherung, liegt hierin ein geldwerter Vorteil, der wiederum steuerlich zu erfassen ist (zur Berechnung vgl. das Beispiel B unter dem vorstehenden Buchstaben a).

Die pauschale Lohnsteuer (= 3093,75 €), der Solidaritätszuschlag (170,15 €) und die pauschale Kirchensteuer (216,56 €) unterliegen **nicht** der Beitragspflicht in der Sozialversicherung.

Weiter ist zu beachten, dass der pauschal besteuerte Arbeitslohn sowie die pauschale Lohn- und Kirchensteuer (und auch der Solidaritätszuschlag) bei einer Veranlagung des Arbeitnehmers zur Einkommensteuer außer Ansatz bleiben. Diese Beträge dürfen deshalb in die Lohnsteuerbescheinigung des Arbeitnehmers **nicht** eingetragen werden (vgl. „Lohnsteuerbescheinigung“).

Lohn-steuer-pflichtig	Sozial-versich.-pflichtig

c) Pauschalierung der Kirchensteuer

Ist der Arbeitgeber zur Pauschalierung und damit zur Übernahme der Lohnsteuer als Steuerschuldner bereit, dann ist er auch verpflichtet, eine pauschale Kirchensteuer zu übernehmen. Für die pauschale Kirchensteuer sind in den einzelnen Ländern unterschiedlich hohe Sätze festgesetzt (vgl. Stichwort „Kirchensteuer“ unter Nr. 10 Buchstabe b auf Seite 617). Bemessungsgrundlage für die pauschale Kirchensteuer ist die pauschale Lohnsteuer. Die Übernahme der Kirchensteuer ist an sich ebenso ein geldwerter Vorteil wie die Übernahme der pauschalen Lohnsteuer oder der Sozialversicherungsbeiträge. Durch bundeseinheitliche Verwaltungsanweisung[1] hat die Finanzverwaltung jedoch angeordnet, dass in den Fällen, in denen Arbeitslohn zu Lasten des Arbeitgebers mit einem Pauschsteuersatz besteuert wird, die Kirchensteuer (aus Vereinfachungsgründen) dem zu versteuernden Betrag nicht hinzuzurechnen ist.

Wenn der Arbeitgeber nachweist, dass ein Teil der von der Lohnsteuerpauschalierung betroffenen Arbeitnehmer keiner kirchensteuerberechtigten Religionsgemeinschaft angehört (der Nachweis wird durch die gebildeten individuellen Lohnsteuerabzugsmerkmale dieser Arbeitnehmer erbracht; die Kirchensteuermerkmale sind aus dem Lohnkonto ersichtlich, da sie in das Lohnkonto zu übernehmen sind), entfällt für die nicht kirchensteuerpflichtigen Arbeitnehmer die Erhebung der pauschalen Kirchensteuer. Für die übrigen Arbeitnehmer ist die Kirchensteuer jedoch mit dem **Regel**kirchensteuersatz **(8 %** oder **9 %)** zu berechnen.

Kann der Arbeitgeber die auf den einzelnen kirchensteuerpflichtigen Arbeitnehmer entfallende pauschale Lohnsteuer nicht ermitteln, kann er aus Vereinfachungsgründen die gesamte pauschale Lohnsteuer im Verhältnis der kirchensteuerpflichtigen zu den nicht kirchensteuerpflichtigen Arbeitnehmern aufteilen.

Beispiel

Die pauschale Lohnsteuer beträgt in dem unter dem vorstehenden Buchstaben b aufgeführten Beispiel für 30 Arbeitnehmer 3093,75 €. Weist der Arbeitgeber nach, dass von diesen 30 Arbeitnehmern 10 keiner kirchensteuerberechtigten Religionsgemeinschaft angehören, ergibt sich folgende Berechnung der pauschalen Kirchensteuer:

Auf die 20 kirchensteuerpflichtigen Arbeitnehmer entfällt eine anteilige pauschale Lohnsteuer in Höhe von $^{20}/_{30}$ von 3093,75 €	=	2 062,50 €
die pauschale Kirchensteuer hierfür beträgt bei einem Regelkirchensteuersatz von (z. B. in Bayern) 8 %	=	165,– €.

Der Arbeitgeber kann aber auch aus Vereinfachungsgründen auf die oben dargestellte Nachweisführung verzichten und stattdessen auf die gesamte pauschale Lohnsteuer den niedrigeren pauschalen Kirchensteuersatz (z. B. in Bayern 7 %) anwenden. Dies gilt auch dann, wenn feststeht, dass die pauschalierte Lohnsteuer ausschließlich auf kirchensteuerpflichtige Arbeitnehmer entfällt.

Wegen weiterer Einzelheiten wird auf die Ausführungen beim Stichwort „Kirchensteuer“ unter Nr. 10 auf Seite 617 hingewiesen.

d) Erhebung des Solidaritätszuschlags

Wird die Lohnsteuer pauschaliert, beträgt der Solidaritätszuschlag auch ab dem 1.1.2021 weiterhin **stets 5,5 % der pauschalen Lohnsteuer.**

Die Übernahme des Solidaritätszuschlags ist ebenso ein geldwerter Vorteil wie die Übernahme der pauschalen Lohnsteuer oder der Sozialversicherungsbeiträge. Durch

1) Bundeseinheitlich geltende Regelung, für Bayern bekannt gegeben mit Schreiben des Bayer. Staatsministeriums der Finanzen vom 15.6.2011 (Az.: 34 – S 2370 – 014 – 21480/11). Das Schreiben ist als Anlage 1 zu H 40.1 LStR im **Steuerhandbuch für das Lohnbüro 2021** abgedruckt, das im selben Verlag erschienen ist.

Lohn-steuer-pflichtig Sozial-versich.-pflichtig

bundeseinheitliche Verwaltungsanweisung[1] hat die Finanzverwaltung jedoch angeordnet, dass in den Fällen, in denen Arbeitslohn zu Lasten des Arbeitgebers mit einem Pauschsteuersatz besteuert wird, der Solidaritätszuschlag (aus Vereinfachungsgründen) dem zu versteuernden Betrag nicht hinzuzurechnen ist.

e) Auswirkung der Pauschalbesteuerung mit einem besonders ermittelten Pauschsteuersatz auf die Sozialversicherung

Sonstige Bezüge, die auf Antrag des Arbeitgebers mit einem **besonders errechneten** Pauschsteuersatz besteuert werden, sind im Normalfall dem sozialversicherungspflichtigen Arbeitsentgelt zuzurechnen. Denn nach dem Wortlaut der Sozialversicherungsentgeltverordnung (§ 1 Abs. 1 Satz 1 Nr. 2 SvEV[2]) kann durch eine Pauschalierung der Lohnsteuer mit einem besonders errechneten Pauschsteuersatz (§ 40 Abs. 1 Satz 1 Nr. 1 EStG) die Beitragsfreiheit sonstiger Bezüge nur dann erreicht werden, wenn es sich **nicht** um einmalig gezahltes Arbeitsentgelt handelt. Da sich der steuerliche Begriff der sonstigen Bezüge im Normalfall mit dem sozialversicherungsrechtlichen Begriff der einmaligen Zuwendung deckt, kann dieser Fall nur ausnahmsweise eintreten.

Hierzu hat das Bundessozialgericht (BSG) durch Urteile vom 7.2.2002 – B 12 KR 6/01 R und B 12 KR 12/01 R – entschieden, dass die geldwerten Vorteile für „freie oder verbilligte Flüge" sowie für „kostenlose Kontoführung" einmalig gezahltes Arbeitsentgelt darstellen (§ 23a Abs. 1 SGB IV) und deshalb ungeachtet einer Pauschalierung mit einem besonders errechneten Steuersatz (§ 40 Abs. 1 Satz 1 Nr. 1 EStG) zum Arbeitsentgelt im Sinne der Sozialversicherung gehören. Denn nach § 1 Abs. 1 Satz 1 Nr. 2 SvEV[2] würden nur laufende Bezüge, die pauschal besteuert werden, beitragsfrei bleiben.

Der Gesetzgeber hat die Rechtsprechung des Bundessozialgerichts zum Anlass genommen und den sozialversicherungsrechtlichen Begriff der einmaligen Zuwendungen gesetzlich definiert. § 23a Abs. 1 Sätze 1 und 2 SGB IV lauten:

„Einmalig gezahltes Arbeitsentgelt sind Zuwendungen, die dem Arbeitsentgelt zuzurechnen sind und nicht für die Arbeit in einem einzelnen Entgeltabrechnungszeitraum gezahlt werden. Als einmalig gezahltes Arbeitsentgelt **gelten nicht** Zuwendungen nach Satz 1, wenn sie

1. üblicherweise zur **Abgeltung bestimmter Aufwendungen** des Beschäftigten, die auch im Zusammenhang mit der Beschäftigung stehen,[3]
2. als **Waren oder Dienstleistungen,** die vom Arbeitgeber nicht überwiegend für den Bedarf seiner Beschäftigten hergestellt, vertrieben oder erbracht werden und **monatlich** in Anspruch genommen werden können,[4]
3. als **sonstige Sachbezüge,** die monatlich gewährt werden oder
4. als vermögenswirksame Leistungen

vom Arbeitgeber erbracht werden."

Mit dieser Regelung wird erreicht, dass bestimmte Leistungen des Arbeitgebers unter Beibehaltung der bisherigen praktischen Handhabung durch die Sozialversicherungsträger entgegen der Rechtsprechung des Bundessozialgerichts (Urteile des BSG vom 7.2.2002 – B 12 KR 6/01 R und B 12 KR 12/01 R –, USK 2002-1 und USK 2002-2) nicht als einmalig gezahltes Arbeitsentgelt **gelten.** Das bedeutet, dass diese Zuwendungen beitragsfrei bleiben, wenn die Lohnsteuer mit einem besonders ermittelten Pauschsteuersatz nach § 40 Abs. 1 Nr. 1 EStG pauschaliert wird. Damit wird unnötiger verwaltungsmäßiger Mehraufwand auf Arbeitgeberseite vermieden. Insbesondere kostenfreie Kontenführung und erstattete Kontoführungsgebühren (§ 23a Abs. 1 Satz 2 Nr. 1 SGB IV) bleiben somit weiterhin im Rahmen der Regelungen der Sozialversicherungsentgeltverordnung beitragsfrei. Ebenso zählen Belegschaftsrabatte einschließlich freier oder verbilligter Flugreisen zum laufenden Arbeitsentgelt (§ 23a Abs. 1 Satz 2 Nr. 2 SGB IV), wenn sie den Mitarbeitern monatlich zufließen.

Lohn-steuer-pflichtig Sozial-versich.-pflichtig

Im Übrigen tritt die Beitragsfreiheit nach § 1 Abs. 1 Satz 1 Nr. 2 SvEV[2] nur dann ein, wenn **laufendes** Arbeitsentgelt auf Antrag des Arbeitgebers mit einem besonders ermittelten Pauschsteuersatz nach § 40 Abs. 1 Satz 1 Nr. 1 EStG pauschal besteuert worden ist. Eine Pauschalierung der Lohnsteuer nach § 40 Abs. 1 Satz 1 Nr. 1 EStG ist jedoch nur für **sonstige Bezüge** zulässig. Beitragsfreiheit kann deshalb über eine Pauschalierung der Lohnsteuer nach § 40 Abs. 1 Satz 1 Nr. 1 EStG nur für diejenigen Lohnbestandteile erreicht werden, die **lohnsteuerlich** zu den sonstigen Bezügen (R 39b.2 Abs. 2 LStR) gehören, sozialversicherungsrechtlich jedoch laufendes Arbeitsentgelt sind oder nach der Sonderregelung in § 23a Abs. 1 Satz 2 SGB IV nicht als einmalige Zuwendungen **gelten.** Dies werden in der Praxis nicht allzu viele Fälle sein.

Beispiel A

In einer Firma haben 25 Arbeitnehmer im Juli an einem wichtigen Projekt mitgearbeitet. Für die gute Arbeit im Juli erhält jeder der 25 Arbeitnehmer im August eine Prämie von 150 €. Der Gesamtbetrag von (150 € × 25 =) 3750 € wird auf Antrag des Arbeitgebers nach § 40 Abs. 1 Satz 1 Nr. 1 EStG pauschal besteuert. Sozialversicherungsrechtlich handelt es sich um **laufendes Arbeitsentgelt,** da die Prämie für die im Juli geleistete Arbeit bezahlt wird. Durch die Pauschalierung der Lohnsteuer nach § 40 Abs. 1 Satz 1 Nr. 1 EStG tritt für dieses laufende Arbeitsentgelt Beitragsfreiheit nach § 1 Abs. 1 Satz 1 Nr. 2 SvEV[2] ein.

Die Spitzenorganisationen der Sozialversicherung haben früher die Auffassung vertreten, dass zu den sonstigen Sachbezügen im Sinne des § 23a Abs. 1 Satz 2 Nr. 3 SGB IV nur laufende Vergünstigungen, wie z. B. Dienstwagen oder Dienstwohnungen, zählen. Zuwendungen des Arbeitgebers zu besonderen Anlässen, z. B. wegen besonderer Leistungen oder eines Jubiläums des Arbeitnehmers, waren von dieser Regelung nicht erfasst und somit einmalig gezahltes Arbeitsentgelt. Die Pauschalbesteuerung dieser einmaligen Zuwendungen führte demnach früher nicht zur Beitragsfreiheit. Das Bundessozialgericht ist dieser Sichtweise jedoch nicht gefolgt. Es hat in seinem Urteil vom 31.10.2012 – B 12 R 15/11 R – (USK 2012-142) ausgeführt, dass § 23a Abs. 1 Satz 2 Nr. 3 SGB IV nicht zwingend voraussetzt, dass die (pauschal besteuerten) sonstigen Sachbezüge als laufende Vergünstigungen regelmäßig oder wiederholt gewährt werden müssen. Bereits dem Wortlaut des § 23a Abs. 1 Satz 2 Nr. 3 SGB IV ist eine Einschränkung dahin, dass nur sonstige Sachbezüge von der Beitragspflicht ausgenommen sein sollen, die dem Beschäftigten laufend bzw. wiederholt gewährt werden, nicht zu entnehmen.

Die Spitzenorganisationen der Sozialversicherung kamen anlässlich ihrer Besprechung zu Fragen des gemeinsamen Beitragseinzugs am 20./21.11.2013 überein, den Grundsätzen dieses Urteils zur beitragsrechtlichen Behandlung von pauschal besteuerten sonstigen Sachzuwendungen zu folgen. Danach sollten die nicht als einmalig gezahltes Arbeitsentgelt geltenden sonstigen Sachbezüge im Sinne von § 23a Abs. 1 Satz 2 Nr. 3 SGB IV – ohne dass sie fortlaufend oder wiederholt gewährt werden müssen – bei pauschaler Besteuerung nach § 40 Abs. 1 Satz 1 Nr. 1 EStG dem beitragspflichtigen Arbeitsentgelt nicht zuzurechnen sein. Die vorherige anderslautende Auffassung wurde aufgegeben. Die geänderte Rechtsauffassung sollte seit der Verkündung des Urteils am 31.10.2012 Anwendung finden.

P

1) Bundeseinheitlich geltende Regelung, für Bayern bekannt gegeben mit Schreiben des Bayer. Staatsministeriums der Finanzen vom 15.6.2011 (Az.: 34 – S 2370 – 014 – 21480/11). Das Schreiben ist als Anlage 1 zu H 40.1 LStR im **Steuerhandbuch für das Lohnbüro 2021** abgedruckt, das im selben Verlag erschienen ist.

2) Die Sozialversicherungsentgeltverordnung (SvEV) ist als Anhang 2 im **Steuerhandbuch für das Lohnbüro 2021** abgedruckt, das im selben Verlag erschienen ist.

3) Z. B. vom Arbeitgeber erstattete Kontoführungsgebühren.

4) Z. B. Belegschaftsrabatte.

Lohn-steuer-pflichtig	Sozial-versich.-pflichtig

Die Beitragsfreiheit der sonstigen Sachbezüge ist durch das Fünfte Gesetz zur Änderung des Vierten Buches Sozialgesetzbuch und anderer Gesetze (BGBl. 2015 I S. 583, 584) eingeschränkt worden. Nach § 23a Abs. 1 Satz 2 Nr. 3 SGB IV i.d.F. ab 22.4.2015 sind sonstige Sachbezüge nur dann nicht einmalig gezahltes Arbeitsentgelt, wenn sie monatlich gewährt werden. Aus der Gesetzesbegründung ergibt sich zwar, dass es sich bei der Änderung im § 23a Abs. 1 Satz 2 Nr. 3 SGB IV um eine „klarstellende Ergänzung" handelt (BT-Drs. 18/3699 S. 31). Rechtstechnisch ist die Gesetzesänderung aufgrund der vorherigen BSG-Rechtsprechung jedoch als Neuregelung zu beurteilen, die keine Rückwirkung entfaltet. Dies bedeutet, dass erst für Entgeltabrechnungszeiträume ab 22.4.2015 nur noch laufende Vergünstigungen des Arbeitgebers, die als sonstige Sachbezüge gewährt und pauschal besteuert werden, nicht als einmalig gezahltes Arbeitsentgelt zu beurteilen und damit beitragsfrei zu stellen sind.

Einmalig gewährte sonstige Sachbezüge werden für Entgeltabrechnungszeiträume ab 22.4.2015 nicht mehr von § 23a Abs. 1 Satz 2 Nr. 3 SGB IV erfasst und sind somit unabhängig von einer Pauschalbesteuerung nach § 40 Abs. 1 Satz 1 Nr. 1 EStG als einmalig gezahltes beitragspflichtiges Arbeitsentgelt zu beurteilen.

Ein weiterer Ausnahmefall, in dem es sich lohnsteuerlich um einen sonstigen Bezug handelt, sozialversicherungsrechtlich aber laufendes Arbeitsentgelt vorliegt, tritt häufig bei der **Nachzahlung von laufendem Arbeitslohn** auf, und zwar aus folgenden Gründen:

Lohnsteuerlich gehört die Nachzahlung von laufendem Arbeitslohn **stets zu den sonstigen Bezügen,** wenn sich

- die Nachzahlung ausschließlich auf bereits abgelaufene Kalenderjahre bezieht, oder
- die Nachzahlung **zum Teil** das laufende Kalenderjahr und zum Teil bereits abgelaufene Kalenderjahre betrifft.

Bezieht sich also die Nachzahlung von laufendem Arbeitslohn ganz oder zum Teil auf bereits abgelaufene Kalenderjahre, ist der **Gesamtbetrag** der Nachzahlung lohnsteuerlich ein sonstiger Bezug mit der Folge, dass der Arbeitgeber hierfür die Besteuerung mit einem besonders ermittelten Pauschsteuersatz beantragen kann, wenn die vorstehend dargestellten Pauschalierungsvoraussetzungen vorliegen (= größere Zahl von Fällen, Beachtung der 1000-Euro-Grenze). Diese Pauschalierung mit einem besonders ermittelten Pauschsteuersatz nach § 40 Abs. 1 Satz 1 Nr. 1 EStG löst Beitragsfreiheit in der Sozialversicherung aus, da es sich bei den pauschal besteuerten Lohnnachzahlungen nicht um einmalig gezahltes Arbeitsentgelt im Sinne der Sozialversicherung handelt. Denn die Nachzahlung von **laufendem** Arbeitslohn gehört beitragsrechtlich stets zum laufenden Arbeitsentgelt ohne Rücksicht darauf, ob die Nachzahlung nur das laufende Kalenderjahr oder auch die Vorjahre betrifft (vgl. hierzu auch die Ausführungen beim Stichwort „Nachzahlung von laufendem Arbeitslohn").

Beispiel B

Ein Arbeitgeber zahlt für 100 Arbeitnehmer im Februar 2021 laufenden Arbeitslohn für die Monate November und Dezember 2020 sowie Januar 2021 nach. Die nachgezahlten Beträge liegen zwischen 50 € und 150 €. Lohnsteuerlich handelt es sich um sonstige Bezüge, da ein Teilbetrag der Nachzahlung das abgelaufene Kalenderjahr betrifft. Beitragsrechtlich liegt laufendes Arbeitsentgelt vor, das normalerweise durch Aufrollen der bereits abgelaufenen Lohnabrechnungszeiträume der Beitragspflicht zu unterwerfen ist.

Der Arbeitgeber kann jedoch – da es sich lohnsteuerlich um sonstige Bezüge handelt, die in einer Mehrzahl von Fällen gewährt werden – unter Beachtung der 1000-Euro-Grenze die Besteuerung mit einem besonders ermittelten Pauschsteuersatz beantragen. Diese Pauschalierung löst Beitragsfreiheit nach § 1 Abs. 1 Satz 1 Nr. 2 SvEV[1] aus, da es sich bei den pauschal besteuerten Beträgen **nicht** um einmalig gezahltes Arbeitsentgelt im Sinne des § 23a SGB IV, sondern um laufenden Arbeitslohn handelt.

Lohn-steuer-pflichtig	Sozial-versich.-pflichtig

Die Pauschalierung nach § 40 Abs. 1 Satz 1 Nr. 1 EStG mit einem **besonders ermittelten Pauschsteuersatz** löst somit nur in Ausnahmefällen Beitragsfreiheit aus. Im Normalfall ist der pauschal besteuerte sonstige Bezug **als einmalige Zuwendung beitragspflichtig.** Die Berechnung der Sozialversicherungsbeiträge für einmalige Zuwendungen ist bei diesem Stichwort dargestellt. Übernimmt der Arbeitgeber bei einer Pauschalierung der Lohnsteuer mit einem besonders ermittelten Pauschsteuersatz die auf den pauschal besteuerten sonstigen Bezug entfallenden Arbeitnehmeranteile zur Sozialversicherung, ist dies ein **geldwerter Vorteil, der pauschal zu besteuern** und **bei der 1000-Euro-Grenze zu berücksichtigen** ist (zur Berechnung vgl. das Beispiel B unter dem vorstehenden Buchstaben a).

f) Auswirkung der Pauschalbesteuerung mit einem festen Pauschsteuersatz auf die Sozialversicherung

Im Gegensatz zur Pauschalierung mit einem besonders ermittelten Pauschsteuersatz sind diejenigen Bezüge stets sozialversicherungsfrei, die mit einem **festen** Pauschsteuersatz von 15 % oder 25 % nach § 40 Abs. 2 EStG pauschal besteuert werden. Diese Pauschalierungsmöglichkeiten sind bei folgenden Stichworten erläutert:

- **Mahlzeiten** (Pauschsteuersatz **25 %**);
- **Betriebsveranstaltungen** (Pauschsteuersatz **25 %**);
- **Erholungsbeihilfen** (Pauschsteuersatz **25 %**);
- **Reisekosten**, soweit es sich um steuerpflichtigen Ersatz von Verpflegungskosten handelt (Pauschsteuersatz **25 %**);
- **Computerübereignung** und Barzuschüsse zur Internetnutzung (Pauschsteuersatz **25 %**);
- **Elektrofahrzeuge** der Arbeitnehmer, bei Übereignung der Ladevorrichtung und entsprechenden Arbeitgeberzuschüssen (Pauschsteuersatz **25 %**);
- **Fahrradübereignung** (Pauschsteuersatz **25 %**; vgl. das Stichwort „Elektro-Bike")
- **Fahrtkostenzuschüsse** für Fahrten zwischen Wohnung und erster Tätigkeitsstätte mit Anrechnung auf die Entfernungspauschale (Pauschsteuersatz **15 %**);
- **Fahrtkostenzuschüsse** für Fahrten zwischen Wohnung und erster Tätigkeitsstätte ohne Anrechnung auf die Entfernungspauschale (Pauschsteuersatz **25 %**).

Bei einer Pauschalierung der Lohnsteuer für Beiträge zu Direktversicherungen oder Pensionskassen mit einem Pauschsteuersatz von 20 % nach § 40b EStG alter Fassung **(sog. Altfälle)** tritt Sozialversicherungsfreiheit jedoch nur dann ein, wenn

- der Arbeitgeber die Direktversicherungsbeiträge oder Zuwendungen an Pensionskassen **zusätzlich** zum (laufenden) Arbeitsentgelt zahlt **oder**
- die Direktversicherungsbeiträge oder Zuwendungen an Pensionskassen **aus Einmalzahlungen finanziert** werden (vgl. die Erläuterungen beim Stichwort „Zukunftsicherung" unter Nr. 22).

Seit dem 22. April 2015 ist **allein die Möglichkeit** der Pauschalbesteuerung **nicht mehr ausreichend** für die Beitragsfreiheit. Es ist vielmehr entscheidend, dass die Lohnsteuer tatsächlich durch den Arbeitgeber bzw. einen Dritten im bzw. für den jeweiligen Abrechnungszeitraum erhoben wurde. Das Arbeitsentgelt muss also im Abrechnungszeitraum **tatsächlich** pauschal besteuert werden (vgl. § 1 Abs. 1 Satz 2 SvEV[1] und das Besprechungsergebnis der Spitzenorganisationen der Sozialversicherung über Fragen des gemeinsamen Beitragseinzugs vom 20.4.2016 zu TOP 5). Vgl. auch die ausführlichen Erläuterungen am Ende der vorstehenden Nr. 1.

1) Die Sozialversicherungsentgeltverordnung (SvEV) ist als Anhang 2 im **Steuerhandbuch für das Lohnbüro 2021** abgedruckt, das im selben Verlag erschienen ist.

P

Lohn-steuer-pflichtig | Sozial-versich.-pflichtig

g) Auswirkung der Pauschalierung von Sachzuwendungen an Arbeitnehmer nach § 37b EStG auf die Sozialversicherung

Nach § 37b EStG können Arbeitgeber aus Vereinfachungsgründen **Sachzuwendungen an Arbeitnehmer** und Nichtarbeitnehmer bis zu einem Höchstbetrag von **10 000 €** mit **30 %** pauschal besteuern (z. B. Geschenke, Incentive-Reisen, VIP-Logen, Belohnungsessen). Obwohl die Pauschalierung mit einem festen Pauschsteuersatz erfolgt, löst diese Pauschalierung **keine Sozialversicherungsfreiheit** aus. Deshalb waren diese pauschal besteuerten Sachbezüge früher ausnahmslos sozialversicherungspflichtig und zwar auch dann, wenn sie nicht vom eigenen Arbeitgeber, sondern von einem Dritten gewährt wurden. Durch eine Änderung der Sozialversicherungsentgeltverordnung sind die nach § 37b EStG pauschal besteuerten Sachzuwendungen an Beschäftigte **Dritter** mit Wirkung vom 1.1.2009 an beitragsfrei gestellt worden. Die pauschal nach § 37b EStG besteuerten Sachzuwendungen an **eigene Arbeitnehmer** sind jedoch **weiterhin beitragspflichtig;** ebenso die pauschal besteuerten Sachzuwendungen an Arbeitnehmer **konzernverbundener Unternehmen** im Sinne des § 15 AktG oder § 271 HGB (vgl. § 1 Abs. 1 Satz 1 Nr. 14 SvEV[1]).

Bemessungsgrundlage für die Berechnung der Beiträge zur Sozialversicherung ist der für die Bemessung der Pauschalsteuer maßgebende geldwerte Vorteil der Sachzuwendung (vgl. hierzu die Erläuterungen beim Stichwort „Pauschalierung der Lohnsteuer für Belohnungsessen, Incentive-Reisen, VIP-Logen und ähnliche Sachbezüge" besonders unter Nr. 11).

3. Pauschalierung der Lohnsteuer bei Lohnsteuer-Außenprüfungen (§ 40 Abs. 1 Satz 1 Nr. 2 EStG)

a) Berechnung der Lohnsteuer

Wird die Lohnsteuer insbesondere bei Lohnsteuer-Außenprüfungen in einer größeren Zahl von Fällen vom Finanzamt nacherhoben, weil der Arbeitgeber die Lohnsteuer nicht vorschriftsmäßig einbehalten hat, ist eine Pauschalierung **ohne Berücksichtigung der 1000-Euro-Grenze** möglich. Außerdem ist es bei Pauschalierungen der Lohnsteuer durch die Lohnsteuer-Außenprüfung **nicht** erforderlich, dass es sich um **sonstige Bezüge** handelt. Im Rahmen einer Lohnsteuer-Außenprüfung kann deshalb auch die Lohnsteuer, die auf **laufenden** Arbeitslohn entfällt, mit einem Pauschsteuersatz nachgefordert werden. Die Höhe des Pauschsteuersatzes ermittelt das Finanzamt nach den gleichen Grundsätzen, wie sie für die Pauschalierung der Lohnsteuer mit einem besonderen Pauschsteuersatz auf Antrag des Arbeitgebers gelten. Die Berechnung des Pauschsteuersatzes ist unter der vorstehenden Nr. 2 Buchstabe b anhand eines Beispiels erläutert. Hat das Finanzamt den Pauschsteuersatz nach diesen Grundsätzen ermittelt, muss es den festgestellten **Bruttosteuersatz in einen Nettosteuersatz umrechnen.**

Die Umrechnung erfolgt nach folgender Formel:

$$\frac{100 \times \text{Bruttosteuersatz}}{100 - \text{Bruttosteuersatz}} = \text{Nettosteuersatz}$$

Tabelle der Nettosteuersätze:

Bruttosteuersatz	entspricht einem Nettosteuersatz von
14 %	16,2 %
15 %	17,6 %
16 %	19,0 %
17 %	20,4 %
18 %	21,9 %
19 %	23,4 %
20 %	25,0 %
21 %	26,5 %
22 %	28,2 %
23 %	29,8 %
24 %	31,5 %
25 %	33,3 %
26 %	35,1 %
27 %	36,9 %
28 %	38,8 %
29 %	40,8 %
30 %	42,8 %
31 %	44,9 %
32 %	47,0 %
33 %	49,2 %
34 %	51,5 %
35 %	53,8 %
36 %	56,2 %
37 %	58,7 %
38 %	61,2 %
39 %	63,9 %
40 %	66,6 %
41 %	69,4 %
42 %	72,4 %
43 %	75,4 %
44 %	78,5 %
45 %	81,8 %
46 %	85,1 %
47 %	88,6 %
48 %	92,3 %
49 %	96,0 %
50 %	100,0 %

Durch verschiedene Tarifreformen wurden die Eingangs- und Spitzensteuersätze reduziert (vgl. das Stichwort „Tarifaufbau"). Dementsprechend ermäßigt sich auch der niedrigste und höchstmögliche Nettosteuersatz in den einzelnen Jahren wie folgt:

	2000	2001	2002	2003	2004
Eingangssteuersatz	22,9 %	19,9 %	19,9 %	19,9 %	16,0 %
entsprechender Nettosteuersatz	29,7 %	24,8 %	24,8 %	24,8 %	19,0 %
Spitzensteuersatz	51,0 %	48,5 %	48,5 %	48,5 %	45,0 %
entsprechender Nettosteuersatz	104,0 %	94,1 %	94,1 %	94,1 %	81,8 %

	2005/2006	2007/2008	2009 bis 2021
Eingangssteuersatz	15,0 %	15,0 %	14,0 %
entsprechender Nettosteuersatz	17,6 %	17,6 %	16,2 %
Spitzensteuersatz	42,0 %	45,0 %	45,0 %
entsprechender Nettosteuersatz	72,4 %	81,8 %	81,8 %

Bei einer Pauschalierung der Lohnsteuer nach § 40 Abs. 1 Satz 1 Nr. 2 EStG im Anschluss an eine Lohnsteueraußenprüfung ist der geldwerte Vorteil, der durch die Übernahme der Lohnsteuer durch den Arbeitgeber entsteht (= Hochrechnung auf einen Nettosteuersatz), nicht nach den Verhältnissen im Zeitpunkt der Steuernachforderung zu versteuern. Vielmehr muss der für die pauschalierten Löhne nach den Verhältnissen der jeweiligen Zuflussjahre errechnete Bruttosteuersatz auf den Nettosteuersatz der Jahre hochgerechnet werden, **in denen die pauschalierten Löhne zugeflossen sind** und in denen die pauschale Lohnsteuer entsteht (Hinweise zu R 40.1 LStR, Stichwort „Entstehung der pauschalen Lohnsteuer"[2]).

Beispiel

Anlässlich einer Lohnsteuer-Außenprüfung im Jahre 2021 werden unversteuerte Bezüge festgestellt. Private Nutzung der Firmenwagen (Sachverhalt A): 2018 = 5000 €, 2019 = 6000 €, 2020 = 4000 €. Außerdem ist bestimmten Arbeitnehmern im April 2019 eine Tantieme (Sachverhalt B) von insgesamt 50 000 € und im April 2020 von ins-

1) Die Sozialversicherungsentgeltverordnung (SvEV) ist als Anhang 2 im **Steuerhandbuch für das Lohnbüro 2021** abgedruckt, das im selben Verlag erschienen ist.

2) Die amtlichen Hinweise zu den Lohnsteuer-Richtlinien sind im **Steuerhandbuch für das Lohnbüro 2021** abgedruckt, das im selben Verlag erschienen ist.

P

Lohn-steuer-pflichtig	Sozial-versich.-pflichtig

gesamt 150 000 € ohne Abzug von Lohnsteuer, Kirchensteuer und Solidaritätszuschlag gezahlt worden.

Der Arbeitgeber erklärt die Übernahme der auf die unversteuerten Bezüge entfallenden Abzugssteuern und beantragt deren Erhebung mit einem Pauschsteuersatz.

Der Prüfer errechnet in sinngemäßer Anwendung des Verfahrens, das anhand eines Beispiels unter der vorstehenden Nr. 2 Buchstabe b dargestellt ist, für die auf die einzelnen Kalenderjahre entfallende Lohnsteuer einen Bruttosteuersatz. Der Bruttosteuersatz wird für den Sachverhalt A mit 2018 = 26 %; 2019 = 27 % und 2020 = 30 % ermittelt. Für den Sachverhalt B beträgt er 2019 = 40 % und 2020 = 42 %.

Kalenderjahr	Bemessungsgrundlage	Bruttosteuersatz	Steuerbetrag
Sachverhalt A:			
2018	5 000,– €	26 %	1 300,– €
2019	6 000,– €	27 %	1 620,– €
2020	4 000,– €	30 %	1 200,– €
Sachverhalt B:			
2018	–	–	–
2019	50 000,– €	40 %	20 000,– €
2020	150 000,– €	42 %	63 000,– €
Gesamtsumme der Euro-Beträge			87 120,– €

Die Bruttosteuersätze sind im Zuflussjahr auf einen Nettosteuersatz hochzurechnen. Hiernach ergeben sich folgende Nettosteuersätze:

Bruttosteuersatz	Nettosteuersatz
26 %	35,1 %
27 %	36,9 %
30 %	42,8 %
40 %	66,6 %
42 %	72,4 %

Die nachzufordernde Lohnsteuer errechnet sich demnach wie folgt:

Kalenderjahr	Bemessungsgrundlage	Nettosteuersatz	Steuerbetrag
Sachverhalt A:			
2018	5 000,– €	35,1 %	1 755,– €
2019	6 000,– €	36,9 %	2 214,– €
2020	4 000,– €	42,8 %	1 712,– €
Sachverhalt B:			
2018	–	–	–
2019	50 000,– €	66,6 %	33 300,– €
2020	150 000,– €	72,4 %	108 600,– €
Gesamtsumme der Euro-Beträge			147 581,– €

Die pauschale Kirchensteuer beträgt 7 % von 147 581,– € = 10 330,67 €. Der Solidaritätszuschlag beträgt 5,5 % von 147 581,– € = 8116,95 €. Die Übernahme der Kirchensteuer und des Solidaritätszuschlags durch den Arbeitgeber wäre an sich wiederum ein geldwerter Vorteil. Durch bundeseinheitliche Verwaltungsanweisung[1] ist jedoch angeordnet worden, dass in den Fällen, in denen Arbeitslohn zu Lasten des Arbeitgebers mit einem Pauschsteuersatz nachversteuert wird, die Kirchensteuer und der Solidaritätszuschlag (aus Vereinfachungsgründen) dem zu versteuernden Betrag nicht hinzuzurechnen sind.

P

b) Solidaritätszuschlag

Der Solidaritätszuschlag wird bei Arbeitnehmern als prozentueller Zuschlag zur Lohnsteuer erhoben, wobei bei sonstigen Bezügen auf den Zeitpunkt des Zuflusses abzustellen ist und bei laufendem Arbeitslohn auf den Zeitpunkt, in dem der Lohnzahlungszeitraum endet. Der Solidaritätszuschlag beträgt im Falle der Pauschalierung der Lohnsteuer auch ab dem 1.1.2021 weiterhin unverändert **5,5 %** der pauschalen Lohnsteuer.

c) Kirchensteuer

Ist der Arbeitgeber zur Pauschalierung und damit zur Übernahme der Lohnsteuer als Steuerschuldner bereit, dann ist er auch verpflichtet, eine pauschale Kirchensteuer zu übernehmen. Für die pauschale Kirchensteuer sind in den einzelnen Ländern unterschiedlich hohe Sätze festgesetzt. Bemessungsgrundlage für die pauschale Kirchensteuer ist die pauschale Lohnsteuer. Ist nachweislich ein Teil der Arbeitnehmer nicht kirchensteuerpflichtig, können die auf diese Arbeitnehmer entfallenden pauschalen Lohnsteuerbeträge ausgeschieden werden. Für die kirchensteuerpflichtigen Arbeitnehmer ist in diesem Fall aber dann der Regelkirchensteuersatz (8 % oder 9 %) anzuwenden (vgl. die Erläuterungen beim Stichwort „Kirchensteuer" unter Nr. 10 auf Seite 617).

d) Verfahren bei der Nachholung von Steuern

Die Pauschalierung der Lohnsteuer nach § 40 Abs. 1 Satz 1 Nr. 2 EStG insbesondere im Anschluss an eine Lohnsteuer-Außenprüfung setzt einen entsprechenden **Antrag des Arbeitgebers** voraus. Dieser Antrag beinhaltet die Übernahme der Lohnsteuer (= Anwendung des Nettosteuersatzes). Derjenige, der für den Arbeitgeber im Rahmen der Lohnsteuer-Außenprüfung auftritt, ist in der Regel befugt, den Pauschalierungsantrag zu stellen (BFH-Urteil vom 10.10.2002, BStBl. 2003 II S. 156). Der Arbeitgeber wird mit der Pauschalbesteuerung selbst zum Steuerschuldner; es ergeht ein Nachforderungsbescheid, kein Haftungsbescheid. Der pauschal besteuerte Arbeitslohn und die hierauf entfallende Pauschalsteuer bleiben bei einer Veranlagung des Arbeitnehmers außer Ansatz. Der Arbeitgeber ist an seinen Pauschalierungsantrag gebunden, sobald der Pauschalierungsbescheid bekannt gegeben worden ist (BFH-Urteil vom 5.3.1993, BStBl. II S. 692). Wird auf einen Einspruch des Arbeitgebers der gegen ihn ergangene Pauschalierungsbescheid aufgehoben, kann der dort berücksichtigte Arbeitslohn bei der Veranlagung des Arbeitnehmers erfasst werden (BFH-Urteil vom 18.1.1991, BStBl. II S. 309).

Von dieser Pauschalbesteuerung nach § 40 Abs. 1 Satz 1 Nr. 2 EStG im Anschluss an eine Lohnsteuer-Außenprüfung ist die Nacherhebung von Lohnsteuer im Rahmen der **Haftung des Arbeitgebers** zu unterscheiden. Beantragt nämlich der Arbeitgeber die Pauschalbesteuerung **nicht,** kommt es zur Inanspruchnahme des Arbeitgebers im Haftungsverfahren. Dabei können die Besteuerungsgrundlagen geschätzt werden. Der auf die geschätzten Besteuerungsgrundlagen anzuwendende Steuersatz wird nach den gleichen Grundsätzen ermittelt, wie ein besonderer Pauschsteuersatz bei einer Pauschalierung auf Antrag des Arbeitgebers (vgl. die Ausführungen unter der vorstehenden Nr. 2 Buchstabe b). Allerdings kommt es im Haftungsverfahren zunächst zur Anwendung des Bruttosteuersatzes, da man von einer Weiterbelastung der Steuer an den Arbeitnehmer ausgeht. Erst wenn der Arbeitgeber diese Weiterbelastung unterlässt, liegt eine (weitere) Nettozuwendung vor. Die verschiedenen Möglichkeiten bei der Berechnung von Steuernachforderungen im Anschluss an eine Lohnsteuer-Außenprüfung sind ausführlich anhand von Beispielen beim Stichwort „Haftung des Arbeitgebers" unter Nr. 11 auf Seite 553 erläutert.

e) Berechnung der Sozialversicherungsbeiträge

Bei Pauschalierungen im Anschluss an eine Lohnsteuer-Außenprüfung ist die Beitragspflicht unabhängig von der durch das Finanzamt vorgenommenen Pauschalierung zu prüfen. Ebenso wie eine Pauschalierung nach § 40 Abs. 1 Satz 1 Nr. 1 EStG mit einem **besonders** ermittelten Steuersatz **auf Antrag** des Arbeitgebers keine automatische Befreiung in der Sozialversicherung auslöst, ist dies bei Pauschalierungen im Anschluss an Lohnsteuer-Außenprüfungen der Fall. Für die nach § 40 Abs. 1 Satz 1 Nr. 2 EStG pauschal besteuerten Bezüge sind daher im Grundsatz auch Sozialversicherungsbeiträge zu entrichten. Die zunächst nicht versteuerten Bezüge werden im Zeitpunkt der Auszahlung an den Arbeitnehmer lohnsteuerpflichtig und damit beitragspflichtig. Lediglich zur Vereinfachung der Nacherhebung von Lohnsteuer wird in diesen Fällen die Pauschalbesteuerung zugelassen. Da es aber eine pauschale Nacherhebung von Sozialversicherungsbeiträgen nicht gibt, muss die Sozialversicherungspflicht ge-

1) Bundeseinheitlich geltende Regelung, für Bayern bekannt gegeben mit Schreiben des Bayer. Staatsministeriums der Finanzen vom 15.6.2011 (Az.: 34 – S 2370 – 014 – 21480/11). Das Schreiben ist als Anlage 1 zu H 40.1 LStR im **Steuerhandbuch für das Lohnbüro 2021** abgedruckt, das im selben Verlag erschienen ist.

	Lohn-steuer-pflichtig	Sozial-versich.-pflichtig
sondert geprüft und die Sozialversicherungsbeiträge müssen im Einzelnen ermittelt werden. Dabei ist § 28g Satz 3 SGB IV zu beachten, wonach ein unterbliebener Abzug der Arbeitnehmeranteile grundsätzlich nur bei den drei nächsten Lohn- oder Gehaltsabrechnungen nachgeholt werden kann, danach nur dann, wenn der Abzug ohne Verschulden des Arbeitgebers unterblieben ist. Liegt ein Verschulden des Arbeitgebers vor, muss dieser ohnehin die Arbeitgeber- und Arbeitnehmerbeiträge alleine nachzahlen (vgl. hierzu die Ausführungen beim Stichwort „Haftung des Arbeitgebers" unter Nr. 13 auf Seite 558 und die Ausführungen beim Stichwort „Nachforderung der Lohnabzugsbeträge vom Arbeitnehmer" unter Nr. 2 auf Seite 709).		
Werden nicht oder zu niedrig einbehaltene Pflichtbeiträge (Arbeit**nehmer**anteile) zur Sozialversicherung beim Arbeitgeber nachgeholt (z. B. durch eine Betriebsprüfung des Rentenversicherungsträgers), liegt nach den BFH-Urteilen vom 29.10.1993 (BStBl. 1994 II S. 194) und vom 13.9.2007 (BStBl. 2008 II S. 58) wegen der gesetzlichen Beitragslastverschiebung Lohnsteuerpflicht normalerweise nicht vor.	nein	nein
Steuerpflichtiger Arbeitslohn liegt aber dann vor, wenn Arbeitgeber und Arbeitnehmer eine **Nettolohnvereinbarung** getroffen haben oder der Arbeitgeber zwecks Steuer- und Beitragshinterziehung die Unmöglichkeit einer späteren Rückbelastung beim Arbeitnehmer bewusst in Kauf genommen hat (vgl. hierzu die Ausführungen beim Stichwort „Haftung des Arbeitgebers" unter Nr. 13 auf Seite 558).	ja	nein

Pauschalierung der Lohnsteuer bei Aushilfskräften und Teilzeitbeschäftigten

Neues und Wichtiges auf einen Blick:

1. Kurzfristige Beschäftigung während der Corona-Krise

Während der Corona-Krise sind die Zeitgrenzen für eine kurzfristige Beschäftigung befristet für den Zeitraum **1.3.2020 bis 31.10.2020** auf **fünf Monate oder 115 Arbeitstage** angehoben worden. Seit 1.11.2020 gelten wieder die bekannten Zeitgrenzen für sozialversicherungsfreie kurzfristige Beschäftigungen von drei Monaten oder 70 Arbeitstagen.

Arbeitgeber beschäftigten aufgrund der Corona-Krise ihre **geringfügig Beschäftigten** teilweise in größerem Umfang als ursprünglich vereinbart. Dies konnte zum Überschreiten der monatlichen Verdienstgrenze von 450 € führen. In Anlehnung an die Zeitgrenzen für kurzfristige Beschäftigungen war für eine Übergangszeit vom **1.3.2020 bis 31.10.2020** statt ein dreimaliges ein **fünfmaliges unvorhersehbares Überschreiten der Verdienstgrenze möglich.** Eine solche Unvorhersehbarkeit liegt übrigens z. B. vor, wenn andere Arbeitnehmer erkrankt sind oder unter Quarantäne stehen.

2. Tages- und Stundenlohngrenze bei Pauschalierung der Lohnsteuer bei kurzfristiger Beschäftigung

Durch das sog. Bürokratieentlastungsgesetz III ist die **Tageslohngrenze** bei der Pauschalierung der Lohnsteuer bei kurzfristigen Beschäftigungen seit 1.1.2020 von zuvor 72 € auf **120 €** angehoben worden. Die **Stundenlohngrenze** ist seit 1.1.2020 von zuvor 12 € auf **15 €** erhöht worden – dies gilt **auch** für Aushilfskräfte in der **Land- und Forstwirtschaft.**

Vgl. die Ausführungen unter den nachfolgenden Nrn. 4 und 5.

3. Solidaritätszuschlag bei Pauschalierung der Lohnsteuer

In allen Fällen der Pauschalierung der Lohnsteuer ist der Solidaritätszuschlag auch ab dem 1.1.2021 **weiterhin mit 5,5 % der pauschalen Lohnsteuer zu erheben.** Dies gilt – wie bisher – nicht für die 2%ige Pauschalsteuer bei geringfügiger Beschäftigung, die den Solidaritätszuschlag mit abdeckt.

4. Höhe der Umlage U1 und U2 seit 1.10.2020

Zum 1.10.2020 ist die Umlage **U1** (Erstattung bei Krankheit) von 0,9 % auf **1,0 %** und die Umlage **U2** (Erstattung bei Mutterschutz) von 0,19 % auf **0,39 %** angehoben worden. Auslöser für die Anhebung sind zum einen die durch die Corona-Pandemie geringeren Umlageeinnahmen und zum anderen die deutlich gestiegenen Ausgaben bei den Erstattungsleistungen. Unverändert bleibt die Höhe der Erstattung für den Arbeitgeber. Diese liegt weiterhin im Krankheitsfall bei 80 % und bei einer Mutterschaft sogar bei 100 %.

Gliederung:

P

Lohn-steuer-pflichtig Sozial-versich.-pflichtig

1. Allgemeines

Durch das Zweite Gesetz für moderne Dienstleistungen am Arbeitsmarkt vom 23.12.2002 (BGBl. I S. 2002) ist § 40a EStG, der die Pauschalierung der Lohnsteuer für Aushilfskräfte und Teilzeitbeschäftigte regelt, mit Wirkung vom 1. April 2003 umfassend geändert worden. Kernpunkt der Änderung war eine Neufassung des § 40a Abs. 2 EStG, die sich völlig an das Sozialversicherungsrecht anlehnt. Hiernach ist für eine geringfügig entlohnte Beschäftigung im Sinne der sozialversicherungsrechtlichen Vorschriften, für die der Arbeitgeber einen **Pauschalbeitrag** zur **Rentenversicherung** in Höhe von **15 %** oder 5 % zu entrichten hat, seit 1. April 2003 für die Lohnsteuer eine **Pauschalierungsmöglichkeit mit 2 %** eingeführt worden.

P

Der früher allgemein bei Teilzeitbeschäftigten für die Lohnsteuer geltende Pauschsteuersatz von 20 % ist zwar beibehalten worden, tritt aber nur noch in seltenen Ausnahmefällen an die Stelle des 2 %igen Pauschsteuersatzes. Der Pauschsteuersatz für Aushilfskräfte in Höhe von 25 % und der besondere Pauschsteuersatz für Aushilfskräfte in der Land- und Forstwirtschaft in Höhe von 5 % sind unverändert beibehalten worden.

Durch das Gesetz zu Änderungen im Bereich der geringfügigen Beschäftigung vom 5.12.2012 (BGBl. I S. 2474) ist die **Arbeitsentgeltgrenze** bei geringfügiger Beschäftigung zum **1.1.2013** von 400 € auf **450 €** angehoben worden. Durch die Verweisung in § 40a Abs. 2 und letztlich auch in Abs. 2a EStG auf die entsprechenden Vorschriften des SGB IV gilt die Anhebung der Arbeitsentgeltgrenze von 400 € auf 450 € **auch** für die **Pauschalierung der Lohnsteuer** mit 2 % bzw. 20 %. Auch bei geringfügigen Beschäftigungsverhältnissen, die vor dem 1.1.2013 begründet worden sind und in den früheren Entgeltgrenzen („400 €“) weitergeführt werden (Altfälle), ist

Lohn-steuer-pflichtig Sozial-versich.-pflichtig

eine Pauschalierung der Lohnsteuer mit 2 % oder 20 % weiterhin möglich.

Bei einer Pauschalierung der Lohnsteuer für Aushilfskräfte und Teilzeitbeschäftigte war vor dem 1. April 2003 zu beachten, dass eine Pauschalierung der Lohnsteuer ausnahmslos nur für solche Arbeitsverhältnisse möglich war, bei denen der Stundenlohn höchstens 12 € betrug. Diese Stundenlohngrenze ist sowohl für die 2 %ige als auch für die 20 %ige Pauschalierungsmöglichkeit (vgl. nachfolgend unter Nrn. 2 und 3) seit 1. April 2003 weggefallen. Bei einer Pauschalierung der Lohnsteuer für kurzfristig beschäftigte Aushilfskräfte mit 25 % und bei einer Pauschalierung der Lohnsteuer für Aushilfskräfte in der Land- und Forstwirtschaft mit 5 % **ist die Stundenlohngrenze auch weiterhin zu beachten** (vgl. nachfolgend unter Nrn. 4 und 5). Durch das sog. „Zweite Bürokratieentlastungsgesetz“ vom 30.6.2017 (BGBl. I S. 2143, BStBl. I S. 890) ist die durchschnittliche **Tageslohngrenze** für die Pauschalierung der Lohnsteuer bei **kurzfristig beschäftigten Aushilfskräften** mit 25 % infolge des Mindestlohns ab 1.1.2017 von 68 € auf 72 € erhöht worden. Durch das sog. Bürokratieentlastungsgesetz III ist die Tageslohngrenze bei der Pauschalierung der Lohnsteuer bei kurzfristigen Beschäftigungen aufgrund der weiteren Anhebungen beim Mindestlohn seit 1.1.2020 auf **120 €** angehoben worden. Die **Stundenlohngrenze** ist seit 1.1.2020 von zuvor 12 € auf **15 €** erhöht worden – dies gilt auch für Aushilfskräfte in der Land- und Forstwirtschaft. Hiernach ergibt sich folgende Übersicht:

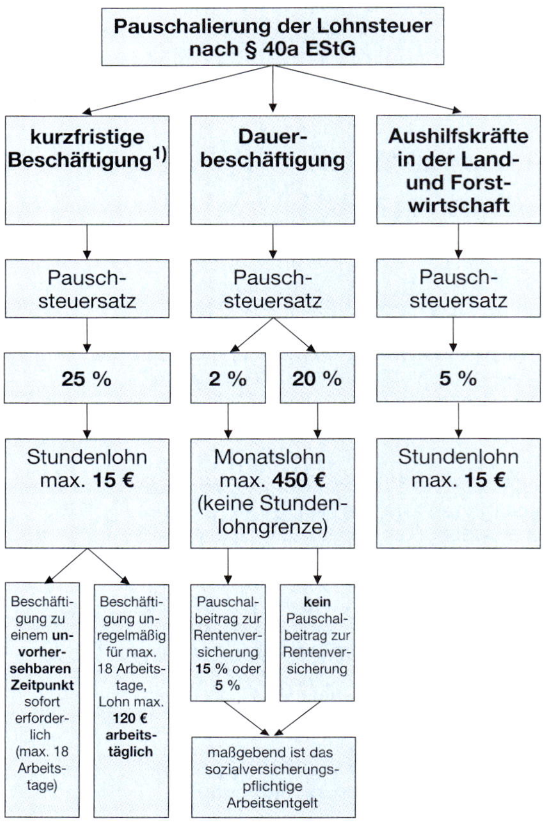

1) Zu beachten ist, dass die sozialversicherungsrechtliche (3 Monate oder 70 Arbeitstage) und die steuerrechtliche (18 zusammenhängende Arbeitstage) Definition einer kurzfristigen Beschäftigung voneinander abweichen.

Die vorstehenden Pauschalierungsmöglichkeiten nach § 40a EStG gelten grundsätzlich für **alle unbeschränkt und beschränkt steuerpflichtigen Arbeitnehmer im steuerlichen Sinne,** also z. B. auch für ausländische Studenten oder ausländische Saisonarbeiter (vgl. die Stich-

Lohn- steuer- pflichtig | Sozial- versich.- pflichtig

worte „Ausländische Studenten" unter Nr. 1, „Beschränkt steuerpflichtige Arbeitnehmer" unter Nr. 1 Buchstabe a und „Saisonbeschäftigte" unter Nr. 2). Zur Tätigkeit eines Gesellschafter-Geschäftsführers als geringfügig Beschäftigter vgl. das Stichwort „Gesellschafter-Geschäftsführer" unter Nr. 1 Buchstabe h.

Die Finanzverwaltung ist allerdings der Auffassung, dass die Möglichkeiten der **Pauschalierung** der Lohnsteuer für **ausländische Arbeitgeber** – auch unter Berücksichtigung europarechtlicher Vorgaben – **nicht zugelassen** werden müssen. Um die Pauschalierungsmöglichkeiten in Anspruch nehmen zu können, muss der Arbeitgeber nämlich zunächst einmal am Lohnsteuerabzugsverfahren teilnehmen, was bei einem ausländischen Arbeitgeber – mit Ausnahme des ausländischen Verleihers – nicht der Fall ist. Bei der Pauschalierung der Lohnsteuer bei Aushilfskräften und Teilzeitbeschäftigten wird der vorstehend beschriebene Ausschluss der ausländischen Arbeitgeber von den Pauschalierungsmöglichkeiten u.E. aber kaum eine Rolle spielen, weil der Arbeitgeber regelmäßig in **Deutschland** zumindest eine **Betriebsstätte** haben wird und es sich damit um einen **inländischen Arbeitgeber** handelt (vgl. § 38 Abs. 1 Satz 1 Nr. 1 EStG), dem sämtliche Pauschalierungsmöglichkeiten offenstehen. Im **Sozialversicherungsrecht** kann ein ausländischer Arbeitgeber, der im Inland Arbeitnehmer beschäftigt, die Arbeitgeberpflichten auf den Beschäftigten oder auf einem im Inland ansässigen Dritten übertragen. Wegen der Anknüpfung an die sozialversicherungsrechtliche Behandlung ist daher eine Pauschalierung der Lohnsteuer für 450-Euro-Jobs mit 2 % (vgl. nachfolgende Nr. 2) ohnehin möglich.

Im Einzelnen gilt bei der Pauschalierung der Lohnsteuer für Aushilfskräfte und Teilzeitbeschäftigte Folgendes:

2. Pauschalierung der Lohnsteuer für 450-Euro-Jobs mit 2 %

a) Pauschaler Arbeitgeberbeitrag zur Rentenversicherung von 15 % oder 5 % als Grundvoraussetzung für die 2 %ige Steuerpauschalierung

Nach § 40a Abs. 2 EStG kann der Arbeitgeber den Arbeitslohn für einen 450-Euro-Job unter Verzicht auf den Abruf der individuellen Lohnsteuerabzugsmerkmale des Arbeitnehmers pauschal mit **2 %** besteuern, wenn der Arbeitgeber für diese geringfügig entlohnte Beschäftigung einen **Pauschalbeitrag zur gesetzlichen Rentenversicherung** in Höhe von **15 %** für „normale" 450-Euro-Jobs oder in Höhe von **5 %** für 450-Euro-Jobs in einem Privathaushalt bezahlt. Diese 2 %ige Pauschalsteuer ist eine Abgeltungsteuer und gilt auch den Solidaritätszuschlag und die Kirchensteuer mit ab; sie ermäßigt sich nicht, wenn der Arbeitnehmer keiner kirchensteuerberechtigten Religionsgemeinschaft angehört oder beschränkt steuerpflichtig ist. Der pauschal besteuerte Arbeitslohn und die 2 %ige Pauschalsteuer bleiben bei der Veranlagung des Arbeitnehmers zur Einkommensteuer außer Ansatz (§ 40 Abs. 3 Sätze 3 und 4 EStG). Zwingende Voraussetzung für die Pauschalierung der Lohnsteuer mit 2 % ist also die Zahlung eines pauschalen Beitrags zur Rentenversicherung durch den Arbeitgeber in Höhe von 15 % oder 5 % für ein geringfügig entlohntes Beschäftigungsverhältnis. Diese beiden Voraussetzungen sind ausschließlich nach sozialversicherungsrechtlichen Vorschriften wie folgt zu beurteilen:

- Es muss Arbeitsentgelt aus einer geringfügig entlohnten Beschäftigung im Sinne des § 8 Abs. 1 **Nr. 1** oder § 8a SGB IV vorliegen (Arbeitsentgelt maximal 450 € monatlich).
- Der Arbeitgeber muss einen Pauschalbeitrag zur Rentenversicherung entrichten, und zwar nach einer der folgenden Vorschriften:

Lohn- steuer- pflichtig | Sozial- versich.- pflichtig

= § 172 Abs. 3 SGB VI (15 % Pauschalbeitrag für rentenversicherungsfreie oder von der Rentenversicherungspflicht befreite „normale" 450-Euro-Jobs);

= § 172 Abs. 3a SGB VI (5 % Pauschalbeitrag für rentenversicherungsfreie oder von der Rentenversicherungspflicht befreite 450-Euro-Jobs in Privathaushalten);

= § 168 Abs. 1 Nr. 1b SGB VI (15 % Pauschalbeitrag bei Beibehaltung der Rentenversicherungspflicht);

= § 168 Abs. 1 Nr. 1c SGB VI (5 % Pauschalbeitrag bei Beibehaltung der Rentenversicherungspflicht in Privathaushalten).

Auch bei geringfügigen Beschäftigungsverhältnissen, die vor dem 1.1.2013 begründet worden sind und in den früheren Entgeltgrenzen der §§ 8, 8a SGB IV weiter geführt werden (Altfälle), ist eine Pauschalierung der Lohnsteuer mit 2 % oder 20 % weiterhin möglich, da die steuerlichen Pauschalierungsvorschriften um einen Verweis auf die Übergangsvorschrift des § 276a Abs. 1 SGB VI ergänzt worden sind.

Die sozialversicherungsrechtlichen Voraussetzungen für die Zahlung eines pauschalen Rentenversicherungsbeitrags von 15 % für „normale" 450-Euro-Jobs sind beim Stichwort „Geringfügige Beschäftigung" unter den Nrn. 7 und 8 auf Seite 508 ausführlich erläutert. Der 5 %ige Pauschalbeitrag zur Rentenversicherung für 450-Euro-Jobs in Privathaushalten ist beim Stichwort „Hausgehilfin" unter den Nrn. 3 und 4 abgehandelt.

Beispiel A

Eine Arbeitnehmerin arbeitet seit 1.1.2013 unter Verzicht auf die Rentenversicherungspflicht als Putzfrau in einer Gaststätte gegen ein monatliches Arbeitsentgelt von 450 €, sie ist über ihren Ehemann in der gesetzlichen Krankenversicherung familienversichert.

Der Arbeitgeber muss einen Pauschalbeitrag zur Kranken- und Rentenversicherung in Höhe von (15 % + 13 % =) 28 % bezahlen. Da der Arbeitgeber für den 450-Euro-Job einen Pauschalbeitrag zur Rentenversicherung von 15 % entrichtet, kann die Lohnsteuer mit 2 % pauschaliert werden. Mit der 2 %igen Pauschalsteuer ist auch der Solidaritätszuschlag und die Kirchensteuer abgegolten.

Ist die Arbeitnehmerin bei einem Arbeitgeber mit maximal 30 Arbeitnehmern beschäftigt, fallen außerdem Beiträge zur Lohnfortzahlungsversicherung U 1 und U 2 an.[1] Für die Arbeitnehmerin ergibt sich folgende Lohnabrechnung:

Monatslohn		450,– €
Lohnsteuer	0,– €	
Solidaritätszuschlag	0,– €	
Kirchensteuer	0,– €	
Sozialversicherung	0,– €	0,– €
Nettolohn		450,– €

Der Arbeitgeber muss folgende Pauschalabgaben an die Minijobzentrale abführen:

Lohnsteuer (einschließlich Solidaritätszuschlag und Kirchensteuer)	2,0 %	9,– €
Krankenversicherung pauschal	13,0 %	58,50 €
Rentenversicherung pauschal	15,0 %	67,50 €
Umlage U 1	1,0 %	4,50 €
Umlage U 2	0,39 %	1,76 €
Insolvenzgeldumlage	0,12 %	0,54 €
insgesamt		141,80 €

Da die Anwendung der 2 %igen Pauschalsteuer von der Zahlung des pauschalen Beitrags zur Rentenversicherung in Höhe von 15 % oder 5 % abhängt, muss der Arbeitgeber streng zwischen sozialversicherungspflichtigen Beschäftigungsverhältnissen mit einem hälftigen Arbeitgeberanteil zur Rentenversicherung von **9,3 %** einerseits und Arbeitsverhältnissen mit einem besonderen pauschalen Arbeitgeberanteil von **15 %** bzw. **5 %** andererseits unterscheiden, weil durch die Anwendung des „echten"

1) Die Lohnfortzahlungsversicherung ist ausführlich in Teil B „Grundsätzliches zur Sozialversicherung" unter Nr. 10 auf Seite 16 und beim Stichwort „Geringfügige Beschäftigung" unter Nr. 21 auf Seite 519 erläutert.

P

Lohn- steuer- pflichtig | Sozial- versich.- pflichtig

Arbeitgeberanteils von 9,3 % anstelle des pauschalen Arbeitgeberanteils von 15 % oder 5 % die Pauschalierungsvorschrift des § 40a Abs. 2 EStG ihre Wirkung verliert. Diese Wechselwirkung ist dann von besonderer Bedeutung, wenn der Arbeitnehmer ein zweites 450-Euro-Arbeitsverhältnis aufnimmt und durch die sozialversicherungsrechtlich gebotene Zusammenrechnung der Beschäftigungsverhältnisse die Summe der Arbeitslöhne insgesamt sozialversicherungspflichtig wird. Denn durch die Zusammenrechnung der Arbeitslöhne und dem hieraus folgenden Überschreiten der monatlichen 450-Euro-Grenze entfällt auch die pauschale Lohnsteuer von 2 %. Den Arbeitgebern müssen dann die individuellen Lohnsteuerabzugsmerkmale für die einzelnen geringfügigen Beschäftigungsverhältnisse bekannt sein (zum Abruf der elektronischen Lohnsteuerabzugsmerkmale – ELStAM – vgl. dieses Stichwort). Der Arbeitgeber kann aber auch die Lohnsteuer pauschalieren, wobei in diesen Ausnahmefällen der Pauschsteuersatz für jedes geringfügige Beschäftigungsverhältnis 20 % beträgt (vgl. die Erläuterungen unter der nachfolgenden Nr. 3).

Außerdem ist eine Pauschalierung der Lohnsteuer mit 2 % auch in den Fällen nicht möglich, in denen der Arbeitgeber überhaupt keinen Beitrag zur Rentenversicherung zahlen muss, z. B. weil es sich um eine sozialversicherungsfreie kurzfristige Beschäftigung handelt.

Beispiel B

Eine Hausfrau arbeitet zeitlich befristet als Aushilfsverkäuferin vom 16. Juli bis Ende August 2021 für einen Monatslohn von 450 €. Für die Arbeitnehmerin sind weder normale noch pauschale Beiträge zur Rentenversicherung zu entrichten, da die Beschäftigung wegen Kurzfristigkeit versicherungsfrei ist (vgl. das Stichwort „Geringfügige Beschäftigung" unter Nr. 16 auf Seite 515).

Da der Arbeitgeber für die Arbeitnehmerin keinen pauschalen Beitrag zur Rentenversicherung entrichtet, ist eine Pauschalierung der Lohnsteuer mit 2 % nicht möglich. Auch eine Pauschalierung der Lohnsteuer mit 20 % (vgl. nachfolgend unter Nr. 3) kommt nicht in Betracht, weil es sich nicht um ein geringfügig entlohntes Beschäftigungsverhältnis im Sinne des § 8 Abs. 1 **Nr. 1** SGB IV sondern um ein zeitlich geringfügiges, sog. kurzfristiges Beschäftigungsverhältnis im Sinne des § 8 Abs. 1 **Nr. 2** SGB IV handelt. Des Weiteren kommt auch eine Pauschalierung der Lohnsteuer mit 25 % für Aushilfsbeschäftigungen nicht in Betracht, weil die hierfür geltende steuerliche Zeitgrenze von 18 Tagen überschritten ist (vgl. nachfolgend unter Nr. 4)[1]. Der Arbeitslohn muss deshalb nach den individuellen Lohnsteuerabzugsmerkmalen der Arbeitnehmerin – ggf. mit der Steuerklasse VI – versteuert werden. Zum Abruf der elektronischen Lohnsteuerabzugsmerkmale – ELStAM – vgl. dieses Stichwort.

P

Die Anbindung der 2 %igen Pauschalsteuer an den pauschalen Arbeitgeberbeitrag zur Rentenversicherung in Höhe von 15 % oder 5 % wirkt sich auch in den Fällen aus, in denen zwar steuerpflichtiger Arbeitslohn, aber kein Arbeitsentgelt aus einer aktiven Beschäftigung vorhanden ist.

Beispiel C

Eine Arbeitnehmerin erhält eine Werkspension (Betriebsrente) von ihrem früheren Arbeitgeber in Höhe von 200 € monatlich. Da der Arbeitgeber für die Betriebsrente in Höhe von 200 € keinen pauschalen 15 %igen Beitrag zur Rentenversicherung zu entrichten hat, ist eine Pauschalierung der Lohnsteuer mit 2 % nicht möglich. Auch eine Pauschalierung der Lohnsteuer mit 20 % (vgl. nachfolgend unter Nr. 3) kommt nicht in Betracht, weil es sich nicht um ein geringfügig entlohntes Beschäftigungsverhältnis im Sinne des § 8 Abs. 1 **Nr. 1** SGB IV handelt. Des Weiteren kommt auch eine Pauschalierung der Lohnsteuer mit 25 % für Aushilfsbeschäftigungen nicht in Betracht, weil die hierfür geltende steuerliche Zeitgrenze von 18 Tagen überschritten ist (vgl. nachfolgend unter Nr. 4). Außerdem handelt es sich beim Bezug einer Betriebsrente nicht um eine „Aushilfsbeschäftigung". Der Arbeitslohn muss deshalb nach den individuellen Lohnsteuerabzugsmerkmalen der Arbeitnehmerin – ggf. mit der Steuerklasse VI – versteuert werden. Zum Abruf der elektronischen Lohnsteuerabzugsmerkmale – ELStAM – vgl. dieses Stichwort.

Die Pauschalierung der Lohnsteuer mit 2 % nach § 40a Abs. 2 EStG knüpft voll an die sozialversicherungrechtliche Behandlung an. Dies gilt auch für die Bemessungsgrundlage, das heißt Bemessungsgrundlage für die 2 % ige Pauschalsteuer ist das **sozialversicherungspflichtige Arbeitsentgelt.** Dies kann dazu führen, dass die 2 %ige Pauschalsteuer auch für das vertraglich geschuldete, tatsächlich aber nicht gezahlte Arbeitsentgelt zu zahlen ist, wenn sozialversicherungsrechtlich das **Anspruchsprinzip** und nicht das Zuflussprinzip zur Anwendung kommt (vgl. hierzu die Erläuterungen beim Stichwort „Zufluss von Arbeitslohn" unter Nr. 2). In R 40a.2 Satz 3 LStR wurde dies ausdrücklich klargestellt, denn dort heißt es wörtlich: „Bemessungsgrundlage für die einheitliche Pauschalsteuer (§ 40a Abs. 2 EStG) ... ist das sozialversicherungsrechtliche Arbeitsentgelt." Das Urteil des Bundesfinanzhofs vom 29.5.2008 (BStBl. 2009 II S. 147) steht dem nicht entgegen, da es zu der vor dem 1. April 2003 geltenden Rechtslage ergangen und daher für die seit diesem Zeitpunkt geltende Rechtslage nicht relevant ist.

b) 2 %ige Pauschalsteuer bei mehreren Arbeitsverhältnissen

Eine geringfügig entlohnte Beschäftigung im Sinne des § 8 Abs. 1 Nr. 1 SGB IV liegt bei mehreren nebeneinander ausgeübten Minijobs solange vor, solange die zusammengerechneten Arbeitsentgelte aus allen Beschäftigungsverhältnissen insgesamt 450 € im Monat nicht übersteigen. Jeder Arbeitgeber hat in diesem Fall Pauschalbeiträge zur Rentenversicherung und ggf. auch zur Krankenversicherung sowie die 2 %ige Pauschalsteuer zu zahlen.

Beispiel A

Eine privat krankenversicherte Raumpflegerin arbeitet beim Arbeitgeber A gegen ein monatliches Arbeitsentgelt von 170 € und beim Arbeitgeber B gegen ein monatliches Arbeitsentgelt von 150 €.

Beide Arbeitgeber haben Pauschalbeiträge zur Rentenversicherung sowie die 2 %ige Pauschalsteuer zu zahlen, weil das zusammengerechnete Arbeitsentgelt (= 320 €) aus diesen Beschäftigungen die Geringfügigkeitsgrenze nicht übersteigt.

Übersteigen die zusammengerechneten Arbeitsentgelte aus mehreren nebeneinander ausgeübten Minijobs die monatliche Entgeltgrenze von 450 €, tritt für jeden Arbeitgeber volle Sozialversicherungspflicht in allen vier Zweigen der Sozialversicherung ein. Damit entfällt automatisch die Möglichkeit der 2 %igen Lohnsteuerpauschalierung. Vgl. hierzu das Beispiel unter der nachfolgenden Nr. 3 Buchstabe f.

Wird ein Minijob **neben einer sozialversicherungspflichtigen Hauptbeschäftigung** ausgeübt, gilt Folgendes:

Sofern neben einer versicherungspflichtigen Hauptbeschäftigung nur ein einzelner Minijob (Monatslohn bis 450 €) ausgeübt wird, findet eine Zusammenrechnung nicht statt, sodass der Arbeitgeber die Pauschalbeiträge zur Kranken- und Rentenversicherung sowie die 2 %ige Pauschalsteuer zu entrichten hat.

Beispiel B

Eine alleinstehende Arbeitnehmerin bezieht aus ihrem ersten Arbeitsverhältnis 2000 € monatlich und hat seit 1.1.2013 unter Verzicht auf die Rentenversicherungspflicht nebenher einen 450-Euro-Job. Die beiden Arbeitsverhältnisse werden für die Berechnung der Sozialversicherungsbeiträge nicht zusammengerechnet. Für den 450-Euro-Job ergibt sich folgende Lohnabrechnung:

Monatslohn		450,– €
Lohnsteuer	0,– €	
Solidaritätszuschlag	0,– €	
Kirchensteuer	0,– €	
Sozialversicherung	0,– €	0,– €
Nettolohn		450,– €

Der Arbeitgeber muss folgende Pauschalabgaben an die Minijobzentrale abführen:

Lohnsteuer (einschließlich Solidaritätszuschlag und Kirchensteuer)	2 %	9,– €
Krankenversicherung pauschal	13 %	58,50 €

1) An diesem Beispiel wird deutlich, dass die sozialversicherungsrechtliche (3 Monate oder 70 Arbeitstage) und die steuerrechtliche (18 zusammenhängende Arbeitstage) Definition einer kurzfristigen Beschäftigung voneinander abweichen.

Lohn-steuer-pflichtig Sozial-versich.-pflichtig

Rentenversicherung pauschal	15 %	67,50 €
Umlage U 1	1 %	4,50 €
Umlage U 2	0,39 %	1,76 €
Insolvenzgeldumlage	0,12 %	0,54 €
insgesamt		141,80 €

Werden neben einer Hauptbeschäftigung **mehrere** geringfügig entlohnte Beschäftigungen ausgeübt, dann scheidet für **eine** geringfügig entlohnte Beschäftigung die Zusammenrechnung mit der Hauptbeschäftigung aus. Ausgenommen von der Zusammenrechnung wird dabei diejenige geringfügig entlohnte Beschäftigung, die **zeitlich zuerst aufgenommen** worden ist, sodass diese Beschäftigung versicherungsfrei bleibt. Die **weiteren** geringfügig entlohnten Beschäftigungen sind mit der versicherungspflichtigen Hauptbeschäftigung zusammenzurechnen, sodass für diese Minijobs die Zahlung pauschaler Arbeitgeberbeiträge zur Kranken- und Rentenversicherung sowie die 2 %ige Pauschalsteuer entfällt. Eine Pauschalierung der Lohnsteuer mit 20 % ist jedoch möglich (vgl. nachfolgend unter Nr. 3).

Beispiel C

Ein Arbeitnehmer übt beim Arbeitgeber A eine sozialversicherungspflichtige Hauptbeschäftigung aus. Ab 1. Mai 2021 nimmt der Arbeitnehmer eine weitere Tätigkeit beim Arbeitgeber B gegen ein monatliches Arbeitsentgelt von 300 € auf. Ab 1. August 2021 nimmt der Arbeitnehmer eine dritte Tätigkeit beim Arbeitgeber C gegen ein monatliches Arbeitsentgelt von 150 € auf.

Die erste Nebenbeschäftigung beim Arbeitgeber B ist eine geringfügig entlohnte Beschäftigung, weil die Geringfügigkeitsgrenze von 450 € nicht überschritten ist. Da diese zeitlich zuerst als eine geringfügige Beschäftigung aufgenommen wurde, wird sie nicht mit der Hauptbeschäftigung zusammengerechnet. Der Arbeitgeber B zahlt den Pauschalbeitrag zur Kranken- und Rentenversicherung sowie die 2 %ige Pauschsteuer – insgesamt also 30 % von 300 € = 90 €.

Der zweite Minijob beim Arbeitgeber C muss mit der sozialversicherungspflichtigen Hauptbeschäftigung zusammengerechnet werden. Damit entfällt für diesen Minijob die Zahlung pauschaler Arbeitgeberbeiträge zur Kranken- und Rentenversicherung sowie die 2 %ige Pauschalsteuer. Arbeitgeber und Arbeitnehmer müssen vielmehr für den zweiten Minijob jeweils den normalen, hälftigen Sozialversicherungsbeitrag zur Kranken-, Pflege- und Rentenversicherung zahlen. In der Arbeitslosenversicherung ist auch der zweite Minijob versicherungsfrei, weil in diesem Versicherungszweig geringfügig entlohnte Beschäftigungen (Monatslohn bis 450 €) nicht mit versicherungspflichtigen Hauptbeschäftigungen zusammengerechnet werden, und zwar ohne Rücksicht darauf, wie viele Minijobs neben der Hauptbeschäftigung ausgeübt werden (§ 27 Abs. 2 Satz 1 SGB III).

Da für den Minijob beim Arbeitgeber C kein pauschaler Beitrag zur Rentenversicherung gezahlt wird, entfällt automatisch die Möglichkeit der 2 %igen Lohnsteuerpauschalierung. Eine Pauschalierung der Lohnsteuer mit 20 % ist jedoch möglich (vgl. nachfolgende Nr. 3).

Sowohl lohnsteuerlich als auch sozialversicherungsrechtlich ist jedoch zu beachten, dass ein Arbeitnehmer **nicht gleichzeitig für denselben** Arbeitgeber in **zwei Arbeitsverhältnissen** tätig sein kann (z. B. Haupttätigkeit und Minijob beim selben Arbeitgeber). Das gilt auch dann, wenn es sich um unterschiedliche Tätigkeiten handelt.

Beispiel D

Der Arbeitgeber A (Einzelunternehmer) beschäftigt in seinem Betrieb den Arbeitnehmer B als Schlosser. An den Wochenenden pflegt B den Privatbesitz des A (z. B. Rasenschneiden, kleinere Hausreparaturen, Kfz-Pflege). A entlohnt B für diese Tätigkeiten privat. Der Umfang der Wochenendtätigkeit und die Höhe des Lohnes liegen im Rahmen der Pauschalierungsvorschriften des § 40a EStG.

Übt ein Arbeitnehmer bei demselben Arbeitgeber gleichzeitig mehrere Beschäftigungen aus, ist ohne Rücksicht auf die arbeitsvertragliche Gestaltung lohnsteuerlich und sozialversicherungsrechtlich von einem einheitlichen Beschäftigungsverhältnis auszugehen. Dies gilt auch für Beschäftigungen, die während einer Freistellungsphase im Rahmen der Altersteilzeit bei demselben Arbeitgeber ausgeübt werden. Eine Pauschalbesteuerung nach § 40a EStG ist daher nicht zulässig. Der Wochenendlohn und der laufende Arbeitslohn als Schlosser sind daher zusammenzurechnen und nach den individuellen Lohnsteuerabzugsmerkmalen des B zu versteuern.

Beispiel E

Eine Beteiligungs-GmbH beschäftigt eine fest angestellte Arbeitnehmerin, die gleichzeitig eine Nebentätigkeit bei einer GmbH & Co KG ausübt, an der die GmbH als Komplementärin beteiligt ist.

Lohn-steuer-pflichtig Sozial-versich.-pflichtig

Eine Pauschalierung nach § 40a EStG für die bei der GmbH & Co KG ausgeübte Nebentätigkeit ist hier möglich. Bei rechtlich selbstständigen, wenn auch verbundenen und von einem einheitlich beherrschten Willen geprägten Unternehmen (z. B. Konzerngesellschaften, Mutter- und Tochtergesellschaft, Personenidentität der Gesellschafter), handelt es sich grundsätzlich um verschiedene Arbeitgeber mit der Folge einer gesonderten Betrachtung der einzelnen Arbeitsverhältnisse.

Möglich ist es auch, vom bisherigen Arbeitgeber eine Betriebsrente zu beziehen (Versorgungsempfänger) und daneben für diesen Arbeitgeber noch einen Minijob auszuüben.

c) Gelegentliches Überschreiten der 450-Euro-Grenze

Für die Pauschalierung der Lohnsteuer mit 2 % gilt der sozialversicherungsrechtliche Arbeitsentgeltbegriff (R 40a.2 Sätze 3 und 4 LStR).

Ein gelegentliches und **nicht vorhersehbares** Überschreiten der 450-Euro-Grenze führt deshalb noch nicht zur Sozialversicherungspflicht (vgl. die Erläuterungen beim Stichwort „Geringfügige Beschäftigung" unter Nr. 3 Buchstabe d auf Seite 502). Dementsprechend bleibt in diesen Fällen auch die Pauschalierungsmöglichkeit mit 2 % erhalten. Als gelegentlich ist dabei ein Zeitraum bis zu drei Monaten innerhalb eines Jahres anzusehen.[1]

Beispiel

Ein Arbeitnehmer übt seit 1.1.2013 eine geringfügige Dauerbeschäftigung aus und erhält hierfür 450 € monatlich. Im August 2021 fallen wider Erwarten Überstunden durch eine Krankheitsvertretung an. Dadurch erhöht sich die wöchentliche Arbeitszeit auf 30 Stunden und der Monatslohn auf 1300 €. Gleichwohl liegt auch im August 2021 eine geringfügige Beschäftigung vor, für die der Arbeitgeber den pauschalen 15 %igen Arbeitgeberanteil zur Rentenversicherung und ggf. auch einen 13 %igen pauschalen Arbeitgeberanteil zur Krankenversicherung zu entrichten hat. Damit liegen auch im August 2021 die Voraussetzungen für eine Pauschalierung der Lohnsteuer vor, sodass der Monatslohn in Höhe von 1300 € pauschal mit 2 % besteuert werden kann.

d) Vorausschauende Ermittlung des „regelmäßigen" sozialversicherungspflichtigen Arbeitsentgelts und Auswirkung von einmaligen Zuwendungen auf die 450-Euro-Grenze

Für die Pauschalierung der Lohnsteuer mit 2 % gilt der sozialversicherungsrechtliche Arbeitsentgeltbegriff (R 40a.2 Sätze 3 und 4 LStR). Eine geringfügig entlohnte Beschäftigung liegt nach § 8 Abs. 1 Nr. 1 SGB IV vor, wenn das Arbeitsentgelt regelmäßig im Monat 450 € nicht überschreitet. Die wöchentliche Arbeitszeit und die Anzahl der monatlichen Arbeitseinsätze sind dabei grundsätzlich unerheblich, sie sind aber – unter Beachtung des Mindestlohns – für die Höhe des Anspruchs auf Arbeitsentgelt von Bedeutung. Beginnt oder endet eine regelmäßige Beschäftigung im Laufe eines Kalendermonats, gilt für diesen Kalendermonat ebenfalls die Arbeitsentgeltgrenze von 450 €. Ebenso, wenn die Beschäftigung auf weniger als einen Zeitmonat befristet ist.

Bei der Prüfung der Frage, ob das Arbeitsentgelt 450 € monatlich übersteigt, ist vom **regelmäßigen** Arbeitsentgelt auszugehen. Das regelmäßige Arbeitsentgelt ermittelt sich nach der Anzahl der Monate, für die die Beschäftigung besteht, wobei maximal ein Jahreszeitraum (zwölf Monate) zugrunde zu legen ist. Dabei darf das regelmäßige monatliche Arbeitsentgelt im Durchschnitt einer Jahresbetrachtung 450 € nicht übersteigen (maximal 5400 € pro Jahr bei durchgehender mindestens zwölf Monate dauernder Beschäftigung gegen Arbeitsentgelt in jedem Monat). Steht bereits zu Beginn der Beschäftigung fest, dass die Beschäftigung nicht durchgehend für mindestens zwölf Monate gegen Arbeitsentgelt besteht, ist

1) In Anlehnung an den Zeitraum für die geltenden Zeitgrenzen (drei Monate oder 70 Arbeitstage) für die sozialversicherungsfreie kurzfristige Beschäftigung gilt auch hier die Frist von drei Monaten für ein gelegentliches Überschreiten der 450-Euro-Grenze. Aufgrund der Corona-Krise sind die Zeitgrenzen für den Zeitraum 1.3.2020 bis 31.10.2020 auf fünf Monate oder 115 Arbeitstage angehoben worden.

P

Lohn-steuer-pflichtig | Sozial-versich.-pflichtig

die zulässige Arbeitsentgeltgrenze für den Gesamtzeitraum entsprechend zu reduzieren.

Bei laufendem Arbeitsentgelt ist auf das Arbeitsentgelt abzustellen, auf das der Arbeitnehmer einen Rechtsanspruch hat (z. B. aufgrund eines Tarifvertrags, einer Betriebsvereinbarung oder einer Einzelabsprache); auch der gesetzliche Mindestlohn ist ggf. zu beachten, er beträgt ab dem 1.1.2021 9,50 € pro Stunde und erhöht sich zum 1.7.2021 auf 9,60 € pro Stunde. Denn bei **laufendem** Arbeitsentgelt kommt es auf die Höhe des tatsächlich gezahlten Arbeitsentgelts nicht an (vgl. die Erläuterungen beim Stichwort „Geringfügige Beschäftigung" unter Nr. 3 Buchstabe a auf Seite 499). Ein **arbeitsrechtlich zulässiger** Verzicht auf **künftig** entstehende Arbeitsentgeltansprüche mindert allerdings das zu berücksichtigende laufende Arbeitsentgelt (vgl. die Erläuterungen beim Stichwort „Zufluss von Arbeitslohn" unter Nr. 2 Buchstabe h auf Seite 1065).

Die Ermittlung des regelmäßigen Arbeitsentgelts ist **vorausschauend**

- bei Beginn der Beschäftigung und
- erneut bei jeder dauerhaften Veränderung in den Verhältnissen

vorzunehmen.

Stellen Arbeitgeber aus abrechnungstechnischen Gründen stets zu Beginn eines jeden Kalenderjahres eine erneute vorausschauende Betrachtung zur Ermittlung des regelmäßigen Arbeitsentgelts an, bestehen hiergegen keine Bedenken. Eine erstmalige vorausschauende Betrachtung für eine im Laufe eines Kalenderjahres aufgenommene Beschäftigung kann demnach zu Beginn des nächsten Kalenderjahres durch eine neue jährliche Betrachtung für dieses Kalenderjahr ersetzt werden.

Sofern eine Beschäftigung mit einem Arbeitsentgelt von mehr als 450 € im Monat durch die vertragliche Reduzierung der Arbeitszeit auf eine Beschäftigung mit einem Arbeitsentgelt bis zu 450 € im Monat umgestellt wird, ist der Beschäftigungsabschnitt ab dem Zeitpunkt der Arbeitszeitreduzierung bzw. für den Zeitraum der Arbeitszeitreduzierung getrennt zu beurteilen. Dies gilt auch bei einer Reduzierung der Arbeitszeit z. B. wegen einer Pflege- oder Elternzeit.

Für die sozialversicherungsrechtliche Beurteilung der 450-Euro-Grenze sind **einmalige Zuwendungen** bei der Ermittlung des regelmäßigen Arbeitsentgelts zu berücksichtigen, wenn die Gewährung der einmaligen Zuwendung mindestens einmal jährlich mit hinreichender Sicherheit zu erwarten ist (z. B. aufgrund eines für allgemeinverbindlich erklärten Tarifvertrags oder aufgrund Gewohnheitsrechts wegen betrieblicher Übung). Deshalb bleiben z. B. Jubiläumszuwendungen bei der Ermittlung des regelmäßigen Arbeitsentgelts außer Betracht, weil es sich um nicht jährlich wiederkehrende Zuwendungen handelt. Der Arbeitgeber muss also insbesondere bei der Zahlung von Urlaubs- und Weihnachtsgeld bereits im Laufe des Kalenderjahres **vorausblickend** darauf achten, dass die 450-Euro-Grenze nicht überschritten wird. Die Regelung soll an einem Beispiel verdeutlicht werden.

P

Beispiel

Eine Arbeitnehmerin arbeitet seit 1. Januar 2021 für ein monatliches Arbeitsentgelt von 425 €. Außerdem erhält sie im August ein Urlaubsgeld in Höhe von 120 € und im Dezember ein Weihnachtsgeld in Höhe von 180 €. Beide Zahlungen sind vertraglich zugesichert. Für die sozialversicherungsrechtliche Beurteilung maßgebendes Arbeitsentgelt:

laufendes Arbeitsentgelt 425 € × 12	=	5 100,– €
vertraglich zugesichertes Urlaubs- und Weihnachtsgeld (120 € + 180 € = 300 €)	=	300,– €
insgesamt	=	5 400,– €
ein Zwölftel	=	450,– €

Die 450-Euro-Grenze wird nicht überschritten. Es handelt sich deshalb um eine geringfügige Beschäftigung, für die der Arbeitgeber den Arbeitgeberanteil zur Rentenversicherung in Höhe von 15 % entrichten muss (und ggf. auch 13 % Pauschalbeitrag zur Krankenversicherung). Da der Arbeitgeber für den gezahlten Arbeitslohn den pauschalen 15 %igen Arbeitgeberanteil zur Rentenversicherung entrichtet, kann er den Arbeitslohn pauschal mit 2 % besteuern. Der Arbeitslohn für August beträgt (425 € + 120 € =) 545 € und für Dezember (425 € + 180 € =) 605 €. Sowohl für 545 € als auch für 605 € hat der Arbeitgeber die Pauschalabgabe von 30 % zu zahlen.

Hat der Arbeitnehmer auf die Zahlung einer **einmaligen Zuwendung** im Voraus verzichtet, dann ist die einmalige Einnahme – **ungeachtet der arbeitsrechtlichen Zulässigkeit eines solchen Verzichts** – vom Zeitpunkt des Verzichts an bei der Ermittlung des regelmäßigen Arbeitsentgelts nicht mehr zu berücksichtigen (vgl. die Erläuterungen beim Stichwort „Zufluss von Arbeitslohn" unter Nr. 2 Buchstabe a auf Seite 1063). Im Übrigen sind einmalige Einnahmen bei der Ermittlung des Arbeitsentgelts nur insoweit zu berücksichtigen, als sie aus der zu beurteilenden Beschäftigung resultieren. Soweit einmalige Einnahmen aus ruhenden Beschäftigungsverhältnissen (z. B. bei Elternzeit) gezahlt werden, bleiben sie außer Betracht.

Seit 1.1.2009 sind sozialversicherungsrechtlich relevante **flexible Arbeitszeitregelungen** auch für geringfügig Beschäftigte möglich. Wie in diesen Fällen vorausschauend das regelmäßige Arbeitsentgelt zu ermitteln ist, ist beim Stichwort „Geringfügige Beschäftigung" unter Nr. 3 Buchstabe e auf Seite 503 erläutert.

e) Auswirkungen von steuer- und sozialversicherungsfreiem Arbeitslohn auf die 450-Euro-Grenze

Wie vorstehend unter den Buchstaben c und d erläutert, gilt für die Prüfung der 450-Euro-Grenze der sozialversicherungsrechtliche Arbeitsentgeltbegriff. Das bedeutet, dass bei der Prüfung der 450-Euro-Grenze steuerfreier Arbeitslohn außer Betracht bleibt, **wenn die Steuerfreiheit auch Beitragsfreiheit in der Sozialversicherung auslöst.** Bei der Prüfung der 450-Euro-Grenze bleiben somit z. B. außer Betracht:

- **steuer- und beitragsfreier** Arbeitslohn (z. B. Fahrtkostenzuschüsse für öffentliche Verkehrsmittel, Kindergartenzuschüsse, Rabattfreibetrag in Höhe von 1080 € jährlich, Sachbezüge bis zu 44 € monatlich, Zuschläge für Sonntags-, Feiertags- und Nachtarbeit; vgl. das nachfolgende Beispiel);
- steuerfreie Beiträge zu Direktversicherungen, Pensionskassen und Pensionsfonds nach § 3 Nr. 63 Satz 1 und 2 EStG bis zu 4 % der Beitragsbemessungsgrenze in der gesetzlichen Rentenversicherung (2021 = 3408 €);[1]
- die **steuer- und beitragsfreie Übungsleiterpauschale** in Höhe von 250 € monatlich **(3000 € jährlich),** vgl. die ausführlichen Erläuterungen beim Stichwort „Nebentätigkeit für gemeinnützige Organisationen";
- steuer- und beitragsfreie Einnahmen aus ehrenamtlicher Tätigkeit (sog. **Ehrenamtspauschale**) in Höhe von 840 € jährlich (§ 3 Nr. 26a EStG, vgl. die Erläuterungen beim Stichwort „Nebentätigkeit für gemeinnützige Organisationen" unter Nr. 10);
- steuer- und beitragsfreie Aufwendungen des Arbeitgebers für die **Gesundheitsförderung** seiner Arbeitnehmer in Höhe von 600 € jährlich (vgl. das Stichwort „Gesundheitsförderung");

1) Die Steuerfreiheit der Beiträge zu Direktversicherungen, Pensionskassen und Pensionsfonds nach § 3 Nr. 63 EStG setzt voraus, dass es sich beim 450-Euro-Job um das **erste** Dienstverhältnis handelt. Diese Voraussetzung ist erfüllt, wenn der 450-Euro-Job das einzige Dienstverhältnis des Arbeitnehmers ist. Zudem beträgt die Steuerfreiheit nach § 3 Nr. 63 EStG seit 2018 bis zu 8 % der Beitragsbemessungsgrenze in der gesetzlichen Rentenversicherung (2021: 6816 € jährlich). Sozialversicherungsrechtlich besteht eine Beitragsfreiheit jedoch nach wie vor nur bis zu 4 % der Beitragsbemessungsgrenze in der gesetzlichen Rentenversicherung (2021: 3408 € jährlich).

Lohn-steuer-pflichtig Sozial-versich.-pflichtig

- steuer- und beitragsfreie **Fürsorgeleistungen** des Arbeitgebers (vgl. das Stichwort „Fürsorgeleistungen").

Beispiel

Die seit 1.1.2021 in einer Gaststätte beschäftigte Küchenhilfe arbeitet überwiegend an Sonn- und Feiertagen. Sie erhält einen Stundenlohn von 10 €. Hierzu wird ein Zuschlag bei Sonntagsarbeit von 50 %, bei Feiertagsarbeit von 100 % und ein Zuschlag bei Nachtarbeit (20 Uhr bis 6 Uhr) von 25 % gezahlt. Für Mai 2021 rechnet sie folgende Stunden ab:

- 6 Stunden Arbeit an normalen Wochenarbeitstagen
- 20 Stunden Sonntagsarbeit, davon 16 nach 20 Uhr;
- 10 Stunden Feiertagsarbeit, davon 8 nach 20 Uhr.

Es ergibt sich folgende Lohnabrechnung:

– 6 Stunden zu 10 €	=	60,– €
– 4 Stunden Sonntagsarbeit zu 15 € (10 € + 50%)	=	60,– €
– 16 Stunden Sonntagsarbeit mit Nachtarbeitszuschlag zu 17,50 € (10 € + 75%)	=	280,– €
– 2 Stunden Feiertagsarbeit zu 20 € (10 € + 100%)	=	40,– €
– 8 Stunden Feiertagsarbeit mit Nachtarbeitszuschlag zu 22,50 € (10 € + 125%)	=	180,– €
insgesamt		620,– €

Der steuerpflichtige und damit auch beitragspflichtige Arbeitslohn beträgt (36 Stunden zu 10 € =) 360 € im Monat Mai 2021. Da die 450-Euro-Grenze nicht überschritten ist, handelt es sich um eine geringfügige Beschäftigung, für die der Arbeitgeber den Arbeitgeberanteil zur Rentenversicherung in Höhe von 15 % entrichten muss (und ggf. 13 % Pauschalbeitrag zur Krankenversicherung). Die Pauschalsteuer beträgt monatlich 2 % von 360 € = 7,20 €. Die Zuschläge für Sonntags-, Feiertags- und Nachtarbeit in Höhe von insgesamt 260 € sind steuer- und beitragsfrei.

f) Auswirkung von steuerfreiem, aber sozialversicherungspflichtigem Arbeitsentgelt

Bei der Pauschalierung der Lohnsteuer mit 2 % für 450-Euro-Jobs bleiben Lohnbestandteile außer Ansatz, die nicht zum sozialversicherungspflichtigen Arbeitsentgelt gehören, und zwar unabhängig davon, ob es sich um steuerpflichtige oder steuerfreie Lohnbestandteile handelt. Denn für die Pauschalierung mit 2 % gilt der sozialversicherungsrechtliche Arbeitslohnbegriff. Dies wurde in R 40a.2 Satz 3 LStR ausdrücklich klargestellt. Damit bleiben steuerfreie Direktversicherungsbeiträge und steuerfreie Beiträge an Pensionskassen und Pensionsfonds im Kalenderjahr 2021 bis zu einem Betrag von 3408 € jährlich (284 € monatlich) bei der Prüfung der Pauschalierungsgrenzen und bei der Berechnung der 2 %igen Pauschalsteuer außer Ansatz, da sie auch sozialversicherungsrechtlich nicht zum Arbeitsentgelt gehören.

Dagegen gehören steuerfreie Direktversicherungsbeiträge und steuerfreie Beiträge an Pensionskassen und Pensionsfonds oberhalb von 4 % bis zu 8 % der Beitragsbemessungsgrenze in der gesetzlichen Rentenversicherung **zum sozialversicherungspflichtigen Entgelt** und unterliegen damit der 2 %igen Pauschalsteuer, wenn diese Beiträge im Rahmen eines geringfügig entlohnten Beschäftigungsverhältnisses gezahlt werden sollten. Wichtig ist zu beachten, dass durch die beitragspflichtigen Beträge die Arbeitsentgeltgrenze von 450 € nicht überschritten werden darf.

Beispiel

Ein Arbeitgeber zahlt für seine Arbeitnehmerin neben 450 € Barlohn steuerfreie Direktversicherungsbeiträge bis zu 6 % der Beitragsbemessungsgrenze in der gesetzlichen Rentenversicherung.

Es liegt keine geringfügige Beschäftigung vor, da 2 % der Beitragsbemessungsgrenze der gesetzlichen Rentenversicherung für die Direktversicherungsbeiträge zwar auch steuerfrei, aber zum sozialversicherungspflichtigen Arbeitsentgelt gehören. Steuerlich ist der steuerpflichtige Barlohn von 450 € nach den Lohnsteuerabzugsmerkmalen der Arbeitnehmerin zu besteuern (vgl. „Elektronische Lohnsteuerabzugsmerkmale – ELStAM –"). Eine Pauschalbesteuerung mit 20 % (nach § 40a Abs. 2a EStG) scheidet aus, da es sich nicht um eine geringfügige Beschäftigung handelt.

Lohn-steuer-pflichtig Sozial-versich.-pflichtig

g) Auswirkung von steuerpflichtigem, aber sozialversicherungsfreien Arbeitslohn auf die 450-Euro-Grenze

In den Lohnsteuer-Richtlinien wurde klargestellt, dass für steuerpflichtige Lohnbestandteile, die nicht zum sozialversicherungspflichtigen Arbeitsentgelt gehören (z. B. Abfindungen), die Lohnsteuerpauschalierung mit 2 % nach § 40a Abs. 2a EStG nicht zulässig ist. **Diese Lohnbestandteile unterliegen vielmehr der Lohnsteuererhebung nach den allgemeinen Regelungen** (R 40a.2 Satz 4 LStR)[1].

Beispiel

Eine geringfügig entlohnte Arbeitnehmerin scheidet nach 10-jähriger Betriebszugehörigkeit aus dem Arbeitsverhältnis aus und erhält aufgrund eines Aufhebungsvertrags eine Abfindung wegen Entlassung aus dem Dienstverhältnis in Höhe von 3000 €. Die Abfindung ist in voller Höhe steuerpflichtig. Die Lohnsteuer ist nach den individuellen Lohnsteuerabzugsmerkmalen der Arbeitnehmerin einzubehalten; zum Abruf der elektronischen Lohnsteuerabzugsmerkmale – ELStAM – vgl. dieses Stichwort. Sind dem Arbeitgeber die individuellen Lohnsteuerabzugsmerkmale (insbesondere Steuerklasse) nicht bekannt, muss er die Lohnsteuer nach Steuerklasse VI einbehalten (vgl. das Stichwort „Nichtvorlage der Lohnsteuerabzugsmerkmale").

h) Auswirkung von pauschal besteuertem Arbeitslohn auf die 450-Euro-Grenze

Bei der Prüfung der 450-Euro-Grenze bleibt pauschal besteuerter Arbeitslohn außer Betracht, wenn die Pauschalierung Beitragsfreiheit in der Sozialversicherung auslöst. Bei der Prüfung der 450-Euro-Grenze bleiben somit außer Betracht:

- **Pkw-Fahrtkostenzuschüsse** zu den Aufwendungen des Arbeitnehmers für Fahrten zwischen Wohnung und erster Tätigkeitsstätte, soweit sie **pauschal mit 15 % besteuert** werden (vgl. das nachfolgende Beispiel);
- **Arbeitgeberleistungen** zu den Aufwendungen des Arbeitnehmers für **Fahrtkosten** ohne Anrechnung auf die Entfernungspauschale, die pauschal mit **25 %** besteuert werden (vgl. das Stichwort „Fahrten zwischen Wohnung und erster Tätigkeitsstätte" unter Nr. 5 Buchstabe g);
- **Beiträge zu Direktversicherungen, Pensionskassen und Gruppenunfallversicherungen, die pauschal mit 20 % besteuert** werden. Pauschal besteuerte Beiträge zu Direktversicherungen, Pensionskassen und Gruppenunfallversicherungen bleiben also bei der Prüfung der sozialversicherungsrechtlichen Geringfügigkeitsgrenze außer Betracht, wenn die Pauschalbesteuerung mit 20 % Beitragsfreiheit auslöst. Dies ist der Fall, wenn die Direktversicherungs-, Pensionskassen- oder Gruppenunfallversicherungsbeiträge zusätzlich zum Arbeitslohn oder die Direktversicherungs- bzw. Pensionskassenbeiträge ausschließlich aus Einmalzahlungen geleistet werden (vgl. das Stichwort „Zukunftsicherung" besonders unter Nr. 10 ff);
- die Übereignung von Datenverarbeitungsgeräten (z. B. **Personalcomputern**) und Barzuschüsse des Arbeitgebers für die **Internetnutzung,** soweit zulässigerweise eine Pauschalierung der Lohnsteuer mit **25 %** erfolgt (vgl. das Stichwort „Computer" unter Nr. 2);
- die Übereignung von **Ladevorrichtungen** und entsprechende Arbeitgeberzuschüsse für private **Elektrofahrzeuge** der Arbeitnehmer, soweit zulässigerweise eine Pauschalierung mit 25 % erfolgt (vgl. das Stichwort „Elektrofahrzeuge" unter Nr. 2 Buchstabe b);
- die Übereignung von **Fahrrädern,** soweit zulässigerweise eine Pauschalierung mit 25 % erfolgt (vgl. das Stichwort „Elektro-Bike" unter Nr. 5 Buchstabe b);

1) Dies gilt als einzige Ausnahme nicht für den Zuschlag nach § 10 Entgeltfortzahlungsgesetz (vgl. das Stichwort „Heimarbeiterzuschläge").

- steuerpflichtige Zuwendungen bei **Betriebsveranstaltungen,** soweit zulässigerweise eine Pauschalierung mit **25 %** erfolgt (vgl. das Stichwort „Betriebsveranstaltungen" unter Nr. 6);
- bei einer Pauschalierung der Lohnsteuer mit 25 % für steuerpflichtige **Reisekostenvergütungen bei Auswärtstätigkeiten, Erholungsbeihilfen** und **Mahlzeiten** (vgl. hierzu auch das Stichwort „Pauschalierung der Lohnsteuer" unter Nr. 1).

Beispiel

Eine seit 1.1.2021 beschäftigte Arbeitnehmerin erhält für eine Teilzeitbeschäftigung 450 € monatlich und verzichtet auf die Rentenversicherungspflicht. Sie arbeitet an 12 Tagen im Monat und fährt mit dem Pkw zur Arbeitsstätte. Die einfache Entfernung zwischen Wohnung und ihrer ersten Tätigkeitsstätte beträgt 36 km. Der Arbeitgeber zahlt für diese Fahrten einen Fahrtkostenzuschuss in Höhe der als Werbungskosten abziehbaren Entfernungspauschale. Es ergibt sich folgende monatliche Lohnabrechnung:

Arbeitslohn	450,— €
Pkw-Fahrtkostenzuschuss in Höhe der Entfernungspauschale	
20 km × 0,30 € × 12 Arbeitstage =	72,— €
16 km × 0,35 € × 12 Arbeitstage =	67,20 €
insgesamt	589,20 €

Der Fahrtkostenzuschuss ist steuerpflichtig, das heißt, die Entgeltgrenze von 450 € monatlich wäre an sich überschritten. Der Fahrtkostenzuschuss bleibt jedoch bei der Prüfung der Entgeltgrenze außer Betracht, soweit er zulässigerweise nach § 40 Abs. 2 Satz 2 EStG mit 15 % pauschaliert wird. Eine Pauschalierung des Fahrtkostenzuschusses mit 15 % ist zulässig, soweit die gesetzliche Entfernungspauschale nicht überschritten wird. Die Entfernungspauschale beträgt jeweils 0,30 € für die ersten zwanzig und 0,35 € ab dem 21. Kilometer der einfachen Entfernung zwischen Wohnung und erster Tätigkeitsstätte (vgl. die ausführlichen Erläuterungen beim Stichwort „Fahrten zwischen Wohnung und erster Tätigkeitsstätte" unter Nr. 5). Im Beispielsfall sind also 139,20 € pauschalierungsfähig. Die Pauschalbesteuerung nach § 40 Abs. 2 EStG mit 15 % löst Beitragsfreiheit in der Sozialversicherung aus. Der pauschal besteuerte Fahrtkostenzuschuss bleibt somit bei der Beurteilung der monatlichen Entgeltgrenze von 450 € außer Betracht. Da die 450-Euro-Grenze nicht überschritten ist, handelt es sich um eine geringfügige Beschäftigung, für die der Arbeitgeber den Arbeitgeberanteil zur Rentenversicherung in Höhe von 15 % entrichten muss (und ggf. auch 13 % Pauschalbeitrag zur Krankenversicherung). Die Pauschalsteuer beträgt monatlich 2 % von 450 € = 9 €.

Der Fahrtkostenzuschuss in Höhe von 139,20 € monatlich ist pauschal zu besteuern. Die pauschale Lohn- und Kirchensteuer sowie der Solidaritätszuschlag für den Fahrtkostenzuschuss betragen monatlich:

pauschale Lohnsteuer (15 % von 139,20 €)	=	20,88 €
Solidaritätszuschlag (5,5 % von 20,88 €)	=	1,14 €
Kirchensteuer (z. B. in Bayern 7 % von 20,88 €)	=	1,46 €

Besonders zu beachten ist in diesen Fällen, dass die 2%ige Pauschalsteuer, die auch den Solidaritätszuschlag und die Kirchensteuer abgilt, mit den pauschalen Sozialversicherungsbeiträgen von 15 % für die Rentenversicherung und 13 % für die Krankenversicherung mit Beitragsnachweis an die Minijob-Zentrale bei der Deutschen Rentenversicherung Knappschaft-Bahn-See abzuführen ist. Die 15 %ige Pauschalsteuer für den Fahrtkostenzuschuss ist hingegen zusammen mit dem bei einer Pauschalierung weiterhin zu erhebenden Solidaritätszuschlag und der pauschalen Kirchensteuer beim Finanzamt mit der Lohnsteuer-Anmeldung anzumelden und an das Betriebsstättenfinanzamt abzuführen.

P

i) Lohnsteuerabzug nach der individuellen Steuerklasse des Arbeitnehmers oder Pauschalierung der Lohnsteuer mit 2 %

Die seit 1. April 2003 geltende Pauschalierungsmöglichkeit mit 2 % ist als „Kannvorschrift" ausgestaltet (vgl. § 40a Abs. 2 EStG). Das bedeutet, dass anstelle der Pauschalierung der Lohnsteuer mit 2 % auch ein Lohnsteuerabzug nach den individuellen Lohnsteuerabzugsmerkmalen des Arbeitnehmers durchgeführt werden kann. Dies werden in der Praxis diejenigen Fälle sein, in denen beim geringfügig Beschäftigten die Steuerklasse I, II, III oder IV zur Anwendung kommt, weil dann **keine Lohnsteuer anfällt und sich der Arbeitgeber die 2 % ige Lohnsteuer spart.** Hat also der geringfügig Beschäftigte die Steuerklasse I, II, III oder IV (z. B. Schüler, Studenten), ist dies für den Arbeitgeber günstiger als die 2 % ige Lohnsteuerpauschalierung. In diesem Fall hat der Arbeitgeber für den jeweiligen Arbeitnehmer die elektronischen Lohnsteuerabzugsmerkmale – ELStAM – (vgl. dieses Stichwort) abzurufen.

Für den 450-Euro-Job fällt bei Anwendung der Steuerklasse I, II, III oder IV keine Lohnsteuer an, da die in den Lohnsteuertarif eingearbeiteten Pausch- und Freibeträge erheblich höher sind (vgl. das Stichwort „Tarifaufbau"). Diese sog. Besteuerungsgrenzen betragen 2021 bei Anwendung des Lohnsteuertarifs mit der gekürzten Vorsorgepauschale[1]:

Steuerklasse	kein Lohnsteuerabzug bis zu einem Betrag von monatlich
I	1 021,— €
II	1 202,— €
III	1 945,— €
IV	1 021,— €

Sind nach den individuellen Lohnsteuerabzugsmerkmalen des Arbeitnehmers nicht die Steuerklassen I, II, III oder IV anzuwenden, sondern die Steuerklassen V oder VI, würden für einen 450-Euro-Job monatlich folgende Steuerabzugsbeträge anfallen:

	Steuerklasse V	Steuerklasse VI
Lohnsteuer für 450 €	43,33 €	55,41 €
Solidaritätszuschlag	0,— €	0,— €
Kirchensteuer (8 %)	3,46 €	4,43 €
Steuerabzüge insgesamt	46,79 €	59,84 €

In diesen Fällen ist also eine Pauschalierung der Lohnsteuer mit 2 %, die auch noch den Solidaritätszuschlag und die Kirchensteuer abgilt, die weitaus günstigere Lösung.

j) Abwälzung der 2 %igen Pauschalsteuer auf den Arbeitnehmer

Die Abwälzung der pauschalen Lohnsteuer auf den Arbeitnehmer ist kein steuerlicher, sondern ein arbeitsrechtlicher Vorgang. Ein arbeitsrechtlich zulässiger Vorgang könnte nur durch eine entsprechende Regelung im Tarifvertrag, in einer Betriebsvereinbarung oder im Einzelarbeitsvertrag ausgeschlossen werden. Dies hat das Bundesarbeitsgericht ausdrücklich bestätigt. Denn nach dem Urteil des Bundesarbeitsgerichts vom 1.2.2006 Az.: 5 AZR 628/04 ist die Abwälzung der Pauschalsteuer grundsätzlich zulässig. Nach Auffassung des Bundesarbeitsgerichts hat der Arbeitgeber die Lohnsteuer nur dann selbst zu tragen, wenn dies durch eine Nettolohnabrede hinreichend deutlich zum Ausdruck kommt.

Das bedeutet steuerlich, dass die Pauschalierung als solche **nicht unzulässig** wird, wenn der Arbeitgeber die pauschale Lohnsteuer auf den Arbeitnehmer abwälzt und dies nicht ausdrücklich durch Tarifvertrag, Betriebsvereinbarung oder im Einzelarbeitsvertrag ausgeschlossen worden ist. Allerdings darf sich diese Abwälzung auf die **Bemessungsgrundlage** für die pauschale Lohnsteuer nicht auswirken. Dies gilt für alle Pauschalierungsvorschriften in § 40a EStG, also auch für die Pauschalierungsmöglichkeit mit 2 %. Dies ergibt sich aus der Verweisung in § 40a Abs. 5 auf § 40 Abs. 3 Satz 2 EStG.

1) Wird ein 450-Euro-Job nicht pauschal, sondern nach den individuellen Lohnsteuerabzugsmerkmalen des Arbeitnehmers besteuert, gilt normalerweise der Lohnsteuertarif mit der gekürzten Vorsorgepauschale. Hat der Arbeitnehmer bei seinem 450-Euro-Job keinen Antrag auf Befreiung von der Rentenversicherungspflicht gestellt, dann gilt der Lohnsteuertarif mit der ungekürzten Vorsorgepauschale (vgl. die Beispiele P und Q in Anhang 8 Nr. 9 auf Seite 1261).

Lohn-steuer-pflichtig Sozial-versich.-pflichtig

Beispiel

Eine Arbeitnehmerin ist als Bedienung in einer Gaststätte beschäftigt. Der Monatslohn ist zu Beginn des Jahres 2013 von 400 € auf 450 € erhöht worden; auf die Rentenversicherungspflicht hat die Arbeitnehmerin gegenüber ihrem Arbeitgeber verzichtet. Die Bedienung ist in der gesetzlichen Krankenversicherung familienversichert. Der Arbeitgeber vereinbart mit der Bedienung die Abwälzung der 2 %igen Pauschalsteuer. Für die Bedienung ergibt sich folgende monatliche Lohnabrechnung:

Monatslohn		450,– €
Lohnsteuer	0,– €	
Solidaritätszuschlag	0,– €	
Kirchensteuer	0,– €	
Sozialversicherung	0,– €	0,– €
Nettolohn		450,– €
abzüglich vom Arbeitnehmer übernommene Pauschalsteuer		9,– €
auszuzahlender Betrag		441,– €
Der Arbeitgeber muss folgende Pauschalabgaben zahlen:		
Lohnsteuer (einschließlich Solidaritätszuschlag und Kirchensteuer)	2 %	9,– €
Krankenversicherung pauschal	13 %	58,50 €
Rentenversicherung pauschal	15 %	67,50 €
insgesamt		135,– €

Für die Abwälzung der pauschalen Beiträge zur Kranken- und Rentenversicherung gilt Folgendes:

Der Arbeitgeber hat die Pauschalbeiträge zur Kranken- und Rentenversicherung zu tragen. Eine Abwälzung der Pauschalbeiträge auf den Arbeitnehmer ist deshalb nicht zulässig (z. B. Urteil des Arbeitsgerichts Kassel vom 13.1.2000 Az.: 6 Ca 513/99).

Seit 1.4.2003 besteht auch die Möglichkeit, dass gegen Arbeitgeber die rechtswidrig die Pauschalbeiträge zur Kranken- und Rentenversicherung auf die Arbeitnehmer (auch teilweise) abwälzen, ein Bußgeld bis zu 5000 € verhängt wird (§ 249b Satz 3 SGB V und § 172 Abs. 4 SGB VI in Verbindung mit § 111 Abs. 2 SGB IV).

k) Anmeldung und Abführung der 2 %igen Pauschalsteuer

Für die Erhebung der 2 %igen Pauschalsteuer, die auch den Solidaritätszuschlag und die Kirchensteuer abgilt, ist ausschließlich die **Minijob-Zentrale** bei der Deutschen Rentenversicherung Knappschaft-Bahn-See zuständig. Dies gilt sowohl für Beschäftigte in Privathaushalten als auch für Beschäftigte bei anderen Arbeitgebern. Bei Beschäftigten in Privathaushalten ist zwingend das Haushaltsscheckverfahren vorgeschrieben. Dieses Verfahren ist beim Stichwort „Hausgehilfin" unter Nr. 7 erläutert.

Arbeitgeber, die nicht am Haushaltsscheckverfahren teilnehmen, müssen die pauschalen Beiträge zur Kranken- und Rentenversicherung sowie die 2 %ige Pauschalsteuer selbst berechnen und mit dem Vordruck **„Beitragsnachweis für geringfügig Beschäftigte"** bei der Minijob-Zentrale anmelden und an diese abführen. Auch für die Erhebung eines Säumniszuschlags, das Mahnverfahren und Vollstreckungsmaßnahmen bei rückständigen Beträgen ist die Minijob-Zentrale zuständig (§ 40a Abs. 6 Satz 3 EStG). Beim Einzug der 2 %igen Pauschalsteuer wird die Minijob-Zentrale bei der Deutschen Rentenversicherung Knappschaft-Bahn-See als **Bundesfinanzbehörde** tätig (§ 6 Abs. 2 Nr. 8 AO). Deshalb gilt für die 2 %ige Pauschalsteuer das Verfahrensrecht der Abgabenordnung. Der Beitragsnachweis oder der Haushaltsscheck ist deshalb eine Steueranmeldung im Sinne des § 168 AO, soweit er eine 2 %ige Pauschalsteuer enthält. Dementsprechend ist für die Festsetzung der 2 %igen Pauschalsteuer als Rechtsbehelf der Einspruch und der Rechtsweg zu den Finanzgerichten und nicht zu den Sozialgerichten gegeben.

Lohn-steuer-pflichtig Sozial-versich.-pflichtig

3. Pauschalierung der Lohnsteuer für 450-Euro-Jobs mit 20 %

a) Allgemeines

Früher war die Pauschalierung der Lohnsteuer mit 20 % bei den Minijobs der Regelfall. Seit 1. April 2003 ist die Pauschalierung der Lohnsteuer mit 2 % der Normalfall.

Die Pauschalierung der Lohnsteuer für Teilzeitbeschäftigte mit 20 % ist zwar beibehalten worden (§ 40a Abs. 2a EStG), kommt aber nur noch in Ausnahmefällen zur Anwendung, und zwar dann, wenn für eine Beschäftigung, die für sich allein gesehen eine geringfügig entlohnte Beschäftigung ist, **kein Pauschalbeitrag von 15 % oder 5 % zur Rentenversicherung** zu zahlen ist, weil z. B. wegen der Zusammenrechnung von mehreren geringfügig entlohnten Beschäftigungen der „normale" Rentenversicherungsbeitrag von 9,3 % erhoben wird oder aber überhaupt kein Rentenversicherungsbeitrag anfällt. Dies ist z. B. bei einem Beamten der Fall, der neben seiner Beamtentätigkeit eine geringfügig entlohnte Beschäftigung ausübt, auf die die Gewährleistung einer Versorgungsanwartschaft ausgedehnt worden ist (vgl. auch „Beamte" unter Nr. 2 Buchstabe b).

Eine Pauschalierung mit 20 % kommt auch in den Fällen in Betracht, in denen Mitglieder berufsständischer Versorgungswerke eine nunmehr eigentlich rentenversicherungspflichtige geringfügige Beschäftigung aufnehmen. Denn bei Mitgliedern berufsständischer Versorgungswerke, die nach § 6 Abs. 1 Satz 1 Nr. 1 SGB VI von der Rentenversicherungspflicht befreit worden sind und die eine geringfügig entlohnte Beschäftigung aufnehmen, hat dies zur Folge, dass die Befreiung nach § 6 Abs. 1 Satz 1 Nr. 1 SGB VI auch für diese Beschäftigung greift, sofern die geringfügig entlohnte Beschäftigung in einem Beruf ausgeübt wird, für den die Befreiung gilt. Die Voraussetzungen für eine Pauschalierung der Lohnsteuer mit 2 % liegen deshalb in diesen Fällen nicht vor.

Im Einzelnen gilt für eine Pauschalierung der Lohnsteuer mit 20 % Folgendes:

b) Pauschalierung der Lohnsteuer mit 20 % für geringfügig entlohnte Beschäftigungsverhältnisse

Liegen die Voraussetzungen für eine Pauschalierung der Lohnsteuer mit 2 % nicht vor, weil der Arbeitgeber für ein geringfügig entlohntes Beschäftigungsverhältnis keinen Pauschalbeitrag zur gesetzlichen Rentenversicherung von 15 % oder 5 % entrichtet, kann die Lohnsteuer nach § 40a Abs. 2a EStG mit 20 % pauschaliert werden, wenn das Arbeitsentgelt **monatlich 450 €** nicht übersteigt. Ob in diesen Fällen der durchschnittliche Stundenlohn 15 € übersteigt oder nicht, ist unbeachtlich (vgl. § 40a Abs. 4 EStG, der nicht für die Pauschalierung nach § 40a Abs. 2 und 2a EStG gilt).

P

Im Gegensatz zur 2 %igen Pauschalsteuer ist bei der Pauschalierung der Lohnsteuer mit 20 % der Solidaritätszuschlag und die Kirchensteuer **nicht** mit abgegolten. Der auch ab 2021 in den Fällen der Pauschalierung stets weiterhin zu erhebende Solidaritätszuschlag in Höhe von 5,5 % der pauschalen Lohnsteuer und die pauschale Kirchensteuer fallen also zusätzlich zur 20 %igen pauschalen Lohnsteuer an. Die pauschale Lohnsteuer von 20 % sowie der Solidaritätszuschlag und die Kirchensteuer sind im Gegensatz zur 2 %igen Pauschalsteuer nicht an die sog. Minijob-Zentrale bei der Deutschen Rentenversicherung Knappschaft-Bahn-See, sondern mit der Lohnsteuer-Anmeldung beim Betriebsstättenfinanzamt anzumelden und an das Finanzamt abzuführen.

Der Arbeitgeber braucht bei einer Pauschalierung der Lohnsteuer mit 20 % nicht zu prüfen, ob der Arbeitnehmer noch in einem anderen Arbeitsverhältnis steht. Die Pauschalierung der Lohnsteuer mit 20 % kann deshalb gleichzeitig für **mehrere** nebeneinander ausgeübte Tätigkeiten in Anspruch genommen werden. Zu beachten ist

Lohn-steuer-pflichtig Sozial-versich.-pflichtig

jedoch, dass ein Arbeitnehmer beim selben Arbeitgeber nicht gleichzeitig zwei Arbeitsverhältnisse haben kann (vgl. nachfolgend unter Buchstabe f).

Die bereits seit jeher geltende Pauschalierungsmöglichkeit mit 20 % ist über den 1. April 2003 hinaus vor allem für diejenigen geringfügig entlohnten Beschäftigungsverhältnisse beibehalten worden, in denen der Arbeitgeber wegen der sozialversicherungsrechtlich vorgeschriebenen Zusammenrechnung mehrerer nebeneinander ausgeübten Minijobs keine Pauschalbeiträge zur Rentenversicherung, sondern die normalen, hälftigen Arbeitgeberanteile zur Sozialversicherung entrichten muss. Da die Voraussetzungen für die 20 %ige Lohnsteuerpauschalierung **für jedes einzelne geringfügig entlohnte Beschäftigungsverhältnis getrennt** zu prüfen sind, kann die Pauschalierung mit 20 % für beliebig viele nebeneinander ausgeübte 450-Euro-Jobs in Anspruch genommen werden.

Die Pauschalierung der Lohnsteuer mit 20 % ist weder von einem Antrag des Arbeitgebers an das Finanzamt noch von einer ausdrücklichen Zustimmung durch das Finanzamt abhängig. Der Arbeitgeber selbst hat unmittelbar das Wahlrecht zur Pauschalierung. Dabei muss die Lohnsteuerpauschalierung nicht einheitlich für alle Teilzeitbeschäftigten durchgeführt werden; der Arbeitgeber kann die Pauschalierung auf bestimmte Arbeitnehmer oder auf einen einzelnen Arbeitnehmer beschränken. Der Arbeitgeber darf die Pauschalbesteuerung auch nachholen, solange keine Lohnsteuerbescheinigung an die Finanzverwaltung übermittelt oder ausgeschrieben worden ist, eine Lohnsteuer-Anmeldung noch berichtigt werden kann und noch keine Festsetzungsverjährung eingetreten ist.

c) Gelegentliches Überschreiten der 450-Euro-Pauschalierungsgrenze

In § 40a Abs. 2a EStG wird durch den Verweis auf § 40a Abs. 2 EStG auf die sozialversicherungsrechtlichen Vorschriften für geringfügig entlohnte Beschäftigungsverhältnisse hingewiesen (§ 8 Abs. 1 Nr. 1 und § 8a SGB IV). Für die Prüfung der 450-Euro-Pauschalierungsgrenze gilt somit der sozialversicherungsrechtliche Entgeltbegriff (R 40a.2 Sätze 3 und 4 LStR); dies wird auch durch die Verwendung des Begriff „Arbeitsentgelts" im Gesetzestext deutlich. Deshalb bleibt auch bei einem gelegentlichen und nicht vorhersehbaren Überschreiten der 450-Euro-Grenze die Pauschalierungsmöglichkeit mit 20 % erhalten. Als gelegentlich ist dabei ein Zeitraum bis zu drei Monaten innerhalb eines Jahres anzusehen.[1)]

P

d) Behandlung einmaliger Bezüge bei der Prüfung der 450-Euro-Pauschalierungsgrenze

Wie vorstehend unter dem Buchstaben c bereits erläutert, gilt für die Prüfung der 450-Euro-Pauschalierungsgrenze der sozialversicherungsrechtliche Arbeitsentgeltbegriff, weil in § 40a Abs. 2a EStG durch den Verweis auf § 40a Abs. 2 EStG auf die für geringfügig entlohnte Beschäftigungsverhältnisse anzuwendenden Vorschriften des § 8 Abs. 1 Nr. 1 und § 8a SGB IV verwiesen wird (R 40a.2 Sätze 3 und 4 LStR).

Für die Beurteilung der 450-Euro-Pauschalierungsgrenze sind deshalb einmalige Zuwendungen bei der Ermittlung des regelmäßigen Arbeitsentgelts zu berücksichtigen, wenn die Gewährung der einmaligen Zuwendung mit hinreichender Sicherheit zu erwarten ist. Der Arbeitgeber muss also insbesondere bei der Zahlung von Urlaubs- oder Weihnachtsgeld bereits im Laufe des Kalenderjahres **vorausblickend** darauf achten, dass die 450-Euro-Pauschalierungsgrenze nicht überschritten wird. Die Regelung soll an einem Beispiel verdeutlicht werden.

Beispiel

Eine Arbeitnehmerin arbeitet seit 1. Januar 2021 neben einer weiteren geringfügigen Beschäftigung für ein monatliches Arbeitsentgelt von 425 €. Außerdem erhält sie im August ein Urlaubsgeld in Höhe von 120 € und im Dezember ein Weihnachtsgeld in Höhe von 180 €. Beide Zahlungen sind vertraglich zugesichert. Für die Prüfung der 450-Euro-Pauschalierungsgrenze maßgebendes Arbeitsentgelt:

laufendes Arbeitsentgelt 425 € × 12	=	5100,– €
vertraglich zugesichertes Urlaubs- und Weihnachtsgeld (120 € + 180 € = 300 €)	=	300,– €
insgesamt		5400,– €
ein Zwölftel		450,– €

Die 450-Euro-Pauschalierungsgrenze wird nicht überschritten. Das Arbeitsentgelt kann deshalb auch in den Monaten August und Dezember pauschal mit 20 % besteuert werden. Das pauschal mit 20 % zu besteuernde Arbeitsentgelt beträgt für August (425 € + 120 € =) 545 € und für Dezember (425 € + 180 € =) 605 €.

e) Prüfung der Pauschalierungsgrenze von 450 € beim Bezug von steuerfreiem oder pauschal besteuertem Arbeitslohn

Wie vorstehend unter dem Buchstaben c bereits erläutert, gilt für die Prüfung der 450-Euro-Pauschalierungsgrenze der sozialversicherungsrechtliche Arbeitsentgeltbegriff. Das bedeutet, dass bei der Prüfung der 450-Euro-Pauschalierungsgrenze steuerfreier Arbeitslohn außer Betracht bleibt, wenn die Steuerfreiheit auch Beitragsfreiheit in der Sozialversicherung auslöst. Ebenso bleibt pauschal besteuerter Arbeitslohn bei der Prüfung der 450-Euro-Pauschalierungsgrenze außer Betracht, wenn die Pauschalierung Beitragsfreiheit in der Sozialversicherung auslöst. Die Erläuterungen beim Stichwort „Geringfügige Beschäftigung" unter Nr. 4 sind deshalb auch für die Prüfung der Frage maßgebend, ob ein geringfügig entlohntes Beschäftigungsverhältnis mit 20 % pauschal besteuert werden kann. Vgl. auch die Erläuterungen unter der vorstehenden Nr. 2 Buchstaben e und h.

f) Mehrere Teilzeitbeschäftigungen nebeneinander

Bei geringfügig entlohnten Beschäftigungverhältnissen kann eine Pauschalierung der Lohnsteuer mit 20 % auch für mehrere **gleichzeitig nebeneinander** ausgeübte Tätigkeiten in Anspruch genommen werden. Der Arbeitgeber braucht für die Anwendung der für eine Pauschalierung mit 20 % geltenden lohnsteuerlichen Pauschalierungsvorschriften nicht zu prüfen, ob der Arbeitnehmer noch in einem anderen Arbeitsverhältnis tätig ist. Seine Prüfung beschränkt sich ausschließlich darauf, ob das bei ihm eingegangene Arbeitsverhältnis die Voraussetzungen für eine Pauschalierung erfüllt. Anders ist dies für 450-Euro-Jobs bei der **Sozialversicherung** geregelt. Dort werden mehrere nebeneinander für verschiedene Arbeitgeber ausgeübte geringfügig entlohnte Beschäftigungen für die Prüfung der Sozialversicherungspflicht **stets zusammengerechnet** (vgl. die Erläuterungen beim Stichwort „Geringfügige Beschäftigung" unter Nr. 11 auf Seite 511).

Beispiel

Eine Raumpflegerin arbeitet seit dem 1.1.2021 beim Arbeitgeber A gegen ein monatliches Arbeitsentgelt von 300 € und beim Arbeitgeber B gegen ein monatliches Arbeitsentgelt von 250 €.

Aufgrund der sozialversicherungsrechtlichen Zusammenrechnung haben beide Arbeitgeber keinen Pauschalbeitrag zur Rentenversicherung von 15 % zu zahlen, sondern den normalen Rentenversicherungsbeitragssatz. Eine Pauschalierung der Lohnsteuer mit 2 % ist daher nicht möglich. Allerdings kann die Lohnsteuer vom jeweiligen Arbeitgeber mit 20 % pauschaliert werden, da für die Anwendung des § 40a Abs. 2a EStG keine Zusammenrechnung vorgenommen wird, sondern das Arbeitsentgelt im jeweiligen Beschäftigungsverhältnis maßgebend ist, das hier jeweils 450 € nicht übersteigt.

Sowohl lohnsteuerlich als auch sozialversicherungsrechtlich ist jedoch zu beachten, dass ein Arbeitnehmer **nicht**

1) In Anlehnung an den Zeitraum für die geltenden Zeitgrenzen (drei Monate oder 70 Tage) für die sozialversicherungsfreie kurzfristige Beschäftigung gilt auch hier die Frist von drei Monaten für ein gelegentliches Überschreiten der 450-Euro-Grenze. Aufgrund der Corona-Krise sind die Zeitgrenzen für den Zeitraum 1.3.2020 bis 31.10.2020 auf fünf Monate oder 115 Arbeitstage angehoben worden.

Lohn-steuer-pflichtig Sozial-versich.-pflichtig

gleichzeitig für denselben Arbeitgeber in **zwei Arbeitsverhältnissen** tätig sein kann (z. B. Haupttätigkeit und Minijob beim selben Arbeitgeber). Das gilt auch dann, wenn es sich um unterschiedliche Tätigkeiten handelt.

Möglich ist es hingegen, vom bisherigen Arbeitgeber eine Betriebsrente zu beziehen (Versorgungsempfänger) und daneben für diesen Arbeitgeber noch einen Minijob auszuüben.

g) Abwälzung der 20 %igen pauschalen Lohnsteuer auf den Arbeitnehmer

Die Abwälzung der pauschalen Lohnsteuer auf den Arbeitnehmer ist ein arbeitsrechtlicher Vorgang, durch den die Pauschalierung als solche nicht unzulässig wird. Allerdings ist § 40 Abs. 3 Satz 2 EStG[1] zu beachten, der besagt, dass die auf den Arbeitnehmer abgewälzte pauschale Lohnsteuer **als zugeflossener Arbeitslohn gilt und die Bemessungsgrundlage nicht mindern darf.**

Beispiel

Der Stundenlohn einer teilzeitbeschäftigten Arbeitnehmerin beträgt nach dem Arbeitsvertrag 10 €. Die Arbeitszeit der Arbeitnehmerin beträgt monatlich 35 Stunden, sodass sich ein Bruttolohnanspruch von monatlich 350 € ergibt. Da die Arbeitnehmerin nicht nach ihren individuellen Lohnsteuerabzugsmerkmalen besteuert werden will, vereinbart der Arbeitgeber mit ihr, dass die Lohn- und Kirchensteuer sowie der Solidaritätszuschlag pauschal berechnet und die pauschalen Steuerbeträge im Innenverhältnis von der Arbeitnehmerin getragen werden. Liegen die Voraussetzungen für eine 2 %ige Pauschalierung nicht vor, ergibt sich für die Arbeitnehmerin folgende Berechnung der pauschalen Lohnsteuer:

Monatslohn	350,– €
pauschale Lohnsteuer hierauf 20 %	70,– €
Solidaritätszuschlag (5,5 % von 70 €)	3,85 €
Kirchensteuer (z. B. in Bayern 7 % von 70 €)	4,90 €
an das Finanzamt sind insgesamt abzuführen	78,75 €
Für die Arbeitnehmerin ergibt sich folgende Abrechnung:	
Monatslohn	350,– €
im Innenverhältnis übernommene Pauschalsteuern	78,75 €
Auszahlungsbetrag	**271,25 €**

Auf die ausführlichen Erläuterungen zur Abwälzung der Pauschalsteuer unter der nachfolgenden Nr. 8 wird Bezug genommen.

h) Lohnsteuerabzug nach der individuellen Steuerklasse des Arbeitnehmers oder 20 %ige Lohnsteuerpauschalierung

Die Pauschalierung der Lohnsteuer für einen 450-Euro-Job mit 20 % ist dann nicht sinnvoll, wenn der Lohnsteuerabzug nach einer der Steuerklassen I, II, III oder IV durchgeführt werden kann. Denn für den 450-Euro-Job fällt in diesem Fall keine Lohnsteuer an, da die in den Lohnsteuertarif eingearbeiteten Freibeträge erheblich höher sind (vgl. das Stichwort „Tarifaufbau"). Diese sog. Besteuerungsgrenzen, das heißt diejenigen Grenzen, bis zu denen in den Steuerklassen I, II, III oder IV keine Lohnsteuer anfällt, betragen 2021 bei Anwendung des Lohnsteuertarifs mit der ungekürzten Vorsorgepauschale[2]:

Steuerklasse	steuerfreier Monatslohn bei Anwendung des Lohnsteuertarifs mit der ungekürzten Vorsorgepauschale
I	1 121,– €
II	1 319,– €
III	2 127,– €
IV	1 121,– €

Hat der Arbeitnehmer nicht die Steuerklasse I, II, III oder IV, sondern die Steuerklasse V oder VI, fallen folgende Steuerabzugsbeträge an:

Lohn-steuer-pflichtig Sozial-versich.-pflichtig

	Steuerklasse V Euro	Steuerklasse VI Euro	Pauschalsteuern trägt der Arbeitgeber Euro	Pauschalsteuern trägt der **Arbeitnehmer** Euro
Arbeitslohn	450,–	450,–	450,–	450,–
Lohnsteuer	38,41	50,50	–,–	90,–
Solidaritätszuschlag	0,–	0,–	–,–	4,95
Kirchensteuer (8 %)	3,07	4,04	–,–	7,20
Auszahlung	408,52	395,46	450,–	347,85

Die Gegenüberstellung zeigt, dass sowohl die Besteuerung des 450-Euro-Jobs nach der Steuerklasse V als auch nach der Steuerklasse VI günstiger ist als eine Pauschalierung der Lohnsteuer mit 20 % unter Abwälzung der Pauschalsteuer auf den Arbeitnehmer. Zur Abwälzung der Pauschalsteuer auf den Arbeitnehmer wird auf die Erläuterungen unter dem vorstehenden Buchstaben g und der nachfolgenden Nr. 8 Bezug genommen.

Eine Pauschalierung der Lohnsteuer muss also nicht immer die günstigste Lösung sein. Außerdem ist zu bedenken, dass der Arbeitnehmer durch die Pauschalierung einen ggf. möglichen Werbungskostenabzug verliert. Denn der Arbeitnehmer kann nach R 40a.1 Abs. 1 Satz 5 LStR diejenigen Aufwendungen, die mit pauschal besteuertem Arbeitslohn zusammenhängen, **nicht als Werbungskosten geltend machen.** Dies gilt auch für geringfügig entlohnte Beschäftigte. Wird hingegen das geringfügig entlohnte Beschäftigungsverhältnis nach den individuellen Lohnsteuerabzugsmerkmalen versteuert, sind auch die mit dem Minijob zusammenhängenden Aufwendungen (z. B. die Entfernungspauschale für Fahrten zwischen Wohnung und erster Tätigkeitsstätte) als Werbungskosten abziehbar.

Normalerweise werden Arbeitgeber und Arbeitnehmer nach Absprache und Berücksichtigung der arbeitsrechtlichen Vorgaben die Entscheidung der Frage, ob ein steuerpflichtiger 450-Euro-Job nach den individuellen Lohnsteuerabzugsmerkmalen des Arbeitnehmers oder pauschal mit 20 % besteuert werden soll, im Voraus für die Dauer der Beschäftigung treffen. Es wird jedoch Fälle geben, in denen sich die Verhältnisse nachträglich ändern und der Arbeitnehmer deshalb z. B. von einer Pauschalierung der Lohnsteuer mit Abwälzung der 20 %igen Pauschalsteuer zum Lohnsteuerabzug nach der Steuerklasse VI übergehen will und das ggf. rückwirkend, weil er erkennt, dass die Versteuerung nach der Steuerklasse VI günstiger ist als eine Pauschalierung mit 20 % unter Abwälzung der 20 %igen Pauschalsteuer auf den Arbeitnehmer. Zu einem solchen Wechsel ist Folgendes zu bemerken:

P

Nach der Rechtsprechung des Bundesfinanzhofs (BFH-Urteil vom 26.11.2003, BStBl. 2004 II S. 195) ist der Arbeitgeber nicht gehindert, **nach Ablauf** des Kalenderjahres die Pauschalbesteuerung rückgängig zu machen und zur Regelbesteuerung nach den individuellen Lohnsteuerabzugsmerkmalen des Arbeitnehmers überzugehen. Ein Wechsel von der Pauschalierung zum Lohnsteuerabzug nach der Steuerklasse VI (und umgekehrt) ist deshalb möglich, und zwar auch rückwirkend. Ein Wechsel ist jedoch nur so lange möglich, solange das Lohnsteuerabzugsverfahren noch nicht abgeschlossen ist. Das bedeutet, dass ein rückwirkender Wechsel nur so lange möglich ist, solange die elektronische Lohnsteuerbescheinigung noch nicht an die Finanzverwaltung übermittelt bzw. ausgeschrieben wurde und deshalb die Lohnsteuer-Anmeldung noch berichtigt werden kann. Als Zeitpunkt, bis zu dem ein Arbeitgeber eine elektronische Lohnsteuer-

1) § 40 Abs. 3 Satz 2 EStG gilt durch die Verweisung in § 40a Abs. 5 EStG auch bei einer Pauschalierung der Lohnsteuer für Aushilfskräfte und Teilzeitbeschäftigte.

2) Es gilt im Regelfall der Lohnsteuertarif mit der ungekürzten Vorsorgepauschale, weil durch die Zusammenrechnung mehrerer 450-Euro-Jobs Sozialversicherungspflicht besteht.

Lohn-steuer-pflichtig Sozial-versich.-pflichtig

bescheinigung für den Arbeitnehmer zu übermitteln bzw. auszuschreiben hat, ist der 28./29. Februar des Folgejahres gesetzlich festgelegt worden (§ 93c Abs. 1 AO i. V. m. § 41b EStG), das heißt, dass spätestens zu diesem Zeitpunkt auch ein Übergang von der Pauschalbesteuerung zum Lohnsteuerabzug nach den individuellen Lohnsteuerabzugsmerkmalen des Arbeitnehmers (oder umgekehrt) abgeschlossen sein muss (§ 41c Abs. 3 Satz 1 EStG, R 41c.1 Abs. 7 LStR). Auf die ausführlichen Erläuterungen beim Stichwort „Änderung des Lohnsteuerabzugs" wird Bezug genommen.

Im Laufe des Kalenderjahres ist ein Wechsel zwischen Regelbesteuerung und Pauschalbesteuerung (und umgekehrt) nicht zulässig, wenn dadurch allein das Ausnutzen von Freibeträgen und Pauschbeträgen bei den Einkünften aus nichtselbstständiger Arbeit erreicht werden soll (BFH-Urteil vom 20.12.1991, BStBl. 1992 II S. 695).

i) Nettolohnberechnung oder 20 %ige Lohnsteuerpauschalierung

Ist ein 450-Euro-Job sozialversicherungspflichtig, weil mehrere Minijobs zusammengerechnet werden, ist die Besteuerung entweder nach den individuellen Lohnsteuerabzugsmerkmalen des Arbeitnehmers oder pauschal mit 20 % durchzuführen (ggf. unter Abwälzung der pauschalen Lohnsteuer). Reine Nettolohnberechnungen dürften deshalb bei 450-Euro-Jobs in der Praxis nicht vorkommen.

Dagegen kommt es in der Praxis hin und wieder vor, dass der Arbeitgeber den **Arbeitnehmeranteil am Gesamtsozialversicherungsbeitrag** in den Fällen übernehmen will, in denen durch Zusammenrechnung der Arbeitslöhne für mehrere Minijobs volle Sozialversicherungspflicht eintritt. Übernimmt der Arbeitgeber in einem solchen Fall den Arbeitnehmeranteil am Gesamtsozialversicherungsbeitrag, handelt es sich hierbei um einen **lohnsteuerpflichtigen geldwerten Vorteil,** der dem normalen Arbeitslohn zuzurechnen ist mit der Folge, dass die 450-Euro-Grenze überschritten wird, wenn der Monatslohn eines Minijobs bereits 450 € beträgt. Ein Überschreiten der 450-Euro-Grenze hat zur Folge, dass die Möglichkeit der Lohnsteuerpauschalierung mit 20 % wegen Überschreitens der Pauschalierungsgrenze von 450 € monatlich entfällt. Der Arbeitgeber sollte sich deshalb die Auswirkung einer solchen Nettolohnberechnung, die sich aus der Übernahme des Arbeitnehmeranteils am Gesamtsozialversicherungsbeitrag zwangsläufig ergibt, reiflich überlegen.

P

4. Pauschalierung der Lohnsteuer für kurzfristig beschäftigte Aushilfskräfte mit 25 %

a) Allgemeines

Der Arbeitgeber kann nach § 40a Abs. 1 EStG bei kurzfristig beschäftigten Arbeitnehmern die Lohnsteuer mit einem Pauschsteuersatz von **25 %** erheben, wenn

- der Arbeitslohn **täglich 120 €** nicht übersteigt,
- die Beschäftigung über **18 zusammenhängende Arbeitstage**[1] nicht hinausgeht und
- der **Stundenlohn** höchstens **15 €** beträgt.

Der Arbeitslohn des kurzfristig beschäftigten Arbeitnehmers darf also während der Dauer der kurzfristigen Beschäftigung im Tagesdurchschnitt **120 €** nicht übersteigen. Wird aber bei einem Arbeitgeber zu einem **unvorhergesehenen Zeitpunkt** der sofortige Einsatz von kurzfristig beschäftigten Arbeitnehmern erforderlich, darf der Tagesdurchschnitt von 120 € überschritten werden (z. B. Aushilfskellner zur Bedienung eines unvorhergesehenen Betriebsausflugs oder zum Einsatz im Gartengeschäft bei unvorhergesehenem Schönwetter, Schneeräumer, Hilfskräfte zum Entladen schnell verderblicher Ware bei unvorhergesehener Lieferung und Ähnliches). Die Beschäftigung von Aushilfskräften, deren Einsatzzeitpunkt längere Zeit vorher feststeht, z. B. bei Volksfesten

Lohn-steuer-pflichtig Sozial-versich.-pflichtig

und Messen oder Schluss-/Räumungsverkäufen, kann grundsätzlich nicht als unvorhersehbar und sofort erforderlich angesehen werden. Ersetzt aber eine teilzeitbeschäftigte Aushilfe eine ausgefallene Aushilfskraft oder besteht **akuter zusätzlicher Bedarf** (z. B. am Bau), kann die Lohnsteuer dafür – unabhängig von der Höhe des durchschnittlichen Tageslohns – mit 25 % pauschaliert werden. Das gilt allerdings dann nicht mehr, wenn dem Arbeitgeber Aushilfen auf Abruf zur Verfügung stehen. Es gilt aber für zusätzliche Aushilfen oder bei Ersatz von **unvorhersehbar ausgefallenen Stammaushilfen.** Davon ist auszugehen, wenn

- durch einen Betriebsunfall ausgefallene Arbeitnehmer sofort ersetzt werden müssen,
- mit Spezialaufgaben betraute Arbeitnehmer plötzlich erkranken und dringend zu ersetzen sind,
- unentschuldigt ferngebliebene Arbeitnehmer aus besonderen Gründen sofort ersetzt werden müssen,
- witterungsabhängige Arbeiten unaufschiebbar vorgezogen oder nachgeholt werden müssen,
- Änderungsanordnungen des Auftraggebers sofort zusätzliche Arbeitskräfte erfordern.

Eine kurzfristige Beschäftigung im Sinne des § 40a Abs. 1 EStG liegt nur dann vor, wenn der Arbeitnehmer nur eine **gelegentliche** (nicht regelmäßig wiederkehrende) Tätigkeit ausübt, die über **18** zusammenhängende **Arbeitstage** nicht hinausgeht.[1] Eine gelegentliche, nicht regelmäßig wiederkehrende Beschäftigung ist dann nicht mehr gegeben, wenn von Anfang an ein **wiederholter Einsatz vereinbart** ist, eine Wiederholungsabsicht also von Anfang an besteht. Besteht keine Wiederholungsabsicht, kann die Beschäftigung auch öfters für denselben Arbeitgeber ausgeübt werden, ohne dass eine laufende Beschäftigung angenommen wird. Dabei kommt es nicht darauf an, wie oft die Aushilfskraft tatsächlich im Laufe eines Jahres für denselben Arbeitgeber tätig wird (R 40a.1 Abs. 2 Satz 4 LStR).

Beispiel A

Eine Arbeitskraft wird in der Großmarkthalle in unregelmäßigen Abständen für ein oder zwei Tage zu Be- und Entladearbeiten beschäftigt. Wiederholungen werden nicht vereinbart. Auch wenn derselbe Unternehmer die Aushilfskraft mehrfach im Kalenderjahr (z. B. mehr als 70-mal) beschäftigt, handelt es sich gleichwohl um eine kurzfristige Tätigkeit.[2]

Beispiel B

A hat mit der Buchführungshilfe B vereinbart, dass sie jeweils an den letzten drei Tagen eines Monats im Betrieb arbeiten soll. Es handelt sich nicht um eine kurzfristige Beschäftigung, da von Anfang an eine Wiederholungsabsicht besteht.

Seit 1. April 2003 bezieht sich die in § 40a Abs. 2a EStG geregelte 20 %ige Lohnsteuerpauschalierung durch die Verweisung auf § 40a Abs. 2 EStG und somit auf § 8 Abs. 1 **Nr. 1** SGB IV nur auf ein geringfügig entlohntes Beschäftigungsverhältnis (sog. 450-Euro-Job). Für zeitlich geringfügige, das heißt kurzfristige Beschäftigungen im Sinne des § 8 Abs. 1 **Nr. 2** SGB IV kommt deshalb nur noch eine Pauschalierung der Lohnsteuer mit 25 % in Betracht, wenn die hierfür maßgeblichen, vorstehend erläuterten Pauschalierungsvoraussetzungen vorliegen. Auf das Beispiel B unter der vorstehenden Nr. 2 Buchstabe a wird hingewiesen.

Eine Pauschalierung der Lohnsteuer mit 25 % ist sowohl für unbeschränkt als auch für beschränkt steuerpflichtige Aushilfskräfte zulässig (vgl. das Stichwort „Beschränkt steuerpflichtige Arbeitnehmer" unter Nr. 1).

1) Zu beachten ist, dass die sozialversicherungsrechtliche (3 Monate oder 70 Arbeitstage) und die steuerrechtliche (18 zusammenhängende Arbeitstage) Definition einer kurzfristigen Beschäftigung voneinander abweichen.

2) Ob sozialversicherungsrechtlich (in vollem Umfang) eine kurzfristige Beschäftigung vorliegt oder nicht, ist für die Pauschalierung der Lohnsteuer nach § 40a Abs. 1 EStG mit 25 % ohne Bedeutung (R 40a.1 Abs. 2 Satz 5 LStR).

Lohn- steuer- pflichtig | Sozial- versich.- pflichtig

b) Begriff des Arbeitstags

Für den 18-Tage-Zeitraum zählen als Arbeitstage nur die Tage, an denen der Arbeitnehmer tatsächlich tätig ist. Sowohl für die Frage des **zusammenhängenden Einsatzes** als auch des **Zeitraums von 18 Tagen** bleiben Sonn- und Feiertage, Samstage, einzelne Werktage (sogenannte Freizeittage), unbezahlte Krankheits- und Urlaubstage außer Betracht.

Beispiel A

Ein Arbeitnehmer wird für 3 Wochen vom 4.1.–23.1.2021 (= 20 Kalendertage) beschäftigt. Er arbeitet an 5 Tagen in der Woche jeweils 6 Stunden; wöchentlich also 30 Stunden. Der Arbeitslohn beträgt wöchentlich 300 €, für die gesamte Beschäftigungszeit also 3 × 300 € = 900 €. Eine Pauschalierung der Lohnsteuer mit 25 % ist möglich. In die Beschäftigungszeit vom 4.1.–23.1.2021 fallen 15 Arbeitstage. Der Arbeitslohn übersteigt nicht 120 € je Arbeitstag (900 € : 15 = 60 €). Der Stundenlohn übersteigt nicht 15 € (30 × 3 = 90 Stunden insgesamt; 900 € : 90 = 10 €).

Die pauschale Lohnsteuer beträgt

25 % aus 900 €	=	225,– €
Solidaritätszuschlag (5,5 % von 225 €)	=	12,37 €
Kirchensteuer (7 % von 225 €)	=	15,75 €
Steuerbelastung insgesamt		253,12 €

Die Beschäftigung ist als kurzfristige Beschäftigung sozialversicherungsfrei (vgl. „Geringfügige Beschäftigung“ unter Nr. 16 auf Seite 515).

Ein „Arbeitstag“ muss nicht immer ein Kalendertag sein. Bei einer Nachtschicht, die sich auf zwei Kalendertage erstreckt, ist für die Prüfung der 120-Euro-Grenze von einem Arbeitstag auszugehen (BFH-Urteil vom 28.1.1994, BStBl. II S. 421).

Beispiel B

Eine Aushilfskraft arbeitet je nach Bedarf (ohne Vereinbarung einer regelmäßigen Wiederholung) einmal wöchentlich eine Nachtschicht in einer Druckerei und erhält hierfür 150 €. Eine Pauschalierung mit 25 % ist nicht möglich, da die Tageslohngrenze von 120 € auch dann überschritten ist, wenn sich die Nachtschicht über zwei Kalendertage erstreckt.

c) Durchschnittlicher Stundenlohn höchstens 15 €

Die Pauschalierung der Lohnsteuer mit 25 % für eine kurzfristige Aushilfstätigkeit ist dann nicht zulässig, wenn der auf einen **Stundenlohn** umgerechnete Arbeitslohn **15 €** übersteigt (§ 40a Abs. 4 Nr. 1 EStG). Bei gelegentlichen kurzfristigen Beschäftigungen werden zum Teil schwankende Arbeitszeiten mit unterschiedlich hohen Stundenlöhnen fest vereinbart und in der Regel nicht geändert. Der durchschnittliche Stundenlohn ist dann aus der Zahl der tatsächlichen Arbeitsstunden und dem Gesamtlohn während der Beschäftigungsdauer zu errechnen.

Beispiel

Der Arbeitgeber beschäftigt den Arbeitnehmer für drei Wochen jeweils montags, mittwochs und sonntags. Der Stundenlohn beträgt montags und mittwochs 11,– € sowie sonntags 16,– €. Der Lohn wird wöchentlich abgerechnet. Der Arbeitnehmer arbeitet in den drei Wochen montags, mittwochs und sonntags jeweils 6 Stunden.

Berechnung des durchschnittlichen Stundenlohns:

12 Std. à 11,– €	=	132,– €
6 Std. à 16,– €	=	96,– €
18 Std.	=	228,– €
1 Std.	=	228,– € : 18 = 12,66 € (also unter 15 €)

Der durchschnittliche Tageslohn übersteigt nicht 120 € (228,– € : 3 = 76,– €). Eine Pauschalierung der Lohnsteuer mit 25 % ist deshalb zulässig.

Der durchschnittliche Stundenlohn ist für die Arbeitsstunde (= Zeitstunde von 60 Minuten) zu berechnen. Wird der Arbeitslohn für kürzere Zeiteinheiten bezahlt (z. B. für 45 Minuten), ist der Lohn zur Prüfung der Stundenlohngrenze entsprechend umzurechnen (BFH-Urteil vom 10.8.1990, BStBl. II S. 1092).

Lohn- steuer- pflichtig | Sozial- versich.- pflichtig

Wegen der Möglichkeit, bei Aushilfskräften die Steuerbelastung von 25 % auf den Eingangssteuersatz von 14 % zu reduzieren, vgl. „Permanenter Lohnsteuerjahresausgleich“ unter den Nrn. 3 und 4. Ein sog. „Permanenter Lohnsteuerjahresausgleich“ ist vor allem auch dann interessant, wenn die Voraussetzungen einer Lohnsteuerpauschalierung nicht vorliegen, aber nach den individuellen Lohnsteuerabzugsmerkmalen des Arbeitnehmers die Steuerklasse V anzuwenden ist.

5. Pauschalierung der Lohnsteuer für Aushilfskräfte in der Land- und Forstwirtschaft mit 5 %

a) Allgemeines

Eine Pauschalierung der Lohnsteuer mit **5 %** für Aushilfskräfte in der Land- und Forstwirtschaft ist nach § 40a Abs. 3 EStG nur dann zulässig, wenn die Aushilfskraft

- in einem land- und forstwirtschaftlichen Betrieb im Sinne des § 13 EStG tätig ist,
- ausschließlich typisch land- und forstwirtschaftliche Tätigkeiten ausübt,
- **nicht mehr als 180 Tage** im Kalenderjahr für den Arbeitgeber tätig wird,
- **keine** land- und forstwirtschaftliche **Fachkraft** ist,
- nur Arbeiten ausführt, die **nicht ganzjährig anfallen** (eine Beschäftigung mit anderen land- und forstwirtschaftlichen Arbeiten ist unschädlich, wenn die Dauer dieser Arbeiten **25 %** der Gesamtbeschäftigungsdauer nicht überschreitet) und
- der Stundenlohn **15 €** nicht übersteigt.

Außerdem müssen bestimmte Aufzeichnungsvorschriften beachtet werden (vgl. nachfolgend unter Buchstabe h sowie unter Nr. 9).

Eine Pauschalierung der Lohnsteuer mit 5 % ist sowohl für unbeschränkt als auch für beschränkt steuerpflichtige Aushilfskräfte zulässig (vgl. die Stichwörter „Beschränkt steuerpflichtige Arbeitnehmer“ unter Nr. 1 und „Saisonbeschäftigte“ unter Nr. 2).

Im Einzelnen gilt Folgendes:

b) Tätigkeit in einem land- und forstwirtschaftlichen Betrieb im Sinne des § 13 EStG

Hierunter fallen neben der eigentlichen Landwirtschaft und Forstwirtschaft auch der Weinbau, Gartenbau, Obstbau, Gemüsebau, Baumschulen und alle sonstigen Betriebe, die Pflanzen und Pflanzenteile mit Hilfe der Naturkräfte gewinnen. Weiterhin gehören hierzu die Binnenfischerei, Teichwirtschaft, Fischzucht, Imkerei, Wanderschäferei und auch die Jagd, wenn diese mit einem land- und forstwirtschaftlichen Betrieb im Zusammenhang steht.

P

Eine Pauschalierung kommt nur für Aushilfskräfte in einem Betrieb im Sinne des § 13 Abs. 1 EStG in Betracht (d. h. die Aushilfskräfte müssen in einem Betrieb beschäftigt werden, der auch als land- und forstwirtschaftlicher Betrieb im Sinne des Einkommensteuerrechts besteuert wird). Für Aushilfskräfte, die in einem Gewerbebetrieb im Sinne des § 15 EStG beschäftigt werden, kommt demnach eine Pauschalierung selbst dann nicht in Betracht, wenn die Aushilfskräfte in diesem Betrieb mit typischen land- und forstwirtschaftlichen Arbeiten beschäftigt werden. Dies kommt insbesondere zur Anwendung, wenn der Betrieb wegen des erheblichen Zukaufs fremder Erzeugnisse als Gewerbebetrieb zu behandeln ist (vgl. auch BFH-Urteil vom 3.8.1990, BStBl. II S. 1002). Eine Pauschalierung der Lohnsteuer mit 5 % ist jedoch für Betriebe möglich, die Land- und Forstwirtschaft betreiben, aber wegen ihrer Rechtsform (z. B. Kapitalgesellschaft) als Gewerbebetrieb gelten. Bei diesen Gewerbebetrieben ist nach den Abgrenzungskriterien in R 15.5 der Einkommensteuer-Richtlinien zu prüfen, ob ein land- und forstwirtschaftlicher Betrieb vorläge, wenn der Betrieb kein Ge-

Lohn-steuer-pflichtig Sozial-versich.-pflichtig

werbebetrieb kraft Rechtsform wäre. Hiernach sind **Winzergenossenschaften** berechtigt, die Aushilfslöhne mit 5 % zu pauschalieren, wenn nach den Abgrenzungskriterien in R 15.5 der Einkommensteuer-Richtlinien ein Betrieb der Land- und Forstwirtschaft anzunehmen ist.

Eine Pauschalierung der Lohnsteuer für Aushilfskräfte in einem Betrieb, der Land- und Forstwirtschaft betreibt, mit 5 % ist also auch dann zulässig, wenn dieser Betrieb nur wegen der in § 15 Abs. 3 Nr. 1 EStG geregelten **Abfärbetheorie** als Gewerbebetrieb anzusehen ist (BFH-Urteil vom 14.9.2005, BStBl. 2006 II S. 92).

In der Rechtsform eines eingetragenen Vereins organisierte **landwirtschaftliche Betriebshilfsdienste,** die landwirtschaftlichen Betrieben in Notfällen Aushilfskräfte zur Verfügung stellen und entlohnen (z. B. bei längerer Erkrankung des Landwirtes), sind keine Betriebe im Sinne des § 13 EStG. Außerdem handelt es sich bei den beschäftigten Aushilfskräften in der Regel um landwirtschaftliche Fachkräfte.

c) Typisch land- und forstwirtschaftliche Tätigkeit

Zu den „typisch land- und forstwirtschaftlichen Arbeiten“ rechnen grundsätzlich alle anfallenden Arbeiten bis zur Verkaufsreife des Produkts.

Hierzu hat der Bundesfinanzhof entschieden (BFH-Urteil vom 8.5.2008, BStBl. 2009 II S. 40), dass das **Schälen von Spargel** durch Aushilfskräfte eines landwirtschaftlichen Betriebs **nicht** zu den begünstigten **typisch land- und forstwirtschaftlichen** Arbeiten gehört. Entscheidend war für den Bundesfinanzhof letztlich, dass es sich bei dem Schälen von Spargel nicht um eine typisch land- und forstwirtschaftliche Arbeit handelt, sondern um eine **Weiterverarbeitung des verkaufsfertigen Produkts** „Spargel“. Der Streitfall ist nicht vergleichbar mit der (begünstigten) Verarbeitung von Trauben zu Wein. Produktionsziel des Weinbaus ist es nämlich, über die Gewinnung von Trauben Traubenmost und Wein zu erzeugen. Demnach ist im Weinbau – anders als im Streitfall mit der Ernte des ungeschälten Spargels – allein mit der Ernte der Trauben der typische Prozess der landwirtschaftlichen Urproduktion noch nicht abgeschlossen.

Die Aushilfskräfte müssen **ausschließlich** mit typisch land- und forstwirtschaftlichen Arbeiten beschäftigt werden.

Werden die Aushilfskräfte zwar in einem land- und forstwirtschaftlichen Betrieb im Sinne des § 13 EStG beschäftigt, üben sie aber keine typische land- und forstwirtschaftliche Tätigkeit aus, z. B. Blumenbinder, Verkäufer, oder sind sie **abwechselnd** mit typischen land- und forstwirtschaftlichen und anderen Arbeiten betraut, z. B. auch im Gewerbebetrieb oder Nebenbetrieb des gleichen Arbeitgebers tätig, ist eine Pauschalierung der Lohnsteuer mit 5 % nicht zulässig.

P

Rebveredelungsarbeiten in **Rebveredelungsbetrieben** sind typisch landwirtschaftliche Arbeiten, weil es sich hierbei um die Gewinnung von Pflanzen bzw. Pflanzenteilen unter Ausnutzung der Naturkraft des Grund und Bodens handelt. Dasselbe gilt auch für entsprechende Tätigkeiten im **Obstbau** und für **Baumschulen.** Auch das Veredeln von Rosen ist landwirtschaftliche Tätigkeit in diesem Sinne und unterscheidet sich von der nicht begünstigten Vermarktung (z. B. Blumenbinden, Verkaufen).

Da eine Beschränkung des Pauschalierungsverfahrens auf wachstums- und witterungsabhängige Arbeiten nicht besteht, gehören bei einem **Erzeugerbetrieb im Weinbau** auch die saisonbedingten Kellerarbeiten zu den typisch land- und forstwirtschaftlichen Arbeiten. Im Besonderen fallen hierunter die Maßnahmen der Traubenverarbeitung (z. B. Keltern) sowie weitere anschließende Arbeiten bis zum ersten Abstich. Dabei ist jedoch zu beachten, dass beim Weinbau erfahrungsgemäß verstärkt Fachkräfte eingesetzt werden, für die die Anwendung der

Lohn-steuer-pflichtig Sozial-versich.-pflichtig

Pauschalierungsregelung nach den Ausführungen unter dem nachfolgenden Buchstaben d ausgeschlossen ist.

Werden bei Erntearbeiten (z. B. Zuckerrübenernte) unter anderem auch **Kraftfahrer** als Aushilfskräfte beschäftigt, die das Erntegut von den Feldern zum Verwertungsbetrieb (z. B. Zuckerfabrik) fahren, ist diese Tätigkeit ebenso wie die Feldarbeit der übrigen Aushilfskräfte als im Rahmen eines Ernteeinsatzes ausgeübte land- und forstwirtschaftliche Tätigkeit anzusehen.

Zu den typischen forstwirtschaftlichen Tätigkeiten gehört grundsätzlich auch der **Bau von Waldwegen**, die der Erschließung oder Ausnutzung eines Waldgebietes dienen. Voraussetzung ist aber, dass die Wald- oder Wirtschaftswege von dem Forstwirt in seiner Eigenschaft als Inhaber eines forstwirtschaftlichen Betriebes angelegt werden. Diese Bedingung ist nicht erfüllt, wenn die Gemeinden die Waldwege ausschließlich oder auch in ihrer Eigenschaft als öffentlich-rechtliche Gebietskörperschaft und in Erfüllung der öffentlichen Daseinsvorsorge zur Erschließung eines Gebietes als Erholungsgebiet oder zur Verbesserung der Zufahrtsmöglichkeiten auch für andere land- und forstwirtschaftliche Betriebe erstellen. In diesen Fällen sind die Aushilfskräfte **nicht** in einem Betrieb der Land- und Forstwirtschaft **ausschließlich** mit typisch land- und forstwirtschaftlichen Arbeiten beschäftigt.

d) Land- und forstwirtschaftliche Fachkraft

Die Pauschalierung der Lohnsteuer mit 5 % gilt **nicht** für die Beschäftigung land- und forstwirtschaftlicher Fachkräfte (z. B. Landwirtschaftsgehilfen, Angehörige der Betriebshilfsdienste, Melker, Maschinenführer usw.). Auf den Umfang der Tätigkeit (nur kurzfristig) oder die Bezeichnung kommt es hierbei nicht an.

Der Bundesfinanzhof hat in zwei Urteilen vom 25.10.2005 (BStBl. 2006 II S. 204 und 208) die Voraussetzungen für das Vorliegen einer land- und forstwirtschaftlichen Fachkraft wie folgt zusammengefasst:

- Ein Arbeitnehmer, der die Fertigkeiten für eine land- oder forstwirtschaftliche Tätigkeit im Rahmen einer Berufsausbildung **erlernt** hat, gehört zu den Fachkräften, ohne dass es darauf ankommt, ob die durchgeführten Arbeiten den Einsatz einer Fachkraft erfordern. Die fachliche Qualifikation lässt sich in diesem Fall aus dem beruflichen Abschluss ableiten.
- Hat der Arbeitnehmer die erforderlichen Fertigkeiten nicht im Rahmen einer Berufsausbildung erworben, gehört er nur dann zu den land- und forstwirtschaftlichen Fachkräften, wenn er **anstelle** einer **Fachkraft** eingesetzt ist. Dies ist bei Handlangerdiensten und dem Ausüben einfacher Tätigkeiten nach einer kurzen Anleitung nicht gegeben.
- Ein Arbeitnehmer ist anstelle einer land- und forstwirtschaftlichen Fachkraft eingesetzt, wenn **mehr als 25 %** der zu beurteilenden Tätigkeit **Fachkraft-Kenntnisse** erfordern.
- **Traktorführer** sind jedenfalls dann als Fachkräfte und nicht als Aushilfskräfte zu beurteilen, wenn sie den Traktor als Zugfahrzeug mit landwirtschaftlichen Maschinen führen.

e) 180-Tage-Grenze

Eine Pauschalierung der Lohnsteuer mit 5 % ist dann nicht mehr möglich, wenn der Arbeitgeber die Aushilfskraft mehr als 180 Tage **im Kalenderjahr** beschäftigt. Abzustellen ist also auf die Dauer des Beschäftigungsverhältnisses im Kalenderjahr beim selben Arbeitgeber. Dies sind bei einer nur tageweisen Aushilfstätigkeit die einzelnen Arbeitstage. Wird jedoch die Aushilfskraft für die gesamte Erntezeit z. B. vom 1. Juli bis 30. September eingestellt, dauert das Beschäftigungsverhältnis drei Monate oder 92 Tage.

Lohn-steuer-pflichtig Sozial-versich.-pflichtig

Bei einer wiederholten Beschäftigung desselben Arbeitnehmers muss der Arbeitgeber die für das Kalenderjahr geltende 180-Tage-Grenze **rückblickend** beachten. Wird die Aushilfskraft mehr als 180 Tage beschäftigt, entfallen rückwirkend die Voraussetzungen für eine Pauschalierung der Lohnsteuer mit 5 %, das heißt, die Lohnabrechnungen müssen **rückwirkend berichtigt** werden. Der Arbeitgeber muss sich also reiflich überlegen, ob er eine Aushilfskraft einstellt, bei der die Gefahr einer Überschreitung der 180-Tage-Grenze besteht.

Beispiel

Eine Aushilfskraft hilft im Frühjahr einem Winzer an 90 Tagen im Weinberg; im Sommer folgen weitere 60 Tage. Im Herbst soll die Aushilfskraft für die Weinlese und die anschließende Traubenverarbeitung eingestellt werden.

Wenn die Aushilfskraft im Herbst an mehr als 30 Tagen beschäftigt wird, war sie insgesamt mehr als 180 Tage im Kalenderjahr beschäftigt. Eine Pauschalierung der Lohnsteuer mit 5 % ist in diesem Fall für das gesamte Kalenderjahr unzulässig.

Die 180-Tage-Regelung gilt nicht für land- und forstwirtschaftliche Fachkräfte, das heißt, dass eine aushilfsweise tätige **Fachkraft** auch dann nicht mit 5 % pauschal besteuert werden kann, wenn sie weniger als 180 Tage im Kalenderjahr beschäftigt wird.

f) Beschäftigung mit Arbeiten, die nicht ganzjährig anfallen und 25 %-Regelung

Eine Pauschalierung der Lohnsteuer mit 5 % ist nur dann möglich, wenn

- ausschließlich typische land- und forstwirtschaftliche Tätigkeiten ausgeübt werden,
- die **nicht ganzjährig** anfallen.

Diese Regelung ist auf die land- und forstwirtschaftlichen Arbeitsabläufe zugeschnitten, die geprägt sind von saisonbedingten Arbeiten, die sowohl vom Arbeitsinhalt als auch vom zeitlichen Ablauf her vorübergehend sind, wie dies z. B. beim Pflanzen und bei der Ernte besonders offenkundig wird. Da solche Arbeitsabläufe erfahrungsgemäß von vorübergehender Dauer sind, muss sich auch das Dienstverhältnis auf eine solche vorübergehende Arbeit beziehen. Hieraus folgt, dass Arbeiten, die das ganze Jahr über anfallen, nicht Gegenstand der Pauschalierung mit 5 % sein können wie z. B. Vieh füttern, melken oder saisonunabhängige Kellerarbeiten in einem Weinbaubetrieb (Abfüllen, Etikettieren). Zum einen sind insoweit keine Unterschiede zu Aushilfstätigkeiten außerhalb der Land- und Forstwirtschaft erkennbar. Zum anderen ist nicht entscheidend, dass etwa eine Aushilfskraft für eine vorübergehende Dauer tätig wird, sondern dass die **Arbeit als solche** von ihrer Art her **von vorübergehender Dauer** ist. Dies ist bei Arbeiten, die keinen erkennbaren Abschluss in sich tragen, sondern das ganze Jahr über anfallen, nicht der Fall.

Der Bundesfinanzhof hat in zwei Urteilen vom 25.10.2005 (BStBl. 2006 II S. 204 und 206) die Voraussetzungen für das Vorliegen von land- und forstwirtschaftlichen Saisonarbeiten wie folgt zusammengefasst:

- Land- und forstwirtschaftliche Arbeiten fallen nicht ganzjährig an und sind daher begünstigt, wenn sie wegen der Abhängigkeit vom Lebensrhythmus der produzierten Pflanzen oder Tiere einen erkennbaren Abschluss in sich tragen. Dementsprechend können darunter auch Arbeiten fallen, die im Zusammenhang mit der Viehhaltung stehen.
- Wenn die Tätigkeit des Ausmistens nicht laufend, sondern nur im Zusammenhang mit dem einmal jährlich erfolgenden Vieh-Austrieb auf die Weide möglich ist, handelt es sich um eine nicht ganzjährig anfallende Arbeit. Unschädlich ist, dass ähnliche Tätigkeiten bei anderen Bewirtschaftungsformen ganzjährig anfallen können.

Lohn-steuer-pflichtig Sozial-versich.-pflichtig

- Reinigungsarbeiten, die ihrer Art nach während des ganzen Jahres anfallen (hier: Reinigung der Güllekanäle und Herausnahme der Güllespalten), sind nicht vom Lebensrhythmus der produzierten Pflanzen der Tiere abhängig und sind daher keine begünstigten saisonbedingten Arbeiten.

Beispiel A

Ein Landwirt stellt seine Mastbullen vom Frühjahr bis zum Herbst auf die Weide. Für das im Frühjahr anfallende Ausmisten des Tierstalls engagiert er eine Aushilfe.

Da die Tätigkeit des Ausmistens nur im Zusammenhang mit dem einmal jährlich erfolgenden Vieh-Austrieb auf die Weide möglich ist, handelt es sich um eine nicht ganzjährig anfallende Arbeit. Es ist unschädlich, dass ähnliche Arbeiten bei anderen Bewirtschaftungsformen ganzjährig anfallen können. Eine Pauschalierung der Lohnsteuer für den Arbeitslohn der Aushilfe mit 5% ist zulässig.

Um zu vermeiden, dass Saisonaushilfen aus der Pauschalierung mit 5 % herausfallen, wenn sie kurzfristig für land- und forstwirtschaftliche Arbeiten eingesetzt werden, die das ganze Jahr über anfallen, gilt nach § 40a Abs. 3 Satz 2 EStG eine Milderungsregelung. Diese besagt, dass es für eine Pauschalierung der Lohnsteuer mit 5 % **unschädlich** ist, wenn die Saisonaushilfen auch mit land- und forstwirtschaftlichen Arbeiten beschäftigt werden, die das ganze Jahr über anfallen, diese Arbeiten aber **25 % der Gesamtbeschäftigungsdauer** nicht überschreiten. Übt also eine Aushilfskraft innerhalb der 180-Tage-Grenze eine Mischtätigkeit aus, muss der Arbeitgeber darauf achten, dass der Arbeitnehmer mindestens zu 75 % ausschließlich mit saisonbedingten Arbeiten beschäftigt wird, da ansonsten eine Pauschalierung der Lohnsteuer mit 5 % nicht möglich ist (vgl. hierzu auch BFH-Urteil vom 25.10.2005, BStBl. 2006 II S. 206).

Beispiel B

Eine Aushilfskraft wird von einem Winzer zur Weinlese für 20 Tage eingestellt. Da an fünf Tagen wegen schlechten Wetters eine Weinlese nicht möglich ist, wird die Aushilfskraft mit dem Spülen und Etikettieren von Weinflaschen beschäftigt.

Beim Spülen und Etikettieren von Weinflaschen handelt es sich um saisonunabhängige Arbeiten, die für sich betrachtet nicht die Voraussetzungen für eine Pauschalierung der Lohnsteuer mit 5 % erfüllen. Da die Aushilfskraft aber zur Weinlese – also einer typischen Saisonarbeit – eingestellt worden ist, und die saisonunabhängigen Tätigkeiten nur **25 %** der Gesamtbeschäftigungsdauer betragen, ist eine Pauschalierung der Lohnsteuer mit 5 % für den gesamten Beschäftigungszeitraum zulässig.

Um die Pauschalierungsvoraussetzungen dem Finanzamt nachweisen zu können, wenn dieses eine Lohnsteuer-Außenprüfung durchführt, muss der Arbeitgeber darauf achten, dass sowohl die Art der Beschäftigung als auch deren genaue zeitliche Dauer in den Lohnunterlagen festgehalten wird (vgl. nachfolgenden Buchstaben h sowie nachfolgende Nr. 9).

P

g) Durchschnittlicher Stundenlohn höchstens 15 €

Voraussetzung für die Pauschalierung der Lohnsteuer mit 5 % ist außerdem, dass der durchschnittliche Stundenlohn 15 € nicht übersteigt. Weitere Voraussetzungen wie das Einhalten einer wöchentlichen Stundengrenze oder einer monatlichen (täglichen, wöchentlichen) Entgeltgrenze sind **nicht** erforderlich. Die Tageslohngrenze von 120 € bei kurzfristiger Beschäftigung (vgl. vorstehende Nr. 4) gilt nicht für Aushilfskräfte in der Land- und Forstwirtschaft.

Beispiel

In einem Weinbaubetrieb wird im Frühjahr, Sommer und im Herbst dieselbe Aushilfskraft jeweils für vier Wochen beschäftigt. Als Arbeitslohn ist der jeweils höchste pauschalierungsfähige Stundenlohnsatz vereinbart. Dies sind 15 €. Der Wochenlohn beträgt somit bei einer wöchentlichen Arbeitszeit von 40 Stunden (15 € × 40 Stunden =) 600 €, für vier Wochen also 2400 €.

Wenn es sich nicht um eine land- und forstwirtschaftliche Fachkraft handelt, kann die Lohnsteuer mit 5 % pauschaliert werden:

Lohn- steuer- pflichtig | Sozial- versich.- pflichtig

Lohnsteuer: 5 % von 2400 €	120,– €		
Solidaritätszuschlag: 5,5 % von 120 €	6,60 €		
Kirchensteuer: (z. B. in Bayern) 7 % von 120 €	8,40 €		

Falls die Aushilfskraft keine weiteren kurzfristigen Beschäftigungen innerhalb eines Jahres ausübt, besteht Versicherungsfreiheit in der Sozialversicherung (vgl. das Stichwort „Geringfügige Beschäftigung" unter Nr. 16 auf Seite 515).

Für die Prüfung der Stundenlohngrenze von 15 € ist vom **durchschnittlichen** Stundenlohn auszugehen. Der durchschnittliche Stundenlohn ist aus der Zahl der tatsächlichen Arbeitsstunden und dem Gesamtlohn während der Beschäftigungsdauer zu errechnen (vgl. das Beispiel unter der vorstehenden Nr. 4 Buchstabe c). Etwaige steuerpflichtige sonstige Bezüge sind dabei gleichmäßig auf die Zeiträume der erbrachten Arbeitsleistung zu verteilen. Bei längerfristigen Aushilfsbeschäftigungen kommt es vor, dass der zu Beginn gezahlte Stundenlohn später erhöht wird. In diesem Fall ist der später vereinbarte höhere Stundenlohn nicht in die Berechnung des Stundenlohns für die gesamte Beschäftigungsdauer einzubeziehen, wenn sich dadurch für die gesamte Beschäftigungsdauer ein durchschnittlicher Stundenlohn von über 15 € ergibt. Die Voraussetzungen für die Pauschalierung entfallen vielmehr erst ab dem Zeitpunkt, ab dem der Stundenlohn erstmals 15 € übersteigt.

h) Aufzeichnungsvorschriften

Wegen den allgemein geltenden Aufzeichnungsvorschriften vgl. die Erläuterungen unter der folgenden Nr. 9. Darüber hinaus sind Angaben über die **Art der Beschäftigung** zu vermerken (z. B. „Erntehelfer"). Außerdem ist bei einer Mischtätigkeit (vgl. die Erläuterungen unter dem vorstehenden Buchstaben f) die **Dauer** der begünstigten Saisonarbeit aufzuzeichnen.

6. Auswirkung der Pauschalierung auf eine Veranlagung zur Einkommensteuer

a) Allgemeines

Die mit 25 %, 20 %, 5 % oder 2 % pauschal besteuerten Arbeitslöhne und die hierauf entfallende pauschale Lohn- und Kirchensteuer sowie der Solidaritätszuschlag bleiben bei einer etwaigen Veranlagung der Arbeitnehmer zur Einkommensteuer außer Betracht. Die Pauschalierung stellt somit die endgültige Besteuerung des Arbeitslohns dar. Der Arbeitnehmer kann deshalb auch Aufwendungen, die mit dem pauschal besteuerten Arbeitslohn zusammenhängen, nicht als Werbungskosten abziehen.

Eine **fehlerhafte** Pauschalbesteuerung ist allerdings für die Veranlagung zur Einkommensteuer **nicht bindend** (BFH-Urteil vom 10.6.1988, BStBl. II S. 981). Wird die Pauschalierung bei einer Veranlagung des Arbeitnehmers vom Finanzamt rückgängig gemacht, hat der **Arbeitgeber** einen Anspruch auf Erstattung der pauschalen Lohn- und Kirchensteuer und des Solidaritätszuschlags (vgl. „Änderung der Lohnsteuerpauschalierung").

b) Abzug der pauschalen Arbeitgeberbeiträge von 15 % bzw. 5 % bei 450-Euro-Jobs als Sonderausgaben

Arbeitnehmer, die einen 450-Euro-Job ausüben, sich nicht von der Rentenversicherungspflicht befreien lassen und einen eigenen Arbeitnehmeranteil entrichten, erwerben die vollen Leistungsansprüche der gesetzlichen Rentenversicherung. Dieser Beitragsanteil des Arbeitnehmers gehört zu den Sonderausgaben im Sinne des § 10 Abs. 1 Nr. 2 Buchstabe a EStG und kann **auf Antrag** bei der Veranlagung zur Einkommensteuer geltend gemacht werden (§ 10 Abs. 1 Nr. 2 Satz 7 EStG; Eintrag in Zeile 6 der Anlage „Vorsorgeaufwand" zur Einkommensteuererklärung).

Ebenso werden auf Antrag stets die pauschalen Arbeitgeberbeiträge zur Rentenversicherung in Höhe von 15 % bei normalen Minijobs bzw. 5 % bei Minijobs in Privathaushalten in eine Veranlagung zur Einkommensteuer mit einbezogen. Dies gilt selbst dann, wenn der Arbeitnehmer wegen Befreiung von der Rentenversicherungspflicht keinen eigenen Beitragsanteil zu leisten hat. Für die Eintragung des pauschalen Arbeitgeberanteils ist die Zeile 10 der Anlage „Vorsorgeaufwand" zur Einkommensteuererklärung vorgesehen. Die Pauschalbeiträge von 15 % bzw. 5 % werden einerseits den Rentenversicherungsbeiträgen zugerechnet, andererseits als steuerfreie Arbeitgeberbeiträge zur Rentenversicherung wieder abgezogen (vgl. Erläuterungen in Anhang 8a).

7. Ehegattenarbeitsverhältnis[1)]

Zu den Grundvoraussetzungen der steuerlichen Anerkennung von Ehegattenarbeitsverhältnissen vgl. das Stichwort „Ehegattenarbeitsverhältnis".

Auch bei Ehegattenarbeitsverhältnissen kann die Lohnsteuer stets mit 25 %, 20 %, 5 % oder 2 % pauschaliert werden, wenn die in § 40a EStG festgelegten Voraussetzungen vorliegen. Ob die Pauschalierung – auf das Gesamteinkommen der Ehegatten oder auf die Lohnsteuer des einzelnen bezogen – zu einer Steuerersparnis führt, ist unerheblich und nicht zu prüfen.

Insbesondere bei Ehegattenarbeitsverhältnissen ist jedoch das BFH-Urteil vom 20.12.1991 (BStBl. 1992 II S. 695) zu beachten, nach dem es nicht zulässig ist, **im Laufe des Kalenderjahres** zwischen der Regelbesteuerung (nach den individuellen Lohnsteuerabzugsmerkmalen des Arbeitnehmers) und der Pauschalbesteuerung zu wechseln, wenn dieser Wechsel ausschließlich dazu dient, die bei den Einkünften aus nichtselbstständiger Arbeit anzusetzenden Frei- und Pauschbeträge auszunützen.

Andererseits hat der Bundesfinanzhof aber auch entschieden, dass der Ehemann als Arbeitgeber **nach Ablauf des Kalenderjahres** die Pauschalbesteuerung des Arbeitslohns für die in seinem Betrieb angestellte Ehefrau rückgängig machen und zur Regelbesteuerung nach den individuellen Lohnsteuerabzugsmerkmalen des Arbeitnehmer-Ehegatten übergehen kann (BFH-Urteil vom 26.11.2003, BStBl. 2004 II S. 195).

Die Lohnabrechnung für ein Ehegattenarbeitsverhältnis auf 450-Euro-Basis soll anhand des folgenden Beispiels verdeutlicht werden:

Beispiel

Die seit 1.1.2013 unter Verzicht auf die Rentenversicherungspflicht bei ihrem Ehemann beschäftigte Ehefrau erhält einen Monatslohn von 450 €. Im August 2021 leistet sie eine Vielzahl von Überstunden, weil eine andere Teilzeitkraft durch Krankheit unvorhergesehen ausfällt. Im August 2021 beträgt der aufgrund der Überstunden zutreffend berechnete Arbeitslohn deshalb 1000 €.

Für die lohnsteuerliche und sozialversicherungsrechtliche Behandlung gilt Folgendes:

Es liegt eine geringfügige Beschäftigung vor. Der Arbeitgeber, das heißt der Ehemann, muss einen pauschalen Arbeitgeberanteil zur Rentenversicherung in Höhe von 15 % und (wenn die Ehefrau in der gesetzlichen Krankenversicherung versichert ist) auch einen pauschalen Arbeitgeberanteil zur Krankenversicherung in Höhe von 13 % entrichten. Außerdem muss der Arbeitgeber 2 % Pauschalsteuer bezahlen. Dies gilt auch für den Monat August 2021, da ein gelegentliches **unvorhergesehenes** Überschreiten der 450-Euro-Grenze nicht zum Wegfall einer geringfügigen Beschäftigung führt.

Für August 2021 ergibt sich folgende Lohnabrechnung:

Monatslohn		1000,– €
Lohnsteuer	0,– €	
Solidaritätszuschlag	0,– €	
Kirchensteuer	0,– €	
Sozialversicherung (Arbeitnehmeranteil)	0,– €	0,– €
auszuzahlender Betrag		1000,– €

1) Die nachfolgenden Grundsätze gelten entsprechend bei eingetragenen Lebenspartnern (§ 2 Abs. 8 EStG).

Lohn-steuer-pflichtig | Sozial-versich.-pflichtig

Der Arbeitgeber muss im August 2021 folgende Pauschalabgaben zahlen (aus 1000 €):

Lohnsteuer (einschließlich Solidaritätszuschlag und Kirchensteuer)	2 %	20,– €
Krankenversicherung pauschal	13 %	130,– €
Rentenversicherung pauschal	15 %	150,– €
Umlage U 1	1,0 %	10,– €
Umlage U 2	0,39 %	3,90 €
Insolvenzgeldumlage	0,12 %	1,20 €
insgesamt		315,10 €

Ist die Ehefrau zusammen mit ihrem Ehemann privat krankenversichert, entfällt der pauschale Arbeitgeberanteil zur Krankenversicherung in Höhe von 13 %.

Hat die Ehefrau sich nicht von der Rentenversicherungspflicht befreien lassen, muss sie einen Arbeitnehmerbeitrag zur Rentenversicherung in Höhe von 3,6 % bezahlen. Für August 2021 ergibt sich folgende Lohnabrechnung:

Monatslohn		1000,– €
Lohnsteuer	0,– €	
Solidaritätszuschlag	0,– €	
Kirchensteuer	0,– €	
Arbeitnehmeranteil zur Rentenversicherung 3,6 %	36,– €	36,– €
Nettolohn		964,– €
Arbeitgeberanteil (30 % von 1000 € =)		300,– €

In den übrigen Monaten beträgt der Arbeitnehmerbeitrag zur Rentenversicherung 3,6 % von 450 € = 16,20 €. Der Arbeitgeberbeitrag beträgt in den übrigen Monaten 30 % von 450 € = 135 €.

Zur Entgeltumwandlung zugunsten einer betrieblichen Altersversorgung und der Problematik der sog. „Überversorgung“ bei Ehegattenarbeitsverhältnissen vgl. die Erläuterungen beim Stichwort „Zukunftsicherung“ unter Nr. 18.

8. Abwälzung der pauschalen Lohnsteuer auf den Arbeitnehmer

Eine Abwälzung der pauschalen Lohnsteuer auf den Arbeitnehmer ist bei allen Pauschalierungsmöglichkeiten zulässig (2 %, 5 %, 20 % oder 25 %). Denn die Abwälzung der pauschalen Lohnsteuer auf den Arbeitnehmer ist ein arbeitsrechtlicher Vorgang, durch den die Pauschalierung als solche nicht unzulässig wird. Allerdings ist § 40 Abs. 3 Satz 2 EStG[1] zu beachten, der besagt, dass die auf den Arbeitnehmer abgewälzte pauschale Lohnsteuer **als zugeflossener Arbeitslohn gilt und die Bemessungsgrundlage nicht mindern darf.** Wie sich eine steuerlich **unzulässige** Kürzung der Bemessungsgrundlage bei einer Abwälzung der Pauschalsteuer auf den Arbeitnehmer rechnerisch darstellt, soll an einem Beispiel verdeutlicht werden:

Beispiel A

Der Stundenlohn einer teilzeitbeschäftigten Arbeitnehmerin beträgt nach dem Arbeitsvertrag 10 €. Die Arbeitszeit der Arbeitnehmerin beträgt monatlich 35 Stunden, sodass sich ein Bruttolohnanspruch von monatlich 350 € ergibt. Da die Arbeitnehmerin nicht nach ihren individuellen Lohnsteuerabzugsmerkmalen besteuert werden will, vereinbart der Arbeitgeber mit ihr, dass die 2 %ige Pauschalsteuer im Innenverhältnis von der Arbeitnehmerin getragen wird. Wird die Bemessungsgrundlage um die vom Arbeitnehmer übernommene Pauschalsteuer gekürzt, ergibt sich folgende Lohnabrechnung:

Auszahlungsbetrag 98,0392 % von 350 €	343,14 €
Pauschalsteuer hierauf 2 %	6,86 €
Bruttolohnanspruch	350,– €

Die im Beispiel A dargestellte **Rückrechnung ist nicht zulässig.** Denn die abgewälzte Pauschalsteuer darf die Bemessungsgrundlage nicht mindern, sodass sich folgende zutreffende Berechnung der pauschalen Lohnsteuer ergibt:

Beispiel B

Sachverhalt wie Beispiel A.

Monatslohn	350,– €
Pauschalsteuer hierauf 2 %	7,– €

Lohn-steuer-pflichtig | Sozial-versich.-pflichtig

Für die Arbeitnehmerin ergibt sich folgende Abrechnung:

Monatslohn	350,– €
im Innenverhältnis übernommene Pauschalsteuern	7,– €
Auszahlungsbetrag	**343,– €**

Ist der Arbeitgeber bei der Zahlung des Arbeitslohns arbeitsrechtlich nicht gebunden, das heißt, dass er den Stundenlohn der Höhe nach beliebig festlegen kann, könnte er daran denken, den Stundenlohn so weit herabzusetzen, dass er rein rechnerisch zu dem im Beispiel A dargestellten Ergebnis kommt.

Beispiel C

Das Arbeitsverhältnis der Arbeitnehmerin im Beispiel A ist nicht tarifgebunden. Der Arbeitgeber kann deshalb den Stundenlohn frei vereinbaren. Er vereinbart einen Stundenlohn von 9,80 € und die Übernahme der hierauf entfallenden 2 %igen Pauschalsteuer. Bei einer monatlichen Arbeitszeit von 35 Stunden ergibt sich folgende Lohnabrechnung:

Auszahlungsbetrag (9,804 € × 35 =)	343,14 €
Pauschalsteuer hierauf 2 %	6,86 €
insgesamt	350,– €

Damit wäre der Arbeitgeber rein rechnerisch wieder beim alten Ergebnis.

In § 40 Abs. 3 Satz 2 EStG ist jedoch bestimmt worden, dass die auf den Arbeitnehmer abgewälzte pauschale Lohnsteuer **als zugeflossener Arbeitslohn gilt.** Das bedeutet Folgendes: Stellt das Finanzamt bei einer Lohnsteuer-Außenprüfung z. B. anhand von arbeitsvertraglichen Unterlagen fest, dass die gesetzliche Regelung – wie im Beispiel C dargestellt – durch eine Kürzung des Arbeitslohns um die pauschale Lohnsteuer unterlaufen wurde, kann es die hierauf entfallende Lohnsteuer nachholen, da die in Form der Lohnkürzung auf den Arbeitnehmer abgewälzte Pauschalsteuer als zugeflossener Arbeitslohn gilt.

Eine steuerlich unwirksame Abwälzung von pauschalen Steuerbeträgen durch Gehaltskürzung kann sich z. B. aus dem Arbeitsvertrag, einer Zusatzvereinbarung zum Arbeitsvertrag oder aus dem wirtschaftlichen Ergebnis einer Gehaltsumwandlung oder Gehaltsänderungsvereinbarung ergeben. Das ist insbesondere der Fall, wenn die pauschalen Steuerbeträge als Abzugsbetrag in der Lohn- und Gehaltsabrechnung ausgewiesen werden. Eine steuerlich unwirksame Abwälzung von pauschalen Steuerbeträgen liegt auch dann vor, wenn zur Abwälzung zwar in arbeitsrechtlich zulässiger Weise eine Gehaltsminderung vereinbart wird, der bisherige ungekürzte Arbeitslohn aber weiterhin für die Bemessung künftiger Erhöhungen des Arbeitslohns oder anderer Arbeitgeberleistungen (z. B. Weihnachtsgeld, Tantieme, Jubiläumszuwendungen) maßgebend bleibt.[2]

Eine steuerlich unwirksame Abwälzung der pauschalen Lohnsteuer ist hingegen **nicht** anzunehmen, wenn aus der Gehaltsänderungsvereinbarung alle rechtlichen und wirtschaftlichen Folgerungen gezogen werden, also insbesondere der geminderte Arbeitslohn Bemessungsgrundlage für künftige Erhöhungen des Arbeitslohns oder andere Arbeitgeberleistungen (z. B. Weihnachtsgeld, Tantieme, Jubiläumszuwendung) wird. Dies gilt auch dann, wenn die Gehaltsminderung nur in Höhe der Pauschalsteuer vereinbart wird.[2]

1) § 40 Abs. 3 Satz 2 EStG gilt durch die Verweisung in § 40a Abs. 5 EStG auch bei einer Pauschalierung der Lohnsteuer für Aushilfskräfte und Teilzeitbeschäftigte.

2) BMF-Schreiben vom 10.1.2000 (BStBl. I S. 138). Das BMF-Schreiben ist als Anlage 2 zu H 40.2 LStR im **Steuerhandbuch für das Lohnbüro 2021** abgedruckt, das im selben Verlag erschienen ist.

P

Lohn- steuer- pflichtig | Sozial- versich.- pflichtig

9. Aufzeichnungsvorschriften

Nach § 4 Abs. 2 Nr. 8 Satz 4 LStDV[1] hat der Arbeitgeber bei einer Pauschalierung der Lohnsteuer für Teilzeitbeschäftigte und Aushilfskräfte Aufzeichnungen zu führen, aus denen bezogen auf den einzelnen Arbeitnehmer folgende Mindestangaben ersichtlich sein müssen:

- Name und Anschrift,
- Dauer der Beschäftigung,
- Tag der Zahlung,
- Höhe des Arbeitslohnes (auch steuerfreier Arbeitslohn und z. B. pauschal besteuerte Fahrtkostenzuschüsse),
- Art der Beschäftigung (nur bei Aushilfskräften in der Land- und Forstwirtschaft).

Ein Unterzeichnen oder Quittieren der Lohnabrechnung durch den Arbeitnehmer ist nicht erforderlich.

Die genannten Aufzeichnungen sind zwar nicht materiellrechtliche Voraussetzung für die Pauschalierung; bei fehlenden oder fehlerhaften Aufzeichnungen ist die Pauschalierung aber nur zulässig, wenn die Pauschalierungsvoraussetzungen auf andere Weise nachgewiesen oder zumindest glaubhaft gemacht werden (z. B. durch Arbeitsnachweise, Zeitkontrollen, Zeugenaussagen usw.); vgl. BFH-Urteil vom 12.6.1986, BStBl. II S. 681.

Die Aufzeichnungen über die Beschäftigungsdauer müssen den Zweck erfüllen, den Stundenlohn in denjenigen Pauschalierungsfällen zu ermitteln, in denen es unter anderem Voraussetzung ist, dass der **Stundenlohn 15 € nicht übersteigt.** Dies sind die Pauschalierungen mit 25 % für Aushilfskräfte und mit 5 % für Aushilfskräfte in der Land- und Forstwirtschaft. Als Beschäftigungsdauer ist in diesen Fällen jeweils die Zahl der tatsächlichen Arbeitsstunden (à 60 Minuten) in dem jeweiligen Monat aufzuzeichnen (BFH-Urteil vom 10.9.1976, BStBl. 1977 II S. 17). Es genügen also Aufzeichnungen über die Anzahl der Arbeitsstunden, z. B. anhand von Stunden- oder Strichlisten. Nicht erforderlich ist dagegen die Aufzeichnung der genauen Uhrzeit (z. B. beschäftigt am 9.8.2021 von 7.30 Uhr bis 12.30 Uhr). Stundenaufzeichnungen in Form von Stunden- oder Strichlisten sind steuerlich entbehrlich, wenn sich die Zahl der Arbeitsstunden aus dem Arbeitsvertrag ergibt und etwaige Abweichungen festgehalten werden.

Bei einer Pauschalierung der Lohnsteuer mit 25 % für kurzfristig beschäftigte Aushilfskräfte (vorstehend erläutert unter Nr. 4) ist neben den tatsächlichen Arbeitsstunden zur Überprüfung der übrigen Voraussetzungen (18 zusammenhängende Arbeitstage, durchschnittlicher Arbeitslohn nicht mehr als 120 € je Tag) die Zahl der Arbeitstage festzuhalten.

P

Bei einer Pauschalierung der Lohnsteuer mit 5 % für Aushilfskräfte in der Land- und Forstwirtschaft ist zusätzlich zur genauen zeitlichen Dauer der Beschäftigung auch die **Art der Tätigkeit** aufzuzeichnen, damit geprüft werden kann, ob die Aushilfskraft

- ausschließlich typische land- und forstwirtschaftliche Tätigkeiten ausgeübt hat,
- die nicht ganzjährig anfallen (25 %-Regelung).

Bei Lohnsteuer-Außenprüfungen prüft die Finanzverwaltung die Identität der Arbeitslohnempfänger (Name und Anschrift) besonders intensiv. Denn häufig haben entsprechende Nachforschungen ergeben, dass die betreffenden Personen nicht existieren. Den Arbeitgebern kann deshalb nur dringend geraten werden, die Aufzeichnung der Arbeitslohnempfänger nicht auf die leichte Schulter zu nehmen. Kann nämlich das Finanzamt die bezeichneten Personen nicht ermitteln, geht dies zu Lasten des Arbeitgebers und zwar auch dann, wenn die Aushilfskraft einen falschen Namen angegeben haben sollte. Der Betriebsausgabenabzug der Lohnaufwendungen kann in diesem Fall beim Arbeitgeber versagt werden (§ 160 AO).

Lohn- steuer- pflichtig | Sozial- versich.- pflichtig

Die Aufzeichnungsvorschriften für Zwecke der **Sozialversicherung** sind beim Stichwort „Geringfügige Beschäftigung“ unter Nr. 18 auf Seite 518 erläutert. Vgl. außerdem das Stichwort „Mindestlohn“.

10. Pauschalierung der Kirchensteuer

Ist der Arbeitgeber zur Pauschalierung und damit zur Übernahme der Lohnsteuer als Steuerschuldner bereit, dann ist er bei einer Pauschalierung der Lohnsteuer mit 20 %, 25 % oder 5 % auch verpflichtet, eine pauschale Kirchensteuer zu übernehmen. Nur bei der 2 %igen Pauschalsteuer (vorstehend erläutert unter Nr. 2) ist auch die Kirchensteuer mit diesem Steuersatz abgegolten. Fällt die Kirchensteuer zusätzlich an, ist Bemessungsgrundlage für die pauschale Kirchensteuer die pauschale Lohnsteuer von 20 %, 25 % oder 5 %. Der Steuersatz für die pauschale Kirchensteuer ist in den einzelnen Bundesländern unterschiedlich hoch. Eine Gesamtübersicht der pauschalen Kirchensteuersätze ist beim Stichwort „Kirchensteuer“ unter Nr. 10 Buchstabe b auf Seite 617 abgedruckt.

Diejenigen Arbeitnehmer, die **nachgewiesenermaßen** keiner kirchensteuerberechtigten Religionsgemeinschaft angehören oder beschränkt steuerpflichtig sind, kann der Arbeitgeber aus der Kirchensteuerpauschalierung herausnehmen. Führt der Arbeitgeber für einen Teil der Arbeitnehmer, deren Lohnsteuer pauschaliert wird, den Nachweis, dass sie nicht kirchensteuerpflichtig sind, ist die Kirchensteuer für die übrigen Arbeitnehmer mit dem **vollen** Kirchensteuersatz von 8 % oder 9 % (Regelsteuersatz) und nicht mit dem für Pauschalierungsfälle im vereinfachten Verfahren vorgesehenen ermäßigten Kirchensteuersatz zu berechnen.[2] Die Auswirkung dieser Regelung soll an einem Beispiel verdeutlicht werden:

Beispiel

Ein Arbeitgeber in Bayern beschäftigt Aushilfskräfte ohne Nachweis der individuellen Lohnsteuerabzugsmerkmale. Er pauschaliert die Lohnsteuer mit 25 %. Der Arbeitgeber hat zwei Möglichkeiten, die Kirchensteuer zu berechnen:

- entweder er pauschaliert für **alle** Aushilfskräfte die Kirchensteuer mit **7 %** der pauschalen Lohnsteuer **oder**
- er lässt sich von den Aushilfskräften, die nicht kirchensteuerpflichtig sind, eine entsprechende Erklärung unterschreiben und nimmt diese als Beleg zum Lohnkonto. Die pauschale Lohnsteuer, die auf diese nicht kirchensteuerpflichtigen Aushilfskräfte entfällt, scheidet aus der Bemessungsgrundlage für die Berechnung der pauschalen Kirchensteuer aus. Für die restliche pauschale Lohnsteuer muss die Kirchensteuer mit dem **normalen** Kirchensteuersatz von **8 %** errechnet werden.

Der Arbeitgeber muss also **nachweisen,** dass ein Teil der Arbeitnehmer, für die die Lohnsteuer pauschaliert werden soll, keiner kirchensteuerberechtigten Religionsgemeinschaft angehören. Dieser Nachweis ist bei einer Pauschalierung der Lohnsteuer für Aushilfskräfte und Teilzeitbeschäftigte durch eine Erklärung zur Kirchensteuerpflicht nach amtlichem Muster zu erbringen. Das Muster der amtlichen Erklärung zur Kirchensteuerpflicht ist beim Stichwort „Kirchensteuer“ unter Nr. 10 Buchstabe d auf Seite 619 abgedruckt.

11. Solidaritätszuschlag

Wird die Lohnsteuer mit 20 %, 25 % oder 5 % pauschaliert, wird auch ab 2021 weiterhin ein Solidaritätszuschlag zur Lohnsteuer erhoben. Nur bei der 2 %igen Pauschalsteuer (vorstehend erläutert unter Nr. 2) ist auch der Solidaritätszuschlag mit dem Pauschalsteuersatz von 2 % abgegolten. Der Solidaritätszuschlag beträgt **5,5 %** der pauschalen Lohnsteuer. Die bei der Erhebung des Solida-

1) Die Lohnsteuer-Durchführungsverordnung (LStDV) ist als Anhang 1 im **Steuerhandbuch für das Lohnbüro 2021** abgedruckt, das im selben Verlag erschienen ist.

2) Gleich lautende Erlasse der obersten Finanzbehörden der Länder vom 8.8.2016 (BStBl. I S. 773). Der gleich lautende Erlass ist als Anlage 1 zu H 40a.1 LStR im **Steuerhandbuch für das Lohnbüro 2021** abgedruckt, das im selben Verlag erschienen ist.

Lohn-steuer-pflichtig | Sozial-versich.-pflichtig

ritätszuschlags nach den individuellen Lohnsteuerabzugsmerkmalen des Arbeitnehmers zu beachtende Nullzone sowie der Übergangsbereich sind bei einer Pauschalierung der Lohnsteuer **nicht** anwendbar. Auf die ausführlichen Erläuterungen beim Stichwort „Solidaritätszuschlag" besonders unter Nr. 8 wird Bezug genommen.

12. Berücksichtigung von Freibeträgen und Hinzurechnungsbeträgen bei 450-Euro-Jobs

Hat ein Arbeitnehmer mehrere 450-Euro-Jobs oder ein Rentner mehrere Betriebsrenten oder Minijobs, kann es vorkommen, dass bei Anwendung der Steuerklasse VI während des Kalenderjahres Lohnsteuer einbehalten werden muss, die nach Ablauf des Jahres im Wege einer Veranlagung zur Einkommensteuer wieder zu erstatten ist, weil der Arbeitnehmer mit seinem gesamten zu versteuernden Einkommen unter dem steuerlichen Grundfreibetrag liegt. Deshalb gibt es die Möglichkeit, dass sich ein Arbeitnehmer, dessen Arbeitslohn aus dem ersten Dienstverhältnis noch im steuerfreien Bereich der Jahreslohnsteuertabelle liegt, einen Freibetrag beim zweiten Dienstverhältnis eintragen lassen kann, **wenn in gleicher Höhe ein Hinzurechnungsbetrag** bei seinem ersten Dienstverhältnis berücksichtigt wird.

Das Verfahren gilt also nur für diejenigen Arbeitnehmer, deren Arbeitslohn aus dem ersten Dienstverhältnis so niedrig ist, dass er noch im steuerfreien Bereich der Monatslohnsteuertabelle liegt (vgl. das Stichwort „Tarifaufbau"). Die Eingangsbeträge der Monatslohnsteuertabelle, bis zu denen keine Lohnsteuer anfällt, betragen für das Kalenderjahr 2021:

Steuerklasse	Allgemeine Monatstabelle für sozialversicherungspflichtige Arbeitnehmer	Besondere Monatstabelle für nicht sozialversicherungspflichtige Arbeitnehmer
I	1 121 €	1 021 €
II	1 319 €	1 202 €
III	2 127 €	1 945 €
IV	1 121 €	1 021 €
V	108 €	98 €

Hat ein sozialversicherungspflichtiger Arbeitnehmer bei seinem ersten Dienstverhältnis z. B. die Steuerklasse I und ist sein Arbeitslohn aus dem **ersten** Dienstverhältnis niedriger als 1121 € monatlich, kann er **beliebig zwischen 0 und 1121 € einen monatlichen Freibetrag auswählen** und bei seinem **zweiten** Dienstverhältnis berücksichtigen lassen. In gleicher Höhe wird dann ein Hinzurechnungsbetrag bei seinem ersten Dienstverhältnis mit der Steuerklasse I berücksichtigt. Die Wahl des Freibetrags ist also nicht auf die Differenz zwischen dem Jahresarbeitslohn aus dem ersten Dienstverhältnis und dem Eingangsbetrag der Jahreslohnsteuertabelle beschränkt. Damit wird dem Arbeitnehmer ein großer Entscheidungsspielraum zugestanden. Die Wahl des zutreffenden Freibetrags soll am Beispiel eines Rentners, der nebenher zwei 300-Euro-Jobs ausübt und außerdem eine Betriebsrente bezieht, näher erläutert werden.

Beispiel

Ein alleinstehender Rentner, der am 16. April 2015 das 65. Lebensjahr vollendet hat, erhält seit 1. Mai 2015 eine Altersrente in Höhe von 900 € monatlich. Der steuerpflichtige Teil dieser Rente beträgt 70 % (vgl. die Erläuterungen beim Stichwort „Renten"). Von seinem früheren Arbeitgeber erhält der Rentner eine Betriebsrente in Höhe von 260 € monatlich. Den Lohnsteuerabzug für die Betriebsrente führt der frühere Arbeitgeber nach Steuerklasse I durch. Bei der Durchführung des Lohnsteuerabzugs für die Betriebsrente ergibt sich im Kalenderjahr 2021 Folgendes:

Betriebsrente	260,– €	260,– €
abzüglich Versorgungsfreibetrag (24 % von 260 €)	63,– €	
verbleiben	197,– €	
abzüglich Zuschlag zum Versorgungsfreibetrag	45,– €	
verbleiben	152,– €	
Lohnsteuer (für 152 € nach Steuerklasse I)	0,– €	
Solidaritätszuschlag	0,– €	
Kirchensteuer	0,– €	0,– €
Nettobetriebsrente		260,– €

Außerdem hat der Rentner bei den Arbeitgebern A und B zwei Nebenjobs, für die er jeweils 300 € monatlich erhält. Beide Nebenjobs werden nach der Steuerklasse VI besteuert. Sowohl beim Arbeitgeber A als auch beim Arbeitgeber B ergibt sich folgende Lohnabrechnung:

Arbeitslohn	300,– €	300,– €
abzüglich Altersentlastungsbetrag (24 % von 300 €)	72,– €	
verbleiben	228,– €	
Lohnsteuer (für 228 € nach Steuerklasse VI)	28,– €	
Solidaritätszuschlag	0,– €	
Kirchensteuer (8 %)	2,24 €	30,24 €
Nettolohn beim Arbeitgeber A und B jeweils		269,76 €

Die Steuerabzugsbeträge in Höhe von (12 × 30,24 € = 362,88 € × 2 =) 725,76 € muss sich der Arbeitnehmer im Wege einer Veranlagung zur Einkommensteuer nach Ablauf des Kalenderjahres vom Finanzamt wieder erstatten lassen. Dies kann der Arbeitnehmer vermeiden, wenn er sich bei **beiden** Arbeitsverhältnissen mit der Steuerklasse VI von seinem Wohnsitzfinanzamt einen Freibetrag von jeweils 228 € bilden lässt. Dementsprechend wird bei seinem ersten Arbeitsverhältnis mit der Steuerklasse I **ein Hinzurechnungsbetrag** von (2 × 228 € =) 456 € berücksichtigt. Dadurch ergibt sich sowohl bei den beiden 300-Euro-Jobs als auch beim Lohnsteuerabzug für die Betriebsrente keine Lohnsteuer.

Hat der Arbeitnehmer keinen Anspruch auf den Altersentlastungsbetrag, weil er noch nicht 64 Jahre alt ist, oder will der Arbeitnehmer den Altersentlastungsbetrag im Freibetragsverfahren außer Betracht lassen, kann er sich bei beiden Arbeitsverhältnissen mit der Steuerklasse VI von seinem Wohnsitzfinanzamt einen Freibetrag von jeweils 300 € bilden lassen. Dementsprechend wird bei seinem ersten Arbeitsverhältnis mit der Steuerklasse I ein Hinzurechnungsbetrag von (2 × 300 € =) 600 € eingetragen. Am lohnsteuerlichen Ergebnis ändert dies nichts.

Das Verfahren zur Eintragung von Freibeträgen und Hinzurechnungsbeträgen und die dabei beim Lohnsteuerabzug durch den Arbeitgeber zu beachtenden Besonderheiten sind ausführlich beim Stichwort „Hinzurechnungsbetrag beim Lohnsteuerabzug" erläutert.

13. Vermögenswirksame Leistungen für Aushilfskräfte und Teilzeitbeschäftigte

Das Vermögensbildungsgesetz gilt für unbeschränkt und beschränkt steuerpflichtige Arbeitnehmer im arbeitsrechtlichen Sinne und für Auszubildende, deren Arbeitsverhältnis oder Ausbildungsverhältnis deutschem Arbeitsrecht unterliegt.

Für die vermögenswirksame Anlage des Arbeitslohns ist es im Grundsatz ohne Bedeutung, ob der Arbeitslohn nach den individuellen Lohnsteuerabzugsmerkmalen oder pauschal mit 2 %, 5 %, 20 % oder 25 % besteuert wird. Denn auch pauschal besteuerter Arbeitslohn kann vermögenswirksam angelegt werden (vgl. die Erläuterungen beim Stichwort „Vermögensbildung der Arbeitnehmer" unter Nr. 4).

Die Anlage vermögenswirksamer Leistungen ist also nicht nur von den üblichen Lohnzahlungen möglich. Vermögenswirksam können auch z. B. angelegt werden:

- pauschal mit 2 %, 5 %, 20 % oder 25 % besteuerter Arbeitslohn für Aushilfskräfte und Teilzeitbeschäftigte;
- pauschal besteuerte sonstige Bezüge.

Auch bei einer Teilzeitbeschäftigung kann der Arbeitnehmer also Teile seines pauschal besteuerten Arbeitslohns vermögenswirksam anlegen. Auch der Arbeitgeber kann bei Teilzeitbeschäftigten zusätzlich zum normalen Arbeitslohn vermögenswirksame Leistungen gewähren; in der Praxis werden diese häufig anteilig – entsprechend der Teilzeitbeschäftigung – gezahlt. Diese zusätzlich gewährten vermögenswirksamen Leistungen sind aber bei der

P

Lohn- steuer- pflichtig | Sozial- versich.- pflichtig

Prüfung, ob die Pauschalierungsgrenzen eingehalten werden, mit einzubeziehen und ebenso wie der normale Lohn für die Teilzeitbeschäftigung mit 25 %, 20 %, 5 % oder 2 % pauschal zu besteuern.

Der **Arbeitnehmer** muss nach Ablauf des Kalenderjahres die Gewährung der Sparzulage beim Wohnsitzfinanzamt beantragen. Hierzu muss der Arbeitnehmer eine Einkommensteuererklärung beim Finanzamt einreichen, die **lediglich Angaben zur Person** enthält, wenn außer dem pauschal besteuerten Arbeitslohn keine anderen steuerpflichtigen Einnahmen im Kalenderjahr zugeflossen sind. Denn der pauschal besteuerte Arbeitslohn bleibt bei einer Veranlagung außer Betracht. Die in 2020 angelegten vermögenswirksamen Leistungen werden grundsätzlich bis zum 28.2.2021 vom Anlageinstitut an die Finanzverwaltung elektronisch übermittelt.

14. Lohnfortzahlungsversicherung

Auch Aushilfskräfte und Teilzeitbeschäftigte haben im Krankheitsfall einen Anspruch auf Lohnfortzahlung nach dem Entgeltfortzahlungsgesetz (vgl. das Stichwort „Entgeltfortzahlung"). Einzelheiten zur Lohnfortzahlungsversicherung sind in Teil B unter Nr. 10 auf Seite 16 erläutert.

15. Arbeitsvertrag für Aushilfskräfte und Teilzeitbeschäftigte

Nach dem sog. Nachweisgesetz muss der Arbeitgeber bei Teilzeitkräften spätestens einen Monat nach Beginn des Arbeitsverhältnisses die wesentlichen Vertragsbedingungen **schriftlich niederlegen, unterschreiben und** dem Arbeitnehmer **aushändigen.** Eine Ausnahme besteht nur für eine Aushilfstätigkeit von höchstens **einem** Monat. Eine Änderung wesentlicher Vertragsbedingungen muss spätestens einen Monat nach der Änderung schriftlich mitgeteilt werden. Die Pflicht zur schriftlichen Mitteilung der Vertragsbedingungen entfällt nur dann, wenn ein **schriftlicher Arbeitsvertrag** vorhanden ist, der die erforderlichen Angaben enthält. Es empfiehlt sich deshalb, in allen Fällen einen schriftlichen Arbeitsvertrag abzuschließen.

Pauschalierung der Lohnsteuer für Belohnungsessen, Incentive-Reisen, VIP-Logen und ähnliche Sachbezüge

Wichtiges auf einen Blick:

Zur Abgrenzung der auch bei der Pauschalierung der Lohnsteuer für Belohnungsessen, Incentive-Reisen, VIP-Logen und ähnlichen Sachbezügen bedeutsamen Abgrenzung zwischen den pauschalierungsfähigen Sachbezügen und den nicht pauschalierungsfähigen Geldleistungen vgl. die Stichwort „Sachbezüge" und „Warengutscheine".

Zum auch bei dieser Pauschalierungsvorschrift erforderlichen Zusätzlichkeitskriterium wird auf das Stichwort „Gehaltsumwandlung" verwiesen.

Gliederung:

Lohn- steuer- pflichtig | Sozial- versich.- pflichtig

1. Allgemeines

Durch das Jahressteuergesetz 2007 vom 13.12.2006 (BGBl. I S. 2878, BStBl. 2007 I S. 28) ist eine Vorschrift in das Einkommensteuergesetz eingefügt worden (§ 37b EStG), nach der aus Vereinfachungsgründen **Sachzuwendungen an Arbeitnehmer,** die zusätzlich zum ohnehin geschuldeten Arbeitslohn gewährt werden, bis zu einem Höchstbetrag von **10 000 €** mit **30 %** pauschal besteuert werden können (z. B. Incentive-Reisen, VIP-Logen, Belohnungsessen). Bemessungsgrundlage für die Pauschalsteuer sind grundsätzlich die Aufwendungen des Arbeitgebers zuzüglich Umsatzsteuer (vgl. insbesondere nachfolgende Nr. 2 sowie die Nrn. 4 bis 6). Zur Abgrenzung von Sachbezügen gegenüber Geldleistungen vgl. auch die Erläuterungen bei den Stichwörtern „Sachbezüge" sowie „Warengutscheine".

Die Pauschalierungsvorschrift gilt nicht nur für Zuwendungen an Arbeitnehmer, sondern auch für Sachzuwendungen, die Firmen und Betriebe an Kunden und Geschäftsfreunde – einschließlich deren Arbeitnehmer – gewähren (vgl. nachfolgend unter Nr. 3). Das **Pauschalierungswahlrecht** ist für alle gewährten Zuwendungen i. S. d. § 37b EStG einheitlich auszuüben, kann aber für Sachzuwendungen an eigene Arbeitnehmer (§ 37b Abs. 2 EStG; vgl. nachfolgende Nr. 2) und für Sachzuwendungen an Dritte (z. B. Kunden, Geschäftsfreunde und deren Arbeitnehmer, Mitarbeiter von verbundenen Unternehmen; § 37b Abs. 1 EStG; vgl. nachfolgende Nr. 3) **gesondert** ausgeübt werden (= gesonderte Pauschalierungskreise).[1]

Bezüglich des Zeitpunkts der Zuwendung wird bei **Geschenken** (z. B. Eintrittskarten) auf den Zeitpunkt der **Hingabe** und bei **Nutzungen** (z. B. Einladung zu einer Veranstaltung) auf den Zeitpunkt der Inanspruchnahme **(= Teilnahme)** abgestellt. Allerdings kann (= Wahlrecht) die Pauschalierung nach § 37b EStG bereits in dem Wirtschaftsjahr vorgenommen werden, in dem der Aufwand zu berücksichtigen ist. Auf den Zeitpunkt der Bezahlung der Rechnung durch den Zuwendenden kann aber nicht abgestellt werden.

Beispiel A

Ein Arbeitgeber verschenkt an zehn seiner Arbeitnehmer Eintrittskarten für ein Fußball-Bundesligaspiel im Wert von jeweils 50 €. Er möchte die Pauschalbesteuerung nach § 37b EStG in Anspruch nehmen. Ein Arbeitnehmer kann aufgrund einer kurzfristigen Erkrankung nicht zum Spiel gehen. Die Eintrittskarte verfällt.

Die Sachzuwendung ist im Zeitpunkt der Erlangung der wirtschaftlichen Verfügungsmacht zu erfassen. Das ist der Zeitpunkt der Hingabe der Eintrittskarte. Das gilt auch hinsichtlich des erkrankten Arbeitnehmers. Der Arbeitgeber hat daher die Pauschalbesteuerung nach § 37b EStG für zehn Eintrittskarten durchzuführen.

1) Randziffer 4 des BMF-Schreibens vom 19.5.2015 (BStBl. I S. 468), ergänzt durch BMF-Schreiben vom 28.6.2018 (BStBl. I S. 814). Das BMF-Schreiben ist als Anlage 1 zu H 37b LStR im **Steuerhandbuch für das Lohnbüro 2021** abgedruckt, das im selben Verlag erschienen ist.

Lohn- steuer- pflichtig | Sozial- versich.- pflichtig

Bei Sachzuwendungen an eigene Arbeitnehmer (vgl. nachfolgende Nr. 2) ist zu beachten, dass von der Pauschalierungsmöglichkeit mit 30 % alle geldwerten Vorteile ausgeschlossen sind, für die bereits gesetzliche Bewertungsregelungen und Pauschalierungsvorschriften bestehen. Die Pauschalierung mit 30 % ist somit **nicht möglich**

- bei der Firmenwagenbesteuerung,
- bei der Bewertung von Sachbezügen mit amtlichen Sachbezugswerten oder Durchschnittswerten,
- bei Anwendung der Rabattregelung nach § 8 Abs. 3 EStG (vgl. das Stichwort „Rabatte, Rabattfreibetrag"). Das gilt auch dann, wenn der Arbeitgeber in diesen Fällen von dem Wahlrecht zur Anwendung der allgemeinen Bewertungsvorschriften (§ 8 Abs. 2 EStG) Gebrauch macht,
- bei Vermögensbeteiligungen (vgl. das Stichwort „Vermögensbeteiligungen"),
- bei Sachprämien im Rahmen von Kundenbindungsprogrammen nach § 37a EStG (vgl. das Stichwort „Miles & More"),
- bei allen Pauschalierungen nach § 40 Abs. 2 EStG mit einem Pauschsteuersatz von 15 % oder 25 % (vgl. das Stichwort „Pauschalierung der Lohnsteuer" unter Nr. 1),
- bei einer Pauschalierung der Lohnsteuer mit einem besonders ermittelten Pauschsteuersatz nach § 40 Abs. 1 Satz 1 EStG (vgl. das Stichwort „Pauschalierung der Lohnsteuer" unter den Nrn. 2 und 3). Hierfür kann allerdings die Pauschalierung nach § 37b EStG alternativ gewählt werden.

Beispiel B

Die Arbeitnehmer eines Bekleidungsgeschäfts in der Münchner Innenstadt können verbilligt einkaufen. Der geldwerte Vorteil wird unter Berücksichtigung des Rabattfreibetrags von 1080 € jährlich nach § 8 Abs. 3 EStG bewertet. Geldwerte Vorteile, die den Rabattfreibetrag überschreiten, bewertet der Arbeitgeber nach den allgemeinen Bewertungsvorschriften des § 8 Abs. 2 EStG. Der Arbeitgeber beantragt für diese geldwerten Vorteile die Pauschalierung nach § 37b Abs. 2 EStG.

Geldwerte Vorteile, für die die gesetzliche Bewertungsmöglichkeit nach § 8 Abs. 3 EStG besteht, fallen nicht in den Anwendungsbereich des § 37b EStG. Gleichwohl bleiben nach § 8 Abs. 3 EStG bewertete geldwerte Vorteile lohnsteuerfrei, soweit ein Betrag von 1080 € jährlich nicht überschritten wird. Nutzt der Arbeitgeber die bestehende Möglichkeit, nach dem Überschreiten des Rabattfreibetrags die Bewertungsmethode von § 8 Abs. 3 EStG nach § 8 Abs. 2 EStG zu wechseln, eröffnet dieser Wechsel für die nach § 8 Abs. 2 EStG bewerteten geldwerten Vorteile aber nicht die Pauschalierungsmöglichkeit nach § 37b Abs. 2 EStG.

Im Einzelnen gilt für die Pauschalierung mit 30 % für Sachbezüge bis zum Höchstbetrag von 10 000 € je Arbeitnehmer und Kalenderjahr nach § 37b EStG Folgendes:

2. Pauschalierung der Lohnsteuer für Sachzuwendungen an eigene Arbeitnehmer

Nach § 37b Abs. 2 EStG kann der Arbeitgeber die Lohnsteuer für Sachzuwendungen an eigene Arbeitnehmer, die **zusätzlich zum ohnehin geschuldeten Arbeitslohn** gewährt werden (z. B. Geschenke), bis zu einem Höchstbetrag von **10 000 €** mit **30 %** pauschal besteuern (zuzüglich Solidaritätszuschlag und pauschale Kirchensteuer). Die Pauschalierung wird folglich nur in den Fällen zugelassen, in denen die Sachzuwendungen zusätzlich zu dem zwischen den Beteiligten ohnehin geschuldeten Arbeitslohn erbracht werden. Die Umwandlung von regulär zu besteuernden Barvergütungen in pauschal besteuerte Sachzuwendungen ist damit ausgeschlossen (vgl. auch das Stichwort „Gehaltsumwandlung"). Sachbezüge, die im **ganz überwiegenden eigenbetrieblichen Interesse des Arbeitgebers** gewährt werden (z. B. Aufmerksamkeiten), und steuerfreie Sachbezüge (z. B. Gesundheitsförderung, Job-Ticket für Fahrten zur Arbeit) unterliegen von vornherein nicht der Pauschalbesteuerung. Dabei kann ein ganz überwiegendes eigenbetriebliches Interesse des Arbeitgebers auch dann vorliegen, wenn ein Außendienstmitarbeiter auf Weisung seines Arbeitgebers Kunden im Rahmen einer Kundenveranstaltung betreut. Im Streitfall waren die Arbeitnehmer zur Teilnahme an einer Regattabegleitfahrt verpflichtet, soweit auch ihre jeweiligen Kunden teilnahmen (nahm keiner seiner Kunden teil, durfte auch der Arbeitnehmer nicht teilnehmen) und die Arbeitnehmer mussten als Repräsentanten der Firma (sie trugen Jacken mit Firmenlogo) die Kunden betreuen sowie Kundengespräche führen; der besondere Erlebniswert der **Regattabegleitfahrt** konnte daher vernachlässigt werden und führte steuerlich nicht zu einem geldwerten Vorteil (BFH-Urteil vom 16.10.2013, BStBl. 2015 II S. 495). Veranstaltet ein Arbeitgeber sog. **Händler-Incentive-Reisen,** führt die Betreuung der Händler durch eigene Arbeitnehmer bei diesen nicht zu geldwerten Vorteilen, wenn die **Betreuungsaufgaben** das Eigeninteresse der Arbeitnehmer an der Teilnahme des touristischen Programms in den Hintergrund treten lassen (BFH-Urteil vom 5.9.2006, BStBl. 2007 II S. 312). Ein zum Arbeitslohn führendes erhebliches Eigeninteresse des Arbeitnehmers liegt aber bereits dann vor, wenn er von seinem Ehepartner begleitet wird und nicht für die organisatorische Durchführung der Reise, sondern lediglich für die Betreuung der Gäste verantwortlich ist. Soweit Arbeitslohn vorliegt, kann die Pauschalbesteuerung des § 37b Abs. 2 EStG mit Abgeltungswirkung gewählt werden. Gleiches gilt im Übrigen auch für die den Händlern zugewendeten und grundsätzlich von diesen zu versteuernden Vorteile (§ 37b Abs. 1 EStG). Erfolgt die Zuwendung durch einen Dritten, z. B. wenn ein Automobilhersteller dem Autoverkäufer eines Autohauses als Belohnung für Vertragsabschlüsse eine solche Reise finanziert, liegt Arbeitslohn von dritter Seite i. S. d. § 38 Abs. 1 Satz 3 EStG vor. In diesem Fall wäre das Autohaus als Arbeitgeber zum Lohnsteuerabzug verpflichtet. Allerdings hätte der Automobilhersteller als Dritter die Möglichkeit der Pauschalierung nach § 37b Abs. 1 EStG (Arbeitnehmer eines Geschäftspartners).

Bei der Verschaffung von **Versicherungsschutz** ging die Finanzverwaltung früher davon aus, dass Arbeitslohn in Form von Barlohn vorliegt, weil der Arbeitgeber dem Arbeitnehmer – wirtschaftlich betrachtet – die Beträge zur Verfügung stellt. Dies galt unabhängig davon, ob der Arbeitnehmer Versicherungsnehmer oder versicherte Person ist. Die Pauschalbesteuerung nach § 37b EStG konnte daher nicht in Anspruch genommen werden. Nach Auffassung des Bundesfinanzhofs ist die Gewährung von Krankenversicherungsschutz in Höhe der Arbeitgeberbeiträge aber Sachlohn, wenn der Arbeitnehmer aufgrund arbeitsvertraglicher Vereinbarungen ausschließlich Versicherungsschutz, nicht aber eine Geldzahlung verlangen kann (BFH-Urteil vom 7.6.2018, BStBl. 2019 II S. 371). Demgegenüber wendet der Arbeitgeber Geld und keine Sache zu, wenn er einen Zuschuss unter der Bedingung zahlt, dass der Arbeitnehmer mit einem von ihm benannten Unternehmen einen Versicherungsvertrag schließt (BFH-Urteil vom 4.7.2018, BStBl. 2019 II S. 373).

Die Pauschalierung von Sachzuwendungen an Arbeitnehmer mit 30 % ist aber **ausgeschlossen** für Sondertatbestände, für die bereits besondere gesetzliche Bewertungsregelungen bestehen (Firmenwagenbesteuerung, amtliche Sachbezugswerte, Durchschnittsbewertung, Rabattregelung nach § 8 Abs. 3 EStG, Überlassung von Vermögensbeteiligungen an Arbeitnehmer, Sachprämien im Rahmen von Kundenbindungsprogrammen nach § 37a EStG; vgl. die Erläuterungen am Ende der vorstehenden Nr. 1).

Die Pauschalierung nach § 37b EStG ist zudem ausgeschlossen, wenn der Sachbezug nach § 40 Abs. 2 EStG pauschal mit 15 % oder 25 % besteuert werden kann.

Beispiel A

Der Arbeitgeber überreicht im Rahmen der jährlich veranstalteten Weihnachtsfeier seinen Arbeitnehmern Krügerrand-Goldmünzen im Wert von ca. 1000 € pro Stück. Es handelt sich um steuer- und beitragspflichtigen Arbeitslohn. Eine Pauschalierung der Lohnsteuer mit 25 % ist nicht möglich. Denn der Bundesfinanzhof ist zu der

P

Lohn-steuer-pflichtig	Sozial-versich.-pflichtig

Auffassung gekommen, dass die Goldmünzen **nicht aus Anlass** der Betriebsveranstaltung gewährt werden. Der Arbeitgeber habe vielmehr lediglich die Gelegenheit der Weihnachtsfeier genutzt, um die Goldmünzen zu überreichen. Die Übergabe von Goldmünzen an alle bei einer Weihnachtsfeier anwesenden Arbeitnehmer sei aber eine untypische Programmgestaltung. Zudem hätte die Zuwendung der Goldmünzen auch völlig losgelöst von der Weihnachtsfeier vorgenommen werden können. Eine Pauschalierung des Werts der Goldmünzen mit 25 % kommt folglich nicht in Betracht (vgl. BFH-Urteil vom 7.11.2006, BStBl. 2007 II S. 128). Der Wert der Goldmünzen kann jedoch pauschal mit 30 % nach § 37b Abs. 2 EStG besteuert werden. Diese Pauschalierung ist allerdings sozialversicherungspflichtig (vgl. die Ausführungen unter der nachfolgenden Nr. 11).

Weiterhin findet § 37b EStG keine Anwendung, **soweit** der Arbeitgeber Sachzuwendungen bereits mit einem betriebsindividuellen Pauschsteuersatz nach § 40 Abs. 1 Satz 1 EStG pauschaliert hat (vgl. die Erläuterungen beim Stichwort „Pauschalierung der Lohnsteuer" unter den Nrn. 2 und 3). Es kann jedoch in diesen Fällen von einer Pauschalierung nach § 40 Abs. 1 EStG abgesehen und die Pauschalierung nach § 37b EStG gewählt werden. In vielen Fällen dürfte eine Pauschalierung nach § 37b EStG vorteilhafter sein, da der individuell ermittelte besondere Pauschsteuersatz nach § 40 Abs. 1 Satz 1 EStG den Steuersatz nach § 37b EStG von 30 % häufig überschreitet (vgl. hierzu auch „Pauschalierung der Lohnsteuer" unter Nr. 3 Buchstabe a). Zur etwaigen Rückgängigmachung einer Pauschalierung nach § 40 Abs. 1 Satz 1 EStG vgl. die Erläuterungen unter der nachfolgenden Nr. 7.

Beispiel B

Nach erfolgreichen Produktpräsentationen schenkt A zur Anerkennung den 25 Arbeitnehmern seiner Marketingabteilung jeweils eine Armbanduhr im Wert von 100 €. A hat nach § 40 Abs. 1 Satz 1 EStG einen betriebsindividuellen Pauschsteuersatz von 35 % ermittelt.

A hat die Möglichkeit, den Sachlohn nach § 40 Abs. 1 Satz 1 EStG mit dem betriebsindividuellen Pauschsteuersatz von 35 % oder nach § 37b Abs. 2 EStG mit 30 % zu besteuern, wobei Letzteres wegen des geringeren Pauschsteuersatzes günstiger ist. In beiden Fällen ist der zu pauschalierende Betrag sozialversicherungspflichtig.

Da Sachbezüge bis zur **Freigrenze von 44 €** monatlich auf der Empfängerseite nicht zu steuerpflichtigem Arbeitslohn führen (§ 8 Abs. 2 Satz 11 EStG), werden sie bei Arbeitnehmern nicht von der Pauschalierung nach § 37b EStG erfasst. Sachbezüge, die nach § 37b EStG pauschal besteuert werden, bleiben wiederum für die Prüfung der 44-Euro-Freigrenze unberücksichtigt (R 8.1 Abs. 3 Satz 1 LStR). Die Anwendung der monatlichen 44-Euro-Freigrenze ist beim Stichwort „Sachbezüge" unter Nr. 4 erläutert.

P

Beispiel C

Arbeitgeber A gewährt seinem Arbeitnehmer B ein zinsverbilligtes Darlehen (vgl. die Erläuterungen beim Stichwort „Zinsersparnisse und Zinszuschüsse") und pauschaliert den monatlichen geldwerten Vorteil von 50 € nach § 37b Abs. 2 EStG mit 30 %. Daneben ergibt sich in diesem Monat für B ein geldwerter Vorteil aus der Überlassung einer Opernkarte durch A in Höhe von 42 €.

Da A den Sachbezug aus der verbilligten Darlehensgewährung nach § 37b Abs. 2 EStG mit 30 % pauschal besteuert, bleibt dieser Vorteil bei der Überprüfung der 44-Euro-Freigrenze außen vor mit der Folge, dass der Sachbezug aus der Überlassung der Opernkarte die 44-Euro-Freigrenze nicht überschreitet und damit steuer- und sozialversicherungsfrei bleibt. Der geldwerte Vorteil aus der Überlassung der Opernkarte ist auch nicht in die Pauschalierung nach § 37b Abs. 2 EStG mit einzubeziehen.

Beispiel D

Im August versteuert der Arbeitgeber wegen der Zuwendung eines Laptops je Arbeitnehmer pauschal (mit 25 %) 1.000 €. Daneben sind den einzelnen Arbeitnehmern nur geldwerte Vorteile aus der Überlassung von Bundesligaeintrittskarten von unter 44 € zugeflossen.

Der Sachbezug „Überlassung von Bundesligaeintrittskarten" bleibt wegen der 44-Euro-Freigrenze i. S. d. § 8 Abs. 2 Satz 11 EStG steuer- und sozialversicherungsfrei, da der bereits nach § 40 Abs. 2 Satz 1 Nr. 5 EStG aus der „Laptop-Schenkung" resultierende pauschal besteuerte steuerpflichtige Arbeitslohn bei der Überprüfung, ob die Freigrenze überschritten ist, außer Ansatz bleibt. Der geldwerte Vorteil aus der Überlassung der Bundesligaeintrittskarten ist auch nicht mit in die Pauschalierung nach § 37b Abs. 2 EStG einzubeziehen.

Sachzuwendungen, deren Anschaffungs- oder Herstellungskosten (also bei Berechtigung zum Vorsteuerabzug der Nettobetrag) **10 €** nicht übersteigen (z. B. Kugelschreiber, Kalender, Flasche Wein), sind als sog. **Streuwerbeartikel** in die Pauschalierungsvorschrift **nicht mit einzubeziehen** (vgl. auch nachfolgende Nr. 3). Die Finanzverwaltung hält an dieser Regelung fest, obwohl nach der Rechtsprechung des Bundesfinanzhofs auch derartige Zuwendungen in die Pauschalierungsvorschrift einbezogen werden könnten, wenn auf Seiten des Empfängers ein Einkunftstatbestand erfüllt sein sollte (vgl. (BFH-Urteil vom 16.10.2013, BStBl. 2015 II S. 455). Doch Vorsicht: Streuwerbeartikel bis 10 € an eigene Arbeitnehmer sind aber bei der Prüfung der monatlichen **44-Euro-Freigrenze mitzuzählen,** wenn sie nicht in die Pauschalierungsvorschrift des § 37b EStG einbezogen werden.

Beispiel E

Der Arbeitgeber A gewährt seinem Arbeitnehmer B einen Benzingutschein im Wert von 44 € und einen USB-Stick im Wert von 9 €.

Der geldwerte Vorteil der Sachbezüge beträgt 53 € und ist steuerpflichtig, da die 44-Euro-Freigrenze überschritten ist.

Abwandlung

Obwohl es sich bei dem USB-Stick um einen Streuwerbeartikel handelt, wird er vom Arbeitgeber in die Pauschalierung nach § 37b Abs. 2 EStG einbezogen und mit 30 % pauschal besteuert.

Der Benzingutschein im Wert von 44 € übersteigt nicht die Freigrenze für Sachbezüge und bleibt daher steuer- und sozialversicherungsfrei. Der nach § 37b EStG pauschal besteuerte USB-Stick ist bei der Prüfung der Freigrenze nicht zu berücksichtigen (R 8.1 Abs. 3 Satz 1 LStR).

Auch **Aufmerksamkeiten** bis zu einem Wert von 60 € bleiben bei der Pauschalierung nach § 37b EStG außen vor.[1] Wird der Betrag von 60 € überschritten, ist eine Anwendung des § 37b EStG möglich (vgl. das Stichwort „Aufmerksamkeiten").

Die Pauschalbesteuerung nach § 37b Abs. 2 EStG kommt auch bei **Mahlzeitengestellungen** in Betracht, die in Höhe des tatsächlichen Werts zu steuerpflichtigem Arbeitslohn führen. Dies sind z. B. unübliche Mahlzeiten (Preis über 60 €) bei beruflich veranlassten Auswärtstätigkeiten, Mahlzeiten anlässlich eines außergewöhnlichen Arbeitseinsatzes bei Überschreiten der 60 €-Grenze oder ein sog. Belohnungsessen (vgl. die Ausführungen beim Stichwort „Bewirtungskosten" unter Nr. 4 Buchstabe d sowie unter den Nrn. 6 und 7). Die Teilnahme des Arbeitnehmers an einer geschäftlich veranlassten Bewirtung führt hingegen nicht zu einem geldwerten Vorteil (vgl. die Erläuterungen beim Stichwort „Bewirtungskosten" unter Nr. 3) und ist daher auch nicht in eine Pauschalbesteuerung nach § 37b Abs. 2 EStG einzubeziehen (vgl. auch die Erläuterungen unter den nachfolgenden Nrn. 3 und 4).

Auch die unentgeltliche oder verbilligte Überlassung von Wohnraum an Arbeitnehmer führt zu einem Sachbezug **(Mietvorteil).** Allerdings kann eine Pauschalbesteuerung nach § 37b EStG durch den Arbeitgeber erfolgen, wenn diese Leistung zusätzlich zum ohnehin geschuldeten Arbeitslohn vom Arbeitgeber erbracht wird.

Bemessungsgrundlage für die Pauschalsteuer sind die **Aufwendungen** des Arbeitgebers **zuzüglich Umsatzsteuer.** Mittelbare Kosten (z. B. Versandkosten, Transportkosten) gehören ebenfalls zur Bemessungsgrundlage, wenn sie der Zuwendung direkt oder bei Gesamtleistungen im Wege der Schätzung zugeordnet werden können. Zuzahlungen des Empfängers (Arbeitnehmer oder Geschäftspartner) sind anzurechnen, das heißt, sie mindern die Bemessungsgrundlage. Zuzahlungen Dritter an den Arbeitgeber (z. B. Beteiligung eines anderen Unternehmens an der Durchführung einer Incentive-Reise) mindern hingegen die Bemessungsgrundlage nicht.

1) Randziffer 9c des BMF-Schreibens vom 19.5.2015 (BStBl. I S. 468), ergänzt durch BMF-Schreiben vom 28.6.2018 (BStBl. I S. 814). Das BMF-Schreiben ist als Anlage 1 zu H 37b LStR im **Steuerhandbuch für das Lohnbüro 2021** abgedruckt, das im selben Verlag erschienen ist.

Lohnsteuerpflichtig | Sozialversich.-pflichtig

Beispiel F

Der Arbeitgeber lädt im Kalenderjahr 2021 vier Arbeitnehmer zu einem gehobenen Abendessen ein. Der auf den einzelnen Arbeitnehmer entfallende Teil der Kosten laut Rechnung des Restaurants (einschließlich Umsatzsteuer) beträgt 180 €. Der Arbeitgeber kann den Wert des Abendessens mit 30 % pauschal besteuern. Es ergibt sich folgende Berechnung:

Geldwerter Vorteil (180 € × 4)	720,– €
pauschale Lohnsteuer 30 %	216,– €
Solidaritätszuschlag 5,5 % von 216 €	11,88 €
pauschale Kirchensteuer z. B. 7 % von 216 €	15,12 €
Pauschalsteuer insgesamt	243,– €

Beispiel G

Ein Arbeitgeber erwirbt für 10 000 € (brutto) 100 Eintritttskarten für seine Arbeitnehmer und möchte den geldwerten Vorteil nach § 37b Abs. 2 EStG pauschal besteuern. Von den Beschäftigten des Unternehmens werden jedoch nur 60 Eintrittskarten abgerufen.

Bemessungsgrundlage für die Pauschalbesteuerung nach § 37b Abs. 2 EStG sind die Aufwendungen des Arbeitgebers zuzüglich Umsatzsteuer. Allerdings ist zu beachten, dass für die Pauschalbesteuerung zunächst einmal Sachzuwendungen vorliegen müssen. Die Tatsache, dass der Arbeitgeber hier lediglich 60 und nicht 100 Sachzuwendungen gegenüber seinen Arbeitnehmern erbracht hat, wirkt sich auch auf die Bemessungsgrundlage für die Pauschalbesteuerung nach § 37b Abs. 2 EStG aus. Die Bemessungsgrundlage beträgt folglich lediglich 6000 € (60/100 von 10 000 €). Die gleiche Lösung würde sich im Übrigen ergeben, wenn ein Arbeitgeber 100 Kisten Wein erwirbt, von denen er 60 Kisten an seine Arbeitnehmer weiter gibt und 40 Kisten noch „auf Lager" hat.

Die Pauschalierungsvorschrift in § 37b Abs. 2 EStG gilt nur für originäre Sachzuwendungen des Arbeitgebers an seine eigenen Arbeitnehmer. Nicht vom Regelungsbereich der Vorschrift erfasst werden somit Sachzuwendungen Dritter an Arbeitnehmer des Steuerpflichtigen, selbst wenn insoweit lohnsteuerpflichtiger Arbeitslohn von dritter Seite vorliegt, z. B. bei einer **Rabattgewährung durch Dritte** (§ 38 Abs. 1 Satz 3 EStG). Die Pauschalierung solcher Zuwendungen wird beim Dritten von § 37b **Abs. 1** EStG erfasst (vgl. nachfolgend unter Nr. 3). Denn der Dritte kann Sachzuwendungen an Arbeitnehmer des Geschäftspartners (= Nichtarbeitnehmer aus seiner Sicht) pauschal besteuern, sofern es sich begrifflich um Sachzuwendungen im Sinne des § 37b Abs. 1 EStG handelt.

Beispiel H

Arbeitnehmer A ist Mitarbeiter in einem Reisebüro. Da er in diesem Jahr eine bestimmte Anzahl an Reisen für einen Reiseveranstalter vermitteln konnte, wird ihm seitens des Reiseveranstalters eine einwöchige Reise nach Mallorca geschenkt.

Bei der vom Reiseveranstalter zugewendeten Reise handelt es sich um Sachlohn eines Dritten, die dem Arbeitnehmer bedingt durch das Beschäftigungsverhältnis zugewendet wird. Folglich handelt es sich um steuerpflichtigen Arbeitslohn, den der Arbeitgeber dem Lohnsteuerabzug unterwerfen muss. Allerdings könnte der Reiseveranstalter die Besteuerung des Sachbezugs auch nach § 37b Abs. 1 EStG mit einem Pauschsteuersatz von 30 % übernehmen.

Bei Zuwendungen an Mitarbeiter verbundener Unternehmer wird es aber nicht beanstandet (= Wahlrecht), wenn anstelle des Zuwendenden der Arbeitgeber des Arbeitnehmers die 30 %ige Pauschalbesteuerung (nach § 37b Abs. 1 EStG!) vornimmt.[1] Dies setzt nicht voraus, dass der Arbeitgeber dem Zuwendenden ganz oder teilweise die Kosten der Sachzuwendung erstattet.

Zur Pauschalbesteuerung bei **Zuwendungen im Konzernverbund** nachfolgendes Beispiel.

Beispiel I

Unternehmen A gewährt seinen Arbeitnehmern und Unternehmen im Konzernverbund (= Dritte) im Rahmen von Wettbewerben für bestimmte Leistungen Punkte, die diese gegen Prämien eintauschen können. A wendet die Pauschalbesteuerung mit 30 % an. Nun wollen auch die Dritten, deren eigene Arbeitnehmer bereits an dem Punktesystem teilnehmen, eigene Wettbewerbe starten und durch zusätzliche Punkte vergüten, die im Rahmen des Programms nutzbar sind. Die hierfür entstehenden Kosten werden durch einen Zuschuss der Dritten getragen. A will die Pauschalbesteuerung für alle Zuwendungen anwenden.

Zuwendungen aufgrund eines Verkaufs- oder Mitarbeiterwettbewerbs fallen in der Regel in den Anwendungsbereich der Pauschalbesteuerung mit 30 %; hier liegt ein Anwendungsfall der Pauschalbesteuerung an Dritte (wie bei Geschäftsfreunden) vor. Diese Pauschalierung ist insgesamt von dem zuwendenden A vorzunehmen. Die Zuzahlungen der Dritten zu den Kosten mindern die Bemessungsgrundlage (= Kosten des A) für die Pauschalbesteuerung nicht. Ungeachtet der Pauschalbesteuerung mit 30 % sind Zuwendungen an Arbeitnehmer verbundener Unternehmen im Übrigen beitragspflichtig.

Zudem ist bei Zuwendungen an Arbeitnehmer verbundener Unternehmen i. S. d. §§ 15ff. AktG oder § 271 HGB **(Konzernmitarbeiter)** als **Bemessungsgrundlage für** die **Pauschalierung** nach § 37b Abs. 1 Satz 2 EStG mindestens der sich aus § 8 Abs. 3 Satz 1 EStG ergebende Wert anzusetzen. Nach dieser Vorschrift sind die um 4 % geminderten Endpreise, zu denen der Arbeitgeber oder der dem Abgabeort nächstansässige Abnehmer die Waren oder Dienstleistungen fremden Letztverbrauchern im allgemeinen Geschäftsverkehr anbietet, anzusetzen. Zur Ermittlung dieses Werts vgl. auch die Erläuterungen beim Stichwort „Rabatte, Rabattfreibetrag" unter Nr. 4.

Sachzuwendungen an **ausländische Arbeitnehmer,** die in Deutschland nicht steuerpflichtig sind, sind nicht in die Pauschalierungsvorschrift einzubeziehen (BFH-Urteil vom 16.10.2013, BStBl. 2015 II S. 457).

3. Pauschalierung der Einkommensteuer für Sachzuwendungen an Nichtarbeitnehmer des Zuwendenden

§ 37b Abs. 1 EStG beinhaltet die Pauschalierungsmöglichkeit bei Sachzuwendungen an Nichtarbeitnehmer des Steuerpflichtigen (z. B. Kunden, Geschäftsfreunde und deren Arbeitnehmer oder Familienangehörige). Nichtarbeitnehmer in diesem Sinne sind auch Organe von Kapitalgesellschaften (z. B. Aufsichtsräte) sowie Verwaltungsratsmitglieder und sonstige Organmitglieder von Vereinen und Verbänden. Zu den Nichtarbeitnehmern in diesem Sinne gehören auch **Arbeitnehmer verbundener Unternehmen.** Das Wahlrecht für die Besteuerung der Sachzuwendungen nach § 37b Abs. 1 EStG mit 30 % ist zwar einheitlich auszuüben. Es wird aber nicht beanstandet, wenn Sachzuwendungen an Arbeitnehmer verbundener Unternehmen vom Arbeitgeber dieser Arbeitnehmer individuell besteuert werden. Außerdem wird es bei Zuwendungen an Mitarbeiter verbundener Unternehmer nicht beanstandet (= Wahlrecht), wenn anstelle des Zuwendenden der Arbeitgeber des Arbeitnehmers die 30 % ige Pauschalbesteuerung (nach § 37b Abs. 1 EStG!) vornimmt (vgl. vorstehende Nr. 2 am Ende[1]).

Eine Pauschalierung mit 30 % nach § 37b EStG ist nur bei betrieblich veranlassten Zuwendungen vorzunehmen, die beim **Empfänger** dem Grunde nach zu **steuerpflichtigen Einkünften** führen würden. Sie **entfällt** daher von vornherein bei einem **ausländischen Zuwendungsempfänger,** der in Deutschland keiner Besteuerung unterliegt (BFH-Urteil vom 16.10.2013, BStBl. 2015 II S. 457). Da die Vorschrift des § 37b EStG den Bereich der Steuererhebung betrifft, führt sie nicht zu einer weiteren Einkunftsart, sondern stellt lediglich eine besondere pauschale Erhebungsform dar.

Während zunächst nur Sachzuwendungen in die Pauschalierung einbezogen werden sollten, die einkommensteuerlich als **Geschenk** im Sinne des § 4 Abs. 5 Satz 1 Nr. 1 EStG zu beurteilen sind, ist die Pauschalierungsmöglichkeit darüber hinaus ganz allgemein auf **betrieblich veranlasste Sachzuwendungen** ausgedehnt worden, die **zusätzlich** zur ohnehin vereinbarten Leistung oder **Gegenleistung** erbracht werden. Diese Ergänzung soll sicherstellen, dass z. B. auch Reisen, die als Belohnung zusätzlich zum vereinbarten Entgelt gewährt werden und damit beim zuwendenden Steuerpflichtigen in vollem

1) Randziffer 5 und Randnummer 11 Satz 3 des BMF-Schreibens vom 19.5.2015 (BStBl. I S. 468), ergänzt durch BMF-Schreiben vom 28.6.2018 (BStBl. I S. 814). Das BMF-Schreiben ist als Anlage 1 zu H 37b LStR im **Steuerhandbuch für das Lohnbüro 2021** abgedruckt, das im selben Verlag erschienen ist.

P

Lohn-steuer-pflichtig Sozial-versich.-pflichtig

Umfang als Betriebsausgaben abzugsfähig sind, in den Anwendungsbereich der Pauschalierung einbezogen werden (sog. Incentive-Reisen). Da das Gesetz sämtliche Geschenke im Sinne des § 4 Abs. 5 Satz 1 Nr. 1 EStG in die Pauschalierungsmöglichkeit einbezieht, werden auch Geschenke bis zur Freigrenze für den Betriebsausgabenabzug von 35 € erfasst. Die Pauschalierung ist somit unabhängig davon vorzunehmen, ob der Zuwendende die Geschenkaufwendungen als Betriebsausgaben abziehen darf oder nicht. Auch **Geschenke** sind aber nur dann über diese Pauschalierungsvorschrift zu erfassen, wenn und soweit sie beim **Empfänger zu steuerpflichtigen Einkünften** führen würden. Wenn allerdings auf Empfängerseite eine steuerliche Einkunftsart erfüllt ist, kommt die Pauschalierungsvorschrift auch dann zur Anwendung, wenn der Wert des Geschenks bis 35 € beträgt (BFH-Urteil vom 16.10.2013, BStBl. 2015 II S. 455). Somit ist eine Besteuerung bei Zuwendungen an Geschäftskunden, **nicht** jedoch **bei Zuwendungen an Privatkunden** vorzunehmen. Bei **Privatkunden von Banken und Sparkassen** ist allerdings eine differenzierte Betrachtung der verschiedenen Sachverhalte vorzunehmen (Einzelfallprüfung). Entscheidend für die steuerliche Einordnung von Sachzuwendungen der Bank an ihre Kunden ist das konkrete Vertragsverhältnis und damit einhergehend die Frage, aus welchem Grund der private Bankkunde eine Sachzuwendung oder ein Geschenk erhält. Erhält er die **Zuwendung anstelle oder neben den eigentlichen Erträgen** (z. B. hochwertige Sachzuwendungen an Kunden mit umsatzstarken Anlagekonten), so handelt es sich um Kapitalerträge nach § 20 Abs. 3 EStG mit der Folge, dass § 37b EStG Anwendung findet.

Prämien im Rahmen der Neukundenwerbung für eine Depoteröffnung bzw. einen ausschließlichen **Depotwechsel** führen hingegen **nicht** zu Einkünften aus Kapitalvermögen, da die Prämien kein (künftiges) Kapitalnutzungsentgelt darstellen. Vielmehr handelt es sich hierbei um Einnahmen aus sonstiger Leistung nach § 22 Nr. 3 EStG, sofern sie nicht einer Gewinneinkunftsart oder den Einkünften aus Vermietung und Verpachtung zugeordnet werden können. Handelt es sich bei den Prämien um Einnahmen aus sonstiger Leistung nach § 22 Nr. 3 EStG, findet § 37b EStG mangels Zusätzlichkeitserfordernis bereits dem Grunde nach keine Anwendung.

P

Gewährt ein Kreditinstitut seinen privaten Bestandskunden Sachzuwendungen, die als bloße Aufmerksamkeit auch im gesellschaftlichen Verkehr üblicherweise ausgetauscht werden, führen diese unter den folgenden weiteren Voraussetzungen nicht zu steuerbaren und steuerpflichtigen Einnahmen. Analog zur Regelung in R 19.6 Abs. 1 LStR ist auch im Rahmen der Einkünfte aus Kapitalvermögen von **nicht einkommensteuerbaren Aufmerksamkeiten** auszugehen, soweit Sachzuwendungen bis zu einem Wert von 60 € dem Empfänger aus Anlass eines besonderen persönlichen Ereignisses (z. B. Geburtstag, Eheschließung, Geburt eines Kindes, nicht dagegen allgemeine Feste oder Feiertage wie Weihnachten/Ostern oder der Jahreswechsel) zugewendet werden. Eine Pauschalversteuerung nach § 37b Abs. 1 EStG scheidet folglich aus.

Beispiel A

Die beim Entleiher (= Dritter) beschäftigten Leiharbeitnehmer (lohnsteuerlicher Arbeitgeber ist der Verleiher) erhalten im Dezember vom Entleiher ein Weihnachtsgeschenk im Wert von 50 €.

Beim Weihnachtsgeschenk des Entleihers handelt es sich um steuerpflichtigen Arbeitslohn von dritter Seite. Es liegt zwar keine Gegenleistung für eine konkrete (einzelne) Dienstleistung des Leiharbeitnehmers vor, das Sachgeschenk wird jedoch für das Zurverfügungstellen der individuellen Arbeitskraft gewährt. Entscheidet sich der Entleiher für eine Pauschalierung der Sachzuwendungen an Nichtarbeitnehmer mit 30 %, sind die Geschenke an die Leiharbeitnehmer in die Bemessungsgrundlage nach § 37b Abs. 1 EStG einzubeziehen.

Beispiel B

Arbeitnehmer B erhält von einem Lieferanten seines Arbeitgebers am Ende des Jahres persönlich eine Flasche Champagner im Wert von 40 € überreicht, verbunden „mit den besten Wünschen für das neue Jahr".

Die Sachleistung wird mit Rücksicht auf die Arbeitsleistung des Arbeitnehmers für seinen Arbeitgeber zugewendet. Als Geschenk ist sie zwar keine Gegenleistung für eine konkrete (einzelne) Dienstleistung des Arbeitnehmers. Sie fließt jedoch im weitesten Sinne als Gegenleistung für das Zurverfügungstellen der individuellen Arbeitskraft des Arbeitnehmers beim Arbeitgeber zu. Entscheidet sich der Lieferant für eine Pauschalierung der Sachzuwendungen an Nichtarbeitnehmer mit 30 %, ist das Geschenk an den Arbeitnehmer B in die Bemessungsgrundlage nach § 37b Abs. 1 EStG einzubeziehen.

Beispiel C

Eine Bank gewährt bestimmten Privatkunden mit umsatzstarken Anlagekonten verschiedene hochwertige Sachzuwendungen.

Die Sachzuwendungen fließen den Kunden im Rahmen ihrer Kapitaleinkünfte zu und sind in die Bemessungsgrundlage nach § 37b Abs. 1 EStG einzubeziehen.

Hinsichtlich der Frage, ob die Zuwendung beim Empfänger zu steuerpflichtigen Einkünften führt, lässt die Finanzverwaltung folgende **Vereinfachungsregelung** zu:[1] Der Zuwendende kann unter Berücksichtigung der unternehmerischen Gegebenheiten für einen repräsentativen Zeitraum von drei Monaten durch geeignete Unterlagen oder Aufzeichnungen glaubhaft machen, in welchem Umfang Zuwendungen an Nichtarbeitnehmer (prozentual) beim Empfänger zu steuerpflichtigen Einkünften führen. In Höhe dieses Prozentsatzes können dann Zuwendungen bis zu einer wesentlichen Änderung der Verhältnisse der 30%igen Pauschalierung unterworfen werden.

Allerdings sind **Sachzuwendungen,** deren Anschaffungs- oder Herstellungskosten (also bei Berechtigung zum Vorsteuerabzug der Nettobetrag) **10 €** nicht übersteigen (z. B. Kugelschreiber, Kalender, Flasche Wein), **als** sog. **Streuwerbeartikel** von der Pauschalierungsvorschrift des § 37b EStG **ausgenommen** worden; auch Streuwerbeartikel (= Werbemittel, die eine Vielzahl von Menschen erreichen) mit einem höheren Wert als 10 € werden vom § 37b EStG nicht erfasst. Das gilt auch bei Sachzuwendungen an eigene Arbeitnehmer (vgl. hierzu und zur Berücksichtigung der Streuwerbeartikel bei der 44-Euro-Freigrenze vorstehende Nr. 2 und das dortige Beispiel E nebst Abwandlung). Die Verwaltung hält an der Nichteinbeziehung von Streuwerbeartikeln bis 10 € fest, obwohl nach der Rechtsprechung des Bundesfinanzhofs auch Geschenke bis zu dieser Grenze in die Pauschalierungsvorschrift einbezogen werden könnten, wenn auf Seiten des Empfängers ein Einkunftstatbestand erfüllt sein sollte (vgl. BFH-Urteil vom 16.10.2013, BStBl. 2015 II S. 455). Bei der Prüfung der 10-Euro-Freigrenze ist übrigens auf den Wert des einzelnen Werbeartikels abzustellen, und zwar auch dann, wenn ein Zuwendungsempfänger im Laufe eines Kalenderjahres **mehrere Streuwerbeartikel** erhält; es ist also **keine Zusammenrechnung** aller zugewendeten Streuwerbeartikel für die Prüfung der 10-Euro-Grenze vorzunehmen. Besteht der einzelne Streuwerbeartikel allerdings aus einer Sachgesamtheit, ist für die Prüfung der 10-Euro-Grenze naturgemäß auf den **Wert der Sachgesamtheit** abzustellen (vgl. das nachfolgende Beispiel F).

Beispiel D

Unternehmer A, Betreiber eines Autohauses, schenkt jedem privaten Autokäufer (keine Geschäfts- oder Firmenwagen) einen Blumenstrauß im Wert von 20 €. Einem selbstständigen Vermittler von Kunden hat er zudem eine Incentive-Reise im Wert von 2000 € geschenkt, für die er die Pauschalbesteuerung nach § 37b mit 30 % in Anspruch genommen hat.

A hat die Aufwendungen für die Blumensträuße nicht der Pauschalbesteuerung nach § 37b Abs. 1 EStG zu unterwerfen, weil sie den Empfängern nicht im Rahmen einer steuerlichen Einkunftsart zufließen.

Beispiel E

Ein Unternehmer schenkt seinen Kunden im Dezember einen Kalender im Wert von 7,50 €.

1) Randnummer 13a des BMF-Schreibens vom 19.5.2015 (BStBl. I S. 468), ergänzt durch BMF-Schreiben vom 28.6.2018 (BStBl. I S. 814). Das BMF-Schreiben ist als Anlage 1 zu H 37b LStR im **Steuerhandbuch für das Lohnbüro 2021** abgedruckt, das im selben Verlag erschienen ist.

Lohnsteuerpflichtig | Sozialversich.-pflichtig

Bei dem Kalender handelt es sich um einen sog. Streuwerbeartikel, der von der Anwendung der Pauschalierungsvorschrift des § 37b EStG ausgenommen ist.

Beispiel F

Arbeitgeber A wendet einem Geschäftsfreund ein Etui (Wert 4 €) mit zwei Kugelschreibern im Wert von jeweils 6 € zu.

Der Wert der Sachgesamtheit beträgt 16 € (4 € + 6 € + 6 €) mit der Folge, dass die 10-Euro-Grenze für Streuwerbeartikel überschritten ist und die Sachzuwendung im Rahmen der Pauschalierungsvorschrift des § 37b EStG zu berücksichtigen ist.

Auch Zugaben, die Bestandteil der Gegenleistung sind und daher nicht „zusätzlich" erbracht werden, unterliegen nicht der Pauschalbesteuerung nach § 37b Abs. 1 EStG.

Beispiel G

Der Unternehmer gibt nach der Werbung in dieser Woche an jeden Erwerber eines Kastens Bier zwei Gläser ab.

Es handelt sich um eine Zugabe, die Bestandteil der Gegenleistung ist. Eine Pauschalbesteuerung nach § 37b Abs. 1 EStG ist nicht vorzunehmen.

Aus dem vorstehenden Beispiel G ist bereits die Einschränkung des Anwendungsbereichs des § 37b Abs. 1 EStG ersichtlich. Bei Sachzuwendungen an Nichtarbeitnehmer kommt eine Pauschalierung der Einkommensteuer mit 30 % in Betracht,

- wenn **betrieblich veranlasste Zuwendungen zusätzlich zur** vereinbarten Leistung oder **Gegenleistung** erbracht werden oder
- es sich um ein **Geschenk** im Sinne des § 4 Abs. 5 Satz 1 Nr. 1 EStG handelt.

Für die Anwendung der ersten Alternative – **betrieblich veranlasste Zuwendung,** die **zusätzlich** zur vereinbarten Leistung oder Gegenleistung **erbracht** wird – ist entscheidend, wer zu wem in einem Vertragsverhältnis steht und was Gegenstand dieses Vertragsverhältnisses ist. Erforderlich für das Bejahen einer solchen Zuwendung ist, dass

- zwischen dem Zuwendenden und dem Leistungsempfänger eine Leistung oder Gegenleistung **(= Grundgeschäft) vereinbart** ist,
- die Zuwendung in einem hinreichend konkreten sachlichen und zeitlichen **Zusammenhang** mit diesem Grundgeschäft steht und
- die Zuwendung zusätzlich zur geschuldeten Leistung **hinzukommt.**

Der Bundesfinanzhof hat darauf hingewiesen, dass die Anwendung der Pauschalierungsvorschrift mangels Vorliegens von betrieblich veranlassten Zuwendungen nicht in Betracht kommt, wenn die infrage stehenden Zuwendungen nicht von der Aktiengesellschaft, sondern vom Hauptanteilseigner und Vorstandsvorsitzenden aus seinem **Privatvermögen** erbracht worden waren. Sie weisen keinerlei Zusammenhang mit einem eigenen Betrieb des Zuwendenden auf (BFH-Urteil vom 12.12.2013, BStBl. 2015 II S. 490). Die Besonderheit bestand im Streitfall im Hinblick auf die betriebliche Veranlassung bei der Aktiengesellschaft und der Zuwendung durch den Anteilseigner aus seinem Privatvermögen. Wegen der Personenidentität ist diese Rechtsprechung auf Einzelunternehmen nicht übertragbar. Eine Bezahlung der Zuwendung aus privaten Mitteln ändert in diesem Fall nichts an der betrieblich veranlassten Zuwendung. Über den zu beurteilenden Streitfall hinaus weist der Bundesfinanzhof darauf hin, dass auch Zuwendungen, die zur **Anbahnung eines Vertragsverhältnisses** erbracht werden, nicht in die Pauschalierungsvorschrift einzubeziehen sind, weil es zu diesem Zeitpunkt an dem gesetzlichen Erfordernis des zusätzlichen Erbringens zur ohnehin vereinbarten Leistung oder Gegenleistung fehlt.

Ein **Geschenk** ist anzunehmen, wenn ein Arbeitgeber (Unternehmer) einem Geschäftsfreund oder dessen Beauftragten **ohne rechtliche Verpflichtung** und **ohne** zeitlichen oder sonstigen unmittelbaren **Zusammenhang** mit einer **Leistung des Empfängers** eine Sachzuwendung gibt. Gewinne z. B. anlässlich eines Preisausschreibens oder einer Auslobung sind keine Geschenke (R 4.10 Abs. 4 Satz 5 Nr. 3 EStR). Hiervon ausgehend fallen Gewinne aus Verlosungen, Preisausschreiben und sonstigen Gewinnspielen sowie Prämien aus (Neu-)Kundenwerbungsprogrammen und Vertragsneuabschlüssen nicht in den Anwendungsbereich des § 37b Abs. 1 EStG.[1]

Entsprechendes gilt bei Teilnahme eines **Kunden** an einem **Bonusprogramm** mit Ausgabe von Bonuspunkten. Die Ausgabe der Bonuspunkte wird hier zum Bestandteil der Gegenleistung des leistenden Unternehmers. Damit liegt weder in der Gutschrift der Punkte noch in der Hingabe der Prämie eine zusätzliche Leistung vor, sodass eine Pauschalierung nach § 37b EStG in derartigen Fällen ausgeschlossen ist.

Diese Auffassung hat der Bundesfinanzhof in seiner Rechtsprechung (Urteil vom 21.2.2018, BStBl. II S. 389) bezogen auf ein **Prämienprogramm** bestätigt. Im Streitfall waren die an die selbstständigen und angestellten Fachverkäufer ausgegebenen Prämien durch die vom Zuwendenden aufgelegten Verkaufsförderprogramme und damit durch den Betrieb des Zuwendenden veranlasst. Insoweit handelte es sich unstreitig um „betrieblich veranlasste Zuwendungen". Die Prämien führten auch sowohl bei den selbstständigen Fachverkäufern als auch bei den angestellten Verkäufern zu steuerpflichtigen Einkünften. Allerdings erhielt sowohl der selbstständige als auch der nichtselbstständige Fachverkäufer die Prämie vom Zuwendenden nicht zusätzlich zu einer ohnehin vereinbarten Leistung oder Gegenleistung. Die Prämie war vielmehr das ausgelobte Entgelt für die Veräußerung bestimmter Produkte des Zuwendenden. Erbrachte der Teilnehmer die Leistung – also den Verkaufserfolg –, erwarb er den Prämienanspruch. Der Zuwendende hat die Prämien daher nicht zusätzlich zu einer ohnehin vereinbarten Leistung gewährt. Sie sind nicht zu einem Grundgeschäft zwischen ihm und den angestellten Fachverkäufern hinzugetreten, sondern stellen die allein geschuldete Leistung für den erbrachten Verkaufserfolg dar. Auch gegenüber den selbstständigen Betriebsinhabern wurden die Prämien nicht „zusätzlich zur ohnehin geschuldeten Leistung oder Gegenleistung" erbracht. Der Zuwendende belieferte diese zwar mit seinen Waren. Die Prämien sind jedoch nicht als Dreingabe für die Abnahme der Waren, sondern unabhängig von deren Bezug – wie bei den angestellten Verkäufern – für einen bestimmten personenbezogenen Verkaufserfolg gewährt worden. Schließlich waren die Prämien auch nicht als „Geschenk" (Fall des § 37b Abs. 1 Satz 1 Nr. 2 EStG) zu werten, da eine Gegenleistung des Empfängers vorlag.

Beispiel H

Ein Kunde entscheidet sich zur Teilnahme an einem Bonusprogramm. Es steht von vornherein fest, dass er beim Erwerb von Waren eine bestimmte Anzahl von Punkten gutgeschrieben bekommt, die er in Prämien einlösen kann.

Es handelt sich um ein Kundenbindungsprogramm. Die Bonuspunkte sind Bestandteil der Gegenleistung des leistenden Unternehmers. Eine Pauschalbesteuerung von Sachzuwendungen nach § 37b Abs. 1 EStG kommt nicht in Betracht. Vgl. aber auch das Stichwort „Miles & More".

Beispiel I

Ein Versorgungsunternehmen wendet seinen Kunden Sachzuwendungen und Gutscheine im Rahmen von Tombolas, Preisausschreiben und Gewinnspielen zu.

Gewinne aus Verlosungen, Preisausschreiben und sonstigen Gewinnspielen fallen nicht in den Anwendungsbereich des § 37b Abs. 1 EStG.

1) Randziffer 9e des BMF-Schreibens vom 19.5.2015 (BStBl. I S. 468), ergänzt durch BMF-Schreiben vom 28.6.2018 (BStBl. I S. 814). Das BMF-Schreiben ist als Anlage 1 zu H 37b LStR im **Steuerhandbuch für das Lohnbüro 2021** abgedruckt, das im selben Verlag erschienen ist.

P

Beispiel K

Ein Produkthersteller gibt eine Sachzuwendung an die Kunden des Zwischenhändlers.

Eine Pauschalbesteuerung nach § 37b Abs. 1 EStG kommt schon deshalb nicht in Betracht, weil zwischen dem Produkthersteller und den Kunden keine Geschäftsbeziehung besteht und es sich nicht um ein Geschenk handelt.

Beispiel L

Ein Unternehmen schließt mit einem Großkunden einen Vertrag, nach dem dessen Arbeitnehmer beim Einkauf von Waren vom Unternehmer ein besonderer Rabatt gewährt wird.

Es liegt eine Lohnzahlung von dritter Seite vor (vgl. das Stichwort „Lohnzahlung durch Dritte"). Der Unternehmer kann den Arbeitslohn nach § 37b Abs. 1 EStG pauschal besteuern.

Beispiel M

Der private Bauherr A hat von einem Bauträger ein Einfamilienhaus errichten lassen. Im Anschluss daran empfiehlt er den Bauträger im Rahmen des Neukundenwerbungsprogramms „Kunden werben Kunden", welches der Bauträger aufgelegt hat, an andere Bauherren weiter. A erhält dafür vom Bauträger den ausgeschriebenen Reisegutschein im Wert von 500 €.

Der im Rahmen des Neukundenwerbungsprogramms gewährte Reisegutschein ist vom Bauträger nicht mit in die Pauschalierung nach § 37b Abs. 1 EStG einzubeziehen.[1] Unabhängig davon führt der Reisegutschein bei A als Einnahme aus gelegentlichen Vermittlungen zu sonstigen Einkünften i. S. d. § 22 Nr. 3 EStG.

Gibt der Empfänger einer Zuwendung, für die der Zuwendende § 37b EStG angewendet hat, diese Zuwendung an einen Dritten weiter **(„Kettenschenkung")**, entfällt eine erneute Besteuerung. Allerdings darf der Empfänger für die Weitergabe der Sachzuwendung an den Dritten keinen Betriebsausgabenabzug geltend machen.

Beispiel N

Eine GmbH erhält von einem Geschäftspartner eine Eintrittskarte zu einem Fußballspiel. Aus dem Schreiben des Geschäftspartners ist ersichtlich, dass er für die Zuwendung an die GmbH die Pauschalierungsvorschrift nach § 37b EStG angewendet hat. Das Fußballspiel wird mit dieser Eintrittskarte vom Geschäftsführer der GmbH besucht.

Bei der Weitergabe der nach § 37b EStG pauschal besteuerten Eintrittskarte von der GmbH an den Geschäftsführer entfällt eine erneute Besteuerung.

Aufmerksamkeiten in Form von Sachzuwendungen an eigene Arbeitnehmer bis zu einem Wert von **60 €** anlässlich eines besonderen **persönlichen Ereignisses** des **Arbeitnehmers** (z. B. Geburtstag) sind nicht steuerpflichtig und werden daher in die Pauschalierung nach § 37b EStG **nicht** mit **einbezogen** (vgl. die Ausführungen unter der vorstehenden Nr. 2).[2] Dies gilt **entsprechend** für Sachzuwendungen bis zu 60 € anlässlich eines besonderen persönlichen Ereignisses eines **Geschäftsfreundes.** Die 44-Euro-Freigrenze für Sachbezüge nach § 8 Abs. 2 Satz 11 EStG ist aber bei Sachzuwendungen an Geschäftsfreunde nicht anwendbar.

P

Beispiel O

Unternehmer K wendet für die Geschenke an seine Geschäftsfreunde die Pauschalierung der Einkommensteuer bei Sachzuwendungen mit 30 % (§ 37b Abs. 1 EStG) an. Zum 50. Geburtstag seines Geschäftsfreundes B lässt er diesem ein Präsentpaket in Höhe von 39,27 € brutto zukommen.

Diese Sachzuwendung ist nicht in die Pauschalbesteuerung mit 30 % (§ 37b Abs. 1 EStG) einzubeziehen, da es sich um eine Aufmerksamkeit bis zu 60 € anlässlich eines besonderen persönlichen Ereignisses (Geburtstag) des Geschäftsfreundes B handelt (sinngemäße Anwendung von R 19.6 Abs. 1 LStR). A kann zudem den Nettowert der Zuwendung (= 33 €) als Betriebsausgabe abziehen, da die Freigrenze für Geschenke von 35 € (§ 4 Abs. 5 Satz 1 Nr. 1 EStG) nicht überschritten ist, und ist hinsichtlich der Umsatzsteuer von 6,27 € zum Vorsteuerabzug berechtigt.

Beispiel P

Wie Beispiel O. Unternehmer K wendet das Präsentpaket seinem Geschäftsfreund B zu Weihnachten zu.

Diese Sachzuwendung ist in die Pauschalbesteuerung mit 30 % (§ 37b Abs. 1 EStG) mit einzubeziehen, da es sich nicht um eine Aufmerksamkeit bis zu 60 € anlässlich eines besonderen persönlichen Ereignisses des Geschäftsfreundes B handelt.

Da die Pauschalierung nur in den Fällen zugelassen wird, in denen die Sachzuwendungen zusätzlich zur ohnehin vereinbarten Leistung/Gegenleistung oder aber als Geschenk erbracht werden, scheidet die Umwandlung von regulär zu besteuernden Vergütungen in pauschal besteuerte Sachzuwendungen aus.

Die Übernahme der **Pauschalsteuer** ist aus Sicht des pauschalierenden Steuerpflichtigen Teil der Zuwendung an den Zuwendungsempfänger. Sie teilt damit im Hinblick auf den **Betriebsausgabenabzug** das steuerliche Schicksal der Sachzuwendung. Die Pauschalsteuer ist folglich als Betriebsausgabe abziehbar, wenn der Empfänger der Zuwendung Arbeitnehmer des Steuerpflichtigen ist. Handelt es sich beim Empfänger der Zuwendung hingegen um einen Nichtarbeitnehmer, hängt die steuermindernde Berücksichtigung der Pauschalsteuer davon ab, ob der zuwendende Steuerpflichtige die Sachzuwendung in vollem Umfang als Betriebsausgabe abziehen kann oder ob diese als Geschenk der Abzugsbeschränkung des § 4 Abs. 5 Satz 1 Nr. 1 EStG unterliegt. Die Pauschalsteuer ist nicht Teil des Geschenks. Der Bundesfinanzhof hatte zwar entschieden, dass die Pauschalsteuer als weiteres Geschenk beurteilt werden müsse mit der Folge, dass diese Steuer das steuerliche Schicksal des eigentlichen Geschenks teile. Ein Betriebsausgabenabzug komme daher nicht in Betracht, wenn der Wert des Geschenks und die dafür anfallende Pauschalsteuer insgesamt 35 € übersteige. Erfreulicherweise folgt die Finanzverwaltung der Rechtsprechung des Bundesfinanzhofs nicht und hält an ihrer bisherigen Auffassung fest. Sie hat das Urteil im Bundessteuerblatt Teil II mit einer Fußnote veröffentlicht und stellt für die Abziehbarkeit der Pauschalsteuer als Betriebsausgabe wie bisher darauf ab, ob die Aufwendungen für das Geschenk (also ohne die Pauschalsteuer) als Betriebsausgaben abziehbar sind. Ist dies zu bejahen, ist folglich auch die Pauschalsteuer als Betriebsausgabe abziehbar (BFH-Urteil vom 30.3.2017, BStBl. II S. 892 einschließlich Fußnote 1 zu dem Urteil).

Beispiel Q

Der Arbeitgeber tätigt ein Geschenk an einen Geschäftsfreund im Wert von 30 € und übernimmt die hierfür anfallende Pauschalsteuer von 30 % nach § 37b Abs. 1 EStG in Höhe von 9 € zuzüglich Solidaritätszuschlag (5,5 %) von 0,49 € und Kirchensteuer (7 %) von 0,63 €.

Der Arbeitgeber kann die Sachzuwendung von 30 € (die Freigrenze für Geschenke von 35 € ist nicht überschritten) und die hierauf entfallende Pauschalsteuer von insgesamt 10,12 € als Betriebsausgaben abziehen. Die Pauschalsteuer ist nicht Teil des Geschenks und führt daher nicht zu einem Überschreiten der 35-Euro-Freigrenze.

Die **Teilnahme** an einer **geschäftlich** veranlassten **Bewirtung,** bei der der Zuwendende die Betriebsausgaben lediglich zu 70 % abziehen kann (vgl. § 4 Abs. 5 Satz 1 Nr. 2 EStG), fällt **nicht** unter die Pauschalierungsvorschrift des § 37b EStG (R 8.1 Abs. 8 Nr. 1 LStR, R 4.7 Abs. 3 EStR).[3] Vgl. auch das Beispiel unter der nachfolgenden Nr. 4. Die Verwaltung hält an der grundsätzlichen Nichteinbeziehung von Bewirtungskosten fest, obwohl nach der Rechtsprechung des Bundesfinanzhofs auch diese Aufwendungen in die Pauschalierungsvorschrift einbezogen werden könnten, wenn auf Seiten des Empfängers ein Einkunftstatbestand erfüllt sein sollte (vgl. (BFH-Urteil vom 16.10.2013, BStBl. 2015 II S. 455).

1) Randziffer 9e des BMF-Schreibens vom 19.5.2015 (BStBl. I S. 468), ergänzt durch BMF-Schreiben vom 28.6.2018 (BStBl. I S. 814). Das BMF-Schreiben ist als Anlage 1 zu H 37b LStR im **Steuerhandbuch für das Lohnbüro 2021** abgedruckt, das im selben Verlag erschienen ist.

2) Randziffer 9c des BMF-Schreibens vom 19.5.2015 (BStBl. I S. 468), ergänzt durch BMF-Schreiben vom 28.6.2018 (BStBl. I S. 814). Das BMF-Schreiben ist als Anlage 1 zu H 37b LStR im **Steuerhandbuch für das Lohnbüro 2021** abgedruckt, das im selben Verlag erschienen ist.

3) Randnummer 10 des BMF-Schreibens vom 19.5.2015 (BStBl. I S. 468), ergänzt durch BMF-Schreiben vom 28.6.2018 (BStBl. I S. 814). Das BMF-Schreiben ist als Anlage 1 zu H 37b LStR im **Steuerhandbuch für das Lohnbüro 2021** abgedruckt, das im selben Verlag erschienen ist.

Lohn- steuer- pflichtig | Sozial- versich.- pflichtig

Bewirtungskosten gehören folglich grundsätzlich **nicht zur Bemessungsgrundlage** für die Pauschalbesteuerung, weil sie im Hinblick auf den 70 %igen Betriebsausgabenabzug aus Vereinfachungsgründen beim Empfänger nicht steuerpflichtig sind. Besonders bei Abendveranstaltungen mit Rahmenprogramm ist zu beachten, dass unter den Begriff **„Bewirtung"** lediglich die **Aufwendungen für den Verzehr von Speisen, Getränken und Genussmitteln** fallen, sowie **Aufwendungen, die zwangsläufig im Zusammenhang mit der Bewirtung entstehen,** sofern sie im Rahmen des Preises von untergeordneter Bedeutung sind (wie z. B. Trinkgelder und Garderobengebühren). Die darüber hinausgehenden Aufwendungen rechnen hingegen zur Bemessungsgrundlage für die 30 %ige Pauschalbesteuerung (R 4.7 Abs. 3 EStR, R 4.10 Abs. 5 EStR).

Beispiel

Bei einer Abendveranstaltung ohne Übernachtung für 100 Personen (überwiegend Geschäftsfreunde und Arbeitnehmer) fallen für das Unternehmen folgende Kosten an:

Bustransfer vom Unternehmen zum Veranstaltungsort und zurück	1000 €
Raummiete mit Mobiliar, Dekoration und Reinigung	3500 €
Pauschale für Essen und Getränke je Teilnehmer 150 €	15000 €
Geschirr und Gläser	1000 €
Bedienungspersonal für Essen und Getränke	2500 €
Rahmenprogramm (Musik und Künstler)	7000 €
Gesamtsumme	30000 €

Zur Bewirtung rechnen die Aufwendungen für Essen und Getränke, Geschirr und Gläser und Bedienungspersonal (Summe: 18500 €). Die übrigen Kosten für Bustransfer, Miete für den Veranstaltungsraum samt Nebenleistungen sowie Rahmenprogramm (Summe: 11500 €) bilden die Bemessungsgrundlage für die 30 %ige Pauschalbesteuerung zuzüglich Solidaritätszuschlag und Kirchensteuer.

Eine Besonderheit gilt allerdings bei Incentive-Reisen (vgl. die Erläuterungen unter der nachfolgenden Nr. 5) und bei Repräsentationsveranstaltungen, die zu nicht abziehbaren Betriebsausgaben führen (z. B. bei einem Golfturnier, einem Segeltörn oder einer Jagdgesellschaft).

Nach Auffassung des Bundesfinanzhofs führen Aufwendungen für die Ausrichtung von Golfturnieren als Repräsentationsveranstaltungen selbst dann zu nicht abziehbaren Betriebsausgaben, wenn das Turnier von einer Versicherungsagentur in Verbindung mit einer Wohltätigkeitsveranstaltung durchgeführt wird und die Veranstaltung neben Werbezwecken auch oder sogar überwiegend einem Wohltätigkeitszweck dient. Im Falle der Pauschalierung mit 30 % sind daher auch die Bewirtungsaufwendungen einzubeziehen (BFH-Urteil vom 16.12.2015, BStBl. 2017 II S. 224). Anders ist es allerdings, wenn eine Brauerei Golfvereine bei der Durchführung einer nach der Brauerei benannten Serie von Golfturnieren unterstützt. Die Turniere hatten nach Meinung des Gerichts ausschließlich den Zweck, den Warenabsatz zu sichern. Ein Zusammenhang mit der gesellschaftlichen Stellung von z. B. Geschäftspartnern der Brauerei war rein zufällig und fiel im Hinblick auf die Anzahl der Turniere nicht ins Gewicht. Diesbezüglich lagen also abziehbare Betriebsausgaben vor (BFH-Urteil vom 14.10.2015, BStBl. 2017 II S. 222).

Hinsichtlich des **Betriebsausgabenabzugs bei Aufmerksamkeiten, Streuwerbeartikeln und Verlosungen** etc. gilt Folgendes:

Bei **Aufmerksamkeiten,** die dem Empfänger aus Anlass eines besonderen persönlichen Ereignisses zugewendet werden, handelt es sich um Geschenke, für die die Abzugsbeschränkung nach § 4 Abs. 5 Satz 1 Nr. 1 EStG gilt. Die Abzugsbeschränkung gilt bei Aufmerksamkeiten an **andere Personen** nicht, wenn der Wert der insgesamt dieser Person im Wirtschaftsjahr zugewendeten **Gegenstände 35 €** (R 4.10 Abs. 3 i. V. m. R 9b Abs. 2 Satz 3 EStR) **nicht übersteigt**. Hinsichtlich der Aufmerksamkeiten an **Arbeitnehmer** verbleibt es stets bei einem **unbegrenzten Betriebsausgabenabzug.**

Lohn- steuer- pflichtig | Sozial- versich.- pflichtig

Die Beurteilung der Abzugsfähigkeit von Aufwendungen für **Gewinne** aus **Verlosungen, Preisausschreiben** und **sonstigen Gewinnspielen** ist nach den allgemeinen Grundsätzen vorzunehmen (R 4.10 Abs. 2 und 4 EStR). Danach gelten Preise anlässlich eines Preisausschreibens oder einer Auslobung nicht als Geschenke (R 4.10 Abs. 4 Satz 5 Nr. 3 EStR). Prämien aus (Neu-)**Kundenwerbungsprogrammen** und **Vertragsneuabschlüssen** können Geschenke im Sinne des § 4 Abs. 5 Satz 1 Nr. 1 EStG, aber auch Bestandteil einer Gegenleistung und damit Betriebsausgabe im Sinne des § 4 Abs. 4 EStG sein.

(Streu-)Werbeartikel sind Gegenstände, auf denen der Name oder die Firmenbezeichnung des Schenkers oder ein sonstiger Werbehinweis angebracht ist (z. B. Kugelschreiber, Kalender, Stofftaschen, Einkaufschips, usw.). Für die Frage des Betriebsausgabenabzugs beim Zuwendenden ist im Einzelfall – **unabhängig von einer Betragsgrenze** – zu prüfen, ob es sich bei dem zugewandten Gegenstand um ein **Geschenk** i. S. d. § 4 Abs. 5 Satz 1 Nr. 1 EStG, **oder** um **Werbeaufwand** handelt. Soweit die Zuwendung individualisiert und/oder an einen bestimmten Empfängerkreis verteilt wird, handelt es sich um Geschenke i. S. d. § 4 Abs. 5 Satz 1 Nr. 1 EStG, die der Abzugsbeschränkung unterliegen. Sind die vorstehenden Voraussetzungen dagegen bei derartigen Gegenständen nicht erfüllt (z. B. bei Ausstellungen und Messen, wo eine Verteilung an eine Vielzahl von unbekannten Empfängern erfolgt), kann regelmäßig von Werbeaufwand ausgegangen werden, der zu einem unbegrenzten Betriebsausgabenabzug führt. Entsprechendes gilt für Warenmuster bzw. Warenproben.

4. VIP-Logen

Als Sachzuwendungen im Sinne der Pauschalierungsvorschrift des § 37b EStG kommen neben „klassischen" Sachbezügen wie etwa Incentive-Reisen (vgl. nachfolgend unter Nr. 5) und Sachgeschenken auch die dem Empfänger gewährten Vorteile anlässlich des Besuchs von **sportlichen, kulturellen oder musikalischen Veranstaltungen** in Betracht (sog. VIP-Logen-Regelung).

Aufwendungen für VIP-Logen in Sportstätten sind **Ausgaben** eines Steuerpflichtigen, die dieser für bestimmte sportliche Veranstaltungen trägt und für die er vom Empfänger dieser Leistung bestimmte Gegenleistungen mit Werbecharakter für die „gesponserte" Veranstaltung erhält. Neben üblichen Werbeleistungen (z. B. **Werbung** über Lautsprecheransagen, auf Videowänden, in Vereinsmagazinen) werden dem sponsernden Unternehmer auch **Eintrittskarten** für VIP-Logen überlassen, die nicht nur zum Besuch der Veranstaltung berechtigen, sondern auch die Möglichkeit der **Bewirtung** des Steuerpflichtigen und Dritter (z. B. Geschäftsfreunde, Arbeitnehmer) beinhalten. Regelmäßig werden diese Maßnahmen in einem Gesamtpaket vereinbart, wofür dem Sponsor ein **Gesamtbetrag** in Rechnung gestellt wird.

Zur steuerlichen Behandlung dieser Aufwendungen hat die Finanzverwaltung eine bundesweit abgestimmte Verwaltungsanweisung herausgegeben (BMF-Schreiben vom 22.8.2005, BStBl. I S. 845)[1]. Die in diesem BMF-Schreiben enthaltenen Vereinfachungsregelungen zur Aufteilung der Gesamtaufwendungen auf die Bereiche „Werbung", „Bewirtung", „Geschenke", die Differenzierung zwischen nicht steuerbaren und steuerpflichtigen Zuwendungen sowie die Übertragung dieser Aufteilungsgrundsätze auf ähnlich gelagerte Sachverhalte können weiterhin angewendet werden.

1) Das BMF-Schreiben vom 22.8.2005 (BStBl. I S. 845) ist auszugsweise als Anlage 3 zu H 19.6 LStR im **Steuerhandbuch für das Lohnbüro 2021** abgedruckt, das im selben Verlag erschienen ist.

P

Lohnsteuerpflichtig Sozialversich.-pflichtig

Beispiel

Die Aufwendungen für eine VIP-Loge, die sowohl von Geschäftsfreunden als auch von Arbeitnehmern des zuwendenden Unternehmens besucht wird, betragen im Kalenderjahr 2021 insgesamt 100 000 € zuzüglich 19 000 € Umsatzsteuer. Das zum Vorsteuerabzug berechtigte zuwendende Unternehmen macht von der Pauschalierungsmöglichkeit nach § 37b EStG Gebrauch. Es ergibt sich folgender Betriebsausgabenabzug:

Werbung (40 %)	40 000 €	100 % Betriebsausgabe	40 000,– €
Bewirtung (30 %)	30 000 €	70 % Betriebsausgabe	21 000,– €
Geschenke (30 %)	30 000 €		
an Geschäftsfreunde	15 000 €	kein Betriebsausgabenabzug	
an eigene Arbeitnehmer	15 000 €	100 % Betriebsausgabe	15 000,– €
Zur Bemessungsgrundlage für die Pauschalierung nach § 37b EStG gehören nur die Aufwendungen für Geschenke (einschließlich der Umsatzsteuer) (30 000 € + 5700 € =) 35 700 €. Die Pauschalsteuer beträgt 30 % von 35 700 € = 10 710 €, zuzüglich 5,5 % Solidaritätszuschlag = 589,05 € und (angenommen) 7 % pauschale Kirchensteuer = 749,70 € (insgesamt 12 048,75 €). Davon entfallen 50 % (= 6024,38 €) auf Geschenke an die eigenen Arbeitnehmer. Dieser Betrag ist ebenfalls als Betriebsausgabe abziehbar			6 024,38 €
Betriebsausgabenabzug insgesamt			82 024,38 €

Hinweis: Bei Aufwendungen für sog. **Business-Seats** ohne Werbeanteil ist aus Vereinfachungsgründen eine Aufteilung im Verhältnis 50 % (Anteil Geschenke) und 50 % (Anteil Bewirtung) vorzunehmen (Tz. 4 des BMF-Schreibens vom 11.7.2006, BStBl. I S. 447). Auch in diesem Fall wäre lediglich der auf die Eintrittskarten (Geschenke) entfallende Anteil mit in die Pauschalierung nach § 37b EStG einzubeziehen.

Werden **Eintrittskarten** an Arbeitnehmer vergeben, um eine ausverkaufte Veranstaltung zu suggerieren (sog. **Füllkarten**), kann ein überwiegend eigenbetriebliches Interesse anzunehmen sein, wenn der Arbeitnehmer einen **Zeitausgleich** erhält **oder** eine **kurzfristige Vergabe** der Eintrittskarten erfolgt. Der entsprechende Nachweis ist durch den Arbeitgeber zu erbringen. Die Vergabe dieser Eintrittskarten ist dann keine steuerpflichtige Zuwendung im Sinne der hier besprochenen Pauschalierungsvorschrift.

5. Incentive-Reisen

P

Wie bereits ausgeführt, gilt die Pauschalierungsmöglichkeit mit 30 % nach § 37b EStG auch für sog. Incentive-Reisen (vgl. dieses Stichwort). Eine Incentive-Reise in diesem Sinne setzt eine **mehrtägige Veranstaltung mit (mindestens einer) Übernachtung** – auf Kosten des Zuwendenden – voraus.

Beispiel A

Eine Firma gewährt drei Arbeitnehmern und vier selbstständig für die Firma tätigen Vertretern jeweils eine Incentive-Reise für gute Geschäftsabschlüsse. Der Wert einer Reise inklusive Umsatzsteuer beträgt 3000 €. Die Firma kann den Wert der Reisen in Höhe von (3000 € × 7 =) 21 000 € pauschal mit 30 % besteuern. Die Pauschalsteuer beträgt

30 % von 21 000 €	6 300,– €
Solidaritätszuschlag 5,5 %	346,50 €
pauschale Kirchensteuer z. B. 7 %	441,– €
insgesamt	7 087,50 €

Die Firma kann den Wert der Reise und die übernommene Pauschalsteuer als Betriebsausgabe abziehen. Hinweis: Die Firma kann das Pauschalierungswahlrecht nach § 37b EStG für ihre drei Arbeitnehmer (§ 37b Abs. 2 EStG) und die vier selbstständigen Vertreter (§ 37b Abs. 1 EStG) gesondert ausüben.

Bei **einer Incentive-Reise** von eigenen Arbeitnehmern und/oder Nichtarbeitnehmern gehört auch der Teil der Brutto-Aufwendungen zur **Bemessungsgrundlage** für die Pauschalbesteuerung nach § 37b EStG, der auf die **Bewirtung** entfällt. R 4.7 Abs. 3 EStR (bzw. R 8.1 Abs. 8 Nr. 1 Satz 2 LStR bei Arbeitnehmern) – wonach der Vorteil aus einer Bewirtung aus Vereinfachungsgründen beim bewirteten Steuerpflichtigen nicht als Einnahme anzusetzen ist – findet im Zusammenhang mit Incentive-Reisen keine Anwendung. Entsprechendes gilt für Bewirtungen im Rahmen von **Repräsentationsveranstaltungen,** die zu nicht abziehbaren Betriebsausgaben führen (z. B. Golfturnier, Segeltörn, Jagdgesellschaft); vgl. vorstehende Nr. 3 am Ende.

Beispiel B

Der Steuerpflichtige führt für fünf Nichtarbeitnehmer als zusätzliches „Dankeschön" für die getätigten Geschäfte eine Incentive-Reise im Wert von insgesamt 3500 € durch. Der Anteil der Aufwendungen, der auf die Bewirtung entfällt, beträgt 1000 €. Der Steuerpflichtige macht von seinem Pauschalierungswahlrecht nach § 37b Abs. 1 EStG Gebrauch.

Bemessungsgrundlage für die Pauschalbesteuerung nach § 37b EStG sind die Aufwendungen des Steuerpflichtigen von 3500 €. Da es sich um eine Incentive-Reise handelt, darf der Bewirtungsanteil von 1000 € auch dann nicht herausgerechnet werden, wenn er eindeutig feststeht. Die Pauschalsteuer beträgt

30 % von 3 500 €	1 050,– €
Solidaritätszuschlag 5,5 %	57,75 €
pauschale Kirchensteuer 7 %	73,50 €
insgesamt	1 181,25 €

Der Steuerpflichtige kann die Aufwendungen für die Incentive-Reise und die übernommene Pauschalsteuer als Betriebsausgaben abziehen. Für den Bewirtungsanteil ist allerdings die Abzugsbeschränkung auf 70 % (§ 4 Abs. 5 Satz 1 Nr. 2 EStG) zu beachten.

Beteiligt sich ein anderes Unternehmen an den Kosten für die Durchführung einer Incentive-Reise (= Zuzahlung Dritter), mindert dieser Umstand im Übrigen nicht die Bemessungsgrundlage für die Pauschalbesteuerung nach § 37b EStG.

Nehmen an einer **Betriebsveranstaltung** nicht nur eigene Arbeitnehmer, sondern ggf. auch betriebsfremde Personen (z. B. Kunden, Geschäftsfreunde und/oder deren Arbeitnehmer) teil, können **nebeneinander** sowohl die **Pauschalierungsvorschriften** des § 37b EStG als auch die des § 40 Abs. 2 Satz 1 Nr. 2 EStG zur Anwendung kommen.

Beispiel C

Ein Unternehmen C hat für eine ganztägige Flussfahrt ein Ausflugsboot gechartert. Zu diesem Betriebsausflug hat C nicht nur seine Arbeitnehmer, sondern auch wichtige Geschäftsfreunde und deren Mitarbeiter eingeladen. Die Zuwendung je Teilnehmer beträgt 150 €.

Während die wegen Überschreitens des Freibetrags von 110 € steuerpflichtige Sachzuwendung an seine Arbeitnehmer anlässlich der Betriebsveranstaltung i. H. v. 40 € (150 € abzgl. Freibetrag von 110 €) pro Kopf mit 25 % pauschal besteuert werden kann (§ 40 Abs. 2 Satz 1 Nr. 2 EStG), hat C die Möglichkeit, die seinen Geschäftsfreunden und deren Mitarbeitern anlässlich der Veranstaltung gewährten Sachzuwendungen nach § 37b Abs. 1 EStG mit 30 % pauschal zu versteuern.

6. Bemessungsgrundlage für die Pauschalierung und Höchstbetrag von 10 000 €

Als Bemessungsgrundlage für die Besteuerung der geldwerten Vorteile wird abweichend von § 8 Abs. 2 Satz 1 EStG auf die **tatsächlichen Kosten** des Zuwendenden **einschließlich Umsatzsteuer** abgestellt. Bei Veranstaltungen gehören hierzu auch die Aufwendungen für den äußeren Rahmen (z. B. Saalmiete, Eventmanager u.s.w.).

Beispiel A

Ein Bekleidungshaus verkauft Anzüge für 800 € brutto. Der Einkaufspreis der Anzüge für das Bekleidungshaus beträgt 600 € brutto. Die Arbeitnehmer des Zuliefererbetriebs (kein verbundenes Unternehmen) erhalten vom Bekleidungshaus 20 % Preisnachlass.

Die Bemessungsgrundlage für die Pauschalierung mit 30 % ermittelt sich wie folgt:

Brutto-Einkaufspreis des Bekleidungshauses	600 €
Zahlungen der „fremden Arbeitnehmer" 800 € abzüglich 20 % Nachlass	640 €
Bemessungsgrundlage	0 €

Lohn-steuer-pflichtig	Sozial-versich.-pflichtig

Das Bekleidungsunternehmen unterrichtet die Arbeitnehmer des Zulieferbetriebs darüber, dass es die 30 %ige Pauschalbesteuerung angewendet hat; unerheblich ist, dass die Bemessungsgrundlage hierfür 0 € beträgt.

Besonders in **Herstellungsfällen** kann diese Bemessungsgrundlage (tatsächliche Kosten einschließlich Umsatzsteuer) allerdings von dem allgemeinen Bewertungsgrundsatz in § 8 Abs. 2 Satz 1 EStG (den um übliche Preisnachlässe geminderten üblichen Endpreis am Abgabeort) erheblich „nach unten" abweichen. Bei sehr geringen Aufwendungen des Zuwendenden ist als „Mindestbemessungsgrundlage" der gemeine Wert anzusetzen.[1] Dies gilt sowohl bei der Hingabe von Wirtschaftsgütern des Betriebsvermögens als auch bei unentgeltlichen Nutzungsüberlassungen.

Bei **Zuwendungen an Arbeitnehmer verbundener Unternehmen** (z. B. eine Rabattgewährung durch Dritte) ist zur Vermeidung der Benachteiligung der originär nach § 8 Abs. 3 EStG zu besteuernden Arbeitnehmer auch bei den nicht durch den Rabattfreibetrag begünstigten **Konzernmitarbeitern** als Bemessungsgrundlage mindestens der sich nach § 8 Abs. 3 Satz 1 EStG ergebende Wert anzusetzen (§ 37b Abs. 1 Satz 2 2. Halbsatz EStG).[2] Hierdurch ist sichergestellt, dass Arbeitnehmer eines verbundenen Unternehmens nicht besser gestellt werden, als Arbeitnehmer des „Herstellerunternehmens", bei denen die Besteuerung nach § 8 Abs. 3 EStG durchgeführt wurde und die deshalb von der Pauschalierung ausgeschlossen sind (§ 37b Abs. 2 Satz 2 EStG). Im Übrigen wird es nicht beanstandet, wenn diese Zuwendungen an Arbeitnehmer verbundener Unternehmen individuell besteuert werden, auch wenn der Zuwendende für die übrigen Zuwendungen an Nichtarbeitnehmer § 37b Abs. 1 EStG anwendet. Für die übrigen Zuwendungen ist das Wahlrecht dann allerdings einheitlich auszuüben.

In die **Bemessungsgrundlage** für die Pauschalierung sind nicht prinzipiell sämtliche Aufwendungen aus **Veranstaltungen**, die für **Geschäftspartner und Arbeitnehmer** durchgeführt werden, einzubeziehen. Vielmehr ist zu **unterscheiden**, um welche Art von Veranstaltung es sich handelt.

Die aus den Aufwendungen des Zuwendenden resultierenden geldwerten Vorteile aus **Tagesveranstaltungen mit Incentive-Charakter** und **Incentive-Reisen** sind für die Teilnehmer grundsätzlich Betriebseinnahmen bzw. Arbeitslohn. Ausgenommen ist der auf die Teilnahme an einer geschäftlich veranlassten Bewirtung entfallende Anteil der Gesamtaufwendungen. Dabei ist nicht von Bedeutung, ob es sich bei der zu beurteilenden Tagesveranstaltung um eine gesponserte Sport- oder Kulturveranstaltung mit Werbecharakter oder um eine selbst organisierte Veranstaltung handelt. Im Rahmen von Incentive-Reisen, die mindestens eine Übernachtung umfassen, fließen hingegen Aufwendungen für die **Bewirtung** in die Bemessungsgrundlage mit ein.

Anders zu beurteilen sind **ausschließlich betrieblich veranlasste Veranstaltungen**. Hierzu zählen insbesondere fachliche Besprechungen, Produktpräsentationen oder Fortbildungen. Die aus Anlass solcher Veranstaltungen entstehenden Aufwendungen (z. B. für die Anmietung und Ausstattung der Räume, Erstellung der Tagungsunterlagen, Honorare für die Referenten und ggf. übernommene Reise- und Übernachtungskosten) sind nicht als geldwerte Vorteile der Teilnehmer anzusehen.

Bei gemischt veranlassten Veranstaltungen, die sowohl betrieblich veranlasste Bestandteile als auch Bestandteile mit Incentive-Bezug haben, ist wie folgt zu verfahren: Aufwendungen, die **unmittelbar** den Veranstaltungsteilen mit Incentive-Bezug **zugeordnet werden können** (z. B. touristisches Programm), sind insgesamt als geldwerte Vorteile der Teilnehmer anzusehen. Aufwendungen, die unmittelbar den rein betrieblich veranlassten Veranstaltungsteilen zugeordnet werden können, sind keine geldwerten Vorteile. (Gemischte) Aufwendungen, die sich nicht unmittelbar in einen der vorgenannten Bereiche einordnen lassen (z. B. Flug-/Fahrtkosten, Übernachtungskosten), sind grundsätzlich **zeitanteilig aufzuteilen**. Dabei ist von einem Acht-Stunden-Arbeitstag als Ausgangsgröße auszugehen. Dazu sind die betriebsfunktionalen Reisebestandteile ins Verhältnis zu einer täglichen Arbeitszeit von acht Stunden zu setzen (in Anlehnung an das BFH-Urteil vom 18.8.2005, BStBl. 2006 II S. 30).

Die **Zeitanteile für die An- und Abreise** bleiben für die Ermittlung des Aufteilungsmaßstabs hingegen **außer Ansatz**. In Höhe der Bewirtungsaufwendungen, die nach allgemeiner Verkehrsauffassung als unangemessen anzusehen sind, liegt keine geschäftlich veranlasste Bewirtung vor. Dies führt dazu, dass die Aufwendungen für den unangemessenen Teil der geschäftlich veranlassten Bewirtung als Arbeitslohn oder Betriebseinnahmen zu versteuern sind und pauschaliert werden können.

Die Pauschalierung mit 30 % ist nach § 37b Abs. 1 Satz 3 EStG ausgeschlossen,

- **soweit die Aufwendungen je Empfänger und Kalenderjahr** (Wirtschaftsjahr) **oder**
- **wenn die Aufwendungen für die einzelne Zuwendung**

den Betrag von **10 000 €** übersteigen; maßgebend sind die Bruttoaufwendungen inklusive Umsatzsteuer. Zuwendungen an **Angehörige** (z. B. Ehegatten, Lebenspartner, Kinder) sind dem **Geschäftsfreund** bzw. **Arbeitnehmer** selbst als Empfänger **zuzurechnen.** Die Angehörigen erhalten demnach keinen eigenen Höchstbetrag bzw. eine eigene Freigrenze von 10 000 €. Dies gilt allerdings nicht, wenn der Angehörige selbst auch Geschäftsfreund oder Arbeitnehmer des Zuwendenden ist (vgl. das nachfolgende Beispiel F).

Die Begrenzung auf den Höchstbetrag von 10 000 Euro ist folglich so gestaltet, dass eine Begrenzung nicht nur für alle insgesamt im Kalenderjahr gewährten Zuwendungen (in Form eines **Freibetrags**), sondern auch für die Einzelzuwendung vorgenommen wird. Dies bewirkt, dass bei einzelnen Zuwendungen eine Pauschalierung bis zum Erreichen des Höchstbetrages möglich ist. Übersteigt dagegen eine Einzelzuwendung den Höchstbetrag, ist eine Pauschalierung dieser Einzelzuwendung in vollem Umfang ausgeschlossen **(= Freigrenze).** Bei Zuzahlungen des Empfängers mindert sich der Wert der Zuwendung, auf den der Höchstbetrag/die Freigrenze anzuwenden ist.

Beispiel B

Dem Empfänger werden von einem Zuwendenden drei Sachzuwendungen im Wert von jeweils 5000 € gewährt.

Die Pauschalbesteuerung nach § 37b EStG mit 30 % ist für die ersten beiden Sachzuwendungen anwendbar, die dritte Sachzuwendung ist individuell zu besteuern.

Beispiel C

Dem Empfänger werden von einem Zuwendenden drei Sachzuwendungen im Wert von jeweils 4000 € gewährt.

Die Pauschalbesteuerung nach § 37b EStG mit 30 % ist für die ersten beiden Sachzuwendungen und die Hälfte der dritten Sachzuwendung anwendbar. Die andere Hälfte der dritten Sachzuwendung ist individuell zu besteuern.

Beispiel D

Dem Empfänger wird von einem Zuwendenden eine Sachzuwendung im Wert von 15 000 € gewährt. Die Pauschalbesteuerung nach § 37b EStG mit 30 % ist für die gesamte Sachzuwendung nicht anwendbar, da der Wert der Sachzuwendung die Freigrenze von 10 000 € überschreitet.

P

---

1) Randnummer 16 des BMF-Schreibens vom 19.5.2015 (BStBl. I S. 468), ergänzt durch BMF-Schreiben vom 28.6.2018 (BStBl. I S. 814). Das BMF-Schreiben ist als Anlage 1 zu H 37b LStR im **Steuerhandbuch für das Lohnbüro 2021** abgedruckt, das im selben Verlag erschienen ist.

2) Randziffer 5 des BMF-Schreibens vom 19.5.2015 (BStBl. I S. 468), ergänzt durch BMF-Schreiben vom 28.6.2018 (BStBl. I S. 814). Das BMF-Schreiben ist als Anlage 1 zu H 37b LStR im **Steuerhandbuch für das Lohnbüro 2021** abgedruckt, das im selben Verlag erschienen ist.

Beispiel E

Dem Empfänger werden von einem Zuwendenden drei Sachzuwendungen im Wert von 4000 €, 6000 € und 12 000 € gewährt.

Die Pauschalbesteuerung nach § 37b EStG mit 30 % ist für die ersten beiden Sachzuwendungen im Wert von 4000 € und 6000 € möglich. Für die dritte Sachzuwendung ist die Pauschalbesteuerung nach § 37b EStG nicht anwendbar, da der Wert der Sachzuwendung die Freigrenze von 10 000 € überschreitet.

Beispiel F

Arbeitgeber A finanziert dem Arbeitnehmer B, dem Ehegatten von B und den beiden Kindern einen zehntägigen Wintersporturlaub (u. a. Anreise mit der Bahn, Vollpension im Hotel, Skipass und Leihen der Skiausrüstung). Die Sachzuwendungen des Arbeitgebers betragen für jeden Erwachsenen 4000 € und für jedes Kind 2000 €.

Die Zuwendungen an den Ehegatten und die Kinder sind dem Arbeitnehmer selbst zuzurechnen. Der Wert der Sachzuwendung beträgt somit 12 000 € (2 × 4000 € + 2 × 2000 €). Eine Pauschalbesteuerung nach § 37b EStG mit 30 % ist für die gesamte Sachzuwendung nicht möglich, da der Wert der Sachzuwendung die Freigrenze von 10 000 € überschreitet.

7. Ausübung des Pauschalierungswahlrechts und Unterrichtung des Zuwendungsempfängers

Die Finanzverwaltung lässt es zu, dass das Pauschalierungswahlrecht vom Arbeitgeber für Zuwendungen an eigene Arbeitnehmer (§ 37b Abs. 2 EStG) und an Dritte (§ 37b Abs. 1 EStG) jeweils gesondert ausgeübt wird.[1] Es können also **zwei** selbstständige **Pauschalierungskreise** gebildet werden; dies gilt allerdings für das gesamte Unternehmen des Arbeitgebers und nicht für jede einzelne lohnsteuerliche Betriebsstätte gesondert. Bei einem Konzern hat allerdings jede Konzerngesellschaft ein eigenes Wahlrecht, da es sich lohnsteuerlich um selbstständige Arbeitgeber handelt. Die Ausübung dieses Wahlrechts erfolgt durch die Anmeldung der Pauschalsteuer. Im Gegensatz zur Finanzverwaltung vertritt der Bundesfinanzhof die Auffassung, dass eine **Rücknahme des Pauschalierungswahlrechts** nach § 37b EStG – für den einzelnen Pauschalierungskreis – bis zur Unanfechtbarkeit (= Eintritt der formellen und materiellen Bestandskraft z. B. durch Aufhebung des Vorbehalts der Nachprüfung) jederzeit möglich ist (BFH-Urteil vom 15.6.2016, BStBl. II S. 1010). Eine solche Rücknahme kommt z. B. in Betracht, wenn der Zuwendende – wie im Streitfall – mit einer weiteren Pauschalbesteuerung von Zuwendungen nach § 37b EStG im Rahmen einer Außenprüfung konfrontiert wird oder Insolvenz eingetreten ist und der Insolvenzverwalter die Pauschalbesteuerung widerruft. Die Rücknahme des Pauschalierungswahlrechts wird aber nur durch Abgabe einer geänderten Lohnsteuer-Anmeldung gegenüber dem Betriebsstättenfinanzamt ausgeübt; eine formlose Erklärung des Arbeitgebers genügt hingegen nicht. Darüber hinaus ist der Zuwendungsempfänger vom Zuwendenden von der Rücknahme des Pauschalierungsantrags zu unterrichten, damit dieser von seinen steuerlichen Pflichten erfährt (Erfassung der Einkünfte im Jahr der Zuwendung) und diesen nachkommen kann. Die steuerlich maßgebende vierjährige Festsetzungsfrist beginnt beim Zuwendungsempfänger erst mit Ablauf des Kalenderjahres, in dem der Zuwendende die Rücknahme seines Pauschalierungsantrags erklärt (sog. rückwirkendes Ereignis; § 175 Abs. 1 Satz 1 Nr. 2 AO). Wird das Pauschalierungswahlrecht bezüglich Sachzuwendungen an eigene Arbeitnehmer rückgängig gemacht, besteht regelmäßig eine Anzeigepflicht des Arbeitgebers (§ 41c Abs 4 EStG; vgl. „Anzeigepflichten des Arbeitgebers im Lohnsteuerverfahren").

P

Vor Anwendung des § 37b Abs. 2 EStG ist ggf. eine vorgenommene Pauschalierung der Lohnsteuer nach § 40 Abs. 1 Satz 1 EStG für alle Arbeitnehmer rückgängig zu machen, die diese Sachzuwendung erhalten haben; der Arbeitgeber ist aber nicht verpflichtet bereits nach § 40 Abs. 1 Satz 1 EStG durchgeführte Pauschalierungen rückgängig zu machen. Nach Anwendung des § 37b EStG ist aber eine Pauschalierung nach § 40 Abs. 1 Satz 1 EStG für alle Sachzuwendungen nicht möglich, auf die § 37b EStG anwendbar ist.

Lohn- Sozial-
steuer- versich.-
pflichtig pflichtig

Bei einer **juristischen Person des öffentlichen Rechts** bindet die Ausübung des Wahlrechts zur Anwendung des § 37b EStG durch einen Betrieb gewerblicher Art nicht auch den hoheitlichen Bereich und den Bereich der Vermögensverwaltung einer Kommune. Das Wahlrecht zur Anwendung der Pauschalbesteuerung kann folglich für die verschiedenen Bereiche unabhängig voneinander ausgeübt werden. Sachzuwendungen, die eine juristische Person des öffentlichen Rechts an Nichtarbeitnehmer leistet und die durch die hoheitliche Tätigkeit veranlasst sind, fallen nicht in den Anwendungsbereich des § 37b EStG. Das gilt auch für Zuwendungen an eigene Arbeitnehmer, sofern die Zuwendung unabhängig von der Arbeitnehmereigenschaft – bei Vorliegen der Voraussetzungen – allen Bürgern gewährt wird. Dies ist z. B. bei Geschenken anlässlich eines Alters- oder Ehejubiläums der Fall.

Das Pauschalierungswahlrecht für Sachzuwendungen an Nichtarbeitnehmer (**Dritte**; § 37b Abs. 1 EStG) muss spätestens in der **letzten Lohnsteuer-Anmeldung** des Wirtschaftsjahres der Zuwendung ausgeübt werden. Eine Berichtigung der vorangegangenen einzelnen Lohnsteuer-Anmeldungen zur zeitgerechten Erfassung ist nicht erforderlich. In der letzten Lohnsteuer-Anmeldung des Wirtschaftsjahres wird die Entscheidung zugunsten des Pauschalierungswahlrechts nach § 37b Abs. 1 EStG übrigens auch dann getroffen, wenn für den letzten Lohnsteuer-Anmeldungszeitraum eine **geänderte Lohnsteuer-Anmeldung** abgegeben wird, solange dies verfahrensrechtlich (§§ 164, 168 AO) noch möglich ist.

Bei Sachzuwendungen an **eigene Arbeitnehmer** (§ 37b Abs. 2 EStG) ist das Pauschalierungswahlrecht bis zur Übermittlung der elektronischen Lohnsteuerbescheinigung **(28. 2. des Folgejahres)** auszuüben; dies gilt auch, wenn ein Arbeitnehmer während des laufenden Kalenderjahres ausscheidet. Auch bei einem abweichenden Wirtschaftsjahr ist für das Pauschalierungswahlrecht nach § 37b Abs. 2 EStG (eigene Arbeitnehmer) immer die kalenderjährliche Betrachtungsweise maßgeblich. Ist eine Änderung des individuellen Lohnsteuerabzugs zum Zeitpunkt der Ausübung des Wahlrechts zugunsten der Pauschalbesteuerung nach § 37b Abs. 2 EStG nicht mehr möglich (vgl. die Erläuterungen beim Stichwort „Änderung des Lohnsteuerabzugs"), hat der Arbeitgeber dem Arbeitnehmer eine Bescheinigung über die Pauschalierung nach § 37b Abs. 2 EStG auszustellen. Die Korrektur des bereits individuell (zu hoch) besteuerten Arbeitslohns kann der Arbeitnehmer dann beim Finanzamt im Rahmen der Einkommensteuer-Veranlagung beantragen.[2]

Werden Sachzuwendungen an **eigene Arbeitnehmer** im Rahmen einer **Lohnsteuer-Außenprüfung** aufgegriffen, gilt im Hinblick auf das Pauschalierungswahlrecht nach § 37b Abs. 2 EStG Folgendes:

- Sind bisher noch keinerlei Sachzuwendungen an eigene Arbeitnehmer pauschal besteuert worden und werden entsprechende Sachverhalte im Rahmen einer Lohnsteuer-Außenprüfung **erstmalig aufgegriffen,** kann das Wahlrecht erstmalig ausgeübt und die Sachbezüge können nach § 37b Abs. 2 EStG pauschal mit **30 % besteuert** werden.
- Außerdem sind im Rahmen einer Lohnsteuer-Außenprüfung neu aufgegriffene, **weitere Sachverhalte** nach § 37b Abs. 2 EStG mit 30 % pauschal zu besteuern, **wenn zuvor** bereits **andere Sachverhalte** nach § 37b Abs. 2 EStG mit **30 %** pauschal besteuert worden sind.

1) Randziffer 4 des BMF-Schreibens vom 19.5.2015 (BStBl. I S. 468), ergänzt durch BMF-Schreiben vom 28.6.2018 (BStBl. I S. 814). Das BMF-Schreiben ist als Anlage 1 zu H 37b LStR im **Steuerhandbuch für das Lohnbüro 2021** abgedruckt, das im selben Verlag erschienen ist.

2) Randziffer 8 des BMF-Schreibens vom 19.5.2015 (BStBl. I S. 468), ergänzt durch BMF-Schreiben vom 28.6.2018 (BStBl. I S. 814). Das BMF-Schreiben ist als Anlage 1 zu H 37b LStR im **Steuerhandbuch für das Lohnbüro 2021** abgedruckt, das im selben Verlag erschienen ist.

Lohn-steuer-pflichtig Sozial-versich.-pflichtig

- Allerdings **scheidet** für im Rahmen einer Lohnsteuer-Außenprüfung neu aufgegriffene, weitere Sachverhalte eine **Pauschalierung** nach § 37b Abs. 2 EStG mit 30 % **aus,** wenn für **andere Sachverhalte** die Pauschalierung nach § 37b Abs. 2 EStG nicht gewählt, sondern eine **individuelle Besteuerung** bei den einzelnen Arbeitnehmern vorgenommen wurde. Dies gilt aber nicht, wenn für die anderen Sachverhalte eine Pauschalierung der Lohnsteuer nach § 40 Abs. 1 Satz 1 EStG vorgenommen wurde, da es sich hierbei nicht um eine individuelle Besteuerung handelt.

Der zuwendende Steuerpflichtige ist **verpflichtet,** den **Empfänger über die Pauschalierung zu unterrichten** (§ 37b Abs. 3 Satz 3 EStG). Dies soll in einfachster, sachgerechter Weise erfolgen. Welche Anforderungen an die Unterrichtung zu stellen sind, richtet sich nach dem Empfängerkreis. Bei eigenen Arbeitnehmern wird ein Aushang am „Schwarzen Brett" oder ein Hinweis in der Lohnabrechnung genügen. Auch bei Sachzuwendungen an Dritte schreibt das Gesetz keine besondere Form für die Unterrichtung vor.

8. Rechtsfolgen der Pauschalierung (Lohnsteuerfiktion)

Der zuwendende Steuerpflichtige hat die Pauschalsteuer zu übernehmen. Er wird insoweit zum Steuerschuldner. Die **Pauschalsteuer gilt als Lohnsteuer.** Daher kann für Sachverhalte zur Pauschalierung der Steuer nach § 37b EStG eine Anrufungsauskunft (§ 42e EStG; vgl. das Stichwort „Auskunft") eingeholt werden. Der Zuwendungsempfänger wird – wie bei der pauschalen Lohnsteuer – aus der Steuerschuldnerschaft entlassen. Das gilt auch, soweit der Zuwendungsempfänger körperschaftsteuerpflichtig ist. Auf die Pauschalsteuer sind Solidaritätszuschlag und Kirchensteuer zu erheben. Da der Zuwendende Schuldner der Lohnsteuer wird, kann ein Rechtsstreit über die Bemessungsgrundlage (Höhe des Werts der Zuwendung) nur zwischen dem Zuwendenden und seinem Betriebsstättenfinanzamt geführt werden. Der Zuwendungsempfänger ist in den Fällen, in denen der Zuwendende eine Pauschalierung vorgenommen hat, von der Steuerschuld befreit. Denn die Zuwendungen und die Pauschalsteuer bleiben bei der Ermittlung der Einkünfte des Zuwendungsempfängers außer Ansatz (§ 37b Abs. 3 Satz 1 EStG).

Beispiel

Arbeitgeber A schenkt seinem Arbeitnehmer B einen in dessen Privatwohnung als Arbeitsmittel genutzten Schreibtisch im Wert von 1500 €. A pauschaliert die Sachzuwendung nach § 37b Abs. 2 EStG mit 30 %.

B kann für den von A zugewendeten Schreibtisch u. E. keinen Werbungskostenabzug geltend machen, da nach § 37b Abs. 3 Satz 1 EStG die pauschal besteuerten Sachzuwendungen bei der Ermittlung seiner Einkünfte außer Ansatz bleiben. Dies gilt u. E. nicht nur für die Einnahme-, sondern auch für die Ausgabenseite.

Eine **Abwälzung der pauschalen Lohnsteuer** im Innenverhältnis auf den Zuwendungsempfänger ist – wie auch bei den anderen derzeitigen Pauschalierungsmöglichkeiten – zulässig. Hierbei handelt es sich jedoch nicht um eine steuerliche, sondern um eine arbeitsrechtliche/zivilrechtliche Frage. In der Praxis dürfte die Frage der Abwälzung der Steuerbeträge zumindest bei Zuwendungen an Nichtarbeitnehmer keine Rolle spielen. Siehe hierzu auch die Abwandlung des Beispiels B unter der vorstehenden Nr. 6.

9. Anmeldung und Abführung der pauschalen Einkommensteuer (Lohnsteuer)

Die pauschale Lohnsteuer (Einkommensteuer) ist von dem die Sachzuwendung gewährenden Arbeitgeber/Steuerpflichtigen in der Lohnsteuer-Anmeldung der lohnsteuerlichen Betriebsstätte anzumelden und spätestens am zehnten Tag nach Ablauf des für die Betriebsstätte maßgebenden Lohnsteuer-Anmeldungszeitraums an das Betriebsstättenfinanzamt abzuführen. Hat der Arbeitgeber/Steuerpflichtige mehrere Betriebsstätten, ist das Finanzamt der Betriebsstätte zuständig, in der die für die pauschale Besteuerung maßgebenden Sachbezüge ermittelt werden (§ 37b Abs. 4 EStG).

In der **Lohnsteuer-Anmeldung** ist die **Zeile 20 „Summe der pauschalen Lohnsteuer nach § 37b EStG"** (= Kennzahl 44) auszufüllen. Für den Solidaritätszuschlag und die (pauschale) Kirchensteuer gibt es im Zusammenhang mit der Anwendung des § 37b EStG keine besonderen Eintragungszeilen in der Lohnsteuer-Anmeldung. Somit sind hierfür die Zeilen 24 und 25 in der Lohnsteuer-Anmeldung zu verwenden. Der Zuwendende kann auch bei der Pauschalierung nach § 37b EStG einen Nachweis der nicht kirchensteuerpflichtigen Arbeitnehmer führen (vgl. das Stichwort „Kirchensteuer" unter Nr. 10). Die Kirchensteuer der pflichtigen Arbeitnehmer ist dann in die Zeilen 26 und 27 der Lohnsteuer-Anmeldung einzutragen.

10. Aufzeichnungspflichten

Die nach § 37b EStG pauschal besteuerten Zuwendungen müssen **nicht im Lohnkonto** des jeweiligen Arbeitnehmers aufgezeichnet werden.

Aus der Buchführung oder den Aufzeichnungen des Zuwendenden muss sich ergeben, dass bei Wahlrechtsausübung zugunsten des § 37b EStG alle Zuwendungen erfasst wurden und die Höchstbeträge nicht überschritten wurden. Letzteres wird bei Sachzuwendungen bis zu 60 € unterstellt; eine Aufzeichnung der Empfänger kann insoweit unterbleiben.

11. Auswirkung der Pauschalierung von Sachzuwendungen an Arbeitnehmer nach § 37b EStG auf die Sozialversicherung

a) Allgemeines

Pauschalbesteuerte **Sachleistungen** an **eigene Arbeitnehmer** des Zuwendenden (Fall des § 37b Abs. 2 EStG) gehören zum Arbeitsentgelt im Sinne der Sozialversicherung und sind damit **sozialversicherungspflichtig.** Die Sozialversicherungsbeiträge sind unter den Nrn. 22 bis 27 der elektronischen Lohnsteuerbescheinigung (vgl. dieses Stichwort) anzugeben, da sie vom Arbeitnehmer als Sonderausgaben abgezogen werden können.

Durch eine Änderung der Sozialversicherungsentgeltverordnung ist seit 1.1.2009 geregelt worden, dass nach § 37b EStG pauschalbesteuerte **Sachleistungen an Arbeitnehmer eines Dritten** (Fall des § 37b Abs. 1 EStG) **sozialversicherungsfrei** sind, **soweit** es sich **nicht** um **Beschäftigte** eines mit dem Zuwendenden **verbundenen Unternehmens** (§§ 15 ff. Aktiengesetz oder § 271 Handelsgesetzbuch) handelt (§ 1 Abs. 1 Satz 1 Nr. 14 SvEV[1)]). Bei Zuwendungen an Arbeitnehmer verbundener Unternehmen besteht nach Meinung des Gesetzgebers kein Bedürfnis, diese von der Beitragspflicht auszunehmen, da aufgrund der engen Verflechtung der Unternehmen die Höhe des beitragspflichtigen Entgelts ebenso wie bei den eigenen Arbeitnehmern ohne erhöhten Aufwand ermittelt werden könne. Gerade dies sei aber bei Arbeitnehmern eines fremden Dritten nicht der Fall.

b) Nettolohnberechnung bei Übernahme des Arbeitnehmeranteils am Gesamtsozialversicherungsbeitrag durch den Arbeitgeber

Übernimmt der **Arbeitgeber** den **Arbeitnehmeranteil** am **Gesamtsozialversicherungsbeitrag,** stellt diese Übernahme einen **geldwerten Vorteil** dar, das heißt es ist der Arbeitnehmeranteil zu ermitteln, der auf den **hochgerechneten Bruttobetrag** entfällt (§ 14 Abs. 2 Satz 1

1) Die Sozialversicherungsentgeltverordnung (SvEV) ist als Anhang 2 im **Steuerhandbuch für das Lohnbüro 2021** abgedruckt, das im selben Verlag erschienen ist.

P

Lohn- steuer- pflichtig | Sozial- versich.- pflichtig

SGB IV). Hierzu sind die Arbeitnehmeranteile dem (Netto-) Sachbezug so lange hinzuzurechnen, bis sich durch die letzte Hinzurechnung kein höherer Sozialversicherungsbeitrag mehr ergibt. Liegt der betreffende Arbeitnehmer in allen Zweigen der Sozialversicherung innerhalb der Beitragsbemessungsgrenzen, kann der hochgerechnete Arbeitnehmeranteil durch Umrechnung des Bruttoprozentsatzes auf einen Nettoprozentsatz ermittelt werden, weil bei der Sozialversicherung – im Gegensatz zum progressiven Lohnsteuertarif – feste Beitragssätze anzuwenden sind.[1]

Beispiel

Ein lediger Arbeitnehmer (monatlicher Arbeitslohn 3300 €, Steuerklasse I/0) erhält einen Sachbezug im Wert von 1000 €, der nach § 37b EStG pauschal mit 30 % besteuert wird. Der Sachbezug ist sozialversicherungspflichtig. Der Arbeitgeber übernimmt den Arbeitnehmeranteil. Die Übernahme des Arbeitnehmeranteils durch den Arbeitgeber stellt eine Nettozuwendung dar, die auf den Bruttobetrag hochgerechnet werden muss. Es ergibt sich folgende Berechnung:

Beitrag zur Krankenversicherung	7,300 %
Zusatzbeitrag zur Krankenversicherung z. B.	0,650 %
Beitrag zur Pflegeversicherung (1,525 % + 0,25 %)	1,775 %
Beitrag zur Rentenversicherung	9,300 %
Beitrag zur Arbeitslosenversicherung	1,200 %
insgesamt	20,225 %

Die Hochrechnung des Arbeitnehmeranteils von 20,225 % ergibt einen Beitragssatz von 25,353 %.

Berechnung: $\frac{100 \times 20{,}225}{100 - 20{,}225} = 25{,}353\ \%$

Der hochgerechnete Bruttobetrag beträgt somit (1000 € + 253,53 € =) 1253,53 € abzüglich hierauf entfallende Arbeitnehmeranteile:

Beitrag zur Krankenversicherung 7,3 % + 0,65 %	99,66 €	
Beitrag zur Pflegeversicherung 1,775 %	22,25 €	
Beitrag zur Rentenversicherung 9,3 %	116,58 €	
Beitrag zur Arbeitslosenversicherung 1,2 %	15,04 €	253,53 €
Wert des Sachbezugs		1 000,00 €

Lohnsteuerlich ergibt sich **Folgendes:** Der Sachbezug im Wert von 1000 € kann pauschal mit 30 % besteuert werden. Bei Festsetzung des Pauschsteuersatzes durch den Gesetzgeber in Höhe von 30 % ist bereits berücksichtigt worden, dass die Übernahme der Steuer durch den Arbeitgeber für den Arbeitnehmer einen weiteren geldwerten Vorteil darstellt, der steuersystematisch ebenfalls als geldwerter Vorteil zu erfassen wäre.

P

Übernimmt der Arbeitgeber nicht nur die Steuer von 30 %, sondern zusätzlich auch den Arbeitnehmeranteil am Gesamtsozialversicherungsbeitrag, ist dies ein weiterer geldwerter Vorteil, der nicht mit der 30 %igen Lohnsteuer abgegolten ist und der deshalb zusätzlich versteuert werden muss. Eine Pauschalierung dieses zusätzlichen geldwerten Vorteils mit 30 % ist nicht möglich, da es sich nicht um einen Sachbezug, sondern um eine **Geldzuwendung** handelt. Die im obigen Beispielsfall auf den Arbeitnehmeranteil zur Sozialversicherung in Höhe von 253,53 € entfallende Lohnsteuer (zuzüglich Solidaritätszuschlag und Kirchensteuer) muss deshalb durch eine gesonderte **Nettolohnberechnung** ermittelt werden. Ein Berechnungsbeispiel zur Nettolohnberechnung **für einen sonstigen Bezug** nach der Jahreslohnsteuertabelle ist als Anhang 12 abgedruckt. Die sich bei einer solchen Nettolohnberechnung für 253,53 € ergebende Lohn- und Kirchensteuer sowie der Solidaritätszuschlag beträgt ausgehend von einem Monatslohn von 3300 € und Steuerklasse I/0:

Lohnsteuer	126,00 €
Solidaritätszuschlag wegen der Nullzone	0,– €
Kirchensteuer (8 %)	10,08 €

Für den Sachbezug in Höhe von 1000 € ergibt sich bei Übernahme aller Abzüge durch den Arbeitgeber folgende Belastung:

Lohn- steuer- pflichtig | Sozial- versich.- pflichtig

Pauschale Lohnsteuer 30 %	300,00 €
Solidaritätszuschlag weiterhin 5,5 %	16,50 €
Kirchensteuer (z. B. in Bayern pauschal 7 %)	21,00 €
Arbeitnehmeranteil am SV-Beitrag	253,53 €
Lohnsteuer auf den Arbeitnehmeranteil	126,00 €
Solidaritätszuschlag auf den Arbeitnehmeranteil	0,– €
Kirchensteuer auf den Arbeitnehmeranteil (8 %)	10,08 €
zusammen	727,11 €
Arbeitgeberanteil (19,975 % von 1253,53 € =)	250,39 €
Belastung des Arbeitgebers insgesamt	**977,50 €**

Der Arbeitgeber kann für die Versteuerung des geldwerten Vorteils, der sich durch die Übernahme des Arbeitnehmeranteils ergibt, anstelle der Einzel-Nettolohnberechnung auch eine Pauschalierung der Lohnsteuer mit einem besonders ermittelten Pauschsteuersatz nach § 40 Abs. 1 Satz 1 Nr. 1 EStG beantragen, wenn mehrere Arbeitnehmer betroffen sind (vgl. die ausführlichen Erläuterungen beim Stichwort „Pauschalierung der Lohnsteuer“ unter Nr. 2).

Payback-Punkte

Payback-Punkte (zum Teil auch Bonus-Punkte genannt) sind heute weit verbreitet. Allerdings können sich hierbei auch steuerliche und sozialversicherungsrechtliche Konsequenzen ergeben. Dazu folgender Sachverhalt: Die Arbeitnehmer einer Firma tanken für dienstliche und private Zwecke mit einer auf den Arbeitgeber ausgestellten Tankkarte bei einer großen Tankstellenkette. Nach dem Tanken werden sog. Payback-Punkte dem privaten Punktekonto des Arbeitnehmers gutgeschrieben und ausschließlich privat genutzt. Die Payback-Punkte können gegen Sach- und Barprämien eingelöst werden.

Der vom Arbeitgeber bezahlte, teilweise für private Zwecke und teilweise für dienstliche Zwecke genutzte Treibstoff ist für die Lohnversteuerung aufzuteilen. Entsprechendes gilt für die auf dem privaten Punktekonto gutgeschriebenen Payback-Punkte; ggf. kommt eine Schätzung in Betracht. Die Vorteile aus den **dienstlich erworbenen Payback-Punkten** führen aufgrund der **Nutzung zu privaten Zwecken** zu Arbeitslohn. Der Arbeitslohn fließt bereits bei Gutschrift auf dem privaten Punktekonto zu, nicht erst bei Einlösung der Payback-Punkte.

Die Schwierigkeit in der Praxis besteht darin, die **Höhe des Arbeitslohns** zu ermitteln. Anhaltspunkt ist die Tankquittung, aus der sich die Höhe der jeweils gutgeschriebenen Payback-Punkte ergibt. Der Wert eines Punktes kann über die Tankstelle oder die Mineralölgesellschaft erfragt werden.

Eine Steuerbefreiung (z. B. § 3 Nr. 38 EStG)[2] des geldwerten Vorteils kommt nicht in Betracht. Zum einen handelt es sich – zumindest bei einer möglichen Bareinlösung – nicht um eine Sachprämie, zum anderen wird keine Dienstleistung in Anspruch genommen, sondern eine Ware erworben.[3] Im Hinblick auf die Erläuterungen beim Stichwort „Miles & More“ (vgl. dort insbesondere das Beispiel) verhindert u. E. nur noch eine mögliche Bareinlösung die Inanspruchnahme der Steuerbefreiung nach § 3 Nr. 38 EStG.

1) Ist die Beitragsbemessungsgrenze in der Kranken- und Pflegeversicherung überschritten, ist die Hochrechnung für den Arbeitnehmeranteil in der Renten- und Arbeitslosenversicherung vorzunehmen.

2) In § 3 Nr. 38 EStG ist die Steuerfreiheit von Sachprämien bei sog. Kundenbindungsprogrammen geregelt (vgl. das Stichwort „Miles & More“).

3) Schreiben des Bundesministeriums der Finanzen vom 20.10.2006 (Az.: IV C 5 – S 2334 – 68/06). Das nicht im Bundessteuerblatt veröffentlichte BMF-Schreiben ist als Anlage 4 zu H 19.6 LStR im **Steuerhandbuch für das Lohnbüro 2021** abgedruckt, das im selben Verlag erschienen ist.

Lohnsteuerpflichtig | Sozialversich.-pflichtig

Pedelec

siehe „Elektro-Bike“ besonders unter Nr. 1.

Pensionäre

1. Lohnsteuer

Betrachtet man die Begriffe „Pensionär“ im Gegensatz zum „Rentner“ unter lohnsteuerlichen Gesichtspunkten, ergibt sich Folgendes:

Pensionen (Ruhegehälter, Betriebsrenten), die an sog. Pensionäre gezahlt werden, beruhen meist auf einer arbeitsvertraglichen Versorgungszusage des Arbeitgebers. Sie werden damit aufgrund eines früheren Dienstverhältnisses als Entgelt für die frühere Dienstleistung gezahlt. Solche Zahlungen sind **steuerpflichtiger Arbeitslohn.** ja nein[1]

Im Gegensatz hierzu sind Renten (z. B. aus der gesetzlichen Rentenversicherung) **kein** steuerpflichtiger Arbeitslohn, soweit sie aufgrund früherer Beitragsleistungen gezahlt werden.[2] Solche Renten unterliegen jedoch mit einem bestimmten steuerpflichtigen Anteil als **„sonstige Einkünfte“** der Einkommensteuer (vgl. das Stichwort „Renten“). nein nein

Für den Lohnsteuerabzug bei Pensionen gilt Folgendes:

Pensionen werden zwar meist von einem öffentlich-rechtlichen Arbeitgeber bezahlt; sie können aber auch bei einem privaten Arbeitgeber in Betracht kommen, und zwar dann, wenn der private Arbeitgeber aufgrund einer betrieblichen Versorgungszusage Versorgungsbezüge an seine ausgeschiedenen Arbeitnehmer zahlt (= Betriebsrenten an sog. Betriebsrentner oder Werkspensionäre vgl. das Stichwort „Betriebsrente“).

Sowohl für die Besteuerung der Pensionäre im öffentlichen Dienst (Beamtenpensionäre) als auch der sog. Werkpensionäre bzw. Betriebsrentner müssen dem (früheren) Arbeitgeber zur Durchführung des Lohnsteuerabzugs die individuellen Lohnsteuerabzugsmerkmale (u. a. Steuerklasse, Religionszugehörigkeit) des jeweiligen Pensionärs bekannt sein. Daher hat der Arbeitgeber auch für Pensionäre die elektronischen Lohnsteuerabzugsmerkmale (ELStAM; vgl. dieses Stichwort) abzurufen. Wegen der Besteuerung von Pensionen, die inländische Arbeitgeber an Pensionäre bzw. Betriebsrentner mit Wohnsitz im Ausland zahlen, vgl. „Auslandspensionen“.

Bei der Besteuerung der Pensionen ist die Anwendung des sog. **Versorgungsfreibetrags** und des **Zuschlags zum Versorgungsfreibetrag** von großer Bedeutung. Liegen die Voraussetzungen für die Anwendung des Versorgungsfreibetrags und des Zuschlags zum Versorgungsfreibetrag vor, muss der Arbeitgeber diese Freibeträge in eigener Zuständigkeit prüfen und die Pension insoweit steuerfrei lassen. Auf die ausführlichen Erläuterungen beim Stichwort „Versorgungsbezüge, Versorgungsfreibetrag“ wird Bezug genommen.

Für den bei der Besteuerung von Pensionen anzuwendende Lohnsteuertarif gilt hinsichtlich der **Vorsorgepauschale** Folgendes:

- Bei der Berechnung der Lohnsteuer für **Betriebsrenten** ist kein Teilbetrag der Vorsorgepauschale für die gesetzliche Rentenversicherung anzusetzen. Teilbeträge für die Kranken- und Pflegeversicherung sind dann anzusetzen, wenn der Betriebsrentner in der gesetzlichen Krankenversicherung versichert ist (vgl. Anhang 8 Nr. 9 Beispiel U auf Seite 1261).
- Bei der Besteuerung von **Beamtenpensionären** (und Pensionären mit vergleichbarem Status) sind weder ein Teilbetrag der Vorsorgepauschale für die gesetzliche Rentenversicherung noch Teilbeträge für die gesetzliche Kranken- und Pflegeversicherung anzusetzen. Es kommt allerdings stets die Mindestvorsorgepauschale zum Ansatz (vgl. Anhang 8 Nr. 9 Beispiel I auf Seite 1260). Anstelle der Mindestvorsorgepauschale kann der Beamtenpensionär (oder ein Pensionär mit vergleichbarem Status) seine Beiträge zur privaten Kranken- und Pflegeversicherung durch eine Bescheinigung seiner privaten Krankenkasse nachweisen und vom Arbeitgeber beim Lohnsteuerabzug berücksichtigen lassen (vgl. Anhang 8 Nr. 9 Beispiel J auf Seite 1260). Der Arbeitgeber muss diese Bescheinigung als Unterlage zum Lohnkonto nehmen. Die Vorlage einer solchen Bescheinigung macht nur dann Sinn, wenn die bescheinigten Beiträge höher sind als die Mindestvorsorgepauschale. In Anhang 8 ist unter Nr. 11 eine Tabelle zu der ab 2021 geltenden Mindestvorsorgepauschale abgedruckt. Anhand dieser Tabelle kann der Arbeitgeber beurteilen, ob sich die Vorlage einer Bescheinigung für den betreffenden Arbeitnehmer tatsächlich lohnt.

Lohnsteuerpflichtig | Sozialversich.-pflichtig

Im Einzelnen vgl. die ausführlichen Erläuterungen zur Berechnung der Vorsorgepauschale in Anhang 8.

2. Sozialversicherung

In der Sozialversicherung unterliegen die Versorgungsbezüge sowohl der Beamtenpensionäre als auch der Betriebsrentner nicht der Versicherungspflicht, da kein aktives Beschäftigungsverhältnis vorliegt. Aufgrund der besonderen Vorschrift des § 229 SGB V können **Versorgungsbezüge** jedoch der Krankenversicherungspflicht und nach § 57 SGB XI auch der Pflegeversicherungspflicht unterliegen (vgl. die Erläuterungen in Teil B Nr. 12 auf Seite 24).

3. Beschäftigung eines Pensionärs

a) Lohnsteuer

Üben Pensionäre (Beamtenpensionäre, Werkspensionäre, Betriebsrentner) nebenher noch eine aktive Tätigkeit aus, gelten hierfür lohnsteuerlich keine Besonderheiten (zu berücksichtigen ist im Kalenderjahr 2021 der Altersentlastungsbetrag – vgl. dieses Stichwort – wenn der beschäftigte Pensionär vor dem 2. 1. 1957 geboren ist). Dem Arbeitgeber müssen zur Durchführung des Lohnsteuerabzugs die individuellen Lohnsteuerabzugsmerkmale (u. a. Steuerklasse, Religionszugehörigkeit) des jeweiligen Pensionärs bekannt sein (= Abruf der elektronischen Lohnsteuerabzugsmerkmale; ggf. als Nebenarbeitgeber = Steuerklasse VI), sofern nicht eine Pauschalierung der Lohnsteuer wegen geringfügiger Beschäftigung in Frage kommt (vgl. hierzu die Erläuterungen beim Stichwort „Pauschalierung der Lohnsteuer bei Aushilfskräften und Teilzeitbeschäftigten“). Bei der Besteuerung des Arbeitslohns für die aktive Beschäftigung eines Beamtenpensionärs ist die **Mindestvorsorgepauschale** (sog. B-Tabelle) maßgebend, weil der Beamtenpensionär mit seiner Nebenbeschäftigung nicht sozialversicherungspflichtig ist (vgl. Anhang 8 Nr. 9 Beispiel T auf Seite 1261).

b) Sozialversicherung bei Beschäftigung eines Betriebsrentners

Sozialversicherungsrechtlich gilt für die Beurteilung der Nebenbeschäftigung eines Betriebsrentners Folgendes:

Betriebsrentner sind mit einer aktiven Nebentätigkeit grundsätzlich versicherungspflichtig, es sei denn, sie üben eine geringfügige Beschäftigung aus (vgl. dieses Stichwort). Für Betriebsrentner, die zusätzlich zur Betriebsrente noch eine Altersrente aus der gesetzlichen Rentenver-

1) Zur Kranken- und Pflegeversicherungspflicht von Werkspensionen (Betriebsrenten) vgl. die Erläuterungen in Teil B Nr. 12 auf Seite 24.

2) § 2 Abs. 2 Nr. 2 Satz 2 LStDV. Die Lohnsteuer-Durchführungsverordnung (LStDV) ist als Anhang 1 im **Steuerhandbuch für das Lohnbüro 2021** abgedruckt, das im selben Verlag erschienen ist.

P

Lohnsteuerpflichtig | Sozialversich.-pflichtig

sicherung beziehen, gilt die beim Stichwort „Rentner" unter Nr. 3 auf Seite 833 dargestellte Regelung.

Auch die Lohnabrechnung von Betriebsrentnern, die nebenher noch eine mehr als geringfügige aktive Beschäftigung ausüben, ist nach den gleichen Grundsätzen durchzuführen, wie bei weiter beschäftigten Altersrentnern. Eine solche Lohnabrechnung unter Anwendung der Besonderen Lohnsteuertabelle und Entrichtung des 50 %igen Arbeitgeberanteils zur Rentenversicherung ist anhand eines Beispiels beim Stichwort „Rentner" unter Nr. 5 auf Seite 834 dargestellt. Der Arbeitgeberanteil zur Arbeitslosenversicherung für Beschäftigte, die die Altersgrenze erreicht haben, ist bis 31.12.2021 ausgesetzt worden.

c) Sozialversicherung bei Beschäftigung eines Beamtenpensionärs

Für **Beamtenpensionäre** und Personen mit vergleichbarem Status gilt Folgendes:

In der **Krankenversicherung** sind pensionierte Beamte und Personen mit vergleichbarem Status, die ein Arbeitsverhältnis eingehen, versicherungsfrei, wenn ihnen ein Anspruch auf Ruhegehalt oder ähnliche Bezüge zuerkannt ist und sie Anspruch auf Beihilfe im Krankheitsfall nach beamtenrechtlichen Vorschriften haben (§ 6 Abs. 1 Nr. 6 SGB V i. V. m. § 6 Abs. 3 SGB V). Ist die Beschäftigung krankenversicherungsfrei tritt auch keine Versicherungspflicht in der sozialen **Pflegeversicherung** nach § 20 Abs. 1 Satz 1 SGB XI ein.

In der **Rentenversicherung** sind Pensionäre versicherungsfrei, wenn sie nach beamtenrechtlichen Vorschriften eine Versorgung **nach Erreichen einer Altersgrenze** beziehen (§ 5 Abs. 4 Nr. 2 SGB VI). Gleiches gilt für Pensionäre, die eine Versorgung nach Erreichen einer Altersgrenze nach entsprechenden kirchenrechtlichen Regelungen oder berufsständischen Versorgungsregelungen erhalten.

Der Arbeitgeber, bei dem die Nebentätigkeit ausgeübt wird, muss aber den auf ihn entfallenden 50 %igen Beitragsanteil zur Rentenversicherung leisten, sofern es sich nicht um geringfügige Beschäftigungen handelt.

Diese Regelung gilt nicht für die **Bezieher einer Hinterbliebenenversorgung.** Bei diesem Personenkreis gelten die allgemeinen Grundsätze für die versicherungsrechtliche Beurteilung von Beschäftigungen, das heißt, eine mehr als geringfügige Beschäftigung ist beitragspflichtig.

Zu dem bei geringfügigen Beschäftigungsverhältnissen anfallenden 15 %igen oder 5 %igen pauschalen Arbeitgeberanteil zur Rentenversicherung vgl. das Stichwort „Geringfügige Beschäftigung".

In der **Arbeitslosenversicherung** sind beschäftigte Pensionäre beitragspflichtig; erst mit Ablauf des Monats, in dem sie das Alter für den Anspruch auf Regelaltersrente vollenden, besteht Beitragsfreiheit (vgl. das Stichwort „Arbeitslosenversicherung"). Der Arbeitgeber muss allerdings, ebenso wie bei der Rentenversicherung, den auf ihn entfallenden 50 %igen Beitragsanteil zur Arbeitslosenversicherung entrichten. **Diese Regelung ist vom 1.1.2017 bis 31.12.2021 ausgesetzt worden.**

Pensionsfonds

Neues auf einen Blick:

Die Beiträge an einen Pensionsfonds sind auch ab 1.1.2021 bis zu 8 % der Beitragsbemessungsgrenze in der allgemeinen Rentenversicherung (West) **steuerfrei** (§ 3 Nr. 63 Satz 1 EStG). Für das Jahr 2021 sind somit 8 % von 85 200 € = **6816 € jährlich** oder 568 € monatlich steuerfrei.

Lohnsteuerpflichtig | Sozialversich.-pflichtig

Beitragsfrei in der Sozialversicherung sind aber – wie bisher – lediglich 4 % der Beitragsbemessungsgrenze in der allgemeinen Rentenversicherung – West – (§ 1 Abs. 1 Satz 1 Nr. 9 SvEV[1)]). Für das Jahr 2021 sind somit lediglich 4 % von 85 200 € = **3408 € jährlich** oder 284 € monatlich beitragsfrei.

Zur Behandlung der Beiträge in der Ansparphase und der Leistungen in der Auszahlungsphase vgl. die nachfolgenden Nrn. 2 und 3.

Gliederung:

1. Allgemeines
2. Behandlung der Beiträge in der Ansparphase
3. Behandlung der Leistungen in der Auszahlungsphase
4. Krankenkassenbeiträge für Betriebsrenten

1. Allgemeines

Seit dem 1.1.2002 ist neben die bereits zuvor bestehenden Durchführungswege der betrieblichen Altersversorgung (Pensionskasse, Direktversicherung, Pensionszusage und Unterstützungskasse) die Möglichkeit getreten, Beiträge an einen Pensionsfonds zu entrichten.

Pensionsfonds sind **rechtlich selbstständige** Versorgungseinrichtungen, die gegen Zahlung von Beiträgen kapitalgedeckte betriebliche Altersversorgung für den Arbeitgeber durchführen. Sie zahlen nach Eintritt des Leistungsfalls an den Arbeitnehmer lebenslange Altersrenten mit der Möglichkeit der Abdeckung des Invaliditäts- und Hinterbliebenenrisikos oder eine einmalige Kapitalzahlung. Im Vergleich zu den anderen Durchführungswegen der betrieblichen Altersversorgung ähnelt der Pensionsfonds am ehesten der Pensionskasse.

Mit einer größeren Freiheit bei der Vermögensanlage besteht für Pensionsfonds die Chance, ein den internationalen Standards entsprechendes Anlagemanagement einzurichten. Dadurch können höhere Renditen erwirtschaftet werden, was nicht nur die Effizienz der betrieblichen Altersversorgung weiter verstärken, sondern auch den erforderlichen Aufwand zusätzlich verringern soll. Im Unterschied zu Pensionskassen und Direktversicherungen werden also Pensionsfonds eine **risikobehaftetere Kapitalanlagepolitik** betreiben (z. B. über einen höheren Anteil an Aktien), was zu höheren Erträgen aber auch zu (Kapital-)Verlusten führen kann.

Um die Sicherheit der angelegten Gelder zu gewährleisten, werden Geschäftsbetrieb und Ausstattung mit Eigenkapital (Solvabilität) durch die Bundesanstalt für Finanzdienstleistungsaufsicht (BAFin) überwacht. Außerdem müssen die **Ansprüche** des Arbeitnehmers über den **Pensions-Sicherungs-Verein abgesichert** werden.

Für **Arbeitnehmer** ist mit der Einrichtung des Pensionsfonds der Vorteil verbunden, dass sie einen **Rechtsanspruch gegenüber dem Pensionsfonds** als externen Träger der betrieblichen Altersversorgung erhalten und ihre Ansprüche bei einem Wechsel des Arbeitgebers **mitnehmen** können (vgl. hierzu Anhang 6 Nr. 15). Ein Rechtsanspruch besteht also nicht nur gegen den Arbeitgeber.

Den **Arbeitgebern** bietet ein Pensionsfonds (aber auch eine Direktversicherung und eine Pensionskasse) den Vorteil, die betriebliche Altersversorgung durch eine **Beitragszusage** (ggf. mit einer Mindestgarantie der eingezahlten Beiträge) besser kalkulieren zu können und nicht mehr allein mit höheren Risiken verbundene langfristige Verpflichtungen aus Leistungszusagen eingehen zu müssen. Dies gilt erst recht für die reine Beitragszusage; vgl. zur reinen Beitragszusage auch Anhang 6 unter Nr. 13 Buchstabe b. Die **Beiträge** des Arbeitgebers an den Pensionsfonds sind **Betriebsausgaben,** soweit sie auf einer

1) Die Sozialversicherungsentgeltverordnung (SvEV) ist als Anhang 2 im **Steuerhandbuch für das Lohnbüro 2021** abgedruckt, das im selben Verlag erschienen ist.

festgelegten Verpflichtung beruhen oder der Abdeckung von Fehlbeträgen bei dem Fonds dienen (§ 4e Abs. 1 und 2 EStG). Auch die **Beiträge** des Arbeitgebers an den **Pensions-Sicherungs-Verein** sind als **Betriebsausgaben** abziehbar. Beitragszahlungen des Arbeitgebers an einen Pensionsfonds während der Rentenbezugszeit des Arbeitnehmers (Fälle des § 236 Abs. 2 VAG) gehören übrigens nicht zum Arbeitslohn.

Vgl. im Übrigen auch die Erläuterungen in Anhang 6 Nr. 4.

2. Behandlung der Beiträge in der Ansparphase

Da der **Arbeitnehmer** einen **Rechtsanspruch** auf die künftigen Versorgungsleistungen erwirbt, sind die Beiträge zu dem **Pensionsfonds** gegenwärtig zufließender **Arbeitslohn** (§ 2 Abs. 2 Nr. 3 LStDV[1]). Die Beiträge an einen Pensionsfonds sind bis zu 8 % der Beitragsbemessungsgrenze in der allgemeinen Rentenversicherung (West) **steuerfrei** (§ 3 Nr. 63 Satz 1 EStG). Für das Jahr 2021 sind somit 8 % von 85 200 € = **6816 € jährlich** oder 568 € monatlich steuerfrei.

Beitragsfrei in der Sozialversicherung sind aber – wie bisher – lediglich 4 % der Beitragsbemessungsgrenze in der allgemeinen Rentenversicherung – West – (§ 1 Abs. 1 Satz 1 Nr. 9 SvEV[2]). Für das Jahr 2021 sind somit lediglich 4 % von 85 200 € = **3408 € jährlich** oder 284 € monatlich beitragsfrei.

Der frühere, zusätzliche steuerfreie Höchstbetrag von 1800 € für Neuzusagen (= Versorgungszusagen, die nach dem 31.12.2004 erteilt worden sind) ist bereits zum 1.1.2018 infolge der Erhöhung des steuerfreien Volumens von 4 % auf 8 % der Beitragsbemessungsgrenze in der allgemeinen Rentenversicherung (West) durch das sog. „Betriebsrentenstärkungsgesetz“ vom 17.8.2017 (BGBl. I S. 3214, BStBl. I S. 1278) weggefallen.

Die Anwendung der Befreiungsvorschrift setzt – wie bei Beiträgen zu einer Pensionskasse oder für eine Direktversicherung – ein bestehendes **erstes Dienstverhältnis** voraus. Unter einem ersten Dienstverhältnis sind alle Beschäftigungen zu verstehen, für die die Lohnsteuer nicht nach der Steuerklasse VI zu erheben ist. Ein erstes Dienstverhältnis kann auch vorliegen, wenn ein geringfügiges Beschäftigungsverhältnis ausgeübt und der Arbeitslohn pauschal mit 2 %, 5 %, 20 % oder 25 % besteuert wird. Die Steuerfreiheit wird unabhängig davon gewährt, ob die Beiträge **zusätzlich zum** ohnehin geschuldeten **Arbeitslohn** geleistet **oder** im Wege der **Gehaltsumwandlung** anstelle des geschuldeten Arbeitslohns erbracht werden.

Eine **Pauschalierung der Lohnsteuer** mit 20 % ist bei Beiträgen an einen Pensionsfonds – auch in sog. Altfällen (= Versorgungszusagen, die vor dem 1.1.2005 erteilt worden sind) – mangels gesetzlicher Regelung **nicht möglich.** Zur Minderung des steuerfreien Höchstbetrags für Beiträge an einen Pensionsfonds im Falle der Pauschalbesteuerung von Beiträgen an eine Pensionskasse vgl. dieses Stichwort unter Nr. 2 Buchstabe b nebst Beispiel.

Soweit die Beiträge an den Pensionsfonds aus einer Entgeltumwandlung stammen, kann der Arbeitnehmer vom Arbeitgeber verlangen, dass die Voraussetzungen für eine Förderung über Altersvorsorgezulage oder Sonderausgabenabzug erfüllt werden. Die Voraussetzungen für eine steuerliche Förderung über Zulage und Sonderausgabenabzug (sog. **„Riester-Rente“**; vgl. dieses Stichwort) sind aber nur dann erfüllt, wenn die entsprechenden Beiträge individuell nach den Lohnsteuerabzugsmerkmalen des jeweiligen Arbeitnehmers versteuert und damit auch verbeitragt worden sind. Aufgrund dieses Zusammenhangs besteht die Möglichkeit, dass der Arbeitnehmer die **Steuerfreiheit** (und damit auch die Sozialversicherungsfreiheit) von Beiträgen an einen Pensionsfonds ganz oder teilweise **„abwählt“** und die individuelle Versteuerung nach seinen Lohnsteuerabzugsmerkmalen verlangt (§ 3 Nr. 63 Satz 2 EStG). Die steuerlichen **Regelungen der betrieblichen Altersversorgung und privaten Altersvorsorge** sind im Einzelnen ausführlich anhand von Beispielen in **Anhang 6** und **6a** des Lexikons erläutert.

Zur **Steuerfreiheit** der Leistungen eines Arbeitgebers oder einer Unterstützungskasse bei **Übernahme** bestehender **Versorgungsverpflichtungen** oder **-anwartschaften** durch einen **Pensionsfonds** vgl. die Erläuterungen in Anhang 6 unter Nr. 12.

3. Behandlung der Leistungen in der Auszahlungsphase

Versorgungsleistungen aus Pensionsfonds werden im Zeitpunkt der Auszahlung als sonstige Einkünfte **voll versteuert,** soweit sie auf **steuerfreien Beitragsleistungen** des Arbeitgebers beruhen (sog. **nachgelagerte Besteuerung** nach § 22 Nr. 5 Satz 1 EStG). Beruhen die späteren Versorgungsleistungen sowohl auf steuerfreien als auch auf steuerpflichtigen Beitragsleistungen, müssen die Versorgungsleistungen in einen voll steuerpflichtigen und einen grundsätzlich mit dem Ertragsanteil zu besteuernden Anteil aufgeteilt werden (§ 22 Nr. 5 Satz 2 EStG). Diese Aufteilung muss von dem auszahlenden Pensionsfonds vorgenommen und dem Versorgungsberechtigten mitgeteilt werden (§ 22 Nr. 5 Satz 7 EStG). Diese Wechselwirkung ist ausführlich anhand von Beispielen in Anhang 6 unter Nr. 11 erläutert. In Ausnahmefällen kann es auch zu einer Besteuerung als sonstige Einkünfte in Höhe des sog. Besteuerungsanteils kommen.

Soweit für Beiträge zu einem Pensionsfonds die Zulagenförderung oder der Sonderausgabenabzug (**„Riester-Rente“,** vgl. dieses Stichwort) in Anspruch genommen wurde, führt dies insoweit ebenfalls zu einer **vollen nachgelagerten Besteuerung** der späteren Leistungen nach § 22 Nr. 5 Satz 1 EStG.

4. Krankenkassenbeiträge für Betriebsrenten

Leistungen aus Pensionsfonds sind bei gesetzlich Krankenversicherten als Versorgungsbezüge (§ 229 SGB V) krankenversicherungspflichtig (vgl. die Erläuterungen in Teil B Nr. 12 auf Seite 24).

Das galt früher auch für Leistungen der betrieblichen Altersversorgung, die aus Beiträgen resultieren, für die nach § 3 Nr. 63 Satz 2 EStG zugunsten der sog. Riesterförderung auf die Steuerfreiheit verzichtet wurde. Seit 1.1.2018 werden Leistungen, die aus einer „riestergeförderten“ betrieblichen Altersversorgung (Leistungen aus Altersvorsorgevermögen im Sinne des § 92 EStG) resultieren, von den beitragspflichtigen Versorgungsbezügen nach § 229 Abs. 1 Satz 1 Nr. 5 SGB V ausgenommen. Dies gilt auch in allen laufenden Leistungsfällen.

Pensionskasse

Neues auf einen Blick:

1. Steuerfreiheit und Beitragsfreiheit der Beiträge

Die Beiträge an eine Pensionskasse sind auch ab 1.1.2021 bis zu 8 % der Beitragsbemessungsgrenze in der allgemeinen Rentenversicherung (West) **steuerfrei** (§ 3 Nr. 63 Satz 1 EStG). Für das Jahr 2021 sind somit 8 % von 85 200 € = **6816 € jährlich** oder 568 € monatlich steuerfrei.

Beitragsfrei in der Sozialversicherung sind aber – wie bisher – lediglich 4 % der Beitragsbemessungsgrenze in der allgemeinen Rentenversicherung – West – (§ 1 Abs. 1

1) Die Lohnsteuer-Durchführungsverordnung (LStDV) ist als Anhang 1 im **Steuerhandbuch für das Lohnbüro 2021** abgedruckt, das im selben Verlag erschienen ist.

2) Die Sozialversicherungsentgeltverordnung (SvEV) ist als Anhang 2 im **Steuerhandbuch für das Lohnbüro 2021** abgedruckt, das im selben Verlag erschienen ist.

P

Lohn-steuer-pflichtig Sozial-versich.-pflichtig

Satz 1 Nr. 9 SvEV[1]). Für das Jahr 2021 sind somit lediglich 4 % von 85 200 € = **3408 € jährlich** oder 284 € monatlich beitragsfrei.

Zur Behandlung der Beiträge in der Ansparphase und der Leistungen in der Auszahlungsphase vgl. die nachfolgenden Nrn. 2 und 3.

2. Absicherung über den Pensions-Sicherungs-Verein

Wird die betriebliche Altersversorgung über eine Pensionskasse durchgeführt, besteht ein Anspruch gegen den Pensions-Sicherungs-Verein, wenn der **Sicherungsfall nach dem 31.12.2021** eintritt. Tritt der Sicherungsfall vor dem 1.1.2022 ein, besteht ein Anspruch, wenn die Pensionskasse die nach der Versorgungszusage des Arbeitgebers vorgesehene Leistung um mehr als die Hälfte kürzt oder das Einkommen des ehemaligen Arbeitnehmers wegen einer Kürzung unter die von Eurostat für Deutschland ermittelte Armutsgefährdungsschwelle fällt. Leistungen werden nur auf Antrag und nicht rückwirkend erbracht.

Die **Beitragspflicht des Arbeitgebers** beginnt bereits im Jahr **2021**. Der Beitrag beträgt 3 Promille sowie zusätzlich für die Jahre 2022 bis 2025 1,5 Promille der nach dem Betriebsrentengesetz maßgebenden Bemessungsgrundlage. Die Beiträge sind zum Ende des jeweiligen Kalenderjahrs fällig.

Gliederung:

1. Allgemeines

Eine Pensionskasse ist eine **rechtsfähige** Versorgungseinrichtung, die dem begünstigten Arbeitnehmer oder seinen Hinterbliebenen einen **Rechtsanspruch** auf die Versorgungsleistungen gewährt. Sie werden von einem oder mehreren Unternehmen (Arbeitgeber) getragen (sog. Trägerunternehmen).

Aus diesem Grund dürfen Pensionskassen nur als Versicherungsunternehmen betrieben werden und unterliegen als solche der Versicherungsaufsicht nach dem Versicherungsaufsichtsgesetz durch die Bundesanstalt für Finanzdienstleistungsaufsicht (BAFin), d. h. die Anlage der Kapitalmittel ist aus Gründen der Anlagesicherheit und Risikominimierung in qualitativer und quantitativer Hinsicht reglementiert (zu den Unterschieden gegenüber Pensionsfonds bei der Anlagepolitik vgl. auch dieses Stichwort). Pensionskassen müssen aus dem gleichen Grund rechtsfähig sein. Sie werden regelmäßig in der Form einer Kapitalgesellschaft oder eines Versicherungsvereins auf Gegenseitigkeit, manchmal auch in Form einer Stiftung betrieben.

P

Träger der Pensionskassen sind entweder Einzelbetriebe (praktisch nur Großbetriebe) oder Gruppen von Unternehmen oder Unternehmensverbänden; es gibt auch sog. „offene" Pensionskassen, denen jeder Arbeitgeber beitreten kann. Auf die Bezeichnung der Versorgungseinrichtungen kommt es nicht an. Auch „Versorgungskassen" oder gar „Unterstützungskassen" (vgl. dieses Stichwort) können Pensionskassen in dem dargestellten Sinn sein, wenn ein Rechtsanspruch des Arbeitnehmers auf die zugesagten Versorgungsleistungen besteht. Ob dies der Fall ist, ergibt sich regelmäßig aus der Satzung der Versorgungseinrichtung.

Die Mittel für die den Arbeitnehmern zugesagten Versorgungsleistungen aus der Pensionskasse werden durch Beiträge aufgebracht, die entweder vom Arbeitgeber allein oder von ihm und den Arbeitnehmern gemeinsam zu leisten sind. Die Beiträge des Arbeitgebers an Pensionskassen – im Umlageverfahren Zuwendungen genannt – sind **Betriebsausgaben,** soweit sie auf einer in der Satzung oder im Geschäftsplan der Kasse festgelegten Verpflichtung oder auf einer Anordnung der Versicherungsaufsichtsbehörde beruhen oder der Abdeckung von Fehlbeträgen bei der Kasse dienen (§ 4c Abs. 1 EStG).

Nachfolgend wird die steuerliche Behandlung der Beiträge in der Ansparphase und die Behandlung der Leistungen in der Auszahlungsphase an **kapitalgedeckte** Pensionskassen dargestellt. Bei einer Kapitaldeckung wird das Versorgungskapital aus den Beiträgen für den einzelnen Arbeitnehmer aufgebaut, das heißt, der geleistete Beitrag kann dem einzelnen Arbeitnehmer genau zugeordnet werden.

Zur steuer- und beitragsrechtlichen Behandlung der Beiträge zu **umlagefinanzierten** Versorgungseinrichtungen wird auf die Erläuterungen beim Stichwort „Zukunftsicherung" unter Nr. 23, in Anhang 6 Nr. 5 Buchstabe d sowie in Anhang 19 Bezug genommen. Umlagefinanzierte Versorgungseinrichtungen sind u. a. die Versorgungsanstalt des Bundes und der Länder (VBL) und die kommunalen Zusatzversorgungskassen (ZVK). In diesen Fällen leistet der Arbeitgeber Umlagen in Höhe eines bestimmten Prozentsatzes von der Bruttolohnsumme an die Versorgungseinrichtung, die zur Finanzierung der aktuell gegenüber den Betriebsrentnern zu erbringenden Versorgungsleistungen verwendet werden.

2. Behandlung der Beiträge in der Ansparphase

a) Steuerfreiheit der Beiträge zu einer Pensionskasse

Wegen des **Rechtsanspruchs** des Arbeitnehmers gehören die Beiträge an eine Pensionskasse zum gegenwärtig zufließenden **Arbeitslohn** des Arbeitnehmers. Dieser Arbeitslohn ist bis zu 8 % der Beitragsbemessungsgrenze in der allgemeinen Rentenversicherung (West) **steuerfrei** (§ 3 Nr. 63 Satz 1 EStG). Für das Jahr 2021 sind somit 8 % von 85 200 € = **6816 € jährlich** oder 568 € monatlich steuerfrei.

Beitragsfrei in der Sozialversicherung sind aber – wie bisher – lediglich 4 % der Beitragsbemessungsgrenze in der allgemeinen Rentenversicherung – West – (§ 1 Abs. 1 Satz 1 Nr. 9 SvEV[1]). Für das Jahr 2021 sind somit lediglich 4 % von 85 200 € = **3408 € jährlich** oder 284 € monatlich beitragsfrei.

Der frühere, zusätzliche steuerfreie Höchstbetrag von 1800 € für Neuzusagen (= Versorgungszusagen, die nach dem 31.12.2004 erteilt worden sind) ist bereits zum 1.1.2018 infolge der Erhöhung des steuerfreien Volumens von 4 % auf 8 % der Beitragsbemessungsgrenze in der allgemeinen Rentenversicherung (West) durch das sog. Betriebsrentenstärkungsgesetz vom 17.8.2017 (BGBl. I S. 3214, BStBl. I S. 1278) weggefallen.

Soweit die Beiträge zu der Pensionskasse aus einer Entgeltumwandlung stammen, kann der Arbeitnehmer vom Arbeitgeber verlangen, dass die Voraussetzungen für eine Förderung über Altersvorsorgezulage oder Sonderausgabenabzug (sog. **„Riester-Rente"** vgl. dieses Stichwort) erfüllt werden. Die Voraussetzungen für eine steuerliche Förderung über Zulage und Sonderausgabenabzug sind aber nur dann erfüllt, wenn die entsprechenden Beiträge individuell nach den Lohnsteuerabzugsmerkmalen des jeweiligen Arbeitnehmers versteuert und damit auch verbeitragt worden sind. Aufgrund dieses Zusammenhangs besteht die Möglichkeit, dass der Arbeitnehmer die **Steuerfreiheit** (und damit auch die Sozialversicherungsfreiheit) von Beiträgen zu einer Pensionskasse ganz oder teilweise **„abwählt"** und die individuelle Versteuerung nach seinen

1) Die Sozialversicherungsentgeltverordnung (SvEV) ist als Anhang 2 im **Steuerhandbuch für das Lohnbüro 2021** abgedruckt, das im selben Verlag erschienen ist.

	Lohn-steuer-pflichtig	Sozial-versich.-pflichtig

Lohnsteuerabzugsmerkmalen verlangt (§ 3 Nr. 63 Satz 2 EStG). Die steuerlichen **Regelungen der betrieblichen Altersversorgung und privaten Altersvorsorge** sind im Einzelnen ausführlich anhand von Beispielen in **Anhang 6 und 6a** des Lexikons erläutert.

b) Pauschalierung der Lohnsteuer mit 20 % in Altfällen

Beiträge zu Pensionskassen können nach § 40b EStG in der bis zum 31.12.2004 geltenden Fassung – auch in den Jahren 2005 ff. – mit 20 % pauschal besteuert werden (sog. Altfälle). Die Pauschalierung der Lohnsteuer mit 20 % löst Beitragsfreiheit in der Sozialversicherung aus, soweit die Beiträge zusätzlich zum regelmäßigen Arbeitsentgelt gezahlt werden oder im Falle einer Entgeltumwandlung aus einer Einmalzahlung (z. B. Weihnachtsgeld) stammen. ja nein

Die Pauschalbesteuerung mit 20 % bis zum Höchstbetrag von 1752 € (§ 40b EStG alte Fassung) ist bei Beiträgen an eine kapitalgedeckte Pensionskasse **weiterhin möglich,** wenn **vor** dem **1.1.2018** mindestens ein **Beitrag zu Recht pauschal besteuert** wurde.

Das unter dem vorstehenden Buchstaben a beschriebene **steuerfreie Volumen** für Beiträge zur betrieblichen Altersversorgung im Kapitaldeckungsverfahren an eine Pensionskasse **vermindert** sich um die **Beiträge** und Zuwendungen, die nach § 40b EStG a. F. im Jahre 2021 mit 20 % **pauschal besteuert** werden.

Beispiel

Arbeitgeber A zahlt im Jahr 2021 für den Arbeitnehmer B Beiträge in Höhe von 6000 € an einen kapitalgedeckten Pensionsfonds. Hinzu kommen Beiträge an eine Pensionskasse in Höhe von 1752 €, die wie in den Vorjahren zu Recht mit 20 % pauschal besteuert werden.

Der für die Beiträge an den Pensionsfonds maßgebende steuerfreie Höchstbetrag von 6816 € (= 8 % von 85 200 €) vermindert sich um die pauschal besteuerten Beiträge an die Pensionskasse in Höhe von 1752 €, sodass sich ein steuerfreies Volumen von 5064 € (6816 € abzüglich 1752 €) ergibt. Der Beitrag des Arbeitgebers an den Pensionsfonds in Höhe von 6000 € ist somit in Höhe von 5064 € steuerfrei und in Höhe des Differenzbetrags von 936 € steuerpflichtig. Außerdem ist im Jahr 2021 der Beitrag an die Pensionskasse in Höhe von 1752 € mit 20 % pauschal zu besteuern.

Vgl. zur Pauschalbesteuerung auch die Erläuterungen beim Stichwort „Zukunftsicherung" unter Nr. 8 und in Anhang 6 Nr. 6 Buchstabe c.

c) Erstes Dienstverhältnis und Beitragsfinanzierung

Sowohl die Steuerfreiheit nach § 3 Nr. 63 EStG als auch die Pauschalierung der Lohnsteuer mit 20 % setzen ein bestehendes **erstes Dienstverhältnis** voraus. Unter einem ersten Dienstverhältnis sind alle Beschäftigungen zu verstehen, für die die Lohnsteuer nicht nach der Steuerklasse VI zu erheben ist. Ein erstes Dienstverhältnis kann auch vorliegen, wenn ein geringfügiges Beschäftigungsverhältnis ausgeübt und der Arbeitslohn pauschal mit 2 %, 5 %, 20 % oder 25 % besteuert wird. Die Steuerfreiheit und auch die Pauschalierung mit 20 % werden unabhängig davon gewährt, ob die Beiträge **zusätzlich** zum ohnehin geschuldeten **Arbeitslohn** geleistet **oder** im Wege der **Gehaltsumwandlung** anstelle des geschuldeten Arbeitslohns erbracht werden.

3. Behandlung der Leistungen in der Auszahlungsphase

Entsprechend der steuerlichen Behandlung in der Ansparphase werden die Versorgungsleistungen aus der Pensionskasse in der Auszahlungsphase entweder in **vollem Umfang** (bei Steuerfreiheit der Beiträge) **oder** lediglich mit dem sog. **Ertragsanteil** (bei Pauschalbesteuerung der Beiträge) als sonstige Einkünfte im Sinne des § 22 Nr. 5 EStG versteuert. Beruhen die Versorgungsleistungen sowohl auf steuerfreien als auch auf steuerpflichtigen Beitragsleistungen, muss die auszahlende Pensionskasse für die zutreffende Versteuerung eine Aufteilung vornehmen und den Versorgungsberechtigten entsprechend informieren (§ 22 Nr. 5 Satz 7 EStG). Diese Wechselwirkung ist ausführlich anhand von Beispielen in Anhang 6 Nr. 11 auf Seite 1184 erläutert. In Ausnahmefällen kann es auch zu einer Besteuerung als sonstige Einkünfte in Höhe des sog. Besteuerungsanteils kommen.

Sofern für Beiträge zu einer Pensionskasse die Zulagenförderung oder der Sonderausgabenabzug (**„Riester-Rente"**, vgl. dieses Stichwort) in Anspruch genommen wurde, führt dies insoweit ebenfalls zu einer **vollen nachgelagerten Besteuerung** der späteren Leistungen nach § 22 Nr. 5 Satz 1 EStG.

4. Krankenkassenbeiträge für Betriebsrenten

Leistungen aus einer Pensionskasse sind bei gesetzlich Krankenversicherten als Versorgungsbezüge (§ 229 SGB V) krankenversicherungspflichtig (vgl. die Erläuterungen in Teil B Nr. 12 auf Seite 24).

Das galt früher auch für Leistungen der betrieblichen Altersversorgung, die aus Beiträgen resultieren, für die nach § 3 Nr. 63 Satz 2 EStG zugunsten der sog. Riesterförderung auf die Steuerfreiheit verzichtet wurde. Seit 1.1.2018 werden Leistungen, die aus einer „riestergeförderten" betrieblichen Altersversorgung (Leistungen aus Altersvorsorgevermögen im Sinne des § 92 EStG) resultieren, von den beitragspflichtigen Versorgungsbezügen nach § 229 Abs. 1 Satz 1 Nr. 5 SGB V ausgenommen. Dies gilt auch in allen laufenden Leistungsfällen.

Pensionsrückstellung

siehe „Pensionszusage"

Pensionszusage

Gliederung:

1. Allgemeines
2. Behandlung in der Ansparphase
3. Behandlung der Leistungen in der Auszahlungsphase
4. Krankenkassenbeiträge für Versorgungsbezüge

1. Allgemeines

Arbeitgeber können ihren Arbeitnehmern vertraglich eine Versorgung für Alter, Tod (= Hinterbliebenenversorgung) oder Invalidität versprechen, ohne schon in der Gegenwart Ausgaben machen zu müssen; häufig werden allerdings hierfür sog. Rückdeckungsversicherungen abgeschlossen, für die Beiträge zu entrichten sind (vgl. das Stichwort „Rückdeckung"). Solche Pensionszusagen (auch Direktzusage genannt) sind vor allem bei **Gesellschafter-Geschäftsführern von GmbHs** üblich. Der Arbeitgeber kann für eine Pensionszusage schon in der Gegenwart zu Lasten des Betriebsgewinns eine steuermindernde Pensionsrückstellung bei Erfüllung der Voraussetzungen des § 6a EStG bilden. Zu den lohnsteuerlichen Anforderungen zur Absicherung des biometrischen Risikos Alter, Tod oder Invalidität im Einzelnen vgl. Anhang 6 Nr. 1 auf Seite 1170.

Versorgungsverpflichtungen aus einer Pensionszusage können unter bestimmten Voraussetzungen steuerfrei auf einen Pensionsfonds übertragen werden (§ 3 Nr. 66 EStG, vgl. Anhang 6 Nr. 12 auf Seite 1187).

2. Behandlung in der Ansparphase

Die Gewährung einer Pensionszusage und die damit verbundene **Bildung einer Pensionsrückstellung** in der Bilanz des Unternehmens lösen **keine Lohnsteuerpflicht** beim Arbeitnehmer aus (vgl. BFH-Urteil vom 20.7.2005, BStBl. II S. 890 zur Zuführung zu einer Versorgungsrückstellung). nein nein

P

Lohn- steuer- pflichtig | Sozial- versich.- pflichtig

Ob und ggf. in welcher Höhe eine solche Rückstellung nach einkommensteuerrechtlichen Grundsätzen gewinnmindernd anerkannt werden kann, ist für die Lohnsteuer ohne Bedeutung. Die Bildung einer Pensionsrückstellung stellt für den Arbeitnehmer in keinem Fall Zufluss von Arbeitslohn dar, da die Mittel bis zum Eintritt des Versorgungsfalls im Unternehmen verbleiben. **Steuerpflichtig** – und zwar als Arbeitslohn (vgl. nachfolgende Nr. 3) – sind in diesen Fällen die **späteren Versorgungsleistungen** des Arbeitgebers, wobei es sich häufig um Versorgungsbezüge (vgl. das Stichwort „Versorgungsbezüge, Versorgungsfreibetrag") handeln wird.

Außerdem treten sehr häufig Versorgungsmodelle auf, bei denen Barlohn in eine Pensionszusage umgewandelt wird. Diese Fragen sind beim Stichwort „Arbeitnehmerfinanzierte Pensionszusage" erläutert.

Hat der Arbeitgeber dem Arbeitnehmer eine Pensionszusage gegeben und hierfür eine **Rückdeckungsversicherung** abgeschlossen, fließt dem Arbeitnehmer durch die Zahlung der Versicherungsbeiträge kein steuerpflichtiger Arbeitslohn zu (vgl. die Erläuterungen beim Stichwort „Rückdeckung"; auch zur Übertragung der Rückdeckungsversicherung auf den Arbeitnehmer). nein nein

3. Behandlung der Leistungen in der Auszahlungsphase

Wird die Pensionsrückstellung aufgelöst und werden die Versorgungsleistungen **in einer Summe** direkt **an den Arbeitnehmer ausgezahlt,** liegt steuerpflichtiger **Arbeitslohn** vor. Eine Pauschalierung der Lohnsteuer mit 20 % ist nicht möglich. Es handelt sich allerdings ggf. um eine Entschädigung (Abfindung einer Pensionsanwartschaft), die nach den bei diesem Stichwort geltenden Grundsätzen ggf. unter Anwendung der sog. **Fünftelregelung** ermäßigt besteuert werden kann; regelmäßig liegt auch ermäßigt zu besteuernder Arbeitslohn für mehrere Jahre (vgl. dieses Stichwort) vor. Gleiches gilt, wenn der Arbeitgeber eine Rückdeckungsversicherung kündigt und das geschäftsplanmäßige Deckungskapital zuzüglich einer bis zu diesem Zeitpunkt zugeteilten Überschussbeteiligung (= Beteiligung am Überschuss und an den Bewertungsreserven) in einer Summe an den Arbeitnehmer ausgezahlt oder die Rückdeckungsversicherung auf den Arbeitnehmer übertragen wird (vgl. das Stichwort „Rückdeckung" unter Nr. 3).

P

Schließlich ist ein Zufluss von Arbeitslohn auch gegeben, wenn im Fall der **Ablösung** der Pensionszusage der Ablösungsbetrag aufgrund eines **Wahlrechts** auf Verlangen des Arbeitnehmers zur Übernahme der Pensionsverpflichtung an einen Dritten gezahlt wird (BFH-Urteil vom 12.4.2007, BStBl. II S. 581). Hat der Arbeitnehmer **kein Wahlrecht,** den Ablösungsbetrag für eine erteilte Pensionszusage alternativ an sich auszahlen zu lassen, führt die Zahlung des Ablösungsbetrags an den die Pensionsverpflichtung übernehmenden Dritten nicht zum Zufluss von Arbeitslohn. Dies gilt selbst dann, wenn der Arbeitnehmer – z. B. als Gesellschafter-Geschäftsführer – den Dritten beherrscht. Erst die späteren **Versorgungsleistungen** führen in diesem Fall zu einem **Zufluss** von Arbeitslohn, von denen der übernehmende Dritte den Lohnsteuereinbehalt vorzunehmen und die übrigen Arbeitgeberpflichten zu erfüllen hat (BFH-Urteil vom 18.8.2016, BStBl. 2017 II S. 730). Ebenso ist von einem Zufluss von Arbeitslohn auszugehen, wenn der Ablösungsbetrag ohne Wahlrecht des Arbeitnehmers anlässlich eines Wechsels von einem internen Durchführungsweg (Pensionszusage, Unterstützungskasse) zu einer externen Versorgungseinrichtung (Pensionskasse, Pensionsfonds, Direktversicherung) geleistet wird.[1] Zur Steuerfreiheit bei Übertragung auf einen Pensionsfonds vgl. die Erläuterungen in Anhang 6 Nr. 12 und zur Mitnahme der betrieblichen Altersversorgung bei einem Arbeitgeberwechsel vgl. die Ausführungen und Beispiele in Anhang 6 Nr. 15.

Lohn- steuer- pflichtig | Sozial- versich.- pflichtig

Tritt der Versorgungsfall ein und wird aufgrund der Versorgungszusage eine **laufende Betriebsrente** oder Werkspension an den Arbeitnehmer bezahlt, handelt es sich hierbei um steuerpflichtigen Arbeitslohn (§ 19 Abs. 1 Satz 1 Nr. 2 EStG). Diese sog. **Versorgungsbezüge** sind durch den Versorgungsfreibetrag und den Zuschlag zum Versorgungsfreibetrag begünstigt, wenn der Arbeitnehmer das 63. Lebensjahr oder, wenn er schwerbehindert ist, das 60. Lebensjahr vollendet hat. Auf die ausführlichen Erläuterungen beim Stichwort „Versorgungsbezüge, Versorgungsfreibetrag" wird Bezug genommen.

Werden im Versorgungsfall die Betriebsrente oder Werkspension nicht laufend, sondern in einer Summe gezahlt, handelt es sich um Arbeitslohn für mehrere Jahre (vgl. dieses Stichwort), der bei einer Zusammenballung unter Anwendung der sog. Fünftelregelung ermäßigt besteuert werden kann. Die Gründe für eine **Kapitalisierung** der Versorgungsbezüge sind dabei unerheblich. Bei **Teilkapitalauszahlungen** ist das Erfordernis der Zusammenballung aber nicht erfüllt. Eine Anwendung der Fünftelregelung kommt für diese Zahlungen nicht in Betracht.[2]

Beispiel A

Die 64-jährige A erhält von ihrem Arbeitgeber im Dezember 2021 anstelle ihrer monatlichen Betriebsrente auf ihren Wunsch eine Kapitalauszahlung von 20 000 €.

Der nach Abzug des Versorgungsfreibetrags (15,2 % von 20 000 € = 3040 €, höchstens 1140 €) und des Zuschlags zum Versorgungsfreibetrag (= 342 €) verbleibende Betrag in Höhe von 18 518 € (20 000 € abzüglich 1140 € abzüglich 342 €) kann nach der sog. Fünftelregelung ermäßigt besteuert werden. Unerheblich ist, dass die Kapitalauszahlung auf ausdrücklichen Wunsch von A erfolgt.

Beispiel B

Wie Beispiel A. Der Betrag von 20 000 € wird in zwei Raten à 10 000 € in den Jahren 2021 und 2022 ausgezahlt. Da es sich um Teilkapitalauszahlungen handelt, kommt eine ermäßigte Besteuerung nach der Fünftelregelung nicht in Betracht. Die Raten in Höhe von 10 000 € sind allerdings sowohl in 2021 als auch in 2022 um den Versorgungsfreibetrag (= 15,2 % von 10 000 € = 1520 €, höchstens 1140 €) und den Zuschlag zum Versorgungsfreibetrag (= 342 €) zu mindern.

Zum Verzicht des Gesellschafter-Geschäftsführers auf eine Pensionszusage vgl. das Stichwort „Gesellschafter-Geschäftsführer" unter Nr. 6 Buchstabe k.

4. Krankenkassenbeiträge für Versorgungsbezüge

Leistungen aus einer Versorgungszusage sind bei gesetzlich Krankenversicherten als Versorgungsbezüge (§ 229 SGB V) krankenversicherungspflichtig (vgl. die Erläuterungen in Teil B Nr. 12 auf Seite 24).

Permanenter Lohnsteuer-Jahresausgleich

Wichtiges auf einen Blick:

Beschränkt steuerpflichtige Arbeitnehmer (§ 1 Abs. 4 EStG) sind **seit 2020** in die Regelungen für den betrieblichen Lohnsteuer-Jahresausgleich durch den Arbeitgeber **einbezogen** worden, wenn sie das gesamte Kalenderjahr bei demselben Arbeitgeber beschäftigt sind. Entsprechendes gilt für die Durchführung eines permanenten Lohnsteuer-Jahresausgleichs.

Vgl. auch die Erläuterungen unter der nachfolgenden Nr. 1.

---

1) BMF-Schreiben vom 4.7.2017 (BStBl. I S. 883). Das BMF-Schreiben ist als Anlage 13 zu H 19.3 LStR im **Steuerhandbuch für das Lohnbüro 2021** abgedruckt, das im selben Verlag erschienen ist.

2) Randnummer 147 des BMF-Schreibens vom 6.12.2017 (BStBl. 2018 I S. 147, 166). Das BMF-Schreiben ist als Anhang 13c im **Steuerhandbuch für das Lohnbüro 2021** abgedruckt, das im selben Verlag erschienen ist.

Lohn-steuer-pflichtig Sozial-versich.-pflichtig

Gliederung:

1. Allgemeines

Die Bezeichnung „Permanenter Lohnsteuer-Jahresausgleich" hat sich für ein besonderes Verfahren bei der Besteuerung des laufenden Arbeitslohns während des Kalenderjahres eingebürgert. Bei diesem Verfahren wird der **laufende** Lohnsteuerabzug nach dem voraussichtlichen Jahresarbeitslohn und unter Anwendung der **Jahreslohnsteuertabelle** vorgenommen. Hierdurch werden Überzahlungen an Lohnsteuer, die z. B. durch schwankende Arbeitslöhne entstehen können, ständig (permanent) ausgeglichen. Außerdem ergeben sich Vorteile bei Aushilfskräften, die von Fall zu Fall beschäftigt werden (vgl. die Erläuterungen unter den nachfolgenden Nrn. 3 und 4). Mit einem „Lohnsteuer-Jahresausgleich" im eigentlichen Sinne dieses Worts hat das Verfahren aber nichts zu tun.

Der permanente Lohnsteuer-Jahresausgleich ist an sich nach § 39b Abs. 2 Satz 12 EStG von der Zustimmung des Betriebsstättenfinanzamts abhängig. Nach R 39b.8 Satz 4 LStR gilt die Genehmigung des Betriebsstättenfinanzamts grundsätzlich als erteilt, wenn die unter der nachstehenden Nr. 2 erläuterten Voraussetzungen vorliegen. Das Betriebsstättenfinanzamt kann aber die allgemein als erteilt geltende Genehmigung im Einzelfall widerrufen.

Zu den Voraussetzungen für einen permanenten Lohnsteuer-Jahresausgleich bei kurzfristig Beschäftigten vgl. nachfolgende Nr. 4.

2. Voraussetzungen für den permanenten Lohnsteuer-Jahresausgleich

Die Lohnsteuer für **laufenden** Arbeitslohn kann nach R 39b.8 LStR nach dem voraussichtlichen Jahresarbeitslohn unter Anwendung der Jahreslohnsteuertabelle ermittelt werden, wenn

a) der Arbeitnehmer unbeschränkt oder beschränkt steuerpflichtig ist,

b) der Arbeitnehmer seit dem 1.1.2021 in einem **durchgängigen Dienstverhältnis** zu **demselben Arbeitgeber** gestanden hat (§ 42b Abs. 1 Satz 1 EStG); es genügt also nicht, dass der Arbeitnehmer im Jahr 2021 ständig in einem Dienstverhältnis zu mehreren Arbeitgebern gestanden hat (vgl. aber nachfolgende Nr. 4),

c) der Buchstabe U im Lohnkonto des Arbeitnehmers nicht eingetragen ist,

d) bei der Lohnsteuerberechnung kein Freibetrag oder Hinzurechnungsbetrag zu berücksichtigen und auch das Faktorverfahren (vgl. dieses Stichwort) nicht anzuwenden ist,

e) der Arbeitnehmer kein Kurzarbeiter- oder Saison-Kurzarbeitergeld, keinen Zuschuss zum Kurzarbeitergeld, keinen Zuschuss zum Mutterschaftsgeld, keinen Zuschuss nach der Mutterschutz- oder Elternzeitverordnung oder einer entsprechenden Landesregelung, keine Aufstockungsbeträge nach dem Altersteilzeitgesetz, keine Altersteilzeitzuschläge nach beamtenrechtlichen Grundsätzen und auch keine Entschädigung für Verdienstausfall nach dem Infektionsschutzgesetz bezogen hat,

f) der Arbeitnehmer keinen Arbeitslohn bezogen hat, der nach einem Doppelbesteuerungsabkommen oder nach dem Auslandstätigkeitserlass (vgl. diese Stichworte) vom Lohnsteuerabzug befreit war,

g) die Teilbeträge der Vorsorgepauschale Rentenversicherung und/oder Kranken- und Pflegeversicherung oder der Beitragszuschlag für Kinderlose in der Pflegeversicherung nicht nur zeitweise zu berücksichtigen sind.

Der permanente Lohnsteuer-Jahresausgleich ist auch dann **ausgeschlossen,** wenn

- bezogen auf den Teilbetrag der Vorsorgepauschale Rentenversicherung der Arbeitnehmer innerhalb des Kalenderjahres nicht durchgängig zu einem Rechtskreis (West oder Ost) gehörte oder
- bezogen auf den Teilbetrag der Vorsorgepauschale Rentenversicherung oder den Teilbetrag der Vorsorgepauschale gesetzliche Kranken- und soziale Pflegeversicherung innerhalb des Kalenderjahres nicht durchgängig ein Beitragssatz anzuwenden war.[1]

Der Ausschluss vom permanenten Lohnsteuer-Jahresausgleich gilt u. E. ab dem Lohnzahlungszeitraum, ab dem einer der vorstehenden Ausschlusstatbestände eingetreten ist.

Die Fälle, in denen der Arbeitgeber den permanenten Jahresausgleich nicht durchführen darf, decken sich also im Wesentlichen mit den Fällen, in denen der Arbeitgeber auch keinen Lohnsteuer-Jahresausgleich nach Ablauf des Kalenderjahres durchführen darf (vgl. das Stichwort „Lohnsteuer-Jahresausgleich durch den Arbeitgeber"). **Eine Ausnahme ist nur bei einem Wechsel der Steuerklassen und bei den Steuerklassen V und VI gemacht worden** (vgl. die folgenden Erläuterungen). Im Einzelnen gilt für den permanenten Jahresausgleich Folgendes:

Die besondere Lohnsteuerermittlung nach dem voraussichtlichen Jahresarbeitslohn darf nur für den laufenden Arbeitslohn vorgenommen werden; für die Lohnsteuerermittlung von **sonstigen Bezügen** ist **stets** das unter dem Stichwort „Sonstige Bezüge" dargestellte **besondere Verfahren** anzuwenden (R 39b.8 Satz 5 LStR). Zur Anwendung des permanenten Lohnsteuer-Jahresausgleichs ist nach Ablauf eines jeden Lohnzahlungszeitraums der **laufende Arbeitslohn** der abgelaufenen Lohnzahlungszeiträume auf einen Jahresbetrag **hochzurechnen,** z. B. der laufende Arbeitslohn für die Monate Januar bis April × 3. Vom Jahresbetrag sind der **Versorgungsfreibetrag,** der **Zuschlag zum Versorgungsfreibetrag** und der **Altersentlastungsbetrag** abzuziehen, wenn die Voraussetzungen für den Abzug dieser Freibeträge jeweils erfüllt sind. Ein Ausgleich mit nicht ausgeschöpften Beträgen aus den Vormonaten ist also beim permanenten Jahresausgleich ausnahmsweise möglich (vgl. die Stichworte „Altersentlastungsbetrag" und „Versorgungsbezüge, Versorgungsfreibetrag"). Für den verbleibenden Jahreslohn ist die Lohnsteuer aus der **Jahreslohnsteuertabelle zu ermitteln.** Dies gilt auch für den **Solidaritätszuschlag** und die **Kirchensteuer** (vgl. diese Stichworte). Dabei sind die für den Lohnzahlungszeitraum geltende Steuerklasse und Zahl der Kinderfreibeträge maßgebend. Sodann ist der **Teilbetrag der Jahreslohnsteuer** zu **ermitteln,** der auf die abgelaufenen Lohnzahlungszeiträume entfällt. Von diesem Steuerbetrag ist die **Lohnsteuer abzuziehen,** die von dem laufenden Arbeitslohn der abgelaufenen Lohnzahlungszeiträume **bereits erhoben** worden ist; der Restbetrag ist die Lohnsteuer, die für den zuletzt abgelaufenen Lohnzahlungszeitraum zu erheben ist. In den Fällen, in denen die maßgebende Steuerklasse während des Kalenderjahres gewechselt hat, ist anstelle der Lohnsteuer, die

1) In Anlehnung an die Regelungen zum Lohnsteuer-Jahresausgleich durch den Arbeitgeber müsste u. E. ein permanenter Lohnsteuer-Jahresausgleich auch ausgeschlossen sein, wenn sich im Laufe des Jahres 2021 der Zusatzbeitragssatz der Krankenkasse geändert hat (vgl. § 42b Abs. 1 Satz 3 Nr. 5 EStG).

P

Lohn-steuer-pflichtig	Sozial-versich.-pflichtig

vom laufenden Arbeitslohn der abgelaufenen Lohnzahlungszeiträume erhoben worden ist, die Lohnsteuer abzuziehen, die nach der zuletzt maßgebenden Steuerklasse vom laufenden Arbeitslohn bis zum vorletzten abgelaufenen Lohnzahlungszeitraum zu erheben gewesen wäre. Das Gleiche gilt bei einer Änderung der Zahl der Kinderfreibeträge bezüglich der Ermittlung des Solidaritätszuschlags und der Kirchensteuer.

Beispiel

Hat bei einem Arbeitnehmer ab 1. 4. 2021 die Steuerklasse von V in III/0 gewechselt, ist für die Ermittlung der einzubehaltenden Lohnsteuer für April die nach der Steuerklasse III/0 ermittelte anteilige Jahreslohnsteuer um die Lohnsteuer zu kürzen, die in den Monaten Januar bis März nach der Steuerklasse III/0 einzubehalten gewesen wäre.

Der permanente Lohnsteuer-Jahresausgleich ist grundsätzlich in allen Fällen durchführbar, gleichgültig welche Steuerklasse für den Arbeitnehmer gebildet worden ist (er gilt also auch für die Arbeitnehmer, für die dem Arbeitgeber als Lohnsteuerabzugsmerkmal die Steuerklasse V oder VI mitgeteilt worden ist).

Zu den Voraussetzungen für einen permanenten Lohnsteuer-Jahresausgleich bei kurzfristig Beschäftigten vgl. nachfolgende Nr. 4.

3. Permanenter Lohnsteuer-Jahresausgleich bei Aushilfskräften und Teilzeitbeschäftigten

Nach den Erläuterungen unter der vorstehenden Nr. 2 darf für den jeweiligen Arbeitnehmer ein permanenter Lohnsteuer-Jahresausgleich u. a. nur dann durchgeführt werden, wenn seit dem Jahresbeginn ein durchgängiges Dienstverhältnis zu demselben Arbeitgeber bestanden hat. Auf die Steuerklasse des Arbeitnehmers kommt es hingegen nicht an.

Der Arbeitgeber hat daher Aushilfskräfte und Teilzeitbeschäftigte, deren Arbeitslohn individuell und nicht pauschal besteuert werden soll, spätestens zum 1.1.2021 als Hauptarbeitgeber (Steuerklasse I bis V) oder Nebenarbeitgeber (Steuerklasse VI) bei der **ELStAM-Datenbank anzumelden,** um auch für diese Personen im Jahr 2021 einen permanenten Lohnsteuer-Jahresausgleich durchführen zu können. Zu den Voraussetzungen für einen permanenten Lohnsteuer-Jahresausgleich bei kurzfristig Beschäftigten vgl. nachfolgende Nr. 4.

P

Die Berechnung der Lohnsteuer für den laufenden Arbeitslohn nach der Jahrestabelle bietet vor allem dann **Vorteile,** wenn bei einem durchgängigen Dienstverhältnis zu demselben Arbeitgeber die Steuerklasse **V oder VI** zugrunde gelegt wird, auch wenn die Tätigkeit und die Lohnzahlung öfter unterbrochen werden; der Arbeitgeber darf aber in diesen Fällen nicht von einer Beendigung des Dienstverhältnisses ausgehen und den Arbeitnehmer in der ELStAM-Datenbank abmelden, da dann kein durchgängiges Dienstverhältnis vorliegt. Vorteile können sich insbesondere bei Aushilfskräften ergeben, die der Arbeitgeber von Fall zu Fall einsetzt. Werden die in § 40a EStG festgelegten Grenzen überschritten, darf die Lohnsteuer bei solchen Beschäftigungen nicht pauschal erhoben werden (vgl. die Erläuterungen beim Stichwort „Pauschalierung der Lohnsteuer bei Aushilfskräften und Teilzeitbeschäftigten“) mit der Folge, dass der oft unverhältnismäßig hohe Lohnsteuerabzug bei tageweiser Anwendung der Lohnsteuerklasse V oder VI in Kauf genommen werden müsste. Durch den permanenten Jahresausgleich kann dieser Effekt vermieden und in vielen Fällen die **Steuerbelastung** auf den Eingangssteuersatz von 14 % **gesenkt** werden. Denn in diesem Fall werden die erzielten Arbeitslöhne im Ergebnis nach der **Jahreslohnsteuertabelle** besteuert, was eine spürbare Entschärfung der Steuerprogression zur Folge hat. Die Auswirkung des permanenten Jahresausgleichs soll an folgenden Beispielen verdeutlicht werden:

Lohn-steuer-pflichtig	Sozial-versich.-pflichtig

- **Beispiel A** für eine tageweise beschäftigte Aushilfskraft mit der **Steuerklasse VI**,
- **Beispiel B** für eine Aushilfskraft, die einen Monat im Kalenderjahr mit der **Steuerklasse V** beschäftigt wird.

Beispiel A

Der Arbeitgeber hat den Arbeitnehmer zum 1.1.2021 als „Nebenarbeitgeber“ zur ELStAM-Datenbank angemeldet und ihm ist als Lohnsteuerabzugsmerkmal die Steuerklasse VI mitgeteilt worden. Im Juni 2021 erhält der Arbeitnehmer für eine Tätigkeit in der Zeit vom 11. bis 14.6.2021 eine Vergütung von 200 €. Bei Anwendung der Tagestabelle auf 50 € (Steuerklasse VI) hätte der Arbeitgeber hiervon Lohnsteuer in Höhe von 40,16 € (10,04 € × 4) einzubehalten. Die Kirchensteuer (8 %) beträgt 3,20 € (0,80 € × 4). Ein Solidaritätszuschlag fällt nicht an. Der Arbeitgeber ist jedoch berechtigt, die Lohnsteuer nach dem voraussichtlichen Jahresarbeitslohn unter Anwendung der Jahreslohnsteuertabelle für die Zeit vom 1.1.–14.6.2021 zu berechnen. Nach R 39b.8 LStR ergibt sich folgende Berechnung der Lohnsteuer:

Vergütung für die Zeit vom 11.–14. 6. 2021	200,– €
Unter Einbeziehung der Zeit vom 1. Januar bis 14. Juni 2021 errechnet sich ein voraussichtlicher Jahresarbeitslohn von $\frac{200 \times 360}{164}$ (5 Monate à 30 Tage + 14 Tage im Juni)	439,02 €
Lohnsteuer hierauf nach der Jahreslohnsteuertabelle (Steuerklasse VI)	54,– €
Solidaritätszuschlag	0,– €
Kirchensteuer (8 %)	4,32 €
Teilbetrag der Jahreslohnsteuer, der auf die Zeit vom 1. 1.–14. 6. 2021 entfällt $\frac{54\text{ €} \times 164}{360}$	24,60 €
Für die Lohnzahlung im Juni 2021 einzubehaltende Lohnsteuer	24,60 €
Kirchensteuer (8 % von 24,60 €)	1,96 €

Erhält der Arbeitnehmer hierfür eine Lohnsteuerbescheinigung, hat der Arbeitgeber Folgendes zu bescheinigen:

Beschäftigungsdauer	vom 1. 1.–31. 12. 2021
Bruttoarbeitslohn	200,– €
einbehaltene Lohnsteuer	24,60 €
einbehaltene Kirchensteuer	1,96 €

Bezieht der Arbeitnehmer für eine weitere Tätigkeit in der Zeit vom 7. bis 10. 10. 2021 weitere 200 €, ergibt sich hierfür folgende Berechnung der Lohnsteuer:

Vergütung für die Zeit vom 7.–10. 10. 2021	200,– €
Unter Einbeziehung der Zeit vom 1. 1.–10. 10. 2021 und des bereits im Juni gezahlten Arbeitslohnes in Höhe von 200 € errechnet sich ein voraus sichtlicher Jahresarbeitslohn von $\frac{400 \times 360}{280}$ (9 Monate à 30 Tage + 10 Tage im Oktober)	514,28 €
Lohnsteuer hierauf nach der Jahreslohnsteuertabelle (Steuerklasse VI)	63,– €
Solidaritätszuschlag	0,– €
Kirchensteuer (8 %)	5,04 €
Teilbetrag der Jahreslohnsteuer, der auf die Zeit vom 1. 1.–10. 10. 2021 entfällt $\frac{63\text{ €} \times 280}{360}$	49,– €
Lohnsteuer, die vom Arbeitgeber bei früheren Lohnzahlungen (11.–14. 6. 2021) bereits ein behalten wurde	24,60 €
Differenz = die für die Lohnzahlung im Oktober einzubehaltende Lohnsteuer	24,40 €
Kirchensteuer (8 % von 24,40 €)	1,95 €

Erhält der Arbeitnehmer für diese beiden Tätigkeiten im Juni und Oktober 2021 eine Lohnsteuerbescheinigung, hat der Arbeitgeber Folgendes zu bescheinigen:

Beschäftigungsdauer	1. 1.–31. 12. 2021
Bruttoarbeitslohn	400,– €
einbehaltene Lohnsteuer	49,– €
einbehaltene Kirchensteuer	3,91 €

Obwohl der Arbeitnehmer im Kalenderjahr 2021 in einem durchgängigen Dienstverhältnis zu demselben Arbeitgeber gestanden hat, darf dieser für den Arbeitnehmer keinen Lohnsteuer-Jahresausgleich

Lohn-steuer-pflichtig Sozial-versich.-pflichtig

durchführen, da dieser bei Anwendung der Steuerklasse VI nicht zugelassen ist.

Eine Gegenüberstellung der beiden Verfahren – Berechnung der Lohnsteuer nach der Tagestabelle und permanenter Lohnsteuer-Jahresausgleich – zeigt im Beispielsfall, dass die Anwendung des permanenten Lohnsteuer-Jahresausgleichs zu einer wesentlich geringeren Steuerbelastung führt:

	Berechnung der Lohnsteuer nach der Tagestabelle	**Permanenter Lohnsteuer-Jahresausgleich**
Arbeitslohn (50 € × 8 =)	400,– €	400,– €
Lohnsteuer	80,32 €	49,– €
Solidaritätszuschlag	0,– €	0,– €
Kirchensteuer (8 %)	6,40 €	3,91 €
Steuerbelastung insgesamt	86,72 €	52,91 €
prozentuale Steuerbelastung	21,68 %	13,22 %

Beispiel B

Eine Arbeitnehmerin arbeitet seit Jahren nur im Dezember als Aushilfskraft beim gleichen Arbeitgeber. Der Arbeitgeber hat die Arbeitnehmerin zum 1.1.2021 als „Hauptarbeitgeber" zur ELStAM-Datenbank angemeldet und ihm ist als Lohnsteuerabzugsmerkmal die Steuerklasse V mitgeteilt worden. Im Dezember 2021 ergibt sich für einen Arbeitslohn von 1300 € folgende Lohnabrechnung bei der Anwendung des permanenten Lohnsteuer-Jahresausgleichs:

Monatslohn für Dezember 2021	1 300,– €
Unter Einbeziehung der Zeit vom 1. Januar bis 30. November 2021 errechnet sich ein voraussichtlicher Jahresarbeitslohn von $\frac{1300 \times 12}{12}$ =	1 300,– €
Lohnsteuer hierauf nach Steuerklasse V der Jahreslohnsteuertabelle 2021	15,– €
Solidaritätszuschlag	0,– €
Kirchensteuer (8 %)	1,20 €
Steuerbelastung insgesamt	16,20 €

Der Arbeitgeber hat nach Ablauf des Kalenderjahres 2021 folgende Lohnsteuerbescheinigung zu erteilen:

Beschäftigungsdauer	vom 1. 1.–31. 12. 2021
Bruttoarbeitslohn	1 300,– €
einbehaltene Lohnsteuer	15,– €
einbehaltener Solidaritätszuschlag	0,– €
einbehaltene Kirchensteuer	1,20 €

Bei Anwendung der Monatstabelle 2021 für den Monatslohn von 1300 € im Dezember (Steuerklasse V) würden sich folgende Steuerabzüge ergeben:

Lohnsteuer	182,– €
Solidaritätszuschlag	0,– €
Kirchensteuer (8 %)	14,56 €
Steuerbelastung insgesamt	196,56 €

Durch die Anwendung des permanenten Lohnsteuer-Jahresausgleichs spart sich die Arbeitnehmerin (196,56 € – 16,20 € =) 180,36 € Steuer.

Sozialversicherungsbeiträge fallen nicht an, da das Beschäftigungsverhältnis als kurzfristige Beschäftigung sozialversicherungsfrei ist (vgl. das Stichwort „Geringfügige Beschäftigung" unter Nr. 16).

4. Permanenter Lohnsteuer-Jahresausgleich bei kurzfristig Beschäftigten

a) Allgemeines

Durch eine Ergänzung des § 39b Abs. 2 EStG um die Sätze 13 bis 16 im Rahmen des sog. Steuerumgehungsbekämpfungsgesetzes vom 23.6.2017 (BGBl. I S. 1682, BStBl. I S. 865) wird der permanente Lohnsteuer-Jahresausgleich auf Antrag des Arbeitgebers seit 2018 auch dann zugelassen, wenn seit Beginn des Kalenderjahres **kein durchgängiges Arbeitsverhältnis** zu demselben Arbeitgeber besteht. Dies setzt zunächst einmal voraus, dass

- der Arbeitnehmer **unbeschränkt steuerpflichtig** ist, und zwar nach § 1 Abs. 1 EStG,
- für die nebenberuflich ausgeübte Tätigkeit die **Steuerklasse VI ohne Freibetrag** maßgebend ist und

Lohn-steuer-pflichtig Sozial-versich.-pflichtig

- die **Dauer der Beschäftigung 24 Tage nicht übersteigt.** Die Dauer der „kurzfristigen" Beschäftigung wurde unter Berücksichtigung der Dauer von Volksfesten festgelegt. So hat z. B. das Frühlingsfest in Stuttgart im April/Mai 2021 eine Dauer von insgesamt 23 Tagen.

Beispiel A

Eine Arbeitnehmerin aus Österreich, die nach § 1 Abs. 3 EStG als unbeschränkt steuerpflichtig behandelt wird, ist im Jahre 2021 erstmals als Bedienung auf dem Münchner Oktoberfest tätig.

Der permanente Lohnsteuer-Jahresausgleich für kurzfristig Beschäftigte auf Volksfesten kann für diese Arbeitnehmerin nicht durchgeführt werden, weil sie nicht nach § 1 Abs. 1 EStG unbeschränkt steuerpflichtig ist.

Beispiel B

Wie Beispiel A. Die Arbeitnehmerin ist nach § 1 Abs. 1 EStG unbeschränkt steuerpflichtig. Der Abruf der elektronischen Lohnsteuerabzugsmerkmale durch den Arbeitgeber ergibt die Anwendung der Steuerklasse V.

Der permanente Lohnsteuer-Jahresausgleich für kurzfristig Beschäftigte auf Volksfesten kann für diese Arbeitnehmerin nicht durchgeführt werden, weil für die ausgeübte Tätigkeit die Steuerklasse V und nicht die Steuerklasse VI maßgebend ist. Mithin handelt es sich nicht um eine „nebenberuflich", sondern hauptberuflich ausgeübte Tätigkeit.

Beispiel C

Der Arbeitnehmer ist für drei Monate bei einem Schausteller auf diversen Kirmesveranstaltungen beschäftigt.

Der permanente Lohnsteuer-Jahresausgleich für kurzfristig Beschäftigte auf Volksfesten kann für diesen Arbeitnehmer nicht durchgeführt werden, weil die Dauer der Beschäftigung 24 Tage übersteigt.

Der Vordruck „Antrag auf Anwendung des permanenten Lohnsteuer-Jahresausgleichs für Aushilfskräfte" kann vom Arbeitgeber im Internet unter www.bundesfinanzministerium.de/Formulare/Formular-Management-System/Formularcenter/Steuerformulare/Lohnsteuer (Arbeitgeber), Vordruck Nr. 70, abgerufen werden.[1] Es wird von der Finanzverwaltung regelmäßig nicht beanstandet, wenn der Antrag des Arbeitgebers nicht gesondert für jeden Anlass, sondern nur einmalig gestellt wird. Die Genehmigung des Betriebsstättenfinanzamts wird zumeist für drei Jahre erteilt, mit der Möglichkeit eines vorherigen Widerrufs.

b) Weitere Voraussetzungen

Die Anwendung des permanenten Lohnsteuer-Jahresausgleichs für kurzfristig Beschäftigte setzt außerdem voraus, dass der Arbeitnehmer vor Aufnahme der Beschäftigung

- der vorgesehenen Verfahrensweise unter **Angabe** seiner **Identifikationsnummer** gegenüber dem Arbeitgeber schriftlich zustimmt,
- mit der Zustimmung den etwaig aus im Kalenderjahr **vorangegangenen** und beendeten weiteren **Arbeitsverhältnissen mit Steuerklasse VI einzubeziehenden** Arbeitslohn sowie die darauf entfallende Lohnsteuer erklärt, für die der permanente Lohnsteuer-Jahresausgleich ebenfalls angewandt wurde und
- mit der Zustimmung erklärt, dass ihm die gesetzliche Verpflichtung zur Abgabe einer Einkommensteuererklärung bekannt ist (§ 46 Abs. 2 Nrn. 2 und 3a EStG).

Der Vordruck „Erklärung des Arbeitnehmers zur Anwendung des permanenten Lohnsteuer-Jahresausgleichs" kann im Internet unter www.bundesfinanzministerium.de/Formulare/Formular-Management-System/Formularcenter/Steuerformulare/Lohnsteuer (Arbeitnehmer), Vordruck Nr. 75 abgerufen werden.[2] Die **Zustimmungserklärung** des Arbeitnehmers ist vom Arbeitgeber zum **Lohnkonto** zu nehmen.

1) Ein Muster des amtlichen Vordrucks ist als Anlage 1 zu R 39b (8) LStR im **Steuerhandbuch für das Lohnbüro 2021** abgedruckt, das im selben Verlag erschienen ist.

2) Ein Muster des amtlichen Vordrucks ist als Anlage 2 zu R 39b (8) LStR im **Steuerhandbuch für das Lohnbüro 2021** abgedruckt, das im selben Verlag erschienen ist.

P

Lohn- steuer- pflichtig | Sozial- versich.- pflichtig

c) Berechnungsbeispiele

Für die Durchführung des permanenten Lohnsteuer-Jahresausgleichs ist der während der kurzfristigen Beschäftigung erzielte Arbeitslohn auf einen Jahresbetrag hochzurechnen und die sich ergebende Lohnsteuer auf den Lohnabrechnungszeitraum zurückzurechnen. Dabei gilt als Lohnabrechnungszeitraum der Zeitraum vom Beginn des Kalenderjahres bis zum Ende der Beschäftigung (§ 39b Abs. 2 Satz 13 EStG).

Beispiel A

Eine Arbeitnehmerin ist vom 1. Juni bis 10. Juni 2021 bei einem Arbeitgeber erstmals als Bedienung auf einem Volksfest beschäftigt. Es handelt sich um eine Nebenbeschäftigung mit Steuerklasse VI. Die Vergütung des Arbeitgebers beträgt brutto 1000 € (= 100 € täglich). Außerdem hat die Arbeitnehmerin in dieser Zeit von den Gästen Trinkgelder in Höhe von 500 € erhalten.

Das Trinkgeld in Höhe von 500 € ist in vollem Umfang steuerfrei (§ 3 Nr. 51 EStG) und nicht in die Lohnsteuerberechnung mit einzubeziehen.

Für den Arbeitslohn von 100 € täglich ergibt sich nach der Tagestabelle eine Lohnsteuer von 30,05 € und eine Kirchensteuer (8 %) von 2,40 €. Ein Solidaritätszuschlag fällt nicht an. Insgesamt beträgt die Steuerbelastung für die 10 Arbeitstage damit 324,50 € (Lohnsteuer: 300,50 € und Kirchensteuer 24,– €).

Der permanente Lohnsteuer-Jahresausgleich für die kurzfristig beschäftigte Arbeitnehmerin führt zu folgendem Ergebnis:

Voraussichtlicher Jahresarbeitslohn (1000 € × 360 Kalendertage : 160 Kalendertage)	2 250,00 €
Die 160 Kalendertage spiegeln den Zeitraum 1.1. bis 10.6. wider.	
Nach der Jahrestabelle (Steuerklasse VI) ergibt sich folgende Steuerbelastung:	
Lohnsteuer	277,00 €
Solidaritätszuschlag	0,00 €
Kirchensteuer	22,16 €
Umgerechnet auf den Zeitraum 1.1. bis 10.6.:	
Lohnsteuer von 277,00 € × 160 : 360	123,11 €
Solidaritätszuschlag	0,00 €
Kirchensteuer von 22,16 € × 160 : 360	9,84 €
Gesamtsteuerbelastung	132,95 €

Durch den permanenten Lohnsteuer-Jahresausgleich ergibt sich gegenüber der Tagestabelle eine Steuerersparnis von 191,55 € (324,50 € abzüglich 132,95 €).

Um der zutreffenden geschuldeten Steuer möglichst nahe zu kommen, werden vom Arbeitnehmer im laufenden Kalenderjahr bereits **bezogene Arbeitslöhne** sowie die darauf entfallende Lohnsteuer aus Nebenbeschäftigungen mit **Steuerklasse VI** bei anderen Arbeitgebern **einbezogen,** soweit hierfür ebenfalls dieser permanente Lohnsteuer-Jahresausgleich für kurzfristig Beschäftigte angewandt wurde. Der Arbeitnehmer ist verpflichtet, dem Arbeitgeber die entsprechenden Beträge **mitzuteilen** (§ 39b Abs. 2 Satz 14 EStG).

P

Beispiel B

Wie Beispiel A. Die Arbeitnehmerin war zusätzlich vom 5. März bis 9. März 2021 bei einem anderen Arbeitgeber als Bedienung auf einem weiteren Volksfest beschäftigt. Auch hierbei handelte es sich um eine Nebenbeschäftigung mit Steuerklasse VI. Die Vergütung dieses Arbeitgebers betrug brutto 450 € (= 90 € täglich).

Der permanente Lohnsteuer-Jahresausgleich für diese Tätigkeit führt zu folgendem Ergebnis:

Voraussichtlicher Jahresarbeitslohn (450 € × 360 Kalendertage : 69 Kalendertage)	2 347,82 €
Die 69 Kalendertage spiegeln den Zeitraum 1.1. bis 9.3. wider.	
Nach der Jahrestabelle (Steuerklasse VI) ergibt sich folgende Steuerbelastung:	
Lohnsteuer	289,00 €
Solidaritätszuschlag	0,00 €
Kirchensteuer	23,12 €
Umgerechnet auf den Zeitraum 1.1. bis 9.3.:	
Lohnsteuer von 289,00 € × 69 : 360	55,39 €
Solidaritätszuschlag	0,00 €
Kirchensteuer von 23,12 € × 69 : 360	4,43 €

Bei Durchführung des permanenten Lohnsteuer-Jahresausgleichs für die Tätigkeit vom 1.6. bis 10.6. sind der Arbeitslohn und die darauf entfallenden Steuerabzugsbeträge für die Tätigkeit vom 5.3. bis 9.3. einzubeziehen. Dies führt zu folgendem Ergebnis:

Voraussichtlicher Jahresarbeitslohn (1000 € + 450 € = 1450 € × 360 Kalendertage : 160 Kalendertage)	3 262,50 €
Die 160 Kalendertage spiegeln den Zeitraum 1.1. bis 10.6. wider.	
Nach der Jahrestabelle (Steuerklasse VI) ergibt sich folgende Steuerbelastung:	
Lohnsteuer	401,00 €
Solidaritätszuschlag	0,00 €
Kirchensteuer	32,08 €
Umgerechnet auf den Zeitraum 1.1. bis 10.6.:	
Lohnsteuer 401,00 € × 160 : 360	178,22 €
abzüglich Lohnsteuer 5.3. bis 9.3.	55,39 €
verbleibende Lohnsteuer	122,83 €
Solidaritätszuschlag	0,00 €
Kirchensteuer 32,08 € × 160 : 360	14,25 €
abzüglich Kirchensteuer 5.3. bis 9.3.	4,43 €
verbleibende Kirchensteuer	9,82 €

Abwandlung:

Wie Beispiel A. Die Arbeitnehmerin ist zusätzlich auf 450 €-Basis geringfügig beschäftigt. Für diese Beschäftigung entrichtet der Arbeitgeber 30 % Pauschalabgaben (= 15 % Rentenversicherung, 13 % Krankenversicherung und 2 % Pauschalsteuer).

Es ergibt sich hier die gleiche Lösung wie im Beispiel B. Der pauschal besteuerte Arbeitslohn aus der geringfügigen Beschäftigung ist nicht in den permanenten Lohnsteuer-Jahresausgleich für kurzfristig Beschäftigte einzubeziehen.

Personalcomputer

siehe „Computer"

Persönliche Lohnsteuerbefreiungen

Persönlich lohnsteuerpflichtig sind grundsätzlich alle Arbeitnehmer, die im Inland einen Wohnsitz oder gewöhnlichen Aufenthalt haben (unbeschränkte Steuerpflicht) oder die, ohne im Inland einen Wohnsitz oder gewöhnlichen Aufenthalt zu haben, im Inland eine nichtselbstständige Tätigkeit ausüben oder verwerten (beschränkte Steuerpflicht). Dies gilt auch für ausländische Arbeitnehmer, soweit sich nicht aus den Doppelbesteuerungsabkommen oder sonstigen Sonderregelungen (siehe nachfolgende Ausführungen) etwas anderes ergibt. Die Staatsangehörigkeit eines Arbeitnehmers spielt keine Rolle.

Bestimmte Personengruppen sind kraft der von ihnen ausgeübten Tätigkeit ganz oder in Bezug auf die Vergütungen für diese Tätigkeit von der deutschen Lohnsteuerpflicht persönlich befreit. Es handelt sich insbesondere um die im Inland tätigen Angehörigen der **diplomatischen** und **konsularischen Vertretungen auswärtiger Staaten,** deren Gehalt nach § 3 Nr. 29 EStG steuerfrei ist. Weiterhin sind die von der **Europäischen Union** und deren Unterorganisationen sowie von ähnlichen **internationalen Organisationen** (z. B. OECD, Europarat, UNO usw.) gezahlten Gehälter aufgrund internationaler Verträge steuerfrei. Steuerfrei sind auch die Mitglieder ausländischer Streitkräfte und ihre (ausländischen) Angehörigen mit ihren Truppenbezügen (Artikel X **NATO-Truppenstatut**). Zum Teil sind diese besonderen Befreiungsvorschriften von der Staatsangehörigkeit des Empfängers abhängig.[1)]

1) Die Finanzverwaltung hat eine sehr ausführliche Zusammenstellung der Fundstellen der zwischenstaatlichen Vereinbarungen, Zustimmungsgesetze und Rechtsverordnungen, aufgrund derer Personen, Personenvereinigungen, Körperschaften, internationalen Organisationen oder ausländischen Staaten Befreiungen von deutschen Steuern vom Einkommen und vom Vermögen gewährt werden, im BStBl. 2013 I S. 404 ff. bekannt gemacht.

Lohnsteuerpflichtig | Sozialversich.-pflichtig

Die bei den **ausländischen Streitkräften** in der Bundesrepublik Deutschland beschäftigten **deutschen Arbeitnehmer** unterliegen der Sozialversicherungspflicht nach den allgemeinen Vorschriften. Sie müssen jedoch die Arbeitgeberpflichten (Meldung, Beitragsabführung) als Arbeitnehmer selbst erfüllen. Ebenso unterliegt ihr Arbeitslohn grundsätzlich der Lohnsteuer. Da jedoch den ausländischen Streitkräften keine Arbeitgeberpflichten auferlegt werden können, haben diese Arbeitnehmer ihren Arbeitslohn im Wege der Veranlagung zur Einkommensteuer zu versteuern, wenn die ausländischen Streitkräfte den Lohnsteuerabzug nicht freiwillig durchführen. In diesem Fall sind im Laufe des Kalenderjahres ggf. Einkommensteuer-Vorauszahlungen zu leisten.

Siehe auch die Stichworte: Auslandsbeamte, Beschränkt steuerpflichtige Arbeitnehmer und Erweiterte unbeschränkte Steuerpflicht.

Personalrabatte

siehe „Rabatte, Rabattfreibetrag"

Personenschutz

Es kommt häufiger vor, dass **Arbeitgeber** für Arbeitnehmer, die aufgrund ihrer beruflichen Position gefährdet sind (vor allem **Führungskräfte** der Wirtschaft, Vorstandsmitglieder von Banken, Minister usw.), Kosten für **Sicherheitsmaßnahmen** übernehmen. Bei der Bereitstellung von Personenschutz, sog. Bodyguards, gilt nach bundeseinheitlicher Verwaltungsanweisung[1] Folgendes:

Aufwendungen des Arbeitgebers für das ausschließlich mit dem **Personenschutz** befasste Personal, sog. Bodyguards, führen **nicht** zu steuerpflichtigem **Arbeitslohn** der zu schützenden Person, weil diese Aufwendungen im ganz **überwiegenden eigenbetrieblichen Interesse** des Arbeitgebers liegen und der Arbeitnehmer durch diese „aufgedrängten" Leistungen nicht bereichert wird. — nein | nein

Zum Einbau von Sicherheitseinrichtungen in der Wohnung des Arbeitnehmers vgl. das Stichwort „Sicherheitseinrichtungen".

Pfändung

siehe „Lohnpfändung"

Pflege-Pauschbetrag

siehe Anhang 7 Abschnitt D Nr. 10 auf Seite 1248

Pflegetätigkeit

siehe „Nebentätigkeit für gemeinnützige Organisationen"

Pflegeunterstützungsgeld

Vgl. das Stichwort „Pflegezeit" unter Nr. 1 Buchstabe b zur lohnsteuerlichen Behandlung und unter Nr. 2 zu den sozialversicherungsrechtlichen Auswirkungen.

Lohnsteuerpflichtig | Sozialversich.-pflichtig

Pflegeversicherung

Versicherungspflicht in der sozialen Pflegeversicherung besteht für den Personenkreis, der auch der gesetzlichen Krankenversicherung unterliegt (§ 20 Abs. 1 Satz 1 SGB XI). Darüber hinaus sind in die soziale Pflegeversicherung auch die Personen einbezogen, die in der gesetzlichen Krankenkasse freiwillig krankenversichert sind (§ 20 Abs. 3 SGB XI).

Freiwillig in der gesetzlichen Krankenversicherung Versicherte, die bei einem privaten Unternehmen gegen das Risiko der Pflegebedürftigkeit versichert sind, werden auf Antrag (Frist drei Monate) von der **Versicherungspflicht** in der sozialen Pflegeversicherung **befreit,** wenn die Leistungsansprüche aus diesem Vertrag dem Leistungsumfang der sozialen Pflegeversicherung gleichwertig sind.

Für die Pflegeversicherung gilt folgender Grundsatz: **Pflegeversicherung folgt Krankenversicherung.** Das bedeutet, dass Versicherungspflicht in der sozialen Pflegeversicherung nicht in Betracht kommt, wenn aufgrund der Beschäftigung nach § 6 oder § 7 SGB V Krankenversicherungsfreiheit besteht oder der Arbeitnehmer nach § 8 SGB V von der Krankenversicherungspflicht befreit ist. Dies bedeutet weiterhin, dass z. B. Arbeitnehmer, die eine wegen Überschreitens der Jahresarbeitsentgeltgrenze nach § 6 Abs. 1 Nr. 1 SGB V krankenversicherungsfreie Beschäftigung oder eine nach § 8 SGB IV geringfügige Beschäftigung ausüben, aufgrund dieser Beschäftigung nicht der Versicherungspflicht in der sozialen Pflegeversicherung unterliegen.

Der Beitragssatz zur Pflegeversicherung beträgt seit **1.1.2019 3,05 %. Kinderlose Mitglieder** der sozialen Pflegeversicherung, die das 23. Lebensjahr vollendet haben, haben einen um 0,25 Beitragssatzpunkte erhöhten Beitrag zu zahlen (Beitragszuschlag für Kinderlose). Den Beitragszuschlag trägt das Mitglied; eine Beteiligung Dritter ist hierbei nicht vorgesehen. Dies bedeutet, dass der **Beitragszuschlag** vom Arbeitgeber **nicht** – auch nicht anteilig – **steuerfrei erstattet** werden kann. Der Beitragszuschlag ist nicht zu zahlen, wenn die Elterneigenschaft des Mitglieds gegenüber dem Arbeitgeber nachgewiesen wird oder diesem die Elterneigenschaft bereits aus anderem Anlass bekannt ist. Mitglieder, die **vor dem 1.1.1940 geboren** sind sowie Wehr- und Zivildienstleistende und Bezieher von Arbeitslosengeld II, sind generell von der **Beitragszuschlagspflicht ausgenommen.** Der Beitragszuschlag ist auch bei einer Beitragsberechnung in Anwendung der Gleitzonenregelung zu berücksichtigen (vgl. die ausführlichen Erläuterungen beim Stichwort „Beitragszuschlag zur sozialen Pflegeversicherung für Kinderlose").

Zur Berechnung der Beiträge vgl. das Stichwort „Berechnung der Lohnsteuer und der Sozialversicherungsbeiträge". Dort wird auch auf die Besonderheiten eingegangen, die bei der Verteilung der Beitragslast auf Arbeitgeber und Arbeitnehmer gelten, wenn der Ort der Tätigkeit in Sachsen liegt.

Zur Verpflichtung des Arbeitgebers in bestimmten Fällen einen Zuschuss zu den Beiträgen des Arbeitnehmers zur Pflegeversicherung zu leisten, vgl. auch das Stichwort „Arbeitgeberzuschuss zur Pflegeversicherung".

Durch das Gesetz zur Weiterentwicklung der Pflegeversicherung ist ab 1.7.2008 auch das Pflegezeitgesetz in Kraft getreten. Das Pflegezeitgesetz wird seit 1.1.2015 ergänzt um Regelungen, die das Gesetz zur besseren Vereinbarkeit von Familie, Pflege und Beruf vorsieht. Die sozialversicherungsrechtlichen Auswirkungen bei Inanspruchnahme von Pflegezeiten sind unter dem Stichwort „Pflegezeit" detailliert beschrieben.

1) BMF-Schreiben vom 30.6.1997 (BStBl. I S. 696). Das BMF-Schreiben ist als Anlage 2 zu H 8.1 (5–6) LStR im **Steuerhandbuch für das Lohnbüro 2021** abgedruckt, das im selben Verlag erschienen ist.

P

Lohnsteuer-pflichtig Sozialversich.-pflichtig

Pflegezeit

Gliederung:

1. Allgemeines

a) Arbeitsrechtliche Ansprüche

Nach § 2 des Pflegezeitgesetzes (PflegeZG) haben Arbeitnehmer das Recht bis zu **10 Arbeitstage** der Arbeit fernzubleiben, um für einen pflegebedürftigen nahen Angehörigen in einer akut auftretenden Pflegesituation eine bedarfsgerechte Pflege zu organisieren **(sog. kurzzeitige Arbeitsverhinderung).** Die Inanspruchnahme der kurzzeitigen Pflegezeit muss dem Arbeitgeber unverzüglich mitgeteilt werden und auf Verlangen des Arbeitgebers muss eine ärztliche Bescheinigung über die Pflegebedürftigkeit und die Erforderlichkeit vorgelegt werden. Der Arbeitgeber ist während der kurzzeitigen Arbeitsverhinderung des Arbeitnehmers nur dann zur Fortzahlung der Vergütung verpflichtet, wenn sich eine solche Verpflichtung aus anderen arbeitsrechtlichen Vorschriften (§ 616 BGB) oder aufgrund individualvertraglicher Absprachen, Betriebsvereinbarungen oder Tarifverträgen ergibt (vgl. das Stichwort „Arbeitsverhinderung").

Seit 1.1.2015 besteht während dieser Zeit für Beschäftigte ein Anspruch auf Pflegeunterstützungsgeld, sofern kein Anspruch auf Entgeltfortzahlung besteht. Näheres hierzu siehe unter der Nummer 2.

Nach §§ 3 und 4 PflegeZG kann der Arbeitnehmer – ohne Anspruch auf Entgeltfortzahlung – **ganz oder teilweise** für längstens **sechs Monate** zur Pflege eines pflegebedürftigen Angehörigen von der Arbeit freigestellt werden, wenn er für einen Arbeitgeber tätig ist, der **mehr als 15 Arbeitnehmer** beschäftigt.

Darüber hinaus besteht seit 1.1.2015 auch ein Rechtsanspruch auf vollständige oder teilweise Freistellung für die

- Betreuung eines minderjährigen pflegebedürftigen nahen Angehörigen
- Begleitung eines schwerstkranken nahen Angehörigen in der letzten Lebensphase

(§ 3 Abs. 5 und 6 PflegeZG).

Nahe Angehörige im Sinne des Pflegezeitgesetzes sind z. B. Kinder, Enkelkinder, Ehegatten, Lebenspartner, Partner einer eheähnlichen Gemeinschaft, Eltern, Großeltern, Schwiegereltern und Stiefeltern (§ 7 Abs. 3 PflegeZG).

Daneben bestehen unter bestimmten Voraussetzungen Freistellungsansprüche im Rahmen des Familienpflegezeitgesetzes (vgl. das Stichwort „Familienpflegezeit").

b) Lohnsteuerliche Behandlung

Lohnsteuerlich ergeben sich keine Besonderheiten, das heißt die Lohnsteuer errechnet sich aus dem tatsächlich an den Arbeitnehmer gezahlten verminderten Arbeitsentgelt. Fällt der Anspruch auf Arbeitslohn für mindestens **fünf** aufeinanderfolgende **Arbeitstage** im Wesentlichen weg, ist der Großbuchstabe „U" im Lohnkonto zu vermerken. Auf die Erläuterungen beim Stichwort „Lohnkonto" unter Nr. 9 auf Seite 639 wird Bezug genommen. Es entsteht allerdings lohnsteuerlich kein Teillohnzahlungszeitraum (vgl. die Erläuterungen beim Stichwort „Teillohnzahlungszeitraum" unter Nr. 3 Buchstabe a).

Das Pflegeunterstützungsgeld (vgl. vorstehenden Buchstaben a sowie nachfolgende Nr. 2 Buchstabe a) ist steuerfrei (§ 3 Nr. 1 Buchstabe a EStG; bei Beamten § 3 Nr. 11 EStG). Es unterliegt nicht dem Progressionsvorbehalt, da es in der abschließenden Aufzählung des § 32b Abs. 1 Satz 1 Nr. 1 EStG nicht aufgeführt ist.

c) Sozialversicherungsrechtliche Auswirkungen

Für den Bereich der Sozialversicherung ergeben sich aus dem Pflegezeitgesetz eine Reihe von Auswirkungen, die nachfolgend im Einzelnen dargestellt sind.

2. Kurzfristige Arbeitsverhinderung bis zu 10 Arbeitstagen (§ 2 PflegeZG)

a) Fortbestehen des Beschäftigungsverhältnisses

Bei kurzfristigen Arbeitsverhinderungen im Sinne des § 2 PflegeZG ergeben sich sozialversicherungsrechtlich seit 1.1.2015 folgende Besonderheiten: Die Mitgliedschaft in der Kranken- und Pflegeversicherung bleibt während der kurzfristigen Arbeitsverhinderung, die jeweils längstens 10 Arbeitstage betragen darf, während des Bezugs von Pflegeunterstützungsgeld erhalten. In der Renten- und Arbeitslosenversicherung besteht während des Bezugs von Pflegeunterstützungsgeld Versicherungspflicht. Die Beiträge aus dem Pflegeunterstützungsgeld werden vom Versicherten und der Pflegekasse je zur Hälfte getragen. Eine besondere Meldepflicht für den Arbeitgeber ergibt sich in diesen Fällen nicht.

b) Auswirkungen auf das Jahresarbeitsentgelt

Die Reduzierung des tatsächlichen Arbeitsentgelts wegen **kurzfristiger Arbeitsunterbrechung** und der Gewährung von Pflegeunterstützungsgeld wird wie eine durch den Bezug von sonstigen Entgeltersatzleistungen (z. B. Krankengeld, Elterngeld, Verletztengeld etc.) bedingte Reduzierung des tatsächlichen Arbeitsentgelts bewertet. Bei der Beurteilung des Jahresarbeitsentgelts ist eine kurzfristige Arbeitsunterbrechung **unbeachtlich, da** hier **keine Regelmäßigkeit** anzunehmen ist.

Der Zeitraum der kurzfristigen Arbeitsunterbrechung im Sinne des § 2 PflegeZG wirkt sich somit auf die Beurteilung der Kranken- und Pflegeversicherungspflicht grundsätzlich nicht aus.

c) SV-Tage während kurzfristiger Arbeitsverhinderung

Die Anzahl der SV-Tage wird durch die kurzfristige Arbeitsverhinderung (bis zu 10 Tagen) und die gleichzeitige Zahlung von Pflegeunterstützungsgeld reduziert. Die Tage der kurzfristigen Arbeitsverhinderung sind z. B. bei der Ermittlung der anteiligen Beitragsbemessungsgrenze nicht zu berücksichtigen. Gleichzeitig ergibt sich – im Gegensatz zum Steuerrecht – ein Teillohnzahlungszeit-

Lohn-steuer-pflichtig Sozial-versich.-pflichtig

raum (vgl. das Stichwort „Teillohnzahlungszeitraum" unter Nr. 4).

3. Inanspruchnahme von Pflegezeit nach § 3 PflegeZG bis zu maximal sechs Monaten (§§ 3 und 4 PflegeZG)

Zu den Beschäftigten, die Pflegezeit in Anspruch nehmen können, gehören nicht nur Arbeitnehmerinnen und Arbeitnehmer. Vielmehr fallen unter den berechtigten Personenkreis auch die zur Berufsausbildung Beschäftigten (Auszubildenden) sowie Heimarbeiter und die ihnen Gleichgestellten.

Bei diesen Personenkreisen hat die Inanspruchnahme der Pflegezeit – abhängig vom jeweiligen Versicherungsstatus bei Beginn der Inanspruchnahme – unterschiedlichste sozialversicherungsrechtliche Auswirkungen.

4. Teilweise Inanspruchnahme von Pflegezeit

a) Versicherungsfreiheit wegen Geringfügigkeit

Das PflegeZG sieht nicht nur eine vollständige, sondern auch eine **teilweise Freistellung** von der Arbeitsleistung vor. Da sich in diesen Fällen neben der Arbeitszeit auch die Höhe des Entgelts reduzieren wird, sind die Vorschriften über die Versicherungsfreiheit von geringfügigen Beschäftigungen uneingeschränkt anwendbar, wenn das reduzierte Entgelt die Geringfügigkeitsgrenze des § 8 Abs. 1 Nr. 1 SGB IV in Höhe von monatlich 450 € („Minijob-Grenze") nicht mehr übersteigt.

Ab Beginn der teilweisen Inanspruchnahme von Pflegezeit liegt deshalb in der Kranken-, Pflege- und Arbeitslosenversicherung ein versicherungsfreier Minijob vor, wenn das reduzierte Arbeitsentgelt 450 € im Monat nicht mehr übersteigt. In der Rentenversicherung besteht grundsätzlich Versicherungspflicht. Hier ist ein Beitragsanteil von 15 % durch den Arbeitgeber zu zahlen. Der Arbeitgeber muss den Beschäftigten für den Zeitraum ummelden.

Beispiel

Inanspruchnahme von Pflegezeit vom 1. 8. bis 30. 11. 2021 (teilweise Freistellung). Das Arbeitsentgelt reduziert sich während dieser Zeit auf monatlich 380 €.

Die Beschäftigung ist während der Inanspruchnahme der Pflegezeit geringfügig entlohnt (Entgelt < 450 €) und daher in allen Versicherungszweigen außer der Rentenversicherung versicherungsfrei.

Für den Beschäftigten sind folgende Meldungen abzugeben:

- Abmeldung zum 31.7.2021 bei der bisherigen Krankenkasse (Abgabegrund „30")
- Anmeldung zum 1.8.2021 bei der Minijob-Zentrale (Beitragsgruppen „6500" bzw. „0500")[1]
- Abmeldung zum 30.11.2021 von der Minijob-Zentrale
- Anmeldung zum 1.12.2021 bei der Krankenkasse (Abgabegrund „13")

b) Entgelt innerhalb des Übergangsbereichs nach § 20 Abs. 2 SGB IV

Auch in den sogenannten Fällen im Übergangsbereich (regelmäßiges monatliches Arbeitsentgelt zwischen 450,01 € und 1300 €) ist im Zusammenhang mit der Pflegezeit keine Ausnahmeregelung zu beachten. Reduziert sich das Entgelt bei teilweiser Freistellung auf einen monatlichen Betrag zwischen 450,01 € und 1300 € ist die Regelung über den Übergangsbereich uneingeschränkt anzuwenden.

Die Beschäftigten haben – bei weiterhin grundsätzlich bestehender Versicherungspflicht in allen Versicherungszweigen – nur einen reduzierten Beitragsanteil am Gesamtsozialversicherungsbeitrag zu zahlen. Der Arbeitgeberbeitrag bleibt unverändert.

Beispiel

Berechnung der **Pflegebeiträge** (August 2021) bei einem **kinderlosen** Arbeitnehmer, dessen monatliches Arbeitsentgelt während der Pflegezeit (teilweise Freistellung) auf monatlich 650 € reduziert wurde:

(1,131876471 × 650 – 171,439411765) = 564,28 € (reduziertes Entgelt):

PV-Beitragssatz 3,05 %, Zuschlag für Kinderlose 0,25 %

Gesamtbeitrag PV:	Arbeitnehmer	Arbeitgeber
(564,28 € × 3,05 %) 17,21 €	(17,21 € – 9,91 € =) 7,30 €	
(564,28 € × 0,25 %) + 1,41 €	+ 1,41 €	
	8,71 €	(650 € × 1,525 % =) **9,91 €**

Eine gesonderte Meldung ist in diesen Fällen nicht erforderlich. Lediglich in der nächsten DEÜV-Entgeltmeldung ist das Feld „Entgelt im Niedriglohnbereich" entsprechend zu kennzeichnen.

c) Befreiung von der Krankenversicherungspflicht für bisher privat Krankenversicherte

Arbeitnehmer, die bisher kranken- und pflegeversicherungsfrei waren, weil ihre Bezüge die maßgebliche Jahresarbeitsentgeltgrenze überschritten haben, werden bei einer teilweisen Inanspruchnahme von Pflegezeit oder einer Freistellung im Rahmen des Familienpflegezeitgesetzes grundsätzlich kranken- und pflegeversicherungspflichtig, wenn das geringere Entgelt diese Grenze nicht mehr überschreitet. Allerdings wurde diesen Arbeitnehmern für die Freistellungen im Rahmen des § 3 des Pflegezeit- und des § 2 des Familienpflegezeitgesetzes eine Befreiungsmöglichkeit eingeräumt, sodass sie ihre bisherige private Absicherung für den Krankheitsfall während der Pflegezeit fortführen können. Der Befreiungsantrag ist innerhalb von drei Monaten nach Eintritt der Kranken- und Pflegeversicherung von den betroffenen Arbeitnehmern bei der gesetzlichen Krankenkasse zu stellen. Die Befreiung gilt nur für die Dauer der Pflegezeit.

5. Vollständige Inanspruchnahme von Pflegezeit

Die Pflegezeit selbst löst **keine** Versicherungspflicht in der gesetzlichen Kranken- und Pflegeversicherung aus.

Mit der **vollständigen Inanspruchnahme** der Pflegezeit wird kein eigener Versicherungstatbestand begründet. Folglich begründet die Pflegezeit keinen eigenständigen Leistungsanspruch in der gesetzlichen Kranken- und Pflegeversicherung.

a) Kein kostenfreier Fortbestand der Mitgliedschaft in der Kranken- und Pflegeversicherung von bisher gesetzlich Versicherten

Anders als beispielsweise für die Dauer des Bezuges von Elterngeld oder bei Elternzeit oder des Bezuges von Pflegeunterstützungsgeld – während denen die Mitgliedschaft in der Kranken- und Pflegeversicherung beitragsfrei fortbesteht (vgl. §§ 192 und 224 SGB V) – wird durch die vollständige Inanspruchnahme der Pflegezeit kein kostenloser Fortbestand der Mitgliedschaft begründet.

Da die bisherige Kassenmitgliedschaft demnach unmittelbar vor Beginn der Pflegezeit endet, müssen sich die Betroffenen während der vollständigen Inanspruchnahme der Pflegezeit anderweitig gegen das Krankheitsrisiko absichern.

b) Keine Verlängerung der Mitgliedschaft um einen Monat

Nach § 7 Abs. 3 Satz 1 SGB IV bleibt die Mitgliedschaft für längstens einen Monat bestehen, wenn ein Beschäftigungsverhältnis ohne Entgeltanspruch fortdauert. Nach

1) Vom Arbeitgeber sind pauschale Beiträge (aus monatlich 380 €) an die Minijob-Zentrale zu entrichten. Der Arbeitnehmer hat die Differenz von 3,60 % zum allgemeinen Beitragssatz der gesetzlichen Rentenversicherung zu bezahlen.

P

Lohnsteuerpflichtig | Sozialversich.-pflichtig

dieser Vorschrift bleibt beispielsweise die Mitgliedschaft Beschäftigter, die unbezahlten Urlaub einbringen, für einen (Zeit)-Monat erhalten. Im Falle der Inanspruchnahme von Pflegezeit hat der Gesetzgeber diese Verlängerung des Versicherungsschutzes jedoch ausdrücklich **nicht zugelassen.** Die Mitgliedschaft aufgrund des bisherigen Beschäftigungsverhältnisses endet deshalb unmittelbar am letzten Tag vor der vollständigen Inanspruchnahme der Pflegezeit.

6. Darlehen zur Förderung der Freistellung

Für die Dauer der Freistellungen nach § 2 des Familienpflegezeitgesetzes oder nach § 3 PflegeZG gewährt das Bundesamt für Familie und zivilgesellschaftliche Aufgaben **Beschäftigten** auf Antrag ein in monatlichen Raten zu zahlendes zinsloses Darlehen. Dies soll nach der Gesetzesbegründung der besseren Absicherung des Lebensunterhalts während der Freistellungsphase dienen, in der die Beschäftigten kein oder ein geringeres Arbeitsentgelt erhalten.

Die Darlehensgewährung ist auch für Freistellungen zur Betreuung eines minderjährigen pflegebedürftigen nahen Angehörigen oder zur Begleitung eines schwerstkranken nahen Angehörigen in der letzten Lebensphase möglich.

Die monatlichen Darlehensraten werden in Höhe der Hälfte der Differenz zwischen den pauschalierten monatlichen Nettoentgelten vor und während der Freistellung gewährt.

Der Arbeitgeber hat dem Bundesamt für Familie und zivilgesellschaftliche Aufgaben für bei ihm Beschäftigte den Arbeitsumfang sowie das Arbeitsentgelt vor der Freistellung zu bescheinigen, soweit dies zum Nachweis des Einkommens aus Erwerbstätigkeit oder der wöchentlichen Arbeitszeit der die Förderung beantragenden Beschäftigten erforderlich ist. Für die in Heimarbeit Beschäftigten und die ihnen Gleichgestellten tritt an die Stelle des Arbeitgebers der Auftraggeber oder Zwischenmeister.

Im Anschluss an die Freistellung ist die Darlehensnehmerin oder der Darlehensnehmer verpflichtet, das Darlehen innerhalb von 48 Monaten nach Beginn der Freistellung zurückzuzahlen.

Beschäftigte und Arbeitgeber können aber auch eine Aufstockung des Arbeitsentgelts über Wertguthaben vereinbaren.

7. Melderechtliche Auswirkungen für den Arbeitgeber

P

Nachdem die Mitgliedschaft bei vollständiger Freistellung von der Arbeitsleistung unmittelbar mit dem Beginn der Pflegezeit endet, ist vom Arbeitgeber im Rahmen der ihm nach § 28a SGB IV obliegenden Meldepflichten eine DEÜV-Abmeldung (keine Unterbrechungsmeldung) zum letzten Tag des Entgeltbezuges zu übermitteln. Darin ist u. a. als Abgabegrund die Schlüsselzahl „30" (= Ende der Beschäftigung) einzutragen. Nach Beendigung der Pflegezeit ist eine DEÜV-Anmeldung mit der Schlüsselzahl „13" (Wiederaufnahme der Beschäftigung) zu übermitteln. Die geltenden Meldefristen (nächste Entgeltabrechnung; spätestens sechs Wochen nach Beschäftigungsbeginn bzw. Beschäftigungsende) sind dabei zu beachten.

Beispiel:

Pflegezeit vom 14. 8. 2021 bis 13. 12. 2021

Abmeldung zum 13. 8. 2021 (Abgabegrund „30")

Anmeldung zum 14. 12. 2021 (Abgabegrund „13")

8. Besonderheiten aufgrund der Corona-Pandemie

Im Zeitraum vom 23.5.2020 bis 31.3.2021 werden verschiedene Regelungen zur Pflegezeit aufgrund der Corona-Pandemie den damit verbundenen besonderen Verhältnissen angepasst. Nachfolgend die wichtigsten Änderungen:

Lohnsteuerpflichtig | Sozialversich.-pflichtig

Für die **kurzzeitige Arbeitsverhinderung** wird der maximale Freistellungszeitraum von 10 auf 20 Arbeitstage erweitert. Dies gilt für besondere coronabedingte Versorgungsnotlagen. Das Vorliegen wird im o. a. Zeitraum grundsätzlich unterstellt. Ansonsten reichen entsprechende Bestätigungen von Pflegeeinrichtungen oder von Ärzten als Nachweis.

Pflegeunterstützungsgeld wird max. für 20 Arbeitstage der unbezahlten Freistellung bezahlt, wenn die o. g. Voraussetzungen vorliegen.

Wird eine **Pflegezeit** bislang noch nicht vollständig ausgeschöpft, können mit Zustimmung des Arbeitgebers kurzfristig Restzeiten dieser Freistellung in Anspruch genommen werden. Die Gesamtdauer von sechs Monaten darf jedoch nicht überschritten werden und die genommene Zeit muss am 31.3.2021 beendet sein.

Beim **Darlehen** zur Förderung der Freistellung werden bis zum 31.3.2021 pandemiebedingte Einkommensausfälle bei der Ermittlung der Darlehenshöhe auf Antrag nicht berücksichtigt.

Die vorstehend beschriebenen arbeits-, steuer- und versicherungsrechtlichen Regelungen gelten auch während des o. a. Zeitraums unverändert weiter.

Phantomlohn

Den Begriff „Phantomlohn" gibt es offiziell weder im Steuer- noch im Sozialversicherungsrecht.

Im **Lohnsteuerrecht** kommt es auf den **Zufluss** von Arbeitslohn an. Maßgebend ist hier also der an den Arbeitnehmer **gezahlte Betrag** (vgl. „Zufluss von Arbeitslohn" unter Nr. 1).

Im **Sozialversicherungsrecht** gilt hingegen bei **laufend** gezahltem Arbeitsentgelt das Entstehungsprinzip. Daher werden ggf. **Beiträge** auf Arbeitsentgelt erhoben, das nicht gezahlt wurde, auf das aber ein **Anspruch** besteht (z. B. nach einem Tarifvertrag oder auf den Mindestlohn; vgl. „Zufluss von Arbeitslohn" unter Nr. 2 Buchstabe b). Das steuerlich maßgebende Zuflussprinzip gilt sozialversicherungsrechtlich nur bei einmalig gezahltem Arbeitsentgelt.

Pkw

siehe „Firmenwagen zur privaten Nutzung" und „Kraftfahrzeuge"

Plakatkleber

Plakatkleber sind steuerlich in der Regel nicht als Arbeitnehmer, sondern als selbständig Tätige zu behandeln (etwas anderes wird dann gelten, wenn sie aufgrund eines Arbeitsvertrages in ein Unternehmen eingegliedert und weisungsgebunden sind). nein | nein

Zur „Scheinselbständigkeit" im Sozialversicherungsrecht vgl. dieses Stichwort.

Podcaster

Wird die Tätigkeit als Podcaster mit Einkunftserzielungsabsicht betrieben, liegen i. d. R. Einkünfte aus Gewerbebetrieb oder selbstständiger Arbeit vor. Einnahmen aus dem Marketing oder aus der Werbung führen zu gewerblichen Einkünften. nein | nein

Beschäftigt der Podcaster Mitarbeiter als Arbeitnehmer, hat er die lohnsteuerlichen Arbeitgeberpflichten zu erfüllen.

	Lohnsteuerpflichtig	Sozialversich.-pflichtig

Polizeizulage

Die Polizeizulage ist als Leistungszulage steuerpflichtig. — ja — nein[1)]

Poolarbeitsplatz

siehe „Arbeitszimmer" unter Nr. 2 Buchstabe c

Portabilität

Unter Portabilität versteht man die Mitnahme der betrieblichen Altersversorgung bei einem Arbeitgeberwechsel (vgl. die Erläuterungen in Anhang 6 Nr. 15).

Prämien

Mit der Zahlung einer Prämie wird – ähnlich wie beim Akkordlohn – meist eine überdurchschnittliche Leistung vergütet. Der Anspruch auf Zahlung einer Prämie kann sich aus einem Tarifvertrag, einer Betriebsvereinbarung oder einem Einzelarbeitsvertrag ergeben; die Prämie kann aber auch aufgrund einer Einzelvereinbarung oder eines besonderen Anlasses gewährt werden. Folgende Prämien kommen in Betracht:

- Antrittsprämien,
- Anwesenheitsprämien,
- Bleibeprämien,
- Ersparnisprämien,
- Flexibilitätsprämien,
- Leistungsprämien,
- Mengenprämien,
- Pünktlichkeitsprämien,
- Qualitätsprämien,
- Sicherheitsprämien,
- Terminprämien,
- Treueprämien,
- Unfallverhütungsprämien.

Prämien aller Art, die einem Arbeitnehmer im Rahmen des Dienstverhältnisses zufließen, sind grundsätzlich steuerpflichtiger Arbeitslohn (vgl. z. B. die Stichworte „Anwesenheitsprämien" und „Treueprämien"). — ja — ja

Lohnsteuerpflichtig sind auch sog. **Sicherheitsprämien,** die der Arbeitgeber im Rahmen eines Sicherheitswettbewerbs zur Einschränkung betrieblicher Unfälle an seine Arbeitnehmer zahlt (BFH-Urteil vom 11. 3. 1988, BStBl. II S. 726; vgl. das Stichwort „Sicherheitswettbewerb"). — ja — ja

Gewährt der Arbeitgeber für Leistungen in der Unfallverhütung und im Arbeitsschutz **Sachprämien** und werden diese pauschal besteuert (vgl. Stichwort „Pauschalierung der Lohnsteuer" unter Nr. 2 auf Seite 733), kann bei der Beitragsberechnung in der Sozialversicherung der **Durchschnittswert** der pauschal besteuerten Sachzuwendungen angesetzt werden. Voraussetzung ist, dass der Wert der einzelnen Prämie 80 € nicht übersteigt und der Arbeitgeber den Arbeitnehmeranteil zur Sozialversicherung übernimmt (§ 3 Abs. 3 SvEV[2)]). Der Durchschnittsbetrag ist als einmalig gezahltes Arbeitsentgelt zu behandeln und dem letzten Abrechnungszeitraum im Kalenderjahr zuzuordnen. Siehe auch das Stichwort „Unfallverhütungsprämien".

Steuerpflichtig sind auch **Prämienrückvergütungen** wegen geringer Unfallbelastung, die von Versicherungsunternehmen dem Arbeitgeber gewährt werden und die dieser **an** diejenigen **Arbeitnehmer** weitergibt, die innerhalb eines bestimmten Zeitraumes weder einen Unfall verschuldet noch einen selbstverschuldeten Unfall erlitten haben.

	Lohnsteuerpflichtig	Sozialversich.-pflichtig

Steuerpflichtiger Arbeitslohn liegt auch in den Fällen vor, in denen solche Prämienrückvergütungen unter einer Vielzahl in Betracht kommender Arbeitnehmer verlost werden. — ja — ja

Siehe auch die Stichworte: Belohnungen, Preise, Verbesserungsvorschläge.

Prämien für unfallfreies Fahren

Prämien für unfallfreies Fahren innerhalb eines längeren Zeitraums sind steuerpflichtiger Arbeitslohn. — ja — ja

Praktikanten

Wichtiges auf einen Blick:

Die sozialversicherungsrechtliche Behandlung von Praktikanten bereitet in der Praxis immer wieder Schwierigkeiten. Als **Anhang 17** ist deshalb eine zusammenfassende Übersicht abgedruckt, die die zutreffende Einordnung erleichtern soll.

Gliederung:

1. Lohnsteuerliche Behandlung
2. Sozialversicherungsrechtliche Behandlung
   a) Allgemeines
3. Vorgeschriebene Zwischenpraktika
   a) Kranken-, Pflege- und Arbeitslosenversicherung
   b) Rentenversicherung
4. Vorgeschriebene Vor- und Nachpraktika
   a) Kranken- und Pflegeversicherung
   b) Renten- und Arbeitslosenversicherung
5. Nicht vorgeschriebene Zwischenpraktika
6. Nicht vorgeschriebene Vor- und Nachpraktika
7. Praktika von Fachschülern und Berufsfachschülern
8. Fachpraktika von Fachoberschülern
9. Praktika zur Erlangung des berufspraktischen Teils der Fachhochschulreife
10. Praktika von Referendaren im juristischen Vorbereitungsdienst
11. Beiträge für Praktikanten
12. Mindestlohn
13. Umlagen nach dem AAG für Praktikanten
14. Insolvenzgeldumlage für Praktikanten
15. Meldungen

1. Lohnsteuerliche Behandlung

Praktikanten unterliegen mit den Bezügen aus der Praktikantentätigkeit dem Lohnsteuerabzug nach den allgemeinen Vorschriften. Zur Durchführung des Lohnsteuerabzugs benötigt der Arbeitgeber die individuellen Lohnsteuerabzugsmerkmale des Arbeitnehmers (Steuerklasse, Zahl der Kinderfreibeträge, Religionszugehörigkeit, Steuerfreibetrag usw.). Daher hat der Arbeitgeber auch für Praktikanten die elektronischen Lohnsteuerabzugsmerkmale abzurufen. Auf die ausführlichen Erläuterungen beim Stichwort „Elektronische Lohnsteuerabzugsmerkmale (ELStAM)" wird hingewiesen.

Hat der Praktikant die Steuerklasse I, fällt im Kalenderjahr **2021** bis zu einem **Monatslohn** von **1021 €**[3)] keine Lohn-

1) Wenn wegen Versorgungsanwartschaft beitragsfrei.
2) Die Sozialversicherungsentgeltverordnung (SvEV) ist als Anhang 2 im **Steuerhandbuch für das Lohnbüro 2021** abgedruckt, das im selben Verlag erschienen ist.
3) Es gelten die Besteuerungsgrenzen des besonderen Lohnsteuertarifs für nicht rentenversicherungspflichtige Arbeitnehmer (vgl. die Erläuterungen zur Zusammensetzung der Arbeitslohngrenzen beim Stichwort „Tarifaufbau" unter Nr. 7), wenn das Praktikum während des Studiums abgeleistet wird und in der Studien- oder Prüfungsordnung vorgeschrieben ist (vgl. § 5 Abs. 3 SGB VI).

steuer an (vgl. die Erläuterungen beim Stichwort „Tarifaufbau").

Zur Berechnung der beim Lohnsteuerabzug zu berücksichtigenden Vorsorgepauschale vgl. Anhang 8 Nr. 9 Beispiel N auf Seite 1260.

Für Studentenpraktikanten aus dem Ausland können nach einem Doppelbesteuerungsabkommen besondere Befreiungsvorschriften gelten. Diese sind beim Stichwort „Ausländische Studenten" dargestellt.

2. Sozialversicherungsrechtliche Behandlung

a) Allgemeines

Praktikanten sind unabhängig von ihrer Bezeichnung üblicherweise Personen, die sich im Zusammenhang mit einer Schul- oder Berufsausbildung praktische Kenntnisse und Erfahrungen in einem Betrieb aneignen, die der Vorbereitung, Unterstützung oder Vervollständigung der Schul- oder Berufsausbildung dienen. Die Ausübung eines Praktikums kann sich – bei Vorliegen der hierfür notwendigen Voraussetzungen – in der Sozialversicherung als Beschäftigung gegen Arbeitsentgelt darstellen. Eine Beschäftigung setzt nach der ständigen Rechtsprechung des BSG die persönliche Abhängigkeit von einem Arbeitgeber voraus. Sie wird durch die Eingliederung in eine fremdbestimmte betriebliche Ordnung und durch die Unterordnung unter das Weisungsrecht des Arbeitgebers in Bezug auf Zeit, Ort und Art der Arbeitsausführung erfüllt (§ 7 Abs. 1 Satz 2 SGB IV). Bei einer Beschäftigung zur Berufsausbildung steht weniger die Erbringung produktiver Arbeit als vielmehr die Vermittlung beruflicher Kenntnisse, Fertigkeiten und Erfahrungen sowie Erziehung und Bildung im Vordergrund. Beschäftigt sind grundsätzlich diejenigen Auszubildenden, die in der Betriebstätigkeit ausgebildet und in der Regel in den Produktions- oder Dienstleistungsprozess zum Erwerb von praktischen Kenntnissen und Fertigkeiten eingegliedert sind. Die Vorschrift des § 7 Abs. 2 SGB IV dehnt den Begriff der Beschäftigung auf den Erwerb beruflicher Kenntnisse, Fertigkeiten oder Erfahrungen aus, der nicht auf eine volle Berufsausbildung im Sinne des § 1 Abs. 3 Berufsbildungsgesetz (BBiG) gerichtet ist, aber auf einem Vertragsverhältnis im Sinne des § 26 BBiG beruht. Daher gelten Praktikanten in der Sozialversicherung grundsätzlich als zur Berufsausbildung beschäftigt. § 7 Abs. 2 SGB IV beschränkt die Ausdehnung der Beschäftigung jedoch auf Ausbildungen im Rahmen betrieblicher Berufsbildung. Hierzu bestimmt das BBiG einerseits, unter welchen Voraussetzungen ein (in seinen sachlichen Anwendungsbereich fallendes) Berufsbildungsverhältnis als betriebliche Berufs(aus-)bildung in Betracht kommt; andererseits legt es die Grenzen fest, jenseits derer Berufsbildungsverhältnisse nicht mehr erfasst werden.

Ein Praktikum, das im Rahmen eines klassischen Studiengangs in einem Betrieb absolviert wird, stellt sich im Regelfall als Beschäftigung im Sinne des § 7 Abs. 2 SGB IV dar. Dies gilt jedoch dann nicht, wenn das Praktikum aufgrund landes- oder bundesrechtlicher Vorschriften in die Hochschul- oder Fachschulausbildung eingegliedert und deshalb als Teil des Studiums anzusehen ist, wenn also die praktische Ausbildung im Wesentlichen nicht betrieblich, sondern durch die Hochschule bzw. Fachschule geregelt und gelenkt wird (u. a. Urteil des BSG vom 27.7.2011 – B 12 R 16/09 R –, USK 2011-96). Hiervon erfasst sein können unter anderem auch die berufspraktischen Phasen während eines praxisintegrierten dualen Studiums; in sozialversicherungsrechtlicher Hinsicht werden Teilnehmer an einem dualen Studiengang jedoch den Beschäftigten zur Berufsausbildung gleichgestellt (siehe hierzu das Stichwort „Studenten in dualen Studiengängen").

Für die weitere versicherungsrechtliche Beurteilung von Personen, deren Praktikum sich als Beschäftigung gegen Arbeitsentgelt oder als Beschäftigung zur Berufsausbildung darstellt, ist zwischen **vorgeschriebenen Praktika** und **nicht vorgeschriebenen Praktika** zu unterscheiden.

Vorgeschriebene Praktika liegen nur dann vor, wenn sie in einer Ausbildungs-, Studien- oder Prüfungsordnung normiert sind. Die Verpflichtung zur Ableistung des Praktikums ist nachzuweisen. Von einem in diesem Sinne vorgeschriebenen Praktikum ist nicht nur für die in einer Studien- oder Prüfungsordnung vorgeschriebene Mindestdauer des Praktikums auszugehen, sondern darüber hinaus auch für den die Mindestdauer überschreitenden Zeitraum, wenn (weiterhin) ein Zusammenhang zwischen dem Praktikum und dem Studium besteht. Ein solcher Zusammenhang ist in aller Regel dann gegeben, wenn die Hochschule das Praktikum anerkennt (z. B. als Teil der Studien- oder Prüfungsleistung). Im Zweifelsfall muss dieser Zusammenhang nachgewiesen werden. Hiervon zu unterscheiden sind die Fälle, in denen die Studien- oder Prüfungsordnung keine Mindestdauer für ein Praktikum, sondern einen festen Zeitraum (z. B. von drei Monaten) vorsieht. Wird ein Praktikum über diesen fest vorgeschriebenen Zeitraum hinaus fortgeführt, ist von diesem Zeitpunkt an nicht mehr von einem vorgeschriebenen Praktikum auszugehen; in der Konsequenz ergeben sich hieraus andere versicherungsrechtliche Folgen.

Aufgrund der Verpflichtung, im Rahmen der Gesamtausbildung ein Praktikum zu absolvieren, ist ein vorgeschriebenes Praktikum (im Unterschied zu einem nicht vorgeschriebenen Praktikum) daher als Beschäftigung im Rahmen betrieblicher Berufsbildung anzusehen. Als Beschäftigung im Rahmen betrieblicher Berufsbildung sind sozialversicherungsrechtliche Besonderheiten (z. B. Ausschluss der Versicherungsfreiheit wegen Geringfügigkeit der Beschäftigung, alleinige Beitragstragung durch den Arbeitgeber bei geringer Höhe des Arbeitsentgelts) zu beachten.

3. Vorgeschriebene Zwischenpraktika

a) Kranken-, Pflege- und Arbeitslosenversicherung

Die Versicherungsfreiheit aufgrund des Werkstudentenprivilegs (siehe dazu das Stichwort „Studenten") ist nicht allein auf Werkstudenten beschränkt, sondern gilt ebenfalls für solche Studenten, die ein in einer Studien- oder Prüfungsordnung vorgeschriebenes Praktikum absolvieren (u. a. Urteil des BSG vom 17.12.1980 – 12 RK 10/79 USK 80283). Diese Praktikanten bleiben, wenn und solange sie an einer Hochschule oder einer der fachlichen Ausbildung dienenden Schule immatrikuliert sind, ihrem Erscheinungsbild nach Studenten. Mithin besteht für sie, soweit das Praktikum im Rahmen eines abhängigen Beschäftigungsverhältnisses ausgeübt wird, **Versicherungsfreiheit** in der Kranken-, Pflege- und Arbeitslosenversicherung. Die Dauer des Praktikums, die wöchentliche Arbeitszeit sowie die Höhe des während des Praktikums erzielten Arbeitsentgelts spielen dabei keine Rolle.

Im Unterschied zur Ausübung einer Beschäftigung während eines Urlaubssemesters wird bei Ableistung eines in der Studien- oder Prüfungsordnung vorgeschriebenen Praktikums während des Urlaubssemesters davon ausgegangen, dass der Student überwiegend für das Studium tätig ist, somit seinem Erscheinungsbild nach – trotz Beurlaubung – als ordentlich Studierender anzusehen ist, sodass Versicherungsfreiheit aufgrund des Werkstudentenprivilegs gegeben ist. Ein nicht vorgeschriebenes Praktikum während des Urlaubssemesters führt hingegen nicht zur Versicherungsfreiheit aufgrund des Werkstudentenprivilegs.

Für die versicherungsrechtliche Beurteilung von Praktikanten, die an einer ausländischen Hochschule eingeschrieben sind, ist der Besuch der ausländischen Hochschule dem Studium an einer deutschen Hochschule gleichzustellen. Dementsprechend sind Praktikanten wäh-

Lohn- steuer- pflichtig | Sozial- versich.- pflichtig

rend eines in der Bundesrepublik Deutschland abgeleisteten Praktikums ohne Rücksicht auf die Dauer sowie die Höhe des Arbeitsentgelts versicherungsfrei in der Kranken-, Pflege- und Arbeitslosenversicherung, sofern das Praktikum in einer Studien- oder Prüfungsordnung vorgeschrieben ist.

b) Rentenversicherung

Die versicherungsrechtliche Beurteilung von Praktikanten, die während der Dauer eines Studiums als ordentliche Studierende einer Fachschule oder Hochschule ein Praktikum ableisten, das in einer Studien- oder Prüfungsordnung vorgeschrieben ist, ergibt sich aus § 5 Abs. 3 SGB VI. Diese Praktika führen unabhängig von der wöchentlichen Arbeitszeit und der Höhe des monatlichen Arbeitsentgelts zur **Versicherungsfreiheit** in der Rentenversicherung.

4. Vorgeschriebene Vor- und Nachpraktika

a) Kranken- und Pflegeversicherung

Für vorgeschriebene Praktika, die vor Beginn oder nach Abschluss des Studiums oder der beruflichen Schulausbildung ausgeübt werden, ist bei der versicherungsrechtlichen Beurteilung danach zu unterscheiden, ob Arbeitsentgelt bezogen wird oder nicht. Wird mit der berufspraktischen Tätigkeit **Arbeitsentgelt** erzielt, besteht Versicherungspflicht in der Krankenversicherung nach § 5 Abs. 1 Nr. 1 SGB V und in der Pflegeversicherung nach § 20 Abs. 1 Satz 2 Nr. 1 i. V. m. Satz 1 SGB XI.

Wird die vorgeschriebene berufspraktische Tätigkeit dagegen **ohne Arbeitsentgelt** ausgeübt, besteht Versicherungspflicht in der speziellen Versicherung für Studenten und Praktikanten grundsätzlich nach § 5 Abs. 1 Nr. 10 SGB V bzw. § 20 Abs. 1 Satz 2 Nr. 10 i. V. m. Satz 1 SGB XI. Sofern eine Familienversicherung nach § 10 SGB V bzw. § 25 SGB XI besteht, geht diese unter den Voraussetzungen des § 5 Abs. 7 Satz 1 SGB V der Versicherungspflicht als Praktikant vor.

Praktikanten, die – bei entsprechender hochschulrechtlicher Gestattung – ein vorgeschriebenes Vorpraktikum über den Zeitpunkt der Studienaufnahme hinaus in unverändertem Umfang für einen kurzen Zeitraum fortführen, sind weiterhin als Vorpraktikanten und nicht als Zwischenpraktikanten zu behandeln. Die Einschreibung während des Vorpraktikums beeinflusst den versicherungsrechtlichen Status in diesen Fällen nicht, wenn der Zeitraum, in dem das Praktikum in das Studium hineinragt, nicht mehr als zwei Wochen ausmacht.

b) Renten- und Arbeitslosenversicherung

Praktikanten, die ein in einer Studien- oder Prüfungsordnung vorgeschriebenes Praktikum absolvieren, aber nicht an einer Hochschule bzw. Fachhochschule immatrikuliert sind, unterliegen als zu ihrer Berufsausbildung Beschäftigte der **Versicherungspflicht** nach § 1 Satz 1 Nr. 1 SGB VI in der Rentenversicherung und nach § 25 Abs. 1 SGB III in der Arbeitslosenversicherung. Dies gilt gleichermaßen für vorgeschriebene Praktika, die vor Beginn des Fachschulbesuchs oder im Anschluss daran abgeleistet werden.

Praktikanten, die – bei entsprechender hochschulrechtlicher Gestattung – ein vorgeschriebenes Vorpraktikum über den Zeitpunkt der Studienaufnahme hinaus in unverändertem Umfang für einen kurzen Zeitraum fortführen, sind weiterhin als Vorpraktikanten und nicht als Zwischenpraktikanten zu behandeln. Die Einschreibung während des Vorpraktikums beeinflusst den versicherungsrechtlichen Status in diesen Fällen nicht, wenn der Zeitraum, in dem das Praktikum in das Studium hineinragt, nicht mehr als zwei Wochen ausmacht.

Lohn- steuer- pflichtig | Sozial- versich.- pflichtig

5. Nicht vorgeschriebene Zwischenpraktika

Die versicherungsrechtliche Beurteilung von nicht vorgeschriebenen Zwischenpraktika ist in der **Krankenversicherung** nach § 6 Abs. 1 Nr. 3 SGB V und in der **Arbeitslosenversicherung** nach § 27 Abs. 4 Satz 1 Nr. 2 SGB III vorzunehmen. In der **Pflegeversicherung** ist entsprechend der Beurteilung für die Krankenversicherung zu verfahren. Danach besteht Versicherungsfreiheit aufgrund des Werkstudentenprivilegs für Personen, die während der Dauer ihres Studiums als ordentliche Studierende einer Hochschule oder einer der fachlichen Ausbildung dienenden Schule eine Beschäftigung gegen Arbeitsentgelt ausüben. Die Versicherungsfreiheit kommt allerdings nur für die Studierenden in Betracht, deren Zeit und Arbeitskraft überwiegend durch das Studium in Anspruch genommen werden; für diejenigen, die ihrem Erscheinungsbild nach als Arbeitnehmer anzusehen sind, gelten die allgemeinen Regelungen über die Versicherungspflicht von Arbeitnehmern in der Kranken-, Pflege- und Arbeitslosenversicherung.

In der **Rentenversicherung** besteht – anders als in der Kranken-, Pflege- und Arbeitslosenversicherung – keine besondere Regelung für nicht vorgeschriebene Zwischenpraktika. Personen, die ein nicht vorgeschriebenes Zwischenpraktikum gegen Arbeitsentgelt ausüben, sind deshalb als Beschäftigte grundsätzlich versicherungspflichtig nach § 1 Satz 1 Nr. 1 SGB VI.

6. Nicht vorgeschriebene Vor- und Nachpraktika

Im Gegensatz zu den in Studien- oder Prüfungsordnungen vorgeschriebenen Vor- oder Nachpraktika bestehen für nicht vorgeschriebene Vor- oder Nachpraktika hinsichtlich der versicherungsrechtlichen Beurteilung keine Sonderregelungen. Personen, die nicht vorgeschriebene Praktika gegen Arbeitsentgelt ausüben, sind deshalb als Beschäftigte grundsätzlich **versicherungspflichtig** in der Krankenversicherung, in der Pflegeversicherung, in der Rentenversicherung und in der Arbeitslosenversicherung.

7. Praktika von Fachschülern und Berufsfachschülern

Für die Beurteilung, ob es sich bei einem in der Schul-, Ausbildungs- und/oder Prüfungsordnung vorgeschriebenen Praktikum von Fach- bzw. Berufsfachschülern um ein Zwischen- oder ein Nachpraktikum handelt, ist maßgebend, ob das Praktikum noch während des Schulbesuchs absolviert wird. Entscheidend dabei ist, wann der Schulbesuch im schulrechtlichen Sinne endet. Als Zeitpunkt der Schulentlassung ist regelmäßig der Tag der Ausstellung des letzten Zeugnisses anzusehen. Durch ein zwischen der aktiven Schülerzeit und der den Schulbesuch abschließenden Prüfung/Zeugnisausstellung absolviertes und vorgeschriebenes Praktikum wird die Rechtsstellung als Schüler nicht unterbrochen bzw. beendet. Die Schülereigenschaft bleibt erhalten. Ein derartiges Praktikum ist noch als **vorgeschriebenes Zwischenpraktikum** anzusehen. Während eines solchen Zwischenpraktikums besteht für Fachschüler und Berufsfachschüler Versicherungsfreiheit in der Kranken-, Pflege- und Arbeitslosenversicherung aufgrund des Werkstudentenprivilegs. In der Rentenversicherung besteht Versicherungsfreiheit nach § 5 Abs. 3 SGB VI.

Die Schülereigenschaft liegt hingegen nicht mehr vor, wenn im Anschluss an die durch eine Prüfung beendete theoretische Schulausbildung ein Praktikum absolviert wird. In diesen Fällen liegt ein **Nachpraktikum** vor. Um ein vorgeschriebenes Nachpraktikum handelt es sich beispielsweise bei dem vorgeschriebenen sechsmonatigen Praktikum in einer Apotheke im Rahmen der Ausbildung zum pharmazeutisch-technischen Assistenten (PTA). Das Praktikum wird im Anschluss an die zwei Jahre dauernde schulische Ausbildung absolviert; es schließt mit der staatlichen Prüfung ab.

P

Lohn- steuer- pflichtig | Sozial- versich.- pflichtig

8. Fachpraktika von Fachoberschülern

Schüler mit dem Abschlusszeugnis einer Realschule oder einem als gleichwertig anerkannten Zeugnis werden in den Fachoberschulen innerhalb von zwei Jahren auf den Erwerb der Fachhochschulreife vorbereitet. Während des ersten Ausbildungsjahres wird eine fachpraktische Ausbildung durchgeführt. Die fachpraktische Ausbildung ist im Regelfall nicht für sich allein, sondern als **Bestandteil der Gesamtausbildung** an der Fachoberschule zu beurteilen, die die Klassen 11 und 12 umfasst. Im Rahmen dieser Gesamtausbildung legt die Fachoberschule die Ausgestaltung des Praktikums fest und regelt die Durchführung der fachpraktischen Ausbildung nach Maßgabe der Praktikumsbestimmungen. Das Praktikum stellt sich somit als nicht abtrennbarer Bestandteil der (Fachober-) Schulausbildung dar. Als im Wesentlichen nicht betrieblich geprägte Ausbildungsphase ist das Praktikum mithin nicht als Beschäftigung zu werten. Die Schüler der Fachoberschulen unterliegen daher (auch) während der fachpraktischen Ausbildung weder als Beschäftigte noch als zur Berufsausbildung Beschäftigte der Versicherungspflicht in der Kranken-, Pflege-, Renten- und Arbeitslosenversicherung.

9. Praktika zur Erlangung des berufspraktischen Teils der Fachhochschulreife

In einzelnen Bundesländern besteht die Möglichkeit, nach Verlassen der gymnasialen Oberstufe unter Zuerkennung des schulischen Teils der Fachhochschulreife durch Absolvierung eines einjährigen (gelenkten) Praktikums den berufspraktischen Teil der Fachhochschulreife zu erlangen. Da bei Aufnahme des erforderlichen Praktikums die Schulausbildung bereits abgeschlossen ist, kommt eine Gleichstellung mit den Fachoberschülern, die während der Dauer des Schulbesuchs ein Fachpraktikum ableisten, nicht in Betracht.

Sofern das Praktikum zur Erlangung des berufspraktischen Teils der Fachhochschulreife im Rahmen eines Beschäftigungsverhältnisses ausgeübt wird, unterliegen die Praktikanten – unabhängig davon, ob Arbeitsentgelt gezahlt wird oder nicht – der Versicherungspflicht in der Rentenversicherung nach § 1 Satz 1 Nr. 1 SGB VI und in der Arbeitslosenversicherung nach § 25 Abs. 1 SGB III. In der Krankenversicherung besteht Versicherungspflicht nach § 5 Abs. 1 Nr. 1 SGB V und in der Pflegeversicherung nach § 20 Abs. 1 Satz 2 Nr. 1 i. V. m. Satz 1 SGB XI allerdings nur, wenn Arbeitsentgelt bezogen wird. Bei Ableistung des Praktikums ohne Arbeitsentgeltzahlung besteht die Versicherungspflicht in der Kranken- und Pflegeversicherung grundsätzlich in der speziellen Studenten- und Praktikantenversicherung nach § 5 Abs. 1 Nr. 10 SGB V bzw. § 20 Abs. 1 Satz 2 Nr. 10 i. V. m. Satz 1 SGB XI.

10. Praktika von Referendaren im juristischen Vorbereitungsdienst

Die Juristenausbildung ist zweistufig und gliedert sich in das mit dem ersten Staatsexamen abgeschlossene Jurastudium und den sich anschließenden juristischen Vorbereitungsdienst (Referendariat), in dem die Referendare in Pflicht- und Wahlstationen praktisch ausgebildet werden. Der rund zwei Jahre dauernde Vorbereitungsdienst gilt als vorgeschriebenes Nachpraktikum. Der Vorbereitungsdienst wird abhängig von den landesrechtlichen Bestimmungen entweder im Rahmen eines **Beamtenverhältnisses (auf Widerruf) oder** – wie in den meisten Ländern – im Rahmen eines **öffentlich-rechtlichen Ausbildungsverhältnisses** durchgeführt. Während bei Vorliegen eines Beamtenverhältnisses die Referendare in allen Versicherungszweigen versicherungsfrei sind (§ 6 Abs. 1 Nr. 2 SGB V, § 5 Abs. 1 Satz 1 Nr. 1 SGB VI, § 27 Abs. 1 Nr. 1 SGB III), stellt sich die praktische Ausbildung im Rahmen eines öffentlich-rechtlichen Ausbildungsverhältnisses als Beschäftigung im Sinne des § 7 Abs. 1 SGB IV dar. Dementsprechend besteht Versicherungspflicht in der Krankenversicherung nach § 5 Abs. 1 Nr. 1 SGB V, in der Pflegeversicherung nach § 20 Abs. 1 Satz 2 Nr. 1 i. V. m. Satz 1 SGB XI und in der Arbeitslosenversicherung nach § 25 Abs. 1 SGB III. Versicherungsfreiheit aufgrund des Werkstudentenprivilegs kommt nicht in Betracht. In der Rentenversicherung besteht Versicherungsfreiheit nach § 5 Abs. 1 Satz 1 Nr. 2 i. V. m. Satz 2 Nr. 4 SGB VI, da nach beamtenrechtlichen Vorschriften eine Anwartschaft auf Versorgung bei verminderter Erwerbsfähigkeit und im Alter sowie auf Hinterbliebenenversorgung gewährt wird und die Erfüllung der Gewährleistung gesichert ist.

Rechtsreferendare stehen auch während der Zeiten in einem (alleinigen) Beschäftigungsverhältnis zu dem ausbildenden Land, in denen die praktische Ausbildung bei Stellen außerhalb von Gerichtsbarkeit und Verwaltung stattfindet. Im Rahmen dieser Beschäftigung sind auch die von den Ausbildungsstellen im Einzelfall ohne Rechtsgrund zusätzlich gewährten Vergütungen (neben der Unterhaltsbeihilfe) als Arbeitsentgelt anzusehen und der Beitragspflicht zu unterwerfen (Urteil des BSG vom 31.3.2015 – B 12 R 1/13 –, USK 2015-22). Erweist sich – angesichts bestehender Nebenabreden in der Ausbildungsstation – die zusätzliche Vergütung als Zahlung für eine über den Ausbildungszweck hinausgehende Nebentätigkeit, ist dagegen von einem (weiteren) Beschäftigungsverhältnis zur Ausbildungsstelle auszugehen, das abgrenzbar neben dem öffentlich-rechtlichen Ausbildungsverhältnis besteht. Aufgrund dieses weiteren entgeltlichen Beschäftigungsverhältnisses unterliegen die Rechtsreferendare als Arbeitnehmer der Versicherungspflicht. Dies gilt auch für die Rentenversicherung, da sich die Gewährleistung einer Versorgungsanwartschaft hier nicht auf die weitere Beschäftigung außerhalb des öffentlich-rechtlichen Ausbildungsverhältnisses erstreckt und somit keine Versicherungsfreiheit nach § 5 Abs. 1 Satz 1 Nr. 2 i. V. m. Satz 2 Nr. 4 SGB VI zur Folge hat (Näheres zur Beitragspflicht siehe Punkt 6 der Niederschrift über die Besprechung zu Fragen des gemeinsamen Beitragseinzugs am 18.11.2015).

11. Beiträge für Praktikanten

Für Praktikanten, die als Beschäftigte oder zur Berufsausbildung Beschäftigte versicherungspflichtig sind, sind die Beiträge zur Kranken-, Pflege-, Renten- und Arbeitslosenversicherung nach dem Arbeitsentgelt aus der Beschäftigung zu bemessen (§ 226 Abs. 1 Satz 1 Nr. 1 SGB V, § 57 Abs. 1 Satz 1 SGB XI, § 162 Satz 1 Nr. 1 SGB VI, § 342 SGB III). Wird kein Arbeitsentgelt gezahlt, wird der Beitragsbemessung zur Renten- und Arbeitslosenversicherung nach § 162 Nr. 1 SGB VI und § 342 SGB III eine fiktive Einnahme in Höhe von 1 % der monatlichen Bezugsgröße (2021 West: 32,90 €; Ost: 31,15 €) zugrunde gelegt. Die darauf entfallenden Beiträge zur Renten- und Arbeitslosenversicherung trägt allein der Arbeitgeber (§ 20 Abs. 3 Satz 1 Nr. 1 SGB IV). Die Beiträge für die spezielle Studenten- und Praktikantenversicherung in der Krankenversicherung trägt der versicherungspflichtige Praktikant allein (§ 250 Abs. 1 Nr. 3 SGB V).

Für Praktikanten, die allein aufgrund des Werkstudentenprivilegs in der Kranken-, Pflege- und Arbeitslosenversicherung versicherungsfrei sind, sind aus dem Arbeitsentgelt der Beschäftigung keine Beiträge zu diesen Versicherungszweigen zu zahlen. Auch der pauschale Beitrag zur Krankenversicherung ist selbst bei Vorliegen der Merkmale einer geringfügig entlohnten Beschäftigung nicht zu zahlen, da die Regelungen zur Versicherungsfreiheit bei geringfügiger Beschäftigung für Beschäftigungen im Rahmen betrieblicher Berufsbildung nicht gelten. Aus gleichem Grund ist auch im Rahmen eines vorgeschriebenen Vor- und Nachpraktikums, das im Rahmen der Geringfügigkeitsgrenzen (450 €) ausgeübt wird, der Pauschalbeitrag zur Krankenversicherung nicht zu erheben.

Lohnsteuerpflichtig Sozialversich.-pflichtig

Für Praktikanten, die ein in der Studien- oder Prüfungsordnung vorgeschriebenes Zwischenpraktikum ausüben und in der Rentenversicherung nach § 5 Abs. 3 SGB VI versicherungsfrei sind, sind aus dem Arbeitsentgelt der Beschäftigung keine Beiträge zu zahlen. Die Ausübung eines in der Studien- oder Prüfungsordnung vorgeschriebenen Vor- oder Nachpraktikums führt zur Versicherungspflicht nach § 1 Satz 1 Nr. 1 SGB VI, ohne dass – bei Vorliegen der Merkmale einer geringfügig entlohnten Beschäftigung nach § 8 Abs. 1 Nr. 1 SGB IV – eine Befreiung von der Versicherungspflicht nach § 6 Abs. 1b SGB VI in Betracht kommt, da es sich bei einem solchen Praktikum um eine im Rahmen betrieblicher Berufsbildung ausgeübte Beschäftigung handelt. Dementsprechend ist in diesen Fällen der pauschale Beitrag zur Rentenversicherung nach § 172 Abs. 3 Satz 1 SGB VI nicht zu zahlen. Auch die besondere Beitragstragung nach § 168 Abs. 1 Nr. 1b oder 1c SGB VI ist nicht zu beachten.

Nach § 172 Abs. 3 Satz 2 SGB VI gilt die Regelung über den Pauschalbeitrag zur Rentenversicherung nicht für Praktikanten, die während der Dauer eines Studiums als ordentliche Studierende einer Fachschule oder Hochschule ein Praktikum ableisten (Zwischenpraktikum), das nicht in ihrer Studien- oder Prüfungsordnung vorgeschrieben ist und die Merkmale für eine rentenversicherungsfreie oder von der Rentenversicherungspflicht befreite geringfügig entlohnte Beschäftigung erfüllt. Für diese Praktikanten sind Pauschalbeiträge daher nicht zu zahlen. Sofern das nicht in der Studien- oder Prüfungsordnung vorgeschriebene geringfügig entlohnte Zwischenpraktikum zur Rentenversicherungspflicht führt, sind die Beiträge zur Rentenversicherung zusammen vom Arbeitgeber und Praktikanten entsprechend der Regelung in § 168 Abs. 1 Nr. 1b oder 1c SGB VI zu tragen.

12. Mindestlohn

Bestimmte Praktika sind von den Regelungen des Mindestlohngesetzes ausgenommen. Einzelheiten hierzu siehe unter dem Stichwort „Mindestlohn“.

13. Umlagen nach dem AAG für Praktikanten

Im Gegensatz zu einem praxisintegrierten dualen Studium ist ein im Rahmen der klassischen Hochschulausbildung vorgeschriebenes betriebliches Praktikum grundsätzlich als Beschäftigung bzw. Beschäftigung zur Berufsausbildung anzusehen, wenn es nicht ausnahmsweise aufgrund von landes- oder bundesrechtlichen Vorschriften in die Hochschulausbildung eingegliedert und als Teil des Studiums anzusehen ist (z. B. das Praktische Jahr im Rahmen der ärztlichen Ausbildung nach der Approbationsordnung für Ärzte). Sofern im Rahmen eines vorgeschriebenen betrieblichen Praktikums Arbeitsentgelt gezahlt wird, ist dieses bei der Bemessung der Umlagen entsprechend der Regelung in § 7 Abs. 2 Satz 1 AAG mit einzubeziehen. Wird kein Arbeitsentgelt gezahlt, ist im Ergebnis keine Umlage zu erheben.

14. Insolvenzgeldumlage für Praktikanten

Für Praktikanten gelten unabhängig davon, ob sie ein vorgeschriebenes oder nicht vorgeschriebenes Praktikum ausüben und ob sie aufgrund des Werkstudentenprivilegs nach § 6 Abs. 1 Nr. 3 SGB V und § 27 Abs. 4 Satz 1 Nr. 2 SGB III in der Kranken-, Pflege- und Arbeitslosenversicherung versicherungsfrei sind, keine Besonderheiten hinsichtlich der Pflicht zur Zahlung der Insolvenzgeldumlage. Die Umlage ist nach § 358 Abs. 2 SGB III nach dem Arbeitsentgelt zu bemessen, nach dem die Beiträge zur gesetzlichen Rentenversicherung bemessen werden. Wird kein Arbeitsentgelt gezahlt, ist im Ergebnis keine Umlage zu erheben. Die Befreiung von juristischen Personen des öffentlichen Rechts von der Umlagepflicht nach § 358 Abs. 1 SGB III bleibt unberührt.

Lohnsteuerpflichtig Sozialversich.-pflichtig

15. Meldungen

Praktikanten, die ein in der Studien- oder Prüfungsordnung vorgeschriebenes Zwischenpraktikum ableisten, sind sowohl in der Kranken-, Pflege- und Arbeitslosenversicherung als auch in der Rentenversicherung versicherungsfrei, ohne dass – trotz der Versicherungsfreiheit – Beitragspflichten bestehen. Sie gehören daher dem Grunde nach nicht zum meldepflichtigen Personenkreis. Sie gehören jedoch dem Personenkreis der Beschäftigten an, die in die Unfallversicherung einbezogen und für die Meldungen nach § 28a ff SGB IV i. V. m. der DEÜV zu erstatten sind. Von daher hat der Arbeitgeber eine Meldung unter Verwendung des Personengruppenschlüssels „190“ (Beschäftigte, die ausschließlich in der gesetzlichen Unfallversicherung versichert sind) abzugeben.

Praktikanten, die eine in Studien- oder Prüfungsordnungen vorgeschriebene berufspraktische Tätigkeit im Rahmen eines rentenversicherungspflichtigen Vor- oder Nachpraktikums verrichten, sind mit dem Personengruppenschlüssel „105“ (Praktikanten) zu melden. Übersteigt das Arbeitsentgelt aus der berufspraktischen Tätigkeit die Geringverdienergrenze nach § 20 Abs. 3 Satz 1 Nr. 1 SGB IV nicht, ist der Personengruppenschlüssel „121“ (Auszubildende, deren Arbeitsentgelt die Geringverdienergrenze nach § 20 Abs. 3 Satz 1 Nr. 1 SGB IV nicht übersteigt) zu verwenden.

Praktikanten, die eine in Studien- oder Prüfungsordnungen vorgeschriebene berufspraktische Tätigkeit im Rahmen eines rentenversicherungspflichtigen Vor- oder Nachpraktikums ohne Arbeitsentgelt verrichten, sind mit dem Personengruppenschlüssel „105“ zu melden. In der Kranken- und Pflegeversicherung haben diese Praktikanten ohne Arbeitsentgelt hingegen einen anderen versicherungsrechtlichen Status; sie gehören nicht zu den Beschäftigten im Sinne des § 20 Abs. 3 Satz 1 Nr. 1 SGB IV. Bei Vorliegen von Versicherungspflicht nach § 5 Abs. 1 Nr. 10 SGB V bzw. § 20 Abs. 1 Satz 2 Nr. 10 i. V. m. Satz 1 SGB XI sind Meldungen nach § 6 der Meldeverordnung zur Studentischen Krankenversicherung (SKV-MV) vorzunehmen. Danach hat der Auszubildende der Ausbildungsstätte bzw. dem (Praktikums-)Betrieb das Vorliegen der Versicherungspflicht mit einer von der Krankenkasse entsprechend dem Muster der Anlage 4 der SKV-MV ausgestellten Versicherungsbescheinigung nachzuweisen. Die Ausbildungsstätte bzw. der (Praktikums-)Betrieb hat daraufhin der Krankenkasse den Beginn und das Ende der Berufsausbildung (hier: Zeiten, in denen der Praktikant ohne Arbeitsentgelt sein Praktikum absolviert) mit einem Vordruck nach dem Muster der Anlage 5 oder 6 der SKV-MV zu melden.

Preisausschreiben

siehe „Verlosungsgewinne“

Preise

Preise sind steuerpflichtiger Arbeitslohn, wenn sie in ursächlichem Zusammenhang mit dem Arbeitsverhältnis stehen, d. h. wegen der in dem Dienstverhältnis erbrachten Arbeitsleistung gewährt werden. Dies ist insbesondere dann der Fall, wenn der Preisträger zur Erzielung des Preises ein besonderes Werk geschaffen oder eine besondere Leistung erbracht hat. So ist z. B. eine unentgeltliche **Reise,** die ein angestellter Autoverkäufer als Preis für die erfolgreiche Teilnahme an einem Verkaufswettbewerb vom Autohersteller erhält, steuerpflichtiger Arbeitslohn (vgl. „Incentive-Reisen“ und auch die Erläuterungen beim Stichwort „Pauschalierung der Lohnsteuer für Belohnungsessen, Incentive-Reisen, VIP-Logen und ähnliche Sachbezüge“). Ebenso führt ein **Nachwuchsförderpreis**

P

Lohnsteuerpflichtig | Sozialversich.-pflichtig

zu steuerpflichtigem Arbeitslohn, wenn er vom Arbeitgeber oder einem Dritten (z. B. Arbeitgeberverband) für die fachlichen Leistungen (hier u. a. Erreichen der betriebswirtschaftlichen Ziele und Fähigkeiten im Bereich Personalführung und Marketing) vergeben wird (BFH-Urteil vom 23.4.2009, BStBl. II S. 668; zum Lohnsteuerabzug vgl. auch „Lohnzahlung durch Dritte"). ja ja

Preise gehören nur dann nicht zum steuerpflichtigen Arbeitslohn, wenn die Preise zur **Würdigung des Gesamtschaffens** (z. B. auf künstlerischem oder wissenschaftlichem Gebiet) des Arbeitnehmers verliehen werden (z. B. Nobelpreis)[1]. In diesem Fall wird in erster Linie die Persönlichkeit und nicht die berufliche Leistung des Preisträgers gewürdigt. Dies gilt entsprechend, wenn mit dem Preis eine Grundhaltung ausgezeichnet oder eine Vorbildfunktion herausgestellt wird. Nicht steuerpflichtig ist z. B. auch der „Deutsche Zukunftspreis für Technik und Innovation". nein nein

Rennpreise, die einem Arbeitnehmer im Rahmen eines Dienstverhältnisses zufließen, sind ebenfalls Arbeitslohn, gleichgültig, ob es sich um Bar- oder Sachpreise handelt. Dazu gehören auch Preise von Rennfahrern, Reitern usw., die diesen von ihren Arbeitgebern (Werken, Gestüten) überlassen werden, selbst wenn die Preise zunächst den Arbeitgebern selbst zustehen. Eine Heranziehung zur Lohnsteuer kommt jedoch nur in Betracht, wenn es sich um Preise von einigem Wert (nicht nur Erinnerungen oder Andenken) handelt. Diese Grundsätze gelten auch für Berufssportler. ja ja

Sechstagerennfahrer sind keine Arbeitnehmer. Ihre Preise unterliegen deshalb nicht der Lohnsteuer (sie werden vielmehr durch Veranlagung zur Einkommensteuer erfasst). Bei beschränkt steuerpflichtigen Sechstagerennfahrern wird die Steuer pauschal nach § 50a EStG erhoben (vgl. das Stichwort „Beschränkt steuerpflichtige Künstler, Berufssportler, Schriftsteller und Journalisten"). nein nein

Wegen der Preise im Rahmen von Verlosungen siehe das Stichwort „Verlosungsgewinne".

Preisgelder für die Teilnahme an **Fernsehshows** können zu sonstigen Einkünften nach § 22 Nr. 3 EStG führen, wenn es nach den vertraglichen Vereinbarungen eine Gegenleistung für ein aktives oder passives Verhalten des Teilnehmers ist (BFH-Urteil vom 24.4.2012, BStBl. II S. 581 zu „Big Brother"). nein nein

Ehrenamtspreise sind nicht steuerpflichtig, da ehrenamtliche Tätigkeiten nicht mit dem Ziel der Erlangung eines Preises ausgeübt werden und für den ehrenamtlich Tätigen wegen der geringen Erfolgsaussichten keinen besonderen Anreiz darstellen. nein nein

Preisnachlass an Arbeitnehmer

siehe „Rabatte, Rabattfreibetrag"

Prepaid Card

Neues auf einen Blick:

Die **Freigrenze für Sachbezüge** wird **zum 1.1.2022** auf 50 € monatlich **erhöht.** Für das Jahr 2021 beträgt diese Freigrenze für Sachbezüge nach wie vor 44 € monatlich.

Durch das sog. Jahressteuergesetz 2019 ist der insbesondere für die monatliche 44-Euro-Freigrenze bedeutsame Begriff der **Sachbezüge** – abweichend von der früheren Verwaltungsauffassung – seit 1.1.2020 wie folgt gesetzlich definiert worden (§ 8 Abs. 1 Sätze 2 und 3 EStG):

„Zu den Einnahmen in Geld gehören auch zweckgebundene Geldleistungen, nachträgliche Kostenerstattungen, Geldsurrogate und andere Vorteile, die auf einen Geldbetrag lauten. Dies gilt nicht bei Gutscheinen und **Geldkarten, die ausschließlich zum Bezug von Waren oder Dienstleistungen berechtigen** und die Kriterien des § 2 Absatz 1 Nummer 10 des Zahlungsdiensteaufsichtsgesetzes erfüllen."

Durch den Verweis auf das Zahlungsdiensteaufsichtsgesetz ist Folgendes zu beachten:

Gutscheine und Geldkarten erfüllen die Kriterien des § 2 Absatz 1 Nummer 10 Buchstabe a Zahlungsdiensteaufsichtsgesetz und gehören zu den Sachbezügen, wenn sie unabhängig von einer Betragsangabe dazu berechtigen, ausschließlich Waren oder Dienstleistungen vom **Aussteller des Gutscheins** zu beziehen (z. B. Karten eines Online-Händlers zum Bezug von Waren oder Dienstleistungen seiner eigenen Produktpalette, ohne Produkte von Fremdanbietern) oder aufgrund von Akzeptanzverträgen zwischen Aussteller/Emittent und Akzeptanzstellen bei einem **begrenzten Kreis von Akzeptanzstellen im Inland** ausschließlich zum Bezug von Waren oder Dienstleistungen berechtigen (Centergutscheine, Kundenkarten von Shopping-Malls, „City-Cards").

Gutscheine oder Geldkarten erfüllen die Kriterien des § 2 Absatz 1 Nummer 10 Buchstabe b Zahlungsdiensteaufsichtsgesetz und gehören zu den Sachbezügen, wenn sie unabhängig von einer Betragsangabe dazu berechtigen, Waren oder Dienstleistungen ausschließlich aus einer **sehr begrenzten Waren- oder Dienstleistungspalette** zu beziehen. Auf die Anzahl der Akzeptanzstellen und den Bezug im Inland kommt es dabei nicht an. Hiernach begünstigt sind z. B. Gutscheine und Geldkarten begrenzt auf Kraftstoffe, Ladestrom u.s.w. („Alles, was das Auto bewegt") oder begrenzt auf Fitnessleistungen (z. B. für den Besuch von Trainingsstätten und zum Bezug der dort angebotenen Waren oder Dienstleistungen).

Schließlich erfüllen Gutscheine oder Geldkarten die Kriterien des § 2 Absatz 1 Nummer 10 Buchstabe c Zahlungsdiensteaufsichtsgesetz und gehören zu den Sachbezügen, wenn sie unabhängig von einer Betragsangabe dazu berechtigen, aufgrund von Akzeptanzverträgen zwischen Aussteller/Emittent und Akzeptanzstellen Waren oder Dienstleistungen **ausschließlich für bestimmte soziale oder steuerliche Zwecke im Inland zu beziehen (sog. Zweckkarte).** Auf die Anzahl der Akzeptanzstellen kommt es nicht an. Begünstigt hiernach sind insbesondere Verzehrkarten in Form von **Essensgutscheinen, Restaurantschecks sowie sog. digitale Essenmarken.** Ein „begünstigter" sozialer oder steuerlicher Zweck ist aber nicht die Inanspruchnahme der monatlichen 44-Euro-Freigrenze für Sachbezüge, die Inanspruchnahme der Grenze von 60 € für Aufmerksamkeiten anlässlich eines besonderen persönlichen Ereignisses oder die Anwendung der Pauschalbesteuerung mit 30 % bei Sachzuwendungen bis 10 000 €.

Zu den Geldleistungen zählen insbesondere Geldkarten oder Wertguthabenkarten in Form von **Prepaid-Kreditkarten,** die im Rahmen unabhängiger Systeme des unbaren Zahlungsverkehrs eingesetzt werden können (sog. Geldsurrogate; BFH-Urteil vom 4.7.2018, BStBl. 2019 II S. 373, Randnummer 31). Allein die Begrenzung der Anwendbarkeit von Gutscheinen oder Geldkarten auf das Inland genügt für die Annahme eines Sachbezugs nicht. Als Geldleistung zu behandeln sind insbesondere Gutscheine oder Geldkarten, die

- über eine Barauszahlungsfunktion verfügen; es ist aber nicht zu beanstanden, wenn verbleibende Restguthaben bis zu einem Euro ausgezahlt werden können,
- über eine eigene IBAN verfügen,
- für Überweisungen (z. B. PayPal) verwendet werden können,

---

1) BMF-Schreiben vom 5.9.1996 (BStBl. I S. 1150). Das BMF-Schreiben ist als Anlage 4 zu H 19.3 LStR im **Steuerhandbuch für das Lohnbüro 2021** abgedruckt, das im selben Verlag erschienen ist.

Lohn-steuer-pflichtig	Sozial-versich.-pflichtig

- für den Erwerb von Devisen (z. B. Pfund, US-Dollar, Franken) verwendet werden können oder
- als generelles Zahlungsmittel hinterlegt werden können.

Beispiel A

Die Arbeitnehmer erhalten von ihrem Arbeitgeber aufgrund einer arbeitsvertraglichen Vereinbarung eine Prepaid-Kreditkarte, auf der am ersten Werktag eines jeden Monats ein Guthaben von 44 € aufgeladen wird. Die **Prepaid-Kreditkarte** kann weltweit als generelles Zahlungsmittel eingesetzt wird.

Es handelt sich nicht um einen Sachbezug, sondern um eine **Geldleistung.** Die monatliche 44-Euro-Freigrenze für Sachbezüge ist nicht anwendbar. Die Geldleistung ist dem Arbeitnehmer jeweils im Zeitpunkt der Aufladung des Guthabens zugeflossen.

Beispiel B

Die Arbeitnehmer erhalten von ihrem Arbeitgeber aufgrund einer arbeitsvertraglichen Vereinbarung eine **Prepaid-Geldkarte** (auch Bezahlkarte genannt) im Wert von 40 €, die bundesweit ausschließlich zum Bezug von Waren oder Dienstleistungen einer bestimmten Ladenkette berechtigt, die diese Karte ausgestellt hat.

Es handelt sich um einen **Sachbezug,** für den die monatliche 44-Euro-Freigrenze für Sachbezüge anwendbar ist.

Den Arbeitgebern abweichend von den vorstehenden Ausführungen in der Vergangenheit erteilte Anrufungsauskünfte sind zum 1.1.2020 automatisch außer Kraft getreten, da sich die Rechtsvorschrift (§ 8 EStG), auf der die Entscheidung beruht, geändert hat.

Die monatliche 44-Euro-Freigrenze für Sachbezüge ist bei Gutscheinen und Geldkarten seit 1.1.2020 zudem nur dann anwendbar, wenn sie zusätzlich zum ohnehin geschuldeten Arbeitslohn gewährt werden und mithin bei **Gehaltsumwandlungen ausgeschlossen** (§ 8 Abs. 2 Satz 11 letzter Halbsatz EStG). Solche Sachbezüge werden nur dann zusätzlich zum ohnehin geschuldeten Arbeitslohn erbracht, wenn

- die Leistung **nicht** auf den Anspruch auf Arbeitslohn **angerechnet,**
- der Anspruch auf Arbeitslohn **nicht** zugunsten der Leistung **herabgesetzt,**
- die verwendungs- oder zweckgebundene Leistung **nicht anstelle** einer bereits vereinbarten künftigen **Erhöhung** des Arbeitslohns gewährt und
- **bei Wegfall** der Leistung der Arbeitslohn **nicht** (automatisch) **erhöht**

wird. Dies gilt unabhängig davon, ob der Arbeitslohn tarifgebunden ist oder nicht. Vgl. die Ausführungen beim Stichwort „Gehaltsumwandlung".

Beispiel C

Wie Beispiel B. Die Arbeitnehmer vereinbaren mit ihrem Arbeitgeber eine Gehaltsumwandlung zugunsten einer Prepaid-Geldkarte (= Bezahlkarte) im Wert von 40 €.

Eine Gehaltsumwandlung zur Anwendung der 44-Euro-Freigrenze wird steuer- und sozialversicherungsrechtlich nicht anerkannt. Die monatliche 44-Euro-Freigrenze kann für den Sachbezug nicht in Anspruch genommen werden. Der Betrag von 40 € ist nach wie vor steuer- und beitragspflichtig.

Verlangt der Anbieter vom Arbeitgeber für die erstmalige Zurverfügungstellung und das (monatliche) Aufladen der Prepaid Card eine Gebühr, handelt es sich jedenfalls dann nicht um einen geldwerten Vorteil, wenn die Beträge von privaten Endverbrauchern nicht verlangt werden. Der Anbieter erhebt vom Arbeitgeber diese **Gebühr,** um den mit der Verwaltung der Guthaben der Arbeitnehmer verbundenen Aufwand und den Abrechnungsservice abzugelten. nein nein

Der Wert einer als Sachbezug gewährten Prepaid Card ist dem Arbeitnehmer – unabhängig vom Zeitpunkt des Erwerbs der Ware bzw. der Inanspruchnahme der Dienstleistung – mit der (monatlichen) **Übergabe** der Karte **zugeflossen,** weil er zu diesem Zeitpunkt einen Rechtsanspruch gegenüber einem Dritten erhält (R 38.2 Abs. 3 Satz 1 LStR). Der Arbeitnehmer kann also mehrere Prepaid Cards (an-)sammeln und auf einmal einlösen.

Lohn-steuer-pflichtig	Sozial-versich.-pflichtig

Prepaid Handy

Vgl. das Stichwort „Telefonkosten" unter Nr. 5.

Privatfahrten mit dem Geschäftswagen

siehe „Firmenwagen zur privaten Nutzung"

Probearbeit

Bei Probearbeit haben Arbeitgeber und Bewerber keinen Arbeitsvertrag, sondern lediglich eine Vereinbarung zum Probearbeiten getroffen, das dem unverbindlichen Kennenlernen dient. Es dauert maximal wenige Tage und der Bewerber übernimmt höchstens Teilaufgaben. Gegenseitige Rechte und Pflichten werden nicht vereinbart.

Arbeitslohn liegt nicht vor, wenn der Bewerber vom Arbeitgeber lediglich eine Erstattung seiner Aufwendungen erhält (vgl. auch BFH-Urteil vom 23.10.1992, BStBl. 1993 II S. 303). Auch sozialversicherungsrechtlich liegt dann keine Beschäftigung gegen Arbeitsentgelt vor. nein nein

Progression

siehe „Progressionsvorbehalt" und „Tarifaufbau"

Progressionsvorbehalt

Neues auf einen Blick:

1. Arbeitgeberzuschüsse zum Kurzarbeitergeld

In Anlehnung an die entsprechende Regelung im Sozialversicherungsrecht zur Beitragsfreiheit werden Zuschüsse des Arbeitgebers zum Kurzarbeitergeld (einschließlich Saison- und Transferkurzarbeitergeld) steuerfrei gestellt, soweit sie zusammen mit dem Kurzarbeitergeld **80 % des Unterschiedsbetrags** zwischen dem nach sozialversicherungsrechtlichen Vorschriften ermittelten Soll-Entgelt und Ist-Entgelt nicht übersteigen. Die **Steuerfreiheit** gilt für Zuschüsse zum Kurzarbeitergeld, die für nach dem 29.2.2020 beginnende und **vor dem 1.1.2022 endende Lohnzahlungszeiträume** geleistet werden. Die Arbeitgeberzuschüsse unterliegen allerdings dem **Progressionsvorbehalt** und können daher bei der Einkommensteuer-Veranlagung zu einer Steuernachzahlung führen.

2. Anpassungsgeld nach dem Kohleausstiegsgesetz

Durch das sog. Kohleausstiegsgesetz ist das Anpassungsgeld für ältere Arbeitnehmer (mindestens 58 Jahre alt) der Braunkohlekraftwerke, -tagebaue sowie Steinkohlekraftwerke **steuerfrei** gestellt worden, die aus Anlass der Stilllegungsmaßnahme ihren Arbeitsplatz verloren haben (§ 3 Nr. 60 EStG); die Auszahlung läuft bis zum Renteneintritt (regelmäßig 63 Jahre), längstens fünf Jahre. Ebenso wie andere Lohnersatzleistungen unterliegen diese steuerfreien Anpassungsgelder dem **Progressionsvorbehalt** und erhöhen damit den Steuersatz für das übrige steuerpflichtige Einkommen der Arbeitnehmer.

Vgl. auch die alphabetische Übersicht unter der nachfolgenden Nr. 3.

P

Lohn-steuer-pflichtig Sozial-versich.-pflichtig

Gliederung:

1. Allgemeines

Der geltende Einkommensteuertarif, auf dem auch der Lohnsteuertarif aufbaut, beginnt mit einem Steuersatz von 14 %, wenn bestimmte Freibeträge überschritten sind. Danach steigt der Steuersatz stetig an, bis der Spitzensteuersatz von 45 % erreicht ist (vgl. das Stichwort „Tarifaufbau"). Dieses stetige Ansteigen des Steuersatzes mit steigendem Einkommen wird Steuerprogression genannt. Der sog. Progressionsvorbehalt bewirkt, dass bestimmte **steuerfreie** Leistungen (z. B. Lohnersatzleistungen) **bei der Ermittlung des Steuersatzes** berücksichtigt werden, der für die **steuerpflichtigen** Einkünfte maßgebend ist. Die steuerfreien Leistungen werden also nicht über die Hintertür des Progressionsvorbehalts besteuert. Das Vorhandensein von steuerfreien Lohnersatzleistungen wirkt sich deshalb immer nur dann aus, wenn andere, steuerpflichtige Einkünfte vorhanden sind. Denn die steuerpflichtigen Einkünfte werden mit dem Steuersatz besteuert, der sich ergäbe, wenn man auch die steuerfreien Leistungen besteuern würde. Dies führt regelmäßig zu Steuernachzahlungen. Die genaue Berechnung des Progressionsvorbehalts ist unter der nachfolgenden Nr. 2 anhand eines Beispiels erläutert.

Wichtig für den Arbeitgeber ist dabei, dass der Progressionsvorbehalt in allen Fällen nur vom Finanzamt im Rahmen einer **Veranlagung zur Einkommensteuer** durchgeführt wird. Der Arbeitgeber ist also mit der Berechnung des Progressionsvorbehalts nicht unmittelbar befasst. Er muss jedoch bestimmte Aufzeichnungspflichten erfüllen, damit das Finanzamt in der Lage ist, den Progressionsvorbehalt zu erkennen und zu berechnen. Der Arbeitgeber ist deshalb gesetzlich verpflichtet, die von ihm gezahlten steuerfreien Lohnersatzleistungen sowohl im Lohnkonto besonders aufzuzeichnen als auch in der (elektronischen) Lohnsteuerbescheinigung des Arbeitnehmers zu bescheinigen, wenn sie dem Progressionsvorbehalt unterliegen. Zur Eintragung des Großbuchstabens „U" im Lohnkonto und in der elektronischen Lohnsteuerbescheinigung, wenn der Anspruch auf Arbeitslohn für mindestens fünf aufeinanderfolgende Arbeitstage weggefallen ist, vgl. die Ausführungen beim Stichwort „Lohnkonto" unter Nr. 9. Folgende **vom Arbeitgeber** gezahlten steuerfreien Lohnersatzleistungen unterliegen nach § 32b EStG dem Progressionsvorbehalt und sind deshalb gesondert im Lohnkonto aufzuzeichnen und in der (elektronischen) Lohnsteuerbescheinigung zu bescheinigen:

- das **Kurzarbeitergeld,**
- das Saison-Kurzarbeitergeld,
- der **Zuschuss** zum **Kurzarbeitergeld,**
- der **Zuschuss zum Mutterschaftsgeld** nach dem Mutterschutzgesetz,
- die **Aufstockungsbeträge** nach dem Altersteilzeitgesetz,
- die Entschädigung für **Verdienstausfall** nach dem **Infektionsschutzgesetz,**
- der Zuschuss bei Beschäftigungsverbot für die Zeit vor oder nach einer Entbindung sowie für den Entbindungstag während der Elternzeit nach beamtenrechtlichen Vorschriften[1] und
- Zuschläge aufgrund des § 6 Abs. 2 des Bundesbesoldungsgesetzes und vergleichbaren beamtenrechtlichen Regelungen, sog. Altersteilzeitzuschläge[1].

Neben steuerfreien Lohnersatzleistungen, die dem Progressionsvorbehalt unterliegen und vom Arbeitgeber ausgezahlt werden, gibt es eine Vielzahl anderer steuerfreier Leistungen, die von den verschiedensten Stellen gezahlt werden und ebenfalls dem Progressionsvorbehalt unterliegen. Von solchen Leistungen ist der Arbeitgeber meist nur mittelbar dadurch betroffen, dass der Arbeitgeber für Zeiten, in denen der Arbeitnehmer solche steuerfreien Leistungen erhält (z. B. Krankengeld), keinen Arbeitslohn zahlt. Damit das Finanzamt Kenntnis von solchen Zeiten erhält, in denen der Arbeitnehmer unter Umständen steuerfreie Lohnersatzleistungen von dritter Seite bezogen haben könnte, die dem Progressionsvorbehalt unterliegen, muss der Arbeitgeber im Lohnkonto den Buchstaben **U** eintragen, wenn die Zahlung von Arbeitslohn für mindestens fünf Arbeitstage unterbrochen wird (vgl. hierzu die Erläuterungen beim Stichwort „Lohnkonto" unter Nr. 9 auf Seite 639).

Außerdem gibt es noch Fälle, in denen der Arbeitgeber **steuerfreien Arbeitslohn** bezahlt, der dem Progressionsvorbehalt unterliegt. Dies ist der Fall bei einer Steuerbefreiung

- nach dem **Auslandstätigkeitserlass** oder
- nach einem **Doppelbesteuerungsabkommen.**

Vgl. hierzu im Einzelnen diese Stichworte. Der Arbeitgeber muss deshalb auch diesen steuerfreien Arbeitslohn sowohl im Lohnkonto besonders aufzeichnen als auch in der (elektronischen) Lohnsteuerbescheinigung gesondert bescheinigen.

2. Wirkung des Progressionsvorbehalts

Wie bereits ausgeführt, besteht der Zweck des Progressionsvorbehalts darin, auf die steuerpflichtigen Einkünfte eines Kalenderjahres den Steuersatz anzuwenden, der sich ergibt, wenn auch die steuerfreien Einkünfte in die Berechnung des Steuersatzes mit einbezogen werden. Man könnte sagen, dass dadurch die Steuerfreiheit zum Teil wieder aufgehoben wird. Dies trifft jedoch nicht zu, weil das Vorhandensein von steuerfreien Lohnersatzleistungen sich immer nur dann auswirkt, wenn **andere, steuerpflichtige Einkünfte vorhanden sind.** Außerdem soll der Progressionsvorbehalt verhindern, dass an sich steuerpflichtige Arbeitslöhne nur deshalb nicht besteuert werden, weil der Arbeitnehmer für einen Teil des Kalenderjahres steuerfreie Lohnersatzleistungen erhalten hat. Denn bei einer Veranlagung zur Einkommensteuer wird auf das zu versteuernde Einkommen stets die **Jahrestabelle** (Grund- oder Splittingtabelle) angewendet, und zwar ohne Rücksicht darauf, ob der Arbeitnehmer den der Besteuerung zugrunde liegenden Arbeitslohn während des ganzen Kalenderjahres oder nur während einiger Monate erarbeitet hat. Dies entspricht auch dem Prinzip der Lohnsteuer als Jahressteuer.

Der Grundsatz, dass auf den Arbeitslohn, den der Arbeitnehmer im Laufe des Kalenderjahres bezogen hat, bei einer Veranlagung zur Einkommensteuer durch das Finanzamt immer die Jahrestabelle anzuwenden ist, führt dazu, dass denjenigen Arbeitnehmern, die nur einen Teil des Kalenderjahres gearbeitet haben, die während dieser Zeit vom Arbeitgeber einbehaltene Lohnsteuer durch das Finanzamt ganz oder teilweise wieder erstattet wird. Diese Möglichkeit hatten früher auch Arbeitnehmer, die nur einen Teil des Jahres gearbeitet, die übrige Zeit aber z. B. Arbeitslosengeld bezogen haben. Rechnete man die Lohnsteuererstattung und das steuerfreie Arbeitslosengeld zusammen, bekamen diese Arbeitnehmer netto oft

1) Diese Leistungen werden nur im öffentlichen Dienst gezahlt; die genannten Vorschriften haben deshalb für Arbeitgeber in der privaten Wirtschaft keine Bedeutung.

Lohn- Sozial-
steuer- versich.-
pflichtig pflichtig

den gleichen Betrag oder sogar mehr, als wenn sie das ganze Kalenderjahr über gearbeitet hätten.

Mit der Einführung des Progressionsvorbehalts verfolgte der Gesetzgeber deshalb unter anderem auch das Ziel, Empfänger von Arbeitslosengeld im Ergebnis nicht besser zu stellen als „aktive Arbeitnehmer". Der Progressionsvorbehalt ist später auf andere Lohnersatzleistungen ausgeweitet worden, insbesondere auf das Krankengeld der gesetzlichen Krankenkassen und auch auf das Elterngeld. Er kann für den Arbeitnehmer auch zu einer Steuernachzahlung führen. Die Wirkung des Progressionsvorbehalts soll an einem Arbeitnehmer verdeutlicht werden, der einen Teil des Jahres arbeitet und den Rest des Jahres Arbeitslosengeld erhält.

Beispiel A

Ein Arbeitnehmer mit der Steuerklasse I bezieht einen Bruttolohn von 2000 €. Er arbeitet im Kalenderjahr 2021 nur fünf Monate. Die restliche Zeit bezieht er Arbeitslosengeld. Vom Arbeitslohn in Höhe von (2000 € × 5 =) 10 000 € hat der Arbeitgeber (163,50 € × 5 =) 817,50 € Lohnsteuer einbehalten. Früher wurde diesem Arbeitnehmer der Betrag von 817,50 € in voller Höhe vom Finanzamt erstattet. Die Einbeziehung des Arbeitslosengeldes (angenommen mit 800 € monatlich) führt dazu, dass sich für diesen Arbeitnehmer folgende Berechnung des Erstattungsbetrages ergibt:

Bezogener Arbeitslohn (5 × 2000 €)		10 000,– €
abzüglich: Arbeitnehmer-Pauschbetrag		1 000,– €
verbleiben		9 000,– €
zuzüglich Arbeitslosengeld (7 × 800 €)		5 600,– €
insgesamt		14 600,– €
abzüglich: Sonderausgaben-Pauschbetrag	36,– €	
abzüglich: Vorsorgeaufwendungen[1]	1982,– €	2 018,– €
zu versteuerndes Einkommen		12 582,– €
Steuer laut Grundtabelle 2021		477,– €

entspricht einer Steuerbelastung von 3,7911 %

Die Steuerbelastung ist auf vier Stellen nach dem Komma zu berechnen.

Bei der Veranlagung zur Einkommensteuer für das Kalenderjahr 2021 wird das zu versteuernde Einkommen mit 3,7911 % besteuert:

Bezogener Arbeitslohn (5 × 2000 €)		10 000,– €
abzüglich: Arbeitnehmer-Pauschbetrag	1 000,– €	
abzüglich: Sonderausgaben-Pauschbetrag	36,– €	
abzüglich: Vorsorgeaufwendungen[1]	1 982,– €	3 018,– €
zu versteuerndes Einkommen		6 982,– €
Steuer 3,7911 % von 6982 € (abgerundet auf volle Euro)		264,– €
einbehaltene Lohnsteuer (aufgerundet)		818,– €
Erstattungsbetrag		554,– €

Die dem Progressionsvorbehalt unterliegenden Leistungen werden also nicht tatsächlich besteuert, sie erhöhen lediglich den Steuersatz, der auf die steuerpflichtigen Einkünfte anzuwenden ist. Dies gilt auch für die Fälle, in denen – wie im Beispielsfall – das zu versteuernde Einkommen unter dem an sich steuerfreien Grundfreibetrag liegt (BFH-Urteil vom 9.8.2001, BStBl. II S. 778). Nicht selten führt die Anwendung des Progressionsvorbehalts für den Arbeitnehmer zu einer Steuernachzahlung.

Die dem Progressionsvorbehalt unterliegenden steuerfreien Lohnersatzleistungen (wie z. B. das Elterngeld) sind nach einer Entscheidung des Bundesfinanzhofs auch dann nicht um den Arbeitnehmer-Pauschbetrag von 1000 € zu mindern, wenn bei der Ermittlung der Einkünfte aus nichtselbstständiger Arbeit vom Bruttoarbeitslohn höhere tatsächliche Werbungskosten als der Arbeitnehmer-Pauschbetrag abgezogen worden sind (BFH-Urteil vom 25.9.2014, BStBl. 2015 II S. 182). Denn auch durch den Ansatz der tatsächlich höheren Werbungskosten vom Bruttoarbeitslohn ist der Arbeitnehmer-Pauschbetrag von 1000 € „verbraucht" worden. Die steuerfreien Lohnersatzleistungen können daher **nur dann** um den **Arbeitnehmer-Pauschbetrag** von 1000 € gemindert werden, wenn der Pauschbetrag bei der Ermittlung des zu versteuernden Einkommens **keinerlei Berücksichtigung** gefunden hat.

Lohn- Sozial-
steuer- versich.-
pflichtig pflichtig

Beispiel B

Ein Arbeitnehmer erzielt im Kalenderjahr 2021 einen Bruttoarbeitslohn in Höhe von 30 000 € und steuerfreies Elterngeld in Höhe von 1100 €. Seine Werbungskosten im Hinblick auf seine Arbeitnehmertätigkeit betragen 1200 €.

Bei der Einkommensteuer-Veranlagung 2021 unterliegt das Elterngeld in voller Höhe von 1100 € dem Progressionsvorbehalt. Eine Minderung um den Arbeitnehmer-Pauschbetrag in Höhe von 1000 € kommt nicht in Betracht, da dieser Pauschbetrag durch den Ansatz der tatsächlich höheren Werbungskosten vom Bruttoarbeitslohn bereits verbraucht ist.

Abwandlung

Ein Arbeitnehmer erzielt im Kalenderjahr 2021 einen Bruttoarbeitslohn in Höhe von 30 000 € bei tatsächlichen Werbungskosten von 1200 € und sein Ehegatte erhält steuerfreies Elterngeld in Höhe von 1100 €.

Bei der Einkommensteuer-Veranlagung 2021 unterliegt das Elterngeld nur in Höhe von 100 € dem Progressionsvorbehalt, da der zugeflossene Betrag von 1100 € um den Arbeitnehmer-Pauschbetrag von 1000 € zu mindern ist. Anders als im vorherigen Beispiel B ist das Elterngeld um den Arbeitnehmer-Pauschbetrag zu mindern, da sich dieser im Rahmen der Ermittlung des zu versteuernden Einkommens beim Ehegatten noch nicht ausgewirkt hat.

3. Alphabetische Übersicht über die Lohnersatzleistungen

Folgende Übersicht soll die Beurteilung erleichtern, ob Lohnersatzleistungen dem Progressionsvorbehalt nach § 32b Abs. 1 Satz 1 Nr. 1 EStG unterliegen.

	Progressionsvorbehalt ja	Progressionsvorbehalt nein
Altersteilzeitgesetz		
– Aufstockungsbetrag	X	
– Beiträge zur Höherversicherung		X
Anpassungsgeld		
– Steinkohlebergbau, Braunkohlentiefbau, Eisen- und Stahlindustrie		X
– Stein- und Braunkohlekraftwerke, Braunkohletagebau	X	
Arbeitslosenbeihilfe nach dem Soldatenversorgungsgesetz	X	
Arbeitslosengeld (§§ 136 ff. SGB III)	X	
Arbeitslosengeld II		X
Aufstockungsbeträge nach dem Altersteilzeitgesetz	X	
Aussperrungsunterstützung		X
Beiträge zur Höherversicherung nach dem Altersteilzeitgesetz		X
Betreuungsgeld		X
Bundesseuchengesetz (Verdienstausfallentschädigung)	X	
Bundesversorgungsgesetz (BVG)		
– Übergangsgeld nach dem BVG	X	
– Versorgungskrankengeld nach dem BVG	X	
Ein-Euro-Job-Vergütungen		X
Elterngeld (auch Sockelbetrag)	X	
Existenzgründerzuschuss		X
Gründungszuschuss (§ 93 SGB III)		X
Insolvenzgeld[2]	X	
Kinder-Krankengeld	X	
Kinderzuschlag		X
Krankengeld		
– Gesetzliche Krankenkasse (auch freiwillig Versicherte; BFH-Urteil vom 13.11.2014, BStBl. 2015 II S. 563)	X	
– Private Krankenkasse		X
Kurzarbeitergeld einschließlich Arbeitgeberzuschuss	X	
Leistungen zur Entgeltsicherung	X	
Mutterschaftsleistungen		
– Mutterschaftsgeld	X	
– Zuschuss zum Mutterschaftsgeld	X	
– Sonderunterstützung nach dem Mutterschutzgesetz	X	

1) Die Vorsorgeaufwendungen werden aus Vereinfachungsgründen in Höhe der beim Lohnsteuerabzug berücksichtigten Vorsorgepauschale angesetzt (vgl. Anhang 8).

2) Insolvenzgeld unterliegt auch insoweit dem Progressionsvorbehalt, als es für die Beiträge zur Renten-, Kranken- und Pflegeversicherung verwendet worden ist (BFH-Urteil vom 5.3.2009, BFH/NV 2009 S. 1110).

P

	Lohn-steuer-pflichtig	Sozial-versich.-pflichtig

	Progressions-vorbehalt ja	nein
Pflegeunterstützungsgeld		X
Saisonkurzarbeitergeld	X	
Streikunterstützungen		X
Teilarbeitslosengeld (§ 162 SGB III)	X	
Transferkurzarbeitergeld (§ 111 SGB III)	X	
Übergangsgeld (§§ 119–121 SGB III)	X	
Übergangsgeld (§§ 20 und 21 SGB VI)	X	
Übergangsgeld (§ 66 SGB IX)	X	
Übergangsgeld aus der gesetzlichen Unfallversicherung	X	
Übergangsgeld nach dem Bundesversorgungsgesetz	X	
Verdienstausfallentschädigung		
– nach dem Infektionsschutzgesetz	X	
– nach § 5 Unterhaltssicherungsgesetz[1]	X	
– nach § 65a SGB I		X
Verletztengeld als Leistung der gesetzlichen Unfallversicherung	X	
Versorgungskrankengeld nach dem Bundesversorgungsgesetz	X	
Vorruhestandsgeld		
– nach dem Vorruhestandsgesetz		X
Wintergeld		
– Mehraufwands-Wintergeld		X
– Zuschuss-Wintergeld		X
Zuschuss zum Arbeitsentgelt	X	
Zuschuss zum Mutterschaftsgeld	X	

Lohnersatzleistungen unterliegen mit dem Betrag dem Progressionsvorbehalt, der nach dem anzuwendenden Leistungsgesetz als Lohnersatzleistung festgesetzt worden ist. Eine **Kürzung** des Leistungsbetrags durch **Versichertenanteile** an den Beiträgen zur Renten-, Arbeitslosen-, Kranken- und Pflegeversicherung ist **nicht zulässig** (R 32b Abs. 2 Satz 2 EStR). Anteile des Sozialversicherungsträgers an diesen Beiträgen (sog. Trägeranteile, die den Arbeitgeberanteilen entsprechen) gehören hingegen nicht zu den dem Progressionsvorbehalt unterliegenden Leistungen.

Die vom Arbeitgeber gezahlten **Lohnersatzleistungen** gelten für die Anwendung des Progressionsvorbehalts in dem Kalenderjahr als **zugeflossen,** in dem der Lohnzahlungszeitraum endet (§ 11 Abs. 1 Satz 4 i. V. m. § 38a Abs. 1 Satz 2 EStG). Alle übrigen Lohnersatzleistungen (z. B. Elterngeld) sind grundsätzlich in dem Kalenderjahr zu berücksichtigen, in dem sie tatsächlich zugeflossen sind (§ 11 Abs. 1 Sätze 1 und 2 EStG). Zum Zuflusszeitpunkt in den Fällen der Vorfinanzierung von Insolvenzgeld vgl. dieses Stichwort.

Durch das Gesetz zur Anpassung des nationalen Steuerrechts an den Beitritt Kroatiens zur EU und zur Änderung weiterer steuerlicher Vorschriften vom 25.7.2014 (BGBl. I S. 1266, BStBl. I S. 1126) sind **ausländische Lohnersatzleistungen** (z. B. ausländisches Arbeitslosengeld) eines ausländischen, in einem **EU/EWR-Mitgliedstaat** oder in der **Schweiz** ansässigen Rechtsträgers **steuerfrei** gestellt worden, sofern die vergleichbare inländische Lohnersatzleistung ebenfalls steuerfrei ist (§ 3 Nr. 2 Buchstabe e EStG). Die steuerfreie ausländische Lohnersatzleistung unterliegt dem Progressionsvorbehalt, sofern die vergleichbare Lohnersatzleistung inländischer öffentlicher Kassen ebenfalls dem **Progressionsvorbehalt** unterliegt (z. B. ausländisches Arbeitslosengeld; § 32b Abs. 1 Satz 1 Nr. 1 Buchstabe k EStG).

Werden Sozialleistungen zwischen **unterschiedlichen Trägern von Sozialleistungen** ohne Rückgriff beim Arbeitnehmer rückwirkend **verrechnet,** gilt die letztlich gewährte Sozialleistung dem Arbeitnehmer **im Zeitpunkt der ursprünglichen Leistung als zugeflossen.** Das gilt unabhängig davon, ob nur eine Sozialleistung oder beide Sozialleistungen dem Progressionsvorbehalt unterliegen. Der ursprüngliche Zuflusszeitpunkt gilt auch dann, wenn die zunächst gezahlte Sozialleistung später als Rente im Rahmen der sonstigen Einkünfte zu versteuern ist (vgl. auch BFH-Urteil vom 9.12.2015, BStBl. 2016 II S. 624).[2] Ebenso ist zu verfahren, wenn rückwirkend eine Erwerbsminderungsrente statt Arbeitslosengeld II bewilligt wird

	Lohn-steuer-pflichtig	Sozial-versich.-pflichtig

und die Deutsche Rentenversicherung dem Jobcenter die an den Steuerpflichtigen gezahlten Beträge des Arbeitslosengeldes II erstattet. Dies gilt selbst dann, wenn das Arbeitslosengeld II im Hinblick auf andere finanzielle Mittel des Steuerpflichtigen zu Unrecht gewährt worden sein sollte. Das Abstellen auf den ursprünglichen Zuflusszeitpunkt der Sozialleistung für die Versteuerung der Rente kann bei einem Zusammentreffen mit anderen steuerpflichtigen Einkünften für den Empfänger nachteilig sein – so war es letztlich auch im Streitfall.

Beispiel A

Im Dezember 2020 erhält der Arbeitnehmer von seiner gesetzlichen Krankenkasse Krankengeld in Höhe von 1000 €. Im April 2021 wird ihm rückwirkend zum 1.12.2020 eine Erwerbsminderungsrente in Höhe von 1000 € monatlich durch die Deutsche Rentenversicherung bewilligt. Die Deutsche Rentenversicherung erstattet der Krankenversicherung daher im Jahr 2021 1000 €.

Dem Arbeitnehmer ist im Jahr 2020 eine Erwerbsminderungsrente in Höhe von 1000 € und Krankengeld in Höhe von 0 € (1000 € erhalten abzüglich 1000 € erstattet) zugeflossen (BFH-Urteil vom 9.12.2015, BStBl. 2016 II S. 624). Zur Versteuerung der Erwerbsminderungsrente vgl. das Stichwort „Renten" unter Nr. 3.

Beispiel B

Im Dezember 2020 erhält der Arbeitnehmer Arbeitslosengeld in Höhe von 1000 €. Im April 2021 wird die Leistung rückwirkend durch Krankengeld in Höhe von 1000 € ersetzt. Die gesetzliche Krankenkasse zahlt an die Bundesagentur für Arbeit einen Betrag von 1000 € im Jahr 2021.

Dem Arbeitnehmer ist im Jahr 2020 Krankengeld in Höhe von 1000 € und Arbeitslosengeld in Höhe von 0 € (1000 € erhalten abzüglich 1000 € erstattet) zugeflossen.

Beispiel C

Ein Steuerpflichtiger erhält vom 1.12.2020 an das nicht dem Progressionsvorbehalt unterliegende Arbeitslosengeld II in Höhe von 1000 € monatlich. Im Januar 2021 wird dem Steuerpflichtigen rückwirkend ab 1.12.2020 Elterngeld in Höhe von 300 € monatlich bewilligt. Noch im Januar 2021 werden 300 € von der das Elterngeld zahlenden Stelle an das Jobcenter erstattet.

Das Elterngeld unterliegt im Jahr 2020 in Höhe von 300 € dem Progressionsvorbehalt.

4. Kein Lohnsteuer-Jahresausgleich durch den Arbeitgeber

Neben den zusätzlichen Aufzeichnungspflichten hat die Einführung des Progressionsvorbehalts dazu geführt, dass der **Arbeitgeber** in all den Fällen keinen Lohnsteuer-Jahresausgleich durchführen darf, in denen der Progressionsvorbehalt zur Anwendung kommt. Der Arbeitgeber darf deshalb auch für diejenigen Arbeitnehmer keinen Lohnsteuer-Jahresausgleich durchführen, für die ein „U" im Lohnkonto vermerkt wurde (vgl. hierzu „Lohnkonto" unter Nr. 9). Außerdem darf der Arbeitgeber keinen Lohnsteuer-Jahresausgleich für solche Arbeitnehmer durchführen, die zu irgendeinem Zeitpunkt im Kalenderjahr Kurzarbeiter- oder Saison-Kurzarbeitergeld, Zuschüsse zum Mutterschaftsgeld, Aufstockungsbeträge nach dem Altersteilzeitgesetz oder Entschädigungen für Verdienstausfall nach dem Infektionsschutzgesetz bezogen haben. Einen Lohnsteuer-Jahresausgleich darf der Arbeitgeber auch für diejenigen Arbeitnehmer nicht durchführen, die im Kalenderjahr Arbeitslohn bezogen haben, der nach einem Doppelbesteuerungsabkommen oder dem Auslandstätigkeitserlass vom Lohnsteuerabzug freigestellt wurde.

5. Veranlagung zur Durchführung des Progressionsvorbehalts

Die Anwendung des Progressionsvorbehalts erfolgt **in allen Fällen** ausschließlich im Wege einer Veranlagung zur Einkommensteuer. Um Veranlagungen in Bagatellfällen zu vermeiden, wird eine Veranlagung zur Anwendung des

1) Die Mindestleistung nach § 8 Unterhaltssicherungsgesetz unterliegt nicht dem Progressionsvorbehalt.

2) BMF-Schreiben vom 16.7.2013 (BStBl. I S. 922). Das BMF-Schreiben ist als Anlage 2 zu H 32b LStR im **Steuerhandbuch für das Lohnbüro 2021** abgedruckt, das im selben Verlag erschienen ist.

P

Lohnsteuerpflichtig | Sozialversich.-pflichtig

Progressionsvorbehalts jedoch nur dann durchgeführt, wenn die Lohnersatzleistungen und andere steuerfreie Einkünfte, die dem Progressionsvorbehalt unterliegen, insgesamt mehr als **410 €** im Kalenderjahr betragen haben.

Beim Zusammentreffen von außerordentlichen Einkünften, die nach der Fünftelregelung ermäßigt zu besteuern sind, und dem Progressionsvorbehalt unterliegenden steuerfreien Einnahmen, sind die steuerfreien Einnahmen für die Steuerberechnung in voller Höhe und nicht nur zu einem Fünftel zu berücksichtigen (BFH-Urteil vom 22.9.2009, BStBl. 2010 II S. 1032).[1]

6. Negativer Progressionsvorbehalt

Werden vom Arbeitnehmer Lohnersatzleistungen zurückgezahlt (z. B. wenn der Arbeitnehmer zu Unrecht erhaltenes Arbeitslosengeld an das Arbeitsamt zurückzahlen muss), kann der Arbeitnehmer diese Beträge bei einer Veranlagung zur Einkommensteuer von den im selben Kalenderjahr bezogenen Lohnersatzleistungen abziehen. Ergibt sich durch die Absetzung ein negativer Betrag, weil die Rückzahlungen höher sind als die im selben Jahr empfangenen Beträge oder weil den zurückgezahlten Beträgen keine empfangenen Beträge gegenüberstehen, ist dieser negative Betrag bei der Ermittlung des besonderen Steuersatzes zu berücksichtigen (sog. **negativer Progressionsvorbehalt**). Der Begriff „negativer Progressionsvorbehalt" bedeutet Folgendes: Durch die Berücksichtigung steuerfreier Lohnersatzleistungen bei der Ermittlung des für die steuerpflichtigen Einkünfte maßgebenden Steuersatzes erhöht sich die Steuer. Bei der Rückzahlung steuerfreier Lohnersatzleistungen, die dem Progressionsvorbehalt unterlegen haben, **ermäßigt** sich der auf die anderen, steuerpflichtigen Einkünfte anzuwendende **Steuersatz.** Dies führt zu einer Steuerminderung, das heißt die seinerzeitige Steuererhöhung wird wieder rückgängig gemacht. Dieser Effekt wird negativer Progressionsvorbehalt genannt. Bei Arbeitnehmern führt er zumeist zu einer Steuererstattung.

Trifft die Rückzahlung von Lohnersatzleistungen **(= negativer Progressionsvorbehalt)** mit Arbeitslohn für eine mehrjährige Tätigkeit oder einer Abfindung zusammen, die nach der **Fünftelregelung** ermäßigt zu besteuern sind, ist die Steuerberechnung laut Bundesfinanzhof nach dem **Günstigkeitsprinzip** vorzunehmen. Das heißt, dass die Ermäßigungsvorschriften in der Reihenfolge anzuwenden sind, die zu einer geringeren Steuerbelastung führen, als dies bei ausschließlicher Anwendung des negativen Progressionsvorbehalts der Fall wäre (BFH-Urteil vom 15.11.2007, BStBl. 2008 II S. 375). Diese Vergleichsberechnung ist allerdings ebenfalls vom Finanzamt im Rahmen der Einkommensteuer-Veranlagung und nicht vom Arbeitgeber durchzuführen. Im Regelfall wird das steuerlich günstigste Ergebnis erreicht, in dem sich der negative Progressionsvorbehalt im Rahmen der Ermittlung des Steuersatzes für den nach der Fünftelregelung zu besteuernden Arbeitslohn steuersatzmindernd auswirkt (BFH-Urteil vom 11.12.2012, BStBl. 2013 II S. 370).

Hat der **Arbeitgeber** in einem auf die Zahlung der **Lohnersatzleistung** folgenden Kalenderjahr z. B. Kurzarbeitergeld **zurückgefordert,** sind in diesem Kalenderjahr in der (elektronischen) Lohnsteuerbescheinigung nur die um diese Beiträge gekürzten Lohnersatzleistungen zu bescheinigen. Ergibt sich durch die Verrechnung von ausgezahlten und zurückgeforderten Beträgen ein negativer Betrag, ist dieser Betrag mit einem deutlichen Minuszeichen kenntlich zu machen.

7. Elektronische Übermittlung der Lohnersatzleistungen

Seit dem Kalenderjahr 2011 haben alle Träger der dem Progressionsvorbehalt unterliegenden Lohnersatzleistungen die Daten über die gewährten Leistungen sowie die Dauer des Leistungszeitraums für jeden Empfänger bis Ende Februar des Folgejahres an die Finanzverwaltung **elektronisch zu übermitteln.**[2] Von der Übermittlungspflicht ausgenommen sind nur die Leistungen, die vom Arbeitgeber ohnehin in der Lohnsteuerbescheinigung auszuweisen sind (vgl. die vorstehende Nr. 1). Somit wird die Finanzverwaltung also z. B. auch über den Bezug von Elterngeld unterrichtet.

Die Arbeitnehmer sind von dem Leistungsträger darüber zu informieren, dass die Daten an die Finanzverwaltung übermittelt werden. Dabei genügt es, wenn im Bewilligungsbescheid auf den Progressionsvorbehalt und die elektronische Datenübertragungspflicht hingewiesen wird. Ferner hat der Leistungsträger den Arbeitnehmer auf dessen Steuererklärungspflicht hinzuweisen. Die vom Leistungsträger an die Finanzverwaltung übermittelten Daten gelten übrigens als Angaben des Arbeitnehmers, wenn er hierzu in seiner Einkommensteuererklärung keine abweichenden Angaben macht (§ 150 Abs. 7 AO).

Prostituierte

Prostituierte müssen unabhängig davon Steuern zahlen, ob sie selbstständig arbeiten oder abhängig beschäftigt sind. Ob eine Tätigkeit selbstständig oder nichtselbstständig ausgeübt wird, hängt von der konkreten Arbeitssituation ab. Auf die Bezeichnung der Tätigkeit in einem Vertrag oder einer Vereinbarung kommt es hingegen nicht an.

Prostituierte sind als Arbeitnehmer nichtselbstständig tätig, wenn sie z. B. feste Arbeitszeiten einhalten müssen und eine feste Grundvergütung auch ohne Kundschaft erhalten. ja ja

Sie sind selbstständig tätig, wenn sie ein eigenes Unternehmerrisiko tragen, über eine eigene Betriebsstätte verfügen und ihre Tätigkeit sowie Arbeitszeit frei gestalten können. nein nein

Provisionen

1. Lohnsteuerliche Behandlung

Provisionen sind Arbeitslohn, wenn die ihnen zugrunde liegenden Leistungen (z. B. die Vermittlung von Wertpapierverkäufen, Versicherungsabschlüssen, Bausparverträgen usw.) im Rahmen des Dienstverhältnisses ausgeführt werden. Lohnsteuer und Sozialversicherungsbeiträge sind vom Arbeitgeber auch dann einzubehalten, wenn die Provisionen von einem Dritten gezahlt werden (vgl. das Stichwort „Lohnzahlung durch Dritte"). ja ja

Die Besteuerung der Provisionen erfolgt in der Regel als laufender Arbeitslohn (vgl. „Laufende Bezüge"). Wird die Provision einmalig ohne Bezug auf bestimmte Lohnzahlungszeiträume gewährt, ist sie als sonstiger Bezug zu versteuern (vgl. dieses Stichwort).

2. Sozialversicherungsrechtliche Behandlung

In der Sozialversicherung gehören Provisionen in der Regel zum laufenden Arbeitsentgelt, auch wenn sie in größeren Zeitabständen als monatlich ausgezahlt werden. Sie sind für die Beitragsberechnung dem Lohnabrechnungszeitraum zuzuordnen, für den sie gezahlt werden. Werden Provisionen **regelmäßig** erst im nächsten oder über-

1) Zur Steuerberechnung beim Zusammentreffen von Tarifermäßigung und positivem Progressionsvorbehalt vgl. auch BFH-Urteil vom 17.1.2008, BStBl. 2011 II S. 21 zur sog. integrierten Steuerberechnung nach dem Günstigkeitsprinzip.

2) BMF-Schreiben vom 22.2.2011 (BStBl. I S. 214). Das BMF-Schreiben ist als Anlage 1 zu H 32b LStR im **Steuerhandbuch für das Lohnbüro 2021** abgedruckt, das im selben Verlag erschienen ist.

P

	Lohn-steuer-pflichtig	Sozial-versich.-pflichtig

nächsten Monat abgerechnet, können sie für die Beitragsberechnung dem Monat hinzugerechnet werden, in dem die Abrechnung erfolgt.

Beispiel

Provisionen werden regelmäßig erst im übernächsten Monat abgerechnet. Die Provision für den Monat Juni wird mit der Lohnabrechnung für August bezahlt. Die Beitragsberechnung kann zusammen mit dem Arbeitsentgelt für August erfolgen.

Werden die Provisionen aber nicht betriebsüblich im nächsten oder übernächsten Monat, sondern erst später (z. B. vierteljährlich oder halbjährlich) abgerechnet, müssen die Lohnabrechnungen für die Lohnzahlungszeiträume, für die die Provisionszahlung erfolgt, wieder aufgerollt werden. Es bestehen jedoch keine Bedenken, wenn diese Provisionen gleichmäßig auf den Zahlungszeitraum (z. B. das Vierteljahr) verteilt werden. Bei Provisionen, die erst nach Beendigung des Beschäftigungsverhältnisses zur Auszahlung kommen, sollte als Kriterium für die zeitliche Zuordnung die Handhabung während des bestehenden Beschäftigungsverhältnisses maßgebend bleiben. Das bedeutet, dass die nach Beendigung des Beschäftigungsverhältnisses noch anfallenden Provisionen dem letzten Lohnabrechnungszeitraum des Beschäftigungsverhältnisses zugeordnet werden können, wenn die Provisionen monatlich ausgezahlt wurden. Wurden sie dagegen in größeren Zeitabständen ausgezahlt, dann sind sie den entsprechenden letzten Lohnabrechnungszeiträumen zuzuordnen. Für **Stornoreserven** gilt diese Regelung ebenfalls.

Provisionen sind nur dann als einmalige Zuwendungen zu behandeln (vgl. dieses Stichwort), wenn sie ohne Bezug auf bestimmte Lohnzahlungs- bzw. Lohnabrechnungszeiträume gewährt werden.

Prozesskosten

Prozesskosten, die dem Arbeitnehmer von seinem Arbeitgeber ersetzt werden, gehören zwar grundsätzlich zu den Werbungskosten, wenn der strafrechtliche Schuldvorwurf, gegen den sich der Arbeitnehmer zur Wehr setzt, durch sein berufliches Verhalten veranlasst war (BFH-Urteil vom 19.2.1982, BStBl. II S. 467). Es kommt nicht darauf an, ob der Arbeitnehmer vorsätzlich oder fahrlässig gehandelt hat. Unerheblich ist auch, ob der Vorwurf zu Recht erhoben wurde. Da jedoch seit 1.1.1990 ein steuerfreier Werbungskostenersatz durch den Arbeitgeber nicht mehr möglich ist (vgl. hierzu die grundsätzlichen Ausführungen beim Stichwort „Auslagenersatz"), gehören die vom Arbeitgeber ersetzten Prozesskosten (Gerichtskosten und Aufwendungen für einen Verteidiger) zum steuerpflichtigen Arbeitslohn. Vgl. aber auch das Stichwort „Versicherungsschutz" am Ende der Nr. 2. — ja — ja

R

Der Arbeitnehmer kann die vom Arbeitgeber ersetzten und lohnversteuerten Prozesskosten – soweit sie beruflich veranlasst sind – als Werbungskosten bei seiner Veranlagung zur Einkommensteuer geltend machen. Ein Werbungskostenabzug ist nur dann ausgeschlossen, wenn der Tatvorwurf Verstöße betrifft, durch die der Arbeitgeber bewusst (= vorsätzlich) geschädigt wurde (z. B. Untreue, Unterschlagung, Betrug, Diebstahl; BFH-Urteil vom 30.6.2004, BFH/NV 2004 S. 1639). Entsprechendes gilt, wenn der Arbeitnehmer sich oder einen Dritten durch die schädigende Handlung bereichert hat. Der Werbungskostenabzug ist aber nicht ausgeschlossen, wenn das Strafverfahren nach § 153a StPO eingestellt wird. Die Verfahrenseinstellung rechtfertigt nämlich nicht die Schlussfolgerung, dass der Arbeitnehmer die ihm zur Last gelegte Tat begangen hat (BFH-Beschluss vom 17.8.2011, BFH/NV 2011 S. 2040). Siehe auch das Stichwort „Geldstrafen".

	Lohn-steuer-pflichtig	Sozial-versich.-pflichtig

Zur steuerlichen Geltendmachung von Prozesskosten als Werbungskosten oder als außergewöhnliche Belastungen vgl. die Erläuterungen in Anhang 7 Abschnitt B Nr. 2 (= Werbungskosten) bzw. Abschnitt D Nr. 2 (= außergewöhnliche Belastungen).

Prüfungsvergütungen

siehe „Nebenberufliche Prüfungstätigkeit"

Rabatte, Rabattfreibetrag

Neues auf einen Blick

1. Spezielle Freifahrtberechtigung für Arbeitnehmer

Der **Rabattfreibetrag** von 1080 € jährlich kann nach Auffassung des Bundesfinanzhofs für alle Fahrvergünstigungen in Anspruch genommen werden, die die Deutsche Bahn AG ihren (ehemaligen) Arbeitnehmern gewährt. Das gilt **selbst dann,** wenn die unentgeltlich oder verbilligt gewährten Freifahrtscheine aufgrund besonderen Nutzungsbestimmungen **fremden Letztverbrauchern nicht angeboten** werden. Bei Anwendung des Rabattfreibetrags sei nur auf die Beförderungsleistung und nicht auf die Art der Freifahrtberechtigungen (hier: Tagesfreifahrtschein im Fernverkehr, der fremden Letztverbrauchern nicht angeboten wird) abzustellen (BFH-Urteil vom 26.9.2019, BStBl. 2020 II S. 162).

Vgl. nachfolgende Nr. 3 Buchstabe a.

2. Nicht erbrachte Überführungsleistung bei Fahrzeugen

Zum Arbeitslohn gehören auch die einem Arbeitnehmer dadurch entstehenden Vorteile, dass ihm sein Arbeitgeber selbst produzierte Fahrzeuge zu besonderen Konditionen verbilligt überlässt. Ausgangspunkt für die Berechnung der geldwerten Vorteile sind die um 4 % geminderten Endpreise, zu denen der Arbeitgeber die Fahrzeuge fremden Letztverbrauchern im allgemeinen Geschäftsverkehr anbietet.

Der Bundesfinanzhof hat entschieden, dass die gegenüber einem Endverbraucher anfallenden **Überführungskosten** bei der Ermittlung der Höhe des geldwerten Vorteils **nicht** zu berücksichtigen sind, wenn gegenüber dem Arbeitnehmer tatsächlich **keine Überführungsleistung** des Fahrzeugs erbracht wird (BFH-Urteil vom 16.1.2020, BStBl. II S. 591). Die noch im Rahmen der Produktion durch die Auslieferung von den einzelnen in- und ausländischen Produktionsstätten zu einem Versandzentrum oder auch von einem Werk zum anderen anfallenden Kosten gehören noch zu den Herstellungskosten des Fahrzeugs. Sie sind damit im „Endpreis" enthalten. Überführungskosten fallen erst für die Lieferung eines Fahrzeugs von einem Versandzentrum zu einer Niederlassung oder zu einem Händler an. Diese Überführungsleistung wäre ggf. ein gesondert zu bewertender Vorteil.

Auf die Ausführungen unter der nachfolgenden Nr. 4 Buchstabe b wird hingewiesen.

3. Abgrenzung Geldleistung oder Sachbezug

Zur Beantwortung der Frage, ob es sich bei einer Zuwendung des Arbeitgebers um Barlohn oder einen Sachbezug handelt, vgl. die Stichworte „Sachbezüge" und „Warengutscheine".

	Lohn-steuer-pflichtig	Sozial-versich.-pflichtig

4. Monatliche Freigrenze für Sachbezüge

Die Freigrenze für Sachbezüge wird zum **1.1.2022** auf 50 € monatlich **erhöht.** Für das Jahr 2021 beträgt diese Freigrenze für Sachbezüge nach wie vor 44 € monatlich.

Gliederung:

1. Allgemeines

Überlässt der Arbeitgeber seinen Arbeitnehmern irgendwelche Wirtschaftsgüter unentgeltlich oder verbilligt, ist der hierin liegende geldwerte Vorteil grundsätzlich steuer- und beitragspflichtig. Entsprechendes gilt für unentgeltlich oder verbilligt erbrachte Dienstleistungen. ja ja

Es ist dabei gleichgültig, ob es sich um Gegenstände aus dem Privatvermögen des Arbeitgebers oder um Wirtschaftsgüter des Betriebsvermögens handelt. Für die Lohnsteuerpflicht spielt es keine Rolle, ob der Arbeitnehmer noch aktiv tätig oder bereits im Ruhestand ist. Sozialversicherungspflicht tritt hingegen nur ein, wenn der Arbeitnehmer in einem aktiven Beschäftigungsverhältnis steht.

Beispiele

Der Arbeitgeber „schenkt" dem Arbeitnehmer sein privates Motorrad.

Der Arbeitgeber verkauft dem Arbeitnehmer verbilligt einen gebrauchten Firmenwagen.

Der Arbeitgeber stellt dem Arbeitnehmer unentgeltlich private Einrichtungsgegenstände für dessen häusliches Arbeitszimmer zur Verfügung.

Ein Pensionist kann bei seiner früheren Firma verbilligt einkaufen.

In allen Fällen liegt ein steuerpflichtiger geldwerter Vorteil vor.

Für Wirtschaftsgüter, mit **denen der Arbeitgeber Handel treibt,** das heißt zumindest in gleichem Umfang fremde Dritte beliefert, gibt es jedoch eine Ausnahme. Zwar ist auch in diesen Fällen der geldwerte Vorteil aus der unentgeltlichen oder verbilligten Überlassung solcher Wirtschaftsgüter an Arbeitnehmer als Arbeitslohn anzusehen; es gibt hierfür jedoch einen Freibetrag von **1080 €** jährlich (§ 8 Abs. 3 EStG). Der Rabattfreibetrag gilt entsprechend für die vom Arbeitgeber gegenüber seinen Arbeitnehmern unentgeltlich oder verbilligt erbrachten Dienstleistungen, die zumindest in gleichem Umfang an fremde Dritte erbracht werden. nein nein

Dieser sog. **Rabattfreibetrag** wird nur bei einer unentgeltlichen oder verbilligten Überlassung von Waren gewährt, die **vom Arbeitgeber** hergestellt oder vertrieben oder als Dienstleistungen erbracht werden (sog. Belegschaftsrabatte). Erhält ein Arbeitnehmer aufgrund des Dienstverhältnisses den Rabatt von einem Dritten (sog. **Rabattgewährung durch Dritte**), liegt ebenfalls Arbeitslohn vor, der Rabattfreibetrag darf jedoch von diesem steuerpflichtigen geldwerten Vorteil **nicht** abgezogen werden (vgl. hierzu auch das Beispiel C unter der nachfolgenden Nr. 4 Buchstabe b). ja ja

Aber nicht jede Rabattgewährung durch Dritte führt bereits vom ersten Euro zur Lohnsteuerpflicht. Denn für Sachbezüge gibt es eine Freigrenze von **44 €** monatlich. Diese Freigrenze ist auch bei einer Rabattgewährung durch **Dritte** anwendbar. Das bedeutet, dass die von einem Dritten gewährten Rabatte nur dann steuer- und beitragspflichtig sind, wenn sie 44 € **monatlich** übersteigen. nein nein

Die Rabattgewährung durch Dritte ist ausführlich unter der nachfolgenden Nr. 6 erläutert.

2. Anwendung des Rabattfreibetrags

a) Rabattfreibetrag nur für sog. Belegschaftsrabatte

Neben den Geldzahlungen, die ein Arbeitnehmer aufgrund seines Arbeitsverhältnisses erhält, gehören auch etwaige **Sachbezüge und geldwerte Vorteile** aus dem Arbeitsverhältnis **zum steuerpflichtigen Arbeitslohn.** Dabei ist es gleichgültig, ob es sich um einmalige oder laufende Einnahmen handelt, ob ein Rechtsanspruch auf sie besteht und unter welcher Bezeichnung oder in welcher Form sie gewährt werden (§ 2 Abs. 1 LStDV[1]). Deshalb gehört auch die unentgeltliche oder verbilligte Überlassung von Waren durch den Arbeitgeber an den Arbeitnehmer als Sachbezug zum Arbeitslohn, wenn **die Verbilligung auf dem Arbeitsverhältnis beruht.** Nach der Rechtsprechung des Bundesfinanzhofs beruht ein vom Arbeitgeber gewährter Rabatt nur dann nicht auf dem Arbeitsverhältnis, wenn jede beliebige andere Person beim Kauf derselben Ware den gleichen Preisnachlass erhalten würde (BFH-Urteil von 26.7.2012, BStBl. 2013 II S. 402). Ob der Arbeitnehmer praktisch gezwungen ist, die Waren des Arbeitgebers verbilligt zu kaufen (sog. aufgezwungene Bereicherung), ist ohne Bedeutung (BFH-Ur-

1) Die Lohnsteuer-Durchführungsverordnung (LStDV) ist als Anhang 1 im **Steuerhandbuch für das Lohnbüro 2021** abgedruckt, das im selben Verlag erschienen ist.

R

teil vom 2.2.1990, BStBl. II S. 472). Entsprechendes gilt für vom Arbeitgeber gegenüber dem Arbeitnehmer unentgeltlich oder verbilligt erbrachte Dienstleistungen.

Vom Arbeitgeber gewährte Rabatte werden nur unter bestimmten Voraussetzungen durch den sog. **Rabattfreibetrag** in Höhe von **1080 € jährlich** steuerfrei gestellt (sog. Belegschaftsrabatte). Voraussetzung für die Anwendung des Rabattfreibetrags ist insbesondere, dass der Preisnachlass vom **Arbeitgeber** gewährt wird (und nicht von einem Dritten), und dass der Arbeitgeber mit diesen Waren oder Dienstleistungen Handel betreibt.

Der Rabattfreibetrag findet deshalb z. B. **keine Anwendung,** wenn

- Waren verbilligt überlassen werden, die der Arbeitgeber **nur oder überwiegend für den Bedarf seiner Arbeitnehmer** herstellt (z. B. Kantinenessen, vgl. die Erläuterungen unter der nachfolgenden Nr. 3 Buchstabe a).
- Waren verbilligt überlassen werden, die **nicht der Arbeitgeber** selbst verbilligt überlässt, sondern ein **Dritter,** z. B. ein mit dem Arbeitgeber verbundenes **Konzernunternehmen** (sog. Rabattgewährung durch Dritte, vgl. die Erläuterungen unter der nachfolgenden Nr. 6 Buchstabe a). Die Einschaltung eines Dritten ist aber für die Anwendung des Rabattfreibetrags unschädlich, wenn der Arbeitnehmer eine vom Arbeitgeber hergestellte Ware auf dessen Veranlassung und Rechnung erhält (BFH-Urteil vom 4.6.1993, BStBl. II S. 687).
- der vom Arbeitgeber gewährte Rabatt **pauschal besteuert** wird (vgl. die Erläuterungen unter der nachfolgenden Nr. 5).

Im Einzelnen gilt für die Anwendung des Rabattfreibetrags Folgendes:

b) Bewertung des Sachbezugs bei Anwendung des Rabattfreibetrags

Der Arbeitgeber muss **bei allen Sachbezügen,** die er dem Arbeitnehmer unentgeltlich oder verbilligt überlässt, zuerst prüfen, ob es sich eventuell um Waren oder Dienstleistungen handelt, auf die der Rabattfreibetrag von **1080 € jährlich** angewendet werden kann. Diese Prüfung ist deshalb besonders wichtig, weil die Anwendung des Rabattfreibetrags neben der Freistellung von der Steuer bis zu einem Betrag von 1080 € jährlich auch eine **besondere Bewertung** des Sachbezugs zur Folge hat. Weiterhin ist eine **Freigrenze für Sachbezüge von monatlich 44 €** zu beachten, die nur für diejenigen Sachbezüge gilt, auf die der Rabattfreibetrag **nicht** anwendbar ist oder aufgrund des bestehenden Bewertungswahlrechts (vgl. nachfolgenden Buchstaben c) nicht angewendet wird. Muss die steuerliche Behandlung von Sachbezügen beurteilt werden, erscheint es deshalb zweckmäßig, nach folgenden Schema vorzugehen:

1. Frage: Ist auf den vom Arbeitgeber unentgeltlich oder verbilligt gewährten Sachbezug der Rabattfreibetrag von 1080 € jährlich anwendbar? In diesem Fall gelten für die Bewertung des Sachbezugs die **besonderen** Bewertungsvorschriften des § 8 Abs. 3 EStG (kein Ansatz der amtlichen Sachbezugswerte, aber Bewertungsabschlag von 4 %, keine Anwendung der monatlichen 44-Euro-Freigrenze). Zum Wahlrecht zwischen der Anwendung der Rabattregelung und den allgemeinen Bewertungsvorschriften vgl. den nachfolgenden Buchstaben c.

2. Frage: Handelt es sich bei dem Sachbezug zwar um Waren- oder Dienstleistungen, auf die der Rabattfreibetrag anwendbar wäre, wählt der Arbeitgeber aber die **Pauschalbesteuerung?** Diese Frage ist deshalb von Bedeutung, weil die Anwendung der Pauschalbesteuerung die gleichzeitige Gewährung des Rabattfreibetrags von 1080 € ausschließt. Bei Anwendung der Pauschalbesteuerung gelten für die Bewertung des Sachbezugs ausschließlich die **allgemeinen** Bewertungsvorschriften des § 8 Abs. 2 EStG (ortsüblicher Preis unter Anwendung der 96 %-Regelung bzw. günstigster Marktpreis oder amtliche Sachbezugswerte, soweit festgesetzt).[1]

3. Frage: Ist auf den vom Arbeitgeber gewährten Sachbezug der Rabattfreibetrag **nicht** anwendbar? Ist diese Frage zu bejahen, kann also auf den gewährten Sachbezug der Rabattfreibetrag nicht angewendet werden, gelten für die Bewertung des Sachbezugs ebenfalls nur die **allgemeinen** Bewertungsvorschriften des § 8 Abs. 2 EStG (ortsüblicher Preis unter Anwendung der 96 %-Regelung bzw. günstigster Marktpreis oder amtlicher Sachbezugswert, soweit festgesetzt).[1] Für die Anwendung der Freigrenze von 44 € monatlich ist zu unterscheiden, ob der übliche Endpreis oder der amtliche Sachbezugswert anzusetzen ist, da beim Ansatz der amtlichen Sachbezugswerte die Anwendung der 44-Euro-Freigrenze ausgeschlossen ist.

Aufgrund dieser Einordnung ergibt sich für die Anwendung des Rabattfreibetrags und die Bewertung von Sachbezügen folgendes Schema:

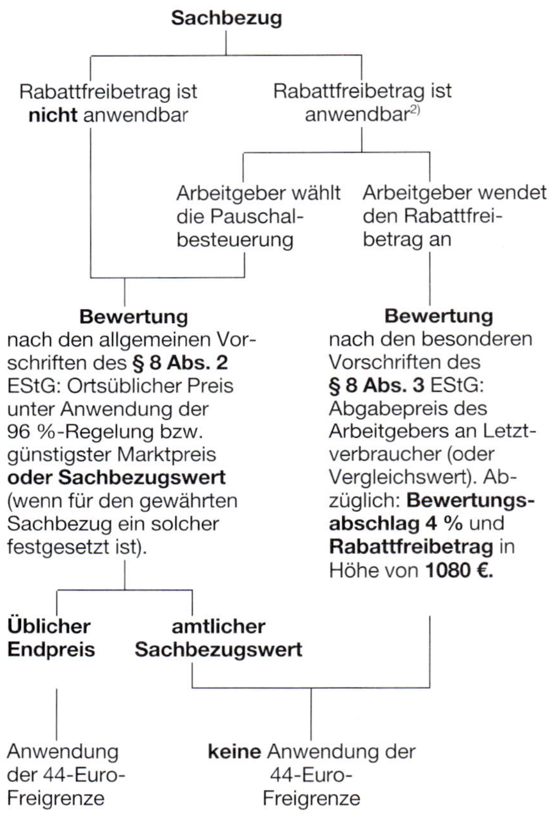

Wenn der Rabattfreibetrag anzuwenden ist und deshalb die besonderen Bewertungsvorschriften des § 8 Abs. 3 EStG zu beachten sind, kommt ein gesetzlich vorgesehener Bewertungsabschlag von 4 % in Betracht. Dieser Bewertungsabschlag von 4 % wirkt sich wie eine Erhöhung des Rabattfreibetrags aus.

---

1) Zur Bewertung der Sachbezüge nach den allgemeinen Bewertungsvorschriften vgl. das Stichwort „Sachbezüge" unter Nr. 3.

2) Zum Wahlrecht zwischen der Anwendung der Rabattregelung des § 8 Abs. 3 EStG und den allgemeinen Bewertungsvorschriften des § 8 Abs. 2 EStG vgl. den nachfolgenden Buchstaben c.

R

Lohn-steuer-pflichtig	Sozial-versich.-pflichtig

Beispiel

Arbeitnehmer können die Waren des Arbeitgebers mit 20 % Rabatt einkaufen. Ein Arbeitnehmer kauft Waren im Wert von 6750 € für 5400 € ein. Der geldwerte Vorteil beträgt somit (6750 € – 5400 € =) 1350 €. Steuerlich ergibt sich Folgendes:

Bruttowarenwert	6 750,– €
abzüglich Bewertungsabschlag in Höhe von 4 %	270,– €
verbleiben	6 480,– €
vom Arbeitnehmer bezahlt	5 400,– €
geldwerter Vorteil	1 080,– €
abzüglich Rabattfreibetrag	1 080,– €
steuerpflichtiger geldwerter Vorteil	0,– €

c) Wahlrecht zwischen der Rabattregelung und den allgemeinen Bewertungsvorschriften

Liegen die Voraussetzungen der besonderen Rabattregelung des § 8 Abs. 3 EStG vor, kann der geldwerte Vorteil für jeden einzelnen Sachbezug wahlweise nach den allgemeinen Bewertungsvorschriften des § 8 Abs. 2 EStG ohne 4%igen Bewertungsabschlag und ohne Rabattfreibetrag oder mit diesen Abschlägen auf der Grundlage des Endpreises des Arbeitgebers nach § 8 Abs. 3 EStG bewertet werden (BFH-Urteil vom 26.7.2012, BStBl. 2013 II S. 402). Dieses Wahlrecht wird von der Finanzverwaltung sowohl im **Lohnsteuerabzugsverfahren** als auch im **Einkommensteuer-Veranlagungsverfahren** angewendet. Der frühere Nichtanwendungserlass der Finanzverwaltung, wonach kein Wahlrecht zwischen der Anwendung der besonderen Rabattregelung des § 8 Abs. 3 EStG und den allgemeinen Bewertungsvorschriften des § 8 Abs. 2 EStG bestehen sollte, ist aufgehoben worden.[1]

Dem **Arbeitgeber** bleibt es aber im **Lohnsteuerabzugsverfahren** unbenommen, den geldwerten Vorteil nach der Rabattregelung zu ermitteln. Er ist **nicht verpflichtet,** die **allgemeinen Bewertungsvorschriften** anzuwenden. Diese allgemeinen Bewertungsvorschriften können dann vom Arbeitnehmer bei seiner Einkommensteuer-Veranlagung angesetzt werden. Dabei hat der Arbeitnehmer allerdings sowohl den im Lohnsteuerabzugsverfahren zu Grunde gelegten Endpreis im Sinne der Rabattregelung als auch den Endpreis im Sinne der allgemeinen Bewertungsregelungen nachzuweisen. Dies kann z. B. durch eine formlose Mitteilung des Arbeitgebers sowie anhand eines Ausdrucks des günstigsten inländischen Angebots am Markt im Zuflusszeitpunkt geschehen. Der Arbeitnehmer sollte zudem den bisher im Lohnsteuerabzugsverfahren angesetzten geldwerten Vorteil darlegen.

Beispiel

Ein Möbelunternehmen verkauft seinem Arbeitnehmer A im Juli 2021 eine Schrankwand und im August 2021 eine Couch zu einem Preis von je 3000 €. Der durch Preisauszeichnung angegebene Endpreis beträgt jeweils 5000 €. Das Möbelunternehmen gewährt auf diese Produkte durchschnittlich 10 % Rabatt. Ein anderes inländisches Möbelunternehmen bietet die Couch im Juli 2021 auf seiner Internetseite für 4000 € an. Der Arbeitgeber hat die geldwerten Vorteile unter Anwendung der Rabattregelung ermittelt. Der Arbeitnehmer beantragt bei seiner Einkommensteuer-Veranlagung den geldwerten Vorteil für die Couch nach den allgemeinen Bewertungsregeln anzusetzen und legt einen Ausdruck des günstigsten Angebots vor.

Behandlung im **Lohnsteuerabzugsverfahren**

Endpreis im Sinne der Rabattregelung ist der am Ende von Verkaufsverhandlungen durchschnittlich angebotene Preis des Arbeitgebers in Höhe von jeweils 4500 € (5000 € abzüglich durchschnittlicher Rabatt von 10 %); vgl. hierzu nachfolgende Nr. 4 Buchstabe a.

Geldwerter Vorteil für die Schrankwand im Juli

Endpreis	4 500,– €
abzüglich Bewertungsabschlag in Höhe von 4 %	180,– €
verbleiben	4 320,– €
vom Arbeitnehmer bezahlt	3 000,– €
geldwerter Vorteil	1 320,– €
Rabattfreibetrag	1 080,– €
steuerpflichtiger geldwerter Vorteil	240 ,– €

Geldwerter Vorteil für die Couch im August

Endpreis	4 500,– €
abzüglich Bewertungsabschlag in Höhe von 4 %	180,– €
verbleiben	4 320,– €
vom Arbeitnehmer bezahlt	3 000,– €
geldwerter Vorteil	1 320,– €
Rabattfreibetrag bereits verbraucht	0,– €
Steuerpflichtiger geldwerter Vorteil	1 320,– €

Behandlung im **Einkommensteuer-Veranlagungsverfahren**

Bei seiner Einkommensteuer-Veranlagung wird A den geldwerten Vorteil aus dem Kauf der Couch nach den allgemeinen Bewertungsregeln ermitteln. Endpreis nach den allgemeinen Bewertungsregeln des § 8 Abs. 2 EStG ist die nachgewiesene günstigste Marktkondition in Höhe von 4000 €. Dieser Endpreis kann nicht durch weitere Abschläge vermindert werden, weil es sich bereits um die günstigste Marktkondition handelt, sodass sich nach Anrechnung des von A gezahlten Betrags von 3000 € ein steuerpflichtiger geldwerter Vorteil von 1000 € ergibt (gegenüber 1320 € im Lohnsteuerabzugsverfahren). Bei der Einkommensteuer-Veranlagung wird das Finanzamt daher den zu versteuernden Bruttoarbeitslohn um die Differenz von 320 € vermindern. Für die Schrankwand wird A keinen Nachweis für einen günstigeren Marktpreis führen, da er in diesem Fall den Rabattfreibetrag nicht in Anspruch nehmen könnte. Es verbleibt also hier bei einem geldwerten Vorteil von 240 €.

3. Begriff der Waren und Dienstleistungen, für die der Rabattfreibetrag gewährt wird

a) Allgemeines

Der Rabattfreibetrag von 1080 € jährlich wird nur für die unentgeltliche oder verbilligte Überlassung von Waren oder Erbringung von Dienstleistungen gewährt, **mit denen der Arbeitgeber Handel treibt,** das heißt, die dem Arbeitnehmer unentgeltlich oder verbilligt überlassenen Waren oder Dienstleistungen dürfen vom Arbeitgeber **nicht überwiegend für den Bedarf seiner Arbeitnehmer** hergestellt oder erbracht werden, sondern müssen zumindest in **gleichem Umfang** auch an fremde Dritte geliefert oder erbracht werden (§ 8 Abs. 3 EStG).

Beispiel A

Die von einer betriebseigenen Kantine an die Belegschaft des Arbeitgebers verbilligt abgegebenen Mahlzeiten werden nur für die Arbeitnehmer hergestellt. Der Rabattfreibetrag kann deshalb von den geldwerten Vorteilen nicht abgezogen werden.

Für die Bewertung der Mahlzeiten gelten die amtlichen Sachbezugswerte (vgl. „Mahlzeiten").

Beispiel B

Das Personal eines Altenheimes erhält eine verbilligte Kantinenmahlzeit. Die Mahlzeiten entsprechen denen der Heimbewohner.

Bei der verbilligten Überlassung dieser Mahlzeiten handelt es sich um eine Ware mit der der Arbeitgeber Handel treibt. Der Rabattfreibetrag ist anwendbar, weil der Arbeitgeber ein sog. Personalessen nicht besonders zubereiten lässt und er die Ware „Verpflegung" damit überwiegend für Fremde und nicht für den Bedarf der Arbeitnehmer herstellt.

Für die Bewertung gelten **nicht** die amtlichen Sachbezugswerte, sondern die besondere Bewertungsvorschrift des § 8 Abs. 3 EStG. Anzusetzen ist hiernach der den Heimbewohnern abverlangte Endpreis abzüglich 4 % (vgl. die Erläuterungen unter der folgenden Nr. 4). Zum Wahlrecht zwischen der Rabattregelung und den allgemeinen Bewertungsvorschriften vgl. vorstehende Nr. 2 Buchstabe c.

Beispiel C

Im Rahmen einer Auswärtstätigkeit werden aus der Küche eines Flusskreuzfahrtschiffes neben den Passagieren auch die Besatzungsmitglieder verpflegt.

Die Verpflegung der Besatzungsmitglieder eines Flusskreuzfahrtschiffes ist von vornherein kein Arbeitslohn, wenn das eigenbetriebliche Interesse des Arbeitgebers an einer Gemeinschaftsverpflegung wegen besonderer betrieblicher Abläufe den Vorteil der Arbeitnehmer bei weitem überwiegt.

Sollte Arbeitslohn vorliegen, ist in diesem Sonderfall (Verpflegung aus der gleichen Küche – nicht unbedingt gleiches Essen – bei Auswärtstätigkeiten) der Rabattfreibetrag anwendbar (BFH-Urteil vom 21.1.2010, BStBl. II S. 700). Zur seit 2014 geltenden Rechtslage bei Mahlzeitengestellungen anlässlich beruflich veranlasster Auswärtstätigkeiten vgl. Anhang 4 unter Nr. 10.

---

1) BMF-Schreiben vom 16.5.2013 (BStBl. I S. 729). Das BMF-Schreiben ist als Anlage 10 zu H 8.2 LStR im **Steuerhandbuch für das Lohnbüro 2021** abgedruckt, das im selben Verlag erschienen ist.

R

Lohn-steuer-pflichtig Sozial-versich.-pflichtig

Nach Auffassung des Bundesfinanzhofs kann der Rabattfreibetrag von 1080 € jährlich für alle **Fahrvergünstigungen** in Anspruch genommen werden, die die Deutsche Bahn AG ihren (ehemaligen) Arbeitnehmern gewährt. Das gilt **selbst dann,** wenn die unentgeltlich oder verbilligt gewährten Freifahrtscheine aufgrund besonderen Nutzungsbestimmungen **fremden Letztverbrauchern nicht angeboten** werden. Bei Anwendung des Rabattfreibetrags sei nur auf die Beförderungsleistung und nicht auf die Art der Freifahrtberechtigungen (hier: Tagesfreifahrtschein im Fernverkehr, der fremden Letztverbrauchern nicht angeboten wird) abzustellen (BFH-Urteil vom 26.9.2019, BStBl. 2020 II S. 162). Verfestigt sich diese Sichtweise, würde dies den möglichen Anwendungsbereich des Rabattfreibetrags z. B. bezüglich der Gestellung von Mahlzeiten oder einer Unterkunft, Darlehensgewährung oder Gewährung von Freiflügen bzw. verbilligten Flügen erweitern.

b) Begriff der Waren

Zu den Waren gehören alle Wirtschaftsgüter, die im Wirtschaftsverkehr wie Sachen im Sinne des § 90 BGB behandelt werden (z. B. bewegliche und unbewegliche Sachen wie Grundstücke, Strom, Wärme, Gas, Wasser, Zigaretten, Freitrunk, Deputate usw.).

Es muss sich um Waren handeln, die vom Arbeitgeber hergestellt oder vertrieben werden. Auf Rohstoffe, Zutaten und Halbfertigprodukte ist die Begünstigung deshalb anwendbar, wenn diese mengenmäßig überwiegend in die Erzeugnisse des Betriebs eingehen (z. B. die Abgabe von Holz an Arbeitnehmer einer Möbelfabrik). Betriebs- und Hilfsstoffe, die mengenmäßig überwiegend nur an die Arbeitnehmer des Betriebs abgegeben werden, sind nicht begünstigt.

Beispiel A

Eine Transportfirma hat zur Versorgung des Fuhrparks eine Tankstelle im Betrieb eingerichtet. An der Tankstelle können auch die Arbeitnehmer des Betriebs ihre privaten Pkws verbilligt auftanken. Die Verbilligung ist ein geldwerter Vorteil für den Arbeitnehmer. Der Rabattfreibetrag ist nicht anwendbar, weil der Treibstoff nicht überwiegend an fremde Dritte abgegeben wird (der Arbeitgeber handelt nicht mit Treibstoff).

Beispiel B

Ein Pkw-Leasing-Unternehmen verkauft Neuwagen ausschließlich an seine Arbeitnehmer. Der Rabattfreibetrag kann nicht abgezogen werden, weil das Leasing-Unternehmen im Normalfall nicht mit Autos handelt (sondern diese nur verleast).

Veräußert das Leasing-Unternehmen dagegen Gebrauchtwagen nach Ablauf der Leasing-Zeit an fremde Dritte und auch an Arbeitnehmer, steht diesen der Rabattfreibetrag zu.

R

Der **Arbeitgeber** stellt eine Ware im Sinne des § 8 Abs. 3 EStG nicht nur dann her, wenn er den Gegenstand selbst produziert oder wenn er ihn auf eigene Kosten nach seinen Vorgaben und Plänen von einem Dritten produzieren lässt, sondern auch dann, wenn er damit vergleichbare sonstige gewichtige Beiträge zur Herstellung der Ware erbringt. Entscheidend ist, dass dem Arbeitgeber der **Herstellungsprozess zugerechnet** werden kann. Dafür reicht aber nicht jede beliebige Beteiligung am Herstellungsprozess aus. Der Beitrag des Arbeitgebers muss derart gewichtig sein, dass bei wertender Betrachtung die Annahme der Herstellereigenschaft gerechtfertigt erscheint (BFH-Urteil vom 1.10.2009, BStBl. 2010 II S. 204). Im (positiv entschiedenen) Streitfall ließ der Arbeitgeber die Waren nach seinen Vorgaben und Plänen produzieren und war für Produktplanung, Materialbeschaffung sowie Logistik zuständig.

Entsprechendes gilt, wenn dem **Arbeitgeber** die **„Vertreibereigenschaft“** für die Ware oder Dienstleistung zuzurechnen ist (BFH-Urteil vom 26.4.2018, BStBl. 2019 II S. 286). Im Streitfall war der Arbeitgeber für die Akquise, Betreuung und Beratung der Kunden des eigentlichen Veräußerers zuständig. Dies betraf sowohl die Abwicklung der vertraglichen als auch der technischen Belange. Der Arbeitgeber leistete damit einen gewichtigen Beitrag zum Vertrieb, indem er den Markt durch seine Kontakte zu den Endkunden und technische Dienstleistungen verfügbar machte. Dem Arbeitgeber war der Vertriebsprozess zuzurechnen, weil sein Beitrag am Vertrieb derart gewichtig war, dass bei wertender Betrachtung die Annahme der „Vertreibereigenschaft“ gerechtfertigt erschien.

c) Begriff der Dienstleistungen

Als Dienstleistungen kommen alle personellen Leistungen in Betracht, die üblicherweise gegen Entgelt erbracht werden. Zu den Dienstleistungen gehören deshalb z. B. auch Beförderungsleistungen, die Beratung (z. B. in einer Anwalts- oder Steuerkanzlei), die Werbung (z. B. verbilligte Anzeigen durch einen Zeitungsverlag), die Datenverarbeitung, die Kontoführung, der Versicherungsschutz (z. B. Prämienermäßigung für Arbeitnehmer der Versicherungen) sowie Reiseveranstaltungen. Ebenso die Inspektion eines Kfz oder einer Heizungsanlage. Dienstleistungen, die der Arbeitgeber überwiegend nur für seine Arbeitnehmer erbringt, sind nicht begünstigt. Bei gemischten Dienstleistungen muss deshalb geprüft werden, welche Dienstleistung die Voraussetzung für die Anwendung des Rabattfreibetrags erfüllt, und welche nicht.

Beispiel A

Der Arbeitnehmer eines Reisebüros hat für eine vom Arbeitgeber vermittelte Pauschalreise, die im Katalog des Reiseveranstalters zum Preis von 2000 € angeboten wird, nur 1500 € zu zahlen. Vom Preisnachlass entfallen 300 € auf die Reiseleistung des Veranstalters und 200 € auf die Vermittlung des Arbeitgebers, der insoweit keine Vermittlungsprovision erhält.

Die unentgeltliche Vermittlungsleistung ist nach § 8 Abs. 3 EStG mit ihrem um 4 % = 8 € geminderten Endpreis von 200 € zu bewerten (vgl. Nr. 4), sodass sich ein geldwerter Vorteil in Höhe von (200 € – 8 € =) 192 € ergibt, der im Rahmen des Rabattfreibetrags von 1080 € jährlich steuerfrei ist.

Auf die darüber hinausgehende Verbilligung der Pauschalreise um 300 € ist der Rabattfreibetrag nicht anwendbar, weil die Reise **nicht vom Arbeitgeber** durchgeführt wird; sie ist deshalb nach § 8 Abs. 2 EStG mit dem üblichen Endpreis zu bewerten, wobei allerdings die sog. 96 %-Regelung[1] angewendet werden kann, sodass sich ein steuerlicher Preisvorteil in folgender Höhe ergibt:

Katalogpreis der Reiseleistung ohne Vermittlungsprovision	1 800,– €
96 %-Regelung[1]	1 728,– €
vom Arbeitnehmer bezahlt	1 500,– €
steuerpflichtiger geldwerter Vorteil	228,– €

Der Rabattfreibetrag von 1080 € ist auf diesen Teil der Verbilligung nicht anwendbar.

Zu den Dienstleistungen zählen auch Vermittlungsleistungen, z. B. die Vermittlung von Bausparverträgen oder Versicherungsverträgen durch Banken, Sparkassen und Versicherungsunternehmen sowie die Vermittlung von Reisen durch Reisebüros (siehe vorstehendes Beispiel A). Arbeitgeber, die derartige Abschlüsse vermitteln, gewähren ihren Arbeitnehmern einen geldwerten Vorteil im Sinne des § 8 Abs. 3 EStG, wenn die Arbeitgeber im Voraus auf die ihnen zustehenden Vermittlungsprovisionen verzichten und aufgrund dieses Verzichts dem Arbeitnehmer einen Preisnachlass bei Reisen, den Abschluss günstigerer Tarife bei Versicherungen oder das Ersparen von Abschlussgebühren bei Bausparverträgen verschaffen. Die Anwendung des § 8 Abs. 3 EStG ist aber auf die Leistung des Arbeitgebers, das heißt auf die Höhe der Vermittlungsprovision begrenzt. Vgl. auch die Erläuterungen unter der nachfolgenden Nr. 10 Buchstabe d.

Nach dem BFH-Urteil vom 23.8.2007 (BStBl. 2008 II S. 52) sind Provisionen, die der Arbeitgeber von Verbundunternehmen für die Vermittlung von Versicherungsverträgen erhalten hat und in bestimmten Fällen an eigene Arbeitnehmer weitergibt, **Barlohn** und nicht Sachlohn, wenn die

1) Die sog. 96 %-Regelung ist beim Stichwort „Sachbezüge“ unter Nr. 3 Buchstabe b auf Seite 846 ausführlich anhand von Beispielen erläutert.

Lohn- steuer- pflichtig | Sozial- versich.- pflichtig

Vermittlungsleistung nur gegenüber dem Verbundunternehmen erbracht wird und auch nur diesem gegenüber Ansprüche bestehen mit der Folge, dass weitergeleitete Provisionen nicht nach § 8 Abs. 3 EStG zu bewerten sind. Der Arbeitgeber erbringt somit keine Dienstleistung im Sinne des § 8 Abs. 3 EStG, wenn er sie am Markt nicht im eigenen Namen, sondern in fremden Namen, also für das Verbundunternehmen anbietet.

Beispiel B

Eine Sparkasse erbringt die Vermittlung von Bausparverträgen nicht als eigene Dienstleistung am Markt und erwirbt keine eigenen Provisionsansprüche. Die Bausparkasse verzichtet auf die Abschlussgebühr, wenn Arbeitnehmer der Sparkasse einen Bausparvertrag bei dieser Bausparkasse abschließen.

Die Vorteile, die aus dem Verzicht der Abschlussgebühr durch die Bausparkasse beruhen, sind Arbeitslohn von dritter Seite in Form von Sachlohn, der nach § 8 Abs. 2 EStG zu bewerten und (ohne Anwendung des Rabattfreibetrags) zu versteuern ist.

Die leih- oder mietweise Überlassung von Grundstücken, **Wohnungen, möblierten Zimmern** oder die Überlassung von Kraftfahrzeugen, Maschinen und anderen beweglichen Sachen sowie die **Gewährung von Darlehen** gehören zu den durch den Rabattfreibetrag begünstigten „Dienstleistungen". Ist auch die darüber hinaus erforderliche Voraussetzung gegeben, nämlich dass der Arbeitgeber mit der betreffenden „Dienstleistung" selbst Handel betreibt, ist der Rabattfreibetrag anzuwenden. Die Anwendung des Rabattfreibetrags hat jedoch auch eine Kehrseite. Denn die auf § 8 Abs. 2 EStG beruhenden Sachbezugswerte für die Unterkunft sowie die besonderen Werte bei einer unentgeltlichen Überlassung von Firmenwagen zur privaten Nutzung (z. B. 1 %-Bruttolistenpreisregelung) und die gleichzeitige Anwendung des Rabattfreibetrags **schließen sich gegenseitig aus;** zum bestehenden Wahlrecht zwischen der besonderen Rabattregelung des § 8 Abs. 3 EStG und den allgemeinen Bewertungsvorschriften des § 8 Abs. 2 EStG vgl. vorstehende Nr. 2 Buchstabe c. Dies soll an zwei Beispielen verdeutlicht werden:

Beispiel C

Ein Arbeitgeber (z. B. ein Chemiekonzern) mietet möblierte Zimmer an und überlässt sie verbilligt an Arbeitnehmer. Der geldwerte Vorteil aus der verbilligten Überlassung der Unterkunft ist mit dem amtlichen Sachbezugswert zu bewerten. Der Rabattfreibetrag von 1080 € jährlich ist nicht anwendbar, da ein Chemiekonzern keine „Wohnraumvermietung" betreibt, das heißt, dass die vom Arbeitgeber erbrachten Vermietungsleistungen ausschließlich für seine Arbeitnehmer erbracht werden. Die Anwendung des § 8 Abs. 3 EStG ist damit ausgeschlossen.

Beispiel D

Ein Hotelbetrieb überlässt Hotelzimmer (die auch fremden Dritten angeboten werden) unentgeltlich an seine Arbeitnehmer.

Nach dem BFH-Urteil vom 4.11.1994 (BStBl. 1995 II S. 338) ist die Anwendung des § 8 Abs. 3 EStG für diese Fälle möglich. Das bedeutet, dass zwar einerseits der geldwerte Vorteil um den Rabattfreibetrag von 1080 € zu kürzen ist, andererseits aber der geldwerte Vorteil nicht mit dem amtlichen Sachbezugswert, sondern (zwingend) mit dem ortsüblichen Mietpreis anzusetzen ist. Dies kann sich durchaus zuungunsten des Arbeitnehmers auswirken, z. B. wenn einem Arbeitnehmer im Hotel- und Gaststättengewerbe ein Hotelzimmer, das auch fremden Dritten angeboten wird, unentgeltlich überlassen wird. Denn das Zimmer muss mit dem ortsüblichen Mietpreis bewertet werden, z. B. mit 30 € je Übernachtung, monatlich also (30 Tage × 30 € =) 900 €. Hiervon ist der Rabattfreibetrag von 90 € monatlich abzuziehen, sodass als lohnsteuerpflichtiger Sachbezug ein Betrag von 810 € monatlich verbleibt. Daher sollte in diesem Fall bereits im Lohnsteuerabzugsverfahren von dem unter der vorstehenden Nr. 2 Buchstabe c beschriebenen Wahlrecht zwischen der besonderen Rabattregelung des § 8 Abs. 3 EStG und den allgemeinen Bewertungsvorschriften des § 8 Abs. 2 EStG Gebrauch gemacht werden. Bei einer Ausübung dieses Wahlrechts zugunsten der allgemeinen Bewertungsvorschriften des § 8 Abs. 2 EStG ist die Unterkunft mit dem amtlichen Sachbezugswert von monatlich 237 € (statt 810 €! bei Anwendung der besonderen Rabattregelung) anzusetzen.

Wird dem Arbeitnehmer kein Hotelzimmer (das auch fremden Dritten angeboten wird) überlassen, sondern wohnt er in einer **Personalunterkunft,** ist die unentgeltliche oder verbilligte Überlassung dagegen zwingend mit dem amtlichen Sachbezugswert (**ohne** Kürzung um den Rabattfreibetrag) zu bewerten. Dies sind monatlich 237 € im Kalenderjahr 2021.

Lohn- steuer- pflichtig | Sozial- versich.- pflichtig

d) Fehlen des Nämlichkeitsnachweises

Die gesetzliche Voraussetzung, dass es sich um Waren handeln muss, die **vom Arbeitgeber** hergestellt oder vertrieben werden, führt dazu, dass weder Arbeitnehmer von **Konzerngesellschaften** noch ein überbetrieblicher Belegschaftshandel durch den Rabattfreibetrag begünstigt wird. Der Begriff des Arbeitgebers im lohnsteuerlichen Sinne ist eindeutig (BFH-Urteil vom 21.2.1986, BStBl. II S. 768); es ist diejenige natürliche oder juristische Person, zu der die arbeitsvertraglichen Beziehungen bestehen. Die Beachtung dieses sog. Nämlichkeitsnachweises ist für die Gewährung des Rabattfreibetrags von entscheidender Bedeutung. Denn bei einer Rabattgewährung durch Dritte (z. B. bei Konzernen) führt der **fehlende Nämlichkeitsnachweis** zu einer Versagung des Rabattfreibetrags (vgl. die Erläuterungen unter der folgenden Nr. 6).

Auf Fahrvergünstigungen, die die Deutsche Bahn AG (= Dritter) den ihr zugewiesenen Beamten und Ruhestandsbeamten des früheren Sondervermögens Deutsche Bundesbahn gewährt, ist der Rabattfreibetrag grundsätzlich anwendbar, obwohl diese nicht vom Arbeitgeber (dem Bundeseisenbahnvermögen) selbst, sondern von einem Dritten (Deutsche Bahn AG) erbracht werden und die Dienstleistungen nicht zur Leistungspalette des Arbeitgebers gehören (BFH-Urteil vom 26.6.2014, BStBl. 2015 II S. 39). In § 12 Abs. 8 Deutsche Bahn Gründungsgesetz ist gesetzlich verankert, dass der Rabattfreibetrag für die zugewiesenen Beamten und die Ruhestandsbeamten des früheren Sondervermögens Deutsche Bundesbahn entsprechend gilt. Damit wird gewährleistet, dass die zugewiesenen Beamten den Rabattfreibetrag behalten und mit den direkt bei der Deutschen Bahn AG Beschäftigten gleichgestellt werden.[1)]

4. Bewertung der Waren und Dienstleistungen, auf die der Rabattfreibetrag angewendet wird

a) Allgemeine Bewertungsgrundsätze

Werden einem Arbeitnehmer mehrere Leistungen zugewandt, ist für jede Leistung gesondert eine Verbilligung und ein damit einhergehender Vorteil zu prüfen (BFH-Urteil vom 16.1.2020, BStBl. II S. 591). Unentgeltlich oder verbilligt überlassene Waren und Dienstleistungen des Arbeitgebers, auf die der Rabattfreibetrag von 1080 € jährlich angewendet wird, sind nach den **besonderen** Bewertungsvorschriften des § 8 Abs. 3 EStG zu bewerten. Ist bei einer unentgeltlichen oder verbilligten Überlassung von Waren und Dienstleistungen der Rabattfreibetrag nicht anwendbar (z. B. bei der Überlassung von Wohnungen), oder ist der Rabattfreibetrag zwar anwendbar, wird aber die Pauschalbesteuerung gewählt (vgl. Nr. 5), gelten die allgemeinen Bewertungsvorschriften des § 8 Abs. 2 EStG. Entsprechendes gilt, wenn trotz möglicher Anwendung des Rabattfreibetrags das Wahlrecht zugunsten der Anwendung der allgemeinen Bewertungsvorschriften des § 8 Abs. 2 EStG ausgeübt wird (vgl. vorstehende Nr. 2 Buchstabe c). Steht fest, dass auf die unentgeltliche oder verbilligte Überlassung der Waren oder Dienstleistungen der Rabattfreibetrag angewendet wird, gilt für die Bewertung nach § 8 Abs. 3 EStG Folgendes:

Als Wert der Sachbezüge sind die Endpreise (einschließlich der Umsatzsteuer) zugrunde zu legen, zu denen **der Arbeitgeber** oder der nächstansässige Abnehmer die konkreten Waren oder Dienstleistungen fremden Letztverbrauchern im allgemeinen Geschäftsverkehr **anbietet.** Verbrauchsteuern (z. B. Biersteuer, Tabaksteuer) dürfen auch dann nicht herausgerechnet werden, wenn sie wegen einer Steuerbefreiung bei einer unmittelbaren Abgabe an Arbeitnehmer nicht anfallen. Da Rabatte, die der Arbeitgeber nicht nur seinen Arbeitnehmern, sondern auch

1) Vorrangig zu prüfen ist im Einzelfall die Steuerfreiheit von Fahrtkostenzuschüssen nach § 3 Nr. 15 EStG. Vgl. hierzu das Stichwort „Freifahrten".

R

Lohn- steuer- pflichtig | Sozial- versich.- pflichtig

fremden Dritten üblicherweise einräumt, nicht zu steuerpflichtigen Arbeitslohn führen, ist Endpreis im Sinne der Rabattregelung der am Ende der Verkaufsverhandlungen als letztes Angebot stehende Preis; daher sind auch die üblicherweise eingeräumten Rabatte mindernd zu berücksichtigen (BFH-Urteil vom 26.7.2012, BStBl. 2013 II S. 400 und S. 402). Die Finanzverwaltung folgt grundsätzlich der Rechtsprechung des Bundesfinanzhofs und geht als „Endpreis" von dem Preis aus, zu dem der Arbeitgeber die Waren oder Dienstleistungen fremden Letztverbrauchern im allgemeinen Geschäftsverkehr **am Ende von Verkaufsverhandlungen durchschnittlich anbietet.**[1] Die im allgemeinen Geschäftsverkehr gegenüber Dritten eingeräumten Rabatte sind also zu berücksichtigen. Bei der Ermittlung des tatsächlichen Angebotspreis wird es von der Finanzverwaltung nicht beanstandet, wenn als Endpreis im Sinne der Rabattregelung der Preis angenommen wird, der sich ergibt, wenn der **durchschnittliche Preisnachlass** beim Verkauf an fremde Letztverbraucher im allgemeinen Geschäftsverkehr vom ursprünglichen Angebotspreis (laut Preisauszeichnung) **abgezogen** wird. **Sonderrabatte** gegenüber Dritten (z. B. für das Taxigewerbe beim Pkw-Kauf) sind hingegen **nicht** einzubeziehen. Von diesem tatsächlichen Angebotspreis sind der gesetzliche Bewertungsabschlag von 4 % abzuziehen und bei der Ermittlung des steuerpflichtigen geldwerten Vorteils der Rabattfreibetrag von 1080 € zu berücksichtigen. Der Arbeitgeber hat die Grundlagen für den ermittelten Endpreis als Belege zum Lohnkonto aufzubewahren, zu dokumentieren und dem Arbeitnehmer auf Verlangen formlos mitzuteilen (vgl. auch das Stichwort „Lohnkonto" unter Nr. 5).

Tritt der Arbeitgeber mit fremden Letztverbrauchern nicht in Geschäftsbeziehungen (z. B. Hersteller oder Großhändler), sind die nach den vorstehenden Grundsätzen ermittelten Endpreise zugrunde zu legen, zu denen der dem Abgabeort des Arbeitgebers nächstansässige Abnehmer die Waren oder Dienstleistungen fremden Letztverbrauchern anbietet. Für die Preisfeststellung ist grundsätzlich der Kalendertag maßgebend, an dem die Ware oder Dienstleistung an den Arbeitnehmer abgegeben wird. Fallen Bestell- und Liefertag auseinander, sind die Verhältnisse am Bestelltag für die Ermittlung des Angebotspreises maßgebend (vgl. auch BFH-Urteil vom 7.5.2014, BStBl. II S. 904, wonach bei einem verbilligten Aktienerwerb Bewertungszeitpunkt für den geldwerten Vorteil der Abschluss des verbindlichen Kaufvertrags und Zuflusszeitpunkt die Erlangung der wirtschaftlichen Verfügungsmacht über die Aktien ist).

R

Der nach den dargelegten Grundsätzen festgestellte Endpreis ist um den gesetzlich festgelegten Bewertungsabschlag von 4 % zu mindern; dieser geminderte Endpreis stellt den Geldwert des Sachbezugs dar. Als steuerpflichtiger geldwerter Vorteil ist der Unterschiedsbetrag zwischen diesem Geldwert und dem vom Arbeitnehmer gezahlten Entgelt anzusetzen, soweit dieser 1080 € im Kalenderjahr übersteigt.

Die Unterschiede zwischen der **besonderen** Bewertung nach § 8 Abs. 3 EStG bei Berücksichtigung des Rabattfreibetrags und der **allgemeinen** Bewertung nach § 8 Abs. 2 EStG sind Folgende:

- Die **allgemeine** Bewertung der Sachbezüge nach § 8 Abs. 2 EStG erfolgt mit dem ortsüblichen Endpreis bzw. dem günstigsten Marktpreis, wenn kein amtlicher Sachbezugswert für die Ware festgesetzt ist. Ist für den Sachbezug ein amtlicher Sachbezugswert festgesetzt worden, ist dieser maßgebend.
- Die **besondere** Bewertung nach § 8 Abs. 3 EStG kennt keine amtlichen Sachbezugswerte. Wird also auf einen unentgeltlichen oder verbilligten Warenbezug der Rabattfreibetrag angewendet, darf diese Ware **niemals** mit amtlichen Sachbezugswerten bewertet werden.

Lohn- steuer- pflichtig | Sozial- versich.- pflichtig

- Die **besondere** Bewertung nach § 8 Abs. 3 EStG geht von dem Preis aus, den **der Arbeitgeber** für die Ware von fremden Letztverbrauchern im allgemeinen Geschäftsverkehr am Ende der Verkaufsverhandlungen fordert. Üblicherweise eingeräumte Rabatte sind also zu berücksichtigen; aus Vereinfachungsgründen kann der durchschnittliche Preisnachlass angesetzt werden. Bei Herstellern und Großhändlern, die nicht an Letztverbraucher liefern, ist der Preis maßgebend, den der nächstansässige Abnehmer des Arbeitgebers von fremden Letztverbrauchern nach diesen Grundsätzen fordert. Der nach § 8 Abs. 3 EStG anzusetzende Wert ist also kein „üblicher Endpreis", sondern ein konkreter Einzelpreis. Auf diesen Preis ist ein Bewertungsabschlag von 4 % vorzunehmen (und nicht etwa ein Preisabschlag, den der Arbeitgeber bestimmten Großkunden gewährt).

Beispiel

Eine Möbelfabrik überlässt einem Arbeitnehmer eine komplette Wohnungseinrichtung zum Großhandelspreis von 14 000 €. Da der Arbeitgeber nicht selbst an Endverbraucher liefert, muss er den maßgeblichen Letztverbraucher-Endpreis anhand des nächstansässigen Abnehmers ermitteln. Dieser Händler bietet die Möbel zu einem Preis von 20 000 € (einschließlich Umsatzsteuer) an, wobei er den Kunden einen Preisnachlass zwischen 8 % und 12 % einräumt. Der durchschnittliche Preisnachlass bezogen auf alle Kunden dieser Ware liegt bei 9,5 %. Der steuerpflichtige geldwerte Vorteil errechnet sich wie folgt:

Ursprünglicher Angebotspreis einschließlich Umsatzsteuer	20 000,– €
durchschnittlicher Preisnachlass 9,5 % (= übliche Rabatte)	1 900,– €
tatsächlicher Angebotspreis (= Endpreis i. S. d. § 8 Abs. 3 Satz 1 EStG)	18 100,– €
abzüglich Bewertungsabschlag in Höhe von 4 %	724,– €
verbleiben	17 376,– €
vom Arbeitnehmer bezahlt	14 000,– €
geldwerter Vorteil	3 376,– €
abzüglich Rabattfreibetrag	1 080,– €
Steuerpflichtiger geldwerter Vorteil	2 296,– €

b) Rabattbesteuerung in der Automobilindustrie

Der den Arbeitnehmern in der Automobilbranche beim Kauf eines Neuwagens gewährte Preisnachlass gehört als geldwerter Vorteil zum steuer- und sozialversicherungspflichtigen Arbeitslohn, soweit der Rabattfreibetrag in Höhe von 1080 € jährlich überschritten wird.

Beispiel A

Ein Automobilunternehmen überlässt einem Arbeitnehmer einen Pkw zu einem Preis von 20 000 €; der maßgebende Endpreis dieses Pkws für fremde Letztverbraucher beträgt 25 000 € (einschließlich Umsatzsteuer). Zur Ermittlung des geldwerten Vorteils ist der Endpreis um 4 % = 1000 € zu kürzen, sodass sich nach Anrechnung des vom Arbeitnehmer gezahlten Entgelts ein geldwerter Vorteil von 4000 € ergibt. Der mit dem gesetzlich festgelegten Bewertungsabschlag von 4 % ermittelte Rabatt von 4000 € überschreitet den Rabattfreibetrag von 1080 € um 2920 €, sodass dieser Betrag zu versteuern ist. Würde der Arbeitnehmer im selben Kalenderjahr ein zweites Mal einen Pkw unter denselben Bedingungen beziehen, käme der Rabattfreibetrag nicht mehr in Betracht; es ergäbe sich dann ein zu versteuernder Betrag von 4000 € (Unterschiedsbetrag zwischen dem um 4 % = 1000 € geminderten Endpreis von 25 000 € und dem Abgabepreis von 20 000 €).

Für die steuerliche Bewertung der Kraftfahrzeuge sind nach § 8 Abs. 3 EStG die Endpreise maßgebend, zu denen der Arbeitgeber die Kraftfahrzeuge anderen Letztverbrauchern im allgemeinen Geschäftsverkehr anbietet. Bietet der Arbeitgeber die Kraftfahrzeuge anderen Letztverbrauchern nicht an, sind die Endpreise des nächstgelegenen Händlers maßgebend.

1) Randziffer 7 bis 9 des BMF-Schreibens vom 16.5.2013 (BStBl. I S. 729). Das BMF-Schreiben ist als Anlage 10 zu H 8.2 LStR im **Steuerhandbuch für das Lohnbüro 2021** abgedruckt, das im selben Verlag erschienen ist.

Lohn-steuer-pflichtig Sozial-versich.-pflichtig

Regelmäßig ist als Endpreis im vorstehenden Sinn der Preis maßgebend, der nach der Preisangabenverordnung anzugeben und auszuweisen ist. Dies ist z. B. der sog. Hauspreis, mit dem Kraftfahrzeuge ausgezeichnet werden, die im Verkaufsraum eines Automobilhändlers ausgestellt werden. Wenn kein anderes Preisangebot vorliegt, ist dem Endpreis grundsätzlich die unverbindliche Preisempfehlung des Herstellers zugrunde zu legen.

Nach den Gepflogenheiten in der Automobilbranche werden Kraftfahrzeuge im allgemeinen Geschäftsverkehr fremden Letztverbrauchern tatsächlich häufig zu einem Preis angeboten, der unter der unverbindlichen Preisempfehlung des Herstellers liegt. Deshalb kann der **tatsächliche Angebotspreis** anstelle des empfohlenen Preises angesetzt werden (vgl. BFH-Urteil vom 4.6.1993, BStBl. II S. 687 und BFH-Urteil vom 17.6.2009, BStBl. 2010 II S. 67). Entsprechend den Ausführungen unter dem vorstehenden Buchstaben a kann zur Ermittlung des tatsächlichen Angebotspreises vom ursprünglichen Angebotspreis einschließlich Umsatzsteuer der **durchschnittliche Preisnachlass** beim Verkauf an fremde Letztverbraucher im allgemeinen Geschäftsverkehr vom ursprünglichen Angebotspreis abgezogen werden. Der durchschnittliche Preisnachlass ist modellbezogen nach den tatsächlichen Verkaufserlösen in den vergangenen drei Kalendermonaten zu ermitteln und jeweils der Endpreisfeststellung im Zeitpunkt der Bestellung (Bestellbestätigung) zugrunde zu legen. **Sonderrabatte** gegenüber Dritten (z. B. für das Taxigewerbe beim Pkw-Kauf) sind **nicht** einzubeziehen. Von diesem tatsächlichen Angebotspreis sind der gesetzliche Bewertungsabschlag von 4 % abzuziehen und bei der Ermittlung des steuerpflichtigen geldwerten Vorteils der Rabattfreibetrag von 1080 € zu berücksichtigen. Die frühere Verwaltungsauffassung, die für die Rabattbesteuerung in der Automobilindustrie eine Berücksichtigung von 80 % des durchschnittlichen Preisnachlasses vorsah, ist im Hinblick auf die Rechtsprechung des Bundesfinanzhofs (BFH-Urteile vom 26.7.2012, BStBl. 2013 II S. 400 und S. 402) ausdrücklich aufgehoben worden.[1]

Beispiel B

Ein Automobilunternehmen überlässt einem Arbeitnehmer einen Pkw zu einem Preis von 30 000 €. Der Hauspreis des nächstansässigen Händlers für dieses Fahrzeug beträgt 39 900 € (einschließlich Umsatzsteuer). Der im Rahmen der Verkaufsverhandlungen von diesem Händler gewährte Preisnachlass beträgt zwischen 13 % und 19 %; im Durchschnitt 16,5 %. Großkunden erhalten einen Preisnachlass bis zu 22 %, im Durchschnitt 20 %.

Ursprünglicher Angebotspreis einschließlich Umsatzsteuer	39 900,00 €
durchschnittlicher Preisnachlass 16,5 % (= übliche Rabatte)	6 583,50 €
tatsächlicher Angebotspreis (= Endpreis i. S. d. § 8 Abs. 3 Satz 1 EStG)	33 316,50 €
abzüglich Bewertungsabschlag in Höhe von 4 %	1 332,66 €
verbleiben	31 983,84 €
vom Arbeitnehmer bezahlt	30 000,00 €
geldwerter Vorteil	1 983,84 €
abzüglich Rabattfreibetrag	1 080,00 €
Steuerpflichtiger geldwerter Vorteil	903,84 €

Bei der Ermittlung des durchschnittlichen Preisnachlasses sind sowohl Fahrzeugverkäufe, deren Endpreise inklusive Transport- und Überführungskosten im Einzelfall über der unverbindlichen Preisempfehlung des Herstellers liegen, als auch Fahrzeugverkäufe, die mit überhöhter **Inzahlungnahme von Gebrauchtfahrzeugen,** Sachzugaben oder anderen indirekten Rabatten einhergehen, einzubeziehen. Neben Barrabatten ist der Wert indirekter Rabatte bei der Ermittlung des durchschnittlichen Preisnachlasses zu berücksichtigen, soweit diese in den Verkaufsunterlagen des Automobilherstellers oder Automobilhändlers nachvollziehbar dokumentiert sind. Fahrzeugverkäufe mit Marktzins unterschreitenden Finanzierungen bleiben bei der Ermittlung des durchschnittlichen Preisnachlasses unberücksichtigt.

Lohn-steuer-pflichtig Sozial-versich.-pflichtig

Von der Finanzverwaltung wird es nicht beanstandet,[2] wenn bei **neu eingeführten Modellen** in den ersten drei Kalendermonaten ein **pauschaler Abschlag** von **6 %** der unverbindlichen Preisempfehlung des Herstellers als durchschnittlicher Preisnachlass angenommen wird. Als neues Modell ist ein neuer Fahrzeugtyp oder eine neue Fahrzeuggeneration anzusehen, nicht dagegen eine sog. Modellpflegemaßnahme („Facelift"). In Zweifelsfällen kann hierzu auf die ersten Ziffern des im Fahrzeugschein oder in der Zulassungsbescheinigung Teil I verzeichneten Typenschlüssels des Herstellers abgestellt werden. Wurde ein Modell in den der Bestellung vorangegangenen drei Kalendermonaten nicht verkauft, ist auf den durchschnittlichen Preisnachlass des letzten Dreimonatszeitraums abzustellen, in dem Verkaufsfälle vorliegen. Der Arbeitgeber hat die Grundlagen für den ermittelten geldwerten Vorteil als Beleg zum Lohnkonto aufzubewahren.

Der Bundesfinanzhof hat entschieden, dass die gegenüber einem Endverbraucher anfallenden Überführungskosten bei der Ermittlung der Höhe des geldwerten Vorteils nicht zu berücksichtigen sind, wenn gegenüber dem Arbeitnehmer tatsächlich **keine Überführungsleistung** des Fahrzeugs erbracht wird (BFH-Urteil vom 16.1.2020, BStBl. II S. 591). Die noch im Rahmen der Produktion durch die Auslieferung von den einzelnen in- und ausländischen Produktionsstätten zu einem Versandzentrum oder auch von einem Werk zum anderen anfallenden Kosten gehören noch zu den Herstellungskosten des Fahrzeugs. Sie sind damit im „Endpreis" enthalten. Überführungskosten fallen erst für die Lieferung eines Fahrzeugs von einem Versandzentrum zu einer Niederlassung oder zu einem Händler an. Diese Überführungsleistung wäre ggf. ein gesondert zu bewertender Vorteil.

Nicht selten werden in der Automobilindustrie Rabatte sowohl vom Hersteller des Fahrzeugs als auch vom Händler (= Arbeitgeber des Arbeitnehmers) eingeräumt.

Beispiel C

Arbeitnehmer A ist als Verkäufer im Autohaus B (= Arbeitgeber) beschäftigt. Das Autohaus veräußert ausschließlich Neufahrzeuge des Herstellers C. Im Rahmen des Mitarbeiterprogramms erwirbt A von seinem Arbeitgeber ein Neufahrzeug mit einem Angebotspreis (Hauspreis) von 50 000 € für 40 000 €. Der eingeräumte Gesamtrabatt von 20 % wird zu 12 % vom Autohaus (= Arbeitgeber) und zu 8 % vom Hersteller getragen. Der tatsächlich eingeräumte durchschnittliche Preisnachlass an fremde Letztverbraucher bei diesem Fahrzeugmodell beträgt 14 %.

Der vom Hersteller C getragene Rabatt in Höhe von 4000 € (= 8 % von 50 000 €) ist durch den Arbeitgeber als Arbeitslohn von dritter Seite zu versteuern und zu verbeitragen. Die Berücksichtigung des Rabattfreibetrags in Höhe von 1080 € jährlich kommt für diesen Vorteil nicht in Betracht. Der finanzielle Vorteil für den Arbeitnehmer wiegt im Übrigen so stark, dass er nicht vernachlässigt werden kann und die eigenwirtschaftlichen Interessen des Herstellers demgegenüber zurücktreten.

Für den Rabatt des Arbeitgebers gilt Folgendes:

Angebotspreis	50 000 €
abzüglich durchschnittlicher Preisnachlass 14 %	7000 €
Tatsächlicher Angebotspreis	43 000 €
abzüglich gesetzlicher Bewertungsabschlag von 4 %	1720 €
Verbleiben	41 280 €
vom Arbeitnehmer bezahlt	40 000 €
Verbleiben	1280 €
abzüglich bereits versteuerter Arbeitslohn von dritter Seite	4000 €
Verbleiben (nicht negativ)	0 €

Über den steuerpflichtigen Arbeitslohn von dritter Seite (= 4000 €) hinaus, ist daher kein weiterer geldwerter Vorteil für den „Händlerrabatt"

1) Randziffer 8 des BMF-Schreibens vom 16.5.2013 (BStBl. I S. 729). Das BMF-Schreiben ist als Anlage 10 zu H 8.2 LStR im **Steuerhandbuch für das Lohnbüro 2021** abgedruckt, das im selben Verlag erschienen ist.

2) BMF-Schreiben vom 18.12.2009 (BStBl. 2010 I S. 20). Das BMF-Schreiben ist als Anlage 8 zu H 8.2 LStR im **Steuerhandbuch für das Lohnbüro 2021** abgedruckt, das im selben Verlag erschienen ist.

R

Lohnsteuerpflichtig | Sozialversich.-pflichtig

(= Arbeitgeber) anzusetzen. Der Rabattfreibetrag von 1080 € jährlich ist auch nicht teilweise verbraucht worden und steht ggf. für andere „Arbeitgeberrabatte" im gleichen Kalenderjahr zur Verfügung.

5. Pauschalierung der Lohnsteuer

Für die Anwendung des Rabattfreibetrags und der damit verbundenen besonderen Bewertung der unentgeltlich oder verbilligt überlassenen Waren und Dienstleistungen nach § 8 Abs. 3 EStG ist es Voraussetzung, dass die Sachbezüge nicht pauschal besteuert werden. Wird der Rabattfreibetrag z. B. auf den verbilligten Bezug einer Ware angewendet, kann der den Rabattfreibetrag übersteigende Teil des Preisnachlasses nicht pauschaliert werden. Die Pauschalierung **schließt** also die **gleichzeitige** Anwendung des **Rabattfreibetrags** auf den Warenbezug **aus.** Außerdem führt die Pauschalierung dazu, dass nicht mehr die **besonderen** Bewertungsvorschriften des § 8 Abs. 3 EStG auf den verbilligten Warenbezug anzuwenden sind, sondern die **allgemeinen** Bewertungsvorschriften des § 8 Abs. 2 EStG. Die allgemeinen Bewertungsvorschriften schreiben entweder den amtlichen Sachbezugswert oder den üblichen Endpreis als Bewertungsmaßstab vor. Werden mehrere Waren oder Dienstleistungen unentgeltlich oder verbilligt überlassen, kann der Arbeitgeber bei jedem **einzelnen** Sachbezug zwischen der Pauschalbesteuerung und der Anwendung des Rabattfreibetrags (mit entsprechender besonderer Bewertung nach § 8 Abs. 3 EStG) wählen; die Aufteilung eines (einheitlichen) Sachbezugs ist nach den Hinweisen zu R 8.2 LStR[1)] nur dann zulässig, wenn bei einer Pauschalierung der Lohnsteuer die hierbei zu beachtende Pauschalierungsgrenze von 1000 € (vgl. die Erläuterungen beim Stichwort „Pauschalierung der Lohnsteuer" unter Nr. 2 auf Seite 733) überschritten wird; dies ist z. B. bei einer Darlehensgewährung vorstellbar, wobei für die Beachtung der Pauschalierungsgrenze von 1000 € das Darlehen in Teilbeträgen aufgeteilt wird.[2)]

Beispiel A

Die Bedienung in einer Gaststätte erhält arbeitstäglich eine unentgeltliche Mahlzeit, die sie frei aus der Speisekarte des Lokals wählen kann. Bei jedem einzelnen Sachbezug, also bei jeder einzelnen Mahlzeit, kann zwischen Pauschalbesteuerung und Rabattfreibetrag gewählt werden. Der Arbeitgeber wird so lange den Rabattfreibetrag anwenden, bis der Betrag von 1080 € überschritten sind. Hierbei gelten die **besonderen** Bewertungsvorschriften des § 8 Abs. 3 EStG, das heißt, es ist der auf der Speisekarte ausgezeichnete Endpreis abzüglich 4 % maßgebend. Wird zu irgendeinem Zeitpunkt im Kalenderjahr der Rabattfreibetrag von 1080 € überschritten, wird der Arbeitgeber ab diesem Zeitpunkt die Pauschalbesteuerung für Mahlzeiten mit 25 % wählen. Der Wert der einzelnen Mahlzeit ist dann mit den amtlichen Sachbezugswerten anzusetzen (3,47 € je Mahlzeit). Die Anwendung des Rabattfreibetrags erfordert es, dass die hiernach von der Steuer freigestellten Sachbezüge (im Beispiel also jede einzelne Mahlzeit), gesondert im Lohnkonto aufgezeichnet werden (vgl. nachfolgend unter Nr. 11). Diese Aufzeichnungen sind sehr arbeitsaufwendig. Der Arbeitgeber kann deshalb die Pauschalierung für alle Mahlzeiten wählen; in diesem Fall sind für alle Mahlzeiten die Sachbezugswerte anzusetzen.

R

Als für den Rabattfreibetrag schädliche Pauschalierungen kommen in Betracht:

- § 40 Abs. 1 Satz 1 Nr. 1 EStG – Sonstige Bezüge in einer größeren Zahl von Fällen („Pauschalierung der Lohnsteuer" unter Nr. 2)
- § 40 Abs. 1 Satz 1 Nr. 2 EStG – Nachversteuerung in einer größeren Zahl von Fällen („Pauschalierung der Lohnsteuer" unter Nr. 3)
- § 40 Abs. 2 Satz 1 Nr. 1 EStG – Mahlzeiten im Betrieb („Mahlzeiten" unter Nr. 7)
- § 40 Abs. 2 Satz 1 Nr. 1a EStG – Mahlzeiten bei Auswärtstätigkeiten („Reisekosten bei Auswärtstätigkeiten" in Anhang 4 unter Nr. 10 Buchstabe g)
- § 40 Abs. 2 Satz 1 Nr. 2 EStG – Betriebsveranstaltungen („Betriebsveranstaltungen" unter Nr. 6)
- § 40 Abs. 2 Satz 1 Nr. 5 EStG – Übereignung von Datenverarbeitungsgeräten („Computer" unter Nr. 2)
- § 40 Abs. 2 Satz 1 Nr. 6 EStG – Übereignung von Ladevorrichtungen („Elektrofahrzeuge" unter Nr. 2 Buchstabe b)
- § 40 Abs. 2 Satz 1 Nr. 7 EStG – Übereignung von Fahrrädern („Elektro-Bike" unter Nr. 5 Buchstabe b)
- § 40 Abs. 2 Satz 2 EStG – Gewährung von Fahrausweisen („Fahrten zwischen Wohnung und erster Tätigkeitsstätte" unter Nr. 5)

Beispiel B

Im Rahmen einer Lohnsteuer-Außenprüfung wird festgestellt, dass der Arbeitgeber den Abgabepreis nach § 8 Abs. 3 EStG in 50 Fällen zu niedrig angesetzt hat. Der Arbeitgeber stellt einen Antrag auf Pauschalierung der Lohnsteuer nach § 40 Abs. 1 Satz 1 Nr. 2 EStG. Bei einer Weiteranwendung des Rabattfreibetrags ist eine Pauschalierung der Lohnsteuer nicht möglich. Der Arbeitgeber ist für die zu niedrig einbehaltene Lohnsteuer in Haftung zu nehmen.

Die Pauschalierung schließt also die gleichzeitige Anwendung des Rabattfreibetrages aus. Es ist nicht möglich, für einen Teil des Sachbezugs den Rabattfreibetrag anzuwenden und für den übersteigenden Preisnachlass eine Pauschalierung durchzuführen (vgl. aber die Ausführungen oberhalb des Beispiels A). Das Wahlrecht Rabattfreibetrag oder Pauschalierung steht dem Arbeitgeber für **jeden einzelnen Sachbezug** zu. Für die Frage, ob ein einzelner Sachbezug vorliegt, ist auf den **Zufluss** abzustellen. Bei einem Zufluss zu verschiedenen Zeitpunkten handelt es sich jeweils um einzelne Sachbezüge (vgl. auch das vorstehende Beispiel A zur Gewährung von Mahlzeiten).

Beispiel C

Ein Arbeitnehmer in der Mühlenindustrie erhält jeden Monat einen Zentner Mehl. Es fließen 12 einzelne Sachbezüge zu. Erhält er aber im Dezember die 12 Zentner Mehl auf einmal, handelt es sich um einen (einheitlichen) Sachbezug.

Die Aufzählung der für eine Anwendung des Rabattfreibetrags schädlichen Pauschalierungsvorschriften ist abschließend. Das bedeutet, dass bei einer Pauschalierung der Lohnsteuer nach **§ 40a EStG** für Aushilfskräfte und Teilzeitbeschäftigte der Rabattfreibetrag anwendbar ist (ggf. sogar mehrfach, wenn der Arbeitnehmer mehreren Aushilfstätigkeiten nachgeht, vgl. nachfolgend unter Nr. 7).

6. Rabattgewährung durch Dritte

a) Umfang der Steuerpflicht

Arbeitslohn ist nicht nur ein Rabatt, den der Arbeitgeber selbst einräumt. Steuerpflichtig sind vielmehr auch Preisvorteile, die dem Arbeitnehmer **von einem Dritten** eingeräumt werden, wenn diese Rabatte im weitesten Sinne als Entlohnung für die individuelle Arbeitsleistung des Arbeitnehmers gegenüber seinem Arbeitgeber anzusehen sind. Arbeitslohn von dritter Seite liegt daher nicht vor, wenn der Dritte diese Rabatte sowohl Arbeitnehmern des Arbeitgebers als auch einem weiteren Personenkreis im normalen Geschäftsverkehr üblicherweise einräumt (BFH-Ur-

1) Die amtlichen Hinweise zu den Lohnsteuer-Richtlinien sind im **Steuerhandbuch für das Lohnbüro 2021** abgedruckt, das im selben Verlag erschienen ist.

2) Vgl. hierzu das Beispiel in Randnummer 22 des BMF-Schreibens vom 19.5.2015 (BStBl. I S. 484). Das BMF-Schreiben ist als Anlage 11 zu H 8.2 LStR im **Steuerhandbuch für das Lohnbüro 2021** abgedruckt, das im selben Verlag erschienen ist.

Lohn-steuer-pflichtig Sozial-versich.-pflichtig

teil vom 10.4.2014, BStBl. 2015 II S. 191). Ebenso liegt kein Arbeitslohn vor, wenn den Arbeitnehmern der Rabatt aufgrund eines überwiegend eigenwirtschaftlichen Interesses des Dritten eingeräumt worden ist (BFH-Urteil vom 18.10.2012, BStBl. 2015 II S. 184).

Bei als Arbeitslohn anzusetzenden Preisnachlässen ist zu beachten, dass bei einer Rabattgewährung durch Dritte, der **Rabattfreibetrag nicht anwendbar** ist, da sich diese Vergünstigung nach dem Gesetzeswortlaut[1] nur auf Rabatte bezieht, die für Waren und Dienstleistungen des Arbeitgebers gewährt werden. Dabei ist der Begriff des „Arbeitgebers" wiederum im engen lohnsteuerlichen Sinne zu verstehen, das heißt, Arbeitgeber ist ausschließlich derjenige, mit dem der Arbeitsvertrag abgeschlossen wurde. In der Praxis bedeutet dies, dass z. B. alle **Konzernrabatte steuerpflichtig** sind und der Rabattfreibetrag auf diesen geldwerten Vorteil nicht angerechnet werden kann.

Beispiel A

Die Obergesellschaft eines Konzerns besitzt die Beteiligung an drei rechtlich selbstständigen Konzerngesellschaften. Die Konzerngesellschaft A stellt Möbel her; die Gesellschaft B Elektrogeräte. Die Gesellschaft C vertreibt die Waren der Firmen A und B. Alle Arbeitnehmer des Konzerns können bei den Firmen A und B mit Personalrabatt Waren kaufen. Die Rabatte gehören zum Arbeitslohn, da sie durch das Arbeitsverhältnis veranlasst sind. Für die Gewährung des Rabattfreibetrages ergibt sich Folgendes:

- Den Arbeitnehmern der Obergesellschaft kann der Rabattfreibetrag nicht gewährt werden, da der Arbeitgeber die Waren weder herstellt noch vertreibt.
- Den Arbeitnehmern der Gesellschaft A steht der Rabattfreibetrag zu, wenn sie Möbel kaufen; für den Kauf von Elektrogeräten kann der Rabattfreibetrag nicht gewährt werden.
- Den Arbeitnehmern der Gesellschaft B steht der Rabattfreibetrag zu, wenn sie Elektrogeräte kaufen; für den Kauf von Möbeln kann der Rabattfreibetrag nicht gewährt werden.
- Den Arbeitnehmern der Vertriebsgesellschaft C steht der Rabattfreibetrag sowohl beim Kauf von Möbeln als auch beim Kauf von Elektrogeräten zu, da der Arbeitgeber mit sämtlichen Artikeln handelt.

Die Rabattgewährung durch Dritte ist jedoch auch dann steuerpflichtig, wenn es sich nicht um organschaftlich verbundene Unternehmen eines Konzerns handelt.

Beispiel B

Der Kfz-Mechaniker einer Reparaturwerkstatt führt den Kundendienst für das Auto eines Möbelhändlers zu dessen voller Zufriedenheit aus. Der Möbelhändler räumt dem Mechaniker deshalb beim Kauf eines Schlafzimmers 20 % Rabatt ein. Der Preisnachlass ist Arbeitslohn. Der Rabattfreibetrag ist nicht anwendbar.

Beispiel C

Der Automobilverkäufer eines Autohauses verkauft eine bestimmte Anzahl von Fahrzeugen der gleichen Marke. Er erhält von der Herstellerfirma dieser Marke hierfür eine unentgeltliche Reise in die USA. Der Wert dieser Reise ist steuerpflichtiger Arbeitslohn. Der Rabattfreibetrag ist nicht anwendbar. Vgl. auch das Stichwort „Incentive-Reisen".

Beispiel D

Ein Fluglotse erhält bei den Luftverkehrsgesellschaften, die regelmäßig „seinen" Flughafen anfliegen, 50 % Preisnachlass auf alle Flüge. Der Preisnachlass ist steuerpflichtiger Arbeitslohn. Der Rabattfreibetrag ist nicht anwendbar. Vgl. das Stichwort „Freiflüge, verbilligte Flüge".

Der **Entleiher** hat dem **Leiharbeitnehmer** Zugang zu den Gemeinschaftseinrichtungen und Gemeinschaftsdiensten im Unternehmen unter den gleichen Bedingungen zu gewähren wie vergleichbaren Arbeitnehmern in dem Betrieb, in dem der Leiharbeitnehmer seine Arbeitsleistung erbringt. Eine unterschiedliche Behandlung ist nur bei Vorliegen sachlicher Gründe gerechtfertigt. Gemeinschaftseinrichtungen oder Gemeinschaftsdienste in diesem Sinne sind insbesondere Kinderbetreuungseinrichtungen, Gemeinschaftsverpflegung und Beförderungsmittel (§ 13b AÜG). Sofern sich aus einem unentgeltlichen oder verbilligten **Personaleinkauf** beim Entleiher geldwerte Vorteile für den Leiharbeitnehmer ergeben, kann hierfür der **Rabattfreibetrag nicht** in Anspruch genommen werden. Arbeitgeber im lohnsteuerlichen Sinne ist nämlich der Verleiher und nicht der Entleiher.[2]

Lohn-steuer-pflichtig Sozial-versich.-pflichtig

b) Lohnsteuerabzug durch den Arbeitgeber

Die in den Beispielen unter dem vorstehenden Buchstaben a aufgeführten Preisvorteile durch Dritte sind zwar grundsätzlich steuerpflichtiger Arbeitslohn, der Arbeitgeber ist jedoch nur in bestimmten Fällen zum Lohnsteuerabzug verpflichtet (ist der Arbeitgeber nicht zum Lohnsteuerabzug verpflichtet, werden die zum Arbeitslohn gehörenden Preisvorteile im Rahmen einer Veranlagung zur Einkommensteuer erfasst).

Die Verpflichtung des Arbeitgebers zum Lohnsteuerabzug ergibt sich aus § 38 Abs. 1 EStG. Dabei ist zwischen einer echten und einer unechten Lohnzahlung durch Dritte zu unterscheiden. Denn bei einer sog. **unechten** Lohnzahlung durch Dritte ergibt sich die Verpflichtung des Arbeitgebers zum Lohnsteuerabzug bereits aus § 38 Abs. 1 **Satz 1** EStG, wohingegen die Verpflichtung des Arbeitgebers zum Lohnsteuerabzug bei einer sog. **echten** Lohnzahlung durch Dritte in § 38 Abs. 1 **Satz 3** EStG gesondert geregelt ist.

Eine **unechte Lohnzahlung durch Dritte** ist dann anzunehmen, wenn sich die Lohnzahlung des Dritten als eigene Lohnzahlung des Arbeitgebers darstellt, das heißt der Dritte lediglich als Leistungsmittler oder Erfüllungsgehilfe fungiert (R 38.4 Abs. 1 LStR). Das ist z. B. der Fall, wenn

- der Arbeitgeber in irgendeiner Form tatsächlich oder rechtlich in die Auszahlung des Arbeitslohns durch einen Dritten eingeschaltet ist (BFH-Urteil vom 13.3.1974, BStBl. II S. 411) oder
- der Dritte in der praktischen Auswirkung nur die Stellung einer zahlenden Kasse hat, z. B. eine selbstständige Kasse zur Zahlung von Unterstützungen oder Erholungsbeihilfen (BFH-Urteil vom 30.5.2001, BStBl. 2002 II S. 230).

In den Fällen der unechten Lohnzahlung durch Dritte zahlt also im Ergebnis der Dritte den Arbeitslohn nur **im Auftrag des Arbeitgebers aus.** Nach der Rechtsprechung des Bundesfinanzhofs bleibt der den Dritten als Leistungsmittler einsetzende Arbeitgeber damit derjenige, der den Arbeitslohn zahlt. Deshalb ist der Arbeitgeber bei einer unechten Lohnzahlung durch Dritte – wie bei jeder anderen Lohnzahlung auch – bereits nach § 38 Abs. 1 **Satz 1** EStG zum Lohnsteuerabzug verpflichtet (vgl. die ausführlichen Erläuterungen beim Stichwort „Lohnzahlung durch Dritte").

Eine **echte Lohnzahlung durch Dritte** liegt dann vor, wenn dem Arbeitnehmer Vorteile von einem Dritten eingeräumt werden, die ein Entgelt für eine Leistung sind, die der Arbeitnehmer im Rahmen seines Dienstverhältnisses für den Arbeitgeber erbringt (R 38.4 Abs. 2 Satz 1 LStR). Arbeitslohn von dritter Seite liegt daher nicht vor, wenn der Dritte Rabatte sowohl Arbeitnehmern des Arbeitgebers als auch einem weiteren Personenkreis im normalen Geschäftsverkehr üblicherweise einräumt (BFH-Urteil vom 10.4.2014, BStBl. 2015 II S. 191). Ebenso liegt kein Arbeitslohn vor, wenn den Arbeitnehmern der Rabatt aufgrund eines überwiegend eigenwirtschaftlichen Interesses des Dritten eingeräumt worden ist (BFH-Urteil vom 18.10.2012, BStBl. 2015 II S. 184). Ein solches überwiegend eigenwirtschaftliches Interesse des Dritten liegt z. B. vor, wenn der Dritte Rabatte gewährt, um Kunden zu

1) § 8 Abs. 3 Satz 1 EStG lautet:
„Erhält ein Arbeitnehmer aufgrund seines Dienstverhältnisses Waren oder Dienstleistungen, **die vom Arbeitgeber** nicht überwiegend für den Bedarf seiner Arbeitnehmer **hergestellt, vertrieben oder erbracht werden . . .**"

2) Für Zwecke der Inanspruchnahme von Steuerbefreiungsvorschriften und für die Bewertung von Sachbezügen (u. a. Ansatz der Sachbezugswerte für arbeitstägliche Mahlzeiten) werden die Leistungen an den Leiharbeitnehmer aber so behandelt, als hätte sein Arbeitgeber (= Verleiher) und nicht der Entleiher diese Leistungen erbracht. Lediglich eine Inanspruchnahme des Rabattfreibetrags für Leistungen des Entleihers kommt nicht in Betracht.

R

Lohnsteuerpflichtig Sozialversich.-pflichtig

gewinnen, an sich zu binden und trotz des Rabatts durch Synergieeffekte einen zusätzlichen Gewinn erzielt.

Während der Arbeitgeber in den Fällen der unechten Lohnzahlung durch Dritte im Normalfall weiß, welchen Lohn der Dritte auszahlt, ist dies bei einer echten Lohnzahlung durch Dritte oft nicht der Fall. Für die echte Lohnzahlung durch Dritte ist deshalb im § 38 Abs. 1 **Satz 3** EStG ausdrücklich festgelegt worden, dass der Arbeitgeber die Lohnsteuer einzubehalten und die damit verbundenen sonstigen Pflichten zu erfüllen hat, **wenn er weiß oder erkennen kann, dass derartige Vergütungen erbracht werden.** Die seit 1.1.2004 im Gesetz selbst geregelte Verpflichtung des Arbeitgebers zum Lohnsteuerabzug bei einer echten Rabattgewährung durch Dritte war früher nur im zwischenzeitlich aufgehobenen BMF-Schreiben vom 27.9.1993 (BStBl. I S. 814) enthalten. Die Verpflichtung des Arbeitgebers zum Lohnsteuerabzug ist deshalb in diesen Fällen nichts Neues; die frühere Verwaltungsanweisung wurde lediglich auf eine gesetzliche Grundlage gestellt.

Abgestellt wird also darauf, ob der Arbeitgeber weiß oder erkennen kann, dass Bar- oder Sachleistungen im Rahmen des Dienstverhältnisses von einem Dritten erbracht werden. Ob das „üblicherweise" geschieht, ist ohne Bedeutung. Das Gesetz führt beispielhaft auf, dass eine zum Lohnsteuerabzug verpflichtete Lohnzahlung durch Dritte immer dann vorliegt, wenn Arbeitgeber und Dritter **verbundene Unternehmen** im Sinne von § 15 AktG sind. Dies ist jedoch nicht der einzige Fall. Denn der Arbeitgeber weiß immer dann, ob eine Rabattgewährung durch Dritte vorliegt, wenn er an der Verschaffung von unentgeltlich oder verbilligten Sachbezügen oder geldwerten Vorteilen selbst aktiv mitgewirkt hat. Die aktive Mitwirkung des Arbeitgebers spricht zugleich dafür, dass die geldwerten Vorteile zum Arbeitslohn gehören.

Bei einer **aktiven Mitwirkung** des **Arbeitgebers an der Rabattgewährung** von dritter Seite ist der Arbeitgeber bei Vorliegen von Arbeitslohn **zum Lohnsteuerabzug verpflichtet.** In anderen Fällen ist zu **prüfen,** ob der Arbeitgeber weiß oder erkennen kann, dass derartige Vorteile gewährt werden.

Eine aktive Mitwirkung des Arbeitgebers in diesem Sinne liegt vor, wenn[1)]

- aus dem Handeln des Arbeitgebers ein **Anspruch** des Arbeitnehmers auf den Preisvorteil entstanden ist (z. B. durch den Abschluss eines Rahmenvertrags mit einem Lieferanten) oder
- der Arbeitgeber für den Dritten Verpflichtungen übernommen hat, z. B. **Inkassotätigkeit** oder Haftung.

R

Einer aktiven Mitwirkung des Arbeitgebers steht gleich, wenn

- zwischen dem Arbeitgeber und dem Dritten eine enge wirtschaftliche oder tatsächliche Verflechtung oder enge Beziehung sonstiger Art besteht, z. B. **Organschaftsverhältnis** oder
- dem Arbeitnehmer Preisvorteile von einem Unternehmen eingeräumt werden, dessen Arbeitnehmer ihrerseits Preisvorteile vom Arbeitgeber erhalten **(wechselseitige Rabattgewährung).**[2)]

Beispiel

Ein Arbeitgeber hat mit einem Hersteller von Elektrogeräten ein Rahmenabkommen ausgehandelt, wonach seine Arbeitnehmer einen Rabatt von 20 % erhalten.

Im Fall der Rabattinanspruchnahme liegt Arbeitslohn vor. Der Arbeitgeber hat den Lohnsteuerabzug vorzunehmen und die übrigen Arbeitgeberpflichten zu erfüllen, da er aufgrund seiner aktiven Mitwirkung an der Verschaffung des geldwerten Vorteils weiß, dass derartige Vergütungen erbracht werden.

Insbesondere für verbundene Unternehmen **(Konzerne)** hat die Verpflichtung zum Lohnsteuerabzug bei einer Rabattgewährung durch Dritte erhebliche Bedeutung. Denn bei Konzernen wurde durch die gesetzliche Regelung in § 38 Abs. 1 **Satz 3** EStG ab 1.1.2004 klargestellt, dass es für die Verpflichtung des Arbeitgebers zum Lohnsteuerabzug nicht darauf ankommt, ob dieser bei der Rabattbeschaffung selbst mitgewirkt hat oder nicht. Bei Konzernen ist der Arbeitgeber deshalb auch dann zum Lohnsteuerabzug verpflichtet, wenn die **ausländische** Konzernmuttergesellschaft den Arbeitnehmern inländischer Konzerntochtergesellschaften z. B. Aktienoptionsrechte gewährt, wobei der deutsche Arbeitgeber verpflichtet ist, sich Kenntnis über die im Konzernbereich gewährten Vorteile zu verschaffen. Anderenfalls besteht für den deutschen Arbeitgeber ein Haftungsrisiko (vgl. die Erläuterungen unter dem nachfolgenden Buchstaben e).

Für die Rabattgewährung durch Dritte ergibt sich hiernach folgende Übersicht:

Rabattgewährung durch Dritte

keine Anwendung des Rabattfreibetrags

- der Arbeitgeber ist **zum Lohnsteuerabzug verpflichtet**
  - **wenn er an der Verschaffung des Preisvorteils aktiv mitgewirkt hat**
  - **wenn es sich um verbundene Unternehmen im Sinne des Aktiengesetzes handelt**
- der Arbeitgeber ist **nicht** zum Lohnsteuerabzug verpflichtet
  - wenn der Arbeitgeber an der Verschaffung des Preisvorteils nicht mitgewirkt hat und auch **nicht** weiß oder **erkennen konnte,** dass Rabatte durch Dritte gewährt wurden

Ohne dass der Arbeitgeber an der Rabattgewährung aktiv mitgewirkt hat, kann er die Drittvergütung insbesondere dann **erkennen,** wenn

- der Vorteil auf einer **Rahmenvereinbarung** beruht, die der Berufsverband des Arbeitgebers oder seine Dachorganisation mit dem Dritten geschlossen hat, und der Vorteil den Verbandsmitgliedern bekannt ist,
- der Arbeitgeber von einem Dritten oder von seinem Arbeitnehmer über den gewährten geldwerten Vorteil in Kenntnis gesetzt worden ist,
- der Arbeitgeber von den Finanz- oder Sozialbehörden auf die Drittvergütung hingewiesen worden ist, z. B. bei einer Lohnsteuer-Außenprüfung oder Betriebsprüfung.

Der **Arbeitnehmer** ist bei einer Lohnzahlung durch Dritte verpflichtet, dem Arbeitgeber diese Lohnzahlungen **für jeden Lohnzahlungszeitraum** – aus Nachweisgründen am besten schriftlich – **anzuzeigen,** und zwar unabhängig davon, ob es sich um Bar- oder Sachbezüge handelt (vgl. § 38 Abs. 4 Satz 3 EStG). Auf die Erläuterungen unter dem nachfolgenden Buchstaben e wird Bezug genommen.

c) Unschädliche Mitwirkung des Arbeitgebers

Die aktive Mitwirkung des Arbeitgebers an der Verschaffung des Preisvorteils bei einem Dritten ist hiernach ein entscheidendes Kriterium und zwar zum einen für die Steuerpflicht des Rabatts und zum anderen für die Verpflichtung des Arbeitgebers zum Lohnsteuerabzug. In vielen Betrieben wird jedoch eine Rabattgewährung durch andere Firmen nicht vom Arbeitgeber sondern **aus-**

1) BMF-Schreiben vom 20.1.2015 (BStBl. I S. 143). Das BMF-Schreiben ist als Anlage 5 zu H 8.2 LStR im **Steuerhandbuch für das Lohnbüro 2021** abgedruckt, das im selben Verlag erschienen ist.

2) Bei einer aktiven Mitwirkung des Arbeitgebers an einer Rabattgewährung von dritter Seite sind in der Rechtsprechung Tendenzen zu erkennen, dass von einer unmittelbaren Zuwendung des eigentlichen Arbeitgebers an seine Arbeitnehmer (= Lohnsteuerabzugsverpflichtung nach § 38 Abs. 1 Satz 1 EStG) und nicht von einer Lohnzahlung durch Dritte auszugehen ist (vgl. BFH-Urteil vom 14.11.2012, BStBl. 2013 II S. 382).

Lohn- steuer- pflichtig | Sozial- versich.- pflichtig

schließlich vom **Betriebsrat** organisiert. Die Arbeitnehmer erhalten z. B. Berechtigungsscheine für verschiedene Firmen, damit sie dort günstiger einkaufen können. Im BMF-Schreiben vom 20.1.2015[1] wird hierzu unter Textziffer 6 ausgeführt, dass die Mitwirkung des Betriebs- oder Personalrats an der Verschaffung von Preisvorteilen durch Dritte dem Arbeitgeber für die steuerliche Beurteilung dieser Vorteile nicht zuzurechnen ist und für sich allein nicht zur Annahme von Arbeitslohn führt. Hat allerdings auch der Arbeitgeber an der Verschaffung der Preisvorteile aktiv mitgewirkt, wird die Zurechnung von Preisvorteilen zum Arbeitslohn nicht dadurch ausgeschlossen, dass der Betriebs- oder Personalrat ebenfalls mitgewirkt hat.

Beispiel

Der Personalrat einer Firma vereinbart mit einem Sporthaus für alle Arbeitnehmer einen Einkaufsrabatt von 10 %.

Soweit ein solcher Einkaufsrabatt überhaupt zu einem geldwerten Vorteil führt (was nur der Fall ist, wenn der 10 %ige Rabatt am Abgabeort nicht ohnehin in der Mehrzahl der Verkaufsfälle gewährt wird), liegt **kein Arbeitslohn** vor. Der Rabatt beruht nicht auf dem Dienstverhältnis, sondern auf der Initiative des Personalrats. Der Preisnachlass ist damit nicht – auch nicht im weitesten Sinne – als Gegenleistung für die im Rahmen des Dienstverhältnisses erbrachte Arbeitsleistung anzusehen.

Zu beachten ist in diesem Zusammenhang jedoch, dass „eine aktive Mitwirkung des Arbeitgebers" an der Verschaffung des Preisvorteils von der Finanzverwaltung stets in den Fällen angenommen wird, in denen Arbeitgeber und Dritter verbundene Unternehmen im Sinne des Aktiengesetzes sind (das Verschaffen des Preisvorteils durch einen solchen Dritten wird also dem Arbeitgeber zugerechnet). Das bedeutet für die Praxis die Annahme von steuerpflichtigem Arbeitslohn auch dann, wenn der mit dem Arbeitgeber verbundene Dritte mit Preisnachlass an eine beim Arbeitgeber bestehende unabhängige Selbsthilfeeinrichtung liefert und diese den Vorteil an die Arbeitnehmer weitergibt. Es fehlt jedoch an einer aktiven Mitwirkung des Arbeitgebers, wenn – über die vorstehenden Ausführungen hinaus – alleine eine vom Arbeitgeber unabhängige Selbsthilfeeinrichtung der Arbeitnehmer bei der Verschaffung von Preisvorteilen mitwirkt.

Nach Textziffer 4 des BMF-Schreibens vom 20.1.2015[1] liegt in bestimmten Fällen keine aktive Mitwirkung des Arbeitgebers vor. Die Textziffer lautet:

„4. Eine aktive Mitwirkung des Arbeitgebers an der Verschaffung von Preisvorteilen ist nicht anzunehmen, wenn sich seine Beteiligung darauf beschränkt:

- Angebote Dritter in seinem Betrieb bekannt zu machen (z. B. am „schwarzen Brett", im betriebseigenen Intranet oder in einem Personalhandbuch) oder
- Angebote Dritter an die Arbeitnehmer seines Betriebs und eventuell damit verbundene Störungen im Betriebsablauf zu dulden oder
- die Betriebszugehörigkeit der Arbeitnehmer zu bescheinigen oder
- Räumlichkeiten für Treffen der Arbeitnehmer mit Ansprechpartnern des Dritten zur Verfügung zu stellen."

Hinweis für die Praxis:

Der **Arbeitgeber** sollte dennoch auf Nummer sicher gehen und sich völlig aus der **Rabattverschaffung heraushalten.** Dies kann er am einfachsten dadurch erreichen, dass er diese Dinge ausschließlich dem Betriebs- oder Personalrat überlässt.

d) Bewertung und Anwendung der monatlichen 44-Euro-Freigrenze

Wie bereits ausgeführt, ist der Rabattfreibetrag von 1080 € jährlich bei einer Rabattgewährung durch Dritte in keinem Fall anwendbar. Darüber hinaus hat der Verlust des Rabattfreibetrags auch zur Folge, dass für die Bewertung des Preisvorteils nicht die besonderen Bewertungsvorschriften des § 8 Abs. 3 EStG, sondern ausschließlich die allgemeinen Bewertungsvorschriften des § 8 Abs. 2 EStG gelten. Das bedeutet, dass für die Ermittlung des geldwerten Vorteils der um die üblichen Preisnachlässe geminderte übliche Endpreis am Abgabeort oder der günstigste Marktpreis – ggf. abzüglich der Zuzahlung des Arbeitnehmers – anzusetzen ist (§ 8 Abs. 2 Satz 1 EStG). Vgl. zur Bewertung von Sachbezügen nach den allgemeinen Bewertungsvorschriften des § 8 Abs. 2 EStG die Erläuterungen und Beispiele beim Stichwort „Sachbezüge" unter Nr. 3.

Weiterhin ist zu beachten, dass auf die nach § 8 Abs. 2 EStG bewerteten Preisvorteile die **Freigrenze** von monatlich **44 €** angewendet werden kann, wenn der Sachbezug nicht mit einem amtlichen Sachbezugswert anzusetzen ist. Hiernach ergibt sich folgende Übersicht:

Rabattgewährung durch Dritte

keine Anwendung des Rabattfreibetrags

Bewertung mit dem üblichen Endpreis (96 %-Regelung) oder dem günstigsten Marktpreis	Bewertung mit einem amtlichen Sachbezugswert
Anwendung der 44-Euro-Freigrenze	**keine** Anwendung der 44-Euro-Freigrenze

Beispiel

Ein Sportgeschäft in München räumt den Arbeitnehmern eines Bekleidungshauses beim Kauf von Sportartikeln 10 % Rabatt ein. Umgekehrt können die Angestellten des Sportgeschäfts in dem Bekleidungshaus mit 10 % Rabatt einkaufen (sog. wechselseitige Rabattgewährung). Ein Arbeitnehmer des Bekleidungshauses kauft im Sportgeschäft ein Paar Skier im Wert von 600 € mit 10 % Rabatt. Die Rabattgewährung durch Dritte ist steuerpflichtiger Arbeitslohn. Der Arbeitgeber ist zum Lohnsteuerabzug verpflichtet, da er an der Verschaffung des Rabatts mitgewirkt hat (wechselseitige Rabattgewährung). Wird festgestellt, dass bei **der Mehrzahl** aller in München verkaufter Skier 10 % Rabatt gewährt werden, liegt kein steuerpflichtiger geldwerter Vorteil vor. Wird dagegen festgestellt, dass bei der Mehrzahl aller in München verkaufter Skier allenfalls 3 % Rabatt gewährt wird, kommt die 96 %-Regelung zur Anwendung, das heißt, dass (10 % – 4 % =) 6 % des gewährten Rabatts zum steuerpflichtigen Arbeitslohn gehören. 6 % von 600 € = 36 €. Da dieser Betrag unter der monatlichen Freigrenze von 44 € liegt, ist er steuer- und beitragsfrei, sofern nicht noch weitere Sachbezüge vorliegen, die zu einem Überschreiten der Freigrenze führen.

Die Anwendung der 44-Euro-Freigrenze ist im Einzelnen beim Stichwort „Sachbezüge" unter Nr. 4 erläutert.

e) Anzeigepflichten des Arbeitnehmers bei einer Rabattgewährung durch Dritte

Ist der Arbeitgeber bei einer Rabattgewährung durch Dritte zum Lohnsteuerabzug verpflichtet, stellt sich für ihn die Frage, wie er von den gewährten Rabatten erfährt. Wie bei anderen Lohnzahlungen durch Dritte auch, muss der Arbeitnehmer bei einer Rabattgewährung durch Dritte die Preisvorteile für jeden Lohnzahlungszeitraum anzeigen. Auch diese früher in den Lohnsteuer-Richtlinien festgelegte Verpflichtung wurde auf eine gesetzliche Grundlage gestellt, denn § 38 Abs. 4 Satz 3 EStG bestimmt, dass der Arbeitnehmer bei einer Lohnzahlung durch Dritte verpflichtet ist, dem Arbeitgeber diese Lohnzahlungen **für jeden Lohnzahlungszeitraum** (also im Normalfall für jeden Monat) **anzuzeigen,** und zwar unabhängig davon, ob **es sich um Bar- oder Sachbezüge handelt.** Die Anzeige muss allein schon aus Nachweisgründen **schriftlich** erfolgen und der Arbeitnehmer muss die Richtigkeit seiner

1) Das BMF-Schreiben vom 20.1.2015 (BStBl. I S. 143) ist als Anlage 5 zu H 8.2 LStR im **Steuerhandbuch für das Lohnbüro 2021** abgedruckt, das im selben Verlag erschienen ist.

R

Lohnsteuer-pflichtig	Sozialversich.-pflichtig

Angaben durch Unterschrift bestätigen. Der Arbeitgeber hat die Anzeige als Beleg zum Lohnkonto aufzubewahren und die bezeichneten Bezüge zusammen mit dem übrigen Arbeitslohn des Arbeitnehmers dem Lohnsteuerabzug zu unterwerfen. Der Arbeitgeber haftet grundsätzlich nicht für diejenige Lohnsteuer, die er infolge unvollständiger oder unrichtiger Angaben des Arbeitnehmers zu wenig einbehalten hat. Wenn der Arbeitnehmer aber **erkennbar unrichtige Angaben** macht, muss der Arbeitgeber dies dem Betriebsstättenfinanzamt **anzeigen.** Diese Anzeige muss der Arbeitgeber auch erstatten, wenn der Arbeitnehmer die Bar- oder Sachbezüge von Dritten überhaupt nicht mitteilt, der Arbeitgeber aber weiß oder erkennen kann, dass solche Zuwendungen zugeflossen sind. Die dem Arbeitgeber bei der Lohnzahlung durch Dritte auferlegte Verpflichtung zum Lohnsteuerabzug erfordert, dass der Arbeitgeber seine Arbeitnehmer auf ihre gesetzliche Verpflichtung hinweist, ihm am Ende des jeweiligen Lohnzahlungszeitraums die von einem Dritten gewährten geldwerten Vorteile (Rabatte) anzugeben. Kommt der Arbeitnehmer seiner gesetzlichen Verpflichtung (§ 38 Abs. 4 Satz 3 EStG) zur Angabe der gewährten Rabatte nicht nach, gilt nach R 38.4 Abs. 2 Sätze 4 und 5 LStR Folgendes:

Kommt der Arbeitnehmer seiner Angabepflicht nicht nach und kann der Arbeitgeber bei der gebotenen Sorgfalt aus seiner Mitwirkung an der Lohnzahlung des Dritten oder aus der Unternehmensverbundenheit mit dem Dritten erkennen, dass der Arbeitnehmer zu Unrecht keine Angaben macht oder seine Angaben unzutreffend sind, hat der **Arbeitgeber** die ihm **bekannten Tatsachen** zur Lohnzahlung von dritter Seite dem Betriebsstättenfinanzamt anzuzeigen (§ 38 Abs. 4 Satz 3 zweiter Halbsatz EStG). Die Anzeige hat unverzüglich zu erfolgen.

Beispiel

Ein Arbeitgeber hat mit dem benachbarten Kfz-Händler ein Rahmenabkommen über Preisnachlässe zugunsten seiner Mitarbeiter getroffen und die Arbeitnehmer hierüber sowie auch über die steuerlichen und sozialversicherungsrechtlichen Folgen unterrichtet. Ein Arbeitnehmer hat für das Kalenderjahr 2021 keine Angaben gegenüber seinem Arbeitgeber gemacht. Dem Arbeitgeber ist aber bekannt, dass der Arbeitnehmer ein neues Kfz bei dem benachbarten Händler erworben hat. Auch auf erneutes Befragen verneint der Arbeitnehmer die Inanspruchnahme von Preisnachlässen aufgrund des Rahmenabkommens.

Der Arbeitgeber kann bei der gebotenen Sorgfalt erkennen, dass die Angaben des Arbeitnehmers unzutreffend sind. Er hat daher unverzüglich seinem Betriebsstättenfinanzamt die ihm bekannten Tatsachen anzuzeigen.[1] Das Finanzamt wird den Sachverhalt weiter aufklären und ggf. zu wenig erhobene Lohnsteuer vom Arbeitnehmer nachfordern. Der Arbeitgeber hat sich durch die Anzeige an das Betriebsstättenfinanzamt von seinem Haftungsrisiko befreit.

R

Der Arbeitgeber ist deshalb gut beraten, seine Arbeitnehmer über die Lohnsteuerabzugspflicht bei Arbeitslohnzahlungen von dritter Seite einschließlich der Anzeigepflicht der Arbeitnehmer in geeigneter Weise (E-Mail, Rundschreiben, „Schwarzes Brett“) zu unterrichten. Dabei empfiehlt sich folgender Text:

„Nach § 38 Abs. 1 Satz 3 EStG ist auch der von einem Dritten im Rahmen des Arbeitsverhältnisses gewährte Arbeitslohn (Barlohn oder Sachbezug) lohnsteuer- und sozialversicherungspflichtig, wenn der Arbeitgeber weiß oder erkennen kann, dass derartige Vergütungen erbracht werden. Dies gilt in unserem Unternehmen u. a. für die von den Mitarbeitern aufgrund des bestehenden Rahmenabkommens in Anspruch genommenen Preisnachlässe der Firma X. Ich bitte Sie daher, mir die von einem Dritten gewährten Bar- und Sachleistungen (einschließlich etwaiger Preisnachlässe) am letzten Werktag des jeweiligen Kalendermonats schriftlich anzuzeigen.“

Hat der Arbeitgeber seine Arbeitnehmer darüber informiert, dass sie gesetzlich verpflichtet sind, am Ende des jeweiligen Lohnzahlungszeitraums die von einem Dritten gewährten Vorteile (Rabatte) anzugeben, braucht der Arbeitgeber dem Betriebsstättenfinanzamt diejenigen Arbeitnehmer nicht mitzuteilen, die bis zum Abschluss des Lohnkontos keine Angaben über Drittvergütungen gemacht und auch keine Fehlanzeige erstattet haben.

Hinweis für die Praxis:

In den Lohnsteuer-Richtlinien ist zwar die Abgabe einer „Fehlanzeige“ durch den Arbeitnehmer nicht ausdrücklich vorgesehen. Lässt sich aber der Arbeitgeber vom Arbeitnehmer eine einmalige „Fehlanzeige“ nach Ablauf des Kalenderjahres unterschreiben, hat er sich damit vom Risiko der Arbeitgeberhaftung befreit (sofern die Fehlanzeige nicht erkennbar unrichtig ist).

f) Besonderheiten bei sog. Für-uns-Verkaufsstellen

Verschiedene Konzerne wickeln den Verkauf an die Belegschaft über sog. Für-uns-Verkaufsstellen ab. Die Besonderheit daran ist, dass diese Verkaufsstellen häufig auch betriebsfremden Personen öffentlich zugänglich sind. Die Finanzverwaltung vertritt hierzu die Auffassung, dass in diesen Fällen durch den Verkauf von Waren mit Rabatt beim Arbeitnehmer dann kein lohnsteuerpflichtiger geldwerter Vorteil entsteht, wenn betriebsfremde Personen ebenfalls uneingeschränkten Zugang zu diesen Einkaufsmöglichkeiten haben und die gleichen Preisnachlässe erhalten wie die Arbeitnehmer des Konzerns. Auch nach Ansicht des Bundesfinanzhofs führen Rabatte, die der Arbeitgeber nicht nur seinen Arbeitnehmern, sondern auch fremden Dritten üblicherweise einräumt, nicht zu steuerpflichtigen Arbeitslohn (BFH-Urteil vom 26.7.2012, BStBl. 2013 II S. 402). nein nein

g) Vertragshändler

Arbeitgeber, die den Vertrieb ihrer Erzeugnisse über selbstständige Vertragshändler abwickeln, sind zum Teil aus verschiedenen Gründen nicht bereit, den Belegschaftshandel abweichend von dem gewählten Vertriebsweg zu organisieren. Um auch den hiervon betroffenen Arbeitnehmern den steuerbegünstigten Erwerb nach § 8 Abs. 3 EStG der Waren ihres Arbeitgebers zu ermöglichen, ist es unschädlich, wenn die Überlassung der Waren des Arbeitgebers auch über selbstständige Vertragshändler erfolgt, die im eigenen Namen handeln, sofern sichergestellt ist, dass im Verhältnis zwischen Arbeitgeber und Vertragshändler der Rabatt in vollem Umfang vom Arbeitgeber getragen wird.

Trägt dagegen der Vertragshändler den Rabatt zum Teil selbst, z. B. durch eine Minderung der üblichen Händlerprovision, ist zu prüfen, ob diese Zuwendung als Lohnzahlung eines Dritten steuerpflichtiger Arbeitslohn ist. Ist dies der Fall, sind die Voraussetzungen des Rabattfreibetrags nicht erfüllt.

7. Mehrfachgewährung des Rabattfreibetrags

Der Rabattfreibetrag ist arbeitgeberbezogen. Steht der Arbeitnehmer im Kalenderjahr nacheinander oder nebeneinander in mehreren Dienstverhältnissen zu verschiedenen Arbeitgebern, sind die Sachbezüge aus jedem Dienstverhältnis unabhängig voneinander zu beurteilen, d. h. der Rabattfreibetrag kann in diesen Fällen mehrfach gewährt werden. Dies gilt auch für Aushilfskräfte und Teilzeitbeschäftigte, bei denen die Lohnsteuer nach § 40a EStG pauschaliert wird (vgl. hierzu „Pauschalierung der Lohnsteuer bei Aushilfskräften und Teilzeitbeschäftigten“).

Der Rabattfreibetrag ist auch dann zu berücksichtigen, wenn der Vorteil aufgrund eines künftigen oder eines früheren Dienstverhältnisses (z. B. Werkspensionäre oder versetzte Arbeitnehmer) eingeräumt wird. nein nein

1) Für diese Anzeige gibt es einen amtlichen Vordruck. Das Muster eines solchen Vordruckes ist als Anlage zu § 41c EStG im **Steuerhandbuch für das Lohnbüro 2021** abgedruckt, das im selben Verlag erschienen ist.

Lohn-steuer-pflichtig	Sozial-versich.-pflichtig

Beispiel A

Der Arbeitnehmer eines Konzerns wird unter Auflösung des Dienstverhältnisses an eine andere, rechtlich selbstständige Konzerngesellschaft versetzt. Das Recht auf Einkauf zu Personalrabatten beim bisherigen Arbeitgeber bleibt ihm vereinbarungsgemäß erhalten.

Die Vorteile aus dem verbilligten Einkauf beim bisherigen Arbeitgeber fließen dem Arbeitnehmer aus dem früheren Dienstverhältnis zu. Der Rabattfreibetrag kann abgezogen werden. Die Versteuerung eventuell den Freibetrag übersteigender Beträge wird regelmäßig nach der Steuerklasse VI vorzunehmen sein. Erhält der Arbeitnehmer Rabatte auch vom neuen Arbeitgeber, steht ihm hierfür ebenfalls der Rabattfreibetrag in Höhe von 1080 € jährlich zu.

Erwerben mehrere Arbeitnehmer eines Arbeitgebers gemeinsam eine Ware, kann der Rabattfreibetrag für jeden Arbeitnehmer gewährt werden. Voraussetzung ist jedoch, dass alle beteiligten Arbeitnehmer Eigentümer der Ware werden. Eine Mehrfachberücksichtigung des Bewertungsabschlags von 4 % kommt nicht in Betracht. nein nein

Beispiel B

Die Eheleute sind bei einem Automobilwerk beschäftigt und erwerben verbilligt einen Pkw. Eine Gewährung des Rabattfreibetrages für jeden Arbeitnehmer ist nur dann zulässig, wenn der Kaufvertrag von beiden Eheleuten abgeschlossen wird.

Beispiel C

Vater und Sohn sind bei einem Elektrizitätsversorgungsunternehmen beschäftigt. Sie bewohnen gemeinsam ein Einfamilienhaus und erhalten vom Arbeitgeber Strom verbilligt über einen Stromzähler geliefert. Eine Gewährung des Rabattfreibetrags für jeden Arbeitnehmer ist nur dann zulässig, wenn beide Vertragspartner für die Stromlieferung sind. Davon ist auszugehen, wenn der Stromzähler auf die Namen beider Arbeitnehmer eingetragen ist.

8. Rabattgewährung durch Gutschrift

Rechnet der Arbeitgeber Waren oder Dienstleistungen, die er seinen Arbeitnehmern liefert oder erbringt, zunächst zu normalen Kundenkonditionen ab und gewährt er die Mitarbeiterrabatte nachträglich in der Form von Gutschriften, ist auch in diesen Fällen der Rabattfreibetrag anwendbar, wenn sichergestellt ist, dass die Rabattkonditionen, die zu den späteren Gutschriften führen, bereits im Zeitpunkt der Überlassung der Ware oder Ausführung der Dienstleistungen festgelegt waren. Wenn der günstige Kaufpreis von vornherein vereinbart ist, besitzt der Arbeitnehmer zum Zeitpunkt des Erwerbs einen Anspruch auf den Preisnachlass. Der Rabattfreibetrag kommt jedoch nicht in Betracht, wenn ein Dritter dem Arbeitnehmer Waren seines Arbeitgebers verkauft und der Arbeitgeber dem Arbeitnehmer nachträglich eine Barvergütung gewährt.

9. Rabattgewährung bei beschädigten oder gebrauchten Waren

a) Neuwertige Waren

Geräte und Möbelstücke, die nur **unerhebliche** Mängel oder Schäden aufweisen (z. B. Kratzer am Gehäuse eines Fernsehgeräts) oder bei denen lediglich die Verpackung mangelhaft oder beschädigt ist, sind wie unbeschädigte Waren zu behandeln. Für die Berechnung des Preisvorteils sind die um 4 % ermäßigten Endpreise anzusetzen, zu denen der Arbeitgeber oder dem Abgabeort nächstansässige Abnehmer die unbeschädigten Waren fremden Letztverbrauchern im allgemeinen Geschäftsverkehr anbietet. Der Rabattfreibetrag ist auch dann zu berücksichtigen, wenn die beschädigten Artikel einer einzelnen Warengruppe überwiegend an die Arbeitnehmer abgegeben werden.[1]

b) Beschädigte und gebrauchte Waren

Bei Geräten und Möbeln, die **nicht unerheblich** beschädigt oder zu Vorführzwecken erkennbar benutzt worden sind, handelt es sich um Waren, die eine andere Marktgängigkeit als unbeschädigte oder ungebrauchte Waren haben. Dabei wird eine nicht unerhebliche Beschädigung eines Geräts insbesondere dann angenommen, wenn sie die Funktion des Geräts beeinträchtigt. Die Rabattregelung gilt nur dann, wenn die beschädigten oder gebrauchten Artikel der einzelnen Warengruppe vom Arbeitgeber nicht überwiegend an seine Arbeitnehmer abgegeben werden. Für die Berechnung des Preisvorteils sind die um 4 % ermäßigten Endpreise maßgebend, zu denen der Arbeitgeber oder der dem Abgabeort nächstansässige Abnehmer die beschädigten oder gebrauchten Waren fremden Letztverbrauchern im allgemeinen Geschäftsverkehr anbietet.

Wenn der Arbeitgeber die beschädigten oder gebrauchten Waren überwiegend an seine Arbeitnehmer abgibt, gilt der Rabattfreibetrag nicht. Dem Arbeitnehmer entsteht dann ein steuerpflichtiger geldwerter Vorteil, wenn er einen geringeren Preis bezahlt, als für die beschädigten oder gebrauchten Waren im allgemeinen Geschäftsverkehr am Abgabeort verlangt wird.[1]

Zum ebenfalls möglichen Ansatz des günstigsten Marktpreises vgl. das Stichwort „Sachbezüge" unter Nr. 3 Buchstabe c.

10. Rabattgewährung im Bankgewerbe

a) Zinsersparnisse

Wie unter der vorstehenden Nr. 3 Buchstabe c bereits ausgeführt, fällt die Gewährung von Darlehen nach dem BFH-Urteil vom 4.11.1994 (BStBl. 1995 II S. 338) unter den Begriff der „Dienstleistungen" im Sinne von R 8.2 Abs. 1 Satz 1 Nr. 2 Satz 3 LStR. Der Rabattfreibetrag ist deshalb auf die bei einer zinslosen oder verbilligten Darlehensgewährung entstehenden geldwerten Vorteile dann anwendbar, wenn der Arbeitgeber mit Darlehensgewährungen Handel treibt, wie dies bei Kreditinstituten der Fall ist. Die **Freigrenze von 2600 €** bei zinslosen oder zinsverbilligten Darlehen des Arbeitgebers ist auch in diesen Fällen anzuwenden (vgl. das Stichwort „Zinsersparnisse und Zinszuschüsse").

Zur Anwendung des Rabattfreibetrags bei Zinsersparnissen im Bankgewerbe hat der Bundesfinanzhof in zwei Urteilen Folgendes entschieden:

- Auf den geldwerten Vorteil eines zinslosen Arbeitgeberdarlehens kann der Rabattfreibetrag nicht schon deswegen angewendet werden, weil der Arbeitgeber drei verbundenen Unternehmen Darlehen gewährt (BFH-Urteil vom 18.9.2002, BStBl. 2003 II S. 371).
- Auf den geldwerten Vorteil eines zinsgünstigen Arbeitgeberdarlehens ist der Rabattfreibetrag nicht anwendbar, wenn der Arbeitgeber – eine Landeszentralbank – Darlehen dieser Art nicht auch an Fremde vergibt (BFH-Urteil vom 9.10.2002, BStBl. 2003 II S. 373).

Die Finanzverwaltung wendet diese Urteile an und hat hierzu klargestellt[2], dass der Rabattfreibetrag nur angewendet werden kann, wenn der Arbeitgeber Darlehen gleicher Art und – mit Ausnahme des Zinssatzes – zu gleichen Konditionen (insbesondere Laufzeit, Dauer der Zinsfestlegung, Zeitpunkt der Tilgungsverrechnung) überwiegend an betriebsfremde Dritte vergibt (vgl. hierzu aber auch die vorstehende Nr. 3 Buchstabe a am Ende).

Ist der Rabattfreibetrag anwendbar, ist der geldwerte Vorteil aus der zinslosen oder verbilligten Darlehensgewährung nicht nach § 8 Abs. 2 EStG, sondern nach § 8 Abs. 3 EStG zu bewerten. Für die Ermittlung des Endpreises im Sinne des § 8 Abs. 3 EStG gelten die Regelungen unter der vorstehenden Nr. 4 Buchstabe a (insbesondere Berücksichtigung des durchschnittlichen Preisnachlasses an Kunden) entsprechend.

1) BMF-Schreiben vom 7.8.1990 (Az.: IV B 6 – S 2334 – 106/90). Das nicht im Bundessteuerblatt veröffentlichte BMF-Schreiben ist als Anlage 6 zu H 8.2 LStR im **Steuerhandbuch für das Lohnbüro 2021** abgedruckt, das im selben Verlag erschienen ist.

2) Randnummer 15 des BMF-Schreibens vom 19.5.2015 (BStBl. I S. 484). Das BMF-Schreiben ist als Anlage 11 zu H 8.2 LStR im **Steuerhandbuch für das Lohnbüro 2021** abgedruckt, das im selben Verlag erschienen ist.

R

Lohn- steuer- pflichtig | Sozial- versich.- pflichtig

Obwohl an sich eine Bewertung nach § 8 Abs. 3 EStG durchzuführen wäre, können nach Auffassung der Finanzverwaltung geldwerte Vorteile aus der zinslosen oder verbilligten Darlehensgewährung dann **nach § 8 Abs. 2 EStG bewertet** werden, wenn der Arbeitgeber einen **Pauschalierungsantrag** stellt (§ 40 Abs. 1 EStG). Sind die formalen Voraussetzungen für die Lohnsteuerpauschalierung erfüllt, insbesondere ein Pauschalierungsantrag gestellt worden ist, gilt dies auch dann, **wenn keine pauschale Lohnsteuer anfällt.** Zinsvorteile sind dabei als pauchalierungsfähige sonstige Bezüge i. S. d. § 40 Abs. 1 Satz 1 Nr. 1 EStG anzusehen, wenn der maßgebende Verzinsungszeitraum den jeweiligen Lohnzahlungszeitraum überschreitet.

Durch entsprechende **Pauschalierungsanträge** kann Folgendes erreicht werden:

Von der Regelung des § 8 Abs. 3 EStG wird Gebrauch gemacht, solange die Kundenstandardkonditionen unter dem Effektivzins der deutschen Bundesbank nach der **Vereinfachungsregelung** des BMF-Schreibens vom 19.5.2015[1] liegen. Erreichen die Kundenstandardkonditionen den Effektivzins der Deutschen Bundesbank nach der Vereinfachungsregelung, wechselt das Kreditinstitut (= Arbeitgeber) automatisch in die Lohnsteuerpauschalierung. Durch den Antrag auf die Lohnsteuerpauschalierung wird erreicht, dass in diesen Fällen bereits dann kein geldwerter Vorteil entsteht, wenn der Arbeitnehmer den Effektivzins der Deutschen Bundesbank nach der Vereinfachungsregelung entrichtet.

Wird der geldwerte Vorteil aus der Überlassung eines zinslosen oder zinsverbilligten Darlehens nur zum Teil pauschal versteuert, weil die Pauschalierungsgrenze des § 40 Abs. 1 Satz 3 EStG von **1000 € jährlich** überschritten ist (vgl. das Stichwort „Pauschalierung der Lohnsteuer" unter Nr. 2 Buchstabe a), ist bei der Bewertung des individuell zu versteuernden Zinsvorteils der Teilbetrag des Darlehens außer Ansatz zu lassen, für den die Zinsvorteile unter Anwendung der **Vereinfachungsregelung** im BMF-Schreiben vom 19.5.2015[2] pauschal besteuert werden.

Beispiel

Ein Kreditinstitut überlässt einem Arbeitnehmer am 1. Januar 2021 ein Arbeitgeberdarlehen in Höhe von 150 000 € zum Effektivzinssatz von 2 % jährlich (Laufzeit 4 Jahre mit jährlicher Tilgung und vierteljährlicher Fälligkeit der Zinsen). Darlehen gleicher Art bietet das Kreditinstitut fremden Kunden im allgemeinen Geschäftsverkehr zu einem Effektivzinssatz von 4,5 % an. Der nachgewiesene günstigste Zinssatz für vergleichbare Darlehen am Markt wurde im Internet bei einer Direktbank mit 4 % ermittelt.

Das Kreditinstitut beantragt die Pauschalbesteuerung nach § 40 Abs. 1 Satz 1 Nr. 1 EStG. Der geldwerte Vorteil ist insoweit nach § 8 **Abs. 2** Satz 1 EStG zu ermitteln. Die Zinsverbilligung beträgt 2 % (marktüblicher Zinssatz 4 % abzüglich Zinslast des Arbeitnehmers von 2 %).

Der geldwerte Vorteil beträgt im Kalenderjahr 2021 3000 € (2 % von 150 000 €). Mangels anderer pauschal besteuerter Leistungen kann der Zinsvorteil des Arbeitnehmers bis zum Höchstbetrag von 1000 € pauschal besteuert werden (Pauschalierungsgrenze). Ein Zinsvorteil von 1000 € ergibt sich unter Berücksichtigung der Zinsverbilligung von 2 % für ein Darlehen von 50 000 € (2 % von 50 000 € = 1000 €). Somit wird durch die Pauschalbesteuerung nur der Zinsvorteil aus einem Darlehensteilbetrag von 50 000 € abgedeckt. Der Zinsvorteil aus dem restlichen Darlehensteilbetrag von 100 000 € ist individuell zu versteuern. Der zu versteuernde Betrag ist wie folgt zu ermitteln:

Nach Abzug eines Abschlags von 4 % (§ 8 Abs. 3 EStG) vom Angebotspreis des Arbeitgebers von 4,5 % ergibt sich ein Maßstabszinssatz von (4,5 % – 0,18 % =) 4,32 %.

100 000 € Darlehen × Maßstabszinssatz 4,32 %	4320 €
./. Zinslast des Arbeitnehmers 100 000 € × 2 %	2000 €
Zinsvorteil	2320 €
./. Rabattfreibetrag (§ 8 Abs. 3 EStG)	1080 €
zu versteuernder geldwerter Vorteil jährlich	1240 €
vierteljährlich sind als sonstiger Bezug steuer- und beitragspflichtig	310 €

Der geldwerte Vorteil ist jeweils bei Tilgung des Arbeitgeberdarlehens für die Restschuld neu zu ermitteln.

Zur Anwendung des Rabattfreibetrags bei zinslosen und zinsverbilligten Darlehen vgl. auch das Stichwort „Zinsersparnisse und Zinszuschüsse" unter Nr. 7.

b) Verbilligte Kontoführung

Auf eine verbilligte Konten- oder Depotführung, eine Ermäßigung von Vermittlungsgebühren sowie auf andere Preisnachlässe bei Dienstleistungen (z. B. Überlassung von Schließfächern und Banksafes) ist der Rabattfreibetrag ebenfalls anwendbar. Für die bei Anwendung des Rabattfreibetrags maßgebende Bewertung nach § 8 Abs. 3 EStG gilt Folgendes:

Endpreis im Sinne des § 8 Abs. 3 EStG für die von einem Kreditinstitut gegenüber seinen Mitarbeitern erbrachten Dienstleistungen ist grundsätzlich der Preis, der für diese Leistungen **im Preisaushang der kontoführenden Zweigstelle** des Kreditinstituts angegeben ist. Dieser Preisaushang ist für die steuerliche Bewertung auch der Dienstleistungen maßgebend, die vom Umfang her den Rahmen des standardisierten Privatkundengeschäfts übersteigen, es sei denn, dass für derartige Dienstleistungen in den Geschäftsräumen besondere Preisverzeichnisse ausgelegt werden. Die durchschnittlich gewährten Preisnachlässe an Kunden können mindernd berücksichtigt werden (vgl. vorstehende Nr. 4 Buchstabe a).

Das Betriebsstättenfinanzamt kann auf Antrag eines Kreditinstituts Aufzeichnungserleichterungen zulassen, die im Einzelnen im BMF-Schreiben vom 19.5.2015 (BStBl. I S. 484) unter Tz. 6 geregelt worden sind.[3]

c) Verbilligter Erwerb von Fondsanteilen durch Mitarbeiter von Bankkonzernen

Beim Erwerb von Fondsanteilen wird Mitarbeitern in Bankkonzernen ein Teilnachlass bei den Erwerbsnebenkosten gewährt, wie es auch bei Geschäften mit anderen Großkunden der Fall ist. Die Verbilligung ist als ein bloßer Rabatt bei einem Kaufvorgang zu sehen, den der Arbeitnehmer aufgrund einer eigenen Investitionsentscheidung tätigt. Es handelt sich daher nicht um einen Vorteil im Rahmen der Überlassung von Vermögensbeteiligungen (vgl. dieses Stichwort). Die Rabattgewährung ist vielmehr als geldwerter Vorteil nach Maßgabe des § 8 **Abs. 2** EStG (bei Arbeitnehmern im **Konzernbereich**) bzw. § 8 **Abs. 3** EStG (bei Arbeitnehmern der **Investmentgesellschaft**) zu erfassen.

Beispiel

Ein Arbeitnehmer eines Kreditinstituts kauft den Fondsanteil unmittelbar bei der konzernzugehörigen Investmentgesellschaft. Das Kreditinstitut tritt als Finanzintermediär hier lediglich als **Anlagenvermittler** im technischen Sinne (§ 84 HGB) auf, d. h. es wird nur die Verbindung zur Fondsgesellschaft hergestellt, ggf. werden Formulare ausgefüllt, sodass ein Kaufvertrag zustande kommt. Das Kreditinstitut erhält von der Investmentgesellschaft beispielsweise wegen geringerem Arbeitsaufwand auch nur eine geringere oder keine Vermittlungsprovision, sodass sich insgesamt der Ausgabeaufschlag für den Fondsanteil mindert. Der Ausgabepreis für den Fondsanteil soll am Kauftag 10 000 € betragen und den normalen Ausgabeaufschlag von 5 % beinhalten. Der „normale" Ausgabeaufschlag von 5 % wird auf 1 % vermindert, sodass der Arbeitnehmer des Kreditinstituts lediglich 9619 € an die Investmentgesellschaft zu zahlen hat. Da der Ausgabeaufschlag von 5 % im Ausgabepreis enthalten ist, entsprechen 10 000 € = 105 %. Der Mitarbeiter zahlt lediglich 101 % = 9619 €.

Lohnsteuerliche Beurteilung:

Das Kreditinstitut, bei dem der Arbeitnehmer beschäftigt ist, handelt als Vermittler und nicht als Verkäufer. Verkäufer ist die Fondsgesell-

1) Randnummer 12 des BMF-Schreibens vom 19.5.2015. Das BMF-Schreiben ist als Anlage 11 zu H 8.2 LStR im **Steuerhandbuch für das Lohnbüro 2021** abgedruckt, das im selben Verlag erschienen ist.

2) Vgl. hierzu das Beispiel in Randnummer 22 des BMF-Schreibens vom 19.5.2015 (BStBl. I S. 484). Das BMF-Schreiben ist als Anlage 11 zu H 8.2 LStR im **Steuerhandbuch für das Lohnbüro 2021** abgedruckt, das im selben Verlag erschienen ist.

3) Vgl. Randnummern 30 und 31 des BMF-Schreibens vom 19.5.2015 (BStBl. I S. 484). Das BMF-Schreiben ist als Anlage 11 zu H 8.2 LStR im **Steuerhandbuch für das Lohnbüro 2021** abgedruckt, das im selben Verlag erschienen ist.

R

Lohnsteuerpflichtig | Sozialversich.-pflichtig

schaft (= Dritter). Der von **dritter Seite** gewährte geldwerte Vorteil ist deshalb nach § 8 **Abs. 2** EStG zu bewerten; der Rabattfreibetrag von 1080 € ist nicht anwendbar.

Bewertung des Sachbezugs nach § 8 Abs. 2 EStG auf der Basis von 96 % des üblichen Endpreises am Abgabeort	9 600,– €
Die Zahlung des Arbeitnehmers beträgt	9 619,– €

Da die Zahlung des Arbeitnehmers den geldwerten Vorteil übersteigt, entsteht keine Lohnsteuerpflicht. Wäre die Zahlung des Arbeitnehmers geringer als der geldwerte Vorteil, käme die monatliche Freigrenze von 44 € zur Anwendung, wenn die gesamten geldwerten Vorteile des Arbeitnehmers im Kaufmonat insgesamt 44 € nicht übersteigen.

Beim verbilligten Erwerb von Fondsanteilen durch Mitarbeiter von Bankkonzernen gibt es eine Fülle von Sachverhalten (Festpreisgeschäft, Anlagenvermittlung, Abschlussvermittlung, Kommissionsgeschäft, Direkterwerb, Mitarbeiterfonds). Das Hessische Ministerium der Finanzen hat hierzu einen umfangreichen Erlass herausgegeben.[1]

d) Ersparte Abschlussgebühren beim Abschluss eigener Bausparverträge durch Arbeitnehmer von Kreditinstituten

Kreditinstitute erhalten für die Vermittlung von Bausparverträgen an ihre Kunden Provisionen. Diese Provisionsansprüche aus den Vermittlungsleistungen beruhen auf Vereinbarungen zwischen dem Kreditinstitut und der Bausparkasse im Zusammenhang mit dem Abschluss von Bausparverträgen. Sofern Mitarbeiter des Kreditinstituts bei der Bausparkasse einen eigenen Bausparvertrag abschließen und für diesen keine Abschlussgebühr bezahlen, führt dieser Vorteil zu Arbeitslohn.

Es sind folgende Fallgestaltungen zu unterscheiden:[2]

Fall 1

Das Kreditinstitut erbringt die Vermittlung von Bausparkassenverträgen **als eigene Dienstleistung** am Markt. Bei eigenen Mitarbeitern nimmt es die Vermittlungsleistung unentgeltlich vor, indem es auf zustehende Provisionsansprüche gegenüber der Bausparkasse verzichtet. Die Arbeitnehmer zahlen keine Abschlussgebühren. In diesen Fällen ist der Vorteil der Arbeitnehmer – Ersparen der Abschlussgebühr – als von dem Kreditinstitut selbst gewährt anzusehen, sodass die Voraussetzungen des § 8 Abs. 3 EStG (= Anwendung des Rabattfreibetrags) erfüllt sind. Die Anwendung des Rabattfreibetrags ist aber auf die Höhe der Vermittlungsprovision begrenzt. Übersteigt die ersparte Abschlussgebühr die Provisionsansprüche, ist insoweit der Rabattfreibetrag nicht anwendbar (weil insoweit ein Rabatt von dritter Seite vorliegt, vgl. BFH-Urteile vom 7.2.1997, BStBl. II S. 363 und vom 30.5.2001, BStBl. 2002 II S. 230).

Fall 2

Ein Kreditinstitut erbringt die Vermittlung von Bausparkassenverträgen **nicht** als eigene Dienstleistung am Markt und erwirbt keine eigenen Provisionsansprüche. Die Bausparkasse verzichtet bei Abschluss eigener Bausparkassenverträge der Arbeitnehmer des Kreditinstituts ebenfalls auf die Abschlussgebühr. Die Vorteile, die aus dem Verzicht der Abschlussgebühr durch die Bausparkasse beruhen, sind Arbeitslohn von dritter Seite, der nach § 8 Abs. 2 EStG zu bewerten ist (Anwendung der sog. 96 %-Regelung und der monatlichen 44-Euro-Freigrenze, vgl. das Stichwort „Sachbezüge" unter den Nrn. 3 und 4).

Fall 3

Die Frage, ob der Rabattfreibetrag anwendbar ist (Fall 1) oder ob eine Rabattgewährung durch Dritte vorliegt (Fall 2), stellt sich nur dann, wenn es sich bei den ersparten Abschlussgebühren um einen **Sachbezug** handelt. Zur Abgrenzung von Barlohn und Sachlohn hat der Bundesfinanzhof Folgendes entschieden (BFH-Urteil vom 23.8.2007, BStBl. 2008 II S. 52):

Lohnsteuerpflichtig | Sozialversich.-pflichtig

Gibt der Arbeitgeber seine Provisionen, die er von Verbundunternehmen für die Vermittlung von Versicherungsverträgen erhalten hat, in bestimmten Fällen an eigene Arbeitnehmer weiter, gewährt er **Barlohn** und nicht Sachlohn, wenn eine Vermittlungsleistung nur gegenüber den Verbundunternehmen erbracht wird und auch nur diesen gegenüber Ansprüche bestehen mit der Folge, dass auf die weitergeleiteten Provisionen der Rabattfreibetrag in Höhe von 1080 € nicht anwendbar ist (weil es sich um eine Geldleistung und nicht um einen Sachbezug handelt).

Entscheidend für die Annahme von Barlohn war, dass den Arbeitnehmern keine günstigeren Versicherungskonditionen eingeräumt worden waren und der Arbeitgeber gegenüber seinen Arbeitnehmern auch keine vergünstigten Vermittlungsleistungen erbracht hat. Der Rabattfreibetrag kann jedoch nur dann gewährt werden, wenn der Arbeitgeber als Vermittler auf seine Provision verzichtet (Fall 1). In dem vom Bundesfinanzhof entschiedenen Fall hat der Arbeitgeber lediglich seine Provisionen, die er vom Versicherungsunternehmen erhalten hat, an den Arbeitnehmer weitergeleitet (= Barlohn).

Fall 4

Bei einem mit Urteil vom 20.5.2010 (BStBl. II S. 1022) durch den Bundesfinanzhof zu entscheidenden Streitfall hatte eine **Bausparkasse** (= Dritter) sowohl bei Arbeitnehmern ihrer „Partnerbanken" als auch bei ihren freien Handelsvertretern und deren Arbeitnehmern sowie den Beschäftigten anderer genossenschaftlich organisierter Unternehmen und Kooperationspartner auf die Erhebung von **Abschlussgebühren verzichtet.** Das Finanzgericht hatte im Streitfall eine Lohnsteuerabzugsverpflichtung des Arbeitgebers (= Partnerbank) mangels Kenntnis des Gebührenverzichts seitens der Bausparkasse am Ende des maßgebenden Lohnzahlungszeitraums verneint. Das Finanzgericht hatte zudem Zweifel geäußert, ob der Gebührenvorteil im Streitfall überhaupt zu Arbeitslohn führt. Der Bundesfinanzhof geht im Streitfall auf die Lohnsteuerabzugsverpflichtung des Arbeitgebers bei Lohnzahlungen von dritter Seite gar nicht weiter ein und sieht sich an die Tatsachenfeststellung des Finanzgerichts – **„Zweifel am Vorliegen von Arbeitslohn"** – gebunden.

Das Finanzgericht war im Rahmen der Gesamtwürdigung des Streitfalls zu dem Ergebnis gekommen, dass die Gründe für den Verzicht auf die Abschlussgebühr im Rechtsverhältnis der Beteiligten des Bausparvertrags (Bausparkasse – Bausparer) lagen. Der Vorteil sei von den „begünstigten Arbeitnehmern" nicht als Frucht ihrer Arbeit, sondern vielmehr als **genereller Preisnachlass** angesehen worden. Dieser Preisnachlass sei darin begründet, dass es sich für die Bausparkasse um einen leicht zugänglichen und besonders attraktiven Kundenkreis gehandelt habe, weil weniger Marketing- und Vertriebskosten anfielen und der Betreuungsbedarf in der Regel sowohl bei Vertragsabschluss als auch während der Laufzeit des Vertrags geringer sei. Eine **Rahmenvereinbarung** zwischen der Bausparkasse (= Dritter) und der „Partnerbank" (= Arbeitgeber) **bestand nicht.** Die „Partnerbank" war auch nicht in den Konzern einbezogen, zu dem die Bausparkasse gehörte (vgl. zum auch in diesem Fall vorliegenden eigenwirtschaftlichen Interesse des Dritten den nachfolgenden Fall 5).

Fall 5

Allgemein lässt sich festhalten, dass geldwerte Vorteile nicht auf dem Arbeitsverhältnis beruhen und daher nicht

R

1) Erlass des Hessischen Ministeriums der Finanzen vom 30.9.2008 (Az.: S 2334 A – 110 – II 3b). Der Erlass ist als Anlage 7 zu H 8.2 LStR im **Steuerhandbuch für das Lohnbüro 2021** abgedruckt, das im selben Verlag erschienen ist.

2) Verfügung der OFD Hannover vom 19.2.2001 (Az.: S 2334 – 331 – StH 212). Die OFD-Verfügung ist als Anlage 9 zu H 8.2 LStR im **Steuerhandbuch für das Lohnbüro 2021** abgedruckt, das im selben Verlag erschienen ist.

Lohn-steuer-pflichtig	Sozial-versich.-pflichtig

zu Arbeitslohn führen, sofern entsprechende Angebote zu gleichen Konditionen auch fremden Dritten unterbreitet werden. So führen z. B. Rabatte, die der Arbeitgeber nicht nur seinen Arbeitnehmern, sondern auch fremden Dritten üblicherweise einräumt, nicht zu steuerpflichtigen Arbeitslohn (BFH-Urteil vom 26.7.2012, BStBl. 2013 S. 402). Dies muss erst recht gelten, wenn es um von Dritten den Arbeitnehmern des Arbeitgebers **üblicherweise gewährte Preisvorteile** geht. Der Bundesfinanzhof hat daher entschieden, dass kein Arbeitslohn von dritter Seite vorliegt, wenn Rabatte eines Versicherungsunternehmens beim Abschluss von Versicherungsverträgen sowohl Arbeitnehmern des Arbeitgebers als auch einem weiteren Personenkreis (Angehörige der gesamten Versicherungsbranche, Arbeitnehmer weiterer Unternehmen) eingeräumt werden (BFH-Urteil vom 10.4.2014, BStBl. 2015 II S. 191). Im Streitfall bestanden keine Vereinbarungen oder Absprachen zwischen dem Arbeitgeber und den Versicherungsunternehmen, die den Arbeitnehmern des Arbeitgebers die Preisvorteile gewährten. Der Hinweis auf diese „betrieblichen Zusatzleistungen" im Personalhandbuch des Arbeitgebers sowie die Zurverfügungstellung eines Raumes im Unternehmen des Arbeitgebers für Vertragsabschlüsse sind lohnsteuerlich unerheblich (vgl. vorstehende Nr. 6 Buchstabe c). Es lag vielmehr nahe, dass das rabattgewährende Unternehmen sich durch die Vorgehensweise aus eigenwirtschaftlichen Gründen (z. B. niedrige Marketing- und Vertriebskosten, geringer Betreuungsbedarf) einen attraktiven Kundenkreis erschließen wollte.

11. Aufzeichnungsvorschriften

Die Anwendung des Rabattfreibetrags und die besonderen Bewertungsvorschriften für den dadurch steuerfrei gestellten Sachbezug erfordern zusätzliche Aufzeichnungen im Lohnkonto. Der Arbeitgeber muss zum einen alle Sachbezüge getrennt vom Barlohn aufzeichnen; zum anderen muss der Arbeitgeber zusätzlich die einzelnen Sachbezüge, auf die der Rabattfreibetrag angewendet wird, besonders kennzeichnen und mit den besonders ermittelten Werten (Angebotspreis, durchschnittliche Preisnachlässe, Endpreis, Bewertungsabschlag 4 %) im Lohnkonto eintragen. Der Rabattfreibetrag darf dabei nicht gekürzt werden. Diese Aufzeichnungsvorschriften und die damit verbundene Mehrarbeit führt bei solchen Arbeitgebern zu einer Doppelbelastung, die bereits aus betriebsinternen Gründen die Personalrabatte in irgendeiner Form festhalten (vielfach deshalb, weil der Personaleinkauf betriebsintern auf eine bestimmte Summe im Monat oder im Kalenderjahr begrenzt ist). Für diese Fälle sind deshalb in § 4 Abs. 3 Satz 2 LStDV[1] Aufzeichnungserleichterungen zugelassen worden.

R

Alle Arbeitgeber, die also innerbetriebliche Obergrenzen für den verbilligten Bezug ihrer Produkte durch die Arbeitnehmer eingeführt haben, können eine Aufzeichnungserleichterung beantragen, wenn die Obergrenzen dazu führen, dass der Rabattfreibetrag nicht überschritten wird.

Beispiel A

Ein Sportgeschäft gewährt seinen Arbeitnehmern beim Kauf von Sportartikeln 25 % Rabatt. Es besteht eine innerbetriebliche Anordnung, dass im Kalenderjahr höchstens Ware im Wert von 3000 € gekauft werden kann. Diese Anordnung wird durch eine computergesteuerte Kasse überwacht, die bei jedem Personalverkauf den Rechnungsbetrag der entsprechenden Personalnummer zuordnet. Das Betriebsstättenfinanzamt wird diesen Arbeitgeber von der gesonderten Aufzeichnung der Personalrabatte im Lohnkonto befreien, da sichergestellt ist, dass der Rabattfreibetrag von 1080 € nicht überschritten wird (25 % Rabatt bei 3000 € Einkauf = 750 € Vorteil).

Für den Arbeitgeber stellt sich häufig die Frage, wie er die betriebliche Rabattregelung gestalten soll, um den Rabattfreibetrag voll auszuschöpfen. Hierzu gilt die Faustregel: Je weniger Rabatt eingeräumt wird, umso mehr kann der Arbeitnehmer einkaufen. Die Zusammenhänge sollen an einem Beispiel verdeutlicht werden:

Beispiel B

Der Arbeitgeber gewährt seinen Arbeitnehmern auf alle Waren einen Rabatt von 20 %. Frage: Bis zu welchem Bruttobetrag können die Arbeitnehmer einkaufen, ohne dass der Rabattfreibetrag von 1080 € überschritten wird. Der Betrag errechnet sich nach folgender Formel:

$$\frac{1080\text{ €} \times 100}{20\ \% - 4\ \%} = \text{Bruttoverkaufspreis}$$

Im Beispielsfall ergibt sich hiernach ein Betrag von 108 000 € : 16 = 6750 €. Die Arbeitnehmer können also jährlich Waren im Wert von 6750 € mit 20 % Rabatt einkaufen, ohne den Rabattfreibetrag von 1080 € zu überschreiten.

Proberechnung:

Bruttowarenwert	6 750,– €
abzüglich Preisabschlag in Höhe von 4 %	270,– €
verbleiben	6 480,– €
abzüglich Rabattfreibetrag	1 080,– €
verbleiben	5 400,– €
vom Arbeitnehmer bezahlt (80 % von 6750 € =)	5 400,– €
steuerpflichtiger geldwerter Vorteil	0,– €

Folgende Tabelle kann als Anhaltspunkt dienen:

gewährter Rabatt	jährlicher Einkauf steuerfrei bis €
5 %	108 000,– €
10 %	18 000,– €
15 %	9 818,– €
20 %	6 750,– €
25 %	5 142,– €
30 %	4 153,– €
35 %	3 483,– €
40 %	3 000,– €

Der Bewertungsabschlag von 4 % wirkt sich somit im Ergebnis wie ein zusätzlicher Rabattfreibetrag aus.

Weiterhin ist in R 41.1 Abs. 3 LStR die Möglichkeit einer völligen Befreiung von der besonderen Aufzeichnungspflicht für Rabatte durch das Betriebsstättenfinanzamt vorgesehen worden. Einem solchen Befreiungsantrag hat das Betriebsstättenfinanzamt dann stattzugeben, wenn es zu der Überzeugung kommt, dass im Hinblick auf die betrieblichen Verhältnisse nach der Lebenserfahrung ein Überschreiten des Freibetrags von 1080 € im Einzelfall so gut wie ausgeschlossen ist. Zusätzliche Überwachungsmaßnahmen durch den Arbeitgeber sind in diesem Fall nicht erforderlich.

Beispiel C

Ein Lebensmittelgeschäft räumt den Verkäuferinnen auf alle Artikel einen Preisnachlass von 10 % ein. Unter Berücksichtigung des 4 %igen Bewertungsabschlags ist der Rabattfreibetrag bei einem Wareneinkauf von 18 000 € erreicht:

10 % von 18 000 €	=	1 800,– €
abzüglich 4 % von 18 000 €	=	720,– €
Geldwerter Vorteil nach § 8 Abs. 3 EStG		1 080,– €

Da es nach der Lebenserfahrung so gut wie ausgeschlossen ist, dass eine Verkäuferin in einem Lebensmittelgeschäft jährlich für 18 000 € einkauft, wird das Betriebsstättenfinanzamt den Arbeitgeber auf Antrag von den besonderen Aufzeichnungsvorschriften für Personalrabatte befreien.

12. Umwandlung von Barlohn in einen durch den Rabattfreibetrag begünstigten Sachbezug

Beim Stichwort „Gehaltsumwandlung" ist unter Nr. 2 Buchstabe c ausgeführt, dass eine Umwandlung von Barlohn in einen durch den Rabattfreibetrag in Höhe von 1080 € jährlich begünstigten Sachbezug **nicht möglich** ist, wenn der Arbeitnehmer ein **Wahlrecht** zwischen **Geld** und einer **Sachleistung** hat. Der Rabattfreibetrag von 1080 € jährlich kommt nur zur Anwendung, wenn der

1) Die Lohnsteuer-Durchführungsverordnung (LStDV) ist als Anhang 1 im **Steuerhandbuch für das Lohnbüro 2021** abgedruckt, das im selben Verlag erschienen ist.

Lohnsteuerpflichtig | Sozialversich.-pflichtig

Anspruch des Arbeitnehmers **originär auf Sachlohn gerichtet** ist (BFH-Urteil vom 6.3.2008, BStBl. II S. 530).

Für die Frage, ob ein Anspruch auf Barlohn oder Sachlohn besteht, ist auf den Zeitpunkt abzustellen, zu dem der Arbeitnehmer über seinen Lohnanspruch verfügt. Eine Verfügung über den Lohnanspruch setzt aber voraus, dass der Lohnanspruch schon entstanden ist. Hat der Arbeitnehmer bereits **im Jahr vor der Entstehung des Lohnanspruchs** (also bis spätestens 31.12.2020) durch eine **Entscheidung** für **Barlohn** oder **Sachlohn** seinen künftigen Lohnanspruch für 2021 **unwiderruflich konkretisiert,** kann im Jahr 2021 nur noch der Barlohnanspruch oder der Sachlohnanspruch zur Entstehung kommen. Im Jahr 2021 hat der Arbeitnehmer in diesem Fall also **kein Wahlrecht mehr** zwischen Geld und einer Sachleistung. Hat der Arbeitnehmer sich also in diesem Fall im Jahr 2020 für den Sachlohnanspruch (z. B. Warengutschein) entschieden, kann er im Jahr 2021 den Rabattfreibetrag in Anspruch nehmen.

Beispiel

Der Tarifvertrag sieht für die Arbeitnehmer einen Anspruch auf eine „Vorsorgeleistung" im Wert von 150 € pro Kalenderjahr vor. Es gibt drei mögliche Leistungsformen:

- Erhöhung des Arbeitgeberbeitrags zur betrieblichen Altersversorgung,
- Gutschrift als Wertguthaben auf einem Langzeitkonto (Arbeitszeitkonto) oder
- Leistung in Form eines Warengutscheins zum Einkauf beim Arbeitgeber (auf Wunsch des Arbeitnehmers).

Die Auszahlung als Barlohn ist ausdrücklich ausgeschlossen.

Die Auswahl zwischen diesen verschiedenen Leistungen erfolgt nach folgendem Verfahren: Grundsätzlich wählt zunächst der Arbeitgeber, ob er die Leistung in Form eines Arbeitgeberbeitrags zur betrieblichen Altersversorgung oder in Form einer Wertgutschrift auf einem Langzeitkonto erbringt. Er hat kein Wahlrecht, sich für einen Warengutschein zu entscheiden. Nur der Arbeitnehmer kann – dann allerdings bindend – festlegen, dass die Leistung in Form eines Warengutscheins zu erbringen ist. Diese Wahl kann der Arbeitnehmer schon treffen, bevor der Arbeitgeber entschieden hat, welche der beiden anderen Leistungen er erbringen möchte.

Da der Arbeitnehmer sich vor dem 1.1.2021 (und damit vor dem Entstehen seines Lohnanspruchs 2021) unwiderruflich zu entscheiden hat, ob er einen Warengutschein erhalten möchte, besteht in diesem Fall zum maßgebenden Zeitpunkt (= Entstehen des Lohnanspruchs 2021) ausschließlich ein originärer Sachlohnanspruch und gerade kein wahlweiser Barlohnanspruch mit der Folge, dass der Rabattfreibetrag von bis zu 1080 € jährlich in Anspruch genommen werden kann.

13. Sozialversicherungsrechtliche Behandlung der Belegschaftsrabatte

a) Allgemeine Grundsätze

Soweit die eingeräumten Rabatte nach den vorstehenden Erläuterungen steuerfrei bleiben, besteht auch Beitragsfreiheit in der Sozialversicherung (§ 1 Abs. 1 Satz 1 Nr. 1 SvEV[1]). nein nein

Der Rabattfreibetrag in Höhe von 1080 € jährlich, die monatliche 44-Euro-Freigrenze und die steuerlichen Bewertungsvorschriften gelten also auch bei der Sozialversicherung (vgl. auch § 3 Abs. 1 SvEV[1]). Ebenso die Grundsätze über die Rabattgewährung durch Dritte.

Sind Belegschaftsrabatte steuerpflichtig, sind sie auch beitragspflichtig und zwar unabhängig davon, ob eine individuelle oder pauschale Besteuerung erfolgt. ja ja

Ausnahme: Eine Pauschalbesteuerung mit 25 % von

- Mahlzeiten nach § 40 Abs. 2 Satz 1 Nr. 1 EStG (vgl. „Mahlzeiten" unter Nr. 7).
- Mahlzeiten bei Auswärtstätigkeiten nach § 40 Abs. 2 Satz 1 Nr. 1a EStG („Reisekosten bei Auswärtstätigkeiten" in Anhang 4 unter Nr. 10 Buchstabe g).
- Zuwendungen bei Betriebsveranstaltungen nach § 40 Abs. 2 Satz 1 Nr. 2 EStG (vgl. „Betriebsveranstaltungen" unter Nr. 6).

Lohnsteuerpflichtig | Sozialversich.-pflichtig

- Übereignung von Datenverarbeitungsgeräten nach § 40 Abs. 2 Satz 1 Nr. 5 EStG (vgl. „Computer" unter Nr. 2).
- Übereignung von Ladevorrichtungen nach § 40 Abs. 2 Satz 1 Nr. 6 EStG (vgl. „Elektrofahrzeuge" unter Nr. 2 Buchstabe b).
- Übereignung von Fahrrädern nach § 40 Abs. 2 Satz 1 Nr. 7 EStG (vgl. „Elektro-Bike" unter Nr. 5 Buchstabe b).
- Gewährung von Fahrausweisen ohne Anrechnung auf die Entfernungspauschale nach § 40 Abs. 2 Satz 2 EStG (vgl. „Fahrten zwischen Wohnung und erster Tätigkeitsstätte" unter Nr. 5).

Diese Pauschalierungen lösen nach § 1 Abs. 1 Satz 1 Nr. 3 SvEV[1] Beitragsfreiheit in der Sozialversicherung aus. ja nein

Werden Belegschaftsrabatte pauschal mit **einem besonders ermittelten Pauschsteuersatz** auf Antrag des Arbeitgebers versteuert (vgl. Stichwort „Pauschalierung der Lohnsteuer" unter Nr. 2 auf Seite 733), stellt sich für die Berechnung des Gesamtsozialversicherungsbeitrags die Frage, wie das auf den einzelnen Arbeitnehmer entfallende Arbeitsentgelt zu ermitteln ist. Da die Aufteilung dem Arbeitgeber vielfach erhebliche Schwierigkeiten bereitet, ist in § 3 Abs. 3 SvEV[1] den Arbeitgebern die Möglichkeit eingeräumt worden, dem einzelnen Arbeitnehmer einen **Durchschnittswert** der pauschal versteuerten Belegschaftsrabatte zuzuordnen. Dabei kann auch der Durchschnittsbetrag des Vorjahres angesetzt werden. Die mit einem Durchschnittswert angesetzten Sachbezüge sind nach § 3 Abs. 3 Satz 5 SvEV[1] **insgesamt** dem letzten Lohnzahlungszeitraum des Kalenderjahres zuzuordnen und als einmalige Zuwendung beitragspflichtig. Da der Durchschnittswert den tatsächlich erhaltenen geldwerten Vorteil erheblich übersteigen kann, setzt die Anwendung dieser Durchschnittsberechnung voraus, dass der Arbeitgeber den auf den Durchschnittsbetrag entfallenden **Arbeitnehmeranteil übernimmt** (§ 3 Abs. 3 Satz 3 SvEV[1]). Die Übernahme dieses Arbeitnehmeranteils ist nach § 3 Nr. 62 EStG steuerfrei.

b) Umwandlung von Barlohn in einen durch den Rabattfreibetrag begünstigten Sachbezug

Verschiedene Arbeitgeber gewähren ihren Arbeitnehmern aus Gründen der Steuerersparnis z. B. kein Weihnachtsgeld in bar, sondern in Form von Sachbezügen. Erhalten z. B. Arbeitnehmer eines Kaufhauses anstelle des Weihnachtsgeldes einen Warengutschein im Wert von 1125 € (abzüglich 4 % Bewertungsabschlag = 1080 €), der zum Bezug der im Kaufhaus angebotenen Waren berechtigt, ist dieser Betrag in Anwendung des Rabattfreibetrags steuerfrei. Denn eine Umwandlung von Barlohn in einen Sachbezug hat der Bundesfinanzhof ausdrücklich zugelassen. Die Umwandlung von steuerpflichtigem Barlohn in einen steuerfreien Sachbezug ist jedoch nach der Rechtsprechung des Bundesfinanzhofs nur dann zulässig, wenn der Arbeitsvertrag entsprechend geändert wird (BFH-Urteil vom 6.3.2008, BStBl. II S. 530). Der Rabattfreibetrag kann also nicht in Anspruch genommen werden, wenn der Arbeitnehmer ein Wahlrecht zwischen Bargeld oder einem Sachbezug hat (vgl. vorstehende Nr. 12).

Die Spitzenverbände der Sozialversicherungsträger lassen eine **Umwandlung** von Barlohn in einen durch den Rabattfreibetrag begünstigten Sachbezug dann **nicht** mit sozialversicherungsrechtlicher Wirkung **zu, wenn** Warengutscheine oder Sachzuwendungen **anstelle** des vertraglich vereinbarten **Arbeitsentgelts** gewährt werden. Oder umgekehrt ausgedrückt: Nur wenn **freiwillige** Lohnzahlungen, die über den Tarif- oder Arbeitsvertrag hinausgehen, durch Warengutscheine oder Sachzuwendungen ersetzt werden, tritt Beitragsfreiheit in Anwendung des Rabattfreibetrags nach § 8 Abs. 3 EStG ein. In der Nieder-

1) Die Sozialversicherungsentgeltverordnung (SvEV) ist als Anhang 2 im **Steuerhandbuch für das Lohnbüro 2021** abgedruckt, das im selben Verlag erschienen ist.

Lohn-steuer-pflichtig | Sozial-versich.-pflichtig

schrift über das Besprechungsergebnis werden folgende drei Fälle unterschieden:

- Geldwerte Vorteile aus Warengutscheinen und Sachleistungen, die der Arbeitgeber als **freiwillige Leistung zusätzlich** zum Arbeitsentgelt gewährt, fallen unter § 8 Abs. 3 EStG und gehören – soweit sie hiernach steuerfrei sind – nicht zum Arbeitsentgelt im Sinne der Sozialversicherung.
- Geldwerte Vorteile aus Warengutscheinen und Sachleistungen, die **anstelle** von in den Vorjahren **außervertraglich (freiwillig) gezahltem Arbeitsentgelt** gewährt werden, fallen unter § 8 Abs. 3 EStG und gehören – soweit sie hiernach steuerfrei sind – nicht zum Arbeitsentgelt im Sinne der Sozialversicherung.
- Geldwerte Vorteile aus Warengutscheinen und Sachleistungen, die **anstelle von vertraglich vereinbartem Arbeitsentgelt** gewährt werden, fallen nicht unter § 8 Abs. 3 EStG und gehören somit in voller Höhe zum beitragspflichtigen Arbeitsentgelt im Sinne der Sozialversicherung.

14. Umsatzsteuerpflicht bei Rabattgewährung

Sachbezüge des Arbeitgebers an den Arbeitnehmer (z. B. Deputate, Freizigaretten, Freiflüge, Haustrunk, Mahlzeiten usw.) stellen umsatzsteuerlich Leistungen dar, die entweder als Lieferung in Form der Zuwendung eines Gegenstandes oder als sonstige Leistung in Form einer Dienstleistung der Umsatzbesteuerung unterliegen können. Im Rahmen der Prüfung der Steuerbarkeit der Sachzuwendung ist zu prüfen, ob diese **entgeltlich** bzw. **verbilligt** im Leistungsaustausch oder **unentgeltlich** erfolgt.

Im Inland **entgeltlich** oder **verbilligt** erbrachte Sachbezüge im Rahmen eines Leistungsaustausches sind steuerbar. Der lohnsteuerliche **Rabattfreibetrag** in Höhe von 1080 € ist bei der **Umsatzsteuer nicht anwendbar.** Bei einer verbilligten Abgabe von Waren mit Belegschaftsrabatt ist umsatzsteuerliche Bemessungsgrundlage der vom Arbeitnehmer tatsächliche gezahlte Nettobetrag.

Beispiel

Der Arbeitnehmer eines Automobilwerks kauft einen sog. Jahreswagen (Listenpreis 25 000 €) unter Inanspruchnahme des Belegschaftsrabatts für 20 000 €. Bemessungsgrundlage für die Umsatzsteuer sind 20 000 €. Aus diesem Betrag ist noch die Umsatzsteuer herauszurechnen (bei einem Steuersatz von 19 % mit $^{19}/_{119}$). Als Bemessungsgrundlage verbleiben somit (20 000 € abzüglich $^{19}/_{119}$ = 3193 €) 16 807 €. Die Umsatzsteuer beträgt 3193 €.

Zahlt der Arbeitnehmer für die Waren einen verbilligten Preis und liegt dieser **unter den Selbstkosten** des Arbeitgebers, sind mindestens die Selbstkosten des Arbeitgebers Bemessungsgrundlage für die Umsatzsteuer (= Mindestbemessungsgrundlage nach § 10 Abs. 5 UStG). Das gilt im Regelfall zwar nicht für Fahrzeuge, aber z. B. für die verbilligte Lieferung von Strom und Gas. Anzusetzen sind mindestens die Wiederbeschaffungskosten im Zeitpunkt der Entnahme auf der Handelsstufe des Arbeitgebers zuzüglich Verbrauchssteuern (z. B. Stromsteuer, Energiesteuer) und die Konzessionsabgabe, jeweils netto ohne Umsatzsteuer.

Eine Besteuerung **unentgeltlicher** Wertabgaben an Arbeitnehmer kommt nicht in Betracht, wenn bei Leistungsbezug bereits feststeht, dass dieser an die Arbeitnehmer für deren private Verwendung weitergegeben werden soll. In diesem Fall hat der Arbeitgeber auch von vornherein keine Vorsteuerabzugsberechtigung. Dies gilt aber nicht, wenn die Sachzuwendungen nicht eingekauft, sondern originär im Unternehmen geschaffen worden sind.

Vgl. im Einzelnen das Stichwort „Umsatzsteuerpflicht bei Sachbezügen“.

Lohn-steuer-pflichtig | Sozial-versich.-pflichtig

Raucherentwöhnung

Trägt der Arbeitgeber ganz oder teilweise die Kosten für die Teilnahme seiner Arbeitnehmer an Seminaren zur Raucherentwöhnung, handelt es sich um Arbeitslohn und nicht um eine Leistung im ganz überwiegenden eigenbetrieblichen Interesse des Arbeitgebers.

Das gilt auch dann, wenn die Maßnahmen zur Umsetzung eines gesetzlich angeordneten generellen Rauchverbots in öffentlichen Gebäuden während der Arbeitszeit angeboten werden; Entsprechendes gilt in der Privatwirtschaft. ja ja

Ausschlaggebend für das Vorliegen eines geldwerten Vorteils ist das hohe persönliche Interesse des Arbeitnehmers an seiner eigenen Gesundheit und der Verringerung seines Krankheitsrisikos. Die für ein eigenbetriebliches Interesse des Arbeitgebers sprechenden Merkmale (hier: effektivere Ausnutzung der Arbeitszeit durch Wegfall der Raucherpausen, Erhöhung der Einsatzfähigkeit durch Verringerung der krankheitsbedingten Fehlzeiten, die auf Rauchen zurückzuführen sind, Pflichten des Arbeitgebers, ein gesetzliches Rauchverbot wirkungsvoll umzusetzen – es besteht allerdings keine gesetzliche Pflicht für Arbeitgeber, Raucherentwöhnungskurse anzubieten –) überwiegen im Bereich der Gesundheitsvorsorge wegen des hohen privaten Interesses des Arbeitnehmers nur in sehr seltenen Ausnahmefällen (vgl. die Stichworte „Gesundheitsförderung“ und „Vorsorgekuren, Vorsorgeuntersuchungen“). Darüber hinaus müsste die gesundheitserhaltende bzw. -verbessernde Maßnahme ihre Grundlage in einer anderenfalls drohenden berufsspezifisch bedingten gesundheitlichen Beeinträchtigung haben. Dies ist bei den sich durch das Rauchen ergebenden Gesundheitsrisiken nicht der Fall.

Durch die **Steuerbefreiungsvorschrift** des § 3 Nr. 34 EStG werden allerdings die **zusätzlich zum ohnehin geschuldeten Arbeitslohn** erbrachte Leistungen des Arbeitgebers zur Verhinderung und Minderung von Krankheitsrisiken und der betrieblichen Gesundheitsförderung steuerfrei gestellt, soweit sie **je Arbeitnehmer 600 € jährlich** (= Freibetrag) nicht übersteigen (vgl. im Einzelnen die Erläuterungen beim Stichwort „Gesundheitsförderung“ besonders unter Nr. 3). Begünstigt bis zu diesem Höchstbetrag sind auch alle Maßnahmen zur **Einschränkung** des **Suchtmittelkonsums** (= allgemeine Förderung des Nichtrauchens, „rauchfrei“ im Betrieb, gesundheitsgerechter Umgang mit Alkohol, allgemeine Reduzierung des Alkoholkonsums, Nüchternheit am Arbeitsplatz). nein nein

Beispiel A

Zur Einschränkung des Suchtmittelkonsums führt der Arbeitgeber auf seine Kosten während der Arbeitszeit Raucherentwöhnungskurse für seine Mitarbeiter durch. Der geldwerte Vorteil beträgt je Arbeitnehmer 180 € pro Jahr.

Der geldwerte Vorteil in Höhe von 180 € ist nach § 3 Nr. 34 EStG steuer- und sozialversicherungsfrei.

Wird der jährliche **Höchstbetrag** von 600 € je Arbeitnehmer aufgrund von Leistungen des Arbeitgebers zur Verhinderung und Minderung von Krankheitsrisiken und der betrieblichen Gesundheitsförderung **überschritten,** ist zu **prüfen,** ob es sich beim übersteigenden Betrag um eine nicht zu Arbeitslohn führende Maßnahme im ganz überwiegenden **eigenbetrieblichen Interesse** des Arbeitgebers oder um steuer- und sozialversicherungspflichtigen Arbeitslohn handelt.

Beispiel B

Zur Vermeidung stressbedingter Gesundheitsrisiken ermöglicht der Arbeitgeber seinen Arbeitnehmern auf seine Kosten den Besuch von Kursen zur Stressbewältigung und Entspannung. Die Kosten betragen pro Arbeitnehmer 580 € jährlich. Außerdem bezuschusst er die Teilnahme an einem Raucherentwöhnungskurs mit 120 € je Arbeitnehmer.

Der geldwerte Vorteil der Arbeitnehmer beträgt insgesamt 700 €. Davon sind 600 € aufgrund des § 3 Nr. 34 EStG steuer- und sozialversicherungsfrei. Der steuer- und sozialversicherungspflichtige Vorteil

Lohn-steuer-pflichtig	Sozial-versich.-pflichtig

(= sonstiger Bezug) beträgt somit 100 € je Arbeitnehmer (700 € abzüglich 600 €). Weder die Kurse zur Stressbewältigung und Entspannung noch der Raucherentwöhnungskurs sind Maßnahmen im ganz überwiegenden eigenbetrieblichen Interesse des Arbeitgebers.

Rechtsbehelfe

Dem Arbeitgeber stehen im **Lohnsteuerverfahren** der **Einspruch** beim Finanzamt, die **Klage** beim Finanzgericht und die **Nichtzulassungsbeschwerde** sowie die **Revision** beim Bundesfinanzhof zur Verfügung.[1)]

Außerdem kommt noch die Dienstaufsichtsbeschwerde (Aufsichtsbeschwerde, formlose Beschwerde) in Betracht, die jedem Steuerpflichtigen (Arbeitnehmer und Arbeitgeber) gegen Verwaltungsakte aller Art oder bestimmte Verhaltensweisen der Finanzverwaltung offen steht. Sie ist weder an eine bestimmte Frist noch an eine bestimmte Form gebunden und kann bei den Mittelbehörden (z. B. Oberfinanzdirektionen, Landesamt für Steuern) und der obersten Finanzbehörde des Landes (Finanzministerium, Finanzsenator) eingereicht werden. Durch die **Dienstaufsichtsbeschwerde** kann der Steuerpflichtige lediglich die **Nachprüfung,** Aufhebung oder Änderung der erlassenen Verfügung, Entscheidung oder des Bescheids **anregen.** Im Gegensatz zum Einspruchsverfahren hat der Steuerpflichtige keinen Anspruch auf einen begründeten Bescheid; es ist vielmehr in das pflichtgemäße Ermessen der vorgesetzten Behörde gestellt, ob sie eine Behandlung der Beschwerde für erforderlich hält oder nicht.

Es ist insbesondere zu beachten, dass die Einlegung einer Dienstaufsichtsbeschwerde den Eintritt der Bestandskraft („Rechtskraft") des angegriffenen Bescheids nicht beeinflusst. Will der Steuerpflichtige sichergestellt haben, dass die angeordnete Maßnahme auch bei einer ungünstigen Entscheidung über die Dienstaufsichtsbeschwerde durch die unabhängigen Steuergerichte nachgeprüft werden kann, muss er innerhalb der Rechtsbehelfsfrist (vgl. dieses Stichwort) Einspruch einlegen. Es bleibt ihm überlassen, neben dem Einspruch auch eine Dienstaufsichtsbeschwerde einzureichen.

Das **außergerichtliche** Rechtsbehelfsverfahren (Einspruch, Dienstaufsichtsbeschwerde) ist **kostenfrei.**

In der **Sozialversicherung** kann man gegen beschwerende Verwaltungsakte zunächst **Widerspruch** beim Versicherungsträger und gegen den Widerspruchsbescheid **Klage** beim Sozialgericht erheben. Das Verfahren ist gebührenfrei. Weitere Rechtsmittel sind Berufung beim Landessozialgericht und die Revision beim Bundessozialgericht.

Siehe auch die Stichworte: Auskunft, Rechtsbehelfsfrist, Rechtsbehelfsverzicht.

Rechtsbehelfsfrist

Der Einspruch ist innerhalb **eines Monats** nach Bekanntgabe des Verwaltungsaktes einzulegen (Rechtsbehelfsfrist; § 355 Abs. 1 AO). Er kann beim Finanzamt schriftlich eingereicht, diesem elektronisch übermittelt oder dort zur Niederschrift erklärt werden. Ist eine Rechtsbehelfsbelehrung unterblieben oder unrichtig erteilt worden, ist die Einlegung eines Einspruchs binnen eines Jahres seit Bekanntgabe des Verwaltungsaktes zulässig. Ein Verwaltungsakt gilt übrigens im Inland grundsätzlich am dritten Tage nach der Aufgabe zur Post als bekannt gegeben.

Der Einspruch gegen eine Lohnsteuer-Anmeldung ist innerhalb eines Monats nach Eingang der Lohnsteuer-Anmeldung beim Finanzamt einzulegen. Bei Lohnsteuer-Anmeldungen, die zu einer Herabsetzung der bisher entrichteten Steuer oder zu einer Lohnsteuererstattung (Rotbetrag) führen, ist der Einspruch innerhalb eines Monats nach Bekanntwerden der formfreien Zustimmung des Finanzamts einzulegen.

Hat der Steuerpflichtige die Einlegung eines Einspruchs ohne Verschulden versäumt (z. B. wegen Krankheit), kann ihm das Finanzamt Wiedereinsetzung in den vorigen Stand gewähren (§ 110 AO). Der Steuerpflichtige wird dann so gestellt, als hätte er die Rechtsbehelfsfrist nicht versäumt.

In der Sozialversicherung beträgt die Rechtsbehelfsfrist **einen Monat** nach Zustellung der anzufechtenden Entscheidung.

Rechtsbehelfsverzicht

Der Steuerpflichtige kann durch schriftliche Erklärung nach Ergehen des Verwaltungsakts auf die Einlegung eines Einspruchs verzichten; der Verzicht kann auch beim Finanzamt mündlich zur Niederschrift erklärt werden. Hat der Steuerpflichtige auf einen Rechtsbehelf verzichtet, wird ein trotzdem eingelegter Einspruch als unzulässig verworfen (§ 354 Abs. 1 AO). Der Rechtsbehelfsverzicht kann auch bereits bei Abgabe einer Lohnsteuer-Anmeldung für den Fall ausgesprochen werden, dass die Steuer nicht abweichend von der Steueranmeldung festgesetzt wird. An die Wirksamkeit eines Rechtsbehelfsverzichts werden jedoch strenge Anforderungen gestellt. Der Steuerpflichtige muss sich über die Tragweite des Rechtsbehelfsverzichts bewusst sein. Er muss freiwillig in Kenntnis der Wirkung des Rechtsbehelfsverzichts und der sich aus dem Bescheid ergebenden Zahlungsverpflichtung oder sonstigen Verpflichtungen auf die Einlegung eines Rechtsbehelfs verzichtet haben. Die Verzichtserklärung ist **unwirksam,** wenn sie

- weitere Erklärungen enthält,
- unter einem **Vorbehalt** oder einer **Bedingung** (vgl. aber vorstehende Besonderheit bei Steueranmeldungen) erfolgt oder
- auf einer unzulässigen Beeinflussung (Zwang, Drohung, bewusste Täuschung, unzutreffende Auskunft gegenüber einem rechtsunkundigen Steuerpflichtigen) durch das Finanzamt beruht.

Das Anerkenntnis des Prüfungsergebnisses im Anschluss an eine Lohnsteuer-Außenprüfung stellt keinen Rechtsbehelfsverzicht dar (BFH-Urteil vom 6.7.1962, BStBl. III S. 355).

Rechtskreise (Ost und West)

Die Zuordnung zum jeweiligen Rechtskreis richtet sich nach dem Ort der Beschäftigung. Auf die Erläuterungen in Teil B Nr. 3 auf Seite 12 wird Bezug genommen.

R

Rechtsnachfolger

Gliederung:

1. Lohnsteuer
   a) Allgemeines
   b) Arbeitslohn für die aktive Tätigkeit oder Versorgungsbezug
   c) Sterbegeld
   d) Lohnabrechnung im Sterbemonat
   e) Mehrere Erben
   f) Erben im Ausland
   g) Altersentlastungsbetrag
2. Sozialversicherung

1) Ein Arbeitnehmer kann gegen die Lohnsteuer-Anmeldung des Arbeitgebers aus eigenem Recht Einspruch einlegen, soweit sie ihn betrifft (BFH-Urteil vom 20.7.2005, BStBl. II S. 890). Mit der Übermittlung der elektronischen Lohnsteuerbescheinigung durch den Arbeitgeber an die Finanzverwaltung endet regelmäßig dieses Einspruchsverfahren und der Arbeitnehmer muss sein Begehren im Rahmen einer Einkommensteuer-Veranlagung weiterverfolgen.

Lohn-steuer-pflichtig Sozial-versich.-pflichtig

1. Lohnsteuer

a) Allgemeines

Rechtsnachfolger von Arbeitnehmern **gelten** selbst als Arbeitnehmer, soweit sie Arbeitslohn aus dem früheren Dienstverhältnis ihres Rechtsvorgängers beziehen (§ 1 Abs. 1 Satz 2 LStDV[1)]). Gedacht ist dabei insbesondere an Rechtsnachfolger **von Todes wegen,** besonders Erben (z. B. die Witwe/der Witwer oder Kinder) die Bezüge aufgrund des Arbeitsverhältnisses des verstorbenen Arbeitnehmers erhalten. Arbeitslohn des Rechtsnachfolgers sind vor allem die **laufenden** Bezüge, die nach dem Tod zufließen, aber z. B. auch Tantiemen, die erst nach dem Tode des Erblassers gezahlt werden, Kapitalabfindungen zur Abgeltung von Pensionsansprüchen des Erblassers sowie Erlass von Schulden des Erblassers durch dessen Arbeitgeber.

Da der Rechtsnachfolger nach den lohnsteuerlichen Bestimmungen selbst zum Arbeitnehmer wird, müssen bei der Berechnung der Lohnsteuer **seine** Lohnsteuerabzugsmerkmale und **nicht** die des **Erblassers** zugrunde gelegt werden, d. h. die Besteuerung richtet sich nach den individuellen Besteuerungsmerkmalen (Steuerklasse, Zahl der Kinderfreibeträge, ggf. Altersentlastungsbetrag usw.) **des Erben** und nicht nach der Steuerklasse des Verstorbenen. Daher hat der Arbeitgeber auch für den Erben die elektronischen Lohnsteuerabzugsmerkmale (ELStAM; vgl. dieses Stichwort) abzurufen. Sind die Lohnsteuerabzugsmerkmale des Erben nicht bekannt, hat der Arbeitgeber die Lohnsteuer nach der Steuerklasse VI einzubehalten (vgl. „Nichtvorlage der Lohnsteuerabzugsmerkmale").

b) Arbeitslohn für die aktive Tätigkeit oder Versorgungsbezug

Beim Lohnsteuerabzug hat der Arbeitgeber nach R 19.9 Abs. 3 LStR Folgendes zu beachten:

- Beim Arbeitslohn, der noch für die aktive Tätigkeit des verstorbenen Arbeitnehmers gezahlt wird, ist zwischen laufendem Arbeitslohn, z. B. Lohn für den Sterbemonat oder den Vormonat, und sonstigen Bezügen, z. B. Erfolgsbeteiligung, zu unterscheiden.
- Der Arbeitslohn für den Sterbemonat stellt, wenn er arbeitsrechtlich für den gesamten monatlichen Lohnzahlungszeitraum zu zahlen ist, keinen Versorgungsbezug dar.
- Besteht dagegen ein Anspruch auf Lohnzahlung nur bis zum Todestag, handelt es sich bei den darüber hinausgehenden Leistungen an die Hinterbliebenen um Versorgungsbezüge. Dies gilt entsprechend für den Fall, dass die arbeitsrechtlichen Vereinbarungen für den Sterbemonat lediglich die Zahlung von Hinterbliebenenbezügen vorsehen oder keine vertraglichen Abmachungen über die Arbeitslohnbemessung bei Beendigung des Dienstverhältnisses im Laufe des Lohnzahlungszeitraums bestehen. Auch in diesen Fällen stellt nur der Teil der Bezüge, der auf die Zeit nach dem Todestag entfällt, einen Versorgungsbezug dar.

R

Die steuerliche Frage, ob Versorgungsbezüge vorliegen oder nicht, ist nach den **arbeitsvertraglichen Abmachungen** zu beurteilen. Nicht zu den steuerbegünstigten Versorgungsbezügen gehören Bezüge, die für den Sterbemonat aufgrund des Arbeitsvertrages als Arbeitsentgelt gezahlt werden; besondere Leistungen an Hinterbliebene, die über das bis zum Erlöschen des Dienstverhältnisses geschuldete Arbeitsentgelt hinaus gewährt werden, sind dagegen – unabhängig vom Alter des Empfängers (= Hinterbliebenen) – Versorgungsbezüge. Hiernach sind folgende Fälle zu unterscheiden:

Beispiel A

Der Arbeitnehmer A hatte arbeitsvertraglich Anspruch auf seine Bezüge nur bis zum Todestag. Werden diese für den Sterbemonat an die Hinterbliebenen gezahlt, liegen noch keine steuerbegünstigten Versorgungsbezüge vor. Erhalten die Hinterbliebenen nach dem Arbeitsvertrag weitere Leistungen, sind diese als Versorgungsbezüge anzuerkennen. Wird der Arbeitslohn bis zum Todestag mit den weiteren Leistungen in einer Summe gezahlt, dürfen die Versorgungsfreibeträge nur von dem Teilbetrag der weiteren Leistungen berechnet werden.

Beispiel B

Hatte A arbeitsvertraglich Anspruch auf die vollen Bezüge des Sterbemonats, ist eine teilweise Anerkennung als begünstigte Versorgungsbezüge nicht möglich.

Beispiel C

Ist vereinbart, dass im Sterbemonat des A kein Arbeitslohn mehr, sondern nur Hinterbliebenenbezüge gezahlt werden, ist dennoch der Teil der Bezüge, der auf die Zeit bis zum Todestag des A entfällt, kein Versorgungsbezug.

Beispiel D

Bestehen keine vertraglichen Abmachungen über die Zahlung der Bezüge für den Sterbemonat und wird dennoch Arbeitslohn für einen vollen Kalendermonat gezahlt, ist der bis zum Todestag zu zahlende Arbeitslohn kein Versorgungsbezug. Der auf die Zeit vom Todestag bis zum Ende des Sterbemonats entfallende Betrag ist dagegen ein Versorgungsbezug.

c) Sterbegeld

Das Sterbegeld ist ein Versorgungsbezug und stellt grundsätzlich einen **sonstigen Bezug** dar. Dies gilt auch für den Fall, dass als Sterbegeld mehrere Monatsgehälter gezahlt werden, weil es sich hierbei dem Grunde nach nur um die ratenweise Zahlung eines Einmalbetrags handelt (R 19.9 Abs. 3 Nr. 3 LStR). Eine Lohnabrechnung für den Sterbemonat mit Zahlung eines Sterbegeldes ist unter dem nachfolgenden Buchstaben d dargestellt.

Auf die ausführlichen Erläuterungen zum Sterbegeld beim Stichwort „Sterbegeld" wird Bezug genommen.

d) Lohnabrechnung im Sterbemonat

Die Besteuerung des Arbeitslohns für den Sterbemonat nach den Besteuerungsmerkmalen des Erben hat früher in der Praxis zu erheblichen Schwierigkeiten geführt. Die Lohnsteuer-Richtlinien enthalten deshalb hierzu (R 19.9 Abs. 1 Satz 2 LStR) eine wichtige Vereinfachungsregelung:

Der **laufende** Arbeitslohn für den Sterbemonat kann noch nach den Besteuerungsmerkmalen (Steuerklasse, Zahl der Kinderfreibeträge) besteuert werden, die für den Sterbemonat für den **Verstorbenen** gelten. Der Arbeitslohn und die davon nach den Besteuerungsmerkmalen des Verstorbenen einbehaltene Lohnsteuer ist jedoch **auf der Lohnsteuerbescheinigung des Erben zu bescheinigen!** Wird dieses Verfahren für den Sterbemonat angewendet, darf in keinem Fall ein Versorgungsfreibetrag oder ein Zuschlag zum Versorgungsfreibetrag abgezogen werden (auch wenn der Arbeitslohn vom Todestag bis zum Ende des Sterbemonats ein Versorgungsbezug sein sollte).

Beispiel

Ein verheirateter Arbeitnehmer mit der Steuerklasse III/3 Kinderfreibeträge und einem Monatslohn von 3000 € stirbt am 20. 6. 2021.

Der Arbeitnehmer hat nach dem Arbeitsvertrag Anspruch auf die vollen Bezüge im Sterbemonat. Darüber hinaus wird ein Sterbegeld in Höhe von drei Monatsgehältern bezahlt. Der Arbeitgeber zahlt diese Beträge am 4. 7. 2021 an die Witwe aus und hat hierbei die Lohnsteuer einzubehalten. Der Arbeitnehmer hatte bisher die Steuerklasse III/3 Kinderfreibeträge. Seine Ehefrau war nicht berufstätig. Damit der Arbeitgeber den Lohnsteuerabzug nach den Besteuerungsmerkmalen der Witwe durchführen kann, hat er deren Lohnsteuerabzugsmerkmale im ELStAM-Verfahren abzurufen und zugrunde zu legen. Dies sind:

Bis 30. 6. 2021 Steuerklasse V, ab 1. 7. 2021 Steuerklasse III/3 Kinderfreibeträge.

Die Steuerklasse III/3 kann erstmals mit Wirkung vom Beginn des ersten, auf den Todestag des Ehemannes folgenden Kalendermonats (= 1. Juli 2021) gebildet werden. Der Arbeitgeber müsste deshalb den Arbeitslohn für Juni nach der für die Ehefrau im Juni maßgebenden Steuerklasse V besteuern (auch wenn der Arbeitslohn erst im Juli 2021 gezahlt wird), weil der Lohnsteuerberechnung für laufenden Arbeitslohn diejenigen Lohnsteuerabzugsmerkmale zugrunde zu legen sind,

1) Die Lohnsteuer-Durchführungsverordnung (LStDV) ist als Anhang 1 im **Steuerhandbuch für das Lohnbüro 2021** abgedruckt, das im selben Verlag erschienen ist.

Lohn-steuer-pflichtig	Sozial-versich.-pflichtig

die für den Tag gelten, an dem der Lohnzahlungszeitraum endet (= 30. 6. 2021). Nach R 19.9 Abs. 1 Satz 2 LStR kann er jedoch aus Vereinfachungsgründen die Lohnsteuer für den laufenden Arbeitslohn des Sterbemonats nach den Besteuerungsmerkmalen berechnen, die für den Verstorbenen im Juni 2021 gelten; dies ist die Steuerklasse III/3 Kinderfreibeträge. Der Arbeitslohn und die davon einbehaltene Lohnsteuer sind jedoch **in der elektronischen Lohnsteuerbescheinigung für die Witwe zu bescheinigen** und nicht in der elektronischen Lohnsteuerbescheinigung des Verstorbenen!

Die Zahlung des Sterbegelds ist ein sonstiger Bezug, der nach derjenigen Steuerklasse zu besteuern ist, die im Zeitpunkt der Zahlung des sonstigen Bezugs für den Erben gilt (am 4. 7. 2021 gilt für die Ehefrau die Steuerklasse III/3 Kinderfreibeträge). Es ergeben sich folgende Steuerbeträge:

laufender Monatslohn für Juni 2021		3 000,– €
Sterbegeld (3 Monatslöhne)		9 000,– €
insgesamt		12 000,– €
Abzüge:		
Lohnsteuer für den laufenden Arbeitslohn	145,50 €	
Solidaritätszuschlag für den laufenden Arbeitslohn	0,– €	
Kirchensteuer für den laufenden Arbeitslohn	0,– €	
Lohnsteuer für das Sterbegeld	298,– €	
Solidaritätszuschlag hierauf	0 €	
Kirchensteuer hierauf	23,84 €	
Arbeitnehmeranteil zur Sozialversicherung	399,50 €	866,84 €
Nettolohn		11 133,16 €

Berechnung der Lohn- und Kirchensteuer sowie des Solidaritätszuschlags:

Der laufende Monatslohn für Juni ist nach der Monatstabelle 2021 zu versteuern (Steuerklasse III/3):

Monatslohn	3 000,– €
Lohnsteuer (Steuerklasse III/3)	145,50 €
Solidaritätszuschlag	0,– €
Kirchensteuer (8 %)	0,– €

Das Sterbegeld ist ein sonstiger Bezug und nach der Jahreslohnsteuertabelle unter Anwendung des für sonstige Bezüge geltenden Verfahrens zu versteuern (vgl. das Stichwort „Sonstige Bezüge"). Dabei ist der Versorgungsfreibetrag und der Zuschlag zum Versorgungsfreibetrag abzuziehen, da die Lohnsteuerabzugsmerkmale der Ehefrau und nicht des Verstorbenen angewendet werden (vgl. das Stichwort „Sterbegeld"). Es ergibt sich folgende Berechnung der Lohnsteuer:

Voraussichtlicher laufender Jahresarbeitslohn (Juli bis Dezember 2021) 3 000 € × 6 =[1]	18 000,– €
Lohnsteuer nach Steuerklasse III/3 der Jahreslohnsteuertabelle 2021	
a) vom maßgebenden Jahresarbeitslohn (18 000 €)	0,– €
b) vom maßgebenden Jahresarbeitslohn zuzüglich des steuerpflichtigen Teils des Sterbegelds (18 000 € + 7518 € =) 25 518 €	298,– €
Lohnsteuer für das Sterbegeld	298,– €
Solidaritätszuschlag	0,– €
Kirchensteuer 8 % von 298,– €	23,84 €

Das Sterbegeld in Höhe von 9000 € ist ein Versorgungsbezug. Der Versorgungsfreibetrag errechnet sich wie folgt:

15,2 % von 9000 € = 1368 €; der Höchstbetrag von 1140 € im Kalenderjahr ist überschritten, daher höchstens	1 140,– €
Zuschlag zum Versorgungsfreibetrag	342,– €
insgesamt	1 482,– €
Der steuerpflichtige Teil des Sterbegeldes beträgt somit (9000 € – 1482 € =)	7 518,– €

Eine Zwölftelung findet weder beim Versorgungsfreibetrag noch beim Zuschlag zum Versorgungsfreibetrag statt (vgl. das Stichwort „Versorgungsbezüge, Versorgungsfreibetrag" unter Nr. 7 Buchstabe a).

Berechnung der Sozialversicherungsbeiträge:

Bei Gehaltszahlungen für den Sterbemonat ist zu unterscheiden zwischen dem Lohn, der über den Todestag hinaus gezahlt wird, und dem Lohn, der auf die aktive Beschäftigung des Arbeitnehmers entfällt. Beitragspflichtig als Arbeitsentgelt für eine aktive Beschäftigung ist nur das für die Arbeitsleistung bis zum Todestag gezahlte Arbeitsentgelt, unabhängig vom Zeitpunkt der Zahlung. Da für Juni 2021 der volle Monatslohn in Höhe von 3000 € gezahlt wurde, ist der Betrag von 3000 € zeitanteilig aufzuteilen:

Lohn-steuer-pflichtig	Sozial-versich.-pflichtig

Anteiliger Monatslohn für die Zeit vom 1. 6. bis 20. 6. 2021 ($^{20}/_{30}$ von 3000 € =) 2 000,– €

Beitragsberechnung (aus 2000 €)

			Arbeitnehmer-anteil	Arbeitgeber-anteil
Krankenversicherung (7,3 % und 7,3 %)		=	146,– €	146,– €
Krankenversicherung (Zusatzbeitrag) (z. B. 0,65 % und 0,65 %)		=	13,– €	13,– €
Pflegeversicherung	1,525 %	=	30,50 €	30,50 €
Rentenversicherung	9,3 %	=	186,– €	186,– €
Arbeitslosenversicherung	1,2 %	=	24,– €	24,– €
zusammen			399,50 €	399,50 €

Gesamtsozialversicherungsbeitrag 799,– €

Das Sterbegeld in Höhe von 9000 € gehört nicht zum sozialversicherungspflichtigen Arbeitsentgelt, da es nicht für eine vom Empfänger der Zahlungen selbst ausgeübte Beschäftigung gezahlt wird (vgl. „Sterbegeld" unter Nr. 6).

e) Mehrere Erben

Sind mehrere sterbegeldberechtigte Personen vorhanden, wird das Sterbegeld an einen Sterbegeldberechtigten gezahlt, der sich ggf. mit den anderen Personen zivilrechtlich auseinandersetzen muss. In diesen Fällen wird das gesamte Sterbegeld beim Empfänger nach den für diese Person geltenden Besteuerungsmerkmalen zur Lohnsteuer herangezogen (vgl. die Erläuterungen unter dem vorstehenden Buchstaben d). Der Arbeitgeber hat daher für diesen Empfänger des Sterbegeldes die elektronischen Lohnsteuerabzugsmerkmale (ELStAM; vgl. dieses Stichwort) abzurufen.

Beim Empfänger des Sterbegeldes stellen die an die übrigen Anspruchsberechtigten weitergegebenen Beträge im Kalenderjahr der Weitergabe negative Einnahmen dar. Der Empfänger des Sterbegeldes kann die weitergegebenen Teile des Sterbegeldes wie Werbungskosten neben dem Arbeitnehmer-Pauschbetrag geltend machen und die Bildung eines entsprechenden steuerfreien Betrages beantragen. Bei den Empfängern der Auseinandersetzungszahlungen (das sind die von dem Sterbegeldempfänger weitergegebenen Teile des Sterbegeldes) werden die Beträge ebenfalls als Arbeitslohn besteuert und – ohne vorherigen Lohnsteuerabzug – im Rahmen einer Veranlagung zur Einkommensteuer (vermindert um die Freibeträge für Versorgungsbezüge) steuerlich erfasst.

Wird beim Lohnsteuerabzug vom Sterbegeld der Versorgungsfreibetrag und der Zuschlag zum Versorgungsfreibetrag berücksichtigt, ist für die Berechnung der negativen Einnahmen beim Empfänger des Sterbegeldes zunächst vom Bruttobetrag der an die anderen Anspruchsberechtigten weitergegebenen Beträge auszugehen; dieser Bruttobetrag ist sodann um den Unterschied zwischen dem beim Lohnsteuerabzug berücksichtigten Versorgungsfreibetrag zuzüglich Zuschlag zum Versorgungsfreibetrag und dem auf den verbleibenden Anteil des Zahlungsempfängers entfallenden Versorgungsfreibetrag zuzüglich Zuschlag zum Versorgungsfreibetrag zu kürzen.

R

Beispiel

Sachverhalt wie das Beispiel unter dem vorstehenden Buchstaben d, das heißt eine Witwe mit drei Kindern erhält ein Sterbegeld von 9000 € und muss jeweils ein Viertel (= 2250 €) an die Kinder weitergeben. Die Witwe zahlt den Betrag von (3 × 2250 € =) 6750 € im Kalenderjahr 2022 an die Kinder aus. Es ergibt sich folgende Berechnung der negativen Einnahmen aus nichtselbstständiger Tätigkeit:

1) Für die Ermittlung des voraussichtlichen Jahresarbeitslohns sind nur die Bezüge der Witwe maßgebend. Bekannt ist nur der Arbeitslohn, der der Witwe für den Sterbemonat zugeflossen ist (= 3000 €). Dieser Monatslohn ist für das zweite Halbjahr auf einen voraussichtlichen Jahresarbeitslohn hochzurechnen (3000 € × 6 = 18 000 €). Steht fest, dass die Witwe im zweiten Halbjahr außer dem Arbeitslohn für den Sterbemonat keinen Arbeitslohn mehr beziehen wird, ist der Betrag von 3000 € auch der voraussichtliche Jahresarbeitslohn (vgl. die Erläuterungen beim Stichwort „Sonstige Bezüge" unter Nr. 4 Buchstabe c).

	Lohnsteuerpflichtig	Sozialversich.-pflichtig

Die lohnsteuerpflichtigen Versorgungsbezüge im Jahr 2021 betragen

Sterbegeld		9 000,– €
abzüglich: Versorgungsfreibetrag (15,2 % = 1368 € höchstens 1140 €)	1 140,– €	
Zuschlag zum Versorgungsfreibetrag	342,– €	1 482,– €
steuerpflichtiger Versorgungsbezug		7 518,– €
Durch die Weitergabe im Jahr 2022 verbleibt der Witwe ein Anteil an den Versorgungsbezügen von		2 250,– €
abzüglich: Versorgungsfreibetrag (15,2 %)	342,– €	
Zuschlag zum Versorgungsfreibetrag	342,– €	684,– €
verbleibender steuerpflichtiger Versorgungsbezug		1 566,– €

Bei der Witwe sind somit negative Einnahmen in Höhe von (7518 € – 1566 € =) 5952 € anzusetzen.[1]

f) Erben im Ausland

Soweit Zahlungen an im Ausland wohnhafte Erben oder Hinterbliebene erfolgen, ist beim Steuerabzug nach den für Lohnzahlungen an beschränkt steuerpflichtige Arbeitnehmer geltenden Vorschriften zu verfahren (vgl. das Stichwort „Beschränkt steuerpflichtige Arbeitnehmer"). Dabei ist jedoch zu beachten, dass aufgrund eines Doppelbesteuerungsabkommens das Besteuerungsrecht dem ausländischen Wohnsitzstaat zustehen kann (in diesem Fall besteht im Inland Steuerfreiheit). Zum Besteuerungsrecht bei Werkspensionen, Betriebsrenten und ähnlichen Versorgungsbezügen vgl. das Stichwort „Doppelbesteuerungsabkommen" unter Nr. 13 Buchstabe a.

g) Altersentlastungsbetrag

Soweit es sich bei den Zahlungen an die Erben oder Hinterbliebenen **nicht um Versorgungsbezüge** handelt, ist zu prüfen, ob der **Altersentlastungsbetrag** (vgl. dieses Stichwort) zum Ansatz kommt. Dabei ist auf das Lebensalter des jeweiligen Zahlungsempfängers abzustellen. Für die Berechnung der negativen Einnahmen aus nichtselbstständiger Arbeit gilt nach R 19.9 Abs. 3 Nr. 4 i. V. m. Absatz 2 LStR Folgendes:

Ist Arbeitslohn an Miterben auszuzahlen, ist für die Berechnung der negativen Einnahmen zunächst vom **Bruttobetrag** der an die anderen Anspruchsberechtigten weitergegebenen Beträge auszugehen. Der Bruttobetrag ist sodann um den Unterschied zwischen dem beim Lohnsteuerabzug berücksichtigten Altersentlastungsbetrag und dem auf den verbleibenden Anteil des Zahlungsempfängers entfallenden Altersentlastungsbetrag zu kürzen. Dies entspricht der Vorgehensweise bei den Freibeträgen für Versorgungsbezüge (vgl. obiges Beispiel unter dem Buchstaben e).

2. Sozialversicherung

Der Tod des Arbeitnehmers beendet das Arbeitsverhältnis. Eine Gehaltsfortzahlung an die Witwe/den Witwer über den Todestag des Arbeitnehmers hinaus ist gesetzlich nicht vorgesehen. Vielfach ist jedoch durch Einzelarbeitsvertrag, Betriebsvereinbarungen oder durch Tarifvertrag geregelt, dass der Arbeitgeber noch das gesamte Gehalt für den Sterbemonat und ggf. noch für weitere zwei oder drei Monate an die Hinterbliebenen bezahlt, wobei Letzteres nicht mehr so häufig wie früher vorkommt. Bei Gehaltszahlungen für den Sterbemonat ist zu unterscheiden zwischen dem Lohn, der über den Todestag hinaus gezahlt wird, und dem Lohn, der auf die aktive Beschäftigung des Arbeitnehmers entfällt. Beitragspflichtig als Arbeitsentgelt für eine aktive Beschäftigung ist nur das für die Arbeitsleistung bis zum Todestag gezahlte Arbeitsentgelt, unabhängig vom Zeitpunkt der Zahlung. ja ja

Kein Arbeitsentgelt für eine aktive Beschäftigung sind die über den Todestag hinaus geleisteten Zahlungen, da sie nicht als Gegenleistung für die geleistete Arbeit anzusehen sind (siehe das Stichwort „Sterbegeld" sowie das Beispiel unter der vorstehenden Nr. 1 Buchstabe d). ja nein

Eine Ausnahme hiervon stellen Urlaubsabgeltungen nach Beendigung der Beschäftigung durch Tod des Arbeitnehmers dar. Hier haben die Spitzenorganisationen der Sozialversicherungsträger in ihrem Besprechungsergebnis vom 20.11.2019 ihre bisherige Rechtsauffassung aus dem Jahr 1986 aufgegeben. Hintergrund ist eine neue Rechtsprechung des Europäischen Gerichtshofs (EuGH). Das Besprechungsergebnis im vollen Wortlaut ist unter www.aok.de/fk/sozialversicherung/besprechungsergebnisse/jahre2016-2019/ zu finden. ja ja

Rechtsschutzversicherung

Wenn eine Rechtsschutzversicherung ausschließlich ein berufliches Risiko abdeckt, dann können die Beiträge vom Arbeitnehmer als Werbungskosten abgezogen werden. Ein steuerfreier Arbeitgeberersatz ist jedoch außerhalb der Regelungen zum lohnsteuerlichen Reisekostenrecht nicht möglich, weil es hierfür keine gesetzliche Steuerbefreiungsvorschrift gibt und ohne ausdrückliche Befreiungsvorschrift der Werbungskostenersatz stets zum steuer- und beitragspflichtigen Arbeitslohn gehört. ja ja

Denkbar ist ein steuerfreier Arbeitgeberersatz als Reisenebenkosten bei beruflich veranlassten Auswärtstätigkeiten (z. B. die Fahrer-Rechtsschutzversicherung eines Omnibusfahrers oder Taxifahrers). nein nein

Auf die grundsätzlichen Erläuterungen zum steuerpflichtigen Werbungskostenersatz durch den Arbeitgeber beim Stichwort „Auslagenersatz" besonders unter Nr. 2 wird hingewiesen. Eine Saldierung von steuerpflichtigem Arbeitslohn und Werbungskosten ist im Lohnsteuerabzugsverfahren nicht zulässig.

Bei Aufwendungen für eine **kombinierte Rechtsschutzversicherung** kann als Werbungskosten nur der Anteil der Prämie für eine Familien-Rechtsschutzversicherung oder für eine Familien- und Verkehrs-Rechtsschutzversicherung berücksichtigt werden, der nach der Schadensstatistik der **einzelnen** Versicherungsgesellschaft auf den Arbeits-Rechtsschutz entfällt. Dieser Prämienanteil ist durch eine Bescheinigung der Versicherungsgesellschaft nachzuweisen. Eine Aufteilung im Schätzungswege ist selbst dann nicht zulässig, wenn der Schätzung eine zusammengefasste Schadensstatistik mehrerer Versicherungsgesellschaften zugrunde liegt.[2]

Ersetzt der Arbeitgeber dem Arbeitnehmer ganz oder teilweise die Aufwendungen für eine kombinierte Rechtsschutzversicherung, handelt es sich stets um steuer- und beitragspflichtigen Arbeitslohn. ja ja

Regalauffüller

In Warenhäusern und Supermärkten übernehmen zunehmend Regalauffüller die Warenplatzierung und Regalpflege. Auch wenn die Regalauffüller als „freie Mitarbeiter" bezeichnet werden, liegt in der Regel ein Arbeitsverhältnis vor. Die Vergütungen, die die Regalauffüller erhalten, sind deshalb steuerpflichtiger Arbeitslohn. Auch in der Sozialversicherung besteht Versicherungspflicht in der Kranken-, Pflege-, Renten- und Arbeitslosenversicherung, sofern nicht eine geringfügige Beschäftigung vorliegt (vgl. dieses Stichwort). ja ja

Vgl. auch das Stichwort „Servicekräfte".

1) Vgl. auch H 19.9 LStR Stichwort „Weiterleitung von Arbeitslohn an Miterben". Die amtlichen Hinweise sind im **Steuerhandbuch für das Lohnbüro 2021** abgedruckt, das im selben Verlag erschienen ist.

2) BMF-Schreiben vom 23.7.1998 (Az.: IV B 6 – S 2354 – 33/98). Das BMF-Schreiben, das nicht im Bundessteuerblatt veröffentlicht worden ist, ist als Anlage 1 zu H 9.1 LStR im **Steuerhandbuch für das Lohnbüro 2021** abgedruckt, das im selben Verlag erschienen ist.

Lohnsteuerpflichtig | Sozialversich.-pflichtig

Reisegepäckversicherung

Aufwendungen des Arbeitgebers für eine Reisegepäckversicherung seiner Arbeitnehmer sind dann als Reisenebenkosten steuer- und beitragsfrei, wenn der Verlust von Gepäck anlässlich einer beruflichen Tätigkeit versichert ist, die als Auswärtstätigkeit ausgeübt wird (Hinweise zu R 9.8 LStR[1]). nein nein

Sind auch die Gepäckverluste auf Privatreisen des Arbeitnehmers versichert, sind die Aufwendungen für die Reisegepäckversicherung in voller Höhe steuer- und beitragspflichtig. ja ja

Eine Aufteilung in einen beruflichen (und damit steuerfreien) und einen privaten (und damit steuerpflichtigen) Anteil ist nur möglich, wenn eine Bescheinigung der Versicherungsgesellschaft über die Verteilung des kalkulierten Risikos vorgelegt wird (BFH-Urteil vom 19.2.1993, BStBl. II S. 519).

Reisekosten bei Auswärtstätigkeiten

Wichtiges auf einen Blick:

Die **Verpflegungspauschalen** bei beruflich veranlassten Auswärtstätigkeiten sind zum 1.1.2020 auf **28 € bei 24 Stunden Abwesenheit** und auf **14 € bei acht Stunden Abwesenheit** von der Wohnung und der ersten Tätigkeitsstätte **sowie** für den **An- und Abreisetag** bei mehrtägigen Auswärtstätigkeiten **erhöht** worden. Die höheren Verpflegungspauschalen führen allerdings in den Fällen der Mahlzeitengestellung durch den Arbeitgeber auch zu einem höheren Kürzungsbetrag (bei Gestellung eines Frühstücks 20 % von 28 € = 5,60 €, bei Gestellung eines Mittag- oder Abendessens 40 % von 28 € = 11,20 €).

Vgl. neben den Ausführungen unter den nachfolgenden Nrn. 2 und 3 auch die umfangreichen Erläuterungen und Beispiele in Anhang 4 unter den Nrn. 9 und 10.

Gliederung:

1. Allgemeines

Mit dem Gesetz zur Änderung und Vereinfachung der Unternehmensbesteuerung und des steuerlichen Reisekostenrechts vom 20.2.2013 (BGBl. I S. 285, BStBl. I S. 188) ist das lohnsteuerliche Reisekostenrecht zum 1.1.2014 grundlegend umgestaltet worden.

Die geltenden Regelungen sind in **Anhang 4 auf Seite 1127** ausführlich dargestellt. Auf Folgendes wird besonders hingewiesen:

2. Erste Tätigkeitsstätte statt regelmäßige Arbeitsstätte

Eine beruflich veranlasste **Auswärtstätigkeit** liegt vor, wenn der Arbeitnehmer **außerhalb seiner Wohnung und an keiner ersten Tätigkeitsstätte** beruflich tätig wird. Für die Höhe des steuerfreien Reisekostenersatzes ist es von entscheidender Bedeutung, ob der Arbeitnehmer eine erste Tätigkeitsstätte hat oder nicht. Der Arbeitnehmer kann **je Dienstverhältnis höchstens eine erste Tätigkeitsstätte,** ggfs. aber auch keine erste, sondern nur auswärtige Tätigkeitsstätten haben.

Zum Begriff der ersten Tätigkeitsstätte vgl. die ausführlichen Erläuterungen und Beispiele in Anhang 4 Nr. 3.

Lohnsteuerpflichtig | Sozialversich.-pflichtig

3. Verpflegungspauschalen

Die Verpflegungspauschalen betragen seit 1.1.2020 bei **eintägigen** Auswärtstätigkeiten mit einer Abwesenheitszeit von **mehr als acht Stunden** für jeden Kalendertag **14 €.**

Bei **mehrtägigen** Auswärtstätigkeiten mit Übernachtung beläuft sich die Verpflegungspauschale für jeden Kalendertag mit einer Abwesenheitszeit von **24 Stunden** auf **28 €** und für den **An- und Abreisetag** ohne Mindestabwesenheitszeit auf **14 €.**

Bei **Auslandsreisen** gelten besondere Pauschbeträge (vgl. hierzu Anhang 5a).

Die **Dreimonatsfrist** ist für die Gewährung der Verpflegungspauschalen zu **beachten;** allerdings kommt es bei einer vierwöchigen Unterbrechung – unabhängig vom Grund der Unterbrechung – zu einem Neubeginn der Dreimonatsfrist.

Zu weitergehenden Erläuterungen und Beispielen siehe Anhang 4 Nr. 9.

4. Mahlzeitengestellung durch den Arbeitgeber

Stellt der Arbeitgeber dem Arbeitnehmer bei einer auswärtigen Tätigkeit Mahlzeiten zur Verfügung, gilt Folgendes: Übliche Mahlzeiten (Preis bis 60 €) anlässlich einer beruflich veranlassten Auswärtstätigkeit sind nicht zu besteuern, wenn der Arbeitnehmer für die betreffende Auswärtstätigkeit steuerlich dem Grunde nach eine Verpflegungspauschale geltend machen könnte. Die für den Tag der Auswärtstätigkeit in Betracht kommende **Verpflegungspauschale** ist allerdings wegen der Mahlzeitengestellung des Arbeitgebers in diesem Fall wie folgt zu **kürzen:**

- um 20 % für ein Frühstück und
- um jeweils 40 % für ein Mittag- und Abendessen

der für die 24-stündige Abwesenheit geltenden Tagespauschale. Das entspricht seit 1.1.2020 für Auswärtstätigkeiten im Inland einer Kürzung der jeweils zustehenden Verpflegungspauschale um 5,60 € für ein Frühstück (= 20 % von 28 €) und jeweils 11,20 € für ein Mittag- und Abendessen (= jeweils 40 % von 28 €). Unerheblich ist, ob der Arbeitnehmer die zur Verfügung gestellte Mahlzeit zu sich genommen hat oder nicht. Bei **Auslandsreisen** ist für die Berechnung der Kürzungsbeträge auf den jeweiligen ausländischen Pauschbetrag für 24 Stunden Abwesenheit abzustellen (vgl. hierzu Anhang 5a).

In bestimmten Fällen ist bei einer Mahlzeitengestellung durch den Arbeitgeber auf der Lohnsteuerbescheinigung der Großbuchstabe **M** zu bescheinigen. Auf die ausführlichen Erläuterungen in Anhang 4 Nr. 10 auf Seite 1150 wird Bezug genommen.

5. Sozialversicherungsrechtliche Behandlung

Für die sozialversicherungsrechtliche Behandlung der Reisekosten gilt folgender Grundsatz:

Ersatzleistungen des Arbeitgebers für Aufwendungen, die dem Arbeitnehmer aus Anlass von beruflich veranlassten Auswärtstätigkeiten entstehen, gehören **nicht zum sozialversicherungspflichtigen Entgelt,** soweit sie lohnsteuerfrei sind. nein nein

Sind die Ersatzleistungen des Arbeitgebers anlässlich von beruflich veranlassten Auswärtstätigkeiten steuerpflichtig, sind sie auch beitragspflichtig. ja ja

Soweit die Lohnsteuer für die steuerpflichtigen Ersatzleistungen des Arbeitgebers bei beruflich veranlassten Auswärtstätigkeiten mit 25 % pauschaliert werden kann, tritt Beitragsfreiheit in der Sozialversicherung ein. Zur Pau-

1) Die amtlichen Hinweise zu den Lohnsteuer-Richtlinien sind im **Steuerhandbuch für das Lohnbüro 2021** abgedruckt, das im selben Verlag erschienen ist.

Lohnsteuerpflichtig | Sozialversich.-pflichtig

schalierung der Lohnsteuer mit 25 % beim Ersatz steuerpflichtiger Verpflegungsmehraufwendungen vgl. Anhang 4 Nr. 12. ja nein

Reisekostenvergütungen aus öffentlichen Kassen

Wichtiges auf einen Blick:

Die **Verpflegungspauschalen** bei beruflich veranlassten Auswärtstätigkeiten betragen seit 1.1.2020 **28 € bei 24 Stunden Abwesenheit** und **14 € bei acht Stunden Abwesenheit** von der Wohnung und der ersten Tätigkeitsstätte **sowie** für den **An- und Abreisetag** bei mehrtägigen Auswärtstätigkeiten. Die höheren Verpflegungspauschalen führen allerdings in den Fällen der Mahlzeitengestellung durch den Arbeitgeber auch zu einem höheren Kürzungsbetrag (bei Gestellung eines Frühstücks 20 % von 28 € = 5,60 €, bei Gestellung eines Mittag- oder Abendessens 40 % von 28 € = 11,20 €).

Vgl. die Ausführungen unter den nachfolgenden Nrn. 1 und 2 Buchstabe a.

Gliederung:

1. Allgemeines

a) Maßgeblichkeit der Verpflegungspauschalen

Nach § 3 Nr. 13 EStG ist die Steuerfreiheit von Vergütungen für **Verpflegungsmehraufwand** auf die bei Auswärtstätigkeiten in der Privatwirtschaft maßgebenden Beträge begrenzt. Die in der Privatwirtschaft höchstzulässigen **Pauschalen** für Verpflegungsmehraufwand betragen seit 1.1.2020 für die ersten **drei Monate** nach Aufnahme der Tätigkeit an derselben Tätigkeitsstätte bei **eintägigen** Auswärtstätigkeiten mit einer Abwesenheitszeit von **mehr als acht Stunden** für jeden Kalendertag **14 €.**

Bei **mehrtägigen** Auswärtstätigkeiten mit Übernachtung beläuft sich die Verpflegungspauschale für jeden Kalendertag mit einer Abwesenheitszeit von **24 Stunden** auf **28 €** und für den **An- und Abreisetag** ohne Mindestabwesenheitszeit auf **14 €.**

R

Zur Kürzung der vorstehenden Verpflegungspauschalen bei einer Mahlzeitengestellung vgl. nachfolgende Nr. 2 Buchstabe a. Werden im öffentlichen Dienst – aus welchen Gründen auch immer – höhere Vergütungen bezahlt, ist der **übersteigende Betrag lohnsteuerpflichtig.**

b) Geltungsumfang der Reisekostengesetze

Seit 1.1.1997 ist das Bundesreisekostengesetz dahingehend geändert worden, dass die reisekostenrechtlichen Tagegelder für Verpflegungsmehraufwand den steuerlichen Regelungen angepasst wurden. Steuerpflichtige Teile von Reisekostenvergütungen für Verpflegungsmehraufwand gibt es deshalb **im Geltungsbereich des Bundesreisekostengesetzes** seit 1.1.1997 nicht mehr; sie können sich aber aufgrund der Landesreisekostengesetze der Bundesländer ergeben (vgl. nachfolgende Nr. 2). Unabhängig von dieser Änderung ist weiterhin zu prüfen, ob bei Trennungsgeldern (vgl. das Stichwort „Trennungsentschädigungen“) steuerpflichtiger Arbeitslohn (besonders bei den Fahrtkosten) entsteht.

Lohnsteuerpflichtig | Sozialversich.-pflichtig

Bei Reisekostenvergütungen aus öffentlichen Kassen können sich Arbeitgeber und Arbeitnehmer bei unterschiedlichen bundes- oder landesrechtlichen Regelungen auf die **reisekostenrechtlichen Vorschriften des Bundes oder eines Landes** berufen. Das jeweilige Reisekostenrecht muss dann allerdings dem Grund und der Höhe nach **vollumfänglich** angewendet werden. Dies wurde in den Lohnsteuer-Änderungsrichtlinien 2015 ausdrücklich geregelt (R 3.13 Abs. 2 Satz 2 LStR). Die zuvor geltende Regelung, wonach man sich bei Vorliegen einer entsprechenden Vereinbarung gesondert je Kostenart auf die jeweils günstigste Regelung berufen konnte, gilt seit 1.1.2015 nicht mehr.

Beispiel

Eine öffentliche Kasse in Nordrhein-Westfalen möchte bezüglich des Fahrtkostenersatzes den höheren Kilometersatz des bayerischen Landesreisekostenrechts (ab einer bestimmten Gesamtfahrleistung 0,35 € statt 0,30 €) anwenden.

Eine Anwendung des bayerischen Reisekostenrechts gesondert für die Kostenart „Fahrtenkostenersatz“ ist nicht mehr möglich. Die öffentlichen Kasse in Nordrhein-Westfalen kann nur vollumfänglich – also auch hinsichtlich der Verpflegungspauschalen (vgl. nachfolgende Nr. 2 Buchstabe a) – das bayerische Reisekostenrecht anwenden.

2. Versteuerung von Reisekostenvergütungen

a) Verpflegungspauschalen

Die Übereinstimmung der reisekostenrechtlichen mit den steuerlichen Verpflegungspauschalen gilt nur für den Geltungsbereich des Bundesreisekostengesetzes (Bundesbeamte, Bundesrichter, Soldaten, sowie die im Bundesdienst stehenden Arbeitnehmer) und für diejenigen Länder, die vollinhaltlich die Regelungen des Bundesreisekostengesetzes übernommen haben. Sofern die Regelungen des Bundesreisekostengesetzes von einzelnen Ländern nicht übernommen wurden, müssen die steuerpflichtigen Beträge als Arbeitslohn versteuert werden. So gilt z. B. in Bayern im Wesentlichen immer noch die alte Reisekostenregelung, wonach das Tagegeld bei einer Abwesenheit über 12 Stunden bei eintägigen Dienstreisen[1] 15 € und bei mehrtägigen Dienstreisen[1] 21,50 € beträgt. Bei eintägigen Dienstreisen[1] und für die Tage des Antritts bzw. der Rückkehr bei mehrtägigen Dienstreisen[1] ermäßigt sich das volle Tagegeld gestaffelt nach folgender Abwesenheitsdauer:

	eintägige Dienstreisen[1]	An- und Abreisetag bei mehrtägigen Dienstreisen[1]
Abwesenheit von mehr als 6, höchstens aber 8 Stunden	4,50 €	6,50 €
Abwesenheit von mehr als 8, höchstens aber 12 Stunden	7,50 €	11,– €
von mehr als 12 Stunden	15,– €	21,50 €

Hiernach ergibt sich für Bayern folgende Übersicht:

	Tagegeld Euro	steuerfrei Euro	steuerpflichtig Euro
Eintägige Dienstreisen[1]			
mehr als 6 bis zu 8 Stunden	4,50	0,–	4,50
mehr als 8 bis 12 Stunden	7,50	14,–	0,–
mehr als 12 bis weniger als 24 Stunden	15,–	14,–	1,–
Mehrtägige Dienstreisen[1]			
mehr als 6 bis zu 8 Stunden	6,50	14,–	0,–
mehr als 8 Stunden bis 12 Stunden	11,–	14,–	0,–
mehr als 12 bis weniger als 24 Stunden	21,50	14,–	7,50
24 Stunden	21,50	28,–	0,–

1) Es wird der reisekostenrechtliche Begriff „Dienstreise“ verwendet. Steuerlich handelt es sich um „Auswärtstätigkeiten“.

Lohn-steuer-pflichtig Sozial-versich.-pflichtig

Zur Ermittlung des steuerpflichtigen Betrages ist auf die Summe der für die gesamte Abwesenheitsdauer steuerfreien Pauschalen abzustellen. Bei mehrtägigen Reisen mindert deshalb die Differenz zwischen der Reisekostenvergütung von 21,50 € und der steuerlichen Verpflegungspauschale von 28 € den eventuell für den Hin- und Rückreisetag steuerpflichtigen Betrag. Es ist auch zulässig, nicht ausgenutzte steuerfreie Beträge bei den Übernachtungskosten und den Fahrtkosten[1] anzurechnen. Die Differenz zwischen dem steuerlich maßgebenden Kilometersatz für Auswärtstätigkeiten und der erstatteten Wegstreckenentschädigung mindert also den eventuell steuerpflichtigen Teil aus der Erstattung von Verpflegungskosten; allerdings ist in einzelnen Bundesländern die sog. „große Wegstreckenentschädigung" ohnehin höher als der steuerlich maßgebende Kilometersatz (vgl. hierzu auch den nachfolgenden Buchstaben b). Außerdem können mehrere Reisen zusammengefasst abgerechnet werden, wenn die Auszahlung der betreffenden Reisekostenvergütungen in einem Betrag erfolgt (R 3.13 Abs. 1 Satz 3 i. V. m. R 3.16 Satz 2 LStR).

Sofern Tagegelder wegen unentgeltlicher oder verbilligter Verpflegung gekürzt werden, tritt insoweit Steuerpflicht ein, als die gekürzten Tagegelder die steuerfreien Beträge übersteigen; die reisekostenrechtlich vorgesehene Kürzung der Tagegelder ist übrigens kein Entgelt für die Mahlzeitengestellung. Von einem Entgelt für die Mahlzeitengestellung ist hingegen auszugehen, wenn die reisekostenrechtlichen Vorschriften die Einbehaltung eines Teil des Tagegeldes vorsehen.

Die Steuerfreiheit der Reisekostenvergütungen aus öffentlichen Kassen umfasst Geld- und Sachleistungen (z. B. Gestellung eines Fahrzeugs und/oder einer Unterkunft). Die vom Arbeitgeber zur Verfügung gestellten Mahlzeiten führen in der Regel nicht zu Arbeitslohn, sondern zu einer **Kürzung** der **Verpflegungspauschale** und zwar in folgender Höhe:

- um **20 % für ein Frühstück** und
- um **jeweils 40 % für ein Mittag- und Abendessen**

der für die **24-stündige** Abwesenheit geltenden **Tagespauschale.** Das entspricht für Auswärtstätigkeiten im Inland einer Kürzung der jeweils zustehenden Verpflegungspauschale um 5,60 für ein Frühstück (= 20 % von 28 €) und jeweils 11,20 für ein Mittag- und Abendessen (= jeweils 40 % von 28 €). Ein vom Arbeitnehmer gezahltes Entgelt mindert wiederum diesen Kürzungsbetrag. Vgl. im Einzelnen „Reisekosten bei Auswärtstätigkeiten" in Anhang 4 unter Nr. 10.

Bedienstete, die Reisen ausführen und denen dabei erfahrungsgemäß geringere Aufwendungen für Verpflegung und Unterkunft als allgemein entstehen, erhalten in der Regel eine sich an den notwendigen Mehrauslagen orientierende **Aufwandsvergütung** (z. B. für Bayern: Art. 18 Bayerisches Reisekostengesetz). Außerdem können Bedienstete bei regelmäßigen oder gleichartigen Reisen individuell festgesetzte **Pauschvergütungen** erhalten (z. B. für Bayern: Art. 19 Bayerisches Reisekostengesetz).

Aufwands- und Pauschvergütungen sind nur insoweit steuerfrei, als die darin enthaltene Vergütung für Verpflegungsmehraufwendungen die steuerfreien Pauschalen nicht übersteigt. Dabei sind die **tatsächlich durchgeführten Reisen** in dem Zeitraum, für den die Vergütung gezahlt wird, zugrunde zu legen. Kann ein solcher Nachweis nicht geführt werden, ist die gesamte Aufwands- oder Pauschvergütung steuerpflichtig.

Werden bei **Abordnungen** im öffentlichen Dienst Vergütungen für Verpflegungsmehraufwand gezahlt (sog. Trennungsgelder), gelten die dargestellten Regelungen entsprechend. Das bedeutet, dass der **steuerfreie** Ersatz auf die höchstzulässigen Beträge sowie auf den Dreimonatszeitraum begrenzt ist. Soweit im öffentlichen Dienst höhere Beträge als Trennungsgeld gezahlt werden, ist der **übersteigende Betrag steuerpflichtig** (vgl. das Stichwort „Trennungsentschädigungen").

Auch bei Umzugskostenvergütungen ist zu beachten, dass Tagegelder für Umzugsreisen als steuerpflichtiger Arbeitslohn zu erfassen sind, soweit im konkreten Einzelfall die steuerlichen Verpflegungspauschalen überschritten werden (vgl. „Umzugskosten").

b) Fahrtkosten

Der als Reisekostenvergütung gezahlte **Fahrtkostenersatz** ist auch insoweit nach § 3 Nr. 13 EStG **steuerfrei,** als er den steuerlich zulässigen Kilometersatz (0,30 € je gefahrenen Kilometer) übersteigt; dies ist insbesondere im Hinblick auf die Festsetzung der sog. „großen Wegstreckenentschädigung" auf 0,35 € in einzelnen Bundesländern von Bedeutung. Auch die als Fahrtkostenersatz gezahlte „Mitnahmeentschädigung" (0,02 € bzw. 0,01 € je Kilometer und mitgenommener Person) ist bei Zahlungen aus öffentlichen Kassen im Gegensatz zur Privatwirtschaft weiterhin steuerfrei. Der Reise-/Fahrtkostenersatz muss sich allerdings – ohne eine kleinliche Betrachtung vorzunehmen oder einen Einzelnachweis zu führen – am tatsächlichen Aufwand orientieren (BFH-Urteil vom 8.10.2008, BStBl. 2009 II S. 405 zum steuerfreien Fahrtkostenersatz an politische Mandatsträger). Der steuerfreie Ersatz der Fahrtkosten nach § 3 Nr. 13 EStG gilt grundsätzlich für alle Fahrtkosten, die reisekostenrechtlich als Dienstreisen behandelt werden, selbst wenn es sich steuerlich um Fahrten zwischen Wohnung und erster Tätigkeitsstätte handeln sollte. Lediglich der Fahrtkostenersatz für dauerhafte Fahrten zu einem Arbeitgeber-Sammelpunkt oder einem weiträumigen Tätigkeitsgebiet (vgl. § 9 Abs. 1 Satz 3 Nr. 4a Satz 3 EStG sowie „Entfernungspauschale" unter Nr. 11) ist steuerpflichtig.[2] Im Falle einer Firmenwagengestellung ist für diese Fahrten ein steuerpflichtiger geldwerter Vorteil als Arbeitslohn anzusetzen.

Beispiel

Ein im öffentlichen Dienst beschäftigter Förster fährt auf Dauer täglich mit seinem Pkw von seiner Wohnung zu dem 20 km entfernten, nächstgelegenen Zugang des von ihm zu betreuenden Waldgebiets (= weiträumiges Tätigkeitsgebiet, keine erste Tätigkeitsstätte).

Ein für diese Fahrten aus öffentlichen Kassen gezahlter Fahrtkostenersatz ist steuerpflichtig, obwohl es sich ab Verlassen der Wohnung bis zur Rückkehr um eine beruflich veranlasste Auswärtstätigkeit handelt. Vgl. auch das Stichwort „Weiträumiges Tätigkeitsgebiet".

c) Übernachtungskosten

Auch die reisekostenrechtliche Erstattung der Übernachtungskosten ist in **vollem Umfang steuerfrei,** da § 3 Nr. 13 EStG diesbezüglich keine Einschränkung enthält. Das gilt auch dann, wenn bei einer auf den Arbeitnehmer ausgestellten Rechnung mit einem Gesamt-/Pauschalpreis eine Kürzung um den inländischen Frühstücksanteil mit einem geringeren Betrag als 5,60 € (20 % von 28 €) erfolgen sollte.

3. Einwendungen gegen die Besteuerung

Die Besteuerung der steuerpflichtigen Teile von Vergütungen für Verpflegungsmehraufwand stößt bei den Betroffenen oft auf Unverständnis, zumal es sich meist um Kleinbeträge handelt. Eine Versteuerung ist jedoch aus Gründen der Gleichbehandlung unverzichtbar. Sie entfällt erst dann, wenn die landesrechtlichen Reisekostenregelungen in vollem Umfang den Vorschriften des Bundesreisekostengesetzes angepasst worden sind; dies wiederum kann für die Bediensteten finanziell nachteilig sein (vgl. die Aus-

1) Der Begriff „Fahrtkosten" ist im steuerlichen Sinne zu verstehen. Er umfasst also sowohl die Wegstreckenentschädigung für das Benutzen von eigenen Kraftfahrzeugen als auch die Fahrtkosten für das Benutzen von regelmäßig verkehrenden Beförderungsmitteln.

2) Randnummer 40 des BMF-Schreibens vom 25.11.2020. Das BMF-Schreiben ist als Anlage 1 zu H 9.4 LStR im **Steuerhandbuch für das Lohnbüro 2021** abgedruckt, das im selben Verlag erschienen ist.

R

Lohn-steuer-pflichtig | Sozial-versich.-pflichtig

führungen zur Höhe des Verpflegungsmehraufwands und des Fahrtkostenersatzes unter der vorstehenden Nr. 2 Buchstaben a und b). Zu Einwendungen, die die Bediensteten gegen die Versteuerung vorbringen, ist Folgendes zu bemerken:

Die auszahlende öffentliche Kasse hat als Arbeitgeber (§ 38 Abs. 3 Satz 2 EStG) den Lohnsteuerabzug entsprechend den gesetzlichen Vorschriften durchzuführen. Dies gilt auch für die steuerpflichtigen Teile von Vergütungen für Verpflegungsmehraufwand. Die Abrechnungsstellen sind deshalb verpflichtet, den zuständigen Bezügestellen die steuerpflichtigen Anteile an den Reisekosten und am Trennungsgeld bzw. an den Umzugskosten mitzuteilen, damit die Bezügestellen den Lohnsteuerabzug vornehmen können. Bei Einwendungen gegen den Lohnsteuerabzug von Reisekostenvergütungen, Trennungsgeld oder Umzugskosten ist zunächst von der die Mitversteuerung veranlassenden Dienststelle die Ermittlung des steuerpflichtigen Teils der Vergütung im Einzelfall zu überprüfen und sodann von der Bezügestelle die zutreffende Vornahme des Lohnsteuerabzugs festzustellen. Entspricht der Lohnsteuerabzug nach Auffassung der Dienststellen, ggf. nach Einholung einer Anrufungsauskunft des Betriebsstättenfinanzamts gemäß § 42e EStG (vgl. das Stichwort „Auskunft"), der steuerlichen Rechtslage, ist dies dem Bediensteten mitzuteilen, damit dieser die Erfolgsaussichten eines weiteren Vorgehens gegen die steuerliche Sachbehandlung beim Finanzamt beurteilen kann. Denn die mitversteuerten Reisekostenvergütungen, Trennungsgelder oder Umzugskosten fließen in den von der Bezügestelle nach Ablauf des Kalenderjahres in der Lohnsteuerbescheinigung anzugebenden Bruttoarbeitslohn ein. Falls der Bedienstete die Auffassung der Dienststellen nicht teilt, kann er im Rahmen seiner Einkommensteuer-Veranlagung beim Finanzamt die Minderung des bescheinigten Bruttoarbeitslohns geltend machen und gegen den Einkommensteuerbescheid des Finanzamts ggf. Einspruch einlegen.

4. Nachprüfungsrecht der Finanzämter

Die Finanzämter prüfen im Rahmen der Lohnsteuer-Außenprüfung auch die zutreffende Besteuerung von steuerpflichtigen Reisekostenvergütungen, Trennungsgeldern und Umzugskosten. Der öffentliche Arbeitgeber haftet für die richtige Berechnung und Abführung der Steuerabzugsbeträge nach den allgemeinen Grundsätzen (vgl. das Stichwort „Haftung des Arbeitgebers").

Außerdem ist Folgendes zu beachten:

Die Finanzämter konnten früher nach R 14 Abs. 2 Sätze 3 und 4 der Lohnsteuer-Richtlinien 1999 nur prüfen, ob die **reisekostenrechtlichen** Vorschriften zutreffend angewendet wurden. Durch die Lohnsteuer-Richtlinien in der seit 1.1.2000 geltenden Fassung wurden die Sätze 3 und 4[1)] in R 14 Abs. 2 ersatzlos gestrichen, da den Finanzämtern aufgrund der Rechtsprechung des Bundesverfassungsgerichts bei Aufwandsentschädigungen ein umfassendes Nachprüfungsrecht dahingehend zugestanden wird, ob die der Aufwandsentschädigung zugrunde liegenden Aufwendungen auch tatsächlich Werbungskosten im steuerlichen Sinne darstellen. Diese Grundsätze gelten auch bei Reise- und Umzugskosten. Das BFH-Urteil vom 27.5.1994 (BStBl. 1995 II S. 17), das früher aufgrund des Satzes 4[1)] in R 14 Abs. 2 der Lohnsteuer-Richtlinien 1999 nicht anzuwenden war, wurde deshalb ausdrücklich in die Hinweise zu den Lohnsteuer-Richtlinien aufgenommen und mittlerweile um das nachfolgend erwähnte Urteil aus 2007 ergänzt. Das bedeutet, dass die Finanzämter auch bei Reisekostenvergütungen im öffentlichen Dienst die Steuerfreiheit dann versagen können, wenn festgestellt wird, dass die erstatteten Aufwendungen dem Grunde nach keine Werbungskosten sondern Aufwendungen für die **private Lebensführung** im Sinne des § 12 Nr. 1 EStG sind (z. B. wenn die Aufwendungen für die Mitnahme des Ehegatten auf einer Reise als Reisekostenvergütung steuerfrei erstattet wurden; vgl. auch die Erläuterungen beim Stichwort „Incentive-Reisen"). Dies wurde auch im jetzigen R 3.13 Abs. 2 Satz 3 LStR ausdrücklich klargestellt. Der Bundesfinanzhof hat erneut bestätigt, dass ein steuerfreier Reisekostenersatz nur bei Aufwendungen möglich ist, die **vom Grundsatz her Werbungskosten** sind (BFH-Urteil vom 12.4.2007, BStBl. II S. 536). Dies ist z. B. bei einem Beitrag zum Beschaffen klimabedingter Kleidung und beim sog. Ausstattungsbeitrag nicht der Fall. Auch die Maklerkosten für die Anschaffung einer eigenen Wohnung bzw. eines eigenen Einfamilienhauses können im Rahmen des § 3 Nr. 13 EStG nicht mehr als Umzugskosten steuerfrei erstattet werden.

Reiseleiter

Ein Reiseleiter, der in den Organismus des Reiseveranstalters oder Reisebüros nicht fest eingegliedert ist, ist selbständig tätig und damit kein Arbeitnehmer (z. B. ein Reiseleiter, der im Ausland selbständig für mehrere deutsche Reiseveranstalter oder Reisebüros tätig ist, Urteil des Finanzgerichts Nürnberg vom 24. 5. 1962, EFG 1963 S. 63). nein nein

Ist dagegen der Reiseleiter in den Organismus des Reiseveranstalters oder Reisebüros eingegliedert und weisungsgebunden in den betriebseigenen Bussen des Reisebüros mit einem fest vorgegebenen Rahmenprogramm tätig, so ist er als Arbeitnehmer anzusehen (BSG-Urteil vom 26. 5. 1982, Betriebsberater 1983 S. 1731). Vgl. hierzu auch die Begründung des BFH-Urteils vom 9. 7. 1986 (BStBl. II S. 851) sowie das Urteil des Finanzgerichts Hamburg vom 29. 9. 1987 (EFG 1988 S. 120). ja ja

Reiseunfallversicherung

Siehe die Stichworte: Autoinsassen-Unfallversicherung, Kaskoversicherung für Unfallschäden bei Auswärtstätigkeit, Rechtsschutzversicherung, Reisegepäckversicherung, Unfallversicherung.

Remunerationen

Als Remunerationen werden Vergütungen bezeichnet, die Vorstandsmitglieder von Sparkassen für die Vermittlung von Dienstleistungen der Bausparkassen und Versicherungen erhalten. Für die steuerliche Behandlung dieser Vergütungen gilt Folgendes:

Die Remunerationen, die die Sparkassenvorstände erhalten, sind Ausfluss ihres Arbeitsverhältnisses zur Sparkasse und gehören deshalb zu den Einkünften aus nichtselbstständiger Arbeit. Derartige Vergütungen sind im Kooperationsfall üblich. Damit stellen diese Remunerationen Lohnzahlungen Dritter dar, die nach § 38 Abs. 1 Satz 3 EStG dem Lohnsteuerabzug unterliegen. Soweit die Sparkasse als Arbeitgeber diese Bezüge nicht selbst ermitteln kann, hat sie der Sparkassenvorstand für jeden Lohnzahlungszeitraum anzuzeigen. Von dieser Behandlung sind lediglich die Fälle ausgenommen, in denen der Lohnsteuerabzug durch die Bausparkasse oder Versicherung erfolgt, weil aufgrund besonderer Vereinbarungen ein Dienstverhältnis zwischen diesem Institut und dem Sparkassenvorstand besteht.

1) Die Sätze 3 und 4 von R 14 Abs. 2 in der früher geltenden Fassung hatten folgenden Wortlaut: Es ist in diesen Fällen nur zu prüfen, ob die reisekostenrechtlichen Vorschriften zutreffend angewendet worden sind und die Begrenzung nach Absatz 1 Satz 3 beachtet worden ist; es ist nicht zu prüfen, ob die erstatteten Reisekosten Werbungskosten darstellen. Soweit sich aus dem BFH-Urteil vom 27.5.1994 (BStBl. 1995 II S. 17) eine andere Rechtsauffassung ergibt, ist ihr nicht zu folgen; es ist abzuwarten, ob eine Entscheidung des Bundesverfassungsgerichts über die BFH-Vorlage vom 21.10.1994 (BStBl. 1995 II S. 142) für die Zukunft neue Verwaltungsanweisungen erforderlich macht.

Lohnsteuerpflichtig | Sozialversich.-pflichtig

Rennpreise

siehe „Preise“

Renten

Neues und Wichtiges auf einen Blick:

1. Besteuerungsanteil bei Rentenbeginn in 2021

Die seit 1.1.2005 geltende Besteuerung von Renten, z. B. aus der gesetzlichen Rentenversicherung, ist nachfolgend erläutert. Der steuerpflichtige Teil der Rente steigt bei einem Beginn der Rentenzahlungen im Kalenderjahr 2021 von bisher 80 % auf **81 %** (vgl. die Übersicht unter der nachfolgenden Nr. 3 Buchstabe d).

Zu den Renten aus der gesetzlichen Rentenversicherung gehört auch die neu eingeführte **Grundrente.** Es handelt sich dabei nicht um eine Sozialleistung.

2. Hinzuverdienstgrenzen bei der Beschäftigung von Rentnern

Die bei der **Beschäftigung von Rentnern** zu beachtenden lohnsteuerlichen und sozialversicherungsrechtlichen Besonderheiten sowie die **Hinzuverdienstgrenzen** sind beim Stichwort „Rentner“ unter Nr. 6 gesondert abgehandelt.

Gliederung:

1. Allgemeines

Durch das Alterseinkünftegesetz vom 5.7.2004 (BGBl. I S. 1427, BStBl. I S. 554, 740) ist die Besteuerung der Renten ab 1.1.2005 neu geregelt worden, und zwar insbesondere die Besteuerung der Renten aus der **gesetzlichen Rentenversicherung.** Dies sind z. B.

- alle Altersrenten (Vollrenten und Teilrenten) aus der gesetzlichen Renten- oder Knappschaftsversicherung;
- Berufsunfähigkeitsrenten;
- Erwerbsunfähigkeitsrenten;
- Erwerbsminderungsrenten;
- Altershilfe für Landwirte;
- Witwen- oder Witwerrenten;
- Waisenrenten;
- Erziehungsrenten.

Lohnsteuerpflichtig | Sozialversich.-pflichtig

Nach den früher geltenden Vorschriften war von den Renten aus der gesetzlichen Rentenversicherung nur der sog. **Ertragsanteil** (Zinsanteil) steuerpflichtig. Für die Höhe des Ertragsanteils war das Alter im Zeitpunkt des Rentenbeginns maßgebend. Der Ertragsanteil blieb dann bis zum Lebensende unverändert. Der bis zum Kalenderjahr 2004 für die Besteuerung von Renten aus der gesetzlichen Rentenversicherung geltende Ertragsanteil betrug z. B.

bei Beginn der Rentenzahlungen vollendetes Lebensjahr	Ertragsanteil
55	38 %
58	35 %
60	32 %
63	29 %
65	27 %

Diese relativ niedrige Besteuerung mit dem Ertragsanteil konnte nicht beibehalten werden, weil das Bundesverfassungsgericht bereits mehrfach, zuletzt mit Urteil vom 6.3.2002 (BStBl. II S. 618) entschieden hatte, dass die unterschiedliche steuerliche Behandlung von Renten einerseits und Pensionen (Beamtenpensionen, Werkspensionen) andererseits verfassungswidrig ist. Die Rentenbesteuerung geht deshalb seit 1.1.2005 auf das Prinzip der sog. nachgelagerten Besteuerung über, das bei der betrieblichen Altersversorgung im Grundsatz seit jeher gegolten hat (vgl. das Stichwort „Nachgelagerte Besteuerung“).

Der Übergang zum Prinzip der nachgelagerten Besteuerung bei den Renten aus der gesetzlichen Rentenversicherung erfordert es, dass einerseits die Beiträge zur gesetzlichen Rentenversicherung in vollem Umfang (und nicht nur mit dem Arbeitgeberanteil) steuerfrei gestellt werden müssen, andererseits aber die Renten aus der gesetzlichen Rentenversicherung auch in vollem Umfang (also zu 100 %) besteuert werden. Da eine solche tief greifende Veränderung im Besteuerungssystem nicht von heute auf morgen möglich ist, erfolgt eine stufenweise Umstellung verteilt auf einen Zeitraum von bis zu 35 Jahren. Dies hat zur Folge, dass

- die Beiträge zur gesetzlichen Rentenversicherung stufenweise auf die volle Steuerfreiheit (Arbeitnehmer- und Arbeitgeberanteil) übergeleitet werden (vgl. die Erläuterungen zum Teilbetrag der **Vorsorgepauschale** für die Beiträge zur gesetzlichen Rentenversicherung in Anhang 8 und zum **Sonderausgabenabzug** in Anhang 8a),
- die Renten aus der gesetzlichen Rentenversicherung stufenweise auf die volle Steuerpflicht übergeleitet werden (nachfolgend erläutert),
- der bei der Besteuerung von Beamtenpensionen und Werkspensionen geltende **Versorgungsfreibetrag** und Zuschlag zum Versorgungsfreibetrag stufenweise auf 0 € abgebaut wird (vgl. das Stichwort „Versorgungsbezüge, Versorgungsfreibetrag“),
- der bei der Besteuerung von Alterseinkünften anzusetzende **Altersentlastungsbetrag** stufenweise bis auf 0 € abgebaut wird (vgl. das Stichwort „Altersentlastungsbetrag“).

Im Einzelnen gilt für die Neuregelung der Rentenbesteuerung Folgendes:

2. Welche Renten sind von der höheren Rentenbesteuerung betroffen?

Von der seit 1.1.2005 geltenden Neuregelung der Rentenbesteuerung sind nur diejenigen Renten betroffen, **die der sog. Basisversorgung im Alter dienen.** Welche Renten das sind, ist in § 22 Nr. 1 Satz 3 Buchstabe a Doppelbuchstabe aa EStG abschließend festgelegt:

R

Lohn-steuer-pflichtig | Sozial-versich.-pflichtig

a) Alle Renten aus der gesetzlichen Rentenversicherung[1]

Dies sind insbesondere

- alle Altersrenten (Vollrenten und Teilrenten) aus der gesetzlichen Renten- oder Knappschaftsversicherung;
- Berufsunfähigkeitsrenten;
- Erwerbsunfähigkeitsrenten;
- Erwerbsminderungsrenten;
- Altershilfe für Landwirte;
- Witwen- oder Witwerrenten;
- Waisenrenten;
- Erziehungsrenten (BFH-Urteil vom 19.8.2013, BStBl. 2014 II S. 557).

Zu den Renten aus der gesetzlichen Rentenversicherung gehört auch die neu eingeführte Grundrente. Es handelt sich dabei nicht um eine Sozialleistung.

b) Renten aus den landwirtschaftlichen Alterskassen

c) Renten aus berufsständischen Versorgungseinrichtungen[2]

Die gesetzliche Neuregelung der Besteuerung der Alterseinkünfte mit dem hohen Besteuerungsanteil (vgl. nachfolgende Nr. 3) ist ausdrücklich auch auf andere als lediglich laufende Rentenleistungen – und damit auch auf einmalige Zahlungen wie z. B. **Kapitalabfindungen** einer berufsständischen Versorgungseinrichtung – anzuwenden, die nach dem 31.12.2004 zugeflossen sind. Da aber für den Bereich der Basisversorgung eigentlich nur Rentenzahlungen typisch sind und die berufsständischen Versorgungswerke nur Abfindungen zahlen dürfen, die auf vor 2005 bezahlten Beträgen beruhen, hat der Bundesfinanzhof eine atypische Zusammenballung von Einkünften bejaht und anteilig – soweit die Kapitalabfindung auf vor 2005 bezahlten Beiträgen beruhte – die ermäßigte Besteuerung nach der sog. **Fünftelregelung** angewendet (BFH-Urteil vom 23.10.2013, BStBl. 2014 II S. 58). Ist zudem bei einem berufsständischen Versorgungswerk eine zur Basisversorgung hinzutretende und von dieser getrennte Kapitalversorgung als Kapitallebensversicherung ausgestaltet, sind auf entsprechende Kapitalauszahlungen nicht die Regelungen über die Leistungen aus einer Basis-Altersversorgung, sondern die Regelungen über Erträge aus Kapitallebensversicherungen anzuwenden (BFH-Urteil vom 12.12.2017, BStBl. 2018 II S. 579).

Für das **Sterbegeld** einer berufsständischen Versorgungseinrichtung, das ebenfalls der Besteuerung mit dem hohen Besteuerungsanteil unterliegt, kommt eine ermäßigte Besteuerung nach der Fünftelregelung **nicht** in Betracht (BFH-Urteil vom 23.11.2016, BFH/NV 2017 S. 445).

R

d) Renten aus bestimmten Lebensversicherungen,

und zwar Renten aus eigenen kapitalgedeckten Lebensversicherungsverträgen, die **nach dem 31.12.2004** abgeschlossen worden sind und die die Zahlung einer monatlichen auf das Leben des Mitglieds oder Versicherungsnehmers bezogenen **lebenslangen Leibrente** nicht vor Vollendung des 60. bzw. 62. Lebensjahres[3] des Berechtigten vorsehen oder zusätzlich die ergänzende Absicherung des Eintritts der Berufsunfähigkeit, der verminderten Erwerbsfähigkeit oder der Hinterbliebenen.[4]

Die sich ergebenden Versorgungsansprüche dürfen außerdem

- nicht vererblich,
- nicht übertragbar,
- nicht beleihbar,
- nicht veräußerbar und
- nicht kapitalisierbar sein,

und es darf über den Anspruch auf Leibrente hinaus kein Anspruch auf Auszahlungen bestehen. Die Besteuerung einer solchen Rente (**sog. Rürup-Rente,** vgl. dieses Stichwort) mit dem Besteuerungsanteil steht im Zusammenhang mit dem Sonderausgabenabzug der Beiträge nach § 10 Abs. 1 Nr. 2 Satz 1 Buchstabe b EStG (vgl. die Erläuterungen in Anhang 8a).

Die Beschränkung der seit 1.1.2005 geltenden nachgelagerten Besteuerung auf ganz bestimmte Renten muss also stets im Zusammenhang mit dem Abzug der Beiträge als Sonderausgaben gesehen werden. Denn das Prinzip der nachgelagerten Besteuerung erfordert es zwingend, dass nur diejenigen Renten übergangsweise der vollen Besteuerung zugeführt werden dürfen, für die künftig auch ein Sonderausgabenabzug in voller Höhe gewährleistet ist. Oder um es umgekehrt am Beispiel der Lebensversicherung vereinfacht auszudrücken:

Wenn Beiträge zu einer Lebensversicherung nicht als Sonderausgaben abzugsfähig sind, werden die Rentenzahlungen aus einem solchen Versicherungsvertrag auch weiterhin nur mit dem sog. Ertragsanteil und nicht in voller Höhe versteuert. Deshalb wird für bestimmte Renten die Besteuerung mit dem sog. Ertragsanteil auch über den 1.1.2005 hinaus weitergeführt, wobei wesentlich geringere Ertragsanteile gelten als früher. Dies trifft beispielsweise auf die sog. VBL-Renten zu, das heißt die Renten aus der Zusatzversicherung bei der Versorgungsanstalt des Bundes und der Länder unterliegen der Ertragsanteilsbesteuerung, soweit die Beiträge pauschal besteuert worden sind (vgl. die Erläuterungen unter der nachfolgenden Nr. 4).

Renten aus einer kapitalgedeckten oder umlagefinanzierten **betrieblichen Altersversorgung** (Direktversicherung, Pensionskasse, Pensionsfonds) werden in vollem Umfang **nachgelagert versteuert, soweit die Beiträge steuerfrei** waren. Auch Renten aus Altersvorsorgeverträgen (sog. Riester-Rente, vgl. dieses Stichwort) werden in vollem Umfang nachgelagert besteuert, soweit die Beiträge steuerlich gefördert wurden (vgl. die Erläuterungen unter der nachfolgenden Nr. 6 sowie in Anhang 6a).

3. Überleitung auf die nachgelagerte Besteuerung seit 1.1.2005

a) Allgemeines

Für die unter der vorstehenden Nr. 2 erläuterten Renten, die der sog. Basisversorgung im Alter dienen, wird seit 1.1.2005 auf die nachgelagerte Besteuerung übergegangen. Dabei sind drei Fälle zu unterscheiden:

---

1) Die Alterssicherungssysteme der folgenden internationalen Organisationen sind der inländischen gesetzlichen Rentenversicherung vergleichbar mit der Folge, dass die Ruhegehälter der ehemaligen Bediensteten ebenfalls entsprechend der nachfolgenden Nr. 3 nachgelagert besteuert werden:
Bank für Internationalen Zahlungsausgleich (BIZ), Europäische Investitionsbank (EIB), Europäische Organisation für astronomische Forschung in der südlichen Hemisphäre (ESO), Europäische Organisation für Kernforschung (CERN), Europäisches Laboratorium für Molekularbiologie (EMBL) und Vereinte Nationen (UN). Zur Altersrente der Vereinten Nationen vgl. auch BFH-Urteil vom 5.4.2017, BStBl. II S. 1187.
Zu den von internationalen Organisationen gezahlten Versorgungsbezügen vgl. das Stichwort „Versorgungsbezüge, Versorgungsfreibetrag" unter Nr. 3.

2) Vgl. hierzu BMF-Schreiben vom 19.6.2020 (BStBl. I S. 617). Das BMF-Schreiben ist als Anhang 13e im **Steuerhandbuch für das Lohnbüro 2021** abgedruckt, das im selben Verlag erschienen ist.

3) Bei Vertragsabschlüssen nach dem 31.12.2011 darf der Vertrag die Zahlung einer Leibrente nicht vor Vollendung des 62. Lebensjahres vorsehen (§ 10 Abs. 1 Nr. 2 Buchstabe b Doppelbuchstabe aa i. V. m. Abs. 6 Satz 1 EStG).

4) Seit 2014 kann in einem zertifizierten Vertrag auch ausschließlich der Eintritt der Berufsunfähigkeit oder der verminderten Erwerbsfähigkeit im Rahmen der Basisversorgung abgesichert werden (§ 10 Abs. 1 Nr. 2 Satz 1 Buchstabe b Doppelbuchstabe bb EStG). Auch die Auszahlungen aus solchen Verträgen werden nach den Regelungen der nachfolgenden Nr. 3 mit dem Besteuerungsanteil besteuert.

Lohn-steuer-pflichtig	Sozial-versich.-pflichtig

- sog. Bestandsrentner, das heißt Rentner, die am 1.1.2005 bereits eine Rente z. B. aus der gesetzlichen Rentenversicherung erhalten haben,
- Rentner, die ab dem Kalenderjahr 2005 erstmals eine Rente z. B. aus der gesetzlichen Rentenversicherung bezogen haben und
- Rentner, die seit dem Jahre 2006 oder einem darauf folgenden Jahr erstmals eine Rente z. B. aus der gesetzlichen Rentenversicherung beziehen.

Da die ersten beiden Fälle im Ergebnis nahezu gleich behandelt werden, ergibt sich folgende Übersicht:

Besteuerung von Renten ab 1.1.2005
(§ 22 Nr. 1 Satz 3 Buchstabe a EStG)

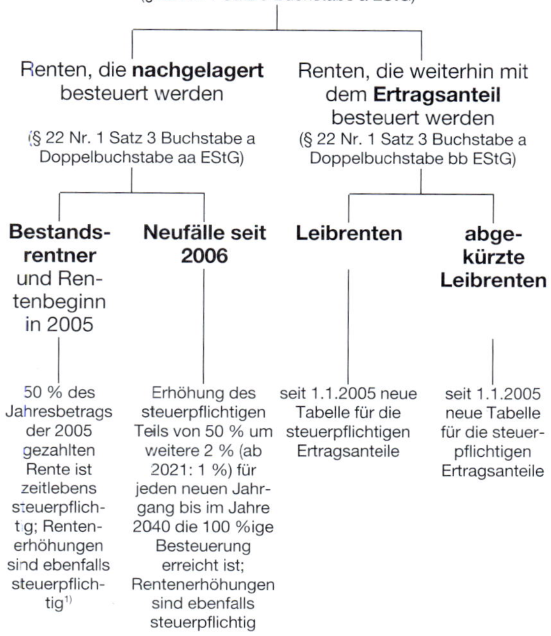

Die Besteuerung der Renten mit dem hohen Besteuerungsanteil ist grundsätzlich verfassungsgemäß (BVerfG – Beschlüsse vom 29.9.2015 2 BvR 2683/11, BStBl. 2016 II S. 310 und 30.9.2015 2 BvR 1066/10 und 2 BvR 1961/10, BFH/NV 2016 S. 367). Allerdings weist das Bundesverfassungsgericht darauf hin, dass es nach der geltenden Rechtslage für die Arbeitnehmerjahrgänge, die in den Jahren 2039 bis 2043 in die Rentenbezugsphase eintreten, nicht ausgeschlossen ist, dass es zu einer ggf. verfassungswidrigen Doppelbesteuerung kommt, weil ihre Beiträge zur sog. Altersbasisversorgung in den ersten Jahren nach dem Inkrafttreten des Alterseinkünftegesetzes ab dem Jahre 2005 nur in verhältnismäßig geringem Umfang steuerlich berücksichtigt worden sind; dies ist jedoch erst in den Jahren des tatsächlichen Rentenbezugs zu prüfen – hier also 2039 bis 2043 – (BVerfG-Beschlüsse vom 14.6.2016 2 BvR 290/10, BStBl. II S. 801 und 2 BvR 323/10, BFH/NV 2016 S. 1421).

Die Frage einer verfassungswidrigen Doppelbesteuerung kann sich zudem stellen, wenn ein Steuerpflichtiger in einer berufsständischen Versorgungseinrichtung und zudem freiwillig in der gesetzlichen Rentenversicherung versichert ist.

Im Einzelnen gilt für die seit 1.1.2005 geltende nachgelagerte Besteuerung Folgendes:

b) Bestandsrentner (Beginn der Rentenzahlungen vor dem 1.1.2005)

Für sog. Bestandsrentner, das heißt für Rentner, die am 1.1.2005 bereits eine Rente, z. B. aus der gesetzlichen Rentenversicherung bezogen haben, wird der steuerfreie Anteil der Rente mit **50 %** des Rentenbetrags des Kalenderjahres 2005 **zeitlebens festgeschrieben.** Die Höhe des steuerpflichtigen Anteils von 50 % orientiert sich am Fall des typischen sozialversicherungspflichtigen Arbeitnehmers, das heißt bei einem solchen Arbeitnehmer waren zeitlebens 50 % der Beiträge zur Rentenversicherung als **Arbeitgeberanteil steuerfrei.** Dementsprechend werden 50 % der Rente nachgelagert versteuert. Dabei wird die sich am 1.1.2005 ergebende Steuersituation zeitlebens festgeschrieben. Das bedeutet, dass der Jahresbetrag der für das Kalenderjahr 2005 gezahlten Rente errechnet und der sich hieraus ergebende steuerfreie und steuerpflichtige Anteil in Höhe von 50 % **betragsmäßig** eingefroren wird (Rentenerhöhungen seit 2006 werden in voller Höhe dem steuerpflichtigen Teil zugerechnet).[2]

Beispiel

Ein Altersrentner, der 2004 das 65. Lebensjahr vollendet hat, bezieht eine Rente aus der gesetzlichen Rentenversicherung in Höhe von 10 000 € jährlich. Früher (also in den Jahren vor 2005) war von dieser Rente lediglich ein sog. Ertraganteil in Höhe von 27 % = 2700 € steuerpflichtig. Da dieser Betrag – bei weitem – unter dem sog. Grundfreibetrag[3] lag, blieb die Rente im Ergebnis steuerfrei. Seit dem Kalenderjahr 2005 beträgt der steuerfreie Anteil 50 %, also 5000 €. Der steuerfreie Betrag von 5000 € wird zeitlebens festgeschrieben, auch wenn sich die Rente durch Rentenanpassungen erhöht. Solange der seit dem Kalenderjahr 2005 steuerpflichtige Betrag unter dem jeweils geltenden Grundfreibetrag[3] liegt, bleibt die Rente auch weiterhin steuerfrei.

Für Bestandsrenten lässt sich hiernach ganz allgemein sagen, dass Renten bis ca. 1700 € monatlich (20 400 € jährlich) bei Alleinstehenden bzw. ca. 3400 € monatlich (40 800 € jährlich) bei zusammen zur Einkommensteuer veranlagten Ehegatten/Lebenspartnern auch steuerfrei bleiben, **wenn keine anderen Einkünfte hinzukommen.** Andere Einkünfte können z. B. sein

- Einkünfte aus Vermietung und Verpachtung,
- Einkünfte aus Kapitalvermögen, die nicht der Abgeltungsteuer in Höhe von 25 % unterliegen,
- Einkünfte aus lohnsteuerpflichtigen Versorgungsbezügen (z. B. Werkspensionen, sog. Betriebsrenten),
- Arbeitslohn aus Nebenbeschäftigungen des Rentners.

Der Arbeitslohn für einen pauschal besteuerten 450-Euro-Job gehört nicht zu den „anderen Einkünften".

Bei der Erhöhung der Rente durch die sog. **„Mütterrente"** handelte es sich nicht um eine regelmäßige Anpassung, sondern um eine außerordentliche Neufestsetzung des Jahresbetrags der Rente. Der bisherige steuerfreie Teil der Rente wurde somit um den steuerfreien Teil der sog. „Mütterrente" erhöht. Bei einer Rentenbezieherin, die z. B. im Jahr 2005 oder früher in Rente gegangen ist, unterliegt daher auch die sog. „Mütterrente" nur zu 50 % der nachgelagerten Besteuerung.[2] Die auf die „Mütterrente" entfallenden regelmäßigen Rentenanpassungen sind allerdings voll steuerpflichtig.

Zu den voll steuerpflichtigen Rentenerhöhungen gehört auch die Angleichung der Altersrenten in den neuen Bundesländern an das Westniveau (BFH-Urteil vom 3.12.2019, BStBl. 2020 II S. 386).

1) Bei einem Rentenbeginn in 2005 wurde der Rentenfreibetrag – anders als bei Bestandsrentnern – erst auf Basis der Rentenzahlung 2006 ermittelt (vgl. im Einzelnen nachfolgende Nr. 3 Buchstaben b und c).

2) Verändert sich der Jahresbetrag der Rente außerhalb von regelmäßigen Anpassungen, wird der Freibetrag im Verhältnis der Jahresrenten angepasst (z. B. bei Anrechnung eigener Einkünfte bei Witwenrenten oder Tod des Rentners).

3) Der Grundfreibetrag für jede steuerpflichtige Person beträgt:
- 2014: 8354 €
- 2015: 8472 €
- 2016: 8652 €
- 2017: 8820 €
- 2018: 9000 €
- 2019: 9168 €
- 2020: 9408 €
- 2021: 9744 €

Bei zusammen zur Einkommensteuer veranlagten Ehegatten/Lebenspartnern ist der vorstehende Betrag für jede Person (also im Ergebnis zweimal) anzusetzen.

R

Lohn-steuer-pflichtig	Sozial-versich.-pflichtig

c) Beginn der Rentenzahlung im Kalenderjahr 2005

Für Rentner, die ihre Rente seit dem Kalenderjahr 2005 erhalten, richtet sich die nachgelagerte Besteuerung im Prinzip nach den gleichen Grundsätzen wie für die Bestandsrentner, das heißt, der steuerfreie Anteil der Rente beträgt **50 %** des Jahresbetrags der Rente. Dabei wird die sich 2005 ergebende Steuersituation **zeitlebens festgeschrieben.** Das bedeutet, dass der Jahresbetrag der gezahlten Rente errechnet und der sich hieraus ergebende steuerfreie Anteil in Höhe von 50 % **betragsmäßig eingefroren** wird, das heißt, dass Rentenerhöhungen nicht in die 50 %ige Besteuerung einbezogen, sondern voll versteuert werden.[1] Denn § 22 Nr. 1 Satz 3 Buchstabe a Doppelbuchstabe aa Satz 4 EStG lautet:

„Der Unterschiedsbetrag zwischen dem Jahresbetrag der Rente und dem der Besteuerung unterliegenden Teil der Rente ist der steuerfreie Teil der Rente."

Dieser **nicht der Besteuerung unterliegende Teil** wird für jede Rente auf die Dauer ihrer Laufzeit – also lebenslänglich – festgeschrieben (§ 22 Nr. 1 Satz 3 Buchstabe a Doppelbuchstabe aa Satz 5 EStG). Die Festschreibung erfolgt erstmals ab dem Jahr, das auf das Jahr des ersten Rentenbezugs folgt, das heißt für denjenigen, der 2005 in Rente gegangen ist, dass sich der Rentenfreibetrag auf der Basis des Besteuerungsanteils des Jahres 2005 (= 50 %) ermittelt und dieser Prozentsatz auf den **Jahresbetrag** der Rente **im folgenden Jahr** (= 2006) angewendet wird. Hintergrund für diese Regelung ist, dass der Steuerpflichtige für die Festschreibung des Freibetrags ein komplettes Jahr Rentner gewesen sein soll (vgl. das nachfolgende Beispiel).

Das folgende Beispiel soll die Ermittlung des steuerpflichtigen und des steuerfreien Anteils im Jahr des Rentenbeginns und im Folgejahr sowie die Anwendung des dauerhaft steuerfreien Anteils verdeutlichen:

Beispiel

Ein Arbeitnehmer bezieht seit September 2005 eine Altersrente aus der gesetzlichen Rentenversicherung in Höhe von 1000 € monatlich. In den Folgejahren gibt es Erhöhungen ab 1. Juli um jeweils 10 €.

Für **2005** (Jahr des Rentenbeginns) ergibt sich ein Besteuerungsanteil von 50 %. Zu versteuern sind danach:

4 Monate × 1000 €	4 000,– €
Besteuerungsanteil 50 %	2 000,– €
nicht der Besteuerung unterliegender Teil der Rente	2 000,– €

Für **2006** (Folgejahr = Jahr, das dem Jahr des Rentenbeginns folgt) gilt Folgendes:

6 Monate × 1000 €	6 000,– €
6 Monate × 1010 €	6 060,– €
insgesamt	12 060,– €
steuerpflichtiger Teil der Rente 50 %	6 030,– €
nicht der Besteuerung unterliegender Teil der Rente	6 030,– €

Der steuerfreie Betrag von **6030 €** wird auf die gesamte Laufzeit der Rente (also **zeitlebens**) **festgeschrieben.**

Für **2007** ergibt sich Folgendes:

6 Monate × 1010 €	6 060,– €
6 Monate × 1020 €	6 120,– €
insgesamt	12 180,– €
abzüglich auf Dauer festgeschriebener Rentenfreibetrag	6 030,– €
zu versteuern sind 2007	6 150,– €

Für **2008** ergibt sich Folgendes:

6 Monate × 1020 €	6 120,– €
6 Monate × 1030 €	6 180,– €
insgesamt	12 300,– €
abzüglich auf Dauer festgeschriebener Rentenfreibetrag	6 030,– €
zu versteuern sind 2008	6 270,– €

R

Lohn-steuer-pflichtig	Sozial-versich.-pflichtig

Für **2009** ergibt sich Folgendes:

6 Monate × 1030 €	6 180,– €
6 Monate × 1040 €	6 240,– €
insgesamt	12 420,– €
abzüglich auf Dauer festgeschriebener Rentenfreibetrag	6 030,– €
zu versteuern sind 2009	6 390,– €

Für **2010** ergibt sich Folgendes:

6 Monate × 1040 €	6 240,– €
6 Monate × 1050 €	6 300,– €
insgesamt	12 540,– €
abzüglich auf Dauer festgeschriebener Rentenfreibetrag	6 030,– €
zu versteuern sind 2010	6 510,– €

Für **2011** ergibt sich Folgendes:

6 Monate × 1050 €	6 300,– €
6 Monate × 1060 €	6 360,– €
insgesamt	12 660,– €
abzüglich auf Dauer festgeschriebener Rentenfreibetrag	6 030,– €
zu versteuern sind 2011	6 630,– €

Für **2012** ergibt sich Folgendes:

6 Monate × 1060 €	6 360,– €
6 Monate × 1070 €	6 420,– €
insgesamt	12 780,– €
abzüglich auf Dauer festgeschriebener Rentenfreibetrag	6 030,– €
zu versteuern sind 2012	6 750,– €

Für **2013** ergibt sich Folgendes:

6 Monate × 1070 €	6 420,– €
6 Monate × 1080 €	6 480,– €
insgesamt	12 900,– €
abzüglich auf Dauer festgeschriebener Rentenfreibetrag	6 030,– €
zu versteuern sind 2013	6 870,– €

Für **2014** ergibt sich Folgendes:

6 Monate × 1080 €	6 480,– €
6 Monate × 1090 €	6 540,– €
insgesamt	13 020,– €
abzüglich auf Dauer festgeschriebener Rentenfreibetrag	6 030,– €
zu versteuern sind 2014	6 990,– €

Für **2015** ergibt sich Folgendes:

6 Monate × 1090 €	6 540,– €
6 Monate × 1100 €	6 600,– €
insgesamt	13 140,– €
abzüglich auf Dauer festgeschriebener Rentenfreibetrag	6 030,– €
zu versteuern sind 2015	7 110,– €

Für **2016** ergibt sich Folgendes:

6 Monate × 1100 €	6 600,– €
6 Monate × 1110 €	6 660,– €
insgesamt	13 260,– €
abzüglich auf Dauer festgeschriebener Rentenfreibetrag	6 030,– €
zu versteuern sind 2016	7 230,– €

Für **2017** ergibt sich Folgendes:

6 Monate × 1110 €	6 660,– €
6 Monate × 1120 €	6 720,– €
insgesamt	13 380,– €
abzüglich auf Dauer festgeschriebener Rentenfreibetrag	6 030,– €
zu versteuern sind 2017	7 350,– €

1) Verändert sich der Jahresbetrag der Rente außerhalb von regelmäßigen Anpassungen, wird der Freibetrag im Verhältnis der Jahresrenten angepasst (z. B. bei Anrechnung eigener Einkünfte bei Witwenrenten oder Tod des Rentners).

Lohn-steuer-pflichtig Sozial-versich.-pflichtig

Für **2018** ergibt sich Folgendes:

6 Monate × 1120 €	6 720,– €
6 Monate × 1130 €	6 780,– €
insgesamt	13 500,– €
abzüglich auf Dauer festgeschriebener Rentenfreibetrag	6 030,– €
zu versteuern sind 2018	7 470,– €

Für **2019** ergibt sich Folgendes:

6 Monate × 1130 €	6 780,– €
6 Monate × 1140 €	6 840,– €
insgesamt	13 620,– €
abzüglich auf Dauer festgeschriebener Rentenfreibetrag	6 030,– €
zu versteuern sind 2019	7 590,– €

Für **2020** ergibt sich Folgendes:

6 Monate × 1140 €	6 840,– €
6 Monate × 1150 €	6 900,– €
insgesamt	13 740,– €
abzüglich auf Dauer festgeschriebener Rentenfreibetrag	6 030,– €
zu versteuern sind 2020	7 710,– €

Für **2021** ergibt sich Folgendes:

6 Monate × 1150 €	6 900,– €
6 Monate × 1160 €	6 960,– €
insgesamt	13 860,– €
abzüglich auf Dauer festgeschriebener Rentenfreibetrag	6 030,– €
zu versteuern sind 2021	7 830,– €

d) Beginn der Rentenzahlungen seit 2006

Beginnen die Rentenzahlungen im Jahr 2006 und später, wird jahrgangsweise auf die volle nachgelagerte Besteuerung übergeleitet. Das bedeutet, dass für jeden neuen Rentenjahrgang (sog. Kohorte) der steuerfreie Teil der Rente auf Dauer festgeschrieben wird, und zwar betragsmäßig auf der Basis des **Jahresbetrags im ersten Jahr nach Beginn der Rentenzahlungen.** Der steuerpflichtige Teil der Rente wird dabei von 50 % im Kalenderjahr 2005 für jeden neu hinzukommenden Jahrgang stufenweise bis auf 100 % angehoben. Der Übergang auf die nachgelagerte Besteuerung wird damit erst im Kalenderjahr 2040 abgeschlossen sein. Für den stufenweisen Übergang auf die volle nachgelagerte Besteuerung enthält § 22 EStG folgende Tabelle, die bei einem Rentenbeginn ab 2021 nur noch eine jährliche Steigerung des Besteuerungsanteils um 1 % (statt zuvor 2 %) vorsieht:

Jahr des Rentenbeginns	Besteuerungsanteil
bis 2005	50 %
2006	52 %
2007	54 %
2008	56 %
2009	58 %
2010	60 %
2011	62 %
2012	64 %
2013	66 %
2014	68 %
2015	70 %
2016	72 %
2017	74 %
2018	76 %
2019	78 %
2020	80 %
2021	**81 %**
2022	82 %
2023	83 %
2024	84 %
2025	85 %
2026	86 %
2027	87 %
2028	88 %
2029	89 %
2030	90 %
2031	91 %
2032	92 %
2033	93 %
2034	94 %
2035	95 %
2036	96 %
2037	97 %
2038	98 %
2039	99 %
2040	100 %

Derjenige Teil der Rente, der nicht der Besteuerung unterliegt, wird für jede Rente zeitlebens festgeschrieben (§ 22 Nr. 1 Satz 3 Buchstabe a Doppelbuchstabe aa Satz 5 EStG). Die Festschreibung erfolgt erstmals ab dem Jahr, das auf das Jahr des ersten Rentenbezugs folgt, das heißt für denjenigen, der 2020 in Rente gegangen ist, dass sich der Rentenfreibetrag auf der Basis des Besteuerungsanteils des Jahres 2020 (= 80 %) ermittelt und dieser Prozentsatz auf den **Jahresbetrag** der Rente **im folgenden Jahr** (= 2021) angewendet wird.[1]

Das folgende Beispiel soll die Ermittlung des steuerpflichtigen und des steuerfreien Anteils im Jahr des Rentenbeginns und im Folgejahr sowie die Anwendung des dauerhaft steuerfreien Anteils verdeutlichen:

Beispiel

Ein Arbeitnehmer geht im Juli 2020 in Rente. Er erhält monatlich 1000 € Rente. Jeweils zum 1. 7. 2021 und zum 1. 7. 2022 soll die Rente um angenommen 10 € monatlich steigen.

Für **2020** ergibt sich Folgendes:

6 Monate × 1000 €	6 000,– €
Besteuerungsanteil 2020 80 % =	4 800,– €
nicht der Besteuerung unterliegender Teil der Rente	1 200,– €

Für **2021** ergibt sich Folgendes:

6 Monate × 1000 €	6 000,– €
6 Monate × 1010 €	6 060,– €
Summe	12 060,– €
Besteuerungsanteil 80 % =	9 648,– €
nicht der Besteuerung unterliegender Teil der Rente	2 412,– €

Der steuerfreie Betrag von **2412 €** wird auf die gesamte Laufzeit der Rente (also zeitlebens) festgeschrieben.

Für **2022** ergibt sich Folgendes:

6 Monate × 1010 €	6 060,– €
6 Monate × 1020 €	6 120,– €
Summe	12 180,– €
abzüglich auf Dauer festgeschriebener Rentenfreibetrag	2 412,– €
steuerpflichtiger Teil der Rente	9 768,– €

4. Besteuerung der übrigen Leibrenten

Wie vorstehend unter den Nrn. 2 und 3 erläutert werden sowohl lebenslängliche Renteneinkünfte, die der sog. Ba-

1) Verändert sich der Jahresbetrag der Rente außerhalb von regelmäßigen Anpassungen, wird der Freibetrag im Verhältnis der Jahresrenten angepasst (z. B. bei Anrechnung eigener Einkünfte bei Witwenrenten oder Tod des Rentners).

R

sisversorgung im Alter zuzurechnen sind als auch Renten, die auf geförderten Beiträgen (sog. Riester-Rente, vgl. dieses Stichwort) beruhen, seit 1.1.2005 der vollen nachgelagerten Besteuerung zugeführt. Andere Leibrenten werden auch weiterhin nur mit einem **Ertragsanteil** besteuert. Hierzu gehören z. B.

- Renten aus **umlagefinanzierten Zusatzversorgungseinrichtungen** (z. B. VBL), soweit die Beiträge pauschal besteuert wurden,
- Renten aus vor 2005 abgeschlossenen privaten Rentenversicherungsverträgen,
- Renten aus ab 2005 neu abgeschlossenen Rentenversicherungen (Lebensversicherungen), die die Voraussetzungen der sog. Basisversorgung nicht erfüllen, z. B., weil die vertraglichen Vereinbarungen ein Kapitalwahlrecht vorsehen (vgl. die Erläuterungen unter der vorstehenden Nr. 2 Buchstabe d),
- Renten aufgrund pauschal mit 20 % besteuerter Beiträge zu Direktversicherungen und Pensionskassen (vgl. das Stichwort „Zukunftsicherung"),
- Betriebsrenten, soweit sie aus **versteuertem** Einkommen aufgebaut wurden, z. B. weil die Einzahlungen den steuerfreien Höchstbetrag nach § 3 Nr. 63 EStG überschritten haben (vgl. das Stichwort „Zukunftsicherung"),
- lebenslange Renten aus der Veräußerung eines Grundstücks.

Für diese Renten ist die Besteuerung mit dem Ertragsanteil beibehalten worden. Die seit 1.1.2005 geltenden Ertragsanteile wurden allerdings aufgrund des seit einigen Jahren sinkenden Zinsniveaus und besonders wegen der gestiegenen Lebenserwartung sowohl bei Frauen als auch bei Männern **deutlich abgesenkt.** Die seit 1.1.2005 geltenden Ertragsanteile ergeben sich aus der nachfolgenden Tabelle, die in § 22 EStG festgelegt ist.

Bei Beginn der Rente vollendetes Lebensjahr des Rentenberechtigten	Ertragsanteil in %
0 bis 1	59
2 bis 3	58
4 bis 5	57
6 bis 8	56
9 bis 10	55
11 bis 12	54
13 bis 14	53
15 bis 16	52
17 bis 18	51
19 bis 20	50
21 bis 22	49
23 bis 24	48
25 bis 26	47
27	46
28 bis 29	45
30 bis 31	44
32	43
33 bis 34	42
35	41
36 bis 37	40
38	39
39 bis 40	38
41	37
42	36
43 bis 44	35
45	34
46 bis 47	33
48	32
49	31
50	30
51 bis 52	29
53	28
54	27
55 bis 56	26
57	25
58	24
59	23
60 bis 61	22
62	21
63	20
64	19
65 bis 66	18
67	17
68	16
69 bis 70	15
71	14
72 bis 73	13
74	12
75	11
76 bis 77	10
78 bis 79	9
80	8
81 bis 82	7
83 bis 84	6
85 bis 87	5
88 bis 91	4
92 bis 93	3
94 bis 96	2
ab 97	1

Die unterschiedlichen Regelungen sollen an einem Beispiel verdeutlicht werden, in dem ein ehemaliger Arbeitnehmer neben einer Rente aus der gesetzlichen Rentenversicherung sowohl eine Betriebsrente von einem ehemaligen Arbeitgeber als auch eine Zusatzrente aus der Versorgungsanstalt des Bundes und der Länder (VBL) erhält.

Beispiel

Ein in der gesetzlichen Rentenversicherung versicherter Arbeitnehmer vollendet am 29.6.2020 das 65. Lebensjahr und tritt in den Ruhestand. Er war in der ersten Hälfte seines Arbeitslebens bei einem privaten Arbeitgeber beschäftigt und erhält von diesem ab 1. Juli 2020 eine Betriebsrente von monatlich 500 €. In der zweiten Hälfte seines Arbeitslebens war er als Angestellter im öffentlichen Dienst tätig. Deshalb erhält er von der Versorgungsanstalt des Bundes und der Länder (VBL) ab 1. Juli 2020 zusätzlich zu seiner Rente aus der gesetzlichen Rentenversicherung eine sog. VBL-Rente in Höhe von 400 € monatlich (die Rente soll aus Vereinfachungsgründen ausschließlich auf pauschal besteuerten Beiträgen beruhen). Die Rente des Arbeitnehmers aus der gesetzlichen Rentenversicherung beträgt ab 1. Juli 2020 1000 € monatlich. Sie erhöht sich ab 1. Juli 2021 auf 1010 € und ab 1. Juli 2022 auf 1020 € monatlich. Für die Besteuerung der drei Renten, nämlich

- Betriebsrente,
- VBL-Rente und
- Rente aus der gesetzlichen Rentenversicherung

ergibt sich Folgendes:

Besteuerung der Betriebsrente:

Die Betriebsrente in Höhe von 500 € monatlich ist **in vollem Umfang steuerpflichtig und unterliegt dem Lohnsteuerabzug** nach den individuellen Lohnsteuerabzugsmerkmalen des Arbeitnehmers (Steuerklasse, Religionszugehörigkeit usw.). Der Arbeitgeber hat auch hierfür die elektronischen Lohnsteuerabzugsmerkmale (ELStAM; vgl. dieses Stichwort) abzurufen.

Bei der Besteuerung der Betriebsrente wird der sog. Versorgungsfreibetrag und ein Zuschlag zum Versorgungsfreibetrag abgezogen (vgl. die Stichwörter „Betriebsrente" und „Versorgungsbezüge, Versorgungsfreibetrag"). Die Betriebsrente wird nach Abzug eines Werbungskosten-Pauschbetrags von 102 € in die Veranlagung des Arbeitnehmers zur Einkommensteuer mit einbezogen und eine ggf. bezahlte Lohnsteuer wird auf die Einkommensteuerschuld angerechnet.

Besteuerung der VBL-Rente:

Die Rente aus der Versorgungsanstalt des Bundes und der Länder gehört als Rente aus einer umlagefinanzierten Zusatzversorgungseinrichtung nicht zur sog. Basisversorgung (vgl. hierzu die Erläuterungen unter der vorstehenden Nr. 2). Die Rente ist deshalb lediglich mit dem Ertragsanteil nach der vorstehenden Tabelle steuerpflichtig:

Rentenzahlungen im Kalenderjahr 2020 (400 € × 6 Monate =) 2400 €

Ertragsanteil laut Tabelle (bei Beginn der Rentenzahlungen ist das 65. Lebensjahr vollendet) **18 %**

steuerpflichtiger Teil der Rente somit (18 % von 2400 € =) **432 €.**

Der steuerpflichtige Teil der VBL-Rente wird nach Abzug eines Werbungskosten-Pauschbetrags in Höhe von 102 € im Wege einer Veranlagung zur Einkommensteuer steuerlich erfasst.

Hinweis: Soweit VBL-Renten auf steuerfreien Zuwendungen des Arbeitgebers an die VBL beruhen, sind die VBL-Renten in voller Höhe steuerpflichtig (vgl. nachfolgende Nr. 6).

Besteuerung der Rente aus der gesetzlichen Rentenversicherung:

Die Rente aus der gesetzlichen Rentenversicherung gehört zur sog. Basisversorgung im Alter. Es gelten deshalb die unter der vorstehenden Nr. 3 dargestellten Besteuerungsgrundsätze. Hiernach ergibt sich folgende Berechnung des steuerpflichtigen Teils der Rente:

Maßgebend für den zeitlebens geltenden Besteuerungsanteil ist das Jahr des Rentenbeginns (= 2020). Der Prozentsatz beträgt somit **80 %.**

Lohn- steuer- pflichtig | Sozial- versich.- pflichtig

Für **2020** (Jahr des Rentenbeginns) ergibt sich ein Besteuerungsanteil von 80 %:

6 Monate × 1000 €	6 000,– €
Besteuerungsanteil 80 %	4 800,– €
nicht der Besteuerung unterliegender Teil der Rente	1 200,– €

Für **2021** (Folgejahr = Jahr, das dem Jahr des Rentenbeginns folgt) gilt Folgendes:

6 Monate × 1000 €	6 000,– €
6 Monate × 1010 €	6 060,– €
insgesamt	12 060,– €
Besteuerungsanteil 80 %	9 648,– €
nicht der Besteuerung unterliegender Teil der Rente	2 412,– €

Der steuerfreie Betrag von **2412 €** wird auf die gesamte Laufzeit der Rente (also zeitlebens) festgeschrieben.

Für **2022** ergibt sich Folgendes:

6 Monate × 1010 €	6 060,– €
6 Monate × 1020 €	6 120,– €
insgesamt	12 180,– €
abzüglich auf Dauer festgeschriebener steuerfreier Teil der Rente	2 412,– €
zu versteuern sind 2022	9 768,– €

Der steuerpflichtige Teil der Rente aus der gesetzlichen Rentenversicherung in Höhe von 9768 € wird nach Abzug eines Werbungskosten-Pauschbetrags von 102 €[1] im Wege einer Veranlagung zur Einkommensteuer steuerlich erfasst.

5. Abgekürzte Leibrenten

Auch für abgekürzte Leibrenten außerhalb der sog. Basisversorgung (vgl. vorstehend unter Nr. 2) ist die Besteuerung mit dem Ertragsanteil erhalten geblieben. Allerdings sind auch hier die maßgebenden Ertragsanteile in § 55 Abs. 2 EStDV aufgrund der geänderten Rahmenbedingungen abgesenkt worden. Die seit 1.1.2005 geltenden Ertragsanteile ergeben sich aus der nachfolgenden Tabelle:

„Beschränkung der Laufzeit der Rente auf . . . Jahre ab Beginn des Rentenbezugs (ab 1. Januar 1955, falls die Rente vor diesem Zeitpunkt zu laufen begonnen hat)	Der Ertragsanteil beträgt vorbehaltlich der Spalte 3 . . .%	Der Ertragsanteil ist der vorstehend unter Nr. 4 abgedruckten Tabelle zu entnehmen, wenn der Rentenberechtigte zu Beginn des Rentenbezugs (vor dem 1. Januar 1955, falls die Rente vor diesem Zeitpunkt zu laufen begonnen hat) das . . .te Lebensjahr vollendet hatte
1	2	3
1	0	entfällt
2	1	entfällt
3	2	97
4	4	92
5	5	88
6	7	83
7	8	81
8	9	80
9	10	78
10	12	75
11	13	74
12	14	72
13	15	71
14 bis 15	16	69
16 bis 17	18	67
18	19	65
19	20	64
20	21	63
21	22	62
22	23	60
23	24	59
24	25	58
25	26	57
26	27	55
27	28	54
28	29	53
29 bis 30	30	51
31	31	50
32	32	49
33	33	48
34	34	46
35 bis 36	35	45
37	36	43
38	37	42
39	38	41
40 bis 41	39	39
42	40	38
43 bis 44	41	36
45	42	35
46 bis 47	43	33
48	44	32
49 bis 50	45	30
51 bis 52	46	28
53	47	27
54 bis 55	48	25
56 bis 57	49	23
58 bis 59	50	21
60 bis 61	51	19
62 bis 63	52	17
64 bis 65	53	15
66 bis 67	54	13
68 bis 69	55	11
70 bis 71	56	9
72 bis 74	57	6
75 bis 76	58	4
77 bis 79	59	2
ab 80	Der Ertragsanteil ist immer der vorstehend unter **Nr. 4 abgedruckten Tabelle** zu entnehmen.	

Nach der bis 31.12.2004 geltenden Rechtslage wurden Erwerbsminderungsrenten aus der gesetzlichen Rentenversicherung als abgekürzte Leibrenten behandelt. Auch wenn der Gesetzestext in § 22 Nr. 1 Satz 3 Buchstabe a Doppelbuchstabe aa EStG dies nicht ausdrücklich erwähnt, wird durch den fehlenden Verweis auf § 55 Abs. 2 EStDV und die Gesetzesbegründung deutlich, dass die Besteuerung nach dem sog. Kohortenmodell auch für die Renten wegen verminderter Erwerbsfähigkeit aus der gesetzlichen Rentenversicherung gilt (so auch BFH-Urteil vom 13.4.2011, BStBl. II S. 910). Dies hat zu einem erheblich höheren steuerpflichtigen Anteil der entsprechenden Renten geführt (vgl. die Tabelle zu den Besteuerungsanteilen unter der vorstehenden Nr. 3 Buchstabe d).

Bei **Folgerenten** aus derselben Versicherung (z. B. auf eine Erwerbsminderungsrente folgt eine Altersvollrente aus einem Rentenstammrecht) ist Folgendes zu beachten:

Folgen nach dem 31. Dezember 2004 Renten aus derselben Versicherung einander nach, wird bei der Ermittlung des Prozentsatzes nicht der tatsächliche Beginn der Folgerente herangezogen. Vielmehr wird ein fiktives Jahr des Rentenbeginns ermittelt, indem vom tatsächlichen Rentenbeginn der Folgerente die Laufzeiten vorhergehender Renten abgezogen werden. Dabei darf der Prozentsatz von 50 % nicht unterschritten werden.

Beispiel

Ein Arbeitnehmer bezieht von Oktober 2017 bis Dezember 2020 (= 3 Jahre und 3 Monate) eine Erwerbsminderungsrente in Höhe von 1000 € monatlich. Ab Januar 2021 erhält er seine Altersrente in Höhe von 2000 €.

Die Erwerbsminderungsrente ist in den Jahren 2017 bis 2020 gemäß § 22 Nr. 1 Satz 3 Buchstabe a Doppelbuchstabe aa EStG mit einem Besteuerungsanteil von **74 %** zu versteuern. Der der Besteuerung unterliegende Teil für die ab Januar 2021 gewährte Altersrente ermittelt sich wie folgt:

1) Der an sich mögliche Abzug des Werbungskosten-Pauschbetrags von 102 € ist im Beispielsfall bereits durch den Abzug bei der VBL-Rente verbraucht.

R

	Lohnsteuerpflichtig	Sozialversich.-pflichtig

Rentenbeginn der Altersrente abzügl. der Laufzeit der Erwerbsminderungsrente (3 Jahre und 3 Monate)	Januar 2021
= fiktiver Rentenbeginn	Oktober 2017
Besteuerungsanteil	**74 %**
Jahresbetrag der Rente in 2021: 12 × 2000 €	24 000,– €
steuerpflichtiger Teil der Rente 74 %	17 760,– €
nicht der Besteuerung unterliegender Teil der Rente im Jahr 2021	6 240,– €

Folgerenten werden **für die Berechnung des steuerfreien Teils der Rente** als eigenständige Renten behandelt. Für 2022 (= Folgejahr, das auf das Jahr des Rentenbeginns folgt) ergibt sich bei einer angenommenen Rentensteigerung zum 1. Juli um 50 € Folgendes:

6 Monate × 2000 €	12 000,– €
6 Monate × 2050 €	12 300,– €
insgesamt	24 300,– €
steuerpflichtiger Teil der Rente 74 %	17 982,– €
nicht der Besteuerung unterliegender Teil der Rente	6 318,– €

Der steuerfreie Betrag von **6318 €** wird auf die gesamte Laufzeit der Rente (also zeitlebens) festgeschrieben.

6. Renten aus einer betrieblichen Altersversorgung

Renten aus einer kapitalgedeckten oder umlagefinanzierten **betrieblichen Altersversorgung** (Direktversicherung, Pensionskasse, Pensionsfonds) werden **nachgelagert versteuert, soweit die Beiträge steuerfrei waren.** Auch Renten aus Altersvorsorgeverträgen (sog. Riester-Rente, vgl. dieses Stichwort) werden nachgelagert besteuert, soweit die Beiträge steuerlich gefördert wurden.

Der Umfang der Besteuerung der Renten richtet sich also danach, ob und inwieweit die Beiträge in der Ansparphase steuerfrei gestellt (§ 3 Nr. 56, 63 und 66 EStG) oder nach § 10a oder Abschnitt XI EStG (Sonderausgabenabzug und Altersvorsorgezulage) gefördert wurden. Das bedeutet, dass die Leistungen in vollem Umfang besteuert werden, soweit sie auf Beiträgen beruhen,

- die nach § 3 Nr. 56, 63 und 66 EStG **steuerfrei** waren,
- für die der Arbeitnehmer **Altersvorsorgezulagen** nach Abschnitt XI des EStG (Grundzulage und Kinderzulagen) erhalten hat,
- für die über die Altersvorsorgezulage hinaus ein besonderer **Sonderausgabenabzug** nach § 10a EStG gewährt wurde.

Beispiel

Für einen Arbeitnehmer hat der Arbeitgeber stets Beiträge in einen Pensionsfonds eingezahlt, die in Höhe von 2/3 steuerfrei und in Höhe von 1/3 steuerpflichtig waren.

Die Versorgungsleistungen aus dem Pensionsfonds sollen 900 € monatlich betragen. Es ergibt sich folgende Besteuerung der Versorgungsleistungen:

- Da **2/3** der Beiträge steuerfrei waren, sind 2/3 von 900 € = 600 € monatlich **in voller Höhe als sonstige Einkünfte steuerpflichtig** (§ 22 Nr. 5 Satz 1 EStG).
- Da **1/3** der Beiträge steuerpflichtig war, sind 1/3 von 900 € = 300 € monatlich als lebenslängliche Rente (nur) mit dem Ertragsanteil zu versteuern (§ 22 Nr. 5 Satz 2 Buchstabe a in Verbindung mit § 22 Nr. 1 Satz 3 Buchstabe a Doppelbuchstabe bb EStG). Die Tabelle für den maßgebenden Ertragsanteil ist unter der vorstehenden Nr. 4 abgedruckt. Hat der Arbeitnehmer bei Beginn der Rentenzahlungen z. B. das 65. Lebensjahr vollendet, beträgt der Ertragsanteil 18 %.

R

Auf die Gesamtdarstellung der betrieblichen Altersversorgung in **Anhang 6** wird ergänzend hingewiesen. Zur Riester-Rente vgl. die Erläuterungen in Anhang 6a.

Rentenberater

Ein Rentenberater erzielt Einkünfte aus Gewerbebetrieb (BFH-Urteil vom 7.5.2019, BStBl. II S. 528). Einkünfte aus selbstständiger Arbeit liegen allenfalls dann vor, wenn die Rechtsberatung durch einen Rechtsanwalt als Teil seiner Tätigkeit vorgenommen wird. nein nein

	Lohnsteuerpflichtig	Sozialversich.-pflichtig

Rentner

Neues auf einen Blick:

Der Anteil des Arbeitgebers zur **Arbeitslosenversicherung,** der für Beschäftigte anfällt, die die Altersgrenze für eine Regelaltersrente erreicht haben, ist für die Zeit vom 1.1.2017 bis 31.12.2021 ausgesetzt worden. Vgl. nachfolgende Nr. 3 Buchstabe d.

Ab 1.1.2021 gilt bei einer **vorgezogenen Altersrente** eine Hinzuverdienstgrenze von 46060 € jährlich. Die wegen der Corona-Pandemie wesentlich höhere **Hinzuverdienstgrenze** soll erst für 2022 auf 6300 € jährlich abgesenkt werden. Vgl. Nr. 6 Buchstabe d.

Gliederung:

1. Allgemeines

Das Stichwort behandelt die bei der **Beschäftigung von Rentnern** zu beachtenden lohnsteuerlichen und beitragsrechtlichen Besonderheiten und die zum Hinzuverdienst geltenden Regelungen. Die Besteuerung von Renten als „sonstige Einkünfte" ist beim Stichwort „Renten" erläutert. Wird nicht ein Rentner beschäftigt, das heißt ein Rentner, der eine Altersrente aus der gesetzlichen Rentenversicherung bezieht, sondern ein pensionierter Berufssoldat oder Beamtenpensionär, vgl. das Stichwort „Pensionäre". Im Einzelnen gilt bei der Beschäftigung von Personen, die bereits eine Rente aus der gesetzlichen Rentenversicherung beziehen, Folgendes:

2. Lohnsteuerliche Behandlung

Weiter beschäftigte Rentner unterliegen mit ihrem Arbeitslohn dem Lohnsteuerabzug. Zur Durchführung des Lohnsteuerabzugs benötigt der Arbeitgeber die individuellen Lohnsteuerabzugsmerkmale des Arbeitnehmers (Steuerklasse, Zahl der Kinderfreibeträge, Steuerfreibetrag, Religionszugehörigkeit usw.). Daher hat der Arbeitgeber auch für Rentner die elektronischen Lohnsteuerabzugsmerkmale (ELStAM; vgl. dieses Stichwort) abzurufen.

Lohnsteuer fällt für den Rentner nur an, soweit die für seine Steuerklasse geltenden Freibeträge überschritten sind. Folgende Freibeträge sind für die einzelnen Steuerklassen in den bei weiter beschäftigten Rentnern, die eine Altersvollrente als Regelaltersrente beziehen und nicht auf die Rentenversicherungsfreiheit verzichtet haben, anzuwendenden **besonderen Lohnsteuertarif 2021 mit der gekürzten Vorsorgepauschale** eingearbeitet (vgl. das Stichwort „Tarifaufbau"):

Lohnsteuerpflichtig Sozialversich.-pflichtig

Steuerklasse	steuerfreier Monatslohn bei Anwendung der Besonderen Lohnsteuertabelle
I	1 021 €
II	1 202 €
III	1 945 €
IV	1 021 €
V	98 €

Übersteigt der Monatslohn des weiter beschäftigten Rentners die oben genannten Beträge, fällt Lohnsteuer an, die vom Arbeitslohn des Rentners einzubehalten ist. Hat der Rentner vor Beginn des Kalenderjahres das 64. Lebensjahr vollendet (für 2021: geboren vor dem 2. 1. 1957), hat der Arbeitgeber beim Lohnsteuerabzug den **Altersentlastungsbetrag** zu berücksichtigen. Die Voraussetzungen für den Abzug des Altersentlastungsbetrags hat der Arbeitgeber in eigener Zuständigkeit zu prüfen (vgl. das Lohnabrechnungsbeispiel unter der folgenden Nr. 5).

3. Sozialversicherungsrechtliche Behandlung

Die beitragsrechtliche Behandlung weiter beschäftigter Altersrentner ist in den einzelnen Versicherungszweigen unterschiedlich wie folgt geregelt:

a) Geringfügige Beschäftigung

Für eine geringfügige Dauerbeschäftigung (sog. 450-Euro-Job) muss der Arbeitgeber einen pauschalen Arbeitgeberbeitrag von 15 % zur Renten- und 13 % zur Krankenversicherung entrichten.[1] Dies gilt auch für weiter beschäftigte Altersrentner, und zwar unabhängig von der Art der Rente (vgl. das Stichwort „Geringfügige Beschäftigung"). Der dort erläuterte Pauschalbeitrag zur gesetzlichen Rentenversicherung ist selbst dann abzuführen, wenn ein beschäftigter Rentner beispielsweise wegen Bezug einer Altersvollrente nicht mehr rentenversicherungspflichtig ist. Zur geltenden Rechtslage bei den geringfügigen Beschäftigungsverhältnissen vgl. das Stichwort „Geringfügige Beschäftigung".

b) Krankenversicherung

In der Krankenversicherung hat der Bezug einer Rente, gleichgültig von welcher Stelle sie gewährt wird, keinen Einfluss auf die Versicherungspflicht, die durch ein Beschäftigungsverhältnis begründet wird. Krankenversicherungspflicht tritt hiernach stets ein, wenn es sich um eine mehr als nur geringfügige Beschäftigung handelt. Allerdings haben Empfänger von Vollrenten wegen Alters sowie die Empfänger von Renten wegen voller Erwerbsminderung bzw. Erwerbsunfähigkeitsrenten nur den ermäßigten Beitragssatz (Beitragsgruppe 3000, Beitragsgruppenschlüssel 3) zu entrichten. Für beschäftigte Bezieher einer Teilrente wegen Alters, einer Rente wegen teilweiser Erwerbsminderung bzw. einer Berufsunfähigkeitsrente gilt der allgemeine Beitragssatz (Beitragsgruppe 1000, Beitragsgruppenschlüssel 1). Bei einer geringfügigen Dauerbeschäftigung (sog. 450-Euro-Job) muss der Arbeitgeber einen pauschalen 13 %igen[1] Arbeitgeberanteil zur Krankenversicherung entrichten (vgl. das Stichwort „Geringfügige Beschäftigung").

c) Pflegeversicherung

Ebenso wie in der Krankenversicherung wird auch in der sozialen Pflegeversicherung durch das Beschäftigungsverhältnis die Versicherungspflicht begründet, sofern es sich um eine mehr als nur geringfügige Beschäftigung (vgl. dieses Stichwort) handelt. In der Pflegeversicherung ist auch für beschäftigte Rentner immer der volle Beitrag zu entrichten (Beitragsschlüssel 1).

d) Arbeitslosenversicherung

In der Arbeitslosenversicherung tritt Beitragsfreiheit mit Ablauf des Monats ein, in dem der Arbeitnehmer das Lebensjahr für den Anspruch auf Regelaltersrente vollendet. Eine tatsächliche Renten**zahlung** ist nicht erforderlich. Für vor dem 1.1.1947 Geborene ist dies die Vollendung des **65. Lebensjahres.** Für das Geburtsjahr 1947 beträgt die Regelaltersgrenze 65 Jahre + 1 Monat, für das Geburtsjahr 1948 65 Jahre + 2 Monate, für das Geburtsjahr 1949 65 Jahre + 3 Monate, für das Geburtsjahr 1950 65 Jahre + 4 Monate, für das Geburtsjahr 1951 65 Jahre + 5 Monate, für das Geburtsjahr 1952 65 Jahre + 6 Monate, für das Geburtsjahr 1953 65 Jahre + 7 Monate, für das Geburtsjahr 1954 65 Jahre + 8 Monate und für das Geburtsjahr 1955 65 Jahre + 9 Monate und für das Geburtsjahr 1956 65 Jahre + 10 Monate (vgl. die Tabelle beim Stichwort „Arbeitslosenversicherung"). **Der Anteil des Arbeitgebers zur Arbeitslosenversicherung, der für Beschäftigte anfällt, die die Altersgrenze für eine Regelaltersrente erreicht haben, ist für die Zeit vom 1.1.2017 bis 31.12.2021 ausgesetzt worden.**

e) Rentenversicherung

In der Rentenversicherung galt bis 31.12.2016 der Grundsatz, dass der Bezieher einer Vollrente wegen Alters (unabhängig vom Lebensalter) versicherungsfrei ist und der Arbeitgeber seinen Beitragsanteil dennoch weiter zu leisten hatte.

Für **Beschäftigungen von Beziehern einer Vollrente wegen Alters,** die die **Altersgrenze** für eine **Regelaltersrente noch nicht erreicht** haben, gilt seit 1.1.2017 Folgendes:

Bestehende Beschäftigungen von Beziehern einer Vollrente wegen Alters, die zuvor bereits versicherungsfrei waren, bleiben auch über den 31.12.2016 hinaus versicherungsfrei. Der Arbeitnehmer kann allerdings gegenüber seinem Arbeitgeber erklären, dass er auf die Versicherungsfreiheit mit Wirkung für die Zukunft verzichtet. Der Antrag gilt grundsätzlich für die Dauer der Beschäftigung. Versicherungsfreiheit tritt dann grundsätzlich erst wieder mit dem Monat ein, der dem Monat folgt, in dem der Beschäftigte das Lebensalter für die Regelaltersrente erreicht. Wird die Beschäftigung allerdings fortgeführt, wirkt die Befreiung weiter. Für ggf. anschließende Beschäftigungen ist eine erneute Befreiung zu beantragen.

Beschäftigungen von Rentenbeziehern einer vorgezogenen Vollrente wegen Alters, **die nach dem 31.12.2016** begründet werden, bleiben so lange versicherungspflichtig, solange das Lebensalter für die Regelaltersrente noch nicht erreicht ist. Versicherungsfreiheit tritt dann mit dem Monat nach Vollendung des genannten Lebensalters ein. Der Arbeitgeber hat dann weiter seinen Anteil am Beitrag zu leisten. Auch hier kann der Versicherte auf die Rentenversicherungsfreiheit verzichten.

Seit 1.7.2017 sind diese Konstellationen mit den Personengruppenschlüsseln 119 und 120 zu melden. Einzelheiten siehe in Anhang 15 „Meldepflichten des Arbeitgebers".

R

4. Beurteilung der Versicherungspflicht nach Rentenarten

Meist stellt sich die Frage der Versicherungspflicht jedoch nach der Art der Rente, die der weiter beschäftigte Altersrentner bezieht. Deshalb soll im Folgenden – auch im Hinblick auf die Hinzuverdienstgrenzen – die Versicherungspflicht nach der Rentenart beurteilt werden:

a) Berufsunfähigkeitsrente

Für Beschäftigte, die eine (auslaufende) Berufsunfähigkeitsrente beziehen, besteht Versicherungspflicht in der Kranken-, Pflege-, Renten- und Arbeitslosenversicherung nach den allgemeinen Grundsätzen.

1) Bei einer Beschäftigung in einem privaten Haushalt beträgt der pauschale Arbeitgeberanteil 5 % zur Renten- und 5 % zur Krankenversicherung (vgl. das Stichwort „Hausgehilfin").

Lohn-steuer-pflichtig | Sozial-versich.-pflichtig

b) Erwerbsminderungsrente/Erwerbsunfähigkeitsrente

Für Beschäftigte, die eine Erwerbsminderungsrente oder eine auslaufende Erwerbsunfähigkeitsrente beziehen, besteht Versicherungspflicht in der Kranken-, Pflege- und Rentenversicherung nach den allgemeinen Grundsätzen. In der Arbeitslosenversicherung besteht Versicherungsfreiheit unabhängig vom Lebensalter beim Bezug einer Rente wegen **voller** Erwerbsminderung (§ 28 Abs. 1 Nr. 2 SGB III). Der Arbeitgeber muss in diesem Fall keinen Arbeitgeberbeitrag zur Arbeitslosenversicherung zahlen. Zum Hinzuverdienst vgl. die Erläuterungen unter der nachfolgenden Nr. 6.

c) Altersvollrente

Die grundsätzlichen Regelungen für die Versicherungsfreiheit in der Rentenversicherung sind unter der vorstehenden Nr. 3 Buchstaben e) beschrieben. In der Arbeitslosenversicherung tritt die Versicherungsfreiheit mit der Vollendung des Monats ein, in dem die Altersgrenze für eine Regelaltersrente erreicht wird. Die Versicherungsfreiheit in der Arbeitslosenversicherung ist nur vom Alter, nicht von einem tatsächlichen Leistungsbezug abhängig. Die Tabelle zur Erreichung der Altersgrenzen ist unter dem Stichwort „Arbeitslosenversicherung" abgedruckt. Zum Arbeitgeberanteil in der Arbeitslosenversicherung siehe Ausführungen unter der vorstehenden Nr. 3 Buchstabe d).

d) Bezieher einer Teilrente

Bezieher einer Teilrente sind stets rentenversicherungspflichtig. Außerdem besteht grundsätzlich Versicherungspflicht in der Kranken- und Pflegeversicherung. Ebenso in der Arbeitslosenversicherung.

e) Hinterbliebenenrente

Für Bezieher von Hinterbliebenenrenten (Witwen- oder Witwerrenten) richtet sich die Versicherungspflicht nach den allgemeinen Grundsätzen, das heißt, sie sind in allen Versicherungszweigen beitragspflichtig, wenn sie mehr als eine geringfügige Beschäftigung (sog. 450-Euro-Job) ausüben.

f) Geringfügige Beschäftigung

Für eine geringfügige Dauerbeschäftigung (sog. 450-Euro-Job) muss der Arbeitgeber bei Rentnern (ohne Rücksicht auf die Rentenart) einen pauschalen Arbeitgeberbeitrag von 15 %[1] zur Renten- und 13 %[1] zur Krankenversicherung entrichten (vgl. das Stichwort „Geringfügige Beschäftigung").

R

5. Lohnabrechnung für weiter beschäftigte Altersrentner

Bei der Lohnabrechnung für weiter beschäftigte Altersrentner sind der Abzug des Altersentlastungsbetrags und die Anwendung eines **besonderen Lohnsteuertarifs mit einer gekürzten Vorsorgepauschale** zu beachten. Bei der Berechnung der Sozialversicherungsbeiträge gilt bei Altersvollrentnern ein ermäßigter Beitragssatz zur Krankenkasse. Die Berechnung ergibt sich aus nachfolgendem Beispiel.

Beispiel

Ein Altersvollrentner mit Regelaltersrente (geb. 20.1.1956) wird ab Dezember 2021 gegen einen Monatslohn von 1500 € beim bisherigen Arbeitgeber weiterbeschäftigt. Er hat die Steuerklasse I ohne Kinder und die Religionszugehörigkeit rk.

Monatslohn		1 500,– €
+ Vermögenswirksame Leistung des Arbeitgebers		40,– €
steuerpflichtig		1 540,– €
abzüglich:		
Lohnsteuer (I/0)	80,41 €	
Solidaritätszuschlag	0,– €	
Kirchensteuer (8 %)	6,43 €	
Krankenversicherung	117,81 €	
Pflegeversicherung	27,34 €	231,99 €
Nettolohn		1 308,01 €
vermögenswirksame Anlage		40,– €
auszuzahlender Betrag		1 268,01 €
Arbeitgeberanteil:		
Krankenversicherung	117,81 €	
Pflegeversicherung	23,49 €	
Rentenversicherung	143,22 €	
insgesamt		284,52 €

Der Arbeitgeber muss auch für weiterbeschäftigte Altersrentner die Insolvenzgeldumlage mit Beitragsnachweis an die Krankenkasse abführen. Die Insolvenzgeldumlage beträgt 0,12 % des rentenversicherungspflichtigen Arbeitsentgelts (vgl. das Stichwort „Insolvenzgeldumlage").

Berechnung der Lohnsteuer:

Steuerpflichtiger Arbeitslohn		1 540,– €
abzüglich:		
Altersentlastungsbetrag (vgl. dieses Stichwort) 15,2 % von 1540 € = 234,08 € zu berücksichtigen sind im Monat höchstens		61,– €
zu versteuern		1479,– €
Lohnsteuer nach dem **besonderen** Lohnsteuertarif (vgl. Anhang 8)	80,41 €	
Solidaritätszuschlag	0,– €	
Kirchensteuer (z. B. 8 %)	6,43 €	

Bei Anwendung des allgemeinen Lohnsteuertarifs für rentenversicherungspflichtige Arbeitnehmer würde sich eine Lohnsteuer in Höhe von 54,16 € ergeben (vgl. die Erläuterungen beim Stichwort „Tarifaufbau").

Berechnung der Sozialversicherungsbeiträge:

Der Arbeitnehmer ist als Bezieher einer Altersvollrente rentenversicherungsfrei nach § 5 Abs. 4 Nr. 1 SGB VI. In der **Kranken- und Pflegeversicherung** besteht grundsätzlich Beitragspflicht[2].

Ermäßigter Beitrag zur Krankenkasse 14,0 %

Arbeitnehmeranteil 7,0 % von 1540 €	=	107,80 €
Arbeitnehmeranteil Zusatzbeitrag 0,65 %	=	10,01 €
Arbeitgeberanteil 7,0 % von 1540 €	=	107,80 €
Arbeitgeberanteil Zusatzbeitrag 0,65 %	=	10,01 €
Pflegeversicherung:		
Arbeitnehmeranteil 1,775 %[3] von 1540 €	=	27,34 €
Arbeitgeberanteil 1,525 %[3] von 1540 €	=	23,49 €

Der Arbeitnehmer ist als Bezieher einer Altersvollrente als Regelaltersrente in der Rentenversicherung beitragsfrei; in der Arbeitslosenversicherung ist er ebenfalls beitragsfrei, weil er das für den Bezug der Regelaltersrente maßgebende Lebensjahr vollendet hat (§ 28 Abs. 1 Nr. 1 SGB III). Ungeachtet dessen hat der Arbeitgeber jedoch den **Arbeitgeberanteil** zur Rentenversicherung, der ihn bei dem gezahlten Arbeitsentgelt im Falle der Versicherungspflicht treffen würde, zu entrichten.

Beitrag zur Rentenversicherung 18,6 %		
Arbeitgeberanteil $^1/_2$ = 9,3 % von 1540 €	=	143,22 €

Besonderheiten ergeben sich bei der Bescheinigung des **Arbeitgeberanteils zur Rentenversicherung** in Höhe von 143,22 € in Zeile 22 Buchstabe a der elektronischen Lohnsteuerbescheinigung 2021 und zwar aus folgenden Gründen:

Arbeitgeberanteile zur gesetzlichen Rentenversicherung sind im Normalfall in Zeile 22 Buchstabe a der elektronischen Lohnsteuerbescheinigung zu bescheinigen, weil sie die abzugsfähigen Vorsorgeaufwendungen des Steuerpflichtigen mindern (vgl. die Erläuterungen in An-

1) Bei einer Beschäftigung in einem privaten Haushalt beträgt der pauschale Arbeitgeberanteil 5 % zur Renten- und 5 % zur Krankenversicherung (vgl. das Stichwort „Hausgehilfin").

2) Hierzu gibt es folgende Ausnahme: Personen, die nach Vollendung des 55. Lebensjahres versicherungspflichtig werden, sind versicherungsfrei, wenn sie **die letzten 5 Jahre vor Eintritt der Versicherungspflicht** nicht gesetzlich krankenversichert waren. Weitere Voraussetzung ist, dass diese Personen mindestens die Hälfte dieser Zeit versicherungsfrei, von der Versicherungspflicht befreit oder hauptberuflich selbstständig erwerbstätig waren (§ 6 Abs. 3a SGB V).

3) Der Beitrag zur Pflegeversicherung beträgt seit 1.1.2019 3,05 %. Muss der Arbeitnehmer einen Beitragszuschlag für Kinderlose in Höhe von 0,25 % bezahlen, beträgt der Arbeitnehmeranteil zur Pflegeversicherung 1,775 % und der Arbeitgeberanteil 1,525 %. Weist der Rentner nach, dass er ein Kind hat (oder jemals gehabt hat) oder ist der Rentner **vor dem 1.1.1940 geboren,** entfällt der Beitragszuschlag für Kinderlose (vgl. die Erläuterungen beim Stichwort „Beitragszuschlag zur sozialen Pflegeversicherung für Kinderlose").

Lohn-steuer-pflichtig Sozial-versich.-pflichtig

hang 8a). Die Minderung der abzugsfähigen Vorsorgeaufwendungen ist jedoch dann nicht gerechtfertigt, wenn die Arbeitgeberbeiträge keine Auswirkung auf die Höhe der dem Arbeitnehmer zustehenden Rente haben. Der bei über 65-jährigen Vollrentnern nach § 172 Abs. 1 Nr. 3 SGB VI zu entrichtende Arbeitgeberanteil zur Rentenversicherung (im Beispiel 143,22 €) darf deshalb **nicht** in die Zeile 22 Buchstabe a der elektronischen Lohnsteuerbescheinigung 2021 übernommen werden. Dies wurde im sog. Ausschreibungserlass ausdrücklich klargestellt[1] und gilt auch im Falle einer geringfügigen Beschäftigung. Wurde allerdings auf die Versicherungsfreiheit verzichtet, sind Arbeitnehmer- und Arbeitgeberanteile entsprechend den allgemein geltenden Regelungen zu bescheinigen.

6. Hinzuverdienst bei Rentenbezug

a) Allgemeines

Anspruch auf eine Rente wegen Alters besteht vor Erreichen der Regelaltersgrenze[2] nur, wenn die jeweilige gesetzlich genau festgelegte Hinzuverdienstgrenze durch Arbeitsentgelt (aus einer Beschäftigung) oder Arbeitseinkommen (aus einer selbstständigen Tätigkeit) nicht überschritten wird. Damit gehört die Einhaltung des maßgebenden Grenzbetrags zu den Anspruchsvoraussetzungen für eine vorgezogene Altersrente (§ 34 Abs. 2 SGB VI). Die Höhe der Hinzuverdienstgrenze ist davon abhängig, ob die Altersrente als Vollrente oder Teilrente in Anspruch genommen wird.

Überschreitet bei Rentnern der nebenher erzielte Arbeitsverdienst die maßgebende Hinzuverdienstgrenze, kann dies – je nach Art der Rente – dazu führen, dass **die gesamte Rente wegfällt.** Diese sog. Hinzuverdienstgrenzen haben zwar für die Lohnabrechnung durch den Arbeitgeber keine unmittelbare Bedeutung. Der Arbeitgeber wird jedoch im Interesse des bei ihm beschäftigten Rentners die Hinzuverdienstgrenzen bei der Ausgestaltung des Arbeitsverhältnisses berücksichtigen. Die individuelle Hinzuverdienstgrenze sollte ggf. beim Rentenversicherungsträger erfragt werden, sofern sie sich nicht bereits aus dem Rentenbescheid ergibt.

Beim Hinzuverdienst für Altersrentner gelten folgende Grundsätze:

- Rentenempfänger, die die Regelaltersgrenze erreicht haben[2], dürfen unbeschränkt hinzuverdienen.
- Die Höhe des zulässigen Hinzuverdienstes hängt bei Rentenempfängern, die die Regelaltersgrenze noch nicht erreicht haben[2], davon ab, ob die Altersrente in voller Höhe gezahlt wird (sog. **Vollrente**), oder ob der Rentner von der Möglichkeit Gebrauch macht, seine Altersrente als **Teilrente** zu beziehen.
- Für Altersrenten, die als **Vollrente** an Rentenempfänger gezahlt werden, die die Regelaltersgrenze noch nicht erreicht haben, betrug die Hinzuverdienstgrenze bis zum 30.6.2017 450 € monatlich.

Die maßgebende Hinzuverdienstgrenze durfte im Laufe eines **Kalenderjahres** höchstens zweimal um jeweils einen Betrag bis zur Höhe der Hinzuverdienstgrenze überschritten werden. Das heißt, dass **in 2 Monaten** bis zum Doppelten des Grenzbetrags (2 × 450 € = 900 €) hinzuverdient werden konnte.

Im Einzelnen gilt zum Hinzuverdienst bei Rentenbezug Folgendes:

b) Erwerbsminderungsrente/Erwerbsunfähigkeitsrente

Bei einer Rente wegen voller Erwerbsminderung die nicht als Teilrente ausbezahlt wird, betrug die Hinzuverdienstgrenze bis zum 30.6.2017 450 € monatlich. Bei einer Rente wegen teilweiser Erwerbsminderung oder einer Rente wegen voller Erwerbsminderung, die als Teilrente ausbezahlt wird, gelten gestaffelte Hinzuverdienstgrenzen, die beim Rentenversicherungsträger erfragt werden können, wenn sie sich nicht bereits aus dem aktuellen Rentenbescheid ergeben.

Lohn-steuer-pflichtig Sozial-versich.-pflichtig

c) Altersrenten für Rentenempfänger, die die Regelaltersgrenze noch nicht erreicht haben

Vor Erreichen der Regelaltersgrenze[2] können folgende Altersrenten bezogen werden:

- Altersrente für langjährig Versicherte frühestens nach Vollendung des 63. Lebensjahres;
- Altersrente für Schwerbehinderte frühestens nach Vollendung des 62. Lebensjahres;
- Altersrente für besonders langjährig Versicherte nach Vollendung des 65. Lebensjahres;
- Altersrente für langjährig unter Tage beschäftigte Bergleute nach Vollendung des 62. Lebensjahres.

Wurde eine dieser Renten als **Vollrente** bezogen, betrug die Hinzuverdienstgrenze bis zum 30.6.2017 450 € monatlich. Die Hinzuverdienstgrenze durfte im Laufe eines Kalenderjahrs in **zwei Monaten** maximal um das Doppelte überschritten werden.

Wird die zulässige Hinzuverdienstgrenze überschritten, besteht zwar kein Anspruch auf Vollrente mehr, der Rentenversicherungsträger prüft jedoch, ob die Altersrente als **Teilrente** weitergezahlt werden kann. Da die Regelungen zum Hinzuverdienst bei Teilrenten kompliziert sind, empfiehlt es sich für den Arbeitgeber, den Bezieher einer Teilrente zur Beratung an den zuständigen Rentenversicherungsträger zu verweisen. Die Höhe des unschädlichen Hinzuverdienstes ergibt sich bei den Beziehern einer Teilrente im Regelfall aus dem aktuellen Rentenbescheid.

d) Hinzuverdienstregelungen seit 1.7.2017

Die Hinzuverdienstmöglichkeiten von Altersrentnern und Erwerbsminderungsrenten vor Erreichen der Regelaltersgrenze wurden grundlegend geändert. Seit 1.7.2017 wurde die Möglichkeit geschaffen, neben dem **Altersrentenbezug** eine **rentenversicherungspflichtige** und damit rentensteigernde Erwerbstätigkeit auszuüben. Die bisherigen monatlichen Hinzuverdienstgrenzen für die Vollrente und die drei bisherigen Teilrenten entfallen zugunsten einer kalenderjährlichen Hinzuverdienstgrenze mit stufenloser Anrechnung. Die **Hinzuverdienstgrenze** beträgt seit 1.7.2017 **6300 Euro**. Mit den neuen Hinzuverdienstgrenzen ist der Gleichklang mit der Geringfügigkeitsgrenze von 450 € aufgehoben.

Seit 1. Juli 2017 kann die Teilrente stufenlos in individueller Höhe frei gewählt werden. Damit können nicht mehr nur die bisherigen drei Stufen (2/3, 1/2 oder 1/3) als Teilrente gewählt werden. Eine unabhängig vom Hinzuverdienst gewählte Teilrente beträgt mindestens 10 Prozent der Vollrente.

Wird die Hinzuverdienstgrenze von 6300 Euro überschritten, besteht ein Anspruch auf Teilrente. Dies ist vergleichbar mit dem bisherigen Grundsatz der Kürzung der Vollrente. Die Teilrente wird berechnet, indem ein Zwölftel des die Hinzuverdienstgrenze übersteigenden Betrages zu 40 Prozent von der Vollrente abgezogen wird.

Zusätzlich wird noch geprüft, ob der sogenannte Hinzuverdienstdeckel überschritten wird. Der Hinzuverdienstdeckel wird berechnet, indem die monatliche Bezugsgröße mit den Entgeltpunkten des Kalenderjahres mit den

1) Nr. 13 Buchstabe a des BMF-Schreibens vom 9.9.2019 (BStBl. I S. 911). Das BMF-Schreiben ist als Anlage 1 zu H 41b LStR im **Steuerhandbuch für das Lohnbüro 2021** abgedruckt, das im selben Verlag erschienen ist.

2) Für vor dem 1.1.1947 Geborene wird die Regelaltersgrenze mit Vollendung des **65. Lebensjahres** erreicht. Für das Geburtsjahr 1947 beträgt die Regelaltersgrenze 65 Jahre + 1 Monat, für das Geburtsjahr 1948 65 Jahre + 2 Monate, für das Geburtsjahr 1949 65 Jahre + 3 Monate, für das Geburtsjahr 1950 65 Jahre + 4 Monate, für das Geburtsjahr 1951 65 Jahre + 5 Monate, für das Geburtsjahr 1952 65 Jahre + 6 Monate, für das Geburtsjahr 1953 65 Jahre + 7 Monate, für das Geburtsjahr 1954 65 Jahre + 8 Monate, für das Geburtsjahr 1955 65 Jahre + 9 Monate und für das Geburtsjahr 1956 65 Jahre + 10 Monate (vgl. die Tabelle beim Stichwort „Arbeitslosenversicherung").

R

Lohnsteuerpflichtig | Sozialversich.-pflichtig

höchsten Entgeltpunkten aus den letzten 15 Kalenderjahren vor Beginn der ersten Rente wegen Alters vervielfältigt wird. Er beträgt mindestens die Summe aus einem Zwölftel von 6300 Euro und dem Monatsbetrag der Vollrente. Der Hinzuverdienstdeckel wird jährlich zum 1. Juli neu berechnet. Ist der Hinzuverdienstdeckel überschritten, wird der Hinzuverdienst zu 100 Prozent angerechnet. Damit soll erreicht werden, dass die Rentner maximal ein Einkommen aus Teilrente und Hinzuverdienst bis zur Höhe des früheren Einkommens erzielen können.

Bei Überschreiten der Hinzuverdienstgrenze von 6300 € gibt es also nur individuelle Hinzuverdienstgrenzen für Rentner. Diese sind ggf. beim Rentenversicherungsträger zu erfragen, wenn sie für die Beurteilung der Versicherungspflicht in der Rentenversicherung ggf. erforderlich werden.

Die wegen der **Corona-Pandemie wesentlich höhere Hinzuverdienstgrenze** beträgt für 2020 44 590 € jährlich und für 2021 46 060 € jährlich. Ab 1.1.2022 soll wieder die alte Grenze von 6300 € jährlich gelten.

e) Hinterbliebenenrente

Bei Hinterbliebenenrenten (z. B. Witwenrente oder Witwerrente, Waisenrenten), die aufgrund eines Todesfalles gezahlt werden, der ab dem 1.1.1986 eingetreten ist, wird eigenes Einkommen auf die Hinterbliebenenrente angerechnet, soweit bestimmte Freibeträge überschritten sind (§ 97 SGB VI).

Im Grundsatz werden alle Einkommensarten angerechnet. Lediglich Einnahmen aus steuerlich geförderten Altersvorsorgeverträgen und die meisten steuerfreien Einnahmen sind von der Anrechnung ausgenommen.

Das anzurechnende Einkommen ist grundsätzlich aus dem Vorjahreseinkommen zu ermitteln. Dabei ist immer vom Nettoeinkommen auszugehen. Bei den meisten Einkommensarten wird zur Ermittlung der Nettobeträge ein pauschaliertes Verfahren angewendet, sodass für die Einkommensanrechnung letztendlich ein **Quasi-Nettoeinkommen** anzusetzen ist. Von dem ermittelten Nettobetrag wird ein Freibetrag abgezogen. 40 % des Rests werden auf die Rente angerechnet.

Der Freibetrag beträgt das 26,4-Fache des aktuellen Rentenwerts (bei Waisenrenten das 17,6-Fache) und erhöht sich für jedes waisenrentenberechtigte Kind um das 5,6-Fache des aktuellen Rentenwerts.

Auf die Hinterbliebenenrente angerechnet werden 40 % des Betrags, um den der Freibetrag überschritten wird. Dieser Betrag ergibt sich im Regelfall aus dem aktuellen Rentenbescheid.

R

Repräsentationskosten

siehe „Bewirtungskosten"

Restaurantscheck

siehe „Mahlzeiten" unter Nr. 6

Retention-Bonus

In letzter Zeit sind Fallgestaltungen bekannt geworden, bei denen im Zusammenhang mit einer **Veräußerung von Gesellschaftsanteilen** ein sog. Retention-Bonus vereinbart wird. Hierzu folgendes Beispiel.

Beispiel

Ein Gesellschafter veräußert seinen Geschäftsanteil an einen Investor. Ein Teil des Veräußerungspreises wird als Sockelbetrag (Ankaufspreis) vereinbart, der sofort fällig wird. Die Fälligkeit eines anderen Teils (sog. Retention-Bonus) liegt in der Zukunft und hängt davon ab, dass der veräußernde Gesellschafter in ein Arbeitsverhältnis zum Investor tritt und dieses für eine bestimmte Zeitdauer beibehalten wird. Neben dem Retention-Bonus wird auch ein reguläres Gehalt gezahlt.

Die Aufteilung der Gegenleistung bei Veräußerung des Gesellschaftsanteils in einen Sockelbetrag und einen **Retention-Bonus** hat das Ziel, dass der **veräußernde Gesellschafter mit seinen Erfahrungen und seiner Qualifikation** als bisheriger Anteilseigner dem Unternehmen bis zu einem bestimmten Zeitpunkt **erhalten bleibt.** Durch das Interesse des Erwerbers (= Arbeitgeber), den veräußernden Gesellschafter im Rahmen eines Anstellungsverhältnisses an das Unternehmen zu binden, ist der Retention-Bonus im weitesten Sinne als **Gegenleistung für die Zurverfügungstellung der Arbeitskraft** zu werten. Anderenfalls wäre ein Bonus nicht vom Bestehen des Arbeitsverhältnisses, sondern von Indikatoren zur Entwicklung der Gesellschaft abhängig gemacht worden (z. B. vom Umsatz oder Gewinn). Letztlich ist der Retention-Bonus nicht anders als eine „Bleibeprämie" (vgl. dieses Stichwort) zu werten und daher als Arbeitslohn anzusehen.

Rettungsschwimmer

Rettungsschwimmer der Deutschen Lebens-Rettungs-Gesellschaft (DLRG) stehen weder zu den Einsatzgemeinden noch zur DLRG in einem Arbeitsverhältnis. Sie erzielen vielmehr sonstige Einkünfte (§ 22 Nr. 3 EStG). nein | nein

Die Einsatz- und Bereitschaftsdienstzeiten sind als einheitliche Tätigkeit zu behandeln (= Sofortmaßnahmen gegenüber Verunglückten), für die insgesamt der Freibetrag von nunmehr 3000 € jährlich in Anspruch genommen werden kann (vgl. „Nebentätigkeit für gemeinnützige Organisationen" besonders unter Nr. 2). nein | nein

Richter

Die Besoldung der Richter führt zu Arbeitslohn. Zur Berücksichtigung der Aufwendungen für ein häusliches Arbeitszimmer vgl. das Stichwort „Arbeitszimmer" unter Nr. 2 Buchstabe d. ja | nein

Ehrenamtliche Richter erhalten Entschädigungen nach dem Justizvergütungs- und -entschädigungsgesetz. Zur steuerlichen Behandlung dieser Entschädigungen hat der Bundesfinanzhof auf Folgendes hingewiesen (BFH-Urteil vom 31.1.2017, BStBl. 2018 II S. 571):

- Eine Entschädigung für **Verdienstausfall** ist als **Arbeitslohn** (= Lohnzahlung von dritter Seite) anzusetzen, wenn sie als Ersatz für entgangene Einnahmen aus einer Arbeitnehmertätigkeit gezahlt wird.
- Eine Entschädigung für **Zeitversäumnis** (derzeit 6 € die Stunde) ist **nicht steuerpflichtig,** da sie unabhängig von einem Einkommensverlust oder einem sonstigen Nachteil gezahlt wird. Wegen des insoweit fehlenden wirtschaftlichen Leistungsaustauschs liegen auch keine sonstigen Einkünfte vor. Da die Übernahme dieses Ehrenamtes nicht abgelehnt werden kann, ist die Entscheidung auf andere ehrenamtliche Tätigkeiten nicht übertragbar.
- Für den steuerpflichtigen Verdienstausfall kann die sog. Ehrenamtspauschale von jetzt 840 € jährlich jedenfalls dann nicht in Anspruch genommen werden, wenn zusätzlich ein steuerfreier Aufwandsersatz aus öffentlichen Kassen (z. B. Fahrtkosten, Parkgebühren, Verpflegungspauschale, Übernachtungsgeld) gezahlt worden ist. Zur sog. Ehrenamtspauschale vgl. das Stichwort „Nebentätigkeit für gemeinnützige Organisationen" besonders unter Nr. 10.

	Lohn-steuer-pflichtig	Sozial-versich.-pflichtig

Richtfest

siehe „Betriebsveranstaltungen“

Riester-Rente

Noch nie gab es so viele Finanzprodukte zur Altersvorsorge wie heute. Die Produktvielfalt der Anbieter geht jedoch zulasten der Transparenz für den Verbraucher. Durch sog. Produktinformationsblätter sollen die Vergleichsmöglichkeiten verbessert werden. Wer seine Mitarbeiter richtig beraten will, muss die einzelnen Modelle genau auseinanderhalten können. Denn neben der Riester-Rente gibt es auch noch die „Rürup-Rente“. Als Faustregel kann man sagen: Riester-Verträge sind in erster Linie für Arbeitnehmer gedacht und Rürup-Verträge für Selbstständige (vgl. auch das Stichwort „Rürup-Rente“). Gleichwohl können auch Arbeitnehmer einen Rürup-Vertrag abschließen.

Kennzeichen eines Vertrags zur Erlangung einer Riester-Rente ist, dass dieser Vertrag die Voraussetzungen für die staatliche Förderung durch Grundzulagen und Kinderzulagen erfüllt. Die staatliche Förderung beträgt:

	2007	2008 bis 2017	**2018 bis 2021**
Höhe der Grundzulage	114 €	154 €	**175 €**
Höhe der Kindergeldzulage je Kind	138 €	185 €/ 300 € (für ab 1.1.2008 geborene Kinder)	**185 €/ 300 € (für ab 1.1.2008 geborene Kinder)**

Seit 2008 erhalten alle Sparer, die zu Beginn des Beitragsjahres das **25. Lebensjahr** noch nicht vollendet haben, bei Abschluss eines Riester-Vertrages zusätzlich zur Grundzulage einen **einmaligen Berufseinsteiger-Bonus** von bis zu **200 €.** Für 2021 sind das alle nach dem 1.1.1996 geborenen Zulageberechtigten, sofern sie den Bonus nicht bereits in einem der Vorjahre erhalten haben.

Anstelle der Zulagen kann auch ein besonderer Sonderausgabenabzug nach § 10a EStG in Anspruch genommen werden. Dieser Sonderausgaben-Höchstbetrag beträgt grundsätzlich 2100 € und die Zulagen werden der tariflichen Einkommensteuer hinzugerechnet, wenn dieser zusätzliche Sonderausgabenabzug für den Sparer günstiger ist.

Die staatliche Förderung über Zulagen oder Sonderausgabenabzug setzt ein begünstigtes Altersvorsorgeprodukt voraus. Zu beachten ist, dass bei einem nach dem 31.12.2011 abgeschlossenen Altersvorsorgevertrag die **Auszahlungsphase** erst ab Vollendung des **62. Lebensjahres** beginnen darf. Für vor dem 1.1.2012 abgeschlossene Verträge bleibt die Vollendung des 60. Lebensjahres maßgebend. Jeder Anbieter (z. B. Kreditinstitut, Versicherung, Investmentgesellschaft, Bausparkassen) muss durch das Bundeszentralamt für Steuern prüfen lassen, ob sein Produkt die steuerlichen Kriterien für eine Förderung erfüllt. Sind die Kriterien erfüllt, erteilt das Bundeszentralamt für Steuern ein **Zertifikat,** dass das Produkt steuerlich förderungsfähig ist.

Im Rahmen der Zertifizierung wird aber vom Bundeszentralamt für Steuern nicht geprüft, ob das Produkt auch wirtschaftlich sinnvoll ist.

Die späteren **Leistungen** aus einem Riester-Vertrag werden bei einer Veranlagung zur Einkommensteuer in voller Höhe als **sonstige Einkünfte** versteuert, soweit die Beiträge über Zulagen und einen etwaigen zusätzlichen Sonderausgabenabzug steuerlich gefördert worden sind.

	Lohn-steuer-pflichtig	Sozial-versich.-pflichtig

Auf die ausführlichen Erläuterungen zur „Riester-Rente“ in Anhang 6a wird Bezug genommen. Zur „Riester-Förderung“ bei beschränkt steuerpflichtigen Arbeitnehmern vgl. die Erläuterungen beim Stichwort „Beschränkt steuerpflichtige Arbeitnehmer“ unter Nr. 20.

Rohrgeld

Als Rohrgeld bezeichnet man Zuschüsse des Arbeitgebers an Musiker für die Beschaffung von Ersatzteilen für bestimmte Musikinstrumente. Das Rohrgeld ist nach Auffassung der Finanzverwaltung[1] kein steuer- und beitragsfreies Werkzeuggeld, da die hierfür erforderlichen Voraussetzungen nicht vorliegen. Musikinstrumente seien keine Werkzeuge (vgl. das Stichwort „Werkzeuggeld“). ja ja

Das Rohrgeld ist jedoch in Anwendung des BFH-Urteils vom 21. 8. 1995 (BStBl. II S. 906) als **Auslagenersatz** nach § 3 Nr. 50 EStG steuerfrei, wenn es regelmäßig gezahlt wird und der Arbeitnehmer die entstandenen Aufwendungen für einen repräsentativen Zeitraum von **drei Monaten** im Einzelnen nachweist. Wird der Einzelnachweis für drei Monate erbracht, bleibt der pauschale Auslagenersatz so lange steuerfrei, bis sich die Verhältnisse wesentlich ändern (R 3.50 Abs. 2 Satz 2 LStR). nein nein

Ebenfalls als Auslagenersatz steuerfrei ist das vom Arbeitgeber aufgrund **tarifvertraglicher Verpflichtung** gezahlte Rohrgeld für die nachgewiesenen Instandsetzungskosten (BFH-Urteil vom 28.3.2006, BStBl. II S. 473). nein nein

Siehe auch die Stichworte: Auslagenersatz, Blattgeld, Instrumentengeld, Saitengeld.

Rückdeckung

Gliederung:

1. Allgemeines
2. Abgrenzung gegenüber der Direktversicherung
3. Übertragung oder Umwandlung der Rückdeckungsversicherung
4. Sonstiges

1. Allgemeines

Der Begriff der „Rückdeckung“ ist lohnsteuerlich dann von großer Bedeutung, wenn zufließender Arbeitslohn von steuerfreien Rückdeckungsleistungen abgegrenzt werden soll. Für den Arbeitnehmer liegt nämlich bei Zukunftsicherungsleistungen des Arbeitgebers nach ständiger Rechtsprechung des Bundesfinanzhofs gegenwärtig zufließender Arbeitslohn vor, wenn die Sache sich – wirtschaftlich betrachtet – so darstellt, als ob der Arbeitgeber dem Arbeitnehmer Beiträge zur Verfügung gestellt und der Arbeitnehmer sie zum Erwerb einer Zukunftsicherung verwendet hätte (Einkommensverwendung durch den Arbeitnehmer). Kein gegenwärtig zufließender Arbeitslohn und damit auch keine Lohnsteuerpflicht liegt bei sog. **„Rückdeckungen“** vor, d. h. bei Aufwendungen, die dem Arbeitgeber dadurch entstehen, dass er **sich selbst** die Mittel zur **späteren** Erfüllung einer gegebenen Versorgungszusage verschaffen will (vgl. das Abgrenzungsschema beim Stichwort „Zukunftsicherung“ unter Nr. 1 auf Seite 1067).

2. Abgrenzung gegenüber der Direktversicherung

Für die Abgrenzung zwischen einer Direktversicherung des Arbeitnehmers und einer Rückdeckungsversicherung, die vom Arbeitgeber abgeschlossen wird und die nur dazu

1) Bundeseinheitliche Regelung. Für Bayern bekannt gemacht mit Schreiben des Bayer. Staatsministeriums der Finanzen vom 22. 3. 1991 (Az.: 32 – S 2355 – 26/2 – 5320). Das Schreiben ist als Anlage 1 zu H 3.30 LStR im **Steuerhandbuch für das Lohnbüro 2021** abgedruckt, das im selben Verlag erschienen ist.

R

Lohnsteuerpflichtig | Sozialversich.-pflichtig

dient, dem Arbeitgeber die Mittel zur Leistung einer dem Arbeitnehmer zugesagten Versorgung zu verschaffen, sind nur die zwischen Arbeitgeber und Arbeitnehmer getroffenen Vereinbarungen **(Innenverhältnis)** maßgebend und nicht die Abreden zwischen Arbeitgeber und Versicherungsunternehmen (Außenverhältnis). Deshalb wird eine Rückdeckungsversicherung nach R 40b.1 Abs. 3 LStR nur anerkannt, wenn die nachstehenden drei Voraussetzungen erfüllt sind:

1. Der **Arbeitgeber** hat dem Arbeitnehmer eine Versorgung aus **eigenen Mitteln** zugesagt (z. B. eine Betriebsrente/Werkspension).

2. Zur Sicherung der Mittel für diese Versorgung hat der Arbeitgeber eine Versicherung abgeschlossen, zu der der **Arbeitnehmer keine eigenen Beiträge** leistet. Eine Gehaltsumwandlung des Arbeitnehmers, z. B. bei einer arbeitnehmerfinanzierten Pensionszusage (vgl. dieses Stichwort), ist kein eigener Beitrag in diesem Sinne.

3. **Nur der Arbeitgeber,** nicht aber der Arbeitnehmer **erlangt Ansprüche gegen die Versicherung.** Dies ist das entscheidende Kriterium. Erlangt der Arbeitnehmer einen eigenen Rechtsanspruch gegen die Versicherung, handelt es sich nicht um eine steuerfreie Rückdeckung, sondern um eine zu Arbeitslohn führende Direktversicherung.

Unschädlich ist jedoch die Verpfändung der Ansprüche aus der Rückdeckungsversicherung an den Arbeitnehmer, weil dieser bei einer Verpfändung **gegenwärtig** keine Rechte erwirbt, die ihm einen Zugriff auf die Versicherung und die darin angesammelten Werte ermöglichen. Entsprechendes gilt für eine aufschiebend bedingte Abtretung des Rückdeckungsanspruchs, da die Abtretung rechtlich erst wirksam wird, wenn die Bedingung eintritt (§ 158 Abs. 1 BGB) sowie für die Abtretung des Rückdeckungsanspruchs zahlungshalber im Falle der Liquidation oder der Vollstreckung in die Versicherungsansprüche durch Dritte.

3. Übertragung oder Umwandlung der Rückdeckungsversicherung

Wird ein Anspruch aus einer Rückdeckungsversicherung ohne Entgelt auf den Arbeitnehmer übertragen oder eine bestehende Rückdeckungsversicherung in eine Direktversicherung umgewandelt, fließt dem Arbeitnehmer im Zeitpunkt der Übertragung bzw. Umwandlung ein lohnsteuerpflichtiger **geldwerter Vorteil** zu, der grundsätzlich dem geschäftsplanmäßigen Deckungskapital zuzüglich einer bis zu diesem Zeitpunkt zugeteilten Überschussbeteiligung (= Beteiligung am Überschuss und an den Bewertungsreserven) der Versicherung entspricht. Entsprechendes gilt, wenn eine aufschiebend bedingte Abtretung rechtswirksam wird. — ja | ja

Der Erwerb der Ansprüche aus einer Rückdeckungsversicherung im **Insolvenzfall** ist **steuerfrei** (§ 3 Nr. 65 Satz 1 Buchstabe d EStG); die Steuerbefreiung gilt nicht im Falle der Liquidation. Die späteren Versorgungsleistungen aus einer Rückdeckungsversicherung, in die der Arbeitnehmer eingetreten ist, gehören zu den voll steuerpflichtigen sonstigen Einkünften im Sinne des § 22 Nr. 5 Satz 1 EStG. Vgl. im Einzelnen die Erläuterungen beim Stichwort „Insolvenzsicherung" unter Nr. 3. — nein | nein

4. Sonstiges

Verzichtet der frühere Arbeitnehmer auf seine Rechte aus einer Versorgungszusage des Arbeitgebers, tritt im Gegenzug der Arbeitgeber sämtliche Rechte aus der zur Absicherung der Versorgungszusage abgeschlossenen **Rückdeckungsversicherung** an den vom Arbeitnehmer nunmehr **getrennt lebenden Ehegatten** ab und zahlt die Versicherung daraufhin das angesammelte Kapital an den Ehegatten aus, führt dies zu einem **Lohnzufluss** beim früheren **Arbeitnehmer** (BFH-Urteil vom 9.10.2002, BStBl. II S. 884). — ja | ja

Tritt der Arbeitgeber die Ansprüche aus einer von ihm abgeschlossenen Rückdeckungsversicherung an den Arbeitnehmer ab und leistet im **Anschluss** an die **Abtretung** Beiträge zugunsten dieser Versicherung, handelt es sich – neben der Abtretung – auch bei diesen **Beitragszahlungen** um **Arbeitslohn** (BFH-Urteil vom 5.7.2012, BStBl. 2013 II S. 190). — ja | ja

Hat der Arbeitgeber dem Arbeitnehmer eine **Pensionszusage** gegeben und hierfür eine Rückdeckungsversicherung abgeschlossen, fließt dem Arbeitnehmer durch die Zahlung der Versicherungsbeiträge kein steuerpflichtiger Arbeitslohn zu (= Rückdeckung). Entsprechendes gilt bei einem Einbehalt von Arbeitslohn und Zuführung zu einer „Versorgungsrückstellung" (BFH-Urteil vom 20.7.2005, BStBl. II S. 890). — nein | nein

Arbeitslohn sind in diesem Fall dagegen die späteren Versorgungsleistungen (Betriebsrenten) des Arbeitgebers (vgl. die Stichworte „Betriebsrente" und „Versorgungsbezüge, Versorgungsfreibetrag"). — ja | nein[1)]

Siehe auch die Stichworte „Arbeitnehmerfinanzierte Pensionszusage" und „Pensionszusage".

Rückenschule

siehe „Fitnessstudio", „FPZ-Rückenkonzept" und „Gesundheitsförderung"

Rückwirkende Änderung des Lohnsteuerabzugs

vgl. das Stichwort „Garagengeld" unter Nr. 6

Rückwirkende Änderung einer Lohnsteuerpauschalierung

vgl. das Stichwort „Garagengeld" unter Nr. 7

Rückzahlung von Arbeitslohn

Gliederung:

1. Rückzahlung von steuerfreiem Arbeitslohn
2. Rückzahlung von versteuertem Arbeitslohn
3. Rückzahlung von Versorgungsbezügen
4. Sozialversicherung
5. Steuerliche Folgen aus der Rückzahlung von Sozialversicherungsbeiträgen
6. Rückzahlung von Nettolohn
7. Rückzahlung von Arbeitslohn an frühere Arbeitgeber
8. Rückzahlung von pauschal besteuertem Arbeitslohn
   a) Pauschalierung mit einem festen Pauschsteuersatz nach §§ 40 Abs. 2, 40a, 40b EStG
   b) Pauschalierung mit einem besonders ermittelten Pauschsteuersatz nach § 40 Abs. 1 EStG auf Antrag des Arbeitgebers
9. Rückzahlung einer Abfindung

1. Rückzahlung von steuerfreiem Arbeitslohn

Zahlt der Arbeitnehmer Arbeitslohn zurück, der im Zeitpunkt des Zuflusses steuerfrei war (z. B. steuerfreie Reisekostenleistungen, steuerfreie Aufstockungsbeträge nach dem Altersteilzeitgesetz), ist diese Rückzahlung ein Vorgang außerhalb der Besteuerung, der sich auf den Lohn-

1) Zu einer etwaigen Krankenversicherungspflicht der Versorgungsbezüge vgl. die Erläuterungen in Teil B Nr. 12 auf Seite 24.

	Lohn-steuer-pflichtig	Sozial-versich.-pflichtig
steuerabzug **nicht auswirkt** (vgl. aber auch das Stichwort „Progressionsvorbehalt“ unter Nr. 6). Der Arbeitnehmer kann wegen dieser Rückzahlung keine Werbungskosten oder negative Einnahmen bei seiner Veranlagung zur Einkommensteuer geltend machen. Die gleiche Auswirkung ergibt sich für den Fall, dass es sich bei dem Arbeitslohn, den der Arbeitnehmer zurückzahlen muss, zwar dem Grunde nach um steuerpflichtigen Arbeitslohn handelt, der Arbeitslohn aber im Zeitpunkt des Zuflusses zu Unrecht als steuerfrei behandelt worden ist.	nein	nein

Beispiel

Dem Arbeitnehmer ist ein bestimmter Betrag als Reisekostenersatz steuerfrei ausgezahlt worden. Es stellt sich später heraus, dass die Voraussetzungen einer Auswärtstätigkeit nicht gegeben waren. Der Arbeitgeber fordert den zu Unrecht gewährten Betrag zurück.

Die Rückzahlung der steuerfrei ausgezahlten Reisekosten vom Arbeitnehmer an den Arbeitgeber ist ohne steuerliche Auswirkung.

Sieht der Arbeitgeber in derartigen Fällen von einer Rückforderung des zu Unrecht als steuerfrei behandelten Arbeitslohns ab, muss dieser Arbeitslohn allerdings nachträglich versteuert werden (vgl. auch „Forderungsverzicht“).	ja	ja

Probleme können sich ergeben, wenn bei einer rückwirkenden Abwicklung von Altersteilzeitfällen steuerpflichtiger Arbeitslohn vom Arbeitnehmer zurückgezahlt werden muss und gleichzeitig steuerfreier Arbeitslohn vom Arbeitgeber nachgezahlt wird. Diese Fälle sind beim Stichwort „Altersteilzeit“ unter Nr. 13 anhand eines Beispiels erläutert.

Zur Rückzahlung von nicht steuerbarem Arbeitslohn vgl. die Ausführungen am Ende der nachfolgenden Nr. 2.

2. Rückzahlung von versteuertem Arbeitslohn

Zahlt ein Arbeitnehmer Arbeitslohn zurück, der dem Lohnsteuerabzug unterlegen hat, bleibt der früher gezahlte Arbeitslohn zugeflossen. Die zurückgezahlten Beträge sind im **Zeitpunkt der Rückzahlung** als **negative Einnahmen** zu behandeln. Dies gilt auch für die Rückzahlung eines versehentlich überwiesenen Betrags, der als steuerpflichtiger Arbeitslohn behandelt wurde und zwar auch dann, wenn es sich beim Arbeitnehmer um den Alleingesellschafter-Geschäftsführer der GmbH handelt. Auf den Zeitpunkt der Fälligkeit der Rückforderung kommt es nicht an (BFH-Urteil vom 14.4.2016, BStBl. II S. 778).

Hiernach ergibt sich folgendes Schema:

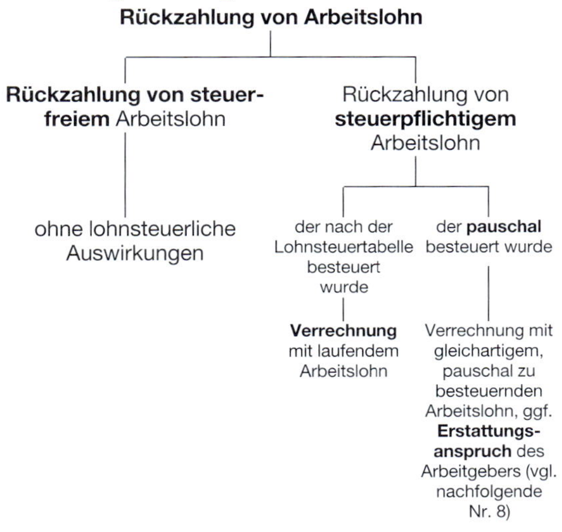

Nach bundeseinheitlichen Erlassen[1] gilt bei der Rückzahlung von steuerpflichtigem Arbeitslohn im Einzelnen Folgendes:

Zahlt der Arbeitnehmer Arbeitslohn an den Arbeitgeber zurück, zu dem er im Zeitpunkt der Rückzahlung noch in einem Dienstverhältnis steht, kann der Arbeitgeber die zurückgezahlten Beträge vom zu versteuernden laufenden Arbeitslohn kürzen; die Lohnsteuer wird in diesen Fällen nur von dem die zurückgezahlten Beträge übersteigenden Arbeitslohn berechnet (vgl. das Beispiel zur Rückzahlung einer Weihnachtsgratifikation unter der folgenden Nr. 4). Kann der zurückgezahlte Arbeitslohn nicht in voller Höhe vom laufenden Arbeitslohn eines Lohnzahlungszeitraumes gekürzt werden (bei der Zurückzahlung größerer Beträge), kann der Arbeitgeber die Rückzahlung für Zwecke der Steuerberechnung auf mehrere künftige Lohnzahlungszeiträume verteilen oder ggf. auch die Lohnsteuerberechnung für bereits abgelaufene Lohnzahlungszeiträume des gleichen Kalenderjahres wieder aufrollen. Der Arbeitgeber kann die Rückzahlung auch bei einem Lohnsteuer-Jahresausgleich, den er für diesen Arbeitnehmer durchführt, vom steuerpflichtigen Jahresarbeitslohn absetzen. Bezieht sich die Rückzahlung auf frühere Kalenderjahre, kann der Arbeitgeber ebenfalls den zurückgezahlten Arbeitslohn vom laufenden Arbeitslohn kürzen (vgl. das Beispiel unter der folgenden Nr. 4).

Die Berücksichtigung des zurückgezahlten Betrags als negative Einnahme durch den Arbeitgeber ist aber nur bis zur Übermittlung der elektronischen Lohnsteuerbescheinigung möglich (vgl. das Stichwort „Änderung des Lohnsteuerabzugs“). Kann der Arbeitgeber zurückgezahlte Beträge des Arbeitnehmers nicht mehr berücksichtigen, weil der Arbeitgeber die elektronische Lohnsteuerbescheinigung bereits übermittelt hat, oder macht er von seiner Berechtigung zur Verrechnung der Arbeitslohnrückzahlung keinen Gebrauch, kann der Arbeitnehmer die zurückgezahlten Beträge bei der Veranlagung zur Einkommensteuer als negative Einnahmen geltend machen (vgl. hierzu die Ausführungen unter der folgenden Nr. 7).

Negativer Arbeitslohn, der nach den vorstehenden Grundsätzen zu behandeln ist, kann u. E. auch dann vorliegen, wenn der Arbeitnehmer an den Arbeitgeber nicht steuerbaren Arbeitslohn zurückzahlen muss (z. B. die vom Arbeitgeber aus ganz überwiegend eigenbetrieblichem Interesse einem Anbieter gezahlten Fortbildungskosten, weil der Arbeitnehmer vor Ablauf der vereinbarten Frist aus dem Unternehmen ausscheidet; vgl. hierzu auch das Stichwort „Fortbildungskosten“ unter Nr. 2 Buchstabe d).

3. Rückzahlung von Versorgungsbezügen

Hat der Arbeitnehmer im Rahmen eines bestehenden Arbeitsverhältnisses Versorgungsbezüge (z. B. einen Teil der Betriebsrente) an den Arbeitgeber zurückzuzahlen, ist eine Verrechnung mit den laufenden Versorgungsbezügen vorzunehmen. Die Bemessungsgrundlage für den Versorgungsfreibetrag bestimmt sich aber auch in diesen Fällen nach den allgemeinen Grundsätzen (Zwölffache des Versorgungsbezugs für den ersten Monat zuzüglich Sonderzahlungen mit Rechtsanspruch; vgl. das Stichwort „Versorgungsbezüge, Versorgungsfreibetrag“ unter Nr. 5).

Beispiel

Der Arbeitgeber zahlt an einen Arbeitnehmer seit 1.1.2021 (= Versorgungsbeginn) monatlich einen Versorgungsbezug in Höhe von 1000 €. Im September 2021 stellt er fest, dass in den Monaten Januar bis August 2021 jeweils um 100 € zu hohe Versorgungsbezüge gezahlt wurden (= 1100 €), die nunmehr bei der Zahlung für den September 2021 abzuziehen sind.

Der zutreffende Versorgungsfreibetrag beträgt – ungeachtet der Überzahlung – 15,2 % von 1000 € = 152 €, höchstens 95 € monatlich. Im September 2021 zahlt der Arbeitgeber 200 € Versorgungsbezüge (1000 € abzüglich 800 € Überzahlung Januar bis August), die um den Versorgungsfreibetrag von 95 € und um den Zuschlag zum Versorgungsfreibetrag von 29 € (höchstens 1/12 von 342 € = 29 € monatlich) zu mindern sind.

1) Z. B. Erlass des Bayerischen Staatsministeriums der Finanzen vom 6.6.1986 (Az.: 32 – S 2399 – 1/15 – 36383). Der Erlass ist als Anlage zu H 11 LStR im **Steuerhandbuch für das Lohnbüro 2021** abgedruckt, das im selben Verlag erschienen ist.

R

Lohn- steuer- pflichtig | Sozial- versich.- pflichtig

Die Verrechnung mit laufenden Versorgungsbezügen ist auch dann vorzunehmen, wenn vom Arbeitnehmer Versorgungsbezüge für ein bereits abgelaufenes Kalenderjahr zurückzuzahlen sind.

4. Sozialversicherung

Ist irrtümlich ein zu hohes Entgelt gezahlt und sind davon auch Beiträge zur Sozialversicherung entrichtet worden, muss eine Neuberechnung der in der Vergangenheit gezahlten Beiträge erfolgen, sobald sich der Fehler herausgestellt hat und der zu Unrecht gezahlte Betrag zurückgezahlt worden ist. Das ist auch dann der Fall, wenn Entgelt unter einer auflösenden Bedingung gezahlt worden ist und diese Bedingung später eintritt (vgl. das nachfolgende Beispiel zur Rückforderung einer Weihnachtsgratifikation). Im Steuerrecht sind Rückzahlungen von Arbeitslohn als einkommensmindernd zu behandeln. In entsprechender Anwendung dieses Grundsatzes auf das Beitragsrecht der Sozialversicherung – dem Lohnsteuerrecht folgend – bedeutet das, dass der rechtliche Grund für die Beitragsleistung in bisheriger Höhe nachträglich entfallen ist und die Beiträge für diesen ohne Rechtsanspruch gezahlten Betrag zu Unrecht entrichtet worden sind. Arbeitgeber und Arbeitnehmer haben daher – jeder für sich – einen Rückforderungsanspruch für ihren Beitragsanteil. Hat der Arbeitgeber bereits eine Verrechnung vorgenommen, indem er den Arbeitnehmeranteil bereits ausgezahlt hat, kann er Arbeitgeber- und Arbeitnehmeranteil allein zurückfordern.

Für die Geltendmachung des Rückforderungsanspruchs gilt Folgendes:

Zu viel berechnete und entrichtete Beiträge zur Kranken-, Pflege-, Renten- und Arbeitslosenversicherung können ohne besonderen Antrag vom Arbeitgeber **mit den abzuführenden Beiträgen verrechnet** werden, wenn

a) der Beginn des Zeitraumes, für den die Beiträge zu viel berechnet wurden, nicht mehr als **sechs Kalendermonate** zurückliegt und der Arbeitnehmer schriftlich erklärt, dass er Leistungen der Kranken-, Pflege-, Renten- und Arbeitslosenversicherung nicht erhalten hat und dass die entrichteten Rentenversicherungsbeiträge dem Rentenversicherungsträger nicht als freiwillige Beiträge verbleiben sollen bzw. der Arbeitnehmer für diese Zeit keine freiwilligen Beiträge nachentrichten will;

b) der Zeitraum, für den Beiträge zu viel berechnet wurden, nicht mehr als 24 Kalendermonate zurückliegt und nur **Teile** von Beiträgen zu verrechnen sind.

R

Auf die ausführlichen Erläuterungen beim Stichwort „Erstattung von Sozialversicherungsbeiträgen" wird Bezug genommen.

Beispiel

Ein Arbeiter scheidet zum 28.2.2021 aus dem Arbeitsverhältnis aus. Im Dezember 2020 ist ihm eine Weihnachtsgratifikation in Höhe von 500 € gewährt worden unter der Bedingung, dass das Arbeitsverhältnis nicht vor dem 31. 3. des nächsten Jahres aufgelöst wird. Für das Kalenderjahr 2020 war die Steuerklasse I/0, ev, maßgebend. Da der Arbeitnehmer geheiratet hat, gilt für ihn ab Januar 2021 die Steuerklasse III. Der Monatslohn betrug im Dezember 2020 3000 €. Für Januar und Februar 2021 beträgt der Monatslohn ebenfalls jeweils 3000 €. Die Rückzahlung der Weihnachtsgratifikation erfolgt durch Verrechnung mit der Lohnzahlung für den Monat Februar.

Monatslohn Februar		3 000,– €
Rückzahlung der Weihnachtsgratifikation		500,– €
verbleibender Arbeitslohn		2 500,– €
abzüglich:		
Lohnsteuer (Steuerklasse III/0)	55,16 €	
Solidaritätszuschlag	0,– €	
Kirchensteuer	4,41 €	
Sozialversicherung (Arbeitnehmeranteil)	506,12 €	565,69 €
Nettolohn		1 934,31 €

Lohn- steuer- pflichtig | Sozial- versich.- pflichtig

Berechnung der Lohnsteuer:

Die Rückzahlung von versteuertem Arbeitslohn führt zu negativen Einnahmen des Arbeitnehmers. Erfolgt die Rückzahlung wie im Beispielsfall noch während des Bestehens des Dienstverhältnisses, kann der Arbeitgeber den Ausgleich durch eine entsprechende Kürzung des im Zeitpunkt der Rückzahlung zustehenden steuerpflichtigen Arbeitslohns vornehmen.

Laufender Arbeitslohn für Februar	3 000,– €
abzüglich Rückzahlung des Weihnachtsgeldes	500,– €
zu versteuern	2 500,– €

Für diesen Betrag ist die Lohn- und Kirchensteuer nach Steuerklasse III/0 zu berechnen. Dass das Weihnachtsgeld im Dezember 2020 nach der damals geltenden Steuerklasse I besteuert wurde, ist ohne Bedeutung. Dies ergibt sich aus dem steuerlich maßgebenden Zufluss- bzw. Abflussprinzip (§ 11 EStG).

Die Lohnsteuer beträgt hiernach (Steuerklasse III/0)	55,16 €
Solidaritätszuschlag	0,– €
die Kirchensteuer beträgt	4,41 €

Berechnung der Sozialversicherungsbeiträge:

Bei der Sozialversicherung führt die Arbeitslohnrückzahlung nicht wie bei der Berechnung der Lohnsteuer zu einer Minderung des laufenden Arbeitsentgelts für Februar 2021; für diesen Monat ist die Beitragsberechnung vielmehr von dem ungekürzten Arbeitsentgelt vorzunehmen. Zur **Verrechnung der Rückzahlung** ist die Beitragsberechnung für den Monat **Dezember 2020** zu berichtigen:

Laufender Arbeitslohn Dezember 2020	3 000,– €
+ Weihnachtsgratifikation	500,– €
bisheriges beitragspflichtiges Arbeitsentgelt	3 500,– €

Das bisherige Arbeitsentgelt Dezember 2020 überstieg nicht die Beitragsbemessungsgrenzen 2020.

Bisherige Beitragsberechnung für Dezember 2020 aus einem beitragspflichtigen Entgelt von 3500 €:

Krankenversicherung 7,3 %	255,50 €
Krankenversicherung (Zusatzbeitrag z. B. 0,55 %)	19,25 €
Pflegeversicherung 1,775 %	62,13 €
Rentenversicherung 9,3 %	325,50 €
Arbeitslosenversicherung 1,2 %	42,– €
insgesamt (= Arbeitnehmeranteil)	704,38 €

Berichtigte Beitragsberechnung für Dezember 2020 aus einem beitragspflichtigen Entgelt von (3500 € – 500 € =) 3000 €:

Krankenversicherung 7,3 %	219,– €
Krankenversicherung (Zusatzbeitrag z. B. 0,55 %)	16,50 €
Pflegeversicherung 1,775 %	53,25 €
Rentenversicherung 9,3 %	279,– €
Arbeitslosenversicherung 1,2 %	36,– €
insgesamt (= Arbeitnehmeranteil)	603,75 €
Verrechnungsbetrag (704,38 € – 603,75 € =)	100,63 €

Beitragsberechnung für Februar 2021 aus einem beitragspflichtigen Entgelt von 3000 €:

Krankenversicherung 7,3 %	219,– €
Krankenversicherung (Zusatzbeitrag z. B. 0,65 %)	19,50 €
Pflegeversicherung 1,775 %	53,25 €
Rentenversicherung 9,3 %	279,– €
Arbeitslosenversicherung 1,2 %	36,– €
insgesamt (= Arbeitnehmeranteil)	606,75 €
abzüglich Verrechnungsbetrag für Dezember 2020	100,63 €
für Februar 2021 verbleibender Sozialversicherungsbeitrag	506,12 €

Durch die Neuberechnung des Sozialversicherungsbeitrags für Dezember 2020 ist der Beitragsnachweis für Dezember 2020 und die Jahres-Entgeltbescheinigung (vgl. das Stichwort „Jahresmeldung") zu berichtigen.

Lohnsteuerlich bleibt der auf der Lohnsteuerbescheinigung 2020 bescheinigte Jahreslohn unverändert. Die Arbeitslohnrückzahlung für 2020 mindert vielmehr den in der elektronischen Lohnsteuerbescheinigung 2021 zu bescheinigenden Arbeitslohn. Für die Bescheinigung der Sozialversicherungsbeiträge in der elektronischen Lohnsteuerbescheinigung für das Kalenderjahr 2021 ist zu beachten, dass sowohl bei den Eintragungen in den Zeilen 22a und 23a als auch in den Zeilen 25 bis 27 von den gekürzten Beträgen auszugehen ist, das heißt von den Beträgen, **die nach der Verrechnung noch verbleiben** (vgl. die Ausführungen unter der folgenden Nr. 5).

Lohn- steuer- pflichtig | Sozial- versich.- pflichtig

Für die Bescheinigung der Rentenversicherungsbeiträge in den Zeilen 22a und 23a der elektronischen Lohnsteuerbescheinigung 2021 verbleibt somit ein Betrag von (279,– € – 46,50 € =)	232,50 €
Für die Bescheinigung der Krankenversicherungsbeiträge in Zeile 25 verbleibt ein Betrag von (238,50 € – 39,25 € =)	199,25 €
Für die Bescheinigung der Pflegeversicherungsbeiträge in Zeile 26 verbleibt ein Betrag von (53,25 € – 8,88 € =)	44,37 €
Für die Bescheinigung der Arbeitslosenversicherungsbeiträge in Zeile 27 verbleibt ein Betrag von (36,– € – 6,– € =)	30,– €
Für Februar 2021 verbleibender SV-Beitrag	506,12 €

5. Steuerliche Folgen aus der Rückzahlung von Sozialversicherungsbeiträgen

Wird bei der Rückzahlung von Arbeitslohn auch die sozialversicherungsrechtliche Behandlung rückgängig gemacht, ist Folgendes zu beachten:

Fordert der Arbeitgeber vom Arbeitnehmer den Bruttoarbeitslohn ohne Kürzung um den Arbeitnehmeranteil zur Sozialversicherung zurück und erstattet er dem Arbeitnehmer später diesen Anteil, weil er den Betrag von den für alle Arbeitnehmer des Betriebs abzuführenden Sozialversicherungsbeiträgen gekürzt oder vom Sozialversicherungsträger erstattet erhalten hat, stellt die Vergütung keinen steuerpflichtigen Arbeitslohn dar. Fordert der Arbeitgeber dagegen vom Arbeitnehmer den Bruttoarbeitslohn zunächst gekürzt um den Arbeitnehmeranteil zur Sozialversicherung zurück und behält er die durch Verrechnung zurückerhaltenen Arbeitnehmeranteile zurück, stellen diese ebenfalls zurückgezahlten Arbeitslohn des Arbeitnehmers dar. Dies gilt unabhängig davon, ob die Sozialversicherungsbeiträge in demselben oder im nachfolgenden Kalenderjahr verrechnet werden.

Die zurückgezahlten Arbeitnehmeranteile zur Sozialversicherung mindern **im Rückzahlungsjahr** die als Vorsorgeaufwendungen abziehbaren Sozialversicherungsbeiträge. Der Arbeitgeber hat dies bei der Bescheinigung der einbehaltenen Sozialversicherungsbeiträge in Zeile 22, 23, 25, 26 und 27 der elektronischen Lohnsteuerbescheinigung 2021 zu berücksichtigen (vgl. das Beispiel unter der vorstehenden Nr. 4).

Die Erstattung des **Arbeitgeber**anteils zur gesetzlichen Sozialversicherung spielt sich nur im Verhältnis des Arbeitgebers zu den Sozialversicherungsträgern ab und hat keine Auswirkungen auf die Besteuerung des Arbeitslohns.

6. Rückzahlung von Nettolohn

Wird bei einer Nettolohnvereinbarung Arbeitslohn zurückgezahlt, gelten die vorstehend erläuterten Grundsätze in gleicher Weise. Negative Einnahmen können nicht nur der vom Arbeitnehmer zurückgezahlte Nettolohn sein, sondern auch Steuererstattungsbeträge, die der Arbeitnehmer vom Finanzamt erhalten hat und die er aufgrund einer Abtretungserklärung an den Arbeitgeber weiterleiten muss. Die zurückgezahlten Beträge dürfen nicht in einen fiktiven Bruttolohn hochgerechnet werden. Vgl. die Erläuterungen beim Stichwort „Nettolöhne" unter Nr. 1.

7. Rückzahlung von Arbeitslohn an frühere Arbeitgeber

Hat der Arbeitnehmer an einen **früheren** Arbeitgeber versteuerten Arbeitslohn zurückzuzahlen und kann deshalb der zurückgezahlte Arbeitslohn vom jetzigen Arbeitgeber nicht mit steuerpflichtigem Arbeitslohn verrechnet werden, wird der Ausgleich bei einer Veranlagung zur Einkommensteuer durch das zuständige Finanzamt vorgenommen. Der Arbeitnehmer kann dabei die Arbeitslohnrückzahlung als negative Einnahmen (wie Werbungskosten) – **ohne Anrechnung auf den Arbeitnehmer-Pauschbetrag von 1000 €** – geltend machen. Erzielt der Arbeitnehmer durch die Arbeitslohnrückzahlung bei seinen Einkünften aus nichtselbstständiger Arbeit einen Verlust, kann dieser im Rahmen einer Veranlagung zur Einkommensteuer mit anderen positiven Einkünften desselben Kalenderjahres ausgeglichen werden.

Lohn- steuer- pflichtig | Sozial- versich.- pflichtig

Beispiel A

Ein Arbeitnehmer hat einen Monatslohn von 3000 €. Der Arbeitnehmer scheidet zum 1. 2. 2021 aus dem Dienstverhältnis aus. Er muss deshalb das Weihnachtsgeld in Höhe von z. B. 5000 € an den Arbeitgeber zurückzahlen. Bezieht der Arbeitnehmer im Kalenderjahr 2021 keinen Arbeitslohn mehr, erzielt er bei den Einkünften aus nichtselbstständiger Arbeit einen Verlust in Höhe von (5000 € – 3000 € =) 2000 €, den er mit anderen positiven Einkünften des Jahres 2021 ausgleichen kann. Der Arbeitnehmer-Pauschbetrag von 1000 € wird von dem Verlust von 2000 € nicht abgezogen.

Hat der Arbeitnehmer keine positiven Einkünfte, mit denen er die Lohnrückzahlung ausgleichen kann, kommt ein sog. **Verlustrücktrag** in Betracht. Nach § 10d EStG kann nämlich der in einem Kalenderjahr entstehende Verlust bei den Einkünften aus nichtselbstständiger Arbeit, der im Kalenderjahr der Verlustentstehung mangels ausreichender anderer positiver Einkünfte nicht ausgeglichen werden kann, auf das **Vorjahr** zurückgetragen werden. Ist auch durch diesen sog. Verlustrücktrag ein voller Ausgleich des Verlustes mit positiven Einkünften des Vorjahres nicht möglich, kann der noch nicht verrechnete Verlust vom Gesamtbetrag der Einkünfte der auf das Jahr der Entstehung des Verlusts **folgenden** Kalenderjahre ausgeglichen werden (sog. **Verlustvortrag**). Will der Arbeitnehmer den Verlustrücktrag oder Verlustvortrag in Anspruch nehmen, muss er eine Veranlagung zur Einkommensteuer beantragen, wenn er nicht bereits aus anderen Gründen zur Einkommensteuer zu veranlagen ist. Im Falle des Verlustrücktrages ist ein etwa für das vorangegangene Kalenderjahr bereits ergangener Steuerbescheid insoweit zu ändern (auch wenn der Bescheid bereits bestandskräftig sein sollte).

Beispiel B

Ein lediger Arbeitnehmer hat im Kalenderjahr 2020 Arbeitslohn in Höhe von 30 000 € bezogen. Für 2020 hat er eine Veranlagung zur Erstattung von Lohnsteuer beantragt, die auch bereits durchgeführt wurde. Der Arbeitnehmer ist zum 31.12.2020 aus dem Dienstverhältnis ausgeschieden und das ganze Kalenderjahr 2021 arbeitslos.

Am 18.2.2021 muss der Arbeitnehmer einen Teil der Weihnachtsgratifikation für das Kalenderjahr 2020 in Höhe von 1000 € an seinen früheren Arbeitgeber zurückzahlen. Ohne den Verlustrücktrag bestünde für den Arbeitnehmer keine Möglichkeit, den Betrag von 1000 € steuerlich berücksichtigen zu lassen. Im Wege des Verlustrücktrags kann jedoch der wegen der Rückzahlung des Arbeitslohns in Höhe von 1000 € im Kalenderjahr 2021 entstandene Verlust auf das Kalenderjahr 2020 zurückgetragen werden, soweit ein Ausgleich mit anderen steuerpflichtigen Einkünften des Kalenderjahres 2021 nicht möglich ist. Hierzu ist sowohl eine Veranlagung für das Kalenderjahr 2021 zu beantragen, bei der die Höhe des nicht ausgeglichenen Verlustes in Euro festgestellt wird, als auch eine Veranlagung für das Kalenderjahr 2020 zum Zwecke des Verlustrücktrags. Die für das Kalenderjahr 2020 bereits durchgeführte Veranlagung steht einer nachträglichen Änderung zur Berücksichtigung des Verlustrücktrags nicht entgegen. Der Arbeitnehmer kann nach § 10d EStG auch den Verlust**vortrag** auf das Kalenderjahr 2022 anstelle des Verlustrücktrags wählen, wenn z. B. dadurch eine höhere Steuerersparnis erzielt werden kann.

8. Rückzahlung von pauschal besteuertem Arbeitslohn

Die Rückzahlung von Arbeitslohn, der unter Übernahme der Lohnsteuer durch den Arbeitgeber nach §§ 40, 40a und 40b EStG pauschal besteuert worden ist, hat keine negativen Einnahmen beim Arbeit**nehmer** zur Folge. Die Rückzahlung führt vielmehr ggf. zu einem Erstattungsanspruch des Arbeit**gebers.** Für die Ermittlung eines eventuellen Steuererstattungsanspruchs sind folgende Fälle zu unterscheiden:

R

Lohn-steuer-pflichtig	Sozial-versich.-pflichtig

a) Pauschalierung mit einem festen Pauschsteuersatz nach §§ 40 Abs. 2, 40a, 40b EStG

Bei einer Pauschalierung der Lohnsteuer nach einer der genannten Vorschriften handelt es sich um die Pauschalierung mit einem **festen** Pauschsteuersatz (vgl. die Übersicht beim Stichwort „Pauschalierung der Lohnsteuer" unter Nr. 1 auf Seite 732).

Der zurückgezahlte, pauschal besteuerte Arbeitslohn kann ohne Rücksicht auf den seinerzeit geltenden Pauschsteuersatz mit entsprechenden pauschal zu besteuernden Leistungen im gegenwärtigen Lohnzahlungszeitraum verrechnet werden.

Soweit eine Verrechnung des zurückgezahlten Arbeitslohns mit entsprechenden Zahlungen im gleichen Anmeldungszeitraum nicht möglich ist, ergibt sich für den Arbeitgeber grundsätzlich ein Steuererstattungsanspruch. Für die Höhe dieses Erstattungsanspruchs ist der im Zeitpunkt der Rückzahlung geltende Pauschsteuersatz maßgebend.

Wegen der Rückzahlung von Arbeitslohn, der nach § 40b EStG pauschal besteuert wurde, vgl. aber das Beispiel zur Lohnrückzahlung bei pauschal besteuerten Beiträgen beim Stichwort „Zukunftsicherung" unter Nr. 17 Buchstabe a, Beispiel A auf Seite 1088. Eine Erstattung von Pauschalsteuern aus Vorjahren ist danach in diesem Fall nicht mehr möglich.

b) Pauschalierung mit einem besonders ermittelten Pauschsteuersatz nach § 40 Abs. 1 EStG auf Antrag des Arbeitgebers

Bei einer Pauschalierung der Lohnsteuer nach § 40 Abs. 1 EStG handelt es sich um die Pauschalierung mit einem **besonders ermittelten** Pauschsteuersatz auf Antrag des Arbeitgebers (für sonstige Bezüge bis zu 1000 € jährlich in einer größeren Zahl von Fällen oder bei einer Nacherhebung wegen nicht vorschriftsmäßiger Einbehaltung in einer größeren Zahl von Fällen z. B. nach einer Lohnsteuer-Außenprüfung). Der zurückgezahlte pauschal besteuerte Arbeitslohn darf in diesem Fall **nicht** mit entsprechenden positiven Zahlungen im gleichen Anmeldungszeitraum **verrechnet werden.** Die Rückzahlung führt deshalb stets zu einem Steuererstattungsanspruch des Arbeitgebers. Zu erstatten ist der Betrag, der seinerzeit zu viel als pauschale Lohnsteuer für die zurückgezahlten Beträge abgeführt worden ist.

9. Rückzahlung einer Abfindung

Die Rückzahlung einer Abfindung ist im **Rückzahlungsjahr** als **negative Einnahme** zu berücksichtigen (vgl. vorstehende Nr. 2). Das gilt auch dann, wenn der zugeflossene Abfindungsbetrag im Zuflussjahr ermäßigt besteuert worden ist (BFH-Urteil vom 4.5.2006, BStBl. II S. 911). Hierdurch kann sich eine Steuerentlastung für den Arbeitnehmer ergeben (Versteuerung der Einnahme mit dem ermäßigten Steuersatz; Auswirkung der Rückzahlung mit dem „vollen" Steuersatz). Vgl. auch die Erläuterungen beim Stichwort „Abfindung wegen Entlassung aus dem Dienstverhältnis" unter Nr. 11 Buchstabe c).

R

Rufbereitschaft

siehe „Bereitschaftsdienstzulage"

Ruhegelder

Siehe die Stichworte: Betriebsrente, Pensionäre, Pensionszusage, Renten, Rentner, Versorgungsbezüge/Versorgungsfreibetrag.

Ruhestandsbeamte

siehe „Pensionäre"

Lohn-steuer-pflichtig	Sozial-versich.-pflichtig

Rundfunkgerät

Stellt der Arbeitgeber in den gemeinschaftlichen Aufenthaltsräumen des Betriebs ein Rundfunkgerät auf, handelt es sich um eine steuerfreie Arbeitgeberleistung zur Verbesserung der Arbeitsbedingungen (Hinweise zu R 19.3 LStR[1]). nein nein

Dagegen ist die unentgeltliche oder verbilligte Überlassung eines Rundfunkgeräts durch den Arbeitgeber zum häuslichen Gebrauch steuerpflichtiger Arbeitslohn. Zur Bewertung des geldwerten Vorteils vgl. das Stichwort „Fernsehgerät". ja ja

Rundfunkmitarbeiter

siehe „Künstler"

Rürup-Rente

Noch nie gab es so viele Finanzprodukte zur Altersvorsorge wie heute. Die Produktvielfalt der Anbieter geht jedoch zulasten der Transparenz für den Verbraucher. Durch sog. Produktinformationsblätter sollen die Vergleichsmöglichkeiten verbessert werden. Wer seine Mitarbeiter hier richtig beraten will, muss die einzelnen Modelle genau auseinander halten können. Denn neben der sog. Riester-Rente (vgl. dieses Stichwort) gibt es auch noch die „Rürup-Rente". Als Faustregel kann man sagen: Riester-Verträge sind in erster Linie für Arbeitnehmer gedacht und Rürup-Verträge für Selbstständige. Gleichwohl können auch Arbeitnehmer einen Rürup-Vertrag abschließen.

Kennzeichen eines Vertrags zur Erlangung einer Rürup-Rente ist, dass dieser Vertrag die Voraussetzungen für den **besonderen Sonderausgabenabzug** nach § 10 Abs. 1 Nr. 2 Buchstabe b EStG erfüllen muss. Beiträge zu einer Versicherung (z. B. Rentenversicherung) erfüllen diese Voraussetzungen nur dann, wenn die Versicherung die Zahlung einer monatlichen, auf das Leben des Steuerbürgers bezogenen **Leibrente nicht vor Vollendung des 62. Lebensjahres** (Vertragsabschlüsse vor dem 1.1.2012 = 60. Lebensjahr) vorsieht und die Ansprüche nicht vererblich, nicht übertragbar, nicht beleihbar, nicht veräußerbar und nicht kapitalisierbar sind (sog. **Basisrentenvertrag**). Eine ergänzende Absicherung von Berufsunfähigkeit, verminderter Erwerbsfähigkeit und begünstigten Hinterbliebenen ist möglich. Die Produktvoraussetzungen orientieren sich also an der gesetzlichen Rentenversicherung. Seit dem 1.1.2014 ist auch die ausschließliche Absicherung des Risikos der Berufsunfähigkeit oder der verminderten Erwerbsfähigkeit steuerlich als Basisrentenvertrag begünstigt, wenn der Vertrag die Zahlung einer lebenslangen monatlichen Rente vorsieht, sofern der Versicherungsfall bis zur Vollendung des 67. Lebensjahres eintritt.

Der besondere Sonderausgabenabzug für einen **Rürup-Vertrag** (= sog. Basisrentenvertrag) setzt aber ebenfalls voraus, dass auch dieser Vertrag – ebenso wie ein „Riester-Vertrag" – **zertifiziert** worden ist (§ 10 Abs. 2 Satz 2 EStG i. V. m. § 5a Altersvorsorgeverträge-Zertifizierungsgesetz[2]). Ein Rentenvertrag kann aber nicht zugleich ein „Riester-Vertrag" und ein „Rürup-Vertrag" sein, da bei einem „Riester-Vertrag" – im Gegensatz zu einem „Rürup-Vertrag" – eine steuerpflichtige Teilkapitalauszahlung bis zu 30 % des zu Beginn der Auszahlungsphase zur Verfügung stehenden Kapitals möglich ist (vgl. die Erläuterungen in Anhang 6a unter Nr. 3). Die Voraussetzungen für

1) Die amtlichen Hinweise zu den Lohnsteuer-Richtlinien sind im **Steuerhandbuch für das Lohnbüro 2021** abgedruckt, das im selben Verlag erschienen ist.

2) Das Altersvorsorgeverträge-Zertifizierungsgesetz ist als Anhang 13a im **Steuerhandbuch für das Lohnbüro 2021** abgedruckt, das im selben Verlag erschienen ist.

Lohnsteuerpflichtig | Sozialversich.-pflichtig

den besonderen Sonderausgabenabzug für die sog. Basisversorgung (u. a. gesetzliche Rentenversicherung, Rürup-Rente) sowie die Ermittlung des abziehbaren Betrags sind ausführlich in Anhang 8a erläutert.

Der Bundesfinanzhof hält es für verfassungsrechtlich unbedenklich, dass für die Beiträge in einen Rürup-Rentenvertrag **kein Freibetrag im Lohnsteuer-Ermäßigungsverfahren** gebildet werden kann (BFH-Urteil vom 10.11.2016, BStBl. 2017 II S. 715). Die Beiträge zu solch einem Vertrag sind also beim Lohnsteuerabzug durch die Berücksichtigung der Vorsorgepauschale abgegolten.

Die späteren **Leistungen** aus einem Rürup-Vertrag werden als sonstige Einkünfte in Höhe des **Besteuerungsanteils** bei einer Veranlagung zur Einkommensteuer versteuert (vgl. das Stichwort „Renten" unter Nr. 3).

Sabbatjahr

siehe „Arbeitszeitkonten"

Sachbezüge

Änderungsintensives Stichwort – bleiben Sie auf dem Laufenden unter

www.lexikon-lohnbuero.de/newsletter **!**

Neues und Wichtiges auf einen Blick:

1. Abgrenzung zwischen Barlohn und Sachlohn

Durch das sog. Jahressteuergesetz 2019 ist der insbesondere für die monatliche 44-Euro-Freigrenze bedeutsame Begriff der Sachbezüge – abweichend von der früheren Verwaltungsauffassung – seit 1.1.2020 wie folgt gesetzlich definiert worden (§ 8 Abs. 1 Sätze 2 und 3 EStG):

„Zu den Einnahmen in **Geld** gehören auch **zweckgebundene Geldleistungen, nachträgliche Kostenerstattungen,** Geldsurrogate und andere Vorteile, die auf einen Geldbetrag lauten. Dies gilt nicht bei **Gutscheinen und Geldkarten, die ausschließlich zum Bezug von Waren oder Dienstleistungen berechtigen** und die Kriterien des § 2 Absatz 1 Nummer 10 des Zahlungsdiensteaufsichtsgesetzes erfüllen." In diesem Fall liegen also weiterhin **Sachbezüge** vor.

Die **monatliche 44-Euro-Freigrenze für Sachbezüge** ist bei **Gutscheinen und Geldkarten** seit 1.1.2020 zudem nur dann anwendbar, wenn sie zusätzlich zum ohnehin geschuldeten Arbeitslohn gewährt werden und mithin bei **Gehaltsumwandlungen** ausgeschlossen (§ 8 Abs. 2 Satz 11 letzter Halbsatz EStG).

Vgl. zur Abgrenzung von Barlohn und Sachlohn auch nachfolgende Nr. 4 Buchstabe c sowie die Stichwörter „Prepaid Card" und „Warengutscheine".

Die nachfolgenden Ausführungen zu den Kriterien des Zahlungsdiensteaufsichtsgesetzes beruhen auf den im Juni 2020 an die Verbände versandten Entwurf eines Anwendungsschreibens des Bundesfinanzministeriums. Im Rahmen des Jahressteuergesetzes 2020 hat der Finanzausschuss des Deutschen Bundestags im Dezember 2020 weitere Klarstellungen zu sog. „Sachbezugskarten" gefordert. Wir werden Sie diesbezüglich über unseren Newsletterservice informieren.

Lohnsteuerpflichtig | Sozialversich.-pflichtig

2. Sachbezugswerte 2021

Der Sachbezugswert für **freie Verpflegung** wurde ab 1.1.2021 von bisher 258 € auf **263 € monatlich** erhöht.

Der Sachbezugswert für **freie Unterkunft** beträgt ab 1.1.2021 **237 € monatlich** statt bisher 235 € monatlich.

Die Sachbezugswerte für Kantinenessen betragen ab 1. 1. 2021 **1,83 €** für ein Frühstück und **3,47 €** für ein Mittag- oder Abendessen.

Eine Übersichtstabelle zu den Sachbezugswerten ist in Anhang 3 abgedruckt.

Auf die ausführlichen Erläuterungen bei den Stichwörtern „Freie Unterkunft und Verpflegung" und „Mahlzeiten" wird Bezug genommen.

3. Bewertungsabschlag bei Wohnungsüberlassungen

Bei der Ermittlung des steuerpflichtigen Sachbezugs aus der unentgeltlichen oder verbilligten Überlassung von Wohnraum durch den Arbeitgeber oder einem verbundenen Unternehmen an den Arbeitnehmer ist seit 2020 ein Bewertungsabschlag **von einem Drittel** vom ortsüblichen Mietwert (einschließlich Nebenkosten) vorzunehmen (§ 8 Abs. 2 Satz 12 EStG); er gilt auch im Sozialversicherungsrecht. Das vom Arbeitnehmer tatsächlich gezahlte Entgelt für die Wohnung (tatsächlich erhobene Miete plus tatsächlich abgerechnete Nebenkosten) ist auf die Vergleichsmiete anzurechnen.

Vgl. auch die Ausführungen und das Beispiel unter der nachfolgenden Nr. 3 Buchstabe e sowie das Stichwort „Wohnungsüberlassung".

4. Monatliche Freigrenze für Sachbezüge erhöht sich ab 1.1.2022

Die Freigrenze für Sachbezüge wird zum 1.1.2022 auf 50 € monatlich erhöht. Für das Jahr 2021 beträgt diese Freigrenze für Sachbezüge nach wie vor 44 € monatlich.

Gliederung:

1. Allgemeines

Arbeitslohn sind alle Einnahmen, die dem Arbeitnehmer aus dem Dienstverhältnis oder einem früheren Dienstverhältnis zufließen. Es ist unbeachtlich, unter welcher Bezeichnung oder in welcher Form die Einnahmen gewährt werden (§ 2 LStDV[1]). Auch Einnahmen im Hinblick auf ein künftiges Dienstverhältnis gehören zum Arbeitslohn. Einnahmen sind alle Güter, die in Geld oder Geldeswert bestehen (sog. geldwerte Vorteile). Einnahmen, die nicht

1) Die Lohnsteuer-Durchführungsverordnung (LStDV) ist als Anhang 1 im **Steuerhandbuch für das Lohnbüro 2021** abgedruckt, das im selben Verlag erschienen ist.

S

	Lohnsteuerpflichtig	Sozialversich.-pflichtig
in Geld bestehen (Wohnung, Kost, Waren, Dienstleistungen und sonstige Sachbezüge), sind grundsätzlich mit dem üblichen Endpreis am Abgabeort anzusetzen (§ 8 Abs. 2 Satz 1 EStG; vgl. nachfolgende Nr. 3 Buchstaben b und c). Somit gehören auch Sachbezüge, wenn sie nicht ausdrücklich steuerfrei gestellt sind, wie Barzuwendungen zum steuerpflichtigen Arbeitslohn und zum beitragspflichtigen Arbeitsentgelt in der Sozialversicherung.	ja	ja
Werden Sachbezüge verbilligt gewährt, ist der **Unterschiedsbetrag** zwischen dem Wert der Sachbezüge und dem vom Arbeitnehmer entrichteten Entgelt steuer- und beitragspflichtig.	ja	ja

Das vom Arbeitnehmer entrichtete Entgelt darf den steuer- und beitragspflichtigen Barlohn nicht mindern; es ist vom Nettolohn vor Ermittlung des Auszahlungsbetrags abzuziehen (vgl. das unter Nr. 2 dargestellte Beispiel einer Lohnabrechnung mit Sachbezug). Sachbezüge werden im Rahmen des Dienstverhältnisses in den verschiedensten Formen gewährt; vgl. im Einzelnen die Stichworte

Aktienoptionen
Aktienüberlassung zu einem Vorzugskurs
  (vgl. „Vermögensbeteiligungen")
Annehmlichkeiten
Arbeitsessen
  (vgl. „Bewirtungskosten" unter Nr. 6)
Aufmerksamkeiten
Autotelefon
  (vgl. „Telefonkosten" unter Nr. 3)
BahnCard
Belohnungsessen
  (vgl. „Bewirtungskosten" unter Nr. 7)
Berufskleidung
  (vgl. „Arbeitskleidung")
Betriebsveranstaltung
Bewirtungskosten
Computer
Datenverarbeitungsgeräte
  (vgl. „Computer")
Deputate
Dienstwohnung
  (vgl. „Wohnungsüberlassung")
DVD-Player
  (vgl. „Videogerät")
Einrichtungsgegenstände
Eintrittskarten
Elektro-Bike
Elektrofahrzeuge
Ferienhaus
Fernsehgerät
Firmenfitnessmitgliedschaften
Firmenkreditkarte
Firmenwagen zur privaten Nutzung
Fitnessraum
Fitnessstudio
FPZ-Rückenkonzept
Freibrot
Freie Unterkunft
Freie Verpflegung
Freifahrten
Freiflüge
Freitabak
Freitrunk
  (vgl. „Getränke" und „Haustrunk")
Führerschein
Gästehaus
Gebührenerlass
Gelegenheitsgeschenke
Genussmittel
Geschenke
Gesundheitsförderung
Getränke
Grundstücke
Heizung
Holzabgabe an Forstbedienstete
  (vgl. „Heizung")
Impfung
Incentive-Reisen
Internetzugang
  (vgl. „Computer")
Jahreswagen
Job-Ticket
  (vgl. „Fahrten zwischen Wohnung und erster Tätigkeitsstätte" unter den Nrn. 4 und 5)
Kindergartenzuschüsse
Kohledeputate
  (vgl. „Heizung")
Kraftfahrzeuge
Kreditkarte
  (vgl. „Firmenkreditkarte")
Kreislauftrainingskuren
Laptop
Losgewinne
  (vgl. „Verlosungsgewinne")
Mahlzeiten
Massagen am Arbeitsplatz
  (vgl. „Gesundheitsförderung")
Mobiltelefon
  (vgl. „Telefonkosten" unter Nr. 1)
Outplacement-Beratung
Parkplätze
Preise
Prepaid-Card
Rabatte
Rundfunkgerät
Sammelbeförderung
Sozialräume
Strom
Stromkostenzuschuss
Theaterkarten
  (vgl. „Eintrittskarten")
Token
Unterkunft
  (vgl. „Freie Unterkunft und Verpflegung")
Verlosungsgewinne
Vermögensbeteiligungen
Verpflegungsmehraufwand
Versicherungsschutz
Videogerät
Vorsorgekuren
Vorsorgeuntersuchungen
Waren
Warengutscheine
Werkzeuggeld
Wohnungsüberlassung
Zinsersparnisse

2. Lohnabrechnung bei Sachbezügen

Zur Ermittlung des steuerpflichtigen Arbeitslohns und des beitragspflichtigen Arbeitsentgelts sind der Barlohn und der Vorteil aus der Sachbezugsgewährung im Abrechnungsmonat zusammenzurechnen. Wurde der Sachbezug verbilligt gewährt, ist der **Unterschied** zwischen dem Wert des Sachbezugs und dem Entgelt des Arbeitnehmers steuer- und beitragspflichtig. Das vom Arbeitnehmer gezahlte Entgelt darf den steuer- und beitragspflichtigen Barlohn nicht mindern; es ist vom Nettolohn vor Ermittlung des Auszahlungsbetrags abzuziehen.

Beispiel

Ein Arbeitnehmer erhält von seinem Arbeitgeber einen Firmenwagen, den er auch privat benutzen darf (Listenpreis des Fahrzeugs 30 000 €). Der für die private Nutzung anzusetzende Sachbezugswert beträgt monatlich 1 % von 30 000 € = 300 € (vgl. das Stichwort „Firmenwagen zur privaten Nutzung"). Für die private Nutzung muss der Arbeitnehmer 100 € monatlich bezahlen. Fahrten zwischen Wohnung und erster Tätigkeitsstätte fallen nicht an. Bei einem Monatslohn von 3200 € und Anwendung der Steuerklasse I/ohne Kinder ergibt sich folgende Lohnabrechnung:

monatlicher Barlohn		3 200,– €
Ermittlung der Bemessungsgrundlage für die Berechnung der Lohnabzüge: Barlohn	3 200,– €	
zuzüglich steuer- und beitragspflichtiger Teil des Sachbezugs „Private Nutzung des Firmenwagens" (300 € – 100 €)	200,– €	
steuer- und beitragspflichtiger Gesamtbetrag	3 400,– €	
Abzüge (aus 3400 €):		
Lohnsteuer (Steuerklasse I)	494,58 €	
Solidaritätszuschlag	0,– €	
Kirchensteuer (z. B. 8 %)	39,56 €	
Sozialversicherungsbeiträge (z. B. 20,225 %)	687,65 €	1 221,79 €
Nettobarlohn		1 978,21 €
für die private Nutzung des Firmenwagens zu zahlendes Entgelt		100,– €
Auszahlungsbetrag		1 878,21 €

Es kommt vor, dass die auf den Sachbezug entfallenden Lohnabzüge vom Arbeitgeber übernommen werden und der Arbeitnehmer nur die auf den Barlohn entfallenden Abzüge tragen muss. Ein Berechnungsbeispiel für eine solche **Teilnettolohnberechnung** ist in Anhang 13 auf Seite 1313 abgedruckt.

Im Hotel- und Gaststättengewerbe und in der Landwirtschaft werden häufig Sachbezüge in Form von Unterkunft und Verpflegung gewährt. Hierfür werden besondere amtliche Sachbezugswerte angesetzt. Eine vollständige Lohnabrechnung mit dem Ansatz dieser **amtlichen** Sachbezugswerte unter Abzug einer Zuzahlung des Arbeitnehmers ist beim Stichwort „Freie Unterkunft und Verpflegung" unter Nr. 11 auf Seite 473 abgedruckt.

3. Bewertung von Sachbezügen

a) Allgemeine Grundsätze

Bei der Bewertung von Sachbezügen stellt sich stets auch die Frage, ob der Rabattfreibetrag in Höhe von 1080 € jährlich anwendbar ist oder nicht. Denn die Anwendung des Rabattfreibetrags hat eine andere Bewertung des Sachbezugs zur Folge.

Weiterhin ist die **Freigrenze für Sachbezüge** von **monatlich 44 €** zu beachten, die nur für diejenigen Sachbezüge gilt, für die keine amtlichen Sachbezugswerte festgesetzt sind und für die der Rabattfreibetrag nicht anwendbar ist oder aufgrund des bestehenden Bewertungswahlrechts nicht angewendet wird. Muss die steuerliche Behandlung von Sachbezügen beurteilt werden, erscheint es zweckmäßig, nach folgendem Schema vorzugehen:

1. Frage: Ist auf den vom Arbeitgeber unentgeltlich oder verbilligt gewährten Sachbezug der Rabattfreibetrag von 1080 € jährlich anwendbar? In diesem Fall gelten für die Bewertung des Sachbezugs die **besonderen** Bewertungsvorschriften des § 8 Abs. 3 EStG (kein Ansatz der amtlichen Sachbezugswerte, aber Bewertungsabschlag von 4 %, keine Anwendung der monatlichen 44-Euro-Freigrenze). Zum Wahlrecht zwischen der Anwendung der Rabattregelung und den allgemeinen Bewertungsvorschriften vgl. das Stichwort „Rabatte, Rabattfreibetrag" unter Nr. 2 Buchstabe c.
2. Frage: Handelt es sich bei dem Sachbezug zwar um Waren- oder Dienstleistungen, auf die der Rabattfreibetrag anwendbar wäre, wählt der Arbeitgeber aber die **Pauschalbesteuerung?** Diese Frage ist deshalb von Bedeutung, weil die Anwendung der Pauschalbesteuerung die gleichzeitige Gewährung des Rabattfreibetrags von 1080 € ausschließt. Bei Anwendung der Pauschalbesteuerung gelten für die Bewertung des Sachbezugs ausschließlich die **allgemeinen** Bewertungsvorschriften des § 8 Abs. 2 EStG (ortsüblicher Preis unter Anwendung der 96 %-Regelung bzw. günstigster Marktpreis oder amtliche Sachbezugswerte, soweit festgesetzt).
3. Frage: Ist auf den vom Arbeitgeber gewährten Sachbezug der Rabattfreibetrag nicht anwendbar? Ist diese Frage zu bejahen, kann also auf den gewährten Sachbezug der Rabattfreibetrag nicht angewendet werden, gelten für die Bewertung des Sachbezugs ebenfalls nur die **allgemeinen** Bewertungsvorschriften des § 8 Abs. 2 EStG (ortsüblicher Preis unter Anwendung der 96 %-Regelung bzw. günstigster Marktpreis sowie Anwendung der monatlichen 44-Euro-Freigrenze oder amtlicher Sachbezugswert, soweit festgesetzt).

Aufgrund dieser Einordnung ergibt sich für die Bewertung von Sachbezügen folgendes Schema:

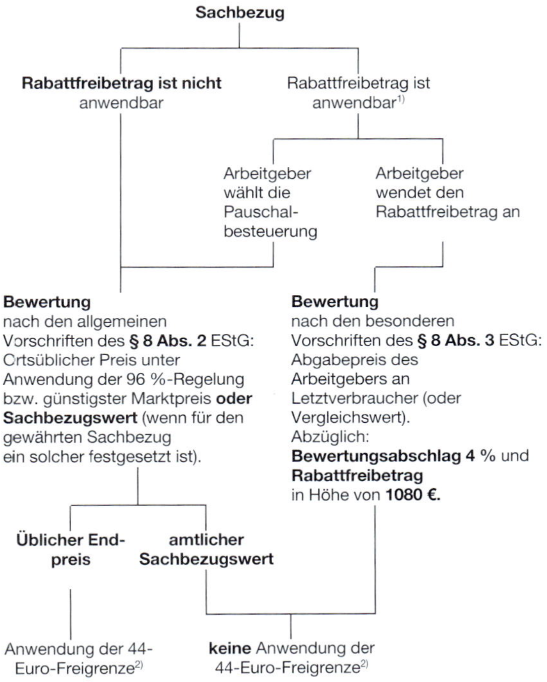

Die Frage, ob auf einen Sachbezug der Rabattfreibetrag von 1080 € jährlich anwendbar ist oder nicht, ist somit bereits für die **Bewertung** des Sachbezugs von entscheidender Bedeutung. Durch den Rabattfreibetrag begünstigt ist die unentgeltliche oder verbilligte Überlassung von **Waren** oder **Dienstleistungen,** die vom Arbeitgeber **nicht** überwiegend **für den Bedarf seiner Arbeitnehmer** hergestellt, vertrieben oder erbracht werden. Oder umgekehrt ausgedrückt: Der Rabattfreibetrag ist bei der Überlassung von Waren oder Dienstleistungen an den Arbeitnehmer nur dann anwendbar, wenn der Arbeitgeber mit diesen Waren oder Dienstleistungen Handel treibt, also zumindest im gleichen Umfang fremde Dritte mit diesen Waren oder Dienstleistungen „beliefert". Das Schema soll am Beispiel Verpflegung verdeutlicht werden:

Bei der unentgeltlichen oder verbilligten Überlassung von **Verpflegung** (z. B. einzelner **Mahlzeiten**) handelt es sich um eine „Ware", bei der sich die Frage stellt, ob sie der Arbeitgeber überwiegend für Fremde oder überwiegend für den Bedarf seiner Arbeitnehmer herstellt. Stellt der Arbeitgeber die Verpflegung überwiegend **für seine Arbeitnehmer** her (z. B. die Mahlzeiten in einer Kantine), ist auf diese Sachbezüge der Rabattfreibetrag **nicht** anwendbar. Entsprechend dem obigen Schema erfolgt die Bewertung des Sachbezugs mit den für Mahlzeiten amtlich festgesetzten Sachbezugswerten. Handelt es sich um Arbeitnehmer im Hotel- und Gaststättengewerbe, stellt sich die Frage, ob der Arbeitgeber ein sog. Personalessen besonders zubereiten lässt. Da dieses Personalessen nur für den Bedarf der Arbeitnehmer hergestellt wird, ist eine Anwendung des Rabattfreibetrags nicht möglich; die Bewertung erfolgt mit den amtlichen Sachbezugswerten. Erhalten die Arbeitnehmer jedoch das gleiche Essen wie es nach der Speisekarte fremden Dritten angeboten wird, ist der Rabattfreibetrag auf diese Sachbezüge anwendbar. Entsprechend dem obigen Schema erfolgt die Bewertung in diesem Fall mit dem auf der Speisekarte angegebenen Wert abzüglich 4 %. Die monatliche 44-Euro-Freigrenze ist aber in beiden Fällen nicht anwendbar, und zwar im ersten Fall, weil mit Sachbezugswerten bewertet wird, und im zweiten Fall, weil der Rabattfreibetrag anwendbar ist (vgl. nachfolgend unter Nr. 4).

Beispiel

Die Bedienung in einer Gaststätte erhält arbeitstäglich eine unentgeltliche Mahlzeit, die sie aus der Speisekarte wählen kann. Der Rabattfreibetrag ist anwendbar. Für die Bewertung der Mahlzeiten gelten nicht die amtlichen Sachbezugswerte sondern die besonderen Bewertungsvorschriften des § 8 Abs. 3 EStG. Anzusetzen ist hiernach für jede Mahlzeit der auf der Speisekarte ausgezeichnete Endpreis abzüglich 4 %. Geht man davon aus, dass die Bedienung jeden Tag ein Gericht im Wert von 4 € isst und 280 Tage im Kalenderjahr 2021 arbeitet, ergibt sich Folgendes:

4 € × 280	=	1 120,– €
abzüglich 4 %	=	44,80 €
geldwerter Vorteil im Kalenderjahr 2021		1 075,20 €

Dieser geldwerte Vorteil ist steuerfrei, da er den Rabattfreibetrag von 1080 € nicht übersteigt. Wird der Rabattfreibetrag überschritten, ist eine Pauschalierung der Lohnsteuer und damit ein Übergang zur Bewertung der Mahlzeiten mit dem amtlichen Sachbezugswert möglich (vgl. das Stichwort „Rabatte, Rabattfreibetrag" unter Nr. 5).

Diejenigen Sachbezüge, auf die der Rabattfreibetrag angewendet werden kann und die daraus resultierende besondere Bewertung des Sachbezugs, sind beim Stichwort „Rabatte, Rabattfreibetrag" im Einzelnen erläutert. Kann der Rabattfreibetrag **nicht** angewendet werden oder wird vom Wahlrecht zur Anwendung der allgemeinen Bewertungsvorschriften Gebrauch gemacht, gelten für die Bewertung dieses Sachbezugs folgende, in § 8 Abs. 2 EStG festgelegte Bewertungsgrundsätze:

1) Zum Wahlrecht zwischen der Anwendung der Rabattregelung des § 8 Abs. 3 EStG und den allgemeinen Bewertungsvorschriften des § 8 Abs. 2 EStG vgl. das Stichwort „Rabatte, Rabattfreibetrag" unter Nr. 2 Buchstabe c.

2) Zu den Besonderheiten bei einer Wohnungsüberlassung vgl. nachfolgenden Buchstaben e und das Stichwort „Wohnungsüberlassung" sowie nachfolgende Nr. 4 zu Gehaltsumwandlungen.

S

Lohnsteuerpflichtig | Sozialversich.-pflichtig

b) Ortsüblicher Preis (96 %-Regelung)

Sachbezüge, für die keine amtlichen Sachbezugswerte festgesetzt sind, sind nach § 8 Abs. 2 Satz 1 EStG mit dem üblichen **Endpreis am Abgabeort** anzusetzen; zum Ansatz des günstigsten Marktpreises vgl. den nachfolgenden Buchstaben c. Der übliche Endpreis einer Ware oder Dienstleistung ist der Preis, der für diese Ware oder Dienstleistung im allgemeinen Geschäftsverkehr von Letztverbrauchern in der Mehrzahl der Verkaufsfälle am Abgabeort für gleichartige Waren oder Dienstleistungen tatsächlich gezahlt wird. Er schließt also die **Umsatzsteuer** und sonstige Preisbestandteile ein. Andererseits bedeutet „üblicher Endpreis" aber auch, dass bei der Ermittlung dieses Preises die **üblichen Preisnachlässe** abgezogen werden (§ 8 Abs. 2 Satz 1 EStG). Der sich hiernach ergebende Endpreis ist ggf. nach objektiven Gesichtspunkten zu schätzen. Nach R 8.1 Abs. 2 Satz 3 LStR kann aus **Vereinfachungsgründen** auf die Ermittlung des um übliche Preisnachlässe geminderten üblichen Endpreises verzichtet und der um **4 %** geminderte Angebotspreis angesetzt werden, mit dem die Ware oder Dienstleistung fremden Letztverbrauchern im allgemeinen Geschäftsverkehr angeboten wird (sog. **96 %-Regelung**). Der Bewertungsabschlag von 4 % wird aber nicht vorgenommen, wenn kein Bewertungserfordernis besteht, weil die Höhe des Vorteils für den Arbeitnehmer auf den ersten Blick ersichtlich ist. Dies ist z. B. der Fall bei betragsmäßig begrenzten Gutscheinen (R 8.1 Abs. 2 Satz 4 LStR), vgl. zur Abgrenzung von Barlohn und Sachbezug nachfolgende Nr. 4 Buchstabe c. Siehe zum Bewertungsabschlag von 4 % auch das Stichwort „Warengutscheine" unter Nr. 3.

Auf den nach diesen Grundsätzen ermittelten ortsüblichen Preis ist die 44-Euro-Freigrenze anzuwenden.

Hiernach ergibt sich für Sachbezüge, auf die der Rabattfreibetrag nicht anwendbar ist oder aufgrund des Wahlrechts nicht angewendet wird, folgendes Bewertungsschema:

Sachbezug

Bewertung nach den allgemeinen Vorschriften des § 8 Abs. 2 EStG: Ortsüblicher Preis unter Anwendung der **96 %-Regelung** bzw. **günstigster Marktpreis oder Sachbezugswert** (wenn für den gewährten Sachbezug ein solcher festgesetzt ist).

Üblicher Endpreis	**amtlicher Sachbezugswert**
Anwendung der 44-Euro-Freigrenze[1]	**keine** Anwendung der 44-Euro-Freigrenze

S

Beispiel A

Ein Mechaniker in einer Autoreparaturwerkstatt erhält von seinem Arbeitgeber einen Jogging-Anzug, weil er den Pkw eines Kunden besonders gut repariert hat. Der Arbeitgeber hat den Jogging-Anzug für 45 € (inklusive Umsatzsteuer) gekauft. In Anwendung der 96 %-Regelung ergibt sich folgende Bewertung des dem Arbeitnehmer zugewendeten Sachbezugs:

Kaufpreis des Jogging-Anzugs	45,– €
abzüglich 4 % pauschaler Abschlag	1,80 €
verbleibender, steuerlich maßgebender Wert des Sachbezugs	43,20 €

Der Sachbezug im Wert von 43,20 € ist in Anwendung der monatlichen 44-Euro-Freigrenze (vgl. nachfolgend unter Nr. 4) steuer- und beitragsfrei.

Beispiel B

Ein Arbeitnehmer erhält in der Betriebskantine im Monat April 2021 fünf kostenlose Mittagessen. Der Wert dieser Mittagessen ist zwingend mit dem Sachbezugswert von 3,47 € für ein Essen anzusetzen (3,47 € × 5 =) 17,35 €. Ein Wahlrecht zwischen dem Ansatz der Sachbezugswerte und dem in Anwendung der 96 %-Regelung ermittelten Endpreis besteht nicht. Müsste ein fremder Dritter in der Kantine 5 € für ein Essen bezahlen, ergäbe sich bei einem Ansatz des üblichen Endpreises und Anwendung der 44-Euro-Freigrenze Folgendes:

Angebotspreis für die Essen (5 € × 5)	25,– €
in Anwendung der 96 %-Regelung ergäbe sich ein Wert des Sachbezugs in Höhe von	24,– €

Da der Wert des Sachbezugs die 44-Euro-Freigrenze nicht überschreitet, wäre er steuer- und beitragsfrei. Für Mahlzeiten ist jedoch ein amtlicher Sachbezugswert festgesetzt. Dieser ist bei der Bewertung zwingend anzusetzen. Die Anwendung der 96 %-Regelung und der 44-Euro-Freigrenze sind damit ausgeschlossen.

c) Günstigster Marktpreis

Im Zusammenhang mit seiner Rechtsprechung zur Rabattbesteuerung (vgl. das Stichwort „Rabatte, Rabattfreibetrag") hatte der Bundesfinanzhof entschieden, dass bei Anwendung der allgemeinen Bewertungsvorschrift der Vergleichspreis grundsätzlich der „günstigste Preis am Markt" ist (BFH-Urteil vom 26.7.2012, BStBl. 2013 II S. 402). Die Finanzverwaltung hat daraufhin ihre Auffassung zum „Endpreis" im Sinne der allgemeinen Bewertungsvorschrift des § 8 Abs. 2 EStG dieser Rechtsprechung angepasst.[2]

Endpreis im Sinne der allgemeinen Bewertungsvorschrift des § 8 Abs. 2 EStG ist auch der nachgewiesene **günstigste Preis** einschließlich sämtlicher Nebenkosten (z. B. Verpackungskosten), zu dem die konkrete Ware oder Dienstleistung mit vergleichbaren Bedingungen an Endverbraucher ohne individuelle Preisverhandlungen im Zuflusszeitpunkt **am Markt** angeboten wird; ein **zusätzlicher Bewertungsabschlag** von 4 % (= 96 %-Regelung; vgl. vorstehenden Buchstaben b) ist **nicht** vorzunehmen. Markt in diesem Sinne sind alle gewerblichen Anbieter, von denen der Arbeitnehmer die konkrete Ware oder Dienstleistung im Inland unter Einbeziehung allgemein zugänglicher **Internetangebote** oder auf sonstige Weise gewöhnlich beziehen kann. Auf einen sich ergebenden geldwerten Vorteil kann die monatliche 44-Euro-Freigrenze für Sachbezüge angewendet werden (vgl. hierzu nachfolgende Nr. 4).

Beispiel A

Der Arbeitgeber schenkt dem Arbeitnehmer anlässlich eines erfolgreichen Geschäftsabschlusses eine Kiste mit sechs Flaschen Weißwein, die er im Ort für 48 € erworben hat. Recherchen im Internet ergeben, dass er diese Kiste Wein bei einem Weinhändler für 42 € hätte bestellen können.

Ortsüblicher Preis (96 %-Regelung)

Kaufpreis der Kiste Wein	48,00 €
abzüglich 4 % pauschaler Abschlag	1,92 €
verbleibender, steuerlich maßgebender Wert	46,08 €

Der Sachbezug im Wert von 46,08 € übersteigt die 44-Euro-Freigrenze (vgl. nachfolgende Nr. 4) und ist steuer- und beitragspflichtig.

Günstigster Preis am Markt

Anstelle des ortsüblichen Preises (96 %-Regelung) kann der Sachbezug auch mit dem günstigsten Preis am Markt bewertet werden (= Wahlrecht).

Internetangebot für die Kiste Wein	42,00 €
Kein pauschaler Abschlag von 4 %	
verbleibender, steuerlich maßgebender Wert	42,00 €

Der Sachbezug im Wert von 42 € übersteigt nicht die 44-Euro-Freigrenze (vgl. nachfolgende Nr. 4) und ist steuer- und beitragsfrei.

Der Bundesfinanzhof hat entschieden, dass **Fracht-, Liefer- und Versandkosten nicht zum** maßgebenden **Endpreis** eines Sachbezugs gehören, da es sich hierbei nicht

1) Zu den Besonderheiten bei einer Wohnungsüberlassung vgl. nachfolgenden Buchstaben e und das Stichwort „Wohnungsüberlassung" sowie nachfolgende Nr. 4 zu Gehaltsumwandlungen.

2) Randziffer 4 bis 6 des BMF-Schreibens vom 16.5.2013 (BStBl. I S. 729). Das BMF-Schreiben ist als Anlage 10 zu H 8.2 LStR im **Steuerhandbuch für das Lohnbüro 2021** abgedruckt, das im selben Verlag erschienen ist.

um eine Gegenleistung eines Letztverbrauchers für die Ware handelt. Liefert der Arbeitgeber die Ware in die Wohnung des Arbeitnehmers, liegt aber eine zusätzliche Leistung des Arbeitgebers an den Arbeitnehmer vor. Es handelt sich – neben der Ware – um einen **gesonderten Sachbezug, der – gemeinsam mit der Wert der Ware – zu einem Überschreiten der monatlichen 44-Euro-Freigrenze führen kann** und in diesem Fall steuer- und beitragspflichtig ist (BFH-Urteil vom 6.6.2018, BStBl. II S. 764). Eine Bereicherung des Arbeitnehmers in diesem Sinne liegt aber nicht vor, wenn der Arbeitnehmer für das Empfangen der Ware selbst nichts hätte aufwenden müssen.

Beispiel B

Der Arbeitgeber bestellt im März 2021 im Internet für seine Arbeitnehmer Kosmetikartikel im Wert von jeweils 43 €. Sie werden den Arbeitnehmern gegen Berechnung einer Versandkostenpauschale von 6 €, die ebenfalls vom Arbeitgeber übernommen wird, nach Hause geliefert.

Die Arbeitnehmer erhalten von ihrem Arbeitgeber zwei Sachbezüge (Kosmetikartikel und Lieferung nach Hause) im Wert von 49 € (43 € plus 6 €). Die monatliche 44-Euro-Freigrenze für Sachbezüge ist überschritten. Die beiden Sachbezüge sind daher steuer- und beitragspflichtig.

Hinweis: Wird die Versandkostenpauschale in Höhe von 6 € mit 30 % pauschal besteuert (§ 37b Abs. 2 EStG), bleiben die Kosmetikartikel in Anwendung der 44-Euro-Freigrenze steuer- und beitragsfrei (R 8.1 Abs. 3 Satz 1 LStR).

Der **Arbeitgeber** ist nicht verpflichtet im **Lohnsteuerabzugsverfahren** den günstigsten Preis am Markt zu ermitteln. Ihm bleibt es unbenommen, den üblichen Endpreis am Abgabeort unter Inanspruchnahme eines Bewertungsabschlags von 4 % mit **96 % des Angebotspreises** anzusetzen. Der **Arbeitnehmer** kann in diesem Fall bei seiner **Einkommensteuer-Veranlagung** den geldwerten Vorteil für den Sachbezug mit dem nachgewiesenen **günstigsten Preis** am Markt im Zuflusszeitpunkt bewerten; der Nachweis erfolgt z. B. durch einen entsprechenden Ausdruck des Angebots. Der Arbeitgeber hat daher die Grundlagen für den ermittelten Endpreis als Beleg zum Lohnkonto aufzubewahren und dem Arbeitnehmer auf Verlangen formlos mitzuteilen (vgl. auch das Stichwort „Lohnkonto" unter Nr. 5).

d) Amtliche Sachbezugswerte

Amtliche Sachbezugswerte werden für die Gewährung von **Unterkunft** und **Verpflegung** in der Sozialversicherungsentgeltverordnung[1] festgesetzt. Außerdem können die obersten Finanzbehörden der Länder im Einvernehmen mit dem Bundesministerium der Finanzen weitere Sachbezugswerte festsetzen. Solche Sachbezugswerte sind z. B. für die Bewertung von Freiflügen bei Luftfahrtunternehmen festgesetzt worden (vgl. „Freiflüge, verbilligte Flüge").

Die amtlichen Sachbezugswerte sind ausschließlich für die Sachbezüge maßgebend, für die sie festgesetzt worden sind. Für diese Sachbezüge sind sie allerdings zwingend anzusetzen, und zwar auch dann, wenn der ortsübliche Preis geringer sein sollte (BFH-Urteil vom 23.8.2007, BStBl. II S. 948). Die Sachbezugswerte nach der Sozialversicherungsentgeltverordnung[1] gelten auch für Arbeitnehmer, die nicht der gesetzlichen Rentenversicherung unterliegen. Die amtlichen Sachbezugswerte gelten auch dann, wenn in einem Tarifvertrag, einer Betriebsvereinbarung oder in einem Arbeitsvertrag für Sachbezüge höhere oder niedrigere Werte festgesetzt worden sind. Die Sachbezugswerte gelten nicht, wenn die vorgesehenen Sachbezüge durch Barzahlung des Arbeitgebers abgegolten werden; in diesen Fällen sind grundsätzlich die Barzahlungen als Arbeitslohn zu versteuern. Werden die Barvergütungen nur gelegentlich oder vorübergehend gezahlt, z. B. bei tageweiser auswärtiger Beschäftigung, für die Dauer einer Krankheit oder eines Urlaubs, sind die amtlichen Sachbezugswerte jedoch weiter anzuwenden, wenn mit der Barzahlung nicht mehr als der tatsächliche Wert der Sachbezüge abgegolten wird; geht die Barzahlung über den tatsächlichen Wert der Sachbezüge hinaus, ist diese Barvergütung zu versteuern (R 8.1 Abs. 4 Sätze 3 und 4 LStR).

Zur Anwendung der amtlichen Sachbezugswerte bei einer unentgeltlichen oder verbilligten Überlassung von Verpflegung, Unterkunft, Heizung und Beleuchtung vgl. das Stichwort **„Freie Unterkunft und Verpflegung".** Zur Anwendung der amtlichen Sachbezugswerte bei einer unentgeltlichen oder verbilligten Überlassung einzelner Mahlzeiten z. B. in der Betriebskantine vgl. das Stichwort **„Mahlzeiten".**

e) Bewertungsabschlag bei Wohnungsüberlassungen

Bei der Ermittlung des steuerpflichtigen Sachbezugs aus der unentgeltlichen oder verbilligten Überlassung von Wohnraum durch den Arbeitgeber oder einem verbundenen Unternehmen an den Arbeitnehmer ist seit 2020 ein Bewertungsabschlag **von einem Drittel** vom ortsüblichen Mietwert (einschließlich Nebenkosten) vorzunehmen (§ 8 Abs. 2 Satz 12 EStG); er gilt auch im Sozialversicherungsrecht. Ortsüblicher Mietwert ist z. B. der niedrigste Mietwert der Mietpreisspanne des Mietspiegels für vergleichbare Wohnungen zuzüglich der nach der Betriebskostenverordnung umlagefähigen Kosten, die konkret auf die überlassene Wohnung entfallen. Im Ergebnis wirkt der Bewertungsabschlag – wie das nachfolgende Beispiel zeigt – wie ein Freibetrag, denn die nach Anwendung des Bewertungsabschlags ermittelte Vergleichsmiete ist Bemessungsgrundlage für die Bewertung der Mietvorteile. Das vom Arbeitnehmer tatsächlich gezahlte Entgelt für die Wohnung (tatsächlich erhobene Miete plus tatsächlich abgerechnete Nebenkosten) ist auf die Vergleichsmiete anzurechnen. Obwohl der Bewertungsabschlag in § 8 Abs. 2 Satz 12 EStG geregelt ist, geht die Finanzverwaltung von einer Bewertung nach § 8 Abs. 2 Satz 1 EStG (mit Bewertungsabschlag von 1/3) aus mit der Folge, dass die 44-Euro-Freigrenze für Sachbezüge anwendbar ist.

Beispiel

Arbeitgeber A überlässt dem Arbeitnehmer B ab Januar 2021 eine 100 qm Wohnung für 660 € monatlich zuzüglich 300 € Nebenkosten. Der niedrigste Mietwert der Mietpreisspanne des Mietspiegels für vergleichbare Wohnungen beträgt 12 € je qm.

Monatlicher Mietwert 100 qm × 12 €	1200 €
Umlagefähige Nebenkosten	300 €
Summe	1500 €
abzüglich Bewertungsabschlag 1/3	500 €
Verbleiben	1000 €
Entgelt des Arbeitnehmers 660 € zuzüglich 300 €	960 €
Geldwerter Vorteil	40 €

Der geldwerte Vorteil ist bei Anwendung der 44-Euro-Freigrenze steuerfrei, sofern diese noch nicht anderweitig ausgeschöpft ist.

Der vorstehend beschriebene Bewertungsabschlag kommt nicht zur Anwendung, wenn die ortsübliche Kaltmiete – ohne die nach der Betriebskostenverordnung umlagefähigen Kosten – mehr als 25 € je qm beträgt. Nach der Gesetzesbegründung dient diese feste Mietobergrenze der Gewährleistung sozialer Ausgewogenheit und der Vermeidung der steuerbegünstigten Vermietung von Luxuswohnungen. Vgl. im Übrigen auch das Stichwort „Wohnungsüberlassung".

4. Anwendung der monatlichen 44-Euro-Freigrenze

a) Allgemeines

Für Sachbezüge gibt es eine Freigrenze von **44 € monatlich.** Diese Freigrenze gilt nur für Sachbezüge, die nach den allgemeinen Bewertungsvorschriften in § 8 Abs. 2

1) Die Sozialversicherungsentgeltverordnung (SvEV) ist als Anhang 2 im **Steuerhandbuch für das Lohnbüro 2021** abgedruckt, das im selben Verlag erschienen ist.

Lohn-steuer-pflichtig | Sozial-versich.-pflichtig

Satz 1 EStG zu bewerten sind. Für Sachbezüge, die mit den amtlichen Sachbezugswerten nach § 8 Abs. 2 **Satz 6** EStG zu bewerten sind, gilt deshalb die Freigrenze ebenso wenig wie für Sachbezüge, auf die der Rabattfreibetrag anwendbar ist (und die deshalb nach der besonderen Bewertungsvorschrift in § 8 Abs. 3 EStG bewertet werden). Zu den Besonderheiten bei einer Wohnungsüberlassung vgl. vorstehende Nr. 3 Buchstabe e. Hiernach ergibt sich folgende Übersicht:

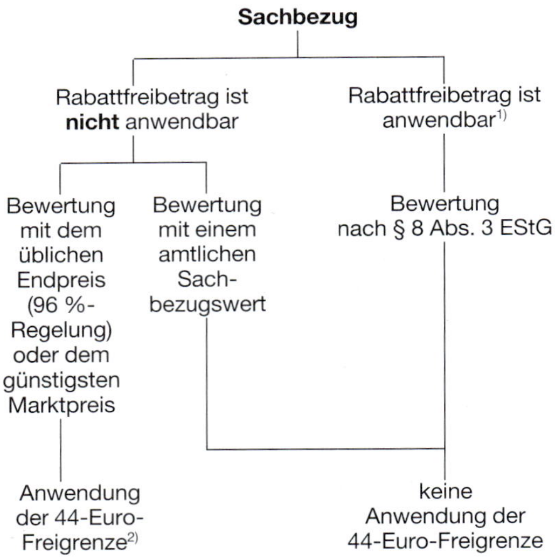

Sind also Sachbezüge weder mit amtlichen Sachbezugswerten zu bewerten noch um den Rabattfreibetrag von jährlich 1080 € zu kürzen, sind sie steuer- und beitragsfrei, wenn der Wert monatlich 44 € nicht übersteigt. nein nein

Der Betrag von 44 € monatlich ist eine Frei**grenze;** das bedeutet Folgendes:

Wird der Betrag von 44 € monatlich überschritten (und sei es auch nur um einen Cent), ist der gesamte Wert des Sachbezugs steuer- und beitragspflichtig und nicht nur der über 44 € hinausgehende Betrag. ja ja

Weiterhin ist zu beachten, dass es sich um eine **monatliche** Freigrenze von 44 € handelt. Wird somit der Betrag von 44 € in einigen Monaten nicht ausgeschöpft, kann der nicht beanspruchte Teil keinesfalls auf die folgenden Monate übertragen werden (der Monatsbetrag von 44 € kann also nicht auf einen Jahresbetrag von 528 € hochgerechnet werden).

Beispiel

Der Verkäufer eines Autohauses erhält von seinem Arbeitgeber, der einen gut sortierten Weinkeller besitzt, in Monaten mit besonders guten Verkaufserfolgen eine Kiste mit sechs Flaschen Wein im Wert von 44 €. Dieser Sachbezug ist steuer- und beitragsfrei. Erhält der Verkäufer nicht in jedem Monat, in dem er gut verkauft hat, eine Kiste Wein, sondern im Dezember z. B. für sechs erfolgreiche Monate sechs Kisten Wein im Wert von 264 €, ist dieser Sachbezug in voller Höhe steuer- und beitragspflichtig, da die für Dezember geltende monatliche Freigrenze von 44 € überschritten ist.

S

Auch eine **Nachholung** (vgl. das vorstehende Beispiel) ist also **nicht zulässig.**

b) Anwendung der 44-Euro-Freigrenze in Einzelfällen

Die der Vereinfachung dienende Freigrenze von monatlich 44 € ist ausnahmslos nur dann anwendbar, wenn der Wert des Sachbezugs nach § 8 Abs. 2 Satz 1 EStG mit dem Endpreis am Abgabeort bzw. dem günstigsten Marktpreis zu bewerten ist. **Anwendbar** ist die monatliche Freigrenze von 44 € deshalb z. B.

- bei **Sachgeschenken** aller Art (z. B. ein Geschenkkorb, 1 Flasche Champagner, Bücher, Schallplatten, CDs, Benzingutscheine, **Warengutscheine** vgl. dieses Stichwort);
- bei **Zinsersparnissen** (vgl. „Zinsersparnisse und Zinszuschüsse“ unter Nr. 4);
- bei einer **Rabattgewährung durch Dritte** (vgl. „Rabatte, Rabattfreibetrag“ unter Nr. 6 Buchstabe d);
- bei Waren, die der Arbeitgeber nur für den Bedarf seiner Arbeitnehmer herstellt und bei Dienstleistungen, die der Arbeitgeber nur für seine Arbeitnehmer erbringt (vgl. „Rabatte, Rabattfreibetrag“);
- bei der unentgeltlichen oder verbilligten Überlassung von Telefonkarten (vgl. „Telefonkosten“ unter Nr. 5);
- bei Mahlzeiten, die nicht mit dem amtlichen Sachbezugswert bewertet werden z. B. bei sog. **Belohnungsessen** (vgl. „Bewirtungskosten“ unter Nr. 7);
- wenn der Arbeitgeber seinen Arbeitnehmern angemietete Tennis- oder Squashplätze unentgeltlich oder verbilligt überlässt (vgl. „Sportanlagen“);
- bei der Übernahme der Kreditkartengebühr (vgl. „Firmenkreditkarte“).

Keine Anwendung findet die monatliche 44-Euro-Freigrenze z. B.

- bei einer **Gehaltsumwandlung** zugunsten von Gutscheinen oder Geldkarten (vgl. „Prepaid Card“ und „Warengutscheine“ unter Nr. 5;
- bei **Kantinenmahlzeiten** (Bewertung mit dem amtlichen Sachbezugswert, vgl. „Mahlzeiten“);
- bei der Gewährung freier **Unterkunft und Verpflegung** (Bewertung mit dem amtlichen Sachbezugswert, vgl. „Freie Unterkunft und Verpflegung“);
- bei der privaten Nutzung von **Firmenwagen** (besonderer in § 8 Abs. 2 Sätze 2 bis 5 EStG festgesetzter Sachbezugswert);
- bei **Belegschaftsrabatten** auf die der Rabattfreibetrag anwendbar ist (vgl. „Rabatte, Rabattfreibetrag“ unter Nr. 3);
- bei der unentgeltlichen oder verbilligten Überlassung von **Vermögensbeteiligungen** nach § 3 Nr. 39 EStG (vgl. „Vermögensbeteiligungen“ unter Nr. 5 Buchstabe b).

Die monatliche 44-Euro-Freigrenze gilt also nur dann, wenn eine Bewertung des Sachbezugs nach § 8 Abs. 2 Satz 1 EStG mit dem Endpreis am Abgabeort (= Anwendung der 96 %-Regelung) bzw. dem günstigsten Marktpreis erfolgt. Die Anwendung der sog. **96 %-Regelung** ist ausführlich anhand von Beispielen unter der vorstehenden Nr. 3 Buchstabe b, der günstigste Marktpreis unter der vorstehenden Nr. 3 Buchstabe c erläutert. Bei allen Sachbezügen, die nach anderen Bewertungsvorschriften bewertet werden, ist die Freigrenze nicht anwendbar.

Außerdem ist die monatliche 44-Euro-Freigrenze dann nicht anwendbar, wenn **kein Sachbezug** vorliegt oder der **Sachbezug steuerfrei** ist, z. B.

- bei steuerfreien Sachbezügen für den Weg zwischen Wohnung und erster Tätigkeitsstätte (z. B. Job-Tickets; vgl. „Fahrten zwischen Wohnung und erster Tätigkeitsstätte“ unter Nr. 4);
- bei einer Erstattung von Telefongebühren durch den Arbeitgeber, soweit die Erstattung nicht ohnehin als Auslagenersatz steuerfrei ist (vgl. „Telefonkosten“ unter Nr. 2);
- bei Barzuschüssen des Arbeitgebers zu Pkw-Fahrten des Arbeitnehmers zwischen Wohnung und erster Tä-

1) Zum Wahlrecht zwischen der Anwendung der Rabattregelung des § 8 Abs. 3 EStG und den allgemeinen Bewertungsvorschriften des § 8 Abs. 2 EStG vgl. das Stichwort „Rabatte, Rabattfreibetrag“ unter Nr. 2 Buchstabe c.

2) Zu den Besonderheiten bei einer Wohnungsüberlassung vgl. vorstehende Nr. 3 Buchstabe e sowie das Stichwort „Wohnungsüberlassung“.

Lohn-steuer-pflichtig	Sozial-versich.-pflichtig

tigkeitsstätte (vgl. „Fahrten zwischen Wohnung und erster Tätigkeitsstätte" unter Nr. 5);

- bei steuerfreier Gestellung eines Pedelecs (vgl. „Elektro-Bike" unter Nr. 1);
- bei steuerpflichtigen Teilen von Beitragszuschüssen des Arbeitgebers zur Kranken- oder Pflegeversicherung seiner privat versicherten Arbeitnehmer (vgl. „Arbeitgeberzuschuss zur Krankenversicherung" und „Arbeitgeberzuschuss zur Pflegeversicherung");
- bei Zinszuschüssen (vgl. „Zinsersparnisse und Zinszuschüsse").

Zum Vorliegen von Sachlohn bei der Verschaffung von Versicherungsschutz vgl. dieses Stichwort.

c) Abgrenzung Barlohn oder Sachbezug

Durch das sog. Jahressteuergesetz 2019 ist der insbesondere für die monatliche 44-Euro-Freigrenze Begriff der Sachbezüge – abweichend von der früheren Verwaltungsauffassung – seit 1.1.2020 wie folgt gesetzlich definiert worden (§ 8 Abs. 1 Sätze 2 und 3 EStG):

„Zu den Einnahmen in **Geld** gehören auch **zweckgebundene Geldleistungen, nachträgliche Kostenerstattungen,** Geldsurrogate und andere Vorteile, die auf einen Geldbetrag lauten. Dies gilt nicht bei **Gutscheinen und Geldkarten, die ausschließlich zum Bezug von Waren oder Dienstleistungen berechtigen** und die Kriterien des § 2 Absatz 1 Nummer 10 des Zahlungsdiensteaufsichtsgesetzes erfüllen." In diesem Fall liegen also weiterhin **Sachbezüge** vor.

Durch den Verweis auf das Zahlungsdiensteaufsichtsgesetz ist Folgendes zu beachten:

Gutscheine und Geldkarten erfüllen die Kriterien des § 2 Absatz 1 Nummer 10 Buchstabe a Zahlungsdiensteaufsichtsgesetz und gehören zu den Sachbezügen, wenn sie unabhängig von einer Betragsangabe dazu berechtigen, ausschließlich Waren oder Dienstleistungen vom **Aussteller des Gutscheins** zu beziehen (z. B. Karten eines Online-Händlers zum Bezug von Waren oder Dienstleistungen seiner eigenen Produktpalette, ohne Produkte von Fremdanbietern) **oder** aufgrund von Akzeptanzverträgen zwischen Aussteller/Emittent und Akzeptanzstellen bei einem **begrenzten Kreis von Akzeptanzstellen im Inland** ausschließlich zum Bezug von Waren oder Dienstleistungen berechtigen (Centergutscheine, Kundenkarten von Shopping-Malls, „City-Cards").

Gutscheine oder Geldkarten erfüllen die Kriterien des § 2 Absatz 1 Nummer 10 Buchstabe b Zahlungsdiensteaufsichtsgesetz und gehören zu den Sachbezügen, wenn sie unabhängig von einer Betragsangabe dazu berechtigen, Waren oder Dienstleistungen ausschließlich aus einer **sehr begrenzten Waren- oder Dienstleistungspalette** zu beziehen. Auf die Anzahl der Akzeptanzstellen und den Bezug im Inland kommt es dabei nicht an. Hiernach begünstigt sind z. B. Gutscheine und Geldkarten begrenzt auf Kraftstoffe, Ladestrom u.s.w. („Alles, was das Auto bewegt") oder begrenzt auf Fitnessleistungen (z. B. für den Besuch von Trainingsstätten und zum Bezug der dort angebotenen Waren oder Dienstleistungen).

Schließlich erfüllen Gutscheine oder Geldkarten die Kriterien des § 2 Absatz 1 Nummer 10 Buchstabe c Zahlungsdiensteaufsichtsgesetz und gehören zu den Sachbezügen, wenn sie unabhängig von einer Betragsangabe dazu berechtigen, aufgrund von Akzeptanzverträgen zwischen Aussteller/Emittent und Akzeptanzstellen Waren oder Dienstleistungen **ausschließlich für bestimmte soziale oder steuerliche Zwecke im Inland zu beziehen (sog. Zweckkarte).** Auf die Anzahl der Akzeptanzstellen kommt es nicht an. Begünstigt hiernach sind insbesondere Verzehrkarten in Form von **Essensgutscheinen, Restaurantschecks sowie sog. digitale Essenmarken.** Ein „begünstigter" sozialer oder steuerlicher Zweck ist aber nicht

Lohn-steuer-pflichtig	Sozial-versich.-pflichtig

die Inanspruchnahme der monatlichen 44-Euro-Freigrenze für Sachbezüge, die Grenze von 60 € für Aufmerksamkeiten anlässlich eines besonderen persönlichen Ereignisses oder die Anwendung der Pauschalbesteuerung mit 30% bei Sachzuwendungen bis 10 000 €.

Zu den Geldleistungen zählen insbesondere Geldkarten oder Wertguthabenkarten in Form von **Prepaid-Kreditkarten,** die im Rahmen unabhängiger Systeme des unbaren Zahlungsverkehrs eingesetzt werden können (sog. Geldsurrogate; BFH-Urteil vom 4.7.2018, BStBl. 2019 II S. 373, Randnummer 31). Allein die Begrenzung der Anwendbarkeit von Gutscheinen oder Geldkarten auf das Inland genügt für die Annahme eines Sachbezugs nicht. Als Geldleistung zu behandeln sind insbesondere Gutscheine oder Geldkarten, die

- über eine Barauszahlungsfunktion verfügen; es ist aber nicht zu beanstanden, wenn verbleibende Restguthaben bis zu einem Euro ausgezahlt werden können,
- über eine eigene IBAN verfügen,
- für Überweisungen (z.B. PayPal) verwendet werden können,
- für den Erwerb von Devisen (z.B. Pfund, US-Dollar, Franken) verwendet werden können oder
- als generelles Zahlungsmittel hinterlegt werden können.

Beispiel A

Die Arbeitnehmer dürfen nach einer arbeitsvertraglichen Vereinbarung bei einer Tankstelle ihrer Wahl 25 Liter Treibstoff tanken und bekommen die entsprechenden Kosten (= 40 €) anschließend von ihrem Arbeitgeber erstattet.

Bei der nachträglichen Kostenerstattung handelt es sich seit 1.1.2020 um eine Geldleistung, die steuer- und beitragspflichtig ist. Die monatliche 44-Euro-Freigrenze für Sachbezüge ist nicht anwendbar.

Beispiel B

Der Arbeitgeber gibt seinem Arbeitnehmer aufgrund einer arbeitsvertraglichen Vereinbarung die Zusage, die monatlichen Kosten für den Besuch eines Fitnessstudios zu übernehmen. Hierfür erhält der Arbeitnehmer monatlich eine zweckgebundene Geldzuwendung, die er nachweislich für den Besuch des Fitnessstudios verwendet.

Ungeachtet der Zusage handelt es sich bei der zweckgebundenen Zuwendung um eine Geldleistung, die steuer- und beitragspflichtig ist. Die monatliche 44-Euro-Freigrenze für Sachbezüge ist nicht anwendbar.

Beispiel C

Die Arbeitnehmer erhalten von ihrem Arbeitgeber aufgrund einer arbeitsvertraglichen Vereinbarung eine Prepaid-Kreditkarte, auf der am ersten Werktag eines jeden Monats ein Guthaben von 44 € aufgeladen wird. Die **Prepaid-Kreditkarte** kann weltweit als generelles Zahlungsmittel eingesetzt wird.

Es handelt sich nicht um einen Sachbezug, sondern um eine **Geldleistung.** Die monatliche 44-Euro-Freigrenze für Sachbezüge ist nicht anwendbar. Die Geldleistung ist dem Arbeitnehmer jeweils im Zeitpunkt der Aufladung des Guthabens zugeflossen.

Beispiel D

Die Arbeitnehmer erhalten von ihrem Arbeitgeber aufgrund einer arbeitsvertraglichen Vereinbarung eine **Prepaid-Geldkarte** (auch Bezahlkarte genannt) im Wert von 40 €, die bundesweit ausschließlich zum Bezug von Waren oder Dienstleistungen einer bestimmten Ladenkette berechtigt, die diese Karte ausgestellt hat.

Es handelt sich um einen Sachbezug, für den die monatliche 44-Euro-Freigrenze für Sachbezüge anwendbar ist.

Beispiel E

Aufgrund einer Vereinbarung mit seinem Arbeitgeber erwirbt der Arbeitnehmer eine Ware im Wert von 35 €, die über eine App zu seinen Lasten abgerechnet und später über seine Gehaltsabrechnung vom Arbeitgeber erstattet wird.

Auch in diesem Fall handelt es sich um eine nachträgliche Kostenerstattung des Arbeitgebers und damit um eine Geldleistung. Mangels Vorliegens eines Sachbezugs kann die monatliche 44-Euro-Freigrenze nicht in Anspruch genommen werden.

Beispiel F

Arbeitnehmer J erhält von seinem Arbeitgeber einen Gutschein über 44 € für den Besuch eines Fitnessstudios.

Es handelt sich um einen Sachbezug (= sehr begrenzte Dienstleistungspalette), für den die monatliche 44-Euro-Freigrenze in Anspruch genommen werden kann.

S

	Lohn-steuer-pflichtig	Sozial-versich.-pflichtig

Den Arbeitgebern abweichend von den vorstehenden Ausführungen in der Vergangenheit erteilte Anrufungsauskünfte sind zum 1.1.2020 automatisch außer Kraft getreten, da sich die Rechtsvorschrift (§ 8 EStG), auf der die Entscheidung beruht, geändert hat.

Ein **Bewertungsabschlag von 4 %** (vgl. vorstehende Nr. 3 Buchstabe b) ist **nicht vorzunehmen,** weil kein Bewertungserfordernis besteht, da die Höhe des Vorteils für den Arbeitnehmer auf den ersten Blick ersichtlich ist (R 8.1 Abs. 2 Satz 4 LStR). Vgl. hierzu auch das Stichwort „Warengutscheine" unter Nr. 3.

Ein Sachbezug liegt auch nicht vor, wenn der Arbeitnehmer anstelle der Sachleistung Barlohn verlangen kann. Das gilt selbst dann, wenn der Arbeitgeber in diesem Fall die Sache zuwendet. Ebenso liegt Geld und kein Sachbezug vor, wenn der Barlohn nicht an den Arbeitnehmer ausbezahlt, sondern auf seine Weisung anderweitig verwendet wird (z. B. zur Erfüllung einer Verbindlichkeit des Arbeitnehmers aus Kauf, Miete oder Darlehen).

Vgl. zur Abgrenzung von Barlohn und Sachbezug außerdem die Erläuterungen und Beispiele beim Stichwort „Warengutscheine".

Zum Vorliegen von Barlohn oder Sachlohn bei der Verschaffung von Versicherungsschutz vgl. dieses Stichwort.

d) Tankkarten als Barlohn oder Sachbezug

Wie bereits im vorstehenden Buchstaben c erwähnt, ist durch das sog. Jahressteuergesetz 2019 der insbesondere für die monatliche 44-Euro-Freigrenze bedeutsame Begriff der Sachbezüge – abweichend von der früheren Verwaltungsauffassung – seit 1.1.2020 gesetzlich definiert worden. Danach gehören zu den Einnahmen in **Geld** auch **zweckgebundene Geldleistungen, nachträgliche Kostenerstattungen,** Geldsurrogate und andere Vorteile, die auf einen Geldbetrag lauten mit der Folge, dass die Freigrenze mangels Vorliegens eines Sachbezugs nicht anzuwenden ist. ja ja

Dies gilt nicht bei **Gutscheinen und Geldkarten, die ausschließlich zum Bezug von Waren oder Dienstleistungen berechtigen** und die Kriterien des § 2 Absatz 1 Nummer 10 des Zahlungsdiensteaufsichtsgesetzes erfüllen. In diesem Fall liegen also weiterhin **Sachbezüge** vor. Von Sachbezügen ist u. a. bei Zahlungsinstrumenten, die ausschließlich für den Erwerb von Waren oder Dienstleistungen aus einem sehr begrenzten Waren- oder Dienstleistungsspektrum eingesetzt werden können. Hierunter fallen u. a. z. B. Tankkarten für Kraftstoff und Ladestrom („Alles was das Auto bewegt"). Eine grenzüberschreitende Nutzung der Tankkarte ist dabei unschädlich.

Beispiel A

Die Arbeitnehmer dürfen mit von ihrem Arbeitgeber ausgestellten Tankgutscheinen bei einer Tankstelle ihrer Wahl 30 Liter Treibstoff für ihren privaten Pkw tanken und sich die Kosten dafür anschließend von ihrem Arbeitgeber erstatten lassen (= 40 €).

Es handelt sich bei der Kostenerstattung um eine Geldleistung mit der Folge, dass die 44-Euro-Freigrenze nicht anwendbar ist.

Beispiel B

Die Arbeitnehmer haben das Recht auf Kosten ihres Arbeitgebers gegen Vorlage einer Tankkarte bei einer bestimmten Tankstelle bis zu einem Höchstbetrag von 44 € monatlich für ihren privaten Pkw zu tanken.

Es handelt sich um einen Sachbezug. Auch der vereinbarte Höchstbetrag spricht nicht gegen das Vorliegen eines Sachbezugs. Die 44-Euro-Freigrenze für Sachbezüge ist anwendbar.

Die monatliche 44-Euro-Freigrenze für Sachbezüge ist bei **Gutscheinen und Geldkarten** seit 1.1.2020 zudem nur dann anwendbar, wenn sie zusätzlich zum ohnehin geschuldeten Arbeitslohn gewährt werden und mithin bei **Gehaltsumwandlungen ausgeschlossen** (§ 8 Abs. 2 Satz 11 letzter Halbsatz EStG). Sachbezüge werden nur dann zusätzlich zum ohnehin geschuldeten Arbeitslohn erbracht, wenn

S

	Lohn-steuer-pflichtig	Sozial-versich.-pflichtig

- die Leistung **nicht** auf den Anspruch auf Arbeitslohn **angerechnet,**
- der Anspruch auf Arbeitslohn **nicht** zugunsten der Leistung **herabgesetzt,**
- die verwendungs- oder zweckgebundene Leistung **nicht anstelle** einer bereits vereinbarten künftigen **Erhöhung** des Arbeitslohns gewährt und
- **bei Wegfall** der Leistung der Arbeitslohn **nicht** (automatisch) **erhöht**

wird. Dies gilt unabhängig davon, ob der Arbeitslohn tarifgebunden ist oder nicht. Vgl. die Ausführungen beim Stichwort „Gehaltsumwandlung".

Beispiel C

Die Arbeitnehmer vereinbaren mit ihrem Arbeitgeber eine Gehaltsumwandlung zugunsten einer Tankkarte im Wert von 40 €.

Eine solche Gehaltsumwandlung zur Anwendung der 44-Euro-Freigrenze wird steuer- und sozialversicherungsrechtlich nicht anerkannt. Die monatliche 44-Euro-Freigrenze kann für diesen Sachbezug (= Geldkarte) nicht in Anspruch genommen werden. Der Betrag von 40 € ist nach wie vor steuer- und beitragspflichtig.

Zur lohnsteuerlichen Behandlung der auch von Mineralölgesellschaften herausgegebenen Prepaid Cards vgl. dieses Stichwort.

e) Einbeziehung anderer Sachbezüge in die Prüfung der 44-Euro-Freigrenze

Die monatliche Freigrenze von 44 € kann nur für **alle** in einem Monat unentgeltlich oder verbilligt gewährten Sachbezüge, die nach § 8 Abs. 2 Satz 1 EStG zu bewerten sind, **insgesamt** in Anspruch genommen werden. Die monatliche 44-Euro-Freigrenze kann also für mehrere verschiedene Sachbezüge (z. B. Geschenkkorb und Warengutschein) nicht mehrmals nebeneinander im selben Kalendermonat genutzt werden.

Außerdem ist bei der Anwendung der monatlichen 44-Euro-Freigrenze zu beachten, dass auch andere **steuerpflichtige** Sachbezüge, die im selben Monat gewährt werden, **in die Prüfung der 44-Euro-Freigrenze mit einzubeziehen sind,** wenn sie nach § 8 Abs. 2 Satz 1 EStG bewertet werden (R 8.1 Abs. 3 Sätze 2 und 3 LStR).

Beispiel A

Einem Arbeitnehmer wird vom Arbeitgeber ein Präsentkorb zugewendet. Der geldwerte Vorteil in Höhe von 100 € wird zutreffend individuell versteuert.

Noch im selben Monat erhält der Arbeitnehmer von seinem Arbeitgeber wegen besonders guter Leistungen eine Kiste mit sechs Flaschen Wein im Wert von 44 €. Der geldwerte Vorteil in Höhe von 44 € ist **nicht** in Anwendung der monatlichen 44-Euro-Freigrenze lohnsteuer- und sozialversicherungsfrei, weil die **Summe** der nach § 8 Abs. 2 Satz 1 EStG zu bewertenden Vorteile, nämlich

- 100 € Präsentkorb und
- 44 € für die unentgeltlich überlassene Kiste Wein

die monatliche Freigrenze von 44 € übersteigt.

Beispiel B

Ein Arbeitnehmer nutzt seinen Firmenwagen (Bruttolistenpreis 30 000 €) auch privat. Der geldwerte Vorteil für die Privatnutzung beträgt monatlich 300 € und wird zutreffend individuell versteuert.

Im Juni erhält der Arbeitnehmer von seinem Arbeitgeber wegen besonders guter Leistungen eine Kiste mit sechs Flaschen Wein im Wert von 44 €. Der geldwerte Vorteil in Höhe von 44 € ist in Anwendung der monatlichen 44-Euro-Freigrenze lohnsteuer- und sozialversicherungsfrei. Der Sachbezug „Private Nutzung des Firmenwagens" ist bei der Prüfung der 44-Euro-Freigrenze nicht zu berücksichtigen, weil er nach § 8 Abs. 2 Sätze 2 bis 5 EStG zu bewerten ist (= besonderer Sachbezugswert).

Die nach § 8 Abs. 2 Satz 1 EStG zu bewertenden und bereits versteuerten Sachbezüge werden jedoch nur dann in die Prüfung der 44-Euro-Freigrenze einbezogen, wenn sie nach den individuellen Lohnsteuerabzugsmerkmalen des Arbeitnehmers besteuert werden, das heißt, **pauschal besteuerte Sachbezüge** bleiben bei der Prüfung der 44-Euro-Freigrenze außer Betracht (R 8.1 Abs. 3

Lohn- steuer- pflichtig | Sozial- versich.- pflichtig

Satz 1 LStR). Durch eine Pauschalierung von Sachbezügen nach § 40 EStG oder § 37b EStG kann also die Anrechnung dieser Sachbezüge auf die 44-Euro-Freigrenze vermieden werden (vgl. die Erläuterungen bei den Stichworten „Pauschalierung der Lohnsteuer" und „Pauschalierung der Lohnsteuer für Belohnungsessen, Incentive-Reisen, VIP-Logen und ähnliche Sachbezüge").

Beispiel C

Arbeitgeber A gewährt seinem Arbeitnehmer B ein zinsverbilligtes Darlehen (vgl. die Erläuterungen beim Stichwort „Zinsersparnisse und Zinszuschüsse") und pauschaliert den monatlichen geldwerten Vorteil von 50 € nach § 37b Abs. 2 EStG mit 30 %. Daneben ergibt sich in diesem Monat für B ein geldwerter Vorteil aus der Überlassung einer Opernkarte durch A in Höhe von 42 €.

Da A den Sachbezug aus der verbilligten Darlehensgewährung mit 30 % pauschal besteuert, bleibt dieser Vorteil bei der Überprüfung der 44-Euro-Freigrenze außen vor mit der Folge, dass der Sachbezug aus der Überlassung der Opernkarte die 44-Euro-Freigrenze nicht überschreitet und damit steuer- und sozialversicherungsfrei bleibt. Der geldwerte Vorteil aus der Überlassung der Opernkarte ist auch nicht in die Pauschalierung nach § 37b Abs. 2 EStG mit einzubeziehen.

Wie bereits ausgeführt werden nur diejenigen Sachbezüge in die Prüfung der 44-Euro-Freigrenze einbezogen, die nach § 8 Abs. 2 Satz 1 EStG zu bewerten sind. Dagegen bleiben die Vorteile, die nach § 8 Abs. 2 Satz 2 bis 10 EStG bewertet werden außer Betracht, z. B. die nach § 8 Abs. 2 Satz 2 bis 5 EStG zu bewertenden Vorteile aus der Überlassung eines Firmenwagens und die mit den amtlichen Sachbezugswerten zu bewertende Unterkunft und Verpflegung (vgl. auch den vorstehenden Buchstaben b). Außer Betracht bleiben auch die Personalrabatte (§ 8 Abs. 3 EStG) und auch die unentgeltliche oder verbilligte Überlassung von Vermögensbeteiligungen (vgl. dieses Stichwort).

Die Einbeziehung von versteuerten Sachbezügen in die Prüfung der 44-Euro-Freigrenze soll an folgenden Beispielen verdeutlicht werden:

Beispiel D

Der Arbeitgeber überlässt dem Arbeitnehmer eine Ware im Wert von 400 € um 356 € verbilligt. Da die 44-Euro-Freigrenze nicht überschritten ist, bleibt der geldwerte Vorteil in Höhe von 44 € monatlich steuer- und beitragsfrei.

Beispiel E

Der Arbeitgeber überlässt dem Arbeitnehmer **unentgeltlich** eine Ware. Er setzt den ortsüblichen Endpreis mit 270 € an und versteuert diesen Betrag als Sachbezug. Der Lohnsteuer-Außenprüfer ermittelt den ortsüblichen Endpreis mit 300 €. Der Betrag von 30 € muss nachversteuert werden. Für eine Anwendung der 44-Euro-Freigrenze ist kein Raum, da in die Prüfung **sämtliche** (also auch die versteuerten) nach § 8 Abs. 2 Satz 1 EStG zu bewertenden Vorteile einzubeziehen sind, die in einem Kalendermonat zufließen. Dies sind 300 € monatlich; die monatliche 44-Euro-Freigrenze ist deshalb (bei weitem) überschritten.

Beispiel F

Der Arbeitgeber überlässt dem Arbeitnehmer unentgeltlich ein möbliertes Zimmer, das er für 250 € angemietet hat. Da es sich bei dem möblierten Zimmer um eine **Unterkunft** im lohnsteuerlichen Sinne handelt, sind die amtlichen Sachbezugswerte anzusetzen; dies sind 237 € monatlich (vgl. das Stichwort „Freie Unterkunft und Verpflegung"). Da die Bewertung des Sachbezugs „Unterkunft" nicht nach § 8 Abs. 2 Satz 1 EStG erfolgt, sondern mit dem amtlichen Sachbezugswert nach § 8 Abs. 2 Satz 6 EStG, ist die monatliche 44-Euro-Freigrenze auf den Sachbezug „Unterkunft" nicht anwendbar und kann deshalb bei anderen Sachbezügen ausgeschöpft werden. Das bedeutet, dass der Arbeitgeber dem Arbeitnehmer zusätzlich zur steuerpflichtigen unentgeltlichen Unterkunft noch andere Sachbezüge, die nach § 8 Abs. 2 Satz 1 EStG bewertet werden, bis zum monatlichen Betrag von 44 € steuerfrei zuwenden kann.

5. Mehrfache Anwendung der 44-Euro-Freigrenze

Die monatliche Freigrenze von 44 € kann mehrfach in Anspruch genommen werden, wenn der Arbeitnehmer zu mehreren verschiedenen Arbeitgebern in einem Dienstverhältnis steht. Dies gilt auch dann, wenn der Arbeitnehmer bei mehreren Arbeitgebern auf 450-Euro-Basis beschäftigt wird (vgl. auch das Stichwort „Geringfügige Beschäftigung" unter Nr. 4 Buchstabe a).

Lohn- steuer- pflichtig | Sozial- versich.- pflichtig

6. Aufzeichnungspflichten bei Anwendung der 44-Euro-Freigrenze

Der Arbeitgeber muss sämtliche Sachbezüge im Lohnkonto eintragen und zwar auch dann, wenn sie in Anwendung der Freigrenze von monatlich 44 € steuerfrei bleiben. Zur Erleichterung dieser Aufzeichnungsverpflichtung ist in § 4 Abs. 3 Satz 2 LStDV[1] zugelassen worden, dass Sachbezüge, die in Anwendung der monatlichen 44-Euro-Freigrenze steuerfrei bleiben, dann nicht im Lohnkonto aufgezeichnet werden müssen, wenn durch betriebliche Regelungen und entsprechende Überwachungsmaßnahmen gewährleistet ist, dass die Freigrenze von 44 € monatlich eingehalten wird. Diese Aufzeichnungserleichterung muss allerdings beim Betriebsstättenfinanzamt ausdrücklich **beantragt** werden (vgl. das Stichwort „Auskunft" unter Nr. 2).[2]

Beispiel

Die Arbeitnehmer eines Papierherstellungskonzerns können in einer Buchhandlung, die zwar zum Konzern gehört, aber als selbstständiges Unternehmen betrieben wird, Bücher mit einem Rabatt von 20 % einkaufen. Der Rabattfreibetrag ist wegen der sog. Konzernklausel **nicht** anwendbar (vgl. Stichwort „Rabatte/Rabattfreibetrag" unter Nr. 6 Buchstabe a auf Seite 806). Sofern die Rabatte im Monat die 44-Euro-Freigrenze übersteigen, sind sie in vollem Umfang steuerpflichtig (= Rabattgewährung durch Dritte). Es stellt sich die Frage, bis zu welchem Bruttobetrag die Arbeitnehmer des Papierherstellungskonzerns Bücher kaufen können, ohne dass die monatliche 44-Euro-Freigrenze überschritten wird. Der Betrag errechnet sich nach folgender Formel:

$$\frac{44\text{ €} \times 100}{20\ \% - 4\ \%} = \text{Bruttoverkaufspreis}$$

Im Beispielsfall ergibt sich hiernach ein Betrag von 4400 € : 16 = 275 €. Die Arbeitnehmer können also monatlich Bücher im Wert von 275 € mit 20 % Rabatt einkaufen, ohne dass die 44-Euro-Freigrenze überschritten ist:

Proberechnung:

Bruttoverkaufspreis	275,– €
abzüglich 4 % nach R 8.1 Abs. 2 Satz 3 LStR (vgl. die vorstehenden Erläuterungen unter Nr. 3 Buchstabe b)	11,– €
Nach § 8 Abs. 2 Satz 1 EStG anzusetzender Wert	264,– €
vom Arbeitnehmer bezahlt (275 € abzüglich 20 % Rabatt =)	220,– €
verbleibender geldwerter Vorteil	44,– €

Da dieser Vorteil die 44-Euro-Freigrenze nicht übersteigt, bleibt er steuer- und beitragsfrei.

Das Betriebsstättenfinanzamt wird den Arbeitgeber auf Antrag von den Aufzeichnungsverpflichtungen befreien, wenn durch betriebliche Überwachungsmaßnahmen sichergestellt ist, dass die Arbeitnehmer des Papierherstellungskonzerns in der Buchhandlung für höchstens 275 € im Monat Bücher einkaufen können.

7. Umsatzsteuerpflicht von Sachbezügen

Bei der Abgabe von Sachbezügen stellt sich stets die Frage nach der Umsatzsteuerpflicht (z. B. Freie Unterkunft und Verpflegung, Mahlzeiten, Deputate, Freitrunk, Freiflüge usw.). Denn die Gewährung solcher Sachbezüge durch den Arbeitgeber ist grundsätzlich umsatzsteuerpflichtig; der Rabattfreibetrag von 1080 € und die 44-Euro-Freigrenze sind bei der Umsatzbesteuerung nicht anwendbar. Eine Besteuerung **unentgeltlicher Wertabgaben** an Arbeitnehmer kommt aber nicht in Betracht, wenn bei Leistungsbezug bereits feststand, dass dieser an die Arbeitnehmer für deren private Verwendung weitergegeben werden soll. In diesem Fall hat der Arbeitgeber auch von vornherein keine Vorsteuerabzugsberechtigung. Liegt im Falle einer **Verbilligung** der vom Arbeitnehmer für den Sachbezug gezahlte Preis unter den Selbstkosten des Arbeitgebers, sind mindestens die Selbstkosten des Arbeitgebers Bemessungsgrundlage für die Umsatzsteuer

1) Die Lohnsteuer-Durchführungsverordnung (LStDV) ist als Anhang 1 im **Steuerhandbuch für das Lohnbüro 2021** abgedruckt, das im selben Verlag erschienen ist.

2) R 41.1 Abs. 3 LStR dürfte hingegen bei der 44-Euro-Freigrenze nicht zur Anwendung kommen, da – unabhängig von den betrieblichen Verhältnissen im Einzelfall – ein Überschreiten der Freigrenze im Hinblick auf den weiten Anwendungsbereich nach der Lebenserfahrung nicht generell ausgeschlossen werden kann.

S

	Lohn-steuer-pflichtig	Sozial-versich.-pflichtig
(Mindestbemessungsgrundlage nach § 10 Abs. 5 UStG). Vgl. zur Steuerpflicht und zum Vorsteuerabzug ausführlich das Stichwort „Umsatzsteuerpflicht bei Sachbezügen“.		

Saisonbeschäftigte

1. Begriff

Als Saisonbeschäftigte bezeichnet man Personen, die in einem vorübergehenden Zeitraum (der Saison) eine Erwerbstätigkeit ausüben. In Deutschland ist der weitaus überwiegende Teil der Saisonarbeiter in der Land- und Forstwirtschaft und in einem deutlich geringeren Umfang im Hotel- und Gaststättengewerbe tätig.

2. Lohnsteuerabzug

Saisonbeschäftigte sind zumeist beschränkt steuerpflichtig (vgl. das Stichwort „Beschränkt steuerpflichtige Arbeitnehmer“ unter Nr. 2). Seit 1.1.2020 ist für die „Standardfälle“ (Steuerklasse I, ohne Freibetrag) der beschränkt steuerpflichtigen Arbeitnehmer (§ 1 Abs. 4 EStG) der Arbeitgeberabruf für die elektronischen Lohnsteuerabzugsmerkmale freigeschaltet worden (= Einbeziehung in das **ELStAM-Verfahren**). In den übrigen Fällen sowie bei Nichtvorhandensein einer Identifikationsnummer haben Saisonarbeiter ihrem Arbeitgeber für jedes neue Kalenderjahr eine sog. **Lohnsteuerabzugsbescheinigung** vorzulegen, die alle für den Lohnsteuerabzug erforderlichen Besteuerungsmerkmale enthält (Steuerklasse, monatlicher Steuerfreibetrag; vgl. das Stichwort „Lohnsteuerabzugsbescheinigung“ unter Nr. 4). Für Aushilfskräfte und Teilzeitbeschäftigte kann unter bestimmten Voraussetzungen die Lohnsteuer mit 25 %, 20 %, 5 % oder 2 % pauschaliert werden. Diese **Pauschalierungsmöglichkeiten** gelten auch für beschränkt steuerpflichtige ausländische Saisonarbeiter (vgl. das Stichwort „Pauschalierung der Lohnsteuer bei Aushilfskräften und Teilzeitbeschäftigten“).

3. Auslösungen

Da die Familie des Saisonarbeiters in der Regel an einem anderen, zumeist deutlich entfernten Ort lebt und der Saisonarbeiter in der betrieblichen Einrichtung seines Arbeitgebers eine erste Tätigkeitsstätte hat, kann der Arbeitgeber etwaige Auslösungen nach den Grundsätzen einer **doppelten Haushaltsführung** steuer- und beitragsfrei ersetzen. Auf die Erläuterungen beim Stichwort „Doppelte Haushaltsführung“ wird daher verwiesen. Zur Gewährung von freier Unterkunft und Verpflegung im Rahmen einer doppelten Haushaltsführung vgl. dieses Stichwort unter Nr. 5. In den ersten drei Monaten der doppelten Haushaltsführung stehen dem Saisonbeschäftigten die Verpflegungspauschalen zu. nein nein

S

Beispiel

Eine rumänische Saisonarbeitskraft tritt freitags um 22 Uhr am Heimatort (= Ort des Lebensmittelpunktes) die Reise zur Aufnahme der Tätigkeit in Deutschland an. Die Ankunft in Deutschland ist samstags um 20 Uhr. Freitags befindet sich der Arbeitnehmer um 24 Uhr noch in Rumänien. In welcher Höhe können steuerlich für diese beiden Tage Verpflegungspauschalen berücksichtigt werden?

Für Freitag (= Anreisetag) steht dem Arbeitnehmer die Verpflegungspauschale für Rumänien in Höhe von 18 € zu, weil er sich um 24 Uhr noch in Rumänien befindet. Für Samstag (Ankunft im Inland) beträgt die Verpflegungspauschale 28 €. Bei einer Mahlzeitengestellung durch den Arbeitgeber ist die Verpflegungspauschale zu kürzen, z. B. um 11,20 € (40 % von 28 €) bei Gestellung eines Abendessens am Samstag.

Haben sich Saisonbeschäftigte auf der Lohnsteuerabzugsbescheinigung z. B. wegen Aufwendungen für doppelte Haushaltsführung und/oder Reisekosten einen Freibetrag eintragen lassen, besteht eine Verpflichtung zur Abgabe der **Einkommensteuererklärung** nur dann, wenn der im Kalenderjahr 2021 erzielte Arbeitslohn 12 250 € übersteigt (§ 50 Abs. 2 Satz 2 Nr. 4 EStG; für 2020 beträgt die Arbeitslohngrenze 11 900 €). Bei einem Arbeitslohn bis zu dieser Höhe ergibt sich in aller Regel ohnehin keine Einkommensteuerschuld. Beim Vorliegen ausländischer Einkünfte kommt es in diesem Fall auch nicht zur Anwendung des Progressionsvorbehalts. Vgl. hierzu auch das Stichwort „Beschränkt steuerpflichtige Arbeitnehmer“ unter Nr. 18.

4. Steuerfreie Zukunftsicherungsleistungen

Auch aus einer zwischenstaatlichen Verwaltungsvereinbarung, die ihrerseits auf einer gesetzlichen Grundlage beruht, kann sich eine gesetzliche Verpflichtung des Arbeitgebers zur Erbringung steuerfreier Zukunftsicherungsleistungen ergeben (BFH-Urteil vom 14.4.2011, BStBl. II S. 767 zum Abschluss einer privaten Gruppenkrankenversicherung für ausländische Saisonarbeitskräfte). nein nein

5. Umsatzsteuerpflichtige Gewährung der Unterkunft

Die nicht auf Dauer angelegte **Überlassung von Räumen** gegen einen Einbehalt vom Arbeitslohn durch den Arbeitgeber an seine Erntehelfer ist in Höhe des ermäßigten Steuersatzes **umsatzsteuerpflichtig** (BFH-Urteil vom 8.8.2013, BFH/NV 2013 S. 1952). Im vom Bundesfinanzhof entschiedenen Streitfall lag nur eine (umsatzsteuerpflichtige) kurzfristige Überlassung vor, da die Überlassung an die Erntehelfer **nicht** für einen Zeitraum von **mehr als sechs Monaten** erfolgen sollte.

6. Kirchensteuer

Vgl. hierzu das Stichwort „Kirchensteuer“ unter Nr. 8.

Saison-Kurzarbeitergeld

Neues auf einen Blick:

Zu den befristeten Sonderregelungen aufgrund der Corona-Pandemie vgl. die Ausführungen beim Stichwort „Kurzarbeitergeld“ unter Nr. 8.

In Anlehnung an die entsprechende Regelung im Sozialversicherungsrecht zur Beitragsfreiheit werden **Zuschüsse des Arbeitgebers** zum Kurzarbeitergeld (einschließlich Saison- und Transferkurzarbeitergeld) steuerfrei gestellt, soweit sie zusammen mit dem Kurzarbeitergeld 80 % des Unterschiedsbetrags zwischen dem nach sozialversicherungsrechtlichen Vorschriften ermittelten Soll-Entgelt und Ist-Entgelt nicht übersteigen. Die **Steuerfreiheit** gilt nur für Zuschüsse zum Kurzarbeitergeld, die für nach dem 29.2.2020 beginnende und vor dem 1.1.2022 endende Lohnzahlungszeiträume geleistet werden. Die Arbeitgeberzuschüsse unterliegen allerdings dem **Progressionsvorbehalt** und können daher bei der Einkommensteuer-Veranlagung zu einer Steuernachzahlung führen.

Gliederung:

Lohnsteuerpflichtig | Sozialversich.-pflichtig

1. Allgemeines

Durch das Gesetz zur Förderung ganzjähriger Beschäftigung vom 24.4.2006 (BGBl. I S. 926) ist das frühere Winterausfallgeld durch ein sog. Saison-Kurzarbeitergeld ersetzt worden. Das Saison-Kurzarbeitergeld gilt nicht nur für das Baugewerbe, sondern auch für andere Wirtschaftszweige mit saisonbedingten Arbeitsausfällen, die von Gesetzes wegen einbezogen worden sind (Dachdeckerhandwerk, Garten-, Landschafts- und Sportplatzbau sowie Gerüstbaugewerbe). Das Saison-Kurzarbeitergeld ist eine Sonderregelung des Kurzarbeitergeldes und wird ebenso berechnet wie dieses.

Das Saison-Kurzarbeitergeld wird grundsätzlich ab der ersten Ausfallstunde gewährt. Bei Betrieben, die

- dem Bundesrahmentarifvertrag-Bau,
- dem Rahmentarifvertrag Dachdecker oder
- dem Bundesrahmentarifvertrag Garten-, Landschafts- und Sportplatzbau

unterliegen, ist das zur Vermeidung des Saison-Kurzarbeitergeldes angesparte Arbeitszeitguthaben vorher zu berücksichtigen.

Nur für witterungsbedingte Arbeitsausfälle ist für den Tarifbereich des Gerüstbaugewerbes die tarifliche Ausgleichsleistung (früher: Winterausfallgeld-Vorausleistung) von 120 Ausfallstunden einzubringen, sodass das Saison-Kurzarbeitergeld dann erst ab der 121. Ausfallstunde gewährt werden kann.

Zur Bezugsdauer des Saison-Kurzarbeitergeldes gilt Folgendes:

In einem Betrieb, der

- dem Bundesrahmentarifvertrag-Bau,
- dem Rahmentarifvertrag Dachdecker oder
- dem Bundesrahmentarifvertrag Garten-, Landschafts- und Sportplatzbau

unterliegt, kann das Saison-Kurzarbeitergeld längstens in der **Schlechtwetterzeit vom 1. Dezember bis 31. März** gewährt werden.

Für Betriebe des **Gerüstbauerhandwerks** wird in der Schlechtwetterzeit vom **1. November** bis 31. März Saison-Kurzarbeitergeld gewährt. Diese Leistungen werden bis 31. März 2021 erbracht (vgl. § 133 Abs. 1 SGB III).

Arbeitnehmer, deren Arbeitsverhältnis in der Schlechtwetterzeit nicht aus witterungsbedingten Gründen gekündigt werden kann, haben in der Bauwirtschaft Anspruch auf umlagefinanziertes Wintergeld als **Zuschuss-Wintergeld** und **Mehraufwands-Wintergeld.**

Das **Zuschuss-Wintergeld** wird für jede in der Schlechtwetterzeit ausgefallene Arbeitsstunde gewährt, wenn durch die Auflösung von Arbeitszeitguthaben die Inanspruchnahme von Saison-Kurzarbeitergeld vermieden wird. Als Anreiz zur Flexibilisierung und zum Ansparen von Arbeitszeitguthaben für Arbeitsausfälle aus wirtschaftlichen oder witterungsbedingten Gründen ist in Betrieben des Baugewerbes, des Dachdeckerhandwerks und des Garten-, Landschafts- und Sportplatzbaus das Zuschuss-Wintergeld auf **2,50 €** für jede ausgefallene Arbeitsstunde angehoben worden (§ 102 SGB III).

In Betrieben des Gerüstbaus beträgt das Zuschuss-Wintergeld **1,03 €** je Stunde und wird ausschließlich zur Vermeidung oder Überbrückung witterungsbedingter Arbeitsausfälle gewährt (§ 133 Abs. 3 SGB III).

Das **Mehraufwands-Wintergeld** wird in Höhe von **1,– €** für jede in der Zeit vom 15. Dezember bis zum letzten Kalendertag des Monats Februar geleistete berücksichtigungsfähige Arbeitsstunde (im Dezember bis zu 90, im Januar und Februar bis zu 180 Stunden) gezahlt (§ 102 Abs. 3 SGB III).

Lohnsteuerpflichtig | Sozialversich.-pflichtig

Sowohl das Zuschuss-Wintergeld als auch das Mehraufwands-Wintergeld ist steuer- und beitragsfrei und unterliegt auch nicht dem Progressionsvorbehalt (vgl. das Stichwort „Wintergeld").

Arbeitgeber des Bauhauptgewerbes, des Dachdeckerhandwerks und des Garten-, Landschafts- und Sportplatzbaus haben Anspruch auf Erstattung der von ihnen allein zu tragenden Beiträge zur Sozialversicherung für in der gesetzlichen Sozialversicherung pflichtversicherte Bezieher von Saison-Kurzarbeitergeld (außer für Angestellte und Poliere). Der Berechnung der Sozialversicherungsbeiträge liegen 80 % des ausgefallenen Arbeitsentgeltes zugrunde.

Die Finanzierung der ergänzenden Leistung (Zuschuss-Wintergeld, Mehraufwands-Wintergeld, Erstattung der Sozialversicherungsbeiträge) erfolgt durch eine branchenspezifische Umlage, an der auch der Arbeitnehmer beteiligt ist (vgl. das Stichwort „Winterbeschäftigungs-Umlage in der Bauwirtschaft").

Die Berechnung und die Höhe des Saison-Kurzarbeitergeldes entspricht dem Kurzarbeitergeld. Somit beträgt das Saison-Kurzarbeitergeld

- **67 %/77 % ab dem vierten Monat/87 % ab dem siebten Monat:**[1]
  für Arbeitnehmer, die mindestens ein Kind im Sinne des § 32 Abs. 1, Abs. 3 bis 5 EStG haben, unabhängig von der Haushaltszugehörigkeit oder vom in- oder ausländischen Wohnsitz des Kindes (das sind leibliche Kinder sowie Adoptiv- und Pflegekinder, vgl. Anhang 9)
- **60 %/70 % ab dem vierten Monat/80 % ab dem siebten Monat:**[1]
  für die übrigen Arbeitnehmer

der sog. **Nettoentgeltdifferenz** im Anspruchszeitraum (Kalendermonat). Für die Berechnung des Saison-Kurzarbeitergeldes gelten die Vorschriften für das Kurzarbeitergeld entsprechend (vgl. das Stichwort „Kurzarbeitergeld").

Beispiel

Arbeitnehmer (100 % Arbeitsausfall):
Steuerklasse III, Kinderfreibetrag 1,0

Sollentgelt im Kalendermonat	=	2 000,00 €	
Rechnerischer Leistungssatz	=		1 071,67 €
Istentgelt im Kalendermonat	=	0,00 €	
Rechnerischer Leistungssatz	=		0,00 €
Saison-Kurzarbeitergeld	=		**1 071,67 €**

Arbeitnehmer (50 % Arbeitsausfall):
Steuerklasse III, Kinderfreibetrag 1,0

Sollentgelt im Kalendermonat	=	2 000,00 €	
Rechnerischer Leistungssatz	=		1 071,67 €
Istentgelt im Kalendermonat	=	1 000,00 €	
Rechnerischer Leistungssatz	=		536,– €
Saison-Kurzarbeitergeld	=		**535,67 €**

2. Lohnsteuerliche Behandlung

Das Saison-Kurzarbeitergeld ist als Lohnersatzleistung nach § 3 Nr. 2 Buchstabe a EStG **steuerfrei.** Das Saison-Kurzarbeitergeld unterliegt jedoch dem sog. „Progressionsvorbehalt" (vgl. dieses Stichwort), der vom Finanzamt bei der Veranlagung zur Einkommensteuer berechnet wird. Das Saison-Kurzarbeitergeld muss deshalb in Zeile 15 der (elektronischen) Lohnsteuerbescheinigung 2021 eingetragen werden (vgl. das Stichwort „Lohnsteuerbescheinigung"). nein nein

Zahlt der Arbeitgeber einen **Zuschuss** zum Saison-Kurzarbeitergeld, ist dieser Zuschuss befristet für Lohnzahlungszeiträume März 2020 bis Dezember 2021 steuerfrei

1) Die Prozentsätze gelten bis zum 31.12.2021 für alle Beschäftigten, deren Anspruch auf Kurzarbeitergeld bis zum 31.3.2021 entstanden ist.

S

Lohnsteuer-pflichtig | Sozialversich.-pflichtig

(§ 3 Nr. 28a EStG) und unbefristet beitragsfrei (§ 1 Abs. 1 Satz 1 Nr. 8 SvEV[1]), soweit er zusammen mit dem Saison-Kurzarbeitergeld 80 % des ausgefallenen Arbeitsentgelts nicht übersteigt. nein nein

Auch dieser Arbeitgeber-Zuschuss unterliegt dem Progressionsvorbehalt und ist in Zeile 15 der (elektronischen) Lohnsteuerbescheinigung anzugeben.

3. Beitragsrechtliche Behandlung

Das versicherungspflichtige Beschäftigungsverhältnis besteht während der Zahlung von Saison-Kurzarbeitergeld fort. Der Arbeitgeber hat also die Sozialversicherungsbeiträge für die Zeit der Zahlung des Saison-Kurzarbeitergeldes weiterhin zu berechnen und abzuführen. Die Berechnung der Sozialversicherungsbeiträge für das Saison-Kurzarbeitergeld ist nach den gleichen Grundsätzen durchzuführen wie beim Kurzarbeitergeld. Im Einzelnen gilt für die beitragsrechtliche Behandlung des Saison-Kurzarbeitergeldes Folgendes:

a) Krankenversicherung

Die für die Berechnung der Krankenversicherungsbeiträge bei Beziehen von Saison-Kurzarbeitergeld maßgebende Bemessungsgrundlage wird durch Addition des tatsächlich erzielten Arbeitsentgelts (Istentgelt) und des gekürzten fiktiven Arbeitsentgelts ermittelt. Für das infolge schlechten Wetters ausgefallene Arbeitsentgelt ist nach § 232a Abs. 2 SGB V ein **fiktives Arbeitsentgelt** anzusetzen. Ausgangsbasis ist der (auf 80 % verminderte) Unterschiedsbetrag zwischen dem Bruttoarbeitsentgelt, das der Arbeitnehmer ohne den Arbeitsausfall im Anspruchszeitraum erzielt hätte (Sollentgelt), und dem Bruttoarbeitsentgelt, das er im Anspruchszeitraum tatsächlich erzielt hat (Istentgelt). Dabei sind das Sollentgelt und das Istentgelt – anders als in § 106 Abs. 1 Satz 5 SGB III für das Leistungsrecht der Arbeitslosenversicherung vorgeschrieben – nicht auf den nächsten durch zwanzig teilbaren Euro-Betrag zu runden; der auf 80 % verminderte Unterschiedsbetrag ist jedoch in der zweiten Dezimalstelle kaufmännisch zu runden. Übersteigt dieser Betrag die für den Entgeltabrechnungszeitraum maßgebende Beitragsbemessungsgrenze der Krankenversicherung, sind die Beiträge zunächst vom tatsächlich erzielten Arbeitsentgelt (Istentgelt) zu berechnen; das gekürzte fiktive Arbeitsentgelt wird nur noch insoweit für die Beitragsberechnung herangezogen, als die Beitragsbemessungsgrenze der Krankenversicherung noch nicht durch das tatsächlich erzielte Arbeitsentgelt ausgeschöpft ist.

b) Pflegeversicherung

Für die Beiträge zur Pflegeversicherung gilt dieselbe Beitragsbemessungsgrundlage (und Beitragsbemessungsgrenze) wie in der Krankenversicherung. Der Berechnung der Pflegeversicherungsbeiträge ist deshalb neben dem tatsächlich erzielten Arbeitsentgelt das gekürzte fiktive Arbeitsentgelt (vgl. Ausführungen unter dem vorstehenden Buchstaben a) zugrunde zu legen.

S

c) Rentenversicherung

Die für die Berechnung der Rentenversicherungsbeiträge bei Beziehern von Saison-Kurzarbeitergeld maßgebende Berechnungsgrundlage wird durch Addition des tatsächlich erzielten Arbeitsentgelts (Istentgelt) und des gekürzten fiktiven Arbeitsentgelts ermittelt. Für das infolge schlechten Wetters ausgefallene Arbeitsentgelt ist nach § 163 Abs. 6 SGB VI ebenfalls ein **fiktives Arbeitsentgelt** anzusetzen. Ausgangsbasis ist auch hier der (auf 80 % verminderte) Unterschiedsbetrag zwischen dem Bruttoarbeitsentgelt, das der Arbeitnehmer ohne den Arbeitsausfall im Anspruchszeitraum erzielt hätte (Sollentgelt), und dem Bruttoarbeitsentgelt, das er im Anspruchszeitraum tatsächlich erzielt hat (Istentgelt). Die Ermittlung der Beitragsbemessungsgrundlage in der Rentenversicherung erfolgt somit nach denselben Grundsätzen wie in der Kranken- und Pflegeversicherung, wobei allerdings die höhere Beitragsbemessungsgrenze der Rentenversicherung beachtet werden muss. Übersteigt das für die Berechnung der Rentenversicherungsbeiträge maßgebende Arbeitsentgelt diese Beitragsbemessungsgrenze, sind die Beiträge zunächst vom tatsächlich erzielten Arbeitsentgelt zu berechnen; das gekürzte fiktive Arbeitsentgelt wird nur noch insoweit für die Beitragsberechnung herangezogen, als die Beitragsbemessungsgrenze noch nicht durch das tatsächlich erzielte Arbeitsentgelt (Istentgelt) ausgeschöpft ist.

In die Versicherungsnachweise (Entgeltbescheinigung) muss das Arbeitsentgelt eingetragen werden, von dem die Rentenversicherungsbeiträge tatsächlich berechnet worden sind. Dieses Entgelt besteht aus der Summe

- des tatsächlich erzielten Arbeitsentgelts (Istentgelt),
- 80 % des Unterschiedsbetrages zwischen dem ungerundeten Sollentgelt und dem ungerundeten Istentgelt,
- ggf. Einmalzahlung.

d) Arbeitslosenversicherung

Beiträge zur Arbeitslosenversicherung sind für Bezieher von Saison-Kurzarbeitergeld lediglich aus dem tatsächlich erzielten Arbeitsentgelt (Istentgelt) zu berechnen. Die Berechnung eines fiktiven Arbeitsentgelts entfällt also für den Bereich der Arbeitslosenversicherung. Das Saison-Kurzarbeitergeld ist beitragsfrei. nein nein

e) Verteilung der Beitragslast

Für die Verteilung der Beitragslast auf Arbeitnehmer und Arbeitgeber gilt Folgendes:

Beim Bezug von Saison-Kurzarbeitergeld tragen Arbeitnehmer und Arbeitgeber die Beiträge zur Kranken-, Pflege-, Renten- und Arbeitslosenversicherung **aus dem tatsächlich bezogenen Arbeitsentgelt** nach den allgemeinen Regelungen. D. h., dass der Arbeitgeber und der Arbeitnehmer auch den kassenindividuellen Zusatzbeitrag zur Krankenversicherung je zur Hälfte bezahlen. Den Beitragszuschlag zur Pflegeversicherung für Kinderlose (0,25 %) trägt der Arbeitnehmer allein.

Die auf das **gekürzte fiktive Arbeitsentgelt** entfallenden Kranken-, Pflege- und Rentenversicherungsbeiträge **muss der Arbeitgeber allein tragen.** Diese alleinige Beitragstragungspflicht umfasst den gesamten aus dem fiktiven Arbeitsentgelt ermittelten Beitrag zur Krankenversicherung, einschließlich des Zusatzbeitrages. Der Beitragszuschlag für Kinderlose in der Pflegeversicherung wird von der Bundesagentur für Arbeit pauschal abgegolten.

Folgende Lohnabrechnung mit Saison-Kurzarbeitergeld soll die geltende Regelung verdeutlichen:

Beispiel

Bei einem Arbeitnehmer fallen im März 2021 witterungsbedingt 44 Arbeitsstunden aus. Der Arbeitnehmer erhält für den Arbeitsausfall Saison-Kurzarbeitergeld. Der Arbeitnehmer würde ohne Arbeitsausfall 2050 € im Monat erhalten. Wegen witterungsbedingter Arbeitsausfälle erhält er jedoch nur 1500 € (Istentgelt). Das nach den Leistungstabellen der Bundesagentur für Arbeit errechnete Saison-Kurzarbeitergeld soll (angenommen) 168 € betragen.

Der Arbeitnehmer hat die Steuerklasse I/0 und das Kirchensteuermerkmal „rk".

Für den Abrechnungsmonat März 2021 ergibt sich folgende Ermittlung der beitragspflichtigen Einnahmen:

Soll-Stunden (die ohne den Arbeitsausfall zu leisten wären)	164 Stunden
Ist-Stunden (tatsächlich geleistete Arbeitszeit)	120 Stunden
Stundenlohn	12,50 €

1) Die Sozialversicherungsentgeltverordnung (SvEV) ist als Anhang 2 im **Steuerhandbuch für das Lohnbüro 2021** abgedruckt, das im selben Verlag erschienen ist.

	Lohn-steuer-pflichtig	Sozial-versich.-pflichtig

Die beitragspflichtigen Einnahmen betragen:

Sollentgelt (12,50 € x 164 Stunden)	=		2 050,– €
Istentgelt (12,50 € x 120 Stunden)	=		1 500,– €
Unterschiedsbetrag zwischen Sollentgelt und Istentgelt	=		550,– €
80 % des Unterschiedsbetrags	=		440,– €

Für März 2021 ergibt sich folgende Lohnabrechnung:

Entsprechend der Ausfallzeit gekürzter Monatslohn		1 500,– €
Saison-Kurzarbeitergeld		168,– €
insgesamt		1 668,– €
abzüglich:		
Lohnsteuer (Steuerklasse I/0)	58,33 €	
Solidaritätszuschlag	0,– €	
Kirchensteuer	4,66 €	
Sozialversicherungsbeiträge	303,38 €	366,37 €
auszuzahlender Betrag		1 301,63 €

Berechnung der Lohn- und Kirchensteuer sowie des Solidaritätszuschlags

Die Steuerabzugsbeträge sind aus dem tatsächlich gezahlten Arbeitslohn in Höhe von 1500 € zu berechnen. Das Saison-Kurzarbeitergeld ist steuerfrei. Es unterliegt jedoch dem sog. „Progressionsvorbehalt" (vgl. dieses Stichwort). Deshalb muss es in der elektronischen Lohnsteuerbescheinigung (Zeile 15) gesondert bescheinigt werden.

Lohnsteuer (Steuerklasse I/0) für 1500 €	58,33 €
Solidaritätszuschlag	0,– €
Kirchensteuer	4,66 €

Berechnung der Sozialversicherungsbeiträge

Zur **Arbeitslosenversicherung** wird nur das tatsächlich gezahlte Arbeitsentgelt (Istentgelt) herangezogen:

Beitrag 2,4 % von 1500 €		36,– €
Arbeitnehmeranteil 1/2	=	18,– €
Arbeitgeberanteil 1/2	=	18,– €

In der **Kranken-, Pflege- und Rentenversicherung** werden die Beiträge für das tatsächlich gezahlte Arbeitsentgelt (Istentgelt) vom Arbeitnehmer und Arbeitgeber nach den allgemeinen Regelungen getragen. Für das auf 80 % gekürzte ausgefallene Arbeitsentgelt (sog. Fiktivlohn) muss der Arbeitgeber den Beitrag einschließlich des Zusatzbeitrages in der Krankenversicherung allein tragen.

	Arbeitnehmeranteil	Arbeitgeberanteil
Kurzlohn: 1500 €		
Krankenversicherung (jeweils 7,3 %)	109,50 €	109,50 €
Krankenversicherung (Zusatzbeitrag) (z. B. 1,3 %; jeweils 0,65 %)	9,75 €	9,75 €
Pflegeversicherung (1,775 % und 1,525 %)	26,63 €	22,88 €
Rentenversicherung (2 × 9,3 %)	139,50 €	139,50 €
ausgefallenes Entgelt: 550,– € 80 % = 440,– €		
Krankenversicherung (14,6 %)		64,24 €
Krankenversicherung (Zusatzbeitrag; z. B. 1,3 %)		5,72 €
Pflegeversicherung (3,05 %)		13,42 €
Rentenversicherung (18,6 %)		81,84 €

Zusammengerechnet ergibt sich Folgendes:

	Arbeitnehmeranteil	Arbeitgeberanteil
Arbeitslosenversicherung	18,– €	18,– €
Krankenversicherung	119,25 €	189,21 €
Pflegeversicherung	26,63 €	36,30 €
Rentenversicherung	139,50 €	221,34 €
	303,38 €	464,85 €

Meldepflichtig in der Rentenversicherung ist das tatsächlich gezahlte Arbeitsentgelt (Istentgelt) zuzüglich 80 % des ausgefallenen Arbeitsentgelts insgesamt also (1500 € + 440 € =) 1940 €.

4. Einmalige Zuwendungen und Saison-Kurzarbeitergeld

Für die Prüfung, ob durch das einmalig gezahlte Entgelt die anteilige Beitragsbemessungsgrenze überschritten wird, sind bei Bezug von Saison-Kurzarbeitergeld vorrangig das tatsächliche und das fiktive Arbeitsentgelt heranzuziehen.

Für die Berechnung der Beiträge wird das einmalig gezahlte Arbeitsentgelt nur insoweit berücksichtigt, als die anteilige Jahresbeitragsbemessungsgrenze noch nicht durch tatsächliches und fiktives Arbeitsentgelt sowie durch für frühere Entgeltabrechnungszeiträume zur Beitragspflicht herangezogenes einmalig gezahltes Arbeitsentgelt ausgeschöpft ist. Dies bedeutet, dass auch für den Entgeltabrechnungszeitraum, dem das einmalig gezahlte Arbeitsentgelt zuzuordnen ist, neben dem laufenden Arbeitsentgelt vorrangig ein fiktives Arbeitsentgelt anzusetzen ist.

5. Zuschuss zum Saison-Kurzarbeitergeld

Manche Arbeitgeber zahlen ihren Arbeitnehmern einen Zuschuss zum Saison-Kurzarbeitergeld. Dieser Zuschuss gehört nach § 1 Abs. 1 Satz 1 Nr. 8 SvEV[1] nicht zum beitragspflichtigen Arbeitsentgelt, soweit er zusammen mit dem Saison-Kurzarbeitergeld **80 % des Unterschiedsbetrags von Sollentgelt und Istentgelt nicht übersteigt.** Das bedeutet, dass die Zuschüsse zum Saison-Kurzarbeitergeld im Normalfall bei der Berechnung der Sozialversicherungsbeiträge außer Betracht bleiben. Die Zuschüsse sind befristet für Lohnzahlungszeiträume März 2020 bis Dezember 2021 auch steuerfrei (§ 3 Nr. 28a EStG). nein nein

Dieser Arbeitgeberzuschuss unterliegt dem Progressionsvorbehalt und ist in Zeile 15 der Lohnsteuerbescheinigung anzugeben.

Soweit der Zuschuss 80 % des ausgefallenen Arbeitsentgelts übersteigt, ist er steuer- und beitragspflichtig (also nur der übersteigende Teil ist sowohl steuer- als auch beitragspflichtig). ja ja

Auch Zuschüsse, die der Arbeitgeber als Ausgleich zum Kurzarbeitergeld wegen Überschreitens der Beitragsbemessungsgrenze leistet, sind steuerpflichtig.

6. Beitragszuschuss zur Kranken- und Pflegeversicherung bei Beziehern von Saison-Kurzarbeitergeld

a) Allgemeines

Soweit für krankenversicherungspflichtige Bezieher von Saison-Kurzarbeitergeld Beiträge zur Kranken- und Pflegeversicherung aus einem fiktiven Arbeitsentgelt zu zahlen sind, hat der Arbeitgeber diese Beiträge allein zu tragen; der Arbeitnehmer wird insoweit nicht mit Beiträgen belastet. Für die in der gesetzlichen Krankenversicherung freiwillig oder für die bei einem privaten Krankenversicherungsunternehmen versicherten Bezieher von Saison-Kurzarbeitergeld hat der Arbeitgeber hinsichtlich des fiktiven Arbeitsentgelts im Ergebnis den **vollen Beitrag** zur Kranken- und Pflegeversicherung **als Zuschuss** zu zahlen.

S

b) Freiwillig in der gesetzlichen Krankenversicherung versicherte Bezieher von Saison-Kurzarbeitergeld

Freiwillig in der gesetzlichen Krankenversicherung versicherte Arbeitnehmer erhalten von ihrem Arbeitgeber als Beitragszuschuss die Hälfte des Beitrags, der für einen krankenversicherungspflichtigen Arbeitnehmer bei der Krankenkasse, bei der die Mitgliedschaft besteht, zu zahlen wäre.

Zusätzlich zum regulär zu zahlenden Zuschussbetrag wird Beziehern von Saison-Kurzarbeitergeld ein Arbeitgeberzuschuss in Höhe der Hälfte des Betrags eingeräumt, den

1) Die Sozialversicherungsentgeltverordnung (SvEV) ist als Anhang 2 im **Steuerhandbuch für das Lohnbüro 2021** abgedruckt, das im selben Verlag erschienen ist.

Lohnsteuerpflichtig | Sozialversich.-pflichtig

der Arbeitgeber bei krankenversicherungspflichtigen Arbeitnehmern als Beitrag allein zu tragen hat. Im Ergebnis bedeutet dies, dass bezüglich des fiktiven Arbeitsentgelts vom Arbeitgeber ein Beitragszuschuss in Höhe des vollen Beitrags zu zahlen ist.

In Bezug auf das fiktive Arbeitsentgelt ergibt sich somit keine Änderung, das heißt, dass der Arbeitgeber – wie bisher – aus dem fiktiven Arbeitsentgelt einen Beitragszuschuss in Höhe des vollen Beitrags zu zahlen hat.

Beispiel

Monatslohn eines freiwillig in der gesetzlichen Krankenversicherung versicherten Arbeitnehmers (Sollentgelt)	5 500,– €
Beitragssatz der Krankenkasse 14,6 %, Zusatzbeitragssatz z. B. 1,3 %	
monatlicher Beitragszuschuss (7,95 % von 4837,50 € =)	384,58 €
witterungsbedingt fällt im Februar 2021 die Hälfte der Arbeitszeit aus. Der Kurzlohn (Istentgelt) beträgt	2 750,– €
hierauf entfallender Beitragszuschuss (7,95 % von 2750 € =)	218,63 €
Berechnung des fiktiven Arbeitsentgelts: 80 % des Unterschiedsbetrags zwischen Sollentgelt und Istentgelt (5500 € – 2750 € =) 2750 € × 0,8 = 2200 €, höchstens jedoch bis zur Beitragsbemessungsgrenze (4837,50 € – 2750 € =)	2 087,50 €
auf das fiktive Arbeitsentgelt entfallender Beitragszuschuss (7,95 % von 2087,50 € =)	165,96 €
Zuzüglich eines Betrages in Höhe der Hälfte des bei Versicherungspflicht des Arbeitnehmers vom Arbeitgeber allein zu tragenden Beitrags (7,95 % von 2087,50 €)	165,96 €
Beitragszuschuss des Arbeitgebers insgesamt 218,63 € + 165,96 € + 165,96 €	**550,55 €**

c) Privat krankenversicherte Bezieher von Saison-Kurzarbeitergeld

Die bei einem privaten Krankenversicherungsunternehmen versicherten Arbeitnehmer, die Saison-Kurzarbeitergeld beziehen, erhalten als Beitragszuschuss einen Betrag, den der Arbeitgeber bei Versicherungspflicht des Arbeitnehmers zu zahlen hätte. Der Zuschuss ist jedoch höchstens auf den Beitrag begrenzt, den der Arbeitnehmer tatsächlich an das private Krankenversicherungsunternehmern zu zahlen hat.

Für die Berechnung des Beitragszuschusses aus dem **Istentgelt** und dem fiktiven Arbeitsentgelt ist der allgemeine bzw. ermäßigte Beitragssatz der gesetzlichen Krankenversicherung zu berücksichtigen.

Darüber hinaus ist auch der durchschnittliche Zusatzbeitrag (2021: 1,3 %) anzusetzen.

S

7. Insolvenzgeldumlage

Der Arbeitgeber muss auch die Insolvenzgeldumlage mit Beitragsnachweis an die Krankenkassen abführen. Die Insolvenzgeldumlage ist ab 1.1.2021 auf 0,12 % festgesetzt worden. Die Insolvenzgeldumlage bemisst sich nach dem Arbeitsentgelt, aus dem die Beiträge zur gesetzlichen Rentenversicherung berechnet werden (vgl. das Stichwort „Insolvenzgeldumlage"). Eine von der Bemessungsgrundlage für die Rentenversicherungsbeiträge abweichende Regelung gilt für Bezieher von Saison-Kurzarbeitergeld (§ 358 Abs. 2 Satz 3 SGB III). Während die Rentenversicherungsbeiträge für diese Personen aus dem tatsächlich erzielten Arbeitsentgelt zuzüglich 80 % des Unterschiedsbetrages zwischen dem Sollentgelt und dem Istentgelt berechnet werden, ist der Berechnung der Umlage nur das tatsächlich erzielte Arbeitsentgelt bis zur Beitragsbemessungsgrenze in der gesetzlichen Rentenversicherung zugrunde zu legen. Das fiktive Arbeitsentgelt wird für die Umlageberechnung nicht herangezogen.

Lohnsteuerpflichtig | Sozialversich.-pflichtig

Saitengeld

Als Saitengeld werden Zuschüsse des Arbeitgebers an Musiker für den Ersatz von Saiten verstanden. Das Saitengeld ist nach Auffassung der Finanzverwaltung[1] kein steuer- und beitragsfreies Werkzeuggeld, da die hierfür erforderlichen Voraussetzungen nicht vorliegen. Musikinstrumente seien keine Werkzeuge (vgl. das Stichwort „Werkzeuggeld"). — ja | ja

Das Saitengeld ist jedoch in Anwendung des BFH-Urteils vom 21.8.1995 (BStBl. II S. 906) als **Auslagenersatz** nach § 3 Nr. 50 EStG steuerfrei, wenn es regelmäßig gezahlt wird und der Arbeitnehmer die entstandenen Aufwendungen für einen repräsentativen Zeitraum von **drei Monaten** im Einzelnen nachweist. Wird der Einzelnachweis für drei Monate erbracht, bleibt der pauschale Auslagenersatz so lange steuerfrei, bis sich die Verhältnisse wesentlich ändern (R 3.50 Abs. 2 Satz 2 LStR). — nein | nein

Ebenfalls als Auslagenersatz steuerfrei ist das vom Arbeitgeber aufgrund **tarifvertraglicher Verpflichtung** gezahlte Saitengeld für die nachgewiesenen Instandsetzungskosten (BFH-Urteil vom 28.3.2006, BStBl. II S. 473). — nein | nein

Siehe auch die Stichworte: Auslagenersatz, Blattgeld, Instrumentengeld, Rohrgeld.

Sammelbeförderung

Gliederung:

1. Allgemeines
2. Fahrten zwischen Wohnung und erster Tätigkeitsstätte
3. Eintragungen in der Lohnsteuerbescheinigung
4. Umsatzsteuerpflicht der Sammelbeförderung

1. Allgemeines

Steuerfrei ist nach § 3 Nr. 32 EStG die unentgeltliche oder verbilligte Beförderung eines Arbeitnehmers zwischen Wohnung und erster Tätigkeitsstätte mit einem vom Arbeitgeber eingesetzten Beförderungsmittel, z. B. Omnibus, Kleinbus oder für mehrere Personen zur Verfügung gestellten Personenkraftwagen. Das Gleiche gilt, wenn das Fahrzeug von einem Dritten **im Auftrag des Arbeitgebers** eingesetzt wird. — nein | nein

Voraussetzung für die Steuerfreiheit ist, dass die Sammelbeförderung **für den betrieblichen Einsatz** des Arbeitnehmers **notwendig** ist. Die Notwendigkeit einer Sammelbeförderung ist nach R 3.32 LStR z. B. in den Fällen anzunehmen, in denen

- die Beförderung mit **öffentlichen Verkehrsmitteln** nicht oder nur mit unverhältnismäßig **hohem Zeitaufwand** durchgeführt werden könnte oder
- der Arbeitsablauf eine **gleichzeitige Arbeitsaufnahme** der beförderten Arbeitnehmer erfordert.

In den LStR 2013 war als Beispielsfall für die betriebliche Notwendigkeit der Sammelbeförderung noch angegeben, dass die Arbeitnehmer an ständig wechselnden Tätigkeitsstätten oder verschiedenen Stellen eines weiträumigen Arbeitsgebietes eingesetzt werden. Dieser Beispielsfall konnte in den LStR 2015 gestrichen werden, da es sich in den beschriebenen Fällen in der Regel bereits um steuerfreien Reisekostenersatz nach § 3 Nrn. 13 oder 16 EStG in Form einer Sachleistung handelt.

Die Notwendigkeit der Sammelbeförderung ist nicht davon abhängig, ob der Arbeitnehmer über einen eigenen Pkw verfügt oder nicht.

1) Bundeseinheitliche Regelung. Für Bayern bekannt gemacht mit Schreiben des Bayer. Staatsministeriums der Finanzen vom 22.3.1991 (Az.: 32 – S 2355 – 26/2 – 5320). Das Schreiben ist als Anlage 1 zu H 3.30 LStR im **Steuerhandbuch für das Lohnbüro 2021** abgedruckt, das im selben Verlag erschienen ist.

	Lohnsteuerpflichtig	Sozialversich.-pflichtig

Beispiel

Aufgrund des frühen Arbeitsbeginns und der sehr schlechten Anbindung des Betriebs an öffentliche Verkehrsmittel beauftragt ein Arbeitgeber einen Busunternehmer die Arbeitnehmer zur ersten Tätigkeitsstätte bzw. zurück nach Hause zu befördern.

Da es sich um eine Sammelbeförderung handelt, die für den betrieblichen Einsatz der Arbeitnehmer notwendig ist, entsteht kein steuer- und sozialversicherungspflichtiger geldwerter Vorteil.

Fälle, in denen eine Sammelbeförderung für den betrieblichen Einsatz nicht notwendig ist, dürften sich auf seltene Ausnahmefälle beschränken. Soweit ein geldwerter Vorteil anzunehmen ist, ist bei jedem Arbeitnehmer der günstigste Fahrpreis für die Benutzung eines öffentlichen Verkehrsmittels anzusetzen.

2. Fahrten zwischen Wohnung und erster Tätigkeitsstätte

Für das Vorliegen einer Sammelbeförderung ist grundsätzlich eine **besondere Rechtsgrundlage** zwischen dem Arbeitgeber und dem beförderten Arbeitnehmer **erforderlich.** Dies kann ein **Tarifvertrag** oder eine **Betriebsvereinbarung** sein; Entsprechendes gilt u. E. für einzelvertragliche Vereinbarungen mit mindestens zwei Arbeitnehmern. Aus der gegenüber dem Arbeitgeber eingegangenen Verpflichtung eines Arbeitnehmers, in dem ihm überlassenen Firmenwagen weitere Arbeitnehmer zur ersten Tätigkeitsstätte mitzunehmen, lässt sich ein Rechtsanspruch dieser Personen gegenüber ihrem Arbeitgeber auf regelmäßige Durchführung der Fahrten nicht begründen. Im Gegenteil: Befördert ein Arbeitnehmer auf seinem Weg zur ersten Tätigkeitsstätte noch weitere Kollegen dorthin, wird es dieser Arbeitnehmer selbst sein, der regelmäßig das Fahrzeug zur Verfügung stellen und den Transport organisieren wird (BFH-Urteil vom 29.1.2009, BStBl. 2010 II S. 1067; vgl. das nachfolgende Beispiel C). ja ja

Wichtig ist, dass eine Sammelbeförderung in Sinne des § 3 Nr. 32 EStG bereits dann vorliegt, wenn ein Pkw vom Arbeitgeber zwei Arbeitnehmern (= mehrere Personen) gemeinsam für Fahrten zwischen Wohnung und erster Tätigkeitsstätte zur Verfügung gestellt wird.

Beispiel A

Eine Firma lässt ihre beiden Abteilungsleiter vereinbarungsgemäß durch einen Firmenwagen mit Fahrer von zu Hause abholen und abends wieder nach Hause bringen, da beide zu gleicher Zeit die Arbeit aufnehmen müssen und eine schlechte Anbindung an öffentliche Verkehrsmittel gegeben ist.

Es liegt eine Sammelbeförderung im Sinne des § 3 Nr. 32 EStG vor, die betrieblich notwendig ist (gleichzeitige Arbeitsaufnahme der Arbeitnehmer). Der geldwerte Vorteil (einschließlich Fahrer und Abholfahrt) ist als Sammelbeförderung steuerfrei.

Beispiel B

Die beiden Abteilungsleiter im Beispiel A haben jeweils einen eigenen Firmenwagen zur ständigen beruflichen und privaten Nutzung. Weil sie beide zur gleichen Zeit die Arbeit aufnehmen, fahren sie abwechselnd gemeinsam mit einem Firmenwagen ins Büro.

Eine steuerfreie Sammelbeförderung liegt in diesem Fall nicht vor.

Beispiel C

Eine GmbH überlässt ihrem Gesellschafter-Geschäftsführer einen Firmenwagen zur uneingeschränkten Nutzung. Nach der getroffenen Vereinbarung ist der Gesellschafter-Geschäftsführer verpflichtet, weitere Arbeitnehmer der GmbH zur ersten Tätigkeitsstätte mitzunehmen, soweit dies für den betrieblichen Einsatz notwendig ist. Dies geschieht auch regelmäßig.

Für das Vorliegen einer Sammelbeförderung ist grundsätzlich eine besondere Rechtsgrundlage zwischen dem Arbeitgeber und dem beförderten Arbeitnehmer erforderlich. Dies kann ein Tarifvertrag oder eine Betriebsvereinbarung sein; Entsprechendes gilt u. E. für einzelvertragliche Vereinbarungen mit mindestens zwei Arbeitnehmern. Aus der gegenüber dem Arbeitgeber eingegangenen Verpflichtung eines Arbeitnehmers, mit dem ihm überlassenen Firmenwagen weitere Arbeitnehmer zur ersten Tätigkeitsstätte mitzunehmen, lässt sich ein Rechtsanspruch dieser Personen gegenüber ihrem Arbeitgeber auf regelmäßige Durchführung der Fahrten nicht begründen (BFH-Urteil vom 29.1.2009, BStBl. 2010 II S. 1067). Es fehlt somit eine Vereinbarung zwischen Arbeitgeber und den weiteren Arbeitnehmern über den arbeitstäglichen Transport zur ersten Tätigkeitsstätte. Der Bundesfinanzhof konnte offenlassen, ob beim Nutzer eines Firmenwagens (hier also beim Gesellschafter-Geschäftsführer) überhaupt eine steuerfreie Sammelbeförderung zwischen Wohnung und erster Tätigkeitsstätte vorliegen kann. Im Urteilsfall waren daher beim Gesellschafter-Geschäftsführer – zusätzlich zur 1 %-Bruttolistenpreisregelung für die Privatfahrten – monatlich 0,03 % des Bruttolistenpreises für 80 Entfernungskilometer zwischen Wohnung und erster Tätigkeitsstätte als geldwerter Vorteil anzusetzen. Für die vom Gesellschafter-Geschäftsführer in seinem Firmenwagen mitgenommenen Arbeitnehmer ergeben sich keine lohnsteuerlichen Konsequenzen. Sie können als Mitglieder/Teilnehmer einer Fahrgemeinschaft sogar die Entfernungspauschale (begrenzt auf 4500 € jährlich) als Werbungskosten geltend machen (vgl. das Stichwort „Entfernungspauschale" unter Nr. 6).

Die Steuerbefreiung des § 3 Nr. 32 EStG gilt auch für dauerhafte Fahrten in Form einer Sammelbeförderung zu einem **Arbeitgeber-Sammelpunkt** oder zu einem **weiträumigen Tätigkeitsgebiet** (§ 3 Nr. 32 i. V. m. § 9 Abs. 1 Satz 3 Nr. 4a Satz 3 EStG). Vgl. zum Arbeitgeber-Sammelpunkt und zum weiträumigen Tätigkeitsgebiet auch die Erläuterungen und Beispiele beim Stichwort „Entfernungspauschale" unter Nr. 11 Buchstaben b und c.

Beispiel D

Um eine gleichzeitige Arbeitsaufnahme seines Bautrupps sicherzustellen, lässt ein Bauunternehmer seine Arbeitnehmer arbeitstäglich abholen und zur Großbaustelle (ohne ortsfeste betriebliche Einrichtungen) bringen. Das Groß-Bauprojekt ist auf sechs Jahre veranschlagt.

Da es sich um eine Sammelbeförderung zu einem sog. Arbeitgeber-Sammelpunkt handelt, die im Hinblick auf die gleichzeitige Arbeitsaufnahme für den betrieblichen Einsatz der Arbeitnehmer notwendig ist, entsteht kein steuer- und sozialversicherungspflichtiger geldwerter Vorteil.

Hinweis: Sofern die zeitliche Dauer des Groß-Bauprojekts bis zu vier Jahren beträgt, würde es sich im Beispielsfall bei der Beförderung der Arbeitnehmer um steuerfreie Reisekosten (§ 3 Nr. 16 EStG) in Form einer Sachleistung handeln. In diesem Fall würden nämlich keine dauerhaften Fahrten zu einem Arbeitgeber-Sammelpunkt vorliegen.

3. Eintragungen in der Lohnsteuerbescheinigung

Nach § 41b Abs. 1 Satz 2 Nr. 9 EStG muss der Arbeitgeber im Lohnkonto und in der (elektronischen) Lohnsteuerbescheinigung den Buchstaben **„F"** (= Freifahrtberechtigung) vermerken, wenn er den Arbeitnehmer unentgeltlich oder verbilligt von der Wohnung zur ersten Tätigkeitsstätte befördert hat, weil die Entfernungspauschale für Strecken mit steuerfreier Sammelbeförderung nicht als Werbungskosten abgezogen werden kann. Hat der Arbeitnehmer für die Sammelbeförderung ein Entgelt zu bezahlen, sind die Aufwendungen des Arbeitnehmers als Werbungskosten abzugsfähig. Der Buchstabe „F" ist übrigens grundsätzlich nicht zu bescheinigen, wenn die Sammelbeförderung im Rahmen einer beruflich veranlassten Auswärtstätigkeit erfolgt, da es sich dann lohnsteuerlich um Reisekosten handelt.

Die vorstehenden Ausführungen zur Bescheinigung des Buchstabens F gelten aber entsprechend bei Sammelbeförderungen zu einem Arbeitgeber-Sammelpunkt oder einem weiträumigen Tätigkeitsgebiet.

4. Umsatzsteuerpflicht der Sammelbeförderung

Zur Umsatzsteuerpflicht der Sammelbeförderung vgl. die Erläuterungen beim Stichwort „Umsatzsteuerpflicht bei Sachbezügen" unter Nr. 10.

Sammellohnkonto

siehe „Lohnkonto" unter Nr. 19

Sammelpunkt

Bestimmt der **Arbeitgeber,** dass sich ein Arbeitnehmer, der keine erste Tätigkeitsstätte hat, **dauerhaft typischerweise arbeitstäglich an einem festgelegten Ort** einfinden soll, um von dort seine unterschiedlichen Einsatzorte aufzusuchen oder dort die Arbeit aufzunehmen (z. B.

S

Lohn-steuer-pflichtig | Sozial-versich.-pflichtig

Treffpunkt für einen betrieblichen Sammeltransport, Busdepot, Fährhafen, Liegeplatz des Schiffes, Flughafen), werden die Fahrten des Arbeitnehmers zu diesem vom Arbeitgeber festgelegten Ort – trotz des Vorliegens einer beruflich veranlassten Auswärtstätigkeit ab Verlassen der Wohnung – „wie“ Fahrten zu einer ersten Tätigkeitsstätte behandelt; für diese Fahrten darf nur die **Entfernungspauschale** angesetzt werden. „Typischerweise arbeitstäglich“ erfordert ein – bis auf Urlaubs-, Krankheits- oder Fortbildungstage – arbeitstägliches Aufsuchen desselben Ortes.

Der Ansatz der Entfernungspauschale hat auch zur Folge, dass ein etwaiger Arbeitgebererersatz für die Fahrtkosten nicht steuerfrei, sondern steuerpflichtig ist, aber mit 15 % pauschal besteuert werden kann. Vgl. im Einzelnen die Erläuterungen und Beispiele beim Stichwort „Entfernungspauschale“ unter Nr. 11 Buchstabe b. — ja — nein

Sänger

siehe „Künstler“.

Schadensersatz

Gliederung:

1. Allgemeines
2. Echter Schadensersatz
3. Schadensersatz für entgangenen oder entgehenden Arbeitslohn (unechter Schadensersatz)
4. Schadensersatzleistungen des Arbeitnehmers
5. Abgrenzung einer Abfindung gegenüber anderen Einkunftsarten und Schadensersatz

1. Allgemeines

Schadensersatzleistungen des Arbeitgebers, zu denen er gesetzlich verpflichtet ist, sind kein steuerpflichtiger Arbeitslohn (Hinweise zu R 19.3 LStR)[1]. Dies gilt jedoch nur für den sog. „echten“ Schadensersatz aus unerlaubten Handlungen (§§ 823 ff. BGB) oder Gefährdungshaftung (z. B. § 7 Straßenverkehrsgesetz). Dagegen ist **Schadensersatz für entgangenen oder entgehenden Arbeitslohn steuerpflichtig** und zwar auch dann, wenn die Entschädigung nicht vom Arbeitgeber, sondern von einem Dritten gezahlt wird (vgl. „Entschädigungen“). Zur Abgrenzung zwischen Arbeitslohn, übrige Einkunftsarten und Schadensersatz vgl. auch nachfolgende Nr. 5.

2. Echter Schadensersatz

Steuerfrei sind Schadensersatzleistungen

a) für Vermögensverluste (z. B. wenn Privateigentum des Arbeitnehmers im Betrieb beschädigt wird); — nein — nein

b) für besondere Aufwendungen (z. B. Arzt- und Krankenhauskosten), die durch den Schadenersatzverpflichteten verursacht worden sind; — nein — nein

c) für Schäden immaterieller Art (z. B. dauernde Gesundheitsschäden, Schmerzen); dies gilt auch für Entschädigungen, die ein Arbeitnehmer wegen **Verletzung** des **Benachteiligungsverbots** durch den Arbeitgeber für immaterielle Schäden (Diskriminierung wegen Geschlecht/Alter, Mobbing, sexuelle Belästigung) erhält (Fall des § 15 Abs. 2 AGG). Derartige Entschädigungen werden nicht „für eine Beschäftigung“ gewährt (vgl. das Stichwort „Abfindungen nach dem Gleichbehandlungsgesetz“); — nein — nein

d) soweit der Arbeitgeber einen zivilrechtlichen Schadensersatzanspruch des Arbeitnehmers wegen schuldhafter Verletzung arbeitsvertraglicher Fürsorgepflichten erfüllt (z. B. wenn der Arbeitgeber an die Finanzverwaltung eine **fehlerhafte Lohnsteuerbescheinigung** übermittelt hat und der Arbeitnehmer deshalb eine zu hohe Einkommensteuer zahlen musste, BFH-Urteil vom 20.9.1996, BStBl. 1997 II S. 144). — nein — nein

Der Bundesfinanzhof hat seine Rechtsprechung bestätigt, dass die Erfüllung eines Schadensersatzanspruches eines Arbeitnehmers gegen seinen Arbeitgeber, der auf einer überhöhten Einkommensteuerschuld beruht, nicht zu einem Lohnzufluss führt. Voraussetzung ist, dass dem **Arbeitnehmer** tatsächlich ein **Steuerschaden** entstanden ist, die Einkommensteuer also ohne die **Pflichtverletzung** oder unerlaubte Handlung des **Arbeitgebers** niedriger festgesetzt worden wäre. Für diesen Umstand trägt der Arbeitnehmer im Zweifelsfall die Feststellungslast (BFH-Urteil vom 25.4.2018, BStBl. II S. 600). Das Finanzgericht wird im zweiten Rechtsgang prüfen, ob der Arbeitnehmer dem Grunde nach einen Anspruch auf Schadensersatz gegen seinen Arbeitgeber wegen nicht ordnungsgemäß geführter Fahrtenbücher bei einer Firmenwagengestellung hatte und in welcher Höhe dem Arbeitnehmer durch eine etwaige Pflichtverletzung des Arbeitgebers ein Steuerschaden entstanden ist. Dieser Schaden würde sich aus der Differenz zwischen der beim Arbeitnehmer tatsächlich festgesetzten Einkommensteuer und der Einkommensteuer ohne Pflichtverletzung des Arbeitgebers ergeben. Im zweiten Rechtsgang wird auch zu prüfen sein, ob und in welchem Umfang dem Arbeitnehmer ein Mitverschulden traf. Von besonderen Personenkreisen abgesehen, obliegt nämlich dem Arbeitnehmer als Nutzer des Firmenwagens die Pflicht zur ordnungsgemäßen Führung eines Fahrtenbuchs.

Beispiel

Der Arbeitgeber hat dem Arbeitnehmer zunächst den beantragten Urlaub genehmigt und verhängt einige Zeit später für den infrage stehenden Zeitraum eine Urlaubssperre. Der Arbeitnehmer muss daher seinen – aufgrund des vom Arbeitgeber genehmigten Antrags – gebuchten Urlaub stornieren und an den Reiseveranstalter Stornokosten in Höhe von 1500 € zahlen. Diesen Betrag erhält er von seinem Arbeitgeber erstattet.

Bei der Zahlung des Arbeitgebers an den Arbeitnehmer handelt es sich um zivilrechtlichen Schadenersatz aufgrund gesetzlicher Verpflichtung nach § 823 Abs. 1 BGB. Die Zahlung des Arbeitgebers ist daher steuer- und beitragsfrei. Bei solchen Zahlungen handelt es sich nicht um Einnahmen, die im weitesten Sinne Gegenleistung für das Zurverfügungstellen der Arbeitskraft des Arbeitnehmers sind.

3. Schadensersatz für entgangenen oder entgehenden Arbeitslohn (unechter Schadensersatz)

a) Wenn eine solche Entschädigung vom Arbeitgeber gezahlt wird, handelt es sich um steuerpflichtigen Arbeitslohn (vgl. „Entschädigungen“). — ja — ja

b) Wird die Entschädigung dagegen von einem Dritten gezahlt, der vom Arbeitgeber unabhängig ist, bleibt die Entschädigung zwar Arbeitslohn, jedoch ist häufig der Lohnsteuerabzug nicht durchführbar. Es erfolgt dann eine Versteuerung bei der Veranlagung zur Einkommensteuer. Hierunter fallen z. B. die Versicherungsentschädigungen für Verdienstausfall bei Kfz-Unfällen[2]. Vgl. hierzu aber auch die Erläuterungen beim Stichwort „Lohnzahlung durch Dritte“ besonders unter Nr. 3. Eine Versicherungsleistung an ein minderjähriges Unfallopfer kann eine nicht steuerbare Schadensersatzleistung sein (vgl. „Entschädigungen“ unter Nr. 2 Buchstabe c). — nein — nein

c) Wird die Entschädigung durch eine vom **Arbeitnehmer** abgeschlossene Unfallversicherung geleistet, liegt kein Arbeitslohn vor (sondern eine Gegenleistung für die

1) Die amtlichen Hinweise zu den Lohnsteuer-Richtlinien sind im **Steuerhandbuch für das Lohnbüro 2021** abgedruckt, das im selben Verlag erschienen ist.

2) Bei einem Unfall leisten die Versicherungen oft Ersatz in einer Summe (Arzt- und Krankenhauskosten, Ersatz für Verdienstausfall, Schmerzensgeld). Arbeitslohn ist nur der Ersatz für Verdienstausfall. Die einheitlich gezahlte Summe ist im Wege der Schätzung aufzuteilen (BFH-Urteil vom 20.10.1959, BStBl. 1960 III S. 87).

	Lohn-steuer-pflichtig	Sozial-versich.-pflichtig
Versicherungsbeiträge). Wird eine Kapitalabfindung gezahlt, ist diese steuerfrei. Wird eine Rente gezahlt, ist diese regelmäßig mit dem sog. Ertragsanteil steuerpflichtig (vgl. „Renten"). Schadensersatzrenten zum Ausgleich vermehrter Bedürfnisse (§ 843 Abs. 1 2. Alternative BGB), Unterhaltsrenten (§ 844 Abs. 2 BGB), Ersatzansprüche wegen entgangener Dienste (§ 845 BGB) sowie Schmerzensgeldrenten (§ 253 Abs. 2 BGB) sind weder Arbeitslohn noch sonstige Einkünfte.[1]	nein	nein
d) Werden Tagegelder aufgrund einer vom **Arbeitgeber** abgeschlossenen Reiseunfallversicherung an den Arbeitnehmer gezahlt, handelt es sich dem Grunde nach um steuerpflichtigen Arbeitslohn (vgl. „Unfallversicherung" unter Nr. 2).	ja	ja

Zur Abgrenzung zwischen Arbeitslohn, übrige Einkunftsarten und Schadensersatz vgl. auch nachfolgende Nr. 5.

4. Schadensersatzleistungen des Arbeitnehmers

Schadensersatzleistungen des Arbeitnehmers, die durch das Arbeitsverhältnis veranlasst sind, können als **Werbungskosten** abgezogen werden. Dies gilt z. B. bei Zahlungen wegen Kunstfehler eines Arztes, der Beschädigung einer Maschine oder des Firmenwagens (vgl. in Anhang 7, Abschnitt B Nr. 2 das Stichwort „Schadensersatz").

Auch Schadensersatzleistungen aufgrund von **strafbaren Handlungen,** die im Zusammenhang mit der beruflichen Tätigkeit stehen, können als Werbungskosten berücksichtigt werden. Die **berufliche Veranlassung** wird aber nach Auffassung des Bundesfinanzhofs **aufgehoben,** wenn

- die Handlungen mit der beruflichen Tätigkeit des Arbeitnehmers nur insoweit im Zusammenhang stehen, als diese eine **Gelegenheit zu einer Straftat** verschafft (z. B. versuchter Versicherungsbetrug),
- der Arbeitnehmer seinen **Arbeitgeber bewusst schädigen** wollte oder
- der Arbeitnehmer sich oder einen Dritten durch die schädigende Handlung **bereichert** hat.

Im Streitfall lehnte der Bundesfinanzhof einen Werbungskostenabzug für die Schadensersatzleistung des Arbeitnehmers an den Insolvenzverwalter in Höhe von rund 1,2 Mio. € ab, weil er als Vorstand die Vermögensverhältnisse der AG unzutreffend dargestellt hatte, um die Dividendenzahlung für die von ihm gehaltenen Aktien zu bekommen (BFH-Urteil vom 20.10.2016, BStBl. 2018 II S. 441). Der hierfür strafrechtlich zur Verantwortung gezogene Arbeitnehmer hatte sich damit persönlich bereichert, da sich ungeachtet des Dividendenabschlags die unrichtige Darstellung der Vermögensverhältnisse der AG zu Gunsten des Arbeitnehmers auch auf den Kurswert der Aktien ausgewirkt hatte.

5. Abgrenzung einer Abfindung gegenüber anderen Einkunftsarten und Schadensersatz

Sieht eine Aufhebungsvereinbarung zwischen Arbeitgeber und Arbeitnehmer die Zahlung einer Abfindung und eines Nachteilsausgleichs vor, ist eine **getrennte Beurteilung** der beiden Teilbeträge geboten. Während es sich bei der Abfindung für den Verlust des Arbeitsplatzes unstreitig um Arbeitslohn handelt, ist bezüglich des **Nachteilsausgleichs** zu prüfen, ob es sich um steuerpflichtige **sonstige Einkünfte** handelt (z. B. Gegenleistung für vom Arbeitnehmer versprochene Verhaltenspflichten wie z. B. Schweigen im Hinblick auf bestimmte Vorkommnisse) oder um nicht steuerpflichtigen **Schadensersatz.** Wird festgestellt, dass der Nachteilsausgleich sowohl steuerbare als auch nicht steuerbare Entschädigungen enthält und ist eine genaue Zuordnung nicht möglich, ist eine sachgerechte Aufteilung im Schätzungswege vorzunehmen (BFH-Urteil vom 11.7.2017, BStBl. 2018 II S. 86).

Ist neben einer Entschädigung für entgangene Einnahmen **(= Abfindung),** die sich ihrer Höhe nach im Rahmen des Üblichen bewegt, eine weitere Zahlung vereinbart worden, die den Rahmen des Üblichen in besonderem Maße überschreitet, spricht dies dafür, dass es sich insoweit nicht um eine Entschädigung für entgangene Einnahmen handelt. Von einer solchen **Überschreitung in besonderem Maße** geht der Bundesfinanzhof aus, wenn durch die zweite Teilzahlung die Höhe der Gesamtzahlung verdoppelt wird (BFH-Urteil vom 9.1.2018, BStBl. II S. 582). Nach dem im Streitfall zwischen Arbeitgeber und Arbeitnehmer geschlossenen Vergleich sollte zum einen eine (steuerpflichtige) Abfindung für die vorzeitige Auflösung des Arbeitsverhältnisses sowie für mögliche Verdienstausfälle und zum anderen ohne Anerkennung einer Rechtspflicht (nicht steuerpflichtiger) Schadensersatz geleistet werden.

Siehe auch die Stichworte: Abfindungen nach dem Gleichbehandlungsgesetz, Autoinsassen-Unfallversicherung, Entschädigungen, Streikgelder, Unfallversicherung und Verzugspauschale.

Schauspieler

siehe „Künstler".

Scheinselbstständigkeit

Gliederung:

S

1. Allgemeines

Mit dem Gesetz zur Förderung der Selbstständigkeit vom 20.12.1999 (BGBl. 2000 I S. 2) ist mit § 7a Abs. 1 Satz 1 SGB IV ein optionales Anfrageverfahren eingeführt worden, wonach abweichend von der Regelung des § 28h Abs. 2 SGB IV, nach der die Einzugsstelle über die Versicherungspflicht und Beitragshöhe in der Kranken-, Pflege-, Renten- und Arbeitslosenversicherung entscheidet, die Beteiligten bei der Deutschen Rentenversicherung Bund eine Entscheidung über den Status des Erwerbstätigen beantragen können. Mit diesem Verfahren besteht eine schnelle und unkomplizierte Möglichkeit zur Klärung der Statusfrage. Divergierende Entscheidungen unter-

1) Vgl. Textziffer 2.1.4 des BMF-Schreibens vom 28.10.2009, BStBl. I S. 1275. Das BMF-Schreiben ist als Anlage zu H 40b.2 LStR im **Steuerhandbuch für das Lohnbüro 2021** abgedruckt, das im selben Verlag erschienen ist.

Lohn-steuer-pflichtig Sozial-versich.-pflichtig

schiedlicher Versicherungsträger werden dadurch vermieden. Durch das Vierte Gesetz für moderne Dienstleistungen am Arbeitsmarkt vom 24.12.2003 (BGBl. I S. 2954) sowie das Gesetz zur Vereinfachung der Verwaltungsverfahren im Sozialrecht (Verwaltungsvereinfachungsgesetz) vom 21.3.2005 (BGBl. I S. 818) ist für beschäftigte Ehegatten und Lebenspartner i. S. des Lebenspartnerschaftsgesetzes sowie GmbH-Gesellschafter-Geschäftsführer zum 1.1.2005 ein obligatorisches Anfrageverfahren in § 7a Abs. 1 Satz 2 SGB IV eingeführt worden. Arbeitgeber haben seitdem nach § 28a Abs. 3 Satz 2 Nr. 1 Buchstabe d und e SGB IV die Anmeldung der Beschäftigung von Ehegatten/Lebenspartnern bzw. GmbH-Gesellschafter- Geschäftsführern gesondert zu kennzeichnen. Bei einer entsprechend gekennzeichneten Anmeldung hat die Krankenkasse bei der Deutschen Rentenversicherung Bund ein Statusfeststellungsverfahren zu beantragen, an dessen Ergebnis die Bundesagentur für Arbeit leistungsrechtlich gebunden ist. Durch das Gesetz zur Änderung des Vierten Buches Sozialgesetzbuch und anderer Gesetze vom 19.12.2007 (BGBl. I S. 3024) wurde dieses Verfahren ab 1.1.2008 auf mitarbeitende Abkömmlinge ausgedehnt. Bei Feststellung eines die Sozialversicherungspflicht begründenden Beschäftigungsverhältnisses im Rahmen eines Statusfeststellungsverfahrens nach § 7a Abs. 1 Satz 1 SGB IV wird unter bestimmten Voraussetzungen der Beginn der Versicherungspflicht mit Zustimmung des Versicherten verschoben; Beitragsansprüche für zurückliegende Zeiten entstehen insoweit nicht. Zur Wahrung einer einheitlichen Rechtsanwendung gilt dies für alle Zweige der Sozialversicherung. Hierdurch wird die Position des gutgläubigen Arbeitgebers gestärkt. Verbunden damit ist ein vorläufiger Rechtsschutz gegen Beitragsbescheide. Dieser beinhaltet, dass die Gesamtsozialversicherungsbeiträge erst zu dem Zeitpunkt fällig werden, zu dem die Entscheidung über das Vorliegen einer Beschäftigung unanfechtbar geworden ist. Widerspruch und Klage gegen eine derartige Entscheidung haben aufschiebende Wirkung.

2. Versicherungsrecht

a) Beschäftigung nach § 7 Abs. 1 SGB IV

In der Kranken-, Pflege-, Renten- und Arbeitslosenversicherung sind Arbeitnehmer, die gegen Arbeitsentgelt beschäftigt werden, versicherungspflichtig. Da selbstständig Tätige in der Kranken- und Pflegeversicherung – mit Ausnahme der Künstler und Landwirte – nicht sowie in der Arbeitslosenversicherung generell nicht zum versicherungspflichtigen Personenkreis zählen und in der Rentenversicherung nur ein kleiner Kreis selbstständig tätiger Personen versicherungspflichtig ist, bedarf es zur Unterscheidung einer selbstständigen Tätigkeit von einer Beschäftigung als Arbeitnehmer bestimmter Abgrenzungskriterien. Die Beschäftigung wird in § 7 Abs. 1 Satz 1 SGB IV als nichtselbstständige Arbeit, insbesondere in einem Arbeitsverhältnis, definiert. Der Begriff des Beschäftigungsverhältnisses ist allerdings weitergehender als der Begriff des Arbeitsverhältnisses; er erfasst somit auch Fälle, in denen ein Arbeitsverhältnis nicht vorliegt (z. B. bei GmbH-Geschäftsführern). Als typische Merkmale einer Beschäftigung nennt § 7 Abs. 1 Satz 2 SGB IV die Weisungsgebundenheit der Erwerbsperson und ihre betriebliche Eingliederung. Diese Merkmale sind nicht zwingend kumulativ für das Bestehen eines Beschäftigungsverhältnisses erforderlich, sie sind lediglich als Anhaltspunkte erwähnt, ohne eine abschließende Bewertung vorzunehmen. So kann das Weisungsrecht – vornehmlich bei Diensten höherer Art – eingeschränkt und zur „funktionsgerecht dienenden Teilhabe am Arbeitsprozess verfeinert“ sein. Der Auftraggeber hat – wie auch sonst jeder Arbeitgeber bei seinen Mitarbeitern – zu prüfen, ob ein Auftragnehmer bei ihm abhängig beschäftigt oder für ihn selbstständig tätig ist. Ist ein Auftraggeber der Auffassung, dass im konkreten Einzelfall keine abhängige Beschäftigung vorliegt, ist zwar formal von ihm nichts zu veranlassen. Er geht jedoch das Risiko ein, dass bei einer Prüfung durch einen Versicherungsträger und ggf. im weiteren Rechtsweg durch die Sozialgerichte der Sachverhalt anders bewertet und dadurch die Nachzahlung von Beiträgen erforderlich wird. In Zweifelsfällen wird deshalb empfohlen, das Anfrageverfahren zur Statusklärung bei der Deutschen Rentenversicherung Bund nach § 7a Abs. 1 Satz 1 SGB IV einzuleiten. Demgegenüber löst die Beschäftigung von GmbH-Gesellschafter-Geschäftsführern oder Ehegatten, Lebenspartnern bzw. Abkömmlingen des Arbeitgebers das obligatorische Statusfeststellungsverfahren nach § 7a Abs. 1 Satz 2 SGB IV aus.

b) Abgrenzung des Beschäftigungsverhältnisses vom Dienst- /Werkvertrag

Das Beschäftigungsverhältnis unterscheidet sich vom Rechtsverhältnis eines freien Dienstnehmers oder Werkvertragnehmers durch den Grad der persönlichen Abhängigkeit bei der Erledigung der Dienst- oder Werkleistung. Arbeitnehmer ist, wer weisungsgebunden vertraglich geschuldete Leistungen im Rahmen einer von seinem Vertragspartner bestimmten Arbeitsorganisation erbringt. Der hinreichende Grad persönlicher Abhängigkeit zeigt sich nicht nur daran, dass der Beschäftigte einem Direktionsrecht seines Vertragspartners unterliegt, welches Inhalt, Durchführung, Zeit, Dauer, Ort oder sonstige Modalitäten der zu erbringenden Tätigkeit betreffen kann, sondern kann sich auch aus einer detaillierten und den Freiraum für die Erbringung der geschuldeten Leistung stark einschränkenden rechtlichen Vertragsgestaltung oder tatsächlichen Vertragsdurchführung ergeben. Der Grad der persönlichen Abhängigkeit wird auch von der Eigenart der jeweiligen Tätigkeit bestimmt. Insoweit lassen sich abstrakte, für alle Tätigkeiten geltende Kriterien nicht aufstellen. Manche Tätigkeiten können sowohl im Rahmen eines Beschäftigungsverhältnisses als auch im Rahmen freier Dienst- oder Werkverträge erbracht werden, andere regelmäßig nur im Rahmen eines Beschäftigungsverhältnisses. Aus Art und Organisation der Tätigkeit kann auf das Vorliegen eines Beschäftigungsverhältnisses zu schließen sein. Dabei sind für die Abgrenzung in erster Linie die tatsächlichen Umstände der Leistungserbringung von Bedeutung, nicht aber die Bezeichnung, die die Parteien ihrem Rechtsverhältnis gegeben haben oder gar die von ihnen gewünschte Rechtsfolge. Der jeweilige Vertragstyp ergibt sich aus dem wirklichen Geschäftsinhalt. Dieser wiederum folgt aus den getroffenen Vereinbarungen und der tatsächlichen Durchführung des Vertrages. Maßgeblich ist die Rechtsbeziehung so wie sie praktiziert wird und die praktizierte Beziehung so wie sie rechtlich zulässig ist. Selbstständig ist im Allgemeinen jemand, der unternehmerische Entscheidungsfreiheit genießt, ein unternehmerisches Risiko trägt sowie unternehmerische Chancen wahrnehmen und hierfür Eigenwerbung betreiben kann. Zu typischen Merkmalen unternehmerischen Handelns gehört u. a., dass Leistungen im eigenen Namen und auf eigene Rechnung – statt im Namen und auf Rechnung des Auftraggebers erbracht werden – sowie die eigenständige Entscheidung über

- Einkaufs- und Verkaufspreise,
- Warenbezug,
- Einstellung von Personal,
- Einsatz von Kapital und Maschinen,
- die Zahlungsweise der Kunden (z. B. sofortige Barzahlung, Stundungsmöglichkeit, Einräumung von Rabatten),
- Art und Umfang der Kundenakquisition,
- Art und Umfang von Werbemaßnahmen für das eigene Unternehmen (z. B. Benutzung eigener Briefköpfe).

Die Spitzenorganisationen der Sozialversicherung haben sich wiederholt mit der Abgrenzung einer abhängigen Beschäftigung von einer selbstständigen Tätigkeit befasst. Die hierbei erzielten Ergebnisse zur versicherungsrecht-

S

Lohn- steuer- pflichtig | Sozial- versich.- pflichtig

lichen Beurteilung für im Bereich Theater, Orchester, Rundfunk- und Fernsehanbieter, Film- und Fernsehproduktionen tätige Personen, von Handelsvertretern, Gesellschafter-Geschäftsführern, Fremdgeschäftsführern und mitarbeitenden Gesellschaftern einer GmbH sowie Geschäftsführern einer Familien-GmbH, mitarbeitenden Angehörigen sowie bestimmten Berufsgruppen sind Anlage zum Gemeinsamen Rundschreiben zur Statusfeststellung von Erwerbstätigen vom 21.3.2019 (vgl. www.aok.de/fk/sozialversicherung/rundschreiben/jahrgang-2019/).

3. Amtliche Eintragungen oder Genehmigungen als Hinweis auf eine selbstständige Tätigkeit, Gesellschaftsform

Aufgrund der Gesamtbetrachtung kann auch jemand selbstständig tätig sein, der nur für einen Auftraggeber arbeitet und keine Mitarbeiter beschäftigt. Dies ist insbesondere der Fall, wenn er für seine Unternehmung bzw. selbstständige Tätigkeit eine besondere amtliche Genehmigung oder Zulassung benötigt. So stützt zum Beispiel die Eintragung in die Handwerksrolle die Annahme einer selbstständigen Tätigkeit. Die Gewerbeanmeldung bzw. die Eintragung in das Gewerberegister oder in das Handelsregister haben dagegen nur schwache Indizwirkung. Ist der Auftragnehmer eine Gesellschaft in Form einer juristischen Person (z. B. AG, SE, GmbH, UG [haftungsbeschränkt]), schließt dies ein abhängiges Beschäftigungsverhältnis zum Auftraggeber grundsätzlich aus. Der Ausschluss eines abhängigen Beschäftigungsverhältnisses wirkt jedoch nur auf die Beurteilung der Rechtsbeziehungen zwischen dem Auftraggeber und dem Auftragnehmer, nicht jedoch auf die Frage, ob die in der Gesellschaft Tätigen Arbeitnehmer dieser Gesellschaft sein können. Ist der Auftragnehmer eine rechtsfähige Personengesellschaft (z. B. OHG, KG, GmbH & Co. KG, Partnerschaftsgesellschaft, GbR), schließt dies ein abhängiges Beschäftigungsverhältnis zum Auftraggeber im Regelfall ebenfalls aus. Dies gilt jedoch nicht, wenn im Einzelfall die Merkmale einer abhängigen Beschäftigung mit entsprechender Weisungsgebundenheit gegenüber den Merkmalen einer selbstständigen Tätigkeit überwiegen. Die gleiche Beurteilung gilt grundsätzlich auch, sofern es sich bei dem Auftragnehmer um eine Ein-Personen-Gesellschaft (z. B. Ein-Personen-GmbH bzw. Ein-Personen-Limited) handelt. Insbesondere bei typischen Beschäftigungsverhältnissen – wie beispielsweise bei den nicht programmgestaltenden Mitarbeitern in der Film- und Fernsehproduktion – kann die Gründung einer Ein-Personen-GmbH oder Ein-Personen-Limited nicht zur Umgehung eines sozialversicherungspflichtigen Beschäftigungsverhältnisses führen. Beurteilt nach den maßgebenden tatsächlichen Verhältnissen sind diese Personen vielmehr weisungsgebunden in die Arbeitsorganisation der Unternehmen eingegliedert. Arbeitnehmer kann – anders als ein Arbeitgeber – ausschließlich eine natürliche Person sein, so dass die Gründung einer Ein-Personen-GmbH oder Ein-Personen-Limited in diesen Fällen sozialversicherungsrechtlich ins Leere geht.

4. Optionales Anfrageverfahren

a) Allgemeines

Nach § 7a Abs. 1 Satz 1 SGB IV können die Beteiligten bei der Deutschen Rentenversicherung Bund beantragen, den Status des Erwerbstätigen feststellen zu lassen (zum obligatorischen Statusfeststellungsverfahren nach § 7a Abs. 1 Satz 2 SGB IV vgl. Nr. 9). Dieses Verfahren tritt gleichwertig neben die Verfahren der Einzugsstellen (§ 28h Abs. 2 SGB IV) und der Rentenversicherungsträger als Prüfstellen (§ 28p SGB IV). Die Abgrenzung erfolgt nach dem Kriterium der zeitlichen Vorrangigkeit. Das Anfrageverfahren schließt auch die Entscheidung über die Versicherungspflicht in der Kranken-, Pflege-, Renten- und Arbeitslosenversicherung ein. Mit dem Anfrageverfahren soll den Beteiligten Rechtssicherheit darüber verschafft werden, ob der Auftragnehmer selbstständig tätig oder abhängig beschäftigt und aufgrund der Beschäftigung sozialversicherungspflichtig ist. Beteiligte, die eine Statusfeststellung beantragen können, sind die Vertragspartner (z. B. Auftragnehmer und Auftraggeber), nicht jedoch andere Versicherungsträger. Jeder Beteiligte ist berechtigt, das Anfrageverfahren bei der Deutschen Rentenversicherung Bund zu beantragen. Dies gilt auch für bereits beendete Vertragsverhältnisse. Es ist nicht erforderlich, dass sich die Beteiligten über die Einleitung eines Anfrageverfahrens einig sind. Es ist ausreichend, wenn einer der Beteiligten das Anfrageverfahren beantragt. Der andere Beteiligte wird dann zum Verfahren herangezogen. Für das Anfrageverfahren bei der Deutschen Rentenversicherung Bund ist die elektronische oder die Schriftform vorgeschrieben. Das Anfrageverfahren bei der Deutschen Rentenversicherung Bund ist ausgeschlossen, wenn bereits durch eine Einzugsstelle (z. B. im Rahmen einer Prüfung nach § 28h Abs. 2 SGB IV) oder einen Rentenversicherungsträger (im Rahmen einer Betriebsprüfung nach § 28p Abs. 1 SGB IV) ein Verfahren zur Feststellung des Status der Erwerbsperson durchgeführt oder eingeleitet wurde, z. B. durch Übersendung eines Fragebogens oder durch Ankündigung einer Betriebsprüfung. Für die im Rahmen eines Statusfeststellungsverfahrens nach § 7a Abs. 1 Satz 1 SGB IV erforderliche Prüfung, ob eine sozialversicherungspflichtige abhängige Beschäftigung vorliegt, haben die Beteiligten einen Antrag auszufüllen. Die in dem Antrag geforderten Angaben sind notwendig, damit das Gesamtbild der Tätigkeit ermittelt werden kann und weitgehend sichergestellt ist, dass die für die Entscheidung maßgeblichen Kriterien einheitlich erhoben werden. Der aktuelle „Antrag auf Feststellung des sozialversicherungsrechtlichen Status" kann von der für das Statusfeststellungsverfahren zuständigen Clearingstelle der Deutschen Rentenversicherung Bund angefordert werden (im Internet ist der Antrag unter www.deutsche-rentenversicherung-bund.de, Rubrik: Formulare/Versicherung/Statusfeststellung eingestellt).

b) Verwaltungsverfahren bei der Deutschen Rentenversicherung Bund

Die Angaben und Unterlagen, die die Deutsche Rentenversicherung Bund für ihre Entscheidung benötigt, hat sie nach § 7a Abs. 3 SGB IV schriftlich bei den Beteiligten (Auftragnehmer, Auftraggeber) unter Fristsetzung anzufordern. Die Frist, innerhalb der die erforderlichen Angaben zu machen und die Unterlagen vorzulegen sind, muss jeweils angemessen festgesetzt werden. Nach Abschluss der Ermittlungen hat die Deutsche Rentenversicherung Bund vor Erlass ihrer Entscheidung den Beteiligten Gelegenheit zu geben, sich zu der beabsichtigten Entscheidung zu äußern (Anhörung nach § 24 SGB X). Nach § 7a Abs. 4 SGB IV teilt sie deshalb den Beteiligten mit, welche Entscheidung sie zu treffen beabsichtigt und bezeichnet die Tatsachen, auf die sie ihre Entscheidung stützen will. Dies ermöglicht den Beteiligten, vor Erlass des Statusbescheides weitere Tatsachen und ergänzende rechtliche Gesichtspunkte vorzubringen. Einer Anhörung bedarf es nicht, soweit dem Antrag der Beteiligten entsprochen wird. Nach Abschluss des Anhörungsverfahrens erteilt die Deutsche Rentenversicherung Bund den Beteiligten (Auftragnehmer und Auftraggeber) einen rechtsbehelfsfähigen begründeten Bescheid über den Status der Erwerbsperson und deren versicherungsrechtliche Beurteilung. Die zuständige Einzugsstelle erhält eine Durchschrift des Bescheides. Außerdem wird sie unverzüglich informiert, wenn gegen den Bescheid der Deutschen Rentenversicherung Bund Widerspruch eingelegt worden ist; über das weitere Verfahren wird die zuständige Einzugsstelle regelmäßig unterrichtet. Zuständige Einzugsstelle ist die Krankenkasse, die die Krankenversicherung durchführt oder die vom Beschäftigten gewählt wurde. Für Beschäftigte, die von ihrem Krankenkassenwahlrecht keinen Gebrauch machen, ist die Krankenkasse zuständig, der sie

S

zuletzt angehörten; ansonsten die vom Arbeitgeber bestimmte Krankenkasse.

5. Beginn der Versicherungspflicht und Eintritt der Beitragsfälligkeit

a) Anfrageverfahren innerhalb eines Monats nach Beschäftigungsbeginn

Die Versicherungspflicht in der Sozialversicherung aufgrund einer Beschäftigung beginnt grundsätzlich mit dem Tag des Eintritts in das Beschäftigungsverhältnis. Abweichend hiervon sieht § 7a Abs. 6 Satz 1 SGB IV vor, dass die Versicherungspflicht mit der Bekanntgabe der Entscheidung der Deutschen Rentenversicherung Bund eintritt,

- wenn der Antrag nach § 7a Abs. 1 Satz 1 SGB IV innerhalb eines Monats nach Aufnahme der Tätigkeit gestellt wird,
- der Beschäftigte dem späteren Beginn der Sozialversicherungspflicht zustimmt und
- er für den Zeitraum zwischen Aufnahme der Beschäftigung und der Bekanntgabe der Entscheidung der Deutschen Rentenversicherung Bund eine Absicherung gegen das finanzielle Risiko von Krankheit und zur Altersvorsorge vorgenommen hat, die der Art nach den Leistungen der gesetzlichen Krankenversicherung und der gesetzlichen Rentenversicherung entspricht.

Die Zustimmung des Beschäftigten zum späteren Eintritt der Versicherungspflicht kann nur nach Bekanntgabe der Entscheidung über das Bestehen einer sozialversicherungspflichtigen Beschäftigung gegenüber der Deutschen Rentenversicherung Bund wirksam abgegeben werden. Das Erfordernis der Zustimmung dient dem Schutz der sozialen Rechte des Beschäftigten. Dies ist nur gewährleistet, wenn die Zustimmung in Kenntnis der Versicherungspflicht erteilt wird. Die für die Zwischenzeit erforderliche anderweitige Absicherung, die bereits im Zeitpunkt des Beginns des Anfrageverfahrens bestehen muss, muss sowohl das finanzielle Risiko von Krankheit als auch die Altersvorsorge umfassen. Die Absicherung gegen das finanzielle Risiko von Krankheit kann durch eine freiwillige Versicherung in der gesetzlichen Krankenversicherung oder eine private Krankheitskostenversicherung erfolgen. Dabei muss eine private Krankheitskostenversicherung Leistungen vorsehen, die der Art nach den Leistungen der gesetzlichen Krankenversicherung entsprechen. Dieses Sicherungsniveau ist erreicht, wenn die Krankheitskostenversicherung zumindest Leistungen in dem von § 193 Abs. 3 Satz 1 Versicherungsvertragsgesetz (VVG) verlangten Umfang vorsieht. Die Auffassung, dass der private Versicherungsvertrag oder die freiwillige Versicherung in der gesetzlichen Krankenversicherung auch einen Anspruch auf Krankengeld bzw. eine dem Ersatz von Arbeitsentgelt dienende Leistung vorsehen muss, wird nicht mehr vertreten. Allerdings muss sich die private Absicherung auf Angehörige erstrecken, die nach § 10 SGB V familienversichert wären. Im Übrigen ist ein Leistungsvergleich nicht anzustellen. In den Grenzen von § 193 VVG ist daher unerheblich, ob die vertraglichen Leistungen auf die Erstattung bestimmter Teil- und Höchstbeträge beschränkt und bei bestimmten Krankheiten ganz ausgeschlossen sind. Zusatz- oder Tagegeldversicherungen sind für sich allein jedoch nicht ausreichend. Nicht erforderlich ist, dass eine bestimmte Mindestprämie gezahlt wird. Aus einer freiwilligen oder privaten Krankenversicherung folgt im Übrigen die Versicherungspflicht in der Pflegeversicherung, auch wenn in der Vorschrift des § 7a Abs. 6 Satz 1 SGB IV eine Absicherung gegen das Risiko der Pflege nicht ausdrücklich genannt ist.

S

Eine Absicherung gegen das finanzielle Risiko von Krankheit mindestens im Umfang der qualitativen Anforderungen des § 193 Abs. 3 Satz 1 VVG ist auch erforderlich für Personen, die von der Krankenversicherungspflicht ausgenommen sind (z. B. Beschäftigte mit einem regelmäßigen Arbeitsentgelt oberhalb der Jahresarbeitsentgeltgrenze oder Beschäftigte, die daneben hauptberuflich selbstständig erwerbstätig sind), ungeachtet der Folge, dass die Wirkung aus § 7a Abs. 6 SGB IV sich hier ggf. auf den späteren Beginn der Versicherungspflicht in der Renten- und Arbeitslosenversicherung beschränkt. Auch die geforderte Altersversorgung braucht nicht mit den Leistungen der gesetzlichen Rentenversicherung deckungsgleich zu sein; es genügt, dass das Risiko des Alters abgesichert ist. Eine Absicherung zur Altersvorsorge kann durch eine freiwillige Versicherung in der gesetzlichen Rentenversicherung oder durch eine private Lebens-/Rentenversicherung für den Fall des Erlebens des 60. oder eines höheren Lebensjahres erfolgen. Das Sicherungsniveau ist hierbei unbeachtlich. Von einem ausreichenden sozialen Schutz ist auszugehen, wenn für die private Versicherung Prämien aufgewendet werden, die der jeweiligen Höhe des freiwilligen Mindestbeitrags zur gesetzlichen Rentenversicherung entsprechen (z. B. im Kalenderjahr 2021 mtl. 83,70 EUR). Eine Absicherung gegen das Risiko Invalidität wird nicht gefordert, zumal auch durch freiwillige Beiträge zur gesetzlichen Rentenversicherung dieses Risiko grundsätzlich nicht abgedeckt werden kann. Eine Absicherung für die Hinterbliebenen wird ebenfalls nicht gefordert. Die Bekanntgabe der Entscheidung der Deutschen Rentenversicherung Bund wäre nach § 33 Abs. 2 SGB X grundsätzlich in jeder Form (schriftlich, mündlich oder in anderer Weise) möglich; sie erfolgt im Rahmen des § 7a SGB IV jedoch ausschließlich in schriftlicher Form. Der Beschäftigte kann den Eintritt der Sozialversicherungspflicht auch von der Aufnahme der Beschäftigung an herbeiführen, wenn er seine Zustimmung zum späteren Eintritt der Sozialversicherungspflicht nicht erteilt. Nur hierdurch erhält er unter finanzieller Beteiligung seines Arbeitgebers Schutz in allen Zweigen der Sozialversicherung ab dem frühestmöglichen Zeitpunkt und vermeidet Lücken im Versicherungsschutz.

Nach § 23 Abs. 1 Satz 2 SGB IV werden Gesamtsozialversicherungsbeiträge spätestens am drittletzten Bankarbeitstag des Monats fällig, in dem die Beschäftigung, mit der das Arbeitsentgelt erzielt wird, ausgeübt worden ist oder als ausgeübt gilt; ein verbleibender Restbeitrag wird am drittletzten Bankarbeitstag des Folgemonats fällig. In § 7a Abs. 6 Satz 2 SGB IV wird von dieser Fälligkeitsregelung abgewichen. Hiernach wird die Fälligkeit des Gesamtsozialversicherungsbeitrags in den Fällen eines Anfrageverfahrens nach § 7a Abs. 1 Satz 1 SGB IV auf den Zeitpunkt hinausgeschoben, zu dem die Statusentscheidung unanfechtbar wird. Die Gesamtsozialversicherungsbeiträge für die Zeit ab Beginn der Sozialversicherungspflicht werden dann spätestens mit den Beiträgen der Entgeltabrechnung des Kalendermonats fällig, der auf den Monat folgt, in dem die Entscheidung unanfechtbar wurde. Da in diesen Fällen für die zurückliegende Zeit – wegen fehlender Fälligkeit – ein Lohnabzug nach § 28g SGB IV nicht vorgenommen werden konnte und damit nicht „unterblieben ist", ist der Abzug des Arbeitnehmerbeitragsanteils nicht auf die letzten drei Monate begrenzt. Für die erst zu einem späteren Zeitpunkt fälligen Gesamtsozialversicherungsbeiträge sind für die Vergangenheit keine Säumniszuschläge zu erheben.

b) Anfrageverfahren außerhalb eines Monats nach Beschäftigungsbeginn

Die Versicherungspflicht in der Sozialversicherung aufgrund einer Beschäftigung beginnt grundsätzlich mit dem Tag des Eintritts in das Beschäftigungsverhältnis. Die Möglichkeit einer davon abweichenden Bestimmung des Beginns der Versicherungspflicht ist bei Statusfeststellungsanträgen, die erst nach Ablauf eines Monats nach Aufnahme der Tätigkeit beantragt werden, nicht mehr vorgesehen. Führt ein solcher Statusfeststellungsantrag zur Feststellung eines sozialversicherungspflichtigen Beschäftigungsverhältnisses, beginnt die Versicherungs-

Lohn- steuer- pflichtig | Sozial- versich.- pflichtig

pflicht mit dem Eintritt in das Beschäftigungsverhältnis. Folglich werden nach § 23 Abs. 1 SGB IV Gesamtsozialversicherungsbeiträge rückwirkend spätestens am drittletzten Bankarbeitstag des Monats fällig, in dem die Beschäftigung, mit der das Arbeitsentgelt erzielt wird, ausgeübt worden ist oder als ausgeübt gilt; ein verbleibender Restbeitrag wird am drittletzten Bankarbeitstag des Folgemonats fällig. Die Gesamtsozialversicherungsbeiträge sind demnach nachzuzahlen, wobei der unterbliebene Abzug des Arbeitnehmerbeitragsanteils nur für die letzten drei Lohn- oder Gehaltsabrechnungen nachgeholt werden kann (§ 28g Satz 3 SGB IV). Auf die nachzuzahlenden Gesamtsozialversicherungsbeiträge sind für die Vergangenheit Säumniszuschläge zu erheben (§ 24 Abs. 1 SGB IV).

6. Rechtsbehelfe gegen Statusentscheidungen

Widerspruch und Klage eines Beteiligten gegen die Entscheidung der Deutschen Rentenversicherung Bund, dass eine sozialversicherungspflichtige Beschäftigung vorliegt, haben nach § 7a Abs. 7 Satz 1 SGB IV aufschiebende Wirkung. Von den angefochtenen Entscheidungen der Deutschen Rentenversicherung Bund gehen somit zunächst keine Rechtswirkungen aus. Das hat zur Folge, dass vom Auftraggeber zunächst

- keine Gesamtsozialversicherungsbeiträge zu zahlen und
- keine Meldungen zu erstatten
- und von den Sozialversicherungsträgern zunächst keine Leistungen zu erbringen sind.

Diese Rechtsfolgen treten auch dann ein, wenn nur einer der Beteiligten gegen den Bescheid der Deutschen Rentenversicherung Bund Rechtsmittel eingelegt hat, selbst dann, wenn der andere Beteiligte mit dem Eintritt der Versicherungspflicht einverstanden war. Eine dem § 7a Abs. 7 Satz 1 SGB IV entsprechende Regelung für Statusentscheidungen der Einzugsstellen bzw. der Rentenversicherungsträger im Rahmen von Betriebsprüfungen besteht nicht. Für die in § 7a Abs. 7 SGB IV vorgesehene aufschiebende Wirkung von Rechtsbehelfen gegen Statusentscheidungen im Sinne einer Beschäftigung besteht kein Raum, wenn diese Entscheidung zu einer von den Beteiligten bereits in der Vergangenheit als Beschäftigung beurteilten und entsprechend gemeldeten Erwerbstätigkeit ergeht.

7. Pflichten des Auftraggebers

Der Auftraggeber hat zu prüfen, ob Versicherungspflicht als Arbeitnehmer vorliegt. Ist dies der Fall, hat er alle Pflichten, die sich für einen Arbeitgeber aus den Vorschriften des Sozialgesetzbuches ergeben, zu erfüllen. Hierzu gehören insbesondere

- die Ermittlung des beitragspflichtigen Arbeitsentgelts,
- die Berechnung und Zahlung des Gesamtsozialversicherungsbeitrags,
- die Erstattung von Meldungen nach der DEÜV und
- die Führung von Entgeltunterlagen.

Dies gilt auch, wenn die Deutsche Rentenversicherung Bund in einem Anfrageverfahren nach § 7a Abs. 1 Satz 1 SGB IV das Vorliegen einer sozialversicherungspflichtigen Beschäftigung bindend festgestellt hat. Die Entgeltunterlagen sind nach den Bestimmungen der Beitragsverfahrensverordnung zu führen. Zu den Entgeltunterlagen sind auch zu nehmen:

- die Vereinbarung mit dem Arbeitnehmer bzw. eine Niederschrift der wesentlichen Vertragsbedingungen (§ 2 Abs. 1 Nachweisgesetz),
- der Antrag über die Einleitung eines Statusfeststellungsverfahrens,
- der Bescheid eines Versicherungsträgers über eine Statusentscheidung,
- Mitteilungen über Rechtsmittel gegen Statusfeststellungen.

Entscheidungen von Versicherungsträgern über das Bestehen einer selbstständigen Tätigkeit sollten aus Beweissicherungsgründen zu den Vertragsunterlagen genommen werden.

8. Melderecht

Es gelten die Regelungen der §§ 28a ff. SGB IV i. V. m. der DEÜV. Anmeldungen nach § 6 DEÜV sind mit der ersten folgenden Lohn- und Gehaltsabrechnung, spätestens innerhalb von sechs Wochen nach Beginn der Beschäftigung, zu erstatten. Als Beginn der Beschäftigung ist der Zeitpunkt einzutragen, zu dem die sozialversicherungspflichtige Beschäftigung tatsächlich begonnen hat. Wird über die Versicherungspflicht im Rahmen eines Statusfeststellungsverfahrens entschieden und beginnt die Versicherungspflicht erst mit dem Zeitpunkt der Bekanntgabe der Statusentscheidung, ist dieser Zeitpunkt einzutragen.

9. Obligatorisches Anfrageverfahren

a) Allgemeines

Seit dem 1.1.2005 hat die Einzugsstelle bei der Deutschen Rentenversicherung Bund nach § 7a Abs. 1 Satz 2 SGB IV ein Statusfeststellungsverfahren zu beantragen, wenn der Arbeitgeber bei der Einzugsstelle die Beschäftigung eines Ehegatten/Lebenspartners oder GmbH-Gesellschafter-Geschäftsführers anmeldet. Die Anmeldung dieser Personen ist daher gesondert zu kennzeichnen (§ 28a Abs. 3 Satz 2 Nr. 1 Buchst. d und e SGB IV).

Dieses obligatorische Statusfeststellungsverfahren wurde seit dem 1.1.2008 auf mitarbeitende Abkömmlinge des Arbeitgebers ausgedehnt. Abkömmlinge sind die Kinder oder weitere Nachkommen einer Person, die in gerader Linie voneinander abstammen. Hierzu gehören nicht nur die im ersten Grad verwandten Kinder, sondern auch Enkel, Urenkel usw. Zu den Abkömmlingen werden auch Adoptivkinder gerechnet, nicht dagegen Stief- oder Pflegekinder. Tritt die Zugehörigkeit zum Personenkreis des § 7a Abs. 1 Satz 2 SGB IV erst im Laufe eines bestehenden Beschäftigungsverhältnisses ein, wird kein obligatorisches Statusfeststellungsverfahren ausgelöst. Sofern noch keine Statusentscheidung eines Versicherungsträgers vorliegt, besteht jedoch die Möglichkeit, zur Erlangung der leistungsrechtlichen Bindung der Bundesagentur für Arbeit einen Statusfeststellungsantrag nach § 7a Abs. 1 Satz 1 SGB IV im Rahmen des optionalen Anfrageverfahrens zu stellen.

b) Verfahren

Nach § 28a Abs. 3 Satz 2 Nr. 1 Buchstabe d und e SGB IV hat der Arbeitgeber bei der Anmeldung anzugeben, ob zum Arbeitnehmer eine Beziehung als Ehegatte, Lebenspartner oder Abkömmling besteht, oder ob es sich um eine Tätigkeit als geschäftsführender Gesellschafter einer GmbH handelt. Dies gilt auch für geschäftsführende Gesellschafter der Unternehmergesellschaft (haftungsbeschränkt) im Sinne des Gesetzes zur Modernisierung des GmbH-Rechts und zur Bekämpfung von Missbräuchen (MoMiG) als Unterform der GmbH. Bei der Anmeldung ist daher folgendes „Statuskennzeichen" anzugeben:

- „1" bei dem Ehegatten, Lebenspartner oder Abkömmling des Arbeitgebers
- „2" bei dem geschäftsführenden Gesellschafter einer GmbH.

Die Angabe des Statuskennzeichens ist auch bei der Anmeldung eines geringfügig Beschäftigten vorzunehmen.

S

Lohn- steuer- pflichtig | Sozial- versich.- pflichtig

Geht bei der Einzugsstelle eine entsprechende erstmalige Anmeldung (mit Meldegrund „10") ein, wird die Meldung an die Deutsche Rentenversicherung Bund weitergeleitet, die daraufhin mit dem Versand entsprechender Feststellungsbögen die Ermittlungen zur Statusfeststellung einleitet. Dies gilt auch, wenn bereits eine Betriebsprüfung beim Arbeitgeber angekündigt worden ist. Über die abschließende Statusfeststellung erhalten die betroffenen Arbeitgeber/Auftraggeber und Arbeitnehmer/Auftragnehmer einen Bescheid innerhalb von vier Wochen nach Eingang der vollständigen, für die Entscheidung erforderlichen Unterlagen. Die Einzugsstelle und die Bundesagentur für Arbeit werden ebenfalls unterrichtet. Die Mitteilung erfolgt im maschinellen DEÜV-Meldeverfahren. Da lediglich bei der Aufnahme einer entsprechenden Beschäftigung ein Statusfeststellungsverfahren durchzuführen ist, wird bei anderweitigen Meldungen mit einem Statuskennzeichen ein Statusfeststellungsverfahren nicht eingeleitet. Ist eine Anmeldung unzutreffend mit Meldegrund „10" vorgenommen worden (zum Beispiel bei der Umwandlung einer geringfügigen in eine mehr als geringfügige Beschäftigung), wird ein Statusfeststellungsverfahren ebenfalls nicht durchgeführt. Der Arbeitgeber wird von der Deutschen Rentenversicherung Bund aufgefordert, die Meldung zu berichtigen. Die Einzugsstelle erhält eine entsprechende maschinelle Information. Sie hat die Berichtigung der Meldung zu überwachen. Ist eine Anmeldung unzutreffend ohne Meldegrund „10" vorgenommen worden, ist die korrekte Anmeldung nachzuholen und das obligatorische Statusfeststellungsverfahren entsprechend einzuleiten.

c) Eintritt der Versicherungspflicht

Aufgrund der Besonderheit des obligatorischen Anfrageverfahrens, das durch die Anmeldung der Beschäftigung der Betroffenen ausgelöst wird, besteht für die Anwendung der Regelungen über den Beginn der Versicherungspflicht und die Fälligkeit der Beiträge nach § 7a Abs. 6 SGB IV kein Raum. Dies gilt auch für die in § 7a Abs. 7 SGB IV vorgesehene aufschiebende Wirkung von Rechtsbehelfen gegen Statusentscheidungen über das Vorliegen einer Beschäftigung, da mit einer solchen Entscheidung die Einschätzung der Beteiligten bestätigt wird. Insofern führen die Einzugsstellen das Versicherungsverhältnis entsprechend der Anmeldung nach § 28a Abs. 1 SGB IV durch.

d) Fehlende Mitwirkung

Kann wegen fehlender Mitwirkung eine Entscheidung nicht getroffen werden, wird der Arbeitgeber mit dem ablehnenden Bescheid aufgefordert, die Meldung zu stornieren. Der Arbeitgeber wird darauf hingewiesen, dass eine Entscheidung über das Vorliegen/Nichtvorliegen einer Beschäftigung oder einer selbstständigen Tätigkeit mangels Mitwirkung nicht getroffen werden konnte und bei einer späteren Feststellung einer Beschäftigung Sozialversicherungsbeiträge nachzuzahlen sein werden. Die Einzugsstelle und die Bundesagentur für Arbeit erhalten eine entsprechende maschinelle Information. Die Einzugsstelle ist gehalten, die Stornierung der Meldung zu überwachen.

10. Änderung in den Verhältnissen

Da es bei einer Änderung in den Verhältnissen für eine Aufhebung der Bindung der Bundesagentur für Arbeit entscheidend auf die Aufhebung des die Bindung bewirkenden Bescheides über die Statusfeststellung ankommt, enthält der Bescheid über die Feststellung eines Beschäftigungsverhältnisses einen ausdrücklichen Hinweis, dass sich die Adressaten bei einer Änderung in den Verhältnissen an die Stelle zu wenden haben, die den Bescheid erlassen hat. In einem erneuten Verfahren ist dann die Aufhebung des ursprünglichen Bescheides zu prüfen; unter den Voraussetzungen des § 44 ff. SGB X ist der Bescheid aufzuheben. Ein Überprüfungsverfahren ist auch durchzuführen, wenn entsprechende Änderungen angezeigt oder im Rahmen einer Betriebsprüfung nach § 28p SGB IV festgestellt werden. Über das Ergebnis des Überprüfungsverfahrens werden die Einzugsstelle und die Bundesagentur für Arbeit unterrichtet.

Schenkung

siehe „Darlehen an Arbeitnehmer", „Gelegenheitsgeschenke", „Rabatte, Rabattfreibetrag"

Schichtlohnzuschläge

Schichtlohnzuschläge werden zur Abgeltung der mit dem Schichtdienst verbundenen Erschwernisse gezahlt; sie sind deshalb insgesamt steuer- und beitragspflichtig. Die Abspaltung eines steuerfreien Teils als „Zuschlag für Sonntags-, Feiertags- und Nachtarbeit" ist nicht zulässig (vgl. dieses Stichwort). ja | ja

Dies gilt nicht für sog. Spätarbeitszuschläge, z. B. für die Arbeit von 14 Uhr bis 22 Uhr. Diese Zuschläge bleiben steuerfrei, soweit sie in die Nachtzeit fallen (von 20 Uhr bis 22 Uhr); vgl. das Stichwort „Zuschläge für Sonntags-, Feiertags- und Nachtarbeit" besonders unter Nr. 2 Buchstabe c. nein | nein

Beispiel

Aufgrund tarifvertraglicher Vereinbarung erhält ein Arbeitnehmer für die Arbeit in der Zeit von 18 bis 22 Uhr einen Spätarbeitszuschlag.

Der für die Zeit von 20 bis 22 Uhr gezahlte Spätarbeitszuschlag ist ein nach § 3b EStG begünstigter Zuschlag für Nachtarbeit.

Schiedspersonen

Schiedspersonen, die Schlichtungsverfahren in Rechtsstreitigkeiten durchführen, sind steuerlich keine Arbeitnehmer, sondern erzielen Einkünfte aus sonstiger selbstständiger Arbeit nach § 18 Abs. 1 Nr. 3 EStG. Es fehlt für das Vorliegen einer Arbeitnehmertätigkeit an einer Eingliederung der Schiedspersonen in die Gerichtsorganisation. nein | nein

Die Einnahmen der Schiedspersonen sind bis zu 840 € jährlich steuerfrei (sog. Ehrenamtspauschale; vgl. „Nebentätigkeit für gemeinnützige Organisationen" unter Nr. 10). nein | nein

Die Erstattung der Reisekosten aus öffentlichen Kassen ist ebenfalls steuerfrei (§ 3 Nr. 13 EStG; vgl. „Reisekostenvergütungen aus öffentlichen Kassen"). nein | nein

Schiedsrichter

Zahlungen und Aufwandsentschädigungen an Fußball-Schiedsrichter und ihre Assistenten führen zu **sonstigen Einkünften** (§ 22 Nr. 3 EStG), wenn sie vom Verband ausschließlich auf **nationaler** Ebene eingesetzt werden. nein | nein

Fußball-Schiedsrichter und ihre Assistenten, die darüber hinaus auch **international** oder in anderen ausländischen Ligen eingesetzt werden, erzielen aus ihrer gesamten Tätigkeit Einkünfte aus **Gewerbebetrieb** (BFH-Urteil vom 20.12.2017, BFH/NV 2018 S. 497). Entsprechendes gilt, soweit sie für Werbezwecke tätig werden. nein | nein

Vergütungen an **ehrenamtlich** tätige Schiedsrichter im Amateurbereich des Sports sind bis zu 840 € jährlich steuer- und beitragsfrei (sog. Ehrenamtspauschale; vgl. „Nebentätigkeit für gemeinnützige Organisationen" unter Nr. 10). nein | nein

Lohnsteuerpflichtig | Sozialversich.-pflichtig

Schifffahrt

Neues auf einen Blick:

1. Lohnsteuereinbehalt für Reeder ab Juni 2021 nur noch 40 %

Vorbehaltlich einer Verlängerung der gesetzlichen Anwendungsregelung können ab Juni 2021 Arbeitgeber, die eigene oder gecharterte Handelsschiffe betreiben, vom Gesamtbetrag der anzumeldenden und abzuführenden Lohnsteuer einen Betrag von 40 % der Lohnsteuer einbehalten und abziehen; von Januar 2021 bis Mai 2021 beträgt dieser Lohnsteuereinbehalt 100 %. Außerdem muss für den Lohnsteuereinbehalt von 40 % ab Juni 2021 das Besatzungsmitglied wieder in einem zusammenhängenden Arbeitsverhältnis von mehr als 183 Tagen beschäftigt werden.

2. Betreiben des Schiffes im internationalen Verkehr

Der Bundesfinanzhof hat entschieden, dass eine **Kürzung** der einbehaltenen Lohnsteuer **nicht** in Betracht kommt, wenn das Schiff **im maßgebenden Lohnzahlungszeitraum nicht im internationalen Verkehr betrieben** wird. Ein qualifizierter Betrieb an wenigen Tagen im Jahr reicht daher nicht aus, um die einbehaltene Lohnsteuer für das gesamte Wirtschaftsjahr zu kürzen (BFH-Urteil vom 18.12.2019, BStBl. 2020 II S. 289).

Gliederung:

1. Allgemeines

Durch das Gesetz zur Erhöhung des Lohnsteuereinbehalts in der Seeschifffahrt vom 24.2.2016 (BGBl. I S. 310, BStBl. I S. 502) ist der **Lohnsteuereinbehalt für Reeder** von 40 % auf **100 %** angehoben worden (§ 41a Abs. 4 Satz 1 EStG). Dabei handelt es sich um eine zeitlich befristete Erhöhung auf 100 % für 60 Monate. Außerdem ist die 183-Tage-Regelung gestrichen worden, wonach das Besatzungsmitglied in einem zusammenhängenden Arbeitsverhältnis von mehr als 183 Tagen beschäftigt werden musste. Die aufgrund des Beihilfecharakters der Maßnahme erforderliche Genehmigung der Europäischen Union für die Anhebung des Lohnsteuereinbehalts für Reeder vom 3.5.2016 hatte zur Folge, dass das Gesetz erstmals für den Lohnzahlungszeitraum Juni 2016 (**bis einschließlich Mai 2021** = 60 Monate) angewendet werden konnte.[1] **Ab Juni 2021 beträgt der Lohnsteuereinbehalt für Reeder vorbehaltlich einer Verlängerung der gesetzlichen Anwendungsregelung wieder 40 %.**

2. Voraussetzungen für den Lohnsteuereinbehalt

Arbeitgeber, die eigene oder gecharterte Handelsschiffe betreiben, können somit nunmehr vom Gesamtbetrag der anzumeldenden und abzuführenden Lohnsteuer einen Betrag von **100 % (bis Mai 2021) bzw. 40 % (ab Juni 2021) der Lohnsteuer abziehen** und einbehalten (§ 41a Abs. 4 EStG). Voraussetzung hierfür ist, dass

- die Handelsschiffe in einem **inländischen Seeschiffsregister eingetragen** sind,
- die **deutsche Flagge** führen und
- zur Beförderung von Personen oder Gütern im Verkehr mit oder zwischen **ausländischen Häfen,** innerhalb eines ausländischen Hafens oder zwischen einem ausländischen Hafen und der Hohen See betrieben werden.

Außerdem muss für den Lohnsteuereinbehalt von 40 % ab Juni 2021 das Besatzungsmitglied wieder in einem zusammenhängenden Arbeitsverhältnis von mehr als 183 Tagen beschäftigt werden.

Die Kürzung der Lohnsteuer gilt unter den vorstehend genannten Voraussetzungen auch dann, wenn Seeschiffe im Wirtschaftsjahr überwiegend außerhalb der deutschen Hoheitsgewässer zum Schleppen, Bergen oder zur Aufsuchung von Bodenschätzen oder zur Vermessung von Energielagerstätten unter dem Meeresboden eingesetzt werden. Bei Besatzungsmitgliedern der begünstigten Hochseeschlepper sind auch Wartezeiten an Bord einzubeziehen.

Der Bundesfinanzhof hat allerdings entschieden, dass eine **Kürzung** der einbehaltenen Lohnsteuer **nicht** in Betracht kommt, wenn das Schiff im **maßgebenden Lohnzahlungszeitraum nicht im internationalen Verkehr betrieben** wird. Ein qualifizierter Betrieb an wenigen Tagen im Jahr reicht daher nicht aus, um die einbehaltene Lohnsteuer für das gesamte Wirtschaftsjahr zu kürzen (BFH-Urteil vom 18.12.2019, BStBl. 2020 II S. 289).

Im Rahmen ihrer Genehmigung des Lohnsteuereinbehalts von 100 % bis Mai 2021 hat die Europäische Union auf folgende Sachverhalte hingewiesen, die nur mit Einschränkungen begünstigt sind:[1]

1. Bei Seeleuten, die auf Schiffen (einschließlich Ro-Ro-Fahrgastschiffen) arbeiten, die im regelmäßigen Personenbeförderungsdienst zwischen Häfen der Gemeinschaft eingesetzt werden, darf die Lohnsteuer vom Reeder nur dann zu 100 % einbehalten werden, wenn die Seeleute EU-/EWR-Bürger sind.
2. Die Regelung zum Lohnsteuereinbehalt zu 100 % gilt hinsichtlich der Seeschiffe, die für Schlepp- und Baggerarbeiten genutzt werden, mit der Einschränkung, dass es sich um seetüchtige Schlepper und Baggerschiffe mit Eigenantrieb handeln muss sowie dass die Schiffe während mindestens 50 % ihrer Betriebszeit für Tätigkeiten auf See eingesetzt werden.

Beispiel

Ein Reeder in Hamburg betreibt eigene Handelsschiffe, die die Voraussetzungen des § 41a Abs. 4 EStG erfüllen. Im Mai und Juni 2021 beträgt die gesamte Lohnsteuer für die 30 Besatzungsmitglieder (alle in Steuerklasse I bis IV) 15 000 €.

Der Reeder hat für Mai 2021 an das Finanzamt keine Lohnsteuer abzuführen, denn er kann 15 000 € der einbehaltenen Lohnsteuer (ebenfalls 15 000 €) für seinen Betrieb einbehalten. Für Juni 2021 hat er hingegen 9000 € an Lohnsteuer abzuführen (15 000 € abzüglich 40 % = 6000 €). Die Kirchensteuer darf hingegen nicht gekürzt werden. Solidaritätszuschlag ist wegen der ab 2021 erhöhten Nullzone nicht einzubehalten. Die den Arbeitnehmern einbehaltene Lohnsteuer – vor Anwendung des Lohnsteuereinbehalts durch den Reeder – ist in der jeweiligen Lohnsteuerbescheinigung anzugeben und wird bei der Veranlagung auf die Einkommensteuer der einzelnen Arbeitnehmer angerechnet.

Der Lohnsteuereinbehalt durch den Reeder gilt **für den Kapitän und alle Besatzungsmitglieder** einschließlich des Servicepersonals, die über eine entsprechende Dienstbescheinigung verfügen und deren Arbeitgeber er ist (R 41a.1 Abs. 5 Satz 2 LStR).

3. Begünstigte Reeder

Der Lohnsteuereinbehalt kann durch Korrespondent- oder Vertragsreeder nur vorgenommen werden, wenn diese mit der Bereederung des Schiffes in ihrer Eigenschaft als Mitgesellschafter an der Eigentümergesellschaft beauftragt sind. Bei Vertragsreedern ist dies regelmäßig **nicht** der Fall (R 41a.1 Abs. 5 Satz 4 LStR). Bei Korrespondentreedern ist der Lohnsteuereinbehalt nur für die Heuern der Seeleute zulässig, die auf den Schiffen tätig sind, bei denen der Korrespondentreeder auch Miteigentümer ist.

1) BMF-Schreiben vom 18.5.2016 (BStBl. I S. 503). Das BMF-Schreiben ist als Anlage 3 zu H 41a.1 LStR im **Steuerhandbuch für das Lohnbüro 2021** abgedruckt, das im selben Verlag erschienen ist.

S

Lohn- steuer- pflichtig | Sozial- versich.- pflichtig

Zu beachten ist, dass der Arbeitgeber und das schifffahrtbetreibende Unternehmen identisch sein müssen. Nach Auffassung des Bundesfinanzhofs ist Arbeitgeber im vorstehenden Sinne der zum Lohnsteuerabzug Verpflichtete. Dies ist regelmäßig der Vertragspartner des Arbeitnehmers aus dem Dienstvertrag (BFH-Urteil vom 13.7.2011, BStBl. II S. 986).

4. Besonderheit bei Steuerklasse V und VI

Ist für den Lohnsteuerabzug die Lohnsteuer nach der Steuerklasse V oder VI zu ermitteln, bemisst sich der Kürzungsbetrag nach der Lohnsteuer der **Steuerklasse I.** Der Kürzungsbetrag verringert sich also in diesen Fällen beträchtlich.

Beispiel B

Sachverhalt wie im Beispiel unter Nr. 2, allerdings haben drei nach § 41a Abs. 4 EStG begünstigte Besatzungsmitglieder die Steuerklasse V. Die auf sie entfallende Lohnsteuer beträgt 2000 €. Hätten sie die Steuerklasse I, würde die Lohnsteuer insgesamt nur 1000 € betragen.

Der Lohnsteuereinbehalt des Reeders errechnet sich wie folgt:

Lohnsteuer für die Besatzungsmitglieder mit Steuerklasse I bis IV (15 000 € – 2000 € =)	13 000 €
zuzüglich fiktive Lohnsteuer nach der Steuerklasse I für die Besatzungsmitglieder mit Steuerklasse V oder VI	1 000 €
Insgesamt	14 000 €
davon 100 % für den Monat Mai 2021	14 000 €
davon 40 % für den Monat Juni 2021	5 600 €

Der Reeder hat an das Finanzamt Lohnsteuer in Höhe von 1000 € für den Monat Mai 2021 abzuführen, denn er kann 14 000 € der einbehaltenen Lohnsteuer für seinen Betrieb abziehen (15 000 € abzüglich 14 000 € = 1000 €). Für den Monat Juni 2021 beträgt die abzuführende Lohnsteuer 9400 € (15 000 € abzüglich 5600 €). Die den Arbeitnehmern tatsächlich (nicht fiktiv) einbehaltene Lohnsteuer – vor Anwendung des Lohnsteuereinbehalts durch den Reeder – ist in der jeweiligen Lohnsteuerbescheinigung anzugeben und wird bei der Veranlagung der einzelnen Arbeitnehmer auf die Einkommensteuer angerechnet.

5. Sonstiges

Der Lohnsteuereinbehalt gilt im Übrigen **auch bei der pauschalen Lohnsteuer.**

Der Kürzungsbetrag ist übrigens in Zeile 21 (Kennzahl 33) der Lohnsteuer-Anmeldung 2021 einzutragen.

siehe auch „Binnenschiffer“ und „Seeleute“

Schlechtwettergeld

siehe „Saison-Kurzarbeitergeld“

Schmerzensgeld

S

siehe „Schadensersatz“

Schmiergelder

Schmiergelder, die dem Arbeitnehmer von einem Dritten gezahlt werden, sind kein Arbeitslohn und unterliegen deshalb auch nicht dem Lohnsteuerabzug. Es handelt sich auch nicht um eine Lohnzahlung durch Dritte (vgl. dieses Stichwort). nein nein

Die Schmiergelder sind jedoch Einkünfte aus Leistungen im Sinne des § 22 Nr. 3 EStG (BFH-Urteil vom 26.1.2000, BStBl. II S. 396). Sie werden durch eine Veranlagung des Arbeitnehmers zur Einkommensteuer steuerlich erfasst. Die Herausgabe der Schmiergelder an den geschädigten Arbeitgeber führt im Zeitpunkt der Zahlung beim Arbeitnehmer zu Werbungskosten bei den sonstigen Einkünften nach § 22 Nr. 3 EStG (BFH-Urteil vom 16.6.2015, BStBl. II S. 1019).

Lohn- steuer- pflichtig | Sozial- versich.- pflichtig

Der Abzug von Schmiergeldern als Betriebsausgabe oder Werbungskosten ist beim Leistenden seit 1.1.1999 generell ausgeschlossen, wenn die Zuwendung eine rechtswidrige Handlung darstellt, die den Tatbestand eines Strafgesetzes oder eines Gesetzes verwirklicht, das die Ahndung mit einer Geldbuße zulässt (§ 9 Abs. 5 i. V. m. § 4 Abs. 5 Satz 1 Nr. 10 EStG). Ein Verschulden des Zuwendenden, die Stellung eines Strafantrags oder eine tatsächliche Ahndung ist für das Abzugsverbot nicht erforderlich. Hierunter fällt z. B. die Bestechung im geschäftlichen Verkehr nach § 299 des Strafgesetzbuches. Damit sind z. B. die Schmiergeldzahlungen deutscher Firmen an Arbeitnehmer inländischer oder ausländischer Geschäftspartner grundsätzlich strafbar und deshalb steuerlich nicht absetzbar.

Schmutzzulagen

Schmutz- und Staubzulagen sind „Erschwerniszuschläge“ und damit lohnsteuer- und beitragspflichtig. ja ja

Schneezulage

Schneezulagen sind „Erschwerniszuschläge“ und damit lohnsteuer- und beitragspflichtig. ja ja

Schnuppertag

siehe „Probearbeit“

Schöffen

Ehrenamtliche Schöffen erhalten Entschädigungen nach dem Justizvergütungs- und -entschädigungsgesetz. Zur steuerlichen Behandlung dieser Entschädigungen hat der Bundesfinanzhof auf Folgendes hingewiesen (BFH-Urteil vom 31.1.2017, BStBl. 2018 II S. 571):

- Eine Entschädigung für **Verdienstausfall** ist als **Arbeitslohn** (= Lohnzahlung von dritter Seite) anzusetzen, wenn sie als Ersatz für entgangene Einnahmen aus einer Arbeitnehmertätigkeit gezahlt wird.
- Eine Entschädigung für **Zeitversäumnis** (derzeit 6 € die Stunde) ist **nicht steuerpflichtig,** da sie unabhängig von einem Einkommensverlust oder einem sonstigen Nachteil gezahlt wird. Wegen des insoweit fehlenden wirtschaftlichen Leistungsaustauschs liegen auch keine sonstigen Einkünfte vor. Da die Übernahme dieses Ehrenamtes nicht abgelehnt werden kann, ist die Entscheidung auf andere ehrenamtliche Tätigkeiten nicht übertragbar.
- Für den steuerpflichtigen Verdienstausfall kann die sog. Ehrenamtspauschale von 840 € jährlich jedenfalls dann nicht in Anspruch genommen werden, wenn zusätzlich ein steuerfreier Aufwandsersatz aus öffentlichen Kassen (z. B. Fahrtkosten, Parkgebühren, Verpflegungspauschale, Übernachtungsgeld) gezahlt worden ist. Zur sog. Ehrenamtspauschale vgl. das Stichwort „Nebentätigkeit für gemeinnützige Organisationen“ besonders unter Nr. 10.

Schriftsteller

Schriftsteller sind in aller Regel selbstständig tätig.

Ihre Einkünfte werden durch eine Veranlagung zur Einkommensteuer steuerlich erfasst. Zur Sozialversicherung selbstständiger Schriftsteller in der Künstlersozialversicherung vgl. das Stichwort „Künstlersozialabgabe“.

Lohn-steuer-pflichtig | Sozial-versich.-pflichtig

Schüler

1. Allgemeines

Für Schüler, die noch nicht 18 Jahre alt sind, ist das Jugendarbeitsschutzgesetz (JArbSchG) zu beachten. Hiernach wird zwischen Kindern und Jugendlichen unterschieden. Kind im Sinne des JArbSchG ist, wer noch nicht 15 Jahre alt ist, Jugendlicher dagegen, wer schon 15, aber noch nicht 18 Jahre alt ist. Jugendliche, die der Vollzeitschulpflicht unterliegen, gelten nach § 2 Abs. 3 JArbSchG als Kinder. Für Kinder ist die Beschäftigung neben dem Unterricht nach § 5 Abs. 1 JArbSchG im Grundsatz verboten. Für Kinder über 13 Jahre bestehen Ausnahmen, wenn die Sorgeberechtigten, also im Normalfall die Eltern, einwilligen (z. B. Austragen von Zeitungen, Zeitschriften, Anzeigeblättern und Werbeprospekten). Dabei ist die zulässige Arbeitszeit für Kinder auf maximal zwei Stunden am Tag und höchstens fünf Tage in der Woche begrenzt.

Zulässig ist außerdem nach § 5 Abs. 4 JArbSchG **die Beschäftigung von Jugendlichen über 15 Jahre während der Schulferien für höchstens vier Wochen** im Kalenderjahr. Insoweit sind aber die Schutzvorschriften nach §§ 8 bis 31 JArbSchG zu beachten.

Für Schüler, die das 18. Lebensjahr noch nicht vollendet haben, gelten die Regelungen des Mindestlohngesetzes nicht. Einzelheiten siehe unter dem Stichwort „Mindestlohn".

2. Lohnsteuerliche Behandlung

Schüler, die nebenher oder in den großen Ferien arbeiten, sind Arbeitnehmer. Sie unterliegen mit ihrem Arbeitslohn dem Lohnsteuerabzug nach den allgemeinen Vorschriften. Die Schüler müssen deshalb – wie alle anderen Arbeitnehmer auch – Folgendes beachten:

Zur Durchführung des Lohnsteuerabzugs benötigt der Arbeitgeber die individuellen Lohnsteuerabzugsmerkmale des Arbeitnehmers (Steuerklasse, Religionszugehörigkeit, Steuerfreibetrag usw.). Daher hat der Arbeitgeber auch für Schüler die elektronischen Lohnsteuerabzugsmerkmale abzurufen. Auf die ausführlichen Erläuterungen beim Stichwort „Elektronische Lohnsteuerabzugsmerkmale (ELStAM)" wird hingewiesen.

Eine Ausnahme von der Besteuerung nach den individuellen Lohnsteuerabzugsmerkmalen des Schülers ist nur dann möglich, wenn es sich um eine Aushilfs- oder Teilzeitbeschäftigung handelt, für die eine **Pauschalierung** der Lohnsteuer in Betracht kommt (sog. Minijobs, vgl. das Stichwort „Pauschalierung der Lohnsteuer bei Aushilfskräften und Teilzeitbeschäftigten").

Aber auch in den Fällen, in denen eine Pauschalierung der Lohnsteuer mit 2 % für Minijobs möglich wäre, ist bei Schülern der Lohnsteuerabzug nach der Steuerklasse I der Regelfall, weil bei Anwendung der Steuerklasse I im Kalenderjahr 2021 ein **Monatslohn** in Höhe von **1021 €**[1] **steuerfrei** bleibt (vgl. die Erläuterungen beim Stichwort „Tarifaufbau"). Der Arbeitgeber bzw. im Fall der Abwälzung der Pauschalsteuer der Schüler spart sich damit die 2 %ige pauschale Lohnsteuer.

Bei höheren Monatslöhnen führt die Anwendung der Steuerklasse I zum Lohnsteuerabzug. Dies ist aber in den meisten Fällen kein Problem, weil die einbehaltene Lohnsteuer nach Ablauf des Kalenderjahres vom Finanzamt wieder erstattet wird, wenn die **Jahres**arbeitslohngrenze, bis zu der bei einer Veranlagung zur Einkommensteuer nach Ablauf des Kalenderjahres **keine Einkommensteuer anfällt,** nicht überschritten wird. Die **Jahres**arbeitslohngrenze, bis zu der bei Schülern im Kalenderjahr 2021 keine Einkommensteuer anfällt, errechnet sich wie folgt:

Lohn-steuer-pflichtig | Sozial-versich.-pflichtig

Grundfreibetrag		9 744,– €
zuzüglich:		
Arbeitnehmer-Pauschbetrag	1 000 €	
Sonderausgaben-Pauschbetrag	36 €	
Vorsorgepauschale	0 €[2]	1 036,– €
steuerfreier Jahresarbeitslohn		**10 780,– €**

Beispiel

Ein 18-jähriger Schüler arbeitet im Juli und August des Kalenderjahres 2021 für einen Monatslohn von 2000 €. Der Lohnsteuerabzug erfolgt nach Steuerklasse I. Der Arbeitgeber hat nach der Monatstabelle an Lohn- und Kirchensteuer einzubehalten:

	Arbeitslohn	Lohnsteuer	Solidaritätszuschlag	Kirchensteuer
Juli	2 000,– €	212,16 €	0,– €	16,97 €
August	2 000,– €	212,16 €	0,– €	16,97 €
insgesamt	4 000,– €	424,32 €	0,– €	33,94 €

Der für Schüler maßgebende **Jahres**arbeitslohn, bis zu dem bei einer Veranlagung zur Einkommensteuer nach Ablauf des Kalenderjahrs 2021 **keine Einkommensteuer** anfällt, beträgt **10 780 €.**

Da der von dem Schüler bezogene Jahresarbeitslohn den Betrag von 10 780 € nicht übersteigt, wird ihm bei einer Antragsveranlagung durch das Finanzamt die Lohn- und Kirchensteuer **in voller Höhe** erstattet. Der Schüler muss hierzu nach Ablauf des Kalenderjahres 2021 bei seinem zuständigen Wohnsitzfinanzamt eine entsprechende Steuererklärung abgeben. Der Arbeitgeber darf in keinem Fall einen Lohnsteuer-Jahresausgleich für den Schüler durchführen und die einbehaltene Lohnsteuer erstatten, da kein durchgängiges (ununterbrochenes) Dienstverhältnis bestanden hat.

Zu Arbeitslohnspenden von Schülern für ein Hilfsprojekt vgl. das Stichwort „Sozialer Tag".

3. Sozialversicherungsrechtliche Behandlung von Schülern

a) Kranken-, Pflege- und Rentenversicherung

Schüler, die während des Schulbesuches einer Beschäftigung nachgehen, sind in der Kranken-, Pflege- und Rentenversicherung nach den allgemeinen Grundsätzen für geringfügige Beschäftigungsverhältnisse zu beurteilen. In der Arbeitslosenversicherung gibt es besondere Vorschriften für Schüler an allgemein bildenden Schulen (vgl. nachfolgend unter b).

Bei Schülern, die in den Ferien einen Minijob ausüben, ist die **seit 1.1.2013 geltende Versicherungspflicht in der gesetzlichen Rentenversicherung** zu beachten. Das bedeutet, dass der Arbeitgeber einem Schüler, der z. B. in den Ferien auf 450-Euro-Basis angestellt wird, Beiträge zur Rentenversicherung abziehen muss, **wenn der Schüler nicht ausdrücklich schriftlich auf die Rentenversicherungspflicht verzichtet hat.** Die Verzichtserklärung ist zu den Lohnunterlagen zu nehmen. Auf die ausführlichen Erläuterungen zu den Regelungen bei Minijobs beim Stichwort „Geringfügige Beschäftigung" unter Nr. 8 wird hingewiesen.

Wenn der Schüler nicht auf die Rentenversicherungspflicht verzichtet hat, muss der Arbeitgeber für eine geringfügige versicherungs**freie Dauerbeschäftigung** einen besonderen pauschalen Arbeitgeberbeitrag von 15 % zur Renten- und ggf. 13 % zur Krankenversicherung entrichten. Die Differenz zum allgemeinen Beitragssatz in der Rentenversicherung von 3,6 % (18,6 % abzüglich 15 %)

S

1) Es gelten die Besteuerungsgrenzen des besonderen Lohnsteuertarifs für nicht rentenversicherungspflichtige Arbeitnehmer (vgl. die Erläuterungen zur Zusammensetzung der Arbeitslohngrenzen beim Stichwort „Tarifaufbau" unter Nr. 7), da in der Regel eine kurzfristige Beschäftigung vorliegt, für die keine Sozialversicherungsbeiträge zu entrichten sind.

2) Eine Vorsorgepauschale ist zwar auch 2021 in den Lohnsteuertarif eingearbeitet worden. Bei einer Veranlagung zur Einkommensteuer wird jedoch seit 1.1.2010 keine Vorsorgepauschale mehr gewährt. Es können nur die tatsächlich entstandenen Vorsorgeaufwendungen steuerlich berücksichtigt werden (vgl. die Erläuterungen in Anhang 8 und 8a). Schüler entrichten in der Regel keine Sozialversicherungsbeiträge, da es sich um kurzfristige Beschäftigungen handelt.

	Lohnsteuerpflichtig	Sozialversich.-pflichtig

trägt der Schüler (vgl. das Stichwort „Geringfügige Beschäftigung" unter Nr. 7).

Im Gegensatz zu geringfügigen Dauerbeschäftigungen braucht der Arbeitgeber für eine geringfügige **kurzfristige** Beschäftigung keine Sozialversicherungsbeiträge zu entrichten.

Eine geringfügige Beschäftigung als kurzfristige Beschäftigung liegt vor, wenn diese im Laufe eines Kalenderjahres auf längstens drei Monate oder 70 Arbeitstage begrenzt ist.[1] Die Begrenzung muss entweder im Voraus vertraglich vereinbart werden oder aufgrund der Eigenart der Beschäftigung zweifelsfrei feststehen. Auf die Höhe des Arbeitsentgelts kommt es in diesem Fall grundsätzlich nicht an (vgl. auch das Beispiel unter der vorstehenden Nr. 2).

b) Arbeitslosenversicherung

In der Arbeitslosenversicherung sind Schüler allgemein bildender Schulen während einer daneben oder in den Ferien ausgeübten Beschäftigung generell versicherungsfrei (vgl. § 27 Abs. 4 Nr. 1 SGB III). Zu den allgemein bildenden Schulen gehören im Wesentlichen Grundschulen, Hauptschulen, Realschulen, Gymnasien sowie Aufbauschulen, die an die Hochschulreife heranführen sowie Aufbauzüge und Aufbauklassen an Hauptschulen.

Nicht zu den allgemein bildenden Schulen gehören Abendschulen, die im Allgemeinen von Arbeitnehmern außerhalb der üblichen Arbeitszeit besucht werden, um einen allgemeinen Schulabschluss (Hauptschulabschluss, mittlere Reife oder Abitur) nachzuholen. Diese Personen können auch in der Arbeitslosenversicherung nur im Rahmen der Geringfügigkeit versicherungsfrei sein.

c) Nachweis der Schülereigenschaft und Meldepflichten

Die Schülereigenschaft ist durch die Vorlage einer Schulbesuchsbescheinigung, die zu den Entgeltunterlagen zu nehmen ist, nachzuweisen.

Geringfügig beschäftigte Schüler müssen bei der Minijob-Zentrale der Deutschen Rentenversicherung Knappschaft-Bahn-See gemeldet werden. Zu den geltenden Meldevorschriften vgl. die ausführlichen Erläuterungen in **Anhang 15.**

Schulbeihilfen

	Lohnsteuerpflichtig	Sozialversich.-pflichtig
Schulbeihilfen, die in Besoldungsgesetzen, Tarifverträgen usw. vorgesehen sind, sind steuer- und beitragspflichtig.	ja	ja
Umschulungsbeihilfen nach einem beruflich veranlassten Umzug können als Umzugskosten steuerfrei sein (vgl. „Umzugskosten" besonders unter Nr. 3 Buchstabe f).	nein	nein

Siehe auch die Stichworte: Beihilfen, Erziehungsbeihilfen, Stipendien.

Schulderlass

siehe „Darlehen an Arbeitnehmer"

Schutzkleidung

siehe „Arbeitskleidung"

Schwerbehinderte

siehe „Behinderte Menschen"

Sechstagerennfahrer

	Lohnsteuerpflichtig	Sozialversich.-pflichtig
Sechstagerennfahrer sind nicht als Arbeitnehmer zu behandeln. Zum Steuerabzug bei beschränkt steuerpflichtigen, ausländischen Sechstagerennfahrern vgl. das Stichwort „Beschränkt steuerpflichtige Künstler, Berufssportler, Schriftsteller und Journalisten".	nein	nein

Seeleute

1. Schiff ist keine erste Tätigkeitsstätte

Seeleute haben auf dem Schiff keine erste Tätigkeitsstätte, weil es sich nicht um eine ortsfeste betriebliche Einrichtung handelt; sie werden bei ihrer individuellen beruflichen Tätigkeit typischerweise auf einem Fahrzeug tätig. Aus diesem Grund liegt auch **keine doppelte Haushaltsführung** vor. Bei Seeleuten ist daher in aller Regel von einer **beruflich veranlassten Auswärtstätigkeit** auszugehen, die mit dem Verlassen der Wohnung beginnt und mit der Rückkehr zur Wohnung endet.

2. Fahrten von der Wohnung zum Liegeplatz des Schiffes

Unabhängig vom Vorliegen einer beruflich veranlassten Auswärtstätigkeit werden die Fahrtkosten auf die Höhe der **Entfernungspauschale** begrenzt, wenn der Arbeitgeber durch arbeitsrechtliche Festlegung bestimmt, dass sich der Arbeitnehmer **dauerhaft typischerweise arbeitstäglich** an einem **festgelegten Ort einfinden** soll, um von dort die **Arbeit aufzunehmen** (z. B. Fährhafen, Liegeplatz des Schiffes; § 9 Abs. 1 Satz 3 Nr. 4a Satz 3 EStG). Bei Seeleuten wird diese Regelung nicht so häufig anzuwenden sein, da sie ihre Tätigkeit regelmäßig längere Zeit auf einem Schiff ausüben und sich daher nicht „typischerweise arbeitstäglich" an einem dauerhaft festgelegten Ort einzufinden haben, um von dort aus die Arbeit aufzunehmen. Vgl. hierzu aber auch das Stichwort „Binnenschiffer".

Beispiel

Seemann A hat auf dem Schiff keine erste Tätigkeitsstätte, da es sich nicht um eine ortsfeste betriebliche Einrichtung des Arbeitgebers handelt. Er tritt seinen Dienst (Ein- und Ausschiffung) allerdings dauerhaft und typischerweise arbeitstäglich vom gleichen Liegeplatz des Schiffes aus an.

Die mit dem eigenen Pkw durchgeführten Fahrten von der eigenen Wohnung des A zum Fähranleger werden lediglich in Höhe der Entfernungspauschale berücksichtigt. Ein etwaiger Arbeitgeberersatz der Fahrtkosten ist nicht steuerfrei, sondern steuerpflichtig.

	Lohnsteuerpflichtig	Sozialversich.-pflichtig
Zahlt der Arbeitgeber dem Arbeitnehmer für die dauerhaften typischerweise arbeitstäglichen Fahrten zum Liegeplatz des Schiffes einen Fahrtkostenersatz in Höhe der Entfernungspauschale, liegt steuerpflichtiger Arbeitslohn vor (vgl. vorstehendes Beispiel), der aber ebenfalls mit 15 % pauschal besteuert werden kann (vgl. das Stichwort „Fahrten zwischen Wohnung und erster Tätigkeitsstätte" unter Nr. 5). Dies ist folgerichtig, weil in den Fällen einer Firmenwagengestellung für diese Fahrten auch ein geldwerter Vorteil anzusetzen wäre (§ 8 Abs. 2 Satz 3 EStG).	ja	nein
Fährt der Arbeitnehmer von seiner Wohnung Fahrten zu einem ständig wechselnden Liegeplatz des Schiffes aus oder liegen keine arbeitstäglichen Fahrten zu einem Liegeplatz vor, können die Aufwendungen nach Reisekostengrundsätzen vom Arbeitgeber steuerfrei erstattet oder vom Arbeitnehmer als Werbungskosten abgezogen werden.	nein	nein

1) Vom 1.3.2020 bis 31.10.2020 galt eine Zeitgrenze von fünf Monaten oder 115 Arbeitstagen.

Lohn-steuer-pflichtig	Sozial-versich.-pflichtig

3. Verpflegungspauschalen

Unabhängig von der ggf. vorzunehmenden Begrenzung der Fahrtkosten (vgl. vorstehende Nr. 2) beginnt bei Seeleuten die beruflich veranlasste Auswärtstätigkeit mit dem **Verlassen der Wohnung** und endet mit der **Rückkehr zur Wohnung**.

Bei beruflichen Tätigkeiten auf mobilen, nicht ortsfesten betrieblichen Einrichtungen ist die **„Dreimonatsfrist"** für die zeitliche Begrenzung der Verpflegungspauschalen **nicht anzuwenden.** Die Verpflegungspauschalen werden daher bei Seeleuten (ebenso wie bei anderen Arbeitnehmern, die ihre Tätigkeit auf einem Fahrzeug ausüben) auf Dauer, das heißt **zeitlich unbegrenzt,** angesetzt (so auch schon BFH-Urteil vom 24.2.2011, BStBl. 2012 II S. 27).

Beispiel A

Der Arbeitnehmer ist als technischer Offizier auf einem Schiff der Hochseefischerei tätig und im Kalenderjahr 2021 an 184 Tagen von zu Hause abwesend.

Der Arbeitnehmer kann für 184 Tage die Verpflegungspauschalen geltend machen. Die Dreimonatsfrist ist bei einer Fahrtätigkeit nicht anzuwenden.

Zur Höhe der Verpflegungspauschalen gilt Folgendes[1]:

Seeleute auf **Handelsschiffen** unter **deutscher Flagge** (Handelsmarine) erhalten

- für die Tage in deutschen Küstengewässern, für die Tage der Ein- und Ausschiffung sowie für Liegezeiten in deutschen Häfen die Inlandspauschalen,
- für die Tage auf hoher See die Inlandspauschale,
- für die Tage in ausländischen Küstengewässern die Auslandspauschale des jeweiligen Staates,
- für die Tage der Ein- und Ausschiffung und für Liegezeiten in ausländischen Häfen die für den ausländischen Hafenort maßgebenden Tagegelder.

Seeleute auf Handelsschiffen unter **fremder Flagge** erhalten

- für die Tage in deutschen Küstengewässern, für die Tage der Ein- und Ausschiffung sowie für Liegezeiten in deutschen Häfen die Inlandspauschalen,
- für die Tage auf hoher See das für Luxemburg geltende Tagegeld (R 9.6 Abs. 3 Satz 4 Nr. 2 LStR),
- für die Tage in ausländischen Küstengewässern das für Luxemburg geltende Tagegeld (R 9.6 Abs. 3 Satz 4 Nr. 2 LStR),
- für die Tage der Ein- und Ausschiffung und für Liegezeiten in ausländischen Häfen die für den ausländischen Hafenort maßgebenden Tagegelder.

Die vorstehenden Ausführungen gelten für die gesamte zivile Schifffahrt, soweit die Schiffe im Rahmen der gewerbsmäßigen Seefahrt betrieben werden (Passagier-, Binnen- und Fischereischiffe – ohne Fangquote – sowie Fischereifahrzeuge – mit Fangquote –).

Ein Schiff der **Bundesmarine** gehört zum Inland, so lange es sich in deutschen Küstengewässern, auf hoher See oder in ausländischen Küstengewässern befindet.

Folglich sind auch für die Tage in ausländischen Küstengewässern und auf hoher See die Inlandspauschalen anzusetzen.

Nur für die Tage der Ein- und Ausschiffung und für Liegezeiten in ausländischen Häfen sind bei Soldaten der Bundesmarine die für den ausländischen Hafenort maßgebenden Tagegelder zu berücksichtigen.

Zur Kürzung der Verpflegungspauschale bei einer Mahlzeitengestellung vgl. die Erläuterungen und Beispiele in Anhang 4 „Reisekosten bei Auswärtstätigkeiten" unter Nr. 10. Dabei ist aufgrund der arbeitsmäßigen Gegebenheiten von einer **Mahlzeitengestellung durch den Arbeitgeber** auch dann auszugehen, wenn das **Küchenpersonal** vom Arbeitgeber **gestellt** wird und die **Betriebskosten** (mit Ausnahme der Verbrauchskosten) sowie die **Personalkosten** für die Zubereitung und Ausgabe der Mahlzeiten vom Arbeitgeber **getragen** werden.

Beispiel B

Der Arbeitgeber beschäftigt auf einem Seeschiff auch Küchenpersonal, das sich um die Verpflegung der Mannschaft kümmert.

Bereits durch die Zurverfügungstellung des Küchenpersonals und die Übernahme der Personalkosten ist von einer Mahlzeitengestellung des Arbeitgebers auszugehen, die zu einer Kürzung der Verpflegungspauschale bei den Besatzungsmitgliedern führt.

4. Übernachtungskosten

Der Arbeitgeber kann die **Übernachtungspauschale** von 20 € pro Übernachtung im Inland bzw. die entsprechende Auslandspauschale **nicht** steuerfrei erstatten, wenn er dem Arbeitnehmer auf dem Schiff eine **Unterkunft** unentgeltlich oder verbilligt **zur Verfügung stellt** (R 9.7 Abs. 3 Satz 6 LStR).

Seemannskasse

Die Seemannskasse ist seit 1.1.2009 in die Deutsche Rentenversicherung Knappschaft-Bahn-See integriert. Die in der Seemannskasse versicherten Seeleute können bereits vor Erreichen der Altersgrenzen in der gesetzlichen Rentenversicherung aus der Seefahrt ausscheiden und erhalten unter weiteren Voraussetzungen ein sog. Überbrückungsgeld.

Die Arbeitgeberbeiträge an die Seemannskasse sind steuerfrei, wenn es sich um Ausgaben des Arbeitgebers für die Zukunftsicherung des Arbeitnehmers handelt, zu deren Zahlung er nach gesetzlichen Vorschriften oder nach einer auf gesetzlicher Ermächtigung beruhenden Bestimmung verpflichtet ist (§ 3 Nr. 62 EStG; vgl. das Stichwort „Zukunftsicherung" unter Nr. 5). — nein — nein

Das laufende Überbrückungsgeld aus der Seemannskasse (sog. Seemannsrente) und alle weiteren, laufend gezahlten Leistungen führen als abgekürzte Leibrente in Höhe des „kleinen" Ertragsanteils zu sonstigen Einkünften (vgl. das Stichwort „Renten" unter Nr. 5). Einmalzahlungen aus der Seemannskasse zum Ausgleich einer Rentenminderung nach Vollendung des 65. Lebensjahres (sog. Abschlagsausgleichs-Einmalzahlung) unterliegen nicht der Besteuerung. — nein — nein[2]

Seeschifffahrt

Seit 1. 1. 1999 gibt es für deutsche Reeder einen **Kürzungsbetrag** bei der **Lohnsteuer,** die die Reeder von den Arbeitslöhnen ihrer Seeleute einbehalten. Durch das Gesetz zur Änderung des Einkommensteuergesetzes zur Erhöhung des Lohnsteuereinbehalts in der Seeschifffahrt vom 24.2.2016 (BGBl. I S. 310, BStBl. I S. 502 und S. 503) ist der Kürzungsbetrag für den Zeitraum **Juni 2016 bis Mai 2021** von 40 % auf **100 %** erhöht worden. Einzelheiten hierzu sind beim Stichwort „Schifffahrt" erläutert.

SEPA-Lastschriftverfahren

SEPA (Single Euro Payments Area) ist der einheitliche Euro-Zahlungsverkehrsraum für Überweisungen, Lastschriften und Kartenzahlungen. Ab 1.2.2014 wird das sog.

S

1) Erlass des Finanzministeriums Schleswig-Holstein vom 4.9.2008 (Az.: VI 315 – S 2380 – 183). Der Erlass ist als Anlage 2 zu H 9.6 LStR im **Steuerhandbuch für das Lohnbüro 2021** abgedruckt, das im selben Verlag erschienen ist.

2) Wegen einer möglichen Krankenversicherungspflicht von Versorgungsbezügen vgl. Teil B Nr. 12 auf Seite 24.

Lohn-steuer-pflichtig Sozial-versich.-pflichtig

SEPA-Lastschriftverfahren auch in Deutschland verbindlich. Ab diesem Datum müssen Überweisungen und Lastschriften nach den SEPA-Verfahren durchgeführt werden. Dies betrifft auch die Zahlung des Gesamtsozialversicherungsbeitrages durch den Arbeitgeber. Bei der SEPA-Überweisung und der SEPA-Lastschrift werden die Kontoverbindungen von Zahler und Zahlungsempfänger durch die IBAN (International Bank Account Number, internationale Bankkontonummer) und den BIC (Business Identifier Code, internationale Bankleitzahl) identifiziert anstatt wie bisher anhand von Kontonummer und Bankleitzahl. Die rechtliche Legitimation für den Einzug von SEPA-Lastschriften sind SEPA-Mandate. Diese umfassen sowohl die Zustimmung des Zahlers zum Einzug der Zahlung per SEPA-Lastschrift an den Zahlungsempfänger als auch den Auftrag an den eigenen Zahlungsdienstleister zwecks Einlösung und Kontobelastung der Zahlung.

Das Verfahren sieht grundsätzlich vor dem Versand einer Lastschrift an das Kreditinstitut eine sog. Pre-Notification (Vorabankündigung) des Zahlungsempfängers an den Zahler vor, in der unter anderem über den genauen Betrag der Abbuchung und über den Zeitpunkt der Abbuchung informiert wird. Diese Information muss bei jedem ersten Abruf sowie bei Änderungen des abzubuchenden Betrags oder des Abbuchungstermins erfolgen.

Für die Abführung des Gesamtsozialversicherungsbeitrages gilt allerdings eine etwas abweichende Regelung.

Arbeitgeber teilen den abzubuchenden Betrag vorher der Einzugsstelle durch Abgabe eines Beitragsnachweises mit. Da der Zeitpunkt der Beitragsfälligkeit gesetzlich vorgegeben (§ 23 Abs. 1 Satz 2 SGB IV) und dem Arbeitgeber damit bekannt ist, sind mit der Übermittlung des Beitragsnachweises auch die Voraussetzungen der Pre-Notification als erfüllt anzusehen. Eine gesonderten Pre-Notification der Einzugsstelle ist daher nicht erforderlich.

Sofern die Einzugsstellen das Beitragssoll schätzen (§ 28f Abs. 3 Satz 2 SGB IV), tritt diese Schätzung mit allen Konsequenzen an die Stelle des zu übermittelnden Beitragsnachweises. Die Höhe der Schätzung orientiert sich im Normalfall am Vormonatssoll. Fehlende Kenntnis über die Höhe der abzubuchenden Beiträge, der Hauptgrund für die Vorabankündigung, kann beim Arbeitgeber daher grundsätzlich kaum bestehen. Von daher kann auch bei Schätzungen, ebenso wie beim nachgewiesenen Beitragssoll auf eine Vorabankündigung verzichtet werden. Dieser Grundsatz gilt auch, wenn beispielsweise durch Sollkorrekturen noch Schuldsalden auf dem Arbeitgeberkonto bestehen sollten.

Servicekräfte

In einem Streitfall produzierte ein Unternehmen Reinigungsmittel für Endverbraucher, die über Warenhäuser vertrieben wurden. Auf Wunsch der Warenhäuser beauftragte das Unternehmen **Servicekräfte** mit der Regalpflege, die u. a. **Warenannahme** und **-auszeichnung** sowie die **Regalauffüllung** umfasste. Nach der getroffenen Vereinbarung sollten diese Servicekräfte als selbstständiger Unternehmer Serviceleistungen vor Ort durch die Warenannahme und das sofortige Auszeichnen der Produkte sowie deren fachgerechte Präsentation in Verbindung mit einer verantwortungsvollen Regalpflege (Säubern und Auffüllen der Ausstellungsregale) erbringen. Für die genannten Arbeiten wurde eine geringe Vergütung bei einem Maximaleinsatz von 1 bis 3,5 Stunden pro Kalenderwoche vereinbart. Für die Abrechnung zum Monatsende bestätigte der Leiter des Warenhauses der Servicekraft die Zahl ihrer Arbeitsstunden. Die Servicekräfte sollten als Kleinunternehmer keine Umsatzsteuer in Rechnung stellen.

Der Bundesfinanzhof hat diesbezüglich entschieden, dass es sich auch bei den vom Warenproduzenten im Rahmen

Lohn-steuer-pflichtig Sozial-versich.-pflichtig

des Vertriebs in Warenhäusern beschäftigten Servicekräften um **Arbeitnehmer** handelt. **Ausschlaggebend** hierfür war, dass die eingesetzten Servicekräfte **einfache Tätigkeiten** (Handarbeiten) ausübten, die rein mechanischer Natur waren, aufgrund vertraglicher Vorgaben eine **Weisungsgebundenheit** hinsichtlich Ort, Zeit und Inhalt der Tätigkeit bestand und die Servicekräfte mittelbar durch die Leitung der jeweiligen Warenhäuser (= Kunden des Unternehmens) **überwacht** wurden. Die vertraglich begrenzten Verdienstmöglichkeiten sprachen zudem gegen das Vorliegen eines Unternehmerrisikos. Durch diese Umstände konnte allein wegen der fehlenden Vereinbarung von Sozialleistungen keine selbstständige Tätigkeit angenommen werden (BFH-Urteil vom 20.11.2008, BStBl. 2009 II S. 374). Ggf. liegen geringfügige Beschäftigungsverhältnisse vor (vgl. hierzu die Erläuterungen beim Stichwort „Geringfügige Beschäftigung").

Siehe auch die Stichwörter „Mindestlohn" und „Regalauffüller".

Seuchenentschädigungen

siehe „Infektionsschutzgesetz"

SFN-Zuschläge

siehe „Zuschläge für Sonntags-, Feiertags- und Nachtarbeit"

Sicherheitseinrichtungen

Gliederung:

1. Allgemeines
2. Personenschutz
3. Einbau von Sicherheitseinrichtungen in der Wohnung des Arbeitnehmers
4. Sicherheitsausrüstung bei Firmenwagenüberlassung zur Privatnutzung

1. Allgemeines

Es kommt häufiger vor, dass Arbeitgeber für Arbeitnehmer, die aufgrund ihrer beruflichen Position gefährdet sind (vor allem Führungskräfte der Wirtschaft, Vorstandsmitglieder von Banken, Minister usw.), Kosten für Sicherheitsmaßnahmen übernehmen. Es kann sich dabei um die Bereitstellung von Personenschutz, sog. „Bodyguards", oder den Einbau von Sicherheitseinrichtungen in der Wohnung oder im Fahrzeug des Arbeitnehmers handeln. Im Einzelnen gilt für die steuerliche Behandlung der Aufwendungen des Arbeitgebers für sicherheitsgefährdete Arbeitnehmer Folgendes:

2. Personenschutz

Aufwendungen des Arbeitgebers für das ausschließlich mit dem Personenschutz befasste Personal, sog. Bodyguards, führen nicht zu steuerpflichtigem Arbeitslohn der zu schützenden Person, weil diese Aufwendungen im **ganz überwiegenden eigenbetrieblichen Interesse** des Arbeitgebers liegen und der Arbeitnehmer durch diese „aufgedrängten" Leistungen nicht bereichert wird. nein nein

3. Einbau von Sicherheitseinrichtungen in der Wohnung des Arbeitnehmers

Der Bundesfinanzhof hat entschieden, dass die Aufwendungen des Arbeitgebers für Sicherheitsmaßnahmen im Wohnhaus des Arbeitnehmers (im Streitfall rund 17 330 €) zum steuerpflichtigen Arbeitslohn gehören, wenn beim Arbeitnehmer eine lediglich „abstrakte berufsbedingte Gefährdung von dessen Leben, Gesundheit und Vermögen" vorliegt (BFH-Urteil vom 5.4.2006, BStBl. II S. 541). ja ja

Lohnsteuerpflichtig | Sozialversich.-pflichtig

Weiter hat der Bundesfinanzhof entschieden, dass die von der Finanzverwaltung getroffene Regelung zur lohnsteuerlichen Behandlung von Aufwendungen des Arbeitgebers für Sicherheitsmaßnahmen seiner sicherheitsgefährdeten Arbeitnehmer als **Billigkeitsregelung** einzuordnen und anzuwenden ist. Nach dieser bundeseinheitlichen Verwaltungsanweisung[1] sind Sicherheitseinrichtungen (Grund- und Spezialschutz), die vom Arbeitgeber in der Wohnung (selbstgenutztes Wohneigentum oder Mietwohnung) eines sicherheitsgefährdeten Arbeitnehmers eingebaut werden, bei einer **konkreten** Gefährdung in den Sicherheitsstufen 1 und 2 unbegrenzt und in der Stufe 3 bis zu 15 339 €[2] steuerfrei. Bei höheren Aufwendungen in der Stufe 3 als 15 339 € wird von einer Lohnversteuerung abgesehen, soweit die Aufwendungen Maßnahmen betreffen, die von der Sicherheitsbehörde empfohlen worden sind. nein nein

Auch bei einer nur **abstrakten** Gefährdung führt der Einbau von Sicherheitseinrichtungen zu keinem geldwerten Vorteil, soweit ein Betrag von 7670 €[3] nicht überschritten wird. nein nein

Die vorstehend genannten Höchstbeträge gelten auch dann, wenn die Aufwendungen je Objekt auf verschiedene Kalenderjahre verteilt werden. Die steuerfreien oder steuerpflichtigen Vorteile fließen dem Arbeitnehmer beim Einbau sofort als Arbeitslohn zu. Eine spätere Änderung der Gefährdungsstufe löst deshalb keine steuerlichen Konsequenzen aus (z. B. keine Erfassung eines geldwerten Vorteils nach einer Herabsetzung der Gefährdungsstufe, kein negativer Arbeitslohn bei Heraufsetzung der Gefährdungsstufe), es sei denn, sie erfolgt noch innerhalb desselben Kalenderjahres, in dem die Sicherheitseinrichtungen eingebaut worden sind. Die dem Arbeitgeber entstehenden **Betriebs- und Wartungskosten** teilen steuerlich das Schicksal der Einbaukosten, das heißt, sie sind gegebenenfalls nur anteilig nach dem Verhältnis des steuerfreien Anteils an den Gesamtkosten steuerfrei.

Ersetzt der Arbeitgeber dem Arbeitnehmer dessen eigene Aufwendungen für Sicherheitseinrichtungen oder mit diesen Einrichtungen verbundene laufende Betriebs- oder Wartungskosten, ist der Ersatz unter den bereits genannten Voraussetzungen und bis zu den vorstehend genannten Höchstbeträgen ebenfalls kein steuerpflichtiger Arbeitslohn. Dies gilt allerdings nur dann, wenn die Aufwendungen in zeitlichem Zusammenhang mit dem Einbau bzw. der Zahlung durch den Arbeitnehmer ersetzt werden; andernfalls ist der Aufwendungsersatz steuerpflichtiger Arbeitslohn.

Nicht vom Arbeitgeber ersetzte Aufwendungen des Arbeitnehmers für Sicherheitseinrichtungen gehören zu den Kosten der Lebensführung und dürfen vom Arbeitnehmer **nicht als Werbungskosten** bei seinen Einkünften aus nichtselbstständiger Arbeit **abgezogen** werden. Werden Aufwendungen nur teilweise durch den Arbeitgeber steuerfrei ersetzt, gilt das Abzugsverbot für die vom Arbeitnehmer selbst getragenen Aufwendungen. Hieran ist u. E. ungeachtet der Aufgabe des allgemeinen Aufteilungs- und Abzugsverbots des § 12 Nr. 1 Satz 2 EStG festzuhalten, da es an objektiven Aufteilungskriterien fehlt und somit insgesamt nicht aufteilbare gemischte Aufwendungen vorliegen.[4]

4. Sicherheitsausrüstung bei Firmenwagenüberlassung zur Privatnutzung

Wird einem Arbeitnehmer ausschließlich aus Sicherheitsgründen ein mit einer Sicherheitsausrüstung ausgestattetes leistungsstärkeres und damit auch teureres Fahrzeug auch zur privaten Nutzung zur Verfügung gestellt, obwohl ihm an sich nur ein leistungsschwächeres Fahrzeug zustünde, ist bei der Bruttolistenpreisregelung zur Ermittlung des geldwerten Vorteils der **Bruttolistenpreis des leistungsschwächeren Fahrzeugs (ohne Sicherheitsausrüstung)** zugrunde zu legen, das dem Arbeitnehmer zur Verfügung stehen würde, wenn seine Sicherheit nicht gefährdet wäre (R 8.1 Abs. 9 Nr. 1 Satz 7 LStR). Sicherheitsausrüstungen in diesem Sinne sind nur Vorkehrungen zum Personenschutz (z. B. Panzerglas), nicht dagegen die der Verkehrssicherheit dienenden Einrichtungen (z. B. ABS, Airbag, Feuerlöscher). Zur Bruttolistenpreisregelung im Einzelnen vgl. das Stichwort „Firmenwagen zur privaten Nutzung“ unter Nr. 3.

Bei der Ermittlung des geldwerten Vorteils für die Privatnutzung nach der **Fahrtenbuchmethode** für einen aus Sicherheitsgründen gepanzerten Pkw kann die **Abschreibung** nach dem **Anschaffungspreis des leistungsschwächeren Fahrzeugs** zugrunde gelegt werden, das dem Arbeitnehmer zur Verfügung gestellt würde, wenn seine Sicherheit nicht gefährdet wäre. Im Falle des Leasings eines gepanzerten Fahrzeugs wird die entsprechende Leasingrate des leistungsschwächeren Fahrzeugs zugrunde gelegt. Im Hinblick auf die durch die Panzerung verursachten höheren laufenden Betriebskosten lässt es die Finanzverwaltung zu, dass bei der Ermittlung des geldwerten Vorteils nach der Fahrtenbuchmethode nur **70 %** der tatsächlich festgestellten **laufenden Kosten** (ohne Abschreibung) zugrunde gelegt werden. Zur Fahrtenbuchmethode im Einzelnen vgl. das Stichwort „Firmenwagen zur privaten Nutzung“ unter Nr. 2.

Wird einem Arbeitnehmer aus Sicherheitsgründen ein geschütztes (z. B. gepanzertes) Fahrzeug, das zum Selbststeuern nicht geeignet ist, mit Fahrer auch zur privaten Nutzung zur Verfügung gestellt, wird die **Fahrergestellung nicht** als **geldwerter Vorteil** erfasst. Dabei ist unerheblich, in welcher Gefährdungsstufe der Arbeitnehmer eingeordnet ist (R 8.1 Abs. 10 Satz 3 Nr. 4 LStR).

Sicherheitswettbewerb

Lohnsteuerpflichtig sind sog. **Sicherheitsprämien,** die der Arbeitgeber im Rahmen eines Sicherheitswettbewerbs zur Einschränkung betrieblicher Unfälle an seine Arbeitnehmer zahlt (BFH-Urteil vom 11.3.1988, BStBl. II S. 726). ja ja

Gewährt der Arbeitgeber für Leistungen in der Unfallverhütung und im Arbeitsschutz **Sachprämien** und werden diese pauschal besteuert (vgl. Stichwort „Pauschalierung der Lohnsteuer“ unter Nr. 2 auf Seite 733), kann bei der Beitragsberechnung in der Sozialversicherung der Durchschnittswert der pauschal besteuerten Sachzuwendungen angesetzt werden. Voraussetzung ist, dass der Wert der einzelnen Prämie 80 € nicht übersteigt und der Arbeitgeber den Arbeitnehmeranteil zur Sozialversicherung übernimmt (§ 3 Abs. 3 SvEV[5]). Der Durchschnittsbetrag ist als einmalig gezahltes Arbeitsentgelt zu behandeln und aufgrund der Sonderregelung in § 3 Abs. 3 Satz 5 SvEV[5] dem letzten Abrechnungszeitraum im Kalenderjahr zuzuordnen.

Steuerpflichtig sind auch **Prämienrückvergütungen** wegen geringer Unfallbelastung, die von Versicherungsunternehmen dem Arbeitgeber gewährt werden und die dieser an diejenigen Arbeitnehmer weitergibt, die innerhalb eines bestimmten Zeitraums weder einen Unfall verschuldet

1) BMF-Schreiben vom 30.6.1997 (BStBl. I S. 696). Das BMF-Schreiben ist als Anlage 2 zu H 8.1 (5–6) LStR im **Steuerhandbuch für das Lohnbüro 2021** abgedruckt, das im selben Verlag erschienen ist.

2) Eine offizielle Umstellung des bisher geltenden Betrags von 30 000 DM auf Euro ist noch nicht erfolgt. Umrechnung deshalb mit dem Kurs von 1,95583 DM = 15 338,76 €, aufgerundet 15 339 €.

3) Eine offizielle Umstellung des bisher geltenden Betrags von 15 000 DM auf Euro ist noch nicht erfolgt. Umrechnung deshalb mit dem Kurs von 1,95583 DM = 7669,38 €, aufgerundet 7670 €.

4) Vgl. Randnummer 17 des BMF-Schreibens vom 6.7.2010 (BStBl. I S. 614). Das BMF-Schreiben ist als Anlage 4 zu H 9.1 LStR im **Steuerhandbuch für das Lohnbüro 2021** abgedruckt, das im selben Verlag erschienen ist.

5) Die Sozialversicherungsentgeltverordnung (SvEV) ist als Anhang 2 im **Steuerhandbuch für das Lohnbüro 2021** abgedruckt, das im selben Verlag erschienen ist.

	Lohn-steuer-pflichtig	Sozial-versich.-pflichtig
noch einen selbstverschuldeten Unfall erlitten haben. Steuerpflichtiger Arbeitslohn liegt auch in den Fällen vor, in denen solche Prämienrückvergütungen unter einer Vielzahl in Betracht kommender Arbeitnehmer verlost werden.	ja	ja

Siehe auch die Stichworte: Belohnungen, Preise, Verbesserungsvorschläge, Verlosungsgewinne.

Silberne Hochzeit

siehe „Gelegenheitsgeschenke“

Skilehrer

Skilehrer im Nebenberuf (ohne Arbeitsvertrag), die für Sporthäuser an Wochenenden oder für einzelne Wochenkurse tätig werden, sind insoweit selbstständig (BFH-Urteil vom 24. 10. 1974, BStBl. 1975 II S. 407).	nein	nein

Zur Frage der „Scheinselbständigkeit“ vgl. dieses Stichwort.

Sofortmeldung

Nach § 28a Abs. 4 SGB IV müssen Arbeitgeber bestimmter Branchen zur Verbesserung der Bekämpfung der Schwarzarbeit und illegaler Beschäftigung den Tag des Beginns der Beschäftigung bereits bei dessen Aufnahme melden.

Die Sofortmeldung haben Arbeitgeber aus folgenden Wirtschaftszweigen abzugeben:

- Baugewerbe
- Gaststätten- und Beherbergungsgewerbe
- Personenbeförderungsgewerbe
- Speditions-, Transport- und damit verbundene Logistikunternehmen
- Schaustellergewerbe
- Unternehmen der Forstwirtschaft
- Gebäudereinigergewerbe
- Messebauunternehmen
- Fleischwirtschaft
- im Prostitutionsgewerbe
- im Wach- und Sicherheitsgewerbe.

Für die Sofortmeldungen gelten die Regelungen des maschinellen Meldeverfahrens, wobei die Meldung direkt an die Datenstelle der Rentenversicherung (DSRV), nicht an die Datenannahme- und Weiterleitungsstellen der Einzugsstellen, zu übersenden ist. Hierfür ist der Datenbaustein DBSO vorgesehen. Die Ausfüllhilfe sv.net wurde um die Sofortmeldung erweitert.

Die Sofortmeldung ist mit folgenden Daten zu übermitteln:

- Familien- und Vorname des Arbeitnehmers
- Versicherungsnummer (ggf. Vergabedaten-Geburtstag, Geburtsort, Anschrift etc.)
- Betriebsnummer des Arbeitgebers
- Tag der Beschäftigungsaufnahme.

Die Arbeitnehmer, für die eine Sofortmeldung zu erstellen ist, werden verpflichtet, ihren Personalausweis, Pass oder einen Pass- oder Ausweisersatz am Arbeitsplatz mitzuführen. Hierauf hat der Arbeitgeber die Arbeitnehmer schriftlich hinzuweisen und diesen Nachweis aufzubewahren. Im Gegenzug entfällt die Mitführungspflicht des Sozialversicherungsausweises.

S

Lohn-steuer-pflichtig Sozial-versich.-pflichtig

Solidaritätszuschlag

Neues auf einen Blick:

1. Neuerungen ab 1.1.2021

a) Allgemeines

Durch eine Anhebung der Freigrenzen und die sog. Milderungsregelung werden ab 2021 90 % der Steuerzahler vollständig und weitere 6,5 % der Steuerzahler teilweise entlastet. Im Einzelnen gilt ab 2021 Folgendes:

b) Nullzone (Freigrenze)

Zur vollständigen Entlastung (= Nullzone) wird die Jahresfreigrenze zur Zahlung des Solidaritätszuschlags bis zu einer Einkommensteuer von 33 912 € (bisher 1944 €) bei einer Zusammenveranlagung und 16 956 € bei einer Einzelveranlagung (bisher 972 €) angehoben. Bei **monatlicher** Lohnzahlung beträgt die Freigrenze (= Nullzone) zur Zahlung des Solidaritätszuschlags in der **Steuerklasse III 2826 €** Lohnsteuer (bisher 162 €) und in den **übrigen Steuerklassen 1413 €** Lohnsteuer (bisher 81 €).

c) Milderungsregelung

Zur teilweisen Entlastung (= Milderungsregelung) wird bei darüber hinausgehenden Steuerbeträgen der Solidaritätszuschlag auf **11,9 %** (bisher 20 %) des Unterschiedsbetrags zwischen der sich ergebenden Steuer und der vorstehenden Nullzone begrenzt (sog. Milderungsregelung).

d) Sonstige Bezüge

Aufgrund der erheblichen Erhöhung wird die **Nullzone** – unter Berücksichtigung der Freibeträge für Kinder – ab 2021 erstmals **auch** bei der **Berechnung des Solidaritätszuschlags** auf die Lohnsteuer **für sonstige Bezüge** berücksichtigt. Hierdurch wird die Durchführung von Einkommensteuer-Veranlagungen zur Rückerstattung des Solidaritätszuschlags vermieden. Die **Milderungsregelung** wird allerdings bei der Berechnung des Solidaritätszuschlags auf die Lohnsteuer für sonstige Bezüge **nicht** berücksichtigt.

e) Pauschalierung der Lohnsteuer

In den Fällen der Pauschalierung beträgt der Solidaritätszuschlag weiterhin **5,5 % der pauschalen Lohnsteuer.** Dies gilt – wie bisher – nicht für die 2 %ige Pauschalsteuer bei geringfügiger Beschäftigung, die den Solidaritätszuschlag mit abdeckt. Nullzone und Milderungsregelung sind bei einer Pauschalierung der Lohnsteuer nicht anzuwenden.

2. Arbeitnehmer mit Kindern

Durch das sog. Zweite Familienentlastungsgesetz sind neben dem Grundfreibetrag auch die **Freibeträge für Kinder** erhöht worden. Der Kinderfreibetrag beträgt:

	2020	**2021**
halber Kinderfreibetrag	2586 €	**2730 €**
ganzer Kinderfreibetrag	5172 €	**5460 €**

Der **Freibetrag** für **Betreuungs- und Erziehungs- oder Ausbildungsbedarf** ist ebenfalls **angehoben** worden. Er beträgt ab 1.1.2021 1464 € (halber Freibetrag; bisher 1320 €) bzw. 2928 € (ganzer Freibetrag; bisher 2640 €).

Die Erhöhung der kindbedingten Freibeträge führt bei Arbeitnehmern mit Kindern dazu, dass sich der **Solidaritätszuschlag vermindert.** Zudem erfolgt die Berücksichtigung des Kinderfreibetrags und des Freibetrags für den Betreuungs- und Erziehungs- oder Ausbildungsbedarf stets mit dem halben oder ganzen Jahresbetrag und nicht nach dem Monatsprinzip. Vgl. die Ausführungen unter der nachfolgenden Nr. 3.

Lohn-steuer-pflichtig | Sozial-versich.-pflichtig

Gliederung:

1. Allgemeines

Beim Solidaritätszuschlag handelt es sich begrifflich um eine Ergänzungsabgabe zur Einkommensteuer, deren Aufkommen ausschließlich dem Bund zufließt und die bei Arbeitnehmern als prozentueller Zuschlag auf die Lohnsteuer erhoben wird. Seit dem 1.1.1998 beträgt dieser **prozentuale Zuschlag** unverändert **5,5 %. Zum 1.1.2021** sind durch die erhebliche Erhöhung der Nullzone und die angepasste Milderungsregelung **90 % der Steuerzahler vollständig** und **weitere 6,5 % der Steuerzahler teilweise** von der Zahlung des Solidaritätszuschlags **entlastet worden** (vgl. nachfolgende Nr. 2).

Die **Festsetzungen** des Solidaritätszuschlags im Rahmen der Einkommensteuer-Veranlagung werden im Hinblick auf anhängige Verfahren **vorläufig** durchgeführt. Beim Bundesverfassungsgericht ist unter dem Aktenzeichen 2 BvR 1505/20 ein aktuelles Verfahren anhängig.

Der Arbeitgeber ist – vorbehaltlich der Nullzone – verpflichtet, den Solidaritätszuschlag bei jeder laufenden Lohnzahlung und bei allen sonstigen Bezügen vom Arbeitslohn einzubehalten und an das Finanzamt abzuführen. Wird die Lohnsteuer pauschaliert, ist – ohne Anwendung einer Nullzone – stets auch der Solidaritätszuschlag abzuführen und zwar in Höhe von 5,5 % der pauschalen Lohnsteuer; einzige Ausnahme ist die Pauschalierung der Lohnsteuer mit 2 % für 450-Euro-Jobs (vgl. nachfolgende Nr. 8 besonders Buchstabe b). Abgabepflichtig sind **alle** Arbeitnehmer, also sowohl die unbeschränkt steuerpflichtigen Arbeitnehmer als auch die beschränkt steuerpflichtigen Arbeitnehmer (vgl. dieses Stichwort).

Bemessungsgrundlage für den Solidaritätszuschlag ist die **Lohnsteuer.** Dies gilt auch dann, wenn die Lohnsteuer im Faktorverfahren ermittelt wurde (vgl. die Erläuterungen beim Stichwort „Faktorverfahren"). Der Solidaritätszuschlag errechnet sich deshalb im Normalfall durch die Anwendung eines bestimmten Prozentsatzes auf die einzubehaltende oder zu pauschalierende Lohnsteuer. Der maßgebende Prozentsatz beträgt für das Kalenderjahr **2021** wie bisher **5,5 %.** Von dem Grundsatz, dass sich der Solidaritätszuschlag durch die Anwendung des Prozentsatzes von 5,5 % auf die Lohnsteuer errechnet, gibt es **zwei Ausnahmen:**

- Arbeitnehmer mit **Kindern** (vgl. nachfolgend unter Nr. 3) sowie
- **Nullzone und Überleitungsregelung,** die zum 1.1.2021 umfangreich geändert worden sind (vgl. nachfolgend unter Nr. 2).

Unter Berücksichtigung dieser beiden Besonderheiten beträgt also der Solidaritätszuschlag 5,5 % der Lohnsteuer. Bruchteile eines Cents bleiben dabei außer Ansatz (§ 4 Satz 3 des Solidaritätszuschlagsgesetzes)[1].

2. Nullzone und Übergangsbereich (Milderungsregelung)

Ein Solidaritätszuschlag wird erst erhoben, wenn die Lohnsteuer einen bestimmten Betrag übersteigt. Durch diese sog. **Nullzone,** die zum 1.1.2021 erheblich erhöht worden ist, werden 90 % der Arbeitnehmer ab 1.1.2021 vom Solidaritätszuschlag **völlig freigestellt.** In Anwendung der Nullzone bleiben also Arbeitslöhne ab 1.1.2021 vom Solidaritätszuschlag befreit, wenn die Lohnsteuer des Lohnzahlungszeitraums für den laufenden Arbeitslohn folgende Beträge nicht übersteigt, wobei bei Arbeitnehmern mit Kindern eine fiktive Lohnsteuer maßgebend ist (vgl. nachfolgend unter Nr. 3):

Lohn-zahlungs-zeitraum	**Nullzone** in Steuerklasse III bis zu einer Lohnsteuer von	**Nullzone** in den Steuerklassen I, II, IV, V und VI bis zu einer Lohnsteuer von
Monat	2826,— €	1413,— €
Woche	659,40 €	329,70 €
Tag	94,20 €	47,10 €

Ab **1.1.2021** ist auch bei der Erhebung eines Solidaritätszuschlags auf die Lohnsteuer für einen **sonstigen Bezug** eine **Nullzone** zu berücksichtigen. Diese Nullzone gilt bis zu einer Lohnsteuer von

33 912,— € in Steuerklasse III

16 956,— € in den Steuerklassen I, II und IV bis VI.

Beim Lohnsteuer-Jahresausgleich durch den Arbeitgeber gilt ebenfalls eine Nullzone bis zu einer Lohnsteuer von

33 912,— € in Steuerklasse III

16 956,— € in den Steuerklassen I, II und IV.

Der Arbeitgeber darf keinen Lohnsteuer-Jahresausgleich durchführen, wenn der Arbeitnehmer für das ganze Kalenderjahr oder für einen Teil des Kalenderjahres nach der Steuerklasse V oder VI zu besteuern war. Entsprechendes gilt bei Anwendung des Faktorverfahrens (vgl. die Erläuterungen beim Stichwort „Lohnsteuer-Jahresausgleich durch den Arbeitgeber" unter Nr. 3).

Übersteigt die einzubehaltende oder bei der Berücksichtigung von Kindern die fiktive Lohnsteuer die oben genannten Beträge, wird der Solidaritätszuschlag nicht sofort in voller Höhe erhoben. Nach § 4 Satz 2 des Solidaritätszuschlagsgesetzes[1] gilt vielmehr eine Gleitregelung, nach der im **Übergangsbereich** der Solidaritätszuschlag ab 1.1.2021 11,9 % des Unterschiedsbetrages zwischen der einzubehaltenden Lohnsteuer und den oben genannten freigestellten Beträgen (= Nullzone) nicht übersteigen darf; dieser Übergangbereich gilt nicht für die Erhebung des Solidaritätszuschlags auf die Lohnsteuer für einen sonstigen Bezug. Die Berechnung des Solidaritätszuschlags

1) Das Solidaritätszuschlagsgesetz in der ab 1. 1. 2021 geltenden Fassung ist als Anhang 3 im **Steuerhandbuch für das Lohnbüro 2021** abgedruckt, das im selben Verlag erschienen ist.

S

Lohnsteuerpflichtig	Sozialversich.-pflichtig

im Übergangsbereich soll anhand eines Beispiels verdeutlicht werden:

Beispiel

Ein kinderloser Arbeitnehmer, privat krankenversichert, mit der Steuerklasse I erhält 2021 einen Arbeitslohn von 6000 € monatlich. Die Lohnsteuer hierfür beträgt 1458,91 €. Der einzubehaltende Solidaritätszuschlag errechnet sich wie folgt:

Lohnsteuer monatlich	=	1458,91 €
Solidaritätszuschlag 5,5 % von 1458,91 €	=	80,28 €
höchstens jedoch 20 % von 1458,91 € – 1413,– € =) 45,91 €; 11,9 % von 45,91 €	=	5,46 €
anzusetzen ist der niedrigere Betrag; der Solidaritätszuschlag beträgt somit		5,46 €

Bruchteile eines Cents bleiben bei der Berechnung des Solidaritätszuschlags stets außer Ansatz (§ 4 Satz 3 Solidaritätszuschlagsgesetz)[1].

Für die Einbehaltung des Solidaritätszuschlags beim laufenden Arbeitslohn ist also sowohl die **Nullzone** als auch der sog. **Übergangsbereich** zu beachten. Das bedeutet, dass bis zu einem bestimmten Arbeitslohn wegen der Höhe der sich ergebenden Lohnsteuer überhaupt kein Solidaritätszuschlag anfällt und danach die volle Belastung mit 5,5 % nicht sofort einsetzt. Die Nullzone – unter Berücksichtigung der Freibeträge für Kinder –, nicht aber der Übergangsbereich, ist auch für die Erhebung des Solidaritätszuschlags auf die Lohnsteuer für einen sonstigen Bezug zu beachten.

Die im selben Verlag erschienenen **Lohnsteuertabellen 2021** sind so gestaltet, dass der Solidaritätszuschlag sowohl in der Nullzone als auch im Übergangsbereich alle zutreffenden Werte enthält, sodass die Lohnsteuer, der Solidaritätszuschlag und die Kirchensteuer ohne komplizierte Berechnungen in einem Arbeitsgang abgelesen werden können.

3. Berechnung des Solidaritätszuschlags bei Arbeitnehmern mit Kindern

Seit Inkrafttreten des Familienleistungsausgleichs ab 1.1.1996 werden bei der Berechnung der Lohnsteuer keine Kinderfreibeträge mehr berücksichtigt. Denn die lohnsteuerliche Entlastung im laufenden Kalenderjahr für Kinder wird seither nur noch durch das Kindergeld gewährt (vgl. Anhang 9). **Dies gilt jedoch nicht für den Solidaritätszuschlag.** Bei der Berechnung der Bemessungsgrundlage für den Solidaritätszuschlag vom laufenden Arbeitslohn werden vielmehr auch weiterhin die Kinderfreibeträge berücksichtigt, wobei seit 1.1.2002 auch der Freibetrag für Betreuungs- und Erziehungs- oder Ausbildungsbedarf in die Berechnung der Bemessungsgrundlage mit einbezogen wird. Ebenso wird bei der Kirchensteuer verfahren (vgl. dieses Stichwort besonders unter Nr. 2 zur Höhe der ab 1.1.2021 angehobenen Freibeträge für Kinder in der jeweiligen Steuerklasse je nach Zahl der Kinderfreibeträge).

S

Beispiel

Ein Arbeitnehmer, privat krankenversichert, hat folgende Lohnsteuerabzugsmerkmale: Steuerklasse III; Zahl der Kinderfreibeträge 1,0. Sein Monatslohn beträgt 11 900 €. Die Lohnsteuer und der Solidaritätszuschlag errechnen sich im Kalenderjahr 2021 wie folgt:

a) Berechnung der Lohnsteuer

Jahresarbeitslohn (11 900 € × 12)		=	142 800,– €
abzüglich			
Arbeitnehmer-Pauschbetrag	1 000,– €		
Sonderausgaben-Pauschbetrag	36,– €[2]		
Vorsorgepauschale	9 656,– €		10 692,– €
zu versteuerndes Einkommen			132 108,– €
Steuer nach der Einkommensteuer-Splittingtabelle 2021 (= Jahreslohnsteuer)			37 212,– €
die monatliche Lohnsteuer beträgt 1/12		=	3 101,– €

b) Berechnung des Solidaritätszuschlags

zu versteuerndes Einkommen (wie oben)		132 108,– €
abzüglich ein Kinderfreibetrag		5 460,– €
abzüglich ein Freibetrag für Betreuungs-, Erziehungs- oder Ausbildungsbedarf		2 928,– €
verbleiben		123 720,– €
Steuer lt. Splittingtabelle 2021		33 688,– €
monatlich 1/12 (= Bemessungsgrundlage für den Solidaritätszuschlag)		2 807,33 €
Nullzone bei Steuerklasse III		2 826,– €
der Solidaritätszuschlag beträgt somit	=	0,– €

Die Berücksichtigung des **Kinderfreibetrags** und des **Freibetrags für Betreuungs-** und **Erziehungs- oder Ausbildungsbedarf** bei der Bemessungsgrundlage für den Solidaritätszuschlag erfolgt **stets** mit dem **halben oder ganzen Jahresbetrag** und nicht nach dem Monatsprinzip (vgl. hierzu die Erläuterungen in Anhang 9 unter den Nrn. 6 und 7). Hieran hat sich auch durch die Einführung der elektronischen Lohnsteuerabzugsmerkmale (ELStAM) nichts geändert.

Die im selben Verlag erschienenen **Lohnsteuertabellen 2021** sind so gestaltet, dass die Lohnsteuer, der Solidaritätszuschlag und die Kirchensteuer ohne Weiteres in einem Arbeitsgang aus der maßgebenden Kinderfreibetragsspalte abgelesen werden können.

4. Berechnung des Solidaritätszuschlags bei sonstigen Bezügen

Ab 1.1.2021 ist die erheblich angehobene **Nullzone** zur Zahlung des Solidaritätszuschlags (= Jahreslohnsteuer von 33 912 € – bisher 1944 € – bei Steuerklasse III und 16 956 € – bisher 972 € – bei Steuerklassen I, II und IV bis VI) **erstmals auch** bei der **Berechnung des Solidaritätszuschlags** auf die Lohnsteuer **für sonstige Bezüge** zu berücksichtigen. Bei Prüfung dieser Nullzone werden auch die Freibeträge für Kinder berücksichtigt. Hierdurch wird die Durchführung von Einkommensteuer-Veranlagungen zur Rückerstattung des Solidaritätszuschlags vermieden. Zur teilweisen Entlastung (= Milderungsregelung) wird bei darüber hinausgehenden Steuerbeträgen der Solidaritätszuschlag auf 11,9 % (bisher 20 %) des Unterschiedsbetrags zwischen der sich ergebenden Steuer und der vorstehenden Nullzone begrenzt (sog. Milderungsregelung). Diese **Milderungsregelung** wird allerdings bei der Berechnung des Solidaritätszuschlags auf die Lohnsteuer für sonstige Bezüge **nicht** berücksichtigt und wirkt sicher daher ggf. erst im Rahmen einer Veranlagung zur Einkommensteuer aus. Zudem sind die Freibeträge für Kinder bei der Berechnung des Solidaritätszuschlags für die Lohnsteuer auf einen sonstigen Bezug nicht zu berücksichtigen.

Beispiel A

Ein Arbeitnehmer (Steuerklasse I/0), gesetzlich krankenversichert, mit einem Jahresbruttoarbeitslohn von 70 000 € erhält im Juli 2021 eine Tantieme von 10 000 €.

Lohnsteuer nach Steuerklasse I/0 der Jahreslohnsteuertabelle vom maßgebenden Jahresarbeitslohn (70 000 €)	15 233,– €
Solidaritätszuschlag wegen der Nullzone	0,– €
vom maßgebenden Jahresarbeitslohn zuzüglich Tantieme (70 000 € + 10 000 €)	19 105,– €

1) Das Solidaritätszuschlagsgesetz in der ab 1. 1. 2021 geltenden Fassung ist als Anhang 3 im **Steuerhandbuch für das Lohnbüro 2021** abgedruckt, das im selben Verlag erschienen ist.

2) Der Sonderausgaben-Pauschbetrag beträgt beim Lohnsteuerabzug seit 1.1.2010 auch bei der Steuerklasse III 36 € (statt früher 72 €), weil der dem Ehegatten zustehende Sonderausgaben-Pauschbetrag von 36 € bei Anwendung der Steuerklasse V berücksichtigt wird (§ 39b Abs. 2 Satz 5 Nr. 2 EStG). Auf die Erläuterungen beim Stichwort „Tarifaufbau" unter Nr. 7 wird Bezug genommen.

	Lohn-steuer-pflichtig	Sozial-versich.-pflichtig

Lohnsteuer für die Tantieme (19 105 € abzüglich 15 233 €)	3 872,– €
Solidaritätszuschlag (5,5 % von 3872 €, da Nullzone überschritten)	212,96

Beispiel B

Wie Beispiel A. Der Jahresbruttoarbeitslohn beträgt 80 000 € und die Tantieme 10 000 €.

Lohnsteuer nach Steuerklasse I/0 der Jahreslohnsteuertabelle vom maßgebenden Jahresarbeitslohn (80 000 €)	19 105,– €
Solidaritätszuschlag mit Milderungsregelung, da laufender Arbeitslohn 11,9 % von (19 105 € abzüglich 16 956 €) = 2149 €	255,73 €
vom maßgebenden Jahresarbeitslohn zuzüglich Tantieme (80 000 € + 10 000 €)	23 134,– €
Lohnsteuer für die Tantieme (23 134 € abzüglich 19 105 €)	4 029,– €
Solidaritätszuschlag (5,5 % von 4029 €)	221,59

Beispiel C

Ein Arbeitnehmer, privat krankenversichert, mit einem Monatslohn von 11 900 € hat folgende Lohnsteuerabzugsmerkmale: Steuerklasse III/1,0 Kinderfreibeträge, Kirchensteuermerkmal ev. Im Juni 2021 erhält der Arbeitnehmer ein Urlaubsgeld in Höhe von 800 €.

Für Juni 2021 ergibt sich folgende Lohnabrechnung:

lohnsteuerpflichtiger laufender Arbeitslohn	11 900,– €
Lohnsteuer monatlich (Steuerklasse III/1)	3 101,– €
Solidaritätszuschlag	0,– €
Kirchensteuer (8 %)	224,58 €

Berechnung der Lohnsteuer und des Solidaritätszuschlags für das Urlaubsgeld:

Die Lohnsteuer für das Urlaubsgeld ist unter Anwendung der **Jahreslohnsteuertabelle** nach dem für sonstige Bezüge vorgeschriebenen Verfahren zu berechnen. Hierfür ist zuerst der voraussichtliche Jahresarbeitslohn zu ermitteln:

voraussichtlicher Jahresarbeitslohn (11 900 € x 12)	142 800,– €

Die Lohnsteuer für den sonstigen Bezug ermittelt sich wie folgt:

– Lohnsteuer lt. Jahreslohnsteuertabelle für den voraussichtlichen Jahresarbeitslohn von 142 800,– € (Steuerklasse III/1)	37 212,– €
– Lohnsteuer lt. Jahreslohnsteuertabelle für den voraussichtlichen Jahresarbeitslohn zuzüglich sonstiger Bezug 142 800,– € + 800 €) = 143 600 €	37 548,– €
Differenz = Lohnsteuer für den sonstigen Bezug	336,– €
Der Solidaritätszuschlag beträgt 5,5 % der Lohnsteuer für den sonstigen Bezug (5,5 % von 336 €) =	18,48 €[1]

5. Berechnung des Solidaritätszuschlags bei der Nachzahlung von Arbeitslohn

Für die Berechnung des Solidaritätszuschlags bei der Nachzahlung von laufendem Arbeitslohn gilt Folgendes:

Nachzahlungen von Arbeitslohn gehören lohnsteuerlich zum **laufenden** Arbeitslohn, wenn sich der **Gesamtbetrag** einer Nachzahlung ausschließlich auf das **laufende** Kalenderjahr bezieht. Gehören Nachzahlungen von Arbeitslohn hiernach zum laufenden Arbeitslohn, ist die Nachzahlung für die Berechnung der Lohnsteuer den Lohnzahlungszeiträumen zuzurechnen, für die die Nachzahlung geleistet wird (= Aufrollen der bereits abgerechneten Lohnzahlungszeiträume, vgl. das Stichwort „Nachzahlung von laufendem Arbeitslohn").

Nachzahlungen von Arbeitslohn gehören lohnsteuerlich stets zu den **sonstigen Bezügen,** wenn sich die Nachzahlung ausschließlich auf bereits abgelaufene Kalenderjahre bezieht. Nachzahlungen gehören auch dann in **voller Höhe zu den sonstigen Bezügen,** wenn sich die Nachzahlung zum Teil auf das laufende Kalenderjahr und **zum Teil auf Vorjahre** bezieht. Der **gesamte** Betrag, also auch der Teil der Nachzahlung, der auf das laufende Jahr entfällt, ist im Monat des Zuflusses als sonstiger Bezug zu besteuern. Eine Aufteilung des Gesamtbetrags in laufenden Arbeitslohn für den Betrag, der auf Zeiträume des laufenden Jahres entfällt, und einen sonstigen Bezug für die bereits abgelaufenen Jahre, ist nicht zulässig.

Gehören Nachzahlungen von Arbeitslohn zu den sonstigen Bezügen, weil sie ganz oder teilweise ein anderes Kalenderjahr betreffen, ist die Berechnung des Solidaritätszuschlags im Zeitpunkt des Zufließens vorzunehmen.

Gehört die Nachzahlung zum laufenden Arbeitslohn, weil sie sich nur auf Lohnzahlungszeiträume des laufenden Kalenderjahres bezieht, kann sie nach der Vereinfachungsregelung in R 39b.5 Abs. 4 Satz 2 LStR trotzdem als sonstiger Bezug behandelt werden. In diesem Fall ist auch der Solidaritätszuschlag nach den für sonstige Bezüge geltenden Vorschriften zu ermitteln, das heißt er beträgt – vorbehaltlich der ab 1.1.2021 zu beachtenden Nullzone – 5,5 % der auf den sonstigen Bezug entfallenden Lohnsteuer.

6. Solidaritätszuschlag bei Nettolohnvereinbarungen

Übernimmt der Arbeitgeber in den Fällen einer Nettolohnvereinbarung auch den Solidaritätszuschlag, ist die Lohnsteuer aus dem Bruttoarbeitslohn zu berechnen, der nach Kürzung um die Lohnabzüge einschließlich des Solidaritätszuschlags den ausgezahlten Nettolohn ergibt (sog. Abtasten der Lohnsteuertabelle). Auf das Beispiel einer Nettolohnberechnung für **laufenden Arbeitslohn** mit Übernahme des Solidaritätszuschlags und aller anderen Lohnabzugsbeträge durch den Arbeitgeber in Anhang 13 auf Seite 1313 wird hingewiesen. Eine Nettolohnberechnung für **sonstige Bezüge** unter Übernahme aller Abzugsbeträge (Lohnsteuer, Solidaritätszuschlag, Kirchensteuer und Sozialversicherungsbeiträge) ist in Anhang 12 auf Seite 1311 abgedruckt. Eine Nettolohnberechnung unter Anwendung der sog. **Fünftelregelung** mit Übernahme aller Abzugsbeträge ist in Anhang 14 auf Seite 1315 abgedruckt. Aufgrund der ab 1.1.2021 erheblichen Erhöhung der Nullzone wird der Solidaritätszuschlag in sehr vielen Fällen 0,– € betragen.

Übernimmt der Arbeitgeber zwar die Lohnsteuer (und ggf. auch die Kirchensteuer und den Arbeitnehmeranteil am Gesamtsozialversicherungsbeitrag), nicht aber den Solidaritätszuschlag, bleibt dieser beim Abtasten der Lohnsteuertabelle zur Berechnung des Bruttoarbeitslohns außer Betracht. Der Solidaritätszuschlag errechnet sich – unter Beachtung der Nullzone und ggf. der Milderungsregelung – mit 5,5 % aus der im Abtast-Verfahren ermittelten Lohnsteuer und mindert den Nettolohn entsprechend.

7. Solidaritätszuschlag beim permanenten Lohnsteuer-Jahresausgleich

Die Bezeichnung „Permanenter Lohnsteuer-Jahresausgleich" hat sich für ein besonderes Verfahren bei der Besteuerung des laufenden Arbeitslohns während des Kalenderjahres eingebürgert. Bei diesem Verfahren wird der **laufende** Lohnsteuerabzug nach dem voraussichtlichen Jahresarbeitslohn und unter Anwendung der **Jahreslohnsteuertabelle** vorgenommen. Hierdurch werden Überzahlungen an Lohnsteuer, die z. B. durch schwankende Arbeitslöhne entstehen können, ständig (permanent) ausgeglichen. Mit einem „Lohnsteuer-Jahresausgleich" im eigentlichen Sinne dieses Worts hat das Verfahren nichts zu tun.

Wird die Lohnsteuer für den laufenden Arbeitslohn nach dem voraussichtlichen Jahresarbeitslohn des Arbeitnehmers ermittelt, ist die nach diesem Verfahren für den laufenden Arbeitslohn ermittelte Lohnsteuer Bemessungsgrundlage für den Solidaritätszuschlag. Der Solidaritäts-

1) Beim Ablesen aus der Jahrestabelle für einen Arbeitslohn von 143 600 € ergibt sich wegen der Freibeträge für Kinder und Überleitungsbereich ein Solidaritätszuschlag von 13,32 €. **Diese Vorgehensweise ist nicht zulässig.**

S

Lohn- steuer- pflichtig | Sozial- versich.- pflichtig

zuschlag kann deshalb **in diesem Ausnahmefall** – ebenso wie die Lohnsteuer – für den maßgebenden Bruttojahresarbeitslohn nach der gebildeten Steuerklasse und Zahl der Kinderfreibeträge direkt **aus der Jahreslohnsteuertabelle 2021 abgelesen werden.** Entsprechendes gilt in den Fällen maschineller Lohnabrechnung. Auf die Beispiele beim Stichwort „Permanenter Lohnsteuer-Jahresausgleich" wird hingewiesen.

8. Solidaritätszuschlag bei einer Pauschalierung der Lohnsteuer

a) Allgemeines

Der Solidaritätszuschlag fällt auch dann an, wenn die Lohnsteuer pauschaliert wird. Der Solidaritätszuschlag beträgt in allen Pauschalierungsfällen – einzige Ausnahme vgl. nachfolgend unter Buchstabe b – **5,5 % der pauschalen Lohnsteuer.** Der Solidaritätszuschlag ist auf den Cent genau zu berechnen. Bruchteile eines Cents bleiben allerdings außer Betracht, das heißt, es wird stets auf Cent abgerundet (§ 4 Satz 3 des Solidaritätszuschlagsgesetzes)[1]. Die bei einer Besteuerung des laufenden Arbeitslohns nach der Lohnsteuertabelle geltende **Nullzone** sowie der sog. **Übergangsbereich** (vgl. vorstehend unter Nr. 2) sind bei einer Pauschalierung der Lohnsteuer **nicht** anwendbar[2]. Auch die Freibeträge für Kinder (vgl. vorstehend unter Nr. 3) wirken sich auf die Pauschalsteuern und damit auf die Höhe des Solidaritätszuschlags hierfür nicht aus. Der bei der Pauschalbesteuerung von Arbeitslöhnen anfallende Solidaritätszuschlag ist wie die pauschale Lohnsteuer vom Arbeitgeber zu übernehmen (zur Abwälzung der Pauschalsteuern auf den Arbeitnehmer vgl. dieses Stichwort).

Im Einzelnen gilt für die Erhebung des Solidaritätszuschlags in Pauschalierungsfällen Folgendes:

b) Solidaritätszuschlag bei der Pauschalierung der Lohnsteuer für Teilzeitbeschäftigte (sog. 450-Euro-Jobs) mit 2 %

Nach § 40a Abs. 2 EStG kann der Arbeitgeber den Arbeitslohn für einen 450-Euro-Job unter Verzicht der Anwendung der individuellen Lohnsteuerabzugsmerkmale pauschal mit **2 %** besteuern, wenn der Arbeitgeber für diese geringfügige Beschäftigung einen Pauschalbeitrag zur gesetzlichen Rentenversicherung in Höhe von 15 % für „normale" 450-Euro-Jobs oder in Höhe von 5 % für 450-Euro-Jobs in einem Privathaushalt entrichtet. **Diese 2 %ige Pauschalsteuer ist eine Abgeltungsteuer; sie gilt auch den Solidaritätszuschlag und die Kirchensteuer mit ab.** Die Pauschalsteuer von 2 % ist zusammen mit dem pauschalen Renten- und ggf. Krankenversicherungsbeitrag mit Beitragsnachweis an die Minijob-Zentrale der Deutschen Rentenversicherung Knappschaft – Bahn – See abzuführen (vgl. die ausführlichen Erläuterungen beim Stichwort „Pauschalierung der Lohnsteuer bei Aushilfskräften und Teilzeitbeschäftigten" unter Nr. 2).

S

Die Pauschalierung der Lohnsteuer mit 2 % für 450-Euro-Jobs ist die **einzige Ausnahme** von dem Grundsatz, dass bei einer Pauschalierung der Lohnsteuer zusätzlich der Solidaritätszuschlag in Höhe von 5,5 % der pauschalen Lohnsteuer anfällt.[3]

c) Solidaritätszuschlag bei einer Pauschalierung der Lohnsteuer für Teilzeitbeschäftigte (sog. 450-Euro-Jobs) mit 20 %

Liegen die Voraussetzungen für eine Pauschalierung der Lohnsteuer mit 2 % nicht vor, weil der Arbeitgeber für ein geringfügig entlohntes Beschäftigungsverhältnis keinen Pauschalbeitrag zur gesetzlichen Rentenversicherung von 15 % oder 5 % entrichtet, kann die Lohnsteuer nach § 40a Abs. 2a EStG unter Verzicht der Anwendung der individuellen Lohnsteuerabzugsmerkmale mit **20 %** pauschaliert werden, wenn das Arbeitsentgelt monatlich 450 € nicht übersteigt.

Lohn- steuer- pflichtig | Sozial- versich.- pflichtig

Im Gegensatz zur 2 %igen Pauschalsteuer ist bei der Pauschalierung der Lohnsteuer mit 20 % **der Solidaritätszuschlag nicht mit abgegolten.** Der Solidaritätszuschlag in Höhe von 5,5 % der pauschalen Lohnsteuer und die pauschale Kirchensteuer fallen also zusätzlich zur 20 %igen pauschalen Lohnsteuer an. Die pauschale Lohnsteuer von 20 % sowie der Solidaritätszuschlag und die Kirchensteuer sind im Gegensatz zur 2 %igen Pauschalsteuer nicht an die Bundesknappschaft, sondern mit der Lohnsteuer-Anmeldung beim Betriebsstättenfinanzamt anzumelden und an dieses Finanzamt abzuführen.

Die Pauschalierung der Lohnsteuer für 450-Euro-Jobs mit 20 % (anstelle von 2 %) kommt aber nur in Ausnahmefällen zur Anwendung, und zwar dann, wenn für eine Beschäftigung, die für sich allein gesehen eine geringfügig entlohnte Beschäftigung ist, **keine Pauschalbeiträge von 15 % oder 5 % zur Rentenversicherung** zu zahlen sind, z. B. wegen der Zusammenrechnung von mehreren nebeneinander ausgeübten geringfügig entlohnten Beschäftigungen (vgl. die Erläuterungen beim Stichwort „Pauschalierung der Lohnsteuer bei Aushilfskräften und Teilzeitbeschäftigten" unter Nr. 3).

d) Solidaritätszuschlag bei einer Pauschalierung der Lohnsteuer für Aushilfskräfte mit 25 % oder 5 %

Eine pauschale Besteuerung des gesamten Arbeitslohns ohne Anwendung der individuellen Lohnsteuerabzugsmerkmale des jeweiligen Arbeitnehmers ist nach § 40a EStG auch bei folgenden Aushilfskräften möglich:

- Bei **kurzfristig** beschäftigten Arbeitnehmern (Aushilfskräfte).
  Der Pauschsteuersatz beträgt **25 %.**
- Bei Aushilfskräften in der **Land- und Forstwirtschaft.**
  Der Pauschsteuersatz beträgt **5 %.**

In beiden Fällen ist zusätzlich zur pauschalen Lohnsteuer von 25 % oder 5 % ein Solidaritätszuschlag in Höhe von 5,5 % der Pauschalsteuer an das Finanzamt abzuführen (vgl. das Stichwort „Pauschalierung der Lohnsteuer bei Aushilfskräften und Teilzeitbeschäftigten" unter den Nrn. 4 und 5).

e) Solidaritätszuschlag bei der Pauschalierung der Lohnsteuer mit festen Pauschsteuersätzen

Der Arbeitgeber kann insbesondere in folgenden Fällen die Lohnsteuer mit einem festen Pauschsteuersatz pauschalieren:

- bei Beiträgen zu einer **Direktversicherung** oder **Pensionskasse** im Rahmen bestimmter Höchstbeträge mit **20 %** (vgl. das Stichwort „Zukunftsicherung");
- bei Zuschüssen des Arbeitgebers zu den Aufwendungen des Arbeitnehmers für **Pkw-Fahrten** zwischen **Wohnung** und **erster Tätigkeitsstätte** in bestimmtem Umfang **mit 15 %** (vgl. „Fahrten zwischen Wohnung und erster Tätigkeitsstätte" unter Nr. 5);
- für den geldwerten Vorteil bei **Fahrten** zwischen **Wohnung** und **erster Tätigkeitsstätte** in bestimmtem Umfang bei einer **Firmenwagengestellung** mit **15 %** (vgl. „Firmenwagen zur privaten Nutzung" unter Nr. 13);

---

1) Das Solidaritätszuschlagsgesetz in der ab 1. 1. 2021 geltenden Fassung ist als Anhang 3 im **Steuerhandbuch für das Lohnbüro 2021** abgedruckt, das im selben Verlag erschienen ist.

2) Nach § 3 Abs. 4 Satz 1 und Abs. 4a des Solidaritätszuschlagsgesetzes gilt die Nullzone und damit auch der Übergangsbereich nur beim „Abzug" vom „laufenden" Arbeitslohn. sowie die Nullzone beim „Abzug" von einem „sonstigen Bezug". Nullzone und Übergangsbereich sind damit bei einer Pauschalierung der Lohnsteuer nicht anwendbar (BFH-Urteil vom 1.3.2002, BStBl. II S. 440).

3) Dies ergibt sich eindeutig aus § 3 Abs. 2a Satz 1 des Solidaritätszuschlaggesetzes i. V. m. § 40a Abs. 2 EStG (= einheitliche Pauschsteuer für Lohnsteuer einschließlich Solidaritätszuschlag und Kirchensteuer).

Lohn- steuer- pflichtig | Sozial- versich.- pflichtig

- für **Arbeitgeberleistungen** zu den Aufwendungen des Arbeitnehmers für **Fahrtkosten** ohne Anrechnung auf die Entfernungspauschale mit **25 %;**
- für den geldwerten Vorteil aus der unentgeltlichen oder verbilligten Gewährung von **Mahlzeiten mit 25 %** im Betrieb (vgl. „Mahlzeiten") oder im Rahmen einer beruflich veranlassten Auswärtstätigkeit (vgl. „Reisekosten bei Auswärtstätigkeiten" in Anhang 4 Nr. 10 Buchstabe g);
- für **Erholungsbeihilfen** in bestimmtem Umfang **mit 25 %** (vgl. „Erholungsbeihilfen" unter Nr. 5);
- für Zuwendungen des Arbeitgebers zu **Betriebsveranstaltungen mit 25 %** (vgl. „Betriebsveranstaltungen" unter Nr. 6);
- bei einer **Übereignung** von **Datenverarbeitungsgeräten** (z. B. einen PC) und bei Arbeitgeberzuschüssen zur **Internetnutzung** mit **25 %** (vgl. „Computer" unter Nr. 2);
- bei einer **Übereignung** von **Ladevorrichtungen** für das elektrische Aufladen von Arbeitnehmer-Fahrzeugen sowie Barzuschüssen des Arbeitgebers zu solchen Aufwendungen des Arbeitnehmers mit **25 %** (vgl. **„Elektrofahrzeuge"** unter Nr. 2 Buchstabe b);
- bei einer **Übereignung** von **Fahrrädern** mit 25 % (vgl. „Elektro-Bike" unter Nr. 5 Buchstabe b);
- für die steuerpflichtigen Verpflegungsmehraufwendungen bei **Reisekostenvergütungen** mit **25 %** (vgl. „Reisekosten bei Auswärtstätigkeiten" in Anhang 4 unter Nr. 12);
- mit **20 %** für Beiträge zu einer **Gruppenunfallversicherung** (vgl. das Stichwort „Unfallversicherung" unter Nr. 5);
- bei bestimmten **Sachzuwendungen** (z. B. Belohnungsessen, Incentive-Reisen, VIP-Logen) mit **30 %** (vgl. „Pauschalierung der Lohnsteuer für Belohnungsessen, Incentive-Reisen, VIP-Logen und ähnliche Sachbezüge");
- bei Prämien aus Kundenbindungsprogrammen mit **2,25 %** (vgl. **„Miles & More"**).

Werden pauschal besteuerte Arbeitgeberleistungen als laufender Arbeitslohn (z. B. bei Beiträgen zu Direktversicherungen oder bei laufend gezahlten Fahrtkostenzuschüssen zu den Aufwendungen des Arbeitnehmers für Pkw-Fahrten zwischen Wohnung und erster Tätigkeitsstätte) oder als sonstiger Bezug gezahlt, hat der Arbeitgeber zusätzlich zur pauschalen Lohnsteuer von z. B. 15 %, 20 %, 25 % oder 30 % **in allen Fällen** einen Solidaritätszuschlag in Höhe von 5,5 % der Pauschalsteuer an das Finanzamt abzuführen. Der Solidaritätszuschlag ist centgenau zu berechnen. Bruchteile eines Cents bleiben außer Ansatz (§ 4 Satz 3 des Solidaritätszuschlaggesetzes).[1]

f) Solidaritätszuschlag bei pauschal besteuerten sonstigen Bezügen

Von **sonstigen Bezügen** kann die Lohnsteuer nach § 40 Abs. 1 Satz 1 Nr. 1 EStG mit Genehmigung des Finanzamts pauschal erhoben werden, wenn folgende drei Voraussetzungen erfüllt sind:

- größere Zahl von Fällen (mindestens 20 Arbeitnehmer),
- Übernahme der Lohnsteuer durch den Arbeitgeber (= Anwendung des Nettosteuersatzes) und
- Beachtung der 1000-Euro-Grenze.

Werden sonstige Bezüge pauschal besteuert, hat der Arbeitgeber zusätzlich zur pauschalen Lohnsteuer einen Solidaritätszuschlag in Höhe von 5,5 % der Pauschalsteuer an das Finanzamt abzuführen.

Bei der Ermittlung des Pauschsteuersatzes wird der vom Arbeitgeber zu übernehmende Solidaritätszuschlag (ebenso wie die Kirchensteuer) dem pauschal zu besteuernden Betrag aus Vereinfachungsgründen **nicht hinzugerechnet** (vgl. hierzu die ausführlichen Erläuterungen beim Stichwort „Pauschalierung der Lohnsteuer" unter Nr. 2 Buchstabe d auf Seite 736).

Die vorstehenden Ausführungen gelten entsprechend bei einer **Pauschalierung** der Lohnsteuer wegen einer Nacherhebung in einer größeren Zahl von Fällen, insbesondere **nach** einer **Lohnsteuer-Außenprüfung** (§ 40 Abs. 1 Satz 1 Nr. 2 EStG), vgl. hierzu auch die Erläuterungen beim Stichwort „Pauschalierung der Lohnsteuer" unter Nr. 3.

9. Solidaritätszuschlag beim Lohnsteuer-Jahresausgleich durch den Arbeitgeber

Zur Behandlung des Solidaritätszuschlags beim Lohnsteuer-Jahresausgleich durch den Arbeitgeber gilt folgender Grundsatz:

Führt der Arbeitgeber für den Arbeitnehmer einen Lohnsteuer-Jahresausgleich durch, muss er auch für den Solidaritätszuschlag einen Jahresausgleich vornehmen. Hierbei sind sowohl die **Nullzone** als auch der sog. **Übergangsbereich** in der ab dem 1.1.2021 geltenden Höhe zu beachten. Das bedeutet, dass bis zu einem bestimmten Jahresarbeitslohn wegen der Höhe der sich ergebenden Lohnsteuer überhaupt kein Solidaritätszuschlag anfällt und danach die volle Belastung mit 5,5 % nicht sofort einsetzt.

Die im selben Verlag erschienene **Jahreslohnsteuertabelle 2021** enthält alle Beiträge, die beim Jahresausgleich durch den Arbeitgeber maßgebend sind. Aus diesen Jahreslohnsteuertabellen können deshalb sowohl die Lohnsteuer als auch der Solidaritätszuschlag und die Kirchensteuer in einem Arbeitsgang abgelesen werden.

Übersteigt die Summe der in den maßgebenden Lohnzahlungszeiträumen einbehaltenen Solidaritätszuschläge den im Jahresausgleich errechneten Solidaritätszuschlag, ist der Unterschiedsbetrag dem Arbeitnehmer vom Arbeitgeber zu erstatten. Übersteigt dagegen der im Jahresausgleich errechnete Solidaritätszuschlag die Summe der einbehaltenen Solidaritätszuschlagsbeträge, hat der Arbeitgeber den Unterschiedsbetrag **nicht nachzufordern,** wenn der Solidaritätszuschlag im Laufe des Kalenderjahres zutreffend einbehalten wurde. Eine Nachforderung des Solidaritätszuschlags wird in diesem Fall vom Finanzamt im Rahmen einer Veranlagung zur Einkommensteuer durchgeführt (vgl. „Lohnsteuer-Jahresausgleich durch den Arbeitgeber" unter Nr. 7 Buchstabe b).

10. Aufzeichnung, Anmeldung und Bescheinigung des Solidaritätszuschlags

Der Solidaritätszuschlag ist gesondert im Lohnkonto des Arbeitnehmers einzutragen und gesondert in der (elektronischen) Lohnsteuerbescheinigung zu bescheinigen.

Der Solidaritätszuschlag ist zusammen mit der Lohnsteuer beim Finanzamt anzumelden und zum gleichen Zeitpunkt wie die Lohnsteuer an das Finanzamt abzuführen. In der Lohnsteuer-Anmeldung ist der Solidaritätszuschlag gesondert neben der Lohnsteuer und der Kirchensteuer einzutragen (Zeile 24, Kennzahl 49).

11. Änderung des Lohnsteuerabzugs und des Solidaritätszuschlags, Arbeitgeberhaftung

Wird die Lohnsteuer infolge **rückwirkender Änderungen von Besteuerungsmerkmalen** (z. B. nachträgliche Berücksichtigung von Freibeträgen, die vom Finanzamt gebildet wurden und die auf Zeiträume zurückwirken, für die die Lohnabrechnung vom Arbeitgeber bereits durchgeführt wurde) neu berechnet, ist auch der Solidaritäts-

1) Das Solidaritätszuschlaggesetz in der ab 1.1.2021 geltenden Fassung ist als Anhang 3 im **Steuerhandbuch für das Lohnbüro 2021** abgedruckt, das im selben Verlag erschienen ist.

S

	Lohnsteuerpflichtig	Sozialversich.-pflichtig

zuschlag neu zu berechnen; in diesen Fällen ist der etwa zu viel einbehaltene Solidaritätszuschlag dem Arbeitnehmer zu erstatten; etwa zu wenig einbehaltener Solidaritätszuschlag ist nachzuerheben.

Die für eine Änderung des Lohnsteuerabzugs geltenden Verfahrensvorschriften sind sinngemäß auch auf den Solidaritätszuschlag anzuwenden. Daher kann eine Neuberechnung des Solidaritätszuschlags auch dann vorgenommen werden, wenn sich z. B. rückwirkend die Zahl der Kinderfreibeträge erhöht. Auf die Erläuterungen und Beispiele beim Stichwort „Änderung des Lohnsteuerabzugs" wird hingewiesen. In gleicher Weise gilt die **Haftung** des Arbeitgebers in vollem Umfang auch für die Einbehaltung und Abführung des Solidaritätszuschlags.

Sonderausgaben

Für bestimmte Sonderausgaben kann das Finanzamt einen Freibetrag bilden, der beim Lohnsteuerabzug durch den Arbeitgeber zu berücksichtigen ist (vgl. Anhang 7). Zur Vorsorgepauschale für die Renten-, Kranken- und Pflegeversicherungsbeiträge, die beim Lohnsteuerabzug automatisch angesetzt wird, vgl. die Ausführungen und Beispiele in Anhang 8. Zum Sonderausgabenabzug von Vorsorgeaufwendungen vgl. die Erläuterungen in Anhang 8a.

Sonderentschädigung

Die Sonderentschädigung im graphischen Gewerbe, die für ungünstig gelegenen Arbeitsbeginn gezahlt wird, ist kein Nachtarbeitszuschlag, sondern ein steuer- und beitragspflichtiger „Erschwerniszuschlag". ja ja

Sonntagszuschläge

siehe „Zuschläge für Sonntags-, Feiertags- und Nachtarbeit"

Sonstige Bezüge

Neues auf einen Blick:

Zum **1.1.2021** sind durch eine erhebliche Anhebung der Freigrenzen und der sog. Milderungsregelung 90 % der Steuerzahler vollständig und weitere 6,5 % der Steuerzahler teilweise von der Erhebung des **Solidaritätszuschlags entlastet** worden.

Die **Nullzone** (= vollständige Entlastung) zur Zahlung des Solidaritätszuschlags ist bis zu einer Jahreslohnsteuer von 33 912 € (bisher 1944 €) bei Steuerklasse III und 16 956 € bei Steuerklassen I, II und IV bis VI (bisher 972 €) um ein Vielfaches angehoben werden. Sie ist – unter Berücksichtigung der Freibeträge für Kinder – ab 1.1.2021 **erstmals auch** bei der **Berechnung des Solidaritätszuschlags** auf die Lohnsteuer **für sonstige Bezüge** zu berücksichtigen. Hierdurch wird die Durchführung von Einkommensteuer-Veranlagungen zur Rückerstattung des Solidaritätszuschlags vermieden.

Zur teilweisen Entlastung (= **Milderungsregelung**) wird bei darüber hinausgehenden Steuerbeträgen der Solidaritätszuschlag auf 11,9 % (bisher 20 %) des Unterschiedsbetrags zwischen der sich ergebenden Steuer und der vorstehenden Nullzone begrenzt (sog. Milderungsregelung). Diese Milderungsregelung wird allerdings bei der Berechnung des Solidaritätszuschlags auf die Lohnsteuer für sonstige Bezüge **nicht** berücksichtigt und wirkt sich daher ggf. erst im Rahmen einer Veranlagung zur Einkommensteuer aus.

Vgl. im Einzelnen das Stichwort „Solidaritätszuschlag".

S

Gliederung:

1. Allgemeines

a) Begriff der sonstigen Bezüge

Der lohnsteuerliche Begriff „sonstige Bezüge" ist als Gegensatz zum laufenden Arbeitslohn zu verstehen. Er entspricht im Wesentlichen dem sozialversicherungsrechtlichen Begriff „einmalige Zuwendungen". Sowohl bei der Lohnsteuer als auch im Sozialversicherungsrecht werden einmalige Bezüge anders behandelt als laufender Arbeitslohn. Die nachfolgenden Ausführungen beinhalten die **lohnsteuerliche Behandlung** der sonstigen Bezüge. Die Berechnung der **Sozialversicherungsbeiträge** ist beim Stichwort „Einmalige Zuwendungen" erläutert. Ein zusammenfassendes Beispiel für eine praxisbezogene Lohnabrechnung bei sonstigen Bezügen (Berechnung der Lohnsteuer und Sozialversicherungsbeiträge) enthalten die Stichworte

- „Urlaubsentgelt, Urlaubsdauer" unter Nr. 4 auf Seite 979 und
- „Weihnachtsgeld" unter Nr. 3 auf Seite 1038.

Lohnsteuerpflichtig Sozialversich.-pflichtig

Für die Abgrenzung der „sonstigen Bezüge“ vom laufenden Arbeitslohn enthält R 39b.2 LStR eine beispielhafte Aufzählung. Laufender Arbeitslohn sind hiernach die regelmäßigen Vergütungen für die Arbeitsleistung (gewöhnliche Arbeitszeit, Überstunden, Sonntagsarbeit usw.) während der üblichen Lohnzahlungszeiträume. Zum laufenden Arbeitslohn gehören auch solche Bezüge, deren Höhe schwankt (z. B. laufende Umsatzprovision). Sonstige Bezüge sind demgegenüber alle Vergütungen, die ihrem Wesen nach nicht zum laufenden Arbeitslohn gehören, insbesondere also solche, die als einmalige Zahlung aus besonderem Anlass oder zu einem bestimmten Zweck gewährt werden.

Die am häufigsten vorkommenden sonstigen Bezüge sind:

- Tantiemen, Gratifikationen, Prämien,
- Weihnachts- und Neujahrszuwendungen,[1]
- das 13., 14. usw. Monatsgehalt,
- Urlaubsgelder, die nicht fortlaufend gezahlt werden,
- Entschädigungen zur Abgeltung nicht genommenen Urlaubs,
- Nachzahlungen und Vorauszahlungen von Arbeitslohn, wenn sich der Gesamtbetrag oder ein **Teilbetrag** auf ein bereits **abgelaufenes oder künftiges Kalenderjahr** bezieht,
- Nachzahlung von laufendem Arbeitslohn für Lohnzahlungszeiträume des bereits abgelaufenen Kalenderjahrs, die nicht innerhalb der **ersten drei Wochen** des nachfolgenden Kalenderjahres zufließen,
- Jubiläumszuwendungen,
- Erholungsbeihilfen,
- Heirats- und Geburtsbeihilfen,
- steuerpflichtige Sachzuwendungen aus besonderen Anlässen,
- Prämien für Verbesserungsvorschläge,
- Vergütungen für Arbeitnehmererfindungen,
- Entlassungsentschädigungen (Abfindungen),
- Einmalprämie für eine Direktversicherung des Arbeitnehmers, soweit sie nicht steuerfrei nach § 3 Nr. 63 EStG ist,
- Einmalprämie für eine Unfallversicherung des Arbeitnehmers,
- Abfindungen an ausscheidende Arbeitnehmer zur Abgeltung von Versorgungsansprüchen oder Versorgungsanwartschaften,
- Ausgleichszahlungen für die in der Arbeitsphase erbrachten Vorleistungen aufgrund eines Altersteilzeitverhältnisses im Blockmodell, das vor Ablauf der vereinbarten Zeit beendet wird,
- Zahlungen innerhalb eines Kalenderjahres als viertel- oder halbjährliche Teilbeträge.

b) Sozialversicherungsrechtlicher Begriff der einmaligen Zuwendungen

Einmalige Zuwendungen im Sinne der Sozialversicherung sind nach § 23a SGB IV diejenigen einmaligen Arbeitsentgeltzahlungen, die nicht für die Arbeit in einem einzelnen Entgeltabrechnungszeitraum gezahlt werden. Diese Definition deckt sich im Normalfall mit dem lohnsteuerlichen Begriff des sonstigen Bezugs. Ein Unterschied zwischen dem lohnsteuerlichen Begriff „sonstige Bezüge“ einerseits und dem sozialversicherungsrechtlichen Begriff „einmalige Zuwendungen“ andererseits besteht insbesondere bei der **Nachzahlung von laufendem Arbeitslohn.** Denn lohnsteuerlich handelt es sich ausnahmslos um einen sonstigen Bezug, wenn der Gesamtbetrag oder auch nur **ein Teilbetrag der Nachzahlung das abgelaufene Kalenderjahr** betrifft. Sozialversicherungsrechtlich gilt Folgendes:

Lohnsteuerpflichtig Sozialversich.-pflichtig

Laufendes Arbeitsentgelt wird zeitlich dem Entgeltabrechnungszeitraum zugerechnet, in dem es verdient worden ist, das heißt maßgebend ist der Zeitpunkt der Arbeitsleistung (= Entstehung des Anspruchs auf Arbeitslohn). Bei monatlicher Lohn- oder Gehaltszahlung ist das Arbeitsentgelt dementsprechend dem Kalendermonat zuzuordnen, in dem der Arbeitnehmer das Arbeitsentgelt erzielt hat. Das gilt auch für die **nachträgliche Zahlung bereits geschuldeten Arbeitsentgelts.** Nachzahlungen des von Anfang an geschuldeten laufenden Arbeitsentgelts führen also nicht zu einer Veränderung der zeitlichen Zuordnung. Sie sind für die Berechnung der Beiträge auf die Entgeltabrechnungszeiträume zu verteilen, in denen sie erzielt wurden (sog. Aufrollen).

Nachzahlungen aufgrund **rückwirkender Lohn- oder Gehaltserhöhungen** sind auf die Lohnabrechnungszeiträume zu verteilen, für die sie bestimmt sind. Das bedeutet, dass jeder betroffene Abrechnungsmonat unter Beachtung der maßgebenden monatlichen Beitragsbemessungsgrenze **neu aufzurollen** ist. Aus Vereinfachungsgründen kann bei einer rückwirkenden Lohn- oder Gehaltserhöhung die Nachzahlung jedoch als einmalig gezahltes Entgelt behandelt werden. Dabei ist die anteilige Jahresbeitragsbemessungsgrenze für den Nachzahlungszeitraum zugrunde zu legen. Auf die Erläuterungen beim Stichwort „Nachzahlung von laufendem Arbeitslohn“ unter Nr. 2 wird Bezug genommen.

Zur sog. „März-Klausel“ vgl. das Stichwort „Einmalige Zuwendungen“ unter Nr. 3.

2. Zuflussprinzip

Von einem sonstigen Bezug ist die Lohnsteuer stets in dem Zeitpunkt einzubehalten, in dem er zufließt. Der Lohnsteuerermittlung sind diejenigen Lohnsteuerabzugsmerkmale (Steuerklasse, Freibetrag, Kirchensteuermerkmal) zugrunde zu legen, die zum Ende des Kalendermonats des Zuflusses gelten (R 39b.6 Abs. 1 LStR). Eine zeitliche Zuordnung nach der wirtschaftlichen Zugehörigkeit (10-Tages-Regelung) ist bei sonstigen Bezügen nicht vorzunehmen (BFH-Urteil vom 24.8.2017, BStBl. 2018 II S. 72).

Das Zuflussprinzip ist auch beim Jahreswechsel zu beachten und kann Zuordnungsprobleme auslösen, wenn sonstige Bezüge zusammen mit laufendem Arbeitslohn ausgezahlt werden.

Beispiel A

Lohnzahlungszeitraum für den laufenden Arbeitslohn ist der Kalendermonat. Der Monatslohn für Dezember 2021 wird zusammen mit dem Weihnachtsgeld (= sonstiger Bezug) am 4.1.2022 an den Arbeitnehmer ausgezahlt. Der laufende Arbeitslohn gehört zum maßgebenden Jahresarbeitslohn für das Kalenderjahr 2021. Auf den Zeitpunkt der Lohnzahlung kommt es beim laufenden Arbeitslohn nicht an; maßgebend ist vielmehr das Kalenderjahr, **in dem der Lohnzahlungszeitraum endet.** Das Weihnachtsgeld gehört dagegen zum Arbeitslohn des Jahres 2022, da es im Kalenderjahr 2022 zugeflossen ist.

Wichtig ist also in diesen Fällen, wann dem Arbeitnehmer der Arbeitslohn zufließt. Wird der Arbeitslohn, wie dies heute allgemein üblich ist, unbar bezahlt, wird der Arbeitgeber von dem Tag ausgehen können, an dem er den Überweisungsauftrag erteilt. Wird also im Beispielsfall der Überweisungsauftrag noch im Dezember 2021 erteilt, ist der sonstige Bezug im Dezember 2021 zugeflossen und kann mit den Dezemberbezügen abgerechnet werden.

Unabhängig von dem Grundsatz, dass laufender Arbeitslohn dem Kalenderjahr zuzuordnen ist, in dem der Lohnzahlungszeitraum endet, muss laufender Arbeitslohn, der nach Ablauf eines Kalenderjahres gezahlt wird, als **sonstiger Bezug** im Zuflussjahr versteuert werden, wenn der laufende Arbeitslohn nicht innerhalb der **ersten drei Wochen** des neuen Kalenderjahres ausgezahlt wird (R 39b.2 Abs. 2 Nr. 8 letzter Halbsatz LStR).

1) Wird die Weihnachtszuwendung auf den einzelnen Kalendermonat umgelegt (z. B. in Höhe von jeweils 1/12 des bisherigen Weihnachtsgeldes) und damit fortlaufend gezahlt, handelt es sich um laufenden Arbeitslohn und nicht mehr um einen sonstigen Bezug.

Beispiel B

Der Monatslohn für Dezember 2020 wird am 18. Januar 2021 an den Arbeitnehmer ausgezahlt. Es handelt sich um laufenden Arbeitslohn, der abrechnungstechnisch als Monatslohn für Dezember 2020 abzurechnen ist. Wird der Monatslohn für Dezember 2020 nicht innerhalb der ersten drei Wochen des Kalenderjahrs 2021 ausgezahlt, wird der Monatslohn für Dezember 2020 zu einem sonstigen Bezug, der dem Kalenderjahr 2021 zuzurechnen und nach der Jahreslohnsteuertabelle 2021 zu besteuern ist.

3. Anwendung der Jahreslohnsteuertabelle

Während die Lohnsteuer für den laufenden Monatslohn ohne weiteres nach der Monatslohnsteuertabelle berechnet werden kann, würde dieses Verfahren bei sonstigen Bezügen zu einer überhöhten Lohnsteuer führen, weil dann unterstellt würde, dass der sonstige Bezug jeden Monat gewährt wird.

Bei der Ermittlung der auf die sonstigen Bezüge entfallenden Lohnsteuer wird deshalb vom voraussichtlichen Jahresarbeitslohn ausgegangen und unter **Anwendung der Jahreslohnsteuertabelle** die geschuldete Lohnsteuer errechnet.

Hierzu wird die Lohnsteuer ermittelt, die sich bei Anwendung der **Jahrestabelle** auf den maßgebenden Jahresarbeitslohn ohne den sonstigen Bezug und auf den maßgebenden Jahresarbeitslohn einschließlich des sonstigen Bezugs ergibt. **Der Differenzbetrag ergibt die Lohnsteuer für den sonstigen Bezug** (vgl. das Berechnungsschema unter der nachfolgenden Nr. 5). Diese Berechnungsmethode vermeidet eine zu hohe progressive Besteuerung der Einmalzahlung, da diese durch die Anwendung der Jahreslohnsteuertabelle so besteuert wird, als wäre sie gleichmäßig mit je einem Zwölftel auf das ganze Kalenderjahr verteilt zugeflossen.

Diese Differenzrechnung gilt nur für die Ermittlung der auf den sonstigen Bezug entfallenden Lohnsteuer. Bei der **Kirchensteuer** dürfen die Beträge **nicht nach der Jahrestabelle berechnet** und die Differenz gebildet werden. Die Kirchensteuer errechnet sich ebenfalls durch Anwendung des maßgebenden Kirchensteuersatzes von 8 % oder 9 % auf diejenige Lohnsteuer, die auf den sonstigen Bezug entfällt. Beim **Solidaritätszuschlag** ist erstmals ab 1.1.2021 auch beim Lohnsteuerabzug für sonstige Bezüge die Nullzone (Steuerklasse III Jahreslohnsteuer 33 912 €, übrige Steuerklassen 16 956 €) zu berücksichtigen, sodass in der überwiegenden Zahl der Fälle kein Solidaritätszuschlag einzubehalten ist.

4. Maßgebender Jahresarbeitslohn

a) Allgemeines

S

Ziel der Besteuerung sonstiger Bezüge nach der Jahreslohnsteuertabelle ist es, für den sonstigen Bezug bereits im Zeitpunkt des Zufließens diejenige Lohnsteuer zu erheben, die – entsprechend dem Charakter der Lohnsteuer als Jahressteuer – auf den gesamten im Kalenderjahr bezogenen Arbeitslohn einschließlich des sonstigen Bezugs entfällt. Der Arbeitnehmer wird also so behandelt, als hätte er **in jedem Monat** des Kalenderjahres **ein Zwölftel** des sonstigen Bezugs erhalten. Dieses Verfahren vermeidet eine Verschärfung der Progression. Es wird bereits beim laufenden Lohnsteuerabzug die auf das Jahr gesehen richtige Steuer einbehalten. Dieses Ziel kann jedoch nur dann erreicht werden, wenn der voraussichtliche Jahresarbeitslohn dem endgültig zufließenden Jahresarbeitslohn sehr nahe kommt. Zur Ermittlung des voraussichtlichen Jahresarbeitslohnes müssen deshalb die im laufenden Kalenderjahr künftig noch zu erwartenden Bezüge möglichst genau ermittelt werden. Die Ermittlung des voraussichtlichen Jahresarbeitslohns erfolgt in drei Schritten:

1. Schritt:	Ermittlung des im Kalenderjahr bereits gezahlten **laufenden** Arbeitslohns.
2. Schritt:	Ermittlung des bis zum Ende des Kalenderjahres voraussichtlich noch zufließenden **laufenden** Arbeitslohns.
3. Schritt:	Ermittlung der im Kalenderjahr **bereits gezahlten sonstigen Bezüge.**

Im Einzelnen gilt für die drei Berechnungsschritte Folgendes:

b) Ermittlung des bereits gezahlten laufenden Arbeitslohns

Anzusetzen ist der für alle bereits abgelaufenen Lohnzahlungszeiträume des laufenden Kalenderjahres zugeflossene laufende **steuerpflichtige** Bruttoarbeitslohn einschließlich aller steuerpflichtigen Vergütungen, die zum laufenden Arbeitslohn gehören, wie z. B. Überstundenvergütungen, Erschwerniszuschläge, zusätzliche vermögenswirksame Leistungen.

Steuerfreie Bezüge (z. B. Auslösungen, Reisekosten, Zuschläge für Sonntags-, Feiertags- und Nachtarbeit usw.) **bleiben außer Ansatz.**

Im selben Kalenderjahr bereits bezogener Arbeitslohn aus früheren Arbeitsverhältnissen **bei anderen Arbeitgebern ist mitzuzählen.**

Dies war früher kein Problem, weil der Arbeitslohn aus einem früheren Dienstverhältnis stets auf der Rückseite der alten Lohnsteuerkarte bescheinigt war. Mit der Einführung der elektronischen Lohnsteuerbescheinigung (vgl. die Erläuterungen beim Stichwort „Lohnsteuerbescheinigung") ist die Bescheinigung des Arbeitslohns auf der Rückseite der alten Lohnsteuerkarte entfallen, weil diese Daten dem Finanzamt direkt übermittelt werden. Bei einem Arbeitgeberwechsel im Laufe des Kalenderjahres kann der neue Arbeitgeber deshalb den Arbeitslohn aus früheren Dienstverhältnissen nur dann in die Berechnung des voraussichtlichen Jahresarbeitslohns mit einbeziehen, wenn ihm der Arbeitnehmer eine Kopie der elektronischen Lohnsteuerbescheinigung seines früheren Arbeitgebers aushändigt. Ist der Arbeitnehmer hierzu nicht bereit, darf der Arbeitgeber den beim früheren Arbeitgeber erzielten Arbeitslohn keinesfalls außer Betracht lassen. Der Arbeitgeber muss vielmehr den von ihm gezahlten Arbeitslohn auf einen Jahresbetrag hochrechnen und **in diese Hochrechnung auch die Zeiträume vor Beginn des Dienstverhältnisses mit einbeziehen** und zwar zurück bis zum Beginn des Kalenderjahres für alle Monate, für die der Arbeitnehmer keine elektronischen Lohnsteuerbescheinigungen von früheren Arbeitgebern vorgelegt hat. Maßgebend für diese Hochrechnung ist der laufende Arbeitslohn für den Monat in dem der sonstige Bezug gezahlt wird.[1)]

In diesen Fällen kann also der voraussichtliche laufende Jahresarbeitslohn am einfachsten durch eine Hochrechnung des für **den laufenden Monat** gezahlten Arbeitslohns auf einen Jahresbetrag ermittelt werden (Monatslohn mal 12).

Der Arbeitgeber hat diese Fälle durch die Eintragung des Großbuchstabens **„S"** im Lohnkonto besonders kenntlich zu machen. Entsprechend den Eintragungen im Lohnkonto muss der Arbeitgeber den Großbuchstaben „S" in die elektronische Lohnsteuerbescheinigung eintragen, und zwar in **Zeile 2** der Lohnsteuerbescheinigung 2021 (vgl. das Stichwort „Lohnsteuerbescheinigung" unter Nr. 3 Buchstabe c). Durch die Eintragung des Großbuchstabens „S" kommt es für den Arbeitnehmer zu einer Pflichtveranlagung zur Einkommensteuer (§ 46 Abs. 2 Nr. 5a EStG; vgl. „Veranlagung von Arbeitnehmern" unter Nr. 2).

1) BMF-Schreiben vom 27.1.2004 (BStBl. I S. 173). Das BMF-Schreiben ist als Anlage 2 zu H 39b.6 LStR im **Steuerhandbuch für das Lohnbüro 2021** abgedruckt, das im selben Verlag erschienen ist.

Lohnsteuer-pflichtig | Sozialversich.-pflichtig

War der Arbeitnehmer im laufenden Kalenderjahr nachweislich bisher nicht beschäftigt (z. B. bei längerer Arbeitslosigkeit oder bei Berufsanfängern), kann der Arbeitgeber bei der Versteuerung von sonstigen Bezügen ausschließlich von dem von ihm gezahlten Jahresarbeitslohn ausgehen. Wenn dem Arbeitgeber nämlich bekannt ist, dass dem Arbeitnehmer im laufenden Kalenderjahr bisher kein Arbeitslohn zugeflossen ist, muss er diese Zeiträume auch nicht in die Hochrechnung des Arbeitslohns mit einbeziehen.

c) Ermittlung des künftig noch zu zahlenden laufenden Arbeitslohns

Der Ermittlung des künftig noch zu zahlenden laufenden Arbeitslohns kommt große Bedeutung zu. Denn je genauer der künftig noch zu zahlende laufende Arbeitslohn ermittelt wird, desto genauer entspricht die auf den sonstigen Bezug entfallende Lohnsteuer der endgültigen Steuerbelastung. Damit der Arbeitsaufwand des Arbeitgebers nicht so groß wird, kann er zwischen einer Vereinfachungsregelung und einer genauen Ermittlung des künftig noch zu zahlenden laufenden Arbeitslohns wählen. Denn in R 39b.6 Abs. 2 Satz 3 LStR ist zugelassen, dass der voraussichtlich noch zufließende laufende Arbeitslohn durch Umrechnung des bisher zugeflossenen laufenden Arbeitslohns auf die Restzeit des Kalenderjahres ermittelt werden kann **(sog. Zwölftel-Methode).**

Beispiel A

Ein Arbeitnehmer, der (bei monatlicher Lohnabrechnung) in den Monaten Januar bis Mai zusammen 15 000 € normalen Arbeitslohn und 350 € Vergütung für geleistete Überstunden bezogen hat, erhält im Juni 2021 ein Urlaubsgeld in Höhe von 500 €. Der laufende Arbeitslohn für Juni beträgt 3000 € zuzüglich 30 € Überstundenvergütung. Im Dezember hat er als weiteren sonstigen Bezug eine Weihnachtsgratifikation von 2000 € zu erwarten. Der Arbeitnehmer hat die Steuerklasse III/0.

Steuerberechnung für das Urlaubsgeld in Höhe von 500 €:

Voraussichtlicher laufender Jahresarbeitslohn

Januar bis Juni: 15 000 € + 350 € + 3000 € + 30 €	=	18 380,– €
Umrechnung auf 12 Monate: (18 380 € × 12/6)	=	36 760,– €
(Die im Dezember zu erwartende Weihnachtsgratifikation bleibt außer Ansatz, vgl. die Erläuterungen unter dem nachfolgenden Buchstaben d)		
maßgebender Jahresarbeitslohn		36 760,– €
Lohnsteuer nach Steuerklasse III/0 der Jahreslohnsteuertabelle		
a) vom maßgebenden Jahresarbeitslohn (36 760 €)		1 872,– €
b) vom maßgebenden Jahresarbeitslohn zuzüglich Urlaubsgeld (36 760 € + 500 € =) 37 260 €		1 972,– €
Differenz = Lohnsteuer für das Urlaubsgeld		100,– €
Solidaritätszuschlag für das Urlaubsgeld (wegen Nullzone)	=	0,– €
Kirchensteuer (8 % aus 100 €)	=	8,– €

Beispiel B

Ein Arbeitnehmer hat zum 1. 3. 2021 den Arbeitgeber gewechselt. Für Januar und Februar 2021 hat der Arbeitnehmer keine elektronische Lohnsteuerbescheinigung des früheren Arbeitgebers vorgelegt. Ab 1. 3. 2021 erhält der Arbeitnehmer vom neuen Arbeitgeber einen Monatslohn in Höhe von 2500 €. Der Arbeitnehmer hat im laufenden Kalenderjahr eine Weihnachtsgratifikation von 2500 € zu erwarten. Der Arbeitnehmer hat die Steuerklasse I/0.

Der Arbeitnehmer heiratet am 13. August 2021. Er erhält deshalb ab 13.8.2021 die Steuerklasse III/0. Der Arbeitnehmer erhält am 29. August 2021 eine Heiratsbeihilfe von 500 € und ab 1. September 2021 des Kalenderjahres eine Gehaltserhöhung von monatlich 100 €.

Für die Besteuerung des sonstigen Bezugs im August 2021 ist der voraussichtliche laufende Jahresarbeitslohn wie folgt zu ermitteln:

vom früheren Arbeitgeber gezahlter Arbeitslohn[1]	0,– €
vom jetzigen Arbeitgeber im Kalenderjahr 2021 (März bis August) gezahlter Arbeitslohn (2500 € × 6 =)	15 000,– €
insgesamt	15 000,– €
Umrechnung auf 12 Monate: (15 000 × 12/6 =)	30 000,– €

Lohnsteuer-pflichtig | Sozialversich.-pflichtig

Die ab 1. September bereits feststehende Gehaltserhöhung von 100 € kann bei der Zahlung des sonstigen Bezugs außer Betracht bleiben (R 39b.6 Abs. 2 Satz 3 LStR); sie kann aber auch in die Berechnung des voraussichtlichen Jahresarbeitslohns einbezogen werden[2].

Die zu erwartende Weihnachtsgratifikation in Höhe von 2500 € bleibt auf jeden Fall außer Ansatz (vgl. die Erläuterungen unter dem nachfolgenden Buchstaben d)

maßgebender Jahresarbeitslohn somit	30 000,– €
Lohnsteuer nach Steuerklasse III/0 der Jahreslohnsteuertabelle	
a) vom maßgebenden Jahresarbeitslohn (30 000 €)	662,– €
b) vom maßgebenden Jahresarbeitslohn zuzüglich steuerpflichtige Heiratsbeihilfe (30 000 € + 500 € =) 30 500 €	746,– €
Differenz = Lohnsteuer für die Heiratsbeihilfe	84,– €
Solidaritätszuschlag (wegen Nullzone)	0,– €
Kirchensteuer (8 % aus 84 €)	6,72 €

Die **Kirchensteuer** für den sonstigen Bezug wird in **allen Fällen** durch die Anwendung des maßgebenden Kirchensteuersatzes von 8 % oder 9 % auf die sich für den sonstigen Bezug ergebende Lohnsteuer errechnet. Die um die Kinderfreibeträge und die Freibeträge für Betreuungs-, Erziehungs- und Ausbildungsbedarf gekürzte Bemessungsgrundlage für die Kirchensteuer gilt nicht bei der Besteuerung sonstiger Bezüge. Die Kirchensteuer für sonstige Bezüge darf deshalb bei Arbeitnehmern mit Kindern **nicht direkt nach der Jahrestabelle errechnet werden** (vgl. das Stichwort „Kirchensteuer" unter Nr. 9).

Würde man auch die Kirchensteuer nach der Jahrestabelle errechnen, ergäbe sich für das Beispiel B bei einem Arbeitnehmer mit einem Kind Folgendes:

– Kirchensteuer lt. Jahrestabelle III/1 (30 000 € Jahresarbeitslohn)	0,– €
– Kirchensteuer lt. Jahrestabelle III/1 (30 500 € Jahresarbeitslohn)	0,– €
Differenz = Kirchensteuer für den sonstigen Bezug	0,– €

Diese Berechnung ist nicht zulässig. Die Kirchensteuer beträgt wie im Beispiel B bei einem Arbeitnehmer ohne Kind 6,72 €.

Die vorstehenden Grundsätze zur Berechnung der Kirchensteuer galten bis zum 31.12.2020 auch beim Solidaritätszuschlag. **Ab 1.1.2021** ist die erheblich angehobene **Nullzone** zur Zahlung des Solidaritätszuschlags (= Jahreslohnsteuer – unter Berücksichtigung der Freibeträge für Kinder – von 33 912 € – bisher 1944 € – bei Steuerklasse III und 16 956 € – bisher 972 € – bei Steuerklassen I, II und IV bis VI) **erstmals auch** bei der **Berechnung des Solidaritätszuschlags** auf die Lohnsteuer **für sonstige Bezüge** zu berücksichtigen. Hierdurch wird die Durchführung von Einkommensteuer-Veranlagungen zur Rückerstattung des Solidaritätszuschlags vermieden. Zur teilweisen Entlastung (= Milderungsregelung) wird bei darüber hinausgehenden Steuerbeträgen der Solidaritätszuschlag auf 11,9 % (bisher 20 %) des Unterschiedsbetrags zwischen

S

1) Beginnt das Arbeitsverhältnis im Laufe des Kalenderjahres 2021 und legt der Arbeitnehmer **keine** Bescheinigung über die Höhe des in vorangegangenen Arbeitsverhältnissen bezogenen Arbeitslohns vor, ist die nicht mit Arbeitslohn belegte „Fehlzeit" in die Hochrechnung des beim jetzigen Arbeitgeber bezogenen Arbeitslohns auf einen Jahresbetrag mit einzubeziehen. Stand der Arbeitnehmer bisher nachweislich nicht in einem Arbeitsverhältnis, weil er Berufsanfänger ist oder arbeitslos war, ist nur der beim jetzigen Arbeitgeber voraussichtlich anfallende Jahresarbeitslohn anzusetzen. Im Beispielsfall sind die Monate Januar und Februar durch die Umrechnung des Arbeitslohns vom jetzigen Arbeitgeber mit 12/6 in die Hochrechnung einbezogen worden.

2) Künftige Lohnerhöhungen **können** nach der Vereinfachungsregelung in R 39b.6 Abs. 2 Satz 3 LStR außer Ansatz bleiben, auch wenn mit der Lohnerhöhung sicher zu rechnen ist. Will der Arbeitgeber künftige Lohnerhöhungen mit in den voraussichtlichen Jahresarbeitslohn einbeziehen, um die Jahreslohnsteuer möglichst genau zu treffen, ist gegen ein solches Verfahren selbstverständlich nichts einzuwenden. Je genauer der voraussichtliche Jahresarbeitslohn ermittelt wird, umso genauer entspricht die Besteuerung des sonstigen Bezugs der endgültigen Steuerbelastung.

der sich ergebenden Steuer und der vorstehenden Nullzone begrenzt (sog. Milderungsregelung). Diese Milderungsregelung wird allerdings bei der Berechnung des Solidaritätszuschlags auf die Lohnsteuer für sonstige Bezüge nicht berücksichtigt und wirkt sich daher ggf. erst im Rahmen einer Veranlagung zur Einkommensteuer aus.

d) Berücksichtigung sonstiger Bezüge

Zum voraussichtlichen laufenden Jahresarbeitslohn sind die im selben Kalenderjahr bereits gewährten sonstigen Bezüge hinzuzurechnen, soweit sie steuerpflichtig waren (steuerfreie sonstige Bezüge bzw. steuerfreie Teile sonstiger Bezüge bleiben außer Betracht).

Ist ein früher gezahlter sonstiger Bezug für die Berechnung der Lohnsteuer mit **einem Fünftel** angesetzt worden, ist er für die Berechnung des voraussichtlichen Jahresarbeitslohns gleichwohl **in voller Höhe** anzusetzen. Wurde der bereits gewährte sonstige Bezug netto gezahlt, ist der Bruttobetrag anzusetzen.

Künftige sonstige Bezüge bleiben stets unberücksichtigt, und zwar auch dann, wenn ihre Zahlung mit Sicherheit feststeht (R 39b.6 Abs. 2 Satz 4 LStR).

5. Berechnungsschema

a) Abzug von Freibeträgen

Um zu dem für die Besteuerung des sonstigen Bezugs maßgebenden Jahresarbeitslohn zu kommen, sind vom voraussichtlichen Jahresarbeitslohn (vgl. die Erläuterungen unter der vorstehenden Nr. 4) folgende Freibeträge abzuziehen:

- Der **jährliche Steuerfreibetrag** des Arbeitnehmers. Der Abzug des Jahresfreibetrags kann auch zu einem **negativen** maßgebenden Jahresarbeitslohn führen (R 39b.6 Abs. 1 Satz 3 LStR, vgl. die Erläuterungen und das Beispiel unter der nachfolgenden Nr. 6 Buchstabe d).
- Der **Altersentlastungsbetrag,** sofern der Arbeitnehmer zu Beginn des Kalenderjahres 2021 das 64. Lebensjahr vollendet hat (also vor dem 2. 1. 1957 geboren ist). Soweit der Altersentlastungsbetrag nicht bei der Feststellung des voraussichtlichen laufenden Jahresarbeitslohns verbraucht ist, kann er beim sonstigen Bezug berücksichtigt werden (vgl. nachfolgend unter Nr. 11).
- Der **Versorgungsfreibetrag** und der **Zuschlag zum Versorgungsfreibetrag,** sofern im Kalenderjahr auch begünstigte Versorgungsbezüge (z. B. Betriebsrenten oder Werkspensionen) gezahlt werden. Soweit der Versorgungsfreibetrag nicht bei der Feststellung des voraussichtlichen laufenden Jahresarbeitslohns verbraucht ist, kann er beim sonstigen Bezug berücksichtigt werden (vgl. nachfolgend unter Nr. 10).

b) Hinzurechnung von Hinzurechnungsbeträgen

Seit 1.1.2000 sind nicht nur Freibeträge, sondern auch Hinzurechnungsbeträge beim Lohnsteuerabzug zu berücksichtigen. Der Hinzurechnungsbetrag des Arbeitnehmers muss dem voraussichtlichen Jahresarbeitslohn hinzugerechnet werden, wenn der Arbeitnehmer einen sonstigen Bezug erhält, der im lohnsteuerpflichtigen Bereich der Jahrestabelle liegt, was allerdings eher selten vorkommen wird.

Die Berücksichtigung von Hinzurechnungsbeträgen beim Lohnsteuerabzug ist ausführlich anhand von Beispielen beim Stichwort „Hinzurechnungsbetrag beim Lohnsteuerabzug" erläutert.

c) Berechnungsschema

Für die Besteuerung des sonstigen Bezugs ist zunächst die Jahreslohnsteuer für den maßgebenden Jahresarbeitslohn ohne den sonstigen Bezug und sodann die Jahreslohnsteuer für den maßgebenden Jahresarbeitslohn einschließlich des sonstigen Bezugs zu ermitteln. Die Differenz zwischen diesen beiden Jahreslohnsteuerbeträgen ist die für den sonstigen Bezug geschuldete Lohnsteuer.

Danach ergibt sich für die Ermittlung des maßgebenden Jahresarbeitslohns und der Besteuerung des sonstigen Bezugs das folgende Schema:

Berechnungsschema

	Euro
Bei Beginn des Arbeitsverhältnisses im Laufe des Kalenderjahres: Von **früheren Arbeitgebern** bezogener Arbeitslohn[1]	______
Vom (jetzigen) Arbeitgeber bereits gezahlter laufender Arbeitslohn	______
insgesamt	______
Umrechnung auf **12 Monate**	______
zuzüglich:	
vom Arbeitgeber bereits gezahlte steuerpflichtige sonstige Bezüge	______
Hinzurechnungsbetrag	______
abzüglich:	
Jahresfreibetrag	______
Altersentlastungsbetrag	______
Versorgungsfreibetrag und Zuschlag zum Versorgungsfreibetrag	______
= **maßgebender Jahresarbeitslohn**	______
Berechnung der Lohnsteuer:	
Lohnsteuer nach der Jahreslohnsteuertabelle 2021	
a) vom maßgebenden Jahresarbeitslohn	______
b) vom maßgebenden Jahresarbeitslohn zuzüglich sonstiger Bezug	______
Differenz = Lohnsteuer für den sonstigen Bezug	______
Solidaritätszuschlag:	
5,5 % der Lohnsteuer für den sonstigen Bezug, sofern die Nullzone (Jahreslohnsteuer – unter Berücksichtigung der Freibeträge für Kinder – Steuerklasse III 33 912 €, übrige Steuerklassen 16 956 €) überschritten ist	______
Kirchensteuer:	
8 % oder 9 % der Lohnsteuer für den sonstigen Bezug	______

6. Besteuerung sonstiger Bezüge nach der sog. Fünftelregelung

a) Allgemeines

Die Anwendung der sog. Fünftelregelung beim Lohnsteuerabzug durch den Arbeitgeber bedeutet, dass der sonstige Bezug zum Zwecke der Steuerberechnung mit einem Fünftel anzusetzen ist und die sich für dieses Fünftel nach der Jahrestabelle ergebende Steuer verfünffacht wird. Durch diese Regelung soll bei hohen sonstigen Bezügen der progressiv ansteigende Lohnsteuertarif abgemildert werden. Liegen die Voraussetzungen für die Anwendung der Fünftelregelung vor, hat der Arbeitgeber kein Wahlrecht, ob er die Fünftelregelung anwenden will oder nicht.

1) Beginnt das Arbeitsverhältnis im Laufe des Kalenderjahres 2021 und legt der Arbeitnehmer **keine** elektronische Lohnsteuerbescheinigung über die Höhe des in vorangegangenen Arbeitsverhältnissen bezogenen Arbeitslohns vor, ist die nicht mit Arbeitslohn belegte „Fehlzeit" in die Hochrechnung des beim jetzigen Arbeitgeber bezogenen Arbeitslohns auf einen Jahresbetrag mit einzubeziehen. Stand der Arbeitnehmer bisher nachweislich nicht in einem Arbeitsverhältnis, weil er Berufsanfänger ist oder arbeitslos war, ist nur der beim jetzigen Arbeitgeber voraussichtlich anfallende Jahresarbeitslohn anzusetzen.

Lohn-steuer-pflichtig | Sozial-versich.-pflichtig

Denn nach § 39b Abs. 3 Satz 9 EStG **ist der Arbeitgeber verpflichtet,** bei sonstigen Bezügen, die zu den begünstigten „außerordentlichen Einkünften" im Sinne des § 34 EStG gehören, **die Fünftelregelung anzuwenden.** Begünstigte „außerordentliche Einkünfte", für die eine Anwendung der Fünftelregelung beim Lohnsteuerabzug durch den Arbeitgeber in Betracht kommt, sind insbesondere

- steuerpflichtige **Entlassungsabfindungen** und
- Vergütungen für eine **mehrjährige Tätigkeit.**

Die Anwendung der Fünftelregelung bei steuerpflichtigen Entlassungsabfindungen und bei Vergütungen für eine mehrjährige Tätigkeit ist nachstehend anhand von Beispielen im Einzelnen erläutert.

Sozialversicherungsrechtlich ergeben sich Probleme, wenn sonstige Bezüge, auf die die Fünftelregelung anzuwenden ist, **netto** gezahlt werden. Denn die **Sozialversicherung kennt keine Fünftelung.** Deshalb ist ein Beispiel für eine komplette **Nettolohnberechnung** mit Übernahme sämtlicher Lohnabzugsbeträge (Steuern und Sozialversicherungsbeiträge) und Anwendung der Fünftelregelung in **Anhang 14** abgedruckt.

Die Anwendung der Fünftelregelung führt im Normalfall zu einer Steuerermäßigung. Es gibt jedoch auch Fälle, in denen die Anwendung der Fünftelregelung zu einer **höheren** Lohnsteuer führt als die Normalbesteuerung. Da die Lohnsteuer nach dem Wortlaut des Gesetzes zu **ermäßigen** ist, darf in diesen Fällen die Fünftelungsregelung nicht angewendet werden. Der Arbeitgeber hat deshalb eine Vergleichsrechnung durchzuführen **(Günstigerprüfung)** und die Fünftelungsregelung nur anzuwenden, wenn sie zu einer niedrigeren Lohnsteuer führt als die normale Besteuerung als sonstiger Bezug.[1] Die Normalbesteuerung nach den allgemein geltenden Grundsätzen hat allerdings zur Folge, dass Entschädigungen, auf die an sich die Fünftelregelung anzuwenden wäre, nicht gesondert in Zeile 10 der Lohnsteuerbescheinigung eingetragen werden dürfen. Denn die Eintragung in **Zeile 10** der Lohnsteuerbescheinigung ist nur für **ermäßigt** besteuerte Entschädigungen zulässig (vgl. das Stichwort „Lohnsteuerbescheinigung" unter Nr. 10). Die Lohnsteuerbescheinigung enthält jedoch extra für diese Fälle eine besondere Zeile **(Zeile 19),** in die der Arbeitgeber diese Vergütungen eintragen kann, damit der Arbeitnehmer nach Ablauf des Kalenderjahres die Vergünstigung der Fünftelregelung ggf. im Veranlagungsverfahren vom Finanzamt erhält.

b) Sonstige Bezüge, die eine Vergütung für eine mehrjährige Tätigkeit darstellen

Nach § 34 Abs. 2 Nr. 4 EStG ist eine Tätigkeit dann „mehrjährig", wenn sie sich über mindestens zwei Kalenderjahre erstreckt und einen Zeitraum von mehr als zwölf Monate umfasst. Auf die ausführlichen Erläuterungen beim Stichwort „Arbeitslohn für mehrere Jahre" wird Bezug genommen. Handelt es sich hiernach um eine Vergütung für eine mehrjährige Tätigkeit, ist bei der Anwendung der Fünftelregelung Folgendes zu beachten:

Die Fünftelregelung ist nur dann anwendbar, wenn es sich um „außerordentliche Einkünfte" handelt. Das bedeutet, dass für die Anwendung der Fünftelregelung im Grundsatz eine **Zusammenballung von Einkünften** vorliegen muss. Wird Arbeitslohn für mehrere Jahre zusätzlich zum normalen Arbeitslohn gezahlt, was im Regelfall zutreffen wird, liegt stets eine Zusammenballung von Einkünften und damit die Voraussetzung für die Anwendung der Fünftelregelung vor. Dabei kann der Arbeitgeber von den im Zeitpunkt der Zahlung absehbaren Verhältnissen ausgehen, das heißt der Arbeitgeber kann die für eine Anwendung der Fünftelregelung erforderliche Zusammenballung von Einkünften ohne weiteres unterstellen, wenn der Arbeitslohn für eine mehrjährige Tätigkeit an einen Arbeitnehmer gezahlt wird, der **voraussichtlich** bis Ende des Kalenderjahres bei ihm beschäftigt sein wird.[1] ja ja

Lohn-steuer-pflichtig | Sozial-versich.-pflichtig

Sollte ausnahmsweise die Zahlung von Arbeitslohn für mehrere Jahre nicht mit anderem laufenden Arbeitslohn zusammentreffen, muss die Frage der Zusammenballung von Einkünften nach den gleichen Grundsätzen geprüft werden, wie sie auch bei der Besteuerung von steuerpflichtigen Entlassungsabfindungen gelten. Die Erläuterungen zur Zusammenballung von Einkünften beim Stichwort „Abfindungen wegen Entlassung aus dem Dienstverhältnis" unter Nr. 9 auf Seite 33 gelten deshalb für die Anwendung der Fünftelregelung bei der Besteuerung des Arbeitslohns für mehrere Jahre entsprechend.

Die Anwendung der Fünftelregelung soll durch folgendes Beispiel verdeutlicht werden:

Beispiel

Ein Arbeitnehmer mit einem Monatslohn von 2700 € hat im Mai 2021 ein Urlaubsgeld in Höhe von 900 € erhalten. Im August 2021 erhält er eine Lohnnachzahlung für mehrere Kalenderjahre in Höhe von 2500 €. Der Arbeitnehmer hat die Steuerklasse III/0.

Die Lohnsteuer für die Lohnnachzahlung ist in Anwendung der sog. Fünftelregelung wie folgt zu berechnen:

Voraussichtlicher laufender Jahresarbeitslohn (12 × 2700 €)	=	32 400,– €
zuzüglich im Mai gezahlter sonstiger Bezug	=	900,– €
maßgebender Jahresarbeitslohn		33 300,– €
Lohnsteuer nach Steuerklasse III/0 der Jahreslohnsteuertabelle 2021		
a) vom maßgebenden Jahresarbeitslohn (33 300 €)		1 230,– €
b) vom maßgebenden Jahresarbeitslohn zuzüglich eines Fünftels der Lohnnachzahlung (33 300 € + 500 € =) 33 800 €		1 316,– €
Differenz		86,– €
Die Lohnsteuer für die Lohnnachzahlung beträgt (5 × 86 €)	=	430,– €
Der Solidaritätszuschlag beträgt wegen der Nullzone	=	0,– €
Die Kirchensteuer beträgt 8 % von 430 €	=	34,40 €

Besteuert man im vorstehenden Beispiel den sonstigen Bezug nicht nach der Fünftelregelung, sondern nach dem allgemein für sonstige Bezüge geltenden Verfahren, so ergibt sich Folgendes:

Lohnsteuer nach Steuerklasse III/0 der Jahreslohnsteuertabelle		
a) vom maßgebenden Jahresarbeitslohn (33 700 €)		1 230,– €
b) vom maßgebenden Jahresarbeitslohn zuzüglich Lohnnachzahlung (33 700 € + 2500 € =) 35 700 €		1 686,– €
Differenz = Lohnsteuer für die Lohnnachzahlung	=	456,– €

Die Anwendung der Fünftelregelung führt im Beispielsfall zu einer um 26,– € niedrigeren Lohnsteuer als die Besteuerung der Lohnnachzahlung als „normaler" sonstiger Bezug. Der Arbeitgeber muss deshalb die Fünftelregelung anwenden. Der Betrag von 2500 € ist als Arbeitslohn für mehrere Jahre, der ermäßigt besteuert wurde, in Zeile 10 der Lohnsteuerbescheinigung (vgl. dieses Stichwort) zu bescheinigen.

Trifft ein normal zu versteuernder sonstiger Bezug mit einem sonstigen Bezug zusammen, der durch Anwendung der Fünftelregelung ermäßigt zu besteuern ist, ist zunächst die Lohnsteuer für den normal zu versteuernden sonstigen Bezug und **danach** die Lohnsteuer für den ermäßigt zu besteuernden sonstigen Bezug zu ermitteln (R 39b.6 Abs. 4 LStR). Ein Beispiel für diesen Fall ist beim Stichwort „Abfindung wegen Entlassung aus dem Dienstverhältnis" unter Nr. 15 auf Seite 37 abgedruckt.

Bei Anwendung der Fünftelregelung durfte früher der mit einem Fünftel angesetzte sonstige Bezug weder um den **Versorgungsfreibetrag und Zuschlag zum Versorgungsfreibetrag** noch um den **Altersentlastungsbetrag** gekürzt werden, auch wenn die Voraussetzungen für den Abzug dieser Beträge im Grundsatz erfüllt waren.

1) BMF-Schreiben vom 10.1.2000 (BStBl. I S. 138). Das BMF-Schreiben ist als Anlage 1 zu H 39b.6 LStR im **Steuerhandbuch für das Lohnbüro 2021** abgedruckt, das im selben Verlag erschienen ist.

S

Lohn-steuer-pflichtig | Sozial-versich.-pflichtig

Durch das Gesetz zur Anpassung des nationalen Steuerrechts an den Beitritt Kroatiens zur EU und zur Änderung weiterer steuerlicher Vorschriften vom 25.7.2014 (BGBl. I S. 1266, BStBl. I S. 1126) wurde der Abzug dieser Beträge bei Anwendung der Fünftelregelung für einen mit einem Fünftel anzusetzenden sonstigen Bezug im Lohnsteuerabzugsverfahren gesetzlich zugelassen, **soweit die Abzugsbeträge noch nicht anderweitig verbraucht worden sind.** Hierdurch wird eine Übereinstimmung des Lohnsteuerabzugs mit der Einkommensteuer-Veranlagung des Arbeitnehmers erreicht.

c) Entlassungsabfindungen als sonstige Bezüge

Seit 1.1.2008 sind Entlassungsabfindungen ohne jede Ausnahme steuerpflichtig. Die Entlassungsabfindung ist jedoch als sonstiger Bezug unter Anwendung der **Fünftelregelung** zu versteuern, wenn die Zahlung der Entlassungsabfindung im Jahr des Zuflusses zu einer **Zusammenballung von Einkünften** führt. Die für eine Anwendung der Fünftelregelung erforderliche Zusammenballung von Einkünften ist beim Stichwort „Abfindungen wegen Entlassung aus dem Dienstverhältnis" unter den Nrn. 5 bis 9 auf Seite 28 ausführlich anhand von Beispielen erläutert.

Seit 1.1.2010 ist bei der Berechnung der Lohnsteuer für Entlassungsabfindungen zu beachten, dass die Entlassungsabfindung **nicht mehr zur Bemessungsgrundlage für die Vorsorgepauschale gehört** (§ 39b Abs. 2 Satz 5 Nr. 3 zweiter Teilsatz EStG). Nach dieser Regelung dürfen Entschädigungen im Sinne des § 24 Nr. 1 EStG bei der Berechnung der Vorsorgepauschale nicht mehr berücksichtigt werden, weil für diese Entschädigungen keine Sozialversicherungsbeiträge zu entrichten sind. In der gesetzlichen Formulierung wird dabei nicht darauf abgestellt, ob die Abfindungen auch tatsächlich die Erfordernisse für die ermäßigte Besteuerung nach der Fünftelregelung erfüllen oder nicht. In den Lohnsteuer-Richtlinien ist aber aus Vereinfachungsgründen zugelassen worden, dass Abfindungen, die die Voraussetzungen für eine ermäßigte Besteuerung nach der Fünftelregelung **nicht** erfüllen, in die Bemessungsgrundlage für die Vorsorgepauschale einbezogen werden können.[1)]

Die für Entlassungsabfindungen geltende Besteuerung nach der Fünftelregelung soll anhand folgender Beispiele verdeutlicht werden:

Beispiel A

Ein Arbeitnehmer mit einem Monatslohn von 6000 € (Steuerklasse III/0) scheidet zum 31. Mai 2021 aus dem Dienstverhältnis aus und erhält eine Entschädigung wegen Entlassung aus dem Dienstverhältnis auf Veranlassung des Arbeitgebers. Die Entlassungsabfindung beträgt 50 000 €. Die Steuer für die Entlassungsabfindung errechnet sich in Anwendung der Fünftelregelung wie folgt:

Voraussichtlicher laufender Jahresarbeitslohn (5 × 6000 € =)	30 000,– €
Lohnsteuer nach Steuerklasse III/0 der Jahreslohnsteuertabelle	
a) vom maßgebenden Jahresarbeitslohn (30 000 €)	662,– €
b) vom maßgebenden Jahresarbeitslohn zuzüglich eines Fünftels der Entlassungsentschädigung (30 000 € + 10 000 € =) 40 000 €	2 904,– €
Differenz	2 242,– €
Die Lohnsteuer für die Entlassungsentschädigung beträgt (5 × 2242 €) =	11 210,– €
Solidaritätszuschlag für den sonstigen Bezug (wegen Nullzone)	0,– €
Kirchensteuer für den sonstigen Bezug (8 % aus 11 210,– €	896,80 €

Besteuert man im vorstehenden Beispiel den sonstigen Bezug nicht nach der Fünftelregelung, sondern nach dem allgemein für sonstige Bezüge geltenden Verfahren, ergibt sich für die Abfindung von 50 000 € eine Lohnsteuer in Höhe von 13 846 € (anstelle von 11 210,– €).

S

Lohn-steuer-pflichtig | Sozial-versich.-pflichtig

Eine spürbare Steuerermäßigung ergibt sich durch die Anwendung der Fünftelregelung insbesondere bei hohen Arbeitslöhnen oder bei hohen steuerpflichtigen Entlassungsabfindungen. Wird der Arbeitslohn allerdings mit dem Spitzensteuersatz besteuert (vgl. das Stichwort „Tarifaufbau"), sinkt die durch eine Anwendung der Fünftelregelung erzielbare Steuerermäßigung wieder auf 0 €.

Der größte steuerliche Vorteil lässt sich allerdings im Regelfall dann erzielen, wenn die Auszahlung der Entlassungsabfindung in ein Kalenderjahr verlagert werden kann, in dem der Arbeitnehmer keinerlei Einkünfte oder nur steuerfreie Einnahmen (z. B. Arbeitslosengeld) hat.

Beispiel B

Ein Arbeitnehmer mit einem Monatslohn von 2250 € (Steuerklasse I) scheidet im Dezember 2020 aus dem Dienstverhältnis aus und erhält im Januar 2021 eine Entschädigung wegen Entlassung aus dem Dienstverhältnis auf Veranlassung des Arbeitgebers. Die Entschädigung beträgt 30 000 €. Da der Arbeitnehmer das ganze Kalenderjahr 2021 Arbeitslosengeld erhält, ist der voraussichtliche Jahresarbeitslohn 0 €. Die Steuer für die Entschädigung errechnet der Arbeitgeber deshalb in Anwendung der Fünftelregelung[2)] wie folgt:

Voraussichtlicher laufender Jahresarbeitslohn	0,– €
Lohnsteuer nach Steuerklasse I der Jahreslohnsteuertabelle	
a) vom maßgebenden Jahresarbeitslohn (0 €)	0,– €
b) vom maßgebenden Jahresarbeitslohn zuzüglich eines Fünftels der Entlassungsentschädigung (0 € + 6 000 € =) 6 000 €	0,– €
Differenz	0,– €
Die Lohnsteuer für die Entlassungsentschädigung beträgt (5 × 0 € =)	0,– €
Solidaritätszuschlag für den sonstigen Bezug	0,– €
Kirchensteuer für den sonstigen Bezug	0,– €

Da der Arbeitnehmer steuerfreies Arbeitslosengeld in Höhe von (angenommen) 15 000 € bezogen hat, das dem Progressionsvorbehalt unterliegt, wird er nach Ablauf des Kalenderjahres 2021 zur Einkommensteuer veranlagt. Durch die Anwendung des Progressionsvorbehalts auf die Entlassungsabfindung von 30 000 € ergibt sich folgende Einkommensteuernachzahlung:

Bruttojahresarbeitslohn (= steuerpflichtige Entlassungsabfindung)		30 000,– €
abzüglich Arbeitnehmer-Pauschbetrag		1 000,– €
verbleiben		29 000,– €
abzüglich:		
Sonderausgaben-Pauschbetrag	36,– €	
Vorsorgeaufwendungen 0 €, da für die Entlassungsabfindung keine Sozialversicherungsbeiträge entrichtet wurden	0,– €	36,– €
zu versteuerndes Einkommen		28 964,– €
davon ein Fünftel		5 792,– €
zuzüglich Arbeitslosengeld		15 000,– €
insgesamt		20 792,– €
Steuer hierauf lt. Grundtabelle		2 474,– €
Dies entspricht einer Steuerbelastung von		11,8988 %

Damit ergibt sich folgende Berechnung der Einkommensteuerschuld:

Für ein Fünftel der Entlassungsabfindung ergibt sich folgende Einkommensteuer

11,8988 % von 5792 € = 689,– €

1) R 39b.6 Abs. 5 LStR lautet:
Regulär zu besteuernde Entschädigungen
(5) Liegen bei einer Entschädigung im Sinne des § 24 Nr. 1 EStG die Voraussetzungen für die Steuerermäßigung nach § 34 EStG nicht vor, ist die Entschädigung als regulär zu besteuernder sonstiger Bezug zu behandeln. Es ist aus Vereinfachungsgründen nicht zu beanstanden, wenn dieser sonstige Bezug bei der Anwendung des § 39b Abs. 2 Satz 5 Nr. 3 Buchstabe a bis c EStG berücksichtigt wird.

2) Die Voraussetzungen für die Anwendung der Fünftelregelung im Lohnsteuerabzugsverfahren liegen vor, da die beim Stichwort „Abfindung wegen Entlassung aus dem Dienstverhältnis" unter Nr. 9 auf Seite 33 erläuterte Vergleichsberechnung ergibt, dass die Abfindung in Höhe von 30 000 € den bei Fortsetzung des Arbeitsverhältnisses erzielbaren Jahresarbeitslohn (12 × 2250 € =) 27 000 € übersteigt und damit eine Zusammenballung von Einkünften vorliegt.

Lohnsteuer-pflichtig | Sozialversich.-pflichtig

das Fünffache dieses Betrags ergibt eine Steuerschuld von (689 € × 5 =)	3 445,– €

Auf die Entlassungsabfindung in Höhe von 30 000 € entfällt somit eine Steuer von 3445 €, also lediglich etwa 11,48 %. Diesen Betrag muss der Arbeitnehmer bei einer Veranlagung zur Einkommensteuer nachzahlen, da die einbehaltene Lohnsteuer 0 € beträgt. Wesentlich höher kann die Nachzahlung im Veranlagungsverfahren dann ausfallen, wenn es sich um einen verheirateten Arbeitnehmer handelt, der mit seinem Ehegatten/Lebenspartner zusammen veranlagt wird und dieser eigene steuerpflichtige Einkünfte hat (z. B. Jahresarbeitslohn in Höhe von 25 000 €).

Tritt ein normal zu versteuernder sonstiger Bezug mit einem sonstigen Bezug zusammen, der durch Anwendung der Fünftelregelung ermäßigt zu besteuern ist, ist zunächst die Lohnsteuer für den normal zu versteuernden sonstigen Bezug und **danach** die Lohnsteuer für den ermäßigt zu besteuernden sonstigen Bezug zu ermitteln (R 39b.6 Abs. 4 LStR). Ein Beispiel für eine solche Lohnabrechnung, in der neben einer Urlaubsabgeltung auch eine durch die Fünftelregelung begünstigte Entlassungsabfindung gezahlt wird, ist beim Stichwort „Abfindung wegen Entlassung aus dem Dienstverhältnis" unter Nr. 15 auf Seite 37 abgedruckt.

d) Negativer maßgebender Jahresarbeitslohn und Anwendung der Fünftelregelung

Zur Ermittlung des maßgebenden Jahresarbeitslohns ist vom voraussichtlichen Jahresarbeitslohn der jährliche Steuerfreibetrag abzuziehen. Der Abzug des Jahresfreibetrags kann nach R 39b.6 Abs. 1 Satz 3 LStR auch zu einem **negativen** maßgebenden Jahresarbeitslohn führen. Nach § 39b Abs. 3 Satz 9 zweiter Halbsatz EStG i. V. m. § 34 Abs. 1 Satz 3 EStG ist in diesen Fällen der sonstige Bezug um den negativen maßgebenden Jahresarbeitslohn zu kürzen.[1)]

Beispiel

Ein Arbeitnehmer mit einem Arbeitslohn von monatlich 5000 € (Steuerklasse I) hat einen Jahresfreibetrag von 70 000 € (= Verlust aus Vermietung und Verpachtung). Er erhält im Dezember 2021 eine Abfindung in Höhe von 100 000 €, die unter Anwendung der Fünftelregelung zu besteuern ist. Die Lohnsteuer für die Abfindung errechnete sich wie folgt:

Voraussichtlicher laufender Jahresarbeitslohn		60 000,– €
abzüglich Jahresfreibetrag		70 000,– €
maßgebender Jahresarbeitslohn	minus	10 000,– €
zuzüglich Abfindung		100 000,– €
verbleiben	plus	90 000,– €
davon 1/5		18 000,– €
Lohnsteuer nach Steuerklasse I der Jahreslohnsteuertabelle 2021		
a) vom maßgebenden Jahresarbeitslohn (= 0 €)		0,– €
b) vom maßgebenden Jahresarbeitslohn zuzüglich eines Fünftels (= 18 000 €)		1 025,– €
Differenz		1 025,– €
Die Lohnsteuer für die Entlassungsabfindung beträgt (5 × 1025 €)		5 125,– €

Bei einer Veranlagung des Arbeitnehmers zur Einkommensteuer nach Ablauf des Kalenderjahres ergibt sich Folgendes:

Jahresarbeitslohn	60 000,– €
zuzüglich Abfindung	100 000,– €
insgesamt	160 000,– €
abzüglich Arbeitnehmer-Pauschbetrag	1 000,– €
verbleiben	159 000,– €
abzüglich Verlust aus Vermietung und Verpachtung	70 000,– €
Gesamtbetrag der Einkünfte	89 000,– €
abzüglich Sonderausgaben-Pauschbetrag	36,– €
verbleiben	88 964,– €
abzüglich Vorsorgeaufwendungen (geschätzt)	3 000,– €
zu versteuerndes Einkommen	85 964,– €
abzüglich durch die Fünftelregelung begünstigte Einkünfte	85 964,– €
verbleiben	0,– €
zuzüglich 1/5 von 85 964 €	17 192,– €
Steuer hierauf lt. Grundtabelle	1 548,– €
die Einkommensteuerschuld für das Kalenderjahr 2021 beträgt (5 × 1548 € =)	7 740,– €

Bei der Veranlagung für das Kalenderjahr 2021 ergibt sich eine Nachzahlung von (7740 € – 5125 € =) 2615 €.

7. Nachzahlung von laufendem Arbeitslohn als sonstiger Bezug

a) Allgemeines

Nachzahlungen von Arbeitslohn gehören zum laufenden Arbeitslohn, wenn sich der **Gesamtbetrag** einer Nachzahlung ausschließlich auf Lohnzahlungszeiträume bezieht, die im Kalenderjahr der Zahlung enden (z. B. Nachzahlung für Januar bis März 2021 im April 2021).

Nachzahlungen von Arbeitslohn gehören dagegen zu den sonstigen Bezügen, wenn sich der Gesamtbetrag oder auch nur ein **Teilbetrag** der Nachzahlung auf Lohnzahlungszeiträume bezieht, die in einem anderen Kalenderjahr als dem Jahr der Zahlung enden (z. B. Nachzahlung für Dezember 2020 bis März 2021 im April 2021). Gehört die Nachzahlung hiernach zu den sonstigen Bezügen, ist der **gesamte** Betrag, also auch der Teil der Nachzahlung, der auf das laufende Jahr entfällt, im Monat des Zuflusses als sonstiger Bezug zu besteuern. Eine Aufteilung des Gesamtbetrags in einen laufenden Bezug, der auf Zeiträume des laufenden Jahres entfällt und einen sonstigen Bezug für die bereits abgelaufenen Jahre, ist nicht zulässig.

b) Besteuerung als laufender Arbeitslohn oder sonstiger Bezug

Gehören Nachzahlungen von Arbeitslohn zum **laufenden** Arbeitslohn, weil sich der Gesamtbetrag der Nachzahlung ausschließlich auf Lohnzahlungszeiträume des laufenden Kalenderjahres bezieht, ist die Nachzahlung für die Berechnung der Lohnsteuer den Lohnzahlungszeiträumen zuzurechnen, für die die Nachzahlung geleistet wird (= rückwirkende Änderung der Lohnabrechnungen durch Aufrollen der betreffenden Monate). Dieses Verfahren ist beim Stichwort „Nachzahlung von laufendem Arbeitslohn" anhand von Beispielen dargestellt.

Aus Vereinfachungsgründen lässt es die Finanzverwaltung jedoch zu, dass auch Nachzahlungen, die nach den vorstehenden Ausführungen an sich zum laufenden Arbeitslohn gehören würden, **als sonstige Bezüge besteuert werden.** Voraussetzung hierfür ist, dass der Arbeitnehmer nicht ausdrücklich eine Besteuerung der Nachzahlung durch Verteilung auf diejenigen Nachzahlungszeiträume verlangt, für die die Nachzahlung geleistet wird (= Aufrollen). Die Nachzahlungen können nach dieser Vereinfachungsregelung zwar wie sonstige Bezüge unter Anwendung der Jahrestabelle besteuert werden, eine Pauschalierung der Lohnsteuer für solche Nachzahlungen in einer größeren Zahl von Fällen mit einem besonders ermittelten Pauschsteuersatz ist jedoch nicht zulässig, da es sich begrifflich nicht um sonstige Bezüge handelt (R 39b.5 Abs. 4 Satz 2 LStR).

Die Wechselwirkung zwischen einer Besteuerung als sonstiger Bezug einerseits oder einer Besteuerung als laufender Arbeitslohn durch Aufrollen der bereits abgerechneten Lohnzahlungszeiträume andererseits, ist beim Stichwort „Nachzahlung von laufendem Arbeitslohn" unter Nr. 1 anhand des Beispiels D dargestellt.

1) Bei der Berechnung nach § 39b Abs. 3 Satz 9 EStG ist § 34 Abs. 1 Satz 3 EStG **sinngemäß anzuwenden.** Das bedeutet Folgendes: Ist der maßgebende Jahresarbeitslohn ohne den tarifbegünstigten sonstigen Bezug negativ, ist diesem der volle tarifbegünstigte sonstige Bezug hinzuzurechnen. Der so erhöhte und deshalb positive Arbeitslohn wird durch fünf geteilt, die Lohnsteuer berechnet und mit fünf vervielfacht. Dieses Verfahren vermeidet Nachzahlungen, die in diesen Sonderfällen bei der Einkommensteuer-Veranlagung des Arbeitnehmers auftreten können.

S

c) Anwendung der Fünftelregelung

Bei der Nachzahlung von laufendem Arbeitslohn kommt die sog. Fünftelregelung zur Anwendung, wenn es sich um Arbeitslohn für eine **mehrjährige Tätigkeit** handelt. Nach § 34 Abs. 2 Nr. 4 EStG ist eine Tätigkeit dann „mehrjährig", wenn sie sich über mindestens zwei Kalenderjahre erstreckt und einen Zeitraum von **mehr als zwölf Monate** umfasst. Auf das Beispiel unter der vorstehenden Nr. 6 Buchstabe b wird hingewiesen.

8. Besteuerung sonstiger Bezüge bei Arbeitnehmern mit der Steuerklasse V oder VI

Ist bei einem Arbeitnehmer die Steuerklasse V oder VI anzuwenden, gelten für die Besteuerung der aus einem solchen Dienstverhältnis gezahlten sonstigen Bezüge **keine Besonderheiten.** Die sonstigen Bezüge sind auch in diesen Fällen unter Anwendung der Jahreslohnsteuertabelle zu besteuern, wobei sowohl bei der Anwendung der Steuerklasse V als auch bei der Anwendung der Steuerklasse VI der **Versorgungsfreibetrag** und der **Altersentlastungsbetrag** zu berücksichtigen sind, wenn die für die Gewährung dieser Freibeträge geltenden Voraussetzungen erfüllt sind. Der **Zuschlag zum Versorgungsfreibetrag** darf aber in der **Steuerklasse VI nicht** berücksichtigt werden (vgl. hierzu auch die Erläuterungen beim Stichwort „Versorgungsbezüge, Versorgungsfreibetrag" unter Nr. 4 Buchstabe d). Für die Kirchensteuer und den Solidaritätszuschlag (auch hier Beachtung der Nullzone) gelten die gleichen Regeln wie bei Anwendung der Steuerklassen I bis IV.

9. Sonstige Bezüge, die an ausgeschiedene Arbeitnehmer gezahlt werden

a) Allgemeines

Zahlt der Arbeitgeber einen sonstigen Bezug erst, nachdem der Arbeitnehmer bereits aus dem Dienstverhältnis ausgeschieden ist, ist zu unterscheiden, ob der Arbeitnehmer nach Steuerklasse VI oder nach einer der Steuerklassen I bis V zu besteuern ist.

Für die Besteuerung des sonstigen Bezugs gelten im Grundsatz die **allgemeinen Vorschriften** (vgl. Nrn. 1 bis 8).

Für die **Ermittlung des maßgebenden Jahresarbeitslohns** gilt Folgendes:

b) Anwendung der Steuerklasse VI (Zweites Dienstverhältnis)

Zur Durchführung des Lohnsteuerabzugs benötigt der Arbeitgeber die individuellen Lohnsteuerabzugsmerkmale des Arbeitnehmers (Steuerklasse, Religionszugehörigkeit usw.).[1)]

S

Hat der Arbeitnehmer mehrere Dienstverhältnisse, kann er wählen, welches Dienstverhältnis sein „erstes" Dienstverhältnis sein soll (= Anwendung einer der Steuerklassen I, II, III, IV oder V) und welches Arbeitsverhältnis sein „zweites" oder weiteres Dienstverhältnis ist (= Anwendung der Steuerklasse VI). Erhält der Arbeitnehmer von einem früheren Arbeitgeber Arbeitslohn nachgezahlt und befindet er sich bereits wieder in einem neuen Arbeitsverhältnis, wird die Nachzahlung wie Arbeitslohn aus einem weiteren Arbeitsverhältnis behandelt und nach **Steuerklasse VI** besteuert, weil beim neuen Arbeitgeber eine der günstigeren Steuerklassen I, II, III, IV oder V zur Anwendung kommt (vgl. die Erläuterungen unter dem nachfolgenden Buchstaben c). Bei Anwendung der Steuerklasse VI wird **der sonstige Bezug als Jahresarbeitslohn angesetzt,** wenn der ausgeschiedene Arbeitnehmer von seinem früheren Arbeitgeber im Jahr der Zahlung des sonstigen Bezugs keinen (laufenden) Arbeitslohn mehr erhalten hat. Von dem sich danach ergebenden Betrag ist die Lohnsteuer nach der Jahreslohnsteuertabelle zu berechnen und als Lohnsteuer für den sonstigen Bezug zu erheben.

Zur Beitragspflicht dieser Zahlung vgl. „Einmalige Zuwendungen" unter Nr. 3.

Beispiel

Der Arbeitgeber zahlt einem früheren Arbeitnehmer am 1. Oktober 2021 eine Tantieme in Höhe von 5000 €. Außer der Tantieme hat der Arbeitnehmer von seinem früheren Arbeitgeber im Kalenderjahr 2021 keinen Arbeitslohn mehr erhalten. Die Lohnsteuer für die Tantieme wird wie folgt berechnet:

Tantieme = voraussichtlicher Jahresarbeitslohn	5 000,— €
Steuer nach Steuerklasse VI der Jahreslohnsteuertabelle für 5000 €	616,— €
Der Solidaritätszuschlag beträgt wegen der Nullzone	0,— €
Die Kirchensteuer beträgt 8 % von 616 €	49,28 €

c) Anwendung der Steuerklassen I, II, III, IV oder V (erstes Dienstverhältnis)

Erfolgt die Besteuerung des sonstigen Bezugs nach den individuellen Lohnsteuerabzugsmerkmalen des Arbeitnehmers für das erste Dienstverhältnis (z. B. Steuerklasse III/0)[1)] gilt Folgendes:

Der voraussichtliche Jahresarbeitslohn ist nach den Angaben des Arbeitnehmers zu ermitteln (R 39b.6 Abs. 3 Satz 2 LStR). Das bedeutet Folgendes:

War der Arbeitnehmer im laufenden Kalenderjahr nachweislich bisher nicht beschäftigt (z. B. bei längerer Arbeitslosigkeit) und erklärt der Arbeitnehmer, dass im Laufe des Kalenderjahres auch nicht mehr mit einer Beschäftigung zu rechnen sein wird, z. B. wegen Alters- oder Berufsunfähigkeit, kann der (frühere) Arbeitgeber bei der Besteuerung des von ihm gezahlten sonstigen Bezugs den voraussichtlichen Jahresarbeitslohn mit 0 € ansetzen.

Beispiel A

Ein Arbeitnehmer ist am 31. Dezember 2020 aus dem Dienstverhältnis ausgeschieden. Er erhält am 15. Februar 2021 von seinem früheren Arbeitgeber eine Tantieme in Höhe von 5000 €. Für die Besteuerung der Tantieme ergibt sich Folgendes:

Ist der Arbeitnehmer wegen Krankheit aus dem Dienstverhältnis ausgeschieden und kann der Arbeitgeber davon ausgehen, dass der Arbeitnehmer im laufenden Kalenderjahr voraussichtlich nicht mehr arbeitsfähig wird, kann er die Lohnsteuer für die Tantieme wie folgt berechnen:

Voraussichtlicher Jahresarbeitslohn	0,— €
Lohnsteuer nach Steuerklasse III/0 der Jahreslohnsteuertabelle	
a) vom maßgebenden Jahresarbeitslohn (0 €)	0,— €
b) vom maßgebenden Jahresarbeitslohn zuzüglich Tantieme (0 € + 5000 € =) 5000 €	0,— €
Differenz	0,— €
Lohnsteuer für die Tantieme	0,— €
Der Solidaritätszuschlag beträgt wegen der Nullzone	0,— €
Die Kirchensteuer beträgt 8 % von 0 €	0,— €

Kann der Arbeitgeber **nicht** davon ausgehen, dass der Arbeitnehmer im laufenden Kalenderjahr keinen Arbeitslohn bezogen hat, bedeutet dies, dass der Arbeitnehmer seine elektronischen Lohnsteuerbescheinigungen vorlegen muss, wenn er aus vorangegangenen Beschäftigungen Arbeitslohn bezogen hat. Macht der Arbeitnehmer keine Angaben, ist der beim bisherigen Arbeitgeber zugeflossene Arbeitslohn **auf einen Jahresbetrag hochzurechnen.** Eine Hochrechnung ist nicht erforderlich, wenn mit dem Zufließen von weiterem Arbeitslohn im Laufe des Kalenderjahres, z. B. wegen Alters oder Erwerbsunfähigkeit, nicht zu rechnen ist (R 39b.6 Abs. 3 Sätze 3 und 4 LStR).

1) Auf die ausführlichen Erläuterungen beim Stichwort „Elektronische Lohnsteuerabzugsmerkmale (ELStAM)" wird hingewiesen. Der Arbeitgeber hat bei der Anmeldung zur ELStAM-Datenbank anzugeben, ob es sich um das erste Dienstverhältnis (Steuerklasse I bis V) oder ein weiteres Dienstverhältnis (Steuerklasse VI) des Arbeitnehmers handelt.

Lohnsteuerpflichtig | Sozialversich.-pflichtig

Beispiel B

Der Arbeitgeber zahlt einem seit 1. Februar 2021 nicht mehr in seinen Diensten stehenden Arbeitnehmer aufgrund eines arbeitsgerichtlichen Urteils am 30. September 2021 eine einmalige Zuwendung in Höhe von 1000 € nach. Für Januar 2021 hat der Arbeitgeber diesem Arbeitnehmer einen Monatslohn in Höhe von 4000 € gezahlt. Der Arbeitnehmer legt dem Arbeitgeber eine elektronische Lohnsteuerbescheinigung vor, auf der von einem anderen Arbeitgeber für die Zeit vom 1. Februar bis zum 31. Mai 2021 Arbeitslohn in Höhe von 14 000 € (3500 € monatlich) bescheinigt ist (für die Zeit ab 1. Juni 2021 ist kein Arbeitslohn bescheinigt, weil der Arbeitnehmer seit diesem Zeitpunkt nachweislich arbeitslos ist). Nach den individuellen Lohnsteuerabzugsmerkmalen[1] des Arbeitnehmers ist die Steuerklasse III/0 anzuwenden.

Der für die Besteuerung des sonstigen Bezugs maßgebende voraussichtliche Jahresarbeitslohn ist wie folgt zu ermitteln:

Beim bisherigen Arbeitgeber im Januar 2021 zugeflossener Arbeitslohn			4 000,— €
Arbeitslohn lt. elektronischer Lohnsteuerbescheinigung von einem anderen Arbeitgeber für die Zeit vom 1. Februar bis zum 31. Mai 2021			14 000,— €
insgesamt			18 000,— €
umgerechnet auf einen Jahresarbeitslohn (ohne die Monate Juni, Juli, August und September in denen der Arbeitnehmer nachweislich arbeitslos war)	$\frac{(18\,000\ € \times 8)}{5}$	=	28 800,— €
Lohnsteuer nach Steuerklasse III/0 der Jahreslohnsteuertabelle			
a) vom maßgebenden Jahresarbeitslohn (28 800 €)			468,— €
b) vom maßgebenden Jahresarbeitslohn zuzüglich der Nachzahlung (28 800 € + 1000 € =) 29 800 €			630,— €
Differenz = Lohnsteuer für die Nachzahlung			162,— €
Der Solidaritätszuschlag beträgt wegen der Nullzone		=	0,— €
Die Kirchensteuer beträgt 8 % von 162 €		=	12,96 €

Kann der Arbeitgeber davon ausgehen, dass der Arbeitnehmer im Kalenderjahr 2021 auch weiterhin arbeitslos bleiben wird, kann er (4000 € + 14 000 € =) 18 000 € als voraussichtlichen Jahresarbeitslohn ansehen.

Legt der Arbeitnehmer keine elektronische Lohnsteuerbescheinigung für den vom 1. 2. bis 31. 5. 2021 bei einem anderen Arbeitgeber bezogenen Arbeitslohn vor, ist nach R 39b.6 Abs. 3 Satz 3 LStR der beim bisherigen Arbeitgeber zugeflossene Arbeitslohn auf einen Jahresbetrag hochzurechnen. Der beim bisherigen Arbeitgeber zugeflossene Arbeitslohn für Januar 2021 beträgt 4000 €. Hochgerechnet sind dies (4000 € × 5 =) 20 000 €, wenn der Arbeitgeber davon ausgehen kann, dass der Arbeitnehmer bis Ende des Jahres arbeitslos bleiben wird. Kann er dies nicht, bleiben lediglich die Monate Juni, Juli, August und September bei der Hochrechnung außer Betracht, sodass sich ein hochgerechneter Jahresarbeitslohn von (4000 € × 8 =) 32 000 € ergibt.

Hinsichtlich der Angaben in der **elektronischen Lohnsteuerbescheinigung** (vgl. das Stichwort „Lohnsteuerbescheinigung") gilt Folgendes:

Stellen Nachzahlungen **laufenden Arbeitslohn** dar, sind diese für die Berechnung der Lohnsteuer den Lohnzahlungszeiträumen zuzurechnen, für die sie geleistet werden (R 39b.5 Absatz 4 Satz 1 LStR). Wird eine solche Nachzahlung nach Beendigung des Arbeitsverhältnisses im selben Kalenderjahr für Lohnzahlungszeiträume bis zur Beendigung des Arbeitsverhältnisses geleistet, **ist die bereits erteilte und übermittelte Lohnsteuerbescheinigung zu korrigieren.** Die berichtigte Lohnsteuerbescheinigung ist mit dem Merker „Korrektur" zu versehen.

Sonstige Bezüge, die nach Beendigung des Arbeitsverhältnisses oder in folgenden Kalenderjahren gezahlt werden, **sind gesondert zu bescheinigen.** Als Dauer des Arbeitsverhältnisses ist in diesem Fall der Monat der Zahlung in der Lohnsteuerbescheinigung anzugeben.[2]

d) Sozialversicherungsrechtliche Behandlung

Einmalig gezahltes Arbeitsentgelt, das erst nach Beendigung des Beschäftigungsverhältnisses oder bei ruhendem Beschäftigungsverhältnis gezahlt wird, ist dem letzten Lohnabrechnungszeitraum im laufenden Kalenderjahr zuordnen, auch wenn dieser nicht mit Arbeitsentgelt belegt ist (§ 23a Abs. 2 SGB IV).

Beispiel

Beendigung des Beschäftigungsverhältnisses zum 30.4.2021

Weihnachtsgeld im November 2021

Das Weihnachtsgeld ist dem Monat April 2021 zuzuordnen.

Auf die ausführlichen Erläuterungen beim Stichwort „Einmalige Zuwendungen" unter Nr. 3 wird Bezug genommen.

10. Versorgungsbezüge als sonstige Bezüge

Besteht der Arbeitslohn ganz oder teilweise aus steuerbegünstigten Versorgungsbezügen (z. B. wenn der Arbeitnehmer in den Ruhestand tritt und vom Arbeitgeber eine Betriebsrente erhält), steht dem Arbeitnehmer ein Versorgungsfreibetrag und ein Zuschlag zum Versorgungsfreibetrag zu (vgl. „Versorgungsbezüge, Versorgungsfreibetrag"). Die Höhe des Versorgungsfreibetrags und des Zuschlags zum Versorgungsfreibetrag richten sich nach dem **Jahr des Versorgungsbeginns.** Für das Kalenderjahr 2021 gelten deshalb unterschiedliche Beträge je nachdem, seit wann dem Arbeitnehmer die Versorgungsbezüge gewährt werden. Vgl. hierzu die tabellarische Übersicht beim Stichwort „Versorgungsbezüge, Versorgungsfreibetrag" unter Nr. 4 Buchstabe b.

Die vollen Jahresbeträge der Freibeträge stehen dem Arbeitnehmer nur dann zu, wenn ihm in allen Monaten des Kalenderjahres 2021 Versorgungsbezüge zugeflossen sind. Denn nach § 19 Abs. 2 Satz 12 EStG ermäßigen sich die Jahresbeträge für jeden vollen Kalendermonat, für den keine Versorgungsbezüge gezahlt werden, um ein Zwölftel.

Werden Versorgungsbezüge laufend gezahlt, ist der Versorgungsfreibetrag und der Zuschlag zum Versorgungsfreibetrag nur mit dem auf den Lohnzahlungszeitraum entfallenden anteiligen Jahresbetrag zu berücksichtigen. Bei monatlicher Lohnzahlung sind also die Jahresbeträge mit einem Zwölftel anzusetzen. Der **Versorgungsfreibetrag** ist auch beim Lohnsteuerabzug nach der **Steuerklasse VI** zu berücksichtigen. Der **Zuschlag zum Versorgungsfreibetrag** wird hingegen in der **Steuerklasse VI nicht** berücksichtigt (vgl. hierzu die Erläuterungen beim Stichwort „Versorgungsbezüge, Versorgungsfreibetrag" unter Nr. 4 Buchstabe d).

Der Abzug des Versorgungsfreibetrags und des Zuschlags zum Versorgungsfreibetrag kann sowohl bei der **Feststellung des maßgebenden Jahresarbeitslohns** als auch bei der **Besteuerung des sonstigen Bezugs** in Betracht kommen. Dabei ist folgender Grundsatz zu beachten:

Der **Versorgungsfreibetrag** und der **Zuschlag zum Versorgungsfreibetrag** sind bei der Besteuerung eines **sonstigen Bezugs** nur insoweit zu berücksichtigen, soweit sie sich bei der Feststellung des maßgebenden Jahresarbeitslohns nicht ausgewirkt haben und soweit sie nicht bereits bei der Besteuerung eines früher im Kalenderjahr gezahlten sonstigen Bezugs berücksichtigt worden sind (R 39b.3 Abs. 1 Satz 2 LStR).

Von sonstigen Bezügen, auf die die **Fünftelregelung** anzuwenden ist, durfte früher weder ein Versorgungsfreibetrag noch ein Zuschlag zum Versorgungsfreibetrag ab-

S

1) Auf die ausführlichen Erläuterungen beim Stichwort „Elektronische Lohnsteuerabzugsmerkmale (ELStAM)" wird hingewiesen. Der Arbeitgeber hat bei der Anmeldung zur ELStAM-Datenbank anzugeben, ob es sich um das erste Dienstverhältnis (Steuerklasse I bis V) oder ein weiteres Dienstverhältnis (Steuerklasse VI) des Arbeitnehmers handelt.

2) Abschnitt III des BMF-Schreibens vom 9.9.2019 (BStBl. I S. 911). Das BMF-Schreiben ist als Anlage 1 zu H 41b LStR im **Steuerhandbuch für das Lohnbüro 2021** abgedruckt, das im selben Verlag erschienen ist.

Lohnsteuerpflichtig | Sozialversich.-pflichtig

gezogen werden, und zwar auch dann nicht, wenn der Versorgungsfreibetrag oder der Zuschlag zum Versorgungsfreibetrag bei der Feststellung des maßgebenden Jahresarbeitslohns noch nicht voll ausgeschöpft waren.

Durch das Gesetz zur Anpassung des nationalen Steuerrechts an den Beitritt Kroatiens zur EU und zur Änderung weiterer steuerlicher Vorschriften vom 25.7.2014 (BGBl. I S. 1266 BStBl. I S. 1126) wurde der Abzug dieser Beträge bei Anwendung der Fünftelregelung für einen mit einem Fünftel anzusetzenden sonstigen Bezug im Lohnsteuerabzugsverfahren gesetzlich zugelassen, **soweit die Abzugsbeträge noch nicht anderweitig verbraucht worden sind.** Hierdurch wird eine Übereinstimmung des Lohnsteuerabzugs mit der Einkommensteuer-Veranlagung des Arbeitnehmers erreicht.

Beispiel A

Eine Arbeitnehmerin mit der Steuerklasse V erhält für die Monate Januar bis März des Kalenderjahres 2021 laufenden Arbeitslohn in Höhe von 1800 € monatlich. Ab 1. April 2021 erhält sie laufende Versorgungsbezüge (Betriebsrente) in Höhe von 700 € monatlich. Am 18. November 2021 werden Versorgungsbezüge, die als sonstiger Bezug zu besteuern sind, in Höhe von 1500 € gezahlt. Es ergibt sich folgende Berechnung der Lohnsteuer für den sonstigen Bezug:

voraussichtlicher laufender Jahresarbeitslohn (1800 € x 3 + 700 € x 9)	=	11 700,– €
abzüglich zeitanteiliger Versorgungsfreibetrag[1)] 15,2 % der Betriebsrente in Höhe von 700 € für 9 Monate, also 15,2 % von 700 € = 107 € x 9 Monate = 963 €, höchstens jedoch 95 € x 9 Monate	=	855,– €
verbleiben		10 845,– €
abzüglich zeitanteiliger Zuschlag zum Versorgungsfreibetrag 29 € x 9 Monate	=	261,– €
maßgebender Jahresarbeitslohn		10 584,– €
Lohnsteuer nach Steuerklasse V		
a) vom maßgebenden Jahresarbeitslohn (10 584 €)		1 158,– €
b) vom maßgebenden Jahresarbeitslohn zuzüglich sonstiger Bezug (10 584 € + 1500 € =) 12 084 €		1 343,– €
Differenz = Lohnsteuer für den sonstigen Bezug		185,– €
Der Solidaritätszuschlag beträgt wegen der Nullzone =		0,– €
Die Kirchensteuer beträgt 8 % von 185 €	=	14,80 €

Von den als sonstige Bezüge gezahlten Versorgungsbezügen in Höhe von 1500 € errechnet sich der Versorgungsfreibetrag wie folgt: 15,2 % von 1500 € = 228 €. Der zeitanteilige Höchstbetrag von 95 € x 9 Monate = 855 € ist bereits bei der Feststellung des maßgebenden Jahresarbeitslohns verbraucht, sodass für den sonstigen Bezug nichts mehr verbleibt. Gleiches gilt für den zeitanteiligen Zuschlag zum Versorgungsfreibetrag. Der sonstige Versorgungsbezug unterliegt somit in voller Höhe dem Lohnsteuerabzug.

Werden in einem Kalenderjahr **Versorgungsbezüge wiederholt als sonstige Bezüge** gezahlt, dürfen die (ggf. zeitanteiligen) Freibeträge für Versorgungsbezüge nur dann steuerfrei belassen werden, wenn diese Beträge nicht bereits bei der Feststellung des maßgebenden Jahresarbeitslohns oder bei der Besteuerung des im Kalenderjahr früher gezahlten sonstigen Bezugs berücksichtigt worden sind.

S

Beispiel B

Wenn der Arbeitnehmer im Beispiel A im Dezember 2021 nochmals Versorgungsbezüge in Höhe von 500 € erhält, die als sonstige Bezüge zu behandeln sind, kann hierfür weder ein Versorgungsfreibetrag noch ein Zuschlag zum Versorgungsfreibetrag berücksichtigt werden, da die zeitanteiligen Jahreshöchstbeträge bereits bei den laufenden Versorgungsbezügen berücksichtigt wurden. Die Lohnsteuer für den sonstigen Versorgungsbezug von 500 € ist somit ohne die Berücksichtigung des Versorgungsfreibetrags und des Zuschlags zum Versorgungsfreibetrag zu errechnen.

Werden laufende Versorgungsbezüge im Kalenderjahr erstmals gezahlt, nachdem im gleichen Kalenderjahr sonstige Bezüge gezahlt worden sind, darf der Arbeitgeber die (ggf. zeitanteiligen) Freibeträge für Versorgungsbezüge bei den laufenden Bezügen nur insoweit berücksichtigen, als sie sich bei den sonstigen Bezügen nicht ausgewirkt haben.

11. Altersentlastungsbetrag und sonstige Bezüge

Arbeitnehmer, die vor Beginn des Kalenderjahres 2021 das **64. Lebensjahr vollendet** haben, also vor dem 2. 1. 1957 geboren sind, erhalten einen **Altersentlastungsbetrag.** Der Altersentlastungsbetrag errechnet sich mit einem bestimmten Prozentsatz des Arbeitslohns, soweit es sich nicht um steuerbegünstigte Versorgungsbezüge handelt (vgl. „Versorgungsbezüge, Versorgungsfreibetrag"). Außerdem ist der Altersentlastungsbetrag auf einen Höchstbetrag im Kalenderjahr begrenzt. Sowohl der Prozentsatz als auch der Höchstbetrag werden seit dem Kalenderjahr 2005 stufenweise abgebaut (vgl. die Erläuterungen beim Stichwort „Altersentlastungsbetrag" besonders unter Nr. 8). Die Höhe des Altersentlastungsbetrags ist deshalb je nachdem, welches Kalenderjahr auf die Vollendung des 64. Lebensjahres folgt, unterschiedlich hoch, das heißt für das Kalenderjahr 2021 gelten unterschiedliche Altersentlastungsbeträge, die sich aus der tabellarischen Übersicht beim Stichwort „Altersentlastungsbetrag" unter Nr. 2 ergeben.

Der Altersentlastungsbetrag ist auch beim Lohnsteuerabzug nach der **Steuerklasse VI** zu berücksichtigen.

Der Abzug des Altersentlastungsbetrags kann sowohl bei der Feststellung des maßgebenden Jahresarbeitslohns als auch bei der Besteuerung des sonstigen Bezugs in Betracht kommen. Dabei ist folgender Grundsatz zu beachten:

Der **Altersentlastungsbetrag** ist bei der Besteuerung eines **sonstigen Bezugs** zu berücksichtigen, soweit er sich bei der Feststellung des maßgebenden Jahresarbeitslohns nicht ausgewirkt hat und soweit er nicht bereits bei der Besteuerung eines früher im Kalenderjahr gezahlten sonstigen Bezugs berücksichtigt worden ist.

Beispiel

Eine Arbeitnehmerin mit der Steuerklasse V, die am 2. 2. 1956 geboren ist, erhält im Kalenderjahr 2021 für die Monate Januar bis Februar laufenden Arbeitslohn in Höhe von 2000 € monatlich. Ab 1. März erhält sie laufende Versorgungsbezüge (Betriebsrente) in Höhe von 900 € monatlich. Am 20. 5. 2021 zahlt der Arbeitgeber einen sonstigen Bezug (Tantieme für das Geschäftsjahr 2020) in Höhe von 2000 €.

Die Lohnsteuer für den sonstigen Bezug errechnet sich wie folgt:

Voraussichtlicher Jahresarbeitslohn (2000 € x 2 + 900 € x 10)	=	13 000,– €
abzüglich **Altersentlastungsbetrag** (15,2 %, höchstens 722 €) 15,2 % von (2 x 2000 € =) 4000 €	=	608,– €[2)]

1) Der Teil des zeitanteiligen Versorgungsfreibetrags und des zeitanteiligen Zuschlags zum Versorgungsfreibetrag, der bei der Feststellung des maßgebenden Jahresarbeitslohns verbraucht ist, muss rein schematisch durch Anwendung der 15,2 % oder des Höchstbetrages von 1140 € bzw. 342 € auf die im maßgebenden Jahresarbeitslohn enthaltenen Versorgungsbezüge errechnet werden. Ob sich der so errechnete Versorgungsfreibetrag in dieser Höhe beim laufenden Lohnsteuerabzug auch tatsächlich steuerlich so ausgewirkt hat, ist unbeachtlich (vgl. das Beispiel B in den Hinweisen zu R 39b.6 LStR). Im Beispielsfall wirkt sich der Versorgungsfreibetrag beim laufenden Arbeitslohn mit dem monatlichen Höchstbetrag von 95 € aus, also mit 95 € x 9 = 855 €. Im Beispielsfall deckt sich somit der beim laufenden Lohnsteuerabzug anzusetzende Versorgungsfreibetrag mit dem bei der Ermittlung des voraussichtlichen Jahresarbeitslohns anzusetzenden zeitanteiligen Versorgungsfreibetrag. Gleiches gilt für den Zuschlag zum Versorgungsfreibetrag (vgl. auch das Berechnungsbeispiel unter der folgenden Nr. 11).

2) Der Teil des Altersentlastungsbetrags, der bei der Feststellung des maßgebenden Jahresarbeitslohns verbraucht ist, muss (ebenso wie beim Versorgungsfreibetrag) rein schematisch durch Anwendung des Prozentsatzes oder des Höchstbetrags auf den im maßgebenden Jahresarbeitslohn enthaltenen Betrag errechnet werden. Ob sich der so errechnete Altersentlastungsbetrag bei der Besteuerung des laufenden Arbeitslohns in dieser Höhe auch tatsächlich steuerlich ausgewirkt hat, ist unbeachtlich (vgl. das Beispiel B in den Hinweisen zu R 39b.6 LStR). Im Beispielsfall hat sich der bei der Feststellung des maßgebenden Jahresarbeitslohns mit 608 € gekürzte Altersentlastungsbetrag tatsächlich nur mit 2 x 61 € = 122 € (= 2 Monatshöchstbeträge) ausgewirkt. Ein Ausgleich kann frühestens bei einem Lohnsteuer-Jahresausgleich durch den Arbeitgeber erfolgen. Da im Beispielsfall die Steuerklasse V anzuwenden ist, ist ein Lohnsteuer-Jahresausgleich durch den Arbeitgeber nicht möglich. Somit erfolgt die Berücksichtigung erst bei der Einkommensteuer-Veranlagung der Arbeitnehmerin.

		Lohn-steuer-pflichtig	Sozial-versich.-pflichtig
verbleiben	12 392,— €		
abzüglich **zeitanteiliger Versorgungsfreibetrag** 15,2 % der Betriebsrente in Höhe von 900 € für 10 Monate, also 15,2 % von 9000 € = 1368 €, höchstens jedoch 95 € × 10 Monate =	950,— €		
verbleiben	11 442,— €		
abzüglich **zeitanteiliger Zuschlag zum Versorgungsfreibetrag** 29 € × 10 Monate =	290,— €		
maßgebender Jahresarbeitslohn	11 152,— €		
Lohnsteuer nach Steuerklasse V			
a) vom maßgebenden Jahresarbeitslohn (11 152 €)	1 106,— €		
b) vom maßgebenden Jahresarbeitslohn zuzüglich des steuerpflichtigen Teils des sonstigen Bezugs (11 152 € + 1886 € =) 13 038 €	1 308,— €		
Differenz = Lohnsteuer für die Tantieme	212,— €		
Solidaritätszuschlag wegen der Nullzone =	0,— €		
Die Kirchensteuer beträgt 8 % von 212 € =	16,96 €		

Der beim sonstigen Bezug zu berücksichtigende Altersentlastungsbetrag errechnet sich wie folgt: 15,2 % von 2000 € = 304 €. Vom Höchstbetrag von 722 € im Kalenderjahr sind jedoch 608 € bereits bei der Feststellung des maßgeblichen Jahresarbeitslohns verbraucht, sodass für den sonstigen Bezug nur noch (722 € – 608 € =) 114 € verbleiben. Der steuerpflichtige Teil des sonstigen Bezugs beträgt demnach 2000 € – 114 € = 1886 €.

Von sonstigen Bezügen, auf die die **Fünftelregelung** anzuwenden ist, durfte früher ein Altersentlastungsbetrag nicht abgezogen werden, und zwar auch dann nicht, wenn der Altersentlastungsbetrag bei der Feststellung des Jahresarbeitslohns noch nicht voll ausgeschöpft war.

Durch das Gesetz zur Anpassung des nationalen Steuerrechts an den Beitritt Kroatiens zur EU und zur Änderung weiterer steuerlicher Vorschriften vom 25.7.2014 (BGBl. I S. 1266, BStBl. I S. 1126) wurde der Abzug des Altersentlastungsbetrags bei Anwendung der Fünftelregelung für einen mit einem Fünftel anzusetzenden sonstigen Bezug im Lohnsteuerabzugsverfahren gesetzlich zugelassen, **soweit die Abzugsbeträge noch nicht anderweitig verbraucht worden sind.** Hierdurch wird eine Übereinstimmung des Lohnsteuerabzugs mit der Einkommensteuer-Veranlagung des Arbeitnehmers erreicht.

Die Berücksichtigung des Altersentlastungsbetrags bei der Beschäftigung von Rentnern und der dabei anzuwendenden Lohnsteuertabelle ist anhand eines Beispiels beim Stichwort „Rentner" unter Nr. 5 dargestellt.

12. Solidaritätszuschlag und Kirchensteuer bei sonstigen Bezügen

a) Solidaritätszuschlag

Ab 1.1.2021 ist die erheblich angehobene **Nullzone** zur Zahlung des Solidaritätszuschlags (= Jahreslohnsteuer – unter Berücksichtigung der Freibeträge für Kinder – von 33 912 € – bisher 1944 € – bei Steuerklasse III und 16 956 € – bisher 972 € – bei Steuerklassen I, II und IV bis VI) **erstmals auch** bei der **Berechnung des Solidaritätszuschlags** auf die Lohnsteuer **für sonstige Bezüge** zu berücksichtigen. Hierdurch wird die Durchführung von Einkommensteuer-Veranlagungen zur Rückerstattung des Solidaritätszuschlags vermieden. Zur teilweisen Entlastung (= Milderungsregelung) wird bei darüber hinausgehenden Steuerbeträgen der Solidaritätszuschlag auf 11,9 % (bisher 20 %) des Unterschiedsbetrags zwischen der sich ergebenden Steuer und der vorstehenden Nullzone begrenzt (sog. Milderungsregelung). Diese **Milderungsregelung** wird allerdings bei der Berechnung des Solidaritätszuschlags auf die Lohnsteuer für sonstige Bezüge **nicht** berücksichtigt und wirkt sich daher ggf. erst im Rahmen einer Veranlagung zur Einkommensteuer aus.

		Lohn-steuer-pflichtig	Sozial-versich.-pflichtig
Beispiel A			
Ein Arbeitnehmer (Steuerklasse I/0), gesetzlich krankenversichert, mit einem Jahresbruttoarbeitslohn von 70 000 € erhält im Juli 2021 eine Tantieme von 10 000 €.			
Lohnsteuer nach Steuerklasse I/0 der Jahreslohnsteuertabelle vom maßgebenden Jahresarbeitslohn (70 000 €)	15 233,— €		
Solidaritätszuschlag wegen der Nullzone	0,— €		
Kirchensteuer (8 % von 15 233 €)	1 218,64 €		
vom maßgebenden Jahresarbeitslohn zuzüglich Tantieme (70 000 € + 10 000 €)	19 105,— €		
Lohnsteuer für die Tantieme (19 105 € abzüglich 15 233 €)	3 872,— €		
Solidaritätszuschlag (5,5 % von 3 872 €, da Nullzone überschritten)	212,96 €		
Kirchensteuer (8 % von 3 882 €)	309,76 €		
Beispiel B			
Wie Beispiel A. Der Jahresbruttoarbeitslohn beträgt 80 000 € und die Tantieme von 10 000 €.			
Lohnsteuer nach Steuerklasse I/0 der Jahreslohnsteuertabelle vom maßgebenden Jahresarbeitslohn (80 000 €)	19 105,— €		
Solidaritätszuschlag mit Milderungsregelung, da laufender Arbeitslohn 11,9 % von (19 105 € abzüglich 16 956 €) = 2149 €	255,73 €		
Kirchensteuer (8 % von 19 105 €)	1 528,40 €		
vom maßgebenden Jahresarbeitslohn zuzüglich Tantieme (80 000 € + 10 000 €)	23 134,— €		
Lohnsteuer für die Tantieme (23 134 € abzüglich 19 105 €)	4 029,— €		
Solidaritätszuschlag (5,5 % von 4 029 €)	221,59 €		
Kirchensteuer (8 % von 4 029 €)	322,32 €		

b) Kirchensteuer

Die Kirchensteuer ist durch Anwendung des maßgebenden Kirchensteuersatzes von **8 % oder 9 %** auf die sich für den sonstigen Bezug ergebende Lohnsteuer zu berechnen (vgl. das Stichwort „Kirchensteuer" unter Nr. 9).

13. Nettobesteuerung sonstiger Bezüge

Übernimmt der Arbeitgeber bei der Zahlung eines sonstigen Bezugs die darauf entfallenden Steuerabzugsbeträge oder alle gesetzlichen Lohnabzugsbeträge (Lohnsteuer, Solidaritätszuschlag, Kirchensteuer, Arbeitnehmeranteile an den Sozialversicherungsbeiträgen), stellen die an sich vom Arbeitnehmer zu tragenden, aber vom Arbeitgeber übernommenen Lohnabzugsbeträge zusätzlich Arbeitslohn dar, der wiederum der Lohnsteuer unterliegt. Die Lohnsteuer ist deshalb durch **Abtasten der Jahreslohnsteuertabelle** zu ermitteln. Ein Berechnungsbeispiel für das Abtasten der Jahrestabelle ist in **Anhang 12** auf Seite 1311 abgedruckt.

Durch das sog. Abtasten der Jahrestabelle ist der Bruttobetrag festzustellen, der nach Abzug der Lohnsteuer den ausgezahlten Nettobetrag ergibt. Bei der Ermittlung des maßgebenden Jahresarbeitslohns, auf den die Jahreslohnsteuertabelle anzuwenden ist, sind der voraussichtliche laufende Jahresarbeitslohn und frühere, netto gezahlte sonstige Bezüge mit den entsprechenden Bruttobeträgen anzusetzen. Werden neben der Lohnsteuer auch andere gesetzliche Lohnabzugsbeträge (Kirchensteuer, Solidaritätszuschlag und Arbeitnehmeranteile zur Sozialversicherung) übernommen, sind auch diese Lohnabzüge in das Abtastverfahren mit einzubeziehen. Bei den Sozialversicherungsbeiträgen sind hierbei die **anteiligen Jahresbeitragsbemessungsgrenzen** zu beachten. Ein zusammengefasstes Beispiel für die Übernahme der Steuerabzugsbeträge **und der Sozialversicherungsbeiträge** unter Berücksichtigung der anteiligen Jahresbeitragsbemessungsgrenze bei der Nettozahlung eines sonstigen Bezugs ist in **Anhang 12** auf Seite 1311 abgedruckt.

S

	Lohnsteuerpflichtig	Sozialversich.-pflichtig

Werden sonstige Bezüge, die für eine mehrjährige Tätigkeit gewährt werden (z. B. **Jubiläumszuwendungen**), netto ausgezahlt, ist bei der Berechnung der Lohnsteuer die sog. **Fünftelregelung** anzuwenden (vgl. vorstehend unter Nr. 6). Bei der **Sozialversicherung** bereitet die Anwendung dieser Regelung bei Nettolohnberechnungen Probleme. Denn es gibt in der Sozialversicherung keine „Fünftelung" des Einmalbezugs. Die Sozialversicherungsbeiträge sind also – im Gegensatz zum Steuerrecht – von dem tatsächlich gezahlten Nettobezug zu berechnen, wobei allerdings die **anteiligen Jahresbeitragsbemessungsgrenzen** zu beachten sind. Eine vollständige **Nettolohnberechnung mit** Anwendung der **Fünftelregelung,** Übernahme der Sozialversicherungsbeiträge durch den Arbeitgeber und Beachtung der anteiligen Jahresbeitragsbemessungsgrenze ist in **Anhang 14** auf Seite 1315 abgedruckt.

Weiterhin ist bei der Nettozahlung einmaliger Zuwendungen die ggf. unterschiedliche Zuordnung bei der Sozialversicherung zu beachten. Das bedeutet, dass für eine Netto-Einmalzahlung, die aufgrund der sog. **März-Klausel** dem Vorjahr zuzurechnen ist, zwar der Steuertarif des laufenden Kalenderjahres für die Hochrechnung maßgebend ist, die Hochrechnung der Sozialversicherungsbeiträge aber gleichwohl nach den **Beitragssätzen und Beitragsbemessungsgrenzen des Vorjahres** erfolgt.

Manuelle Nettolohnberechnungen sind kompliziert und zeitaufwendig. Sie haben im Zeitalter der Digitalisierung kaum noch praktische Bedeutung. Die abgedruckten Beispiele sollen jedoch das Hintergrundwissen liefern und damit zum Verständnis der elektronischen Ergebnisse beitragen.

Sozialausgleich

siehe „Zusatzbeitrag in der Krankenversicherung"

Soziale Leistungen

Darunter versteht man alle Leistungen des Arbeitgebers, bei denen der Gedanke der Betriebsgemeinschaft und der Fürsorgepflicht im Vordergrund steht. Sie können als Leistung im ganz überwiegenden eigenbetrieblichen Interesse des Arbeitgebers steuerfrei sein (vgl. „Annehmlichkeiten"). nein nein

Siehe die Stichworte: Annehmlichkeiten, Aufmerksamkeiten, Auslagenersatz, Betriebsveranstaltungen, Darlehen an Arbeitnehmer, Einkaufs-App, Eintrittskarten, Erholungsbeihilfen, Firmenfitnessmitgliedschaften, Fitnessraum, Fitnessstudio, Fortbildungskosten, FPZ-Rückenkonzept, Freifahrten, Freiflüge, verbilligte Flüge, Freimilch, Freitabak, Freizigarren, Freizigaretten, Führungszeugnis, Fürsorgeleistungen, Geburtsbeihilfen, Gelegenheitsgeschenke, Genussmittel, Gesundheitsförderung, Getränke, Haustrunk, Heiratsbeihilfen, Krankenbezüge, Kurzarbeitergeld, Mahlzeiten, Rabatte, Rabattfreibetrag, Sozialräume, Sterbegeld, Urlaubsgeld, Weihnachtsgeld, Wintergeld, Zinsersparnisse und Zinszuschüsse, Zukunftsicherung.

S

Soziale Medien

siehe die Stichworte „Blogger", „Influencer", „Podcaster" und „YouTuber"

Sozialer Tag

Verschiedene Hilfsorganisationen in Deutschland führen einmal im Jahr einen sog. sozialen Tag durch. An diesem Tag suchen sich die teilnehmenden **Schüler** eine bezahlte Tätigkeit. Den erarbeiteten **Lohn spenden** die Schüler **für** ein bestimmtes **Hilfsprojekt.**

Bei Zugrundelegung der allgemeinen Grundsätze sind die Tätigkeiten der Schüler als Arbeitsverhältnisse zu beurteilen. Die vom Arbeitgeber gezahlten Beträge sind somit Betriebsausgaben und Arbeitslohn, die dem Lohnsteuerabzug unterliegen.

Wegen der Besonderheiten der Projekte und vor dem Hintergrund, dass steuerliche Auswirkungen nicht zu erwarten sind, wird es von der Finanzverwaltung nicht beanstandet,[1] wenn von einem **Lohnsteuerabzug** aus Billigkeits- und Vereinfachungsgründen auf die im Rahmen der Aktionstage von den Schülern erarbeiteten Vergütungen **abgesehen** wird. Der Nachweis über die Zahlung der erarbeiteten Vergütung auf das Spendenkonto ist allerdings vom Arbeitgeber zum Lohnkonto zu nehmen. Bei Privatpersonen wird auf das Führen eines Lohnkontos für die Schüler verzichtet. Sozialversicherungsrechtlich handelt es sich in aller Regel um eine **sozialversicherungsfreie kurzfristige Beschäftigung** (vgl. die Erläuterungen beim Stichwort „Geringfügige Beschäftigung" unter Nr. 16). nein nein

Spenden-/Zuwendungsbestätigungen über die gezahlten Beträge dürfen nicht ausgestellt werden.

Sozialhilfe

Leistungen der Sozialhilfe sind steuerfrei (§ 3 Nr. 11 EStG). nein nein

Sozialräume

Die Bereitstellung von sog. Sozialräumen im Betrieb (Aufenthalts- und Erholungsräume, Raucherzimmer, Fitnessräume, Dusch- und Badeanlagen) dient der Verbesserung der Arbeitsbedingungen. Solche Leistungen gehören nach den Hinweisen zu R 19.3 der Lohnsteuer-Richtlinien[2] begrifflich nicht zum Arbeitslohn; sie sind steuer- und beitragsfrei (vgl. hierzu die grundsätzlichen Ausführungen beim Stichwort „Annehmlichkeiten"). nein nein

Sozialversicherung

„Sozialversicherung" ist der Sammelbegriff für die gesetzliche Renten-, Knappschafts-, Kranken-, Pflege- und Unfallversicherung sowie für die Arbeitslosenversicherung und die Altershilfe für Landwirte.

Auf die grundsätzlichen Erläuterungen zur Sozialversicherung im Teil B auf Seite 10 wird Bezug genommen.

Siehe auch die Stichworte: Abführung der Sozialversicherungsbeiträge, Änderung der Beitragsberechnung, Arbeitgeberzuschuss zur Krankenversicherung, Arbeitgeberzuschuss zur Pflegeversicherung, Arbeitsentgelt, Arbeitslosenversicherung, Beitragszuschlag zur sozialen Pflegeversicherung für Kinderlose, Berechnung der Lohnsteuer und der Sozialversicherungsbeiträge, Einmalige Zuwendungen, Erstattung von Sozialversicherungsbeiträgen, Geringfügige Beschäftigung, Jahresarbeitsentgeltgrenze, Krankenversicherung, Pflegeversicherung, Scheinselbständigkeit, Sozialversicherungsausweis.

Sozialversicherungsausweis

Jeder Beschäftigte erhält als Sozialversicherungsausweis ein Schreiben der Deutschen Rentenversicherung. Die Ausstellung erfolgt entweder auf Antrag oder bei Vergabe einer Versicherungsnummer.

1) Verfügung der OFD Frankfurt am Main vom 4.3.2010 (Az.: S 2332 A – 88 – St 211). Die Verfügung ist auszugsweise als Anlage 9 zu H 19.3 LStR im **Steuerhandbuch für das Lohnbüro 2021** abgedruckt, das im selben Verlag erschienen ist.

2) Die amtlichen Hinweise zu den Lohnsteuer-Richtlinien sind im **Steuerhandbuch für das Lohnbüro 2021** abgedruckt, das im selben Verlag erschienen ist.

Lohnsteuerpflichtig | Sozialversich.-pflichtig

Der **Arbeitgeber** ist gesetzlich verpflichtet, sich bei Beginn der Beschäftigung dieses Schreiben (Sozialversicherungsausweis) **vorlegen** zu lassen.

Vgl. auch die Erläuterungen zum Sozialversicherungsausweis im Teil B unter Nr. 11 auf Seite 23.

Sparprämien

Sparprämien, die ein am Belegschaftssparen beteiligter Arbeitnehmer vom Arbeitgeber erhält, sind steuerpflichtiger Arbeitslohn. ja ja

Sparzulage

Eine Sparzulage steht dem Arbeitnehmer für die nach dem 5. Vermögensbildungsgesetz angelegten vermögenswirksamen Leistungen zu. **Die Arbeitnehmer-Sparzulage wird nicht mehr vom Arbeitgeber ausgezahlt.** Der Arbeitnehmer muss die Sparzulage vielmehr beim Finanzamt beantragen. Die Zulage wird entweder im Rahmen einer Veranlagung zur Einkommensteuer oder in einem besonderen Verfahren gewährt und nach Ablauf der Sperrfrist ausgezahlt. Die Sparzulage ist steuer- und beitragsfrei. nein nein

Siehe auch das Stichwort „Vermögensbildung der Arbeitnehmer".

Spenden der Belegschaft

Von den Arbeitnehmern gespendete Teile des Arbeitslohns einschließlich Teile von Wertguthaben auf einem Arbeitszeitkonto werden aus Billigkeitsgründen nicht als zugeflossener Arbeitslohn angesehen, wenn der Arbeitgeber die Spenden unmittelbar abführt (z. B. an ein Spendenkonto einer empfangsberechtigten Einrichtung zugunsten der durch Naturkatastrophen Geschädigten). Diese Spenden sind steuer- und grundsätzlich auch beitragsfrei (vgl. auch „Arbeitszeitkonten" unter Nr. 3 Buchstabe e). nein nein[1]

Der Arbeitgeber muss die Verwendung der Spenden dokumentieren, das heißt, die außer Ansatz bleibenden Lohnteile sind im Lohnkonto aufzuzeichnen. Auf die Aufzeichnungen kann verzichtet werden, wenn stattdessen der Arbeitnehmer seinen Verzicht schriftlich erklärt hat und diese Erklärung zum Lohnkonto genommen worden ist.

Der außer Ansatz bleibende Arbeitslohn ist nicht in der Lohnsteuerbescheinigung (vgl. dieses Stichwort) anzugeben.

Soweit kein Zufluss von Arbeitslohn gegeben ist, kommt eine Geltendmachung der steuerfrei belassenen Lohnteile als Spende durch den einzelnen Arbeitnehmer bei seiner Einkommensteuer-Veranlagung nicht in Betracht.

Die vorstehenden Ausführungen gelten entsprechend, wenn die Spenden der Belegschaft zugunsten von Unterstützungen des Arbeitgebers an von durch Naturkatastrophen betroffene Arbeitnehmer des Unternehmens verwendet werden (vgl. hierzu auch „Unterstützungen" unter Nr. 3).

Vgl. auch das Stichwort „Sozialer Tag".

Spesenersatz

siehe „Auslagenersatz", „Auslösungen", „Bewirtungskosten", „Doppelte Haushaltsführung", „Einsatzwechseltätigkeit", „Fahrtätigkeit", „Reisekosten bei Auswärtstätigkeiten", „Verpflegungsmehraufwand", „Zehrgelder" und Anhang 4.

Lohnsteuerpflichtig | Sozialversich.-pflichtig

Sportanlagen

Stellt der Arbeitgeber seinen Arbeitnehmern unentgeltlich oder verbilligt Sportanlagen zur Verfügung (z. B. einen **Fitnessraum,** eine Betriebssportanlage mit **Fußballplatz,** ein **Schwimmbad)**, handelt es sich um eine steuer- und beitragsfreie Leistung im ganz überwiegenden eigenbetrieblichen Interesse des Arbeitgebers (vgl. „Annehmlichkeiten"). nein nein

Die Bereitstellung von **Tennisplätzen, Squashplätzen,** eines **Reitpferds,** einer **Segeljacht** oder einer **Golfanlage** ist dagegen steuer- und beitragspflichtig, weil insoweit ein individuell messbarer auf den einzelnen Arbeitnehmer entfallender Vorteil feststellbar ist. Dies hat der Bundesfinanzhof für die unentgeltliche oder verbilligte Überlassung von angemieteten Tennis- und Squashplätzen an Arbeitnehmer entschieden (BFH-Urteil vom 27.9.1996, BStBl. 1997 II S. 146). Die Finanzverwaltung hat dieses Urteil in die Hinweise zu R 19.3 der Lohnsteuer-Richtlinien übernommen.[2] ja ja

Entsteht hiernach ein steuerpflichtiger geldwerter Vorteil, ist zu prüfen, ob dieser in Anwendung der für Sachbezüge geltenden **Freigrenze von 44 € monatlich** steuer- und beitragsfrei bleiben kann. Dies ist dann möglich, wenn der geldwerte Vorteil monatlich 44 € nicht übersteigt und die 44-Euro-Freigrenze noch nicht durch andere geldwerte Vorteile ausgeschöpft worden ist (vgl. die Erläuterungen beim Stichwort Sachbezüge unter Nr. 4 auf Seite 847). nein nein

Siehe auch die Stichwörter „Firmenfitnessmitgliedschaften", „Fitnessraum", „Fitnessstudio" und „Gesundheitsförderung".

Sportinvaliditätsversicherung

Es häufen sich Fälle, in denen Sportvereine Sportinvaliditätsversicherungen für einzelne Sportler (= Arbeitnehmer) abschließen. Bei dauernder oder vorübergehender Sportinvalidität wird die Versicherungsleistung ausgezahlt. Für die ertragsteuerliche Behandlung der vom Verein zu zahlenden **Versicherungsprämien** gilt Folgendes:[3]

Begünstigter = **VEREIN** (sog. Marktwertdeckung)
→ kein geldwerter Vorteil (sog. Rückdeckungsversicherung)

Begünstigter = **SPORTLER** (sog. Spielereigendeckung)
→ Deckung **nur reiner Unfallrisiken** / Deckung von **Unfall- und Krankheitsrisiken**
→ zu versteuernder geldwerter Vorteil beim Spieler

Vgl. auch das Stichwort „Unfallversicherung".

---

1) § 1 Abs. 1 Satz 1 Nr. 11 SvEV lautet:
Dem Arbeitsentgelt sind nicht zuzurechnen:
„11. steuerlich nicht belastete Zuwendungen des Beschäftigten zugunsten von durch Naturkatastrophen **im Inland** Geschädigten aus Arbeitsentgelt einschließlich Wertguthaben."
Arbeitslohnspenden ins Ausland sind somit nicht von den Beiträgen zur Sozialversicherung freigestellt.
Die Sozialversicherungsentgeltverordnung (SvEV) ist als Anhang 2 im **Steuerhandbuch für das Lohnbüro 2021** abgedruckt, das im selben Verlag erschienen ist.

2) Die amtlichen Hinweise zu den Lohnsteuer-Richtlinien sind im **Steuerhandbuch für das Lohnbüro 2021** abgedruckt, das im selben Verlag erschienen ist.

3) Zur versicherungsteuerrechtlichen Behandlung vgl. BFH-Urteil vom 17.12.2014, BStBl. 2015 II S. 619. Danach ist die obige Unterscheidung zwischen sog. Spielereigendeckung und sog. Marktwertdeckung versicherungsteuerrechtlich ohne Bedeutung.

Lohn-steuer-pflichtig Sozial-versich.-pflichtig

Sportler

Siehe die Stichworte: Amateursportler, Berufssportler, Fußballspieler.

Sprachkurse

siehe „Deutschkurse" und „Fortbildungskosten" unter Nr. 2 Buchstabe c

Squash-Plätze

siehe „Sportanlagen"

Ständig wechselnde Einsatzstellen

siehe „Einsatzwechseltätigkeit"

Standesbeamte

Nebenamtliche Standesbeamte sind in dieser Eigenschaft Arbeitnehmer. Ihre Vergütungen sind steuerpflichtiger Arbeitslohn. ja ja[1]

Statusfeststellung

siehe „Scheinselbständigkeit"

Stellenzulagen

Stellenzulagen, die an Arbeitnehmer in besonders verantwortungsvollen Dienststellungen gezahlt werden, sind – wie andere Zulagen auch – steuer- und beitragspflichtig (vgl. „Zulagen"). ja ja

Sterbegeld

Gliederung:

1. Allgemeines
2. Sterbegeld im öffentlichen Dienst
3. Das Sterbegeld ist ein steuerbegünstigter Versorgungsbezug
4. Sterbegeld im privaten Dienst aufgrund von Tarif- oder Arbeitsverträgen
5. Besteuerung des Sterbegeldes bei mehreren berechtigten Personen
6. Sozialversicherungsrechtliche Behandlung des Sterbegeldes
7. Steuerfreies Sterbegeld

S

1. Allgemeines

Stirbt der Arbeitnehmer im Laufe des Monats, hat er bis zum Todestag Anspruch auf Arbeitslohn. Vielfach ist in Einzelarbeitsverträgen, in Betriebsvereinbarungen oder in Tarifverträgen vorgesehen, dass der Arbeitgeber noch das restliche Gehalt für den Sterbemonat und ggf. auch noch den Arbeitslohn für weitere zwei oder drei Monate an die Hinterbliebenen zu zahlen hat, wobei Letzteres nicht mehr so häufig wie früher vorkommt. Diese Zahlungen des Arbeitgebers werden Sterbegeld genannt (vgl. das Beispiel einer Lohnabrechnung für den Sterbemonat beim Stichwort „Rechtsnachfolger" unter Nr. 1 Buchstabe d auf Seite 818). Sterbegeld ist jedoch auch eine Leistung aus der Kranken- und Unfallversicherung (vgl. hierzu nachfolgende Nr. 7). Für den Lohnsteuerabzug ist aber nur das vom Arbeitgeber gezahlte Sterbegeld von Bedeutung. Im Einzelnen gilt Folgendes:

2. Sterbegeld im öffentlichen Dienst

Nach § 18 Abs. 1, Abs. 2 Nr. 1 und Abs. 3 des BeamtVG haben der überlebende Ehegatte und die übrigen dort bezeichneten Personen (z. B. Kinder) nach dem Tode eines Beamten Anspruch auf Sterbegeld (= volle Bezüge für zwei weitere Monate). Das nach diesen Vorschriften gezahlte Sterbegeld kann nicht als steuerfreie Notstandsbeihilfe im Sinne des § 3 Nr. 11 EStG angesehen werden. Das Sterbegeld stellt **steuerpflichtigen Arbeitslohn beim Empfänger** des Sterbegeldes dar und ist als sonstiger Bezug der Lohnsteuer zu unterwerfen. Da das Sterbegeld als Arbeitslohn des Empfängers anzusehen ist, ist es nach den für ihn geltenden Besteuerungsmerkmalen (Steuerklasse, Zahl der Kinderfreibeträge) zu besteuern und nicht etwa nach der für den Verstorbenen geltenden Steuerklasse. Daher hat der Arbeitgeber auch für den Empfänger des Sterbegeldes die elektronischen Lohnsteuerabzugsmerkmale (ELStAM; vgl. dieses Stichwort) abzurufen. Gegebenenfalls ist beim Sterbegeldempfänger eine Versteuerung nach der Steuerklasse VI vorzunehmen (vgl. „Rechtsnachfolger" und das dort aufgeführte Beispiel zur Berechnung der Lohnsteuer unter Nr. 1 Buchstabe d auf Seite 818). ja nein

3. Das Sterbegeld ist ein steuerbegünstigter Versorgungsbezug

Das Sterbegeld **im öffentlichen Dienst** sowie entsprechende Bezüge **im privaten Dienst** sind – unabhängig vom Alter des Empfängers – den steuerbegünstigten Versorgungsbezügen zuzurechnen (vgl. „Versorgungsbezüge, Versorgungsfreibetrag" besonders unter Nrn. 2 und 3). Entsprechende Bezüge im privaten Dienst sind Zahlungen aufgrund von Sterbegeldregelungen in Tarifverträgen, Betriebsvereinbarungen oder Einzelarbeitsverträgen, die Hinterbliebene für den Sterbemonat und die folgenden zwei bis drei Monate erhalten. Besonderheit bei der Ermittlung des Versorgungsfreibetrags und des Zuschlags zum Versorgungsfreibetrag ist, dass das **Sterbegeld** als eigenständiger – zusätzlicher – Versorgungsbezug zu behandeln ist. Die **Freibeträge für Versorgungsbezüge** sind daher **nicht** zu **zwölfteln** (vgl. hierzu die Erläuterungen beim Stichwort „Versorgungsbezüge, Versorgungsfreibetrag" unter Nr. 7 Buchstabe a)!

4. Sterbegeld im privaten Dienst aufgrund von Tarif- oder Arbeitsverträgen

Einige Tarifverträge und auch Betriebsvereinbarungen oder Einzelarbeitsverträge enthalten noch Regelungen zur Zahlung eines Sterbegeldes. Diese tarif- oder arbeitsvertraglichen Sterbegelder stellen einen steuerbegünstigten Versorgungsbezug dar (vgl. auch die vorstehende Nr. 3). Das Sterbegeld ist als **sonstiger Bezug** nach dem unter diesem Stichwort dargestellten Verfahren zu besteuern. Dies gilt auch für den Fall, dass als Sterbegeld mehrere Monatsgehälter gezahlt werden, da dies als ratenweise Zahlung eines Einmalbetrags anzusehen ist. Zu beachten ist jedoch, dass das Sterbegeld als **Arbeitslohn des Empfängers** (= Hinterbliebene) gilt, d. h. dass die Steuerklasse des Empfängers (ggf. Steuerklasse VI) maßgebend ist (vgl. „Rechtsnachfolger" und das dort aufgeführte Beispiel zur Berechnung der Lohnsteuer bei der Zahlung von Sterbegeld unter Nr. 1 Buchstabe d). Dem Arbeitgeber müssen also auch die Lohnsteuerabzugsmerkmale des Rechtsnachfolgers des Arbeitnehmers vorliegen. Folglich hat der Arbeitgeber auch für den Erben die elektronischen Lohnsteuerabzugsmerkmale (ELStAM; vgl. dieses Stichwort) abzurufen.

Bei Sterbegeldregelungen im privaten Dienst ist die steuerliche Frage, ob Versorgungsbezüge vorliegen oder

1) Sofern nicht versicherungsfrei als Beamte.

Lohn-steuer-pflichtig | Sozial-versich.-pflichtig

nicht, nach den arbeitsvertraglichen Abmachungen zu beurteilen. Nicht zu den steuerbegünstigten Versorgungsbezügen gehören Bezüge, die für den Sterbemonat aufgrund des Arbeitsvertrages als Arbeitsentgelt gezahlt werden; besondere Leistungen an Hinterbliebene, die über das bis zum Erlöschen des Dienstverhältnisses geschuldete Arbeitsentgelt hinaus gewährt werden, sind dagegen – unabhängig vom Alter des Empfängers (= Hinterbliebenen) – Versorgungsbezüge. Danach sind nach bundeseinheitlicher Verwaltungsanweisung[1] folgende Fälle zu unterscheiden:

Beispiel A

Der Arbeitnehmer A hatte arbeitsvertraglich Anspruch auf seine Bezüge nur bis zum Todestag. Werden diese für den Sterbemonat an die Hinterbliebenen gezahlt, liegen noch keine steuerbegünstigten Versorgungsbezüge vor. Erhalten die Hinterbliebenen nach dem Arbeitsvertrag weitere Leistungen, sind diese als Versorgungsbezüge anzuerkennen. Wird der Arbeitslohn bis zum Todestag mit den weiteren Leistungen in einer Summe gezahlt, dürfen die Versorgungsfreibeträge nur von dem Teilbetrag der weiteren Leistungen berechnet werden.

Beispiel B

Hatte A arbeitsvertraglich Anspruch auf die vollen Bezüge des Sterbemonats, ist eine teilweise Anerkennung als begünstigte Versorgungsbezüge nicht möglich.

Beispiel C

Ist vereinbart, dass im Sterbemonat des A kein Arbeitslohn mehr, sondern nur Hinterbliebenenbezüge gezahlt werden, können dennoch auf den Teil der Bezüge, der auf die Zeit bis zum Todestag des A entfällt, die Versorgungsfreibeträge nicht angewendet werden.

Beispiel D

Bestehen keine vertraglichen Abmachungen über die Zahlung der Bezüge für den Sterbemonat und wird dennoch Arbeitslohn für einen vollen Kalendermonat gezahlt, ist der bis zum Todestag zu zahlende Arbeitslohn kein Versorgungsbezug. Der auf die Zeit vom Todestag bis zum Ende des Sterbemonats entfallende Betrag ist dagegen ein Versorgungsbezug.

Bei der Ermittlung des Versorgungsfreibetrags und des Zuschlags zum Versorgungsfreibetrag ist zu beachten, dass das **Sterbegeld** als eigenständiger – zusätzlicher – Versorgungsbezug zu behandeln ist. Die **Freibeträge für Versorgungsbezüge** sind daher **nicht** zu **zwölfteln** (vgl. hierzu die Erläuterungen beim Stichwort „Versorgungsbezüge, Versorgungsfreibetrag" unter Nr. 7 Buchstabe a)!

5. Besteuerung des Sterbegeldes bei mehreren berechtigten Personen

Sind mehrere sterbegeldberechtigte Personen vorhanden, wird das Sterbegeld an **einen** Sterbegeldberechtigten gezahlt, der sich ggf. mit den anderen Personen zivilrechtlich auseinandersetzen muss. In diesen Fällen wird das gesamte Sterbegeld beim Empfänger nach den für diese Person geltenden Besteuerungsmerkmalen zur Lohnsteuer herangezogen (vgl. das Stichwort „Rechtsnachfolger" und das dort aufgeführte Beispiel zur Berechnung der Lohnsteuer unter Nr. 1 Buchstaben d und e). Der Arbeitgeber hat daher für diesen Empfänger des Sterbegeldes die elektronischen Lohnsteuerabzugsmerkmale (ELStAM; vgl. dieses Stichwort) abzurufen.

Beim Empfänger des Sterbegeldes stellen die an die übrigen Anspruchsberechtigten weitergegebenen Beträge im Kalenderjahr der **Weitergabe negative Einnahmen** dar. Der Empfänger des Sterbegeldes kann die weitergegebenen Teile des Sterbegeldes wie Werbungskosten neben dem Arbeitnehmer-Pauschbetrag geltend machen und die Bildung eines entsprechenden steuerfreien Betrages als Lohnsteuerabzugsmerkmal beantragen. Bei den Empfängern der Auseinandersetzungszahlungen (das sind die von dem Sterbegeldempfänger weitergegebenen Teile des Sterbegeldes) werden die Beträge ebenfalls als Arbeitslohn besteuert und – ohne vorherigen Lohnsteuerabzug – im Rahmen einer Veranlagung zur Einkommensteuer (vermindert um die Freibeträge für Versorgungsbezüge) steuerlich erfasst.

Lohn-steuer-pflichtig | Sozial-versich.-pflichtig

Wird beim Lohnsteuerabzug vom Sterbegeld der Versorgungsfreibetrag und der Zuschlag zum Versorgungsfreibetrag berücksichtigt, ist für die Berechnung der negativen Einnahmen beim Empfänger des Sterbegeldes wie folgt vorzugehen:

Beispiel

Ein Arbeitnehmer stirbt im Kalenderjahr 2021 und hinterlässt eine Witwe mit drei Kindern, die ein Sterbegeld in Höhe von 9000 € erhält. Der Arbeitgeber zahlt das Sterbegeld an die Witwe aus und besteuert es nach den Lohnsteuerabzugsmerkmalen der Witwe. Dabei wird der Versorgungsfreibetrag und der Zuschlag zum Versorgungsfreibetrag berücksichtigt (vgl. das Beispiel zur Lohnabrechnung im Sterbemonat beim Stichwort „Rechtsnachfolger" unter Nr. 1 Buchstabe d). Die Witwe muss jeweils ein Viertel (= 2250 €) an die Kinder weitergeben. Die Witwe zahlt den Betrag von (3 × 2250 € =) 6750 € im Kalenderjahr 2022 an die Kinder aus. Es ergibt sich folgende Berechnung der negativen Einnahmen aus nichtselbstständiger Tätigkeit:

Die lohnsteuerpflichtigen Versorgungsbezüge im Jahr 2021 betragen

Sterbegeld	9 000,– €
abzüglich Versorgungsfreibetrag (15,2 % = 1368 €, höchstens 1140 €)	1 140,– €
abzüglich Zuschlag zum Versorgungsfreibetrag	342,– €
steuerpflichtiger Versorgungsbezug	7 518,– €
Durch die Weitergabe im Jahr 2022 verbleibt der Witwe ein Anteil an den Versorgungsbezügen in Höhe von	2 250,– €
abzüglich hierauf entfallender Versorgungsfreibetrag (15,2 %)	342,– €
abzüglich Zuschlag zum Versorgungsfreibetrag	342,– €
verbleibender steuerpflichtiger Versorgungsbezug	1 566,– €

Bei der Witwe sind somit im Jahre 2022 negative Einnahmen in Höhe von (7518 € – 1566 € =) 5952 € anzusetzen.

6. Sozialversicherungsrechtliche Behandlung des Sterbegeldes

Das Sterbegeld, das jemand als Rechtsnachfolger eines Arbeitnehmers bezieht, gehört zwar nach der Sonderregelung des § 1 Abs. 1 Satz 2 LStDV[2] zum steuerpflichtigen Arbeitslohn, aber nicht zum sozialversicherungspflichtigen Arbeitsentgelt, da es nicht für eine vom Empfänger der Zahlungen selbst ausgeübte Beschäftigung gezahlt wird (vgl. „Rechtsnachfolger"). ja nein

Ob das Sterbegeld ggf. als Versorgungsbezug (vgl. hierzu „Teil B, Grundsätzliches zur Kranken-, Pflege-, Renten- und Arbeitslosenversicherung, Nr. 12 auf Seite 24") Kranken- und Pflegeversicherungspflichtig ist, hängt im Einzelfall davon ab, ob Hinterbliebenenleistungen (Witwen- oder Waisenpension) gewährt werden, in welcher Form und ab wann diese gezahlt werden. Es empfiehlt sich, dies im Einzelfall von der zuständigen Krankenkasse prüfen zu lassen.

Zur sozialversicherungsrechtlichen Behandlung von Urlaubsabgeltungen, die wegen Beendigung der Beschäftigung durch Tod gezahlt werden, vgl. „Rechtsnachfolger" unter Nr. 2.

7. Steuerfreies Sterbegeld

Wird Sterbegeld an Personen bis zur Höhe ihrer Aufwendungen wegen Krankheit und/oder für die Bestattung des Verstorbenen aufgrund des § 18 Abs. 2 Nr. 2 BeamtVG gezahlt, kann stets das Vorliegen eines Notfalls im Sinne von R 3.11 Abs. 1 LStR unterstellt werden, sodass das gezahlte Sterbegeld ohne weitere Prüfung als Notstandsbeihilfe steuerfrei bleibt (siehe „Unterstützungen"). nein nein

1) Bundeseinheitliche Regelung. Für Bayern bekannt gegeben mit Schreiben vom 30.12.1975 (Az.: 32 – S 2343 – 1/69 – 68 062/75). Das Schreiben ist als Anlage zu H 19.9 LStR im **Steuerhandbuch für das Lohnbüro 2021** abgedruckt, das im selben Verlag erschienen ist.

2) Die Lohnsteuer-Durchführungsverordnung (LStDV) ist als Anhang 1 im **Steuerhandbuch für das Lohnbüro 2021** abgedruckt, das im selben Verlag erschienen ist.

	Lohn-steuer-pflichtig	Sozial-versich.-pflichtig
Das Sterbegeld der Krankenkassen oder der gesetzlichen Unfallversicherung ist nach § 3 Nr. 1 Buchstabe a EStG steuerfrei.	nein	nein

Zu Beihilfen und Unterstützungen privater Arbeitgeber beim Tod naher Angehöriger vgl. „Unterstützungen" unter Nr. 3.

Steuerabzug bei Bauleistungen

Seit 1.1.2002 gibt es zur Sicherung von Steueransprüchen bei Bauleistungen einen **besonderen Steuerabzug.** Danach haben bestimmte **Auftraggeber von Bauleistungen im Inland** einen Steuerabzug in Höhe von **15 %** der Gegenleistung für Rechnung des die Bauleistung erbringenden Unternehmens vorzunehmen, wenn ihnen nicht eine vom zuständigen Finanzamt ausgestellte **Freistellungsbescheinigung** vorliegt oder die Gegenleistung einen bestimmten Betrag nicht überschreitet (§ 48 EStG).

Hierdurch ergeben sich auch Auswirkungen auf die **Arbeitnehmerüberlassung,** wenn die überlassene Person im Baugewerbe tätig ist. Denn dadurch, dass der Auftraggeber (Leistungsempfänger) seiner Verpflichtung zur Anmeldung und Abführung des Steuerabzugsbetrags nachkommt, kann er sowohl die Anwendung des § 160 AO (Versagung des Betriebsausgabenabzugs) als auch seine Inanspruchnahme als Entleiher nach § 42d Abs. 6 und 8 EStG ausschließen (vgl. das Stichwort „Arbeitnehmerüberlassung" unter Nr. 14 Buchstabe c).

Im Zusammenhang mit der Einführung des Steuerabzugs wurde außerdem für **Unternehmen des Baugewerbes,** die ihren Sitz oder ihre Geschäftsleitung **im Ausland** haben, eine zentrale örtliche Zuständigkeit von Finanzämtern im Bundesgebiet geschaffen. Diese umfasst auch das Lohnsteuerabzugsverfahren sowie die Einkommensbesteuerung der von diesen Unternehmen beschäftigten Arbeitnehmer mit Wohnsitz im Ausland (§ 20a Abs. 1 AO).

Nach § 20a Abs. 2 AO ist für **ausländische Verleiher** das für die Umsatzbesteuerung nach § 21 AO zuständige Finanzamt auch für die Verwaltung der Lohnsteuer in den Fällen der Arbeitnehmerüberlassung zuständig, wenn die überlassene Person im **Baugewerbe** eingesetzt ist. Insoweit bestehen im Bundesgebiet, abhängig vom Herkunftsland des ausländischen Verleihers, abweichende Sonderzuständigkeiten der Finanzämter, die in der Umsatzsteuerzuständigkeitsverordnung festgelegt und in den Hinweisen zu R 41.3 LStR aufgenommen sind.[1] Vgl. auch die Erläuterungen beim Stichwort „Arbeitnehmerüberlassung" unter Nr. 13 Buchstabe g.

S

Steuerfreier Betrag

siehe „Freibeträge" und Anhang 2

Steuerklassen

Neues und Wichtiges auf einen Blick:

1. Entlastungsbetrag für Alleinerziehende

Der Entlastungsbetrag für Alleinerziehende wurde von 1908 € jährlich um 2100 € auf 4008 € jährlich **angehoben.** Der Erhöhungsbetrag von 2100 € wird aber für die Jahre 2020 und 2021 nicht automatisch über die Steuerklasse II berücksichtigt, sondern als (ggf. zusätzlicher) Freibetrag im ELStAM-Verfahren. Ab dem Kalenderjahr 2022 wird der Entlastungsbetrag von 4008 € jährlich (= 334 € monatlich) automatisch über die Steuerklasse II berücksichtigt.

Lohn-steuer-pflichtig	Sozial-versich.-pflichtig

2. Steuerklassenwechsel bei Ehegatten

Seit dem Kalenderjahr 2020 können Ehegatten ohne Vorliegen besonderer Gründe **mehrmals** im Laufe des Kalenderjahres beim Finanzamt eine Änderung der Steuerklassen beantragen (= Steuerklassenwechsel). Die Begrenzung auf „einmal im Kalenderjahr" ist gestrichen worden.

Vgl. die Erläuterungen unter der nachfolgenden Nr. 4.

Gliederung:

1. Allgemeines
2. Maßgebende Steuerklassen
3. Steuerklassenwahl bei Ehegatten
4. Wechsel der Steuerklassen bei Ehegatten
5. Steuerklasse VI
6. Faktorverfahren bei Ehegatten
7. Mitteilungspflicht des Arbeitnehmers bei zu günstiger Steuerklasse oder Zahl der Kinderfreibeträge

1. Allgemeines

Für den Lohnsteuerabzug werden Arbeitnehmer in verschiedene Steuerklassen eingereiht. Durch die Einordnung in Steuerklassen wird erreicht, dass die unterschiedlichen Einkommenstarife der Grund- und Splittingtabelle sowie die verschiedenen Frei- und Pauschbeträge in die Lohnsteuertabelle bereits eingearbeitet werden können, was den Lohnsteuerabzug durch den Arbeitgeber wesentlich erleichtert (vgl. „Tarifaufbau" und „Lohnsteuertabellen"). Der Arbeitgeber ist an die für den Arbeitnehmer gebildete Steuerklasse gebunden, selbst wenn sie falsch sein sollte. Er muss den Arbeitnehmer zur Änderung der Steuerklasse an das Finanzamt verweisen. Zur Änderungspflicht des Arbeitnehmers bei zu günstiger Steuerklasse vgl. nachfolgende Nr. 7.

Die unbeschränkt[2] steuerpflichtigen Arbeitnehmer werden in folgende Steuerklassen eingereiht:

2. Maßgebende Steuerklassen

Steuerklasse I

Darunter fallen im Kalenderjahr 2021 Arbeitnehmer

- die **ledig** oder **geschieden** sind;
- die zwar verheiratet sind, aber von ihrem Ehegatten/Lebenspartner dauernd getrennt leben oder deren Ehegatte/Lebenspartner im Ausland[3] lebt;
- die verwitwet sind und der Ehegatte/Lebenspartner vor dem 1. 1. 2020 verstorben ist.

Auch bei nicht verheirateten Eltern von Kindern ist als Lohnsteuerabzugsmerkmal jeweils die Steuerklasse I zu bilden, da sie sich bewusst dazu entschieden haben, (noch) keine Ehe einzugehen (BFH-Beschluss vom 21.3.2012, BFH/NV 2012 S. 1125).

Steuerklasse II

Diese Steuerklasse gilt für die zu Steuerklasse I genannten Arbeitnehmer, wenn ihnen der **Entlastungsbetrag für Alleinerziehende** zusteht. Die Steuerklasse I unterscheidet sich von der Steuerklasse II nur dadurch, dass in der Steuerklasse II der Entlastungsbetrag für Alleinerziehende eingearbeitet ist. Arbeitnehmer erhalten den Entlastungsbetrag für Alleinerziehende, wenn der alleinstehende Ar-

1) Die amtlichen Hinweise 2021 zu R 41.3 LStR sind im **Steuerhandbuch für das Lohnbüro 2021** abgedruckt, das im selben Verlag erschienen ist.

2) Wegen der maßgebenden Steuerklasse bei beschränkter Steuerpflicht vgl. das Stichwort „Beschränkt steuerpflichtige Arbeitnehmer" besonders unter den Nrn. 5 bis 8.

3) Zur Bescheinigung der Steuerklasse III bei einem unbeschränkt steuerpflichtigen (meist ausländischen) Arbeitnehmer, dessen Ehegatte/Lebenspartner im Ausland lebt, vgl. die Erläuterungen beim Stichwort „Gastarbeiter".

Lohn-steuer-pflichtig Sozial-versich.-pflichtig

beitnehmer mit seinem Kind eine Haushaltsgemeinschaft in einer gemeinsamen Wohnung hat (vgl. die Erläuterungen in Anhang 9 unter Nr. 15 auf Seite 1303). Der Entlastungsbetrag für Alleinerziehende beträgt 4008 € jährlich. Hiervon ist im Jahr 2021 ein Betrag von **1908 €** in die **Steuerklasse II eingearbeitet** und wird beim Lohnsteuerabzug automatisch berücksichtigt. Für den **Erhöhungsbetrag von 2100 €** wird ein **Freibetrag** im ELStAM-Verfahren gebildet. Für das zweite und **jedes weitere Kind** wird ein **zusätzlicher Erhöhungsbetrag von 240 € jährlich** gewährt. Für den zusätzlichen Erhöhungsbetrag, der ebenfalls nicht automatisch über die Steuerklasse II berücksichtigt werden kann, wird auf Antrag im Lohnsteuer-Ermäßigungsverfahren vom Finanzamt ein **Freibetrag** gebildet (vgl. im Einzelnen die Erläuterungen in Anhang 7, Abschnitt G sowie in Anhang 9 unter Nr. 15). Ein Anspruch auf die Bildung der günstigeren Steuerklasse III haben aber auch verwitwete Alleinstehende mit Kindern nicht (BFH-Beschluss vom 29.9.2016, BStBl. 2017 II S. 259).

Die Steuerklasse II kommt bei den zur sog. Gruppe 3 gehörenden beschränkt steuerpflichtigen Arbeitnehmern (vgl. dieses Stichwort) nicht in Betracht (§ 50 Abs. 1 Satz 3 EStG). Vgl. zur Einteilung von beschränkt steuerpflichtigen Arbeitnehmern dieses Stichwort unter Nr. 5.

Steuerklasse III

Darunter fallen folgende Arbeitnehmer:

- **Verheiratete** Arbeitnehmer, die von ihrem Ehegatten **nicht dauernd getrennt** leben, wenn der Ehegatte im Inland lebt (also unbeschränkt steuerpflichtig ist). Weitere Voraussetzung für die Einordnung in Steuerklasse III ist, dass für den **Ehegatten** die **Steuerklasse V** gebildet worden ist.
- **Verwitwete** Arbeitnehmer, wenn der Ehegatte nach dem 31. 12. 2019 verstorben ist und wenn beide Ehegatten im Zeitpunkt des Todes im Inland gewohnt und nicht dauernd getrennt gelebt haben. Verwitwete erhalten also für das Jahr in dem der Ehegatte stirbt **und für das folgende Jahr** noch die Steuerklasse III.

Die vorstehenden Ausführungen gelten entsprechend für Partner einer eingetragenen Lebenspartnerschaft. Bei einer verschiedengeschlechtlichen Lebensgemeinschaft besteht kein Anspruch auf die Steuerklasse III (BFH-Urteil vom 26.4.2017, BStBl. II S. 903).

Zur Bescheinigung der Steuerklasse III bei einem unbeschränkt steuerpflichtigen (meist ausländischen) Arbeitnehmer, dessen Ehegatte im Ausland lebt, vgl. die Erläuterungen beim Stichwort „Gastarbeiter".

Steuerklasse IV

Diese Steuerklasse gilt für die zur Steuerklasse III genannten verheirateten Arbeitnehmer. Diese Ehegatten können wählen, ob sie beide die Steuerklasse IV haben wollen, oder die Steuerklassenkombination III/V.

Die vorstehenden Ausführungen gelten entsprechend für Partner einer eingetragenen Lebenspartnerschaft.

Zum sog. Faktorverfahren vgl. die Erläuterungen bei diesem Stichwort und unter der nachfolgenden Nr. 6. Die Anwendung des Faktorverfahrens setzt u. a. voraus, dass beide Ehegatten/eingetragenen Lebenspartner die Steuerklasse IV haben.

Ehegatten, die beide unbeschränkt einkommensteuerpflichtig sind und nicht dauernd getrennt leben, sind im Zeitpunkt der **Eheschließung** in **Steuerklasse IV einzureihen,** auch wenn nur ein Ehegatte Arbeitslohn bezieht. Für den anderen, nicht als Arbeitnehmer tätigen Ehegatten wird automatisch ebenfalls die Steuerklasse IV gebildet (Steuerklassenkombination IV/IV bei Eheschließung als Regelfall; § 38b Abs. 1 Satz 2 Nr. 4 EStG).

Lohn-steuer-pflichtig Sozial-versich.-pflichtig

Beispiel

Die Eheleute A und B heiraten am 16. Februar 2021. A ist Arbeitnehmer, B selbstständige Rechtsanwältin.

Für das ELStAM-Verfahren werden beide Ehegatten in die Steuerklasse IV eingereiht, obwohl B nicht als Arbeitnehmer, sondern selbstständig tätig ist (Steuerklassenkombination IV/IV; § 38b Abs. 1 Satz 2 Nr. 4 EStG). Zum Steuerklassenwechsel in diesen Fällen vgl. nachfolgende Nr. 4.

Steuerklasse V

Diese Steuerklasse tritt für einen Ehegatten an die Stelle der Steuerklasse IV, wenn der andere Ehegatte auf Antrag beider Ehegatten in die Steuerklasse III eingereiht wird.

Wegen Einzelheiten zur Wahl der Steuerklasse IV für beide Ehegatten oder der Steuerklasse III für den einen und der Steuerklasse V für den anderen Ehegatten vgl. nachfolgend unter Nr. 3.

Die vorstehenden Ausführungen gelten entsprechend für Partner einer eingetragenen Lebenspartnerschaft.

Steuerklasse VI

Steht ein Arbeitnehmer gleichzeitig in **mehreren Dienstverhältnissen,** sollte der erste Arbeitgeber (dies ist der Arbeitgeber, von dem der Arbeitnehmer den höheren Lohn erhält) den Lohnsteuerabzug nach der Steuerklasse vornehmen, der dem steuerlichen Familienstand des Arbeitnehmers entspricht (= Steuerklasse I bis V). Der zweite und jeder weitere Arbeitgeber hat den Lohnsteuerabzug nach der Steuerklasse VI vorzunehmen. Bei der Anmeldung der Arbeitnehmer zur ELStAM-Datenbank hat der Arbeitgeber anzugeben, ob es sich um ein erstes (= familiengerechte Steuerklasse) oder weiteres Dienstverhältnis (Steuerklasse VI) handelt (vgl. „Elektronische Lohnsteuerabzugsmerkmale – ELStAM" unter Nr. 3 Buchstabe d).

Zur Anwendung der Steuerklasse VI bei verschiedenartigen Lohnbezügen in einem Dienstverhältnis vgl. „Elektronische Lohnsteuerabzugsmerkmale (ELStAM)" unter Nr. 4. Zur Zusammenfassung der Arbeitslöhne aus mehreren Arbeitsverhältnissen zur Durchführung des Lohnsteuerabzugs vgl. das Stichwort „Lohnsteuerabzug durch einen Dritten".

3. Steuerklassenwahl bei Ehegatten[1]

Beziehen beide Ehegatten Arbeitslohn, muss man wissen, dass Ehegatten grundsätzlich gemeinsam besteuert werden, weil das für sie günstiger ist. Beim Lohnsteuerabzug eines Arbeitnehmers kann aber nur dessen eigener Arbeitslohn zugrunde gelegt werden. Die Arbeitslöhne beider Ehegatten können erst nach Ablauf des Jahres zusammengeführt werden. Erst dann ergibt sich die zutreffende Jahressteuer. Es lässt sich deshalb oft nicht vermeiden, dass im Laufe des Kalenderjahres zu viel oder zu wenig Lohnsteuer einbehalten wird. Um dem Jahresergebnis möglichst nahe zu kommen, stehen den Ehegatten zwei Steuerklassenkombinationen und das Faktorverfahren (vgl. dieses Stichwort und nachfolgend unter Nr. 6) zur Auswahl.

Eine Tabelle zur Steuerklassenwahl bei Ehegatten für das Kalenderjahr 2021 ist als **Anhang 11** abgedruckt. Für die Wahl der Steuerklasse IV bei beiden Arbeitnehmerehegatten oder der Steuerklasse III beim einen und der Steuerklasse V beim anderen Ehegatten ist das Folgende zu beachten:

Ehegatten, die die Voraussetzungen für die Steuerklasse IV erfüllen, können statt der Bildung der Steuerklasse IV bei beiden Ehegatten die Bildung der Steuerklasse III beim einen und der Steuerklasse V beim anderen Ehegatten beantragen.

Nach dem für die **Steuerklasse V** entwickelten Tarif wird als Lohnsteuer grundsätzlich der Betrag erhoben, der sich

1) Die nachfolgenden Ausführungen gelten entsprechend für Partner einer eingetragenen Lebenspartnerschaft (§ 2 Abs. 8 EStG).

Lohn- steuer- pflichtig | Sozial- versich.- pflichtig

ergibt, wenn von der für den gemeinsamen Arbeitslohn beider Ehegatten geschuldeten Lohnsteuer die vom Ehegatten mit der Steuerklasse III entrichtete Lohnsteuer abgezogen wird. Da den Arbeitgebern der Ehegatten dabei jeweils nur der von ihnen selbst ausgezahlte Arbeitslohn, nicht aber der gemeinsame Arbeitslohn beider Ehegatten bekannt ist, wird der Steuerermittlung eine gesetzliche Fiktion in der Weise zugrunde gelegt, dass bei dem Ehegatten, der in die Steuerklasse V einzureihen ist, unterstellt wird, dass sein Arbeitslohn **40 % des Arbeitslohnes beider Ehegatten** betrage. Trifft dieses Verhältnis der Arbeitslöhne zueinander zu, wird die Lohnsteuer zutreffend erhoben. Beträgt der Arbeitslohn des geringer verdienenden Ehegatten weniger als 40 % des gemeinsamen Arbeitslohns beider Ehegatten, wird eine zu geringe Lohnsteuer erhoben. Die während des Kalenderjahres zu wenig einbehaltene Lohnsteuer wird für diese Arbeitnehmer im Wege der Veranlagung zur Einkommensteuer nacherhoben. Ehegatten, die nur Einkünfte aus nichtselbstständiger Arbeit beziehen und bei denen bei einem Ehegatten die Steuerklasse V gebildet worden ist, werden deshalb **stets** zur Einkommensteuer **veranlagt** (vgl. „Veranlagung von Arbeitnehmern" unter Nr. 2).

Ist für beide Ehegatten die **Steuerklasse IV** gebildet worden, wird bereits während des Kalenderjahres im Steuerabzugsverfahren die zutreffende Lohnsteuer erhoben, wenn beide Ehegatten Arbeitslohn in der gleichen Höhe beziehen. Weichen die von den Ehegatten bezogenen Arbeitslöhne voneinander ab, wird während des Kalenderjahres im Steuerabzugsverfahren in der Regel eine zu hohe Lohnsteuer einbehalten, die im Rahmen einer **Antragsveranlagung** zur Einkommensteuer erstattet wird. Eine Pflichtveranlagung zur Einkommensteuer wird für Ehegatten, die ausschließlich Einkünfte aus nichtselbstständiger Arbeit beziehen und bei denen für das ganze Kalenderjahr die Steuerklasse IV gebildet worden ist, nicht durchgeführt.

Danach ist es für **verheiratete Arbeitnehmer,** deren Ehegatte ebenfalls Arbeitslohn bezieht, **zweckmäßig,** die Bildung der **Steuerklasse IV** bei beiden Ehegatten zu beantragen, wenn **beide Ehegatten Arbeitslohn** in etwa gleicher Höhe **beziehen.**

Weicht der von den Ehegatten bezogene **Arbeitslohn** erheblich voneinander ab, d. h. der geringer verdienende Ehegatte verdient weniger als 40 % des gemeinsamen Bruttoeinkommens, empfiehlt es sich, die Bildung der **Steuerklasse III** beim mehr verdienenden Ehegatten und der **Steuerklasse V** beim geringer verdienenden Ehegatten zu beantragen. Hierbei kann es aber im Rahmen der Pflichtveranlagung zur Einkommensteuer zu Nachzahlungen und dadurch auch zur Festsetzung von Einkommensteuer-Vorauszahlungen für das laufende Kalenderjahr kommen.

S

Die Steuerklasse V kann nicht nur von Ehefrauen, sondern auch von Ehemännern in Anspruch genommen werden; in diesen Fällen erhält die Ehefrau die Steuerklasse III.

Die vorstehenden Ausführungen gelten entsprechend für Partner einer eingetragenen Lebenspartnerschaft.

Zum Faktorverfahren vgl. die Erläuterungen unter der nachfolgenden Nr. 6 und beim Stichwort „Faktorverfahren". Zur Auswirkung der Steuerklassenwahl auf die Höhe des Elterngeldes vgl. das Stichwort „Elterngeld, Elternzeit" unter Nr. 6.

4. Wechsel der Steuerklassen bei Ehegatten[1)]

Für die **Änderung** der **Steuerklasse** ist das **Finanzamt** – und nicht mehr wie früher die Gemeinde – zuständig. Die Ehegatten konnten bis zum Beginn des neuen Jahres, also **bis zum 31. Dezember 2020** die Steuerklasse IV in die Steuerklasse V beim einen und in die Steuerklasse III beim anderen Ehegatten oder umgekehrt, die Steuerklasse III und V in die Steuerklasse IV ändern lassen.[1)]

Lohn- steuer- pflichtig | Sozial- versich.- pflichtig

Seit dem Kalenderjahr 2020 können Ehegatten ohne Vorliegen besonderer Gründe **mehrmals** im Laufe des Kalenderjahres beim Finanzamt eine Änderung der Steuerklassen beantragen **(= Steuerklassenwechsel).** Die – abgesehen von besonderen Fällen wie z. B. Arbeitslosigkeit, dauerhafte Trennung, Tod – bis einschließlich 2019 bestehende Begrenzung auf „einmal im Kalenderjahr" ist gestrichen worden. Auch die Wahl des Faktorverfahrens gilt als Steuerklassenwechsel (vgl. nachfolgende Nr. 6)

Beispiel A

Die Ehegatten A und B haben die Steuerklassenkombination IV/IV. Im Februar 2021 beantragen sie aufgrund der Höhe ihrer Arbeitslöhne zunächst einen Wechsel in die Steuerklassenkombination III/V. Da sich das Verhältnis der Arbeitslöhne im Juli 2021 erneut geändert hat, beantragen sie in diesem Monat einen Wechsel in die Steuerklassenkombination V/III. Da ab Oktober 2021 das Verhältnis der Arbeitslöhne wieder annähernd gleich ist, beantragen sie im September 2021 einen Wechsel in die Steuerklassenkombination IV/IV.

Seit 2020 ist ein mehrfacher Steuerklassenwechsel auch ohne Vorliegen besonderer Gründe möglich.

Eine Änderung der Steuerklassenkombination im Laufe des Kalenderjahrs 2021 wird mit Wirkung **vom Beginn des auf die Antragstellung folgenden Kalendermonats** vorgenommen (§ 39 Abs. 6 Satz 5 EStG). Eine rückwirkende Änderung der Steuerklassenkombination ist **nicht** möglich.

Beispiel B

Für beide Ehegatten ist die Steuerklasse IV gebildet worden. Ab 1. Mai 2021 ist die Ehefrau nicht mehr berufstätig. Die Ehegatten beantragen deshalb im Mai beim Finanzamt einen Wechsel der Steuerklassenkombination von bisher IV/IV in III/V, das heißt in die Steuerklasse III für den Ehemann und die Steuerklasse V für die nicht mehr berufstätige Ehefrau. Die Änderung der Steuerklassen kann nicht mit Wirkung vom 1. Mai 2021 vorgenommen werden, sondern erst vom Beginn des auf die Antragstellung folgenden Monats. Dies ist der 1. Juni 2021.

Die vorstehenden Ausführungen gelten entsprechend für Partner einer eingetragenen Lebenspartnerschaft.

Zur automatischen Bildung der Steuerklassen im elektronischen ELStAM-Verfahren besonders bei einer Eheschließung im Kalenderjahr 2021 vgl. das Stichwort „Elektronische Lohnsteuerabzugsmerkmale (ELStAM)" unter Nr. 3 Buchstabe b. Die Änderung einer automatischen Bildung der Steuerklassen bei einer Eheschließung gilt übrigens nicht als Steuerklassenwechsel im vorstehenden Sinne (§ 39 Abs. 6 Satz 4 EStG). Die Änderung der Steuerklassenkombination IV/IV wird daher – abweichend von den übrigen Fällen des Steuerklassenwechsels – ab dem Zeitpunkt der Eheschließung vorgenommen.

Beispiel C

Die Eheleute A und B heiraten am 16. Februar 2021. Es wird automatisch die Steuerklassenkombination IV/IV gebildet. Die Eheleute beantragen beim Finanzamt Anfang März 2020 eine Änderung der automatisch gebildeten Steuerklassenkombination IV/IV in III/V.

---

1) Bei der Wahl der Steuerklassenkombination oder der Anwendung des Faktorverfahrens (vgl. nachfolgende Nr. 6) sollten die Ehegatten oder Lebenspartner daran denken, dass die Entscheidung auch die Höhe der Entgelt-/Lohnersatzleistungen, wie **Arbeitslosengeld I,** Unterhaltsgeld, Krankengeld, Versorgungskrankengeld, Verletztengeld, Übergangsgeld, **Elterngeld** und **Mutterschaftsgeld** oder die Höhe des Lohnanspruchs bei der **Altersteilzeit** beeinflussen kann. Eine vor Jahresbeginn getroffene Steuerklassenwahl wird bei der Gewährung von Lohnersatzleistungen von der Agentur für Arbeit grundsätzlich anerkannt. Wechseln Ehegatten oder Lebenspartner im Laufe des Kalenderjahres die Steuerklassen oder wählen sie das Faktorverfahren, können sich bei der Zahlung von Entgelt-/Lohnersatzleistungen, z. B. wegen Arbeitslosigkeit eines Ehegatten oder Inanspruchnahme von Altersteilzeit, unerwartete Auswirkungen ergeben. Deshalb sollten Arbeitnehmer, die damit rechnen, in absehbarer Zeit eine Entgelt-/Lohnersatzleistung für sich in Anspruch nehmen zu müssen oder diese bereits beziehen, vor der Neuwahl der Steuerklassenkombination bzw. der Anwendung des Faktorverfahrens zu deren Auswirkung auf die Höhe der Entgelt-/Lohnersatzleistung den zuständigen Sozialleistungsträger bzw. den Arbeitgeber befragen. Vgl. diesbezüglich auch die Erläuterungen beim Stichwort „Elterngeld, Elternzeit" unter Nr. 6.

Lohn- steuer- pflichtig | Sozial- versich.- pflichtig

Die Steuerklassenkombination wird vom Finanzamt mit Wirkung ab 16. Februar 2021 (= Zeitpunkt der Eheschließung) von IV/IV in III/V geändert.

Seit dem Kalenderjahr 2018 ist es durch einen **einseitigen Antrag** eines Ehegatten möglich, aus der **Steuerklasse** III oder V in die Steuerklasse IV zu **wechseln.** Auch der andere Ehegatte wird dann automatisch in die Steuerklasse IV eingereiht und zwar selbst dann, wenn er mit der Änderung seiner Steuerklasse nicht einverstanden sein sollte (§ 38b Abs. 3 Satz 2 EStG); der einseitige Antrag gilt nicht für den Wechsel von der Steuerklasse IV in die Steuerklasse III oder V. Durch diese Gesetzesänderung wird die **Rechtsposition** des Ehegatten mit **Steuerklasse V** – insbesondere bei einem dauerhaften Getrenntleben – **wesentlich gestärkt.** Der Wechsel von der Steuerklasse III oder V in die Steuerklasse IV ist beim Finanzamt nach amtlich vorgeschriebenem Vordruck zu beantragen und vom Antragsteller eigenhändig zu unterschreiben (§ 38b Abs. 3 Satz 3 EStG).

Beispiel D

Die Eheleute A und B, beide berufstätig, haben die Steuerklassenkombination III/V. Im Juli 2021 trennen sich die Ehegatten auf Dauer. B möchte statt der bisherigen Steuerklasse V in die Steuerklasse IV wechseln. A ist damit nicht einverstanden.

Ein einseitiger Antrag von B im Juli 2021 bei seinem Finanzamt genügt, um mit Wirkung ab 1. August von der Steuerklasse V in die Steuerklasse IV zu wechseln. Auch A wird – gegen seinen Willen – in die Steuerklasse IV eingereiht.

5. Steuerklasse VI

Der für die **Steuerklasse VI** entwickelte Tarif baut auf der Grundtabelle auf. Auch dieser Steuerklasse liegt eine gesetzliche Fiktion zugrunde, wonach unterstellt wird, dass der Arbeitnehmer aus dem Dienstverhältnis, für das die Steuerklasse VI angewendet wird, 40 % des insgesamt aus allen Dienstverhältnissen bezogenen Arbeitslohns bezieht. Die Ausführungen unter der vorstehenden Nr. 3 zum Verhältnis der Arbeitslöhne bei der Steuerklassenkombination III/V gelten deshalb insoweit sinngemäß. Arbeitnehmer, bei denen die Steuerklasse VI angewendet worden ist, werden stets zur Einkommensteuer veranlagt (vgl. „Veranlagung von Arbeitnehmern" unter Nr. 2). Häufig kommt es auch hier zu Steuernachzahlungen.

6. Faktorverfahren bei Ehegatten[1)]

Wie vorstehend unter Nr. 3 erläutert können **Ehegatten** für das Lohnsteuerabzugsverfahren zwischen den **Steuerklassenkombinationen III/V und IV/IV wählen.** Da der **Lohnsteuerabzug** in der **Steuerklasse V** oftmals als zu **hoch** empfunden wird und bei der alternativ in Betracht kommenden Steuerklassenkombination IV/IV das Familiennettoeinkommen wegen der unterschiedlichen Höhe der Arbeitslöhne sinkt, ist ein Verfahren eingeführt worden, mit dem letztlich die von beiden Ehegatten insgesamt zu zahlende Lohnsteuer gerechter verteilt werden soll.

Dieses sog. **„Faktorverfahren"** tritt **alternativ** zu den Steuerklassenkombinationen III/V und IV/IV hinzu. Es wird auf Antrag beider Ehegatten angewendet. Die Wahl des Faktorverfahrens durch beide Ehegatten gilt als **Steuerklassenwechsel.** Beim Faktorverfahren ermittelt das Finanzamt unter Berücksichtigung der im Einzelfall in Betracht kommenden Steuerermäßigungen die Einkommensteuer, die sich für die Ehegatten nach der Splittingtabelle ergeben würde. Diese Einkommensteuer wird ins Verhältnis zu der Lohnsteuer gesetzt, die sich als Summe der Lohnsteuer bei jeweiliger Anwendung der Steuerklasse IV bei den Ehegatten ergibt. Daraus wird ein Faktor ermittelt, der stets kleiner als eins ist.

Der jeweilige Arbeitgeber ermittelt für den jeweiligen Ehegatten die Lohnsteuer nach der Steuerklasse IV und wendet anschließend darauf den Faktor („kleiner eins") an. Dadurch ergibt sich als „Lohnsteuersumme" bei beiden Ehegatten im Ergebnis die vom Finanzamt errechnete und den Verhältnisrechnungen zugrunde gelegte voraussichtliche Einkommensteuer. Die sich beim laufenden Arbeitslohn nach Anwendung des Faktorverfahrens ergebende Lohnsteuer ist – vorbehaltlich noch zu berücksichtigender Freibeträge für Kinder – auch Bemessungsgrundlage für die Ermittlung der Zuschlagsteuern (Solidaritätszuschlag, Kirchensteuer).

Die vorstehenden Ausführungen gelten entsprechend für Partner einer eingetragenen Lebenspartnerschaft.

Wegen der Einzelheiten vgl. die Erläuterungen und Beispiele beim Stichwort „Faktorverfahren".

7. Mitteilungspflicht des Arbeitnehmers bei zu günstiger Steuerklasse oder Zahl der Kinderfreibeträge

Ändern sich die persönlichen Verhältnisse des Arbeitnehmers und treten die Voraussetzungen zur Einreihung in eine für ihn ungünstigere Steuerklasse oder für eine geringere Zahl der Kinderfreibeträge ein, ist der Arbeitnehmer verpflichtet, dies dem Finanzamt mitzuteilen und die Steuerklasse bzw. Zahl der Kinderfreibeträge umgehend ändern zu lassen (§ 39 Abs. 5 Satz 1 EStG). Dies gilt insbesondere bei **dauernder Trennung der Ehegatten** oder wenn die Voraussetzungen für die Anwendung der **Steuerklasse II bei Alleinerziehenden entfallen** (vgl. die nachfolgenden Beispiele A und B).

Beispiel A

Als elektronisches Lohnsteuerabzugsmerkmal beim Arbeitnehmer A ist u. a. die Steuerklasse III gebildet worden. Die Ehegatten A und B haben sich im Dezember 2020 auf Dauer getrennt.

Der Arbeitnehmer ist verpflichtet, dem Finanzamt die Änderung seiner Lebensverhältnisse mitzuteilen. Für diese Mitteilung ist der amtliche Vordruck „Erklärung zum dauernden Getrenntleben" zu verwenden. Die Steuerklasse des A wird aufgrund dieser Mitteilung ab Januar 2021 von III in I geändert.

Beispiel B

Bei der ledigen Arbeitnehmerin B ist als elektronisches Lohnsteuerabzugsmerkmal u. a. die Steuerklasse II/Zahl der Kinderfreibeträge 0,5 gebildet worden. Mitte April 2021 zieht B mit ihrem Lebenspartner zusammen und gründet eine Haushaltsgemeinschaft.

B ist verpflichtet, die Steuerklasse beim Finanzamt mit Wirkung ab Mai 2021 von II in I ändern zu lassen.

Eine Mitteilungspflicht des Arbeitnehmers besteht allerdings nicht, wenn die Änderungen aufgrund neuer Meldedaten, die ja die Grundlage für die automatische Bildung der elektronischen Lohnsteuerabzugsmerkmale sind, automatisch angestoßen werden. Vgl. auch das Stichwort „Elektronische Lohnsteuerabzugsmerkmale (ELStAM)" unter Nr. 3 besonders den Buchstaben h.

Steuerpflicht

siehe „Beschränkt steuerpflichtige Arbeitnehmer" und „Unbeschränkte Steuerpflicht"

Steuerprogression

siehe „Tarifaufbau"

Steuertarif

siehe „Tarifaufbau"

1) Die nachfolgenden Ausführungen gelten entsprechend für Partner einer eingetragenen Lebenspartnerschaft (§ 2 Abs. 8 EStG).

	Lohnsteuerpflichtig	Sozialversich.-pflichtig

Lohnsteuerpflichtig Sozialversich.-pflichtig

Stipendien

Gliederung:

1. Allgemeines
2. Öffentliche Mittel (öffentliche Stiftung)
3. Steuerfreiheit nach § 3 Nr. 11 EStG
4. Steuerfreiheit nach § 3 Nr. 44 EStG
5. Stipendien aus privaten Mitteln

1. Allgemeines

Stipendien aus **öffentlichen Mitteln** für Zwecke der Erziehung, Ausbildung, Forschung, Wissenschaft oder Kunst können entweder nach § 3 Nr. 11 oder nach § 3 Nr. 44 EStG **steuerfrei** sein. In beiden Fällen ist es für die Inanspruchnahme der Steuerfreiheit **schädlich,** wenn der Empfänger der Bezüge zu einer bestimmten wissenschaftlichen oder künstlerischen **Gegenleistung** oder zu einer bestimmten Arbeitnehmertätigkeit **verpflichtet** ist. Im Einzelnen gilt für Stipendien aus öffentlichen Mitteln Folgendes:

2. Öffentliche Mittel (öffentliche Stiftung)

Die Steuerfreiheit setzt in jedem Fall öffentliche Mittel oder Mittel aus einer öffentlichen Stiftung voraus. Öffentliche Mittel sind Mittel des Bundes, der Länder, der Gemeinden und Gemeindeverbände und der als juristische Personen des öffentlichen Rechts anerkannten Religionsgemeinschaften. Über diese Gelder aus einem öffentlichen Haushalt darf nur nach Maßgabe der haushaltsrechtlichen Vorschriften des öffentlichen Rechts verfügt werden und ihre Verwendung unterliegt einer gesetzlich geregelten Kontrolle (BFH-Urteil vom 15.11.1983, BStBl. 1984 II S. 113). Eine öffentliche Stiftung liegt vor, wenn

- die Stiftung selbst eine juristische Person des öffentlichen Rechts ist oder
- das Stiftungsvermögen im Eigentum einer juristischen Person des öffentlichen Rechts steht oder
- die Stiftung von einer juristischen Person des öffentlichen Rechts verwaltet wird.

Im Übrigen richtet sich der Begriff „öffentliche Stiftung" nach Landesrecht.

Zu Stipendien aus privaten Mitteln vgl. nachfolgende Nr. 5.

3. Steuerfreiheit nach § 3 Nr. 11 EStG

Hierunter fallen Stipendien aus öffentlichen Mitteln und aus Mitteln einer öffentlichen Stiftung, die die **Ausbildung** oder **Erziehung,** die **Wissenschaft** oder **Kunst** unmittelbar fördern. Zu den steuerfreien Erziehungs- und Ausbildungsbeihilfen gehören unter anderem die Leistungen nach dem Bundesausbildungsförderungsgesetz (BAföG) sowie die Ausbildungszuschüsse nach dem Soldatenversorgungsgesetz; zur Steuerfreiheit bei Aufnahme von Pflegepersonen in den eigenen Haushalt vgl. das Stichwort „Erziehungsbeihilfen". Zu den steuerfreien Erziehungs- und Ausbildungsbeihilfen gehören hingegen **nicht** die Unterhaltszuschüsse an Beamte im Vorbereitungsdienst – Beamtenanwärter – (BFH-Urteil vom 12.8.1983, BStBl. II S. 718), die zur Sicherstellung von Nachwuchskräften gezahlten Studienbeihilfen und auch nicht die für die Fertigung einer Habilitationsschrift gewährten Beihilfen (BFH-Urteil vom 4.5.1972, BStBl. II S. 566).

Voraussetzung für die Steuerfreiheit ist zudem, dass der Empfänger der Stipendien **nicht** zu einer **bestimmten** wissenschaftlichen oder künstlerischen **Gegenleistung** oder zu einer bestimmten Arbeitnehmertätigkeit **verpflichtet** wird.

Beihilfen zu Lebenshaltungskosten können die Erziehung und Ausbildung, nicht aber die Wissenschaft und Kunst unmittelbar fördern (BFH-Urteil vom 27.4.2006, BStBl. II S. 755).

4. Steuerfreiheit nach § 3 Nr. 44 EStG

Stipendien, die aus öffentlichen Mitteln oder von zwischenstaatlichen oder überstaatlichen Einrichtungen, denen die Bundesrepublik Deutschland als Mitglied angehört, zur Förderung der **Forschung** oder zur Förderung der **wissenschaftlichen** oder **künstlerischen Ausbildung** oder **Fortbildung** gewährt werden, sind steuerfrei. Das gilt auch, wenn solche Stipendien von einer Einrichtung, die von einer Körperschaft des öffentlichen Rechts errichtet ist oder verwaltet wird, oder von einer Körperschaft, Personenvereinigung oder Vermögensmasse im Sinne des § 5 Abs. 1 Nr. 9 des Körperschaftsteuergesetzes (KStG) gegeben werden.[1] Voraussetzung für die Steuerfreiheit ist, dass

- die Stipendien einen für die Erfüllung der Forschungsaufgabe oder für die Bestreitung des Lebensunterhalts und die Deckung des Ausbildungsbedarfs erforderlichen Betrag nicht überschreiten und nach den vom Geber erlassenen Richtlinien vergeben werden und
- der Empfänger im Zusammenhang mit dem Stipendium **nicht** zu einer bestimmten wissenschaftlichen oder künstlerischen **Gegenleistung** oder zu einer bestimmten Arbeitnehmertätigkeit **verpflichtet** ist. — nein | nein

In der Praxis ist immer wieder streitig, ob ein Stipendium den für die **Bestreitung des Lebensunterhalts erforderlichen Betrag** übersteigt oder nicht. Der notwendige Lebensunterhalt umfasst die unentbehrlichen Aufwendungen für Wohnung, Verpflegung, Kleidung, Ausbildung, Gesundheit und angemessene Freizeitgestaltung. Zu berücksichtigen ist dabei das Alter der Stipendiaten, ihre akademische Vorbildung sowie deren nach der Verkehrsauffassung erforderlichen typische Lebenshaltungskosten in ihrer konkreten sozialen Situation. Der Bundesfinanzhof geht von einer **Steuerfreiheit** des **Stipendiums** aus, wenn es die **zuvor** aus einem Beschäftigungsverhältnis **bezogenen Einnahmen nicht übersteigt** (BFH-Urteil vom 24.2.2015, BStBl. II S. 691). Im Streitfall wurde daher ein Stipendium in Höhe von 2700 € monatlich als steuerfrei angesehen, da es in den Förderrichtlinien als „Beitrag zur angemessenen Lebensführung" ausgewiesen und im Wesentlichen auf den Ausgleich für den zeitweiligen Ausfall der vor der Bewilligung bezogenen Einnahmen ausgerichtet war. Die Finanzverwaltung geht noch etwas weiter. Ihrer Meinung nach übersteigt ein Stipendium den für die Bestreitung des Lebensunterhalts erforderlichen Betrag nicht, wenn es über die zuvor aus einem Beschäftigungsverhältnis bezogenen Einnahmen **„nicht wesentlich"** hinausgeht. Zugleich hebt der Bundesfinanzhof in seinem Urteil hervor, dass die BAföG-Höchstsätze keinen Anhaltspunkt für die Steuerfreiheit eines Stipendiums bieten. Die Steuerbefreiung von **Forschungsstipendien** gilt sowohl für Zuwendungen zur Erfüllung der Forschungsaufgaben als auch für Zuwendungen, die der Bestreitung des Lebensunterhalts dienen (BFH-Urteil vom 20.3.2003, BStBl. 2004 II S. 190). — nein | nein

Eine Steuerbefreiung scheidet aber aus, wenn der Grundbetrag des Stipendiums bereits nach den Vergabebestimmungen einen Zuschlag für die Versteuerung enthält. — ja | nein

Ebenso kommt eine Steuerfreiheit nicht in Betracht, wenn sich das Stipendium der Höhe nach am Einkommen eines Hochschullehrers orientiert. — ja | nein

---

1) Auch eine in der EU oder dem EWR ansässige Körperschaft, Personenvereinigung oder Vermögensmasse i. S. d. § 5 Abs. 1 Nr. 9 KStG kann steuerfreie Stipendien vergeben, soweit sie bei sinngemäßer Anwendung der §§ 51 ff. AO gemeinnützig wäre und ein Amtshilfeabkommen mit dem Ansässigkeitsstaat besteht. Das Vorliegen der Voraussetzungen der §§ 51 ff. AO hat der Stipendienempfänger gegenüber dem für ihn zuständigen Finanzamt durch Vorlage entsprechender Unterlagen (z. B. Satzung, Tätigkeitsbericht) nachzuweisen.

Lohnsteuerpflichtig | Sozialversich.-pflichtig

Die Prüfung, ob die gesetzlichen Voraussetzungen für die Steuerfreiheit der Stipendien vorliegen, hat für inländische Stipendiengeber das Finanzamt vorzunehmen, das für die Veranlagung des Stipendiengebers zur Körperschaftsteuer zuständig ist oder zuständig sein würde, wenn der Geber steuerpflichtig wäre. Dieses Finanzamt hat auf Anforderung des Stipendienempfängers oder des für ihn zuständigen Finanzamts eine **Bescheinigung** über die Voraussetzungen der Steuerfreiheit zu erteilen.[1] Das Wohnsitzfinanzamt des Stipendienempfängers ist an die rechtliche Beurteilung des Finanzamts des Stipendiengebers gebunden.

Die sog. **EXIST-Gründerstipendien** dienen in erster Linie dazu, Existenzgründer auf dem Weg in die Selbstständigkeit zu unterstützen. Sie bezwecken gerade nicht, Forschung oder wissenschaftliche Ausbildung zu fördern, sondern sind darauf gerichtet, den Übergang von der wissenschaftlichen Ausbildung in den Markt zu ermöglichen. Sie sind daher **nicht steuerfrei** (BFH-Beschluss vom 1.10.2012, BFH/NV 2013 S. 29).[2]

5. Stipendien aus privaten Mitteln

Steuerlich ist bei einem Studium nur dann von einem Ausbildungsdienstverhältnis auszugehen, wenn das Studium selbst Gegenstand des Ausbildungsdienstverhältnisses ist. Der Arbeitnehmer wird also (auch) für das Studieren bezahlt. — ja | ja

Ist das Studium hingegen nicht Gegenstand des Dienstverhältnisses, liegt auch dann kein Ausbildungsdienstverhältnis vor, wenn das Studium von einem Dritten durch die Hingabe von Mitteln (z. B. Stipendien) gefördert wird. Da eine Steuerbefreiungsvorschrift für aus privaten Mitteln stammende Studienbeihilfen nicht besteht, liegen – abhängig von den Gesamtumständen des Einzelfalles – Arbeitslohn oder sonstige Einkünfte vor. Von Arbeitslohn ist insbesondere auszugehen, wenn die Studienbeihilfen privater Arbeitgeber im Hinblick auf ein künftiges Dienstverhältnis gewährt werden (§ 2 Abs. 2 Nr. 1 LStDV[3]).

Stock-Options

siehe „Aktienoptionen"

Stornoreserve

siehe „Provisionen"

Strafverteidigungskosten

siehe „Prozesskosten"

Streik

Während die Versicherungspflicht in der Renten- und Arbeitslosenversicherung bei Arbeitskampfmaßnahmen – ungeachtet der Tatsache, ob die Maßnahmen rechtmäßig oder rechtswidrig sind – längstens für einen Monat fortbesteht (§ 7 Abs. 3 SGB IV), bleibt die Mitgliedschaft in der Krankenversicherung nach § 192 Abs. 1 Nr. 1 SGB V und in der Pflegeversicherung nach § 49 Abs. 2 SGB XI i. V. m. § 192 Abs. 1 Nr. 1 SGB V im Falle eines rechtmäßigen Arbeitskampfes bis zu dessen Beendigung erhalten (vgl. die ausführlichen Erläuterungen beim Stichwort „Arbeitsunterbrechung"). Die Lohnabrechnung ist wie beim unbezahlten Urlaub (vgl. dieses Stichwort) vorzunehmen.

Lohnsteuerpflichtig | Sozialversich.-pflichtig

Streikgelder

Streik- oder Aussperrungsunterstützungen sind kein steuerpflichtiger Arbeitslohn. Auch sonstige steuerpflichtige Einnahmen liegen nicht vor (BFH-Urteil vom 24. 10. 1990, BStBl. 1991 II S. 337). — nein | nein

Strom

1. Allgemeines

Die unentgeltliche oder verbilligte Abgabe von Strom durch den Arbeitgeber ist bei Arbeitnehmern von Energieversorgungsunternehmen bis zum **Rabattfreibetrag** in Höhe von **1080 € jährlich** steuer- und beitragsfrei. — nein | nein

Folgende Fallgestaltungen sind zu unterscheiden:

2. All-inclusive-Verträge (Strom und Netz)

Der Stromliefervertrag ist in der Energiewirtschaft ein Vertrag zwischen dem Kunden und dem Stromlieferanten (Energieversorgungsunternehmen). Kunden haben dabei die Möglichkeit, mit ihrem Stromlieferanten sogenannte All-inclusive-Verträge abzuschließen, die die **Entgelte für Stromlieferung und Netznutzung** umfassen. Die Netzentgelte für die Netzdurchleitung des Stromes zahlt dann der Stromlieferant direkt an den Netzbetreiber (Händlerrahmenvertrag), d. h. zwischen Netzbetreiber und Kunden bestehen keine vertraglichen Beziehungen. Beim „All-inclusive-Vertrag" enthält der Stromlieferungsvertrag des Energieversorgungsunternehmens mit seinem Endkunden bereits die Netznutzung auch für den Fall, dass der Endkunde in einem anderen Netzgebiet wohnt. Für den Arbeitnehmer eines Energieversorgungsunternehmens als Endkunde kommt der Rabattfreibetrag in Höhe von 1080 € jährlich für alle Leistungen in Betracht. Voraussetzung für die Anwendung des Rabattfreibetrags ist jedoch, dass der Arbeitgeber entsprechende „All-inclusive-Verträge" nicht überwiegend mit seinen Arbeitnehmern abschließt.

Bezieht zudem ein Arbeitnehmer eines Energieversorgungsunternehmens nach einer Umstrukturierung im Konzern den ihm arbeitsvertraglich zustehenden verbilligten Strom nicht mehr von seinem Arbeitgeber, sondern einem verbundenen Unternehmen, während sein Arbeitgeber als Stromnetzbetreiber tätig ist, hat der Arbeitnehmer bei der Versteuerung des geldwerten Vorteils zumindest dann Anspruch auf den Rabattfreibetrag, wenn sein Arbeitgeber die Transformation des Stroms auf die für die Netzanschlüsse von Letztverbrauchern nutzbare Niederspannungsebene vornimmt. Der Arbeitgeber hat in diesem Fall einen wesentlichen „Herstellerbeitrag" geleistet.

3. Gesonderte Stromlieferungs- und Netznutzungsverträge

Es besteht für Kunden jedoch auch die Möglichkeit, Stromlieferverträge mit Stromlieferanten abzuschließen, bei denen die Netznutzung zusätzlich direkt mit dem Netzbetreiber zu vereinbaren und die Netzentgelte direkt vom Kunden an den Netzbetreiber zu zahlen sind. Das

---

1) Auch eine in der EU oder dem EWR ansässige Körperschaft, Personenvereinigung oder Vermögensmasse i. S. d. § 5 Abs. 1 Nr. 9 KStG kann steuerfreie Stipendien vergeben, soweit sie bei sinngemäßer Anwendung der §§ 51 ff. AO gemeinnützig wäre und ein Amtshilfeabkommen mit dem Ansässigkeitsstaat besteht. Das Vorliegen der Voraussetzungen der §§ 51 ff. AO hat der Stipendienempfänger gegenüber dem für ihn zuständigen Finanzamt durch Vorlage entsprechender Unterlagen (z. B. Satzung, Tätigkeitsbericht) nachzuweisen.

2) Vfg. des Bayerischen Landesamtes für Steuern vom 20.5.2008 (Az.: S 2342 – 15 – St 32/St 33). Die bundeseinheitliche Regelung ist als Anlage 1 zu § 3 Nr. 44 EStG im **Steuerhandbuch für das Lohnbüro 2021** abgedruckt, das im selben Verlag erschienen ist.

3) Die Lohnsteuer-Durchführungsverordnung (LStDV) ist als Anhang 1 im **Steuerhandbuch für das Lohnbüro 2021** abgedruckt, das im selben Verlag erschienen ist.

S

Lohn-steuer-pflichtig Sozial-versich.-pflichtig

vom Kunden zu zahlende Gesamtentgelt setzt sich deshalb u. a. aus einem Entgelt für die Stromlieferung sowie einem Entgelt für die Netznutzung zusammen.

Bei einer entsprechenden Umsetzung des Verfahrens sind **zwei Leistungen** lohnsteuerlich gesondert zu beurteilen, nämlich zum einen die eigentliche Stromlieferung und zum anderen die Leistung in Form der Netznutzung.

Als Folge dieser Verträge handelt es sich bei dem Strom, den der Kunde an seinem Zähler abnehmen wird, um solchen des Energielieferanten, den dieser im eigenen Namen und auf eigene Rechnung an den Kunden veräußert. Der Netzbetreiber (z. B. das örtliche Versorgungsunternehmen) stellt lediglich die Netznutzung sicher.

Sofern zwischen dem Strom liefernden Arbeitgeber und dem Arbeitnehmer ein Stromlieferungsvertrag abgeschlossen wird, steht der Strom, der aufgrund des Stromlieferungsvertrags an der Zählerklemme vom Arbeitnehmer abgenommen wird, im Eigentum des Strom liefernden Arbeitgebers und wird von diesem im eigenen Namen und auf eigene Rechnung veräußert. Damit ist eine Voraussetzung für die Anwendung des Rabattfreibetrags von 1080 € jährlich bei der verbilligten Überlassung von Energie erfüllt, denn der Arbeitnehmer erhält den Strom unmittelbar von seinem Arbeitgeber. Liegen die übrigen Voraussetzungen vor, ist der Rabattfreibetrag zu gewähren.

Die gesonderte Leistung, die der Netzbetreiber in Form der Netznutzung erbringt, ist ggf. ebenfalls nach § 8 Abs. 3 EStG zu bewerten. Voraussetzung hierfür ist, dass der örtliche Netzbetreiber Arbeitgeber des Kunden ist. Denn in diesem Fall erhält der Arbeitnehmer die Dienstleistung, die nicht überwiegend für Arbeitnehmer erbracht wird, unmittelbar von seinem Arbeitgeber.

Ist der örtliche Netzbetreiber jedoch nicht Arbeitgeber des Kunden, kann der Rabattfreibetrag für die Leistung „Netznutzung" nicht in Betracht kommen. Dies gilt auch, wenn der Stromlieferant das vom Arbeitnehmer hierfür zu erbringende Netzentgelt im Namen und für Rechnung des Netzbetreibers vereinnahmen sollte.

Demzufolge können Arbeitnehmer eines örtlichen Versorgungsunternehmens, das sowohl Strom herstellt oder vertreibt als auch als Netzbetreiber tätig ist, Vergünstigungen bei der Stromlieferung und auch bei der Netznutzung nach § 8 Abs. 3 EStG erhalten. Hierbei ist allerdings nach dem Wohnort zu unterscheiden: Bei Stromlieferungen können Mitarbeiter, die inner- und außerhalb des eigenen Versorgungsgebiets wohnen, den Rabattfreibetrag von 1080 € jährlich in Anspruch nehmen. Hingegen kann bei Vorteilen aus der Netznutzung der Rabattfreibetrag von 1080 € jährlich nur bei solchen Arbeitnehmern zur Anwendung kommen, die innerhalb des Versorgungsgebiets (= Netzgebiet) wohnen.

S

Stromableser

Sie sind Arbeitnehmer, wenn sie vom Energieunternehmen **fest angestellt** sind. ja ja

Die Energieunternehmen beschäftigen jedoch auch **nebenberufliche** Stromableser. Ob diese ebenfalls als Arbeitnehmer angesehen werden können, muss nach dem Gesamtbild der Verhältnisse entschieden werden. Können sich diese Stromableser von Dritten bei der Erledigung ihrer Arbeiten vertreten lassen und tragen sie das Inkassorisiko, spricht dies für eine selbständige Tätigkeit. Der Bundesfinanzhof hat allerdings im Urteil vom 24. 7. 1992 (BStBl. 1993 II S. 155) entschieden, dass Stromableser auch dann Arbeitnehmer sind, wenn „Freie Mitarbeit" vereinbart wurde und das Ablesen in Ausnahmefällen auch durch einen Vertreter erfolgen kann. Zur Scheinselbständigkeit im Sozialversicherungsrecht vgl. dieses Stichwort.

Lohn-steuer-pflichtig Sozial-versich.-pflichtig

Stromkostenzuschuss

Durch das sog. Jahressteuergesetz 2019 ist seit 1.1.2020 gesetzlich geregelt worden, dass zu den Einnahmen in **Geld** u. a. auch **zweckgebundene Geldleistungen und nachträgliche Kostenerstattungen** gehören (§ 8 Abs. 1 Satz 2 EStG). Die monatliche 44-Euro-Freigrenze für Sachbezüge kann für diese Geldleistungen seit 1.1.2020 nicht mehr in Anspruch genommen werden. Das gilt auch dann, wenn Arbeitgeber und Arbeitnehmer einen Sachlohnanspruch „Stromkostenzuschuss" vereinbart haben sollten. ja ja

Beispiel

Arbeitgeber A hat dem Arbeitnehmer B monatlich verbilligte Stromlieferungen zugesagt. Zur Umsetzung dieses Sachlohnanspruchs erhält B monatlich eine Zahlung in Höhe von 44 € verbunden mit der Auflage, diesen Betrag nachweislich für den verbilligten Erwerb von Stromlieferungen zu verwenden.

Bis zum 31.12.2019 lag aufgrund der arbeitsrechtlichen Vereinbarung ein Sachbezug vor, für den die monatliche 44-Euro-Freigrenze für Sachbezüge in Anspruch genommen werden konnte.

Aufgrund der Gesetzesänderung handelt es sich seit dem 1.1.2020 um eine steuer- und beitragspflichtige Geldleistung.

Den Arbeitgebern **abweichend** von den vorstehenden Ausführungen in der Vergangenheit **erteilte Anrufungsauskünfte sind seit 1.1.2020 außer Kraft**, da sich die Rechtsvorschrift (§ 8 EStG), auf der die Entscheidung beruht, geändert hat.

Vgl. auch die Erläuterungen bei den Stichwörtern „Sachbezüge" und „Warengutscheine".

Studenten

Wichtiges auf einen Blick:

Bei der sozialversicherungsrechtlichen Beurteilung von Studenten ergeben sich bei **Studenten in dualen Studiengängen** häufig Zweifelsfragen. Diese sind beim Stichwort „Studenten in dualen Studiengängen" gesondert erläutert.

Gliederung:

Lohn-steuer-pflichtig | Sozial-versich.-pflichtig

6. Beiträge
7. Umlagen nach dem AAG für beschäftigte Studenten
8. Insolvenzgeldumlage für beschäftigte Studenten
9. Meldungen
10. Lohnsteuerliche Behandlung

1. Allgemeines

Personen, die gegen Arbeitsentgelt beschäftigt sind, unterliegen grundsätzlich der für Arbeitnehmer angeordneten Versicherungspflicht in der Kranken-, Pflege-, Renten- und Arbeitslosenversicherung. Auch Studenten, die eine mehr als geringfügige Beschäftigung ausüben, sind im Grundsatz als Arbeitnehmer versicherungspflichtig. Sie sind als beschäftigte Studenten (sog. Werkstudenten) jedoch unter bestimmten Voraussetzungen in der **Kranken-, Pflege- und Arbeitslosenversicherung versicherungsfrei.**

2. Werkstudentenprivileg

Nach § 6 Abs. 1 Nr. 3 SGB V sind Personen, die während der Dauer ihres Studiums als ordentliche Studierende einer Hochschule oder einer der fachlichen Ausbildung dienenden Schule gegen Arbeitsentgelt beschäftigt sind, als Arbeitnehmer krankenversicherungsfrei **(Werkstudentenprivileg).** Entsprechendes gilt für die soziale Pflegeversicherung (§ 1 Abs. 2 Satz 1 SGB XI). Auch in der Arbeitslosenversicherung sind Personen, die während ihres Studiums als ordentliche Studierende einer Hochschule oder einer der fachlichen Ausbildung dienenden Schule eine Beschäftigung ausüben, versicherungsfrei (§ 27 Abs. 4 Satz 1 Nr. 2 SGB III). Das Werkstudentenprivileg gilt in der **Rentenversicherung** demgegenüber seit Oktober 1996 von Übergangsfällen abgesehen **nicht** mehr.

Die Rechtsprechung des Bundessozialgerichts hat für die Versicherungsfreiheit aufgrund des Werkstudentenprivilegs nicht das alleinige Kriterium genügen lassen, dass es sich bei den Beschäftigten formalrechtlich um Studenten handelt. Die Versicherungsfreiheit verlangt vielmehr neben dem förmlichen Status des Studenten als ordentlichem Studierenden einer Hochschule oder einer der fachlichen Ausbildung dienenden Schule, dass das Studium **Zeit und Arbeitskraft** des Studenten **überwiegend in Anspruch nimmt** und er damit trotz der „neben" dem Studium ausgeübten entgeltlichen Beschäftigung seinem Erscheinungsbild nach Student bleibt. Weist die zur Versicherungsfreiheit aufgrund des Werkstudentenprivilegs führende Beschäftigung auch die Merkmale einer geringfügigen Beschäftigung nach § 8 SGB IV auf, besteht gleichzeitig Versicherungsfreiheit wegen geringfügiger Beschäftigung in der Krankenversicherung nach § 7 SGB V – die Pflegeversicherung folgt versicherungsrechtlich der Krankenversicherung (§ 1 Abs. 2 Satz 1 SGB XI) – und in der Arbeitslosenversicherung nach § 27 Abs. 2 SGB III.

3. Personenkreis

a) Ordentlich Studierende

Voraussetzung für die Anwendung der Vorschriften über die Versicherungsfreiheit der von Studenten ausgeübten Beschäftigungen ist zunächst die Zugehörigkeit zum Personenkreis der ordentlichen Studierenden. Dies setzt voraus, dass eine wissenschaftliche Ausbildung in einem geordneten Studien- oder Ausbildungsgang mit einem bestimmten Berufsziel erfolgt und der Student sich einer mit dem Studium in Verbindung stehenden oder darauf aufbauenden Ausbildungsregelung unterwirft (BSG-Urteil vom 19.12.1974 – 3 RK 64/72 –, USK 74169). Personen, die nach ihrem Hochschulabschluss weiterhin eingeschrieben bleiben, gehören grundsätzlich nicht mehr zu den ordentlichen Studierenden im Sinne der Sozialversicherung. Wird nach einem Hochschulabschluss eine Beschäftigung und daneben ein Zusatzstudium in der gleichen Fachrichtung oder ein Ergänzungsstudium aufgenommen, das lediglich der beruflichen Weiterbildung dient, in dem eine auf den abgeschlossenen Studiengang bezogene, weitere berufsbezogene (Teil-)Qualifikation vermittelt wird, ist das Kriterium des ordentlichen Studierenden regelmäßig nicht mehr gegeben. Im Unterschied hierzu schließt ein Aufbaustudium (mit Ausnahme eines Promotionsstudiums), ein in einer anderen Fachrichtung betriebenes Zweitstudium oder ein Masterstudium die Zugehörigkeit zum Personenkreis der ordentlichen Studierenden nicht aus. Zu den ordentlichen Studierenden gehören diejenigen, die an einer Hochschule oder einer der fachlichen Ausbildung dienenden Schule eingeschrieben (immatrikuliert) sind. Die Einschreibung bzw. Immatrikulation wird in der Regel mit der Immatrikulationsbescheinigung bestätigt. Die Hochschulausbildung endet mit dem Tag der Exmatrikulation, wenn das Studium abgebrochen, unterbrochen oder in sonstigen Fällen durch Exmatrikulation ohne Prüfung beendet wird. Hat der Studierende die von der Hochschule für den jeweiligen Studiengang nach den maßgebenden Prüfungsbestimmungen vorgesehene letzte Prüfungsleistung (z. B. Ablegen der Diplomprüfung, des Staatsexamens, der Magisterprüfung oder Abgabe der Bachelor- oder Masterarbeit) erbracht, so wird die Hochschulausbildung im Sinne der Anwendung des Werkstudentenprivilegs nicht mit dieser letzten Prüfungsleistung, sondern mit Ablauf des Monats, in dem der Studierende vom Gesamtergebnis der Prüfungsleistung offiziell schriftlich unterrichtet worden ist, als beendet angesehen. Mit der offiziellen schriftlichen Unterrichtung ist der Zugang des per Briefpost vom Prüfungsamt übermittelten vorläufigen Zeugnisses gemeint; der späteren Überreichung des endgültigen Zeugnisses (im Rahmen einer Abschlussfeier) kommt in diesem Zusammenhang keine Bedeutung zu.

Neben der Ausstellung eines vorläufigen Zeugnisses sind auch andere Formen der Unterrichtung über die Prüfungsentscheidung durch das Prüfungsamt geeignet, das Ende der Hochschulausbildung zu dokumentieren. Dabei ist regelmäßig auf die zeitlich erste Mitteilung des Prüfungsamtes über das Gesamtergebnis abzustellen. Eine Unterrichtung über die Prüfungsentscheidung liegt auch vor, wenn das Prüfungsamt den Prüfungsteilnehmer über die Abholmöglichkeit des Zeugnisses oder einer Urkunde schriftlich in Kenntnis setzt; erfolgt diese Unterrichtung ausschließlich per E-Mail, ist hilfsweise auch der Zugang der E-Mail als Zeitpunkt der Unterrichtung der Prüfungsentscheidung über das Gesamtergebnis der Prüfung anzuerkennen. In den Fällen, in denen das Prüfungsamt nicht unaufgefordert über die Prüfungsentscheidung unterrichtet, sondern ein Abschluss- bzw. Prüfungszeugnis allein auf Antrag des Prüfungsteilnehmers ausgestellt wird, ist auf den Ausfertigungszeitpunkt des Abschluss- bzw. Prüfungszeugnisses abzustellen. Dabei wird angenommen, dass der Prüfungsteilnehmer relativ zeitnah nach Vorliegen der Prüfungsergebnisse die Ausstellung des Prüfungszeugnisses beantragt. Da insofern jedoch das Ende der Hochschulausbildung durch eine relativ späte Antragstellung beeinflusst bzw. hinausgeschoben werden kann, endet die Zugehörigkeit zum Personenkreis der ordentlich Studierenden in diesen Fällen spätestens zum Ende des Semesters, in dem die letzte Prüfungsleistung abgelegt wurde. Die Nachweisführung darüber, dass zum Zeitpunkt der Ausübung der Beschäftigung die Voraussetzungen der Versicherungsfreiheit aufgrund des Werkstudentenprivilegs erfüllt sind bzw. waren, obliegt dem Arbeitgeber, der sich auf diese Ausnahmeregelung beruft. Das Vorliegen einer Semester- oder Studienbescheinigung reicht allein für den Nachweis der Zugehörigkeit zum Personenkreis der ordentlich Studierenden bei Ausübung der Beschäftigung in dem Semester nicht aus, in dem die das Studium abschließende Prüfungsleistung erbracht wird. Insofern ist für dieses Semester ergänzend ein Nachweis des Prüfungsamtes über die Unterrichtung des Prüfungsteilnehmers über die Prüfungsentscheidung

S

Lohn- steuer- pflichtig | Sozial- versich.- pflichtig

bzw. über die Abholmöglichkeit des Zeugnisses den vom Arbeitgeber zu führenden Entgeltunterlagen beizufügen.

b) Teilnehmer an studienvorbereitenden Sprachkursen oder Studienkollegs

Studienbewerber, die an studienvorbereitenden Sprachkursen oder Studienkollegs zur Vorbereitung auf das Studium teilnehmen, gehören **nicht** zu den ordentlichen Studierenden, auch wenn von der Hochschule für dieses Vorbereitungsstudium eine Semesterbescheinigung mit der Bezeichnung „0. Fachsemester" ausgestellt wird. Gleiches gilt für sonstige, dem Studium vorgeschaltete, fächergruppenspezifische Vorbereitungskurse (sog. Propädeutika).

Studienvorbereitende Sprachkurse bieten ausländischen Studienbewerbern die Möglichkeit, deutsche Sprachkenntnisse zu erwerben, die für das Fachstudium erforderlich sind. Diese Kurse dauern in der Regel ein Semester und schließen mit der Deutschen Sprachprüfung für den Hochschulzugang (DSH-Prüfung) ab. Mit einem entsprechenden Zeugnis kann man zum Fachstudium zugelassen werden. Das Studienkolleg bereitet Studienbewerber fachlich und sprachlich auf das Studium in Deutschland vor. Die Vorbereitungskurse werden in verschiedenen Fachrichtungen angeboten und dauern ein Jahr (zwei Semester). An ihrem Ende steht die „Prüfung zur Feststellung der Eignung ausländischer Studienbewerber für die Aufnahme eines Studiums an Hochschulen in der Bundesrepublik Deutschland" (kurz: Feststellungsprüfung – FSP). Wer die Feststellungsprüfung bestanden hat, kann sich anschließend für ein Bachelor-Studium (oder ein vergleichbares Studium) in seiner Fachrichtung bewerben. Ein Propädeutikum ist ein Vorbereitungs- oder Einführungsseminar, das meistens ein Semester dauert. Hier wird Wissen vermittelt, das die Studienanfänger in ihrem gewählten Studiengang brauchen, das man bei ihnen aber nicht unbedingt voraussetzen kann. Das Propädeutikum unterscheidet sich vom Studienkolleg dadurch, dass die Teilnahme die Hochschulzugangsberechtigung und Zulassung bereits voraussetzt, während durch das Studienkolleg die Hochschulzugangsberechtigung für ein Bachelorstudium erst erworben wird.

c) Aufbau- oder Zweitstudium, Masterstudium

Von der Versicherungsfreiheit aufgrund des Werkstudentenprivilegs werden auch solche Absolventen eines Hochschulstudiums erfasst, die nach Erreichen eines berufsqualifizierenden Abschlusses in der gleichen oder in einer anderen Fachrichtung ein weiteres Studium aufnehmen, das wiederum mit einer Hochschulprüfung abschließt (BSG-Urteile vom 29.9.1992 – 12 RK 31/91 –, USK 9277 und vom 21.4.1993 – 11 RAr 25/92 –, BSGE 72, 206). Hierunter fallen auch Studenten bei Teilnahme an einem Aufbaustudium (mit Ausnahme eines Promotionsstudiums) und einem Masterstudium, soweit es nicht ohnehin schon als Aufbaustudium einzuordnen ist. Die bloße Weiterbildung bzw. Spezialisierung nach einer bereits abgeschlossenen Hochschulausbildung begründet hingegen keine Versicherungsfreiheit. Beim **Übergang** vom **Bachelor- zum Masterstudium** ist grundsätzlich nicht von einem durchgehenden Fortbestehen der Zugehörigkeit zum Personenkreis der ordentlichen Studierenden auszugehen, da der neue Ausbildungsabschnitt in Form des Masterstudiums sich in aller Regel nicht lückenlos an das Ende des Bachelorstudiums anschließt. Bei derartigen Unterbrechungen kann angesichts der erforderlichen Hochschulzugehörigkeit Versicherungsfreiheit aufgrund des Werkstudentenprivilegs nicht eingeräumt werden. Allein die Absicht, zum nächstmöglichen Zeitpunkt das weiterführende Studium aufnehmen zu wollen, reicht für den Lückenschluss nicht aus.

Lohn- steuer- pflichtig | Sozial- versich.- pflichtig

d) Promotionsstudium

Personen, die als Doktoranden nach ihrem Hochschulabschluss ein Promotionsstudium aufnehmen und während der Anfertigung ihrer Dissertation an der Hochschule eingeschrieben sind (z. B. um die Universitätseinrichtungen benutzen zu können), gehören **nicht** zu den ordentlichen Studierenden. Die Promotion dient in der Regel der wissenschaftlichen Qualifikation nach Abschluss des Studiums und gehört nicht mehr zur wissenschaftlichen Ausbildung (BSG-Urteil vom 23.3.1993 – 12 RK 45/92 –, USK 9318).

e) Wechsel der Hochschule oder Fachhochschule

Ein neben dem Studium Beschäftigter verliert seinen Status als ordentlicher Studierender nicht dadurch, dass er zum Semesterende die Hochschule wechselt und bei einem Wechsel von einer Fachhochschule (Exmatrikulation zum 28.2.) zu einer Universität (Semesterbeginn 1.4.) eine Lücke von längstens einem Monat entsteht, in der der Studierende nicht eingeschrieben ist. Denn während der Wechsel von einer Universität zu einer Fachhochschule wegen der Überschneidung von Semesterende (Universität 31.3.) und Semesterbeginn (Fachhochschule 1.3.) versicherungsrechtlich keinerlei Probleme bereitet, ist auch in den umgekehrten Fällen insbesondere aus Gründen der Gleichbehandlung eine andere Beurteilung nicht zu rechtfertigen.

f) Wiederholungsprüfung zur Notenverbesserung

Wird eine das Studium abschließende (bestandene) Prüfung zur Notenverbesserung wiederholt, ist für die Zeit bis zum Ablauf des Monats, in dem der Studierende vom Ergebnis der wiederholten Prüfung offiziell schriftlich unterrichtet worden ist, weiterhin vom Status eines ordentlichen Studierenden auszugehen. Dabei regeln die Hochschulen bzw. bei den Staatsexamen die Länder die Wiederholungsmöglichkeit(en) von Prüfungsversuchen weitgehend eigenständig. Allerdings scheidet das Werkstudentenprivileg aus, wenn der Betreffende den mit der Prüfung erreichten Abschluss benutzt, um eine entsprechend höher qualifizierte Beschäftigung aufzunehmen als die während des Studiums ausgeübte Beschäftigung, z. B. nach Abschluss des ersten juristischen Staatsexamens in den Vorbereitungsdienst einzutreten, oder zu erkennen ist, dass er von der Möglichkeit der Wiederholungsprüfung tatsächlich keinen Gebrauch machen will (Urteile des BSG vom 11.11.2003 – B 12 KR 5/03 R –, USK 2003-32 und – B 12 KR 26/03 R –, USK 200334).

g) Langzeitstudenten

Eingeschriebene Studenten, die wegen Überschreitens der in § 5 Abs. 1 Nr. 9 SGB V i. V. m. § 20 Abs. 1 Satz 2 Nr. 9 SGB XI genannten Fachsemesterzahl oder Altersgrenze nicht mehr nach diesen Vorschriften der Versicherungspflicht als Student in der Kranken- und Pflegeversicherung unterliegen, können gleichwohl als ordentliche Studierende in einer Beschäftigung versicherungsfrei sein (BSG-Urteil vom 23.9.1999 – B 12 KR 1/99 R –, USK 9930). Bei beschäftigten Studenten mit einer ungewöhnlich langen Studiendauer wird allerdings von der widerlegbaren Vermutung ausgegangen, dass bei einer Studienzeit von **mehr als 25 Fachsemestern** je Studiengang das Studium nicht mehr im Vordergrund steht und deshalb Versicherungsfreiheit aufgrund des Werkstudentenprivilegs **nicht** weiter in Betracht kommt. Ein Wechsel der Fachhoch- oder Hochschule innerhalb des Studienganges ist dabei unbeachtlich.

h) Duale Studiengänge

Zur versicherungsrechtlichen Beurteilung von Beschäftigten im Rahmen von dualen Studiengängen wird auf das Stichwort „Studenten in dualen Studiengängen" verwiesen.

Lohn-steuer-pflichtig Sozial-versich.-pflichtig

i) Diplomanden

Zur versicherungsrechtlichen Beurteilung wird auf das Stichwort „Diplomanden“ verwiesen.

4. Studium an einer Hochschule oder der fachlichen Ausbildung dienenden Schule

Neben der Zugehörigkeit zum Personenkreis der ordentlichen Studierenden verlangt die Versicherungsfreiheit aufgrund des Werkstudentenprivilegs des Weiteren, dass das Studium an einer Hochschule oder einer der fachlichen Ausbildung dienenden Schule absolviert wird. Zu den der fachlichen Ausbildung dienenden Schulen gehören die **Fachschulen** und **Berufsfachschulen;** auch die **Höheren Fachschulen** oder **Höheren Berufsfachschulen** werden hierzu gezählt.

a) Hochschulen

Die Hochschulen lassen sich in drei große Gruppen (Typen) unterscheiden: Universitäten, Fachhochschulen sowie Kunst- und Musikhochschulen. Eine tagesaktuelle Liste aller Hochschulen in Deutschland lässt sich im Internet über die von der Stiftung zur Förderung der Hochschulrektorenkonferenz herausgegebene Seite www.hochschulkompass.de abrufen. Das Studium an einer Hochschule ist mit einer **Immatrikulationsbescheinigung** nachzuweisen. Die Vorlage einer Immatrikulationsbescheinigung ist für jedes Semester (neu) zu verlangen. Die Bescheinigungen sind nach § 8 Beitragsverfahrensverordnung (BVV) zu den Entgeltunterlagen zu nehmen.

b) Fachschulen

Fachschulen sind nicht als Hochschulen anerkannte berufsbildende Schulen, die u. a. der landwirtschaftlichen, gartenbaulichen, bergmännischen, technischen, gewerblichen, handwerklichen, kunsthandwerklichen, kaufmännischen, verkehrswirtschaftlichen, sozialpädagogischen, künstlerischen, sportlichen oder einer verwandten Aus- oder Weiterbildung dienen. Der Besuch der Fachschule setzt im Allgemeinen eine ausreichende praktische Berufsvorbildung oder berufspraktische Tätigkeit, in manchen Fällen auch nur eine bestimmte schulische Vorbildung oder eine besondere (etwa künstlerische) Befähigung voraus. Die Ausbildung muss in der Regel mindestens sechs Monate (Halbjahreskurs) dauern und dabei Zeit- und Arbeitskraft des Fachschülers überwiegend in Anspruch nehmen. Fachschulausbildung liegt auch vor, wenn es sich um einen deutlich länger als fünf Kalendermonate andauernden planmäßigen Vollzeitunterricht handelt, der als Halbjahreskurs anzusehen ist oder wenn die Ausbildung nur deshalb nicht volle sechs Monate umfasst, weil am Beginn und/oder Ende des jeweiligen Kurses arbeitsfreie Tage (Samstag, Sonntag, Feiertag) oder Ferienzeiten liegen. Im Übrigen sind Ausbildungen von weniger als sechs Monaten Fachschulausbildung, wenn sie mindestens 600 Unterrichtsstunden umfassen. Fachschulen führen zu einem anerkannten Berufsbildungsabschluss und können darüber hinaus Ergänzungs- und Aufbaubildungsgänge sowie Maßnahmen der Anpassungsweiterbildung anbieten. Die Vielzahl der Fachschulen lässt eine abschließende Aufzählung aller maßgebenden Einrichtungen allerdings nicht zu. Das Studium bzw. der Unterricht an einer Fachschule ist mit einer **Schulbescheinigung** nachzuweisen. Die Schulbescheinigung ist für jedes „Schuljahr“ (neu) zu verlangen; eine im Voraus für die gesamte Schulzeit ausgestellte Bescheinigung kann nicht akzeptiert werden. Die Bescheinigungen sind nach § 8 Beitragsverfahrensverordnung (BVV) zu den Entgeltunterlagen zu nehmen.

c) Berufsfachschulen

Berufsfachschulen (in Baden-Württemberg auch Berufskollegs) sind Schulen, deren Bildungsgänge in einen oder mehrere anerkannte Ausbildungsberufe einführen, einen Teil der Berufsausbildung (z. B. berufliche Grundbildung) vermitteln oder zu einem Berufsbildungsabschluss führen. Sie dienen demnach der Vorbereitung auf einen industriellen, handwerklichen, kaufmännischen, gesundheits- und sozialpädagogischen, technischen, hauswirtschaftlichen oder künstlerischen Beruf, wobei der Schulbesuch in der Regel auf die Ausbildungszeit angerechnet wird, oder gelten als voller Ersatz für eine betriebliche Ausbildungszeit und schließen mit der Gesellen-, Facharbeiter- oder Gehilfenprüfung ab. Für ihren Besuch wird keine Berufsausbildung oder berufliche Tätigkeit vorausgesetzt. Die Ausbildungsgänge dauern in Vollzeitform (ganztägige Regelform) mindestens ein Jahr, in Teilzeitform entsprechend länger. Die Vielzahl der Berufsfachschulen lässt eine abschließende Aufzählung aller maßgebenden Einrichtungen allerdings nicht zu. Das Studium bzw. der Unterricht an einer Berufsfachschule ist mit einer **Schulbescheinigung** nachzuweisen. Die Schulbescheinigung ist für jedes „Schuljahr“ (neu) zu verlangen; eine im Voraus für die gesamte Schulzeit ausgestellte Bescheinigung kann nicht akzeptiert werden. Die Bescheinigungen sind nach § 8 Beitragsverfahrensverordnung (BVV) zu den Entgeltunterlagen zu nehmen.

d) Ausländische Studien- bzw. Ausbildungseinrichtungen

Die Begriffe „Hochschule" und „der fachlichen Ausbildung dienenden Schule" sind gebietsneutral zu verstehen. Studenten, die einer vergleichbaren ausländischen Studien- bzw. Ausbildungseinrichtung angehören und im Inland eine Beschäftigung ausüben, sind unter den weiteren Voraussetzungen der Versicherungsfreiheit aufgrund des Werkstudentenprivilegs versicherungsfrei. Die Zugehörigkeit zu einer vergleichbaren ausländischen Studien- bzw. Ausbildungseinrichtung ist mit einer entsprechenden **Bescheinigung** nachzuweisen. Derartige Bescheinigungen sind nach § 8 Beitragsverfahrensverordnung (BVV) zu den Entgeltunterlagen zu nehmen.

5. Beschäftigung „neben“ dem Studium

Aus der Entstehungsgeschichte der Vorschriften über die Versicherungsfreiheit ergibt sich, dass diese für Studenten geschaffen worden sind, die neben ihrem Studium eine entgeltliche Beschäftigung ausüben, um sich durch ihre Arbeit die zur Durchführung des Studiums und zum Bestreiten ihres Lebensunterhalts erforderlichen Mittel zu verdienen. Durch Urteile vom 31.10.1967 – 3 RK 77/64 – (USK 67110) und vom 16.7.1971 – 3 RK 68/68 – (USK 71137) hat das BSG entschieden, dass nicht jede neben dem Studium ausgeübte Beschäftigung Versicherungsfreiheit auslöst, sondern nur solche Studierenden versicherungsfrei sind, deren **Zeit und Arbeitskraft überwiegend durch das Studium** in Anspruch genommen werden, die also von ihrem Erscheinungsbild her keine Arbeitnehmer, sondern Studenten sind. Die Beschäftigung ist demgemäß nur versicherungsfrei, wenn und solange sie „neben“ dem Studium ausgeübt wird, ihm nach Zweck und Dauer untergeordnet ist, mithin das Studium die Hauptsache, die Beschäftigung die Nebensache ist. Die Frage, wann das Studium die Hauptsache und die Beschäftigung die Nebensache ist, hat in der Rechtsprechung des BSG zu einer Vielzahl von Entscheidungen geführt, in denen Kriterien zur versicherungsrechtlichen Abgrenzung aufgestellt worden sind. Diese Kriterien lassen sich wie folgt kategorisieren:

a) 20-Wochenstunden-Grenze

Personen, die neben ihrem Studium nicht mehr als 20 Stunden wöchentlich beschäftigt sind, gehören ihrem Erscheinungsbild nach grundsätzlich zu den Studenten und nicht zu den Arbeitnehmern (u. a. Urteile vom 26.6.1975 – 3/12 RK 14/73, USK 7573, vom 10.9.1975 – 3 RK 42/75, 3/12 RK 17/74, 3/12 RK 15/74 –, USK 7586, 7589, 7599 und vom 30.11.1978 – 12 RK 45/77 –, USK

S

Lohn- steuer- pflichtig | Sozial- versich.- pflichtig

78183). Die **Höhe des Arbeitsentgelts** ist dabei **ohne Bedeutung.**

Die Dauer der wöchentlichen Arbeitszeit ist allerdings dann kein allein entscheidungsrelevantes Kriterium für die versicherungsrechtliche Beurteilung, wenn die Arbeitszeit im Einzelfall so liegt, dass sie sich den Erfordernissen des Studiums anpasst und unterordnet. Dementsprechend kann bei Beschäftigungen am Wochenende sowie in den Abend- und Nachtstunden Versicherungsfreiheit aufgrund des Werkstudentenprivilegs auch bei einer Wochenarbeitszeit von **mehr als 20 Stunden** in Betracht kommen, vorausgesetzt, dass Zeit und Arbeitskraft des Studenten überwiegend durch das Studium in Anspruch genommen werden (BSG-Urteil vom 22.2.1980 – 12 RK 34/79 –, USK 8053).

Vom Erscheinungsbild eines Studenten ist jedoch nicht mehr auszugehen, wenn eine derartige Beschäftigung mit einer Wochenarbeitszeit von mehr als 20 Stunden **ohne zeitliche Befristung ausgeübt wird oder auf einen Zeitraum von mehr als 26 Wochen befristet ist;** in diesen Fällen tritt die **Zugehörigkeit zum Kreis der Beschäftigten in den Vordergrund.** Wird eine Beschäftigung mit einer wöchentlichen Arbeitszeit von nicht mehr als 20 Stunden lediglich in der vorlesungsfreien Zeit (Semesterferien) auf mehr als 20 Stunden ausgeweitet, bleibt auch für diese Zeit das studentische Erscheinungsbild erhalten, sodass grundsätzlich Versicherungsfreiheit aufgrund des Werkstudentenprivilegs anzunehmen ist.

Beispiel A

Ein Student nimmt vom 1.4. an eine **unbefristete** Beschäftigung im Umfang von 25 Std./Woche auf, davon werden sieben Stunden nur am Wochenende geleistet. Versicherungsfreiheit aufgrund des Werkstudentenprivilegs besteht nicht, obwohl die wöchentliche Arbeitszeit von mehr als 20 Stunden dem nicht entgegensteht, da sie sich mit Blick auf die Verteilung des Beschäftigungsumfangs den Erfordernissen des Studiums anpasst. Die Versicherungsfreiheit ist deshalb ausgeschlossen, weil bei Aufnahme der unbefristeten Beschäftigung absehbar ist, dass sie über einen Zeitraum von mehr als 26 Wochen im Umfang von mehr als 20 Std./Woche ausgeübt werden wird.

Es besteht daher Versicherungspflicht in der Kranken-, Pflege-, Renten- und Arbeitslosenversicherung.

Beispiel B

Ein Student übt eine unbefristete Beschäftigung mit einer wöchentlichen Arbeitszeit von 20 Stunden aus. Ausschließlich während der Semesterferien, z. B. vom 28. Februar bis 1. Mai, arbeitet er 40 Stunden. Das Entgelt beträgt mehr als 450 € monatlich.

Versicherungsfreiheit in der Kranken-, Pflege- und Arbeitslosenversicherung besteht sowohl während der Zeit, in der die Arbeitszeit nicht mehr als 20 Stunden beträgt, als auch während der Semesterferien, da die erhöhte Arbeitszeit nur auf diesen Zeitraum beschränkt ist. In der Rentenversicherung besteht allerdings für die gesamte Dauer Versicherungspflicht.

Bei Studenten, die **mehrere Beschäftigungen** nebeneinander oder eine Beschäftigung neben einer selbstständigen Tätigkeit ausüben, sind zur Prüfung der Frage, ob die 20-Wochenstunden-Grenze erreicht oder überschritten wird, die wöchentlichen Arbeitszeiten der nebeneinander ausgeübten Beschäftigungen oder der Beschäftigung und der daneben ausgeübten selbstständigen Tätigkeit zusammenzurechnen. Ergibt die Zusammenrechnung, dass die wöchentliche Arbeitszeit insgesamt mehr als 20 Stunden beträgt, ist nicht mehr vom Erscheinungsbild eines ordentlichen Studenten auszugehen. Bei nebeneinander ausgeübten Beschäftigungen ist in einem weiteren Schritt zu prüfen, ob einzelne Beschäftigungen gegebenenfalls die Merkmale der Geringfügigkeit im Sinne des § 8 SGB IV bzw. § 8a SGB IV erfüllen und damit Versicherungsfreiheit in der Kranken-, Pflege- und Arbeitslosenversicherung nach § 7 Abs. 1 SGB V und § 27 Abs. 2 SGB III in Betracht kommt.

b) Beschäftigungen während der vorlesungsfreien Zeit (Semesterferien)

Bei Beschäftigungen, die ausschließlich während der vorlesungsfreien Zeit (Semesterferien) ausgeübt werden, ist davon auszugehen, dass Zeit und Arbeitskraft in der Gesamtbetrachtung überwiegend durch das Studium in Anspruch genommen werden. Unabhängig von der wöchentlichen Arbeitszeit und der Höhe des Arbeitsentgelts besteht unter der Voraussetzung, dass die Beschäftigung ausschließlich auf die vorlesungsfreie Zeit (Semesterferien) begrenzt ist, daher **Versicherungsfreiheit** aufgrund des **Werkstudentenprivilegs.** Das gilt auch für eine Beschäftigung, die grundsätzlich nicht mehr als 20 Stunden wöchentlich ausgeübt wird, in den Semesterferien auf mehr als 20 Stunden wöchentlich ausgedehnt und nach dem Ende der Semesterferien wieder auf eine Wochenarbeitszeit von nicht mehr als 20 Stunden zurückgeführt wird. Etwas anderes gilt dann, wenn sich derartige Beschäftigungen mit mehr als 20 Wochenstunden im Laufe des Jahres wiederholen und insgesamt mehr als 26 Wochen ausmachen. Versicherungsfreiheit liegt nicht mehr vor, sobald absehbar ist, dass eine Beschäftigung mit einer wöchentlichen Arbeitszeit von mehr als 20 Stunden über die Semesterferien hinaus andauert. Bei zeitlichen Überschneidungen bis zu längstens zwei Wochen, die nur ausnahmsweise vorkommen, ist davon auszugehen, dass auch für diese Zeit die Beschäftigung das Erscheinungsbild als Student nicht beeinträchtigt und damit versicherungsfrei bleibt (BSG-Urteil vom 23.2.1988 – 12 RK 36/87 –, USK 8866); die Dauer der vorlesungsfreien Zeit ist dabei nachzuweisen.

c) Befristete Beschäftigungen

Versicherungsfreiheit besteht auch für solche Studenten, die während der Vorlesungszeit zwar mehr als 20 Stunden wöchentlich arbeiten, deren Beschäftigungsverhältnis aber von vornherein auf nicht mehr als drei Monate oder 70 Arbeitstage befristet ist; die Höhe des Arbeitsentgelts ist hierbei unbedeutend. Die Versicherungsfreiheit beruht in diesen Fällen jedoch nicht auf der Anwendung der Vorschriften über die Versicherungsfreiheit aufgrund des Werkstudentenprivilegs, sondern auf der Regelung zur Versicherungsfreiheit bei geringfügiger (kurzfristiger) Beschäftigung (§ 7 Abs. 1 SGB V, § 27 Abs. 2 SGB III jeweils i. V. m. § 8 Abs. 1 Nr. 2 SGB IV).

Beispiel A

Ein Student übt eine vom 1.11. bis 31.1. befristete Beschäftigung mit einer wöchentlichen Arbeitszeit von 23 Stunden aus (Semesterferien vom 1.7. bis 15.10. und 15.2. bis 10.4.).

Es besteht Versicherungsfreiheit in der Kranken-, Pflege- und Arbeitslosenversicherung, da die Beschäftigung während der Vorlesungszeit auf nicht mehr als drei Monate befristet ist. In der Rentenversicherung besteht ebenfalls Versicherungsfreiheit, da die Beschäftigung kurzfristig (= nicht mehr als drei Monate oder 70 Arbeitstage) dauern wird.

Beispiel B

Ein Student übt eine vom 1.11. bis 25.2. (49 Arbeitstage, 3-Tage-Woche, Montag bis Mittwoch, wöchentliche Arbeitszeit 25 Stunden) befristete Beschäftigung aus.

Es besteht Versicherungsfreiheit in der Kranken-, Pflege- und Arbeitslosenversicherung, da die Beschäftigung zwar auf mehr als drei Monate, aber weniger als 70 Arbeitstage befristet ist. In der Rentenversicherung besteht Versicherungsfreiheit, da es sich um eine kurzfristige Beschäftigung handelt.

d) Mehrere Beschäftigungen im Laufe des Jahres

Übt ein Student im Laufe eines Jahres (nicht Kalenderjahres) mehrmals eine Beschäftigung mit einer wöchentlichen Arbeitszeit von mehr als 20 Stunden aus, ist zu prüfen, ob er seinem Erscheinungsbild nach noch als ordentlicher Studierender anzusehen ist oder bereits zum Kreis der Beschäftigten gehört. Von einer Zugehörigkeit zum Kreis der Beschäftigten ist in diesen Fällen auszugehen, wenn ein Student im Laufe eines Jahres mehr als 26 Wochen (182 Kalendertage) in einem Umfang von mehr als 20 Stunden wöchentlich beschäftigt ist. Der Jahreszeitraum zur Statusbestimmung von Studenten ist in der Weise zu ermitteln, dass vom voraussichtlichen Ende der zu beurteilenden Beschäftigung ein Jahr zurückgerechnet wird. Anzurechnen sind alle Beschäftigungen in

Lohn-steuer-pflichtig Sozial-versich.-pflichtig

diesem Zeitraum, in denen – unabhängig von der versicherungsrechtlichen Beurteilung – die wöchentliche Arbeitszeit mehr als 20 Stunden beträgt. Dabei spielt es keine Rolle, ob die Beschäftigungen bei demselben Arbeitgeber oder bei verschiedenen Arbeitgebern ausgeübt werden; vorgeschriebene Zwischenpraktika bleiben unberücksichtigt. Ergibt die Zusammenrechnung, dass insgesamt Beschäftigungszeiten von mehr als 26 Wochen vorliegen, besteht vom Beginn der zu beurteilenden Beschäftigung an bzw. von dem Zeitpunkt an, in dem erkennbar ist, dass der vorgenannte Zeitraum überschritten wird, Versicherungspflicht in der Kranken-, Pflege- und Arbeitslosenversicherung. Für die Vergangenheit bleibt es bei der bisherigen versicherungsrechtlichen Beurteilung. Die 26-Wochen-Regelung dient nicht dazu, eine Versicherungsfreiheit auf der Grundlage des Werkstudentenprivilegs zu begründen. Vielmehr soll sie eine ohne ihre Anwendung auf der Grundlage des Werkstudentenprivilegs grundsätzlich einzuräumende Versicherungsfreiheit ausschließen. Dementsprechend führt eine befristete Beschäftigung oder führen mehrere befristete Beschäftigungen, die das Erfordernis der Versicherungsfreiheit wegen Geringfügigkeit nach § 8 Abs. 1 Nr. 2 und Abs. 2 Satz 1 SGB IV nicht erfüllt bzw. erfüllen, für den Betroffenen nicht schon deshalb zur Versicherungsfreiheit aufgrund des Werkstudentenprivilegs, weil die Beschäftigungsdauer insgesamt nicht mehr als 26 Wochen beträgt. Voraussetzung für die Anwendung der 26-Wochen-Regelung ist vielmehr, dass Versicherungsfreiheit aufgrund des Werkstudentenprivilegs dem Grunde nach zunächst einzuräumen wäre, weil – trotz Überschreitens der 20-Wochenstunden-Grenze – die Voraussetzungen für die Versicherungsfreiheit für sich betrachtet erfüllt sind.

Ein Überschreiten der 20-Stunden-Grenze unter Fortgeltung des Werkstudentenprivilegs soll jedoch kein Dauerzustand bzw. ein im Jahr überwiegender Zustand sein. Zu diesem Zweck tritt die 26-Wochen-Regelung an. Sie führt im Ergebnis dazu, dass ein Student, der im Laufe eines Jahres (nicht Kalenderjahres) mehrmals eine Beschäftigung mit einer wöchentlichen Arbeitszeit von mehr als 20 Stunden ausübt, vom Erscheinungsbild nicht mehr als ordentlich Studierender, sondern als Beschäftigter anzusehen ist, wenn die Zusammenrechnung der Beschäftigungsdauer mehr als 26 Wochen ergibt.

In konsequenter Umsetzung des im vorherigen Absatz beschriebenen Grundsatzes schließt daher eine unbefristete Beschäftigung (Dauerzustand) mit einer Wochenarbeitszeit von mehr als 20 Stunden das Werkstundenprivileg auch dann aus, wenn das Überschreiten der 20-Stunden-Grenze durch Beschäftigungszeiten am Wochenende oder in den Abend- und Nachtstunden bedingt ist. Gleiches gilt, wenn eine derartige Beschäftigung auf einen Zeitraum von mehr als 26 Wochen befristet ist.

Beispiel

Ein Student übt eine vom 1.12. bis 31.1. befristete Beschäftigung mit einer wöchentlichen Arbeitszeit von 25 Stunden aus. In der Vergangenheit hat er verschiedene andere ebenfalls befristete Beschäftigungen ausgeübt:

1.2. bis 31.3. (wöchentliche Arbeitszeit 25 Stunden), 1.7. bis 15.9. (wöchentliche Arbeitszeit 18 Stunden). Das Entgelt in allen Beschäftigungen betrug mehr als 450 € monatlich.

Eine kurzfristige Beschäftigung liegt nicht vor, da zu Beginn bereits feststeht, dass die Beschäftigungsdauer im laufenden Kalenderjahr unter Berücksichtigung der Vorbeschäftigungen mehr als drei Monate beträgt.

Versicherungsfreiheit aufgrund des Werkstudentenprivilegs besteht für die am 1.12. aufgenommene Beschäftigung nicht, da die Arbeitszeit mehr als 20 Std./Woche beträgt.

Der Umstand, dass die Dauer der Beschäftigungen mit einer Arbeitszeit von mehr als 20 Std./Woche im Laufe eines Jahres (zurückgerechnet vom Ende der zu beurteilenden Beschäftigung) nicht mehr als 26 Wochen beträgt, begründet keine Versicherungsfreiheit aufgrund des Werkstudentenprivilegs.

Es besteht daher Versicherungspflicht in der Kranken-, Pflege-, Renten- und Arbeitslosenversicherung.

Lohn-steuer-pflichtig Sozial-versich.-pflichtig

In den Fällen, in denen ein Student, der im Rahmen einer unbefristeten oder auf mehr als 26 Wochen befristeten Beschäftigung mit einer wöchentlichen Arbeitszeit von bis zu 20 Stunden beschäftigt ist, für eine im Voraus befristete Zeit den Beschäftigungsumfang auf mehr als 20 Wochenstunden ausweitet, wobei das Überschreiten der 20-Stunden-Grenze durch Beschäftigungszeiten am Wochenende oder in den Abend- und Nachtstunden oder in der vorlesungsfreien Zeit (Semesterferien) bedingt sein muss, bleibt das Werkstudentenprivileg erhalten, wenn der Student im Laufe eines Jahres insgesamt nicht mehr als 26 Wochen mit einer Wochenarbeitszeit von mehr als 20 Stunden beschäftigt ist. Dies gilt auch dann, wenn durch Aufnahme einer befristeten Beschäftigung bei einem anderen Arbeitgeber der Beschäftigungsumfang auf mehr als 20 Wochenstunden erhöht wird. Der Jahreszeitraum ist in der Weise zu ermitteln, dass vom Ende der im Voraus befristeten Erhöhung des Beschäftigungsumfangs auf mehr als 20 Wochenstunden ein Jahr zurückgerechnet wird.

Die Spitzenorganisationen der Sozialversicherung machen allerdings deutlich, dass bei im Voraus befristeter Ausweitung des Beschäftigungsumfangs bei demselben Arbeitgeber die Versicherungsfreiheit aufgrund des Werkstudentenprivilegs Ausnahmecharakter hat und auf Sachverhalte beschränkt ist, in denen die Ausweitung der Beschäftigung unvorhersehbar vereinbart wird oder mit hinreichender Bestimmtheit absehbar ist, dass die vorhersehbare Ausweitung der Beschäftigung den 26-Wochen-Zeitraum nicht überschreitet (z. B. im Falle der Beschränkung auf die Semesterferien). Die Nachweisführung obliegt dem Arbeitgeber, der sich auf das Vorliegen von Versicherungsfreiheit aufgrund des Werkstudentenprivilegs beruft. Kommt eine befristete Ausweitung des Beschäftigungsumfangs mit einer gewissen Regelmäßigkeit immer wieder vor (z. B. bei einem wöchentlichen oder zweiwöchentlichen Wechsel), ist im Wege einer vorausschauenden Betrachtung zu prüfen, ob die regelmäßige Wochenarbeitszeit unter Berücksichtigung der feststehenden oder absehbaren Ausweitung des Beschäftigungsumfangs insgesamt mehr als 20 Stunden beträgt und von daher Versicherungsfreiheit aufgrund des Werkstudentenprivilegs ausgeschlossen ist.

e) Studienaufnahme während einer Beschäftigung

Für Arbeitnehmer, die während der Beschäftigung ein Studium aufnehmen und ihr Arbeitsverhältnis vom Umfang her den Erfordernissen des Studiums anpassen (z. B. durch Reduzierung der Arbeitszeit nach dem Teilzeit- und Befristungsgesetz), tritt mit der Aufnahme des Studiums **Versicherungsfreiheit** aufgrund des Werkstudentenprivilegs ein, wenn sie ihrem Erscheinungsbild nach fortan nicht mehr Arbeitnehmer, sondern Studenten sind. Erforderlich ist ferner, dass kein prägender innerer Zusammenhang zwischen dem Studium und der weiter ausgeübten Beschäftigung besteht, wie in den Fällen eines berufsintegrierten oder berufsbegleitenden Studiums (BSG-Urteile vom 11.11.2003 – B 12 KR 4/03 R, B 12 KR 24/03 R –, USK 2003-30 und – B 12 KR 5/03 R –, USK 2003-32). Gleiches gilt für Arbeitnehmer, die aus einer Teilzeitbeschäftigung heraus ein Studium aufnehmen.

f) Beschäftigungen während eines Urlaubssemesters

Studenten, die bei fortbestehender Immatrikulation für ein oder mehrere Semester vom Studium beurlaubt sind, nehmen in dieser Zeit nicht am Studienbetrieb teil. Wird während der Dauer der Beurlaubung eine Beschäftigung ausgeübt, ist davon auszugehen, dass das Erscheinungsbild als Student grundsätzlich nicht gegeben ist. Daher besteht regelmäßig **keine Versicherungsfreiheit** aufgrund des Werkstudentenprivilegs (BSG-Urteil vom 29.9.1992 – 12 RK 24/92 –, USK 9260). Abweichendes wird bei Ableistung eines in der Studien- oder Prüfungs-

S

Lohn-steuer-pflichtig | Sozial-versich.-pflichtig

ordnung vorgeschriebenen Praktikums während des Urlaubssemesters angenommen.

g) Beschäftigungen von Teilzeitstudenten

Ein Teilzeitstudium nimmt den Studierenden im Vergleich zum Vollzeitstudium nur während eines Teils der zur Verfügung stehenden Zeit in Anspruch. Es ermöglicht beispielsweise die Kombination von Studium und Arbeit oder Studium und Familie. Bei einem Teilzeitstudium verlängert sich die Regelstudienzeit entsprechend. Im Allgemeinen setzt die Zulassung zu einem Teilzeitstudium nach den jeweiligen Studienordnungen das Vorliegen einer Berufstätigkeit oder eines anderen wichtigen Grundes voraus. Für Teilzeitstudierende ist die Regelung zur Versicherungsfreiheit aufgrund des Werkstudentenprivilegs anzuwenden, wenn das Studium **mehr als die Hälfte der Zeit eines Vollzeitstudiums** ausmacht. Beschäftigungen von Teilzeitstudenten, die für das Studium die Hälfte oder weniger als die Hälfte der Zeit eines Vollzeitstudiums aufwenden, fallen dagegen nicht unter die Werkstudentenregelung. Der Grund hierfür ist, dass in diesen Fällen – bei einer abstrakten Betrachtungsweise – Zeit und Arbeitskraft nicht überwiegend durch das Studium in Anspruch genommen werden. Dies gilt auch, wenn das Teilzeitstudium im Rahmen eines Fernstudiums an einer Fernhochschule durchgeführt wird, nicht dagegen bei einem Fernstudium als Vollzeitstudium. Wird das Teilzeitstudium als berufsbegleitendes oder berufsintegrierendes Studium durchgeführt, das mit der Beschäftigung in einem prägenden oder engen inneren Zusammenhang steht, kommt Versicherungsfreiheit aufgrund des Werkstudentenprivilegs für die Dauer des berufsintegrierten oder berufsbegleitenden Studiums von vornherein nicht in Betracht, und zwar ungeachtet des Umfangs der Beschäftigung.

6. Beiträge

Für beschäftigte Studenten, die allein aufgrund des Werkstudentenprivilegs nach § 6 Abs. 1 Nr. 3 SGB V und § 27 Abs. 4 Satz 1 Nr. 2 SGB III in der Kranken-, Pflege- und Arbeitslosenversicherung versicherungsfrei sind, sind aus dem Arbeitsentgelt der Beschäftigung keine Beiträge zu diesen Versicherungszweigen zu zahlen. Weist die Beschäftigung jedoch auch die Merkmale einer geringfügig entlohnten Beschäftigung nach § 8 Abs. 1 Nr. 1 SGB IV auf, hat der Arbeitgeber unter den Voraussetzungen des § 249b SGB V einen Pauschalbeitrag zur Krankenversicherung aus dem Arbeitsentgelt dieser geringfügigen Beschäftigung zu zahlen. Die Zahlung pauschaler Beiträge durch den Arbeitgeber zur Pflegeversicherung und zur Arbeitslosenversicherung ist nicht vorgesehen. In der Rentenversicherung sind die für eine geringfügige Beschäftigung anfallenden Beiträge zu zahlen. Bei Ausübung mehrerer geringfügig entlohnter Beschäftigungen oder einer allein aufgrund des Werkstudentenprivilegs ausgeübten Beschäftigung neben einer geringfügig entlohnten Beschäftigung gelten die Regelungen über die Zusammenrechnung geringfügiger Beschäftigungen sowie geringfügiger Beschäftigungen mit mehr als geringfügigen Beschäftigungen (§ 8 Abs. 2 Satz 1 SGB IV). In Abhängigkeit von dem sich hieraus ergebenden Versicherungsstatus richtet sich auch die Beitragspflicht.

S

7. Umlagen nach dem AAG für beschäftigte Studenten

Beschäftigte Studenten zählen zu den Arbeitnehmern im Sinne des AAG. Für sie sind unabhängig davon, ob sie aufgrund des Werkstudentenprivilegs nach § 6 Abs. 1 Nr. 3 SGB V und § 27 Abs. 4 Satz 1 Nr. 2 SGB III in der Kranken-, Pflege- und Arbeitslosenversicherung versicherungsfrei sind, Umlagen zu zahlen. Die Umlagen im U1- und U2-Verfahren werden jeweils nach einem Prozentsatz (Umlagesatz) des Entgelts bemessen, nach dem die Beiträge zur gesetzlichen Rentenversicherung für die im Betrieb beschäftigten Arbeitnehmer und Auszubildenden bemessen werden oder bei Versicherungspflicht in der gesetzlichen Rentenversicherung zu bemessen wären (§ 7 Abs. 2 Satz 1 AAG). Umlagen sind auch für Werkstudenten in einer Beschäftigung zu zahlen, auf die sich die Befreiung von der Rentenversicherungspflicht nach § 6 Abs. 5 Satz 2 i. V. m. Abs. 1 Nr. 1 SGB VI zugunsten einer Mitgliedschaft in einer berufsständischen Versorgungseinrichtung erstreckt (zum Beispiel ein Tierarzt im Zweitstudium ist Mitglied einer berufsständischen Versorgungseinrichtung und übt als Werkstudent eine Tätigkeit als Tierarzt aus).

Lohn-steuer-pflichtig | Sozial-versich.-pflichtig

8. Insolvenzgeldumlage für beschäftigte Studenten

Für beschäftigte Studenten gelten unabhängig davon, ob sie aufgrund des Werkstudentenprivilegs nach § 6 Abs. 1 Nr. 3 SGB V und § 27 Abs. 4 Satz 1 Nr. 2 SGB III in der Kranken-, Pflege- und Arbeitslosenversicherung versicherungsfrei sind, keine Besonderheiten hinsichtlich der Pflicht zur Zahlung der Insolvenzgeldumlage. Die Umlage ist nach § 358 Abs. 2 SGB III nach dem Arbeitsentgelt zu bemessen, nach dem die Beiträge zur gesetzlichen Rentenversicherung bemessen werden. Die Befreiung von juristischen Personen des öffentlichen Rechts von der Umlagepflicht nach § 358 Abs. 1 SGB III bleibt unberührt.

9. Meldungen

Während für beschäftigte Studenten, die allein aufgrund des Werkstudentenprivilegs in der Kranken-, Pflege- und Arbeitslosenversicherung versicherungsfrei sind, vom Arbeitgeber der Beschäftigung keine Meldungen zu diesen Versicherungszweigen abzugeben sind, ist die Versicherungs- und/oder Beitragspflicht zur Rentenversicherung im Rahmen des Meldeverfahrens nach §§ 28a ff. SGB IV i. V. m. der DEÜV anzuzeigen. Dabei ist grundsätzlich der Personengruppenschlüssel „106“ (Werkstudenten) zu verwenden. Weist die Beschäftigung auch die Merkmale einer geringfügig entlohnten Beschäftigung nach § 8 Abs. 1 Nr. 1 SGB IV oder einer kurzfristigen Beschäftigung nach § 8 Abs. 1 Nr. 2 SGB IV auf, ist der Personengruppenschlüssel „109“ (geringfügig entlohnte Beschäftigte) oder „110“ (kurzfristig Beschäftigte) zu verwenden. In einigen Fällen kann es vorkommen, dass der Arbeitgeber für ein und dieselbe Beschäftigung Meldungen mit unterschiedlichen Beitragsgruppenschlüsseln an die Deutsche Rentenversicherung Knappschaft-Bahn-See als Minijob-Zentrale einerseits und an die für den beschäftigten Studenten zuständige Krankenkasse andererseits zu erstatten hat. Der Personengruppenschlüssel ist dann einheitlich zu verwenden; er orientiert sich immer am Rechtsverhältnis in der Rentenversicherung.

10. Lohnsteuerliche Behandlung

Studenten, die neben ihrem Studium arbeiten (sog. Werkstudenten), sind Arbeitnehmer. Sie unterliegen mit ihrem Arbeitslohn dem Lohnsteuerabzug nach den allgemeinen Vorschriften.

Zur Durchführung des Lohnsteuerabzugs benötigt der Arbeitgeber die individuellen Lohnsteuerabzugsmerkmale des Arbeitnehmers (Steuerklasse, Zahl der Kinderfreibeträge, Religionszugehörigkeit, Steuerfreibetrag usw.). Daher hat der Arbeitgeber auch für Studenten die elektronischen Lohnsteuerabzugsmerkmale abzurufen. Auf die ausführlichen Erläuterungen beim Stichwort „Elektronische Lohnsteuerabzugsmerkmale (ELStAM)“ wird hingewiesen.

Eine Ausnahme von der Besteuerung nach den individuellen Lohnsteuerabzugsmerkmalen des Studenten ist nur dann möglich, wenn es sich um eine Aushilfs- oder Teilzeitbeschäftigung handelt, für die eine **Pauschalierung** der Lohnsteuer in Betracht kommt (vgl. das Stichwort „Pauschalierung der Lohnsteuer bei Aushilfskräften und Teilzeitbeschäftigten“).

Aber auch in den Fällen, in denen eine Pauschalierung der Lohnsteuer mit 2 % für Minijobs möglich wäre, ist bei

Lohn-steuer-pflichtig | Sozial-versich.-pflichtig

Studenten der Lohnsteuerabzug nach Steuerklasse I der Regelfall, weil bei Anwendung der Steuerklasse I im Kalenderjahr 2021 ein **Monatslohn** in Höhe von **1121 €**[1] **steuerfrei** bleibt (vgl. das Stichwort „Tarifaufbau"). Der Arbeitgeber bzw. im Fall der Abwälzung der Pauschalsteuer der Student spart sich damit die 2 %ige pauschale Lohnsteuer.

Bei höheren Monatslöhnen führt die Anwendung der Steuerklasse I zum Lohnsteuerabzug. Dies ist aber in den meisten Fällen kein Problem, weil die einbehaltene Lohnsteuer nach Ablauf des Kalenderjahres vom Finanzamt wieder erstattet wird, wenn die **Jahres**arbeitslohngrenze, bis zu der bei einer Veranlagung zur Einkommensteuer nach Ablauf des Kalenderjahres **keine Einkommensteuer** anfällt, nicht überschritten wird. Die **Jahres**arbeitslohngrenze, bis zu der bei Studenten im Kalenderjahr 2021 keine Einkommensteuer anfällt, errechnet sich wie folgt:

Grundfreibetrag		9 744,– €
zuzüglich:		
Arbeitnehmer-Pauschbetrag	1 000 €	
Sonderausgaben-Pauschbetrag	36 €	
Vorsorgepauschale	0 €[2]	1 036,– €
steuerfreier Jahresarbeitslohn		**10 780,– €**

Beispiel

Ein Student arbeitet im Juni, Juli, August und September des Kalenderjahres 2021 für einen Monatslohn von 2000 €. Der Lohnsteuerabzug erfolgt nach Steuerklasse I. Der Arbeitgeber hat nach der Monatstabelle an Lohn- und Kirchensteuer sowie Solidaritätszuschlag einzubehalten:

	Arbeitslohn	Lohnsteuer	Solidaritätszuschlag	Kirchensteuer
Juni	2 000,– €	171,25 €	0,– €	13,70 €
Juli	2 000,– €	171,25 €	0,– €	13,70 €
August	2 000,– €	171,25 €	0,– €	13,70 €
September	2 000,– €	171,25 €	0,– €	13,70 €
insgesamt	8 000,– €	685,– €	0,– €	54,80 €

Der für Studenten maßgebende **Jahres**arbeitslohn, bis zu dem bei einer Veranlagung zur Einkommensteuer nach Ablauf des Kalenderjahres 2021 **keine Einkommensteuer** anfällt, beträgt **10 780 €**.

Da der vom Studenten bezogene **Jahres**arbeitslohn den Betrag von 10 780 € nicht übersteigt, wird ihm bei einer Antragsveranlagung durch das Finanzamt die Lohn- und Kirchensteuer **in voller Höhe** erstattet. Der Student muss hierzu nach Ablauf des Kalenderjahres 2021 bei seinem zuständigen Wohnsitzfinanzamt eine entsprechende Steuererklärung einreichen. Der Arbeitgeber darf in keinem Fall einen Lohnsteuer-Jahresausgleich für den Studenten durchführen und die einbehaltene Lohnsteuer erstatten, da kein durchgängiges (ununterbrochenes) Dienstverhältnis bestanden hat.

Studenten in dualen Studiengängen

Gliederung:

1. Allgemeines
2. Ausbildungsintegrierte duale Studiengänge
3. Praxisintegrierte duale Studiengänge
4. Berufsintegrierte und berufsbegleitende duale Studiengänge
5. Verhältnis zu anderen Versicherungstatbeständen in der Kranken- und Pflegeversicherung
6. Beiträge
7. Übergangsbereich nach § 20 Abs. 2 SGB IV im Niedriglohnbereich
8. Umlagen nach dem AAG
9. Insolvenzgeldumlage
10. Meldungen

1. Allgemeines

Teilnehmer an dualen Studiengängen sind seit dem 1.1.2012 in versicherungsrechtlicher Hinsicht kraft gesetzlicher Fiktion in § 5 Abs. 4a Satz 2 SGB V, § 1 Satz 5 SGB VI, § 25 Abs. 1 Satz 2 SGB III den zur Berufsausbildung Beschäftigten gleichgestellt. Als solche unterliegen sie damit für die gesamte Dauer des dualen Studiums, das heißt, sowohl während der Praxisphasen als auch während der Studien- bzw. Vorlesungsphasen, der Versicherungspflicht in der Kranken-, Pflege-, Renten- und Arbeitslosenversicherung. Der Begriff des Teilnehmers an einem dualen Studiengang ist im Gesetz nicht näher beschrieben. Es existiert mithin keine allgemeingültige Legaldefinition. Duale Studiengänge zeichnen sich nach den Empfehlungen des Akkreditierungsrates für die Akkreditierung von Studiengängen mit besonderem Profilanspruch durch die Inanspruchnahme von Betrieben und vergleichbaren Einrichtungen als zweitem Lernort neben der Hochschule oder Berufsakademie und die Verteilung des Lehrplans auf mindestens zwei Lernorte aus. Deren bewusste inhaltliche, zeitliche und organisatorische Integration zielt darauf ab, über die Verbindung der theoretischen mit der praktischen Ausbildung ein spezifisches Qualifikationsprofil der Studierenden zu erreichen. Wesentliches Kriterium für das Vorliegen eines dualen Studiums ist die Verzahnung von Theorie und Praxis. Die Verzahnung bezieht sich sowohl auf die Einbindung in den Lehrplan als auch auf das institutionelle Zusammenwirken der unterschiedlichen Lernorte. Die Hochschule beschreibt die inhaltliche Abstimmung der Theorie- und Praxisphasen in einem in sich geschlossenen Studiengangkonzept, aus der die Gestaltung der Praxisphasen und deren Kreditierung hervorgehen. Die Praxisphasen innerhalb eines dualen Studiums werden mithin im Wesentlichen durch die Hochschule geregelt und gelenkt. Die Bewertung und Überprüfung der Praxisanteile des Studiums liegen somit in der Verantwortung der Hochschule, die ungeachtet der erhöhten Praxisanteile in dualen Studiengängen die wissenschaftliche Befähigung der Studierenden sicherzustellen hat. Kennzeichnend für ein duales Studium ist regelmäßig, dass hinsichtlich der Erbringung der Praxisanteile vertragliche Regelungen (z. B. ein Ausbildungsvertrag, Praktikumsvertrag, Kooperationsvertrag und Ähnliches zwischen Hochschule/Studierendem und Kooperationsbetrieb) bestehen. Duale Studiengänge können nach Art und Intensität der Integration in ausbildungsintegrierte Studiengänge, praxisintegrierte Studiengänge und im weiteren Sinne in berufsintegrierte oder berufsbegleitende Studiengänge unterschieden werden.

2. Ausbildungsintegrierte duale Studiengänge

Ausbildungsintegrierte duale Studiengänge sind auf die berufliche Erstausbildung gerichtet. Sie verbinden das Studium mit einer betrieblichen Ausbildung in einem anerkannten Ausbildungsberuf. Dabei werden die Studienphasen und die Berufsausbildung sowohl zeitlich als auch inhaltlich miteinander verzahnt. In der Regel wird also neben dem Studienabschluss mit dem Abschluss eines Ausbildungsberufs noch ein zweiter anerkannter Abschluss erworben. Daher ist bei einem ausbildungsintegrierten dualen Studiengang regelmäßig auch ein abgeschlossener Ausbildungsvertrag mit einem (Kooperations-)Betrieb Voraussetzung. Derartige Studiengänge werden in der Regel an Fachhochschulen und Berufsakademien in öffentlicher oder privater Trägerschaft angeboten. Teilnehmer an ausbildungsintegrierten dualen Studiengängen sind als zur Berufsausbildung Beschäftigte anzusehen.

S

1) Es gelten die Besteuerungsgrenzen des allgemeinen Lohnsteuertarifs für rentenversicherungspflichtige Arbeitnehmer, wenn der Student rentenversicherungspflichtig ist, was bei höheren Monatslöhnen als 450 € in der Regel der Fall sein wird (vgl. die Erläuterungen zur Zusammensetzung der Arbeitslohngrenzen beim Stichwort „Tarifaufbau" unter Nr. 7).

2) Eine Vorsorgepauschale ist zwar auch 2021 in den Lohnsteuertarif eingearbeitet worden. Bei einer Veranlagung zur Einkommensteuer wird jedoch seit 1.1.2010 keine Vorsorgepauschale mehr gewährt. Es können nur die tatsächlich entstandenen Vorsorgeaufwendungen steuerlich berücksichtigt werden (vgl. die Erläuterungen in Anhang 8 und 8a).

Lohn-steuer-pflichtig Sozial-versich.-pflichtig

Bei diesen Personen steht das Vorliegen einer Beschäftigung (zur Berufsausbildung), insbesondere unter Berücksichtigung der den Beschäftigungsbegriff ergänzenden Regelung des § 7 Abs. 2 SGB IV, nicht in Frage, solange die betriebliche Berufsausbildung zeitlich in das Studium eingebettet ist. Insoweit bedarf es der versicherungsrechtlichen Gleichstellungsregelung mit den zur Berufsausbildung Beschäftigten dem Grunde nach nicht. Die Teilnehmer an ausbildungsintegrierten dualen Studiengängen unterliegen der Versicherungspflicht in den einzelnen Zweigen der Sozialversicherung nach § 5 Abs. 1 Nr. 1 SGB V, § 20 Abs. 1 Satz 2 Nr. 1 in Verb. mit Satz 1 SGB XI, § 1 Satz 1 Nr. 1 SGB VI und § 25 Abs. 1 Satz 1 SGB III. Von einer Arbeitsentgeltzahlung kann zwar in der Regel ausgegangen werden, da im Rahmen der Berufsausbildung ein Vergütungsanspruch besteht. Voraussetzung für die Versicherungspflicht in den einzelnen Zweigen der Sozialversicherung ist dieser jedoch nicht. In der Krankenversicherung besteht – soweit ein Vergütungsanspruch nicht gegeben ist – in diesen Fällen die Versicherungspflicht grundsätzlich nach § 5 Abs. 1 Nr. 10 SGB V und in der Pflegeversicherung nach § 20 Abs. 1 Satz 2 Nr. 10 in Verb. mit Satz 1 SGB XI. Endet die betriebliche Berufsausbildung zeitlich vor dem Ende des Studiums (z. B. durch Ablegen der Gesellenprüfung), ist für die weitere Dauer des dualen Studiums gleichwohl von einem Fortbestehen der Zugehörigkeit zu dem Personenkreis der Teilnehmer an einem dualen Studiengang auszugehen. Dabei wird angenommen, dass Studienteilnehmer und (Kooperations-)Betrieb auch in dieser Phase des Studiums weiterhin miteinander verbunden sind, beispielsweise durch einen – neben dem Berufsausbildungsvertrag geschlossenen – ergänzenden Vertrag. Infolgedessen ist auch von einem Fortbestehen der Versicherungspflicht in den einzelnen Zweigen auszugehen. Einer Arbeitsentgeltzahlung bedarf es hierfür nicht. Die Versicherungspflicht in der Renten- und Arbeitslosenversicherung nach § 1 Satz 1 Nr. 1 SGB VI und § 25 Abs. 1 Satz 1 SGB III verlangt bei den zur Berufsausbildung Beschäftigten ohnehin keine Arbeitsentgeltzahlung. In der Krankenversicherung besteht die Versicherungspflicht grundsätzlich nach § 5 Abs. 1 Nr. 10 SGB V und in der Pflegeversicherung nach § 20 Abs. 1 Satz 2 Nr. 10 in Verb. mit Satz 1 SGB XI (zu den Versicherungskonkurrenzen siehe Nr. 5). Versicherungsfreiheit als beschäftigte Studenten kommt für die Dauer des ausbildungsintegrierten dualen Studiums, ungeachtet des Umfangs der Beschäftigung, nicht in Betracht, da diese Personen ihrem Erscheinungsbild nach Arbeitnehmer bzw. zur Berufsausbildung Beschäftigte und nicht Studierende sind.

3. Praxisintegrierte duale Studiengänge

Praxisintegrierte duale Studiengänge weisen einen hohen Anteil berufspraktischer Phasen auf. Im Unterschied zu klassischen Studiengängen (mit Praxisbezug) wird das Studium in diesen Studiengängen mit einer Tätigkeit in Betrieben derart verbunden, dass die Praxis inhaltlich und zeitlich mit der theoretischen Ausbildung verknüpft ist. Durch eine enge organisatorische und lehrplanmäßige Verzahnung zwischen dem Lernort Hochschule und dem Lernort Betrieb wird ein Teil der für den Studienabschluss erforderlichen Kompetenzen im Betrieb erworben und bewertet. Instrumente der Verzahnung sind beispielsweise Rahmenausbildungspläne der kooperierenden Betriebe, Abstimmungsverfahren zwischen Betrieb und Hochschule, Zielvereinbarungen oder Grundsätze für die Eignung von Betrieben usw. Solche Studiengänge werden von Hochschulen (Universitäten und Fachhochschulen) und Berufsakademien in öffentlicher oder privater Trägerschaft in verschiedenen Varianten angeboten. Je nach Studienmodell erfolgt der Einstieg ins Studium entweder direkt über die Hochschule bzw. Berufsakademie, die den Studierenden in der Regel an (Kooperations-)Betriebe vermittelt, oder durch Bewerbung bei einem Unternehmen, das mit der Hochschule bzw. Berufsakademie kooperiert. Teilnehmer an praxisintegrierten dualen Studiengängen sind den zur Berufsausbildung Beschäftigten gleichgestellt. Sie unterliegen damit der Versicherungspflicht in der Kranken-, Pflege-, Renten- und Arbeitslosenversicherung nach § 5 Abs. 1 Nr. 1 SGB V, § 20 Abs. 1 Satz 2 Nr. 1 in Verb. mit Satz 1 SGB XI, § 1 Satz 1 Nr. 1 SGB VI und § 25 Abs. 1 Satz 1 SGB III. Abweichend hiervon besteht die Versicherungspflicht in der Krankenversicherung grundsätzlich nach § 5 Abs. 1 Nr. 10 SGB V und in der Pflegeversicherung nach § 20 Abs. 1 Satz 2 Nr. 10 in Verb. mit Satz 1 SGB XI, sofern in einzelnen Phasen des dualen Studiums kein Arbeitsentgelt gezahlt wird.

Lohn-steuer-pflichtig Sozial-versich.-pflichtig

4. Berufsintegrierte und berufsbegleitende duale Studiengänge

Berufsintegrierte und berufsbegleitende duale Studiengänge sind auf berufliche Weiterbildung ausgerichtet und wenden sich an Studieninteressenten mit bereits abgeschlossener Berufsausbildung, die neben ihrer beruflichen Tätigkeit ein Studium durchführen möchten. Bei diesen Studiengängen besteht regelmäßig nur eine zeitliche, aber keine inhaltliche Verzahnung von theoretischer und praktischer Ausbildung. Aus diesem Grund werden sie mitunter nicht im engeren Sinne zu den dualen Studiengängen gerechnet. Bei berufsintegrierten und berufsbegleitenden dualen Studiengängen wird die bisherige Tätigkeit im Betrieb den Erfordernissen des Studiums angepasst. Ein inhaltlicher Bezug zwischen der beruflichen Tätigkeit und dem Studium ist regelmäßig gegeben. Berufsintegrierte duale Studiengänge können in enger zeitlicher Verzahnung mit der weiterhin ausgeübten Berufstätigkeit stehen (regelmäßiger Wechsel von Studium und Beschäftigung). Berufsbegleitende duale Studiengänge werden neben der bisherigen Berufstätigkeit absolviert. Sie können einem Fern- oder Abendstudium ähnlich sein oder in klassischer Form durchlaufen werden.

Ein zur Versicherungspflicht führendes entgeltliches Beschäftigungsverhältnis besteht fort, wenn der Arbeitnehmer eine beruflich weiterführende (berufsintegrierte bzw. berufsbegleitende), mit der Beschäftigung in einem prägenden oder engen inneren Zusammenhang stehende Ausbildung oder ein solches Studium absolviert. Bei derartigen Zusammenhängen kommt es für die Würdigung des Erscheinungsbildes als Beschäftigter oder Student maßgeblich hierauf und nicht oder weniger darauf an, inwieweit die Beschäftigung in der vorlesungsfreien Zeit dem Studium (nach Zweck und Dauer) zugeordnet ist. Ein prägender oder enger innerer Zusammenhang zwischen der bisherigen Beschäftigung und der Ausbildung bzw. dem Studium ist nach der Rechtsprechung (vgl. u. a. Urteil des BSG vom 11.11.2003 – B 12 KR 24/03 –, USK 2003-30, jeweils mit weiteren Nachweisen) anzunehmen, wenn

- das Arbeitsverhältnis vom Umfang her den Erfordernissen der Ausbildung bzw. des Studiums anpasst wird und der Arbeitnehmer während der Ausbildungs- bzw. Studienzeiten vom Arbeitgeber von der Arbeitsleistung freigestellt ist,
- die Beschäftigung im erlernten Beruf (nicht berufsfremd) während der vorlesungsfreien Zeit grundsätzlich als Vollzeitbeschäftigung ausübt wird und
- während der Ausbildung bzw. des Studiums weiterhin Arbeitsentgelt, ggf. gekürzt oder in Form einer Ausbildungs- oder Studienförderung oder als Studienbeihilfe, (fort-)gezahlt wird; dabei wird die Arbeitsentgelteigenschaft durch eine Rückzahlungsklausel, die eine Erstattung der Ausbildungs- oder Studienförderung bei Ausscheiden aus dem Arbeitsverhältnis innerhalb bestimmter zeitlicher Grenzen nach dem Ende des Studiums zur Folge hat, nicht berührt.

Soweit die Verhältnisse durch den Willen der Vertragsparteien, das Arbeitsverhältnis fortzusetzen, gekennzeichnet sind und sich dieser Wille in der Weiterzahlung der Vergütung – gegebenenfalls geringfügig gekürzt – nieder-

Lohnsteuerpflichtig Sozialversich.pflichtig

schlägt, kann selbst die Freistellung von der Arbeitsleistung auch für die studienfreie Zeit (Semesterferien) für den Fortbestand eines Beschäftigungsverhältnisses unerheblich sein (vgl. Urteile des BSG vom 18.4.1975 – 3/12 RK 10/73 –, USK 7527 und vom 12.11.1975 – 3/12 RK 13/74 –, USK 75167). Der in der Freistellung zum Ausdruck kommende Wille, das Arbeitsverhältnis auch während des Studiums fortzusetzen, wird danach als eine für die Annahme einer Beschäftigung ausreichende gemeinsame Bestätigung des vertraglichen Bandes zwischen Arbeitnehmer und Betrieb und als eine hinreichende Grundlage für die Arbeitspflicht angesehen, die die fehlende (tatsächliche) Arbeitsleistung ersetzt. Selbst die Auflösung des ursprünglichen Arbeitsverhältnisses und der anschließende Abschluss eines als „Ausbildungsdienstverhältnis" bezeichneten neuen Vertrages führen zu keiner anderen Beurteilung, und zwar selbst dann nicht, wenn die vertraglichen Beziehungen für eine relativ kurze Dauer unterbrochen werden (vgl. Urteil des BSG vom 11.3.2009 – B 12 KR 20/07 R –, USK 2009-16). Auch ein Wechsel des Arbeitgebers innerhalb der Branche zu Beginn des Studiums ist unter den vorgenannten Voraussetzungen unerheblich (vgl. hierzu und zu den vorherigen Ausführungen Urteil des BSG vom 10.12.1998 – B 12 KR 22/97 R –, USK 9880). Unter diesen Voraussetzungen, die in einer Gesamtschau zu bewerten sind, sind Teilnehmer an berufsintegrierten und berufsbegleitenden dualen Studiengängen (weiterhin) als gegen Arbeitsentgelt Beschäftigte anzusehen und unterliegen als solche grundsätzlich der Versicherungspflicht in den einzelnen Zweigen der Sozialversicherung nach § 5 Abs. 1 Nr. 1 SGB V, § 20 Abs. 1 Satz 2 Nr. 1 in Verb. mit Satz 1 SGB XI, § 1 Satz 1 Nr. 1 SGB VI und § 25 Abs. 1 Satz 1 SGB III. Dies gilt nicht nur während der vorlesungsfreien Zeit, in der gegebenenfalls die Beschäftigung tatsächlich ausgeübt wird, sondern während der gesamten Dauer des Studiums. Die Fiktionsregelungen in § 5 Abs. 4a Satz 2 SGB V, § 1 Satz 5 SGB VI, § 25 Abs. 1 Satz 2 SGB III haben für diese Art von dualen Studiengängen keine Bedeutung. **Versicherungsfreiheit als beschäftigte Studenten kommt für die Dauer des berufsintegrierten und berufsbegleitenden Studiums, ungeachtet des Umfangs der Beschäftigung, nicht in Betracht, da diese Personen ihrem Erscheinungsbild nach Arbeitnehmer und nicht Studierende sind** (vgl. u. a. Urteile des BSG 11.11.2003 – B 12 KR 24/03 –, USK 2003-30, und vom 10.12.1998 – B 12 KR 22/97 –, USK 9880). Von der vorgenannten Bewertung der Teilnehmer an berufsintegrierten und berufsbegleitenden dualen Studiengängen abzugrenzen und versicherungsrechtlich anders zu beurteilen sind Personen, die während der Beschäftigung ein Studium aufnehmen und ihr Arbeitsverhältnis vom Umfang her den Erfordernissen des Studiums anpassen (z. B. durch Reduzierung der Arbeitszeit nach dem Teilzeit- und Befristungsgesetz) oder aus einer Teilzeitbeschäftigung heraus ein Studium aufnehmen, wenn kein prägender oder enger innerer Zusammenhang zwischen der Beschäftigung und dem Studium besteht.

5. Verhältnis zu anderen Versicherungstatbeständen in der Kranken- und Pflegeversicherung

Sofern in einzelnen Phasen eines ausbildungsintegrierten dualen Studiums oder eines praxisintegrierten dualen Studiums kein Arbeitsentgelt gewährt wird, besteht die Versicherungspflicht in der Kranken- und Pflegeversicherung grundsätzlich nach § 5 Abs. 1 Nr. 10 SGB V bzw. § 20 Abs. 1 Satz 2 Nr. 10 in Verb. mit Satz 1 SGB XI. Zwar stellt § 5 Abs. 4a Satz 2 SGB V die Teilnehmer an dualen Studiengängen nur den Beschäftigten zur Berufsausbildung nach § 5 Abs. 1 Nr. 1 SGB V gleich, nicht dagegen den zur Berufsausbildung ohne Arbeitsentgelt Beschäftigten nach § 5 Abs. 1 Nr. 10 SGB V. Teilnehmer an dualen Studiengängen erfüllen bei einem Studium an einer staatlichen oder staatlich anerkannten Hochschule regelmäßig auch die Voraussetzungen der Versicherungspflicht nach § 5 Abs. 1 Nr. 9 SGB V bzw. § 20 Abs. 1 Satz 2 Nr. 9 in Verb. mit Satz 1 SGB XI. Nach der Versicherungskonkurrenzregelung in § 5 Abs. 7 Satz 2 SGB V geht in diesem Fall formalrechtlich die Versicherungspflicht nach § 5 Abs. 1 Nr. 9 SGB V der Versicherungspflicht nach § 5 Abs. 1 Nr. 10 SGB V vor; das Ergebnis wirkt für die Pflegeversicherung gleichermaßen. Angesichts der für Studenten und der für zur Berufsausbildung ohne Arbeitsentgelt Beschäftigte identischen beitragsrechtlichen Regelungen und mit Blick auf die bei Durchführung der Versicherungspflicht nach § 5 Abs. 1 Nr. 10 SGB V der Ausbildungsstelle obliegende Meldepflicht sollte bei den dual Studierenden die Versicherungspflicht nach § 5 Abs. 1 Nr. 10 SGB V entgegen der Regelung in § 5 Abs. 7 Satz 2 SGB V vorrangig durchgeführt werden. Liegen die Voraussetzungen der Familienversicherung vor (§ 10 SGB V, § 25 SGB XI), ist diese nach § 5 Abs. 7 Satz 1 SGB V allerdings vorrangig einzuräumen.

6. Beiträge

Die Beiträge der versicherungspflichtigen Teilnehmer an dualen Studiengängen, die versicherungsrechtlich den Beschäftigten zur Berufsausbildung gleichgestellt sind, werden – wie für diese Personen üblich – nach dem Arbeitsentgelt aus der Beschäftigung zur Berufsausbildung bemessen. Als Arbeitsentgelt gelten somit jegliche Vergütungen, die im Rahmen des dualen Studiums dem Studienteilnehmer gewährt werden, gleichgültig, ob ein Rechtsanspruch auf die Einnahme besteht, unter welcher Bezeichnung oder in welcher Form sie gewährt werden und ob sie unmittelbar aus der Beschäftigung zur Berufsausbildung oder im Zusammenhang mit ihr erzielt werden. Für zur Berufsausbildung Beschäftigte gilt die sog. Geringverdienergrenze. Sofern das Arbeitsentgelt 325 € nicht übersteigt, trägt der Arbeitgeber die Beiträge allein (Einzelheiten siehe unter dem Stichwort „Geringverdienergrenze"). Als Arbeitsentgelt sind auch solche Vergütungen anzusehen, die im Rahmen des dualen Studiums für Zeiten außerhalb der Praxisphasen gewährt werden, selbst wenn sie anders bezeichnet werden (z. B. als Studienbeihilfe, Stipendium). Nicht zum Arbeitsentgelt gehören aufgrund ausdrücklicher Bestimmung in § 1 Abs. 1 Satz 1 Nr. 15 SvEV die vom Arbeitgeber getragenen oder übernommenen Studiengebühren für ein Studium des Arbeitnehmers, soweit sie steuerrechtlich kein Arbeitslohn sind. Steuer- und insoweit beitragsfrei sind danach Studiengebühren, die der Arbeitgeber bei einem im dualen Studienmodell durchgeführten Ausbildungs- bzw. Praktikumsverhältnis zusätzlich zum laufendem Arbeitsentgelt aus eigener Verpflichtung gegenüber einer Bildungseinrichtung trägt, als auch in den Fällen, in denen der Arbeitgeber sich arbeitsvertraglich gegenüber dem Arbeitnehmer zur Übernahme der Studiengebühren verpflichtet, wenn ferner mit dem Arbeitnehmer eine Rückzahlung der Gebühren bei Verlassen des Betriebes auf eigenen Wunsch innerhalb von zwei Jahren nach Studienabschluss vereinbart ist (BMF-Schreiben vom 13.4.2012 – IV C.5 – S 2332/07/0001). Sofern in einzelnen Phasen des dualen Studiums kein Arbeitsentgelt gewährt wird, wird der Beitragsbemessung zur Renten- und Arbeitslosenversicherung nach § 162 Nr. 1 SGB VI und § 342 SGB III eine fiktive Einnahme in Höhe von 1 % der mtl. Bezugsgröße (2021 West: 32,90 €; Ost: 31,15 €) zugrunde gelegt. Die darauf entfallenden Beiträge zur Renten- und Arbeitslosenversicherung trägt allein der Arbeitgeber (§ 20 Abs. 3 Satz 1 Nr. 1 SGB IV). In der Kranken- und Pflegeversicherung werden die Beiträge für die Zeit der Versicherungspflicht nach § 5 Abs. 1 Nr. 10 SGB V bzw. § 20 Abs. 1 Satz 2 Nr. 10 in Verb. mit Satz 1 SGB XI nach § 236 in Verb. mit § 245 Abs. 1 SGB V bzw. § 57 Abs. 1 Satz 1 SGB XI bemessen. Danach ist als beitragspflichtige Einnahme für den Kalendermonat der monatliche BAföG-Bedarfssatz nach § 13 Abs. 1 Nr. 2 und Abs. 2 BAföG zugrunde zu legen; als Beitragssatz wird $^{7}/_{10}$ des allgemeinen Beitragssatzes herangezogen, ferner ist der zusätzli-

S

Lohn- steuer- pflichtig | Sozial- versich.- pflichtig

che Beitragssatz der Krankenkasse nach § 242 SGB V zu berücksichtigen. Der für Auszubildende ohne Arbeitsentgelt zu bemessende Beitrag entspricht somit dem Beitrag, den auch versicherungspflichtige Studenten zu zahlen haben. Diese Beiträge trägt der versicherungspflichtige Studienteilnehmer allein (§ 250 Abs. 1 Nr. 3 SGB V).

7. Übergangsbereich nach § 20 Abs. 2 SGB IV im Niedriglohnbereich

Die Anwendung des sog. Übergangsbereiches kommt für Teilnehmer an dualen Studiengängen, die versicherungsrechtlich den Beschäftigten zur Berufsausbildung gleichgestellt sind (insbesondere Teilnehmer an praxisintegrierten und an ausbildungsintegrierten dualen Studiengängen), nicht in Frage, da die Regelungen für Beschäftigte zur Berufsausbildung nicht gelten (Einzelheiten siehe das Stichwort „Übergangsbereich nach § 20 Abs. 2 SGB IV").

8. Umlagen nach dem AAG

Während Teilnehmer an ausbildungsintegrierten dualen Studiengängen in sozialversicherungsrechtlicher Hinsicht generell und in arbeitsrechtlicher Hinsicht für die Dauer der betrieblichen Berufsausbildung den Beschäftigten zur Berufsausbildung zuzurechnen und für sie dementsprechend auch Umlagen zu zahlen sind, sind Teilnehmer an praxisintegrierten dualen Studiengängen während der Praxisphasen arbeitsrechtlich nicht als Arbeitnehmer oder Auszubildende i. S. des BBiG anzusehen, wenn das Praktikum in die Hochschul- oder Fachschulausbildung eingegliedert und die praktische Ausbildung im Wesentlichen nichtbetrieblich, sondern durch die Hochschule bzw. Fachschule geregelt und gelenkt wird. Aufgrund dessen sind seitens der Arbeitgeber für diese Personen keine Umlagen nach dem AAG zu zahlen. Teilnehmer an berufsintegrierten oder berufsbegleitenden dualen Studiengängen gehören regelmäßig weiterhin zu den Arbeitnehmern, sodass ihr Arbeitsentgelt bei der Bemessung der Umlagen mit zu berücksichtigen ist.

9. Insolvenzgeldumlage

Teilnehmer an dualen Studiengängen, die in sozialversicherungsrechtlicher Hinsicht zu den zur Berufsausbildung Beschäftigten gehören, haben grundsätzlich einen Anspruch auf Insolvenzgeld. Gleiches gilt für den Personenkreis der Teilnehmer an berufsintegrierten oder berufsbegleitenden dualen Studiengängen, die regelmäßig weiterhin zu den Arbeitnehmern gehören. Das Arbeitsentgelt, nach dem die Beiträge zur gesetzlichen Rentenversicherung bemessen werden (§ 162 Nr. 1 SGB VI), ist daher bei der Umlage nach § 358 Abs. 2 SGB III zu berücksichtigen. Wird kein Arbeitsentgelt gezahlt, so ist im Ergebnis keine Umlage zu erheben. Die Befreiung von juristischen Personen des öffentlichen Rechts von der Umlagepflicht nach § 358 Abs. 1 SGB III bleibt unberührt.

10. Meldungen

Teilnehmer an dualen Studiengängen (mit Ausnahme der Teilnehmer an berufsintegrierten und berufsbegleitenden dualen Studiengängen) gehören hinsichtlich ihrer statusrechtlichen Personenkreiszugehörigkeit zu den zur Berufsausbildung Beschäftigten bzw. sind diesen kraft gesetzlicher Fiktion gleichgestellt. Damit obliegen dem Arbeitgeber die Meldepflichten nach § 28a ff. SGB IV in Verb. mit der DEÜV. Das Meldeverfahren nach § 200 Abs. 2 SGB V in Verb. mit der Studentenkrankenversicherungs-Meldeverordnung (SKV-MV) findet grundsätzlich keine Anwendung. Eine Ausnahme gilt allerdings für Teilnehmer an dualen Studiengängen ohne Arbeitsentgelt, die statusrechtlich nach § 5 Abs. 1 Nr. 10 SGB V bzw. § 20 Abs. 1 Satz 2 Nr. 10 in Verb. mit Satz 1 SGB XI versichert sind. Im Rahmen des Meldeverfahrens nach der DEÜV ist in der Regel der Personengruppenschlüssel „102" (Auszubildende ohne besondere Merkmale) zu verwenden. Übersteigt das Arbeitsentgelt die Geringverdienergrenze nach § 20 Abs. 3 Satz 1 Nr. 1 SGB IV nicht, sind Teilnehmer an dualen Studiengängen mit dem Personengruppenschlüssel „121" (Auszubildende, deren Arbeitsentgelt die Geringverdienergrenze nach § 20 Abs. 3 Satz 1 Nr. 1 SGB IV nicht übersteigt) zu melden; das gilt auch in den Monaten, in denen die Einkommensgrenze von 325 Euro wegen einer Einmalzahlung überschritten wird (§ 20 Abs. 3 Satz 2 SGB IV). Teilnehmer an dualen Studiengängen sind in Zeiten, in denen sie kein Arbeitsentgelt erzielen, mit dem Personengruppenschlüssel „102" als versicherungspflichtig zur Berufsausbildung Beschäftigte in der Renten- und Arbeitslosenversicherung zu melden. Eine Anwendung des Personengruppenschlüssels „121" scheidet für diese Zeiten aus. Zur Kranken- und Pflegeversicherung sind bei Vorliegen von Versicherungspflicht nach § 5 Abs. 1 Nr. 10 SGB V bzw. § 20 Abs. 1 Satz 2 Nr. 10 in Verb. mit Satz 1 SGB XI Meldungen nach § 6 der Meldeverordnung zur Studentenkrankenversicherung (SKV-MV) vorzunehmen. Danach hat der Auszubildende der Ausbildungsstätte bzw. dem (Kooperations-)Betrieb das Vorliegen der Versicherungspflicht mit einer von der Krankenkasse entsprechend dem Muster der Anlage 4 der SKV-MV ausgestellten Versicherungsbescheinigung nachzuweisen. Die Ausbildungsstätte bzw. der (Kooperations-)Betrieb hat daraufhin der Krankenkasse den Beginn und das Ende der Berufsausbildung (hier: Zeiten, in denen Teilnehmer an dualen Studiengängen kein Arbeitsentgelt erzielen) mit einem Vordruck nach dem Muster der Anlage 5 oder 6 der SKV-MV zu melden.

Studiengebühren

1. Abgrenzung der Begriffe Ausbildung – Fortbildung

Steuerlich ist zwischen Ausbildungskosten und Fortbildungskosten zu unterscheiden. Ausbildungskosten sind Kosten der privaten Lebensführung, die eingeschränkt als Sonderausgaben abzugsfähig sind, wohingegen Fortbildungskosten vom Arbeitnehmer als Werbungskosten abgezogen werden können. Ein Werbungskostenersatz des Arbeitgebers gehört grundsätzlich zum steuerpflichtigen Arbeitslohn. Eine Ausnahme gilt nach R 19.7 LStR nur dann, wenn die Fortbildung im ganz überwiegenden eigenbetrieblichen Interesse des Arbeitgebers stattfindet (vgl. das Stichwort „Fortbildungskosten").

2. Lohnsteuerliche Behandlung

a) Studienbeihilfen

Studienbeihilfen privater Arbeitgeber, die im Hinblick auf ein künftiges Dienstverhältnis gezahlt werden, sind steuerpflichtiger Arbeitslohn (§ 2 Abs. 2 Nr. 1 LStDV[1]). Die dem Arbeitnehmer (= Studierender) in diesen Fällen entstehenden Aufwendungen für das Studium sind dann allerdings als Werbungskosten abzugsfähig (vgl. das Stichwort „Stipendien" unter Nr. 5). ja ja

b) Ausbildungsdienstverhältnis

Ein berufsbegleitendes Studium findet im Rahmen eines Ausbildungsdienstverhältnisses statt, wenn die Ausbildungsmaßnahme Gegenstand des Dienstverhältnisses ist, das heißt, die Teilnahme an dem berufsbegleitenden Studium zu den Pflichten des Arbeitnehmers aus dem Dienstverhältnis gehört (z. B. Ausbildungsdienstverhältnisse in Form von **dualen Studiengängen;** vgl. das Stichwort „Studenten in dualen Studiengängen"). In diesem Fall ist von einem nicht zum Zufluss führenden ganz überwiegenden eigenbetrieblichen Interesse des Arbeitgebers auszugehen, wenn der **Arbeitgeber Schuldner** der Studiengebühren ist. Entsprechendes gilt, wenn der **Arbeitnehmer Schuldner** der Studiengebühren ist, sofern der

1) Die Lohnsteuer-Durchführungsverordnung (LStDV) ist als Anhang 1 im **Steuerhandbuch für das Lohnbüro 2021** abgedruckt, das im selben Verlag erschienen ist.

	Lohn-steuer-pflichtig	Sozial-versich.-pflichtig
Arbeitgeber sich arbeitsvertraglich zur Übernahme der Studiengebühren verpflichtet hat und diese zurückfordern kann, wenn der Arbeitnehmer das ausbildende Unternehmen auf eigenen Wunsch innerhalb von zwei Jahren nach dem Studienabschluss verlässt. Tritt dieser Fall ein, richtet sich der Umfang der **Rückzahlungsverpflichtung** nach **arbeitsrechtlichen Grundsätzen** (das heißt zeitanteilige Berechnung oder gar Wegfall der Rückzahlungsverpflichtung, wenn der Grund für das Ausscheiden in der Sphäre des Arbeitgebers liegt).[1]	nein	nein

c) Fort- oder Weiterbildungsleistung

Ein berufsbegleitendes Studium ist steuerlich dann eine Fort- oder Weiterbildungsleistung, wenn z. B. Teilzeitbeschäftigte ohne arbeitsvertragliche Verpflichtung ein berufsbezogenes Studium absolvieren und das Teilzeitarbeitsverhältnis das Studium lediglich ermöglicht (u. a. „Bankakademie" in der Kreditwirtschaft). Für ein ganz überwiegendes eigenbetriebliches Interesse des Arbeitgebers an den übernommenen Studiengebühren müssen in diesem Fall folgende Voraussetzungen erfüllt sein:

- Es darf sich **nicht** um eine **„Erstausbildung"** handeln, was bei beruflichen Fort- und Weiterbildungsleistungen in aller Regel auch nicht der Fall ist,
- die Durchführung des Studiums muss **beruflich veranlasst** sein (= beruflicher Bezug) und
- durch das Studium soll die **Einsatzfähigkeit des Arbeitnehmers** im Betrieb des Arbeitgebers **erhöht** werden.

Sind die vorstehenden drei Voraussetzungen erfüllt, **kommt es nicht darauf** an, ob die **Studiengebühren** vom **Arbeitgeber** oder vom **Arbeitnehmer geschuldet** werden. Die Übernahme vom Arbeitnehmer geschuldeter Studiengebühren muss der Arbeitgeber allerdings vorab schriftlich zusagen. Ebenso ist es aus steuerlicher Sicht **unerheblich**, in welchem Umfang **Rückforderungsmöglichkeiten** bestehen, wenn der Arbeitnehmer das Unternehmen kurze Zeit nach Beendigung der Bildungsmaßnahme verlässt.[1] — nein | nein

Zur Steuerfreiheit von Ausbildungsbeihilfen aus öffentlichen Mitteln vgl. das Stichwort „Stipendien".

Im Übrigen wird auf die ausführlichen Erläuterungen beim Stichwort „Fortbildungskosten" hingewiesen.

3. Sozialversicherungsrechtliche Behandlung

Nach § 1 Abs. 1 Satz 1 Nr. 15 SvEV[2] sind die vom Arbeitgeber getragenen oder übernommenen Studiengebühren kein Arbeitsentgelt im Sinne der Sozialversicherung, soweit sie steuerrechtlich keinen Arbeitslohn darstellen. Dies gilt sowohl für Studiengebühren, die der Arbeitgeber direkt an die Bildungseinrichtung entrichtet, sofern diese zusätzlich zum laufenden Arbeitslohn gewährt werden, als auch in den Fällen, in denen sich der Arbeitgeber gegenüber dem Arbeitnehmer arbeitsvertraglich verpflichtet, die Studiengebühren zu übernehmen.

Die Freistellung von der Beitragspflicht ist also von der steuerrechtlichen Entscheidung abhängig. Aus diesem Grund ist die Entscheidung der Finanzbehörden, dass die Studiengebühren kein steuerpflichtiger Arbeitslohn sind als Nachweis zu den Entgeltunterlagen zu nehmen (§ 8 Abs. 2 Nr. 10 BVV).

Studienreisen

Für Zuschüsse des Arbeitgebers zu einer Studienreise des Arbeitnehmers gelten die beim Stichwort „Fortbildungskosten" dargestellten Grundsätze. Die Leistungen des Arbeitgebers sind danach steuer- und beitragsfrei, wenn der Arbeitnehmer die Studienreise im **ganz überwiegenden eigenbetrieblichen Interesse** des Arbeitgebers unternimmt (vgl. auch Anhang 4 „Reisekosten bei Auswärtstätigkeiten" unter Nr. 2 Buchstabe c). — nein | nein

Zur Aufteilung von Aufwendungen für Studienreisen, Tagungen und Kongresse, die teils berufliche und teils private Veranstaltungsteile beinhalten, vgl. die Erläuterungen in Anhang 4 „Reisekosten bei Auswärtstätigkeiten" unter Nr. 2 Buchstabe d.

Vgl. auch die Erläuterungen beim Stichwort „Incentive-Reisen".

Stundenbuchhalter

Die sog. Stundenbuchhalter werden in der Regel für verschiedene Unternehmen tätig. Je nach Ausgestaltung kann die Beschäftigung bei einem Auftraggeber selbständig ausgeübt werden, bei einem anderen Unternehmen aber eine Arbeitnehmertätigkeit vorliegen. Bei der Ausgestaltung des Beschäftigungsverhältnisses sind die Urteile des Bundessozialgerichts vom 22. 6. 1966 – 3 RK 103/83 und vom 1. 4. 1971 – 2 RU 48/68 zu beachten. In diesen Urteilen hat das Bundessozialgericht entschieden, dass ein für mehrere Firmen tätiger Stundenbuchhalter, der über Arbeitszeit und Arbeitsdauer frei bestimmen kann, ein fest umgrenztes Arbeitsgebiet hat, bei Ausübung seiner Tätigkeit nicht an Weisungen des Betriebsinhabers gebunden ist und im Falle der Krankheit und des Urlaubs keine Vergütung erhält, nicht in einem Verhältnis persönlicher Abhängigkeit zu seinen Auftraggebern steht und daher nicht der Sozialversicherungspflicht unterliegt.

Wird die Tätigkeit eines Stundenbuchhalters nicht in einem Dienstverhältnis sondern selbständig ausgeübt, so sind die Vorschriften über die Hilfeleistung in Steuersachen nach dem Steuerberatungsgesetz zu beachten (§ 6 Nr. 4 StBerG). Hiernach sind Personen mit einer durch Prüfung abgeschlossenen kaufmännischen Ausbildung und ausreichender Berufserfahrung (drei Jahre) befugt, im Rahmen einer selbständigen Tätigkeit

- laufende Geschäftsvorfälle zu verbuchen und die zugrunde liegenden Belege mit dem Buchungssatz zu versehen (kontieren) und
- die laufende Lohnbuchhaltung zu übernehmen.

Zur Erledigung der laufenden Lohnbuchhaltung gehört auch das Fertigen der Lohnsteuer-Anmeldungen. Dagegen sind Buchführungshelfer (Kontierer) nicht befugt, die Umsatzsteuer-Voranmeldung zu erstellen.

Wird der Buchhalter im Rahmen eines Dienstverhältnisses tätig, bestehen hinsichtlich der Hilfeleistung in Steuersachen keinerlei Einschränkungen. Er darf alle in der Firma des Arbeitgebers anfallenden Steuerangelegenheiten erledigen.

Stundung der Lohnsteuer

Eine Stundung der Lohnsteuer ist in Ausnahmefällen möglich, wenn pauschalierte Lohnsteuer durch einen Nachforderungsbescheid vom Arbeitgeber nachgefordert wird, da die pauschalierte Lohnsteuer eine Arbeitgebersteuer (Betriebssteuer eigener Art) ist, auf die § 222 AO Anwendung findet.

Eine Stundung der Lohnsteuer in dem Sinne, dass der Lohnsteuerabzug vom Arbeitslohn unterlassen (ausgesetzt) wird, ist nicht möglich (§ 222 Sätze 3 und 4 AO). Da der Arbeitgeber im Lohnsteuerabzugsverfahren als

1) BMF-Schreiben vom 13.4.2012 (BStBl. I S. 531). Das BMF-Schreiben ist als Anlage 1 zu H 19.7 LStR im **Steuerhandbuch für das Lohnbüro 2021** abgedruckt, das im selben Verlag erschienen ist.

2) Die Sozialversicherungsentgeltverordnung (SvEV) ist als Anhang 2 im **Steuerhandbuch für das Lohnbüro 2021** abgedruckt, das im selben Verlag erschienen ist.

	Lohn-steuer-pflichtig	Sozial-versich.-pflichtig

Entrichtungsschuldner der Lohnsteuer gewissermaßen nur Treuhänder des Arbeitnehmers (= Steuerschuldner der Lohnsteuer) ist, haben Zahlungsschwierigkeiten des Arbeitgebers auf dieses Treuhandverhältnis keinen Einfluss. Kann der Arbeitgeber den Arbeitslohn und die davon einbehaltenen Abzugsbeträge nicht in voller Höhe bezahlen, muss er einen geringeren Arbeitslohn auszahlen und die hierauf entfallenden (geringeren) Abzugsbeträge einbehalten. Reicht der Barlohn zur Zahlung der Lohn- und Kirchensteuer nicht aus (z. B. bei Sachbezügen) und stellt der Arbeitnehmer den Fehlbetrag nicht zur Verfügung, muss der Arbeitgeber dem Betriebsstättenfinanzamt Anzeige auf amtlichem Vordruck erstatten (vgl. „Anzeigepflichten des Arbeitgebers im Lohnsteuerverfahren" unter Nr. 2).

Summenbescheid

siehe „Haftung des Arbeitgebers" unter Nr. 13 Buchstabe c

Synchronsprecher

siehe „Künstler"

Tabakwaren

siehe „Freitabak, Freizigarren, Freizigaretten"

Tagegelder

siehe „Auslösungen", „Doppelte Haushaltsführung", „Reisekosten bei Auswärtstätigkeiten" in Anhang 4 sowie die Anhänge 5a und 5b, „Unfallversicherung" unter Nr. 2

Tagesmütter

Tagesmütter im Rahmen der Kindertagespflege nach § 22 SGB VIII sind regelmäßig keine Arbeitnehmer. Die Betreuung der Kinder in der eigenen Wohnung ist eine **selbstständige Tätigkeit** nach § 18 Abs. 1 Nr. 1 EStG. Bei der Ermittlung der Einkünfte aus selbstständiger Arbeit wird aus Vereinfachungsgründen zugelassen, dass anstelle der tatsächlichen Betriebsausgaben von den erzielten Einnahmen 300 € je Kind und Monat pauschal als Betriebsausgaben abgezogen werden (BMF-Schreiben vom 11.11.2016, BStBl. I S. 1236)[1]. nein nein

Die vom Träger der Jugendhilfe geleisteten Erstattungen für Beiträge zu einer Unfallversicherung sowie die hälftigen Erstattungen der Aufwendungen zur angemessenen Alterssicherung und zu einer angemessenen Kranken- und Pflegeversicherung sind nach § 3 Nr. 9 EStG steuerfrei. Die von der Tagesmutter gezahlten Beiträge zur Alterssicherung, Unfallversicherung und Kranken- und Pflegeversicherung sind keine Betriebsausgaben. nein nein

Beispiel

Eine ledige Kindertagespflegeperson betreut ganztags drei Kinder und erhält pro Kind 500 €.

Ermittlung des zu versteuernden Einkommens:

Geldleistung: 550 € × 3 = 1650 €

Erstattung Unfallversicherungsbeitrag = steuerfrei

Erstattung Rentenversicherungsbeitrag = steuerfrei

Erstattung Kranken- und Pflegeversicherung = steuerfrei

steuerpflichtige Einnahmen somit monatlich	1 650 €
abzüglich Betriebsausgabenpauschale (3 × 300 € =)	900 €
verbleiben	750 €
jährlich (750 € × 12 =)	9 000 €

Der Betrag von 9000 € jährlich liegt unter dem steuerlichen Grundfreibetrag. Hat die Tagesmutter keine weiteren steuerpflichtigen Einkünfte, bleibt der Betrag von 9000 € steuerfrei.

Die Tagesmutter ist rentenversicherungspflichtig und gesetzlich unfallversichert. Das Jugendamt übernimmt den Beitrag zur Unfallversicherung und erstattet die Hälfte der angemessenen Beiträge zur Kranken-, Pflege- und Rentenversicherung. Die Erstattungen des Jugendamtes sind steuerfrei (§ 3 Nr. 9 EStG).

Betreut eine Tagesmutter ein Kind in dessen Familie nach Weisungen der Eltern, ist die Tagesmutter in der Regel **Arbeitnehmer,** die Eltern sind Arbeitgeber. ja ja

Vgl. auch das Stichwort „Erziehungsbeihilfen".

Tageszeitungen

siehe „Zeitungen"

Tankgutscheine

siehe „Warengutscheine"

Tantiemen

Tantiemen sind Vergütungen, die sich nach der Höhe des Umsatzes oder des Gewinnes eines Unternehmens richten. Werden sie an Arbeitnehmer gezahlt, sind sie Arbeitslohn. ja ja

Tantiemen an Arbeitnehmer, die laufend gezahlt werden (z. B. eine monatlich zahlbare Umsatzbeteiligung), gehören zum laufenden Arbeitslohn und sind wie dieser unter Anwendung der monatlichen Lohnsteuertabelle zu besteuern. Beitragsrechtlich gehören sie zum laufenden Entgelt (vgl. „Provisionen"). Einmalige Tantiemen (z. B. eine jährlich nach Aufstellung der Bilanz zahlbare Gewinnbeteiligung) sind als sonstige Bezüge (vgl. dieses Stichwort) zu besteuern; beitragsrechtlich sind solche Tantiemen als einmalig gezahltes Arbeitsentgelt beitragspflichtig (vgl. „Einmalige Zuwendungen").

Tantiemen für mehrere Jahre, die zusammengeballt in einem Jahr zufließen, werden durch Anwendung der Fünftelregelung ermäßigt besteuert (vgl. „Arbeitslohn für mehrere Jahre").

Zur Nichtauszahlung von Gehaltsbestandteilen beim Gesellschafter-Geschäftsführer vgl. dieses Stichwort unter Nr. 6 Buchstabe m.

Tarifaufbau

Neues auf einen Blick:

Durch das sog. Zweite Familienentlastungsgesetz ist ab 2021 u. a. der **Grundfreibetrag erhöht** worden:

Grundfreibetrag	2020 (bisher)	**2021**	2022
Einzelveranlagung	9 408 €	**9 744 €**	9 984 €
Zusammenveranlagung	18 816 €	**19 488 €**	19 968 €

Außerdem sind durch dieses Gesetz, zum **Abbau der sog. „kalten Progression",** die Grenzwerte des progres-

1) Zur steuerlichen Behandlung der Geldleistungen bei Vollzeitpflege (§ 33 SGB VIII), Erziehung in einer Tagesgruppe (§ 32 SGB VIII), Heimerziehung (§ 34 SGB VIII) und intensiver sozialpädagogischer Einzelbetreuung (§ 35 SGB VIII) vgl. BMF-Schreiben vom 22.10.2018 (BStBl. I S. 1109). Das BMF-Schreiben nimmt insbesondere dazu Stellung, in welchem Umfang steuerfreie Beihilfen aus öffentlichen Mitteln nach § 3 Nr. 11 EStG (vgl. das Stichwort „Beihilfen") vorliegen.

Lohnsteuerpflichtig | Sozialversich.-pflichtig

siven Steuertarifs in Höhe der geschätzten Inflationsrate erhöht worden. Von „kalter Progression“ spricht man, wenn trotz einer Lohnerhöhung nach Abzug der Steuern und Sozialabgaben und unter Berücksichtigung der Inflation die tatsächliche Kaufkraft sinkt. Vgl. die Erläuterungen unter der nachfolgenden Nr. 5.

Des Weiteren hat sich die in den Lohnsteuertarif eingearbeitete **Vorsorgepauschale** ab 1.1.2021 **erhöht** (vgl. hierzu die ausführlichen Erläuterungen in Anhang 8).

Somit gelten ab 1.1.2021 sowohl völlig **neue Lohnsteuerabzugsbeträge** als auch **neue Abzugsbeträge** beim **Solidaritätszuschlag und** der **Kirchensteuer** (vgl. auch diese Stichworte). Die neuen Abzugsbeträge beim Solidaritätszuschlag und der Kirchensteuer können auch auf die Erhöhung der Kinderfreibeträge (vgl. dieses Stichwort) zurückzuführen sein. Zudem ist der Solidaritätszuschlag zum 1.1.2021 für einen Großteil der Bevölkerung abgeschafft bzw. verringert worden.

Gliederung:

1. Allgemeines
2. Wodurch unterscheidet sich die Lohnsteuertabelle mit der vollen Vorsorgepauschale von der Lohnsteuertabelle mit der gekürzten Vorsorgepauschale?
3. Anwendung der Grund- und Splittingtabelle
4. Berechnung der Lohnsteuer in den Steuerklassen V und VI
5. Progressiver Steuertarif
6. Spitzensteuersatz, Grenzsteuersatz und Durchschnittssteuersatz
7. Besteuerungsgrenzen in den einzelnen Steuerklassen
   a) Allgemeines
   b) Für 2021 geltende Besteuerungsgrenzen

1. Allgemeines

Die Lohnsteuer ist keine eigene Steuerart, sondern nur eine besondere Erhebungsform der Einkommensteuer für die „Einkünfte aus nichtselbstständiger Arbeit“ (= Arbeitslohn).

Deshalb leitet sich der Lohnsteuertarif direkt aus dem Einkommensteuertarif ab, dessen Berechnungsformel in § 32a Abs. 1 EStG festgelegt ist. Um den Lohnsteuerabzug für den Arbeitgeber zu erleichtern, sind verschiedene **Steuerklassen** geschaffen worden, damit der dem Arbeitnehmer zustehende Grundfreibetrag, der Pauschbetrag für Werbungskosten, der Pauschbetrag für Sonderausgaben, die Vorsorgepauschale und bei Alleinerziehenden der Entlastungsbetrag für das erste Kind in den Lohnsteuertarif direkt eingearbeitet werden können (vgl. die Übersicht zum Aufbau der Steuerklassen I bis VI unter der nachfolgenden Nr. 7).

Der Arbeitgeber kann für die Berechnung der Lohn- und Kirchensteuer sowie des Solidaritätszuschlags entweder die im Buchhandel erhältlichen gedruckten Lohnsteuertabellen oder die stufenlose Formel des Einkommensteuertarifs nach § 32a Abs. 1 EStG verwenden. Die nach der stufenlosen Formel des Einkommensteuertarifs **maschinell ermittelte Lohnsteuer** kann geringfügig von der aus einer im Handel erhältlichen Tabelle abgelesenen Lohnsteuer abweichen, weil gedruckte Lohnsteuertabellen auf Tabellensprüngen von 36 € aufbauen, die der Gesetzgeber vorgegeben hat (§ 51 Abs. 4 Nr. 1a EStG). **Diese Abweichungen wurden vom Gesetzgeber bewusst in Kauf genommen.** Sowohl bei der maschinell errechneten Lohnsteuer als auch bei der aus einer gedruckten Tabelle abgelesenen Lohnsteuer handelt es sich um den zutreffenden **gesetzlich vorgeschriebenen Lohnsteuerabzug,** der am Stufenendbetrag übereinstimmt. Folgende Übersicht für das Kalenderjahr 2021 soll dies verdeutlichen (Steuerklasse III/0):

Lohnsteuerpflichtig | Sozialversich.-pflichtig

monatlicher Arbeitslohn	Lohnsteuer bei maschineller Lohnabrechnung	Lohnsteuer beim Ablesen aus einer gedruckten Lohnsteuertabelle
3000,00 €	143,66 €	144,16 €
3001,50 €	144,– €	144,16 €
3002,99 €	144,16 €	144,16 €

Da bei der Berechnung der Lohnsteuer die Tarifformel des Einkommensteuertarifs zur Anwendung kommt, ergibt sich nach dem Lohnsteuertarif im Endergebnis die gleiche Steuerbelastung wie nach dem Einkommensteuertarif. Die direkte Ableitung des Lohnsteuertarifs aus dem Einkommensteuertarif soll für einen verheirateten Arbeitnehmer mit der Steuerklasse III/2 anhand eines Beispiels dargestellt werden:

Beispiel

Der Monatslohn eines sozialversicherungspflichtigen Arbeitnehmers mit der Steuerklasse III/2 Kinderfreibeträge beträgt 3000 €. Die monatliche Lohnsteuer errechnet sich im Kalenderjahr 2021 wie folgt:

Jahresarbeitslohn (3000 € × 12)		36 000,– €
abzüglich Arbeitnehmer-Pauschbetrag	1000,– €	
Sonderausgaben-Pauschbetrag	36,– €[1]	
Vorsorgepauschale (vgl. die in Anhang 8 unter Nr. 10 abgedruckte Tabelle)	6 116,– €	7 152,– €
zu versteuerndes Einkommen		28 848,– €
Steuer nach der Einkommensteuer-Splittingtabelle (= Jahreslohnsteuer)		1746,– €
die monatliche Lohnsteuer beträgt 1/12		145,50 €

Das Beispiel zeigt, dass die Ableitung des Lohnsteuertarifs aus dem Einkommensteuertarif lediglich in der Berücksichtigung der dem Arbeitnehmer zustehenden gesetzlichen Freibeträge besteht. In welcher Höhe die einzelnen Freibeträge in die verschiedenen Steuerklassen eingearbeitet sind, ist unter der nachfolgenden Nr. 7 dargestellt. Weiterhin zeigt das Beispiel, dass sich die Zahl der Kinderfreibeträge auf die Höhe der Lohnsteuer nicht auswirkt.[2] Hierzu ist Folgendes zu bemerken:

Bis 31.12.1995 waren auch die Kinderfreibeträge in das Zahlenwerk des Lohnsteuertarifs eingearbeitet. Da seit 1.1.1996 die Berücksichtigung von Kinderfreibeträgen bei der Lohnsteuer weggefallen und durch die Auszahlung des Kindergelds ersetzt worden ist (vgl. Anhang 9), ist die Lohnsteuer für einen bestimmten Arbeitslohn ohne Rücksicht darauf, wie viele Kinderfreibetrags-Zähler beim Lohnsteuerabzug des Arbeitnehmers zu berücksichtigen sind, immer gleich hoch.[2]

Obwohl die Kinderfreibeträge und auch der seit 1.1.2002 geltende Freibetrag für Betreuungs-, Erziehungs- oder Ausbildungsbedarf für die Berechnung der Lohnsteuer keine Rolle spielen, werden die Kinderfreibetrags-Zähler für die Lohnabrechnung benötigt. Denn die Kinderfreibeträge und auch der seit 1.1.2002 geltende Freibetrag für Betreuungs-, Erziehungs- oder Ausbildungsbedarf werden zwar nicht mehr bei der Berechnung der **Lohnsteuer** berücksichtigt; sie wirken sich jedoch beim **Solidaritätszuschlag** steuermindernd aus, weil sie für die Berechnung des Solidaritätszuschlags bei der Ermittlung der maßgebenden Bemessungsgrundlage abgezogen werden. Gleiches gilt für die **Kirchensteuer.** Dementsprechend weisen gedruckte Lohnsteuertabellen in den Kinderfreibetragsspalten nur den Solidaritätszuschlag und

1) Der Sonderausgaben-Pauschbetrag beträgt beim Lohnsteuerabzug seit 1.1.2010 auch bei der Steuerklasse III 36 € (statt zuvor 72 €).

2) Eine Auswirkung der Zahl der Kinder auf die Berechnung der Lohnsteuer kann sich allerdings seit 1.1.2010 indirekt über die Höhe der Vorsorgepauschale ergeben, weil der in der Vorsorgepauschale enthaltene Anteil für die Pflegeversicherung durch den **Kinderzuschlag zur Pflegeversicherung für Kinderlose** beeinflusst wird (vgl. hierzu die ausführlichen Erläuterungen in **Anhang 8**). Daher ist im Beispielsfall die Lohnsteuer geringfügig höher als bei einem Arbeitnehmer ohne Kinder.

T

die Kirchensteuer, nicht aber einen Lohnsteuerbetrag aus. Die Berechnung des Solidaritätszuschlags und der Kirchensteuer unter Berücksichtigung von Kinderfreibeträgen und den Freibeträgen für Betreuungs-, Erziehungs- oder Ausbildungsbedarf ist sowohl beim Stichwort „Solidaritätszuschlag" als auch beim Stichwort „Kirchensteuer" anhand von Beispielen dargestellt.

2. Wodurch unterscheidet sich die Lohnsteuertabelle mit der vollen Vorsorgepauschale von der Lohnsteuertabelle mit der gekürzten Vorsorgepauschale?

Für den Lohnsteuerabzug durch den Arbeitgeber ist die Steuerklasse des Arbeitnehmers maßgebend. Entsprechend den unterschiedlichen Steuerklassen werden die verschiedenen Pauschbeträge berücksichtigt, die dem Arbeitnehmer beim Lohnsteuerabzug zustehen. Dies gilt auch für die in den Lohnsteuertarif eingearbeitete Vorsorgepauschale. Früher gab es lediglich zwei Vorsorgepauschalen je nachdem, ob der Arbeitnehmer rentenversicherungspflichtig war oder nicht. Dementsprechend gab es früher auch zwei unterschiedliche Lohnsteuertabellen, und zwar

- die Allgemeine Lohnsteuertabelle mit der ungekürzten Vorsorgepauschale für rentenversicherungspflichtige Arbeitnehmer und
- die Besondere Lohnsteuertabelle mit der gekürzten Vorsorgepauschale für **nicht** rentenversicherungspflichtige Arbeitnehmer.

Diese Zweiteilung der Vorsorgepauschale in ein Zahlenwerk für rentenversicherungspflichtige Arbeitnehmer einerseits und in ein Zahlenwerk für nicht rentenversicherungspflichtige Arbeitnehmer andererseits (Allgemeine und Besondere Lohnsteuertabelle) ist bei den gedruckten Lohnsteuertabellen beibehalten worden, denn es gibt nach wie vor

- eine **Allgemeine Lohnsteuertabelle mit der ungekürzten Vorsorgepauschale** für Arbeitnehmer, die rentenversicherungspflichtig und in der gesetzlichen Krankenversicherung oder privat versichert sind und
- eine **Besondere Lohnsteuertabelle mit einer gekürzten Vorsorgepauschale,** für nicht rentenversicherungspflichtige Arbeitnehmer.

Allerdings gibt es seit 1.1.2010 eine Reihe von **Mischformen** bei der Berechnung der Vorsorgepauschale, wobei jeder Sozialversicherungszweig (Renten-, Kranken- und Pflegeversicherung) gesondert geprüft werden muss. Bei der Kranken- und Pflegeversicherung wird außerdem unterschieden zwischen Arbeitnehmern, die in der gesetzlichen Krankenversicherung (GKV) pflicht- oder freiwillig versichert sind und Arbeitnehmern, die in einer privaten Krankenkasse versichert sind (PKV). Eine **Mischform** kann z. B. eintreten, wenn ein Arbeitnehmer zwar rentenversicherungspflichtig, aber nicht kranken- und pflegeversicherungspflichtig ist (Werkstudent) oder umgekehrt, wenn ein Arbeitnehmer zwar kranken- und pflegeversicherungspflichtig aber nicht rentenversicherungspflichtig ist (weiterbeschäftigter Altersvollrentner mit Regelaltersrente).

Alle Möglichkeiten zur Berechnung der seit 1.1.2010 geltenden Vorsorgepauschale sind anhand von Beispielen in **Anhang 8** ausführlich erläutert. Außerdem sind dort zwei Vorsorgepauschale-Tabellen abgedruckt und zwar eine Tabelle mit der ungekürzten Vorsorgepauschale für sozialversicherungspflichtige Arbeitnehmer (GKV versichert) und eine Tabelle mit der gekürzten Vorsorgepauschale für nicht rentenversicherungspflichtige Arbeitnehmer (vgl. die Nummern 10 und 11 in **Anhang 8**).

Arbeitgeber mit maschineller Lohnabrechnung müssen alle seit 1.1.2010 möglichen Mischformen der Vorsorgepauschale durch entsprechende Änderungen ihres Rechenprogramms berücksichtigen. Dabei ist der für das betreffende Kalenderjahr vom Bundesfinanzministerium im Bundessteuerblatt Teil I veröffentlichte Programmablaufplan für die maschinelle Berechnung der Lohnsteuer, des Solidaritätszuschlags und der Kirchensteuer zu beachten (sog. PAP)[1].

Der Arbeitgeber kann aber auch weiterhin die im Handel angebotenen gedruckten Lohnsteuertabellen verwenden. Auf die im selben Verlag erschienenen **Allgemeinen** und **Besonderen Lohnsteuertabellen** für **Tag, Monat, Jahr** wird besonders hingewiesen.

3. Anwendung der Grund- und Splittingtabelle

Wie bereits ausgeführt, baut der Lohnsteuertarif auf dem Einkommensteuertarif auf. Die Unterteilung des Einkommensteuertarifs in einen Grundtarif und einen Splittingtarif wirkt sich deshalb auch auf den Lohnsteuertarif aus. Hierzu ist Folgendes zu bemerken:

Der Splittingtarif ist kein eigener Steuertarif, sondern leitet sich aus dem Grundtarif ab. Beiden Tarifen liegt deshalb dieselbe Tarifformel zugrunde, die in § 32a Abs. 1 EStG enthalten ist. Der Tarifverlauf und die dadurch entstehende Steuerprogression sind unter der nachfolgenden Nr. 5 erläutert.

Der Splittingtarif wurde geschaffen, um Ehegatten durch die Zusammenrechnung ihrer Einkünfte und den progressiven Steuertarif nicht höher zu besteuern als unverheiratete Arbeitnehmer, die zusammen gleich hohe Einkünfte beziehen. Hierzu wird das zusammengerechnete Einkommen beider Ehegatten zunächst halbiert, auch wenn nur ein Ehegatte Einkünfte erzielt hat, und die sich **für das halbierte (= gesplittete) Einkommen ergebende Einkommensteuer** nach der Einkommensteuer-Grundtabelle **verdoppelt** (§ 32a Abs. 5 EStG). Diese Regelung gewährleistet, dass berufstätige Ehegatten nach ihrer Eheschließung grundsätzlich insgesamt keine höhere Einkommensteuer zu zahlen haben als vor ihrer Eheschließung. In den Fällen, in denen die Einkünfte der Ehegatten unterschiedlich hoch sind, tritt durch die Eheschließung regelmäßig eine Steuerentlastung ein. Die vorstehenden Ausführungen gelten entsprechend bei eingetragenen Lebenspartnerschaften.

Das **Splittingverfahren** liegt den in der **Steuerklasse III** ausgewiesenen Steuerbeträgen zugrunde.

Der **Grundtarif** liegt den in den **Steuerklassen I, II und IV** ausgewiesenen Steuerbeträgen zugrunde.

Die in den **Steuerklassen V und VI** ausgewiesenen Steuerbeträge sind aus dem Grundtarif unter Zugrundelegung einer gesetzlichen Fiktion zu einem besonderen Tarif gestaltet worden (vgl. die nachfolgende Nr. 4).

Der geltende Einkommensteuertarif wurde früher in Form einer Grund- und Splittingtabelle mit 36-Euro-Stufen konkretisiert und als Anlage zum Einkommensteuergesetz veröffentlicht.

Diese 36-Euro-Stufen sind bei der Berechnung der Einkommensteuer weggefallen. Denn die **Einkommensteuer** wird seit 2004 für jeden vollen Euro-Betrag des zu versteuernden Einkommens nach der stufenlosen Tarifformel berechnet und auf den nächsten vollen Euro-Betrag abgerundet. Für den **Lohnsteuerabzug** gibt es auch weiterhin (also auch für das Kalenderjahr 2021) gedruckte Lohnsteuertabellen mit gesetzlich vorgegebenen **Tarifstufen von 36 €** (§ 51 Abs. 4 Nr. 1a EStG). Auf die im selben Verlag erschienenen **Allgemeinen und Besonderen Lohnsteuertabellen 2021** für **Tag, Monat, Jahr** wird besonders hingewiesen.

1) Der für die Berechnung der Lohnsteuer ab 1.1.2021 maßgebende Programmablaufplan ist mit Datum vom 9.11.2020 im Bundessteuerblatt 2020 Teil I S. 1068 veröffentlicht worden.

Lohn- steuer- pflichtig | Sozial- versich.- pflichtig

4. Berechnung der Lohnsteuer in den Steuerklassen V und VI

In der Steuerklasse V wird als Lohnsteuer grundsätzlich der Betrag erhoben, der sich ergibt, wenn von der für den gemeinsamen Arbeitslohn beider Ehegatten geschuldeten Lohnsteuer die vom Ehegatten mit der Steuerklasse III entrichtete Lohnsteuer abgezogen wird. Da den Arbeitgebern der Ehegatten jeweils nur der von ihnen selbst ausgezahlte Arbeitslohn, nicht aber der gemeinsame Arbeitslohn beider Ehegatten bekannt ist, wird der Steuerermittlung eine **gesetzliche Fiktion** in der Weise zugrunde gelegt, dass bei dem Ehegatten, der in die Steuerklasse V einzureihen ist, unterstellt wird, dass sein Arbeitslohn 40 % des gesamten Arbeitslohnes beider Ehegatten betrage. Dabei wird die in der Steuerklasse V ausgewiesene Lohnsteuer in der Weise ermittelt, dass vom Arbeitslohn der auf den Lohnzahlungszeitraum entfallende Teil des Arbeitnehmer-Pauschbetrags (1000 € jährlich), des Sonderausgaben-Pauschbetrags sowie die Vorsorgepauschale abgezogen und vom übersteigenden Betrag die Lohnsteuer nach einem besonderen, von der Grundtabelle abgeleiteten Tarif, mindestens aber mit 14 % und höchstens mit 45 % berechnet wird. Die beiden Ehegatten zustehenden Grundfreibeträge werden in voller Höhe bei dem Ehegatten berücksichtigt, der die Steuerklasse III hat (vgl. die unter der nachfolgenden Nr. 7 abgedruckte Übersicht). Die vorstehenden Ausführungen gelten entsprechend bei eingetragenen Lebenspartnerschaften.

Da sich bei der Steuerklassenkombination III/V häufig Einkommensteuer-Nachzahlungen im Veranlagungsverfahren nach Ablauf des Kalenderjahres ergeben haben, wurde seit 1.1.2010 das **sog. Faktorverfahren** eingeführt, mit dem diese Nachzahlungen vermieden werden können (vgl. das Stichwort „Faktorverfahren").

Die Berechnung der Lohnsteuer in der Steuerklasse VI erfolgt nach den gleichen Grundsätzen, wobei unterstellt wird, dass beim zweiten Arbeitgeber 40 % des insgesamt bezogenen Arbeitslohns erzielt werden.

5. Progressiver Steuertarif

Der in § 32a Abs. 1 EStG geregelte Einkommensteuertarif umfasst mehrere verschiedene Tarifzonen. In der ersten Tarifzone wird ein Teil des Einkommens durch den sogenannten Grundfreibetrag in Höhe von 9744 € jährlich steuerfrei gestellt **(Nullzone).** Auf die Nullzone folgt die **Progressionszone,** in der der Steuersatz vom Eingangssteuersatz in Höhe von 14 % bis zum ersten Spitzensteuersatz von 42 % stetig ansteigt. Der Anstieg ist dabei nicht gleichmäßig, sondern verteilt sich auf zwei geradlinig (linear) verlaufende Teilbereiche. Als erster Teilbereich schließt sich die sog. **Steilzone** an die Nullzone (= Grundfreibetrag) an. In dieser Steilzone von 9745 € bis 14 753 € steigt der Steuersatz sehr schnell an, wohingegen der Steuersatz im zweiten Teilbereich der Progressionszone von 14 754 € bis 57 918 € gleichmäßig bis zum ersten Spitzensteuersatz von 42 % ansteigt. Ab einem zu versteuernden Einkommen von 57 919 € beträgt der Steuersatz gleichbleibend 42 % (sog. **erste Proportionalzone**). Ab einem zu versteuernden Einkommen von 274 613 € beträgt der Steuersatz gleichbleibend 45 % (sog. **zweite Proportionalzone**). Bei Anwendung des Splittingverfahrens verdoppeln sich die vorstehend genannten Grenzbeträge.

Hiernach ergibt sich folgende Übersicht:

	2016	2017	2018
Grundfreibetrag	8 652 €	8 820 €	9 000 €
Eingangssteuersatz	14 %	14 %	14 %
1. Spitzensteuersatz ab einem zu versteuernden Einkommen	42 %	42 %	42 %
– bei Alleinstehenden	53 666 €	54 057 €	54 950 €
– bei Verheirateten	107 332 €	108 114 €	109 900 €
2. Spitzensteuersatz ab einem zu versteuernden Einkommen	45 %	45 %	45 %
– bei Alleinstehenden	254 447 €	256 304 €	260 533 €
– bei Verheirateten	508 894 €	512 608 €	521 066 €
	2019	**2020**	**2021**
Grundfreibetrag	9 168 €	9 408 €	9 744 €
Eingangssteuersatz	14 %	14 %	14 %
1. Spitzensteuersatz ab einem zu versteuernden Einkommen	42 %	42 %	42 %
– bei Alleinstehenden	55 961 €	57 052 €	57 919 €
– bei Verheirateten	111 922 €	114 104 €	115 838 €
2. Spitzensteuersatz ab einem zu versteuernden Einkommen	45 %	45 %	45 %
– bei Alleinstehenden	265 327 €	270 501 €	274 613 €
– bei Verheirateten	530 654 €	541 002 €	549 226 €

Beim Lohnsteuerabzug ist zu berücksichtigen, dass sich sämtliche oben angegebene Grenzen auf das **zu versteuernde Einkommen** beziehen. Das bedeutet, dass beim Lohnsteuerabzug zu diesen Beträgen die in den einzelnen Steuerklassen eingearbeiteten Freibeträge hinzukommen. Die beim Lohnsteuerabzug geltenden Besteuerungsgrenzen sind für die einzelnen Steuerklassen unter der nachfolgenden Nr. 7 erläutert. Erst beim Überschreiten dieser **sog. Besteuerungsgrenzen** setzt die Lohnsteuer mit 14 % ein und steigt – wie oben erläutert – in zwei Teilbereichen bis zum Spitzensteuersatz von 42 % bzw. 45 % an. Auf den unter der nachfolgenden Nr. 6 abgedruckten **Progressionsverlauf** wird hingewiesen.

6. Spitzensteuersatz, Grenzsteuersatz und Durchschnittssteuersatz

Der **Spitzensteuersatz** ist der höchstmögliche Steuersatz des geltenden Einkommensteuer- bzw. Lohnsteuertarifs. Für das Kalenderjahr 2021 beträgt der Spitzensteuersatz entweder 42 % oder 45 %.

Der **Grenzsteuersatz** ist der Prozentsatz, mit dem eine Lohnerhöhung von z. B. 100 € besteuert wird. Der höchstmögliche Grenzsteuersatz ist mit dem Spitzensteuersatz identisch und beträgt im Kalenderjahr 2021 entweder 42 % oder 45 %. Eine Lohnerhöhung von 100 € wird also in diesem Bereich mit 42 € oder 45 € besteuert. Rechnet man 5,5 % Solidaritätszuschlag und 9 % Kirchensteuer dazu, beträgt die Steuerbelastung 48,1 % oder 51,5 %. Zwischen dem Eingangssteuersatz von 14 % und dem ersten Spitzensteuersatz von 42 % steigt der Grenzsteuersatz kontinuierlich an (vgl. nachfolgende Tabelle).

Der **Durchschnittssteuersatz** drückt das Verhältnis der festgesetzten Einkommensteuer zum Bruttoarbeitslohn aus.

Jahresbrutto-lohn	Steuerklasse I und IV Grenzsteuer-satz	Steuerklasse I und IV Durch-schnitts-steuersatz	Steuerklasse II Grenzsteuer-satz	Steuerklasse II Durch-schnitts-steuersatz
10 000 €	0,0 %	0,0 %	0,0 %	0,0 %
11 000 €	0,0 %	0,0 %	0,0 %	0,0 %
12 000 €	0,0 %	0,0 %	0,0 %	0,0 %
13 000 €	6,4 %	0,0 %	0,0 %	0,0 %
14 000 €	12,6 %	0,5 %	0,0 %	0,0 %
15 000 €	14,2 %	1,3 %	2,2 %	0,0 %
16 000 €	17,5 %	2,1 %	14,1 %	0,1 %
17 000 €	19,3 %	3,0 %	15,7 %	1,0 %
18 000 €	20,9 %	3,9 %	17,5 %	1,8 %
19 000 €	22,2 %	4,8 %	19,1 %	2,6 %
20 000 €	21,9 %	5,7 %	20,2 %	3,4 %
21 000 €	20,6 %	6,4 %	19,9 %	4,2 %
22 000 €	20,9 %	7,1 %	20,2 %	4,9 %
23 000 €	21,2 %	7,7 %	20,5 %	5,6 %
24 000 €	21,5 %	8,2 %	20,8 %	6,2 %
25 000 €	21,7 %	8,8 %	21,1 %	6,8 %
26 000 €	22,1 %	9,3 %	21,4 %	7,4 %
27 000 €	22,3 %	9,7 %	21,7 %	7,9 %
28 000 €	22,6 %	10,2 %	22,0 %	8,4 %
29 000 €	23,0 %	10,6 %	22,2 %	8,8 %
30 000 €	23,2 %	11,0 %	22,6 %	9,3 %

Lohn- steuer- pflichtig | Sozial- versich.- pflichtig

T

Lohn-steuer-pflichtig Sozial-versich.-pflichtig

Jahresbrutto-lohn	Steuerklasse I und IV Grenzsteuer-satz	Steuerklasse I und IV Durch-schnitts-steuersatz	Steuerklasse II Grenzsteuer-satz	Steuerklasse II Durch-schnitts-steuersatz
31 000 €	23,5 %	11,4 %	22,8 %	9,7 %
32 000 €	23,7 %	11,8 %	23,1 %	10,1 %
33 000 €	24,1 %	12,2 %	23,4 %	10,5 %
34 000 €	24,4 %	12,5 %	23,7 %	10,9 %
35 000 €	24,6 %	12,9 %	24,0 %	11,3 %
36 000 €	24,9 %	13,2 %	24,3 %	11,6 %
37 000 €	25,2 %	13,5 %	24,5 %	12,0 %
38 000 €	25,6 %	13,8 %	24,9 %	12,3%
39 000 €	25,8 %	14,1 %	25,1 %	12,6 %
40 000 €	26,0 %	14,4 %	25,4 %	12,9 %
41 000 €	26,4 %	14,7 %	25,7 %	13,2 %
42 000 €	26,6 %	15,0 %	26,0 %	13,5 %
43 000 €	27,0 %	15,2 %	26,3 %	13,8 %
44 000 €	27,2 %	15,5 %	26,6 %	14,1 %
45 000 €	27,5 %	15,8 %	26,8 %	14,4 %
46 000 €	27,9 %	16,0 %	27,2 %	14,6 %
47 000 €	28,1 %	16,3 %	27,4 %	14,9 %
48 000 €	28,3 %	16,5 %	27,7 %	15,2 %
49 000 €	28,7 %	16,8 %	28,0 %	15,4 %
50 000 €	29,0 %	17,0 %	28,3 %	15,7 %
51 000 €	29,2 %	17,2 %	28,6 %	15,9 %
52 000 €	29,5 %	17,5 %	28,9 %	16,2 %
53 000 €	29,9 %	17,7 %	29,2 %	16,4 %
54 000 €	30,1 %	17,9 %	29,4 %	16,7 %
55 000 €	30,4 %	18,1 %	29,8 %	16,9 %
56 000 €	30,7 %	18,4 %	30,0 %	17,1 %
57 000 €	30,9 %	18,6 %	30,3 %	17,3 %
58 000 €	34,6 %	18,8 %	33,8 %	17,6 %
59 000 €	35,1 %	19,0 %	34,4 %	17,8 %
60 000 €	35,4 %	19,3 %	34,7 %	18,1 %
61 000 €	35,8 %	19,6 %	35,0 %	18,4 %
62 000 €	36,2 %	19,8 %	35,5 %	18,7 %
63 000 €	36,5 %	20,1 %	35,7 %	18,9 %
64 000 €	36,9 %	20,4 %	36,2 %	19,2 %
65 000 €	37,2 %	20,6 %	36,5 %	19,4 %
66 000 €	37,5 %	20,9 %	36,8 %	19,7 %
67 000 €	38,0 %	21,1 %	37,2 %	20,0 %
68 000 €	38,3 %	21,4 %	37,5 %	20,2 %
69 000 €	38,6 %	21,6 %	37,9 %	20,5 %
70 000 €	38,7 %	21,8 %	38,3 %	20,7 %
71 000 €	38,7 %	22,1 %	38,6 %	21,0 %
72 000 €	38,8 %	22,3 %	38,7 %	21,2 %
73 000 €	38,7 %	22,5 %	38,7 %	21,4 %
74 000 €	38,7 %	22,8 %	38,7 %	21,7 %
75 000 €	38,7 %	23,0 %	38,8 %	21,9 %
76 000 €	38,7 %	23,2 %	38,7 %	22,1 %
77 000 €	38,7 %	23,4%	38,7 %	22,3 %
78 000 €	38,8 %	23,6 %	38,7 %	22,6 %
79 000 €	38,7 %	23,8 %	38,7 %	22,8 %
80 000 €	38,7 %	24,0 %	38,8 %	23,0 %
81 000 €	38,7 %	24,1 %	38,7 %	23,2 %
82 000 €	38,7 %	24,3 %	38,7 %	23,3 %
83 000 €	38,7 %	24,5 %	38,7 %	23,5 %
84 000 €	38,8 %	24,7 %	38,7 %	23,7 %
85 000 €	41,3 %	24,8 %	41,4 %	23,9 %
86 000 €	42,0 %	25,0 %	42,0 %	24,1 %
87 000 €	42,0 %	25,2 %	42,0 %	24,3 %
88 000 €	42,0 %	25,4 %	42,0 %	24,5 %
89 000 €	42,0 %	25,6 %	42,0 %	24,7 %
90 000 €	42,0 %	25,8 %	42,0 %	24,9 %
270 000 €	42,0 %	36,6 %	42,0 %	36,3 %
271 000 €	42,0 %	36,6 %	42,0 %	36,3 %
272 000 €	42,0 %	36,6 %	42,0 %	36,3 %
273 000 €	42,0 %	36,7 %	42,0 %	36,4 %
274 000 €	42,0 %	36,7 %	42,0 %	36,4 %
275 000 €	42,0 %	36,7 %	42,0 %	36,4 %
276 000 €	42,0 %	36,7 %	42,0 %	36,4 %
277 000 €	42,0 %	36,7 %	42,0 %	36,4 %
278 000 €	42,0 %	36,7 %	42,0 %	36,5 %
279 000 €	42,0 %	36,8 %	42,0 %	36,5 %
280 000 €	42,0 %	36,8 %	42,0 %	36,5 %
281 000 €	42,0 %	36,8 %	42,0 %	36,5 %
282 000 €	42,0 %	36,8 %	42,0 %	36,5 %
283 000 €	42,0 %	36,8 %	42,0 %	36,6 %
284 000 €	42,0 %	36,9 %	42,0 %	36,6 %
285 000 €	42,0 %	36,9 %	42,0 %	36,6 %
286 000 €	42,0 %	36,9 %	42,0 %	36,6 %
287 000 €	43,1 %	36,9 %	42,0 %	36,6 %
288 000 €	45,0 %	36,9 %	42,0 %	36,7 %
289 000 €	45,0 %	37,0 %	43,4 %	36,7 %
ab 290 000 €	45,0 %	37,0 %	45,0 %	36,7 %

T

Lohn-steuer-pflichtig Sozial-versich.-pflichtig

Jahresbruttolohn	Steuerklasse III Grenzsteuersatz	Steuerklasse III Durchschnitts-steuersatz
10 000 €	0,0 %	0,0 %
11 000 €	0,0 %	0,0 %
12 000 €	0,0 %	0,0 %
13 000 €	0,0 %	0,0 %
14 000 €	0,0 %	0,0 %
15 000 €	0,0 %	0,0 %
16 000 €	0,0 %	0,0 %
17 000 €	0,0 %	0,0 %
18 000 €	0,0 %	0,0 %
19 000 €	0,0 %	0,0 %
20 000 €	0,0 %	0,0 %
21 000 €	0,0 %	0,0 %
22 000 €	0,0 %	0,0 %
23 000 €	0,0 %	0,0 %
24 000 €	0,0 %	0,0 %
25 000 €	6,2 %	0,0 %
26 000 €	13,8 %	0,2 %
27 000 €	14,6 %	0,7 %
28 000 €	15,4 %	1,2 %
29 000 €	16,2 %	1,7 %
30 000 €	17,2 %	2,2 %
31 000 €	18,0 %	2,7 %
32 000 €	18,2 %	3,2 %
33 000 €	17,6 %	3,6 %
34 000 €	18,4 %	4,0 %
35 000 €	19,0 %	4,4 %
36 000 €	19,6 %	4,9 %
37 000 €	20,0 %	5,2 %
38 000 €	20,2 %	5,6 %
39 000 €	20,2 %	6,0 %
40 000 €	20,4 %	6,4 %
41 000 €	20,6 %	6,7 %
42 000 €	20,8 %	7,0 %
43 000 €	20,8 %	7,4 %
44 000 €	21,0 %	7,7 %
45 000 €	21,2 %	8,0 %
46 000 €	21,4 %	8,2 %
47 000 €	21,4 %	8,5 %
48 000 €	21,6 %	8,8 %
49 000 €	21,6 %	9,1 %
50 000 €	22,0 %	9,3 %
51 000 €	22,0 %	9,6 %
52 000 €	22,0 %	9,8 %
53 000 €	22,4 %	10,0 %
54 000 €	22,4 %	10,3 %
55 000 €	22,6 %	10,5 %
56 000 €	22,8 %	10,7 %
57 000 €	22,8 %	10,9 %
58 000 €	25,4 %	11,1 %
59 000 €	25,8 %	11,4 %
60 000 €	26,0 %	11,6 %
61 000 €	26,0 %	11,8 %
62 000 €	26,4 %	12,1 %
63 000 €	26,4 %	12,3 %
64 000 €	26,6 %	12,5 %
65 000 €	27,0 %	12,7 %
66 000 €	26,8 %	12,9 %
67 000 €	27,2 %	13,1 %
68 000 €	27,4 %	13,4 %
69 000 €	27,6 %	13,6 %
70 000 €	27,6 %	13,8 %
71 000 €	28,0 %	14,0 %
72 000 €	28,0 %	14,1 %
73 000 €	28,2 %	14,3 %
74 000 €	28,4 %	14,5 %
75 000 €	28,6 %	14,7 %
76 000 €	28,8 %	14,9 %
77 000 €	29,0 %	15,1 %
78 000 €	29,0 %	15,3 %
79 000 €	29,4 %	15,4 %
80 000 €	29,4 %	15,6 %
81 000 €	29,8 %	15,8 %
82 000 €	29,6 %	15,9 %
83 000 €	30,2 %	16,1 %
84 000 €	30,2 %	16,3 %
85 000 €	32,4 %	16,4 %
86 000 €	33,2 %	16,6 %
87 000 €	33,4 %	16,8 %
88 000 €	33,4 %	17,0 %
89 000 €	33,8 %	17,2 %
90 000 €	34,0 %	17,4 %
91 000 €	34,2 %	17,6 %
92 000 €	34,4 %	17,7 %
93 000 €	34,6 %	17,9 %
94 000 €	35,0 %	18,1 %
95 000 €	35,0 %	18,3 %
96 000 €	35,2 %	18,4 %

Jahresbruttolohn	Steuerklasse III	
	Grenzsteuersatz	Durchschnitts-steuersatz
97 000 €	35,4 %	18,6 %
98 000 €	35,6 %	18,8 %
99 000 €	36,0 %	19,0 %
100 000 €	36,0 %	19,1 %
101 000 €	36,4 %	19,3 %
102 000 €	36,4 %	19,5 %
103 000 €	36,8 %	19,6 %
104 000 €	36,8 %	19,8 %
105 000 €	37,2 %	20,0 %
106 000 €	37,2 %	20,1 %
107 000 €	37,6 %	20,3 %
108 000 €	37,8 %	20,4 %
109 000 €	38,0 %	20,6 %
110 000 €	38,2 %	20,8 %
111 000 €	38,2 %	20,9 %
112 000 €	38,6 %	21,1 %
113 000 €	38,8 %	21,2 %
114 000 €	39,0 %	21,4 %
115 000 €	39,2 %	21,5 %
116 000 €	39,4 %	21,7 %
117 000 €	39,8 %	21,8 %
118 000 €	39,8 %	22,0 %
119 000 €	40,0 %	22,1 %
120 000 €	40,2 %	22,3 %
121 000 €	40,6 %	22,4 %
122 000 €	40,6 %	22,6 %
123 000 €	40,8 %	22,7 %
124 000 €	41,2 %	22,9 %
125 000 €	41,2 %	23,0 %
126 000 €	41,6 %	23,2 %
127 000 €	41,6 %	23,3 %
128 000 €	42,0 %	23,5 %
129 000 €	42,0 %	23,6 %
130 000 €	42,0 %	23,7 %
530 000 €	42,0 %	37,5 %
531 000 €	42,0 %	37,5 %
532 000 €	42,0 %	37,5 %
533 000 €	42,0 %	37,5 %
534 000 €	42,0 %	37,6 %
535 000 €	42,0 %	37,6 %
536 000 €	42,0 %	37,6 %
537 000 €	42,0 %	37,6 %
538 000 €	42,0 %	37,6 %
539 000 €	42,0 %	37,6 %
540 000 €	42,0 %	37,6 %
541 000 €	42,0 %	37,6 %
542 000 €	42,0 %	37,6 %
543 000 €	42,0 %	37,6 %
544 000 €	42,0 %	37,6 %
545 000 €	42,0 %	37,6 %
546 000 €	42,0 %	37,7 %
547 000 €	42,0 %	37,7 %
548 000 €	42,0 %	37,7 %
549 000 €	42,0 %	37,7 %
550 000 €	42,0 %	37,7 %
551 000 €	42,0 %	37,7 %
552 000 €	42,0 %	37,7 %
553 000 €	42,0 %	37,7 %
554 000 €	42,0 %	37,7 %
555 000 €	42,0 %	37,7 %
556 000 €	42,0 %	37,7 %
557 000 €	42,0 %	37,7 %
558 000 €	42,0 %	37,7 %
559 000 €	42,0 %	37,8 %
560 000 €	42,0 %	37,8 %
561 000 €	42,0 %	37,8 %
562 000 €	44,2 %	37,8 %
563 000 €	45,0 %	37,8 %
564 000 €	45,0 %	37,8 %
ab 565 000 €	45,0 %	37,8 %

7. Besteuerungsgrenzen in den einzelnen Steuerklassen

a) Allgemeines

Die Besteuerungsgrenze, d. h. die Höhe des Bruttoarbeitslohns, bis zu dem bei Anwendung des Lohnsteuertarifs eine Lohnsteuer noch nicht anfällt, hängt von der Höhe der im Einzelfall zu gewährenden Freibeträge (Arbeitnehmer-Pauschbetrag, Sonderausgaben-Pauschbetrag, Entlastungsbetrag für Alleinerziehende) und insbesondere von der Höhe der **Vorsorgepauschale** ab. Zur Abgrenzung der **Allgemeinen Lohnsteuertabelle** mit der ungekürzten Vorsorgepauschale von der **Besonderen Lohnsteuertabelle** mit der gekürzten Vorsorgepauschale wird auf die Erläuterungen beim Stichwort Lohnsteuertabellen hingewiesen. Die **Berechnung der Vorsorgepauschale** ist in **Anhang 8** ausführlich anhand von Beispielen erläutert.

Damit der Arbeitnehmer in den Genuss der einzelnen Freibeträge kommt, muss der Arbeitgeber die individuellen Lohnsteuerabzugsmerkmale des Arbeitnehmers kennen.[1] Andernfalls muss der Arbeitgeber eine höhere Lohnsteuer nach der Steuerklasse VI einbehalten (vgl. „Nichtvorlage der Lohnsteuerabzugsmerkmale").

Grundfreibeträge, Arbeitnehmer- und Sonderausgaben-Pauschbeträge oder eine Vorsorgepauschale gibt es im Sozialversicherungsrecht nicht. Die nachstehend aufgeführten Freibeträge dürfen somit bei der Berechnung der Sozialversicherungsbeträge nicht abgezogen werden.

b) Für 2021 geltende Besteuerungsgrenzen

Allgemeine Lohnsteuertabelle 2021:

anzusetzende Freibeträge in Euro	Steuerklasse I	II	III
a) Allgemeiner Freibetrag Grundfreibetrag	9 744,–	9 744,–	19 489,–
b) Rundungsbetrag	7,99	7,99	14,99
c) Arbeitnehmerpauschbetrag	1 000,–[2]	1 000,–[2]	1 000,–[2]
d) Sonderausgabenpauschbetrag	36,–	36,–	36,–
e) Entlastungsbetrag für Alleinerziehende	–,–	1 908,–	–,–
f) Vorsorgepauschale (Anhang 8)	2 666,–	3 137,–	4 995,–
Jahresarbeitslohn, bis zu dem keine Lohnsteuer anfällt	13 453,99	15 832,99	25 534,99
monatlich 1/12	1 121,16	1 319,41	2 127,91

anzusetzende Freibeträge in Euro	Steuerklasse IV	V	VI
a) Allgemeiner Freibetrag Grundfreibetrag	9 744,–	–,–	–,–
b) Rundungsbetrag	7,99	7,99	7,99
c) Arbeitnehmerpauschbetrag	1 000,–[2]	1 000,–[2]	–,–
d) Sonderausgabenpauschbetrag	36,–	36,–	–,–
e) Entlastungsbetrag für Alleinerziehende	–,–	–,–	–,–
f) Vorsorgepauschale (Anhang 8)	2 666,–	258,–	2,–
Jahresarbeitslohn, bis zu dem keine Lohnsteuer anfällt	13 453,99	1 301,99	9,99
monatlich 1/12	1 121,16	108,49	0,83

Besondere Lohnsteuertabelle 2021:

anzusetzende Freibeträge in Euro	Steuerklasse I	II	III
a) Allgemeiner Freibetrag Grundfreibetrag	9 744,–	9 744,–	19 489,–
b) Rundungsbetrag	7,99	7,99	14,99
c) Arbeitnehmerpauschbetrag	1 000,–[2]	1 000,–[2]	1 000,–[2]
d) Sonderausgabenpauschbetrag	36,–	36,–	36,–
e) Entlastungsbetrag für Alleinerziehende	–,–	1 908,–	–,–
f) Vorsorgepauschale (Anhang 8)	1 472,–	1 732,–	2 801,–
Jahresarbeitslohn, bis zu dem keine Lohnsteuer anfällt	12 259,99	14 427,99	23 340,99
monatlich 1/12	1 021,66	1 202,33	1 945,08

1) Auf die ausführlichen Erläuterungen beim Stichwort „Elektronische Lohnsteuerabzugsmerkmale (ELStAM)" wird hingewiesen.

2) Bei Versorgungsbezügen (vgl. dieses Stichwort) beträgt der Pauschbetrag 102 €.

Lohnsteuerpflichtig | Sozialversich.-pflichtig

anzusetzende Freibeträge in Euro	Steuerklasse IV	V	VI
a) Allgemeiner Freibetrag Grundfreibetrag	9 744,–	–,–	–,–
b) Rundungsbetrag	7,99	7,99	7,99
c) Arbeitnehmerpauschbetrag	1 000,–[1]	1 000,–[1]	–,–
d) Sonderausgabenpauschbetrag	36,–	36,–	–,–
e) Entlastungsbetrag für Alleinerziehende	–,–	–,–	–,–
f) Vorsorgepauschale (Anhang 8)	1 472,–	143,–	2,–
Jahresarbeitslohn, bis zu dem keine Lohnsteuer anfällt	12 259,99	1 186,99	9,99
monatlich 1/12	1 021,66	98,91	0,83

Die Gegenüberstellung der Besteuerungsgrenzen der Allgemeinen Lohnsteuertabelle für rentenversicherungspflichtige Arbeitnehmer einerseits und der Besonderen Lohnsteuertabelle für nicht rentenversicherungspflichtige Arbeitnehmer andererseits zeigt deutlich, dass der Unterschied **nur in der Höhe der Vorsorgepauschale** liegt. So beträgt z. B. in der Steuerklasse I

	2021
– die Vorsorgepauschale in der Allgemeinen Lohnsteuertabelle	**2 666 €**
– die Vorsorgepauschale in der Besonderen Lohnsteuertabelle lediglich	**1 472 €**

Bei den Besteuerungsgrenzen, das heißt bei den Eingangsbeträgen der verschiedenen Steuerklassen ist der Grund für die Differenz ausschließlich der **Beitragsanteil der Vorsorgepauschale für die gesetzliche Rentenversicherung.** Denn der Beitragsanteil der Vorsorgepauschale für die Kranken- und Pflegeversicherung liegt sowohl bei der Allgemeinen Lohnsteuertabelle als auch bei der Besonderen Lohnsteuertabelle im Bereich der **Mindestvorsorgepauschale,** die in diesem Bereich 12 % des Arbeitslohns beträgt.

Auf die ausführlichen Erläuterungen zur Berechnung der ab 1.1.2021 geltenden Vorsorgepauschale in **Anhang 8** wird Bezug genommen.

Taucherzulagen

Taucherzulagen sind als „Erschwerniszuschläge" steuer- und beitragspflichtig. ja ja

Technische Zulage

Eine technische Zulage oder Technikerzulage ist als „Erschwerniszulage" steuer- und beitragspflichtig. ja ja

Teillohnzahlungszeitraum

T

1. Allgemeines

Ein Teillohnzahlungszeitraum entsteht bei einem monatlich entlohnten Arbeitnehmer dann, wenn der Anspruch auf Arbeitslohn – aus welchen Gründen auch immer – nicht für einen vollen Monat besteht. Bei Teillohnzahlungszeiträumen stellt sich deshalb zum einen die Frage nach der Höhe des Teilentgelts und zum anderen nach dessen lohnsteuerlicher und beitragsrechtlicher Behandlung. Im Einzelnen gilt Folgendes:

2. Berechnung des Teilmonatsentgelts

Bei Zahlung eines **Stundenlohns** werden zur Ermittlung des Teilmonatsentgelts die tatsächlich geleisteten Arbeitsstunden erfasst und mit dem festgelegten Stundensatz vergütet.

Lohnsteuerpflichtig | Sozialversich.-pflichtig

Ist ein **fester Monatslohn** vereinbart, stellt sich die Frage, wie sowohl bei einem Ein- oder Austritt im Laufe des Kalendermonats als auch bei sonstigen Arbeitsausfällen für einen Teil des Monats (Krankheit, unbezahlter Urlaub usw.) das Teilmonatsentgelt zu berechnen ist. In der Praxis haben sich hierfür verschiedene Methoden herausgebildet:

a) Kalendertägliche Berechnungsmethode

Für jeden Kalendertag wird der entsprechende Bruchteil des Monatslohns gezahlt.

Beispiel

Der Arbeitnehmer wird am 16. September 2021 eingestellt. Monatslohn 3000 €. Das Teilmonatsentgelt für 15 Kalendertage beträgt 15/30 von 3000 € = 1500 €.

b) Dreißigstel-Berechnungsmethode

Der feste Monatslohn wird stets durch 30 Tage geteilt, und zwar ohne Rücksicht darauf, wie viele Tage der betreffende Monat hat.

Beispiel

Der Arbeitnehmer wird am 18. Februar 2021 eingestellt. Monatslohn 3000 €. Das Teilmonatsentgelt für 11 Kalendertage beträgt: 11/30 von 3000 € = 1100 €.

c) Arbeitstägliche Berechnungsmethode

Der feste Monatslohn wird durch die Zahl der Arbeitstage – einschließlich gesetzliche Wochenfeiertage – des jeweiligen Kalendermonats geteilt und der so ermittelte Betrag mit der Anzahl der tatsächlichen Arbeitstage vervielfacht.

Beispiel A

Der Arbeitnehmer wird am 16. Februar 2021 eingestellt. Monatslohn 3000 €. Die Arbeitstage im Februar betragen insgesamt 20. In die Zeit vom 16. 2.–28. 2. 2021 fallen 9 Arbeitstage. Das Teilmonatsentgelt für 9 Arbeitstage beträgt: 9/20 von 3000 € = 1350 €.

Beispiel B

Das Arbeitsverhältnis eines Arbeitnehmers, der bei einer Firma in München beschäftigt ist, wird zum 12.1.2021 beendet. Monatslohn 3000 €. Der Arbeitnehmer hat am 12.1.2021 seinen letzten Arbeitstag. Die Arbeitstage im Januar betragen insgesamt 21. In die Zeit vom 1.1.–12.1.2021 fallen 6 Arbeitstage und zwei gesetzliche Feiertage, insgesamt also 8 bezahlte Tage. Das Teilmonatsentgelt für 8 bezahlte Tage beträgt 8/21 von 3000 € = 1142,86 €.

d) Stundenweise Berechnungsmethode

Diese Methode entspricht der arbeitstäglichen Berechnungsmethode; an die Stelle der möglichen Arbeitstage des betreffenden Kalendermonats treten jedoch die möglichen Arbeitsstunden (sog. **Soll-Arbeitsstunden**). Der feste Monatslohn wird also durch die Soll-Arbeitsstunden des jeweiligen Kalendermonats geteilt und das Ergebnis mit der Zahl der tatsächlichen Arbeitsstunden (Ist-Arbeitsstunden) vervielfacht.

Beispiel

Der Arbeitnehmer wird am 15. Februar 2021 eingestellt. Monatslohn 3000 €. Wochenarbeitszeit 40 Stunden. In der Woche, in der der Arbeitnehmer eingestellt wird (7. Woche des Jahres) arbeitet er 40 Stunden und in der 8. Woche ebenfalls 40 Stunden, insgesamt im Februar also 80 Stunden. Die Soll-Arbeitsstunden betragen im Februar 2021 insgesamt (20 Tage zu jeweils 8 Stunden =) 160 Stunden. Der Arbeitnehmer hat tatsächlich 80 Stunden gearbeitet. Das Teilmonatsentgelt hierfür beträgt: 80/160 von 3000 € = 1500 €.

e) Berechnungsmethode nach festen Soll-Arbeitsstunden

Die Soll-Arbeitsstunden je Monat sind fest vorgegeben, und zwar ohne Rücksicht darauf, wie hoch die Zahl der möglichen Arbeitsstunden des betreffenden Monats ist.

1) Bei Versorgungsbezügen (vgl. dieses Stichwort) beträgt der Pauschbetrag 102 €.

	Lohn-steuer-pflichtig	Sozial-versich.-pflichtig

Der feste Monatslohn wird durch die Zahl der festen Soll-Arbeitsstunden geteilt und das Ergebnis mit der Zahl der tatsächlichen Arbeitsstunden vervielfacht.

Die Errechnung des Teilers ist Gegenstand der Lohnvereinbarung; in den meisten Tarifverträgen ist er deshalb bereits festgelegt, z. B.

	Teiler für den Monatslohn
Wochenarbeitszeit 37,5 Stunden × 52 geteilt durch 12 =	**162,5**
oder	
Wochenarbeitszeit $\frac{37{,}5 \text{ Stunden} \times 365}{7 \times 12}$ = 162,9 aufgerundet	**163**
oder	
Wochenarbeitszeit 37,5 Stunden × 4,35 = 163,1 abgerundet	**163**

Beispiel

Der Arbeitnehmer wird am 15. Februar 2021 eingestellt. Monatslohn 3000 €. Wochenarbeitszeit 37,5 Stunden. In der Woche, in der der Arbeitnehmer eingestellt wird (7. Woche des Jahres) arbeitet er 37,5 Stunden und in der 8. Woche ebenfalls 37,5 Stunden, insgesamt im Februar also 75 Stunden.

Für die Berechnung von Teilmonatsentgelten ist eine feste Zahl von monatlichen Soll-Arbeitsstunden, z. B. 163 festgelegt worden. Das Teilmonatsentgelt für Februar beträgt $^{75}/_{163}$ von 3000 € = 1380,37 €.

Die Beispiele zeigen, dass sich je nach Berechnungsmethode erhebliche Unterschiede ergeben. In der Praxis werden alle aufgeführten Berechnungsmethoden angewandt. Liegt keine Regelung durch Tarifvertrag, Betriebsvereinbarung, betriebliche Übung oder Einzelarbeitsvertrag vor, ist nach der Rechtsprechung des Bundesarbeitsgerichts[1] die **konkrete arbeitstägliche** Berechnungsmethode durchzuführen. Dies sind die unter den Buchstaben **c)** und **d)** dargestellten Berechnungsmethoden. Hiernach ergeben sich für die Berechnung des Teilmonatsentgelts folgende Formeln

$$\frac{\text{fester Monatslohn} \times \text{Anzahl der tatsächlichen Arbeitstage}}{\text{Anzahl der möglichen Arbeitstage des betreffenden Monats (z. B. 20, 21, 22 oder 23)}}$$

oder:

$$\frac{\text{fester Monatslohn} \times \text{Anzahl der tatsächlichen Arbeitsstunden}}{\text{Anzahl der möglichen Arbeitsstunden des betreffenden Monats}}$$

3. Berechnung der Lohnsteuer bei Teillohnzahlungszeiträumen

a) Teilmonatsbeträge

Besteht ein Arbeitsverhältnis nicht während eines vollen Monats, sondern beginnt oder endet es während des Monats, ist der während dieser Zeit bezogene Arbeitslohn auf die einzelnen **Kalendertage** umzurechnen. Die Lohnsteuer ergibt sich aus dem mit der Zahl der Kalendertage vervielfachten Betrag der Lohnsteuer-**Tagestabelle.**

Beispiel

Ein Arbeitnehmer mit einem Monatsgehalt von 3000 € (Steuerklasse III/0, Kirchensteuermerkmal rk) nimmt am 18. Januar 2021 eine Tätigkeit in München auf. Für Januar ergibt sich folgende Lohnabrechnung:

Lohn vom 18. 1.–31. 1. 2021:

10 Arbeitstage bei 21 möglichen Arbeitstagen – einschließlich gesetzlicher Wochenfeiertage – ergeben

$\frac{3000 \text{ €} \times 10}{21}$ =		1 428,57 €
abzüglich:		
Lohnsteuer	72,52 €	
Solidaritätszuschlag	0,– €	
Kirchensteuer	5,74 €	
Sozialversicherung	288,93 €	367,19 €
Nettolohn		1 061,38 €

Berechnung der Lohnsteuer:

Im Januar entsteht lohnsteuerlich ein Teillohnzahlungszeitraum, für den die Lohnsteuer nach der **Tageslohnsteuertabelle** abzurechnen ist. Der vom 18.1.–31.1.2021 bezogene Arbeitslohn ist auf die einzelnen **Kalendertage** umzurechnen. Auf die Zeit vom 18.1.–31.1.2021 entfallen 14 Kalendertage. Der Tagesarbeitslohn beträgt somit:

1428,57 € : 14	=	102,04 €
Lohnsteuer (Steuerklasse III/0) nach der Tagestabelle 5,18 € × 14	=	72,52 €
Solidaritätszuschlag nach der Tagestabelle	=	0,– €
Kirchensteuer (z. B. 8 %) nach der Tagestabelle 0,41 € × 14	=	5,74 €

Berechnung der Sozialversicherungsbeiträge:

Auch sozialversicherungsrechtlich entsteht im Januar 2021 ein Teillohnzahlungszeitraum vom 18.1.–31.1.2021 = 14 Kalendertage. Der vom 18.1. bis 31.1.2021 gezahlte Arbeitslohn von 1428,57 € liegt unter der für 14 Kalendertage geltenden anteiligen monatlichen Beitragsbemessungsgrenze in der Kranken- und Pflegeversicherung (vgl. die Tabelle unter der nachfolgenden Nr. 4). Die Beiträge für die Kranken- und Pflegeversicherung sind deshalb nicht aus der anteiligen Beitragsbemessungsgrenze für 14 Tage (= 2257,50 €), sondern aus dem niedrigerem tatsächlichen Arbeitslohn in Höhe von 1428,57 € zu berechnen. In der Renten- und Arbeitslosenversicherung ist die anteilige Beitragsbemessungsgrenze für 14 Tage (= 3313,33 €) ebenfalls nicht überschritten. Die Beiträge für die Renten- und Arbeitslosenversicherung errechnen sich deshalb aus dem tatsächlichen Entgelt in Höhe von 1428,57 €. Hiernach ergibt sich folgende Berechnung der Sozialversicherungsbeiträge:

Krankenversicherung (7,3 % + z. B. 0,65 % =) 7,95 % von 1428,57	=	113,57 €
Pflegeversicherung 1,775 % von 1428,57 €	=	25,36 €
Rentenversicherung 9,3 % von 1428,57 €	=	132,86 €
Arbeitslosenversicherung 1,2 % von 1428,57 €	=	17,14 €
Arbeitnehmeranteil insgesamt		288,93 €

Der Arbeitgeber hat den Arbeitnehmer mit der ersten Lohn- oder Gehaltsabrechnung, spätestens innerhalb von sechs Wochen nach Beginn der Beschäftigung bei der Krankenkasse anzumelden. Als Schlüsselzahl ist „10" einzugeben. Auf die ausführlichen Erläuterungen zu den Meldepflichten des Arbeitgebers in **Anhang 15** wird hingewiesen.

Steht aber ein Arbeitnehmer während eines Lohnzahlungszeitraums dauernd im Dienst eines Arbeitgebers, wird der Lohnzahlungszeitraum **durch ausfallende Arbeitstage** (z. B. wegen Krankheit, Mutterschutz oder unbezahltem Urlaub) **steuerlich nicht unterbrochen** (im Gegensatz zur Berechnung der Sozialversicherungsbeiträge, vgl. nachfolgend unter Nr. 4). Dies ergibt sich aus R 39b.5 Abs. 2 Satz 3 LStR. Ein Teillohnzahlungszeitraum entsteht also bei der Lohnsteuer stets bei **Beginn** oder **Beendigung** des Beschäftigungsverhältnisses während des Monats, das heißt

- der Arbeitnehmer wird während des Monats **eingestellt** oder
- das Dienstverhältnis des Arbeitnehmers wird während des Monats **beendet.**

Außerdem entsteht ein Teillohnzahlungszeitraum im lohnsteuerlichen Sinne bei Beginn des freiwilligen Wehrdienstes oder des Bundesfreiwilligendienstes im Laufe eines Monats, wenn das Dienstverhältnis zum Arbeitgeber beendet wird. Bleibt das Dienstverhältnis zum Arbeitgeber während des freiwilligen Wehrdienstes oder des Bundesfreiwilligendienstes bestehen, entsteht kein Teillohnzahlungszeitraum. Entsprechendes gilt bei Beendigung eines solchen Dienstes, wenn das Dienstverhältnis bestehen geblieben ist. In diesem Fall ist die Zeit des freiwilligen Wehrdienstes oder des Bundesfreiwilligendienstes in die Lohnsteuerbescheinigung mit einzubeziehen und die Eintragung des Buchstabens **U** im Lohnkonto und in der Lohnsteuerbescheinigung zu vermerken. Das Gleiche gilt für die Elternzeit und die Pflegezeit (vgl. die Erläuterungen zum Stichwort „Lohnkonto" unter Nr. 9 auf Seite 639).

Zur Entstehung eines Teillohnzahlungszeitraums bei beschränkt steuerpflichtigen Arbeitnehmern, die zeitweise in Deutschland tätig werden, wird auf die Erläuterungen beim Stichwort „Beschränkt steuerpflichtige Arbeitnehmer" unter Nr. 13 Buchstabe a auf Seite 215 hingewiesen.

1) Urteil des Bundesarbeitsgerichts vom 14.8.1985, 5 AZR 384/84 (DB 1986 S. 130).

T

Lohn- steuer- pflichtig | Sozial- versich.- pflichtig

Im Gegensatz zur Sozialversicherung entsteht **bei der Lohnsteuer** in folgenden Fällen **kein** Teillohnzahlungszeitraum:

- Tod des Arbeitnehmers im Laufe des Monats.
- Ausfall von Arbeitstagen wegen Gewährung von
  - Krankengeld,
  - Mutterschaftsgeld,
  - Elterngeld,
  - Verletztengeld,
  - Übergangsgeld,
  - Pflegeunterstützungsgeld.
- Beginn oder Beendigung der Elternzeit im Laufe des Monats, wenn das Dienstverhältnis zum Arbeitgeber bestehen bleibt bzw. bestehen geblieben ist.
- Beginn oder Beendigung des freiwilligen Wehrdienstes oder des Bundesfreiwilligendienstes im Laufe des Monats, wenn das Dienstverhältnis zum Arbeitgeber bestehen bleibt bzw. bestehen geblieben ist.
- Teilnahme an einer Wehrübung.
- Pflege des Kindes (§ 45 SGB V) ohne Anspruch auf Arbeitsentgelt.
- Pflegezeit nach dem Pflegezeitgesetz.

In den genannten Fällen besteht das lohnsteuerliche Arbeitsverhältnis fort (R 39b.5 Abs. 2 Satz 3 LStR). Der Arbeitgeber kann also in diesen Fällen die Monatstabelle auch dann anwenden, wenn der Arbeitnehmer in diesem Monat nur einige Tage tatsächlich gearbeitet hat (vgl. das Berechnungsbeispiel unter der folgenden Nr. 4).

Es gibt jedoch auch Arbeitsunterbrechungen, die sowohl **lohnsteuerlich** als auch **sozialversicherungsrechtlich keinen** Teillohnzahlungszeitraum auslösen:

- unbezahlter Urlaub, unrechtmäßiger Streik, Arbeitsbummelei, Aussperrung (vgl. das Lohnabrechnungsbeispiel beim Stichwort „Unbezahlter Urlaub" unter Nr. 3),
- rechtmäßiger Streik,
- Kurzarbeit (Arbeitsausfall an vollen Tagen).

Der Lohnsteuerermittlung sind die Lohnsteuerabzugsmerkmale (z. B. Steuerklasse) zugrunde zu legen, die für den Tag gelten, an dem der Lohnzahlungszeitraum endet. Dies gilt auch bei einem **Wechsel des Hauptarbeitgebers** im Laufe des Lohnzahlungszeitraums (R 39b.5 Abs. 1 Satz 3 LStR).

Beispiel A

Ein Arbeitnehmer ist beim Arbeitgeber A (Hauptarbeitgeber, Steuerklasse III) und beim Arbeitgeber B (Nebenarbeitgeber, Steuerklasse VI) beschäftigt. Lohnzahlungszeitraum ist in beiden Fällen der Kalendermonat. Im Laufe des Monats Juni 2021 bestimmt der Arbeitnehmer Arbeitgeber B zum Hauptarbeitgeber.

Für den Lohnzahlungszeitraum Juni 2021 führt der Wechsel des Hauptarbeitgebers dazu, dass Arbeitgeber A den Lohnsteuerabzug nach der Steuerklasse VI und Arbeitgeber B den Lohnsteuerabzug nach der Steuerklasse III durchzuführen hat, da in beiden Fällen die Lohnsteuerabzugsmerkmale am Ende des Lohnzahlungszeitraums (= Kalendermonat) maßgebend sind. Es entsteht weder beim Arbeitgeber A noch beim Arbeitgeber B ein Teillohnzahlungszeitraum.

T

Beispiel B

Ein Arbeitnehmer ist beim Arbeitgeber A (Hauptarbeitgeber, Steuerklasse III) beschäftigt. Mitte Juni 2021 beginnt der Arbeitnehmer ein zweites Arbeitsverhältnis beim Arbeitgeber B, den er zugleich als Hauptarbeitgeber bestimmt. Lohnzahlungszeitraum ist in beiden Fällen der Kalendermonat.

Für den Lohnzahlungszeitraum Juni 2021 führt der Wechsel des Hauptarbeitgebers dazu, dass Arbeitgeber A den Lohnsteuerabzug nach der Steuerklasse VI durchzuführen hat, da die Lohnsteuerabzugsmerkmale am Ende des Lohnzahlungszeitraums (= Kalendermonat) maßgebend sind. Arbeitgeber B hat den Lohnsteuerabzug nach der Steuerklasse III durchzuführen. Da das Arbeitsverhältnis des Arbeitnehmers zu B im Laufe des Kalendermonats begonnen hat, entsteht hier ein Teillohnzahlungszeitraum mit der Folge, dass die Lohnsteuer nach der Steuerklasse III der Tageslohnsteuertabelle zu berechnen ist.

Lohn- steuer- pflichtig | Sozial- versich.- pflichtig

b) Teilwochenbeträge

Besteht ein Beschäftigungsverhältnis nicht während einer vollen Arbeitswoche, sondern beginnt oder endet es während der Woche, ist die Lohnsteuer unter Verwendung der Tagestabelle nach den einzelnen Kalendertagen zu berechnen.

Beispiel

Ein Arbeitnehmer hat einen Wochenlohn von 500 €. Er beginnt das Beschäftigungsverhältnis am Mittwoch der laufenden Woche und erhält für diese Woche entsprechend der geleisteten Arbeit z. B. $^3/_5$ von 500 € = 300 €. Durchschnittlicher Arbeitslohn für die **Kalendertage** dieser Woche, an der das Arbeitsverhältnis bestand (Mittwoch bis Sonntag) $^1/_5$ von 300 € = 60 €. Die Lohnsteuer für einen Tageslohn von 60 € ist aus der Tagestabelle abzulesen und mit 5 zu vervielfachen.

4. Beitragsberechnung der Sozialversicherungsbeiträge bei Teillohnzahlungszeiträumen

Sind bei der Berechnung der Beiträge zur Kranken-, Pflege-, Renten- oder Arbeitslosenversicherung Beiträge für Teillohnzahlungszeiträume zu entrichten, weil das Arbeitsverhältnis im Laufe der Beitragsperiode begonnen oder geendet hat, oder weil wegen Arbeitsunfähigkeit oder Schwangerschaft nur ein Teilentgelt gezahlt wird, dürfen die Beiträge nur für die anteiligen Sozialversicherungstage (sog. SV-Tage) berechnet werden.

In folgenden Fällen entsteht ein **Teillohnzahlungszeitraum** im Sinne der Sozialversicherung:

- Beginn oder Beendigung des Beschäftigungsverhältnisses im Laufe des Monats,
- Beginn oder Ende der Beitragsfreiheit wegen des Bezugs von Geldleistungen wie
  - Krankengeld, auch bei der Pflege eines erkrankten Kindes (§ 45 SGB V),
  - Mutterschaftsgeld,
  - Elterngeld,
  - Verletztengeld,
  - Übergangsgeld,
  - Pflegeunterstützungsgeld,
- Beginn oder Ende der Elternzeit im Laufe des Monats,
- Beginn oder Ende einer Pflegezeit mit **vollständiger Freistellung** von der Arbeit im Laufe des Monats (zu den SV-Tagen bei kurzfristiger Arbeitsverhinderung vgl. das Stichwort „Pflegezeit" unter Nr. 2),
- Beginn oder Ende des freiwilligen Wehrdienstes oder Bundesfreiwilligendienstes im Laufe des Monats,
- Teilnahme an einer Wehrübung.

Bei der Beitragsberechnung ist in diesen Fällen zu beachten, dass zur Ermittlung der Beiträge für Teillohnzahlungszeiträume die Beiträge höchstens bis zur anteiligen Beitragsbemessungsgrenze des Teillohnzahlungszeitraumes zu erheben sind. Liegt das erzielte Arbeitsentgelt unter dieser Beitragsbemessungsgrenze, ist das tatsächlich erzielte Arbeitsentgelt maßgebend; liegt es jedoch über der anteiligen Beitragsbemessungsgrenze für den Teillohnzahlungszeitraum, ist für die Ermittlung des Beitrages die **anteilige Beitragsbemessungsgrenze** maßgebend.

Dabei ist die für Teillohnzahlungszeiträume maßgebende Beitragsbemessungsgrenze nach **Kalendertagen** zu errechnen. Die für **Teillohnzahlungszeiträume** maßgebende Beitragsbemessungsgrenze für **2021** ergibt sich aus folgender Tabelle:

	Lohn-steuer-pflichtig	Sozial-versich.-pflichtig

Kalendertage	Kranken- und Pflege-versicherung	Renten- und Arbeitslosen-versicherung	
	neue und alte Bundesländer	neue Bundes-länder	alte Bundes-länder
1	161,25	223,33	236,67
2	322,50	446,67	473,33
3	483,75	670,00	710,00
4	645,00	893,33	946,67
5	806,25	1116,67	1183,33
6	967,50	1340,00	1420,00
7	1128,75	1563,33	1656,67
8	1290,00	1786,67	1893,33
9	1451,25	2010,00	2130,00
10	1612,50	2233,33	2366,67
11	1773,75	2456,67	2603,33
12	1935,00	2680,00	2840,00
13	2096,25	2903,33	3076,67
14	2257,50	3126,67	3313,33
15	2418,75	3350,00	3550,00
16	2580,00	3573,33	3786,67
17	2741,25	3796,67	4023,33
18	2902,50	4020,00	4260,00
19	3063,75	4243,33	4496,67
20	3225,00	4466,67	4733,33
21	3386,25	4690,00	4970,00
22	3547,50	4913,33	5206,67
23	3708,75	5136,67	5443,33
24	3870,00	5360,00	5680,00
25	4031,25	5583,33	5916,67
26	4192,50	5806,67	6153,33
27	4353,75	6030,00	6390,00
28	4515,00	6253,33	6626,67
29	4676,25	6476,67	6863,33
30	4837,50	6700,00	7100,00

Beispiel

Ein Arbeitnehmer mit einem Monatslohn von 4160 € zuzüglich vermögenswirksame Leistung in Höhe von 40 € hat vom Arbeitgeber Lohnfortzahlung im Krankheitsfall bis 5. Februar 2021 erhalten. Ab 6.2.2021 bezieht der Arbeiter von der Krankenkasse Krankengeld. Der Arbeitnehmer hat die Steuerklasse III/0, Religionszugehörigkeit rk.

Lohnfortzahlung vom 1.2. bis 5.2.2021:

5 Arbeitstage bei 20 möglichen Arbeitstagen

ergeben $\frac{4200\,€ \times 5}{20}$	=		1050,– €
abzüglich:			
Lohnsteuer		0,– €	
Solidaritätszuschlag		0,– €	
Kirchensteuer		0,– €	
Sozialversicherung (Arbeitnehmeranteil)		188,66 €	188,66 €
Nettolohn			861,34 €
abzüglich vermögenswirksame Anlage			40,– €
auszuzahlender Betrag			821,34 €
Arbeitgeberanteil zur Sozialversicherung			186,65 €

Berechnung der Lohnsteuer:

Das Arbeitsverhältnis besteht auch während des Bezugs von Krankengeld fort. In steuerlicher Hinsicht entsteht somit kein Teillohnzahlungszeitraum, der eine Berechnung der Lohnsteuer und Kirchensteuer nach Tagen erfordern würde. Auf den steuerpflichtigen Arbeitslohn ist die Lohnsteuer-Monatstabelle anzuwenden.

Arbeitslohn	1050,– €
Lohnsteuer nach der Allgemeinen Lohnsteuertabelle, Steuerklasse III/0	0,– €
Solidaritätszuschlag	0,– €
Kirchensteuer (z. B. 8 %)	0,– €

Berechnung der Sozialversicherungsbeiträge:

Bei der Berechnung der Sozialversicherungsbeiträge ist zu beachten, dass für Zeiten, in denen wegen der Gewährung von Krankengeld kein Entgelt gezahlt wird, keine Beiträge anfallen. Im Beispielsfall entsteht somit ein Teillohnzahlungszeitraum vom 1. bis 5. des Monats = 5 Kalendertage.

	Lohn-steuer-pflichtig	Sozial-versich.-pflichtig

Die Beitragsbemessungsgrenze beträgt für 5 Kalendertage in der Kranken- und Pflegeversicherung lt. Tabelle	=	806,25 €
in der Renten- und Arbeitslosenversicherung lt. Tabelle	=	1183,33 €

Da die anteilige Beitragsbemessungsgrenze in der Kranken- und Pflegeversicherung in Höhe von 806,25 € niedriger ist als das Arbeitsentgelt, sind die Beiträge aus 806,25 € zu berechnen. In der Renten- und Arbeitslosenversicherung ist die anteilige Beitragsbemessungsgrenze höher als das Arbeitsentgelt. Die Beiträge sind deshalb aus 1050,– € zu berechnen.

Arbeitnehmeranteil:

Krankenversicherung (7,3 % + z. B. 0,65 % =) 7,95 % von 806,25 €	=	64,10 €
Pflegeversicherung 1,775 % von 806,25 €	=	14,31 €
Rentenversicherung 9,3 % von 1050,– €	=	97,65 €
Arbeitslosenversicherung: 1,2 % von 1050,– €	=	12,60 €
Arbeitnehmeranteil insgesamt		188,66 €

Arbeitgeberanteil:

Krankenversicherung (7,3 % + z. B. 0,65 % =) 7,95 % von 806,25 €	=	64,10 €
Pflegeversicherung 1,525 % von 806,25 €	=	12,30 €
Rentenversicherung 9,3 % von 1050,– €	=	97,65 €
Arbeitslosenversicherung 1,2 % von 1050,– €	=	12,60 €
Arbeitgeberanteil insgesamt		186,65 €

Wird während des Bezugs von Krankengeld eine **einmalige Zuwendung** gezahlt, ist diese steuer- und beitragspflichtig. ja ja

Bei Teillohnzahlungszeiträumen ist zu beachten, dass eine **Unterbrechungsmeldung** zu erstatten ist, wenn für einen **vollen Kalendermonat** kein Entgelt gezahlt wird und die Mitgliedschaft weiter besteht. Auf die ausführlichen Erläuterungen zu den Meldepflichten des Arbeitgebers in **Anhang 15** wird Bezug genommen.

Bei Teillohnzahlungszeiträumen, die wegen einer Unterbrechung der versicherungspflichtigen Beschäftigung entstehen, ist zu beachten, dass im Lohnkonto der Buchstabe **„U"** zu vermerken ist, wenn der Anspruch auf Arbeitslohn für **mindestens fünf Arbeitstage** wegfällt (vgl. hierzu die ausführlichen Erläuterungen zum Stichwort „Lohnkonto" unter Nr. 9 auf Seite 639).

Kein Teillohnzahlungszeitraum entsteht bei der Sozialversicherung in folgenden Fällen:

- **unbezahlter Urlaub,** unrechtmäßiger Streik, Arbeitsbummelei, Aussperrung,
- rechtmäßiger Streik,
- Kurzarbeit (Arbeitsausfall an vollen Tagen).

Bei einem unbezahlten Urlaub, Streik, Aussperrung oder Arbeitsbummelei **bis zu einem Monat** wird das Versicherungsverhältnis nicht unterbrochen (§ 7 Abs. 3 Satz 1 SGB IV). Für die Berechnung der Sozialversicherungsbeiträge liegt deshalb in diesen Fällen bei Unterbrechungen bis zu einem Monat **kein** Teillohnzahlungszeitraum vor (vgl. das Lohnabrechnungsbeispiel beim Stichwort „Unbezahlter Urlaub" unter Nr. 3).

Bei einer Arbeitsunterbrechung von mehr als einem Monat (Zeitmonat) endet die Mitgliedschaft in der Krankenversicherung mit dem Ablauf eines Monats. Zu diesem Tag ist eine Abmeldung bei der Krankenkasse vorzunehmen. Die Meldepflichten des Arbeitgebers sind ausführlich in **Anhang 15** erläutert.

Teilzeitbeschäftigte

Siehe Pauschalierung der Lohnsteuer bei Aushilfskräften und Teilzeitbeschäftigten. Zur Sozialversicherung siehe das Stichwort: Geringfügige Beschäftigung.

T

Lohnsteuerpflichtig | Sozialversich.-pflichtig

Telearbeitsplatz

Neues auf einen Blick:

Durch das sog. Jahressteuergesetz 2020 ist vor allem aufgrund der Veränderungen in der Arbeitswelt durch die Corona-Pandemie erstmals eine sog. **Home-Office-Pauschale** eingeführt worden. Diese Pauschale wird für die Kalenderjahre **2020 und 2021** gewährt, wenn beim Arbeitnehmer kein häusliches Arbeitszimmer vorhanden ist oder der Arbeitnehmer auf einen Abzug der Aufwendungen für ein häusliches Arbeitszimmer als Werbungskosten verzichtet hat. Die Pauschale beträgt **5 € täglich** und wird für höchstens 120 Tage angesetzt; somit ergibt sich ein **Höchstbetrag von 600 € jährlich** (120 Tage à 5 €). Ein Abzug höherer Aufwendungen als die vorgenannte Pauschale ist nicht möglich.

Wegen der Einzelheiten vgl. das Stichwort „Home-Office" unter Nr. 6.

Gliederung:

1. Allgemeines
2. Kosten der Einrichtung und Ausstattung des Arbeitsplatzes
   a) PC, Drucker, Scanner, Fax, Software
   b) Internetanschluss
   c) Einrichtungsgegenstände und Möbel
3. Betriebskosten für die eingesetzten Arbeitsmittel
4. Telefonkosten
5. Aufwendungen für das häusliche Arbeitszimmer
6. Home-Office-Pauschale

1. Allgemeines

Besonders in Zeiten der Corona-Pandemie hat das Arbeiten im Home-Office enorm an Bedeutung gewonnen. Immer mehr Arbeitgeber entsprechen daher auch im eigenen Interesse wegen der möglichen Einsparung bei den Bürokapazitäten dem Wunsch von Arbeitnehmern, bestimmte Aufgaben nicht mehr im Betrieb, sondern unter Einsatz moderner Kommunikationsmittel nach Einrichtung eines Telearbeitsplatzes zu Hause zu erledigen. Für den Arbeitgeber stellt sich dabei die Frage, in welchem Umfang er dem Arbeitnehmer Aufwendungen steuerfrei ersetzen kann. Hierzu gilt im Einzelnen Folgendes:

2. Kosten der Einrichtung und Ausstattung des Arbeitsplatzes

a) PC, Drucker, Scanner, Fax, Software

Trägt der Arbeitgeber die Kosten für die Beschaffung der Datenverarbeitungsgeräte und bleiben diese **im Eigentum des Arbeitgebers,** führt die Gestellung für den Arbeitnehmer nicht zu einem steuerpflichtigen geldwerten Vorteil und zwar auch dann nicht, wenn die Geräte privat genutzt werden. Dies gilt auch für die Installation und Inbetriebnahme der Geräte und Programme durch einen IT-Service des Arbeitgebers (§ 3 Nr. 45 EStG). Vgl. das Stichwort „Computer" unter Nr. 1. nein nein

Übereignet der Arbeitgeber Computer-Hardware einschließlich technischem Zubehör und Software als Erstausstattung oder als Ergänzung, Aktualisierung und Austausch vorhandener Bestandteile, gehört der Wert dieser Sachbezüge zum steuerpflichtigen Arbeitslohn. Die Lohnsteuer kann jedoch mit **25 % pauschaliert** werden (§ 40 Abs. 2 Satz 1 Nr. 5 EStG). Diese Pauschalierung mit 25 % löst Beitragsfreiheit in der Sozialversicherung aus (§ 1 Abs. 1 Satz 1 Nr. 3 SvEV[1]). ja nein

Die Pauschalierung mit 25 % ist auch möglich, wenn der Arbeitgeber ausschließlich technisches Zubehör oder Software übereignet (R 40.2 Abs. 5 Satz 3 LStR). ja nein

Steht der PC **im Eigentum des Arbeitnehmers** und zahlt der Arbeitgeber für die betriebliche Verwendung eine pauschale Vergütung, gehört diese als Werbungskostenersatz zum steuer- und beitragspflichtigen Entgelt. ja ja

Seine beruflich veranlassten Aufwendungen für den Computer kann der Arbeitnehmer als Werbungskosten bei seiner Einkommensteuer-Veranlagung geltend machen (vgl. das Stichwort „Computer" besonders unter Nr. 5).

b) Internetanschluss

Die Steuerbefreiungsvorschrift des § 3 Nr. 45 EStG gilt auch für die private Nutzung des Internetanschlusses von Laptops, Notebooks, Netbooks, Tablets sowie von Computern **in der Wohnung des Arbeitnehmers,** wenn die Geräte **im Eigentum des Arbeitgebers bleiben.** Der Umfang der privaten Nutzung spielt keine Rolle. nein nein

Barzuschüsse des Arbeitgebers zu den Aufwendungen des Arbeitnehmers für dessen privaten Internetanschluss sind zwar steuerpflichtiger Arbeitslohn, die Lohnsteuer kann jedoch mit 25 % pauschaliert werden (§ 40 Abs. 2 Satz 1 Nr. 5 Satz 2 EStG). Diese Pauschalierung mit 25 % löst Beitragsfreiheit in der Sozialversicherung aus (§ 1 Abs. 1 Satz 1 Nr. 3 SvEV[1]). ja nein

Für die Pauschalierung von Arbeitgeberzuschüssen zu den Aufwendungen des Arbeitnehmers für die Internetnutzung gilt Folgendes: Zu den pauschalierbaren Aufwendungen für die Internetnutzung gehören sowohl die laufenden Kosten (z. B. die Grundgebühr für den Internetzugang, laufende Gebühren für die Internetnutzung, Flatrate), als auch die Kosten der Einrichtung des Internetzugangs (z. B. Anschluss, Modem, Zuschüsse zu den Anschaffungskosten des PC). Aus Vereinfachungsgründen kann der Arbeitgeber den vom Arbeitnehmer angegebenen Betrag für die **laufende Internetnutzung** ohne weitere Prüfung pauschalieren, soweit dieser **50 € monatlich** nicht übersteigt. Voraussetzung ist allerdings, dass der Arbeitnehmer eine Erklärung unterschreibt, dass ihm Aufwendungen für die laufende Internetnutzung in Höhe des Betrages entstehen, den der Arbeitgeber ersetzt. Der Arbeitgeber hat diese Erklärung als Beleg zum Lohnkonto aufzubewahren (R 40.2 Abs. 5 Sätze 7 und 8 LStR). Das Muster einer solchen Erklärung ist beim Stichwort „Computer" unter Nr. 2 Buchstabe b auf Seite 250 abgedruckt.

Will der Arbeitgeber mehr als 50 € monatlich erstatten und mit 25 % pauschalieren, muss der Arbeitnehmer für einen repräsentativen Zeitraum von **drei Monaten** die entstandenen Aufwendungen im Einzelnen nachweisen (R 40.2 Abs. 5 Satz 9 i. V. m. R 3.50 Abs. 2 Satz 2 LStR). Der sich danach ergebene monatliche Durchschnittsbetrag darf der Pauschalierung für die Zukunft so lange zugrunde gelegt werden, bis sich die Verhältnisse wesentlich ändern. Eine solche Änderung kann sich insbesondere durch eine Veränderung der Höhe der Aufwendungen oder der beruflichen Tätigkeit ergeben. Möchte der Arbeitgeber von ihm gezahlte **Zuschüsse zu den Anschaffungskosten** eines PC mit 25 % pauschal besteuern, hat der Arbeitnehmer entsprechende Nachweise zu den ihm entstandenen Anschaffungskosten vorzulegen, die vom Arbeitgeber als Beleg zum Lohnkonto aufbewahrt werden sollten.

Soweit die pauschal besteuerten Barzuschüsse auf Werbungskosten entfallen, ist ein Werbungskostenabzug durch den Arbeitnehmer grundsätzlich ausgeschlossen. Die Finanzverwaltung lässt allerdings zugunsten des Arbeitnehmers zu, dass die pauschal besteuerten Zuschüsse zunächst auf die privat veranlassten Internetkosten angerechnet werden. Darüber hinaus wird bei Zuschüssen bis zu 50 € monatlich von einer Anrechnung der pauschal besteuerten Zuschüsse auf die Werbungskosten des Arbeitnehmers generell abgesehen (R 40.2 Abs. 5 Sätze 11 und 12 LStR).

1) Die Sozialversicherungsentgeltverordnung (SvEV) ist als Anhang 2 im **Steuerhandbuch für das Lohnbüro 2021** abgedruckt, das im selben Verlag erschienen ist.

Lohnsteuerpflichtig Sozialversich.-pflichtig

c) Einrichtungsgegenstände und Möbel

Trägt der Arbeitgeber auch die Kosten für die Beschaffung von beruflich genutzten Einrichtungsgegenständen und Möbeln und bleiben diese **im Eigentum des Arbeitgebers,** führt die Gestellung für den Arbeitnehmer nicht zu einem steuerpflichtigen geldwerten Vorteil, wenn die Nutzung zu privaten Zwecken untersagt ist. nein nein

Stehen diese Arbeitsmittel dagegen **im Eigentum des Arbeitnehmers** und zahlt der Arbeitgeber für die betriebliche Verwendung eine Vergütung, gehört diese als Werbungskostenersatz zum steuer- und beitragspflichtigen Entgelt. ja ja

Seine Aufwendungen für die Arbeitsmittel kann der Arbeitnehmer als Werbungskosten bei seiner Einkommensteuer-Veranlagung geltend machen.

3. Betriebskosten für die eingesetzten Arbeitsmittel

Hierbei handelt es sich vor allem um die Stromkosten für den Betrieb der Arbeitsmittel. Die tatsächlich anfallenden Kosten (z. B. durch Abrechnung mit einem gesonderten Stromzähler) kann der Arbeitgeber als Auslagenersatz steuer- und beitragsfrei ersetzen. nein nein

Ein **pauschaler** Auslagenersatz, z. B. monatlich 100 €, ist dagegen in der Regel steuer- und beitragspflichtig. ja ja

Allerdings kann vom Betriebsstättenfinanzamt des Arbeitgebers aufgrund eines Nachweises der anfallenden Kosten für einen repräsentativen Zeitraum von drei Monaten ein steuerfreier pauschaler Erstattungsbetrag festgelegt werden (vgl. auch die Erläuterungen beim Stichwort „Auslagenersatz" unter Nr. 3).

4. Telefonkosten

In der Regel wird bei einem Telearbeitsplatz der Telefonanschluss, der die Verbindung zum Datennetz des Unternehmens ermöglicht, vom Arbeitgeber eingerichtet werden und auf den Namen des Unternehmens lauten. Die Übernahme der Kosten hierfür und auch der laufenden Gebühren durch den Arbeitgeber führen beim Arbeitnehmer nicht zu einem steuer- und beitragspflichtigen geldwerten Vorteil, wenn zugleich ein **betriebliches Telekommunikationsgerät** zur Nutzung überlassen wird (§ 3 Nr. 45 EStG). nein nein

Lautet der Anschluss auf den Namen des Arbeitnehmers, kommt es ebenfalls darauf an, ob ein betriebliches Telekommunikationsgerät überlassen wurde oder nicht. Bei einem betrieblichen Telekommunikationsgerät liegt auch hier in den Fällen der Nutzungsüberlassung kein steuer- und beitragspflichtiger geldwerter Vorteil vor (§ 3 Nr. 45 EStG). nein nein

Bei einem **privaten Telekommunikationsgerät des Arbeitnehmers** kommt die Zahlung eines steuerfreien Auslagenersatzes nach der allgemeinen Telefonkostenregelung in Betracht. Vgl. das Stichwort „Telefonkosten" unter Nr. 2. nein nein

5. Aufwendungen für das häusliche Arbeitszimmer

Die dem Arbeitnehmer entstehenden Aufwendungen für Heizung, Beleuchtung und Reinigung eines häuslichen Arbeitszimmers kann der Arbeitgeber nicht steuer- und beitragsfrei ersetzen. Wird hierfür eine Vergütung gezahlt, gehört diese als Werbungskostenersatz zum steuer- und beitragspflichtigen **Arbeitslohn.** ja ja

Auch bei einem sog. Telearbeitsplatz, an dem der Arbeitnehmer aufgrund der Vereinbarung mit seinem Arbeitgeber an bestimmten Wochentagen (z. B. Montag und Freitag) seine Arbeitsleistung erbringt, kann es sich um ein häusliches Arbeitszimmer handeln (BFH-Urteil vom 26.2.2014, BStBl. 2014 II S. 568). Dies ist der Fall, wenn der Raum **büromäßig genutzt** wird und der **Erledigung gedanklicher, schriftlicher und verwaltungstechnischer Arbeiten** dient. Der Annahme, dass es sich beim Telearbeitsplatz um ein häusliches Arbeitszimmer handelte, stand nicht entgegen, dass der Raum vom Arbeitgeber nach Absprache mit dem Arbeitnehmer eingerichtet sowie mit Arbeitsmittel ausgestattet wurde und der Arbeitgeber nach Ankündigung ein Zugangsrecht zu dem Raum hatte. Da dem Arbeitnehmer nicht untersagt war, seinen Arbeitsplatz in der Firma jederzeit und damit auch an den „häuslichen Arbeitstagen" zu nutzen und die Nutzung des dienstlichen Arbeitsplatzes auch nicht in tatsächlicher Hinsicht in irgendeiner Weise eingeschränkt war, konnten im Streitfall die Aufwendungen auch **nicht** bis zu **1250 €** als Werbungskosten berücksichtigt werden, da dem Arbeitnehmer ohne Einschränkung ein **anderer Arbeitsplatz** zur Verfügung stand. Ein anderer Arbeitsplatz steht aber nicht zur Verfügung, wenn der Büroarbeitsplatz wegen der Corona-Pandemie nicht benutzt werden kann (z. B. bei Betriebsschließung).

Erbringt aber ein Arbeitnehmer mit einer beruflichen Tätigkeit eine in qualitativer Hinsicht gleichwertige Arbeitsleistung wöchentlich an **drei Tagen** an seinem häuslichen **Telearbeitsplatz** (= häusliches Arbeitszimmer) und an **zwei Tagen** im **Betrieb** des Arbeitgebers, bildet das häusliche Arbeitszimmer den Mittelpunkt der gesamten Betätigung mit der Folge, dass die Aufwendungen für das häusliche Arbeitszimmer in **vollem Umfang** als **Werbungskosten** abgezogen werden können (BFH-Urteil vom 23.5.2006, BStBl. II S. 600). Vgl. zum Werbungskostenabzug die Ausführungen und Beispiele beim Stichwort „Arbeitszimmer" unter Nr. 2.

Zum Abschluss eines Mietvertrags zwischen Arbeitnehmer und Arbeitgeber über die Vermietung des häuslichen Arbeitszimmers vgl. die Erläuterungen beim Stichwort „Arbeitszimmer" unter Nr. 3.

6. Home-Office-Pauschale

Durch das sog. Jahressteuergesetz 2020 ist vor allem aufgrund der Veränderungen in der Arbeitswelt durch die Corona-Pandemie erstmals eine sog. Home-Office-Pauschale eingeführt worden. Diese Pauschale wird für die Kalenderjahre **2020 und 2021** gewährt, wenn beim Arbeitnehmer kein häusliches Arbeitszimmer vorhanden ist oder der Arbeitnehmer auf einen Abzug der Aufwendungen für ein häusliches Arbeitszimmer als Werbungskosten verzichtet hat. Die Pauschale beträgt **5 € täglich** und wird für höchstens 120 Tage angesetzt; somit ergibt sich ein **Höchstbetrag von 600 € jährlich** (120 Tage à 5 €). Ein Abzug höherer Aufwendungen als die vorgenannte Pauschale ist nicht möglich.

Wegen der Einzelheiten vgl. das Stichwort „Home-Office" unter Nr. 6.

Telefaxgerät

siehe „Telefonkosten"

T

Telefoninterviewer

Sie sind **Arbeitnehmer,** wenn sie keine einem Selbstständigen vergleichbare Initiative entfalten können und insbesondere hinsichtlich Ort und Inhalt ihrer Tätigkeit weisungsgebunden sowie organisatorisch in den Betrieb des Auftraggebers eingebunden sind (BFH-Urteil vom 29. 5. 2008, BStBl. II S. 933). Die gezahlten Vergütungen sind in diesem Fall steuer- und beitragspflichtig. ja ja

Maßgebend für die Bestimmung der Einkunftsart ist allerdings nach der Rechtsprechung des Bundesfinanzhofs stets das Gesamtbild der Verhältnisse. Für eine **selbstständige Tätigkeit** sprechen das Bestehen eines Unternehmerrisikos (z. B. Vergütung auf der Basis von Erfolgs-

Lohnsteuerpflichtig Sozialversich.-pflichtig

honoraren, Honorarausfall bei einem Interviewabbruch, Möglichkeit der Ablehnung von Aufträgen) und die Nichtgewährung von Sozialleistungen im Falle der Erkrankung oder bei Urlaubsabwesenheit (BFH-Urteil vom 18.6.2015, BStBl. II S. 903). nein nein

Telefonkarte

siehe „Telefonkosten" unter Nr. 5

Telefonkosten

Gliederung:

1. Private Nutzung betrieblicher Telekommunikationsgeräte
   a) Allgemeines
   b) Wirtschaftliches Eigentum des Arbeitnehmers
   c) Sonstiges
2. Privates Telekommunikationsgerät des Arbeitnehmers
   a) Allgemeines
   b) Auslagenersatz aufgrund Einzelnachweis der beruflichen Kosten
   c) Vereinfachte Nachweisführung
   d) Kleinbetragsregelung
3. Autotelefon einschließlich Freisprecheinrichtung
   a) Autotelefon des Arbeitgebers
   b) Autotelefon des Arbeitnehmers
4. Gehaltsumwandlung
5. Telefonkarten
6. Werbungskostenabzug bei Telefonkosten
   a) Einzelnachweis der beruflich veranlassten Aufwendungen
   b) Schätzung der beruflich veranlassten Aufwendungen
   c) Kürzung des Werbungskostenabzugs um steuerfreie Arbeitgeberleistungen
7. Umsatzsteuerliche Behandlung
   a) Allgemeines
   b) Überlassung gegen Entgelt
   c) Überlassung ohne Entgelt
   d) Nutzung gegen den Willen des Arbeitgebers

1. Private Nutzung betrieblicher Telekommunikationsgeräte

a) Allgemeines

Nach § 3 Nr. 45 EStG wird die private Nutzung von **betrieblichen** Telekommunikationsgeräten (Telefon, Handy, Smartphone, Smartwatch, Faxgeräte) steuerfrei gestellt. Die Steuerfreiheit gilt nicht nur für die private Nutzung des Telefons am Arbeitsplatz im Betrieb, sondern auch dann, wenn der Arbeitgeber dem Arbeitnehmer z. B. ein Mobiltelefon zur ständigen privaten Nutzung überlässt oder dem Arbeitnehmer in dessen Privatwohnung einen betrieblichen Telefonanschluss einrichtet, den der Arbeitnehmer ohne jede Einschränkung privat nutzen kann. Entscheidend ist, dass es sich um einen **betrieblichen** Telefonanschluss handelt, das heißt das Telefon, Handy, Smartphone, Smartwatch oder Faxgerät muss Eigentum des Arbeitgebers oder von ihm gemietet/geleast worden sein. Ist dies der Fall, ist es für die Steuerfreiheit der Privatnutzung durch den Arbeitnehmer unerheblich, in welchem Verhältnis die berufliche Nutzung zur privaten Mitbenutzung steht. Das bedeutet, dass auch dann kein steuerpflichtiger geldwerter Vorteil entsteht, wenn der Arbeitnehmer z. B. das Mobiltelefon des Arbeitgebers **ausschließlich privat nutzt** und der Arbeitgeber die Gesprächsgebühren zahlt. Aufzeichnungen über den beruflichen bzw. privaten Nutzungsumfang der überlassenen Geräte sind daher nicht erforderlich (vgl. auch die Ausführungen unter dem nachfolgenden Buchstaben c). nein nein

T

Lohnsteuerpflichtig Sozialversich.-pflichtig

Die entscheidende Frage für die Anwendung des § 3 Nr. 45 EStG ist hiernach, wie der Begriff **„betriebliches Telekommunikationsgerät"** auszulegen ist. Hierzu hat die Finanzverwaltung in R 3.45 Satz 5 LStR eine großzügige Regelung getroffen, nach der bei einer Überlassung betrieblicher Geräte auch die vom Arbeitgeber getragenen Verbindungsentgelte (Grundgebühr und sonstige laufende Kosten) steuerfrei sind und zwar **unabhängig davon, ob der Arbeitgeber Vertragspartner des Telekommunikationsanbieters ist** oder nicht.[1] Für einen etwaigen Vorsteuerabzug ist es allerdings erforderlich, dass der Arbeitgeber als Vertragspartner des Telekommunikationsunternehmens eine auf seinen Namen lautende Rechnung erhält. Vgl. zur umsatzsteuerlichen Behandlung auch die nachfolgende Nr. 7.

Beispiel A

Der Arbeitgeber überlässt dem Arbeitnehmer ein betriebliches Handy (auch) zur privaten Nutzung. Der Arbeitnehmer meldet das Gerät auf seinen eigenen Namen beim Telekommunikationsanbieter an. Die Firma übernimmt die monatlichen Gebühren.

Obwohl der Arbeitnehmer Vertragspartner des Telekommunikationsanbieters ist, ist die Kostenübernahme durch den Arbeitgeber steuer- und sozialversicherungsfrei, weil das Handy dem Arbeitgeber gehört.

Die Steuerfreiheit nach § 3 Nr. 45 EStG gilt nur bei einer **Überlassung** von Telekommunikationsgeräten entweder durch den Arbeitgeber selbst oder aufgrund des Dienstverhältnisses durch einen Dritten (R 3.45 Satz 4 LStR). Die Steuerfreiheit tritt also **nicht** ein, wenn der Arbeitgeber dem Arbeitnehmer das Telefongerät (Handy) schenkt oder verbilligt **übereignet**; zur Pauschalierung der Lohnsteuer mit 25 % bei internetfähigen Geräten vgl. das Stichwort „Computer" unter Nr. 2 Buchstabe a. Liegt eine **Überlassung** durch den Arbeitgeber vor, ist die Steuerfreiheit des geldwerten Vorteils der Höhe nach nicht begrenzt und zwar auch dann nicht, wenn die überlassenen Geräte durch den Arbeitnehmer oder andere Personen (z. B. Familie, Freund/Freundin) **ausschließlich privat** genutzt werden. nein nein

Beispiel B

Der Arbeitgeber überlässt dem Arbeitnehmer drei Handys zur privaten Nutzung durch den Arbeitnehmer, dessen Ehefrau und die Tochter. Der Arbeitnehmer nutzt sein Handy zu 80 % beruflich, die Ehefrau und die Tochter ausschließlich privat. Im Durchschnitt entstehen der Firma hierdurch monatliche Kosten von 120 €.

Dieser Betrag ist in voller Höhe steuerfrei nach § 3 Nr. 45 EStG und damit auch beitragsfrei in der Sozialversicherung.

Für die Steuerfreiheit kommt es nicht darauf an, ob die Vorteile zusätzlich zum ohnehin geschuldeten Arbeitslohn gewährt oder aufgrund einer Vereinbarung mit dem Arbeitgeber über eine Gehaltsumwandlung finanziert werden (vgl. die ausführlichen Erläuterungen unter der nachfolgenden Nr. 4).

Beispiel C

Der Arbeitgeber überlässt dem Arbeitnehmer drei Handys zur privaten Nutzung, ist jedoch nicht bereit, die damit verbundenen Kosten von monatlich 200 € zu tragen. Durch eine Änderung des Arbeitsvertrags werden die Aufwendungen zukünftig über eine Herabsetzung des Barlohns des Arbeitnehmers von 4000 € auf 3800 € finanziert.

1) R 3.45 Satz 5 LStR lautet: „In diesen Fällen sind auch die vom Arbeitgeber getragenen Verbindungsentgelte (Grundgebühr und sonstige laufende Kosten) steuerfrei". Der seinerzeitige Entwurf dieses Satzes lautete: „In diesen Fällen sind auch die vom Arbeitgeber getragenen Verbindungsentgelte (Grundgebühr und sonstige laufende Kosten) steuerfrei, **wenn der Arbeitgeber Vertragspartner des Telekommunikationsanbieters ist".** Dieser Zusatz wurde bei der Erörterung des Richtlinien-Entwurfs durch die obersten Finanzbehörden des Bundes und der Länder wieder gestrichen, sodass Steuerfreiheit für die vom Arbeitgeber getragenen Verbindungsentgelte auch dann eintritt, wenn der Arbeitgeber nicht Vertragspartner des Telekommunikationsanbieters ist. Denn die steuerliche Beurteilung der vom Arbeitgeber – als Schuldner oder im Wege des Barzuschusses – getragenen Verbindungsentgelte folgt in diesen Fällen der Behandlung der Gerätestellung selbst (= steuerfrei nach § 3 Nr. 45 EStG), weil wirtschaftlich ein einheitlich zu beurteilender Sachverhalt vorliegt.

Lohnsteuerpflichtig | Sozialversich.-pflichtig

Diese Gehaltsumwandlung wird steuerlich anerkannt, sodass der Arbeitnehmer künftig nur noch 3800 € versteuern muss. Vgl. die ausführlichen Erläuterungen unter der nachfolgenden Nr. 4.

Die Steuerbefreiungsvorschrift umfasst neben dem betrieblichen Telekommunikationsgerät auch das Zubehör. Zum begünstigten **Zubehör** zählen u. a. **Sim-Karte, UMTS-Karte, LTE-Karte, Ladegeräte** und **Transportbehältnisse** (z. B. Handy-Hülle) sowie z. B. **Headsets, Adapter.**

Beispiel D

Der Arbeitgeber überlässt einem Arbeitnehmer ein Handy mit Ladegerät und Handy-Hülle zur privaten Nutzung. Außerdem übernimmt er die monatlichen Verbindungsentgelte.

Die Überlassung des Handys nebst Zubehör und die Übernahme der monatlichen Verbindungsentgelte ist nach § 3 Nr. 45 EStG steuerfrei. Hinsichtlich der übernommenen Verbindungsentgelte kommt es nicht darauf an, wer Vertragspartner des Telefonanbieters ist (vgl. R 3.45 Satz 5 LStR).

b) Wirtschaftliches Eigentum des Arbeitnehmers

Diese großzügige Regelung eröffnet für Arbeitgeber und Arbeitnehmer eine Fülle von Gestaltungsmöglichkeiten. Die Finanzverwaltung vertritt deshalb die Auffassung,[1] dass ein „betriebliches Telekommunikationsgerät" dann nicht mehr vorliegt, wenn der **Arbeitnehmer wirtschaftliches Eigentum** an dem Telekommunikationsgerät erlangt. Die Finanzverwaltung unterscheidet dazu bei der Überlassung eines **Festnetztelefons,** bei dem der Arbeitnehmer Vertragspartner des Telekommunikationsanbieters ist, folgende drei Fälle:

1. Fall

Der Arbeitgeber beauftragt ein Telekommunikationsunternehmen, seinem Arbeitnehmer ein Festnetztelefon zur Verfügung zu stellen. Die monatlichen Kosten (Grund- und Gesprächsgebühren), die dem Arbeitnehmer als Vertragspartner des Telekommunikationsunternehmens entstehen, übernimmt der Arbeitgeber.

Die Voraussetzungen für eine Steuerbefreiung nach § 3 Nr. 45 EStG sind erfüllt, da es sich um die Zurverfügungstellung eines betrieblichen – wenn auch vom Arbeitgeber gemieteten – Telekommunikationsgeräts handelt. nein | nein

2. Fall

Der Arbeitnehmer kauft ein Telefon bzw. hat ein Telefon vor längerer Zeit erworben und vermietet dieses Gerät an den Arbeitgeber. Dieser überlässt das Gerät wiederum an den Arbeitnehmer und trägt neben den monatlichen „Mietzahlungen" auch die anfallenden Gesprächsgebühren.

Der Arbeitnehmer ist zivilrechtlicher und auch wirtschaftlicher Eigentümer des Telekommunikationsgeräts. Es handelt sich – trotz Anmietung des Geräts durch den Arbeitgeber – nicht um die Zurverfügungstellung eines betrieblichen Telekommunikationsgeräts im Sinne der Steuerbefreiungsvorschrift des § 3 Nr. 45 EStG (analoge Anwendung des BFH-Urteils vom 6.11.2001, BStBl. 2002 II S. 164, wonach bei Arbeitgebererstattung der Kosten für einen Pkw des Arbeitnehmers Barlohn und kein Nutzungsvorteil vorliegt). Sämtliche Zahlungen des Arbeitgebers sind steuer- und beitragspflichtiger Arbeitslohn. ja | ja

3. Fall

Der Arbeitgeber kauft ein Telefon und stellt es dem Arbeitnehmer (zeitlich unbegrenzt) zur Verfügung.

Die Steuerbefreiungsvorschrift ist ausgeschlossen, wenn der Arbeitnehmer als **wirtschaftlicher Eigentümer** des Telekommunikationsgeräts anzusehen ist. In diesem Fall handelt es sich nicht mehr um eine Nutzungsüberlassung, sondern um die Übertragung (= Übereignung) des Telekommunikationsgeräts. Nach Auffassung der Finanzverwaltung gilt zum wirtschaftlichen Eigentum Folgendes:

- Im Grundsatz liegt auch bei einer unbefristeten Überlassung des Telekommunikationsgeräts kein wirtschaftliches Eigentum des Arbeitnehmers vor.
- Ist jedoch die Überlassung (auch bilanzsteuerrechtlich) so ausgestaltet worden, dass wirtschaftliches Eigentum beim Arbeitnehmer vorliegt (z. B. Einräumung einer Kaufoption in Höhe von 1 €), handelt es sich nicht um die Zurverfügungstellung eines betrieblichen Telekommunikationsgeräts im Sinne der Steuerbefreiungsvorschrift des § 3 Nr. 45 EStG. In diesen Fällen gelten deshalb die unter der nachfolgenden Nr. 2 dargestellten Regelungen. Diesen Fall kann man sich allerdings in der Praxis kaum vorstellen.

Ein **betriebliches Telekommunikationsgerät** im Sinne der Steuerbefreiungsvorschrift des § 3 Nr. 45 EStG liegt aber **nicht** vor, wenn der **Arbeitgeber** das Telekommunikationsgerät **vom Arbeitnehmer** zu einem **nicht marktüblichen Preis** (z. B. 1 €) **„kauft"** und anschließend dem Arbeitnehmer zur privaten Nutzung zur Verfügung stellt. Eine Steuerfreistellung der vom Arbeitgeber übernommenen Verbindungsentgelte nach § 3 Nr. 45 EStG kommt daher in diesen Fällen nicht in Betracht. Im Falle einer beruflichen Nutzung des Geräts ist allerdings die Zahlung eines steuerfreien Auslagenersatzes möglich (vgl. nachfolgende Nr. 2).

Beispiel

Der Arbeitgeber „kauft" vom Arbeitnehmer ein Mobiltelefon zu einem nicht marktüblichen Preis (z. B. 1 €) und stellt es anschließend dem Arbeitnehmer zur privaten Nutzung zur Verfügung. Die Verbindungsentgelte des Arbeitnehmers werden nach dem „Kauf" vom Arbeitgeber übernommen.

Eine Steuerbefreiung der Verbindungsentgelte nach § 3 Nr. 45 EStG kommt nicht in Betracht, da der Kaufvertrag einem Fremdvergleich nicht standhält und es sich somit bei der Zurverfügungstellung des Mobiltelefons nicht um ein betriebliches Telekommunikationsgerät des Arbeitgebers handelt. Bei einer beruflichen Nutzung des Geräts durch den Arbeitnehmer kommt die Zahlung eines steuerfreien Auslagenersatzes nach § 3 Nr. 50 EStG in Betracht.

c) Sonstiges

Trotz der vorstehend beschriebenen Steuerbefreiungsvorschrift müssen **selbstständig tätige Unternehmer** ihren Gewinn um die anteiligen Aufwendungen für ihre private Nutzung einer betrieblichen Telekommunikationsanlage erhöhen. Die auf Arbeitnehmer beschränkte Steuerfreiheit aus der privaten Nutzung von betrieblichen Personalcomputern und Telekommunikationsgeräten verletzt nicht den Gleichheitssatz (BFH-Urteil vom 21.6.2006, BStBl. II S. 715).

Die Steuerbefreiungsvorschrift ist allerdings zwischenzeitlich dahingehend ergänzt worden, dass auch die Vorteile aus der privaten Nutzung von Datenverarbeitungs- und Telekommunikationsgeräten der Gebietskörperschaften und Kommunen bei Mandatsträgern, die eine Aufwandsentschädigung nach § 3 Nr. 12 EStG erhalten, ebenfalls steuerfrei sind (§ 3 Nr. 45 Satz 2 EStG; vgl. die Ausführungen beim Stichwort „Aufwandsentschädigungen aus öffentlichen Kassen" am Ende der Nrn. 2 und 3).

Da die Steuerbefreiung der geldwerten Vorteile aus der Privatnutzung betrieblicher Datenverarbeitungsgeräte und Telekommunikationsgeräte der Höhe nach nicht begrenzt ist, besteht keine Verpflichtung die Vorteile im Lohnkonto des jeweiligen Arbeitnehmers aufzuzeichnen (§ 4 Abs. 2 Nr. 4 Satz 1 LStDV[2]; siehe auch das Stichwort „Lohnkonto" unter Nr. 11 Buchstabe a).

1) Erlass des Finanzministeriums Nordrhein-Westfalen vom 22.10.2002 (Az.: S 2342 – 40 – V B 3). Der Erlass ist als Anlage 1 zu H 3.45 LStR im **Steuerhandbuch für das Lohnbüro 2021** abgedruckt, das im selben Verlag erschienen ist.

2) Die Lohnsteuer-Durchführungsverordnung (LStDV) ist als Anhang 1 im **Steuerhandbuch für das Lohnbüro 2021** abgedruckt, das im selben Verlag erschienen ist.

	Lohn-steuer-pflichtig	Sozial-versich.-pflichtig

2. Privates Telekommunikationsgerät des Arbeitnehmers

a) Allgemeines

Bei arbeitnehmereigenen Geräten kann – anders als bei betrieblichen Telekommunikationsgeräten – durch die Privatnutzung des Arbeitnehmers kein geldwerter Vorteil entstehen. Aus lohnsteuerlicher Sicht stellt sich vielmehr umgekehrt die Frage, in welchem Umfang der Arbeitgeber für die vom privaten Telefon des Arbeitnehmers geführten **beruflich** veranlassten Gespräche **steuerfreien Auslagenersatz** nach § 3 Nr. 50 EStG gewähren kann. Hierunter fallen neben der beruflichen Nutzung des privaten Telefonanschlusses des Arbeitnehmers auch die berufliche Verwendung des privaten Internetanschlusses in der Wohnung des Arbeitnehmers sowie die berufliche Verwendung des arbeitnehmereigenen Mobiltelefons oder Autotelefons. Im Einzelnen gilt für den steuerfreien Auslagenersatz durch den Arbeitgeber Folgendes:

b) Auslagenersatz aufgrund Einzelnachweis der beruflichen Kosten

Ersetzt der Arbeitgeber dem Arbeitnehmer die Kosten für **berufliche** Gespräche vom **Privatanschluss** des Arbeitnehmers, ist dieser Arbeitgeberersatz als Auslagenersatz steuerfrei, wenn die Aufwendungen für die beruflichen Gespräche im Einzelnen nachgewiesen werden (§ 3 Nr. 50 EStG). nein nein

Der steuerfreie Auslagenersatz umfasst dabei neben den beruflich veranlassten laufenden **Verbindungsentgelten** (Telefon und Internet) auch die **anteiligen Grundkosten** (Nutzungsentgelt für die Telefonanlage sowie Grundpreis für die Anschlüsse). Die monatlichen Rechnungen des Telekommunikationsanbieters sind als Belege zum Lohnkonto zu nehmen.

Beispiel

Beruflich veranlasste Verbindungsentgelte lt. Einzelverbindungsnachweis	100,– €
private Verbindungsentgelte	50,– €
insgesamt	150,– €
Miete für die Anlage und Grundpreis	60,– €
Gesamtrechnungsbetrag	210,– €

Von den gesamten Verbindungsentgelten (150 €) entfallen 100 € = zwei Drittel auf berufliche Gespräche; somit können auch die Miete und der Grundpreis mit einem Anteil von zwei Dritteln = 40 € steuerfrei ersetzt werden; insgesamt sind damit (100 € + 40 € =) 140 € als Auslagenersatz steuerfrei. Ersetzt der Arbeitgeber dem Arbeitnehmer den gesamten Betrag von 210 €, sind 70 € steuer- und beitragspflichtig.

Auch bei einem Pauschaltarif ohne Einzelverbindungsnachweis **(Flatrate)** muss anhand geeigneter, ggf. selbst gefertigter Aufzeichnungen der berufliche und private Nutzungsumfang nachgewiesen werden.

c) Vereinfachte Nachweisführung

Anstelle des monatlichen Einzelnachweises ist es auch zulässig, dass der Arbeitnehmer dem Arbeitgeber den beruflichen Anteil für die Nutzung privater Telekommunikationsgeräte für einen repräsentativen Zeitraum von **drei Monaten** im Einzelnen nachweist; dies gilt auch bei einer Flatrate (vgl. die Ausführungen am Ende des vorstehenden Buchstabens b). In der Folgezeit kann **das sich ergebende Nutzungsverhältnis** der beruflichen Verbindungsentgelte zu den gesamten Verbindungsentgelten für den Umfang des steuerfreien Auslagenersatzes so lange zugrunde gelegt werden, bis sich die Verhältnisse wesentlich ändern. Die monatlichen Rechnungen des Telekommunikationsanbieters sind als Belege zum Lohnkonto zu nehmen.

Beispiel A

Arbeitnehmer A weist für einen Zeitraum von drei Monaten einen beruflichen Nutzungsanteil seiner privaten Telekommunikationsgeräte von 50 % nach. In der Folgezeit kann der Arbeitgeber 50 % des Gesamtrechnungsbetrags als Auslagenersatz steuerfrei erstatten.

Zulässig ist es auch, dass der Arbeitgeber für die berufliche Nutzung privater Telekommunikationsgeräte seinem Arbeitnehmer steuerfreien Auslagenersatz in Höhe eines **Durchschnittsbetrags** gewährt. Voraussetzung für die Steuerfreiheit des pauschalen Auslagenersatzes ist auch hier, dass der Arbeitnehmer anhand der Rechnungsbeträge für einen repräsentativen Zeitraum von drei Monaten eine entsprechende Nachweisführung vornimmt. Der sich hierbei für die berufliche Nutzung ergebende monatliche Durchschnittsbetrag kann für die Folgezeit als steuerfreier Auslagenersatz fortgeführt werden. Der pauschale Auslagenersatz nach Maßgabe des ermittelten Durchschnittsbetrags bleibt so lange steuerfrei, bis sich die Verhältnisse wesentlich ändern. Die Rechnungsbelege des Dreimonatszeitraums sind als Belege zum Lohnkonto aufzubewahren.

Beispiel B

Der Arbeitnehmer weist seinem Arbeitgeber für drei Monate beruflich veranlasste Telekommunikationsaufwendungen in Höhe von 40 € (April 2021), 50 € (Mai 2021) und 60 € (Juni 2021) nach.

Der monatliche Durchschnittsbetrag für den Zeitraum April bis Juni 2021 beträgt 50 € (40 € + 50 € + 60 € = 150 € : 3). Der Arbeitgeber kann auch in den folgenden Monaten beruflich veranlasste Telekommunikationsaufwendungen in Höhe von 50 € monatlich als Auslagenersatz steuerfrei erstatten, wenn sich die Verhältnisse nicht wesentlich ändern. Die Vorlage von Telefonrechnungen und die Aufbewahrung zum Lohnkonto sind für die folgenden Kalendermonate (ab Juli 2021) nicht erforderlich.

d) Kleinbetragsregelung

Ergänzend zur vereinfachten Nachweisführung für einen Dreimonatszeitraum (vgl. die Erläuterungen unter dem vorstehenden Buchstaben c) gilt eine Kleinbetragsregelung, die den steuerfreien pauschalen Auslagenersatz bei privaten Telekommunikationsgeräten unabhängig vom Umfang der beruflichen Nutzung zulässt. Danach kann der Arbeitgeber ohne weitere Prüfung bis zu 20 % des vom Arbeitnehmer vorgelegten Rechnungsbetrags, höchstens jedoch **20 € monatlich** steuerfrei ersetzen, wenn dem jeweiligen Arbeitnehmer erfahrungsgemäß beruflich veranlasste Telekommunikationsaufwendungen entstehen (R 3.50 Abs. 2 Satz 4 LStR). Die monatlichen Rechnungen des Telekommunikationsanbieters sind als Belege zum Lohnkonto zu nehmen. Der monatliche Durchschnittsbetrag, der sich aufgrund dieser Kleinbetragsregelung für einen repräsentativen Dreimonatszeitraum ergibt, kann wie bei der vereinfachten Nachweisführung (vgl. Buchstabe c) als pauschaler Auslagenersatz so lange steuerfrei fortgeführt werden, bis sich die Verhältnisse – z. B. aufgrund geänderter Berufstätigkeit – wesentlich ändern. Die Rechnungsbelege des Dreimonatszeitraums sind als Belege zum Lohnkonto zu nehmen.

Beispiel A

Ein Vertreter wickelt einen Großteil seiner beruflichen Telefongespräche vom häuslichen Privatanschluss aus ab. Seine Telefonrechnung (einschließlich Grundgebühr) beträgt im März 2021 90 € und im April 2021 170 €. Der Arbeitgeber kann dem Arbeitnehmer für die beiden Monate folgende Beträge steuerfrei ersetzen:

März 2021

Telefonrechnung (einschließlich Grundgebühr)	90,– €
steuerfrei 20 % =	18,– €

April 2021

Telefonrechnung (einschließlich Grundgebühr)	170,– €
steuerfrei 20 % = 34 €, höchstens jedoch	20,– €

Beispiel B

Ein Vertreter wickelt einen Großteil seiner beruflichen Telefongespräche vom häuslichen Privatanschluss aus ab. Seine Telefonrechnung (einschließlich Grundgebühr) beträgt für Januar 2021 180 €, für Februar 2021 150 € und für März 2021 200 €. Der Arbeitgeber kann dem Arbeitnehmer für das Kalenderjahr 2021 folgende Beträge steuerfrei ersetzen.

T

	Lohn-steuer-pflichtig	Sozial-versich.-pflichtig

Januar 2021

Telefonrechnung (einschließlich Grundgebühr)	180,– €
steuerfrei 20 % = 36 €, höchstens jedoch	20,– €

Februar 2021

Telefonrechnung (einschließlich Grundgebühr)	150,– €
steuerfrei 20 % = 30 €, höchstens jedoch	20,– €

März 2021

Telefonrechnung (einschließlich Grundgebühr)	200,– €
steuerfrei 20 % = 40 €, höchstens jedoch	20,– €

Der Arbeitgeber kann den für einen repräsentativen Zeitraum von drei Monaten ermittelten Betrag von 20 € auch für die restlichen Monate des Kalenderjahres 2021 und darüber hinaus auch für die folgenden Jahre steuerfrei ersetzen, wenn sich die Verhältnisse nicht wesentlich ändern. Ab April 2021 entfällt damit die Vorlage von Telefonrechnungen und deren Aufbewahrung beim Lohnkonto.

Die vorstehend beschriebene Kleinbetragsregelung (bis zu 20 % des Rechnungsbetrages, höchstens 20 € monatlich) ist auch dann anzuwenden, wenn bei einer **Flatrate** keine aussagekräftigen Aufzeichnungen über den beruflichen und privaten Nutzungsumfang vorhanden sind.

Beispiel C

Ein Vertreter wickelt einen Großteil seiner beruflichen Telefongespräche vom häuslichen Privatanschluss aus ab. Die Kosten der Flatrate betragen 40 € monatlich.

Flatrate	40,– €
steuerfrei 20 % =	8,– €

3. Autotelefon einschließlich Freisprecheinrichtung

a) Autotelefon des Arbeitgebers

Ist ein Firmenwagen, der dem Arbeitnehmer zur beruflichen und privaten Nutzung überlassen wird, mit einem Autotelefon oder einer Freisprecheinrichtung ausgestattet, gilt Folgendes:

Der geldwerte Vorteil für die Nutzung des Firmenwagens zu Privatfahrten kann entweder durch die individuelle Methode (Fahrtenbuchmethode) oder die sog. 1 %-Methode ermittelt werden. Bei der 1 %-Methode beträgt der geldwerte Vorteil monatlich 1 % des Bruttolistenpreises. Bei der Ermittlung des maßgebenden Bruttolistenpreises bleiben die Aufwendungen für ein Autotelefon einschließlich Freisprecheinrichtung außer Ansatz (R 8.1 Abs. 9 Nr. 1 Satz 6 LStR). Auf die ausführlichen Erläuterungen beim Stichwort „Firmenwagen zur privaten Nutzung" unter Nr. 3 Buchstabe a wird Bezug genommen.

Führt der Arbeitnehmer vom Autotelefon des Firmenwagens aus Privatgespräche, ist dieser geldwerte Vorteil nach § 3 Nr. 45 EStG steuer- und beitragsfrei. nein nein

Dabei ist es ohne Bedeutung, in welchem Umfang der Arbeitnehmer das Autotelefon im Firmenwagen privat nutzt. Selbst bei einer 100 %igen privaten Nutzung entsteht kein steuerpflichtiger geldwerter Vorteil. nein nein

Die vorstehenden Ausführungen gelten entsprechend, wenn es sich beim Firmenwagen um ein Elektrofahrzeug (vgl. dieses Stichwort) handelt.

b) Autotelefon des Arbeitnehmers

Bei arbeitnehmereigenen Telefonanschlüssen entsteht, anders als bei betrieblichen Telekommunikationsgeräten, durch die Privatnutzung des Arbeitnehmers kein geldwerter Vorteil. Aus lohnsteuerlicher Sicht stellt sich vielmehr umgekehrt die Frage, in welchem Umfang der Arbeitgeber für die vom Autotelefon (einschließlich Freisprecheinrichtung) des Arbeitnehmers geführten **beruflich** veranlassten Gespräche **steuerfreien Auslagenersatz** gewähren kann. Hierfür gilt folgender Grundsatz:

Ersetzt der Arbeitgeber dem Arbeitnehmer die Kosten für **berufliche** Gespräche vom **Autotelefon** (einschließlich Freisprecheinrichtung) des Arbeitnehmers, ist dieser Arbeitgeberersatz als Auslagenersatz steuerfrei, wenn die Aufwendungen für die beruflichen Gespräche im Einzelnen nachgewiesen werden (§ 3 Nr. 50 EStG). nein nein

Der Arbeitnehmer kann den Einzelnachweis für einen repräsentativen Zeitraum von drei Monaten führen oder die sog. Kleinbetragsregelung in Anspruch nehmen. Die Kleinbetragsregelung besagt, das der Arbeitgeber bis zu 20 % der vom Arbeitnehmer vorgelegten Telefonrechnung, höchstens jedoch 20 € monatlich, als Auslagenersatz steuerfrei erstatten kann, wenn dem betreffenden Arbeitnehmer erfahrungsgemäß beruflich veranlasste Telefonkosten entstehen (z. B. als Vertreter). Auf die ausführlichen Erläuterungen zur vereinfachten Nachweisführung und zur Kleinbetragsregelung unter der vorstehenden Nr. 2 Buchstaben c und d wird Bezug genommen.

4. Gehaltsumwandlung

Nachdem die Steuerfreiheit nach § 3 Nr. 45 EStG bei einem betrieblichen Telekommunikationsgerät (Telefon, Handy, Smartphone, Smartwatch, Faxgerät) unabhängig davon möglich ist, wie hoch die private Nutzung ist (also auch eine 100 %ige Privatnutzung steuerfrei bleibt) und außerdem die Anzahl und der Wert der überlassenen Geräte keine Rolle spielt, stellt sich die Frage, ob eine Umwandlung von Barlohn in solche steuerfreien Sachbezüge möglich ist. Die Vorschrift des § 3 Nr. 45 EStG enthält dazu – im Gegensatz zu anderen Steuerbefreiungsvorschriften (vgl. diesbezüglich die Stichworte „Fahrtkostenzuschüsse", „Fürsorgeleistungen", „Gesundheitsförderung" und „Kindergartenzuschüsse") – **keine Einschränkungen.** Es ist also nicht so, dass die Sachbezüge im Sinne des § 3 Nr. 45 EStG nur dann steuerfrei sind, wenn sie zusätzlich zum ohnehin geschuldeten Arbeitslohn gezahlt werden. Dies eröffnet die Möglichkeiten der **Gehaltsumwandlung.** Denn der Bundesfinanzhof hat mit Beschluss vom 20.8.1997 (BStBl. II S. 667) die Umwandlung von Barlohn in einen Sachbezug ausdrücklich zugelassen. Die Finanzverwaltung hat diese Rechtsprechung übernommen und z. B. die Umwandlung von Barlohn in Essensmarken oder Restaurantschecks dann akzeptiert, wenn der Austausch von Barlohn durch Essensmarken **ausdrücklich durch eine Änderung des Arbeitsvertrags** vereinbart wird. Diese Grundsätze gelten auch für die Fälle, in denen Arbeitgeber und Arbeitnehmer im gegenseitigen Einvernehmen Barlohn durch einen steuerfreien Sachbezug im Sinne des § 3 Nr. 45 EStG ersetzen. Dies wurde in den Lohnsteuer-Richtlinien ausdrücklich klargestellt, denn R 3.45 Satz 6 LStR lautet: „Für die Steuerfreiheit kommt es nicht darauf an, ob die Vorteile zusätzlich zum ohnehin geschuldeten Arbeitslohn oder aufgrund einer Vereinbarung mit dem Arbeitgeber über die Herabsetzung von Arbeitslohn erbracht werden."

In der **Sozialversicherung** wird eine Barlohnumwandlung zugunsten eines steuerfreien Sachbezugs nach § 3 Nr. 45 EStG anerkannt, wenn der Arbeitnehmer rechtswirksam auf künftigen Arbeitslohn verzichtet. Dies setzt voraus, dass

- der Verzicht arbeitsrechtlich zulässig ist und
- bei laufendem Arbeitsentgelt der Verzicht auf künftig fällig werdende Arbeitsentgeltbestandteile gerichtet sein muss.

Auch wenn das Bundessozialgericht in seinem Urteil vom 2.3.2010 – B 12 R 5/09 R – mündlich vereinbarte Entgeltumwandlungen anerkennt, ist eine nachvollziehbare Dokumentation der Barlohnumwandlung unumgänglich. Vgl. hierzu auch die Erläuterungen bei den Stichwörtern „Gehaltsumwandlung" unter Nr. 2 Buchstabe b und „Zufluss von Arbeitslohn" unter Nr. 2 Buchstabe h.

Wichtig: Tarifliche oder gesetzliche Mindestlöhne dürfen sozialversicherungsrechtlich nicht unterschritten werden.

T

	Lohn-steuer-pflichtig	Sozial-versich.-pflichtig
5. Telefonkarten[1]		
Stellt der Arbeitgeber dem Arbeitnehmer unentgeltlich Telefonkarten für private Gespräche zur Verfügung, gehört der Wert der Telefonkarte zum steuer- und beitragspflichtigen Arbeitslohn. Entsprechendes gilt im Fall der verbilligten Überlassung für den Differenzbetrag des Werts der Telefonkarte und der Zahlung des Arbeitnehmers.	ja	ja
Der Wert der Telefonkarte bleibt jedoch in Anwendung der monatlichen 44-Euro-Freigrenze steuer- und beitragsfrei, da es sich um eine Sachleistung im Sinne des § 8 Abs. 2 Satz 1 EStG handelt. Voraussetzung für die Anwendung der 44-Euro-Freigrenze ist allerdings, dass die Freigrenze nicht bereits durch andere Sachbezüge ausgeschöpft worden ist.	nein	nein
Auf die ausführlichen Erläuterungen zur 44-Euro-Freigrenze beim Stichwort „Sachbezüge" besonders unter Nr. 4 wird hingewiesen.		
Wird im Einzelnen nachgewiesen, dass die Telefonkarte für berufliche Gespräche benutzt wurde, bleibt der Wert der Telefonkarte steuer- und beitragsfrei.	nein	nein
Bei einer sowohl für private als auch berufliche Gespräche benutzten Telefonkarte bleibt der nachgewiesene berufliche Anteil steuer- und beitragsfrei.	nein	nein

Die vorstehenden Ausführungen gelten entsprechend für die Aufladung des Guthabens auf einem **Prepaid Handy** des Arbeitnehmers durch den Arbeitgeber.

6. Werbungskostenabzug bei Telefonkosten

a) Einzelnachweis der beruflich veranlassten Aufwendungen

Telekommunikationsaufwendungen sind Werbungskosten, soweit sie beruflich veranlasst sind. Als Werbungskosten abzugsfähig sind nicht nur die laufenden beruflichen Kosten für Telefon, Internet usw. (Verbindungsentgelte), sondern auch die anteiligen festen Kosten für die entsprechenden Anschlüsse sowie die anteiligen monatlichen Grundgebühren, z. B. für Telefon und Internet. Der berufliche Anteil der festen Kosten kann nach dem Verhältnis der Anteile der beruflich zu den insgesamt (also einschließlich privat) geführten Gespräche ermittelt werden (R 9.1 Abs. 5 LStR). Auch bei einem Pauschaltarif ohne Einzelverbindungsnachweis (Flatrate) muss anhand geeigneter, ggf. selbst gefertigter Aufzeichnungen der berufliche und private Nutzungsumfang nachgewiesen werden.

Abzugsfähig sind außerdem die Anschaffungskosten der Geräte, soweit sie beruflich genutzt werden. Dabei müssen Aufwendungen über 952 € (800 € zuzüglich 19 % Umsatzsteuer ergeben 952 €) für ein einzelnes Wirtschaftsgut auf die Nutzungsdauer verteilt werden (§ 9 Abs. 1 Satz 3 Nr. 7 EStG i. V. m. § 6 Abs. 2 Sätze 1 bis 3 EStG, R 9.12 LStR). Die Nutzungsdauer beträgt für Telefone, Autotelefone nach der amtlichen AfA-Tabelle **fünf Jahre.**

T

Die früher geltende sog. Halbjahresregelung (volle Jahres-AfA bei Anschaffung in der ersten Jahreshälfte, halbe Jahres-AfA bei Anschaffung in der zweiten Jahreshälfte) ist vor einigen Jahren weggefallen. Die AfA ist also immer **monatsweise** zu berechnen. Bei dieser sog. Zwölftel-Methode gelten angefangene Monate als volle Monate.

Beispiel

Ein Arbeitnehmer hat im Kalenderjahr 2021 folgende Aufwendungen (inklusive Umsatzsteuer), von denen nachgewiesenermaßen 50 % beruflich veranlasst sind:

a) Telefon

– Anschaffung eines Handys am 14. 1. 2021	1 000,– €
– Anschlusskosten	30,– €
– mtl. Grundgebühr 12 € × 12	144,– €
– Telefongebühren lt. Einzelverbindungsnachweis	1 000,– €

b) Internet

– Anschaffung eines Modems für den Anschluss des Computers an das Internet	100,– €
– mtl. Kosten für Provider 20 € × 12	240,– €
– Telefonkosten für Internet lt. Rechnung	500,– €

Der Arbeitnehmer kann folgende Aufwendungen als Werbungskosten geltend machen:

a) Telefon

– die beruflich veranlassten Gesprächsgebühren (50 %)	500,– €
– 50 % der Grundgebühr	72,– €
– 50 % der Anschlusskosten	15,– €
– jährliche Abschreibung für das Handy: Nutzungsdauer 5 Jahre, ergibt jährlich 200 €, davon 50 % berufliche Nutzung	100,– €
zusammen	687,– €

Da das Gerät im Januar 2021 angeschafft worden ist, kann der Arbeitnehmer für das Jahr 2021 die volle Jahres-AfA = 200 € geltend machen.

b) Internet

– die beruflichen Telefonkosten 50 %	250,– €
– die anteiligen Providerkosten 50 %	120,– €
– die anteiligen Kosten des Modems 50 %	50,– €
zusammen	420,– €

Der Arbeitnehmer kann insgesamt Werbungskosten in Höhe von (687 € + 420 € =) 1107 € bei seiner Veranlagung zur Einkommensteuer für das Kalenderjahr 2021 geltend machen.

Weist der Arbeitnehmer den Anteil der beruflich veranlassten Aufwendungen an den Gesamtaufwendungen für einen repräsentativen Zeitraum von **drei Monaten** im Einzelnen nach, kann dieser berufliche Anteil für das gesamte Jahr zugrunde gelegt werden; dies gilt auch bei einer Flatrate. Dabei können auch die Aufwendungen für das Nutzungsentgelt der Telefonanlage sowie für den Grundpreis der Anschlüsse entsprechend dem beruflichen Anteil der Verbindungsentgelte an den gesamten Verbindungsentgelten (Telefon und Internet) abgezogen werden (R 9.1 Abs. 5 Sätze 2 und 3 LStR).

b) Schätzung der beruflich veranlassten Aufwendungen

Fallen erfahrungsgemäß beruflich veranlasste Telekommunikationsaufwendungen an (z. B. bei Handelsvertretern, Kundendienstmonteuren, Geschäftsführern), können ohne Einzelnachweis des beruflich veranlassten Anteils bis zu 20 % des Rechnungsbetrags, höchstens jedoch **20 € monatlich,** als Werbungskosten anerkannt werden. Zur weiteren Vereinfachung kann der monatliche Durchschnittsbetrag, der sich aus den Rechnungsbeträgen für einen repräsentativen Zeitraum von drei Monaten ergibt, für das gesamte Kalenderjahr zugrunde gelegt werden (R 9.1 Abs. 5 Sätze 4 und 5 LStR).

Beispiel A

Ein Vertreter wickelt einen Großteil seiner beruflichen Telefongespräche vom häuslichen Privatanschluss aus ab. Seine Telefonrechnung (einschließlich Grundgebühr) beträgt für Januar 2021 180 €, für Februar 2021 150 € und für März 2021 200 €. Der Durchschnittsbetrag für die drei Monate errechnet sich wie folgt:

Januar 2021

Telefonrechnung (einschließlich Grundgebühr)	180,– €
Werbungskosten 20 % = 36 €, höchstens jedoch	20,– €

Februar 2021

Telefonrechnung (einschließlich Grundgebühr)	150,– €
Werbungskosten 20 % = 30 €, höchstens jedoch	20,– €

1) Durch die Mobiltelefone hat die Anzahl öffentlicher Kartentelefone sehr stark abgenommen.

	Lohn-steuer-pflichtig	Sozial-versich.-pflichtig

März 2021

Telefonrechnung (einschließlich Grundgebühr)	200,– €
Werbungskosten 20 % = 40 €, höchstens jedoch	20,– €

Der Durchschnittsbetrag für den repräsentativen Zeitraum von drei Monaten beträgt somit (20 € + 20 € + 20 € =) 60 €, davon ein Drittel = 20 €. Der Arbeitnehmer kann für das Kalenderjahr 2021 20 € × 12 = 240 € als Werbungskosten abziehen.

Die vorstehende Schätzungsregelung für den Werbungskostenabzug (bis zu 20 % des Rechnungsbetrages, höchstens 20 € monatlich) ist auch dann anzuwenden, wenn bei einer **Flatrate** keine aussagekräftigen Aufzeichnungen über den beruflichen und privaten Nutzungsumfang vorhanden sind.

Beispiel B

Ein Vertreter wickelt den Großteil seiner beruflichen Telefongespräche vom häuslichen Privatanschluss aus ab. Die Kosten der Flatrate betragen 35 € monatlich.

Flatrate	35,– €
Werbungskosten 20 % =	7,– €

c) Kürzung des Werbungskostenabzugs um steuerfreie Arbeitgeberleistungen

Hat der Arbeitgeber Telefonkosten als Auslagenersatz steuerfrei ersetzt, mindert dieser Ersatz den Werbungskostenabzug (R 9.1 Abs. 5 Satz 6 LStR). Abzuziehen sind im Grundsatz auch pauschal besteuerte Arbeitgeberzuschüsse zu den Internetkosten (vgl. hierzu die Erläuterungen beim Stichwort „Computer“, besonders unter Nr. 2 Buchstabe b). Dabei sind zu Gunsten des Arbeitnehmers zwei wichtige Vereinfachungsregelungen zu beachten:

- Die pauschal besteuerten Arbeitgeberzuschüsse zu den Internetkosten sind zunächst auf den **privat** veranlassten Teil der Aufwendungen anzurechnen (R 40.2 Abs. 5 Satz 11 LStR).
- Bei Zuschüssen bis zu 50 € im Monat wird aus Vereinfachungsgründen von einer Anrechnung auf Werbungskosten **völlig abgesehen** (R 40.2 Abs. 5 Satz 12 LStR).

Beispiel

Der Arbeitgeber zahlt zu den Aufwendungen des Arbeitnehmers für das Internet in Höhe von 1000 € einen monatlichen Zuschuss von 50 €, den er pauschal mit 25 % besteuert (vgl. das Stichwort „Computer“ unter Nr. 2 Buchstabe b). Gleichwohl kann der Arbeitnehmer den beruflichen Anteil an den Internetkosten von z. B. 50 % = 500 € als Werbungskosten abziehen, weil die pauschal besteuerten Arbeitgeberzuschüsse zur Internetnutzung die monatliche 50-Euro-Grenze nicht übersteigen (R 40.2 Abs. 5 Satz 12 LStR). Eine Anrechnung des pauschal besteuerten Betrags auf die Werbungskosten erfolgt nicht.

7. Umsatzsteuerliche Behandlung

a) Allgemeines

Übernimmt der Arbeitgeber die Kosten für die Einrichtung und den Betrieb eines privaten Telefonanschlusses in der Wohnung des Arbeitnehmers als **Auslagenersatz,** liegt umsatzsteuerlich keine Sachzuwendung, sondern eine nicht steuerbare Geldleistung vor. Gleiches gilt für die Kostenübernahme für das Autotelefon im privaten Pkw des Arbeitnehmers.

Für die umsatzsteuerliche Behandlung **unentgeltlicher Privatgespräche am Arbeitsplatz** oder vom **betrieblichen** Telefonanschluss in der Wohnung des Arbeitnehmers oder auch vom **betrieblichen Mobiltelefon** oder **Autotelefon** gilt Folgendes:

Werden Telekommunikationsgeräte des Arbeitgebers den Arbeitnehmern unentgeltlich auch für ihre Privatzwecke zur Verfügung gestellt, erbringt der Arbeitgeber gegenüber dem Arbeitnehmer steuerbare und im Grundsatz auch steuerpflichtige Wertabgaben (§ 3 Abs. 9a UStG). Wenn die Nutzung betrieblicher Einrichtungen in solchen Fällen zwar auch die Befriedigung eines privaten Bedarfs der Arbeitnehmer zur Folge hat, diese Folge aber durch die mit der Nutzung angestrebten betrieblichen Zwecke überlagert wird, liegen nicht steuerbare Leistungen vor, die überwiegend durch das betriebliche Interesse des Arbeitgebers veranlasst sind. Eine Umsatzsteuerbelastung tritt daher in derartigen Fällen in aller Regel nicht ein. Da eine Übernahme der in § 3 Nr. 45 EStG geregelten Steuerfreiheit für umsatzsteuerliche Sachverhalte wegen EU-rechtlicher Vorgaben nicht möglich ist, unterscheidet die Finanzverwaltung bei der Umsatzsteuer drei Fälle[1]:

b) Überlassung gegen Entgelt

Stellt der Arbeitgeber dem Arbeitnehmer die Geräte entgeltlich zur Privatnutzung zur Verfügung, liegt eine entgeltliche und damit umsatzsteuerpflichtige Leistung vor.

c) Überlassung ohne Entgelt

Wenn Arbeitnehmer betriebliche Telekommunikationseinrichtungen unentgeltlich auch für Privatzwecke nutzen dürfen, fällt zwar im Grundsatz ebenfalls Umsatzsteuer an, da es sich um unentgeltliche Wertabgaben im Sinne des § 3 Abs. 9a UStG handelt. Die Finanzverwaltung sieht jedoch dann von einer Besteuerung ab, wenn die Nutzungsüberlassung überwiegend durch das betriebliche Interesse des Arbeitgebers veranlasst ist, mit anderen Worten, wenn die Nutzung betrieblicher Einrichtungen zwar auch die Befriedigung eines privaten Bedarfs der Arbeitnehmer zur Folge haben, diese Folge aber „durch die mit der Nutzung angestrebten betrieblichen Zwecke überlagert wird“[2]. Dies ist im jeweiligen Einzelfall zu entscheiden. Von einem „überwiegend betrieblichen Interesse des Arbeitgebers“ wird man aber nicht mehr ausgehen können, soweit der Arbeitgeber betriebliche Telekommunikationsgeräte an Familienangehörige des Arbeitnehmers zur ausschließlichen Privatnutzung überlässt (vgl. das Beispiel B unter der vorstehenden Nr. 1 Buchstabe a)).

Aufmerksamkeiten, die bereits von vorneherein den Tatbestand der unentgeltlichen Wertabgabe nicht erfüllen, liegen allerdings in diesen Fällen nicht vor.

d) Nutzung gegen den Willen des Arbeitgebers

Wenn der Arbeitnehmer die betriebliche Telekommunikationseinrichtungen gegen den Willen des Arbeitgebers privat nutzt, fehlt es an einer willentlichen Wertabgabe des Unternehmers, was eine Umsatzbesteuerung ausschließt. Der Arbeitnehmer muss in diesen Fällen allerdings mit arbeitsrechtlichen Konsequenzen rechnen, die sogar zu einer Entlassung aus dem Arbeitsverhältnis führen können.

Tennisplätze

siehe „Sportanlagen“

T

Teuerungszulagen

	Lohnsteuerpflichtig	Sozialversich.-pflichtig
Teuerungszulagen gehören grundsätzlich wie andere Zulagen (vgl. dieses Stichwort) zum steuer- und beitragspflichtigen Arbeitslohn.	ja	ja

siehe aber auch „Kaufkraftausgleich“

1) BMF-Schreiben vom 11.4.2001 (Az.: IV B 7 – S 7109 – 14/01). Das nicht im Bundessteuerblatt veröffentlichte BMF-Schreiben ist als Anlage 2 zu H 3.45 LStR im **Steuerhandbuch für das Lohnbüro 2021** abgedruckt, das im selben Verlag erschienen ist.

2) Abschnitt 1.8 Abs. 4 des Umsatzsteuer-Anwendungserlasses (UStAE). Der UStAE ist auszugsweise als Anhang 14 im **Steuerhandbuch für das Lohnbüro 2021** abgedruckt, das im selben Verlag erschienen ist.

Lohnsteuerpflichtig | Sozialversich.-pflichtig

Theaterbetriebszuschläge

Die Theaterbetriebszuschläge, die Bühnenangehörigen gezahlt werden, sind steuer- und beitragspflichtig. Sie können auch nicht teilweise als Sonntags-, Feiertags- oder Nachtarbeitszuschläge steuerfrei belassen werden. ja ja

Theaterkarten

siehe „Eintrittskarten"

Tod des Arbeitnehmers

Stirbt ein Arbeitnehmer, sind bei der Lohnabrechnung für den Sterbemonat Besonderheiten zu beachten (vgl. das Stichwort „Rechtsnachfolger" unter Nr. 1 Buchstabe d). Zur steuer- und beitragsrechtlichen Behandlung des Sterbegeldes vgl. dieses Stichwort.

Token

Token ist das englische Wort für Wertmarke oder Jeton. In Krypto wird der Begriff Token oft als Synonym für Coin verwendet. Token haben aber keine eigene Blockchain. Es gibt **Zahlungs-Token** (= reine Währungen, hierunter fällt z. B. auch der Bitcoin), **Nutzungs-Token** (= Mittler, die den Zugriff auf digitale Dienstleistungen ermöglichen) und **Anlage-Token** (mit denen man Unternehmensanteile – z. B. Aktien – hält und ggf. Dividendenausschüttungen erhält).

Werden dem Arbeitnehmer vom Arbeitgeber oder auf dessen Veranlassung von einem Dritten Nutzungs- oder Anlage-Token unentgeltlich oder verbilligt überlassen und kann der Arbeitnehmer lediglich die Token selbst beanspruchen, liegt darin in der Regel ein **Sachbezug** (§ 8 Abs. 2 Satz 1 EStG). Dieser Sachbezug bleibt in Anwendung der monatlichen 44-Euro-Freigrenze steuerfrei, sofern diese noch nicht anderweitig ausgeschöpft worden ist. Demgegenüber sind Zahlungs-Token im Hinblick auf den seit 1.1.2020 geltenden Sachlohnbegriff u.E. wohl als Geld anzusehen.

Der geldwerte Vorteil fließt dem Arbeitnehmer regelmäßig im Zeitpunkt der Einbuchung in die Wallet (= Online-Sparbuch oder elektronische Brieftasche) zu. Der **Zufluss** der Token erfolgt frühestens zu dem Zeitpunkt, in dem die Token an der Börse gehandelt bzw. als Zahlungsmittel verwendet werden können, da der Arbeitnehmer erst zu diesem Zeitpunkt die Möglichkeit hat, wirtschaftlich über die Token zu verfügen. Die Bewertung des geldwerten Vorteils erfolgt mit dem um übliche Preisnachlässe geminderten üblichen Endpreis am Abgabeort im Zeitpunkt der Einräumung des Anspruchs.

Wird vom Arbeitnehmer bereits vor dem Zeitpunkt des Zuflusses der Token der schuldrechtliche Anspruch auf die Einbuchung der Token in seine Wallet gegen Entgelt an einen Dritten abgetreten, erfolgt schon zu diesem Zeitpunkt ein Zufluss von Arbeitslohn in Höhe der Differenz zwischen dem Verkaufserlös und den Erwerbsaufwendungen für die Token.

Tombola

siehe „Betriebsveranstaltungen" unter Nr. 8 und „Verlosungsgewinne"

Trainer

Hauptberufliche Trainer einer Sportmannschaft sind in aller Regel Arbeitnehmer, da sie in den Organismus des Arbeitgebers (Verein) eingegliedert und weisungsgebunden sind. Zu nebenberuflich tätigen Trainern vgl. das Stichwort „Übungsleiter". ja ja

Transferkurzarbeitergeld

Zuschüsse des Arbeitgebers zum Kurzarbeitergeld, Saison-Kurzarbeitergeld und Transfer-Kurzarbeitergeld[1] sind auf Dauer beitragsfrei, soweit sie zusammen mit dem Kurzarbeitergeld 80 % des Unterschiedsbetrags zwischen dem Soll-Entgelt und Ist-Entgelt nach § 106 SGB III nicht übersteigen. Die Arbeitgeberzuschüsse sind in diesem Umfang befristet für Lohnzahlungszeiträume März 2020 bis Dezember 2021 auch steuerfrei (§ 3 Nr. 28a EStG), unterliegen allerdings dem Progressionsvorbehalt. nein nein

Zahlt eine Beschäftigungsgesellschaft (auch Transfergesellschaft genannt) über die vorstehende Regelung hinaus einen Zuschuss zum Transferkurzarbeitergeld, handelt es sich um laufenden, der normalen Tarifbelastung unterliegenden Arbeitslohn und nicht um eine ermäßigt zu besteuernde Entschädigung (BFH-Urteil vom 12.3.2019, BStBl. II S. 574). ja ja

Transportentschädigung

Die pauschale Transportentschädigung nach § 33 a Abs. 1 des Manteltarifvertrags für Waldarbeiter (MTW) für die Mitnahme von Geräten und Material im waldarbeitereigenen Fahrzeug ist nach bundeseinheitlicher Verwaltungsanweisung[2] steuer- und damit auch beitragspflichtig. ja ja

Bei den pauschalen Entschädigungen nach § 33 a Abs. 2 und 3 MTW für die Benutzung eines betriebseigenen oder waldarbeitereigenen Kraftfahrzeuganhängers und für das Umsetzen eines Waldarbeiterschutzwagens handelt es sich um steuerfreien Reisekostenersatz, soweit sie zusammen mit der Fahrtkostenentschädigung den maßgebenden Kilometersatz nicht übersteigen. nein nein

Vgl. auch die Erläuterungen bei den Stichwörtern „Entfernungsentschädigung", „Forstleute" und „Motorsägegeld".

Trennungsentschädigungen

Wichtiges auf einen Blick:

Die **Verpflegungspauschalen** bei beruflich veranlassten Auswärtstätigkeiten sowie bei einer beruflich veranlassten doppelten Haushaltsführung betragen seit 1.1.2020 **28 € bei 24 Stunden Abwesenheit** und **14 € bei acht Stunden Abwesenheit** von der Wohnung und der ersten Tätigkeitsstätte **sowie** für den **An- und Abreisetag** bei mehrtägigen Auswärtstätigkeiten. Die höheren Verpflegungspauschalen gelten auch bei der Zahlung von Trennungsgeldern aus öffentlichen Kassen (vgl. nachfolgende Nr. 1).

1) Die Zuschüsse zum Transferkurzarbeitergeld werden in diesem Umfang über den Wortlaut des § 1 Abs. 1 Satz 8 SvEV hinaus in die Beitragsfreiheit einbezogen. Die SvEV ist als Anhang 2 im **Steuerhandbuch für das Lohnbüro 2021** abgedruckt, das im selben Verlag erschienen ist.

2) Bundeseinheitliche Regelung, z. B. Schreiben des Bayer. Staatsministeriums der Finanzen vom 9. 2. 1995 (Az.: 32 – S 2332 – 49/24 – 40 727). Das Schreiben ist als Anlage 3 zu H 3.30 LStR im **Steuerhandbuch für das Lohnbüro 2021** abgedruckt, das im selben Verlag erschienen ist.

Lohnsteuerpflichtig | Sozialversich.-pflichtig

Gliederung:

1. Trennungsgelder aus öffentlichen Kassen
   a) Allgemeines
   b) Abordnung oder Versetzungen mit einer zeitlichen Befristung bis 48 Monaten
   c) Abordnung oder Versetzung ohne zeitliche Befristung oder über 48 Monate
   d) Beurlaubung
2. Trennungsentschädigungen an private Arbeitnehmer

1. Trennungsgelder aus öffentlichen Kassen

a) Allgemeines

Seit 1.1.1996 sind Trennungsentschädigungen im öffentlichen Dienst nur insoweit steuerfrei, als ein steuerfreier Ersatz im Rahmen einer beruflich veranlassten **Auswärtstätigkeit** oder einer **beruflich veranlassten doppelten Haushaltsführung** im lohnsteuerlichen Sinne in Betracht kommt (vgl. R 3.13 Abs. 4 Sätze 3 und 4 LStR). Eine Auswärtstätigkeit in diesem Sinne liegt vor, bei einer zeitlich befristeten Abordnung oder Versetzung **bis zu 48 Monaten.** In den anderen Fällen (Abordnung/Versetzung **ohne zeitliche Befristung** oder **über 48 Monate**) ist eine doppelte Haushaltsführung gegeben, wenn der Arbeitnehmer außerhalb des Ortes seiner ersten Tätigkeitsstätte einen eigenen Hausstand (= Lebensmittelpunkt) unterhält und auch am Ort der ersten Tätigkeitsstätte wohnt. Die für Arbeitnehmer in der Privatwirtschaft beim Stichwort „Doppelte Haushaltsführung" dargestellten Grundsätze gelten sinngemäß auch für den öffentlichen Dienst. Das bedeutet auch, dass die im öffentlichen Dienst gezahlten Trennungsgelder für Verpflegungsmehraufwand steuerpflichtig sind, wenn die **Dreimonatsfrist** abgelaufen ist; diese Dreimonatsfrist ist verfassungsgemäß (BFH-Urteil vom 8.7.2010, BStBl. 2011 II S. 32). Außerdem ist ein Ersatz von **Verpflegungsmehraufwendungen** auch innerhalb der hierfür weiterhin geltenden Dreimonatsfrist dann steuerpflichtig, wenn die hierbei zu beachtenden steuerlichen Höchstbeträge überschritten sind (§ 3 Nr. 13 Satz 2 letzter Halbsatz EStG).

Die Verpflegungspauschalen betragen seit 1.1.2020 bei **eintägigen** Auswärtstätigkeiten mit einer Abwesenheitszeit von **mehr als acht Stunden** für jeden Kalendertag unter Beachtung der Dreimonatsfrist **14 €.**

Bei **mehrtägigen** Auswärtstätigkeiten sowie bei einer doppelten Haushaltsführung belaufen sich die Verpflegungspauschalen für jeden Kalendertag unter Beachtung der Dreimonatsfrist mit einer Abwesenheitszeit von **24 Stunden** auf **28 €** und für den **An- und Abreisetag** ohne Mindestabwesenheitszeit auf **14 €.**[1]

b) Abordnung oder Versetzungen mit einer zeitlichen Befristung bis 48 Monaten

Abordnungen oder Versetzungen mit einer **zeitlichen Befristung bis zu 48 Monaten** und vergleichbare Maßnahmen (Kommandierung, Zuteilung, Zuweisung) werden steuerrechtlich für den **gesamten Zeitraum** wie beruflich veranlasste **Auswärtstätigkeiten** behandelt. Das gilt auch bei täglicher Rückkehr an den Wohnort.

Beispiel A

Eine Beamtin wird für ein Jahr als Elternzeitvertretung an ein Ministerium abgeordnet.

Es liegt eine beruflich veranlasste Auswärtstätigkeit vor.

Da die Dreimonatsfrist für den steuerfreien Ersatz von Fahrtkosten bei einer beruflich veranlassten Auswärtstätigkeit sowohl im öffentlichen Dienst als auch in der Privatwirtschaft nicht anzuwenden ist, ist der Ersatz von **Fahrtkosten** grundsätzlich unabhängig vom benutzten Verkehrsmittel **auf Dauer steuerfrei.** Dabei spielt es keine Rolle, ob der Bedienstete täglich an seinen Wohnort zurückkehrt oder am auswärtigen Tätigkeitsort verbleibt. nein | nein

Beispiel B

Wie Beispiel A. Die Beamtin erhält für die Benutzung öffentlicher Verkehrsmittel eine Fahrtkostenerstattung von monatlich 100 €.

Die Fahrtkostenerstattung ist steuerfrei (§ 3 Nr. 13 EStG, R 3.13 Abs. 4 Satz 3 LStR).

Lediglich wenn im Rahmen einer beruflich veranlassten Auswärtstätigkeit dauerhafte, typischerweise arbeitstägliche Fahrten zu einem Arbeitgeber-Sammelpunkt oder einem weiträumigen Tätigkeitsgebiet durchgeführt werden, ist auch ein Arbeitgeberersatz aus öffentlichen Kassen steuerpflichtig (§ 9 Abs. 1 Satz 3 Nr. 4a Satz 3 EStG i. V. m. R 3.13 Abs. 4 Satz 3 LStR; vgl. hierzu das Stichwort „Entfernungspauschale" unter Nr. 11). Der Arbeitgeberersatz kann bis zur Höhe der Entfernungspauschale mit 15 % pauschal besteuert werden. ja | nein

Die Auswärtstätigkeit geht auch nicht nach Ablauf einer bestimmten Zeit (z. B. ab dem vierten Monat) in eine **doppelte Haushaltsführung** über. Eine doppelte Haushaltsführung **liegt** nämlich gerade **nicht vor,** solange die auswärtige Beschäftigung noch als Auswärtstätigkeit anzuerkennen ist (R 9.11 Abs. 1 Satz 2 LStR).

Beispiel C

Die Bediensteten der Spielbankaufsicht werden jeweils befristet für ein Jahr an eine bestimmte Spielbank abgeordnet.

Es handelt sich jeweils für ein Jahr um eine beruflich veranlasste Auswärtstätigkeit. Die Übernachtungs- und Fahrtkosten sind für das jeweilige Jahr der Abordnung steuerfrei erstattungsfähig bzw. als Werbungskosten abziehbar. Die Verpflegungspauschalen können nur für die ersten drei Monate der Auswärtstätigkeit geltend gemacht werden. Beim Wechsel der Spielbank beginnt für die Verpflegungspauschalen jeweils eine neue Dreimonatsfrist.

Wegen der Höhe des in diesen Fällen möglichen steuerfreien Arbeitgeberersatzes vgl. die Erläuterungen beim Stichwort „Reisekostenvergütungen aus öffentlichen Kassen".

c) Abordnung oder Versetzung ohne zeitliche Befristung oder über 48 Monate

Bei einer Abordnung oder Versetzung ohne zeitliche Befristung bzw. über 48 Monate sowie einer vergleichbaren Maßnahme (Kommandierung, Zuteilung, Zuweisung) handelt es sich um eine dauerhafte Zuordnung zu einer anderen Dienststelle, die damit **erste Tätigkeitsstätte** wird, und somit nicht mehr um eine beruflich veranlasste Auswärtstätigkeit.

Beispiel

Ein Beamter wird unbefristet an ein Ministerium versetzt. Der Beamte hat in dem Ministerium seine erste Tätigkeitsstätte. Die Tatsache, dass ein Beamter unter Beachtung der dienstrechtlichen Vorschriften jederzeit auch einer anderen Dienststelle zugeordnet werden kann, führt nicht zu einer lediglich befristeten Zuordnung.

Bei einer **täglichen Rückkehr** an den Wohnort richtet sich die steuerliche Behandlung nach den beim Stichwort „Fahrten zwischen Wohnung und erster Tätigkeitsstätte" dargestellten Grundsätzen, das heißt, das Trennungsgeld ist bei Benutzung eines Pkw steuerpflichtig und bei Benutzung öffentlicher Verkehrsmittel grundsätzlich steuerfrei (§ 3 Nr. 15 EStG). Verpflegungspauschalen kommen wegen der Tätigkeit an der ersten Tätigkeitsstätte nicht in Betracht.

Beim **Verbleiben am auswärtigen Dienstort** liegt regelmäßig eine steuerlich anzuerkennende **doppelte Haushaltsführung** vor.[2] Für die ersten drei Monate ist der Ersatz von Verpflegungkosten in Höhe der **Verpflegungs-**

1) Bei einer doppelten Haushaltsführung ist auf die Abwesenheitszeit von der Wohnung am Lebensmittelpunkt (= eigener Hausstand) abzustellen.

2) Sollten die Voraussetzungen für eine steuerlich anzuerkennende beruflich veranlasste doppelte Haushaltsführung (vgl. dieses Stichwort) ausnahmsweise nicht gegeben sein (z. B. weil kein eigener Hausstand am Lebensmittelpunkt vorhanden ist), ist eine Arbeitgebererstattung in vollem Umfang steuerpflichtig.

T

	Lohn-steuer-pflichtig	Sozial-versich.-pflichtig
pauschalen wie bei Auswärtstätigkeiten steuerfrei. Die **Dreimonatsfrist** für die Berücksichtigung der Verpflegungspauschalen ist verfassungsgemäß (BFH-Urteil vom 8.7.2010, BStBl. 2011 II S. 32).	nein	nein
In den ersten drei Monaten ist das Trennungsgeld in Höhe des steuerlich zulässigen Pauschbetrags von 20 € je **Übernachtung** steuerfrei. Nach Ablauf von drei Monaten ist das Trennungsgeld in Höhe des steuerlich zulässigen Pauschbetrages von 5 € je Übernachtung steuerfrei. Auch ein steuerfreier Ersatz der tatsächlichen Übernachtungskosten bis zu 1000 € monatlich ist möglich.	nein	nein
In die Ermittlung des steuerpflichtigen Teils des Trennungsgelds sind auch die **Fahrtkosten** für Heimfahrten einzubeziehen. Steuerlich ist der Ersatz für eine Heimfahrt wöchentlich in Höhe der Entfernungspauschale (vgl. das Stichwort „Familienheimfahrten") steuerfrei. Hierzu müssen die Bediensteten Angaben über jede wöchentlich durchgeführte Familienheimfahrt und über die kürzeste Straßenverbindung zwischen dem Ort des eigenen Hausstands und dem Ort der ersten Tätigkeitsstätte machen. Anstelle der Entfernungspauschale können auch die tatsächlichen Aufwendungen für die Benutzung öffentlicher Verkehrsmittel angesetzt werden, soweit sie den im Kalenderjahr insgesamt als Entfernungspauschale abziehbaren Betrag übersteigen (§ 9 Abs. 2 Satz 2 EStG).	nein	nein

Der steuerfreie Ersatz von Übernachtungskosten und der Aufwendungen für eine Familienheimfahrt wöchentlich ist bei einer aus beruflichen Gründen begründeten doppelten Haushaltsführung zeitlich unbefristet zulässig. Auf die Gründe für die Beibehaltung der doppelten Haushaltsführung kommt es nicht an. Allerdings führt die Verlegung des Lebensmittelpunktes an den Beschäftigungsort zu einer Beendigung der doppelten Haushaltsführung (vgl. das Stichwort „Doppelte Haushaltsführung" unter Nr. 1 Buchstabe e).

d) Beurlaubung

Wird ein Arbeitnehmer für eine Tätigkeit bei einem anderen Arbeitgeber oder einer anderen Behörde beurlaubt, hat er regelmäßig an seinem neuen **Tätigkeitsort** seine **erste Tätigkeitsstätte.** Bei Trennungsgeldern aus öffentlichen Kassen gelten die unter dem vorstehenden Buchstaben c dargestellten Grundsätze entsprechend. Bei einer Tätigkeit in der Privatwirtschaft vgl. die Stichworte „Doppelte Haushaltsführung" und „Fahrten zwischen Wohnung und erster Tätigkeitsstätte".

2. Trennungsentschädigungen an private Arbeitnehmer

Privaten Arbeitnehmern werden Trennungsentschädigungen zumeist unter der Bezeichnung „Auslösungen" gewährt (vgl. dieses Stichwort).

Treppengeld

T

Das Treppengeld im Brennstoffhandel ist steuerpflichtig.	ja	ja

Treueprämien

Treueprämien, die in manchen Betrieben an Arbeitnehmer nach jeweils fünf Jahren oder anderen gleich bleibenden Zeiträumen der Betriebszugehörigkeit gezahlt werden, sind grundsätzlich steuerpflichtig.	ja	ja

Die Besteuerung erfolgt als „sonstiger Bezug" nach den beim Stichwort „Arbeitslohn für mehrere Jahre" dargestellten Grundsätzen. Zur Berechnung der Lohnsteuer siehe auch „Sonstige Bezüge" unter Nr. 6 Buchstabe b. Sozialversicherungsrechtlich liegen „Einmalige Zuwendungen" (vgl. dieses Stichwort) vor.

Treuhandmodelle zur Insolvenzsicherung

siehe „Contractual Trust Agreement (CTA-Modelle)"

Trinkgelder

1. Allgemeines

Trinkgelder sind eine dem Arbeitnehmer vom Kunden oder Gast gewährte **zusätzliche Vergütung,** die als freiwillige und typischerweise persönliche Zuwendung eine Art honorierende Anerkennung darstellt. Der Trinkgeldempfänger steht in einer doppelten Leistungsbeziehung und erhält korrespondierend dazu doppeltes Entgelt, nämlich den Arbeitslohn für die dem Arbeitgeber gegenüber erbrachte Arbeitsleistung und das Trinkgeld als Entgelt für eine anlässlich dieser Arbeit zusätzlich erbrachte und vom Kunden honorierten (Dienst-)Leistung.

	Lohn-steuer-pflichtig	Sozial-versich.-pflichtig
Trinkgelder, auf die **ein Rechtsanspruch besteht,** z. B. die Bedienungsgelder im Hotel- und Gaststättengewerbe oder die tariflichen Metergelder im Möbeltransportgewerbe, sind in voller Höhe steuer- und beitragspflichtig.	ja	ja
Freiwillige Trinkgelder (z. B. die Trinkgelder im Friseurgewerbe, im Hotel- und Gaststättengewerbe, im Möbeltransportgewerbe) sind in voller Höhe steuer- und beitragsfrei. Der Bundesfinanzhof hält allerdings die unbegrenzte Steuerfreistellung von Trinkgeldern für verfassungsrechtlich bedenklich (BFH-Urteil vom 18.12.2008, BStBl. 2009 II S. 820).	nein	nein

2. Abgrenzung Steuerfreiheit/Steuerpflicht

Bei den Bezügen, die dem spieltechnischen Personal einer **Spielbank** aus dem sogenannten **Tronc** bezahlt werden, handelt es sich nicht um Trinkgelder im Sinne der Steuerbefreiungsvorschrift des § 3 Nr. 51 EStG, sondern um einen Teil des laufenden Arbeitslohnes; sie unterliegen deshalb in voller Höhe der Lohnsteuer (BFH-Urteile vom 18.12.2008, BStBl. 2009 II S. 820 und BFH/NV 2009 S. 382). Eine Steuerfreiheit scheidet in diesen Fällen aus, da der Arbeitnehmer die aus dem Spielbanktronc finanzierten Zahlungen tatsächlich und rechtlich nicht von einem Dritten, sondern von seinem Arbeitgeber erhält. Zudem ist zweifelhaft, ob in diesen Fällen der Trinkgeldbegriff („Dienstleistung gegenüber dem Kunden") erfüllt ist. Für Zahlungen aus dem Tronc an das nicht spieltechnische Personal gilt Entsprechendes (BFH-Urteil vom 25.11.2009, BFH/NV 2010 S. 632).	ja	ja
Hingegen sind die freiwilligen Zahlungen der Spielbankkunden an die **Saalassistenten** für das Servieren von Speisen und Getränken steuerfreie Trinkgelder (BFH-Urteil vom 18.6.2015, BStBl. 2016 II S. 751).	nein	nein
Eine **Sonderzahlung** in Höhe von zwei Monatsgehältern, die eine Konzernmutter nach der Veräußerung ihrer Tochtergesellschaft an die Arbeitnehmer der Tochtergesellschaft geleistet hat, ist **kein** steuerfreies **Trinkgeld** (BFH-Urteil vom 3.5.2007, BStBl. II S. 712). Im Streitfall bestand zwischen der Konzernmuttergesellschaft und den Arbeitnehmern der Tochtergesellschaft kein gast- oder kundenähnliches Rechtsverhältnis, bei dem die Arbeitnehmer der Tochtergesellschaft gegenüber der Konzernmuttergesellschaft zugleich in einer Weise tätig geworden sind, die deren Sonderzahlung zu einer Art honorierender Anerkennung machen könnte.	ja	ja

Freiwillige Zahlungen von Notaren an die nichtselbstständig tätigen **Notarassessoren** für die Vertretung gehören zum steuerpflichtigen Arbeitslohn. Eine Steuerfreistellung der Zahlungen als Trinkgeld kommt nicht in Betracht, da zu den Notaren bereits aufgrund der rechtlichen Ausgestaltung des Berufs kein Kunden- oder kundenähn-

	Lohn-steuer-pflichtig	Sozial-versich.-pflichtig
liches Verhältnis besteht (BFH-Urteil vom 10.3.2015, BStBl. II S. 767). Im Übrigen gehören Notarassessoren nicht zur typischen Berufsgruppe, in der Trinkgelder Bestandteil der Entlohnung sind.	ja	ja

3. Lohnsteuerabzug bei steuerpflichtigen Trinkgeldern

Trinkgelder, auf die der Arbeitnehmer einen tarifvertraglichen oder arbeitsvertraglichen **Rechtsanspruch** hat, sind dem Arbeitgeber aus seinen Rechnungsunterlagen ohne weiteres bekannt. Sie sind mit den übrigen steuerpflichtigen Bezügen (Barlohn, freie Unterkunft und Verpflegung usw.) zusammenzurechnen und dem Steuerabzug zu unterwerfen. Falls der Arbeitgeber selbst keine Barbezüge an den Arbeitnehmer auszahlt, muss ihm dieser die zur Abführung der Steuerabzugsbeträge erforderlichen Geldmittel zur Verfügung stellen (§ 38 Abs. 4 EStG). Kommt der Arbeitnehmer dieser Verpflichtung nicht nach, hat der Arbeitgeber dies dem Betriebsstättenfinanzamt anzuzeigen. Vgl. hierzu auch das Stichwort „Anzeigepflichten des Arbeitgebers im Lohnsteuerverfahren“ unter Nr. 2.	ja	ja

Überbrückungsgeld

siehe „Gründungszuschuss“

Übergangsbereich nach § 20 Abs. 2 SGB IV

Neues und Wichtiges auf einen Blick:

Durch die Erhöhung des durchschnittlichen Zusatzbeitrages auf 1,3 % in der Krankenversicherung beträgt der Faktor F ab 1.1.2020 **0,7509.**

Gliederung:

1. Allgemeines
2. Beschäftigungen, die vor dem 1.7.2019 aufgenommen wurden
3. Beschäftigungen mit Verzicht auf Reduzierung des Arbeitnehmerbeitrags in der Rentenversicherung
4. Beschäftigungen mit Bestandsschutzregelung ab 1.1.2013
5. Versicherungsrecht
6. Beitragsrecht
   a) Allgemeines
   b) Ermittlung des regelmäßigen Arbeitsentgelts
   c) Einmalig gezahltes Arbeitsentgelt
   d) Schwankende Bezüge
   e) Steuerfreie Einnahmen
   f) Mehrfachbeschäftigung
7. Beitragsberechnung und Beitragstragung
   a) Beitragspflichtige Einnahmen
   b) Beitragspflichtige Einnahmen in Teilmonaten
   c) Beitragsberechnung
   d) Gesamtbeitrag für jeden Versicherungszweig
   e) Beitragsanteil des Arbeitgebers
   f) Beitragsanteil des Arbeitnehmers
8. Besonderheiten bei Teilmonaten
9. Versicherungsfreiheit
10. Knappschaftliche Rentenversicherung
11. Mehrfachbeschäftigung
    a) Mehrfachbeschäftigung während des gesamten Kalendermonats
    b) Beginn oder Ende der Mehrfachbeschäftigung im Laufe eines Kalendermonats
12. Gelegentliches Über- oder Unterschreiten des Übergangsbereichs
13. Ausnahmen und Besonderheiten
    a) Berufsausbildung und freiwilliges soziales/ökologisches Jahr sowie Bundesfreiwilligendienst
    b) Fiktive beitragspflichtige Einnahmen
    c) Wertguthabenvereinbarungen, Vorruhestandsgeldbezug, Wiedereingliederungsmaßnahmen
    d) Kurzarbeit
    e) Nettoarbeitsentgelt
    f) Umlagen nach dem Aufwendungsausgleichsgesetz
14. Insolvenzgeldumlage
15. Melderecht
    a) Besondere Meldeinhalte
    b) Entgeltmeldungen über den 30.6.2019 hinaus
16. Verfahren bei Mehrfachbeschäftigung

1. Allgemeines

Durch das Gesetz über Leistungsverbesserungen und Stabilisierung in der gesetzlichen Rentenversicherung (RV-Leistungsverbesserungs- und -Stabilisierungsgesetz) vom 28.11.2018 (BGBl. I S. 2016) trat zum 17.2019 an die Stelle der bisherigen Gleitzone der Übergangsbereich nach § 20 Abs. 2 SGB IV. Die obere Entgeltgrenze wurde von 850 Euro auf 1.300 Euro angehoben.

Für Beschäftigte mit einem regelmäßigen Arbeitsentgelt von 450,01 Euro bis 1.300,00 Euro im Monat ist die Zahlung eines ermäßigten Beitragsanteils am Gesamtsozialversicherungsbeitrag vorgesehen. Allerdings führt die Reduzierung der Arbeitnehmerbeiträge zur Rentenversicherung zu keinen geminderten Rentenansprüchen mehr. Die bisherige Möglichkeit der Beschäftigten, auf die Reduzierung des Arbeitnehmerbeitrags in der Rentenversicherung zur Vermeidung der damit verbundenen rentenmindernden Auswirkungen zu verzichten, ist daher entfallen. Darüber hinaus wurden durch das Gesetz zur Beitragsentlastung der Versicherten in der gesetzlichen Krankenversicherung (GKV-Versichertenentlastungsgesetz – GKV-VEG) vom 11.12.2018 (BGBl. I S. 2387) die Regelungen der Beitragstragung mit Wirkung vom 1.1.2019 dahingehend angepasst, dass der Zusatzbeitrag in der gesetzlichen Krankenversicherung nicht mehr vom Arbeitnehmer alleine, sondern vom Arbeitnehmer und Arbeitgeber jeweils zur Hälfte aufgebracht wird.

Für Arbeitnehmer, die eine versicherungspflichtige Beschäftigung mit einem Arbeitsentgelt innerhalb des Übergangsbereichs ausüben, gelten besondere Regelungen für die Ermittlung der Beitragsbemessungsgrundlage sowie für die Beitragstragung zur Kranken-, Pflege-, Renten- und Arbeitslosenversicherung. Zudem sind die Meldungen besonders zu kennzeichnen und um eine zusätzliche Angabe zum Arbeitsentgelt zu ergänzen. Ein Beschäftigungsverhältnis im Übergangsbereich nach § 20 Abs. 2 SGB IV liegt vor, wenn das Arbeitsentgelt aus der mehr als geringfügig entlohnten Beschäftigung nach § 8 Abs. 1 Nr. 1 SGB IV regelmäßig 1.300 Euro im Monat nicht übersteigt, das regelmäßige Arbeitsentgelt demnach 450,01 Euro bis 1.300,00 Euro im Monat beträgt. Werden mehrere Beschäftigungen ausgeübt, gelten die besonderen Regelungen des Übergangsbereichs, wenn das insgesamt erzielte Arbeitsentgelt (Gesamtarbeitsentgelt) innerhalb des Übergangsbereichs liegt.

2. Beschäftigungen, die vor dem 1.7.2019 aufgenommen wurden

Für Beschäftigungen, die vor dem 1.7.2019 aufgenommen wurden und über den 30.6.2019 hinaus fortbestehen, sind im Zusammenhang mit der Einführung des Übergangsbereichs keine Bestandsschutzregelungen geschaffen worden, nach denen das bisherige Recht ganz oder teilweise weiter anzuwenden wäre. Die Regelungen des Übergangsbereichs gelten vom 1.7.2019 an daher uneingeschränkt für die mehr als geringfügigen Beschäftigungen, die bereits vor dem 1.7.2019 aufgenommen wurden und deren regelmäßiges Arbeitsentgelt die Entgeltgrenze von 1.300 Euro im Monat nicht überschreitet. Davon betroffen sind insofern auch die Beschäftigungen mit einem Arbeitsentgelt von 450,01 Euro bis 850,00 Euro, die bis zum 30.6.2019 innerhalb der Gleitzone ausgeübt worden sind.

3. Beschäftigungen mit Verzicht auf Reduzierung des Arbeitnehmerbeitrags in der Rentenversicherung

Arbeitnehmer in einer Beschäftigung mit einem Arbeitsentgelt in der bisherigen Gleitzone von 450,01 Euro bis 850,00 Euro konnten bis zum 30.6.2019 den Verzicht auf die Anwendung der besonderen Regelungen zur Gleitzone erklären und dadurch den Erwerb lediglich reduzierter Anwartschaften in der gesetzlichen Rentenversicherung vermeiden (vgl. § 163 Abs. 10 Satz 6 und 7 SGB VI in der bis zum 30.6.2019 geltenden Fassung).

Im Übergangsbereich führen die reduzierten Rentenversicherungsbeiträge für die Arbeitnehmer hingegen zu keinen reduzierten Rentenansprüchen mehr (vgl. § 70 Abs. 1a SGB VI). Daher ist für Beschäftigungen im Übergangsbereich ein Verzicht auf die Reduzierung der Rentenversicherungsbeiträge nicht vorgesehen. Die für am 30.6.2019 bestehende Gleitzonenbeschäftigungen abgegebenen Verzichtserklärungen der Arbeitnehmer verlieren ab 1.7.2019 ihre Wirkung und die Arbeitnehmer zahlen auch reduzierte Rentenversicherungsbeiträge.

4. Beschäftigungen mit Bestandsschutzregelung ab 1.1.2013

Nach der Anhebung der oberen Entgeltgrenze der Gleitzone von 800,00 Euro auf 850,00 Euro zum 1.1.2013 waren die Beiträge von Beschäftigten mit einem monatlichen Arbeitsentgelt von 800,01 bis 850,00 Euro, die nicht ausdrücklich die Anwendung der Gleitzonenregelungen gewählt hatten, weiterhin aus dem tatsächlichen Arbeitsentgelt zu berechnen .Die vorgenannte Bestandsschutzregelung endet zum 30.6.2019. Die hiervon bislang erfassten Beschäftigten sind von der Anwendung der Regelungen des Übergangsbereichs nicht ausgenommen und zahlen dementsprechend aus ihrem Arbeitsentgelt für Zeiten vom 1.7.2019 an reduzierte Beiträge zur Kranken-, Pflege-, Renten- und Arbeitslosenversicherung.

5. Versicherungsrecht

Für Arbeitnehmer, die eine Beschäftigung innerhalb des Übergangsbereichs ausüben, besteht in allen Zweigen der Sozialversicherung grundsätzlich Versicherungspflicht nach den allgemeinen Vorschriften. Die in den einzelnen Versicherungszweigen geltenden versicherungsrechtlichen Regelungen finden uneingeschränkt Anwendung.

6. Beitragsrecht

a) Allgemeines

Die Beiträge, die aufgrund einer versicherungspflichtigen Beschäftigung zur Kranken-, Pflege-, Renten- und Arbeitslosenversicherung zu zahlen sind, werden nach einem Beitragssatz von der Beitragsbemessungsgrundlage erhoben (§§ 241 ff. SGB V, § 54 Abs. 2 SGB XI, § 157 SGB VI, § 341 Abs. 1 SGB III), die jedoch nur bis zur Höhe der Beitragsbemessungsgrenze berücksichtigt wird (§ 223 Abs. 3 SGB V, § 55 Abs. 2 SGB XI, § 157 SGB VI, § 341 Abs. 3 SGB III). Beitragsbemessungsgrundlage sind die beitragspflichtigen Einnahmen der versicherungspflichtig Beschäftigten (§ 223 Abs. 2 SGB V, § 54 Abs. 2 SGB XI, § 161 Abs. 1 SGB VI, § 341 Abs. 3 SGB III). Beitragspflichtige Einnahme der versicherungspflichtig Beschäftigten ist das aus der Beschäftigung erzielte Arbeitsentgelt (§ 226 Abs. 1 Satz 1 Nr. 1 SGB V, § 57 Abs. 1 SGB XI, § 162 Nr. 1 SGB VI, § 342 SGB III). Getragen werden die Beiträge zur Kranken-, Pflege-, Renten- und Arbeitslosenversicherung je zur Hälfte von den versicherungspflichtig beschäftigten Arbeitnehmern und den Arbeitgebern (§ 249 Abs. 1 Satz 1 SGB V, § 58 Abs. 1 SGB XI, § 168 Abs. 1 Nr. 1 SGB VI, § 346 Abs. 1 SGB III); der Beitragszuschlag in der Pflegeversicherung für Kinderlose nach § 55 Abs. 3 SGB XI ist von den Beschäftigten allein zu tragen (§ 58 Abs. 1 Satz 3 SGB XI). Bei Beschäftigungen im Übergangsbereich sind für die Beitragsberechnung und Beitragstragung besondere Regelungen zu berücksichtigen.

b) Ermittlung des regelmäßigen Arbeitsentgelts

Die besonderen beitragsrechtlichen Regelungen zum Übergangsbereich finden Anwendung, wenn das monatliche Arbeitsentgelt aus der Beschäftigung, bzw. bei Bestehen mehrerer Beschäftigungsverhältnisse, die hieraus insgesamt erzielten Arbeitsentgelte im Übergangsbereich von 450,01 Euro bis 1.300,00 Euro liegen. Übergangsbereichsfälle liegen demnach nicht vor, wenn lediglich Teilarbeitsentgelte (z. B. wegen Ablaufs der Entgeltfortzahlung bei Arbeitsunfähigkeit oder bei Beginn bzw. Ende der Beschäftigung im Laufe eines Kalendermonats) innerhalb des Übergangsbereichs liegen.

Bei der Prüfung der Frage, ob das Arbeitsentgelt im Übergangsbereich liegt, ist vom regelmäßigen Arbeitsentgelt auszugehen. Dabei ist grundsätzlich auf das Arbeitsentgelt abzustellen, auf das der Arbeitnehmer einen Rechtsanspruch hat (z. B. aufgrund eines Tarifvertrags, einer Betriebsvereinbarung oder einer Einzelabsprache), selbst wenn der Arbeitgeber das Arbeitsentgelt nicht oder erst später zahlt. Wird allerdings ein höheres als das vereinbarte Arbeitsentgelt gezahlt, kommt es nicht darauf an, ob ein wirksamer (arbeitsrechtlicher) Anspruch auf das gezahlte Arbeitsentgelt besteht; insoweit löst der Zufluss die Arbeitsentgelteigenschaft und mithin den Beitragsanspruch aus. Ob die maßgebenden Entgeltgrenzen regelmäßig im Monat oder nur gelegentlich unter- oder überschritten werden, ist bei Beginn der Beschäftigung und erneut bei jeder dauerhaften Veränderung in den Verhältnissen (z. B. Erhöhung oder Reduzierung des Arbeitsentgelts) im Wege einer vorausschauenden Betrachtung zu beurteilen. Dabei dürfen Änderungen des Arbeitsentgelts (z. B. eine Entgelterhöhung aus Anlass einer bereits feststehenden Tariferhöhung) erst von dem Zeitpunkt an berücksichtigt werden, von dem an der Anspruch auf das neue Entgelt besteht (vgl. Urteil des BSG vom 7.12.1989 – 12 RK 19/87 –, USK 89115). Die hiernach erforderliche Prognose erfordert keine alle Eventualitäten berücksichtigende genaue Vorhersage, sondern lediglich eine ungefähre Einschätzung, welches Arbeitsentgelt – ggf. nach der bisherigen Übung – mit hinreichender Sicherheit zu erwarten ist. Im Prognosezeitpunkt muss davon auszugehen sein, dass sich das Arbeitsentgelt bei normalem Ablauf der Dinge nicht relevant verändert. Grundlage der Prognose können dabei lediglich Umstände sein, von denen in diesem Zeitpunkt anzunehmen ist, dass sie das Arbeitsentgelt bestimmen werden. Solche Umstände können die versicherungs- und beitragsrechtliche Beurteilung dann nicht in die Vergangenheit hinein verändern. Stimmt diese Prognose mit dem späteren Verlauf infolge nicht sicher voraussehbarer Umstände nicht überein, bleibt die für die Vergangenheit getroffene Feststellung maßgebend. Allerdings kann die nicht zutreffende Prognose Anlass für eine neue Prüfung und – wiederum vorausschauende – Betrachtung sein. Als Zeitraum, auf den die vorausschauende Betrachtung bei Beschäftigten zu erstrecken ist, wird der Zeitraum eines Jahres (nicht Kalenderjahr) angesehen. Steht bereits zu Beginn der Beschäftigung fest, dass diese nicht mindestens ein Jahr andauern wird, ist ein entsprechend kürzerer Prognosezeitraum anzusetzen. Es bestehen keine Bedenken, wenn Arbeitgeber aus abrechnungstechnischen Gründen stets zu Beginn eines jeden Kalenderjahres eine erneute vorausschauende Jahresbetrachtung zur Ermittlung des regelmäßigen Arbeitsentgelts anstellen. Eine erstmalige vorausschauende Betrachtung für eine im Laufe eines Kalenderjahres aufgenommene Beschäftigung kann demnach zu Beginn des nächsten Kalenderjahres durch eine neue jährliche Be-

Lohn- steuer- pflichtig | Sozial- versich.- pflichtig

trachtung für dieses Kalenderjahr ersetzt werden. Ein arbeitsrechtlich zulässiger Verzicht auf künftig entstehende Arbeitsentgeltansprüche mindert das zu berücksichtigende Arbeitsentgelt. Soweit das verminderte regelmäßige Arbeitsentgelt aus der Beschäftigung innerhalb des Übergangsbereichs liegt, sind mit Beginn der Entgeltminderung die Regelungen des Übergangsbereichs anzuwenden. Ebenso ist zu verfahren, wenn sich das regelmäßige Arbeitsentgelt aufgrund eines Wechsels von einer Vollzeit- in eine Teilzeitbeschäftigung entsprechend reduziert (z. B. bei teilweiser Freistellung von der Arbeitsleistung im Rahmen der Pflegezeit nach § 3 PflegeZG). Entgeltumwandlungen zur Finanzierung von Aufwendungen für die betriebliche Altersversorgung bis zur Höhe von 4 % der jährlichen Beitragsbemessungsgrenze in der allgemeinen Rentenversicherung im Sinne von § 14 Abs. 1 Satz 2 SGB IV bzw. § 1 Abs. 1 Satz 1 Nr. 9 SvEV mindern ebenfalls das zu berücksichtigende Arbeitsentgelt. Gleiches gilt für Beiträge, die nach § 40b EStG in der Fassung bis 31.12.2004 im Rahmen einer Entgeltumwandlung zugunsten einer betrieblichen Altersversorgung verwendet werden (§ 1 Abs. 1 Satz 1 Nr. 4 SvEV).

c) Einmalig gezahltes Arbeitsentgelt

Einmalige Einnahmen, deren Gewährung mit hinreichender Sicherheit (z. B. aufgrund eines für allgemeinverbindlich erklärten Tarifvertrags oder aufgrund Gewohnheitsrechts wegen betrieblicher Übung) mindestens einmal jährlich zu erwarten ist, sind bei der Ermittlung des Arbeitsentgelts zu berücksichtigen (vgl. analog Urteil des BSG vom 28.2.1984 – 12 RK 21/83 –, USK 8401). So bleiben z. B. Jubiläumszuwendungen bei der Ermittlung des regelmäßigen Arbeitsentgelts unberücksichtigt, da es sich nicht um jährlich wiederkehrende Zuwendungen handelt. Hat der Arbeitnehmer auf die Zahlung einer einmaligen Einnahme verzichtet, kann die einmalige Einnahme – ungeachtet der arbeitsrechtlichen Zulässigkeit eines solchen Verzichts – vom Zeitpunkt des Verzichts an bei der Ermittlung des regelmäßigen Arbeitsentgelts nicht berücksichtigt werden. Im Übrigen sind einmalige Einnahmen bei der Ermittlung des Arbeitsentgelts nur insoweit zu berücksichtigen, als sie aus der zu beurteilenden Beschäftigung resultieren. Soweit einmalige Einnahmen aus ruhenden Beschäftigungsverhältnissen (z. B. bei freiwilligem Wehrdienst oder Elternzeit) gezahlt werden, bleiben sie außer Betracht.

d) Schwankende Bezüge

Bei unvorhersehbar schwankender Höhe des Arbeitsentgelts und in den Fällen, in denen im Rahmen eines Dauerarbeitsverhältnisses saisonbedingt vorhersehbar unterschiedliche Arbeitsentgelte erzielt werden, ist der regelmäßige Betrag durch Schätzung bzw. durch eine Durchschnittsberechnung zu ermitteln. Dabei ist bei einem seit einem Jahr oder länger beschäftigten Arbeitnehmer von dem im Vorjahr erzielten Arbeitsentgelt auszugehen; bei neu eingestellten Arbeitnehmern kann von der Vergütung eines vergleichbaren Arbeitnehmers ausgegangen werden. Diese Feststellung bleibt für die Vergangenheit auch dann maßgebend, wenn sie infolge nicht sicher voraussehbarer Umstände mit den tatsächlichen Arbeitsentgelten aus der Beschäftigung nicht übereinstimmt (vgl. analog Urteile des BSG vom 27.9.1961 – 3 RK 12/57 –, SozR Nr. 6 zu § 168 RVO, vom 23.11.1966 – 3 RK 56/64 –, USK 6698, und vom 23.4.1974 – 4 RJ 335/72 –, USK 7443).

e) Steuerfreie Einnahmen

Nach ausdrücklicher Bestimmung des § 1 Abs. 1 Satz 1 Nr. 16 SvEV gehören steuerfreie Aufwandsentschädigungen und die in § 3 Nr. 26 und 26a EStG genannten steuerfreien Einnahmen nicht zum Arbeitsentgelt in der Sozialversicherung und bleiben daher bei der Ermittlung des regelmäßigen Arbeitsentgelts unberücksichtigt. Hierunter fallen z. B. die Einnahmen aus nebenberuflichen Tätigkeiten als Übungsleiter, Ausbilder, Erzieher, Betreuer oder vergleichbaren nebenberuflichen Tätigkeiten, aus nebenberuflichen künstlerischen Tätigkeiten oder für die Pflege alter, kranker oder behinderter Menschen bis zur Höhe von insgesamt 3000 Euro im Kalenderjahr (sogenannte Übungsleiterpauschale). Die steuerfreien Einnahmen bleiben bei der Prognose des regelmäßigen Arbeitsentgelts unabhängig davon, ob der steuerfreie Jahresbetrag von 3000 Euro vom Arbeitgeber pro rata (z. B. monatlich mit 250 Euro) angesetzt oder en bloc (z. B. jeweils zum Jahresbeginn bzw. zu Beginn der Beschäftigung) ausgeschöpft wird, in dem Umfang unberücksichtigt, in dem sie in der Summe vom Arbeitgeber gewährt werden sollen. Sofern eine Beschäftigung im Laufe eines Kalenderjahres beendet wird und der Steuerfreibetrag noch nicht verbraucht ist, wird durch eine (rückwirkende) volle Ausschöpfung des Steuerfreibetrags die ursprüngliche versicherungs- und beitragsrechtliche Beurteilung der Beschäftigung jedoch nicht geändert. Dies gilt für steuerfreie Einnahmen nach § 3 Nr. 26a EStG entsprechend. Auch steuerfreie Einnahmen, die zusätzlich zum Arbeitsentgelt gewährt werden und daher nach § 1 Abs. 1 Satz 1 Nr. 1 SvEV nicht zum beitragspflichtigen Arbeitsentgelt gehören, bleiben bei der Ermittlung des regelmäßigen Arbeitsentgelts unberücksichtigt.

f) Mehrfachbeschäftigung

Werden mehrere Beschäftigungen bei verschiedenen Arbeitgebern ausgeübt, sind für die Prüfung des Anwendungsbereichs des Übergangsbereichs nur die Arbeitsentgelte zusammenzurechnen, die aus versicherungspflichtigen Beschäftigungen erzielt werden (z. B. keine Berücksichtigung einer versicherungsfreien Beschäftigung als Beamter). Arbeitsentgelte aus einer geringfügig entlohnten Beschäftigung, die neben einer nicht geringfügigen versicherungspflichtigen (Haupt-)Beschäftigung ausgeübt wird, sind bei der Ermittlung des regelmäßigen Arbeitsentgelts nicht zu berücksichtigen (§ 163 Abs. 10 Satz 1 SGB VI, § 226 Abs. 4 Satz 1 SGB V, § 344 Abs. 4 SGB III). Eine Zusammenrechnung der Arbeitsentgelte scheidet für den Bereich der gesetzlichen Rentenversicherung damit auch in den Fällen aus, in denen der geringfügig entlohnt Beschäftigte der Rentenversicherungspflicht unterliegt. Arbeitsentgelte aus kurzfristigen Beschäftigungen sind ebenfalls nicht anzurechnen. Arbeitsentgelte aus mehreren – für sich betrachtet – geringfügig entlohnten Beschäftigungen sind hingegen zu berücksichtigen, wenn diese wegen der vorgeschriebenen Zusammenrechnung nach § 8 Abs. 2 Satz 1 SGB IV mit anderen geringfügig entlohnten Beschäftigungen oder als weitere geringfügig entlohnte Beschäftigung(en) mit einer versicherungspflichtigen (Haupt-)Beschäftigung für den Arbeitnehmer zur Versicherungspflicht aufgrund mehr als geringfügiger Beschäftigung führen.

7. Beitragsberechnung und Beitragstragung

Für die Beitragsberechnung und Beitragstragung bei Beschäftigungen mit einem regelmäßigen monatlichen Arbeitsentgelt innerhalb des Übergangsbereichs gelten in der Kranken-, Pflege-, Renten- und Arbeitslosenversicherung besondere Regelungen. Im Ergebnis haben die Arbeitgeber weiterhin ihren „vollen" Beitragsanteil zu den einzelnen Versicherungszweigen zu tragen. Die Arbeitnehmer tragen jedoch nur einen reduzierten Beitragsanteil. Der geringere Arbeitnehmeranteil ergibt sich durch die der Beitragsberechnung zugrunde zu legende reduzierte beitragspflichtige Einnahme (Beitragsbemessungsgrundlage) und die besonderen Regelungen über die Beitragstragung.

a) Beitragspflichtige Einnahmen

Bei Arbeitnehmern, die gegen ein regelmäßiges monatliches Arbeitsentgelt innerhalb des Übergangsbereichs be-

Lohn-steuer-pflichtig Sozial-versich.-pflichtig

schäftigt sind, wird in der Kranken-, Pflege-, Renten- und Arbeitslosenversicherung nach § 226 Abs. 4 SGB V, § 57 Abs. 1 SGB XI, § 163 Abs. 10 SGB VI und § 344 Abs. 4 SGB III für die Berechnung des Beitrags als beitragspflichtige Einnahme nicht das tatsächlich erzielte Arbeitsentgelt zugrunde gelegt, sondern ein Betrag, der nach folgender Formel berechnet wird:

$$F \times 450 + (\{\frac{1300}{1300 - 450}\} - \{\frac{450}{1300 - 450}\} \times F) \times (AE - 450)$$

AE = monatliches Arbeitsentgelt des Beschäftigungsverhältnisses

F = Faktor, der sich ergibt, wenn der Wert 30 % durch den Gesamtsozialversicherungsbeitragssatz des Kalenderjahres, in dem der Anspruch auf das Arbeitsentgelt entstanden ist, geteilt wird.

Der Gesamtsozialversicherungsbeitragssatz eines Jahres ergibt sich aus der Summe der zum 01.01. desselben Kalenderjahres geltenden Beitragssätze in der allgemeinen Rentenversicherung, in der gesetzlichen Pflegeversicherung sowie in der Arbeitslosenversicherung und des um den durchschnittlichen Zusatzbeitragssatz erhöhten allgemeinen Beitragssatzes in der gesetzlichen Krankenversicherung. Der Gesamtsozialversicherungsbeitragssatz und der Faktor F sind vom Bundesministerium für Arbeit und Soziales bis zum 31.12. eines Jahres für das folgende Kalenderjahr im Bundesanzeiger bekannt zu geben.

Am 1.1.2021 beträgt der Gesamtsozialversicherungsbeitragssatz 39,95 % (Krankenversicherung 14,6 % + 1,3 %, Pflegeversicherung 3,05 %, Rentenversicherung 18,6 %, Arbeitslosenversicherung 2,4 %).

Der Faktor F für das Kalenderjahr 2021 beträgt somit 0,7509 (= 30 % / 39,95 %).

Demzufolge kann die ab 1.1.2021 anzuwendende Formel wie folgt vereinfacht werden:

beitragspflichtige Einnahme = 1,131876471 × AE − 171,439411765

Beispiel

Das Arbeitsentgelt einer Arbeitnehmerin beträgt im Monat Mai 2021 1150 €.

Die für die Berechnung des Arbeitnehmeranteils maßgebende verminderte Bemessungsgrundlage berechnet sich wie folgt:

beitragspflichtige Einnahmen = 1,131876471 × 1150 € − 171,439411765 = 1130,22 €

Hiernach ergibt sich ab 1.1.2021 folgende Übersicht:

Arbeitsentgelt mtl. z. B. geminderte Bemessungsgrundlage für die Berechnung des Arbeitnehmeranteils

450,01 €	337,92
500,— €	394,50
550,— €	451,09
600,— €	507,69
650,— €	564,28
700,— €	620,87
750,— €	677,47
800,— €	734,06
850,— €	790,66
900,— €	847,25
950,- €	903,84
1000,— €	960,44
1050,— €	1017,03
1100,— €	1073,62
1150,— €	1130,22
1200,— €	1186,81
1250,— €	1243,41
1300,— €	1300,00

U

b) Beitragspflichtige Einnahmen in Teilmonaten

In den Fällen, in denen zwar das regelmäßige monatliche Arbeitsentgelt innerhalb des Übergangsbereichs liegt, aber der Beschäftigte nicht für einen vollen Kalendermonat Arbeitsentgelt erzielt (z. B. wegen Ablaufs der Entgeltfortzahlung bei Arbeitsunfähigkeit oder bei Beginn bzw. Ende der Beschäftigung im Laufe eines Kalendermonats), ist – ausgehend von der monatlichen beitragspflichtigen Einnahme – die anteilige beitragspflichtige Einnahme zu berechnen. Hierfür ist zunächst ausgehend vom anteiligen Arbeitsentgelt das monatliche Arbeitsentgelt zu berechnen. Dabei ist wie folgt vorzugehen:

$$\text{monatliches Arbeitsentgelt} = \frac{\text{anteiliges Arbeitsentgelt} \times 30}{\text{Kalendertage}}$$

(hier: monatliches Arbeitsentgelt = monatliche beitragspflichtige Einnahme)

Auf der Grundlage des monatlichen Arbeitsentgelts ist die beitragspflichtige Einnahme nach Maßgabe der Berechnungsformel zu ermitteln. Anschließend ist diese beitragspflichtige Einnahme entsprechend der Anzahl der Kalendertage, für die eine versicherungspflichtige Beschäftigung besteht, zu reduzieren:

$$\textbf{anteilige}\text{ beitragspflichtige Einnahme} = \frac{\textbf{monatliche}\text{ beitragspflichtige Einnahme} \times \text{Kalendertage}}{30}$$

Dabei ist unerheblich, ob das anteilige Arbeitsentgelt unterhalb des Übergangsbereichs liegt. Für die Anwendung der besonderen Regelungen des Übergangsbereichs ist in diesen Fällen allein auf das regelmäßige monatliche Arbeitsentgelt abzustellen.

Beispiel

Das mtl. Arbeitsentgelt beträgt im Juni 2021 650 €. Die Beschäftigung wird am 12.6.2021 beendet. Deshalb wird im Juni nur ein Arbeitsentgelt von 260 € bezahlt.

Die monatliche beitragspflichtige Einnahme aus 650 € beträgt 564,28 €

Die anteilige beitragspflichtige Einnahme vom 1.6. – 12.6.2020 beträgt 564,28 € × 12 : 30 = 225,71 €

Sofern Arbeitgeber aufgrund arbeits- oder tarifvertraglicher Regelungen das Teilarbeitsentgelt auf andere Weise berechnen (beispielsweise unter Zugrundelegung der tatsächlichen Arbeitstage im Verhältnis zu den Werktagen eines Kalendermonats), ist dies bei der Berechnung der reduzierten beitragspflichtigen Einnahme zu berücksichtigen.

c) Beitragsberechnung

Grundlage für den vom Arbeitgeber zu zahlenden Gesamtsozialversicherungsbeitrag aus einer Beschäftigung mit einem Arbeitsentgelt innerhalb des Übergangsbereichs bildet eine reduzierte beitragspflichtige Einnahme, die nach der Berechnungsformel errechnet wird. Die Höhe des vom Arbeitgeber und Arbeitnehmer zu tragenden Beitragsanteils ergibt sich aus den besonderen Regelungen zur Beitragstragung bei Beschäftigungen innerhalb des Übergangsbereichs (§ 249 Abs. 3 SGB V, § 58 Abs. 5 Satz 2 SGB XI, § 168 Abs. 1 Nr. 1d SGB VI, § 346 Abs. 1a SGB III) und § 2 Abs. 2 Satz 2 und 3 BVV. Das Verfahren zur Beitragsberechnung erfolgt in drei Schritten:

d) Gesamtbeitrag für jeden Versicherungszweig

Der Beitrag wird durch die Anwendung des halben Beitragssatzes auf die beitragspflichtige Einnahme und anschließender Verdoppelung des gerundeten Ergebnisses

Lohnsteuerpflichtig | Sozialversich.-pflichtig

ermittelt (§ 2 Abs. 2 Satz 1 BVV). Dies gilt gleichermaßen für die Ermittlung des Zusatzbeitrages in der Krankenversicherung. Darüber hinaus ist der Beitragszuschlag in der Pflegeversicherung bei Kinderlosigkeit von 0,25 % nach § 55 Abs. 3 SGB XI, der von den Arbeitnehmern alleine zu tragen ist, durch Anwendung des Beitragszuschlags auf die reduzierte beitragspflichtige Einnahme gesondert zu berechnen und dem nach den besonderen beitragsrechtlichen Regelungen des Übergangsbereichs ermittelten Arbeitnehmerbeitragsanteil hinzuzurechnen (§ 2 Abs. 2 Satz 5 BVV).

e) Beitragsanteil des Arbeitgebers

Der Arbeitgeberbeitragsanteil zur Kranken-, Pflege-, Renten- und Arbeitslosenversicherung wird durch Anwendung des halben Beitragssatzes zur Krankenversicherung zuzüglich des halben kassenindividuellen Zusatzbeitragssatzes, des halben Beitragssatzes zur Pflegeversicherung, des halben Beitragssatzes zur Rentenversicherung und des halben Beitragssatzes zur Arbeitslosenversicherung auf das der Beschäftigung zugrunde liegende Arbeitsentgelt ermittelt. Dabei ist der Arbeitgeberbeitragsanteil für jeden Versicherungszweig eigenständig und nicht in Summe aller halben Beitragssätze zu berechnen (§ 2 Abs. 2 Satz 2 BVV). Für Arbeitnehmer mit einem Beschäftigungsort in Sachsen wird der Beitragsanteil des Arbeitgebers in der Pflegeversicherung durch Anwendung des halben, um einen Prozentpunkt verminderten Beitragssatzes ermittelt. Derzeit ergibt sich dadurch für die Arbeitgeber – abweichend von § 58 Abs. 5 Satz 2 SGB XI – ein Beitragsanteil in Höhe von 1,025 % des tatsächlich erzielten Arbeitsentgelts. In der knappschaftlichen Rentenversicherung sind ebenfalls Besonderheiten zu beachten.

f) Beitragsanteil des Arbeitnehmers

Der Abzug des jeweiligen Arbeitgeberbeitragsanteils von dem im ersten Schritt für jeden Versicherungszweig ermittelten Gesamtbeitrag ergibt den jeweiligen Beitragsanteil des Arbeitnehmers (§ 2 Abs. 2 Satz 3 BVV).

Beispiel

Der mtl. Arbeitslohn einer Arbeitnehmerin beträgt im August 2021 950,00 €. Bei einem Beitragssatz in der Krankenversicherung von 14,6 % ergibt sich folgende monatliche Lohnabrechnung:

Monatslohn		950,– €
Lohnsteuer (Steuerklasse V)	94,50 €	
Solidaritätszuschlag	0,00 €	
Kirchensteuer (z. B. 8%)	7,56 €	
Sozialversicherung (Arbeitnehmeranteil)	174,57 €	276,63 €
Nettolohn		673,37 €

Berechnung der Sozialversicherungsbeiträge

Arbeitgeberanteil (AG-Anteil) Bemessungsgrundlage	**950,– €**
Krankenversicherung (7,3%)	69,35 €
Krankenversicherung Zusatzbeitrag (z. B. 1,3% : 2 = 0,65%)	6,18 €
Pflegeversicherung (1,525%)	14,49 €
Rentenversicherung (9,30%)	88,35 €
Arbeitslosenversicherung (1,2%)	11,40 €
Arbeitgeberanteil insgesamt	189,77 €
Arbeitnehmeranteil (AN-Anteil) Bemessungsgrundlage	
beitragspflichtige Einnahme: 1,131876471 × 950,00 € – 171,439411765 =	**903,84 €**
Krankenversicherung	
Beitrag (903,84 € × 7,3 % × 2)	131,96 €
zuzüglich Zusatzbeitrag (903,84 € × 0,65 % × 2)	11,76 €
abzüglich Arbeitgeberbeitragsanteil (950,00 € × 7,3 %)	69,35 €
abzüglich Arbeitgeberbeitragsanteil (950,00 € × 0,55 %)	5,23 €
Arbeitnehmerbeitragsanteil	69,14 €
Pflegeversicherung	
Beitrag (903,84 € × 1,525 % × 2)	27,60 €
zusätzlicher Arbeitnehmerbeitrag (903,84 € × 0,25 %)	2,26 €
abzüglich Arbeitgeberbeitragsanteil (950,00 € × 1,525 %)	14,49 €
Arbeitnehmerbeitragsanteil	15,37 €
Rentenversicherung	
Beitrag (903,84 € × 9,3 % × 2)	168,12 €
abzüglich Arbeitgeberbeitragsanteil (950,00 € × 9,3 %)	88,35 €
Arbeitnehmerbeitragsanteil	79,76 €
Arbeitslosenversicherung	
Beitrag (903,84 € × 1,2 % × 2)	21,70 €
abzüglich Arbeitgeberbeitragsanteil (950,00 € × 1,2 %)	11,40 €
Arbeitnehmerbeitragsanteil	10,30 €
Arbeitnehmeranteil insgesamt	174,57 €

8. Besonderheiten bei Teilmonaten

Soweit in den Fällen, in denen nur für wenige Arbeitstage ein Teilarbeitsentgelt und ggf. eine Einmalzahlung gezahlt wird, der Arbeitgeberbeitragsanteil höher ist als der sich auf der Basis der (reduzierten) beitragspflichtigen Einnahme ergebende Versicherungsbeitrag, ist lediglich dieser Versicherungsbeitrag zu zahlen. Ein Arbeitnehmerbeitragsanteil fällt nicht an. Hingegen ist gemäß § 2 Abs. 2 Satz 5 BVV vom Arbeitnehmer der Beitragszuschlag bei Kinderlosigkeit in der Pflegeversicherung zu entrichten. Bei einem unbezahlten Urlaub gilt eine Beschäftigung nach § 7 Abs. 3 Satz 1 SGB IV als fortbestehend, solange das Beschäftigungsverhältnis ohne Anspruch auf Arbeitsentgelt fortdauert, jedoch nicht länger als einen Monat. Die Regelung über den Fortbestand des Beschäftigungsverhältnisses hat mittelbar auch Auswirkungen auf die Berechnung der Beiträge zur Kranken-, Pflege-, Renten- und Arbeitslosenversicherung, denn die Zeiten der Arbeitsunterbrechung ohne Anspruch auf Arbeitsentgelt sind keine beitragsfreien, sondern dem Grunde nach beitragspflichtige Zeiten. Dies bedeutet, dass für Zeiträume von Arbeitsunterbrechungen wegen unbezahlten Urlaubs bis zu einem Monat beitragspflichtige Sozialversicherungstage (SV-Tage) anzusetzen sind. Eine Hochrechnung zur Ermittlung der anteiligen beitragspflichtigen Einnahme ist jedoch nicht für Kalendermonate erforderlich, deren SV-Tage nicht gekürzt werden. Das tatsächlich erzielte (Rest-)Arbeitsentgelt ist als monatliches Arbeitsentgelt anzusehen.

9. Versicherungsfreiheit

Besteht nach besonderen Regelungen in einzelnen Zweigen der Sozialversicherung Versicherungsfreiheit (z. B. in der Krankenversicherung von Arbeitnehmern, die nach Vollendung des 55. Lebensjahres eine dem Grunde nach versicherungspflichtige Beschäftigung aufnehmen; § 6 Abs. 3a SGB V) oder liegt eine Befreiung von der Versicherungspflicht vor (z. B. in der Rentenversicherung wegen Mitgliedschaft in einer berufsständischen Versorgungseinrichtung nach § 6 Abs. 1 Satz 1 Nr. 1 SGB VI), sind zu den betreffenden Versicherungszweigen keine Beiträge zu zahlen. Insbesondere bei geringfügigen Nebenbeschäftigungen können die besonderen Vorschriften über die Zusammenrechnung mit der Hauptbeschäftigung in einzelnen Zweigen der Sozialversicherung zu verschiedenen versicherungs- und beitragsrechtlichen Beurteilungen der Haupt- und Nebenbeschäftigungen führen (§ 8 Abs. 2 SGB IV i. V. m. § 7 Abs. 1 SGB V, § 6 Abs. 1b SGB VI und § 27 Abs. 2 SGB III). Soweit hiernach der Beschäftigte in der Nebenbeschäftigung in einzelnen Ver-

Lohn-steuer-pflichtig | Sozial-versich.-pflichtig

sicherungszweigen versicherungsfrei bleibt und in der Rentenversicherung von der Versicherungspflicht befreit wird, sind demnach zu den betreffenden Versicherungszweigen auch keine individuellen Beiträge aus der Nebenbeschäftigung zu zahlen. Der für Beschäftigte zu zahlende Arbeitgeberanteil zur Rentenversicherung (§ 172 Abs. 1 SGB VI), die als Bezieher einer Altersvollrente nach Erreichen der Regelaltersgrenze bzw. einer Versorgung wegen Erreichen einer Altersgrenze oder ausschließlich wegen Erreichens der Regelaltersgrenze oder wegen einer Beitragserstattung aus eigener Versicherung rentenversicherungsfrei sind (§ 5 Abs. 4 Satz 1 SGB VI), ist hingegen auch bei Beschäftigungen innerhalb des Übergangsbereichs zu zahlen. Die Berechnung des Arbeitgeberanteils erfolgt dabei aus dem tatsächlichen Arbeitsentgelt. Für Beschäftigte, die aufgrund der Mitgliedschaft in einer berufsständischen Versorgungseinrichtung von der Rentenversicherungspflicht befreit sind, ist zu beachten, dass der Beitragszuschuss des Arbeitgebers nach § 172a SGB VI zur Versorgungseinrichtung zu zahlen ist.

10. Knappschaftliche Rentenversicherung

Für knappschaftlich rentenversicherte Arbeitnehmer wirkt sich die Regelung des Übergangsbereichs in gleicher Weise aus, wie bei einem in der allgemeinen Rentenversicherung versicherten Arbeitnehmer (§ 168 Abs. 3 SGB VI). Allerdings ist der vom Arbeitgeber zu tragende Beitragsanteil auf Basis des besonderen Beitragssatzes zur knappschaftlichen Rentenversicherung zu ermitteln. Für die Berechnung der Beitragsanteile ist zunächst der Arbeitnehmerbeitragsanteil zu berechnen, der vom Arbeitnehmer zu tragen wäre, wenn er in der allgemeinen Rentenversicherung versichert wäre. Der Arbeitgeberbeitragsanteil ergibt sich aus der Differenz des Gesamtbeitrags auf der Basis der reduzierten beitragspflichtigen Einnahme und des Beitragssatzes zur knappschaftlichen Rentenversicherung abzüglich des Arbeitnehmerbeitragsanteils.

11. Mehrfachbeschäftigung

Werden mehrere (ggf. durch Zusammenrechnung) versicherungspflichtige Beschäftigungen ausgeübt, deren Arbeitsentgelte jedoch in der Summe innerhalb des Übergangsbereichs liegen, sind die für die Berechnung der Arbeitnehmerbeitragsanteile zugrunde zu legenden reduzierten beitragspflichtigen Einnahmen für die einzelnen Beschäftigungen nicht durch die Anwendung der allgemeinen Berechnungsformel auf die jeweiligen Arbeitsentgelte zu ermitteln; in diesen Fällen wird die reduzierte beitragspflichtige Einnahme vielmehr auf der Grundlage des Gesamtarbeitsentgelts ermittelt und im Verhältnis der jeweiligen Arbeitsentgelte zum Gesamtarbeitsentgelt aufgeteilt.

a) Mehrfachbeschäftigung während des gesamten Kalendermonats

Sofern die Mehrfachbeschäftigung im Übergangsbereich für volle Kalendermonate besteht, ist die jeweilige beitragspflichtige Einnahme auf der Grundlage des von den Krankenkassen mitgeteilten Gesamtarbeitsentgelts (für den vollen Kalendermonat = 30 Sozialversicherungstage), wie folgt zu berechnen:

$$\frac{[F \times 450 + ([1.300/(1.300 - 450)] - [450/(1.300 - 450)] \times F) \times (GAE - 450)] \times EAE}{GAE}$$

Das Ergebnis der Berechnung ist auf zwei Dezimalstellen zu runden, wobei die zweite Dezimalstelle um 1 zu erhöhen ist, wenn sich in der dritten Dezimalstelle eine der Zahlen 5 bis 9 ergeben würde.

Die besonderen Regelungen für Beschäftigungen mit Arbeitsentgelten außerhalb des Übergangsbereichs – insbesondere die Beitragsberechnung unter ausschließlicher Anwendung des Faktors F – gelten insoweit nicht, als lediglich die einzelnen Arbeitsentgelte (nicht aber das Gesamtarbeitsentgelt) außerhalb des Übergangsbereichs liegen.

b) Beginn oder Ende der Mehrfachbeschäftigung im Laufe eines Kalendermonats

Bestehen mehrere Beschäftigungen nicht durchgehend während des gesamten Kalendermonats, muss differenziert werden, ob

- sämtliche Beschäftigungen nicht für den vollen Monat bestehen, jedoch am gleichen Tag beginnen oder enden,
- (mindestens) eine Beschäftigung den vollen Kalendermonat besteht und (mindestens) eine weitere hinzutritt oder wegfällt oder
- die Beschäftigungen im Laufe eines Monats an verschiedenen Tagen beginnen oder enden.

Beginnt oder endet die Mehrfachbeschäftigung im Übergangsbereich im Laufe eines Kalendermonats, ist die jeweilige beitragspflichtige Einnahme ausgehend von einer monatlichen beitragspflichtigen Einnahme zu ermitteln. Hierzu ist das für den Teil des Kalendermonats (Teilmonat) gezahlte Gesamtarbeitsentgelt zunächst auf den vollen Kalendermonat hochzurechnen. Dieser Grundsatz, wonach die Anwendung der Berechnungsformel in Teilmonaten ein monatliches Arbeitsentgelt bzw. Gesamtarbeitsentgelt verlangt, entspricht den Regelungen, dass im Rahmen einer (einzelnen) Beschäftigung nur ein Teilarbeitsentgelt gezahlt wird. Die aus dem (auf den vollen Kalendermonat hochgerechneten) Gesamtarbeitsentgelt nach der Berechnungsformel ermittelte beitragspflichtige Einnahme ist anschließend entsprechend der Anzahl der SV-Tage zu reduzieren. Die anteilige beitragspflichtige Einnahme für den jeweiligen Arbeitgeber ergibt sich dann aus dem Verhältnis der jeweiligen Arbeitsentgelte zum Gesamtarbeitsentgelt.

Tritt zu einer bestehenden versicherungspflichtigen Beschäftigung im Laufe des Kalendermonats eine weitere versicherungspflichtige Beschäftigung hinzu und wird dadurch eine Mehrfachbeschäftigung im Übergangsbereich begründet, ist zur Ermittlung der jeweiligen beitragspflichtigen Einnahme das vorstehend beschriebene Verfahren mit der Maßgabe anzuwenden, dass aus Gründen der Verfahrensvereinfachung für den Monat des Hinzutritts der weiteren versicherungspflichtigen Beschäftigung insgesamt, also für den vollen Kalendermonat, von einer Mehrfachbeschäftigung im Übergangsbereich auszugehen ist. Insofern entfällt die Hochrechnung des Gesamtarbeitsentgelts auf den vollen Kalendermonat. Entsprechendes gilt bei Wegfall einer Beschäftigung, wenn dadurch die Voraussetzungen der Mehrfachbeschäftigung im Übergangsbereich im Laufe des Kalendermonats entfallen.

Tritt zu einer im Laufe des Kalendermonats aufgenommenen versicherungspflichtigen Beschäftigung im weiteren Verlauf des Kalendermonats eine weitere versicherungspflichtige Beschäftigung hinzu und wird dadurch eine Mehrfachbeschäftigung im Übergangsbereich begründet, ist zur Ermittlung der jeweiligen beitragspflichtigen Einnahme das im vorherigen Absatz beschriebene Verfahren mit der Maßgabe anzuwenden, dass nicht für den vollen Kalendermonat, sondern von dem Zeitpunkt der Aufnahme der (ersten) versicherungspflichtigen Beschäftigung an von einer Mehrfachbeschäftigung im Übergangsbereich auszugehen ist. Unter Berücksichtigung dieser Verfahrensvereinfachung ist das für die unterschiedlichen Teile des Kalendermonats gezahlte Gesamtarbeitsentgelt auf den vollen Kalendermonat hochzurechnen. Die aus dem (auf den vollen Kalendermonat hochgerechneten) Gesamtarbeitsentgelt nach der Berechnungsformel ermittelte beitragspflichtige Einnahme ist anschließend entsprechend der Anzahl der beitragspflichtigen SV-Tage zu reduzieren. Die anteilige beitrags-

U

Lohn-steuer-pflichtig Sozial-versich.-pflichtig

pflichtige Einnahme für den jeweiligen Arbeitgeber ergibt sich dann aus dem Verhältnis der jeweiligen Arbeitsentgelte zum Gesamtarbeitsentgelt.

12. Gelegentliches Über- oder Unterschreiten des Übergangsbereichs

Bei Beschäftigungen, in denen zwar das regelmäßige monatliche Arbeitsentgelt innerhalb des Übergangsbereichs liegt, das tatsächliche monatliche Arbeitsentgelt jedoch dessen Grenzen über- oder unterschreitet (z. B. schwankendes Arbeitsentgelt, Einmalzahlungen), kann die für die Beitragsberechnung zu ermittelnde beitragspflichtige Einnahme nicht nach der Berechnungsformel berechnet werden.

In diesen Fällen ist in den Monaten, in denen das Arbeitsentgelt die untere Entgeltgrenze von 450,01 Euro unterschreitet, für die Berechnung der beitragspflichtigen Einnahme das tatsächliche Arbeitsentgelt mit dem Faktor F zu multiplizieren (§ 2 Abs. 2 Satz 4 BVV):

tatsächliches Arbeitsentgelt × F = beitragspflichtige Einnahme

In den Monaten des Überschreitens der oberen Entgeltgrenze von 1.300 Euro sind die Beiträge nach den allgemeinen Regelungen zu berechnen. Das heißt, der Beitragsberechnung ist das tatsächliche Arbeitsentgelt als beitragspflichtige Einnahme zugrunde zu legen und der Beitrag vom Arbeitgeber und Arbeitnehmer nach den für den jeweiligen Versicherungszweig geltenden Bestimmungen zu tragen:

tatsächliches Arbeitsentgelt = beitragspflichtige Einnahme

Sofern aufgrund von länger andauernder Arbeitsunfähigkeit kein laufendes Arbeitsentgelt (mehr) bezogen wird und der Arbeitnehmer eine Einmalzahlung (z. B. Urlaubsgeld) erhält, richtet sich die Anwendung der Regelungen des Übergangsbereichs bei der Beitragsberechnung aus der Einmalzahlung danach, ob die Beschäftigung aufgrund der Höhe des ausgefallenen Arbeitsentgelts im Übergangsbereich liegt. Ist dies der Fall und übersteigt das ausgefallene laufende Arbeitsentgelt zusammen mit der Einmalzahlung nicht die obere Entgeltgrenze von 1.300 Euro, sind die Regelungen des Übergangsbereichs auf die Einmalzahlung anzuwenden. Sofern der Betrag der Einmalzahlung dabei die untere Entgeltgrenze von 450,01 Euro unterschreitet, ist die Einmalzahlung für die Ermittlung der reduzierten beitragspflichtigen Einnahme mit dem Faktor F zu multiplizieren. Übersteigt hingegen das ausgefallene laufende Arbeitsentgelt zusammen mit der Einmalzahlung die obere Entgeltgrenze von 1.300 Euro, sind für die Berechnung der Beiträge (aus der Einmalzahlung) die allgemeinen Regelungen und nicht die des Übergangsbereichs anzuwenden. Dies gilt auch für Einmalzahlungen, die nach § 23a Abs. 2 SGB IV dem letzten Entgeltabrechnungszeitraum des laufenden Kalenderjahres zuzuordnen sind. Allerdings ist bei Beschäftigungen im Übergangsbereich hierbei zur Beitragsberechnung die Berechnungsformel auf die Summe des Arbeitsentgelts des letzten Entgeltabrechnungszeitraums und der Einmalzahlung anzuwenden. Soweit die für die Zeit des Bezugs von Sozialleistungen laufend gezahlten arbeitgeberseitigen Leistungen den SV-Freibetrag nach § 23c Abs. 1 SGB IV überschreiten, sind auf die beitragspflichtigen arbeitgeberseitigen Leistungen ebenfalls die Regelungen des Übergangsbereichs anzuwenden, wenn die Beschäftigung unter Berücksichtigung des ausgefallenen Arbeitsentgelts im Übergangsbereich liegt.

13. Ausnahmen und Besonderheiten

a) Berufsausbildung und freiwilliges soziales/ökologisches Jahr sowie Bundesfreiwilligendienst

Die besonderen Regelungen des Übergangsbereichs gelten nicht für Personen, die zu ihrer Berufsausbildung (z. B. Auszubildende, Praktikanten, Teilnehmer an dualen Studiengängen) beschäftigt sind (§ 163 Abs. 10 Satz 8 SGB VI i. V. m. § 226 Abs. 4 SGB V, § 57 Abs. 1 Satz 1 SGB XI und § 344 Abs. 4 SGB III). Die Rechtsprechung hat für die Beschäftigungen innerhalb der bisherigen Gleitzone diese Ausnahmeregelung für die zur betrieblichen Berufsausbildung Beschäftigten bestätigt und geltend gemachte verfassungsrechtliche Bedenken zurückgewiesen (vgl. Urteil des BSG vom 15.7.2009 – B 12 KR 14/08 R –, USK 2009-69). Für Umschüler, die den zu ihrer Berufsausbildung Beschäftigten gleichgestellt sind, wenn die Umschulung für einen anerkannten Ausbildungsberuf erfolgt und nach den Vorschriften des Berufsbildungsgesetzes (§ 1 Abs. 5 und § 60 BBiG) durchgeführt wird, gilt die Ausnahmeregelung gleichermaßen. Für Teilnehmer am freiwilligen sozialen oder freiwilligen ökologischen Jahr und am Bundesfreiwilligendienst finden die Regelungen des Übergangsbereichs ebenfalls keine Anwendung, da für diese Personen der Arbeitgeber die Beiträge allein zu tragen hat. Die Anwendung der Regelungen des Übergangsbereichs ist auch ausgeschlossen für mehr als geringfügige versicherungspflichtige Beschäftigungen, die neben einer Beschäftigung zur Berufsausbildung, einer Teilnahme an einem freiwilligen sozialen bzw. freiwilligen ökologischen Jahr oder einem Bundesfreiwilligendienst ausgeübt werden. Dabei ist unerheblich, ob das Arbeitsentgelt aus der mehr als geringfügigen Beschäftigung für sich betrachtet oder zusammen mit dem Arbeitsentgelt aus der Beschäftigung zur Berufsausbildung oder einem der Freiwilligendienste in den Übergangsbereich fällt. Der generelle Ausschluss dieser Personen liegt darin begründet, dass es für eine Berücksichtigung des Arbeitsentgelts aus der Beschäftigung zur Berufsausbildung oder einem der Freiwilligendienste und der sich daran anschließenden Aufteilung der beitragspflichtigen Einnahmen entsprechend dem Verfahren für Mehrfachbeschäftigte an eindeutigen gesetzlichen Regelungen fehlt und insoweit erhebliche Unstimmigkeiten entstehen würden.

b) Fiktive beitragspflichtige Einnahmen

Darüber hinaus finden die Regelungen des Übergangsbereichs auch bei Beschäftigungen keine Anwendung, für deren Beitragsberechnung fiktive Arbeitsentgelte zugrunde gelegt werden (z. B. bei der Beschäftigung behinderter Menschen in anerkannten Werkstätten für behinderte Menschen, bei Mitgliedern geistlicher Genossenschaften, Diakonissen und Angehörigen ähnlicher Gemeinschaften).

c) Wertguthabenvereinbarungen, Vorruhestandsgeldbezug, Wiedereingliederungsmaßnahmen

Wird im Rahmen von Wertguthabenvereinbarungen (§ 7b SGB IV) Arbeitsentgelt in das Wertguthaben eingebracht, um es für Zeiten der Freistellung von der Arbeitsleistung oder der Verringerung der vertraglich vereinbarten Arbeitszeit zu entnehmen (z. B. bei Altersteilzeitarbeit im Blockmodell nach dem Altersteilzeitgesetz oder bei der Inanspruchnahme einer Familienpflegezeit nach dem Familienpflegezeitgesetz), führt ein in der Ansparphase und/oder Entsparphase fälliges Arbeitsentgelt von 450,01 Euro bis 1.300,00 Euro zur Anwendung der Regelungen des Übergangsbereichs, auch wenn das regelmäßige Arbeitsentgelt vor Beginn der Beschäftigung im Rahmen der Wertguthabenvereinbarung außerhalb des Übergangsbereichs lag (vgl. Urteil des BSG vom 15.8.2018 – B 12 R 4/18 R –, USK 2018-47). Bei einer Altersteilzeitbeschäftigung im Übergangsbereich bleibt (sowohl im Blockmodell als auch im kontinuierlichen Verteilmodell) der Aufstockungsbetrag nach § 3 Abs. 1 Nr. 1 Buchst. a AltTZG bei der Ermittlung des beitragspflichtigen Arbeitsentgelts unberücksichtigt. Zudem wirkt sich die Reduzierung des beitragspflichtigen Arbeitsentgelts nicht auf das der Berechnung dieser Aufstockungsbeträge und der zusätzlichen Rentenversicherungsbeiträge nach § 3 Abs. 1 Nr. 1 Buchstabe b AltTZG zugrunde zu legende Regelarbeitsentgelt aus. Aufgrund des vorgenannten Urteils des BSG vom 15.8.2018 finden die Regelungen des Übergangsbereichs für Vorruhestandsgeldbezieher ebenfalls Anwendung, wenn das Vorruhestandsgeld in den Übergangsbereich fällt. Die Regelungen des Übergangsbereichs gelten hingegen nicht für Arbeitsentgelte aus Wiedereingliederungsmaßnahmen nach einer Arbeitsunfähigkeit, wenn das regelmäßige Arbeitsentgelt der Beschäftigung vor Beginn der Arbeitsunfähigkeit außerhalb des Übergangsbereichs lag.

d) Kurzarbeit

Die besonderen Regelungen des Übergangsbereichs gelten auch nicht für versicherungspflichtige Arbeitnehmer, deren monatliches Arbeitsentgelt regelmäßig mehr als 1.300 Euro beträgt und nur wegen konjunktureller oder saisonaler Kurzarbeit so weit gemindert ist, dass das tatsächlich erzielte Arbeitsentgelt (Istentgelt) die obere Entgeltgrenze von 1.300 Euro unterschreitet. Nach § 20 Abs. 2 SGB IV ist u. a. Voraussetzung, dass das aus der Beschäftigung erzielte Arbeitsentgelt die Grenze von 1.300 Euro regelmäßig nicht überschreitet. Diese Voraussetzung ist bei Arbeitsausfällen wegen Kurzarbeit und der daraus folgenden Entgeltminderung nicht gegeben, weil die Entgeltminderung nur vorübergehend ist und regelmäßig ein über 1.300 Euro liegendes Arbeitsentgelt erzielt wird.

Eine andere Beurteilung ergibt sich, wenn für die Beschäftigung die Regelungen des Übergangsbereichs bereits gelten, weil das Arbeitsentgelt (z. B. bei einer regelmäßigen Arbeitszeit von 20 Stunden wöchentlich) ohne Arbeitsausfälle durch Kurzarbeit innerhalb des Übergangsbereichs liegt. In diesen Fällen sind bei den genannten Arbeitsausfällen und der Minderung des Arbeitsentgelts weiterhin die Regelungen des Übergangsbereichs anzuwenden. Die Beiträge werden demnach aus der reduzierten beitragspflichtigen Einnahme auf der Basis des tatsächlich erzielten Arbeitsentgelts (Istentgelt) berechnet. Auf die Ermittlung der fiktiven beitragspflichtigen Einnahme nach § 232a Abs. 2 SGB V und § 163 Abs. 6 SGB VI (80 % des Unterschiedsbetrages zwischen dem Sollentgelt und dem Istentgelt nach § 106 SGB III) für die vom Arbeitgeber die Beiträge zur Kranken-, Pflege- und Rentenversicherung allein zu tragen sind, haben die Regelungen zum Übergangsbereich keinen Einfluss.

e) Nettoarbeitsentgelt

Ist für eine Beschäftigung ein Nettoarbeitsentgelt im Sinne des § 14 Abs. 2 SGB IV vereinbart, wird bei dem für die Prüfung, ob es sich um eine Beschäftigung im Übergangsbereich handelt, zugrunde zu legenden Bruttoarbeitsentgelt nicht der reduzierte Arbeitnehmerbeitrag, sondern der reguläre Arbeitnehmerbeitrag berücksichtigt.

f) Umlagen nach dem Aufwendungsausgleichsgesetz

Die Umlagen für das Ausgleichsverfahren der Arbeitgeberaufwendungen bei Arbeitsunfähigkeit (U1-Verfahren) und für Mutterschaftsleistungen (U2-Verfahren) nach dem Aufwendungsausgleichsgesetz (AAG) sind in einem Vomhundertsatz nach dem Arbeitsentgelt zu berechnen, nach welchem die Beiträge zur gesetzlichen Rentenversicherung bemessen werden oder bei Versicherungspflicht zu bemessen wären (§ 7 Abs. 2 Satz 1 AAG). Bei Arbeitnehmern mit einem Arbeitsentgelt innerhalb des Übergangsbereichs gilt als umlagepflichtiges Arbeitsentgelt die nach § 163 Abs. 10 SGB VI ermittelte reduzierte beitragspflichtige Einnahme. Die Umlagen sind von der Beitragsbemessungsgrundlage zu erheben, von der die Beiträge zur gesetzlichen Rentenversicherung berechnet werden, allerdings ohne Berücksichtigung von einmalig gezahltem Arbeitsentgelt. In den Fällen, in denen das regelmäßige monatliche Arbeitsentgelt durch die Berücksichtigung von einmalig gezahltem Arbeitsentgelt die Grenze von 1.300 Euro überschreitet, sind die Regelungen des Übergangsbereichs nicht anzuwenden, sodass die U1- und U2-Umlagen aus dem tatsächlichen Arbeitsentgelt erhoben werden; die Umlagen sind nur aus dem laufenden Arbeitsentgelt zu berechnen. Bei Arbeitnehmern mit einem regelmäßigen Arbeitsentgelt innerhalb des Übergangsbereichs sind in den Monaten, in denen die Grenze von 1.300 Euro durch einmalig gezahltes Arbeitsentgelt überschritten wird, die Umlagen – ebenso wie die Beiträge zur gesetzlichen Rentenversicherung – aus dem tatsächlichen Arbeitsentgelt zu berechnen, wobei allerdings auch hier das einmalig gezahlte Arbeitsentgelt für die Berechnung der U1- und U2-Umlagen nicht herangezogen wird, sondern die Umlagen nur aus dem laufenden Arbeitsentgelt berechnet werden.

14. Insolvenzgeldumlage

Für die Insolvenzgeldumlage ist nach § 358 Abs. 2 SGB III Bemessungsgrundlage das Arbeitsentgelt, nach dem die Beiträge zur gesetzlichen Rentenversicherung der im Betrieb beschäftigten Arbeitnehmer und Auszubildenden bemessen werden oder bei Versicherungspflicht in der gesetzlichen Rentenversicherung zu bemessen wären. Für Arbeitnehmer, die eine versicherungspflichtige Beschäftigung mit einem Arbeitsentgelt innerhalb des Übergangsbereichs ausüben, gilt als umlagepflichtiges Arbeitsentgelt die nach § 163 Abs. 10 SGB VI ermittelte reduzierte beitragspflichtige Einnahme. Die Umlage ist sowohl aus dem laufenden als auch dem einmalig gezahlten Arbeitsentgelt zu berechnen.

15. Melderecht

a) Besondere Meldeinhalte

In § 28a Abs. 1 SGB IV sind alle Meldetatbestände abschließend aufgeführt; ein Meldetatbestand für den Eintritt in eine oder den Austritt aus einer Beschäftigung des Übergangsbereichs wurde nicht aufgenommen. Bei einem Eintritt oder Austritt einer Beschäftigung in oder aus dem Übergangsbereich sind demnach grundsätzlich keine Ab- und Anmeldungen durch den Arbeitgeber abzugeben; lediglich im Zusammenhang mit der Einführung des Übergangsbereichs ist für die zu diesem Zeitpunkt bereits bestehenden Beschäftigungen die optionale Abgabe von Ab- und Anmeldungen zum 30.6.2019 bzw. 1.7.2019 zugelassen. Die Meldung gemäß § 5 Abs. 10 DEÜV ist gesondert zu kennzeichnen, sofern ein Arbeitsentgelt gemeldet wird (Jahresmeldung, Abmeldung, Unterbrechungsmeldung). Entgeltmeldungen, die ausschließlich Zeiträume ab dem 1.7.2019 umfassen und einen Entgeltabrechnungszeitraum innerhalb des Übergangsbereichs enthalten, sind wie folgt zu kennzeichnen:

1 = monatliches Arbeitsentgelt durchgehend innerhalb des Übergangsbereichs; tatsächliche Arbeitsentgelte in allen Entgeltabrechnungszeiträumen von 450,01 Euro bis 1.300,00 Euro

2 = monatliches Arbeitsentgelt sowohl innerhalb als auch außerhalb des Übergangsbereichs; Meldung umfasst sowohl Entgeltabrechnungszeiträume mit Arbeitsentgelten von 450,01 Euro bis 1.300,00 Euro als auch solche mit Arbeitsentgelten unter 450,01 Euro und/oder über 1.300,00 Euro

In den Meldungen ist zusätzlich zur Angabe der reduzierten beitragspflichtigen Einnahme das tatsächliche Arbeitsentgelt, das ohne Anwendung der Regelungen des Übergangsbereichs zu berücksichtigen wäre, zu erfassen (vgl. § 28a Abs. 3 Satz 2 Nr. 2 Buchstabe c SGB IV). Anzugeben ist dieses tatsächliche Arbeitsentgelt im neuen Feld „Entgelt Rentenberechnung" im Datenbaustein „Meldesachverhalt". Sofern eine Entgeltmeldung auch Beschäftigungszeiten außerhalb des Übergangsbereichs umfasst, fließen aus diesen Beschäftigungszeiten die beitragspflichtigen Arbeitsentgelte in das der Rentenberechnung zugrunde zu legende Arbeitsentgelt des Feldes „Entgelt Rentenberechnung" ein. Für Altersteilzeitbeschäftigungen im Übergangsbereich fließt zudem auch die fiktive beitragspflichtige Einnahme der zusätzlichen Rentenver-

Lohn-steuer-pflichtig | Sozial-versich.-pflichtig

sicherungsbeiträge nach § 3 Abs. 1 Nr. 1 Buchstabe b AltTZG i. V. m. § 163 Abs. 5 SGB VI in das Feld „Entgelt Rentenberechnung" ein. Für Beschäftigungen im Übergangsbereich während Kurzarbeit gilt dies für die fiktive beitragspflichtige Einnahme nach § 163 Abs. 6 SGB VI. Bei unterschiedlichen Anwendungen der Regelungen in einzelnen Zweigen der Sozialversicherung richtet sich die Kennzeichnung der Meldungen nach der versicherungs- und beitragsrechtlichen Beurteilung in der gesetzlichen Rentenversicherung. Dies gilt auch in den Fällen, in denen die Regelungen des Übergangsbereichs in der gesetzlichen Rentenversicherung nur deshalb keine Anwendung finden, weil bspw. aufgrund des Bezugs einer Vollrente wegen Alters Rentenversicherungsfreiheit besteht und lediglich der Arbeitgeberbeitragsanteil nach § 172 Abs. 1 SGB VI zu zahlen ist. Auch in diesen Fällen ist die Meldung zu kennzeichnen und die reduzierte beitragspflichtige Einnahme sowie das tatsächliche Arbeitsentgelt vorzugeben.

b) Entgeltmeldungen über den 30.6.2019 hinaus

Entgeltmeldungen für Zeiträume im Jahr 2019 (z. B. Jahresmeldung 2019), die über den 30.6.2019 hinausgehen und Beschäftigungszeiten in der Gleitzone bzw. im Übergangsbereich umfassen, sind wie folgt zu kennzeichnen:

1 = monatliches Arbeitsentgelt durchgehend vor dem 1.7.2019 in der Gleitzone bzw. nach dem 30.6.2019 im Übergangsbereich

2 = monatliches Arbeitsentgelt vor dem 1.7.2019 sowohl innerhalb als auch außerhalb der Gleitzone bzw. nach dem 30.6.2019 sowohl innerhalb als auch außerhalb des Übergangsbereichs

Dabei ist in Entgeltmeldungen für Beschäftigungen in der Gleitzone, in denen auf die Reduzierung des Arbeitnehmerbeitrags in der Rentenversicherung verzichtet worden ist, die über den 30.6.2019 hinaus mit einem Entgelt im Übergangsbereich fortgeführt wurden, das Kennzeichen „2" zu verwenden. Zusätzlich zum beitragspflichtigen Entgelt ist im Feld „Entgelt Rentenberechnung" im Datenbaustein „Meldesachverhalt" das Entgelt anzugeben, das der Rentenberechnung zugrunde zu legen ist. Dabei handelt es sich für Beschäftigungen in der Gleitzone vor dem 1.7.2019 um das verminderte beitragspflichtige Entgelt und für Beschäftigungen im Übergangsbereich nach dem 30.6.2019 um das Entgelt, das ohne Anwendung der Regelungen des Übergangsbereichs beitragspflichtig wäre. Sofern eine Entgeltmeldung auch Beschäftigungszeiten außerhalb der Gleitzone bzw. des Übergangsbereichs umfasst, fließen aus diesen Beschäftigungszeiten die beitragspflichtigen Arbeitsentgelte in das der Rentenberechnung zugrunde zu legende Arbeitsentgelt des Feldes „Entgelt Rentenberechnung" ein. Für Altersteilzeitbeschäftigungen im Übergangsbereich fließt zudem auch die fiktive beitragspflichtige Einnahme der zusätzlichen Rentenversicherungsbeiträge nach § 3 Abs. 1 Nr. 1 Buchstabe b AltTZG i. V. m. § 163 Abs. 5 SGB VI in das Feld „Entgelt Rentenberechnung" ein. Für Beschäftigungen im Übergangsbereich während Kurzarbeit gilt dies für die fiktive beitragspflichtige Einnahme nach § 163 Abs. 6 SGB VI ebenfalls. In den oben genannten Fällen können Arbeitgeber für diese Beschäftigung eine Abmeldung mit dem beitragspflichtigen Entgelt und dem Abgabegrund „33" zum 30.6.2019 sowie eine Anmeldung mit Abgabegrund „13" zum 1.7.2019 vornehmen. Eine Verpflichtung zur Abgabe dieser Meldungen besteht jedoch nicht.

16. Verfahren bei Mehrfachbeschäftigung

Die Arbeitgeber haben bei mehrfachbeschäftigten Arbeitnehmern grundsätzlich ohne unmittelbare Beteiligung der Krankenkassen festzustellen, ob die Summe der Arbeitsentgelte aus den einzelnen Beschäftigungsverhältnissen innerhalb des Übergangsbereichs liegt. Ebenfalls ist von den Arbeitgebern bei Anwendung der Regelungen des Übergangsbereichs eigenständig das der Beitragsbemessung zugrunde zu legende Gesamtarbeitsentgelt zu ermitteln. Die Arbeitnehmer sind in diesem Zusammenhang nach § 28o Abs. 1 SGB IV dazu verpflichtet, allen beteiligten Arbeitgebern die zur Durchführung des Meldeverfahrens und der Beitragszahlung erforderlichen Angaben zu machen und, soweit erforderlich, Unterlagen vorzulegen.

Lohn-steuer-pflichtig | Sozial-versich.-pflichtig

Übergangsgelder, Übergangsbeihilfen

1. Allgemeines

Bei der Beantwortung der Frage, ob Übergangsgelder oder Übergangsbeihilfen zum steuerpflichtigen Arbeitslohn und zum beitragspflichtigen Arbeitsentgelt gehören, ist zu unterscheiden, ob diese **Zahlungen vom Arbeitgeber** gezahlt werden (vgl. nachfolgend unter Nr. 3), **oder** ob es sich um **Sozialleistungen** (Lohnersatzleistungen) der Deutschen Rentenversicherung, der Bundesagentur für Arbeit, der Träger der gesetzlichen Unfallversicherung oder der Kriegsopferfürsorge handelt (vgl. nachfolgend unter Nr. 2).

2. Steuerbefreiung nach § 3 Nrn. 1 oder 2 EStG für Sozialleistungen (Lohnersatzleistungen)

Leistungen, die als Übergangsgeld nach dem **Dritten Buch Sozialgesetzbuch** von der Agentur für Arbeit oder nach dem **Sechsten Buch Sozialgesetzbuch** von der Deutschen Rentenversicherung gezahlt werden, sind nach § 3 Nrn. 1 Buchstabe c und 2 Buchstabe a EStG steuerfrei.

Steuerfrei sind auch das Übergangsgeld und der Gründungszuschuss, die **behinderten** oder der von einer Behinderung bedrohten **Menschen** nach den §§ 45 bis 52 SGB IX bzw. § 33 Abs. 3 Nr. 5 SGB IX gewährt werden, weil es sich um Leistungen im Sinne des SGB III, SGB VI, SGB VII oder des Bundesversorgungsgesetzes handelt (R 3.2 Abs. 4 LStR).

Ebenfalls steuerfrei ist das Übergangsgeld aus der **gesetzlichen Unfallversicherung** (§ 3 Nr. 1 Buchstabe a EStG).

Die genannten Sozialleistungen bzw. Lohnersatzleistungen sind zwar steuerfrei, sie unterliegen jedoch ggf. dem **Progressionsvorbehalt** und müssen in diesem Falle in der Einkommensteuererklärung des Arbeitnehmers angegeben werden (vgl. das Stichwort „Progressionsvorbehalt").

Für den Arbeitgeber ist in diesem Zusammenhang die Vorschrift des § 23c SGB IV von Bedeutung. Denn hiernach gehören **Zuschüsse des Arbeitgebers** zum Krankengeld, Verletztengeld, **Übergangsgeld,** Pflegeunterstützungsgeld oder Krankentagegeld und sonstige Einnahmen aus einer Beschäftigung, die für die Zeit des Bezugs von Krankengeld, Krankentagegeld, Versorgungskrankengeld, Verletztengeld, Übergangsgeld, Mutterschaftsgeld, Pflegeunterstützungsgeld oder Elterngeld weiter erzielt werden, **nicht zum beitragspflichtigen Arbeitsentgelt,** wenn die Einnahmen zusammen mit den genannten Sozialleistungen das Nettoarbeitsentgelt nicht um mehr als 50 € übersteigen. Ein solcher Arbeitgeberzuschuss ist allerdings steuerpflichtig. ja | nein

Die Auswirkung dieser Vorschrift auf die Lohnabrechnung des Arbeitgebers ist beim Stichwort „Arbeitsentgelt" unter Nr. 2 erläutert.

U

Lohn- steuer- pflichtig | Sozial- versich.- pflichtig

3. Vom Arbeitgeber gezahlte Übergangsgelder und Übergangsbeihilfen

Nachfolgend wird unterschieden, ob die vom Arbeitgeber gezahlten Übergangsgelder und Übergangsbeihilfen aufgrund einer **gesetzlichen** Vorschrift gezahlt werden (vgl. nachfolgend unter Buchstabe a) oder ob den Zahlungen lediglich **tarif- oder arbeitsvertragliche** Regelungen zugrunde liegen (nachfolgend erläutert unter Buchstabe b).

a) Übergangsgelder und Übergangsbeihilfen aufgrund gesetzlicher Vorschriften

Für gesetzlich geregelte Übergangsgelder und Übergangsbeihilfen gab es in der früheren Fassung des § 3 Nr. 10 EStG einen steuerfreien Höchstbetrag von 10 800 €. Entsprechend der Abschaffung von Steuerfreibeträgen für Abfindungen in der Privatwirtschaft ist auch der **Freibetrag** für Übergangsgelder im öffentlichen Dienst in Höhe von 10 800 € ab 1.1.2006 **weggefallen,** denn § 3 Nr. 10 EStG in der früheren Fassung wurde gestrichen und zwischenzeitlich mit einer anderen Regelung belegt. Für den Freibetrag von 10 800 € gibt es allerdings folgende **Übergangsregelung** in § 52 Abs. 4 Satz 3 EStG:

Für Soldatinnen auf Zeit und **Soldaten auf Zeit** ist die früher geltende Fassung des § 3 Nr. 10 EStG weiter anzuwenden, wenn das **Dienstverhältnis vor dem 1. Januar 2006 begründet** worden ist. Die Vorschrift ist daher – wenn auch für einen relativ kleinen Personenkreis – nach wie vor von Bedeutung.

Steuerfrei sind nach § 3 Nr. 6 EStG auch Übergangsgelder, die nach dem **Bundesversorgungsgesetz,** Soldatenversorgungsgesetz, **Beamtenversorgungsgesetz** oder vergleichbarem Landesrecht gezahlt werden, wobei die Bezüge nicht aufgrund der Dienstzeit gewährt werden dürfen (vgl. hierzu auch das Stichwort „Entschädigungen" unter Nr. 1 Buchstabe a). Das erhöhte Unfallruhegehalt nach § 37 Beamtenversorgungsgesetz ist ein aufgrund der Dienstzeit gewährter Bezug, der daher nicht hiernach steuerbefreit ist (BFH-Urteil vom 29.5.2008, BStBl. 2009 II S. 150). Es handelt sich allerdings um begünstigte Versorgungsbezüge.

b) Sonstige Übergangsgelder und Übergangsbeihilfen

Sonstige Übergangsgelder und Übergangsbeihilfen, die der Arbeitgeber seinen Arbeitnehmern zahlt, gehören zum **steuerpflichtigen Arbeitslohn,** soweit sie nicht ausnahmsweise als „Beihilfe" steuerfrei gelassen werden können. Die Voraussetzungen für die Zahlung einer steuerfreien „Beihilfe" durch den Arbeitgeber sind beim Stichwort „Unterstützungen" erläutert. Zu beachten ist, dass eine steuerfreie Unterstützungszahlung eines privaten Arbeitgebers voraussetzt, dass ein – außerhalb des Arbeitsverhältnisses liegendes – Ereignis im persönlichen Bereich des Arbeitnehmers eingetreten ist.

Übergangsgeld, das nach dem BAT, diesen ergänzenden, ändernden oder ersetzenden Tarifverträgen oder nach § 47 Nr. 3 des Tarifvertrags für den öffentlichen Dienst der Länder gewährt wird, ist ein steuerbegünstigter **Versorgungsbezug,** wenn es wegen verminderter Erwerbsfähigkeit oder als Hinterbliebenenbezug gezahlt wird. Bei einem Übergangsgeld, das wegen Erreichens einer Altersgrenze gezahlt wird, ist es für die Zuordnung zu den steuerbegünstigten Versorgungsbezügen Voraussetzung, dass der Arbeitnehmer das 63. Lebensjahr (bei Schwerbehinderten mindestens das 60. Lebensjahr) vollendet hat. Bei einem Übergangsgeld, das wegen verminderter Erwerbsfähigkeit oder als Hinterbliebenenbezug gezahlt wird, ist es für die Zuordnung zu den Versorgungsbezügen dagegen nicht Voraussetzung, dass der Arbeitnehmer das 63. bzw. bei einer schweren Behinderung das 60. Lebensjahr vollendet hat.

Das Übergangsgeld ist bei der Auszahlung als laufender Arbeitslohn zu besteuern; der Versorgungsfreibetrag und – außer bei Steuerklasse VI – der Zuschlag zum Versorgungsfreibetrag sind vor der Berechnung der Lohnsteuer abzuziehen, wenn die (altersmäßigen) Voraussetzungen hierfür vorliegen. Bei Zahlung des Übergangsgeldes in einer Summe ist die sog. Fünftelregelung anzuwenden, da das Übergangsgeld eine Entschädigung darstellt, die ermäßigt zu besteuern ist, wenn eine Zusammenballung von Einnahmen vorliegt (vgl. das Stichwort „Entschädigungen"). Liegen die Voraussetzungen für eine Entschädigung nicht vor, dürfte es sich um Arbeitslohn für mehrere Jahre (vgl. dieses Stichwort) handeln, der ebenfalls ermäßigt zu besteuern ist. Wird das Übergangsgeld allerdings in mehreren Veranlagungszeiträumen (Kalenderjahren) ausgezahlt, scheidet eine ermäßigte Besteuerung wegen der fehlenden Zusammenballung von Einnahmen aus.

Übernachtungsgelder

Siehe die Stichworte: Auslösungen, Doppelte Haushaltsführung und Anhang 4 Reisekosten bei Auswärtstätigkeiten sowie die Anhänge 5a und 5b.

Überstundenvergütungen

Die Überstundenbezahlung setzt sich aus dem Grundlohn für die jeweilige Überstunde und dem tariflich oder arbeitsvertraglich vereinbarten Überstundenzuschlag zusammen. Beide Teile gehören zum **laufenden Arbeitslohn** und sind, wie andere Erschwerniszulagen auch, steuer- und beitragspflichtig (wegen Einzelheiten bei der Beitragsberechnung siehe „Mehrarbeitslohn/Mehrarbeitszuschläge"). ja ja

Übertragung lohnsteuerlicher Pflichten auf Dritte

siehe „Lohnsteuerabzug durch einen Dritten"

Überversicherung

Für Beiträge des Arbeitgebers zur Überversicherung des Arbeitnehmers siehe „Zukunftsicherung".

Übungsleiter

Die für Sportvereine **nebenberuflich** tätigen Übungsleiter sind in der Regel **steuerlich** Arbeitnehmer, wenn sie mehr als sechs Stunden wöchentlich für den Verein tätig sind. Sind sie bis zu sechs Stunden in der Woche für den Verein tätig, ist steuerlich in aller Regel Selbstständigkeit anzunehmen. Die Vergütungen werden in diesen Fällen im Rahmen einer Veranlagung zur Einkommensteuer erfasst.

Sozialversicherungsrechtlich beurteilt sich die Frage, ob Übungsleiter selbstständig tätig oder abhängig beschäftigt sind, nach den Umständen des Einzelfalls. Ausführliche Erläuterungen finden Sie beim Stichwort „Nebentätigkeit für gemeinnützige Organisationen" unter der Nummer 6 Buchstabe b auf Seite 717.

Sowohl selbstständig als auch nichtselbstständig tätige, nebenberufliche Übungsleiter erhalten einen **Steuerfreibetrag** von 250 € monatlich oder **3000 € jährlich** (vgl. die Erläuterungen beim Stichwort „Nebentätigkeit für gemeinnützige Organisationen"). Dieser Freibetrag von 3000 € jährlich ist auch beitragsfrei in der Sozialversicherung. nein nein

Lohn-steuer-pflichtig | Sozial-versich.-pflichtig

Umlageverfahren (U1/U2)

Die Lohnfortzahlungsversicherung (Umlage U1/U2) ist ausführlich anhand von Beispielen in Teil B Nr. 10 auf Seite 16 erläutert.

Umsatzbeteiligung

Umsatzbeteiligungen, die aufgrund eines Arbeitsverhältnisses gewährt werden, sind steuer- und beitragspflichtiger Arbeitslohn. ja ja

siehe „Gewinnbeteiligung“ und „Provisionen“

Umsatzsteuerpflicht bei Sachbezügen

Neues auf einen Blick:

1. Sachbezugswerte 2021 für Mahlzeiten

Ab 1.1.2021 gelten für Mahlzeiten im Betrieb (sog. Kantinenessen) folgende Sachbezugswerte:

- für ein **Frühstück** **1,83 €,**
- für ein **Mittag- oder Abendessen** **3,47 €.**

2. Umsatzsteuersatz bei Mahlzeitenabgabe an Arbeitnehmer

Aufgrund der Corona-Pandemie gilt für Restaurant- und Verpflegungsleistungen, zu denen auch die Mahlzeitenabgabe an Arbeitnehmer gehört, nach geltender Rechtsfolge zeitlich befristet der ermäßigte Steuersatz. Folgende Steuersätze sind maßgebend:

1.1.2020 bis 30.6.2020	(Regelsteuersatz)	19 %,
1.7.2020 bis 31.12.2020	(ermäßigter Steuersatz)	5 %,
1.1.2021 bis 30.6.2021	(ermäßigter Steuersatz)	7 %,
ab 1.7.2021	(Regelsteuersatz)	19 %.

Der ermäßigte Umsatzsteuersatz von 5 % bzw. 7 % gilt nicht für die Abgabe von Getränken.

Zur umsatzsteuerlichen Behandlung der Mahlzeitenabgabe an Arbeitnehmer vgl. die ausführlichen Erläuterungen und Beispiele unter der nachfolgenden Nr. 2.

Gliederung:

1. Allgemeines
   a) Unentgeltliche Sachzuwendungen und sonstige Leistungen an Arbeitnehmer
   b) Aufmerksamkeiten und Leistungen im ganz überwiegenden eigenbetrieblichen Interesse
   c) Steuerbefreiungen und Ermittlung der Bemessungsgrundlage
2. Mahlzeiten
   a) Abgabe von Mahlzeiten in unternehmenseigenen Kantinen
   b) Abgabe von Mahlzeiten in fremdbewirtschafteten Kantinen
   c) Entgeltliche Weitergabe von erworbenen Mahlzeiten an die Arbeitnehmer
   d) Abgabe von Mahlzeiten nach Art eines „Reihengeschäfts“
   e) Abgabe von Mahlzeiten in Gaststätten mit Arbeitgeberzuschuss
   f) Abgabe von Mahlzeiten anlässlich von beruflich veranlassten Auswärtstätigkeiten
3. Freie Unterkunft und Verpflegung
4. Pkw-Gestellung und Elektro-Bike für Privatfahrten, Fahrten zwischen Wohnung und erster Tätigkeitsstätte und für Familienheimfahrten
5. Unentgeltliche oder verbilligte Überlassung von Job-Tickets
6. Freifahrten für Arbeitnehmer von Verkehrsbetrieben
7. Sachzuwendungen bei einem Arbeitnehmer- oder Firmenjubiläum
8. Sachzuwendungen bei Betriebsveranstaltungen
9. Haustrunk, Deputate, Freizigaretten, Freiflüge, Jahreswagen und andere unentgeltliche oder verbilligte Warenlieferungen
10. Sammelbeförderung von der Wohnung zur (ersten) Tätigkeitsstätte
11. Ersatz von Telefonkosten
12. Gewährung zinsloser oder verbilligter Darlehen
13. Erholungsurlaub in betrieblichen Erholungsheimen
14. Incentive-Reisen
15. Warengutscheine
    a) Gutscheine für Waren des eigenen Unternehmens
    b) Gutscheine für Waren fremder Unternehmen – z. B. Benzingutscheine
    c) Einzweck-Gutscheine und Mehrzweck-Gutscheine
16. Aufwendungen des Arbeitgebers für die Gesundheitsförderung seiner Arbeitnehmer
17. Parkplatzgestellung

1. Allgemeines

a) Unentgeltliche Sachzuwendungen und sonstige Leistungen an Arbeitnehmer

Nach § 3 Abs. 1b Satz 1 Nr. 2 UStG **gelten** unentgeltliche Sachzuwendungen an Arbeitnehmer für dessen privaten Bedarf als **Lieferung gegen Entgelt.** Aufmerksamkeiten und Leistungen im ganz überwiegenden eigenbetrieblichen Interesse des Arbeitgebers sind von der Besteuerung ausgenommen (vgl. nachfolgenden Buchstaben b). Diese unentgeltlichen Sachzuwendungen an das Personal werden nur besteuert, wenn die Anschaffungs- oder Herstellungskosten des abgegebenen Gegenstandes oder seine Bestandteile mit Umsatzsteuer belastet waren und der Unternehmer hinsichtlich dieser Steuer entweder zum vollen oder zumindest teilweisen Vorsteuerabzug berechtigt war.

Steht bei der **Anschaffung** des Gegenstandes durch den Arbeitgeber schon fest, dass der Gegenstand dem **Arbeitnehmer** im Rahmen einer Sachzuwendung für dessen **privaten Bedarf** zugewendet werden soll, besteht kein direkter und unmittelbarer Zusammenhang mit der wirtschaftlichen Gesamttätigkeit des Unternehmens, sodass sowohl der **Vorsteuerabzug** beim Wareneinkauf als auch die **Umsatzbesteuerung** der Sachzuwendung **entfallen.**

Beispiel A

Arbeitgeber erwirbt eine Uhr zum Preis von 2000 € zuzüglich 380 € Umsatzsteuer, um sie dem Arbeitnehmer zum 25-jährigen Dienstjubiläum zu schenken.

Weil der Arbeitgeber bereits beim Einkauf der Uhr die Absicht hat, diese dem Arbeitnehmer im Rahmen einer unentgeltlichen Sachzuwendung für dessen privaten Bedarf zu schenken, steht der Einkauf der Uhr nicht im direkten und unmittelbaren Zusammenhang mit der wirtschaftlichen Gesamttätigkeit des Arbeitgebers. Der Vorsteuerabzug entfällt ebenso wie die Umsatzbesteuerung der unentgeltlichen Sachzuwendung.

Letztlich kommt eine **Umsatzbesteuerung** unentgeltlicher Sachzuwendungen an den Arbeitnehmer nach § 3 Abs. 1b Satz 1 Nr. 2 UStG **nur noch dann** in Betracht, wenn die **Verwendung** für den privaten Bedarf des Arbeitnehmers im **Zeitpunkt des Wareneinkaufs noch nicht feststeht.**

Beispiel B

Arbeitgeber A wendet seinem Arbeitnehmer aus dem für den Verkauf an Fremdkunden bestimmten Warenbestand zum 25-jährigen Dienstjubiläum eine Uhr zu, die er für 2000 € zuzüglich 380 € Umsatzsteuer eingekauft hat.

U

Lohn-steuer-pflichtig	Sozial-versich.-pflichtig

Der Arbeitgeber ist beim Einkauf der Uhr zum Vorsteuerabzug berechtigt, weil im Zeitpunkt des Erwerbs der Uhr die Absicht bestand, diese für seine wirtschaftliche Tätigkeit zu verwenden. Die spätere unentgeltliche Sachzuwendung an den Arbeitnehmer unterliegt der Umsatzbesteuerung nach § 3 Abs. 1b Satz 1 Nr. 2 UStG.

Nach § 3 Abs. 9a **Nr. 1** UStG werden unentgeltliche sonstige Leistungen an Arbeitnehmer den **sonstigen Leistungen gegen Entgelt gleichgestellt.** Aufmerksamkeiten und Leistungen im ganz überwiegenden eigenbetrieblichen Interesse des Arbeitgebers sind auch hier von der Besteuerung ausgenommen (vgl. nachfolgenden Buchstaben b). Bei diesem Besteuerungstatbestand wird dem Arbeitnehmer vom Arbeitgeber unentgeltlich die Möglichkeit eingeräumt, Gegenstände vorübergehend privat zu nutzen, die normalerweise für die wirtschaftliche Gesamttätigkeit des Unternehmers genutzt werden und daher ganz oder zumindest teilweise zum Vorsteuerabzug berechtigen.

Beispiel C

Ein Arbeitgeber stellt dem Arbeitnehmer einen normalerweise im Unternehmen genutzten Kleintransporter (Erwerb mit Vorsteuerabzug) für einen privat veranlassten Umzug des Arbeitnehmers zur Verfügung.

Die Überlassung des Kleintransporters für den privaten Bedarf des Arbeitnehmers unterliegt nach § 3 Abs. 9a Nr. 1 UStG der Umsatzbesteuerung.

Sonstige Leistungen, für die der Arbeitnehmer zwar kein besonders berechnetes Entgelt aufwendet, die aber aus Sicht des Arbeitgebers Teil der **Entlohnung für die Arbeitsleistung** des Arbeitnehmers sind, fallen nicht unter den Besteuerungstatbestand der unentgeltlichen Sachzuwendung, sondern stellen umsatzsteuerrechtlich einen steuerbaren und regelmäßig auch **steuerpflichtigen Leistungsaustausch** im Rahmen eines sog. tauschähnlichen Umsatzes (§ 1 Abs. 1 Nr. 1 i. V. m. § 3 Abs. 12 Satz 2 UStG) dar.

Beispiel D

Dem Arbeitnehmer wird ein Firmenwagen überlassen, der auch privat genutzt werden darf. Die Firmenwagenüberlassung ist im Anstellungsvertrag geregelt.

Es handelt sich um einen steuerpflichtigen Leistungsaustausch im Rahmen eines tauschähnlichen Umsatzes (§ 1 Abs. 1 Nr. 1 i. V. m. § 3 Abs. 12 Satz 2 UStG). Vgl. im Einzelnen die Erläuterungen beim Stichwort „Firmenwagen zur privaten Nutzung“ unter Nr. 20.

Nach dem Wortlaut des § 3 Abs. 9a **Nr. 2** UStG unterliegen alle anderen – nicht bereits unter § 3 Abs. 9a Nr. 1 UStG fallenden – **unentgeltlichen Dienstleistungen** für den privaten Bedarf des Personals, ausgenommen Aufmerksamkeiten und Leistungen im ganz überwiegenden eigenbetrieblichen Interesse des Arbeitgebers, der Umsatzsteuer. Zu den sonstigen Leistungen für nicht unternehmerische Zwecke gehören einerseits die Erbringung reiner Dienstleistungen, andererseits aber auch die Verwendung unternehmerischer Gegenstände für nicht unternehmerische Zwecke, wenn hierbei ein nicht unwesentlicher Dienstleistungsanteil hinzukommt. Bei diesem Besteuerungstatbestand ist wiederum zu beachten, dass auch bei der Erbringung unentgeltlicher Dienstleistungen für den privaten Bedarf des Arbeitnehmers eine **Besteuerung unterbleibt,** wenn diese Dienstleistung vom Arbeitgeber zuvor von einem Dritten bezogen worden ist und im Zeitpunkt des **Leistungsbezuges** durch den Arbeitgeber die **Verwendung** für den **privaten Bedarf des Arbeitnehmers feststeht.** Vgl. auch nachfolgende Nr. 10 zur Sammelbeförderung zum Arbeitsplatz durch beauftragte Beförderungsunternehmer.

U

Beispiel E

Ein Arbeitgeber bezieht Leistungen für die Durchführung eines Betriebsausfluges. Die Kosten pro Arbeitnehmer betragen 200 €.

Die Aufwendungen für den Betriebsausflug stellen keine Aufmerksamkeiten dar. Es liegt eine nicht unerhebliche Mitveranlassung durch die Privatsphäre der Arbeitnehmer vor. Es besteht für den Unternehmer kein Anspruch auf Vorsteuerabzug, sofern die Verwendung bereits bei Leistungsbezug beabsichtigt ist. Dementsprechend unterbleibt auch eine Wertabgabenbesteuerung. Maßgeblich ist hierfür, dass sich ein Leistungsbezug zur Entnahme für unternehmensfremde Privatzwecke und ein Leistungsbezug für das Unternehmen gegenseitig ausschließen. Der nur mittelbar verfolgte Zweck – das Betriebsklima zu fördern – ändert hieran nichts. Vgl. zu Sachzuwendungen bei Betriebsveranstaltungen nachfolgende Nr. 8 und das Stichwort „Betriebsveranstaltungen“ unter Nr. 9.

Wird der Mehrwert der dem Arbeitnehmer zugewendeten Dienstleistung dagegen originär im Unternehmen geschaffen, unterliegt dies u.E. nach wie vor der Besteuerung als unentgeltliche Dienstleistung nach § 3 Abs. 9a Nr. 2 UStG. In diesem Fall ist es unerheblich, ob dem Arbeitgeber aus diesen **selbst geschaffenen Dienstleistungen** ein Vorsteuerabzug zustand. Dies wird bei sonstigen unentgeltlichen Leistungen nach § 3 Abs. 9a Nr. 2 UStG regelmäßig aber auch nicht der Fall sein.

Beispiel F

Angestellter Hausmeister des Unternehmens pflegt den Garten des Wohnhauses des Vorstands; angestellte Eventmanagerin des Unternehmens organisiert im Auftrag der Unternehmensleitung die Hochzeitsfeierlichkeiten eines leitenden Mitarbeiters.

In beiden Fällen unterliegt die unentgeltliche Dienstleistung in Form der „Personalgestellung“ u.E. der Besteuerung nach § 3 Abs. 9a Nr. 2 UStG. Im Gegensatz zu den sonstigen Leistungen nach dem § 3 Abs. 9a Nr. 1 UStG gehören sämtliche bei der Ausführung dieser Umsätze entstandenen Ausgaben zur Bemessungsgrundlage, auch wenn diese nicht mit Umsatzsteuer belastet waren.

Unterliegen die unentgeltlichen Sachzuwendungen unter Beachtung der vorstehenden Grundsätze der Umsatzbesteuerung, richtet sich die Ermittlung der umsatzsteuerlichen **Bemessungsgrundlage** nach § 10 Abs. 4 UStG, das heißt die Bemessungsgrundlage für die in § 3 Abs. 1b Satz 1 Nr. 2 UStG geregelten Sachzuwendungen an Arbeitnehmer ist der **Einkaufspreis** zuzüglich der Nebenkosten für den Gegenstand oder einen gleichartigen Gegenstand im Zeitpunkt der Sachzuwendung. Liegt ein Einkaufspreis nicht vor (z. B. bei im Unternehmen selbst produzierten Gegenständen, die anderweitig nicht am Markt angeboten werden), werden die **Selbstkosten** als Bemessungsgrundlage angesetzt. Die Selbstkosten umfassen alle durch den betrieblichen Leistungsprozess entstehenden Ausgaben; hierzu gehören auch die anteiligen Gemeinkosten. Maßgebend sind jeweils die Werte zum Zeitpunkt des Umsatzes, die bei angeschafften Gegenständen in der Regel den Wiederbeschaffungskosten entsprechen.

Zur Bemessungsgrundlage für die sonstigen Leistungen im Sinne des § 3 Abs. 9a **Nr. 1** UStG gehören die bei der Ausführung dieser Umsätze entstandenen **Ausgaben,** jedoch nur insoweit, als sie den Unternehmer zum vollen oder zumindest teilweisen Vorsteuerabzug berechtigt haben. Einzubeziehen sind die anteilig auf die unentgeltliche Verwendung entfallenden Anschaffungs- oder Herstellungskosten ebenso wie die laufenden Ausgaben.

Zur Bemessungsgrundlage der sonstigen Leistungen im Sinne des § 3 Abs. 9a **Nr. 2** UStG gehören – im Gegensatz zu den sonstigen Leistungen nach § 3 Abs. 9a Nr. 1 UStG – sämtliche bei der Ausführung dieser Umsätze entstandenen Ausgaben, auch wenn diese Kosten nicht mit Umsatzsteuer belastet waren.

Im Ergebnis ist festzuhalten, dass Bemessungsgrundlage für die Umsatzsteuer bei **unentgeltlich gewährten Sachbezügen,** die der **Umsatzbesteuerung** (in Form der Wertabgabenbesteuerung) unterliegen, im Regelfall die beim Arbeitgeber entstandenen Aufwendungen (ohne Umsatzsteuer) sind. Ein anteiliger Unternehmerlohn gehört nicht dazu. Aus **Vereinfachungsgründen** können in vielen Fällen als umsatzsteuerliche Bemessungsgrundlage die **lohnsteuerlichen Werte** angesetzt werden (Abschnitt 1.8 Abs. 8 Satz 2 UStAE[1]); zumeist liegt dann aber

1) Der vollständige Wortlaut des Abschnitts 1.8 UStAE ist als Anhang 14 im **Steuerhandbuch für das Lohnbüro 2021** abgedruckt, das im selben Verlag erschienen ist.

Lohn- steuer- pflichtig | Sozial- versich.- pflichtig

auch ein entgeltlicher Leistungsaustausch vor. Die lohnsteuerlichen Werte sind zudem **Bruttowerte,** aus denen zur Ermittlung der Bemessungsgrundlage die Umsatzsteuer herauszurechnen ist. Hierbei gelten folgende Prozentsätze:

- bei einem Umsatzsteuersatz von 19 % mit $^{19}/_{119}$
- bei einem Umsatzsteuersatz von 7 % mit $^{7}/_{107}$
- bei einem Umsatzsteuersatz von 5 % mit $^{5}/_{105}$

b) Aufmerksamkeiten und Leistungen im ganz überwiegenden eigenbetrieblichen Interesse

Wie vorstehend unter Buchstabe a bereits ausgeführt, sind bloße Aufmerksamkeiten nicht umsatzsteuerbar. Keine steuerbaren Umsätze sind außerdem Leistungen, die ganz überwiegend durch das eigenbetriebliche Interesse des Arbeitgebers veranlasst sind. Hiernach ergibt sich folgende Übersicht:

unentgeltliche Sachbezüge an Arbeitnehmer

gelten als Lieferungen oder sonstige Leistungen gegen Entgelt

Ausnahmen

Aufmerksamkeiten | **Leistungen im ganz überwiegenden eigenbetrieblichen Interesse des Arbeitgebers**

Keine steuerbaren Umsätze sind also Aufmerksamkeiten und Zuwendungen im ganz überwiegenden eigenbetrieblichen Interesse des Arbeitgebers; nach Abschnitt 1.8 Absätze 3 und 4 UStAE[1] sind dies insbesondere:

- Leistungen zur Verbesserung der Arbeitsbedingungen z. B. die Bereitstellung von Aufenthalts- und Erholungsräumen, von betriebseigenen Dusch-, Bade- und Sportanlagen sowie von Betriebskindergärten;
- die vom Arbeitgeber im ganz überwiegenden eigenbetrieblichen Interesse übernommenen Kosten einer Vorsorgeuntersuchung des Arbeitnehmers (BFH-Urteil vom 17.9.1982, BStBl. 1983 II S. 39; vgl. das Stichwort „Vorsorgekuren, Vorsorgeuntersuchungen");
- betriebliche Fort- und Weiterbildungsleistungen;
- Schaffung und Förderung der Rahmenbedingungen für die Teilnahme an einem Verkaufswettbewerb;
- die Zurverfügungstellung von Parkplätzen auf dem Betriebsgelände (vgl. auch nachfolgende Nr. 17);
- die Überlassung von Arbeitsmitteln zur beruflichen Nutzung einschließlich der Arbeitskleidung, wenn es sich um typische Berufskleidung, insbesondere um Arbeitsschutzkleidung, handelt;
- Aufmerksamkeiten (Sachgeschenke) bis zu einem Wert von **60 €,** die dem Arbeitnehmer oder seinen Angehörigen aus Anlass eines besonderen persönlichen Ereignisses zugewendet werden (vgl. das Stichwort „Aufmerksamkeiten");
- Getränke und Genussmittel, die der Arbeitgeber den Arbeitnehmern zum Verzehr **im Betrieb** unentgeltlich überlässt (siehe „Getränke" und „Genussmittel");
- Speisen, die der Arbeitgeber den Arbeitnehmern anlässlich und während eines außergewöhnlichen Arbeitseinsatzes, z. B. während einer außergewöhnlichen betrieblichen Besprechung oder Sitzung, im ganz überwiegenden eigenbetrieblichen Interesse an einer günstigen Gestaltung des Arbeitsablaufs unentgeltlich überlässt und deren Wert 60 € nicht überschreitet (vgl. das Stichwort „Bewirtungskosten" unter Nr. 6);

Lohn- steuer- pflichtig | Sozial- versich.- pflichtig

- übliche Zuwendungen im Rahmen von Betriebsveranstaltungen bis 110 € (vgl. im Einzelnen das Stichwort „Betriebsveranstaltungen" unter Nr. 9);
- Gestellung von Übernachtungsmöglichkeiten in gemieteten Zimmern, wenn der Arbeitnehmer an weit von seinem Heimatort entfernten Tätigkeitsstellen eingesetzt wird (siehe auch Anhang 4 Nr. 22);
- die Sammelbeförderung von Arbeitnehmern, wenn sie im ganz überwiegenden eigenbetrieblichen Interesse erfolgt (vgl. die Erläuterungen unter der nachfolgenden Nr. 10).

Die umsatzsteuerliche Behandlung von Aufmerksamkeiten und Zuwendungen im ganz überwiegenden eigenbetrieblichen Interesse des Arbeitgebers lehnt sich weitgehend an die entsprechende lohnsteuerliche Beurteilung an. Auf die Erläuterungen bei den betreffenden Stichwörtern wird deshalb Bezug genommen.

Bei Aufmerksamkeiten und Leistungen im ganz überwiegenden eigenbetrieblichen Interesse bleibt der Vorsteuerabzug also dem Grunde nach erhalten. Für den **Vorsteuerabzug** der Höhe nach ist auf die **Gesamttätigkeit** des Unternehmens abzustellen (vgl. hierzu das Beispiel B beim Stichwort „Betriebsveranstaltungen" unter Nr. 9).

c) Steuerbefreiungen und Ermittlung der Bemessungsgrundlage

Andere unentgeltliche Sachbezüge oder sonstige Leistungen als im vorstehenden Buchstaben b genannt sowie entgeltliche Leistungen im Leistungsaustausch sind umsatzsteuerbar und auch umsatzsteuerpflichtig, **wenn nicht eine besondere Steuerbefreiung in Betracht kommt.** Folgende Steuerbefreiungen nach § 4 UStG können zur Anwendung kommen:

- § 4 Nr. 8 Buchstabe a UStG bei der Gewährung von Darlehen,
- § 4 Nr. 8 Buchstabe e UStG bei Wertpapierübertragungen,
- § 4 Nr. 10 Buchstabe b UStG bei der Gewährung von Versicherungsschutz,
- § 4 Nr. 12 Satz 1 Buchstabe a UStG bei der Überlassung von Wohnraum (Ausnahme: bei kurzfristiger Vermietung steuerpflichtig; vgl. auch nachfolgende Nr. 3),
- § 4 Nr. 18, 23, 24 oder 25 UStG für Beherbergung und Beköstigung bei bestimmten Unternehmern (z. B. Ausbildungseinrichtungen, Verbände der Wohlfahrtspflege, Jugendherbergen), wenn es sich insoweit um Vergütungen für geleistete Dienste handelt.

Bei der Ermittlung der umsatzsteuerlichen Bemessungsgrundlage von steuerpflichtigen Leistungen ist zu beachten, dass der **sog. Rabattfreibetrag** in Höhe von **1080 €** bei der Umsatzbesteuerung unentgeltlicher oder verbilligter Sachbezüge und sonstiger Leistungen **nicht anwendbar** ist. Gleiches gilt für andere lohnsteuerliche Befreiungsvorschriften (z. B. die **44-Euro-Freigrenze** für Sachbezüge mit geringem Wert). Folgende Beispiele sollen dies verdeutlichen:

- Sachleistungen wie z. B. der sog. Haustrunk der Brauereien oder die sog. Freizeitungen der Zeitungsverlage führen aufgrund des Rabattfreibetrages lohnsteuerlich regelmäßig nicht zu einer Besteuerung; gleichwohl sind auch diese Sachbezüge umsatzsteuerlich zu erfassen.
- **Familienheimfahrten** mit dem Firmenwagen sind lohnsteuerlich unbeachtlich, wenn sie einmal wöchentlich im Rahmen einer beruflich veranlassten **doppelten Haushaltsführung** durchgeführt werden. Umsatzsteuerlich liegt jedoch eine steuerpflichtige Sachzuwendung

1) Der vollständige Wortlaut des Abschnitts 1.8 UStAE ist als Anhang 14 im **Steuerhandbuch für das Lohnbüro 2021** abgedruckt, das im selben Verlag erschienen ist.

U

Lohn-steuer-pflichtig | Sozial-versich.-pflichtig

vor (vgl. beim Stichwort „Firmenwagen zur privaten Nutzung" die Erläuterungen unter Nr. 20 Buchstabe b).

- Lohnsteuerlich befreite **Freifahrten** durch Verkehrsbetriebe sind für Umsatzsteuerzwecke ebenso zu erfassen wie **Freiflüge,** die dem Personal von Luftverkehrsgesellschaften gewährt werden.

Für die Ermittlung der **umsatzsteuerlichen Bemessungsgrundlage** gilt Folgendes:

Liegt umsatzsteuerlich ein **Leistungsaustausch** vor, ist die Bemessungsgrundlage grundsätzlich das vom Arbeitnehmer gezahlte Entgelt bzw. der Wert der **Gegenleistung.** Die Umsatzsteuer selbst gehört nicht zur Bemessungsgrundlage. Beträgt das vom Arbeitnehmer aufgewendete Entgelt weniger als die bei der Besteuerung unentgeltlicher Sachzuwendungen anzusetzende Bemessungsgrundlage (Einkaufspreis, Selbstkosten, Ausgaben nach § 10 Abs. 4 UStG, vgl. vorstehenden Buchstaben a) ist die sog. **Mindestbemessungsgrundlage** nach § 10 Abs. 5 UStG zu beachten.

Danach ist als Bemessungsgrundlage mindestens der in § 10 Abs. 4 UStG bezeichnete Wert abzüglich der Umsatzsteuer anzusetzen, wenn dieser den vom Arbeitnehmer tatsächlich aufgewendeten (gezahlten) Betrag abzüglich der Umsatzsteuer übersteigt. Eine Leistung unterliegt aber nur dann der Mindestbemessungsgrundlage, wenn sie ohne Entgeltvereinbarung als unentgeltliche Leistung steuerbar wäre. Daher findet die Mindestbemessungsgrundlage **keine Anwendung**, wenn die Leistung des Unternehmers an sein Personal nicht zur Befriedigung persönlicher Bedürfnisse des Personals erfolgt, sondern durch **betriebliche Erfordernisse** bedingt ist, weil dann keine Leistung „aufgrund des Dienstverhältnisses" (= Voraussetzung für den Ansatz der Mindestbemessungsgrundlage) vorliegt.

Beispiel

Um ein einheitliches Erscheinungsbild des Unternehmens zu gewährleisten, stellt eine Reinigungsfirma ihren Arbeitnehmern **Arbeitskleidung** mit ihrem Firmenlogo zur Verfügung. Damit die Beschäftigten sorgfältig mit dieser Kleidung umgehen, zieht die Lohnbuchhaltung den Arbeitnehmern für die Nutzung der Arbeitskleidung entsprechend dem Haustarifvertrag monatlich 10 € vom Arbeitslohn ab. Die tatsächlichen Ausgaben für die Arbeitskleidung (z. B. Reinigung, Anschaffungskosten) betragen monatlich 25 € je Arbeitnehmer.

Die Reinigungsfirma führt die Leistung an ihr Personal aus, die Ausgaben übersteigen das tatsächliche Entgelt. Gleichwohl findet die Mindestbemessungsgrundlage nach § 10 Abs. 5 Nr. 2 UStG keine Anwendung, weil die Leistung nicht „aufgrund des Dienstverhältnisses" veranlasst ist. Die Gestellung der Arbeitskleidung dient nicht der Befriedigung persönlicher Bedürfnisse des Personals, sondern ist durch betriebliche Erfordernisse bedingt. Umsatzsteuerliche Bemessungsgrundlage ist daher der von den Arbeitnehmern tatsächliche gezahlte Betrag abzüglich Umsatzsteuer = 8,40 € (10 € : 1,19). Die Umsatzsteuer beträgt 19 % hiervon = 1,60 €.

Auch die **verbilligte Sammelbeförderung** von Arbeitnehmern zur Tätigkeitsstätte ist keine Leistung „aufgrund des Dienstverhältnisses", wenn für die Arbeitnehmer keine zumutbaren Möglichkeiten bestehen, die Tätigkeitsstätte mit öffentlichen Verkehrsmitteln zu erreichen, sodass auch hier **kein Ansatz der Mindestbemessungsgrundlage** in Betracht kommt. Vgl. im Einzelnen die Erläuterungen und Beispiele unter der nachfolgenden Nr. 10.

U

Der Umsatzsteuerpflicht unterliegen nach Abschnitt 1.8 UStAE[1)] insbesondere folgende, unentgeltlich oder entgeltlich ggf. unter den Selbstkosten abgegebene Sachbezüge:

2. Mahlzeiten

a) Abgabe von Mahlzeiten in unternehmenseigenen Kantinen

Als Bemessungsgrundlage für die Bewertung der Mahlzeiten, die in einer vom Arbeitgeber selbst betriebenen Kantine abgegeben werden, können aus Vereinfachungsgründen die amtlichen Sachbezugswerte für Mahlzeiten herangezogen werden (vgl. das Stichwort „Mahlzeiten"). Zahlt der Arbeitnehmer zum Essen ein Entgelt dazu, das unter den amtlichen Sachbezugswerten liegt, ist die Differenz zu den amtlichen Sachbezugswerten der Zahlung des Arbeitnehmers hinzuzurechnen.

Beispiel A

Ein Arbeitnehmer erhält im Juli 2021 in der Betriebskantine unentgeltlich ein Mittagessen.

Amtlicher Sachbezugswert für eine Mahlzeit 2021		3,47 €
Dieser Betrag ist als Bemessungsgrundlage für die Berechnung der Umsatzsteuer maßgebend. Allerdings handelt es sich um einen Bruttowert; die darin enthaltene Umsatzsteuer ist bei einem Steuersatz von 19 % mit $^{19}/_{119}$ herauszurechnen.[2)]		
$^{19}/_{119}$ von 3,47 €	=	0,55 €
als umsatzsteuerliche Bemessungsgrundlage verbleiben je Mahlzeit		2,92 €

Beispiel B

Ein Arbeitnehmer erhält im Juli 2021 in der Betriebskantine ein Mittagessen für das er 1,20 € bezahlen muss.

Amtlicher Sachbezugswert für eine Mahlzeit 2021		3,47 €
der Arbeitnehmer zahlt für das Essen		1,20 €
Differenz (= lohnsteuerlicher geldwerter Vorteil)		2,27 €
Die Bemessungsgrundlage für die Berechnung der Umsatzsteuer setzt sich zusammen aus der Zahlung des Arbeitnehmers und der Differenz zum amtlichen Sachbezugswert. Die umsatzsteuerliche Bemessungsgrundlage beträgt also		3,47 €
Dieser Wert ist ein Bruttowert; die darin enthaltene Umsatzsteuer ist bei einem Steuersatz von 19 % mit $^{19}/_{119}$ herauszurechnen ($^{19}/_{119}$ von 3,47 €)[2)]	=	0,55 €
als umsatzsteuerliche Bemessungsgrundlage verbleiben je Mahlzeit		2,92 €

Beispiel C

Ein Arbeitnehmer erhält im Juli 2021 in der Betriebskantine ein Mittagessen für das er 3,50 € bezahlen muss.

Amtlicher Sachbezugswert für eine Mahlzeit 2021		3,47 €
der Arbeitnehmer zahlt für das Essen		3,50 €
Obwohl lohnsteuerlich kein geldwerter Vorteil entsteht, ist der Wert des Mittagessens umsatzsteuerpflichtig.		
Bemessungsgrundlage für die Umsatzsteuer ist der vom Arbeitnehmer tatsächlich gezahlte Betrag von 3,50 €. Dieser Wert ist ein Bruttowert; die darin enthaltene Umsatzsteuer ist bei einem Steuersatz von 19 % mit $^{19}/_{119}$ herauszurechnen ($^{19}/_{119}$ von 3,50 €)[2)]	=	0,56 €
als umsatzsteuerliche Bemessungsgrundlage verbleiben je Mahlzeit		2,94 €

Soweit unterschiedliche Mahlzeiten zu unterschiedlichen Preisen verbilligt an Arbeitnehmer abgegeben werden, kann bei der umsatzsteuerlichen Bemessungsgrundlage von dem für lohnsteuerliche Zwecke gebildeten **Durchschnittswert** ausgegangen werden (vgl. hierzu das Stichwort „Mahlzeiten" unter Nr. 4).

b) Abgabe von Mahlzeiten in fremdbewirtschafteten Kantinen

Eine fremdbewirtschaftete Kantine kann für die Ermittlung der Bemessungsgrundlage ihrer Mahlzeitenabgabe an die Arbeitnehmer nicht von den amtlichen Sachbezugswerten ausgehen. Sie hat deshalb die tatsächlichen Zahlungen der Arbeitnehmer zuzüglich der vom Arbeitgeber geleisteten Zuschüsse (= Entgelt von dritter Seite) zu versteuern.

Bei einer fremdbewirtschafteten Kantine kann der Arbeitgeber einem selbstständigen Kantinenbetreiber (z. B. ei-

1) Der vollständige Wortlaut des Abschnitts 1.8 UStAE ist als Anhang 14 im **Steuerhandbuch für das Lohnbüro 2021** abgedruckt, das im selben Verlag erschienen ist.

2) Im Zeitraum 1.1.2021 bis 30.6.2021 ist die im Bruttowert enthaltene Umsatzsteuer bei einem Steuersatz von 7 % mit $^{7}/_{107}$ herauszurechnen. Die Umsatzsteuer beträgt je Mahlzeit 0,23 € und die umsatzsteuerliche Bemessungsgrundlage 3,24 €.

Lohn-steuer-pflichtig	Sozial-versich.-pflichtig

nem Cateringunternehmer) Küchen- und Kantinenräume, Einrichtungs- und Ausstattungsgegenstände, Koch- und Küchengeräte oder auch Wasser und elektrischen Strom usw. unentgeltlich zur Verfügung stellen. Nach Abschnitt 1.8 Abs. 10 Satz 4 UStAE[1] ist der Wert dieser Gebrauchsüberlassung bei der Ermittlung der Bemessungsgrundlage für die Mahlzeitenabgabe nicht zu berücksichtigen. Dagegen gehört eine **Geldzahlung** des Arbeitgebers an den selbstständigen Kantinenbetreiber bei diesem als zusätzliches Entgelt eines Dritten zur Bemessungsgrundlage für die Mahlzeitenabgabe. Es wird somit in vielen Fällen für den Arbeitgeber günstiger sein, wenn er – unter Inanspruchnahme des Vorsteuerabzugs – Einrichtungs- und Ausstattungsgegenstände für Küche und Kantine im eigenen Namen einkauft und diese dem Kantinenbetreiber unentgeltlich überlässt, als sie vom Kantinenbetreiber einkaufen zu lassen und diesem dann eine entsprechend höhere Geldzahlung zu geben.

c) Entgeltliche Weitergabe von erworbenen Mahlzeiten an die Arbeitnehmer

Stellt der Arbeitgeber mangels eigener Kantine die Essen nicht selbst her, sondern bezieht er sie von einer Großküche (z. B. in Warmhaltepackungen), liegt zunächst eine dem ermäßigten Steuersatz von 7 % unterliegende Lieferung der Großküche an den Arbeitgeber und danach eine dem Regelsteuersatz von 19 %[2] unterliegende Verpflegungsleistung des Arbeitgebers an seine Arbeitnehmer vor. Ein Ansatz der Sachbezugswerte als umsatzsteuerliche Bemessungsgrundlage ist nicht zulässig. Bemessungsgrundlage für die Verpflegungsleistung des Arbeitgebers an seine Arbeitnehmer ist die tatsächliche Zahlung der Arbeitnehmer abzüglich Umsatzsteuer, mindestens jedoch der Nettoeinkaufspreis des Arbeitgebers für die Mahlzeiten.

Beispiel

Der Arbeitgeber bezieht im Juli 2021 von einer Großküche 100 fertige Mittagessen zum Preis von (100 × 4 € =) 400 € zuzüglich 7 % Umsatzsteuer. Der Arbeitgeber überlässt seinen Arbeitnehmern die Essen zu einem Preis von 3,47 €. Ein lohnsteuerlicher geldwerter Vorteil entsteht dadurch nicht.

Umsatzsteuerlich gilt Folgendes: Da die Zuzahlung der Arbeitnehmer den Nettoeinkaufspreis der Mahlzeiten nicht erreicht, ist dieser die maßgebliche umsatzsteuerliche Bemessungsgrundlage. Die Umsatzsteuer beträgt somit 19 % von 400 € = 76 €.[2] Der Arbeitgeber kann die von der Großküche in Rechnung gestellte Umsatzsteuer in Höhe von (7 % von 400 € =) 28 € als Vorsteuer abziehen.

d) Abgabe von Mahlzeiten nach Art eines „Reihengeschäfts"

Für die **lohnsteuerliche** Bewertung der Mahlzeit mit dem amtlichen Sachbezugswert ist es bei der Abgabe von Mahlzeiten außerhalb des Betriebs **nicht** erforderlich, dass die Abgabe der Mahlzeiten als „Reihengeschäft" erfolgt. Für lohnsteuerliche Zwecke genügt es, wenn lediglich eine Vereinbarung über die Inzahlungnahme von Essensmarken vorliegt (vgl. „Mahlzeiten" besonders unter Nr. 6). Für **umsatzsteuerliche** Zwecke gilt bei einer unentgeltlichen oder verbilligten Abgabe von Mahlzeiten durch eine vom Arbeitgeber nicht selbst betriebene Kantine oder Gaststätte Folgendes:

Vereinbart der Arbeitgeber mit dem Kantinenbetreiber bzw. Gastwirt die Zubereitung und die Abgabe von Essen an die Arbeitnehmer zum Verzehr an Ort und Stelle und hat der **Kantinenbetreiber** bzw. Gastwirt einen **Zahlungsanspruch gegen den Arbeitgeber,** liegt einerseits ein Leistungsaustausch zwischen Kantinenbetreiber bzw. Gastwirt und Arbeitgeber und andererseits ein Leistungsaustausch des Arbeitgebers gegenüber dem Arbeitnehmer vor. Der Arbeitgeber bedient sich in diesen Fällen des Kantinenbetreibers bzw. Gastwirts zur Beköstigung seiner Arbeitnehmer als Erfüllungsgehilfe. Sowohl in dem Verhältnis Kantinenbetreiber bzw. Gastwirt – Arbeitgeber als auch im Verhältnis Arbeitgeber – Arbeitnehmer liegt eine sonstige Leistung vor.

Beispiel A

Der Arbeitgeber vereinbart im Juli 2021 mit einem Gaststätteninhaber die Abgabe von Mahlzeiten an seine Arbeitnehmer zum Preis von 3,47 € je Essen. Der Gaststättenunternehmer rechnet über die ausgegebenen Essen mit dem Arbeitgeber auf der Grundlage dieses Preises ab. Die Arbeitnehmer zahlen einen Eigenanteil von 1,20 € je Essen; den Eigenanteil behält der Arbeitgeber vom Arbeitslohn des Arbeitnehmers ein. Lohnsteuerpflichtig ist ein Betrag von 2,27 € (amtlicher Sachbezugswert von 3,47 € abzüglich Zuzahlung des Arbeitnehmers). Umsatzsteuerlich gilt Folgendes: Nach § 3 Abs. 9 UStG erbringen der Gastwirt an den Arbeitgeber und der Arbeitgeber an den Arbeitnehmer jeweils eine sonstige Leistung. Der Einkaufspreis je Mahlzeit beträgt für den Arbeitgeber 3,47 €. Dies ist die Bemessungsgrundlage für die Umsatzsteuer. Aus dem Bruttowert von 3,47 € ist die Umsatzsteuer mit $^{19}/_{119}$ herauszurechnen ($^{19}/_{119}$ von 3,47 € = 0,55 €). Als umsatzsteuerliche Bemessungsgrundlage verbleiben (3,47 € – 0,55 € =) 2,92 €. Der Arbeitgeber kann die ihm vom Gastwirt für die Beköstigungsleistungen gesondert in Rechnung gestellte Umsatzsteuer als Vorsteuer abziehen.[3]

Für die umsatzsteuerliche Beurteilung dieser Vorgänge ist die Abwicklung der Zahlungsmodalitäten nicht ausschlaggebend. Entscheidend ist vielmehr, dass die Mahlzeiten aufgrund konkreter Vereinbarungen zwischen Arbeitgeber und Gastwirt an die Arbeitnehmer abgegeben werden, der Gastwirt einen Zahlungsanspruch also nur gegen den Arbeitgeber hat.

Beispiel B

Sachverhalt wie in Beispiel A, jedoch vereinbart der Arbeitgeber mit dem Gastwirt und den Arbeitnehmern, dass diese ihren Anteil von 1,20 € am Essenspreis unmittelbar an den Gastwirt entrichten. Der Gastwirt hat jedoch – ebenso wie im Beispiel A – einen vertraglichen Zahlungsanspruch ausschließlich gegen den Arbeitgeber; gleichzeitig übernimmt er die Verpflichtung zur Abgabe der vereinbarten Essen an die Arbeitnehmer. Den Nachweis über die Anzahl der ausgegebenen Essen kann der Gastwirt z. B. mit Hilfe der von den Arbeitnehmern abgelieferten Essensmarken des Arbeitgebers führen, die zur Einnahme des verbilligten Essens berechtigen. Die umsatzsteuerliche Bemessungsgrundlage ist die gleiche wie im Beispiel A.

Die gleiche umsatzsteuerliche Beurteilung ergibt sich, wenn der Arbeitgeber mit dem Pächter einer nach dem sog. Cafeteria-System betriebenen Kantine vertraglich vereinbart, dass für den Arbeitnehmer verschiedene Essen zur Auswahl bereitgestellt werden und die Arbeitnehmer die Speisenzusammenstellung selbst wählen können. Der Arbeitgeber vereinbart in diesem Falle mit dem Kantinenpächter die Bereitstellung von Speisen zu bestimmten Preisen bzw. innerhalb bestimmter Preisgrenzen. Anspruch auf Entgelt besteht gemäß betrieblicher Regelung ausschließlich gegenüber dem Arbeitgeber. Soweit die Arbeitnehmer Zuzahlungen leisten, sind diese Entgelt von dritter Seite für die Essenslieferung des Kantinenpächters an den Arbeitgeber.

In den vorstehend geschilderten Fällen kann der Arbeitgeber die ihm vom Gaststättenunternehmer für die Essenslieferungen gesondert in Rechnung gestellte Umsatzsteuer als **Vorsteuer abziehen.**

e) Abgabe von Mahlzeiten in Gaststätten mit Arbeitgeberzuschuss

Bestellt der Arbeitnehmer in einer Gaststätte selbst sein gewünschtes Essen nach der Speisekarte und bezahlt dem Gastwirt den – ggf. um einen Arbeitgeberzuschuss geminderten – Essenspreis, liegt eine sonstige Leistung des Gastwirts an den Arbeitnehmer vor. Ein Umsatz-

1) Der vollständige Wortlaut des Abschnitts 1.8 UStAE ist als Anhang 14 im **Steuerhandbuch für das Lohnbüro 2021** abgedruckt, das im selben Verlag erschienen ist.

2) Im Zeitraum 1.1.2021 bis 30.6.2021 gilt für die Mahlzeitenabgabe des Arbeitgebers an seine Arbeitnehmer der ermäßigte Steuersatz von 7 %.

3) Im Zeitraum 1.1.2021 bis 30.6.2021 ist die im Bruttowert enthaltene Umsatzsteuer bei einem Steuersatz von 7 % mit $^{7}/_{107}$ herauszurechnen. Die Umsatzsteuer beträgt je Mahlzeit 0,23 € und die umsatzsteuerliche Bemessungsgrundlage 3,24 €.

U

Lohn-steuer-pflichtig	Sozial-versich.-pflichtig

geschäft zwischen Arbeitgeber und Gastwirt besteht nicht. Im Verhältnis des Arbeitgebers zum Arbeitnehmer ist die Zahlung des Essenszuschusses ein nicht umsatzsteuerbarer Vorgang. Bemessungsgrundlage der sonstigen Leistung des Gastwirts an den Arbeitnehmer ist der von dem Arbeitnehmer an den Gastwirt gezahlte Essenspreis zuzüglich des ggf. gezahlten Arbeitgeberzuschusses (Entgelt von dritter Seite).

Beispiel

Der Arbeitnehmer kauft in einer Gaststätte ein Mittagessen für 3,47 €. Er gibt dabei eine Essensmarke seines Arbeitgebers im Wert von 1,20 € in Zahlung und zahlt die Differenz von 2,27 € dazu. Der Gastwirt lässt sich den Wert der Essensmarken wöchentlich vom Arbeitgeber erstatten. Lohnsteuerpflichtig ist in diesem Fall ein Betrag von 1,20 € (amtlicher Sachbezugswert von 3,47 € abzüglich Zuzahlung des Arbeitnehmers). Der Vorgang ist beim Arbeitgeber nicht umsatzsteuerbar (die Erstattung des Werts der Essensmarken an den Gastwirt ist keine umsatzsteuerbare Sachzuwendung an den Arbeitnehmer). Der Arbeitgeber kann aus der Abrechnung des Gastwirts keinen Vorsteuerabzug geltend machen.

f) Abgabe von Mahlzeiten anlässlich von beruflich veranlassten Auswärtstätigkeiten

Werden dem Arbeitnehmer bei einer Auswärtstätigkeit vom Arbeitgeber übliche Mahlzeiten gewährt, gilt Folgendes:

Seit dem 1.1.2014 entfällt lohnsteuerlich grundsätzlich eine Versteuerung üblicher Mahlzeiten (Wert bis 60 €) und die **Verpflegungspauschalen** sind wie folgt zu **kürzen:**

- um **20 % für ein Frühstück** und
- um **jeweils 40 % für ein Mittag- und Abendessen**

der für die **24-stündige** Abwesenheit geltenden höchsten **Tagespauschale** (§ 9 Abs. 4a Satz 8 EStG). Das entspricht seit 1.1.2020 aufgrund der Erhöhung der Verpflegungspauschalen für Auswärtstätigkeiten im Inland einer Kürzung der jeweils zustehenden Verpflegungspauschale um 5,60 für ein Frühstück (= 20 % von 28 €) und jeweils 11,20 für ein Mittag- und Abendessen (= jeweils 40 % von 28 €). Eine lohnsteuerliche Versteuerung dieser Mahlzeit mit dem Sachbezugswert wird nur noch dann vorgenommen, wenn der Arbeitnehmer steuerlich keinen Anspruch auf eine Verpflegungspauschale hat (z. B., weil die Abwesenheitszeit nicht mehr als acht Stunden beträgt oder der Dreimonatszeitraum abgelaufen ist; § 8 Abs. 2 Sätze 8 und 9 EStG). Vgl. im Einzelnen die Ausführungen und Beispiele in Anhang 4 „Reisekosten bei Auswärtstätigkeiten" unter Nr. 10.

Beispiel A

Im Rahmen einer neunstündigen Auswärtstätigkeit wird dem Arbeitnehmer 2021 ein unentgeltliches Mittagessen gewährt.

Für das Mittagessen ist lohnsteuerlich kein geldwerter Vorteil zu versteuern. Dem Arbeitnehmer kann wegen der mehr als achtstündigen Abwesenheitszeit folgende Verpflegungspauschale steuerfrei gezahlt werden:

Pauschbetrag	14,00 €
Kürzungsbetrag Mittagessen	
40 % von 28 €	11,20 €
Steuerfreie Verpflegungspauschale	2,80 €

Beim unentgeltlich gewährten Mittagessen handelt es sich nicht um eine umsatzsteuerliche Sachzuwendung.

U

Umsatzsteuerlich liegt bei der Abgabe von Mahlzeiten, die während einer beruflich veranlassten Auswärtstätigkeit auf Veranlassung des Arbeitgebers von einem Dritten unentgeltlich abgegeben werden, keine einer entgeltlichen Leistung gleichgestellte unentgeltliche Wertabgabe vor (Abschnitt 1.8 Abs. 13 Satz 2 UStAE[1]). Dies gilt auch für die Abgabe von Mahlzeiten während einer beruflichen Bildungsmaßnahme.

Beispiel B

Der Arbeitgeber führt im Kalenderjahr 2021 eine eintägige Fortbildungsveranstaltung für seine Arbeitnehmer mit einer Abwesenheitszeit von 15 bis 16 Stunden durch. Die Arbeitnehmer erhalten vom Arbeitgeber ein Mittag- und ein Abendessen im Wert von jeweils rund 50 €.

Für das Mittag- und das Abendessen ist lohnsteuerlich kein geldwerter Vorteil zu versteuern. Dem Arbeitnehmer kann wegen der mehr als achtstündigen Abwesenheitszeit folgende Verpflegungspauschale steuerfrei gezahlt werden:

Pauschbetrag		14,00 €
Kürzungsbetrag Mittagessen		
40 % von 28 €	11,20 €	
Kürzungsbetrag Abendessen		
40 % von 28 €	11,20 €	
Summe	22,40 €	22,40 €
Steuerfreie Verpflegungspauschale		0 €[2]

Beim unentgeltlich gewährten Mittag- und Abendessen handelt es sich nicht um eine umsatzsteuerliche Sachzuwendung.

In den Fällen, in denen Verpflegungsleistungen anlässlich einer unternehmerisch bedingten Auswärtstätigkeit des Arbeitnehmers vom Arbeitgeber empfangen und in voller Höhe getragen werden, kann der Arbeitgeber den **Vorsteuerabzug** aus den entstandenen Verpflegungskosten in Anspruch nehmen, wenn die Aufwendungen durch Rechnungen mit gesondertem Ausweis der Umsatzsteuer auf den Namen des Unternehmers oder durch Kleinbetragsrechnungen im Sinne des § 33 UStDV belegt sind. Es liegt **keine** einer entgeltlichen Leistung gleichgestellte **unentgeltliche Wertabgabe** vor (Abschnitt 1.8 Abs. 13 UStAE[1]).

Zahlt der **Arbeitnehmer** für die Mahlzeitengestellung anlässlich einer Auswärtstätigkeit ein den Kürzungsbetrag der Verpflegungspauschale minderndes **Entgelt** (vgl. § 9 Abs. 4a Satz 10 EStG), handelt es sich u.E. nicht um ein Entgelt im umsatzsteuerlichen Sinne. Aus der Sicht des leistenden Unternehmens (z. B. Hotelier, Gastwirt) ist die Zahlung des Arbeitnehmers ein Entgelt von dritter Seite; er erhält sein Entgelt also teilweise vom Arbeitgeber und teilweise vom Arbeitnehmer. Der Zahlungsfluss (Arbeitnehmer an Arbeitgeber) spielt für diese Beurteilung keine Rolle.

3. Freie Unterkunft und Verpflegung

Die dauerhafte Gewährung von freier Unterkunft und freier Wohnung (einschließlich Heizung und Beleuchtung) ist umsatzsteuerbar aber umsatzsteuerfrei nach § 4 Nr. 12 Satz 1 Buchstabe a UStG. Die Gewährung der freien Verpflegung ist umsatzsteuerbar und auch umsatzsteuerpflichtig. Als Bemessungsgrundlage kann von den amtlichen Sachbezugswerten ausgegangen werden (vgl. „Freie Unterkunft und Verpflegung").

Beispiel

Amtlicher Sachbezugswert 2021 für freie Unterkunft und Verpflegung in den alten Bundesländern monatlich	500,– €
davon ab: umsatzsteuerfreie Unterkunft	237,– €
verbleiben für die Verpflegung	263,– €
Dieser Betrag ist ein Bruttobetrag. Aus ihm muss die Umsatzsteuer bei einem Steuersatz von 19 % mit $^{19}/_{119}$ herausgerechnet werden.[3]	
$^{19}/_{119}$ von 263 € =	41,99 €
als umsatzsteuerliche Bemessungsgrundlage verbleiben monatlich	221,01 €

1) Der vollständige Wortlaut des Abschnitts 1.8 UStAE ist als Anhang 14 im **Steuerhandbuch für das Lohnbüro 2021** abgedruckt, das im selben Verlag erschienen ist.

2) Die Kürzung der Verpflegungspauschalen wegen einer vom Arbeitgeber oder auf dessen Veranlassung von einem Dritten zur Verfügung gestellten Mahlzeit kann nicht zu einem negativen Ergebnis führen. Der übersteigende Betrag (hier: 8,40 €; 2 × 11,20 € = 22,40 € abzüglich 14 €) ist auch weder als Arbeitslohn anzusetzen noch vom Arbeitnehmer zu bezahlen.

3) Im Zeitraum 1.1.2021 bis 30.6.2021 ist die im Bruttowert enthaltene Umsatzsteuer bei einem Steuersatz von 7 % mit $^{7}/_{107}$ herauszurechnen. Die Umsatzsteuer beträgt 17,21 € und die umsatzsteuerliche Bemessungsgrundlage 245,79 €.

Lohn-steuer-pflichtig Sozial-versich.-pflichtig

Freie Unterkunft und Verpflegung wird häufig **Auszubildenden** gewährt. Auch unentgeltliche Sachzuwendungen an Auszubildende unterliegen grundsätzlich der Umsatzsteuer. Bei einer Beherbergung und Beköstigung von Auszubildenden bis 27 Jahren kommt die Steuerbefreiung nach § 4 Nr. 23 UStG in Betracht.

Umsatzsteuerfrei nach § 4 Nr. 12 Satz 1 UStG ist jedoch nur eine **dauerhafte** Überlassung von Wohnraum bzw. Unterkünften durch den Arbeitgeber an seine Arbeitnehmer. Das gilt auch für die arbeitsvertraglich vereinbarte Wohnungsüberlassung an den Gesellschafter-Geschäftsführer mit der Folge, dass die GmbH wegen der Steuerfreiheit des Umsatzes insoweit nicht zum Vorsteuerabzug berechtigt ist (BFH-Urteil vom 18.2.2016, BStBl. II S. 496). Umsatzsteuerpflichtig ist hingegen die **kurzfristige** Überlassung von Wohn- und Schlafräumen. Sie unterliegt dem ermäßigten Steuersatz von 7 % (§ 12 Abs. 2 Nr. 11 Satz 1 UStG). Auch die nicht auf Dauer angelegte Überlassung von Räumen gegen einen Einbehalt vom Arbeitslohn durch den Arbeitgeber an seine Erntehelfer ist umsatzsteuerpflichtig (BFH-Urteil vom 8.8.2013, BFH/NV 2013 S. 1952). Im vom Bundesfinanzhof entschiedenen Streitfall lag nur eine (umsatzsteuerpflichtige) kurzfristige Überlassung vor, da die Überlassung an die Erntehelfer **nicht** für einen Zeitraum von **mehr als sechs Monaten** erfolgen sollte. Vgl. das Stichwort „Saisonbeschäftigte" unter Nr. 5.

Überlässt ein Arbeitgeber in seinem Hotel oder seiner Pension auch Räume an eigene Arbeitnehmer, ist diese Leistung nach § 4 Nr. 12 Satz 2 UStG steuerpflichtig, wenn diese Räume **wahlweise** zur vorübergehenden Beherbergung von Gästen einerseits und zur Unterbringung des eigenen Personals andererseits bereitgehalten werden (Abschnitt 1.8 Abs. 5 Satz 3 UStAE[1]).

4. Pkw-Gestellung und Elektro-Bike für Privatfahrten, Fahrten zwischen Wohnung und erster Tätigkeitsstätte und für Familienheimfahrten

Die umsatzsteuerlichen Auswirkungen der unentgeltlichen oder verbilligten Überlassung eines Firmenwagens zu Privatfahrten, zu Fahrten zwischen Wohnung und erster Tätigkeitsstätte und zu Familienheimfahrten sind ausführlich anhand von Beispielen beim Stichwort „Firmenwagen zur privaten Nutzung" unter Nr. 20 auf Seite 455 erläutert.

Zu den umsatzsteuerlichen Auswirkungen bei Zurverfügungstellung eines Elektro-Bikes vgl. dieses Stichwort unter Nr. 8.

5. Unentgeltliche oder verbilligte Überlassung von Job-Tickets

Bei der unentgeltlichen oder verbilligten Überlassung sog. Job-Tickets durch den Arbeitgeber kann kein Vorsteuerabzug in Anspruch genommen werden, da die Beförderungsleistung vom Verkehrsunternehmen direkt an den Arbeitnehmer erbracht wird (vgl. die Erläuterungen beim Stichwort „Fahrten zwischen Wohnung und erster Tätigkeitsstätte" unter Nr. 11 auf Seite 401). Dementsprechend kann auch keine umsatzsteuerbare Sachzuwendung des Arbeitgebers an den Arbeitnehmer vorliegen.

Zum Vorsteuerabzug des Arbeitgebers bei Auswärtstätigkeiten des Arbeitnehmers vgl. Anhang 4 Nrn. 21 und 24.

6. Freifahrten für Arbeitnehmer von Verkehrsbetrieben

Gewähren Verkehrsbetriebe ihren Arbeitnehmern und deren Angehörigen unentgeltliche oder verbilligte Privatfahrten mit den vom Arbeitgeber betriebenen Verkehrsmitteln, ist der hierdurch entstehende geldwerte Vorteil in unbegrenzter Höhe nach § 3 Nr. 15 EStG (bei Personennahverkehr) oder bis zum Rabattfreibetrag von 1080 € jährlich lohnsteuerfrei (vgl. die Stichworte „Fahrtkostenzuschüsse" und „Freifahrten").

Lohn-steuer-pflichtig Sozial-versich.-pflichtig

Die geldwerten Vorteile, die den Angehörigen aufgrund der unentgeltlichen oder verbilligten Privatfahrten zufließen, sind dem Arbeitnehmer zuzurechnen, der begünstigte Angehörige hat selbst keinen Anspruch auf einen eigenen Rabattfreibetrag (vgl. das Stichwort „Rabatte, Rabattfreibetrag").

Die dem Arbeitnehmer und seinen Angehörigen gewährten Freifahrten sind umsatzsteuerbar. Die als Bemessungsgrundlage anzusetzenden Ausgaben sind nach den jeweiligen örtlichen Verhältnissen zu ermitteln und können im Allgemeinen mit 25 % des normalen Preises für den überlassenen Fahrausweis oder eines der Fahrberechtigung entsprechenden Fahrausweises angenommen werden (Abschnitt 1.8 Abs. 17 UStAE[1]). Die Umsatzsteuer ist herauszurechnen. Der Rabattfreibetrag ist bei der Umsatzsteuer nicht anwendbar.

7. Sachzuwendungen bei einem Arbeitnehmer- oder Firmenjubiläum

Beabsichtigt der Arbeitgeber bereits beim Einkauf des Sachgeschenks die Verwendung für das Arbeitnehmer- oder Firmenjubiläum, berechtigt der Wareneinkauf durch den Arbeitgeber nicht zum Vorsteuerabzug und die Besteuerung der unentgeltlichen Sachzuwendung an den Arbeitnehmer scheidet dementsprechend aus (BFH-Urteil vom 9.12.2010, BStBl. 2012 II S. 53). Der Vorgang ist demzufolge nicht umsatzsteuerbar (vgl. auch die Erläuterungen unter der vorstehenden Nr. 1 Buchstabe a). Eine Ausnahme gilt allerdings für **Aufmerksamkeiten** bis zu einem Wert von **60 €** (z. B. Blumen oder andere Sachgeschenke, Genussmittel). Hier kann der Arbeitgeber den Vorsteuerabzug im Umfang seiner wirtschaftlichen Gesamttätigkeit in Anspruch nehmen, ohne dass es zu einer Umsatzbesteuerung der Zuwendung kommt.

Da es sich bei der **Ehrung eines einzelnen Jubilars** nicht um eine Betriebsveranstaltung handelt, sind sämtliche Zuwendungen im Rahmen einer Feier zur Ehrung eines einzelnen Jubilars unabhängig von der Höhe des Pro-Kopf-Anteils der Umsatzsteuer zu unterwerfen, wenn die Leistungen beim Arbeitgeber zum vollen oder teilweisen Vorsteuerabzug berechtigt haben. Dieser Grundsatz stellt allerdings in der praktischen Anwendung die Ausnahme dar. Eine Umsatzbesteuerung scheidet nämlich aus, wenn bereits der Leistungsbezug mit der Absicht erfolgt ist, diese Leistung für die Ehrung des einzelnen Jubilars und damit für den privaten Bedarf des geehrten Arbeitnehmers zu verwenden. Denn in diesem Fall kann ein Vorsteuerabzug mangels Leistungsbezug für das Unternehmen des Arbeitgebers nicht geltend gemacht werden. Die im vorstehenden Absatz beschriebene Sonderregelung für Aufmerksamkeiten bis 60 € ist allerdings auch hier zu beachten.

8. Sachzuwendungen bei Betriebsveranstaltungen

Von einer durch das überwiegende unternehmerische Interesse des Arbeitgebers veranlassten üblichen Zuwendung ist umsatzsteuerlich im Regelfall auszugehen, wenn der Betrag, der auf den einzelnen Arbeitnehmer entfällt, den Betrag von **110 €** einschließlich Umsatzsteuer **nicht überschreitet.** In diesem Fall ist der Arbeitgeber dem Grunde nach zum **Vorsteuerabzug** berechtigt. Die Besteuerung einer unentgeltlichen Wertabgabe ist nicht vorzunehmen.

Übersteigt hingegen der Betrag, der auf den einzelnen Arbeitnehmer entfällt, den Betrag von **110 €** einschließlich Umsatzsteuer, ist von einer überwiegend durch den privaten Bedarf des Arbeitnehmers veranlassten unentgeltlichen Zuwendung auszugehen. Mangels Bezug für das Unternehmen **scheidet** in diesem Fall ein **Vorsteuer-**

1) Der vollständige Wortlaut des Abschnitts 1.8 UStAE ist als Anhang 14 im **Steuerhandbuch für das Lohnbüro 2021** abgedruckt, das im selben Verlag erschienen ist.

U

Lohn- steuer- pflichtig | Sozial- versich.- pflichtig

abzug aus. Die Frage der Besteuerung einer unentgeltlichen Wertabgabe stellt sich daher von vornherein nicht.

Die Finanzverwaltung lehnt es ab, für Zwecke des Vorsteuerabzugs eine Aufteilung der Eingangsleistungen in einen unternehmerisch veranlassten Teil und einen nichtunternehmerisch veranlassten Teil vorzunehmen. Vgl. die Erläuterungen und Beispiele beim Stichwort „Betriebsveranstaltungen" unter Nr. 9.

9. Haustrunk, Deputate, Freizigaretten, Freiflüge, Jahreswagen und andere unentgeltliche oder verbilligte Warenlieferungen

Bei Warenlieferungen an den Arbeitnehmer ist zu unterscheiden, ob sie **unentgeltlich oder** mit Belegschaftsrabatt (also lediglich verbilligt) erfolgen. Denn die Gewährung von Personalrabatt durch den Arbeitgeber beim Einkauf von Waren durch seine Mitarbeiter ist keine Leistung gegen Entgelt, sondern ein Preisnachlass (BFH-Beschluss vom 17.9.1981, BStBl. II S. 775). Bei einer Abgabe von Waren **mit Belegschaftsrabatt** ist Bemessungsgrundlage im Sinne der Umsatzsteuer der vom Arbeitnehmer tatsächlich gezahlte Betrag abzüglich Umsatzsteuer.

Beispiel

Der Arbeitnehmer eines Automobilwerks kauft im Kalenderjahr 2021 einen sog. Jahreswagen (Listenpreis 20 000 €) unter Inanspruchnahme des Belegschaftsrabatts von 20 % für 16 000 €. Ausgangsbetrag für die Umsatzsteuer sind 16 000 €. Aus diesem Betrag ist die Umsatzsteuer herauszurechnen (bei einem Steuersatz von 19 % mit $^{19}/_{119}$). Als Bemessungsgrundlage verbleiben somit (16 000 € abzüglich $^{19}/_{119}$ = 2555 € Umsatzsteuer =) 13 445 €. Eine Prüfung der Mindestbemessungsgrundlage ist regelmäßig nicht vorzunehmen (Abschnitt 1.8 Abs. 6 Satz 4 UStAE[1]).

Bei der **unentgeltlichen** Abgabe von Deputaten, Getränken und Genussmitteln zum häuslichen Verzehr (z. B. Haustrunk der Brauereien), Freitabakwaren, Freiflügen usw. liegen umsatzsteuerpflichtige Sachzuwendungen vor. Der lohnsteuerliche **Rabattfreibetrag** in Höhe von **1080 €** jährlich ist bei der Umsatzbesteuerung **nicht anwendbar.** Bemessungsgrundlage für die Umsatzsteuer sind die **Selbstkosten** des Arbeitgebers. Aus Vereinfachungsgründen kann von den für lohnsteuerliche Zwecke ermittelten Werte ausgegangen werden. Diese Werte sind Bruttowerte, aus denen die Umsatzsteuer herauszurechnen ist. Die Umsatzsteuerpflicht dieser Sachzuwendungen wird u.E. durch die Rechtsprechung des Bundesfinanzhofs zum Vorsteuerausschluss bei gleichzeitigem Verzicht auf die Besteuerung unentgeltlicher Wertabgaben (BFH-Urteil vom 9.12.2010, BStBl. 2012 II S. 53; vgl. vorstehende Nr. 1 Buchstabe a) jedenfalls dann nicht berührt, wenn die Sachzuwendungen nicht eingekauft, sondern originär im Unternehmen geschaffen worden sind.

Zahlt der Arbeitnehmer für die Waren einen verbilligten Preis und liegt dieser **unter den Selbstkosten** des Arbeitgebers, sind die Vorschriften über die Mindestbemessungsgrundlage (§ 10 Abs. 5 Nr. 2 UStG) zu beachten. Danach ist als Bemessungsgrundlage mindestens der in § 10 Abs. 4 UStG bezeichnete Wert (Einkaufspreis, Selbstkosten, Ausgaben) abzüglich Umsatzsteuer anzusetzen, wenn dieser Wert den vom Arbeitnehmer tatsächlich gezahlten Betrag (abzüglich Umsatzsteuer) übersteigt. Die Selbstkosten des Arbeitgebers umfassen alle durch den betrieblichen Produktionsprozess entstehenden Kosten, also auch die anteiligen Gemeinkosten. Dies gilt z. B. für die verbilligte Lieferung von Strom und Gas. Anzusetzen ist der Wiederbeschaffungspreis im Zeitpunkt der Entnahme auf der Handelsstufe des Unternehmers zuzüglich Verbrauchssteuern (z. B. Stromsteuer und Energiesteuer) und die Konzessionsabgabe.

Lohn- steuer- pflichtig | Sozial- versich.- pflichtig

10. Sammelbeförderung von der Wohnung zur (ersten) Tätigkeitsstätte

Die unentgeltliche Beförderung der Arbeitnehmer von ihrem Wohnsitz, gewöhnlichen Aufenthaltsort oder von einer Sammelhaltestelle (z. B. einem Bahnhof) zum Arbeitsplatz durch **betriebseigene Kraftfahrzeuge** ist grundsätzlich umsatzsteuerbar und **umsatzsteuerpflichtig,** sofern diese Fahrzeuge über die Beförderung der Arbeitnehmer hinaus zu mindestens 10 % für wirtschaftliche Tätigkeiten des Arbeitgebers genutzt werden. Die für lohnsteuerliche Zwecke eingeführte Steuerbefreiung der Sammelbeförderung (vgl. dieses Stichwort) gilt nicht für die Umsatzsteuer.

Die unentgeltliche Beförderung der Arbeitnehmer für deren privaten Bedarf durch vom Arbeitgeber **beauftragte Beförderungsunternehmer** unterliegt hingegen unter Berücksichtigung der Rechtsprechung des Bundesfinanzhofs zum **Vorsteuerausschluss** bei gleichzeitigem **Verzicht** auf die Besteuerung unentgeltlicher Wertabgaben nicht mehr der **Umsatzbesteuerung** (BFH-Urteil vom 9.12.2010, BStBl. 2012 II S. 53). Der Arbeitgeber kann in diesem Fall also z. B. aus den Rechnungen des Omnibusunternehmers keinen Vorsteuerabzug mehr in Anspruch nehmen, wenn dieser mit dem Ziel der unentgeltlichen Beförderung der Arbeitnehmer für deren private Zwecke beauftragt wurde.

Kein umsatzsteuerbarer Vorgang liegt aber dann vor, wenn die Beförderung **im ganz überwiegenden eigenbetrieblichen Interesse** erfolgt. Der **Vorsteuerabzug** aus Leistungen fremder Unternehmer **bleibt** in diesen Fällen dem Grunde nach erhalten. Nicht steuerbare Leistungen im überwiegend eigenbetrieblichen Interesse sind nach Abschnitt 1.8 Abs. 15 Satz 2 UStAE[1] in den Fällen anzunehmen, in denen

- die Beförderung mit öffentlichen Verkehrsmitteln nicht oder nur mit unverhältnismäßig hohem Zeitaufwand durchgeführt werden könnte (BFH-Urteil vom 15.11.2007, BStBl. 2009 II S. 423),
- die Arbeitnehmer an ständig wechselnden Tätigkeitsstätten oder verschiedenen Stellen eines weiträumigen Arbeitsgebiets eingesetzt werden[2] oder
- im Einzelfall die Beförderungsleistungen wegen eines außergewöhnlichen Arbeitseinsatzes erforderlich werden oder wenn sie hauptsächlich dem Materialtransport an die Arbeitsstelle dienen und der Arbeitgeber dabei einige Arbeitnehmer unentgeltlich mitnimmt (BFH-Urteil vom 9.7.1998, BStBl. II S. 635).

Der Bundesfinanzhof bejaht im Urteil vom 15.11.2007 (BStBl. 2009 II S. 423) das ganz überwiegende eigenbetriebliche Interesse an der Sammelbeförderung, wenn keine zumutbare Möglichkeit besteht, den Arbeitsort mit öffentlichen Verkehrsmitteln zum **Arbeitsbeginn um 6:00 Uhr** zu erreichen. Entscheidend ist das Gesamtbild der Verhältnisse im Einzelfall (BFH-Urteil vom 11.5.2000, BStBl. II S. 505). Die Entfernung zwischen Wohnung und (erster) Tätigkeitsstätte ist nur ein Gesichtspunkt, der neben anderen in die tatsächliche Würdigung der Gesamtumstände einfließt. Erfolgt die Beförderung im ganz überwiegenden eigenbetrieblichen Interesse, ist der Arbeitgeber aus der Beförderungsleistung des Omnibusunternehmers zum **Vorsteuerabzug** berechtigt. Gleichwohl ist wegen des ganz überwiegenden eigenbetrieblichen Interesses keine unentgeltliche Wertabgabe der Umsatzbesteuerung zu unterwerfen.

1) Der vollständige Wortlaut des Abschnitts 1.8. UStAE ist als Anhang 14 im **Steuerhandbuch für das Lohnbüro 2021** abgedruckt, das im selben Verlag erschienen ist.

2) In den LStR ist dieser Beispielsfall einer steuerfreien Sammelbeförderung zu R 3.32 gestrichen worden, weil es sich in den beschriebenen Fällen in der Regel bereits um einen steuerfreien Reisekostenersatz nach § 3 Nr. 16 EStG in Form einer Sachleistung handelt.

Lohn- steuer- pflichtig | Sozial- versich.- pflichtig

Die **Bemessungsgrundlage** für steuerbare Beförderungsleistungen des Arbeitgebers (also diejenigen, die nicht im ganz überwiegenden eigenbetrieblichen Interesse durchgeführt werden) richtet sich nach den bei der Ausführung der Umsätze entstandenen **Ausgaben.** Bei der Ermittlung der Ausgaben wird es von der Finanzverwaltung nicht beanstandet (Abschnitt 1.8 Abs. 16 UStAE[1]), wenn der Arbeitgeber die entstandenen Kosten schätzt, soweit er die Beförderung mit **betriebseigenen Fahrzeugen** durchführt. Die Bemessungsgrundlage für die Beförderungsleistungen eines Monats kann z. B. pauschal aus der Zahl der durchschnittlich beförderten Arbeitnehmer und aus dem Preis für eine Monatskarte für die kürzeste und weiteste gefahrene Wegstrecke (Durchschnitt) abgeleitet werden.

Beispiel A

Ein Unternehmer hat in einem Monat durchschnittlich sechs Arbeitnehmer mit einem **betriebseigenen Fahrzeug** unentgeltlich von ihrer Wohnung zur ersten Tätigkeitsstätte befördert. Ein ganz überwiegendes eigenbetriebliches Interesse des Arbeitgebers an dieser Beförderungsleistung liegt nicht vor. Die kürzeste Strecke von der Wohnung eines Arbeitnehmers zur ersten Tätigkeitsstätte beträgt 10 km, die weiteste 30 km (Durchschnitt 20 km).

Die Bemessungsgrundlage für die Beförderungsleistungen in diesem Monat berechnet sich wie folgt:

Sechs Arbeitnehmer × 76,— € (Monatskarte für 20 km) = 456,— € abzüglich 29,83 € Umsatzsteuer (herausgerechnet mit 7/107 bei einem Steuersatz von 7 %) = 426,17 € Bemessungsgrundlage.

Die Beförderungsleistung mit betriebseigenen Fahrzeugen des Unternehmers zu einer festen Tätigkeitsstätte unterliegt als genehmigter oder genehmigungsfreier Linienverkehr dem ermäßigten Steuersatz von 7 % (Abschnitt 12.15 in Verbindung mit Abschnitt 12.13 Absätze 4 bis 6 UStAE).

Bei **verbilligten Beförderungsleistungen** aufgrund **betrieblicher Erfordernisse** von der Wohnung zur (erster) Tätigkeitsstätte ist der Umsatzbesteuerung als Bemessungsgrundlage das vom Arbeitnehmer tatsächlich aufgewendete **Entgelt** auch dann zugrunde zu legen, wenn die tatsächlichen Ausgaben des Arbeitgebers höher waren. Der Ansatz der umsatzsteuerrechtlichen **Mindestbemessungsgrundlage** kommt in diesen Fällen **nicht** zur Anwendung (Abschnitt 10.7 Abs. 2 UStAE).

Beispiel B

Die Arbeitnehmer der S-GmbH nehmen für die tägliche Fahrt von ihrer Wohnung zur ersten Tätigkeitsstätte von der S-GmbH angemietete Busse in Anspruch. Hierfür müssen sie einen Fahrpreis von brutto 0,50 € pro Arbeitstag zahlen. Insgesamt entrichten die Arbeitnehmer im Besteuerungszeitraum ein Beförderungsentgelt in Höhe von 4500 €. Die tatsächlichen Ausgaben der S-GmbH betragen dagegen 45 000 €. Für die Arbeitnehmer bestehen keine zumutbaren Möglichkeiten, um ihre erste Tätigkeitsstätte mit öffentlichen Verkehrsmitteln zu erreichen.

Die Beförderung der Arbeitnehmer zur ersten Tätigkeitsstätte ist keine Leistung aufgrund des Dienstverhältnisses im Sinne des § 10 Abs. 5 Nr. 2 UStG, wenn für die Arbeitnehmer keine zumutbaren Möglichkeiten bestehen, die erste Tätigkeitsstätte mit öffentlichen Verkehrsmitteln zu erreichen. Die Besteuerung der Beförderungsleistung ist auf der Grundlage des tatsächlich aufgewendeten Entgelts durchzuführen. Bei einem angenommen Steuersatz von 7 % beträgt die Bemessungsgrundlage 4205,61 € (100/107) und die Umsatzsteuer 294,39 €.

11. Ersatz von Telefonkosten

Übernimmt der Arbeitgeber die Kosten für die Einrichtung und den Betrieb (Grundgebühr, Gesprächskosten) eines **privaten** Telefons in der Wohnung des Arbeitnehmers, liegt umsatzsteuerlich keine Sachzuwendung, sondern eine nicht steuerbare Geldleistung vor. Gleiches gilt, wenn der Arbeitgeber die Kosten für die Einrichtung und den Betrieb eines Autotelefons im privaten Pkw des Arbeitnehmers übernimmt.

Zur umsatzsteuerlichen Behandlung des Werts unentgeltlicher **privater Gespräche,** die der Arbeitnehmer **am Arbeitsplatz** oder vom **betrieblichen** Telefonanschluss in seiner Wohnung oder vom betrieblichen Handy führt, sowie unentgeltlicher Privatgespräche vom Autotelefon des Firmenwagens vgl. das Stichwort „Telefonkosten" unter Nr. 7 auf Seite 929.

12. Gewährung zinsloser oder verbilligter Darlehen

Die Gewährung eines (zinslosen oder verbilligten) Darlehens ist nach § 4 Nr. 8 Buchstabe a UStG steuerfrei, und zwar auch dann, wenn das Darlehen aufgrund des Dienstverhältnisses gewährt wird. Der bei zinslosen oder niedrig verzinslichen Darlehen lohnsteuerpflichtige geldwerte Vorteil (vgl. das Stichwort „Zinsersparnisse und Zinszuschüsse") ist somit nicht umsatzsteuerpflichtig.

13. Erholungsurlaub in betrieblichen Erholungsheimen

Zur Lohnsteuerpflicht vgl. das Stichwort „Erholungsbeihilfen" unter Nr. 6. Der vom Arbeitgeber unentgeltlich oder verbilligt gewährte Erholungsurlaub in einem betrieblichen Erholungsheim ist als sonstige Leistung umsatzsteuerpflichtig. Bemessungsgrundlage sind die Ausgaben des Arbeitgebers (ohne Umsatzsteuer). Aus Vereinfachungsgründen können die für lohnsteuerliche Zwecke ermittelten Werte auch bei der Umsatzsteuer angesetzt werden.

14. Incentive-Reisen

Gelegentlich werden von Arbeitgebern im Rahmen von Verkaufswettbewerben für besonders erfolgreiche Arbeitnehmer Reisen ausgeschrieben (sog. Incentive-Reisen). Der Wert der Reise gehört zum steuer- und beitragspflichtigen Arbeitslohn. Vgl. hierzu das Stichwort „Incentive-Reisen".

Die Sachzuwendung unterliegt im Grundsatz der Umsatzsteuer. Sie stellt umsatzsteuerlich eine „Reiseleistung" des Arbeitgebers dar, die nach § 25 UStG der sog. **Margenbesteuerung** unterliegt. Umsatzsteuer ergibt sich jedoch regelmäßig nicht, da sich die Kosten des Arbeitgebers (§ 10 Abs. 4 Satz 1 Nr. 3 UStG) mit den Aufwendungen für die Reise decken, eine sog. Marge also gar nicht entsteht (Abschnitt 25.3 Abs. 5 Nr. 1 UStAE).

Eine Incentive-Reise gehört auch dann zum steuer- und beitragspflichtigen Arbeitslohn, wenn die Zuwendung durch einen Dritten erfolgt, z. B. wenn ein Automobilhersteller dem Autoverkäufer eines Autohauses als Belohnung für Vertragsabschlüsse eine solche Reise finanziert. Es handelt sich dann um eine **Lohnzahlung durch einen Dritten;** das Autohaus muss als Arbeitgeber den Wert der Reise dem Lohnsteuerabzug unterwerfen (vgl. das Stichwort „Lohnzahlung durch Dritte").

Die Zuwendung an den Arbeitnehmer ist bei einer von einem Dritten ausgeschriebenen Incentive-Reise dann als unentgeltlicher Sachbezug umsatzsteuerbar, wenn der Arbeitgeber die Reise aus eigenem Recht – „ähnlich wie bei einem Reihengeschäft" – an den Arbeitnehmer weitergibt. Wendet also ein Autohersteller eine bei einem Verkaufswettbewerb ausgelobte Reiseleistung seinem Vertragshändler mit der Auflage zu, die Reise einem bestimmten Arbeitnehmer zu gewähren, erbringt der Händler eine umsatzsteuerbare Reiseleistung an seinen Arbeitnehmer (BFH-Urteil vom 16.3.1995, BStBl. II S. 651).

Ist dagegen der Arbeitgeber in die Leistungskette nicht eingeschaltet, erbringt er auch keine umsatzsteuerbare Leistung an den Arbeitnehmer. Dies ist z. B. dann der Fall, wenn der Automobilhersteller die Reisen **unmittelbar** an die Arbeitnehmer der Vertragshändler zuwendet. In diesem Fall erbringt der Vertragshändler (Arbeitgeber) keine umsatzsteuerbare Leistung an seine Arbeitnehmer. Dass der Arbeitgeber gleichwohl den Lohnsteuerabzug durchführen muss (Lohnzahlung durch Dritte) hat hierauf keinen Einfluss.

U

1) Der vollständige Wortlaut des Abschnitts 1.8. UStAE ist als Anhang 14 im **Steuerhandbuch für das Lohnbüro 2021** abgedruckt, das im selben Verlag erschienen ist.

Der Arbeitgeber (z. B. das Autohaus) ist bei einer Einbindung in die Leistungskette aus dem „Einkauf" der Reise **nicht** zum **Vorsteuerabzug** berechtigt. Dies folgt daraus, dass für den Arbeitgeber im Zeitpunkt des Einkaufs der Reise bereits feststeht, dass er die Reise seinem Arbeitnehmer für dessen privaten Bedarf unentgeltlich zuwenden will. Dies schließt einen Vorsteuerabzug von vornherein aus (BFH-Urteil vom 9.12.2010, BStBl. 2012 II S. 53). Selbst bei Annahme einer unentgeltlichen Wertabgabe nach § 3 Abs. 9a Nr. 2 UStG kommt ein Vorsteuerabzug aus dem Einkauf der Reise nicht in Betracht, weil der Arbeitgeber insoweit zum Reiseveranstalter wird und Reiseveranstalter nach § 25 Abs. 4 UStG generell vom Vorsteuerabzug aus Reisevorleistungen ausgeschlossen sind.

15. Warengutscheine

a) Gutscheine für Waren des eigenen Unternehmens

Gibt der Arbeitgeber an seine Arbeitnehmer Warengutscheine aus, die für eigene Produkte des Arbeitgebers gelten (z. B. Gutscheine an Mitarbeiter von Warenhäusern), liegen regelmäßig umsatzsteuerpflichtige Sachzuwendungen vor. Der lohnsteuerliche Rabattfreibetrag in Höhe von 1080 € jährlich ist bei der Umsatzbesteuerung nicht anwendbar. Bemessungsgrundlage für die Umsatzsteuer sind die Selbstkosten (Einkaufspreise) des Arbeitgebers für die durch **Einlösung** des Gutscheins zugewendeten Produkte.

b) Gutscheine für Waren fremder Unternehmen – z. B. Benzingutscheine

Gibt der Arbeitgeber monatlich z. B. Benzingutscheine aus, auf denen der jeweilige Verwendungszweck genau bezeichnet ist, z. B. für den Bezug von 25 Litern Super-Benzin, und rechnet der Arbeitgeber mit der Tankstelle die eingereichten Gutscheine ab, stand dem Arbeitgeber früher der Vorsteuerabzug nach § 15 Abs. 1 Satz 1 Nr. 1 UStG zu, da er der Besteller der konkreten Benzinlieferung war. Die unentgeltliche Wertabgabe an das Personal stellte folglich einen umsatzsteuerpflichtigen Sachbezug dar, der mit den Kosten zu besteuern war. Die lohnsteuerlich geltende monatliche 44-Euro-Freigrenze ist bei der Umsatzbesteuerung nicht anwendbar.

Unter Berücksichtigung der Rechtsprechung des Bundesfinanzhofs zum **Vorsteuerausschluss** bei gleichzeitigem **Verzicht** auf die **Besteuerung** unentgeltlicher Wertabgaben (BFH-Urteil vom 9.12.2010, BStBl. 2012 II S. 53) ist der Vorgang nunmehr umsatzsteuerrechtlich irrelevant.

Erklärt der Arbeitgeber gegenüber der Mineralölgesellschaft lediglich die **Kostenübernahme** bei Einlösung nicht näher spezifizierter Gutscheine, handelt es sich umsatzsteuerrechtlich um eine nichtsteuerbare **Geldzahlung.**

c) Einzweck-Gutscheine und Mehrzweck-Gutscheine

Seit 1.1.2019 wird bei der umsatzsteuerlichen Behandlung von Gutscheinen eine Differenzierung nach der Art des Gutscheins vorgenommen. Beim **Einzweck-Gutschein** liegen bereits bei dessen Ausstellung alle relevanten Informationen vor (z. B. Ort der Lieferung, geschuldete Umsatzsteuer). Daher kann die Umsatzbesteuerung bereits im Zeitpunkt der Ausgabe bzw. Übertragung des Gutscheins erfolgen. Liegen hingegen im Ausstellungszeitpunkt des Gutscheins nicht alle Informationen für die zuverlässige Bestimmung der Umsatzsteuer vor, handelt es sich um **Mehrzweck-Gutscheine.** Die Umsatzbesteuerung erfolgt dann erst bei Einlösung des Gutscheins im Zeitpunkt der tatsächlichen Leistungserbringung, nicht schon bei dessen Ausgabe.

Die vorstehend genannten Besteuerungszeitpunkte gelten bei Vorliegen der übrigen Voraussetzungen **auch** für den Zeitpunkt der Inanspruchnahme des **Vorsteuerabzugs.** Dies kann insbesondere bei **Aufmerksamkeiten** in Form von Sachgeschenken bis zu einem Wert von 60 € an Arbeitnehmer anlässlich eines besonderen persönlichen Ereignisses (z. B. Geburtstag) von Bedeutung sein, da in diesem Fall der Vorsteuerabzug dem Grunde nach erhalten bleibt (vgl. auch vorstehende Nr. 1 Buchstabe b).

16. Aufwendungen des Arbeitgebers für die Gesundheitsförderung seiner Arbeitnehmer

Zusätzlich zum ohnehin geschuldeten Arbeitslohn erbrachte Leistungen des Arbeitgebers zur Verhinderung und Minderung von Krankheitsrisiken und der betrieblichen Gesundheitsförderung sind lohnsteuerfrei, soweit sie je Arbeitnehmer 600 € jährlich nicht übersteigen (§ 3 Nr. 34 EStG). Vgl. im Einzelnen das Stichwort „Gesundheitsförderung".

Umsatzsteuerrechtlich greift zwar keine Steuerbefreiung, da Leistungen zur Aufrechterhaltung der Gesundheit ohne konkreten Bezug zur Linderung oder Heilung von Krankheiten umsatzsteuerpflichtig sind. Gleichwohl ist der Vorgang unter Beachtung der Rechtsprechung des Bundesfinanzhofs zum **Vorsteuerausschluss** bei gleichzeitigem **Verzicht** auf die **Besteuerung unentgeltlicher Wertabgaben** umsatzsteuerrechtlich grundsätzlich irrelevant (BFH-Urteil vom 9.12.2010, BStBl. 2012 II S. 53).

Wird die Befriedigung des privaten Bedarfs der Arbeitnehmer aber durch die mit den Maßnahmen angestrebten **ganz überwiegenden eigenbetrieblichen Zwecke** überlagert, ist die Leistung des Arbeitgebers nicht steuerbar bei gleichzeitigem **Vorsteuerabzug.**

Beispiel A

Der Arbeitgeber lässt durch einen selbstständigen Sport- und Fitnesstrainer in seinem Unternehmen spezielle Kurse durchführen, um die Rückenmuskulatur der Beschäftigten an Bildschirmarbeitsplätzen zu stärken. Er erhält vom Sport- und Fitnesstrainer eine ordnungsgemäße Rechnung über 5000 € zuzüglich 950 € Umsatzsteuer. Nachweisbar ist der Krankenstand im Unternehmen wegen muskulärer Probleme durch die Kurse deutlich zurückgegangen.

Die Gesundheitsmaßnahme im Unternehmen dient ganz überwiegend dem eigenbetrieblichen Interesse des Arbeitgebers. Damit dient die Dienstleistung nicht dem privaten Bedarf der Arbeitnehmer. Der Arbeitgeber ist für die vom Sport- und Fitnesstrainer in Rechnung gestellte Umsatzsteuer in Höhe von 950 € zum Vorsteuerabzug berechtigt. Eine Umsatzbesteuerung unentgeltlicher Wertabgaben ist nicht vorzunehmen.

Erhält der Arbeitgeber zur Durchführung der Kurse **Zuschüsse der Krankenkasse,** handelt es sich insoweit um **Entgelt von dritter Seite** für eine vom Arbeitgeber erbrachte steuerbare und steuerpflichtige Leistung an die Arbeitnehmer. Der Zuschuss der Krankenkasse unterliegt damit beim Arbeitgeber der **Umsatzsteuer.** Die Zuschüsse der Krankenkasse werden allerdings zum Ausgleich der Kosten für die Durchführung der Kurse regelmäßig nicht ausreichen. Die Anwendung der Mindestbemessungsgrundlage kommt nicht in Betracht, wenn die Kurse nicht zur Befriedigung persönlicher Bedürfnisse des Personals durchgeführt werden, sondern durch eigenbetriebliche Erfordernisse bedingt sind (vgl. Abschnitt 10.7 Abs. 2 UStAE).

Beispiel B

Wie Beispiel A. Die Krankenkasse bezuschusst die Maßnahme in Höhe von 2500 €.

Es handelt sich um eine Entgeltzahlung von dritter Seite. Die Bemessungsgrundlage beträgt 2100,84 € (2500 € : 1,19). Die Umsatzsteuer beläuft sich auf 399,16 € (19 % von 2100,84 €). Aufgrund der eigenbetrieblichen Erfordernisse der Maßnahme (nachweisbarer Rückgang des Krankenstandes) ist die Mindestbemessungsgrundlage nicht anzuwenden.

17. Parkplatzgestellung

Die **unentgeltliche Zurverfügungstellung** eines Parkplatzes durch den Arbeitgeber an den Arbeitnehmer ist **nicht umsatzsteuerpflichtig,** da die Finanzverwaltung auch in diesem Fall von einer Leistung im ganz überwie-

Lohn-steuer-pflichtig	Sozial-versich.-pflichtig

genden eigenbetrieblichen Interesse des Arbeitgebers ausgeht. Außerdem ist der Arbeitgeber aus der etwaigen Eingangsleistung dem Grunde nach zum Vorsteuerabzug berechtigt.

Beispiel

Der Arbeitgeber mietet für seine Arbeitnehmer in der der Firma gegenüberliegenden Tiefgarage Stellplätze für deren private Pkws an. Die Stellplätze stehen den Arbeitnehmern ständig zur Verfügung. Der übliche Preis für einen solchen Stellplatz beträgt monatlich 120 €.

Der sich für den einzelnen Arbeitnehmer aus der Parkplatzgestellung ergebende Vorteil ist steuer- und sozialversicherungsfrei.

Der Arbeitgeber ist aus der Anmietung des Tiefgaragenstellplatzes zum Vorsteuerabzug berechtigt. Die Überlassung des Stellplatzes an den Arbeitnehmer ist nicht umsatzsteuerpflichtig, da die Finanzverwaltung den Begriff „(ganz) überwiegendes betriebliches Interesse" bei der Lohnsteuer und Umsatzsteuer einheitlich auslegt. Zwar ist nach Abschnitt 1.8 Abs. 4 Satz 3 Nr. 5 UStAE[1] nur das Zurverfügungstellen von Parkplätzen auf dem Betriebsgelände nicht umsatzsteuerbar, es handelt sich allerdings nach der Einleitung des Satzes („insbesondere") nur um eine beispielhafte Aufzählung.

Überlässt der Arbeitgeber hingegen seinen Arbeitnehmern einen Parkplatz **gegen Kostenbeteiligung,** handelt es sich um eine **umsatzsteuerpflichtige entgeltliche Leistung** (BFH-Urteil vom 14.1.2016, BStBl. II S. 360). Aus der Nichtbesteuerung einer unentgeltlichen Gestellung kann man laut Bundesfinanzhof keinen Rückschluss auf die umsatzsteuerliche Behandlung einer verbilligten Gestellung ziehen. Ob es sich um eine nicht umsatzsteuerpflichtige Leistung im ganz überwiegenden eigenbetrieblichen Interesse des Arbeitgebers handelt, ist nur bei unentgeltlichen, nicht aber bei (ggf. verbilligten) entgeltlichen Leistungen von Bedeutung.

Soweit die Leistung des Arbeitgebers über die Überlassung von Parkplätzen hinausgeht, liegen steuerbare und steuerpflichtige Umsätze vor. Hierunter fällt z. B. die unentgeltliche Überlassung eines Teils einer Halle zum Unterstellen einer Segelyacht oder eines Wohnwagens.

Umzugskosten

Neues auf einen Blick:

1. Pauschvergütung für sonstige Umzugsauslagen

Zum 1.6.2020 haben sich durch Änderungen im Bundesumzugskostengesetz in Teilen sowohl die Bemessungsgrundlage als auch die Prozentsätze der maßgeblichen Umzugskostenpauschalen geändert. Die höchstmögliche Pauschvergütung für sonstige Umzugsauslagen beträgt[2]

im Zeitraum	**Ledige**	**Verheiratete**
1.4.2019 bis 29.2.2020	811 €	1 622 €
1.3.2020 bis 31.5.2020	820 €	1 639 €

Ab 1.6.2020[3] beträgt die Pauschvergütung für den Arbeitnehmer 860 € und für den Ehegatten/Lebenspartner 573 €.

Für **Kinder,** die zur häuslichen Gemeinschaft gehören, beträgt der **Erhöhungsbetrag**

im Zeitraum	
1.4.2019 bis 29.2.2020	357 €
1.3.2020 bis 31.5.2020	361 €
ab 1.6.2020[3]	573 €

Vgl. die Erläuterungen und Beispiele unter der nachfolgenden Nr. 4.

2. Pauschvergütung bei Auslandsumzügen innerhalb der Europäischen Union

Die höchstmögliche Pauschvergütung für sonstige Umzugsauslagen bei Auslandsumzügen innerhalb der Europäischen Union beträgt bei Beendigung des Umzugs weiterhin

im Zeitraum	
1.4.2019 bis 29.2.2020	1 135 €
ab 1.3.2020	1 147 €

Die vorstehenden Beträge **erhöhen** sich für **Ehegatten** und **Lebenspartner** bei Beendigung eines Umzugs weiterhin

im Zeitraum	um
1.4.2019 bis 29.2.2020	1 078 €
ab 1.3.2020	1 089 €

Für **Kinder** gilt ein zusätzlicher Betrag bei Beendigung des Umzugs weiterhin

im Zeitraum	von
1.4.2019 bis 29.2.2020	568 €
ab 1.3.2020	574 €

Vgl. die Erläuterungen unter der nachfolgenden Nr. 6.

3. Pauschvergütung bei Auslandsumzügen außerhalb der Europäischen Union

Die höchstmögliche Pauschvergütung für sonstige Umzugsauslagen bei Auslandsumzügen außerhalb der Europäischen Union beträgt bei Beendigung des Umzugs weiterhin

im Zeitraum	
1.4.2019 bis 29.2.2020	1 191 €
ab 1.3.2020	1 204 €

Die **gleichen Beträge** gelten auch für **Ehegatten** und **Lebenspartner.**

Für **Kinder** gilt ein zusätzlicher Betrag bei Beendigung des Umzugs

im Zeitraum	
1.4.2019 bis 29.2.2020	794 €
ab 1.3.2020	803 €

Vgl. die Erläuterungen unter der nachfolgenden Nr. 6.

U

1) Der vollständige Wortlaut des Abschnitts 1.8 UStAE ist als Anhang 14 im **Steuerhandbuch für das Lohnbüro 2021** abgedruckt, das im selben Verlag erschienen ist.

2) BMF-Schreiben vom 20.5.2020 (BStBl. I S. 544). Das BMF-Schreiben ist als Anlage 2 H 9.9 LStR im **Steuerhandbuch für das Lohnbüro 2021** abgedruckt, das im selben Verlag erschienen ist.

3) Abzustellen ist auf den Tag vor dem Einladen des Umzugsguts. Für Zeiträume vor dem 1.6.2020 ist auf die Beendigung des Umzugs abzustellen.

	Lohn-steuer-pflichtig	Sozial-versich.-pflichtig

4. Höchstbetrag für umzugsbedingten Unterricht

Der maßgebende Höchstbetrag für einen umzugsbedingten zusätzlichen Unterricht des Kindes beträgt

im Zeitraum	
1.4.2019 bis 29.2.2020	2 045 €
1.3.2020 bis 31.5.2020	2 066 €
ab 1.6.2020[1)]	1 146 €

Vgl. die Erläuterungen und das Beispiel unter der nachfolgenden Nr. 3 Buchstabe f.

Bei **Auslandsumzügen** beträgt der Höchstbetrag bei Beendigung des Umzugs weiterhin

im Zeitraum	
1.4.2019 bis 29.2.2020	4 537 €
ab 1.3.2020	4 585 €

Vgl. die Ausführungen unter der nachfolgenden Nr. 6.

Gliederung:

1. Allgemeines
2. Berufliche Veranlassung
3. Umfang des steuerfreien Umzugskostenersatzes
   a) Beförderungsauslagen
   b) Reisekosten
   c) Mietentschädigung
   d) Vermittlungsgebühren
   e) Kochherd und Öfen
   f) Unterricht für die Kinder
4. Pauschvergütung für sonstige Umzugsauslagen
5. Einzelnachweis der sonstigen Umzugsauslagen
6. Auslandsumzüge
7. Vorsteuerabzug bei Umzugskosten

1. Allgemeines

Umzugskosten, die ein Arbeitgeber seinem Arbeitnehmer ersetzt, sind steuerfrei,

- wenn der Umzug **beruflich veranlasst** ist **und**
- die durch den Umzug entstandenen Aufwendungen nicht überschritten werden (§ 3 Nr. 16 EStG). Die steuerfrei erstattungsfähigen Aufwendungen sind auf den Betrag begrenzt, den ein Bundesbeamter nach dem Bundesumzugskostengesetz als **höchstmögliche Umzugskostenvergütung** erhalten könnte (R 9.9 Abs. 3 Satz 1 i. V. m. Abs. 2 LStR). nein nein

Leistet der Arbeitgeber keinen steuerfreien Ersatz, kann der Arbeitnehmer seine Aufwendungen als Werbungskosten geltend machen.

2. Berufliche Veranlassung

U

Beruflich veranlasst ist der Umzug dann, wenn das Arbeitsverhältnis für den Umzug ausschlaggebend ist, d. h. der Arbeitgeber den Arbeitnehmer z. B. durch eine **Versetzung** zum Umzug veranlasst hat. Ein beruflicher Anlass ist auch die **erstmalige Aufnahme** einer **beruflichen Tätigkeit oder ein Wechsel des Arbeitgebers.** Diese Fälle bereiten keine Schwierigkeiten, da bei einer vom Arbeitgeber veranlassten Versetzung der Arbeitnehmer bereits arbeitsrechtlich einen Anspruch auf Erstattung der Umzugskosten hat.[2)] Bei einem Wechsel des Arbeitgebers oder bei der erstmaligen Aufnahme einer beruflichen Tätigkeit wird – vor allem bei Führungskräften – die Erstattung der Umzugskosten vielfach vertraglich zugesichert, um den Arbeitnehmer für die Firma zu gewinnen. In all diesen Fällen ist die berufliche Veranlassung stets gegeben.

Aus steuerlicher Sicht ist jedoch ein Umzug auch dann beruflich veranlasst,

- wenn durch ihn die Entfernung zwischen Wohnung und erster Tätigkeitsstätte **erheblich verkürzt** wird und die verbleibende Wegezeit im Berufsverkehr als normal angesehen werden kann (BFH-Urteil vom 6.11.1986, BStBl. 1987 II S. 81),
- wenn der Umzug **im ganz überwiegenden eigenbetrieblichen Interesse** des Arbeitgebers durchgeführt wird, insbesondere beim Beziehen oder Räumen einer Dienstwohnung, die aus betrieblichen Gründen bestimmten Arbeitnehmern vorbehalten ist, um z. B. deren jederzeitige Einsatzmöglichkeit zu gewährleisten (vgl. BFH-Urteil vom 28.4.1988, BStBl. II S. 777), oder
- wenn der Umzug das Begründen oder die Aufgabe der Zweitwohnung bei einer beruflich veranlassten **doppelten Haushaltsführung** betrifft. Bei Beendigung einer doppelten Haushaltsführung liegt z. B. ein beruflich veranlasster Umzug auch bei einer Verlegung des eigenen Hausstands an den Beschäftigungsort vor (BFH-Urteil vom 21.7.1989, BStBl. II S. 917). Vgl. im Einzelnen auch das Stichwort „Doppelte Haushaltsführung" unter Nr. 3.

Eine **erhebliche Verkürzung** der Entfernung zwischen Wohnung und erster Tätigkeitsstätte ist anzunehmen, wenn sich die Dauer der täglichen Hin- und Rückfahrt **um mindestens eine Stunde** ermäßigt (BFH-Urteil vom 16.10.1992, BStBl. 1993 II S. 610). Verkürzt sich die arbeitstägliche Fahrzeit um mindestens eine Stunde, sind private Gründe (z. B. eine größere Wohnung ist erforderlich wegen Eheschließung oder Geburt eines Kindes) grundsätzlich unbeachtlich (BFH-Urteil vom 23.3.2001, BStBl. 2002 II S. 56). Es ist in diesen Fällen auch nicht erforderlich, dass der Wohnungswechsel mit einem Ortswechsel oder mit einem Arbeitsplatzwechsel verbunden ist.

Beispiel A

Der Arbeitnehmer zieht mit seinem Ehegatten aus einer Mietwohnung in eine eigene Doppelhaushälfte. Der Umzug, der nicht mit einem Arbeitsplatzwechsel verbunden ist, führt zu einer Fahrzeitersparnis von 75 Minuten täglich.

Es handelt sich um einen beruflich veranlassten Umzug, da sich die Fahrzeit für die Hin- und Rückfahrt um mindestens eine Stunde täglich verkürzt. Unmaßgeblich ist, dass für den Umzug (auch) private Gründe (Umzug in eine eigene Doppelhaushälfte) maßgeblich sind.

Der Bundesfinanzhof hält an dem Merkmal der erheblichen Wegezeitverkürzung für die berufliche Veranlassung eines Umzugs fest, weil eine mindestens einstündige Fahrzeitersparnis für viele Arbeitnehmer so bedeutsam ist, dass sie einen Umzug näher an den Arbeitsplatz ernsthaft in Erwägung ziehen. Das Gericht lehnte aber in einem Streitfall eine berufliche Veranlassung der Umzugskosten trotz der Wegezeitverkürzung um mindestens eine Stunde täglich ab, weil der Arbeitnehmer seinen **Arbeitsplatz vergleichsweise selten aufsuchte** (BFH-Urteil vom 7.5.2015 VI R 73/13); in einem Zeitraum von fünf Monaten wurden lediglich 13 Hin- und Rückfahrten zwischen Wohnung und erster Tätigkeitsstätte durchgeführt. Im Gegensatz zum Standardfall mit häufigen oder gar regelmäßigen Fahrten zwischen Wohnung und Arbeitsplatz fehlt es in solch einem Fall an einer insgesamt betrachtet hohen Zeitersparnis. Die Wegezeitverkürzung ist dann nicht mehr als das maßgebende Kriterium für den Umzug anzusehen.

Erfolgt ein Umzug aus Anlass einer Eheschließung von getrennten Wohnorten in eine gemeinsame Familienwohnung, ist die **berufliche Veranlassung** des Umzugs für **jeden Ehegatten gesondert** zu prüfen (BFH-Urteil vom 23.3.2001, BStBl. II S. 585). Fahrzeitersparnisse beider-

1) Abzustellen ist auf den Tag vor dem Einladen des Umzugsguts. Für Zeiträume vor dem 1.6.2020 ist auf die Beendigung des Umzugs abzustellen.

2) BAG-Urteil vom 21.3.1973 Az. 4 AZR 187/72 (veröffentlicht in der Zeitschrift „Betriebs-Berater" 1973 S. 983).

Lohnsteuerpflichtig | Sozialversich.-pflichtig

seits berufstätiger Ehegatten sind nicht zusammenzurechnen (BFH-Urteil vom 27.7.1995, BStBl. II S. 728). Es erfolgt aber auch **keine Saldierung**/Verrechnung. Der Bundesfinanzhof hat daher bei der Ehefrau einen beruflichen Umzug anerkannt (Verringerung der Entfernung um 35 km = Fahrzeitersparnis um mindestens eine Stunde) obwohl sich beim Ehemann die Entfernung von 4 km auf 33 km und damit zwangsläufig auch die Fahrzeit erhöhte (BFH-Urteil vom 21.2.2006, BStBl. II S. 598).

Eine berufliche Veranlassung der Umzugskosten scheidet aber aus, wenn der **Familienhausstand** vom Arbeitsort aus privaten Gründen **wegverlegt** wird (BFH-Beschluss vom 9.1.2008, BFH/NV 2008 S. 566). Das gilt selbst dann, wenn eine solche Wegverlegung zur Begründung einer beruflich veranlassten doppelten Haushaltsführung führt (R 9.11 Abs. 9 Satz 4 LStR; vgl. die Erläuterungen beim Stichwort „Doppelte Haushaltsführung" unter Nr. 1 Buchstabe a). In solch einem Fall liegen nicht abziehbare Kosten der privaten Lebensführung vor, die vom Arbeitgeber nicht steuerfrei erstattet werden können.

Beispiel B

Eine Arbeitnehmerin verlegt ihren Lebensmittelpunkt aus privaten Gründen von Frankfurt nach München. Ihre bisherige Wohnung in Frankfurt hält sie als Zweitwohnung bei, da sie von dort aus wochentags weiterhin ihre erste Tätigkeitsstätte aufsucht.

Bei der Wegverlegung des Lebensmittelpunkts von Frankfurt nach München handelt es sich nicht um einen beruflich veranlassten, sondern um einen privat veranlassten Umzug. Unerheblich ist, dass die Wegverlegung des Lebensmittelpunktes aus privaten Gründen zu einer beruflich veranlassten doppelten Haushaltsführung führt.

Wird aber nach Wegverlegung des Lebensmittelpunktes vom Beschäftigungsort eine **andere** als die bisherige Wohnung am Beschäftigungsort ausschließlich aus beruflichen Gründen als **Zweitwohnung** genutzt, sind die Aufwendungen für den Umzug in diese Zweitwohnung beruflich veranlasst (R 9.11 Abs. 9 Satz 5 LStR).

Beispiel C

Wie Beispiel B. Die Arbeitnehmerin verlegt ihren Lebensmittelpunkt nach München und zieht innerhalb von Frankfurt in eine kleinere Wohnung um.

Die Aufwendungen für den Umzug innerhalb von Frankfurt in eine andere Zweitwohnung sind beruflich veranlasst.

Zur Berücksichtigung von Umzugskosten im Zusammenhang mit einer doppelten Haushaltsführung vgl. auch dieses Stichwort unter Nr. 3.

Wird die ursprünglich vorhandene Umzugsabsicht aufgegeben, gilt Folgendes:

Wird vom Arbeitgeber eine vorgesehene Versetzung rückgängig gemacht, sind die dem Arbeitnehmer durch die **Aufgabe der Umzugsabsicht** entstandenen vergeblichen Aufwendungen als Werbungskosten abziehbar (BFH-Urteil vom 24.5.2000, BStBl. II S. 584).

3. Umfang des steuerfreien Umzugskostenersatzes

Liegt ein beruflich veranlasster Umzug vor, kann der Arbeitgeber dem Arbeitnehmer Umzugskosten in Höhe des Betrags steuerfrei ersetzen, der nach dem Bundesumzugskostenrecht als **höchstmögliche Umzugskostenvergütung** gezahlt werden könnte. nein nein

Dies klingt einfach, zwingt jedoch den Arbeitgeber dazu, sich im Detail mit den Bestimmungen des Bundesumzugskostengesetzes zu befassen.[1] Im Einzelnen umfasst die den Bundesbeamten zustehende Umzugskostenvergütung folgende Ersatzleistungen:

a) Beförderungsauslagen

Der Arbeitgeber kann dem Arbeitnehmer die durch den Umzug notwendigen Auslagen für die Beförderung des Umzugsguts von der bisherigen Wohnung zur neuen Wohnung steuerfrei erstatten. Im Regelfall wird es sich hierbei um die steuerfreie Erstattung der **Speditionskosten** handeln. nein nein

Lohnsteuerpflichtig | Sozialversich.-pflichtig

b) Reisekosten

Der Arbeitgeber kann die Reisekosten für den Arbeitnehmer und dessen Familie (Ehegatten, Lebenspartner, Kinder) steuerfrei erstatten. Zu den erstattungsfähigen Reisekosten gehören die **Fahrtkosten** sowie **Tage-** und **Übernachtungsgelder.** Bei den Tagegeldern ist zu beachten, dass eine steuerfreie Erstattung des Verpflegungsmehraufwands nur in Höhe der allgemein für Auswärtstätigkeiten geltenden Sätze (14 € oder 28 €) möglich ist. Dies gilt auch für Reisekosten, die im Zusammenhang mit einem Umzug entstehen (R 9.9 Abs. 2 Satz 1 zweiter Halbsatz LStR). Die Anwendung dieser Regelung ist im Beispiel A unter der folgenden Nr. 4 dargestellt. nein nein

Nach § 7 Abs. 2 BUKG[1] sind darüber hinaus erstattungsfähig:

- zwei Reisen einer Person oder
- eine Reise von zwei Personen

zum **Suchen oder Besichtigen einer Wohnung** (Tage- und Übernachtungsgeld aber je Reise für höchstens zwei Reisetage und zwei Aufenthaltstage).

Ebenfalls zu den steuerfrei ersetzbaren Reisekosten im Zusammenhang mit einem Umzug gehören etwaige Unfallkosten bei Fahrten, die im Rahmen eines beruflich veranlassten Umzugs durchgeführt werden (vgl. das Stichwort „Unfallkosten" unter Nr. 4).

c) Mietentschädigung

Die Miete für die **alte** Wohnung (einschließlich Garage) kann so lange steuerfrei erstattet werden, solange die Miete wegen bestehender Kündigungsfristen neben der Miete für die neue Wohnung gezahlt werden muss, **höchstens aber für die Dauer von sechs Monaten.** nein nein

Die Miete für die **neue** Wohnung (einschließlich Garage) kann dann steuerfrei gezahlt werden, wenn Miete für die alte Wohnung gezahlt wird, weil die neue Wohnung noch nicht genutzt werden kann, **höchstens** jedoch für **drei Monate.** nein nein

Über die vorstehenden Ausführungen hinausgehend hat der Bundesfinanzhof entschieden, dass die wegen eines beruflichen Umzugs geleisteten **doppelten Mietzahlungen in voller Höhe** als Werbungskosten abziehbar sind; die Begrenzung des Werbungskostenabzugs bei einer beruflich veranlassten doppelten Haushaltsführung auf die notwendigen Mehraufwendungen steht dem nicht entgegen. Dem Grunde nach (= zeitlicher Aspekt für die **Dauer der Umzugsphase**) können die Mietaufwendungen für die **neue** Familienwohnung ab dem Kündigungstag der bisherigen Wohnung bis zum Umzugstag und für die **bisherige** Wohnung ab dem Umzugstag, längstens bis zum Ablauf der Kündigungsfrist des bisherigen Mietverhältnisses, berücksichtigt werden (BFH-Urteil vom 13.7.2011, BStBl. 2012 II S. 104). Da bis zum Umzugstag in die neue Familienwohnung eine beruflich veranlasste doppelte Haushaltsführung vorlag, hat der Bundesfinanzhof auch die Familienheimfahrten in Höhe der Entfernungspauschale und die Verpflegungspauschalen als Werbungskosten berücksichtigt.

Handelt es sich bei der bisherigen Wohnung um eine Eigentumswohnung oder um eine **Wohnung in einem eigenen Haus** (z. B. Ein- oder Zweifamilienhaus), räumt das Bundesumzugskostengesetz dem Arbeitgeber die Möglichkeit ein, für einen bestimmten Zeitraum eine **fiktive Mietentschädigung** in Höhe der ortsüblichen Miete zu zahlen. Der Bundesfinanzhof lehnt es aber ab, diese fiktive

1) Das Bundesumzugskostengesetz (BUKG) ist als Anhang 7 im **Steuerhandbuch für das Lohnbüro 2021** abgedruckt, das im selben Verlag erschienen ist.

	Lohn-steuer-pflichtig	Sozial-versich.-pflichtig

Mietentschädigung bei Ausbleiben einer Arbeitgebererstattung als Werbungskosten zu berücksichtigen (BFH-Urteil vom 19.4.2012, BStBl. 2013 II S. 699). Ein Werbungskostenabzug des Arbeitnehmers setzt nämlich stets eine Belastung durch Aufwendungen voraus. Fehlt es an einem tatsächlichen Abfluss von Geld oder Gütern in Geldeswert, liegen keine Aufwendungen vor, die als Werbungskosten abgezogen werden können. Entgangene Einnahmen oder ein Verzicht auf Einnahmen erfüllen nicht den für einen Werbungskostenabzug erforderlichen Aufwendungsbegriff. Das gilt auch dann, wenn – wie im Streitfall – das zuvor selbstgenutzte Einfamilienhaus des Arbeitnehmers nach dem beruflich veranlassten Umzug leer gestanden hat und trotz intensiver Bemühungen nicht verkauft werden konnte.

d) Vermittlungsgebühren

Die notwendigen Maklergebühren für die Vermittlung einer Mietwohnung[1] und einer Garage können steuerfrei erstattet werden. Ebenso Aufwendungen für Inserate, Telefonate usw. — nein — nein

e) Kochherd und Öfen

Die Aufwendungen für einen Kochherd konnten bis zum 31.5.2020 bis zu 230 € und die Auslagen für Öfen bis zu einem Betrag von 164 € für jedes Zimmer steuerfrei erstattet werden, wenn die Ausstattung der neuen Wohnung mit diesen Geräten notwendig war, weil sie z. B. nicht vom Vermieter gestellt wurden. Zu den begünstigten Aufwendungen gehörten auch Anlieferungs- und Anschlusskosten der Geräte. Seit 1.6.2020 besteht die Möglichkeit der steuerfreien Erstattung solcher Aufwendungen nicht mehr.

f) Unterricht für die Kinder

Steuerfrei konnten bis zum 31.5.2020 erstattet werden die Auslagen für einen **umzugsbedingten zusätzlichen Unterricht der Kinder** bis zu 40 % des Endgrundgehalts der Besoldungsgruppe A 12 des Bundesbesoldungsgesetzes für jedes Kind. Die hiernach maßgebenden Höchstbeträge betrugen für jedes Kind: — nein — nein

vom 1.4.2019 bis 29.2.2020	2 045,– €
vom 1.3.2020 bis 31.5.2020	2 066,– €

Bis zu 50 % des Höchstbetrags waren die umzugsbedingten zusätzlichen Unterrichtskosten für das Kind voll erstattungsfähig. Soweit die Unterrichtskosten 50 % des Höchstbetrags überstiegen, waren sie zu ¾ erstattungsfähig.

Seit 1.6.2020 sind die Aufwendungen für einen umzugsbedingten zusätzlichen Unterricht des Kindes bis zum **Höchstbetrag** von **1146 €** erstattungsfähig.[2] Die zuvor geltenden prozentualen Begrenzungen sind weggefallen. Wie zuvor ist der zusätzliche umzugsbedingte Unterricht z. B. durch eine Bescheinigung der Schule nachzuweisen.

Beispiel

Die umzugsbedingten zusätzlichen Unterrichtskosten (z. B. Nachhilfeunterricht) für ein Kind betragen im April 2021	1 800,– €
steuerfrei ersetzbarer Höchstbetrag	1 146,– €

U

4. Pauschvergütung für sonstige Umzugsauslagen

Für **sonstige Umzugsauslagen** wird eine Pauschvergütung gewährt, die in § 10 BUKG[3] geregelt ist. Diese Pauschvergütung ist an das Endgrundgehalt der Besoldungsgruppe A 13 nach dem Bundesbesoldungsgesetz gebunden und erhöht sich deshalb bei jeder Besoldungserhöhung für Bundesbeamte entsprechend. Voraussetzung für die Gewährung dieser Pauschvergütung für sonstige Umzugsauslagen ist, dass vor dem Umzug eine Wohnung im Sinne des Umzugskostengesetzes vorhanden war und auch nach dem Umzug wieder eingerichtet wird. Ein einzelner Raum ist nach den Vorschriften des Umzugskostengesetzes keine „Wohnung", auch wenn er mit einer Kochgelegenheit und der zur Führung eines Haushalts notwendigen Einrichtung ausgestattet ist. Den Wohnungsbegriff erfüllt dagegen ein Einzimmerappartement mit Kochgelegenheit und Toilette (bei Altbauwohnungen können sanitäre Einrichtungen auch außerhalb der Wohnung sein).

Die **höchstmögliche** Pauschvergütung für sonstige Umzugsauslagen nach § 10 BUKG[3] beträgt seit 1.6.2020 für Arbeitnehmer 15 % des Endgrundgehalts der Besoldungsgruppe A 13 und für haushaltszugehörige Ehegatten und Lebenspartner 10 % des Endgrundgehalts der Besoldungsgruppe A 13. Für die sonstigen Umzugsauslagen ergeben sich somit seit dem 1.4.2019 folgende Pauschalen:

	Ledige	Verheiratete
vom 1.4.2019 bis 29.2.2020	811,– €	1 622,– €
vom 1.3.2020 bis 31.5.2020	820,– €	1 639,– €
ab 1.6.2020[2]	**860,– €**	**1 433,– €**

Die Pauschale für sonstige Umzugsauslagen erhöht sich für Kinder seit dem 1.6.2020 ebenfalls um 10 % des Endgrundgehalts der Besoldungsgruppe A 13. Der Erhöhungsbetrag beträgt demnach

vom 1.4.2019 bis 29.2.2020	357,– €
ab 1.3.2020 bis 31.5.2020	361,– €
ab 1.6.2020	**573,– €**

Beispiel

Ein Arbeitnehmer zieht anlässlich eines Arbeitgeberwechsels von Hamburg nach München um. Mit dem Umzug wurde eine Spedition beauftragt, die 3570 € (3000 € zuzüglich 19 % Umsatzsteuer) in Rechnung stellt. Der Arbeitnehmer fährt am 18.3.2021 mit seiner Ehefrau und seinen 2 Kindern mit dem eigenen Pkw von Hamburg nach München (Entfernung 900 km). Für die neue Wohnung in München muss eine Maklergebühr in Höhe von zwei Monatsmieten (2 × 1000 € = 2000 € zuzüglich 19 % Umsatzsteuer) gezahlt werden. Für die alte Wohnung in Hamburg muss – gleichzeitig neben der Miete für die neue Wohnung in München – zur Einhaltung der Kündigungsfrist die Miete für drei Monate weitergezahlt werden (3 × 750 € = 2250 €). Der Arbeitgeber kann dem Arbeitnehmer eine Umzugskostenvergütung in folgender Höhe steuerfrei zahlen:

Beförderungsauslagen in Höhe der Speditionsrechnung		3 570,– €
Reisekosten:		
Fahrt mit dem eigenen Pkw 0,30 € × 900 km[4]	=	270,– €
Vier Verpflegungspauschalen für eine Auswärtstätigkeit von weniger als 24 Stunden aber mehr als 8 Stunden: 14 €[5] × 4 Personen	=	56,– €
Maklergebühr für die Wohnung in München		2 380,– €
Miete für die Wohnung in Hamburg		2 250,– €
Pauschvergütung für sonstige Umzugsauslagen:		
Pauschbetrag für Verheiratete		1 433,– €
Pauschbetrag für zwei Kinder (2 × 573 €)	=	1 146,– €
insgesamt kann der Arbeitgeber steuerfrei zahlen		11 105,– €

1) Die Maklergebühren für den Erwerb eines Einfamilienhauses oder einer Eigentumswohnung können nicht steuerfrei erstattet werden, und zwar auch insoweit nicht, als sie bei der Vermittlung einer vergleichbaren Mietwohnung angefallen wären (R 9.9 Abs. 2 Satz 1 LStR). Dies gilt auch bei Reisekostenvergütungen aus öffentlichen Kassen (vgl. dieses Stichwort unter Nr. 4).

2) BMF-Schreiben vom 20.5.2020 (BStBl. I S. 544). Das BMF-Schreiben ist als Anlage 2 zu H 9.9 LStR im **Steuerhandbuch für das Lohnbüro 2021** abgedruckt, das im selben Verlag erschienen ist.

3) Das Bundesumzugskostengesetz (BUKG) ist als Anhang 7 im **Steuerhandbuch für das Lohnbüro 2021** abgedruckt, das im selben Verlag erschienen ist.

4) Seit 1.1.2014 erhöht sich der km-Satz von 0,30 € nicht mehr um 0,02 € pro mitgenommener Person.

5) Die Begrenzung auf die steuerlichen Verpflegungspauschalen ist zu beachten (R 9.9 Abs. 2 Satz 1 zweiter Halbsatz LStR). Maßgebend ist die Abwesenheit von der Wohnung. Die Zeiten für das Einladen und Ausladen des Umzugsguts zählen nicht zur Abwesenheitszeit.

Lohn-steuer-pflichtig Sozial-versich.-pflichtig

Für Berechtigte, die am Tage vor dem Einladen des Umzugsgutes keine Wohnung hatten oder nach dem Umzug keine eigene Wohnung eingerichtet haben, beträgt die Pauschalvergütung 172 € (§ 10 Abs. 2 BUKG).

Die Pauschvergütung für sonstige Umzugsauslagen erhöht sich um 50 %, wenn dem Wohnungswechsel **innerhalb von fünf Jahren** ein beruflich bedingter Umzug vorausgegangen ist (sog. Häufigkeitszuschlag). Voraussetzung ist, dass auch bei dem früheren Umzug in der alten und in der neuen Wohnung ein Hausstand vorhanden war, das heißt, es müssen die Voraussetzungen für den Ansatz der vollen Pauschale vorgelegen haben (§ 10 Abs. 5 BUKG[1]). Der Häufigkeitszuschlag wird nicht gewährt, wenn der vorausgegangene Umzug ein Umzug aus Anlass der Einstellung des Arbeitnehmers war.

5. Einzelnachweis der sonstigen Umzugsauslagen

Nach dem Bundesumzugskostengesetz gibt es für sonstige Umzugsauslagen nur eine Pauschvergütung. Der Einzelnachweis von sonstigen Umzugsauslagen ist nach dem Bundesumzugskostengesetz ausgeschlossen. Diese Einschränkung ist jedoch für den steuerfreien Arbeitgeberersatz und den Werbungskostenabzug beim Arbeitnehmer **nicht** übernommen worden. Denn in R 9.9 Abs. 3 i. V. m. Abs. 2 Satz 4 LStR ist zugelassen worden, dass der Arbeitgeber sonstige Umzugsauslagen, die **im Einzelnen nachgewiesen** werden, auch dann steuerfrei ersetzen kann, wenn diese nachgewiesenen sonstigen Umzugsauslagen insgesamt höher sind als die im Bundesumzugskostengesetz vorgesehene Pauschvergütung.

Außerdem ist der Einzelnachweis der sonstigen Umzugsauslagen in den Fällen erforderlich, in denen die Pauschalierung von vorneherein nicht gilt, weil sie nur für die Fälle der Verlegung des Wohnsitzes der Familie gedacht ist. Nach R 9.11 Abs. 9 LStR ist die Pauschvergütung nicht anzusetzen bei

- einem Umzug anlässlich der Begründung, Beendigung oder des Wechsels einer **doppelten Haushaltsführung** oder
- der Beendigung einer doppelten Haushaltsführung durch den **Rückumzug eines Arbeitnehmers in das Ausland** (vgl. die Erläuterungen unter der nachfolgenden Nr. 6).

Zu beachten ist hierbei, dass es sich bei der Wegverlegung des Familienhausstands vom Arbeitsort aus privaten Gründen selbst dann nicht um einen beruflich veranlassten Umzug handelt, wenn eine solche Wegverlegung zur Begründung einer beruflich veranlassten doppelten Haushaltsführung führt (vgl. auch die Erläuterungen und das Beispiel B am Ende der vorstehenden Nr. 2). Derartige Umzugskosten sind privat veranlasst.

Voraussetzung für den steuerfreien Arbeitgeberersatz der im Einzelnen nachgewiesenen sonstigen Umzugsauslagen ist außerdem stets, dass es sich bei den Aufwendungen **begrifflich um Werbungskosten** handelt, die der Arbeitnehmer geltend machen könnte, wenn ihm der Arbeitgeber die Ausgaben nicht steuerfrei ersetzen würde.

Beim Einzelnachweis muss deshalb geprüft werden, ob die entstandenen Aufwendungen beruflich veranlasst sind, oder ob die Aufwendungen nicht abzugsfähige **Kosten der Lebensführung** (§ 12 Nr. 1 EStG) darstellen, wie z. B. Aufwendungen für die Neuanschaffung von Einrichtungsgegenständen (R 9.9 Abs. 2 Satz 3 LStR). Auch die Aufwendungen für die Einlagerung von Möbeln für die Zeit vom Bezug einer Wohnung am Arbeitsort bis zur Fertigstellung des Wohnhauses (sog. **Zwischenumzug**) sind keine Werbungskosten (BFH-Urteil vom 21.9.2000, BStBl. 2001 II S. 70).

Zur Abgrenzung, welche Aufwendungen als Werbungskosten angesehen werden können, wird man auf die früher geltenden Vorschriften der Verordnung über die Erstattung der nachgewiesenen sonstigen Umzugsauslagen vom 22.1.1974 (BGBl. I S. 103) zurückgreifen können. Nach dieser Verordnung waren früher folgende Aufwendungen begrifflich als **Werbungskosten** anzusehen:

- Geschirrspülmaschinen: Abbau und Neuanschluss; Aufwendungen für nunmehr erforderlichen Wasserenthärter;
- Ausgaben für den Abbau, das Anschließen, Abnehmen und Anbringen von Herden, Öfen und anderen Heizgeräten, Beleuchtungskörpern usw.;
- Ausgaben für das Ändern und Erweitern von Elektro-, Gas- oder Wasserleitungen, soweit diese zum Anschluss der schon in der alten Wohnung benutzten Geräte erforderlich sind;
- Ausgaben für notwendige Änderungen oder Umbauten an elektrischen Geräten, Gasgeräten, Beleuchtungskörpern usw.;
- Ausgaben für Ersatz oder Ändern von Rundfunk- und Fernsehantennen;
- Ausgaben für Stilllegung und Wiedereinrichten eines bereits in der alten Wohnung vorhandenen Fax-Anschlusses;
- Ausgaben für das Umschreiben von Kraftfahrzeugen und die Anschaffung und Anbringung der neuen Kennzeichen;
- Ausgaben für Schönheitsreparaturen in der **alten** Wohnung, wenn diese nach dem Mietvertrag beim Auszug durchgeführt werden mussten;
- Trinkgelder für das Umzugspersonal.

Die sonstigen Umzugsauslagen müssen vom Arbeitnehmer im Einzelnen nachgewiesen werden, damit sie vom Arbeitgeber steuerfrei ersetzt werden können. Der Arbeitgeber muss den **Nachweis** als **Beleg** zum **Lohnkonto** nehmen (R 9.9 Abs. 3 Satz 3 LStR).

Die Aufwendungen für einen beruflich veranlassten Umzug sind auch dann als Werbungskosten abziehbar, wenn sie **vom Ehegatten** des Arbeitnehmers **bezahlt** werden, der damit eine gemeinsame Verbindlichkeit erfüllt (BFH-Urteil vom 23.5.2006, BFH/NV 2006 S. 1650). Entsprechendes gilt bei eingetragenen Lebenspartnerschaften.

Keine beruflich veranlassten Umzugskosten sind dagegen

- Aufwendungen für die **Ausstattung der neuen Wohnung** (z. B. Renovierungsmaterial, Gardinen, Rollos, Lampen, Telefonanschluss, Anschluss und Installation eines Wasserboilers; BFH-Urteil vom 17.12.2002, BStBl. 2003 II S. 314);
- **Verluste** beim Verkauf eines Einfamilienhauses am früheren Arbeitsort einschließlich zwischenzeitlich angefallener Finanzierungskosten (BFH-Urteil vom 24.5.2000, BStBl. II S. 474);
- eine sog. **Vorfälligkeitsentschädigung,** das heißt eine Zahlung für die Ablösung eines Hypothekendarlehens im Zusammenhang mit dem Verkauf eines Hauses aufgrund einer beruflichen Versetzung (BFH-Urteil vom 24.5.2000, BStBl. II S. 476);
- **Maklergebühren** für die Vermittlung eines **Einfamilienhauses** oder einer **Eigentumswohnung** am neuen Wohnort; ein Abzug dieser Kosten ist auch insoweit nicht möglich, als sie bei Vermittlung einer vergleichbaren Mietwohnung angefallen wären (BFH-Urteil vom 24.8.1995, BStBl. II S. 895 und BFH-Urteil vom 24.5.2000, BStBl. II S. 586); dies gilt auch bei Reisekostenvergütungen aus öffentlichen Kassen;
  Maklergebühren für die Vermittlung einer Mietwohnung fallen dagegen unter § 9 BUKG[1] und können daher

1) Das Bundesumzugskostengesetz (BUKG) ist als Anhang 7 im **Steuerhandbuch für das Lohnbüro 2021** abgedruckt, das im selben Verlag erschienen ist.

U

Lohnsteuerpflichtig Sozialversich.-pflichtig

steuerfrei ersetzt werden (vgl. die Erläuterungen unter der vorstehenden Nr. 3 Buchstabe d);

- **Renovierungskosten der neuen Wohnung** sowie **Abstandszahlungen** an den bisherigen Mieter der neuen Wohnung für übernommene Gegenstände (BFH-Urteil vom 2.8.1963, BStBl. III S. 482, BFH-Urteil vom 17.12.2002, BStBl. 2003 II S. 314).

6. Auslandsumzüge

Bei Auslandsumzügen kann der Arbeitgeber dem Arbeitnehmer – ebenso wie bei Inlandsumzügen – die Umzugskosten bei einem beruflich veranlassten Umzug in Höhe des Betrags steuerfrei ersetzen, der nach der Auslandsumzugskostenverordnung als **höchstmögliche Auslandsumzugskostenvergütung** gezahlt werden könnte. Der Begriff „Auslandsumzug" umfasst nach § 13 BUKG[1] die Umzüge zwischen Inland und Ausland sowie die Umzüge im Ausland. **Keine Auslandsumzüge** im Sinne des Bundesumzugskostengesetzes sind Umzüge aus Anlass einer **Einstellung,** Versetzung oder Abordnung **im Inland** einschließlich ihrer Aufhebung, wenn die bisherige oder die neue Wohnung im Ausland liegt.[2] Wird folglich ein ausländischer Staatsangehöriger bei einer deutschen Firma eingestellt und zieht er aus diesem Grund vom Ausland in das Inland um, handelt es sich zwar um einen beruflich veranlassten Umzug, aber nicht um einen Auslandsumzug im Sinne des Bundesumzugskostenrechts. Es gelten daher in solch einem Fall die unter den Nummern 3 bis 5 dargestellten Grundsätze bei einem Inlandsumzug.

Für einen **Rückumzug** vom Inland ins Ausland gilt Folgendes:

Beruflich veranlasst ist ein Rückumzug ins Ausland nur dann, wenn ein ausländischer Arbeitnehmer für eine von vornherein **befristete Tätigkeit** nach Deutschland kommt (BFH-Urteil vom 4.12.1992, BStBl. 1993 II S. 722). Wird hingegen ein ausländischer Arbeitnehmer unbefristet in das Inland versetzt, und zieht er deshalb mit seiner Familie nach Deutschland um, um erst nach vielen Jahren bei **Erreichen** der **Altersgrenze** wieder in sein Heimatland zurückzukehren, ist dieser Rückumzug nicht beruflich veranlasst (BFH-Urteil vom 8.11.1996, BStBl. 1997 II S. 207).

Umzugskosten im Zusammenhang mit einer nichtselbstständigen Tätigkeit im Ausland sind nicht als Werbungskosten abziehbar, wenn die Einnahmen aus der beabsichtigten Tätigkeit nicht der deutschen Besteuerung unterliegen (BFH-Urteil vom 20.9.2006, BStBl. 2007 II S. 756); ggf. ist der negative Progressionsvorbehalt (vgl. dieses Stichwort unter Nr. 6) anzuwenden.

Maßgebend für die Höhe der Umzugskostenvergütung bei Auslandsumzügen ist die Auslandsumzugskostenverordnung (AUV)[3]. Nach der AUV können insbesondere die entstehenden **Beförderungsauslagen** für das Umzugsgut (ggf. auch Einlagerungskosten), die **Auslagen** für die **Umzugsreise** des Umziehenden und der zur häuslichen Gemeinschaft gehörenden Personen sowie **Wohnungsvermittlungs-** und **Wohnungsvertragsabschlussgebühren** (ggf. auch **Mietentschädigungen,** wenn Mieten für die alte und neue Wohnung für einen Übergangszeitraum nebeneinander zu zahlen sind) steuerfrei erstattet werden.

Für sonstige Umzugskosten kann eine **Umzugspauschale** steuerfrei ersetzt werden. Bei Auslandsumzügen **innerhalb der Europäischen Union** beträgt die Umzugspauschale für den Arbeitnehmer 20 % des Grundgehalts der Stufe 8 der Besoldungsgruppe A 13. Sie beträgt:

vom	1.4.2019 bis 29.2.2020	1135,– €
seit	**1.3.2020**	**1147,– €**

Die Beträge **erhöhen sich** für den **Ehegatten** und **Lebenspartner** des Arbeitnehmers wie folgt:

vom	1.4.2019 bis 29.2.2020	1078,– €
seit	**1.3.2020**	**1089,– €**

Für Kinder des Arbeitnehmers wird ein **zusätzlicher** Betrag in folgender Höhe gewährt:

vom	1.4.2019 bis 29.2.2020	568,– €
seit	**1.3.2020**	**574,– €**

Bei Auslandsumzügen **außerhalb der Europäischen Union** beträgt die **Umzugspauschale** für den Arbeitnehmer 21 % des Grundgehalts der Stufe 8 der Besoldungsgruppe A 13. Sie beträgt:

vom	1.4.2019 bis 29.2.2020	1191,– €
seit	**1.3.2020**	**1204,– €**

Die Beträge **erhöhen sich** für den **Ehegatten** und **Lebenspartner** des Arbeitnehmers wie folgt:

vom	1.4.2019 bis 29.2.2020	1191,– €
seit	**1.3.2020**	**1204,– €**

Für Kinder des Arbeitnehmers wird ein **zusätzlicher** Betrag in folgender Höhe gewährt:

vom	1.4.2019 bis 29.2.2020	794,– €
seit	**1.3.2020**	**803,– €**

Bei einem Umzug vom Ausland in das Inland (Rückumzug) beträgt die Pauschvergütung 80 % der vollen Beträge (§ 18 Abs. 4 AUV[3]).

Steht von vornherein fest, dass ein Arbeitnehmer für **nicht mehr als zwei Jahre** im Ausland tätig ist, ermäßigt sich die Pauschvergütung für den Hin- und Rückumzug nach § 26 AUV[3] wie folgt:

- bei einem Auslandsaufenthalt bis zu acht Monaten auf 20 %;
- bei einem Auslandsaufenthalt von mehr als acht Monaten aber nicht mehr als zwei Jahren auf 40 %.

Steuerfrei erstattet werden können auch **90 % Auslagen** für einen umzugsbedingten **zusätzlichen Unterricht der Kinder** für einen Zeitraum von einem Jahr. Die Frist beginnt spätestens ein Jahr nach Beendigung des Umzugs des Kindes. Der steuerfrei ersetzbare Höchstbetrag entspricht dem Grundgehalt der Stufe 1 der Besoldungsgruppe A 14 zum Zeitpunkt der Beendigung des Umzugs. Der **Höchstbetrag** beträgt somit

vom	1.4.2019 bis 29.2.2020	4537,– €
seit	**1.3.2020**	**4585,– €**

Beispiel

Die umzugsbedingten zusätzlichen Unterrichtskosten (z. B. Fremdsprachen- und Nachhilfeunterricht) für ein Kind betragen 6000 €. Der Umzug ist im Mai 2021 beendet worden.

Aufwendungen	6000 €
davon 90 %	5400 €
Höchstbetrag	4585 €
Steuerfrei ersetzbar	4585 €

Früher konnten dem Arbeitnehmer und seinem Ehegatten bei einem Umzug vom Inland in das Ausland auch ein sog. **Ausstattungsbeitrag** und ein **Beitrag zum Be-**

1) Das Bundesumzugskostengesetz (BUKG) ist als Anhang 7 im **Steuerhandbuch für das Lohnbüro 2021** abgedruckt, das im selben Verlag erschienen ist.

2) § 13 Abs. 2 Satz 1 Nr. 4 Bundesumzugskostengesetz (BUKG). Das BUKG ist als Anhang 7 im **Steuerhandbuch für das Lohnbüro 2021** abgedruckt, das im selben Verlag erschienen ist.

3) Die Auslandsumzugskostenverordnung (AUV) ist als Anhang 9 im **Steuerhandbuch für das Lohnbüro 2021** abgedruckt, das im selben Verlag erschienen ist.

Lohn-steuer-pflichtig Sozial-versich.-pflichtig

schaffen klimabedingter Bekleidung steuerfrei ersetzt werden. Denn nach R 41 Abs. 3 Satz 2 der Lohnsteuer-Richtlinien 1999 war sowohl der Ausstattungsbeitrag als auch der Beitrag zum Beschaffen klimabedingter Kleidung als Arbeitgeberersatz steuerfrei, wenn es sich um einen Umzug vom Inland in das Ausland handelte. Dieser Satz 2 in R 41 Abs. 3 der früher geltenden Lohnsteuer-Richtlinien 1999 ist in die seit 2000 geltende Fassung der Lohnsteuer-Richtlinien nicht übernommen worden. Das bedeutet, dass sowohl der sog. Ausstattungsbeitrag (§ 19 AUV[1]) als auch der Beitrag zum Beschaffen klimabedingter Kleidung (§ 21 AUV[1]) vom Arbeitgeber seit 2000 **nicht mehr steuerfrei ersetzt** werden können (R 9.9 Abs. 2 Satz 1 LStR). Dies gilt **sowohl im privaten als auch im öffentlichen Dienst.** Der Bundesfinanzhof hat seine Rechtsprechung bestätigt, dass der Beitrag zum Beschaffen klimabedingter Kleidung und der Ausstattungsbeitrag nicht steuerfrei ersetzt werden können (BFH-Urteil vom 12.4.2007, BStBl. II S. 536). Die Aufwendungen sind auch nicht als Werbungskosten abziehbar.

7. Vorsteuerabzug bei Umzugskosten

Soweit ein Arbeitnehmer Auftraggeber des Umzugsunternehmens ist und die **Rechnung** daher nicht auf den Arbeitgeber, sondern auf den **Arbeitnehmer** lautet, ist ein **Vorsteuerabzug** des Arbeitgebers **ausgeschlossen.** Leistungsempfänger der Umzugsleistung ist der Arbeitnehmer.

Darüber hinaus ist der Umzug eines Arbeitnehmers regelmäßig privat veranlasst, da das Wohnen die private Lebensführung des Arbeitnehmers betrifft. Bei der erstmaligen Arbeitsaufnahme beim jeweiligen Arbeitgeber steht die Befriedigung dieses **privaten (Wohn-)Bedarfs des Arbeitnehmers** im Vordergrund. Ein **Vorsteuerabzug** ist mangels Bezugs der Umzugsleistung für das Unternehmen des Arbeitgebers auch dann **ausgeschlossen,** wenn die Rechnung des Umzugsunternehmens auf den Arbeitgeber lautet.

Eine Besonderheit liegt aber vor, wenn der Arbeitgeber die Umzugskosten des Arbeitnehmers aus **überwiegend betrieblichem Interesse** übernimmt. Bei einem bestehenden Arbeitsverhältnis ist dies gegeben, wenn der Arbeitgeber die wesentlichen Ursachen für den Umzug gesetzt hat (z. B. Betriebsverlegung, Versetzung). Die **Vorsteuer** aus der auf den Namen des **Arbeitgebers** lautenden **Rechnung** des Umzugsunternehmens ist nach Maßgabe der wirtschaftlichen Gesamttätigkeit des Arbeitgebers **abziehbar.** Daher scheidet der Vorsteuerabzug aus, soweit der Arbeitgeber steuerfreie Umsätze erzielt. Wegen des überwiegenden betrieblichen Interesses des Arbeitgebers ist keine Umsatzbesteuerung einer unentgeltlichen Wertabgabe vorzunehmen.

Ausgehend von den vorstehenden Ausführungen lässt der Bundesfinanzhof den Vorsteuerabzug zu, wenn eine Konzerngesellschaft einen Makler mit der Wohnungssuche für Angestellte beauftragt, die aufgrund einer konzerninternen Funktionsverlagerung aus dem Ausland an den Standort der Konzerngesellschaft im Inland versetzt werden (BFH-Urteil vom 6.6.2019, BStBl. 2020 II S. 293). Die Richter gingen von einem vorrangigen Interesse des Arbeitgebers aus, da er erfahrene Mitarbeiter des Konzerns unabhängig von deren bisherigem Arbeits- und Wohnort für den Aufbau des Unternehmens an seinen Standort holen wollte. Die Versteuerung eines tauschähnlichen Umsatzes oder einer unentgeltlichen Wertabgabe kam auch in diesem Fall nicht in Betracht. Die Finanzverwaltung folgt der Rechtsprechung des Bundesfinanzhofs und lässt den Vorsteuerabzug dem Grunde nach zu, wenn Umzugskosten im ganz überwiegenden betrieblichen Interesse des Arbeitgebers getragen werden.

Vgl. im Einzelnen auch die Erläuterungen beim Stichwort „Umsatzsteuerpflicht bei Sachbezügen“.

Lohn-steuer-pflichtig Sozial-versich.-pflichtig

Unbeschränkte Steuerpflicht

Unbeschränkt steuerpflichtig sind Personen, die in Deutschland einen Wohnsitz oder ihren gewöhnlichen Aufenthalt haben. Einen Wohnsitz hat jemand dort, wo er **auf Dauer** eine Wohnung innehat, die er auch tatsächlich benutzt. Gewöhnlicher Aufenthalt wird angenommen, wenn sich ein Arbeitnehmer während eines zusammenhängenden Zeitraums von **mehr als sechs Monaten im Inland** aufhält. Die Begriffe „Wohnsitz“ und „gewöhnlicher Aufenthalt“ sind ausführlich anhand von Urteilen im sog. Anwendungserlass zur Abgabenordnung erläutert.[2] Ein inländischer Wohnsitz des Arbeitnehmers führt auch dann zur unbeschränkten Steuerpflicht, wenn sich im Hinblick auf eine **mehrjährige Auslandsabordnung** der Mittelpunkt der Lebensinteressen im Ausland befindet. In diesen Fällen liegt ein inländischer Wohnsitz vor, wenn er vor der Abordnung ins Ausland begründet und während der Abordnungszeit nicht aufgegeben worden ist (BFH-Urteil vom 24.7.2018, BFH/NV 2019 S. 104).

Ausländische Arbeitnehmer begründen im Inland meist keinen Wohnsitz, wenn sie sich nur vorübergehend hier aufhalten. Sie haben jedoch im Inland ihren „gewöhnlichen Aufenthalt“ und werden dadurch unbeschränkt steuerpflichtig, wenn sie sich länger als sechs Monate im Bundesgebiet aufhalten. Ist dies der Fall, erstreckt sich die unbeschränkte Steuerpflicht auf den gesamten Inlandsaufenthalt (also auch auf die ersten sechs Monate). Der Gegensatz zur unbeschränkten Steuerpflicht ist die beschränkte Steuerpflicht. Arbeitnehmer sind beschränkt steuerpflichtig, wenn sie in Deutschland arbeiten, ohne hier einen Wohnsitz oder gewöhnlichen Aufenthalt zu begründen. Arbeitnehmer, die täglich zu ihrem ausländischen Wohnort zurückkehren, begründen in Deutschland keinen gewöhnlichen Aufenthalt, da sie hier nicht die Nächte verbringen. Ein gewöhnlicher Aufenthalt liegt hingegen bei Arbeitnehmern vor, die über einen Zeitraum von mehr als sechs Monaten nur zum Wochenende ins Ausland heimfahren. Vgl. auch die Erläuterungen beim Stichwort „Beschränkt steuerpflichtige Arbeitnehmer“ unter Nr. 2.

Unbeschränkt steuerpflichtige Arbeitnehmer sind grundsätzlich mit ihrem **Welteinkommen** steuerpflichtig, beschränkt steuerpflichtige Arbeitnehmer hingegen nur mit ihrem deutschen Einkommen (vgl. die Stichworte „Beschränkt steuerpflichtige Arbeitnehmer“ und „Doppelbesteuerungsabkommen“).

Arbeitnehmer, die weder einen Wohnsitz noch einen gewöhnlichen Aufenthalt im Inland haben, aber deutsche Staatsangehörige sind und Arbeitslohn aus einer inländischen **öffentlichen Kasse** beziehen (z. B. Arbeitnehmer im auswärtigen diplomatischen oder konsularischen Dienst), unterliegen unter bestimmten Voraussetzungen ebenfalls der unbeschränkten Steuerpflicht (sogenannte **erweiterte unbeschränkte Steuerpflicht** vgl. hierzu die Erläuterungen unter diesem Stichwort).

Unbezahlter Urlaub

Gliederung:

U

1) Die Auslandsumzugskostenverordnung (AUV) ist als Anhang 9 im **Steuerhandbuch für das Lohnbüro 2021** abgedruckt, das im selben Verlag erschienen ist.

2) Der Anwendungserlass zur Abgabenordnung ist auszugsweise als Anlage 2 zu H 1 LStR im **Steuerhandbuch für das Lohnbüro 2021** abgedruckt, das im selben Verlag erschienen ist.

3. Berechnung der Lohnsteuer und Sozialversicherungsbeiträge
4. Aufzeichnungs- und Meldepflichten des Arbeitgebers
   a) Lohnsteuer
   b) Sozialversicherung

1. Lohnsteuerliche Behandlung

Lohnsteuerlich ergeben sich bei der Gewährung unbezahlten Urlaubs keine Probleme. Denn **solange das Dienstverhältnis fortbesteht** sind auch solche in den Lohnzahlungszeitraum fallenden Arbeitstage mitzuzählen, für die der Arbeitnehmer keinen Lohn bezogen hat (R 39b.5 Abs. 2 Satz 3 LStR). Lohnsteuerlich entsteht also **kein Teillohnzahlungszeitraum** mit der Folge, dass die Lohnsteuer nicht nach der Tageslohnsteuertabelle zu ermitteln ist (vgl. das Beispiel einer vollständigen Lohnabrechnung unter der nachfolgenden Nr. 3).

2. Sozialversicherung

a) Allgemeines

Die Versicherungspflicht der Arbeitnehmer in den einzelnen Zweigen der Sozialversicherung verlangt die Beschäftigung gegen Arbeitsentgelt. Beschäftigung ist nach § 7 Abs. 1 Satz 1 SGB IV die nichtselbstständige Arbeit, insbesondere in einem Arbeitsverhältnis. Sie erfordert grundsätzlich den Vollzug eines entsprechenden Rechtsverhältnisses, wie etwa des im Gesetz exemplarisch genannten Arbeitsverhältnisses. Der für die Annahme einer Beschäftigung und deren Fortbestand erforderliche Vollzug der Arbeit besteht zwar idealtypisch in der realen Erbringung der Arbeitsleistung, eine sozialversicherungsrechtlich relevante Beschäftigung setzt aber nicht zwingend eine tatsächliche Arbeitsleistung voraus. Auch die vorübergehende Unterbrechung der Arbeit lässt das Bestehen eines Beschäftigungsverhältnisses unberührt, sofern der grundsätzliche Arbeits- und Fortsetzungswille auf beiden Seiten der Arbeitsvertragsparteien gegeben ist. In diesem Sinne werden neben den Fällen fehlender Arbeitserbringung wie etwa bei Erholungsurlaub, Arbeitsunfähigkeit oder einer Freistellung für Bildungsmaßnahmen, in denen Anspruch auf Arbeitsentgelt besteht, auch die Fälle der fehlenden Arbeitserbringung ohne Entgeltzahlung von relativ kurzer Dauer wie etwa bei unbezahltem Urlaub oder unentschuldigtem Fernbleiben von der Arbeit als unschädlich für den Fortbestand des Beschäftigungsverhältnisses erachtet. Dieser Grundsatz zum Fortbestand des Beschäftigungsverhältnisses bei relativ kurzen Arbeitsunterbrechungen ohne Entgeltzahlung, der bereits in frühen Entscheidungen des Reichsversicherungsamtes geprägt und anschließend von der Rechtsprechung des Bundessozialgerichts übernommen und fortentwickelt wurde, hat im Jahr 1999 Eingang in die für alle Sozialversicherungszweige geltende Vorschrift des § 7 Abs. 3 SGB IV gefunden, nachdem in einzelnen Versicherungszweigen bereits entsprechende Regelungen bestanden. Die Regelungen gelten für geringfügig entlohnte Beschäftigungen entsprechend.

Eine Beschäftigung gegen Arbeitsentgelt gilt als fortbestehend, solange das Beschäftigungsverhältnis ohne Anspruch auf Arbeitsentgelt fortdauert, jedoch nicht länger als einen Monat (§ 7 Abs. 3 Satz 1 SGB IV). Aufgrund dieser Fiktionsregelung, die einheitlich für alle Zweige der Sozialversicherung Bedeutung hat, bleibt die an die entgeltliche Beschäftigung geknüpfte Versicherungspflicht der Arbeitnehmer für eine begrenzte Zeit der Arbeitsunterbrechung ohne Anspruch auf Arbeitsentgelt fortbestehen. Typische Sachverhalte sind der unbezahlte Urlaub, das unentschuldigte Fernbleiben von der Arbeit, Streik und Aussperrung. Für den Fortbestand des Versicherungsverhältnisses wird nicht vorausgesetzt, dass die Dauer der Arbeitsunterbrechung von vornherein befristet ist. Auch eine Prüfung der Absicht der Wiederaufnahme der Arbeit ist nicht erforderlich. Die Versicherungspflicht bleibt mithin auch dann für einen Monat erhalten, wenn die Dauer der Arbeitsunterbrechung nicht absehbar ist bzw. der Arbeits- und Fortsetzungswille zunächst im Unklaren bleibt oder die Unterbrechung von vornherein auf einen Zeitraum von mehr als einem Monat angelegt ist. Bei Beendigung des Arbeitsverhältnisses endet jedoch die Wirkung des Versicherungs- oder Mitgliedschaftserhaltes.

b) Berechnung der Monatsfrist

Nach § 26 Abs. 1 SGB X gelten für die Berechnung der Monatsfrist § 187 Abs. 2 Satz 1 und § 188 Abs. 2 und 3 BGB. Danach beginnt die Monatsfrist mit dem ersten Tag der Arbeitsunterbrechung. Sie endet mit dem Ablauf desjenigen Tags des nächsten Monats, welcher dem Tag vorhergeht, der durch seine Zahl dem Anfangstag der Frist entspricht. Fehlt dem nächsten Monat der für den Ablauf der Frist maßgebende Tag, dann endet die Frist mit Ablauf des letzten Tags dieses Monats. Die Berechnung der Monatsfrist soll an folgenden Beispielen verdeutlicht werden:

letzter Tag des entgeltlichen Beschäftigungsverhältnisses	Beginn der Monatsfrist	Ende der Monatsfrist
15. 1.	16. 1.	15. 2.
31. 1.	1. 2.	28. 2. oder 29. 2.
28. 2.	29. 2. (Schaltjahr)	28. 3.
29. 2. (Schaltjahr)	1. 3.	31. 3.
31. 3.	1. 4.	30. 4.
30. 4.	1. 5.	31. 5.

c) Zusammenrechnung mehrerer Unterbrechungstatbestände

Für den Erhalt der Mitgliedschaft wird ein unmittelbarer Übergang von einem entgeltlichen Beschäftigungsverhältnis in ein solches ohne Entgeltansprüche nicht zwingend gefordert. Auch die nach Wegfall der Entgeltlichkeit eines Beschäftigungsverhältnisses zwischenzeitlich vorliegenden (mitgliedschaftserhaltenden) Unterbrechungstatbestände, insbesondere der Bezug von Krankengeld, Mutterschaftsgeld oder die Inanspruchnahme von Elternzeit (vgl. § 192 Abs. 1 Nr. 2 SGB V), lassen anschließend ein Fortbestehen der Beschäftigung gegen Arbeitsentgelt im Sinne des § 7 Abs. 3 Satz 1 SGB IV zu (vgl. Urteil des Bundessozialgerichts vom 17.2.2004 – B 1 KR 7/02 R –, USK 2004-18). Das bedeutet, dass in den Fällen, in denen mehrere Unterbrechungstatbestände unterschiedlicher Art im zeitlichen Ablauf aufeinanderfolgen (z. B. unbezahlter Urlaub im Anschluss an den Bezug von Krankengeld, Mutterschaftsgeld, Elterngeld oder an die Elternzeit), die Zeiten der einzelnen Arbeitsunterbrechungen in Bezug auf das Erreichen oder Überschreiten des Monatszeitraums nicht zusammenzurechnen sind. Treffen dagegen Unterbrechungstatbestände gleicher Art, also solche im zeitlichen Ablauf aufeinander (z. B. unbezahlter Urlaub im Anschluss an einen Streik), kommt ein Fortbestand des Beschäftigungsverhältnisses für längstens einen Monat in Betracht. Für den Bereich der Kranken- und Pflegeversicherung besteht das versicherungspflichtige Beschäftigungsverhältnis im Falle eines rechtmäßigen Arbeitskampfes auch darüber hinaus fort; allerdings ist in den Fällen, in denen im unmittelbaren Anschluss an einen rechtmäßigen Arbeitskampf ein unbezahlter Urlaub oder ein unentschuldigtes Fernbleiben folgt, die Zeit des rechtmäßigen Arbeitskampfs auf die Monatsfrist anzurechnen.

Lohn-steuer-pflichtig | Sozial-versich.-pflichtig

3. Berechnung der Lohnsteuer und Sozialversicherungsbeiträge

Die Vorschrift des § 7 Abs. 3 Satz 1 SGB IV hat unmittelbar Auswirkungen auf die Beitragsberechnung und gegebenenfalls auf die Höhe der zu zahlenden Beiträge, denn die Zeiten der Arbeitsunterbrechung ohne Anspruch auf Arbeitsentgelt sind keine beitragsfreien, sondern dem Grunde nach beitragspflichtige Zeiten. Dies bedeutet, dass für Zeiträume von Arbeitsunterbrechungen im Sinne des § 7 Abs. 3 Satz 1 SGB IV Sozialversicherungstage (SV-Tage) anzusetzen sind. Deshalb sind diese Zeiträume auch bei der Ermittlung der anteiligen Jahresbeitragsbemessungsgrenzen zu berücksichtigen. Eine während des unbezahlten Urlaubs zufließende einmalige Zuwendung unterliegt der Beitragspflicht nach den allgemeinen Bestimmungen.

Bei der Berechnung der Lohnsteuer wird der Lohnzahlungszeitraum (z. B. Monat) durch unbezahlten Urlaub dann nicht unterbrochen, wenn während des unbezahlten Urlaubs das Dienstverhältnis bestehen bleibt, das heißt, der Arbeitgeber muss bei der (elektronischen) Lohnsteuerbescheinigung die Zeit des unbezahlten Urlaubs in die bescheinigte Beschäftigungszeit mit einbeziehen. Steuerlich ist also die Monatsfrist ohne Bedeutung. Ein Teillohnzahlungszeitraum entsteht damit lohnsteuerlich weder bei einem unbezahlten Urlaub von weniger als einem Monat noch bei einem unbezahlten Urlaub von mehr als einem Monat.

Beispiel

Ein Arbeitnehmer, Monatsgehalt 2087,50 €, nimmt im Juni 2021 zwei Wochen unbezahlten Urlaub. Der Arbeitnehmer hat die Steuerklasse III/0 Kinderfreibetrag, Religionszugehörigkeit rk. Die wöchentliche Arbeitszeit beträgt 38½ Stunden (5 Arbeitstage); der Arbeitslohn wird vereinbarungsgemäß um 1/167 je Arbeitsstunde gekürzt.

Es ergibt sich für Juni folgende Lohnabrechnung:

Arbeitslohn		2 087,50 €
abzüglich Lohnausfall		962,50 €
verbleiben		1 125,— €
+ vermögenswirksame Leistung des Arbeitgebers		40,— €
steuer- und beitragspflichtiger Arbeitslohn		1 165,— €
Abzüge:		
Lohnsteuer	0,— €	
Solidaritätszuschlag	0,— €	
Kirchensteuer	0,— €	
Sozialversicherung (Arbeitnehmeranteil)	235,63 €	235,63 €
Nettolohn		929,37 €
abzüglich vermögenswirksame Anlage		40,— €
auszuzahlender Betrag		889,37 €
Arbeitgeberanteil am Gesamtsozialversicherungsbeitrag		232,72 €

Berechnung des Lohnausfalls:

Arbeitsentgelt für 1 Arbeitsstunde 2087,50 € : 167 =	12,50 €
unbezahlter Urlaub 10 Arbeitstage = 77 Stunden (77 × 12,50 €) = ausfallender Verdienst	962,50 €

Während des unbezahlten Urlaubs ruht das Arbeitsverhältnis. Deshalb besteht für einen in diese Zeit fallenden gesetzlichen Feiertag kein Anspruch auf Arbeitsentgelt.

Berechnung der Lohn- und Kirchensteuer sowie des Solidaritätszuschlags:

Bei einem unbezahlten Urlaub entsteht kein Teillohnzahlungszeitraum (vgl. dieses Stichwort unter Nr. 3 Buchstabe a). Bei Anwendung der Monatstabelle auf den steuerpflichtigen Arbeitslohn in Höhe von 1165 € ergeben sich folgende Steuerabzugsbeträge:

Lohnsteuer (Steuerklasse III)	0,— €
Solidaritätszuschlag	0,— €
Kirchensteuer	0,— €

Berechnung der Sozialversicherungsbeiträge:

Der unbezahlte Urlaub überschreitet einen Monat nicht; das Beschäftigungsverhältnis gilt als fortbestehend. Die Beitragsberechnung erfolgt auf Monatsbasis; d. h. es entsteht kein Teillohnzahlungszeitraum (vgl. dieses Stichwort unter Nr. 4). Die Sozialversicherungsbeiträge sind deshalb aus dem tatsächlichen Arbeitsentgelt zu berechnen.

Beitragsberechnung (aus 1165 €):

	Arbeitnehmeranteil	Arbeitgeberanteil
Krankenversicherung jeweils 7,3 %	85,05 €	85,05 €
Krankenversicherung (Zusatzbeitrag) (z. B. jeweils 0,65 %)	7,57 €	7,57 €
Pflegeversicherung 1,775 % und 1,525 %	20,68 €	17,77 €
Rentenversicherung 2 × 9,3 %	108,35 €	108,35 €
Arbeitslosenversicherung 2 × 1,2 %	13,98 €	13,98 €
insgesamt	235,63 €	232,72 €
Gesamtsozialversicherungsbeitrag	468,35 €	

Die zusätzliche vermögenswirksame Leistung in Höhe von 40 € gehört auch insoweit zum steuer- und beitragspflichtigen Arbeitsentgelt als sie auf die Zeit des unbezahlten Urlaubs entfällt.

4. Aufzeichnungs- und Meldepflichten des Arbeitgebers

a) Lohnsteuer

Wird die Zahlung von Arbeitslohn durch einen unbezahlten Urlaub unterbrochen, der sich über einen Zeitraum von mindestens fünf zusammenhängenden Arbeitstagen erstreckt, ist dies durch die Eintragung des Buchstabens „U" im Lohnkonto und in der (elektronischen) Lohnsteuerbescheinigung 2021 gesondert zu vermerken (vgl. „Lohnkonto" unter Nr. 9 auf Seite 639).

b) Sozialversicherung

In den Fällen der Arbeitsunterbrechung ohne Anspruch auf Arbeitsentgelt nach § 7 Abs. 3 Satz 1 SGB IV (z. B. unbezahlter Urlaub) fallen **keine Meldungen** an, wenn die Arbeitsunterbrechung **einen Kalender**monat nicht überschreitet. Bei längeren Arbeitsunterbrechungen endet die entgeltliche Beschäftigung nach einem Monat, sodass mit der nächsten Lohn- oder Gehaltsabrechnung, spätestens innerhalb von sechs Wochen nach ihrem Ende eine Abmeldung nach § 8 Abs. 1 DEÜV zu erstatten ist; in dieser Meldung ist das im gesamten Meldezeitraum erzielte Arbeitsentgelt zu bescheinigen.

Beispiel A

Ein Arbeitnehmer nimmt unbezahlten Urlaub vom 30.1.2021 bis 27.2.2021. Da der Monatszeitraum nicht überschritten ist (zur Berechnung vgl. die Erläuterungen unter der vorstehenden Nr. 2 Buchstabe b), ist **keine Meldung** erforderlich.

Beispiel B

Ein Arbeitnehmer nimmt unbezahlten Urlaub vom 31.1.2021 bis zum 2.3.2021. Da die Monatsfrist überschritten ist (vgl. vorstehend unter Nr. 2 Buchstabe b) ist eine Abmeldung zum 28.2.2021 und eine Anmeldung zum 3.3.2021 erforderlich. Bei der Abmeldung ist als Beschäftigungszeit der Zeitraum vom 1.1.2021 bis 28.2.2021 und das in diesem Zeitraum erzielte Arbeitsentgelt einzugeben. Bei der Abmeldung ist die Schlüsselzahl 34 und bei der Anmeldung die Schlüsselzahl 13 einzugeben.

Auf die ausführlichen Erläuterungen zu den Meldepflichten des Arbeitgebers in **Anhang 15** wird hingewiesen.

U

Unentschuldigtes Fernbleiben

Ein unentschuldigtes Fernbleiben bis zu **einem Monat** unterbricht das Versicherungsverhältnis nicht. Wird kein Entgelt gezahlt, so fällt auch kein Beitrag an. Die Lohnabrechnung erfolgt wie beim unbezahlten Urlaub. Auf die Berechnungsbeispiele und die Ausführungen bei diesem Stichwort wird hingewiesen.

Lohnsteuerpflichtig | Sozialversich.-pflichtig

Unfallentschädigungsleistungen

Durch das Gesetz zur Anpassung des nationalen Steuerrechts an den Beitritt Kroatiens zur EU und zur Änderung weiterer steuerlicher Vorschriften vom 25.7.2014 (BGBl. I S. 1266, BStBl. I S. 1126) ist die Steuerbefreiungsvorschrift für Unfallentschädigungsleistungen (§ 3 Nr. 6 EStG) neu gefasst worden. Zu den steuerfreien Einnahmen gehörten bereits zuvor Bezüge, die aufgrund gesetzlicher Vorschriften aus öffentlichen Mitteln **versorgungshalber** an Wehrdienstbeschädigte, Zivildienstbeschädigte oder ihre Hinterbliebenen, Kriegsbeschädigte und Kriegshinterbliebene gezahlt werden. Da die Zahlung der Bezüge nicht aufgrund der Dienstzeit erfolgen darf, gilt die Steuerfreiheit insbesondere für Entschädigungen, die aufgrund eines Dienstunfalls gezahlt werden. Dem vorstehenden Personenkreis gleichgestellt wurden Personen, die Unfallentschädigungen z. B. nach dem Soldatenversorgungsgesetz, dem Beamtenversorgungsgesetz oder vergleichbarem Landesrecht erhalten. Somit sind auch die an einen **Zivilbeamten** oder dessen Hinterbliebenen gezahlten Entschädigungen **aufgrund eines Dienstunfalls** steuerfrei.

Ebenfalls steuerfrei sind Unfallentschädigungen an Personen, die während des Freiwilligen Wehrdienstes oder des Bundesfreiwilligendienstes zu Schaden kommen sowie entsprechende Zahlungen an deren Hinterbliebene.

Unfallkosten

Gliederung:

1. Beruflich veranlasste Auswärtstätigkeit
2. Fahrt zwischen Wohnung und erster Tätigkeitsstätte
3. Familienheimfahrten
4. Beruflich veranlasster Umzug
5. Verzicht auf Schadensersatz

1. Beruflich veranlasste Auswärtstätigkeit

Der Arbeitgeber kann die Kosten, die dem Arbeitnehmer zur Beseitigung eines Unfallschadens an seinem privaten Kraftfahrzeug entstehen, steuer- und beitragsfrei ersetzen, wenn die Unfallkosten begrifflich den **Reisekosten** im lohnsteuerlichen Sinne zugerechnet werden können; das heißt, dass die Unfallkosten anlässlich einer beruflich veranlassten Auswärtstätigkeit entstanden sind. nein | nein

Zu den Unfallkosten gehören insbesondere die Reparaturaufwendungen für das private Kraftfahrzeug des Arbeitnehmers. Ebenso Schadensersatzleistungen, die der Arbeitnehmer unter Verzicht auf die Inanspruchnahme seiner gesetzlichen Haftpflichtversicherung selbst getragen hat (z. B. Reparaturkosten am gegnerischen Fahrzeug). Entsprechendes gilt für eine Wertminderung, wenn der Arbeitnehmer sein unfallbeschädigtes Fahrzeug nicht repariert lässt. Im Falle einer Reparatur werden aber nur die tatsächlichen Reparaturkosten berücksichtigt. Es kommt nicht darauf an, ob der Unfall durch einen bewussten oder leichtfertigen Verstoß gegen Verkehrsvorschriften durch den Arbeitnehmer verursacht worden ist. Ausnahme: Für den Eintritt des Unfalls sind – trotz beruflich veranlasster Fahrt – ausnahmsweise private Gründe maßgebend (z. B. der Arbeitnehmer verursacht den Unfall unter Alkohol- oder Drogeneinfluss). Die Unfallkosten können vom Arbeitgeber **neben** dem bei den Reisekosten geltenden pauschalen Kilometersatz von **0,30 € je gefahrenen Kilometer** steuer- und beitragsfrei ersetzt werden. nein | nein

Zum Abschluss einer Kaskoversicherung für Unfallschäden bei Auswärtstätigkeiten vgl. dieses Stichwort.

U

Lohnsteuerpflichtig | Sozialversich.-pflichtig

2. Fahrt zwischen Wohnung und erster Tätigkeitsstätte

Die Kosten eines Unfalls anlässlich einer Fahrt zwischen Wohnung und erster Tätigkeitsstätte kann der Arbeitgeber dagegen **nicht steuerfrei** ersetzen. Entsprechendes gilt für einen Unfall auf der Fahrt zu einem Arbeitgeber-Sammelpunkt oder einem weiträumigen Tätigkeitsgebiet (§ 9 Abs. 1 Satz 3 Nr. 4a Satz 3 EStG). ja | ja

Die Unfallkosten werden wie der Ersatz der Fahrtkosten behandelt. Dieser gehört zum **steuerpflichtigen Arbeitslohn.** Da Unfallkosten auf dem Weg zwischen Wohnung und erster Tätigkeitsstätte neben der Entfernungspauschale nach § 9 Abs. 1 Satz 1 EStG als Werbungskosten berücksichtigt werden, kommt eine **Pauschalierung** der Lohnsteuer mit **15 %** für eine etwaige Erstattung des Arbeitgebers **nicht** in Betracht.[1] Die Pauschalbesteuerung ist nämlich nur für Beträge zulässig, die der Arbeitnehmer nach § 9 Abs. 1 Satz 3 Nr. 4 EStG oder nach § 9 Abs. 2 EStG als Werbungskosten geltend machen könnte. Die Übernahme der Unfallkosten durch den Arbeitgeber ist daher auch beitragspflichtig in der Sozialversicherung. Lediglich bei bestimmten behinderten Arbeitnehmern kann die Lohnsteuer für die Übernahme der Unfallkosten durch den Arbeitgeber noch mit 15 % pauschaliert werden und ist daher beitragsfrei (vgl. die Erläuterungen und Beispiele beim Stichwort „Fahrten zwischen Wohnung und erster Tätigkeitsstätte" unter Nr. 7). ja | nein

Die Ausführungen im vorstehenden Absatz gelten entsprechend für einen Unfall auf der Fahrt zu einem Arbeitgeber-Sammelpunkt oder einem weiträumigen Tätigkeitsgebiet.

Unfallbedingte Krankheitskosten, die aufgrund eines Wegeunfalls zwischen Wohnung und erster Tätigkeitsstätte entstanden sind, können ebenfalls neben der Entfernungspauschale als Werbungskosten berücksichtigt werden (BFH-Urteil vom 19.12.2019, BStBl. 2020 II S. 291). Ein steuerfreier Arbeitgeberersatz dieser Kosten ist nicht möglich. ja | ja

3. Familienheimfahrten

Steuer- und beitragspflichtig ist auch der Ersatz von Unfallkosten, die bei Familienheimfahrten im Rahmen einer beruflich veranlassten **doppelten Haushaltsführung** entstehen (vgl. das Stichwort „Familienheimfahrten" unter Nr. 5). Der Arbeitnehmer kann die Unfallkosten auch in diesem Fall als Werbungskosten nach § 9 Abs. 1 Satz 1 EStG geltend machen. ja | ja

4. Beruflich veranlasster Umzug

Steuerfrei ist dagegen der Ersatz von Unfallkosten bei Fahrten, die im Rahmen eines beruflich veranlassten Umzugs erfolgen. Da der Arbeitgeber in diesen Fällen die Fahrtkosten nach § 3 Nr. 16 EStG steuerfrei ersetzen kann, ist auch der Ersatz etwaiger Unfallkosten steuerfrei. nein | nein

5. Verzicht auf Schadensersatz

Verzichtet der Arbeitgeber gegenüber dem Arbeitnehmer auf Schadensersatz nach einem **alkoholbedingt** entstandenen **Schaden** am überlassenen **Firmenwagen** führt dies – neben dem Ansatz des geldwerten Vorteils aus der Firmenwagengestellung – zu einem **zusätzlichen geldwerten Vorteil** (BFH-Urteil vom 24.5.2007, BStBl. II S. 766; vgl. hierzu auch die Erläuterungen beim Stichwort „Firmenwagen zur privaten Nutzung" unter Nr. 16 besonders Buchstabe c). Unerheblich ist, ob der alkoholbeding-

1) Die Finanzverwaltung hält an ihrer Auffassung erfreulicherweise fest, obwohl der Bundesfinanzhof in seinem Urteil zur Abgeltungswirkung der Entfernungspauschale bei Falschbetankung eines Fahrzeugs (BFH-Urteil vom 20.3.2014, BStBl. II S. 849) darauf hingewiesen hat, dass sämtliche Aufwendungen – unabhängig von ihrer Art und Höhe – unter die Abgeltungswirkung fallen. Unfallkosten auf der Fahrt zwischen Wohnung und erster Tätigkeitsstätte werden daher weiterhin neben der Entfernungspauschale als Werbungskosten berücksichtigt.

	Lohnsteuerpflichtig	Sozialversich.-pflichtig
te Schaden anlässlich einer privaten oder beruflichen Fahrt entstanden ist.	ja	ja

Der geldwerte Vorteil fließt dem Arbeitnehmer in dem vorstehenden Fall in dem Zeitpunkt zu, in dem der Arbeitgeber zu erkennen gibt, dass er keinen Rückgriff nehmen wird (BFH-Urteil vom 27.3.1992, BStBl. II S. 837).

Unfallverhütungsprämien

	Lohnsteuerpflichtig	Sozialversich.-pflichtig
Unfallverhütungsprämien sind steuer- und beitragspflichtig ohne Rücksicht darauf, ob es sich um Bar- oder Sachzuwendungen handelt.	ja	ja
Lohnsteuerpflichtig sind auch sog. **Sicherheitsprämien,** die der Arbeitgeber im Rahmen eines Sicherheitswettbewerbs zur Einschränkung betrieblicher Unfälle an seine Arbeitnehmer zahlt (BFH-Urteil vom 11.3.1988, BStBl. II S. 726).	ja	ja

Gewährt der Arbeitgeber für Leistungen in der Unfallverhütung und im Arbeitsschutz **Sachprämien** und werden diese nach § 40 Abs. 1 Satz 1 Nr. 1 EStG pauschal besteuert (vgl. Stichwort „Pauschalierung der Lohnsteuer" unter Nr. 2 auf Seite 733), kann für die Beitragsberechnung in der Sozialversicherung der Durchschnittswert der pauschal besteuerten Sachzuwendungen angesetzt werden. Voraussetzung ist, dass der Wert der einzelnen Prämie 80 € nicht übersteigt und der Arbeitgeber den Arbeitnehmeranteil zur Sozialversicherung übernimmt (§ 3 Abs. 3 SvEV[1]). Der Durchschnittsbetrag ist als einmalig gezahltes Arbeitsentgelt zu behandeln und aufgrund der Sonderregelung in § 3 Abs. 3 Satz 5 SvEV[1] dem letzten Abrechnungszeitraum im Kalenderjahr zuzuordnen.

	Lohnsteuerpflichtig	Sozialversich.-pflichtig
Belohnungen, die eine Berufsgenossenschaft an Arbeitnehmer ihrer Mitglieder auf deren Vorschlag für besondere Verdienste bei der Verhütung von Unfällen zuwendet, gehören dagegen regelmäßig nicht zum steuerpflichtigen Arbeitslohn (vgl. BFH-Urteil vom 22.2.1963, BStBl. III S. 306).	nein	nein

Unfallversicherung

Neues und Wichtiges auf einen Blick:

1. Anhebung der Pauschalierungsgrenze

Die Pauschalierungsgrenze für Beiträge zu einer Gruppenunfallversicherung ist zum 1.1.2020 von zuvor 62 € auf **100 € jährlich angehoben** worden. Hierdurch soll ein adäquates Absicherungsniveau sichergestellt werden. Vgl. nachfolgende Nr. 5.

2. Unfallversicherungsschutz als Sachbezug oder Geldleistung?

Bei der Gewährung von Unfallversicherungsschutz liegt ein **Sachbezug** vor, soweit bei Abschluss einer freiwilligen Unfallversicherung durch den Arbeitgeber der Arbeitnehmer den Versicherungsschutz unmittelbar gegenüber dem Versicherungsunternehmen geltend machen kann. Das gilt aber **nicht, soweit** die Beiträge nach § 40b Abs. 3 EStG mit 20 % **pauschal besteuert** werden. Das dem Arbeitgeber somit zustehende Wahlrecht kann auch Folgerungen für die Anwendung der 44-Euro-Freigrenze für Sachbezüge haben (vgl. nachfolgende Nr. 6).

Gliederung:

1. Gesetzliche Unfallversicherung
2. Reiseunfallversicherung
3. Abgrenzung der Steuerpflicht bei Arbeitgeberbeiträgen zu Unfallversicherungen
   a) Allgemeines
   b) Kein unmittelbarer Rechtsanspruch des Arbeitnehmers auf die Versicherungsleistung
   c) Unmittelbarer Rechtsanspruch des Arbeitnehmers auf die Versicherungsleistung
4. Aufteilung der Beiträge bei steuerpflichtigen Gesamtunfallversicherungen
5. Pauschalierung der Lohnsteuer mit 20 %
6. Anwendung der 44-Euro-Grenze bei Verschaffung von Versicherungsschutz
7. Werbungskosten und Sonderausgabenabzug bei steuerpflichtigen Beiträgen zu Unfallversicherungen
8. Leistungen aus Unfallversicherungen
   a) Allgemeines
   b) Leistungen aus Unfallversicherungen, bei denen die Beiträge steuerfrei sind
   c) Leistungen aus Unfallversicherungen, bei denen die Beiträge steuerpflichtig sind

1. Gesetzliche Unfallversicherung

	Lohnsteuerpflichtig	Sozialversich.-pflichtig
Die Beiträge des Arbeitgebers zur **gesetzlichen** Unfallversicherung (insbesondere Berufsgenossenschaft) sind nach § 3 Nr. 62 Satz 1 EStG steuerfrei und damit auch beitragsfrei in der Sozialversicherung.	nein	nein
Die freiwilligen Berufsgenossenschaftsbeiträge für den beherrschenden Gesellschafter-Geschäftsführer einer GmbH gehören allerdings zum steuerpflichtigen Arbeitslohn, weil sie nicht aufgrund einer gesetzlichen Verpflichtung gezahlt werden.[2]	ja	nein
Die Leistungen aus der gesetzlichen Unfallversicherung (z. B. gesetzlicher Schadensersatzanspruch des Arbeitnehmers aus unfallbedingten Personenschäden im beruflichen Bereich) sind nach § 3 Nr. 1 Buchstabe a EStG steuerfrei. Sie unterliegen allerdings dem Progressionsvorbehalt, wenn es sich um Lohnersatzleistungen (z. B. Verletztengeld) handelt (§ 32b Abs. 1 Satz 1 Nr. 1 Buchstabe b EStG; vgl. auch das Stichwort „Progressionsvorbehalt").	nein	nein

2. Reiseunfallversicherung

	Lohnsteuerpflichtig	Sozialversich.-pflichtig
Ausgaben des Arbeitgebers für eine Reiseunfallversicherung des Arbeitnehmers gehören zu den **steuerfreien Reisenebenkosten,** wenn sie ausschließlich das Unfallrisiko bei einer beruflichen Auswärtstätigkeit außerhalb einer ersten Tätigkeitsstätte abdecken. Das gilt sowohl für eine Einzelversicherung oder für eine Sammelversicherung für eine einmalige Reise eines Arbeitnehmers oder mehrerer Arbeitnehmer als auch bei Dauerunfallversicherungen wegen häufiger Auswärtstätigkeiten des Arbeitnehmers.	nein	nein
Tagegelder, die aufgrund einer solchen Versicherung an den Arbeitgeber geleistet und von diesem an die Arbeitnehmer weitergeleitet werden, sind steuerpflichtiger Arbeitslohn, soweit sie nicht als Ersatz für steuerfreie Entschädigungen geleistet werden (z. B. als Ersatz für Schmerzensgeld, als Ersatz für vom Arbeitnehmer infolge des Unfalls selbst bezahlte Krankheitskosten; BFH-Urteil vom 13.4.1976, BStBl. II S. 694). Siehe auch das Stichwort „Schadensersatz" unter Nr. 3.	ja	ja

Vgl. auch die Erläuterungen beim Stichwort „Versicherungsschutz".

U

1) Die Sozialversicherungsentgeltverordnung (SvEV) ist als Anhang 2 im **Steuerhandbuch für das Lohnbüro 2021** abgedruckt, das im selben Verlag erschienen ist.

2) Da allerdings durch die gesetzliche Unfallversicherung ausschließlich berufliche Risiken (einschließlich des Wegs von und zur ersten Tätigkeitsstätte) abgedeckt werden, ist ein Teilbetrag von 40 % des Beitrags als Reisenebenkosten steuerfrei und die restlichen 60 % sind bei der Einkommensteuer-Veranlagung des Arbeitnehmers als Werbungskosten abziehbar. Vgl. auch nachfolgende Nr. 4.

	Lohnsteuerpflichtig	Sozialversich.-pflichtig

3. Abgrenzung der Steuerpflicht bei Arbeitgeberbeiträgen zu Unfallversicherungen

a) Allgemeines

Zahlt der Arbeitgeber Prämien für seine Arbeitnehmer zu einer **Gesamtunfallversicherung,** durch die auch das Risiko nicht beruflicher Unfälle abgedeckt wird, stellt sich die Frage, ob und ggf. inwieweit steuerpflichtige Zukunftsicherungsleistungen vorliegen. Hierfür ist zunächst zu klären, wer die Rechte aus dem Versicherungsvertrag ausüben kann. Denn der Bundesfinanzhof hat mit Urteilen vom 16.4.1999 (BStBl. 2000 II S. 406 und S. 408) entschieden, dass in der **Beitragsleistung** des Arbeitgebers dann **kein steuerpflichtiger Arbeitslohn** anzunehmen ist, wenn bei einer Unfallversicherung die Ausübung der Rechte aus dem Versicherungsvertrag ausschließlich dem Arbeitgeber zusteht, das heißt der **Arbeitnehmer keinen unmittelbaren Rechtsanspruch** auf die Versicherungsleistung hat. nein nein

Dagegen gehören die **Beiträge** als Zukunftsicherungsleistungen im Zeitpunkt der Zahlung zum **Arbeitslohn, wenn der Arbeitnehmer selbst den Versicherungsanspruch unmittelbar gegenüber dem Versicherungsunternehmen geltend machen kann.** Von einem unmittelbaren Anspruch des Arbeitnehmers ist auch auszugehen, wenn zwar der Anspruch durch den Arbeitgeber als Versicherungsnehmer geltend gemacht werden kann, nach den vertraglichen Unfallversicherungsbedingungen jedoch vorgesehen ist, dass der Versicherer (das Versicherungsunternehmen) die Versicherungsleistung in jedem Fall an den Arbeitnehmer als versicherte Person auszahlt. ja ja

Hingegen steht die Ausübung der Rechte aus dem Versicherungsvertrag nicht unmittelbar dem Arbeitnehmer zu mit der Folge, dass die Beiträge kein Arbeitslohn sind, wenn die Versicherungsleistung vom Versicherer mit befreiender Wirkung auch an den Arbeitgeber gezahlt werden kann. In diesem Fall kann der Arbeitnehmer lediglich im Innenverhältnis die Auskehrung der Versicherungsleistung vom Arbeitgeber verlangen. nein nein

Die vorstehenden Ausführungen gelten unabhängig davon, ob es sich um eine Einzelunfallversicherung oder eine Gruppenunfallversicherung handelt; Beiträge zu Gruppenunfallversicherungen sind ggf. nach der Zahl der versicherten Arbeitnehmer auf diese aufzuteilen (= Ermittlung eines Pro-Kopf-Anteils; § 2 Abs. 2 Nr. 3 Satz 3 LStDV[1]). Steuerfrei sind allerdings Beiträge oder Beitragsteile, die das Unfallrisiko bei einer beruflichen Auswärtstätigkeit außerhalb einer ersten Tätigkeitsstätte abdecken und die deshalb zu den steuerfreien Reisenebenkosten gehören.

In Anwendung dieser Grundsätze ergibt sich für die steuerliche Behandlung von Beiträgen des Arbeitgebers zu einer Unfallversicherung Folgendes[2]:

b) Kein unmittelbarer Rechtsanspruch des Arbeitnehmers auf die Versicherungsleistung

Hat der Arbeitnehmer nach den Ausführungen unter dem vorstehenden Buchstaben a keinen unmittelbaren Rechtsanspruch auf die Versicherungsleistung gegenüber dem Versicherungsunternehmen, stellen die **Beiträge** des Arbeitgebers zu einer Unfallversicherung **keinen Arbeitslohn** dar. nein nein

U

Dies gilt unabhängig davon, ob es sich um eine Einzelunfallversicherung oder eine Gruppenunfallversicherung handelt. Die Beitragsleistungen des Arbeitgebers gehören also dann nicht zum steuerpflichtigen Arbeitslohn, wenn die vom Arbeitgeber abgeschlossene Unfallversicherung eine Versicherung für fremde Rechnung ist (§ 179 Abs. 1 Satz 2 i. V. m. §§ 43 bis 48 Versicherungsvertragsgesetz), bei der zwischen dem Arbeitgeber als Versicherungsnehmer und dem Arbeitnehmer als Versichertem ein gesetzliches Treuhandverhältnis begründet wird. Dem Arbeitgeber wird aufgrund dieses Treuhandverhältnisses die Stellung einer „Durchgangsperson" mit der Folge eingeräumt, dass der Arbeitgeber verpflichtet ist, die Versicherungsleistung an den Arbeitnehmer weiterzugeben (sog. Auskehrung der Versicherungsleistung). In diesem Fall kann der Arbeitnehmer Rechtsansprüche gegenüber dem Versicherungsunternehmen nur mittelbar – über den Arbeitgeber als Versicherungsnehmer – geltend machen. Dieser mittelbare Rechtsanspruch begründet hinsichtlich der Beitragszahlungen noch keinen Zufluss von Arbeitslohn. Es fehlt der eigene, unmittelbare Rechtsanspruch des Arbeitnehmers gegenüber dem Versicherungsunternehmen. Da kein Arbeitslohn vorliegt, stellt sich die Frage der Anwendung der 44-Euro-Freigrenze für Sachbezüge im Zeitpunkt der Beitragsleistung von vornherein nicht.

Arbeitslohn liegt in diesen Fällen erst zum Zeitpunkt der **Leistungsgewährung in Höhe der** auf den Versicherungsschutz entfallenden **Beiträge** vor (vgl. die Erläuterungen unter der nachfolgenden Nr. 8 Buchstabe b).

c) Unmittelbarer Rechtsanspruch des Arbeitnehmers auf die Versicherungsleistung

Steht dem Arbeitnehmer nach den vertraglichen Beziehungen ein unmittelbarer Rechtsanspruch auf Auskehrung der Versicherungsleistung im Versicherungsfall gegenüber dem Versicherungsunternehmen zu, gehören die **Beitragszahlungen** des Arbeitgebers als Zukunftsicherungsleistung zum steuerpflichtigen **Arbeitslohn** (vgl. auch die Ausführungen unter dem vorstehenden Buchstaben a). ja ja

Das gilt unabhängig davon, ob es sich um eine Einzelunfallversicherung oder eine Gruppenunfallversicherung handelt; Beiträge zu Gruppenunfallversicherungen sind ggf. nach der Zahl der versicherten Arbeitnehmer auf diese aufzuteilen (= Ermittlung eines Pro-Kopf-Anteils). Umfasst der Versicherungsschutz auch das Unfallrisiko bei einer beruflichen Auswärtstätigkeit außerhalb einer ersten Tätigkeitsstätte, ist dieser Teil des Beitrags als Reisenebenkosten steuerfrei. Die Aufteilung des Gesamtversicherungsbeitrags richtet sich in diesen Fällen nach den unter der folgenden Nr. 4 dargestellten Grundsätzen.

Beispiel

Der Arbeitgeber schließt für seine Arbeitnehmer eine Gruppenunfallversicherung ab. Zwar kann die Versicherungsleistung nur vom Arbeitgeber als Versicherungsnehmer geltend gemacht werden, nach den vertraglichen Unfallversicherungsbedingungen ist jedoch vorgesehen, dass der Versicherer (das Versicherungsunternehmen) die Versicherungsleistung in jedem Fall an den Arbeitnehmer als versicherte Person auszahlt.

Die Beiträge des Arbeitgebers gehören zum steuerpflichtigen Arbeitslohn, da auch in diesem Fall von einem unmittelbaren Rechtsanspruch des Arbeitnehmers auf die Versicherungsleistung auszugehen ist (vgl. auch die Ausführungen unter dem vorstehenden Buchstaben a).

Im Hinblick auf den Umfang der späteren Versteuerung der Versicherungsleistung, wenn der Arbeitnehmer keinen Rechtsanspruch auf die Versicherungsleistung hat (vgl. die Ausführungen unter der nachfolgenden Nr. 8), erscheint es u.E. **nicht ratsam,** den Arbeitnehmern einen unmittelbaren Rechtsanspruch auf die Versicherungsleistung einzuräumen. Die **Umstellung bestehender Verträge** mit einem unmittelbaren Rechtsanspruch der Arbeitnehmer gegenüber dem Versicherungsunternehmen sollte daher in Erwägung gezogen werden.

1) Die Lohnsteuer-Durchführungsverordnung (LStDV) ist als Anhang 1 im **Steuerhandbuch für das Lohnbüro 2021** abgedruckt, das im selben Verlag erschienen ist.

2) BMF-Schreiben vom 28.10.2009 (BStBl. I S. 1275). Das BMF-Schreiben ist als Anlage zu H 40b.2 LStR im **Steuerhandbuch für das Lohnbüro 2021** abgedruckt, das im selben Verlag erschienen ist.

Lohn-steuer-pflichtig Sozial-versich.-pflichtig

4. Aufteilung der Beiträge bei steuerpflichtigen Gesamtunfallversicherungen

Zur Erleichterung der Aufteilung der Beiträge ist eine bundeseinheitliche Verwaltungsanweisung ergangen,[1] nach der eine **Aufteilung im Schätzungswege** zugelassen wird. Für diese schätzungsweise Aufteilung gilt Folgendes:

Stellen die Beiträge des Arbeitgebers zu einer Gesamtunfallversicherung nach den unter der vorstehenden Nr. 3 geschilderten Abgrenzungskriterien im Grundsatz gegenwärtig zufließenden Arbeitslohn dar und deckt der Beitrag das **Unfallrisiko** sowohl im **beruflichen** als auch im **privaten Bereich** ab, ist der Beitrag zunächst auf beide Risiken aufzuteilen. Für die Aufteilung sind die Angaben des Versicherungsunternehmens darüber maßgebend, welcher Anteil des Gesamtbeitrags das berufliche Unfallrisiko abdeckt. Fehlen derartige Angaben, kann der Gesamtbeitrag mit jeweils 50 % auf den beruflichen und privaten Bereich aufgeteilt werden.

Der auf den **beruflichen Bereich** entfallende 50 %ige Beitragsanteil ist dann **nochmals aufzuteilen,** und zwar mit 40 % als Versicherungsbeitrag für Unfälle auf berufliche Auswärtstätigkeiten und mit 60 % als Versicherungsbeitrag für andere Berufsunfälle.[2] Im Ergebnis bedeutet dies, dass der volle Beitrag für eine Gesamtunfallversicherung zu 80 % lohnsteuerpflichtig ist, weil von dem Gesamtbeitrag 20 % auf steuerfreien Reisekostenersatz, 30 % auf steuerpflichtigen Werbungskostenersatz und 50 % auf steuerpflichtigen Sonderausgabenersatz entfallen. Eine Saldierung von steuerpflichtigen Arbeitslohn und abziehbaren Werbungskosten im Lohnsteuerabzugsverfahren durch den Arbeitgeber ist nicht zulässig.

Hiernach ergibt sich für die Beiträge zu einer Gesamtunfallversicherung folgendes Beurteilungsschema:

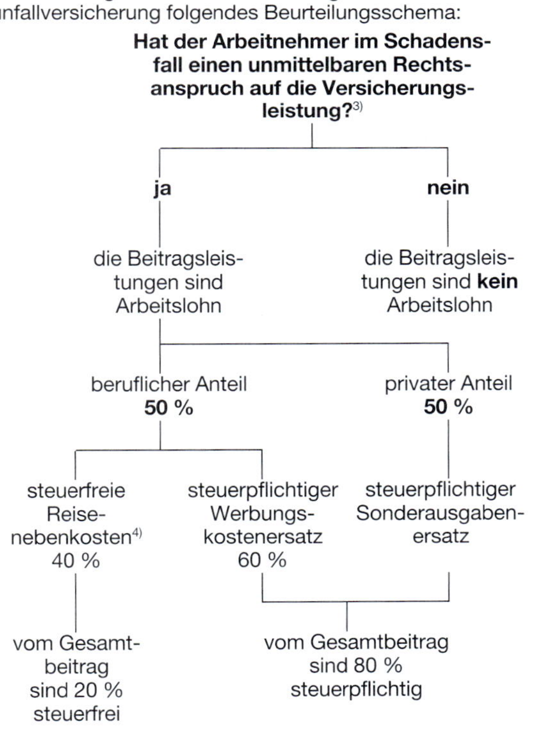

Beispiel

Die Beiträge zu einer Gruppenunfallversicherung sind nach den unter der vorstehenden Nr. 3 dargestellten Abgrenzungskriterien gegenwärtig zufließender Arbeitslohn.

Der Gesamtbeitrag für die Gruppenunfallversicherung, die sowohl das Risiko für berufliche als auch für private Unfälle abdeckt, beträgt jährlich 1000 € für 10 Arbeitnehmer. Vom Gesamtbeitrag sind 20 % steuerfrei, weil hiermit das Risiko für Unfälle auf beruflichen Auswärtstätigkeiten abgedeckt wird. 80 % von 1000 € = 800 € gehören als Ausgaben des Arbeitgebers für die Zukunftsicherung seiner Arbeitnehmer zum steuerpflichtigen Arbeitslohn. Auf jeden Arbeitnehmer entfällt somit ein steuerpflichtiger Beitragsanteil von 80 €. Zur Pauschalierung der Lohnsteuer mit 20 % vgl. nachfolgende Nr. 5.

Lohn-steuer-pflichtig Sozial-versich.-pflichtig

5. Pauschalierung der Lohnsteuer mit 20 %

Sind die Beiträge zu einer Gruppenunfallversicherung nach den unter der vorstehenden Nrn. 3 und 4 dargestellten Abgrenzungskriterien gegenwärtig zufließender steuerpflichtiger Arbeitslohn, kann die Lohnsteuer pauschal mit 20 % erhoben werden, wenn folgende Voraussetzungen erfüllt sind:

- Es muss sich um eine **Gruppenunfallversicherung** handeln, d. h., mehrere Arbeitnehmer müssen in einem Unfallversicherungsvertrag gemeinsam versichert sein.
- Der **Teil der Gesamtprämie** (ohne Versicherungsteuer), der auf **einen Arbeitnehmer** entfällt, darf seit 1.1.2020 **100 €** (bis 31.12.2019 62 €) im Kalenderjahr **nicht übersteigen (= Freigrenze).** Ergibt sich ein höherer Durchschnittsbetrag, ist keine Pauschalierung der Lohnsteuer mit 20 % möglich; der auf den Arbeitnehmer entfallende Betrag ist dann als sonstiger Bezug nach dem hierfür geltenden besonderen Verfahren zu besteuern.

Bei einer Pauschalierung der Lohnsteuer mit 20 % sind die Beiträge zu einer Gruppenunfallversicherung sozialversicherungsfrei. ja nein

Handelt es sich bei einer Gruppenunfallversicherung um eine Gesamtunfallversicherung, die sowohl das Unfallrisiko im beruflichen als auch im privaten Bereich abdeckt, ist vor der Durchführung der Lohnsteuerpauschalierung mit 20 % der steuerfreie Anteil am Gesamtversicherungsbeitrag **auszuscheiden,** der auf den **steuerfreien Reisekostenersatz** entfällt (vgl. das Aufteilungsschema unter der vorstehenden Nr. 4). Außerdem ist zu beachten, dass die **Versicherungsteuer** bei der Prüfung der 100-Euro-Grenze für den steuerpflichtigen Beitragsanteil **außer Betracht** bleibt. Dies gilt nur für die Berechnung des Durchschnittsbetrags; die pauschale Lohnsteuer errechnet sich stets aus dem vollen, steuerpflichtigen Beitragsaufwand, also einschließlich der Versicherungsteuer. Im Falle der Pauschalierung der Lohnsteuer ist auch ab 1.1.2021 weiterhin ein Solidaritätszuschlag zu erheben.

Beispiel

Der Gesamtbeitrag des Arbeitgebers zu einer Gruppenunfallversicherung beträgt für 10 Arbeitnehmer 1250 € zuzüglich 19 % Versicherungsteuer. Für die Pauschalierung der Lohnsteuer mit 20 % ergibt sich Folgendes:

	Versicherungsbeitrag	Versicherungsteuer (19 %)
	1250,– €	237,50 €
abzüglich steuerfreier Reisekostenersatz 20 %	250,– €	47,50 €
verbleiben	1000,– €	190,– €

Für die Prüfung der 100-Euro-Grenze ist der **steuerpflichtige** Pro-Kopf-Anteil **ohne** Versicherungsteuer maßgebend. Der steuerpflichtige Pro-Kopf-Anteil beträgt bei 10 versicherten Arbeitnehmern (1000 € : 10 =) 100 €. Da die 100-Euro-Grenze nicht überschritten wird, kann die Lohnsteuer mit 20 % pauschaliert werden. Die pauschale Lohnsteuer

1) Textziffer 2.1.3 i. V. m. Textziffer 1.3 und 1.4 des BMF-Schreibens vom 28.10.2009 (BStBl. I S. 1275). Das BMF-Schreiben ist als Anlage zu H 40b.2 LStR im **Steuerhandbuch für das Lohnbüro 2021** abgedruckt, das im selben Verlag erschienen ist.

2) Textziffer 1.4 des BMF-Schreibens vom 28.10.2009 (BStBl. I S. 1275). Das BMF-Schreiben ist als Anlage zu H 40b.2 LStR im **Steuerhandbuch für das Lohnbüro 2021** abgedruckt, das im selben Verlag erschienen ist.

3) Die Aufteilungsgrundsätze des Schaubilds sind entsprechend anzuwenden, wenn der Arbeitgeber Beiträge zu einer Versicherung des Arbeitnehmers übernimmt, die das Unfallrisiko im beruflichen und außerberuflichen Bereich abdeckt (vgl. Tz. 1.4 des BMF-Schreibens vom 28.10.2009, BStBl. I S. 1275). Das BMF-Schreiben ist als Anlage zu H 40b.2 LStR im **Steuerhandbuch für das Lohnbüro 2021** abgedruckt, das im selben Verlag erschienen ist.

4) Ein entsprechender steuerfreier Reisenebenkostenanteil kann aus Vereinfachungsgründen stets unterstellt werden.

errechnet sich aus dem steuerpflichtigen Anteil am Gesamtversicherungsbeitrag **zuzüglich** Versicherungsteuer:

Steuerpflichtiger Anteil am Gesamtversicherungsbeitrag	1000,– €
zuzüglich Versicherungsteuer (19 %)	190,– €
insgesamt	1190,– €
pauschale Lohnsteuer 20 %	238,– €
Solidaritätszuschlag (5,5 % von 238,– €)	13,09 €
Kirchensteuer (z. B. in Bayern) 7 % von 238,– €	16,66 €
Belastung mit Pauschalsteuern insgesamt	267,75 €

Im Falle einer Pauschalierung der Lohnsteuer ist der gesamte – steuerpflichtige und steuerfreie – Versicherungsbeitrag in Höhe von (1250 € + 237,50 € =) 1487,50 € auch beitragsfrei in der Sozialversicherung.

Wegen weiterer Einzelheiten zur Pauschalierung der Lohnsteuer für Beiträge des Arbeitgebers zu einer Gruppenunfallversicherung wird auf die Erläuterungen beim Stichwort „Zukunftsicherung" unter Nr. 7 auf Seite 1076 hingewiesen. Der sich aus einer Gruppenversicherung gegenüber den Einzelversicherungen ergebende Prämienvorteil beruht übrigens auf Versicherungsrecht und ist daher nicht als Arbeitslohn anzusetzen (vgl. das Stichwort „Versicherungsschutz" unter Nr. 4). Maßgebend für die Versteuerung sind also die Ausgaben des Arbeitgebers (§ 2 Abs. 2 Nr. 3 LStDV[1]).

6. Anwendung der 44-Euro-Grenze bei Verschaffung von Versicherungsschutz

Zur Abgrenzung von Sachlohn und Barlohn bei der Verschaffung von Versicherungsschutz und der damit verbundenen Frage der Anwendung der monatlichen 44-Euro-Freigrenze für Sachbezüge vgl. das Stichwort „Versicherungsschutz".

Bei der Gewährung von Unfallversicherungsschutz liegt ein **Sachbezug** vor, soweit bei Abschluss einer freiwilligen Unfallversicherung durch den Arbeitgeber der Arbeitnehmer den Versicherungsschutz unmittelbar gegenüber dem Versicherungsunternehmen geltend machen kann. Das gilt aber **nicht, soweit** die Beiträge nach § 40b Abs. 3 EStG mit 20 % **pauschal besteuert** werden. Das dem Arbeitgeber somit zustehende Wahlrecht kann auch Folgerungen für die Anwendung der 44-Euro-Freigrenze für Sachbezüge haben.

Beispiel A

Der Arbeitgeber schließt für seine Arbeitnehmer eine Gruppenunfallversicherung ab. Dabei steht den Arbeitnehmern ein unmittelbarer Anspruch auf die Versicherungsleistung zu. Der auf den einzelnen Arbeitnehmer entfallende Pro-Kopf-Anteil einschließlich Versicherungsteuer beträgt 40 €. Weitere Sachbezüge werden nicht gewährt.

Beim Unfallversicherungsschutz handelt es sich um einen Sachbezug, der in Anwendung der 44-Euro-Freigrenze für Sachbezüge steuer- und beitragsfrei bleibt.

Beispiel B

Wie Beispiel A. Die Arbeitnehmer erhalten als Sachbezug außerdem einen Benzingutschein im Wert von 35 €.

Durch die Gewährung des Unfallversicherungsschutzes (40 €) und des Benzingutscheins (35 €) ist die 44-Euro-Freigrenze überschritten und die Sachbezüge wären steuer- und beitragspflichtig.

Werden allerdings die Beiträge zur Gruppenunfallversicherung nach § 40b Abs. 3 EStG mit 20 % pauschal besteuert, bleiben sie bei der 44-Euro-Freigrenze für Sachbezüge außer Betracht, sodass der Benzingutschein im Wert von 35 € wegen der nunmehr möglichen Anwendung der 44-Euro-Freigrenze für Sachbezüge steuer- und beitragsfrei bleibt.

7. Werbungskosten und Sonderausgabenabzug bei steuerpflichtigen Beiträgen zu Unfallversicherungen

Der Arbeitnehmer kann die individuell nach seinen persönlichen Lohnsteuerabzugsmerkmalen versteuerten Versicherungsbeiträge in seiner Einkommensteuererklärung entweder als Werbungskosten oder Sonderausgaben geltend machen (vgl. die ausführlichen Erläuterungen in Anhang 7, Abschnitt B zum Werbungskostenabzug und Anhang 8a zum Sonderausgabenabzug). Der Sonderausgabenabzug für Unfallversicherungsbeiträge wirkt sich jedoch in der Regel nicht mehr steuermindernd aus.

Eine Saldierung von steuerpflichtigen Arbeitslohn und abziehbaren Werbungskosten im Lohnsteuerabzugsverfahren durch den Arbeitgeber ist nicht zulässig.

Bei einer Pauschalbesteuerung der Beiträge (vgl. vorstehende Nr. 5) kommt ein Werbungskosten- oder Sonderausgabenabzug nicht in Betracht.

8. Leistungen aus Unfallversicherungen

a) Allgemeines

Die Entscheidung der Frage, ob Ausgaben des Arbeitgebers für die Zukunftsicherung gegenwärtig zufließender Arbeitslohn des Arbeitnehmers sind oder nicht, ist für die steuerliche Behandlung der späteren Leistungen aus dieser Zukunftsicherung von grundlegender Bedeutung. Sind die Ausgaben **für** die Zukunftsicherung Arbeitslohn, können die späteren Leistungen **aus** der Zukunftsicherung kein Arbeitslohn sein, denn sie beruhen auf eigenen Beitragsleistungen des Arbeitnehmers (vgl. aber den Ausnahmefall unter dem nachstehenden Buchstaben c). Sind die Ausgaben **für** die Zukunftsicherung dagegen nicht als lohnsteuerpflichtiger Arbeitslohn behandelt worden, sind die späteren Leistungen **aus** der Zukunftsicherung im Grundsatz Arbeitslohn, und zwar auch dann, wenn sie von einem selbstständigen Versicherungsunternehmen erbracht werden.

Bei Leistungen aus einer **Unfallversicherung** des Arbeitgebers an den Arbeitnehmer sind allerdings die nachstehend aufgeführten **Besonderheiten** zur **Höhe des Arbeitslohns** zu beachten.

b) Leistungen aus Unfallversicherungen, bei denen die Beiträge steuerfrei sind

Nach der früheren Auffassung der Finanzverwaltung gehörte die im Versicherungsfall vom Arbeitgeber an den Arbeitnehmer ausgekehrte Versicherungsleistung grundsätzlich in voller Höhe zum steuerpflichtigen Arbeitslohn und unterlag dem Lohnsteuerabzug, wenn die Versicherungsbeiträge des Arbeitgebers steuerfrei waren, weil der Arbeitnehmer keine eigenen Ansprüche gegen das Versicherungsunternehmen hatte. Dem ist der Bundesfinanzhof nicht gefolgt.

Erhält der Arbeitnehmer Leistungen aus einer Unfallversicherung – **ohne** dass ein eigener **Rechtsanspruch** des **Arbeitnehmers** gegen das Versicherungsunternehmen besteht (vgl. die Erläuterungen unter der vorstehenden Nr. 3 besonders Buchstabe b) – führen die bis dahin entrichteten, **auf seinen Versicherungsschutz entfallenden Beiträge** im Zeitpunkt der Auszahlung oder Weiterleitung der Leistung an den Arbeitnehmer zu Arbeitslohn, allerdings ggf. begrenzt auf die dem Arbeitnehmer ausgezahlte Versicherungsleistung (BFH-Urteil vom 11.12.2008, BStBl. 2009 II S. 385). Das gilt unabhängig davon, ob der Unfall im beruflichen oder privaten Bereich eingetreten ist und ob es sich um eine Einzel- oder eine Gruppenunfallversicherung handelt. Bei einer Gruppenunfallversicherung ist der auf den einzelnen Arbeitnehmer entfallende Teil der Beiträge ggf. zu schätzen (BFH-Urteil vom 11.12.2008, BFH/NV 2009 S. 905). Die Finanzverwaltung folgt dieser Rechtsprechung.[2] Hat der Versicherungsschutz des „begünstigten" Arbeitnehmers bis zur Auszahlung der Versicherungsleistung länger als ein Jahr bestanden, handelt es sich bei den zu besteuernden

1) Die Lohnsteuer-Durchführungsverordnung (LStDV) ist als Anhang 1 im **Steuerhandbuch für das Lohnbüro 2021** abgedruckt, das im selben Verlag erschienen ist.

2) Textziffer 2.1.2 des BMF-Schreibens vom 28.10.2009 (BStBl. I S. 1275). Das BMF-Schreiben ist als Anlage zu H 40b.2 LStR im **Steuerhandbuch für das Lohnbüro 2021** abgedruckt, das im selben Verlag erschienen ist.

	Lohn-steuer-pflichtig	Sozial-versich.-pflichtig
Beiträgen um eine Vergütung für eine mehrjährige Tätigkeit, für die die **Fünftelregelung** anzuwenden ist (§ 34 Abs. 2 Nr. 4 i. V. m. Abs. 1 EStG; vgl. hierzu die Erläuterungen beim Stichwort „Fünftelregelung").	ja	ja

Beispiel A

Der Arbeitgeber hat für seine Arbeitnehmer vor fünf Jahren eine Unfallversicherung für Unfälle im privaten Bereich abgeschlossen. Die Beiträge sind nicht als Arbeitslohn besteuert worden, da die Arbeitnehmer keinen eigenen Rechtsanspruch gegenüber der Versicherung haben. Im Jahr 2021 erhält ein Arbeitnehmer aufgrund eines Unfalls im privaten Bereich eine Versicherungsleistung von 10 000 €. Die für diesen Arbeitnehmer auf den Versicherungsschutz der letzten fünf Jahre entfallenden Beiträge betragen 500 €.

Der Arbeitnehmer hat die auf seinen Versicherungsschutz der letzten fünf Jahre entfallenden Beiträge von 500 € als Arbeitslohn zu versteuern. Die Tarifermäßigung in Form der „Fünftelregelung" ist anzuwenden, da der Versicherungsschutz bis zur Auszahlung der Versicherungsleistung länger als ein Jahr bestanden hat.

Beispiel B

Wie Beispiel A. Die Unfallversicherung soll für den „begünstigten" Arbeitnehmer bereits seit 25 Jahren bestehen und die auf diesen Versicherungsschutz entfallenden Beiträge betragen 12 000 €.

Arbeitslohn liegt in Höhe der Beiträge (12 000 €), begrenzt auf die an den Arbeitnehmer ausgezahlte Versicherungsleistung (10 000 €) vor. Die Tarifermäßigung in Form der „Fünftelregelung" ist auf den als Arbeitslohn anzusetzenden Betrag von 10 000 € anzuwenden, da der Versicherungsschutz bis zur Auszahlung der Versicherungsleistung länger als ein Jahr bestanden hat.

Eine Pauschalbesteuerung des zu versteuernden Betrags mit 20 % scheidet regelmäßig aus, da die seit 1.1.2020 geltende **100-Euro-Grenze nicht** entsprechend der Dauer des Dienstverhältnisses **vervielfältigt** wird.

Die **Höhe** des steuerpflichtigen **Arbeitslohns** ist also nicht von der Höhe der Versicherungsleistung, sondern von der **Dauer** des Versicherungsschutzes abhängig. Der Bundesfinanzhof geht davon aus, dass der Arbeitgeber – auch bei einer Unfallversicherung ohne eigenen Rechtsanspruch der Arbeitnehmer gegen das Versicherungsunternehmen – mit der Finanzierung des Versicherungsschutzes die entsprechenden Beiträge und nicht die bei Eintritt des Versicherungsfalles zu gewährenden Versicherungsleistungen zuwendet. Über den durch die Beitragsleistung erlangten Vorteil könne der Arbeitnehmer aber erst bei Eintritt des Versicherungsfalles und Erlangung der Versicherungsleistung verfügen. Dies sei daher der Zuflusszeitpunkt.

Der auf das berufliche Risiko entfallende Beitragsanteil ist zum Zeitpunkt der Zahlung der Versicherungsleistung steuerfreier Reisekostenersatz oder steuerpflichtiger Werbungskostenersatz des Arbeitgebers. Dem steuerpflichtigen Werbungskostenersatz des Arbeitgebers stehen bei der Einkommensteuer-Veranlagung des Arbeitnehmers Werbungskosten in gleicher Höhe gegenüber. Eine Saldierung von steuerpflichtigen Arbeitslohn und abziehbaren Werbungskosten im Lohnsteuerabzugsverfahren durch den Arbeitgeber ist nicht zulässig. Zur **Aufteilung** der Leistung auf die **beruflichen** und **privaten** Risiken vgl. das Schaubild unter der vorstehenden Nr. 4, das für die Besteuerung der Beiträge im Leistungsfalle entsprechend anzuwenden ist.

Beispiel C

Der Arbeitgeber hat für seinen auch im Außendienst beschäftigten Arbeitnehmer eine freiwillige Unfallversicherung (24-Stunden-Schutz) abgeschlossen. Die Rechte aus dem Versicherungsvertrag stehen ausschließlich dem Arbeitgeber zu. Aufgrund eines Unfalls im privaten Bereich erhält der Arbeitnehmer eine Versicherungsleistung von 20 000 € ausgezahlt. Seit Beginn des Arbeitsverhältnisses hat der Arbeitgeber für den Versicherungsschutz dieses Arbeitnehmers über mehrere Jahre 3000 € Beiträge gezahlt.

Zum Arbeitslohn gehören die auf den Versicherungsschutz entfallenden Beiträge (3000 €) und nicht die Versicherungsleistung (20 000 €). Der Arbeitslohn ist in Höhe von 600 € (20 % des Gesamtbeitrags) steuerfreier Reisekostenersatz und in Höhe von 2400 € steuerpflichtiger Werbungskosten- bzw. Sonderausgabenersatz, der als Arbeitslohn für mehrere Jahre nach der sog. Fünftelregelung ermäßigt besteuert werden kann. Bei seiner Einkommensteuer-Veranlagung kann der Arbeitnehmer einen Betrag von 900 € (30 % des Gesamtbeitrags) als Werbungskosten bei den Einkünften aus nichtselbstständiger Arbeit geltend machen. Eine Saldierung von Arbeitslohn (hier: 2400 €) und Werbungskosten (hier: 900 €) im Lohnsteuerabzugsverfahren durch den Arbeitgeber ist nicht zulässig.

Da sich der Vorteil der Beitragsgewährung nicht auf den konkreten Versicherungsfall, sondern ganz allgemein auf das Bestehen von Versicherungsschutz des Arbeitnehmers bezieht, sind zur Ermittlung des Arbeitslohns **alle seit Begründung des Arbeitsverhältnisses entrichteten Beiträge** zu berücksichtigen, unabhängig davon, ob es sich um einen oder mehrere Versicherungsverträge handelt. Das gilt auch dann, wenn

- die Versicherungsverträge zeitlich befristet abgeschlossen wurden,
- das Versicherungsunternehmen gewechselt wurde oder
- der Versicherungsschutz für einen bestimmten Zeitraum des Dienstverhältnisses nicht bestanden hat (zeitliche Unterbrechung des Versicherungsschutzes).

Aus **Vereinfachungsgründen** können die auf den Versicherungsschutz des Arbeitnehmers entfallenden Beiträge unter Berücksichtigung der Beschäftigungsdauer auf Basis des **zuletzt** vor Eintritt des Versicherungsfalles **geleisteten Versicherungsbeitrags hochgerechnet** werden.

Beispiel D

Wie Beispiel C. Der Unfallversicherungsvertrag für den im Außendienst beschäftigten Arbeitnehmer wurde vom Arbeitgeber jeweils befristet für ein Jahr abgeschlossen. Bis zum Eintritt des Versicherungsfalles hat in zwei Jahren kein Versicherungsschutz bestanden, da es der Arbeitgeber unterlassen hat, den Vertrag zu verlängern. Außerdem hat der Arbeitgeber zweimal die Versicherungsgesellschaft gewechselt.

Obwohl der Unfallversicherungsvertrag jeweils zeitlich befristet abgeschlossen wurde, das Versicherungsunternehmen während des Arbeitsverhältnisses des „begünstigten" Arbeitnehmers zweimal gewechselt wurde und der Versicherungsschutz für einen bestimmten Zeitraum nicht bestanden hat, ergibt sich keine Änderung der Lösung gegenüber dem Beispiel C.

Bei einem **Arbeitgeberwechsel** sind ausschließlich die **seit Begründung des neuen Arbeitsverhältnisses** entrichteten Beiträge zu berücksichtigen, auch wenn der bisherige Versicherungsvertrag vom neuen Arbeitgeber fortgeführt wird. Das gilt auch dann, wenn ein Wechsel des Arbeitnehmers innerhalb eines Konzernverbundes mit einem Arbeitgeberwechsel verbunden ist. Bei einem Betriebsübergang (§ 613a BGB) liegt aber kein neues Arbeitsverhältnis vor.

Beispiel E

Für den Arbeitnehmer ist eine freiwillige Unfallversicherung (24-Stunden-Schutz) abgeschlossen worden. Die Rechte aus dem Versicherungsvertrag stehen ausschließlich dem jeweiligen Arbeitgeber zu. Aufgrund eines Unfalls im beruflichen Bereich erhält der Arbeitnehmer im Jahr 2021 eine Versicherungsleistung von 10 000 € ausgezahlt. Seit Beginn seiner beruflichen Tätigkeit haben sein früherer Arbeitgeber A bzw. sein heutiger Arbeitgeber B 3000 € (A) bzw. 4000 € (B) für den Versicherungsschutz dieses Arbeitnehmers gezahlt.

Zum Arbeitslohn gehören die seit Beginn des Arbeitsverhältnisses zum heutigen Arbeitgeber B auf den Versicherungsschutz entfallenden Beiträge (4000 €) und nicht die Versicherungsleistung (10 000 €). Der Arbeitslohn ist in Höhe von 800 € (20 % des Gesamtbeitrags) steuerfreier Reisekostenersatz und in Höhe von 3200 € steuerpflichtiger Werbungskosten- bzw. Sonderausgabenersatz, der als Arbeitslohn für mehrere Jahre nach der sog. Fünftelregelung ermäßigt besteuert werden kann. Bei seiner Einkommensteuer-Veranlagung kann der Arbeitnehmer einen Betrag von 1200 € (30 % des Gesamtbeitrags) als Werbungskosten bei den Einkünften aus nichtselbstständiger Arbeit geltend machen. Eine Saldierung von Arbeitslohn (hier: 3200 €) und Werbungskosten (hier: 1200 €) im Lohnsteuerabzugsverfahren durch den Arbeitgeber ist nicht zulässig.

Beiträge, die individuell oder pauschal besteuert wurden, sind im Leistungsfalle nicht erneut als Arbeitslohn zu erfassen. Somit wird eine Doppelversteuerung vermieden. In der Praxis ist dies von Bedeutung, wenn der Vertrag zeitweise einen unmittelbaren Rechtsanspruch des Ar-

U

Lohn-steuer-pflichtig	Sozial-versich.-pflichtig

beitnehmers gegen das Versicherungsunternehmen vorsah (Beiträge = Arbeitslohn) und der Vertrag dann auf „Rechtsanspruch nur für den Arbeitgeber" (Beiträge = kein Arbeitslohn) umgestellt wurde.

Bei **mehreren Versicherungsleistungen** sind die bei einer früheren Versicherungsleistung als Arbeitslohn berücksichtigten Beiträge bei einer späteren Versicherungsleistung nicht erneut als Arbeitslohn zu erfassen. Bei einer späteren Versicherungsleistung sind aber zumindest die seit der vorangegangenen Auszahlung einer Versicherungsleistung entrichteten Beiträge zu berücksichtigen, allerdings auch in diesem Fall ggf. begrenzt auf die ausgezahlte Versicherungsleistung (BFH-Urteil vom 11.12.2008, BFH/NV 2009 S. 907). Dem Arbeitnehmer steht bei mehreren Versicherungsleistungen (mehr als ein Versicherungsfall oder ein Versicherungsfall mit Auszahlung in mehreren Veranlagungszeiträumen) in verschiedenen Veranlagungszeiträumen **kein Wahlrecht** zu, inwieweit die vom Arbeitgeber erbrachten Beiträge jeweils als Arbeitslohn erfasst werden sollen. Im jeweiligen Veranlagungszeitraum ist für den als Arbeitslohn angesetzten Betrag zu prüfen, ob die Tarifermäßigung in Form der „Fünftelregelung" (vgl. dieses Stichwort sowie das Stichwort „Arbeitslohn für mehrere Jahre") angewendet werden kann.

Beispiel F

Für den Arbeitnehmer ist eine freiwillige Unfallversicherung (24-Stunden-Schutz) abgeschlossen worden. Die Rechte aus dem Versicherungsvertrag stehen ausschließlich dem jeweiligen Arbeitgeber zu. Aufgrund von zwei Unfällen in den Jahren 2021 und 2022 erhält der Arbeitnehmer im Jahr 2021 eine Versicherungsleistung von 10 000 € und im Jahr 2022 eine Versicherungsleistung von 4000 € ausgezahlt. Seit Beginn des Arbeitsverhältnisses bis zur Auszahlung der Versicherungsleistung im Jahr 2021 hat der Arbeitgeber für diesen Arbeitnehmer 12 000 € an Beiträgen zu dieser Unfallversicherung gezahlt. Im Jahr 2022 betragen die für diesen Arbeitnehmer entrichteten Beiträge 500 €.

2021:

Als Arbeitslohn anzusetzen sind die bis zum Zeitpunkt der Auszahlung der Versicherungsleistung entrichteten Beiträge von 12 000 €, allerdings begrenzt auf die dem Arbeitnehmer tatsächlich ausgezahlte Versicherungsleistung von 10 000 € (BFH-Urteil vom 11.12.2008, BStBl. 2009 II S. 385). Von dem Betrag von 10 000 € sind allerdings nach den unter der vorstehenden Nr. 4 beschriebenen Grundsätzen 2000 € als steuerfreier Reisekostenersatz (= 20 % vom Gesamtbeitrag) und lediglich 8000 € als steuerpflichtiger Arbeitslohn (= 80 % vom Gesamtbeitrag) anzusetzen. Für den Betrag von 8000 € ist die „Fünftelregelung" anzuwenden, da es sich um eine Vergütung für eine mehrjährige Tätigkeit handelt. Der Arbeitnehmer kann bei seiner Einkommensteuer-Veranlagung 3000 € (= 30 % vom Gesamtbeitrag; = 60 % des beruflichen Anteils vom hälftigen – 50 %igen – Gesamtbeitrag) als Werbungskosten abziehen. Eine Saldierung von steuerpflichtigen Arbeitslohn und abziehbaren Werbungskosten ist im Lohnsteuerabzugsverfahren durch den Arbeitgeber nicht zulässig.

2022:

Als Arbeitslohn anzusetzen sind die bis zum Zeitpunkt der Auszahlung der Versicherungsleistung entrichteten Beiträge von 500 €; da die Versicherungsleistung die Höhe dieser Beiträge übersteigt, stellt sich die Frage der Begrenzung des Arbeitslohns nicht (BFH-Urteil vom 11.12.2008, BStBl. 2009 II S. 385). Die im Jahr 2021 als Arbeitslohn angesetzten Beiträge sind nicht erneut zu erfassen. Von dem Betrag von 500 € sind allerdings nach den unter der vorstehenden Nr. 4 beschriebenen Grundsätzen 100 € als steuerfreier Reisekostenersatz (= 20 % vom Gesamtbeitrag) und lediglich 400 € als steuerpflichtiger Arbeitslohn (= 80 % vom Gesamtbeitrag) anzusetzen. Für den Betrag von 400 € ist u.E. die „Fünftelregelung" nicht anzuwenden, da es sich um den Versicherungsbeitrag eines Jahres und damit nicht um eine Vergütung für eine mehrjährige Tätigkeit handelt. Der Arbeitnehmer kann bei seiner Einkommensteuer-Veranlagung 150 € (= 30 % vom Gesamtbeitrag; = 60 % des beruflichen Anteils vom hälftigen – 50 %igen – Gesamtbeitrag) als Werbungskosten abziehen. Eine Saldierung von steuerpflichtigen Arbeitslohn und abziehbaren Werbungskosten ist im Lohnsteuerabzugsverfahren durch den Arbeitgeber nicht zulässig.

Erhält der Arbeitnehmer die **Versicherungsleistungen** in **Teilbeträgen** oder **Raten,** fließt ihm solange Arbeitslohn zu, bis die Versicherungsleistungen die Summe der auf den Versicherungsschutz des Arbeitnehmers entfallenden Beiträge erreicht haben. Wird die Versicherungsleistung als **Leibrente** gezahlt, fließt dem Arbeitnehmer solange Arbeitslohn zu, bis der nicht als Ertragsanteil anzusetzende Teil der Versicherungsleistungen die Summe der auf den Versicherungsschutz des Arbeitnehmers entfallenden Beiträge erreicht hat.

Beispiel G

Nach einem Unfall wird ab dem Jahr 2021 eine Versicherungsleistung als Leibrente in Höhe von 1000 € jährlich ausgezahlt. Der Ertragsanteil beträgt 25 %. An Beiträge wurden für den Arbeitnehmer in der Vergangenheit insgesamt 2500 € gezahlt.

Ab dem Jahre 2021 sind 250 € jährlich (1000 € × 25 %) als sonstige Einkünfte steuerpflichtig. Darüber hinaus ist in den Jahren 2021 bis 2023 ein Betrag von 750 € jährlich und im Jahr 2024 ein Betrag von 250 € als Arbeitslohn anzusetzen (750 € × 3 = 2250 € + 250 € = 2500 €). Ab dem Jahre 2025 fließt kein weiterer Arbeitslohn mehr zu. Steuerpflichtig ist ab 2025 lediglich die Leibrente als sonstige Einkünfte in Höhe von 250 € (1000 € × 25 %). Hinweis: Auch in diesem Fall ist der Arbeitslohn in den Jahren 2021 bis 2024 in steuerfreien Reisekostenersatz und steuerpflichtigen Werbungskosten- und Sonderausgabenersatz nach den Grundsätzen unter der vorstehenden Nr. 4 aufzuteilen.

Sind die Versicherungsleistungen ausnahmsweise **Entschädigungen** für entgangene oder entgehende Einnahmen liegt insoweit **steuerpflichtiger Arbeitslohn** vor. Dies ist z. B. bei Leistungen wegen einer Körperverletzung der Fall, soweit sie den **Verdienstausfall ersetzen.** Wickelt das Versicherungsunternehmen die Auszahlung der Versicherungsleistung unmittelbar mit dem Arbeitnehmer ab, hat der Arbeitgeber die Lohnsteuer einzubehalten, wenn er weiß oder erkennen kann, dass derartige Zahlungen erbracht wurden (vgl. die Erläuterungen beim Stichwort „Lohnzahlung durch Dritte" besonders unter Nr. 3). ja ja

Beispiel H

Der Arbeitgeber hat für seinen Arbeitnehmer eine Unfallversicherung mit 24-Stunden-Schutz für alle Unfälle im beruflichen (einschließlich Auswärtstätigkeiten) und privaten Bereich abgeschlossen. Der Arbeitnehmer hat keinen unmittelbaren Rechtsanspruch auf eine etwaige Versicherungsleistung gegenüber dem Versicherungsunternehmen. Nach einem Unfall wird dem Arbeitnehmer eine Versicherungsleistung in Höhe von 10 000 € ausgezahlt. Hiervon sind 8000 € eine Entschädigung für entgangene oder entgehende Einnahmen (= Ersatz für Verdienstausfall bei doppelter Absicherung über die Lohnfortzahlung und den Versicherungsschutz). In der Vergangenheit wurden 2500 € Beiträge gezahlt.

Die Entschädigung für entgangene oder entgehende Einnahmen in Höhe von 8000 € ist als Arbeitslohn zu erfassen (§ 24 Nr. 1 Buchstabe a EStG i. V. m. § 19 Abs. 1 Satz 1 Nr. 1 EStG). Für den Betrag von 8000 € ist die „Fünftelregelung" anzuwenden (§ 34 Abs. 2 Nr. 2 i. V. m. Abs. 1 EStG). Außerdem sind Beiträge in Höhe von 500 € (2500 € – [2500 € × 8000 € : 10 000 €]) entsprechend dem Schaubild unter Nr. 4 in steuerfreien Reisenebenkostenersatz sowie steuerpflichtigen Werbungskostenersatz und steuerpflichtigen Sonderausgabenersatz aufzuteilen. Von dem Betrag von 500 € sind daher 100 € als steuerfreier Reisekostenersatz (= 20 % vom Gesamtbeitrag) und 400 € als steuerpflichtiger Arbeitslohn (= 80 % vom Gesamtbeitrag) anzusetzen. Für den Betrag von 400 € ist die „Fünftelregelung" anzuwenden, da es sich um eine Vergütung für eine mehrjährige Tätigkeit handelt. Der Arbeitnehmer kann bei seiner Einkommensteuer-Veranlagung 150 € (= 30 % vom Gesamtbeitrag; = 60 % des beruflichen Anteils vom hälftigen – 50 %igen – Gesamtbeitrag) als Werbungskosten abziehen. Eine Saldierung von steuerpflichtigen Arbeitslohn und abziehbaren Werbungskosten ist im Lohnsteuerabzugsverfahren durch den Arbeitgeber nicht zulässig. In der als Arbeitslohn zu versteuernden Entschädigung für entgangene oder entgehende Einnahmen (= 8000 €) ist kein Werbungskostenanteil enthalten.

Bei einem im beruflichen Bereich eingetretenen Unfall gehört die Auskehrung des Arbeitgebers **nicht** zum **Arbeitslohn,** soweit der Arbeitgeber gesetzlich zur **Schadenersatzleistung** verpflichtet ist oder einen zivilrechtlichen Schadenersatzanspruch des Arbeitnehmers wegen schuldhafter Verletzung arbeitsvertraglicher Fürsorgepflichten erfüllt (BFH-Urteil vom 20.9.1996, BStBl. 1997 II S. 144). Nicht steuerpflichtig sind z. B.

- Schmerzensgeldrenten nach § 253 Abs. 2 BGB,
- Schadensersatzrenten zum Ausgleich vermehrter Bedürfnisse nach § 843 Absatz 1 2. Alternative BGB,
- Unterhaltsrenten nach § 844 Abs. 2 BGB und
- Ersatzansprüche wegen entgangener Dienste nach § 845 BGB.

Lohn- steuer- pflichtig | Sozial- versich.- pflichtig

Der gesetzliche Schadensersatzanspruch des Arbeitnehmers aus unfallbedingten Personenschäden im beruflichen Bereich wird in der Regel durch die ohnehin steuerfreien Leistungen aus der **gesetzlichen Unfallversicherung** erfüllt (§ 3 Nr. 1 Buchstabe a EStG; vgl. vorstehende Nr. 1). nein nein

c) Leistungen aus Unfallversicherungen, bei denen die Beiträge steuerpflichtig sind

Tagegelder und andere Leistungen, die aufgrund **besteuerter** Versicherungsbeiträge von der Versicherung an den Arbeitnehmer ausgezahlt werden, stellen keinen steuerpflichtigen Arbeitslohn dar. nein nein

Von diesem Grundsatz gibt es eine Ausnahme:

Ausnahmsweise handelt es sich bei Versicherungsleistungen, die aufgrund **besteuerter** Versicherungsbeiträge an den Arbeitnehmer ausgezahlt werden, um steuerpflichtigen Arbeitslohn, wenn und soweit

- es sich um **Entschädigungen** für entgangene oder entgehende Einnahmen handelt,
- der Unfall im **beruflichen** Bereich eingetreten ist **und**
- die Beiträge ganz oder teilweise **Werbungskosten** oder **steuerfreie** Vergütungen für **Reisenebenkosten** waren. ja ja

Die in diesem Ausnahmefall von Versicherungsunternehmen als steuerpflichtiger Arbeitslohn erbrachte Versicherungsleistung unterliegt als Lohnzahlung eines Dritten (= Versicherungsunternehmen) dem Lohnsteuerabzug durch den Arbeitgeber, wenn dieser weiß oder erkennen kann, dass derartige Vergütungen erbracht werden (§ 38 Abs. 1 Satz 3 EStG); hiervon wird im Regelfall auszugehen sein, da der Unfall im beruflichen Bereich eingetreten ist. Vgl. auch das Stichwort „Lohnzahlung durch Dritte" besonders unter Nr. 3.

Beispiel

Die vom Arbeitgeber gezahlten Beiträge zu einer Unfallversicherung sind in Anwendung der unter Nr. 4 dargestellten Regelung in Höhe von 80 % als Arbeitslohn besteuert worden. Soweit die Beiträge auf den beruflichen Bereich entfallen, sind sie zum Teil (20 %) als Reisenebenkosten steuerfrei belassen oder vom Arbeitnehmer als Werbungskosten abgezogen worden. Der Arbeitnehmer hat einen Unfall auf einer beruflichen Fahrt und ist unter Fortzahlung des Arbeitslohns vier Wochen krank. Von der Unfallversicherung erhält er eine Verdienstausfallentschädigung in Höhe von 5000 € ausgezahlt. Es handelt sich um steuerpflichtigen Arbeitslohn, der nach der sog. Fünftelregelung ermäßigt zu besteuern ist (§ 34 Abs. 2 Nr. 2 i. V. m. Abs. 1 EStG). Obwohl durch die Fortzahlung des Arbeitslohns keine Einnahmen aus nichtselbstständiger Tätigkeit weggefallen sind, handelt es sich bei der Versicherungsleistung begrifflich um eine Entschädigung für entgangene oder entgehende Einnahmen im Sinne des § 24 Nr. 1 Buchstabe a EStG. Denn der Arbeitnehmer war gegen den Verdienstausfall doppelt abgesichert. Der Arbeitgeber ist wegen der Lohnzahlung durch einen Dritten zum Lohnsteuerabzug verpflichtet. Aufgrund des Unfalls im beruflichen Bereich ist davon auszugehen, dass er von der Versicherungsleistung Kenntnis hatte.

Wiederkehrende Leistungen aus einer Unfallversicherung, bei denen die Beiträge als Arbeitslohn steuerpflichtig waren, sind bei der Einkommensteuer-Veranlagung des Arbeitnehmers als **sonstige Einkünfte** mit dem **Ertragsanteil** steuerpflichtig, wenn es sich um lebenslange Rentenzahlungen handelt (vgl. auch das Stichwort „Renten" unter Nr. 4). nein nein

Unständig Beschäftigte

Gliederung:

1. Allgemeines
2. Definition
   a) Versicherungsfreie kurzfristige Beschäftigung
   b) Berufsmäßige Beschäftigung
   c) Besondere Personenkreise
   d) Berufsmäßig unständig Beschäftigte
   e) Abgrenzung zu Dauerbeschäftigungen oder zu regelmäßig wiederkehrenden Beschäftigungen
3. Versicherungspflicht
   a) Kranken- und Pflegeversicherung
   b) Rentenversicherung
   c) Arbeitslosenversicherung
4. Mitgliedschaft in der Kranken- und Pflegeversicherung
   a) Beginn
   b) Fortbestehen
   c) Ende
   d) Krankenkassenwahlrechte
5. Beitragspflicht
   a) Beitragsbemessungsgrenze bei unständiger Beschäftigung
   b) Beitragsbemessungsgrenze bei mehreren unständigen Beschäftigungen
   c) Beitragsbemessungsgrenze bei Dauerbeschäftigung oder regelmäßig wiederkehrender Beschäftigung
   d) Beitragsbemessungsgrenze bei unständiger Beschäftigung und regelmäßig wiederkehrender Beschäftigung im selben Kalendermonat
   e) Beitragssatz für die Berechnung der Kranken- und Pflegeversicherungsbeiträge
   f) Beitragstragung und –zahlung
6. Umlagen nach dem Aufwendungsausgleichsgesetz und Insolvenzgeldumlage
7. Meldungen
   a) Meldepflichten der unständig Beschäftigten
   b) Meldungen von unständigen Beschäftigungen
   c) Meldungen von Dauerbeschäftigungen bzw. regelmäßig wiederkehrenden Beschäftigungen
8. Arbeitgeberpflichten der Gesamtbetriebe
9. Beitragszuschüsse zur Kranken- und Pflegeversicherung

Lohn- steuer- pflichtig | Sozial- versich.- pflichtig

1. Allgemeines

Bei berufsmäßig unständig Beschäftigten handelt es sich um Personen, deren Erwerbstätigkeit wirtschaftlich und zeitlich durch diese Beschäftigungen bestimmt wird. In der Kranken-, Pflege- und Arbeitslosenversicherung gelten für unständig Beschäftigte besondere versicherungs-, beitrags- und melderechtliche Regelungen, wenn sie die unständige Beschäftigung berufsmäßig ausüben. In der Rentenversicherung gilt dies auch dann, wenn die versicherungspflichtige unständige Beschäftigung nicht berufsmäßig ausgeübt wird (BSG Urteil vom 31.3.2017 – B 12 KR 16/14 R –, USK 2017-21). Die Spitzenorganisationen haben zu diesem Personenkreis ein Rundschreiben herausgebracht, das die versicherungs-, beitrags- und melderechtlichen Besonderheiten erläutert. Die Inhalte sind nachfolgend wiedergegeben.

2. Definition

Unständig ist eine Beschäftigung, die auf **weniger als eine Woche** entweder von der Natur der Sache beschränkt zu sein pflegt oder im Voraus durch Arbeitsvertrag beschränkt ist. Als Woche ist dabei **nicht** die **Kalenderwoche,** sondern die **arbeitsrechtliche Beschäftigungswoche** zu verstehen. Die Beschäftigungswoche ist ein Zeitraum von sieben aufeinanderfolgenden Kalendertagen, beginnend mit dem ersten Tag der Beschäftigung. Beschäftigungsfreie Samstage, Sonn- und Feiertage sind bei der Dauer der Beschäftigung mitzuzählen. Dies bedeutet, dass Beschäftigungen, die jeweils z. B. von Montag bis Freitag (5-Tage-Woche) bzw. bis Samstag (6-Tage-Woche) oder auch z. B. von Donnerstag bis Mittwoch der folgenden Woche ausgeübt werden, keine unständigen Beschäftigungen darstellen. Wie lange an jedem einzelnen Arbeitstag gearbeitet wird, ist unerheblich. Wird an den üblichen arbeitsfreien Samstagen, Sonn- und Feiertagen gearbeitet, liegt eine Beschäftigung von weniger als einer Woche vor, wenn die Beschäftigung an weniger als

Lohnsteuerpflichtig Sozialversich.-pflichtig

5 Tagen (5-Tage-Woche) bzw. an weniger als 6 Tagen (6-Tage-Woche) ausgeübt wird.

Beispiel

Für Aufräumarbeiten (5-Tage-Woche) werden Aushilfskräfte vom 6. Oktober (Freitag) bis 10. Oktober (Dienstag) an 5 aufeinanderfolgenden Kalendertagen eingesetzt. Da in der maßgebenden Beschäftigungswoche vom 6. bis 12. Oktober an mehr als 4 Kalendertagen gearbeitet wird, liegt keine unständige Beschäftigung vor.

Unständige Beschäftigungen können auch dann vorliegen, wenn in einer für einen längeren Zeitraum geschlossenen Rahmenvereinbarung mehrere befristete Beschäftigungen vereinbart werden. Sofern in einer Rahmenvereinbarung Arbeitstage für mehrere befristete Beschäftigungszeiträume vereinbart werden, besteht in den Beschäftigungszeiträumen, die auf weniger als eine Woche befristet sind, eine unständige Beschäftigung (BSG-Urteil vom 14.3.2018 – B 12 KR 17/16 R –; USK 2018-5). Die maßgebenden Beschäftigungszeiträume sind dabei die Zeiträume, in denen zusammenhängende Arbeitstage vereinbart worden sind. Zusammenhängende Arbeitstage liegen dann vor, wenn sie nicht durch arbeitsfreie Werktage unterbrochen werden. Der Natur der Sache nach ist eine Beschäftigung befristet, wenn vertraglich nicht die Arbeitsdauer, sondern eine bestimmte Arbeitsleistung (z. B. Be- und Entladen von Fahrzeugen) vereinbart ist. Ein ständiger Wechsel des Arbeitgebers oder ein Wechsel in der Art der Beschäftigung ist nicht Grundvoraussetzung für die Annahme einer unständigen Beschäftigung. Wiederholen sich Beschäftigungen von weniger als einer Woche bei demselben Arbeitgeber oder bei mehreren Arbeitgebern über einen längeren Zeitraum, so geht der Charakter einer unständigen Beschäftigung nicht verloren, wenn die Eigenart der Beschäftigung, die Art ihrer Annahme und Entlohnung einer unständigen Beschäftigung entspricht. Unständige Beschäftigungen können daher auch bei nur einem Arbeitgeber wiederholt ausgeübt werden.

Der Arbeitnehmer eines Gesamthafenbetriebes (Gesamthafenarbeiter), der aufgrund eines Garantielohnabkommens Anspruch auf fünf bzw. sechs Schichtlöhne in der Woche hat, wenn er ohne sein Verschulden nicht zur Arbeit eingesetzt werden kann, ist nicht als unständig Beschäftigter anzusehen.

a) Versicherungsfreie kurzfristige Beschäftigung

Die besonderen versicherungs-, beitrags- und melderechtlichen Regelungen für unständig Beschäftigte finden keine Anwendung, wenn die auf weniger als eine Woche befristete Beschäftigung geringfügig kurzfristig i. S. des § 8 Abs. 1 Nr. 2 SGB IV ausgeübt wird und daher Versicherungsfreiheit besteht (§ 7 Abs. 1 SGB V, § 5 Abs. 2 SGB VI, § 27 Abs. 2 SGB III).

Eine versicherungsfreie kurzfristige Beschäftigung liegt vor, wenn sie innerhalb eines Kalenderjahres auf längstens drei Monate oder 70 Arbeitstage begrenzt ist, es sei denn, sie wird berufsmäßig ausgeübt und das Arbeitsentgelt übersteigt 450 € im Monat. Werden kurzfristige Beschäftigungen wiederholt innerhalb eines Kalenderjahres ausgeübt, sind die einzelnen Beschäftigungen zusammenzurechnen. Dabei ist grundsätzlich bei Beginn einer neuen Beschäftigung zu prüfen, ob diese zusammen mit den schon im laufenden Kalenderjahr ausgeübten kurzfristigen Beschäftigungen die maßgebenden Zeitgrenzen überschreitet. Dies gilt demnach auch für die Beurteilung einer auf weniger als eine Woche befristeten (unständigen) Beschäftigung. Wird hier bei der Zusammenrechnung die Zeitgrenze von 70 Arbeitstagen überschritten, ist eine versicherungsfreie kurzfristige Beschäftigung ausgeschlossen. Soweit bei einem regelmäßig unständig Beschäftigten absehbar ist, dass die Zeitgrenze von 70 Arbeitstagen aufgrund zukünftiger befristeter Beschäftigungen überschritten wird, ist die Annahme einer versicherungsfreien kurzfristigen Beschäftigung ebenfalls ausgeschlossen (BSG-Urteil vom 31.3.2017 – B 12 KR 16/14 R; USK 2017-21).

In den vorgenannten Fällen finden die besonderen Regelungen für unständig Beschäftigte in der Rentenversicherung Anwendung. Dies gilt in der Kranken-, Pflege- und Arbeitslosenversicherung nur dann, wenn die unständige Beschäftigung berufsmäßig ausgeübt wird, die Beschäftigung also wirtschaftlicher und zeitlicher Schwerpunkt der Erwerbstätigkeit ist.

b) Berufsmäßige Beschäftigung

In einer unständigen und dem Grunde nach kurzfristigen Beschäftigung, in der die Zeitgrenze von 70 Arbeitstagen nicht durch die Zusammenrechnung mit vorherigen Beschäftigungen oder bei einem regelmäßig unständig Beschäftigten auch nicht absehbar überschritten wird, ist bei einem Arbeitsentgelt von mehr als 450 € im Monat eine versicherungsfreie kurzfristige Beschäftigung ausgeschlossen, wenn die Beschäftigung berufsmäßig ausgeübt wird. Berufsmäßig wird eine Beschäftigung i. S. des § 8 Abs. 1 Nr. 2 SGB IV dann ausgeübt, wenn sie für die in Betracht kommende Person nicht von untergeordneter wirtschaftlicher Bedeutung ist. Davon ist regelmäßig nicht auszugehen, wenn die befristete Beschäftigung neben einer Hauptbeschäftigung oder hauptberuflichen selbstständigen Tätigkeit ausgeübt wird. Folgt eine unständige und dem Grunde nach kurzfristige Beschäftigung auf bereits ausgeübte Beschäftigungen, ist Berufsmäßigkeit i. S. des § 8 Abs. 1 Nr. 2 SGB IV ohne weitere Prüfung anzunehmen, wenn die Beschäftigungszeiten des Beschäftigten im Laufe eines Kalenderjahres insgesamt mehr als 70 Arbeitstage betragen. Dabei werden alle Beschäftigungen mit Ausnahme geringfügig entlohnter Beschäftigungen und kurzfristiger Beschäftigungen mit einem Arbeitsentgelt bis 450 € im Monat berücksichtigt. Ist in den vorgenannten Fällen eine versicherungsfreie kurzfristige Beschäftigung aufgrund deren berufsmäßiger Ausübung i. S. des § 8 Abs. 1 Nr. 2 SGB IV ausgeschlossen, finden für die unständige Beschäftigung die besonderen Regelungen für unständig Beschäftigte in der Rentenversicherung Anwendung. Dies gilt in der Kranken-, Pflege- und Arbeitslosenversicherung nur dann, wenn die unständige Beschäftigung berufsmäßig ausgeübt wird, die Beschäftigung also nicht nur wirtschaftlicher, sondern auch zeitlicher Schwerpunkt der Erwerbstätigkeit ist.

c) Besondere Personenkreise

Unständig beschäftigte Altersvollrentner, Schüler, Studenten und Hausfrauen mit einem Arbeitsentgelt von mehr als 450 € im Monat sind dann nicht versicherungsfrei kurzfristig i. S. des § 8 Abs. 1 Nr. 2 SGB IV beschäftigt, wenn sie zu den berufsmäßig Erwerbstätigen zu rechnen sind. Davon ist grundsätzlich nur dann auszugehen, wenn ihre Beschäftigungszeiten mit einem Arbeitsentgelt von mehr als 450 € im Monat im Laufe eines Kalenderjahres insgesamt 70 Arbeitstage überschreiten. Auch unständig Beschäftigte, die Leistungen nach dem Recht der Grundsicherung für Arbeitsuchende (SGB II) oder dem Recht der Arbeitsförderung (SGB III) beziehen oder die in einer Hauptbeschäftigung unbezahlten Urlaub oder Elternzeit in Anspruch nehmen, üben die Beschäftigung grundsätzlich berufsmäßig i. S. des § 8 Abs. 1 Nr. 2 SGB IV aus und sind somit nicht versicherungsfrei kurzfristig beschäftigt, wenn das Arbeitsentgelt aus der Beschäftigung 450 € im Monat überschreitet. Ist in den vorgenannten Fällen eine versicherungsfreie kurzfristige Beschäftigung aufgrund deren berufsmäßiger Ausübung i. S. des § 8 Abs. 1 Nr. 2 SGB IV ausgeschlossen, finden die besonderen Regelungen für unständig Beschäftigte in der Rentenversicherung Anwendung. Dies gilt in der Kranken-, Pflege- und Arbeitslosenversicherung nur dann, wenn die unständige Beschäftigung berufsmäßig ausgeübt wird, die Beschäftigung also wirtschaftlicher und zeitlicher Schwerpunkt der Erwerbstätigkeit ist.

Lohn-steuer-pflichtig | Sozial-versich.-pflichtig

d) Berufsmäßig unständig Beschäftigte

Die besonderen versicherungs-, beitrags- und melderechtlichen Regelungen für unständig Beschäftigte gelten in der Kranken-, Pflege- und Arbeitslosenversicherung nur dann, wenn die Beschäftigung berufsmäßig unständig ausgeübt wird. Berufsmäßig unständig Beschäftigte sind Personen, deren unständige Beschäftigung den eindeutigen wirtschaftlichen und zeitlichen Schwerpunkt der Erwerbstätigkeit bildet. Dabei ist eine auf den Kalendermonat bezogene Betrachtung maßgebend (BSG-Beschlüsse vom 27.4.2016 – B 12 KR 16/14 R und B 12 KR 17/14 R –). Die die Anwendung der besonderen Regelungen begründende besondere Schutzwürdigkeit der unständig Beschäftigten vermittelt sich nach Auffassung des BSG nicht über ein bestimmtes Berufsbild, sondern durch die tatsächliche Kurzzeitigkeit der jeweiligen Beschäftigung und die deshalb zu erwartenden Statusunterbrechungen. Nur wenn die auf weniger als eine Woche befristeten Beschäftigungen (gleich in welchem Beruf) die Erwerbstätigkeit im jeweiligen Monat prägen, ist die Anwendung der Regelungen für unständig Beschäftigte gerechtfertigt. Dabei sind Entgelte und Zeiten einer „ständigen" Beschäftigung sowohl in demselben Beruf als auch in einem anderen Beruf insoweit grundsätzlich nicht mit solchen in kurzzeitig befristeten – potenziell unständigen – Beschäftigungen zusammenzuziehen. Die unständige Beschäftigung wird daher dann berufsmäßig ausgeübt, wenn sie aufgrund ihrer wirtschaftlichen Bedeutung und ihres zeitlichen Umfangs die Erwerbstätigkeit in dem Kalendermonat der Ausübung prägt. Übersteigen die Entgelte und der zeitliche Aufwand aller auf weniger als eine Woche befristeten Beschäftigungen die Einnahmen und den zeitlichen Aufwand aller unbefristeten oder auf mehr als eine Woche befristeten Beschäftigungen oder selbstständigen Tätigkeiten in diesem Kalendermonat deutlich, liegt eine berufsmäßige unständige Beschäftigung vor. Hiervon kann in Anlehnung an die Grundsätze zur Prüfung der Hauptberuflichkeit einer selbstständigen Tätigkeit im Rahmen des § 5 Abs. 5 SGB V ausgegangen werden, wenn die auf weniger als eine Woche befristeten Beschäftigungen, sowohl von der wirtschaftlichen Bedeutung als auch vom zeitlichen Aufwand her, die übrigen Erwerbstätigkeiten um jeweils mindestens 20 v. H. übersteigen. Der vorgenannte Prozentsatz ist allerdings kein starrer Wert, sondern dient der Orientierung (vgl. Punkt 4 der Niederschrift über die Besprechung der Spitzenorganisationen der Sozialversicherung zu Fragen des gemeinsamen Beitragseinzugs am 20./21.11.2013).

Die Beurteilung ist jeweils zu Beginn einer auf weniger als eine Woche befristeten Beschäftigung im Wege einer vorausschauenden Betrachtung vorzunehmen. Die hiernach erforderliche Prognose erfordert keine alle Eventualitäten berücksichtigende genaue Vorhersage, sondern lediglich eine ungefähre Einschätzung, welche Einnahmen und welcher zeitliche Aufwand aus allen Beschäftigungen und selbstständigen Tätigkeiten mit hinreichender Sicherheit zu erwarten sind. Grundlage der Prognose können dabei lediglich Umstände sein, von denen in diesem Zeitpunkt anzunehmen ist, dass sie die Einnahmen und Arbeitszeiten bestimmen werden. Stimmt diese Prognose infolge nicht sicher voraussehbarer Umstände mit dem späteren Verlauf der Erwerbstätigkeiten nicht überein, bleibt die für die Vergangenheit getroffene Feststellung maßgebend.

e) Abgrenzung zu Dauerbeschäftigungen oder zu regelmäßig wiederkehrenden Beschäftigungen

Unständige Beschäftigungen können sich zwar auch bei einem Arbeitgeber entsprechend einem nicht vorhersehbaren Arbeitsbedarf mehr oder weniger lückenlos aneinanderreihen. Unständig sind Beschäftigungen aber nicht, wenn es sich tatsächlich um eine Dauerbeschäftigung oder regelmäßig wiederkehrende Beschäftigungen handelt (BSG-Urteil vom 22.11.1973 – 12/3 RK 84/71 –; USK 73197). Eine Dauerbeschäftigung liegt z. B. dann vor, wenn sich einzelne Arbeitsverrichtungen/-einsätze von Beginn an in regelmäßigen zeitlichen Abständen vereinbarungsgemäß wiederholen und eine Verfügungsbereitschaft zwischen den Arbeitseinsätzen nicht ausgeschlossen ist (BSG-Urteil vom 7.5.2014 – B 12 R 5/12 R –, Rz. 21; USK 2014-47). Eine Dauerbeschäftigung liegt hiernach auch dann vor, wenn den Beziehungen zwischen Arbeitgeber und Arbeitnehmer ein (Rahmen-)Arbeitsvertrag oder eine sonstige – auch stillschweigende – Abrede zugrunde liegt, aus der sich ergibt, dass die Rechtsbeziehung auf Dauer angelegt sein soll (z. B. durch die Aufnahme in einen Kreis immer wieder Beschäftigter oder zur Verfügung stehender Personen) und sich der Arbeitnehmer verpflichtet – in einem typischen oder atypischen Abrufverhältnis –, grundsätzlich regelmäßig für Arbeitseinsätze zur Verfügung zu stehen, deren Zeitpunkte nicht von vornherein feststehen (BAG-Urteil vom 22.4.1998 – 5 AZR 2/97 und 5 AZR 92/97 –; USK 9835).

Beispiel

Die Autovermietung S schließt mit einem Arbeitnehmer einen (Rahmen-)Arbeitsvertrag ab, in dem sich Letzterer verpflichtet, mindestens einmal wöchentlich auf Abruf Mietwagen zurückzuführen. Aus den Lohnunterlagen ist ersichtlich, dass der Arbeitnehmer zwei- bis dreimal in der Woche zum Einsatz kam.

Es handelt sich nicht um eine unständige Beschäftigung, sondern um eine Dauerbeschäftigung.

Dauerbeschäftigungsverhältnisse sind zudem immer dann anzunehmen, wenn Einzelarbeitsverträge zur Umgehung einer ständigen Beschäftigung abgeschlossen werden oder wenn der Arbeitgeber mit Hilfe von Einzelarbeitsaufträgen keinen Spitzenbedarf, sondern einen Dauerbedarf an Arbeitskräften deckt, er also auf Dauer mehr Arbeitnehmer benötigt, als er unbefristet eingestellt hat (BSG-Urteil vom 23.11.1971 – 3 RK 92/68 –, USK 71194 sowie o. a. BAG Urteil vom 22.4.1998). Liegt ein Dauerbeschäftigungsverhältnis vor, ist eine unständige Beschäftigung ausgeschlossen. Weder eine unständige Beschäftigung noch eine Dauerbeschäftigung, sondern eine regelmäßig wiederkehrende Beschäftigung, liegt vor, wenn sich einzelne Arbeitsverrichtungen/-einsätze von Beginn an in regelmäßigen zeitlichen Abständen vereinbarungsgemäß wiederholen und eine Verfügungsbereitschaft zwischen den Arbeitseinsätzen ausgeschlossen ist. Dies ist auch der Fall, wenn die sich regelmäßig wiederholenden Beschäftigungen aufgrund einer Rahmenvereinbarung erfolgen, die noch keine Verpflichtung des Beschäftigten zu Arbeitsverrichtungen/-einsätzen enthält; diese vielmehr regelmäßig jeweils gesondert vereinbart wird (BAG-Urteil vom 31.7.2002 – 7 AZR 181/01 –; BB 2003, 525-527). Denn das Merkmal der Regelmäßigkeit ist auch dann erfüllt, wenn Arbeitnehmer zu den sich wiederholenden Arbeitseinsätzen auf Abruf bereitstehen, ohne verpflichtet zu sein, jeder Aufforderung zur Arbeitsleistung Folge zu leisten (BSG-Urteil vom 23.5.1995 – 12 RK 60/93 –, Rz. 17; USK 9530).

Beispiel

Für die Befüllung von Regalen im Einzelhandel wird in einer Rahmenvereinbarung die grundsätzliche Bereitschaft zur Arbeitsleistung an zwei bis drei Tagen in der Woche vereinbart. Die tatsächlichen Arbeitseinsätze werden jeweils zu Wochenbeginn vereinbart.

Auch wenn die jeweiligen Beschäftigungszeiträume weniger als eine Woche umfassen, handelt es sich aufgrund der in regelmäßigen zeitlichen Abständen erfolgenden Beschäftigung nicht um eine unständige Beschäftigung, sondern um eine regelmäßig wiederkehrende Beschäftigung.

Für die Abgrenzung zwischen unständiger Beschäftigung, Dauerbeschäftigung und regelmäßig wiederkehrende Beschäftigung kommt es auf die konkreten Umstände des Einzelfalls an.

Lohnsteuerpflichtig | Sozialversich.-pflichtig

3. Versicherungspflicht

a) Kranken- und Pflegeversicherung

Bei berufsmäßig unständig Beschäftigten sind für den Beginn und das Ende der Versicherungspflicht in der Kranken- und Pflegeversicherung die allgemeinen Regelungen für abhängig Beschäftigte maßgebend. Darüber hinaus sind besondere Regelungen über das Fortbestehen der Mitgliedschaft in der Krankenversicherung zu beachten. Berufsmäßig unständig Beschäftigte, deren regelmäßiges Jahresarbeitsentgelt die Jahresarbeitsentgeltgrenze überschreitet, sind krankenversicherungsfrei (§ 6 Abs. 1 Nr. 1 SGB V). Hinsichtlich der Ermittlung des regelmäßigen Jahresarbeitsentgelts ist der Beschluss des Großen Senats des Bundessozialgerichts vom 30.6.1965 – GS 2/64 – Meuer, Das Beitragsrecht, Seite 322 A 11 a 9, zu beachten. Hierin wurde festgestellt, dass Wortlaut und Entstehungsgeschichte der Vorschrift über die Jahresarbeitsentgeltgrenze dafür sprechen, dass das Jahresarbeitsentgelt in den Fällen, in denen von vornherein voraussehbar und berufsüblich mehrere Beschäftigungsverhältnisse aufgenommen werden, die durch Zeiten ohne Beschäftigung unterbrochen werden, nicht durch schematische Multiplikation des für einzelne Lohn- und Gehaltsperioden vereinbarten Gehalts (Normalfall), sondern nur durch Schätzung zu ermitteln ist. Hierzu ist unter Würdigung der Gesamtumstände des Falles auf die Einkünfte des Vorjahres oder vergleichbarer Beschäftigter zurückzugreifen. Daraus folgt, dass das regelmäßige Jahresarbeitsentgelt bei berufsmäßig unständig Beschäftigten, die voraussichtlich immer wieder bei demselben Arbeitgeber beschäftigt werden, nicht durch Multiplikation z. B. des Tagesverdienstes mit 360 Tagen ermittelt werden kann, sondern durch Schätzung des voraussichtlichen regelmäßigen tatsächlichen Jahresarbeitsentgelts. Soweit sich daraus ergibt, dass die Jahresarbeitsentgeltgrenze nicht überschritten wird, besteht in der Kranken- und Pflegeversicherung Versicherungspflicht als berufsmäßig unständig Beschäftigter, sofern für die Unständigkeit die übrigen Voraussetzungen erfüllt sind. Wird die Jahresarbeitsentgeltgrenze überschritten, gelten hinsichtlich des Ausscheidens aus der Krankenversicherungspflicht die allgemeinen Beurteilungsgrundsätze zu § 6 Abs. 4 SGB V. Das Ausscheiden aus der Krankenversicherungspflicht hat auch das Ausscheiden aus der Versicherungspflicht in der Pflegeversicherung zur Folge.

b) Rentenversicherung

Für die Versicherungspflicht in der Rentenversicherung gelten die allgemeinen Regelungen für abhängig Beschäftigte gleichermaßen.

c) Arbeitslosenversicherung

Berufsmäßig unständig Beschäftigte sind nach § 27 Abs. 3 Nr. 1 SGB III in der Arbeitslosenversicherung versicherungsfrei.

4. Mitgliedschaft in der Kranken- und Pflegeversicherung

a) Beginn

U

Nach § 186 Abs. 2 SGB V beginnt die Mitgliedschaft der berufsmäßig unständig Beschäftigten grundsätzlich mit dem Tag der Aufnahme einer unständigen Beschäftigung, für die die zuständige Krankenkasse erstmalig Versicherungspflicht festgestellt hat. Der Begriff „erstmalig" ist dabei so zu verstehen, dass nicht bei jeder folgenden unständigen Beschäftigung für das Fortbestehen der Mitgliedschaft eine erneute Feststellung der Versicherungspflicht durch die Krankenkasse erforderlich ist, sondern nur dann, wenn die Mitgliedschaft zwischenzeitlich unterbrochen worden ist. Sofern die Krankenkasse die Versicherungspflicht nicht innerhalb eines Monats nach Aufnahme der unständigen Beschäftigung feststellt, beginnt die Mitgliedschaft erst mit dem Tag der Feststellung. Die Berechnung der Frist von einem Monat richtet sich nach den §§ 187 ff. BGB; Ereignistag ist dabei der Tag der Aufnahme der Beschäftigung, sodass die Frist mit Ablauf des Tages des nächsten Monats endet, der der Zahl nach dem Tage der Beschäftigungsaufnahme entspricht. Für die Feststellung der Versicherungspflicht von unständig Beschäftigten ist kein förmlicher Verwaltungsakt erforderlich. Der Begriff „Feststellung" ist vielmehr in dem Sinne zu verstehen, dass die Krankenkasse von der Aufnahme einer versicherungspflichtigen berufsmäßig unständigen Beschäftigung Kenntnis erhält. Diese Kenntnis wird sie in aller Regel entweder durch die Meldung des Arbeitgebers oder aber durch die Anmeldung des berufsmäßig unständig Beschäftigten erhalten. Als Tag der Feststellung i. S. des § 186 Abs. 2 SGB V ist der Tag anzusehen, an dem eine entsprechende Meldung bei der Krankenkasse eingeht. Die Fristen zur erstmaligen Feststellung der Versicherungspflicht von berufsmäßig unständig Beschäftigten einschließlich der Folgen verspäteter Feststellung harmonieren nicht mit den Anmeldefristen des Arbeitgebers zu Beginn der versicherungspflichtigen Beschäftigung, ohne dass plausible Gründe hierfür vorliegen. Von daher ist auch dann (noch) von einem Beginn Versicherungs-, Beitrags- und Melderecht der unständig Beschäftigten der Mitgliedschaft mit dem Tag der Aufnahme einer berufsmäßig unständigen Beschäftigung auszugehen, wenn die Anmeldung oder die kombinierte An- und Abmeldung innerhalb der Frist des § 6 DEÜV, also spätestens innerhalb von sechs Wochen nach Aufnahme der Beschäftigung, erstattet wird. Die Feststellungen über die Versicherungspflicht und die Mitgliedschaft in der Krankenversicherung gelten gleichermaßen für die Pflegeversicherung.

b) Fortbestehen

Die Mitgliedschaft bleibt nach § 186 Abs. 2 Satz 2 SGB V auch an den Tagen bestehen, an denen der berufsmäßig unständig Beschäftigte vorübergehend, längstens für drei Wochen (21 Kalendertage), keine unständige Beschäftigung ausübt. Ein Fortbestehen der Mitgliedschaft über 21 Kalendertage hinaus im Rahmen des § 7 Abs. 3 SGB IV kommt nicht in Betracht, da diese Vorschrift das Weiterbestehen des Arbeitsverhältnisses voraussetzt, eine berufsmäßig unständige Beschäftigung aber nur dann vorliegt, wenn das jeweilige Arbeitsverhältnis auf weniger als eine Woche beschränkt ist.

c) Ende

Die Mitgliedschaft endet, wenn der unständig Beschäftigte die berufsmäßige Ausübung der unständigen Beschäftigung nicht nur vorübergehend aufgibt, spätestens mit Ablauf von drei Wochen nach dem Ende der letzten unständigen Beschäftigung (§ 190 Abs. 4 SGB V). Ist anzunehmen, dass nur vorübergehend keine unständigen Beschäftigungen ausgeübt werden, bleibt die Mitgliedschaft für längstens drei Wochen erhalten; sie endet aber, sobald feststeht, dass länger als nur vorübergehend – also länger als drei Wochen – keine unständige Beschäftigung mehr ausgeübt wird. Die Mitgliedschaft eines unständig Beschäftigten, der eine Wahlerklärung nach § 44 Abs. 2 Satz 1 Nr. 3 SGB V abgegeben hat, nach der die Mitgliedschaft den Anspruch auf Krankengeld umfassen soll, bleibt über das Ende des in § 190 Abs. 4 SGB V bestimmten Zeitpunktes (Ablauf von drei Wochen nach dem Ende der letzten unständigen Beschäftigung) hinaus nach § 192 Abs. 1 Nr. 2 SGB V erhalten, wenn die den Krankengeldanspruch auslösende Arbeitsunfähigkeit während der Beschäftigung oder innerhalb des 3-Wochen-Zeitraums nach dem Ende der Beschäftigung eintritt und andauert. Unständig Beschäftigte, die keine entsprechende Wahlerklärung abgegeben haben, haben keinen Anspruch auf Krankengeld; für sie gelten dementsprechend die aufgrund des Krankengeldanspruchs eintretenden mitgliedschaftserhaltenden Regelungen nicht.

Lohnsteuerpflichtig Sozialversich.-pflichtig

d) Krankenkassenwahlrechte

Für unständig Beschäftigte gelten die allgemeinen Krankenkassenwahlrechte.

5. Beitragspflicht

a) Beitragsbemessungsgrenze bei unständiger Beschäftigung

Bei unständigen Beschäftigungen ist nach den §§ 232 Abs. 1 SGB V, 57 Abs. 1 SGB XI, 163 Abs. 1 SGB VI das innerhalb eines Kalendermonats erzielte Arbeitsentgelt für die Berechnung der Beiträge ohne Rücksicht darauf, an wie vielen Tagen im Monat eine Beschäftigung ausgeübt wurde, jeweils bis zur monatlichen Beitragsbemessungsgrenze der Kranken-, Pflege- und Rentenversicherung heranzuziehen. Dies gilt in der Kranken- und Pflegeversicherung nur dann, wenn die Beschäftigung berufsmäßig unständig ausgeübt wird. Bestand ein Beschäftigungsverhältnis über den letzten Tag eines Kalendermonats hinaus, so ist – wie bei ständig Beschäftigten – für die Beitragsberechnung eine Aufteilung des erzielten Arbeitsentgelts dieses Beschäftigungsverhältnisses auf die jeweiligen Kalendermonate erforderlich. Für die beitragsrechtliche Behandlung ist das aufgeteilte Arbeitsentgelt bis zur jeweiligen monatlichen Beitragsbemessungsgrenze des jeweiligen Kalendermonats maßgebend.

b) Beitragsbemessungsgrenze bei mehreren unständigen Beschäftigungen

Übt ein unständig Beschäftigter innerhalb eines Kalendermonats mehrere Beschäftigungen bei verschiedenen Arbeitgebern aus und übersteigt das Arbeitsentgelt insgesamt die maßgebende Beitragsbemessungsgrenze, dann sind die einzelnen Arbeitsentgelte nach den § 232 Abs. 2 SGB V, § 57 Abs. 1 SGB XI, § 163 Abs. 1 SGB VI anteilmäßig zu berücksichtigen. Für die anteilmäßige Aufteilung der Arbeitsentgelte gelten die zu § 22 Abs. 2 SGB IV entwickelten gemeinsamen Grundsätze der Spitzenorganisationen der Sozialversicherung zur Beitragsberechnung bei Arbeitnehmern mit mehreren versicherungspflichtigen Beschäftigungen vom 12.11.2014 gleichermaßen. Nach § 232 Abs. 2 Satz 2 SGB V und § 163 Abs. 1 Satz 4 SGB VI verteilt die Krankenkasse auf Antrag des Versicherten oder eines Arbeitgebers die Beiträge nach den zu berücksichtigenden Arbeitsentgelten. Das Verfahren der Verteilung der Beiträge für unständig Beschäftigte ist für Zeiträume ab dem 1.1.2015 in das allgemeine Verfahren zur Verteilung der Beiträge bei Mehrfachbeschäftigung (sog. Qualifizierter Meldedialog) nach § 26 Abs. 4 SGB IV einbezogen. Insofern sind die hierzu beschlossenen gemeinsamen Grundsätze gleichermaßen anzuwenden.

c) Beitragsbemessungsgrenze bei Dauerbeschäftigung oder regelmäßig wiederkehrender Beschäftigung

Liegt eine Dauerbeschäftigung oder eine regelmäßig wiederkehrende Beschäftigung vor, besteht grundsätzlich vom Tag der Aufnahme dieser bzw. der jeweiligen Beschäftigung bis zu deren Ende Versicherungs- und damit Beitragspflicht in allen Zweigen der gesetzlichen Sozialversicherung. Bei einer Dauerbeschäftigung ist für die Berechnung der Beiträge das innerhalb eines Kalendermonats erzielte Arbeitsentgelt ohne Rücksicht darauf, an wie vielen Tagen im Monat die Beschäftigung tatsächlich ausgeübt wurde, jeweils bis zur monatlichen Beitragsbemessungsgrenze der Kranken-, Pflege-, Renten- und Arbeitslosenversicherung heranzuziehen. Dies gilt nicht, wenn – wie bei der lediglich regelmäßig wiederkehrenden Beschäftigung – die Versicherungspflicht im Laufe eines Kalendermonats beginnt oder endet. In diesem Fall ist die für den entsprechenden Monatsteil maßgebende Beitragsbemessungsgrenze zugrunde zu legen. Bei einer Dauerbeschäftigung besteht nach § 7 Abs. 3 Satz 1 SGB IV das versicherungspflichtige Beschäftigungsverhältnis jedoch für Zeiten, in denen das Beschäftigungsverhältnis ohne Anspruch auf Arbeitsentgelt besteht, für einen Monat fort.

Lohnsteuerpflichtig Sozialversich.-pflichtig

d) Beitragsbemessungsgrenze bei unständiger Beschäftigung und regelmäßig wiederkehrender Beschäftigung im selben Kalendermonat

Übt ein Beschäftigter innerhalb eines Kalendermonats eine unständige Beschäftigung, für deren beitragsrechtliche Behandlung in einem Zweig der Sozialversicherung die monatliche Beitragsbemessungsgrenze gilt, und eine regelmäßig wiederkehrende Beschäftigung bei verschiedenen Arbeitgebern aus und übersteigt das Arbeitsentgelt insgesamt die maßgebende monatliche Beitragsbemessungsgrenze, dann sind die einzelnen Arbeitsentgelte anteilmäßig zu berücksichtigen (§ 232 Abs. 2 SGB V, § 57 Abs. 1 SGB XI, § 163 Abs. 1 SGB VI). Für die anteilmäßige Aufteilung der Arbeitsentgelte gelten die zu § 22 Abs. 2 SGB IV entwickelten gemeinsamen Grundsätze der Spitzenorganisationen der Sozialversicherung zur Beitragsberechnung bei Arbeitnehmern mit mehreren versicherungspflichtigen Beschäftigungen vom 12.11.2014 für die Fälle des Hinzutritts oder Wegfalls eines Versicherungsverhältnisses im Laufe eines Kalendermonats (vgl. Abschnitt 4 der Grundsätze) analog. Hiernach ist aufgrund der besonderen beitragsrechtlichen Behandlung unständiger Beschäftigungen die unständige Beschäftigung einer über einen gesamten Kalendermonat bestehenden Beschäftigung gleichzusetzen. Für die Aufteilung der beitragspflichtigen Einnahmen nach § 22 Abs. 2 SGB IV sind aus Vereinfachungsgründen die jeweiligen Arbeitsentgelte unabhängig vom Zeitpunkt des Beginns und Endes der regelmäßig wiederkehrenden Beschäftigung dem gesamten Kalendermonat zuzuordnen. Dies gilt nur für die Berechnung der Pflichtbeiträge zu den Zweigen der Sozialversicherung, in denen für die unständige Beschäftigung die monatliche Beitragsbemessungsgrenze Anwendung findet.

Beispiel

Regelmäßig wiederkehrende Beschäftigung vom 03.12. – 18.12.2021

Arbeitsentgelt = 3000 €

Nicht berufsmäßige unständige Beschäftigung vom 20.12. – 22.12.2021

Arbeitsentgelt = 5000 €

Gesamtarbeitsentgelt im Kalendermonat = 8000 €

Zur Rentenversicherung beitragspflichtiges Arbeitsentgelt

in der Beschäftigung vom 03.12. – 18.12.: (3.000 € × 7.100 €) : 8000 € = 2662,50 €

Zur Rentenversicherung beitragspflichtiges Arbeitsentgelt

in der Beschäftigung vom 20.12. – 22.12.: (5.000 € × 7100 €) : 8000 € = 4437,50 €

Zur Kranken-, Pflege- und Arbeitslosenversicherung beitragspflichtiges Arbeitsentgelt in beiden Beschäftigungen bis zur jeweiligen anteiligen Beitragsbemessungsgrenze, da die unständige Beschäftigung nicht berufsmäßig ausgeübt wird:

Beschäftigung vom 03.12. – 18.12.

Kranken- und Pflegeversicherung = 2.000 € (4837,50 € × 16 : 30 = 2580,00 €)

Arbeitslosenversicherung = 2.000 € (7100 € × 16 : 30 = 3786,67 €)

Beschäftigung vom 20.12. – 22.12.

Kranken- und Pflegeversicherung = 483,75 € (4873,50 € × 3 : 30 = 483,75 €)

Arbeitslosenversicherung = 710,00 € (7100 € × 3 : 30 = 710,00 €)

In die anteilmäßige Aufteilung der beitragspflichtigen Arbeitsentgelte fließen jedoch nur die dem Grunde nach beitragspflichtigen Arbeitsentgelte ein (§ 22 Abs. 2 Satz 2 SGB IV). Vor der Berechnung der anteiligen beitragspflichtigen Arbeitsentgelte sind daher die jeweiligen Arbeitsentgelte auf die beitragspflichtige Höhe zu begrenzen, die sich ohne ein Zusammentreffen der Beschäftigungen ergeben würde.

U

Lohn-steuer-pflichtig Sozial-versich.-pflichtig

Beispiel

Regelmäßig wiederkehrende Beschäftigung vom 03.12. bis 18.12.2021

Arbeitsentgelt = 4500 €

Unständige Beschäftigung vom 20.12. bis 22.12.2021

Arbeitsentgelt = 7.000 €

Gesamtarbeitsentgelt im Kalendermonat = 11.500 €

Rentenversicherung

Maximal beitragspflichtiges Arbeitsentgelt in regelmäßig wiederkehrender Beschäftigung

(anteilige Beitragsbemessungsgrenze): 7100 € × 16 : 30 = 3786,67 €

Maximal in der Rentenversicherung beitragspflichtiges Arbeitsentgelt in unständiger Beschäftigung (monatliche Beitragsbemessungsgrenze): = 7100,00 €

Summe der jeweiligen maximal beitragspflichtigen Arbeitsentgelte = 10886,67 €

Beitragspflichtiges Arbeitsentgelt in regelmäßig wiederkehrender Beschäftigung:

(3786,67 € × 7100,00 €) : 10886,67 € = 2469,57 €

Beitragspflichtiges Arbeitsentgelt in unständiger Beschäftigung:

(7100,00 € × 7100,00 €) : 10886,67 € = 4630,43 €

Nach § 232 Abs. 2 Satz 2 SGB V und § 163 Abs. 1 Satz 4 SGB VI verteilt die Krankenkasse auf Antrag des Versicherten oder eines Arbeitgebers die Beiträge nach den zu berücksichtigenden Arbeitsentgelten. Das Verfahren der Verteilung der Beiträge für unständig Beschäftigte ist für Zeiträume ab dem 1.1.2015 in das allgemeine Verfahren zur Verteilung der Beiträge bei Mehrfachbeschäftigung (sog. Qualifizierter Meldedialog) nach § 26 Abs. 4 SGB IV einbezogen. Insofern sind die hierzu beschlossenen gemeinsamen Grundsätze gleichermaßen anzuwenden. Es bestehen keine Bedenken, wenn in den Fällen, in denen die in einem Kalendermonat zusammentreffenden Beschäftigungen ausschließlich bei demselben Arbeitgeber ausgeübt werden, anstelle der anteiligen Berechnung der beitragspflichtigen Arbeitsentgelte aus den zusammentreffenden Beschäftigungen das Arbeitsentgelt aus der unständigen Beschäftigung bis zur Höhe der verbleibenden Differenz des beitragspflichtigen Arbeitsentgelts aus der regelmäßig wiederkehrenden Beschäftigung zur jeweilig maßgebenden monatlichen Beitragsbemessungsgrenze der Beitragsberechnung zugrunde gelegt wird.

e) Beitragssatz für die Berechnung der Kranken- und Pflegeversicherungsbeiträge

Unständig Beschäftigte haben wegen der Befristung ihrer Beschäftigungsverhältnisse keinen Anspruch auf Entgeltfortzahlung für mindestens sechs Wochen. Aus diesem Grunde ist für sie ein Anspruch auf Krankengeld ausgeschlossen (§ 44 Abs. 2 Satz 1 Nr. 3 SGB V). Die Beiträge sind daher nach dem ermäßigten Beitragssatz nach § 243 SGB V zu berechnen. Dies gilt jedoch nicht, wenn der unständig Beschäftigte eine Wahlerklärung nach § 44 Abs. 2 Satz 1 Nr. 3 SGB V abgibt, dass die Mitgliedschaft den Anspruch auf Krankengeld umfassen soll. In diesem Fall ist statt des ermäßigten Beitragssatzes der allgemeine Beitragssatz nach § 241 SGB V für die Beitragsberechnung heranzuziehen. Neben dem ermäßigten oder allgemeinen Beitragssatz ist auch der kassenindividuelle Zusatzbeitrag nach § 242 SGB V zu berücksichtigen. Unabhängig davon hat die Satzung der Krankenkasse den unständig Beschäftigten einen Tarif anzubieten, der einen Anspruch auf Krankengeld zu dem in § 46 SGB V genannten Zeitpunkt oder einem späteren Zeitpunkt entstehen lässt (§ 53 Abs. 6 SGB V). Die Prämie für diesen Tarif gehört nicht zum Gesamtsozialversicherungsbeitrag; sie ist vom Mitglied allein aufzubringen und zu zahlen.

In der Pflegeversicherung sind die Beiträge nach dem in § 55 Abs. 1 SGB XI genannten Beitragssatz zu zahlen; bei Kinderlosigkeit ist ein Beitragszuschlag i.H. von 0,25 % zu erheben (§ 55 Abs. 3 SGB XI).

Lohn-steuer-pflichtig Sozial-versich.-pflichtig

f) Beitragstragung und -zahlung

Hinsichtlich der Beitragstragung gelten die allgemein gültigen Regelungen für abhängig Beschäftigte. Die Beiträge zur Kranken- und Pflegeversicherung sind für die Dauer der Mitgliedschaft der unständig Beschäftigten an die zuständige Einzugsstelle zu zahlen.

6. Umlagen nach dem Aufwendungsausgleichsgesetz und Insolvenzgeldumlage

Zu den Umlagen nach dem Aufwendungsausgleichsgesetz vgl. die Ausführungen im Teil B „Grundsätzliches zur Kranken-, Pflege-, Renten und Arbeitslosenversicherung; Nr. 10. Ausgleich der Arbeitgeberaufwendungen". Unständig Beschäftigte werden bei der Berechnung der Gesamtzahl der im Betrieb beschäftigten Arbeitnehmer berücksichtigt. Von den Arbeitsentgelten der unständig Beschäftigten sind Umlagen jedoch ausschließlich zum U2-Verfahren (Ausgleich der Arbeitgeberaufwendungen bei Mutterschaft) zu entrichten. Zum U1-Verfahren (Ausgleich der Arbeitgeberaufwendungen bei Entgeltfortzahlung im Krankheitsfall) sind hingegen keine Umlagen zu entrichten, da unständig Beschäftigte keinen Anspruch auf Entgeltfortzahlung bei Arbeitsunfähigkeit haben und somit Erstattungen der Arbeitgeberaufwendungen nicht in Betracht kommen.

Aus den Arbeitsentgelten der unständig Beschäftigten ist auch die Insolvenzgeldumlage zu erheben. Nähere Einzelheiten siehe das Stichwort „Insolvenzgeldumlage".

7. Meldungen

a) Meldepflichten der unständig Beschäftigten

Unständig Beschäftigte sind verpflichtet, Beginn und Ende der berufsmäßigen Ausübung von unständigen Beschäftigungen unverzüglich ihrer Krankenkasse zu melden (§ 199 Abs. 1 SGB V, § 50 Abs. 1 Satz 1 und 2 SGB XI), damit diese die Versicherungspflicht feststellen und die Mitgliedschaft durchführen kann. Dabei sind nicht der Beginn und das Ende der einzelnen unständigen Beschäftigung zu melden, sondern lediglich die erstmalige Aufnahme einer unständigen Beschäftigung und die nicht nur vorübergehende Aufgabe einer unständigen Beschäftigung. Damit die unständig Beschäftigten ihrer Meldepflicht nachkommen, sind sie von deren Arbeitgebern auf ihre Meldepflicht hinzuweisen.

b) Meldungen von unständigen Beschäftigungen

Der Arbeitgeber hat für unständig Beschäftigte grundsätzlich die gleichen Meldungen (u. a. Entgeltmeldungen, UV-Jahresmeldungen, Sofortmeldungen, GKV-Monatsmeldungen) durch Datenübertragung aus systemgeprüften Entgeltabrechnungsprogrammen oder mittels maschinell erstellter Ausfüllhilfe zu erstatten wie für ständig Beschäftigte. Beginn und Ende der jeweiligen Arbeitseinsätze von unständig Beschäftigten sind demnach mit der nächsten folgenden Entgeltabrechnung, spätestens innerhalb von sechs Wochen nach ihrem Beginn bzw. Ende mit dem Personengruppenschlüssel 118 zu melden. An- und Abmeldung können innerhalb von sechs Wochen nach dem Beginn der unständigen Beschäftigung mit dem Abgabegrund 40 zusammen erstattet werden. In Anwendung der besonderen Regelungen zur Mitgliedschaft unständig Beschäftigter in der Kranken- und Pflegeversicherung nach § 186 Abs. 2 SGB V können Arbeitgeber jedoch die Beschäftigungszeiten eines unständig Beschäftigten innerhalb eines Kalendermonats optional in einer An- und Abmeldung zusammenfassen, wenn der Zeitraum der Unterbrechung zwischen den einzelnen unständigen Beschäftigungen nicht mehr als drei Wochen beträgt. Die Meldepflichten des Arbeitgebers haben bei unständig Beschäftigten, die regelmäßig in Gesamtbetrieben beschäftigt werden, die Gesamtbetriebe zu übernehmen.

	Lohn-steuer-pflichtig	Sozial-versich.-pflichtig

c) Meldungen von Dauerbeschäftigungen bzw. regelmäßig wiederkehrenden Beschäftigungen

Liegt eine Dauerbeschäftigung bzw. eine regelmäßig wiederkehrende Beschäftigung vor, gelten die Regelungen der DEÜV für ständig Beschäftigte uneingeschränkt. Vgl. hierzu den Anhang 15 „Meldepflichten des Arbeitgebers".

8. Arbeitgeberpflichten der Gesamtbetriebe

Gesamtbetriebe, die für mehrere Einzelbetriebe errichtet werden, um einen Teil der Arbeitgeberfunktion der Einzelbetriebe zu übernehmen (z. B. damit der Gesamtbetrieb die unständig Beschäftigten den einzelnen Firmen auf Anforderung zur Arbeitsleistung zuteilt), haben für die unständig Beschäftigten die Arbeitgeberpflichten (Melde- und Beitragspflichten sowie die Pflicht, die unständig Beschäftigten auf deren Meldepflicht hinzuweisen) zu übernehmen. Der eigentliche Arbeitgeber (der Einzelbetrieb, dem der Wert der geleisteten Arbeit zugutekommt) wird insoweit von seinen Arbeitgeberpflichten freigestellt. Ein Gesamtbetrieb muss auf die Beschäftigung unständig Beschäftigter in steter Wiederkehr ausgerichtet und eingerichtet sein. Welche Betriebe den Gesamtbetrieben im Einzelnen zuzurechnen sind, richtet sich nach dem in dem jeweiligen Land geltenden Recht bzw. nach Bundesrecht.

9. Beitragszuschüsse zur Kranken- und Pflegeversicherung

Freiwillig in der gesetzlichen Krankenversicherung versicherten unständig Beschäftigten, die nur wegen Überschreitens der Jahresarbeitsentgeltgrenze krankenversicherungsfrei sind, steht nach § 257 Abs. 1 SGB V ein Anspruch auf Beitragszuschuss von ihrem Arbeitgeber zu. Die Höhe des Zuschusses richtet sich nach dem Betrag, der bei Versicherungspflicht des unständig Beschäftigten als Arbeitgeberbeitragsanteil zu tragen wäre. Dies bedeutet, dass der Beitragszuschuss – unabhängig von der Beschäftigungsdauer – bei berufsmäßig unständig Beschäftigten nach dem in dem jeweiligen Kalendermonat erzielten Arbeitsentgelt bis zur monatlichen Beitragsbemessungsgrenze der Krankenversicherung und dem maßgebenden Beitragssatz zu bemessen ist.

Unständig Beschäftigte, die bei einem privaten Krankenversicherungsunternehmen versichert sind, erhalten unter den Voraussetzungen des § 257 Abs. 2 und 2a SGB V ebenfalls einen Arbeitgeberzuschuss in Höhe des Betrages, der sich unter Anwendung der Hälfte des ermäßigten Beitragssatzes der nach § 226 Abs. 1 Satz 1 Nr. 1 und § 232a Abs. 2 SGB V bei Versicherungspflicht zugrunde zu legenden beitragspflichtigen Einnahmen als Beitrag ergibt, höchstens jedoch die Hälfte des Betrages, den der Beschäftigte für seine Krankenversicherung tatsächlich zu zahlen hat.

Bestanden in einem Kalendermonat bei verschiedenen Arbeitgebern Beschäftigungsverhältnisse und überschreitet das Arbeitsentgelt die Beitragsbemessungsgrenze, so ist das Arbeitsentgelt für die Ermittlung des vom einzelnen Arbeitgeber zu zahlenden Beitragszuschusses sowohl bei freiwillig Versicherten als auch bei privat Versicherten anteilig zu kürzen (§ 257 Abs. 1 Satz 2 und Abs. 2 Satz 5 SGB V).

Für die Zahlung von Beitragszuschüssen zur Pflegeversicherung gelten die Regelungen des § 61 Abs. 1 und 2 SGB XI.

Unterbrechung der Lohnzahlung

Fällt die Zahlung von Arbeitslohn für mindestens **fünf** aufeinander folgende **Arbeitstage** weg, ist im Lohnkonto der Buchstabe **U** einzutragen (U steht für Unterbrechung). Auf die ausführlichen Erläuterungen beim Stichwort „Lohnkonto" unter Nr. 9 auf Seite 639 wird Bezug genommen.

	Lohn-steuer-pflichtig	Sozial-versich.-pflichtig

Zur sozialversicherungsrechtlichen Behandlung von Unterbrechungen der Lohnzahlung wird auf die Erläuterungen beim Stichwort „Unbezahlter Urlaub" hingewiesen.

Unterhaltsfreibetrag

Unterstützt der Arbeitnehmer bedürftige Angehörige, kann er hierfür einen Freibetrag erhalten, der beim Lohnsteuerabzug durch den Arbeitgeber zu berücksichtigen ist (vgl. Anhang 7 Abschnitt D Nrn. 3 und 4 auf Seite 1242).

Unterhaltszuschüsse

Unterhaltszuschüsse an Beamtenanwärter und Referendare (Beamte auf Widerruf) sind keine Beihilfen aus öffentlichen Mitteln wegen Hilfsbedürftigkeit oder zur Förderung der Ausbildung, sondern Arbeitslohn (BFH-Urteil vom 12.8.1983, BStBl. II S. 718). ja nein

Werden die Unterhaltszuschüsse an nichtbeamtete Anwärter gezahlt, sind sie nicht nur lohnsteuer-, sondern auch beitragspflichtig. ja ja

Unterkunft

siehe „Freie Unterkunft und Verpflegung"

Unterstützungen

Neues auf einen Blick:

Zur Steuerfreiheit der zusätzlich zum ohnehin geschuldeten Arbeitslohn gewährten Beihilfen und Unterstützungen des Arbeitgebers an seine Arbeitnehmer zur Abmilderung der zusätzlichen Belastungen durch die Corona-Pandemie vgl. das Stichwort „Corona-Pandemie" unter Nr. 1.

1. Allgemeines

Unterstützungen werden vom Arbeitgeber auf die verschiedenste Art (einmalige oder laufende Bar- und Sachbezüge) und unter den verschiedensten Bezeichnungen gewährt. Meist wird die Bezeichnung Beihilfe, Notstandsbeihilfe oder Unterstützung verwendet. Es ist zu unterscheiden, ob Beihilfen und Unterstützungen aus öffentlichen Mitteln gewährt werden oder ob die Beihilfen und Unterstützungen von privaten Arbeitgebern gezahlt werden. Beihilfen und Unterstützungen aus **öffentlichen Mitteln,** die nach den Beihilfevorschriften des Bundes und der Länder gewährt werden, sind ohne betragsmäßige Begrenzung steuerfrei (§ 3 Nr. 11 EStG). Bei Beihilfen und Unterstützungen, die **private Arbeitgeber** gewähren, ist die Steuerfreiheit auf **600 € jährlich** begrenzt. Höhere Beihilfen und Unterstützungen privater Arbeitgeber sind nur dann steuerfrei, wenn ein besonderer Notfall vorliegt (vgl. nachfolgend unter Nr. 3). Im Einzelnen gilt Folgendes:

2. Beihilfen und Unterstützungen aus öffentlichen Mitteln

Ohne betragsmäßige Begrenzung sind Beihilfen aus öffentlichen Mitteln steuerfrei (R 3.11 Abs. 1 LStR). Hierunter fallen:

a) Beihilfen und Unterstützungen aus **öffentlichen Kassen,** die in Krankheits-, Geburts- oder Todesfällen sowie in besonderen Notfällen gezahlt werden, sind steuerfrei. Zum Begriff der öffentlichen Kasse vgl. dieses Stichwort. Zum Abschluss einer Beihilfeversicherung vgl. dieses Stichwort. nein nein

b) Beihilfen und Unterstützungen an Arbeitnehmer von Körperschaften, Anstalten oder Stiftungen des öffent-

U

Lohnsteuerpflichtig | Sozialversich.-pflichtig

lichen Rechts aufgrund von Beihilfe-/Unterstützungsvorschriften des Bundes oder der Länder. — nein | nein

c) Beihilfen und Unterstützungen von Verwaltungen, Unternehmen oder Betrieben, die sich **überwiegend** in **öffentlicher Hand** befinden (= private Beteiligung weniger als 50 %), sind steuerfrei, — nein | nein

- wenn bei der Entlohnung sowie der Gewährung von Beihilfen und Unterstützungen bei den betroffenen Arbeitnehmern **ausschließlich** nach den Regelungen verfahren wird, die für Arbeitnehmer des öffentlichen Dienstes gelten **und**
- die Verwaltungen, Unternehmen und Betriebe einer staatlichen oder kommunalen Aufsicht und Prüfung bezüglich der **Entlohnung und der Gewährung der Beihilfen** unterliegen.

d) Beihilfen und Unterstützungen von Unternehmen die sich **nicht überwiegend** in **öffentlicher Hand** befinden (z. B. staatlich anerkannte Privatschulen) sind steuerfrei, wenn die folgenden Voraussetzungen erfüllt sind: — nein | nein

- Hinsichtlich der Entlohnung, der Reisekostenvergütungen sowie der Gewährung von Beihilfen und Unterstützungen muss nach den Regelungen verfahren werden, die für den öffentlichen Dienst gelten,
- die für die Bundesverwaltung oder eine Landesverwaltung maßgeblichen Vorschriften über die Haushalts-, Kassen- und Rechnungsführung und über die Rechnungsprüfung müssen beachtet werden **und**
- das Unternehmen muss der Prüfung durch den Bundesrechnungshof oder einem Landesrechnungshof unterliegen.

e) Die von **öffentlich-rechtlichen Religionsgesellschaften** unmittelbar gewährten Beihilfen und Unterstützungen gehören nicht zum steuerpflichtigen Arbeitslohn, da es sich um eine öffentliche Kasse handelt. Die von einer **rechtlich selbstständigen Einrichtung** einer öffentlich-rechtlichen Religionsgesellschaft gewährten Beihilfen und Unterstützungen gehören ebenfalls nicht zum steuerpflichtigen Arbeitslohn, wenn die folgenden Voraussetzungen erfüllt sind: — nein | nein

- Hinsichtlich der Besoldung, der Reisekostenvergütungen und der Gewährung von Beihilfen und Unterstützungen muss nach denselben Grundsätzen verfahren werden, die auch für die Bediensteten der öffentlich-rechtlichen Religionsgesellschaft gelten,
- die öffentlich-rechtliche Religionsgesellschaft muss wesentlichen Einfluss auf den Haushaltsplan oder Ähnliches und die Rechnungsführung der Einrichtung ausüben **und**
- die Einrichtung muss der Rechts- und Fachaufsicht der öffentlich-rechtlichen Religionsgesellschaft unterstehen.

Wegen weiterer Einzelheiten zu Beihilfen und Unterstützungen aus öffentlichen Mitteln vgl. das Stichwort „Beihilfen" unter Nr. 2.

3. Beihilfen und Unterstützungen privater Arbeitgeber

Von **privaten** Arbeitgebern gewährte Beihilfen und Unterstützungen sind je Arbeitnehmer bis zu **600 €** im Kalenderjahr lohnsteuerfrei, wenn sie

- von einer mit eigenen Mitteln des Arbeitgebers geschaffenen, aber von diesem unabhängigen und mit ausreichender Selbstständigkeit ausgestatteten Einrichtung gezahlt werden **oder**
- vom Betriebsrat oder einer sonstigen Arbeitnehmervertretung ohne maßgebenden Einfluss des Arbeitgebers aus Mitteln gezahlt werden, die vom Arbeitgeber zur Verfügung gestellt wurden **oder**
- der Arbeitgeber selbst nach Anhörung des Betriebsrats oder sonstiger Vertreter der Arbeitnehmer zahlt **oder**
- der Arbeitgeber selbst nach einheitlichen Grundsätzen zahlt, denen der Betriebsrat oder sonstige Vertreter der Arbeitnehmer zugestimmt haben.

Die vorstehend aufgezählten Voraussetzungen brauchen nicht vorliegen, wenn der Betrieb weniger als fünf Arbeitnehmer beschäftigt (vgl. R 3.11 Abs. 2 Satz 3 LStR) und der Anlass für die Unterstützung hinreichend glaubhaft gemacht wird.

Unterstützungen, die private Arbeitgeber ihren Arbeitnehmern gewähren, sind demnach steuerfrei, soweit sie im Kalenderjahr 600 € nicht überschreiten. Die Unterstützungen müssen dem Anlass nach gerechtfertigt und der Arbeitnehmer muss wirtschaftlich belastet sein. Eine wirtschaftliche Notlage der Arbeitnehmer ist bei Unterstützungen bis zu 600 € jährlich jedoch nicht erforderlich. — nein | nein

Unterstützungen **rechtfertigende Anlässe** sind z. B. **Krankheits-** und **Unglücksfälle, Tod naher Angehöriger, Vermögensverluste durch höhere Gewalt** (Hochwasser, Hagel, Feuer, Diebstahl), Inanspruchnahme aus privaten Bürgschaften und ggf. Haftung.

Beispiel A

Der Arbeitgeber zahlt der Arbeitnehmerin anlässlich des Todes ihres Ehemannes einmalig einen Betrag von 250 €.

Es handelt sich um eine steuerfreie Unterstützungsleistung.

Krankheitskosten, für die der Arbeitgeber eine steuerfreie Beihilfe bis zu 600 € jährlich zahlen kann, liegen auch dann vor, wenn der Arbeitnehmer aufgrund einer in der **privaten Krankenversicherung** vereinbarten **Selbstbeteiligung** Krankheitskosten selbst zu tragen hat. Die Ursache der Unterstützung muss nicht in der Person des Arbeitnehmers liegen. Es genügt die wirtschaftliche Belastung des Arbeitnehmers durch nahe Angehörige. — nein | nein

Beispiel B

Der Arbeitgeber erstattet dem Arbeitnehmer die getragene Selbstbeteiligung der privaten Krankenversicherung von 400 €.

Es handelt sich um eine steuerfreie Unterstützungsleistung.

Eine steuerfreie Unterstützungszahlung durch einen privaten Arbeitgeber setzt allerdings voraus, dass – ein außerhalb des Arbeitsverhältnisses liegendes – **Ereignis im persönlichen Bereich** des Arbeitnehmers eingetreten ist. Eingetretene oder drohende **Arbeitslosigkeit** des Arbeitnehmers ist daher **kein Grund** für eine steuerfreie Unterstützungsleistung. — ja | nein

Beispiel C

Eine Firma baut mehrere hundert Arbeitsplätze ab und zahlt den betroffenen Arbeitnehmern unter Berücksichtigung bestimmter sozialer Kriterien eine „Unterstützungsleistung" zwischen 1000 € und 5000 €.

Die „Unterstützungsleistung" gehört in vollem Umfang zum steuerpflichtigen Arbeitslohn. Eine Steuerfreistellung von bis zu 600 € (oder gar darüber hinaus wegen eines besonderen Notfalls) kommt nicht in Betracht, da das die Zahlung auslösende Ereignis nicht im privaten Bereich des Arbeitnehmers eingetreten ist. Es wird sich jedoch regelmäßig um eine Entschädigung (Abfindung) handeln, die nach der sog. Fünftelregelung ermäßigt besteuert werden kann (vgl. die Erläuterungen beim Stichwort „Entschädigungen" unter Nr. 2).

Laufende Zahlungen sind keine Unterstützungen in bestimmten Notfällen, sondern steuerpflichtiger Arbeitslohn, da sie als Beitrag zum Bestreiten des Lebensunterhalts anzusehen sind. — ja | ja

Werden Unterstützungen von **mehr als 600 €** gewährt, bleiben sie steuerfrei, wenn sie aus Anlass eines **besonderen Notfalles** gewährt werden. Bei der Beurteilung, ob ein solcher Notfall vorliegt, sind auch die Einkommensverhältnisse und der Familienstand des Arbeitnehmers zu berücksichtigen. Im Regelfall kann bei Naturkatastrophen von einem besonderen Notfall ausgegangen werden (z. B. Erdbeben, Überflutung). Drohende oder bereits eingetre-

Lohnsteuerpflichtig | Sozialversich.-pflichtig

tene **Arbeitslosigkeit** ist aber aus den vorstehenden Gründen **kein besonderer Notfall** in diesem Sinne. — nein | nein

Bei Naturkatastrophen (z. B. Hochwasser) sind als Unterstützungen auch **Zinszuschüsse** und **Zinsvorteile bei Arbeitgeberdarlehen steuerfrei,** die zur **Beseitigung von Schäden** aufgenommen worden sind. Dies gilt für die gesamte Laufzeit des Darlehens. Voraussetzung ist allerdings, dass das Darlehen die Schadenshöhe nicht übersteigt. Bei längerfristigen Darlehen sind Zinszuschüsse und Zinsvorteile insgesamt nur bis zu einem Betrag in Höhe des Schadens steuerfrei. — nein | nein

Werden von einem privaten Arbeitgeber in anderen als den vorstehend genannten Fällen Unterstützungen gewährt, sind sie Teil des steuerpflichtigen Arbeitslohns und als sonstige Bezüge zu versteuern. — ja | ja

Laufende Unterstützungen aus selbstständigen **Unterstützungskassen** sind gemäß BFH-Urteil vom 28.3.1958, BStBl. III S. 268 steuerpflichtiger Arbeitslohn (vgl. das Stichwort „Unterstützungskasse"). — ja | nein[1]

Siehe auch die Stichworte: Beerdigungszuschüsse, Beihilfen, Erholungsbeihilfen, Erziehungsbeihilfen, Geburtsbeihilfen, Heiratsbeihilfen, Mobilitätshilfen, Schulbeihilfen, Stipendien, Vorsorgekuren, Vorsorgeuntersuchungen, Wirtschaftsbeihilfen.

Unterstützungskasse

Gliederung:

1. Allgemeines
2. Behandlung in der Ansparphase
3. Behandlung der Leistungen in der Auszahlungsphase
4. Krankenkassenbeiträge für Leistungen aus einer Unterstützungskasse

1. Allgemeines

Im Gegensatz zum Begriff der Pensionskasse (vgl. dieses Stichwort) fehlte es früher an einer eindeutigen Umschreibung des Begriffs der Unterstützungskasse. Das ist daraus zu erklären, dass Unterstützungskassen in den verschiedensten Formen und zu den verschiedensten Zwecken ins Leben gerufen wurden. Rechtsfähige Unterstützungskassen werden meist als Verein oder als GmbH, seltener in der Form der Stiftung errichtet. Nicht rechtsfähige Unterstützungskassen sind meist nicht rechtsfähige Vereine, haben aber nicht selten eine noch losere Form. Ein Interesse an der Rechtsfähigkeit der Unterstützungskassen besteht für die Arbeitgeber deshalb, weil Zuwendungen an rechtsfähige Unterstützungskassen in größerem Umfang als Betriebsausgaben abzugsfähig sind (vgl. § 4d EStG). Für die **lohnsteuerliche Behandlung** ist die Frage der **Rechtsfähigkeit** jedoch **ohne Bedeutung.** Hinsichtlich des Zwecks und der Art der Leistungen ist zu unterscheiden zwischen Unterstützungskassen mit Leistungen von Fall zu Fall (z. B. Unterstützungen und Beihilfen bei Krankheiten oder Unfällen, Erholungsbeihilfen) und Unterstützungskassen mit laufenden Leistungen. Manche Unterstützungskassen sehen beide Arten von Leistungen vor.

Durch das Altersvermögensgesetz ist die Durchführung der betrieblichen Altersversorgung über eine Unterstützungskasse gesetzlich geregelt worden (§ 1b Abs. 4 BetrAVG[2]). Die Durchführung der betrieblichen Altersversorgung über eine Unterstützungskasse ist der Durchführung über Pensionskassen insoweit ähnlich, als auch hier der Arbeitgeber einen rechtlich selbstständigen Versorgungsträger zur Durchführung der betrieblichen Altersversorgung einrichtet. Die Besonderheit besteht jedoch darin, dass bei der Unterstützungskasse während der Aufbauphase der Betriebsausgabenabzug (§ 4d EStG) auf Höchstbeträge begrenzt ist, die im Regelfall unterhalb des „Kapitalstockbetrages" liegen, der versicherungsmathematisch notwendig wäre, um aus ihm die zugesagten Leistungen bestreiten zu können. Der Arbeitgeber muss der Unterstützungskasse daher im Regelfall auch noch Mittel während der Leistungsphase zuwenden; diese sind dann voll als Betriebsausgaben absetzbar.

Ferner weist die Unterstützungskasse die Besonderheit auf, dass sie **nicht der Versicherungsaufsicht** unterliegt. Die Unterstützungskasse kann daher die ihr – beschränkt – zuwendbaren Mittel frei anlegen, insbesondere als Darlehen an das Trägerunternehmen zurückgeben – was vielfach üblich ist.

Eine besondere Stellung nimmt die sog. **„rückgedeckte" Unterstützungskasse** ein. Dort wird für die vom Arbeitgeber zugesagten Leistungen eine Rückdeckungsversicherung abgeschlossen, die der Arbeitgeber finanziert und bei der er nicht nur Versicherungsnehmer, sondern – im Unterschied zur Direktversicherung – auch Bezugsberechtigter ist. Im Unterschied zur normalen Unterstützungskasse können der rückgedeckten Unterstützungskasse alle für die Rückdeckungsversicherung erforderlichen Beiträge zugewendet werden (alle Beiträge können also als Betriebsausgaben geltend gemacht werden), sie ist im Unterschied zur nicht rückgedeckten Unterstützungskasse daher voll ausfinanzierbar. Auch bei einer rückgedeckten Unterstützungskasse handelt es sich aber um eine Form der betrieblichen Altersversorgung.

2. Behandlung in der Ansparphase

Das für die lohnsteuerliche Behandlung wesentliche Merkmal ist jedoch, dass eine Unterstützungskasse den Arbeitnehmern, für die sie geschaffen ist, **keinen Rechtsanspruch** auf Leistungen einräumt (aus diesem Grunde werden Unterstützungskassen praktisch auch immer allein durch Zuwendungen des Arbeitgebers unterhalten). Dieses Fehlen eines eindeutigen Rechtsanspruches auf Versorgung hat zur Folge, dass die Zuwendungen des Arbeitgebers an die Unterstützungskasse nicht zum gegenwärtig zufließenden Arbeitslohn der begünstigten Arbeitnehmer gehören, und zwar ohne Rücksicht darauf, ob die Leistungen laufend oder nur von Fall zu Fall gewährt werden (BFH-Urteil vom 27.5.1993, BStBl. 1994 II S. 246). — nein | nein

Die Tatsache, dass die Zuwendungen des Arbeitgebers an die Unterstützungskasse keinen Zufluss von Arbeitslohn auslösen, hat Auswirkungen auf die steuerliche Behandlung der späteren Leistungen aus der Unterstützungskasse und zwar aus folgenden Gründen:

Aus lohnsteuerlicher Sicht ist zu unterscheiden zwischen den Formen der betrieblichen Altersversorgung, die **sofort zufließenden Arbeitslohn** darstellen und denjenigen Formen der betrieblichen Altersversorgung, bei denen erst die künftig zufließenden Versorgungsleistungen als Arbeitslohn besteuert werden (sog. **nachgelagerte Besteuerung,** vgl. dieses Stichwort). Denn die Entscheidung der Frage, ob Aufwendungen für eine betriebliche Altersversorgung gegenwärtig zufließender Arbeitslohn des Arbeitnehmers sind oder nicht, ist für die steuerliche Behandlung der späteren Leistungen aus dieser betrieblichen Altersversorgung von entscheidender Bedeutung. Sind die Ausgaben **für** die betriebliche Altersversorgung gegenwärtig zufließender **Arbeitslohn,** können die späteren Leistungen **aus** der betrieblichen Altersversorgung kein Arbeitslohn sein; denn sie beruhen, zumindest teilweise, auf eigenen Beitragsleistungen des Arbeitnehmers (nämlich dem Arbeitslohn). Die später zufließenden Leistungen werden in diesem Fall als **sonstige Einkünfte** nach § 22 EStG steuerlich erfasst. Sind hingegen die Ausgaben **für** die betriebliche Altersversorgung **kein** gegenwärtig zufließender **Arbeitslohn,** sind die späteren Leistungen **aus** der betrieblichen Altersversorgung **Ar-**

---

1) Wegen einer möglichen Krankenversicherungspflicht von Versorgungsbezügen vgl. Teil B Nr. 12 auf Seite 24.

2) Das Betriebsrentengesetz (BetrAVG) ist als Anhang 13 im **Steuerhandbuch für das Lohnbüro 2021** abgedruckt, das im selben Verlag erschienen ist.

	Lohnsteuerpflichtig	Sozialversich.-pflichtig
beitslohn (vgl. hierzu auch das Schaubild beim Stichwort „Zukunftsicherung" unter Nr. 1 und die tabellarischen Übersichten in Anhang 6 unter Nr. 18).		

Werden Versorgungsanwartschaften aus Unterstützungskassen auf einen **Pensionsfonds** übertragen, ist diese Übertragung unter bestimmten Voraussetzungen nach § 3 Nr. 66 EStG (vgl. Anhang 6 Nr. 12 auf Seite 1187) steuer- und beitragsfrei.

Zur sozialversicherungsrechtlichen Behandlung des Aufwands in der Ansparphase vgl. die tabellarische Übersicht in Anhang 6 Nr. 19.

3. Behandlung der Leistungen in der Auszahlungsphase

	Lohnsteuerpflichtig	Sozialversich.-pflichtig
Lösen die Aufwendungen des Arbeitgebers **für** die betriebliche Altersversorgung keinen Zufluss von Arbeitslohn aus, gehören die späteren Leistungen **aus** der betrieblichen Altersversorgung zum steuerpflichtigen Arbeitslohn, und zwar auch dann, wenn sie von einer selbstständigen Versorgungseinrichtung, nämlich der Unterstützungskasse erbracht werden. Dem Arbeitgeber, der die Unterstützungskasse mit den Geldmitteln ausstattet, obliegen deshalb bei der Auszahlung der Unterstützungsleistungen an die Arbeitnehmer die steuerlichen Arbeitgeberpflichten, sofern nicht die Unterstützungskasse selbst den Lohnsteuerabzug vornimmt (Abruf der elektronischen Lohnsteuerabzugsmerkmale; ggf. Lohnsteuerabzug nach der Steuerklasse VI).	ja	nein[1]
Steuerfreiheit für Leistungen aus Unterstützungskassen besteht nur dann, wenn die bei den Stichworten „Beihilfen" oder „Unterstützungen" dargestellten Voraussetzungen vorliegen.	nein	nein

Diese Voraussetzungen sind nur bei Beihilfen und Unterstützungen gegeben, die von Fall zu Fall gewährt werden. Laufende Unterstützungen sind dagegen stets steuerpflichtiger Arbeitslohn (BFH-Urteil vom 28.3.1958, BStBl. III S. 268). Werden laufende Leistungen wegen verminderter Erwerbsfähigkeit, wegen Erreichens des 63. Lebensjahres (bei Schwerbehinderten des 60. Lebensjahres) oder als Hinterbliebenenbezüge gezahlt, handelt es sich um **Versorgungsbezüge** für die der Abzug des Versorgungsfreibetrags und auch der Abzug des Zuschlags zum Versorgungsfreibetrag in Betracht kommt (vgl. das Stichwort „Versorgungsbezüge, Versorgungsfreibetrag").

4. Krankenkassenbeiträge für Leistungen aus einer Unterstützungskasse

Versorgungsleistungen aus einer Unterstützungskasse sind bei gesetzlich Krankenversicherten als Versorgungsbezüge (§ 229 SGB V) krankenversicherungspflichtig (vgl. die Erläuterungen in Teil B Nr. 12 auf Seite 24).

Urlaubsabgeltung

Der Urlaub muss grundsätzlich im laufenden Kalenderjahr gewährt und genommen werden. Eine Übertragung auf das nächste Jahr ist nur aus dringenden betrieblichen oder in der Person des Arbeitnehmers liegenden Gründen zulässig. Im Fall der Übertragung muss der Urlaub in den ersten drei Monaten des nächsten Jahres genommen werden.

Kann der Urlaub als Freizeit wegen **Beendigung des Arbeitsverhältnisses** nicht mehr gewährt werden, ist der Anspruch abzugelten. Diese Zahlung wird als Urlaubsabgeltung bezeichnet und wie das Urlaubsentgelt berechnet.

Der Abgeltungsbetrag ist steuerpflichtig. Er wird steuerlich als sonstiger Bezug behandelt (vgl. dieses Stichwort).

	Lohnsteuerpflichtig	Sozialversich.-pflichtig
Beitragsrechtlich ist die Urlaubsabgeltung wie einmalig gezahltes Arbeitsentgelt zu behandeln. Die Beitragsberechnung richtet sich nach dem beim Stichwort „Einmalige Zuwendungen" dargestellten Verfahren.	ja	ja

Auf das Beispiel einer vollständigen Lohnabrechnung mit Berechnung einer Urlaubsabgeltung (und Entlassungsabfindung) beim Stichwort „Abfindung wegen Entlassung aus dem Dienstverhältnis" unter Nr. 15 auf Seite 37 wird Bezug genommen.

Zur Zahlung einer Urlaubsabgeltung bei einem Auslandseinsatz des Arbeitnehmers vgl. das Stichwort „Doppelbesteuerungsabkommen" unter Nr. 9 Buchstabe d.

Urlaubsentgelt, Urlaubsdauer

1. Allgemeines

Urlaub ist die bezahlte Freistellung von der Arbeit. Der Arbeitnehmer hat Anspruch auf die Fortzahlung des Arbeitsentgelts während des Urlaubs. Dieser fortgezahlte Arbeitslohn wird als Urlaubsentgelt bezeichnet (im Gegensatz zum zusätzlich gezahlten Urlaubsgeld, vgl. dieses Stichwort). Zur Lohnabrechnung bei **unbezahltem Urlaub** vgl. dieses Stichwort. Es kommt vor, dass der Arbeitnehmer seinen Urlaub auf Weisung des Arbeitgebers abbrechen muss und der Arbeitgeber dem Arbeitnehmer die anfallenden Stornokosten erstattet. Dieser Erstattungsbetrag ist als Schadensersatz steuer- und beitragsfrei (vgl. das Stichwort „Schadensersatz" unter Nr. 2).

2. Urlaubsdauer

Nach § 3 Bundesurlaubsgesetz (BUrlG) beträgt der Urlaub jährlich **mindestens 24 Werktage** (einschließlich der Samstage). Bei einer Fünftagewoche ergibt sich also ein Mindesturlaubsanspruch von 20 Arbeitstagen (= $^5/_6$ von 24 Werktagen). Durch Tarifvertrag, Betriebsvereinbarung oder Einzelarbeitsvertrag kann **zugunsten** des Arbeitnehmers vom gesetzlichen Mindesturlaub abgewichen werden.

Sondervorschriften bestehen für

- jugendliche Arbeitnehmer (Jugendarbeitsschutzgesetz),
- schwerbehinderte Arbeitnehmer (SGB IX),
- Seeleute (Seemannsgesetz).

Der gesetzliche **Mindesturlaub** beträgt **für einen Jugendlichen,** wenn dieser zu Beginn des Kalenderjahrs

- noch nicht 16 Jahre alt ist, mindestens 30 Werktage;
- noch nicht 17 Jahre alt ist, mindestens 27 Werktage;
- noch nicht 18 Jahre alt ist, mindestens 25 Werktage.

Schwerbehinderte Arbeitnehmer – das sind Personen, deren Grad der Behinderung mindestens 50 beträgt – erhalten zusätzlich fünf Arbeitstage bei fünftägiger Arbeitswoche.

Der volle Urlaubsanspruch nach dem Bundesurlaubsgesetz wird erstmalig nach einer **Wartezeit von sechs Monaten** erworben. Anspruch auf **Teilurlaub** ($^1/_{12}$ des Jahresurlaubs für jeden vollen Monat des Bestehens des Arbeitsverhältnisses) hat der Arbeitnehmer

- für Zeiten eines Kalenderjahres, für die er wegen Nichterfüllung der (sechsmonatigen) Wartezeit in diesem Kalenderjahr keinen vollen Urlaubsanspruch erwirbt (hierunter fallen also im Normalfall alle Arbeitnehmer, die ihr Arbeitsverhältnis nach dem 1. 7. beginnen);
- wenn er vor erfüllter Wartezeit aus dem Arbeitsverhältnis ausscheidet;

1) Wegen einer möglichen Krankenversicherungspflicht von Versorgungsbezügen vgl. Teil B Nr. 12 auf Seite 24.

U

	Lohn-steuer-pflichtig	Sozial-versich.-pflichtig

- wenn er nach erfüllter Wartezeit in der ersten Hälfte eines Kalenderjahres (spätestens also zum 30.6.) aus dem Arbeitsverhältnis ausscheidet.

Bei einem **Wechsel des Arbeitgebers** muss sich der Arbeitnehmer den von einem früheren Arbeitgeber im laufenden Kalenderjahr gewährten Urlaub anrechnen lassen. Der Arbeitgeber ist zu diesem Zweck verpflichtet, bei Beendigung des Arbeitsverhältnisses eine **Bescheinigung** über den im laufenden Kalenderjahr gewährten oder abgegoltenen Urlaub auszuhändigen.

Auch **Teilzeitbeschäftigte** erwerben nach dem Bundesurlaubsgesetz einen Urlaubsanspruch, wenn das Arbeitsverhältnis von vornherein auf eine gewisse Dauer angelegt ist. Der gesetzliche **Mindesturlaub** beträgt wie bei Vollbeschäftigten jährlich 24 Werktage (einschließlich der Samstage). Die aufgrund der Teilzeitbeschäftigung arbeitsfreien Tage muss sich der Arbeitnehmer jedoch anrechnen lassen. Auch für die Berechnung des **Urlaubsentgelts** ist nach den für eine Vollbeschäftigung geltenden Grundsätzen zu verfahren.

Beispiel A

Eine teilzeitbeschäftigte Arbeitnehmerin ist an drei Tagen in der Woche tätig. Die betriebliche Arbeitszeit beträgt fünf Tage in der Woche, der tarifliche Urlaubsanspruch bei Vollbeschäftigung 28 Arbeitstage.

Berechnung des Anspruchs an bezahlten Urlaubstagen:

Vollbeschäftigung (5-Tage-Woche) = 28 Arbeitstage; Teilzeitbeschäftigung (3-Tage-Woche) = $^3/_5$ von 28 Tagen = 16,8 Tage, aufgerundet 17 Tage.

Von den 17 Tagen werden im August neun Tage beansprucht. Das Urlaubsentgelt errechnet sich wie folgt:

Arbeitsverdienst im	Mai	800,– €
	Juni	800,– €
	Juli	800,– €
	insgesamt	2 400,– €

Urlaubsentgelt: $\frac{2400\ € \times 9\ \text{Urlaubstage}}{39\ \text{Arbeitstage}\ (= 13\ \text{Wochen} \times 3)} = 553{,}85\ €$

Bei einer **unregelmäßigen Zahl von Arbeitstagen** pro Woche muss zur Ermittlung des Urlaubsanspruchs die **Anzahl der Jahresarbeitstage** ermittelt und ins Verhältnis zu den Jahresarbeitstagen der Vollzeitbeschäftigten gesetzt werden. Auf die Anzahl der an den einzelnen Arbeitstagen geleisteten Arbeitsstunden kommt es dabei nicht an.

Beispiel B

Eine teilzeitbeschäftigte Arbeitnehmerin ist 18 Wochen im Jahr an drei Tagen in der Woche und die restlichen 34 Wochen an vier Tagen in der Woche tätig. Die normale betriebliche Arbeitszeit beträgt fünf Tage in der Woche, der tarifvertragliche Urlaubsanspruch bei Vollbeschäftigung 30 Arbeitstage.

Berechnung des Anspruchs an bezahlten Urlaubstagen:

Vollbeschäftigung (5-Tage-Woche) ergibt (52 × 5 =) 260 Jahresarbeitstage

Teilzeitbeschäftigung:

18 Wochen zu jeweils drei Arbeitstagen ergibt (18 × 3 =)	54 Arbeitstage
34 Wochen zu jeweils vier Arbeitstagen ergibt (34 × 4 =)	136 Arbeitstage
insgesamt	190 Jahresarbeitstage

Urlaubsanspruch:

$\frac{190}{260} \times 30 = 21{,}9$, aufgerundet 22 bezahlte Urlaubstage.

Auch bei einer unregelmäßigen Zahl von Arbeitstagen pro Woche erfolgt die Berechnung des Urlaubsentgelts nach den für eine Vollbeschäftigung maßgebenden Grundsätzen, das heißt, das Urlaubsentgelt bemisst sich für jeden Urlaubstag nach dem durchschnittlichen Arbeitsverdienst, den der Arbeitnehmer in den letzten 13 Wochen vor Beginn des Urlaubs erhalten hat (§ 11 Abs. 1 BUrlG). Eine andere Berechnungsmethode gilt nur dann, wenn diese durch Tarifvertrag, Betriebsvereinbarung oder Einzelarbeitsvertrag gesondert vereinbart worden ist (vgl. die Erläuterungen unter der nachfolgenden Nr. 3).

3. Berechnung des Urlaubsentgelts

Das Urlaubsentgelt bemisst sich für jeden Urlaubstag nach dem **durchschnittlichen Arbeitsverdienst,** den der Arbeitnehmer in den letzten 13 Wochen vor Beginn des Urlaubs erhalten hat (vgl. das Beispiel A unter der vorstehenden Nr. 2). Bei einem festen Lohn oder Gehalt bereitet die Berechnung des Urlaubsentgelts keine Schwierigkeiten, da das Gehalt oder der Lohn einfach weitergezahlt wird. Eine besondere Berechnung ist dagegen bei **variablem Lohn** erforderlich. Zum Arbeitsverdienst der letzten 13 Wochen gehören bzw. gehören nicht:

Arbeitsverdienst im Sinne des Urlaubsgesetzes	**nicht** zum Arbeitsverdienst gehören
– Grundlohn	– einmalige Zuwendungen (Weihnachtsgeld, Urlaubsgeld, Jahresabschlussgratifikationen)
– Ausbildungsvergütung	– Reisekostenersatz
– Erschwernis- und Leistungszuschläge aller Art	– Auslösungen
– Zuschläge für Sonntags-, Feiertags- und Nachtarbeit	
– Provisionen	
– Sachbezüge	

Der für **Überstunden** zusätzlich gezahlte Arbeitslohn gehört – wenn das Urlaubsentgelt nach den gesetzlichen Regeln berechnet wird – **nicht zur Berechnungsgrundlage.** Auszuscheiden ist somit sowohl der für Überstunden bezahlte Grundlohn als auch ein etwaiger Überstundenzuschlag.

Beispiel

Ein Arbeitnehmer erhält im August 15 Arbeitstage Urlaub, seine regelmäßige Arbeitszeit beträgt 5 Tage in der Woche.

Berechnungszeitraum für das Urlaubsgeld wären an sich die 13 vorangegangenen Wochen. Aus Praktikabilitätsgründen ist in den Tarifverträgen jedoch meist als Berechnungszeitraum eine entsprechende Lohnabrechnungsperiode (3 Monate) vorgesehen. Im Beispielsfall ist danach der Arbeitsverdienst der Monate Mai bis Juli heranzuziehen.

	Mai	Juni	Juli
Grundlohn	3 120 €	3 080 €	3 210 €
Erschwerniszulage	100 €	100 €	100 €
Überstundenbezahlung	–	–	–
Nachtarbeitszuschläge	110 €	90 €	130 €
	3 330 €	3 270 €	3 440 €

zusammen 10 040 €

Urlaubsentgelt: $\frac{10\,040 \times 15\ \text{Urlaubstage}}{5\ \text{Arbeitstage} \times 13} = 2316{,}92\ €$

4. Steuerliche und beitragsmäßige Behandlung des Urlaubsentgelts

Das Urlaubsentgelt ist als laufender Arbeitslohn steuer- und beitragspflichtig. ja ja

Zur Berechnung der Lohnsteuer und der Sozialversicherungsbeiträge ist das Urlaubsentgelt dem laufenden Arbeitslohn des Lohnzahlungszeitraums zuzurechnen, in dem es gezahlt wird. Das Urlaubsentgelt ist auch insoweit steuer- und beitragspflichtig, als zu seiner Berechnung steuerfreie Zuschläge für Sonntags-, Feiertags- oder Nachtarbeit herangezogen wurden, weil diese Zuschläge nicht für tatsächlich geleistete Sonntags-, Feiertags- und Nachtarbeit gezahlt werden und § 3b EStG somit keine Anwendung findet (vgl. das Stichwort „Zuschläge für Sonntags-, Feiertags- oder Nachtarbeit"). Im Gegensatz zum Urlaubsentgelt ist das zusätzlich gezahlte **Urlaubsgeld** (vgl. dieses Stichwort) lohnsteuerlich ein sonstiger Bezug, der unter Anwendung der Jahreslohnsteuertabelle zu versteuern ist. Beitragsrechtlich ist das Urlaubsgeld eine einmalige Zuwendung, für die die Beiträge unter An-

Lohn-steuer-pflichtig	Sozial-versich.-pflichtig

wendung eines besonderen Verfahrens zu ermitteln sind (vgl. „Einmalige Zuwendungen").

Die steuer- und beitragsrechtliche Behandlung des Urlaubsentgelts und des gesondert gezahlten Urlaubsgeldes soll anhand eines Beispiels verdeutlicht werden:

Beispiel

Ein Arbeitnehmer (Steuerklasse III/0, Kirchensteuermerkmal ev) nimmt im April 2021 10 Tage Urlaub. Er arbeitet regelmäßig fünf Tage in der Woche. Der Arbeitnehmer erhält ein Urlaubsgeld in Höhe von 30 % des Urlaubsentgelts.

Berechnungszeitraum für das Urlaubsentgelt wären an sich die 13 vorangegangenen Wochen. Aus Praktikabilitätsgründen ist in den meisten Tarifverträgen jedoch als Berechnungszeitraum eine entsprechende Lohnabrechnungsperiode (drei Monate) vorgesehen. Im Beispielsfall ist danach der Arbeitsverdienst der Monate Januar bis März heranzuziehen.

	Januar	Februar	März
Grundlohn	2 320 €	2 280 €	2 410 €
Erschwerniszulage	80 €	80 €	80 €
Überstundenvergütung und -zuschläge	–	–	–
Nachtarbeitszuschläge (steuerfrei)	130 €	60 €	150 €
	2 530 €	2 420 €	2 640 €

zusammen 7590 €

Urlaubsentgelt: $\frac{7590 \text{ €} \times 10 \text{ Urlaubstage}}{5 \text{ Arbeitstage} \times 13} = 1167{,}70 \text{ €}$

Urlaubsgeld: 30 % von 1167,70 € =	350,31 €

Der laufende Arbeitslohn des Arbeitnehmers im April beträgt 1430 € (Grundlohn 1300 €, Erschwerniszulage 40 €, Überstundenbezahlung 60 €, steuerfreie Nachtarbeitszuschläge 30 €).

Für April 2021 ergibt sich folgende Lohnabrechnung:

laufender Arbeitslohn für April		1 430,– €
+ vermögenswirksame Leistung des Arbeitgebers		26,59 €
+ Urlaubsentgelt		1 167,70 €
+ Urlaubsgeld		350,31 €
insgesamt		2 974,60 €
abzüglich:		
Lohnsteuer für den laufenden Arbeitslohn	71,33 €	
Solidaritätszuschlag für den laufenden Arbeitslohn	0,– €	
Kirchensteuer (z. B. 8 %) für den laufenden Arbeitslohn	5,70 €	
Lohnsteuer für das Urlaubsgeld	58,– €	
Solidaritätszuschlag für das Urlaubsgeld	0– €	
Kirchensteuer (z. B. 8 %) für das Urlaubsgeld	4,64 €	
Sozialversicherung	595,56 €	735,23 €
Nettolohn		2 239,37 €
abzüglich vermögenswirksame Anlage		26,59 €
Auszahlungsbetrag		2 212,78 €

Berechnung der Lohnsteuer

laufender Arbeitslohn	1 430,– €
+ vermögenswirksame Leistung des Arbeitgebers	26,59 €
+ Urlaubsentgelt	1 167,70 €
	2 624,29 €
abzüglich:	
steuerfreie Nachtarbeitszuschläge im April	30,– €
steuerpflichtiger laufender Arbeitslohn im April	2 594,29 €
Lohnsteuer lt. Monatstabelle (Steuerklasse III/0)	71,33 €
Solidaritätszuschlag	0,– €
Kirchensteuer (z. B. 8 %)	5,70 €

Das Urlaubsgeld in Höhe von 350,31 € ist ein sonstiger Bezug. Für sonstige Bezüge ist die Lohnsteuerberechnung nach der Jahreslohnsteuertabelle gesetzlich vorgeschrieben (vgl. „Sonstige Bezüge"). Hierfür ist zuerst der **voraussichtliche laufende Arbeitslohn** zu berechnen. Der voraussichtliche laufende Jahresarbeitslohn ist durch Umrechnung des bisher zugeflossenen steuerpflichtigen Arbeitslohns auf einen Jahresbetrag zu ermitteln (vgl. das Berechnungsschema beim Stichwort „Sonstige Bezüge" unter Nr. 5 auf Seite 882).

Bisher zugeflossener steuerpflichtiger Arbeitslohn (Arbeitslohn für Januar bis März ohne steuerfreie Nachtarbeitszuschläge aber mit zusätzlicher vermögenswirksamer Leistung des Arbeitgebers):

	Januar	Februar	März
Arbeitslohn (siehe oben)	2 530,– €	2 420,– €	2 640,– €
abzüglich steuerfreie Nachtarbeitszuschläge	130,– €	60,– €	150,– €
verbleiben	2 400,– €	2 360,– €	2 490,– €
zuzüglich vermögenswirksame Leistung des Arbeitgebers	26,59 €	26,59 €	26,59 €
zusammen	2 426,59 €	2 386,59 €	2 516,59 €

Bemessungsgrundlage Januar bis März (2426,59 € + 2386,59 € + 2516,59 €)	=	7 329,77 €
+ laufender Lohn für April (ohne steuerfreie Nachtarbeitszuschläge)		1 400,– €
+ vermögenswirksame Leistung des Arbeitgebers für April		26,59 €
+ Urlaubsentgelt		1 167,70 €
laufender Arbeitslohn für Januar bis April insgesamt		9 924,06 €
umgerechnet auf einen voraussichtlichen Jahresarbeitslohn (12/4)		29 772,18 €
Lohnsteuer nach Steuerklasse III/0 der Jahreslohnsteuertabelle 2021		
a) vom voraussichtlichen Jahresarbeitslohn (29 772,18 €)		624,– €
b) vom voraussichtlichen Jahresarbeitslohn einschließlich Urlaubsgeld (29 772,18 € + 350,31 €) = 30 122,49 €		682,– €
Differenz = Lohnsteuer für den sonstigen Bezug		58,– €
Solidaritätszuschlag	=	0,– €
Kirchensteuer (8 % von 58 €)	=	4,64 €

Berechnung der Sozialversicherungsbeiträge:

Zur Berechnung der Sozialversicherungsbeiträge bei einmaligen Zuwendungen vgl. dieses Stichwort.

Im vorliegenden Fall überschreitet die einmalige Zuwendung (Urlaubsgeld) zusammen mit dem übrigen beitragspflichtigen Arbeitsentgelt im April die monatliche Beitragsbemessungsgrenze (alte und neue Länder) in keinem Versicherungszweig. Die Sozialversicherungsbeiträge sind deshalb aus dem gesamten beitragspflichtigen Arbeitsentgelt des Monats April (laufendes Entgelt und einmalige Zuwendung) zu berechnen. Es ergibt sich Folgendes:

laufender Arbeitslohn		1 430,– €
+ vermögenswirksame Leistungen des Arbeitgebers		26,59 €
+ Urlaubsentgelt		1 167,70 €
+ Urlaubsgeld		350,31 €
insgesamt		2 974,60 €
abzüglich: steuer- und beitragsfreie Nachtarbeitszuschläge		30,– €
als beitragspflichtiges Entgelt verbleiben		2 944,60 €
Krankenversicherung (7,3 % + 0,65 %)	7,95 % =	234,10 €
Pflegeversicherung	1,775 % =	52,27 €
Rentenversicherung	9,3 % =	273,85 €
Arbeitslosenversicherung	1,2 % =	35,34 €
Arbeitnehmeranteil		**595,56 €**
Arbeitgeberanteil:		
Krankenversicherung (7,3 % + 0,65 %)	7,95 %	234,10 €
Pflegeversicherung	1,525 %	44,91 €
Rentenversicherung	9,3 %	273,85 €
Arbeitslosenversicherung	1,2 %	35,34 €
Arbeitgeberanteil		**588,20 €**

Urlaubsgeld

Als Urlaubsgeld wird eine Gratifikation bezeichnet, die anlässlich des jährlichen Erholungsurlaubs **zusätzlich** zum Urlaubsentgelt gezahlt wird. Über die Zahlung eines zusätzlichen Urlaubsgeldes gibt es keine gesetzlichen Vorschriften. Diese Leistung wird aufgrund tarifvertraglicher, betrieblicher oder einzelvertraglicher Regelung aber auch als freiwillige Leistung des Arbeitgebers gewährt. Das zusätzlich gezahlte Urlaubsgeld ist ein **sonstiger Bezug.** Die Lohnsteuer ist deshalb unter Anwendung der Jahreslohnsteuertabelle nach dem für sonstige Bezüge

Lohnsteuerpflichtig | Sozialversich.-pflichtig

geltenden besonderen Verfahren zu berechnen (vgl. das Berechnungsbeispiel beim Stichwort „Urlaubsentgelt, Urlaubsdauer“ unter Nr. 4).

Sozialversicherungsrechtlich sind Urlaubsgelder als einmalig gezahltes Arbeitsentgelt zu behandeln, und zwar auch dann, wenn sie als prozentualer Zuschlag zum Urlaubsentgelt gezahlt werden (vgl. das Berechnungsbeispiel beim Stichwort „Urlaubsentgelt, Urlaubsdauer“ unter Nr. 4). Die Beitragsberechnung richtet sich nach dem beim Stichwort „Einmalige Zuwendungen“ dargestellten Verfahren.[1] — ja | ja

Verschiedene Arbeitgeber gewähren ihren Arbeitnehmern aus Gründen der Steuerersparnis kein Urlaubsgeld in bar, sondern in Form von Sachbezügen. Erhalten z. B. Arbeitnehmer eines Kaufhauses anstelle des Urlaubsgeldes einen Warengutschein im Wert von 1080 €, der zum Bezug der im Kaufhaus angebotenen Waren berechtigt, ist dieser Betrag **steuerfrei.** Unter Berücksichtigung des 4 %igen Preisabschlags können exakt Waren im Bruttoverkaufswert von 1125 € steuer- und beitragsfrei überlassen werden. Die Umwandlung von steuerpflichtigem Barlohn in einen steuerfreien Sachbezug ist nach der Rechtsprechung des Bundesfinanzhofs nur dann zulässig, wenn der **Arbeitsvertrag** entsprechend **geändert** wird (BFH-Urteil vom 6. 3. 2008, BStBl. II S. 530). Der Rabattfreibetrag kann also nicht in Anspruch genommen werden, wenn der Arbeitnehmer ein Wahlrecht zwischen Bargeld oder einem Sachbezug hat. Vgl. hierzu auch die ausführlichen Erläuterungen beim Stichwort „Gehaltsumwandlung“ unter Nr. 2 Buchstabe c.

Bei der **Sozialversicherung** ist zu beachten, dass diese Gestaltungsmöglichkeit nur akzeptiert wird, wenn es sich bei den anstelle des Weihnachtsgeldes gewährten Warengutscheinen und Sachbezügen um freiwillige Leistungen des Arbeitgebers handelt, die über den Tarif- oder Arbeitsvertrag hinaus erfolgen. Nicht akzeptiert wird diese Gestaltungsmöglichkeit, wenn die Warengutscheine oder Sachzuwendungen **anstelle von vertraglich vereinbartem Arbeitsentgelt** gewährt werden (vgl. die Erläuterungen beim Stichwort „Rabatte/Rabattfreibetrag“ unter Nr. 13 Buchstabe b auf Seite 815).

Urlaubsgelder im Baugewerbe

Im Baugewerbe zahlt der Arbeitgeber einen im Tarifvertrag für das Baugewerbe festgelegten Vomhundertsatz der Bruttolohnsumme bzw. einen festen Betrag als Beitrag an die Urlaubskasse. Der Arbeitgeber zahlt in der Urlaubszeit das Urlaubsentgelt und das zusätzliche Urlaubsgeld unmittelbar an seine Arbeitnehmer aus, und rechnet dann das von ihm verauslagte Urlaubsentgelt und das zusätzliche Urlaubsgeld mit der Urlaubskasse ab.

Die Abführung der Beiträge an die Urlaubskasse wird nicht als steuerpflichtiger Arbeitslohn angesehen. — nein | nein

Bei der Auszahlung durch den Arbeitgeber gehört das an die Stelle des Arbeitslohns tretende Urlaubsentgelt zum laufenden steuer- und beitragspflichtigen Arbeitslohn. Es wird ohne Besonderheiten mit dem übrigen Entgelt des Lohnzahlungszeitraums bzw. Lohnabrechnungszeitraums zusammengerechnet. — ja | ja

Das **zusätzliche** Urlaubsgeld ist dagegen steuerlich als sonstiger Bezug und für die Berechnung der Sozialversicherungsbeiträge als einmalig gezahltes Arbeitsentgelt zu behandeln (vgl. das Berechnungsbeispiel beim Stichwort „Urlaubsentgelt, Urlaubsdauer“ unter Nr. 4). — ja | ja

In bestimmten Fällen sind die Arbeitgeber zur Abgeltung des Urlaubsanspruchs durch Auszahlung des Urlaubsentgelts und des zusätzlichen Urlaubsgeldes verpflichtet. Werden die Abgeltungsbeträge vom Arbeitgeber aus-

Lohnsteuerpflichtig | Sozialversich.-pflichtig

gezahlt, sind sie als sonstiger Bezug bzw. einmalig gezahltes Arbeitsentgelt steuer- und beitragspflichtig. — ja | ja

Steht der Arbeitnehmer allerdings im Zeitpunkt der Zahlung in **keinem Arbeitsverhältnis,** werden die Abgeltungsbeträge von der Urlaubs- und Lohnausgleichskasse der Bauwirtschaft ausgezahlt. Hierbei handelt es sich um Lohnzahlungen eines Dritten. Eine Pauschalbesteuerung durch die Urlaubs- und Lohnausgleichskasse war früher nicht zulässig. Da der Empfänger im Zeitpunkt der Zahlung in keinem Dienstverhältnis steht, konnte früher auch kein Arbeitgeber den Lohnsteuerabzug durchführen. Die Urlaubsabgeltung war jedoch im Rahmen einer Einkommensteuer-Veranlagung zu erfassen. Dazu hatte die Urlaubs- und Lohnausgleichskasse eine Bescheinigung über die Höhe der Urlaubsabgeltung auszustellen, in der auch ein Hinweis darauf enthalten sein musste, dass der Betrag in der Einkommensteuererklärung anzugeben ist.

Seit 1.1.2004 ist die Urlaubs- und Lohnausgleichskasse als Dritte zum Lohnsteuerabzug gesetzlich verpflichtet (§ 38 Abs. 3a Satz 1 EStG). Um das Verfahren zu erleichtern wurde in das Einkommensteuergesetz Folgendes eingefügt (§ 39c Abs. 3 EStG):

In den Fällen des § 38 Abs. 3a **Satz 1** EStG[2] kann der Dritte die Lohnsteuer für einen sonstigen Bezug mit 20 % unabhängig von den individuellen Lohnsteuerabzugsmerkmalen des Arbeitnehmers ermitteln, wenn der maßgebende Jahresarbeitslohn zuzüglich des sonstigen Bezugs 10 000 € nicht übersteigt. Bei der Feststellung des maßgebenden Jahresarbeitslohns sind nur die Lohnzahlungen des Dritten zu berücksichtigen.

Die Vorschrift ermöglicht es dem gesetzlich zum Lohnsteuerabzug verpflichteten Dritten, innerhalb einer Jahresarbeitslohngrenze von 10 000 € die Lohnsteuer für sonstige Bezüge mit einem **festen Steuersatz von 20 %** zu erheben (zuzüglich Solidaritätszuschlag und Kirchensteuer). Die Kenntnis der individuellen Lohnsteuerabzugsmerkmale des Arbeitnehmers ist nicht erforderlich. Der Dritte ist also nicht zum Abruf der elektronischen Lohnsteuerabzugsmerkmale (ELStAM; vgl. dieses Stichwort) des jeweiligen Arbeitnehmers verpflichtet. **Schuldner** der pauschalen Lohnsteuer von 20 % (zuzüglich Solidaritätszuschlag und Kirchensteuer) **bleibt** allerdings **der Arbeitnehmer** (im Gegensatz zu den „normalen“ Lohnsteuer-

---

1) Nach dem Besprechungsergebnis der Spitzenverbände der Sozialversicherung in der Sitzung am 26./27.5.2004 TOP 6 wurde zur Frage, ob das Urlaubsgeld in jedem Kalendermonat mit einem Zwölftel ausgezahlt und dann als laufendes Arbeitsentgelt angesehen werden kann, Folgendes beschlossen:
Einmalig gezahltes Arbeitsentgelt sind nach § 23a Abs. 1 Satz 1 SGB IV Zuwendungen, die dem Arbeitsentgelt zuzurechnen sind und nicht für die Arbeit in einem einzelnen Entgeltabrechnungszeitraum gezahlt werden. Aus dieser Legaldefinition kann im Umkehrschluss gefolgert werden, dass es sich um laufendes Arbeitsentgelt handelt, wenn die Zuwendungen für die Arbeit in einem einzelnen Entgeltabrechnungszeitraum gewährt werden. Die Besprechungsteilnehmer vertreten deshalb den Standpunkt, dass Einmalzahlungen, die – ungeachtet der arbeitsrechtlichen Zulässigkeit – in jedem Kalendermonat zu einem Zwölftel zur Auszahlung gelangen, ihren Charakter als einmalig gezahltes Arbeitsentgelt im Sinne des § 23a SGB IV verlieren und damit als laufendes Arbeitsentgelt zu qualifizieren sind. Dies hat z. B. Auswirkungen auf die beitragsrechtliche Behandlung von Beiträgen zur Direktversicherung, die nach § 40b EStG pauschal besteuert werden, denn die pauschal versteuerten Direktversicherungsbeiträge sind nach § 2 Abs. 1 Satz 1 Nr. 3 ArEV (jetzt § 1 Abs. 1 Satz 1 Nr. 4 SvEV) nur dann nicht dem Arbeitsentgelt zuzuordnen, wenn es sich hierbei um zusätzliche Leistungen des Arbeitgebers handelt, die neben dem laufenden Arbeitsentgelt gezahlt werden, oder wenn sie aus Einmalzahlungen finanziert werden. Sofern für die Direktversicherungsbeiträge laufendes Arbeitsentgelt verwendet wird, was im Falle einer Umstellung des Urlaubsgeldes von Einmalzahlung auf monatliche Zahlungen der Fall wäre, führt dies nicht zu einer Minderung des beitragspflichtigen Arbeitsentgelts, das heißt, die aus dem laufenden Arbeitsentgelt finanzierten Direktversicherungsbeiträge unterliegen auch bei einer Pauschalbesteuerung mit 20 % nach § 40b EStG der Beitragspflicht.

2) § 38 Abs. 3a Satz 1 EStG enthält eine gesetzliche Verpflichtung zur Durchführung des Lohnsteuerabzugs durch einen Dritten für den Ausnahmefall, dass sich tarifvertragliche Ansprüche des Arbeitnehmers auf eine Geldzahlung nicht gegen den Arbeitgeber, sondern unmittelbar gegen den Dritten richten (vgl. das Stichwort „Lohnsteuerabzug durch einen Dritten“ unter Nr. 2).

U

pauschalierungen nach den §§ 40, 40a und 40b EStG vgl. das Stichwort „Pauschalierung der Lohnsteuer"). Der pauschal mit 20 % besteuerte Arbeitslohn muss deshalb in der Einkommensteuererklärung, zu dessen Abgabe der Arbeitnehmer in diesen Fällen verpflichtet ist, angegeben werden (§ 46 Abs. 2 Nr. 5 EStG). Die pauschale Lohnsteuer wird auf die Einkommensteuerschuld angerechnet. Deshalb hat die Urlaubs- und Lohnausgleichskasse dem Arbeitnehmer eine Lohnsteuerbescheinigung auszustellen und dort den Arbeitslohn und die einbehaltene pauschale Lohnsteuer anzugeben (vgl. das Stichwort „Besondere Lohnsteuerbescheinigung" unter Nr. 2). Im Übrigen gilt die vorstehende Pauschalierung der Lohnsteuer mit 20 % auch für **beschränkt** steuerpflichtige Arbeitnehmer.

Übersteigen die Zahlungen der Urlaubs- und Lohnausgleichskasse an den einzelnen Arbeitnehmer die Jahresarbeitslohngrenze von **10 000 €,** ist der Lohnsteuerabzug für den gesamten Betrag nach den individuellen Steuerabzugsmerkmalen des jeweiligen Arbeitnehmers vorzunehmen. In diesem Fall hat die Urlaubs- und Lohnausgleichskasse die elektronischen Lohnsteuerabzugsmerkmale des Arbeitnehmers (insbesondere die Steuerklasse) abzurufen (vgl. hierzu das Stichwort „Elektronische Lohnsteuerabzugsmerkmale – ELStAM"). Dies wird in vielen Fällen die Steuerklasse VI sein, da die Urlaubs- und Lohnausgleichskasse zweiter Arbeitgeber („Nebenarbeitgeber") ist.

Auf die ausführlichen Erläuterungen beim Stichwort „Lohnsteuerabzug durch einen Dritten" wird Bezug genommen.

Veranlagung von Arbeitnehmern

Neues auf einen Blick:

1. Arbeitslohngrenzen für Pflichtveranlagungen

Eine Pflichtveranlagung wegen Berücksichtigung eines **Freibetrags** oder zu hoher **Vorsorgepauschale** wird nur durchgeführt, wenn der im Kalenderjahr 2021 erzielte **Arbeitslohn** des Arbeitnehmers **12 250 €** übersteigt oder bei Ehegatten/Lebenspartnern, die die Voraussetzungen für eine **Zusammenveranlagung** zur Einkommensteuer erfüllen, der im Kalenderjahr 2021 von den Ehegatten/Lebenspartnern insgesamt erzielte Arbeitslohn **23 350 €** übersteigt, da sich bis zu den vorgenannten Beträgen im Regelfall keine Einkommensteuer ergibt.

Vgl. zur Pflichtveranlagung die Erläuterungen unter der nachfolgenden Nr. 2.

2. Abgabetermin für die Einkommensteuererklärung bei Pflichtveranlagung

Steuerlich nicht beratene Arbeitnehmer haben im Falle einer Pflichtveranlagung ihre Einkommensteuererklärung grundsätzlich bis zum 31. Juli des Folgejahres beim Finanzamt einzureichen. **Abgabetermin** für die **Einkommensteuererklärung 2020** bei Pflichtveranlagung ist somit der **31. Juli 2021.** Vgl. zur Pflichtveranlagung die Erläuterungen unter der nachfolgenden Nr. 2.

Gliederung:

V

1. Allgemeines

Bei der Veranlagung von Arbeitnehmern zur Einkommensteuer wird unterschieden zwischen einer sog. **Pflichtveranlagung** und einer sog. **Antragsveranlagung.** Die Antragsveranlagung ist an die Stelle des früher geltenden Lohnsteuer-Jahresausgleichs durch das Finanzamt getreten. Die **Frist** für die **Antragsveranlagung** beträgt **vier Jahre** nach Ablauf des Kalenderjahres. Die Frist zur Abgabe der Einkommensteuererklärung 2017 endet also erst am 31. 12. 2021. Das gilt auch für die Beantragung der Arbeitnehmer-Sparzulage. Fällt das Jahresende auf einen Samstag, einen Sonntag oder einen gesetzlichen Feiertag, endet die Festsetzungsfrist für Ansprüche aus dem Steuerschuldverhältnis erst mit Ablauf des nächstfolgenden Werktags (BFH-Urteil vom 20.1.2016, BStBl. II S. 380). Im Jahr 2021 fällt das Jahresende allerdings auf einen Freitag.

Die vorstehende Frist ist nur dann gewahrt, wenn die Einkommensteuererklärung bis zum Ablauf der Vierjahresfrist beim zuständigen Finanzamt eingeht und bis dahin auch vom Arbeitnehmer eigenhändig unterschrieben ist (BFH-Urteil vom 13.2.2020, BFH/NV 2020 S. 979). Die Einkommensteuererklärung kann aber auch per Fax an dieses Finanzamt übermittelt werden (BFH-Urteil vom 8.10.2014, BStBl. 2015 II S. 359). Der Bundesfinanzhof lehnt es ab, bei Antragsveranlagungen die sog. Anlaufhemmung von bis zu drei Jahren zu berücksichtigen (vgl. § 170 Abs. 2 Satz 1 Nr. 1 AO), die statt der Vierjahresfrist eine Siebenjahresfrist zur Folge hätte (BFH-Urteil vom 14.4.2011, BStBl. II S. 746). Das Bundesverfassungsgericht hat eine hiergegen gerichtete Verfassungsbeschwerde nicht zur Entscheidung angenommen (Beschluss vom 18.9.2013 1 BvR 924/12).

2. Pflichtveranlagung

Steuerlich nicht beratene Arbeitnehmer haben im Falle einer Pflichtveranlagung ihre Einkommensteuererklärung grundsätzlich bis zum 31. Juli des Folgejahres beim Finanzamt einzureichen. **Abgabetermin** für die **Einkommensteuererklärung 2020** bei Pflichtveranlagung ist somit der **31. Juli 2021.**

Bei Pflichtveranlagungen ist auch die **Anlaufhemmung** zu beachten. Die vierjährige Festsetzungsfrist beginnt in diesen Fällen erst mit Ablauf des Kalenderjahres, in dem die Einkommensteuererklärung abgegeben worden ist, spätestens jedoch mit Ablauf des dritten Kalenderjahres, das auf das Kalenderjahr folgt, für das die Steuererklärung abzugeben ist. Die Anlaufhemmung von bis zu drei Jahren kommt bei Pflichtveranlagungen aber dann nicht zur Anwendung, wenn die Einkommensteuererklärung erst nach Ablauf der Festsetzungsfrist von vier Jahren abgegeben wird und die Pflichtveranlagung lediglich auf einem Antrag des Arbeitnehmers zur Gewährung einer Steuerermäßigung nach Ablauf dieser Frist von vier Jahren beruht (BFH-Urteil vom 28.3.2012, BStBl. II S. 711).

Beispiel A

Arbeitnehmer A erzielt neben seinen Lohneinkünften noch Einkünfte aus Vermietung und Verpachtung in Höhe von 2000 € jährlich. Die Einkommensteuererklärung 2016 gibt er erst im Kalenderjahr 2021 ab.

A ist aufgrund der positiven Einkünfte aus Vermietung und Verpachtung zur Abgabe einer Einkommensteuererklärung verpflichtet. Die Festsetzungsfrist von vier Jahren zuzüglich Anlaufhemmung von drei Jahren ist im Kalenderjahr 2021 noch nicht abgelaufen. Die Einkommensteuerveranlagung für das Kalenderjahr 2016 ist durchzuführen.

Beispiel B

A ist mit B nicht verheiratet und erzielt ausschließlich Lohneinkünfte. Mit Abgabe der Einkommensteuererklärung 2016 im Kalenderjahr 2021 beantragt er mit Einverständnis der B den Ausbildungsfreibetrag für den gemeinsamen, volljährigen Sohn in voller Höhe bei sich berücksichtigen.

Die Beantragung des Ausbildungsfreibetrags in einem anderen Verhältnis als 50 : 50 bei beiden Elternteilen führt zu einer Pflichtveranlagung zur Einkommensteuer. Da dieser Antrag aber im Kalenderjahr 2021 erstmals nach Ablauf der vierjährigen Festsetzungsfrist für das Kalenderjahr 2016 gestellt worden ist, entfaltet er keine Anlaufhemmung mehr. Die Einkommensteuererklärung 2016 ist damit erst nach Ablauf der vierjährigen Festsetzungsfrist abgegeben worden. Eine Einkommensteuer-Veranlagung für das Kalenderjahr 2016 ist nicht mehr durchzuführen, da die Einkommensteuer zum Zeitpunkt der Abgabe der Steuererklärung wegen Ablaufs der Festsetzungsfrist bereits erloschen war.

Lohn- steuer- pflichtig | Sozial- versich.- pflichtig

Wird nach § 46 EStG eine Pflichtveranlagung durchgeführt, das heißt der Arbeitnehmer ist gesetzlich verpflichtet, eine Einkommensteuererklärung abzugeben, muss dies nicht immer zu einer Steuernachzahlung führen. Eine Nachzahlung (oder eine Minderung des Erstattungsbetrags) kann sich jedoch insbesondere dann ergeben,

- wenn positive **Nebeneinkünfte** (z. B. aus Vermietung und Verpachtung) von mehr als 410 € vorhanden sind (vgl. das vorstehende Beispiel A);
- wenn Lohnersatzleistungen (z. B. Kurzarbeitergeld, Elterngeld, Arbeitslosengeld I) von mehr als 410 € bezogen wurden, die dem sog. **Progressionsvorbehalt** unterliegen (vgl. dieses Stichwort sowie nachfolgende Nr. 4);
- wenn nebeneinander Arbeitslohn aus **mehreren Beschäftigungsverhältnissen** bezogen wurde und diese Arbeitslöhne bei der Veranlagung zur Einkommensteuer zusammengerechnet werden (vgl. auch das Stichwort „Mehrfachbeschäftigung");
- wenn bei Ehegatten/eingetragenen Lebenspartnern, die beide Arbeitslohn beziehen, die **Steuerklassenkombination III/V** gebildet worden ist. Eine Nachzahlung kann es bei der Steuerklassenkombination III/V insbesondere dann geben, wenn die Arbeitslöhne sehr stark voneinander abweichen (der Ehemann verdient z. B. sehr gut, die Ehefrau sehr wenig); durch die Steuerklassenkombination III/V wird in diesem Fall im Laufe des Kalenderjahres zu wenig Lohnsteuer einbehalten, die bei der Veranlagung zur Einkommensteuer nacherhoben wird. Bei der Steuerklassenkombination IV/IV (ohne zusätzliche Eintragung eines Faktors) kann es in keinem Fall zu einer Nachzahlung von Lohnsteuer im Veranlagungsverfahren kommen (außer es liegen Nebeneinkünfte vor oder der Progressionsvorbehalt ist anzuwenden). Zur richtigen Steuerklassenwahl bei Arbeitnehmer-Ehegatten/eingetragenen Lebenspartnern vgl. das Stichwort „Steuerklassen" unter Nr. 3 sowie Anhang 11;
- wenn bei Ehegatten/eingetragenen Lebenspartnern neben der Steuerklasse IV ein **Faktor** eingetragen worden ist (vgl. die Erläuterungen beim Stichwort „Faktorverfahren").

Außerdem wird grundsätzlich jeder Arbeitnehmer veranlagt (sog. Pflichtveranlagung), wenn für ihn als Lohnsteuerabzugsmerkmal ein **Freibetrag** gebildet worden ist (vgl. Anhang 7). Eine **Pflichtveranlagung** wird in diesen Fällen aber nur durchgeführt, wenn der im Kalenderjahr 2021 erzielte **Arbeitslohn** des Arbeitnehmers **12 250 €** übersteigt oder bei **Ehegatten,** die die Voraussetzungen für eine Zusammenveranlagung zur Einkommensteuer erfüllen, der im Kalenderjahr 2021 von den Ehegatten insgesamt erzielte Arbeitslohn **23 350 € übersteigt;** bei einer Zusammenveranlagung von eingetragenen Lebenspartnern gilt Entsprechendes. Grund für diese Regelung ist, dass sich bei Arbeitslöhnen bis zur vorgenannten Höhe im Regelfall keine Einkommensteuer ergibt.[1] Die **Befreiung** von der Verpflichtung zur Abgabe einer Einkommensteuererklärung in diesen Fällen ist insbesondere auch bei **ausländischen Saisonarbeitskräften** von Bedeutung. Beim Vorliegen ausländischer Einkünfte kommt es in diesem Fall auch nicht zur Anwendung des Progressionsvorbehalts (vgl. auch die Erläuterungen bei den Stichwörtern „Beschränkt steuerpflichtige Arbeitnehmer" unter Nr. 18 und „Saisonbeschäftigte" unter Nr. 3).

Eine Pflichtveranlagung ist auch dann durchzuführen, wenn bei einem Arbeitnehmer die im Lohnsteuerabzugsverfahren berücksichtigten Teilbeträge der **Vorsorgepauschale** für die gesetzliche und private Kranken- und Pflegeversicherung – insbesondere durch den Ansatz der Mindestvorsorgepauschale – **höher** sind **als** die bei der Einkommensteuer-Veranlagung hierfür als Sonderausgaben abziehbaren **Vorsorgeaufwendungen** (§ 46 Abs. 2 Nr. 3 EStG). Dies kann z. B. bei Polizeibeamten und Soldaten mit steuerfreier Gesundheitsvorsorge sowie bei Beamtenanwärtern der Fall sein. Eine Pflichtveranlagung wird aber auch in diesen Fällen nur durchgeführt, wenn der im Kalenderjahr 2021 erzielte Arbeitslohn des Arbeitnehmers 12 250 € übersteigt oder bei Ehegatten, die die Voraussetzungen für eine Zusammenveranlagung zur Einkommensteuer erfüllen, der im Kalenderjahr 2021 von den Ehegatten insgesamt erzielte Arbeitslohn 23 350 € übersteigt; bei einer Zusammenveranlagung von eingetragenen Lebenspartnern gilt Entsprechendes.[1]

Sämtliche Tatbestände, die zu einer Pflichtveranlagung führen, sind in § 46 Abs. 2 Nrn. 1 bis 7 EStG im Einzelnen aufgezählt.[2]

Werden bei einem **einheitlichen Dienstverhältnis verschiedenartige Bezüge gezahlt** (z. B. Arbeitslohn für ein aktives Dienstverhältnis und Versorgungsbezüge oder Versorgungsbezüge und Hinterbliebenenbezüge), kann die Lohnsteuer für den zweiten und jeden weiteren Bezug ebenfalls nach der Steuerklasse VI einbehalten werden. Auch in diesen Fällen ist der Arbeitnehmer nach Ablauf des Kalenderjahres zur Abgabe einer Einkommensteuererklärung verpflichtet (= Pflichtveranlagung; § 39e Abs. 5a EStG). Vgl. zu den Einzelheiten dieser Regelung das Stichwort „Elektronische Lohnsteuerabzugsmerkmale (ELStAM)" unter Nr. 4.

3. Härteausgleich

Bei einem Überschreiten der Veranlagungsgrenze von 410 € für Nebeneinkünfte wird stufenweise auf die normale Besteuerung übergeleitet (sog. **Härteausgleich**). Dabei werden Einkünfte aus Kapitalvermögen, die der 25 %igen Abgeltungsteuer unterliegen, bei der Berechnung des Härteausgleichs nicht berücksichtigt. Der Härteausgleich ist wie folgt geregelt:

Liegt die Summe der Einkünfte, von denen der Steuerabzug vom Arbeitslohn nicht vorgenommen worden ist, zwischen 410 € und 820 €, ist vom Einkommen der Betrag abzuziehen, um den die Summe dieser Einkünfte niedriger ist als 820 €. Die vorstehenden Beträge sind bei Ehegatten nicht zu verdoppeln.

Beispiel

Die Einkünfte, von denen der Steuerabzug vom Arbeitslohn nicht vorgenommen worden ist, betragen 700 €. Es ist also vom Einkommen ein Betrag von (820 € – 700 € =) 120 € abzuziehen. Von den bezeichneten Einkünften von 700 € werden somit nur (700 € – 120 € =) 580 € zur Einkommensteuer herangezogen.

Zur Berechnung des Härteausgleichsbetrags sind die Nebeneinkünfte ggf. um einen auf sie entfallenden Altersentlastungsbetrag zu kürzen (vgl. dieses Stichwort).

Zur Gewährung des Härteausgleichs bei Grenzgängern vgl. dieses Stichwort unter Nr. 12.

4. Veranlagungsgrenze für Leistungen, die dem Progressionsvorbehalt unterliegen

Neben der Veranlagungsgrenze von 410 € für positive Nebeneinkünfte gilt eine zusätzliche, eigenständige Veranlagungsgrenze von ebenfalls 410 € für Leistungen, die dem **Progressionsvorbehalt** (z. B. Kurzarbeitergeld, Elterngeld, Arbeitslosengeld I) unterliegen. Eine Veranlagung zur Anwendung des Progressionsvorbehalts erfolgt nur dann, wenn diese Leistungen 410 € übersteigen. Der Härteausgleich (vgl. vorstehende Nr. 3) ist bei den dem Progressionsvorbehalt unterliegenden Lohnersatzleistungen nicht anzuwenden (BFH-Urteil vom 5.5.1994, BStBl. II S. 564).

1) Für 2022 betragen die Arbeitslohngrenzen 12 550 € und bei Ehegatten 23 900 €.

2) § 46 EStG in der ab 1. 1. 2021 geltenden Fassung ist im **Steuerhandbuch für das Lohnbüro 2021** abgedruckt, das im selben Verlag erschienen ist.

Lohn-steuer-pflichtig | Sozial-versich.-pflichtig

5. Vorausgefüllte Steuererklärung

Die vorausgefüllte Steuererklärung ist ein **kostenloses elektronisches Serviceangebot** der Finanzverwaltung. Es soll die Erstellung der Einkommensteuererklärung dadurch erleichtern, dass dem Arbeitnehmer bzw. seinem steuerlichen Berater die bei der Finanzverwaltung gespeicherten Informationen angezeigt werden. Nach Prüfung der Daten können diese in die Felder der Einkommensteuererklärung übernommen werden. Eine Verpflichtung, die Einkommensteuererklärung elektronisch abzugeben, ist mit der Nutzung des Services nicht verbunden; eine Verpflichtung zur elektronischen Abgabe der Steuererklärung besteht aber grundsätzlich dann, wenn neben Arbeitslohn steuerpflichtige Einkünfte aus einer selbstständig ausgeübten Nebentätigkeit erzielt werden (§ 25 Abs. 4 EStG). Es handelt sich bei der vorausgefüllten Steuererklärung auch nicht um einen Einkommensteuer-Festsetzungsvorschlag des Finanzamts, sondern um eine Informationsmöglichkeit mit zusätzlicher Ausfüllhilfe. Letztlich soll durch die Kenntnis über die der Finanzverwaltung für den einzelnen Arbeitnehmer vorliegenden elektronischen Daten nachträglicher Korrekturaufwand vermieden werden.

Derzeit werden von der Finanzverwaltung für die vorausgefüllte Steuererklärung **folgende Informationen** zur Verfügung gestellt:

- vom Arbeitgeber bescheinigte Daten (= übermittelte **Lohnsteuerbescheinigung**),
- Beiträge für **vermögenswirksame Leistungen** (= elektronische Vermögensbildungsbescheinigung),
- Bescheinigung über den Bezug von Rentenleistungen (= **Rentenbezugsmitteilung**),
- Beiträge zu Kranken- und Pflegeversicherungen (= **Basis-Kranken- und Pflegeversicherung**),
- Vorsorgeaufwendungen (z. B. Daten zu **Riester- oder Rürup-Verträgen**) und
- **Lohnersatzleistungen,** die dem **Progressionsvorbehalt** (vgl. dieses Stichwort) unterliegen (z. B. Arbeitslosengeld, Krankengeld, Elterngeld).

Der Abruf der Daten ist rund um die Uhr, sieben Tage die Woche und auch nach Abgabe der Einkommensteuererklärung wiederholt möglich. Sofern die Daten im Sinne einer Ausfüllhilfe im Steuererklärungsvordruck verwendet werden sollen, können sie unverändert übernommen oder manuell per Eingabe geändert oder auch gelöscht werden. Von der Finanzverwaltung kann auch bei einer elektronischen Übermittlung der Steuererklärung nicht nachvollzogen werden, ob und in welchem Umfang abgerufene Daten verwendet oder geändert wurden. Da die Finanzverwaltung keine Kenntnis über die Anzahl und Vollständigkeit der an sie übermittelten Daten hat, bleibt es auch bei Nutzung der vorausgefüllten Steuererklärung **Aufgabe des Arbeitnehmers** bzw. seines steuerlichen Beraters, die Daten der **Steuererklärung auf Vollständigkeit und Richtigkeit zu überprüfen** und ggf. entsprechende Änderungen und Ergänzungen vorzunehmen. Sollten die der Finanzverwaltung vorliegenden Daten fehlerhaft sein, kann eine Korrektur nur durch den Datenübermittler (z. B. durch das Versicherungsunternehmen) erfolgen.

Die Einsehung und Nutzung der für den einzelnen Arbeitnehmer gespeicherten Daten ist nur unter Wahrung des Steuergeheimnisses möglich. Deshalb muss man sich als Arbeitnehmer im ElsterOnline-Portal **anmelden und authentifizieren bzw.** einen **Dritten** (z. B. Steuerberater, Lohnsteuerhilfeverein) entsprechend **bevollmächtigen.**

Daten, die der Finanzverwaltung elektronisch übermittelt worden sind, gelten übrigens für die Durchführung der Einkommensteuer-Veranlagung als eigene Angaben des Arbeitnehmers, wenn er nicht in einem dafür vorgesehenen Abschnitt oder Datenfeld der Einkommensteuererklärung abweichende Angaben macht (§ 150 Abs. 7 AO).

Lohn-steuer-pflichtig | Sozial-versich.-pflichtig

Verbesserungsvorschläge

Prämien für Verbesserungsvorschläge gehören in vollem Umfang zum steuer- und beitragspflichtigen Arbeitslohn. ja ja

Die Besteuerung ist nach den für sonstige Bezüge geltenden Grundsätzen durchzuführen (vgl. dieses Stichwort). Hat die Erarbeitung des Verbesserungsvorschlags mehrere Jahre (= mehr als zwölf Monate) in Anspruch genommen, ist die Prämie nach der sog. **Fünftelregelung** zu besteuern, da die Prämie in diesem Fall eine Entlohnung für eine mehrjährige Tätigkeit darstellt (vgl. Stichwort „Sonstige Bezüge" unter Nr. 6 auf Seite 882). Vgl. außerdem die Erläuterungen beim Stichwort „Arbeitslohn für mehrere Jahre" unter Nr. 2. Eine **Nettolohnberechnung** unter Anwendung der sog. Fünftelregelung ist als **Anhang 14** abgedruckt. Beitragsrechtlich gehört die Prämie zum einmalig gezahlten Arbeitsentgelt. Die Sozialversicherungsbeiträge sind nach dem beim Stichwort „Einmalige Zuwendungen" dargestellten Verfahren zu berechnen. Siehe außerdem das Stichwort „Erfindervergütungen".

Eine ermäßigte Besteuerung unter Anwendung der sog. Fünftelregelung ist jedoch dann nicht möglich, wenn sich die vom Arbeitgeber gewährte Prämie für den Verbesserungsvorschlag ausschließlich nach der in **künftigen** Zeiträumen erzielbaren **Kostenersparnis** richtet und nicht den bei der Erarbeitung des Verbesserungsvorschlags über mehrere Jahre entstandenen Zeitaufwand abgilt (BFH-Urteile vom 16.12.1996, BStBl. 1997 II S. 222 und vom 31.8.2016, BStBl. 2017 II S. 322).

Wird unter den Einsendern von Verbesserungsvorschlägen ein Preis verlost, ist der dem Gewinner zufließende geldwerte Vorteil steuer- und beitragspflichtig (vgl. „Verlosungsgewinne"). Für die steuer- und beitragsrechtliche Behandlung solcher Sachprämien gilt folgende Sonderregelung:

Gewährt der Arbeitgeber für Verbesserungsvorschläge Sachprämien und werden diese nach § 40 Abs. 1 Satz 1 Nr. 1 EStG pauschal besteuert (vgl. Stichwort „Pauschalierung der Lohnsteuer" unter Nr. 2 auf Seite 733), kann für die Beitragsberechnung in der Sozialversicherung der Durchschnittswert der pauschal besteuerten Sachzuwendungen angesetzt werden. Voraussetzung ist, dass der Wert der einzelnen Prämie 80 € nicht übersteigt und der Arbeitgeber den Arbeitnehmeranteil zur Sozialversicherung übernimmt. Der Durchschnittsbetrag ist als einmalig gezahltes Arbeitsentgelt zu behandeln und dem letzten Abrechnungszeitraum im Kalenderjahr zuzuordnen (§ 3 Abs. 3 SvEV[1]).

Verbilligungen

siehe „Rabatte, Rabattfreibetrag"

Verdienstausfallentschädigungen

Dem Arbeitnehmer zufließender Ersatz für entgangenen oder entgehenden Arbeitslohn gehört zu den Einkünften aus nichtselbständiger Arbeit, und zwar auch dann, wenn der Ersatz von einem Dritten (z. B. einer Versicherung) gezahlt wird (§ 2 Abs. 2 Nr. 4 LStDV[2]). ja ja[3]

Wird der Ersatz des Arbeitslohns von dem Dritten an den Arbeitgeber weitergeleitet und zahlt deshalb der Arbeit-

1) Die Sozialversicherungsentgeltverordnung (SvEV) ist als Anhang 2 im **Steuerhandbuch für das Lohnbüro 2021** abgedruckt, das im selben Verlag erschienen ist.

2) Die Lohnsteuer-Durchführungsverordnung (LStDV) ist als Anhang 1 im **Steuerhandbuch für das Lohnbüro 2021** abgedruckt, das im selben Verlag erschienen ist.

3) Muss ein Arbeitnehmer zu einer medizinischen Untersuchung und wird ihm das entgangene Arbeitsentgelt **vom Sozialversicherungsträger** erstattet (§ 65a SGB I), unterliegt diese Verdienstausfallentschädigung nicht der Sozialversicherungspflicht.

Lohn-steuer-pflichtig | Sozial-versich.-pflichtig

geber den Verdienstausfall an den Arbeitnehmer, hat der Arbeitgeber den Steuerabzug vorzunehmen. Zahlt ein vom Arbeitgeber unabhängiger Dritter den Verdienstausfall direkt an den Arbeitnehmer aus, ist der Arbeitgeber nur dann zum Lohnsteuerabzug verpflichtet, wenn er weiß oder erkennen kann, dass derartige Vergütungen erbracht werden (§ 38 Abs. 1 Satz 3 EStG). Anderenfalls ist der Verdienstausfall bei der Veranlagung zur Einkommensteuer als Arbeitslohn zu erfassen. Vgl. die Erläuterungen beim Stichwort „Lohnzahlung durch Dritte“.

Die Verdienstausfallentschädigung nach dem Infektionsschutzgesetz (z. B. bei Kita- und Schulschließung) ist steuerfrei (§ 3 Nr. 25 EStG). Sie unterliegt allerdings dem Progressionsvorbehalt.

Die Verdienstausfallentschädigung, die bei privaten Arbeitgebern beschäftigte Wehrpflichtige bei **Wehrübungen** (Reservistendienst) erhalten, ist nach § 3 Nr. 48 EStG steuerfrei. Sie unterliegt jedoch ebenfalls dem Progressionsvorbehalt (vgl. „Wehrübung“). nein nein

Die Verdienstausfallentschädigung der Berufsgenossenschaften als Träger der **gesetzlichen Unfallversicherung** ist nach § 3 Nr. 1 Buchstabe a EStG steuerfrei; sie unterliegt ggf. – je nachdem, auf welcher Rechtsgrundlage sie gezahlt wird – dem Progressionsvorbehalt. Die Verdienstausfallentschädigung der **Deutschen Rentenversicherung** ist hingegen als Entschädigung für entgangene Einnahmen steuerpflichtig (§ 24 Nr. 1 Buchstabe a EStG).

Siehe auch die Stichworte: Entschädigungen, Infektionsschutzgesetz, Schadensersatz, Streikgelder, Unfallversicherung, Zeugengebühren.

Vereinsbeiträge

Übernimmt der Arbeitgeber Vereinsbeiträge des Arbeitnehmers (z. B. für den **Rotary Club** oder für einen **Golf- oder Tennisclub**), liegt ein lohnsteuerpflichtiger geldwerter Vorteil vor (BFH-Urteil vom 21.3.2013, BStBl. II S. 700). In der angegebenen Entscheidung führt der Bundesfinanzhof aus, dass die Mitgliedschaft in einem Sport-, Geselligkeits- oder Freizeitverein die private Sphäre des Arbeitnehmers betrifft. Dies gilt auch dann, wenn eine solche Mitgliedschaft dem Beruf förderlich ist, weil sich auf diesem Weg Kontakte mit (zukünftigen) Kunden des Arbeitgebers anknüpfen oder vorhandene Geschäftsbeziehungen intensivieren lassen. Ein solcher beruflicher Bezug lässt sich vom privaten Bereich nicht trennen, da er oftmals Folgewirkung von privaten Kontakten ist (gemeinsame Unterhaltung, gemeinsamer Verzehr, sportliche Betätigungen im Verein) oder weil sich aus vorhandenen geschäftlichen Beziehungen private Freundschaften durch eine gemeinsame Mitgliedschaft in Vereinen entwickeln können. Dies gilt auch dann, wenn sich der Arbeitnehmer – wie im Streitfall in einem Golfclub – sportlich nicht betätigt oder mangels Platzreife nicht betätigen kann. Mangels objektiver Kriterien kommt auch eine Aufteilung der Aufwendungen für die Mitgliedschaft in einen beruflichen und privaten Anteil nicht in Betracht. ja ja

Übernimmt der Arbeitgeber Beiträge eines leitenden Angestellten zu einem **Industrieclub,** sind dies Aufwendungen des Arbeitgebers im ganz **überwiegenden eigenbetrieblichen Interesse,** wenn es dem Arbeitgeber darum geht, durch seinen Angestellten in dem Club vertreten zu sein. In diesem Fall liegt kein steuerpflichtiger Arbeitslohn vor. nein nein

Beim Bundesfinanzhof war die Frage anhängig, ob steuerpflichtiger Arbeitslohn auch dann vorliegt, wenn ein früher firmenspielberechtigtes Vorstandsmitglied einer Bank nach dessen Eintritt in den Ruhestand eine **Ehrenmitgliedschaft in einem Golfclub** erhält und der Golfclub auf die Mitgliedsbeiträge verzichtet. Das Gericht hat den Streitfall an das Finanzgericht zurückverwiesen. Das Finanzgericht hat für den Zeitpunkt des Vorteilsversprechens festzustellen, ob die Gewährung der Ehrenmitgliedschaft eine direkte Zuwendung der Bank an das Vorstandsmitglied war, bei der der Golfclub lediglich als „Zahlstelle“ fungierte, oder ob es sich um eine Drittzuwendung des Golfclubs handelt (BFH-Urteil vom 17.7.2014, BStBl. 2015 II S. 41). Hierfür ist aufzuklären, ob die Bank die Ehrenmitgliedschaft des Vorstandsmitglieds bereits durch den Kauf der Firmenspielberechtigungen miterworben hat und somit eine unmittelbare Leistung der Bank an das Vorstandsmitglied in Rede steht (= Arbeitslohn). Für den Fall einer echten Drittzuwendung des Golfclubs an das Vorstandsmitglied ist aufzuklären, ob die Ehrenmitgliedschaft aufgrund eigener Interessen des Golfclubs gewährt wurde – z. B. um die Vorstandsmitglieder wegen deren Reputation und wirtschaftlichen Kontakten an den Golfclub zu binden (= kein Arbeitslohn) – oder aber Entgelt für die frühere Tätigkeit des Vorstandsmitglieds bei der Bank und insofern Teil des Ruhegehalts ist (= Arbeitslohn von dritter Seite). Anhaltspunkte werden sich aus den wirtschaftlichen Hintergründen für die Gewährung der Ehrenmitgliedschaften ergeben (Inhalt des Gesellschafterbeschlusses, Beweggründe zu den Ehrenmitgliedschaften) und aus der Beantwortung der Frage, ob der Golfclub auch anderen Persönlichkeiten, die nicht Arbeitnehmer der Bank waren, solche Ehrenmitgliedschaften einräumte.

Vgl. auch die Erläuterungen beim Stichwort „Berufsverband“.

Vereinsvorsitzender

Der Vorsitzende eines Vereins (z. B. Sportverein) ist kein Arbeitnehmer des Vereins, wenn er nur ehrenamtlich tätig ist, also nur seine nachgewiesenen Auslagen ersetzt bekommt. nein nein

Erhält der Vereinsvorsitzende allerdings eine feste monatliche Vergütung (z. B. 200 €), liegt regelmäßig ein Arbeitsverhältnis vor. ja ja

Der steuerfreie Betrag nach § 3 Nr. 26 EStG in Höhe von 3000 € jährlich (sog. Übungsleiterpauschale) können Vereinsvorsitzende nicht erhalten, da sie keine begünstigte Tätigkeit ausüben (vgl. die Ausführungen beim Stichwort „Nebentätigkeit für gemeinnützige Organisationen“ unter Nr. 2 auf Seite 714).

Allerdings ist daneben für alle Personen, die sich nebenberuflich im mildtätigen, im gemeinnützigen oder im kirchlichen Bereich engagieren, ein steuer- und auch sozialversicherungsrechtlich zu beachtender **Freibetrag** von **840 €** im Jahr eingeführt worden (§ 3 Nr. 26a EStG). Mit diesem Freibetrag wird pauschal der Aufwand abgegolten, der den nebenberuflich tätigen Personen durch ihre Beschäftigung entsteht. Dieser steuer- und sozialversicherungsrechtlich zu beachtende Freibetrag gilt auch **für Aufwandsentschädigungen** an Vereinsvorsitzende. Allerdings muss die Zahlung an den Vereinsvorsitzenden aus körperschaftsteuerlicher Sicht durch bzw. aufgrund einer Satzungsregelung ausdrücklich zugelassen sein.[1] Die Formulierung in der Satzung kann z. B. lauten: „Die Mitgliederversammlung kann eine jährliche pauschale Tätigkeitsvergütung für Vorstandsmitglieder beschließen.“ Der Freibetrag von 840 € kann hingegen nicht in Anspruch genommen werden, wenn die Vorstandstätigkeit unentgeltlich ausgeübt wird (BFH-Beschluss vom 25.4.2012, BFH/NV 2012 S. 1330).

Beispiel A

Der Vorsitzende eines Kleingartenvereins erhält im Jahre 2021 eine Aufwandsentschädigung von 840 €.

Die Aufwandsentschädigung ist in voller Höhe von 840 € steuer- und sozialversicherungsfrei (§ 3 Nr. 26a EStG).

1) BMF-Schreiben vom 21.11.2014 (BStBl. I S. 1581). Das BMF-Schreiben ist als Anlage zu H 3.26a LStR im **Steuerhandbuch für das Lohnbüro 2021** abgedruckt, das im selben Verlag erschienen ist.

	Lohn-steuer-pflichtig	Sozial-versich.-pflichtig

Der Freibetrag von 840 € wird – bezogen auf die gesamten Einnahmen aus der jeweiligen nebenberuflichen Tätigkeit – jedoch nicht zusätzlich zur Übungsleiterpauschale bzw. zur Steuerbefreiung für Aufwandsentschädigungen aus öffentlichen Kassen gewährt. Bei Ausübung **mehrerer ehrenamtlicher Tätigkeiten** kann jedoch im Einzelfall durchaus ein Zusammentreffen beider Vergünstigungen bei einem Steuerpflichtigen vorkommen.[1)]

Beispiel B

T ist Jugendtrainer eines Fußballvereins. Für seine nebenberufliche Trainertätigkeit bekommt er eine monatliche Aufwandsentschädigung von 250 € monatlich. Wegen seines herausragenden Engagements wird T zum Vorsitzenden seines Fußballvereins ernannt. Der Verein beschließt eine Satzungsänderung, nach der alle Vorstandsmitglieder des Vereins für ihre Tätigkeiten eine Aufwandsentschädigung von jährlich 840 € erhalten.

Die Aufwandsentschädigung für die Trainertätigkeit ist im Jahr 2021 in voller Höhe von 3000 € steuerfrei (§ 3 Nr. 26 EStG). Auch die Aufwandsentschädigung für die Vorstandstätigkeit ist in voller Höhe von 840 € steuerfrei, weil für diese Tätigkeit die Steuerbefreiung nach § 3 Nr. 26a EStG anwendbar ist. Die Inanspruchnahme dieser Steuerbefreiung ist nicht durch die gleichzeitige Anwendung der steuerfreien Übungsleiterpauschale ausgeschlossen, weil es sich bei der Trainertätigkeit und der Vorstandsarbeit um zwei unterschiedliche Tätigkeiten handelt.

Eine **Rückspende** des steuerfrei gezahlten Betrags vom Empfänger an den Verein ist übrigens grundsätzlich zulässig.[1)] Sie führt beim Spender zum Sonderausgabenabzug (vgl. Anhang 7 Abschnitt C Nr. 8 auf Seite 1233). § 10 Abs. 2 Satz 1 Nr. 1 EStG steht dem nicht entgegen, da die Spende nicht in einem unmittelbaren wirtschaftlichen Zusammenhang mit steuerfreien Einnahmen steht.

Zum Abzug der tatsächlichen Aufwendungen im Zusammenhang mit der Tätigkeit als Vereinsvorsitzender vgl. das Stichwort „Nebentätigkeit für gemeinnützige Organisationen" unter Nr. 12.

Verhinderungspflege

Einnahmen für Leistungen zur Grundpflege oder hauswirtschaftlichen Versorgung sind **bis zur Höhe des Pflegegeldes** nach dem SGB XI (= 901 € monatlich wegen Pflegegrad 5) steuerfrei und unterliegen nicht dem Progressionsvorbehalt, wenn diese Leistungen von Angehörigen des Pflegebedürftigen oder von anderen Personen erbracht werden, die damit eine sittliche Verpflichtung gegenüber dem Pflegebedürftigen erfüllen (§ 3 Nr. 36 EStG und § 37 SGB XI). Eine **sittliche Verpflichtung** wird dabei regelmäßig angenommen, wenn die Pflegeperson **nur für einen Pflegebedürftigen** tätig wird. — nein nein

Erhält ein Pflegebedürftiger den Entlastungsbetrag nach § 45b SGB XI in Höhe von bis zu 125 € monatlich und leitet ihn weiter, sind diese Beträge ebenfalls nach § 3 Nr. 36 EStG steuerfrei. — nein nein

Nicht erfasst von der Steuerbefreiung werden allerdings die **vom Pflegebedürftigen selbst zusätzlich gewährten Vergütungen.** Dies gilt auch dann, wenn die Gesamtvergütung unterhalb der Höhe des Pflegegeldes nach dem SGB XI liegt.

Verjährung

V

Gliederung:

1. Verjährung von Steueransprüchen
2. Verjährung der Lohnsteuer
3. Auswirkungen auf die Lohnsteuer-Anmeldung
4. Wegfall des Vorbehalts der Nachprüfung
5. Verjährung des Haftungsanspruchs
   a) Festsetzungsfrist für Haftungsbescheide
   b) Besondere Ablaufhemmung
6. Beginn der Festsetzungsfrist
7. Ablauf der Festsetzungsfrist
   a) Ablaufhemmung durch Lohnsteuer-Außenprüfung
   b) Wirkung der Ablaufhemmung
   c) Besonderheiten bei Haftungsbescheiden
   d) Umfang der Ablaufhemmung
   e) Ablaufhemmung durch sonstige Ermittlungen
   f) Auswirkungen beim Arbeitnehmer
   g) Festsetzungsfrist bei der Lohnsteuer-Nachschau
8. Verjährung bei der Sozialversicherung
   a) Allgemeines
   b) Verjährungshemmung bei Betriebsprüfungen
   c) Beitragsbescheid

1. Verjährung von Steueransprüchen

Nach **Ablauf** der **Festsetzungsfrist** können Steuern sowie Erstattungs- oder Vergütungsansprüche **nicht** mehr festgesetzt werden. Es dürfen auch keine Änderungen, Aufhebungen oder Berichtigungen wegen offenbarer Unrichtigkeit, gleichgültig, ob zu Gunsten oder zu Ungunsten des Arbeitgebers oder Arbeitnehmers, erfolgen. Sowohl die Ansprüche des Steuergläubigers als auch die des Erstattungsberechtigten sind mit Ablauf der Festsetzungsfrist erloschen.

Zur Wahrung der Festsetzungsfrist kommt es auf den Zeitpunkt der Bekanntgabe des Steuerbescheids nicht an. Nach § 169 Abs. 1 Satz 3 Nr. 1 AO genügt es, dass der Steuerbescheid vor Ablauf der Frist den Bereich der zuständigen Finanzbehörde verlassen hat (BFH-Urteile vom 31.10.1989, BStBl. II 1990 S. 518 und vom 19.3.1998, BStBl. II S. 557). Die Festsetzungsfrist ist jedoch nicht gewahrt, wenn der Steuerbescheid zwar vor Ablauf der Festsetzungsfrist den Bereich der für die Steuerfestsetzung zuständigen Finanzbehörde verlassen hat, dem Empfänger aber tatsächlich nicht zugeht (BFH-Beschluss vom 25.11.2002, GrS 2/01; BStBl. II 2003 S. 548).

2. Verjährung der Lohnsteuer

Der Anspruch des Staates auf die Lohnsteuer verjährt grundsätzlich nach Ablauf von **vier Jahren.** Bei hinterzogener Lohnsteuer beträgt die Verjährungsfrist **zehn Jahre,** bei leichtfertiger Steuerverkürzung **fünf Jahre.** Die Verjährungsfrist beginnt mit Ablauf des Kalenderjahres, in dem der Steueranspruch entstanden ist. Bei der Lohnsteuer kommt es nach § 38 Abs. 2 Satz 2 EStG dabei auf den Zufluss des Arbeitslohns beim Arbeitnehmer an (vgl. das Stichwort „Zufluss von Arbeitslohn"). Ist vom Arbeitgeber eine Lohnsteuer-Anmeldung eingereicht worden, beginnt die Festsetzungsfrist für die Lohnsteuer mit Ablauf des Kalenderjahres, in dem die Steueranmeldung (elektronisch) eingereicht wurde. Werden die Lohnsteuer-Anmeldungen entsprechend § 41a Abs. 1 Satz 1 EStG am 10. Tag des Folgemonats fristgemäß abgegeben, beginnt hinsichtlich der Lohnsteuer die Festsetzungsfrist für Lohnzuflüsse der Monate Januar bis November mit Ablauf des **Zuflussjahres** und für Dezember mit Ablauf des **Folgejahres.**

Beispiel

Im Laufe des Kalenderjahrs 2021 soll eine Lohnsteuer-Außenprüfung bei der Firma A durchgeführt werden, die zuletzt im Kalenderjahr 2015 geprüft worden ist. Die Lohnsteuer-Anmeldungen wurden fristgerecht abgegeben.

Die Festsetzungsfrist beginnt mit Ablauf des Kalenderjahrs, in dem die Lohnsteuer-Anmeldung eingereicht wurde (§ 170 Abs. 2 Nr. 1 AO). Mithin beginnt die Festsetzungsfrist für die Lohnsteuer, die mit der Lohnsteuer-Anmeldung für November 2016 (einzureichen bis zum 10. Dezember 2016) angemeldet werden musste, mit Ablauf des 31. Dezember 2016. Die Festsetzungsfrist beträgt 4 Jahre, sie endet mit Ablauf des 31. Dezember 2020. Im Kalenderjahr 2021 kann daher im Normalfall für die Lohnsteuer-Anmeldungszeiträume November 2016 und früher aufgrund der Lohnsteuer-Außenprüfung kein Lohn-

1) BMF-Schreiben vom 21.11.2014 (BStBl. I S. 1581). Das BMF-Schreiben ist als Anlage zu H 3.26a LStR im **Steuerhandbuch für das Lohnbüro 2021** abgedruckt, das im selben Verlag erschienen ist.

steuer-Haftungsbescheid mehr erlassen werden. Soweit beim Arbeitnehmer noch keine Festsetzungsverjährung eingetreten ist (vgl. unter Nr. 7 Buchstabe f), kann die Prüfung jedoch noch frühere Zeiträume umfassen.

Die Lohnsteuer-Anmeldung für Dezember 2016 wurde am 10. Januar 2017 rechtzeitig eingereicht. Für die damit anzumeldenden Steuerabzugsbeträge beginnt die Festsetzungsfrist mit Ablauf des 31. Dezember 2017, sie endet mit Ablauf des 31. Dezember 2021. Im Kalenderjahr 2021 kann daher der Anmeldungszeitraum Dezember 2016 noch Gegenstand eines Lohnsteuer-Haftungsbescheides sein.

3. Auswirkungen auf die Lohnsteuer-Anmeldung

Besondere Bedeutung hat der Ablauf der Festsetzungsfrist bei der Steuerfestsetzung unter **Vorbehalt der Nachprüfung** (§ 164 AO). Die Lohnsteuer-Anmeldung steht stets unter dem Vorbehalt der Nachprüfung (§ 168 AO). Bei der Vorbehaltsfestsetzung bleibt der gesamte Steuerfall „offen“, solange der Vorbehalt wirksam ist. Auch nach Ablauf der Rechtsbehelfsfrist kann eine Vorbehaltsfestsetzung jederzeit und dem Umfang nach uneingeschränkt von Amts wegen oder auf Antrag des Betroffenen aufgehoben oder geändert werden. Stellt der Steuerpflichtige oder sein gesetzlicher Vertreter einen Antrag auf Aufhebung oder Änderung der Steuerfestsetzung, so kann die Entscheidung hierüber gemäß § 164 Abs. 2 Satz 3 AO bis zur abschließenden Prüfung des Steuerfalles hinausgeschoben werden. Diese Prüfung ist innerhalb einer angemessenen Frist vorzunehmen.

4. Wegfall des Vorbehalts der Nachprüfung

Führt eine abschließende Lohnsteuer-Außenprüfung nicht zu einer Änderung der angemeldeten Steuer, ist der **Vorbehalt der Nachprüfung** gemäß § 164 Abs. 3 Satz 3 AO **aufzuheben.** Ergeben sich aufgrund der Prüfung gegenüber der angemeldeten Lohnsteuer Änderungen, so ist der Vorbehalt der Nachprüfung ebenfalls aufzuheben. Außerdem ist ein Haftungsbescheid oder in den Fällen der Lohnsteuerpauschalierung nach den §§ 37a, 37b, 40, 40 a und 40 b EStG ein Nachforderungsbescheid zu erlassen, es sei denn, der Arbeitgeber erkennt seine Zahlungsverpflichtung gemäß § 42d Abs. 4 EStG an (vgl. das Stichwort „Haftung des Arbeitgebers“ unter Nr. 12). Das Anerkenntnis nach § 42d Abs. 4 EStG steht einer Steueranmeldung gleich (§ 167 Abs. 1 Satz 3 AO) und damit ebenfalls unter dem Vorbehalt der Nachprüfung. Die Aufhebung des Vorbehalts der Nachprüfung nach einer Lohnsteuer-Außenprüfung umfasst deshalb auch gleichzeitig die Aufhebung des Vorbehalts der Nachprüfung hinsichtlich des erklärten Anerkenntnisses.

Die Wirkung des Vorbehalts wird jedoch durch die Festsetzungsfrist eingeschränkt. Mit Ablauf der vierjährigen Festsetzungsfrist (§ 169 Abs. 2 Satz 1 AO) **entfällt** der Vorbehalt automatisch, wenn er in der Zwischenzeit nicht aufgehoben wurde. Zu beachten ist also, dass die Wirksamkeit des Vorbehalts nicht verlängert wird, wenn Lohnsteuer-Abzugsbeträge hinterzogen oder leichtfertig verkürzt worden sind, denn die in diesen Fällen eintretende Erweiterung der Festsetzungsfrist auf 10 bzw. 5 Jahre (§ 169 Abs. 2 Satz 2 AO) gilt hinsichtlich des Wegfalls des Vorbehalts der Nachprüfung nicht (§ 164 Abs. 4 Satz 2 AO). Es ergeben sich aber Auswirkungen auf die Ablaufhemmung nach § 171 Abs. 7 AO. Bei Steuerhinterziehung oder leichtfertiger Steuerverkürzung endet hiernach die Festsetzungsfrist nicht, bevor die Verfolgung der Steuerstraftat oder der Steuerordnungswidrigkeit verjährt ist.

5. Verjährung des Haftungsanspruchs

a) Festsetzungsfrist für Haftungsbescheide

Wer kraft Gesetzes für eine Steuerschuld haftet, kann durch Haftungsbescheid in Anspruch genommen werden (§ 191 Abs. 1 Satz 1 AO). Die Vorschriften über die Festsetzungsfrist sind auf den Erlass von Haftungsbescheiden entsprechend anzuwenden (§ 191 Abs. 3 Satz 1 AO). Die Festsetzungsfrist für Haftungsbescheide beträgt grundsätzlich ebenfalls **vier Jahre;** die Frist beginnt mit Ablauf des Kalenderjahrs, in dem der Tatbestand verwirklicht worden ist, an den das Gesetz die Haftungsfolge knüpft (§ 191 Abs. 3 Satz 3 AO). Insoweit ist auf die Verwirklichung der Tatbestandsvoraussetzungen einer Haftungsnorm sowie die Entstehung der Steuerschuld abzustellen. Gemäß § 42d Abs. 1 Nr. 1 EStG haftet der Arbeitgeber für die Lohnsteuer, die er einzubehalten und abzuführen hat (vgl. das Stichwort „Haftung des Arbeitgebers“). Deshalb ist für die haftungsbegründende Pflichtverletzung in einem Lohnsteuer-Haftungsbescheid an die Nichtabgabe oder fehlerhafte Abgabe der Lohnsteuer-Anmeldungen (§ 41a Abs. 1 Satz 1 Nr. 1 EStG) und die Nichteinbehaltung (§ 38 Abs. 3 Satz 1 EStG) und Nichtabführung (§ 41a Abs. 1 Satz 1 Nr. 2 EStG) der sich insoweit ergebenden Lohnsteuer anzuknüpfen.

Ein erstmaliger Haftungsbescheid kann wegen der **Akzessorietät** der Haftungsschuld zur Steuerschuld grundsätzlich nicht mehr ergehen, wenn der zugrunde liegende Steueranspruch wegen Festsetzungsverjährung gegenüber dem Steuerschuldner nicht mehr festgesetzt werden darf oder wenn der gegenüber dem Steuerschuldner festgesetzte Steueranspruch durch Zahlungsverjährung oder Erlass erloschen ist (§ 191 Abs. 5 Satz 1 AO). Maßgeblich ist dabei der Steueranspruch, auf den sich die Haftung konkret bezieht. Daher ist bei der Haftung eines Arbeitgebers für zu Unrecht nicht angemeldete und abgeführte Lohnsteuer (§ 42d EStG) auf die vom Arbeitnehmer nach § 38 Abs. 2 EStG geschuldete **Lohnsteuer** und nicht auf die Einkommensteuer des Arbeitnehmers (§ 25 EStG) abzustellen; vgl. AEAO zu § 191 AO unter Nr. 9. Dabei ist für die Berechnung der die Lohnsteuer betreffenden Festsetzungsfrist die **Lohnsteuer-Anmeldung** des Arbeitgebers und nicht die Einkommensteuererklärung der betroffenen Arbeitnehmer maßgebend (vgl. BFH-Urteil vom 6.3.2008, BStBl. II S. 597). Bei der Berechnung der für die Lohnsteuer maßgebenden Festsetzungsfrist sind Anlauf- und Ablaufhemmungen nach den §§ 170, 171 AO zu berücksichtigen, soweit sie gegenüber dem **Arbeitgeber** wirken (vgl. die Erläuterungen unter Nr. 6 und 7). Zum Ablauf der Festsetzungsfrist beim Arbeitnehmer ist § 171 Abs. 15 AO zu beachten (vgl. die Erläuterungen unter Nr. 5 Buchstabe b sowie das Beispiel unter Nr. 7 Buchstabe f).

Die Festsetzungsfrist für einen Lohnsteuer-Haftungsbescheid endet hiernach nicht vor Ablauf der Festsetzungsfrist für die Lohnsteuer (§ 191 Abs. 3 Satz 4 1. Halbsatz AO):

Ist für die einzelne Lohnsteuer-Anmeldung Festsetzungsverjährung eingetreten, schließt dies eine Arbeitgeberhaftung für diesen Anmeldungszeitraum aus (§ 191 Abs. 5 Satz 1 Nr. 1 AO). Die Möglichkeit, den Arbeitnehmer z. B. durch einen geänderten Einkommensteuerbescheid in Anspruch zu nehmen, wenn der Steueranspruch ihm gegenüber noch nicht verjährt ist, bleibt davon unberührt.

Beispiel

Bei einer im Jahr 2020 begonnenen und erst im Jahr 2021 beendeten Lohnsteuer-Außenprüfung wird festgestellt, dass der Arbeitgeber B die im Jahr 2016 an seine beschränkt steuerpflichtigen Arbeitnehmer gezahlten Arbeitslöhne nicht dem Lohnsteuerabzug unterworfen hat. B war irrtümlich der Annahme, dass die Besteuerung dieser Arbeitnehmer abkommensrechtlich dem Wohnsitzstaat zugewiesen ist. Die einbehaltene Lohnsteuer für seine übrigen Arbeitnehmer hat B immer rechtzeitig am 10. Tag nach Ablauf eines jeden Lohnsteuer-Anmeldungszeitraums angemeldet.

Die Festsetzungsfrist für die Einkommensteuerschuld der beschränkt steuerpflichtigen Arbeitnehmer, die grundsätzlich nicht zur Abgabe einer Einkommensteuererklärung verpflichtet sind, beginnt mit Ablauf des 31.12.2016 und endet nach Ablauf von 4 Jahren mit dem 31.12.2020. Gegenüber den betroffenen Arbeitnehmern wäre daher im Jahr 2021 bereits die reguläre Festsetzungsverjährung für die Einkommensteuer eingetreten (siehe aber unter Nr. 5 Buchstabe b). Gleichwohl kann B für die nicht einbehaltene Lohnsteuer aus dem Jahr 2016 durch Haftungsbescheid in Anspruch genommen werden, da der Lohnsteueranspruch im Jahr 2021 noch nicht verjährt ist. Dafür ist maßgebend, wann B die Lohnsteuer-Anmeldungen für den Nachforderungszeitraum beim Finanzamt eingereicht hat. Da B die Lohnsteuer-

Anmeldungen immer pünktlich abgegeben hat, beginnt die Festsetzungsfrist für die Anmeldungszeiträume 01 bis 11/2016 mit Ablauf des 31.12.2016, für den Anmeldungszeitraum 12/2016 mit dem 31.12.2017. Für die Anmeldungszeiträume 01 bis 11/2016 würde die Festsetzungsfrist zwar zum 31.12.2020 ablaufen. Der Beginn der Lohnsteuer-Außenprüfung löst jedoch eine Ablaufhemmung aus, sodass die Festsetzungsfrist für die Lohnsteuer bis zur Unanfechtbarkeit des Haftungsbescheides nicht abläuft (§ 171 Abs. 4 AO); vgl. unter Nr. 7 Buchstabe a. Für den Anmeldungszeitraum 12/2016 ist im Jahr 2021 die reguläre Festsetzungsfrist von 4 Jahren noch nicht abgelaufen.

b) Besondere Ablaufhemmung

Der BFH hat in zwei Entscheidungen zur Versicherungsteuer die Auffassung vertreten, dass der Erlass eines Nachforderungsbescheides nach § 167 Abs. 1 Satz 1 AO nur rechtmäßig ist, wenn die Steuerschuld, für die ein Entrichtungsschuldner haftet, entstanden ist und noch besteht (Urteile vom 13.12.2011, Az. II R 26/10, BStBl. II 2013 S. 596 und Az. II R 52/09, BFH/NV 2012 S. 695). Ist der Anspruch gegenüber dem Steuerschuldner durch Verjährung erloschen (§ 47 AO), könne ein Haftungsanspruch nicht mehr geltend gemacht werden. Dies gelte auch dann, wenn vor Ablauf der Festsetzungsfrist bei dem Steuerabzugsverpflichteten mit einer Außenprüfung begonnen wurde, weil hierdurch nicht die Verjährung gegenüber dem Steuerschuldner gehemmt wird. Die Urteile des BFH betreffen nicht nur die Versicherungsteuer, sondern alle Abzugssteuern, also auch die Lohnsteuer (vgl. auch BFH-Urteil vom 17.3.2016, VI R 3/15, BFH/NV 2016 S. 994). Sie stehen allerdings im Widerspruch zu den unter Nr. 5 Buchstabe a angesprochenen Verwaltungsregelungen im AEAO zu § 191 AO. Würde man im Übrigen die Rechtsauffassung des BFH anwenden, hätte dies zur Folge, dass auch Lohnsteuer-Außenprüfungen oder andere verjährungshemmende Umstände im Sinne des § 171 AO bei einem Arbeitgeber ins Leere laufen können, sofern sich die Ablaufhemmung nicht ausnahmsweise (auch) auf die Festsetzungsfrist beim Arbeitnehmer auswirkt.

Um diese negativen Folgen für die Inanspruchnahme des Arbeitgebers oder des Arbeitnehmers nach einer Lohnsteuer-Außenprüfung zu verhindern, wurde in § 171 Abs. 15 AO ein besonderer Tatbestand für die Ablaufhemmung der Verjährung geschaffen. Soweit ein Dritter Steuern für Rechnung des Steuerschuldners einzubehalten und abzuführen oder für Rechnung des Steuerschuldners zu entrichten hat, endet hiernach die Festsetzungsfrist gegenüber dem Steuerschuldner (= Arbeitnehmer) nicht vor Ablauf der gegenüber dem Steuerentrichtungspflichtigen (= Arbeitgeber) geltenden Festsetzungsfrist. Diese Ergänzung des § 171 AO bewirkt, dass sich verjährungshemmende Umstände im Sinne des § 171 AO bei Steuerentrichtungspflichtigen ebenso auf die Festsetzungsfrist des Steuerschuldners auswirken, sodass der Erlass eines Haftungsbescheides oder eines Steuerbescheids nach § 167 Abs. 1 Satz 1 AO bis zum Ablauf der für die Lohnsteuer-Anmeldungen geltenden Festsetzungsfrist gegenüber dem Arbeitgeber stets zulässig bleibt. Hierdurch wird vor allem sichergestellt, dass ein Arbeitgeber sich der Haftung nicht allein dadurch entziehen kann, dass er den Abschluss einer Lohnsteuer-Außenprüfung bis zum Eintritt der Festsetzungsverjährung beim Arbeitnehmer bewusst hinauszögert. Zudem wird erreicht, dass auch die Festsetzungsfrist für die Einkommensteuer des Arbeitnehmers nicht zu einem früheren Zeitpunkt ablaufen kann und dieser ebenfalls für zu wenig einbehaltene Lohnsteuer noch in Anspruch genommen werden kann, wenn die Festsetzungsfrist gegenüber dem Arbeitgeber noch nicht abgelaufen ist (z. B. nach Beginn einer Lohnsteuer-Außenprüfung; vgl. das Beispiel unter Nr. 7 Buchstabe f).

6. Beginn der Festsetzungsfrist

Die Festsetzungsfrist für einen **Lohnsteuer-Haftungsbescheid** endet nicht vor Ablauf der Festsetzungsfrist für die **Lohnsteuer** (§ 191 Abs. 3 Satz 4 1. Halbsatz AO). Die Frage der Verjährung von Lohnsteuer-Haftungsansprüchen hängt hiernach entscheidend davon ab, ob die Festsetzungsfrist für die Lohnsteuer abgelaufen ist. Der Beginn der Festsetzungsfrist für die Lohnsteuer richtet sich nach § 170 Abs. 2 Satz 1 Nr. 1 AO. Dabei ist ausschließlich auf die Lohnsteuer-Anmeldung abzustellen; die Einkommensteuererklärung der betroffenen Arbeitnehmer ist insoweit nicht maßgebend (BFH-Urteil vom 6.3.2008, BStBl. II S. 597); vgl. die Erläuterungen unter Nr. 5 Buchstabe a.

Ist vom Arbeitgeber eine Lohnsteuer-Anmeldung eingereicht worden, beginnt die Festsetzungsfrist für die Lohnsteuer mit Ablauf des Kalenderjahres, in dem die Steueranmeldung eingereicht wurde (vgl. das Beispiel unter Nr. 2). Werden von einem Arbeitgeber pflichtwidrig keine Steueranmeldungen abgegeben, so beginnt die steuerliche Festsetzungsfrist nach § 170 Abs. 2 Satz 1 Nr. 1 AO spätestens mit Ablauf des **dritten Kalenderjahrs,** das auf das Kalenderjahr folgt, in dem die Lohnsteuer entstanden (sog. **Anlaufhemmung**), dass heißt, der Arbeitslohn zugeflossen ist.

Beispiel A

Bei der Firma B wird im Laufe des Jahres 2021 eine Lohnsteuer-Außenprüfung durchgeführt. Der Prüfer stellt fest, dass für das Kalenderjahr 2014 keine Lohnsteuer-Anmeldungen eingereicht wurden, obwohl die Firma in diesem Jahr lohnsteuerpflichtige Arbeitnehmer beschäftigt hatte. Das Finanzamt will die nicht einbehaltene Lohnsteuer bei B durch Haftungsbescheid nachfordern.

Die Festsetzungsfrist für die Lohnsteuer beginnt bei der Nichtabgabe von Lohnsteuer-Anmeldungen erst mit Ablauf des dritten Kalenderjahrs nach dem Kalenderjahr, in dem die Lohnsteuer entstanden ist (§ 170 Abs. 2 Satz 1 Nr. 1 AO). Für die Lohnsteuer-Anmeldungszeiträume Januar bis Dezember 2013 beginnt demnach die Festsetzungsfrist erst mit Ablauf des 31.12.2017. Sie endet nach 4 Jahren mit Ablauf des 31.12.2021, so dass im Kalenderjahr 2021 die Festsetzungsverjährung dem Erlass eines Lohnsteuer-Haftungsbescheides für das Jahr 2013 nicht entgegensteht. Bei der Nichtabgabe von Lohnsteuer-Anmeldungen dürfte zudem im Regelfall eine leichtfertige Steuerverkürzung oder sogar eine Steuerhinterziehung vorliegen, für die die verlängerten Festsetzungsfristen von fünf bzw. zehn Jahren gelten.

Hat ein Arbeitgeber die Lohnsteuer-Anmeldungen fristgemäß abgegeben, aber für einen Teil seiner Arbeitnehmer keine Lohnsteuer einbehalten und angemeldet, liegt indes kein Fall der Anlaufhemmung vor.

Beispiel B

Die Firma C hat die Lohnsteuer-Anmeldungen für die Monate Januar bis November 2016 fristgemäß abgegeben. Für einen Teil der Arbeitnehmer wurde jedoch in diesem Zeitraum keine Lohnsteuer einbehalten und abgeführt. Im Jahr 2021 will das Finanzamt nach einer Lohnsteuer-Außenprüfung die Firma C für diese nicht angemeldete Lohnsteuer durch Haftungsbescheid in Anspruch nehmen.

Für die Lohnsteuer der Monate Januar bis November 2016 ist mit Ablauf des 31.12.2020 Festsetzungsverjährung eingetreten (vgl. das Beispiel unter Nr. 2). Da die Lohnsteuer-Anmeldungen fristgemäß abgegeben wurden, liegt hier kein Fall der Anlaufhemmung vor. Der Eintritt der Festsetzungsverjährung bei der Lohnsteuer steht der Inanspruchnahme des Arbeitgebers durch Haftungsbescheid entgegen, sofern kein Fall der leichtfertigen Steuerverkürzung oder Steuerhinterziehung mit den verlängerten Verjährungsfristen von fünf bzw. zehn Jahren vorliegt.

Die Abgabe einer Anzeige (z. B. über nicht durchgeführten Lohnsteuerabzug nach § 41c Abs. 4 EStG) löst ebenfalls den Lauf der Festsetzungsfrist aus, weil das Finanzamt erst durch die Anzeige von der Entstehung des Steueranspruchs Kenntnis erlangt (§ 170 Abs. 2 Satz 1 Nr. 1 AO).

7. Ablauf der Festsetzungsfrist

In einer Vielzahl von Tatbeständen hat der Gesetzgeber in § 171 AO Bestimmungen darüber getroffen, wann der Ablauf der Festsetzungsfrist gehemmt ist. Die **Ablaufhemmung** schiebt das Ende der Festsetzungsfrist hinaus. Die Festsetzungsfrist endet in diesen Fällen meist nicht – wie im Normalfall – am Ende, sondern im Laufe eines Kalenderjahrs.

Lohn-steuer-pflichtig Sozial-versich.-pflichtig

a) Ablaufhemmung durch Lohnsteuer-Außenprüfung

Wird vor Ablauf der Festsetzungsfrist mit einer **Lohnsteuer-Außenprüfung** begonnen, oder wird deren Beginn auf Antrag des Arbeitgebers hinausgeschoben, so läuft die Festsetzungsfrist nicht ab, bevor die aufgrund der Lohnsteuer-Außenprüfung zu erlassenden Bescheide unanfechtbar geworden sind (§ 171 Abs. 4 AO). Dabei ist zu beachten, dass ein Antrag auf Verschieben des Prüfungsbeginns den Ablauf der Festsetzungsfrist nicht unbegrenzt hinausschiebt. Spätestens innerhalb von zwei Jahren nach Ablauf des vom Steuerpflichtigen beantragten Hinausschiebens der Prüfung muss das Finanzamt mit den Prüfungshandlungen begonnen haben (BFH-Urteil vom 17.3.2010, BStBl. II 2011 S. 7). Anders kann dies zu beurteilen sein, wenn der Antrag auf Aufschub des Prüfungsbeginns keine zeitlichen Vorgaben enthält. Ist die Finanzbehörde faktisch daran gehindert, den Prüfungsfall bereits im Zeitpunkt der Antragstellung neu in die Prüfungspläne aufzunehmen, endet die Festsetzungsfrist erst zwei Jahre nach Wegfall des Hinderungsgrundes (BFH-Urteil vom 1.2.2012, Az. I R 18/11, BStBl. II S. 400). Stellt der Steuerpflichtige während der Zweijahresfrist einen weiteren Verschiebungsantrag, beginnt die Zweijahresfrist erneut (BFH-Urteil vom 19.5.2016, BStBl. 2017 II S. 97).

Der Antrag auf Verschiebung des Prüfungsbeginns hat für die Festsetzungsverjährung eine aufschiebende Wirkung nur dann, wenn dem Arbeitgeber vorher eine wirksame Prüfungsanordnung bekannt gegeben worden ist. Ist die einer Lohnsteuer-Außenprüfung zugrunde liegende Prüfungsanordnung unwirksam, tritt die Ablaufhemmung nicht ein (BFH-Urteile vom 10.4.1987, BStBl. II 1988 S. 165 und vom 17.9.1992, BFH/NV 1993 S. 279). Zur Wirkung der Ablaufhemmung vgl. die Ausführungen unter Nr. 7 Buchstabe b.

Die Ablaufhemmung greift nicht bereits bei einer mündlichen Terminabsprache, sondern erst bei konkreten Prüfungs-/Ermittlungshandlungen des Außenprüfers. Dazu gehören auch das informative Gespräch, das Verlangen nach Belegen und Unterlagen oder Auskünften, ggf. auch von Dritten (BFH-Urteil vom 24.4.2003, BStBl. II S. 739). Die Prüfungshandlungen brauchen für den Steuerpflichtigen nicht erkennbar zu sein; es genügt z. B. dass der Außenprüfer nach Bekanntgabe der Prüfungsanordnung mit dem Studium der den Steuerfall betreffenden Akten beginnt. Bei der Datenträgerüberlassung beginnt die Außenprüfung spätestens mit der Auswertung der Daten (vgl. AEAO zu § 198 AO mit weiteren Rechtsprechungshinweisen).

In der Praxis sollte der genaue Prüfungsbeginn schriftlich dokumentiert werden. Dieser ergibt sich im Regelfall auch aus dem Prüfungsbericht des Finanzamts. Ist der Prüfungsbeginn dort unzutreffend festgehalten worden und hat dies Auswirkungen auf die Verjährung der Lohnsteuer, sollte das Finanzamt um Korrektur des Prüfungsberichts gebeten werden. Der Prüfungsbericht ist jedoch kein Verwaltungsakt. Eine wirksame Einrede der Verjährung kann daher nur gegen den späteren Haftungs- und Nachforderungsbescheid erhoben werden.

Führt die Lohnsteuer-Außenprüfung zu keiner Änderung, hat eine entsprechende Mitteilung nach § 202 Abs. 1 Satz 3 AO zu erfolgen, nach deren Bekanntgabe die Verjährungsfrist noch für 3 Monate gehemmt ist (§ 171 Abs. 4 Satz 1 AO; vgl. das Beispiel unter dem nachstehenden Buchstaben b). Hierdurch wird dem Arbeitgeber Gelegenheit gegeben, ggf. noch innerhalb der Festsetzungsfrist einen Antrag auf Änderung der Steuerfestsetzung zu seinen Gunsten zu stellen.

Beispiel

Bei der Firma B soll im November 2020 eine Lohnsteuer-Außenprüfung durchgeführt werden. Die Prüfung soll sich auf die Zeiträume ab Mai 2016 erstrecken (Anschlussprüfung). Auf Antrag des Arbeitgebers vom 4. Dezember 2020 wird der Beginn der Prüfung auf März 2021 verschoben. Die Prüfung wird durchgeführt. Sie führt:

a) zu einem Ergebnis. Der Haftungsbescheid wird am 25. Juni 2021 unanfechtbar (= bestandskräftig).

b) zu keinem Ergebnis. Die entsprechende Mitteilung (§ 202 Abs. 1 Satz 3 AO) wird dem Arbeitgeber am 12. Mai 2021 bekannt gegeben (§ 122 Abs. 2 Nr. 1 AO).

Die Festsetzungsfrist für die Zeiträume Mai 2016 bis November 2016 ist grundsätzlich mit Ablauf des 31. Dezember 2020 abgelaufen (vgl. das Beispiel unter Nr. 2). Da der Beginn der Prüfung aufgrund eines vor Ablauf der Festsetzungsfrist eingegangenen Antrags des Arbeitgebers verschoben worden ist, endet die Festsetzungsfrist

im Fall a) mit Unanfechtbarkeit des Haftungsbescheides, also mit Ablauf des 25. Juni 2021 (§ 171 Abs. 4 Satz 1 AO);

im Fall b) nach Ablauf von 3 Monaten seit Bekanntgabe der Mitteilung nach § 202 Abs. 1 Satz 3 AO, also mit Ablauf des 12. August 2021 (§ 171 Abs. 4 Satz 1 AO).

Lohn-steuer-pflichtig Sozial-versich.-pflichtig

Der Ablauf der Festsetzungsfrist bleibt wegen des Beginns einer Außenprüfung auch dann gehemmt, wenn das Finanzamt während der Prüfung einen geänderten Bescheid aufgrund eines Teilprüfungsberichts erlässt, die Prüfung sodann aber fortführt oder wieder aufnimmt, bevor die reguläre Festsetzungsfrist abgelaufen ist. Die fortgeführte oder wieder aufgenommene Prüfung bedarf keiner erneuten Prüfungsanordnung (BFH-Urteil vom 20.8.2003, BFH/NV 2004 S. 7).

Ist der Verwaltungsakt, mit dem der Beginn einer Außenprüfung festgesetzt wurde, rechtswidrig und hat der Steuerpflichtige ihn oder die Prüfungsanordnung angefochten, so beinhaltet ein Antrag auf Aussetzung der Vollziehung der Prüfungsanordnung nicht auch einen Antrag auf Verschiebung des Beginns der Prüfung. Der Lauf der Festsetzungsfrist wird in einem solchen Fall nicht gehemmt (BFH-Urteil vom 10.4.2003, BStBl. II S. 827).

Der Fristablauf wird nicht gehemmt, wenn das Finanzamt unmittelbar nach dem Beginn einer Prüfung für mehr als **6 Monate** aus von ihm zu vertretenden Gründen die Prüfung unterbricht (§ 171 Abs. 4 Satz 2 AO); dies gilt auch dann, wenn der Prüfungsbeginn auf Antrag des Steuerpflichtigen hinausgeschoben wurde (BFH-Beschluss vom 4.3.2020, BFH/NV 2020 S. 753). Entsprechendes gilt, wenn das Finanzamt tatsächlich keine Außenprüfung durchführt (BFH-Urteil vom 17.6.1998, BStBl. II 1999 S. 4). Eine Außenprüfung ist dann nicht mehr unmittelbar nach ihrem Beginn unterbrochen, wenn die Prüfungshandlungen nach Umfang und Zeitaufwand, gemessen an dem gesamten Prüfungsstoff, erhebliches Gewicht erreicht oder sich erste verwertbare Prüfungsergebnisse ergeben haben, an die bei Fortsetzung der Prüfung angeknüpft werden kann (BFH-Urteil vom 26.4.2017, BStBl. II S. 1159, Urteil des FG Rheinland-Pfalz vom 30.9.2004, EFG 2006 S. 78). Die Wiederaufnahme einer unterbrochenen Außenprüfung erfordert nach außen dokumentierte oder zumindest anhand der Prüfungsakten nachvollziehbare Maßnahmen, die der Steuerpflichtige als eine Fortsetzung der Prüfung erkennen kann (BFH-Urteil vom 24.4.2003, BStBl. II S. 739). Das Finanzamt kann allerdings, wenn es eine Außenprüfung nach ihrem Beginn sofort wieder für einen längeren Zeitraum als sechs Monate unterbrochen hat, innerhalb der Festsetzungsfrist mit einer neuen Prüfung beginnen und dadurch die zunächst nicht eingetretene Ablaufhemmung herbeiführen. Die Verjährung ist auch dann gehemmt, wenn bei dieser Prüfung keine neue Prüfungsanordnung erlassen wurde (BFH-Urteil vom 13.2.2003, BStBl. II S. 552). Zu weiteren Einzelheiten vgl. AEAO zu § 171 AO unter Nr. 3.5.

Die Prüfungsanordnung ist zwar Voraussetzung dafür, dass mit der Prüfung ablaufhemmend begonnen werden kann (BFH-Urteil vom 21.4.1993, BStBl. II S. 649). Maßgebend für den zeitlichen Beginn der Ablaufhemmung ist jedoch allein der (nachhaltige) Beginn der Prüfungshandlungen. Hat das Finanzamt eine Prüfungsanordnung vor Ablauf der Festsetzungsfrist ergänzt, bleibt der Ablauf der Festsetzungsfrist auch dann gehemmt, wenn der Prüfer Prüfungshandlungen für den betroffenen Zeitraum bereits vor dem Erlass der erweiterten Prüfungsanordnung

Lohnsteuerpflichtig | Sozialversich.-pflichtig

durchgeführt hat (BFH-Urteil vom 29.6.2004, BFH/NV 2004 S. 1510).

Das Finanzamt darf sich nach einer Lohnsteuer-Außenprüfung mit dem Erlass von Haftungs- und Nachforderungsbescheiden allerdings nicht uneingeschränkt Zeit lassen. Die Festsetzungsfrist endet – unabhängig vom Erlass entsprechender Haftungs- und Nachforderungsbescheide – spätestens vier Jahre nach Ablauf des Kalenderjahrs, in dem die Schlussbesprechung stattgefunden hat oder – wenn eine Schlussbesprechung definitiv unterblieben ist – in dem die letzten Ermittlungen im Rahmen der Lohnsteuer-Außenprüfung stattgefunden haben (§ 171 Abs. 4 Satz 3 AO). Sofern seit den letzten Ermittlungshandlungen der Lohnsteuer-Außenprüfung die vierjährige Festsetzungsverjährung bereits abgelaufen sein sollte, kann der Arbeitgeber durch den Verzicht auf die Durchführung der Schlussbesprechung allerdings den unmittelbaren Eintritt der Festsetzungsverjährung herbeiführen. In diesem Fall darf das Finanzamt eine (verjährungshemmende) Schlussbesprechung nicht mehr durchführen (BFH-Beschluss vom 20.10.2015, IV B 80/14, BFH/NV 2016 S. 168); zur Verfassungsmäßigkeit dieser BFH-Entscheidung vgl. Beschluss des BVerfG vom 21.7.2016, 1 BvR 3092/15[1]. Eine Ablaufhemmung nach anderen Regelungen des § 171 AO (z. B. nach § 171 Abs. 3a AO bei Einlegung eines Einspruchs oder Klage gegen einen Haftungs- und Nachforderungsbescheid des Finanzamts) bleibt davon unberührt.

b) Wirkung der Ablaufhemmung

Bei der Lohnsteuer-Außenprüfung tritt die Ablaufhemmung nur gegenüber dem Arbeitgeber ein. Beim Arbeitnehmer wird der Ablauf der Verjährungsfrist dagegen nicht gehemmt; vgl. die Ausführungen unter Nr. 7 f. Ist die Einkommensteuerschuld gegenüber den Arbeitnehmern verjährt, kann gleichwohl gegen den Arbeitgeber noch ein Lohnsteuer-Haftungsbescheid erlassen werden, wenn der Lohnsteueranspruch noch nicht verjährt ist (vgl. die Erläuterungen unter Nr. 5). § 191 Abs. 5 Satz 1 Nr. 1 AO gilt insoweit nicht. Dies gilt auch für die mit **Nachforderungsbescheid** festzusetzenden **Pauschalsteuern** nach den §§ 37a, 37b, 40, 40 a und 40 b EStG (BFH-Urteile vom 28.11.1990, BStBl. II S. 488 und vom 6.5.1994, BStBl. II S. 715).

c) Besonderheiten bei Haftungsbescheiden

Macht das Finanzamt im Anschluss an eine Lohnsteuer-Außenprüfung gegenüber dem Arbeitgeber **pauschale Lohnsteuer** in einem (formell inkorrekten) Haftungsbescheid geltend, so tritt mit der Aufhebung des angefochtenen Haftungsbescheids durch das Finanzamt eine **Unanfechtbarkeit** i. S. d. § 171 Abs. 4 Satz 1 AO ein. Der Ablauf der Festsetzungsfrist ist damit nicht mehr gehemmt (BFH-Urteil vom 6.5.1994, BStBl. II S. 715). Das Finanzamt kann in einem solchen Fall den Eintritt der Festsetzungsverjährung vor Geltendmachung des Steueranspruchs nur dadurch vermeiden, dass es den Haftungsbescheid erst aufhebt, nachdem es zuvor den (formell korrekten) Pauschalierungsbescheid (= Nachforderungsbescheid) erlassen hat.

Das Finanzamt kann im finanzgerichtlichen Verfahren einen angefochtenen Haftungsbescheid, der in formeller Hinsicht fehlerhaft ist, durch den gleichzeitigen Erlass eines neuen Haftungsbescheides aufheben. Nach Ansicht des BFH ist in einem solchen Fall der gerichtlichen Kassation der neue Haftungsbescheid noch innerhalb der nach § 171 Abs. 3a Satz 1 AO gehemmten Festsetzungsfrist ergangen und damit wirksam (BFH-Urteil vom 5.10.2004, BStBl. 2005 II S. 323). Eine analoge Anwendung dieser Vorschrift auf den Fall der Aufhebung des Bescheides durch die Finanzbehörde kommt demgegenüber nicht in Betracht (BFH-Urteil vom 5.10.2004, BStBl. II 2005 S. 122).

d) Umfang der Ablaufhemmung

Der Ablauf der Festsetzungsfrist wird durch die Lohnsteuer-Außenprüfung nur für solche Steuern gehemmt, die in der Prüfungsanordnung als **Prüfungsgegenstand** genannt sind (BFH-Urteil vom 18.7.1991, BStBl. II S. 824). Wird die Prüfungsanordnung auf bisher nicht einbezogene Steuern bzw. Prüfungsjahre erweitert, ist die Ablaufhemmung nur wirksam, soweit hinsichtlich der Erweiterung noch keine Festsetzungsverjährung eingetreten ist. Zu beachten ist die Frist für die Auswertung der Prüfungsfeststellungen (§ 171 Abs. 4 Satz 3 AO); vgl. die Erläuterungen unter Nr. 7 Buchstabe a.

e) Ablaufhemmung durch sonstige Ermittlungen

Ist bei Steuerpflichtigen eine Lohnsteuer-Außenprüfung im Geltungsbereich der AO nicht durchführbar, führen auch **Ermittlungen** i. S. d. § 92 AO zu einer Ablaufhemmung, die so lange andauert, bis die entsprechenden Bescheide unanfechtbar geworden sind (§ 171 Abs. 6 AO).

Dazu gehören:

- Einholung von Auskünften jeder Art von den Beteiligten und anderen Personen,
- Hinzuziehung von Sachverständigen,
- Beiziehung von Urkunden und Akten,
- Einnahme des Augenscheins.

Zu beachten ist jedoch, dass der Steuerpflichtige vor Ablauf der Festsetzungsfrist auf den Beginn der genannten Ermittlungen hingewiesen werden muss. In diesen Fällen ist die Frist gewahrt, wenn die Mitteilung an den Steuerpflichtigen vor Ablauf der Festsetzungsfrist den Bereich der für die Steuerfestsetzung zuständigen Finanzbehörde verlassen hat. Wird dies übersehen, wird der Ablauf der Frist nicht gehemmt.

f) Auswirkungen beim Arbeitnehmer

Für die Einkommensteuer des Arbeitnehmers gilt ebenfalls eine vierjährige Verjährungsfrist, deren Beginn sich grundsätzlich nach dem Zeitpunkt der Abgabe der Einkommensteuererklärung durch den Arbeitnehmer richtet. Für den Ablauf der Verjährungsfrist beim Arbeitnehmer ist jedoch § 171 Abs. 15 AO zu beachten (vgl. die Erläuterungen unter Nr. 5 Buchstabe b). Hiernach endet die Festsetzungsfrist gegenüber dem Arbeitnehmer (= Steuerschuldner) nicht vor Ablauf der gegenüber dem Arbeitgeber (= Steuerentrichtungspflichtiger) geltenden Festsetzungsfrist für die Lohnsteuer. Der Beginn einer Lohnsteuer-Außenprüfung hemmt daher nicht nur den Ablauf der Festsetzungsfrist für die Lohnsteuer gegenüber dem Arbeitgeber (vgl. unter Nr. 7 Buchstabe a), sondern wirkt sich indirekt auch auf die Festsetzungsfrist für die Einkommensteuer des Arbeitnehmers aus. In beiden Fällen kann die Festsetzungsfrist nicht mehr ablaufen, bevor die aufgrund der Lohnsteuer-Außenprüfung zu erlassenden Bescheide unanfechtbar geworden sind.

Beispiel

Bei einer im Kalenderjahr 2020 begonnenen und im Kalenderjahr 2021 abgeschlossenen Lohnsteuer-Außenprüfung wird festgestellt, dass der Arbeitgeber einem Angestellten im Dezember 2015 einen geldwerten Vorteil zugewandt hat, von dem aus Unkenntnis keine Steuerabzugsbeträge einbehalten worden sind. Der Arbeitnehmer wird zur Einkommensteuer veranlagt (§ 46 Abs. 2 EStG). Er hat seine Steuererklärung für 2015 dem Finanzamt in 2016 eingereicht.

Zunächst ist zu prüfen, ob für die Lohnsteuer-Anmeldung 12/2015 bereits Festsetzungsverjährung eingetreten ist und deshalb eine Lohnsteuerhaftung des Arbeitgebers noch in Betracht kommt. Hat der Arbeitgeber die Lohnsteuer-Anmeldung für 12/2015 fristgemäß im Januar 2016 abgegeben, beginnt die Festsetzungsfrist für die Lohnsteuer mit Ablauf des 31.12.2016 und endet regulär mit dem 31.12.2020. Der Erlass eines Haftungsbescheides im Jahr 2021 ist daher noch möglich,

1) Beschluss des BVerfG vom 21.7.2016 (veröffentlicht in der Zeitschrift „Der Betrieb“ 2016 S. 1976).

V

Lohnsteuerpflichtig | Sozialversich.-pflichtig

weil aufgrund der im Jahr 2020 begonnenen Lohnsteuer-Außenprüfung die Festsetzungsfrist erst mit Unanfechtbarkeit der aufgrund der Prüfung zu erlassenden Bescheide abläuft.

In einem zweiten Schritt schließt sich die Prüfung an, ob auch der Arbeitnehmer im Rahmen der Einkommensteuerfestsetzung noch in Anspruch genommen werden kann. Dies hängt davon ab, ob beim Arbeitnehmer inzwischen Festsetzungsverjährung eingetreten ist. Die Festsetzungsfrist für die Einkommensteuer 2015 des Arbeitnehmers beginnt im Beispielsfall durch die Abgabe der Steuererklärung in 2016 erst mit Ablauf des Kalenderjahrs 2016 (§ 170 Abs. 2 Satz 1 Nr. 1 AO). Die 4-jährige Festsetzungsfrist würde damit regulär mit Ablauf des Kalenderjahrs 2020 enden, sodass eine Nachforderung beim Arbeitnehmer durch Änderung des Einkommensteuerbescheids ausgeschlossen wäre. Nach § 171 Abs. 15 AO endet der Eintritt der Festsetzungsverjährung für die Einkommensteuer des Arbeitnehmers aber nicht mehr vor Ablauf der für die Lohnsteuer-Anmeldungen des Arbeitgebers geltenden Festsetzungsfrist. Das bedeutet, dass neben dem Arbeitgeber im Jahr 2021 auch der Arbeitnehmer für die nicht einbehaltenen Steuerabzugsbeträge in Anspruch genommen werden kann. Dies gilt auch für den Arbeitnehmer so lange, bis die aufgrund der Lohnsteuer-Außenprüfung zu erlassenden Bescheide unanfechtbar geworden sind.

g) Festsetzungsfrist bei der Lohnsteuer-Nachschau

Zur zeitnahen Aufklärung möglicher steuererheblicher Sachverhalte kann das Finanzamt neben der Lohnsteuer-Außenprüfung eine sog. Lohnsteuer-Nachschau nach § 42g EStG durchführen (vgl. das Stichwort „Lohnsteuer-Nachschau"). Eine Lohnsteuer-Nachschau ist aber keine Außenprüfung i. S. der §§ 193 ff. AO. Der Beginn der Lohnsteuer-Nachschau hemmt daher nicht den Ablauf der Verjährungsfrist für die Lohnsteuer nach § 171 Abs. 4 AO. Will das Finanzamt den Arbeitgeber aufgrund der im Rahmen der Lohnsteuer-Nachschau gewonnenen Erkenntnisse durch Lohnsteuer-Nachforderungsbescheid oder Lohnsteuer-Haftungsbescheid in Anspruch nehmen, muss es die Bescheide innerhalb der regulären Festsetzungsfrist für die Lohnsteuer von vier Jahren (vgl. unter Nr. 2) erlassen.

Die Ablaufhemmung nach § 171 Abs. 4 AO tritt aber dann ein, wenn das Finanzamt von der Lohnsteuer-Nachschau zu einer Lohnsteuer-Außenprüfung übergeht. Der Beginn einer Lohnsteuer-Außenprüfung nach erfolgter Lohnsteuer-Nachschau ist dabei unter Angabe von Datum und Uhrzeit vom Finanzamt aktenkundig zu machen; zudem muss der Arbeitgeber auf den Übergang zur Lohnsteuer-Außenprüfung schriftlich hingewiesen werden.[1] Zu den ab diesem Zeitpunkt greifenden Rechtsfolgen für den Ablauf der Festsetzungsfrist vgl. die Erläuterungen unter Nr. 7 Buchstabe a.

8. Verjährung bei der Sozialversicherung

a) Allgemeines

In der Sozialversicherung verjähren die Ansprüche auf die Gesamtsozialversicherungsbeiträge in **vier Jahren** nach Ablauf des Kalenderjahrs, in dem sie fällig geworden sind (§ 25 Abs. 1 Satz 1 SGB IV). Beiträge, die im Kalenderjahr 2021 fällig werden, verjähren somit bereits mit Ablauf des Kalenderjahrs 2025. Die vierjährige Verjährungsfrist gilt auch bei einer fahrlässigen Nichtabführung von Sozialversicherungsbeiträgen. Für die Hemmung, die Ablaufhemmung, den Neubeginn und die Wirkung der Verjährung gelten nach § 25 Abs. 2 Satz 1 SGB IV die Vorschriften des Bürgerlichen Gesetzbuchs (insbesondere die §§ 203 bis 217 BGB) sinngemäß.

Ansprüche auf vorsätzlich vorenthaltene Beiträge verjähren erst in **30 Jahren** nach Ablauf des Kalenderjahrs, in dem sie fällig geworden sind (§ 25 Abs. 1 Satz 2 SGB IV). Für die Annahme einer dreißigjährigen Verjährungsfrist reicht es aus, wenn der Beitragspflichtige die Beiträge mit **bedingtem Vorsatz** gegenüber der Einzugsstelle vorenthalten hat, er also seine Beitragspflicht nur für möglich gehalten, die Nichtabführung der Beiträge aber billigend in Kauf genommen hat (Urteil des Bundessozialgerichts vom 21.6.1990, Az. 12 RK 13/89). Die Beweislast für eine (bedingt) vorsätzliche Beitragsverkürzung obliegt zwar dem Sozialversicherungsträger (Urteil des Landessozialgerichts Nordrhein-Westfalen vom 9.10.2003, Az. L 16 KR 223/02). Wegen der engen Anknüpfung des Beitragsrechts an das Steuerrecht gehen die Sozialversicherungsbehörden bei Beitragsansprüchen auf der Grundlage eines Prüfungsberichts oder Bescheides der Finanzbehörde jedoch dann bereits von einem bedingten Vorsatz des Beitragsschuldners aus, wenn dieser eine Beitragsentrichtung aufgrund des Prüfungsberichts oder Bescheides der Finanzbehörde nicht vorgenommen hat oder es unterlassen hat, sich bei der Einzugsstelle zu vergewissern, dass eine Beitragspflicht nicht vorliegt.

b) Verjährungshemmung bei Betriebsprüfungen

Die Verjährung ist für die Dauer einer **Betriebsprüfung** durch die **Rentenversicherungsträger** beim Arbeitgeber gehemmt (§ 25 Abs. 2 Satz 2 SGB IV). Die Hemmung der Verjährung bei einer Betriebsprüfung gilt auch gegenüber den aufgrund eines Werkvertrages für den Arbeitgeber tätigen Nachunternehmern und deren weiteren Nachunternehmern.

Eine Hemmung der Verjährung tritt **nicht** ein, wenn die Prüfung unmittelbar nach ihrem Beginn für die Dauer von mehr als **sechs Monaten** aus Gründen unterbrochen wird, die die **prüfende Stelle** zu vertreten hat (§ 25 Abs. 2 Satz 3 SGB IV). Die Hemmung beginnt mit dem Tag des Beginns der Prüfung beim Arbeitgeber oder bei der vom Arbeitgeber mit der Lohn- und Gehaltsabrechnung beauftragten Stelle und endet mit der Bekanntgabe des Beitragsbescheides, spätestens nach Ablauf von sechs Kalendermonaten nach Abschluss der Prüfung. Kommt es aus Gründen, die die prüfende Stelle nicht zu vertreten hat, zu einem späteren Beginn der Prüfung, beginnt die Hemmung mit dem in der Prüfungsankündigung ursprünglich bestimmten Tag.

c) Beitragsbescheid

Ein Beitragsbescheid über Sozialversicherungsbeiträge unterbricht die Verjährung des Anspruchs bis zur Unanfechtbarkeit des Bescheids (§ 52 Abs. 1 SGB X). Sind die Gesamtsozialversicherungsbeiträge durch einen unanfechtbaren Beitragsbescheid festgesetzt worden, beträgt die Verjährungsfrist 30 Jahre (§ 52 Abs. 2 SGB X).

Verletztengeld

Verletztengeld, das die gesetzliche Unfallversicherung bei Arbeitsunfähigkeit wegen Arbeitsunfall oder Berufskrankheit zahlt, ist nach § 3 Nr. 1 Buchstabe a EStG steuerfrei; es unterliegt jedoch dem Progressionsvorbehalt (vgl. dieses Stichwort). nein | nein[2]

Nach § 23c SGB IV gelten Zuschüsse des Arbeitgebers zum Verletztengeld nicht als beitragspflichtiges Arbeitsentgelt, wenn die Einnahmen zusammen mit dem Verletztengeld das Nettoarbeitsentgelt im Sinne des § 47 Abs. 1 SGB V nicht um mehr als 50 € monatlich übersteigen. Diese Zuschüsse des Arbeitgebers sind zwar beitragsfrei, aber lohnsteuerpflichtig. ja | nein

Auf die ausführlichen Erläuterungen beim Stichwort „Arbeitsentgelt" unter Nr. 2 wird hingewiesen.

1) Randnummer 15 des BMF-Schreibens vom 16.10.2014 (BStBl. I S. 1408). Das BMF-Schreiben ist als Anlage zu H 42g LStR im **Steuerhandbuch für das Lohnbüro 2021** abgedruckt, das im selben Verlag erschienen ist.

2) Zur Beitragspflicht des Verletztengeldes wird auf die Erläuterungen beim Stichwort „Lohnersatzleistungen" Bezug genommen.

	Lohn-steuer-pflichtig	Sozial-versich.-pflichtig

Verlosungsgewinne

Nach dem BFH-Urteil vom 25. 11. 1993 (BStBl. 1994 II S. 254) ist der Gewinn aus einer betriebsintern veranstalteten Verlosung ein geldwerter Vorteil und damit – vom Ausnahmefall des ganz überwiegenden eigenbetrieblichen Interesses des Arbeitgebers abgesehen – steuerpflichtiger Arbeitslohn. Der Bundesfinanzhof vertritt die Auffassung, dass auch der „per Zufall" erzielte Gewinn der beruflichen Sphäre zuzurechnen sei, wenn berufliche Umstände zur Teilnahmeberechtigung an der Verlosung geführt haben.

Hiernach sind Verlosungsgewinne steuer- und beitragspflichtig, wenn die **Teilnahmeberechtigung durch** ein bestimmtes **berufliches Verhalten** ausgelöst wird. Dies ist z. B. dann der Fall, wenn an einer Verlosung nur diejenigen Arbeitnehmer teilnahmeberechtigt sind,

- die in bestimmten Zeiträumen nicht wegen Krankheit gefehlt haben oder — ja — ja
- die einen Verbesserungsvorschlag eingereicht haben. — ja — ja

Der Bundesfinanzhof musste in zwei Streitfällen (BFH-Urteile vom 2.9.2008, BStBl. 2010 II S. 548 und S. 550) entscheiden, ob bei einem **entgeltlichen** Loserwerb die Verknüpfung mit der beruflichen Tätigkeit gelöst wird und der Losgewinn dadurch auf der nicht steuerbaren Vermögensebene erzielt wird.

Im ersten Streitfall führte eine Bausparkasse eine „Wettbewerbsauslosung für Außendienstmitarbeiter" durch. Nach den Spielregeln wurde für jeden vermittelten Bausparvertrag 50 Cent für die Auslosung einbehalten. Der Kläger gewann bei der Auslosung ein Kfz, das er noch im selben Jahr für 25 500 € veräußerte. Während das Finanzamt und das Finanzgericht den Betrag von 25 500 € als steuerpflichtige Einnahme erfassen wollten, gab der Bundesfinanzhof dem Kläger Recht. Werden bereits – wie hier – erwirtschaftete Einnahmen (quasi im Nachhinein) bei einer betrieblichen Losveranstaltung verwendet, führt ein Losgewinn nicht zu steuerpflichtigen Einnahmen. Ausschlaggebend war für den Bundesfinanzhof, dass der Kläger das **Los aus versteuerten Einnahmen** quasi **gekauft** hatte. Er war auch **nicht gezwungen**, an der Verlosung **teilzunehmen.** — nein — nein

Im zweiten Streitfall waren bei einer Verlosung eines Kosmetikherstellers alle Vertriebsmitarbeiter mit höchstens acht Losen teilnahmeberechtigt, die in den beiden Monaten Januar und Februar einen **Mindestumsatz** in Höhe von jeweils 125 € erzielt hatten. Die Klägerin gewann das als Hauptgewinn ausgelobte „Traumhaus" im Wert von 250 000 €. Der Bundesfinanzhof hat die Auffassung des Finanzamts bestätigt, dass die Gewinnauszahlungen zu steuerpflichtigen Einnahmen führe. Es handele sich bei dem Losgewinn um eine **zusätzliche Vergütung**. Anders als im vorhergehenden Fall wurden die **Lose** hier bei Erreichen eines bestimmten Mindestumsatzes **„unentgeltlich" zugeteilt.** — ja — ja

In den beiden Streitfällen waren allerdings die Vertriebsmitarbeiter steuerlich selbständig tätig. Die vom Bundesfinanzhof aufgestellten Grundsätze gelten u. E. jedoch auch für Losgewinne angestellter Vertriebsmitarbeiter.

V

Zur Behandlung von Verlosungsgewinnen bei **Betriebsveranstaltungen** vgl. dieses Stichwort unter Nr. 8.

Vermittlungsprovisionen

siehe „Provisionen"

	Lohn-steuer-pflichtig	Sozial-versich.-pflichtig

Vermögensbeteiligungen

Neues und Wichtiges auf einen Blick:

1. Bestimmung der Einkunftsart bei Veräußerungsgewinnen

Bei der Veräußerung einer Vermögensbeteiligung stellt sich die Frage, ob der erzielte Gewinn beim veräußernden Arbeitnehmer zu **Arbeitslohn oder** zu **Einkünften aus Kapitalvermögen** führt, die – im Gegensatz zum Arbeitslohn – lediglich mit dem Abgeltungsteuersatz von 25 % zu besteuern sind und daher zu einem vorteilhafteren Steuersatz führen. Diese Abgrenzung ist aufgrund einer **Würdigung der wesentlichen Umstände** des Einzelfalles vorzunehmen. Zu den Indizien, die im Einzelfall für bzw. gegen das Vorliegen von Arbeitslohn sprechen, vgl. die Ausführungen unter der nachfolgenden Nr. 1 besonders unter den Buchstaben c und d.

2. Verdoppelung des Freibetrags und Förderung von „Startup-Beteiligungen" ab 1.7.2021

Durch das sog. Fondsstandortgesetz soll der Freibetrag für Vermögensbeteiligungen von 360 € jährlich auf 720 € jährlich verdoppelt werden.

Gesetzlich definierte „Startup-Beteiligungen" sollen nicht bereits im Zeitpunkt der Überlassung, sondern erst bei Veräußerung (spätestens allerdings nach zehn Jahren oder bei einem Arbeitgeberwechsel) lohnbesteuert werden. Die Änderungen sollen zum 1.7.2021 in Kraft treten. Wir werden Sie über unseren Newsletterservice über den Fortgang des Gesetzgebungsverfahrens informieren.

Gliederung:

1. Allgemeines

a) Bestimmung der Einkunftsart

Anhand aller wesentlichen Umstände des Einzelfalls ist zunächst zu entscheiden, ob die **Zuwendung** einer Vermögensbeteiligung durch den Arbeitgeber an den Arbeitnehmer oder einem diese nahestehende Person (z. B. Familienangehöriger)

- den Einkünften aus nichtselbstständiger Arbeit (= Arbeitslohn),
- aufgrund einer zwischen den Beteiligten bestehenden Sonderrechtsbeziehung einer anderen Einkunftsart oder

Lohn-steuer-pflichtig | Sozial-versich.-pflichtig

– dem nicht steuerbaren einkommensteuerlichen Bereich (z. B. bei einer schenkungsteuerlichen Zuwendung aus eindeutig privater Veranlassung)

zuzurechnen ist. Die persönlichen Auffassungen und Einschätzungen der Beteiligten sind dabei unerheblich. Bei unentgeltlichen oder verbilligten beteiligungsorientierten Vergütungsmodellen (sog. **Mitarbeiterbeteiligungsprogrammen**) liegt Arbeitslohn vor. Arbeitslohn ist auch beim unentgeltlichen oder verbilligten Erwerb einer Beteiligung gegeben, die im Hinblick auf die spätere Beschäftigung als Geschäftsführer gewährt wird (BFH-Urteil vom 26.6.2014, BStBl. II S. 864). Der unentgeltliche oder verbilligte Erwerb einer Beteiligung durch eine vom Arbeitnehmer beherrschte Kapitalgesellschaft kann auch dann zu Arbeitslohn führen, wenn nicht der Arbeitgeber des Arbeitnehmers selbst, sondern ein Gesellschafter des Arbeitgebers die Beteiligung veräußert (= Lohnzahlung durch Dritte an Dritte; BFH-Urteile vom 1.9.2016, BStBl. 2017 II S. 69 und vom 15.3.2018, BStBl. II S. 550). ja ja

Auch bei der **Veräußerung** einer Vermögensbeteiligung stellt sich die Frage, ob der erzielte Gewinn beim veräußernden Arbeitnehmer zu Arbeitslohn oder zu Einkünften aus Kapitalvermögen führt, die – im Gegensatz zum Arbeitslohn – lediglich mit dem Abgeltungsteuersatz von 25 % zu besteuern sind und daher zu einem vorteilhafteren Steuersatz führen. Diese Abgrenzung ist aufgrund einer Würdigung der wesentlichen Umstände des Einzelfalles vorzunehmen. Zu den Indizien, die im Einzelfall für bzw. gegen das Vorliegen von Arbeitslohn sprechen, vgl. im Einzelnen die Ausführungen unter den nachfolgenden Buchstaben c und d.

b) Sonderrechtsbeziehungen

Sonderrechtsbeziehungen, die isoliert betrachtet nicht zum Zufluss von Arbeitslohn führen, können insbesondere neben dem Arbeitsverhältnis bestehende Kauf-, Miet- und Darlehensverhältnisse zwischen Arbeitgeber und Arbeitnehmer oder einem diese nahestehende Person sein. Allein die neben der Sonderrechtsbeziehung bestehende „Arbeitnehmerstellung" reicht für eine Annahme von Arbeitslohn regelmäßig nicht aus. Eine andere Beurteilung ergibt sich allerdings, wenn die Sonderrechtsbeziehung über die Arbeitnehmerstellung hinaus **an das Arbeitsverhältnis anknüpft.** Für das Vorliegen von Arbeitslohn spricht daher z. B.:

- Erwerb der Vermögensbeteiligung nur durch Arbeitnehmer, die zuvor vom Arbeitgeber gezielt ausgewählt wurden (vgl. hierzu auch nachfolgenden Buchstaben c) oder
- Erlöschen eines Wandlungsrechts zugunsten einer Vermögensbeteiligung mit der Beendigung des Arbeitsverhältnisses (vgl. auch das Stichwort „Genussrechte"). ja ja

Nach dem Erwerb einer Vermögensbeteiligung sprechen ein bis zum Totalausfall des eingesetzten Kapitals bestehendes Verlustrisiko sowie ein Rangrücktritt, der den beteiligten Arbeitnehmer auf die Stufe eines Gesellschafters und nicht eines Fremdgläubigers stellt, gegen die Annahme von Arbeitslohn. Entsprechendes gilt beim Erwerb, wenn Vermögensbeteiligungen verbilligt auch an Nichtarbeitnehmer (z. B. Gesellschafter und/oder Geschäftsfreunde) veräußert werden (BFH-Urteil vom 7.5.2014, BStBl. II S. 904).

c) Erwerb der Beteiligung zum Marktpreis

Der Veräußerungsgewinn einer sog. „Managementbeteiligung" am Arbeitgeber-Unternehmen führt regelmäßig **nicht zu Arbeitslohn,** wenn die Kapitalbeteiligung **zum Marktpreis erworben** worden ist. Das gilt auch dann, wenn die Beteiligung nur leitenden Mitarbeitern angeboten worden ist. Auch bestehende Ausschluss- oder Kündigungsrechte bei einer Beendigung des Arbeitsverhältnisses sind lediglich Ausdruck und Folge der Mitarbeiterbeteiligung und rechtfertigen daher für sich allein nicht die Annahme, dass dem Arbeitnehmer durch die Möglichkeit zur Beteiligung am „Arbeitgeber-Unternehmen" Lohn zugewendet werden sollte. Es spielt auch keine Rolle, dass mit der Beteiligung die Möglichkeit einer (erheblichen) Gewinnchance verbunden ist, wenn ein effektives Verlustrisiko besteht (BFH-Urteil vom 4.10.2016, BStBl. 2017 II S. 790); im Streitfall wurde in einem Zeitraum von 23 Monaten eine Rendite von 403 % erzielt. Die von der Finanzverwaltung angeführten Insiderkenntnisse, die zu einer Begrenzung oder gar Wegfall des Verlustrisikos geführt hätten, hielt der Bundesfinanzhof nicht für ausschlaggebend, um von Arbeitslohn auszugehen. Der Veräußerungsgewinn führt allerdings in der Regel zu **Einkünften aus Kapitalvermögen,** die der Abgeltungsteuer unterliegen (§§ 20 Abs. 2 i. V. m. 32d EStG). nein nein

Sowohl bei direkten Aktienübertragungen als auch bei der Einräumung von Aktienanrechten setzt ein etwaiger Lohnzufluss – selbst bei einem Erwerb der Vermögensbeteiligung zum Marktpreis (= geldwerter Vorteil zunächst 0,– €) – die Erlangung von wirtschaftlichem Eigentum beim Arbeitnehmer voraus. **Wirtschaftliches Eigentum** kann **nicht** unterstellt werden, wenn **umfassende Verfügungsbeschränkungen** (z. B. keine Stimm- und Dividendenbezugsrechte in Kombination mit einem Veräußerungsverbot) vereinbart wurden. Deshalb fließt dem Arbeitnehmer der geldwerte Vorteil erst in dem Zeitpunkt zu, in dem die Verfügungsbeschränkungen nicht mehr umfassend sind (z. B. bei Wegfall einzelner Beschränkungen). Dies gilt insbesondere auch, wenn eine Übertragung der Aktien in ihrer Wirksamkeit von der Zustimmung der Gesellschaft abhängig ist und eine Veräußerung der Aktien für den Arbeitnehmer rechtlich unmöglich ist (sog. vinkulierte Namensaktien). Ein schuldrechtliches Veräußerungsverbot verhindert den Zufluss jedoch nicht, da die Veräußerung (ggf. unter Sanktionierung) rechtlich möglich ist.

Dagegen ist auch von wirtschaftlichem Eigentum auszugehen, wenn der Arbeitnehmer aufgrund einer Sperr- bzw. Haltefrist die Aktien lediglich für eine bestimmte Zeit nicht veräußern kann, ihm aber das Stimmrecht und der Dividendenanspruch unabhängig von der Vereinbarung einer Sperrfrist zustehen. Sperr- oder Haltefristen stehen einem Zufluss von Arbeitslohn in diesem Fall nicht entgegen. Die Erlangung der wirtschaftlichen Verfügungsmacht erfordert nicht, dass der Arbeitnehmer in der Lage sein muss, den Vorteil sofort durch Veräußerung der Aktien in Bargeld umzuwandeln. Vgl. auch nachfolgende Nr. 5 Buchstabe b.

d) Gesamtumstände des Einzelfalles

Jeder der vorstehend genannten Gesichtspunkte hat aber für sich genommen nur indizielle Bedeutung. Alle diese Aspekte gehen allerdings in die erforderliche Gesamtwürdigung ein. Im Rahmen dieser Gesamtbeurteilung sind auch die Beweggründe von Arbeitgeber und Arbeitnehmer für die abgeschlossenen Rechtsgeschäfte zu hinterfragen und zu würdigen. Folgende Übersicht soll die Entscheidung im Einzelfall ermöglichen:

	Indizien **für** Veranlassungszusammenhang mit Dienstverhältnis (Gewinn = Arbeitslohn)	Indizien **gegen** Veranlassungszusammenhang mit Dienstverhältnis (Gewinn = Einkünfte aus Kapitalvermögen)
Erhebliche indizielle Bedeutung	• Nicht marktübliche, erhöhte Verzinsung • Nur ein theoretisches Verlustrisiko • Marktüblicher (erhöhter) Veräußerungserlös	• Erwerb der Beteiligung zu einem marktgerechten Preis • Marktüblicher Veräußerungserlös • Verlustrisiko bei einer wirtschaftlichen Schieflage des Unternehmens (Rückzahlung nicht garantiert)

Lohnsteuerpflichtig | Sozialversich.-pflichtig

	Indizien **für** Veranlassungszusammenhang mit Dienstverhältnis (Gewinn = Arbeitslohn)	Indizien **gegen** Veranlassungszusammenhang mit Dienstverhältnis (Gewinn = Einkünfte aus Kapitalvermögen)
Indizielle Bedeutung	• Beteiligung wird ausschließlich Arbeitnehmern angeboten • Beendigung des Arbeitsverhältnisses führt zum Ausschluss aus der Gesellschaft (Verknüpfung der Beteiligung mit dem Arbeitsverhältnis) • Veräußerungsbeschränkungen • Good/Bad-Leaver Klausel (der Grund für die Beendigung des Arbeitsverhältnisses hat eine Auswirkung auf die Höhe der Abfindung)	• Beteiligung von anderen Personen

Beispiel

Der Arbeitnehmer erwirbt von seinem Arbeitgeber eine Vermögensbeteiligung zum Marktpreis von 100 000 € (= geldwerter Vorteil 0,–). Fünf Jahre später veräußert er diese Beteiligung wiederum an seinen Arbeitgeber für 175 000 €. Der Marktpreis der Beteiligung beträgt zu diesem Zeitpunkt 150 000 €.

Der erhöhte Veräußerungserlös von 25 000 € (175 000 € abzüglich 150 000 €) führt zu einem als Arbeitslohn zu versteuernden geldwerten Vorteil.

e) Steuerliche Vergünstigungen

Die unentgeltliche oder verbilligte Überlassung von Vermögensbeteiligungen als **Arbeitslohn** im Rahmen des Arbeitsverhältnisses an den Arbeitnehmer wird steuerlich gefördert. Soweit der eingeräumte Vorteil steuerfrei ist, gehört er regelmäßig auch nicht zum Arbeitsentgelt in der Sozialversicherung. Zum Umfang der Steuerfreistellung vgl. nachfolgende Nr. 2. nein nein

Der Vorteil muss jedoch im Rahmen eines **gegenwärtigen** Dienstverhältnisses gewährt werden. Hierzu gehören auch Arbeitnehmer, deren Dienstverhältnis ruht (z. B. während der Mutterschutzfristen oder Elternzeit) oder die sich in der Freistellungsphase einer Altersteilzeitvereinbarung befinden. An ausgeschiedene Arbeitnehmer (Betriebsrentner, Werkspensionäre), die ausschließlich Versorgungsbezüge beziehen, kann deshalb keine steuerfreie Vermögensbeteiligung gewährt werden. Die Überlassung der Vermögensbeteiligung ist allerdings begünstigt, wenn sie im Rahmen der Abwicklung des früheren Arbeitsverhältnisses noch als Arbeitslohn für die tatsächliche Arbeitsleistung anzusehen ist. Erhält also ein unbeschränkt oder beschränkt steuerpflichtiger Arbeitnehmer, der in einem gegenwärtigen Dienstverhältnis steht, von seinem Arbeitgeber unentgeltlich oder verbilligt Vermögensbeteiligungen (z. B. Aktien), ist dieser geldwerte Vorteil unter den Voraussetzungen der nachfolgenden Nr. 2 **(teilweise) steuerfrei.**

V

Der Arbeitgeber wird im Regelfall Vermögensbeteiligungen begünstigt überlassen, die in seinem Eigentum stehen. Dies ist aber nicht zwingend Voraussetzung für die Steuerbegünstigung. Die Steuerfreiheit der geldwerten Vorteile tritt deshalb auch dann ein, wenn der Arbeitnehmer die **Vermögensbeteiligung am Unternehmen des Arbeitgebers von einem Dritten** erhält. Aus diesem Grunde liegt eine steuerbegünstigte Überlassung von Vermögensbeteiligungen z. B. auch dann vor, wenn der Arbeitgeber ein Kreditinstitut beauftragt, Wertpapiere zu erwerben und den Arbeitnehmern zu einem Vorzugskurs zu verkaufen, wobei der Arbeitgeber dem Kreditinstitut die Kursdifferenz ersetzt (dennoch erhält der Arbeitnehmer in diesem Fall einen Sachbezug). Der Arbeitgeber muss folglich nicht unmittelbar in die Überlassung der Vermögensbeteiligung eingeschaltet sein. Zu den begünstigten Vermögensbeteiligungen im Einzelnen vgl. die Erläuterungen unter der nachfolgenden Nr. 4 Buchstabe b.

Lohnsteuerpflichtig | Sozialversich.-pflichtig

Steuerlich gefördert wird aber nur die unentgeltliche oder verbilligte Überlassung einer **Vermögensbeteiligung in Form eines Sachbezugs** (vgl. die Erläuterungen und Beispiele unter der folgenden Nr. 3).

2. Steuerfreistellung der Vermögensbeteiligung

a) Allgemeines

Ziel des sog. Mitarbeiterkapitalbeteiligungsgesetzes vom 7.3.2009 (BGBl. I S. 451, BStBl. I S. 436) war es, die betriebliche Mitarbeiterkapitalbeteiligung durch eine Steuerbefreiungsvorschrift (§ 3 Nr. 39 EStG) zu stärken. Dies sollte durch eine Anhebung des **steuer-** und **sozialversicherungsfreien Höchstbetrags** für die Überlassung von Mitarbeiterkapitalbeteiligungen am **arbeitgebenden Unternehmen** auf **360 €** jährlich bei Wegfall der Begrenzung auf den halben Wert der Vermögensbeteiligung erfolgen (vgl. die Erläuterungen unter dem nachfolgenden Buchstaben c).

Der frühere Bewertungsfreibetrag von 135 € ist für bestimmte Beteiligungen bei Überlassung bis Ende 2015 beibehalten worden. Hierdurch wurde für eine längere Übergangszeit Bestandsschutz besonders für außerbetriebliche Beteiligungen gewährt.

Seit 1.1.2016 kann für die unentgeltliche oder verbilligte Überlassung von Vermögensbeteiligungen nur noch der steuer- und sozialversicherungsfreie Höchstbetrag von 360 € angewendet werden. Vgl. hierzu nachfolgenden Buchstaben c sowie den jeweiligen Buchstaben b unter den Nrn. 4 und 5. Zum 1.7.2021 soll der Freibetrag auf 720 € jährlich verdoppelt werden. Die Erhöhung soll für das gesamte Jahr 2021 gelten.

b) Anwendung der 135-Euro-Grenze (§ 19a EStG)

Die Übergangsregelung zur Weiteranwendung des Bewertungsfreibetrags von 135 € (§ 19a EStG) ist zum 31.12.2015 ausgelaufen (§ 52 Abs. 27 EStG).

c) Anwendung des steuer- und sozialversicherungsfreien Höchstbetrags von 360 € (§ 3 Nr. 39 EStG)

Durch das Gesetz zur steuerlichen Förderung der Mitarbeiterkapitalbeteiligung vom 7.3.2009 (BGBl. I S. 451, BStBl. I S. 436) ist für Vermögensbeteiligungen ein steuer- und sozialversicherungsfreier Höchstbetrag von 360 € jährlich eingeführt worden. Der steuer- und sozialversicherungsfreie Höchstbetrag ist – anders als früher bei der Regelung des § 19a EStG – nicht auf den halben Wert der Vermögensbeteiligung begrenzt. Steuer- und sozialversicherungsfrei sind Vermögensbeteiligungen am Unternehmen des Arbeitgebers **(= direkte Beteiligung),** wobei jedes konzernzugehörige Unternehmen als Unternehmen des Arbeitgebers gilt (vgl. hierzu auch die Erläuterungen unter der nachstehenden Nr. 4 Buchstabe b). Bei direkten Beteiligungen werden sämtliche Rahmenbedingungen von der Höhe der Beteiligung, der Gewinn- und Verlustbeteiligung, Laufzeit/Sperrfristen, Kündigungsbedingungen, Informations- und Kontrollrechte, Verwaltung der Beteiligungen usw. zwischen Arbeitgeber und Arbeitnehmer frei verhandelt und vertraglich festgelegt. **Außerbetriebliche Beteiligungen** sind **nicht begünstigt.**

Der steuer- und sozialversicherungsfreie Höchstbetrag von bis zu 360 € gilt für unbeschränkt und beschränkt steuerpflichtige Arbeitnehmer, die in einem **gegenwärtigen Dienstverhältnis** zum Arbeitgeber stehen. Ein erstes Dienstverhältnis ist aber nicht Voraussetzung für den

Steuerfreibetrag. In einem gegenwärtigen Dienstverhältnis stehen auch Arbeitnehmer, deren Dienstverhältnis ruht (z. B. während der Mutterschutzfristen, der Elternzeit) oder die sich in der Freistellungsphase einer Altersteilzeitvereinbarung befinden. Die Überlassung von Vermögensbeteiligungen an frühere Arbeitnehmer des Arbeitgebers ist nur begünstigt, soweit sie im Rahmen der **Abwicklung** des früheren Dienstverhältnisses noch als Arbeitslohn für die tatsächliche Arbeitsleistung überlassen werden. Arbeitnehmer, die ausschließlich Versorgungsbezüge beziehen, stehen nicht mehr in einem gegenwärtigen Dienstverhältnis.

Unabhängig von der arbeitsrechtlichen Verpflichtung zur Gleichbehandlung setzt die Steuerfreiheit bis 360 € voraus, dass die Beteiligung mindestens **allen Arbeitnehmern offensteht,** die im Zeitpunkt der Bekanntgabe des Angebots **ein Jahr oder länger** ununterbrochen in einem gegenwärtigen **Dienstverhältnis** zum Arbeitgeber stehen. Einzubeziehen sind z. B. auch geringfügig Beschäftigte, Teilzeitkräfte, Auszubildende und weiterbeschäftigte Rentner. Bei einem Entleiher sind Leiharbeitnehmer nicht einzubeziehen. Arbeitnehmer, die kürzer als ein Jahr in einem Dienstverhältnis stehen, können einbezogen werden. Bei einem Konzernunternehmen müssen die Beschäftigten der übrigen Konzernunternehmen nicht einbezogen werden. Hinsichtlich der **Konditionen** (Höhe der Beteiligungswerte und/oder der Zuzahlungen), zu denen die Vermögensbeteiligungen überlassen werden, kann übrigens bei den einzelnen Arbeitnehmern **differenziert** werden. Dies bedarf allerdings aus arbeitsrechtlicher Sicht eines sachlichen Grunds.

Es wird nicht beanstandet (= Wahlrecht des Arbeitgebers), wenn ins Ausland entsandte Arbeitnehmer (sog. **Expatriats**), Organe von Körperschaften (z. B. **Vorstandsmitglieder**), **gekündigte** Arbeitnehmer und **Arbeitnehmer, die** zwischen dem Zeitpunkt des Angebots und dem Zeitpunkt der Überlassung **ausscheiden** (Auslaufen des Arbeitsvertrags), **nicht einbezogen** werden. Entsprechendes gilt für Mandatsträger.[1] U. E. ist es auch nicht zu beanstanden, wenn in Deutschland weder unbeschränkt noch beschränkt steuerpflichtige Arbeitnehmer nicht einbezogen werden, die bei einer ausländischen Betriebsstätte des Arbeitgebers tätig sind.

Ist ein Arbeitgeber mit guten Gründen davon ausgegangen, dass ein bestimmter Arbeitnehmer oder eine bestimmte Gruppe von Arbeitnehmern nicht einzubeziehen ist und stellt sich dies im Nachhinein als unzutreffend heraus, bleibt die Steuerfreiheit von bis zu 360 € für die übrigen Arbeitnehmer dennoch erhalten.

Beispiel A

Arbeitgeber A ging davon aus, allen Arbeitnehmern ein Angebot zum verbilligten Erwerb einer Vermögensbeteiligung unterbreitet zu haben. Bei einer nicht einbezogenen Gruppe von Personen stellt sich jedoch im Rahmen einer Lohnsteuer-Außenprüfung heraus, dass es sich nicht – wie von A angenommen – um selbstständige Mitarbeiter, sondern auch um Arbeitnehmer handelt.

Die Feststellung im Rahmen der Lohnsteuer-Außenprüfung hat keine Auswirkungen auf die Inanspruchnahme des steuerfreien Höchstbetrags von bis zu 360 € bei den übrigen Arbeitnehmern.

Der **geldwerte Vorteil** ergibt sich aus dem **Unterschiedsbetrag** zwischen dem **Wert** der **Vermögensbeteiligung** (vgl. nachfolgende Nr. 5 Buchstabe b) und der **Zuzahlung** des Arbeitnehmers (= vom Arbeitnehmer gezahlter Preis). Bei einer Verbilligung ist es unerheblich, ob der Arbeitgeber einen prozentualen Abschlag auf den Wert der Vermögensbeteiligung oder einen Preisvorteil in Form eines Festbetrags gewährt.

Beispiel B

Der Arbeitgeber überlässt seinem Arbeitnehmer am 1.12.2021 sieben Aktien des Unternehmens mit einem Börsenkurs von jeweils 50 €.

Der geldwerte Vorteil durch die unentgeltliche Überlassung der Vermögensbeteiligung beträgt 350 € und ist in voller Höhe steuer- und sozialversicherungsfrei.

Beispiel C

Der Arbeitgeber überlässt seinem Arbeitnehmer am 1.9.2021 zehn Aktien des Unternehmens mit einem Börsenkurs von jeweils 100 € zu einem Preis von 60 €.

Börsenkurs	1 000 €
gezahlter Preis	600 €
geldwerter Vorteil	400 €
steuerfrei (= Höchstbetrag)	360 €
steuerpflichtig sind	40 €

Der steuerpflichtige geldwerte Vorteil aus der Überlassung einer Vermögensbeteiligung kann **nicht** nach **§ 37b** Abs. 2 EStG mit **30 % pauschal besteuert** werden, da Vermögensbeteiligungen generell von dieser Vorschrift ausgenommen worden sind (vgl. § 37b Abs. 2 Satz 2 EStG; siehe auch die Erläuterungen beim Stichwort „Pauschalierung der Lohnsteuer für Belohnungsessen, Incentive-Reisen, VIP-Logen und ähnliche Sachbezüge“ unter Nr. 2). Dies gilt auch für den geldwerten Vorteil aus der Überlassung von Vermögensbeteiligungen, für die der steuer- und sozialversicherungsfreie Höchstbetrag von 360 € wegen Überschreitung bzw. Ausschöpfung nicht mehr in Anspruch genommen werden kann oder für die er dem Grunde nach nicht greift, weil es sich um die Überlassung einer für die Inanspruchnahme der Steuerbefreiungsvorschrift nicht begünstigten Vermögensbeteiligung handelt (vgl. die Erläuterungen unter der nachfolgenden Nr. 4 Buchstabe b).

Der steuer- und sozialversicherungsfreie Höchstbetrag von 360 € jährlich bezieht sich auf das einzelne Dienstverhältnis. Steht der Arbeitnehmer im Kalenderjahr 2021 nacheinander (bei einem unterjährigen Arbeitgeberwechsel) oder nebeneinander in mehreren Dienstverhältnissen, kann der steuer- und sozialversicherungsfreie Höchstbetrag **in jedem Dienstverhältnis** in Anspruch genommen werden. Ein „erstes“ Dienstverhältnis ist also nicht Voraussetzung für die Inanspruchnahme des steuerfreien Höchstbetrags.

Beispiel D

Ein Arbeitnehmer mit zwei Dienstverhältnissen (Steuerklassen I und VI) erhält am 1.6.2021 von seinem Arbeitgeber A (erstes Dienstverhältnis) eine Vermögensbeteiligung im Wert von 300 € und am 1.9.2021 von seinem Arbeitgeber B (zweites Dienstverhältnis) eine Vermögensbeteiligung im Wert von 250 €.

Bei mehreren Dienstverhältnissen kann der steuer- und sozialversicherungsfreie Höchstbetrag in jedem Dienstverhältnis in Anspruch genommen werden. Beide Vermögensbeteiligungen überschreiten jeweils nicht den steuer- und sozialversicherungsfreien Höchstbetrag von 360 € und sind daher jeweils steuer- und sozialversicherungsfrei.

Die **Übernahme** der mit der Überlassung von Vermögensbeteiligungen verbundenen **Nebenkosten** (z. B. Notariatsgebühren, Kosten für Registereintragungen) durch den Arbeitgeber sind kein Arbeitslohn. Ebenfalls **kein Arbeitslohn** sind vom Arbeitgeber übernommene **Depotgebühren**, die durch die Festlegung der Wertpapiere für die Dauer einer vertraglich vereinbarten **Sperrfrist** entstehen; dies gilt entsprechend bei einer unentgeltlichen Depotführung durch den Arbeitgeber.[2]

3. Vermögensbeteiligung als Sachbezug

Steuerlich gefördert wird über die Steuerbefreiungsvorschrift des § 3 Nr. 39 EStG nur die verbilligte oder unentgeltliche Überlassung einer Vermögensbeteiligung in Form eines **Sachbezugs.** Die Annahme eines Sachbezugs erfordert, dass die Gegenleistung des Arbeitgebers für die geleistete Arbeit des Arbeitnehmers nicht in Geld, sondern in

V

1) Vgl. Textziffer 1.2 des BMF-Schreibens vom 8.12.2009, BStBl. I S. 1513. Das BMF-Schreiben ist als Anlage zu H 3.39 LStR im **Steuerhandbuch für das Lohnbüro 2021** abgedruckt, das im selben Verlag erschienen ist.

2) Vgl. Textziffer 1.1.6 des BMF-Schreibens vom 8.12.2009, BStBl. I S. 1513. Das BMF-Schreiben ist als Anlage zu H 3.39 LStR im **Steuerhandbuch für das Lohnbüro 2021** abgedruckt, das im selben Verlag erschienen ist.

Lohn- steuer- pflichtig | Sozial- versich.- pflichtig

einem geldwerten Vorteil besteht. Bloße Geldleistungen (Zuschüsse) des Arbeitgebers an den Arbeitnehmer zur Begründung oder zum Erwerb einer Vermögensbeteiligung sind nicht begünstigt. Die Steuerbefreiungsvorschrift des § 3 Nr. 39 EStG scheidet auch dann aus, wenn vom Arbeitgeber für den Arbeitnehmer vereinbarte vermögenswirksame Leistungen zur Begründung oder zum Erwerb einer Vermögensbeteiligung angelegt werden. Auch hierbei handelt es sich um eine Geldleistung.

Für die Inanspruchnahme des steuerfreien Höchstbetrags nach § 3 Nr. 39 EStG kommt es nicht darauf an, ob die Vermögensbeteiligung zusätzlich zum ohnehin geschuldeten Arbeitslohn oder durch Umwandlung von geschuldetem Barlohn in eine Vermögensbeteiligung überlassen wird. Die ursprünglich im Gesetzeswortlaut enthaltene Voraussetzung, dass die Vermögensbeteiligung als freiwillige Leistung zusätzlich zum ohnehin geschuldeten Arbeitslohn überlassen wird, ist durch das Gesetz zur Umsetzung steuerlicher EU-Vorgaben sowie zur Änderung steuerlicher Vorschriften vom 8.4.2010 (BGBl. I S. 386, BStBl. I S. 334) rückwirkend ab April 2009 (= Zeitpunkt der Einführung der Steuerbefreiungsvorschrift) gestrichen worden. Eine Gehaltsumwandlung ist also steuerlich zulässig, zum Sozialversicherungsrecht vgl. wegen der Beitragsfreiheit nachfolgende Nr. 8.

Beispiel A

Der Arbeitnehmer hat mit seinem Arbeitgeber im Januar 2021 vereinbart, dass er auf die Auszahlung des arbeitsvertraglich zustehenden 13. Monatsgehalts in Höhe von 480 € verzichtet und dafür vom Arbeitgeber eine stille Beteiligung am Unternehmen des Arbeitgebers mit gleichem Wert erhält.

Es liegt ein begünstigter Sachbezug vor, da es steuerlich nicht darauf ankommt, ob die Vermögensbeteiligung zusätzlich zum ohnehin geschuldeten Arbeitslohn oder aufgrund einer Vereinbarung mit dem Arbeitnehmer über die Herabsetzung des individuell zu versteuernden Arbeitslohns überlassen wird. Der geldwerte Vorteil ist in Höhe von 360 € steuerfrei und in Höhe von 120 € steuerpflichtig.

Beispiel B

Der Arbeitnehmer hat arbeitsvertraglich einen Anspruch auf vermögenswirksame Leistungen in Höhe von 480 €. Er entscheidet sich dafür, diesen Betrag als stille Beteiligung bei einem fremden Unternehmen zu verwenden (außerbetriebliche stille Beteiligung).

Die vom Arbeitgeber erbrachte vermögenswirksame Leistung ist in vollem Umfang steuerpflichtig. Der Steuerfreibetrag von bis zu 360 € kann bereits deshalb nicht in Anspruch genommen werden, weil es sich bei der Anlage der vermögenswirksamen Leistungen um eine Geldleistung und nicht um einen Sachbezug handelt. Außerdem gehören außerbetriebliche stille Beteiligungen nicht zu den begünstigten Vermögensbeteiligungen für die Inanspruchnahme der Steuerbefreiungsvorschrift.

Die Steuervergünstigung in Form des steuer- und sozialversicherungsfreien Höchstbetrags von 360 € jährlich steht einem Arbeitnehmer auch dann zu, wenn die Vermögensbeteiligung am Unternehmen des Arbeitgebers unentgeltlich oder verbilligt **durch einen Dritten** (z. B. Kreditinstitut als Beauftragter des Arbeitgebers) überlassen wird. Voraussetzung ist aber, dass die Überlassung durch das Dienstverhältnis veranlasst ist. Dies ist z. B. auch gegeben, wenn eine Konzernmuttergesellschaft Aktien an die Arbeitnehmer einer Tochtergesellschaft überlässt.

Es kommt nicht darauf an, ob der Arbeitgeber in die Überlassung eingeschaltet ist oder ob der Arbeitgeber dem Dritten den Preis der Vermögensbeteiligung bzw. die durch die Überlassung entstehenden Kosten ganz oder teilweise ersetzt. Es handelt sich in diesen Fällen aber für den Arbeitnehmer immer noch um einen Sachbezug, da er von dem Dritten eine Vermögensbeteiligung erhält. Die ggf. vorliegende Geldleistung des Arbeitgebers geht an den Dritten und nicht – dies wäre nämlich schädlich für die Annahme eines Sachbezugs – an den Arbeitnehmer. Vgl. auch das Stichwort „Lohnzahlung durch Dritte“.

Bei **Darlehnsforderungen** des Arbeitnehmers gegen den Arbeitgeber handelt es sich nur dann um eine begünstigte Vermögensbeteiligung in Form eines Sachbezugs, wenn der Nennwert der Darlehnsforderung gegen den Arbeitgeber höher ist als die vom Arbeitnehmer zum Erwerb aufgewendeten (Eigen-)Mittel. Würde hingegen der Arbeitgeber an den Arbeitnehmer einen (Bar-)Zuschuss zahlen, läge eine nicht begünstigte Geldleistung vor. Unerheblich ist hingegen, ob die Darlehnsforderung gegen den Arbeitgeber verzinslich oder unverzinslich ist.

Beispiel C

Ein Arbeitnehmer erwirbt gegenüber seinem Arbeitgeber gegen eine Zahlung von 800 € eine Darlehnsforderung von 1000 €, die durch eine Bankbürgschaft gesichert ist.

Es handelt sich um die verbilligte Überlassung einer Vermögensbeteiligung in Form eines Sachbezugs. Der geldwerte Vorteil von 200 € ist steuer- und sozialversicherungsfrei, da der Höchstbetrag von 360 € nicht überschritten ist.

Beispiel D

Ein Arbeitnehmer erwirbt gegenüber seinem Arbeitgeber gegen eine entsprechende Zahlung eine Darlehnsforderung von 1000 €, die durch eine Bankbürgschaft gesichert ist. Der Arbeitgeber leistet an den Arbeitnehmer einen Zuschuss von 200 €.

Die Zahlung des Arbeitgebers an den Arbeitnehmer ist steuer- und sozialversicherungspflichtig. Es liegt keine verbilligte Überlassung einer Vermögensbeteiligung in Form eines Sachbezugs, sondern eine Geldleistung vor.

4. Begünstigte Vermögensbeteiligungen

a) Anwendung der 135-Euro-Grenze (§ 19a EStG)

Die Übergangsregelung zur Weiteranwendung des Bewertungsfreibetrags von 135 € (§ 19a EStG) ist zum 31.12.2015 ausgelaufen (§ 52 Abs. 27 EStG).

b) Anwendung des steuer- und sozialversicherungsfreien Höchstbetrags von 360 € (§ 3 Nr. 39 EStG)

Die Vermögensbeteiligungen, die bis zum steuer- und sozialversicherungsfreien Höchstbetrag von 360 € jährlich begünstigt sind, sind weitgehend mit denjenigen Vermögensbeteiligungen identisch, für die eine Sparzulage nach dem 5. Vermögensbildungsgesetz in Betracht kommt (vgl. hierzu das Stichwort „Vermögensbildung der Arbeitnehmer“ unter Nr. 8 Buchstabe a). Wichtig ist aber, dass nicht jede vom Arbeitgeber gewährte **Vermögensbeteiligung** begünstigt ist, sondern nur noch die Beteiligung des Arbeitnehmers **am eigenen Unternehmen des Arbeitgebers.** Dabei gilt als Unternehmen des Arbeitgebers auch ein Unternehmen **des** zugehörigen **Konzerns** (§ 18 AktG). Durch diese Begrenzung soll eine verstärkte Bindung des Arbeitnehmers an das Unternehmen des Arbeitgebers erreicht werden. **Außerbetriebliche Beteiligungen** sind bezüglich der Anwendung des steuer- und sozialversicherungsfreien Höchstbetrags von 360 € (§ 3 Nr. 39 EStG) also **nicht begünstigt.**

Beispiel

Der Arbeitgeber überlässt seinen Arbeitnehmern am 1. 3. 2021 Aktien eines fremden, nicht konzernzugehörigen Unternehmens.

Der steuer- und sozialversicherungsfreie Höchstbetrag von 360 € (§ 3 Nr. 39 EStG) kann nicht in Anspruch genommen werden, da es sich nicht um Vermögensbeteiligungen am Unternehmen des Arbeitgebers handelt.

Folgende Vermögensbeteiligungen sind bis 360 € steuer- und sozialversicherungsfrei:

- **Aktien** und zwar inländische oder ausländische Belegschaftsaktien (betriebliche Beteiligungen). Aktienoptionen sind aber keine begünstigten Vermögensbeteiligungen.
- **Wandelschuldverschreibungen,** die vom inländischen oder ausländischen Arbeitgeber[1] ausgegeben werden (betriebliche Beteiligungen).

1) Die Schuldverschreibung als Namensschuldverschreibung muss durch Bankbürgschaft bzw. durch ein Versicherungsunternehmen privatrechtlich gesichert sein. Die Sicherung ist nicht erforderlich, wenn der Arbeitgeber ein inländisches Kreditinstitut ist.

Lohnsteuerpflichtig | Sozialversich.-pflichtig

- **Gewinnschuldverschreibungen,** die vom (inländischen oder ausländischen) Arbeitgeber ausgegeben werden.[1]
- **Namensschuldverschreibungen** des (inländischen oder ausländischen) Arbeitgebers.[1]
- **Genussscheine,** die vom (inländischen oder ausländischen) **Arbeitgeber** ausgegeben werden. Die Genussscheine, mit denen das Recht am Gewinn des Unternehmens verbunden ist, dürfen beim Arbeitnehmer als Inhaber des Wertpapiers aber keine Mitunternehmerschaft begründen. Die Anlage in Genussscheinen, die von Kreditinstituten ausgegeben werden, ist nur dann möglich, wenn das Kreditinstitut der Arbeitgeber ist.
- **Genossenschaftsanteile,** und zwar Geschäftsguthaben bei einer inländischen Genossenschaft, die der inländische Arbeitgeber ist.
- **GmbH-Anteile** unter der Voraussetzung, dass die GmbH der inländische **Arbeitgeber** ist.
- **Stille Beteiligungen,** die keine Mitunternehmerschaft begründen, unter der Voraussetzung, dass die stille Beteiligung beim inländischen **Arbeitgeber** begründet wird.
- **Darlehnsforderungen gegen den Arbeitgeber,** die durch Bankbürgschaft oder durch ein Versicherungsunternehmen privatrechtlich gesichert sind (vgl. die Beispiele C und D am Ende der vorstehenden Nr. 3).
- **Genussrechte,** die ein inländischer **Arbeitgeber** den Arbeitnehmern an seinem Unternehmen einräumt. Hierzu gehören auch Genussscheine, die keine Wertpapiere sind, z. B. Genussscheine nach Art eines Schuldscheins. Voraussetzung ist, dass mit den Genussrechten das Recht am Gewinn des Unternehmens begründet wird und der Arbeitnehmer nicht als Mitunternehmer anzusehen ist. Eine Absicherung durch Bankbürgschaft oder privatrechtliche Versicherung ist nicht erforderlich.

Unternehmen, die demselben **Konzern** angehören (§ 18 AktG) gelten als Arbeitgeber im vorstehenden Sinne. Ist der Arbeitgeber selbst ein Kreditinstitut besteht bei bestimmten Vermögensbeteiligungen (z. B. Wandel-, Gewinn- und Namensschuldverschreibung, Darlehensforderung) der Vorteil der nicht notwendigen Absicherung gegen Insolvenzverlust durch eine Bankbürgschaft oder ein Versicherungsunternehmen.

Anteile an OGAW-Sondervermögen sowie an als Sondervermögen aufgelegten offenen Publikums-AIF nach den §§ 218 und 219 des Kapitalanlagegesetzbuchs sowie Anteile an offenen EU-Investmentvermögen und offenen AIF, die nach dem Kapitalanlagegesetzbuch vertrieben werden dürfen, können nicht steuerbegünstigt überlassen werden (Ausschluss des Buchstabens c des § 2 Abs. 1 Nr. 1 des 5. VermBG in der Aufzählung der begünstigten Vermögensbeteiligungen des § 3 Nr. 39 EStG).

Begünstigt ist übrigens auch der **Erwerb** von Vermögensbeteiligungen am Arbeitgeber-Unternehmen durch eine **Bruchteilsgemeinschaft** sowie der Erwerb durch eine **Gesamthandsgemeinschaft,** der jeweils ausschließlich Arbeitnehmer angehören.[2] Hierdurch soll der in der Praxis gängigen und weit verbreiteten Variante Rechnung getragen werden, dass die Vermögensbeteiligung nicht von den Mitarbeitern direkt, sondern indirekt bzw. mittelbar über eine vermögensverwaltende Mitarbeiterbeteiligungsgesellschaft – wie z. B. eine Gesellschaft bürgerlichen Rechts – gehalten wird. Die Steuerbefreiung kann hingegen bei Zwischenschaltung einer Kapitalgesellschaft nicht in Anspruch genommen werden, weil insoweit keine den Arbeitnehmern zuzurechnende Beteiligung am Arbeitgeber-Unternehmen vorliegt.

Zu den begünstigten Vermögensbeteiligungen für die Inanspruchnahme des steuer- und sozialversicherungsfreien Höchstbetrags von 360 € gehörte ursprünglich auch die Überlassung von Mitarbeiterbeteiligungs-Sondervermögen im Sinne des früheren § 90l Investmentgesetz. In das dem Investmentgesetz nachfolgende Kapitalanlagegesetzbuch ist das Mitarbeiterbeteiligungs-Sondervermögen wegen seiner geringen praktischen Bedeutung nicht übernommen worden.

5. Bewertung der Vermögensbeteiligungen

a) Anwendung der 135-Euro-Grenze (§ 19a EStG)

Die Übergangsregelung zur Weiteranwendung des Bewertungsfreibetrags von 135 € (§ 19a EStG) ist zum 31.12.2015 ausgelaufen (§ 52 Abs. 27 EStG).

b) Anwendung des steuer- und sozialversicherungsfreien Höchstbetrags von 360 € (§ 3 Nr. 39 EStG)

Als Wert der Vermögensbeteiligung – auch wenn die Steuerbefreiung nicht zur Anwendung kommt (vgl. vorstehende Nr. 4 Buchstabe b) – ist der **gemeine Wert** anzusetzen (§ 3 Nr. 39 Satz 4 EStG; hierbei handelt es sich um eine spezielle gesetzliche Vorschrift für die Bewertung von Vermögensbeteiligungen). Ein Abschlag von 4 % (R 8.1 Abs. 2 Satz 3 LStR) ist nicht vorzunehmen. Auch die 44-Euro-Freigrenze für Sachbezüge ist nach Meinung der Finanzverwaltung nicht anwendbar. Allerdings hält der Bundesfinanzhof die 44-Euro-Freigrenze für Sachbezüge für anwendbar, wenn ein Arbeitnehmer im Rahmen eines Mitarbeiterbeteiligungsprogramms in einem Kalendermonat eine Gratisaktie im Wert von bis zu 44 € erhält (BFH-Urteil vom 15.1.2015, BFH/NV 2015 S. 672). Entsprechendes gilt nach Ansicht des Gerichts für die unentgeltliche oder verbilligte Einräumung von Genussrechten (BFH-Beschluss vom 6.7.2011; BFH/NV 2011 S. 1683). Die beiden vorstehend zitierten Urteile sind zur Vorgängervorschrift (= § 19a EStG) ergangen, die jedoch ebenfalls eine Bewertung mit dem gemeinen Wert vorsah.

Veräußerungssperren (z. B. Fristen) mindern den gemeinen Wert nicht (BFH-Urteil vom 30.9.2008, BStBl. 2009 II S. 282). Entscheidend ist aber, ob die Verfügungsbeschränkungen lediglich schuldrechtlicher Natur sind (Sperr-/Haltefristen, die den Zufluss nicht infrage stellen) oder ob sie – wie etwa im deutschen Aktienrecht bei **vinkulierten Namensaktien** – unmittelbar die Wirksamkeit der Übertragung selbst bestimmen (zunächst noch kein Zufluss der Aktien, erst bei Zustimmung der Gesellschaft; BFH-Urteil vom 30.6.2011, BStBl. II S. 923). Denn wenn eine Übertragung von Aktien in ihrer Wirksamkeit von der Zustimmung der Gesellschaft abhängig ist, sind die verfügenden Rechtsgeschäfte nur mit Zustimmung der Gesellschaft wirksam. Hat die Gesellschaft in die Übertragung eingewilligt, ist die Übertragung von Anfang an wirksam; ohne Zustimmung ist die Aktienübertragung zunächst schwebend unwirksam. Wird aber die Einwilligung verweigert, ist die Übertragung von vornherein unwirksam. Der Bundesfinanzhof verneint daher einen steuerlichen Zufluss, solange dem Arbeitnehmer eine Veräußerung der Aktien **rechtlich unmöglich** ist. Dies gilt sowohl bei deutschen als auch bei ausländischen Aktien. Zur Frage des Übergangs des wirtschaftlichen Eigentums bei Aktien und Aktienanwartschaften vgl. auch vorstehende Nr. 1 Buchstabe c am Ende.

Der **gemeine Wert** börsennotierter Vermögensbeteiligungen wird in der Regel dem **Kurswert** entsprechen. Der gemeine Wert nicht börsennotierter Aktien lässt sich nicht stets **aus** weniger als ein Jahr zurückliegenden und im gewöhnlichen Geschäftsverkehr erzielten **Verkäufen** von börsennotierten gattungsgleichen Aktien ableiten (vgl.

V

1) Die Schuldverschreibung als Namensschuldverschreibung muss durch Bankbürgschaft bzw. durch ein Versicherungsunternehmen privatrechtlich gesichert sein. Die Sicherung ist nicht erforderlich, wenn der Arbeitgeber ein inländisches Kreditinstitut ist.

2) Vgl. Textziffer 1.1.2, letzter Absatz des BMF-Schreibens vom 8.12.2009, BStBl. I S. 1513. Das BMF-Schreiben ist als Anlage zu H 3.39 LStR im **Steuerhandbuch für das Lohnbüro 2021** abgedruckt, das im selben Verlag erschienen ist.

Lohn- steuer- pflichtig | Sozial- versich.- pflichtig

hierzu § 11 Abs. 2 BewG). **Besondere Umstände,** die eine **Abweichung** von den Kaufpreisen rechtfertigen können, liegen vor, wenn

- nur Kurswerte für Vorzugsaktien vorliegen, aber Stammaktien zu bewerten sind,
- eine Minderheitsbeteiligung vorliegt und der Kaufpreis für eine Mehrheitsbeteiligung bekannt ist oder
- die Kapitalgesellschaft eigene Anteile hält (vgl. auch BFH-Urteil vom 1.9.2016, BStBl. 2017 II S. 149).

Eine Abweichung von den Kaufpreisen ist auch dann gerechtfertigt, wenn nach den Veräußerungen, aber vor dem Bewertungsstichtag weitere Umstände hinzutreten, die dafür sprechen, dass die Verkäufe nicht mehr den gemeinen Wert der Aktien repräsentieren und es an objektiven Maßstäben für Zu- oder Abschläge fehlt (BFH-Urteil vom 29.7.2010, BStBl. 2011 II S. 68). In diesen Fällen ist ggf. zu schätzen, welchen Kaufpreis ein gedachter Erwerber unter Berücksichtigung der Ertragsaussichten und des Substanzwerts zahlen würde.

Schwierigkeiten bereitet in der Praxis insbesondere die Bestimmung des gemeinen Werts von GmbH-Anteilen. Da es sich bei der **Veräußerung „Arbeitgeber/Arbeitnehmer"** nicht um eine Veräußerung im gewöhnlichen Geschäftsverkehr handelt – weil ein Einfluss des Arbeitsverhältnisses auf die Verkaufsmodalitäten naheliegt –, kommt eine Ableitung des gemeinen Werts aus Verkäufen regelmäßig nicht in Betracht. Somit ist der gemeine Wert einer Beteiligung unter Berücksichtigung des Vermögens und der Ertragsaussichten zu schätzen; eine **Schätzung** ausschließlich anhand der Ertragsaussichten ist nicht zulässig. Hierfür wird regelmäßig ein Sachverständigengutachten erforderlich sein (BFH-Urteil vom 15.3.2018, BStBl. II S. 550).

Der **Zufluss** des Arbeitslohns ist zu dem Zeitpunkt gegeben, zu dem der Arbeitnehmer über die Vermögensbeteiligung wirtschaftlich verfügen kann (BFH-Urteil vom 23.6.2005, BStBl. II S. 770). Bei **Aktien** ist dies der Zeitpunkt der **Einbuchung** der Aktien in das **Depot** des Arbeitnehmers (BFH-Urteil vom 20.11.2008, BStBl. 2009 II S. 382). Zu diesem Zeitpunkt ist nach Verwaltungsauffassung auch die Bewertung der Höhe des Arbeitslohns nach den vorstehenden Grundsätzen vorzunehmen. Der Zeitpunkt der Beschlussfassung über die Überlassung und der Zeitpunkt des Angebots an den Arbeitnehmer sind nach Verwaltungsauffassung unmaßgeblich.

Aus Vereinfachungsgründen kann die Ermittlung des Wertes der Vermögensbeteiligung **(Bewertungszeitpunkt)** beim einzelnen Arbeitnehmer am **Tag der Ausbuchung** beim Überlassenden oder dessen Erfüllungsgehilfen vorgenommen werden; es kann auch auf den Vortag der Ausbuchung abgestellt werden. Ebenso ist es aus Vereinfachungsgründen zulässig, bei allen begünstigten Arbeitnehmern den **durchschnittlichen Wert** der Vermögensbeteiligung anzusetzen, wenn das Zeitfenster der Überlassung nicht mehr als einen Monat beträgt. Die vorstehenden Vereinfachungsregelungen gelten jeweils sowohl im Lohnsteuerabzugs- als auch im Veranlagungsverfahren.

Beispiel A

Arbeitnehmer A erhält von seinem Arbeitgeber zehn sog. Belegschaftsaktien. Am Tag der Ausbuchung der Belegschaftsaktien beim Arbeitgeber beträgt der Schlusskurs der Aktie im XETRA-Handel 60 €. Der Arbeitgeber berücksichtigt im Lohnsteuerabzugsverfahren einen geldwerten Vorteil von 240 € (10 Aktien à 60 € = 600 € abzüglich 360 € Freibetrag).

Am Tag der Einbuchung der Aktie in das Depot des Arbeitnehmers (= **Zuflusszeitpunkt**) beträgt der Schlusskurs der Aktie im XETRA-Handel

a) 58 €

b) 62 €.

Im Fall a) kann der Arbeitnehmer im Rahmen seiner Einkommensteuer-Veranlagung den niedrigeren geldwerten Vorteil in Höhe von 220 € (10 Aktien à 58 € abzüglich 360 € Freibetrag) geltend machen und seinen Bruttoarbeitslohn um 20 € (240 € abzüglich 220 €) mindern.

Im Fall b) wird der Arbeitnehmer auch im Rahmen seiner Einkommensteuer-Veranlagung die o. a. Vereinfachungsregelung anwenden. Er muss keinen gegenüber dem Lohnsteuerabzugsverfahren um 20 € höheren geldwerten Vorteil (10 Aktien à 62 € = 620 € abzüglich 360 € Freibetrag = 260 €) versteuern.

Muss der Arbeitnehmer aufgrund der getroffenen Vereinbarung einen höheren Kaufpreis zahlen als z. B. den Kurswert der Vermögensbeteiligung, betrifft dies die private Vermögenssphäre des Arbeitnehmers und führt nicht zu negativem Arbeitslohn; auch Werbungskosten aus nichtselbstständiger Arbeit liegen nicht vor. Entsprechendes gilt für **Kursrückgänge** nach dem Zuflusszeitpunkt. Steuerliche Auswirkungen können sich daher lediglich im Bereich der Einkünfte aus Kapitalvermögen (Ermittlung des Gewinns/Verlusts bei Veräußerungsvorgängen nach § 20 Abs. 2 EStG) ergeben.

Beispiel B

Eigenleistung des Mitarbeiters	Wert der Beteiligung	Geldwerter Vorteil insgesamt	Steuerfrei	Steuer-pflichtig
0 €	50 €	50 €	50 €	0 €
0 €	500 €	500 €	360 €	140 €
200 €	400 €	200 €	200 €	0 €
50 €	250 €	200 €	200 €	0 €
135 €	270 €	135 €	135 €	0 €
150 €	300 €	150 €	150 €	0 €
250 €	500 €	250 €	250 €	0 €
250 €	700 €	450 €	360 €	90 €
1 000 €	500 €	0 €	0 €	0 €[1)

Der Bundesfinanzhof hat abweichend von der vorstehenden Verwaltungsauffassung entschieden, dass bei einem zu Arbeitslohn führenden **verbilligten Aktienerwerb** für die Höhe des geldwerten Vorteils die **Wertverhältnisse** bei Abschluss des für beide Seiten verbindlichen **Kaufvertrags** maßgebend sind (BFH-Urteil vom 7.5.2014, BStBl. II S. 904; = **Bewertungszeitpunkt**). Denn positive wie negative Wertveränderungen zwischen schuldrechtlichem Veräußerungsgeschäft und dinglichem Erfüllungsgeschäft seien auf die Marktverhältnisse zurückzuführen und beruhten nicht mehr auf dem Arbeitsverhältnis. Wertveränderungen in dieser Zeitspanne seien daher dem privaten Vermögensbereich zuzuordnen. Allerdings fließt der geldwerte Vorteil auch bei einem verbilligten Aktienerwerb erst mit der **Erlangung der wirtschaftlichen Verfügungsmacht** des Arbeitnehmers über die Aktien zu **(= Zuflusszeitpunkt).** Die Finanzverwaltung folgt der Rechtsprechung des Bundesfinanzhofs und lässt auch diesen Bewertungszeitpunkt alternativ zu ihren bestehenden Vereinfachungsregelungen zu.

Unter Berücksichtigung dieser Rechtsprechung wäre auch bei einem **unentgeltlichen Aktienerwerb** für die Ermittlung der Höhe des als Arbeitslohn anzusetzenden geldwerten Vorteils (= Bewertungszeitpunkt) auf den Tag der Ausübung des Optionsrechts durch den Arbeitnehmer (nicht aber bereits auf die Einräumung des Bezugsrechts!) abzustellen. Zuflusszeitpunkt ist aber auch hier die Erlangung der wirtschaftlichen Verfügungsmacht des Arbeitnehmers über die Aktien.

c) Sonstiges

Kein Arbeitslohn liegt übrigens vor, wenn der Arbeitgeber dem Arbeitnehmer die Vermögensbeteiligung nicht aufgrund des Dienstverhältnisses, sondern wegen **anderer**

1) Der Arbeitnehmer kann den „Verlust" von 500 € nicht als negativen Arbeitslohn geltend machen, da der Verlust seine private Vermögenssphäre betrifft. Veräußert er später die Vermögensbeteiligung für einen Preis von unter 1000 €, erzielt er einen Verlust aus Kapitalvermögen (§ 20 Abs. 2 EStG), den er innerhalb dieser Einkunftsart mit anderen Einkünften verrechnen kann. Ggf. ist der eigene Verlustverrechnungskreis für Aktien im Bereich der Einkünfte aus Kapitalvermögen zu beachten.

V

Lohnsteuerpflichtig | Sozialversich.-pflichtig

Sonderrechtsbeziehungen gewährt (z. B. wegen der Veräußerung von Wirtschaftsgütern oder der entgeltlichen Nutzungsüberlassung von Sachen und Rechten; BFH-Urteil vom 30.6.2011, BStBl. II S. 948). Vgl. hierzu auch die Ausführungen unter der vorstehenden Nr. 1 unter dem Buchstaben b.

Werden die Aktien mit der Maßgabe überlassen, dass der Arbeitgeber unter bestimmten Voraussetzungen die überlassenen **Aktien** vom Arbeitnehmer **zurückfordern** kann (z. B. bei vorzeitigem Ausscheiden aus dem Unternehmen), und kommt es aufgrund dessen tatsächlich zu einer Rückforderung, liegt bei **Rückgabe** der überlassenen Aktien **negativer Arbeitslohn** in Höhe des Börsenkurses zum Zeitpunkt der Rückgabe vor, höchstens jedoch in Höhe des Betrags, der bei der Überlassung als Arbeitslohn versteuert wurde (vgl. auch die Erläuterungen beim Stichwort „Rückzahlung von Arbeitslohn"). Zwischenzeitlich eingetretene Wertsteigerungen der Aktien sind für die Höhe des negativen Arbeitslohns unbeachtlich (BFH-Urteil vom 17.9.2009, BStBl. 2010 II S. 299). Zur Nichtausübung eines Optionsrechts und sich der hieraus ergebenden Werbungskosten vgl. das Stichwort „Aktienoptionen" unter Nr. 4 Buchstabe f.

Der nach Auflösung des Arbeitsverhältnisses vom Arbeitgeber erklärte unentgeltliche **Verzicht** auf **Rückübertragung** der zuvor verbilligt dem Arbeitnehmer überlassenen Aktien führt **nicht** zu weiteren **Einnahmen** bei den Einkünften aus nichtselbstständiger Arbeit (BFH-Urteil vom 30.9.2008, BStBl. 2009 II S. 282); anderenfalls läge auch eine Doppelerfassung von Einnahmen vor. nein nein

Ein **Veräußerungsgewinn** aus einer vom Arbeitnehmer erworbenen Kapitalbeteiligung am Arbeitgeber-Unternehmen führt nicht allein deshalb zu Arbeitslohn, weil die Kapitalbeteiligung nur Arbeitnehmern angeboten worden war (BFH-Urteil vom 17.6.2009, BStBl. 2010 II S. 69). Insbesondere ein bis zum Totalausfall des überlassenen Kapitals bestehendes Verlustrisiko sowie ein Rangrücktritt, der den Beteiligten auf die Stufe eines Gesellschafters und nicht eines Fremdgläubigers stellt, spricht gegen die Annahme von Arbeitslohn. Das gilt auch, wenn eine zum Marktpreis erworbene Kapitalbeteiligung mit einer (erheblichen) Gewinnchance verbunden ist (BFH-Urteil vom 4.10.2016, BStBl. II S. 790). Vgl. hierzu auch die Erläuterungen unter der vorstehenden Nr. 1 unter den Buchstaben c und d. nein nein

Ein **Veräußerungsverlust** aus einer Kapitalbeteiligung am Arbeitgeber-Unternehmen führt nicht allein deshalb zu negativen Einnahmen oder Werbungskosten bei den Einkünften aus nichtselbstständiger Arbeit, weil die Beteiligung wegen der Beendigung des Arbeitsverhältnisses veräußert wurde (BFH-Urteil vom 17.9.2009, BStBl. 2010 II S. 198). Im Streitfall lehnte der Bundesfinanzhof eine Berücksichtigung des Verlusts bei den Einkünften aus nichtselbstständiger Arbeit ab, weil die Rückveräußerung der aus versteuertem Arbeitslohn erworbenen Aktien an den Arbeitgeber auf einer gesellschaftsvertraglichen Verpflichtung beruhte.

Der Bundesfinanzhof nimmt einen Sachbezug an, wenn der Arbeitgeber im Rahmen eines ausgelagerten Optionsmodells zur Vermögensbeteiligung der Arbeitnehmer Zuschüsse an einen Dritten als Entgelt für die **Übernahme** von **Kursrisiken** zahlt und die Risikoübernahme durch den Dritten auf einer vertraglichen Vereinbarung mit dem Arbeitgeber beruht. Die **44-€-Freigrenze** kam im Streitfall zur Anwendung, da der Zuschuss von rund 120 € je Arbeitnehmer jeweils anteilig über 60 Monate (= 2 € monatlich) an das das Kursrisiko übernehmende Kreditinstitut gezahlt wurde (BFH-Urteil vom 13.9.2007, BStBl. 2008 II S. 204). nein nein

6. Sperrfrist

Früher setzte die steuerbegünstigte Überlassung von Vermögensbeteiligungen durch den Arbeitgeber an den Arbeitnehmer die Vereinbarung und Einhaltung einer sechsjährigen Sperrfrist voraus. Eine schädliche Verfügung über die Vermögensbeteiligungen im Laufe der Sperrfrist führte zur Nachversteuerung des steuerfreien geldwerten Vorteils. Diese **sechsjährige Sperrfrist** ist **ab 1.1.2002 abgeschafft** worden. Dabei wurde davon ausgegangen, dass der Arbeitnehmer schon aus eigenem Interesse die Vermögensbeteiligung so lange behält, wie dies wirtschaftlich sinnvoll ist.

Auch bezüglich des steuer- und sozialversicherungsfreien Höchstbetrags von **360 €** jährlich ist **keine Sperrfrist** eingeführt worden.

Die nach dem 5. VermBG als Voraussetzung **für die Gewährung einer Sparzulage zu beachtenden Sperrfristen gelten unverändert weiter** und zwar auch dann, wenn die vermögenswirksame Anlage Vermögensbeteiligungen betrifft (vgl. die Erläuterungen beim Stichwort „Vermögensbildung" unter Nr. 14).

7. Aufzeichnungspflichten des Arbeitgebers

Die steuerbegünstigte Überlassung von Vermögensbeteiligungen muss der Arbeitgeber im Lohnkonto des Arbeitnehmers oder in einem Sammellohnkonto aufzeichnen. Dies gilt auch für die erforderlichen Angaben zur Bewertung der Vermögensbeteiligung (vgl. hierzu die Erläuterungen unter der vorstehenden Nr. 5).

8. Sozialversicherungsrechtliche Behandlung

Sozialversicherungsrechtlich gehört der geldwerte Vorteil aus der unentgeltlichen oder verbilligten Überlassung von Vermögensbeteiligungen durch den Arbeitgeber nicht zum Arbeitsentgelt im Sinne der Sozialversicherung, soweit der geldwerte Vorteil **steuerfrei** ist. In der Sozialversicherung wird eine **Gehaltsumwandlung** zugunsten der Überlassung einer Vermögensbeteiligung anerkannt, wenn der Arbeitnehmer rechtswirksam auf künftigen Arbeitslohn verzichtet. Dies setzt voraus, dass

- der Verzicht arbeitsrechtlich zulässig ist und
- bei laufendem Arbeitsentgelt der Verzicht auf künftig fällig werdende Arbeitsentgeltbestandteile gerichtet sein muss.

Tarifliche oder gesetzliche Mindestlöhne dürfen nicht unterschritten werden!

Vgl. im Einzelnen die Erläuterungen beim Stichwort „Gehaltsumwandlung" unter Nr. 2 Buchstabe b.

Vermögensbildung der Arbeitnehmer

Wichtiges auf einen Blick:

1. Höhe der staatlichen Förderung

Die staatliche Förderung der Vermögensbildung der Arbeitnehmer für vermögenswirksame Leistungen durch Gewährung einer Arbeitnehmer-Sparzulage ist wie folgt aufgebaut:

- Für **Vermögensbeteiligungen** bis zu einem Höchstbetrag von **400 €** beträgt der **Sparzulagensatz 20 %.** Für **Bausparbeiträge** und **Anlagen zum Wohnungsbau** bis zu einem Höchstbetrag von **470 €** beträgt der **Sparzulagensatz 9 %.** Die beiden Förderungen können nebeneinander in Anspruch genommen werden. Vgl. auch die Erläuterungen unter der nachfolgenden Nr. 7.
- Die **Einkommensgrenze** für die Gewährung der Arbeitnehmer-Sparzulage beträgt bei einer Anlage in **Vermögensbeteiligungen** für Ledige **20 000 €** und für Verheiratete sowie eingetragene Lebenspartnerschaften **40 000 €.** Bei **Bausparbeiträgen** und **Anlagen zum**

Lohn-steuer-pflichtig Sozial-versich.-pflichtig

Wohnungsbau beträgt die Einkommensgrenze für Ledige **17 900 €** und für Verheiratete sowie eingetragene Lebenspartnerschaften **35 800 €.** Einkünfte aus Kapitalvermögen, die dem Abgeltungsteuersatz von 25 % unterliegen, werden dabei nicht berücksichtigt. Kindbedingte Freibeträge sind zur Ermittlung des zu versteuernden Einkommens stets abzuziehen. Die ab 2021 geltende Erhöhung des Kinderfreibetrags auf 2730 €/ 5460 € und des Besteuerungsfreibetrags auf 1464 €/ 2928 € kann sich auch bei der Arbeitnehmer-Sparzulage positiv auswirken.

2. Elektronische Vermögensbildungsbescheinigung

Die mitteilungspflichtige Stelle (z. B. das Anlageinstitut) hat die in **2020** angelegten **vermögenswirksamen Leistungen** spätestens **bis zum 28.2.2021** an die **Finanzverwaltung elektronisch** zu **übermitteln.** Diese elektronische Vermögensbildungsbescheinigung ersetzt die frühere Papierbescheinigung (= Anlage VL). Die Übermittlung erfolgt nur dann, wenn der Arbeitnehmer gegenüber der mitteilungspflichtigen Stelle in die Datenübermittlung eingewilligt hat. Diese **Einwilligung** ist **Voraussetzung** für den Anspruch des Arbeitnehmers auf **Arbeitnehmer-Sparzulage.**

Vgl. zu den vorstehenden Nrn. 1 und 2 die Ausführungen unter der nachfolgenden Nr. 13.

Gliederung:

V

1. Allgemeines

Die Vermögensbildung des Arbeitnehmers wird auf zwei Wegen staatlich gefördert. Zum einen wird für sog. vermögenswirksame Leistungen eine **Arbeitnehmer-Sparzulage** gewährt, wenn das Einkommen des Arbeitnehmers bestimmte Grenzen nicht überschreitet, zum anderen gibt es einen **Steuerfreibetrag,** wenn der Arbeitgeber seinen Arbeitnehmern sog. Vermögensbeteiligungen unentgeltlich oder verbilligt überlässt. Die steuerlichen Vergünstigungen bei der unentgeltlichen oder verbilligten Überlassung von Vermögensbeteiligungen durch den Arbeitgeber sind beim Stichwort „Vermögensbeteiligungen" eingehend anhand von Beispielen dargestellt. Für die staatliche Förderung vermögenswirksamer Leistungen durch die sog. Arbeitnehmer-Sparzulage gilt Folgendes:

Lohn-steuer-pflichtig Sozial-versich.-pflichtig

Eine Arbeitnehmer-Sparzulage wird Arbeitnehmern gewährt, deren zu versteuerndes Einkommen einen bestimmten Betrag nicht übersteigt. Bei einer Anlage in **Vermögensbeteiligungen** beträgt die **Einkommensgrenze** für Ledige **20 000 €** und für Verheiratete sowie eingetragene Lebenspartnerschaften **40 000 €.** Bei **Bausparbeiträgen** und bei **Anlagen zum Wohnungsbau** beträgt die Einkommensgrenze hingegen für Ledige **17 900 €** und für Verheiratete sowie eingetragene Lebenspartnerschaften **35 800 €.** Einkünfte aus Kapitalvermögen, die dem Abgeltungsteuersatz von 25 % unterliegen, werden dabei nicht berücksichtigt. Beschränkt steuerpflichtigen Arbeitnehmern, die nicht zur Einkommensteuer veranlagt werden, steht die Arbeitnehmer-Sparzulage ohne Rücksicht auf die Höhe ihres Einkommens zu (vgl. „Beschränkt steuerpflichtige Arbeitnehmer" unter Nr. 14). Die Arbeitnehmer-Sparzulage wird nach Ablauf des Kalenderjahres auf Antrag vom Finanzamt festgesetzt, allerdings erst nach Ablauf der Sperrfrist ausgezahlt (vgl. die Erläuterungen unter der nachfolgenden Nr. 13).

Voraussetzung für die Gewährung der Arbeitnehmer-Sparzulage ist die Anlage vermögenswirksamer Leistungen **durch den Arbeitgeber.** Dabei kann der Arbeitgeber entweder vermögenswirksame Leistungen zusätzlich zum normalen Lohn gewähren oder der Arbeitnehmer kann vom Arbeitgeber verlangen, dass Teile seines (Netto-)Arbeitslohns vermögenswirksam angelegt werden. In der Praxis werden diese beiden Möglichkeiten zur Ausnutzung des Höchstbetrags nicht selten miteinander kombiniert. Da eine staatliche Förderung durch die Arbeitnehmer-Sparzulage nur dann gewährt wird, wenn die vorstehenden Einkommensgrenzen nicht überschritten werden, könnte man der Meinung sein, dass vermögenswirksame Leistungen für besser verdienende Arbeitnehmer keine Rolle spielen. Dem ist aber nicht so und zwar aus folgenden Gründen: Die Zahlung zusätzlicher vermögenswirksamer Leistungen durch den Arbeitgeber ist heute in Deutschland praktisch in allen Tarifverträgen enthalten. Es wird angenommen, dass nahezu 25 Millionen Arbeitnehmer einen tarif- oder zumindest arbeitsvertraglichen Anspruch auf **zusätzliche** vermögenswirksame Leistungen durch den Arbeitgeber haben. Diese zusätzlichen Arbeitgeberleistungen erhalten jedoch nur diejenigen Arbeitnehmer, die einen entsprechenden Vertrag im Sinne des 5. VermBG abgeschlossen haben. Ohne einen solchen Vertrag gibt es keine zusätzlichen Arbeitgeberleistungen. Die Arbeitnehmer sind also bereits aus diesem Grunde gezwungen, einen vermögenswirksamen Vertrag abzuschließen. Erst in zweiter Linie stellt sich dann die Frage, ob auch noch eine Arbeitnehmer-Sparzulage durch das Finanzamt gewährt wird. Ist ein Arbeitnehmer bei einem Arbeitgeber beschäftigt, der keine zusätzlichen vermögenswirksamen Leistungen zahlt oder (was häufig vorkommt) zahlt der Arbeitgeber nicht den höchstmöglichen Betrag, muss der Arbeitnehmer aus seinem normalen (Netto-)Arbeitslohn vermögenswirksam einen Teil zuschießen, um – sofern er die o. a. Einkommensgrenzen nicht überschreitet – in den Genuss der vollen Arbeitnehmer-Sparzulage zu kommen.

Für den Arbeitnehmer stellt sich die Frage, welchen vermögenswirksamen Vertrag er abschließen soll. Diese Entscheidung kann ihm der Arbeitgeber nicht abnehmen. Der Arbeitnehmer hat derzeit nur die Wahl entweder einen

Lohn-steuer-pflichtig | Sozial-versich.-pflichtig

risikolosen Bausparvertrag abzuschließen oder eine risikoreichere sog. Vermögensbeteiligung zu erwerben. Die Anlage vermögenswirksamer Leistungen in Vermögensbeteiligungen wird allerdings verstärkt gefördert und zwar durch einen gesonderten (zusätzlichen) Höchstbetrag mit höherer Sparzulage sowie die gegenüber Bausparbeiträgen und Anlagen zum Wohnungsbau höhere Einkommensgrenze. Hiernach wird z. B. der Erwerb von Aktien, Wandelschuldverschreibungen, Anteilscheinen an Aktienfonds bis zu einem Höchstbetrag von **400 €** jährlich mit einem Zulagensatz von **20 %** gefördert. Für Bausparbeiträge und Anlagen zum Wohnungsbau beträgt der Förderhöchstbetrag **470 €** und der Sparzulagensatz **9 %.** Die vorstehenden Ausführungen und Höchstbeträge gelten bundesweit, also auch für Arbeitnehmer mit Wohnsitz in den neuen Bundesländern oder im ehemaligen Ostteil von Berlin.

Die beiden vorstehenden Förderhöchstbeträge können **nebeneinander** in Anspruch genommen werden, sodass vermögenswirksame Leistungen bis zu (470 € + 400 € =) **870 €** jährlich mit Arbeitnehmer-Sparzulagen begünstigt sind. Hierfür wird eine Sparzulage von 123 € (400 € × 20 % = 80 € + 470 € × 9 % = gerundet 43 €) jährlich gewährt. Obwohl seit 1.1.1999 eine Insolvenzsicherung für vermögenswirksame Anlagen im Unternehmen des Arbeitgebers grundsätzlich eingeführt worden ist, bleibt bei einer Anlage in Vermögensbeteiligungen immer ein gewisses Restrisiko (vgl. zur Insolvenzsicherung nachfolgende Nr. 6 Buchstabe c). Der Arbeitgeber sollte seine Arbeitnehmer deshalb über die Risiken der verschiedenen Anlageformen aufklären. Vermögenswirksame Verträge werden im Regelfall sechs Jahre lang angespart. Nach Ablauf von sechs bzw. sieben Jahren (sog. **Sperrfrist**) kann der Arbeitnehmer frei über den Bausparvertrag, die Wertpapiere oder die sonstigen Beteiligungen verfügen.

Weiterhin ist die Tatsache von großer Bedeutung, dass nach dem Vermögensbildungsgesetz nach wie vor sog. **Nullförderungs-Verträge** zugelassen sind (vgl. die Erläuterungen unter der folgenden Nr. 12). Bei diesen Verträgen handelt es sich um vermögensbildende **Lebensversicherungsverträge** oder um **Sparverträge über vermögenswirksame Leistungen.** Sind solche Verträge nach dem 1.1.1989 abgeschlossen worden, gibt es hierfür **keine Sparzulage.** Gleichwohl ist die Anlage auf einen solchen Vertrag eine „vermögenswirksame Leistung". Schlecht informierte Arbeitnehmer merken meist zu spät, dass sie einen sog. Nullförderungs-Vertrag abgeschlossen haben und deshalb keine Sparzulage erhalten. Hierauf sollte sie der Arbeitgeber hinweisen, solange der Arbeitnehmer noch keinen Vertrag über vermögenswirksame Leistungen abgeschlossen hat. Sofern allerdings aufgrund der Einkommensgrenze (vgl. nachfolgende Nr. 13) ohnehin kein Anspruch auf Arbeitnehmer-Sparzulage besteht, entstehen durch den Abschluss eines Nullförderungs-Vertrags keine steuerlichen Nachteile für den Arbeitnehmer.

2. Begünstigter Personenkreis

Vermögenswirksame Leistungen nach dem 5. VermBG können von allen Arbeitnehmern **im Sinne des Arbeitsrechts** erbracht werden. Es ist dabei gleichgültig, ob die Arbeitnehmer beschränkt oder unbeschränkt steuerpflichtig sind. Unter den Arbeitnehmerbegriff im Sinne des Arbeitsrechts fallen insbesondere Arbeiter, Angestellte, Auszubildende, Heimarbeiter sowie ausländische Arbeitnehmer, deren Arbeitsverhältnis dem deutschen Arbeitsrecht unterliegt. **Grenzgänger** mit Wohnsitz im Inland (= Deutschland), die bei einem ausländischen Arbeitgeber (= ausländisches Arbeitsrecht) beschäftigt sind, erhalten für vermögenswirksam angelegte Teile ihres Arbeitslohns ebenfalls eine Sparzulage. Für **Beamte,** Richter, Berufssoldaten und Soldaten auf Zeit gelten die Vorschriften des 5. VermBG ebenfalls. Arbeitnehmer, die bereits aus dem aktiven Berufsleben ausgeschieden sind (Rentner, Pensionisten, Empfänger von Vorruhestandsgeld usw.), bleiben von den Vergünstigungen des 5. VermBG ausgeschlossen, weil diese Personen nach den arbeitsrechtlichen Vorschriften nicht als Arbeitnehmer anzusehen sind. Eine vermögenswirksame Leistung ist jedoch bei Altersrentnern und Beamtenpensionären dann möglich, wenn sie weiter beschäftigt werden, also in einem gegenwärtigen (aktiven) Dienstverhältnis stehen; Entsprechendes gilt für Empfänger von Vorruhestandsgeldern. Vermögenswirksame Leistungen von mithelfenden Familienangehörigen werden nach den Vorschriften des 5. VermBG begünstigt, wenn das zwischen den Familienangehörigen (Ehegatten, Eltern und Kindern) bestehende Dienstverhältnis steuerlich anerkannt wird (vgl. hierzu auch die Erläuterungen beim Stichwort „Ehegattenarbeitsverhältnis").

Von den Begünstigungen des 5. VermBG ausdrücklich ausgeschlossen sind die **Vorstandsmitglieder** von Aktiengesellschaften, rechtsfähigen oder nicht rechtsfähigen Vereinen, Stiftungen, Versicherungsvereinen auf Gegenseitigkeit und Genossenschaften sowie die **Geschäftsführer** von Gesellschaften mit beschränkter Haftung (GmbH). **Gesellschafter von Personengesellschaften** (z. B. Kommanditisten) haben unabhängig von der steuerlichen Behandlung ihrer Tätigkeitsvergütungen als Einkünfte aus Gewerbebetrieb Anspruch auf vermögenswirksame Leistungen, wenn Sozialversicherungspflicht besteht. Personen, die bestimmte **Freiwilligendienste** leisten (z. B. freiwilliges soziales oder ökologisches Jahr, Bundesfreiwilligendienst), sind aber von den Begünstigungen des 5. VermBG ausgeschlossen, weil sie keine Arbeitnehmer im arbeitsrechtlichen Sinne sind.

Auch **Aushilfskräfte und Teilzeitbeschäftigte** können zusätzliche vermögenswirksame Leistungen vom Arbeitgeber erhalten oder Teile ihres Arbeitslohns vermögenswirksam anlegen, und zwar auch dann, wenn die Lohnsteuer pauschaliert wird (vgl. „Pauschalierung der Lohnsteuer bei Aushilfskräften und Teilzeitbeschäftigten" unter Nr. 13 sowie nachfolgende Nr. 4).

3. Vereinbarung der vermögenswirksamen Leistungen

a) Begriff der vermögenswirksamen Leistungen

Vermögenswirksame Leistungen im Sinne des 5. VermBG sind **Geldleistungen, die der Arbeitgeber für den Arbeitnehmer** in einer der im Vermögensbildungsgesetz genannten Anlageformen (vgl. Nrn. 8 bis 11) anlegt. Begünstigt sind sowohl Leistungen, die der Arbeitgeber zusätzlich zum ohnehin geschuldeten Arbeitslohn erbringt, als auch die Anlagen, die der Arbeitnehmer aus seinem (Netto-)Arbeitslohn abzweigt. Die Frage einer Gehaltsumwandlung stellt sich hier nicht, da die Anlage der vermögenswirksamen Leistungen eine (ohnehin steuerpflichtige) Gehaltsverwendung darstellt. Zur Gehaltsumwandlung im Einzelnen vgl. dieses Stichwort. Eine nachträgliche Umwandlung von zugeflossenem Arbeitslohn in vermögenswirksame Leistungen ist im Regelfall nicht möglich. Geldwerte Vorteile aus der verbilligten Überlassung von Vermögensbeteiligungen (vgl. dieses Stichwort) sind keine vermögenswirksamen Leistungen.

Die zusätzlichen Arbeitgeberleistungen können entweder in Einzelverträgen mit den Arbeitnehmern, in Betriebsvereinbarungen oder auch in Tarifverträgen festgelegt sein. Kommen solche zusätzlichen Leistungen nicht in Betracht, ist der **Arbeitgeber** gleichwohl **gesetzlich verpflichtet,** auf schriftliches Verlangen des Arbeitnehmers einen Vertrag über die vermögenswirksame Anlage von Teilen des Arbeitslohns abzuschließen. Erwirbt der Arbeitnehmer mit vermögenswirksamen Leistungen Wertpapiere vom Arbeitgeber oder werden vermögenswirksame Leistungen im Unternehmen des Arbeitgebers angelegt (als Genossenschaftsanteile, GmbH-Anteile, stille Betei-

	Lohn-steuer-pflichtig	Sozial-versich.-pflichtig

ligungen, Darlehensforderungen oder Genussrechte), kann der Arbeitgeber die vermögenswirksamen Leistungen mit den Beträgen verrechnen, die der Arbeitnehmer aufgrund des mit dem Arbeitgeber geschlossenen Vertrags (z. B. Wertpapier-Kaufvertrag oder Beteiligungs-Vertrag) schuldet. In den Fällen der Anlage vermögenswirksamer Leistungen zum Wohnungsbau bzw. zur Entschuldung des Wohnungsbaus ist auch eine unmittelbare Zahlung an den Arbeitnehmer zur vermögenswirksamen Anlage zulässig. Im Übrigen sind vermögenswirksame Leistungen nicht auf den zulagefähigen Höchstbetrag von 870 € (400 € + 470 €) beschränkt; vermögenswirksame Leistungen liegen deshalb auch insoweit vor, als der begünstigte Höchstbetrag überschritten wird oder Anspruch auf Arbeitnehmer-Sparzulage nicht besteht, weil das Einkommen des Arbeitnehmers die maßgebende Einkommensgrenze übersteigt. Auf eine Förderung mittels Arbeitnehmer-Sparzulage kommt es also für das Vorliegen vermögenswirksamer Leistungen nicht an. Vermögenswirksame Leistungen zählen nicht zu den begünstigten Altersvorsorgebeiträgen im Rahmen der „Riester-Förderung" (§ 82 Abs. 4 Nr. 1 EStG; zur „Riester-Förderung" vgl. Anhang 6a).

b) Wahlfreiheit

Vermögenswirksame Leistungen werden grundsätzlich nur begünstigt, wenn der Arbeitnehmer sowohl die Anlageart als auch das Unternehmen, das Institut oder den Gläubiger, bei dem die vermögenswirksame Anlage erfolgen soll, frei wählen kann (§ 12 Satz 1 des 5. VermBG). Eine Ausnahme besteht für Anlagen im Unternehmen des Arbeitgebers, z. B. Geschäftsguthaben bei einer inländischen Genossenschaft, GmbH-Anteile, stille Beteiligungen, Darlehensforderungen und Genussrechte (vgl. Nr. 8). Diese Anlagearten sind nur mit Zustimmung des Arbeitgebers zulässig (§ 12 Satz 3 des 5. VermBG). Deshalb kann ein Arbeitgeber im Rahmen seines Angebots über die Gewährung vermögenswirksamer Leistungen von vornherein bestimmten Arbeitnehmern oder Arbeitnehmergruppen die Möglichkeit einräumen, z. B. eine Beteiligung als stiller Gesellschafter in seinem Unternehmen zu erwerben oder Darlehensforderungen gegen sich zu begründen.

Für vermögenswirksame Leistungen, die seit 1.1.1999 angelegt werden, ist die Wahlfreiheit des Arbeitnehmers zwischen sämtlichen Anlagearten allerdings eingeschränkt worden (§ 12 Satz 2 des 5. VermBG). Nach der geltenden Regelung bleibt die staatliche Förderung auch dann bestehen, wenn durch Tarifvertrag die Anlage auf Vermögensbeteiligungen und auf den Wohnungsbau (z. B. Bausparen, Entschuldung von Wohneigentum) beschränkt wird. Dies bedeutet, dass zwar die Anlage der vermögenswirksamen Leistungen auf nicht zulagebegünstigte Geldsparverträge (vgl. Nr. 10) und ab 1989 abgeschlossene Lebensversicherungsverträge (vgl. Nr. 11) ausgeschlossen werden kann, die Wahlfreiheit zwischen sämtlichen **zulagebegünstigten** Anlagearten aber erhalten bleibt.

4. Vermögenswirksame Anlage von steuerfreiem oder pauschal besteuertem Arbeitslohn[1]

V

Erhält der Arbeitnehmer vom Arbeitgeber die vermögenswirksamen Leistungen **zusätzlich** zum ohnehin geschuldeten Arbeitslohn, gehören diese Leistungen zum steuer- und beitragspflichtigen Arbeitsentgelt. — ja / ja

Beitragspflicht besteht allerdings dann nicht, wenn die vermögenswirksamen Leistungen für Zeiten des Bezugs von Kranken-, Eltern- oder Mutterschaftsgeld weitergezahlt werden. — ja / nein

Zweigt der Arbeitnehmer selbst die vermögenswirksamen Leistungen aus seinem **versteuerten** Arbeitslohn ab, ergeben sich keine Besonderheiten, das heißt, die abgezweigten Beträge sind steuer- und beitragspflichtig. Aufgrund dieser Gehaltsverwendung stellt sich hier die Frage einer Gehaltsumwandlung (vgl. dieses Stichwort) nicht. Will der Arbeitnehmer **steuerfreien** oder **pauschal besteuerten** Arbeitslohn vermögenswirksam anlegen, gilt Folgendes:

Für die vermögenswirksame Anlage des Arbeitslohns ist es im Grundsatz ohne Bedeutung, ob der Arbeitslohn steuerpflichtig oder steuerfrei ist. Auch pauschal besteuerter Arbeitslohn kann vermögenswirksam angelegt werden.

Handelt es sich bei dem steuerfreien Arbeitslohn um den **Ersatz von Aufwendungen** des Arbeitnehmers, z. B. Reisekosten, oder um **steuerfreie Lohnersatzleistungen,** z. B. Kurzarbeitergeld, Wintergeld (Mehraufwands-Wintergeld, Zuschuss-Wintergeld), Mutterschaftsgeld, Insolvenzgeld, ist eine **vermögenswirksame Anlage nicht möglich.**

Die Anlage vermögenswirksamer Leistungen ist aber nicht nur von den üblichen Lohnzahlungen möglich. Vermögenswirksam können auch z. B. angelegt werden:
- pauschal besteuerter Arbeitslohn für Aushilfskräfte und Teilzeitbeschäftigte;
- pauschal besteuerte sonstige Bezüge;
- steuerfreie Zuschüsse des Arbeitgebers zum Mutterschaftsgeld (vgl. „Mutterschaftsgeld");
- steuerpflichtige Zuschüsse des Arbeitgebers zum Krankengeld (vgl. „Krankengeldzuschüsse").

5. Überweisung der vermögenswirksamen Leistungen

Damit der Arbeitgeber die vermögenswirksame Anlage durchführen kann, muss der Arbeitnehmer Folgendes angeben:
- die Höhe des einmaligen Betrags oder der laufenden Beträge, die vom Arbeitgeber vermögenswirksam angelegt werden sollen;
- die Art der vermögenswirksamen Anlage (z. B. Sparvertrag, Bausparvertrag, Lebensversicherungsvertrag, Sparvertrag über Wertpapiere oder andere Vermögensbeteiligungen);
- das Unternehmen, Institut oder den Gläubiger, bei dem die Anlage erfolgen soll, einschließlich Konto- oder Vertragsnummer;
- den Zeitpunkt, zu dem ein einmaliger Betrag gezahlt werden soll oder den Zeitpunkt, ab dem die laufende Anlage erfolgen soll.

Zusätzlich hat der Arbeitgeber bei Überweisung vermögenswirksamer Leistungen im Dezember und Januar eines Kalenderjahres dem Anlageinstitut das Kalenderjahr mitzuteilen, dem die vermögenswirksamen Leistungen zuzuordnen sind (§ 2 Abs. 1 VermBDV).

Die Banken, Bausparkassen usw. stellen entsprechende Antragsformulare zur Verfügung.

Der Arbeitnehmer kann vermögenswirksame Leistungen auch auf Verträge anlegen lassen, die von seinem nicht dauernd getrennt lebenden **Ehegatten** oder **eingetragene Lebenspartner** abgeschlossen wurden. Dies gilt auch für Verträge von **Kindern** des Arbeitnehmers, solange die Kinder zu Beginn des Kalenderjahres in dem die vermögenswirksame Leistung erbracht wird, das **17. Lebensjahr** noch nicht vollendet haben oder in dem Kalenderjahr lebend geboren werden. Der Arbeitgeber darf also in den genannten Fällen die vermögenswirksamen Leistungen seines Arbeitnehmers auch auf Verträge überweisen, die

1) Die Vergütungen, die ein Kommanditist für seine Tätigkeit im Dienst der Kommanditgesellschaft erhält, können nicht vermögenswirksam angelegt werden, weil sie kein Arbeitslohn sind.

Lohn-steuer-pflichtig Sozial-versich.-pflichtig

auf den Namen des Ehegatten, eingetragenen Lebenspartners oder eines Kindes des Arbeitnehmers lauten (§ 3 des 5. VermBG).

Bei der Überweisung der anzulegenden Beträge an das Unternehmen oder Institut muss der Arbeitgeber unter Angabe der Kontonummer oder Vertragsnummer des Arbeitnehmers die Beträge **als vermögenswirksame Leistung besonders kenntlich machen.**

Geht bei dem Unternehmen oder Institut ein vom Arbeitgeber als vermögenswirksame Leistung gekennzeichneter Betrag ein und kann dieser nicht nach den Vorschriften des 5. VermBG angelegt werden (z. B. weil ein Vertrag im Sinne des 5. VermBG mit dem Unternehmen nicht zustande gekommen ist oder nicht besteht, weil die Einzahlungen auf einen Vertrag vorzeitig zurückgezahlt worden sind oder weil bei einem Bausparvertrag die Bausparsumme ausgezahlt worden ist), ist das Unternehmen oder Institut verpflichtet, dies dem Arbeitgeber unverzüglich schriftlich mitzuteilen (sog. **Negativbescheinigung**). Nach Eingang einer solchen Mitteilung ist der Arbeitgeber nicht mehr berechtigt, für den Arbeitnehmer vermögenswirksame Leistungen an das Unternehmen oder Institut zu überweisen.

6. Sonstige Arbeitgeberpflichten

a) Aufzeichnung im Lohnkonto und Angabe in der Lohnsteuerbescheinigung

Da seit 1.1.1994 die Sparzulagen vom Finanzamt nicht mehr aufgrund der Eintragungen in der Lohnsteuerbescheinigung, sondern aufgrund von Bescheinigungen der Anlageinstitute gewährt werden, sind für den Arbeitgeber seit 1994 die Aufzeichnungen im Lohnkonto und die Bescheinigung der vermögenswirksamen Leistungen in der Lohnsteuerbescheinigung weggefallen. Aufzuzeichnen ist lediglich (unter arbeitsrechtlichen Gesichtspunkten), dass überhaupt vermögenswirksame Leistungen überwiesen wurden.

Mit dem Wegfall der Verpflichtung, die vermögenswirksamen Leistungen in der Lohnsteuerbescheinigung zu bescheinigen, ist auch die Haftung des Arbeitgebers für falsche Eintragungen weggefallen. Der Arbeitgeber haftet also insoweit nicht mehr für die zu Unrecht gewährten Sparzulagen. Eine Haftung des Arbeitgebers für zu Unrecht gezahlte Arbeitnehmer-Sparzulagen kann sich jedoch dann ergeben, wenn eine **Anzeigeverpflichtung** nicht erfüllt wurde (vgl. die Erläuterungen unter der nachfolgenden Nr. 15).

b) Bescheinigungspflichten bei betrieblichen Anlageformen

Eine Bescheinigungspflicht des Arbeitgebers besteht jedoch dann, wenn vermögenswirksame Leistungen aufgrund von Wertpapier-Kaufverträgen, Beteiligungs-Verträgen oder Beteiligungs-Kaufverträgen **beim Arbeitgeber angelegt** werden (vgl. nachfolgend unter Nr. 8). In diesen Fällen ist der Arbeitgeber sozusagen als „Anlageinstitut" verpflichtet, die vermögenswirksamen Leistungen bis Ende Februar des Folgejahres an die Finanzverwaltung elektronisch zu übermitteln. In dem Datensatz muss die Art der Anlage, der Institutsschlüssel des Arbeitgebers, die Vertragsnummer des Arbeitnehmers (ohne Sonderzeichen), der Betrag der vermögenswirksamen Leistungen und das Ende der Sperrfrist angegeben werden.

Der anzugebende „Institutsschlüssel für die Arbeitnehmer-Sparzulage" ist vom Arbeitgeber bei der Zentralstelle für Arbeitnehmer-Sparzulage und Wohnungsbauprämie (Technisches Finanzamt Berlin – ZPS ZANS –, Klosterstr. 59, 10179 Berlin) anzufordern. Dabei ist die Bankverbindung für die Überweisung der Sparzulage anzugeben.

Lohn-steuer-pflichtig Sozial-versich.-pflichtig

c) Insolvenzversicherung

Der Arbeitgeber hat vor der Anlage vermögenswirksamer Leistungen im eigenen Unternehmen in Absprache mit dem Arbeitnehmer Vorkehrungen zu treffen, die der Absicherung der angelegten vermögenswirksamen Leistungen bei einer während der Dauer der Sperrfrist eintretenden Zahlungsunfähigkeit des Arbeitgebers dienen (Insolvenzschutz). Diese Vorkehrungen des Arbeitgebers gegen Insolvenz sind aber **nicht** Voraussetzung für den Anspruch des Arbeitnehmers auf Arbeitnehmer-Sparzulage. Die Insolvenzsicherung gilt für alle Formen von Kapitalbeteiligungen der Arbeitnehmer am arbeitgebenden Unternehmen mit Ausnahme von Darlehen und Namensschuldverschreibungen, für die bereits die Absicherung durch eine Versicherung oder Bankbürgschaft als Voraussetzung für die Anlage vermögenswirksamer Leistungen vorgeschrieben ist (Abschnitt 8 des BMF-Schreibens vom 29.11.2017, BStBl. I S. 1626)[1].

d) Anzeigepflichten des Arbeitgebers

Zu den Anzeigepflichten des Arbeitgebers wird auf die Erläuterungen unter der nachfolgenden Nr. 15 verwiesen.

7. Anlagearten und Sparzulagensätze

Da der Arbeitgeber die Arbeitnehmer-Sparzulage seit 1994 nicht mehr auszahlen und in der Lohnsteuerbescheinigung bescheinigen muss, könnte er an sich auf die Kenntnis der verschiedenen Anlagearten und Sparzulagensätze verzichten. Viele Arbeitgeber informieren und beraten ihre Arbeitnehmer jedoch bei der Anlage von vermögenswirksamen Leistungen. Für diese Arbeitgeber sind Grundkenntnisse über die verschiedenen Anlagearten und Sparzulagensätze unerlässlich. Im Einzelnen gilt Folgendes:

Für Anlagen zum **Wohnungsbau** (z. B. Einzahlungen auf Bausparverträge und Entschuldung von Wohnungseigentum) gilt ein Sparzulagensatz von **9 %** bei einem Förderhöchstbetrag von jährlich **470 €**. Für die Anlage vermögenswirksamer Leistungen in sog. **Vermögensbeteiligungen** gilt ein gesonderter (zusätzlicher) Höchstbetrag von **400 €** jährlich mit einem erhöhten Zulagensatz von **20 %**.

Die Förderungen für Anlagen zum Wohnungsbau einerseits und für sog. Vermögensbeteiligungen andererseits, können **nebeneinander** bis zu den Höchstbeträgen von 470 € bzw. 400 € in Anspruch genommen werden, sodass vermögenswirksame Leistungen bis zu (470 € + 400 € =) **870 €** jährlich mit folgenden Arbeitnehmer-Sparzulagen begünstigt sind:

– Anlagen zum Wohnungsbau (9 % von 470 €)	42,30 €
– Vermögensbeteiligungen (20 % von 400 €)	80,– €
Arbeitnehmer-Sparzulage insgesamt	122,30 €
aufgerundet auf volle Euro	**123,– €**

Vermögenswirksame Leistungen, die auf einen Geldsparvertrag oder auf einen Lebensversicherungsvertrag angelegt werden, sind nicht zulagebegünstigt (vgl. zur „Nullförderung" nachfolgende Nr. 12).

Die im Vermögensbildungsgesetz abschließend aufgezählten Anlagearten, auf die vermögenswirksame Leistungen angelegt werden müssen, sind unter den nachfolgenden Nummern 8 bis 11 erläutert. Die verschiedenen Höchstbeträge und Sparzulagensätze soll nachfolgende Übersicht für das Kalenderjahr 2021 verdeutlichen:

V

1) Das BMF-Schreiben ist als Anhang 6 im **Steuerhandbuch für das Lohnbüro 2021** abgedruckt, das im selben Verlag erschienen ist.

Lohn-steuer-pflichtig Sozial-versich.-pflichtig

Anlageart	Sparzulagensatz	begünstigter Höchstbetrag
Vermögensbeteiligungen nachfolgend erläutert unter Nr. 8	20 %	400,– €
Bausparvertrag nachfolgend erläutert unter Nr. 9 Buchstabe a	9 %	470,– €
Wohnungsbau Aufwendungen des Arbeitnehmers zum Wohnungsbau; nachfolgend erläutert unter Nr. 9 Buchstabe b	9 %	470,– €
Geldsparvertrag nachfolgend erläutert unter Nr. 10	0 %	0,– €
Lebensversicherungsvertrag nach dem 31.12.1988 abgeschlossen; nachfolgend erläutert unter Nr. 11	0 %	0,– €

8. Anlage in Vermögensbeteiligungen

Unter die sog. Vermögensbeteiligungen fallen folgende Anlagearten:

- Sparverträge über Wertpapiere oder andere Vermögensbeteiligungen,
- Wertpapier-Kaufverträge,
- Beteiligungs-Verträge und Beteiligungs-Kaufverträge mit dem Arbeitgeber,
- Beteiligungs-Verträge und Beteiligungs-Kaufverträge mit fremden Unternehmen.

a) Sparverträge über Wertpapiere oder andere Vermögensbeteiligungen

Dieser Sparvertrag ist vom Arbeitnehmer mit einem inländischen Kreditinstitut, einer inländischen Kapitalverwaltungsgesellschaft oder einem Kreditinstitut/einer Verwaltungsgesellschaft eines anderen EU-Mitgliedstaates abzuschließen (§ 4 des 5. VermBG). Der Arbeitnehmer verpflichtet sich darin, vom Arbeitgeber vermögenswirksame Leistungen einzahlen zu lassen, mit denen folgende verbriefte oder nicht verbriefte Vermögensbeteiligungen erworben werden sollen:

- **Aktien,** und zwar inländische oder ausländische Belegschaftsaktien (betriebliche Beteiligungen)[1] oder andere Aktien, wenn sie an einer deutschen Börse zum regulierten Markt zugelassen oder in den Freiverkehr einbezogen sind (außerbetriebliche Beteiligungen); die Anlage in Aktien, die weder an einer deutschen Börse zugelassen noch in den Freiverkehr einbezogen sind, ist nicht möglich. Aktienoptionen sind übrigens keine begünstigten Vermögensbeteiligungen;
- **Wandelschuldverschreibungen,** die vom inländischen oder ausländischen Arbeitgeber ausgegeben werden (betriebliche Beteiligungen)[1] oder an einer deutschen Börse zum regulierten Markt zugelassen oder in den Freiverkehr einbezogen sind (außerbetriebliche Beteiligungen); die Anlage in Wandelschuldverschreibungen, die weder an einer deutschen Börse zugelassen noch in den Freiverkehr einbezogen sind, ist nicht möglich;
- **Gewinnschuldverschreibungen,** die **vom** (inländischen oder ausländischen) **Arbeitgeber** oder von einem Unternehmen ausgegeben werden, das als herrschendes Unternehmen mit dem Unternehmen des Arbeitgebers verbunden ist. Die Anlage in Gewinnschuldverschreibungen eines Kreditinstituts ist nur dann möglich, wenn das Kreditinstitut der Arbeitgeber ist oder wenn das Kreditinstitut als herrschendes Unternehmen mit dem Unternehmen des Arbeitgebers verbunden ist;

Lohn-steuer-pflichtig Sozial-versich.-pflichtig

- **Namensschuldverschreibungen des Arbeitgebers,** die durch Bankbürgschaft bzw. durch ein Versicherungsunternehmen privatrechtlich gesichert sind. Die Sicherung ist nicht erforderlich, wenn der Arbeitgeber ein inländisches Kreditinstitut ist;
- Anteile **(Fondsanteile)** an Sondervermögen, die nach den Vorschriften des Kapitalanlagegesetzbuches aufgelegt worden sind, sowie von bestimmten ausländischen Investmentanteilen, die nach dem Kapitalanlagegesetzbuch vertrieben werden dürfen (§ 2 Abs. 1 Nr. 1 Buchstabe c des 5. VermBG). Voraussetzung für die Förderung ist, dass der Wert der Aktien in dem Investmentvermögen mindestens **60 %** des Werts des Investmentvermögens beträgt;
- **Genussscheine,** die vom (inländischen oder ausländischen) **Arbeitgeber** ausgegeben werden oder von einem inländischen Unternehmen, das kein Kreditinstitut ist, als Wertpapiere ausgegeben werden und an einer deutschen Börse zum regulierten Markt zugelassen oder in den Freiverkehr einbezogen sind. Die Genussscheine, mit denen das Recht am Gewinn des Unternehmens verbunden ist, dürfen beim Arbeitnehmer als Inhaber des Wertpapiers aber keine Mitunternehmerschaft begründen. Die Anlage in Genussscheinen, die von Kreditinstituten ausgegeben werden, ist nur dann möglich, wenn das Kreditinstitut der Arbeitgeber ist oder wenn das Kreditinstitut als herrschendes Unternehmen mit dem Unternehmen des Arbeitgebers verbunden ist;
- **Genossenschaftsanteile,** und zwar Geschäftsguthaben bei einer inländischen Genossenschaft, die der inländische Arbeitgeber oder ein inländisches Unternehmen ist, das als herrschendes Unternehmen mit dem inländischen Unternehmen des Arbeitgebers verbunden ist. Die außerbetriebliche Beteiligung ist begünstigt, wenn die Genossenschaft ein inländisches Kreditinstitut oder ein Post-, Spar- oder Darlehensverein ist oder wenn es sich bei der Genossenschaft um eine seit mindestens drei Jahren bestehende Bau- oder Wohnungsgenossenschaft handelt;
- **GmbH-Anteile** unter der Voraussetzung, dass die GmbH der inländische **Arbeitgeber** oder ein inländisches Unternehmen ist, das als herrschendes Unternehmen mit dem inländischen Unternehmen des Arbeitgebers verbunden ist. Die Anlage in außerbetrieblichen GmbH-Anteilen ist ausgeschlossen;
- **Stille Beteiligungen,** die keine Mitunternehmerschaft begründen, unter der Voraussetzung, dass die stille Beteiligung beim inländischen **Arbeitgeber** oder an einem inländischen Unternehmen begründet wird, das als herrschendes Unternehmen mit dem inländischen Unternehmen des Arbeitgebers verbunden ist. Zulässig sind auch stille Beteiligungen an einem inländischen Unternehmen, das aufgrund eines Vertrags mit dem Arbeitgeber an dessen inländischen Unternehmen gesellschaftlich beteiligt ist (indirekte betriebliche stille Beteiligung über eine sogenannte Mitarbeiterbeteiligungsgesellschaft). Andere außerbetriebliche stille Beteiligungen sind nicht begünstigt;
- **Darlehensforderungen gegen den Arbeitgeber,** die durch Bankbürgschaft oder durch ein Versicherungsunternehmen privatrechtlich gesichert sind (vgl. auch die Erläuterungen und Beispiele beim Stichwort „Vermögensbeteiligungen" am Ende der Nr. 3). Die Darlehensforderungen können verzinslich oder unverzinslich eingeräumt sein. Darlehensforderungen gegen den Arbeitgeber liegen auch dann vor, wenn Arbeitnehmer einer inländischen Konzernuntergesellschaft Darlehensforderungen gegen ein inländisches Unternehmen er-

1) Entsprechendes gilt für Aktien und Wandelschuldverschreibungen, die von einem Unternehmen ausgegeben werden, das als herrschendes Unternehmen mit dem Unternehmen des Arbeitgebers verbunden ist.

Lohn- steuer- pflichtig | Sozial- versich.- pflichtig

werben, das als herrschendes Unternehmen mit dem Unternehmen des Arbeitgebers verbunden ist;

- **Genussrechte,** die ein inländischer **Arbeitgeber** den Arbeitnehmern an seinem Unternehmen einräumt. Hierzu gehören auch Genussscheine, die keine Wertpapiere sind, z. B. Genussscheine nach Art eines Schuldscheins. Voraussetzung ist, dass mit den Genussrechten das Recht am Gewinn des Unternehmens begründet wird und der Arbeitnehmer nicht als Mitunternehmer anzusehen ist. Eine Absicherung durch Bankbürgschaft oder privatrechtliche Versicherung ist nicht erforderlich. Genussrechte des inländischen Arbeitgebers liegen auch dann vor, wenn Arbeitnehmer einer inländischen Konzernuntergesellschaft Genussrechte an einem inländischen Unternehmen erwerben, das als herrschendes Unternehmen mit dem Unternehmen des Arbeitgebers verbunden ist.

Voraussetzung für die Begünstigung ist, dass mit den in einem Kalenderjahr eingezahlten vermögenswirksamen Leistungen die vorgenannten Vermögensbeteiligungen spätestens bis zum Ablauf des folgenden Kalenderjahres erworben werden. Außerdem muss eine **Sperrfrist von sieben Jahren** eingehalten werden (§ 4 Abs. 2 des 5. VermBG). Die Sperrfrist beginnt am 1. Januar des Kalenderjahres, in dem die vermögenswirksame Leistung, bei Verträgen über laufende Einzahlungen die erste vermögenswirksame Leistung, beim Kreditinstitut oder der Kapitalverwaltungsgesellschaft eingeht.

Ist der Arbeitgeber selbst ein Kreditinstitut, besteht bei bestimmten Vermögensbeteiligungen (z. B. Namensschuldverschreibung, Darlehensforderung) der Vorteil der nicht notwendigen Absicherung gegen Insolvenzverlust durch eine Bankbürgschaft oder ein Versicherungsunternehmen.

b) Wertpapier-Kaufverträge

Wertpapier-Kaufverträge werden zwischen dem Arbeitnehmer und dem inländischen Arbeitgeber abgeschlossen (§ 5 des 5. VermBG).

Aufgrund dieses Kaufvertrags erwirbt der Arbeitnehmer von **seinem Arbeitgeber** mit vermögenswirksamen Leistungen Wertpapiere, und zwar sowohl Wertpapiere, die vom Arbeitgeber ausgegeben werden, z. B. Belegschaftsaktien als auch Wertpapiere fremder Unternehmen. Die vermögenswirksamen Leistungen sind vom Arbeitgeber mit dem Kaufpreis der Wertpapiere zu verrechnen. Ist der Kaufpreis durch einmalige Verrechnung vorausgezahlt oder durch laufende Verrechnung angezahlt worden, werden die verrechneten vermögenswirksamen Leistungen nur gefördert, wenn der Arbeitnehmer das Wertpapier spätestens bis zum Ablauf des auf die Verrechnung folgenden Kalenderjahres erhält. Für Wertpapier-Kaufverträge gilt eine **Sperrfrist von sechs Jahren** (§ 5 Abs. 2 Nr. 2 des 5. VermBG). Die Sperrfrist beginnt am 1. Januar des Kalenderjahres, in dem der Arbeitnehmer die Wertpapiere erhält. Das gilt auch in den Fällen, in denen die vermögenswirksamen Leistungen als Anzahlungen verrechnet worden sind und die Wertpapiere dem Arbeitnehmer erst im nächsten Kalenderjahr übergeben werden. Die Sperrfrist beginnt in diesen Fällen aber erst am 1. 1. des Kalenderjahres der Übergabe.

Die aufgrund eines Wertpapier-Kaufvertrags erworbenen Wertpapiere müssen für die Dauer der Sperrfrist entweder vom Arbeitgeber bzw. einem von ihm beauftragten Dritten oder von einem Kreditinstitut verwahrt werden, das der Arbeitnehmer dem Arbeitgeber benennt.

c) Beteiligungs-Verträge und Beteiligungs-Kaufverträge mit dem Arbeitgeber

Hierbei handelt es sich um Anlageformen, die die Begründung oder den Erwerb nicht verbriefter Vermögensbeteiligungen (Genossenschaftsanteile, GmbH-Geschäftsanteile, stille Beteiligungen, Arbeitnehmer-Darlehen und Genussrechte) mit vermögenswirksamen Leistungen auch ohne Vertrag mit einem Kreditinstitut ermöglichen. Dabei unterscheiden sich die Beteiligungs-Verträge (§ 6 Abs. 1 des 5. VermBG) von Beteiligungs-Kaufverträgen (§ 7 Abs. 1 des 5. VermBG) insbesondere dadurch, dass Beteiligungs-Verträge nicht verbriefte Vermögensbeteiligungen **erstmals** begründen, während aufgrund von Beteiligungs-Kaufverträgen **bereits bestehende** nicht verbriefte Vermögensbeteiligungen erworben werden. Die Verträge sind vom Arbeitnehmer mit dem inländischen **Arbeitgeber** abzuschließen. Die vermögenswirksamen Leistungen sind wie beim Wertpapier-Kaufvertrag zu verrechnen (vgl. vorstehenden Buchstaben b). Auch bei einem Beteiligungs-Vertrag und einem Beteiligungs-Kaufvertrag mit dem Arbeitgeber werden die als Anzahlungen oder Vorauszahlungen verrechneten vermögenswirksamen Leistungen nur gefördert, wenn die sich hieraus ergebenden Rechte des Arbeitnehmers spätestens bis zum Ablauf des auf die Leistung folgenden Kalenderjahres begründet werden bzw. der Arbeitnehmer die Beteiligung erhält.

Sowohl bei Beteiligungs-Verträgen als auch bei Beteiligungs-Kaufverträgen gilt eine **Sperrfrist von sechs Jahren,** die am 1. Januar des Kalenderjahres beginnt, in dem das entsprechende Recht begründet worden ist oder der Arbeitnehmer die Beteiligung erhält.

d) Beteiligungs-Verträge und Beteiligungs-Kaufverträge mit fremden Unternehmen

Mit einem Beteiligungs-Vertrag und einem Beteiligungs-Kaufvertrag zwischen dem Arbeitnehmer **und einem Dritten** können bestimmte, begünstigte Genossenschaftsanteile, GmbH-Geschäftsanteile oder stille Beteiligungen an verbundenen Unternehmen erworben werden (§ 6 Abs. 2, § 7 Abs. 2 des 5. VermBG). Die vermögenswirksamen Leistungen sind vom Arbeitgeber zu überweisen. Die einmalige Überweisung als Vorauszahlung oder nachträgliche Zahlung sowie laufende Überweisungen als Anzahlungen oder Abzahlungen sind zulässig. Die als Anzahlungen oder Vorauszahlungen geleisteten vermögenswirksamen Leistungen werden nur gefördert, wenn der Arbeitnehmer die Beteiligung spätestens bis zum Ablauf des auf die Leistung folgenden Kalenderjahres erhält oder die sich hieraus ergebenden Rechte begründet werden. Wegen der Unterschiede zwischen einem Beteiligungs-Vertrag und einem Beteiligungs-Kaufvertrag wird auf die Erläuterungen unter dem vorstehenden Buchstaben c hingewiesen.

Sowohl bei Beteiligungs-Verträgen als auch bei Beteiligungs-Kaufverträgen ist eine **Sperrfrist von sechs Jahren** zu beachten, die am 1. Januar des Kalenderjahres beginnt, in dem der Arbeitnehmer die Beteiligung erhält oder das entsprechende Recht begründet worden ist.

9. Anlage zum Wohnungsbau

Hierunter fallen folgende Anlagearten:

a) Bausparverträge

Hierunter fallen alle Verträge, die nach den Vorschriften des Wohnungsbau-Prämiengesetzes abgeschlossen worden sind (Bausparverträge; § 2 Abs. 1 Nr. 4 des 5. VermBG). Es ist ohne Bedeutung, ob die Aufwendungen auf einen neuen oder einen bereits laufenden Bausparvertrag eingezahlt werden und ob der Arbeitnehmer eine Wohnungsbauprämie erhält oder nicht; für vermögenswirksame Leistungen mit Anspruch auf Arbeitnehmer-Sparzulage besteht ohnehin kein Anspruch auf Wohnungsbauprämie. Für Bausparkassenbeiträge gilt eine **Sperrfrist** von **sieben Jahren** (§ 14 Abs. 4 Satz 3 Buchstabe b des 5. VermBG).

Lohn- steuer- pflichtig | Sozial- versich.- pflichtig

b) Anlagen zum Wohnungsbau

Hierunter fällt die **unmittelbare Verwendung** der vermögenswirksamen Leistungen **zum Wohnungsbau,** das heißt zum Erwerb von Bauland, eigentumsähnlichen Dauerwohnrechten, eines Wohngebäudes oder einer Eigentumswohnung sowie zum (Aus-)Bau oder zur Erweiterung von Wohngebäuden. Auch die Rückzahlung von Darlehen (Entschuldung) wegen der vorgenannten Vorhaben mit vermögenswirksamen Leistungen ist möglich. Die vermögenswirksamen Leistungen sind vom Arbeitgeber entweder an den Gläubiger zu überweisen oder auf Verlangen des Arbeitnehmers an ihn auszuzahlen. Die Auszahlung der vermögenswirksamen Leistungen an den Arbeitnehmer setzt die Vorlage einer schriftlichen Bestätigung des Gläubigers voraus, dass z. B. der Kaufpreis für Bauland, ein Wohngebäude usw. zu begleichen ist oder dass ein Baudarlehen für ein Wohngebäude zurückgezahlt werden muss, dessen Eigentümer der Arbeitnehmer ist. Die zweckentsprechende Verwendung der vermögenswirksamen Leistungen braucht der Arbeitnehmer dem Arbeitgeber allerdings nicht nachzuweisen (§ 3 Abs. 3 des 5. VermBG).

10. Geldsparverträge

Beim Sparvertrag (§ 8 des 5. VermBG) handelt es sich um eine typische Geldsparform. Auf den Sparvertrag, der nur mit einem inländischen Kreditinstitut abgeschlossen werden kann, können sowohl vermögenswirksame Leistungen angelegt als auch andere Beträge vom Arbeitnehmer selbst eingezahlt werden. Dabei sind die vermögenswirksamen Leistungen vom Arbeitgeber unmittelbar an das Kreditinstitut zu überweisen, mit dem der Arbeitnehmer den Sparvertrag abgeschlossen hat. Die Sperrfrist beträgt sieben Jahre.

Für vermögenswirksamen Leistungen, die auf Geldsparverträge angelegt werden, wird keine Arbeitnehmer-Sparzulage gewährt. Auf die Erläuterungen dieser sog. Nullförderung unter der nachfolgenden Nr. 12 wird hingewiesen. Die Anlageform wird häufig von Arbeitnehmern gewählt, die wegen Überschreitung der Einkommensgrenze keinen Anspruch auf Arbeitnehmer-Sparzulage haben (vgl. die Ausführungen unter der nachfolgenden Nr. 13).

11. Lebensversicherungsverträge

Zu den Anlageformen vermögenswirksamer Leistungen gehört auch eine Kapitalversicherung gegen laufenden Beitrag auf den Lebens- oder Todesfall (Lebens- und Aussteuerversicherungen nach § 9 des 5. VermBG). Voraussetzung ist die Vereinbarung einer **zwölfjährigen** Mindestvertragsdauer **(Sperrfrist).** Dagegen ist nicht erforderlich, dass zu der Versicherung während der gesamten Mindestvertragsdauer von 12 Jahren Beiträge gezahlt werden oder dass die gezahlten Beträge ausschließlich vermögenswirksame Leistungen sind. Auch nach Ablauf der Sperrfrist können noch vermögenswirksame Leistungen auf einen Lebensversicherungsvertrag angelegt werden, der eine längere Vertragsdauer als 12 Jahre hat, z. B. 20 oder 30 Jahre.

V

Für vermögenswirksame Leistungen, die in eine Lebensversicherung eingezahlt werden, wird keine Arbeitnehmer-Sparzulage gewährt, **wenn der Vertrag nach dem 31.12.1988 abgeschlossen wurde.** Nachdem die zwölfjährige Sperrfrist für die bis 31.12.1988 abgeschlossenen Lebensversicherungsverträge zum 31.12.2000 endgültig abgelaufen ist, gibt es für vermögenswirksame Leistungen bei dieser Anlageform keine Sparzulage mehr. Lebensversicherungsverträge gehören deshalb ausnahmslos zu den sog. Nullförderungs-Verträgen (vgl. nachfolgend unter Nr. 12).

Lohn- steuer- pflichtig | Sozial- versich.- pflichtig

12. Nullförderungs-Verträge

Nach den Vorschriften des 5. VermBG fallen unter die vermögenswirksamen Leistungen auch die Einzahlungen auf einen **Sparvertrag** über vermögenswirksame Leistungen (vgl. vorstehende Nr. 10) und die Einzahlungen auf einen vermögensbildenden **Lebensversicherungsvertrag** (vgl. vorstehende Nr. 11). Die Anlage vermögenswirksamer Leistungen in Sparverträgen und Lebensversicherungsverträgen war früher ebenfalls durch eine Sparzulage begünstigt. Für Einzahlungen auf Sparverträge und Lebensversicherungsverträge, die **nach dem 31.12.1988** abgeschlossen wurden, gibt es jedoch **keine Sparzulage** mehr. Gleichwohl sind diese Anlageformen auch weiterhin im Katalog der vermögenswirksamen Leistungen belassen worden (deshalb auch die Bezeichnung „Nullförderungs-Vertrag"). Diese Rechtslage hat zu vielen Missverständnissen geführt, weil Kreditinstitute und Lebensversicherungsunternehmen beim Abschluss solcher Verträge vielfach nicht darauf hinweisen, dass für diese vermögenswirksamen Leistungen keine Arbeitnehmer-Sparzulage gewährt wird. Der Arbeitgeber sollte deshalb seine Arbeitnehmer hierauf aufmerksam machen, um sie vor unliebsamen Überraschungen zu bewahren. Unabhängig hiervon werden die Nullförderungs-Verträge häufig von Arbeitnehmern abgeschlossen, die zwar vermögenswirksame Leistungen, aber aufgrund der Höhe ihres zu versteuernden Einkommens keine Arbeitnehmer-Sparzulage erhalten (vgl. die Erläuterungen unter der nachfolgenden Nr. 13).

13. Auszahlung der Sparzulage durch das Finanzamt und Einkommensgrenzen

Die Höhe der Sparzulage ist für die einzelnen Anlageformen unter der vorstehenden Nr. 7 erläutert.

Früher wurde die Sparzulage auf Antrag des Arbeitnehmers nach Ablauf des Kalenderjahres vom Finanzamt ausgezahlt. Seit dem 1.1.1995 ist der Fälligkeitszeitpunkt bis zum **Ablauf der Sperrfrist** hinausgeschoben worden. Das bedeutet, dass der Arbeitnehmer die Gewährung der Sparzulage zwar jährlich im Rahmen seiner Einkommensteuererklärung beantragen muss, die Sparzulage wird ihm jedoch erst nach Ablauf der Sperrfrist in einer Summe **ausgezahlt.** Wurden die vermögenswirksamen Leistungen auf einen Bausparvertrag eingezahlt und wird dieser zugeteilt, wird auch die Sparzulage bei Zuteilung des Bausparvertrags ausgezahlt.

Die früher für die Beantragung der Arbeitnehmer-Sparzulage geltende Zweijahresfrist ist seit 2007 weggefallen. Somit gilt die allgemeine Festsetzungsfrist von vier Jahren. Anträge auf Festsetzung der Arbeitnehmer-Sparzulage für im Jahr 2017 angelegte vermögenswirksame Leistungen können daher noch bis zum 31.12.2021 gestellt werden. Fällt der 31. Dezember auf einen Samstag oder Sonntag, endet die Antragsfrist frühestens am 2. Januar (§ 108 Abs. 3 AO; BFH-Urteil vom 20.1.2016, BStBl. II S. 380).

Die mitteilungspflichtige Stelle (z. B. das Anlageinstitut) hat die in **2020** angelegten **vermögenswirksamen Leistungen** spätestens **bis zum 28.2.2021** an die **Finanzverwaltung elektronisch** zu **übermitteln.** Diese elektronische Vermögensbildungsbescheinigung ersetzt die frühere Papierbescheinigung (= Anlage VL). Die Übermittlung erfolgt nur dann, wenn der Arbeitnehmer gegenüber der mitteilungspflichtigen Stelle in die Datenübermittlung eingewilligt hat. Diese **Einwilligung** ist **Voraussetzung** für den Anspruch des Arbeitnehmers auf **Arbeitnehmer-Sparzulage.**

Auf Antrag beim zuständigen Betriebsstättenfinanzamt werden **kleine Arbeitgeber,** bei denen die vermögenswirksamen Leistungen im Unternehmen angelegt worden sind, von der elektronischen Übermittlung **befreit;** bei mehr als 100 zu übermittelnden Datensätzen liegt ein zur Befreiung führender Härtefall aber nicht mehr vor. Nach

Lohn-steuer-pflichtig Sozial-versich.-pflichtig

Mitteilung über diese Befreiung hat der Arbeitgeber für alle betroffenen Arbeitnehmer **alle Daten,** die in den elektronischen Vermögensbildungsbescheinigungen enthalten sein müssen, der Zentralstelle für Arbeitnehmer-Sparzulage und Wohnungsbauprämie beim Technischen Finanzamt Berlin (ZPS ZANS, Klosterstr. 59, 10179 Berlin) **schriftlich mitzuteilen.**

Die Gewährung der Sparzulage ist an **Einkommensgrenzen** gebunden. Die Sparzulage wird deshalb vom Finanzamt nur dann gewährt, wenn das Einkommen des Arbeitnehmers bestimmte Höchstgrenzen nicht überschreitet. Entscheidend ist hierbei **das zu versteuernde Einkommen** im Kalenderjahr der Anlage der vermögenswirksamen Leistungen, nicht etwa der (höhere) Bruttoarbeitslohn. Einkünfte aus Kapitalvermögen, die dem Abgeltungsteuersatz von 25 % unterliegen, werden dabei nicht berücksichtigt. Beschränkt steuerpflichtigen Arbeitnehmern, die nicht zur Einkommensteuer veranlagt werden, steht die Arbeitnehmer-Sparzulage ohne Rücksicht auf die Höhe ihres Einkommens zu (vgl. „Beschränkt steuerpflichtige Arbeitnehmer" unter Nr. 14).

Es gibt **unterschiedliche Einkommensgrenzen** für Vermögensbeteiligungen einerseits und Bausparbeiträge sowie Anlagen zum Wohnungsbau andererseits. Folgende Grenzen des zu versteuernden Einkommens sind maßgebend:

	Vermögens-beteiligungen	**Bausparbeiträge/ Anlagen zum Wohnungsbau**
Ledige	**20 000 €**	**17 900 €**
Verheiratete/Verpartnerte	**40 000 €**	**35 800 €**

Werden die vorstehenden Grenzen überschritten, erhält der Arbeitnehmer für das entsprechende Kalenderjahr keine Sparzulage.

Zur Ermittlung des zu versteuernden Einkommens, das für die Gewährung der Sparzulage maßgebend ist, werden die (halben oder ganzen) **Kinderfreibeträge abgezogen.** Dies gilt auch für den Freibetrag für Betreuungs-, Erziehungs- und Ausbildungsbedarf (§ 2 Abs. 5 Satz 2 EStG).

Beispiel A

Bei einem Ehepaar mit einem Kind beträgt das zu versteuernde Einkommen im Kalenderjahr 2021 43 000 €. Ein Kinderfreibetrag wurde bei der Ermittlung des zu versteuernden Einkommens nicht abgezogen, da durch das Kindergeld in Höhe von (12 × 219 € =) 2628 € die verfassungsrechtlich gebotene steuerliche Freistellung eines Einkommensbetrags in Höhe des Existenzminimums eines Kindes bereits in vollem Umfang erreicht wird. Das bedeutet, dass der Abzug des Kinderfreibetrags nicht zu einer höheren steuerlichen Entlastung führen würde, als das Kindergeld in Höhe von 2628 € (vgl. die Erläuterungen in Anhang 9). Für die Prüfung der Frage, ob für 2021 für die Bausparbeiträge eine Sparzulage zu gewähren ist, wird jedoch sowohl der Kinderfreibetrag in Höhe von 5460 € als auch der Freibetrag für Betreuungs-, Erziehungs- oder Ausbildungsbedarf in Höhe von 2928 € abgezogen:

Zu versteuerndes Einkommen	43 000,– €
abzüglich Kinderfreibetrag	5 460,– €
abzüglich Freibetrag für Betreuungs-, Erziehungs- und Ausbildungsbedarf	2 928,– €
für die Gewährung der Sparzulage maßgebendes zu versteuerndes Einkommen	34 612,– €

Da die für Verheiratete im Kalenderjahr 2021 für Bausparbeiträge geltende Grenze von 35 800 € nicht überschritten wird, kann für 2021 eine Sparzulage gewährt werden (das Finanzamt setzt die Sparzulage fest und zahlt sie bei Fälligkeit an die Bausparkasse aus).

Nach wie vor gilt die Vereinfachungsregelung, wonach die **Freibeträge für Kinder stets** für das **gesamte Sparjahr** zugrunde zu legen sind und zwar auch dann, wenn die steuerliche Berücksichtigung des Kindes im Laufe des Jahres beginnt oder endet.

Lohn-steuer-pflichtig Sozial-versich.-pflichtig

Beispiel B

Wie Beispiel A. Das Kind wird aber erst im Juli 2021 geboren.

Zu versteuerndes Einkommen	43 000,– €
abzüglich Kinderfreibetrag	5 460,– €
abzüglich Freibetrag für Betreuungs-, Erziehungs- und Ausbildungsbedarf	2 928,– €
für die Gewährung der Sparzulage maßgebliches zu versteuerndes Einkommen	34 612,– €

Die für Verheiratete im Kalenderjahr 2021 geltende Grenze von 35 800 € ist nicht überschritten mit der Folge, dass für 2021 Sparzulage gewährt werden kann.

14. Einhaltung der Sperrfrist

Voraussetzung für die Gewährung einer Sparzulage ist die Einhaltung einer **Sperrfrist** von **sechs** bzw. **sieben Jahren.** Innerhalb der Sperrfrist darf über die vermögenswirksame Anlage nicht durch Rückzahlung, Abtretung, Beleihung oder in anderer Weise verfügt werden.

Eine **vorzeitige Verfügung** ist jedoch in folgenden Fällen **unschädlich:**

- bei **Tod oder völliger Erwerbsunfähigkeit** (Grad der Behinderung mindestens 95) des Arbeitnehmers oder seines Ehegatten bzw. eingetragenen Lebenspartners;
- wenn der Arbeitnehmer **arbeitslos** geworden ist und im Zeitpunkt der vorzeitigen Verfügung bereits mindestens ein Jahr ununterbrochen arbeitslos war;
- wenn der Arbeitnehmer **heiratet** oder eine Lebenspartnerschaft begründet und im Zeitpunkt der vorzeitigen Verfügung mindestens zwei Jahre seit Beginn der Sperrfrist vergangen sind;
- wenn der Arbeitnehmer den Erlös – ggf. mit Zustimmung des Arbeitgebers – innerhalb von drei Monaten für **berufliche Weiterbildungsmaßnahmen** verwendet, die über arbeitsplatzbezogene Anpassungsfortbildungen hinausgehen;
- wenn der Arbeitnehmer sich selbstständig macht;
- wenn festgelegte Wertpapiere veräußert werden und der Erlös bis zum Ablauf des Kalendermonats, der dem Kalendermonat der Veräußerung folgt, wieder zum Erwerb von begünstigten Wertpapieren verwendet wird;
- wenn der Arbeitnehmer während der Sperrfrist das Umtausch- oder Abfindungsangebot des Wertpapier-Emittenten annimmt;
- wenn dem Wertpapier-Aussteller die Wertpapiere nach Auslosung oder Kündigung durch den Aussteller vor Ablauf der Sperrfrist zur Einlösung vorgelegt wurden;
- wenn die Sperrfrist nicht eingehalten wurde, weil die Wertpapiere ohne Mitwirkung des Arbeitnehmers wertlos geworden ist. Die Finanzverwaltung nimmt Wertlosigkeit dann an, wenn der Arbeitnehmer höchstens 33 % der angelegten vermögenswirksamen Leistungen zurückerhält (Abschnitt 18 Abs. 2 des BMF-Schreibens vom 29.11.2017, BStBl. I S. 1626)[1].

15. Anzeigepflichten des Arbeitgebers bei betrieblichen Beteiligungen

Bei schädlichen vorzeitigen Verfügungen über vermögenswirksame Leistungen wird die Auszahlung der gespeicherten Sparzulagen gesperrt. Bei unschädlichen vorzeitigen Verfügungen wird die vorzeitige Auszahlung der Sparzulage an das Kreditinstitut oder das Versicherungsunternehmen zur Weiterleitung an den Arbeitnehmer veranlasst. Wird über vermögenswirksame Leistungen, die in betrieblichen Beteiligungen **beim Arbeitgeber** angelegt sind, **unschädlich** vorzeitig verfügt, wird die Sparzulage nicht an den Arbeitgeber zur Weiterleitung an den Arbeitnehmer, sondern unmittelbar an den Arbeitnehmer ausgezahlt. Damit die Finanzverwaltung bei vorzeitiger un-

1) Das BMF-Schreiben ist als Anhang 6 im **Steuerhandbuch für das Lohnbüro 2021** abgedruckt, das im selben Verlag erschienen ist.

V

Lohnsteuerpflichtig | Sozialversich.-pflichtig

schädlicher Verfügung die Arbeitnehmer-Sparzulage an den Arbeitnehmer auszahlen kann, hat der Arbeitgeber bestimmte **Anzeigepflichten** zu erfüllen. Anzeigepflichten für den Arbeitgeber bestehen zudem bei einer vorzeitigen **schädlichen** Verfügung. Der **Arbeitgeber haftet** für die Arbeitnehmer-Sparzulage, die wegen seiner Pflichtverletzung zu Unrecht gezahlt, nicht zurückgezahlt oder nicht einbehalten worden ist (§ 15 Abs. 3 des 5. VermBG). Im Einzelnen gilt Folgendes:

Der Arbeitgeber, bei dem die vermögenswirksamen Leistungen aufgrund von Wertpapier-Kaufverträgen, Beteiligungs-Verträgen oder Beteiligungs-Kaufverträgen angelegt sind, hat anzuzeigen, dass

- vor Ablauf der Sperrfrist über Wertpapiere, die der Arbeitgeber verwahrt oder von einem Dritten verwahren lässt oder die das vom Arbeitnehmer benannte Kreditinstitut verwahrt, durch Veräußerung, Abtretung oder Beleihung verfügt worden ist oder dass die Wertpapiere endgültig aus der Verwahrung genommen worden sind. Das verwahrende Kreditinstitut hat den Arbeitgeber entsprechend zu unterrichten (§ 8 Abs. 1 Nrn. 5 und 6 und § 2 Abs. 4 VermBDV);
- der Arbeitnehmer dem Arbeitgeber die Bescheinigung des Kreditinstituts über die Verwahrung von Wertpapieren nicht innerhalb von drei Monaten nach dem Erwerb der Wertpapiere vorgelegt hat (§ 8 Abs. 1 Nr. 5 und § 4 Abs. 4 VermBDV);
- der Arbeitnehmer für die aufgrund eines Wertpapier-Kaufvertrags, Beteiligungs-Vertrags oder Beteiligungs-Kaufvertrags angezahlten (vorausgezahlten) Beträge bis zum Ablauf des auf die Zahlung folgenden Kalenderjahres keine Wertpapiere oder nicht verbrieften betrieblichen Beteiligungen erhalten hat (§ 8 Abs. 1 Nrn. 4 und 6 VermBDV);
- vor Ablauf der Sperrfrist über nicht verbriefte betriebliche Beteiligungen verfügt worden ist (§ 8 Abs. 1 Nr. 4 VermBDV).

Unternehmen, an denen aufgrund von Beteiligungs-Verträgen oder Beteiligungs-Kaufverträgen mit vermögenswirksamen Leistungen nicht verbriefte Beteiligungen (Genossenschaftsanteile, GmbH-Geschäftsanteile, stille Beteiligungen) erworben werden sollen oder erworben worden sind, haben anzuzeigen, dass der Arbeitnehmer für die angezahlten (vorausgezahlten) Beträge bis zum Ablauf des auf die Zahlungen folgenden Kalenderjahres keine Beteiligungen erhalten hat. Nach Begründung oder Erwerb der Beteiligung ist jede Verfügung vor Ablauf der Sperrfrist anzuzeigen.

Die Anzeigen sind an die Zentralstelle für Arbeitnehmer-Sparzulage und Wohnungsbauprämie beim Technischen Finanzamt Berlin – ZPS ZANS – (Klosterstr. 59, 10179 Berlin) zu richten. Sie sind nach amtlich vorgeschriebenem Vordruck ohne Rücksicht darauf zu erstatten, ob schädliche oder unschädliche Verfügungen vorliegen. Denn die Schädlichkeit oder Unschädlichkeit einer vorzeitigen Verfügung wird ausschließlich vom Finanzamt geprüft.

16. Anrufungsauskunft zur Vermögensbildung

Der Bundesfinanzhof hat entschieden, dass das Finanzamt dem Arbeitgeber oder dem Anlageinstitut auf Anfrage Auskunft darüber zu geben hat, wie im Einzelfall die Vorschriften über vermögenswirksame Leistungen anzuwenden sind (BFH-Urteil vom 5.6.2014, BStBl. 2015 II S. 48).

Das Gericht geht davon aus, dass es sich hierbei – wie bei der Lohnsteuer-Anrufungsauskunft – um einen **Verwaltungsakt** handelt, der einer **gerichtlichen Kontrolle** unterliegt. Die vom Finanzamt erteilte Auskunft trifft allerdings lediglich eine Regelung, wie das Finanzamt einen ihr zur Prüfung gestellten typischerweise hypothetischen Sachverhalt im Hinblick auf die **Rechte und Pflichten nach dem 5. VermBG** gegenwärtig beurteilt. Die Anrufungsauskunft entscheidet weder über den Anspruch auf Arbeitnehmer-Sparzulage noch setzt sie die Arbeitnehmer-Sparzulage des Arbeitnehmers fest. Denn die Arbeitnehmer-Sparzulage wird nach Verwirklichung des Sachverhalts in einem eigenständigen Verwaltungsverfahren erst auf Antrag des Arbeitnehmers in der Einkommensteuererklärung im Rahmen der Einkommensteuer-Veranlagung festgesetzt. Somit wirkt die Anrufungsauskunft nicht in das Festsetzungsverfahren der Arbeitnehmer-Sparzulage hinein. Auch wird der Arbeitgeber oder das Anlageinstitut nicht verpflichtet, die elektronische Vermögensbildungsbescheinigung entsprechend der erteilten Auskunft zu übermitteln bzw. nicht zu übermitteln. Das Anrufungsverfahren dient lediglich dazu, die **Haftungsrisiken** des Antragstellers **zu vermeiden.** Sie bezweckt aber nicht, dem Antragsteller das Prozessrisiko abzunehmen, falls er nicht nach dem Inhalt der Auskunft verfahren will. In diesem Fall muss er seine Rechtsauffassung im Wege der Anfechtung eines eventuellen Haftungsbescheids durchsetzen.[1)]

Ausgehend von diesem Regelungsgehalt ist die Auskunft gerichtlich nur daraufhin zu überprüfen, ob der **Sachverhalt zutreffend** erfasst und die **rechtliche Beurteilung nicht evident fehlerhaft** ist. Dies bedeutet, dass die Anrufungsauskunft nicht im Widerspruch zum Gesetz oder der höchstrichterlichen Rechtsprechung – sofern diese von der Finanzverwaltung angewendet wird, also kein Nichtanwendungserlass ergangen ist – stehen darf.

Vgl. auch das Stichwort „Auskunft“ unter Nr. 2.

Verpflegung

Zur Gewährung unentgeltlicher oder verbilligter Verpflegung vgl. die Stichworte „Freie Unterkunft und Verpflegung“ und „Mahlzeiten“. Zur Mahlzeitengestellung bei beruflich veranlassten Auswärtstätigkeiten vgl. Anhang 4 Nr. 10.

Verpflegungsmehraufwand

Ein **Mehraufwand** für Verpflegung kann vom Arbeitgeber nur dann steuer- und beitragsfrei ersetzt werden, wenn

- eine beruflich veranlasste Auswärtstätigkeit oder
- eine beruflich veranlasste doppelte Haushaltsführung

vorliegt (vgl. die Stichworte „Auslösungen“, „Doppelte Haushaltsführung“ und Anhang 4 „Reisekosten bei Auswärtstätigkeiten“); zur Höhe der steuerlich maßgebenden Verpflegungspauschalen vgl. Anhang 4 Nrn. 9 und 10 sowie Anhang 5a für Auslandsreisekosten und Anhang 5b für Auslandsauslösungen bei doppelter Haushaltsführung. In allen anderen Fällen ist der Ersatz von Verpflegungsmehraufwendungen durch den Arbeitgeber steuer- und beitragspflichtiger Arbeitslohn.

Verrechnung von Sozialversicherungsbeiträgen

siehe „Erstattung von Sozialversicherungsbeiträgen“

Versicherungsprovisionen

siehe „Provisionen“

1) Der Arbeitgeber haftet für die Arbeitnehmer-Sparzulage, die wegen seiner Pflichtverletzung zu Unrecht gezahlt, nicht zurückgezahlt oder nicht einbehalten worden ist (§ 15 Abs. 3 des 5. VermBG).

	Lohnsteuerpflichtig	Sozialversich.-pflichtig

Versicherungsschutz

Gliederung:

1. Allgemeines
2. Directors and Officers-Versicherungen
3. Berufshaftpflichtversicherung
4. Vorteile aufgrund des Versicherungsrechts

1. Allgemeines

Gewährt der Arbeitgeber dem Arbeitnehmer Versicherungsschutz, ist zunächst zu prüfen, ob Zufluss von Arbeitslohn vorliegt, und wenn dies zu bejahen ist, ob der zugeflossene Arbeitslohn steuerfrei ist. Da es sich bei der Gewährung von Versicherungsschutz um Zukunftsicherungsleistungen im weiteren Sinne handelt, wird auf die Begriffsbestimmung und das Abgrenzungsschema beim Stichwort „Zukunftsicherung" unter Nr. 1 verwiesen.

Für die Beantwortung der Frage, ob vom Arbeitgeber aufgebrachte Beiträge für den Versicherungsschutz seiner Arbeitnehmer gegenwärtig zufließenden Arbeitslohn darstellen, ist – wie beim Stichwort „Unfallversicherungen" ausführlich erläutert – auf die vom Bundesfinanzhof im BFH-Urteil vom 16.4.1999 (BStBl. 2000 II S. 406) aufgestellten und von der Finanzverwaltung übernommenen Grundsätze zurückzugreifen. Danach gehören die Beiträge des Arbeitgebers nicht zum gegenwärtig zufließenden Arbeitslohn, wenn zwar der Arbeitnehmer versichert ist, aber **ausschließlich der Arbeitgeber** die **Rechte** aus dem Versicherungsvertrag **geltend machen kann.** Der Arbeitnehmer selbst hat also keinen unmittelbaren Rechtsanspruch auf die Versicherungsleistung. Im Ergebnis handelt es sich um eine Rückdeckungsversicherung des Arbeitgebers (vgl. das Stichwort „Rückdeckung"). nein nein

Die Beiträge stellen dagegen Arbeitslohn dar, wenn der versicherte **Arbeitnehmer** die **Rechte** aus dem Versicherungsvertrag unmittelbar **selbst** gegenüber dem Versicherungsunternehmen **geltend machen kann.** ja ja

Gehören die Versicherungsbeiträge des Arbeitgebers zum gegenwärtig zufließenden **Arbeitslohn,** stellt sich die Frage, ob eine **Steuerbefreiungsvorschrift** greift, wie dies z. B. bei einer Reisegepäckversicherung der Fall ist, soweit ausschließlich der Verlust von Gepäck anlässlich einer beruflich veranlassten Auswärtstätigkeit versichert ist. In diesem Fall sind die Aufwendungen des Arbeitgebers für die Reisegepäckversicherung als Reisenebenkosten steuerfrei (vgl. das Stichwort „Reisegepäckversicherung"). nein nein

Weiterhin stellt sich die Frage, ob die Aufwendungen des Arbeitgebers in Anwendung des Rabattfreibetrags von 1080 € jährlich oder der monatlichen 44-Euro-Freigrenze für Sachbezüge steuerfrei bleiben können. Hierfür ist ausschlaggebend, ob Geldleistungen oder Sachbezüge vorliegen. Die Verschaffung von Versicherungsschutz stellt einen **Sachbezug** dar, wenn der **Arbeitgeber** gleichzeitig **Versicherer** ist; der Rabattfreibetrag von 1080 € jährlich (vgl. „Rabatte, Rabattfreibetrag") ist anzuwenden. Als Endpreis für die Anwendung der Rabattregelung des § 8 Abs. 3 EStG sind die Beiträge anzusetzen, die der Arbeitgeber als Versicherer von fremden Versicherungsnehmern für diesen Versicherungsschutz durchschnittlich verlangt (R 8.2 Abs. 2 Satz 2 LStR).

Bei der „Verschaffung von Versicherungsschutz" war es für die Anwendung der **monatlichen 44-Euro-Freigrenze** streitig, ob von Barlohn oder von Sachlohn auszugehen ist. In zwei anhängigen Revisionsverfahren hat der Bundesfinanzhof für Klarheit gesorgt: Im ersten Fall schloss der Arbeitgeber als Versicherungsnehmer für die Mitarbeiter des Unternehmens bei zwei Versicherungen (Gruppen-)Zusatzkrankenversicherungen für Vorsorgeuntersuchungen, stationäre Zusatzleistungen sowie Zahnersatz ab. Der Bundesfinanzhof bestätigte das Vorliegen von Sachlohn, da der Arbeitnehmer aufgrund arbeitsvertraglicher Vereinbarungen **ausschließlich Versicherungsschutz,** nicht aber eine Geldzahlung verlangen konnte (BFH-Urteil vom 7.6.2018, BStBl. 2019 II S. 371). Da die vom Arbeitgeber für den einzelnen Arbeitnehmer gezahlten monatlichen Beiträge unter 44 € lagen und keine weiteren Sachbezüge gewährt wurden, war der Sachlohn wegen der 44-Euro-Freigrenze steuer- und beitragsfrei.

Im zweiten Fall informierte der Arbeitgeber in einem „Mitarbeiteraushang" seine Arbeitnehmer darüber, ihnen zukünftig eine Zusatzkrankenversicherung über eine private Krankenversicherungsgesellschaft anbieten zu können. Mitarbeiter nahmen das Angebot an und schlossen unmittelbar mit der Versicherungsgesellschaft private Zusatzkrankenversicherungsbeiträge ab. Die Versicherungsbeiträge wurden von den Mitarbeitern direkt an die Versicherungsgesellschaft überwiesen. Hierfür erhielten die Mitarbeiter von ihrem Arbeitgeber monatliche Zuschüsse auf ihr Gehaltskonto ausgezahlt, die regelmäßig unter der monatlichen 44-Euro-Freigrenze lagen. Der Bundesfinanzhof geht in diesem Fall von steuer- und beitragspflichtigem **Barlohn** aus (BFH-Urteil vom 4.7.2018, BStBl. 2019 II S. 373). Ein Sachbezug liege nur dann vor, wenn ein arbeitsrechtliches Versprechen erfüllt werde, das auf die Gewährung von Sachlohn gerichtet sei. Im Streitfall habe der Arbeitgeber seinen Arbeitnehmern letztlich nur den Kontakt zu den Versicherungsunternehmen vermittelt und bei Vertragsabschluss einen **Geldzuschuss versprochen.** Damit hatte er seinen Arbeitnehmern keinen Versicherungsschutz zugesagt.

Bei der Gewährung von Unfallversicherungsschutz liegt ein Sachbezug vor, soweit bei Abschluss einer **freiwilligen Unfallversicherung** durch den Arbeitgeber der Arbeitnehmer den Versicherungsschutz unmittelbar gegenüber dem Versicherungsunternehmen geltend machen kann. Dies gilt allerdings nicht, soweit die Beiträge nach § 40b Abs. 3 EStG mit 20 % pauschal besteuert werden (vgl. das Stichwort „Unfallversicherung" unter Nr. 6).

Ein **Sachbezug** in Form von **Prämienvorteilen** liegt vor, wenn der Arbeitgeber z. B. einen Rahmenvertrag mit einer Versicherungsgesellschaft abschließt, nach dem seine Arbeitnehmer bei diesem Versicherer Einzelversicherungen zu vergünstigten Tarifen erhalten, wenn eine bestimmte Anzahl von Mitarbeitern eine Versicherung abschließt (z. B. ein Rahmenabkommen zur Anwendung von Gruppentarifen auf Einzelversicherungen). Die 44-Euro-Freigrenze kann für diesen Sachbezug in Anspruch genommen werden (vgl. auch nachfolgende Nr. 4).

Beispiel A

Eine Versicherung gewährt den Arbeitnehmern des Arbeitgebers A aufgrund eines Rahmenvertrags mit dem Arbeitgeber einen Gruppentarif auf die bei ihr abgeschlossenen Einzelversicherungen, da sich eine Gruppe von 30 Arbeitnehmern des A zum Abschluss von Versicherungen entschlossen hat. Gegenüber dem Einzeltarif ergibt sich für die Arbeitnehmer ein Preisvorteil von 50 €.

Die Prämienvorteile sind durch das Arbeitsverhältnis veranlasst und führen daher zu Arbeitslohn. Der geldwerte Vorteil in Form eines Sachbezugs beträgt monatlich 50 € und ist aufgrund des Überschreitens der 44-€-Freigrenze für Sachbezüge steuer- und beitragspflichtig.

Rabatte, die der Arbeitgeber nicht nur seinen Arbeitnehmern, sondern auch fremden Dritten im normalen Geschäftsverkehr üblicherweise einräumt, sind bei den Arbeitnehmern kein Arbeitslohn. Dies muss erst recht gelten, wenn es um von Dritten den Arbeitnehmern des Arbeitgebers im normalen Geschäftsverkehr üblicherweise gewährte Preisvorteile geht. Der Bundesfinanzhof hat daher entschieden, dass **kein Arbeitslohn** von dritter Seite vorliegt, wenn **Rabatte** eines Versicherungsunternehmens beim Abschluss von Versicherungsverträgen sowohl Arbeitnehmern des Arbeitgebers als **auch** einem **weiteren Personenkreis** eingeräumt werden (BFH-Urteil vom 10.4.2014, BStBl. 2015 II S. 191; vgl. auch das Stichwort „Lohnzahlung durch Dritte").

Lohnsteuerpflichtig | Sozialversich.-pflichtig

Beispiel B

Wie Beispiel A. Die Versicherungsgesellschaft gewährt Gruppentarife für Einzelversicherungen nicht nur Arbeitnehmern von Arbeitgebern, die mit ihr einen Rahmenvertrag abgeschlossen haben, sondern auch Mitgliedern von Vereinen, sofern eine Mindestzahl von 30 Verträgen abgeschlossen wird. Beim Sportclub S kommt eine ausreichende Zahl von Vertragsabschlüssen zustande. Gegenüber dem Einzeltarif ergibt sich für die Mitglieder des Sportclubs jedoch nur ein Preisvorteil von monatlich 15 €.

Die Prämienvorteile für die Arbeitnehmer des Arbeitgebers A sind nur noch durch das Arbeitsverhältnis veranlasst, soweit sie die Prämienvorteile aus dem Gruppentarif für Vereine übersteigen. Der zu Arbeitslohn führende geldwerte Vorteil beträgt monatlich 35 € (50 € abzüglich 15 €) und bleibt aufgrund der Anwendung der 44-€-Freigrenze für Sachbezüge steuerfrei, sofern diese noch nicht anderweitig ausgeschöpft ist.

2. Directors and Officers-Versicherungen

Directors and Officers-Versicherungen (sog. D&O-Versicherungen) werden zur Abdeckung von Schäden abgeschlossen, die Dritten durch das Handeln von Organen (Vorstände, Aufsichtsratsmitglieder) von Kapitalgesellschaften oder leitenden Angestellten entstehen. Solche Versicherungen, die in den USA schon seit langem üblich sind, haben in Deutschland durch die Verschärfung der Haftungsbestimmungen im Aktienrecht an Bedeutung gewonnen.

Die Finanzverwaltung vertritt hierzu die Auffassung,[1] dass der durch die D&O-Versicherung gewährte Versicherungsschutz nur dann im **ganz überwiegend eigenbetrieblichen Interesse des Arbeitgebers** gewährt wird mit der Folge, dass die Zahlung der Versicherungsprämie keinen Zufluss von Arbeitslohn beim Arbeitnehmer auslöst, wenn — nein | nein

- es sich bei der D&O-Versicherung um eine Vermögensschaden-Haftpflichtversicherung handelt, die in erster Linie der **Absicherung des Unternehmens** oder des Unternehmenswertes gegen Schadensersatzforderungen Dritter gegenüber dem Unternehmen dient, die ihren Grund in dem Tätigwerden oder Untätigbleiben der für das Unternehmen verantwortlich handelnden und entscheidenden Organe und Leitungsverantwortlichen haben,
- die D&O-Verträge besondere Klauseln zur Firmenhaftung oder sog. Company Reimbursement enthalten, die im Ergebnis dazu führen, dass der Versicherungsanspruch aus der **Versicherungsleistung dem Unternehmen** als Versicherungsnehmer **zusteht.** Hiervon ist z. B. auszugehen, wenn der Arbeitgeber oder eine Tochtergesellschaft den Arbeitnehmer als versicherte Person in rechtlich zulässiger Weise aufgrund einer vertraglichen oder gesetzlichen Freistellungsverpflichtung durch Erfüllung des Haftungsanspruchs freistellt (Freistellung) und ihm hierdurch ein Zahlungsanspruch gegenüber dem Versicherer zusteht oder der Versicherer den Gläubiger befriedigt und seinerseits auf einen Regress bei dem zur Freistellung verpflichteten Arbeitgeber oder einer Tochtergesellschaft verzichtet,
- durch die D&O-Versicherung regelmäßig **das Management als Ganzes versichert ist** und Versicherungsschutz für einzelne Personen nicht in Betracht kommt, und
- Basis für die **Prämienkalkulation** nicht individuelle Merkmale der versicherten Organmitglieder sind, sondern **Betriebsdaten des Unternehmens** und dabei die Versicherungssummen deutlich höher sind als typischerweise das Privatvermögen der handelnden Personen.[2]

Die Übernahme von Versicherungsprämien für den **Selbstbehalt** des Vorstandsmitglieds nach den Regelungen des Aktiengesetzes durch den Arbeitgeber führt einerseits zu Arbeitslohn (mit Lohnsteuereinbehaltungsverpflichtung) und andererseits zu Werbungskosten beim Arbeitnehmer. — ja | ja

Auch bei einer **Industrie-Strafrechtsschutzversicherung** besteht ein ganz überwiegendes eigenbetriebliches Interesse des Arbeitgebers. Mithin liegt kein steuer- und beitragspflichtiger Arbeitslohn vor. Dies gilt – wie bei der D&O-Versicherung – für die Beitrags- und Leistungsphase. — nein | nein

Auch die Übernahme von **Strafverteidigungskosten** durch eine D&O-Versicherung und/oder eine Industrie-Strafrechtsschutzversicherung führen als Leistungen im ganz überwiegenden eigenbetrieblichen Interesse des Arbeitgebers nicht zu einem steuerpflichtigen geldwerten Vorteil. Dies setzt bei einer Vorsatzverurteilung allerdings voraus, dass etwaige Versicherungsleistungen vom Versicherten erstattet werden. — nein | nein

Die Erstattung der **Kosten für einen Zeugenbeistand** eines Zeugen (= Arbeitnehmer) durch eine Versicherung des Arbeitgebers oder den Arbeitgeber selbst, führt beim Arbeitnehmer **nicht** zu einem steuerpflichtigen **geldwerten Vorteil.** Aufgrund der Gesamtumstände handelt es sich nicht um eine Leistung des Arbeitgebers, die im weitesten Sinne als Gegenleistung für das Zurverfügungstellen der individuellen Arbeitskraft des Arbeitnehmers anzusehen ist. — nein | nein

Werden bei einer **Rechtsschutz-Versicherung für Topmanager** die Beiträge vom Arbeitgeber übernommen, führt dies – wie bei Berufshaftpflichtversicherungen (vgl. nachfolgende Nr. 3) – einerseits zu steuerpflichtigem Arbeitslohn (mit Lohnsteuereinbehaltungsverpflichtung) und andererseits zu Werbungskosten beim Arbeitnehmer. Eine Saldierung von Arbeitslohn und Werbungskosten im Lohnsteuerabzugsverfahren durch den Arbeitgeber ist nicht zulässig.

3. Berufshaftpflichtversicherung

Ein ganz überwiegend eigenbetriebliches Interesse des Arbeitgebers ist aber nach Auffassung der Finanzverwaltung zu verneinen, wenn Risiken versichert werden, die üblicherweise durch eine individuelle Berufshaftpflichtversicherung abgedeckt werden. In diesem Fall ist die vom Arbeitgeber gezahlte Versicherungsprämie steuer- und beitragspflichtiger Arbeitslohn der versicherten Arbeitnehmer. — ja | ja

Die Arbeitnehmer können die versteuerten Beträge als Werbungskosten bei der Veranlagung zur Einkommensteuer abziehen. Eine Saldierung von Arbeitslohn und Werbungskosten im Lohnsteuerabzugsverfahren durch den Arbeitgeber ist nicht zulässig.

Auch nach Ansicht des Bundesfinanzhofs führt die Übernahme der Beiträge zur Berufshaftpflichtversicherung einer **angestellten Rechtsanwältin** durch den Arbeitgeber zu Arbeitslohn, weil diese zum Abschluss der Versicherung verpflichtet ist und deshalb ein ganz überwiegend eigenbetriebliches Interesse des Arbeitgebers ausscheidet (BFH-Urteil vom 26.7.2007, BStBl. II S. 892). Das gilt auch dann, wenn die Versicherungssumme die Mindestdeckungssumme übersteigt.

Entsprechend ist zu verfahren, wenn der Arbeitgeber (z. B. eine Sozietät) selbst die Versicherung für die bei ihm angestellten Rechtsanwälte abgeschlossen hat und die Versicherung über die Mindestdeckungssumme hinausgeht (BFH-Beschluss vom 6.5.2009, BFH/NV 2009 S. 1431). Der geleistete Gesamtversicherungsbeitrag ist **nach Köpfen** auf die Anwälte der Kanzlei (ggf. Sozien und

1) BMF-Schreiben vom 24.1.2002 (Az.: IV C 5 – S 2332 – 8/02). Das BMF-Schreiben, das nicht im Bundessteuerblatt veröffentlicht worden ist, ist als Anlage 6 zu H 19.3 LStR im **Steuerhandbuch für das Lohnbüro 2021** abgedruckt, das im selben Verlag erschienen ist.

2) Die vorstehende Regelung gilt entsprechend bei Versicherten, die keine Arbeitnehmer sind. So liegen z. B. bei versicherten Aufsichtsratsmitgliedern bezüglich der von der Gesellschaft für D&O-Versicherungen gezahlten Versicherungsprämien weder Betriebseinnahmen noch Betriebsausgaben vor. Entsprechendes gilt auch hier in der Leistungsphase.

	Lohn-steuer-pflichtig	Sozial-versich.-pflichtig
angestellte Anwälte ohne die übrigen Arbeitnehmer – z. B. Sekretärinnen) **aufzuteilen.**	ja	ja
Die vorstehenden Grundsätze gelten auch bei Abschluss von Zusatzversicherungen zur Berufshaftpflichtversicherung, wie z. B. einer Claims-Made-Versicherung, bei der entscheidend ist, ob – unabhängig vom Zeitpunkt der haftungsbegründenden Pflichtverletzung – innerhalb der Versicherungsperiode ein Regressanspruch geltend gemacht wird, oder einer Rückwärtsversicherung, bei der es nachträglich zu einer Erhöhung der Deckungssumme kommt. In beiden Fällen kommt es nur dann zu einer Versicherungsleistung, wenn die zuvor für die Versicherungsperiode abgeschlossene Berufshaftpflichtversicherung ausgeschöpft ist.	ja	ja
In Abgrenzung zu den vorstehenden Ausführungen hat der Bundesfinanzhof entschieden, dass die Beiträge des **Arbeitgebers** zu seiner **eigenen Berufshaftpflichtversicherung** bei den Arbeitnehmern **nicht** zu einem steuer- und sozialversicherungspflichtigen **geldwerten Vorteil** führen. Bei der **Betriebshaftpflichtversicherung eines Krankenhauses** (BFH-Urteil vom 19.11.2015, BStBl. 2016 II S. 301) war für das Verneinen von Arbeitslohn ausschlaggebend, dass für die angestellten Ärzte im Streitfall keine gesetzliche Pflicht zum Abschluss einer eigenen Berufshaftpflichtversicherung bestand. Soweit sich die Betriebshaftpflichtversicherung des Krankenhauses auch auf die Haftpflicht der in einem Beschäftigungsverhältnis zum Krankenhaus stehenden Personen erstreckt, ist der damit ggf. bestehende Versicherungsschutz lediglich Folge der insoweit zwingenden gesetzlichen Regelung für die Betriebshaftpflichtversicherung. Beitragszahlungen einer **Rechtsanwalts-GmbH** zu deren eigener Berufshaftpflichtversicherung sind gesetzlich vorgeschrieben und notwendige Voraussetzung für die gewerbliche rechtsberatende Tätigkeit der GmbH selbst als Rechtsanwaltsgesellschaft, die nach dem Gesetz betreffend die Gesellschaften mit beschränkter Haftung den Mandanten gegenüber mit ihrem Gesellschaftsvermögen haftet. Somit erfasst eine solche Versicherung keine Haftpflichtansprüche, die sich gegen die bei der GmbH nichtselbstständig tätigen Rechtsanwälte selbst richten. Deshalb versicherte die GmbH durch den Abschluss der Berufshaftpflichtversicherung ihre eigene Berufstätigkeit und wandte ihren Arbeitnehmern dadurch weder Geld noch einen geldwerten Vorteil in Form des Versicherungsschutzes zu (BFH-Urteil vom 19.11.2015, BStBl. 2016 II S. 301). Über die eigene Berufshaftpflichtversicherung der Rechtsanwalts-GmbH hinaus unterhielt im Streitfall auch jeder angestellte Anwalt der GmbH eine nach der Bundesrechtsanwaltsordnung für die Zulassung als Rechtsanwalt notwendige persönliche Berufshaftpflichtversicherung mit den Mindestversicherungssummen. Ebenso führen die Beiträge einer **Rechtsanwalts-GbR** zu ihrer eigenen Berufshaftpflichtversicherung bei den angestellten Rechtsanwälten nicht zu Arbeitslohn (BFH-Urteil vom 10.3.2016, BStBl. II S. 621). Dies gilt auch, soweit sich der Versicherungsschutz auf Ansprüche gegen die angestellten Rechtsanwälte erstreckt. Denn insoweit handelt es sich um eine bloße Reflexwirkung der eigenbetrieblichen Betätigung der Rechtsanwalts-GbR. Die Erweiterung des Versicherungsschutzes dient dazu, der Rechtsanwalts-GbR einen möglichst umfassenden Schutz für alle bei ihr beschäftigten Rechtsanwälte zu gewähren, weil sie nur so erreichen kann, ihre Haftungsrisiken möglichst umfassend auf den Versicherer abzuwälzen. Im Streitfall hatte die GbR auf eigenen Namen und auf eigene Rechnung eine Berufshaftpflichtversicherung abgeschlossen. Die bei ihr angestellten Rechtsanwälte unterhielten darüber hinaus eigene Berufshaftpflichtversicherungen. Der Bundesfinanzhof betont, dass die vorstehenden Grundsätze nicht nur für Sozietäten in der Rechtsform einer GbR, sondern z. B. auch für Einzelkanzleien gelten.	nein	nein
Auch die (Mit-)Versicherung eines **angestellten Steuerberaters** in der Berufshaftpflichtversicherung des Praxisinhabers führt daher bei ihm nicht zu einem steuerpflichtigen geldwerten Vorteil. Der angestellte Steuerberater ist nicht selbst versicherungspflichtig. Vielmehr umfasst die Berufshaftpflichtversicherung, zu deren Abschluss der ihn beschäftigende Steuerberater verpflichtet ist, auch die sich aus der Berufstätigkeit seiner Angestellten ergebenden Haftpflichtgefahren. Dies gilt auch dann, wenn der angestellte Steuerberater nebenberuflich im eigenen Namen tätig wird. Er muss dann nämlich eine zusätzliche eigene Berufshaftpflichtversicherung abschließen.	nein	nein
4. Vorteile aufgrund des Versicherungsrechts		
Die sich zwischen Einzelversicherungen und einer Gruppenversicherung ergebenden Prämienunterschiede beruhen auf dem Versicherungsrecht und stellen daher keinen geldwerten Vorteil dar.	nein	nein
Ein geldwerter Vorteil entsteht aber dann, wenn auf eine vom Arbeitnehmer abgeschlossene Einzelversicherung ein günstiger Gruppentarif angewendet wird (vgl. auch vorstehende Nr. 1 Beispiele A und B).	ja	ja

Versicherungsvertreter

siehe „Vertreter"

Versorgungsbezüge, Versorgungsfreibetrag

Neues und Wichtiges auf einen Blick:

1. Höhe und Abschmelzung des Versorgungsfreibetrags

Langfristig sollen Bezieher einer Rente (z. B. aus der gesetzlichen Rentenversicherung) und Versorgungsempfänger (Beamtenpensionäre, Werkspensionäre) gleich besteuert werden. Auf die ausführlichen Erläuterungen beim Stichwort „Renten" wird Bezug genommen. Da die Renten nach Ablauf der Übergangsregelung im Jahre 2040 zu 100 % besteuert werden, muss gleichzeitig der **Versorgungsfreibetrag stufenweise** bis dahin auf 0 € **abgebaut** werden.

Bei Versorgungsempfängern, die zwischen 2006 und 2020 erstmals Versorgungsbezüge bezogen haben, wurde der Prozentsatz jährlich um 1,6 % und der Höchstbetrag um 120 € verringert. Von 2021 bis 2040 verringert sich der Prozentsatz jährlich um 0,8 % und der Höchstbetrag um 60 €.

Bei einem **Versorgungsbeginn** in **2021** beträgt der Vomhundertsatz für den Versorgungsfreibetrag **15,2 %** der Versorgungsbezüge und der Höchstbetrag **1140 €.**

2. Höhe und Abschmelzung des Zuschlags zum Versorgungsfreibetrag

Außerdem erhalten Versorgungsempfänger seit 2005 – ebenso wie Rentner – nur noch einen Werbungskosten-Pauschbetrag von 102 €. Als Ausgleich für den Wegfall des früher auch für Versorgungsbezüge geltenden Arbeitnehmer-Pauschbetrags in Höhe von seinerzeit 920 € wird seit 2005 ein **Zuschlag zum Versorgungsfreibetrag** von anfänglich 900 € gewährt, der in der Übergangsphase bis zum Jahr 2040 auf 0 € abgebaut wird.

Bei Versorgungsempfängern, die zwischen 2006 und 2020 erstmals Versorgungsbezüge bezogen haben, verminderte sich der Zuschlag zum Versorgungsfreibetrag um 36 € jährlich. Bei erstmaligem Versorgungsbezug zwischen 2021 und 2040 werden es jährlich 18 € weniger (vgl. die Tabelle unter der nachfolgenden Nr. 11). Bei einem **Ver-**

Lohn- steuer- pflichtig | Sozial- versich.- pflichtig

sorgungsbeginn in **2021** beträgt der Zuschlag zum Versorgungsfreibetrag **342 €.**

3. Festschreibung der Freibeträge

Sowohl beim Versorgungsfreibetrag als auch beim Zuschlag zum Versorgungsfreibetrag wird für den einzelnen Bezieher von Versorgungsbezügen seine Besteuerungssituation jeweils in dem Zustand „eingefroren", der im **Jahr des Versorgungsbeginns** bzw. am 1.1.2005 vorgelegen hat. Der bei Beginn des Versorgungsbezugs ermittelte Versorgungsfreibetrag und der Zuschlag zum Versorgungsfreibetrag bleiben also im Grundsatz zeitlebens **unverändert** (§ 19 Abs. 2 Satz 8 EStG).

4. Einstandspflicht des Arbeitgebers

Aufgrund der allseits bekannten Lage an den Kapitalmärkten durch die Niedrigzinsphase und gestiegener Lebenserwartung kommt es bei einigen **betrieblichen Versorgungseinrichtungen** zu einer **Kürzung** der zugesagten **Versorgungsleistungen.** Nach den Regelungen im Betriebsrentengesetz hat der **Arbeitgeber** für die Erfüllung der von ihm zugesagten Leistungen auch dann **einzustehen,** wenn die Durchführung nicht unmittelbar über ihn erfolgt.

Die Zahlungen des Arbeitgebers aufgrund dieser Einstandspflicht führen lohnsteuerlich zu **Arbeitslohn,** von denen der Arbeitgeber einen **Lohnsteuerabzug** vorzunehmen und daher auch die elektronischen Lohnsteuerabzugsmerkmale des jeweiligen Arbeitnehmers abzurufen hat. Hat der einzelne Arbeitnehmer das 63. Lebensjahr (bei Schwerbehinderung das 60. Lebensjahr) vollendet, liegen **Versorgungsbezüge** vor, sodass beim Lohnsteuerabzug ein Versorgungsfreibetrag und ggf. ein Zuschlag zum Versorgungsfreibetrag zu berücksichtigen ist.

5. Fahrvergünstigungen für Ruhestandsbeamte sind auch Versorgungsbezüge

Fahrvergünstigungen für Ruhestandsbeamte des Bundeseisenbahnvermögens gehören auch zu den Versorgungsbezügen, da sie keine Gegenleistung für Dienstleistungen des Ruhestandsbeamten sind, die im gleichen Zeitraum geschuldet und erbracht werden. Dies gilt auch dann, wenn die Fahrvergünstigungen aufgrund eines vor Erreichen der Altersgrenze abgeschlossenen privatrechtlichen Vertrags geleistet werden (BFH-Urteil vom 11.3.2020, BStBl. II S. 565). Somit kann für die Versorgungsbezüge und diese zusätzlichen Vorteile **insgesamt** nur ein **Werbungskosten-Pauschbetrag von 102 € jährlich** und nicht zusätzlich ein Arbeitnehmer-Pauschbetrag von 1000 € jährlich berücksichtigt werden.

Gliederung:

1. Allgemeines
2. Versorgungsbezüge im öffentlichen Dienst, für die der Versorgungsfreibetrag zuzüglich Zuschlag zum Versorgungsfreibetrag gewährt wird
3. Versorgungsbezüge im privaten Dienst, für die der Versorgungsfreibetrag zuzüglich Zuschlag zum Versorgungsfreibetrag gewährt wird
4. Berücksichtigung des Versorgungsfreibetrags und des Zuschlags zum Versorgungsfreibetrag durch den Arbeitgeber
   a) Allgemeines
   b) Abzug des Versorgungsfreibetrags und des Zuschlags zum Versorgungsfreibetrag beim laufenden Lohnsteuerabzug
   c) Berücksichtigung des Versorgungsfreibetrags bei der Zahlung sonstiger Bezüge
   d) Auswirkung des Versorgungsfreibetrags und des Zuschlags zum Versorgungsfreibetrag bei kleinen Betriebsrenten
5. Ermittlung der Bemessungsgrundlage für den zeitlebens geltenden Versorgungsfreibetrag und Zuschlag zum Versorgungsfreibetrag
6. Zeitanteilige Gewährung des Versorgungsfreibetrags und des Zuschlags zum Versorgungsfreibetrag
7. Ausnahmen von der Zwölftelung
   a) Sterbegeld
   b) Berechnung des Versorgungsfreibetrags im Falle einer Kapitalauszahlung/Abfindung
8. Sonderfälle
   a) Mehrere Versorgungsbezüge
   b) Hinterbliebenenbezüge
   c) Versorgungsausgleich
9. Besondere Aufzeichnungs- und Bescheinigungspflichten
10. Berücksichtigung des Versorgungsfreibetrags und des Zuschlags zum Versorgungsfreibetrag im Veranlagungsverfahren
11. Stufenweiser Abbau des Versorgungsfreibetrags und des Zuschlags zum Versorgungsfreibetrag
12. Kranken- und pflegeversicherungspflichtige Versorgungsbezüge
13. Ausgleichszahlungen und Auffüllungszahlungen

1. Allgemeines

Der Begriff „Versorgungsbezüge" wird im Lohnsteuerrecht als Gegensatz zum Begriff „Renten" gebraucht. **Versorgungsbezüge unterliegen** nämlich **dem Lohnsteuerabzug,** Renten dagegen nicht (die Renten werden mit einem bestimmten steuerpflichtigen Anteil im Wege einer Veranlagung zur Einkommensteuer erfasst, vgl. das Stichwort „Renten"). Die unterschiedliche Besteuerung von Versorgungsbezügen (in voller Höhe) und von Renten aus der gesetzlichen Rentenversicherung (nur mit dem Besteuerungsanteil) ist in der Übergangsphase bis zum Jahr 2040 verfassungsgemäß (BFH-Urteil vom 7.2.2013, BStBl. II S. 573). Es würde nämlich dem gesetzgeberischen Leitgedanken der vollständigen nachgelagerten Besteuerung zuwiderlaufen, wenn in der Übergangszeit auch Versorgungsbezüge nur anteilig besteuert würden. Zur Abgrenzung der lohnsteuerpflichtigen Versorgungsbezüge von den (nicht dem Lohnsteuerabzug unterliegenden) Renten lässt sich folgender Grundsatz aufstellen:

Versorgungsbezüge sind Bezüge, die aufgrund eines früheren Dienstverhältnisses als Entgelt für die frühere Dienstleistung gewährt werden und zwar **ohne eigene Beitragsleistung** des Arbeitnehmers. Diese Voraussetzungen liegen regelmäßig vor, wenn die betriebliche Altersversorgung über die Durchführungswege „Direktzusage" (= Pensionszusage) oder „Unterstützungskasse" durchgeführt wurde (vgl. im Einzelnen zur betrieblichen Altersversorgung die Erläuterungen in Anhang 6).

Bezüge, die **ganz oder teilweise** auf eigenen, das heißt versteuerten Beitragsleistungen des Arbeitnehmers beruhen, **gehören nicht zum Arbeitslohn** (einzige Ausnahme: Die Beitragsleistungen waren seinerzeit Werbungskosten; vgl. nachfolgende Nr. 13). Bei einer Gehaltsumwandlung zu Gunsten von Leistungen zur betrieblichen Altersversorgung (z. B. einer Direktzusage) liegen aber keine eigenen (versteuerten) Beitragsleistungen des Arbeitnehmers vor. Die späteren Versorgungsleistungen aufgrund der Direktzusage gehören daher zu den Versorgungsbezügen.

Wendet man diese Abgrenzungskriterien z. B. auf die **Altersrenten aus der Sozialversicherung** an, ergibt sich, dass diese aufgrund des Arbeitnehmeranteils zur gesetzlichen Rentenversicherung **zumindest teilweise** auf eigenen (versteuerten) Beitragsleistungen der Arbeitnehmer beruhen. Die Altersrenten aus der Sozialversicherung gehören damit nicht zum Arbeitslohn. Sie werden allerdings als sonstige Einkünfte mit einem bestimmten steuerpflichtigen Anteil im Wege der Veranlagung zur Einkommensteuer erfasst (z. B. alle Renten aus der gesetzlichen

V

Lohnsteuerpflichtig | Sozialversich.-pflichtig

Renten- oder Knappschaftsversicherung und der landwirtschaftlichen Alterskasse). Auch die Renten aus der Zusatzversorgung der Arbeiter und Angestellten im öffentlichen Dienst – sog. VBL-Renten – führen nicht zu Arbeitslohn, sondern zu sonstigen Einkünften.

Versorgungsbezüge und damit lohnsteuerpflichtig sind dagegen die sog. **Betriebsrenten** der Werkspensionäre und die Ruhegehälter der Beamtenpensionäre, da diese Bezüge nicht auf eigenen Beitragsleistungen des Arbeitnehmers, sondern auf einer **Versorgungszusage des Arbeitgebers** beruhen.

Der Begriff „Versorgungsbezug" spielt jedoch nicht nur im Lohnsteuerrecht eine Rolle; er ist auch beitragsrechtlich von großer Bedeutung, da Betriebsrenten und andere Versorgungsbezüge der **Krankenversicherungspflicht** unterliegen, wenn der Bezieher der Versorgungsbezüge als Rentner oder aktiv Beschäftigter krankenversicherungspflichtig ist. Allerdings deckt sich der Begriff „Versorgungsbezüge" in § 229 SGB V nicht mit den lohnsteuerlichen Vorschriften über die Versorgungsbezüge in § 19 EStG. Die Berechnung der Beiträge zur Kranken- und Pflegeversicherung bei Versorgungsbezügen im Sinne des § 229 SGB V ist daher ausführlich in Teil B Nr. 12 auf Seite 24 dargestellt.

Bei der **lohnsteuerlichen** Behandlung von Versorgungsbezügen stellt sich als Erstes die Frage, ob der sog. **Versorgungsfreibetrag** und der **Zuschlag** zum Versorgungsfreibetrag gewährt werden können. Die Voraussetzungen für die Gewährung des Versorgungsfreibetrags bzw. Zuschlag zum Versorgungsfreibetrag sind für den **öffentlichen** und **privaten** Dienst **unterschiedlich** in § 19 Abs. 2 EStG **geregelt.** Hiernach gilt Folgendes:

2. Versorgungsbezüge im öffentlichen Dienst, für die der Versorgungsfreibetrag zuzüglich Zuschlag zum Versorgungsfreibetrag gewährt wird

Für folgende Versorgungsbezüge im öffentlichen Dienst wird der Versorgungsfreibetrag zuzüglich Zuschlag gewährt:

Ruhegehalt, Witwen- oder **Waisengeld,** Unterhaltsbeitrag oder ein gleichartiger Bezug, wenn sie

- aufgrund beamtenrechtlicher oder entsprechender **gesetzlicher** Vorschriften oder
- nach beamtenrechtlichen Grundsätzen von Körperschaften, Anstalten oder Stiftungen des öffentlichen Rechts oder öffentlich-rechtlichen Verbänden von Körperschaften gewährt werden.

Die vorstehenden Grundsätze sind erfüllt, wenn sowohl die frühere Tätigkeit sowie die hierfür gezahlten Bezüge, die die Grundlage für die Zahlung der „Versorgungsbezüge" bilden, als auch der Entstehungsgrund für die Zahlung der „Versorgungsbezüge" selbst nach beamtenrechtlichen Grundsätzen gewährt werden bzw. diesen Grundsätzen entsprechen. Ein individuell vereinbartes Gehalt widerspricht beamtenrechtlichen Grundsätzen.

Für Versorgungsbezüge aufgrund **gesetzlicher** Vorschriften im öffentlichen Dienst ist es im Gegensatz zum privaten Dienst (vgl. nachfolgend unter Nr. 3) für die Gewährung des Versorgungsfreibetrags und des Zuschlags zum Versorgungsfreibetrag **nicht Voraussetzung,** dass eine **bestimmte Altersgrenze** erreicht ist. So sind auch die Versorgungsbezüge solcher Ruhestandsbeamten durch den Versorgungsfreibetrag und den Zuschlag zum Versorgungsfreibetrag begünstigt, die aufgrund von ausdrücklichen **gesetzlichen Sonderregelungen**[1] vor dem 63. Lebensjahr in den Ruhestand treten können (z. B. bestimmte Gruppen von Berufssoldaten, Polizei- oder Feuerwehrvollzugsbeamte bzw. besondere Regelungen zur Frühpensionierung von Beamten). Daher sind auch Bezüge nach unwiderruflicher Freistellung vom Dienst bis zur Versetzung in den Ruhestand Versorgungsbezüge (BFH-Urteil vom 12.2.2009, BStBl II S. 460 zur sog. 58er-Regelung in Nordrhein-Westfalen). Eine umfangreiche Aufzählung der begünstigten Versorgungsbezüge aufgrund beamtenrechtlicher **gesetzlicher** Vorschriften im öffentlichen Dienst enthält R 19.8 der Lohnsteuer-Richtlinien.[2]

Beim **Altersgeld** und beim Hinterbliebenenaltersgeld nach dem Altersgeldgesetz handelt es sich ebenfalls um Versorgungsbezüge (§ 19 Abs. 2 Satz 2 Nr. 1 Buchstabe a EStG).

Eine generelle Steuerbefreiung von versorgungshalber gezahlten Bezügen (hier § 3 Nr. 6 EStG) scheidet aus, wenn die Bezüge aufgrund der Dienstzeit gewährt werden; dies ist stets der Fall, wenn sich die Dienstzeit bei der Errechnung der Bezüge ausgewirkt hat (BFH-Urteil vom 29.5.2008, BStBl. 2009 II S. 150; vgl. zur Abgrenzung auch das Stichwort „Unfallentschädigungsleistungen").

3. Versorgungsbezüge im privaten Dienst, für die der Versorgungsfreibetrag zuzüglich Zuschlag zum Versorgungsfreibetrag gewährt wird[3]

Im **privaten Dienst** wird der Versorgungsfreibetrag zuzüglich Zuschlag für folgende Versorgungsbezüge gewährt:

- Versorgungsbezüge, die wegen Erreichens einer **Altersgrenze** gezahlt werden. Die Inanspruchnahme des Versorgungsfreibetrags ist in diesen Fällen erst nach Erreichen des **63. Lebensjahres** (bei schwer behinderten Menschen nach Erreichen des 60. Lebensjahres) möglich.
- Versorgungsbezüge, die wegen **verminderter Erwerbsfähigkeit** gezahlt werden.
- Versorgungsbezüge, die **als Hinterbliebenenbezüge** gezahlt werden.

Bezüge wegen verminderter Erwerbsfähigkeit oder Hinterbliebenenbezüge sind also unabhängig von einer Altersgrenze begünstigt. Der Begriff „verminderte Erwerbsfähigkeit" bestimmt sich nach den Grundsätzen des Sozialversicherungsrechts.

Beispiel A

Ein Arbeitnehmer ist im 54. Lebensjahr nach einem Berufsunfall und einer darauf beruhenden Erwerbsunfähigkeit aus dem aktiven Dienstverhältnis ausgeschieden. Aus der Unterstützungskasse erhält der Arbeitnehmer monatlich eine sog. Betriebsrente. Hierbei handelt es sich um einen lohnsteuerpflichtigen Versorgungsbezug, bei dessen Besteuerung der Versorgungsfreibetrag und der Zuschlag zum Versorgungsfreibetrag abzuziehen sind.

Beispiel B

Nach dem Tode des Ehemannes erhält die 45-jährige Witwe von dem früheren Arbeitgeber ihres verstorbenen Ehemannes monatlich eine Betriebsrente. Hierbei handelt es sich um einen lohnsteuerpflichtigen Versorgungsbezug, bei dessen Besteuerung der Versorgungsfreibetrag und der Zuschlag zum Versorgungsfreibetrag abzuziehen sind.

---

1) Eine altersmäßige Begrenzung war für die aufgrund gesetzlicher Vorschriften im öffentlichen Dienst gezahlten Versorgungsbezüge nicht erforderlich, weil die Voraussetzungen für die aus Altersgründen gezahlten Bezüge hier vom Gesetzgeber festgelegt sind, während der Beginn einer Versorgungsleistung aus Altersgründen im privaten Dienst zum Gegenstand einer der freien Vertragsgestaltung unterliegenden Vereinbarung gemacht werden kann (vgl. auch BFH-Urteil vom 7.2.2013, BStBl. II S. 576).

2) Die Lohnsteuer-Richtlinien sind im **Steuerhandbuch für das Lohnbüro 2021** abgedruckt, das im selben Verlag erschienen ist.

3) Bei von den folgenden internationalen Organisationen gezahlten Pensionen einschließlich der Zulagen (z. B. Steuerausgleichzahlung, Familienzulagen) handelt es sich um Versorgungsbezüge:
Europäische Organisation für die Nutzung meteorologischer Satelliten, Europäische Organisation zur Sicherung der Luftfahrt, Europäische Patentorganisation, Europäische Weltraumorganisation, Europäisches Hochschulinstitut, Europäisches Patentamt, Europäisches Zentrum für mittelfristige Wettervorhersage, Europarat, NATO, OECD und Westeuropäische Union.
Zu den von internationalen Organisationen gezahlten Renten vgl. das Stichwort „Renten" unter Nr. 2.

V

Lohn-steuer-pflichtig Sozial-versich.-pflichtig

Werden die Versorgungsbezüge nicht wegen verminderter Erwerbsfähigkeit oder als Hinterbliebenenbezüge gewährt, ist die **Altersgrenze** von 63 Jahren (bei schwer behinderten Menschen 60 Jahre) zu beachten. Der Arbeitnehmer muss wegen des Erreichens der Altersgrenze von der Verpflichtung zur Erbringung von Dienstleistungen entbunden sein (BFH-Urteil vom 11.3.2020, BStBl. II S. 565). Da der Beginn einer Versorgungsleistung aus Altersgründen im privaten Dienst – im Gegensatz zum öffentlichen Dienst – der freien Vertragsgestaltung unterliegt, ist das Vorsehen einer Altersgrenze **verfassungsgemäß** (BFH-Urteil vom 7.2.2013, BStBl. II S. 576).

Beispiel C

Ein Arbeitnehmer hat 2018 ein Abfindungsangebot seines Arbeitgebers angenommen und ist mit 60 Jahren aus dem Erwerbsleben ausgeschieden. Seit 2018 erhält er eine Betriebsrente von 500 € monatlich. Der Abzug des Versorgungsfreibetrags und des Zuschlags zum Versorgungsfreibetrag ist erst ab dem Monat möglich, in dem der Arbeitnehmer das 63. Lebensjahr vollendet. Wird das 63. Lebensjahr z. B. am 5. September 2021 vollendet, kann der Arbeitgeber ab September von der Betriebsrente in Höhe von 500 € monatlich einen Versorgungsfreibetrag von 15,2 % = 76 € und einen Zuschlag zum Versorgungsfreibetrag in Höhe von einem Zwölftel von 342 € = 29 € vor Anwendung der Lohnsteuertabelle abziehen (vgl. nachfolgend unter Nr. 4). Maßgebend für die Höhe des zeitlebens geltenden Versorgungsfreibetrags und des Zuschlags zum Versorgungsfreibetrag ist der Monat, in dem das 63. Lebensjahr vollendet wird (vgl. die Erläuterungen unter der nachfolgenden Nr. 4 Buchstabe b).

Die vorstehenden Grundsätze gelten auch für die Übergangsversorgung nach dem Bundes-Angestelltentarifvertrag (BAT) oder diesen ergänzenden, ändernden oder ersetzenden Tarifverträgen sowie Übergangszahlungen aufgrund des Tarifvertrags für den öffentlichen Dienst der Länder (§ 47 Nr. 3 TV-L). Auf die Erläuterungen beim Stichwort „Übergangsgelder, Übergangsbeihilfen" unter Nr. 3 Buchstabe b wird Bezug genommen.

Zu den **Versorgungsbezügen** gehören auch die Leistungen des Arbeitgebers aufgrund der **Anpassungspflicht** nach dem **Betriebsrentengesetz** (§ 16 Abs. 1 BetrAVG[1]), mit der die Leistungen einer Versorgungseinrichtung ergänzt werden. Als Versorgungsbeginn gilt der Beginn der Zahlung durch den Arbeitgeber[2]. Zu den Auswirkungen bei einer Änderung der Arbeitgeberzahlung vgl. die Erläuterungen unter der nachfolgenden Nr. 5 am Ende.

Aufgrund der allseits bekannten Lage an den Kapitalmärkten durch die Niedrigzinsphase und gestiegener Lebenserwartung kommt es bei einigen betrieblichen Versorgungseinrichtungen zu einer Kürzung der zugesagten Versorgungsleistungen. Nach den Regelungen im Betriebsrentengesetz hat der Arbeitgeber für die Erfüllung der von ihm zugesagten Leistungen auch dann einzustehen, wenn die Durchführung nicht unmittelbar über ihn erfolgt. Die Zahlungen des Arbeitgebers aufgrund dieser **Einstandspflicht** führen lohnsteuerlich zu Arbeitslohn. Hat der einzelne Arbeitnehmer das 63. Lebensjahr (bei Schwerbehinderung das 60. Lebensjahr) vollendet, liegen Versorgungsbezüge vor, sodass beim Lohnsteuerabzug ein Versorgungsfreibetrag und ggf. ein Zuschlag zum Versorgungsfreibetrag zu berücksichtigen ist.

Zu den **Versorgungsbezügen** gehören auch **Sachbezüge** und sonstige Leistungen (z. B. weitere Überlassung eines Firmenwagens zur privaten Nutzung, Rabatte, verbilligte Wohnungsüberlassung, Zuschüsse zu Kontoführungsgebühren), die dem Betriebsrentner nach dem Ausscheiden aus dem Dienstverhältnis zusammen mit dem Ruhegehalt weiter gewährt werden. Entsprechendes gilt für Beihilfen im Krankheitsfall an nichtbeamtete Versorgungsempfänger (BFH-Urteil vom 6.2.2013, BStBl. II S. 572)[3] sowie Fahrvergünstigungen für Ruhestandsbeamte des Bundeseisenbahnvermögens und zwar auch dann, wenn diese Vergünstigungen aufgrund eines vor Erreichen der Altersgrenze abgeschlossenen privatrechtlichen Vertrags geleistet werden (BFH-Urteil vom 11.3.2020, BStBl. II S. 565). Dem Betriebsrentner steht daher für diese Bezüge **kein** zusätzlicher **Arbeitnehmer-Pauschbetrag** von bis zu **1000 €** jährlich zu. Die Sachbezüge und sonstigen Leistungen sind auch in der Lohnsteuerbescheinigung als Versorgungsbezüge einzutragen (vgl. die Erläuterungen beim Stichwort „Lohnsteuerbescheinigung" unter Nr. 8). Zur Ermittlung der Bemessungsgrundlage für die Berechnung des Versorgungsfreibetrags in diesen Fällen vgl. die Erläuterungen unter der nachfolgenden Nr. 5.

Nicht um Versorgungsbezüge handelt es sich bei dem Arbeitslohn, auf den der Arbeitnehmer im Zeitpunkt des Ausscheidens aus einem aktiven Dienstverhältnis bereits einen Rechtsanspruch aufgrund der früheren Dienstleistung erlangt hat. Gratifikationen, Ergebnisbeteiligungen oder ähnliche Leistungen, die neben einer Betriebsrente für einen Zeitraum **vor** dem altersbedingten **Ausscheiden** gezahlt werden (z. B. eine Tantieme für das Vorjahr), sind deshalb **nicht** durch die Versorgungsfreibeträge **begünstigt.** Für solche Zahlungen steht dem Betriebsrentner auch zusätzlich der Arbeitnehmer-Pauschbetrag von bis zu 1000 € oder tatsächliche höhere Werbungskosten zu. Beim Stichwort „Sonstige Bezüge" ist unter Nr. 11 auf Seite 888 eine Lohnabrechnung für den Fall dargestellt, dass neben Versorgungsbezügen eine Tantieme gezahlt wird und der Arbeitnehmer auch die Voraussetzungen für den Abzug des Altersentlastungsbetrags erfüllt. Zur Anwendung des Versorgungsfreibetrags und des Zuschlags zum Versorgungsfreibetrag auf den Arbeitslohn im **Sterbemonat** beim Tod des Arbeitnehmers vgl. die Stichwörter „Rechtsnachfolger" und „Sterbegeld" sowie die Erläuterungen unter der nachfolgenden Nr. 7 Buchstabe a.

Der Arbeitslohn, der in der **Freistellungsphase** der **Altersteilzeit** nach dem sog. Blockmodell gezahlt wird, ist kein Versorgungsbezug (BFH-Urteil vom 21.3.2013, BStBl. II S. 611; vgl. das Stichwort „Altersteilzeit" besonders unter Nr. 7 Buchstabe b).

Nachzahlungen von Versorgungsbezügen, die an einen nicht selbst versorgungsberechtigten **Erben** gezahlt werden, sind bei diesem **nicht** durch die Versorgungsfreibeträge begünstigt (R 19.8 Abs. 3 Satz 2 LStR).

Beispiel D

Arbeitnehmer D erhält den Kapitalwert seiner betrieblichen Altersversorgung (100 000 €) seit 2016 in zehn Jahresraten jeweils zum 1.7. eines Jahres ausgezahlt. Ende 2020 ist D verstorben. Die Jahresraten ab 1.7.2021 erhält sein Neffe als Alleinerbe.

Der Neffe erhält für die restlichen, von ihm als Arbeitslohn zu versteuernden Teilkapitalauszahlungen ab 1.7.2021 keinen Versorgungsfreibetrag und Zuschlag zum Versorgungsfreibetrag, da es sich um einen nicht versorgungsberechtigten Erben handelt.

Der Versorgungsfreibetrag und der Zuschlag zum Versorgungsfreibetrag kann unter den vorstehenden Voraussetzungen auch bei Zahlung von Versorgungsbezügen eines **ausländischen Arbeitgebers** in Anspruch genommen werden. Dies geschieht – mangels Lohnsteuerabzug – im Rahmen der Einkommensteuer-Veranlagung des Arbeitnehmers, wobei nach dem jeweiligen Doppelbesteuerungsabkommen zu prüfen ist, ob Deutschland für die Versorgungsbezüge das Besteuerungsrecht hat (vgl. die Erläuterungen beim Stichwort „Doppelbesteuerungsabkommen" unter Nr. 13 Buchstabe a zum Besteuerungsrecht des Wohnsitzstaates). Steht dem ausländischen Staat das Besteuerungsrecht zu, sind die Versorgungsbezüge im Rahmen des Progressionsvorbehalts (vgl. die-

1) Das Betriebsrentengesetz (BetrAVG) ist als Anhang 13 im **Steuerhandbuch für das Lohnbüro 2021** abgedruckt, das im selben Verlag erschienen ist.

2) Vgl. Randnummer 162 des BMF-Schreibens vom 6.12.2017 (BStBl. 2018 I S. 147, 168). Das BMF-Schreiben ist als Anhang 13c im **Steuerhandbuch für das Lohnbüro 2021** abgedruckt, das im selben Verlag erschienen ist.

3) Beihilfen an beamtete Versorgungsempfänger sind nach § 3 Nr. 11 EStG steuerfrei (vgl. das Stichwort „Beihilfen" unter Nr. 2).

V

Lohn-steuer-pflichtig Sozial-versich.-pflichtig

ses Stichwort) zu berücksichtigen. Da die Einkünfte im Rahmen des Progressionsvorbehalts nach deutschem Recht ermittelt werden, ist auch hier der Versorgungsfreibetrag und der Zuschlag zum Versorgungsfreibetrag abzuziehen. Liegen sowohl inländische als auch ausländische, lediglich dem Progressionsvorbehalt unterliegende Versorgungsbezüge vor (vgl. hierzu auch die Erläuterungen unter der nachfolgenden Nr. 8 Buchstabe a), ist der Versorgungsfreibetrag und der Zuschlag zum Versorgungsfreibetrag (ausgehend vom Versorgungsbeginn) vorrangig bei den inländischen Versorgungsbezügen zu berücksichtigen. Lediglich ein danach noch verbleibender Versorgungsfreibetrag oder Zuschlag zum Versorgungsfreibetrag ist bei den ausländischen Versorgungsbezügen abzuziehen (sog. Prinzip der Meistbegünstigung vgl. auch R 32b Abs. 2 Satz 3 EStR zur Vorgehensweise beim Arbeitnehmer-Pauschbetrag). Eine quotale Aufteilung des Versorgungsfreibetrags und des Zuschlags zum Versorgungsfreibetrag im Verhältnis der inländischen und ausländischen Versorgungsbezüge ist nicht vorzunehmen.

4. Berücksichtigung des Versorgungsfreibetrags und des Zuschlags zum Versorgungsfreibetrag durch den Arbeitgeber

a) Allgemeines

Bei Versorgungsempfängern im öffentlichen oder privaten Dienst (Beamtenpensionäre oder Werkspensionäre) haben die (ehemaligen) Arbeitgeber den Lohnsteuerabzug nach den individuellen Lohnsteuerabzugsmerkmalen des jeweiligen Arbeitnehmers durchzuführen. Daher hat der Arbeitgeber auch für Versorgungsempfänger die elektronischen Lohnsteuerabzugsmerkmale (ELStAM; vgl. dieses Stichwort) abzurufen. Ohne Kenntnis der individuellen Lohnsteuerabzugsmerkmale des jeweiligen Versorgungsempfängers ist die Werkspension (Betriebsrente) nach der Steuerklasse VI zu besteuern. Seit 2008 wird der **Zuschlag zum Versorgungsfreibetrag** im Lohnsteuerabzugsverfahren bei Anwendung der **Steuerklasse VI nicht** mehr berücksichtigt (vgl. auch die Erläuterungen unter dem nachstehenden Buchstaben d).

Liegen begünstigte Versorgungsbezüge vor, hat der Arbeitgeber vor Anwendung der Lohnsteuertabelle den Versorgungsfreibetrag und den Zuschlag zum Versorgungsfreibetrag (den Zuschlag zum Versorgungsfreibetrag aber nicht bei Steuerklasse VI) abzuziehen. Sowohl der Versorgungsfreibetrag als auch der Zuschlag zum Versorgungsfreibetrag werden von der Finanzverwaltung **nicht** automatisch als Lohnsteuerabzugsmerkmal **gebildet** (der Arbeitgeber hat also selbstständig zu prüfen, ob die Voraussetzungen vorliegen). Von Versorgungsbezügen, die pauschal besteuert werden, darf weder ein Versorgungsfreibetrag noch ein Zuschlag zum Versorgungsfreibetrag abgezogen werden. Dies gilt ohne Ausnahme für alle Pauschalierungsfälle (R 39b.3 Abs. 1 Satz 4 LStR, vgl. die Stichworte „Pauschalierung der Lohnsteuer" und „Pauschalierung der Lohnsteuer bei Aushilfskräften und Teilzeitbeschäftigten").

b) Abzug des Versorgungsfreibetrags und des Zuschlags zum Versorgungsfreibetrag beim laufenden Lohnsteuerabzug

Die Höhe des Versorgungsfreibetrags und des Zuschlags zum Versorgungsfreibetrag richten sich nach dem **Jahr des Versorgungsbeginns.** Maßgebend für den Versorgungsbeginn ist das Jahr, in dem **erstmals** ein **Anspruch auf die Versorgungsbezüge** besteht **und** – bei Versorgungsbezügen wegen Erreichens einer Altersgrenze im privaten Dienst – der Betriebsrentner das **63. Lebensjahr** bzw. bei einer Schwerbehinderung das 60. Lebensjahr **vollendet.** Für das Kalenderjahr 2021 gelten deshalb unterschiedliche Beträge je nachdem, seit wann dem Arbeitnehmer die Versorgungsbezüge gewährt werden:

Lohn-steuer-pflichtig Sozial-versich.-pflichtig

Jahr des Versorgungsbeginns	Versorgungsfreibetrag			Zuschlag zum Versorgungsfreibetrag	
	in % der Versorgungsbezüge	Höchstbetrag			
		jährlich	monatlich	jährlich	monatlich
2005 oder früher	**40 %**	**3000 €**	**250 €**	**900 €**	**75 €**
2006	**38,4 %**	**2880 €**	**240 €**	**864 €**	**72 €**
2007	**36,8 %**	**2760 €**	**230 €**	**828 €**	**69 €**
2008	**35,2 %**	**2640 €**	**220 €**	**792 €**	**66 €**
2009	**33,6 %**	**2520 €**	**210 €**	**756 €**	**63 €**
2010	**32,0 %**	**2400 €**	**200 €**	**720 €**	**60 €**
2011	**30,4 %**	**2280 €**	**190 €**	**684 €**	**57 €**
2012	**28,8 %**	**2160 €**	**180 €**	**648 €**	**54 €**
2013	**27,2 %**	**2040 €**	**170 €**	**612 €**	**51 €**
2014	**25,6 %**	**1920 €**	**160 €**	**576 €**	**48 €**
2015	**24,0 %**	**1800 €**	**150 €**	**540 €**	**45 €**
2016	**22,4 %**	**1680 €**	**140 €**	**504 €**	**42 €**
2017	**20,8 %**	**1560 €**	**130 €**	**468 €**	**39 €**
2018	**19,2 %**	**1440 €**	**120 €**	**432 €**	**36 €**
2019	**17,6 %**	**1320 €**	**110 €**	**396 €**	**33 €**
2020	**16,0 %**	**1200 €**	**100 €**	**360 €**	**30 €**
2021	**15,2 %**	**1140 €**	**95 €**	**342 €**	**29 €**

Werden Versorgungsbezüge im **privaten Dienst** wegen Erreichens einer Altersgrenze gezahlt, ist der Monat maßgebend, in dem der Steuerpflichtige das **63. Lebensjahr** oder, wenn er **schwerbehindert** ist, das **60. Lebensjahr** vollendet hat, da die Bezüge **erst mit Erreichen dieser Altersgrenzen** als steuerbegünstigte Versorgungsbezüge gelten. Da der Beginn einer Versorgungsleistung aus Altersgründen im privaten Dienst – im Gegensatz zum öffentlichen Dienst – der freien Vertragsgestaltung unterliegt, ist das Vorsehen einer Altersgrenze verfassungsgemäß (BFH-Urteil vom 7.2.2013, BStBl. II S. 576).

Die **vollen** Jahresbeträge stehen dem Arbeitnehmer nur dann zu, wenn ihm in allen Monaten des Kalenderjahres 2021 Versorgungsbezüge zugeflossen sind. Denn nach § 19 Abs. 2 Satz 12 EStG ermäßigt sich der Versorgungsfreibetrag und der Zuschlag zum Versorgungsfreibetrag für jeden vollen Kalendermonat, für den keine Versorgungsbezüge gezahlt werden, um **ein Zwölftel** (vgl. die Erläuterungen unter der nachfolgenden Nr. 6; zu den Ausnahmen von der Zwölftelung siehe nachfolgende Nr. 7).

Werden Versorgungsbezüge laufend gezahlt, dürfen der Versorgungsfreibetrag und der Zuschlag zum Versorgungsfreibetrag nur mit dem anteilig auf den Lohnzahlungszeitraum (z. B. Monat) entfallenden Betrag berücksichtigt werden. Der sich ergebende Anteil wird wie folgt ermittelt:

Bei monatlicher Lohnzahlung sind die Jahresbeträge mit einem Zwölftel, bei wöchentlicher Lohnzahlung die Monatsbeträge mit $^{7}/_{30}$ und bei täglicher Lohnzahlung die Monatsbeträge mit $^{1}/_{30}$ anzusetzen. Dabei darf der sich hiernach **insgesamt** ergebende Monatsbetrag auf den nächsten vollen Euro-Betrag, der Wochenbetrag auf den nächsten durch 10 teilbaren Centbetrag und der Tagesbetrag auf den nächsten durch 5 teilbaren Centbetrag aufgerundet werden.

Beispiel

Eine Firma zahlt ihrem ehemaligen Arbeitnehmer seit Januar 2004 eine Betriebsrente; Alter des Arbeitnehmers bei Rentenbeginn 63 Jahre. Die Betriebsrente beträgt monatlich 132,80 €. Es ergibt sich im

V

Lohn-steuer-pflichtig Sozial-versich.-pflichtig

Januar 2021 in der Steuerklasse I bis V folgende Berechnung des steuerpflichtigen Monatsbetrags:

Versorgungsfreibetrag 40% von 132,80 € =	53,12 €
Zuschlag zum Versorgungsfreibetrag 1/12 von 900 € =	75,– €
insgesamt	128,12 €
aufgerundet auf volle Euro	129,– €
der steuerpflichtige Monatsbetrag der Betriebsrente beträgt somit (132,80 € – 129 €) =	3,80 €

Hinweis:

In der **Steuerklasse VI** darf **kein Zuschlag** zum Versorgungsfreibetrag abgezogen werden. Der auf volle Euro aufgerundete Versorgungsfreibetrag beträgt in diesem Fall 54 €. Somit ergibt sich in der Steuerklasse VI ein steuerpflichtiger Monatsbetrag der Betriebsrente in Höhe von 78,80 € (132,80 € – 54 €).

Der dem Lohnzahlungszeitraum entsprechende anteilige Höchstbetrag darf auch dann nicht überschritten werden, wenn in früheren Lohnzahlungszeiträumen desselben Kalenderjahres wegen der damaligen Höhe der Versorgungsbezüge ein niedrigerer Betrag als der Höchstbetrag berücksichtigt worden ist. Eine Verrechnung des in einem Monat nicht ausgeschöpften Höchstbetrags mit den den Höchstbetrag übersteigenden Beträgen eines anderen Monats ist nicht zulässig. Einzige Ausnahme: Permanenter Lohnsteuer-Jahresausgleich (vgl. dieses Stichwort).

c) Berücksichtigung des Versorgungsfreibetrags bei der Zahlung sonstiger Bezüge

Werden Versorgungsbezüge als sonstige Bezüge gezahlt, gilt nach § 39b Abs. 3 EStG Folgendes:

Der Versorgungsfreibetrag und der Zuschlag zum Versorgungsfreibetrag sind bei der Besteuerung eines sonstigen Bezugs nur insoweit zu berücksichtigen, als sie sich bei der Feststellung des maßgeblichen Jahresarbeitslohns noch nicht ausgewirkt haben; im maßgeblichen Jahresarbeitslohn sind auch die früher im Kalenderjahr gezahlten sonstigen Bezüge enthalten (R 39b.3 Abs. 1 Satz 2 LStR).

Beispiel

Eine Arbeitnehmerin mit der Steuerklasse V bezieht seit Januar 2004 eine Betriebsrente in Höhe von 500 € monatlich. Am 15. Dezember 2021 erhält sie einen einmaligen Versorgungsbezug in Höhe von 1000 €. Es ergibt sich folgende Berechnung der Lohnsteuer für den sonstigen Versorgungsbezug:

Voraussichtlicher Jahresarbeitslohn (500 € × 12)	6 000,– €
abzüglich Versorgungsfreibetrag 40 %	2 400,– €
abzüglich Zuschlag zum Versorgungsfreibetrag	900,– €
für die Besteuerung des sonstigen Bezugs maßgebender Jahresarbeitslohn	2 700,– €
Lohnsteuer nach Steuerklasse V der Jahreslohnsteuertabelle 2021	
a) vom maßgebenden Jahresarbeitslohn (2700 €)	187,– €
b) vom maßgebenden Jahresarbeitslohn einschließlich des steuerpflichtigen Teils des sonstigen Versorgungsbezugs (2700 € + 600 € =) 3300 €	261,– €
Differenz = Lohnsteuer für den sonstigen Versorgungsbezug	74,– €
Solidaritätszuschlag	0,– €
Kirchensteuer 8 % von 74 €	5,92 €

Von dem sonstigen Versorgungsbezug in Höhe von 1000 € errechnet sich der Versorgungsfreibetrag wie folgt: 40 % von 1000 € = 400 €. Vom Jahreshöchstbetrag von 3000 € sind bei der Feststellung des maßgeblichen Jahresarbeitslohns bereits 2400 € verbraucht, sodass für den sonstigen Versorgungsbezug nur noch (3000 € – 2400 € =) 600 € verbleiben. Der Zuschlag zum Versorgungsfreibetrag in Höhe von 900 € jährlich wurde bereits vollständig bei der Feststellung des maßgebenden Jahresarbeitslohns verbraucht. Der steuerpflichtige Teil des sonstigen Versorgungsbezugs beträgt somit (1000 € – 400 € =) 600 €.

V

Werden laufende Versorgungsbezüge erstmals gezahlt, nachdem im selben Kalenderjahr bereits sonstige (einmalige) Versorgungsbezüge gezahlt worden sind, darf der Arbeitgeber den Versorgungsfreibetrag und den Zuschlag zum Versorgungsfreibetrag bei den laufenden Bezügen nur berücksichtigen, soweit sie sich bei der Besteuerung der früher gezahlten sonstigen Versorgungsbezüge nicht ausgewirkt haben. Von Versorgungsbezügen, die pauschal besteuert werden, darf in keinem Fall ein Versorgungsfreibetrag oder ein Zuschlag zum Versorgungsfreibetrag abgezogen werden (R 39b.3 Abs. 1 Sätze 3 und 4 LStR).

Beim Übergang vom Berufsleben in den Ruhestand kann es vorkommen, dass der Abzug eines Altersentlastungsbetrags vom Arbeitslohn für die aktive Tätigkeit einerseits und der Abzug des Versorgungsfreibetrags zuzüglich Zuschlag zum Versorgungsfreibetrag für die anschließend gezahlte Betriebsrente andererseits in Betracht kommt. Ein solcher Fall ist beim Stichwort „Sonstige Bezüge" unter Nr. 11 auf Seite 888 erläutert. Zum Umfang der Versorgungsbezüge vgl. die Erläuterungen unter der vorstehenden Nr. 3.

Seit dem Jahre 2008 wird bei der Berechnung der Lohnsteuer für einen sonstigen Bezug der Zuschlag zum Versorgungsfreibetrag bei Anwendung der Steuerklasse VI nicht mehr berücksichtigt (vgl. auch die Erläuterungen unter dem folgenden Buchstaben d).

d) Auswirkung des Versorgungsfreibetrags und des Zuschlags zum Versorgungsfreibetrag bei kleinen Betriebsrenten

Vor 2005 fiel auch bei kleinen Betriebsrenten Lohnsteuer an, wenn – was häufig der Fall war – eine Lohnsteuerkarte mit der Steuerklasse VI vorgelegt wurde. Dies hatte sich für die Jahre 2005 bis 2007 aufgrund der Auswirkungen des seit 1.1.2005 geltenden Zuschlags zum Versorgungsfreibetrag geändert (vgl. das nachfolgende Beispiel).

Seit 2008 wird der **Zuschlag zum Versorgungsfreibetrag** im Lohnsteuerabzugsverfahren bei Anwendung der **Steuerklasse VI nicht mehr** berücksichtigt (§ 39b Abs. 2 Satz 5 Nr. 1 EStG, wonach der Jahresarbeitslohn nur noch in den Steuerklassen I bis V um den Zuschlag vom Versorgungsfreibetrag gemindert wird). Begründet wurde die Gesetzesänderung damit, dass der Zuschlag zum Versorgungsfreibetrag den Arbeitnehmer-Pauschbetrag ersetzen soll und der Arbeitnehmer-Pauschbetrag in der Steuerklasse VI auch nicht berücksichtigt wird. Der Versorgungsfreibetrag selbst wird aber weiterhin auch in der Steuerklasse VI abgezogen. Die praktische Auswirkung der Gesetzesänderung soll an einem Beispiel verdeutlicht werden.

Beispiel

Ein Arbeitnehmer erhält seit 2004 eine Betriebsrente von 125 € monatlich. Der Lohnsteuerabzug ist nach der Steuerklasse VI vorzunehmen.

Ermittlung des lohnsteuerpflichtigen Versorgungsbezugs im **Dezember 2007**

monatliche Betriebsrente	125,00 €
abzüglich Versorgungsfreibetrag (40 %)	50,00 €
abzüglich Zuschlag zum Versorgungsfreibetrag	75,00 €
lohnsteuerpflichtiger Versorgungsbezug	0,00 €

Ermittlung des lohnsteuerpflichtigen Versorgungsbezugs seit **Januar 2008**

monatliche Betriebsrente	125,00 €
abzüglich Versorgungsfreibetrag (40 %)	50,00 €
abzüglich Zuschlag zum Versorgungsfreibetrag	0,00 €
lohnsteuerpflichtiger Versorgungsbezug	75,00 €

5. Ermittlung der Bemessungsgrundlage für den zeitlebens geltenden Versorgungsfreibetrag und Zuschlag zum Versorgungsfreibetrag

Sowohl beim Versorgungsfreibetrag als auch beim Zuschlag zum Versorgungsfreibetrag wird für den einzelnen Bezieher von Versorgungsbezügen seine Besteuerungssituation jeweils in dem Zustand „eingefroren", der im Jahr des Versorgungsbeginns vorgelegen hat (sog. Kohortenprinzip). Der bei Beginn des Versorgungsbezugs ermittelte Versorgungsfreibetrag und der Zuschlag zum

Lohn- steuer- pflichtig | Sozial- versich.- pflichtig

Versorgungsfreibetrag bleiben also im Grundsatz **zeitlebens** unverändert (§ 19 Abs. 2 Satz 8 EStG). Der Ermittlung der Bemessungsgrundlage im Zeitpunkt des Versorgungsbeginns für die Berechnung des Versorgungsfreibetrages kommt deshalb große Bedeutung zu; die Bemessungsgrundlage ist aber für den Zuschlag zum Versorgungsfreibetrag nicht von Bedeutung, da es sich beim Zuschlag um einen „Festbetrag" handelt. Im Einzelnen gilt Folgendes:

Bemessungsgrundlage für den Versorgungsfreibetrag ist

- bei Versorgungsbeginn vor 2005 das **Zwölffache** des Versorgungsbezugs für **Januar 2005,**
- bei Versorgungsbeginn ab 2005 das **Zwölffache** des Versorgungsbezugs für den **ersten vollen Monat.**

Wird der Versorgungsbezug bei Beginn nicht für einen vollen Monat gezahlt (z. B. wegen Todes des Versorgungsempfängers), ist der Bezug des Teilmonats für die Ermittlung der Bemessungsgrundlage auf einen Monatsbetrag hochzurechnen. Bei einer nachträglichen Festsetzung von Versorgungsbezügen ist der Monat maßgebend, für den die Versorgungsbezüge erstmals festgesetzt werden; auf den Zahlungstermin kommt es nicht an. Bei Versorgungsbezügen, die im privaten Dienst wegen Erreichens einer Altersgrenze gezahlt werden, ist der Monat maßgebend, in dem der Steuerpflichtige das **63.** Lebensjahr oder, wenn er schwerbehindert ist, das **60.** Lebensjahr vollendet hat, da die Bezüge erst mit Erreichen dieser Altersgrenzen als steuerbegünstigte Versorgungsbezüge gelten (vgl. die Erläuterungen unter der vorstehenden Nr. 3). Der maßgebende Monatsbetrag ist jeweils mit zwölf zu vervielfältigen und um **Sonderzahlungen** zu erhöhen, auf die zu diesem Zeitpunkt (erster voller Monat bzw. Januar 2005) ein **Rechtsanspruch besteht** (§ 19 Abs. 2 Satz 4 EStG). Die Sonderzahlungen (z. B. Urlaubs- oder Weihnachtsgeld) sind mit dem Betrag anzusetzen, auf den bei einem Bezug von Versorgungsbezügen für das ganze Jahr des Versorgungsbeginns ein Rechtsanspruch besteht.

Um den zeitlebens festgeschriebenen Freibetrag genau zu ermitteln muss also nicht nur der monatliche Versorgungsbezug auf einen Jahresbetrag hochgerechnet werden (monatlicher Versorgungsbezug mal zwölf), sondern es müssen auch voraussichtliche Sonderzahlungen mit einbezogen werden, auf die im Kalenderjahr der erstmaligen Berechnung ein Rechtsanspruch besteht (§ 19 Abs. 2 Satz 4 EStG).

Beispiel A

Ein Arbeitnehmer tritt am 1.10.2021 in den Ruhestand. Er erhält von seinem Arbeitgeber eine monatliche Betriebsrente in Höhe von 500 €. Er hat Anspruch auf eine jährliche Sonderzahlung in Höhe eines zweifachen Monatsbetrags der Betriebsrente. Die Sonderzahlung erfolgt jeweils am 15. Dezember. Der Versorgungsfreibetrag und der Zuschlag zum Versorgungsfreibetrag errechnen sich wie folgt:

Betriebsrente im ersten vollen Monat: 500 € x 12	=	6 000,– €
Sonderzahlung auf die ein Rechtsanspruch besteht	=	1 000,– €
Hochgerechneter Jahresbetrag insgesamt	=	7 000,– €
Versorgungsfreibetrag: 15,2 % von 7000 € (der Höchstbetrag von 1140 € wird nicht erreicht)	=	1 064,– €
Zuschlag zum Versorgungsfreibetrag	=	342,– €
Summe der Versorgungsfreibeträge		1 406,– €

Die Summe der Freibeträge von (1064 € + 342 € =) 1406 € wird für den Arbeitnehmer ab 2020 (zeitlebens) festgeschrieben.

Da der Arbeitnehmer erst ab 1. Oktober 2021 eine Betriebsrente erhält, werden die Freibeträge im Kalenderjahr 2021 nur zeitanteilig gewährt (vgl. die Erläuterungen unter der nachfolgenden Nr. 6). Die Freibeträge betragen im Kalenderjahr 2021 3/12 von 1406 € = 354 € (gerundet 118 € × 3 Monate).

Dieses Ergebnis ergibt sich auch beim Lohnsteuerabzug durch den Arbeitgeber, weil beim laufenden Versorgungsbezug nur die auf den Lohnzahlungszeitraum (= Monat) entfallenden Anteile der Versorgungsfreibeträge abgezogen werden dürfen und bei der Besteuerung des sonstigen Bezugs im Dezember 2021 nur noch die **zeitanteiligen** Jahresbeträge, die bei der Ermittlung des voraussichtlichen Jahresarbeitslohns noch nicht verbraucht sind (vgl. die Erläuterungen unter der vorstehenden Nr. 4 Buchstabe c). Kontrollrechnung: Versorgungsfreibetrag für den laufenden Versorgungsbezug monatlich = 15,2 % von 500 € = 76 € × 3 Monate = 228 €. Zuschlag zum Versorgungsfreibetrag monatlich 29 € × 3 Monate = 87 €. Versorgungsfreibetrag für den sonstigen Bezug 15,2 % von 1000 € = 152 € × 3/12 = 39 € (= 3 Monate á aufgerundet 13 €). Summe der Freibeträge: 228 € + 87 € + 39 € = 354 €.

Lohn- steuer- pflichtig | Sozial- versich.- pflichtig

Die **Berechnung des Versorgungsfreibetrags** und des **Zuschlags** zum Versorgungsfreibetrag erfolgt also nur **einmal** und zwar im Zeitpunkt der **erstmaligen Zahlung** des Versorgungsbezugs. Dabei werden jahrgangsweise der Prozentsatz und die Höchstbeträge reduziert (sog. Kohortenprinzip; vgl. nachfolgend unter Nr. 11). Betragen die auf einen **Jahresbetrag** hochgerechneten Versorgungsbezüge mindestens **7500 €,** ergibt sich stets ein Versorgungsfreibetrag in Höhe des für das Jahr des Versorgungsbeginns geltenden **Höchstbetrag** (2021: 15,2 % von 7500 € = 1140 €). Zusätzlich ist der Zuschlag zum Versorgungsfreibetrag zu berücksichtigen.

Zu den **Versorgungsbezügen** gehören auch **Sachbezüge** und sonstige Leistungen (z. B. weitere Überlassung eines Firmenwagens zur privaten Nutzung, Rabatte, verbilligte Wohnungsüberlassung, Zuschüsse zu Kontoführungsgebühren), die dem Betriebsrentner nach dem Ausscheiden aus dem Dienstverhältnis zusammen mit dem Ruhegehalt weiter gewährt werden. Entsprechendes gilt für Beihilfen im Krankheitsfall an nichtbeamtete Versorgungsempfänger (BFH-Urteil vom 6.2.2013, BStBl. II S. 572) sowie Fahrvergünstigungen für Ruhestandsbeamte des Bundeseisenbahnvermögens (BFH-Urteil vom 11.3.2020, BStBl. II S. 565; vgl. die Erläuterungen unter der vorstehenden Nr. 3).[1] Diese Leistungen sind auch in die Ermittlung der **Bemessungsgrundlage** für die Berechnung des **Versorgungsfreibetrags** einzubeziehen.

Beispiel B

Arbeitnehmer A, angestellt bei einem Automobilhersteller, geht zum 1.3.2021 in Rente. Ihm wird eine Werkspension in Höhe von 300 € monatlich gezahlt. Im März 2021 erhält er zudem den von ihm bestellten Jahreswagen, für den er einen geldwerten Vorteil von 400 € versteuern muss. Der Versorgungsfreibetrag ist wie folgt zu ermitteln:

Werkspension 300 € × 12 Monate	=	3 600,– €
zuzüglich Sonderzahlung (einmaliger geldwerter Vorteil aufgrund Kfz-Erwerb)		400,– €
Bemessungsgrundlage		4 000,– €
Versorgungsfreibetrag 15,2 % von 4 000 €	=	608,– €
(der Höchstbetrag von 1200 € ist nicht überschritten)		
Zuschlag zum Versorgungsfreibetrag		342,– €

Hinweis: Aufgrund des Versorgungsbeginns im Laufe des Jahres 2021 sind der Versorgungsfreibetrag und der Zuschlag zum Versorgungsfreibetrag im Kalenderjahr 2021 zeitanteilig zu berechnen (vgl. die Erläuterungen unter der nachfolgenden Nr. 6).

Regelmäßige Anpassungen des Versorgungsbezugs (laufender Bezug und Sonderzahlungen) **führen nicht zu einer Neuberechnung** des Versorgungsfreibetrags (§ 19 Abs. 2 Satz 9 EStG). Zu einer Neuberechnung führen nur Änderungen des Versorgungsbezugs, die ihre Ursache in der Anwendung von Anrechnungs-, Ruhens-, Erhöhungs- oder Kürzungsregelungen haben (§ 19 Abs. 2 Satz 10 EStG), z. B. Wegfall, Hinzutreten oder betragsmäßige Änderungen. Dies ist insbesondere der Fall, wenn der Versorgungsempfänger neben seinen Versorgungsbezügen

- Erwerbs- oder Erwerbsersatzeinkommen (§ 53 BeamtVG),
- andere Versorgungsbezüge (§ 54 BeamtVG),
- Renten (§ 55 BeamtVG) oder
- Versorgungsbezüge aus zwischenstaatlicher und überstaatlicher Verwendung (§ 56 BeamtVG)

erzielt. Entsprechendes gilt, wenn sich die Voraussetzungen für die Gewährung des Familienzuschlags (einschließlich Fälle des § 50 BeamtVG) ändern oder wenn ein Wit-

1) Beihilfen an beamtete Versorgungsempfänger sind nach § 3 Nr. 11 EStG steuerfrei (vgl. das Stichwort „Beihilfen" unter Nr. 2).

V

Lohn-steuer-pflichtig	Sozial-versich.-pflichtig

wen- oder Waisengeld nach einer Unterbrechung der Zahlung wieder bewilligt wird.[1] Ändert sich der anzurechnende Betrag aufgrund einer einmaligen Sonderzahlung und hat dies nur eine einmalige Minderung des Versorgungsbezugs zur Folge, kann auf eine Neuberechnung verzichtet werden. Ebenso kann auf eine Neuberechnung verzichtet werden, wenn sie zu keiner Änderung des Versorgungsfreibetrags führt, insbesondere, wenn die Bemessungsgrundlage für den Versorgungsfreibetrag vor und nach der Anpassung 7500 € jährlich beträgt.

Zu den Versorgungsbezügen gehören auch die Leistungen des Arbeitgebers aufgrund der **Anpassungspflicht** nach dem **Betriebsrentengesetz** (§ 16 Abs. 1 BetrAVG[2]), mit der die Leistungen einer Versorgungseinrichtung ergänzt werden. Als Versorgungsbeginn gilt der Beginn der Zahlung durch den Arbeitgeber. Erhöhen sich die Zahlungen des Arbeitgebers infolge der Anpassungsprüfungspflicht, liegt eine regelmäßige Anpassung vor, die nicht zu einer Neuberechnung führt. Übernimmt hingegen die Versorgungseinrichtung die Arbeitgeberzahlung teilweise, ist dies als Anrechnungs-/Ruhensregelung anzusehen (§ 19 Abs. 2 Satz 10 EStG) mit der Folge, dass eine Neuberechnung vorzunehmen ist. Entsprechendes gilt, wenn die Versorgungseinrichtung die Zahlung nicht mehr erbringen kann und sich die Arbeitgeberzahlung wieder erhöht. Kann die Versorgungseinrichtung die Arbeitgeberzahlungen zunächst vollständig übernehmen und stellt sie diese Zahlungen später wieder ein (z. B. bei Liquiditätsproblemen), sodass der Arbeitgeber die Zahlungsverpflichtung wieder vollständig erfüllen muss, lebt der (alte) Anspruch wieder auf. Dieser Sachverhalt führt nicht zu einem neuen Versorgungsbeginn, sodass für die (Neu-)Berechnung des Versorgungsfreibetrags und des Zuschlags zum Versorgungsfreibetrag der frühere Versorgungsbeginn („alte Kohorte") maßgebend bleibt.[3]

6. Zeitanteilige Gewährung des Versorgungsfreibetrags und des Zuschlags zum Versorgungsfreibetrag

Unabhängig von der zeitlebens geltenden Festschreibung eines Jahresbetrags (vgl. die Erläuterungen unter der vorstehenden Nr. 5) muss in jedem einzelnen Jahr die Vorschrift des § 19 Abs. 2 Satz 12 EStG beachtet werden, wonach sich der Versorgungsfreibetrag und der Zuschlag zum Versorgungsfreibetrag für jeden vollen Kalendermonat, für den keine Versorgungsbezüge gezahlt werden, um **ein Zwölftel** ermäßigt. Dies wirkt sich insbesondere im Jahr des Versorgungsbeginns, aber auch im Jahr des Todes des Versorgungsempfängers aus.

Beispiel

Ein Arbeitnehmer tritt am 1.10.2021 in den Ruhestand. Er erhält von seinem Arbeitgeber eine monatliche Betriebsrente in Höhe von 500 €. Der Versorgungsfreibetrag und der Zuschlag zum Versorgungsfreibetrag errechnen sich wie folgt:

Betriebsrente im ersten vollen Monat: 500 € × 12	=	6 000,– €
Versorgungsfreibetrag: 15,2 % von 6000 € (der Höchstbetrag von 1140 € wird nicht erreicht)	=	912,– €
Zuschlag zum Versorgungsfreibetrag	=	342,– €
Summe der Versorgungsfreibeträge		1 254,– €

Die Summe der Freibeträge von (912 € + 342 € =) 1254 € wird für den Arbeitnehmer ab 2021 (zeitlebens) festgeschrieben.

Da der Arbeitnehmer erst ab 1. Oktober 2021 eine Betriebsrente erhält, beträgt der Freibetrag im Kalenderjahr 2021 $^3/_{12}$ von 1254 € = 315 € (gerundet).

Dieses Ergebnis ergibt sich auch beim Lohnsteuerabzug durch den Arbeitgeber, weil nur die auf den Lohnzahlungszeitraum (= Monat) entfallenden Anteile am Versorgungsfreibetrag und am Zuschlag zum Versorgungsfreibetrag abgezogen werden dürfen:

monatliche Betriebsrente		500,– €
abzüglich:		
Versorgungsfreibetrag: 15,2 % von 500 € (der Höchstbetrag von 95 € ist nicht überschritten)	76,– €	
Zuschlag zum Versorgungsfreibetrag ($^1/_{12}$ von 342 €)	29,– €[4]	105,– €
verbleibender lohnsteuerpflichtiger Versorgungsbezug		395,– €

In den Monaten Oktober, November und Dezember 2021 werden nur die anteiligen Freibeträge in Höhe von (105 € × 3 =) 315 € berücksichtigt, was automatisch zum richtigen Ergebnis führt.

Ändern sich im Laufe des Kalenderjahres der Versorgungsfreibetrag und der Zuschlag zum Versorgungsfreibetrag aufgrund einer **Neuberechnung** (vgl. vorstehende Nr. 5), sind in diesem Kalenderjahr die **höchsten Freibeträge** maßgebend (§ 19 Abs. 2 Satz 11 letzter Halbsatz EStG). Eine zeitanteilige Aufteilung ist nicht vorzunehmen.

Zu den Aufzeichnungs- und Bescheinigungspflichten des Arbeitgebers vgl. nachfolgende Nr. 9.

7. Ausnahmen von der Zwölftelung

a) Sterbegeld

Das Sterbegeld ist im Grundsatz ein Versorgungsbezug (R 19.8 Abs. 1 Nr. 1 und R 19.9 Abs. 3 Nr. 3 LStR). Auf die Erläuterungen beim Stichwort „Sterbegeld" wird Bezug genommen. Zur Lohnabrechnung mit Zahlung eines Sterbegeldes vgl. das Stichwort „Rechtsnachfolger" unter Nr. 1 Buchstabe d.

Für das Sterbegeld gelten der Prozentsatz, der Höchstbetrag und der Zuschlag zum Versorgungsfreibetrag **des Verstorbenen,** sofern dieser bereits zuvor Versorgungsbezüge erhalten hat (§ 19 Abs. 2 Satz 7 EStG). Das Sterbegeld darf als Leistung aus Anlass des Todes die Berechnung des Versorgungsfreibetrags für etwaige sonstige Hinterbliebenenbezüge nicht beeinflussen und ist daher nicht in deren Berechnungsgrundlage einzubeziehen. Das Sterbegeld ist vielmehr als eigenständiger – zusätzlicher – Versorgungsbezug zu behandeln. **Die Zwölftelungsregelung ist für das Sterbegeld nicht anzuwenden.** Als Bemessungsgrundlage für die Freibeträge für Versorgungsbezüge ist die Höhe des Sterbegeldes im Kalenderjahr anzusetzen, unabhängig von der Zahlungsweise und Berechnungsart.

Beispiel

Im April 2021 verstirbt ein Ehegatte, der zuvor seit 2010 Versorgungsbezüge in Höhe von 1500 € monatlich erhalten hat. Der überlebende Ehegatte erhält ab Mai 2021 laufende Hinterbliebenenbezüge in Höhe von 1200 € monatlich. Daneben wird ihm einmalig Sterbegeld in Höhe von zwei Monatsbezügen des verstorbenen Ehegatten, also 3000 € gezahlt.

Laufender Hinterbliebenenbezug:

Monatsbetrag 1200 × 12 = 14 400 €. Auf den hochgerechneten Jahresbetrag werden der für den Verstorbenen maßgebende Prozentsatz und Höchstbetrag des Versorgungsfreibetrags (2010), zuzüglich des Zuschlags von 720 € angewandt (vgl. hierzu die Erläuterungen unter der nachfolgenden Nr. 8 Buchstabe b). Das bedeutet im vorliegenden Fall 14 400 € × 32 % = 4608 €, höchstens 2400 €. Da der laufende Hinterbliebenenbezug nur für acht Monate (= Mai bis Dezember) gezahlt wurde, erhält der überlebende Ehegatte acht Zwölftel dieses Versorgungsfreibetrags, 2400 € : 12 = 200 € × 8 = 1600 €. Der Versorgungsfreibetrag für den laufenden Hinterbliebenenbezug beträgt somit 1600 €, der Zuschlag zum Versorgungsfreibetrag 480 € (acht Zwölftel von 720 €).

Sterbegeld:

Gesamtbetrag des Sterbegelds (2 × 1500 € = 3000 €). Auf diesen Gesamtbetrag von 3000 € werden ebenfalls der für den Verstorbenen maßgebende Prozentsatz und Höchstbetrag des Versorgungsfreibetrags (2010), zuzüglich des Zuschlags von 720 € angewandt, 3000 € × 32 % = 960 €. Der Versorgungsfreibetrag für das Sterbegeld beträgt

1) Die vorstehenden Ausführungen gelten auch für entsprechende Leistungen aufgrund landesrechtlicher Beamtenversorgungsgesetze.

2) Das Betriebsrentengesetz (BetrAVG) ist als Anhang 13 im **Steuerhandbuch für das Lohnbüro 2021** abgedruckt, das im selben Verlag erschienen ist.

3) Vgl. Randnummern 162–165 des BMF-Schreibens vom 6.12.2017 (BStBl. 2018 I S. 147, 168). Das BMF-Schreiben ist als Anhang 13c im **Steuerhandbuch für das Lohnbüro 2021** abgedruckt, das im selben Verlag erschienen ist.

4) Der Zuschlag zum Versorgungsfreibetrag beträgt $^1/_{12}$ von 342 € = 28,50 €, aufgerundet 29 €.

Lohn-steuer-pflichtig Sozial-versich.-pflichtig

960 €, der Zuschlag zum Versorgungsfreibetrag 720 €. Anders als beim laufenden Hinterbliebenenbezug ist beim Sterbegeld die Zwölftelungsregelung nicht anzuwenden.

Begrenzung der Versorgungsfreibeträge auf die Höchstbeträge:

Beide Versorgungsfreibeträge ergeben zusammen einen Betrag von 2560 € (1600 € + 960 €), auf den der insgesamt berücksichtigungsfähige Höchstbetrag nach dem maßgebenden Jahr 2010 anzuwenden ist. Der Versorgungsfreibetrag für den laufenden Hinterbliebenenbezug und das Sterbegeld **zusammen** beträgt damit 2400 €. Dazu kommt der Zuschlag zum Versorgungsfreibetrag von **insgesamt** 720 €.

Zur im vorstehenden Beispielsfall vorgenommenen Begrenzung des Versorgungsfreibetrags und des Zuschlags zum Versorgungsfreibetrag wegen Zahlung mehrerer Versorgungsbezüge vgl. nachfolgende Nr. 8 Buchstabe a.

b) Berechnung des Versorgungsfreibetrags im Falle einer Kapitalauszahlung/Abfindung

Wird anstelle eines monatlichen Versorgungsbezugs eine Kapitalauszahlung/Abfindung an den Versorgungsempfänger gezahlt, handelt es sich um einen sonstigen Bezug. Für die Ermittlung der Freibeträge für Versorgungsbezüge ist das Jahr des Versorgungsbeginns zugrunde zu legen, **die Zwölftelungsregelung ist für diesen sonstigen Bezug nicht anzuwenden.** Bemessungsgrundlage ist der Betrag der Kapitalauszahlung/Abfindung im Kalenderjahr. Die vorstehenden Ausführungen gelten entsprechend bei der **Nachzahlung** oder Berichtigung von Versorgungsbezügen, die sich ganz oder teilweise auf vorangegangene Jahre beziehen.

Beispiel A

Dem Versorgungsempfänger wird im Jahr 2021 (= Jahr des Versorgungsbeginns) anstelle von monatlichen Zahlungen eine Abfindung in Höhe von 10 000 € gezahlt. Der Versorgungsfreibetrag beträgt (15,2 % von 10 000 € = 1520 €, höchstens) 1140 €; der Zuschlag zum Versorgungsfreibetrag beträgt 342 €. Eine Zwölftelung der Freibeträge ist unabhängig vom Zahlungszeitpunkt der Abfindung nicht vorzunehmen.

Bei Zusammentreffen mit laufenden Bezügen darf der Höchstbetrag, der sich nach dem Jahr des Versorgungsbeginns bestimmt, nicht überschritten werden (vgl. hierzu auch das Beispiel unter dem vorstehenden Buchstaben a). Die gleichen Grundsätze gelten auch, wenn Versorgungsbezüge in einem späteren Kalenderjahr nachgezahlt oder berichtigt werden.

Werden übrigens Versorgungsbezüge nicht fortlaufend, sondern in einer Summe gezahlt, handelt es sich um **Arbeitslohn für mehrere Jahre** (vgl. dieses Stichwort), der bei Zusammenballung nach der sog. **Fünftelregelung** ermäßigt zu besteuern ist (BFH-Urteil vom 12.4.2007, BStBl. II S. 581). Die Gründe für die **Kapitalisierung** der **Versorgungsbezüge** sind unerheblich. Bei Teilkapitalauszahlungen kommt hingegen die Fünftelregelung mangels einer „Zusammenballung" nicht in Betracht.[1)]

Beispiel B

Die 64-jährige A erhält von ihrem Arbeitgeber im Dezember 2021 anstelle ihrer monatlichen Betriebsrente auf ihren Wunsch eine Kapitalauszahlung von 20 000 €.

Der nach Abzug des Versorgungsfreibetrags (15,2 % von 20 000 € = 3040 €, höchstens 1140 €) und des Zuschlags zum Versorgungsfreibetrag (= 342 €) verbleibende Betrag in Höhe von 18 518 € (20 000 € abzüglich 1140 € abzüglich 342 €) kann nach der sog. Fünftelregelung ermäßigt besteuert werden. Unerheblich ist, dass die Kapitalauszahlung auf ausdrücklichen Wunsch von A erfolgt.

Beispiel C

Wie Beispiel B. Der Betrag von 20 000 € wird in zwei Raten à 10 000 € in den Jahren 2021 und 2022 ausgezahlt. Da es sich um Teilkapitalauszahlungen handelt, kommt eine ermäßigte Besteuerung nach der Fünftelregelung nicht in Betracht. Die Raten in Höhe von 10 000 € sind allerdings sowohl in 2021 als auch in 2022 um den **Versorgungsfreibetrag** (= 15,2 % von 10 000 € = 1520 €, höchstens **1140 €**) und den **Zuschlag** zum Versorgungsfreibetrag (= **342 €**) zu mindern.

Maßgebendes Jahr für die Bestimmung des Versorgungsbeginns ist bei Versorgungsbezügen wegen Erreichens einer Altersgrenze im privaten Dienst das Jahr, in dem erstmals der Anspruch auf die Versorgungsbezüge besteht und der Arbeitnehmer das 63. Lebensjahr (bei Schwerbehinderung das 60. Lebensjahr) vollendet hat.

Beispiel D

Ein Betriebsrentner vollendet sein 63. Lebensjahr am 1. September 2021. Bereits seit August 2018 bezieht er Versorgungsleistungen des Arbeitgebers aus einer Direktzusage. Die Versorgungsbezüge werden als Teilkapitalauszahlungen in jährlichen Raten von 4800 € jeweils am 1. August eines Jahres gezahlt.

Das Jahr des Versorgungsbeginns ist das Jahr 2021, weil erstmals in diesem Jahr ein Anspruch auf die Versorgungsbezüge besteht und der Betriebsrentner das 63. Lebensjahr vollendet hat.

Für 2021 sind aber noch keine Freibeträge für Versorgungsbezüge zu berücksichtigen, weil die Ratenzahlung am 1. August 2021 vor Vollendung des 63. Lebensjahres geleistet wird; Entsprechendes gilt in den Jahren 2018 bis 2020.

Der ab 2022 zu berücksichtigende Versorgungsfreibetrag beträgt aufgerundet 730 € (15,2 % von 4800 €, höchstens 1140 €) und der Zuschlag zum Versorgungsfreibetrag beträgt 342 € (eine Zwölftelung der Freibeträge ist bei Teilkapitalauszahlungen nicht vorzunehmen).

Beispiel E

Ein Betriebsrentner vollendet sein 63. Lebensjahr am 1. August 2020. Er könnte ab diesem Zeitpunkt monatliche Versorgungsleistungen in Anspruch nehmen, entscheidet sich jedoch für jährliche Teilkapitalauszahlungen von 4800 €. Die erste Rate wird am 1. Februar 2021 ausgezahlt.

Das Jahr des Versorgungsbeginns ist das Jahr 2020, weil erstmals in diesem Jahr ein Anspruch auf die Versorgungsbezüge besteht und der Betriebsrentner das 63. Lebensjahr vollendet hat.

Der ab 2021 zu berücksichtigende Versorgungsfreibetrag beträgt 768 € (16,0 % von 4800 €, höchstens 1200 €) und der Zuschlag zum Versorgungsfreibetrag beträgt 360 € (eine Zwölftelung der Freibeträge ist bei Teilkapitalauszahlungen nicht vorzunehmen).

Im Jahr 2020 werden mangels Zufluss keine Freibeträge für Versorgungsbezüge berücksichtigt.

Der für die Berechnung der Versorgungsfreibeträge maßgebende Versorgungsbeginn tritt aber nicht ein, solange der Betriebsrentner von einer bloßen **Option,** Versorgungsleistungen für einen Zeitraum ab dem Erreichen der maßgeblichen Altersrente zu beanspruchen, tatsächlich keinen Gebrauch macht, z. B. weil er die Leistungen erst ab einem späteren Zeitpunkt in Anspruch nehmen will.

Beispiel F

Ein Betriebsrentner vollendet sein 63. Lebensjahr am 1. August 2020. Er könnte ab diesem Zeitpunkt monatliche Versorgungsleistungen des Arbeitgebers aus einer Direktzusage beziehen. Um höhere Versorgungsleistungen zu erhalten, entscheidet er sich jedoch dafür, die Versorgungsleistungen erst ab dem 1. August 2021 in Anspruch zu nehmen. Er erhält jährliche Kapitalauszahlungen von 4800 €, wobei die erste Rate am 1. Februar 2022 ausgezahlt wird.

Das Jahr des Versorgungsbeginns ist das Jahr 2021, weil wegen der vom Arbeitnehmer ausgeübten Option erstmals in diesem Jahr ein Anspruch auf die Versorgungsbezüge besteht und der Betriebsrentner das 63. Lebensjahr vollendet hat.

Der ab 2022 zu berücksichtigende Versorgungsfreibetrag beträgt aufgerundet 730 € (15,2 von 4800 €, höchstens 1140 €) und der Zuschlag zum Versorgungsfreibetrag beträgt 342 € (eine Zwölftelung der Freibeträge ist bei Teilkapitalauszahlungen nicht vorzunehmen).

Im Jahr 2021 werden mangels Zufluss noch keine Freibeträge für Versorgungsbezüge berücksichtigt.

Beim Zusammentreffen von **laufenden und tarifbegünstigten** Versorgungsbezügen gilt für die Zuordnung des Versorgungsfreibetrags und des Zuschlags zum Versorgungsfreibetrag Folgendes:

Beispiel G

Der Arbeitnehmer hat im Jahr 2021 laufende Versorgungsbezüge nach § 19 Abs. 2 EStG in Höhe von 4548 Euro (= Bemessungsgrundlage für den Versorgungsfreibetrag; Versorgungsbeginn im Jahr 2010). Daneben erhält er noch nach § 34 EStG tarifbegünstigte Versorgungsbezüge in Höhe von 86 202 Euro.

Man ermittelt den insgesamt höchstens abziehbaren Versorgungsfreibetrag nach § 19 Abs. 2 Satz 6 EStG und berücksichtigt ihn vorrangig

V

1) Vgl. Randnummer 147 des BMF-Schreibens vom 6.12.2017 (BStBl. 2018 I S. 147, 166). Das BMF-Schreiben ist als Anhang 13c im **Steuerhandbuch für das Lohnbüro 2021** abgedruckt, das im selben Verlag erschienen ist.

Lohn- steuer- pflichtig | Sozial- versich.- pflichtig

bei den laufenden (= nicht begünstigten) Versorgungsbezügen (R 34.4 Abs. 3 EStR). Lediglich hiernach nicht verbrauchte Freibeträge werden von den tarifbegünstigten Versorgungsbezügen abgezogen. Die Tarifermäßigung soll dem Versorgungsempfänger soweit irgendwie möglich zugutekommen.

Laufende Versorgungsbezüge	4 548 Euro
abzüglich Versorgungsfreibetrag 90 750 Euro × 32 % = 29 040 €, höchstens 2 400 €	2 400 Euro
abzüglich Zuschlag zum Versorgungsfreibetrag	720 Euro
abzüglich WK-Pauschbetrag	102 Euro
Laufende Versorgungsbezüge	1 326 Euro
Tarifbegünstigte Versorgungsbezüge	86 202 Euro
Versorgungsfreibetrag und Zuschlag zum Versorgungsfreibetrag bereits in voller Höhe bei den laufenden Versorgungsbezügen berücksichtigt	
Tarifbegünstigte Versorgungsbezüge	86 202 Euro

8. Sonderfälle

a) Mehrere Versorgungsbezüge

Bei mehreren Versorgungsbezügen mit **unterschiedlichem Bezugsbeginn** bestimmen sich der maßgebende Prozentsatz für den steuerfreien Teil der Versorgungsbezüge und der Höchstbetrag des Versorgungsfreibetrags sowie der Zuschlag zum Versorgungsfreibetrag nach dem Beginn des jeweiligen Versorgungsbezugs. Die Summe aus den jeweiligen Freibeträgen für Versorgungsbezüge wird nach § 19 Abs. 2 Satz 6 EStG auf den Höchstbetrag des Versorgungsfreibetrags und den Zuschlag zum Versorgungsfreibetrag nach dem Beginn des ersten Versorgungsbezugs begrenzt. Fällt der maßgebende Beginn mehrerer laufender Versorgungsbezüge in dasselbe Kalenderjahr, können die Bemessungsgrundlagen aller Versorgungsbezüge zusammengerechnet werden, da in diesen Fällen für sie jeweils dieselben Höchstbeträge gelten. Für jeden vollen Kalendermonat, für den keiner der mehreren Versorgungsbezüge gezahlt worden ist, vermindern sich der Versorgungsfreibetrag und der Zuschlag zum Versorgungsfreibetrag in diesem Kalenderjahr um je ein Zwölftel (§ 19 Abs. 2 Satz 12 EStG).

Werden mehrere Versorgungsbezüge von **unterschiedlichen Arbeitgebern** gezahlt, ist die Begrenzung der Freibeträge für Versorgungsbezüge im Lohnsteuerabzugsverfahren nicht anzuwenden; die Gesamtbetrachtung und gegebenenfalls die Begrenzung erfolgt im Veranlagungsverfahren (vgl. die Erläuterungen unter der nachfolgenden Nr. 10). Zu beachten ist allerdings, dass der **Zuschlag zum Versorgungsfreibetrag** im Lohnsteuerabzugsverfahren bei Anwendung der **Steuerklasse VI nicht** berücksichtigt wird (vgl. auch die Erläuterungen unter der vorstehenden Nr. 4 Buchstabe d). Treffen hingegen mehrere Versorgungsbezüge bei demselben Arbeitgeber zusammen, ist die Begrenzung der Freibeträge auch im Lohnsteuerabzugsverfahren zu beachten.

Beispiel

Zwei Ehegatten erhalten jeweils eigene Versorgungsbezüge. Der Versorgungsbeginn des einen Ehegatten liegt im Jahr 2010, der des anderen im Jahr 2011. Ende 2020 verstirbt der Ehegatte, der bereits seit 2010 Versorgungsbezüge erhalten hatte. Dem überlebenden Ehegatten werden ab 2021 zusätzlich zu seinen eigenen Versorgungsbezügen von monatlich 400 € Hinterbliebenenbezüge von monatlich 250 € gezahlt.

Für die eigenen Versorgungsbezüge des überlebenden Ehegatten berechnen sich die Freibeträge für Versorgungsbezüge nach dem Jahr des Versorgungsbeginns 2011. Der Versorgungsfreibetrag beträgt demnach 30,4 % von 4800 € (= 400 € Monatsbezug × 12) = 1460 € (aufgerundet); der Zuschlag zum Versorgungsfreibetrag beträgt 684 €.

Für den Hinterbliebenenbezug sind mit Versorgungsbeginn im Jahr 2021 die Freibeträge für Versorgungsbezüge nach § 19 Abs. 2 Satz 7 EStG unter Zugrundelegung des maßgeblichen Prozentsatzes, des Höchstbetrags und des Zuschlags zum Versorgungsfreibetrag des verstorbenen Ehegatten zu ermitteln. Für die Berechnung sind also die Beträge des maßgebenden Jahres 2010 zugrunde zu legen. Der Versorgungsfreibetrag für die Hinterbliebenenbezüge beträgt demnach 32 % von 3000 € (= 250 € Monatsbezug × 12) = 960 €; der Zuschlag zum Versorgungsfreibetrag beträgt 720 €.

Lohn- steuer- pflichtig | Sozial- versich.- pflichtig

Die Summe der Versorgungsfreibeträge ab 2021 beträgt (1460 € zuzüglich 960 € =) 2420 €. Der insgesamt berücksichtigungsfähige Höchstbetrag bestimmt sich nach dem Jahr des Beginns des ersten Versorgungsbezugs (2010: 2400 €). Da der Höchstbetrag überschritten ist, ist der Versorgungsfreibetrag auf insgesamt 2400 € zu begrenzen. Auch die Summe der Zuschläge zum Versorgungsfreibetrag (684 € zuzüglich 720 € =) 1404 € ist nach dem maßgebenden Jahr des Versorgungsbeginns (2010) auf insgesamt 720 € zu begrenzen.

Werden zunächst Versorgungsbezüge wegen **verminderter Erwerbstätigkeit** und unmittelbar daran anschließend wegen Erreichens einer **Altersgrenze** gezahlt, bleibt der ursprüngliche Versorgungsbeginn maßgebend; da es sich nicht um eine regelmäßige Anpassung handelt, ist eine Neuberechnung des Versorgungsfreibetrags erforderlich. Wird hingegen der Versorgungsbezug wegen verminderter Erwerbstätigkeit vor dem Beginn der Versorgungsbezüge wegen Erreichens einer Altersgrenze z. B. aufgrund der Verbesserung des Gesundheitszustands eingestellt, ist der jeweilige Versorgungsbeginn jeweils einzeln zu bestimmen.

b) Hinterbliebenenbezüge

Folgt ein Hinterbliebenenbezug einem Versorgungsbezug, bestimmen sich der Prozentsatz, der Höchstbetrag des Versorgungsfreibetrags und der Zuschlag zum Versorgungsfreibetrag für den Hinterbliebenenbezug nach dem Jahr des Beginns des Versorgungsbezugs beim Verstorbenen (§ 19 Abs. 2 Satz 7 EStG). Beim Bezug von Witwen- oder Waisengeld ist also für die Berechnung der Freibeträge für Versorgungsbezüge **das Jahr des Versorgungsbeginns beim Verstorbenen maßgebend,** der diesen Versorgungsanspruch zuvor begründete.

Beispiel

Im Oktober 2021 verstirbt ein 85-jähriger Ehegatte, der seit dem 63. Lebensjahr Versorgungsbezüge erhalten hat. Der überlebende Ehegatte erhält ab November 2021 Hinterbliebenenbezüge.

Für den verstorbenen Ehegatten sind die Freibeträge für Versorgungsbezüge bereits mit der Pensionsabrechnung für Januar 2005 (40 % der voraussichtlichen Versorgungsbezüge 2005, maximal 3000 € zuzüglich 900 € Zuschlag) festgeschrieben worden. Im Jahr 2021 sind die Freibeträge für Versorgungsbezüge des verstorbenen Ehegatten mit zehn Zwölfteln zu berücksichtigen. Für den überlebenden Ehegatten sind mit der Pensionsabrechnung für November 2021 eigene Freibeträge für Versorgungsbezüge zu ermitteln. Zugrunde gelegt werden dabei die auf ein Jahr hochgerechneten Hinterbliebenenbezüge (einschließlich Sonderzahlungen). Darauf sind nach § 19 Abs. 2 Satz 7 EStG der maßgebliche Prozentsatz, der Höchstbetrag und der Zuschlag zum Versorgungsfreibetrag des verstorbenen Ehegatten (40 % maximal 3000 € zuzüglich 900 € Zuschlag) anzuwenden. Im Jahr 2021 sind die Freibeträge für Versorgungsbezüge des überlebenden Ehegatten mit zwei Zwölfteln zu berücksichtigen (§ 19 Abs. 2 Satz 12 EStG).

c) Versorgungsausgleich

Bei der **internen Teilung von Anrechten nach dem Versorgungsausgleichsgesetz** (vgl. im Einzelnen die Erläuterungen in Anhang 6 unter Nr. 16 unter dem Buchstaben b) gehören die Leistungen aus den übertragenen Anrechten bei der ausgleichsberechtigten Person zu den Einkünften, zu denen die Leistungen bei der ausgleichspflichtigen Person gehören würden, wenn die interne Teilung nicht stattgefunden hätte. Die (späteren) Versorgungsleistungen sind daher Einkünfte aus nichtselbstständiger Arbeit (§ 19 EStG) oder sonstige Einkünfte (§ 22 EStG). Ausgleichspflichtige Person und ausgleichsberechtigte Person versteuern beide die ihnen jeweils zufließenden Leistungen.

Für die Ermittlung des Versorgungsfreibetrags und des Zuschlags zum Versorgungsfreibetrag ist sowohl bei der **ausgleichsverpflichteten** als auch bei der **ausgleichsberechtigten** Person auf deren **Versorgungsbeginn** – unter jeweiliger Beachtung der Altersgrenze von 63 Jahren bzw. 60 Jahren bei Schwerbehinderung – abzustellen.

Beispiel A

Der Ehemann hat während der Ehe eine Anwartschaft auf eine Betriebsrente mit einem Kapitalwert von 30 000 € gegenüber seinem

Lohn- steuer- pflichtig | Sozial- versich.- pflichtig

Arbeitgeber erworben. Bei Scheidung begründet das Familiengericht zugunsten der Ehefrau eine eigene Anwartschaft auf eine Betriebsrente mit einem Kapitalwert von 15 000 gegenüber dem Arbeitgeber ihres Ehemanns.

Im Alter beziehen beide Ehegatten Versorgungsbezüge vom ehemaligen Arbeitgeber des Ehemanns. Für die Ermittlung der Versorgungsfreibeträge ist – jeweils gesondert und unter Beachtung der Altersgrenze von 63 Jahren bzw. 60 Jahren bei Schwerbehinderung – auf den Versorgungsbeginn beim Ehemann und der Ehefrau abzustellen.

Werden im Zeitpunkt der internen Teilung bereits **Versorgungsbezüge bezogen,** erfolgt bei der **ausgleichsverpflichteten Person** eine **Neuberechnung** des Versorgungsfreibetrags und des Zuschlags zum Versorgungsfreibetrag. Bei der ausgleichsberechtigten Person sind – unter Beachtung der Altersgrenze von 63 Jahren bzw. 60 Jahren bei Schwerbehinderung – der Versorgungsfreibetrag und der Zuschlag zum Versorgungsfreibetrag erstmals zu berechnen, da es sich um einen neuen Versorgungsbezug handelt. Dabei bestimmen sich – bei Beachtung der vorstehenden Altersgrenze – der Prozentsatz, der Höchstbetrag des Versorgungsfreibetrags und der Zuschlag zum Versorgungsfreibetrag nach dem Jahr, für das erstmals Anspruch auf den Versorgungsbezug aufgrund der internen Teilung besteht (= Jahr des Versorgungsbeginns).

Beispiel B

Der Ehemann, 76 Jahre alt, erhält von seinem Arbeitgeber seit Januar 2010 Versorgungsbezüge in Höhe von 1000 € monatlich. Der Versorgungsfreibetrag beträgt 2400 € (32 % von 12 000 € = 3840 €, höchstens 2400 €) und der Zuschlag zum Versorgungsfreibetrag beträgt 720 €. Im Dezember 2020 wird die Ehe geschieden und die 65 Jahre alte Ehefrau erhält ab Januar 2021 die Hälfte des Versorgungsbezugs.

Beim Ehemann ist 2021 eine Neuberechnung des Versorgungsfreibetrags durchzuführen (§ 19 Abs. 2 Satz 10 EStG). Der Versorgungsfreibetrag beträgt nur noch 1920 € (32 % von 6000 € = 1920 €, der Höchstbetrag von 2400 € wird nicht überschritten) und der Zuschlag zum Versorgungsfreibetrag beträgt unverändert 720 €.

Bei der Ehefrau liegt ab Januar 2021 erstmals ein Versorgungsbezug vor. Der Versorgungsfreibetrag beträgt 912 € (15,2 % von 6000 € = 912 €, der Höchstbetrag von 1140 € wird nicht überschritten) und der Zuschlag zum Versorgungsfreibetrag beträgt 342 €.

Wäre die Ehefrau z. B. erst 60 Jahre alt, könnten bei ihr im Jahr 2021 noch keine Freibeträge für Versorgungsbezüge berücksichtigt werden.

Zur Behandlung der Ausgleichszahlungen an den Ehegatten sowie den Arbeitgeber zur Vermeidung einer Kürzung der Versorgungsbezüge vgl. nachfolgende Nr. 13.

9. Besondere Aufzeichnungs- und Bescheinigungspflichten

Nach § 4 Abs. 1 Nr. 4 LStDV[1] muss der Arbeitgeber „die für die zutreffende Berechnung des Versorgungsfreibetrags und des Zuschlags zum Versorgungsfreibetrag erforderlichen Angaben" im Lohnkonto aufzeichnen (vgl. die Erläuterungen beim Stichwort „Lohnkonto" unter den Nrn. 8 und 15).

Entsprechend den Aufzeichnungen im Lohnkonto und dem Muster der elektronischen Lohnsteuerbescheinigung[2] gilt für das Kalenderjahr 2021 Folgendes:

Für die Ermittlung des bei Versorgungsbezügen zu berücksichtigenden Versorgungsfreibetrags sowie des Zuschlags zum Versorgungsfreibetrag sind die **Bemessungsgrundlage** des Versorgungsfreibetrags, das **Jahr des Versorgungsbeginns** und – bei unterjähriger Zahlung – die **Anzahl der Monate,** für die Versorgungsbezüge gezahlt werden, maßgebend.

Sterbegelder und **Kapitalauszahlungen/Abfindungen** von Versorgungsbezügen sowie **Nachzahlungen** von Versorgungsbezügen, die sich ganz oder teilweise auf vorangegangene Kalenderjahre beziehen, sind als **eigenständige** zusätzliche **Versorgungsbezüge** zu behandeln. Für diese Bezüge sind die Höhe des gezahlten Bruttobetrags im Kalenderjahr und das maßgebende Kalenderjahr des Versorgungsbeginns anzugeben. In diesen Fällen sind die Freibeträge für Versorgungsbezüge in voller Höhe und **nicht zeitanteilig** zu berücksichtigen.

Der Arbeitgeber ist verpflichtet, die im Lohnkonto aufgezeichneten Angaben in der **elektronischen Lohnsteuerbescheinigung** wie folgt anzugeben:

- in **Zeile 8** sind die im Bruttoarbeitslohn (= Zeile 3) enthaltenen **Versorgungsbezüge** einschließlich regelmäßiger Anpassungen einzutragen; dabei sind auch Sachbezüge und sonstige Leistungen (u. a. weitere Überlassung eines Firmenwagens, Fahrvergünstigungen, Rabatte, verbilligte Wohnungsüberlassung, Zuschüsse zu Kontoführungsgebühren, Beihilfeleistungen) einzubeziehen.
- in **Zeile 9** sind die **ermäßigt besteuerten** Versorgungsbezüge für mehrere Jahre zu bescheinigen. Der hier bescheinigte Betrag darf in Zeile 3 (Bruttoarbeitslohn) nicht enthalten sein.
- in **Zeile 29** ist die **Bemessungsgrundlage** für den Versorgungsfreibetrag (das Zwölffache des Versorgungsbezugs für den ersten vollen Monat zuzüglich voraussichtlicher Sonderzahlungen sowie Sachbezüge und sonstige Leistungen) einzutragen. Fällt der maßgebende Beginn mehrerer laufender Bezüge in dasselbe Kalenderjahr, kann der Arbeitgeber die zusammengerechneten Bemessungsgrundlagen dieser Versorgungsbezüge in einem Betrag bescheinigen. In diesem Fall sind in Zeile 8 auch die steuerbegünstigten Versorgungsbezüge zusammenzufassen.
- in **Zeile 30** ist das maßgebende **Kalenderjahr des Versorgungsbeginns vierstellig** zu bescheinigen. Maßgebend ist das Kalenderjahr, in dem erstmals ein Anspruch auf die Versorgungsbezüge besteht und der Arbeitnehmer das 63. Lebensjahr (bei Schwerbehinderung das 60. Lebensjahr) vollendet hat.
- in **Zeile 31** ist bei laufenden Versorgungsbezügen, die nicht während des ganzen Kalenderjahrs zufließen, der **erste** und **letzte Monat** einzutragen, für den Versorgungsbezüge gezahlt wurden (zweistellig mit Bindestrich; z. B. 04–12 oder 01–06); dies gilt auch bei erstmaliger Zahlung eines Hinterbliebenenbezugs sowie bei einem unterjährigen Wechsel des Versorgungsträgers.

Soweit bei mehreren Versorgungsbezügen die maßgebenden Versorgungsbeginne in unterschiedliche Kalenderjahre fallen, sind die Angaben für jeden Versorgungsbezug getrennt zu bescheinigen.

- in **Zeile 32** sind einmalige Versorgungsbezüge wie **Sterbegeld, Kapitalauszahlungen/Abfindungen** sowie die als sonstige Bezüge zu behandelnden **Nachzahlungen** von Versorgungsbezügen **gesondert zu bescheinigen;** sie müssen zudem in Zeile 3 und Zeile 8 enthalten sein. Ermäßigt zu besteuernde Versorgungsbezüge für mehrere Jahre (vgl. auch die Erläuterungen unter der vorstehenden Nr. 7 Buchstabe b) sind dagegen nur in Zeile 9 der elektronischen Lohnsteuerbescheinigung zu bescheinigen. Zusätzlich ist in der Zeile 30 das Jahr des Versorgungsbeginns anzugeben.
- Bei **mehreren** als **sonstige Bezüge** gezahlten Versorgungsbezügen mit maßgebendem Versorgungsbeginn in **demselben Kalenderjahr** können die Zeilen 8 und/oder 9 sowie 30 und 32 zusammengefasst werden. Gleiches gilt, wenn der Versorgungsbeginn laufender Versorgungsbezüge und als sonstige Bezüge gezahlter Versorgungsbezüge in dasselbe Kalenderjahr fällt.
  Bei mehreren laufenden Versorgungsbezügen und als sonstige Bezüge gezahlten Versorgungsbezügen mit **unterschiedlichen Versorgungsbeginnen** sind die

V

1) Die Lohnsteuer-Durchführungsverordnung (LStDV) ist als Anhang 1 im **Steuerhandbuch für das Lohnbüro 2021** abgedruckt, das im selben Verlag erschienen ist.

2) BMF-Schreiben vom 9.9.2019 (BStBl. I S. 911). Das BMF-Schreiben sowie das Muster der elektronischen Lohnsteuerbescheinigung sind als Anlage 1 zu R 41b LStR im **Steuerhandbuch für das Lohnbüro 2021** abgedruckt, das im selben Verlag erschienen ist.

Lohnsteuerpflichtig Sozialversich.-pflichtig

Angaben zu den Zeilen 8 und/oder 9 sowie 29 bis 32 jeweils **getrennt** zu bescheinigen.

Auf die Erläuterungen beim Stichwort „Lohnsteuerbescheinigung" wird Bezug genommen.

10. Berücksichtigung des Versorgungsfreibetrags und des Zuschlags zum Versorgungsfreibetrag im Veranlagungsverfahren

Beim Lohnsteuerabzug durch den Arbeitgeber ist der Versorgungsfreibetrag und der Zuschlag zum Versorgungsfreibetrag nach den vorstehend erläuterten Regelungen zum laufenden Arbeitslohn und zu den sonstigen Bezügen zu berücksichtigen. Beim laufenden Arbeitslohn also mit dem anteilig auf den Lohnzahlungszeitraum (Monat) entfallenden Betrag. Durch die beim Lohnsteuerabzug durch den Arbeitgeber anzuwendenden Regelungen wird die Behandlung der Versorgungsbezüge bei einer Veranlagung zur Einkommensteuer nicht berührt (R 39b.3 Abs. 2 LStR); Entsprechendes gilt für den Lohnsteuer-Jahresausgleich durch den Arbeitgeber (vgl. auch das Stichwort „Lohnsteuer-Jahresausgleich durch den Arbeitgeber" unter Nr. 9). Ein vom Arbeitgeber zu hoch oder auch zu niedrig (vgl. folgenden Absatz) angesetzter Versorgungsfreibetrag zuzüglich Zuschlag kann bei der Veranlagung zur Einkommensteuer vom Finanzamt ohne Weiteres korrigiert werden. Insbesondere in den Fällen, in denen der Arbeitnehmer mehrere Versorgungsbezüge gleichzeitig von verschiedenen Arbeitgebern bezieht, also bei einem Arbeitgeber die familiengerechte Steuerklasse I bis V und beim anderen Arbeitgeber die Steuerklasse VI angewendet worden ist, wird der Versorgungsfreibetrag ggf. mehrfach oder zu hoch oder auch zu niedrig (vgl. folgenden Absatz) berücksichtigt. Ein Ausgleich kann in diesen Fällen erst bei einer Veranlagung zur Einkommensteuer erfolgen. Hierfür ist vom Gesetzgeber ausdrücklich eine Pflichtveranlagung zur Einkommensteuer vorgeschrieben worden (§ 46 Abs. 2 Nr. 2 EStG; vgl. „Veranlagung von Arbeitnehmern" unter Nr. 2).

Seit 2008 wird der **Zuschlag** zum Versorgungsfreibetrag im Lohnsteuerabzugsverfahren bei Anwendung der **Steuerklasse VI nicht mehr** berücksichtigt (vgl. die Erläuterungen unter der vorstehenden Nr. 4 Buchstabe d). Werden im ersten Dienstverhältnis Einnahmen aus einer aktiven Beschäftigung (also keine Versorgungsbezüge) erzielt, wird der aufgrund der Versorgungsbezüge im zweiten Dienstverhältnis zu gewährende Zuschlag zum Versorgungsfreibetrag erst im **Veranlagungsverfahren** angesetzt. In diesem Fall sind also im Lohnsteuerabzugsverfahren zu niedrige Freibeträge berücksichtigt worden.

Zur Behandlung verschiedener Lohnarten (z. B. Arbeitslohn für ein aktives Dienstverhältnis und Hinterbliebenenbezüge) bei einem Arbeitgeber im ELStAM-Verfahren vgl. das Stichwort „Elektronische Lohnsteuerabzugsmerkmale (ELStAM)" unter Nr. 4.

11. Stufenweiser Abbau des Versorgungsfreibetrags und des Zuschlags zum Versorgungsfreibetrag

Durch das Alterseinkünftegesetz vom 5.7.2004 (BGBl. I S. 1427) werden **Bezieher einer Rente** (z. B. aus der gesetzlichen Rentenversicherung) und **Versorgungsempfänger** (Beamtenpensionäre, Werkspensionäre) **auf lange Sicht gleich besteuert.** Auf die ausführlichen Erläuterungen beim Stichwort „Renten" wird Bezug genommen. Die unterschiedliche Besteuerung von Versorgungsbezügen (in voller Höhe) und von Renten aus der gesetzlichen Rentenversicherung (nur mit dem Besteuerungsanteil) ist in der Übergangsphase bis zum Jahr 2040 verfassungsgemäß (BFH-Urteil vom 7.2.2013, BStBl. II S. 573). Es würde nämlich dem gesetzgeberischen Leitgedanken der vollständigen nachgelagerten Besteuerung zuwiderlaufen, wenn in der Übergangszeit auch Versorgungsbezüge nur anteilig besteuert würden. Da die Renten nach Ablauf der Übergangsregelung im Jahre 2040 zu 100 % besteuert

Lohnsteuerpflichtig Sozialversich.-pflichtig

werden, muss gleichzeitig der **Versorgungsfreibetrag** stufenweise bis dahin auf 0 € **abgebaut** werden, und zwar wie folgt:

Bei Versorgungsempfängern, die zwischen 2006 und 2020 erstmals Versorgungsbezüge bezogen haben, wurde der Prozentsatz jährlich um 1,6 % und der Höchstbetrag um 120 € verringert. Von 2021 bis 2040 verringert sich der Prozentsatz jährlich um 0,8 % und der Höchstbetrag um 60 € (vgl. die nachfolgende Übersicht).

Außerdem erhalten **Versorgungsempfänger** seit dem Kalenderjahr 2005 – ebenso wie Rentner – nur noch einen **Werbungskosten-Pauschbetrag von 102 €.** Als Ausgleich für den Wegfall des Arbeitnehmer-Pauschbetrags wird allerdings ein **Zuschlag zum Versorgungsfreibetrag** von 900 € gewährt, der dann in der Übergangsphase bis 2040 wieder auf 0 € **abgebaut** wird. Bei Versorgungsempfängern, die zwischen 2006 und 2020 erstmals Versorgungsbezüge bezogen haben, verminderte sich der Zuschlag zum Versorgungsfreibetrag um 36 € jährlich. Bei erstmaligem Versorgungsbezug zwischen 2021 und 2040 werden es jährlich 18 € weniger (vgl. die nachfolgende Übersicht).

Sowohl beim Versorgungsfreibetrag als auch beim Zuschlag zum Versorgungsfreibetrag wird für den einzelnen Bezieher von Versorgungsbezügen seine **Besteuerungssituation** jeweils in dem Zustand **„eingefroren"**, der im Jahr des Versorgungsbeginns vorgelegen hat (sog. Kohortenprinzip). Der bei Beginn des Versorgungsbezugs ermittelte Versorgungsfreibetrag und der Zuschlag zum Versorgungsfreibetrag bleiben also im Grundsatz **zeitlebens** unverändert (§ 19 Abs. 2 Satz 8 EStG). Für den stufenweisen Abbau sind in § 19 Abs. 2 EStG folgende Prozentsätze und Höchstbeträge festgelegt worden:

Jahr des Versorgungsbeginns	Versorgungsfreibetrag in % der Versorgungsbezüge	Versorgungsfreibetrag Höchstbetrag	Zuschlag zum Versorgungsfreibetrag
bis 2005	40,0 %	3 000 €	900 €
ab 2006	38,4 %	2 880 €	864 €
2007	36,8 %	2 760 €	828 €
2008	35,2 %	2 640 €	792 €
2009	33,6 %	2 520 €	756 €
2010	32,0 %	2 400 €	720 €
2011	30,4 %	2 280 €	684 €
2012	28,8 %	2 160 €	648 €
2013	27,2 %	2 040 €	612 €
2014	25,6 %	1 920 €	576 €
2015	24,0 %	1 800 €	540 €
2016	22,4 %	1 680 €	504 €
2017	20,8 %	1 560 €	468 €
2018	19,2 %	1 440 €	432 €
2019	17,6 %	1 320 €	396 €
2020	16,0 %	1 200 €	360 €
2021	**15,2 %**	**1 140 €**	**342 €**
2022	14,4 %	1 080 €	324 €
2023	13,6 %	1 020 €	306 €
2024	12,8 %	960 €	288 €
2025	12,0 %	900 €	270 €
2026	11,2 %	840 €	252 €
2027	10,4 %	780 €	234 €
2028	9,6 %	720 €	216 €
2029	8,8 %	660 €	198 €
2030	8,0 %	600 €	180 €
2031	7,2 %	540 €	162 €
2032	6,4 %	480 €	144 €
2033	5,6 %	420 €	126 €
2034	4,8 %	360 €	108 €
2035	4,0 %	300 €	90 €
2036	3,2 %	240 €	72 €
2037	2,4 %	180 €	54 €
2038	1,6 %	120 €	36 €
2039	0,8 %	60 €	18 €
2040	0,0 %	0 €	0 €

Lohn-steuer-pflichtig | Sozial-versich.-pflichtig

Die Berechnung des Versorgungsfreibetrags zuzüglich Zuschlag zum Versorgungsfreibetrag erfolgt also nur einmal, und zwar im Zeitpunkt der erstmaligen Zahlung von Versorgungsbezügen, bzw. bei Arbeitnehmern, die am 1.1.2005 bereits im Ruhestand gewesen sind, einmal in 2005. Der so ermittelte Betrag muss dann vom Arbeitgeber festgehalten werden und ist bei allen weiteren Zahlungen von Versorgungsbezügen zugrunde zu legen. Auf die Erläuterungen zu den Aufzeichnungs- und Bescheinigungspflichten des Arbeitgebers unter der vorstehenden Nr. 9 wird Bezug genommen.

12. Kranken- und pflegeversicherungspflichtige Versorgungsbezüge

Insbesondere **krankenversicherungspflichtige Rentner** (§ 237 SGB V) aber auch versicherungspflichtige Beschäftigte (§ 226 SGB V) und sonstige versicherungspflichtige Personen haben für Betriebsrenten und sonstige vergleichbare Versorgungsbezüge Beiträge zur Krankenkasse zu entrichten. Die Beitragspflicht erstreckt sich auch auf die Pflegeversicherung. Die Beiträge sind von den sogenannten **Zahlstellen** der Betriebsrenten – das sind im Allgemeinen **die ehemaligen Arbeitgeber** der Rentner bzw. deren **Versorgungskassen** – an die Krankenkasse abzuführen. Für die in einer **privaten** Krankenversicherung versicherten Empfänger von Betriebsrenten und Versorgungsbezügen sind keine Beiträge zu entrichten.

Damit die Krankenkassen die auf Betriebsrenten und sonstige vergleichbare Versorgungsbezüge (§ 229 SGB V) zu entrichtenden Beiträge ordnungsgemäß erheben können, sind den Versorgungsempfängern und Zahlstellen Melde- und Mitteilungspflichten auferlegt worden. Diese Melde- und Mitteilungspflichten sowie die Berechnung der Beiträge zur Kranken- und Pflegeversicherung sind ausführlich in Teil B Nr. 12 auf Seite 24 dargestellt.

Der **Versorgungsfreibetrag und** der **Zuschlag** zum Versorgungsfreibetrag dürfen bei der **Berechnung** des **Beitrags** zur **Krankenversicherung nicht abgezogen** werden.

13. Ausgleichszahlungen und Auffüllungszahlungen

Ausgleichszahlungen eines Arbeitnehmers und auch damit ggf. zusammenhängende Schuldzinsen zur Vermeidung einer Kürzung seiner Versorgungsbezüge an den auf den Versorgungsausgleich verzichtenden Ehegatten waren bis einschließlich 2014 Werbungskosten bei den Einkünften aus nichtselbstständiger Arbeit (BFH-Urteile vom 8.3.2006, BStBl. II S. 446 und S. 448).

Seit 2015 liegen mit Zustimmung des Empfängers in diesen Fällen beim Leistenden Sonderausgaben (§ 10 Abs. 1a Nrn. 3 und 4 EStG) und beim Empfänger sonstige Einkünfte vor (§ 22 Nr. 1a EStG). Dies gilt sowohl für Ausgleichszahlungen zur Vermeidung eines Versorgungsausgleich als auch für Ausgleichszahlungen im Rahmen eines schuldrechtlichen Versorgungsausgleichs. Nicht hierunter fällt hingegen der öffentlich-rechtliche Versorgungsausgleich, bei dem der Abzug bereits vor dem steuerpflichtigen Gesamtbrutto erfolgt (= Regelfall im öffentlichen Dienst).

Werden hingegen vom Arbeitnehmer nach einer Kürzung seiner Versorgungsbezüge Zahlungen an den Arbeitgeber geleistet, um diese Kürzung rückgängig zu machen (sog. Auffüllungszahlungen), liegen diesbezüglich Werbungskosten bei den Einkünften aus nichtselbstständiger Arbeit vor; allein die Kürzung der Versorgungsbezüge führt aber nicht zu einem steuerlich relevanten Aufwand. Werbungskosten liegen auch vor, wenn z. B. ein Beamter während seiner Beurlaubung im dienstlichen Interesse Versorgungszuschläge zahlt, um die Anerkennung von ruhegehaltsfähigen Dienstzeiten zu erlangen (BFH-Urteil vom 23.11.2016, BFH/NV 2017 S. 888).

Lohn-steuer-pflichtig | Sozial-versich.-pflichtig

Siehe auch die Stichworte: Pensionäre, Rechtsnachfolger, Rentner, Sterbegeld, Übergangsgelder, Übergangsbeihilfen, Waisengelder, Witwengelder.

Versorgungszusage

siehe „Arbeitnehmerfinanzierte Pensionszusage", „Pensionszusage" und „Rückdeckung"

Vertragsstrafen

siehe „Geldstrafen"

Vertrauensleute

Nebenberufliche Vertrauensleute einer Buchgemeinschaft sind keine Arbeitnehmer des Buchclubs (vgl. BFH-Urteil vom 11. 3. 1960, BStBl. III S. 215). nein nein

Zur Scheinselbständigkeit vgl. dieses Stichwort.

Vertreter

Vertreter (Reisevertreter, Handelsvertreter, Agenten) können ihre Tätigkeit steuerlich sowohl selbständig als auch innerhalb eines Dienstverhältnisses ausüben. Zu der Behandlung als Scheinselbständiger oder arbeitnehmerähnlicher Selbständiger im Sozialversicherungsrecht wird auf das Stichwort „Scheinselbständigkeit" Bezug genommen.

Die Abgrenzung für Zwecke der **steuerlichen** Behandlung ist nach den allgemeinen Grundsätzen (Abgrenzungsmerkmalen) zu beurteilen; vgl. Teil A Nr. 3 auf Seite 6. Auf die Bezeichnung in den das Rechtsverhältnis begründenden Verträgen kommt es nicht entscheidend an. Es steht der Annahme von Unselbständigkeit nicht ohne weiteres entgegen, wenn die Entlohnung nach dem Erfolg der Tätigkeit vorgenommen und dem Reisevertreter eine gewisse Bewegungsfreiheit eingeräumt wird, die nicht Ausfluss seiner eigenen Machtvollkommenheit ist. Andererseits wurde von der Rechtsprechung der Umstand, dass sich die Vergütung des Vertreters (Provision) nach dem Erfolg seiner Tätigkeit (eigenes Risiko) richtet und er in seiner Zeiteinteilung und Gestaltung seiner geschäftlichen Betätigung weitgehend frei (selbständig) ist, derart in den Vordergrund der Abwägungen gestellt, dass demgegenüber die für Unselbständigkeit sprechenden Gründe (ausschließliche Tätigkeit für einen Auftraggeber, Ersatz von Reisekosten und Portoauslagen, Teilnahme an den sozialen Einrichtungen des Auftraggebers, betriebliche Urlaubsregelungen) nicht ins Gewicht fielen und deshalb auch steuerlich Selbständigkeit angenommen wurde. Bei der Entscheidung der Frage, ob ein Versicherungsvertreter selbständig oder unselbständig tätig ist, kommt es im Rahmen des Gesamtbildes seiner Stellung wesentlich darauf an, ob er ein ins Gewicht fallendes **Unternehmerrisiko** trägt. Die Art der Tätigkeit (eine vorwiegend werbende oder verwaltende) ist in der Regel nicht von entscheidender Bedeutung (BFH-Urteil vom 10. 9. 1959, BStBl. III S. 437 und vom 3. 10. 1961, BStBl. III S. 567).

Veruntreute Beträge

Arbeitsrechtlich nicht zustehende Beträge, die der Arbeitnehmer unter eigenmächtiger Überschreitung seiner Befugnisse auf sein Konto überweist, gehören **nicht** zum steuer- und beitragspflichtigen **Arbeitslohn** (BFH-Urteil vom 13.11.2012, BStBl. II S. 929). Es fehlt in solch einem Fall bereits an einer Gewährung von Vorteilen durch den Arbeitgeber für eine Beschäftigung des Arbeitnehmers. nein nein

	Lohnsteuerpflichtig	Sozialversich.-pflichtig
Zur Änderung der Lohnsteuer-Anmeldung und Berichtigung der Lohnsteuerbescheinigung für den Fall, dass ein Lohnsteuerabzug fälschlicherweise vorgenommen worden ist, vgl. das Stichwort „Änderung des Lohnsteuerabzugs“ unter Nr. 5 Buchstabe c.		

Verzugspauschale

Der Gläubiger einer Entgeltforderung hat bei Verzug des Schuldners nach dem Bürgerlichen Gesetzbuch einen Anspruch auf Zahlung einer Pauschale von 40 € (§ 288 Abs. 5 BGB). Das Bundesarbeitsgericht hat entschieden, dass eine Verzugspauschale für Entgeltforderungen von Arbeitnehmern gegen ihre Arbeitgeber in aller Regel nicht in Betracht kommt (BAG-Urteil vom 25.9.2018 8 AZR 26/18).

In der Praxis kommt es aber durchaus nicht selten zu einer verspäteten Lohnzahlung und einer weiteren, ggf. **pauschalen Zahlung** des Arbeitgebers an den Arbeitnehmer **wegen** der **Verspätung** (z. B. im Zusammenhang mit der Corona-Pandemie). In diesen Fällen ist anhand der zwischen Arbeitgeber und Arbeitnehmer getroffenen schriftlichen Vereinbarung im Einzelfall zu prüfen, ob es sich bei der Zuwendung des Arbeitgebers an den Arbeitnehmer um

- eine (weitere) Gegenleistung für das Zurverfügungstellen der Arbeitskraft (= Arbeitslohn),
- eine Verzinsung der Arbeitslohnforderung (= Einnahmen aus Kapitalvermögen) oder
- einen Ersatz der dem Arbeitnehmer durch die verspätete Lohnzahlung entstandenen und belegten Kosten (z. B. wegen Überziehungszinsen, Mahn- und Beitreibungskosten) und somit um Schadensersatz handelt.

Verzugszinsen

Verzugszinsen wegen verspäteter Lohnzahlung gehören nicht zum Arbeitslohn, sondern zu den Einnahmen aus Kapitalvermögen. Da der Arbeitgeber vielfach nicht zum Kapitalertragsteuerabzug verpflichtet sein wird, werden sie durch eine Veranlagung zur Einkommensteuer der 25 %igen Abgeltungsteuer unterworfen. nein nein

Videogerät

Die unentgeltliche oder verbilligte Überlassung eines Videogeräts oder DVD-Players durch den Arbeitgeber ist steuer- und beitragspflichtig. Zur Ermittlung des geldwerten Vorteils vgl. „Fernsehgerät“. ja ja

VIP-Logen

siehe „Pauschalierung der Lohnsteuer für Belohnungsessen, Incentive-Reisen, VIP-Logen und ähnliche Sachbezüge“

Virtuelle Aktienoptionen

Für diese Form der Mitarbeiterbeteiligung werden in der Praxis häufig die englischen Begriffe „Stock Appreciation Rights“ und „Phantom Stock Awards“ verwendet. Bei dieser virtuellen Variante der Aktienoptionen (vgl. dieses Stichwort) wird auf die tatsächliche Ausgabe von Aktien verzichtet. Es besteht bei Ausübung kein Recht auf Lieferung von Aktien, sondern ein Recht auf Auszahlung eines Geldbetrags, der von der Kursentwicklung abhängt. Dieser Barausgleich ist steuer- und sozialversicherungspflichtiger Arbeitslohn. ja ja

Sofern der Arbeitnehmer im Erdienungszeitraum dieses Barausgleichs in Deutschland und im Ausland tätig geworden ist, ist das Besteuerungsrecht ggf. auf die jeweiligen Staaten aufzuteilen (vgl. hierzu die Erläuterungen und Beispiele beim Stichwort „Aktienoptionen“ unter Nr. 4 Buchstabe d).

Volkszählung

siehe „Zensus“

Vorarbeiterzulage

Bei der Vorarbeiterzulage handelt es sich um eine Funktionszulage, die zum steuer- und beitragspflichtigen Arbeitslohn gehört. ja ja

Vorausgefüllte Steuererklärung

siehe „Veranlagung von Arbeitnehmern“ unter Nr. 5

Vorauszahlungen von Arbeitslohn

Regelmäßige Vorauszahlungen für den laufenden Lohnzahlungszeitraum liegen vor, wenn der Arbeitslohn aufgrund gesetzlicher, tariflicher oder arbeitsvertraglicher Bestimmungen jeweils **zu Beginn** des Lohnzahlungszeitraums gezahlt wird (z. B. die Gehälter der Beamten). Die Lohnsteuer ist nach den individuellen Lohnsteuerabzugsmerkmalen des Arbeitnehmers zu ermitteln, die für den Tag gelten, **an dem der Lohnzahlungszeitraum endet.** Werden die individuellen Lohnsteuerabzugsmerkmale des Arbeitnehmers nachträglich mit Wirkung für den Lohnzahlungszeitraum geändert, wirkt sich diese Änderung ggf. auf die zu Beginn des Lohnzahlungszeitraums berechnete Lohnsteuer aus. Der Lohnsteuerabzug ist ggf. zu berichtigen (R 39b.5 Abs. 1 Sätze 4 und 5 LStR; vgl. „Änderung des Lohnsteuerabzugs“ unter Nr. 3 sowie das dortige Beispiel C).

Vorauszahlungen von später fälligem Arbeitslohn können sich entweder auf im laufenden Lohnzahlungszeitraum bereits erdienten Arbeitslohn (Abschlagszahlungen) oder auf Arbeitslohn für in künftigen Lohnzahlungszeiträumen noch zu leistende Arbeit (Vorschüsse) beziehen. Abschlagszahlungen werden im Allgemeinen regelmäßig, Vorschüsse nur ausnahmsweise geleistet. Zu „Abschlagszahlungen“ und „Vorschüsse“ vgl. diese Stichworte.

Vorruhestand

Gliederung:

1. Allgemeines
2. Steuer- und beitragsrechtliche Behandlung des Vorruhestandsgeldes
3. Arbeitgeberzuschuss zur Kranken- und Pflegeversicherung
4. Geringfügige Beschäftigung neben dem Bezug von Vorruhestandsgeld
   a) Geringfügig entlohnte Beschäftigung (sog. 450-Euro-Job)
   b) Kurzfristige Beschäftigung
5. Durchführung des Lohnsteuerabzugs beim Vorruhestandsgeld
6. Keine vermögenswirksamen Leistungen für Arbeitnehmer im Vorruhestand
7. Vorruhestandsgeld als Abfindung
8. Besteuerungsrecht für Vorruhestandsgelder

V

Lohn-steuer-pflichtig | Sozial-versich.-pflichtig

1. Allgemeines

Der Vorruhestand ist ein Instrument zum Personalabbau. Dabei werden ältere Arbeitnehmer bereits vor Erreichen der Altersgrenze, ab der ein Anspruch auf Altersrente besteht, zur Auflösung des Dienstverhältnisses veranlasst. Je nach betrieblichen Gegebenheiten wird dem Arbeitnehmer im Rahmen eines Sozialplans oder auch nach einzelvertraglicher Vereinbarung vom Arbeitgeber ein bestimmtes Nettoeinkommen im Vorruhestand (z. B. 90 % der Nettobezüge bei aktiver Beschäftigung) garantiert. Staatlicherseits wurden solche Leistungen früher durch das Vorruhestandsgesetz gefördert.

Das Vorruhestandsgesetz war seinerzeit von vornherein bis 31.12.1988 befristet und ist nicht verlängert worden; es gilt deshalb nicht mehr für Arbeitnehmer, die erst später in den Vorruhestand getreten sind. An die Stelle des Vorruhestandsgesetzes trat ab 1.1.1989 das (alte) Altersteilzeitgesetz, das ab dem 1.8.1996 durch das (neue) **Altersteilzeitgesetz ersetzt** und zum 1.7.2004 umfassend geändert worden ist (vgl. – zu den derzeit geltenden Regelungen bei der Altersteilzeit – das Stichwort „Altersteilzeit").

Das Vorruhestandsgesetz ist zwar zum 31.12.1988 ausgelaufen, gleichwohl werden immer noch Vorruhestandsregelungen (auch in Tarifverträgen) getroffen um den Arbeitnehmern den Übergang in den Ruhestand zu erleichtern. In diesen Fällen liegt eine **Auflösung des Dienstverhältnisses** auf Veranlassung des Arbeitgebers vor mit der Folge, dass das Vorruhestandsgeld steuerlich als Abfindung anzusehen ist (vgl. die Erläuterungen unter der nachfolgenden Nr. 7).

2. Steuer- und beitragsrechtliche Behandlung des Vorruhestandsgeldes

Das Vorruhestandsgeld, das nach dem am 31.12.1988 ausgelaufenen Vorruhestandsgesetz oder in Anlehnung an dieses Gesetz gezahlt wird, ist **im Grundsatz lohnsteuerpflichtig.** Außerdem müssen weiterhin Beiträge zur **Renten-, Kranken- und Pflegeversicherung** entrichtet werden. Daher gehört der Bezieher von Vorruhestandsgeld wegen der Pflichtversicherung in der gesetzlichen Rentenversicherung auch weiterhin zum begünstigten Personenkreis bei der „Riester-Rente" (vgl. Anhang 6a Nr. 2). Beiträge zur Arbeitslosenversicherung fallen dagegen nicht an. Diese beitragsrechtliche Behandlung der Vorruhestandsleistungen gilt auch für die Fälle, in denen der Vorruhestand erst nach Auslauf des Vorruhestandsgesetzes am 31.12.1988 eingetreten ist.

Sowohl die Steuerabzugsbeträge (Lohn- und Kirchensteuer sowie Solidaritätszuschlag) als auch die Beiträge zur Renten-, Pflege- und Krankenversicherung werden von der Stelle einbehalten, die das Vorruhestandsgeld an den Arbeitnehmer auszahlt (dies ist in der Regel der bisherige Arbeitgeber). Die Beiträge werden nach der Höhe des **tatsächlichen** Vorruhestandsgeldes bemessen.

3. Arbeitgeberzuschuss zur Kranken- und Pflegeversicherung

Arbeitnehmer, die vor Eintritt in den Ruhestand nicht Pflichtmitglied in der gesetzlichen Kranken- und Pflegeversicherung gewesen sind, werden auch nicht durch den Bezug von Vorruhestandsgeld versicherungspflichtig. Sie müssen ihren freiwilligen Versicherungsschutz wie bisher weiterführen und erhalten hierzu einen Beitragszuschuss des Arbeitgebers.

Der Berechnung des Beitragszuschusses für **privat** krankenversicherte Bezieher von Vorruhestandsgeld wird der ermäßigte Beitragssatz zugrunde gelegt (§ 257 Abs. 4 Satz 2 SGB V). Dieser beträgt seit 1.1.2015 14,0 %. Hinzu kommt seit 1.1.2019 die Hälfte des durchschnittlichen Zusatzbeitrags zur gesetzlichen Krankenversicherung. Für 2021 ist dies die Hälfte von 1,3 % (= 0,65 %).

Lohn-steuer-pflichtig | Sozial-versich.-pflichtig

Der Beitragszuschuss beträgt die Hälfte des Betrags, der sich bei Multiplikation des Beitragssatzes mit dem Zahlbetrag des Vorruhestandsgelds ergibt, wobei das monatliche Vorruhestandsgeld bis zur jeweiligen Beitragsbemessungsgrenze zu berücksichtigen ist. Dabei ist seit 1.1.2019 auch der durchschnittliche Zusatzbeitrag zur gesetzlichen Krankenversicherung zur Hälfte zu berücksichtigen; für 2021 = 0,65 %. Hiernach ergibt sich **ab 1.1.2021** ein Höchstbeitragszuschuss zur Krankenversicherung für privat versicherte Bezieher von Vorruhestandsgeld sowohl in den alten als auch in den neuen Bundesländern von 4837,50 € × 7,65 % = **370,07 €.**

Der Beitragszuschuss zur Krankenversicherung beträgt jedoch höchstens die Hälfte des Betrags, den der Bezieher von Vorruhestandsgeld für seine private Krankenversicherung tatsächlich zu zahlen hat.

Für einen Beitragszuschuss zur Pflegeversicherung gilt Folgendes:

Bezieher von Vorruhestandsgeld haben nach § 61 Abs. 3 Satz 1 SGB XI gegen den zur Zahlung des Vorruhestandsgeldes Verpflichteten Anspruch auf einen Zuschuss zu den Pflegeversicherungsbeiträgen, wenn ein solcher Anspruch bereits unmittelbar vor Beginn der Vorruhestandsleistungen bestanden hat. Der Anspruch auf den Beitragszuschuss besteht auch in den Fällen, in denen zum Zeitpunkt des Inkrafttretens des Pflege-Versicherungsgesetzes bereits Vorruhestandsleistungen bezogen werden, sofern der Leistungsbezieher bei Beginn dieser Leistungen den Anspruch auf den Zuschuss hätte geltend machen können, wenn die Pflegeversicherung zu diesem Zeitpunkt bereits bestanden hätte.

Als Zuschuss ist der Betrag zu zahlen, den der Bezieher von Vorruhestandsgeld oder ähnlichen Leistungen als versicherungspflichtiges Mitglied nach § 20 Abs. 2 SGB XI zu tragen hätte, höchstens jedoch die Hälfte des Beitrags, den er für seine Pflegeversicherung tatsächlich aufwendet (vgl. die Erläuterungen beim Stichwort „Arbeitgeberzuschuss zur Pflegeversicherung").

4. Geringfügige Beschäftigung neben dem Bezug von Vorruhestandsgeld

a) Geringfügig entlohnte Beschäftigung (sog. 450-Euro-Job)

Übt ein nach § 5 Abs. 3 SGB V, § 20 Abs. 2 SGB XI und § 3 Satz 1 Nr. 4 SGB VI in der Kranken-, Pflege- und Rentenversicherung versicherungspflichtiger Bezieher von Vorruhestandsgeld **eine** geringfügig entlohnte Beschäftigung aus, findet keine Zusammenrechnung mit dem Vorruhestandsgeld statt, sodass die geringfügig entlohnte Beschäftigung in der Kranken- und Pflegeversicherung versicherungsfrei bleibt. In der Rentenversicherung besteht dagegen grundsätzlich Versicherungspflicht (vgl. die Regelungen zu den geringfügigen Beschäftigungsverhältnissen unter dem Stichwort „Geringfügige Beschäftigung"). Werden hingegen neben dem Bezug von Vorruhestandsgeld mehrere geringfügig entlohnte Beschäftigungen ausgeübt, dann scheidet in der Kranken- und Pflegeversicherung nur für **eine** geringfügig entlohnte Beschäftigung die Zusammenrechnung mit dem Vorruhestandsgeld aus. Ausgenommen von der Zusammenrechnung wird dabei diejenige geringfügig entlohnte Beschäftigung, die zeitlich zuerst aufgenommen worden ist, sodass diese Beschäftigung versicherungsfrei bleibt. Die weiteren geringfügig entlohnten Beschäftigungen sind nach § 8 Abs. 2 Satz 1 SGB IV i. V. m. § 7 Abs. 1 Satz 2 SGB V mit dem Vorruhestandsgeld zusammenzurechnen.

b) Kurzfristige Beschäftigung

Eine versicherungsfreie kurzfristige Beschäftigung liegt nach § 8 Abs. 1 Nr. 2 SGB IV in der seit dem 1.1.2019 geltenden Fassung vor, wenn die Beschäftigung für eine

Lohnsteuerpflichtig | Sozialversich.-pflichtig

Zeitdauer ausgeübt wird, die im Laufe eines Kalenderjahres seit ihrem Beginn auf nicht mehr als

- drei Monate oder
- insgesamt 70 Arbeitstage

nach ihrer Eigenart begrenzt zu sein pflegt oder im Voraus vertraglich begrenzt ist.[1)]

Eine kurzfristige Beschäftigung erfüllt dann nicht mehr die Voraussetzungen einer geringfügigen Beschäftigung, wenn die Beschäftigung **berufsmäßig** ausgeübt wird und ihr Entgelt 450 € monatlich übersteigt.

Berufsmäßig wird eine Beschäftigung dann ausgeübt, wenn sie für die in Betracht kommende Person nicht von untergeordneter wirtschaftlicher Bedeutung ist. Beschäftigungen, die nur gelegentlich ausgeübt werden, sind grundsätzlich von untergeordneter wirtschaftlicher Bedeutung und daher als nicht berufsmäßig anzusehen. Dies gilt sinngemäß auch für kurzfristige Beschäftigungen, die neben einer Beschäftigung mit einem Entgelt von mehr als 450 € (Hauptbeschäftigung) ausgeübt werden, sowie **für kurzfristige Beschäftigungen neben dem Bezug von Vorruhestandsgeld.**

5. Durchführung des Lohnsteuerabzugs beim Vorruhestandsgeld

Der (frühere) Arbeitgeber hat den Lohnsteuerabzug anhand der individuellen Lohnsteuerabzugsmerkmale (Steuerklasse, Religionszugehörigkeit) des Beziehers von Vorruhestandsgeld vorzunehmen. Daher hat der Arbeitgeber auch für diesen Arbeitnehmer die elektronischen Lohnsteuerabzugsmerkmale (ELStAM; vgl. dieses Stichwort) abzurufen.

Der Arbeitgeber hat ein Lohnkonto zu führen und ggf. den Lohnsteuer-Jahresausgleich vorzunehmen. Wird Vorruhestandsgeld nicht von dem früheren Arbeitgeber, sondern von einer gemeinsamen Einrichtung oder einer überbetrieblichen Ausgleichskasse gezahlt, gelten diese Institute für den Lohnsteuerabzug als Arbeitgeber. Bei der Berechnung der Lohnsteuer wegen der Rentenversicherungspflicht ist die ungekürzte Vorsorgepauschale für sozialversicherungspflichtige Arbeitnehmer anzusetzen. Vor Berechnung der Lohnsteuer vom Vorruhestandsgeld kann der Versorgungsfreibetrag und der Zuschlag zum Versorgungsfreibetrag abgezogen werden, wenn der frühere Arbeitnehmer in dem betreffenden Lohnzahlungszeitraum das 63. Lebensjahr oder als Schwerbehinderter das 60. Lebensjahr vollendet hat (vgl. „Versorgungsbezüge, Versorgungsfreibetrag"). Für diese Versorgungsbezüge kommt ein Altersentlastungsbetrag nicht in Betracht.

Arbeitet ein Bezieher von Vorruhestandsgeld noch nebenher auf 450-Euro-Basis, richtet sich die steuerliche Behandlung nach den beim Stichwort „Pauschalierung der Lohnsteuer bei Aushilfskräften und Teilzeitbeschäftigten" dargestellten Grundsätzen.

Es hat sich die Frage gestellt, ob für Arbeitnehmer im Vorruhestand steuerfreie Beiträge zur betrieblichen Altersversorgung nach § 3 Nr. 63 EStG erbracht werden können, z. B. Beiträge zu einer Pensionskasse. Die Finanzverwaltung vertritt hierzu folgende Auffassung (BMF-Schreiben vom 17.4.2003 Az.: IV C 5 – S 2333 – 34/03):

Mit Bezug des Vorruhestandsgeldes endet die Arbeitnehmereigenschaft im Sinne des Gesetzes zur Verbesserung der betrieblichen Altersversorgung. Da die Steuerfreiheit nach § 3 Nr. 63 EStG aber nur dann beansprucht werden kann, wenn es sich um eine Beitragsleistung des Arbeitgebers im Rahmen der betrieblichen Altersversorgung handelt, fallen Beiträge, die zu Gunsten eines Beziehers von Vorruhestandsleistungen z. B. an eine Pensionskasse gezahlt werden, nicht unter diese Regelung.

Allerdings ist eine Pauschalierung der Lohnsteuer mit 20 % nach § 40b EStG möglich, wenn es sich bei den Beiträgen zur Pensionskasse um die Fortführung einer betrieblichen Altersversorgung aus der aktiven Beschäftigung handelt. Dies entspricht der Rechtsprechung des Bundesfinanzhofs, wonach eine Pauschalierung der Lohnsteuer nach § 40b EStG zugunsten von Arbeitnehmern oder früheren Arbeitnehmern und deren Hinterbliebenen möglich ist (BFH-Urteil vom 7.7.1972, BStBl. II S. 890). Dies gilt auch für Beiträge zugunsten einer Direktversicherung, die noch pauschal besteuert werden.

6. Keine vermögenswirksamen Leistungen für Arbeitnehmer im Vorruhestand

Zum persönlichen Geltungsbereich des Vermögensbildungsgesetzes gehören nur Arbeitnehmer, die in einem aktiven Dienstverhältnis stehen. Aus diesem Grunde können für Arbeitnehmer nach Eintritt in den Vorruhestand **keine vermögenswirksamen Leistungen** mehr erbracht werden. Etwas anderes gilt, wenn der im Vorruhestand lebende Arbeitnehmer, **daneben** noch eine Arbeitnehmertätigkeit ausübt; in diesem aktiven Dienstverhältnis kann der Arbeitnehmer vermögenswirksame Leistungen erhalten.

7. Vorruhestandsgeld als Abfindung

Seit 1.1.2008 ist die Zahlung steuerfreier Abfindungen nicht mehr möglich (vgl. die ausführlichen Erläuterungen beim Stichwort „Abfindung wegen Entlassung aus dem Dienstverhältnis"). Aus diesem Grunde ist das Vorruhestandsgeld steuerpflichtig.

Die Lohnabrechnung für einen Bezieher von Vorruhestandsgeld soll an einem Beispiel verdeutlicht werden:

Beispiel

Ein lediger Arbeitnehmer ist 57 Jahre alt (Steuerklasse I, rk, keine Kinder). Der Arbeitgeber bietet eine Vorruhestandsregelung an, nach der 75 % des durchschnittlichen Bruttoarbeitsentgelts der letzten 12 Monate als Vorruhestandsgeld gezahlt werden. Der Arbeitnehmer nimmt das Vorruhestandsangebot an und scheidet zum 31. 5. 2021 im Einvernehmen mit dem Arbeitgeber aus dem Dienstverhältnis aus. Ab 1. 6. 2021 ergibt sich folgende Lohnabrechnung:

Vorruhestandsgeld monatlich		1 800,– €
abzüglich:		
Lohnsteuer	121,66 €	
Solidaritätszuschlag	0,– €	
Kirchensteuer	9,73 €	
Sozialversicherung (Arbeitnehmeranteil)	337,05 €	468,44 €
auszuzahlender Betrag		1 331,56 €

Berechnung der Lohnsteuer:

Das Vorruhestandsgeld beträgt 75 % des durchschnittlichen Bruttoarbeitsentgelts der letzten 12 Monate. Dieses beträgt z. B.		28 800,– €
durchschnittlich somit $^1/_{12}$	=	2 400,– €
Vorruhestandsgeld 75 %	=	1 800,– €
Lohnsteuer für 1800 € nach Steuerklasse I		121,66 €
Solidaritätszuschlag	=	0,– €
Kirchensteuer (z. B. 8 %)	=	9,73 €

Berechnung der Sozialversicherungsbeiträge:

Das Vorruhestandsgeld in Höhe von 1800 € unterliegt der Beitragspflicht in der gesetzlichen Kranken-, Pflege- und Rentenversicherung.

Berechnung des Arbeitnehmeranteils:

Krankenversicherung (ermäßigter Beitragssatz)	7,0 % =	126,– €
Zusatzbeitrag zur Krankenversicherung (z. B. 0,65 %) =		11,70 €
Pflegeversicherung mit Beitragszuschlag für Kinderlose (1,525 % + 0,25 %)	1,775 % =	31,95 €

1) Aufgrund der Corona-Pandemie sind die Zeitgrenzen für eine kurzfristige Beschäftigung befristet für den Zeitraum 1.3.2020 bis 31.10.2020 auf fünf Monate oder 115 Arbeitstage angehoben worden.

V

			Lohn-steuer-pflichtig	Sozial-versich.-pflichtig
Rentenversicherung	9,3 % =	167,40 €		
Arbeitnehmeranteil		337,05 €		
Berechnung des Arbeitgeberanteils:				
Krankenversicherung (ermäßigter Beitragssatz)	7,0 % =	126,– €		
Zusatzbeitrag zur Krankenversicherung (z. B. 0,65 %) =		11,70 €		
Pflegeversicherung	1,525 % =	27,45 €		
Rentenversicherung	9,3 % =	167,40 €		
Arbeitgeberanteil		332,55 €		
Gesamtsozialversicherungsbeitrag		669,60 €		

Zuschuss des Arbeitsamts:

Da der Arbeitnehmer nach dem Auslaufen des Vorruhestandsgesetzes in den Vorruhestand getreten ist, zahlt das Arbeitsamt **keinen Zuschuss** (außerdem hätte der Arbeitnehmer die altersmäßigen Voraussetzungen des ausgelaufenen Vorruhestandsgesetzes nicht erfüllt, das einen Eintritt in den Vorruhestand erst ab dem 58. Lebensjahr vorsah).

8. Besteuerungsrecht für Vorruhestandsgelder

Laufend ausgezahlte Vorruhestandsgelder haben Versorgungscharakter und sind im **Ansässigkeitsstaat** zu besteuern. Das gilt z. B. auch, wenn ein Anspruch auf Vorruhestandsgeld im Zusammenhang mit der Auflösung des Arbeitsverhältnisses erstmals begründet wird. Entsprechendes gilt für erdiente kapitalisierte Vorruhestandsgelder, die bis zu einem Jahr vor dem Eintrittsalter in die gesetzliche Rentenversicherung gezahlt werden.

Wird ein im Arbeitsvertrag vereinbarter Anspruch auf Vorruhestandsgeld durch eine Einmalzahlung abgelöst und besteht kein enger zeitlicher Zusammenhang (bis zu einem Jahr) mit dem Erreichen der gesetzlichen Altersrente, steht dem Tätigkeitsstaat das Besteuerungsrecht zu.

Vorschüsse

Vorschüsse sind Vorauszahlungen auf einen Arbeitslohn, der künftig erst noch verdient werden muss. Die Lohnsteuer ist bei jeder Zahlung von Arbeitslohn einzubehalten, also auch bei der Zahlung von Vorschüssen. Da Vorschüsse lohnsteuerpflichtig sind, sind sie auch beitragspflichtig bei der Sozialversicherung. Eine Ausnahme besteht nur dann, wenn es sich um ein echtes Arbeitgeberdarlehen handelt (vgl. „Darlehen an Arbeitnehmer“ sowie „Zinsersparnisse und Zinszuschüsse“). ja ja

Handelt es sich um Vorschüsse auf künftigen Arbeitslohn des laufenden Kalenderjahres, dann ist die Lohnsteuer für den Monat der Zahlung des Vorschusses so zu berechnen, als wären die Vorschüsse in den einzelnen Lohnzahlungszeiträumen, in denen sie durch Verrechnung getilgt werden, zugeflossen (R 39b.5 Abs. 4 Satz 1 LStR). In den Monaten der Tilgung des Vorschusses ist der Bruttoarbeitslohn für die Berechnung der Lohnsteuer dieses Monats um den Tilgungsbetrag zu mindern.

Beispiel A

Ein Arbeitnehmer (Steuerklasse III/0, kein Kirchensteuermerkmal) mit einem Monatslohn von 2800 € erhält im Juli 2021 einen Gehaltsvorschuss von 600 €, der mit Teilbeträgen von jeweils 200 € von den Arbeitslöhnen der Monate August, September und Oktober einbehalten wird.

Bei einer Erhöhung des Arbeitslohns um 200 € in den Monaten August, September und Oktober fällt Lohnsteuer in folgender Höhe an:

	Lohnsteuer	Solidaritäts-zuschlag
Arbeitslohn ohne Vorschuss (2800 €)	106,83 €	0,– €
Arbeitslohn mit Vorschuss (3000 €)	143,66 €	0,– €
auf die Erhöhung um 200 € entfallen	36,83 €	0,– €
Auf den Vorschuss entfallende Lohnsteuer: 36,83 € × 3	=	110,49 €
Lohnsteuer für den laufenden Monatslohn		106,83 €
Lohnsteuer für Juli 2021 insgesamt		217,32 €

Der auf den Vorschuss entfallende Solidaritätszuschlag beträgt 0,– € × 3	=	0,– €
Solidaritätszuschlag für den laufenden Monatslohn		0,– €
Solidaritätszuschlag für Juli 2021 insgesamt		0,– €

Für die Monate August, September und Oktober ist die Lohnsteuer und der Solidaritätszuschlag aus (2800 € – 200 €) = 2600 € zu errechnen:

Die Lohnsteuer beträgt jeweils	72,33 €
Der Solidaritätszuschlag beträgt jeweils	0,– €

Auch wenn sich der Gesamtbetrag des Vorschusses auf das laufende Kalenderjahr bezieht, kann der Vorschuss nach der Vereinfachungsregelung in R 39b.5 Abs. 4 Satz 2 LStR wie ein sonstiger Bezug versteuert werden. Dies kann allerdings für den Arbeitnehmer ungünstiger sein, da sich eine etwas höhere Steuerbelastung ergeben kann (vgl. auch das Stichwort „Nachzahlung von laufendem Arbeitslohn“ unter Nr. 1 Buchstabe b, Beispiel D).

Gehaltsvorschüsse, deren Verrechnung sich ganz oder teilweise über das laufende Kalenderjahr hinaus in das nachfolgende Jahr hinein erstreckt, sind stets nach den Vorschriften über **sonstige Bezüge** zu versteuern (vgl. dieses Stichwort).

Von der Zahlung von Vorschüssen ist die Zahlung von **Abschlägen** zu unterscheiden. Der Arbeitnehmer enthält entsprechend seiner Arbeitsleistung eine Abschlagszahlung; die genaue Lohnabrechnung wird erst später vorgenommen. Werden Abschlagszahlungen geleistet, ist die Lohnsteuer erst bei der endgültigen Lohnabrechnung einzubehalten, wenn der Lohnabrechnungszeitraum nicht länger ist als fünf Wochen und die Lohnabrechnung spätestens drei Wochen nach Ablauf des Lohnabrechnungszeitraums erfolgt (vgl. „Abschlagszahlungen“).

Oft werden Vorschüsse vom Arbeitgeber ohne Lohnsteuerabzug ausgezahlt und ohne förmlichen Darlehensvertrag wie ein **zinsloses Darlehen** behandelt, d. h. der Vorschuss wird ungekürzt ausgezahlt, die spätere Verrechnung mit fälligem (Netto-)Arbeitslohn mindert nicht den für die Lohnsteuerberechnung maßgebenden Lohnbetrag. Ein solches Verfahren wird das Finanzamt meist nicht beanstanden, zumal es für den Arbeitnehmer ungünstiger sein kann, aber nicht muss (vgl. das folgende Beispiel B).

Beispiel B

Ein Arbeitnehmer erhält im Kalenderjahr 2021 einen Vorschuss, der wie ein zinsloses Darlehen behandelt wird, in Höhe von 3000 €.

Der marktübliche Zinssatz – anhand der Statistik der Deutschen Bundesbank ermittelt – für ein solches „Darlehen“ soll bei Gewährung 5,95 % betragen.

Marktüblicher Zinssatz	5,95 %
Abschlag von 4 % (R 8.1 Abs. 2 Satz 3 LStR)	0,24 %
Maßstabszinssatz = Zinsverbilligung	5,71 %

Somit ergibt sich ein monatlicher Zinsvorteil in Höhe von (5,71 % von 3000 € = 171,30 € × $^{1}/_{12}$ =) 14,27 €. Der Zinsvorteil ist bei Anwendung der 44-Euro-Freigrenze lohnsteuer- und beitragsfrei, sofern diese nicht bereits anderweitig ausgeschöpft wurde.

Zu beachten ist, dass Zinsvorteile von vornherein nicht als Sachbezüge zu versteuern sind, wenn die Summe der noch nicht getilgten Darlehen am Ende des Lohnzahlungszeitraums (regelmäßig der Kalendermonat) 2600 € nicht übersteigt **(Freigrenze für Arbeitgeberdarlehen von 2600 €).**

Auf die ausführlichen Erläuterungen beim Stichwort „Zinsersparnisse und Zinszuschüsse“ wird hingewiesen.

V

Vorsorgeaufwendungen

Auf die ausführlichen Erläuterungen zum Abzug der Vorsorgeaufwendungen im Rahmen der Einkommensteuer-Veranlagung in Anhang 8a wird hingewiesen. Zur Berücksichtigung der Vorsorgepauschale für die Vorsorgeauf-

Lohn-steuer-pflichtig	Sozial-versich.-pflichtig

wendungen im Lohnsteuerabzugsverfahren vgl. die Ausführungen und Beispiele in Anhang 8.

Vorsorgekonto

Eine **Gehaltsumwandlung** wird von der Finanzverwaltung zugunsten einer wertgleichen Anwartschaft späterer Versorgungsleistungen aus der **betrieblichen Altersversorgung** oder einer **Wertgutschrift** auf einem **Arbeitszeitkonto** (Zeitwertkonto) **anerkannt.** Erst die späteren Versorgungsleistungen bzw. Auszahlungen sind als Arbeitslohn zu erfassen (vgl. zu den Einzelheiten die Ausführungen beim Stichwort „Arbeitszeitkonten" unter Nr. 3 und in Anhang 6 ebenfalls unter Nr. 3).

In der Praxis wird die Auffassung vertreten, dass auch **Gehaltsumwandlungen** zugunsten von Zuführungen zu einem **Vorsorgekonto** (auch Zukunftskonto genannt) keinen Zufluss von Arbeitslohn auslösen. Bei einem solchen Konto handelt es sich um eine besondere Form der aufgeschobenen Vergütung außerhalb der betrieblichen Altersversorgung und außerhalb von Zeitwertkonten. Der Arbeitnehmer wandelt Teile seines variablen Arbeitslohns (z. B. Prämien) oberhalb der Beitragsbemessungsgrenze zur gesetzlichen Rentenversicherung um, die entsprechenden Beträge werden vom Arbeitgeber in das Vorsorgekonto eingebracht. Ein Treuhänder (i. d. R. eine Bank) legt die eingebrachten Beträge nach Maßgabe bestimmter Kapitalanlagerichtlinien im Auftrag des Arbeitgebers an, erzielte Erträge werden ebenfalls wieder angelegt. Die Kosten der treuhänderischen Verwaltung trägt der Arbeitgeber. Der Arbeitgeber ist auch berechtigt, zusätzliche Beträge in das Vorsorgekonto einzubringen. Eine Abtretung, Verpfändung oder Beleihung der Ansprüche aus dem Vorsorgeguthaben gegenüber dem Arbeitgeber ist unwirksam. Die Zuführungen zu dem Vorsorgekonto mindern nicht die Bemessungsgrundlage für zukünftige Gehaltserhöhungen oder -änderungen beim jeweiligen Arbeitnehmer. Der **Anspruch des Arbeitnehmers** auf Auszahlung des aufgebauten Guthabens richtet sich ausschließlich **gegen den Arbeitgeber** und entsteht unabhängig vom Alter des Arbeitnehmers **bei Beendigung** des Arbeitsverhältnisses sowie bei **Tod** des Arbeitnehmers. Alternativ kann der Arbeitnehmer die Auszahlung in Teilbeträgen ab **Vollendung des 55. Lebensjahres** verlangen, sofern ein bestimmter Mindestwert des Anlagedepots erreicht ist. Im Insolvenzfall des Arbeitgebers besteht ein unmittelbarer Auszahlungsanspruch des Arbeitnehmers gegenüber dem Treuhänder. Die Übertragung des Vorsorgeguthabens auf einen anderen Arbeitgeber ist mit dessen Zustimmung möglich.

In der Praxis wird die Auffassung vertreten, die Einbringung der umgewandelten Gehaltsbestandteile in das Vorsorgekonto sowie die Treuhandabrede zwischen dem Arbeitgeber und dem die Kapitalanlage besorgenden Treuhänder löse keinen steuerlichen Zufluss aus. Ebenso führe die Einräumung des an bestimmte Voraussetzungen geknüpften, also aufschiebend bedingten Rechts auf Auszahlung nicht zum Zufluss. Entsprechendes gelte, wenn das Vorsorgeguthaben auf einen anderen Arbeitgeber übertragen werde. Zur Begründung wird ausgeführt, der Verzicht werde vor Fälligkeit des betreffenden Lohnbestandteils erklärt, sodass nur ein künftiger Auszahlungsanspruch erworben werde. Ein Anspruch gegenüber einem Dritten entstehe nicht, denn der Auszahlungsanspruch richte sich allein gegen den Arbeitgeber. Eine Novation sei nicht gegeben, da der Arbeitnehmer keine Verfügungsmacht über die fraglichen Lohnbestandteile erlange.

Nach Auffassung der **Finanzverwaltung** führt die Gehaltsumwandlung zugunsten einer Gutschrift auf dem Vorsorgekonto zu einer **Novation** des bisherigen Schuldgrundes. Der Vorgang entspricht einem **abgekürzten Zahlungsweg** anstelle einer Auszahlung des Arbeitslohns durch den Arbeitgeber, den der Arbeitnehmer verwendet, indem er die Beträge in Erfüllung des neu geschaffenen Verpflichtungsgrundes sofort wieder dem Arbeitgeber zu Kapitalanlagezwecken zur Verfügung stellt. Arbeitslohn fließt in der Höhe zu, als er ohne die vereinbarte Gehaltsumwandlung zur Auszahlung gelangt wäre. Der Arbeitgeber hat lediglich die Position eines Abwicklungsschuldners, dem selbst keinerlei Verfügungsrechte zustehen. Demgegenüber erwirbt der **Arbeitnehmer** bereits **mit** der **Gutschrift** auf dem Vorsorgekonto eine **nicht mehr entziehbare Rechtsposition.** Auch zusätzliche Einzahlungen des Arbeitgebers auf das Vorsorgekonto führen zu Arbeitslohn. Die während der Anlagezeit erwirtschafteten **Kapitalerträge** führen nicht zu Arbeitslohn, sondern zu **Einnahmen aus Kapitalvermögen.** Die **Übernahme** der **Kosten der treuhänderischen Verwaltung** durch den Arbeitgeber führt ebenfalls zu einem als **Arbeitslohn** zu erfassenden geldwerten Vorteil.

Vorsorgekuren, Vorsorgeuntersuchungen

Beihilfen des Arbeitgebers für **Vorsorgekuren** seiner Arbeitnehmer sind unter den beim Stichwort „Unterstützungen" dargestellten Voraussetzungen (z. B. Beteiligung des Betriebsrats usw.) bis zu **600 €** jährlich je Arbeitnehmer steuer- und beitragsfrei. nein nein

Die Vorsorgekur muss jedoch durch den Medizinischen Dienst der Krankenversicherung, einen Amtsarzt, Knappschaftsarzt oder durch einen vom staatlichen Gewerbearzt besonders ermächtigten Werksarzt **verordnet** und unter **ärztlicher Aufsicht** und **Anleitung** durchgeführt werden. Aus der Bescheinigung des anordnenden Arztes muss ersichtlich sein, dass durch die Vorsorgekur die Gefahr einer Erkrankung abgewendet werden soll. Der Arbeitgeberersatz muss sich außerdem auf die unmittelbaren Kurkosten beschränken. Ein Ersatz von Aufwendungen, die nicht unmittelbar durch die Kur veranlasst sind, wie z. B. für Kleidung, ist steuer- und beitragspflichtig. ja ja

Darüber hinaus hat der Bundesfinanzhof entschieden, dass die Übernahme von Kurkosten des Arbeitnehmers durch den Arbeitgeber zu steuer- und sozialversicherungspflichtigen Arbeitslohn führt (BFH-Urteil vom 11.3.2010, BStBl. II S. 763). Im Streitfall war der Kläger als Fluglotse arbeitsvertraglich verpflichtet, sich auf Verlangen seines Arbeitgebers in regelmäßigen Abständen einer sog. **Regenerationskur** zu unterziehen. Der Kläger nahm an einer solchen vierwöchigen Kur in einem Hotel am Timmendorfer Strand teil. Der Bundesfinanzhof bestätigte die Auffassung des Finanzamts, dass die Übernahme der Kurkosten durch den Arbeitgeber in vollem Umfang zu zusätzlichem Arbeitslohn führe; die vom Finanzgericht vorgenommene Aufteilung 50 % steuerpflichtig und 50 % steuerfrei, lehnt der Bundesfinanzhof ausdrücklich ab. Zwar könne bei einer sog. gemischt veranlassten Zuwendung eine Aufteilung in Arbeitslohn und einer Zuwendung im ganz überwiegenden eigenbetrieblichen Interesse des Arbeitgebers in Betracht kommen (vgl. hierzu das Stichwort „Betriebsveranstaltungen" unter Nr. 4 Buchstabe b). Eine **Kur** könne aber nur **einheitlich** beurteilt werden und – anders als betriebliche Veranstaltungen – **nicht** in Elemente mit Vorteilscharakter (= steuerpflichtiger Arbeitslohn) und betriebsfunktionale Bestandteile (= nicht steuerpflichtig) **aufgeteilt** werden (vgl. auch das Stichwort „Kreislauftrainingskuren"). ja ja

Bei Zuschüssen des Arbeitgebers zu einer **Aktivwoche für Schichtmitarbeiter** handelt es sich aus folgenden Gründen um steuerpflichtige Zuschüsse für einen Kururlaub: ja ja

Lohn-steuer-pflichtig | Sozial-versich.-pflichtig

- Der Arbeitgeber macht seinen Schichtmitarbeitern lediglich ein Angebot zur Teilnahme zu der in Abstimmung mit der Krankenkasse durchgeführten Maßnahme. Die Teilnahme erfolgt freiwillig und wird nicht vom Arbeitgeber angeordnet. Die Nicht-Teilnahme ist für den Arbeitnehmer nicht erkennbar mit beruflichen Nachteilen verbunden.
- Die Aktivwoche wird ohne Anrechnung auf die Arbeitszeit in der Freizeit der Schichtarbeiter durchgeführt.
- An der Aktivwoche können Familienangehörige und/oder in der Haushaltsgemeinschaft lebende Lebenspartner teilnehmen.

Für einzelne Maßnahmen in dieser Aktivwoche kann allerdings die Steuerbefreiungsvorschrift des § 3 Nr. 34 EStG bis 600 € jährlich je Arbeitnehmer für zusätzliche Leistungen des Arbeitgebers zur betrieblichen **Gesundheitsförderung** (vgl. dieses Stichwort) in Betracht kommen.

Aufwendungen des Arbeitgebers für **Vorsorgeuntersuchungen** seiner Arbeitnehmer sind steuer- und beitragsfrei, wenn die Vorsorgeuntersuchungen vom Arbeitgeber ganz überwiegend aus eigenbetrieblichem Interesse veranlasst sind (BFH-Urteil vom 17.9.1982, BStBl. 1983 II S. 39). Davon ist z. B. auszugehen, wenn der Arbeitgeber bei einer Vorsorgeuntersuchung für einen bestimmten Kreis von Arbeitnehmern (z. B. leitenden Angestellten) einen gewissen Zwang ausübt, an der Vorsorgeuntersuchung teilzunehmen. Der Arbeitgeber bestimmt zudem – neben dem zu untersuchenden Personenkreis – den Untersuchungsturnus und das Untersuchungsprogramm. Außerdem muss sichergestellt sein, dass Arbeitnehmer sich bei einer eventuell festgestellten Krankheit einer Behandlung unterziehen (z. B., weil der Werksarzt – nicht unbedingt der Arbeitgeber – über die Untersuchungsergebnisse unterrichtet wird). Die unter dem Stichwort „Unterstützungen" dargestellten Voraussetzungen brauchen nicht vorliegen, d. h. eine Begrenzung auf 600 € je Arbeitnehmer und die Einschaltung des Betriebsrats ist nicht erforderlich. nein | nein

Ebenso liegt **kein** steuerpflichtiger **Arbeitslohn** vor, wenn eine allgemeine Vorsorgeuntersuchung allen Arbeitnehmern des Betriebs angeboten wird und die Arbeitnehmer für die Untersuchung nichts hätten aufwenden müssen, weil die **Kosten** ohnehin von der gesetzlichen **Krankenkasse gezahlt worden wären** und die Arbeitnehmer daher nicht bereichert sind. nein | nein

Steuerpflichtiger Arbeitslohn liegt aber vor, wenn die Vorsorgeuntersuchungen Maßnahmen umfassen, die **nicht** zum **Leistungsspektrum der gesetzlichen Krankenkassen** gehören und daher von den Kassen nicht übernommen werden. Dies kann z. B. bei bestimmten Screenings der Fall sein. Der Höhe nach wird der Arbeitslohn entsprechend den allgemeinen Grundsätzen mit dem „ortsüblichen Endpreis" angesetzt. ja | ja

Siehe auch die Stichwörter „Bildschirmarbeit", „FPZ-Rückenkonzept", „Gesundheitsförderung", „Impfung" und „Raucherentwöhnung".

Vorsorgepauschale

In die Lohnsteuertabelle ist eine sog. Vorsorgepauschale eingearbeitet (vgl. das Stichwort „Tarifaufbau" besonders unter Nr. 2). Die Vorsorgepauschale soll bestimmte Vorsorgeaufwendungen des Arbeitnehmers pauschal abgelten, damit er sich insoweit die Bildung eines Freibetrags als Lohnsteuerabzugsmerkmal ersparen kann.

Vorsorgeaufwendungen sind insbesondere die Arbeitnehmerbeiträge zur gesetzlichen Sozialversicherung, die Beiträge zu privaten Kranken-, Pflege-, Unfall- und Haftpflichtversicherungen sowie Beiträge zu bestimmten Lebens- oder Todesfallversicherungen und auch Beiträge zu privaten Rentenversicherungen.

Lohn-steuer-pflichtig | Sozial-versich.-pflichtig

Seit dem Jahre 2010 wird eine **Vorsorgepauschale** jedoch nur noch für bestimmte Vorsorgeaufwendungen gewährt. Sie setzt sich seitdem zusammen aus

- einem Teilbetrag **Rentenversicherung,**
- einem Teilbetrag **Krankenversicherung** und
- einem Teilbetrag **Pflegeversicherung.**

Ein Teilbetrag Arbeitslosenversicherung wird trotz der ggf. bestehenden Pflichtversicherung des Arbeitnehmers bei der Ermittlung der Vorsorgepauschale nicht berücksichtigt. Die **Teilbeträge** für die Renten-, Kranken- und Pflegeversicherung sind jeweils **gesondert** zu **berechnen und** anschließend zu **addieren.**

Ist ein Arbeitnehmer weder in der gesetzlichen Rentenversicherung pflichtversichert noch wegen der Versicherung in einer berufsständischen Versorgungseinrichtung von der gesetzlichen Rentenversicherung befreit, ist bei der Vorsorgepauschale **kein Teilbetrag Rentenversicherung** anzusetzen **(z. B. Gesellschafter-Geschäftsführer einer GmbH, Beamte).** Die **Teilbeträge Kranken- und Pflegeversicherung** werden hingegen sowohl bei **gesetzlich** Versicherten als auch bei **privat** Versicherten berücksichtigt. Für die Teilbeträge Kranken- und Pflegeversicherung ist zudem der Ansatz der Mindestvorsorgepauschale zu prüfen.

Alle mit der Vorsorgepauschale zusammenhängenden Fragen sind in **Anhang 8** ausführlich anhand von Beispielen erläutert. In Anhang 8 ist auch eine **Tabelle für die ungekürzte und die gekürzte Vorsorgepauschale 2021** abgedruckt.

In Anhang 8a ist der Abzug der tatsächlichen Vorsorgeaufwendungen erläutert, den der Arbeitnehmer anstelle der Vorsorgepauschale bei einer Veranlagung zur Einkommensteuer nach Ablauf des Kalenderjahres beantragen kann. Die Vorsorgepauschale selbst wird bei einer Veranlagung zur Einkommensteuer nicht mehr berücksichtigt. Sie wird **nur noch im Lohnsteuerabzugsverfahren** gewährt.

Vorstandsvorsitzende und Vorstandsmitglieder

1. Lohnsteuer

Vorstandsvorsitzende und Mitglieder des Vorstandes von **Kapitalgesellschaften,** Genossenschaften und Selbstverwaltungskörperschaften sind **Arbeitnehmer** im lohnsteuerlichen Sinne, weil sie in den Organismus des Unternehmens eingegliedert sind (BFH-Urteile vom 2.10.1968, BStBl. 1969 II S. 185 und vom 31.1.1975, BStBl. II S. 358).

Arbeitszeitkonten (Zeitwertkonten) werden bei diesen Organen von Kapitalgesellschaften nunmehr grds. steuerlich anerkannt, sofern das Organ die Kapitalgesellschaft nicht aufgrund seiner Beteiligung beherrscht (= Mehrheitsbeteiligung; vgl. auch die Erläuterungen beim Stichwort „Arbeitszeitkonten" unter Nr. 4 Buchstabe c). Entsprechendes gilt für **Altersteilzeitverträge** von Vorstandsmitgliedern, die den Bestimmungen des Altersteilzeitgesetzes entsprechend abgeschlossen wurden bzw. werden. In diesen Fällen bleibt auch der vom Arbeitgeber zu zahlende Aufstockungsbetrag steuerfrei (vgl. hierzu die Erläuterungen beim Stichwort „Altersteilzeit" unter Nr. 6).

Der Bundesfinanzhof hat entschieden, dass die Steuerbefreiung nach § 3 Nr. 12 Satz 2 EStG in Höhe von 200 € monatlich für Aufwandsentschädigungen aus öffentlichen Kassen an öffentliche Dienste leistende Personen auch für die **Aufwandsentschädigungen** eines Versorgungswerks an ehrenamtliche Vorstandsmitglieder anzuwenden ist (BFH-Urteil vom 27.8.2013, BStBl. 2014 II S. 248). Vgl. beim Stichwort „Aufwandsentschädigungen aus öffentlichen Kassen" unter Nr. 3 das Beispiel C.

	Lohn-steuer-pflichtig	Sozial-versich.-pflichtig

2. Sozialversicherung

Mitglieder des Vorstandes einer Aktiengesellschaft sind von der Renten- und von der Arbeitslosenversicherung nicht erfasst (§ 1 Satz 3 SGB VI, § 27 Abs. 1 Nr. 5 SGB III).

Darüber hinaus gehen die Spitzenverbände der Sozialversicherung aber davon aus, dass die Vorstandsmitglieder von Aktiengesellschaften abhängig Beschäftigte i. S. d. § 7 SGB IV sind, da es aufgrund der Kontrolle durch Aufsichtsräte an einem echten unternehmerischen Risiko fehlt. Etwas anderes gilt nur dann, wenn das Vorstandsmitglied selbst eine Mehrheitsbeteiligung an der Aktiengesellschaft hält. Dies hat steuerlich zur Folge, dass Vorstandsmitglieder von Aktiengesellschaften die als abhängig Beschäftigte anzusehen sind, **steuerfreie Zuschüsse** zur **Kranken- und Pflegeversicherung** (§ 3 Nr. 62 EStG) erhalten können. In Zweifelsfällen folgt die Finanzverwaltung der vom Sozialversicherungsträger getroffenen Entscheidung (vgl. auch BFH-Urteile vom 6.6.2002, BStBl. 2003 II S. 34 und vom 21.1.2010, BStBl. II S. 703).

Mit der versicherungsrechtlichen Beurteilung in Deutschland beschäftigter Mitglieder von Organen einer ausländischen Kapitalgesellschaft hat sich das Bundessozialgericht in seinem Urteil vom 27.2.2008 – B 12 KR 23/06 R – (USK 2008-28) befasst. Dabei ging es konkret um die versicherungsrechtliche Beurteilung eines Mitglieds des Board of Directors (BoD) einer irischen Kapitalgesellschaft in Form einer private limited company in seiner Beschäftigung für die Gesellschaft in Deutschland. Hierzu hat das Bundessozialgericht entschieden, dass in Deutschland beschäftigte Mitglieder des Board of Directors einer private limited company irischen Rechts auch unter Berücksichtigung des Rechts der Europäischen Gemeinschaft nicht wie Mitglieder des Vorstandes einer deutschen Aktiengesellschaft von der Versicherungspflicht in der gesetzlichen Renten- und Arbeitslosenversicherung ausgenommen sind.

Die Spitzenverbände der Sozialversicherungsträger vertreten die Auffassung, dass dem Urteil des Bundessozialgerichts vom 27.2.2008 über den entschiedenen Einzelfall hinaus grundsätzliche Bedeutung beizumessen und den aufgestellten Grundsätzen für Kapitalgesellschaftsformen der EU-Mitgliedstaaten hinsichtlich ihrer Vergleichbarkeit mit einer Aktiengesellschaft nach deutschem Recht bzw. ihrer Vergleichbarkeit mit einer GmbH nach deutschem Recht zu folgen ist (vgl. Besprechungsergebnis vom 30./31.3.2009). Beschäftigte Organmitglieder dieser Gesellschaftsformen werden daher – unabhängig von der Bezeichnung ihrer jeweiligen Organfunktion – statusrechtlich dem Vorstand einer deutschen Aktiengesellschaft bzw. der Geschäftsführung einer deutschen GmbH gleichgestellt. Eine Übersicht der Kapitalgesellschaften in den einzelnen Mitgliedstaaten der Europäischen Union, die als Parallelformen der deutschen Aktiengesellschaft betrachtet werden, und der Gesellschaftsformen die als der deutschen GmbH vergleichbar behandelt werden, ist beim Stichwort „Gesellschafter-Geschäftsführer" unter Nr. 8 abgedruckt.

Siehe auch die Stichwörter: „Gesellschafter-Geschäftsführer" und „Vereinsvorsitzender".

Vorsteuerabzug

W

Zum Vorsteuerabzug wird auf die Erläuterungen in Anhang 4 „Reisekosten bei Auswärtstätigkeiten" unter Nr. 21 bis 25 und beim Stichwort „Umzugskosten" unter Nr. 7 Bezug genommen. Vgl. außerdem das Stichwort „Umsatzsteuerpflicht bei Sachbezügen" unter Nr. 1 Buchstabe b.

	Lohn-steuer-pflichtig	Sozial-versich.-pflichtig

Vorzugsaktien

siehe „Vermögensbeteiligungen"

Wachhund

siehe „Hundegeld"

Wahlbeamter

	Lohn-steuer-pflichtig	Sozial-versich.-pflichtig
Ein Wahlbeamter ist ein leitender Beamter z. B. einer Stadt, einer Gemeinde oder eines Landkreises, der durch Wahl berufen wird. Er ist steuerlich **Arbeitnehmer,** auch wenn seine Tätigkeit als ehrenamtlich bezeichnet wird.	ja	nein

Zur Steuerfreiheit der Einnahmen vgl. „Aufwandsentschädigungen aus öffentlichen Kassen" unter Nr. 3 sowie „Reisekostenvergütungen aus öffentlichen Kassen".

Waisengelder

	Lohn-steuer-pflichtig	Sozial-versich.-pflichtig
Waisengelder aus einem früheren Dienstverhältnis des Verstorbenen (z. B. eines Beamten) sind als Versorgungsbezüge (vgl. dieses Stichwort) steuerpflichtiger Arbeitslohn.	ja	nein[1]

Erhalten die Witwe/der Witwer eines Arbeitnehmers Witwengeld und seine Kinder Waisengeld vom Arbeitgeber, ist Grundlage für die Zahlungen das frühere Dienstverhältnis des Erblassers (vgl. „Rechtsnachfolger"). Es ist unerheblich, ob die Rechtsnachfolger in einem Dienstverhältnis standen oder stehen. Bei **Witwen- und Waisengeld** handelt es sich um **getrennte** Bezüge, auch wenn der ganze Betrag an die Witwe/den Witwer ausgezahlt wird. Die Witwe/der Witwer ist hinsichtlich des Witwengeldes und die Kinder sind hinsichtlich des Waisengeldes steuerlich Arbeitnehmer, sodass die Steuerberechnung für das Waisengeld nach den Steuermerkmalen des Kindes vorzunehmen ist. Die auszahlende Stelle hat die individuellen Lohnsteuerabzugsmerkmale des Kindes abzurufen. Auf die ausführlichen Erläuterungen beim Stichwort „Elektronische Lohnsteuerabzugsmerkmale (ELStAM)" wird hingewiesen. Das Waisengeld ist ebenso wie das Witwengeld im Normalfall ein lohnsteuerpflichtiger Versorgungsbezug. Deshalb kann der Versorgungsfreibetrag und der Zuschlag zum Versorgungsfreibetrag abgezogen werden, bevor nach den individuellen Lohnsteuerabzugsmerkmalen die Lohnsteuer berechnet wird (vgl. „Versorgungsbezüge, Versorgungsfreibetrag").

Wandelschuldverschreibungen und Wandeldarlehensverträge

Der Erwerb langjährig festverzinslicher **Wandelschuldverschreibungen** oder Wandelobligationen mit dem Recht auf vorzeitigen Umtausch in verbilligte Aktien zum Differenzpreis zwischen dem Nennbetrag der Schuldverschreibungen und dem Emissionspreis der Aktien kann beim Arbeitnehmer im Zeitpunkt der Wandlung zu einem geldwerten Vorteil führen. Dieser besteht im Unterschied zwischen dem tatsächlichen Wert der Aktien (= Börsenpreis) bei Ausübung des Wandlungsrechts und dem Erwerbspreis der Wandelschuldverschreibungen und ggf. der Aktien (= Erwerbsaufwand des Arbeitnehmers; BFH-Urteil vom 23.6.2005, BStBl. II S. 766). Zur Inanspruchnahme des Freibetrags von derzeit 360 € vgl. das Stich-

1) Zur eventuellen Krankenversicherungspflicht von Versorgungsbezügen vgl. die Erläuterungen in Teil B Nr. 12 auf Seite 24.

Lohnsteuerpflichtig	Sozialversich.-pflichtig

wort „Vermögensbeteiligungen" besonders unter Nr. 2 Buchstabe c. — ja ja

Die vorstehenden Ausführungen gelten **auch dann,** wenn der Arbeitnehmer die Aktien aufgrund einer **Halte-/Sperrfrist** nicht veräußern kann oder zur **Rückübertragung** verpflichtet ist, wenn das Arbeitsverhältnis während der Sperrfrist beendet oder aufgelöst wird.[1]

Beispiel

Der Arbeitnehmer nahm an einem Mitarbeiterbeteiligungsprogramm teil und erhielt vom Arbeitgeber eine bestimmte Anzahl von Wandelschuldverschreibungen, die ihn zum verbilligten Erwerb von Aktien berechtigten. Aufgrund einer Verfallklausel war der Arbeitnehmer für den Fall der Auflösung des Arbeitsverhältnisses zur Rückübertragung bereits umgewandelter Aktien verpflichtet. Das Arbeitsverhältnis des Arbeitnehmers wurde aufgelöst, der Arbeitgeber verzichtete aber zugunsten des Arbeitnehmers auf die Rückübertragung eines Teils der Aktien. Das Finanzamt nahm den Zufluss eines weiteren geldwerten Vorteils in dem Zeitpunkt an, in dem der Arbeitgeber auf die Rückübertragung der Aktien verzichtete. Die Höhe des geldwerten Vorteils berechnete es in Höhe des Unterschiedsbetrags des Kurswertes der Aktien im Zeitpunkt des Verzichts und im Zeitpunkt der Umwandlung. Dagegen bestand der Arbeitnehmer ausschließlich auf einer Besteuerung in dem früheren Zeitpunkt der Wandlung der Anleihen in Aktien zu dem weitaus geringeren Kurswert.

Der Bundesfinanzhof hat auch für diesen Fall bestätigt, dass ein geldwerter Vorteil nur im Zeitpunkt der Umwandlung der Anleihen in Aktien zufließt. Ein nachfolgender Verzicht auf die Rückübertragung der Aktien wirke sich nicht einkommenserhöhend aus (BFH-Urteil vom 30.9.2008, BStBl. 2009 II S. 282).

Hinweis: Muss ein Arbeitnehmer den in einem Kalenderjahr zugeflossenen Arbeitslohn ganz oder zum Teil in einem anderen Kalenderjahr zurückzahlen, sind die Beträge im Jahr der Rückzahlung als negative Einnahmen zu berücksichtigen (vgl. die Erläuterungen beim Stichwort „Rückzahlung von Arbeitslohn"). Kommt es zur Rückübertragung von Vermögensbeteiligungen, kann die negative Einnahme nicht höher sein als der zuvor besteuerte Arbeitslohn. Die in solchen Fällen zwischenzeitlich eingetretene Kurssteigerung betrifft den lohnsteuerlich irrelevanten Bereich der privaten Vermögenssphäre des Arbeitnehmers (vgl. auch BFH-Urteil vom 17.9.2009, BStBl. 2010 II S. 299).

Für **Wandeldarlehensverträge** gilt nach dem BFH-Urteil vom 23.6.2005 (BStBl. II S. 770) Folgendes:

- Gewährt ein Arbeitnehmer dem Arbeitgeber ein Darlehen, das mit einem Wandlungsrecht zum Bezug von Aktien ausgestattet ist, wird ein Zufluss von Arbeitslohn nicht bereits durch die Hingabe des Darlehens begründet.
- Im Falle der **Ausübung des Wandlungsrechts** durch den Arbeitnehmer fließt diesem ein geldwerter Vorteil aus dem Bezug von Aktien zu einem unter dem Kurswert liegenden Übernahmepreis grundsätzlich erst dann zu, wenn dem Arbeitnehmer durch Erfüllung des Anspruchs das wirtschaftliche Eigentum an den Aktien verschafft wird. Der geldwerte Vorteil bemisst sich aus der Differenz zwischen dem Börsenpreis der Aktien bei Ausübung des Wandlungsrechts und den Erwerbsaufwendungen des Arbeitnehmers. Zur Inanspruchnahme des Freibetrags von derzeit 360 € vgl. das Stichwort „Vermögensbeteiligungen" besonders unter Nr. 2 Buchstabe c. — ja ja
- **Überträgt** der Arbeitnehmer das Darlehen nebst Wandlungsrecht **gegen Entgelt** auf einen Dritten, fließt dem Arbeitnehmer ein geldwerter Vorteil in Höhe der Differenz zwischen Verkaufserlös und Erwerbsaufwand im Zeitpunkt der Übertragung zu. — ja ja

Ein geldwerter Vorteil liegt aber nicht vor, wenn z. B. allein die Gesellschafterstellung des Arbeitnehmers für den Abschluss des Wandeldarlehensvertrags ausschlaggebend war, da in solch einem Fall der Veräußerungsgewinn nicht durch das Arbeitsverhältnis veranlasst ist (BFH-Urteil vom 20.5.2010, BStBl. II S. 1069). — nein nein

Siehe auch die Stichworte „Aktienoptionen" und „Vermögensbeteiligungen".

Lohnsteuerpflichtig	Sozialversich.-pflichtig

Waren

Überlässt der Arbeitgeber dem Arbeitnehmer irgendwelche Waren unentgeltlich oder verbilligt, ist der hierdurch entstehende geldwerte Vorteil steuer- und beitragspflichtig, wenn die für Sachbezüge geltende monatliche Freigrenze von 44 € überschritten ist. Als Wert der Waren ist der ortsübliche Preis (inklusive Umsatzsteuer) am Abgabeort oder der günstigste Preis am Markt unter Einbeziehung der Internetangebote anzusetzen; keinesfalls der Buchwert oder Teilwert (vgl. das Stichwort „Sachbezüge" besonders unter Nr. 3). — ja ja

Treibt der Arbeitgeber mit den unentgeltlich oder verbilligt an den Arbeitnehmer überlassenen Waren Handel mit Dritten, kommt im Regelfall der Rabattfreibetrag von 1080 € jährlich zur Anwendung, das heißt, der geldwerte Vorteil bleibt bis zu einem Betrag von 1080 € im Kalenderjahr steuer- und beitragsfrei. — nein nein

Siehe auch die Stichworte: Einrichtungsgegenstände, Grundstücke, Kraftfahrzeuge, Rabatte, Rabattfreibetrag, Sachbezüge.

Warengutscheine

Neues und Wichtiges auf einen Blick:

1. Abgrenzung zwischen Barlohn und Sachlohn

Durch das sog. Jahressteuergesetz 2019 ist der insbesondere für die monatliche 44-Euro-Freigrenze bedeutsame Begriff der Sachbezüge – abweichend von der früheren Verwaltungsauffassung – seit 1.1.2020 wie folgt gesetzlich definiert worden (§ 8 Abs. 1 Sätze 2 und 3 EStG):

„Zu den Einnahmen in **Geld** gehören auch **zweckgebundene Geldleistungen, nachträgliche Kostenerstattungen,** Geldsurrogate und andere Vorteile, die auf einen Geldbetrag lauten. Dies gilt nicht bei **Gutscheinen und Geldkarten, die ausschließlich zum Bezug von Waren oder Dienstleistungen berechtigen** und die Kriterien des § 2 Absatz 1 Nummer 10 des Zahlungsdiensteaufsichtsgesetzes erfüllen." In diesem Fall liegen also weiterhin **Sachbezüge** vor.

Die **monatliche 44-Euro-Freigrenze für Sachbezüge** ist bei **Gutscheinen und Geldkarten** ab 1.1.2020 zudem nur dann anwendbar, wenn sie zusätzlich zum ohnehin geschuldeten Arbeitslohn gewährt werden und mithin bei **Gehaltsumwandlungen ausgeschlossen** (§ 8 Abs. 2 Satz 11 letzter Halbsatz EStG).

Vgl. im Einzelnen die nachfolgenden Erläuterungen besonders unter Nr. 2 sowie die Stichwörter „Prepaid Card" und „Sachbezüge".

Die nachfolgenden Ausführungen zu den Kriterien des Zahlungsdiensteaufsichtsgesetzes beruhen auf den im Juni 2020 an die Verbände versandten Entwurf eines Anwendungsschreibens des Bundesfinanzministeriums. Im Rahmen des Jahressteuergesetzes 2020 hat der Finanzausschuss des Deutschen Bundestags im Dezember 2020 weitere Klarstellungen zu sog. „Sachbezugskarten" gefordert. Wir werden Sie diesbezüglich über unseren Newsletterservice informieren.

1) Allerdings verneint der Bundesfinanzhof einen steuerlichen Zufluss, solange dem Arbeitnehmer eine Veräußerung der Aktien **rechtlich unmöglich** ist (BFH-Urteil vom 30.6.2011, BStBl. II S. 923). Dies ist z. B. bei einer Vinkulierung von deutschen oder ausländischen Namensaktien der Fall, wenn eine Übertragung der Aktien in ihrer Wirksamkeit von der Zustimmung der Gesellschaft abhängig ist. Vgl. im Einzelnen die Erläuterungen beim Stichwort „Vermögensbeteiligungen" unter Nr. 5 Buchstabe b.

Lohn- steuer- pflichtig | Sozial- versich.- pflichtig

2. Monatliche Freigrenze für Sachbezüge erhöht sich ab 1.1.2022

Die Freigrenze für Sachbezüge wird zum 1.1.2022 auf 50 € monatlich erhöht. Für das Jahr 2021 beträgt diese Freigrenze für Sachbezüge nach wie vor 44 € monatlich.

Gliederung:

1. Allgemeines
2. Abgrenzung zwischen Barlohn und Sachbezug
3. Bewertungsabschlag von 4%
4. Zuflusszeitpunkt bei Gutscheinen
5. Gehaltsumwandlung
6. Vorsteuerabzugsberechtigung und Umsatzsteuerpflicht

1. Allgemeines

Verschiedene Arbeitgeber gewähren ihren Arbeitnehmern aus Gründen der Steuerersparnis Arbeitslohn in Form von Sachbezügen. Erhalten Arbeitnehmer eines Kaufhauses z. B. anstelle des freiwilligen Weihnachtsgeldes einen Warengutschein im Wert von 1080 €, der zum Bezug der im Kaufhaus angebotenen Waren berechtigt, ist dieser Betrag aufgrund der Inanspruchnahme des **Rabattfreibetrags steuerfrei.** Unter Berücksichtigung des 4 %igen Preisabschlags können exakt Waren im Bruttoverkaufswert von 1125 € steuer- und beitragsfrei überlassen werden (vgl. das Stichwort „Rabatte, Rabattfreibetrag"). Wichtig ist hierbei, dass die Steuerfreiheit in Anwendung des Rabattfreibetrags in Höhe von 1080 € jährlich nur beim Bezug solcher Waren eintritt, mit denen **der Arbeitgeber Handel treibt.** Das bedeutet, dass die Waren nicht überwiegend für den Bedarf der eigenen Arbeitnehmer hergestellt, vertrieben oder erbracht werden dürfen.

Diese Möglichkeit Steuern zu sparen, hat auch andere Arbeitgeber bewogen, anstelle von Barlohn Warengutscheine auszugeben. Denn auf Warengutscheine findet die monatliche 44-Euro-Freigrenze bzw. bei Waren und Dienstleistungen aus dem Sortiment des Arbeitgebers der jährliche Rabattfreibetrag von 1080 € Anwendung. Voraussetzung ist allerdings, dass der **Gutschein** als **Sachbezug** und nicht als Barlohn anzusehen ist.

2. Abgrenzung zwischen Barlohn und Sachbezug

Durch das sog. Jahressteuergesetz 2019 ist der insbesondere für die monatliche 44-Euro-Freigrenze bedeutsame Begriff der Sachbezüge – abweichend von der früheren Verwaltungsauffassung – seit 1.1.2020 wie folgt gesetzlich definiert worden (§ 8 Abs. 1 Sätze 2 und 3 EStG):

„Zu den Einnahmen in **Geld** gehören auch **zweckgebundene Geldleistungen, nachträgliche Kostenerstattungen,** Geldsurrogate und andere Vorteile, die auf einen Geldbetrag lauten. Dies gilt nicht bei **Gutscheinen und Geldkarten, die ausschließlich zum Bezug von Waren oder Dienstleistungen berechtigen** und die Kriterien des § 2 Absatz 1 Nummer 10 des Zahlungsdiensteaufsichtsgesetzes erfüllen." In diesem Fall liegen also weiterhin **Sachbezüge** vor.

Gutscheine und Geldkarten gehören also nur dann zu den Sachbezügen, wenn sie ausschließlich zum Bezug von Waren oder Dienstleistungen berechtigen und die Kriterien des § 2 Abs. 1 Nr. 10 (Buchstabe a, b oder c) des Zahlungsdiensteaufsichtsgesetzes (ZAG) erfüllen. Die nachfolgenden Regelungen gelten nur für die steuerliche Auslegung der Kriterien des § 2 Abs. 1 Nr. 10 ZAG (Buchstabe a, b oder c). Die diesbezüglichen aufsichtsrechtlichen Regelungen bleiben hiervon unberührt. Umgekehrt ist allerdings auch die konkrete aufsichtsrechtliche Einordnung einer Geldkarte als Zahlungsdienst oder eine Bescheinigung über die aufsichtsrechtliche Erfüllung der Kriterien des § 2 Abs. 1 Nr. 10 ZAG durch die Bundesanstalt für Finanzdienstleistungsaufsicht für die Finanzverwaltung nicht bindend.

W

Erste Fallgruppe – Alternative 1

Zu den Sachbezügen gehört die Gewährung von Gutscheinen oder Geldkarten, die unter steuerlicher Auslegung die Kriterien des § 2 Abs. 1 Nr. 10 Buchstabe a ZAG erfüllen. Hierzu rechnen Gutscheine oder Geldkarten, die unabhängig von einer Betragsangabe dazu berechtigen:

- ausschließlich Waren oder Dienstleistungen vom **Aussteller des Gutscheins** aus seiner eigenen Produktpalette zu beziehen; hier gelten keine weiteren Einschränkungen mit der Folge, dass der Sitz des Ausstellers sowie dessen Produktpalette insoweit nicht auf das Inland beschränkt sind oder
- aufgrund von Akzeptanzverträgen zwischen Aussteller/Emittent und Akzeptanzstellen bei einem **begrenzten Kreis von Akzeptanzstellen** im Inland ausschließlich Waren oder Dienstleistungen zu beziehen.
  Ein begrenzter Kreis von Akzeptanzstellen gilt für steuerliche Zwecke als erfüllt:
  - bei städtischen Einkaufs- und Dienstleistungsverbünden im Inland,
  - bei Einkaufs- und Dienstleistungsverbünden, die sich auf eine bestimmte inländische Region erstrecken (z. B. mehrere benachbarte Städte und Gemeinden im ländlichen Raum) oder
  - aus Vereinfachungsgründen bei von einer bestimmten Ladenkette oder einem bestimmten Aussteller ausgegebene Kundenkarten zum Bezug von Waren oder Dienstleistungen in den einzelnen Geschäften im Inland oder im Internetshop dieser Ladenkette mit einheitlichem Marktauftritt (z. B. ein Symbol, eine Marke, ein Logo). Die Art des Betriebs (z. B. eigene Geschäfte, im Genossenschafts- oder Konzernverbund, über Agenturen oder Franchisenehmer) ist unerheblich.

Beispiele zur ersten Fallgruppe – Alternative 1:

- wiederaufladbare Geschenkkarten für den Einzelhandel,
- shop-in-shop Lösungen mit Hauskarte,
- Tankkarten eines einzelnen Tankstellenbetreibers zum Bezug von Waren oder Dienstleistungen in seiner Tankstelle,
- von einer bestimmten Tankstellenkette (einem bestimmten Aussteller) ausgegebene Tankkarten zum Bezug von Waren oder Dienstleistungen in den einzelnen Tankstellen mit einheitlichem Marktauftritt (z. B. ein Symbol, eine Marke, ein Logo); die Art des Betriebs (z. B. eigene Geschäfte, im Genossenschafts- oder Konzernverbund oder Franchisenehmer) ist unerheblich,
- ein vom Arbeitgeber selbst ausgestellter Gutschein (z. B. Tankgutschein, Tankberechtigung), wenn die Akzeptanzstellen (z. B. Tankstelle oder Tankstellenkette) aufgrund des Akzeptanzvertrags (z. B. Rahmenvertrag) unmittelbar mit dem Arbeitgeber abrechnen,
- Karten eines Online-Händlers, die nur zum Bezug von Waren oder Dienstleistungen aus seiner eigenen Produktpalette (Verkauf und Versand durch Online-Händler) berechtigen, nicht jedoch, wenn sie auch für Produkte von Fremdanbietern (z. B. Marketplace) einlösbar sind,
- Centergutscheine oder Kundenkarten von Shopping-Centern, Malls und Outlet-Villages,
- „City-Cards", Stadtgutscheine.

Beispiel A

Ein Arbeitgeber in Kehl (Deutschland) händigt dem Arbeitnehmer F einen Gutschein über 44 € aus, der von einem Geschäft in Straßburg

Lohn-steuer-pflichtig Sozial-versich.-pflichtig

(Frankreich) ausgestellt worden ist und zum Bezug von Waren aus der Produktpalette dieses Geschäfts genutzt werden kann.

Es handelt sich um einen Sachbezug, für den die monatliche 44-Euro-Freigrenze in Anspruch genommen werden kann. Unmaßgeblich ist, dass der Gutschein in Frankreich eingelöst wird, da Waren aus der Produktpalette des Gutscheinausstellers bezogen werden.

Beispiel B

Wie Beispiel A. Der Arbeitnehmer F erhält einen Einkaufsgutschein über 44 € für die Stadt Straßburg (Frankreich).

Es handelt sich nicht um einen Sachbezug, da es sich nicht um einen städtischen Einkaufsgutschein für das Inland handelt. Mithin liegt eine Geldleistung vor, für den die monatliche 44-Euro-Freigrenze für Sachbezüge nicht in Anspruch genommen werden kann.

Beispiel C

Arbeitnehmer H erhält von seinem Arbeitgeber eine Kundenkarte im Wert von 44 € des Online-Händlers A mit Sitz in Luxemburg, mit der Waren aus der eigenen Produktpalette des Online-Händlers erworben werden können (Verkauf und Versand durch diesen Online-Händler). Die Produktpalette umfasst ca. 5 Millionen Artikel.

Es handelt sich um einen Sachbezug, da ausschließlich Waren aus der Produktpalette des Ausstellers der Kundenkarte bezogen werden können. Unerheblich ist, dass der Aussteller der Kundenkarte seinen Sitz im Ausland hat und über ein sehr großes Warenangebot verfügt.

Beispiel D

Wie Beispiel C. Mit der Kundenkarte können auf der Plattform des Online-Händlers auch Produkte von Fremdanbietern erworben werden („Marketplace").

Es handelt sich aufgrund der Einbeziehung der Fremdanbieter nicht um einen Sachbezug, da nicht ausschließlich Waren aus der Produktpalette des Gutscheinausstellers erworben werden können. Folglich handelt es sich um eine Geldleistung, für die die monatliche 44-Euro-Freigrenze nicht in Anspruch genommen werden kann.

Zweite Fallgruppe – Alternative 2

Hiernach gehört zu den Sachbezügen die Gewährung von Gutscheinen oder Geldkarten, die unter steuerlicher Auslegung die Kriterien des § 2 Abs. 1 Nr. 10 Buchstabe b ZAG erfüllen. Hierzu zählen Gutscheine oder Geldkarten, die unabhängig von einer Betragsangabe nur dazu berechtigen, Waren oder Dienstleistungen ausschließlich aus einer **sehr begrenzten Waren- oder Dienstleistungspalette** zu beziehen. Auf die Anzahl der Akzeptanzstellen und den Bezug im Inland kommt es bei dieser Alternative aber nicht an.

Beispiele zur zweiten Fallgruppe – Alternative 2:

Gutscheine oder Geldkarten begrenzt auf

- den Personennah- und Fernverkehr (z. B. für Fahrberechtigungen, Zugrestaurant, Park&Ride-Parkgelegenheiten), einschließlich bestimmter Mobilitätsdienstleistungen (z. B. die Nutzung von (Elektro-)Fahrrädern, Car-Sharing, E-Scootern),
- Kraftstoff, Ladestrom ect. („Alles, was das Auto bewegt"),
- Fitnessleistungen (z. B. für den Besuch der Trainingsstätten und zum Bezug der dort angebotenen Waren oder Dienstleistungen),
- Streamingdienste für Film und Musik,
- Printmedien einschließlich Zeitungen und Zeitschriften,
- Bücher, auch als Hörbücher oder Dateien, einschließlich Downloads, unter Ausschluss von Zeitungen und Zeitschriften.

Beispiel E

Arbeitnehmer I erhält von seinem Arbeitgeber die Tankkarte einer Mineralölgesellschaft im Wert von 44 €, die bei dieser Mineralölgesellschaft im Inland und Ausland ausschließlich zum Erwerb von Kraftstoff eingesetzt werden.

Da I mit der Tankkarte lediglich Kraftstoff beziehen kann (= sehr begrenzte Warenpalette), handelt es sich um einen Sachbezug, für den die monatliche 44-Euro-Freigrenze in Anspruch genommen werden kann. Der zulässige Einsatz der Tankkarte dieser Mineralölgesellschaft auch im Ausland ist unerheblich.

Beispiel F

Arbeitnehmer J erhält von seinem Arbeitgeber einen Gutschein über 44 € für den Besuch eines Fitnessstudios.

Lohn-steuer-pflichtig Sozial-versich.-pflichtig

Es handelt sich um einen Sachbezug (= sehr begrenzte Dienstleistungspalette), für den die monatliche 44-Euro-Freigrenze in Anspruch genommen werden kann.

Dritte Fallgruppe – Alternative 3

Schließlich gehört zu den Sachbezügen die Gewährung von Gutscheinen oder Geldkarten, die unter steuerlicher Auslegung die Kriterien des § 2 Abs. 1 Nr. 10 Buchstabe c ZAG erfüllen. Dies sind Gutscheine oder Geldkarten, die unabhängig von einer Betragsangabe nur dazu berechtigen, aufgrund von Akzeptanzverträgen zwischen Aussteller/Emittent und Akzeptanzstellen Waren oder Dienstleistungen ausschließlich für bestimmte soziale oder steuerliche Zwecke im Inland zu beziehen (sog. **Zweckkarte**). Auf die Anzahl der Akzeptanzstellen kommt es nicht an.

Beispiele zur dritten Fallgruppe – Alternative 3:

- Verzehrkarten in einer sozialen Einrichtung, Papier-Essenmarken (Essensgutscheine, Restaurantschecks) und arbeitstägliche Zuschüsse zu Mahlzeiten (sog. digitale Essenmarken),
- Behandlungskarten für ärztliche Leistungen oder Reha-Maßnahmen,
- Karten für betriebliche Gesundheitsmaßnahmen.

Beispiel G

Ein Anbieter stellt Arbeitgebern sog. digitale Essenmarken für ein Mittagessen im Wert von 6,57 € arbeitstäglich zur Verfügung, die die Arbeitgeber an ihre Arbeitnehmer weitergeben. Die digitalen Essenmarken können an einer Vielzahl von Akzeptanzstellen (ca. 20 000 bundesweit) eingelöst werden.

Es handelt sich um einen Sachbezug, da Verzehrkarten aller Art zu den begünstigten Zweckkarten gehören. Auf die Anzahl der Akzeptanzstellen kommt es nicht an. Aufgrund der besonderen Bewertungsvorschriften für Mahlzeiten ist der geldwerte Vorteil mit dem amtlichen Sachbezugswert von 3,47 € für ein Mittagessen anzusetzen und der übersteigende Betrag von 3,10 € ist steuer- und beitragsfrei. Der geldwerte Vorteil kann mit 25% pauschal besteuert werden. Eine Anwendung der monatlichen 44-Euro-Freigrenze für Sachbezüge ist bei dieser Mahlzeitenbewertung nicht möglich.

Nicht um eine als Sachbezug begünstigte Zweckkarte handelt es sich bei Gutscheinen oder Geldkarten, bei denen der Einsatzbereich für sich genommen nicht mehr hinreichend bestimmt eingegrenzt ist. Ein „begünstigter" sozialer oder steuerlicher Zweck in diesem Sinne ist daher insbesondere nicht die Inanspruchnahme der monatlichen 44-Euro-Freigrenze für Sachbezüge, die Inanspruchnahme der Grenze von 60 € für Aufmerksamkeiten anlässlich eines besonderen persönlichen Ereignisses oder die Anwendung der Pauschalbesteuerung mit 30 % bei Sachzuwendungen bis 10 000 €.

Beispiel H

Ein Anbieter stellt Arbeitgebern eine Geldkarte (Bezahlkarte, keine Kreditkarte) im Wert von 44 € monatlich zur Verfügung, die die Arbeitgeber an ihre Arbeitnehmer weitergeben. Diese Geldkarte kann bundesweit bei einer Vielzahl von Akzeptanzstellen (ca. 10 000) ausschließlich zum Bezug von Waren oder Dienstleistungen eingelöst werden.

Eine Geldkarte zur Inanspruchnahme der monatlichen 44-Euro-Freigrenze für Sachbezüge ist aus steuerlicher Sicht keine begünstigte Zweckkarte. Die eingangs beschriebene Alternative 1 ist ebenfalls nicht erfüllt, da einerseits kein Erwerb der Waren oder Dienstleistungen vom Aussteller der Geldkarte erfolgt und andererseits die Anzahl der Akzeptanzstellen nicht im erforderlichen Umfang begrenzt ist. Es handelt sich daher um eine steuer- und beitragspflichtige Geldleistung. Die monatliche 44-Euro-Freigrenze für Sachbezüge kann nicht in Anspruch genommen werden.

Neben den zweckgebundenen Geldzuwendungen und nachträglichen Kostenerstattungen gehört zu den Geldleistungen die Gewährung von Gutscheinen und Geldkarten, die nach der steuerlichen Auslegung die Kriterien des § 2 Abs. 1 Nr. 10 Zahlungsdiensteaufsichtsgesetz nicht erfüllen. Hierzu zählen zunächst einmal Geldkarten oder Wertguthabenkarten in Form von **Prepaid-Kreditkarten,** die im Rahmen unabhängiger Systeme des unbaren Zahlungsverkehrs eingesetzt werden können (sog. Geldsurrogate). Allein die Begrenzung der Anwendbarkeit von Gut-

W

	Lohn-steuer-pflichtig	Sozial-versich.-pflichtig

scheinen oder Geldkarten auf das Inland genügt für die Annahme eines Sachbezugs nicht. Als Geldleistung zu behandeln sind insbesondere Gutscheine oder Geldkarten, die

- über eine Barauszahlungsfunktion verfügen; es ist aber nicht zu beanstanden, wenn verbleibende Restguthaben bis zu einem Euro ausgezahlt werden können,
- über eine eigene IBAN verfügen,
- für Überweisungen (z. B. PayPal) verwendet werden können,
- für den Erwerb von Devisen (z. B. Pfund, US-Dollar, Franken) verwendet werden können oder
- als generelles Zahlungsmittel hinterlegt werden können.

Beispiel I

Arbeitnehmer E erhält von seinem Arbeitgeber zusätzlich zum ohnehin geschuldeten Arbeitslohn eine **Prepaid-Kreditkarte,** die monatlich mit 44 € aufgeladen wird und mit der man bei über 30 Mio. Akzeptanzstellen weltweit Waren einkaufen kann. Auf Grundlage der arbeitsvertraglichen Vereinbarungen ist E aber nur der Erwerb von Kraftstoff für seinen Privatwagen erlaubt.

Bei der Prepaid-Kreditkarte handelt es sich um ein Geldsurrogat und damit um eine Geldleistung. Die arbeitsvertragliche Zweckbestimmung führt nicht zur Annahme eines Sachbezugs. Die monatliche 44-Euro-Freigrenze für Sachbezüge ist nicht anwendbar.

Beispiel K

Die Arbeitnehmer erhalten von ihrem Arbeitgeber aufgrund einer arbeitsvertraglichen Vereinbarung eine **Prepaid-Geldkarte** (auch Bezahlkarte genannt) im Wert von 40 €, die bundesweit ausschließlich zum Bezug von Waren und Dienstleistungen einer bestimmten Ladenkette berechtigt, die diese Karte ausgestellt hat.

Es handelt sich um einen Sachbezug, für den die monatliche 44-Euro-Freigrenze für Sachbezüge anwendbar ist.

Den Arbeitgebern abweichend von den vorstehenden Ausführungen in der Vergangenheit erteilte Anrufungsauskünfte sind zum 1.1.2020 automatisch außer Kraft getreten, da sich die Rechtsvorschrift (§ 8 EStG), auf der die Entscheidung beruht, geändert hat.

Ein Sachbezug liegt auch nicht vor, wenn der Arbeitnehmer **anstelle der Sachleistung Barlohn** verlangen kann. Das gilt selbst dann, wenn der Arbeitgeber in diesem Fall die Sache zuwendet. Ebenso liegt Geld und kein Sachbezug vor, wenn der Barlohn nicht an den Arbeitnehmer ausbezahlt, sondern auf seine Weisung anderweitig verwendet wird (z. B. zur Erfüllung einer Verbindlichkeit des Arbeitnehmers aus Kauf, Miete oder Darlehen). In solchen Fällen handelt es sich lediglich um eine Abkürzung des Zahlungswegs, die den Charakter der Zahlung des Arbeitgebers als Barlohnzuwendung nicht verändert. ja ja

3. Bewertungsabschlag von 4%

Bei der Ermittlung des geldwerten Vorteils bei Sachzuwendungen wird aus Vereinfachungsgründen der ortsübliche Preis mit 96 % des Angebotspreis angesetzt (= Bewertungsabschlag von 4 %; vgl. im Einzelnen die Erläuterungen beim Stichwort „Sachbezüge" besonders unter Nr. 3 Buchstabe b). Die Finanzverwaltung **lehnt** es aber **ab,** diesen **Bewertungsabschlag** von **4 %** vorzunehmen, wenn **kein Bewertungserfordernis** besteht, weil die Höhe des Vorteils für den Arbeitnehmer auf den ersten Blick ersichtlich ist. Dies ist z. B. der Fall bei betragsmäßig begrenzten Gutscheinen (R 8.1 Abs. 2 Satz 4 LStR).

Beispiel A

Der Arbeitnehmer erhält von seinem Arbeitgeber einen Gutschein über 30 Liter Super ohne betragsmäßige Begrenzung. Der Preis für einen Liter Super beträgt 1,50 € (zum Zuflusszeitpunkt vgl. nachfolgende Nr. 4).

Ermittlung des geldwerten Vorteils

30 Liter Super à 1,50	45,00 €
Abschlag von 4 %	1,80 €
Geldwerter Vorteil	43,20 €

Der geldwerte Vorteil ist steuer- und sozialversicherungsfrei, da die 44-Euro-Freigrenze für Sachbezüge eingehalten worden ist.

Beispiel B

Der Arbeitgeber erlaubt dem Arbeitnehmer 30 Liter Super zu tanken. Der Preis für einen Liter Super beträgt 1,50 €. Der Arbeitgeber stellt dem Arbeitnehmer einen Gutschein bzw. eine Tankkarte im Wert von 45 € aus.

Ermittlung des geldwerten Vorteils

Wert des Gutscheins/der Tankkarte	45,00 €
Kein Abschlag von 4 %	
Geldwerter Vorteil	45,00 €

Der geldwerte Vorteil ist steuer- und sozialversicherungspflichtig, da die 44-Euro-Freigrenze für Sachbezüge überschritten ist.

Der Abschlag von 4 % entfällt auch, wenn der Sachbezug mit dem günstigsten Marktpreis bewertet wird (vgl. das Stichwort „Sachbezüge" unter Nr. 3 Buchstabe c).

4. Zuflusszeitpunkt bei Gutscheinen

Zum Zuflusszeitpunkt des Arbeitslohns bei der Ausgabe von Warengutscheinen ist in den Lohnsteuer-Richtlinien festgelegt worden, dass bei einem Warengutschein, der **bei einem Dritten einzulösen** ist, der Zufluss des Arbeitslohns mit der Hingabe des Gutscheins an den Arbeitnehmer erfolgt, weil der Arbeitnehmer zu diesem Zeitpunkt einen Rechtsanspruch gegenüber dem Dritten erhält (R 38.2 Abs. 3 Satz 1 LStR). Zu diesem Zeitpunkt hat auch die Bewertung des Arbeitslohns zu erfolgen; spätere Preisveränderungen bleiben unberücksichtigt.

Beispiel A

Gutschein z. B. über 30 Liter Superbenzin. Benzinpreis im Zeitpunkt der Hingabe des Gutscheins z. B. 1,50 €:

1,50 € × 30 Liter =	45,– €
hiervon 96 % = Wert des Sachbezugs	43,20 €

Da die monatliche 44-Euro-Freigrenze nicht überschritten ist, ist der Wert des Benzingutscheins in Höhe von 43,20 € steuer- und beitragsfrei.

Ist der Warengutschein hingegen nicht bei einem Dritten, sondern **beim Arbeitgeber selbst einzulösen,** fließt der Arbeitslohn dem Arbeitnehmer erst bei Einlösung des Gutscheins zu (R 38.2 Abs. 3 Satz 2 LStR).

Beispiel B

Das Feinkostgeschäft Dallmayr in München gibt seinen Mitarbeitern jeden Monat einen Warengutschein im Wert von 75 €, der zum Bezug von Waren im Hause Dallmayr berechtigt. Der Wert dieser Sachbezüge ist in Anwendung des Rabattfreibetrags in Höhe von 1080 € jährlich steuerfrei. Der Arbeitslohn fließt erst im Zeitpunkt der Einlösung des Gutscheins zu.

Der **Wert** einer **Prepaid Card** einer Mineralölgesellschaft als Bezahlkarte (keine Kreditkarte!) ist dem Arbeitnehmer – unabhängig vom Zeitpunkt des Erwerbs der Ware bzw. Inanspruchnahme der Dienstleistung – **mit der (monatlichen) Übergabe der Karte** durch den Arbeitgeber **zugeflossen,** weil er zu diesem Zeitpunkt einen Rechtsanspruch gegenüber der Mineralölgesellschaft (= Dritter) erhält. Der Arbeitnehmer könnte also auch mehrere dieser Prepaid Cards (an-)sammeln und auf einmal an der Tankstelle einlösen. Entsprechendes gilt für die Hingabe von Benzingutscheinen.

5. Gehaltsumwandlung

Die monatliche **44-Euro-Freigrenze** für Sachbezüge ist bei **Gutscheinen und Geldkarten** ab 1.1.2020 nur dann anwendbar, wenn sie zusätzlich zum ohnehin geschuldeten Arbeitslohn gewährt werden und mithin bei **Gehaltsumwandlungen ausgeschlossen** (§ 8 Abs. 2 Satz 11 letzter Halbsatz EStG). Sachbezüge werden nur dann zusätzlich zum ohnehin geschuldeten Arbeitslohn erbracht, wenn

- die Leistung **nicht** auf den Anspruch auf Arbeitslohn **angerechnet,**

	Lohnsteuerpflichtig	Sozialversich.-pflichtig

- der Anspruch auf Arbeitslohn **nicht** zugunsten der Leistung **herabgesetzt,**
- die verwendungs- oder zweckgebundene Leistung **nicht anstelle** einer bereits vereinbarten künftigen **Erhöhung** des Arbeitslohns gewährt und
- **bei Wegfall** der Leistung der Arbeitslohn **nicht** (automatisch) **erhöht**

wird. Dies gilt unabhängig davon, ob der Arbeitslohn tarifgebunden ist oder nicht. Vgl. die Ausführungen beim Stichwort „Gehaltsumwandlung".

Beispiel

Die Arbeitnehmer vereinbaren mit ihrem Arbeitgeber eine Gehaltsumwandlung zugunsten einer Tankkarte (= Bezahlkarte) im Wert von 40 €.

Eine Gehaltsumwandlung zur Anwendung der 44-Euro-Freigrenze wird steuer- und sozialversicherungsrechtlich nicht anerkannt. Die monatliche 44-Euro-Freigrenze kann für den Sachbezug nicht in Anspruch genommen werden. Der Betrag von 40 € ist nach wie vor steuer- und beitragspflichtig.

6. Vorsteuerabzugsberechtigung und Umsatzsteuerpflicht

Gibt der Arbeitgeber beispielsweise monatlich Benzingutscheine aus, auf denen der jeweilige Verwendungszweck genau bezeichnet ist, z. B. für den Bezug von 30 Litern Super-Benzin und rechnet der Arbeitgeber mit der Tankstelle die eingereichten Gutscheine ab, stand dem Arbeitgeber früher der Vorsteuerabzug nach § 15 Abs. 1 Satz 1 Nr. 1 UStG zu, da er der Besteller der konkreten Benzinlieferung war. Die unentgeltliche Wertabgabe an das Personal stellte folglich eine umsatzsteuerpflichtige unentgeltliche Wertabgabe dar, die mit den Kosten zu besteuern war. Die lohnsteuerlich geltende monatliche 44-Euro-Freigrenze war bei der Umsatzbesteuerung nicht anwendbar.

Eine **Besteuerung unentgeltlicher Wertabgaben** an Arbeitnehmer kommt **nicht mehr** in Betracht, wenn bei Leistungsbezug bereits feststeht, dass dieser an die Arbeitnehmer für deren **private Verwendung** weitergegeben werden soll. In diesem Fall hat der Arbeitgeber auch von vornherein **keine Vorsteuerabzugsberechtigung** (BFH-Urteil vom 9.12.2010, BStBl. 2012 II S. 53). Der Vorgang ist umsatzsteuerrechtlich irrelevant. Ein Leistungsaustausch liegt nämlich nicht vor, wenn der Arbeitnehmer seine Arbeit für den vereinbarten Barlohn und unabhängig von weiteren Zuwendungen erbringt. Auf die ausführlichen Erläuterungen und Beispiele beim Stichwort „Umsatzsteuerpflicht bei Sachbezügen" wird hingewiesen.

Erklärt der Arbeitgeber z. B. gegenüber der Mineralölgesellschaft lediglich die **Kostenübernahme** bei Einlösung nicht näher spezifizierter Gutscheine, handelt es sich umsatzsteuerrechtlich um eine nichtsteuerbare **Geldzahlung.** Auch die Hingabe der Prepaid Card (= Bezahlkarte, keine Kreditkarte) vom Arbeitgeber an Arbeitnehmer ist umsatzsteuerlich als Tausch von „Geld gegen Gutschein" irrelevant.

Seit 1.1.2019 wird bei der umsatzsteuerlichen Behandlung von Gutscheinen eine Differenzierung nach der Art des Gutscheins vorgenommen. Beim **Einzweck-Gutschein** liegen bereits bei dessen Ausstellung alle relevanten Informationen vor (z. B. Ort der Lieferung, geschuldete Umsatzsteuer). Daher kann die Umsatzbesteuerung bereits im Zeitpunkt der Ausgabe bzw. Übertragung des Gutscheins erfolgen. Liegen hingegen im Ausstellungszeitpunkt des Gutscheins nicht alle Informationen für die zuverlässige Bestimmung der Umsatzsteuer vor, handelt es sich um **Mehrzweck-Gutscheine.** Die Umsatzbesteuerung erfolgt dann erst bei Einlösung des Gutscheins im Zeitpunkt der tatsächlichen Leistungserbringung, nicht schon bei dessen Ausgabe.

Die vorstehend genannten Besteuerungszeitpunkte gelten bei Vorliegen der übrigen Voraussetzungen **auch** für den Zeitpunkt der Inanspruchnahme des **Vorsteuerabzugs.** Dies kann insbesondere bei **Aufmerksamkeiten** in Form von Sachgeschenken bis zu einem Wert von 60 € an Arbeitnehmer anlässlich eines besonderen persönlichen Ereignisses (z. B. Geburtstag) von Bedeutung sein, da in diesem Fall der Vorsteuerabzug dem Grunde nach erhalten bleibt (vgl. das Stichwort „Umsatzsteuerpflicht bei Sachbezügen" unter Nr. 1 Buchstabe b).

Wäschegeld

	Lohnsteuerpflichtig	Sozialversich.-pflichtig
Ein Wäschegeld ist als **Auslagenersatz** steuerfrei und beitragsfrei, soweit es für die Reinigung der **vom Arbeitgeber gestellten Arbeitskleidung** ausgegeben wird.	nein	nein
Wäschegeld zur Abgeltung der Aufwendungen für die Reinigung der **eigenen Berufskleidung** des Arbeitnehmers stellt Werbungskostenersatz dar und ist deshalb steuer- und beitragspflichtig. Pauschale Barablösungen des Arbeitgebers für die Gestellung typischer Berufskleidung durch den Arbeitnehmer sind zwar steuer- und sozialversicherungsfrei, soweit sie die regelmäßigen Absetzungen für Abnutzung und die üblichen Instandhaltungs- und Instandsetzungskosten abgelten. Aufwendungen für die Reinigung der typischen Berufskleidung gehören allerdings regelmäßig nicht zu den Instandhaltungs- und Instandsetzungskosten (R 3.31 Abs. 2 Sätze 3 und 4 LStR).	ja	ja

Zur Abgrenzung des steuerfreien Auslagenersatzes vom steuerpflichtigen Werbungskostenersatz vgl. die Ausführungen beim Stichwort „Auslagenersatz".

Waschgeld

	Lohnsteuerpflichtig	Sozialversich.-pflichtig
Das tarifliche Waschgeld der Kaminfegergesellen war bis 31.12.1989 steuerfrei. Seit 1.1.1990 ist das Waschgeld nach Auffassung der Finanzverwaltung[1] **steuer- und beitragspflichtig.**	ja	ja

Der Bundesfinanzhof hat aber einen steuerfreien Auslagenersatz auch dann anerkannt, wenn eine Zahlung des Arbeitgebers auf einer tarifvertraglichen Regelung beruht (BFH-Urteil vom 28.3.2006, BStBl. II S. 473; vgl. auch die Erläuterungen beim Stichwort „Auslagenersatz"). Die Verwaltung hält aber dennoch weiter an ihrer Auffassung fest, **weil** es sich bei den an die Kaminfegergesellen gezahlten Waschgelder um **pauschale Zahlungen** handelt.

Das den Kaminfegergesellen gezahlte Kleidergeld ist dagegen steuer- und beitragsfrei (vgl. „Kleidergeld").	nein	nein

Wasserzuschläge

Wasserzuschläge sind als „Erschwerniszuschläge" steuer- und beitragspflichtig.	ja	ja

Wechselnde Einsatzstellen

siehe „Einsatzwechseltätigkeit" und „Reisekosten bei Auswärtstätigkeiten" in Anhang 4.

1) Bundeseinheitliche Regelung. In Bayern veröffentlicht mit Schreiben des Bayer. Staatsministeriums der Finanzen vom 21.3.1991 (Az.: 32–S 2332–117/2–14 472). Das Schreiben ist als Anlage 2 zu H 3.50 LStR im **Steuerhandbuch für das Lohnbüro 2021** abgedruckt, das im selben Verlag erschienen ist.

W

Lohnsteuerpflichtig | Sozialversich.-pflichtig

Wechselschichtzulage

Wechselschichtzulagen sind Lohnzuschläge für unregelmäßige Arbeitszeit; sie sind lohnsteuer- und sozialversicherungspflichtig. Die Abspaltung eines steuerfreien Teils als Zuschlag für Sonntags-, Feiertags- und Nachtarbeit ist nicht zulässig (BFH-Urteile vom 7.7.2005, BStBl. II S. 888 und vom 15.2.2017, BStBl. II S. 644). ja ja

Beispiel A

Ein Arbeitnehmer im Bankgewerbe erhält für ständige Wechselschichtarbeit einen monatlichen Zuschlag von 300 €. In der dritten Schicht wird regelmäßig Nachtarbeit geleistet. Der Wechselschichtzuschlag ist in voller Höhe steuer- und beitragspflichtig. Die Abspaltung eines steuerpflichtigen Teils für Nachtarbeit (z. B. 1/3 von 300 € = 100 € als steuerfreier Nachtarbeitszuschlag) ist nicht zulässig.

Wird unter der Bezeichnung „Wechselschichtzuschlag" ein echter stundenweise zuzuordnender Nachtarbeitszuschlag für tatsächlich geleistete Nachtarbeit gezahlt, ist dieser Zuschlag nach § 3b EStG bis zu den dort genannten Zuschlagssätzen steuerfrei. Dass der Zuschlag ggf. nicht als „Nachtarbeitszuschlag", sondern als „Wechselschichtzuschlag" bezeichnet wird, hat auf die Steuerfreiheit nach § 3b EStG dann keinen Einfluss, wenn die übrigen Voraussetzungen des § 3b EStG erfüllt sind (vgl. „Zuschläge für Sonntags-, Feiertags- und Nachtarbeit").

Beispiel B

Ein Arbeitnehmer erhält einen 10 %igen Wechselschichtzuschlag, der zum steuerpflichtigen Arbeitslohn gehört. In diesen Fällen ist ein 25 %iger Nachtzuschlag für die Zeit von 20 Uhr bis 6 Uhr nur in Höhe von 15 % steuerfrei, da es sich in Höhe von 10 % um die Fortzahlung eines steuerpflichtigen Wechselschichtzuschlags handelt.

Siehe auch das Stichwort „Schichtlohnzuschläge".

Wegegelder

Wegegelder als Ersatz der Fahrtkosten sind grundsätzlich ohne Rücksicht auf das benutzte Verkehrsmittel steuerfrei, wenn die der Zahlung zugrunde liegende Fahrt als **Auswärtstätigkeit** anzusehen ist. nein nein

Liegt eine beruflich veranlasste Auswärtstätigkeit vor, kommt es dennoch bei dauerhaften Fahrten zu einem vom Arbeitgeber bestimmten Sammelpunkt und zu einem weiträumigen Tätigkeitsgebiet ggf. zum Ansatz der Entfernungspauschale mit der Folge, dass auch ein etwaiger Arbeitgeberersatz grds. steuerpflichtig ist. Vgl. hierzu das Stichwort „Entfernungspauschale" unter Nr. 11. ja ja[1)]

Erfüllen die zugrunde liegenden Fahrten die Voraussetzungen für eine Auswärtstätigkeit nicht, handelt es sich um Fahrten zwischen **Wohnung und erster Tätigkeitsstätte.** Für diese Fahrten gilt Folgendes:

Die Wegegelder sind steuerfrei, wenn der Arbeitnehmer öffentliche Verkehrsmittel benutzt. nein nein

Die Wegegelder sind hingegen steuerpflichtig, wenn der Arbeitnehmer keine öffentlichen Verkehrsmittel, sondern andere Fahrzeuge (z. B. seinen Pkw) benutzt. Auf die ausführlichen Erläuterungen beim Stichwort „Fahrten zwischen Wohnung und erster Tätigkeitsstätte" wird Bezug genommen. ja ja[1)]

Wegegelder als **Ersatz für den Zeitaufwand** sind stets steuerpflichtig (siehe „Wegezeitentschädigungen"). ja ja

Wegezeitentschädigungen

Wegezeitentschädigungen (teilweise „Wegegelder" genannt), die in manchen Wirtschaftszweigen bei besonders langen Anfahrtswegen für die über normale Wegezeit hinausgehenden Wegezeiten gewährt werden (insbesondere an Waldarbeiter), sind ihrer Natur nach „Entschädigungen für Zeitverlust und Verdienstausfall" und als solche steuer- und beitragspflichtiger Arbeitslohn. ja ja

Steuerfreiheit ist nur dann gegeben, wenn die Voraussetzungen für steuerfreie Reisekosten bei Auswärtstätigkeit vorliegen und die dort genannten Beträge nicht überschritten werden (vgl. in Anhang 4 „Reisekosten bei Auswärtstätigkeiten"). Ggf. können auch steuerfreie Auslösungen bei doppelter Haushaltsführung (vgl. dieses Stichwort) vorliegen.

Wege zwischen Wohnung und Arbeitsstätte

siehe „Entfernungspauschale" und „Fahrten zwischen Wohnung und erster Tätigkeitsstätte"

Wehrdienst

1. Allgemeines

Mit dem Gesetz zur Änderung wehrrechtlicher Vorschriften 2011 (Wehrrechtsänderungsgesetz 2011) vom 26.4.2011 (BGBl. I S. 678) wurde ab 1.7.2011 die **Aussetzung** der **Wehrpflicht** geregelt. Wehrpflicht im bisherigen Sinne besteht ggf. nur im Spannungs- oder Verteidigungsfall. Mit dem vorstehend genannten Gesetz wurden allerdings Regelungen über einen **freiwilligen Wehrdienst** geschaffen.

Der freiwillige Wehrdienst besteht grundsätzlich aus sechs Monaten freiwilligem Grundwehrdienst als Probezeit und bis zu 17 Monaten anschließendem zusätzlichen Wehrdienst. Ggf. können sich Wehrübungen anschließen.

Mit dem Bundeswehr-Einsatzbereitschaftsstärkungsgesetz vom 4.8.2019 (BGBl. I S. 1147) sind die Leistungen an freiwillig Wehrdienst Leistende neu geregelt worden. Hervorzuheben ist, dass der Wehrsold seit 1.1.2020 nicht mehr steuerfrei, sondern steuerpflichtig ist.

2. Steuerfreie Bezüge

Zu den nach § 3 Nr. 5 EStG **steuerfreien** Geld- und Sachbezügen gehören insbesondere

- die unentgeltliche truppenärztliche Versorgung nach § 16 WSG;
- Erstattung der Beiträge zur Kranken- und Pflegeversicherung für Angehörige (§ 5 WSG).

Zu den nach anderen Vorschriften **steuerfreien** Geld- und Sachbezügen gehören insbesondere

- die Auslandsvergütung bei Verwendung im Ausland nach § 6 WSG (§ 3 Nr. 64 EStG);
- die unentgeltliche Verpflegung im Einsatz (§ 3 Nr. 4 Buchstabe c EStG), die allerdings wegen der Mahlzeitengestellung zu einer Kürzung der Verpflegungspauschalen führt;

1) Ein Arbeitgeberersatz für Fahrten zwischen Wohnung und erster Tätigkeitsstätte ist zwar steuer- und beitragspflichtiges Arbeitsentgelt; der Arbeitgeber hat jedoch in bestimmtem Umfang die Möglichkeit der Lohnsteuerpauschalierung nach § 40 Abs. 2 Satz 2 Nummer 1 EStG mit 15 %. Dies löst Beitragsfreiheit in der Sozialversicherung aus (§ 1 Abs. 1 Satz 1 Nr. 3 SvEV). Die vorstehenden Ausführungen gelten entsprechend für dauerhafte Fahrten zu einem Arbeitgeber-Sammelpunkt und zu einem weiträumigen Tätigkeitsgebiet. Vgl. die Ausführungen beim Stichwort „Fahrten zwischen Wohnung und erster Tätigkeitsstätte" unter Nr. 5.

Lohn-steuer-pflichtig Sozial-versich.-pflichtig

- die unentgeltliche Unterkunft im Rahmen einer beruflichen Auswärtstätigkeit oder einer doppelten Haushaltsführung (§ 3 Nr. 13 oder Nr. 16 EStG);
- die Dienstbekleidung nach § 15 WSG (§ 3 Nr. 4 oder Nr. 31 EStG);
- Leistungen nach dem Unterhaltssicherungsgesetz (§ 3 Nr. 48 EStG), u. a. Prämien, Dienstgeld und Zuschläge nach Abschnitt 2 des Unterhaltssicherungsgesetzes;
- der Auslandsverwendungszuschlag nach § 12 WSG (§ 3 Nr. 64 EStG);
- Unfallentschädigungsleistungen (§ 3 Nr. 6 EStG; vgl. dieses Stichwort).

3. Steuerpflichtige Bezüge

Zu den **steuerpflichtigen** Geld- und Sachbezügen gehören insbesondere

- der Wehrsoldgrundbetrag nebst Kinderzuschlag nach § 4 WSG;
- der erhöhte Wehrsold für Soldaten und Soldatinnen mit besonderer zeitlicher Belastung nach § 11 WSG;
- die unentgeltliche Unterkunft nach § 14 WSG, soweit diese nicht nach § 3 Nr. 13 oder Nr. 16 EStG steuerbefreit ist;
- die Vergütung für herausgehobene Positionen nach § 9 WSG;
- die Vergütung für besondere Erschwernisse nach § 10 WSG;
- das Entlassungsgeld nach § 8 WSG.

4. Freiwillige Wehrdienstleistende

Bei freiwillig Wehrdienstleistenden, die das Dienstverhältnis nach dem 31.12.2013 begonnen haben, sind also die Vorteile aus der unentgeltlichen truppenärztlichen Versorgung und eine etwaige Erstattung der Beiträge zur Kranken- und Pflegeversicherung für Angehörige steuerfrei. Ebenfalls steuerfrei sind etwaige Unfallentschädigungsleistungen (§ 3 Nr. 6 EStG; vgl. dieses Stichwort). Die weiteren Bezüge wie z. B. ab 1.1.2020 der **Wehrsold** und besondere Zuwendungen (u. a. Entlassungsgeld) sind hingegen **steuerpflichtig.**

5. Sozialversicherung

Für Wehrdienstleistende gelten folgende versicherungs- und beitragsrechtlichen Regelungen:

Bei versicherungspflichtig Beschäftigten und freiwillig Versicherten bleibt die Mitgliedschaft bei der Krankenkasse grundsätzlich bestehen. Dies gilt auch für die Pflegeversicherung.

Der Krankenversicherungsbeitrag für Wehrdienstleistende ermäßigt sich grundsätzlich auf $^1/_{10}$, für Beschäftigte im öffentlichen Dienst, die eine Wehrübung leisten auf $^1/_3$ des zuletzt zu entrichtenden Beitrages (§ 244 SGB V).

In der Renten- und Arbeitslosenversicherung besteht während des freiwilligen Wehrdienstes Versicherungspflicht. Hier werden die Beiträge vom Bund entrichtet (vgl. § 3 Nr. 2 SGB VI und § 26 Abs. 1 Nr. 2 SGB III).

Dauert der Wehrdienst länger als einen Kalendermonat hat der Arbeitgeber eine Unterbrechungsmeldung mit dem Meldegrund 53 zu erstellen. Zusätzlich ist eine besondere Meldung über die Einberufung zum freiwilligen Wehrdienst zu erstellen. Hierzu ist der Vordruck zu verwenden, den der Wehrdienstleistende vom Kreiswehrersatzamt zur Verfügung gestellt bekommt.

Wird neben dem freiwilligen Wehrdienst eine geringfügig entlohnte Beschäftigung (sog. 450-Euro-Job) ausgeübt, gilt Folgendes:

Eine neben dem freiwilligen Wehrdienst ausgeübte geringfügig entlohnte Beschäftigung ist in der Kranken-, Pflege- und Arbeitslosenversicherung versicherungsfrei; dabei spielt es keine Rolle, ob die geringfügig entlohnte Beschäftigung beim bisherigen Arbeitgeber oder bei einem anderen Arbeitgeber ausgeübt wird. Der Arbeitgeber hat deshalb im Normalfall eine Pauschalabgabe von (15 % + 13 % + 2 % =) 30 % an die Minijob-Zentrale bei der Deutschen Rentenversicherung Knappschaft-Bahn-See zu entrichten. In der Rentenversicherung besteht grundsätzlich Versicherungspflicht (zu den Regelungen bei einer geringfügigen Beschäftigung siehe das Stichwort „Geringfügige Beschäftigung").

Eine neben dem freiwilligen Wehrdienst ausgeübte kurzfristige Beschäftigung wird als nicht berufsmäßig angesehen (vgl. die Erläuterungen beim Stichwort „Geringfügige Beschäftigung" unter Nr. 16 besonders Buchstabe e).

Zur Unterbrechung des Arbeitsverhältnisses bei der Ableistung des Wehrdienstes wird auf die Erläuterungen beim Stichwort „Arbeitsunterbrechung" Bezug genommen.

Wehrsold

siehe „Bundeswehr" und „Wehrdienst"

Wehrübung

Während einer Einberufung zur Wehrübung ruht das Arbeitsverhältnis nach § 1 Abs. 1 des Arbeitsplatzschutzgesetzes. Auf die Dauer der Wehrübung kommt es nicht an.

Während einer Wehrübung muss der Arbeitgeber den Arbeitslohn grundsätzlich nicht weiterzahlen. Der Arbeitnehmer erhält eine **steuerfreie Verdienstausfallentschädigung** nach den Vorschriften des Unterhaltssicherungsgesetzes, die dem **Progressionsvorbehalt** unterliegt (§ 3 Nr. 48 sowie § 32b Abs. 1 Satz 1 Nr. 1 Buchstabe h EStG); der Progressionsvorbehalt wird aber nicht auf die Mindestleistung (§ 8 Unterhaltssicherungsgesetz) angewendet. Damit der Arbeitnehmer diese Verdienstausfallentschädigung bekommt, muss der Arbeitgeber eine Bescheinigung über den Netto-Verdienstausfall ausstellen.

Bei einer Beschäftigung im öffentlichen Dienst hat der Arbeitgeber das Arbeitsentgelt weiterzuzahlen (vgl. § 1 Abs. 2 Arbeitsplatzschutzgesetz).

Zur Steuerfreiheit der von der Bundeswehr gezahlten Bezüge vgl. „Wehrdienst".

Bei der Berechnung der Sozialversicherungsbeiträge ist zu beachten, dass bei einer Wehrübung (ohne Lohnfortzahlung) ein **Teillohnzahlungszeitraum** entsteht. Die Berechnung der Beiträge richtet sich nach dem beim Stichwort „Teillohnzahlungszeitraum" unter Nr. 4 auf Seite 920 dargestellten Verfahren unter Beachtung der anteiligen Monatsbeitragsbemessungsgrenze.

Lohnsteuerlich entsteht **kein** Teillohnzahlungszeitraum. Auf den Monatslohn, der nach Abzug des Lohnausfalls für die Tage der Wehrübung verbleibt, kann deshalb ohne weiteres die Monatslohnsteuertabelle angewandt werden.

Wird der Lohn im öffentlichen Dienst weiterbezahlt, ermäßigt sich der Beitrag in der Kranken- und Pflegeversicherung auf ein Drittel. In der Renten- und Arbeitslosenversicherung sind die Beiträge unverändert weiterzuzahlen.

Wird ein Arbeitnehmer zu einer Wehrübung von **mindestens fünf Arbeitstagen** herangezogen, ist im Lohnkonto und in der Lohnsteuerbescheinigung ein „U" einzutragen (vgl. das Stichwort „Lohnkonto" unter Nr. 9 auf Seite 639).

W

Lohnsteuerpflichtig | Sozialversich.-pflichtig

Weihnachtsfeiern

Sachleistungen im Rahmen der 110-Euro-Freibetragsgrenze sind steuerfrei (vgl. „Betriebsveranstaltungen"). nein nein

Weihnachtsgeld

1. Allgemeines

Das Weihnachtsgeld ist

- steuerlich als **sonstiger Bezug** und
- sozialversicherungsrechtlich als **einmalige Zuwendung**

zu behandeln. Es ist steuer- und beitragspflichtig. ja ja

Einzelheiten ergeben sich aus dem unter Nr. 3 folgenden Beispiel einer Lohnabrechnung mit Weihnachtsgeld. Insbesondere die Gewährung von Weihnachtsgeld wird oft an die Bedingung geknüpft, dass das Arbeitsverhältnis im darauf folgenden Jahr noch eine bestimmte Zeit besteht. Wird das Arbeitsverhältnis aus Gründen aufgelöst, die der Arbeitnehmer zu vertreten hat, muss er auch das **Weihnachtsgeld zurückzahlen.** Wie die Rückzahlung des Weihnachtsgeldes steuer- und beitragsrechtlich zu behandeln ist, ist anhand eines Beispiels beim Stichwort „Rückzahlung von Arbeitslohn" unter Nr. 4 auf Seite 840 dargestellt.

Wenn das Weihnachtsgeld zusammen mit den Dezemberbezügen erst im Januar des folgenden Kalenderjahres an den Arbeitnehmer ausgezahlt wird, stellt sich die Frage, ob es sich um Arbeitslohn des abgelaufenen oder des neuen Kalenderjahrs handelt. Maßgebend hierfür ist allein der Zuflusszeitpunkt.

Beispiel

Lohnzahlungszeitraum ist der Kalendermonat. Der Monatslohn für Dezember 2021 wird zusammen mit einer Weihnachtsgratifikation am 4. 1. 2022 ausgezahlt. Der laufende Arbeitslohn gilt im Kalenderjahr 2021 als zugeflossen und ist in die Lohnabrechnung für Dezember 2021 mit einzubeziehen. Der sonstige Bezug ist im Kalenderjahr 2022 zugeflossen und in die Lohnabrechnung für Januar 2022 einzubeziehen. Eine einheitliche Abrechnung mit den Dezemberbezügen ist in diesen Fällen nicht zulässig.

Wichtig ist also in diesen Fällen, wann dem Arbeitnehmer der Arbeitslohn zufließt. Wird der Arbeitslohn, wie dies heute allgemein üblich ist, unbar gezahlt, wird der Arbeitgeber von dem Tag ausgehen können, an dem er den Überweisungsauftrag erteilt. Wird also im Beispielsfall der Überweisungsauftrag noch im Dezember 2021 erteilt, ist der sonstige Bezug im Dezember 2021 zugeflossen und kann mit den Dezemberbezügen abgerechnet werden.

2. Gestaltungsmöglichkeiten aus Gründen der Steuerersparnis

Aus Gründen der Steuerersparnis wird häufig erwogen, das **Weihnachtsgeld** zum Teil in pauschal mit 20 % besteuerte Beiträge in eine Direktversicherung umzuwandeln.[1)] Diese Möglichkeit ist für sog. Altfälle nach wie vor zulässig und anhand eines Beispiels beim Stichwort „Zukunftsicherung" unter Nr. 16 Buchstabe a auf Seite 1086, erläutert. Auch eine **Gehaltsumwandlung** zugunsten von steuerfreien Beiträgen an einen Pensionsfonds, eine Pensionskasse oder für eine Direktversicherung ist möglich (vgl. Anhang 6 Nr. 5).

Verschiedene Arbeitgeber gewähren ihren Arbeitnehmern aus Gründen der Steuerersparnis kein Weihnachtsgeld in bar, sondern in Form von Sachbezügen. Erhalten z. B. Arbeitnehmer eines Kaufhauses anstelle des Weihnachtsgeldes einen Warengutschein im Wert von 1080 €, der zum Bezug der im Kaufhaus angebotenen Waren berechtigt, ist dieser Betrag **steuerfrei.** Unter Berücksichtigung des 4 %igen Preisabschlags können exakt Waren im Bruttoverkaufswert von 1125 € steuer- und beitragsfrei überlassen werden. Die Umwandlung von steuerpflichtigem Barlohn in einen steuerfreien Sachbezug ist nach der Rechtsprechung des Bundesfinanzhofs nur dann zulässig, wenn der Arbeitsvertrag entsprechend geändert wird (BFH-Urteil vom 6.3.2008, BStBl. II S. 530). Der Rabattfreibetrag kann also nicht in Anspruch genommen werden, wenn der Arbeitnehmer ein Wahlrecht zwischen Bargeld oder einem Sachbezug hat.

Bei der **Sozialversicherung** ist zu beachten, dass diese Gestaltungsmöglichkeit nur akzeptiert wird, wenn es sich bei den anstelle des Weihnachtsgeldes gewährten Warengutscheinen und Sachbezügen um freiwillige Leistungen des Arbeitgebers handelt, die über den Tarif- oder Arbeitsvertrag hinaus erfolgen. Nicht akzeptiert wird diese Gestaltungsmöglichkeit, wenn die Warengutscheine oder Sachzuwendungen **anstelle von vertraglich vereinbartem Arbeitsentgelt** gewährt werden (vgl. die Erläuterungen beim Stichwort „Rabatte/Rabattfreibetrag" unter Nr. 13 Buchstabe b auf Seite 815). Dabei werden folgende Fälle unterschieden:

- Geldwerte Vorteile aus Warengutscheinen und Sachleistungen, die der Arbeitgeber als freiwillige Leistung **zusätzlich** zum Arbeitsentgelt gewährt, fallen unter § 8 Abs. 3 EStG und gehören – soweit sie hiernach steuerfrei sind – nicht zum Arbeitsentgelt im Sinne der Sozialversicherung.
- Geldwerte Vorteile aus Warengutscheinen und Sachleistungen, die anstelle von in den Vorjahren außervertraglich **(freiwillig)** gezahltem Arbeitsentgelt gewährt werden, fallen unter § 8 Abs. 3 EStG und gehören – soweit sie hiernach steuerfrei sind – nicht zum Arbeitsentgelt im Sinne der Sozialversicherung.
- Geldwerte Vorteile aus Warengutscheinen und Sachleistungen, die **anstelle von vertraglich vereinbartem Arbeitsentgelt** gewährt werden, fallen nicht unter § 8 Abs. 3 EStG und gehören somit in voller Höhe zum beitragspflichtigen Arbeitsentgelt im Sinne der Sozialversicherung.

3. Lohnabrechnung mit Weihnachtsgeld

Die Lohnabrechnung für das Weihnachtsgeld (laufender Arbeitslohn zuzüglich sonstiger Bezug) soll anhand eines zusammenfassenden Beispiels (Berechnung der Steuerabzugsbeträge und der Sozialversicherungsbeiträge) erläutert werden.

---

1) Nach dem Besprechungsergebnis der Spitzenverbände der Sozialversicherung in der Sitzung am 26./27.5.2004 TOP 6 wurde zur Frage, ob das Weihnachtsgeld in jedem Kalendermonat mit einem Zwölftel ausgezahlt und dann als laufendes Arbeitsentgelt angesehen werden kann, Folgendes beschlossen:
Einmalig gezahltes Arbeitsentgelt sind nach § 23a Abs. 1 Satz 1 SGB IV Zuwendungen, die dem Arbeitsentgelt zuzurechnen sind und nicht für die Arbeit in einem einzelnen Entgeltabrechnungszeitraum gezahlt werden. Aus dieser Legaldefinition kann im Umkehrschluss gefolgert werden, dass es sich um laufendes Arbeitsentgelt handelt, wenn die Zuwendungen für die Arbeit in einem einzelnen Entgeltabrechnungszeitraum gewährt werden. Die Besprechungsteilnehmer vertreten deshalb den Standpunkt, dass Einmalzahlungen, die – ungeachtet der arbeitsrechtlichen Zulässigkeit – in jedem Kalendermonat zu einem Zwölftel zur Auszahlung gelangen, ihren Charakter als einmalig gezahltes Arbeitsentgelt im Sinne des § 23a SGB IV verlieren und damit als laufendes Arbeitsentgelt zu qualifizieren sind. Dies hat z. B. Auswirkungen auf die beitragsrechtliche Behandlung von Beiträgen zur Direktversicherung, die nach § 40b EStG pauschal besteuert werden, denn die pauschal besteuerten Direktversicherungsbeiträge sind nach § 2 Abs. 1 Satz 1 Nr. 3 ArEV (jetzt § 2 Abs. 1 Satz 1 Nr. 4 SvEV) nur dann nicht dem Arbeitsentgelt zuzuordnen, wenn es sich hierbei um zusätzliche Leistungen des Arbeitgebers handelt, die neben dem laufenden Arbeitsentgelt gezahlt werden, oder wenn sie aus Einmalzahlungen finanziert werden. Sofern für die Direktversicherungsbeiträge laufendes Arbeitsentgelt verwendet wird, was im Falle einer Umstellung des Weihnachtsgeldes von Einmalzahlung auf monatliche Zahlungen der Fall wäre, führt dies nicht zu einer Minderung des beitragspflichtigen Arbeitsentgelts, das heißt, die aus dem laufenden Arbeitsentgelt finanzierten Direktversicherungsbeiträge unterliegen auch bei einer Pauschalbesteuerung mit 20 % nach § 40b EStG der Beitragspflicht.

	Lohn-steuer-pflichtig	Sozial-versich.-pflichtig

Beispiel

Ein Arbeitnehmer (Steuerklasse III/0; rk) erhält im Kalenderjahr 2021 ein Monatsgehalt in Höhe von 4700 €. Als besondere Weihnachtszuwendung wird im Dezember 2021 ein volles Monatsgehalt gezahlt.

Für Dezember 2021 ergibt sich folgende Lohnabrechnung:

laufender Arbeitslohn		4 700,– €
Weihnachtsgeld		4 700,– €
insgesamt		9 400,– €
abzüglich:		
Lohnsteuer für den laufenden Arbeitslohn	503,33 €	
Solidaritätszuschlag für den laufenden Arbeitslohn	0,– €	
Kirchensteuer für den laufenden Lohn	40,26 €	
Lohnsteuer für das Weihnachtsgeld	1 160,– €	
Solidaritätszuschlag für das Weihnachtsgeld	0,– €	
Kirchensteuer für das Weihnachtsgeld	92,80 €	
Sozialversicherungsbeiträge:		
– für den Monatslohn Dezember 2021	950,58 €	
– für das Weihnachtsgeld	653,97 €	3 400,94 €
Nettolohn im Dezember		5 999,06 €

1. Berechnung der Lohnsteuer

Monatslohn für Dezember 2021		4 700,– €
Lohnsteuer lt. Monatstabelle (Steuerklasse III/0)		503,33 €
Solidaritätszuschlag		0,– €
Kirchensteuer (8 %)		40,26 €
Besteuerung des Weihnachtsgelds als sonstiger Bezug:		
voraussichtlicher laufender Jahresarbeitslohn (12 × 4700 €)	=	56 400,– €
Lohnsteuer nach Steuerklasse III/0 der Jahreslohnsteuertabelle 2021		
a) vom maßgebenden Jahresarbeitslohn (56 400 €)		6 040,– €
b) vom maßgebenden Jahresarbeitslohn einschließlich der Weihnachtsgratifikation (56 400 € + 4700 €) = 61 100 €		7 200,– €
Differenz = Lohnsteuer für das Weihnachtsgeld		1 160,– €
Solidaritätszuschlag beträgt wegen der Nullzone	=	0,– €
Die Kirchensteuer beträgt 8 % von 1160 €	=	92,80 €

2. Berechnung der Sozialversicherungsbeiträge

Die Berechnung der Sozialversicherungsbeiträge ist nach dem beim Stichwort „Einmalige Zuwendungen" unter Nr. 2 auf Seite 301 dargestellten Verfahren durchzuführen. Hiernach ergibt sich folgende Berechnung der Arbeitgeber- und Arbeitnehmeranteile ausgehend von folgenden Beitragssätzen: Krankenversicherung (2 × 7,3 % + angenommen 0,65 % = 7,95 %); Pflegeversicherung (1,525 % und 1,775 %); Rentenversicherung (2 × 9,3 %); Arbeitslosenversicherung (2 × 1,2 %). Es gelten die Beitragsbemessungsgrenzen in den alten Bundesländern.

a) Monatslohn Dezember 2021

	Arbeitnehmeranteil	Arbeitgeberanteil
Krankenversicherung 2 × 7,95 % aus 4700 €	373,65 €	373,65 €
Pflegeversicherung (1,775 % und 1,525 %) aus 4700 €	83,43 €	71,68 €
Rentenversicherung 2 × 9,3 % aus 4700 €	437,10 €	437,10 €
Arbeitslosenversicherung 2 × 1,2 % aus 4700 €	56,40 €	56,40 €
insgesamt	950,58 €	938,83 €

b) Weihnachtsgeld in Höhe von 4700 €

Jahresbeitragsbemessungsgrenze	Kranken- und Pflegeversicherung	Renten- und Arbeitslosenversicherung
12 × 4837,50 €	58 050,– €	
12 × 7100,– €		85 200,– €
Beitragspflichtiges Arbeitsentgelt von Januar–Dezember (4700 € × 12)	56 400,– €	56 400,– €
noch nicht verbrauchte Beitragsbemessungsgrenze	1 650,– €	28 800,– €

Das Weihnachtsgeld in Höhe von 4700,– € unterliegt somit in Höhe von 1650,– € der Beitragspflicht in der Kranken- und Pflegeversicherung und in voller Höhe der Beitragspflicht in der Renten- und Arbeitslosenversicherung.

	Arbeitnehmeranteil	Arbeitgeberanteil
Krankenversicherung 2 × 7,95 % aus 1650,– €	131,18 €	131,18 €
Pflegeversicherung (1,775 % und 1,525 %) aus 1650,– €	29,29 €	25,16 €
Rentenversicherung 2 × 9,3 % aus 4700 €	437,10 €	437,10 €
Arbeitslosenversicherung 2 × 1,2 % aus 4700 €	56,40 €	56,40 €
insgesamt	653,97 €	649,84 €

Nach R 42b Abs. 3 LStR darf der Arbeitgeber bei denjenigen Arbeitnehmern, bei denen er zur Durchführung des Lohnsteuer-Jahresausgleichs berechtigt ist, die Lohnabrechnung für Dezember mit der Durchführung des Jahresausgleichs zusammenfassen und beides in einem Arbeitsgang durchrechnen. Dabei kann er auch eine im Dezember gezahlte Weihnachtszuwendung mit einbeziehen (vgl. das Stichwort „Lohnsteuer-Jahresausgleich durch den Arbeitgeber" unter Nr. 8 auf Seite 675).

Weiträumiges Tätigkeitsgebiet

Neues und Wichtiges auf einen Blick:

1. Betriebs- oder Werksgelände kein weiträumiges Tätigkeitsgebiet

Der Bundesfinanzhof hat die Verwaltungsauffassung bestätigt, dass auch ein großflächiges und entsprechend infrastrukturell erschlossenes Gebiet (z. B. **Werksanlage, Betriebsgelände, Bahnhof oder Flughafen**) als (großräumige) erste Tätigkeitsstätte in Betracht kommt und es sich in diesem Fall nicht um ein weiträumiges Tätigkeitsgebiet handelt (BFH-Urteile vom 11.4.2019, BStBl. II S. 546 und S. 551). Vgl. auch die Erläuterungen unter der nachfolgenden Nr. 2.

2. Fahrten von der Wohnung zu einem weiträumigen Tätigkeitsgebiet

Auch für dauerhafte, typischerweise arbeitstägliche Fahrten von der Wohnung zu einem weiträumigen Tätigkeitsgebiet wird die Entfernungspauschale angesetzt. Diese verkehrsmittelunabhängige **Entfernungspauschale beträgt ab 1.1.2021 für die ersten 20 vollen Entfernungskilometer jeweils 0,30 €** und **ab dem 21. Entfernungskilometer** für jeden weiteren vollen Entfernungskilometer **jeweils 0,35 €.** Ab 2024 bis 2026 wird die Entfernungspauschale ab dem 21. vollen Entfernungskilometer auf 0,38 € angehoben.

Auf die nachfolgenden Ausführungen unter Nr. 3 sowie das Stichwort „Entfernungspauschale" unter Nr. 11 Buchstabe c wird hingewiesen.

3. Höhe der Verpflegungspauschalen

Die Verpflegungspauschalen bei beruflich veranlassten Auswärtstätigkeiten sind seit 1.1.2020 auf **28 € bei 24 Stunden Abwesenheit** und auf **14 € bei acht Stunden Abwesenheit** von der Wohnung und der ersten Tätigkeitsstätte **sowie** für den **An- und Abreisetag** bei mehrtägigen Auswärtstätigkeiten **erhöht** worden. Vgl. hierzu das Beispiel unter der nachfolgenden Nr. 4.

Gliederung:

Lohn-steuer-pflichtig | Sozial-versich.-pflichtig

1. Allgemeines

Während bis zum 31.12.2013 auch bei einem weiträumigen Arbeitsgebiet eine regelmäßige Arbeitsstätte vorliegen konnte, handelt es sich seit 1.1.2014 bei einem weiträumigen Tätigkeitsgebiet **nicht** um eine **erste Tätigkeitsstätte.** Folglich liegt bei Arbeitnehmern, die in einem weiträumigen Tätigkeitsgebiet tätig werden, eine **beruflich veranlasste Auswärtstätigkeit** vor.

2. Begriff

Ein weiträumiges Tätigkeitsgebiet liegt in Abgrenzung zu der ersten Tätigkeitsstätte vor, wenn die **vertraglich vereinbarte Arbeitsleistung auf einer festgelegten Fläche** und nicht innerhalb einer ortsfesten betrieblichen Einrichtung des Arbeitgebers, eines verbundenen Unternehmens (§ 15 AktG) oder bei einem vom Arbeitgeber bestimmten Dritten ausgeübt werden soll. In einem weiträumigen Tätigkeitsgebiet werden in der Regel z. B. **Zusteller und Forstarbeiter** tätig.

Hingegen sind z. B. Bezirksleiter und Vertriebsmitarbeiter, die verschiedene Niederlassungen betreuen oder mobile Pflegekräfte, die verschiedene Personen in deren Wohnungen in einem festgelegten Gebiet betreuen, sowie Schornsteinfeger nicht in einem weiträumigen Tätigkeitsgebiet tätig.

Der Bundesfinanzhof hat die Verwaltungsauffassung bestätigt, dass auch ein großflächiges und entsprechend infrastrukturell erschlossenes Gebiet (z. B. **Werksanlage, Betriebsgelände, Bahnhof oder Flughafen**) als (großräumige) erste Tätigkeitsstätte in Betracht kommt und es sich in diesem Fall nicht um ein weiträumiges Tätigkeitsgebiet handelt (BFH-Urteile vom 11.4.2019, BStBl. II S. 546 und S. 551).

3. Fahrtkosten

Soll der Arbeitnehmer aufgrund der Weisungen des Arbeitgebers seine berufliche Tätigkeit **dauerhaft** typischerweise **arbeitstäglich** in demselben weiträumigen Tätigkeitsgebiet ausüben, findet für die Fahrten von der **Wohnung** zu diesem **weiträumigen Tätigkeitsgebiet** – ungeachtet des Vorliegens einer beruflich veranlassten Auswärtstätigkeit – ebenfalls die **Entfernungspauschale** Anwendung. „Typischerweise arbeitstäglich" erfordert ein – bis auf Urlaubs-, Krankheits- oder Fortbildungstage – arbeitstägliches Aufsuchen desselben Ortes.

Wird das weiträumige Tätigkeitsgebiet immer von **verschiedenen Zugängen** aus betreten oder befahren, ist die Entfernungspauschale aus Vereinfachungsgründen bei diesen Fahrten nur für die **kürzeste Entfernung** von der Wohnung zum nächstgelegenen Zugang des weiträumigen Tätigkeitsgebietes anzusetzen (§ 9 Abs. 1 Satz 3 Nr. 4a Satz 3 EStG). Ein steuerfreier Arbeitgeberersatz der Pkw-Fahrtkosten in Höhe der Entfernungspauschale kommt nicht in Betracht; dies gilt auch bei Reisekostenvergütungen aus öffentlichen Kassen. Allerdings kann ein entsprechender Arbeitgeberersatz mit 15 % pauschal besteuert werden. Bei einer Firmenwagengestellung durch den Arbeitgeber ist auch für diese Fahrten ein geldwerter Vorteil nach der 0,03 %-Bruttolistenpreisregelung oder der Fahrtenbuchmethode anzusetzen (§ 8 Abs. 2 Sätze 3 und 4 EStG). — ja | nein[1]

Lediglich dauerhafte Fahrten zu einem weiträumigen Tätigkeitsgebiet in Form einer Sammelbeförderung (vgl. dieses Stichwort) sind steuer- und sozialversicherungsfrei. — nein | nein

W

Für alle Fahrten **innerhalb** des **weiträumigen Tätigkeitsgebietes** sowie die zusätzlichen Kilometer bei den Fahrten von der Wohnung zu einem **weiter entfernten Zugang** können die tatsächlichen Aufwendungen oder der pauschale Kilometersatz als steuerfreier Reisekostenersatz angesetzt werden. — nein | nein

Lohn-steuer-pflichtig | Sozial-versich.-pflichtig

Beispiel A

Forstarbeiter A fährt an 150 Tagen von seiner Wohnung zu dem 15 km entfernten, nächstgelegenen Zugang des von ihm täglich zu betreuenden Waldgebietes (= weiträumiges Tätigkeitsgebiet). An 70 Tagen fährt A von seiner Wohnung über einen weiter entfernt liegenden Zugang (20 km) in das Waldgebiet.

Die dauerhaft durchgeführten Fahrten von der Wohnung zu dem weiträumigen Tätigkeitsgebiet werden behandelt wie die Fahrten von der Wohnung zu einer ersten Tätigkeitsstätte. A kann somit für diese Fahrten lediglich die Entfernungspauschale in Höhe von 0,30 € je Entfernungskilometer (= 15 km × 0,30 €) als Werbungskosten ansetzen. Die Fahrten innerhalb des Waldgebietes können mit den tatsächlichen Kosten oder aus Vereinfachungsgründen mit dem pauschalen Kilometersatz in Höhe von 0,30 € je tatsächlich gefahrenen Kilometer berücksichtigt werden.

Bei den Fahrten zu dem weiter entfernt gelegenen Zugang werden ebenfalls 15 Kilometer mit der Entfernungspauschale (15 km × 0,30 €) berücksichtigt. Die zusätzlichen 10 Kilometer (morgens und abends jeweils 5 km für den tatsächlich längeren Hin- und Rückweg) werden ebenso wie die Fahrten innerhalb des weiträumigen Tätigkeitsgebietes mit den tatsächlichen Kosten oder aus Vereinfachungsgründen mit dem pauschalen Kilometersatz in Höhe von 0,30 € je gefahrenen Kilometer berücksichtigt.

Letztlich sind somit für 220 Tage jeweils 15 km mit der Entfernungspauschale und die restlichen tatsächlich gefahrenen Kilometer mit den tatsächlichen Kosten oder aus Vereinfachungsgründen mit dem pauschalen Kilometersatz in Höhe von 0,30 € anzusetzen.

Soll der Arbeitnehmer in mehreren ortsfesten Einrichtungen seines Arbeitgebers, eines verbundenen Unternehmens oder eines Dritten, die innerhalb eines bestimmten Bezirks gelegen sind, beruflich tätig werden, wird er nicht in einem weiträumigen Tätigkeitsgebiet, sondern an verschiedenen, ggf. sogar ständig wechselnden Tätigkeitsstätten tätig. Allerdings kann es sich bei einem großräumigen Betriebsgelände mit mehreren ortsfesten betrieblichen Einrichtungen auch um eine erste Tätigkeitsstätte handeln (vgl. vorstehende Nr. 2 am Ende).

Beispiel B

Der angestellte Schornsteinfeger B legt die Fahrten von seiner Wohnung zum Kehrbezirk mit seinem eigenen Pkw zurück. Die Entfernung von seiner Wohnung zum nächstgelegenen Zugang des Kehrbezirks beträgt 7 km.

B kann die Fahrtkosten nicht nur in Höhe der Entfernungspauschale, sondern in Höhe von 0,30 € je gefahrenen Kilometer geltend machen. Entscheidend hierfür ist, dass er nicht in einem weiträumigen Tätigkeitsgebiet, sondern in Einrichtungen der Kunden seine Tätigkeit ausübt.

Beispiel C

Vertriebsmitarbeiter C sucht seine Kunden in einem sog. Chemiepark (= großflächiges Gewerbegebiet) zu Verkaufsgesprächen auf. C kann die mit seinem eigenen Pkw durchgeführten Fahrten in Höhe von 0,30 € je gefahrenen Kilometer geltend machen. Er übt seine Tätigkeit nicht in einem weiträumigen Tätigkeitsgebiet, sondern in Einrichtungen der Kunden aus. Bei einer Firmenwagengestellung entsteht für diese Fahrten kein geldwerter Vorteil.

4. Verpflegungspauschalen

Auf die Berücksichtigung von Verpflegungspauschalen (und ggf. auch für anfallende Übernachtungskosten) als Werbungskosten sowie den steuerfreien Arbeitgeberersatz hat die unter der vorstehenden Nr. 3 beschriebene Begrenzung der Fahrtkosten allerdings keinen Einfluss, da der Arbeitnehmer weiterhin außerhalb einer ersten Tätigkeitsstätte – also auswärts – beruflich tätig wird.

Die **Dreimonatsfrist** ist für die Berücksichtigung der Verpflegungspauschalen bei einer Tätigkeit in einem weiträumigen Tätigkeitsgebiet **nicht anzuwenden.**

Beispiel

Wie Beispiel A unter der vorstehenden Nr. 3. Der Forstarbeiter ist an den 220 Arbeitstagen jeweils mehr als acht Stunden von seiner Wohnung abwesend. Die Verpflegungspauschalen können in folgender Höhe vom Arbeitgeber steuerfrei ersetzt bzw. als Werbungskosten abgezogen werden:

220 Arbeitstage × 14 € = 3080 €

1) Bei Pauschalbesteuerung mit 15 %.

Lohnsteuerpflichtig | Sozialversich.-pflichtig

Werbedamen

Ob Werbedamen mit jeweils kurzfristigem Arbeitseinsatz nichtselbständig oder selbständig tätig sind, muss nach dem Gesamtbild der tatsächlichen Verhältnisse beurteilt werden. Werbedamen, die von verschiedenen Auftraggebern nur von Fall zu Fall für jeweils kurzfristige Werbeaktionen (z. B. in Kaufhäusern oder Supermärkten) beschäftigt werden und hierfür ein festes Tageshonorar erhalten, jedoch keinen Anspruch auf Urlaubsgeld, Weihnachtsgeld sowie auf Fortzahlung der Bezüge im Krankheitsfall haben, sind grundsätzlich selbständig tätig und keine Arbeitnehmer (BFH-Urteil vom 14. 6. 1985, BStBl. II S. 661). Die Vergütungen unterliegen nicht dem Lohnsteuerabzug; sie sind vielmehr im Wege der Veranlagung zur Einkommensteuer steuerlich zu erfassen. nein nein

Siehe aber auch die Stichworte „Regalauffüller" und „Servicekräfte".

Werbegeschenke

Kauft der Arbeitnehmer im Auftrag des Arbeitgebers ein Geschenk für einen Kunden und erhält er den Betrag vom Arbeitgeber wieder ersetzt, handelt es sich nicht um steuerpflichtigen Arbeitslohn, sondern um steuerfreien Auslagenersatz (vgl. dieses Stichwort). nein nein

Der Arbeitgeber kann den Auslagenersatz nur dann als Betriebsausgabe abziehen, wenn der Wert des einzelnen Geschenks für den Kunden die Freigrenze von **35 €** nicht übersteigt. Mehrere Geschenke im Jahr sind für die Prüfung der 35-Euro-Freigrenze zusammenzurechnen.

Zur Pauschalierung der Steuer bei Geschenken an Geschäftsfreunde (= Abgeltungswirkung für den Empfänger) mit 30 % vgl. das Stichwort „Pauschalierung der Lohnsteuer für Belohnungsessen, Incentive-Reisen, VIP-Logen und ähnliche Sachbezüge" unter Nr. 3.

Werbeprämien

siehe „Prämien" und „Preise"

Werbezettelausträger

Werbezettelausträger sind in der Regel Arbeitnehmer. Die Vergütungen, die sie für ihre Tätigkeit erhalten, sind damit steuerpflichtiger Arbeitslohn und auch beitragspflichtiges Arbeitsentgelt. ja ja

Zu den Voraussetzungen einer geringfügigen Beschäftigung vgl. dieses Stichwort.

Werbung auf Arbeitnehmer-Fahrzeugen

Einige Arbeitgeber zahlen an Arbeitnehmer Vergütungen, weil auf privaten Fahrzeugen der Arbeitnehmer ein Werbeaufdruck für das Unternehmen des Arbeitgebers angebracht worden ist.

Werden vergleichbare Vereinbarungen dem Grunde und der Höhe nach auch mit fremden Dritten abgeschlossen, gilt Folgendes (vgl. bezüglich des **Fremdvergleichs** auch das Stichwort „Arbeitszimmer" unter Nr. 3):

Bei den Zahlungen des Arbeitgebers handelt es sich nicht um steuer- und sozialversicherungspflichtigen Arbeitslohn, sondern um sonstige Einkünfte (§ 22 Nr. 3 EStG), die bis zu einem Jahresbetrag von 255 € auch nicht einkom-

Lohnsteuerpflichtig | Sozialversich.-pflichtig

mensteuerpflichtig sind (= Freigrenze). Die Zahlungen des Arbeitgebers sind nämlich Gegenleistung für den Werbeaufdruck auf dem privaten Fahrzeug des Arbeitnehmers (= Vermietung beweglicher Gegenstände) und nicht Gegenleistung für die Zurverfügungstellung der individuellen Arbeitskraft. Eine Gehaltsumwandlung von Bruttoarbeitslohn zugunsten einer Zahlung des Arbeitgebers für den Werbeaufdruck auf dem Privatfahrzeug ist möglich. nein nein

Werden hingegen solche Werbeflächen-Mietverträge nur mit den eigenen Arbeitnehmern abgeschlossen und fremden Dritten auch nicht ernsthaft angeboten, geht die Finanzverwaltung von steuer- und sozialversicherungspflichtigen Arbeitslohn aus. ja ja

Werbungskosten

Werbungskosten können vom Finanzamt als Freibetrag gebildet und beim Lohnsteuerabzug durch den Arbeitgeber berücksichtigt werden (vgl. die alphabetische Übersicht in Anhang 7 Abschnitt B unter Nr. 2 auf Seite 1221).

Werbungskostenersatz durch den Arbeitgeber

Leistungen des Arbeitgebers, mit denen er Werbungskosten des Arbeitnehmers ersetzt, sind steuer- und beitragspflichtig, soweit nicht durch eine ausdrückliche gesetzliche Regelung Steuerfreiheit angeordnet ist (R 19.3 Abs. 3 Satz 1 LStR). ja ja

Auf die ausführlichen Erläuterungen beim Stichwort „Auslagenersatz" wird Bezug genommen.

Werkspension

siehe „Betriebsrente"

Werkspensionäre

siehe „Betriebsrente"

Werkstudenten

siehe „Studenten"

Werkswohnung

siehe „Wohnungsüberlassung"

Werkzeuggeld

1. Allgemeines

Werkzeuggeld ist nach § 3 Nr. 30 EStG steuerfrei. nein nein

Die Steuerbefreiung nach § 3 Nr. 30 EStG beschränkt sich auf die Erstattung der Aufwendungen, die dem **Arbeitnehmer** durch die betriebliche Benutzung **eigener** Werkzeuge entstehen. Eine betriebliche Benutzung der Werkzeuge liegt auch dann vor, wenn die Werkzeuge im Rahmen des Arbeitsverhältnisses außerhalb einer Betriebsstätte des Arbeitgebers eingesetzt werden, z. B. auf einer Baustelle. nein nein

Lohn-steuer-pflichtig | Sozial-versich.-pflichtig

Ohne Einzelnachweis der tatsächlichen Aufwendungen sind **pauschale Entschädigungen** steuerfrei, soweit sie Folgendes abgelten:

- die regelmäßigen Absetzungen für Abnutzung der Werkzeuge, nein nein
- die üblichen Betriebs-, Instandhaltungs- und Instandsetzungskosten der Werkzeuge sowie nein nein
- die Kosten der Beförderung der Werkzeuge zwischen Wohnung und Einsatzstelle. nein nein

Entschädigungen für Zeitaufwand des Arbeitnehmers (z. B. Wartung und Reinigung der Werkzeuge) sind hingegen steuer- und beitragspflichtig. ja ja

2. Werkzeuge im steuerlichen Sinne

Zum Begriff „Werkzeug" wird von der Finanzverwaltung ein sehr einschränkender Standpunkt eingenommen. Es wird davon ausgegangen, dass ein Werkzeug „eine Sache ist, mit der eine andere Sache bearbeitet wird". Kein Werkzeug in diesem Sinne sind deshalb u. a. Musikinstrumente und deren Einzelteile. Das den Musikern gezahlte Instrumentengeld wäre deshalb eigentlich steuer- und beitragspflichtig. Zur Steuerfreiheit der Reparaturkostenerstattung des Arbeitgebers für Musikinstrumente bei tarifvertraglicher Verpflichtung sowie bei pauschalen Zahlungen vgl. die Erläuterungen unter der nachfolgenden Nr. 3 sowie beim Stichwort „Auslagenersatz" unter Nr. 2.

Ebenfalls **keine „Werkzeuge"** sind z. B.

- der Fotoapparat eines Journalisten,
- das eigene Fotokopier- oder Fax-Gerät des Arbeitnehmers,
- der eigene Computer oder Laptop oder andere Datenverarbeitungsgeräte des Arbeitnehmers.

Eine etwaige Zahlung des Arbeitgebers für die beruflich bedingte Abnutzung dieser Gegenstände kann daher nicht als Werkzeuggeld steuerfrei bleiben. ja ja

Gewährt der Arbeitgeber zur Beschaffung eines Gegenstandes, der kein „Werkzeug" im oben genannten Sinne ist, einen Zuschuss, liegt ebenfalls kein steuerfreies Werkzeuggeld vor. ja ja

Beispiel

Der Arbeitnehmer kauft sich für 2000 € einen Computer, den er in seinem häuslichen Arbeitszimmer ausschließlich für berufliche Zwecke nutzt. Der Arbeitgeber gewährt einen Zuschuss von 1000 € zum Kauf des Computers. Der Zuschuss ist steuer- und beitragspflichtiger Arbeitslohn. Der Arbeitnehmer kann den Kaufpreis von 2000 € – verteilt auf die Nutzungsdauer des Computers – als Werbungskosten bei seiner Veranlagung zur Einkommensteuer geltend machen. Vgl. aber auch den auf dieses Beispiel folgenden Absatz zur Pauschalierung der Lohnsteuer mit 25 % und die sich für den Werbungskostenabzug ergebenden Folgerungen.

Gewährt der Arbeitgeber nicht nur einen Zuschuss, sondern erstattet er dem Arbeitnehmer die vollen Ausgaben für den Computer (weil der Arbeitgeber die Anschaffung für die berufliche Tätigkeit des Arbeitnehmers für zwingend erforderlich hält), tritt hierdurch in der lohnsteuerlichen Beurteilung keine Änderung ein, d. h., der Arbeitgeberersatz ist steuer- und beitragspflichtig (der Arbeitnehmer kann jedoch Werbungskosten geltend machen).

Kauft der Arbeitgeber selbst den Computer und stellt er diesen dem Arbeitnehmer leihweise zur ausschließlichen beruflichen Nutzung zur Verfügung, handelt es sich hierbei nicht um einen lohnsteuerlich relevanten Vorgang. Der Arbeitgeber hat die Anschaffungskosten zu aktivieren und entsprechend der Nutzungsdauer abzuschreiben. Beim Arbeitnehmer liegt kein Zufluss von Arbeitslohn vor. Diese Beurteilung gilt für alle vergleichbaren Fälle, in denen ausschließlich beruflich genutzte Gegenstände dem Arbeitnehmer lediglich leihweise zur Verfügung gestellt werden.

Zur **privaten** Nutzung von Computern mit Internetanschluss, die der Arbeitgeber dem Arbeitnehmer leihweise zur Verfügung stellt, wird wegen der Steuerfreiheit des Vorteils nach § 3 Nr. 45 EStG auf die ausführlichen Erläuterungen beim Stichwort „Computer" unter Nr. 1 verwiesen. Zur Möglichkeit der Pauschalierung der Lohnsteuer mit 25 % bei Barzuschüssen des Arbeitgebers für die Internetnutzung vgl. die Erläuterungen beim Stichwort „Computer" unter Nr. 2 Buchstabe b. Die dort beschriebene Möglichkeit der Pauschalierung der Lohnsteuer mit 25 % gilt auch für Zuschüsse zu den Anschaffungskosten des Computers (R 40.2 Abs. 5 Satz 6 LStR). Durch diese Pauschalierung verliert der Arbeitnehmer allerdings den Werbungskostenabzug (§ 40 Abs. 3 EStG).

Der Bundesfinanzhof hat übrigens die einschränkende Auffassung der Finanzverwaltung zum Begriff „Werkzeug" mit Urteil vom 21.8.1995 (BStBl. II S. 906) in vollem Umfang bestätigt und darüber hinaus ausgeführt, dass der Begriff „Werkzeug" im Sinne des § 3 Nr. 30 EStG auf Handwerkszeuge, die zur leichteren Handhabung, Herstellung oder Bearbeitung eines Gegenstands verwendet werden, beschränkt werden müsse, deren Anschaffungskosten unter 800 € liegen. Das heißt umgekehrt, dass bei Anschaffungskosten von über 800 € der Begriff „Werkzeug" nicht mehr erfüllt ist.

Ausgehend von diesen Grundsätzen ergibt sich hiernach für den Begriff „Werkzeug" Folgendes:

- Der Begriff „Werkzeug" ist wesentlich enger auszulegen, als der für den Werbungskostenabzug geltende Begriff des Arbeitsmittels.
- Ein „Werkzeug" kann nur ein geringwertiges Wirtschaftsgut sein, das heißt, die Anschaffungskosten (ohne Umsatzsteuer) dürfen nicht höher sein als 800 €.
- Da die im Kalenderjahr entstandenen Kosten maßgebend sind, können nur solche Wirtschaftsgüter „Werkzeuge" im Sinne des § 3 Nr. 30 EStG sein, deren steuerlich maßgebende Nutzungsdauer ein Jahr nicht übersteigt.

3. Auslagenersatz statt Werkzeuggeld

Im oben unter Nr. 2 genannten Urteil vom 21.8.1995 (BStBl. II S. 906) hat der Bundesfinanzhof zwar zum Werkzeuggeld einen sehr einschränkenden Standpunkt vertreten. Gleichzeitig hat er jedoch zum steuerfreien Auslagenersatz entschieden, dass ein **pauschaler** Auslagenersatz bis zu einem Betrag von etwa **50 € monatlich** steuerfrei bleiben könne, wenn die pauschale Abgeltung im Großen und Ganzen den tatsächlichen Aufwendungen entspricht. Sind die Voraussetzungen für die Steuerfreiheit als Werkzeuggeld nicht erfüllt, ist demnach stets zu prüfen, ob die gezahlten Beträge ggf. **als Auslagenersatz steuerfrei** bleiben können. Die Finanzverwaltung hat in R 3.50 Abs. 2 LStR die Voraussetzungen festgelegt, unter denen ein pauschaler Auslagenersatz steuerfrei gezahlt werden kann. Voraussetzung für die Steuerfreiheit ist hiernach, dass die Aufwendungen für einen repräsentativen Zeitraum von **drei Monaten** im Einzelnen nachgewiesen werden. Der pauschale Auslagenersatz kann dann so lange steuerfrei gezahlt werden, bis sich die Verhältnisse wesentlich ändern (vgl. das Stichwort „Auslagenersatz" besonders unter Nr. 3).

Siehe auch die Stichworte „Blattgeld", „Hundegeld", „Instrumentengeld", „Motorsägegeld", „Rohrgeld" und „Saitengeld".

Wettbewerbsverbot

Verpflichtet sich ein Arbeitnehmer **während** der Dauer des Arbeitsverhältnisses eine bestimmte Tätigkeit nicht auszuüben oder zu unterlassen (Wettbewerbsverbot), gehört eine hierfür gezahlte Entschädigung stets zum steuerpflichtigen Arbeitslohn (§ 24 Nr. 1 Buchstabe b i. V. m. § 19 EStG). Ist für die Zeit **nach** Beendigung des Arbeitsverhältnisses ein Konkurrenzverbot vereinbart, siehe die Ausführungen beim Stichwort „Konkurrenzverbot".

Die Entschädigung für das Wettbewerbsverbot ist im Zeitpunkt des Zufließens zu versteuern. Handelt es sich um eine Einmalzahlung, ist die Entschädigung für die Nichtausübung der Tätigkeit unter Anwendung der sog. **Fünf-**

Lohnsteuerpflichtig | Sozialversich.-pflichtig

telregelung als sonstiger Bezug zu versteuern, wenn eine Zusammenballung von Einnahmen vorliegt (vgl. das Stichwort „Entschädigungen").

Sozialversicherungsrechtlich sind Zahlungen aufgrund eines Wettbewerbsverbots dann beitragspflichtiges Entgelt, wenn sie während des Beschäftigungsverhältnisses gezahlt werden. ja ja

In der Regel werden solche Entschädigungen jedoch erst nach dem Ende des Arbeitsverhältnisses gezahlt. Laufend ausgezahlt bleiben sie beitragsfrei. In Form einer einmaligen Abfindung wurden sie früher wie Entlassungsabfindungen als Einmalzahlung zur Beitragsberechnung herangezogen. Im Hinblick auf das Urteil des Bundessozialgerichts vom 21.2.1990 – 12 RK/20/88 – zu den Abfindungen (vgl. Stichwort „Abfindungen wegen Entlassung aus dem Dienstverhältnis" unter Nr. 13 auf Seite 36) werden einmalige Wettbewerbsentschädigungen als beitragsfrei angesehen. ja nein

Abkommensrechtlich wird die „Arbeitsleistung" (= das Nicht-Tätigwerden) in dem Staat erbracht, in dem sich der Arbeitnehmer während der Dauer des Verbots aufhält. Die Fiktion eines Tätigkeitsstaates, unabhängig von der körperlichen Anwesenheit (z. B. in dem Staat, in dem der Arbeitnehmer nicht tätig werden darf), ist nicht möglich (BFH-Urteil vom 5.10.1994, BStBl. 1995 II S. 95). Hält der Arbeitnehmer sich während des maßgebenden Zeitraums in mehreren Staaten auf, ist das Entgelt entsprechend aufzuteilen.

Windkraftanlagen

Bei einer beruflich veranlassten Auswärtstätigkeit ist der Abzug der inländischen Verpflegungspauschalen von 14 € bzw. 28 € (besondere Pauschalen gelten bei einer Tätigkeit im Ausland) bei einer längerfristigen Tätigkeit an derselben Tätigkeitsstätte auf die ersten drei Monate beschränkt. Eine Unterbrechung der beruflichen Tätigkeit an derselben Tätigkeitsstätte führt zu einem Neubeginn, wenn sie mindestens vier Wochen dauert (vgl. im Einzelnen Anhang 4, Nr. 9 Buchstabe d). Im Zusammenhang mit der Errichtung von Windkraftanlagen, bei denen es sich nicht um die erste Tätigkeitsstätte des Arbeitnehmers handelt, z. B. weil die erste Tätigkeitsstätte sich am Sitz des Arbeitgebers befindet, ist diesbezüglich Folgendes zu beachten:

Werden Arbeitnehmer zur Errichtung einer **einzelnen Windkraftanlage** eingesetzt, stellt diese Windkraftanlage eine Tätigkeitsstätte der Arbeitnehmer im Sinne der Dreimonatsfrist dar.

Bei der Errichtung von **landgestützten Windparks** stellt nicht die einzelne Windkraftanlage, sondern der gesamte Windpark **eines Auftraggebers** eine Tätigkeitsstätte der Arbeitnehmer im Sinne der Dreimonatsfrist dar, wenn auf der Fläche des Windparks Büro- oder Baucontainer zur Abhaltung von regelmäßigen Besprechungen oder sonstiger dienstlicher Angelegenheiten für die Arbeitnehmer aufgestellt worden sind.

Werden Arbeitnehmer bei der Errichtung von Windparks im Küstenvorfeld (sog. **Offshore-Windparks**) sowohl bei der Vormontage im Basishafen als auch bei der schiffsgestützten Endmontage auf See eingesetzt, ist die Dreimonatsfrist nur für die Tätigkeit im Basishafen anzuwenden. Bei der schiffsgestützten Endmontage handelt es sich um eine berufliche Tätigkeit auf einer mobilen betrieblichen Einrichtung, für die die Dreimonatsfrist zur Berücksichtigung der Verpflegungspauschalen nicht gilt.

Winterausfallgeld

siehe „Saison-Kurzarbeitergeld"

Lohnsteuerpflichtig | Sozialversich.-pflichtig

Winterbeschäftigungs-Umlage in der Bauwirtschaft

Seit dem 1.5.2006 hat die Winterbeschäftigungs-Umlage die frühere Winterbauumlage im Bauhauptgewerbe abgelöst. Die Arbeitnehmer, die im Bauhauptgewerbe tätig sind, werden seitdem mit 0,8 % des Bruttoarbeitslohns an der Finanzierung beteiligt. Diese Beteiligung wird aus versteuertem Einkommen finanziert. Sie dient dazu, Arbeitsplätze in der Schlechtwetterzeit zu erhalten. Die Finanzverwaltung erkennt den Finanzierungsbeitrag des Arbeitnehmers als **Werbungskosten** an. Arbeitgeber können diese Umlage in einer freien Zeile der Lohnsteuerbescheinigung als freiwillige Angabe ausweisen (vgl. das Stichwort „Lohnsteuerbescheinigung" unter Nr. 29). Die späteren Leistungen (Wintergeld als Zuschuss-Wintergeld und Mehraufwands-Wintergeld) sind steuerfrei und unterliegen nicht dem Progressionsvorbehalt (vgl. das Stichwort „Wintergeld").

Aufgrund der zum 1.11.2006 bzw. zum 1.4.2007 geänderten Winterbeschäftigungs-Verordnung werden auch Arbeitnehmer im Baunebengewerbe zur Umlage herangezogen. Arbeitnehmer im Dachdeckerhandwerk müssen seit 1.11.2006 0,8 % des Bruttoarbeitslohns als Umlage zahlen. Im Garten- und Landschaftsbau wird bei den Arbeitnehmern seit 1.4.2007 ebenfalls eine Umlage von 0,8 % erhoben. Der Arbeitnehmeranteil ist auch bei Arbeitnehmern dieser Branchen als Werbungskosten abziehbar. Im Gerüstbauerhandwerk wird weiterhin nur der Arbeitgeber zu der Umlage herangezogen, sodass insoweit kein Werbungskostenabzug möglich ist.

Bei einer **Übernahme** der Arbeitnehmeranteile der Umlage durch den Arbeitgeber handelt es sich um zusätzlichen **steuer**- und **beitragspflichtigen Arbeitslohn.** ja ja

Wintergeld

1. Allgemeines

Das Wintergeld, das Bauarbeitern auf witterungsabhängigen Arbeitsplätzen nach den Vorschriften zur Förderung der ganzjährigen Beschäftigung in der Bauwirtschaft als ergänzende Leistung zum Saison-Kurzarbeitergeld nach § 101 SGB III gezahlt wird (2,50 €, 1,03 € oder 1,00 € je Arbeitsstunde), ist steuer- und beitragsfrei. nein nein

Es unterliegt **nicht** dem Progressionsvorbehalt, da es in § 32b Abs. 1 Satz 1 Nr. 1 EStG nicht genannt ist. Das Wintergeld wird in zweierlei Form gewährt:

2. Zuschuss-Wintergeld

Arbeitnehmer, deren Arbeitsverhältnis in der Schlechtwetterzeit nicht aus witterungsbedingten Gründen gekündigt werden kann, haben in der Bauwirtschaft Anspruch auf ein umlagefinanziertes Wintergeld als Zuschuss-Wintergeld und Mehraufwands-Wintergeld (§ 102 SGB III).

Das Zuschuss-Wintergeld wird für jede in der Schlechtwetterzeit ausgefallene Arbeitsstunde gewährt, wenn durch die Auflösung von Arbeitszeitguthaben die Inanspruchnahme von Saison-Kurzarbeitergeld vermieden wird. Als Anreiz zur Flexiblisierung und zum Ansparen von Arbeitszeitguthaben für Arbeitsausfälle aus wirtschaftlichen oder witterungsbedingten Gründen ist das Zuschuss-Wintergeld in Betrieben des Baugewerbes, des Dachdecker-Handwerks und des Garten-, Landschafts- und Sportplatzbaus auf **2,50 €** für jede ausgefallene Arbeitsstunde festgesetzt worden.

In Betrieben des Gerüstbaus beträgt das Zuschuss-Wintergeld **1,03 €** je Stunde und wird ausschließlich zur Vermeidung oder Überbrückung witterungsbedingter Arbeitsausfälle gewährt. Diese Leistung wird bis 31. März 2021 erbracht (vgl. § 133 SGB III).

Lohnsteuerpflichtig | Sozialversich.-pflichtig

Das Zuschuss-Wintergeld ist steuerfrei (R 3.2 Abs. 3 LStR) und gehört nicht zum Arbeitsentgelt in der Sozialversicherung. nein nein

Das Zuschuss-Wintergeld unterliegt auch **nicht** dem Progressionsvorbehalt. Es muss deshalb nicht in Zeile 15 der elektronischen Lohnsteuerbescheinigung 2021 als Lohnersatzleistung eingetragen werden.

3. Mehraufwands-Wintergeld

Das Mehraufwands-Wintergeld wird nach § 102 Abs. 3 SGB III in Höhe von **1,00 €** für jede in der Zeit vom 15. Dezember bis Ende Februar geleistete berücksichtigungsfähige Arbeitsstunde (im Dezember bis zu 90, im Januar und Februar bis zu 180 Stunden) gezahlt.

Das Mehraufwands-Wintergeld ist steuerfrei (R 3.2 Abs. 3 LStR) und gehört nicht zum Arbeitsentgelt in der Sozialversicherung. nein nein

Es unterliegt **nicht** dem Progressionsvorbehalt. Das Mehraufwands-Wintergeld muss deshalb nicht in Zeile 15 der elektronischen Lohnsteuerbescheinigung 2021 bescheinigt werden.

Wirtschaftsbeihilfen

Wirtschaftsbeihilfen zur Unterstützung an Arbeitnehmer, die nicht unter den Begriff der „Notstandsbeihilfen" fallen (vgl. „Unterstützungen"), sind steuer- und beitragspflichtig. ja ja

Witwengelder

Pensionszahlungen an die Witwe oder den Witwer aus dem früheren Dienstverhältnis des verstorbenen Arbeitnehmers (Witwenpension) sind als Versorgungsbezüge steuerpflichtiger Arbeitslohn (vgl. „Versorgungsbezüge, Versorgungsfreibetrag"). ja nein[1]

Witwenrenten oder Witwerrenten aus der gesetzlichen Rentenversicherung sind kein Arbeitslohn. Allerdings ist ein bestimmter Anteil einkommensteuerpflichtig, wenn die persönlichen Freibeträge überschritten sind (siehe „Renten"). nein nein

Witwenrenten an Kriegerwitwen nach dem Bundesversorgungsgesetz sind nach § 3 Nr. 6 EStG steuerfrei. nein nein

Wochenendheimfahrten

siehe „Auslösungen" und „Doppelte Haushaltsführung"

Wohnen für Hilfe

Beim bundesweit angebotenen Projekt **„Wohnen für Hilfe"** bieten in der Regel ältere Menschen Studierenden und Auszubildenden **günstigen Wohnraum** an. Als Gegenleistung verpflichten sich die Studierenden und Auszubildenden den Wohnraumanbieter im **Alltag** zu **unterstützen.** Die geleisteten Stunden werden als „Mieterlass" angerechnet, wobei zumeist ein Quadratmeter Wohnfläche mit einer Stunde Hilfe im Monat verrechnet wird. Folgende drei Modelle sind bekannt geworden:

- Modell 1: Verrichtung praktischer Alltagshilfen durch den Wohnraumnehmer an den Wohnraumgeber (z. B. Einkaufen, Kochen, Begleitdienste),
- Modell 2: Verrichtung gemeinnütziger Tätigkeiten durch den Wohnraumnehmer im unmittelbaren Wohnraumumfeld des Wohnraumanbieters und
- Modell 3: Verrichtung einer gemeinnützigen/ehrenamtlichen Tätigkeit durch den Wohnraumnehmer im Stadtgebiet ohne Zahlung einer Aufwandsentschädigungspauschale.

W

Lohnsteuerpflichtig | Sozialversich.-pflichtig

Beim Modell 1 geht die Finanzverwaltung regelmäßig und bei den Modellen 2 und 3 grundsätzlich von einem **steuerlichen Arbeitsverhältnis** aus, d. h., der **Wohnraumanbieter** ist steuerlich **Arbeitgeber** und der **Wohnraumnehmer** ist steuerlich **Arbeitnehmer.** Der Wohnraumanbieter erzielt zudem regelmäßig Einkünfte aus Vermietung und Verpachtung, wobei bei den Modellen 2 und 3 zu prüfen ist, ob überhaupt die steuerlich erforderliche Einkunftserzielungsabsicht gegeben ist.

Wohnungsüberlassung

Neues und Wichtiges auf einen Blick:

1. Bewertungsabschlag von einem Drittel bei qm-Preis bis 25 €

Bei der Ermittlung des steuerpflichtigen Sachbezugs aus der unentgeltlichen oder verbilligten Überlassung von Wohnraum durch den Arbeitgeber an den Arbeitnehmer ist seit 2020 ein Bewertungsabschlag von einem Drittel vom ortsüblichen Mietwert (einschließlich Nebenkosten) eingeführt worden (§ 8 Abs. 2 Satz 12 EStG); er gilt auch im Sozialversicherungsrecht. Der Bewertungsabschlag **wirkt wie ein Freibetrag,** denn die nach Anwendung des Bewertungsabschlags ermittelte Vergleichsmiete ist Bemessungsgrundlage für die Bewertung der Mietvorteile. Das vom Arbeitnehmer tatsächlich gezahlte Entgelt für die Wohnung (tatsächlich erhobene Miete plus tatsächlich abgerechnete Nebenkosten) ist auf die Vergleichsmiete anzurechnen.

Der Bewertungsabschlag ist auch dann zu gewähren, wenn der Vorteil auf Veranlassung des Arbeitgebers von einem **verbundenen Unternehmen** eingeräumt wird (z. B. von einem eigenständigen Wohnungsunternehmen als Tochterunternehmen). Bei Mietvorteilen auf Veranlassung des Arbeitgebers durch einen Dritten außerhalb verbundener Unternehmen ist der Bewertungsabschlag aber nicht anwendbar (z. B. bei einer Vermittlung des Arbeitgebers oder bei Belegungsrechten). Auch bei Geldleistungen des Arbeitgebers (z. B. Mietzuschüssen, Ausgleichszahlungen für Miethöhenbegrenzung) kann der Bewertungsabschlag nicht in Anspruch genommen werden.

Der Bewertungsabschlag kommt **nicht** zur Anwendung, wenn die **ortsübliche Kaltmiete** – ohne die nach der Betriebskostenverordnung umlagefähigen Kosten – **mehr als 25 € je qm** beträgt. Nach der Gesetzesbegründung dient diese feste Mietobergrenze der Gewährleistung sozialer Ausgewogenheit und der Vermeidung der steuerbegünstigten Vermietung von Luxuswohnungen.

Obwohl der Bewertungsabschlag in § 8 Abs. 2 Satz 12 EStG geregelt ist, geht die Finanzverwaltung von einer Bewertung nach § 8 Abs. 2 Satz 1 EStG (mit Bewertungsabschlag von 1/3) aus mit der Folge, dass die **44-Euro-Freigrenze für Sachbezüge anwendbar** ist.

Vgl. nachfolgende Nr. 4 Buchstabe d sowie Nr. 10.

2. Besondere Quadratmeterpreise in Ausnahmefällen

Ab **1.1.2021** gelten einheitlich in allen Bundesländern neue Quadratmeterpreise für die Fälle, in denen der ortsübliche Mietpreis nur unter außergewöhnlichen Schwierigkeiten ermittelt werden kann und zwar **4,16 €** bzw. **3,40 €** monatlich je Quadratmeter (bisher 4,12 € bzw. 3,37 € monatlich, vgl. nachfolgend unter Nr. 7).

3. Bewertung der Schönheitsreparaturen

Der Verbraucherpreisindex in Deutschland hat sich im maßgebenden Zeitraum Oktober 2016 bis Oktober 2019 von 101,2 auf 106,1 erhöht. Somit ergibt sich für Schön-

1) Zur eventuellen Krankenversicherungspflicht von Versorgungsbezügen vgl. die Erläuterungen in Teil B Nr. 12 auf Seite 24.

Lohn-steuer-pflichtig | Sozial-versich.-pflichtig

heitsreparaturen für den Zeitraum **1.1.2020 bis 31.12.2022 je qm Wohnfläche und Jahr ein Zuschlagswert von 10,99 €,** sofern er nicht auf Basis der tatsächlichen Aufwendungen ermittelt werden kann. Vgl. die Ausführungen unter der nachfolgenden Nr. 8 Buchstabe c.

Gliederung:

1. Allgemeines
2. Anwendung der Sachbezugswerte
   a) Allgemeines
   b) Bewertung einer „Wohnung" mit dem Sachbezugswert für Unterkunft
   c) Bewertung einer „Unterkunft" mit dem ortsüblichen Mietpreis
3. Bewertung mit dem ortsüblichen Mietpreis
   a) Allgemeines
   b) Bewertungsabschlag von einem Drittel
4. Ermittlung des ortsüblichen Mietpreises
   a) Allgemeines
   b) Mietspiegel
   c) Besondere Quadratmeterpreise in Ausnahmefällen
   d) Bewertungsabschlag von einem Drittel
5. Beschränkung der Miete durch mietpreisrechtliche Vorschriften
6. Beschränkung der Miete bei öffentlich geförderten und gleichgestellten Wohnungen
   a) Öffentlich geförderte Wohnungen
   b) Gleichgestellte Wohnungen
7. Bewertung einer Wohnung, wenn die ortsübliche Miete nur unter außergewöhnlichen Schwierigkeiten ermittelt werden kann
8. Bewertung der Nebenkosten
   a) Wert der unentgeltlichen oder verbilligten Heizung
   b) Unentgeltliche oder verbilligte Beleuchtung
   c) Schönheitsreparaturen
9. Anwendung des Rabattfreibetrags bei der Überlassung einer Wohnung
10. Monatliche Freigrenze von 44 €
11. Steuerfreiheit bei der unentgeltlichen oder verbilligten Überlassung von Wohnungen
12. Wohnrecht
13. Sonstige Aufwendungen des Arbeitgebers zur Wohnungsbeschaffung
   a) Zuschuss für Eigenheime
   b) Verkauf von Bauland
   c) Zuschuss zur Miete
   d) Zinsverbilligte Darlehen
   e) Übernahme von Zinsen
   f) Zuschüsse zur Miete als Vorauszahlung
   g) Zuschüsse zur Miete mit Rückzahlungsverpflichtung beim Ausscheiden aus dem Dienstverhältnis
   h) Vorzeitige Rückzahlung zinsverbilligter Darlehen
   i) Investitionskostenzuschuss
14. Wohnheime und Personalunterkünfte
15. Sonderregelung für im Ausland überlassene Wohnungen
16. Umsatzsteuerfreiheit der Wohnungsüberlassung

1. Allgemeines

Bei der Gewährung geldwerter Vorteile durch den Arbeitgeber nimmt der Wohnungsbereich einen breiten Raum ein. Zum Teil werden Mietnachlässe oder sonstige Verbilligungen bereits in den Arbeitsverträgen oder in Betriebsvereinbarungen festgelegt. Auch eine unentgeltliche oder verbilligte Überlassung von Grundstücken zum Wohnungsbau kommt hin und wieder vor, vgl. das Stichwort „Grundstücke". ja ja

Der geldwerte Vorteil aus der unentgeltlichen oder verbilligten Überlassung von Wohnräumen gehört als Sachbezug zum steuer- und beitragspflichtigen Arbeitslohn.

Es ist gleichgültig, ob die unentgeltlich oder verbilligt überlassene Wohnung

- dem Arbeitgeber gehört;
- vom Arbeitgeber gemietet und an den Arbeitnehmer verbilligt weitervermietet wird;
- von einem Dritten an den Arbeitnehmer vermietet wird und der Arbeitgeber einen Ausgleich für die Verbilligung der Miete an den Dritten gewährt (z. B. ein zinsloses Darlehen). ja ja

Die Bewertung des geldwerten Vorteils erfolgt im Grundsatz mit dem **ortsüblichen Mietpreis.** Hierauf ist seit 2020 ggf. ein Bewertungsabschlag von einem Drittel vorzunehmen (§ 8 Abs. 2 Satz 12 EStG); vgl. hierzu nachfolgende Nr. 4 Buchstabe d. Eine alternative Anwendung des sog. Rabattfreibetrags von 1080 € jährlich ist dann möglich, wenn Arbeitgeber, z. B. Wohnungsbauunternehmen, Wohnungen an fremde Dritte vermieten und auch ihren eigenen Arbeitnehmern unentgeltlich oder verbilligt eine Wohnung überlassen (vgl. Nr. 9). In Ausnahmefällen (z. B. bei mietpreisrechtlichen Beschränkungen) kann ein niedrigerer Wert als der ortsübliche Mietpreis zum Ansatz kommen (vgl. Nrn. 5 und 6).

Wird nicht eine abgeschlossene Wohnung, sondern lediglich eine **Unterkunft** unentgeltlich oder verbilligt überlassen, ist dieser geldwerte Vorteil mit dem amtlichen **Sachbezugswert** zu bewerten (vgl. Nr. 2). Im Einzelnen gilt bei der unentgeltlichen oder verbilligten Überlassung von Wohnraum Folgendes:

2. Anwendung der Sachbezugswerte

a) Allgemeines

Seit 1.1.1995 wird zwischen den Begriffen **„Unterkunft"** und **„Wohnung"** unterschieden. Denn nur für eine Unterkunft gilt der amtliche Sachbezugswert. Handelt es sich dagegen um eine Wohnung, ist der Wert einer unentgeltlichen oder verbilligten Überlassung nach dem **ortsüblichen Mietpreis ggf. abzüglich eines Bewertungsabschlags von einem Drittel** zu bemessen. Der Begriff „Wohnung" (im Gegensatz zur „Unterkunft") ist in R 8.1 Abs. 6 LStR wie folgt definiert:

„Eine Wohnung ist eine in sich geschlossene Einheit von Räumen, in denen ein selbstständiger Haushalt geführt werden kann. Wesentlich ist, dass eine Wasserversorgung und -entsorgung, zumindest eine einer Küche vergleichbare Kochgelegenheit sowie eine Toilette vorhanden sind. Danach stellt z. B. ein Einzimmerappartement mit Küchenzeile und WC als Nebenraum eine Wohnung dar, dagegen ist ein Wohnraum bei Mitbenutzung von Bad, Toilette und Küche eine Unterkunft."

Alles was den so definierten Begriff der Wohnung nicht erfüllt, ist eine Unterkunft. Immer dann also, wenn der Arbeitnehmer etwas „mitbenutzen" muss (sei es eine Gemeinschaftsküche, eine Gemeinschaftsdusche, eine Gemeinschaftstoilette), handelt es sich um eine Unterkunft mit der Folge, dass hierfür der amtliche Sachbezugswert angesetzt werden muss.

Hiernach ergibt sich folgende Übersicht:

unentgeltliche oder verbilligte Überlassung von Wohnraum

es handelt sich um eine **Unterkunft**	es handelt sich um eine **Wohnung**
Bewertung mit dem **amtlichen Sachbezugswert**	Bewertung mit dem **ortsüblichen Mietpreis ggf. abzüglich eines Bewertungsabschlags von einem Drittel**

W

Lohn- steuer- pflichtig | Sozial- versich.- pflichtig

Die Bewertungsvorschrift ist zwingend (es besteht also kein Wahlrecht zwischen Sachbezugswert und ortsüblichem Mietpreis). Der amtliche Sachbezugswert ist deshalb auch dann anzusetzen, wenn der Arbeitgeber die Unterkunft zu einem höheren Preis angemietet und zusätzlich mit Einrichtungsgegenständen ausgestattet hat. Die Regelung soll an zwei Beispielen verdeutlicht werden:

Beispiel A

Der Arbeitnehmer erhält freie Unterkunft. Der Arbeitgeber hat als Unterkunft ein möbliertes Zimmer für 250 € monatlich angemietet. Der Arbeitgeber übernimmt auch die Kosten für Heizung (monatlich 30 €) und Beleuchtung (monatlich 10 €).

Bei dem möblierten Zimmer handelt es sich um eine „Unterkunft" im Sinne der Sozialversicherungsentgeltverordnung, die stets mit dem amtlichen Sachbezugswert zu bewerten ist. Ob der Arbeitgeber die Unterkunft zu einem höheren Preis angemietet hat, ist ohne Bedeutung. Der amtliche Sachbezugswert für Unterkunft beträgt 2021 monatlich 237 €. Die Heizung und Beleuchtung sind mit dem Ansatz dieses Betrags abgegolten (vgl. das Stichwort „Freie Unterkunft und Verpflegung").

Beispiel B

Der Arbeitnehmer erhält freie Unterkunft. Der Arbeitgeber hat als Unterkunft eine Einzimmerwohnung für 300 € monatlich angemietet. Der Arbeitgeber trägt außerdem die Kosten für die Heizung (ortsüblicher Wert 45 € monatlich) und Beleuchtung (ortsüblicher Wert 15 € monatlich).

Da es sich bei der „Unterkunft" um eine abgeschlossene Wohnung handelt, ist eine Bewertung mit dem amtlichen Sachbezugswert **nicht** zulässig. Anzusetzen ist vielmehr der ortsübliche Preis (auch für Heizung und Beleuchtung) abzüglich eines Bewertungsabschlags von einem Drittel (§ 8 Abs. 2 Satz 12 EStG)

Mietwert monatlich	300,– €
Wert der Heizung monatlich	45,– €
Wert der Beleuchtung monatlich	15,– €
Wert der freien „Unterkunft" (= Wohnung) monatlich insgesamt	360,– €
abzüglich eines Bewertungsabschlags von $^1/_3$	120,– €
Geldwerter Vorteil	240,– €

b) Bewertung einer „Wohnung" mit dem Sachbezugswert für Unterkunft

Wie unter dem vorstehenden Buchstaben a erläutert, ist für **Wohnungen** der ortsübliche Mietpreis ggf. abzüglich eines Bewertungsabschlags von einem Drittel anzusetzen. Von diesem Grundsatz gibt es folgende Ausnahme:

Eine „Unterkunft" liegt auch in den Fällen vor, in denen der Arbeitgeber mehreren Arbeitnehmern eine **Wohnung zur gemeinsamen Nutzung überlässt** (Wohnungsgemeinschaft). Denn die Mitglieder der Wohngemeinschaft benutzen gemeinsam die vorhandenen Einrichtungen (insbesondere Küche, Bad, Toilette).

Beispiel

Ist ein beim selben Arbeitgeber beschäftigtes Ehepaar gemeinsam in einer Einzimmer-Wohnung untergebracht, handelt es sich nicht um die Überlassung einer „Wohnung", sondern um eine „Unterkunft", deren Wert mit dem Sachbezugswert unter Berücksichtigung eines Abschlags von 40 % wegen Mehrfachbelegung anzusetzen ist (vgl. das Stichwort „Freie Unterkunft und Verpflegung" unter Nr. 7).

Ist das Ehepaar nicht bei demselben Arbeitgeber beschäftigt, ist die Wohnung mit dem ortsüblichen Wert ggf. abzüglich eines Bewertungsabschlags von einem Drittel anzusetzen. Der geldwerte Vorteil ist bei dem Ehegatten als Arbeitslohn anzusetzen, dem die Wohnung von seinem Arbeitgeber überlassen worden ist.

c) Bewertung einer „Unterkunft" mit dem ortsüblichen Mietpreis

Stellt der Arbeitgeber seinen Arbeitnehmern Wohnraum in **Personalunterkünften** oder **Wohnheimen** unentgeltlich oder verbilligt zur Verfügung, wird es sich im Normalfall um eine Unterkunft handeln, die mit dem amtlichen Sachbezugswert zu bewerten ist. Der geldwerte Vorteil ist nur dann mit dem ortsüblichen Mietpreis ggf. abzüglich eines Bewertungsabschlags von einem Drittel zu bewerten, wenn es sich um eine (abgeschlossene) Wohnung handelt (vgl. nachfolgend unter Nr. 14).

Für eine „Unterkunft" war früher ausnahmslos der Sachbezugswert anzusetzen (ggf. gekürzt wegen Mehrfachbelegung). Dies wurde durch den Bundesfinanzhof ausdrücklich bestätigt (BFH-Urteil vom 23.8.2007, BStBl. II S. 948). Da der Ansatz des Sachbezugswerts insbesondere bei wesentlichen Abweichungen vom Durchschnittsstandard als unbillig empfunden wurde, gibt es seit 1.1.2004 eine Ausnahmeregelung, wonach **eine Unterkunft mit dem ortsüblichen Mietpreis** bewertet werden kann, wenn **nach Lage des einzelnen Falles** der Ansatz des Sachbezugswerts unbillig wäre.[1] Die besonderen Quadratmeterpreise, die in § 2 Abs. 4 Satz 2 SvEV[2] für Fälle festgesetzt sind, in denen der ortsübliche Mietpreis nur mit außergewöhnlichen Schwierigkeiten ermittelt werden kann (vgl. nachfolgend unter Nr. 7), sind auch in dem geschilderten Ausnahmefall anwendbar (§ 2 Abs. 3 Satz 3 SvEV).[2] Ein Bewertungsabschlag von einem Drittel kommt u.E. in diesem Fall nicht in Betracht, da es sich zum einen um eine Unterkunft und nicht um eine Wohnung handelt und zum anderen die Bewertung nach der SvEV[2] und nicht nach § 8 Abs. 2 Satz 12 EStG erfolgt.

3. Bewertung mit dem ortsüblichen Mietpreis

a) Allgemeines

Maßgebend ist die Miete, die für eine nach Baujahr, Art, Lage, Beschaffenheit, Größe und Ausstattung vergleichbare Wohnung üblich ist (sog. **Vergleichsmiete**). Anzusetzen ist stets der **objektive** Mietwert; persönliche Bedürfnisse des Arbeitnehmers, z. B. hinsichtlich der Größe oder der Lage der Wohnung bleiben außer Betracht (BFH-Urteile vom 8.3.1968, BStBl. II S. 435 und vom 2.10.1968, BStBl. 1969 II S. 73). Eine geringere, den Bedürfnissen des Arbeitnehmers entsprechende Wohnfläche kann nur zugrunde gelegt werden, wenn der Arbeitnehmer einen Teil der Wohnung tatsächlich **nicht nutzt** (auch nicht als Abstellraum). Außer Ansatz bleiben Räume, die der Arbeitgeber dem Arbeitnehmer im ganz überwiegenden eigenbetrieblichen Interesse z. B. als beruflichen Lagerraum überlässt. Neben einer entsprechenden schriftlichen Vereinbarung ist auch eine eindeutige Abgrenzung zu den Wohnräumen erforderlich.

Auch für eine **Hausmeister- oder Hauswartwohnung** ist der ortsübliche Mietwert nach den vorstehenden Grundsätzen festzustellen. Allerdings können sich hier aus den dienstlichen Aufgaben Beeinträchtigungen des Wohnwerts ergeben (z. B. Installation von betrieblichen Einrichtungen in der Wohnung, Lagerung von Material und Werkzeug); sie sind durch einen entsprechenden Abschlag, der im Einzelfall im Schätzungswege ermittelt werden muss, zu berücksichtigen (BFH-Urteile vom 3.10.1974, BStBl. 1975 II S. 81 und vom 16.2.2005, BStBl. II S. 529). Handelt es sich um eine Hausmeisterwohnung in der Wohnanlage einer Wohnungsbaugesellschaft, ist der Rabattfreibetrag von 1080 € jährlich anwendbar. In diesem Fall ist der Mietwert nach § 8 Abs. 3 EStG zu ermitteln (BFH-Urteil vom 16.2.2005, BStBl. II S. 529, vgl. die Erläuterungen unter der nachfolgenden Nr. 9).

b) Bewertungsabschlag von einem Drittel

Bei der Ermittlung des steuerpflichtigen Sachbezugs aus der unentgeltlichen oder verbilligten Überlassung von

1) Die amtliche Begründung zu der seit 1.1.2004 geltenden Ausnahmeregelung lautet:
Um auch bei Unterkünften – wie bei Wohnungen – den in Einzelfällen sehr unterschiedlichen Ausstattungsqualitäten Rechnung tragen zu können, soll wesentlichen Abweichungen vom Durchschnittsstandard einer Unterkunft durch Rückgriff auf den ortsüblichen Mietpreis entsprochen werden können.

2) Die Sozialversicherungsentgeltverordnung (SvEV) ist als Anhang 2 im **Steuerhandbuch für das Lohnbüro 2021** abgedruckt, das im selben Verlag erschienen ist.

Lohnsteuerpflichtig | Sozialversich.-pflichtig

Wohnraum durch den Arbeitgeber an den Arbeitnehmer ist seit 2020 ein Bewertungsabschlag von einem Drittel vom ortsüblichen Mietwert (einschließlich Nebenkosten) eingeführt worden (§ 8 Abs. 2 Satz 12 EStG); er gilt auch im Sozialversicherungsrecht. Ortsüblicher Mietwert ist z. B. der niedrigste Mietwert der Mietpreisspanne des Mietspiegels für vergleichbare Wohnungen zuzüglich der nach der Betriebskostenverordnung umlagefähigen Kosten, die konkret auf die überlassene Wohnung entfallen. Der Bewertungsabschlag **wirkt wie ein Freibetrag,** denn die nach Anwendung des Bewertungsabschlags ermittelte Vergleichsmiete ist Bemessungsgrundlage für die Bewertung der Mietvorteile. Das vom Arbeitnehmer tatsächlich gezahlte Entgelt für die Wohnung (tatsächlich erhobene Miete plus tatsächlich abgerechnete Nebenkosten) ist auf die Vergleichsmiete anzurechnen.

Der Bewertungsabschlag ist auch dann zu gewähren, wenn der Vorteil auf Veranlassung des Arbeitgebers von einem **verbundenen Unternehmen** eingeräumt wird (z. B. von einem eigenständigen Wohnungsunternehmen als Tochterunternehmen). Bei Mietvorteilen auf Veranlassung des Arbeitgebers durch einen Dritten außerhalb verbundener Unternehmen ist der Bewertungsabschlag aber nicht anwendbar (z. B. bei einer Vermittlung des Arbeitgebers oder bei Belegungsrechten). Auch bei Geldleistungen des Arbeitgebers (z. B. Mietzuschüssen, Ausgleichszahlungen für Miethöhenbegrenzung) kann der Bewertungsabschlag nicht in Anspruch genommen werden.

Der Bewertungsabschlag kommt **nicht** zur Anwendung, wenn die **ortsübliche Kaltmiete** – ohne die nach der Betriebskostenverordnung umlagefähigen Kosten – **mehr als 25 € je qm** beträgt. Nach der Gesetzesbegründung dient diese feste Mietobergrenze der Gewährleistung sozialer Ausgewogenheit und der Vermeidung der steuerbegünstigten Vermietung von Luxuswohnungen.

Vgl. auch die Erläuterungen und Beispiele unter der nachfolgenden Nr. 4 Buchstabe d.

4. Ermittlung des ortsüblichen Mietpreises

a) Allgemeines

Überlässt der Arbeitgeber seinen Arbeitnehmern Wohnungen unentgeltlich oder verbilligt, die er von einem fremden Dritten angemietet hat, ist für die Berechnung eines etwaigen geldwerten Vorteils grundsätzlich davon auszugehen, dass die vom Arbeitgeber gezahlte Miete der ortsüblichen Miete entspricht (BFH-Urteile vom 3.3.1972, BStBl. II S. 490, vom 3.10.1974, BStBl. 1975 II S. 81 und vom 23.5.1975, BStBl. II S. 715).

Hat der Arbeitgeber also die Wohnung am freien Wohnungsmarkt von einem fremden Dritten gemietet und überlässt er sie unentgeltlich oder verbilligt seinem Arbeitnehmer, bedarf es keiner Ermittlung des ortsüblichen Mietpreises. Hiervon ist ggf. der Bewertungsabschlag von einem Drittel vorzunehmen und die Differenz zu der Miete, die der Arbeitnehmer zahlt, ist steuer- und beitragspflichtig. — ja | ja

Ist der Arbeitgeber der Eigentümer der Wohnung, muss der ortsübliche Mietpreis durch Ermittlung einer **Vergleichsmiete** festgestellt werden. Überlässt der Arbeitgeber seine Wohnungen nicht nur seinen Arbeitnehmern, sondern auch betriebsfremden Personen, können die mit den Nichtarbeitnehmern vereinbarten Mieten als Vergleichsmieten herangezogen werden. Soweit nach Abzug des Bewertungsabschlags von einem Drittel von den Arbeitnehmern entsprechende Mieten gefordert werden, liegt ein geldwerter Vorteil nicht vor. — nein | nein

Diese in R 8.1 Abs. 6 Satz 6 LStR festgelegte Regelung zum Ansatz der „Fremdmiete" gilt jedoch nur dann, wenn die Fremdvermietung einen „nicht unerheblichen Umfang" hat. Soweit die Finanzämter in der Praxis von einem an betriebsfremde Personen vermieteten Anteil von ca. 25 % des Wohnungsbestands ausgehen, wird dies eine zutreffende Auslegung der Richtlinienregelung sein.

b) Mietspiegel

Vermietet der Arbeitgeber seine Wohnungen nicht oder nur in geringem Umfang an betriebsfremde Personen, ist im Normalfall die **Vergleichsmiete** anhand des örtlichen **Mietspiegels** zu ermitteln. Ist für die betreffende Gemeinde (noch) kein Mietspiegel aufgestellt worden, kann die ortsübliche Miete anhand des Mietspiegels einer vergleichbaren Gemeinde ermittelt werden. Vergleichbare Gemeinde ist dabei allerdings nicht immer mit der Nachbargemeinde gleichzusetzen.

Überlässt der Arbeitgeber seinem Arbeitnehmer eine Wohnung zu einem Mietpreis, der **innerhalb der Mietpreisspanne des Mietspiegels** der Gemeinde liegt, scheidet nach Auffassung des Bundesfinanzhofs regelmäßig die Annahme eines geldwerten Vorteils durch verbilligte Wohnraumüberlassung aus. Im Streitfall setzte der Arbeitgeber die Miete entsprechend dem **untersten Betrag des Mietspiegels** an. Auch in diesem Fall liegt keine verbilligte Wohnungsüberlassung vor. Die Auffassung, dass bei einer vorhandenen Spannbreite der Mittelwert anzusetzen sei, hat der Bundesfinanzhof ausdrücklich abgelehnt (BFH-Urteil vom 17.8.2005, BStBl. 2006 II S. 71; bestätigt durch BFH-Urteil vom 11.5.2011, BStBl. II S. 946). Auch auf den untersten Betrag des Mietspiegels ist ggf. ein Bewertungsabschlag von einem Drittel vorzunehmen. Die 96 %-Regelung ist allerdings auf den untersten Betrag des Mietspiegels im Hinblick auf die Spezialregelung der R 8.1 Abs. 6 LStR nicht anzuwenden.

Besonderheiten der Wohnung, die sich nicht bereits im Mietspiegel ausgewirkt haben (z. B. für einen Ortsteil unüblich lauter Lärm durch Nachtbars und Gaststätten) sind vor Anwendung des Bewertungsabschlags von einem Drittel durch einen Abschlag vom unteren Wert des örtlichen Mietspiegels zu berücksichtigen.

Nebenleistungen (Nebenkosten) sind in den Mietspiegeln regelmäßig nicht berücksichtigt. Bei der Ermittlung der ortsüblichen Miete müssen diese dann ggf. gesondert ermittelt werden (vgl. die Erläuterungen unter der nachfolgenden Nr. 8)

c) Besondere Quadratmeterpreise in Ausnahmefällen

Wenn ein örtlicher oder vergleichbarer Mietspiegel nicht zur Verfügung steht, kann die Vergleichsmiete anhand entsprechender Mieten für drei vergleichbare Wohnungen Dritter ermittelt werden. Darüber hinaus besteht die Möglichkeit, ein Gutachten eines öffentlich bestellten oder vereidigten Sachverständigen für Mietfragen einzuholen. Ist die Feststellung im Einzelfall des ortsüblichen Mietpreises mit außerordentlichen Schwierigkeiten verbunden, gelten besondere Quadratmeterpreise (vgl. die Erläuterungen unter der nachfolgenden Nr. 7).

d) Bewertungsabschlag von einem Drittel

Bei der Ermittlung des steuerpflichtigen Sachbezugs aus der unentgeltlichen oder verbilligten Überlassung von Wohnraum durch den Arbeitgeber an den Arbeitnehmer ist seit 2020 ein Bewertungsabschlag von einem Drittel vom ortsüblichen Mietwert (einschließlich Nebenkosten) eingeführt worden (§ 8 Abs. 2 Satz 12 EStG); er gilt auch im Sozialversicherungsrecht. Ortsüblicher Mietwert ist z. B. der niedrigste Mietwert der Mietpreisspanne des Mietspiegels für vergleichbare Wohnungen zuzüglich der nach der Betriebskostenverordnung umlagefähigen Kosten, die konkret auf die überlassene Wohnung entfallen. Der Bewertungsabschlag **wirkt wie ein Freibetrag,** denn die nach Anwendung des Bewertungsabschlags ermittelte Vergleichsmiete ist Bemessungsgrundlage für die Bewertung der Mietvorteile. Das vom Arbeitnehmer tatsächlich gezahlte Entgelt für die Wohnung (tatsächlich erhobe-

W

Lohn-steuer-pflichtig | Sozial-versich.-pflichtig

ne Miete plus tatsächlich abgerechnete Nebenkosten) ist auf die Vergleichsmiete anzurechnen.

Beispiel A

Arbeitgeber A überlässt dem Arbeitnehmer B eine 100-qm-Wohnung für 600 € monatlich zuzüglich 300 € Nebenkosten. Der niedrigste Mietwert der Mietpreisspanne des Mietspiegels für vergleichbare Wohnungen beträgt 12 € je qm.

Monatlicher Mietwert 100 qm × 12 €	1200 €
Umlagefähige Nebenkosten	300 €
Summe	1500 €
abzüglich Bewertungsabschlag $^1/_3$	500 €
Verbleiben	1000 €
Entgelt des Arbeitnehmers 600 € zuzüglich 300 €	900 €
Geldwerter Vorteil	100 €

Der Bewertungsabschlag kommt nicht zur Anwendung, wenn die **ortsübliche Kaltmiete** – ohne die nach der Betriebskostenverordnung umlagefähigen Kosten – **mehr als 25 € je qm** beträgt. Nach der Gesetzesbegründung dient diese feste Mietobergrenze der Gewährleistung sozialer Ausgewogenheit und der Vermeidung der steuerbegünstigten Vermietung von Luxuswohnungen.

Beispiel B

Wie Beispiel A. Der niedrigste Mietwert der Mietpreisspanne des Mietspiegels für vergleichbare Wohnungen beträgt 26 € je qm mit der Folge, dass der Bewertungsabschlag wegen Überschreitung der Mietobergrenze von 25 € entfällt.

Monatlicher Mietwert 100 qm × 26 €	2600 €
Umlagefähige Nebenkosten	300 €
Summe	2900 €
Bewertungsabschlag von $^1/_3$ entfällt	0 €
Verbleiben	2900 €
Entgelt des Arbeitnehmers 600 € zuzüglich 300 €	900 €
Geldwerter Vorteil	2000 €

Der Bewertungsabschlag von einem Drittel ist unabhängig davon anzuwenden, ob die unentgeltlich oder verbilligt überlassene Wohnung dem Arbeitgeber gehört oder vom Arbeitgeber gemietet und dem Arbeitnehmer überlassen worden ist. Er ist auch dann zu gewähren, wenn der Vorteil auf Veranlassung des Arbeitgebers von einem **verbundenen Unternehmen** eingeräumt wird (z. B. von einem eigenständigen Wohnungsunternehmen als Tochterunternehmen). Bei Mietvorteilen auf Veranlassung des Arbeitgebers durch einen Dritten außerhalb verbundener Unternehmen ist der Bewertungsabschlag aber nicht anwendbar (z. B. bei einer Vermittlung des Arbeitgebers oder bei Belegungsrechten). Auch bei Geldleistungen des Arbeitgebers (z. B. Mietzuschüssen, Ausgleichszahlungen für Miethöhenbegrenzung) kann der Bewertungsabschlag nicht in Anspruch genommen werden.

Beispiel C

Konzernmutter A überlässt dem Arbeitnehmer B der Konzerntochter C eine 100-qm-Wohnung für 750 € monatlich zuzüglich 300 € Nebenkosten. Der niedrigste Mietwert der Mietpreisspanne des Mietspiegels für vergleichbare Wohnungen beträgt 15 € je qm.

Monatlicher Mietwert 100 qm × 15 €	1500 €
Umlagefähige Nebenkosten	300 €
Summe	1800 €
Bewertungsabschlag von $^1/_3$	600 €
Verbleiben	1200 €
Entgelt des Arbeitnehmers 750 € zuzüglich 300 €	1050 €
Geldwerter Vorteil	150 €

Zur Anwendung der monatlichen 44-Euro-Freigrenze vgl. nachfolgende Nr. 10.

Lohn-steuer-pflichtig | Sozial-versich.-pflichtig

5. Beschränkung der Miete durch mietpreisrechtliche Vorschriften

Bei der Ermittlung des steuerlich maßgebenden Mietwerts darf keine höhere Miete zugrunde gelegt werden, als der Arbeitgeber nach mietpreisrechtlichen Vorschriften vom Arbeitnehmer verlangen könnte. Stehen solche Vorschriften einem Mieterhöhungsverlangen entgegen, gilt dies nach R 8.1 Abs. 6 Satz 9 LStR jedoch nur, soweit die maßgebende Ausgangsmiete den ortsüblichen Mietwert oder die gesetzlich zulässige Höchstmiete nicht unterschritten hat. Mietpreisrechtliche Einschränkungen ergeben sich insbesondere aus § 558 BGB. Hiernach kann eine Mieterhöhung nur verlangt werden, wenn

- der Mietzins in dem Zeitpunkt, zu dem die Erhöhung eintreten soll, seit 15 Monaten unverändert ist,
- der verlangte Mietzins die ortsübliche Vergleichsmiete nicht überschreitet und
- der Mietzins sich innerhalb von drei Jahren nicht um mehr als 20 % erhöht **(Kappungsgrenze).**[1)]

Diese Grenzen sind auch steuerlich zu beachten. Allerdings ist von dem zuletzt steuerlich maßgeblichen (vom Finanzamt akzeptierten) Wert auszugehen.

Beispiel

2018 wurden vom Finanzamt für eine Wohnung (40 qm) als ortsübliche Miete angesetzt	400,– €
vom Arbeitnehmer entrichtete Miete	– 200,– €
als geldwerter Vorteil wurden versteuert	200,– €
2021 beträgt die ortsübliche Miete	600,– €
der Arbeitnehmer entrichtet weiterhin die bisherige Miete von 200 €	200,– €
Der steuerpflichtige Vorteil ist im Kalenderjahr 2021 wie folgt zu berechnen:	
Bisherige ortsübliche Miete	400,– €
Erhöhung um höchstens 20 %	80,– €
maßgebender neuer Mietwert	480,– €
abzüglich eines Bewertungsabschlags von $^1/_3$	160,– €
verbleibender Wert	320,– €
vom Arbeitnehmer entrichtete Miete	– 200,– €
Geldwerter Vorteil	120,– €

6. Beschränkung der Miete bei öffentlich geförderten und gleichgestellten Wohnungen

a) Öffentlich geförderte Wohnungen

Wird dem Arbeitnehmer eine Wohnung überlassen, die nach dem Zweiten Wohnungsbaugesetz, dem Wohnungsbaugesetz für das Saarland, nach dem Wohnraumförderungsgesetz oder einem Landesgesetz zur Wohnraumförderung öffentlich gefördert wurde, stellt die durch die öffentliche Förderung eintretende Mietverbilligung nach § 3 Nr. 59 EStG keinen geldwerten Vorteil dar. nein nein

Zu beachten sind hiernach **gesetzliche** Mietpreisbeschränkungen und – für die nach den jeweiligen Förderrichtlinien des Landes für den maßgebenden Förderjahrgang übliche Dauer – auch **vertragliche** Mietpreisbeschränkungen im sozialen Wohnungsbau einschließlich der mit Wohnungsfürsorgemitteln aus öffentlichen Haushalten geförderten Wohnungen. Das gilt aber nur, soweit die Ausgangsmiete im Hinblick auf das Dienstverhältnis die Mietobergrenze nach den jeweiligen Förderrichtlinien des Landes für den maßgebenden Förderjahrgang nicht unterschritten hat. Soweit später zulässige Mietpreiserhöhungen z. B. nach Ablauf des Förderzeitraums im Hinblick auf das Dienstverhältnis unterlassen worden sind, sind sie nach R 3.59 Satz 12 LStR in den steuerpflichtigen Miet-

1) Die Landesregierungen sind ermächtigt worden, Gemeinden zu bestimmen, in denen Mieterhöhungen nur noch 15 % (statt 20 %) betragen dürfen, wenn eine ausreichende Versorgung der Bevölkerung mit Mietwohnungen zu angemessenen Bedingungen dort besonders gefährdet ist.

vorteil einzubeziehen.[1] Eine Prüfung, ob der Arbeitnehmer nach seinen Einkommens- und Familienverhältnissen als Mieter einer Sozialwohnung in Betracht kommt, ist nicht vorzunehmen.

Ergibt sich also wegen der steuerlich zu beachtenden mietpreisrechtlichen Beschränkung ein Mietwert, der unter der ortsüblichen Vergleichsmiete liegt, entsteht hierdurch kein steuerpflichtiger geldwerter Vorteil.

Beispiel

Der Arbeitgeber errichtet für einen Arbeitnehmer unter Inanspruchnahme öffentlicher Mittel eine Wohnung mit 70 Quadratmeter.

Die ortsübliche Vergleichsmiete für diese Wohnung beträgt 10,– € je Quadratmeter	=	700,– €
Um die öffentlichen Mittel zu erhalten, hat sich der Arbeitgeber gegenüber dem Zuschussgeber verpflichtet, höchstens eine Miete von 7,– € je Quadratmeter zu verlangen	=	490,– €
Differenz		210,– €

Die Differenz zur ortsüblichen Vergleichsmiete in Höhe von 210,– € gehört nicht zum steuerpflichtigen Arbeitslohn und dementsprechend auch nicht zum beitragspflichtigen Arbeitsentgelt in der Sozialversicherung.

Nach dem zeitlich befristeten Auslaufen der Sozialbindung gelten für die öffentlich geförderten Wohnungen die allgemeinen mietrechtlichen Regelungen. In den Grenzen des § 558 BGB (vgl. Nr. 5) ist deshalb eine Anhebung der Miete bis zur ortsüblichen Vergleichsmiete zulässig. Zulässige Mieterhöhungen, die im Hinblick auf das Dienstverhältnis unterlassen werden, sind in den steuerpflichtigen Mietvorteil einzubeziehen (vgl. auch das Beispiel unter der vorstehenden Nr. 5). Seit 1.1.2020 ist im Rahmen der Ermittlung des steuerpflichtigen Mietvorteils ggf. der Bewertungsabschlag von einem Drittel zu beachten.

b) Gleichgestellte Wohnungen

Neben der Regelung unter dem vorstehenden Buchstaben a, die nur **öffentlich geförderte** Wohnungen betrifft, bestanden früher Mietpreisbeschränkungen aufgrund bundeseinheitlicher Erlasse in folgenden Fällen (sog. **gleichgestellte Wohnungen**):

- Der Arbeitgeber gewährt einem Bauherrn einen verlorenen Zuschuss oder ein zinsloses oder zinsbegünstigtes Darlehen unter der Auflage, dass ihm ein Recht für die Belegung der Wohnungen mit Arbeitnehmern seines Betriebes eingeräumt wird.
- Der Arbeitgeber gewährt einem Bauherrn einen Zuschuss oder ein Darlehen zur Finanzierung einer Wohnung, die er als Hauptmieter mietet und seinem Arbeitnehmer untervermietet.

Handelte es sich in den beiden Fällen um eine Wohnung, die nach Art und Ausstattung den im sozialen Wohnungsbau erstellten Wohnungen entsprach, war für die Ermittlung der ortsüblichen Miete von der Miete auszugehen, die für eine nach Baujahr, Ausstattung und Lage vergleichbare, im sozialen Wohnungsbau erstellte Wohnung zu zahlen gewesen wäre. Dabei war nicht zu prüfen, ob der Arbeitnehmer nach seinen Einkommensverhältnissen als Mieter für eine Sozialwohnung in Betracht kam.

Diese Regelung ist in R 3.59 LStR fortgeführt worden, das heißt, dass bei einer Wohnung, die **ohne Inanspruchnahme öffentlicher Mittel** errichtet worden ist, geprüft werden muss, ob diese Wohnung im Zeitpunkt des Bezugs durch den Arbeitnehmer für eine Förderung mit öffentlichen Mitteln in Betracht gekommen **wäre.** Hierfür ist zuerst zu klären, ob auf die Wohnung die Vorschriften des Zweiten Wohnungsbaugesetzes, des Wohnungsbaugesetzes für das Saarland, des Wohnraumförderungsgesetzes oder eines Landesgesetzes zur Wohnraumförderung im Grundsatz anzuwenden sind.

Die Steuerbefreiungsvorschrift des § 3 Nr. 59 EStG nimmt ausdrücklich auf das **Zweite** Wohnungsbaugesetz, das Wohnungsbaugesetz für das Saarland, das Wohnraumförderungsgesetz und auf Landesgesetze zur Wohnraumförderung Bezug. Das „Erste" Wohnungsbaugesetz ist nicht angesprochen. § 3 Nr. 59 EStG ist deshalb nur auf Wohnungen anwendbar, die im Geltungszeitraum des Zweiten Wohnungsbaugesetzes, des Wohnungsbaugesetzes für das Saarland, des Wohnraumförderungsgesetzes oder eines Landesgesetzes zur Wohnraumförderung errichtet worden sind. Das bedeutet, dass Wohnungen, die vor 1957 errichtet worden sind, von der Regelung nicht erfasst werden. Dies gilt erst recht für Wohnungen im sog. „Altbestand", das heißt für Wohnungen, die vor 1950 errichtet worden sind.

Die Steuerfreiheit von Mietvorteilen ist also bei gleichgestellten Wohnungen auf die Fälle beschränkt, in denen die Baumaßnahme den Förderbedingungen des Zweiten Wohnungsbaugesetzes, des Wohnungsbaugesetzes für das Saarland, des Wohnraumförderungsgesetzes oder eines Landesgesetzes zur Wohnraumförderung angepasst ist. Hier sind vor allem die Wohnungsgröße und der Baustandard zu nennen. Eine Prüfung, ob der Arbeitnehmer nach seinen Einkommensverhältnissen als Mieter einer geförderten Wohnung in Betracht kommt, ist nicht anzustellen (R 3.59 Satz 6 LStR). Bei **Einhaltung** der übrigen **Förderbedingungen (Wohnungsgröße, Baustandard)** kommt die Steuerfreiheit auch dann in Betracht, wenn der Arbeitgeber die Wohnungen ohne jede Inanspruchnahme von öffentlichen Fördermitteln nach den Wohnungsbaugesetzen ausschließlich mit Eigenmitteln oder „normalen" Bankkrediten errichtet. Entscheidend ist nach Auffassung der Finanzverwaltung allein die Tatsache, ob die Wohnung **im Zeitpunkt ihres Bezugs** durch den Arbeitnehmer für eine Förderung mit öffentlichen Mitteln in Betracht gekommen **wäre;**[2] dies ist vom Arbeitgeber darzulegen. Auf den „Zeitpunkt des Bezugs durch den Arbeitnehmer" wird deshalb abgestellt, weil ansonsten eine erst Jahre nach Errichtung des Gebäudes aufgelegte Fördermaßnahme – die zufälligerweise auf das Objekt „passt" – zur Steuerfreiheit der gewährten Mietvorteile führen könnte.

Auch für die Festlegung des Umfangs der Steuerfreiheit ist auf die Höhe der Vergleichsmiete **im Zeitpunkt des Bezugs** der Wohnung durch den Arbeitnehmer abzustellen. Nach R 3.59 Sätze 7 bis 12 LStR gilt deshalb für den Umfang der Steuerfreiheit Folgendes:

Der Höhe nach ist die Steuerbefreiung auf die Mietvorteile begrenzt, die sich aus der Förderung nach dem Zweiten Wohnungsbaugesetz, dem Wohnungsbaugesetz für das Saarland, dem Wohnraumförderungsgesetz oder einem Landesgesetz zur Wohnraumförderung ergeben würden.

1) Dieser Regelung liegt die Überlegung zugrunde, dass der Arbeitgeber sich zu Unrecht auf Mietpreisbeschränkungen bei der Anpassung der Mieten beruft, wenn er zuvor durch zu niedrigen Ansatz der Basismiete oder Verzicht auf eine Aktualisierung der Wirtschaftlichkeitsberechnung nach der II. Berechnungsverordnung die im Rahmen der Mietpreisbeschränkung liegenden Möglichkeiten zur Anhebung der Miete nicht wie ein fremder Vermieter ausgeschöpft hat.

2) Hierzu hat der Bundesfinanzhof mit Urteil vom 16.2.2005 (BStBl. II S. 750) entschieden, dass eine Steuerbefreiung von Mietvorteilen nach § 3 Nr. 59 EStG nur dann in Betracht kommt, wenn die Vorteile auf einer tatsächlichen Förderung nach dem Zweiten Wohnungsbaugesetz beruhen und zudem der Förderzeitraum noch nicht abgelaufen ist. Der Bundesfinanzhof hat in dem Urteil Zweifel geäußert, ob die Regelung der Finanzverwaltung in den Lohnsteuer-Richtlinien eine zutreffende Auslegung des § 3 Nr. 59 EStG darstellt.
Die Regelung in den Lohnsteuer-Richtlinien ist für den Arbeitnehmer günstiger und besagt, dass bei einer Wohnung, die ohne Inanspruchnahme öffentlicher Mittel errichtet worden ist, (nur) geprüft werden muss, ob diese Wohnung im Zeitpunkt ihres Bezugs durch den Arbeitnehmer für eine Förderung mit öffentlichen Mittel nach dem Zweiten Wohnungsbaugesetz, das Wohnungsbaugesetz für das Saarland, das Wohnraumförderungsgesetz oder eines Landesgesetzes zur Wohnraumförderung in Betracht gekommen wäre.
Die Finanzverwaltung wendet das BFH-Urteil vom 16.2.2005 (BStBl. II S. 750) zwar an, hält aber gleichwohl daran fest, dass die Sätze 2 bis 4 in R 3.59 der Lohnsteuer-Richtlinien eine zutreffende Auslegung des § 3 Nr. 59 EStG darstellen. Da der Bundesfinanzhof diese Frage letztlich nicht entschieden hat, ist es sachgerecht, die für den Arbeitnehmer günstigeren Regelungen unverändert beizubehalten und die Sätze 2 bis 4 in R 3.59 der Lohnsteuer-Richtlinien weiter anzuwenden (BMF-Schreiben vom 10.10.2005, BStBl. I S. 959).

Lohn-steuer-pflichtig	Sozial-versich.-pflichtig

Die Vorschrift ist deshalb auf Wohnungen, für die der Förderzeitraum nach den genannten Wohnungsbaugesetzen bereits abgelaufen ist, nicht anwendbar. Wenn der Förderzeitraum **im Zeitpunkt des Bezugs** der Wohnung durch den Arbeitnehmer noch nicht abgelaufen ist, ist ein Mietvorteil bis zur Höhe des Teilbetrags steuerfrei, auf den der Arbeitgeber gegenüber der Vergleichsmiete verzichten müsste, wenn die Errichtung der Wohnung nach den zuvor genannten Wohnungsbaugesetzen gefördert worden wäre. Der steuerfreie Teilbetrag verringert sich in dem Maße, in dem der Arbeitgeber nach den Förderregelungen eine höhere Miete verlangen könnte. Mit Ablauf der Mietbindungsfrist läuft auch die Steuerbefreiung aus. Soweit später zulässige Mieterhöhungen z. B. nach Ablauf des Förderzeitraums im Hinblick auf das Dienstverhältnis unterblieben sind, sind sie in den steuerpflichtigen Mietvorteil einzubeziehen. Seit 1.1.2020 ist im Rahmen der Ermittlung eines etwaig steuerpflichtigen Mietvorteils auch der Bewertungsabschlag von einem Drittel zu beachten.

Der Ansatz der vergleichbaren Sozialmiete für nicht öffentlich geförderte Wohnungen soll mit folgendem Beispiel veranschaulicht werden:

Beispiel

Der Arbeitgeber hat im Jahr 2021 ohne Einsatz öffentlicher Mittel Wohnungen für seine Arbeitnehmer errichtet. Die Wohnungen sind nach Art und Ausstattung Sozialwohnungen vergleichbar, das heißt, dass für diese Wohnungen eine Förderung mit öffentlichen Mitteln im Grundsatz möglich gewesen wäre, wenn der Bauherr einen entsprechenden Antrag gestellt hätte. Der ortsübliche Mietwert für eine solche Wohnung (z. B. nach dem Mietspiegel) beträgt im Jahr 2021 7,50 € je Quadratmeter. Im sozialen Wohnungsbau beträgt die Sozialmiete für eine 2021 errichtete, vergleichbare Wohnung 5 €. Dieser Quadratmeterpreis ist für die Ermittlung des geldwerten Vorteils maßgebend, das heißt, dass ein geldwerter Vorteil nur dann entsteht, wenn der Arbeitnehmer für die Wohnung weniger als 5 € bezahlen muss.

Zu Wohnungsfürsorgedarlehen vgl. das Stichwort „Zinsersparnisse und Zinszuschüsse“ unter Nr. 6.

7. Bewertung einer Wohnung, wenn die ortsübliche Miete nur unter außergewöhnlichen Schwierigkeiten ermittelt werden kann[1)]

Kann im Einzelfall der ortsübliche Mietwert nur unter **außergewöhnlichen** Schwierigkeiten ermittelt werden, sind für solche Wohnungen in der Sozialversicherungsentgeltverordnung feste Quadratmeterpreise festgelegt worden. Unter der Voraussetzung, dass die Feststellung des ortsüblichen Mietpreises mit außergewöhnlichen Schwierigkeiten verbunden ist, gelten für die Sonderregelung folgende Quadratmeterpreise:

alle Bundesländer	**2021**	**4,16 € je Quadratmeter**
	2020	4,12 € je Quadratmeter
	2019	4,05 € je Quadratmeter
	2018	3,97 € je Quadratmeter
	2017	3,92 € je Quadratmeter

Wohnungen **einfachster Art** (ohne Sammelheizung oder ohne Bad bzw. Dusche):

alle Bundesländer	**2021**	**3,40 € je Quadratmeter**
	2020	3,37 € je Quadratmeter
	2019	3,31 € je Quadratmeter
	2018	3,24 € je Quadratmeter
	2017	3,20 € je Quadratmeter

Sowohl der Bewertungsabschlag von einem Drittel als auch die Freigrenze von 44 € monatlich (vgl. nachfolgend unter Nr. 10) sind nicht anwendbar, wenn nach der Sonderregelung in § 2 Abs. 4 Satz 2 SvEV[2)] die besonderen Quadratmeterpreise von 4,16 € bzw. 3,40 € zum Ansatz kommen. Denn bei diesen Quadratmeterpreisen handelt es sich um amtliche Sachbezugswerte, die eine Anwendung des Bewertungsabschlags und der 44-Euro-Freigrenze ausschließen.

8. Bewertung der Nebenkosten

Ein geldwerter Vorteil in Form eines Sachbezugs kann auch dann vorliegen, wenn der Arbeitgeber bei einer Wohnungsüberlassung **Nebenkosten teilweise nicht berechnet** (z. B. Hausversicherungen, Grundsteuer, Straßenreinigung). Nach Auffassung des Bundesfinanzhofs ist die Höhe dieses Vorteils wie folgt zu ermitteln (vgl. BFH-Urteil vom 11.5.2011, BStBl. II S. 946):

Ortsübliche Miete
(Kaltmiete plus umlagefähige Nebenkosten; hiervon ist seit 1.1.2020 grundsätzlich der Bewertungsabschlag von einem Drittel abzuziehen)
davon also zwei Drittel
abzüglich
tatsächlich erhobene Miete und
tatsächlich abgerechnete Nebenkosten
Geldwerter Vorteil

Die Mietverträge enthalten im Allgemeinen neben den Vereinbarungen über die Grundmiete (Kaltmiete) Vereinbarungen über die Kosten für Heizung, Warmwasser und Schönheitsreparaturen. Vereinbarungen über die Kosten von Strom enthalten die Mietverträge in der Regel nicht. Sie werden vom Energieversorgungsunternehmen gegenüber dem Arbeitnehmer abgerechnet und von diesem bezahlt. Trägt der Arbeitgeber auch diese Aufwendungen, gehört auch die Übernahme dieser Kosten zum steuer- und beitragspflichtigen Arbeitslohn. ja ja

Im Einzelnen gilt Folgendes:

a) Wert der unentgeltlichen oder verbilligten Heizung

Ist als Wert für die unentgeltliche oder verbilligte Überlassung der **Unterkunft** der amtliche Sachbezugswert anzusetzen (vgl. vorstehende Nr. 2), ist die unentgeltliche oder verbilligte Heizung **mit dem Ansatz des amtlichen Sachbezugswerts abgegolten** (vgl. die ausführlichen Erläuterungen beim Stichwort „Freie Unterkunft und Verpflegung“ unter Nr. 5).

Ist dagegen die Wohnung mit der ortsüblichen Miete zu bewerten, muss als Wert der Heizung der übliche Endpreis am Abgabeort angesetzt werden.

Zum Ansatz des Rabattfreibetrags von 1080 € jährlich bei der unentgeltlichen oder verbilligten Abgabe von Heizmaterial an Arbeitnehmer vgl. das Stichwort „Heizung“.

Die Ermittlung des üblichen Endpreises am Abgabeort für den Sachbezug „Heizung“ ist oft schwierig, z. B. wenn für eine im Betriebsgebäude befindliche Wohnung keine gesonderte Abrechnung erfolgt. In solchen Fällen gilt Folgendes:

Kann der übliche Endpreis am Abgabeort bei der Gewährung unentgeltlicher oder verbilligter Heizung als Sachbezug **nicht individuell ermittelt** werden (z. B. anhand einer Heizkostenabrechnung für die Wohnung), bestehen seitens der Finanzverwaltung keine Bedenken, wenn als ortsüblicher Endpreis die vom Bundesfinanzministerium jährlich nach Ablauf des Abrechnungszeitraums (1. 7. bis 30. 6.) als Entgelt für Heizkosten und Warmwasserversorgung nach der Verordnung für Dienstwohnungen festgelegten Beträge angesetzt werden. Die Werte für die Heizkosten werden jährlich für die Zeit vom 1. 7. bis zum 30. 6. bekannt gemacht und beziffern den **Jahresbetrag je Quadratmeter Wohnfläche** für den jeweiligen Brennstoff.

1) Eine außergewöhnlich schwierige Mietwertermittlung ist insbesondere im landwirtschaftlichen Bereich denkbar, wenn die Wohnungen in Gebäude des landwirtschaftlichen Betriebsvermögens integriert und nicht frei vermietbar sind.

2) Die Sozialversicherungsentgeltverordnung (SvEV) ist als Anhang 2 im **Steuerhandbuch für das Lohnbüro 2021** abgedruckt, das im selben Verlag erschienen ist.

Lohn-steuer-pflichtig	Sozial-versich.-pflichtig

Seit 1.7.2005 wird nur noch zwischen fossilen Brennstoffen einerseits und Fernwärme/übrige Heizungsarten andererseits unterschieden, das heißt, für Heizöl und Gas wird ein einheitlicher Wert festgesetzt. Als Jahresbetrag pro Quadratmeter Wohnfläche wurden festgesetzt (ein ggf. abweichender Wert für das jeweilige Bundesland kann beim Betriebsstättenfinanzamt erfragt werden):

Zeitraum	Fossile Brennstoffe wie Heizöl, Abwärme, Gas	Fernheizung, schweres Heizöl, feste Brennstoffe
1.7.2016–30.6.2017	8,93 €	12,35 €
1.7.2017–30.6.2018	8,95 €	12,34 €
1.7.2018–30.6.2019	9,80 €	13,12 €
1.7.2019–30.6.2020	...[1]	...[1]

Da die neuen Werte im Nachhinein festgesetzt werden, können die genannten Beträge so lange angesetzt werden, bis die neuen Werte für den Zeitraum vom 1. 7. 2019 bis 30. 6. 2020 festgesetzt worden sind. Eine Festsetzung wird voraussichtlich bis spätestens März 2021 erfolgen.

Für die Warmwasserversorgung (Erwärmung des Wassers) über die Sammelheizung ist neben dem Heizkostenbetrag für jeden vollen Kalendermonat ein Betrag von 1,83 %[2] des jährlichen Wertes der Heizungskosten anzusetzen.

Beispiel

Für eine 90-qm-Wohnung ist der geldwerte Vorteil für die unentgeltliche Heizung (Ölheizung und Warmwasseraufbereitung) wie folgt zu ermitteln:

Heizung:		
90 qm × 9,80 €	=	882,– € jährlich
monatlich 1/12	=	73,50 €
Warmwasserzuschlag monatlich 1,83 % vom Jahresbetrag der Heizung (1,83 % von 882,– €)	=	16,14 €
geldwerter Vorteil monatlich insgesamt		89,64 €

Soweit ausnahmsweise der Arbeitgeber auch die Kosten für entnommenes **Kaltwasser** trägt, ist der Betrag als Vorteil anzusetzen, den der Arbeitnehmer selbst hätte aufwenden müssen. Dabei kann von einem durchschnittlichen Wasserverbrauch von 4 cbm monatlich pro Person ausgegangen werden, falls die tatsächlichen Aufwendungen nicht zu ermitteln sind.

b) Unentgeltliche oder verbilligte Beleuchtung

Bei der unentgeltlichen oder verbilligten Überlassung einer **„Unterkunft"** ist die unentgeltliche oder verbilligte Beleuchtung **mit dem Ansatz des amtlichen Sachbezugswerts abgegolten** (vgl. die ausführlichen Erläuterungen beim Stichwort „Freie Unterkunft und Verpflegung" unter Nr. 5 auf Seite 471).

Bei der unentgeltlichen oder verbilligten Überlassung einer **„Wohnung"** ist der geldwerte Vorteil einer unentgeltlich oder verbilligt überlassenen **Beleuchtung** stets **zusätzlich** zum Mietwert der Wohnung anzusetzen. Hierzu gehört der notwendige Haushaltsstrom einschließlich der Energie für den Betrieb einer **Sauna** oder eines zum Haus gehörenden **Schwimmbads.** Maßgebend für den Wert der Beleuchtung ist der ortsübliche Preis; dieser ist ggf. zu schätzen.

Zum Ansatz des Rabattfreibetrags von 1080 € jährlich bei der unentgeltlichen oder verbilligten Abgabe von Strom an Arbeitnehmer von Elektrizitätswerken vgl. das Stichwort „Strom".

c) Schönheitsreparaturen

Trägt der Arbeitgeber auch die Kosten für die **laufenden** Schönheitsreparaturen in den Wohnungen, die er den Arbeitnehmern zur Verfügung gestellt hat, liegt darin ebenfalls ein steuerpflichtiger geldwerter Vorteil (BFH-Urteil vom 17.8.1973, BStBl. 1974 II S. 8). Dabei ist es gleichgültig, ob die Übernahme der Kosten für Schönheitsreparaturen durch den Arbeitgeber freiwillig erfolgt oder auf einer vertraglichen Vereinbarung beruht. Dies gilt selbst dann, wenn die Kostenübernahme – wie im öffentlichen Dienst bei Dienstwohnungen – auf einer gesetzlichen Verpflichtung beruht. ja ja

Der Zuschlag für die Übernahme der Kosten für Schönheitsreparaturen ist grundsätzlich auf der Basis der **tatsächlichen Aufwendungen** für Schönheitsreparaturen festzulegen. Ist dies nicht möglich, kann der Zuschlag in Anlehnung an den Wert nach § 28 Abs. 4 II. Berechnungsverordnung (BV) vorgenommen werden. Dieser Ausgangswert betrug für die Jahre 2002 bis 2004 jährlich 8,50 € je qm Wohnfläche. Er verändert sich am 1.1.2005 und am 1.1. eines jeden darauf folgenden dritten Jahres um den Prozentsatz, um den sich der vom Statistischen Bundesamt festgestellte Verbraucherpreisindex für Deutschland für den der Veränderung vorausgehenden Monat Oktober gegenüber dem Verbraucherpreisindex für Deutschland für den der letzten Veränderung vorausgehenden Monat Oktober erhöht oder verringert hat (§ 28 Abs. 5a i. V. m. § 26 Abs. 4 II. BV).

Es ergeben sich danach folgende Zuschlagswerte je qm Wohnfläche und Jahr:

1.1.2014–31.12.2016	10,29 €
1.1.2017–31.12.2019	10,48 €
1.1.2020–31.12.2022	10,99 €

Einheitliche Sätze für Schönheitsreparaturen bei aufwendigen Wohnungen oder aufwendigen Einfamlienhäusern lassen sich nicht festsetzen. Hier ist der zutreffende Wert nach den örtlichen Gegebenheiten zu schätzen oder der tatsächlich aufgewandte Betrag anzusetzen.

Bei Einfamilienhäusern, insbesondere bei aufwendigen Einfamilienhäusern, übernimmt der Arbeitgeber vielfach die **Kosten für die Gartenpflege.** Diese Kosten sind mit dem üblichen Endpreis des Abgabeorts nach § 8 Abs. 2 Satz 1 EStG bzw. mit den tatsächlich anfallenden Kosten zu erfassen. ja ja

Wegen der Geltendmachung einer Steuerermäßigung für haushaltsnahe Dienstleistungen und Handwerkerleistungen bei Dienst- bzw. Werkswohnungen vgl. das Stichwort „Hausgehilfin" unter Nr. 9 Buchstabe i.

9. Anwendung des Rabattfreibetrags bei der Überlassung einer Wohnung

Bei der unentgeltlichen oder verbilligten Überlassung einer Wohnung an Arbeitnehmer ist der Rabattfreibetrag in Höhe von 1080 € jährlich dann anwendbar, wenn der Arbeitgeber mit der „Wohnungsvermietung" selbst Handel treibt, also z. B. bei Wohnungsbauunternehmen. Denn in den Hinweisen zu R 8.2 LStR beim Stichwort „Dienstleistungen"[3] ist ausdrücklich klargestellt, dass die Überlassung einer Wohnung zu den durch den Rabattfreibetrag begünstigten „Dienstleistungen" gehört. Ist auch die darüber hinaus erforderliche Voraussetzung gegeben, nämlich dass der Arbeitgeber mit der „Wohnraumvermietung" selbst Handel betreibt, also Wohnungen zumindest in gleichem Umfang wie an Arbeitnehmer an fremde Dritte vermietet, ist der Rabattfreibetrag anwendbar (BFH-Urteil vom 16.2.2005, BStBl. II S. 529).

Wichtig: Bei Anwendung der Rabattregelung ist die Inanspruchnahme des Bewertungsabschlags von einem Drittel nicht möglich!

---

1) Im Zeitpunkt der Drucklegung noch nicht veröffentlicht. Sobald die neuen Werte vorliegen, werden sie im monatlichen Newsletterservice bekannt gegeben. Die Anmeldung hierzu ist vorne im Lexikon erläutert.

2) Ein ggf. abweichender Wert für das jeweilige Bundesland kann beim Betriebsstättenfinanzamt erfragt werden.

3) Die amtlichen Hinweise zu den Lohnsteuer-Richtlinien sind im **Steuerhandbuch für das Lohnbüro 2021** abgedruckt, das im selben Verlag erschienen ist.

Lohn-steuer-pflichtig	Sozial-versich.-pflichtig

Beispiel A

Ein Wohnungsbauunternehmen vermietet die selbst gebauten Wohnungen nicht nur an fremde Dritte, sondern auch an die eigenen Arbeitnehmer. Die Arbeitnehmer zahlen einen ermäßigten Mietpreis. Auf den dadurch entstehenden geldwerten Vorteil ist der Rabattfreibetrag anwendbar. Vermietet das Wohnungsbauunternehmen an fremde Dritte eine vergleichbare Wohnung z. B. für 10 € je Quadratmeter und verlangt von seinem Arbeitnehmer hierfür lediglich 7,50 €, ergibt sich für eine 100 Quadratmeter große Wohnung Folgendes:

10 € × 100 m²	=	1 000,– €
abzüglich Preisabschlag nach § 8 Abs. 3 EStG 4 %		40,– €
verbleiben		960,– €
vom Arbeitnehmer gezahlte Miete 7,50 € × 100 m²	=	750,– €
geldwerter Vorteil monatlich		210,– €
geldwerter Vorteil jährlich 210 € × 12	=	2 520,– €
abzüglich Rabattfreibetrag		1 080,– €
verbleibender steuer- und beitragspflichtiger geldwerter Vorteil		1 440,– €

Die Anwendung des Rabattfreibetrags hat die zwingend vorgeschriebene Bewertung der Wohnung nach § 8 Abs. 3 EStG zur Folge, das heißt, dass für die Bewertung der unentgeltlichen oder verbilligten Überlassung der Wohnung nicht mehr der ortsübliche Mietpreis im Sinne des § 8 Abs. 2 Satz 1 EStG maßgebend ist, sondern der Preis, den der **Arbeitgeber** für eine vergleichbare Wohnung von fremden Dritten fordert. Von diesem Preis ist ein Abschlag von 4 % vorzunehmen. Die Anwendung dieser besonderen, in § 8 Abs. 3 EStG festgelegten Bewertungsvorschriften einschließlich des Bewertungswahlrechts zwischen § 8 Abs. 3 und § 8 Abs. 2 EStG ist ausführlich beim Stichwort „Rabatte, Rabattfreibetrag“ besonders unter Nr. 2 Buchstabe c erläutert. Außerdem hat die Anwendung dieser besonderen Bewertungsvorschrift des § 8 Abs. 3 EStG zur Folge, dass der Bewertungsabschlag von einem Drittel und die monatliche 44-Euro-Freigrenze **nicht** anwendbar sind. Entscheidet sich der Arbeitgeber also aufgrund des Bewertungswahlrechts für eine Bewertung nach § 8 Abs. 2 EStG, ist auch der Bewertungsabschlag von einem Drittel zu berücksichtigen.

Der Rabattfreibetrag ist jedoch nicht nur dann anwendbar, wenn der Arbeitgeber mit der Wohnungsvermietung selbst Handel treibt, sondern bereits dann, wenn der Arbeitgeber die Dienstleistung „nicht überwiegend für den Bedarf seines Arbeitnehmers erbringt“ (§ 8 Abs. 3 Satz 1 EStG).

Beispiel B

Der Arbeitgeber (z. B. ein Chemiekonzern) errichtet ein Wohngebäude und vermietet die Wohnungen überwiegend an fremde Dritte zu einem Quadratmeterpreis von z. B. 7,50 €. Einige Wohnungen vermietet der Arbeitgeber auch an seine Arbeitnehmer zu einem Quadratmeterpreis von 6 €. Da die Vermietung der Wohnungen **nicht überwiegend für die eigenen Arbeitnehmer** durchgeführt wird, ist der Rabattfreibetrag anwendbar. Für eine 70 Quadratmeter große Wohnung ergibt sich Folgendes:

von fremden Dritten gezahlte Miete 7,50 € × 70 m²	=	525,– €
abzüglich Preisabschlag von 4 % (§ 8 Abs. 3 EStG)		21,– €
verbleiben		504,– €
vom Arbeitnehmer gezahlte Miete 6 € × 70 m²	=	420,– €
geldwerter Vorteil monatlich		84,– €
geldwerter Vorteil jährlich 84 € × 12	=	1 008,– €

Dieser Betrag ist steuer- und beitragsfrei, da er den Rabattfreibetrag von jährlich 1080 € nicht übersteigt. Auch bei Ausübung des Bewertungswahlrechts zugunsten einer Bewertung nach § 8 Abs. 2 EStG ergibt sich kein steuerpflichtiger geldwerter Vorteil, da die Zahlung der Arbeitnehmer 350 € monatlich übersteigt (ortsübliche Miete 525 € abzüglich 1/3 Bewertungsabschlag = 350 €). Der Bewertungsabschlag von 1/3 gilt aber nicht im Sozialversicherungsrecht.

10. Monatliche Freigrenze von 44 €

W

Für Sachbezüge gibt es eine Freigrenze von **44 € monatlich.** Die 44-Euro-Freigrenze gilt nur für Sachbezüge, die nach § 8 Abs. 2 **Satz 1** EStG zu bewerten sind. Für Sachbezüge, die mit den amtlichen Sachbezugswerten nach § 8 Abs. 2 **Satz 6** EStG zu bewerten sind, gilt deshalb die monatliche Freigrenze ebenso wenig wie für Sachbezüge, auf die der Rabattfreibetrag anwendbar ist (und die deshalb nach § 8 Abs. 3 EStG bewertet werden).

Die 44-Euro-Freigrenze ist bei der unentgeltlich oder verbilligten Überlassung von Wohnraum auch dann anzuwenden, wenn der Bewertungsabschlag von einem Drittel zu berücksichtigen ist, da die Finanzverwaltung auch in diesem Fall von einer Bewertung nach § 8 Abs. 2 Satz 1 EStG (mit Bewertungsabschlag von 1/3) ausgeht. Auch in den Fällen, in denen der Bewertungsabschlag nicht zur Anwendung kommt, weil die ortsübliche Kaltmiete – ohne die nach der Betriebskostenverordnung umlagefähigen Kosten – mehr als 25 € je qm beträgt, ist eine Inanspruchnahme der 44-Euro-Freigrenze möglich. Diese Fälle werden allerdings in der Praxis so gut wie nicht anzutreffen sein. Dies gilt erst recht, wenn man bedenkt, dass es sich bei diesem qm-Preis um die Überlassung sehr exquisiter Wohnungen handelt.

Beispiel A

Arbeitgeber A überlässt dem Arbeitnehmer B eine 100-qm-Wohnung für 660 € monatlich zuzüglich 300 € Nebenkosten. Der niedrigste Mietwert der Mietpreisspanne des Mietspiegels für vergleichbare Wohnungen beträgt 12 € je qm.

Monatlicher Mietwert 100 qm × 12 €	1200 €
Umlagefähige Nebenkosten	300 €
Summe	1500 €
abzüglich Bewertungsabschlag 1/3	500 €
Verbleiben	1000 €
Entgelt des Arbeitnehmers 660 € zuzüglich 300 €	960 €
Geldwerter Vorteil	40 €

Die monatliche 44-Euro-Freigrenze für Sachbezüge ist anwendbar, sofern sie insgesamt (z. B. durch einen Benzingutschein) nicht überschritten ist.

Beispiel B

Wie Beispiel A. Der niedrigste Mietwert der Mietpreisspanne des Mietspiegels für vergleichbare Wohnungen beträgt 26 € je qm und der Arbeitnehmer zahlt einschließlich der Nebenkosten 2875 € monatlich.

Der Bewertungsabschlag von einem Drittel nach § 8 Abs. 2 Satz 12 EStG entfällt wegen Überschreitung der Mietobergrenze von 25 €. Der geldwerte Vorteil ermittelt sich wie folgt:

Monatlicher Mietwert 100 qm × 26 €	2600 €
Umlagefähige Nebenkosten	300 €
Summe	2900 €
Bewertungsabschlag von 1/3 entfällt	0 €
Verbleiben	2900 €
Entgelt des Arbeitnehmers	2875 €
Geldwerter Vorteil monatlich	25 €

Der geldwerte Vorteil ist aufgrund der Anwendung der monatlichen 44-Euro-Freigrenze für Sachbezüge steuer- und sozialversicherungsfrei, sofern diese noch nicht anderweitig ausgeschöpft worden ist.

11. Steuerfreiheit bei der unentgeltlichen oder verbilligten Überlassung von Wohnungen

Die unentgeltliche oder verbilligte Überlassung von Wohnraum durch den Arbeitgeber ist – vorbehaltlich des Bewertungsabschlags von einem Drittel – steuerpflichtiger Arbeitslohn. ja ja

Benutzt jedoch ein Arbeitnehmer im Rahmen einer Auswärtstätigkeit oder einer doppelten Haushaltsführung am auswärtigen Tätigkeitsort unentgeltlich oder verbilligt eine vom Arbeitgeber zur Verfügung gestellte Wohnung, ist der geldwerte Vorteil grundsätzlich als Auslösung steuerfrei. nein nein

Beispiel

Eine ledige Hotelfachfrau aus München arbeitet in einem Hotel in Hamburg. Sie behält während dieser Zeit ihren eigenen Hausstand in München bei (sie hat in München eine Wohnung gemietet und fährt regelmäßig heim). Sie erhält in Hamburg zusätzlich zum Barlohn als Auslösung freie Wohnung. Der ortsübliche Mietpreis für das 40 qm große Apartment beträgt 400 € monatlich.

Die unentgeltlich gewährte Wohnung ist **steuer- und beitragsfrei**, da eine doppelte Haushaltsführung vorliegt (vgl. das Stichwort „Doppelte Haushaltsführung“).

	Lohnsteuerpflichtig	Sozialversich.-pflichtig

12. Wohnrecht

Überlässt der Arbeitgeber dem Arbeitnehmer lebenslänglich ein Wohnrecht (z. B. die unentgeltliche oder verbilligte Nutzung eines Einfamilienhauses) im Hinblick auf das bestehende Dienstverhältnis, fließt dem Arbeitnehmer aufgrund dieses Wohnrechts monatlich ein geldwerter Vorteil in Höhe der ersparten ortsüblichen Miete zu (BFH-Urteil vom 19.8.2004, BStBl. II S. 1076); seit 1.1.2020 ist auch in diesem Fall grundsätzlich der Bewertungsabschlag von einem Drittel zu beachten. Vereinbaren Arbeitgeber und Arbeitnehmer die Übertragung des betroffenen Grundstücks an den Arbeitnehmer zu einem wegen des Wohnrechts geminderten Kaufpreis, fließt hiermit der zu diesem Zeitpunkt bestehende Kapitalwert des obligatorischen Wohnrechts (ohne Bewertungsabschlag) dem Arbeitnehmer als geldwerter Vorteil zu. Hierbei handelt es sich um Arbeitslohn für mehrere Jahre (vgl. dieses Stichwort), der nach der Fünftelregelung ermäßigt besteuert werden kann.

Erfolgt eine solche Vereinbarung im Zusammenhang mit einer vom Arbeitgeber ausgesprochenen Kündigung des Dienstverhältnisses, kann in diesem Zufluss eine steuerbegünstigte Entschädigung liegen (BFH-Urteil vom 22.1.1988, BStBl. II S. 525), vgl. die Stichwörter „Abfindung wegen Entlassung aus dem Dienstverhältnis" und „Entschädigungen".

13. Sonstige Aufwendungen des Arbeitgebers zur Wohnungsbeschaffung

Für die steuerliche Behandlung von sonstigen Aufwendungen des Arbeitgebers zur Beschaffung von Wohnungen für seine Arbeitnehmer gilt Folgendes:

a) Zuschuss für Eigenheime

Vom Arbeitgeber ohne jede Auflage gewährte Zuschüsse zum Bau oder Erwerb eines Eigenheims (einer Eigentumswohnung) sind **steuerpflichtiger Arbeitslohn.** Die Zuschüsse sind im Kalenderjahr des Zuflusses zu versteuern. — ja | ja

b) Verkauf von Bauland

Veräußert der Arbeitgeber an den Arbeitnehmer Bauland **unter** dem **ortsüblichen Quadratmeterpreis,** stellt der Unterschiedsbetrag **steuerpflichtigen Arbeitslohn** dar (vgl. das Stichwort „Grundstücke"). — ja | ja

c) Zuschuss zur Miete

Gewährt der Arbeitgeber dem Arbeitnehmer ohne jede Auflage einen Zuschuss zur Miete einer Wohnung, ist dieser Zuschuss als Barlohn **steuerpflichtiger Arbeitslohn.** Der Zuschuss ist im Kalenderjahr des Zuflusses zu versteuern. Eine Verteilung auf mehrere Kalenderjahre ist nicht möglich. Eine Pauschalierung der Steuer kommt nur in Betracht, wenn die Zuschüsse in einer Vielzahl von Fällen gewährt werden (vgl. „Pauschalierung der Lohnsteuer" unter Nr. 2 auf Seite 733). — ja | ja

d) Zinsverbilligte Darlehen

Gewährt der Arbeitgeber dem Arbeitnehmer zum Bau eines Einfamilienhauses (einer Eigentumswohnung) ein zinsloses oder zinsverbilligtes Darlehen, richtet sich die steuerliche Behandlung der Zinsersparnisse nach den beim Stichwort „Zinsersparnisse und Zinszuschüsse" dargestellten Grundsätzen.

e) Übernahme von Zinsen

Erstattet der **Arbeitgeber** dem Arbeitnehmer die **Zinsen für einen Kredit,** den der Arbeitnehmer von einem Dritten (z. B. einer Bank) zum Bau oder Erwerb eines Eigenheims (einer Eigentumswohnung) aufgenommen hat, liegt stets steuerpflichtiger Arbeitslohn in Form von Bargeld vor. — ja | ja

Zur Steuerpflicht von Zinszuschüssen vgl. auch „Zinsersparnisse und Zinszuschüsse" unter Nr. 1.

f) Zuschüsse zur Miete als Vorauszahlung

Gewährt der Arbeitgeber dem Arbeitnehmer einen Zuschuss zur Miete einer Wohnung in der Form, dass der Arbeitnehmer den Mietzuschuss als Vorauszahlung an den Vermieter weiterleitet und die dadurch erlangte Mietminderung an den Arbeitgeber zurückzahlt, kommt dem Zuschuss nur der Charakter eines **Darlehens** zu; **steuerpflichtiger Arbeitslohn** liegt deshalb beim Mietzuschuss **nicht** vor. — nein | nein

Zur Behandlung des Darlehens vgl. das Stichwort „Zinsersparnisse und Zinszuschüsse".

g) Zuschüsse zur Miete mit Rückzahlungsverpflichtung beim Ausscheiden aus dem Dienstverhältnis

Gewährt der Arbeitgeber seinem Arbeitnehmer einen **Zuschuss** im Sinne des Buchstabens f **ohne** dass der Wert der **Mietminderung** an den Arbeitgeber zurückzuzahlen ist, handelt es sich um **steuerpflichtigen Arbeitslohn.** Muss in einem solchen Fall der Arbeitnehmer den Zuschuss im Falle des Ausscheidens aus dem Dienstverhältnis ganz oder teilweise zurückzahlen, mindern die Rückzahlungen im Kalenderjahr der Rückzahlung den steuerpflichtigen Arbeitslohn (vgl. „Rückzahlung von Arbeitslohn"). — ja | ja

h) Vorzeitige Rückzahlung zinsverbilligter Darlehen

Hat ein Arbeitgeber einem Arbeitnehmer ein zinsloses oder niedrig verzinsliches Darlehen zum Bau eines Eigenheims (oder einer Eigentumswohnung) gewährt (vgl. Buchstaben d) und erlässt der Arbeitgeber bei vorzeitiger Rückzahlung eines solchen Darlehens einen Teil der Beitragsschuld, liegt in diesem **Verzicht** ein steuer- und beitragspflichtiger geldwerter Vorteil. Vgl. das Stichwort „Forderungsverzicht". — ja | ja

Besteht in solchen Fällen gegenüber dem Arbeitnehmer als Eigentümer ein Belegungsrecht des Arbeitgebers für die betreffende Wohnung, ist dies bei der Bewertung des geldwerten Vorteils wertmindernd zu berücksichtigen und kann bei einem längeren Belegungsrecht zu einer Bewertung von 0 € führen. — nein | nein

i) Investitionskostenzuschuss

Zahlt der Arbeitgeber dem Eigentümer der Wohnung (= Vermieter des Arbeitnehmers) einen Investitionskostenzuschuss zur Durchführung von Modernisierungsmaßnahmen und berechtigen die qualitätserhöhenden Maßnahmen den Vermieter in diesem Fall nicht zu einer Mieterhöhung gegenüber dem Arbeitnehmer, erhält der Arbeitnehmer in diesen Fällen einen Sachbezug in Form eines Mietvorteils (gleiche Miete für bessere Wohnung) als Arbeitslohn von dritter Seite unter Mitwirkung des Arbeitgebers.

14. Wohnheime und Personalunterkünfte

Stellt der Arbeitgeber seinen Arbeitnehmern Wohnraum in Personalunterkünften oder Wohnheimen unentgeltlich oder verbilligt zur Verfügung, handelt es sich um steuerpflichtigen Arbeitslohn, es sei denn, die Arbeitnehmer führen einen doppelten Haushalt oder üben eine Auswärtstätigkeit aus (vgl. vorstehende Nr. 11). Soweit es sich nicht um Unterkünfte handelt, für die die Sachbezugswerte anzusetzen sind (vgl. vorstehende Nr. 2), ist der geldwerte Vorteil mit dem ortsüblichen Mietpreis ggf. abzüglich des Bewertungsabschlags von einem Drittel anzusetzen. Dabei sind die sich durch die Lage der Wohnung zum Betrieb ergebenden Beeinträchtigungen durch entsprechende Abschläge zu berücksichtigen. Der sich hiernach ergebende Wert ist auch dann anzusetzen, wenn er

W

Lohnsteuerpflichtig | Sozialversich.-pflichtig

niedriger sein sollte als der Sachbezugswert. Als Vergleichsmiete können die in Studentenwohnheimen gezahlten Mieten herangezogen werden.

Handelt es sich bei dem zur Verfügung gestellten Wohnraum um eine „Unterkunft" im Sinne der Sozialversicherungsentgeltverordnung, war früher stets der amtliche Sachbezugswert anzusetzen (ggf. gemindert um einen Abschlag wegen Mehrfachbelegung). Da der Ansatz des Sachbezugswerts insbesondere bei wesentlichen Abweichungen vom Durchschnittsstandard als unbillig empfunden wurde, enthält die Sozialversicherungsentgeltverordnung eine Regelung, wonach **eine Unterkunft mit dem ortsüblichen Mietpreis** bewertet werden kann, wenn **nach Lage des einzelnen Falles** der Ansatz des Sachbezugswerts unbillig wäre.[1] Die besonderen Quadratmeterpreise, die in § 2 Abs. 4 Satz 2 SvEV[2] für Fälle festgesetzt sind, in denen der ortsübliche Mietpreis nur mit außergewöhnlichen Schwierigkeiten ermittelt werden kann (vgl. vorstehend unter Nr. 7), sind auch in dem geschilderten Ausnahmefall anwendbar (§ 2 Abs. 3 Satz 3 SvEV)[2]. Ein Bewertungsabschlag von einem Drittel darf auf diese Werte aber nicht vorgenommen werden.

15. Sonderregelung für im Ausland überlassene Wohnungen

Nach R 8.1 Abs. 6 Satz 10 LStR ist bei einer unentgeltlichen oder verbilligten Überlassung von Wohnungen im Ausland Folgendes zu beachten: Übersteigt bei einer unentgeltlichen oder verbilligten Überlassung einer Wohnung im Ausland der ortsübliche Mietpreis 18 % des Arbeitslohns ohne Kaufkraftausgleich, sind als Sachbezugswert diese 18 % zuzüglich 10 % des Mehrbetrags anzusetzen. Von dieser Summe ist ein Bewertungsabschlag von 1/3 vorzunehmen.

Beispiel A

Arbeitslohn für eine Tätigkeit im Ausland monatlich	2 000,– €
Mietwert der unentgeltlich im Ausland überlassenen Wohnung monatlich	300,– €

Nach Abzug des Bewertungsabschlags von einem Drittel ist ein Betrag von 200 € als geldwerter Vorteil anzusetzen, da der Ausgangswert von 300 € 18 % des Arbeitslohns (= 360 €) nicht übersteigt.

Beispiel B

Arbeitslohn (ohne Kaufkraftausgleich) für eine Tätigkeit im Ausland monatlich		5 000,– €
Mietwert der unentgeltlich im Ausland vom Arbeitgeber zur Verfügung gestellten Wohnung		1 500,– €
Als Sachbezugswert sind in diesem Fall anzusetzen:		
18 % des Arbeitslohns	=	900,– €
zuzüglich 10 % des Mehrbetrags in Höhe von (1500 € ./. 900 € = 600 €)	=	60,– €
Summe		960,– €
abzüglich Bewertungsabschlag 1/3		320,– €
verbleiben		640,– €

Steuerpflichtig sind somit der Barlohn von 5000 € und der Sachbezugswert in Höhe von 640 €, insgesamt 5640 €.

Diese Regelung ist im Zusammenhang mit der Steuerfreiheit eines Mietzuschusses bei einer Tätigkeit im Ausland zu sehen (vgl. „Kaufkraftausgleich" unter Nr. 5 auf Seite 605). Als steuerpflichtiger Sachbezugswert wird die ortsübliche Miete der unentgeltlich überlassenen Wohnung nur insoweit angesetzt, als sie nicht nach § 3 Nr. 64 EStG als Mietzuschuss steuerfrei belassen werden kann. Zudem ist der Bewertungsabschlag von einem Drittel abzuziehen. Die dargestellte Regelung ist jedoch nur in den Ausnahmefällen von Bedeutung, in denen der Arbeitslohn bei einer Tätigkeit im Ausland in Deutschland auch tatsächlich steuerpflichtig ist. Meist wird eine Befreiung der gesamten Bezüge des Arbeitnehmers nach dem Auslandstätigkeitserlass oder nach einem Doppelbesteuerungsabkommen in Betracht kommen (vgl. diese Stichworte) oder es sich um ganz oder teilweise um nicht dem Progressionsvorbehalt unterliegende steuerfreie Auslösungen (vgl. dieses Stichwort) handeln.

16. Umsatzsteuerfreiheit der Wohnungsüberlassung

Die **dauerhafte** Überlassung von Wohnungen (= mehr als sechs Monate) durch den Arbeitgeber an seine Arbeitnehmer ist umsatzsteuerfrei (§ 4 Nr. 12 Satz 1 Buchstabe a UStG), die kurzfristige Überlassung von Wohnungen ist hingegen umsatzsteuerpflichtig. Vgl. auch die Erläuterungen beim Stichwort „Umsatzsteuerpflicht bei Sachbezügen" unter Nr. 3.

YouTuber

Wird die Tätigkeit als YouTuber mit Einkunftserzielungsabsicht betrieben, liegen i. d. R. Einkünfte aus Gewerbebetrieb oder selbstständiger Arbeit vor. Einnahmen aus dem Marketing oder aus der Werbung führen zu gewerblichen Einkünften. nein nein

Beschäftigt der YouTuber Mitarbeiter als Arbeitnehmer, hat er die lohnsteuerlichen Arbeitgeberpflichten zu erfüllen.

Zählgelder

siehe „Fehlgeldentschädigungen"

Zehrgelder

Vergütungen von Arbeitgebern, die ohne Einzelnachweis pauschal unter der Bezeichnung „Zehrgeld" gezahlt werden, gehören zum steuerpflichtigen Arbeitslohn. ja ja

Steuerfreiheit kann nur dann eintreten, wenn die Zahlungen des Arbeitgebers unter den Begriff der Reisekosten bei Auswärtstätigkeit oder der doppelten Haushaltsführung fallen (§ 3 Nr. 16 EStG). Zehrgelder, die bei einer eintägigen Abwesenheit von bis zu acht Stunden gezahlt werden, gehören deshalb wegen Nichterfüllung der erforderlichen Mindestabwesenheitszeit stets zum steuerpflichtigen Arbeitslohn.

Siehe die Stichworte: Auslösungen, Doppelte Haushaltsführung, Einsatzwechseltätigkeit, Fahrtätigkeit, Mahlzeiten, Reisekosten bei Auswärtstätigkeiten, Anhang 4.

Zeitungen

Ersetzt der Arbeitgeber dem Arbeitnehmer die Aufwendungen für Fachzeitschriften, gehört der Arbeitgeberersatz auch dann zum steuerpflichtigen Arbeitslohn, wenn es sich bei den Zeitschriften um Arbeitsmittel des Arbeitnehmers handelt. Denn ein Werbungskostenersatz durch den Arbeitgeber ist – ohne ausdrückliche gesetzliche Steuerbefreiungsvorschrift – steuer- und beitragspflichtig. ja ja

Der Arbeitnehmer muss den Ersatz des Arbeitgebers zwar einerseits versteuern, er kann jedoch seine Aufwendungen für Fachzeitschriften in entsprechender Höhe als Werbungskosten geltend machen (vgl. hierzu die grundsätzlichen Ausführungen beim Stichwort „Auslagenersatz"). Eine Saldierung von Arbeitslohn einerseits und Werbungs-

1) Die amtliche Begründung zu der seit 1.1.2004 geltenden Ausnahmeregelung lautet:
Um auch bei Unterkünften – wie bei Wohnungen – den in Einzelfällen sehr unterschiedlichen Ausstattungsqualitäten Rechnung tragen zu können, soll wesentlichen Abweichungen vom Durchschnittsstandard einer Unterkunft durch Rückgriff auf den ortsüblichen Mietpreis entsprochen werden können.

2) Die Sozialversicherungsentgeltverordnung (SvEV) ist als Anhang 2 im **Steuerhandbuch für das Lohnbüro 2021** abgedruckt, das im selben Verlag erschienen ist.

	Lohnsteuerpflichtig	Sozialversich.-pflichtig

kosten andererseits ist im Lohnsteuerabzugsverfahren durch den Arbeitgeber nicht zulässig.

Erhält ein Arbeitnehmer, der bei einem Zeitungsverlag beschäftigt ist, unentgeltlich oder verbilligt Tageszeitungen und/oder Zeitschriften, ist dieser geldwerte Vorteil im Grundsatz steuerpflichtig. Es handelt sich nicht um eine steuerfreie Annehmlichkeit (vgl. dieses Stichwort).

Der geldwerte Vorteil ist jedoch in Anwendung des Rabattfreibetrags (vgl. das Stichwort „Rabatte, Rabattfreibetrag") steuer- und beitragsfrei, soweit er 1125 € im Kalenderjahr nicht übersteigt (1080 € Rabattfreibetrag zuzüglich 4 % Abschlag vom Endpreis). nein nein

Beispiel

Ein Arbeitnehmer ist bei einem Zeitungsverlag beschäftigt. Der Arbeitnehmer erhält unentgeltlich Tageszeitungen und Zeitschriften im Wert von 1125 € jährlich.

Der geldwerte Vorteil ist steuer- und beitragsfrei, da der Rabattfreibetrag von 1080 € jährlich nicht überschritten wird:

Wert der unentgeltlichen Tageszeitungen	1 125,– €
4 % Abschlag vom Endpreis	45,– €
verbleibender geldwerter Vorteil	1 080,– €

Ist der Rabattfreibetrag von 1080 € nicht anzuwenden, weil der Vorteil nicht vom Arbeitgeber selbst, sondern von einem mit dem Arbeitgeber verbundenen Unternehmen (Konzerngesellschaft) gewährt wird, bleibt der geldwerte Vorteil nur dann steuer- und beitragsfrei, wenn die Freigrenze von 44 € im Kalendermonat nicht überschritten wird und diese Freigrenze auch noch nicht durch andere Sachbezüge ausgeschöpft worden ist (vgl. das Stichwort „Rabatte, Rabattfreibetrag" unter Nr. 6 Buchstabe d auf Seite 809). Zur Anwendung der 44-Euro-Freigrenze siehe auch das Stichwort „Sachbezüge" unter Nr. 4 auf Seite 847.

Zeitungsausträger

Zur steuerlichen Behandlung der Zeitungsausträger hat der BFH im Urteil vom 2.10.1968 (BStBl. 1969 II S. 103) grundsätzliche Ausführungen gemacht und im entschiedenen Fall die Zeitungsausträger als Arbeitnehmer angesehen. ja ja

Für die Annahme eines abhängigen Dienstverhältnisses bei Zeitungsausträgern sprechen nach Auffassung des Bundesfinanzhofs folgende Merkmale:

- Die Tätigkeit ist regelmäßig und zu festen Zeiten zu erbringen.
- Die Ausübung ist an einen bestimmten Ort (Zustellbezirk) gebunden.
- Der Arbeitnehmer unterliegt hinsichtlich des Ortes, der Zeit und des Inhalts seiner Tätigkeit den Weisungen des Arbeitgebers.
- Sie können hinsichtlich des Umfangs ihrer Tätigkeit als Zeitungsausträger keine eigene unternehmerische Initiative entfalten und tragen kein Unternehmerrisiko.

Für die Entscheidung kommt es jeweils auf das Gesamtbild der Verhältnisse und die tatsächliche Gestaltung des Rechtsverhältnisses zwischen den Beteiligten an; den vertraglichen Vereinbarungen zwischen den Beteiligten (ob sie ein Dienstverhältnis oder eine selbstständig ausgeübte Tätigkeit vereinbart haben) fällt dagegen ein geringeres Gewicht zu.

Zur Berücksichtigung der Aufwendungen der Zusteller vgl. die Stichwörter „Entfernungspauschale" unter Nr. 11 Buchstabe c sowie „Weiträumiges Tätigkeitsgebiet".

Soweit Zeitungsausträger neben ihrer eigenen Tätigkeit auch **Abonnenten werben** und dafür vom Verlag besondere Vergütungen erhalten, gilt Folgendes:

Prämien, die ein Verlagsunternehmen seinen Zeitungsausträgern für die Werbung neuer Abonnenten gewährt, sind dann kein Arbeitslohn, wenn die Zeitungsausträger zur Anwerbung neuer Abonnenten nicht verpflichtet sind. Dies gilt auch dann, wenn die Werbung neuer Abonnenten ausschließlich innerhalb des eigenen Zustellungsbezirks der Zeitungsausträger erfolgt und die Belieferung der neuen Abonnenten in der Folgezeit zu einer Erhöhung der Einnahmen aus der nichtselbstständig ausgeübten Tätigkeit als Zeitungsausträger führt (BFH-Urteil vom 22.11.1996, BStBl. 1997 II S. 254).

Das Bundessozialgericht hat demgegenüber im Urteil vom 15.2.1989 (Die Beiträge 1989 S. 165) entschieden, dass die neben dem Trägerlohn bezogenen zusätzlichen Vergütungen (Prämien, Provisionen) für die Werbung neuer Abonnenten zum beitragspflichtigen Entgelt gehören. nein ja

Für Zeitungsausträger gelten seit 1.1.2017 die Regelungen für den Mindestlohn in vollem Umfang. Einzelheiten siehe unter dem Stichwort „Mindestlohn".

Zeitwertkonten

siehe „Arbeitszeitkonten"

Zensus

Vor einigen Jahren wurde eine umfassende Bevölkerungs-, Gebäude- und Wohnungszählung durch den Einsatz von sog. Erhebungsbeauftragten durchgeführt.

Die an diese Erhebungsbeauftragten nach dem Zensusgesetz gezahlten **Aufwandsentschädigungen** sind nach den beim Stichwort „Aufwandsentschädigungen aus öffentlichen Kassen" unter Nr. 3 dargestellten Regelungen **steuerfrei** (§ 3 Nr. 12 Satz 2 EStG). nein nein

Reisekostenvergütungen aus öffentlichen Kassen (vgl. dieses Stichwort) sind ebenfalls steuerfrei (§ 3 Nr. 13 EStG). nein nein

Sollte sich nach Anwendung der vorstehenden Steuerbefreiungen dennoch ein **steuerpflichtiger Teil** der Aufwandsentschädigung ergeben, liegen steuerpflichtige sonstige Einkünfte (§ 22 Nr. 3 EStG) vor, sofern der steuerpflichtige Teil der Einkünfte mehr als 255 Euro im Kalenderjahr beträgt. nein nein

Die vorstehenden Ausführungen gelten entsprechend für die Erhebungsbeauftragten nach dem Mikrozensusgesetz.

Für den nächsten Zensus, der frühestens im Jahr 2022 durchgeführt wird, ist die Steuerfreiheit der den Erhebungsbeauftragten gezahlten Aufwandsentschädigung in voller Höhe im Zensusgesetz geregelt worden (§ 20 Abs. 3 Zensusgesetz). nein nein

Zeugengebühren

Zeugengebühren, die als Ersatz für Verdienstausfall gezahlt werden, sind zwar Arbeitslohn, jedoch ist der Steuerabzug regelmäßig nicht durchführbar, da sie nicht vom Arbeitgeber ausgezahlt werden; regelmäßig sind sie daher im Rahmen einer Veranlagung zur Einkommensteuer steuerlich zu erfassen (vgl. „Verdienstausfallentschädigungen"). Der Arbeitgeber ist nur dann zum Lohnsteuerabzug verpflichtet, wenn er weiß oder erkennen kann, dass derartige Vergütungen erbracht werden (§ 38 Abs. 1 Satz 3 EStG). Vgl. die Erläuterungen beim Stichwort „Lohnzahlung durch Dritte". nein nein

Lohnsteuerpflichtig | Sozialversich.-pflichtig

Zinsen

siehe „Genussrechte", „Renten" und „Verzugszinsen"

Zinsersparnisse und Zinszuschüsse

Gliederung:

1. Allgemeines
2. Bewertung der Zinsersparnisse
3. Verwendung des Darlehens
4. Anwendung der 44-Euro-Freigrenze
5. Zinsverbilligte Darlehen auf der Basis von Bausparverträgen
6. Wohnungsfürsorgedarlehen an Beschäftigte im öffentlichen Dienst
7. Anwendung des Rabattfreibetrages bei zinslosen und zinsverbilligten Darlehen

1. Allgemeines

Zinsersparnisse und Zinszuschüsse, die der Arbeitnehmer aufgrund seines Arbeitsverhältnisses erhält, gehören zum steuerpflichtigen Arbeitslohn. **Zinsersparnisse** liegen vor, wenn der Arbeitnehmer vom Arbeitgeber ein Darlehen zu günstigeren als den marktüblichen Bedingungen erhält. **Zinszuschüsse** liegen hingegen vor, wenn der Arbeitnehmer ein Darlehen zu marktüblichen Konditionen aufnimmt und der Arbeitgeber dem Arbeitnehmer die Zinsen ganz oder teilweise erstattet. ja ja

Beispiel A

Der Arbeitgeber gewährt seinem Arbeitnehmer ein Darlehen zu einem Zinssatz von 1 %. Der übliche Zinssatz für solche Darlehen beträgt 3 %.

Der Arbeitnehmer erhält ein zinsverbilligtes Arbeitgeberdarlehen; es liegen Zinsersparnisse beim Arbeitnehmer vor.

Beispiel B

Der Arbeitnehmer nimmt ein Darlehen bei einer Bank mit einem Zinssatz von 3 % auf. Der Arbeitgeber übernimmt die Zinsen, soweit sie mehr als 1 % betragen.

Der Arbeitnehmer hat ein normalverzinsliches Darlehen aufgenommen und erhält vom Arbeitgeber Zinszuschüsse.

Verpflichtet sich der Arbeitgeber zugunsten des Arbeitnehmers gegenüber dem Darlehensgeber (der Bank) zur Zahlung von Zinszuschüssen (sog. Zinsausgleichszahlungen), liegt ebenfalls steuerpflichtiger Arbeitslohn vor (BFH-Urteil vom 4.5.2006, BStBl. II S. 914). ja ja

Beispiel C

Eine Bank gewährt dem Arbeitnehmer zum Kauf einer Eigentumswohnung ein Darlehen. Der jährliche Zinssatz beläuft sich auf 1,85 %. Der Arbeitnehmer zahlt an die Bank 1 % Zinsen. Wegen der Differenz schließt der Arbeitgeber mit der Bank eine Zinsübernahmevereinbarung. Darin verpflichtet er sich gegenüber der Bank zur Zahlung von 0,85 % Zinsen auf das Darlehen. Die Zahlungen des Arbeitgebers gehören zum steuerpflichtigen Arbeitslohn des Arbeitnehmers. Es liegt kein zinsverbilligtes Darlehen – vom Arbeitgeber oder von einem Dritten – an den Arbeitnehmer vor, da die Bank im Ergebnis den marktüblichen Zinssatz von 1,85 % (1 % vom Arbeitnehmer und 0,85 % vom Arbeitgeber) erhält.

Die Unterscheidung zwischen Zinsersparnissen und Zinszuschüssen ist u. a. wegen der unterschiedlichen Bewertung (**Zinsersparnis = Sachbezug;** Zinszuschuss = Geldleistung) und den sich daraus ergebenden Folgerungen für die Anwendung der **44-Euro-Freigrenze** entscheidend (vgl. auch nachfolgende Nr. 4). Außerdem gibt es auch nur für Zinsersparnisse bei Arbeitgeberdarlehen eine **Freigrenze** (vgl. auch nachfolgende Nr. 2).

Es ist auch denkbar, dass bei einer Darlehensgewährung sowohl eine Zinsersparnis als auch ein Zinszuschuss des Arbeitgebers vorliegt.

Beispiel D

Der Arbeitnehmer erhält aufgrund des Arbeitsverhältnisses von einem mit seinem Arbeitgeber verbundenen Unternehmen einen Kontokorrentkredit, für den er 7 % Zinsen zahlen muss. Sein Arbeitgeber zahlt an das verbundene Unternehmen 3 %. Der übliche Zinssatz beträgt 12 %.

In Höhe von 2 % (12 % abzüglich 7 % abzüglich 3 %) liegt eine Zinsersparnis (= Sachbezug) vor. Bei der 3 %-igen Zahlung des Arbeitgebers handelt es sich um einen Zinszuschuss (= Geldleistung).

Die **Abgrenzung** zwischen einem **Vorschuss** (vgl. das Stichwort „Vorschüsse") und einem echten Arbeitgeberdarlehen ist danach vorzunehmen, ob der Arbeitgeber bei der Zahlung Lohnsteuer einbehalten hat (= Vorschuss) oder nicht **(= Darlehen).** Bei sog. **Abschlagszahlungen** (vgl. dieses Stichwort) handelt es sich nicht um ein Arbeitgeberdarlehen. Entsprechendes gilt für einen angemessenen **Reisekostenvorschuss** für beruflich veranlasste Auswärtstätigkeiten sowie vorschüssig gezahlten Auslagenersatz. Bei Gehaltsvorschüssen im öffentlichen Dienst handelt es sich hingegen um Arbeitgeberdarlehen.

Beispiel E

Da dem Arbeitnehmer anlässlich seiner beruflich veranlassten Auswärtstätigkeiten hohe Flugkosten entstehen, zahlt der Arbeitgeber ihm einen angemessenen Reisekostenvorschuss von 5000 €. Bei dem angemessenen Reisekostenvorschuss handelt es sich nicht um ein Arbeitgeberdarlehen. Der Arbeitnehmer hat daher keinen geldwerten Vorteil für eine etwaige Zinsersparnis zu versteuern.

Auch bei Zinsersparnissen kann es sich um eine **Leistung im ganz überwiegenden eigenbetrieblichen Interesse des Arbeitgebers** handeln. So werden z. B. nicht selten Studienkosten des Arbeitnehmers für eine berufliche Fort- oder Weiterbildung vom Arbeitgeber zunächst einmal im Darlehenswege übernommen, wobei weder die Hingabe noch die Rückzahlung der Darlehensmittel zu lohnsteuerlichen Folgerungen führt. Allerdings kann es sich beim späteren Verzicht auf die Darlehensrückzahlung und/oder beim Zinsvorteil um eine Leistung im ganz überwiegenden eigenbetrieblichen Interesse des Arbeitgebers handeln. Hiervon ist auszugehen, wenn es sich im Zeitpunkt der Einräumung des Arbeitgeberdarlehens nicht um eine Erstausbildung handelt, das Studium beruflich veranlasst ist und durch das Studium die Einsatzfähigkeit des Arbeitnehmers im Betrieb des Arbeitgebers erhöht werden soll. Vgl. auch die Erläuterungen beim Stichwort „Fortbildungskosten" unter Nr. 2 Buchstabe d. nein nein

Beispiel F

Arbeitgeber A gewährt dem Arbeitnehmer B zur Begleichung der Studiengebühren für ein berufsbegleitendes Studium (keine Erstausbildung, beruflich veranlasst, Einsatzfähigkeit des B im Unternehmen soll erhöht werden) ein unverzinsliches Darlehen in Höhe von 3000 €. Da B nach Abschluss des Studiums für die vereinbarten drei Jahre im Unternehmen verbleibt, erlässt A ihm den Darlehensbetrag.

Sowohl beim Verzicht auf die Darlehensrückzahlung als auch beim Zinsvorteil aus dem Darlehen handelt es sich um eine Leistung im ganz überwiegenden eigenbetrieblichen Interesse des A und damit nicht um steuer- und sozialversicherungspflichtigen Arbeitslohn.

Als **Unterstützungsleistung steuerfrei** sind Zinszuschüsse und Zinsvorteile bei **Arbeitgeberdarlehen,** die zur Beseitigung von Schäden aus einer **Naturkatastrophe** (z. B. Hochwasser) gewährt worden sind. Dies gilt für die gesamte Laufzeit des Darlehens. Voraussetzung ist allerdings, dass das Darlehen die Schadenshöhe nicht übersteigt. Bei längerfristigen Darlehen sind Zinszuschüsse und Zinsvorteile insgesamt nur bis zu einem Betrag in Höhe des Schadens steuerfrei. nein nein

2. Bewertung der Zinsersparnisse

Wie unter Nr. 1 bereits ausgeführt sind sog. **Zinszuschüsse** des Arbeitgebers als Geldleistung grundsätzlich steuer- und beitragspflichtig. ja ja

Für **Zinsersparnisse** hat der Bundesfinanzhof mit Urteil vom 4.5.2006 (BStBl. II S. 781) entschieden, dass der Arbeitnehmer **keinen** lohnsteuerlich zu erfassenden **geld-**

Z

werten Vorteil erlangt, wenn der Arbeitgeber ihm ein Darlehen zu einem **marktüblichen Zinssatz** gewährt. Die Finanzverwaltung folgt der Rechtsprechung des Bundesfinanzhofs. Außerdem ist bei zinslosen und zinsverbilligten **Arbeitgeberdarlehen** eine **Freigrenze** zu beachten.[1] Danach sind Zinsvorteile nicht als Sachbezüge zu versteuern, wenn die Summe der noch nicht getilgten Darlehen am Ende des Lohnzahlungszeitraums **2600 €** nicht übersteigt.

Beispiel A

Arbeitgeber A zahlt seinem Arbeitnehmer B im Januar 2021 einen „Gehaltsvorschuss" von 2500 €, der nicht als Arbeitslohn versteuert worden ist.

Ungeachtet der Bezeichnung „Gehaltsvorschuss" handelt es sich um ein Arbeitgeberdarlehen. Dennoch sind keine Zinsvorteile als Arbeitslohn zu versteuern, da die Summe der noch nicht getilgten Darlehen am Ende des Lohnzahlungszeitraums 2600 € nicht übersteigt.

Hat der Arbeitgeber **mehrere Darlehen** zinslos oder zinsverbilligt gewährt, sind die Darlehenssummen bzw. die Summen der Restdarlehen für die Feststellung der **2600-Euro-Freigrenze zusammenzurechnen.**

Beispiel B

Ein Arbeitgeber hat seinem Arbeitnehmer zwei zinslose Darlehen für den Erwerb von Eigentumswohnungen gewährt. Der Arbeitnehmer schuldet dem Arbeitgeber am Ende des Lohnzahlungszeitraums aus dem ersten Darlehen noch 2600 € und aus dem zweiten Darlehen 50 000 €.

Die Zinsersparnis aus beiden Darlehen gehört zum steuerpflichtigen Arbeitslohn. Erst sobald beide Darlehen zusammen auf mindestens 2600 € getilgt sind, ist die 2600-€-Freigrenze für Arbeitgeberdarlehen anzuwenden.

Übersteigen die unentgeltlichen oder verbilligten Arbeitgeberdarlehen am Ende des Lohnzahlungszeitraums den Betrag von 2600 €, bemisst sich der **geldwerte Vorteil** nach dem **Unterschiedsbetrag** zwischen dem **marktüblichen Zins** und dem **Zins,** den der **Arbeitnehmer** im konkreten Einzelfall **zahlt.** Dabei ist für die gesamte Vertragslaufzeit der bei Vertragsabschluss maßgebliche Zinssatz zugrunde zu legen. Werden nach Ablauf der Zinsfestlegung die Zinskonditionen desselben Darlehens neu vereinbart, ist der Zinsvorteil zum Zeitpunkt dieser Prolongationsvereinbarung neu zu ermitteln. Bei Arbeitgeberdarlehen mit **variablen Zinssatz** ist jeweils im Zeitpunkt der vertraglichen Zinsanpassung der neu vereinbarte Zinssatz mit dem jeweils aktuellen marktüblichen Zinssatz zu vergleichen. Bei mehreren Darlehen ist der geldwerte Vorteil für jedes Darlehen getrennt zu ermitteln, auch wenn die Darlehen dieselbe Laufzeit haben oder z. B. der Finanzierung eines Objekts dienen. Die Grundlagen für die Ermittlung des Zinsvorteils sind vom Arbeitgeber als Belege zum Lohnkonto aufzubewahren. Zur Anwendung des Rabattfreibetrags von 1080 € bei einem zinslosen oder zinsverbilligten Darlehen vgl. die Erläuterungen unter der nachfolgenden Nr. 7.

Der marktübliche Zinssatz ist z. B. das Angebot eines Kreditinstituts am Abgabeort (Abschlag von 4 % ist zulässig) oder der **günstigste nachgewiesene Zinssatz** für Darlehen mit vergleichbaren Bedingungen unter Berücksichtigung allgemein zugänglicher **Internetangebote** (z. B. von Direktbanken; ein Abschlag von 4 % ist nicht zulässig); individuelle Preisverhandlungen bleiben unberücksichtigt. Vergleichbar ist ein Darlehen, das dem Arbeitgeberdarlehen insbesondere hinsichtlich der Kreditart (Konsumentenkredit/Ratenkredit, Überziehungskredit, Wohnungsbaukredit), der Laufzeit des Darlehens, Dauer der Zinsfestlegung, der Beleihungsgrenze und des Zeitpunkts der Tilgungsverrechnung im Wesentlichen entspricht. Maßgebend für die Kreditart ist allein der tatsächliche Verwendungszweck des Darlehens und nicht z. B. die Art der Besicherung des Kredits.

Aus **Vereinfachungsgründen** wird es nicht beanstandet, wenn für die Feststellung des marktüblichen Zinssatzes die bei Vertragsabschluss von der **Deutschen Bundesbank** zuletzt **veröffentlichten Effektivzinssätze** (= gewichtete Durchschnittssätze) herangezogen werden (http://www.bundesbank.de; Suchbegriff: „Geldwerter Vorteil für Arbeitgeberdarlehen"). Dabei sind mehrere vom Arbeitgeber dem Arbeitnehmer gewährte Darlehen gesondert zu betrachten, und zwar auch dann, wenn sie denselben Finanzierungszweck haben. Von dem sich danach ergebenden Effektivzinssatz kann ein **Abschlag** von **4 %** vorgenommen werden.

Geldwerter Vorteil aus Arbeitgeberdarlehen

Marktüblicher Zinssatz

Angebot des Kreditinstituts am Abgabeort (Abschlag von 4 %)	Effektivzins Deutsche Bundesbank (Abschlag von 4 %)	Günstigster Zinssatz am Markt (Internetangebot; kein Abschlag)

Maßstabszinssatz abzüglich Effektivzinssatz des Arbeitnehmers

Zinsverbilligung

Aus der **Differenz** zwischen dem **Maßstabszinssatz** und dem vom Arbeitnehmer zu zahlenden **Effektivzinssatz** des Arbeitgeberdarlehens (ein bei der Auszahlung vom Arbeitgeber einbehaltenes Damnum/Disagio ist bei der Zinssatzermittlung zu berücksichtigen) sind die Zinsverbilligung und der **geldwerte Vorteil** zu berechnen, wobei die Zahlungsweise der Zinsen (z. B. monatlich, halbjährlich, jährlich) auf die Höhe des geldwerten Vorteils keinen Einfluss hat. Sie ist aber für die Anwendung der monatlichen 44-Euro-Freigrenze für Sachbezüge von Bedeutung. Zwischen den einzelnen **Arten von Krediten** (Konsumentenkredit/Ratenkredit, Überziehungskredit oder Wohnungsbaukredit) **muss** bei der Zinssatzermittlung **unterschieden werden.** Ein Wohnungsbaukredit kann aber auch dann vorliegen, wenn Sicherheiten – wie ansonsten in der Kreditwirtschaft üblich – nicht vereinbart wurden. **Maßgebend** für die Kreditart ist somit allein der tatsächliche **Verwendungszweck.**

Beispiel C

Der Arbeitnehmer hat von seinem Arbeitgeber einen unbesicherten Wohnungsbaukredit über 200 000 € zu einem Effektivzinssatz von 1,5 % mit einer Zinsbindung von zehn Jahren erhalten. Der Arbeitnehmer verwendet das Darlehen für den Erwerb einer Doppelhaushälfte. Der von der Deutschen Bundesbank bei Vertragsabschluss für Konsumentenkredite mit anfänglicher Zinsbindung von über sechs Jahren veröffentlichte Effektivzinssatz soll 6,63 % und der für Wohnungsbaukredite 2,06 % betragen.

Bei der Zinssatzermittlung muss zwischen den einzelnen Arten der Kredite unterschieden werden. Maßgebend für die Kreditart ist allerdings allein der tatsächliche Verwendungszweck und nicht die Art der Besicherung. Somit ist hier – ungeachtet der fehlenden Besicherung – der Zinssatz für Wohnungsbaukredite maßgebend. Der geldwerte Vorteil ermittelt sich wie folgt:

Marktüblicher Zinssatz	2,06 %
Abschlag von 4 %	0,09 %
Maßstabszinssatz	1,97 %
vom Arbeitnehmer zu zahlender Effektivzinssatz	1,50 %
Zinsverbilligung	0,47 %

Danach ergibt sich ein monatlicher steuer- und sozialversicherungspflichtiger geldwerter Vorteil von 78,33 € (0,47 % von 200 000 € × 1/12).

Setzt der Zinssatz des vergleichbaren Darlehens eine Sicherheitenbestellung (z. B. Grundschuldbestellung) voraus, handelt es sich beim **Verzicht** des Arbeitgebers auf eine solche **Sicherheitenbestellung** um einen **(zusätzli-**

1) Randziffer 4 des BMF-Schreibens vom 19.5.2015 (BStBl. I S. 484). Das BMF-Schreiben ist als Anlage 11 zu H 8.2 LStR im **Steuerhandbuch für das Lohnbüro 2021** abgedruckt, das im selben Verlag erschienen ist.

Z

	Lohn-steuer-pflichtig	Sozial-versich.-pflichtig

chen) geldwerten Vorteil für den Arbeitnehmer, der sich insbesondere aus den üblichen Kosten und Gebühren des Grundbuchamtes und des Notars für die dingliche Darlehenssicherung zusammensetzt.[1] Zuflusszeitpunkt dieses Vorteils ist das Auszahlungsdatum des Arbeitgeberdarlehens. Die hierdurch außerdem ersparte spätere Löschung der Sicherheitenbestellung ist lohnsteuerlich irrelevant. — ja — ja

Auf den sich ergebenden geldwerten Vorteil eines zinslosen oder zinsverbilligten Arbeitgeberdarlehens ist die **44-Euro-Freigrenze** für Sachbezüge anwendbar (vgl. nachfolgende Nr. 4).

Beispiel D

Ein Arbeitnehmer erhält im Dezember 2021 ein Arbeitgeberdarlehen von 20 000 € zu einem Effektivzinssatz von 2 % jährlich (Laufzeit 6 Jahre mit monatlicher Tilgung und monatlicher Fälligkeit der Zinsen). Der sich aus dem Internet ergebende günstigste Zinssatz von Direktbanken für ein solches Darlehen beträgt 5 %.

Ein Abschlag von 4 % auf den anhand der Internetangebote der Direktbanken ermittelten marktüblichen Zinssatz ist nicht möglich. Die Zinsverbilligung beträgt daher 3 % (5 % abzüglich 2 %). Danach ergibt sich im Dezember 2021 ein steuer- und sozialversicherungspflichtiger Vorteil von monatlich 50 € (3 % von 20 000 € × 1/12). Die 44-Euro-Freigrenze ist überschritten. Der geldwerte Vorteil ist lohnsteuer- und beitragspflichtig.

Beispiel E

Wie Beispiel D. Der von der Deutschen Bundesbank bei Vertragsabschluss für Konsumentenkredite mit anfänglicher Zinsbindung von über 5 Jahre veröffentlichte Effektivzinssatz soll 5,68 % betragen.

Marktüblicher Zinssatz	5,68 %
Abschlag von 4 %	0,23 %
Maßstabszinssatz	5,45 %
vom Arbeitnehmer zu zahlender Effektivzinssatz	2,00 %
Zinsverbilligung	3,45 %

Danach ergibt sich ein monatlicher steuer- und sozialversicherungspflichtiger Vorteil von 57,50 € (3,45 % von 20 000 € × 1/12). Die 44-Euro-Freigrenze ist überschritten. Der geldwerte Vorteil ist lohnsteuer- und beitragspflichtig.

Beispiel F

Der Arbeitnehmer erhält von seinem Arbeitgeber im Mai 2021 ein Arbeitgeberdarlehen von 10 000 € zu einem monatlich zu entrichtenden Effektivzins von 2,5 %. Der bei Vertragsabschluss im Mai 2021 von der Deutschen Bundesbank für Konsumentenkredite mit anfänglicher Zinsbindung von über 5 Jahre veröffentlichte Effektivzinssatz soll 5,95 % betragen.

Marktüblicher Zinssatz	5,95 %
Abschlag von 4 %	0,24 %
Maßstabszinssatz	5,71 %
vom Arbeitnehmer zu zahlender Effektivzinssatz	2,50 %
Zinsverbilligung	3,21 %

Danach ergibt sich ein monatlicher Zinsvorteil in Höhe von (3,21 % von 10 000 € = 321 € × 1/12 =) 26,75 €. Er ist bei Anwendung der 44-Euro-Freigrenze lohnsteuer- und beitragsfrei, sofern diese nicht bereits anderweitig ausgeschöpft wurde.

Beispiel G

Wie Beispiel F. Es wurde allerdings ein variabler Zinssatz vereinbart, der alle drei Monate anzupassen ist. Im Mai 2021 soll der von der Bundesbank veröffentlichte Effektivzinssatz 6,45 und im Juni 2021 6,50 % betragen.

Mai bis Juli 2021:

Marktüblicher Zinssatz	6,45 %
Abschlag von 4 %	0,26 %
Maßstabszinssatz	6,19 %
vom Arbeitnehmer zu zahlender Effektivzinssatz	2,50 %
Zinsverbilligung	3,69 %

Danach ergibt sich ein monatlicher Zinsvorteil in Höhe von (3,69 % von 10 000 € = 369 €; hiervon 1/12 =) 30,75 €. Er ist bei Anwendung der 44-Euro-Freigrenze lohnsteuer- und beitragsfrei, sofern diese nicht bereits anderweitig ausgeschöpft wurde. Im August 2021 ist der geldwerte Vorteil im Hinblick auf die variable Zinsfestsetzung mit der damit verbundenen Zinsanspassung neu zu ermitteln.

Beispiel H

Der Arbeitnehmer erhält von seinem Arbeitgeber im September 2021 einen Wohnungsbaukredit von 100 000 € zu einem monatlich zu entrichtenden Effektivzins von 1,0 %. Die bei Vertragsabschluss im September 2021 günstigste Marktkondition für Darlehen mit vergleichbaren Bedingungen unter Einbeziehung allgemein zugänglicher Internetangebote von Direktbanken beträgt 1,68 %.

Marktüblicher Zinssatz	1,68 %
vom Arbeitnehmer zu zahlender Effektivzinssatz	1,00 %
Zinsverbilligung	0,68 %

Danach ergibt sich ein monatlicher Zinsvorteil in Höhe von (0,68 % von 100 000 € = 680 € × 1/12 =) 56,66 €. Die 44-Euro-Freigrenze für Sachbezüge ist überschritten. Der geldwerte Vorteil ist lohnsteuer- und beitragspflichtig. Da es sich beim marktüblichen Zinssatz von 1,68 % bereits um die günstigste Marktkondition handelt, darf hierauf kein Abschlag von 4 % vorgenommen werden.

Der Sachbezug infolge einer Zinsersparnis fließt bei Fälligkeit der Zinszahlungen des Arbeitnehmers zu. Sind die Zinsen nach den vertraglichen Vereinbarungen z. B. vierteljährlich fällig, ist jeweils vierteljährlich der Zinsvorteil in Höhe der Zinsverbilligung als sonstiger Bezug zu versteuern. Bei einer monatlichen Zinsfälligkeit muss der geldwerte Vorteil auch monatlich als laufender Arbeitslohn abgerechnet werden. Bei einer Zinsfälligkeit zum 31. 12. jeden Jahres besteht die Möglichkeit, den Sachbezug als sonstigen Bezug einmal jährlich zu besteuern. Bei einer unentgeltlichen Gewährung eines Arbeitgeberdarlehens ist aus Vereinfachungsgründen davon auszugehen, dass die Zinsersparnis für den Zeitraum der Tilgung (z. B. monatlich, vierteljährlich, halbjährlich, jährlich) im Zeitpunkt der Zahlung der Tilgungsrate zufließt.[2] Die Frage des Zuflusszeitpunkts ist insbesondere für die Anwendung der monatlichen 44-Euro-Freigrenze für Sachbezüge von Bedeutung.

Beispiel I

Der Arbeitnehmer hat von seinem Arbeitgeber ein zinsverbilligtes Arbeitgeberdarlehen erhalten. Die vom Arbeitnehmer zu zahlenden Zinsen sind monatlich fällig. Der monatliche geldwerte Vorteil beträgt 20 €.

Der geldwerte Vorteil ist bei Anwendung der 44-Euro-Freigrenze lohnsteuer- und beitragsfrei, sofern diese nicht bereits anderweitig ausgeschöpft wurde.

Beispiel K

Wie Beispiel I. Die vom Arbeitnehmer zu zahlenden Zinsen sind vierteljährlich fällig. Der vierteljährliche geldwerte Vorteil beträgt 60 €.

Die 44-Euro-Freigrenze für Sachbezüge ist überschritten. Der geldwerte Vorteil ist lohnsteuer- und beitragspflichtig.

Wenn der Arbeitgeber für den geldwerten Vorteil des Arbeitnehmers aus einem zinslosen oder zinsverbilligten Arbeitgeberdarlehen **keinen Lohnsteuerabzug** vornehmen kann (z. B., weil der Arbeitnehmer wegen Elternzeit oder Beurlaubung keinen laufenden Arbeitslohn erhält oder aus der Firma ausgeschieden ist), ist der Zinsvorteil bei Wiederaufnahme der Arbeitslohnzahlung zu versteuern. Geschieht dies nicht im laufenden Kalenderjahr, ist der Arbeitgeber spätestens nach Ablauf des Kalenderjahres zur **Anzeige** an das Betriebsstättenfinanzamt **verpflichtet;** bei Ausscheiden aus der Firma ist die Anzeige zeitnah zum Ausscheidenszeitpunkt zu erstatten (vgl. die Erläuterungen beim Stichwort „Anzeigepflichten des Arbeitgebers im Lohnsteuerverfahren").

Der Arbeitnehmer ist bei seiner **Einkommensteuer-Veranlagung** an den vom Arbeitgeber im Lohnsteuerabzugsverfahren für die Ermittlung des geldwerten Vorteils angesetzten Maßstabzinssatzes nicht gebunden. Hat der Arbeitgeber den geldwerten Vorteil anhand des üblichen Endpreises am Abgabeort ermittelt, kann der Arbeitnehmer bei seiner Einkommensteuer-Veranlagung bei entsprechendem Nachweis eine Ermittlung des geldwerten Vorteils nach dem günstigsten Preis am Markt vornehmen (z. B. durch Ausdruck eines in einem Internet-Vergleichsportal ausgewiesenen individualisierten günstigeren Angebots im Zeitpunkt des Vertragsabschlusses). Das günstigere Angebot muss in einem zeitlichen Zusammenhang

1) Randnummer 29 des BMF-Schreiben vom 19.5.2015 (BStBl. I S. 484). Das BMF-Schreiben ist als Anlage 11 zu H 8.2 LStR im **Steuerhandbuch für das Lohnbüro 2021** abgedruckt, das im selben Verlag erschienen ist.

2) Bei einem zinslosen Arbeitgeberdarlehen ohne Tilgungsleistung (endfälliges Darlehen) kann für den Zufluss des Zinsvorteils aus Vereinfachungsgründen auf den der Vereinbarung zugrunde liegenden Willen der Beteiligten abgestellt werden.

Lohn- steuer- pflichtig | Sozial- versich.- pflichtig

mit der Gewährung des Arbeitgeberdarlehens stehen. Die Finanzverwaltung akzeptiert aus Vereinfachungsgründen, dass dieses Angebot bis zu zehn Tagen vor der Kreditanfrage beim Arbeitgeber oder bis zu zehn Tagen nach dem Vertragsabschluss des Arbeitgeberdarlehens eingeholt wird. Durch eine formlose Mitteilung des Arbeitgebers ist auch der im Lohnsteuerabzugsverfahren zugrunde gelegte Endpreis sowie die Höhe der besteuerten Zinsvorteile nachzuweisen. Der Arbeitgeber hat die Unterlagen hinsichtlich der Ermittlung des geldwerten Vorteils zu dokumentieren, als Belege zum Lohnkonto aufzubewahren und dem Arbeitnehmer auf Verlangen formlos mitzuteilen (vgl. auch das Stichwort „Lohnkonto" unter Nr. 5).

3. Verwendung des Darlehens

Die unter Nr. 2 dargestellten Grundsätze sind unabhängig vom Verwendungszweck des Darlehens anzuwenden. Sie gelten daher auch dann, wenn der Arbeitnehmer das Darlehen zur **Beschaffung von Arbeitsmitteln** (z. B. eines beruflich genutzten Pkws, Einrichtung für ein häusliches Arbeitszimmer) verwendet. Werden hiernach Zinsersparnisse besteuert, die mit steuerpflichtigen Einkünften in Zusammenhang stehen, sind die Zinsersparnisse zwar einerseits steuer- und beitragspflichtiger Arbeitslohn, sie können aber andererseits als **Werbungskosten** oder **Betriebsausgaben** bei den Einkünften abgesetzt werden, mit denen die Darlehensaufnahme in Zusammenhang steht (R 9.1 Abs. 4 Satz 2 zweiter Halbsatz LStR). Eine **Saldierung** der Zinsersparnisse (= Arbeitslohn) mit Werbungskosten/Betriebsausgaben im Lohnsteuerabzugsverfahren durch den Arbeitgeber ist **nicht zulässig.** ja ja

Beispiel A

Der Arbeitgeber gewährt einem Arbeitnehmer (z. B. einem Vertreter) am 1. 1. 2021 ein zinsloses Darlehen in Höhe von 10 000 € zum Kauf eines Pkws. Der Vertreter verwendet den Pkw nahezu ausschließlich beruflich; er erhält vom Arbeitgeber für jeden dienstlich gefahrenen Kilometer ein Kilometergeld in Höhe des für Auswärtstätigkeiten geltenden Kilometersatzes (0,30 € je km). Der geldwerte Vorteil in Höhe der sich nach den unter Nr. 2 dargestellten Grundsätzen ergebenden Zinsersparnis von (angenommen) 600 € jährlich ist steuer- und beitragspflichtiger Arbeitslohn. Der Arbeitnehmer könnte an sich die 600 € als Werbungskosten geltend machen (R 9.1 Abs. 4 Satz 2 LStR). Da jedoch die Abrechnung der Fahrtkosten auf der Grundlage des für Auswärtstätigkeiten geltenden Kilometersatzes durchgeführt wird, ist der versteuerte Zinsvorteil mit dem Ansatz des pauschalen Kilometergeldes abgegolten. Der versteuerte Zinsvorteil von 600 € kann daher nicht neben dem Kilometersatz zusätzlich als Werbungskosten abgezogen werden.

Beispiel B

Der Arbeitgeber gewährt einem Arbeitnehmer am 1. 1. 2021 ein zinsloses Darlehen in Höhe von 11 700 €, damit sich der Arbeitnehmer sein häusliches Arbeitszimmer neu einrichten kann. Der Arbeitnehmer kauft im Januar 2021 einen Schreibtisch für 3900 € und Aktenschränke für 7800 €. Die Zinsersparnis in Höhe von (angenommen) 52,65 € monatlich ($^1/_{12}$ von 5,4 % von 11 700 €) ist lohnsteuer- und sozialversicherungspflichtig. Der Arbeitnehmer kann die versteuerten 631,80 € (52,65 € × 12) jedoch als Werbungskosten bei den Einkünften aus nichtselbstständiger Arbeit geltend machen. Die Nutzungsdauer für Büromöbel beträgt nach der seit 1.1.2001 geltenden amtlichen AfA-Tabelle (BMF-Schreiben vom 15.12.2000, BStBl. I S. 1531) **13 Jahre.** Der Arbeitnehmer kann folgende Beträge jährlich als Werbungskosten[1] abziehen:

Zinsen für das Darlehen zur Beschaffung der Einrichtung	632,– €
Abschreibung Schreibtisch	300,– €
Abschreibung Aktenschränke	600,– €

4. Anwendung der 44-Euro-Freigrenze

Die Freigrenze für Sachbezüge von 44 € monatlich ist auch **auf Zinsersparnisse anwendbar.** Zu prüfen ist allerdings, ob die 44-Euro-Freigrenze nicht bereits durch andere Sachbezüge (z. B. Benzingutschein) ausgeschöpft worden ist. Die monatliche 44-Euro-Freigrenze gilt allerdings **nicht** für **Zinszuschüsse** des Arbeitgebers, da es sich hierbei nicht um einen Sachbezug sondern um Barlohn (= Geldleistung) handelt.

Lohn- steuer- pflichtig | Sozial- versich.- pflichtig

Beispiel A

Der Arbeitnehmer erhält im Mai 2021 einen Benzingutschein über 30 l Super (geldwerter Vorteil 41,25 €). Außerdem führt ein unentgeltliches Arbeitgeberdarlehen hinsichtlich der Zinsersparnis zu einem geldwerten Vorteil von 20 €. Die 44-€-Freigrenze für Sachbezüge ist damit überschritten. Beide Sachbezüge sind steuer- und beitragspflichtig.

Der Arbeitgeber kann aber den geldwerten Vorteil in Höhe der Zinsersparnis aus dem Arbeitgeberdarlehen in Höhe von 20 € nach § 37b Abs. 2 EStG mit 30 % pauschal besteuern; diese Pauschalierung ist sozialversicherungspflichtig. Der geldwerte Vorteil aus dem Benzingutschein in Höhe von 41,25 € bleibt dann aufgrund der Anwendung der 44-Euro-Freigrenze für Sachbezüge steuer- und beitragsfrei. Vgl. auch die Erläuterungen beim Stichwort „Pauschalierung der Lohnsteuer für Belohnungsessen, Incentive-Reisen, VIP-Logen und ähnliche Sachbezüge" unter Nr. 2 Beispiel D.

Zu beachten ist, dass sich aufgrund der unter der vorstehenden Nr. 2 beschriebenen **Freigrenze** für Darlehen **bis** zur Höhe von **2600 € kein geldwerter Vorteil** ergibt, sodass die 44-Euro-**Freigrenze** für solche Darlehen auch **nicht** teilweise **benötigt** wird.

Beispiel B

Der Arbeitgeber gewährt dem Arbeitnehmer Anfang Januar 2021 ein zinsloses Darlehen in Höhe von 2750 €. Das Darlehen wird ab Mitte Februar mit monatlich 250 € getilgt. Über das Internet hat der Arbeitgeber einen marktüblichen Zinssatz von 4,5 % ermittelt.

Geldwerter Vorteil Januar 2021:

Der Zinsvorteil ist grundsätzlich als Sachbezug zu versteuern, da das Darlehen Ende Januar 2600 € übersteigt. Da der Zinsvorteil allerdings lediglich 10,31 € (4,5 % von 2750 € × $^1/_{12}$) beträgt, übersteigt er nicht die auch für Zinsvorteile geltende 44-Euro-Freigrenze für Sachbezüge und bleibt damit im Ergebnis steuerfrei. Das gilt aber nur dann, wenn die 44-Euro-Freigrenze nicht bereits anderweitig (z. B. durch einen Benzingutschein) ausgeschöpft worden ist.

Geldwerter Vorteil Februar 2021:

Ein als Sachbezug zu versteuernder Zinsvorteil ergibt sich Ende Februar nicht mehr, da das nicht getilgte Darlehen 2500 € (2750 € abzüglich 250 €) beträgt und damit den Betrag von 2600 € nicht übersteigt. Die 44-Euro-Freigrenze steht in vollem Umfang für andere Sachbezüge zur Verfügung.

Zuflusszeitpunkt des geldwerten Vorteils aus der zinsverbilligten Gewährung eines Arbeitgeberdarlehens ist der Zeitpunkt der **Fälligkeit** der **Zinsen.** Bei zinslosen Arbeitgeberdarlehen kann auf den **Tilgungszeitpunkt** abgestellt werden. Für den sich hiernach ergebenden Zeitraum (monatlich, vierteljährlich, halbjährlich oder jährlich) ist die Anwendung der vorstehenden 44-Euro-Freigrenze zu prüfen. Vgl. auch die Erläuterungen unter der vorstehenden Nr. 2. Zinsvorteile sind übrigens als sonstige Bezüge (vgl. dieses Stichwort) anzusehen, wenn der maßgebende Verzinsungszeitraum den jeweiligen Lohnzahlungszeitraum überschreitet.

Beispiel C

Wie Beispiel B. Die Tilgungszahlungen erfolgen halbjährlich.

Der Zinsvorteil beträgt 61,86 € (10,31 € × 6 Monate). Die 44-Euro-Freigrenze für Sachbezüge ist überschritten. Der geldwerte Vorteil ist lohnsteuer- und beitragspflichtig und nach den Grundsätzen für sonstige Bezüge (vgl. dieses Stichwort) zu versteuern.

5. Zinsverbilligte Darlehen auf der Basis von Bausparverträgen

Im Zusammenhang mit Arbeitgeberdarlehen ist folgende Fallgestaltung bekannt geworden (sog. **Arbeitgeber-Vorratsbausparverträge**):

Der Arbeitgeber schließt mit einer Bausparkasse einen Bausparvertrag ab und zahlt die Mindestansparsumme ein. Bei Zuteilung fließt das Sparguthaben an den Arbeitgeber zurück; das Bauspardarlehen erhält ein vom Arbeitgeber benannter Arbeitnehmer.

Es handelt sich nach Auffassung der Finanzverwaltung nur um einen **Finanzierungsvorgang,** durch den dem

1) R 9.1 Abs. 4 Satz 2 LStR. Die ggf. bestehende Einschränkung des Werbungskostenabzugs bei häuslichen Arbeitszimmern gilt nicht für Arbeitsmittel (vgl. die Erläuterungen beim Stichwort „Arbeitszimmer" unter Nr. 2 Buchstabe f).

Lohn-steuer-pflichtig	Sozial-versich.-pflichtig

Arbeitnehmer ein Darlehen zu günstigen Konditionen verschafft werden soll.

Ob lohnsteuerlich relevante Vorteile bei der **späteren Darlehensgewährung** – auch soweit sie dem Arbeitnehmer von dritter Seite gewährt werden – entstehen, ist nach den allgemeinen Grundsätzen zu beurteilen. Solange daher der vom **Arbeitnehmer zu zahlende Zinssatz** den marktüblichen Zinssatz (sog. Maßstabszinssatz) nicht unterschreitet, entsteht kein steuerpflichtiger geldwerter Vorteil. Anderenfalls bemisst sich der geldwerte Vorteil grundsätzlich nach dem Unterschiedsbetrag zwischen dem Maßstabszinssatz für vergleichbare Darlehen am Abgabeort oder dem günstigsten Preis für ein vergleichbares Darlehen am Markt und dem Zinssatz, der im konkreten Einzelfall vereinbart ist. „Vergleichbare Darlehen" in diesem Sinne sind in der Regel Wohnungsbaukredite.

Maßgeblich für die Beurteilung des Entstehens eines geldwerten Vorteils ist für die gesamte Vertragslaufzeit der **Maßstabszinssatz bei** Vertragsabschluss, also der Zeitpunkt der **Inanspruchnahme des Bauspardarlehens** durch den Arbeitnehmer. Auf den Maßstabszinssatz bei Abschluss des Bausparvertrags durch den Arbeitgeber kommt es hingegen nicht an, da es sich hierbei ja nur um einen Finanzierungsvorgang handelt. Der etwaige Vorteil des Arbeitnehmers liegt aber in der Verschaffung eines zinsgünstigen Bauspardarlehens durch den Arbeitgeber.

Die Auswirkungen dieser bundeseinheitlichen Verwaltungsauffassung sollen an einem Beispiel verdeutlicht werden:

Beispiel

Der Arbeitgeber schließt bei einer Bausparkasse einen Bausparvertrag in Höhe von 1 Million Euro ab und zahlt die Mindestansparsumme in Höhe von 500 000 € ein. Wird der Bausparvertrag zuteilungsreif, benennt der Arbeitgeber der Bausparkasse diejenigen Arbeitnehmer, die ein Bauspardarlehen erhalten sollen. Das Bauspardarlehen wird dann – nach positivem Ergebnis einer Bonitäts- und Beleihungsprüfung durch die Bausparkasse – auf die benannten Arbeitnehmer übertragen.

Die Übertragung des Bauspardarlehens an die Arbeitnehmer wird auf der Grundlage eines Darlehensvertrages zwischen der Bausparkasse und dem jeweiligen Arbeitnehmer vorgenommen. Vertragspartner der Bausparkasse ist somit nach Übertragung des Bauspardarlehens nicht mehr der Arbeitgeber, sondern allein der betreffende Arbeitnehmer. Dieser erbringt auch allein die Zins- und Tilgungsleistungen.

Entspricht bei einer solchen Vertragsgestaltung im Zeitpunkt der Inanspruchnahme des Bauspardarlehens der vom Arbeitnehmer zu zahlende Effektivzinssatz dem marktüblichen Zinssatz (vgl. vorstehende Nr. 2), entsteht für den Arbeitnehmer kein geldwerter Vorteil. Beim Arbeitgeber gehört das Bausparguthaben zum Betriebsvermögen und die Guthabenzinsen zu den Betriebseinnahmen.

6. Wohnungsfürsorgedarlehen an Beschäftigte im öffentlichen Dienst

Nach § 3 Nr. 58 EStG sind Zinsvorteile bei Darlehen steuerfrei, die aus öffentlichen Haushalten (Bund, Länder, Gemeinden, Gemeindeverbände, kommunale Zweckverbände und Sozialversicherungsträger) für eine eigengenutzte Wohnung (Eigentumswohnung oder Familienheim) gewährt werden, soweit die Zinsvorteile diejenigen Vorteile nicht übersteigen, die bei einer entsprechenden Förderung mit öffentlichen Mitteln nach dem Zweiten Wohnungsbaugesetz, dem Wohnraumförderungsgesetz oder einem Landesgesetz zur Wohnraumförderung gewährt werden. Gleiches gilt für öffentliche Zinszuschüsse. Dabei ist auch zu prüfen, ob der Arbeitnehmer im Hinblick auf seine Einkommenshöhe im Bewilligungszeitpunkt für eine Förderung in Betracht käme.

Die bei zinslosen oder zinsverbilligten Wohnungsfürsorgedarlehen an Beschäftigte der genannten (Gebiets-)Körperschaften anfallenden Zinsersparnisse und Zinszuschüsse sind somit steuerfrei. nein nein

Öffentliche Mittel in diesem Sinne sind ausschließlich Mittel des Bundes, der Länder, der Gemeinden und Gemeindeverbände, die von diesen zur Förderung des Baus von Wohnungen für die breiten Schichten der Bevölkerung bestimmt sind. Weitere Voraussetzung für die Steuerfreiheit der Zinsvorteile ist nach § 3 Nr. 58 EStG, dass die Darlehen **aus öffentlichen Haushalten** gewährt werden; die Vorteile müssen dem Empfänger unmittelbar (ohne Umweg) aus öffentlichen Haushalten gewährt werden. Es genügt für die Steuerbefreiung nicht, dass die Vorteile aus öffentlichen Mitteln stammen. Öffentliche Haushalte in diesem Sinne sind neben dem Haushalt des Bundes, der Länder und der Gemeinden, die Haushalte der Gemeindeverbände, der kommunalen Zweckverbände und der Sozialversicherungsträger (R 3.58 LStR); ebenso eine Handwerkskammer als Körperschaft des öffentlichen Rechts (BFH-Urteil vom 3.7.2019, BStBl. 2020 II S. 241). Die aus den vorstehend genannten öffentlichen Haushalten gewährten Wohnungsfürsorgemittel sind deshalb im Rahmen von § 3 Nr. 58 EStG steuerfrei. Dies gilt jedoch nur, soweit nicht durch den Einsatz der Wohnungsfürsorgemittel und der Inanspruchnahme der Förderung mit öffentlichen Mitteln i. S. d. Zweiten Wohnungsbaugesetzes eine Mehrfachförderung erfolgt.

Dies gilt nach bundeseinheitlichem Erlass[1)] für **alle** im öffentlichen Dienst beschäftigte Personen, z. B. Arbeitnehmer von öffentlich-rechtlichen Religionsgemeinschaften, Ortskrankenkassen, Sparkassen, öffentlich-rechtlichen Rundfunkanstalten. Wird der Vorteil aus der Förderung durch eine Gegenleistung (z. B. Belegungsrecht, teilweiser Mietverzicht bei Fremdvermietung) ausgeglichen, ist der geldwerte Vorteil ohnehin mit 0 € anzusetzen. Aufwendungszuschüsse und Zinsvorteile sind dann von vornherein nicht als Arbeitslohn zu erfassen. Bei Arbeitnehmern in der Privatwirtschaft kann in vergleichbaren Fällen des Erlasses entsprechend verfahren werden. Ist der geldwerte Vorteil aufgrund der Gegenleistung (z. B. Belegungsrecht) ohnehin mit 0 € anzusetzen, entfällt die Prüfung, ob und ggf. inwieweit Fördervorteile nach § 3 Nr. 58 EStG steuerfrei bleiben können. nein nein

7. Anwendung des Rabattfreibetrages bei zinslosen und zinsverbilligten Darlehen

Nach dem BFH-Urteil vom 4.11.1994 (BStBl. 1995 II S. 338) fällt die Gewährung von Darlehen unter den Begriff der „Dienstleistungen" im Sinne von R 8.2 Abs. 1 Satz 1 Nr. 2 Satz 3 LStR. Der Rabattfreibetrag von 1080 € jährlich ist deshalb bei einer zinslosen oder verbilligten Darlehensgewährung anwendbar, wenn der Arbeitgeber mit Darlehensgewährungen Handel treibt, wie dies im **Bankgewerbe** der Fall ist (vgl. das Stichwort „Rabatte, Rabattfreibetrag" unter Nr. 10 Buchstabe a auf Seite 811). Die **Freigrenze** von 2600 € bei Arbeitgeberdarlehen ist auch in diesen Fällen **anzuwenden.** Ist diese Freigrenze überschritten, sind für die Anwendung der Rabattregelung, die zur Bestimmung des maßgebenden Endpreises am Ende von Verkaufsverhandlungen durchschnittlich gewährten Preisnachlässe zu berücksichtigen (vgl. das Stichwort „Rabatte, Rabattfreibetrag" unter Nr. 4 Buchstabe a).

Banken und Sparkassen bieten insbesondere Baufinanzierungen nicht nur vor Ort in den Geschäftsstellen, sondern auch im Internet – über sog. Vermittlungs- und Vergleichsportale – an. Die Finanzverwaltung hat dazu Stellung genommen, wie in einem solchen Fall der geldwerte Vorteil bei einer Darlehensgewährung an Bankmitarbeiter zu ermitteln ist.[2)]

Beispiel

Ein Wohnungsbaudarlehen sieht eine Zinsbindung von 10 Jahren, 2 % Tilgung, 5 % Sondertilgung, 60 % Beleihungswert vor.

1) Bundeseinheitliche Regelung, z. B. Erlass des Bayerischen Staatsministeriums der Finanzen vom 16.2.2001 (Az.: 34 – S 2332 – 107/129 –7111). Der Erlass ist als Anlage 2 zu H 8.1 (1–4) LStR im **Steuerhandbuch für das Lohnbüro 2021** abgedruckt, das im selben Verlag erschienen ist.

2) Verfügung des Bayerischen Landesamtes für Steuern vom 7.7.2015 (Az.: S 2334.2.1 – 84/16 St 32). Die Verfügung ist als Anlage 12 zu H 8.2 LStR im **Steuerhandbuch für das Lohnbüro 2021** abgedruckt, das im selben Verlag erschienen ist.

Z

Lohnsteuerpflichtig | Sozialversich.pflichtig

Standardkondition der Bank (ohne Einschaltung eines Vermittlungsportals)	1,90 %
Darlehenskondition der Bank bei Vermittlung durch ein Internetportal	1,60 %

Anwendung der Rabattregelung nach § 8 Abs. 3 EStG

Ausgangswert für die Ermittlung des geldwerten Vorteils ist der Preis, zu dem die Bank das Wohnungsbaudarlehen fremden Letztverbrauchern im allgemeinen Geschäftsverkehr am Ende von Verkaufsverhandlungen **durchschnittlich** anbietet. In die Berechnung des „Gesamtdurchschnittspreises" sind auch die Konditionen bei Vermittlung durch das Internetportal einzubeziehen. Es ist aber nicht zulässig, ausschließlich auf die durchschnittlichen Konditionen der über das Internetportal vermittelten Darlehen abzustellen oder gar die absolut günstigsten Konditionen eines einzelnen vergleichbaren Darlehens zu berücksichtigen. Auf diesen tatsächlichen Angebotspreis ist der gesetzliche Bewertungsabschlag von 4 % anzuwenden. Der geldwerte Vorteil ergibt sich nach Abzug des vom Arbeitnehmer gezahlten Entgelts (= tatsächlich gezahlter Zinssatz auf den Darlehensbetrag). Von diesem geldwerten Vorteil ist zur Ermittlung des steuerpflichtigen Betrags der Rabattfreibetrag von 1080 € jährlich abzuziehen.

Anwendung der allgemeinen Bewertungsvorschriften nach § 8 Abs. 2 EStG

Als üblicher Endpreis kann die günstigste Marktkondition zugrunde gelegt werden, zu der das Darlehen unter Einbeziehung allgemein zugänglicher Internetangebote Endverbrauchern angeboten wird, ohne dass individuelle Preisverhandlungen im Zeitpunkt des Vertragsabschlusses berücksichtigt werden. Ein pauschaler Abschlag von 4 % kommt in diesen Fällen ebenso wie eine Anwendung des Rabattfreibetrags nicht in Betracht. Folglich kann bei Anwendung der allgemeinen Bewertungsvorschrift – anders als bei der Rabattregelung – als Ausgangswert für die Ermittlung des geldwerten Vorteils ein Zinssatz von 1,60 % (= **günstigste Marktkondition**) zugrunde gelegt werden.

Es sind Fälle denkbar, in denen eine Bank ihren Mitarbeitern zinsverbilligte Darlehen gewährt, die die Voraussetzungen für die Anwendung des § 8 Abs. 3 EStG erfüllen, und daneben Darlehen, die diese Voraussetzungen nicht erfüllen. Dies ist möglich, weil es sich um eine andere Darlehensart handelt oder weil die Darlehenskonditionen des zweiten Darlehens wesentlich von denen abweichen, die der Arbeitgeber bei solchen Darlehen fremden Letztverbrauchern anbietet (z. B. ist ein Darlehen zur Immobilienfinanzierung gesichert, das andere jedoch nicht). Ein Nebeneinander der Bewertungsvorschrift des § 8 Abs. 3 EStG für das eine Darlehen und der vorstehend unter Nr. 2 dargestellten Bewertungsgrundsätze für die Zinsersparnisse aus dem anderen Darlehen ist daher möglich. Für die Prüfung der 2600-Euro-Freigrenze sind allerdings die Darlehenssummen bzw. die Summen der Restdarlehen zusammenzurechnen (vgl. auch die Erläuterungen unter der vorstehenden Nr. 2). Zum Wahlrecht zwischen der Anwendung des Rabattfreibetrags und der allgemeinen Bewertungsvorschrift vgl. das Stichwort „Rabatte, Rabattfreibetrag" unter Nr. 2 Buchstabe c.

Zufluss von Arbeitslohn

Neues auf einen Blick:

Der **Mindestlohn** von 9,35 € pro Arbeitsstunde im Jahr 2020 wird in vier Stufen wie folgt angehoben:

- **1.1.2021 bis 30.6.2021** **9,50 €**
- **1.7.2021 bis 31.12.2021** **9,60 €**
- 1.1.2022 bis 30.6.2022 und 9,82 €
- ab 1.7.2022 10,45 €

jeweils pro Arbeitsstunde.

Der Mindestlohn ist **sozialversicherungsrechtlich** von großer Bedeutung, da hier bei laufend gezahltem Arbeitsentgelt – im Gegensatz zum Steuerrecht – nicht auf das Zufluss-, sondern auf das Anspruchsprinzip **(Entstehungsprinzip)** abgestellt wird. Die Gesamtsozialversicherungsbeiträge werden bereits dann fällig, wenn der Anspruch des Arbeitnehmers auf das Arbeitsentgelt entstanden ist. Selbst wenn tatsächlich ein geringerer Stundenlohn gezahlt werden sollte, wären die Beiträge grundsätzlich auf der Grundlage des gesetzlichen Mindestlohns zu berechnen und zu zahlen. Vgl. hierzu die Erläuterungen unter der nachfolgenden Nr. 2 Buchstaben a und b.

Gliederung:

1. Lohnsteuer
   a) Allgemeines
   b) Verschieben der Fälligkeit
   c) Wirtschaftliche Verfügungsmacht
   d) Einzelfälle
2. Sozialversicherung
   a) Zuflussprinzip bei einmalig gezahltem Arbeitsentgelt
   b) Entstehungsprinzip bei laufend gezahltem Arbeitsentgelt
   c) Tarifvertragliche Entgeltansprüche
   d) Entgeltansprüche aufgrund von Einzelarbeitsverträgen
   e) Nachträgliche Minderung des Arbeitsentgeltanspruchs
   f) Arbeitsentgelt im Rechtsstreit
   g) Unter auflösender Bedingung gezahltes Arbeitsentgelt
   h) Verzicht auf laufendes Arbeitsentgelt

1. Lohnsteuer

a) Allgemeines

Die Lohnsteuerschuld entsteht in dem Zeitpunkt, in dem der Arbeitslohn dem Arbeitnehmer zufließt (§ 38 Abs. 2 EStG), das ist der Zeitpunkt, zu dem der Arbeitgeber den Arbeitslohn an den Arbeitnehmer auszahlt. Im Lohnsteuerrecht gilt also ohne Einschränkung das **Zuflussprinzip.** Ergänzend hierzu ist in § 38a Abs. 1 EStG allerdings festgelegt, dass **laufender Arbeitslohn** in dem Kalenderjahr als bezogen gilt (= gesetzliche Fiktion), in dem der Lohnzahlungszeitraum endet. **Sonstige Bezüge** (einmalige Zuwendungen) werden hingegen in dem Kalenderjahr bezogen, in dem sie dem Arbeitnehmer zufließen. Eine zeitliche Zuordnung nach der wirtschaftlichen Zugehörigkeit (10-Tages-Regelung) ist bei sonstigen Bezügen nicht vorzunehmen (BFH-Urteil vom 24.8.2017, BStBl. 2018 II S. 72). Der Zeitpunkt, wann der Arbeitslohn als bezogen gilt, ist dafür maßgebend, welche individuellen Lohnsteuerabzugsmerkmale des Arbeitnehmers zugrunde zu legen und in welcher Fassung die steuerlichen Vorschriften bei der Besteuerung des Arbeitslohns anzuwenden sind. Das kann bei der Änderung steuerlicher Vorschriften, insbesondere des Tarifs, ggf. aber auch bei der Änderung der persönlichen steuerlichen Verhältnisse des Arbeitnehmers (Steuerklasse, Zahl der Kinderfreibeträge, Religionszugehörigkeit, Freibeträge) bedeutsam sein.

b) Verschieben der Fälligkeit

Dem Zuflusszeitpunkt des Arbeitslohns kommt somit insbesondere bei sonstigen Bezügen eine wesentliche Bedeutung zu. Denn der Arbeitnehmer hat hier insbesondere zum Jahresende **Gestaltungsmöglichkeiten,** wenn im Einvernehmen mit dem Arbeitgeber sonstige Bezüge (z. B. Tantiemen, Abfindungen und ähnliche Sonderzahlungen) erst im nächsten Jahr ausgezahlt werden. Der Bundesfinanzhof hat entschieden, dass Arbeitgeber und Arbeitnehmer den Zufluss einer **Abfindung** anlässlich der Beendigung des Arbeitsverhältnisses auch in der Weise steuerwirksam gestalten können, dass sie die **Fälligkeit** der Abfindung vor ihrem Eintritt **hinausschieben** (BFH-Urteil vom 11.11.2009, BStBl. 2010 II S. 746). Im entschiedenen Streitfall wurde der Zeitpunkt der Fälligkeit einer (Teil-)Abfindungsleistung für das Ausscheiden des Arbeitnehmers zunächst in einer Betriebsvereinbarung auf einen Tag im November des Streitjahres bestimmt. Die Vertragsparteien verschoben jedoch vor dem ursprünglichen Fälligkeitszeitpunkt **im Interesse** einer für den **Arbeitnehmer** günstigeren steuerlichen Gestaltung den Eintritt der Fälligkeit einvernehmlich auf einen Tag im Januar des Folgejahres; die Abfindung wurde entsprechend der neu-

Z

Lohn-steuer-pflichtig Sozial-versich.-pflichtig

en Vereinbarung auch erst im Januar des Folgejahres ausgezahlt. Weil die Besteuerung vom Zufluss der Abfindung abhängt, war die Abfindung nach der Auffassung des Bundesfinanzhofs deshalb auch erst im Folgejahr zu versteuern. Wenn es nämlich Arbeitgeber und Arbeitnehmer möglich ist, von vornherein die Abfindungszahlung auf einen anderen Zeitpunkt als den der Auflösung des Arbeitsverhältnisses zu terminieren, der steuerlich günstiger scheint, kann es ihnen auch nicht verwehrt sein, die vorherige Vereinbarung – jedenfalls vor der ursprünglich vereinbarten Fälligkeit – wieder zu ändern. Eine von der ursprünglichen Vereinbarung abweichende Fälligkeitsregelung ist aus Nachweisgründen stets schriftlich zu treffen. Die vorstehenden Ausführungen zur Verschiebung des Fälligkeitszeitpunkts gelten übrigens nicht nur für Abfindungen, sondern **auch für andere sonstige Bezüge** wie z. B. Weihnachtsgeld. Ein Zufluss liegt auch nicht vor, wenn eine Abfindung in eine (höhere) Versorgungszusage (= Pensionszusage; vgl. dieses Stichwort) umgewandelt wird (BFH-Urteil vom 22.12.2010, BFH/NV 2011 S. 784).

Beispiel

Arbeitgeber und Arbeitnehmer haben anlässlich der Auflösung des Arbeitsverhältnisses zum 31.12.2020 eine am 17.12.2020 fällige Abfindung vereinbart. Am 12.12.2020 vereinbaren sie eine Verschiebung dieses Fälligkeitszeitpunkts auf den 16.1.2021. Zu diesem Zeitpunkt wird die Abfindung an den Arbeitnehmer ausgezahlt.

Die Abfindung ist erst am 16.1.2021 zugeflossen.

c) Wirtschaftliche Verfügungsmacht

Eine Einnahme ist dem Arbeitnehmer **zugeflossen,** wenn er darüber wirtschaftlich verfügen kann. Somit begründet also steuerlich nicht der Anspruch den Zufluss von Arbeitslohn, sondern erst die Erfüllung dieses Anspruchs in der Weise, dass der Arbeitgeber die geschuldete Leistung erbringt und dem Arbeitnehmer die wirtschaftliche Verfügungsmacht hierüber verschafft. Allein mit der Zusage des Arbeitgebers, dem Arbeitnehmer gegenüber künftig Leistungen zu erbringen, ist der Zufluss eines geldwerten Vorteils beim Arbeitnehmer in aller Regel nicht eingetreten. Eine Besteuerung darf erst dann erfolgen, wenn beim **Arbeitnehmer** eine Steigerung seiner wirtschaftlichen Leistungsfähigkeit eintritt, indem sein **Vermögen** durch eine durch das Arbeitsverhältnis veranlasste Zuwendung **tatsächlich vermehrt** wird (BFH-Urteil 29.7.2010, BFH/NV 2010 S. 2296). Wird der Arbeitslohn auf ein Konto des Arbeitnehmers überwiesen, ist er mit der Gutschrift auf dem Konto zugeflossen. Zweifel können dagegen entstehen, wenn der Arbeitgeber den Arbeitnehmern das Gehalt lediglich in seinen Geschäftsbüchern gutschreibt oder auf ein besonderes Bankkonto überweist, das allein seiner Verfügungsmacht unterliegt. Erfolgt diese Gutschrift oder Überweisung im Interesse des Arbeitnehmers (z. B. weil er aus eigenem Willen Kapital ansammeln will), hat er mit der von ihm erteilten Weisung oder Zustimmung zu dieser Behandlung bereits über seinen Arbeitslohn verfügt; der Betrag ist dann mit der **Gutschrift** zugeflossen. Dies gilt auch dann, wenn der Arbeitgeber aufgrund einer mit dem Arbeitnehmer geschlossenen Vereinbarung über eine stille Mitarbeiterbeteiligung Gutschriften auf Beteiligungskonten vornimmt (BFH-Urteil vom 11.2.2010, BFH/NV 2010 S. 1094). Dient aber eine solche Gutschrift insbesondere den Interessen des Arbeitgebers (z. B. weil er zur Zeit nicht zahlungsfähig ist), stellt sie steuerlich noch keinen Zufluss dar. Der Arbeitslohn ist in diesen Fällen erst dann zugeflossen, wenn der Arbeitnehmer über die gutgeschriebenen Beträge wirtschaftlich verfügen kann (BFH-Urteil vom 14.5.1982, BStBl. II S. 469). Der Zeitpunkt der Fälligkeit des Arbeitslohns ist lohnsteuerlich ohne Bedeutung (zur Sozialversicherung vgl. nachfolgende Nr. 2). So sind bereits früher fällig gewesene Lohnzahlungen (Nachzahlungen) ebenso wie erst später fällig werdende Lohnzahlungen (Vorschüsse) stets im Zeitpunkt der tatsächlichen Zahlung als zugeflossen zu behandeln

Z

Lohn-steuer-pflichtig Sozial-versich.-pflichtig

(vgl. die Stichworte „Nachzahlung von laufendem Arbeitslohn" und „Vorschüsse").

Bei **beherrschenden Gesellschaftern einer GmbH** ist aber der Zufluss eines Vermögensvorteils nicht erst im Zeitpunkt der Zahlung oder der Gutschrift auf dem Konto des Gesellschafters, sondern bereits im Zeitpunkt der **Fälligkeit** der Forderung anzunehmen, wenn der Anspruch eindeutig, unbestritten sowie fällig ist und sich gegen eine zahlungsfähige Gesellschaft richtet. Dies wird damit begründet, dass ein beherrschender Gesellschafter es regelmäßig in der Hand hat, sich geschuldete Beträge auszahlen zu lassen. Andererseits kommt es nicht zu einem Zufluss von Arbeitslohn, wenn die arbeitsvertragliche Zusage von Weihnachts- und Urlaubsgeld **vor** dem Zeitpunkt der **Entstehung** einvernehmlich **aufgehoben** wird (vgl. das Stichwort „Gesellschafter-Geschäftsführer" unter Nr. 6 Buchstabe m).

d) Einzelfälle

Wegen der Behandlung von Darlehen vgl. dieses Stichwort sowie das Stichwort „Zinsersparnisse und Zinszuschüsse". Werden bestehende Verpflichtungen des Arbeitnehmers gegen den Arbeitgeber dadurch getilgt, dass dieser einen Teil des Arbeitslohns einbehält oder überweist der Arbeitgeber einen Teil des Arbeitslohns aufgrund einer entsprechenden **Abtretungserklärung, Pfändungsverfügung** usw. an einen Dritten, gelten auch diese Lohnteile als zugeflossen (die Zahlungen erfolgen im Interesse des Arbeitnehmers). Siehe auch die Stichworte „Abtretung von Arbeitslohn", „Abtretung von Forderungen als Arbeitslohn", „Forderungsübergang" und „Gutschrift von Arbeitslohn". Arbeitslohn, der vertragsmäßig vom Arbeitgeber zurückbehalten und zur Sicherheitsleistung verwendet wird (z. B. Kaution bei Bankbeamten) gilt als zugeflossen, ebenso die Überweisung auf ein Sperrkonto. Schließlich wird eine Gehaltsforderung des Arbeitnehmers auch erfüllt (= Zufluss), wenn der Arbeitnehmer mit seinem Arbeitgeber einen Kaufvertrag über eine Eigentumswohnung abgeschlossen und der Kaufpreis mit einer fälligen **Gehaltsforderung verrechnet** wird; dies gilt selbst dann, wenn aufgrund der wenige Zeit später eintretenden Insolvenz des Arbeitgebers der Kaufvertrag zivilrechtlich mangels Eintragung des Arbeitnehmers im Grundbuch nicht erfüllt werden kann (BFH-Urteil vom 10.8.2010, BStBl. II S. 1074). Die Bildung einer **Rückstellung** in der Bilanz des Arbeitgebers (z. B. für eine Umsatzprovision des Arbeitnehmers) bedeutet noch keinen Zufluss von Arbeitslohn. Entsprechendes gilt, wenn der Arbeitgeber vom Lohn einen Betrag einbehält und einer Versorgungsrückstellung zuführt (BFH-Urteil vom 20.7.2005, BStBl. II S. 890).

Bei wirtschaftlicher Verfügungsmacht des Arbeitnehmers gilt der Arbeitslohn auch dann als zugeflossen, wenn es sich um **Zahlungen** des Arbeitgebers **ohne Rechtsgrund** (BFH-Urteil vom 4.5.2006, BStBl. II S. 832) oder **versehentliche Überweisungen** handelt, die der Arbeitgeber zurückfordern kann (BFH-Urteile vom 4.5.2006, BStBl. II S. 830 und vom 14.4.2016, BStBl. II S. 778; vgl. auch das Stichwort „Rückzahlung von Arbeitslohn").

Bei Überlassung einer **Jahresnetzkarte** mit uneingeschränktem Nutzungsrecht fließt der Arbeitslohn in voller Höhe – und nicht anteilig – im Zeitpunkt der Überlassung zu (BFH-Urteil vom 12.4.2007, BStBl. II S. 719) oder im Zeitpunkt der Ausübung des Bezugsrechts durch Erwerb der Jahresnetzkarte (BFH-Urteil vom 14.11.2012, BStBl. 2013 II S. 382). **Freifahrtscheine** gelten – unabhängig vom konkreten Fahrtantritt – mit dem Bezug als zugeflossen (BFH-Urteil vom 26.9.2019, BStBl. 2020 II S. 162).

Werden **Arbeitgeberbeiträge** zur Rentenversicherung in freiwillige Beiträge **umgewandelt,** liegt ein steuerpflichtiger **Lohnzufluss insgesamt** im **Jahr der Umwandlung** vor (vgl. die Erläuterungen beim Stichwort „Zukunftsiche-

Lohn-steuer-pflichtig | Sozial-versich.-pflichtig

rung“ unter Nr. 5 Buchstabe c). Regelmäßig wird es sich um Arbeitslohn für mehrere Jahre (vgl. dieses Stichwort) handeln.

Wird im Fall der **Ablösung einer Pensionszusage** der Ablösungsbetrag aufgrund eines **Wahlrechts** des Arbeitnehmers (z. B. des beherrschenden Gesellschafter-Geschäftsführers) zur Übernahme der Pensionsverpflichtung an einen Dritten gezahlt, führt dies zum **Zufluss** von Arbeitslohn. Hat hingegen der Arbeitnehmer **kein Wahlrecht,** den Ablösungsbetrag alternativ an sich auszahlen zu lassen, wird mit der Zahlung des Ablösungsbetrags an den die Pensionsverpflichtung übernehmenden Dritten der Anspruch des Arbeitnehmers auf die künftigen Pensionszahlungen (noch) nicht erfüllt. Ein Zufluss von Arbeitslohn liegt daher in diesem Fall nicht vor. Erst die späteren **Versorgungsleistungen** führen zu einem **Zufluss** von Arbeitslohn, von denen der übernehmende Dritte den Lohnsteuereinbehalt vorzunehmen und die übrigen Arbeitgeberpflichten zu erfüllen hat. Vgl. hierzu im Einzelnen das Stichwort „Pensionszusage“ unter Nr. 3.

Vgl. zum Zufluss von Arbeitslohn auch die Stichworte „Aktienoptionen“, „Altersteilzeit“, „Arbeitnehmerfinanzierte Pensionszusage“, „Arbeitszeitkonten“, „Firmenwagen zur privaten Nutzung“ unter Nr. 16 Buchstabe c, „Gesellschafter-Geschäftsführer“ unter Nr. 6, „Mitarbeiterbeteiligungsprogramm nach französischem Recht“, „Vermögensbeteiligungen“ unter Nr. 5 Buchstabe b, „Vorsorgekonto“, „Wandelschuldverschreibungen und Wandeldarlehensverträge“, „Warengutscheine“ unter Nr. 4, „Zukunftsicherung“ unter Nr. 1 und Anhang 6 Nr. 2 zur betrieblichen Altersversorgung.

2. Sozialversicherung

a) Zuflussprinzip bei einmalig gezahltem Arbeitsentgelt

Im Lohnsteuerrecht führt nicht die Entstehung des Anspruchs gegen den Arbeitgeber zum Zufluss von Arbeitslohn, sondern erst dessen Erfüllung (= Erlangung der wirtschaftlichen Verfügungsmacht; vgl. vorstehende Nr. 1 Buchstabe c). Im Recht der Sozialversicherung gilt hingegen das Entstehungsprinzip. Das bedeutet, dass die Beitragsansprüche der Versicherungsträger dann entstehen, wenn der Anspruch des Arbeitnehmers auf das Arbeitsentgelt entstanden ist. Dies ergibt sich unmittelbar aus § 22 Abs. 1 SGB IV und galt bis zum 31.12.2002 sowohl für laufendes als auch für einmalig gezahltes Arbeitsentgelt.

Durch Artikel 2 Nr. 6 des Zweiten Gesetzes für moderne Dienstleistungen am Arbeitsmarkt wurde § 22 Abs. 1 SGB IV ab 1.1.2003 geändert. Danach entstehen die Beitragsansprüche der Sozialversicherungsträger bei einmalig gezahltem Arbeitsentgelt, sobald dieses ausgezahlt ist. Damit ist für einmalig gezahltes Arbeitsentgelt das Zuflussprinzip eingeführt worden. Maßgebend für die Beitragspflicht von einmalig gezahltem Arbeitsentgelt ist demnach, ob und wann die Einmalzahlung zugeflossen ist. Beiträge können also nicht erhoben werden, wenn das einmalig gezahlte Arbeitsentgelt tatsächlich nicht gezahlt worden ist.

Obwohl das Zuflussprinzip für einmalig gezahltes Arbeitsentgelt auf einer Vorschrift basiert, die beitragsrechtliche Grundsätze regelt, ist es nach der gesetzgeberischen Intention auch bei der versicherungsrechtlichen Beurteilung zu berücksichtigen. Demnach findet das Zuflussprinzip auch Anwendung

- bei der Ermittlung des regelmäßigen Jahresarbeitsentgelts in der Krankenversicherung (vgl. das Stichwort „Jahresarbeitsentgeltgrenze“);
- bei der Prüfung, ob das regelmäßige Arbeitsentgelt die Geringfügigkeitsgrenze von 450 € monatlich überschreitet (vgl. das Stichwort „Geringfügige Beschäftigung“);
- bei der Prüfung, ob das regelmäßige Arbeitsentgelt die Grenze des Übergangsbereichs im Niedriglohnbereich von 1300 € monatlich überschreitet (vgl. das Stichwort „Übergangsbereich nach § 20 Abs. 2 SGB IV“).

Einmalzahlungen, deren Gewährung mit hinreichender Sicherheit mindestens einmal jährlich zu erwarten ist (z. B. aufgrund eines für allgemeinverbindlich erklärten Tarifvertrages oder aufgrund von Gewohnheitsrecht wegen betrieblicher Übung), sind bei Ermittlung des Arbeitsentgelts zu berücksichtigen. Hat der Arbeitnehmer auf die Zahlung des einmalig gezahlten Arbeitsentgelts im Voraus schriftlich verzichtet, kann es – ungeachtet der arbeitsrechtlichen Zulässigkeit einer solchen Vereinbarung – bei der Ermittlung des regelmäßigen (Jahres-)Arbeitsentgelts nicht berücksichtigt werden. Es verbleibt jedoch bei der zu Beginn der Beschäftigung oder zu Beginn eines Kalenderjahres getroffenen Beurteilung, wenn die Einmalzahlung zunächst in die versicherungsrechtliche Betrachtung einbezogen wurde, sie aber tatsächlich nicht ausgezahlt worden ist. Ggf. ist ab dem Zeitpunkt, von dem an feststeht, dass die Einmalzahlung nicht zur Auszahlung gelangt, eine neue Beurteilung des Versicherungsverhältnisses notwendig.

b) Entstehungsprinzip bei laufend gezahltem Arbeitsentgelt

Bei laufend gezahltem Arbeitsentgelt gilt nach wie vor das **Entstehungsprinzip.** Dies bedeutet, dass Beiträge dann fällig werden, wenn der Anspruch des Arbeitnehmers auf das Arbeitsentgelt entstanden ist (§ 22 Abs. 1 SGB IV). Das Bundessozialgericht hat sich am 14. Juli 2004 in mehreren Revisionsverfahren (Az.: B 12 KR 1/04 R, B 12 KR 10/03 R, B 12 KR 7/03 R, B 12 KR 7/04 und B 1 KR 34/03 R) mit der Frage befasst, ob sich Versicherungspflicht und Beitragsforderung nach dem geschuldeten Arbeitsentgelt (Entstehungsprinzip) oder nach dem tatsächlich gezahlten Arbeitsentgelt (Zuflussprinzip) richten. In allen Fällen lag der gleiche Sachverhalt zugrunde. Der Arbeitgeber beschäftigte Aushilfskräfte mit einem tatsächlichen Entgelt unterhalb der seinerzeitigen Geringfügigkeitsgrenze von monatlich 400 € (jetzt 450 € monatlich). Im Rahmen einer Betriebsprüfung stellte der Rentenversicherungsträger fest, dass die Beschäftigten nach Tarifverträgen, die für allgemeinverbindlich erklärt waren, Anspruch auf ein höheres Arbeitsentgelt und auf Sonderzuwendungen hatten. Deshalb wurde, auch wenn das höhere Arbeitsentgelt und die Sonderzuwendung tatsächlich nicht zur Auszahlung kamen, die Geringfügigkeitsgrenze überschritten. In allen Verfahren ist die Revision ohne Erfolg geblieben. Das Bundessozialgericht hat die angefochtenen Bescheide zur Versicherungs- und Beitragspflicht und somit die Anwendung des Entstehungsprinzips für den laufenden Arbeitslohn im Beitragsrecht der Sozialversicherung nachdrücklich bestätigt. Beiträge sind daher auch für geschuldetes, bei Fälligkeit aber noch nicht gezahltes laufendes Arbeitsentgelt zu zahlen. Damit unterscheidet sich das Beitragsrecht der Sozialversicherung grundlegend vom Steuerrecht.

Durch das Gesetz zur Stärkung der Tarifautonomie vom 11.8.2014 (BGBl. I S. 1348) ist ab dem 1.1.2015 grundsätzlich ein branchenunabhängiger **Mindestlohn** eingeführt worden. Der Mindestlohn von 9,35 € pro Arbeitsstunde im Jahr 2020 wird in vier Stufen wie folgt angehoben:

– **1.1.2021 bis 30.6.2021**	**9,50 €**
– **1.7.2021 bis 31.12.2021**	**9,60 €**
– 1.1.2022 bis 30.6.2022 und	9,82 €
– ab 1.7.2022	10,45 €

jeweils pro Arbeitsstunde.

Der Mindestlohn ist **sozialversicherungsrechtlich** von großer Bedeutung, da hier – im Gegensatz zum Steuerrecht – nicht auf das Zufluss-, sondern auf das Anspruchsprinzip **(Entstehungsprinzip)** abgestellt wird. Die Gesamtsozialversicherungsbeiträge werden bereits dann fäl-

Z

Lohn- steuer- pflichtig | Sozial- versich.- pflichtig

lig, wenn der Anspruch des Arbeitnehmers auf das Arbeitsentgelt entstanden ist. Selbst wenn tatsächlich ein geringerer Stundenlohn gezahlt werden sollte, wären die Beiträge grundsätzlich auf der Grundlage des gesetzlichen Mindestlohns zu berechnen und zu zahlen.

Seit 1.1.2015 sind damit auch zwingend die Ansprüche, die sich aus dem **Mindestlohngesetz** ergeben, zu berücksichtigen. Einzelheiten dazu siehe unter dem Stichwort „Mindestlohn".

Aufgrund des Entstehungsprinzips ergibt sich das für die Sozialversicherung maßgebliche laufende Arbeitsentgelt darüber hinaus aus dem für den Arbeitnehmer geltenden Arbeitsvertrag oder Tarifvertrag. Das Arbeitsvertragsrecht hat somit entscheidende Bedeutung für das Beitragsrecht der Sozialversicherung. Im Einzelnen gilt Folgendes:

c) Tarifvertragliche Entgeltansprüche

Nach § 4 Abs. 1 Satz 1 des Tarifvertragsgesetzes (TVG) gelten Rechtsnormen eines Tarifvertrages unmittelbar und zwingend lediglich zwischen den Arbeitgebern und Gewerkschaftsangehörigen, die unter den Geltungsbereich des Tarifvertrags fallen. Danach unterliegt regelmäßig nur der in der betreffenden Gewerkschaft organisierte Arbeitnehmer der Bindung eines Tarifvertrages. Dies bedeutet, dass die Tarifbestimmungen den Inhalt der Arbeitsverhältnisse gestalten, ohne dass es auf die Kenntnis von Arbeitnehmer und Arbeitgeber über den Arbeitsentgeltanspruch ankommt. Erst recht bedarf es keiner Anerkennung, Unterwerfung oder Übernahme des Tarifvertrages durch die Parteien eines Einzelarbeitsvertrages. Die Regelungen des Tarifvertrages gelten selbst dann, wenn die Arbeitsvertragsparteien ausdrücklich gegenteilige oder auch andere Bedingungen vereinbart haben. Auch neu geschlossene tarifwidrige Arbeitsverträge sind hinsichtlich des tarifwidrigen Teils unwirksam. Ebenfalls sind Vertragsabsprachen, die den durch Tarifvertrag gestalteten Arbeitsvertrag auf Zeit einschränken oder suspendieren wollen, unwirksam. Abweichende Abmachungen sind nur zulässig, soweit sie durch den Tarifvertrag gestattet sind oder eine Änderung zu Gunsten des Arbeitnehmers enthalten (§ 4 Abs. 3 TVG).

Eine besondere Stellung nehmen die **für allgemeinverbindlich erklärten Tarifverträge** ein. Nach § 5 Abs. 1 TVG kann das Bundesministerium für Arbeit und Soziales im Einvernehmen mit dem Tarifausschuss, der sich aus jeweils drei Vertretern der Spitzenorganisationen der Arbeitgeber und der Arbeitnehmer zusammensetzt, einen Tarifvertrag auf Antrag einer Tarifvertragspartei für allgemeinverbindlich erklären. Mit einer derartigen Erklärung erfassen die Rechtsnormen des Tarifvertrags in seinem Geltungsbereich auch die bisher nicht tarifgebundenen Arbeitgeber und Arbeitnehmer (§ 5 Abs. 4 TVG). Ein Arbeitsentgeltanspruch mindestens in Höhe des in einem allgemeinverbindlichen Tarifvertrag festgesetzten Lohns bzw. Gehalts kann demnach von den Parteien eines Arbeitsvertrags, die der Geltung dieses Tarifvertrags unterliegen, nicht rechtswirksam unterschritten werden. Das Bundesministerium für Arbeit und Soziales gibt zu Beginn eines jeden Quartals im Bundesarbeitsblatt ein Verzeichnis der für allgemeinverbindlich erklärten Tarifverträge heraus. Das Verzeichnis der für allgemeinverbindlich erklärten Tarifverträge kann im Internet unter *http://www.bmas.de* eingesehen werden. Es stellt allerdings lediglich eine Momentaufnahme dar. In einem besonderen Teil wird zwar auf die Tarifverträge hingewiesen, deren Allgemeinverbindlichkeit im abgelaufenen Quartal endete; darüber hinaus gibt es aber keine Historie.

Der Tarifvertrag kann bestimmen, dass bestimmte Regelungen nicht für alle Tarifparteien gelten bzw. nicht für allgemeinverbindlich erklärt werden **(Öffnungsklausel).** Aufgrund einer Öffnungsklausel nicht gezahltes laufendes Arbeitsentgelt wird – wie im Steuerrecht – auch in der Sozialversicherung nicht berücksichtigt.

Lohn- steuer- pflichtig | Sozial- versich.- pflichtig

d) Entgeltansprüche aufgrund von Einzelarbeitsverträgen

Unterliegt der Arbeitnehmer nicht der Bindungswirkung eines Tarifvertrags, ist für die Sozialversicherung der Einzelarbeitsvertrag maßgebend. Nach § 2 des Nachweisgesetzes (NachwG) sind die wesentlichen Vertragsbedingungen vom Arbeitgeber **schriftlich** niederzulegen, wenn sie nicht bereits in einem schriftlichen Arbeitsvertrag enthalten sind. Die Niederschrift ist zu unterschreiben und dem Arbeitnehmer auszuhändigen. Dies gilt nicht, wenn der Arbeitnehmer nur zur Aushilfe von höchstens einem Monat eingestellt ist. Der Einzelarbeitsvertrag ist auch bei bindendem Tarifvertrag insoweit zu beachten, als er für den Arbeitnehmer günstigere Regelungen (z. B. höheres Arbeitsentgelt) vorsieht als der verbindliche Tarifvertrag.

e) Nachträgliche Minderung des Arbeitsentgeltanspruchs

Nach den Urteilen des Bundessozialgerichts vom 21.5.1996 – 12 RK 64/94 – und vom 14.7.2004 – B 12 KR 1/04 R – mindert eine **Vertragsstrafe,** die nach dem Entstehen der Beitragsforderung zu einer Lohnkürzung führt, nachträglich nicht den bereits entstandenen Beitragsanspruch. Dies gilt auch für Schadensersatzansprüche des Arbeitgebers, die nachträglich den Arbeitsentgeltanspruch mindern. Ein Beitragserstattungsanspruch aufgrund einer solchen Lohnminderung besteht somit nicht.

Zur steuerlichen Behandlung der Vertragsstrafen vgl. das Stichwort „Geldstrafen" sowie Anhang 7 Abschnitt B Nr. 2.

f) Arbeitsentgelt im Rechtsstreit

Nach dem Urteil des Bundessozialgerichts vom 18.11.1980 – 12 RH 47/79 – sind Ansprüche, die in einem gerichtlichen Vergleich derart geregelt werden, dass sie nicht mehr geltend gemacht werden können, so anzusehen, als ob sie von Anfang an nicht bestanden hätten. Gleiches nimmt das Bundessozialgericht bei einem Erlass von Ansprüchen im Wege des Vergleichs an. Etwas anderes gilt dann, wenn die streitige Arbeitsentgeltforderung sehr wohl als bestehend anerkannt worden ist, aber nur deshalb nicht im Vergleich erscheint, weil gegen eine andere Forderung des Arbeitgebers aufgerechnet oder diese wegen einer sonstigen Gegenleistung nicht mehr geltend gemacht worden ist. In diesen Fällen ist die Forderung auf Arbeitsentgelt nicht entfallen, sondern anderweitig erfüllt worden. Ein Beitragsanspruch besteht in diesem Fall auch aus dem anderweitig erfüllten Arbeitsentgeltanspruch.

Wird in einem Kündigungsschutzprozess der Arbeitgeber neben der Feststellung, dass die Kündigung unwirksam war, auch zur Zahlung des Arbeitsentgelts verurteilt, entsteht der Beitragsanspruch nach dem Urteil des Bundessozialgerichts vom 25.9.1981 – 12 RK 58/80 – nur aus diesem Arbeitsentgelt, und die Beitragsforderung wird regelmäßig erst nach der rechtskräftigen Beendigung des Rechtsstreits fällig. Mit seiner Entscheidung hat das Bundessozialgericht aber klargestellt, dass der Beitragsanspruch auch in einem Kündigungsschutzprozess bereits mit der Fälligkeit des Arbeitsentgeltanspruchs entsteht und die hinausgeschobene Fälligkeit nur den Beitragsanspruch berührt, der auf der streitbefangenen Arbeitsentgeltforderung beruht. Ausnahmsweise kann die Einzugsstelle aber auch vor der Beendigung des Kündigungsschutzprozesses berechtigt sein, den Beitrag zu fordern. Dies wird man dann annehmen können, wenn die Kündigung sich bei objektiver Betrachtung als offensichtlich unberechtigt erweist.

Lohn-steuer-pflichtig Sozial-versich.-pflichtig

g) Unter auflösender Bedingung gezahltes Arbeitsentgelt

Nach den Urteilen des Bundessozialgerichts vom 28.2.1967 – 3 RK 72/64 und 3 RK 73/64 – verliert fälliges und gezahltes Arbeitsentgelt (z. B. Weihnachtsgeld) nachträglich seine Eigenschaft als Arbeitsentgelt, wenn es unter Vorbehalt gewährt und aufgrund einer Rückzahlungsklausel zurückgezahlt wird, sodass der darauf gezahlte Beitrag nach Maßgabe des § 26 Abs. 2 SGB IV als zu Unrecht gezahlt zu erstatten ist.

h) Verzicht auf laufendes Arbeitsentgelt

Der Verzicht auf Teile des laufenden Arbeitsentgelts muss kumulativ folgende Kriterien erfüllen, um beitragsrechtlich berücksichtigt zu werden:

- Der Verzicht muss **arbeitsrechtlich zulässig** sein.
- Der Verzicht darf nur auf **künftig** fällig werdende Arbeitsentgeltbestandteile gerichtet sein.

Im Einzelnen gilt zu diesen Voraussetzungen Folgendes:

Bei einem bindenden Tarifvertrag ist der Gehaltsverzicht nur zulässig, soweit eine Öffnungsklausel besteht. Im Fall eines Gehaltsverzichts einer Teilzeitkraft (insbesondere auf Einmalzahlungen) ist außerdem zu prüfen, ob der Verzicht gegen das Teilzeit- und Befristungsgesetz (TzBfG) vom 28.12.2000 (BGBl. I S. 1966) verstößt.

Das Bundessozialgericht hat in seinem Urteil vom 2.3.2010 – B 12 R 5/09 R – entschieden, dass es für einen sozialversicherungsrechtlich relevanten Verzicht auf Arbeitsentgelt **nicht** auf ein besonderes **Schriftformerfordernis** ankommt, wenn der Verzicht arbeitsrechtlich wirksam ist. Dieser Auffassung haben sich die Spitzenverbände der Sozialversicherungsträger in ihrer Besprechung vom 2./3.11.2010 angeschlossen.

Der Verzicht auf laufendes Arbeitsentgelt darf nur auf künftig fällig werdende Arbeitsentgeltansprüche gerichtet sein. Ein **rückwirkender Verzicht** der Arbeitnehmer auf Arbeitsentgeltanspruch führt deshalb nicht zu einer Reduzierung der Beitragsforderung. Der Beitragsanspruch ist bereits entstanden und wird durch den Verzicht auf das Arbeitsentgelt nicht mehr beseitigt (bestätigt durch Urteil des Landessozialgerichts Nordrhein-Westfalen vom 31.10.2000 – L 5 KR 27/00). Diese Sichtweise hat auch Folgeauswirkungen auf Entgeltumwandlungen (vgl. die Ausführungen beim Stichwort „Firmenwagen zur privaten Nutzung" unter Nr. 6 Buchstabe b).

Erfüllt der Verzicht eines der oben genannten Kriterien nicht, ist er beitragsrechtlich nicht zu beachten. Für die Prüfung der Versicherungspflicht und die Beitragsberechnung ist dann das laufende Arbeitsentgelt ohne Verzicht maßgebend.

Zukunftsicherung

Änderungsintensives Stichwort – bleiben Sie auf dem Laufenden unter

www.lexikon-lohnbuero.de/newsletter **!**

Neues und Wichtiges auf einen Blick:

1. Gesamtdarstellung der betrieblichen Altersversorgung

Durch das sog. Betriebsrentenstärkungsgesetz vom 17.8.2017 (BGBl. I S. 3214, BStBl. I S. 1278) ist die betriebliche Altersversorgung zum 1.1.2018 grundlegend reformiert worden.

Die fortgeltenden Regelungen für die Pauschalierung der Lohnsteuer mit 20 % sind nachfolgend im Einzelnen dargestellt. Die seit 1.1.2005 geltende Steuerbefreiungsvorschrift für Direktversicherungsbeiträge ist ebenfalls schwerpunktmäßig erläutert, soweit dies für das Verständnis der Zusammenhänge notwendig ist. Eine **Gesamtdarstellung** der steuer- und sozialversicherungsrechtlichen Behandlung **aller fünf Durchführungswege der betrieblichen Altersversorgung** ist aus Gründen der Übersichtlichkeit in **Anhang 6** enthalten. In Anhang 6a ist zudem die steuerliche Förderung der Altersvorsorgeleistungen in Form der sog. Riester-Rente durch die Altersvorsorgezulage und ggf. einen zusätzlichen Sonderausgabenabzug erläutert.

2. Steuerfreiheit der Beiträge zur betrieblichen Altersversorgung

a) Kapitaldeckungsverfahren

Der nach § 3 Nr. 63 Satz 1 EStG **steuerfreie** Höchstbetrag für Beiträge des Arbeitgebers an einen **Pensionsfonds,** eine **Pensionskasse** oder für eine **Direktversicherung** beträgt **2021** bundesweit **6816 €** (= 8 % der Beitragsbemessungsgrenze in der allgemeinen Rentenversicherung – West – von 85 200 €). Sozialversicherungsrechtlich ist die **Beitragsfreiheit** nach wie vor auf 4 % der Beitragsbemessungsgrenze in der allgemeinen Rentenversicherung (West) begrenzt (4 % von 85 200 € = **3408 €;** § 1 Abs. 1 Satz 1 Nr. 9 SvEV[1]). Für die nach § 3 Nr. 63 Satz 1 EStG steuer- und beitragsfreien Höchstbeträge ergibt sich damit seit dem Jahr 2016 folgende Entwicklung:

	Lohnsteuerpflichtig	Sozialversich.-pflichtig
2016: 4 % von 74 400 € = jährlich **2976 €**	nein	nein
2017: 4 % von 76 200 € = jährlich **3048 €**	nein	nein
2018: 4 % von 78 000 € = jährlich **3120 €**	nein	nein
Weitere 4 % von 78 000 € = jährlich **3120 €**	nein	ja
2019: 4 % von 80 400 € = jährlich **3216 €**	nein	nein
Weitere 4 % von 80 400 € = jährlich **3216 €**	nein	ja
2020: 4 % von 82 800 € = jährlich **3312 €**	nein	nein
Weitere 4 % von 82 800 € = jährlich **3312 €**	nein	ja
2021: 4 % von 85 200 € = jährlich **3408 €**	nein	nein
Weitere 4 % von 85 200 € = jährlich **3408 €**	nein	ja

Der frühere, zusätzliche steuerfreie Höchstbetrag von 1800 € für Neuzusagen (= Versorgungszusagen, die nach dem 31.12.2004 erteilt worden sind) ist zum 1.1.2018 infolge der Erhöhung des steuerfreien Volumens von 4 % auf 8 % der Beitragsbemessungsgrenze in der allgemeinen Rentenversicherung (West) weggefallen.

b) Umlageverfahren

Seit 2008 werden auch **Zuwendungen** des Arbeitgebers an **umlagefinanzierte Pensionskassen** in Anlehnung an die Beitragsbemessungsgrenze in der allgemeinen Rentenversicherung (West) im bestimmten Umfang **steuerfrei** gestellt (§ 3 Nr. 56 EStG). Der Prozentsatz für das steuerfreie Volumen ist zum 1.1.2020 von bisher 2 % auf **3 %** der Beitragsbemessungsgrenze gestiegen und wird zum 1.1.2025 auf 4 % der Beitragsbemessungsgrenze erhöht. Der steuerfreie **Höchstbetrag** beträgt bundesweit

2016: 2 % von 74 400 € = jährlich **1488 €**

2017: 2 % von 76 200 € = jährlich **1524 €**

2018: 2 % von 78 000 € = jährlich **1560 €**

1) Die Sozialversicherungsentgeltverordnung (SvEV) ist als Anhang 2 im **Steuerhandbuch für das Lohnbüro 2021** abgedruckt, das im selben Verlag erschienen ist.

Z

Lohn-steuer-pflichtig Sozial-versich.-pflichtig

2019: 2 % von 80 400 € = jährlich **1608 €**

2020: 3 % von 82 800 € = jährlich **2484 €**

2021: 3 % von 85 200 € = jährlich **2556 €**

Steuerfreie Beiträge des Arbeitgebers an eine kapitalgedeckte Versorgungseinrichtung (§ 3 Nr. 63 EStG) werden allerdings auf dieses nach § 3 Nr. 56 EStG steuerfreie Volumen angerechnet, vgl. im Einzelnen die Erläuterungen unter der nachfolgenden Nr. 23 und in Anhang 6 unter Nr. 5 Buchstabe d auf Seite 1177.

Außerdem ist gesetzlich festgelegt worden, dass die **Steuerbefreiungsvorschriften** für **betriebliche Altersversorgung** (§ 3 Nr. 56, 63 EStG) der Steuerbefreiungsvorschrift für Zukunftsicherungsleistungen aufgrund **gesetzlicher Verpflichtungen** (§ 3 Nr. 62 EStG) **vorgehen** (vgl. die Erläuterungen unter der nachstehenden Nr. 5 Buchstabe d).

3. Voraussetzung für 20%-ige Pauschalbesteuerung und Anrechnung auf das steuerfreie Volumen

Die **Pauschalbesteuerung** mit 20% bis zum Höchstbetrag von 1752 € (§ 40b EStG alte Fassung) ist bei Beiträgen an eine kapitalgedeckte Pensionskasse oder zugunsten einer kapitalgedeckten Direktversicherung in 2021 **weiterhin möglich,** wenn **vor** dem **1.1.2018** mindestens ein **Beitrag zu Recht pauschal besteuert** wurde.

Das unter der vorstehenden Nr. 2 Buchstabe a beschriebene **steuerfreie Volumen** für Beiträge zur betrieblichen Altersversorgung im Kapitaldeckungsverfahren an eine Pensionskasse, einen Pensionsfonds oder zugunsten einer Direktversicherung **vermindert** sich um die **Beiträge** und Zuwendungen, die nach § 40b EStG a. F. im Jahre 2021 mit 20 % **pauschal besteuert** werden.

Vgl. die Erläuterungen unter der nachfolgenden Nr. 8 und 9 sowie Nr. 10 ff.

4. Steuerfreie Vervielfältigungsregelung bei Beendigung des Dienstverhältnisses

Unter der nachfolgenden Nr. 15 ist die steuerfreie und pauschal besteuerungsfähige Vervielfältigungsregelung bei Beendigung des Dienstverhältnisses beschrieben. Die steuerfreie Vervielfältigungsregelung sieht vor, dass sich der Betrag von **4 %** der Beitragsbemessungsgrenze in der gesetzlichen Rentenversicherung – West – (2021 = 3408 €) mit der Anzahl der Kalenderjahre vervielfältigt, in denen das Arbeitsverhältnis bestanden hat. Dabei werden allerdings **maximal zehn Kalenderjahre** zugrunde gelegt. Somit ergibt sich für **2021** ein **maximal** steuerfreies Volumen von 34 080 € (= 4 % von 85 200 € × 10 Kalenderjahre).

Die **pauschal besteuerten Zuwendungen** nach § 40b Abs. 2 Sätze 3 und 4 EStG a. F. aus Anlass der Beendigung des Dienstverhältnisses werden auf das **steuerfreie Volumen angerechnet** (§ 52 Abs. 4 Satz 16 EStG).

5. Anhebung der Pauschalierungsgrenze bei Gruppenunfallversicherungen

Durch das sog. Bürokratieentlastungsgesetz III ist der **Durchschnittsbetrag** für eine Pauschalierung der Beiträge zu einer Gruppenunfallversicherung mit 20 % mit Wirkung ab 1.1.2020 von zuvor 62 € jährlich auf **100 € jährlich** erhöht worden. Wird bei einer Gruppenunfallversicherung der Grenzbetrag von 100 € überschritten, ist der gesamte Beitrag bei den versicherten Arbeitnehmern dem individuellen Lohnsteuerabzug zu unterwerfen.

Vgl. nachfolgende Nr. 7 und das Stichwort „Unfallversicherung“.

Lohn-steuer-pflichtig Sozial-versich.-pflichtig

6. Arbeitgeberzuschuss zur betrieblichen Altersversorgung bei Entgeltumwandlung

Werden Beiträge zugunsten einer kapitalgedeckten betrieblichen Altersversorgung an einen Pensionsfonds, eine Pensionskasse oder eine Direktversicherung aus einer Entgeltumwandlung gezahlt, muss der Arbeitgeber unter Beachtung **zeitlicher Übergangsregelungen 15 % des umgewandelten Arbeitsentgelts** zusätzlich als Arbeitgeberzuschuss zur betrieblichen Altersversorgung zahlen, soweit er dadurch Sozialversicherungsbeiträge spart. Für diesen Zuschuss gelten die gleichen steuer- und sozialversicherungsrechtlichen Regelungen wie für die Beiträge.

Vgl. die Erläuterungen am Ende der nachfolgenden Nr. 4.

Gliederung:

Lohnsteuerpflichtig | Sozialversich.-pflichtig

d) Mindestlaufzeit von fünf Jahren bei Kapitalversicherungen
e) Altersgrenze
f) Ausschluss der vorzeitigen Kündigung und Beachtung des Abtretungs- und Beleihungsverbots
g) Unfallversicherungen als Direktversicherung im Sinne des § 40b EStG

11. Allgemeine Pauschalierungsvoraussetzungen und Bemessungsgrundlage (Altfälle)
12. Pauschalierungsgrenze in Höhe von 1752 € (Altfälle)
13. Durchschnittsberechnung und 2148-Euro-Grenze (Altfälle)
14. Besonderheiten bei der Pauschalierung laufender Zukunftsicherungsleistungen (Altfälle)
15. Vervielfältigungsregelung bei Beendigung des Dienstverhältnisses
    a) Allgemeines
    b) Vervielfältigung der Pauschalierungsgrenze in Altfällen
    c) Vervielfältigung der Pauschalierungsgrenze bei Gehaltsumwandlungen in Altfällen
    d) Anwendung der Vervielfältigung der Pauschalierungsgrenze im zeitlichen Zusammenhang mit der Beendigung des Dienstverhältnisses in Altfällen
16. Umwandlung von Barlohn in pauschal mit 20 % besteuerte Beiträge zu einer Direktversicherung oder Pensionskasse in Altfällen
    a) Umwandlung von Barlohn in Direktversicherungsbeiträge
    b) Gehaltsumwandlung bei zeitanteilig zugesicherten (sog. ratierlichen) Sonderzuwendungen
    c) Umwandlung von Barlohn in eine arbeitnehmerfinanzierte Pensionszusage
    d) Umwandlung von Barlohn in Beiträge zu einer Pensionskasse
17. Rückzahlung pauschal besteuerter Zukunftsicherungsleistungen
    a) Gewinnausschüttungen und ersatzloser Wegfall des Bezugsrechts (verfallbare Anwartschaft)
    b) Verlust oder Übertragung einer unverfallbaren Anwartschaft
    c) Arbeitslohnrückzahlung bei individuell und pauschal versteuerten Beiträgen
    d) Insolvenz des Arbeitgebers
18. Direktversicherung bei Ehegatten- Arbeitsverhältnissen
19. Direktversicherung für den Gesellschafter-Geschäftsführer einer GmbH
    a) Steuerfreiheit für Beiträge zu einer Direktversicherung nach § 3 Nr. 63 EStG
    b) Pauschalierung der Lohnsteuer mit 20 % in Altfällen
20. Solidaritätszuschlag bei Zukunftsicherungsleistungen
21. Berechnung der pauschalierten Kirchensteuer
22. Sozialversicherungsrechtliche Behandlung von Zukunftsicherungsleistungen
    a) Allgemeines
    b) Beitragszusagen im sog. Sozialpartnermodell
    c) Sozialversicherungsfreiheit durch die Pauschalierung der Lohnsteuer mit 20 % bei Beiträgen zu Direktversicherungen und Pensionskassen in sog. Altfällen
    d) Behandlung von Beiträgen zu einer Gruppenversicherung in sog. Altfällen
    e) Sozialversicherungsrechtliche Behandlung des Förderbetrags bei Geringverdienern
23. Ausnahmeregelung für Beiträge zu Zusatzversorgungskassen
    a) Steuerliche Ausnahmeregelung
    b) Sozialversicherungsrechtliche Ausnahmeregelung
    c) Berechnungsbeispiele
    d) Nachträgliche Änderung des nach § 3 Nr. 56 EStG steuerfreien Anteils der Arbeitgeberumlage

Lohnsteuerpflichtig | Sozialversich.-pflichtig

1. Abgrenzung der Steuerpflicht

Die Definition des Begriffs „Zukunftsicherung" im weitesten Sinne ergibt sich aus § 2 Abs. 2 Nr. 3 LStDV[1]. Hiernach versteht man unter „Zukunftsicherung" im lohnsteuerlichen Sinne ganz allgemein Aufwendungen des Arbeitgebers, durch die die wirtschaftliche Existenz des Arbeitnehmers oder seiner Angehörigen für den Fall der Krankheit, des Unfalls, der vorzeitigen Arbeitsunfähigkeit (= Invalidität), des Alters oder des Todes abgesichert werden soll. Es kann sich dabei sowohl um freiwillige Leistungen des Arbeitgebers handeln, als auch um Leistungen, auf die der Arbeitnehmer einen Rechtsanspruch hat. Für laufende Beiträge und Zuwendungen des Arbeitgebers an einen Pensionsfonds, eine Pensionskasse oder für eine Direktversicherung wurde zusätzlich im Einkommensteuergesetz klargestellt, dass es sich hierbei um Arbeitslohn des Arbeitnehmers handelt (§ 19 Abs. 1 Satz 1 Nr. 3 Satz 1 EStG).

Für den Arbeitnehmer liegt bei Zukunftsicherungsleistungen des Arbeitgebers gegenwärtig zufließender Arbeitslohn vor, wenn die Sache sich – wirtschaftlich betrachtet – so darstellt, als ob der Arbeitgeber dem Arbeitnehmer Beiträge zur Verfügung gestellt und der Arbeitnehmer diese zum Erwerb einer Zukunftsicherung verwendet hätte (Einkommensverwendung durch den Arbeitnehmer). Die Beiträge des Arbeitgebers werden also so behandelt, als ob sie der Arbeitnehmer geleistet und der Arbeitgeber einen entsprechend höheren Barlohn gezahlt hätte. Diese Betrachtungsweise setzt voraus, dass der Arbeitnehmer einen unentziehbaren **Rechtsanspruch gegen** einen **Dritten** auf die Leistungen aus der Zukunftsicherung hat. Ausgehend von diesem Grundsatz rechnet der Bundesfinanzhof den Arbeitnehmeranteil am Gesamtsozialversicherungsbeitrag zum steuerpflichtigen Arbeitslohn, weil der Arbeitnehmer einen eigenen Anspruch gegen einen Dritten (hier den Sozialleistungsträger) erwirbt (BFH-Urteil vom 16.1.2007, BStBl. II S. 579). Zur Frage des Vorliegens von Barlohn oder Sachlohn bei der Verschaffung von Versicherungsschutz vgl. dieses Stichwort. Unabhängig von den dortigen Ausführungen ist bei Beiträgen und Zuwendungen im Rahmen der betrieblichen Altersversorgung von einer Geldleistung und damit von Barlohn auszugehen.

Hat der Arbeitnehmer keinen eigenen Rechtsanspruch gegen einen Dritten, liegt auch kein gegenwärtiger Zufluss von Arbeitslohn vor. Aufgrund dieser Betrachtungsweise führen Zuwendungen an eine **Unterstützungskasse,** die keinen Rechtsanspruch auf Leistungen gewährt, ebenso wenig zum Zufluss von Arbeitslohn wie die Gewährung einer **Pensionszusage** oder der Abschluss einer sog. **Rückdeckung;** Letzteres sind Aufwendungen, die dem Arbeitgeber dadurch entstehen, dass er sich selbst die Mittel zur späteren Erfüllung einer dem Arbeitnehmer gegebenen Pensionszusage verschafft (vgl. die Erläuterungen beim Stichwort „Rückdeckung" und unter der nachfolgenden Nr. 2 besonders unter dem Buchstaben d). nein nein

Der Zufluss von Arbeitslohn setzt also einen unentziehbaren Rechtsanspruch des Arbeitnehmers gegen einen Dritten auf die Leistungen aus der Zukunftsicherung voraus. Aber nicht alle Aufwendungen des Arbeitgebers für die Zukunftsicherung seiner Arbeitnehmer, die zu einem unentziehbaren Rechtsanspruch auf Leistungen gegenüber einem Dritten führen, sind auch steuerpflichtiger Arbeitslohn. Denn der Gesetzgeber hat bestimmte Zukunftsicherungsleistungen, die zum Zufluss von Arbeitslohn führen, ausdrücklich steuerfrei gestellt:

Steuerfrei sind nach § 3 Nr. 62 EStG Zukunftsicherungsleistungen, die der **Arbeitgeber** aufgrund einer **eigenen gesetzlichen Verpflichtung** leistet (z. B. den Arbeitgeberanteil am Gesamtsozialversicherungsbeitrag) und die die-

1) Die Lohnsteuer-Durchführungsverordnung (LStDV) ist als Anhang 1 im **Steuerhandbuch für das Lohnbüro 2021** abgedruckt, das im selben Verlag erschienen ist.

Lohnsteuerpflichtig | Sozialversich.-pflichtig

sen Ausgaben gleichgestellten Leistungen (vgl. die Erläuterungen unter der nachfolgenden Nr. 5).

Seit 1.1.2002 sind auch Beiträge des Arbeitgebers an eine **Pensionskasse** oder einen **Pensionsfonds** nach § 3 Nr. 63 Satz 1 EStG steuerfrei, soweit sie einen bestimmten Prozentsatz (seit 1.1.2018 = 8 %) der Beitragsbemessungsgrenze in der allgemeinen Rentenversicherung (West) nicht übersteigen. In diese Steuerfreiheit nach § 3 Nr. 63 EStG sind seit 1.1.2005 auch Beiträge zu einer **Direktversicherung** einbezogen worden. Außerdem ist seit 1.1.2002 die **Übertragung von Versorgungsverpflichtungen und Versorgungsanwartschaften** auf einen **Pensionsfonds** nach § 3 Nr. 66 EStG steuerfrei (vgl. die Erläuterungen unter der nachfolgenden Nr. 3).

Seit 1.1.2008 werden auch Zuwendungen des Arbeitgebers an **umlagefinanzierte Pensionskassen** in Anlehnung an die Beitragsbemessungsgrenze in der allgemeinen Rentenversicherung (West) im bestimmten Umfang steuerfrei gestellt. Der Prozentsatz für das steuerfreie Volumen ist zum 1.1.2020 von zuvor 2 % auf 3 % der Beitragsbemessungsgrenze gestiegen und wird zum 1.1.2025 auf 4 % der Beitragsbemessungsgrenze erhöht (vgl. die Erläuterungen unter der nachfolgenden Nr. 23 sowie in Anhang 6 unter Nr. 5 Buchstabe d).

Hiernach ergibt sich für Zukunftsicherungsleistungen folgende Übersicht:

Aufwendungen für die Zukunftsicherung

kein Zufluss von Arbeitslohn[1)]

- bei **Pensionszusagen** (lohnsteuerpflichtig sind in diesem Fall die späteren Versorgungsleistungen in Form einer Betriebsrente oder Beamtenpension)
- bei Aufwendungen für eine **Rückdeckung** (vgl. dieses Stichwort)
- bei Zuwendungen an eine **Unterstützungskasse** (lohnsteuerpflichtig sind in diesem Fall die späteren Versorgungsleistungen in Form einer Betriebsrente oder Beamtenpension)

Zufluss von Arbeitslohn[1)]

Steuerfreiheit

- für Beiträge, die der Arbeitgeber aufgrund einer **eigenen** gesetzlichen Verpflichtung zahlen muss und für gleichgestellte Aufwendungen (§ 3 Nr. 62 EStG)
- für Beiträge zu **Pensionskassen, Pensionsfonds** oder **Direktversicherungen** (§ 3 Nr. 63 EStG)
- Übertragung von Versorgungsverpflichtungen und Versorgungsanwartschaften auf Pensionsfonds (§ 3 Nr. 66 EStG)
- Zuwendungen für eine nicht kapitalgedeckte (**= umlagefinanzierte**) **Pensionskasse** (§ 3 Nr. 56 EStG)

Steuerpflicht

Lohnsteuerabzug

nach den allgemein geltenden Vorschriften

Pauschalierung

mit **20 %** für Aufwendungen zu einer

- **Direktversicherung,** wenn vor dem 1.1.2018 ein Beitrag zu Recht pauschal besteuert worden ist
- **kapitalgedeckten Pensionskasse,** wenn vor dem 1.1.2018 ein Beitrag zu Recht pauschal besteuert worden ist
- **nicht kapitalgedeckten Pensionskasse** (soweit nicht steuerfrei)
- **Gruppenunfallversicherung**

Lohnsteuerpflichtig | Sozialversich.-pflichtig

Zu der Pauschalierungsmöglichkeit mit 15 % für bestimmte **Sonderzahlungen** des Arbeitgebers an umlagefinanzierte Versorgungseinrichtungen vgl. Anhang 6 Nr. 5 Buchstabe e.

2. Zukunftsicherungsleistungen, die keinen Zufluss von Arbeitslohn auslösen

a) Zuwendungen an eine Unterstützungskasse

Zuwendungen des Arbeitgebers an eine Unterstützungskasse, die dem Arbeitnehmer **keinen eigenen Rechtsanspruch** auf die Leistungen einräumt, das heißt, über deren Versorgungsleistungen der Arbeitgeber beim Eintritt des Versorgungsfalles **selbst** bestimmt (vgl. BFH-Urteil vom 28.3.1958, BStBl. III S. 268), führen nicht zum Zufluss von Arbeitslohn (vgl. die ausführlichen Erläuterungen beim Stichwort „Unterstützungskasse"). nein nein

Da der Arbeitnehmer keinen Rechtsanspruch auf die Leistungen gegenüber der Unterstützungskasse hat, fließt bei den Zuwendungen an die Unterstützungskasse Arbeitslohn noch nicht zu. Dagegen gehören die späteren Leistungen aus den Unterstützungskassen zum steuerpflichtigen Arbeitslohn, soweit sie nicht aus anderen Gründen steuerfrei belassen werden können (vgl. die Stichworte „Beihilfen" und „Unterstützungen"). Häufig wird es sich beim Arbeitslohn um begünstigte Versorgungsbezüge (vgl. das Stichwort „Versorgungsbezüge, Versorgungsfreibetrag") handeln.

b) Gewährung einer Pensionszusage

Die Gewährung einer Pensionszusage und die damit verbundene Bildung einer Pensionsrückstellung in der Bilanz des Unternehmens lösen keine Lohnsteuerpflicht beim Arbeitnehmer aus. nein nein

Arbeitslohn fließt auch nicht zu bei Einbehalt eines Betrages vom Lohn durch den Arbeitgeber und Zuführung zu einer Versorgungsrückstellung (BFH-Urteil vom 20.7.2005, BStBl. II S. 890).

Ob und ggf. in welcher Höhe eine solche Rückstellung nach einkommensteuerrechtlichen Grundsätzen gewinnmindernd anerkannt werden kann, ist für die Lohnsteuer ohne Bedeutung. Die Bildung einer Pensionsrückstellung stellt für den Arbeitnehmer in keinem Fall Zufluss von Arbeitslohn dar, da die Mittel bis zum Eintritt des Versorgungsfalls im Unternehmen verbleiben. Steuerpflichtig sind in diesen Fällen die späteren Versorgungsleistungen des Arbeitgebers (vgl. die ausführlichen Erläuterungen beim Stichwort „Pensionszusage"). Auch in diesem Fall liegen häufig begünstigte Versorgungsbezüge (vgl. das Stichwort „Versorgungsbezüge, Versorgungsfreibetrag") vor.

Die Ablösung einer Pensionszusage führt jedoch zum Zufluss von Arbeitslohn und zwar auch dann, wenn der **Ablösungsbetrag** aufgrund eines Wahlrechts auf Verlangen des Arbeitnehmers zur Übernahme der Pensionsverpflichtung an einen Dritten gezahlt wird (BFH-Urteil vom 12.4.2007, BStBl. II S. 581). Hat allerdings der Arbeitnehmer kein Wahlrecht, den Ablösungsbetrag alternativ an sich auszahlen zu lassen, wird mit der Zahlung des Ablösungsbetrags an den die Pensionsverpflichtung übernehmenden Dritten der Anspruch des Arbeitnehmers auf die künftigen Pensionszahlungen (noch) nicht erfüllt. Ein Zufluss von Arbeitslohn liegt daher in diesem Fall nicht vor. Erst die späteren Versorgungsleistungen führen in solch einem Fall zu einem Zufluss von Arbeitslohn, von denen der übernehmende Dritte den Lohnsteuereinbehalt vorzunehmen und die übrigen Arbeitgeberpflichten zu erfüllen hat (BFH-Urteil vom 18.8.2016, BStBl. 2017 II S. 730). Von einem Zufluss von Arbeitslohn ist aber auch auszuge-

1) Aufwendungen für die Zukunftsicherung, die keinen Zufluss von Arbeitslohn und einen (steuerfreien) Zufluss von Arbeitslohn auslösen, können bei einem Arbeitnehmer in einem Dienstverhältnis **nebeneinander** vorliegen.

Lohn-steuer-pflichtig | Sozial-versich.-pflichtig

hen, wenn der Ablösungsbetrag ohne Wahlrecht des Arbeitnehmers anlässlich eines Wechsels von einem internen Durchführungsweg (Pensionszusage, Unterstützungskasse) zu einer externen Versorgungseinrichtung (Pensionskasse, Pensionsfonds, Direktversicherung) geleistet wird.[1] Zur Steuerfreiheit bei Übertragung auf einen Pensionsfonds vgl. die Erläuterungen unter der nachfolgenden Nr. 3 Buchstabe d sowie in Anhang 6 Nr. 12. Zur ermäßigten Besteuerung nach der Fünftelregelung vgl. die Stichworte „Arbeitslohn für mehrere Jahre", „Entschädigungen" und „Pensionszusage".

Zum Verzicht des Gesellschafter-Geschäftsführers auf eine Pensionszusage vgl. das Stichwort „Gesellschafter-Geschäftsführer" unter Nr. 6 Buchstabe k.

c) Arbeitnehmerfinanzierte Pensionszusage

Da die Gewährung einer Pensionszusage und die damit verbundene Bildung einer Pensionsrückstellung in der Bilanz des Unternehmens keine Lohnsteuerpflicht beim Arbeitnehmer auslösen, stellt sich aus Gründen der Steuerersparnis die Frage, ob es lohnsteuerlich zulässig ist, auf Teile des Gehalts zugunsten einer Versorgungszusage zu verzichten.

Beispiel

Der Arbeitnehmer vereinbart mit seinem Arbeitgeber, dass das monatliche Gehalt von 8500 € auf 7500 € herabgesetzt und dafür eine entsprechende **Pensionszusage** gewährt wird. Der Arbeitnehmer entzieht damit 1000 € der progressiven Besteuerung (vgl. die Tabelle zu den Grenzsteuersätzen beim Stichwort „Tarifaufbau" unter Nr. 6 auf Seite 915) und erhält hierfür eine Altersversorgung, die erst bei der Auszahlung – mit dem dann meist geringeren Steuersatz – versteuert werden muss. Beim Arbeitgeber führt dieses Modell zu einer erheblichen Liquiditätsverbesserung, wobei die Bildung der gewinnmindernden Rückstellung nach § 6a EStG unverändert erhalten bleibt.

Die Finanzverwaltung erkennt die Minderung des künftig zufließenden steuerpflichtigen Arbeitslohns unter der Voraussetzung an, dass der Arbeitslohn noch nicht fällig ist und eine Pensionszusage vereinbart wird, die einer betrieblichen Altersversorgung im Sinne des Betriebsrentengesetzes (BetrAVG)[2] entspricht. nein nein

Auch der Bundesfinanzhof sieht in der Einbehaltung eines Betrags vom Arbeitslohn durch den Arbeitgeber und der Zuführung zu einer Versorgungsrückstellung keinen Zufluss von Arbeitslohn (BFH-Urteil vom 20.7.2005, BStBl. II S. 890).

Die Einzelheiten zur Umwandlung von künftig zufließendem Arbeitslohn in eine Pensionszusage sind beim Stichwort „Arbeitnehmerfinanzierte Pensionszusage" ausführlich erläutert. Vgl. auch die Ausführungen unter der nachfolgenden Nr. 16 Buchstabe c.

d) Rückdeckung

Prämien für einen auf die Person des Arbeitnehmers abgeschlossenen Versicherungsvertrag, bei dem jedoch nicht der Arbeitnehmer, sondern der **Arbeitgeber** Anspruch auf die Versicherungsleistung hat, stellen eine steuerfreie Rückdeckung dar (vgl. die ausführlichen Erläuterungen beim Stichwort „Rückdeckung"). nein nein

Beispiel

Der Arbeitgeber gibt dem Arbeitnehmer eine Pensionszusage. Dieser Vorgang löst keine Lohnsteuerpflicht beim Arbeitnehmer aus (vgl. die Erläuterungen unter dem vorstehenden Buchstaben b). Zur Sicherung der Mittel für diese Versorgung schließt der Arbeitgeber eine Versicherung ab und zahlt hierfür die Beiträge. Der Arbeitnehmer hat keinen eigenen Anspruch gegen die Versicherung. Diese Versicherung ist eine sog. Rückdeckungsversicherung; die Zahlung der Beiträge durch den Arbeitgeber führt beim Arbeitnehmer nicht zum Zufluss von Arbeitslohn.

Wird aber z. B. im Fall der Liquidation der Gesellschaft die **Rückdeckungsversicherung** auf den Arbeitnehmer **übertragen** oder z. B. in eine Direktversicherung **umgewandelt,** führt dies in Höhe des geschäftsplanmäßigen Deckungskapitals zuzüglich einer bis zu diesem Zeitpunkt zugeteilten Überschussbeteiligung (= Beteiligung am Überschuss und an den Bewertungsreserven) zum **Zufluss** von Arbeitslohn (R 40b.1 Abs. 3 Satz 3 LStR). Entsprechendes gilt, wenn eine aufschiebend bedingte Abtretung rechtswirksam wird. Zum Erwerb der Ansprüche aus einer Rückdeckungsversicherung im Fall der Insolvenz der Gesellschaft vgl. das Stichwort „Insolvenzsicherung" unter Nr. 3. ja ja

Unter den Begriff „steuerfreie Rückdeckung" fallen z. B. auch die Beiträge des Arbeitgebers zu einer **Beihilfeversicherung,** wenn der Arbeitnehmer **keinen eigenen Rechtsanspruch** auf Beihilfeleistungen gegenüber der Versicherung erwirbt (vgl. das Stichwort „Beihilfeversicherung"). nein nein

3. Steuerfreie Zukunftsicherungsleistungen für eine betriebliche Altersversorgung

a) Beiträge zu einer Direktversicherung (§ 3 Nr. 63 EStG)

Seit 1.1.2005 sind auch die Beiträge zu einer Direktversicherung in Form einer Lebensversicherung in die Steuerbefreiungsvorschrift des § 3 Nr. 63 EStG mit einbezogen worden.

Die Beiträge zu einer Direktversicherung sind im Jahr 2021 ebenso wie die Beiträge zu einer Pensionskasse oder einem Pensionsfonds insgesamt bis zu 8 % der Beitragsbemessungsgrenze in der allgemeinen Rentenversicherung (West) **steuerfrei** (§ 3 Nr. 63 Satz 1 EStG). Für das Jahr 2021 sind somit 8 % von 85 200 € = **6816 € jährlich** oder 568 € monatlich steuerfrei.

Beitragsfrei in der Sozialversicherung sind aber – wie bisher – lediglich 4 % der Beitragsbemessungsgrenze in der allgemeinen Rentenversicherung – West – (§ 1 Abs. 1 Satz 1 Nr. 9 SvEV[3]). Für das Jahr 2021 sind somit lediglich 4 % von 85 200 € = **3408 € jährlich** oder 284 € monatlich beitragsfrei.

Der frühere, zusätzliche steuerfreie Höchstbetrag von 1800 € für Neuzusagen (= Versorgungszusagen, die nach dem 31.12.2004 erteilt worden sind) ist zum 1.1.2018 infolge der Erhöhung des steuerfreien Volumens von 4 % auf 8 % der Beitragsbemessungsgrenze in der allgemeinen Rentenversicherung (West) weggefallen.

Die seit 1.1.2005 geltende Steuerbefreiung für Beiträge zu einer Direktversicherung ist auf Versorgungszusagen beschränkt, die eine Auszahlung der gesamten Alters-, Invaliditäts- oder Hinterbliebenenversorgung **in Form einer lebenslänglichen Rente** oder eines Auszahlungsplans mit anschließender lebenslanger Teilkapitalverrentung vorsehen. Auf die ausführlichen Erläuterungen der Voraussetzungen für die Steuerfreiheit nach § 3 Nr. 63 EStG in Anhang 6 unter Nr. 5 wird Bezug genommen.

Für Direktversicherungen bedeutet dies, dass nur ein Teil der bereits am 31.12.2004 bestandenen Direktversicherungsverträge die Voraussetzungen für die Steuerbefreiung erfüllten. Für bereits am 31.12.2004 bestandene Direktversicherungsverträge, die die Kriterien der Steuerbefreiungsvorschrift nicht erfüllten, weil sie als „Versorgungsleistung" ausschließlich eine Kapitalauszahlung vorsahen, ist deshalb aus Gründen des Vertrauensschutzes die früher geltende und in § 40b EStG geregelte Möglichkeit der Lohnsteuerpauschalierung mit 20 % in vollem

1) BMF-Schreiben vom 4.7.2017 (BStBl. I S. 883). Das BMF-Schreiben ist als Anlage 13 zu H 19.3 LStR im **Steuerhandbuch für das Lohnbüro 2021** abgedruckt, das im selben Verlag erschienen ist.

2) Das Betriebsrentengesetz (BetrAVG) ist als Anhang 13 im **Steuerhandbuch für das Lohnbüro 2021** abgedruckt, das im selben Verlag erschienen ist.

3) Die Sozialversicherungsentgeltverordnung (SvEV) ist als Anhang 2 im **Steuerhandbuch für das Lohnbüro 2021** abgedruckt, das im selben Verlag erschienen ist.

Lohn- steuer- pflichtig | Sozial- versich.- pflichtig

Umfang erhalten geblieben (vgl. die Erläuterungen unter der nachfolgenden Nr. 9).

Die Steuerfreiheit der laufenden Beiträge des Arbeitgebers für eine Direktversicherung setzt zudem ein bestehendes **erstes Dienstverhältnis** voraus. Unter einem ersten Dienstverhältnis sind alle Beschäftigungen zu verstehen, für die die Lohnsteuer nicht nach der Steuerklasse VI zu erheben ist. Ein erstes Dienstverhältnis kann auch vorliegen, wenn ein geringfügiges Beschäftigungsverhältnis ausgeübt wird und der Arbeitslohn pauschal mit 2 %, 5 %, 20 % oder 25 % besteuert wird. In diesen Fällen ist durch eine Erklärung des Arbeitnehmers zu dokumentieren, dass es sich um ein erstes Dienstverhältnis handelt.

Durch die Steuerfreistellung der Beiträge des Arbeitgebers zu einer Direktversicherung kommt es zur nachgelagerten Besteuerung, das heißt Versorgungsleistungen aus einer Direktversicherung werden im Zeitpunkt der Auszahlung **in vollem Umfang** (nicht nur mit dem Besteuerungsanteil oder Ertragsanteil) als sonstige Einkünfte besteuert, **soweit sie auf steuerfreien Beitragsleistungen des Arbeitgebers beruhen** (§ 22 Nr. 5 Sätze 1 und 2 EStG). Beruhen die späteren Versorgungsleistungen auch auf steuerpflichtigen Beitragsleistungen, ist eine Aufteilung erforderlich; vgl. die Erläuterungen unter dem nachfolgenden Buchstaben e.

b) Beiträge an Pensionskassen (§ 3 Nr. 63 EStG)

Bei einer Pensionskasse handelt es sich um eine rechtsfähige Versorgungseinrichtung, die dem begünstigten Arbeitnehmer bzw. seinen Hinterbliebenen einen **Rechtsanspruch** auf betriebliche Versorgungsleistungen gewährt. Wegen dieses Rechtsanspruchs gehören die laufenden Beiträge des Arbeitgebers an die Pensionskasse zum gegenwärtig zufließenden Arbeitslohn des Arbeitnehmers (vgl. auch § 19 Abs. 1 Satz 1 Nr. 3 Satz 1 EStG).

Die Beiträge zu einer Pensionskasse sind im Jahr 2021 ebenso wie die Beiträge zu einer Direktversicherung oder einem Pensionsfonds insgesamt bis zu 8 % der Beitragsbemessungsgrenze in der allgemeinen Rentenversicherung (West) **steuerfrei** (§ 3 Nr. 63 Satz 1 EStG). Für das Jahr 2021 sind somit 8 % von 85 200 € = **6816 € jährlich** oder 568 € monatlich steuerfrei.

Beitragsfrei in der Sozialversicherung sind aber – wie bisher – lediglich 4 % der Beitragsbemessungsgrenze in der allgemeinen Rentenversicherung – West – (§ 1 Abs. 1 Satz 1 Nr. 9 SvEV[1]). Für das Jahr 2021 sind somit lediglich 4 % von 85 200 € = **3408 € jährlich** oder 284 € monatlich beitragsfrei.

Der frühere, zusätzliche steuerfreie Höchstbetrag von 1800 € für Neuzusagen (= Versorgungszusagen, die nach dem 31.12.2004 erteilt worden sind) ist bereits zum 1.1.2018 infolge der Erhöhung des steuerfreien Volumens von 4 % auf 8 % der Beitragsbemessungsgrenze in der allgemeinen Rentenversicherung (West) weggefallen.

Die Steuerfreiheit von laufenden Beiträgen des Arbeitgebers an eine Pensionskasse setzt ein bestehendes **erstes Dienstverhältnis** voraus. Unter einem ersten Dienstverhältnis sind alle Beschäftigungen zu verstehen, für die die Lohnsteuer nicht nach der Steuerklasse VI zu erheben ist. Ein erstes Dienstverhältnis kann auch vorliegen, wenn ein geringfügiges Beschäftigungsverhältnis ausgeübt wird und der Arbeitslohn pauschal mit 2 %, 5 %, 20 % oder 25 % besteuert wird. In diesen Fällen ist durch eine Erklärung des Arbeitnehmers zu dokumentieren, dass es sich um ein erstes Dienstverhältnis handelt.

Bis einschließlich 2004 war die Zahlungsweise der späteren Versorgungsleistungen (lebenslange Rentenzahlung, befristete Zahlung, Kapitalauszahlung) für die Steuerfreiheit der Beiträge an eine Pensionskasse ohne Bedeutung.

Seit 2005 ist die Steuerfreiheit von Beiträgen des Arbeitgebers zugunsten einer betrieblichen Altersversorgung in allen drei Durchführungswegen (Pensionsfonds, Pensionskasse, Direktversicherung) auf solche Versorgungszusagen beschränkt worden, die eine Auszahlung der gesamten zugesagten Alters-, Invaliditäts- oder Hinterbliebenenversorgungen **in Form einer lebenslangen Rente** oder eines Auszahlungsplans mit anschließender lebenslanger Teilkapitalverrentung vorsehen. Die Steuerfreiheit der Beiträge an eine Pensionskasse besteht also seit 1.1.2005 dann nicht (mehr), wenn die späteren Versorgungsleistungen als einmalige Kapitalauszahlung erbracht werden sollen. Diese Einschränkung gilt auch für sog. Altzusagen, das heißt für Versorgungszusagen, die vor dem 1.1.2005 erteilt worden sind (vgl. Anhang 6 Nr. 5).

Durch die Steuerfreistellung der Beiträge des Arbeitgebers zu einer Pensionskasse kommt es zur nachgelagerten Besteuerung, das heißt Versorgungsleistungen aus Pensionskassen werden im Zeitpunkt der Auszahlung **in vollem Umfang** (nicht nur mit dem Besteuerungsanteil oder Ertragsanteil) als sonstige Einkünfte besteuert, **soweit sie auf steuerfreien Beitragsleistungen des Arbeitgebers beruhen** (§ 22 Nr. 5 Sätze 1 und 2 EStG). Beruhen die späteren Versorgungsleistungen auch auf steuerpflichtigen (ggf. pauschal besteuerten) Beitragsleistungen, ist eine Aufteilung erforderlich; vgl. die Erläuterungen unter dem nachfolgenden Buchstaben e.

Zur Steuerfreistellung der Zuwendungen an umlagefinanzierte Pensionskassen vgl. im Einzelnen die Erläuterungen unter der nachfolgenden Nr. 23 und in Anhang 6 unter Nr. 5 Buchstabe d.

c) Beiträge an Pensionsfonds (§ 3 Nr. 63 EStG)

Seit 1.1.2002 ist neben den vier bestehenden Durchführungswegen der betrieblichen Altersversorgung (Direktversicherungen, Pensionskassen, Direktzusagen, Unterstützungskassen) der Pensionsfonds als fünfter Durchführungsweg eingeführt worden (§ 1b Abs. 3 BetrAVG[2]). Ein Pensionsfonds ist eine rechtlich **selbstständige Versorgungseinrichtung,** die dem Arbeitnehmer oder seinen Hinterbliebenen **Rechtsansprüche** auf künftige Leistungen einräumt. Er zahlt nach Eintritt des Leistungsfalls an den Arbeitnehmer lebenslange Altersrenten mit der Möglichkeit der Abdeckung des Invaliditäts- und Hinterbliebenenrisikos oder eine einmalige Kapitalauszahlung. Beitragszahler bei Pensionsfonds können Arbeitgeber und Arbeitnehmer sein.

Da dem Arbeitnehmer ein Rechtsanspruch auf die künftigen Versorgungsleistungen eingeräumt wird, gehören die laufenden Beiträge zum Pensionsfonds zum gegenwärtig zufließenden Arbeitslohn des Arbeitnehmers (vgl. auch § 19 Abs. 1 Satz 1 Nr. 3 Satz 1 EStG).

Die Beiträge an einen Pensionsfonds sind im Jahr 2021 ebenso wie die Beiträge zu einer Direktversicherung oder einer Pensionskasse insgesamt bis zu 8 % der Beitragsbemessungsgrenze in der allgemeinen Rentenversicherung (West) **steuerfrei** (§ 3 Nr. 63 Satz 1 EStG). Für das Jahr 2021 sind somit 8 % von 85 200 € = **6816 € jährlich** oder 568 € monatlich steuerfrei.

Beitragsfrei in der Sozialversicherung sind aber – wie bisher – lediglich 4 % der Beitragsbemessungsgrenze in der allgemeinen Rentenversicherung – West – (§ 1 Abs. 1 Satz 1 Nr. 9 SvEV[1]). Für das Jahr 2021 sind somit lediglich 4 % von 85 200 € = **3408 € jährlich** oder 284 € monatlich beitragsfrei.

Der frühere, zusätzliche steuerfreie Höchstbetrag von 1800 € für Neuzusagen (= Versorgungszusagen, die nach dem 31.12.2004 erteilt worden sind) ist bereits zum

1) Die Sozialversicherungsentgeltverordnung (SvEV) ist als Anhang 2 im **Steuerhandbuch für das Lohnbüro 2021** abgedruckt, das im selben Verlag erschienen ist.

2) Das Betriebsrentengesetz (BetrAVG) ist als Anhang 13 im **Steuerhandbuch für das Lohnbüro 2021** abgedruckt, das im selben Verlag erschienen ist.

	Lohn-steuer-pflichtig	Sozial-versich.-pflichtig

1.1.2018 infolge der Erhöhung des steuerfreien Volumens von 4 % auf 8 % der Beitragsbemessungsgrenze in der allgemeinen Rentenversicherung (West) weggefallen.

Die Steuerfreiheit von laufenden Beiträgen des Arbeitgebers an einen Pensionsfonds setzt ein bestehendes **erstes Dienstverhältnis** voraus. Unter einem ersten Dienstverhältnis sind alle Beschäftigungen zu verstehen, für die die Lohnsteuer nicht nach der Steuerklasse VI zu erheben ist. Ein erstes Dienstverhältnis kann auch vorliegen, wenn ein geringfügiges Beschäftigungsverhältnis pauschal mit 2 %, 5 %, 20 % oder 25 % besteuert wird. In diesen Fällen ist durch eine Erklärung des Arbeitnehmers zu dokumentieren, dass es sich um ein erstes Dienstverhältnis handelt.

Die Steuerfreiheit von Beiträgen des Arbeitgebers an einen Pensionsfonds gilt nur für Versorgungszusagen, die eine Auszahlung der gesamten zugesagten Alters-, Invaliditäts- oder Hinterbliebenenversorgung **in Form einer lebenslangen Rente** oder eines Auszahlungsplans mit anschließender lebenslanger Teilkapitalverrentung vorsehen. Die Steuerfreiheit der Beiträge an einen Pensionsfonds besteht also dann nicht, wenn die späteren Versorgungsleistungen als einmalige Kapitalauszahlung erbracht werden sollen (vgl. zu den begünstigten Auszahlungsformen für die Steuerfreiheit der Beiträge auch Anhang 6 Nr. 5 Buchstabe b).

Durch die Steuerfreistellung der Beiträge des Arbeitgebers zu einem Pensionsfonds kommt es zur nachgelagerten Besteuerung, das heißt Versorgungsleistungen aus Pensionsfonds werden im Zeitpunkt der Auszahlung in vollem Umfang (nicht nur mit dem Besteuerungsanteil oder Ertragsanteil) als sonstige Einkünfte besteuert, **soweit sie auf steuerfreien Beitragsleistungen des Arbeitgebers beruhen** (§ 22 Nr. 5 Sätze 1 und 2 EStG). Beruhen die späteren Versorgungsleistungen auch auf steuerpflichtigen Beitragsleistungen, ist eine Aufteilung erforderlich; vgl. die Erläuterungen unter dem nachfolgenden Buchstaben e.

d) Übertragung bestehender Versorgungszusagen auf einen Pensionsfonds (§ 3 Nr. 66 EStG)

Die Übertragung von bestehenden Versorgungsverpflichtungen oder Versorgungsanwartschaften aus Direktzusagen des Arbeitgebers oder aus Unterstützungskassen auf einen Pensionsfonds würde zumindest teilweise zu steuerpflichtigem Arbeitslohn führen, weil der Arbeitnehmer im Zeitpunkt der Übertragung einen unentziehbaren Rechtsanspruch gegenüber dem Pensionsfonds auf die spätere Versorgungsleistung erwirbt und die für die Übertragung vom Arbeitgeber zu zahlenden Beiträge regelmäßig mehr als 8 % der Beitragsbemessungsgrenze in der allgemeinen Rentenversicherung (West) betragen.

Aus diesem Grunde wurde eine Steuerbefreiungsvorschrift geschaffen (§ 3 Nr. 66 EStG), nach der Leistungen eines Arbeitgebers oder einer Unterstützungskasse an einen Pensionsfonds zur Übernahme bestehender Versorgungsverpflichtungen oder Versorgungsanwartschaften durch den Pensionsfonds **steuerfrei** sind, wenn die beim Arbeitgeber durch die Übertragung entstehenden **zusätzlichen Betriebsausgaben** auf die der Übertragung folgenden **zehn Wirtschaftsjahre gleichmäßig verteilt** werden (§ 3 Nr. 66 i. V. m. § 4d Abs. 3 und § 4e Abs. 3 EStG). Diese Steuerfreiheit löst Beitragsfreiheit in der Sozialversicherung aus (§ 1 Abs. 1 Satz 1 Nr. 10 SvEV[1]). nein nein

Die Steuerbefreiungsvorschrift ist in Anhang 6 Nr. 12 auch anhand von Beispielen ausführlich erläutert.

e) Nachgelagerte Besteuerung bei Inanspruchnahme der Steuerfreiheit nach § 3 Nr. 63 oder Nr. 66 EStG

Durch die Steuerfreistellung der (laufenden) Beiträge des Arbeitgebers zu einer Pensionskasse, einem Pensionsfonds oder für eine Direktversicherung kommt es zu einem Übergang von der vorgelagerten zur nachgelagerten Besteuerung, das heißt Versorgungsleistungen aus Pensionskassen, Pensionsfonds oder aus Direktversicherungen werden im Zeitpunkt der Auszahlung **in vollem Umfang** (nicht nur mit dem Besteuerungsanteil oder Ertragsanteil) als sonstige Einkünfte besteuert, **soweit sie auf steuerfreien Beitragsleistungen des Arbeitgebers beruhen** (§ 22 Nr. 5 Sätze 1 und 2 EStG).

Die Besteuerung als sonstige Einkünfte hat für den Arbeitnehmer zur Folge, dass die Einkünfte – im Gegensatz zu den als (nachträglicher) Arbeitslohn steuerpflichtigen Betriebsrenten oder Werkspensionen – nicht um den Arbeitnehmer-Pauschbetrag und die Versorgungsfreibeträge gemindert werden können. Der Arbeitnehmer erhält im Rahmen seiner Veranlagung zur Einkommensteuer lediglich einen Werbungskosten-Pauschbetrag von 102 €.[2] Allerdings braucht die Versorgungseinrichtung aufgrund der Zuordnung zu den sonstigen Einkünften im Zeitpunkt der Auszahlung der Versorgungsleistungen keinen Lohnsteuerabzug vorzunehmen. Sie ist daher auch nicht zum Abruf der elektronischen Lohnsteuerabzugsmerkmale des Arbeitnehmers verpflichtet.

Beruhen die späteren Versorgungsleistungen sowohl auf steuerfreien als auch auf steuerpflichtigen Beitragsleistungen, müssen die Versorgungsleistungen in einen voll steuerpflichtigen und einen regelmäßig lediglich mit dem Ertragsanteil zu besteuernden Anteil **aufgeteilt** werden (§ 22 Nr. 5 Sätze 1 und 2 EStG). Die Aufteilung der Versorgungsleistungen ist durch die auszahlende Pensionskasse, den auszahlenden Pensionsfonds oder das auszahlende Lebensversicherungsunternehmen vorzunehmen, sodass Arbeitgeber und Arbeitnehmer hiervon nicht unmittelbar betroffen sind. Allerdings muss der Pensionskasse, dem Pensionsfonds oder dem auszahlenden Lebensversicherungsunternehmen die jeweilige steuerliche Behandlung der Beitragsleistungen bekannt sein. Hieraus ergeben sich besondere Mitteilungspflichten des Arbeitgebers (vgl. hierzu die Erläuterungen in Anhang 6 Nr. 10).

Die nachgelagerte Besteuerung von Versorgungsleistungen aus Pensionsfonds, Pensionskassen und Direktversicherungen ist in Anhang 6 Nr. 11 ausführlich anhand von Beispielen erläutert. Auf das zusammenfassende Schaubild zur Auszahlungsphase in Anhang 6 Nr. 11 Buchstabe c wird besonders hingewiesen.

4. Anspruch auf Entgeltumwandlung in Beiträge zu Pensionskassen, Pensionsfonds oder Direktversicherungen

a) Allgemeines

Bis zum 31.12.2001 bestand kein individuellrechtlicher Anspruch auf Entgeltumwandlung zu Gunsten betrieblicher Altersversorgung. Der Arbeitgeber konnte grundsätzlich frei darüber entscheiden, ob und in welcher Form er in seinem Betrieb für alle Arbeitnehmer oder nur für bestimmte Arbeitnehmer (z. B. leitende Angestellte) betriebliche Altersversorgung einführen wollte. Lediglich tarifgebundene Arbeitgeber waren verpflichtet, betriebliche Altersversorgung anzubieten, wenn der für sie maßgebende Tarifvertrag eine solche Verpflichtung vorsah.

Seit dem 1.1.2002 kann der Arbeitnehmer von seinem Arbeitgeber einseitig verlangen, dass von seinen künftigen Entgeltansprüchen bis zu 4 % der Beitragsbemessungsgrenze in der allgemeinen Rentenversicherung (West) durch Entgeltumwandlung für seine betriebliche Altersver-

1) Die Sozialversicherungsentgeltverordnung (SvEV) ist als Anhang 2 im **Steuerhandbuch für das Lohnbüro 2021** abgedruckt, das im selben Verlag erschienen ist.

2) Auch bei den Betriebsrentnern oder Werkspensionären wird nicht der Arbeitnehmer-Pauschbetrag, sondern ebenfalls ein Werbungskosten-Pauschbetrag von 102 € berücksichtigt (§ 9a Satz 1 Nr. 1 Buchstabe b EStG).

	Lohn-steuer-pflichtig	Sozial-versich.-pflichtig

sorgung eingesetzt werden (§ 1a BetrAVG[1]). Im Gegensatz zur Steuerbefreiungsvorschrift ist der Prozentsatz für den Rechtsanspruch auf Entgeltumwandlung nicht von 4 % auf 8 % angehoben worden. Im Jahr 2021 beträgt der Rechtsanspruch des Arbeitnehmers auf Entgeltumwandlung folglich 3408 € (= 4 % von 85 200 €). Der **Rechtsanspruch** auf Entgeltumwandlung gilt aber nur für **Arbeitnehmer,** die aufgrund der Beschäftigung oder Tätigkeit bei dem Arbeitgeber in der gesetzlichen Rentenversicherung **pflichtversichert** sind. Beschäftigte, die in der gesetzlichen Rentenversicherung nicht pflichtversichert sind, haben folglich auch keinen Anspruch auf Entgeltumwandlung (§ 17 Abs. 1 Satz 3 BetrAVG[1]).

Hat der Arbeitnehmer einen Rechtsanspruch auf Entgeltumwandlung, ist durch **Vereinbarung** zwischen Arbeitgeber und Arbeitnehmer festzulegen, in welcher Form die betriebliche Altersversorgung abgewickelt werden soll (§ 1a Abs. 1 Satz 2 BetrAVG[1]). Ist der Arbeitgeber zu einer Durchführung über einen **Pensionsfonds** oder eine **Pensionskasse** bereit, ist die betriebliche Altersversorgung dort durchzuführen. Andernfalls kann der Arbeitnehmer verlangen, dass der Arbeitgeber für ihn eine **Direktversicherung** abschließt (§ 1a Abs. 1 Satz 3 BetrAVG[1]). Die Wahl des konkreten Versicherungsunternehmens obliegt aber auch dann dem Arbeitgeber, da ihm nicht zugemutet werden kann, mit einer Vielzahl von Versicherungsunternehmen Geschäftsbeziehungen aufzunehmen (vgl. Anhang 6 Nr. 13 auf Seite 1188).

Soweit der Arbeitnehmer einen Rechtsanspruch auf Entgeltumwandlung für betriebliche Altersversorgung hat und diese über einen Pensionsfonds, eine Pensionskasse oder eine Direktversicherung durchgeführt wird, kann er verlangen, dass die Voraussetzungen für eine staatliche Förderung über Zulagen und ggf. zusätzlichen Sonderausgabenabzug („Riester-Rente") erfüllt werden (§ 1a Abs. 3 BetrAVG[1]). Dies setzt voraus, dass die Zahlung der Beiträge in einen Pensionsfonds, eine Pensionskasse oder eine Direktversicherung aus **individuell versteuertem Arbeitslohn** des Arbeitnehmers stammen und die in Betracht kommende Versorgungseinrichtung dem Arbeitnehmer eine lebenslange Altersversorgung gewährleistet (§ 82 Abs. 2 Satz 1 Buchstabe a EStG). Zu den Einzelheiten der „Riester-Rente" vgl. den ausführlichen Anhang 6a.

b) Arbeitgeberzuschuss

Werden Beiträge zugunsten einer kapitalgedeckten betrieblichen Altersversorgung an einen Pensionsfonds, eine Pensionskasse oder eine Direktversicherung aus einer Entgeltumwandlung gezahlt, muss der Arbeitgeber unter Beachtung der zeitlichen Übergangsregelungen im folgenden Absatz 15 % des umgewandelten Arbeitsentgelts zusätzlich als Arbeitgeberzuschuss zur betrieblichen Altersversorgung zahlen, soweit er dadurch Sozialversicherungsbeiträge spart (§§ 1a Abs. 1a bzw. 23 Abs. 2 BetrAVG[1]). Unterschreiten die eingesparten Sozialversicherungsbeitrage 15% des umgewandelten Arbeitsentgelts (z. B. bei Arbeitsentgelten nah an der Beitragsbemessungsgrenze oder bei Arbeitnehmern, die nicht in allen Zweigen der Sozialversicherung versicherungspflichtig sind) ist die Pflicht zur Zahlung des Arbeitgeberzuschusses auf den Betrag der eingesparten Sozialversicherungsbeiträge begrenzt.

Die Verpflichtung zur Zahlung des Arbeitgeberzuschusses gilt seit 1.1.2018 für betriebliche Altersversorgung, die in Form der reinen Beitragszusage nach § 1 Abs. 2 Nr. 2a BetrAVG[1] vereinbart wird. Für die übrigen Formen der betrieblichen Altersversorgung ist die Verpflichtung – vorbehaltlich einer anderslautenden tarifvertraglichen Regelung nach § 19 Abs. 1 BetrAVG[1] – zum 1.1.2019 in Kraft getreten, wobei sie für individual- und kollektivrechtliche Entgeltumwandlungsvereinbarungen, die vor dem 1.1.2019 geschlossen worden sind, erst ab dem 1.1.2022 gilt (§ 26a BetrAVG[1]).

Der Arbeitgeberzuschuss ist steuerfrei, sofern er zusammen mit den übrigen Beiträgen zur betrieblichen Altersversorgung 8 % der Beitragsbemessungsgrenze nicht übersteigt (§ 3 Nr. 63 Satz 1 EStG). In der Sozialversicherung ist der Arbeitgeberzuschuss beitragsfrei, sofern insgesamt der für die Beitragsfreiheit nach § 1 Abs. 1 Satz 1 Nr. 9 SvEV[2] maßgebende Höchstbetrag (4 % der Beitragsbemessungsgrenze) nicht überschritten wird. Handelt es sich um einen Arbeitgeberzuschuss zu einer Entgeltumwandlung für eine Zusage, die nach § 40b EStG in der Fassung vom 31.12.2004 pauschal besteuert wird, besteht Beitragsfreiheit, wenn der Arbeitgeberzuschuss ebenfalls hiernach pauschal besteuert wird (§ 1 Abs. 1 Satz 1 Nr. 4 SvEV[2]).

5. Steuerfreie Zukunftsicherungsleistungen aufgrund gesetzlicher Verpflichtungen (§ 3 Nr. 62 EStG)

a) Zukunftsicherungsleistungen, die der Arbeitgeber aufgrund einer eigenen gesetzlichen Verpflichtung erbringt

Nach § 3 Nr. 62 EStG sind Aufwendungen des Arbeitgebers für die Zukunftsicherung seiner Arbeitnehmer steuerfrei, soweit sie der Arbeitgeber aufgrund einer **eigenen** gesetzlichen Verpflichtung erbringen muss.

Dies trifft insbesondere auf den Arbeit**geber**anteil am Gesamtsozialversicherungsbeitrag zu. Der Arbeit**geber**anteil zur gesetzlichen Kranken-, Pflege-, Renten- und Arbeitslosenversicherung gehört deshalb nach § 3 Nr. 62 EStG nicht zum steuerpflichtigen Arbeitslohn. nein nein

Für die Beantwortung der Frage, ob die Aufwendungen des Arbeitgebers auf einer gesetzlichen Verpflichtung beruhen, ist der **Entscheidung** des zuständigen **Sozialversicherungsträgers** auch steuerlich zu folgen, sofern die getroffene Entscheidung nicht offensichtlich rechtswidrig ist (BFH-Urteile vom 6.6.2002, BStBl. 2003 II S. 34 und vom 21.1.2010, BStBl. II S. 703).

Übernimmt der Arbeitgeber auch den Arbeit**nehmer**anteil am Gesamtsozialversicherungsbeitrag, fließt dem Arbeitnehmer hierdurch steuerpflichtiger Arbeitslohn zu. Entsprechendes gilt für vom Arbeitgeber übernommene Beiträge zur freiwilligen Rentenversicherung, und zwar auch dann, wenn die späteren Leistungen aus der gesetzlichen Rentenversicherung auf die zugesagten Versorgungsbezüge des Arbeitgebers aus einer Direktzusage/Pensionszusage angerechnet werden sollen. Der Bundesfinanzhof hat sich der Auffassung der Finanzverwaltung angeschlossen (BFH-Urteil vom 24.9.2013, BStBl. 2014 II S. 124). Der Streitfall betraf Zuschüsse des Arbeitgebers an Vorstandsmitglieder für eine freiwillige Weiterversicherung in der gesetzlichen Rentenversicherung oder einem Versorgungswerk. Trotz der Anrechnung der Rentenzahlung auf die betriebliche Altersversorgung verneint der Bundesfinanzhof ein ganz überwiegend eigenbetriebliches Interesse des Arbeitgebers und verweist auf die erhebliche Bedeutung, die die Sicherung der Altersversorgung für den Arbeitnehmer hat. ja ja

Die Steuerbefreiung nach § 3 Nr. 62 EStG gilt auch für solche Beitragsanteile, die aufgrund einer nach ausländischen Gesetzen bestehenden Verpflichtung an **ausländische Sozialversicherungsträger** geleistet werden, die den inländischen Sozialleistungsträgern vergleichbar sind. Die inländischen Beitragsbemessungsgrenzen sind dabei nicht zu beachten. Die Steuerfreiheit gilt auch für Beiträge an eine österreichische betriebliche Versorgungskasse, die für eine dem deutschen Sozialversicherungssystem vergleichbare Zukunftsicherung geleistet werden (BFH-Urteil vom 13.2.2020, BFH/NV 2020 S. 1026). nein nein

1) Das Betriebsrentengesetz (BetrAVG) ist als Anhang 13 im **Steuerhandbuch für das Lohnbüro 2021** abgedruckt, das im selben Verlag erschienen ist.

2) Die Sozialversicherungsentgeltverordnung (SvEV) ist als Anhang 2 im **Steuerhandbuch für das Lohnbüro 2021** abgedruckt, das im selben Verlag erschienen ist.

Lohnsteuerpflichtig | Sozialversich.-pflichtig

Der Bundesfinanzhof hatte in der Vergangenheit entschieden, dass Zuschüsse zu einer Krankenversicherung, die ein inländischer Arbeitgeber an einen Arbeitnehmer für dessen Versicherung in der französischen gesetzlichen Krankenversicherung leistet, nicht steuerfrei sind, weil keine gesetzliche Verpflichtung des Arbeitgebers zur Zahlung des Zuschusses bestehen würde (BFH-Urteil vom 12.1.2011, BStBl. II S. 446). Dabei ist der Bundesfinanzhof der sozialversicherungsrechtlichen Beurteilung der Finanzgerichte gefolgt. Die Bundesministerien für Gesundheit sowie Arbeit und Soziales sind allerdings der Auffassung, dass in diesen Fällen sehr wohl eine **Zuschusspflicht des Arbeitgebers** nach sozialversicherungsrechtlichen Vorschriften bestehe, denn die Begründung einer freiwilligen Mitgliedschaft in einer **ausländischen gesetzlichen Krankenversicherung** in einem EU-/EWR-Staat oder in der Schweiz ist so zu behandeln, als ob eine freiwillige Mitgliedschaft bei einer inländischen gesetzlichen Krankenkasse begründet worden wäre. Folglich geht auch die Finanzverwaltung bei Zuschüssen eines inländischen Arbeitgebers an einen Arbeitnehmer für dessen Absicherung in einer ausländischen gesetzlichen Krankenversicherung zumindest in einem EU-/EWR-Staat oder in der Schweiz von einer eigenen gesetzlichen Verpflichtung des Arbeitgebers aus und wendet die Steuerbefreiungsvorschrift auch für diese Zuschüsse an.[1] nein nein

Die Steuerbefreiung kommt schließlich auch für die Zuschüsse eines **ausländischen Arbeitgebers** zu einer **ausländischen Krankenversicherung** für seine in Deutschland (beschränkt) steuerpflichtigen Arbeitnehmer in Betracht. Die nach ausländischem Recht bestehende gesetzliche Verpflichtung ist insbesondere hinsichtlich Versicherungsumfang und Zuschussverpflichtung nachzuweisen, wobei für den Steuerpflichtigen wegen des Auslandssachverhalts eine erhöhte Mitwirkungspflicht besteht. nein nein

Arbeitgeberanteile zur ausländischen Sozialversicherung sind aber nicht steuerfrei, wenn sie auf **vertraglicher Grundlage** und damit freiwillig erbracht werden (BFH-Urteil vom 18.5.2004, BStBl. II S. 1014). Entsprechendes gilt für Zahlungen an ausländische Versicherungsunternehmen auf vertraglicher Grundlage auch dann, wenn zur Vermeidung von Versorgungslücken für ins Ausland entsandte Arbeitnehmer besondere Pensionspläne aufgelegt werden und die Höhe der Beitragszahlungen darauf gerichtet ist, z. B. die Differenz zwischen der Versorgung nach dem deutschen Sozialversicherungsrecht und der ausländischen Zusage zur betrieblichen Altersversorgung auszugleichen (BFH-Urteil vom 28.5.2009, BStBl. II S. 857). ja ja

An die Stelle des früher von gesetzlich krankenversicherten Arbeitnehmern zu tragenden Beitragsanteils von 0,9 Prozentpunkten ist seit 1.1.2015 ein einkommensbezogener Zusatzbeitrag getreten, der in Form eines prozentualen Satzes von jeder **Krankenkasse** unterschiedlich festgelegt werden kann. Dieser **einkommensbezogene Zusatzbeitrag** war bis zum 31.12.2018 vom Arbeitnehmer allein zu tragen. Seit 1.1.2019 ist auch dieser Zusatzbeitrag jeweils zur Hälfte vom Arbeitgeber und Arbeitnehmer zu leisten mit der Folge, dass der hälftige Arbeitgeberanteil an diesem Zusatzbeitrag aufgrund der bestehenden gesetzlichen Verpflichtung steuerfrei ist. Übernimmt der Arbeitgeber auch den hälftigen Arbeitnehmerbeitrag, fließt dem Arbeitnehmer hierdurch steuerpflichtiger Arbeitslohn zu. ja ja

Der Beitragszuschlag für Kinderlose in der sozialen Pflegeversicherung in Höhe von **0,25 %** ist nach wie vor vom Arbeitnehmer allein zu tragen. Übernimmt der Arbeitgeber diesen Beitragszuschlag, fließt dem Arbeitnehmer hierdurch steuerpflichtiger Arbeitslohn zu. ja ja

Bei sog. **Geringverdienern,** das heißt bei Arbeitnehmern, deren Arbeitslohn 325 €[2] monatlich nicht übersteigt, muss der Arbeitgeber nach § 20 Abs. 3 Satz 1 SGB IV den Gesamtsozialversicherungsbeitrag allein tragen (vgl. das Stichwort „Geringverdienergrenze"). In diesem Fall übernimmt der Arbeitgeber auch den Arbeit**nehmer**anteil aufgrund einer **eigenen** gesetzlichen Verpflichtung. Diese Übernahme ist nach § 3 Nr. 62 EStG steuerfrei. nein nein

Beitragszuschüsse des Arbeitgebers zur freiwilligen **Krankenversicherung** eines Arbeitnehmers und bei Privatversicherten sind insoweit steuerfrei, soweit der Arbeitgeber zur Zuschussleistung gesetzlich verpflichtet ist (nach § 257 SGB V). Entsprechendes gilt im öffentlichen Dienst, wenn ein Anspruch auf Beitragszuschuss bei Beihilfeverzicht nach einem Beamtengesetz besteht. Dies gilt auch, soweit für die Bemessung des Zuschusses nicht der Arbeitslohn, sondern andere Einkünfte (z. B. aus Vermietung und Verpachtung) des Beamten maßgebend sind. nein nein

Zahlt der Arbeitgeber einen höheren Zuschuss zur Krankenversicherung als § 257 SGB V dies vorschreibt, ist der Mehrbetrag steuer- und beitragspflichtig. ja ja

Die Steuerfreiheit von Beitragszuschüssen des Arbeitgebers zur Krankenversicherung ist ausführlich anhand von Beispielen beim Stichwort „Arbeitgeberzuschuss zur Krankenversicherung" erläutert. Zu den Nachweispflichten bei ausländischen privaten Versicherungen vgl. das Stichwort „Arbeitgeberzuschuss zur Krankenversicherung" unter Nr. 8 Buchstabe e.

Der Arbeitgeberanteil zur gesetzlichen sozialen Pflegeversicherung ist nach § 3 Nr. 62 EStG steuerfrei. nein nein

Ebenso sind Beitragszuschüsse des Arbeitgebers zu **Pflegeversicherungsbeiträgen** bei freiwilligen Mitgliedern der gesetzlichen Krankenversicherung und bei Privatversicherten insoweit steuerfrei, soweit der Arbeitgeber nach § 61 SGB XI zur Zuschussleistung gesetzlich verpflichtet ist. nein nein

Zahlt der Arbeitgeber in diesen Fällen einen höheren Zuschuss zur Pflegeversicherung als § 61 SGB XI dies vorschreibt, ist der Mehrbetrag steuer- und beitragspflichtig. ja ja

Die Steuerfreiheit von Beitragszuschüssen des Arbeitgebers zur Pflegeversicherung ist ausführlich anhand von Beispielen beim Stichwort „Arbeitgeberzuschuss zur Pflegeversicherung" erläutert.

Das Erfordernis der „gesetzlichen Verpflichtung" ist auch dann erfüllt, wenn dem Arbeitgeber die Zahlung der Zukunftsicherungsleistungen nicht durch Gesetz, sondern durch eine **Rechtsverordnung** auferlegt worden ist. Die Übernahme des Arbeitnehmeranteils am Gesamtsozialversicherungsbeitrag durch den Arbeitgeber nach § 3 Abs. 3 Satz 3 SvEV[3] ist deshalb steuerfrei (vgl. das Stichwort „Rabatte, Rabattfreibetrag" unter Nr. 13 Buchstabe a). nein nein

Auch aus einer **zwischenstaatlichen Verwaltungsvereinbarung,** die ihrerseits auf einer gesetzlichen Ermächtigung beruht, kann sich eine gesetzliche Verpflichtung des Arbeitgebers ergeben (BFH-Urteil vom 14.4.2011, BStBl. II S. 767 zum Abschluss einer privaten Gruppenkrankenversicherung für ausländische Saisonarbeitskräfte). nein nein

Zukunftsicherungsleistungen, die aufgrund einer **tarifvertraglichen** Verpflichtung geleistet werden (z. B. Beiträge zur Versorgungsanstalt des Bundes und der Länder – VBL –), sind dagegen nicht nach § 3 Nr. 62 EStG steuer-

1) BMF-Schreiben vom 30.1.2014 (BStBl. I S. 210). Das BMF-Schreiben ist als Anlage 3 zu H 3.62 LStR im **Steuerhandbuch für das Lohnbüro 2021** abgedruckt, das im selben Verlag erschienen ist.

2) Die sog. Geringverdienergrenze gilt nur für Auszubildende und Praktikanten. Sie beträgt seit 1.8.2003 monatlich 325 € (vgl. das Stichwort „Geringverdienergrenze" unter Nr. 2). Auch für Personen, die ein freiwilliges soziales oder ökologisches Jahr oder den Bundesfreiwilligendienst leisten, hat der Arbeitgeber den Gesamtsozialversicherungsbeitrag allein zu tragen.

3) Die Sozialversicherungsentgeltverordnung (SvEV) ist als Anhang 2 im **Steuerhandbuch für das Lohnbüro 2021** abgedruckt, das im selben Verlag erschienen ist.

	Lohn-steuer-pflichtig	Sozial-versich.-pflichtig
frei. Zur teilweisen Steuerfreiheit dieser Beiträge nach § 3 Nr. 56 EStG vgl. die Erläuterungen unter der nachfolgenden Nr. 23 und in Anhang 6 Nr. 5 Buchstabe d. Siehe hierzu auch die Erläuterungen unter dem nachstehenden Buchstaben d.		
Ebenfalls nicht nach § 3 Nr. 62 EStG steuerfrei sind Zukunftsicherungsleistungen aufgrund **arbeitsvertraglicher** Verpflichtung, kraft Satzung oder aufgrund der Geschäftsbedingungen der Versorgungseinrichtung. Derartige Beiträge sind jedoch ggf. im Rahmen des § 3 Nr. 56 bzw. § 3 Nr. 63 EStG steuerfrei. Siehe hierzu die Erläuterungen unter der vorstehenden Nr. 3 und der nachfolgenden Nr. 23.		
Zahlt der Arbeitgeber (z. B. im Anschluss an eine Betriebsprüfung durch den Rentenversicherungsträger) Arbeit**nehmer**beiträge zur Sozialversicherung für die Vergangenheit nach, stellt sich die Frage, ob und ggf. inwieweit steuerpflichtiger Arbeitslohn vorliegt. Früher vertrat die Finanzverwaltung die Auffassung, dass die Vorschrift des § 28g SGB IV, die den Arbeitnehmer in bestimmten Fällen von seinem Anteil am Gesamtsozialversicherungsbeitrag befreit, keine „eigene" gesetzliche Verpflichtung des Arbeitgebers im Sinne des § 3 Nr. 62 EStG sei mit der Folge, dass die (zwangsläufig) übernommenen Arbeit**nehmer**anteile als steuerpflichtiger Arbeitslohn angesehen wurden. Dieser Auffassung hat sich der Bundesfinanzhof im Urteil vom 29.10.1993 (BStBl. 1994 II S. 194) nicht angeschlossen und entschieden, dass in solchen Fällen steuerpflichtiger Arbeitslohn nur dann vorliegt, wenn Arbeitgeber und Arbeitnehmer eine **Nettolohnvereinbarung** getroffen haben **oder** der Arbeitgeber zwecks **Steuer- und Beitragshinterziehung** die Unmöglichkeit einer späteren Rückbelastung beim Arbeitnehmer bewusst in Kauf genommen hat (vgl. hierzu die Ausführungen beim Stichwort „Haftung des Arbeitgebers" unter Nr. 9 auf Seite 551). Diese Rechtsprechung hat der Bundesfinanzhof bestätigt (BFH-Urteil vom 13.9.2007, BStBl. 2008 II S. 58).	ja	ja
In den übrigen Fällen, in denen der Arbeitgeber wegen **gesetzlicher Beitragslastverschiebung** Arbeitnehmeranteile am Gesamtsozialversicherungsbeitrag nachzuentrichten und zu übernehmen hat, sind diese nach § 3 Nr. 62 EStG steuerfrei.	nein	nein

b) Gleichgestellte Aufwendungen

Nach § 3 Nr. 62 Satz 2 EStG sind den Ausgaben des Arbeitgebers für die Zukunftsicherung des Arbeitnehmers, die aufgrund gesetzlicher Verpflichtung geleistet werden, folgende Zuschüsse des Arbeitgebers gleichgestellt und damit ebenfalls steuerfrei:

- Zuschüsse des Arbeitgebers zu den Beiträgen des Arbeitnehmers für eine **Lebensversicherung** (auch für die mit einer betrieblichen Pensionskasse abgeschlossene Lebensversicherung; vgl. „Befreiende Lebensversicherung");
- Zuschüsse des Arbeitgebers für die **freiwillige Versicherung** in der **gesetzlichen Rentenversicherung** und
- Zuschüsse des Arbeitgebers für eine öffentlich-rechtliche Versicherungs- oder **Versorgungseinrichtung der Berufsgruppe** (vgl. auch „Arbeitgeberzuschuss für Mitglieder berufsständischer Versorgungseinrichtungen").

Voraussetzung für die Steuerfreiheit ist stets, dass der Arbeitnehmer von der **Versicherungspflicht in der gesetzlichen Rentenversicherung befreit** worden ist. Gemeint sind somit nicht die ohnehin versicherungsfreien Arbeitsverhältnisse, sondern die Fälle der Befreiung auf Antrag (vgl. z. B. § 6 Abs. 1 und Abs. 3 SGB VI). Dabei ist nicht entscheidend, ob der Arbeitnehmer auf eigenen Antrag oder auf Antrag des Arbeitgebers von der Versicherungspflicht befreit wurde (BFH-Urteil vom 20.5.1983, BStBl. II S. 712, das nicht der engeren Formulierung des R 3.62 Abs. 3 LStR folgt).

Keine Zuschüsse des Arbeitgebers im Sinne des § 3 Nr. 62 Satz 2 EStG liegen demnach vor, wenn der Arbeitnehmer **nicht auf Antrag, sondern kraft Gesetzes** in der gesetzlichen Rentenversicherung **versicherungsfrei** ist oder nicht der Rentenversicherungspflicht unterliegt (z. B. der Gesellschafter-Geschäftsführer einer GmbH oder der Vorstand einer Aktiengesellschaft, vgl. die Ausführungen unter dem folgenden Buchstaben c). Die vom Arbeitgeber übernommenen Beiträge zur freiwilligen Rentenversicherung sind in diesem Fall auch dann steuerpflichtiger Arbeitslohn, wenn die späteren Leistungen aus der gesetzlichen Rentenversicherung auf die zugesagten Versorgungsbezüge des Arbeitgebers aus einer Direktzusage/Pensionszusage angerechnet werden sollen (vgl. auch vorstehenden Buchstaben a).

Maßgebend für die Steuerfreiheit der Arbeitgeberzuschüsse ist übrigens stets der **gegenwärtige Versicherungsstatus** des Arbeitnehmers. Die Zuschüsse sind deshalb nicht steuerfrei, wenn der Arbeitnehmer als nunmehr beherrschender Gesellschafter-Geschäftsführer kraft Gesetzes rentenversicherungsfrei geworden ist, auch wenn er sich ursprünglich auf eigenen Antrag von der Rentenversicherungspflicht hatte befreien lassen (BFH-Urteil vom 10.10.2002, BStBl. II S. 886). Die Finanzverwaltung lässt allerdings die Steuerfreiheit der Arbeitgeberzuschüsse zu einer berufsständischen Versorgungseinrichtung auch dann weiterhin zu, wenn die Zuschüsse wegen der **unterschiedlichen Altersgrenzen** in der gesetzlichen Rentenversicherung und einem berufsständischen Versorgungswerk noch weiter zu zahlen sind. Die entsprechenden Zuschüsse sind selbst dann steuerfrei, wenn durch gleichzeitigen Bezug einer Vollrente wegen Alters aus der gesetzlichen Rentenversicherung dort Versicherungsfreiheit eintritt.

Die Steuerfreiheit der Zuschüsse beschränkt sich auf den Betrag, den der Arbeitgeber als **Arbeitgeberanteil zur gesetzlichen Rentenversicherung** aufzuwenden hätte, wenn der Arbeitnehmer nicht von der gesetzlichen Versicherungspflicht befreit worden wäre (vgl. hierzu das Beispiel beim Stichwort „Befreiende Lebensversicherung" unter Nr. 4). Soweit der Arbeitgeber die steuerfreien Zuschüsse unmittelbar an den Arbeitnehmer auszahlt, hat dieser die zweckentsprechende Verwendung durch eine entsprechende Bescheinigung des Versicherungsträgers bis zum 30. April des folgenden Kalenderjahres nachzuweisen. Die Bescheinigung des Versicherungsträgers ist als Unterlage zum Lohnkonto aufzubewahren (ebenso wie der stets erforderliche Nachweis, dass der Arbeitnehmer auf Antrag von der Versicherungspflicht befreit wurde).

c) Besonderheiten bei Gesellschafter-Geschäftsführern einer GmbH

Gesellschafter-Geschäftsführer einer GmbH werden oft auch dann als sozialversicherungspflichtige Arbeitnehmer behandelt, wenn sie mindestens zu 50 % an der GmbH beteiligt sind. Ein versicherungspflichtiges Beschäftigungsverhältnis liegt in diesen Fällen jedoch nicht vor (vgl. das Stichwort „Gesellschafter-Geschäftsführer" unter Nr. 1). Die für einen solchen Gesellschafter-Geschäftsführer gezahlten Arbeitgeberanteile zur Sozialversicherung (dies sind Beitragszuschüsse zur Kranken- und Pflegeversicherung sowie Arbeitgeberanteile zur Arbeitslosen- und Rentenversicherung) können deshalb nicht nach § 3 Nr. 62 EStG steuerfrei gelassen werden, da sie nicht aufgrund einer gesetzlichen Verpflichtung gezahlt wurden. Gleichgestellte Aufwendungen liegen ebenfalls nicht vor, da der Gesellschafter-Geschäftsführer kraft Gesetzes in der gesetzlichen Rentenversicherung versicherungsfrei ist (vgl. vorstehenden Buchstaben b). Erhält der Versicherungsträger Kenntnis davon, dass Gesellschafter-Geschäftsführer zu Unrecht der Versicherungspflicht

Lohnsteuerpflichtig | Sozialversich.-pflichtig

unterworfen und Versicherungsbeiträge für sie abgeführt worden sind, werden die geleisteten Beiträge zurückerstattet. Die von den Sozialversicherungsträgern hierzu getroffenen Entscheidungen sind von der Finanzverwaltung grundsätzlich zu beachten (BFH-Urteile vom 6.6.2002, BStBl. 2003 II S. 34 und vom 21.1.2010, BStBl. II S. 703).

Beispiel

Der Gesellschafter-Geschäftsführer einer GmbH ist (zu Unrecht) als sozialversicherungspflichtiger Arbeitnehmer behandelt worden. Deshalb wurde für ihn ein Gesamtsozialversicherungsbeitrag an die Krankenkasse abgeführt und der Arbeitgeberanteil am Gesamtsozialversicherungsbeitrag nach § 3 Nr. 62 EStG steuerfrei gelassen. Nachdem die Krankenkasse Kenntnis von dieser Behandlung erhalten hat, verneint sie die Versicherungspflicht und erstattet die Beiträge zur Renten- und Arbeitslosenversicherung (Kranken- und Pflegeversicherungsbeiträge werden regelmäßig im Gegensatz zu Renten- und Arbeitslosenversicherungsbeiträgen nicht erstattet). Die Erstattung der bereits versteuerten Arbeit**nehmer**anteile ist lohnsteuerlich ohne Bedeutung (allerdings sind Sonderausgaben, die der Arbeitnehmer im Kalenderjahr der Erstattung entrichtet und in seiner Steuererklärung geltend macht, um die erstatteten Beträge zu kürzen, vgl. Anhang 8a). Hinsichtlich des Arbeit**geber**anteils fließt steuerfrei gezahlter Arbeitslohn an den Arbeitgeber zurück; auch dieser Vorgang bleibt ohne lohnsteuerliche Auswirkung. Werden die dem Arbeitgeber erstatteten Arbeit**geber**anteile von diesem an den Arbeitnehmer weitergegeben, wird es sich im Regelfall um eine verdeckte Gewinnausschüttung handeln.[1] Der „Arbeitgeberanteil" der nicht erstatteten Kranken- und Pflegeversicherungsbeiträge ist mangels gesetzlicher Verpflichtung des Arbeitgebers nicht steuerfrei, sondern steuerpflichtiger Arbeitslohn.

Wird auf die Rückzahlung der Arbeit**geber**beiträge zur gesetzlichen Rentenversicherung verzichtet und werden diese Beiträge für eine freiwillige Versicherung des Arbeitnehmers in der gesetzlichen Rentenversicherung verwendet (Umwandlung), ist zu entscheiden, ob es sich um eine verdeckte Gewinnausschüttung oder um steuerpflichtigen Arbeitslohn handelt. Ist steuerpflichtiger Arbeitslohn gegeben, liegt ein Zufluss in vollem Umfang erst im Jahr der Umwandlung vor (Urteil des Finanzgerichts Rheinland-Pfalz vom 13.9.2007 1 K 2180/06). Die Finanzverwaltung folgt dieser Rechtsprechung und hat ihre frühere gegenteilige Auffassung aufgegeben.[2] Regelmäßig wird es sich um Arbeitslohn für mehrere Jahre handeln, für den die Besteuerung nach der sog. Fünftelregelung (vgl. dieses Stichwort) in Betracht kommt.

Auf das Beispiel einer vollständigen Lohnabrechnung bei einem Gesellschafter-Geschäftsführer einer GmbH beim Stichwort „Gesellschafter-Geschäftsführer" unter Nr. 7 auf Seite 530 wird Bezug genommen.

Zur Zukunftsicherung gehört auch die Absicherung des „Unfallrisikos". Die **freiwilligen** Beiträge zur **gesetzlichen Unfallversicherung** (Berufsgenossenschaft) einer GmbH zugunsten des Gesellschafter-Geschäftsführers beruhen nicht auf einer gesetzlichen Verpflichtung der GmbH und sind daher steuerpflichtiger Arbeitslohn. ja | nein

d) Vorrang der Steuerbefreiungsvorschriften für betriebliche Altersversorgung

Es sind bei sog. Zusatzversorgungen Fallgestaltungen aufgetreten, in denen für Beiträge des Arbeitgebers zur Zukunftsicherung seiner Arbeitnehmer **sowohl** die Steuerbefreiung für betriebliche Altersversorgung **(§ 3 Nr. 63 EStG) als auch** aufgrund gesetzlicher Verpflichtung **(§ 3 Nr. 62 EStG)** in Betracht kam (vgl. z. B. BFH-Urteil vom 13.9.2007, BStBl. 2008 II S. 394 zu einem für allgemeinverbindlich erklärten Tarifvertrag). Im Hinblick auf die unterschiedliche Besteuerung der späteren Versorgungsleistungen ist gesetzlich folgende Rangfolge festgelegt worden (vgl. § 3 Nr. 62 Satz 1 letzter Halbsatz EStG):

Bei der sog. **Basisversorgung** (insbesondere Beiträge des Arbeitgebers zur gesetzlichen Rentenversicherung und zu den berufsständischen Versorgungseinrichtungen) erfolgt eine Steuerfreistellung der Beiträge aufgrund einer gesetzlichen Verpflichtung nach **§ 3 Nr. 62 EStG.** Die späteren **Versorgungsleistungen** unterliegen der Besteuerung mit dem sog. **Besteuerungsanteil** (vgl. auch die Erläuterungen beim Stichwort „Renten").

Der Aufbau einer **Zusatzversorgung** in Form der betrieblichen Altersversorgung wird dagegen durch eine Steuerfreistellung der Beiträge des Arbeitgebers nach **§ 3 Nr. 63 EStG** staatlich gefördert. Die späteren **Versorgungsleistungen** sind insoweit **in voller Höhe steuerpflichtig.**

Die Steuerbefreiungsvorschrift für betriebliche Altersversorgung nach **§ 3 Nr. 63 EStG** – Entsprechendes gilt für die Steuerbefreiungsvorschrift für umlagefinanzierte Versorgungseinrichtungen nach § 3 Nr. 56 EStG – **geht** daher dem Grunde nach der Steuerbefreiungsvorschrift für Zukunftsicherungsleistungen aufgrund gesetzlicher Verpflichtungen nach **§ 3 Nr. 62 EStG vor.** Die Inanspruchnahme der Steuerbefreiungsvorschrift für Zukunftsicherungsleistungen aufgrund gesetzlicher Verpflichtung nach § 3 Nr. 62 EStG ist bei Vorliegen entsprechender Fallgestaltungen selbst dann ausgeschlossen, wenn die steuerfreien Höchstbeträge für eine betriebliche Altersversorgung nach § 3 Nr. 56, 63 EStG anderweitig ausgeschöpft worden sind.[3]

6. Steuerpflichtige Zukunftsicherungsleistungen

Zukunftsicherungsleistungen, die die Voraussetzungen für eine Steuerfreiheit nach § 3 Nr. 56, 62, 63 oder 66 EStG (vgl. die Erläuterungen unter den vorstehenden Nrn. 3 und 5) nicht erfüllen, gehören zum steuerpflichtigen Arbeitslohn. In bestimmten Fällen ist eine Pauschalierung der Lohnsteuer mit 20 % möglich. Hiernach ergibt sich für die Berechnung der Lohnsteuer bei steuerpflichtigen Zukunftsicherungsleistungen folgendes Schema:

Steuerpflicht

Lohnsteuerabzug
nach den allgemein geltenden Vorschriften

Pauschalierung
mit **20 %** für Aufwendungen zu einer
- **Direktversicherung**, wenn vor dem 1.1.2018 ein Beitrag zu Recht pauschal besteuert worden ist
- **kapitalgedeckten Pensionskasse,** wenn vor dem 1.1.2018 ein Beitrag zu Recht pauschal besteuert worden ist
- **nicht kapitalgedeckten Pensionskasse** (soweit nicht steuerfrei)
- **Gruppenunfallversicherung**

Eine Pauschalierung der Lohnsteuer mit 20 % löst unter bestimmten Voraussetzungen Beitragsfreiheit in der Sozialversicherung aus. Als steuerpflichtige Zukunftsicherungsleistungen kommen insbesondere in Betracht:

- Übernahme der Arbeit**nehmer**anteile am Gesamtsozialversicherungsbeitrag durch den Arbeitgeber. ja | ja
- Arbeitgeberzuschüsse zur freiwilligen gesetzlichen oder privaten Krankenversicherung und zur Pflegeversicherung, soweit die Zuschüsse **über** die **gesetzliche Verpflichtung** zur Zuschussleistung **hinausgehen.** ja | ja

1) Verfügung der OFD Magdeburg vom 1.8.2001 (Az.: S 2333 – 21 – St 224). Die Verfügung ist als Anlage 1 zu H 3.62 LStR im **Steuerhandbuch für das Lohnbüro 2021** abgedruckt, das im selben Verlag erschienen ist.

2) Verfügung der OFD Karlsruhe vom 19.12.2008 (Az.: S 2333/77 – St 144). Die Verfügung ist als Anlage 2 zu H 3.62 LStR im **Steuerhandbuch für das Lohnbüro 2021** abgedruckt, das im selben Verlag erschienen ist.

3) Randnummer 39 des BMF-Schreibens vom 6.12.2017 (BStBl. 2018 I S. 147, 154). Das BMF-Schreiben ist als Anhang 13c im **Steuerhandbuch für das Lohnbüro 2021** abgedruckt, das im selben Verlag erschienen ist.

	Lohnsteuerpflichtig	Sozialversich.-pflichtig
– Beiträge zu Direktversicherungen, soweit die unter der vorstehenden Nr. 3 beschriebene Steuerfreiheit nicht zur Anwendung kommt.	ja	ja[1]
– Beiträge zu kapitalgedeckten Pensionskassen, soweit die unter der vorstehenden Nr. 3 beschriebene Steuerfreiheit nicht zur Anwendung kommt.	ja	ja[1]
– Beiträge zu Pensionsfonds, soweit die unter der vorstehenden Nr. 3 beschriebene Steuerfreiheit nicht zur Anwendung kommt.	ja	ja
– Beiträge zu **Unfallversicherungen.**	ja	ja[2]

Steuerpflichtige Aufwendungen des Arbeitgebers für die Zukunftsicherung seiner Arbeitnehmer sind also unter Anwendung der für andere Lohnzahlungen geltenden allgemeinen Grundsätze entweder als **laufender Arbeitslohn** oder als sonstiger Bezug zu besteuern, soweit nicht eine Pauschalierung der Lohnsteuer mit 20 % nach den folgenden Ausführungen in Betracht kommt. Als laufender Arbeitslohn sind sie mit dem Arbeitslohn für den jeweiligen Lohnzahlungszeitraum zusammenzurechnen. Werden sie als **sonstige Bezüge** behandelt, ist die Besteuerung nach dem unter dem Stichwort „Sonstige Bezüge" dargestellten Verfahren unter Anwendung der Jahreslohnsteuertabelle durchzuführen.

Die als laufender Arbeitslohn oder als sonstiger Bezug versteuerten Zukunftsicherungsleistungen kann der Arbeitnehmer als **Sonderausgaben** in seiner Steuererklärung geltend machen, wenn die Beitragsleistungen eine der in § 10 Abs. 1 Nrn. 2, 3 und Nr. 3a EStG aufgeführten Versicherungen betreffen (= z. B. Beiträge zur Sozialversicherung, Unfall- und Haftpflichtversicherungen, bestimmte Renten-/Lebensversicherungen usw.). Der Sonderausgabenabzug von Versicherungsbeiträgen ist ausführlich in Anhang 8a erläutert. Werden die Zukunftsicherungsleistungen pauschal mit 20 % besteuert, ist ein Sonderausgabenabzug hingegen **nicht** möglich.

7. Pauschalierung der Lohnsteuer für Beiträge zu Gruppenunfallversicherungen mit 20 %

Handelt es sich bei vom Arbeitgeber abgeschlossenen Unfallversicherungen seiner Arbeitnehmer um Versicherungen für fremde Rechnung (§ 179 Abs. 1 Satz 2 i. V. m. §§ 43 bis 48 VVG), bei denen die Ausübung der **Rechte** aus dem Versicherungsvertrag **ausschließlich** dem **Arbeitgeber** zusteht, stellen die Beiträge im Zeitpunkt der Zahlung durch den Arbeitgeber **keinen Arbeitslohn** dar. — nein | nein

Dagegen gehören die Beiträge als Zukunftsicherungsleistungen zum **Arbeitslohn,** wenn der **Arbeitnehmer** selbst den **Versicherungsanspruch** unmittelbar gegenüber dem Versicherungsunternehmen **geltend machen kann.** Davon ist auch auszugehen, wenn zwar der Anspruch durch den Arbeitgeber geltend gemacht werden kann, nach den vertraglichen Unfallversicherungsbedingungen jedoch vorgesehen ist, dass der Versicherer (das Versicherungsunternehmen) die Versicherungsleistung in jedem Fall an den Arbeitnehmer als versicherte Person auszahlt. Das gilt unabhängig davon, ob es sich um eine Einzelunfallversicherung oder eine Gruppenunfallversicherung handelt; Beiträge zu Gruppenunfallversicherungen sind ggf. nach der Zahl der versicherten Arbeitnehmer auf diese aufzuteilen (§ 2 Abs. 2 Nr. 3 Satz 3 LStDV[3]). Steuerfrei sind Beiträge oder Beitragsteile, die das Unfallrisiko bei einer beruflichen Tätigkeit außerhalb einer ersten Tätigkeitsstätte abdecken (= Auswärtstätigkeit) und die deshalb zu den steuerfreien Reisekostenvergütungen gehören. Zur Aufteilung des Beitrags in einen steuerfreien und einen steuerpflichtigen Anteil bei Gruppenunfallversicherungen, die sowohl das berufliche als auch das private Risiko abdecken, vgl. das Stichwort „Unfallversicherung" besonders unter den Nrn. 4 und 5.

Sind die Beiträge zu einer Unfallversicherung steuerpflichtiger Arbeitslohn, unterliegen sie dem Lohnsteuerabzug nach den allgemeinen Grundsätzen, wenn nicht eine Pauschalierung der Lohnsteuer mit 20 % in Betracht kommt. Nach § 40b Abs. 3 EStG ist eine Pauschalierung der Lohnsteuer mit **20 %** nur dann möglich, wenn **mehrere Arbeitnehmer gemeinsam** in einem Unfallversicherungsvertrag versichert sind (zwei Arbeitnehmer sind bereits „mehrere" Arbeitnehmer im Sinne dieser Vorschrift). Ein gemeinsamer Unfallversicherungsvertrag liegt neben einer Gruppenversicherung auch dann vor, wenn in einem **Rahmenvertrag** mit einem oder mehreren Versicherern sowohl die versicherten Personen als auch die versicherten Wagnisse bezeichnet werden und die Einzelheiten in Zusatzvereinbarungen geregelt werden. Ein Rahmenvertrag der aber z. B. nur den Beitragseinzug und die Beitragsabrechnung regelt, stellt keine gemeinsame Unfallversicherung dar.

Zusätzlich zur pauschalen Lohnsteuer muss der Arbeitgeber auch ab 1.1.2021 weiterhin den **Solidaritätszuschlag** an das Finanzamt abführen. Der Solidaritätszuschlag beträgt **5,5 %** der pauschalen Lohnsteuer. Außerdem fällt **pauschale Kirchensteuer** an (vgl. das Stichwort „Kirchensteuer" unter Nr. 10).

Die Pauschalierungsmöglichkeit war bis zum 31.12.2019 auf einen Höchstbeitrag von 62 € jährlich je Arbeitnehmer begrenzt. Durch das sog. Bürokratieentlastungsgesetz III ist der **Höchstbetrag** für eine Pauschalierung der Beiträge zu einer Gruppenunfallversicherung mit 20 % seit 1.1.2020 von zuvor 62 € jährlich auf **100 € jährlich** erhöht worden. Hierdurch soll ein adäquates Absicherungsniveau sichergestellt werden. Der auf den einzelnen Arbeitnehmer entfallende Anteil am Gesamtbeitrag ist durch Aufteilung des Gesamtbeitrags nach der Zahl der begünstigten Arbeitnehmer zu ermitteln (= Aufteilung nach Köpfen). Bei der Berechnung dieses Durchschnittsbetrags bleibt **die Versicherungsteuer außer Betracht** (dies gilt nur für die Berechnung des Durchschnittsbetrags; die pauschale Lohnsteuer errechnet sich stets aus dem vollen Beitragsaufwand, also einschließlich der Versicherungsteuer). Wenn die 100-Euro-Grenze überschritten ist, entfällt die Pauschalierungsmöglichkeit völlig **(Freigrenze!).** Der Arbeitgeber muss in diesem Fall den auf jeden einzelnen begünstigten Arbeitnehmer entfallenden Anteil bei diesem Arbeitnehmer individuell als sonstiger Bezug unter Anwendung der Jahrestabelle besteuern. Eine Pauschalierung mit einem besonders ermittelten Pauschsteuersatz nach § 40 Abs. 1 Satz 1 Nr. 1 EStG ist **nicht** möglich.[4]

Beispiel A

Der Beitrag für zwei gemeinsam in einem Gruppenunfallversicherungsvertrag versicherte Arbeitnehmer beträgt jährlich 238,– € (200,– € + 19 % Versicherungsteuer = 38,– €). Nachdem auf einen Arbeitnehmer ein Teilbetrag von 100 € (ohne Versicherungsteuer!) entfällt, ist der gesamte Beitrag pauschalierungsfähig:

pauschale Lohnsteuer (20 % von 238,– €)	=	47,60 €
Solidaritätszuschlag (5,5 % von 47,60 €)	=	2,61 €
pauschale Kirchensteuer (z. B. 7 % von 47,60 €)	=	3,33 €
insgesamt		53,54 €

Im Falle einer Pauschalierung der Lohnsteuer ist der Betrag von 238 € auch beitragsfrei in der Sozialversicherung (§ 1 Abs. 1 Satz 1 Nr. 4

1) Diese Beiträge zu Pensionskassen oder Direktversicherungen sind zwar steuer- und damit auch beitragspflichtiges Arbeitsentgelt; der Arbeitgeber hat jedoch in den sog. Altfällen die Möglichkeit der Lohnsteuerpauschalierung nach § 40b EStG alter Fassung. Pauschaliert der Arbeitgeber die Lohnsteuer mit 20 %, löst dies Beitragsfreiheit in der Sozialversicherung aus, wenn die Zukunftsicherungsleistungen zusätzlich zum laufenden Arbeitslohn erbracht oder soweit sie aus Einmalzahlungen finanziert werden (vgl. nachfolgend unter Nr. 22).

2) Die Beiträge zu einer Unfallversicherung sind zwar steuer- und damit auch beitragspflichtiges Arbeitsentgelt; der Arbeitgeber hat jedoch die Möglichkeit der Lohnsteuerpauschalierung nach § 40b Abs. 3 EStG. Pauschaliert der Arbeitgeber die Lohnsteuer mit 20 %, löst dies Beitragsfreiheit in der Sozialversicherung aus, wenn die Zukunftsicherungsleistungen zusätzlich zum laufenden Arbeitslohn erbracht werden.

3) Die Lohnsteuer-Durchführungsverordnung (LStDV) ist als Anhang 1 im **Steuerhandbuch für das Lohnbüro 2021** abgedruckt, das im selben Verlag erschienen ist.

4) § 40b Abs. 5 Satz 2 EStG.

Lohn-steuer-pflichtig Sozial-versich.-pflichtig

SvEV[1]). Die Beitragsfreiheit (nicht jedoch die Pauschalierung) setzt voraus, dass der Arbeitgeber die Prämien zusätzlich zum ohnehin vereinbarten Arbeitslohn zahlt. § 1 Abs. 1 Satz 1 Nr. 4 SvEV[1] i. V. m. § 1 Abs. 2 Nr. 3 BetrAVG[2] steht dem nicht entgegen, da es hier nicht um eine Entgeltumwandlung zugunsten einer betrieblichen Altersversorgung handelt.

Beispiel B

Der Beitrag im Beispiel A beträgt nicht 200 €, sondern 201 € (zuzüglich 19 % Versicherungsteuer). Nachdem auf einen Arbeitnehmer ein Teilbetrag von 100,50 € entfällt, ist eine Pauschalierung der Lohnsteuer durch den Arbeitgeber **nicht** möglich. Der auf den einzelnen begünstigten Arbeitnehmer entfallende Teilbetrag von 100,50 € zuzüglich 19 % Versicherungsteuer (100,50 € + 19,09 € = 119,59 €) ist als sonstiger Bezug nach der Jahrestabelle zu versteuern. Außerdem ist der auf den einzelnen Arbeitnehmer entfallende Teilbetrag von 119,59 € beitragspflichtig in der Sozialversicherung.

Hat ein Arbeitgeber für seine Arbeitnehmer eine Gruppenunfallversicherung abgeschlossen, wobei ein Teil der Arbeitnehmer ohne Namensnennung und der andere Teil der Arbeitnehmer mit Namen aufgeführt ist, schließt dies die Pauschalierung der Lohnsteuer dann nicht aus, wenn sichergestellt ist, dass die Gruppe von Arbeitnehmern, deren Namen im Versicherungsvertrag nicht genannt sind, tatsächlich unter diesen Gruppenunfallschutz fallen und der Pro-Kopf-Anteil die Freigrenze von 100 € (bis 31.12.2019 = 62 €) nicht übersteigt.

Sind in einem Gruppenunfallversicherungsvertrag mehrere Arbeitnehmer gemeinsam mit unterschiedlich hohen Unfallrisiken und damit unterschiedlich hohen Beiträgen versichert, ist es nicht zulässig, die Beiträge für diejenigen Arbeitnehmer, für die aufgrund des höheren Unfallrisikos höhere Beiträge geleistet werden, aus dem gesamten Beitrag herauszunehmen, um zu erreichen, dass sich bei der Verteilung des restlichen Beitrags kein Teilbetrag ergibt, der die 100-Euro-Freigrenze im Kalenderjahr überschreitet. Will der Arbeitgeber mehrere Arbeitnehmer in einer Gruppenunfallversicherung gemeinsam versichern und sind die Unfallrisiken der einzelnen begünstigten Arbeitnehmer und damit die einzelnen Beiträge unterschiedlich hoch, dann sollte der Arbeitgeber zwei **getrennte Gruppenunfallversicherungen** abschließen, damit nicht die Einbeziehung anderer Arbeitnehmer, für die erheblich höhere Beiträge zu entrichten sind, dazu führt, dass die Freigrenze von 100 € (bis 31.12.2019 = 62 €) überschritten wird und demzufolge die Pauschalierung der Lohnsteuer insgesamt nicht möglich ist.

Bei konzernumfassenden Gruppenunfallversicherungen gilt Folgendes: Hat eine Konzernobergesellschaft eine konzernübergreifende Gruppenunfallversicherung abgeschlossen, muss gleichwohl **die einzelne Konzerngesellschaft** als Arbeitgeber gesondert die Durchschnittsberechnung durchführen, das heißt, jede einzelne Konzerngesellschaft muss durch Aufteilung ihres Beitrags auf die Zahl ihrer begünstigten Arbeitnehmer einen eigenen Durchschnittsbeitrag ermitteln. Es ist nicht zulässig, den auf die einzelnen Arbeitnehmer entfallenden Beitrag durch Aufteilung des Konzernbeitrags auf alle Arbeitnehmer des Konzerns zu ermitteln (R 40b.2 Satz 2 LStR).

8. Steuerfreiheit nach § 3 Nr. 63 EStG oder Pauschalierung der Lohnsteuer für Beiträge zu einer Pensionskasse mit 20 %

Der Begriff der Pensionskasse ist in § 1b Abs. 3 Satz 1 BetrAVG[2] definiert. Hiernach ist eine Pensionskasse eine **rechtsfähige** Versorgungseinrichtung, die den Leistungsberechtigten oder dem Hinterbliebenen auf ihre Versorgungsleistungen einen **Rechtsanspruch** gewährt. Wegen dieses Rechtsanspruchs gehören die laufenden Beiträge des Arbeitgebers an die Pensionskasse zum gegenwärtig zufließenden Arbeitslohn des Arbeitnehmers (vgl. auch § 19 Abs. 1 Satz 1 Nr. 3 Satz 1 EStG). Dieser Arbeitslohn ist im Jahr 2021 bis zu 8 % der Beitragsbemessungsgrenze in der allgemeinen Rentenversicherung (West) **steuerfrei** (§ 3 Nr. 63 Satz 1 EStG). Für das Jahr 2021 sind somit 8 % von 85 200 € = **6816 € jährlich** oder 568 € monatlich steuerfrei.

Lohn-steuer-pflichtig Sozial-versich.-pflichtig

Beitragsfrei in der Sozialversicherung sind aber – wie bisher – lediglich 4 % der Beitragsbemessungsgrenze in der allgemeinen Rentenversicherung – West – (§ 1 Abs. 1 Satz 1 Nr. 9 SvEV[1]). Für das Jahr 2021 sind somit lediglich 4 % von 85 200 € = **3408 € jährlich** oder 284 € monatlich beitragsfrei.

Der frühere, zusätzliche steuerfreie Höchstbetrag von 1800 € für Neuzusagen (= Versorgungszusagen, die nach dem 31.12.2004 erteilt worden sind) ist bereits zum 1.1.2018 infolge der Erhöhung des steuerfreien Volumens von 4 % auf 8 % der Beitragsbemessungsgrenze in der allgemeinen Rentenversicherung (West) weggefallen.

Beispiel A

Arbeitgeber A zahlt für seinen Arbeitnehmer Beiträge in Höhe von 3408 € (= 4 % von 85 200 €) an eine kapitalgedeckte Pensionskasse.

Der eingezahlte Betrag von 3408 € ist in voller Höhe steuer- und beitragsfrei. Würde der Arbeitgeber einen höheren Beitrag zahlen, wäre der übersteigende Betrag bis zum Höchstbetrag von 6816 € (= 8 % von 85 200 €) zwar steuerfrei, jedoch beitragspflichtig.

In der Auszahlungsphase sind die Zahlungen aus der Pensionskasse, soweit sie auf steuerfreien Beitragsleistungen beruhen, **in voller Höhe** (nicht nur mit dem Ertragsanteil) als sonstige Einkünfte steuerpflichtig (nachgelagerte Besteuerung nach § 22 Nr. 5 Satz 1 EStG). Die Steuerfreiheit der Beiträge zu einer Pensionskasse nach § 3 Nr. 63 EStG ist ausführlich in Anhang 6 unter Nr. 5 erläutert.

Die Möglichkeit der **Lohnsteuerpauschalierung mit 20 %** für Beiträge des Arbeitgebers zu einer Pensionskasse ist auch weiterhin bestehen geblieben, und zwar zum einen für die durch eine Umlage finanzierten Zuwendungen zu einer Pensionskasse (sog. nicht kapitalgedeckte Pensionskasse) und zum anderen, wenn vor dem 1.1.2018 mindestens ein Beitrag des Arbeitgebers zum Aufbau einer kapitalgedeckten Pensionskasse zu Recht nach § 40b EStG a. F. pauschal besteuert wurden. Wichtig: Der **steuerfreie Höchstbetrag** nach § 3 Nr. 63 EStG (2021 = 6816 €) **vermindert sich um** die **pauschal besteuerten Beiträge!**

Beispiel B

Arbeitgeber A zahlt im Jahr 2021 für den Arbeitnehmer B Beiträge in Höhe von 6000 € an einen kapitalgedeckten Pensionsfonds. Hinzu kommen Beiträge an eine Pensionskasse in Höhe von 1752 €, die wie in den Vorjahren zu Recht mit 20 % pauschal besteuert werden.

Der für die Beiträge an den Pensionsfonds maßgebende steuerfreie Höchstbetrag von 6816 € (= 8 % von 85 200 €) vermindert sich um die pauschal besteuerten Beiträge an die Pensionskasse in Höhe von 1752 €, sodass sich ein steuerfreies Volumen von 5064 € (6816 € abzüglich 1752 €) ergibt. Der Beitrag des Arbeitgebers an den Pensionsfonds in Höhe von 6000 € ist somit in Höhe von 5064 € steuerfrei und in Höhe des Differenzbetrags von 936 € steuerpflichtig. Außerdem ist im Jahr 2021 der Beitrag an die Pensionskasse in Höhe von 1752 € mit 20 % pauschal zu besteuern.

Werden die Beiträge zu einer Pensionskasse in der Ansparphase pauschal mit 20 % besteuert, sind die späteren Rentenzahlungen aus der Pensionskasse in der Auszahlungsphase insoweit beim Arbeitnehmer lediglich mit dem geringeren Ertragsanteil als sonstige Einkünfte nach § 22 Nr. 5 Satz 2 Buchstabe a i. V. m. Nr. 1 Satz 3 Buchstabe a Doppelbuchstabe bb EStG steuerpflichtig (vgl. die Erläuterungen beim Stichwort „Renten" unter Nr. 4). Die weiterhin geltende Möglichkeit der Lohnsteuerpauschalierung mit 20 % ist unter den nachfolgenden Nummern 10 bis 21 ausführlich erläutert.

Werden Beiträge zu einer Pensionskasse in der Ansparphase individuell versteuert, kann der Arbeitnehmer insoweit die Förderung der privaten Altersvorsorge durch die sog. Altersvorsorgezulage oder den zusätzlichen Sonder-

1) Die Sozialversicherungsentgeltverordnung (SvEV) ist als Anhang 2 im **Steuerhandbuch für das Lohnbüro 2021** abgedruckt, das im selben Verlag erschienen ist.

2) Das Betriebsrentengesetz (BetrAVG) ist als Anhang 13 im **Steuerhandbuch für das Lohnbüro 2021** abgedruckt, das im selben Verlag erschienen ist.

Z

Lohnsteuerpflichtig | Sozialversich.pflichtig

ausgabenabzug („Riester-Rente") in Anspruch nehmen. In diesem Fall sind die Zahlungen aus der Pensionskasse in der Auszahlungsphase insoweit in voller Höhe (nicht nur mit dem Ertragsanteil) als sonstige Einkünfte steuerpflichtig (§ 22 Nr. 5 Satz 1 EStG). Die Förderung der privaten Altersvorsorge durch eine Altersvorsorgezulage oder den Sonderausgabenabzug ist in Anhang 6a erläutert.

9. Steuerfreiheit nach § 3 Nr. 63 EStG oder Pauschalierung der Lohnsteuer für Beiträge zu einer Direktversicherung

a) Allgemeines

Bei einer Direktversicherung schließt der Arbeitgeber zugunsten des Arbeitnehmers bei einem Versicherungsunternehmen eine Lebensversicherung auf das Leben des begünstigten Arbeitnehmers ab. Der Begünstigte oder seine Hinterbliebenen sind aus dieser Lebensversicherung ganz oder teilweise bezugsberechtigt.

Die laufenden Versicherungsbeiträge des Arbeitgebers stellen gegenwärtig zufließenden **Arbeitslohn** des Arbeitnehmers dar, weil dieser bzw. seine Hinterbliebenen einen **Rechtsanspruch** gegenüber der Versicherung auf die Versicherungsleistungen haben (vgl. auch § 19 Abs. 1 Satz 1 Nr. 3 Satz 1 EStG).

Beiträge zu einer Direktversicherung waren früher dadurch steuerlich begünstigt, dass der Arbeitgeber die Lohnsteuer für Direktversicherungsbeiträge bis zu 1752 € jährlich (in Ausnahmefällen bis zu 2148 € jährlich) mit einem Steuersatz von 20 % pauschal besteuern konnte (§ 40b EStG in der am 31.12.2004 geltenden Fassung).

Seit 1.1.2005 sind die Beiträge zu einer Direktversicherung in die **Steuerbefreiungsvorschrift** des § 3 Nr. 63 EStG mit einbezogen worden. Der Arbeitslohn ist im Jahr 2021 bis zu 8 % der Beitragsbemessungsgrenze in der allgemeinen Rentenversicherung (West) **steuerfrei** (§ 3 Nr. 63 Satz 1 EStG). Für das Jahr 2021 sind somit 8 % von 85 200 € = **6816 € jährlich** oder 568 € monatlich steuerfrei.

Beitragsfrei in der Sozialversicherung sind aber – wie bisher – lediglich 4 % der Beitragsbemessungsgrenze in der allgemeinen Rentenversicherung – West – (§ 1 Abs. 1 Satz 1 Nr. 9 SvEV[1]). Für das Jahr 2021 sind somit lediglich 4 % von 85 200 € = **3408 € jährlich** oder 284 € monatlich beitragsfrei.

Der frühere, zusätzliche steuerfreie Höchstbetrag von 1800 € für Neuzusagen (= Versorgungszusagen, die nach dem 31.12.2004 erteilt worden sind) ist bereits zum 1.1.2018 infolge der Erhöhung des steuerfreien Volumens von 4 % auf 8 % der Beitragsbemessungsgrenze in der allgemeinen Rentenversicherung (West) weggefallen.

Zum 1.1.2005 wurden zudem die Voraussetzungen für die Steuerfreiheit nach § 3 Nr. 63 EStG geändert. Denn um die Voraussetzung für die seit 1.1.2005 geltende Steuerfreiheit für Direktversicherungsbeiträge zu erfüllen, muss die Lebensversicherung Leistungen für die Alters-, Invaliditäts- oder Hinterbliebenenversorgung **in Form einer lebenslänglichen Rente** oder Ratenzahlungen im Rahmen eines Auszahlungsplans mit anschließender Teilkapitalverrentung ab dem 85. Lebensjahr vorsehen. Beiträge zu Direktversicherungen, die nur eine einmalige Kapitalauszahlung vorsehen, sind nicht steuerfrei. Die Lohnsteuer kann für Beiträge zu solchen Verträgen aber weiterhin mit 20 % pauschal besteuert werden.

Für Direktversicherungen bedeutet dies, dass nur ein Teil der am 31.12.2004 bestandenen Direktversicherungsverträge die Voraussetzungen für die Steuerbefreiung nach § 3 Nr. 63 EStG erfüllte. Für am 31.12.2004 bereits bestandene Direktversicherungsverträge (sog. Altfälle), die die Kriterien der Steuerbefreiungsvorschrift nicht erfüllten, ist deshalb aus Gründen des Vertrauensschutzes die früher geltende Möglichkeit der **Lohnsteuerpauschalierung mit 20 % in vollem Umfang erhalten geblieben.**

Lohnsteuerpflichtig | Sozialversich.pflichtig

Aber auch für am 31.12.2004 bereits bestandene Direktversicherungsverträge, die die Kriterien der Steuerbefreiungsvorschrift erfüllen, ist die früher geltende Möglichkeit der Lohnsteuerpauschalierung mit 20 % in vollem Umfang erhalten geblieben, allerdings zunächst nur dann, wenn der Arbeitnehmer gegenüber dem Arbeitgeber den Verzicht auf die Steuerfreiheit nach § 3 Nr. 63 EStG erklärt hatte. Der Verzicht auf die Steuerfreiheit hatte zur Folge, dass die Beiträge zu der Direktversicherung zwar weiterhin mit 20 % pauschal besteuert wurden, die Rentenzahlungen aus der Versicherung später aber nur mit dem geringen Ertragsanteil als steuerpflichtige Einnahmen gelten und Kapitalauszahlungen ggf. ganz steuerfrei bleiben. Wird hingegen die Steuerfreiheit für die Direktversicherungsbeiträge nach § 3 Nr. 63 EStG in Anspruch genommen, hat dies insoweit automatisch eine Versteuerung der späteren Versicherungsleistungen in voller Höhe zur Folge, und zwar ohne Rücksicht darauf, ob es sich um laufende Rentenzahlungen oder Kapitalauszahlungen handelt. Da für die steuerliche Behandlung der Beiträge zur betrieblichen Altersversorgung jedoch regelmäßig tarifliche Regelungen oder andere arbeitsrechtliche Vereinbarungen bestehen, konnte die Verzichtserklärung des Arbeitnehmers auf die Steuerfreiheit der Beiträge durch das sog. Betriebsrentenstärkungsgesetz vom 17.8.2017 (BGBl. I S. 3214, BStBl. I S. 1278) entfallen. **Maßgebend** für die Fortführung der **Pauschalbesteuerung** im Jahr 2021 ist daher allein der Umstand, dass **vor dem 1.1.2018 ein Beitrag zu Recht pauschal** mit 20 % **besteuert** worden ist.

Beiträge zu einer vor dem 1.1.2005 abgeschlossenen Direktversicherung (sog. Altfälle) können also weiterhin pauschal mit 20 % besteuert werden, und zwar entweder, weil die Voraussetzungen für die Steuerbefreiungsvorschrift nicht vorliegen (einmalige Kapitalauszahlung), oder weil die Pauschalierung mit 20 % gewählt wurde, um der vollen nachgelagerten Besteuerung der späteren Auszahlungen zu entgehen. Die Pauschalierung der Lohnsteuer mit 20 % wird deshalb auch weiterhin bei Direktversicherungen zur Anwendung kommen. Die weiterhin geltenden Regelungen sind unter den nachfolgenden Nummern 10 bis 21 im Einzelnen erläutert.

b) Zahlung einer lebenslangen Rente als Voraussetzung für die Steuerfreiheit nach § 3 Nr. 63 EStG

Wichtigste Voraussetzung für die Inanspruchnahme der seit 1.1.2005 geltenden Steuerbefreiung nach § 3 Nr. 63 EStG für Beiträge zu einer Direktversicherung ist, dass die Auszahlung der späteren Versicherungsleistung in Form einer laufenden **lebenslangen Altersrente** (oder in Form von Ratenzahlungen im Rahmen eines sog. Auszahlungsplans mit anschließender Teilkapitalverrentung spätestens ab dem 85. Lebensjahr) erfolgen muss. Die Voraussetzungen für die Steuerfreiheit der Beiträge für eine Direktversicherung liegen demnach nicht vor, wenn die Versorgungsleistungen als einmalige Kapitalauszahlung erbracht werden. Allerdings ist zu beachten, dass die Steuerfreiheit der Beiträge nicht schon deshalb ausgeschlossen ist, weil nach den vertraglichen Vereinbarungen die Möglichkeit besteht, anstelle lebenslanger Versorgungsleistungen eine Kapitalauszahlung zu wählen. Ein **Wahlrecht** zwischen Rentenzahlung und Kapitalauszahlung ist also für die Steuerfreistellung der Beiträge **unschädlich** (vgl. auch die tabellarische Übersicht in Anhang 6 unter Nr. 5 Buchstabe b auf Seite 1174).

Für die seit 1.1.2005 geltende steuerliche Behandlung der am 31.12.2004 (unter Umständen bereits seit Jahren bestehende) Direktversicherungen sind hiernach folgende drei Fälle zu unterscheiden:

1) Die Sozialversicherungsentgeltverordnung (SvEV) ist als Anhang 2 im **Steuerhandbuch für das Lohnbüro 2021** abgedruckt, das im selben Verlag erschienen ist.

Lohn- steuer- pflichtig | Sozial- versich.- pflichtig

1. Fall

Eine am 31.12.2004 bereits bestandene Direktversicherung, sieht **nur eine Kapitalauszahlung** vor.

Die Beiträge können auch weiterhin bis zu 1752 € mit 20 % pauschal besteuert werden. Die Voraussetzungen für eine Steuerfreiheit der Beiträge nach § 3 Nr. 63 EStG sind nicht erfüllt, da keine lebenslange Versorgung gewährleistet ist. Die Kapitalauszahlung ist in vollem Umfang steuerfrei, wenn die Auszahlung nach Ablauf von zwölf Jahren seit dem Vertragsabschluss erfolgt, weil in diesem Fall auch die in der Kapitalauszahlung enthaltenen Zinsen steuerfrei sind. Anderenfalls, das heißt bei einer Laufzeit von weniger als zwölf Jahren, gehören die (außer-)rechnungsmäßigen Zinsen zu den Einnahmen bei den sonstigen Einkünften (§ 22 Nr. 5 Satz 2 Buchstabe b EStG). Die Zinsen unterliegen nicht der Abgeltungsteuer, sondern der tariflichen Einkommensteuer, da es sich um sonstige Einkünfte handelt.

2. Fall

Eine am 31.12.2004 bereits bestandene Direktversicherung sieht **nur eine Rentenzahlung** vor.

Die Beiträge für eine solche Direktversicherung sind seit 1.1.2005 nach § 3 Nr. 63 EStG in dem dort angegebenen Umfang steuerfrei. Die späteren Auszahlungen führen – soweit sie auf den steuerfreien Beitragszahlungen beruhen – zu voll steuerpflichtigen sonstigen Einkünften (§ 22 Nr. 5 Sätze 1 und 2 EStG). Da die Rentenzahlungen zum Teil auf pauschal mit 20 % besteuerten (z. B. Beiträge für die Kalenderjahre bis 2004) und zum Teil auf steuerfreien Beiträgen beruhen, muss das Versicherungsunternehmen eine Aufteilung der späteren Auszahlungen (volle Steuerpflicht bzw. Steuerpflicht nur mit dem Ertragsanteil) vornehmen (§ 22 Nr. 5 Satz 7 EStG).

Der Arbeitnehmer konnte gegenüber seinem Arbeitgeber auf die Steuerfreiheit der Beiträge verzichten. Die Beiträge werden dann bis zu 1752 € mit 20 % pauschal besteuert. Die späteren Rentenzahlungen sind dann insgesamt nur mit dem geringen Ertragsanteil steuerpflichtig (§ 22 Nr. 5 Satz 2 Buchstabe a i. V. m. Nr. 1 Satz 3 Buchstabe a Doppelbuchstabe bb EStG).

3. Fall

Eine am 31.12.2004 bereits bestandene Direktversicherung sieht ein **Wahlrecht** zwischen einer Renten- oder Kapitalauszahlung vor.

Die Beiträge für eine solche Direktversicherung sind seit 1.1.2005 nach § 3 Nr. 63 EStG in dem dort angegebenen Umfang steuerfrei. Die **Möglichkeit** anstelle einer lebenslangen Rente eine Kapitalauszahlung zu wählen, steht der Steuerfreiheit der Beiträge nicht entgegen. Die späteren Auszahlungen (auch eine etwaige Kapitalauszahlung bei Ausübung des Wahlrechts) führen – soweit sie auf den steuerfreien Beitragszahlungen beruhen – zu voll steuerpflichtigen sonstigen Einkünften (§ 22 Nr. 5 Sätze 1 und 2 EStG). Das Versicherungsunternehmen muss eine Aufteilung der späteren Auszahlungen vornehmen (volle Steuerpflicht, soweit die Auszahlungen auf steuerfreien Beiträgen beruhen bzw. Steuerpflicht nur mit dem Ertragsanteil, soweit die Rentenauszahlungen auf pauschal mit 20 % besteuerten Beiträgen beruhen, z. B. für die Kalenderjahre bis 2004).

Der Arbeitnehmer konnte gegenüber seinem Arbeitgeber auf die Steuerfreiheit der Beiträge zu einer Direktversicherung verzichten. Die Beiträge werden dann bis zu 1752 € mit 20 % pauschal besteuert. Alle späteren Rentenzahlungen sind dann nur mit dem geringen Ertragsanteil steuerpflichtig. Erfolgt in diesem Fall später (bei Ausübung des Wahlrechts) eine Kapitalauszahlung, ist diese in vollem Umfang steuerfrei, wenn die Auszahlung nach Ablauf von zwölf Jahren seit dem Vertragsabschluss erfolgt, weil in diesem Fall auch die in der Kapitalauszahlung enthaltenen

Lohn- steuer- pflichtig | Sozial- versich.- pflichtig

Zinsen steuerfrei sind. Anderenfalls, das heißt bei einer Laufzeit von weniger als zwölf Jahren, gehören die (außer-)rechnungsmäßigen Zinsen zu den Einnahmen bei den sonstigen Einkünften (§ 22 Nr. 5 Satz 2 Buchstabe b EStG). Die Zinsen unterliegen nicht der Abgeltungsteuer, sondern der tariflichen Einkommensteuer, da es sich um sonstige Einkünfte handelt.

Da für die steuerliche Behandlung der Beiträge zur betrieblichen Altersversorgung regelmäßig tarifliche Regelungen oder andere arbeitsrechtliche Vereinbarungen bestehen, konnte die Verzichtserklärung des Arbeitnehmers auf die Steuerfreiheit der Beiträge durch das sog. Betriebsrentenstärkungsgesetz vom 17.8.2017 (BGBl. I S. 3214, BStBl. I S. 1278) entfallen. **Maßgebend** für die Fortführung der **Pauschalbesteuerung** im Jahr 2021 ist allein der Umstand, dass **vor dem 1.1.2018 ein Beitrag zu Recht pauschal** mit 20 % **besteuert** worden ist.

c) Vorliegen eines sog. Altfalls

Aus Vertrauensschutzgründen ist die bisherige Pauschalbesteuerung von Beiträgen für eine Direktversicherung bis zu 1752 € mit 20 % weiter anzuwenden, wenn vor dem 1.1.2018 mindestens ein Beitrag zu Recht pauschal besteuert wurde, weil Beiträge zur betrieblichen Altersversorgung aufgrund einer vor dem 1.1.2005 erteilten Versorgungszusage geleistet werden. Diese sog. Altzusagen werden nachfolgend der Einfachheit halber als Altfälle bezeichnet. Für die Frage, zu welchem Zeitpunkt beim Abschluss eines Direktversicherungsvertrags „eine Versorgungszusage" erteilt wurde, ist die zu einem Rechtsanspruch führende arbeitsrechtliche Verpflichtungserklärung des Arbeitgebers maßgebend (z. B. Einzelvertrag, Betriebsvereinbarung oder Tarifvertrag). Bei Altfällen, das heißt bei Direktversicherungsverträgen, die bereits seit vielen Jahren bestehen, ist deshalb die Abgrenzung problemlos möglich, da der Abschluss des Direktversicherungsvertrags viele Jahre zurückliegt. Zweifel können auftreten, wenn die Pauschalbesteuerung in einem anderen Durchführungsweg erfolgt ist oder die Direktversicherung bei einem Arbeitgeberwechsel „mitgenommen" wird. Diese Fälle sind unter den nachfolgenden Buchstaben d und in Anhang 6 Nr. 15 erläutert.

d) Pauschalbesteuerung in Altfällen

Die Steuerfreiheit der Beiträge für eine Direktversicherung war bei einer begünstigten Auszahlungsform früher nur dann nicht anzuwenden, wenn der Arbeitnehmer gegenüber dem Arbeitgeber auf diese Steuerfreiheit verzichtet hatte. Da für die steuerliche Behandlung der Beiträge zur betrieblichen Altersversorgung allerdings regelmäßig tarifliche Regelungen oder andere arbeitsrechtliche Vereinbarungen bestehen, konnte die Verzichtserklärung des Arbeitnehmers auf die Steuerfreiheit durch das sog. Betriebsrentenstärkungsgesetz vom 17.8.2017 (BGBl. I S. 3214, BStBl. I S. 1278) entfallen. **Maßgebend** für die Fortführung der **Pauschalbesteuerung** ist allein der Umstand, dass **vor dem 1.1.2018 ein Beitrag zu Recht pauschal** mit 20 % **besteuert** worden ist. Infolgedessen können Direktversicherungsbeiträge auch nach Inanspruchnahme der Steuerfreiheit „auf Wunsch" wieder mit 20 % pauschal besteuert werden.

Beispiel A

Ende des Jahres 2000 wurde eine Direktversicherung abgeschlossen, die bezüglich der Versorgungsleistung ein Wahlrecht zwischen Renten- und Kapitalauszahlung vorsieht. Die Beiträge zu dieser Direktversicherung sind in den Jahren 2001 bis 2004 zu Recht mit 20 % pauschal besteuert worden. Seit dem Jahr 2005 sind die Beiträge als steuerfrei behandelt worden, weil die gesetzlichen Voraussetzungen für diese Steuerfreiheit erfüllt sind und der Arbeitnehmer gegenüber dem Arbeitgeber keine Verzichtserklärung zu Gunsten der weiteren Anwendung der Pauschalbesteuerung abgegeben hatte.

Frage: Können die Beiträge zu dieser Direktversicherung ab 2021 wieder pauschal besteuert werden, wenn der Arbeitnehmer dies „wünscht"?

	Lohn-steuer-pflichtig	Sozial-versich.-pflichtig

Diese Möglichkeit besteht, da vor dem 1.1.2018 mindestens ein Beitrag zu der Direktversicherung pauschal besteuert wurde (nämlich in den Jahren 2001 bis 2004; § 52 Abs. 40 Satz 1 EStG).

Für die weitere Anwendung der Pauschalbesteuerung nach § 40b Abs. 1 und 2 EStG a. F. ist somit allein entscheidend, ob vor dem 1.1.2018 mindestens ein Beitrag des Arbeitgebers zum Aufbau einer kapitalgedeckten Altersversorgung an eine Pensionskasse oder Direktversicherung rechtmäßig pauschal besteuert wurde. In diesem Fall liegen für den jeweiligen Arbeitnehmer die persönlichen Voraussetzungen für die weitere Inanspruchnahme der Pauschalbesteuerung sein ganzes Leben lang vor. **Vertragsänderungen (z. B. Beitragserhöhungen), Neuabschlüsse, Änderungen der Versorgungszusage oder Arbeitgeberwechsel sind unbeachtlich.** Im Fall eines Arbeitgeberwechsels genügt es, wenn der Arbeitnehmer gegenüber dem neuen Arbeitgeber nachweist, dass vor dem 1.1.2018 mindestens ein Beitrag an eine Pensionskasse oder eine Direktversicherung nach § 40b EStG a. F. pauschal besteuert wurde. Dieser Nachweis kann durch eine Gehaltsabrechnung oder eine Bescheinigung eines Vorarbeitgebers oder des Versorgungsträgers erbracht werden.

Beispiel B

Dem Arbeitnehmer A wurde vom Arbeitgeber B im Jahre 2000 eine Versorgungszusage über eine Pensionskasse und im Jahr 2010 in Form einer Direktversicherung erteilt. Die Beiträge für die Pensionskasse wurden – soweit sie über den steuerfreien Betrag hinausgingen – bis zur Beendigung des Dienstverhältnisses am 30.6.2019 nach § 40b EStG a. F. mit 20 % pauschal besteuert. Die Beiträge an die Direktversicherung wurden aus individuell versteuertem Arbeitslohn geleistet. Nach einer Zeit der Arbeitslosigkeit vom 1.7.2019 bis 31.12.2020 nimmt A zum 1.1.2021 ein neues Beschäftigungsverhältnis beim Arbeitgeber C auf. C erteilt A eine neue Versorgungszusage über einen Pensionsfonds und übernimmt die Direktversicherung. A weist dem C durch Vorlage einer Gehaltsabrechnung nach, dass die Beiträge für die Pensionskasse seit 2010 nach § 40b EStG a. F. pauschal besteuert worden sind.

Arbeitgeber C kann die Beiträge für die Direktversicherung bis zur Höhe von 1752 € nach § 40b EStG a. F. mit 20 % pauschal besteuern. Der Zeitpunkt der Erteilung der Versorgungszusage für die Direktversicherung (= 2010!) ist ohne Bedeutung.

Beispiel C

Dem Arbeitnehmer A wurde vom Arbeitgeber B im Jahr 2008 eine Versorgungszusage in Form einer Direktversicherung erteilt. Die Beiträge für die Direktversicherung waren bis zum 30. Juni 2020 steuerfrei. Nach einer Zeit der Arbeitslosigkeit (1. Juli 2020 bis 31. März 2021) nimmt A zum 1. April 2021 ein neues Beschäftigungsverhältnis beim Arbeitgeber C auf. C übernimmt die Direktversicherung und führt sie fort.

Arbeitgeber C kann die Beiträge für die Direktversicherung nicht mit 20 % pauschal besteuern, da vor dem 1.1.2018 kein Beitrag pauschal besteuert worden ist.

Die Weiteranwendung der Pauschalbesteuerung mit 20 % bei einem Arbeitgeberwechsel unter Mitnahme der betrieblichen Altersversorgung ist in Anhang 6 unter Nr. 15 ausführlich anhand von Beispielen erläutert.

10. Anforderungen an eine Pauschalierung der Lohnsteuer für Beiträge zu einer Direktversicherung mit 20 % in Altfällen

a) Allgemeines

Für eine Pauschalierung der Lohnsteuer mit 20 % für Beiträge zu einer Direktversicherung in sog. Altfällen ist § 40b EStG in der bis zum 31.12.2004 geltenden Fassung ohne Einschränkung auch weiterhin anwendbar (vgl. die Erläuterungen unter der vorstehenden Nr. 9). Im Einzelnen gilt für Altfälle Folgendes:

Die steuerliche Behandlung der Direktversicherungen in § 40b EStG alter Fassung knüpft an die arbeitsrechtliche Definition der Direktversicherung in § 1b Abs. 2 Satz 1 BetrAVG[1] an. Dies ergibt sich aus R 40b.1 Abs. 1 Satz 1 LStR. Damit beinhaltet der Begriff „Direktversicherung“ folgende Kriterien:

- **Lebensversicherung** bei einem inländischen oder ausländischen Versicherungsunternehmen;
- Arbeit**nehmer** als versicherte Person;
- Arbeit**geber** als Versicherungsnehmer;
- Arbeitnehmer oder dessen Hinterbliebene als Bezugsberechtigte.

Der Arbeitgeber[2] ist also Versicherungsnehmer, der Arbeitnehmer ist der Bezugsberechtigte. Die Lohnsteuer für die Beiträge des Arbeitgebers zu einer solchen Direktversicherung kann nach § 40b EStG alter Fassung mit 20 % pauschaliert werden, wenn

- die Direktversicherung im **Erlebensfall** nicht vor dem 59. Geburtstag ausbezahlt wird (vgl. zur Altersgrenze nachfolgenden Buchstaben e),[3]
- die Abtretung oder Beleihung eines dem Arbeitnehmer eingeräumten **unwiderruflichen** Bezugsrechts im Versicherungsvertrag ausgeschlossen und
- eine vorzeitige Kündigung des Versicherungsvertrags durch den Arbeit**nehmer** nicht möglich ist. Eine vorzeitige Kündigung durch den Arbeitgeber (= Versicherungsnehmer) ist lohnsteuerlich unbeachtlich. Sie führt nicht zu einer Rückgängigmachung der in der Vergangenheit erfolgten Pauschalierung. Das gilt auch dann, wenn der Arbeitgeber den Betrag an den Arbeitnehmer weiterleitet. Vgl. im Einzelnen die Erläuterungen unter Nr. 17 Buchstabe b.

b) Begriff der Direktversicherung im Sinne des § 40b EStG alter Fassung

Eine Direktversicherung ist eine **Lebensversicherung** auf das Leben des Arbeitnehmers, die durch den Arbeitgeber abgeschlossen worden ist und bei der der Arbeitnehmer oder seine Hinterbliebenen hinsichtlich der Versorgungsleistungen des Versicherers ganz oder teilweise bezugsberechtigt sind. Entsprechendes gilt, wenn eine Lebensversicherung auf das Leben des Arbeitnehmers nach Abschluss durch den Arbeitnehmer vom Arbeitgeber übernommen wird. Eine „Lebensversicherung“ liegt begrifflich dann nicht mehr vor, wenn bei einer Versicherung das typische Todesfallwagnis und – bereits bei Vertragsabschluss – das Rentenwagnis ausgeschlossen worden ist (BFH-Urteil vom 9.11.1990, BStBl. 1991 II S. 189). Zum Ausschluss des typischen Todesfallwagnisses ist Folgendes zu beachten:

Nach R 40b.1 Abs. 2 Satz 4 LStR ist für alle **nach dem 31.12.1996 abgeschlossenen Direktversicherungen** eine Pauschalierung der Lohnsteuer mit 20 % nur dann möglich, wenn der **Todesfallschutz** (= Todesfallleistung) während der gesamten Laufzeit des Versicherungsvertrags **mindestens 60 %** der Summe der nach dem Versicherungsvertrag für die gesamte Vertragsdauer zu zahlenden Beiträge beträgt.[4] Sind weitere Risiken mit-

1) Das Betriebsrentengesetz (BetrAVG) ist als Anhang 13 im **Steuerhandbuch für das Lohnbüro 2021** abgedruckt, das im selben Verlag erschienen ist.

2) Arbeitgeber im Sinne dieser Regelung ist diejenige natürliche oder juristische Person oder Personenvereinigung, zu der die arbeitsvertraglichen Beziehungen bestehen. Nach R 40b.1 Abs. 1 Satz 3 LStR ist jedoch auch der Abschluss einer Lebensversicherung durch eine mit dem Arbeitgeber verbundene **Konzerngesellschaft** als durch den „Arbeitgeber“ abgeschlossen anzusehen, wenn der Anspruch auf die Versicherungsleistungen durch das Dienstverhältnis veranlasst ist und der Arbeitgeber die Beitragslast trägt.

3) Die Heraufsetzung der Untergrenze für betriebliche Altersversorgungsleistungen auf das 62. Lebensjahr gilt erst für nach dem 31.12.2011 erteilte Versorgungszusagen.

4) Diese Regelung gilt für alle nach dem 31.12.1996 abgeschlossenen Versicherungsverträge. Für die vor dem 1.8.1994 abgeschlossenen Versicherungsverträge gilt Folgendes: Kapitallebensversicherungen mit steigender Todesfallleistung sind als Direktversicherung anzuerkennen, wenn zu Beginn der Versicherung eine Todesfallleistung von mindestens 10 % der Kapitalleistung im Erlebensfall vereinbart worden ist. Bei einer nach dem 31.7.1994 und vor dem 1.1.1997 abgeschlossenen Kapitallebensversicherung liegt eine Direktversicherung nur dann vor, wenn die Todesfallleistung während der gesamten Versicherungsdauer mindestens 50 % der für den Erlebensfall vereinbarten Kapitalleistung beträgt (R 40b.1 Abs. 2 Sätze 2 und 3 LStR).

Lohnsteuerpflichtig Sozialversich.-pflichtig

versichert, bleiben nur die Beitragsanteile für Berufsunfähigkeit und Pflege außer Betracht. Der Nachweis, dass die ab 1.1.1997 abgeschlossenen Direktversicherungsverträge den erforderlichen Mindesttodesfallschutz von 60 % enthalten, ist durch eine Bescheinigung der Versicherung zu erbringen, die der Arbeitgeber zum Lohnkonto nehmen muss.

Als Versorgungsleistungen können Leistungen der Alters-, Invaliditäts- oder Hinterbliebenenversorgung in Betracht kommen. Der Lebensversicherungsvertrag kann sowohl bei einem inländischen als auch bei einem **ausländischen** Versicherungsunternehmen abgeschlossen werden.

Bei der Direktversicherung kann es sich um eine Versicherung gegen **laufende Prämienzahlungen oder** gegen **Einmalprämie** handeln. Für die Pauschalierung der Lohnsteuer ist es nicht Voraussetzung, dass es sich bei den Beiträgen begrifflich um Sonderausgaben handelt. Als Lebensversicherungen im Sinne des § 40b EStG alter Fassung kommen daher ohne Rücksicht auf ihre Laufzeit auch in Betracht:

- Risikoversicherungen, die nur für den Todesfall eine Leistung vorsehen,
- Rentenversicherungen mit und ohne Kapitalwahlrecht gegen einmalige oder laufende Beitragsleistung,
- Kapitalversicherungen gegen einmalige oder laufende Beitragsleistung,
- fondsgebundene Lebensversicherungen,
- Unfallzusatzversicherungen und Berufsunfähigkeitszusatzversicherungen, die **im Zusammenhang** mit Lebensversicherungen abgeschlossen worden sind,
- selbstständige Berufsunfähigkeitsversicherungen,
- Unfallversicherungen mit Prämienrückgewähr, bei denen der Arbeitnehmer einen Anspruch auf die Prämienrückgewähr hat.

Zur Frage, ob eine Unfallversicherung begrifflich eine Direktversicherung sein kann, vgl. die Erläuterungen unter dem nachfolgenden Buchstaben g.

c) Keine Mindestlaufzeit von zwölf Jahren erforderlich

Wie bereits ausgeführt, ist es für eine Pauschalierung der Lohnsteuer mit 20 % nicht erforderlich, dass die Beiträge zu der Lebensversicherung als Sonderausgaben abzugsfähig wären, wenn sie nicht pauschal besteuert würden. Die für den Sonderausgabenabzug bei „alten" Lebensversicherungen erforderliche Mindestlaufzeit von zwölf Jahren gilt also nicht bei einer Pauschalierung der Lohnsteuer mit 20 %. Denn § 40b EStG alter Fassung enthält bezüglich der Laufzeit keine Einschränkung.

Für die **Steuerfreiheit** der in den **Versicherungsleistungen** enthaltenen **Erträge** ist jedoch eine Laufzeit von mindestens zwölf Jahren erforderlich. Denn die in den Versicherungsleistungen im Regelfall enthaltenen **Zinsen** sind nur dann steuerfrei, wenn die „alte" Lebensversicherung eine Mindestlaufzeit von zwölf Jahren hat.

d) Mindestlaufzeit von fünf Jahren bei Kapitalversicherungen

Wird eine Direktversicherung unmittelbar vor Eintritt des Versicherungsfalles abgeschlossen, ist zu unterscheiden, ob die Direktversicherung als reine Rentenversicherung (ohne Kapitalwahlrecht) oder als Kapitalversicherung abgeschlossen wird. Bei Vereinbarung einer Rentenversicherung (ohne Kapitalwahlrecht), deren Laufzeit von der Lebensdauer des Bezugsberechtigten abhängt, ist eine Pauschalbesteuerung der entsprechenden Versicherungsbeiträge ohne weiteres möglich. Bei Vereinbarung einer **Kapitalversicherung** ist nach den Lohnsteuer-Richtlinien eine **Mindestlaufzeit von fünf Jahren** zu beachten (R 40b.1 Abs. 2 Satz 5 LStR). Beiträge zu einer

Lohnsteuerpflichtig Sozialversich.-pflichtig

Kapitalversicherung in der Form einer Direktversicherung mit einer Laufzeit von weniger als fünf Jahren können demnach nicht pauschal besteuert werden. Eine Ausnahme gilt nur für Fälle, in denen im Rahmen einer Gruppenversicherung unter dem arbeitsrechtlichen Grundsatz der Gleichbehandlung auch ältere Arbeitnehmer einzubeziehen waren und deshalb solche kurzfristigen Kapitalversicherungen abgeschlossen werden mussten. Dasselbe gilt für Rentenversicherungen mit Kapitalwahlrecht, bei denen das Wahlrecht innerhalb von fünf Jahren nach Vertragsabschluss wirksam werden kann sowie für Beitragserhöhungen bei bereits bestehenden Kapitalversicherungen mit einer Restlaufzeit von weniger als fünf Jahren (R 40b.1 Abs. 2 Satz 6 LStR); auch in diesen Fällen können die Beiträge nicht pauschal besteuert werden.

Das Finanzgericht Baden-Württemberg hat allerdings entschieden, dass es für die vorstehende Fünfjahresfrist keine gesetzliche Grundlage gibt (Urteil vom 11.12.2002 7 K 175/99). Der Bundesfinanzhof hat die Revision der Finanzverwaltung als unbegründet zurückgewiesen (BFH-Beschluss vom 7.9.2007 VI R 9/03).

e) Altersgrenze

Der Versicherungsvertrag darf keine Regelung enthalten, nach der die Versicherungsleistung für den Erlebensfall vor Ablauf des 59. Lebensjahres fällig werden könnte, d. h. die Versicherungsleistung darf dem Arbeitnehmer **frühestens an seinem 59. Geburtstag**[1] ausgezahlt werden. Lässt der Versicherungsvertrag z. B. die Möglichkeit zu, Gewinnanteile zur Abkürzung der Versicherungsdauer zu verwenden, muss die Laufzeitverkürzung bis zur Vollendung des 59. Lebensjahres begrenzt sein. Die **Altersgrenze gilt nicht bei Risikoversicherungen,** die nur bei Tod, Invalidität bzw. Berufsunfähigkeit eine Leistung vorsehen.

f) Ausschluss der vorzeitigen Kündigung und Beachtung des Abtretungs- und Beleihungsverbots

Voraussetzung für eine Pauschalierung der Lohnsteuer ist bei Direktversicherungen neben der Beachtung der Altersgrenze der Ausschluss einer vorzeitigen Kündigung durch den Arbeitnehmer und die Beachtung des Abtretungs- und Beleihungsverbots.

Der Ausschluss einer vorzeitigen Kündigung des Versicherungsvertrags ist nach R 40b.1 Abs. 6 Satz 4 LStR anzunehmen, wenn in dem Versicherungsvertrag zwischen dem Arbeitgeber als Versicherungsnehmer und dem Versicherer folgende Vereinbarung getroffen worden ist:

„Es wird unwiderruflich vereinbart, dass während der Dauer des Dienstverhältnisses eine Übertragung der Versicherungsnehmer-Eigenschaft und eine Abtretung von Rechten aus diesem Vertrag auf den versicherten Arbeitnehmer bis zu dem Zeitpunkt, in dem der versicherte Arbeitnehmer sein 59. Lebensjahr vollendet, insoweit ausgeschlossen ist, als die Beiträge vom Versicherungsnehmer (Arbeitgeber) entrichtet worden sind."

Die Bezugsberechtigung des Arbeitnehmers oder seiner Hinterbliebenen muss vom Versicherungsnehmer (Arbeitgeber) der Versicherungsgesellschaft gegenüber erklärt werden. Die Bezugsberechtigung kann widerruflich oder unwiderruflich sein; bei widerruflicher Bezugsberechtigung sind die Bedingungen des Widerrufs für die steuerli-

1) Nach § 187 Abs. 2 Satz 2 in Verbindung mit § 188 Abs. 2 BGB wird das 59. Lebensjahr mit Ablauf des Tages vollendet, der dem 59. Geburtstag vorangeht. Die Versicherungsleistung darf dem Arbeitnehmer somit frühestens an seinem 59. Geburtstag ausgezahlt werden. Darüber hinaus ist zu beachten, dass die Heraufsetzung der Untergrenze für betriebliche Altersversorgungsleistungen auf das 62. Lebensjahr erst für nach dem 31.12.2011 erteilte Versorgungszusagen gilt.

Lohnsteuerpflichtig | Sozialversich.-pflichtig

che Behandlung der Beiträge unbeachtlich (da der Arbeitnehmer bei einem widerruflichen Bezugsrecht noch keinen Anspruch erworben hat über den er steuerschädlich verfügen könnte). Ist das Bezugsrecht des Arbeitnehmers dagegen **unwiderruflich,** muss im Versicherungsvertrag die **Abtretung oder Beleihung** dieses unwiderruflichen Bezugsrechts **ausgeschlossen** sein. Der Ausschluss der Abtretung oder Beleihung eines unwiderruflichen Bezugsrechts muss in allen Versicherungsverträgen enthalten sein, die nach dem 31.12.1979 abgeschlossen worden sind. Für früher abgeschlossene Verträge galt eine Sonderregelung.

Eine vorzeitige Kündigung der Direktversicherung durch den Arbeitgeber (= Versicherungsnehmer) ist lohnsteuerlich unbeachtlich. Sie führt nicht zur Rückgängigmachung der in der Vergangenheit erfolgten Pauschalierung. Das gilt auch dann, wenn der Arbeitgeber den Betrag an den Arbeitnehmer weiterleitet. Vgl. im Einzelnen die Erläuterungen unter Nr. 17 Buchstabe b.

g) Unfallversicherungen als Direktversicherung im Sinne des § 40b EStG

Unfallversicherungen sind **keine** Lebensversicherungen, auch wenn bei Unfall mit Todesfolge eine Leistung vorgesehen ist. Eine Pauschalierung der Beiträge für eine Unfallversicherung kommt deshalb im Grundsatz nicht in Betracht. Wegen der **Ausnahmeregelung** für **Gruppenunfallversicherungen** vgl. die Erläuterungen unter der vorstehenden Nr. 7. Umfasst die vom Arbeitgeber abgeschlossene Unfallversicherung nur Unfälle, die mit Auswärtstätigkeiten des Arbeitnehmers im Zusammenhang stehen, gehören die Beiträge als **Reisenebenkosten** nicht zum steuerpflichtigen Arbeitslohn; vgl. das Stichwort „Unfallversicherung unter Nr. 2".

Dagegen gehören Unfallzusatzversicherungen und Berufsunfähigkeitszusatzversicherungen, die **im Zusammenhang** mit Lebensversicherungen abgeschlossen werden, sowie selbstständige Berufsunfähigkeitsversicherungen und Unfallversicherungen mit Prämienrückgewähr, bei denen der Arbeitnehmer Anspruch auf die Prämienrückgewähr hat, zu den Direktversicherungen (R 40b.1 Abs. 2 Satz 8 LStR). Die Begünstigung der **Beiträge zu einer Unfallversicherung mit Prämienrückgewähr** ist darin begründet, dass es sich bei dieser Versicherung um die Kombination einer Unfallversicherung mit einer Lebensversicherung handelt, bei der jedoch die Merkmale einer Lebensversicherung überwiegen. Dagegen handelt es sich bei einer Unfallversicherung, bei der der Arbeitnehmer keinen Anspruch auf Prämienrückgewähr hat, nicht um eine Lebensversicherung im vorstehenden Sinne, und zwar auch dann nicht, wenn bei einem Unfall mit Todesfolge eine Leistung vorgesehen ist. Für solche Unfallversicherungen gilt allerdings unter Umständen eine besondere Pauschalierungsvorschrift, die unter der vorstehenden Nr. 7 erläutert ist.

11. Allgemeine Pauschalierungsvoraussetzungen und Bemessungsgrundlage (Altfälle)

Die Pauschalierung der Lohnsteuer mit 20 % nach § 40b EStG alter Fassung liegt im Ermessen des Arbeitgebers; eine Genehmigung des Finanzamts ist nicht erforderlich. Ob die Pauschalierung nur für einen Arbeitnehmer oder für mehrere Arbeitnehmer durchgeführt wird, ist ohne Bedeutung. Wird für mehrere Arbeitnehmer gemeinsam eine pauschale Beitragsleistung erbracht, bei der der Teil, der auf den einzelnen Arbeitnehmer entfällt, nicht festgestellt werden kann, ist dem einzelnen Arbeitnehmer der Teil der Beitragsleistung zuzurechnen, der sich bei einer Aufteilung der Leistung nach der Zahl der begünstigten Arbeitnehmer ergibt (sog. Aufteilung nach Köpfen, § 2 Abs. 2 Nr. 3 Satz 3 LStDV[1]). Der Arbeitgeber hat die pauschale Lohnsteuer zu übernehmen (zur Umwandlung von Barlohn in die auf die Direktversicherung entfallende Pauschalsteuer vgl. die Ausführungen unter der folgenden Nr. 16; zur Abwälzung der Pauschalsteuer auf den Arbeitnehmer vgl. dieses Stichwort). Die pauschal besteuerten Ausgaben des Arbeitgebers für die Zukunftsicherung und die darauf entfallenden Steuerabzugsbeträge bleiben beim Lohnsteuer-Jahresausgleich durch den Arbeitgeber und einer etwaigen Veranlagung des Arbeitnehmers zur Einkommensteuer außer Betracht. Ein Sonderausgabenabzug der pauschal besteuerten Direktversicherungsbeiträge ist somit nicht zulässig. Weder der pauschal besteuerte Arbeitslohn noch die Pauschalsteuer dürfen deshalb in der (elektronischen) Lohnsteuerbescheinigung mit erfasst werden.

Die Pauschalierung der Lohnsteuer ist zudem nur für Zukunftsicherungsleistungen möglich, die der Arbeitnehmer aus seinem **ersten Dienstverhältnis** bezieht; sie ist demnach bei Arbeitnehmern mit der **Steuerklasse VI nicht** anwendbar (BFH-Urteil vom 12.8.1996, BStBl. 1997 II S. 143). Für **teilzeitbeschäftigte Arbeitnehmer,** deren Barlohn pauschal mit 25 %, 20 %, 5 % oder 2 % besteuert wird, können Beiträge zu Pensionskassen oder Direktversicherungen in Altfällen ebenfalls pauschal mit 20 % besteuert werden, wenn feststeht, dass es sich bei der Teilzeitbeschäftigung um das erste Dienstverhältnis handelt (der Arbeitgeber muss sich dies vom Arbeitnehmer ggf. schriftlich versichern lassen).

12. Pauschalierungsgrenze in Höhe von 1752 € (Altfälle)

Die Lohnsteuerpauschalierung mit 20 % für Beiträge zu einer Direktversicherung und einer Pensionskasse nach § 40b EStG alter Fassung ist auf Zukunftsicherungsleistungen in Höhe von **1752 € jährlich je Arbeitnehmer begrenzt.**

Hat ein Arbeitnehmer im gleichen Kalenderjahr bereits aus einem **vorangegangenen** Dienstverhältnis bei einem anderen Arbeitgeber pauschal besteuerte Zukunftsicherungsleistungen erhalten, kann die Pauschalierungsgrenze **nochmals voll ausgeschöpft werden.** Die Pauschalierungsgrenze ist also nicht auf den Arbeitnehmer bezogen, sondern auf das Arbeitsverhältnis. Allerdings ist hierbei zu beachten, dass eine Pauschalierung von Zukunftsicherungsleistungen nach § 40b Abs. 2 Satz 1 EStG alter Fassung nur dann möglich ist, wenn die Zukunftsicherungsleistungen aus dem **ersten Dienstverhältnis** zufließen, das heißt, dass bei Anwendung der Steuerklasse VI die Pauschalierung der Lohnsteuer mit 20 % nicht möglich ist.

Die auf das Arbeitsverhältnis abgestellte Pauschalierungsgrenze von 1752 € ist zudem jahresbezogen, das heißt, sie wird bei einem Beginn oder einer Beendigung des Dienstverhältnisses im Laufe des Kalenderjahres nicht zeitanteilig berechnet, sie vervielfältigt sich aber auch nicht, wenn der Arbeitgeber – aus welchem Grund auch immer – für bereits abgelaufene Kalenderjahre Beiträge nachentrichten muss. Die beim Ausscheiden aus dem Dienstverhältnis geltende Vervielfältigungsregelung (vgl. die Erläuterungen unter der folgenden Nr. 15) kann nicht analog auf die Nachentrichtung von Beiträgen angewendet werden. Allerdings ist es zulässig, die Zahlung von Beiträgen zu einer Direktversicherung (z. B. einen Einmalbeitrag in Höhe von 3000 €) allein deshalb auf zwei Kalenderjahre zu verteilen, damit die Pauschalierungsgrenze von 1752 € jährlich nicht überschritten wird. Zur Steuerfreiheit von Beiträgen bei Schließen von Versorgungslücken bei ruhenden Arbeitsverhältnissen vgl. Anhang 6 Nr. 5 Buchstabe i.

1) Die Lohnsteuer-Durchführungsverordnung (LStDV) ist als Anhang 1 im **Steuerhandbuch für das Lohnbüro 2021** abgedruckt, das im selben Verlag erschienen ist.

Z

Lohn-steuer-pflichtig	Sozial-versich.-pflichtig

13. Durchschnittsberechnung und 2148-Euro-Grenze (Altfälle)

Sind mehrere Arbeitnehmer gemeinsam in einem Direktversicherungsvertrag oder in einer Pensionskasse versichert, ist für die Prüfung der Pauschalierungsgrenze eine **Durchschnittsberechnung** anzustellen. Bei dieser Durchschnittsberechnung bleiben steuerfreie Beiträge (§ 3 Nr. 63 EStG) sowie wegen der Wahlrechtsausübung zugunsten der „Riester-Rente" nach § 3 Nr. 63 Satz 2 EStG individuell besteuerte Beiträge unberücksichtigt. Der Durchschnittsbetrag kann nur dann pauschal besteuert werden, wenn er **1752 €** im Kalenderjahr nicht übersteigt.

Beispiel A

In einem gemeinsamen Versicherungsvertrag werden 10 Arbeitnehmer versichert.

Gesamtprämie	17 500,– €
auf einen Arbeitnehmer entfallen	1 750,– €

Die Pauschalierungsgrenze von 1752 € ist nicht überschritten. Die Gesamtprämie kann pauschal mit 20 % besteuert werden. Von der Pauschalierungsgrenze sind für jeden Arbeitnehmer 1750 € verbraucht und zwar unabhängig davon, wie hoch der für den Arbeitnehmer im Einzelnen gezahlte Beitrag tatsächlich ist.

Beispiel B

Der Arbeitgeber zahlt monatlich an eine Pensionskasse; insgesamt für 45 Arbeitnehmer 81 000 € im Jahr.

Auf einen Arbeitnehmer entfallen 1800 € (81 000 € : 45 Arbeitnehmer).

Die Pauschalierungsgrenze von 1752 € ist überschritten. Die Zuwendung an die Pensionskasse kann deshalb nicht in voller Höhe pauschal besteuert werden. Falls die Zuwendung nicht individuell auf die einzelnen Arbeitnehmer aufteilbar ist, können für jeden Arbeitnehmer 1752 € pauschal mit 20 % besteuert werden; 48 € sind bei jedem Arbeitnehmer zusammen mit dem übrigen laufenden Arbeitslohn dem individuellen Lohnsteuerabzug nach der Monatstabelle zu unterwerfen. Will der Arbeitgeber die Steuerabzugsbeträge und die Sozialversicherungsbeiträge für den übersteigenden Betrag von 48 € übernehmen, muss er eine **Teilnettolohnberechnung** nach der Monatstabelle durchführen. Ein Berechnungsbeispiel für eine solche Teilnettolohnberechnung ist in **Anhang 13 auf Seite 1313** abgedruckt.

Bei der Durchschnittsberechnung ist die 2148-Euro-Grenze zu beachten:

In die Durchschnittsberechnung dürfen keine Arbeitnehmer einbezogen werden, für die der Arbeitgeber im Kalenderjahr insgesamt mehr als 2148 € an Direktversicherungsbeiträgen sowie Beiträgen an Pensionskassen erbringt.

Beispiel C

Der Arbeitgeber leistet für die Arbeitnehmer A, B, C, D und E Beiträge für eine Gruppen-Direktversicherung, und zwar entfallen auf den

Arbeitnehmer A	2 150,– €
Arbeitnehmer B	2 148,– €
Arbeitnehmer C	2 000,– €
Arbeitnehmer D	1 250,– €
Arbeitnehmer E	1 100,– €

Die Leistung für den Arbeitnehmer A von 2150 € ist in die Durchschnittsberechnung nicht einzubeziehen, da sie die Grenze von 2148 € übersteigt. Von der Leistung von 2150 € kann ein Teilbetrag von 1752 € pauschaliert werden. Der übersteigende Betrag von (2150 € – 1752 € =) 398 € unterliegt dem Steuerabzug nach den allgemeinen Grundsätzen.

Für die Arbeitnehmer B, C, D und E ist eine Durchschnittsberechnung durchzuführen. Es ergibt sich also ein Durchschnittsbetrag von (2148 € + 2000 € + 1250 € + 1100 € =) 6498 € : 4 = 1624,50 €. Da die Pauschalierungsgrenze von 1752 € nicht überschritten wird, ist – unabhängig vom tatsächlich gezahlten Beitrag – jedem Arbeitnehmer eine Leistung von 1624,50 € zuzurechnen, d. h. der Betrag von 6498 € ist mit 20 % zu pauschalieren.

„Eigenbeiträge" der Arbeitnehmer (das sind Prämienanteile, die **aus** bereits **versteuertem Einkommen –** also „aus dem Netto" – stammen), sind in die Durchschnittsberechnung **nicht** mit **einzubeziehen** (BFH-Urteil vom 12.4.2007, BStBl. II S. 619). Das gilt auch dann, wenn der Arbeitgeber als Versicherungsnehmer und Beitragsschuldner im Außenverhältnis gegenüber der Versicherung zur Zahlung des Gesamtbeitrags (inklusive der Eigenbeiträge der Arbeitnehmer) verpflichtet ist. Zur Steuerfreistellung von sog. Eigenbeiträgen des Arbeitnehmers vgl. Anhang 6 Nr. 5 Buchstabe a.

Lohn-steuer-pflichtig	Sozial-versich.-pflichtig

Beispiel D

Bei dem vom Arbeitgeber zu zahlenden Versicherungsbeitrag wird zwischen einem Arbeitgeberanteil (je nach Arbeitnehmer bis zu 2148 €) und einem aus versteuertem Einkommen zu erbringenden Arbeitnehmeranteil (je nach Arbeitnehmer bis zu 430 €) unterschieden.

Der von den Arbeitnehmer zu erbringende „Eigenbeitrag" ist in die Durchschnittsberechnung nicht mit einzubeziehen.

In die Berechnung der 2148-Euro-Grenze sind auch pauschalierungsfähige Leistungen einzubeziehen, die an einzelne Arbeitnehmer **außerhalb des gemeinsamen Vertrags** erbracht werden. Bestehen z. B. mehrere Direktversicherungsverträge und übersteigen die Beitragsanteile für den einzelnen Arbeitnehmer insgesamt 2148 €, scheidet der Anteil dieses Arbeitnehmers aus der Durchschnittsberechnung aus. Die Lohnsteuer von den aus der Durchschnittsberechnung ausgeschiedenen Leistungen kann unter Beachtung der Pauschalierungsgrenze pauschal erhoben werden, d. h., die auf die einzelnen Arbeitnehmer entfallenden Leistungen können bis zu 1752 € pauschal besteuert werden, der übersteigende Teil ist dem normalen Lohnsteuerabzug (laufender Arbeitslohn oder sonstige Bezüge) zu unterwerfen.

Übersteigt der Durchschnittsbetrag 1752 €, kommt er als Bemessungsgrundlage für die **Pauschalbesteuerung nicht in Betracht.** Der Pauschalbesteuerung sind die **tatsächlichen** Leistungen zugrunde zu legen, soweit sie für den einzelnen Arbeitnehmer 1752 € nicht übersteigen. Die übersteigenden Zukunftsicherungsleistungen unterliegen dem normalen Lohnsteuerabzug (als laufender Arbeitslohn oder sonstige Bezüge).

Beispiel E

Der Arbeitgeber leistet für die Arbeitnehmer A, B, C, D und E Beiträge für eine Direktversicherung, und zwar entfallen auf den

Arbeitnehmer A	2 300,– €
Arbeitnehmer B	2 148,– €
Arbeitnehmer C	2 052,– €
Arbeitnehmer D	1 600,– €
Arbeitnehmer E	1 400,– €

Die Leistung für den Arbeitnehmer A von 2300 € ist in die Durchschnittsberechnung nicht einzubeziehen, da sie die Grenze von 2148 € übersteigt. Von der Leistung von 2300 € kann ein Teilbetrag von 1752 € pauschaliert werden. Der übersteigende Betrag von (2300 € – 1752 € =) 548 € unterliegt dem Steuerabzug nach den allgemeinen Grundsätzen.

Für die Arbeitnehmer B, C, D und E ist eine Durchschnittsberechnung durchzuführen. Es ergibt sich also ein Durchschnittsbetrag von (2148 € + 2052 € + 1600 € + 1400 € =) 7200 € : 4 = 1800 €. Da die Pauschalierungsgrenze von 1752 € überschritten wird, ist es nicht möglich, den Durchschnittsbetrag von 1800 € oder den Pauschalierungshöchstbetrag von 1752 € einer Pauschalierung zugrunde zu legen. Es sind vielmehr die auf den einzelnen Arbeitnehmer entfallenden Leistungen anzusetzen, sodass sich folgende Berechnung ergibt:

Arbeitnehmer	Gesamtbeitrag	pauschalierungsfähig	dem allgemeinen Steuerabzug unterliegen
B	2 148,– €	1 752,– €	396,– €
C	2 052,– €	1 752,– €	300,– €
D	1 600,– €	1 600,– €	–
E	1 400,– €	1 400,– €	–

Mit der Durchschnittsberechnung unter Beachtung der 2148-Euro-Grenze kann also der pauschalierungsfähige Betrag von 1752 € jährlich **ganz gezielt ausgeschöpft** werden. Dieses Ergebnis ist vom Gesetzgeber beabsichtigt; es können dadurch für ältere Arbeitnehmer höhere Leistungen als 1752 € erbracht werden, ohne dass deshalb diese älteren Arbeitnehmer steuerlich zusätzlich belastet werden. Dadurch ist eine für alle Arbeitnehmer gleichwertige Altersversorgung möglich.

Lohn- steuer- pflichtig | Sozial- versich.- pflichtig

Die Anwendung der Durchschnittsberechnung auf Direktversicherungsbeiträge hat zur Voraussetzung, dass mehrere Arbeitnehmer (mindestens zwei) **gemeinsam** in einem Direktversicherungsvertrag versichert sind. Ein gemeinsamer Direktversicherungsvertrag liegt außer bei einer Gruppenversicherung auch dann vor, wenn in einem Rahmenvertrag (entweder mit einem Versicherer oder auch mit mehreren Versicherern) sowohl die versicherten Personen als auch die versicherten Wagnisse bezeichnet werden und die Einzelheiten in Zusatzvereinbarungen geregelt sind. Ein Rahmenvertrag, der z. B. nur den Beitragseinzug und die Beitragsabrechnung regelt, stellt aber keinen gemeinsamen Direktversicherungsvertrag dar. Ist ein Arbeitnehmer

a) in mehreren Direktversicherungsverträgen gemeinsam mit anderen Arbeitnehmern,

b) in mehreren Pensionskassen oder

c) in Direktversicherungsverträgen gemeinsam mit anderen Arbeitnehmern **und** in einer Pensionskasse

versichert, ist jeweils der Durchschnittsbetrag für diese Arbeitnehmer aus der Summe der Beiträge für mehrere Direktversicherungen, aus der Summe der Zuwendungen an mehrere Pensionskassen oder aus der Summe der Beiträge zu einer Direktversicherung und der Zuwendungen an eine Pensionskasse zu ermitteln (= einheitliche Durchschnittsbildung). In diese gemeinsame Durchschnittsbildung dürfen jedoch solche Verträge nicht einbezogen werden, bei denen wegen der 2148-Euro-Grenze nur noch ein Arbeitnehmer übrig bleibt. Bleibt nur noch ein Arbeitnehmer übrig, liegt eine gemeinsame Versicherung, die in die Durchschnittsberechnung einzubeziehen ist, nicht mehr vor. Daraus ergibt sich zugleich, dass Beiträge zu **Einzelversicherungen nicht** an der **Durchschnittsberechnung** teilnehmen (BFH-Urteil vom 11.3.2010, BStBl. 2011 II S. 183). Dies gilt auch dann, wenn nach einem Arbeitgeberwechsel wegen der Beteiligung unterschiedlicher Versicherungsunternehmen ein Eintritt in die Gruppenversicherung nicht ohne weiteres möglich und/oder wirtschaftlich nicht sinnvoll ist. Allerdings sind die Einzelversicherungen bei der Prüfung der 2148-Euro-Grenze für den jeweiligen Arbeitnehmer zu berücksichtigen. Der Bundesfinanzhof geht aber bei den dem Streitfall zugrunde liegenden Sachverhalten davon aus, dass Einzelverträge – auch wenn sie bei unterschiedlichen Versicherungsunternehmen abgeschlossen wurden – durch einen Rahmenvertrag mit einem bestehenden Gruppenversicherungsvertrag zusammengefasst und über diesen Weg in die Durchschnittsberechnung einbezogen werden können.

Bei konzernumfassenden Direktversicherungsverträgen gilt Folgendes: Hat eine Konzernobergesellschaft eine **konzernübergreifende Gruppenversicherung** abgeschlossen, muss gleichwohl die einzelne Konzerngesellschaft als Arbeitgeber gesondert die Durchschnittsberechnung durchführen, das heißt, jede einzelne Konzerngesellschaft muss durch Aufteilung ihres anteiligen Beitrags auf die Zahl ihrer begünstigten Arbeitnehmer einen eigenen Durchschnittsbeitrag ermitteln. Es ist nicht zulässig, den Durchschnittsbeitrag durch Aufteilung des Konzernbeitrags auf alle begünstigten Arbeitnehmer des Konzerns zu ermitteln (R 40b.1 Abs. 9 Nr. 2 Satz 2 LStR).

Das **steuerfreie Volumen** für Beiträge zur betrieblichen Altersversorgung im Kapitaldeckungsverfahren an eine Pensionskasse, einen Pensionsfonds oder zugunsten einer Direktversicherung **vermindert** sich um die **Beiträge** und Zuwendungen, die nach § 40b EStG a. F. mit 20 % **pauschal besteuert** werden; vgl. auch vorstehende Nr. 8. Bei einer Durchschnittsberechnung sind grundsätzlich die auf den Arbeitnehmer entfallenden tatsächlichen Leistungen anzurechnen.

Lohn- steuer- pflichtig | Sozial- versich.- pflichtig

Beispiel A

Arbeitgeber A zahlt im Jahr 2021 für den Arbeitnehmer B Beiträge in Höhe von 6000 € an eine kapitalgedeckte Pensionskasse. A zahlt außerdem für seine Arbeitnehmer Beiträge an eine Gruppendirektversicherung, die nach „§ 40b alt EStG" mit 20 % pauschal besteuert werden. Der auf B entfallende, im Rahmen der Durchschnittsbesteuerung zulässigerweise pauschal besteuerte Beitrag beträgt 2000 €.

Der steuerfreie Höchstbetrag von 6816 € (= 8 % von 85 200 €) vermindert sich um die auf B entfallende Leistung in Höhe von 2000 €, sodass sich ein steuerfreies Volumen von 4816 € ergibt (6816 € abzüglich 2000 €). Der Beitrag des Arbeitgebers an die Pensionskasse in Höhe von 6000 € ist daher lediglich in Höhe von 4816 € steuerfrei und in Höhe des Differenzbetrags von 1184 € steuerpflichtig.

Beispiel B

Der Arbeitgeber zahlt in einen Gruppendirektversicherungsvertrag 600 € jährlich für den Arbeitnehmer A und 2000 € jährlich für den Arbeitnehmer B ein. Der Durchschnittsbetrag von 1300 € (600 € zuzüglich 2000 € : 2 Arbeitnehmer) wird mit 20 % pauschal besteuert.

Das steuerfreie Volumen von 6816 € (= 8 % von 85 200 €) ist beim Arbeitnehmer A um 600 € und beim Arbeitnehmer B um 2000 € zu vermindern.

Hat der Arbeitgeber keine individuelle Zuordnung vorgenommen, bestehen keine Bedenken, wenn er aus Vereinfachungsgründen für alle Arbeitnehmer den pauschal besteuerten Durchschnittsbetrag ansetzt.

Beispiel C

Der Arbeitgeber zahlt an eine Pensionskasse als Beitrag für alle Arbeitnehmer 3 % der Bruttolohnsumme. Der pauschal besteuerte Durchschnittsbetrag beträgt 1500 €.

Das steuerfreie Volumen von 6816 € (= 8 % von 85 200 €) wird bei allen Arbeitnehmern um 1500 € gemindert.

14. Besonderheiten bei der Pauschalierung laufender Zukunftsicherungsleistungen (Altfälle)

Die Pauschalierungsgrenze von 1752 € und der Grenzbetrag von 2148 € sind Jahresbeträge. Eine zeitanteilige Berücksichtigung (z. B. monatlich 146 € bzw. 179 €) wird von der Finanzverwaltung nicht gefordert. Durch die **laufende** Zahlung von Zukunftsicherungsleistungen ergeben sich jedoch einige Besonderheiten.

Werden die pauschalbesteuerungsfähigen Leistungen nicht in einem Jahresbetrag erbracht, gilt Folgendes:

Die Einbeziehung der auf den einzelnen Arbeitnehmer entfallenden Leistungen in die unter der vorstehenden Nr. 13 geschilderte **Durchschnittsberechnung entfällt** von dem Zeitpunkt an, in dem sich ergibt, dass die Leistungen für diesen Arbeitnehmer **voraussichtlich** insgesamt 2148 € im Kalenderjahr übersteigen werden (R 40b.1 Abs. 10 Nr. 1 LStR).

Die **Lohnsteuerpauschalierung** auf der Grundlage des Durchschnittsbetrags **entfällt** darüber hinaus von dem Zeitpunkt an, in dem sich ergibt, dass der Durchschnittsbetrag **voraussichtlich** 1752 € im Kalenderjahr übersteigen wird (R 40b.1 Abs. 10 Nr. 2 LStR).

Die Pauschalierungsgrenze von 1752 € ist jeweils insoweit zu vermindern, als sie bei der Pauschalbesteuerung von früheren Leistungen im selben Kalenderjahr bereits ausgeschöpft worden ist. Werden die Leistungen laufend erbracht, bestehen jedoch keine Bedenken, wenn die Pauschalierungsgrenze mit dem auf den jeweiligen Lohnzahlungszeitraum entfallenden Anteil berücksichtigt wird (z. B. monatlich 146 €; R 40b.1 Abs. 10 Nr. 3 LStR).

Beispiel

Es werden ganzjährig laufend monatliche Zuwendungen an eine Pensionskasse geleistet (Altverträge mit Kapitalauszahlung)

a) für 2 Arbeitnehmer je 250 €	=	500,– €
b) für 20 Arbeitnehmer je 175 €	=	3 500,– €
c) für 20 Arbeitnehmer je 125 €	=	2 500,– €
insgesamt		6 500,– €

Die Leistungen für die Arbeitnehmer zu a) betragen jeweils mehr als 2148 € jährlich; sie sind daher in eine Durchschnittsberechnung nicht

Z

Lohn-steuer-pflichtig | Sozial-versich.-pflichtig

einzubeziehen. Die Leistungen für die Arbeitnehmer zu b) und c) übersteigen jährlich jeweils den Betrag von 2148 € nicht; es ist daher der Durchschnittsbetrag festzustellen. Der Durchschnittsbetrag beträgt (6000 € : 40 =) 150 € monatlich; er übersteigt hiernach 1752 € jährlich und kommt deshalb als Bemessungsgrundlage nicht in Betracht. Der Pauschalbesteuerung sind also in allen Fällen die tatsächlichen Leistungen zugrunde zu legen. Der Arbeitgeber kann dabei

in den Fällen zu a)

im 1. bis 7. Monat je 250 € und im 8. Monat noch 2 € oder monatlich jeweils 146 €,

in den Fällen zu b)

im 1. bis 10. Monat je 175 € und im 11. Monat noch 2 € oder monatlich jeweils 146 €,

in den Fällen zu c)

monatlich jeweils 125 €

pauschal besteuern.

Im Übrigen bleibt für die abgelaufenen Lohnzahlungszeiträume des Kalenderjahres die Lohnsteuerpauschalierung auf der Grundlage einer Durchschnittsberechnung auch dann bestehen, wenn der Arbeitgeber bei diesem Verfahren **voraussichtlich** davon ausgehen konnte, dass die Pauschalierungsgrenze von 1752 € bzw. der Grenzbetrag von 2148 € nicht überschritten werden und sich erst **im Laufe des Jahres** herausstellt, dass die pauschalbesteuerungsfähigen Leistungen – z. B. wegen Beitragserhöhungen – doch die genannten Beträge überschreiten.

15. Vervielfältigungsregelung bei Beendigung des Dienstverhältnisses

a) Allgemeines

Beiträge für die betriebliche Altersversorgung, die aus Anlass der Beendigung des Dienstverhältnisses geleistet werden, können unter Anwendung einer sog. Vervielfältigungsregelung entweder **steuerfrei** belassen (§ 3 Nr. 63 Satz 3 EStG) oder **mit 20 % pauschal besteuert** werden (§ 40b Abs. 2 Sätze 3 und 4 EStG alter Fassung). Vgl. hierzu auch die Ausführungen in Anhang 6 unter Nr. 9.

Ein Dienstverhältnis kann auch dann beendet sein, wenn der Arbeitnehmer und sein bisheriger Arbeitgeber im Anschluss an das bisherige Dienstverhältnis ein neues Dienstverhältnis vereinbaren. Von einer Fortsetzung und nicht von einer Beendigung des bisherigen Dienstverhältnisses ist aber auszugehen, wenn das „neue" Dienstverhältnis in Bezug auf den Arbeitsbereich, die Entlohnung und die sozialen Besitzstände im Wesentlichen dem bisherigen Dienstverhältnis entspricht (BFH-Urteil vom 30.10.2008, BStBl. 2009 II S. 162). Die Vervielfältigungsregelung kann dann nicht in Anspruch genommen werden.

Für die **Steuerfreiheit** bei Anwendung der Vervielfältigungsregelung gilt nach § 3 Nr. 63 Satz 3 EStG Folgendes:

Werden aus Anlass der Beendigung des Dienstverhältnisses Beiträge an einen Pensionsfonds, eine Pensionskasse oder für eine Direktversicherung zur Erlangung **lebenslanger Versorgungsleistungen geleistet** (vgl. hierzu die Erläuterungen unter der vorstehenden Nr. 9 Buchstabe b), **vervielfältigt** sich der Betrag von **4 %** der Beitragsbemessungsgrenze in der gesetzlichen Rentenversicherung – West – (2021 = 3408 €) mit der Anzahl der Kalenderjahre, in denen das Arbeitsverhältnis bestanden hat. Dabei werden allerdings **maximal zehn Kalenderjahre** zugrunde gelegt. Der sich hierdurch ergebende Betrag ist steuerfrei (§ 3 Nr. 63 Satz 3 EStG). Die Beschränkung auf höchstens zehn Kalenderjahre dient der Begrenzung der Steuerausfälle und führt nicht zu Verschlechterungen gegenüber der früheren Rechtslage.

Somit ergibt sich für 2021 ein maximal steuerfreies Volumen von 34 080 € (= 4 % von 85 200 € × 10 Kalenderjahre). Eine Anrechnung der im laufenden und den vorherigen sechs Kalenderjahren steuerfrei erbrachten Beiträge erfolgt nicht. Die steuerfreie Vervielfältigungsregelung nach § 3 Nr. 63 Satz 3 EStG kann also zusätzlich zur Steuerfreiheit der Beiträge nach § 3 Nr. 63 Satz 1 EStG in Anspruch genommen werden.

Beispiel A

Anlässlich des Ausscheidens eines Arbeitnehmers im Jahre 2021 nach 20-jähriger Betriebszugehörigkeit zahlt der Arbeitgeber neben einer Abfindung erstmals 50 000 € Beiträge an eine Direktversicherung. Der Arbeitnehmer hat im Leistungszeitpunkt ein Wahlrecht zwischen einer lebenslangen Rente und einer Kapitalauszahlung. Die Einzahlung ist in Höhe von 34 080 € steuerfrei (4 % von 85 200 € = 3408 € × 10 Jahre = 34 080 €) und in Höhe von 15 920 € steuerpflichtig (§ 3 Nr. 63 Satz 3 EStG). Die Möglichkeit anstelle einer lebenslangen Altersversorgung eine Kapitalauszahlung zu wählen, steht der Steuerfreiheit nicht entgegen (vgl. die Erläuterungen unter der vorstehenden Nr. 9 Buchstabe b).

Die Anwendung der steuerfreien Vervielfältigungsregelung ist nicht ausgeschlossen, wenn gleichzeitig auf die Beiträge, die der Arbeitgeber aus Anlass der Auflösung des Dienstverhältnisses leistet, die pauschal mit 20 % lohnsteuerpflichtige Vervielfältigungsregelung angewendet wird (vgl. nachfolgenden Buchstaben b). Die **pauschal besteuerten Zuwendungen** nach § 40b Abs. 2 Sätze 3 und 4 EStG a. F. aus Anlass der Beendigung des Dienstverhältnisses werden allerdings auf das **steuerfreie Volumen angerechnet.**

Beispiel B

Aus Anlass der Beendigung des Dienstverhältnisses pauschaliert der Arbeitgeber Beiträge zur betrieblichen Altersversorgung nach § 40b Abs. 2 Sätze 3 und 4 EStG a. F. in Höhe von 26 280 €. Das steuerfreie Volumen nach § 3 Nr. 63 Satz 3 EStG beträgt 34 080 € (4 % von 85 200 € = 3408 € × 10 Jahre).

Die tatsächlich pauschal besteuerten Beiträge in Höhe von 26 280 € sind auf das steuerfreie Volumen von 34 080 € anzurechnen, sodass ein steuerfreies Volumen von 7800 € verbleibt (34 080 € abzüglich 26 280 €).

Eine Anwendung der steuerfreien Vervielfältigungsregelung ist übrigens nicht möglich, soweit der Arbeitnehmer bei Beiträgen für eine Direktversicherung auf die Anwendung der Steuerfreiheit der Beiträge zugunsten der Weiteranwendung der Pauschalbesteuerung verzichtet hat.[1)]

Sozialversicherungsrechtlich gilt Folgendes:

Der nach den vorstehend dargestellten Regelungen ermittelte vervielfältigte **steuerfreie** Betrag ist auch sozialversicherungsfrei, wenn er sozialversicherungsrechtlich als Abfindung anzusehen ist (vgl. hierzu die Erläuterungen beim Stichwort „Abfindung wegen Entlassung aus dem Dienstverhältnis" unter Nr. 13). nein nein

b) Vervielfältigung der Pauschalierungsgrenze in Altfällen

Zahlt der Arbeitgeber bei Beendigung des Dienstverhältnisses für den Arbeitnehmer Beiträge zu einer Direktversicherung oder Pensionskasse, kann er in sog. Altfällen die Vorschriften in § 40b Abs. 2 Sätze 3 und 4 EStG in der bis 31.12.2004 geltenden Fassung auch über den 1.1.2005 hinaus weiter anwenden und die Lohnsteuer mit 20 % pauschalieren. Da nämlich allein die Erhöhung der Beiträge und/oder der Leistungen bei einer ansonsten unveränderten Versorgungszusage noch nicht zu einer (hier schädlichen) Neuzusage führt, kann die steuerpflichtige Vervielfältigungsregelung auch dann genutzt werden, wenn der Arbeitnehmer erst nach dem 31.12.2004 aus dem Dienstverhältnis ausscheidet. Dabei vervielfältigt sich der Betrag von 1752 € mit der Anzahl der Kalenderjahre, in denen das Dienstverhältnis bestanden hat. Auch hier können **angefangene Kalenderjahre voll berücksichtigt werden.** Diese vervielfältigte Pauschalierungsgrenze vermindert sich um die pauschal besteuerten Beiträge, die der Arbeitgeber im Jahr der **Beendigung** des Dienstver-

1) Randnummer 97 des BMF-Schreibens vom 6.12.2017 (BStBl. 2018 I S. 147, 161). Das BMF-Schreiben ist als Anhang 13c im **Steuerhandbuch für das Lohnbüro 2021** abgedruckt, das im selben Verlag erschienen ist.

Z

	Lohn-steuer-pflichtig	Sozial-versich.-pflichtig
hältnisses und in den vorangegangenen **sechs Jahren** erbracht hat.	ja	nein

Beispiel

Ein Arbeitgeber hat für seinen Arbeitnehmer gleich zu Beginn des Dienstverhältnisses im Jahr 2004 eine Direktversicherung abgeschlossen, die als spätere Leistung eine Kapitalauszahlung vorsieht und die auch ab 2005 bis zum Höchstbetrag von 1752 € mit 20 % pauschal besteuert worden ist. 2021 scheidet der Arbeitnehmer B aus dem Unternehmen aus und A zahlt anlässlich des Ausscheidens neben dem Betrag von 1752 € zusätzlich einen Einmalbetrag von 16 500 € an die Direktversicherung.

Der Direktversicherungsbeitrag von 16 500 € kann in voller Höhe mit 20 % pauschal besteuert werden, da der höchstmögliche Pauschalierungsbetrag (18 Beschäftigungsjahre – von 2004 bis 2021 à 1752 € = 31 536 € abzüglich sieben Beschäftigungsjahre zu 1752 € = 12 264 € = 19 272 €) nicht überschritten ist (§ 40b Abs. 2 Sätze 3 und 4 EStG alter Fassung). Die Inanspruchnahme der steuerfreien Vervielfältigungsregelung (vgl. vorstehenden Buchstaben a) kommt nicht in Betracht, da als spätere Leistung eine Kapitalauszahlung vorgesehen ist.

Für die Anwendung der Vervielfältigungsregelung kommt es nicht auf den Grund der Beendigung des Dienstverhältnisses an. Sie kann deshalb bei einer Kündigung durch den Arbeitnehmer, bei einer vom Arbeitgeber veranlassten Auflösung des Dienstverhältnisses und auch bei einer Beendigung wegen Erreichens der **Altersgrenze** von z. B. 65 Jahren genutzt werden. Voraussetzung ist, dass die Leistung des Arbeitgebers mit der Beendigung des Dienstverhältnisses in Zusammenhang steht (vgl. die Erläuterungen unter dem nachfolgenden Buchstaben d).

c) Vervielfältigung der Pauschalierungsgrenze bei Gehaltsumwandlungen in Altfällen

Die Vervielfältigung der Pauschalierungsgrenze ermöglicht es dem Arbeitgeber, im Zeitpunkt der Beendigung des Dienstverhältnisses für den Arbeitnehmer die Basis für eine erstmalige oder eine Erhöhung der bereits vorhandenen Zukunftsicherung in Form einer Altersversorgung zu schaffen. Das Lebensalter des Arbeitnehmers bei Beendigung des Dienstverhältnisses ist ebenso ohne Bedeutung wie der Grund für die Beendigung.

Die Vervielfältigungsregelung beim Ausscheiden aus dem Dienstverhältnis findet auch dann Anwendung, wenn der Direktversicherungsbeitrag durch eine Gehaltsumwandlung erbracht wird (zur Gehaltsumwandlung vgl. die Ausführungen unter der folgenden Nr. 16). Eine Gehaltsumwandlung bei Beendigung des Dienstverhältnisses wird nicht anders beurteilt, als im Normalfall. Das bedeutet, dass bei Beendigung des Dienstverhältnisses entsprechend der höheren Pauschalierungsgrenze auch die Umwandlung eines höheren Betrags als 1752 € jährlich zulässig ist.

Wie bereits ausgeführt, vermindert sich der vervielfältigte Betrag um die im **Kalenderjahr des Ausscheidens** und in den **sechs** vorangegangenen Jahren erbrachten und pauschal mit 20 % besteuerten Beiträge. Bei dieser Anrechnung ist Folgendes zu beachten:

Sind vom Arbeitgeber im Jahr der Beendigung des Dienstverhältnisses in den sechs vorangegangenen Kalenderjahren für den ausscheidenden Arbeitnehmer Beiträge erbracht worden, die in eine **Durchschnittsberechnung** einbezogen worden sind, ist auf den vervielfältigten Betrag nicht der in der Vergangenheit jeweils pauschal besteuerte Durchschnittsbetrag anzurechnen. Anzurechnen sind vielmehr die für diesen Arbeitnehmer **tatsächlich geleisteten** individuellen Beiträge, also auch Beiträge, die über den Betrag von 1752 € hinausgegangen sind. Nur wenn es sich um **Pauschalzuweisungen** für eine Lebensversicherung oder an eine Pensionskasse handelte und deshalb der auf den Arbeitnehmer entfallende individuelle Beitrag nicht festgestellt werden kann, ist als tatsächlicher Beitrag der Durchschnittsbetrag aus der Pauschalzuweisung anzurechnen (R 40b.1 Abs. 11 Sätze 5 bis 7 LStR).

Lohn-steuer-pflichtig	Sozial-versich.-pflichtig

d) Anwendung der Vervielfältigung der Pauschalierungsgrenze im zeitlichen Zusammenhang mit der Beendigung des Dienstverhältnisses in Altfällen

Voraussetzung für die Vervielfältigung der Pauschalierungsgrenze in Altfällen ist, dass die Leistung des Arbeitgebers **aus Anlass der Beendigung** des Dienstverhältnisses erbracht wird, das heißt in einem sachlichen Zusammenhang mit der Auflösung des Dienstverhältnisses steht. Der **zeitliche** Zusammenhang spielt dabei insofern eine Rolle, weil ein enger zeitlicher Zusammenhang eine starke Indizwirkung für den sachlichen Zusammenhang hat.

Die Vervielfältigung der Pauschalierungsgrenze im Zusammenhang mit der Beendigung des Dienstverhältnisses konnte deshalb nach früher geltender Verwaltungsregelung nur für solche Beiträge in Anspruch genommen werden, die frühestens drei Monate vor diesem Zeitpunkt auf einen Direktversicherungsvertrag eingezahlt wurden. Diese starre Dreimonatsgrenze wurde aufgegeben, denn nach R 40b.1 Abs. 11 Satz 1 LStR kommt der Dreimonatsfrist nur noch in den Fällen Bedeutung zu, in denen der sachliche Zusammenhang der Direktversicherungsbeiträge mit der Beendigung des Dienstverhältnisses nicht bereits in anderer Weise dokumentiert werden kann, etwa durch eine schriftliche Vereinbarung mit dem Arbeitgeber oder durch entsprechende Regelungen in Aufhebungsverträgen. Die Vervielfältigungsregelung kann deshalb in diesen Fällen ohne zeitliche Begrenzung angewendet werden.

Die Vervielfältigungsregelung gilt auch bei einer Umwandlung von Arbeitslohn (= Gehaltsumwandlung). Nach Auflösung des Dienstverhältnisses (= Ausscheiden des Arbeitnehmers) kann sie ohne zeitliche Beschränkung angewendet werden, wenn **die Umwandlung spätestens bis zum Zeitpunkt der Auflösung des Dienstverhältnisses vereinbart wurde.**

16. Umwandlung von Barlohn in pauschal mit 20 % besteuerte Beiträge zu einer Direktversicherung oder Pensionskasse in Altfällen

a) Umwandlung von Barlohn in Direktversicherungsbeiträge

Für die Pauschalierung der Lohnsteuer mit 20 % in Altfällen kommt es nicht darauf an, ob die Beiträge zu einer Direktversicherung zusätzlich zu dem ohnehin geschuldeten Arbeitslohn oder aufgrund von Vereinbarungen mit den Arbeitnehmern **anstelle** von künftig fällig werdenden Arbeitslohn (= Herabsetzung des individuell zu besteuernden Arbeitslohns) erbracht werden (R 40b.1 Abs. 5 LStR; vgl. nachfolgenden Buchstaben b). Dies gilt selbst dann, wenn der Arbeitslohn so weit herabgesetzt wird, dass mit der Lohnkürzung nicht nur der Direktversicherungsbeitrag, sondern zugleich die pauschale Lohn- und Kirchensteuer sowie der bei einer Pauschalierung weiterhin zu erhebende Solidaritätszuschlag finanziert wird (sog. Abwälzung der Pauschalsteuer auf den Arbeitnehmer; vgl. hierzu die Erläuterungen bei diesem Stichwort). Hierbei ist jedoch zu beachten, dass zwar die Abwälzung der Pauschalsteuer auf den Arbeitnehmer aus steuerlicher Sicht ohne weiteres möglich ist, soweit arbeitsrechtliche Vorschriften nicht entgegenstehen, die auf den Arbeitnehmer abgewälzte pauschale Lohnsteuer aber **als zugeflossener Arbeitslohn gilt und die Bemessungsgrundlage für die Steuerberechnung nicht mindern darf.**

Die Gehaltsumwandlung kann entweder beim laufenden Arbeitslohn oder bei einer einmaligen Zuwendung erfolgen. Meistens werden jedoch einmalige Zuwendungen umgewandelt, da sozialversicherungsrechtlich die Umwandlung von **laufendem** Arbeitslohn **nicht** zulässig ist, das heißt, nicht zur Beitragsfreiheit führt. Die Umwandlung von laufendem Arbeitslohn kommt deshalb nur bei Arbeitnehmern in Betracht, deren Arbeitslohn auch **nach der**

Lohn-steuer-pflichtig	Sozial-versich.-pflichtig

Lohnumwandlung noch über der Beitragsbemessungsgrenze liegt (vgl. die Ausführungen unter der folgenden Nr. 22 Buchstabe c). Die Umwandlung einer Weihnachtszuwendung in einen Direktversicherungsbeitrag soll folgende Lohnabrechnung verdeutlichen:

Beispiel

Ein Arbeitnehmer, privat krankenversichert, mit einem Monatslohn von 5500 € hat Anspruch auf ein Weihnachtsgeld in Höhe eines Monatsgehalts. Das Weihnachtsgeld wird im Dezember 2021 ausgezahlt. Der Arbeitnehmer vereinbart mit dem Arbeitgeber, dass dieser vom Weihnachtsgeld 1752 € auf einen „alten" (vor 2005 abgeschlossenen) Direktversicherungsvertrag einzahlt und außerdem die pauschale Lohn- und Kirchensteuer sowie den Solidaritätszuschlag durch eine Lohnkürzung finanziert. Für die Besteuerung des Weihnachtsgeldes im Dezember 2021 ergibt sich folgende Berechnung:

Weihnachtsgeld	5 500,– €
abzüglich Gehaltsumwandlung:	
Versicherungsprämie	1 752,– €
Dem normalen Lohnsteuerabzug unterliegt das Weihnachtsgeld nur noch in Höhe von	3 748,– €

Ausgehend von der Steuerklasse I, keine Kinder, ergibt sich für den Arbeitnehmer durch diese Vereinbarung folgende Steuerermäßigung:

Besteuerung des Weihnachtsgelds in Höhe von 5500 € als sonstiger Bezug (vgl. „Sonstige Bezüge")

maßgebender Jahresarbeitslohn	66 000,– €
Lohnsteuer nach Steuerklasse I der Jahreslohnsteuertabelle	
a) vom maßgebenden Jahresarbeitslohn (66 000 €)	15 184,– €
b) vom maßgebenden Jahresarbeitslohn einschließlich Weihnachtsgeld (66 000 € + 5500 € =) 71 500 €	17 314,– €
Lohnsteuer für das Weihnachtsgeld	2 130,– €
Solidaritätszuschlag	117,15 €
Kirchensteuer (8 % aus 2130 €)	170,40 €

Besteuerung des um die Gehaltsumwandlung (= 1752 €) verminderten Weihnachtsgelds in Höhe von 3748 € als sonstiger Bezug

maßgebender Jahresarbeitslohn	66 000,– €
Lohnsteuer nach Steuerklasse I der Jahreslohnsteuertabelle	
a) vom maßgebenden Jahresarbeitslohn (66 000 €)	15 184,– €
b) vom maßgebenden Jahresarbeitslohn einschließlich Rest des Weihnachtsgelds (66 000 € + 3748 € =) 69 748 €	16 635,– €
Lohnsteuer für das Weihnachtsgeld	1 451,– €
Solidaritätszuschlag	0,– €[1]
Kirchensteuer (8 % aus 1451 €)	116,08 €

Die Steuerersparnis durch die Gehaltsumwandlung beträgt:

Steuerbelastung für das Weihnachtsgeld ohne Gehaltsumwandlung (2130 € + 117,15 € + 170,40 €)	=	2 417,55 €
Steuerbelastung bei Gehaltsumwandlung:		
Lohnsteuer für das Weihnachtsgeld	1 451,– €	
Solidaritätszuschlag für das Weihnachtsgeld	0,– €	
Kirchensteuer für das Weihnachtsgeld	116,08 €	
pauschale Lohnsteuer (20 % aus 1752 €)	350,40 €	
Solidaritätszuschlag (5,5 % aus 350,40 €)	19,27 €	
pauschale Kirchensteuer (7 % aus 350,40 €)	24,52 €	1 961,27 €
Steuerersparnis durch Gehaltsumwandlung		456,28 €

Außerdem werden die Sozialversicherungsbeiträge gespart, die auf den Einmalbeitrag zur Direktversicherung entfallen. Dies sind der Arbeitgeber- und Arbeitnehmeranteil zur Renten- und Arbeitslosenversicherung in Höhe von (18,6 % + 2,4 % =) 21,0 % von 1752 € = 367,92 € (Arbeitnehmeranteil 50 % = 183,96 €).

Die Umwandlung von Barlohn in Beiträge für eine Direktversicherung kann in Altfällen auch angewendet werden, wenn ein **gemeinsamer Direktversicherungsvertrag** vorliegt und deshalb eine **Durchschnittsberechnung** durchzuführen ist (vgl. vorstehende Nr. 13). Dabei ist der Barlohn aber um die **tatsächlich** für den einzelnen Arbeitnehmer **erbrachten Beiträge** zu der gemeinsamen Direktversicherung **zu kürzen** und nicht um den Durchschnittsbetrag, der für die Lohnsteuerpauschalierung maßgebend ist.

Beim **Ausscheiden aus dem Dienstverhältnis** stellt sich die Frage, ob im Hinblick auf die Vervielfältigung der Pauschalierungsgrenze in Altfällen (vgl. vorstehende Nr. 15) auch eine entsprechend hohe Barlohnumwandlung möglich ist. Eine Barlohnumwandlung bei Beendigung des Dienstverhältnisses wird nicht anders beurteilt, als im Normalfall. Das bedeutet, dass bei Beendigung des Dienstverhältnisses entsprechend der höheren Pauschalierungsgrenze auch die Umwandlung eines höheren Barlohns als 1752 € jährlich zulässig ist. Auf die Erläuterungen unter der vorstehenden Nr. 15 wird Bezug genommen.

b) Gehaltsumwandlung bei zeitanteilig zugesicherten (sog. ratierlichen) Sonderzuwendungen

Für die Pauschalierung der Lohnsteuer mit 20 % ist es nach R 40b.1 Abs. 5 LStR unerheblich, ob die Beiträge zusätzlich oder anstelle des ohnehin geschuldeten Barlohns erbracht werden. Im Fall einer Finanzierung der Beiträge durch Barlohnkürzung unterliegt nur der gekürzte Barlohn dem individuellen Lohnsteuerabzug nach der Lohnsteuertabelle.

Die früher geltende Einschränkung, dass nur **künftiger,** also rechtlich dem Grunde nach noch nicht entstandener Arbeitslohn in pauschal zu besteuernde Beiträge an eine Direktversicherung umgewandelt werden kann, wurde wieder aufgegeben. Nach R 40b.1 Abs. 5 LStR kann jeder (laufender Arbeitslohn oder Einmalzahlung) **noch nicht fällige Arbeitslohn** in pauschal zu besteuernde Beiträge zu einer Direktversicherung umgewandelt werden. Dies wurde in den Hinweisen zu den Lohnsteuer-Richtlinien durch folgendes Beispiel ausdrücklich klargestellt:

Beispiel

Der Anspruch auf das 13. Monatsgehalt entsteht gemäß Tarifvertrag zeitanteilig nach den vollen Monaten der Beschäftigung im Kalenderjahr und ist am 1. 12. fällig. Die Barlohnkürzung vom 13. Monatsgehalt zu Gunsten eines Direktversicherungsbeitrags wird im November des laufenden Kalenderjahres vereinbart.

Der Barlohn kann vor Fälligkeit, also bis spätestens 30. 11., auch um den Teil des 13. Monatsgehalts, der auf bereits abgelaufene Monate entfällt, steuerlich wirksam gekürzt werden. Auf den Zeitpunkt der Entstehung kommt es nicht an.

Diese großzügige Regelung gilt im Übrigen für alle fünf Durchführungswege der betrieblichen Altersversorgung[2], also nicht nur für Beiträge zu einer Direktversicherung, sondern auch für

- Beiträge/Zuwendungen zu Pensionskassen,
- Beiträge zu Pensionsfonds,
- Beiträge/Zuwendungen zu Unterstützungskassen und
- Pensionszusagen (sog. Direktzusagen).

Auf die Erläuterungen zur sog. arbeitnehmerfinanzierten Pensionszusage unter dem nachfolgenden Buchstaben c wird hingewiesen.

c) Umwandlung von Barlohn in eine arbeitnehmerfinanzierte Pensionszusage

Die Gewährung einer Pensionszusage und die damit verbundene Bildung einer Pensionsrückstellung in der Bilanz des Unternehmens lösen keine Lohnsteuerpflicht beim Arbeitnehmer aus. Ob und ggf. in welcher Höhe eine solche Rückstellung nach einkommensteuerrechtlichen

1) Der Solidaritätszuschlag beträgt wegen der zu beachtenden Nullzone von 16 956 € 0,– €.

2) Randnummer 9 bis 13 des BMF-Schreibens vom 6.12.2017 (BStBl. 2018 I S. 147, 150 f.). Das BMF-Schreiben ist als Anhang 13c im **Steuerhandbuch für das Lohnbüro 2021** abgedruckt, das im selben Verlag erschienen ist.

Z

Grundsätzen gewinnmindernd anerkannt werden kann, ist für die Lohnsteuer ohne Bedeutung. Die Bildung einer Pensionsrückstellung stellt für den Arbeitnehmer in keinem Fall Zufluss von **Arbeitslohn** dar, da die Mittel bis zum Eintritt des Versorgungsfalls im Unternehmen verbleiben. Steuerpflichtig sind in diesen Fällen die **späteren Versorgungsleistungen** des Arbeitgebers. Hierbei handelt es sich um steuerpflichtigen Arbeitslohn, für den ggf. die Freibeträge für Versorgungsbezüge in Anspruch genommen werden können (vgl. das Stichwort „Versorgungsbezüge, Versorgungsfreibetrag").

Aus Gründen der Steuerersparnis stellt sich deshalb die Frage, ob es lohnsteuerlich zulässig ist, auf Teile des Gehalts zugunsten einer Versorgungszusage zu verzichten.

Beispiel

Der Arbeitnehmer vereinbart mit seinem Arbeitgeber, dass das monatliche Gehalt von 8500 € auf 7500 € herabgesetzt und dafür eine entsprechende **Pensionszusage** gewährt wird. Der Arbeitnehmer entzieht damit 1000 € der progressiven Besteuerung (vgl. die Tabelle zu den Grenzsteuersätzen beim Stichwort „Tarifaufbau" unter Nr. 6 auf Seite 915) und erhält hierfür eine Altersversorgung, die erst bei der Auszahlung – mit dem dann meist geringeren Steuersatz – versteuert werden muss. Beim Arbeitgeber führt dieses Modell zu einer erheblichen Liquiditätsverbesserung, wobei die Bildung der gewinnmindernden Rückstellung nach § 6a EStG unverändert erhalten bleibt.

Die Finanzverwaltung erkennt die Minderung des künftig zufließenden steuerpflichtigen Arbeitslohns unter der Voraussetzung an, dass der **Arbeitslohn noch nicht fällig** ist und eine Pensionszusage vereinbart wird, die einer betrieblichen Altersversorgung im Sinne des Betriebsrentengesetzes (BetrAVG)[1] entspricht. Auch der Bundesfinanzhof sieht in der Einbehaltung eines Betrags vom Arbeitslohn durch den Arbeitgeber und der Zuführung zu einer Versorgungsrückstellung keinen Zufluss von Arbeitslohn (BFH-Urteil vom 20.7.2005, BStBl. II S. 890). Die Einzelheiten zur Umwandlung von künftig zufließendem Arbeitslohn in eine Pensionszusage sind beim Stichwort „Arbeitnehmerfinanzierte Pensionszusage" ausführlich erläutert.

d) Umwandlung von Barlohn in Beiträge zu einer Pensionskasse

Bei der Umwandlung von Barlohn in Beiträge zu einer Pensionskasse gelten die gleichen Regelungen wie bei der Umwandlung von Barlohn in Beiträge zu einer Direktversicherung. Dabei spielt es keine Rolle, ob eine Pauschalierung der Lohnsteuer mit 20 % oder die Steuerfreiheit nach § 3 Nr. 63 EStG angestrebt wird. Zu der seit 1.1.2002 geltenden Steuerbefreiung für Beiträge zu Pensionskassen und einer Pauschalierung der Lohnsteuer mit 20 % nach § 40b EStG vgl. die ausführlichen Erläuterungen in Anhang 6 Nr. 6 Buchstabe c auf Seite 1181.

17. Rückzahlung pauschal besteuerter Zukunftsicherungsleistungen

a) Gewinnausschüttungen und ersatzloser Wegfall des Bezugsrechts (verfallbare Anwartschaft)

Von einer Arbeitslohnrückzahlung, die zu einer Erstattung von Pauschalsteuern an den Arbeitgeber führen konnte, wurde früher auch dann ausgegangen, soweit Gewinnanteile zugunsten des Arbeitgebers beim Versicherungsunternehmen/Pensionskasse angesammelt, während der Versicherungsdauer mit fälligen Beiträgen des Arbeitgebers verrechnet oder an den Arbeitgeber ausgezahlt wurden (R 40b.1 Abs. 12 LStR 2008). Hiervon abweichend hat der Bundesfinanzhof jedoch entschieden, dass **Gewinnausschüttungen** einer betrieblichen Versorgungseinrichtung **keine Arbeitslohnrückzahlungen** sind und daher nicht zu einer Minderung bzw. Erstattung von Pauschalsteuern führen können (BFH-Urteil vom 12.11.2009, BStBl. 2010 II S. 845). Der Bundesfinanzhof geht bei Zukunftsicherungsleistungen nur noch dann von einer **Arbeitslohnrückzahlung** aus, wenn der Versicherer dem Arbeitgeber **lohnversteuerte Beiträge oder Prämien zurückerstattet.** Aufgrund der vorstehenden Rechtsprechung ist R 40b.1 Abs. 12 LStR 2008 ab 2011 gestrichen worden.

In der Praxis stellt sich zudem bei pauschal besteuerten Beiträgen zu einer Direktversicherung die Frage, welche steuerlichen Folgen eintreten, wenn der Arbeitnehmer sein Bezugsrecht aus einer Direktversicherung **ersatzlos verliert** (z. B. weil er aus dem Dienstverhältnis ausscheidet), bevor seine Versorgungsanwartschaft nach § 1b BetrAVG[1] unverfallbar geworden ist.

In den Lohnsteuer-Richtlinien (vgl. R 40b.1 Abs. 13 Satz 1 LStR 2008) war seit jeher von der Finanzverwaltung die Auffassung vertreten worden, dass der ersatzlose Verlust des Bezugsrechts aus einer Direktversicherung eine **Rückzahlung von Arbeitslohn** darstellt. Aufgrund der vorstehenden BFH-Rechtsprechung geht die Finanzverwaltung nunmehr auch bei einem ganz oder teilweise ersatzlosen Verlust des Bezugsrechts aus einer Direktversicherung seit 1.1.2011 nur noch dann von einer Arbeitslohnrückzahlung aus, wenn das Versicherungsunternehmen **pauschal** als Arbeitslohn **besteuerte Beiträge** an den Arbeitgeber **zurückzahlt** (R 40b.1 Abs. 13 Satz 1 LStR); allein der Verlust des Bezugsrechts führt somit nicht mehr zu einer Arbeitslohnrückzahlung. Die negative Einnahme ist in Höhe des zurückgezahlten Betrags und nicht in Höhe des geschäftsplanmäßigen Deckungskapitals des verlorenen Bezugsrechts anzusetzen. Wurden die Beiträge zu einer Direktversicherung pauschal besteuert, berührt die Arbeitslohnrückzahlung den Arbeitnehmer nicht. Der Arbeitnehmer kann also negative Einnahmen aus pauschal besteuerten Beitragsleistungen bei seiner Einkommensteuer-Veranlagung nicht geltend machen (R 40b.1 Abs. 14 Satz 4 LStR).

Die Arbeitslohnrückzahlungen aus pauschal besteuerten Beitragsleistungen **mindern** die im **selben Kalenderjahr** anfallenden pauschal besteuerten Beitragsleistungen des Arbeitgebers. Übersteigen in einem Kalenderjahr die Arbeitslohnrückzahlungen betragsmäßig die Beitragsleistungen des Arbeitgebers, ist eine Minderung der Beitragsleistungen im selben Kalenderjahr nur **bis** auf **Null** möglich. Eine darüber hinausgehende Erstattung der pauschalen Lohnsteuer oder eine Minderung der Beitragsleistungen des Arbeitgebers in den Vorjahren ist seit 2008 nicht mehr zulässig (R 40b.1 Abs. 14 Sätze 2 und 3 LStR). Der Bundesfinanzhof hat diese Verwaltungsauffassung bestätigt, da die Festsetzung einer negativen Einkommensteuer und damit auch einer negativen pauschalen Lohnsteuer gesetzlich nicht vorgesehen ist (BFH-Urteil vom 28.4.2016, BStBl. II S. 898).

Beispiel A

Wegen Auflösung seines Arbeitsverhältnisses verliert ein Arbeitnehmer im Kalenderjahr 2021 seine (noch verfallbare) Anwartschaft bei einer umlagefinanzierten Pensionskasse. Die Versorgungseinrichtung zahlt an den Arbeitgeber 5000 € als Arbeitslohn pauschal besteuerte Beiträge zurück.

In Höhe von 5000 € liegt eine Rückzahlung von Arbeitslohn vor.

Die Arbeitslohnrückzahlung aus pauschal besteuerten Beträgen mindert die im Kalenderjahr 2021 angefallenen pauschal besteuerten Beitragsleistungen des Arbeitgebers bis zur Höhe von Null. Eine darüber hinausgehende Erstattung von Pauschalsteuern ist nicht möglich.

Aufgrund der Formulierung in den Lohnsteuer-Richtlinien („Arbeitslohnrückzahlungen mindern die im selben Kalenderjahr pauschal besteuerbaren Beitragsleistungen des Arbeitgebers bis auf Null") ist u.E. bei **mehreren Verträgen** eine **Saldierung** möglich, da der Richtlinienwortlaut nicht auf den einzelnen Vertrag abstellt.

1) Das Betriebsrentengesetz (BetrAVG) ist als Anhang 13 im **Steuerhandbuch für das Lohnbüro 2021** abgedruckt, das im selben Verlag erschienen ist.

Lohnsteuerpflichtig | Sozialversich.-pflichtig

Beispiel B

Der Arbeitgeber erhält aus dem Direktversicherungsvertrag I eine Arbeitslohnrückzahlung von 5000 €. Die Beiträge für den Direktversicherungsvertrag II belaufen sich auf 7000 €.

Die Arbeitslohnrückzahlung aus dem Direktversicherungsvertrag I mindert in voller Höhe die Beitragsleistungen für den Direktversicherungsvertrag II. Der Arbeitgeber hat folglich lediglich Beiträge in Höhe von 2000 € (7000 € abzüglich 5000 €) pauschal zu besteuern.

Bei einem ersatzlosen Wegfall des Bezugsrechts aus einer Direktversicherung ist der Arbeitnehmer häufig daran interessiert, den Anspruch durch eigene Zahlungen wieder zu erwerben. Für diese Fälle gilt Folgendes:

Zahlungen des Arbeitnehmers zum **Wiedererwerb** der verlorenen Anwartschaft sind der Vermögenssphäre des Arbeitnehmers zuzuordnen; sie stellen **keine Arbeitslohnrückzahlung** des Arbeitnehmers dar. Auch ein Abzug als Werbungskosten kommt nicht in Betracht (R 40b.1 Abs. 13 Satz 2 LStR).

Beispiel C

Der Arbeitnehmer des Beispiels A zahlt an die betriebliche Versorgungseinrichtung einen Einmalbeitrag in Höhe von z. B. 7200 €, um sich den Versorgungsanspruch weiterhin zu sichern. Diese Zahlung des Arbeitnehmers fällt in seine Vermögenssphäre; sie stellt keine Arbeitslohnrückzahlung dar. Auch ein Abzug als Werbungskosten kommt nicht in Betracht.

Es gibt jedoch auch Fälle, in denen der Arbeitgeber für eine noch verfallbare Anwaltschaft, die der Arbeitnehmer verliert, dem Arbeitnehmer freiwillig einen Abfindungsbetrag zahlt. Für den Arbeitgeber liegt eine Rückzahlung von Arbeitslohn vor, wenn die betriebliche Versorgungseinrichtung als Arbeitslohn pauschal besteuerte Beiträge erstattet; diese Erstattung der Versorgungseinrichtung an den Arbeitgeber ist beim Arbeitnehmer steuerlich ohne Bedeutung. Beim Arbeitnehmer liegt allerdings in Höhe des vom Arbeitgeber erhaltenen Betrags regelmäßig eine Abfindung wegen Entlassung aus dem Dienstverhältnis vor, die nach dem beim Stichwort „Abfindungen wegen Entlassung aus dem Dienstverhältnis" dargestellten Grundsätzen zu besteuern ist. Auch der Bundesfinanzhof hat entschieden, dass **Surrogatleistungen** für den Wegfall bzw. die Verringerung von Ansprüchen auf betriebliche Altersversorgung zu **Arbeitslohn** führen (BFH-Urteil vom 7.5.2009, BStBl. 2010 II S. 130). Vgl. auch Anhang 6 unter Nr. 5 Buchstabe e.

Die vorstehend erläuterte und in den Beispielen A bis C dargestellte Abwicklung stellt auf die Fälle ab, in denen es sich um eine noch **verfallbare Anwartschaft** handelt, denn nur dann kann der Arbeitgeber den Versicherungsvertrag auflösen, ohne dem Arbeitnehmer einen entsprechenden Ersatz zu gewähren. Zum Verlust einer unverfallbaren Anwartschaft vgl. nachfolgenden Buchstaben b.

b) Verlust oder Übertragung einer unverfallbaren Anwartschaft

Im Zusammenhang mit Anwartschaften auf Leistungen aus der betrieblichen Altersversorgung bedeutet Unverfallbarkeit, dass eine Anwartschaft trotz Ausscheiden aus dem Unternehmen vor Eintritt des Versorgungsfalles erhalten bleibt. Nach dem Betriebsrentengesetz bleibt einem Arbeitnehmer die Anwartschaft auf Leistungen aus der betrieblichen Altersversorgung erhalten, wenn das **Arbeitsverhältnis** vor Eintritt des Versorgungsfalles, jedoch nach **Vollendung des 21. Lebensjahres endet** und die **Versorgungszusage** zu diesem Zeitpunkt **mindestens drei Jahre** bestanden hat (= unverfallbare Anwartschaft; § 1b Abs. 1 BetrAVG)[1]. Versorgungsanwartschaften aus **Entgeltumwandlungen** sind **sofort** gesetzlich unverfallbar (§ 1b Abs. 5 BetrAVG)[1].

Abfindungen zur Ablösung einer Direktversicherung, die beim Ausscheiden aus dem Dienstverhältnis nach § 3 BetrAVG[1] gezahlt werden, weil der Anspruch bereits unverfallbar ist, sind steuerfrei, weil sich der Abfindungsanspruch **gegen das Versicherungsunternehmen** richtet.[2] Dies setzt allerdings voraus, dass die Beiträge pauschal besteuert worden sind.

Es gibt jedoch Fälle, in denen Arbeitnehmer eine unverfallbare Anwartschaft entweder aufgrund vertraglicher Vereinbarung oder wie bereits erwähnt aufgrund der Tatsache haben, dass Beiträge zu der Direktversicherung aus einer Barlohnumwandlung stammen. Bei der Abfindung solcher unverfallbarer Anwartschaften sind folgende Fälle aufgetreten:

1. Fall

Die eingezahlten Beiträge zu der Direktversicherung stammen aus einer Gehaltsumwandlung (vgl. vorstehende Nr. 16). **Beim Ausscheiden aus dem Dienstverhältnis überträgt der Arbeitgeber deshalb die Versicherungsnehmereigenschaft auf den Arbeitnehmer.** Dieser kann die Versicherung beitragspflichtig oder beitragsfrei weiterführen. Der Arbeitnehmer kann aber auch die Versicherungsnehmereigenschaft auf einen neuen Arbeitgeber übertragen, der die Versicherung weiterführt. Diese Vorgänge haben **keine lohnsteuerlichen Auswirkungen.** Die Vorgänge führen also weder beim Arbeitnehmer zum Zufluss von steuerpflichtigem Arbeitslohn, noch beim Arbeitgeber zu einem Anspruch auf Erstattung der Pauschalsteuer. Unschädlich wäre es auch, wenn der Arbeitnehmer den Versicherungsvertrag nach Übertragung der Versicherungsnehmerschaft kündigt (R 40b.1 Abs. 6 Sätze 5 und 6 LStR). Zur Mitnahme der betrieblichen Altersversorgung bei einem Arbeitgeberwechsel vgl. auch Anhang 6 Nr. 15.

2. Fall

Ein **Arbeitnehmer** mit einer unverfallbaren Anwartschaft **scheidet aus** dem Dienstverhältnis aus. Der **Arbeitgeber kündigt den Direktversicherungsvertrag** und zahlt den Rückkaufswert im Hinblick auf die unverfallbare Anwartschaft an den Arbeitnehmer aus. Auch in diesem Fall ergeben sich **keine lohnsteuerlichen Auswirkungen.** Die Vorgänge führen – ebenso wie im ersten Fall – weder beim Arbeitnehmer zum Zufluss von steuerpflichtigem Arbeitslohn, noch beim Arbeitgeber zu einem Anspruch auf Erstattung der Pauschalsteuer.

3. Fall

Es sind jedoch auch Fälle denkbar, in denen der Arbeitgeber **bei fortbestehendem Dienstverhältnis** den Direktversicherungsvertrag kündigt und den Rückkaufswert an den Arbeitnehmer auszahlt. Für diesen Fall gilt Folgendes:

Kündigt der Arbeitgeber bei fortbestehendem Dienstverhältnis eine Direktversicherung, bei der der Arbeitnehmer eine unverfallbare Anwartschaft hat, und zahlt der Arbeitgeber den Rückkaufswert an den Arbeitnehmer aus, kann dieser Fall dann nicht anders beurteilt werden wie beim Ausscheiden des Arbeitnehmers aus dem Dienstverhältnis, wenn für die Kündigung der Direktversicherung **betriebliche Gründe** (z. B. Liquiditätsschwierigkeiten) maßgebend waren. Auch in einem solchen Fall ergeben sich keine lohnsteuerlichen Auswirkungen.[3]

Zu einer anderen Beurteilung könnte man kommen, wenn der Arbeitnehmer eine unverfallbare Anwartschaft hat und

1) Das Betriebsrentengesetz (BetrAVG) ist als Anhang 13 im **Steuerhandbuch für das Lohnbüro 2021** abgedruckt, das im selben Verlag erschienen ist.

2) Bundeseinheitliche Regelung für Bayern bekannt gegeben durch Erlass vom 27.8.1976 (Az.: 32 – S 2373 – 5/6 – 46937). Der Erlass ist als Anlage 1 zu H 40b.1 LStR im **Steuerhandbuch für das Lohnbüro 2021** abgedruckt, das im selben Verlag erschienen ist.

3) Randnummer 166 des BMF-Schreibens vom 6.12.2017 (BStBl. 2018 I S. 147, 168 f.). Das BMF-Schreiben ist als Anhang 13c im **Steuerhandbuch für das Lohnbüro 2021** abgedruckt, das im selben Verlag erschienen ist.

Lohn-steuer-pflichtig	Sozial-versich.-pflichtig

der Arbeitgeber bei fortbestehendem Dienstverhältnis **auf Wunsch des Arbeitnehmers** die Direktversicherung kündigt. In diesem Fall könnte eine Kündigung des Arbeitgebers „auf Wunsch des Arbeitnehmers" so gesehen werden, als hätte der Arbeitnehmer selbst gekündigt. Damit wäre jedoch eine der Voraussetzungen für die Pauschalierung der Lohnsteuer hinfällig geworden (nämlich die Voraussetzung, dass die vorzeitige Kündigung des Versicherungsvertrags durch den Arbeitnehmer ausgeschlossen sein muss – vgl. die Erläuterungen unter der vorstehenden Nr. 10).

Eine **Kündigung des Arbeitgebers** bleibt jedoch auch dann eine Kündigung aus eigenem Recht, wenn sie auf Wunsch des Arbeitnehmers erfolgt.[1] Sie kann deshalb nicht dazu führen, dass eine Kündigung des Arbeitgebers in eine Kündigung des Arbeitnehmers umgedeutet wird. Da somit eine Kündigung durch den Arbeitgeber vorliegt, ist der Vorgang ohne lohnsteuerliche Auswirkung. Die Pauschalbesteuerung der Beitragszahlungen ist nicht rückgängig zu machen und eine individuelle Versteuerung der Beitragszahlung erfolgt nicht. Der Zufluss der Leistung beim Arbeitnehmer ist kein Arbeitslohn. Bei einer Kündigung vor Ablauf von zwölf Jahren seit Vertragsabschluss sind die (außer-)rechnungsmäßigen Zinsen als sonstige Einkünfte steuerpflichtig. Die Zinsen unterliegen nicht der 25 %igen Abgeltungsteuer, sondern der tariflichen Einkommensteuer, da es sich um sonstige Einkünfte handelt (§ 22 Nr. 5 Satz 2 Buchstabe b EStG).

Sozialversicherungsrechtlich ist Folgendes zu beachten: Abfindungen von Anwartschaften **auf betriebliche Altersversorgung** bzw. Auszahlungen von Rückkaufswerten waren nach Auffassung der Spitzenorganisationen der Sozialversicherung grundsätzlich dem Arbeitsentgelt nach § 14 Abs. 1 Satz 1 SGB IV hinzuzurechnen.

Aufgrund der Rechtsprechung des Bundessozialgerichtes (u. a. Urteil vom 25.4.2012 – B 12 KR 26/10 R – USK 2012-20) haben die Spitzenorganisationen der Sozialversicherung ihre frühere Meinung allerdings aufgegeben. Nach Auffassung der Besprechungsteilnehmer ist bei der beitragsrechtlichen Behandlung von Abfindungen von Versorgungsanwartschaften inzwischen von einer ständigen Rechtsprechung des BSG auszugehen, der eine über den entschiedenen Einzelfall hinausgehende generelle Bedeutung beizumessen ist. Insofern ist die frühere **beitragsrechtliche Beurteilung** von vor Eintritt des Versorgungsfalles gezahlten Abfindungen von gesetzlich oder vertraglich unverfallbaren und verfallbaren Anwartschaften auf eine betriebliche Altersversorgung dahingehend anzupassen, dass diese Abfindungen kein Arbeitsentgelt nach § 14 SGB IV mehr darstellen.

Die Spitzenorganisationen erkennen die Rechtsprechung dahingehend an, dass die vor dem Eintritt des Versicherungsfalles ausgezahlten Abfindungen von Anwartschaften auf betriebliche Altersversorgung, und zwar sowohl nach beendetem als auch bei bestehendem Beschäftigungsverhältnis, als **Versorgungsbezüge** in Form einer Kapitalleistung nach § 229 Abs. 1 Satz 3 SGB V zu bewerten sind.

Obwohl die Zuordnung der Abfindungen von Versorgungsanwartschaften zu den Versorgungsbezügen allein auf einer Rechtsvorschrift der gesetzlichen Krankenversicherung (§ 229 SGB V) gründet, gilt der Ausschluss der Arbeitsentgelteigenschaft nicht nur für die Beiträge zur Kranken- und Pflegeversicherung, sondern auch für die Beiträge zur Renten- und Arbeitslosenversicherung. Für die Zuordnung als Versorgungsbezug ist es unerheblich, ob von der Abfindung Kranken- und Pflegeversicherungsbeiträge tatsächlich erhoben werden (können). Entsprechende Abfindungszahlungen an nicht gesetzlich krankenversicherte Arbeitnehmer zählen deshalb ebenso nicht zum beitragspflichtigen Arbeitsentgelt.

Bei den im Rahmen einer betrieblichen Altersversorgung vereinbarten oder zugesagten Leistungen, die bei Eintritt des Versorgungsfalles vom Arbeitgeber selbst (Direktzusage), von einer Institution im Sinne des Betriebsrentenrechts (Unterstützungskasse, Pensionskasse, Pensionsfonds) oder im Rahmen einer Direktversicherung zu gewähren sind, handelt es sich nach der sogenannten institutionellen Abgrenzung um Versorgungsbezüge (vgl. Beschluss des Bundesverfassungsgerichts vom 28.9.2010 – 1 BvR 1660/08 – USK 2010-112, sowie der Urteile des BSG vom 12.11.2008 – B 12 KR 6/08 R u. a. –, USK 2008-121).

Die Eigenschaft der Abfindungszahlung als Versorgungsbezug geht durch eine Auszahlung noch vor Eintritt des vertraglich vereinbarten Versicherungs- bzw. Versorgungsfalles nicht verloren. Dies gilt unabhängig von dem Alter der betreffenden Person zum Zeitpunkt der Auszahlung. **Entscheidend** für die Zuordnung zu § 229 SGB V ist allein der **ursprünglich vereinbarte Versorgungszweck.** Damit sind Abfindungen von Versorgungsanwartschaften, die in den Durchführungswegen Direktzusage, Unterstützungskasse, Pensionskasse, Pensionsfonds oder Direktversicherung aufgebaut wurden, ausschließlich dem sachlichen Anwendungsbereich der Versorgungsbezüge nach § 229 SGB V zuzurechnen, mit der Folge, dass sie kein Arbeitsentgelt nach § 14 SGB IV sind.

Nach den vorstehenden Grundsätzen dieses Besprechungsergebnisses ist spätestens bei Abfindungen von Versorgungsanwartschaften zu verfahren, die nach dem 30.6.2016 ausgezahlt werden. Bei Auszahlungen vor diesem Zeitpunkt wird eine abweichende Verfahrensweise nicht beanstandet. Soweit von entsprechenden Abfindungszahlungen in der Vergangenheit Gesamtsozialversicherungsbeiträge gezahlt worden sind, kann eine Erstattung nach § 26 Abs. 2 und 3 SGB IV als zu Unrecht gezahlte Beiträge in Betracht kommen. Zur Geltendmachung des Erstattungsanspruchs ist ein Antrag entsprechend den gemeinsamen Grundsätzen für die Verrechnung und Erstattung zu Unrecht gezahlter Beiträge zur Kranken-, Pflege-, Renten- und Arbeitslosenversicherung aus einer Beschäftigung zu verwenden. Eine Verrechnung der Beiträge durch den Arbeitgeber ist in diesen Fällen entgegen Abschnitt 3.1 der vorgenannten gemeinsamen Grundsätze vom 21.11.2006 nicht zulässig. Die Krankenkassen haben in diesen Fällen zu prüfen, ob die Zahlstelle der Versorgungsbezüge ihre Meldepflicht nach § 202 SGB V erfüllt hat, und gegebenenfalls die Beitragspflicht zur Kranken- und Pflegeversicherung gegenüber ihrem Mitglied festzustellen.

c) Arbeitslohnrückzahlung bei individuell und pauschal versteuerten Beiträgen

Soweit Arbeitslohnrückzahlungen aus **teilweise individuell** und **teilweise pauschal** versteuerten Beitragsleistungen stammen, sind sie entsprechend aufzuteilen. Dabei kann aus Vereinfachungsgründen das Verhältnis zugrunde gelegt werden, das sich nach den Beitragsleistungen der vorangegangenen fünf Kalenderjahre ergibt (R 40b.1 Abs. 15 Satz 2 LStR). Maßgebend sind die tatsächlichen Beitragsleistungen, das heißt, die unter der vorstehenden Nr. 13 dargestellte Durchschnittsberechnung ist nicht anzuwenden. Nach Aufteilung der Arbeitslohnrückzahlung ergibt sich Folgendes:

- Beim **Arbeitnehmer** ist der bisher individuell versteuerte Teilbetrag des zurückgezahlten Betrags als Arbeitslohnrückzahlung (ohne Anrechnung auf den Arbeitnehmer-Pauschbetrag von 1000 €) zu berücksichtigen. Auf die ausführlichen Erläuterungen beim Stichwort „Rückzahlung von Arbeitslohn" wird Bezug genommen.
- Beim **Arbeitgeber** mindert der bisher pauschal besteuerte Teilbetrag des zurückgezahlten Betrags die pau-

1) Randnummer 166 des BMF-Schreibens vom 6.12.2017 (BStBl. 2018 I S. 147, 168 f.). Das BMF-Schreiben ist als Anhang 13c im **Steuerhandbuch für das Lohnbüro 2021** abgedruckt, das im selben Verlag erschienen ist.

Lohn- steuer- pflichtig | Sozial- versich.- pflichtig

schalierungsfähigen Beitragsleistungen im selben Kalenderjahr bis auf Null. Eine Minderung der Beitragsleistungen aus Vorjahren mit der Folge, dass sich für den Arbeitgeber ein Erstattungsanspruch ergeben würde, ist nicht möglich (vgl. auch BFH-Urteil vom 28.4.2016, BStBl. II S. 898).

d) Insolvenz des Arbeitgebers

Der Verlust des durch eine Direktversicherung eingeräumten Bezugsrechts bei Insolvenz des Arbeitgebers bei Vorliegen einer unverfallbaren Versorgungsanwartschaft führt bereits wegen des **Ersatzanspruchs** gegen den Pensions-Sicherungs-Verein **nicht** zu einer **Arbeitslohnrückzahlung** (BFH-Urteil vom 5.7.2007, BStBl. II S. 774).

Vgl. im Einzelnen das Stichwort „Insolvenzsicherung" unter Nr. 4.

18. Direktversicherung bei Ehegatten-Arbeitsverhältnissen[1]

Die Finanzverwaltung hat die Voraussetzungen zur Anerkennung von Direktversicherungsbeiträgen im Rahmen eines Ehegatten-Arbeitsverhältnisses in den BMF-Schreiben vom 4.9.1984 (BStBl. I S. 495) und vom 9.1.1986 (BStBl. I S. 7) zusammengefasst. Die Aufwendungen können beim Arbeitgeber-Ehegatten nur als Betriebsausgaben anerkannt werden, soweit sie einem Fremdvergleich standhalten. Zu berücksichtigen ist außerdem die zu einem späteren Zeitpunkt ergangene Rechtsprechung des Bundesfinanzhofs (BFH-Urteil vom 10.6.2008, BStBl. II S. 973) und der Wegfall der sog. 30 %-Grenze[2]. Im Einzelnen gilt Folgendes:

Die Ernsthaftigkeit der Versorgungsleistungen des Arbeitgeber-Ehegatten braucht bei Aufwendungen zu einer Direktversicherung nicht geprüft zu werden, da hier – anders als bei einer Pensionszusage – ein Versicherungsunternehmen eingeschaltet wird und die Leistungen des Arbeitgeber-Ehegatten sofort erfolgen. Geprüft werden muss jedoch die **betriebliche Veranlassung,** wenn der Arbeitgeber-Ehegatte die Beiträge zur Direktversicherung **zusätzlich zum geschuldeten Arbeitslohn** erbringt. Eine betriebliche Veranlassung ist gegeben, wenn für familien**fremde** Arbeitnehmer, die eine gleiche oder ähnliche Tätigkeit wie der Ehegatte ausüben und die auch hinsichtlich der Betriebszugehörigkeit dem Ehegatten vergleichbar sind, ebenfalls eine Direktversicherung abgeschlossen wurde oder ihnen zumindest ernsthaft angeboten worden ist. Für den Vergleich dürfen keine Arbeitnehmer herangezogen werden, bei denen die Versicherungsbeiträge aus einer Gehaltsumwandlung (vgl. vorstehende Nr. 16) bestritten werden. Dieser Vergleich mit familienfremden Arbeitnehmern wird als sog. **interner Betriebsvergleich** bezeichnet.

Ist ein interner Betriebsvergleich **nicht möglich,** weil vergleichbare familienfremde Arbeitnehmer nicht beschäftigt werden, wird die Direktversicherung steuerlich nur anerkannt, wenn

- der gezahlte Arbeitslohn (= laufender Arbeitslohn, zuzüglich Beiträge zur Direktversicherung) insgesamt noch **angemessen** ist **und**
- durch den Abschluss der Direktversicherung **keine Überversorgung** des mitarbeitenden Ehegatten eintritt (BFH-Urteil vom 8.10.1986, BStBl. 1987 II S. 205).

Ist das Ehegatten-Arbeitsverhältnis dem Grunde nach und das vereinbarte Entgelt der Höhe nach anzuerkennen, ist auch die betriebliche Veranlassung für Beiträge zu einer Direktversicherung gegeben, die aus einer **Gehaltsumwandlung** stammen. Die sog. **Überversorgung** ist in diesem Fall **nicht zu prüfen** (BFH-Urteil vom 10.6.2008, BStBl. II S. 973). Gegen die zusätzliche Prüfung einer Überversorgung spricht, dass die betriebliche Altersversorgung durch die Gehaltsumwandlung aus eigenen Gehaltsanteilen des Arbeitnehmer-Ehegatten gespeist und aufgebaut wurde. Da vor der Gehaltsumwandlung ein Anspruch auf den infrage stehenden Gehaltsanteil bestand, kommt die Zahlung an die Versicherung einer Einkommensverwendung auf abgekürztem Wege zumindest nahe. An seiner früheren Rechtsprechung (BFH-Urteil vom 16.5.1995, BStBl. II S. 873) hält der Bundesfinanzhof ausdrücklich nicht mehr fest.

Die sog. **Überversorgung** (vgl. nachfolgenden Absatz) ist aber nach wie vor zu **prüfen,** wenn

- die Beiträge zur betrieblichen Altersversorgung **zusätzlich** zum ohnehin geschuldeten Arbeitslohn erbracht werden **oder**
- eine **anstehende Gehaltserhöhung** zugunsten von Beiträgen zur betrieblichen Altersversorgung **umgewandelt** bzw. verwendet wird.

Eine Überversorgung des mitarbeitenden Ehegatten liegt vor, wenn seine Altersversorgung (z. B. seine zu erwartende Rente aus der gesetzlichen Rentenversicherung zuzüglich der Leistungen aus der Direktversicherung) **75 %** der letzten Aktivbezüge übersteigt. Die Durchführung dieser Prüfung beim Abschluss der Direktversicherung ist schwierig. Aus Vereinfachungsgründen konnte früher auf eine genaue Ermittlung der künftigen Altersversorgung verzichtet werden, wenn sämtliche Versorgungsleistungen 30 % des steuerpflichtigen Arbeitslohns nicht überstiegen (sog. 30 %-Grenze). Die 30 %-Grenze hat die Finanzverwaltung sowohl für den Betriebsausgabenabzug als auch für die lohnsteuerliche Behandlung ab 1.1.2005 aufgegeben (BMF-Schreiben vom 3.11.2004, BStBl. I S. 1045). Hiernach gilt seit 1.1.2005 Folgendes:

Werden bei einem steuerlich anzuerkennenden Ehegatten-Arbeitsverhältnis Beiträge an eine Direktversicherung, Pensionskasse oder Pensionsfonds geleistet und stellen diese beim Arbeitgeber Betriebsausgaben dar, sind die Regelungen in § 3 Nr. 63 EStG und § 40b EStG uneingeschränkt bis zu den jeweiligen Höchstbeträgen anwendbar. Dies gilt sowohl für rein arbeitgeberfinanzierte Beiträge als auch für Beiträge des Arbeitgebers, die durch Entgeltumwandlung finanziert werden.[3]

Liegt also **keine Überversorgung** im vorstehenden Sinne vor, sind die Beiträge für eine Direktversicherung beim Arbeitgeber-Ehegatten als Betriebsausgabe abzugsfähig. Andererseits stellen die Beiträge jedoch **Zukunftsicherungsleistungen** für den Arbeitnehmer-Ehegatten dar, für die die Steuerfreiheit nach § 3 Nr. 63 EStG in Anspruch genommen oder in Altfällen die Lohnsteuer mit 20 % pauschaliert werden kann (bis zu einem Betrag von 1752 € jährlich). Dies gilt auch bei Teilzeitarbeitsverhältnissen.

Beispiel

Die Ehefrau des Unternehmers ist 2021 im Betrieb als Buchhalterin beschäftigt (Steuerklasse III/0, ev). Aufgrund des schriftlich abgeschlossenen Arbeitsvertrags erhält sie ein monatliches Gehalt von 2500 € sowie eine vermögenswirksame Leistung von 40,— € (Sparvertrag zum Erwerb von Wertpapieren). Außerdem ist seit Beginn des Ehegattenarbeitsverhältnisses im Jahr 2000 schriftlich vereinbart, dass der Arbeitgeber-Ehegatte zusätzlich Beiträge für eine Direktversicherung entrichtet, die eine Kapitalauszahlung vorsieht, und die Beiträge in Höhe von monatlich 146,— € sowie die darauf entfallende Lohn- und Kirchensteuer sowie den Solidaritätszuschlag übernimmt. Die vom Arbeitgeber erbrachten zusätzlichen Beiträge zur betrieblichen Altersversorgung führen nicht zu einer Überversorgung.

Monatslohn im Januar 2021	2 500,— €
Vermögenswirksame Leistung	40,— €
lohnsteuer- und beitragspflichtig	2 540,— €

1) Die nachfolgenden Ausführungen gelten entsprechend für Direktversicherungen bei Arbeitsverhältnissen zwischen eingetragenen Lebenspartnern (§ 2 Abs. 8 EStG).

2) Erlass des Finanzministeriums Saarland vom 7.3.2005 (Az.: B/2 – 4 – 49/2005 – S 2333). Der Erlass ist abgedruckt als Anlage 6 zu H 40b.1 LStR im **Steuerhandbuch für das Lohnbüro 2021**, das im selben Verlag erschienen ist.

3) Erlass Saarland vom 15.12.2005 (Az.: B/2 – 4 – 49/2005 – S 2333). Der Erlass ist als Anlage 7 zu H 40b.1 LStR im **Steuerhandbuch für das Lohnbüro 2021** abgedruckt, das im selben Verlag erschienen ist.

	Lohn- steuer- pflichtig	Sozial- versich.- pflichtig

Lohnsteuer (nach Steuerklasse III/0)	62,– €	
Solidaritätszuschlag	0,– €	
Kirchensteuer (8 %)	4,96 €	
Rentenversicherung (9,3 %)	236,22 €	
Arbeitslosenversicherung (1,2 %)	30,48 €	
Pflegeversicherung (1,775 %)	45,09 €	
Krankenversicherung (7,3 % + z. B. 0,65 % = 7,95 %)	201,93 €	580,68 €
Nettolohn		1 959,32 €
abzüglich: Vermögenswirksame Anlage		40,– €
auszuzahlender Betrag		1 919,32 €

Der Arbeitgeberanteil zur Sozialversicherung beträgt 507,37 €.

Neben dieser Lohnabrechnung hat der Arbeitgeber die **Pauschalbesteuerung der Zukunftsicherungsleistung** vorzunehmen:

Direktversicherungsprämie	146,– €
Lohnsteuer 20 %	29,20 €
Solidaritätszuschlag (5,5 % von 29,20 €)	1,60 €[1]
Kirchensteuer (angenommen) (7 % von 29,20 €)	2,04 €

Die pauschal besteuerten Zukunftsicherungsleistungen gehören nicht zum beitragspflichtigen Arbeitsentgelt im Sinne der Sozialversicherung, wenn sie – wie im Beispiel – zusätzlich zu dem ohnehin geschuldeten Gehalt erbracht werden (vgl. unter Nr. 22 insbesondere Buchstabe c).

Wird bei einem teilzeitbeschäftigten Arbeitnehmer-Ehegatten die Lohnsteuer für das steuerlich anerkannte Ehegattenarbeitsverhältnis zulässigerweise mit 2 % pauschaliert (vgl. das Stichwort „Ehegattenarbeitsverhältnis" besonders unter Nr. 5), ist daneben die Inanspruchnahme der Steuerfreiheit nach § 3 Nr. 63 EStG oder in Altfällen die Pauschalierung der Lohnsteuer mit 20 % für die Beiträge zu einer Direktversicherung ebenfalls möglich. Die Beiträge zur Direktversicherung werden auf die für die Pauschalierung der Lohnsteuer bei Teilzeitbeschäftigten geltende Pauschalierungsgrenze von 450 € monatlich **nicht** angerechnet, wenn die Steuerfreiheit nach § 3 Nr. 63 EStG bzw. die Pauschalierung der Lohnsteuer mit 20 % Beitragsfreiheit in der Sozialversicherung auslöst (vgl. das Stichwort „Geringfügige Beschäftigung" unter Nr. 4 Buchstaben a, c und d). Die Beiträge sind beim Arbeitgeber-Ehegatten Betriebsausgaben, sofern keine Überversorgung vorliegt.[2]

19. Direktversicherung für den Gesellschafter-Geschäftsführer einer GmbH

a) Steuerfreiheit für Beiträge zu einer Direktversicherung nach § 3 Nr. 63 EStG

Die Steuerfreiheit nach § 3 Nr. 63 EStG gilt im Grundsatz auch für beherrschende Gesellschafter-Geschäftsführer einer GmbH, wobei allerdings die allgemein geltenden Grundsätze zur Abgrenzung zwischen verdeckter Gewinnausschüttung und Arbeitslohn zu beachten sind, insbesondere ob die Gesamtbezüge des Gesellschafter-Geschäftsführers – einschließlich der Zukunftsicherungsleistung – noch angemessen sind.

b) Pauschalierung der Lohnsteuer mit 20 % in Altfällen

Gegen die Pauschalierung der Lohnsteuer mit 20 % in Altfällen bei Direktversicherungsbeiträgen zugunsten von Gesellschafter-Geschäftsführern bestehen keine Bedenken, wenn es sich um pauschalierungsfähige Aufwendungen der Gesellschaft handelt und die Bezüge des Gesellschafter-Geschäftsführers einschließlich der Zukunftsicherungsleistung insgesamt angemessen sind (bei Unangemessenheit ggf. verdeckte Gewinnausschüttung). Der steuerlichen Anerkennung steht auch nicht entgegen, wenn für die in der Gesellschaft tätigen anderen Arbeitnehmer der Abschluss von Direktversicherungen nicht vorgesehen ist. Die einkommensteuerlichen Grundsätze zur Direktversicherung für den im Betrieb mitarbeitenden Ehegatten (vgl. vorstehende Nr. 18) sind auf den beherrschenden Gesellschafter-Geschäftsführer einer Kapitalgesellschaft nicht anwendbar. Auch die von der Rechtsprechung entwickelten Grundsätze zur Frage der Ernsthaftigkeit, Erdienbarkeit und Angemessenheit von Pensionszusagen an Gesellschafter-Geschäftsführer werden bei Direktversicherungen nicht angewendet. Bei Direktversicherungen ist vielmehr bereits deshalb von der Ernsthaftigkeit auszugehen, weil der Versicherer die Versicherungsleistung unabhängig von der tatsächlichen Pensionierung des Geschäftsführers zu erbringen hat.[3]

Auf das Beispiel einer Lohnabrechnung für den Gesellschafter-Geschäftsführer einer GmbH mit pauschal besteuerten Beiträgen zu einer Direktversicherung beim Stichwort „Gesellschafter-Geschäftsführer" unter Nr. 7 auf Seite 530 wird Bezug genommen.

20. Solidaritätszuschlag bei Zukunftsicherungsleistungen

Seit 1.1.1995 wird ein Solidaritätszuschlag erhoben und zwar unabhängig davon, ob der Arbeitslohn normal besteuert oder die Lohnsteuer pauschal erhoben wird (vgl. die ausführlichen Erläuterungen beim Stichwort „Solidaritätszuschlag").

Besteuert der Arbeitgeber Beiträge zu einer Direktversicherung, Pensionskasse oder Gruppenunfallversicherung pauschal mit 20 %, muss er auch ab 1.1.2021 zusätzlich zur pauschalen Lohnsteuer den **Solidaritätszuschlag** an das Finanzamt abführen. Der Solidaritätszuschlag beträgt **5,5 %** der pauschalen Lohnsteuer. Die Nullzone und der Übergangsbereich (Milderungsregelung) sind bei einer Pauschalierung der Lohnsteuer nicht anzuwenden.

21. Berechnung der pauschalierten Kirchensteuer

Bei einer Pauschalierung der Lohnsteuer ist stets auch die Kirchensteuer zu pauschalieren. Die bei einer Kirchensteuerpauschalierung maßgebenden Sätze sind in den einzelnen Bundesländern unterschiedlich hoch; sie ergeben sich aus der Übersicht beim Stichwort „Kirchensteuer" unter Nr. 10 Buchstabe b auf Seite 617.

22. Sozialversicherungsrechtliche Behandlung von Zukunftsicherungsleistungen

a) Allgemeines

Aus Gründen der Übersichtlichkeit ist in Anhang 6 eine **Gesamtdarstellung** der betrieblichen Altersversorgung und in Anhang 6a der privaten Altersvorsorge (Rechtsstand 1. 1. 2021) abgedruckt. Nachfolgend ist die sozialversicherungsrechtliche Behandlung von Zukunftsicherungsleistungen und Leistungen zur betrieblichen Altersversorgung erläutert. Detaillierte Aussagen zu allen denkbaren Fallkonstellationen und Möglichkeiten haben die Spitzenverbände der Sozialversicherungsträger im Rundschreiben vom 21.11.2018 zur „Beitragsrechtlichen Beurteilung von Beiträgen und Zuwendungen zum Aufbau betrieblicher Altersversorgung" gemacht (siehe www.aok.de/fk/sozialversicherung/rundschreiben/jahrgang-2018/).

Neben den bereits früher vorhandenen vier Durchführungswegen für die betriebliche Altersversorgung, nämlich den Direktversicherungen, Pensionskassen, Direktzusagen und Unterstützungskassen ist seit 1.1.2002 als **fünfter** Durchführungsweg der betrieblichen Altersversorgung der **Pensionsfonds** eingeführt worden.

Steuer- und damit auch beitragsfrei waren früher nur die Beiträge zu **Pensionsfonds** und **Pensionskassen.** Durch das Alterseinkünftegesetz ist die Steuerfreiheit nach § 3

1) Bei einer Pauschalierung der Lohnsteuer ist der Solidaritätszuschlag ab 2021 weiterhin zu erheben.

2) Erlass Saarland vom 15.12.2005 (Az.: B/2 – 4 – 49/2005 – S 2333). Der Erlass ist als Anlage 7 zu H 40b.1 LStR im **Steuerhandbuch für das Lohnbüro 2021** abgedruckt, das im selben Verlag erschienen ist.

3) Bundeseinheitliche Verwaltungsauffassung (vgl. z. B. Erlass des Bayerischen Staatsministeriums der Finanzen vom 18.5.1981 Az.: 33 – S 2373 H – 23221). Der Erlass ist als Anlage 2 zu H 40b.1 LStR im **Steuerhandbuch für das Lohnbüro 2021** abgedruckt, das im selben Verlag erschienen ist.

Lohnsteuerpflichtig | Sozialversich.-pflichtig

Nr. 63 EStG seit 1.1.2005 auch auf Beiträge zu einer **Direktversicherung** ausgedehnt worden. Die **Pauschalierung** der Lohnsteuer mit 20 % ist allerdings für die **sog. Altfälle** erhalten geblieben (vgl. die Erläuterungen unter der vorstehenden Nr. 9 und in Anhang 6 besonders unter Nr. 6).

Beiträge zu Direktversicherungen können also in sog. Altfällen nach wie vor in bestimmtem Umfang pauschal mit 20 % besteuert werden. Dies löst Beitragsfreiheit in der Sozialversicherung aus, wenn der Arbeitgeber die Direktversicherungsbeiträge zusätzlich zum laufenden Arbeitsentgelt zahlt oder die Direktversicherungsbeiträge ausschließlich aus Einmalzahlungen finanziert werden. ja nein

Auf die Erläuterungen unter den nachfolgenden Buchstaben c und d wird Bezug genommen.

Durch eine weitere, seit 1.1.2002 geltende Befreiungsvorschrift werden Leistungen eines Arbeitgebers oder einer Unterstützungskasse zur Übernahme bestehender Versorgungsverpflichtungen oder -anwartschaften durch einen Pensionsfonds ausdrücklich steuerfrei gestellt (§ 3 Nr. 66 EStG). Die Steuerfreiheit nach § 3 Nr. 66 EStG löst Beitragsfreiheit in der Sozialversicherung aus (§ 1 Abs. 1 Satz 1 Nr. 10 SvEV)[1]. nein nein

Ein weiterer Bestandteil der betrieblichen Altersversorgung ist, dass der Arbeitnehmer seit 1.1.2002 einen gesetzlichen Anspruch auf betriebliche Altersversorgung durch **Entgeltumwandlung** bis zu 4 % der Beitragsbemessungsgrenze in der gesetzlichen Rentenversicherung – West – hat. Die Durchführung dieses Anspruchs wird durch Vereinbarung zwischen Arbeitgeber und Arbeitnehmer geregelt. Ist der Arbeitgeber zu einer Durchführung über einen Pensionsfonds oder eine Pensionskasse bereit, ist die betriebliche Altersversorgung dort durchzuführen. Andernfalls kann der Arbeitnehmer verlangen, dass der Arbeitgeber für ihn eine Direktversicherung abschließt (§ 1a Abs. 1 BetrAVG)[2]. Der ab 1.1.2002 geltende Rechtsanspruch auf Entgeltumwandlung ist in Anhang 6 Nr. 13 Buchstabe a auf Seite 1188 ausführlich erläutert.

Hiernach ergibt sich für die fünf Durchführungswege der betrieblichen Altersversorgung **folgende beitragsrechtliche Behandlung:**

Pensionskasse

Die Beiträge sind seit 1.1.2018 bis zu 8 % der Beitragsbemessungsgrenze in der allgemeinen Rentenversicherung (West) **steuerfrei** (§ 3 Nr. 63 Satz 1 EStG). Für das Jahr 2021 sind somit 8 % von 85 200 € = **6816 € jährlich** oder 568 € monatlich steuerfrei. Der frühere, zusätzliche steuerfreie Höchstbetrag von 1800 € für Neuzusagen (= Versorgungszusagen, die nach dem 31.12.2004 erteilt worden sind) ist bereits zum 1.1.2018 infolge der Erhöhung des steuerfreien Volumens von 4 % auf 8 % der Beitragsbemessungsgrenze in der allgemeinen Rentenversicherung (West) weggefallen.

Beitragsfrei in der Sozialversicherung sind aber – wie bisher – lediglich 4 % der Beitragsbemessungsgrenze in der allgemeinen Rentenversicherung – West – (§ 1 Abs. 1 Satz 1 Nr. 9 SvEV[1]). Für das Jahr 2021 sind somit lediglich 4% von 85 200 € = **3408 € jährlich** oder 284 € monatlich beitragsfrei.

Pauschal besteuerte Beiträge an Pensionskassen sind bis zur steuerlichen Pauschalierungsgrenze beitragsfrei; bei einer Finanzierung der Beiträge über eine Entgeltumwandlung, darf sich die Entgeltumwandlung aber nicht auf das regelmäßige Entgelt beziehen (§ 1 Abs. 1 Satz 1 Nr. 4 SvEV[1] i. V. m. § 40b EStG alter Fassung). ja nein

Pensionsfonds

Die Beiträge sind seit 1.1.2018 bis zu 8 % der Beitragsbemessungsgrenze in der allgemeinen Rentenversicherung (West) **steuerfrei** (§ 3 Nr. 63 Satz 1 EStG). Für das Jahr 2021 sind somit 8 % von 85 200 € = **6816 € jährlich** oder 568 € monatlich steuerfrei. Der frühere, zusätzliche steuerfreie Höchstbetrag von 1800 € für Neuzusagen (= Versorgungszusagen, die nach dem 31.12.2004 erteilt worden sind) ist bereits zum 1.1.2018 infolge der Erhöhung des steuerfreien Volumens von 4 % auf 8 % der Beitragsbemessungsgrenze in der allgemeinen Rentenversicherung (West) weggefallen.

Beitragsfrei in der Sozialversicherung sind aber – wie bisher – lediglich 4 % der Beitragsbemessungsgrenze in der allgemeinen Rentenversicherung – West – (§ 1 Abs. 1 Satz 1 Nr. 9 SvEV[1]). Für das Jahr 2021 sind somit lediglich 4 % von 85 200 € = **3408 € jährlich** oder 284 € monatlich beitragsfrei.

Steuerfreie Leistungen eines Arbeitgebers oder einer Unterstützungskasse an einen Pensionsfonds zur Übernahme bestehender Versorgungsverpflichtungen oder -anwartschaften sind in vollem Umfang beitragsfrei (§ 3 Nr. 66 EStG i. V. m. § 1 Abs. 1 Satz 1 Nr. 10 SvEV[1]). nein nein

Direktversicherung

Die Beiträge sind seit 1.1.2018 bis zu 8 % der Beitragsbemessungsgrenze in der allgemeinen Rentenversicherung (West) **steuerfrei** (§ 3 Nr. 63 Satz 1 EStG). Für das Jahr 2021 sind somit 8 % von 85 200 € = **6816 € jährlich** oder 568 € monatlich steuerfrei. Der frühere, zusätzliche steuerfreie Höchstbetrag von 1800 € für Neuzusagen (= Versorgungszusagen, die nach dem 31.12.2004 erteilt worden sind) ist bereits zum 1.1.2018 infolge der Erhöhung des steuerfreien Volumens von 4 % auf 8 % der Beitragsbemessungsgrenze in der allgemeinen Rentenversicherung (West) weggefallen.

Beitragsfrei in der Sozialversicherung sind aber – wie bisher – lediglich 4 % der Beitragsbemessungsgrenze in der allgemeinen Rentenversicherung – West – (§ 1 Abs. 1 Satz 1 Nr. 9 SvEV[1]). Für das Jahr 2021 sind somit lediglich 4 % von 85 200 € = **3408 € jährlich** oder 284 € monatlich beitragsfrei.

Für pauschal mit 20 % besteuerte Beiträge zu Direktversicherungen (Altfälle) gilt Folgendes:

Pauschal besteuerte Beiträge an Direktversicherungen sind bis zur steuerlichen Pauschalierungsgrenze beitragsfrei; bei einer Finanzierung der Beiträge über eine Entgeltumwandlung, darf sich die Entgeltumwandlung aber nicht auf das regelmäßige Entgelt beziehen (§ 1 Abs. 1 Satz 1 Nr. 4 SvEV[1] i. V. m. § 40b EStG alter Fassung). ja nein

Handelt es sich um zusätzlich zum Arbeitslohn geleistete Beiträge des Arbeitgebers besteht Beitragsfreiheit. ja nein

Pensionszusage (Direktzusage)

Aufwand des Arbeitgebers, der **nicht** aus einer Entgeltumwandlung stammt, ist in vollem Umfang beitragsfrei. nein nein

Aufwand, der aus einer Entgeltumwandlung stammt, ist bis zu 4 % der Beitragsbemessungsgrenze in der gesetzlichen Rentenversicherung – West – beitragsfrei; bis 31.12.2001 bestand auch bei Entgeltumwandlungen Beitragsfreiheit in vollem Umfang (vgl. das Stichwort „Arbeitnehmerfinanzierte Pensionszusage").

Unterstützungskasse

Aufwand des Arbeitgebers, der **nicht** aus einer Entgeltumwandlung stammt, ist in vollem Umfang beitragsfrei. nein nein

1) Die Sozialversicherungsentgeltverordnung (SvEV) ist als Anhang 2 im **Steuerhandbuch für das Lohnbüro 2021** abgedruckt, das im selben Verlag erschienen ist.

2) Das Betriebsrentengesetz (BetrAVG) ist als Anhang 13 im **Steuerhandbuch für das Lohnbüro 2021** abgedruckt, das im selben Verlag erschienen ist.

Lohn-steuer-pflichtig	Sozial-versich.-pflichtig

Aufwand, der aus einer Entgeltumwandlung stammt, ist bis zu 4 % der Beitragsbemessungsgrenze in der gesetzlichen Rentenversicherung – West – beitragsfrei; bis 31.12.2001 bestand auch bei Entgeltumwandlungen Beitragsfreiheit in vollem Umfang.

Auf die Erläuterungen bei den einzelnen Stichwörtern Arbeitnehmerfinanzierte Pensionszusage, Direktversicherung, Nachgelagerte Besteuerung, Pensionsfonds, Pensionskasse, Pensionszusage und Unterstützungskasse sowie auf die Gesamtdarstellung in Anhang 6 wird hingewiesen.

b) Beitragszusagen im sog. Sozialpartnermodell

Die Sozialpartner erhalten durch das Betriebsrentengesetz (§ 1 Abs. 2 Nr. 2a BetrAVG[1]) die Möglichkeit, auf der Grundlage von Tarifverträgen Beitragszusagen einzuführen. Das „Sozialpartnermodell" wird als der arbeitsrechtliche Kern des Betriebsrentenstärkungsgesetzes aus dem Jahr 2017 bezeichnet. Im Ergebnis ist dies eine Art **Betriebsrente ohne Nachhaftungsrisiko** für den Arbeitgeber. Lediglich die vom Arbeitgeber zu zahlenden Beiträge bilden zusammen mit etwaigen Kapitalerträgen im Versorgungsfall die Grundlage für die von der Versorgungseinrichtung zu zahlende laufende Betriebsrente. Eine Insolvenzsicherung über den Pensions-Sicherungs-Verein findet nicht statt. Ob und in welcher Höhe später aus den eingezahlten Beiträgen monatliche Versorgungsleistungen von der Versorgungseinrichtung gezahlt werden, ist rechtlich nicht mehr Sache des Arbeitgebers.

Die Beitragszusage wird im Betriebsrentengesetz definiert. Bei der reinen Beitragszusage werden die Beiträge bei einem **externen Versorgungsträger** angelegt. Der Versorgungsträger zahlt ab Rentenbeginn eine laufende Betriebsrente. Die Tarifpartner können aus den im BetrAVG bekannten externen Versorgungswegen Pensionskasse, Pensionsfonds und Direktversicherung wählen. Die internen Versorgungswege Direktzusage und Unterstützungskasse sind mit der reinen Beitragszusage nicht kompatibel. Die Beitragszusage setzt zwingend eine Anbindung an einen Tarifvertrag voraus. Tarifgebundenen Arbeitgebern steht die Möglichkeiten offen, für ihre Beschäftigten entweder durch Tarifvertrag oder aufgrund eines Tarifvertrags in einer Betriebs- oder Dienstvereinbarung reine Beitragszusagen zu erteilen. Bei der ersten Alternative regeln die Tarifpartner im Tarifvertrag final das „Ob" und „Wie" der Beitragszusage. Die Tarifnorm gilt dann unmittelbar und zwingend für die tarifgebundenen Arbeitnehmer des betreffenden Arbeitgebers. Der Arbeitgeber kann auch die nicht tarifgebundenen Arbeitnehmer mit einbeziehen.

Die beitragsrechtlichen Konsequenzen sind bei den o.g. Durchführungswegen (vgl. vorstehenden Buchstaben a) beschrieben.

c) Sozialversicherungsfreiheit durch die Pauschalierung der Lohnsteuer mit 20 % bei Beiträgen zu Direktversicherungen und Pensionskassen in sog. Altfällen

Nach § 1 Abs. 1 Satz 1 Nr. 4 SvEV[2] sind Zukunftsicherungsleistungen des Arbeitgebers, die nach § 40b EStG alter Fassung pauschal mit 20 % besteuert werden, dann kein Arbeitsentgelt in der Kranken-, Pflege-, Renten- und Arbeitslosenversicherung, wenn sie **zusätzlich** zum Lohn oder Gehalt gewährt werden. Die Pauschalierung der Lohnsteuer mit 20 % ist bei Beiträgen zu einer Direktversicherung oder Pensionskasse auf 1752 € jährlich oder 146 € monatlich begrenzt. In besonderen Fällen ist eine Durchschnittsberechnung möglich (vgl. nachfolgend unter Buchstabe d).

Z

Pauschal besteuerte Zukunftsicherungsleistungen sind **jedoch nur dann sozialversicherungsfrei,** soweit

– der Arbeitgeber die Direktversicherungsbeiträge oder Zuwendungen an Pensionskassen **zusätzlich** zum (laufenden) Arbeitsentgelt zahlt **oder**
– die Direktversicherungsbeiträge oder Zuwendungen an Pensionskassen **aus Einmalzahlungen finanziert** werden.

Umwandlungen des **laufenden** Barlohns in Beiträge zu einer Direktversicherung werden somit bei der Sozialversicherung **nicht anerkannt.** Sie kommen deshalb nur für Arbeitnehmer in Betracht, deren Monatslohn über der monatlichen Beitragsbemessungsgrenze (ab 1. 1. 2021 7100 € in den alten Bundesländern und 6700 € in den neuen Bundesländern) liegt. Bei vor dem 1.1.1981 abgeschlossenen Direktversicherungsverträgen war seinerzeit auch eine Umwandlung von laufendem Barlohn möglich. Für diese Verträge gilt eine Sonderregelung zur Besitzstandswahrung bis heute.[3]

Beispiel A

Das laufende Gehalt eines Arbeitnehmers (Steuerklasse I) beträgt monatlich 3000 €. Der Arbeitnehmer verzichtet jeden Monat zugunsten einer vom Arbeitgeber im Jahr 2003 abgeschlossenen Direktversicherung auf einen Teil seines Gehalts. Außerdem übernimmt der Arbeitnehmer die auf die Beiträge zur Direktversicherung entfallende pauschale Lohn- und Kirchensteuer sowie den Solidaritätszuschlag.

Monatslohn vor der Gehaltsumwandlung		3 000,– €
gekürzt werden:		
Direktversicherungsbeitrag monatlich	146,– €	
hierauf entfallende pauschale Lohnsteuer 20 %	29,20 €	
Solidaritätszuschlag (5,5 % von 29,20 €)	1,60 €	
pauschale Kirchensteuer (7 % von 29,20 €)	2,04 €	178,84 €
Auszuzahlender Betrag vor Steuer und Sozialversicherung		2 821,16 €

Dem Lohnsteuerabzug nach Steuerklasse I der Monatstabelle unterliegen (3000 € – 146 € =) 2854 €.

Das beitragspflichtige Arbeitsentgelt beträgt **unverändert** 3000 €, da der Verzicht auf **laufende** Bezüge zugunsten einer Direktversicherung sozialversicherungsrechtlich unbeachtlich ist.

Beispiel B

Sachverhalt wie Beispiel A. Der Arbeitnehmer verzichtet jedoch nicht auf einen Teil seines Gehalts, sondern der Arbeitgeber gewährt die Direktversicherung zusätzlich zum normalen laufenden Arbeitslohn und übernimmt auch die anfallenden Pauschalsteuern. Es ergibt sich Folgendes:

Monatliches Bruttogehalt (steuerpflichtig nach Steuerklasse I)	3 000,– €
Zusätzliche Leistungen des Arbeitgebers zur Direktversicherung (pauschal besteuert mit 20 %)	146,– €
Gesamtbruttoentgelt	3 146,– €
beitragspflichtiges Arbeitsentgelt	**3 000,– €**

1) Das Betriebsrentengesetz (BetrAVG) ist als Anhang 13 im **Steuerhandbuch für das Lohnbüro 2021** abgedruckt, das im selben Verlag erschienen ist.

2) Die Sozialversicherungsentgeltverordnung (SvEV) ist als Anhang 2 im **Steuerhandbuch für das Lohnbüro 2021** abgedruckt, das im selben Verlag erschienen ist.

3) Für Direktversicherungsverträge, die vor dem 1.1.1981 abgeschlossen wurden, gelten die Einschränkungen hinsichtlich der laufenden Barlohnkürzung nicht. Aufgrund von solchen Verträgen pauschal versteuerte Zukunftsicherungsleistungen bleiben bis zu 200 DM (bis 1989 geltende Pauschalierungsgrenze; ab 1.1.2002 = 102,26 €) monatlich auch dann beitragsfrei, wenn sie auf einer Umwandlung von **laufendem** Arbeitslohn beruhen. Wurde bei einem vor dem 1.1.1981 abgeschlossenen Direktversicherungsvertrag anlässlich der Erhöhung der Pauschalierungsgrenze von 200 DM auf 250 DM monatlich ab 1.1.1990 der bisherige Beitrag zur Direktversicherung von 200 DM auf 250 DM erhöht, ist der **gesamte** Beitrag von 250 DM beitragspflichtig. Die für Altfälle geltende Besitzstandsregelung stellt auf die am 1.1.1981 geltenden Vertragsverhältnisse ab. Sie gilt deshalb nicht mehr, wenn sich die seinerzeitigen Vertragsverhältnisse ändern. Um diese Folgen zu vermeiden, müssen Arbeitnehmer, die von der Besitzstandsregelung betroffen sind, bei jeder Erhöhung der Pauschalierungsgrenze einen neuen Direktversicherungsvertrag abschließen (z. B. ab 1.1.1996 einen neuen Direktversicherungsvertrag über monatlich 34 DM).

Lohn- steuer- pflichtig | Sozial- versich.- pflichtig

Bei der Umwandlung von Barlohn in pauschal mit 20 % besteuerte Beiträge zu einer Direktversicherung tritt also die Sozialversicherungsfreiheit nur dann ein, soweit **Einmalzahlungen** in Direktversicherungsbeiträge umgewandelt werden oder die Direktversicherungsbeiträge **zusätzlich zum laufenden Arbeitsentgelt** gezahlt werden. Werden mehrmals im Jahr einmalige Zuwendungen gezahlt (z. B. Urlaubsgeld und Weihnachtszuwendung), kann sich der Arbeitnehmer aussuchen, welche einmalige Zuwendung er für die Umwandlung in Beiträge zu einer Direktversicherung verwenden will. Der Arbeitnehmer kann auch den in Beiträge zu einer Direktversicherung umzuwandelnden Höchstbetrag von 1752 € beliebig auf Urlaubsgeld und Weihnachtszuwendung verteilen. Wird der Direktversicherungsbeitrag zum Teil aus laufendem Arbeitsentgelt und zum Teil aus einmaligen Zuwendungen finanziert, ist nur der aus einmaligen Zuwendungen finanzierte **Anteil** beitragsfrei. Die vorstehenden Ausführungen gelten entsprechend bei einer Pauschalbesteuerung von Zuwendungen an Pensionskassen.

d) Behandlung von Beiträgen zu einer Gruppenversicherung in sog. Altfällen

Unter der Voraussetzung, dass sie zusätzlich zum Arbeitsentgelt gezahlt oder ausschließlich aus Einmalzahlungen finanziert werden, bleiben auch pauschal besteuerte Direktversicherungsbeiträge im Rahmen von **Gruppenversicherungen** beitragsfrei. Voraussetzung ist aber stets, dass es sich um eine zulässige Pauschalbesteuerung handelt, die Beiträge zur Direktversicherung also 1752 € jährlich nicht übersteigen. Bei Gruppenversicherungen darf der aus den Beiträgen bis 2148 € ermittelte Durchschnittsbetrag 1752 € nicht übersteigen; die Höhe der monatlichen Direktversicherungsbeiträge spielt dabei keine Rolle. Sind mehrere Arbeitnehmer gemeinsam in einer Gruppenversicherung oder in einer Pensionskasse versichert, ist somit für die Feststellung der Pauschalierungsgrenze (1752 € jährlich) eine Durchschnittsberechnung anzustellen. Arbeitnehmer, deren Beiträge 2148 € übersteigen, scheiden bei dieser Berechnung aus.

Die Aufwendungen für Arbeitnehmer, deren Beiträge im Einzelnen 2148 € nicht übersteigen, sind zusammenzurechnen und durch die Zahl der Arbeitnehmer zu teilen, für die sie erbracht worden sind. Übersteigt der so ermittelte Durchschnittsbetrag 1752 € nicht, ist für jeden Arbeitnehmer der ermittelte Durchschnittsbetrag der Pauschalbesteuerung zugrunde zu legen.

Beispiel

Von den aus einer Einmalzahlung abgezweigten Beiträgen zu einer Gruppenversicherung entfallen auf die Arbeitnehmer A = 2500 €, B = 2000 €, C = 1500 €.

A scheidet aus der Durchschnittsberechnung aus, weil für ihn mehr als 2148 € entrichtet werden. Beitragspflichtig sind (2500 € – 1752 € =) 748 €.

Durchschnittsberechnung für B und C (2000 € + 1500 € =) 3500 € : 2 = 1750 €. Der Durchschnittsbetrag übersteigt die 1752-Euro-Pauschalierungsgrenze nicht. Für B und C sind deshalb jeweils 1750 € nach § 40b Abs. 2 Satz 2 EStG alte Fassung pauschal mit 20 % zu versteuern.

Damit sind die für B und C gezahlten Beträge von 2000 € bzw. 1500 € beitragsfrei, da sie zulässigerweise pauschal besteuert worden sind.

e) Sozialversicherungsrechtliche Behandlung des Förderbetrags bei Geringverdienern

Vgl. hierzu die Erläuterungen und das Beispiel B in Anhang 6 unter Nr. 17 Buchstabe e.

23. Ausnahmeregelung für Beiträge zu Zusatzversorgungskassen

a) Steuerliche Ausnahmeregelung

Eine Steuerfreiheit kam bei Zusatzversorgungskassen bis einschließlich 2007 nur dann in Betracht, wenn die Beiträge zum Aufbau einer betrieblichen Altersversorgung im Kapitaldeckungsverfahren erhoben wurden. Für **Umlagen,** die vom Arbeitgeber an eine Versorgungseinrichtung entrichtet werden, war eine Steuerfreiheit bis einschließlich 2007 nicht möglich. Hiervon betroffen waren in erster Linie die Beiträge zugunsten der Arbeiter und Angestellten im öffentlichen Dienst zu einer Pflichtversicherung bei der Versorgungsanstalt des Bundes und der Länder **(VBL)** oder einer kommunalen Zusatzversorgungskasse **(ZVK).** Die unter Aufsicht der Bundesanstalt für Finanzdienstleistungsaufsicht stehenden Pensionskassen arbeiten hingegen seit jeher weit überwiegend im **Kapitaldeckungsverfahren** (u. a. auch die **Zusatzversorgungskasse** im **Baugewerbe).** Zuwendungen an umlagefinanzierte Pensionskassen sind zwar bis einschließlich 2007 steuerpflichtig, sie können aber auch ab 2005 weiterhin bis zu 1752 € mit 20 % pauschal besteuert werden (§ 40b Abs. 1 und 2 EStG). Dies gilt auch für etwaige Versorgungszusagen, die nach dem 31.12.2004 erteilt worden sind. Zu den Unterschieden zwischen dem Kapitaldeckungs- und dem Umlageverfahren vgl. auch die Erläuterungen beim Stichwort „Pensionskasse" unter Nr. 1 am Ende.

Seit 1.1.2008 sind Ausgaben (Zuwendungen) des Arbeitgebers an eine **umlagefinanzierte Pensionskasse in begrenztem Umfang steuerfrei** (§ 3 Nr. 56 EStG). Die Steuerfreiheit setzt die Zahlung der Beiträge im Rahmen eines ersten Dienstverhältnisses und die Auszahlung der zugesagten Versorgung (Alters-, Invaliditäts-, Hinterbliebenenversorgung) in Form einer Rente oder eines Auszahlungsplans mit anschließender lebenslanger Teilkapitalverrentung voraus. Die Steuerfreiheit der Ausgaben war von 2008 bis 2013 zunächst begrenzt auf 1 % der **Beitragsbemessungsgrenze** in der allgemeinen **Rentenversicherung** (West). Der Prozentsatz für das steuerfreie Volumen ist zum 1.1.2014 auf 2 % der Beitragsbemessungsgrenze gestiegen und zum **1.1.2020** auf **3 %** der Beitragsbemessungsgrenze erhöht worden. Zum 1.1.2025 ist eine weitere Anhebung auf 4 % der Beitragsbemessungsgrenze vorgesehen.

Für **2021** sind somit 3 % von 85 200 € = **2556 € jährlich** oder 213 € monatlich. Steuerfreie Beiträge des Arbeitgebers an eine kapitalgedeckte Versorgungseinrichtung (§ 3 Nr. 63 EStG) werden auf das steuerfreie Volumen angerechnet. Steuerlich ist es unerheblich, ob der Arbeitgeber vom sog. Aufzehrmodell (Anrechnung der Beiträge auf den steuerfreien Jahresbetrag von 2556 €) oder vom sog. Verteilermodell (Anwendung eines monatlichen Freibetrags von 213 €) Gebrauch macht.

Beispiel

Eine Gemeinde zahlt 2021 zu Gunsten ihrer Arbeiter und Angestellten einen Betrag von 2400 € jährlich je Arbeitnehmer in den umlagefinanzierten Teil der ZVK ein.

Der Betrag von 2400 € jährlich (200 € monatlich) ist in vollem Umfang steuerfrei nach § 3 Nr. 56 EStG.

Die späteren **Versorgungsleistungen** sind **voll steuerpflichtig,** soweit sie auf Ansprüchen beruhen, die durch **steuerfreie** Ausgaben nach § 3 Nr. 56 EStG **erworben** wurden (§ 22 Nr. 5 Satz 1 EStG). Die Versorgungsleistungen, die auf pauschal oder individuell besteuerten Beiträgen basieren, sind mit dem niedrigeren Ertragsanteil (§ 22 Nr. 5 Satz 2 Buchstabe a i. V. m. Nr. 1 Satz 3 Buchstabe a Doppelbuchstabe bb EStG) zu besteuern (vgl. das Stichwort „Renten" unter Nr. 4).

b) Sozialversicherungsrechtliche Ausnahmeregelung

Früher waren die nach § 40b Abs. 1 EStG pauschal besteuerten Beiträge und Zuwendungen an **Zusatzversorgungskassen** in Höhe von 2,5 % des für ihre Bemessung maßgebenden Entgelts dem Arbeitsentgelt zuzurechnen, wenn die Versorgungsregelung ausdrücklich eine allgemein erreichbare Gesamtversorgung von mindestens 75 % des gesamtversorgungsfähigen Arbeitsentgelts sowie eine Dynamisierung der Versorgungsbezüge entsprechend der Entwicklung der Arbeitsentgelte vorsah; die dem Arbeitsentgelt zuzurechnenden Beiträge und Zuwendungen verminderten sich um monatlich 13,30 €. Sowohl

Z

Lohnsteuerpflichtig | Sozialversich.-pflichtig

der beitragspflichtige Hinzurechnungsbetrag als auch der **monatliche Freibetrag von 13,30 €** blieben über den 1.1.2008 hinaus erhalten, wurden aber um neue Regelungen ergänzt.

Für die beitragsrechtliche Behandlung des geldwerten Vorteils aus der Arbeitgeberumlage gelten folgende Regelungen:

- Nach § 1 Abs. 1 Satz 1 Nr. 4a SvEV[1)] sind die Arbeitgeberumlagen, soweit sie nach § 3 Nr. 56 EStG steuerfrei sind oder nach § 40b EStG pauschal besteuert werden, dem beitragspflichtigen Arbeitsentgelt **nicht** hinzuzurechnen, wenn sie zusätzlich zu Löhnen und Gehältern gewährt werden. Diese Beitragsfreiheit wird allerdings durch § 1 Abs. 1 Sätze 3 und 4 SvEV[1)] eingeschränkt bzw. aufgehoben.
- Die Summe des nach § 3 Nr. 56 EStG steuerfreien Anteils der Arbeitgeberumlage und des nach § 40b EStG pauschal besteuerten Anteils der Arbeitgeberumlage, höchstens jedoch **monatlich 100 €** sind bis zur Höhe von **2,5 %** des für ihre Bemessung maßgebenden Entgelts dem Arbeitsentgelt zuzurechnen; von diesem Wert ist ein Betrag von **13,30 €** abzuziehen (§ 1 Abs. 1 Satz 3 SvEV[1)]). Soweit der Umlagesatz den Betrag von 2,5 % nicht erreicht, tritt bei der Ermittlung des Hinzurechnungsbetrags dieser Umlagesatz an die Stelle des Faktors von 2,5 %.
- Die Bestimmung des § 1 Abs. 1 Satz 3 SvEV[1)] ist mit der Maßgabe anzuwenden, dass die Zuwendungen nach § 3 Nr. 56 und § 40b EStG dem Arbeitsentgelt insoweit zugerechnet werden, als sie in der Summe monatlich 100 € **übersteigen** (§ 1 Abs. 1 Satz 4 SvEV)[1)].

Aus diesen Vorgaben ergibt sich seit 1.1.2008 folgende Beurteilung für den geldwerten Vorteil der Arbeitgeberumlage:

- Zunächst ist zu berücksichtigen, dass Teile der Umlage, die die Summe des steuerfreien Anteils und des höchstmöglichen pauschal besteuerbaren Betrages übersteigen, von vornherein bereits **individuell steuer- und beitragspflichtig** sind.
- Der steuerfreie und der pauschal besteuerbare Anteil der Arbeitgeberumlage sind zu addieren.
- Aus dieser Summe ist bis zum Betrag von 100 € ein Hinzurechnungsbetrag gemäß § 1 Abs. 1 Satz 3 SvEV[1)] zu bilden (maximal 6,45 % aus 1550,39 € = 100 €).

Die sich hieraus ergebenden Konstellationen sind in einer Übersicht in Anhang 19 auf Seite 1346 aufgeführt. Auf die Berechnungsbeispiele unter dem nachfolgenden Buchstaben c wird Bezug genommen.

c) Berechnungsbeispiele

Beispiel A

Zusatzversorgungspflichtiges Entgelt		2 000,– €
vom Arbeitgeber zu tragende Umlage 1 %	20,– €	
abzüglich Freibetrag	13,30 €	6,70 €
Beitragspflichtiges Arbeitsentgelt		2 006,70 €
Steuerpflichtiger Arbeitslohn		2 000,– €

Beispiel B

Für einen Angestellten im öffentlichen Dienst werden im Kalenderjahr **2021** Beiträge zur Zusatzversorgungskasse des Bundes und der Länder gezahlt. Es ergibt sich folgende Lohnabrechnung:

Zusatzversorgungspflichtiger Lohn 2021		1 200,– €
VBL-Zusatzversorgungsbeitrag 6,45 % von 1200 € = 77,40 €. Der Betrag ist in vollem Umfang steuerfrei nach § 3 Nr. 56 EStG.		
Beitragspflichtiger Hinzurechnungsbetrag (2,5 % von 1200 €) =	30,– €	
abzüglich Freibetrag	13,30 €	16,70 €
Beitragspflichtiges Arbeitsentgelt		1 216,70 €
Steuerpflichtiger Arbeitslohn		1 200,– €

Beispiel C

Für einen Angestellten im öffentlichen Dienst werden im Kalenderjahr **2021** Beiträge zur Zusatzversorgungskasse des Bundes und der Länder gezahlt. Es ergibt sich folgende Lohnabrechnung:

Zusatzversorgungspflichtiger Lohn		3 500,– €
VBL-Zusatzversorgungsbeitrag 6,45 % von 3500 € = 225,75 €. Von diesem Betrag sind 213 € steuerfrei, der Rest wird pauschal mit 20 % versteuert.		
Es ergibt sich eine beitragspflichtige Einnahme nach § 1 Abs. 1 Satz 4 SvEV[1)] in Höhe von (213 € + 12,75 € – 100 €)		125,75 €
Beitragspflichtiger Hinzurechnungsbetrag (2,5 % von 1550,39 €) =	38,76 €	
abzüglich Freibetrag	13,30 €	25,46 €
Beitragspflichtiges Arbeitsentgelt		3 651,21 €
Steuerpflichtiger Arbeitslohn		3 500,– €

Nach den Versorgungstarifverträgen im öffentlichen Dienst wird die Umlage nur bis zu einem tarifvertraglich festgesetzten monatlichen (Höchst-)Betrag von 92,03 € bzw. 89,48 €[2)] pauschal mit 20 % versteuert; der übersteigende Betrag der Umlage ist vom Arbeitnehmer **individuell** zu versteuern. Der vom Arbeitnehmer individuell zu versteuernde Teil der Umlage gehört im Rahmen der Beitragsbemessungsgrenzen auch zum beitragspflichtigen Entgelt in der Sozialversicherung.

Die Grenze zur individuellen Steuerpflicht liegt dort, wo sowohl der steuerfreie Betrag von 213 € als auch der pauschal versteuerte Betrag von 92,03 € ausgeschöpft sind. Dies ist bei einem zusatzversorgungspflichtigen Monatslohn von 4729,15 € der Fall (213 € + 92,03 € = 305,03 €; 6,45 % von 4729,15 € = 305,03 €).

Beispiel D

Zusatzversorgungspflichtiger Lohn 2021		5 000,– €
VBL-Zusatzversorgungsbeitrag des Arbeitgebers 6,45 % von 5000 € = 322,50 €. Hiervon sind 213 € steuerfrei nach § 3 Nr. 56 EStG. Vom Restbetrag (322,50 € – 213 € =) 109,50 € werden 92,03 € pauschal mit 20 % versteuert.		
Der Restbetrag der Umlage in Höhe von (322,50 € – 213 € – 92,03 € =) 17,47 € ist individuell zu versteuern:		17,47 €
Außerdem ergibt sich eine beitragspflichtige Einnahme nach § 1 Abs. 1 Satz 4 SvEV[1)], soweit der Betrag von 100 € überschritten ist: 213 € + 92,03 € =	305,03 €	
abzüglich	100,– €	205,03 €
Beitragspflichtiger Hinzurechnungsbetrag (2,5 % von 1550,39 €) =	38,76 €	
abzüglich Freibetrag	13,30 €	25,46 €
Beitragspflichtiges Arbeitsentgelt		5 247,96 €
Steuerpflichtiger Arbeitslohn (5000 € + 17,47 € =)		5 017,47 €

d) Nachträgliche Änderung des nach § 3 Nr. 56 EStG steuerfreien Anteils der Arbeitgeberumlage

Werden sowohl Umlagen für eine Pensionskasse als auch Aufwendungen für eine kapitalgedeckte betriebliche Altersversorgung erbracht, ist zu berücksichtigen, dass die Steuerfreiheit nach § 3 Nr. 63 EStG der Steuerfreiheit nach

1) Die Sozialversicherungsentgeltverordnung (SvEV) ist als Anhang 2 im **Steuerhandbuch für das Lohnbüro 2021** abgedruckt, das im selben Verlag erschienen ist.

2) Von dem vom Arbeitgeber zu tragenden Teil der Umlage werden 92,03 € pauschal versteuert (§ 37 Abs. 2 Tarifvertrag Altersversorgung – ATV für die Beschäftigten des Tarifgebiets West bei Zugehörigkeit zur VBL). Ansonsten liegt der Grenzbetrag bei 89,49 € (§ 16 Abs. 2 ATV). Soweit Arbeitgeber des öffentlichen Dienstes (z. B. Sparkassen) den vollen Pauschalierungsbetrag des § 40b EStG in Höhe von 146 € bzw. 179 € monatlich ausschöpfen, ist dieser Betrag anstelle von 92,03 € oder 89,48 € anzusetzen.

Lohn-steuer-pflichtig | Sozial-versich.-pflichtig

§ 3 Nr. 56 EStG vorgeht. Dies ergibt sich aus § 3 Nr. 56 Satz 3 EStG. Das bedeutet, dass die Steuerfreiheit nach § 3 Nr. 56 EStG nur noch dann bei der Umlage berücksichtigt werden kann, soweit der Betrag von 3 % der Beitragsbemessungsgrenze – West – in der allgemeinen Rentenversicherung nicht bereits durch steuer- und beitragsfreie Aufwendungen für eine kapitalgedeckte betriebliche Altersversorgung im Sinne von § 3 Nr. 63 EStG i. V. m. § 1 Abs. 1 Satz 1 Nr. 9 SvEV[1] verbraucht ist. Wird die Steuerfreiheit von Aufwendungen für eine kapitalgedeckte betriebliche Altersversorgung nach § 3 Nr. 63 EStG durch den Arbeitgeber erst im Nachhinein im Zuge einer Einmalzahlung in Anspruch genommen und wurden die Arbeitgeberumlagen monatlich nach § 3 Nr. 56 EStG steuerfrei gestellt, wird zwar die Steuerfreiheit der Umlagen – ggf. vollständig – rückgängig gemacht. Der bisherigen Berechnung des beitragspflichtigen Anteils der Arbeitgeberumlage wird damit jedoch nicht die Grundlage entzogen, das heißt eine Rückwirkung ist in der Sozialversicherung ausgeschlossen, da nach der Rechtsprechung des Bundessozialgerichts in abgewickelte Versicherungsverhältnisse nicht eingegriffen werden darf (vgl. hierzu Urteile des Bundessozialgerichts vom 7.12.1989 – 12 RK 19/87 –, USK 89115, und vom 8.12.1999 – B 12 KR 12/99 R –, USK 9957, jeweils mit weiteren Rechtsprechungshinweisen). Demnach verbleibt es bei der im Rahmen des § 1 Abs. 1 Satz 3 und/oder Satz 4 i. V. m. Satz 1 Nr. 4a SvEV[1] festgestellten Beitragspflicht der zunächst nach § 3 Nr. 56 EStG steuerfrei geleisteten Umlagen. Dies gilt selbst dann, wenn zu Beginn des Kalenderjahres von vorneherein feststeht, dass der Arbeitnehmer bei Gewährung einer Einmalzahlung von der Entgeltumwandlung Gebrauch machen und somit die steuerrechtliche Rückabwicklung erfolgen wird.

Zulagen

Zulagen sind Zahlungen des Arbeitgebers, die zusätzlich zum vereinbarten Lohn aufgrund einer tarifvertraglichen Regelung, einer Betriebsvereinbarung oder aufgrund des Einzelarbeitsvertrags gezahlt werden. Gebräuchlich sind folgende Zulagen:

- **Erschwerniszulagen** (zum Ausgleich für besondere Belastungen, z. B. Bauzulage, Gefahrenzulage, Schmutzzulage, Hitzezulage, vgl. das Stichwort „Erschwerniszuschläge“);
- **Funktionszulagen** (wegen der Übernahme zusätzlicher Verantwortung z. B. Aufsichts- oder Koordinierungsarbeiten);
- **Leistungszulagen** (nach Bewertung der Arbeitsleistung);
- **Persönliche Zulagen;**
- **Sozialzulagen** (z. B. Familien-, Kinder- und Ortszuschläge).

Alle diese Zulagen sind steuer- und beitragspflichtiger Arbeitslohn. Ausnahmeregelungen bestehen nicht. ja ja

Siehe auch das Stichwort „Zuschläge“.

Zusammenballung von Einkünften

Die Zusammenballung von Einkünften ist Voraussetzung für eine ermäßigte Besteuerung nach der sog. Fünftelregelung. Eine Zusammenballung von Einkünften ist insbesondere anzunehmen bei Vergütungen für mehrjährige Tätigkeiten (z. B. Jubiläumszuwendungen) und Abfindungen. Bei Jubiläumszuwendungen ist eine Zusammenballung von Einkünften und damit eine ermäßigte Besteuerung nach der sog. Fünftelregelung immer dann gegeben, wenn das Arbeitsverhältnis fortbesteht (vgl. „Jubiläumszuwendungen“).

Lohn-steuer-pflichtig | Sozial-versich.-pflichtig

Bei Entlassungsabfindungen liegt eine Zusammenballung von Einkünften immer dann vor, wenn eine Abfindung höher ist als der Arbeitslohn, den der Arbeitnehmer bei Fortsetzung des Dienstverhältnisses bis zum Ende des Kalenderjahres noch bezogen hätte. Eine **Überschreitung** des wegfallenden Arbeitslohns **um 1 Euro reicht** aus (vgl. „Abfindung wegen Entlassung aus dem Dienstverhältnis“ besonders unter den Nrn. 5 bis 9).

Beispiel

Das Dienstverhältnis eines Arbeitnehmers mit einem Arbeitslohn von 4000 Euro monatlich wird auf Veranlassung des Arbeitgebers am 31. 7. 2021 aufgelöst. Der Arbeitnehmer erhält eine Abfindung von 25 000 Euro. Da die Abfindung den wegfallenden Arbeitslohn von August bis Dezember in Höhe von (5 × 4000 Euro) 20 000 Euro übersteigt, liegt eine Zusammenballung von Einkünften vor und die steuerpflichtige Abfindung kann nach der Fünftelregelung ermäßigt besteuert werden.

Zusatzbeitrag in der Krankenversicherung

Neues und Wichtiges auf einen Blick:

Der durchschnittliche Zusatzbeitrag aller gesetzlichen Krankenkassen beträgt ab 1.1.2021 1,3 % (Bekanntmachung des Bundesministeriums für Gesundheit im Bundesanzeiger vom 30.10.2020).

Für Lohnabrechnungszeiträume seit 1.1.2019 ist der Zusatzbeitrag nicht mehr vom Arbeitnehmer alleine zu tragen, sondern wird zur Hälfte auch vom Arbeitgeber getragen.

Gliederung:

1. Allgemeines

Mit dem GKV-Finanzstruktur- und Qualitäts-Weiterentwicklungsgesetz (GKV-FQWG) wurden die paritätisch finanzierten Beitragssätze auf 14,6 v. H. (allgemeiner Beitragssatz) bzw. 14,0 v. H. (ermäßigter Beitragssatz) festgesetzt; der bisherige und von den Mitgliedern allein zu tragende Beitragsanteil in Höhe von 0,9 v. H. wurde abgeschafft. Damit einher ging die Abschaffung des bisherigen einkommensunabhängigen Zusatzbeitrages und des damit verbundenen steuerfinanzierten Sozialausgleichsverfahrens. Soweit der Finanzbedarf einer Krankenkasse

1) Die Sozialversicherungsentgeltverordnung (SvEV) ist als Anhang 2 im **Steuerhandbuch für das Lohnbüro 2021** abgedruckt, das im selben Verlag erschienen ist.

Z

Lohn- Sozial-
steuer- versich.-
pflichtig pflichtig

durch die Zuweisungen aus dem Gesundheitsfonds nicht gedeckt ist, hat sie von ihren Mitgliedern einen Zusatzbeitrag zu erheben. Der Zusatzbeitrag wird nicht einkommensunabhängig, sondern prozentual von den beitragspflichtigen Einnahmen des Mitglieds erhoben – in aller Regel im Rahmen des Quellenabzugsverfahrens.

2. Einführung eines einkommensabhängigen Zusatzbeitrages

Mit dem GKV-FQWG werden die Beitragssätze der GKV um jeweils 0,9 v. H. abgesenkt und vom Gesetzgeber zum 1.1.2015 neu festgesetzt:

- Der allgemeine Beitragssatz beträgt nach § 241 SGB V vom 1.1.2015 an 14,6 %
- Der ermäßigte Beitragssatz beträgt nach § 243 SGB V vom 1.1.2015 an 14,0 %

Im Zuge der Absenkung der Beitragssätze sowie der Einführung von einkommensabhängigen Zusatzbeiträgen fiel der bisherige, allein von den Mitgliedern zu tragende Beitragsanteil in Höhe von 0,9 v. H. weg bzw. ging in dem neu geschaffenen einkommensabhängigen Zusatzbeitrag auf. Die Beitragstragung hinsichtlich der sich auf Grundlage der künftig geltenden Beitragssätze ergebenden Krankenversicherungsbeiträge erfolgt paritätisch.

Die vorgenannten Beitragssätze gelten bundeseinheitlich für alle Krankenkassen; eine Änderung ist nach wie vor ausschließlich durch den Gesetzgeber möglich. Soweit der Finanzbedarf einer Krankenkasse durch die Zuweisungen aus dem Gesundheitsfonds nicht gedeckt ist, hat sie von ihren Mitgliedern einen Zusatzbeitrag zu erheben.

Die Einführung des einkommens**abhängigen** Zusatzbeitrages hat zur Folge, dass die Konzeption der einkommens**un**abhängigen Zusatzbeiträge (z. B. pauschal 9 € je Monat) aufgegeben wurde. In der Folge können Krankenkassen für Zeiten nach dem 31.12.2014 einkommens**unabhängige** Zusatzbeiträge nicht mehr erheben. Ebenso dürfen die Krankenkassen für Zeiten nach dem 31.12.2014 an ihre Mitglieder keine Prämien mehr auszahlen.

3. Wegfall des Sozialausgleichsverfahrens

Im Zuge der Einführung von Zusatzbeiträgen zum 1.1.2011 wurde gleichermaßen ein steuerfinanziertes Sozialausgleichsverfahren eingeführt. Ein Anspruch auf Sozialausgleich setzte voraus, dass der für das Kalenderjahr festgelegte durchschnittliche Zusatzbeitrag die Belastungsgrenze von zwei Prozent der beitragspflichtigen Einnahmen des Mitglieds überstieg. In der Praxis kamen die Mechanismen zum Sozialausgleich allerdings nie zum Tragen. Die hierzu bislang vorgehaltenen Regelungen werden zum 31.12.2014 abgeschafft. Die für den Sozialausgleich eingeführten Verfahren im Qualifizierten Meldedialog der Krankenkassen mit den beitragsabführenden Stellen werden ebenfalls beendet.

4. Einführung kassenindividueller Zusatzbeitragssätze

Soweit der Finanzbedarf einer Krankenkasse durch die Zuweisungen aus dem Gesundheitsfonds nicht gedeckt ist, hat sie von ihren Mitgliedern einen Zusatzbeitrag zu erheben (§ 242 SGB V). Der Zusatzbeitrag wird nicht einkommensunabhängig, sondern prozentual von den beitragspflichtigen Einnahmen des Mitglieds erhoben.

Die Höhe des Zusatzbeitragssatzes regelt jede Krankenkasse individuell in ihrer Satzung. Der Zusatzbeitragssatz ist von der Krankenkasse dabei so festzulegen, dass die Einnahmen daraus zusammen mit den Zuweisungen aus dem Gesundheitsfonds und den sonstigen Einnahmen die im Haushaltsjahr voraussichtlich zu leistenden Ausgaben und die vorgeschriebene Auffüllung der Rücklage decken. Eine Obergrenze der Zusatzbeitragssätze sieht das Gesetz nicht vor.

Lohn- Sozial-
steuer- versich.-
pflichtig pflichtig

Die gesetzliche Regelung sieht keine vorgegebenen Zeitpunkte für eine erstmalige Erhebung des Zusatzbeitrages oder eine Erhöhung des Zusatzbeitragssatzes vor, sodass dieser – wie bisher – nicht nur zu Beginn eines Kalenderjahres, sondern auch im Laufe des Kalenderjahres erstmalig erhoben oder erhöht werden kann.

Im Gegensatz zu dem einkommensunabhängigen Zusatzbeitrag ist der einkommensabhängige Zusatzbeitrag originärer Bestandteil des Krankenversicherungsbeitrages; besondere Regelungen zur Fälligkeit und Zahlung des Zusatzbeitrages in den Satzungen der Krankenkassen kommen insoweit nicht in Betracht.

§ 242 Abs. 5 SGB V sieht vor, dass die Krankenkassen ihren jeweils aktuellen Zusatzbeitragssatz dem GKV-Spitzenverband übermitteln, der wiederum eine Übersicht der Zusatzbeitragssätze aller Krankenkassen im Internet veröffentlicht (www.gkv-zusatzbeitraege.de).

Sofern eine Krankenkasse einen Zusatzbeitrag erhebt, ist dieser grundsätzlich für alle Mitglieder dieser Krankenkasse zu erheben. Entgegen der Regelung zum einkommensunabhängigen Zusatzbeitrag sind keine Personengruppen von der Zahlungsverpflichtung kraft gesetzlicher Regelung ausgenommen. Somit werden für alle Personen Zusatzbeiträge erhoben, die auch Krankenversicherungsbeiträge nach dem allgemeinen oder ermäßigten Beitragssatz zahlen bzw. für die diese Beiträge von Dritten getragen und gezahlt werden.

5. Durchschnittlicher Zusatzbeitragssatz

Für Versicherte, deren Beiträge regelmäßig von Dritten getragen werden (z. B. Auszubildende mit einem Entgelt von unter 325 €), ist allerdings die Besonderheit zu berücksichtigen, dass grundsätzlich nicht der kassenindividuelle, sondern der durchschnittliche Zusatzbeitragssatz aller Kassen gilt. Er ist jährlich bis zum 1. November mit Wirkung für das gesamte folgende Kalenderjahr vom Bundesministerium für Gesundheit festzulegen. Für das Jahr 2021 beträgt er nach der Bekanntmachung im Bundesanzeiger vom 30.10.2020 **1,3 %.**

Der durchschnittliche Zusatzbeitragssatz gilt insbesondere für Personengruppen, deren Beiträge von Dritten getragen werden; sie sind weitgehend mit denen identisch, die vom Zusatzbeitrag nach § 242 Abs. 5 a. F. SGB V generell ausgenommen waren.

Im Einzelnen ist der durchschnittliche Zusatzbeitragssatz u. a. bei folgenden Personen anzuwenden:

- Personen, die in Einrichtungen der Jugendhilfe für eine Erwerbstätigkeit befähigt werden sollen (§ 5 Abs. 1 Nr. 5 SGB V);
- Auszubildende, die in einer außerbetrieblichen Einrichtung im Rahmen eines Berufsausbildungsvertrages nach dem Berufsbildungsgesetz ausgebildet werden (§ 5 Abs. 4a Satz 1 SGB V);
- Behinderte Menschen in Werkstätten, Einrichtungen etc. (§ 5 Abs. 1 Nr. 7 und 8 SGB V), wenn das tatsächliche Arbeitsentgelt den nach § 235 Abs. 3 SGB V maßgeblichen Mindestbetrag (2015: mtl. 567,00 EUR) nicht übersteigt; übersteigt das Arbeitsentgelt diesen Wert, wird der kassenindividuelle Zusatzbeitragssatz erhoben (und vom Träger der Einrichtung gezahlt); wird der Mindestbetrag jedoch ausschließlich durch eine Sonderzahlung überschritten, bleibt der durchschnittliche Zusatzbeitragssatz maßgebend;
- Mitglieder, deren Mitgliedschaft bei einem Wehrdienst nach § 193 Abs. 2 bis 5 SGB V oder nach § 8 Eignungsübungsgesetz fortbesteht;
- Auszubildende mit einem Arbeitsentgelt bis 325 € im Monat (sogenannte Geringverdiener, vgl. § 20 Abs. 3 Satz 1 Nr. 1 SGB IV); der durchschnittliche Zusatzbeitragssatz ist bei diesem Personenkreis auch zu berücksichtigen, soweit die Geringverdienergrenze ausschließ-

Lohn-steuer-pflichtig Sozial-versich.-pflichtig

lich durch eine Sonderzahlung überschritten wird und in der Folge Arbeitgeber und Auszubildende die sonstigen Beiträge aus dem übersteigenden Betrag gemeinsam tragen;

- Teilnehmer, die ein freiwilliges soziales oder ökologisches Jahr im Sinne des Jugendfreiwilligendienstegesetzes (JFDG) oder einen Bundesfreiwilligendienst nach dem Bundesfreiwilligendienstgesetz (BFDG) leisten (§ 20 Abs. 3 Satz 1 Nr. 2 SGB IV).

Der durchschnittliche Zusatzbeitragssatz gilt nur für die den jeweiligen versicherungsrechtlichen Status prägenden beitragspflichtigen Einnahmen und ist für alle vorgenannten Personengruppen anzuwenden, ungeachtet dessen, bei welcher Krankenkasse sie versichert sind und ob die jeweils zuständige Krankenkasse einen kassenindividuellen Zusatzbeitrag erhebt. Auf weitere beitragspflichtige Einnahmen dieser Mitglieder (z. B. Rente, Versorgungsbezüge) findet indes der kassenindividuelle Zusatzbeitragssatz Anwendung.

6. Zusatzbeitrag als Bestandteil des Krankenversicherungsbeitrages

Der Zusatzbeitrag ist originärer Bestandteil des Krankenversicherungsbeitrages. Mithin finden für den Zusatzbeitrag die für die sonstigen Beiträge maßgeblichen beitragsrechtlichen Regelungen einschließlich der Beitragsfreiheit nach § 224 SGB V grundsätzlich entsprechende Anwendung. Soweit der Zusatzbeitrag im Arbeitgeberverfahren abgeführt wird, gilt er als Teil des Gesamtsozialversicherungsbeitrages, sodass die hierfür einschlägigen Regelungen auch für ihn gelten.

Im Übrigen erhöht der Zusatzbeitrag die Krankenversicherungsbeiträge und damit die steuerlich abzugsfähigen Aufwendungen des Mitglieds. Der Zusatzbeitrag ist daher bei der Meldung der Krankenversicherungsbeiträge an die Finanzverwaltung auf Grundlage des Gesetzes zur verbesserten steuerlichen Berücksichtigung von Vorsorgeaufwendungen entsprechend zu berücksichtigen.

Zeitversetzte Berücksichtigung des Zusatzbeitragssatzes bei Versorgungsbezügen

Die Besonderheiten der Berücksichtigung des Zusatzbeitrages bei Versorgungsbezügen ist im Teil B dieses Lexikons „Grundsätzliches zur Kranken-, Pflege-, Renten- und Arbeitslosenversicherung“ unter der Nr. 12 beschrieben.

7. Berechnung der Beiträge für Arbeitnehmer

Die Beiträge auf Grundlage des Zusatzbeitrages werden bei den versicherungspflichtigen Arbeitnehmern und Auszubildenden, die gegen Arbeitsentgelt beschäftigt sind, nach den beitragspflichtigen Einnahmen bemessen; vorrangig unterliegt bei diesen Personen mithin das Arbeitsentgelt aus der Beschäftigung der Beitragspflicht. Der Arbeitgeber trägt ab **1.1.2019** die Hälfte der Beiträge aus dem Arbeitsentgelt nach dem allgemeinen oder ermäßigten Beitragssatz **sowie auch die Hälfte** des individuellen Zusatzbeitrages der Krankenkasse des Arbeitnehmers.

Für die aus dem Arbeitsentgelt zu bemessenden Beiträge werden Beiträge, die vom Arbeitgeber und vom Arbeitnehmer je zur Hälfte zu tragen sind, durch Anwendung des halben Beitragssatzes auf das Arbeitsentgelt und anschließender Verdopplung des gerundeten Ergebnisses berechnet.

Beispiel

Zusatzbeitragssatz der Krankenkasse beträgt 1,3 %

monatliches Arbeitsentgelt 3100 €

allgemeiner Beitragssatz 14,6 %

Lohn-steuer-pflichtig Sozial-versich.-pflichtig

	Arbeitnehmerbeitragsanteil	Arbeitgeberbeitragsanteil
Krankenversicherung (3100 € × 7,3 %)	226,30 €	226,30 €
Zusatzbeitrag (3100 € × 0,65 %)	20,15 €	20,15 €
insgesamt	246,45 €	246,45 €
Gesamtbeitrag	492,90 €	

8. Zusatzbeitrag für Geringverdiener

Für Mitglieder, die zu ihrer Berufsausbildung beschäftigt sind und ein Arbeitsentgelt erzielen, das monatlich 325 Euro nicht übersteigt, trägt der Arbeitgeber den Gesamtsozialversicherungsbeitrag allein. Von der Verpflichtung zur alleinigen Beitragstragung durch den Arbeitgeber wird auch der Zusatzbeitrag erfasst, der für diesen Personenkreis unter Berücksichtigung des **durchschnittlichen** Zusatzbeitragssatzes nachzuerheben ist. Die Zusatzbeiträge für den angesprochenen Personenkreis sind ebenfalls gesondert zu berechnen. Weitere Einzelheiten hierzu siehe unter dem Stichwort „Geringverdienergrenze“.

9. Beitragsberechnung bei Arbeitsentgelten im Übergangsbereich nach § 20 Abs. 2 SGB IV

Hinsichtlich der Berechnung der Gesamtsozialversicherungsbeiträge bei Beschäftigungen mit einem monatlichen Arbeitsentgelt innerhalb des Übergangsbereichs/der Gleitzone ist zu berücksichtigen, dass der Beitrag auf Grundlage des Zusatzbeitrages durch Anwendung des Zusatzbeitragssatzes auf die reduzierte beitragspflichtige Einnahme zu berechnen und dem nach den besonderen beitragsrechtlichen Regelungen für den Übergangsbereich/die Gleitzone ermittelten Arbeitnehmerbeitragsanteil hinzuzurechnen ist.

Beispiel

Zusatzbeitragssatz der Krankenkasse beträgt 1,3 %

monatliches Arbeitsentgelt 550 €

beitragspflichtige Einnahme 451,09 €

Krankenversicherungsbeitrag 451,09 € × 7,95 % × 2)	71,72 €	
Arbeitgeberbeitragsanteil 550 € × (7,3 % + 0,65 %)		43,73 €
Arbeitnehmerbeitragsanteil 71,72 € – 43,73 €	27,99 €	
Arbeitnehmeranteil insgesamt	27,99 €	

Der Arbeitgeber einer geringfügig entlohnten Beschäftigung hat für Versicherte unverändert einen Pauschalbeitrag in Höhe von 13 % des Arbeitsentgelts aus dieser Beschäftigung zu zahlen. Ein Zusatzbeitrag aus dem Arbeitsentgelt einer geringfügig entlohnten Beschäftigung fällt insofern nicht an.

10. Tragung und Zahlung des Zusatzbeitrages

Die Beiträge unter Berücksichtigung des allgemeinen sowie des ermäßigten Beitragssatzes werden paritätisch finanziert. Seit 1.1.2019 wird auch der Zusatzbeitrag paritätisch von Arbeitgeber und Arbeitnehmer finanziert.

Besonderheiten siehe unter den Stichwörtern „Kurzarbeitergeld“ und „Saisonkurzarbeitergeld“

Hinsichtlich der Zusatzbeiträge aus dem Arbeitsentgelt gelten die Vorschriften des Zweiten und Dritten Abschnitts des SGB IV entsprechend. Der auf das beitragspflichtige Arbeitsentgelt entfallende Zusatzbeitrag ist mithin Teil des Gesamtsozialversicherungsbeitrages und als solcher vom

Z

Arbeitgeber zusammen mit den übrigen Sozialversicherungsbeiträgen an die zuständige Einzugsstelle zu zahlen. Der Arbeitgeber hat gegen den Arbeitnehmer einen Anspruch auf den von ihm zu tragenden Teil des Gesamtsozialversicherungsbeitrages. Durch die Zuordnung zum Gesamtsozialversicherungsbeitrag werden sich die Prüfungen der Rentenversicherungsträger bei den Arbeitgebern auch auf die Überprüfung der Beitragsberechnung und Beitragszahlung unter Berücksichtigung der Zusatzbeitragssätze erstrecken.

11. Fälligkeit der Zusatzbeiträge, Säumniszuschläge, Verjährung, Erstattung, Verrechnung

Für den Zusatzbeitrag als Teil des Krankenversicherungsbeitrages gelten keine besonderen, vom regulären Krankenversicherungsbeitrag abweichenden Regelungen. In der Folge gelten die Regelungen über die Fälligkeit, Säumniszuschläge, Verjährung, Erstattung sowie die Verzinsung, Verjährung, Verrechnung und Aufrechnung des Erstattungsanspruchs.

12. Beitragsnachweise

Die Beitragsnachweise der Arbeitgeber sind um den gesonderten Ausweis der Zusatzbeiträge zu ergänzen. Die Gemeinsamen Grundsätze nach § 28b Abs. 2 Satz 1 Nr. 2 SGB IV sowie der darin beschriebene Beitragsnachweis-Datensatz werden für die Zeit ab 1.1.2015 eine entsprechende gesonderte Ausweisung der Zusatzbeiträge vorsehen. Gleiches gilt für den von den Zahlstellen von Versorgungsbezügen nach § 256 Abs. 1 Satz 4 SGB V abzugebenden Beitragsnachweis.

13. Beitragszuschuss des Arbeitgebers

Einzelheiten siehe unter dem Stichwort „Arbeitgeberzuschuss zur Krankenversicherung".

14. Krankenkassenwahlrecht/Sonderkündigungsrecht

Durch die Regelung des § 175 Abs. 4 Satz 5 SGB V wird den Mitgliedern einer Krankenkasse ein Sonderkündigungsrecht eingeräumt, wenn die Krankenkasse erstmalig einen Zusatzbeitrag erhebt oder den Zusatzbeitragssatz erhöht. Die Kündigung der Mitgliedschaft kann in diesen Fällen bis zum Ablauf des Monats erklärt werden, für den der Zusatzbeitrag erstmals erhoben oder für den der Zusatzbeitragssatz erhöht wird. Veränderungen des durchschnittlichen Zusatzbeitragssatzes begründen hingegen kein Sonderkündigungsrecht.

Unverändert bleibt, dass die Mitgliedschaft in diesen Fällen ohne Einhaltung der grundsätzlich bestehenden 12-monatigen Bindungsfrist sowie der Mindestbindungsfrist für Wahltarife gekündigt werden kann. Auch die Abwicklung des Sonderkündigungsrechtes wird in das elektronische Meldeverfahren nach § 175 Abs. 2 SGB V einbezogen, sodass in diesen Fällen an die Stelle der Kündigungserklärung des Mitglieds eine Meldung der gewählten Krankenkasse tritt (vgl. hierzu im Teil B „Grundsätzliches zur Kranken-, Pflege-, Renten- und Arbeitslosenversicherung" unter der Nr. 2b). Mitglieder mit einem Wahltarif nach § 53 Abs. 6 SGB V (Krankengeld) bleiben weiterhin von dem Sonderkündigungsrecht ausgenommen.

Unbeachtlich für die Anwendung des Sonderkündigungsrechts sind die Regelungen, nach denen sich Veränderungen kassenindividueller Zusatzbeiträge für pflichtversicherte Rentner sowie Bezieher von Versorgungsbezügen mit einer zweimonatigen Verzögerung auswirken. Maßgeblich für die Ausübung des Sonderkündigungsrechts ist ausschließlich der von der Krankenkasse in ihrer Satzung bestimmte Zeitpunkt der erstmaligen Erhebung eines Zusatzbeitrages bzw. der Erhöhung des Zusatzbeitragssatzes.

Auch bei der Ausübung des Sonderkündigungsrechts ist der erstmalig erhobene bzw. der erhöhte Zusatzbeitrag bis zur Beendigung der Mitgliedschaft zu erheben.

15. Hinweispflicht der Krankenkasse im Zusammenhang mit dem Sonderkündigungsrecht

Nach § 175 Abs. 4 Satz 7 SGB V hat die Krankenkasse spätestens einen Monat vor Ablauf des Monats, für den der Zusatzbeitrag erstmals erhoben oder für den der Zusatzbeitragssatz erhöht wird, ihre Mitglieder in einem gesonderten Schreiben auf das Sonderkündigungsrecht, auf die Höhe des durchschnittlichen Zusatzbeitragssatzes sowie auf die Übersicht des GKV-Spitzenverbandes zu den Zusatzbeitragssätzen hinzuweisen.

Beispiel

Erstmalige Erhebung eines Zusatzbeitrages ab 1.1.2021

Hinweispflicht der Krankenkasse spätestens bis 31.12.2020

Frist zur Ausübung des Sonderkündigungsrechts bis 1.2.2021 (31.1. = Sonntag)

Eingang der Kündigung am 5.1.2021

Die Mitgliedschaft endet am 31.3.2021

Ferner sieht die Regelung eine darüber hinausgehende Informationspflicht der Krankenkasse vor, soweit der erstmalig erhobene Zusatzbeitrag oder der erhöhte Zusatzbeitragssatz den durchschnittlichen Zusatzbeitragssatz überschreitet. In diesem Fall sind die Mitglieder (zusätzlich) auf die Möglichkeit hinzuweisen, in eine günstigere Krankenkasse zu wechseln.

Kommt eine Krankenkasse ihrer Hinweispflicht gegenüber einem Mitglied nicht fristgerecht nach, gilt eine erfolgte Kündigung als in dem Monat erklärt, für den der Zusatzbeitrag erstmalig erhoben oder für den der Zusatzbeitragssatz erhöht wird.

16. Meldeverfahren

Mit der Abschaffung des einkommensunabhängigen Zusatzbeitrages werden die Regelungen zum Sozialausgleich vollständig gestrichen. Damit einhergehend entfallen auch die im Rahmen des Qualifizierten Meldedialogs insoweit vorgehaltenen Meldepflichten der Arbeitgeber, Krankenkassen und sonstigen Meldepflichtigen zum Sozialausgleich. Ferner entfällt das Verfahren zur Rückmeldung der Anwendung der Gleitzone bei Mehrfachbeschäftigten.

Die bisher in § 28h Abs. 2a Nr. 3 SGB IV normierte Regelung zur Rückmeldung der Gesamtentgelte in den Fällen, in denen durch Mehrfachbeschäftigung die Beitragsbemessungsgrenzen überschritten wurden, wurden gleichermaßen gestrichen. Allerdings sehen die Neuregelungen für diese Sachverhaltskonstellationen ein zeitlich nachgelagertes Verfahren vor. Künftig werden Beitragskorrekturen in Folge des Überschreitens der Beitragsbemessungsgrenze im Rahmen einer Rückschau vorgenommen; die generelle Verpflichtung der Arbeitgeber, in allen Fällen der Mehrfachbeschäftigung eine monatliche Meldung abzugeben, entfällt. Das Verfahren ist unter dem Stichwort „Mehrfachbeschäftigung" beschrieben.

Nach § 26 Abs. 4 SGB IV ermitteln die Krankenkassen bei versicherungspflichtigen Mehrfachbeschäftigten künftig auf Grundlage der von den Arbeitgebern abgegebenen Entgeltmeldungen von Amts wegen, ob die Voraussetzungen des § 22 Abs. 2 SGB IV vorliegen und Beiträge zu Unrecht entrichtet wurden. Dabei können die Krankenkassen weitere Angaben zur Ermittlung der zugrunde zu legenden Entgelte bei den Arbeitgebern anfordern. Anschließend sollen die Krankenkassen den beteiligten Arbeitgebern die ermittelten Gesamtentgelte zurückmelden; auf dieser Grundlage können die Arbeitgeber das Verfahren nach § 22 Abs. 2 SGB IV durchführen.

	Lohnsteuerpflichtig	Sozialversich.-pflichtig

Für das seit dem 1.1.2015 umzusetzende Verfahren werden die bestehenden Strukturen des bislang vorgehaltenen Qualifizierten Meldedialogs genutzt. Dies betrifft im Wesentlichen die GKV-Monatsmeldung durch die Arbeitgeber sowie die Krankenkassenmeldung als Rückmeldung durch die Krankenkassen.

Die Einzelheiten zum Qualifizierten Meldedialog für Meldezeiträume ab dem 1.1.2015 sind im Anhang 15 „Meldepflichten des Arbeitgebers" beschrieben.

Zusätzlichkeitsvoraussetzung

Bestimmte Leistungen oder geldwerte Vorteile, die der Arbeitgeber dem Arbeitnehmer gewährt, können nur dann steuerfrei gezahlt oder mit einem festen Pauschsteuersatz pauschal besteuert werden, wenn der Arbeitgeber diese Leistungen dem Arbeitnehmer **zusätzlich zum ohnehin geschuldeten Arbeitslohn** zuwendet.

Die Zusätzlichkeitsvoraussetzung muss erfüllt sein, wenn der Arbeitgeber z. B. für die folgenden Leistungen die Lohnsteuer mit einem **Pauschsteuersatz** berechnen will:

- unentgeltliche oder verbilligte Übereignung von Personalcomputern, anderen Datenverarbeitungsgeräten und Barzuschüssen zur Internetnutzung, die mit 25 % pauschal besteuert werden (vgl. „Computer" unter Nr. 2);
- unentgeltliche oder verbilligte Übereignung von Ladevorrichtungen für Elektrofahrzeuge der Arbeitnehmer und entsprechende Barzuschüsse für den Erwerb und die Nutzung, die mit 25 % pauschal besteuert werden (vgl. „Elektrofahrzeuge" unter Nr. 2 Buchstabe b);
- unentgeltliche oder verbilligte Übereignung von Fahrrädern, die mit 25 % pauschal besteuert werden (vgl. „Elektro-Bike" unter Nr. 5 Buchstabe b);
- Zuschüsse zu den Aufwendungen eines Arbeitnehmers für Fahrten zwischen Wohnung und erster Tätigkeitsstätte mit dem Pkw (vgl. dieses Stichwort unter Nr. 5 Buchstabe c), die mit 15 % pauschal besteuert werden;
- Belohnungsessen, Incentive-Reisen, VIP-Logen und ähnliche Sachbezüge an Arbeitnehmer, die mit 30 % pauschal besteuert werden (vgl. „Pauschalierung der Lohnsteuer für Belohnungsessen, Incentive-Reisen, VIP-Logen und ähnliche Sachbezüge").

Außerdem muss die Zusätzlichkeitsvoraussetzung z. B. bei der Zahlung von **steuerfreien** Kindergartenzuschüssen (vgl. „Kindergartenzuschüsse"), bei der Inanspruchnahme des Freibetrags für die Gesundheitsförderung in Höhe von 600 € jährlich (siehe „Gesundheitsförderung"), bei den steuerfreien Fürsorgeleistungen zur besseren Vereinbarkeit von Familie und Beruf (vgl. „Fürsorgeleistungen") und bei den steuerfreien geldwerten Vorteilen für das Aufladen von Elektrofahrzeugen (vgl. dieses Stichwort unter Nr. 2 Buchstabe a) erfüllt sein. Ebenso bei den seit 1.1.2019 steuerfreien Fahrtkostenzuschüssen (vgl. „Freifahrten") und der steuerfreien Fahrradgestellung (vgl. „Elektro-Bike" unter Nr. 1). Auch die monatliche 44-Euro-Freigrenze ist bei Sachbezügen in Form von Gutscheinen und Geldkarten seit 1.1.2020 nur anwendbar, wenn die Zusätzlichkeitsvoraussetzung erfüllt ist.

Im Jahressteuergesetz 2020 ist die **Zusätzlichkeitsvoraussetzung** rückwirkend zum 1.1.2020 **gesetzlich** geregelt worden (§ 8 Abs. 4 EStG). Im Sinne des Einkommensteuergesetzes werden Leistungen (Sachbezüge oder Zuschüsse) des Arbeitgebers oder auf seine Veranlassung eines Dritten **nur dann** zusätzlich zum ohnehin geschuldeten Arbeitslohn erbracht, **wenn**

- die Leistung nicht auf den Anspruch auf Arbeitslohn angerechnet,
- der Anspruch auf Arbeitslohn nicht zugunsten der Leistung herabgesetzt,
- die verwendungs- oder zweckgebundene Leistung nicht anstelle einer bereits vereinbarten künftigen Erhöhung des Arbeitslohns gewährt und
- bei Wegfall der Leistung der Arbeitslohn nicht (automatisch) erhöht

wird. Dies gilt unabhängig davon, ob der Arbeitslohn tarifgebunden ist oder nicht. Von einer zusätzlich zum ohnehin geschuldeten Arbeitslohn erbrachten Leistung ist aber auch dann auszugehen, wenn die zusätzliche Leistung einzelvertraglich oder durch Betriebsvereinbarung, Tarifvertrag oder durch Besoldungsgesetz festgelegt worden ist.

Durch diese Gesetzesänderung ist die gegenteilige Rechtsprechung des Bundesfinanzhofs (BFH-Urteil vom 1.8.2019, BStBl. 2020 II S. 106), wonach eine Gehaltsumwandlung zur Erfüllung des Zusätzlichkeitskriteriums bis zum Zeitpunkt der Lohnzahlung möglich sei, überholt. Im Vorgriff auf die Gesetzesänderung hatte die Finanzverwaltung bereits einen Nichtanwendungserlass herausgegeben, sodass die vorstehend erwähnte Rechtsprechung des Bundesfinanzhofs über die entschiedenen Einzelfälle hinaus nicht anzuwenden ist.[1)]

Ist aber ein **arbeitsrechtlicher Anspruch** auf eine freiwillige Sonderzahlung (z. B. das Weihnachtsgeld) noch **nicht** entstanden, kann diese Sonderzahlung im Grundsatz in eine steuerfreie oder pauschalierungsfähige Leistung umgewandelt werden. Das gilt auch dann, wenn die „nicht begünstigten" Arbeitnehmer die freiwillige Sonderzahlung erhalten (R 3.33 Abs. 5 Sätze 3 und 4 LStR).

Zusatzverpflegung

Die Zusatzverpflegung für Arbeitnehmer, die mit gesundheitsgefährdenden Arbeiten betraut sind, ist kein steuerpflichtiger Arbeitslohn, wenn die Zusatzverpflegung der Abwehr von Berufskrankheiten dient. — Lohnsteuerpflichtig: nein — Sozialversich.-pflichtig: nein

siehe auch „Berufskrankheiten", „Genussmittel" und „Getränke"

Zusatzversorgungskassen

Eine Steuerfreiheit nach § 3 Nr. 63 EStG kommt für Beiträge des Arbeitgebers zu einer Zusatzversorgungseinrichtung nur dann in Betracht, wenn die Beiträge nicht im Umlageverfahren, sondern im **Kapitaldeckungsverfahren** erhoben werden. Denn die aus der Steuerfreiheit nach § 3 Nr. 63 EStG resultierende nachgelagerte Besteuerung ist nur dann möglich, wenn der Beitrag dem einzelnen Arbeitnehmer individuell zugeordnet werden kann. Zur Steuerfreiheit der Beiträge zur betrieblichen Altersversorgung im Kapitaldeckungsverfahren vgl. Anhang 6 unter Nr. 5.

Seit 1.1.2008 werden aber auch Zuwendungen des Arbeitgebers an **umlagefinanzierte Pensionskassen** in bestimmtem Umfang **steuerfrei** gestellt (§ 3 Nr. 56 EStG). Der steuerfreie Höchstbetrag betrug bis zum 31.12.2013 1 % und bis zum 31.12.2019 2 % der Beitragsbemessungsgrenze in der allgemeinen Rentenversicherung (alte Bundesländer). Zum 1.1.2020 hat sich dieser Satz auf **3 %** erhöht.[2)] Für **2021** ergibt sich somit ein **steuerfreier Höchstbetrag** von **2556 €** (3 % von 85 200 €). Steuerfreie Beiträge des Arbeitgebers an eine kapitalgedeckte Versorgungseinrichtung (§ 3 Nr. 63 EStG) werden allerdings auf dieses steuerfreie Volumen angerechnet.

1) BMF-Schreiben vom 5.2.2020, BStBl. I S. 222. Das BMF-Schreiben ist als Anlage 6 zu H 8.1 (1–4) im **Steuerhandbuch für das Lohnbüro 2021** abgedruckt, das im selben Verlag erschienen ist.

2) Ab 2025 beträgt der steuerfreie Höchstbetrag 4 % der Beitragsbemessungsgrenze in der allgemeinen Rentenversicherung (alte Bundesländer).

Z

	Lohn-steuer-pflichtig	Sozial-versich.-pflichtig
Auf die ausführlichen Erläuterungen beim Stichwort „Zukunftsicherung" unter Nr. 23 sowie in Anhang 19 wird Bezug genommen.		

Zusatzversorgungskasse im Baugewerbe

Die Zusatzversorgungskasse im Baugewerbe arbeitet im Kapitaldeckungsverfahren. Auf die ausführlichen Erläuterungen in Anhang 6 unter Nr. 5 zur Steuerfreiheit der Beiträge des Arbeitgebers wird Bezug genommen.

Zuschlag zum Versorgungsfreibetrag

siehe „Versorgungsbezüge, Versorgungsfreibetrag"

Zuschläge

Zuschläge werden insbesondere gezahlt für

- Mehrarbeit,
- Überstunden,
- Sonntags-, Feiertags- und Nachtarbeit.

	Lohn-steuer-pflichtig	Sozial-versich.-pflichtig
Zuschläge für Mehrarbeit und Überstunden sind stets steuer- und beitragspflichtig.	ja	ja

Wegen der Behandlung von einheitlichen Zuschlägen, die die Mehrarbeit zur Nachtzeit und an Sonn- und Feiertagen abgelten sollen, vgl. die Erläuterungen beim Stichwort „Zuschläge für Sonntags-, Feiertags- und Nachtarbeit" unter Nr. 7 auf Seite 1110.

Zuschläge für Sonntags-, Feiertags- und Nachtarbeit

Änderungsintensives Stichwort – bleiben Sie auf dem Laufenden unter

www.lexikon-lohnbuero.de/newsletter **!**

Wichtiges auf einen Blick:

Ein **gezahlter Zuschlag zum Bereitschaftsdienst** kann auch dann im Rahmen der gesetzlichen Regelungen für Sonntags-, Feiertags- und Nachtarbeitszuschläge **steuerfrei** sein, wenn der **Bereitschaftsdienst selbst** durch einen **Freizeitanspruch** abgegolten wird. Die in der Zeit des Bereitschaftsdienstes geleistete Arbeit kann anhand der im Rahmen einer Nebenabrede zum Arbeitsvertrag geregelten Zuweisung zu einer Stufe des Bereitschaftsdienstes prozentual als Arbeitszeit bewertet werden. Daraus lässt sich für den Bereitschaftsdienst rechnerisch ein Stundenlohn ermitteln, der der geringeren Beeinträchtigung während des Bereitschaftsdienstes Rechnung trägt.

Vgl. die Ausführungen und das Beispiel C unter der nachfolgenden Nr. 2 Buchstabe e.

Lohn-steuer-pflichtig	Sozial-versich.-pflichtig

Gliederung:

1. Allgemeines

Der Arbeitgeber darf an Sonntagen und gesetzlichen Feiertagen grundsätzlich keine Arbeitnehmer beschäftigen. Von diesem Grundsatz sind im Arbeitszeitgesetz eine Vielzahl von Ausnahmen zugelassen worden (für das Hotel- und Gaststättengewerbe, das Speditionsgewerbe, für durchgehend arbeitende Betriebe z. B. in der Eisen- und Stahlindustrie und in der Papierindustrie). Wenn der Arbeitnehmer an einem Sonn- oder Feiertag arbeiten muss, hat er zunächst Anspruch auf das normale Arbeitsentgelt. Ob er darüber hinaus Anspruch auf Zuschläge für Sonntags-, Feiertags- oder Nachtarbeit hat, ergibt sich im Normalfall aus einem Tarifvertrag, einer Betriebsvereinbarung oder einer einzelvertraglichen Vereinbarung.

Durch das Arbeitszeitgesetz (ArbZG) ist als Nachtarbeit die Zeit von 23 bis 6 Uhr (= 7 Stunden) festgelegt worden (§ 2 Abs. 3 ArbZG). Für die Zahlung steuerfreier Nachtarbeitszuschläge gilt jedoch die steuerrechtliche Regelung in § 3b EStG, wonach Nachtarbeitszuschläge für eine Arbeitsleistung in der Zeit von **20 Uhr** bis 6 Uhr unter bestimmten Voraussetzungen steuerfrei sein können.

Auch die Arbeit an Sonn- und Feiertagen ist durch das Arbeitszeitgesetz im Einzelnen geregelt worden:

- Mindestens 15 Sonntage im Jahr müssen beschäftigungsfrei bleiben (§ 11 Abs. 1 ArbZG).
- Ersatzruhetag für die Beschäftigung an einem Sonn- oder Feiertag (§ 11 Abs. 3 ArbZG).

Die Regelung der Arbeitszeit an Sonn- und Feiertagen durch das Arbeitszeitgesetz wirkt sich jedoch nur indirekt

	Lohn-steuer-pflichtig	Sozial-versich.-pflichtig

auf die Steuerfreiheit der Zuschläge aus, und zwar aus folgenden Gründen:

Arbeitet der Arbeitnehmer nämlich **unzulässigerweise** an Sonn- und Feiertagen (sei es in Unkenntnis oder in Missachtung der gesetzlichen Vorschriften) und zahlt der Arbeitgeber Zuschläge für diese Sonn- und Feiertagsarbeit, sind diese Zuschläge im Rahmen des § 3b EStG steuerfrei. Denn die Steuerfreiheit der Sonntags-, Feiertags- oder Nachtarbeitszuschläge nach § 3b EStG hängt nicht davon ab, ob die den Zuschlägen zugrunde liegende Tätigkeit gegen ein gesetzliches Gebot oder Verbot verstößt (§ 40 AO). Für die steuerliche Beurteilung ist allein maßgebend, ob die Beteiligten den wirtschaftlichen Erfolg eintreten lassen, das heißt, maßgebend ist ausschließlich die Tatsache, ob der Arbeitgeber Zuschläge für Sonntags-, Feiertags- oder Nachtarbeit gezahlt hat oder nicht. Ob die Tätigkeit, die zur Zahlung der Zuschläge führt, gegen die Vorschriften des Arbeitszeitgesetzes verstößt und ggf. mit einem Bußgeld geahndet wird, ist für die steuerliche Behandlung ohne Bedeutung. Auch die Vorschrift des § 134 BGB, wonach Vereinbarungen, die gegen Vorschriften des Arbeitszeitgesetzes verstoßen, unwirksam sind, kann an dieser steuerlichen Beurteilung nichts ändern.

2. Zuschlagssätze, begünstigter Personenkreis, Zuschlag zum Grundlohn, Steuerfreiheit nur für tatsächlich geleistete Sonntags-, Feiertags- und Nachtarbeit

a) Höhe der Zuschlagssätze

Bei der Höhe der steuerfreien Zuschlagssätze wird seit 1.1.1990 nicht mehr danach unterschieden, ob diese Zuschläge in einem Tarifvertrag festgelegt oder nur durch Arbeitsvertrag oder Betriebsvereinbarung geregelt sind; es gelten für **alle Arbeitnehmer** die gleichen steuerfreien Zuschlagssätze.

	Lohnsteuerpflichtig	Sozialversich.-pflichtig
Soweit der für die Berechnung der steuerfreien Zuschläge maßgebende Stundengrundlohn **25 € nicht übersteigt,** sind die Zuschläge für Sonntags-, Feiertags- und Nachtarbeit steuer- und **beitragsfrei** (§ 1 Abs. 1 Satz 1 Nr. 1 SvEV[1]).	nein	nein
Soweit für die Berechnung der steuerfreien Zuschläge maßgebende Stundengrundlohn zwar **25 €,** nicht aber **50 €** übersteigt, sind die Zuschläge für Sonntags-, Feiertags- und Nachtarbeit zwar lohnsteuerfrei aber **beitragspflichtig.**	nein	ja
Soweit der für die Berechnung der steuerfreien Zuschläge maßgebende Stundenlohn **50 € übersteigt,** sind die Zuschläge für Sonntags-, Feiertags- und Nachtarbeit steuer- und beitragspflichtig.	ja	ja

Eine Sonderregelung gilt für die gesetzliche Unfallversicherung und für die Seefahrt:

In der gesetzlichen Unfallversicherung und in der Seefahrt gehören auch lohnsteuerfreie Zuschläge für Sonntags-, Feiertags- und Nachtarbeit zum beitragspflichtigen Entgelt (§ 1 Abs. 2 SvEV[1]).

Zuschläge, die für **tatsächlich geleistete** Sonntags-, Feiertags- und Nachtarbeit **neben dem Grundlohn** gezahlt werden, sind nach § 3b EStG in folgender Höhe steuerfrei:

Nachtarbeit

– für Nachtarbeit von 20 Uhr bis 6 Uhr	**25 %** des Grundlohns
– für Nachtarbeit von 0 Uhr bis 4 Uhr, wenn die Nachtarbeit vor 0 Uhr aufgenommen wurde	**40 %** des Grundlohns

Sonntagsarbeit

– für Sonntagsarbeit von 0 Uhr bis 24 Uhr. Als Sonntagsarbeit gilt auch die Arbeit am Montag von 0 Uhr bis 4 Uhr, wenn die Nachtarbeit vor 0 Uhr aufgenommen wurde	**50 %** des Grundlohns

Arbeit an gesetzlichen Feiertagen

– für Arbeit an gesetzlichen Feiertagen von 0 Uhr bis 24 Uhr. Als Feiertagsarbeit gilt auch die Arbeit des auf den Feiertag folgenden Tages von 0 Uhr bis 4 Uhr, wenn die Nachtarbeit vor 0 Uhr aufgenommen wurde	**125 %** des Grundlohns

Sonderfälle

– für die Arbeit an **Silvester** von 14 Uhr bis 24 Uhr	**125 %** des Grundlohns
– für die Arbeit an den **Weihnachtsfeiertagen** von 0 Uhr bis 24 Uhr. Als Feiertagsarbeit gilt auch die Arbeit des auf den Feiertag folgenden Tages von 0 Uhr bis 4 Uhr, wenn die Nachtarbeit vor 0 Uhr aufgenommen wurde.	**150 %** des Grundlohns
– für die Arbeit an **Heiligabend** von 14 Uhr bis 24 Uhr	**150 %** des Grundlohns
– für die Arbeit am **1. Mai** von 0 Uhr bis 24 Uhr. Als Feiertagsarbeit gilt auch die Arbeit des auf den Feiertag folgenden Tages von 0 Uhr bis 4 Uhr, wenn die Nachtarbeit vor 0 Uhr aufgenommen wurde	**150 %** des Grundlohns

b) Begünstigter Personenkreis

Die Steuerfreiheit der Zuschläge für Sonntags-, Feiertags- und Nachtarbeit gilt nur für Arbeitnehmer im lohnsteuerlichen Sinne, das heißt **bei Einkünften aus nichtselbstständiger Arbeit.** Selbstständig Tätige sind also von der Vergünstigung des § 3b EStG bewusst ausgeschlossen worden. Steuerfreie Zuschläge für Sonntags-, Feiertags- und Nachtarbeit können auch Arbeitnehmer erhalten, deren Arbeitslohn nach § 40a EStG pauschal besteuert wird. Dies sind

- Geringfügig entlohnte Beschäftigungsverhältnisse (sog. **Minijobs**) für die der Arbeitgeber eine 2 %ige Pauschalsteuer zahlt (vgl. das Stichwort „Geringfügige Beschäftigung" unter Nr. 4 Buchstabe a Beispiel B auf Seite 505).
- Geringfügig entlohnte Beschäftigungsverhältnisse (sog. Minijobs) für die der Arbeitgeber eine 20 %ige Pauschalsteuer zahlt (vgl. das Stichwort „Pauschalierung der Lohnsteuer bei Aushilfskräften und Teilzeitbeschäftigten" unter Nr. 3).
- **Aushilfskräfte,** die mit 25 % pauschal besteuert werden (vgl. des Stichwort „Pauschalierung der Lohnsteuer bei Aushilfskräften und Teilzeitbeschäftigten" unter Nr. 4).
- Aushilfskräften in der Land- und Forstwirtschaft, die mit 5 % pauschal besteuert werden (vgl. das Stichwort „Pauschalierung der Lohnsteuer bei Aushilfskräften und Teilzeitbeschäftigten" unter Nr. 5).

Voraussetzung ist in allen Fällen, dass ein Zuschlag zum Stundengrundlohn gezahlt wird (vgl. die Erläuterungen unter dem nachfolgenden Buchstaben c). Unter dieser Voraussetzung können steuerfreie Zuschläge für Sonntags-, Feiertags- und Nachtarbeit auch an den **Arbeitnehmer-Ehegatten** im Rahmen eines steuerlich anerkannten Arbeitsverhältnisses gezahlt werden, sofern die Vereinbarung auch insoweit einem Fremdvergleich standhält.

Die Zahlung von Zuschlägen für Sonntags-, Feiertags- und Nachtarbeit führt bei **Gesellschafter-Geschäftsführern** einer GmbH regelmäßig zu einer verdeckten Gewinnausschüttung (vgl. das Stichwort „Gesellschafter-Geschäftsführer" unter Nr. 6 Buchstabe c). Auch bei einem **Fremdgeschäftsführer** ist die Zahlung steuerfreier Zuschläge für Sonntags-, Feiertags- und Nachtarbeit wegen der erweiterten Dienstleistungsverpflichtung nicht möglich (BFH-Urteil vom 27.6.1997, BFH/NV 1997 S. 849).

1) Die Sozialversicherungsentgeltverordnung (SvEV) ist als Anhang 2 im **Steuerhandbuch für das Lohnbüro 2021** abgedruckt, das im selben Verlag erschienen ist.

Lohnsteuerpflichtig | Sozialversich.-pflichtig

c) Zuschlag zum Grundlohn

Die Steuerfreiheit nach § 3b EStG setzt voraus, dass
- **neben dem Grundlohn**
- **ein Zuschlag**
- **für tatsächlich geleistete** Sonntags-, Feiertags- und Nachtarbeit (sog. SFN-Arbeit) gezahlt wird.

Die begünstigten Zuschläge müssen zwar nicht ausdrücklich als Zuschläge für Sonntags-, Feiertags- und Nachtarbeit bezeichnet sein; es muss sich jedoch eindeutig um einen **Zeitzuschlag,** d. h. einen Zuschlag für die begünstigten Zeiten handeln. **Nicht begünstigt** sind deshalb Erschwerniszuschläge, Gefahrenzulagen, sonstige Arbeitslohnzuschläge, die wegen der Besonderheit der Arbeit gewährt werden und Mehrarbeitszuschläge. Zu sog. Mischzuschlägen vgl. nachfolgende Nr. 7.

Beispiel A

Der Arbeitnehmer erhält für die Arbeit in der Zeit von 18 bis 22 Uhr einen **Spätarbeitszuschlag.**

Der Zuschlag wird für die Arbeit zu einer bestimmten Zeit gezahlt. Soweit er auf die Zeit von 20 bis 22 Uhr entfällt, liegt somit ein steuerfreier **Nachtarbeitszuschlag** vor. Auch Zeitzuschläge nach dem Tarifvertrag des öffentlichen Dienstes sind als Zuschlag für Nachtarbeit steuerfrei, soweit sie für Arbeit nach 20 Uhr gezahlt werden.

Beispiel B

Der Arbeitnehmer erhält für seine Arbeit eine **Gefahrenzulage.**

Die Gefahrenzulage wird wegen der Art der Tätigkeit und nicht für die Arbeit zu einer bestimmen Zeit gezahlt. Die Zulage stellt deshalb, auch soweit sie auf begünstigte Zeiten entfällt, keinen steuerfreien Zuschlag nach § 3b EStG dar (BFH-Urteil vom 15.9.2011, BStBl. 2012 II S. 144).

Wechselschichtzuschläge, die ein Arbeitnehmer regelmäßig jeden Monat für seine Wechselschichttätigkeit fortlaufend bezieht, sind auch insoweit steuerpflichtig, als sie auf die in § 3b EStG begünstigte Nachtarbeit entfallen (BFH-Urteil vom 7.7.2005, BStBl. II S. 888). Auch die im öffentlichen Dienst gezahlte Zulage für Dienst zu wechselnden Zeiten (z. B. einem Polizeibeamten nach § 17a Erschwerniszulagenverordnung) ist nicht als Zuschlag für Sonntags-, Feiertags- oder Nachtarbeit steuerfrei (BFH-Urteil vom 15.2.2017, BStBl. II S. 644).

Beispiel C

Ein Arbeitnehmer im Bankgewerbe erhält für ständige Wechselschichtarbeit eine monatliche **Wechselschichtzulage** in Höhe von 300 €. In der dritten Schicht wird regelmäßig Nachtarbeit geleistet. Die Wechselschichtzulage ist in voller Höhe steuer- und beitragspflichtig. Die Abspaltung eines steuerpflichtigen Teils für Nachtarbeit (z. B. $^1/_3$ von 300 € = 100 € als steuerfreier Nachtarbeitszuschlag) ist nicht zulässig.

Ein Zuschlag wird **nicht neben dem Grundlohn** gezahlt, wenn er aus dem arbeitsrechtlich geschuldeten Arbeitslohn **herausgerechnet** wird. Dies gilt auch dann, wenn im Hinblick auf eine ungünstig liegende Arbeitszeit ein höherer Arbeitslohn gezahlt werden sollte.

Beispiel D

Eine Bedienung im Hotel- und Gaststättengewerbe arbeitet abends und an Sonn- und Feiertagen. Sie erhält neben einem festen Arbeitslohn ein Bedienungsgeld in Höhe von 15 % des Umsatzes. Weder aus dem Festlohn noch aus dem Prozentlohn kann ein „steuerfreier Zuschlag" herausgerechnet werden, obwohl feststeht, dass während der begünstigten Zeit tatsächlich gearbeitet wurde.

Beispiel E

Der Prokurist der Firma bezieht ein Monatsgehalt von 10 000 €. Eine Arbeitszeitregelung besteht nicht. Für die Sonntags-, Feiertags- oder Nachtarbeit des Prokuristen kann kein steuerfreier Teil aus dem Monatsgehalt herausgerechnet werden, selbst wenn die tatsächlich geleistete Sonntags-, Feiertags- und Nachtarbeit im Einzelnen aufgezeichnet worden ist.

d) Zuschlag zum Grundlohn bei Nettolohnvereinbarungen

Da der Zuschlag neben dem Grundlohn gezahlt werden muss, damit Steuerfreiheit eintritt, ist es bei einer **Nettolohnvereinbarung** erforderlich, dass der Zuschlag für Sonntags-, Feiertags- und Nachtarbeit **neben** dem vereinbarten Nettolohn gezahlt wird (R 3b Abs. 1 Satz 3 LStR). Das bedeutet, dass aus dem arbeitsrechtlich geschuldeten Arbeitslohn, selbst wenn im Hinblick auf eine ungünstig liegende Arbeitszeit ein höherer Lohn gezahlt wird, nicht ein steuerfreier Zuschlag für Sonntags-, Feiertags- oder Nachtarbeit herausgerechnet werden kann. Nach dem BFH-Urteil vom 17.6.2010 (BStBl. 2011 II S. 43) ist die Zahlung steuerfreier SFN-Zuschläge allerdings in den Fällen möglich, in denen arbeitsvertraglich ein fester Nettobetrag auf der Grundlage eines durchschnittlichen Effektiv-Stundenlohns vereinbart ist. Die Vereinbarung eines durchschnittlichen Auszahlungsbetrags pro tatsächlich geleisteter Arbeitsstunde steht der Steuerbefreiung des § 3b EStG nämlich nicht entgegen. Der laufende Arbeitslohn kann daher der Höhe nach schwanken und – unter Berücksichtigung der steuerfreien SFN-Zuschläge im Lohnzahlungszeitraum – durch eine variable Grundlohnergänzung aufgestockt werden.

e) Bereitschaftsdienstzulagen

Die Steuerfreiheit der Zuschläge für Sonntags-, Feiertags- und Nachtarbeit nach § 3b EStG setzt voraus, dass es sich eindeutig um einen **Zeitzuschlag,** d. h. einen Zuschlag zum Grundlohn handelt, der für die begünstigten Zeiten gezahlt wird. **Nicht begünstigt** sind deshalb Zulagen für **Bereitschaftsdienst, Schicht- und Wechselschichtzulagen,** die keinen Zuschlag zu einer Grundvergütung vorsehen (vgl. auch das Beispiel C unter dem vorstehenden Buchstaben c). Auch bei pauschal vergüteten Bereitschaftsdiensten, die unabhängig davon gezahlt werden, ob die Tätigkeit an einem Samstag oder Sonntag ausgeübt wird, handelt es sich nicht um steuerfreie Zuschläge für Sonntags-, Feiertags- oder Nachtarbeit (BFH-Urteil vom 29.11.2016, BStBl. 2017 II S. 718).

Beispiel A

Ein Arbeitnehmer erhält während der Bereitschaftszeit einen Zeitzuschlag von 15 % des Grundlohns. Die Vergütung für die Bereitschaftszeit ist steuerpflichtiger Arbeitslohn (BFH-Urteil vom 24.11.1989, BStBl. II S. 315).

Allerdings hat der Bundesfinanzhof entschieden, dass **Zuschläge zu einer Rufbereitschaftsentschädigung** als Zuschläge für Sonntags-, Feiertags- und Nachtarbeit **steuerfrei** sind, soweit sie die in § 3b EStG vorgesehenen Prozentsätze – gemessen an der Rufbereitschaftsentschädigung – nicht übersteigen (BFH-Urteil vom 27.8.2002, BStBl. II S. 883).

Beispiel B

Ein Arbeitnehmer erhält für die Rufbereitschaft an Sonn- und Feiertagen eine Entschädigung von 2 € je angefangene Stunde, für die Rufbereitschaft angeordnet ist. Auf diese Vergütung für die Rufbereitschaft wird bei einem Bereitschaftsdienst an Sonntagen ein Zuschlag von 30 % und bei einem Bereitschaftsdienst an Feiertagen ein Zuschlag von 100 % gezahlt.

Diese Zuschläge sind nach § 3b EStG steuerfrei, da die dort festgelegten Zuschlagssätze (50 % des Grundlohns für Sonntagsarbeit und 125 % des Grundlohns für Feiertagsarbeit) nicht überschritten sind.

Ein **gezahlter Zuschlag zum Bereitschaftsdienst** kann auch dann im Rahmen der gesetzlichen Regelungen für Sonntags-, Feiertags- und Nachtarbeitszuschläge **steuerfrei** sein, wenn der **Bereitschaftsdienst selbst** durch einen **Freizeitanspruch** abgegolten wird. Die in der Zeit des Bereitschaftsdienstes geleistete Arbeit kann anhand der im Rahmen einer Nebenabrede zum Arbeitsvertrag geregelten Zuweisung zu einer Stufe des Bereitschaftsdienstes prozentual als Arbeitszeit bewertet werden. Daraus lässt sich für den Bereitschaftsdienst rechnerisch ein Stundenlohn ermitteln, der der geringeren Beeinträchtigung während des Bereitschaftsdienstes Rechnung trägt.

Lohn-steuer-pflichtig Sozial-versich.-pflichtig

Beispiel C

Ausgehend von einem auf der Grundlage des monatlichen Festgehalts und der vereinbarten Arbeitszeit berechneten Stundenlohns von z. B. 40 € kann für den Bereitschaftsdienst – abhängig ggf. von den einzelnen Stufen des Bereitschaftsdienstes – folgender Grundlohn (für den Bereitschaftsdienst) berechnet werden:

Stufe 1	40 € × 60 % =	24 €
Stufe 2	40 € × 75 % =	30 €
Stufe 3	40 € × 90 % =	36 €

Der z. B. für die Nachtarbeit gezahlte Zuschlag ist maximal bis zu 25 % bzw. 40 % des für die einzelnen Stufen des Bereitschaftsdienstes ermittelten „Bereitschaftsdienstgrundlohns" steuerfrei.

Obwohl der Arbeitnehmer bei der Rufbereitschaft nicht arbeitet, kam der Bundesfinanzhof zu dem Ergebnis im vorstehenden Beispiel B, weil er „das Bereithalten" im weitesten Sinne als „tatsächlich geleistete Sonn- und Feiertagsarbeit" im Sinne des § 3b EStG angesehen hat. Das Urteil des Bundesfinanzhofs gilt sowohl für den Bereitschaftsdienst als auch für die Rufbereitschaft. Der Unterschied ist Folgender:

Beim Bereitschaftsdienst ist der Arbeitnehmer verpflichtet, sich an einem **vom Arbeitgeber bestimmten Ort** innerhalb oder außerhalb des Betriebs aufzuhalten, damit er bei Bedarf seine Arbeit unverzüglich aufnehmen kann. Die ihm zur Verfügung stehende Zeit während des Bereitschaftsdienstes kann der Arbeitnehmer beliebig nutzen. Er muss jedoch sein Verhalten auf einen möglichen Arbeitseinsatz ausrichten (z. B. Alkoholverbot).

Vom Bereitschaftsdienst ist die Rufbereitschaft zu unterscheiden. Von ihr spricht man, wenn der Arbeitnehmer verpflichtet ist, sich an einem **von ihm selbst bestimmten,** dem Arbeitgeber aber anzugebenden Ort (z. B. die Privatwohnung) auf Abruf zur Arbeit bereitzuhalten. Im Zeitalter der mobilen Telekommunikationsgeräte ist der Arbeitnehmer heutzutage bei der Rufbereitschaft viel flexibler als früher.

Diese arbeitsrechtliche Unterscheidung hat nach dem Urteil des Bundesfinanzhofs für die steuerliche Beurteilung der Sonntags-, Feiertags- und Nachtarbeitszuschläge keine Bedeutung.

f) Barabgeltung eines Freizeitanspruchs

Die Steuerfreiheit nach § 3b EStG setzt voraus, dass der Zuschlag für **tatsächlich geleistete** Sonntags-, Feiertags- oder Nachtarbeit gezahlt wird. Die **Barabgeltung eines Freizeitanspruchs** oder Freizeitüberhangs ist daher **steuerpflichtig** (R 3b Abs. 1 Satz 6 LStR).

Dies führt dazu, dass z. B. die Zeitzuschläge im öffentlichen Dienst für Arbeit an den Tagen vor dem ersten Weihnachtsfeiertag und Neujahrstag sowie für Arbeit an Wochenfeiertagen, auch wenn diese auf einen Sonntag fallen, sowie am Ostersonntag und am Pfingstsonntag nicht steuerfrei nach § 3b EStG sind, soweit sie einen Ausgleich für einen nicht gewährten Freizeitausgleich darstellen. Diese seit 1.1.1999 geltende Einschränkung soll an einem Beispiel näher erläutert werden:

Nach tarifvertraglichen Regelungen werden Zeitzuschläge für Arbeit an Feiertagen in unterschiedlicher Höhe gezahlt, je nachdem ob Freizeitausgleich gewährt wird oder nicht (z. B. 35 % Zeitzuschlag bei Freizeitausgleich oder 135 % Zeitzuschlag ohne Freizeitausgleich). Diese Zuschläge können nicht steuerfrei nach § 3b EStG gezahlt werden, soweit sie einen Ausgleich für den nicht gewährten Freizeitausgleich darstellen. Soweit nur in Fällen ohne Freizeitausgleich ein Zuschlag gezahlt wird, wird mit dem Zuschlag auch die „Mehrarbeit" vergütet, sodass z. B. der ohne Freizeitausgleich gezahlte Zeitzuschlag in Höhe von 135 % entsprechend aufzuteilen ist (100 % steuerpflichtig und nur noch 35 % steuerfrei).

Beispiel

Ein Krankenpfleger wird nach tarifvertraglichen Regelungen bezahlt. Er arbeitet am Ostersonntag und erhält hierfür einen Zuschlag in Höhe von 135 %. Würde er für die Arbeit am Ostersonntag den Freizeitausgleich wählen, wäre nur ein Zuschlag von 35 % zu zahlen. Von dem gezahlten Zuschlag in Höhe von 135 % sind deshalb 100 % als Barabgeltung eines Freizeitanspruchs steuerpflichtig.

Lohn-steuer-pflichtig Sozial-versich.-pflichtig

g) Steuerfreie Zuschläge nur für tatsächlich geleistete Arbeit an Sonn- und Feiertagen und zur Nachtzeit

Die Zahlung eines Zuschlags **neben dem Grundlohn** setzt klare Vereinbarungen in einem Tarifvertrag, einer Betriebsvereinbarung oder zumindest in dem Einzelarbeitsvertrag voraus. Denn das gesetzliche Erfordernis, dass Zuschläge nur für **tatsächlich** geleistete Sonntags-, Feiertags- oder Nachtarbeit steuerfrei gezahlt werden können, erfordert zwingend **die Einzelaufzeichnung** der begünstigten Zeiten **durch den Arbeitgeber** (z. B. durch Arbeitszeitkonten, Stundenzettel, Stempelkarten, Schichtpläne mit ergänzenden Eintragungen). Der fehlende Nachweis tatsächlich erbrachter Arbeitsleistung an Sonn- und Feiertagen oder zur Nachtzeit kann nicht durch eine vergleichende Modellrechnung erbracht werden (BFH-Urteil vom 25.5.2005, BStBl. II S. 725).

Außerdem ergibt sich aus dem Erfordernis der **tatsächlich** geleisteten Sonntags-, Feiertags- und Nachtarbeit, dass Zuschläge für Sonntags-, Feiertags- und Nachtarbeit (SFN-Zuschläge), die im Rahmen einer **Verdienstausfallvergütung** gezahlt werden, nicht steuerfrei sind. Steuer- und beitragspflichtig[1] sind also hiernach

- die im Rahmen von Feiertagslohn ggf. fortgezahlten SFN-Zuschläge (vgl. „Feiertagslohn");
- die im Rahmen der Lohnfortzahlung im Krankheitsfall ggf. gezahlten SFN-Zuschläge (vgl. „Entgeltfortzahlung");
- die im Urlaubsentgelt ggf. enthaltenen SFN-Zuschläge (vgl. „Urlaubsentgelt, Urlaubsdauer");
- die im Zuschuss des Arbeitgebers zum Mutterschaftsgeld ggf. indirekt enthaltenen SFN-Zuschläge (vgl. „Mutterschaftsgeld"). Der Bundesfinanzhof hat diese Auffassung bestätigt und hierin auch keine Diskriminierung von Frauen gesehen (BFH-Urteil vom 27.5.2009, BStBl. II S. 730).

Zum Nachweis der begünstigten Arbeitszeit wird auf die ausführlichen Erläuterungen unter den nachfolgenden Nrn. 8 bis 10 verwiesen.

Zu den Auswirkungen der Zahlung von SFN-Zuschlägen während Krankheit oder Mutterschutz bei geringfügig Beschäftigten vgl. nachfolgende Nr. 11 Buchstabe c.

3. Sonn- und Feiertagszuschläge

Sonn- und Feiertagsarbeit ist die Arbeit in der Zeit von **0 bis 24 Uhr** des jeweiligen Sonn- oder Feiertags. Als Sonn- und Feiertagsarbeit **gilt** auch die Arbeit in der Zeit von **0 bis 4 Uhr** des auf den Sonn- oder Feiertag folgenden Tages, **wenn die Arbeit vor 0 Uhr aufgenommen worden ist.** Welche Tage gesetzliche Feiertage sind, bestimmt sich nach den am Ort der Arbeitsleistung geltenden Vorschriften (also nach den Feiertagsgesetzen der Länder oder bei einer Tätigkeit im Ausland nach den dort geltenden Feiertagsgesetzen). Die in den einzelnen Bundesländern geltenden Feiertage sind beim Stichwort „Feiertagslohn" aufgeführt.

Bei einer nur vorübergehenden kurzfristigen Abwesenheit von der ersten Tätigkeitsstätte im Rahmen einer Reisetätigkeit sind die Verhältnisse an der ersten Tätigkeitsstätte maßgebend.

1) In der Sozialversicherung gilt im Gegensatz zum Steuerrecht für die versicherungsrechtliche Beurteilung und die Ermittlung der Beitragshöhe das sog. **Anspruchs- oder Entstehungsprinzip** und nicht das Zuflussprinzip. Dies wird im Grundsatz über den § 22 SGB IV hergeleitet, der lediglich für Einmalzahlungen das Zuflussprinzip in der Sozialversicherung als Ausnahme zulässt. Zahlt der Arbeitgeber also z. B. im Krankheitsfall SFN-Zuschläge nicht, **obwohl der Arbeitnehmer nach dem Entgeltfortzahlungsgesetz hierauf einen Anspruch hätte,** unterliegen die nicht gezahlten SFN-Zuschläge zwar nicht der Lohnsteuer, wohl aber der Beitragspflicht in der Sozialversicherung.

Lohn-steuer-pflichtig Sozial-versich.-pflichtig

Beispiel A

Ein Arbeitnehmer ist für seinen Arbeitgeber in Karlsruhe tätig. Am 3.10. muss er in der Schweiz einen Kundentermin wahrnehmen. Der 3.10. (Tag der Deutschen Einheit) ist am Sitz des Arbeitgebers ein Feiertag, jedoch nicht am Arbeitsort in der Schweiz.

Für die steuerfreien Zuschläge nach § 3b EStG ist maßgebend, dass am Ort der ersten Tätigkeitsstätte (Karlsruhe) ein gesetzlicher Feiertag ist.

Bei einer längerfristigen Abwesenheit können je nach den Umständen des Einzelfalls die Verhältnisse am Ort der neuen Tätigkeitsstätte maßgebend sein. In Zweifelsfällen kann den besonderen tarifvertraglichen Regelungen über die Gewährung von Feiertagszuschlägen gefolgt werden.[1)]

Zu den gesetzlichen Feiertagen im Sinne des § 3b EStG gehören nach R 3b Abs. 3 Satz 3 LStR auch der **Ostersonntag** und der **Pfingstsonntag** und zwar auch dann, wenn sie in den am Ort der Arbeitsstätte geltenden Vorschriften nicht ausdrücklich als Feiertage genannt werden.

Beispiel B

Ein Arbeitnehmer in Bayern arbeitet am Ostersonntag. Der Arbeitgeber zahlt einen Feiertagszuschlag in Höhe von 125 %, obwohl der Ostersonntag in Bayern kein gesetzlicher Feiertag ist (vgl. die Erläuterungen beim Stichwort „Feiertagslohn"). Der gezahlte Feiertagszuschlag ist nach § 3b Abs. 1 EStG i. V. m. R 3b Abs. 3 Satz 3 LStR steuerfrei.

Ist ein Sonntag zugleich Feiertag, kann ein Zuschlag nur bis zur Höhe des jeweils in Betracht kommenden Feiertagszuschlags steuerfrei gezahlt werden; Sonntagszuschläge und Feiertagszuschläge sind also – im Gegensatz zu den Nachtarbeitszuschlägen – **nicht kumulativ** anzuwenden.

Beispiel C

Ein Arbeitnehmer arbeitet am Pfingstsonntag. Er erhält einen Sonntagszuschlag von 50 % und einen Feiertagszuschlag von 125 %. Insgesamt also 175 %. Hiervon kann nur ein Zuschlag von 125 % steuerfrei bleiben.

Wenn für die einem Sonn- oder Feiertag folgende oder vorausgehende Nachtarbeit ein Zuschlag für Sonntags- oder Feiertagsarbeit gezahlt wird, ist dieser (auch) als Zuschlag für Nachtarbeit zu behandeln (vgl. nachfolgende Nr. 4).

4. Nachtarbeitszuschläge

Der normale Nachtarbeitszuschlag beträgt 25 %. **Nachtarbeit** ist die Arbeit in der Zeit von **20 Uhr bis 6 Uhr.** Für Nachtarbeit in der Zeit von 0 Uhr bis 4 Uhr gilt der erhöhte Nachtarbeitszuschlag von **40 %, wenn die Nachtarbeit vor 0 Uhr aufgenommen wurde.**

Wird an Sonn- und Feiertagen zusätzlich Nachtarbeit geleistet, kann neben dem Zuschlag für Sonn- und Feiertagsarbeit auch ein Nachtarbeitszuschlag steuerfrei gezahlt werden. Beide Zuschlagssätze können für die Berechnung des steuerfreien Betrags auch dann zusammengerechnet werden, wenn nur eine Zuschlagsart gezahlt wird. Der Nachtarbeitszuschlag ist also **kumulativ** anzuwenden.

Beispiel A

Ein Arbeitnehmer beginnt seine Nachtarbeit am 1. Mai 2021 um 23.30 Uhr und beendet sie am 2. Mai 2021 um 8 Uhr.

Für diesen Arbeitnehmer sind Zuschläge zum Grundlohn bis zu folgenden Sätzen steuerfrei:

- 175 % für die Arbeit am 1. Mai in der Zeit von 23.30 Uhr bis 24 Uhr (25 % für Nachtarbeit und 150 % für Feiertagsarbeit);
- 190 % für die Arbeit am 2. Mai in der Zeit von 0 Uhr bis 4 Uhr (40 % für Nachtarbeit und 150 % für Feiertagsarbeit, weil mit der Nachtarbeit vor 0 Uhr begonnen wurde). Denn als Feiertagsarbeit gilt auch die Arbeit des auf den Feiertag folgenden Tages von 0 Uhr bis 4 Uhr, wenn die Nachtarbeit vor 0 Uhr aufgenommen wurde;
- 25 % für die Arbeit am 2. Mai von 4 Uhr bis 6 Uhr (25 % für Nachtarbeit).

Lohn-steuer-pflichtig Sozial-versich.-pflichtig

Beispiel B

Für die Arbeit an einem Sonntag zahlt der Arbeitgeber den tariflich festgelegten Sonntagszuschlag in Höhe von 70 %.

Steuerfrei sind für die Arbeit von

– 0 Uhr bis 4 Uhr (Nachtarbeit vor 0 Uhr aufgenommen)	50 % + 40 % = 90 %, höchstens 70 %
– 4 Uhr bis 6 Uhr	50 % + 25 % = 75 %, höchstens 70 %
– 6 Uhr bis 20 Uhr	50 %
– 20 Uhr bis 24 Uhr	50 % + 25 % = 75 %, höchstens 70 %
– 0 Uhr bis 4 Uhr des folgenden Tages (Nachtarbeit vor 0 Uhr aufgenommen)	50 % + 40 % = 90 %, höchstens 70 %

Die während der Nachtarbeit nicht voll ausgeschöpfte Steuerfreiheit kann nicht auf die normale Sonntagsarbeit von 6 Uhr bis 20 Uhr übertragen werden. Von dem für die Zeit von 6 Uhr bis 20 Uhr gezahlten Sonntagszuschlag in Höhe von 70 % sind also 20 % steuerpflichtig.

Durch die kumulative Anwendung des Nachtarbeitszuschlags ergeben sich folgende Kombinationsmöglichkeiten:

	Steuerfreier Zuschlag
Nachtarbeit am Sonntag	
– von 0 Uhr bis 4 Uhr, wenn die Nachtarbeit vor 0 Uhr aufgenommen wurde	50 % + 40 % = 90 %
– von 20 Uhr bis 24 Uhr	50 % + 25 % = 75 %
– von 0 Uhr bis 4 Uhr des dem Sonntag folgenden Tages, wenn die Nachtarbeit vor 0 Uhr aufgenommen wurde	50 % + 40 % = 90 %
Nachtarbeit am Feiertag	
– von 0 Uhr bis 4 Uhr, wenn die Nachtarbeit vor 0 Uhr aufgenommen wurde	125 % + 40 % = 165 %
– von 20 Uhr bis 24 Uhr	125 % + 25 % = 150 %
– von 0 Uhr bis 4 Uhr des dem Feiertag folgenden Tages, wenn die Nachtarbeit vor 0 Uhr aufgenommen wurde	125 % + 40 % = 165 %
Nachtarbeit an den Weihnachtsfeiertagen und am 1. Mai	
– von 0 Uhr bis 4 Uhr, wenn die Nachtarbeit vor 0 Uhr aufgenommen wurde	150 % + 40 % = 190 %
– von 20 Uhr bis 24 Uhr	150 % + 25 % = 175 %
– von 0 Uhr bis 4 Uhr des folgenden Tages, wenn die Nachtarbeit vor 0 Uhr aufgenommen wurde	150 % + 40 % = 190 %

Die kumulative Anwendung des Nachtarbeitszuschlags bezieht sich auf den maßgebenden Grundlohn der **einzelnen** begünstigten Arbeitsstunde. Es ist deshalb nicht zulässig, die für den gesamten Lohnzahlungszeitraum (z. B. für einen Monat) nach dem Tarif- oder Arbeitsvertrag zu zahlenden Zuschläge für Sonntags-, Feiertags- und Nachtarbeit in einer Summe den nach den Vorschriften des § 3b EStG errechneten steuerfreien Zuschläge gegenüberzustellen und die Differenz der beiden Beträge steuerfrei zu lassen. Die Ermittlung des Grundlohns und des steuerfreien Zuschlags ist vielmehr **stundenbezogen** nach den unter Nr. 5 dargestellten Grundsätzen zu errechnen. Auf das als Anhang 1 abgedruckte Abrechnungsbeispiel wird hingewiesen.

Zur Kombination von **Mehrarbeitszuschlägen** mit steuerfreien Zuschlägen für Sonntags-, Feiertags- und Nachtarbeit vgl. die Ausführungen unter der folgenden Nr. 7.

5. Ermittlung des Grundlohns

a) Allgemeines

Grundlohn ist der auf **eine Arbeitsstunde** entfallende

- **laufende** Arbeitslohn, den der Arbeitnehmer
- **für den** jeweiligen **Lohnzahlungszeitraum**
- aufgrund seiner **regelmäßigen** Arbeitszeit erwirbt,

1) BMF-Schreiben vom 1.3.2004 (Az.: IV C 5 – S 2353 – 26/04). Das nicht im Bundessteuerblatt veröffentlichte BMF-Schreiben ist als Anlage 5 zu H 3b LStR im **Steuerhandbuch für das Lohnbüro 2021** abgedruckt, das im selben Verlag erschienen ist.

Lohn-steuer-pflichtig Sozial-versich.-pflichtig

höchstens jedoch **50 €** (§ 3b Abs. 2 Satz 1 EStG). Zu der seit 1. Juli 2006 geltenden Begrenzung des Stundengrundlohns auf **25 € für die Sozialversicherungsfreiheit** vgl. die Erläuterungen unter der nachfolgenden Nr. 11.

b) Was gehört zum Grundlohn?

Zum Grundlohn gehören

- der **laufende** Arbeitslohn;
- vermögenswirksame Leistungen;
- **laufende** Zuschläge und Zulagen, die wegen der Besonderheit der Arbeit während der regelmäßigen Arbeitszeit gezahlt werden (z. B. Erschwerniszuschläge oder Schichtzuschläge). Lohnzuschläge für Zeiten, die nicht steuerbegünstigt sind, gehören unabhängig von ihrer Bezeichnung zum Grundlohn.

Beispiel A

Für die Zeit von 18 bis 6 Uhr ist ein Nachtarbeitszuschlag vereinbart.

Der für die nicht begünstigte Zeit von 18 bis 20 Uhr gezahlte Zuschlag gehört zum Grundlohn.

Beispiel B

Für die Zeit von 18 bis 22 Uhr ist ein Spätschichtzuschlag vereinbart und für die Zeit von 22 bis 6 Uhr ein Nachtarbeitszuschlag. Der für die nicht begünstigte Zeit von 18 bis 20 Uhr gezahlte Spätschichtzuschlag gehört zum Grundlohn (vgl. auch das Beispiel C unter dem folgenden Buchstaben f).

- **laufend** gewährte Sachbezüge, soweit sie steuerpflichtig sind (z. B. unentgeltliche oder verbilligte Wohnung, Firmenwagen zur privaten Nutzung, Mahlzeiten, die mit dem Sachbezugswert zu bewerten sind und zwar auch dann, wenn sie zu einer Kürzung der Verpflegungspauschale führen);
- steuerpflichtige Fahrtkostenzuschüsse, die **nicht** pauschal mit 15 % besteuert werden;
- **laufende** Beiträge zu Pensionskassen und Direktversicherungen, auch wenn sie pauschal mit 20 % besteuert werden;
- Beiträge zu Direktversicherungen, Pensionskassen und Pensionsfonds, die zum **laufenden** Arbeitslohn gehören, und zwar auch insoweit, als sie steuerfrei nach § 3 Nr. 63 EStG sind (R 3b Abs. 2 Nr. 1 Buchstabe c LStR; vgl. in Anhang 6 unter Nr. 5 Buchstabe c die Beispiele Q und R);
- Zuwendungen zu umlagefinanzierten Pensionskassen, die zum laufenden Arbeitslohn gehören, und zwar auch insoweit, als sie steuerfrei nach § 3 Nr. 56 EStG sind (R 3b Abs. 2 Nr. 1 Buchstabe c LStR);
- Nachzahlungen von Arbeitslohn, die zum **laufenden** Arbeitslohn gehören (dies ist der Fall, wenn die Nachzahlung des Arbeitslohns nicht bis ins Vorjahr zurückgeht; vgl. „Nachzahlung von laufendem Arbeitslohn"), erhöhen den Grundlohn der Lohnzahlungszeiträume, für die sie nachgezahlt werden. Die Lohnabrechnung ist deshalb für diese Lohnzahlungszeiträume neu durchzuführen, dabei sind auch die Zuschläge für Sonntags-, Feiertags- und Nachtarbeit neu zu berechnen. Wird die Nachzahlung von Arbeitslohn nach der Vereinfachungsregelung von R 39b.5 Abs. 4 Satz 2 LStR als sonstiger Bezug behandelt, bleibt sie auch bei der Ermittlung des Grundlohns außer Betracht.

c) Was gehört nicht zum Grundlohn?

Nicht zum Grundlohn gehören:

- **Sonstige Bezüge** (einmalige Zuwendungen). Der Begriff der „sonstigen Bezüge" ist beim Stichwort „Sonstige Bezüge" unter Nr. 1 auf Seite 878 erläutert.
- Vergütungen für Mehrarbeit und Überstunden (Mehrarbeitslohn und Mehrarbeitszuschläge).
- Nachzahlung von laufendem Arbeitslohn, wenn die Nachzahlung als sonstiger Bezug zu behandeln ist (vgl. hierzu das Stichwort „Nachzahlung von laufendem Arbeitslohn").
- Der **steuerfreie Arbeitslohn gehört in keinem Fall zum Grundlohn** (z. B. steuerfreie Sachbezüge – u. a. bei Anwendung der 44-Euro-Freigrenze oder des Rabattfreibetrags –, steuerfreie Fahrtkostenzuschüsse, steuerfreie Reisekostenvergütungen, Umzugskostenvergütungen, Mehraufwendungen wegen doppelter Haushaltsführung, Trinkgelder, Kurzarbeitergeld, Saison-Kurzarbeitergeld).
  Eine Ausnahme von dem Grundsatz, dass steuerfreier Arbeitslohn nicht zum Grundlohn gehört, wurde für die nach § 3 Nr. 63 EStG steuerfreien Beträge zu Direktversicherungen, Pensionskassen und Pensionsfonds gemacht, allerdings nur soweit es sich um **laufenden** Arbeitslohn handelt. Gleiches gilt für laufend gezahlte Zuwendungen zu umlagefinanzierten Pensionskassen, die steuerfrei nach § 3 Nr. 56 EStG sind (R 3b Abs. 2 Nr. 1 Buchstabe c LStR).

Beispiel A

Ein Arbeitgeber zahlt seinen Schichtarbeitern im Kalenderjahr 2021 steuerfreie Zuschläge für Nachtarbeit in Höhe von 25 % des Grundlohns. Außerdem zahlt er für sie steuerfreie Beiträge an eine Pensionskasse in Höhe von 284 € monatlich. Die nach § 3 Nr. 63 EStG steuerfreien Beiträge an die Pensionskasse werden bei der Ermittlung des für die Höhe des steuerfreien Zuschlags maßgebenden Grundlohns mit berücksichtigt, da es sich aufgrund der monatlichen Zahlungsweise um laufenden Arbeitslohn handelt.

Beispiel B

Ein Arbeitgeber zahlt für jeden Schichtarbeiter im Dezember 2021 einen steuerfreien Beitrag an die Pensionskasse in Höhe von 3408 €. Die nach § 3 Nr. 63 EStG steuerfreien Beiträge an die Pensionskasse werden bei der Ermittlung des für die Höhe der steuerfreien Zuschläge maßgebenden Grundlohns **nicht** berücksichtigt, da es sich um einen sonstigen Bezug handelt.

- **Pauschal** nach § 40 EStG **besteuerte Bezüge.** Nicht zum Grundlohn gehören hiernach Fahrtkostenzuschüsse, Kantinenmahlzeiten, Zuwendungen bei Betriebsveranstaltungen, Erholungsbeihilfen, steuerpflichtige Teile von Reisekostenvergütungen, Übereignung von Personalcomputern und Zuschüsse für die Internet-Nutzung, Übereignung von Ladevorrichtungen für Elektrofahrzeuge der Arbeitnehmer und entsprechende Arbeitgeberzuschüsse für den Erwerb und die Nutzung, soweit diese Bezüge pauschal besteuert wurden.
- Die Zuschläge für Sonntags-, Feiertags- und Nachtarbeit gehören nicht zum Grundlohn und zwar auch dann nicht, wenn sie zwar in der nach § 3b EStG begünstigten Zeit geleistet werden, aber wegen Überschreitens der gesetzlich festgelegten Zuschlagssätze steuerpflichtig sind.

Beispiel C

Ein Arbeitnehmer erhält für Nachtarbeit in der Zeit von 20 bis 6 Uhr einen Nachtarbeitszuschlag in Höhe von 50 %. Der Nachtarbeitszuschlag ist wegen Überschreitens der unter Nr. 2 Buchstabe a genannten Zuschlagssätze nur zum Teil steuerfrei. Gleichwohl bleibt der Nachtarbeitszuschlag **in voller Höhe** bei der Grundlohnermittlung unberücksichtigt.

Lohnzuschläge für Zeiten, die nicht nach § 3b EStG begünstigt sind, gehören hingegen unabhängig von ihrer Bezeichnung zum Grundlohn (z. B. die im Rahmen von Verdienstausfallvergütungen fortgezahlten und damit steuerpflichtigen SFN-Zuschläge).

Der Grundlohn ist der auf **eine Arbeitsstunde** entfallende laufende Arbeitslohn für die regelmäßige Arbeitszeit.

Regelmäßige Arbeitszeit ist die für das jeweilige Dienstverhältnis **vereinbarte Normalarbeitszeit.** Die vereinbarte regelmäßige Arbeitszeit gilt auch dann, wenn der Arbeitnehmer tatsächlich mehr oder weniger gearbeitet hat (z. B. weil er im Laufe des Monats eingestellt oder entlassen worden ist). Aufgrund dieser Regelung ist sichergestellt, dass der steuerfreie Anteil der Zuschläge nicht von der Zahl der Arbeitstage eines Kalendermonats und

Z

Lohn-steuer-pflichtig Sozial-versich.-pflichtig

auch nicht davon abhängt, ob Arbeitszeitausfälle z. B. durch Urlaub oder Krankheit eingetreten sind. Ist keine regelmäßige Arbeitszeit vereinbart, sind die im Lohnzahlungszeitraum tatsächlich geleisteten Arbeitsstunden zugrunde zu legen.

Zur Ermittlung des auf eine Arbeitsstunde entfallenden Grundlohns ist in drei Schritten vorzugehen:

- Ermittlung des Basisgrundlohns (vgl. nachfolgenden Buchstaben d),
- Ermittlung von Grundlohnzusätzen (vgl. nachfolgenden Buchstaben e),
- Umrechnung des Grundlohns in einen Stundenlohn (vgl. nachfolgenden Buchstaben f).

d) Ermittlung des Basisgrundlohns

Zuerst ist der für den jeweiligen Lohnzahlungszeitraum **vereinbarte** Grundlohn (= normaler laufender Arbeitslohn, der im Voraus feststeht) als sog. Basisgrundlohn zu errechnen. Arbeitsausfälle, z. B. durch Urlaub oder Krankheit, bleiben also außer Betracht.

Werden die für den Lohnzahlungszeitraum zu zahlenden Lohnzuschläge nach den Verhältnissen eines früheren Lohnzahlungszeitraums bemessen, ist im Grundsatz auch der Ermittlung des Basisgrundlohns der frühere Lohnzahlungszeitraum zugrunde zu legen. Aus Vereinfachungsgründen kann jedoch auch der Grundlohn des Lohnzahlungszeitraums angesetzt werden, mit dem die Zuschläge gezahlt werden (R 3b Abs. 2 Nr. 2 Buchstabe a Satz 3 LStR).

Beispiel

Die Zuschläge für die im März 2021 geleistete Nachtarbeit werden mit der Lohnabrechnung für April 2021 gezahlt. Aus Vereinfachungsgründen können die steuerfreien Zuschläge nach dem für den Monat April 2021 maßgebenden Grundlohn errechnet werden.

e) Ermittlung von Grundlohnzusätzen

Zusätzliche Teile des laufenden Arbeitslohns, deren Höhe **nicht** von **im Voraus bestimmbaren** Verhältnissen abhängt (z. B. der nur für einzelne Arbeitsstunden bestehende Anspruch auf Erschwerniszulagen oder Spätschichtzuschläge), sind gesondert zu ermitteln und anzusetzen. Dabei sind diese Grundlohnzusätze mit den Beträgen anzusetzen, die dem Arbeitnehmer für den jeweiligen Lohnzahlungszeitraum tatsächlich zustehen.

f) Umrechnung des Grundlohns in einen Stundenlohn

Der Basisgrundlohn und die Grundlohnzusätze sind zusammenzurechnen und durch die Zahl der Stunden der regelmäßigen Arbeitszeit im jeweiligen Lohnzahlungszeitraum zu teilen. Bei einem monatlichen Lohnzahlungszeitraum ist der Divisor mit dem **4,35-fachen der wöchentlichen Arbeitszeit** anzusetzen. Das Ergebnis ist der Grundlohn. Er ist für die Berechnung des steuerfreien Anteils nur insoweit maßgebend als er **50 € in der Stunde** nicht übersteigt.[1)]

Für die Berechnung des sozialversicherungsfreien Anteils ist der Grundlohn auf **25 €** in der Stunde begrenzt (vgl. die Erläuterungen unter der nachfolgenden Nr. 11).

Beispiel A

Für den Arbeitnehmer ermittelter monatlicher Basisgrundlohn		2 000,– €
Grundlohnzusätze		100,– €
Grundlohn		2 100,– €
regelmäßige wöchentliche Arbeitszeit 38½ Stunden. Arbeitszeit monatlich somit 38,5 × 4,35 = 167,5 Stunden.		
Stundengrundlohn (2100 € geteilt durch 167,5 Stunden)	=	12,54 €

Z

Die tarifliche oder arbeitsvertragliche Bemessungsgrundlage für die Bezahlung der Sonntags-, Feiertags- und Nachtarbeitszuschläge ist für die steuerliche Behandlung nur insoweit von Bedeutung, als kein höherer Betrag steuerfrei bleiben kann, als tatsächlich an Zuschlägen gezahlt wird.

Beispiel B

Laut Tarifvertrag sind die Zuschläge für Sonntags-, Feiertags- und Nachtarbeit aus dem tariflichen Ecklohn von 10,– € zu berechnen. Der Nachtarbeitszuschlag beträgt 30 %.

Der Arbeitnehmer erhält für zwei Stunden Nachtarbeit in der Zeit von 20 Uhr bis 22 Uhr folgenden Nachtarbeitszuschlag:

30 % von 10,– € = 3,– € × 2 Stunden	=	6,– €
Der steuerlich maßgebende Grundlohn des Arbeitnehmers beträgt im Abrechnungsmonat 11,– €.		
Somit sind steuerfrei:		
25 % von 11,– € = 2,75 € × 2 Stunden	=	5,50 €
Die Differenz ist steuer- und beitragspflichtiger Arbeitslohn.		0,50 €

Ist keine regelmäßige Arbeitszeit vereinbart worden, sind der Ermittlung des Grundlohns die im Lohnzahlungszeitraum tatsächlich geleisteten Arbeitsstunden zugrunde zu legen. Bei Stücklohnempfängern kann die Umrechnung des Stücklohns auf einen Stundenlohn unterbleiben (R 3b Abs. 2 Nr. 3 Satz 5 LStR).

Die stundenlohnbezogene Zuschlagsberechnung ist kompliziert. Die folgenden Beispiele sollen die Arbeit mit dieser Materie erleichtern. Außerdem enthält das Lexikon als **Anhang 1 auf Seite 1115** ein zusammenfassendes Beispiel.

Beispiel C

Ein Arbeitnehmer (Steuerklasse III/0) hat eine vereinbarte regelmäßige Arbeitszeit von 40 Stunden und einen Stundenlohn von 12 €. Lohnzahlungszeitraum ist der Monat. Der Arbeitnehmer hat im April 2021 laut Tarifvertrag folgenden Arbeitslohn erhalten:

– Normallohn für 176 Stunden		
Stundenlohn 12 € × 176		2 112,– €
– einen steuerpflichtigen Fahrtkostenzuschuss von monatlich (nicht pauschal besteuert)		50,– €
– Vermögenswirksame Leistung		40,– €
– Vergütung für 10 Überstunden:		
Mehrarbeitslohn 12 € × 10	120,– €	
Zuschlag 30 %	36,– €	= 156,– €
– Spätschichtzuschlag für die Arbeit von 14 Uhr bis 22 Uhr für 40 Stunden:		
Normallohn 12 € × 40	480,– €	
Zuschlag 20 %		96,– €
– Nachtarbeitszuschlag für die Arbeit von 22 Uhr bis 6 Uhr für 40 Stunden:		
Normallohn 12 € × 40	480,– €	
Zuschlag 50 %		240,– €
Bruttoarbeitslohn im April 2021		2 694,– €

Berechnung der steuerfreien Nachtarbeitszuschläge:

Im Beispielsfall sieht der Tarifvertrag die Berechnung der Zuschläge vom Normallohn vor. Dieser ist nicht mit dem steuerlich maßgebenden „Grundlohn" identisch.

1) Seit 1.1.2004 ist der für die Berechnung der steuerfreien Zuschläge für Sonntags-, Feiertags- und Nachtarbeit maßgebende Grundlohn auf einen **Stundenlohn** von **50 €** begrenzt worden, weil z. B. Profisportler vom früher geltenden Recht überproportional begünstigt wurden (§ 3b Abs. 2 Satz 1 EStG). Betroffen von dieser Änderung sind lediglich Arbeitnehmer mit einem Monatslohn von etwa 8000 € bzw. einem Jahreslohn von etwa 100 000 €.

Lohnsteuerpflichtig | Sozialversich.-pflichtig

Grundlohnberechnung:

a) Basisgrundlohn

– Normallohn 12 € × 40 Stunden × 4,35	=	2 088,– €
– Vermögenswirksame Leistung		40,– €
Basisgrundlohn		2 128,– €

b) Grundlohnzusätze

– steuerpflichtiger Fahrtkostenzuschuss		50,– €
– Spätschichtzuschlag für die nicht begünstigte Zeit von 14 Uhr bis 20 Uhr (Normallohn 12,– € × 30 Stunden, Zuschlag 20 %)	=	72,– €
Steuerlich maßgebender Grundlohn monatlich		2 250,– €
Umrechnung auf einen Stunden-Grundlohn 2250,– € : 174 Stunden (40 × 4,35)	=	12,93 €

Steuerfreie Nachtarbeitszuschläge:

Der **Spätschichtzuschlag** ist nur insoweit ein Nachtarbeitszuschlag im steuerlichen Sinn, soweit er auf die Zeit zwischen 20 Uhr und 22 Uhr entfällt. Von den 40 Stunden mit Spätschichtzuschlag entfallen 10 Stunden auf die Arbeit von 20 Uhr bis 22 Uhr.

10 Stunden × 12,93 €	129,30 €
steuerfrei nach § 3b EStG sind höchstens 25 %	32,33 €
tatsächlich wurden gezahlt 20 % Zuschlag auf 12 € Stundenlohn = 2,40 € für 10 Stunden	24,– €
steuerfrei ist nur der tatsächlich gezahlte Zuschlag	24,– €

Der steuerfreie **Nachtarbeitszuschlag** beträgt 25 %; für die Zeit von 0 Uhr bis 4 Uhr beträgt er 40 %, da mit der Nachtarbeit vor 0 Uhr begonnen wurde.

Es ergibt sich folgende Berechnung:

– von 22 Uhr bis 24 Uhr 10 Stunden × 12,93 € steuerfrei nach § 3b EStG 25 % von	129,30 € =	32,33 €
– von 0 Uhr bis 4 Uhr 20 Stunden × 12,93 € steuerfrei nach § 3b EStG 40 % von	258,60 € =	103,44 €
– von 4 Uhr bis 6 Uhr 10 Stunden × 12,93 € steuerfrei nach § 3b EStG 25 % von	129,30 € =	32,33 €
Steuerfreie Nachtarbeitszuschläge insgesamt		168,10 €
tatsächlich wurden gezahlt		240,– €
steuer- und beitragspflichtig sind demnach		71,90 €

Der beim Spätschichtzuschlag nicht ausgeschöpfte steuerfreie Betrag von 8,33 € (32,33 € – 24 €) kann nicht mit dem steuerpflichtigen Teil des Nachtarbeitszuschlags verrechnet werden.

Es ergibt sich folgende Lohnabrechnung:

Bruttoarbeitslohn		2 694,– €
abzüglich:		
Lohnsteuer (Steuerklasse III/0)	55,50 €	
Solidaritätszuschlag	0,– €	
Kirchensteuer (z. B. 8 %)	4,44 €	
Sozialversicherung (Arbeitnehmeranteil)	506,01 €	565,95 €
Nettolohn		2 128,05 €
vermögenswirksame Anlage		40,– €
auszuzahlender Betrag		2 088,05 €

Berechnung der Lohnsteuer:

Bruttolohn	2 694,– €
abzüglich steuerfreie Nachtarbeitszuschläge (24 € + 168,10 € =)	192,10 €
steuer- und beitragspflichtiger Arbeitslohn	2 501,90 €
Lohnsteuer nach der Monatstabelle (Steuerklasse III/0)	55,50 €
Solidaritätszuschlag	0,– €
Kirchensteuer 8 %	4,44 €

Sozialversicherungsbeiträge:

Beitragsberechnung Arbeitnehmeranteil (aus 2501,90 €)

20,225 % aus 2501,90 € = 506,01 €

Lohnsteuerpflichtig | Sozialversich.-pflichtig

Beispiel D

Ein Arbeitnehmer in einem Drei-Schicht-Betrieb hat eine tarifvertraglich geregelte Arbeitszeit von 38 Stunden wöchentlich und einen monatlichen Lohnzahlungszeitraum. Er hat Anspruch auf folgenden laufenden Arbeitslohn (ohne Sonntags-, Feiertags- oder Nachtarbeitszuschläge)

- Normallohn in Höhe von 14,– € für jede im Lohnzahlungszeitraum geleistete Arbeitsstunde;
- Schichtzuschlag in Höhe von 0,50 € je Arbeitsstunde;
- Zuschlag für Samstagsarbeit in Höhe von 1,– € für jede Samstagsarbeitsstunde;
- Spätarbeitszuschlag in Höhe von 1,50 € für jede Arbeitsstunde zwischen 18.00 Uhr und 20.00 Uhr;
- Überstundenzuschlag in Höhe von 2,50 € je Überstunde;
- Gefahrenzulage für unregelmäßig anfallende gefährliche Arbeiten in Höhe von 1,50 € je Stunde;
- steuerpflichtiger Fahrtkostenzuschuss in Höhe von 3,– € je Arbeitstag, der nicht pauschal besteuert wird;
- vermögenswirksame Leistung in Höhe von 40,– € monatlich;
- Beiträge des Arbeitgebers zu einer Direktversicherung in Höhe von 50,– € monatlich.

Im Juni 2021 hat der Arbeitnehmer infolge Urlaubs nur an 10 Tagen insgesamt 80 Stunden gearbeitet. In diesen 80 Stunden sind enthalten:

– Regelmäßige Arbeitsstunden	76
– Überstunden insgesamt	4
– Samstagsstunden insgesamt	12
– Überstunden an Samstagen	2
– Spätarbeitsstunden insgesamt	16
– Überstunden mit Spätarbeit	2
– Stunden mit gefährlichen Arbeiten insgesamt	5
– Überstunden mit gefährlichen Arbeiten	1

Hiernach betragen

a) der Basisgrundlohn

14,– € Stundenlohn × 38 Stunden × 4,35	=	2 314,20 €
0,50 € Schichtzuschlag × 38 Stunden × 4,35	=	82,65 €
Vermögenswirksame Leistungen		40,– €
Beiträge zur Direktversicherung		50,– €
insgesamt		2 486,85 €

b) die Grundlohnzusätze

1,– € Samstagsarbeitszuschlag × 10 Stunden	=	10,– €
1,50 € Spätarbeitszuschlag × 14 Stunden	=	21,– €
1,50 € Gefahrenzulage × 4 Stunden	=	6,– €
3,– € Fahrtkostenzuschuss × 10 Arbeitstage	=	30,– €
insgesamt		67,– €
Grundlohn monatlich		2 553,85 €

c) Umrechnung auf einen Stundengrundlohn

$$\frac{2553{,}85\ €}{38\ \text{Stunden} \times 4{,}35} = 15{,}45\ €$$

g) Ermittlung des Grundlohns bei SFN-Arbeit von weniger als einer Stunde

Wird ein Zuschlag für Sonntags-, Feiertags- oder Nachtarbeit von weniger als einer Stunde gezahlt, ist bei der Ermittlung des steuerfreien Zuschlags für diesen Zeitraum der Grundlohn entsprechend zu kürzen (R 3b Abs. 2 Nr. 4 LStR).

h) Ermittlung des Grundlohns bei Altersteilzeit

Bei einer Beschäftigung nach dem Altersteilzeitgesetz ist der Grundlohn so zu berechnen, als habe eine Vollzeitbeschäftigung bestanden (R 3b Abs. 2 Nr. 5 LStR).

6. Vereinfachungsvorschlag für die Praxis

Arbeitgeber, die bei der Zahlung von Zuschlägen für Sonntags-, Feiertags- und Nachtarbeit nicht an einen Tarifvertrag gebunden sind, können die umfangreiche Grundlohnberechnung dadurch vermeiden, dass sie Zuschläge für Sonntags-, Feiertags- oder Nachtarbeit vereinbaren, die sich ausschließlich an den in § 3b EStG festgelegten Prozentsätzen und begünstigten Arbeitszeiten orientieren und als Bemessungsgrundlage den arbeitsrechtlich vereinbarten Stundenlohn haben. Da dieser in keinem Fall den steuerlich maßgebenden Grundlohn übersteigen kann, liegen die nach einer solchen Vereinbarung gezahlten Zuschläge stets in den Grenzen des § 3b EStG und sind damit – ohne weitere Berechnung – in Höhe des gezahlten Betrages in vollem Umfang steuerfrei, wenn die lohnsteuerliche bzw. beitragsrechtliche Stundenlohngrenze von 50 € bzw. 25 € nicht überschritten wird. Dies gilt auch für tarifliche Bestimmungen, die die in § 3b EStG festgelegten Prozentsätze und begünstigten Arbeitszeiten der tariflichen Zuschlagsregelung zugrunde legen.

7. Mehrarbeit und steuerfreie Zuschläge

In Tarifverträgen ist häufig neben der Zahlung von Zuschlägen für Sonntags-, Feiertags- und Nachtarbeit die Zahlung von Mehrarbeitszuschlägen vorgesehen. Für die Steuerfreiheit der Zuschläge für Sonntags-, Feiertags- und Nachtarbeit, die als Mehrarbeit geleistet wird, ist die tarifliche oder arbeitsvertragliche Regelung über die Zahlung der jeweiligen Zuschlagsart maßgebend. Wird für diese Mehrarbeit ein einheitlicher Zuschlag (Mischzuschlag) gezahlt, dessen auf Sonntags-, Feiertags- oder Nachtarbeit entfallender Anteil betragsmäßig nicht festgelegt ist, ist der **Mischzuschlag** nach dem BFH-Urteil vom 13.10.1989 (BStBl. 1991 II S. 8) im Verhältnis der in Betracht kommenden Einzelzuschläge in einen nach § 3b EStG begünstigten und einen nicht begünstigten Anteil aufzuteilen. Zu berücksichtigen ist dabei, dass die Einzelzuschläge möglicherweise eine unterschiedliche Bemessungsgrundlage haben. Tarifvertraglich oder arbeitsvertraglich kann auch eine vom Verhältnis der in Betracht kommenden Einzelzuschläge abweichende Aufteilung des Mischzuschlags vereinbart werden. Die Finanzverwaltung folgt einer solchen abweichenden Aufteilung durch die Vertragsparteien dann, wenn keine rechtsmissbräuchliche Gestaltung vorliegt.

Hiernach kommen bei Mehrarbeit, die gleichzeitig begünstigte Sonntags-, Feiertags- oder Nachtarbeit ist, folgende Fälle in Betracht:

a) Es werden beide Zuschlagsarten nebeneinander gezahlt.

Beispiel A

Nach einem Tarif- oder Arbeitsvertrag sind vereinbart:

Zuschlag für Nachtarbeit	20 %
Zuschlag für Mehrarbeit	30 %

Der Arbeitgeber zahlt beim Zusammentreffen von Nachtarbeit und Mehrarbeit 50 %. Steuerfrei ist der Zuschlag für Nachtarbeit in Höhe von 20 %.

b) Es wird nur der in Betracht kommende Zuschlag für Sonntags-, Feiertags- oder Nachtarbeit gezahlt, weil er ebenso hoch oder höher ist als der Zuschlag für Mehrarbeit.

Beispiel B

Nach einem Tarif- oder Arbeitsvertrag sind vereinbart:

Zuschlag für Nachtarbeit	25 %
Zuschlag für Mehrarbeit	20 %

Der Arbeitgeber zahlt beim Zusammentreffen von Nachtarbeit und Mehrarbeit nur den Nachtarbeitszuschlag von 25 %. Der Zuschlag von 25 % ist steuerfrei, auch wenn damit der Mehrarbeitszuschlag abgegolten ist.

c) Es wird nur der Zuschlag für Mehrarbeit gezahlt, weil er höher ist als der Zuschlag für Nachtarbeit.

Beispiel C

Nach einem Tarif- oder Arbeitsvertrag sind vereinbart:

Zuschlag für Nachtarbeit	25 %
Zuschlag für Mehrarbeit	30 %

Der Arbeitgeber zahlt beim Zusammentreffen von Nachtarbeit und Mehrarbeit nur den Mehrarbeitszuschlag von 30 %. Der Zuschlag ist in voller Höhe steuerpflichtig.

d) Es wird ein Mischzuschlag gezahlt, der höher ist als die jeweils in Betracht kommenden Zuschläge, aber niedriger als ihre Summe.

Beispiel D

Nach einem Tarif- oder Arbeitsvertrag sind vereinbart:

Zuschlag für Nachtarbeit	20 %
Zuschlag für Mehrarbeit	30 %
Mischzuschlag	40 %

Der Mischzuschlag ist im Verhältnis der Einzelzuschläge aufzuteilen. Steuerfrei als Nachtarbeitszuschlag sind somit $^2/_5$ von 40 % = 16 %. Haben die Vertragsparteien eine andere Aufteilung vereinbart, ist diese maßgebend.

e) Es wird ein Mischzuschlag gezahlt, der höher ist als die Summe der jeweils in Betracht kommenden Zuschläge.

Beispiel E

Nach einem Tarif- oder Arbeitsvertrag sind vereinbart:

Zuschlag für Nachtarbeit	20 %
Zuschlag für Mehrarbeit	30 %
Mischzuschlag	70 %

Der Mischzuschlag ist im Verhältnis der Einzelzuschläge aufzuteilen. Steuerfrei als Nachtarbeitszuschlag sind somit $^2/_5$ von 70 % = 28 %, für Nachtarbeit in der Zeit von 20 bis 24 Uhr jedoch höchstens 25 % (= gesetzliche Obergrenze).

Haben die Vertragsparteien eine andere Aufteilung vereinbart, ist diese maßgebend.

f) Es wird ein Mischzuschlag gezahlt, der gleich hoch ist wie der Mehrarbeitszuschlag (zur Abgrenzung vom Beispiel C muss die Zahlung eines „Mischzuschlags" klar und eindeutig vereinbart sein).

Beispiel F

Nach einem Tarif- oder Arbeitsvertrag sind vereinbart:

Zuschlag für Nachtarbeit	30 %
Zuschlag für Mehrarbeit	50 %
Mischzuschlag	50 %

Der Mischzuschlag ist im Verhältnis der Einzelzuschläge aufzuteilen. Steuerfrei als Nachtarbeitszuschlag sind somit $^3/_8$ von 50 % = 18,75 %.

g) Es wird ein Mischzuschlag gezahlt; die Einzelzuschläge haben unterschiedliche Bemessungsgrundlagen.

Beispiel G

Nach einem Tarif- oder Arbeitsvertrag sind vereinbart:

Zuschlag für Nachtarbeit 25 % des Tariflohns von 12 €	=	3,– €
Zuschlag für Mehrarbeit 25 % des Effektivlohns von 14 €	=	3,50 €
Mischzuschlag 50 % des Effektivlohns von 14 €	=	7,– €
Der Mischzuschlag ist im Verhältnis der Einzelzuschläge aufzuteilen. Steuerfrei als Nachtarbeitszuschlag sind somit 46,15 % von 7,– €	=	3,23 €

Haben die Vertragsparteien eine andere Aufteilung vereinbart, ist diese maßgebend.

h) In bestimmten Fällen ist ein Zuschlag für Sonntags-, Feiertags- oder Nachtarbeit nicht vorgesehen, z. B. weil solche Arbeiten regelmäßig zu verrichten sind, wie bei Pförtnern, Nachtwächtern usw. Ein für diese Arbeiten gezahlter Mehrarbeitszuschlag kann nicht als Zuschlag für Sonntags-, Feiertags- oder Nachtarbeit steuerfrei bleiben.

Beispiel H

Nach einem Tarif- oder Arbeitsvertrag sind vereinbart:

Zuschlag für Nachtarbeit (z. B. Pförtner)	0 %
Zuschlag für Mehrarbeit	25 %
steuerfrei sind	0 %

Lohn- steuer- pflichtig | Sozial- versich.- pflichtig

8. Nachweis der begünstigten Arbeitszeit

Steuerfrei sind nur Zuschläge, die für **tatsächlich** geleistete Sonntags-, Feiertags- oder Nachtarbeit gezahlt werden. Soweit Zuschläge gezahlt werden, ohne dass der Arbeitnehmer in der begünstigten Zeit gearbeitet hat, z. B. bei Lohnfortzahlung an Feiertagen, im Krankheits- oder Urlaubsfall oder bei Lohnfortzahlung an von der betrieblichen Tätigkeit freigestellte Betriebsratsmitglieder, sind sie steuerpflichtig. Als Arbeitszeit im Sinne des § 3b EStG gelten auch Waschzeiten, Pausen und Schichtübergabezeiten, soweit sie in den begünstigten Zeitraum fallen.

Die tatsächlich geleistete Sonntags-, Feiertags- oder Nachtarbeit ist stets durch Einzelaufzeichnung nachzuweisen (z. B. durch Arbeitszeitkonten, Stundenzettel, Stempelkarten und Ähnliches). Wird eine **einheitliche Vergütung** für den Grundlohn und die Zuschläge für Sonntags-, Feiertags- oder Nachtarbeit – gegebenenfalls unter Einbeziehung von Mehrarbeit – gezahlt, weil Sonntags-, Feiertags- oder Nachtarbeit üblicherweise verrichtet wird, und werden deshalb die sonntags, feiertags oder nachts tatsächlich geleisteten Arbeitsstunden nicht aufgezeichnet, können die in der einheitlichen Vergütung enthaltenen Zuschläge für Sonntags-, Feiertags- oder Nachtarbeiten **nicht herausgerechnet** und daher nach § 3b EStG nicht steuerfrei gelassen werden.

Werden nachweislich Zuschläge für tatsächlich geleistete Sonntags-, Feiertags- oder Nachtarbeit neben dem Grundlohn gezahlt, kann der Arbeitnehmer die **Steuerfreiheit** im Rahmen der **Einkommensteuer-Veranlagung** auch dann geltend machen, wenn der Arbeitgeber die Zuschläge im Lohnsteuerabzugsverfahren nicht als steuerfrei behandelt hat (BFH-Beschluss vom 29.11.2017, BFH/NV 2018 S. 333). Es gilt auch in diesem Fall der Grundsatz, dass etwaige Fehler beim Lohnsteuerabzug im Rahmen der Einkommensteuer-Veranlagung berichtigt werden können, da der Inhalt der Lohnsteuerbescheinigung im Rahmen der Einkommensteuer-Veranlagung des Arbeitnehmers keine Bindungswirkung hat.

9. Pauschalierung ohne Einzelnachweis

Ist die Einzelanschreibung und die Einzelbezahlung der geleisteten Sonntags-, Feiertags- oder Nachtarbeit wegen der Besonderheiten der Arbeit und der Lohnzahlungen **nicht möglich,** kann das Betriebsstättenfinanzamt den Teil der Vergütung, der als steuerfreier Zuschlag für Sonntags-, Feiertags- oder Nachtarbeit anzuerkennen ist, von Fall zu Fall feststellen. Im Interesse einer einheitlichen Behandlung der Arbeitnehmer desselben Berufszweigs kann das Betriebsstättenfinanzamt die Feststellung nur auf Weisung der vorgesetzten Behörde treffen. Die Weisung ist der obersten Landesfinanzbehörde vorbehalten, wenn die für den in Betracht kommenden Berufszweig maßgebende Regelung nicht nur im Bezirk der für das Betriebsstättenfinanzamt zuständigen vorgesetzten Behörde gilt. Die bei dieser Sonderregelung von der Finanzverwaltung angelegten Maßstäbe sind sehr streng. Schwierigkeiten und erhöhter Arbeitsaufwand bei der Aufzeichnung der tatsächlich geleisteten Sonntags-, Feiertags- und Nachtarbeit genügen nicht. Die Steuerfreiheit pauschaler Zuschläge wurde deshalb bisher nur in wenigen Fällen zugelassen (z. B. in der Seeschifffahrt und für fliegendes Personal, wegen der dort eintretenden Zeitverschiebungen; vgl. „Fliegendes Personal" unter Nr. 4).

10. Abschlagszahlungen mit nachträglichem Einzelnachweis

Vielfach werden Zuschläge für Sonntags-, Feiertags- oder Nachtarbeit als laufende Pauschale (z. B. Monatspauschale) gezahlt. Diese laufenden Abschlagszahlungen werden dann später mit den steuerfreien Zuschlägen verrechnet, die für die einzelnen nachgewiesenen Zeiten für Sonntags-, Feiertags- oder Nachtarbeit aufgrund von Einzelberechnungen ermittelt werden. Derartige laufende

Lohn- steuer- pflichtig | Sozial- versich.- pflichtig

Pauschalen (Abschlagszahlungen) können unter folgenden **Voraussetzungen** steuerfrei bleiben:

a) Der steuerfreie Betrag darf nicht nach höheren als den für die jeweilige Sonntags-, Feiertags- oder Nachtarbeit in Betracht kommenden Prozentsätze berechnet werden.

b) Der steuerfreie Betrag ist nach dem durchschnittlichen Grundlohn und der durchschnittlichen im Zeitraum des Kalenderjahres tatsächlich anfallenden Sonntags-, Feiertags- oder Nachtarbeit zu bemessen.

c) Die Verrechnung mit den einzeln ermittelten Zuschlägen muss jeweils vor dem Erstellen der elektronischen Lohnsteuerbescheinigung und somit regelmäßig spätestens zum Ende des Kalenderjahres oder beim Ausscheiden des Arbeitnehmers aus dem Dienstverhältnis erfolgen. Für die Ermittlung der im Einzelnen nachzuweisenden Zuschläge ist auf den jeweiligen Lohnzahlungszeitraum abzustellen. Dabei ist auch der steuerfreie Teil der einzeln ermittelten Zuschläge festzustellen und die infolge der Pauschalierung zu wenig oder zu viel einbehaltene Lohnsteuer auszugleichen.

d) Bei der Pauschalzahlung muss erkennbar sein, welche Zuschläge im Einzelnen – jeweils getrennt nach Zuschlägen für Sonntags-, Feiertags- oder Nachtarbeit – abgegolten sein sollen und nach welchen Prozentsätzen des Grundlohns die Zuschläge bemessen worden sind.

e) Die Pauschalzahlung muss tatsächlich ein Zuschlag sein, der neben dem Grundlohn gezahlt wird; eine aus dem Arbeitslohn rechnerisch ermittelte Pauschalzahlung ist kein Zuschlag.

Ergibt die **Einzelfeststellung,** dass der dem Arbeitnehmer aufgrund der tatsächlich geleisteten Sonntags-, Feiertags- oder Nachtarbeit zustehende Zuschlag höher ist als die Pauschalzahlung, bleibt ein höherer Betrag nur dann steuerfrei, wenn und soweit der Zuschlag **auch tatsächlich zusätzlich gezahlt wird;** eine bloße Kürzung des steuerpflichtigen Arbeitslohns um den übersteigenden Steuerfreibetrag ist nicht zulässig.

Beispiel A

Die monatliche Pauschale zur Abgeltung der Zuschläge für Sonntags-, Feiertags- und Nachtarbeit beträgt monatlich 250 € (jährlich 3000 €). Folgende Zuschläge sind vereinbart:

Nachtarbeitszuschlag	20 %
Zuschlag für Sonntagsarbeit	50 %
Zuschlag für Feiertagsarbeit	125 %
Der Stundenlohn beträgt	12,– €

Im Kalenderjahr 2021 wurde tatsächlich folgende Sonntags-, Feiertags- und Nachtarbeit geleistet:

800 Stunden Nachtarbeit 12 € × 800 = 9600 € davon 20 %	=	1920,– €
100 Stunden Sonntagsarbeit 12 € × 100 = 1200 € davon 50 %	=	600,– €
20 Stunden Feiertagsarbeit 12 € × 20 = 240 € davon 125 %	=	300,– €
insgesamt		2820,– €

Die im Kalenderjahr 2021 gezahlten Pauschalen übersteigen die im Einzelnen abgerechneten Zuschläge um (3000 € – 2820 €) = 180 €. Der Betrag von 180 € ist steuer- und beitragspflichtig.

Beispiel B

Monatliche steuerfreie Pauschale 200 €, jährlich	=	2400,– €
Einzelabrechnung wie im Beispiel A	=	2820,– €
übersteigender Betrag		420,– €

Dieser Betrag muss **zusätzlich** gezahlt werden; er ist dann steuer- und beitragsfrei.

Durch das BFH-Urteil vom 23.10.1992 (BStBl. 1993 II S. 314) wurde ausdrücklich bestätigt, dass pauschale Sonntags-, Feiertags- und Nachtarbeitszuschläge **nur bei einer späteren Verrechnung mit der tatsächlichen Arbeitszeit** nach § 3b EStG steuerfrei sein können. Der fehlende Nachweis der tatsächlich erbrachten Arbeitsstunden kann nicht durch eine Modellrechnung ersetzt werden (BFH-Urteil vom 25.5.2005, BStBl. II S. 725).

Aber auch hier keine Regel ohne Ausnahme: In einem vom Bundesfinanzhof zu entscheidenden Streitfall betrieb der Arbeitgeber eine Bäckerei. Gebacken wurde ausschließlich in den Nachtstunden. Die regelmäßige Arbeitszeit der beiden Arbeitnehmer betrug 38,5 Stunden wöchentlich. Zu arbeiten war dienstags bis freitags von 0.30 Uhr bis 8.30 Uhr bzw. 6.30 (freitags) und in der Nacht vom Freitag zum Samstag von 22.00 Uhr bis 6.30 Uhr. Der Arbeitgeber zahlte den Arbeitnehmern monatlich neben dem Bruttoarbeitslohn **(pauschale) Nachtarbeitszuschläge** in Höhe von 251 € bzw. 217 €, die auf den Gehaltsabrechnungen gesondert ausgewiesen wurden. Der Bundesfinanzhof hält zwar eine Einzelabrechnung der tatsächlich geleisteten Arbeit zu den steuerlich begünstigten Zeiten grundsätzlich nach wie vor für unverzichtbar. Wegen der **besonderen Umstände** bedurfte es jedoch im Streitfall der zu fordernden Aufzeichnung über tatsächlich erbrachte Arbeitsstunden nicht. Zum einen waren die **Arbeitsleistungen fast ausschließlich** zu der steuerlich **begünstigten Nachtzeit** zu erbringen, was die Anforderungen an die Nachweispflicht mindert. Zum anderen waren die **Zuschläge** vereinbarungsgemäß **so bemessen,** dass sie auch unter Einbeziehung von Urlaub und sonstigen Fehlzeiten – auf das Jahr bezogen – die **Voraussetzungen** der **Steuerfreiheit erfüllten.** Lediglich außergewöhnliche, längere Fehlzeiten konnten dazu führen, dass die Zuschläge nicht in vollem Umfang „für" die Nachtarbeit gezahlt wurden. In diesem Fall kann daher auch nach Ansicht des Bundesfinanzhofs weiterhin eine „Spitzabrechnung" erforderlich sein. Eine solche „außergewöhnliche" Fehlzeit lag aber im Streitfall nicht vor (BFH-Urteil vom 22.10.2009, BFH/NV 2010 S. 201). In Abgrenzung zum vorstehenden Streitfall hat der Bundesfinanzhof entschieden (BFH-Urteil vom 16.12.2010, BStBl. 2012 II S. 288), dass pauschale Zuschläge, die Teil einer einheitlichen Tätigkeitsvergütung sind und nicht als Abschlagszahlungen/Vorschüsse für tatsächlich geleistete Sonntags-, Feiertags- oder Nachtarbeit gezahlt werden, die Voraussetzungen für einen steuerfreien „3b-Zuschlag" nicht erfüllen. Der Streitfall betraf die von einer ausländischen Fluggesellschaft gezahlte pauschale Flugzulage, die neben den allgemeinen Berufserschwernissen des fliegenden Personals auch Nachtarbeit sowie Sonn- und Feiertagsarbeit abgelten sollte. Die im „Tarifvertrag" vorgesehene pauschale Aufteilung der Flugzulage auf Nachtarbeit, Samstags-, Sonntags- und Feiertagsarbeit sowie allgemeine Berufserschwernisse genügte dem Bundesfinanzhof nicht (siehe auch „Fliegendes Personal" unter Nr. 4). Die vorstehende Abgrenzung wurde vom Bundesfinanzhof erneut bestätigt durch das BFH-Urteil vom 8.12.2011 (BStBl. 2012 II S. 291).

11. Sozialversicherungspflicht für SFN-Zuschläge, soweit der Stundenlohn 25 € übersteigt

a) Allgemeines

Nach § 1 Abs. 1 Satz 1 Nr. 1 SvEV[1] sind steuerfreie Sonntags-, Feiertags- und Nachtarbeitszuschläge beitragspflichtig, **soweit** das Entgelt, auf dessen Grundlage sie berechnet werden, mehr als 25 € für jede Stunde beträgt.

Beispiel

Ein Arbeitnehmer mit einem Stundenlohn von 60 € arbeitet am Sonntag. Der arbeitsvertraglich vereinbarte Zuschlag für Sonntagsarbeit beträgt 50 % = 30 €. Von diesem Zuschlag für Sonntagsarbeit in Höhe von 30 € je Stunde sind 50 % von maximal 50 € = 25 € steuerfrei, wohingegen bei der Sozialversicherung nur 50 % von maximal 25 € = 12,50 € beitragsfrei sind.

b) Berechnung der sozialversicherungsfreien SFN-Zuschläge

Aus der Formulierung in der Sozialversicherungsentgeltverordnung „Dies gilt nicht für **steuerfreie** Sonn-, Feiertags- und Nachtarbeitszuschläge, **soweit** das Entgelt, auf dem sie berechnet werden, mehr als 25 € für jede Stunde beträgt" ergibt sich, dass **für die Beitragsfreiheit in der Sozialversicherung alle für die Steuerfreiheit geltenden Voraussetzungen erfüllt sein müssen** (Zahlung zusätzlich zum Grundlohn für tatsächlich geleistete Sonntags-, Feiertags- und Nachtarbeit, steuerlich maßgebende Arbeitszeiten usw.). Für die Höhe der Zuschlagssätze und die Berechnung des Grundlohns gelten ebenfalls die lohnsteuerlichen Vorschriften (§ 3b EStG und R 3b und H 3b der Lohnsteuer-Richtlinien). Hiernach sind der Basisgrundlohn und die Grundlohnzusätze zusammenzurechnen und durch die Zahl der Stunden der regelmäßigen Arbeitszeit im jeweiligen Lohnzahlungszeitraum zu teilen. Wird ein Monatslohn gezahlt, ist der Divisor mit dem 4,35-fachen der wöchentlichen Arbeitszeit des Arbeitnehmers anzusetzen.

Beispiel A

Der Arbeitslohn eines Arbeitnehmers beträgt im Kalenderjahr 2021 monatlich 4500 €. Er hat einen Firmenwagen (Bruttolistenpreis 40 000 €), den er auch privat nutzen darf. Der Arbeitgeber zahlt für den Arbeitnehmer einen monatlichen Beitrag in Höhe von 284 € in eine Pensionskasse. Dieser Beitrag (= 4 % der Beitragsbemessungsgrenze in der gesetzlichen Rentenversicherung für den einzelnen Monat) ist steuerfrei nach § 3 Nr. 63 Satz 1 EStG und beitragsfrei. Der Arbeitgeber zahlt für tatsächlich geleistete Sonntagsarbeit einen Zuschlag von 17 € in der Stunde. Der Arbeitnehmer hat im Juli 2021 insgesamt 10 Stunden Sonntagsarbeit geleistet. Die regelmäßige wöchentliche Arbeitszeit beträgt 38 Stunden. Es ergibt sich folgende Berechnung der steuer- und sozialversicherungsfreien Zuschläge für Sonntagsarbeit:

Basisgrundlohn	4 500,– €
Grundlohnzusätze:	
geldwerter Vorteil für die Benutzung des Firmenwagens (1 % von 40 000 € =)	400,– €
steuerfreier laufender Beitrag zur Pensionskasse	284,– €
Grundlohn insgesamt	5 184,– €
Divisor: 38 Stunden × 4,35 = 165,3	
umgerechneter Stundenlohn (5184 € : 165,3 =)	31,36 €
lohnsteuerfrei sind 50 % von 31,36 € =	15,68 €
sozialversicherungsfrei sind 50 % von 25,– € =	12,50 €
Berechnung des steuer- und beitragspflichtigen Arbeitslohns:	
Gehalt	4 500,– €
geldwerter Vorteil Firmenwagen	400,– €
Zuschläge für Sonntagsarbeit (10 × 17,– € =)	170,– €
davon lohnsteuerpflichtig (17,– € – 15,68 € =) 1,32 € × 10 =	13,20 €
davon sozialversicherungspflichtig (17,– € – 12,50 € =) 4,50 € × 10 =	45,– €
lohnsteuerpflichtig insgesamt (4500,– € + 400,– € + 13,20 € =)	**4 913,20 €**
sozialversicherungspflichtig insgesamt:	
Kranken- und Pflegeversicherung bis zur Beitragsbemessungsgrenze	**4 837,50 €**
Renten- und Arbeitslosenversicherung:	
(4500,– € + 400,– € + 45,– € =)	**4 945,– €**

Es kommt in der Praxis häufig vor, dass die tarif- oder arbeitsvertraglich vereinbarten Zuschläge für Sonntags-, Feiertags- und Nachtarbeit nicht mit den prozentualen Zuschlagssätzen übereinstimmen, die nach § 3b EStG steuerfrei sind, z. B. tariflich vereinbarter Nachtarbeitszuschlag 15 % oder 20 %, steuerfreier Nachtarbeitszuschlag nach § 3b EStG **25 %.**

Hierzu ist im **Anhang 1** ein umfangreiches Rechenbeispiel aus der Praxis mit unterschiedlichen Prozentsätzen in einem Tarifvertrag einerseits und in § 3b EStG andererseits abgedruckt. Das Beispiel zeigt, dass der nach tarifvertraglichen Vorschriften errechnete Zuschlag mit dem

1) Die Sozialversicherungsentgeltverordnung (SvEV) ist als Anhang 2 im **Steuerhandbuch für das Lohnbüro 2021** abgedruckt, das im selben Verlag erschienen ist.

Lohn-steuer-pflichtig Sozial-versich.-pflichtig

nach den Grundsätzen des § 3b EStG errechneten Zuschlag zu vergleichen ist. Ist der auf tarifvertraglicher Basis errechnete Zuschlag niedriger als der Zuschlag, der nach § 3b EStG steuerfrei wäre, **bleibt der tatsächlich gezahlte (niedrigere) Zuschlag steuer- und beitragsfrei.** Bei der Berechnung des Betrags, der nach § 3b EStG steuerfrei wäre, ist der höchstmögliche Stundengrundlohn zu beachten, der bei der Lohnsteuer **50 €** und bei der Sozialversicherung **25 €** beträgt.

Beispiel B

Ein Arbeitnehmer hat einen Stundenlohn von 30 € (= steuerlich maßgebender Stundengrundlohn). Er erhält einen tarifvertraglichen Nachtarbeitszuschlag von **15 %.** Für jede Stunde Nachtarbeit sind dies (15 % von 30 € =) 4,50 €. Für 10 Stunden Nachtarbeit errechnet sich für diesen Arbeitnehmer ein tarifvertraglicher Nachtarbeitszuschlag von (10 × 4,50 € =) 45 €.

Dieser Nachtarbeitszuschlag ist steuerfrei, weil der nach den Grundsätzen des § 3b EStG errechnete Nachtarbeitszuschlag höher wäre. Der nach den Grundsätzen des § 3b EStG steuerfreie Nachtarbeitszuschlag errechnet sich wie folgt:

25 % von 30 € = 7,50 €. Für 10 Stunden Nachtarbeit wären dies: (10 × 7,50 € =) 75 €. Da der tatsächlich gezahlte Nachtarbeitszuschlag lediglich 45 € beträgt, bleibt nur dieser Betrag lohnsteuerfrei.

Für die Berechnung des sozialversicherungsfreien Nachtarbeitszuschlags ist die Begrenzung auf einen Stundengrundlohn von 25 € zu beachten, ansonsten sind die lohnsteuerlichen Berechnungsgrundsätze maßgebend. Hiernach ergibt sich folgende Berechnung:

25 % von 25 € = 6,25 €. Für 10 Stunden Nachtarbeit wären dies (10 × 6,25 € =) 62,50 €.

Da der tatsächlich gezahlte Nachtarbeitszuschlag niedriger ist, als der nach den Grundsätzen des § 3b EStG – unter Berücksichtigung des sozialversicherungsrechtlich höchstmöglichen Stundengrundlohns – errechnete höchstmögliche steuerfreie Nachtarbeitszuschlag, **bleibt der nach tarifvertraglichen Grundsätzen errechnete Nachtarbeitszuschlag in Höhe von 45 € in vollem Umfang beitragsfrei.** Denn nach § 3b EStG sind Zuschläge für Nachtarbeit steuerfrei, **soweit sie 25 % des** (ggf. begrenzten) **Grundlohns** nicht übersteigen. Dabei ist lohnsteuerlich eine Begrenzung des Grundlohns auf 50 € und sozialversicherungsrechtlich eine Begrenzung auf 25 € maßgebend.

Hiernach ergibt sich für den Nachtarbeitszuschlag von **15 %** folgende Übersicht:

Zuschläge für Nachtarbeit, steuerfrei in Höhe von 25 % (§ 3b Abs. 1 Nr. 1 EStG)					
Grundlohn	tatsächlicher Zuschlag in Prozent	tatsächlicher Zuschlag in Euro	steuerlicher Höchstzuschlag in Prozent	steuerfrei in Euro	beitragsfrei in Euro
20 €	15 %	3,00 €	25 %	3,00 €	3,00 €
25 €	15 %	3,75 €	25 %	3,75 €	3,75 €
30 €	15 %	4,50 €	25 %	4,50 €	4,50 €
35 €	15 %	5,25 €	25 %	5,25 €	5,25 €
40 €	15 %	6,00 €	25 %	6,00 €	6,00 €
45 €	15 %	6,75 €	25 %	6,75 €	6,25 €[1]
50 €	15 %	7,50 €	25 %	7,50 €	6,25 €[1]
55 €	15 %	8,25 €	25 %	8,25 €	6,25 €[1]
60 €	15 %	9,00 €	25 %	9,00 €	6,25 €[1]
65 €	15 %	9,75 €	25 %	9,75 €	6,25 €[1]
70 €	15 %	10,50 €	25 %	10,50 €	6,25 €[1]
75 €	15 %	11,25 €	25 %	11,25 €	6,25 €[1]
80 €	15 %	12,00 €	25 %	12,00 €	6,25 €[1]
85 €	15 %	12,75 €	25 %	12,50 €[1]	6,25 €[1]
90 €	15 %	13,50 €	25 %	12,50 €[1]	6,25 €[1]

Beträgt der tariflich vereinbarte Zuschlag für Nachtarbeit **20 %,** ergibt sich folgende Übersicht:

Lohn-steuer-pflichtig Sozial-versich.-pflichtig

Zuschläge für Nachtarbeit, steuerfrei in Höhe von 25 % (§ 3b Abs. 1 Nr. 1 EStG)					
Grundlohn	tatsächlicher Zuschlag in Prozent	tatsächlicher Zuschlag in Euro	steuerlicher Höchstzuschlag in Prozent	steuerfrei in Euro	beitragsfrei in Euro
20 €	20 %	4,00 €	25 %	4,00 €	4,00 €
25 €	20 %	5,00 €	25 %	5,00 €	5,00 €
30 €	20 %	6,00 €	25 %	6,00 €	6,00 €
35 €	20 %	7,00 €	25 %	7,00 €	6,25 €[1]
40 €	20 %	8,00 €	25 %	8,00 €	6,25 €[1]
45 €	20 %	9,00 €	25 %	9,00 €	6,25 €[1]
50 €	20 %	10,00 €	25 %	10,00 €	6,25 €[1]
55 €	20 %	11,00 €	25 %	11,00 €	6,25 €[1]
60 €	20 %	12,00 €	25 %	12,00 €	6,25 €[1]
65 €	20 %	13,00 €	25 %	12,50 €[1]	6,25 €[1]
70 €	20 %	14,00 €	25 %	12,50 €[1]	6,25 €[1]

Wird ein höherer Prozentsatz als 25 % für Nachtarbeit gezahlt, ist der steuer- bzw. beitragsfreie Zuschlag nach dem in § 3b EStG gesetzlich vorgeschriebenen Prozentsatz von 25 % zu berechnen, und zwar auch dann, wenn der Grundlohn weniger als 50 € bzw. 25 € beträgt.

c) Zuschläge während Krankheit oder Mutterschutz bei geringfügig Beschäftigten

Sonntags-, Feiertags- und Nachtarbeits-Zuschläge (SFN-Zuschläge), die ohne tatsächliche Arbeitsleistung während eines Beschäftigungsverbots nach dem Mutterschutzgesetz oder im Fall der Entgeltfortzahlung gewährt werden, erfüllen nicht die Voraussetzungen für eine Steuerfreiheit (vgl. vorstehende Nr. 2 Buchstabe g). Die dann als Arbeitsentgelt zu berücksichtigenden Zuschläge wirken sich jedoch nicht auf den Status der geringfügig entlohnten Beschäftigung aus. Dies gilt unabhängig davon, ob ein arbeitsrechtlicher Anspruch darauf besteht. In diesen Fällen sind allerdings auch von einem 450 € übersteigenden Betrag die im Rahmen der geringfügigen Beschäftigung entfallenden Abgaben (Pauschalbeiträge, Umlagen, Steuern) an die Minijob-Zentrale zu zahlen. Diese Ausnahmeregelung findet aber keine Anwendung für ebenfalls als Arbeitsentgelt zu berücksichtigende SFN-Zuschläge während bezahlter Urlaubs- oder Feiertage, weil die Zahlung aus diesen Anlässen einplanbar und vorhersehbar ist.

Beispiel

Eine Arbeitnehmerin ist als Minijobberin auf 450-€-Basis beschäftigt. Für ihre regelmäßige Nachtarbeit erhält sie steuerfreie SFN-Zuschläge in Höhe von 50 €, die ihrem Lohn zugerechnet werden. Die Arbeitnehmerin erwartet einige Zeit später ein Kind und fällt aufgrund eines Beschäftigungsverbots aus. Der Arbeitgeber ist dennoch gesetzlich dazu verpflichtet, ihren Verdienst weiter zu zahlen – samt den SFN-Zuschlägen. Da die Arbeitnehmerin die Arbeitsleistung nicht erbringt, wird der SFN-Zuschlag von 50 € nunmehr steuer- und beitragspflichtig. Die o. a. Sonderregelung bei Mutterschutz und Krankheit führt trotz Überschreitens der Obergrenze von 450 € dazu, dass sie Minijobberin bleibt und der Arbeitgeber die üblichen Abgaben, allerdings von einem Betrag von 500 Euro (450 € plus 50 €) zu zahlen hat.

Zuschuss-Wintergeld

siehe „Wintergeld"

1) Höchstens steuerlich 25 % aus 50 € = 12,50 € und sozialversicherungsrechtlich 25 % aus 25 € = 6,25 €.

Z

Lohnsteuerpflichtig | Sozialversich.-pflichtig

Zuschuss zum Kinder-Krankengeld

Arbeitgeberzuschüsse zum sog. Kinder-Krankengeld sind steuerpflichtig. Es besteht Beitragsfreiheit, wenn der Zuschuss zusammen mit dem Kinder-Krankengeld das Nettoentgelt nicht um mehr als 50 € übersteigt. Ausführliche Erläuterungen enthält das Stichwort „Arbeitsentgelt" unter Nr. 2 auf Seite 108. ja nein

Zuschuss zum Krankengeld

Arbeitgeberzuschüsse zum Krankengeld sind steuerpflichtig (vgl. „Krankengeldzuschüsse"). Es besteht Beitragsfreiheit, wenn der Zuschuss zusammen mit dem Krankengeld das Nettoentgelt nicht um mehr als 50 € übersteigt. Ausführliche Erläuterungen enthält das Stichwort „Arbeitsentgelt" unter Nr. 2 auf Seite 108. ja nein

Zuschuss zum Krankenkassenbeitrag

siehe „Arbeitgeberzuschuss zur Krankenversicherung"

Zuschuss zum Kurzarbeitergeld

Arbeitgeberzuschüsse zum Kurzarbeitergeld sind beitragsfrei, soweit der Zuschuss zusammen mit dem Kurzarbeitergeld 80 % des Unterschiedsbetrages zwischen dem Soll- und dem Ist-Entgelt nach § 106 SGB III nicht übersteigt (vgl. § 1 Abs. 1 Satz 1 Nr. 8 SvEV[1)]).

Die Zuschüsse sind in Anlehnung an diese sozialversicherungsrechtliche Regelung in diesem Umfang auch steuerfrei, soweit sie für die Lohnzahlungszeiträume März 2020 bis Dezember 2021 geleistet werden. Sie unterliegen allerdings dem Progressionsvorbehalt und sind daher in Zeile 15 der Lohnsteuerbescheinigung einzutragen. nein nein

Zuschuss zum Saison-Kurzarbeitergeld

Arbeitgeberzuschüsse zum Saison-Kurzarbeitergeld sind beitragsfrei, soweit der Zuschuss zusammen mit dem Saison-Kurzarbeitergeld 80 % des Unterschiedsbetrages zwischen dem Soll- und dem Ist-Entgelt nach § 106 SGB III nicht übersteigt (vgl. § 1 Abs. 1 Satz 1 Nr. 8 SvEV[1)]).

Die Zuschüsse sind in Anlehnung an diese sozialversicherungsrechtliche Regelung in diesem Umfang auch steuerfrei, soweit sie für die Lohnzahlungszeiträume März 2020 bis Dezember 2021 geleistet werden. Sie unterliegen allerdings dem Progressionsvorbehalt und sind daher in Zeile 15 der Lohnsteuerbescheinigung einzutragen. nein nein

Lohnsteuerpflichtig | Sozialversich.-pflichtig

Zuschuss zum Mutterschaftsgeld

Arbeitgeberzuschüsse zum Mutterschaftsgeld sind steuerfrei, unterliegen aber dem sog. Progressionsvorbehalt (vgl. „Mutterschaftsgeld" unter Nr. 2). Derartige Zuschüsse sind zudem beitragsfrei (§ 1 Abs. 1 Satz 1 Nr. 6 SvEV[1)]). nein nein

Zuschuss zur Pflegeversicherung

siehe „Arbeitgeberzuschuss zur Pflegeversicherung"

Zuschuss zum Übergangsgeld

Arbeitgeberzuschüsse zum Übergangsgeld sind steuerpflichtig (vgl. „Übergangsgelder, Übergangsbeihilfen" besonders unter Nr. 2). Es besteht Beitragsfreiheit, wenn der Zuschuss zusammen mit dem Übergangsgeld das Nettoentgelt nicht um mehr als 50 € übersteigt. Ausführliche Erläuterungen enthält das Stichwort „Arbeitsentgelt" unter Nr. 2 auf Seite 108. ja nein

Zuschuss zum Verletztengeld

Arbeitgeberzuschüsse zum Verletztengeld sind steuerpflichtig (vgl. „Verletztengeld"). Es besteht Beitragsfreiheit, wenn der Zuschuss zusammen mit dem Verletztengeld das Nettoentgelt nicht um mehr als 50 € übersteigt. Ausführliche Erläuterungen enthält das Stichwort „Arbeitsentgelt" unter Nr. 2 auf Seite 108. ja nein

Zusteller

siehe „Zeitungsausträger"

Zwischenheimfahrten

siehe „Familienheimfahrten"

1) Die Sozialversicherungsentgeltverordnung (SvEV) ist als Anhang 2 im **Steuerhandbuch für das Lohnbüro 2021** abgedruckt, das im selben Verlag erschienen ist.

Berechnung der Zuschläge für Sonntags-, Feiertags- und Nachtarbeit

Zusammenfassendes Beispiel für 2021

Für einen übertariflich entlohnten Arbeitnehmer in der Papierindustrie ist eine regelmäßige Arbeitszeit von 39 Stunden in der Woche vereinbart. Lohnzahlungszeitraum ist der Kalendermonat. Der Arbeitnehmer erhält im Juli 2021 folgenden Arbeitslohn:

Stundengrundlohn	15,13 €
zuzüglich übertarifliche Zahlungen je Stunde von	2,35 €
insgesamt Stundenlohn von	17,48 €

(= Grundlohn laut Tarifvertrag)

An Zuschlägen werden gezahlt für:

Nachtarbeit	25 % für die Zeit von 22.00 Uhr – 6.00 Uhr
Sonntagsarbeit	100 % für die Zeit von So. 6.00 Uhr – Mo. 6.00 Uhr
Mehrarbeit	25 % je Stunde
Durchfahrzulage	5 % je Stunde
Spätschicht	5 % von 15,13 € für die Zeit von 14 Uhr – 22 Uhr

Essenszuschüsse, Fahrvergütung, Schmutzzulage werden nach dem tatsächlichen Anfall vergütet und nicht pauschal besteuert.
Folgende Arbeitszeiten wurden im Lohnzahlungszeitraum geleistet:

6 Frühschichten	6.00 Uhr – 14.00 Uhr je 8 Std. =	48 Std.
5 Nachtschichten	22.00 Uhr – 6.00 Uhr je 8 Std. =	40 Std.
Spätschichten:		
5 Normalspätschichten	14.00 Uhr – 22.00 Uhr je 8 Std. =	40 Std.
1 Mehrarbeitsspätschicht	14.00 Uhr – 22.00 Uhr =	8 Std.
1 Samstagsnachtschicht	Sa. 22.00 Uhr – So. 6.00 Uhr =	8 Std.
1 Sonntagsnachtschicht	So. 18.00 Uhr – Mo. 6.00 Uhr =	12 Std.
1 Sonntags-Ausfallbezahlung ohne Sonntagszuschlag (= Gesamtlohn laut Tarifvertrag + Durchfahrzulage + Spätschichtzuschlag)	=	12 Std.
Gesamtstunden:	=	168 Std.

Ermittlung des Grundlohns nach § 3b EStG

Art der Leistung	Zahlung des Arbeitgebers Euro	Basisgrundlohn Euro	Grundlohn Zusätze Euro
a) **Normalarbeit** 160 Std. à 17,48 €	2 796,80		
17,48 € × 39 Std. × 4,35		2 965,48	–
160 Std. Durchfahrzulage à 5 % von 17,48 €	139,84		
5 % von 17,48 € × 39 Std. × 4,35		148,27	–
Zusätzliche vermögenswirksame Leistung des Arbeitgebers	40,–	40,–	–
Zuschüsse nach tatsächlichem Anfall	162,–	–	162,–
Spätschichtzulage 5 % von 15,13 € 30 Std. 14.00 – 20.00	22,70	–	22,70
10 Std. 20.00 – 22.00 aus 5 Spätschichten werktags	7,57	–	Behandlung als Nachtzuschlag
2 Std. 18.00 – 20.00	1,51	–	1,51
2 Std. 20.00 – 22.00 aus Sonntags-Nachtschicht	1,51	–	Behandlung als Nachtzuschlag
4 Std. Sonntags-Ausfallbezahlung	3,03	–	3,03 auch für 20.00 – 22.00, weil nicht für tatsächlich geleistete Sonntagsarbeit gezahlt
b) **Mehrarbeit** 8 Std. à 17,48 €	139,84	–	–
8 Std. Mehrarbeitszuschlag à 25 % von 17,48 €	34,96	–	–
8 Std. Durchfahrzulage 5 % von 17,48 €	6,99	–	–
Spätschichtzuschlag 5 % von 15,13 € 6 Std. 14.00 – 20.00	4,54	–	–
2 Std. 20.00 – 22.00	1,51	–	Behandlung als Nachtzuschlag
Zuschüsse nach tatsächlichem Anfall	21,–	–	–
Summe:	3 383,80	3 153,75	189,24

Grundlohn nach § 3b EStG = $\frac{3153{,}75\ € + 189{,}24\ €}{39{,}0\ \text{Std.} \times 4{,}35}$ = <u>19,71 €</u> je Std.

Ermittlung der steuerfreien Zuschläge

Sachverhalt/ Stunden gleicher Art	Tarif	§ 3b EStG
6 Spätschichten Mo. – Sa. 14.00 – 22.00 davon Nachtarbeit: 12 Std.	5 % von 15,13 € = 0,76 € × 12 Std. = 9,12 €	25 % von 19,71 € = 4,93 € × 12 Std. = 59,16 € höchstens 9,12 €
5 Nachtschichten Mo. – Fr. 22.00 – 6.00 = 40 Std.		
a) 0.00 – 4.00 = 20 Std.	25 % von 17,48 € = 4,37 € × 20 Std. = 87,40 €	40 % von 19,71 € = 7,88 € × 20 Std. = 157,60 €, höchstens 87,40 €
b) 22.00 – 0.00 und 4.00 – 6.00 = 20 Std.	25 % von 17,48 € = 4,37 € × 20 Std. = 87,40 €	25 % von 19,71 € = 4,93 € × 20 Std. = 98,60 €, höchstens 87,40 €
1 Samstags-Nachtschicht Sa. 22.00 – So. 6.00 = 8 Std.		
a) 22.00 – 0.00 = 2 Std.	25 % von 17,48 € = 4,37 € × 2 Std. = 8,74 €	25 % von 19,71 € = 4,93 € × 2 Std. = 9,86 €, höchstens 8,74 €
b) So. 0.00 – 4.00 = 4 Std.	25 % von 17,48 € = 4,37 € × 4 Std. = 17,48 €	40 % + 50 % = 90 % von 19,71 € = 17,74 € × 4 Std. = 70,96 €, höchstens 17,48 €
c) So. 4.00 – 6.00 = 2 Std.	25 % von 17,48 € = 4,37 € × 2 Std. = 8,74 €	25 % + 50 % = 75 % von 19,71 € = 14,78 € × 2 Std. = 29,56 €, höchstens 8,74 €
1 Sonntags-Nachtschicht So. 18.00 – Mo. 6.00 = 12 Std.		
a) So. 18.00 – 20.00 = 2 Std.	100 % von 17,48 € = 17,48 € x 2 Std. = 34,96 €	50 % von 19,71 € = 9,86 € x 2 Std. = 19,72 €
b) So. 20.00 – 22.00 = 2 Std.	100 % von 17,48 € = 17,48 € + 5 % von 15,13 € = 0,76 € = 18,24 x 2 Std. = 36,48 €	25 % + 50 % = 75 % von 19,71 € = 14,78 € x 2 Std. = 29,56 €
c) So. 22.00 – 24.00 = 2 Std.	25 % + 100 % = 125 % von 17,48 € = 21,85 € x 2 Std. = 43,70 €	25 % + 50 % = 75 % von 19,71 € = 14,78 € x 2 Std. = 29,56 €
d) Mo. 0.00 – 4.00 = 4 Std.	25 % + 100 % = 125 % von 17,48 € = 21,85 € x 4 Std. = 87,40 €	40 % + 50 % = 90 % von 19,71 € = 17,74 € x 4 Std. = 70,96 €
e) Mo. 4.00 – 6.00 = 2 Std.	25 % + 100 % = 125 % von 17,48 € = 21,85 € x 2 Std. = 43,70 €	25 % von 19,71 € = 4,93 € x 2 Std. = 9,86 €
Summen	465,12 €	378,54 €

Die tarifvertraglich vereinbarten und für Juli 2021 gezahlten Zuschläge für Sonntags- und Nachtarbeit in Höhe von 465,12 € sind nur in Höhe von 378,54 € steuer- und beitragsfrei.

Übersicht

über die wichtigsten Höchstbeträge, Freigrenzen, Freibeträge und Pauschbeträge

	2018 Euro	2019 Euro	2020 Euro	2021 Euro	Rechtsgrundlage
Abfindungen (vgl. dieses Stichwort im Hauptteil des Lexikons)					
Altersentlastungsbetrag Die Höhe des Altersentlastungsbetrags ist je nachdem, welches Kalenderjahr auf die Vollendung des 64. Lebensjahres folgt, unterschiedlich hoch. Für die Kalenderjahre 2018 bis 2021 gelten deshalb folgende unterschiedliche Altersentlastungsbeträge:					§ 24a EStG R 39b.4 LStR
– Vollendung des 64. Lebensjahres vor dem 1.1.2005: **40 %** des Arbeitslohns, höchstens	1 900,–	1 900,–	1 900,–	1 900,–	
– Vollendung des 64. Lebensjahres vor dem 1.1.2006, aber nach dem 31.12.2004: **38,4 %**, höchstens	1 824,–	1 824,–	1 824,–	1 824,–	
– Vollendung des 64. Lebensjahres vor dem 1.1.2007, aber nach dem 31.12.2005: **36,8 %**, höchstens	1 748,–	1 748,–	1 748,–	1 748,–	
– Vollendung des 64. Lebensjahres vor dem 1.1.2008, aber nach dem 31.12.2006: **35,2 %**, höchstens	1 672,–	1 672,–	1 672,–	1 672,–	
– Vollendung des 64. Lebensjahres vor dem 1.1.2009, aber nach dem 31.12.2007: **33,6 %**, höchstens	1 596,–	1 596,–	1 596,–	1 596,–	
– Vollendung des 64. Lebensjahres vor dem 1.1.2010, aber nach dem 31.12.2008: **32,0 %**, höchstens	1 520,–	1 520,–	1 520,–	1 520,–	
– Vollendung des 64. Lebensjahres vor dem 1.1.2011, aber nach dem 31.12.2009: **30,4 %**, höchstens	1 444,–	1 444,–	1 444,–	1 444,–	
– Vollendung des 64. Lebensjahres vor dem 1.1.2012, aber nach dem 31.12.2010: **28,8 %**, höchstens	1 368,–	1 368,–	1 368,–	1 368,–	
– Vollendung des 64. Lebensjahres vor dem 1.1.2013, aber nach dem 31.12.2011: **27,2 %**, höchstens	1 292,–	1 292,–	1 292,–	1 292,–	
– Vollendung des 64. Lebensjahres vor dem 1.1.2014, aber nach dem 31.12.2012: **25,6 %**, höchstens	1 216,–	1 216,–	1 216,–	1 216,–	
– Vollendung des 64. Lebensjahres vor dem 1.1.2015, aber nach dem 31.12.2013: **24,0 %**, höchstens	1 140,–	1 140,–	1 140,–	1 140,–	
– Vollendung des 64. Lebensjahres vor dem 1.1.2016, aber nach dem 31.12.2014: **22,4 %**, höchstens	1 064,–	1 064,–	1 064,–	1 064,–	
– Vollendung des 64. Lebensjahres vor dem 1.1.2017, aber nach dem 31.12.2015: **20,8 %**, höchstens	988,–	988,–	988,–	988,–	
– Vollendung des 64. Lebensjahres vor dem 1.1.2018, aber nach dem 31.12.2016: **19,2 %**, höchstens	912,–	912,–	912,–	912,–	
– Vollendung des 64. Lebensjahres vor dem 1.1.2019, aber nach dem 31.12.2017: **17,6 %**, höchstens		836,–	836,–	836,–	
– Vollendung des 64. Lebensjahres vor dem 1.1.2020, aber nach dem 31.12.2018: **16,0 %**, höchstens			760,–	760,–	
– Vollendung des 64. Lebensjahres vor dem 1.1.2021, aber nach dem 31.12.2019: **15,2 %**, höchstens				722,–	
Altersvorsorgeaufwendungen siehe „Freibetrag für Altersvorsorgeaufwendungen“					
Antragsgrenze für die Bildung eines Freibetrags als Lohnsteuerabzugsmerkmal	600,–	600,–	600,–	600,–	§ 39a Abs. 2 EStG
Arbeitgeberdarlehen siehe „Zinsersparnisse“					
Arbeitnehmer-Pauschbetrag					
– bei Arbeitslohn für ein aktives Beschäftigungsverhältnis	1000,–	1000,–	1000,–	1000,–	§ 9a Satz 1 Nr. 1 EStG
– bei Versorgungsbezügen	102,–	102,–	102,–	102,–	
Arbeitsessen siehe „Aufmerksamkeiten“					
Arbeitsmittel, Anschaffungskosten sofort voll als Werbungskosten abzugsfähig bei einem Kaufpreis ohne Umsatzsteuer bis	800,–	800,–	800,–	800,–	§ 9 Abs. 1 Satz 3 Nr. 7 EStG i. V. m. § 6 Abs. 2 Satz 1 bis 3 EStG
Arbeitszimmer, Beschränkung des Werbungskostenabzugs jährlich[1]	1 250,–	1 250,–	1 250,–	1 250,–	§ 9 Abs. 5 i. V. m. § 4 Abs. 5 Satz 1 Nr. 6b EStG
Aufmerksamkeiten, Freigrenze je Sachbezug	60,–	60,–	60,–	60,–	R 19.6 LStR
Aufwandsentschädigung, siehe „Übungsleiterfreibetrag“					
Ausbildungsfreibetrag je Kind					
– ab 18 Jahren bei auswärtiger Unterbringung	924,–	924,–	924,–	924,–	§ 33a Abs. 2 EStG
Auswärtstätigkeit siehe „Reisekosten bei Auswärtstätigkeiten“					

1) Vollabzug der Aufwendungen, wenn das häusliche Arbeitszimmer den Mittelpunkt der gesamten betrieblichen und beruflichen Betätigung bildet.

	2018 Euro	2019 Euro	2020 Euro	2021 Euro	Rechtsgrundlage
Behindertenpauschbeträge siehe „Pauschbeträge für Behinderte"					
Beihilfen siehe „Unterstützungen"					
Berufsausbildungskosten					
als Sonderausgaben jährlich	6 000,–	6 000,–	6 000,–	6 000,–	§ 10 Abs. 1 Nr. 7 EStG
Berufskraftfahrer			8,–	8,–	§ 9 Abs. 1 Satz 3 Nr. 5b EStG
– Übernachtungsnebenkostenpauschale					
Beschränkt steuerpflichtige Arbeitnehmer (Grenze für nicht der deutschen Einkommensteuer unterliegende Einkünfte jährlich)					
– Ledige	9 000,–	9 168,–	9 408,–	9 744,–	§ 1 Abs. 3 EStG
– Ehegatten/Lebenspartner	18 000,–	18 336,–	18 816,–	19 488,–	§ 1a Abs. 1 Nr. 2 EStG
Betreuungsfreibetrag siehe „Kinderbetreuungsfreibetrag"					
Betriebsveranstaltungen (für höchstens zwei Veranstaltungen je Arbeitnehmer einschließlich Umsatzsteuer)					
– Freibetrag (beim Überschreiten Steuerpflicht des übersteigenden Betrags)	110,–	110,–	110,–	110,–	§ 19 Abs. 1 Satz 1 Nr. 1a EStG
Dienstreise siehe „Reisekosten bei Auswärtstätigkeiten"					
Doppelte Haushaltsführung					
– Fahrtkosten (Pkw)					
– erste und letzte Fahrt je gefahrenen Kilometer	0,30	0,30	0,30	0,30	R 9.11 Abs. 6 LStR
– eine Familienheimfahrt wöchentlich je Entfernungskilometer (Entfernungspauschale)[1]	0,30	0,30	0,30	0,30	§ 9 Abs. 1 Satz 3 Nr. 5 EStG
– eine Familienheimfahrt wöchentlich ab dem 21. Entfernungskilometer (Entfernungspauschale)				0,35	§ 9 Abs. 1 Satz 3 Nr. 5 EStG
– Verpflegungsmehraufwand für die ersten drei Monate					§ 9 Abs. 4a EStG
– bei einer Abwesenheit von 24 Stunden	24,–	24,–	28,–	28,–	
– An- und Abreisetag ohne Mindestabwesenheitszeit	12,–	12,–	14,–	14,–	
– Übernachtungskosten					
– Höchstbetrag	1 000,–	1 000,–	1 000,–	1 000,–	
– Pauschale für die ersten drei Monate (nur Arbeitgeberersatz)	20,–	20,–	20,–	20,–	R 9.11 Abs. 10 Satz 7 Nr. 3 LStR
– Pauschale ab dem vierten Monat (nur Arbeitgeberersatz)	5,–	5,–	5,–	5,–	
Energetische Gebäudesanierung					
– Prozentsatz der Förderung in drei Jahren			20 %	20 %	
– Höchstbetrag der Förderung			40 000,–	40 000,–	§ 35c EStG
Ehrenamtliche Betreuer, Vormünder, Pfleger	2 400,–	2 400,–	2 400,–	3 000,–	§ 3 Nr. 26b EStG
Ehrenamtliche Tätigkeit (sofern nicht Übungsleiterfreibetrag)	720,–	720,–	720,–	840,–	§ 3 Nr. 26a EStG
Einkommensteuertarif siehe „Tarifaufbau"					
Einsatzwechseltätigkeit siehe „Reisekosten bei Auswärtstätigkeiten"					
Entfernungspauschale für Fahrten zwischen Wohnung und erster Tätigkeitsstätte					
– ab dem 1. Entfernungskilometer	0,30	0,30	0,30	0,30	§ 9 Abs. 1 Satz 3 Nr. 4 EStG
– ab dem 21. Entfernungskilometer				0,35	
– Höchstbetrag	4 500,–	4 500,–	4 500,–	4 500,–	
Entlastungsbetrag für Alleinerziehende					§ 24b EStG
– für das erste Kind	1 908,–	1 908,–	4 008,–	4 008,–	
– für das zweite und jedes weitere Kind	240,–	240,–	240,–	240,–	
Fahrtätigkeit siehe „Reisekosten bei Auswärtstätigkeiten"					
Fahrten zwischen Wohnung und erster Tätigkeitsstätte[1] siehe „Entfernungspauschale"					
Familienheimfahrten siehe „Doppelte Haushaltsführung"					
Fehlgeld, Freibetrag monatlich	16,–	16,–	16,–	16,–	R 19.3 Abs. 1 Satz 2 Nr. 4 LStR
Förderbetrag betriebliche Altersversorgung					
Steuerfreier Arbeitgeberbeitrag	480,–	480,–	960,–	960,–	§ 100 EStG
Fördersatz	30 %	30 %	30 %	30 %	
Förder-Höchstbetrag	144,–	144,–	288,–	288,–	
Monatliche Geringverdienergrenze des Arbeitnehmers	2 200,–	2 200,–	2 575,–	2 575,–	

1) 2018 bis 2020 für jeden Entfernungskilometer. Ab 2021 für die ersten 20 Entfernungskilometer.

Anhang 2 Übersicht über Freibeträge, Höchstbeträge und Pauschbeträge 2018 bis 2021

	2018 Euro	2019 Euro	2020 Euro	2021 Euro	Rechtsgrundlage
Freibetrag als Lohnsteuerabzugsmerkmal siehe „Antragsgrenze“					
Freibetrag für Altersvorsorgeaufwendungen					
– bei Kapitaldeckung: Beiträge zu Direktversicherungen, Pensionskassen und Pensionsfonds bis zu 8 % der Beitragsbemessungsgrenze (West)	6 240,–	6 432,–	6 624,–	6 816,–	§ 3 Nr. 63 EStG
Bei Umlagefinanzierung: Beiträge zu Pensionskassen bis zu 2 %/3 % der Beitragsbemessungsgrenze (West)	1 560,–	1 608,–	2 484,–	2 556,–	§ 3 Nr. 56 EStG
Freibetrag für Betreuungs-, Erziehungs- oder Ausbildungsbedarf siehe „Kinderbetreuungsfreibetrag“					
Freigrenze für Sachbezüge siehe „Sachbezüge“					
Fürsorgeleistungen, Freibetrag für Betreuung von Kindern und Angehörigen	600,–	600,–	600,–	600,–	§ 3 Nr. 34a EStG
Geringwertige Wirtschaftsgüter siehe „Arbeitsmittel“					
Geschenke siehe „Aufmerksamkeiten“ und „Werbegeschenke“					
Gesundheitsförderung (Steuerfreibetrag)	500,-	500,-	600,-	600,-	§ 3 Nr. 34 EStG
Grenzpendler siehe „Beschränkt steuerpflichtige Arbeitnehmer“					
Grundfreibetrag siehe „Tarifaufbau“					
Handwerkerleistungen					
– Abzugsbetrag von der Steuerschuld in % der Aufwendungen	20 %	20 %	20 %	20 %	§ 35a Abs. 3 EStG
– Höchstbetrag jährlich	1 200,–	1 200,–	1 200,–	1 200,–	
Haushaltsnahe Dienstleistungen, kein Arbeitsverhältnis					
– Abzugsbetrag von der Steuerschuld in % der Aufwendungen	20 %	20 %	20 %	20 %	§ 35a Abs. 2 EStG
– Höchstbetrag jährlich[1]	4 000,–	4 000,–	4 000,–	4 000,–	
Hausgehilfin, geringfügig auf 450-Euro-Basis					
– Abzugsbetrag von der Steuerschuld in % der Aufwendungen	20 %	20 %	20 %	20 %	§ 35a Abs. 1 EStG
– Höchstbetrag jährlich	510,–	510,–	510,–	510,–	
Hausgehilfin, sozialversicherungspflichtig					
– Abzugsbetrag von der Steuerschuld in % der Aufwendungen	20 %	20 %	20 %	20 %	§ 35a Abs. 2 EStG
– Höchstbetrag jährlich[2]	4 000,–	4 000,–	4 000,–	4 000,–	
Hinterbliebenen-Pauschbetrag jährlich	370,–	370,–	370,–	370,–	§ 33b Abs. 4 EStG
Home-Office-Pauschale					
– täglich			5,–	5,–	
– Höchstbetrag jährlich			600,–	600,–	
Kilometersätze bei Auswärtstätigkeiten je gefahrenen Kilometer					§ 9 Abs. 1 Satz 3 Nr. 4a EStG
– mit Pkw	0,30	0,30	0,30	0,30	
– mit Motorrad/Motorroller	0,20	0,20	0,20	0,20	
– mit Moped/Mofa	0,20	0,20	0,20	0,20	
– mit Fahrrad	0,00	0,00	0,00	0,00	
Kinderbetreuungsfreibetrag[3]					
– für alle Kinder, für die ein Kinderfreibetrag zusteht	1 320,–	1 320,–	1 320,–	1 464,–	§ 32 Abs. 6 EStG
– doppelter Freibetrag für die zusammen veranlagten Eltern des Kindes, für Verwitwete und Gleichgestellte (z. B. ein Elternteil im Ausland)	2 640,–	2 640,–	2 640,–	2 928,–	
Kinderbetreuungskosten als Sonderausgaben zwei Drittel der Aufwendungen, höchstens jährlich	4 000,–	4 000,–	4 000,–	4 000,–	§ 10 Abs. 1 Nr. 5 EStG
Kinderfreibetrag je Kind jährlich[3]	2 394,–	2 490,–	2 586,–	2 730,–	§ 32 Abs. 6 EStG
Doppelter Kinderfreibetrag für die zusammen veranlagten Eltern des Kindes, für Verwitwete und Gleichgestellte (z. B. ein Elternteil im Ausland)	4 788,–	4 980,–	5 172,–	5 460,–	
Kindergeld monatlich[3]					
– für das erste und zweite jeweils	194,–	194,–[4]	204,–	219,–	§ 66 EStG
– für das dritte Kind	200,–	200,–[4]	210,–	225,–	
– für das vierte und jedes weitere Kind	225,–	225,–[4]	235,–	250,–	
Kontoführungsgebühren als Werbungskosten abziehbarer Jahresbetrag	16,–	16,–	16,–	16,–	bundeseinheitlicher Erlass
Kundenbindungsprogramm siehe „Sachprämien bei Kundenbindungsprogrammen“					

1) Einschließlich Pflege- und Betreuungsleistungen. Gemeinsamer Höchstbetrag mit sozialversicherungspflichtigen Beschäftigungsverhältnissen.
2) Gemeinsamer Höchstbetrag mit haushaltsnahen Dienstleistungen einschließlich Pflege- und Betreuungsleistungen.
3) Für die kindbedingten Steuervergünstigungen kommt es auf die Höhe der eigenen Einkünfte und Bezüge bei volljährigen Kindern nicht mehr an.
4) Ab 1.7.2019 beträgt das monatliche Kindergeld für erste und zweite Kinder jeweils 204,– €, für dritte Kinder 210,– € und für das vierte und jedes weitere Kind 235,– €.

	2018 Euro	2019 Euro	2020 Euro	2021 Euro	Rechtsgrundlage
Lohnsteuer-Anmeldungszeitraum					
– monatlich, wenn die abzuführende Lohnsteuer für das vorangegangene Kalenderjahr höher war als	5 000,–	5 000,–	5 000,–	5 000,–	§ 41a Abs. 2 EStG
– vierteljährlich, wenn die abzuführende Lohnsteuer für das vorangegangene Kalenderjahr höher war als	1 080,–	1 080,–	1 080,–	1 080,–	
Mahlzeiten, amtlicher Sachbezugswert					
– für ein Frühstück	1,73	1,77	1,80	1,83	§ 2 SvEV
– für ein Mittag- oder Abendessen	3,23	3,30	3,40	3,47	
Mankogeld siehe „Fehlgeld"					
Mobilitätsprämie (vgl. dieses Stichwort im Hauptteil des Lexikons)					
Nebentätigkeit für gemeinnützige Organisationen siehe „Ehrenamtliche Tätigkeit" und „Übungsleiterfreibetrag"					
Notstandsbeihilfen siehe „Unterstützungen"					
Pauschalierung der Lohnsteuer siehe Anhang 2a					
Pauschbeträge für Behinderte jährlich					
bei einem Grad der Behinderung					§ 33b Abs. 3 EStG
von 25 und 30	310,–	310,–	310,–		
von 35 und 40	430,–	430,–	430,–		
von 45 und 50	570,–	570,–	570,–		
von 55 und 60	720,–	720,–	720,–		
von 65 und 70	890,–	890,–	890,–		
von 75 und 80	1 060,–	1 060,–	1 060,–		
von 85 und 90	1 230,–	1 230,–	1 230,–		
von 95 und 100	1 420,–	1 420,–	1 420,–		
Blinde und hilflose Pflegebedürftige	3 700,–	3 700,–	3 700,–		
Pauschbeträge für Behinderte jährlich					
bei einem Grad der Behinderung					§ 33b Abs. 3 EStG
von 20				384,–	
von 30				620,–	
von 40				860,–	
von 50				1 140,–	
von 60				1 440,–	
von 70				1 780,–	
von 80				2 120,–	
von 90				2 460,–	
von 100				2 840,–	
Blinde und hilflose Pflegebedürftige				7 400,–	
Pflege-Pauschbetrag jährlich	924,–	924,–	924,–		§ 33b Abs. 6 EStG
bei Pflegegrad 2				600,–	
bei Pflegegrad 3				1 100,–	
bei Pflegegrad 4 oder 5 oder Hilflosigkeit				1 800,–	
Rabattfreibetrag jährlich	1 080,–	1 080,–	1 080,–	1 080,–	§ 8 Abs. 3 EStG
Realsplitting siehe „Unterhalt an den geschiedenen Ehegatten/Lebenspartner (nach Auflösung)"					
Reisekosten bei Auswärtstätigkeiten					
– Fahrtkosten siehe „Kilometersätze"					
– Verpflegungsmehraufwendungen siehe „Verpflegungspauschalen"					
– Übernachtungskosten siehe „Übernachtungspauschalen"					
Sachbezugswerte, amtliche siehe Anhang 3, einzelne Mahlzeiten siehe „Mahlzeiten"					
Sachbezüge Freigrenze monatlich[1]	44,–	44,–	44,–	44,–	§ 8 Abs. 2 Satz 11 EStG
Sachprämien bei Kundenbindungsprogrammen Freibetrag jährlich	1 080,–	1 080,–	1 080,–	1 080,–	§ 3 Nr. 38 EStG
Sonderausgaben-Pauschbetrag jährlich					
– für Alleinstehende	36,–	36,–	36,–	36,–	§ 10c Abs. 1 EStG
– für zusammen veranlagte Ehegatten/Lebenspartner	72,–	72,–	72,–	72,–	
Sonstige Bezüge					
Pauschalierung möglich je Kalenderjahr bis	1 000,–	1 000,–	1 000,–	1 000,–	§ 40 Abs. 1 EStG
Sparer-Pauschbetrag jährlich					
– für Alleinstehende	801,–	801,–	801,–	801,–	§ 20 Abs. 9 EStG
– für zusammen veranlagte Ehegatten/Lebenspartner	1 602,–	1 602,–	1 602,–	1 602,–	

1) Die Freigrenze für Sachbezüge wird zum 1.1.2022 auf monatlich 50 € angehoben.

Anhang 2 Übersicht über Freibeträge, Höchstbeträge und Pauschbeträge 2018 bis 2021

	2018 Euro	2019 Euro	2020 Euro	2021 Euro	Rechtsgrundlage
Spenden					
– Prozentsatz vom Gesamtbetrag der Einkünfte[1]	20 %	20 %	20 %	20 %	§ 10b Abs. 1 EStG
– Promillesatz der Umsätze, Löhne und Gehälter[1]	4 ‰	4 ‰	4 ‰	4 ‰	
Spenden an politische Parteien					
– abziehbar mit 50 % von der Einkommensteuer (Höchstbetrag)	825,–[2]	825,–[2]	825,–[2]	825,–[2]	§ 34g Nr. 1 EStG
– zusätzlich abziehbar als Sonderausgaben	1 650,–[2]	1 650,–[2]	1 650,–[2]	1 650,–[2]	§ 10b Abs. 2 EStG
Spenden an Wählergemeinschaften (abziehbar mit 50 % von der Einkommensteuer; Höchstbetrag)	825,–[2]	825,–[2]	825,–[2]	825,–[2]	§ 34g Nr. 2 EStG
Tarifaufbau					
Grundfreibetrag					
– bei Alleinstehenden	9 000,–	9 168,–	9 408,–	9 744,–	§ 32a EStG
– bei zusammen veranlagten Ehegatten/Lebenspartner	18 000,–	18 336,–	18 816,–	19 488,–	
1. Progressionszone (Steilstufe) bis					
– bei Alleinstehenden	13 996,–	14 254,–	14 532,–	14 753,–	
– bei zusammen veranlagten Ehegatten/Lebenspartner	27 992,–	28 508,–	29 064,–	29 506,–	
2. Progressionszone bis					
– bei Alleinstehenden	54 949,–	55 960,–	57 052,–	57 918,–	
– bei zusammen veranlagten Ehegatten/Lebenspartner	109 898,–	111 920,–	114 104,–	115 836,–	
Anfangssteuersatz	14 %	14 %	14 %	14 %	
Grenzsteuersatz am Ende der 2. Progressionszone	42 %	42 %	42 %	42 %	
Spitzensteuersatz	45 %	45 %	45 %	45 %	
– bei Alleinstehenden ab	260 533,–	265 327,–	270 501,–	274 613,–	
– bei zusammen veranlagten Ehegatten/Lebenspartner ab	521 066,–	530 654,–	541 002,–	549 226,–	
Übernachtungspauschalen im Inland (nur für Arbeitgeberersatz)					
– bei Auswärtstätigkeiten	20,–	20,–	20,–	20,–	R 9.7 Abs. 3 LStR
– bei doppelter Haushaltsführung					
– für die ersten drei Monate	20,–	20,–	20,–	20,–	R 9.11 Abs. 10 Satz 7 Nr. 3 LStR
– ab dem vierten Monat	5,–	5,–	5,–	5,–	
– Kürzungsbetrag für das Frühstück beim Einzelnachweis der Übernachtungskosten im Inland (Rechnung lautet auf den Arbeitnehmer)	4,80	4,80	5,60	5,60	BMF-Schreiben vom 24.10.2014 (BStBl. I S. 1412)
Übungsleiterfreibetrag jährlich	2 400,–	2 400,–	2 400,–	3 000,–	§ 3 Nr. 26 EStG
Umzugskosten (vgl. dieses Stichwort im Hauptteil des Lexikons)					
Unterhalt an gesetzlich unterhaltsberechtigte Personen					
– Höchstbetrag jährlich	9 000,–[3]	9 168,–[3]	9 408,–[3]	9 744,–[3]	§ 33a Abs. 1 EStG
– abzüglich eigene Einkünfte und Bezüge der unterhaltenen Person jährlich über	624,–	624,–	624,–	624,–	
– Kostenpauschale bei der Ermittlung der Bezüge jährlich	180,–	180,–	180,–	180,–	R 33a.1 Abs. 3 EStR
Unterhalt an den geschiedenen Ehegatten/Lebenspartner nach Auflösung (Realsplitting) abzugsfähig als Sonderausgaben jährlich bis	13 805,–[3]	13 805,–[3]	13 805,–[3]	13 805,–[3]	§ 10 Abs. 1a EStG
Unterstützungen (Notstandsbeihilfen) Freibetrag jährlich	600,–	600,–	600,–	600,–	R 3.11 Abs. 2 LStR
Vermögensbeteiligungen					
– Freibetrag jährlich	360,–	360,–	360,–	360,–	§ 3 Nr. 39 EStG
Vermögensbildung					
Mindestanlagebetrag					
– monatlich	13,–	13,–	13,–	13,–	§ 11 VermBG
– vierteljährlich	39,–	39,–	39,–	39,–	
Bemessungsgrundlage höchstens (Förderhöchstbetrag)					
– Vermögensbeteiligungen (zusätzliche Bemessungsgrundlage)	400,–	400,–	400,–	400,–	§ 13 VermBG
– Bausparbeiträge, Aufwendungen zum Wohnungsbau	470,–	470,–	470,–	470,–	
Höhe der Sparzulage (in % der Bemessungsgrundlage)					
– Vermögensbeteiligungen	20 %	20 %	20 %	20 %	
– Bausparbeiträge, Aufwendungen zum Wohnungsbau	9 %	9 %	9 %	9 %	
Einkommensgrenze (zu versteuerndes Einkommen nach Abzug der Kinderfreibeträge und der Freibeträge für Betreuungs-, Erziehungs- oder Ausbildungsbedarf)					
Vermögensbeteiligungen					
– für Alleinstehende	20 000,–	20 000,–	20 000,–	20 000,–	§ 13 VermBG
– für zusammen veranlagte Ehegatten/Lebenspartner	40 000,–	40 000,–	40 000,–	40 000,–	

1) Nicht als Sonderausgaben abgezogene Spenden werden vorgetragen. Spenden an Stiftungen können bis zu 1 000 000 € (Ehegatten/Lebenspartner 2 000 000 €) als Sonderausgaben abgezogen werden.

2) Doppelter Betrag für zusammen veranlagte Ehegatten/Lebenspartner.

3) Zuzüglich Aufwendungen für „Basis-Krankenversicherung" und gesetzliche Pflegeversicherung.

	2018 Euro	2019 Euro	2020 Euro	2021 Euro	Rechtsgrundlage
Bausparbeiträge, Aufwendungen zum Wohnungsbau					
– für Alleinstehende	17 900,–	17 900,–	17 900,–	17 900,–	
– für zusammen veranlagte Ehegatten/Lebenspartner	35 800,–	35 800,–	35 800,–	35 800,–	
Verpflegungspauschalen					
Bei Auswärtstätigkeiten und doppelter Haushaltsführung innerhalb des Dreimonatszeitraums[1)]					
– bei einer Abwesenheit von 24 Stunden	24,–	24,–	28,–	28,–	§ 9 Abs. 4a EStG
– bei einer Abwesenheit von mehr als 8 Stunden	12,–	12,–	14,–	14,–	
– An- und Abreisetag bei mehrtägiger Auswärtstätigkeit ohne Mindestabwesenheitszeit	12,–	12,–	14,–	14,–	
Kürzung Verpflegungspauschale bei Mahlzeitengestellung					
– Frühstück 20 % von 24,– €/28,– €	4,80	4,80	5,60	5,60	
– Mittag- und Abendessen jeweils 40 % von 24,– €/28,– €	9,60	9,60	11,20	11,20	
Versorgungsfreibeträge					§ 19 Abs. 2 EStG
Die Höhe des Versorgungsfreibetrags und des Zuschlags zum Versorgungsfreibetrag richtet sich nach dem Jahr des Versorgungsbeginns. Für die Kalenderjahre 2018 bis 2021 gelten deshalb unterschiedliche Beträge:					
– Versorgungsbeginn im Kalenderjahr 2005 oder früher					
– Versorgungsfreibetrag: 40 % höchstens	3 000,–	3 000,–	3 000,–	3 000,–	
– Zuschlag zum Versorgungsfreibetrag	900,–	900,–	900,–	900,–	
– Versorgungsbeginn im Kalenderjahr 2006					
– Versorgungsfreibetrag: 38,4 % höchstens	2 880,–	2 880,–	2 880,–	2 880,–	
– Zuschlag zum Versorgungsfreibetrag	864,–	864,–	864,–	864,–	
– Versorgungsbeginn im Kalenderjahr 2007					
– Versorgungsfreibetrag: 36,8 % höchstens	2 760,–	2 760,–	2 760,–	2 760,–	
– Zuschlag zum Versorgungsfreibetrag	828,–	828,–	828,–	828,–	
– Versorgungsbeginn im Kalenderjahr 2008					
– Versorgungsfreibetrag: 35,2 % höchstens	2 640,–	2 640,–	2 640,–	2 640,–	
– Zuschlag zum Versorgungsfreibetrag	792,–	792,–	792,–	792,–	
– Versorgungsbeginn im Kalenderjahr 2009					
– Versorgungsfreibetrag: 33,6 % höchstens	2 520,–	2 520,–	2 520,–	2 520,–	
– Zuschlag zum Versorgungsfreibetrag	756,–	756,–	756,–	756,–	
– Versorgungsbeginn im Kalenderjahr 2010					
– Versorgungsfreibetrag: 32,0 % höchstens	2 400,–	2 400,–	2 400,–	2 400,–	
– Zuschlag zum Versorgungsfreibetrag	720,–	720,–	720,–	720,–	
– Versorgungsbeginn im Kalenderjahr 2011					
– Versorgungsfreibetrag: 30,4 % höchstens	2 280,–	2 280,–	2 280,–	2 280,–	
– Zuschlag zum Versorgungsfreibetrag	684,–	684,–	684,–	684,–	
– Versorgungsbeginn im Kalenderjahr 2012					
– Versorgungsfreibetrag: 28,8 % höchstens	2 160,–	2 160,–	2 160,–	2 160,–	
– Zuschlag zum Versorgungsfreibetrag	648,–	648,–	648,–	648,–	
– Versorgungsbeginn im Kalenderjahr 2013					
– Versorgungsfreibetrag: 27,2 % höchstens	2 040,–	2 040,–	2 040,–	2 040,–	
– Zuschlag zum Versorgungsfreibetrag	612,–	612,–	612,–	612,–	
– Versorgungsbeginn im Kalenderjahr 2014					
– Versorgungsfreibetrag: 25,6 % höchstens	1 920,–	1 920,–	1 920,–	1 920,–	
– Zuschlag zum Versorgungsfreibetrag	576,–	576,–	576,–	576,–	
– Versorgungsbeginn im Kalenderjahr 2015					
– Versorgungsfreibetrag: 24,0 % höchstens	1 800,–	1 800,–	1 800,–	1 800,–	
– Zuschlag zum Versorgungsfreibetrag	540,–	540,–	540,–	540,–	
– Versorgungsbeginn im Kalenderjahr 2016					
– Versorgungsfreibetrag: 22,4 % höchstens	1 680,–	1 680,–	1 680,–	1 680,–	
– Zuschlag zum Versorgungsfreibetrag	504,–	504,–	504,–	504,–	
– Versorgungsbeginn im Kalenderjahr 2017					
– Versorgungsfreibetrag: 20,8 % höchstens	1 560,–	1 560,–	1 560,–	1 560,–	
– Zuschlag zum Versorgungsfreibetrag	468,–	468,–	468,–	468,–	
– Versorgungsbeginn im Kalenderjahr 2018					
– Versorgungsfreibetrag: 19,2 % höchstens	1 440,–	1 440,–	1 440,–	1 440,–	
– Zuschlag zum Versorgungsfreibetrag	432,–	432,–	432,–	432,–	

1) Die Dreimonatsfrist gilt nicht bei Tätigkeiten auf mobilen Einrichtungen (Fahrzeuge, Flugzeuge, Schiffe) und bei Tätigkeiten in einem weiträumigen Tätigkeitsgebiet.

Anhang 2 Übersicht über Freibeträge, Höchstbeträge und Pauschbeträge 2018 bis 2021

	2018 Euro	2019 Euro	2020 Euro	2021 Euro	Rechtsgrundlage
– Versorgungsbeginn im Kalenderjahr 2019					
– Versorgungsfreibetrag: 17,6 % höchstens		1 320,–	1 320,–	1 320,–	
– Zuschlag zum Versorgungsfreibetrag		396,–	396,–	396,–	
– Versorgungsbeginn im Kalenderjahr 2020					
– Versorgungsfreibetrag: 16,0 % höchstens			1 200,–	1 200,–	
– Zuschlag zum Versorgungsfreibetrag			360,–	360,–	
– Versorgungsbeginn im Kalenderjahr 2021					
– Versorgungsfreibetrag: 15,2 % höchstens				1 140,–	
– Zuschlag zum Versorgungsfreibetrag				342,–	
Vorsorgeaufwendungen					
Höchstbetrag für Altersvorsorgeaufwendungen jährlich					
– für Alleinstehende	23 712,–	24 305,–	25 046,–	25 787,–	§ 10 Abs. 3 EStG
– für zusammen veranlagte Ehegatten/Lebenspartner	47 424,–	48 610,–	50 092,–	51 574,–	
Beiträge bis zum Höchstbetrag werden berücksichtigt mit einem Prozentsatz von	86 %	88 %	90 %	92 %	
Höchstbetrag für sonstige Vorsorgeaufwendungen bei Arbeitnehmern jährlich					
– für Alleinstehende	1 900,–[1]	1 900,–[1]	1 900,–[1]	1 900,–[1]	§ 10 Abs. 4 EStG
– für zusammen veranlagte Ehegatten/Lebenspartner	3 800,–[1]	3 800,–[1]	3 800,–[1]	3 800,–[1]	
Höchstbetrag für sonstige Vorsorgeaufwendungen bei Selbstständigen jährlich					
– für Alleinstehende	2 800,–[1]	2 800,–[1]	2 800,–[1]	2 800,–[1]	
– für zusammen veranlagte Ehegatten/Lebenspartner	5 600,–[1]	5 600,–[1]	5 600,–[1]	5 600,–[1]	
Grundzulage Riester-Rente	175,–	175,–	175,–	175,–	§§ 84, 85 EStG
Berufseinsteiger-Bonus Riester-Rente (einmalig)	200,–	200,–	200,–	200,–	
Kinderzulage Riester-Rente (geboren bis 31.12.2007)	185,–	185,–	185,–	185,–	
Kinderzulage Riester-Rente (geboren ab 1.1.2008)	300,–	300,–	300,–	300,–	
Zusätzlicher Sonderausgaben-Höchstbetrag für die Altersvorsorge (Riester-Rente) im Rahmen der Günstigerprüfung (vgl. Anhang 6a)[2]	2 100,–	2 100,–	2 100,–	2 100,–	§ 10a Abs. 1 EStG
Vorsorgepauschale siehe Anhang 8					
Werbegeschenke, Freigrenze	35,–	35,–	35,–	35,–	§ 9 Abs. 5 i. V. m. § 4 Abs. 5 Satz 1 Nr. 1 EStG
Werbungskosten-Pauschbeträge					
– bei Einkünften aus Kapitalvermögen	0,–	0,–	0,–	0,–	§ 9a EStG
– bei Arbeitnehmern siehe „Arbeitnehmer-Pauschbetrag"					
– bei wiederkehrenden Bezügen (Renten)	102,–	102,–	102,–	102,–	
Wohnungsüberlassung					
– Bewertungsabschlag			1/3	1/3	§ 8 Abs. 2 Satz 12 EStG
– Mietobergrenze			25,–	25,–	
Zinsersparnisse bei Arbeitgeberdarlehen					
– Darlehenshöchstbetrag (Freigrenze)	2 600,–	2 600,–	2 600,–	2 600,–	BMF-Schreiben vom 19.5.2015 (BStBl. I S. 484)
– Zinsvorteil nur bei einem Zinssatz von weniger als	[3]	[3]	[3]	[3]	

1) Mindestens abziehbar Aufwendungen für „Basis-Krankenversicherung" und gesetzliche Pflegeversicherung.
2) Der Höchstbetrag beträgt 2160 €, wenn der Ehegatte/Lebenspartner lediglich einen abgeleiteten Zulagenanspruch hat.
3) Marktüblicher Zinssatz. Vgl. die Erläuterungen beim Stichwort „Zinsersparnisse und Zinszuschüsse".

Übersicht
über die Pauschalierungsvorschriften und Pauschsteuersätze

	2018	2019	2020	2021	Sozialversicherungs-rechtliche Behandlung
1. Pauschalierung von **sonstigen Bezügen** mit einem besonderen Pauschsteuersatz in einer größeren Zahl von Fällen (§ 40 Abs. 1 Satz 1 Nr. 1 i. V. m. Satz 3 EStG) bis zum Höchstbetrag je Arbeitnehmer von	1 000 €	1 000 €	1 000 €	1 000 €	grds. beitragspflichtig (§ 1 Abs. 1 Satz 1 Nr. 2 SvEV)
2. Abgabe von **Mahlzeiten** im **Betrieb** (§ 40 Abs. 2 Satz 1 Nr. 1 EStG)					
– Sachbezugswert des Frühstücks	1,73 €	1,77 €	1,80 €	1,83 €	beitragsfrei (§ 1 Abs. 1 Satz 1 Nr. 3 SvEV)
– Sachbezugswert des Mittag- oder Abendessens	3,23 €	3,30 €	3,40 €	3,47 €	
– pauschaler Lohnsteuersatz	25 %	25 %	25 %	25 %	
3. Übliche **Mahlzeiten** bis 60 € bei **Auswärtstätigkeit** ohne Anspruch auf Verpflegungspauschale (§ 8 Abs. 2 Sätze 8 und 9 EStG i. V. m. § 40 Abs. 2 Satz 1 Nr. 1a EStG)					
– Sachbezugswert des Frühstücks	1,73 €	1,77 €	1,80 €	1,83 €	beitragsfrei (§ 1 Abs. 1 Satz 1 Nr. 3 SvEV)
– Sachbezugswert des Mittag- oder Abendessens	3,23 €	3,30 €	3,40 €	3,47 €	
– pauschaler Lohnsteuersatz	25 %	25 %	25 %	25 %	
4. Zuwendungen bei **Betriebsveranstaltungen** (§ 40 Abs. 2 Satz 1 Nr. 2 EStG)					
– Freibetrag (beim Überschreiten Steuerpflicht des übersteigenden Betrags)	110 €	110 €	110 €	110 €	beitragsfrei (§ 1 Abs. 1 Satz 1 Nr. 3 SvEV)
– pauschaler Lohnsteuersatz	25 %	25 %	25 %	25 %	
5. Gewährung von **Erholungsbeihilfen** (§ 40 Abs. 2 Satz 1 Nr. 3 EStG)					
– Höchstbetrag für den Arbeitnehmer	156 €	156 €	156 €	156 €	beitragsfrei (§ 1 Abs. 1 Satz 1 Nr. 3 SvEV)
– Höchstbetrag für den Ehegatten/Lebenspartner	104 €	104 €	104 €	104 €	
– Höchstbetrag für jedes Kind	52 €	52 €	52 €	52 €	
– pauschaler Lohnsteuersatz	25 %	25 %	25 %	25 %	
6. Steuerpflichtiger **Verpflegungskostenersatz bei Auswärtstätigkeit** (§ 40 Abs. 2 Satz 1 Nr. 4 EStG)					
– pauschaler Lohnsteuersatz	25 %	25 %	25 %	25 %	beitragsfrei (§ 1 Abs. 1 Satz 1 Nr. 3 SvEV)
7. Pauschalierung bei Übereignung von Datenverarbeitungsgeräten (z. B. Computern) und **Barzuschüssen zur Internetnutzung** (§ 40 Abs. 2 Satz 1 Nr. 5 EStG; R 40.2 Abs. 5 Satz 7 LStR)					
– pauschaler Lohnsteuersatz	25 %	25 %	25 %	25 %	beitragsfrei (§ 1 Abs. 1 Satz 1 Nr. 3 SvEV)
– ohne Einzelnachweis pauschalierungsfähiger Monatsbetrag für Barzuschüsse zur Internetnutzung	50 €	50 €	50 €	50 €	
8. Pauschalierung bei Übereignung von Ladevorrichtungen für **Elektrofahrzeuge** und Barzuschüsse für Erwerb und Nutzung einer solchen Vorrichtung sowie Pauschalierung bei der Übereignung von **Fahrrädern** (§ 40 Abs. 2 Satz 1 Nrn. 6 und 7 EStG)	25 %	25 %	25 %	25 %	beitragsfrei (§ 1 Abs. 1 Satz 1 Nr. 3 SvEV)
9. **Fahrtkostenzuschüsse** für Fahrten zwischen Wohnung und erster Tätigkeitsstätte (§ 40 Abs. 2 Satz 2 EStG)[1]					
– pauschalierungsfähiger Kilometersatz ab dem 1. Kilometer der einfachen Entfernung	0,30 €	0,30 €	0,30 €	0,30 €	beitragsfrei (§ 1 Abs. 1 Satz 1 Nr. 3 SvEV)
– pauschalierungsfähiger Kilometersatz ab dem 21. Kilometer der einfachen Entfernung				0,35 €	
– pauschaler Lohnsteuersatz bei Anrechnung auf die Entfernungspauschale	15 %	15 %	15 %	15 %	
– pauschaler Lohnsteuersatz für die Arbeitgeber-Aufwendungen ohne Anrechnung auf die Entfernungspauschale		25 %	25 %	25 %	
10. **Firmenwagengestellung** für Fahrten zwischen Wohnung und erster Tätigkeitsstätte (§ 40 Abs. 2 Satz 2 EStG)[1]					
– pauschalierungsfähiger Kilometersatz ab dem 1. Kilometer der einfachen Entfernung	0,30 €	0,30 €	0,30 €	0,30 €	beitragsfrei (§ 1 Abs. 1 Satz 1 Nr. 3 SvEV)
– pauschalierungsfähiger Kilometersatz ab dem 21. Kilometer der einfachen Entfernung				0,35 €	
– pauschaler Lohnsteuersatz	15 %	15 %	15 %	15 %	

1) Die Pauschalierung gilt auch für dauerhafte Fahrten zu einem vom Arbeitgeber bestimmten Sammelpunkt und zu einem weiträumigen Tätigkeitsgebiet.

Anhang 2a Pauschalierungsvorschriften und Pauschsteuersätze 2018 bis 2021

	2018	2019	2020	2021	Sozialversicherungsrechtliche Behandlung
11. Beiträge zur **betrieblichen Altersversorgung**					
– Steuerfreiheit bei Kapitaldeckung (§ 3 Nr. 63 Satz 1 EStG)	6 240 €	6 432 €	6 624 €	6 816 €	beitragsfrei (§ 1 Abs. 1 Satz 1 Nr. 9 SvEV) für 2021 3 408 € (= 4 % der Beitragsbemessungsgrenze in der gesetzlichen Rentenversicherung – West –)
– Steuerfreiheit bei Umlagefinanzierung (§ 3 Nr. 56 Satz 1 EStG)	1 560 €	1 608 €	2 484 €	2 556 €	teilweise beitragsfrei (§ 1 Abs. 1 Satz 1 Nr. 4a i. V. m. Satz 3 und 4 SvEV); vgl. Anhang 19
– allgemeiner Höchstbetrag für die Pauschalierung (Altfälle und Umlagefinanzierung; § 40b Abs. 1 und 2 EStG a. F. und n. F.)	1 752 €	1 752 €	1 752 €	1 752 €	grds. beitragsfrei (§ 1 Abs. 1 Satz 1 Nr. 4 und Nr. 4a SvEV)
– Höchstbetrag bei Durchschnittsberechnung (§ 40b Abs. 2 EStG a. F. und n. F.)	2 148 €	2 148 €	2 148 €	2 148 €	grds. beitragsfrei (§ 1 Abs. 1 Satz 1 Nr. 4 und Nr. 4a SvEV)
– pauschaler Lohnsteuersatz	20 %	20 %	20 %	20 %	
12. Bestimmte **Sonderzahlungen** des Arbeitgebers **an umlagefinanzierte Zusatzversorgungskassen,** pauschaler Lohnsteuersatz (§ 40b Abs. 4 EStG)[1]	15 %	15 %	15 %	15 %	beitragsfrei (§ 1 Abs. 1 Satz 1 Nr. 4a SvEV)
13. Beiträge zu einer **Gruppenunfallversicherung**					
– Pauschalierungsgrenze je Arbeitnehmer ohne Versicherungssteuer (§ 40b Abs. 3 EStG)	62 €	62 €	100 €	100 €	grds. beitragsfrei (§ 1 Abs. 1 Satz 1 Nr. 4 SvEV)
– pauschaler Lohnsteuersatz	20 %	20 %	20 %	20 %	
14. Beschäftigung von **Aushilfskräften** (bis zu 18 Arbeitstagen; § 40a Abs. 1 EStG)					
– Höchstlohn je Arbeitstag	72 €	72 €	120 €	120 €	grds. beitragsfrei (§ 8 Abs. 1 Nr. 2 SGB IV)
– Höchstlohn je Arbeitsstunde	12 €	12 €	15 €	15 €	
– pauschaler Lohnsteuersatz	25 %	25 %	25 %	25 %	
15. Beschäftigung von Aushilfskräften in der **Land- und Forstwirtschaft** (bis zu 180 Tagen im Jahr; § 40a Abs. 3 EStG)					
– Höchstlohn je Arbeitsstunde	12 €	12 €	15 €	15 €	ggf. beitragsfrei (§ 8 Abs. 1 Nr. 2 SGB IV)
– pauschaler Lohnsteuersatz	5 %	5 %	5 %	5 %	
16. Beschäftigung von **Teilzeitkräften**					
– Monatslohngrenze	450 €	450 €	450 €	450 €	§ 8 Abs. 1 Nr. 1 SGB IV
– Pauschsteuersatz für Teilzeitkräfte auf 450-Euro-Basis für die ein pauschaler Beitrag zur Rentenversicherung in Höhe von **15 %** oder **5 %** entrichtet wird (§ 40a Abs. 2 EStG)	2 %	2 %	2 %	2 %	Rentenversicherungspflicht mit Befreiungsmöglichkeit (§ 6 Abs. 1b SGB IV)
– Pauschsteuersatz für Teilzeitkräfte auf 450-Euro-Basis für die **kein** pauschaler Beitrag zur Rentenversicherung entrichtet wird (§ 40a Abs. 2a EStG)	20 %	20 %	20 %	20 %	grds. beitragspflichtig
17. Gewährung von Sachprämien im Rahmen sog. **Kundenbindungsprogramme** (z. B. Miles & More; §§ 3 Nr. 38, 37a EStG)					
– Freibetrag jährlich	1 080 €	1 080 €	1 080 €	1 080 €	beitragsfrei (§ 1 Abs. 1 Satz 1 Nr. 13 SvEV)
– pauschaler Lohnsteuersatz	2,25 %	2,25 %	2,25 %	2,25 %	
18. Pauschalierung von **Incentiv-Reisen, VIP-Logen, Belohnungsessen und ähnliche Sachbezüge** (§ 37b Abs. 1 und 2 EStG)					
– pauschalierungsfähiger Höchstbetrag	10 000 €	10 000 €	10 000 €	10 000 €	grds. beitragspflichtig; nur Zuwendungen an Dritte und deren Arbeitnehmer beitragsfrei (§ 1 Abs. 1 Satz 1 Nr. 14 SvEV)
– pauschaler Lohnsteuersatz	30 %	30 %	30 %	30 %	

1) Der Bundesfinanzhof hat die Frage der Verfassungsmäßigkeit der Pauschalierungspflicht des Arbeitgebers in diesen Fällen dem Bundesverfassungsgericht zur Entscheidung vorgelegt (BFH-Beschlüsse vom 14.11.2013, BFH/NV 2014 S. 418 und S. 426; Az. beim BVerfG: 2 BvL 7/14 und 2 BvL 8/14).

Sachbezugswerte 2021

vgl. die Erläuterungen auf Seite 469

Tabelle 1
Sachbezugswerte für freie Verpflegung 2021
(neue und alte Bundesländer)

Personenkreis		Frühstück Euro	Mittagessen Euro	Abendessen Euro	Verpflegung insgesamt Euro
Arbeitnehmer einschließlich Jugendliche und Auszubildende	monatlich kalendertäglich	55,00 1,83	104,00 3,47	104,00 3,47	263,00 8,77
volljährige Familienangehörige	monatlich kalendertäglich	55,00 1,83	104,00 3,47	104,00 3,47	263,00 8,77
Familienangehörige vor Vollendung des 18. Lebensjahres	monatlich kalendertäglich	44,00 1,47	83,20 2,77	83,20 2,77	210,40 7,01
Familienangehörige vor Vollendung des 14. Lebensjahres	monatlich kalendertäglich	22,00 0,73	41,60 1,39	41,60 1,39	105,20 3,51
Familienangehörige vor Vollendung des 7. Lebensjahres	monatlich kalendertäglich	16,50 0,55	31,20 1,04	31,20 1,04	78,90 2,63

Tabelle 2
Volljährige Arbeitnehmer
Sachbezugswerte für freie Unterkunft 2021
(neue und alte Bundesländer)

Unterkunft belegt mit		Unterkunft Euro	Aufnahme im Arbeitgeberhaushalt/ Gemeinschaftsunterkunft Euro
1 Beschäftigtem	monatlich kalendertäglich	237,00 7,90	201,45 6,72
2 Beschäftigten	monatlich kalendertäglich	142,20 4,74	106,65 3,56
3 Beschäftigten	monatlich kalendertäglich	118,50 3,95	82,95 2,77
mehr als 3 Beschäftigten	monatlich kalendertäglich	94,80 3,16	59,25 1,98

Tabelle 3
Jugendliche und Auszubildende
Sachbezugswerte für freie Unterkunft 2021
(neue und alte Bundesländer)

Unterkunft belegt mit		Unterkunft Euro	Aufnahme im Arbeitgeberhaushalt/ Gemeinschaftsunterkunft Euro
1 Beschäftigte	monatlich kalendertäglich	201,45 6,72	165,90 5,53
2 Beschäftigten	monatlich kalendertäglich	106,65 3,56	71,10 2,37
3 Beschäftigten	monatlich kalendertäglich	82,95 2,77	47,40 1,58
mehr als 3 Beschäftigten	monatlich kalendertäglich	59,25 1,98	23,70 0,79

Anhang 3 Sachbezugswerte 2021

Entwicklung der Sachbezugswerte von 2011 bis 2021

Freie Verpflegung (alte und neue Bundesländer)

	Freie Verpflegung **monatlich**										
	2011	2012	2013	2014	2015	2016	2017	2018	2019	2020	2021
Frühstück	47,00 €	47,00 €	48,00 €	49,00 €	49,00 €	50,00 €	51,00 €	52,00 €	53,00 €	54,00 €	55,00 €
Mittagessen	85,00 €	86,00 €	88,00 €	90,00 €	90,00 €	93,00 €	95,00 €	97,00 €	99,00 €	102,00 €	104,00 €
Abendessen	85,00 €	86,00 €	88,00 €	90,00 €	90,00 €	93,00 €	95,00 €	97,00 €	99,00 €	102,00 €	104,00 €
monatlich insgesamt	217,00 €	219,00 €	224,00 €	229,00 €	229,00 €	236,00 €	241,00 €	246,00 €	251,00 €	258,00 €	263,00 €

Einzelne Mahlzeiten (alte und neue Bundesländer)

	Einzelne Mahlzeiten **täglich**										
	2011	2012	2013	2014	2015	2016	2017	2018	2019	2020	2021
Frühstück	1,57 €	1,57 €	1,60 €	1,63 €	1,63 €	1,67 €	1,70 €	1,73 €	1,77 €	1,80 €	1,83 €
Mittagessen	2,83 €	2,87 €	2,93 €	3,00 €	3,00 €	3,10 €	3,17 €	3,23 €	3,30 €	3,40 €	3,47 €
Abendessen	2,83 €	2,87 €	2,93 €	3,00 €	3,00 €	3,10 €	3,17 €	3,23 €	3,30 €	3,40 €	3,47 €

Freie Unterkunft monatlich – alte Bundesländer (mit West-Berlin)

	2011	2012	2013	2014	2015	2016	2017	2018	2019	2020	2021
volljährige Arbeitnehmer	206,00 €	212,00 €	216,00 €	221,00 €	223,00 €	223,00 €	223,00 €	226,00 €	231,00 €	235,00 €	237,00 €
Jugendliche und Auszubildende	175,10 €	180,20 €	183,60 €	187,85 €	189,55 €	189,55 €	189,55 €	192,10 €	196,35 €	199,75 €	201,45 €

Freie Unterkunft monatlich – neue Bundesländer (mit Ost-Berlin)

	2011	2012	2013	2014	2015	2016	2017	2018	2019	2020	2021
volljährige Arbeitnehmer	206,00 €	212,00 €	216,00 €	221,00 €	223,00 €	223,00 €	223,00 €	226,00 €	231,00 €	235,00 €	237,00 €
Jugendliche und Auszubildende	175,10 €	180,20 €	183,60 €	187,85 €	189,55 €	189,55 €	189,55 €	192,10 €	196,35 €	199,75 €	201,45 €

Reisekosten bei Auswärtstätigkeiten

Änderungsintensives Stichwort – bleiben Sie auf dem Laufenden unter

www.lexikon-lohnbuero.de/newsletter **!**

Neues und Wichtiges auf einen Blick:

1. Rechtsprechung des Bundesfinanzhofs zum Begriff „erste Tätigkeitsstätte"

Der Bundesfinanzhof hat in mehreren Entscheidungen das seit 2014 geltende Reisekostenrecht im Wesentlichen bestätigt und sieht die damit verbundenen Einschränkungen (insbesondere durch den Ansatz der Entfernungspauschale) als verfassungsgemäß an (BFH-Urteile vom 4.4.2019, BStBl. II S. 536, vom 10.4.2019, BStBl. II S. 539, vom 11.4.2019, BStBl. II S. 543, vom 11.4.2019, BStBl. II S. 546 und vom 11.4.2019, BStBl. II S. 551).

Als (großräumige) erste Tätigkeitsstätte kommt laut Bundesfinanzhof auch ein **großflächiges und entsprechend infrastrukturell erschlossenes Gebiet** (z. B. Werksanlage, Betriebsgelände, Zechengelände, Bahnhof oder Flughafen) des Arbeitgebers, eines verbundenen Unternehmens (§ 15 AktG) oder eines vom Arbeitgeber bestimmten Dritten in Betracht.

Der Arbeitnehmer muss dieser ersten Tätigkeitsstätte **dauerhaft zugeordnet** sein. Diese Zuordnung kann auch außerhalb des Dienst- oder Arbeitsvertrags erfolgen, und zwar **auch mündlich oder** (im Ergebnis) **konkludent** und ist unabhängig davon, ob sich der Arbeitgeber der steuerlichen Folgen bewusst ist. Im Gegensatz zur früheren Auffassung der Finanzverwaltung hält der Bundesfinanzhof eine **Dokumentation der Zuordnungsentscheidung nicht** für **erforderlich.** Eine Zuordnung ist unbefristet und liegt damit dauerhaft vor, wenn sie weder kalendermäßig noch nach Art, Zweck oder Beschaffenheit der Arbeitsleistung zeitlich bestimmt ist. Bei einem befristeten Arbeitsverhältnis ist eine unbefristete Zuordnung zu einer ersten Tätigkeitsstätte denklogisch ausgeschlossen. Die Zuordnung erfolgt aber für die gesamte Dauer des Arbeitsverhältnisses und somit dauerhaft, wenn sie vorausschauend betrachtet für die gesamte Dauer des Arbeitsverhältnisses Bestand haben soll. Dies kann insbesondere angenommen werden, wenn die Zuordnung im Rahmen des Arbeitsverhältnisses unbefristet oder ausdrücklich für dessen gesamte Dauer erfolgt.

Außerdem muss der Arbeitnehmer an seiner ersten Tätigkeitsstätte zumindest in **geringem Umfang arbeitsvertraglich geschuldete, berufsbildbezogene Tätigkeiten** ausüben. Denn ein Ort, an dem der Arbeitnehmer nicht tätig wird (oder für den Regelfall tätig werden soll), kann nicht als erste Tätigkeitsstätte angesehen werden.

Zum Begriff der ersten Tätigkeitsstätte und den sich hierbei zu beachtenden Besonderheiten vgl. die Erläuterungen und zahlreichen Beispiele unter der nachfolgenden Nr. 3.

2. Höhe der Verpflegungspauschalen seit 2020

Bei **eintägigen Auswärtstätigkeiten** beträgt die Verpflegungspauschale für jeden Kalendertag bei einer Abwesenheit von der Wohnung von **mehr als acht Stunden 14 €** (bis 31.12.2019 = 12 €).

Bei **mehrtägigen Auswärtstätigkeiten** betragen die Verpflegungspauschalen für jeden Kalendertag

- bei einer Abwesenheitszeit von der Wohnung und der ersten Tätigkeitsstätte von **24 Stunden 28 €** (bis 31.12.2019 = 24 €) und
- für den **An- und Abreisetag** bei mehrtägigen Auswärtstätigkeiten ohne Erfordernis einer Mindestabwesenheitszeit **14 €** (bis 31.12.2019 = 12 €).

Die **Dreimonatsfrist** für die Gewährung der Verpflegungspauschalen ist **weiterhin** zu beachten.

Vgl. die Erläuterungen und zahlreichen Beispiele unter der nachfolgenden Nr. 9.

3. Mahlzeitengestellung bei beruflich veranlassten Auswärtstätigkeiten

Übliche Mahlzeiten (Preis bis 60 €) anlässlich einer beruflich veranlassten Auswärtstätigkeit sind **nicht zu besteuern, wenn** der Arbeitnehmer für die betreffende Auswärtstätigkeit dem Grunde nach eine **Verpflegungspauschale** als Werbungskosten geltend machen könnte. Die für den Tag der Auswärtstätigkeit in Betracht kommende Verpflegungspauschale ist allerdings wegen der Mahlzeitengestellung des Arbeitgebers wie folgt **zu kürzen:**

- um 20 % für ein Frühstück und
- um jeweils 40 % für ein Mittag- und Abendessen

der für die 24-stündige Abwesenheit geltenden Tagespauschale. Die Erhöhung der Tagespauschale zum 1.1.2021 auf 28 € führt bei Auswärtstätigkeiten im Inland zu einer Kürzung der jeweils zustehenden Verpflegungspauschale um 5,60 € für ein **Frühstück** (= 20 % von 28 €) und jeweils 11,20 € für ein **Mittag- und Abendessen** (= jeweils 40 % von 28 €). Die Kürzung ist auch dann vorzunehmen, wenn der Arbeitnehmer eine zur Verfügung gestellte Mahlzeit nicht eingenommen hat (BFH-Urteil vom 7.7.2020 VI R 16/18). Ein vom Arbeitnehmer für die Mahlzeit gezahltes Entgelt mindert den Kürzungsbetrag. Die vorstehend beschriebene Kürzung gilt sowohl bei einem steuerfreien Arbeitgeberersatz als auch für einen Werbungskostenabzug der Verpflegungspauschale.

Steht dem Arbeitnehmer für die beruflich veranlasste Auswärtstätigkeit **keine Verpflegungspauschale** zu (z. B. Abwesenheitsdauer bis zu acht Stunden, Ablauf der Dreimonatsfrist), sind übliche Mahlzeiten (Preis bis 60 €) mit dem **amtlichen Sachbezugswert** (2021: Frühstück = 1,83 €, Mittag- und Abendessen jeweils 3,47 €) zu **versteuern.** Dabei kann eine **Pauschalbesteuerung mit 25 %** vorgenommen werden, die sozialversicherungsrechtlich zur Beitragsfreiheit führt.

Unübliche Mahlzeiten (Preis über 60 €) anlässlich einer beruflich veranlassten Auswärtstätigkeit sind grundsätzlich nach den **individuellen Lohnsteuerabzugsmerkmalen** des Arbeitnehmers **mit dem tatsächlichen Wert** zu besteuern (= Belohnungsessen). Das gilt auch dann, wenn der Arbeitnehmer für den betreffenden Tag eine Verpflegungspauschale geltend machen kann. Eine Kürzung der Verpflegungspauschale ist in diesem Fall aber nicht vorzunehmen. Die Preisgrenze von 60 € gilt sowohl bei Mahlzeitengestellungen im Inland als auch im Ausland.

Vgl. die ausführlichen Erläuterungen und Beispiele unter Nr. 10 Buchstaben a bis e.

Bei einer **üblichen Mahlzeitengestellung** durch den Arbeitgeber anlässlich einer beruflich veranlassten Auswärtstätigkeit (Preis bis 60 €), die mit dem amtlichen Sachbezugswert zu bewerten ist, muss im Lohnkonto der **Großbuchstabe „M"** aufgezeichnet und in der elektronischen Lohnsteuerbescheinigung bescheinigt werden. Dies gilt unabhängig davon, ob die Mahlzeit zu besteuern ist oder nicht. Die Aufzeichnungs- und Bescheinigungspflicht besteht aber nicht für Mahlzeiten, die nicht mit dem amtlichen Sachbezugswert zu bewerten sind.

Vgl. im Einzelnen die Ausführungen unter der nachfolgenden Nr. 10 Buchstabe f.

4. Neue Pauschbeträge bei Auslandsreisekosten

Zum 1.1.2021 haben sich für einige Länder die Verpflegungspauschalen und die Pauschbeträge für Übernachtungskosten geändert. **Die Auslandstagegelder werden unter den gleichen Voraussetzungen wie die inländischen Verpflegungspauschalen gewährt.** Somit beträgt bei eintägigen Auslandsreisen die erforderliche Mindestabwesenheitszeit von der Wohnung und der ersten Tätigkeitsstätte mehr als acht Stunden. Beim An- und Abreisetag einer mehrtägigen beruflich veranlassten Auswärtstätigkeit kommt es – wie bei Inlandsreisen – nicht auf eine Mindestabwesenheitszeit von der Wohnung und der ersten Tätigkeitsstätte an. Vgl. im Einzelnen die Länderübersicht über die Auslandsreisekosten 2021 in Anhang 5a auf Seite 1165 sowie über die Auslandsauslösungen 2021 in Anhang 5b auf Seite 1167. Bei einer **Mahlzeitengestellung** durch den Arbeitgeber ist die Kürzung der Verpflegungspauschale tagesbezogen von der für den Reisetag maßgebenden Verpflegungspauschale für eine 24-stündige Abwesenheit vorzunehmen.

5. Neues Anwendungsschreiben zum Reisekostenrecht

Aufgrund der Rechtsprechung des Bundesfinanzhofs und der gesetzlichen Änderungen zum 1.1.2020 hat die Finanzverwaltung ihr Anwendungsschreiben zum lohnsteuerlichen Reisekostenrecht überarbeitet.[1] Die Verwaltungsauffassung wurde bei den nachfolgenden Ausführungen berücksichtigt. Ergänzend wird auf das Stichwort „Doppelte Haushaltsführung" verwiesen.

Gliederung:

1. Allgemeines
2. Begriff der Auswärtstätigkeit
   a) Allgemeines
   b) Berufliche Veranlassung
   c) Studien- und Gruppeninformationsreisen (sog. Auslandsgruppenreisen)
   d) Aufteilung der Aufwendungen bei teils beruflich teils privat veranlassten Tagungen
   e) Verbindung eines Privataufenthalts mit einer „echten" Auswärtstätigkeit
   f) Mitnahme des Ehegatten
   g) Abgrenzung der Auswärtstätigkeit von den Fahrten zwischen Wohnung und erster Tätigkeitsstätte
3. Erste Tätigkeitsstätte
   a) Allgemeines
   b) Dauerhafte Zuordnung zur ersten Tätigkeitsstätte durch den Arbeitgeber
   c) Zeitliche Kriterien zur Bestimmung der ersten Tätigkeitsstätte
   d) Weiträumiges Tätigkeitsgebiet keine erste Tätigkeitsstätte
   e) Häusliches Arbeitszimmer keine erste Tätigkeitsstätte
   f) „Erste Tätigkeitsstätte" bei mehreren Tätigkeitsstätten
   g) Erste Tätigkeitsstätte bei vollzeitigen Bildungsmaßnahmen
   h) Zusammenfassendes Schaubild zur Bestimmung der ersten Tätigkeitsstätte
4. Anwendungsbereich der Dreimonatsfrist
5. Umwandlung von Barlohn in steuerfreie Reisekostenvergütungen
6. Inlandsreisekosten
7. Fahrtkosten bei Inlandsreisen
   a) Allgemeines
   b) Fahrtkosten bei Benutzung von (öffentlichen) Verkehrsmitteln
   c) BahnCard
   d) Zurverfügungstellung eines Firmenwagens
   e) Kilometersätze beim Benutzen eigener Fahrzeuge
   f) Pauschale Kilometersätze
   g) Individueller Kilometersatz
   h) Unfallkosten, Diebstahl des Pkws, außergewöhnliche Kosten, Parkgebühren, Beiträge zu einer Kaskoversicherung oder Unfallversicherung, zinsloses Arbeitgeberdarlehen
   i) Wochenendheimfahrten und Zwischenheimfahrten bei längerfristigen Auswärtstätigkeiten
   k) Fahrten von der Unterkunft zur auswärtigen Tätigkeitsstätte
   l) Pauschvergütungen
   m) Werbungskostenabzug beim Arbeitnehmer
8. Kosten der Unterkunft bei Inlandsreisen
   a) Allgemeines
   b) Notwendige Mehraufwendungen und Mitnahme von Angehörigen
   c) Begrenzung der Unterkunftskosten nach Ablauf von 48 Monaten
   d) Pauschbetrag
9. Verpflegungspauschalen bei Inlandsreisen
   a) Eintägige Auswärtstätigkeiten
   b) Mitternachtsregelung
   c) Mehrtägige Auswärtstätigkeiten
   d) Dreimonatsfrist beim Verpflegungsmehraufwand
10. Mahlzeitengestellung bei beruflich veranlassten Auswärtstätigkeiten
    a) Bewertung „üblicher" Mahlzeiten
    b) Nichtbesteuerung „üblicher" Mahlzeiten bis 60 €
    c) Besteuerung „üblicher" Mahlzeiten bis 60 €
    d) Besteuerung „unüblicher" Mahlzeiten über 60 €
    e) Kürzung der Verpflegungspauschalen bei Mahlzeitengestellung
    f) Aufzeichnung und Bescheinigung des Großbuchstabens „M"
    g) Pauschalbesteuerung „üblicher" Mahlzeiten bei Auswärtstätigkeiten
    h) Schaubild über die Behandlung der vom Arbeitgeber zur Verfügung gestellten Mahlzeiten ab 1.1.2021 bei Auswärtstätigkeit
11. Einzelnachweis der Verpflegungsmehraufwendungen bei Inlandsreisen
12. Pauschalierung der Lohnsteuer mit 25 % bei steuerpflichtigen Verpflegungsmehraufwendungen
    a) Allgemeines
    b) Pauschalierung der Lohnsteuer mit 25 %
    c) Sozialversicherungsrechtliche Behandlung von steuerpflichtigen Verpflegungsmehraufwendungen
13. Nebenkosten bei Auswärtstätigkeiten
14. Auslandsreisekosten
    a) Fahrtkosten
    b) Verpflegungsmehraufwand
    c) Übernachtungskosten
15. Auslandstagegelder
16. Eintägige Auslandsreisen
17. Mehrtägige Auslandsreisen
18. Flugreisen
19. Schiffsreisen
20. Auslandsübernachtungsgelder
21. Vorsteuerabzug bei einer unternehmerisch bedingten Auswärtstätigkeit des Arbeitnehmers
22. Vorsteuerabzug aus Übernachtungskosten
23. Vorsteuerabzug aus Verpflegungskosten
24. Vorsteuerabzug aus Fahrtkosten
    a) Vorsteuerausschluss für Fahrtkosten bei arbeitnehmereigenen Fahrzeugen
    b) Vorsteuerabzug bei der Benutzung öffentlicher Verkehrsmittel
25. Kein Vorsteuerabzug bei Auslandsreisen

1. Allgemeines

Zum 1.1.2008 sind die früheren Begriffe „Dienstreise", „Einsatzwechseltätigkeit" und „Fahrtätigkeit" zum Begriff **„beruflich veranlasste Auswärtstätigkeit"** zusammengefasst worden. Bis zum 31.12.2013 lag eine zu Reisekosten führende beruflich veranlasste Auswärtstätigkeit vor, wenn der Arbeitnehmer vorübergehend außerhalb seiner Wohnung und nicht an seiner regelmäßigen Arbeitsstätte beruflich tätig wurde.

Zentraler Punkt der seit 1.1.2014 geltenden gesetzlichen Regelungen ist der Begriff der ersten Tätigkeitsstätte, die an die Stelle der regelmäßigen Arbeitsstätte getreten ist. Seit diesem Zeitpunkt liegt eine beruflich veranlasste Auswärtstätigkeit vor, wenn der Arbeitnehmer außerhalb seiner Wohnung und nicht an seiner ersten Tätigkeitsstätte beruflich tätig wird.

Die nachfolgenden Erläuterungen behandeln die steuerfreien Ersatzleistungen des Arbeitgebers, die bei einer beruflich veranlassten Auswärtstätigkeit gezahlt werden können. Für die lohnsteuerliche und sozialversicherungsrechtliche Behandlung der Reisekosten gilt folgender Grundsatz:

Ersatzleistungen des Arbeitgebers für Aufwendungen, die dem Arbeitnehmer aus Anlass von beruflich veranlassten Auswärtstätigkeiten entstehen, gehören **nicht zum sozialversicherungspflichtigen Entgelt, soweit** sie **lohnsteuerfrei** sind.

Sind die Ersatzleistungen des Arbeitgebers anlässlich von beruflich veranlassten Auswärtstätigkeiten steuerpflichtig, sind sie auch beitragspflichtig.

Soweit die Lohnsteuer für die steuerpflichtigen Ersatzleistungen des Arbeitgebers bei beruflich veranlassten Auswärtstätigkeiten mit 25 % pauschaliert werden kann, tritt Beitragsfreiheit in der Sozialversicherung ein. Vgl. hierzu die Erläuterungen unter der nachfolgenden Nr. 12.

Werden Aufwendungen anlässlich beruflich veranlasster Auswärtstätigkeiten vom Arbeitgeber nicht oder nicht in vollem Umfang erstattet, kann der Arbeitnehmer bei seiner Einkommensteuer-Veranlagung insoweit Werbungskosten geltend machen (vgl. Anhang 7, Abschnitt B Nr. 2).

---

1) BMF-Schreiben vom 25.11.2020. Das BMF-Schreiben ist als Anlage 1 zu H 9.4 LStR im **Steuerhandbuch für das Lohnbüro 2021** abgedruckt, das im selben Verlag erschienen ist.

2. Begriff der Auswärtstätigkeit

a) Allgemeines

Bis zum 31.12.2013 lag eine zu Reisekosten führende beruflich veranlasste Auswärtstätigkeit vor, wenn der Arbeitnehmer vorübergehend außerhalb seiner Wohnung und nicht an seiner regelmäßigen Arbeitsstätte beruflich tätig wurde.

Seit dem 1.1.2014 liegt eine **beruflich veranlasste Auswärtstätigkeit** vor, wenn der Arbeitnehmer **außerhalb seiner Wohnung** und **nicht an seiner ersten Tätigkeitsstätte** beruflich tätig wird. Während also bis zum 31.12.2013 von der „vorübergehenden beruflich veranlassten Auswärtstätigkeit" gesprochen wurde, ist ab 1.1.2014 das Vorliegen einer beruflich veranlassten Auswärtstätigkeit maßgebend. Diese auf den ersten Blick marginale Änderung ist darauf zurückzuführen, dass die Beurteilung einer ersten Tätigkeitsstätte danach vorgenommen wird, ob der Arbeitnehmer der betrieblichen Einrichtung dauerhaft zugeordnet ist bzw. dauerhaft dort tätig werden soll. Letztlich ist somit die Beurteilung der „vorübergehenden" beruflich veranlassten Auswärtstätigkeit zum Tatbestandsmerkmal „erste Tätigkeitsstätte" verschoben worden, wobei sich allerdings ab dem 1.1.2014 die Beurteilungskriterien entscheidend verändert haben. Zum Begriff der **„ersten Tätigkeitsstätte"** einschließlich der Beurteilung der **dauerhaften Zuordnung** bzw. des **dauerhaften Tätigwerdens** vgl. die ausführlichen Erläuterungen und zahlreichen Beispiele unter der nachfolgenden Nr. 3.

Eine Auswärtstätigkeit liegt wie früher **auch** vor, wenn der Arbeitnehmer gar keine erste Tätigkeitsstätte hat und bei seiner individuellen Tätigkeit typischerweise **nur** an **ständig wechselnden Tätigkeitsstätten oder** auf einem **Fahrzeug** tätig wird. Vgl. hierzu auch die Stichwörter „Einsatzwechseltätigkeit" und „Fahrtätigkeit".

Das Vorliegen einer Auswärtstätigkeit ist weder von einer bestimmten Kilometer-Grenze noch von einer bestimmten Abwesenheitsdauer von der Wohnung und/oder der ersten Tätigkeitsstätte abhängig. Die Dauer der Abwesenheit spielt jedoch für die Höhe der Verpflegungspauschalen eine entscheidende Rolle, da der Arbeitnehmer bei eintägigen Auswärtstätigkeiten sowohl von der Wohnung als auch von einer etwaigen ersten Tätigkeitsstätte eine gewisse Zeit abwesend sein muss (mehr als acht Stunden), damit überhaupt ein Verpflegungsmehraufwand vom Arbeitgeber steuerfrei ersetzt oder vom Arbeitnehmer als Werbungskosten geltend gemacht werden kann (vgl. die Erläuterungen unter der nachfolgenden Nr. 9).

b) Berufliche Veranlassung

Der Begriff der Auswärtstätigkeit erfordert es, dass der Arbeitnehmer aus **beruflichem Anlass** außerhalb seiner Wohnung und an keiner ersten Tätigkeitsstätte tätig wird. Äußeres Merkmal der beruflichen Veranlassung einer Reise ist die **Weisung des Arbeitgebers.** Eine berufliche Veranlassung wird regelmäßig gegeben sein beim Besuch eines **Kunden** (z. B. zur Vornahme eines Geschäftsabschlusses), bei Verhandlungen mit **Geschäftspartnern,** beim Besuch einer **Fachmesse** (z. B. mit dem konkreten Ziel des Wareneinkaufs) oder beim Halten eines Vortrags auf einer **Fortbildungsveranstaltung.** Aber nicht jede auf Weisung des Arbeitgebers unternommene Reise muss (weitaus überwiegend) beruflich veranlasst sein. Dies gilt insbesondere für Studienreisen ins Ausland, wenn diese mit einem Privataufenthalt verbunden werden oder der Ehegatte/Lebenspartner mitgenommen wird. Soweit einzelne Aufwendungen im Rahmen einer **privat durchgeführten Reise** ausschließlich beruflich veranlasst sind, können diese aber vom Arbeitgeber steuerfrei ersetzt werden.[1] Im Einzelnen gilt zur beruflichen Veranlassung von Auswärtstätigkeiten Folgendes:

c) Studien- und Gruppeninformationsreisen (sog. Auslandsgruppenreisen)

Aufwendungen eines Arbeitnehmers für Gruppeninformations- und Studienreisen (sog. Auslandsgruppenreisen) sind im Allgemeinen den Kosten der privaten Lebensführung zuzurechnen, und zwar auch dann, wenn durch die Reise zugleich das berufliche Wissen erweitert wird. Dementsprechend gehören Zuschüsse zu den Kosten oder die Übernahme aller Kosten durch den Arbeitgeber im Allgemeinen zum steuerpflichtigen Arbeitslohn. Eine berufliche Veranlassung und damit das Vorliegen einer begünstigten Auswärtstätigkeit wird von der Finanzverwaltung dann anerkannt, wenn die Reise im **weitaus überwiegenden beruflichen oder betrieblichen Interesse** unternommen wird. Für ein weitaus überwiegendes berufliches oder betriebliches Interesse sprechen:

- **homogener Teilnehmerkreis,**
- straffe und **lehrgangsmäßige Organisation** der Reise unter fachkundiger Leitung,
- **Reiseprogramm,** das auf die betrieblichen bzw. **beruflichen** Bedürfnisse und Gegebenheiten der Teilnehmer **zugeschnitten** ist,
- die **Reiseroute** ist nicht auseinandergezogen, nicht mit häufigem Ortswechsel während des Reiseverlaufs verbunden und die besuchten Orte sind eher keine beliebten Tourismusziele,
- bei Arbeitnehmern **Freistellung** von der Arbeit (Sonderurlaub, Dienstbefreiung) durch den Arbeitgeber. Kommt der Arbeitnehmer zudem mit seiner Teilnahme einer **Dienstpflicht** nach (z. B. verpflichtende Fortbildung), spricht dies in besonderer Weise für den beruflichen Veranlassungszusammenhang (BFH-Urteil vom 9.12.2010, BStBl. 2011 II S. 522). Hiervon kann aber nicht bereits dann ausgegangen werden kann, wenn der Arbeitnehmer mit der Teilnahme an der Reise eine allgemeine Verpflichtung zur beruflichen Fortbildung erfüllt oder die Reise von einem Fachverband angeboten wird (BFH-Urteil vom 19.1.2012, BStBl. II S. 416). Dies gilt auch dann, wenn vom Arbeitgeber für die fragliche Reise eine „Dienstreisegenehmigung" erteilt wird.

Liegen die vorstehenden Voraussetzungen für ein weitaus überwiegendes berufliches Interesse vor, kann der Arbeitgeber die Kosten der Reise nach den für Auswärtstätigkeiten maßgebenden Grundsätzen steuerfrei erstatten.

Ein beruflicher Anlass kann auch dann vorliegen, wenn die **Organisation** und **Durchführung** einer Gruppenreise **„dienstliche Aufgabe"** des damit betrauten Arbeitnehmers ist (vgl. auch das Stichwort „Incentive-Reisen").

Für ein erhebliches **privates Interesse** sprechen dagegen Reisen, die in ihrem Ablauf den von Touristikunternehmen üblicherweise angebotenen Besichtigungsreisen entsprechen. Auch das Aufsuchen allgemein bekannter touristischer Zentren oder Sehenswürdigkeiten spricht gegen ein berufliches Interesse (vgl. hierzu auch den folgenden Absatz). Weitere Merkmale für ein erhebliches privates Interesse sind ein häufiger Ortswechsel, kürzere Veranstaltungen mit vielen Sonn- und Feiertagen zur freien Verfügung, Mitnahme des Ehegatten/Lebenspartners oder naher Angehöriger und entspannende Beförderung (z. B. Schiffsreise). Letztlich kann auch die Zusammensetzung des Teilnehmerkreises für eine überwiegende private Veranlassung sprechen, z. B. wenn Arbeitnehmer unterschiedlicher Fachrichtungen verschiedene Veranstaltungen oder Einrichtungen aufsuchen, die jeweils nur für wenige Arbeitnehmer von Interesse sind.

Aufgrund der Rechtsprechung des Großen Senats des Bundesfinanzhofs (Urteil vom 21.9.2009, BStBl. 2010 II S. 672) ist eine Studien- und Gruppeninformationsreise (sog. Auslandsgruppenreise) nicht mehr in jedem Falle als Einheit zu beurteilen. Einzelne Reiseabschnitte können beruflich oder privat veranlasst und die Aufwendungen somit entsprechend **aufzuteilen** sein. Dabei besteht allerdings häufig die praktische Schwierigkeit glaubhaft zu machen, dass der Besuch bestimmter Einrichtungen oder Sehenswürdigkeiten beruflich und nicht privat veranlasst war. Eine berufliche Veranlassung setzt dabei jeweils einen spezifischen Bezug zur beruflichen Tätigkeit des Arbeitnehmers voraus. Von einer Aufteilung ist aber abzusehen, wenn der berufliche oder private Anteil an der Reise von untergeordneter Bedeutung (kleiner als 10 %) ist. Die Aufwendungen sind in diesem Fall in vollem Umfang dem privaten bzw. beruflichen Bereich zuzuordnen.[2]

Eine Aufteilung kommt zudem nur in Betracht, soweit die beruflichen und privat veranlassten Reiseabschnitte voneinander **abgrenzbar** sind (vgl. auch vorstehenden Absatz). Zunächst sind die Kostenbestandteile zu trennen, die sich leicht und eindeutig dem beruflichen und privaten Bereich zuordnen lassen. Für die Aufwendungen, die sowohl den beruflichen als auch den privaten Reiseteil betreffen (z. B. Kosten für die Beförderung, Hotelunterbringung und Verpflegung), kann als Aufteilungsmaßstab das Verhältnis der beruflich und privat veranlassten Zeitanteile herangezogen werden. Bei der Bemessung der Zeitanteile sind der An- und Abreisetag nur zu berücksichtigen, wenn diese Tage zumindest teilweise für private (touristische) und berufliche Unternehmungen zur Verfügung standen.

Greifen allerdings die beruflichen und privaten Reiseabschnitte so ineinander, dass eine **Trennung nicht möglich** ist, liegt ein objektiver Maßstab für eine Aufteilung nicht vor mit der Folge, dass insgesamt von

---

1) Vgl. auch Randziffer 9 des BMF-Schreibens vom 6.7.2010 (BStBl. I S. 614). Das BMF-Schreiben ist als Anlage 4 zu H 9.1 LStR im **Steuerhandbuch für das Lohnbüro 2021** abgedruckt, das im selben Verlag erschienen ist.

2) Vgl. auch Randnummer 11 und 12 des BMF-Schreibens vom 6.7.2010 (BStBl. I S. 614). Das BMF-Schreiben ist als Anlage 4 zu H 9.1 LStR im **Steuerhandbuch für das Lohnbüro 2021** abgedruckt, das im selben Verlag erschienen ist.

einer **privat** veranlassten Reise auszugehen ist (BFH-Urteil vom 21.4.2010, BStBl. II S. 687).

Bei einer als privat zur würdigenden Reise sind jedoch Aufwendungen, die ausschließlich beruflich veranlasst und von den übrigen Kosten eindeutig abgrenzbar sind, nicht als Arbeitslohn zu erfassen. Hierzu gehören insbesondere Kursgebühren, Eintrittsgelder, Raummieten, Fahrtkosten, zusätzliche Unterbringungskosten und Mehraufwendungen für Verpflegung (BFH-Beschluss vom 20.7.2006, BFH/NV 2006 S. 1968)[1].

Beispiel

Der Arbeitnehmer B verbringt seinen dreiwöchigen Jahresurlaub am Starnberger See. Sein Arbeitgeber beauftragt ihn während dieser Zeit Verkaufsverhandlungen mit einem Kunden in München zu führen. Der Arbeitnehmer fährt daher an einem Tag vom Starnberger See nach München und kehrt noch am selben Tag an seinen Urlaubsort zurück. Während es sich bei der Reise an den Starnberger See eindeutig um eine private Urlaubsreise handelt, ist die Fahrt vom Starnberger See nach München und zurück ausschließlich beruflich veranlasst (= Auswärtstätigkeit). Der Arbeitgeber kann die Kosten für die Fahrt vom Starnberger See nach München und zurück sowie etwaige Mehraufwendungen für Verpflegung für diesen Tag (Abwesenheitszeit vom Urlaubsquartier am Starnberger See mehr als acht Stunden) steuerfrei ersetzen.

d) Aufteilung der Aufwendungen bei teils beruflich teils privat veranlassten Tagungen

Im sog. Kreta-Urteil hatte der Bundesfinanzhof entschieden, dass die Frage, ob Zuwendungen an den Arbeitnehmer z. B. in Form einer Auslandsreise im ganz überwiegenden eigenbetrieblichen Interesse des Arbeitgebers liegen oder für den Arbeitnehmer steuerpflichtigen Arbeitslohn darstellen, einheitlich zu würdigen sei, das heißt, eine Aufteilung der Zuwendung in einen steuerpflichtigen und einen steuerfreien Teil komme im Normalfall nicht in Betracht. Eine Aufteilung sei ausnahmsweise dann möglich, wenn eine leichte und eindeutige Abgrenzbarkeit gegeben sei (BFH-Urteil vom 9.8.1996, BStBl. 1997 II S. 97).

Dieses früher geltende Aufteilungsverbot hat der Bundesfinanzhof in ausdrücklicher Abweichung von seiner bisherigen Rechtsprechung für die Einnahmeseite aufgegeben (BFH-Urteil vom 18.8.2005, BStBl. 2006 II S. 30).

Der VI. Senat des Bundesfinanzhofs vertritt die Auffassung, dass bei einer gemischt veranlassten Reise (sowohl betriebliche Zielsetzung als auch Zuwendung eines steuerpflichtigen geldwerten Vorteils) eine **Aufteilung nach objektiven Gesichtspunkten** grundsätzlich durchgeführt werden müsse. Denn Vorteile, die der Arbeitgeber aus ganz überwiegend eigenbetrieblichem Interesse gewährt, gehören nicht zum Arbeitslohn. Aus der Gesamtwürdigung muss sich ergeben, dass der mit der Vorteilsgewährung verfolgte betriebliche Zweck ganz im Vordergrund steht. Dabei ist zu beachten, dass die Intensität des eigenbetrieblichen Interesses des Arbeitgebers und das Ausmaß der Bereicherung des Arbeitnehmers in einer Wechselwirkung stehen. Je höher aus der Sicht des Arbeitnehmers die Bereicherung anzusetzen ist, desto geringer zählt das eigenbetriebliche Interesse des Arbeitgebers. Bei gemischt veranlassten Reisen muss deshalb eine Aufteilung nach objektiven Gesichtspunkten vorgenommen werden. Weder das Fehlen eines geeigneten Aufteilungsmaßstabs noch das zeitliche Ineinanderfließen der unterschiedlichen Reisebestandteile können eine andere Beurteilung rechtfertigen. Sei eine eindeutige Ermittlung oder Berechnung der Besteuerungsgrundlagen nicht möglich, seien sie zu schätzen (§ 162 AO)[2].

Auch bei einer gemischt veranlassten Reise müssen jedoch zuerst diejenigen Aufwendungen herausgerechnet werden, die sich leicht und eindeutig entweder dem betriebsfunktionalen Bereich (z. B. Miete für Tagungsräume) oder dem Bereich, dessen Zuwendung sich als steuerpflichtiger geldwerter Vorteil darstellt (z. B. touristisches Programm, gemeinsame Feiern), zuordnen lassen. Nur diejenigen Kosten, die nicht direkt zugeordnet werden können (Flugkosten, Hotel, Verpflegung usw.) müssen gem. § 162 AO aufgeteilt werden, wobei als sachgerechter Aufteilungsmaßstab grundsätzlich das **Verhältnis der Zeitanteile** der unterschiedlichen Reisebestandteile heranzuziehen ist. Bei den Verpflegungsmehraufwendungen ist dieser Aufteilungsmaßstab aber nur auf die steuerlich abzugsfähigen Reisekostenpauschalen anzuwenden, wobei die anteiligen Verpflegungspauschalen wegen der Mahlzeitengestellung zu kürzen sind (vgl. das nachfolgende Beispiel).[3]

Die Aufteilung der Kosten bei gemischt veranlassten Reisen in einen steuerpflichtigen geldwerten Vorteil und Leistungen im ganz überwiegend eigenbetrieblichen Interesse des Arbeitgebers soll anhand des nachfolgenden Schaubilds verdeutlicht werden:

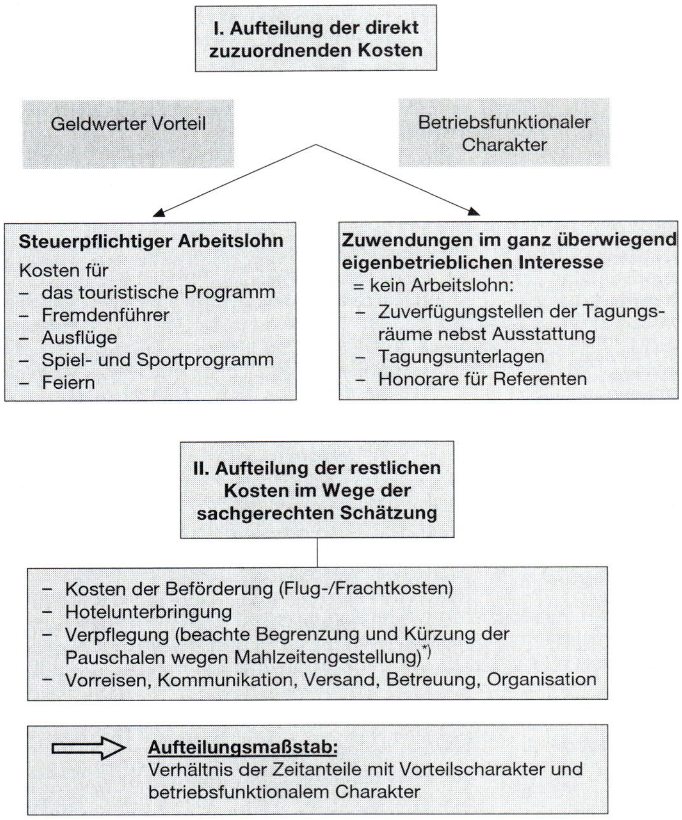

*) Im Hinblick auf die Kürzung der anteiligen Verpflegungspauschalen um den gesetzlich vorgesehenen Kürzungsbetrag wegen der Mahlzeitengestellung sind die Verpflegungskosten nicht – auch nicht anteilig – als Arbeitslohn anzusetzen (Folge aus den gesetzlichen Regelungen in § 8 Abs. 2 Sätze 8 und 9 EStG).

Beispiel

Die Z-AG führt in der Zeit vom 6.–10.9.2021 unter dem Motto „Wettbewerbsvorteile durch Kundenmanagement – vom Produktspezialisten zum Marketingspezialisten" die Jahrestagung ihres Außendienstes (200 Arbeitnehmer) in einem Hotel in Portugal durch; es handelt sich nicht um eine Betriebsveranstaltung. Die mit der Organisation der Reise beauftragte X-GmbH stellte dem Arbeitgeber für die Reise insgesamt 800 000 € in Rechnung. Davon entfielen auf

a)	den betriebsfunktionalen Bereich (Miete Tagungsräume, Tagungsunterlagen, Honorare der Referenten)	8 000 €
b)	das touristische Programm	52 000 €
c)	Kosten für Flug, Transfer, Übernachtung	700 000 €
d)	Verpflegungskosten (Halbpension mit Frühstück und Abendessen) von	40 000 €

Die Jahrestagung des Außendienstes fand an den Vormittagen der Aufenthaltstage statt, während an den Nachmittagen das touristische Programm durchgeführt wurde. Die beruflichen und privaten Zeitanteile – berechnet anhand des üblichen 8-Stunden-Arbeitstags – beliefen sich auf jeweils 50 %.

Bei den Aufwendungen in Höhe von 8 000 € für den betriebsfunktionalen Teil handelt es sich um Zuwendungen im ganz überwiegenden eigenbetrieblichen Interesse des Arbeitgebers, die nicht als Arbeitslohn anzusetzen sind. Hinsichtlich des steuerfreien Ersatzes der Verpflegungspauschalen und der vom Arbeitgeber getragenen Verpflegungskosten (Preis der einzelnen Mahlzeiten bis 60 €) gilt Folgendes:

Wegen des Anspruchs auf eine Verpflegungspauschale ist der Wert der Mahlzeiten nicht als Arbeitslohn anzusetzen; die Verpflegungspauschalen sind wegen der Mahlzeitengestellung zu kürzen.

1) Vgl. auch Randziffer 9 des BMF-Schreibens vom 6.7.2010 (BStBl. I S. 614). Das BMF-Schreiben ist als Anlage 4 zu H 9.1 LStR im **Steuerhandbuch für das Lohnbüro 2021** abgedruckt, das im selben Verlag erschienen ist.

2) Mit Beschluss vom 21.9.2009 (BStBl. 2010 II S. 672) hat der Große Senat des Bundesfinanzhofs entschieden, dass sich aus § 12 Nr. 1 Satz 2 EStG **kein** allgemeines **Aufteilungs-** und **Abzugsverbot** für gemischte Aufwendungen auf der **Ausgabenseite** herleiten lässt. Die Finanzverwaltung hat zu dieser Rechtsprechung mit BMF-Schreiben vom 6.7.2010 (BStBl. I S. 614) Stellung genommen. Das BMF-Schreiben ist als Anlage 4 zu H 9.1 LStR im **Steuerhandbuch für das Lohnbüro 2021** abgedruckt, das im selben Verlag erschienen ist.

3) Bei einem Sprachkurs im Ausland hat der Bundesfinanzhof die über die reinen Kursgebühren hinausgehenden Reisekosten jeweils zur Hälfte den Werbungskosten und den Kosten der privaten Lebensführung zugerechnet (BFH-Urteil vom 24.2.2011, BStBl. II S. 796 zum Sprachkurs in Südafrika). Ebenso für einen Spanischkurs in Südamerika (vgl. BFH-Beschluss vom 9.1.2013, BFH/NV 2013 S. 552). Siehe hierzu auch das Stichwort „Fortbildungskosten" unter Nr. 2 Buchstabe c.

Für den Anreisetag ergibt sich somit eine Verpflegungspauschale von 12 € (50 % von 24 €), die um 14,40 € (40 % von 36 € für das Abendessen) zu kürzen ist, sodass sich eine Verpflegungspauschale von 0 € ergibt.

Für die drei Zwischentage ergibt sich eine Verpflegungspauschale von jeweils 18 € (50 % von 36 €), die jeweils um 21,60 € (20 % von 36 € = 7,20 € für das Frühstück und 40 % von 36 € = 14,40 € für das Abendessen) zu kürzen ist, sodass sich auch für die drei Zwischentage eine Verpflegungspauschale von 0 € ergibt.

Für den Abreisetag ergibt sich eine Verpflegungspauschale von 12 € (50 % von 24 €), die um 7,20 € (20 % von 36 € für das Frühstück) zu kürzen ist, sodass sich eine Verpflegungspauschale von 4,80 € ergibt, die vom Arbeitgeber steuerfrei gezahlt oder von den Arbeitnehmern als Werbungskosten geltend gemacht werden kann.

Hinweis: Sofern der Preis einer einzelnen Mahlzeit pro Arbeitnehmer 60 € übersteigt, ist die Mahlzeit in vollem Umfang mit dem tatsächlichen Wert steuerpflichtig. Eine Kürzung der anteiligen Verpflegungspauschale ist in diesem Fall nicht vorzunehmen.

Als steuerpflichtiger Arbeitslohn sind anzusetzen:

a)	die Kosten des touristischen Programms von	52 000 €
b)	50 % der Kosten für Flug, Transfer, Übernachtung	350 000 €
	Summe	402 000 €[1]

e) Verbindung eines Privataufenthalts mit einer „echten" Auswärtstätigkeit

Liegt der Reise des Arbeitnehmers – anders als bei einer Gruppeninformations- oder Studienreise (vgl. zu sog. Auslandsgruppenreisen den vorstehenden Buchstaben c) – ein **eindeutiger unmittelbarer betrieblicher/beruflicher Anlass** zugrunde (z. B. ein Arbeitnehmer nimmt aufgrund einer Weisung seines Arbeitgebers einen ortsgebundenen Pflichttermin wahr), sind die Kosten für die Hin- und Rückreise auch dann in vollem Umfang beruflich veranlasst, wenn der Arbeitnehmer die Auswärtstätigkeit mit einem vorangehenden oder nachfolgenden Privataufenthalt verbindet.[2] Unabhängig von der Dauer des Privataufenthalts ist in diesen Fällen von einer untergeordneten privaten Mitveranlassung der Fahrtkosten (auch der Flugkosten) auszugehen.

Beispiel A

Der Arbeitnehmer wird für seinen Arbeitgeber bis zum Freitag auswärts tätig (ortsgebundener Geschäftsabschluss). Er bleibt jedoch übers Wochenende in der Stadt, um sich die Baudenkmäler anzusehen. Mit der Beendigung der Tätigkeit am Freitag ist auch die berufliche Veranlassung entfallen. Alle danach entstehenden Aufwendungen für Unterkunft, Verpflegung usw. sind dem privaten Bereich des Arbeitnehmers zuzuordnen. Die Fahrtkosten nach Abschluss dieses Wochenendes sind jedoch beruflich veranlasst, weil der Reise ein eindeutiger unmittelbarer beruflicher Anlass zugrunde liegt.

Verbringt der Arbeitnehmer also im Zusammenhang mit einer eindeutig unmittelbar beruflich veranlassten Reise vor oder nach Abschluss der beruflichen Tätigkeit weitere private Reisetage (Urlaub) am Ort/im Land der beruflichen Tätigkeit, sind diese Reisetage nicht beruflich veranlasst. Bei den Übernachtungs- und Verpflegungskosten handelt es sich insoweit nicht um Reisekosten. Die Fahrt-, Bahn- oder Flugkosten sind jedoch Reisekosten, da sie durch einen unmittelbaren (konkreten) beruflichen Anlass bedingt sind. Das gilt allerdings nicht, wenn die privat veranlassten Reisetage zu einer nicht abgrenzbaren Erhöhung der Flug-/Fahrtkosten führen.

Beispiel B

Der Arbeitnehmer nimmt auf Weisung seines Arbeitgebers an Verkaufsverhandlungen mit einem Kunden in Tokio teil. Die Verhandlungen erstrecken sich über eine Woche. Der Arbeitgeber trägt die Aufwendungen für Flug, Unterkunft und Verpflegung. Im Hinblick darauf, dass der Arbeitnehmer ohnehin einmal in Japan seinen Urlaub verbringen wollte, ihm dies aber bisher zu teuer war, nimmt er unmittelbar im Anschluss an die Verkaufsverhandlungen seinen Jahresurlaub. Höhere Flugkosten entstehen dadurch nicht.

Die durch den anschließenden Urlaub bedingten Übernachtungs- und Verpflegungskosten sind keine Reisekosten. Den Flugkosten liegt eindeutig eine konkrete (unmittelbare) berufliche Veranlassung zugrunde. Die Arbeitgebererstattung der Flugkosten ist daher als Reisekosten steuerfrei. Auf die zeitliche Dauer des Privataufenthalts kommt es nicht an.

Beispiel C

Wie Beispiel B. Durch den in Japan im Anschluss an die beruflich veranlasste Auswärtstätigkeit verbrachten Jahresurlaub entstehen für Flüge innerhalb Japans weitere Kosten in Höhe von 1500 €.

Diese – vom Hin- und Rückflug abgrenzbaren – Flugkosten in Höhe von 1500 € sind eindeutig privat veranlasst und können vom Arbeitgeber nicht steuerfrei erstattet werden. Die Kosten für den Hin- und Rückflug bleiben hingegen beruflich und können vom Arbeitgeber steuerfrei erstattet werden.

Beispiel D

Ein Arbeitnehmer wird für zwei Monate in die USA entsandt. Im Anschluss an die Entsendung fliegt er direkt in den Urlaub nach Japan. Die Kosten für den Hin- und Rückflug in die USA hätten insgesamt 2000 € betragen. Durch den privaten Umweg über Japan erhöhen sich die Flugkosten auf 2750 €. Der Arbeitgeber erstattet dem Arbeitnehmer den Betrag von 2750 €.

Die Erstattung des Arbeitgeber ist in Höhe von 2000 € steuerfrei und in Höhe von 750 € steuerpflichtig, da die Erhöhung der Flugkosten insoweit auf dem privaten Umweg über Japan beruht.

f) Mitnahme des Ehegatten[3]

Bei Arbeitnehmern in leitender Funktion kann es vorkommen, dass sie bei Auswärtstätigkeiten – insbesondere bei Auslandsreisen – von ihrem Ehegatten begleitet werden. Die Mitnahme beruht häufig auf gesellschaftlicher Grundlage, weil sich die Arbeitnehmer erfahrungsgemäß gewissen Repräsentationspflichten nicht entziehen können. Soweit Aufwendungen (Flug-, Hotel-, Verpflegungs- oder Nebenkosten) für den mitreisenden Ehegatten vom Arbeitgeber übernommen werden, gehören diese in vollem Umfang zum steuerpflichtigen Arbeitslohn, soweit nicht ausnahmsweise durch den Ehegatten eine fremde Arbeitskraft ersetzt wird. Übernachten die Ehegatten in einem Doppelzimmer, können dem Arbeitnehmer diejenigen Übernachtungskosten steuerfrei erstattet werden, die bei Inanspruchnahme eines Einzelzimmers im selben Hotel entstanden wären (der Arbeitnehmer muss sich diese Kosten vom Hotel schriftlich bestätigen lassen). Vgl. auch die Erläuterungen unter der nachfolgenden Nr. 8 Buchstabe b.

Darüber hinaus ist die Mitnahme des Ehegatten ein gegen die berufliche Veranlassung der Reise beim Arbeitnehmer sprechendes Indiz. Das gilt insbesondere, wenn der Ehegatte ohne eigene berufliche Veranlassung dasselbe Reiseprogramm absolviert. Vgl. auch die Erläuterungen beim Stichwort „Incentive-Reisen" sowie „Reisekostenvergütungen aus öffentlichen Kassen" unter Nr. 4. Bei einem eindeutigen unmittelbaren beruflichen Anlass (z. B. Kundenbesuch, Teilnahme an einer beruflichen Sitzung) ist die Mitnahme von Familienangehörigen allerdings regelmäßig unschädlich. Der Arbeitgeber kann die Reisekosten steuerfrei ersetzen, soweit sie auch ohne Mitnahme der Familienangehörigen angefallen wären.

Beispiel

Der Arbeitnehmer führt eine einwöchige beruflich veranlasste Auswärtstätigkeit (Teilnahme an einer Tagung) durch und wird von seinem nicht berufstätigen Ehegatten begleitet.

Der Arbeitgeber kann die Reisekosten steuerfrei ersetzen, soweit sie auch ohne die Mitnahme des Ehegatten angefallen wären (vgl. zu den Unterkunftskosten die Erläuterungen und Beispiele unter der nachfolgenden Nr. 8 Buchstabe b). Für den Ehegatten ist daher z. B. ein steuerfreier Ersatz der Verpflegungspauschalen nicht möglich.

Der Bundesfinanzhof hat einen **Werbungskostenabzug** der Aufwendungen für **Besuchsfahrten eines Ehepartners** zur auswärtigen Tätigkeitsstätte des anderen Ehepartners im Rahmen einer beruflich veranlassten **Auswärtstätigkeit abgelehnt** (BFH-Urteil vom 22.10.2015, BStBl. 2016 II S. 179). Die berufliche Veranlassung für solche Fahrten sei selbst dann nicht gegeben, wenn der Arbeitnehmer eine Fahrt vom auswärtigen Beschäftigungsort zum Familienwohnsitz nicht durchführen kann, weil seine Anwesenheit am Beschäftigungsort aufgrund einer Weisung bzw. Empfehlung des Arbeitgebers oder aus anderen beruflichen Gründen erforderlich ist. Die berufliche Veranlassung der an sich privaten Besuchsfahrt des Ehegatten kann daraus nicht hergeleitet werden. Im Streitfall waren während der siebenwöchigen Auswärtstätigkeit zwei Heimfahrten vom Arbeitnehmer (= Werbungskosten) und drei Besuchsreisen des Ehegatten durchgeführt worden. Bei diesen Besuchsreisen ging der Bundesfinanzhof von **typischen privaten Wochenendreisen** des Ehegatten aus und lehnte einen Werbungskostenabzug ab. Zur Berücksichtigung sog. umgekehrter Familienheimfahrten im Rahmen einer beruflich veranlassten doppelten Haushaltsführung vgl. das Stichwort „Familienheimfahrten" unter Nr. 7.

g) Abgrenzung der Auswärtstätigkeit von den Fahrten zwischen Wohnung und erster Tätigkeitsstätte

Es kommt häufig vor, dass Arbeitnehmer bei Fahrten zwischen Wohnung und erster Tätigkeitsstätte die Post des Arbeitgebers abholen oder abliefern. Solche Fahrten werden dadurch nicht zu Auswärtstätigkeiten, weil sich der Charakter der Fahrt (= Fahrt zwischen Wohnung und erster Tätigkeitsstätte) nicht **wesentlich** ändert und nur ein geringer Umweg erforderlich ist. Lediglich die erforderliche Umwegstrecke ist als Auswärtstätigkeit zu werten (Hinweise zu R 9.10 LStR, Stichwort „Dienstliche Verrichtungen auf der Fahrt")[4]. Anders ist es hingegen, wenn der Arbeitnehmer auf der Fahrt zwischen Wohnung und erster Tätigkeitsstätte bereits einen auf dem Wege liegenden Kunden des Arbeitgebers

1) Im Hinblick auf die Kürzung der anteiligen Verpflegungspauschalen um den gesetzlich vorgesehenen Kürzungsbetrag wegen der Mahlzeitengestellung sind die Verpflegungskosten nicht – auch nicht anteilig – als Arbeitslohn anzusetzen (Folge aus den gesetzlichen Regelungen in § 8 Abs. 2 Sätze 8 und 9 EStG).

2) Randnummer 12 des BMF-Schreibens vom 6.7.2010 (BStBl. I S. 614). Das BMF-Schreiben ist als Anlage 4 zu H 9.1 LStR im **Steuerhandbuch für das Lohnbüro 2021** abgedruckt, das im selben Verlag erschienen ist.

3) Die nachfolgenden Ausführungen gelten entsprechend bei Mitnahme des eingetragenen Lebenspartners (§ 2 Abs. 8 EStG).

4) Die amtlichen Hinweise zu den Lohnsteuer-Richtlinien sind im **Steuerhandbuch für das Lohnbüro 2021** abgedruckt, das im selben Verlag erschienen ist.

aufsucht und dadurch eine wesentliche Änderung des Charakters der Fahrt eintritt mit der Folge, dass die gesamte Fahrt (Wohnung – Kunde – erste Tätigkeitsstätte oder umgekehrt) zur Auswärtstätigkeit wird.

3. Erste Tätigkeitsstätte

a) Allgemeines

Bis zum 31.12.2013 war die „regelmäßige Arbeitsstätte" der maßgebende Begriff des lohnsteuerlichen Reisekostenrechts. Zentraler Punkt der seit 1.1.2014 geltenden Regelungen ist die gesetzliche Definition der **ersten Tätigkeitsstätte,** die **an** die **Stelle** der **regelmäßigen Arbeitsstätte** getreten ist. Der Begriff der „ersten Tätigkeitsstätte" ist im Reisekostenrecht von herausragender Bedeutung, da von einer beruflich veranlassten Auswärtstätigkeit nur dann auszugehen ist, wenn der Arbeitnehmer außerhalb seiner Wohnung und an keiner ersten Tätigkeitsstätte tätig wird. Dies hat Folgeauswirkungen für die Berücksichtigung der Fahrtkosten (Entfernungspauschale oder Reisekosten) und für die Höhe der Verpflegungspauschalen (bei eintägigen Auswärtstätigkeiten mehr als acht Stunden Abwesenheitsdauer von der Wohnung und/oder von der ersten Tätigkeitsstätte). Sie ist zudem für die Abgrenzung der beruflich veranlassten Auswärtstätigkeit von der doppelten Haushaltsführung von Bedeutung, da auch das Vorliegen einer doppelten Haushaltsführung das Vorhandensein einer ersten Tätigkeitsstätte erfordert (vgl. R 9.11 Abs. 1 Satz 2 LStR).

Der Arbeitnehmer kann je Dienstverhältnis **höchstens eine erste Tätigkeitsstätte** haben (§ 9 Abs. 4 Satz 5 EStG), ggf. aber auch gar keine erste Tätigkeitsstätte, sondern nur auswärtige Tätigkeitsstätten. Ein Arbeitnehmer ohne erste Tätigkeitsstätte ist außerhalb seiner Wohnung immer auswärts tätig. Die **Bestimmung** der ersten Tätigkeitsstätte erfolgt vorrangig anhand der dienst- oder **arbeitsrechtlichen Festlegungen durch den Arbeitgeber** (vgl. nachfolgenden Buchstaben b). Sind solche nicht vorhanden oder sind die getroffenen Festlegungen nicht eindeutig, werden **hilfsweise quantitative (zeitliche) Kriterien** herangezogen (vgl. nachfolgenden Buchstaben c).

„Tätigkeitsstätte" ist eine von der Wohnung getrennte, **ortsfeste betriebliche Einrichtung,** die räumlich zusammengefasste Sachmittel umfasst, die der Tätigkeit eines Arbeitgebers, eines verbundenen Unternehmens oder eines vom Arbeitgeber bestimmten Dritten dienen und mit dem Erdboden verbunden oder dazu bestimmt sind, überwiegend **standortgebunden** genutzt zu werden (BFH-Urteil vom 11.4.2019, BStBl. II S. 551). Fahrzeuge, Flugzeuge, Schiffe oder Tätigkeitsgebiete ohne ortsfeste betriebliche Einrichtungen sind keine Tätigkeitsstätten in diesem Sinne. Demgegenüber sind Baucontainer, die auf einer Großbaustelle längerfristig (nicht gleichzusetzen mit dauerhaft!) fest mit dem Erdreich verbunden sind und in denen sich z. B. Baubüros, Aufenthaltsräume oder Sanitäreinrichtungen befinden, „ortsfeste" betriebliche Einrichtungen. Hingegen sind mobile Baucontainer, die ohne große Umstände jederzeit fortbewegt werden können, keine „ortsfesten" betrieblichen Einrichtungen. Auch bei Filmsets in Filmstudios sowie in festmontierten Vorrichtungen auf dem Betriebsgelände eines Filmstudios handelt es sich um ortsfeste betriebliche Einrichtungen. Entsprechendes gilt für Filmsets in mobilen Kulissen, die auf dem Betriebsgelände eines Filmstudios für die Dreharbeiten errichtet werden.

Beispiel A

Auf einer Großbaustelle befindet sich ein Baucontainer, der längerfristig fest mit dem Erdreich verbunden ist und in dem sich das Baubüro sowie Aufenthaltsräume für die Arbeitnehmer befinden.

Bei dem längerfristig mit dem Erdreich verbundenen Baucontainer handelt es sich um eine „ortsfeste" betriebliche Einrichtung.

Beispiel B

Auf der Großbaustelle sind lediglich mehrere mobile Baucontainer vorhanden, die jederzeit ohne größere Umstände fortbewegt werden können.

Bei den mobilen Baucontainern handelt es sich nicht um „ortsfeste" betriebliche Einrichtungen.

Eine **großräumige erste Tätigkeitsstätte** liegt vor, wenn eine Vielzahl solcher Mittel, die für sich betrachtet selbstständige betriebliche Einrichtungen darstellen können, räumlich abgrenzbar in einem organisatorischen, technischen oder wirtschaftlichen Zusammenhang mit der betrieblichen Tätigkeit des Arbeitgebers, eines verbundenen Unternehmens oder eines vom Arbeitgeber bestimmten Dritten stehen. Demgemäß kommt als eine solche erste Tätigkeitsstätte auch ein großflächiges und entsprechend **infrastrukturell erschlossenes Gebiet** (z. B. Werksanlage, Betriebsgelände, Zechengelände, Bahnhof oder Flughafen) in Betracht (BFH-Urteile vom 11.4.2019, BStBl. II S. 546 und 551).

Beispiel C

A ist Pilot bei einer Fluggesellschaft und von seinem Arbeitgeber dem Flughafen München dauerhaft zugeordnet worden, von dem seine Flüge regelmäßig starten und landen.

Das von A geflogene Flugzeug ist keine erste Tätigkeitsstätte, da es sich nicht um eine „ortsfeste" betriebliche Einrichtung handelt. Erste Tätigkeitsstätte des A ist der Flughafen München, da der Arbeitgeber ihn dort dauerhaft zugeordnet hat und A dort beruflich tätig wird (z.B. hinsichtlich der Vorbereitungshandlungen für die Flüge). Unerheblich ist, dass es sich um die betriebliche Einrichtung eines Dritten (der Flughafengesellschaft) und nicht des Arbeitgebers (= Fluggesellschaft) handelt.

Beispiel D

Eine Luftsicherheitskontrollkraft (= Bodenpersonal) wird auf dem Flughafengelände an unterschiedlichen Stellen zur Durchführung von Sicherheitskontrollen eingesetzt.

Das Flughafengelände ist erste (großräumige) Tätigkeitsstätte.

Die Annahme einer Tätigkeitsstätte erfordert also nicht, dass es sich um eine ortsfeste betriebliche Einrichtung des **Arbeitgebers** handelt. Eine erste Tätigkeitsstätte kann folglich auch in den Fällen vorliegen, in denen der Arbeitnehmer statt beim eigenen Arbeitgeber in einer ortsfesten betrieblichen Einrichtung eines **verbundenen Unternehmens** (§ 15 AktG) oder eines Dritten (z. B. eines **Kunden,** auch einer Privatperson als Kunde) tätig werden soll (BFH-Urteile vom 4.4.2019, BStBl. II S. 536, vom 10.4.2019, BStBl. II S. 539 und vom 11.4.2019, BStBl. II S. 546 sowie S. 551). Das häusliche Arbeitszimmer ist aber keine erste Tätigkeitsstätte des Arbeitnehmers (vgl. nachfolgenden Buchstaben e).

Eine erste Tätigkeitsstätte wird zudem nur dann begründet, wenn der **Arbeitnehmer** in den vorstehenden ortsfesten betrieblichen Einrichtungen **dauerhaft tätig werden soll** (vgl. nachfolgenden Buchstaben b und c).

b) Dauerhafte Zuordnung zur ersten Tätigkeitsstätte durch den Arbeitgeber

Eine erste Tätigkeitsstätte liegt vor, wenn der Arbeitnehmer einer solchen Tätigkeitsstätte dauerhaft zugeordnet ist (§ 9 Abs. 4 Satz 1 EStG). Ist der Arbeitnehmer nur vorübergehend einer Tätigkeitsstätte zugeordnet, begründet er dort keine erste Tätigkeitsstätte. Die dauerhafte Zuordnung des Arbeitnehmers wird durch die dienst- oder **arbeitsrechtlichen Festlegungen** sowie die diese ausfüllenden Absprachen oder Weisungen bestimmt (§ 9 Abs. 4 Satz 2 EStG). Das gilt unabhängig davon, ob diese **schriftlich oder mündlich** erteilt worden sind und ob sie für einzelne Arbeitnehmer oder Arbeitnehmergruppen gelten. Auch eine (im Ergebnis) **konkludente** Zuordnung hält der Bundesfinanzhof für möglich, wobei es nicht darauf ankommt, ob sich der Arbeitgeber der steuerlichen Folgen bewusst ist. Im Gegensatz zur früheren Auffassung der Finanzverwaltung hält er allerdings eine Dokumentation der Zuordnungsentscheidung **nicht** für **erforderlich** (BFH-Urteile vom 4.4.2019, BStBl. II S. 536 und vom 11.4.2019, BStBl. II S. 546 sowie S. 551). Eine Zuordnung kann sich vielmehr auch ergeben aus Regelungen im Arbeitsvertrag, Tarifvertrag, Protokollnotizen, dienstrechtlichen Verfügungen (z. B. Regelungen zum abweichenden Dienstsitz), Einsatzplänen, Reiserichtlinien, Reisekostenabrechnungen, Ansatz eines geldwerten Vorteils für die Nutzung des Firmenwagens Wohnung/erste Tätigkeitsstätte oder vom Arbeitgeber als Nachweis seiner Zuordnungsentscheidung vorgelegte Organigramme (BFH-Urteile vom 4.4.2019, BStBl. II S. 536 und vom 11.4.2019, BStBl. II S. 546). Ein Organigramm kann aber gegen den Willen des Arbeitgebers nicht als Nachweis zur Bestimmung einer ersten Tätigkeitsstätte herangezogen werden, wenn der Arbeitgeber tatsächlich keine Zuordnung seines Arbeitnehmers zu einer Tätigkeitsstätte getroffen hat und kein anderer Nachweis für die Zuordnung erbracht wird. Wird aufgrund des Nachweisgesetzes in Arbeitsverträgen oder Einstellungsbögen ein Einstellungs-, Anstellungs- oder Arbeitsort des Arbeitnehmers bestimmt, handelt es sich nicht um eine Zuordnung, wenn der Arbeitgeber schriftlich gegenüber dem Arbeitnehmer oder in der Reiserichtlinie des Unternehmens erklärt, dass dadurch keine arbeitsrechtliche Zuordnung zu einer ersten Tätigkeitsstätte erfolgen soll.

Nicht mehr entscheidend ist seit dem 1.1.2014, ob an der vom Arbeitgeber festgelegten Tätigkeitsstätte der **qualitative Schwerpunkt** der Tätigkeit liegt oder liegen soll. Die frühere Rechtsprechung des Bundesfinanzhofs zur regelmäßigen Arbeitsstätte, die darauf abstellte, ob der zu beurteilenden Tätigkeitsstätte eine hinreichend zentrale Bedeutung gegenüber weiteren Tätigkeitsorten beizumessen war (vgl. BFH-Urteil vom 9.6.2011, BStBl. 2012 II S. 36), welche Tätigkeit an den verschiedenen Arbeitsstätten im Einzelnen ausgeübt wurde und welches konkrete Gewicht dieser Tätigkeit zukam (vgl. BFH-Urteil vom 9.6.2011, BStBl. 2012 II S. 38), ist seit 2014 gegenstandslos.

Die Zuordnung zu einer betrieblichen Einrichtung muss sich auf die Tätigkeit des Arbeitnehmers beziehen (vgl. auch § 9 Abs. 4 Satz 3 EStG, wonach der Arbeitnehmer dort „tätig werden soll"). Eine Zuordnung des Arbeitnehmers zu einer betrieblichen Einrichtung allein aus tarifrechtlichen, mitbestimmungsrechtlichen oder organisatorischen Gründen (z. B. Personalaktenführung), ohne dass der Arbeitnehmer in dieser Einrichtung – auch nicht in geringem Umfang – tätig werden soll, ist keine Zuordnung, die zur Begründung einer ersten Tätigkeitsstätte führt. Sofern der Arbeitnehmer allerdings in einer vom Arbeitgeber festgelegten Tätigkeitsstätte zumindest in ganz geringem Umfang tätig werden soll, ist die Zuordnung des Arbeitgebers zu dieser Tätigkeitsstätte maßgebend, auch wenn es sich um Hilfs- und/oder Nebentätigkeiten handelt. Dies gilt selbst dann, wenn für die Zuordnung letztlich tarifrechtliche, mitbestimmungsrechtliche oder organisatorische Gründe ausschlaggebend sind. Der Bundesfinanzhof verlangt, dass der Arbeitnehmer an seiner ersten Tätigkeitsstätte zumindest in **geringem Umfang arbeitsvertraglich geschuldete, berufsbildbezogene Tätigkeiten** ausüben muss. Denn ein Ort, an dem der Arbeitnehmer nicht tätig wird (oder für den Regelfall tätig werden soll), kann nicht als erste Tätigkeitsstätte angesehen werden. Es genügen bei Monteuren die Abgabe von Auftragsbestätigungen und Stundenzetteln, bei einem Polizeibeamten im Streifen- und Einsatzdienst z. B. die Teilnahme an den Dienstantritts- oder allgemeinen Einsatzbesprechungen, Schichtübernahme oder -übergabe, Erledigung der Schreibarbeiten (Verfassen von Protokollen, Streifen-, Einsatz- oder Unfallberichte; BFH-Urteile vom 4.4.2019, BStBl. II S. 536) und bei der Flugzeugbesatzung das sog. Briefing (BFH-Urteil vom 11.4.2019, BStBl. II S. 546). Die frühere Auffassung der Finanzverwaltung, wonach selbst die Abgabe von Krank- oder Urlaubsmeldungen für das Vorliegen einer ersten Tätigkeitsstätte ausreichen soll, ist demnach zu weitgehend.

Beispiel A

Arbeitnehmer A mit Wohnsitz in Düsseldorf ist dem Sitz der Geschäftsleitung seines Arbeitgebers in Krefeld dauerhaft zugeordnet.

A hat seine erste Tätigkeitsstätte in Krefeld.

Beispiel B

Wie Beispiel A. A erledigt seine berufliche Tätigkeit an vier Tagen in der Woche von zu Hause aus und kommt nur einen Tag in der Woche in die Firma seines Arbeitgebers.

A hat auch in diesem Fall aufgrund der dauerhaften Zuordnung seine erste Tätigkeitsstätte in Krefeld. Auf den Umfang der beruflichen Tätigkeit an dieser Tätigkeitsstätte (hier: 1 Tag pro Woche) kommt es nicht an.

Abwandlung

Wie Beispiel B. A ist dem Sitz der Geschäftsleitung in Krefeld nicht dauerhaft zugeordnet worden.

A hat keine erste Tätigkeitsstätte, da es sich beim häuslichen Arbeitszimmer nicht um eine betriebliche Einrichtung handelt und er am Sitz der Geschäftsleitung in Krefeld nicht die zeitlichen Kriterien zur Begründung einer ersten Tätigkeitsstätte erfüllt (vgl. nachfolgende Buchstaben c und e).

Beispiel C

Arbeitnehmer C, der seine Tätigkeit am Sitz der Geschäftsleitung in Frankfurt ausübt, wird von seinem Arbeitgeber aus organisatorischen Gründen der Betriebsstätte in München zugeordnet, ohne allerdings dort eine Tätigkeit auszuüben.

C begründet in München keine erste Tätigkeitsstätte, da er dort nicht, auch nicht im geringen Umfang tätig wird.

Beispiel D

Wie Beispiel C. C sucht die Betriebsstätte in München einmal monatlich wegen der Teilnahme an einer hausinternen Besprechung auf.

C hat seine erste Tätigkeitsstätte in München, da er – anders als im vorangegangenen Beispiel C – dort zumindest im geringen Umfang beruflich tätig wird. Dafür reicht es aus, dass C einmal monatlich die Betriebsstätte in München aufsucht.

Beispiel E

Der Vertriebsmitarbeiter für die Region Augsburg soll einmal wöchentlich an den Firmensitz nach München fahren, dem er zugeordnet ist. Dort soll er die anfallenden Bürotätigkeiten erledigen und an Dienstbesprechungen teilnehmen.

Der Vertriebsmitarbeiter hat aufgrund der dauerhaften Zuordnung seine erste Tätigkeitsstätte in München, wo er auch im geringen Umfang tätig wird. Unerheblich ist, dass der qualitative Schwerpunkt seiner Tätigkeit im Außendienst in der Region Augsburg liegt.

Von einem beruflichen **Tätigwerden** an einer betrieblichen Einrichtung eines **Dritten** (z. B. verbundenes Unternehmen, Kunde) kann aber nicht ausgegangen werden, wenn der Arbeitnehmer bei dem Dritten nur eine Dienstleistung in Anspruch nimmt oder bei dem Dritten nur einen Einkauf tätigt. Eine erste Tätigkeitsstätte bei einem Dritten kann nur dann vorliegen, wenn der Dritte dem Arbeitgeber einen Auftrag erteilt, den der Arbeitnehmer beim Dritten erfüllt.

Beispiel F

F, als Bürokraft einer Pflegeeinrichtung beschäftigt, wird dauerhaft einer Apotheke zugeordnet, weil sie diese auf dem täglichen Weg zur Arbeit aufsucht, um Medikamente für Personen abzuholen, die von Pflegekräften der Sozialstation betreut werden.

Trotz der dauerhaften Zuordnung zur Apotheke hat F dort keine erste Tätigkeitsstätte, weil sie dort nur – wenn auch täglich – einen Einkauf bei einem Dritten tätigt; derartige Hilfs- oder Nebentätigkeiten bei einem Dritten führen nicht zu einer ersten Tätigkeitsstätte. Da sie typischerweise arbeitstäglich in der Pflegeeinrichtung dauerhaft tätig werden soll, hat sie aufgrund der zeitlichen Kriterien dort ihre erste Tätigkeitsstätte (§ 9 Abs. 4 Satz 4 EStG; vgl. nachfolgenden Buchstaben c).

Beispiel G

G, als Krankenpflegerin einer Pflegeeinrichtung beschäftigt, wird dauerhaft einer Arztpraxis zugeordnet, weil sie diese täglich aufsucht, um Rezepte für die zu betreuenden Patienten abzuholen.

Trotz der dauerhaften Zuordnung zur Arztpraxis hat G dort keine erste Tätigkeitsstätte, weil sie dort nur – wenn auch täglich – eine Dienstleistung eines Dritten in Anspruch nimmt; derartige Hilfs- oder Nebentätigkeiten bei einem Dritten führen nicht zu einer ersten Tätigkeitsstätte. Da sie typischerweise arbeitstäglich in der Pflegeeinrichtung dauerhaft tätig werden soll, hat sie aufgrund der zeitlichen Kriterien dort ihre erste Tätigkeitsstätte (§ 9 Abs. 4 Satz 4 EStG; vgl. nachfolgenden Buchstaben c).

Beispiel H

H, als Bürokraft eines Unternehmens beschäftigt, wird dauerhaft einer Filiale der Deutschen Post zugeordnet, weil er diese auf dem täglichen Weg zur Arbeit aufsucht, um das dortige Postfach des Arbeitgebers zu leeren.

Trotz der dauerhaften Zuordnung hat H in der Postfiliale keine erste Tätigkeitsstätte, weil er dort nur – wenn auch täglich – eine Dienstleistung eines Dritten in Anspruch nimmt; derartige Hilfs- oder Nebentätigkeiten bei einem Dritten führen nicht zu einer ersten Tätigkeitsstätte. Da er typischerweise arbeitstäglich im Unternehmen dauerhaft tätig werden soll, hat er aufgrund der zeitlichen Kriterien dort seine erste Tätigkeitsstätte (§ 9 Abs. 4 Satz 4 EStG; vgl. nachfolgenden Buchstaben c).

Beispiel I

Der für mehrere Sozialstationen (= Dritte) zuständige Pflegedienstleiter I ist überwiegend in der Pflegeleitstelle (= Arbeitgeber) mit organisatorischen Aufgaben betraut. An einzelnen Tagen im Monat sucht er sporadisch die einzelnen Sozialstationen auf, um dort die angefallenen Büroarbeiten zu erledigen. Der Arbeitgeber ordnet I dauerhaft der Sozialstation X zu, die der Wohnung des I am nächsten liegt.

Aufgrund der dauerhaften Zuordnung hat I in der Sozialstation X seine erste Tätigkeitsstätte. Der Sachverhalt ist nicht mit den vorstehenden Fällen vergleichbar, in denen der Arbeitnehmer bei dem Dritten nur eine Dienstleistung in Anspruch nimmt oder bei ihm einen Einkauf tätigt. Hier hat nämlich der Dritte (Sozialstation X) dem Arbeitgeber (= Pflegeleitstelle) einen Auftrag erteilt (= Erledigung von Büroarbeiten), die der Arbeitnehmer bei der Sozialstation X (= Dritter) erfüllt.

Soll der Arbeitnehmer an **mehreren Tätigkeitsstätten** tätig werden und ist er einer bestimmten Tätigkeitsstätte arbeits- oder dienstrechtlich dauerhaft zugeordnet, ist es unerheblich, in welchem Umfang er seine berufliche Tätigkeit an dieser oder an den anderen Tätigkeitsstätten ausüben soll. Auch auf die Regelmäßigkeit des Aufsuchens dieser Tätigkeitsstätten kommt es dann nicht mehr an (vgl. auch den nachfolgenden Buchstaben f).

Die nach den vorstehenden Grundsätzen vorgenommene **Zuordnung** durch den Arbeitgeber zu einer Tätigkeitsstätte muss zudem **auf Dauer** angelegt sein (Prognoseentscheidung für die Zukunft). Die typischen Fälle einer dauerhaften Zuordnung sind im Gesetz selbst aufgeführt worden (§ 9 Abs. 4 Satz 3 EStG). Dort sind genannt

- die **unbefristete** Zuordnung des Arbeitnehmers zu einer bestimmten betrieblichen Einrichtung; von einer solchen unbefristeten Zuordnung ist auch dann auszugehen, wenn der Arbeitnehmer **bis auf Weiteres (= dauerhaft)** an einer betrieblichen Einrichtung tätig werden soll. Der Bundesfinanzhof geht von einer unbefristeten Zuordnung aus, wenn sie weder kalendermäßig noch nach Art, Zweck oder Beschaffenheit der Arbeitsleistung zeitlich bestimmt ist (BFH-Urteil vom 4.4.2019, BStBl. II S. 536). Allein die Möglichkeit, dass der Arbeitnehmer jederzeit auch einer anderen Tätigkeitsstätte zugeordnet werden könnte, führt nicht zur Annahme einer befristeten Zuordnung;
- die Zuordnung für die **gesamte Dauer des** – befristeten oder unbefristeten – **Dienstverhältnisses** oder
- die Zuordnung **über einen Zeitraum von 48 Monaten hinaus.**

Entscheidend sind allein die Festlegungen des Arbeitgebers und die im Rahmen des Arbeitsverhältnisses erteilten Weisungen. Dabei ist unerheblich, ob mit dem Arbeitnehmer eine Probezeit vereinbart wurde, er versetzungsbereit oder befristet beschäftigt ist (vgl. auch BFH-Urteil vom 6.11.2014, BStBl. 2015 II S. 338).

Beispiel K

Der Arbeitnehmer K ist von der Firma Z als technischer Zeichner ausschließlich für ein Projekt befristet auf ein Jahr eingestellt worden. Das Arbeitsverhältnis von K soll vertragsgemäß nach Ablauf der Befristung enden.

K hat ab dem ersten Tag der Tätigkeit bei Z aufgrund der arbeitsrechtlichen Zuordnung des Arbeitgebers für die gesamte Dauer des befristeten Dienstverhältnisses seine erste Tätigkeitsstätte.

Wird eine zunächst auf **bis zu 48 Monaten** geplante **Auswärtstätigkeit** des Arbeitnehmers **verlängert**, kommt es darauf an, ob der Arbeitnehmer vom Zeitpunkt der Verlängerungsentscheidung an noch mehr als 48 Monate an der Tätigkeitsstätte eingesetzt werden soll. Selbst bei einer sog. **Kettenabordnung** ist keine dauerhafte Zuordnung zu einer Tätigkeitsstätte gegeben, wenn die einzelne Abordnung jeweils einen Zeitraum von bis zu 48 Monaten umfasst.

Beispiel L

Der unbefristet beschäftigte Arbeitnehmer L wird für eine Projektdauer von voraussichtlich 18 Monaten der betrieblichen Einrichtung des Arbeitgebers in München zugeordnet. Nach 18 Monaten wird die Zuordnung um 36 Monate verlängert.

Obwohl Arbeitnehmer L insgesamt 54 Monate in München tätig wird, hat er dort keine erste Tätigkeitsstätte. Die gesetzlich vorgegebene Prognosebetrachtung bedeutet, dass L weder im Zeitpunkt der erstmaligen Zuordnung (= 18 Monate) noch im Zeitpunkt der

Verlängerungsentscheidung (= 36 Monate) für mehr als 48 Monate in München eingesetzt werden soll.

Abwandlung

Die Zuordnung von L wird bereits nach drei Monaten um 36 Monate auf insgesamt 54 Monate verlängert.

Ab dem Zeitpunkt der Verlängerungsentscheidung hat L seine erste Tätigkeitsstätte in München, da er ab diesem Zeitpunkt noch 51 Monate (15 Monate zuzüglich 36 Monate) und somit dauerhaft in München tätig werden soll. Das gilt auch, wenn L für diese Tätigkeit neu eingestellt und eine Probezeit vereinbart wurde oder das Projekt planwidrig bereits nach 12 Monaten beendet wird. Die steuerliche Beurteilung der ersten drei Monate als beruflich veranlasste Auswärtstätigkeit bleibt von der Verlängerungsentscheidung unberührt (vgl. hierzu auch die nachfolgenden Ausführungen).

Für die Beantwortung der Frage, ob eine dauerhafte Zuordnung vorliegt, ist eine Beurteilung der zukünftigen Verhältnisse maßgebend (Prognoseentscheidung für die Zukunft). Daher ist auch die **Änderung einer Zuordnung** durch den Arbeitgeber mit Wirkung für die Zukunft zu berücksichtigen. Aus steuerlicher Sicht muss der Arbeitgeber die Änderung der Zuordnung nicht näher begründen.

Beispiel M

Ein in Hannover wohnender Arbeitnehmer ist bis auf Weiteres an drei Tagen in der Woche in einer Filiale seines Arbeitgebers in Hannover und an zwei Tagen in der Woche in einer Filiale seines Arbeitgebers in Bremen tätig. Der Arbeitgeber hatte zunächst die Filiale in Bremen als erste Tätigkeitsstätte festgelegt. Ab 1. Juli 2021 legt er Hannover als erste Tätigkeitsstätte fest.

Bis 30. Juni 2021 hat der Arbeitnehmer in Bremen seine erste Tätigkeitsstätte. Ab 1. Juli 2021 ist die erste Tätigkeitsstätte in Hannover.

Maßgeblicher Zeitpunkt für eine neue Prognose ist der Zeitpunkt der Änderung der Verhältnisse, jedoch noch nicht die Ankündigung des Arbeitgebers über einen künftigen Wechsel. Erst wenn sich die tatsächlichen Verhältnisse ändern, ist diese Änderung (verbunden mit einer neuen Prognose) mit Wirkung für die Zukunft zu berücksichtigen (vgl. auch das nachfolgende Beispiel O sowie die Abwandlung). Eine Änderung der Zuordnung kann auch vorliegen, wenn sich das **Berufsbild** des Arbeitnehmers aufgrund der Vorgaben des Arbeitgebers **dauerhaft ändert.**

Beispiel N

Arbeitnehmer N wird mit Wirkung vom 1.10.2021 an dauerhaft vom Außendienst in den Innendienst versetzt.

Ab 1.10.2021 hat der Arbeitnehmer N aufgrund der Versetzung in den Innendienst eine erste Tätigkeitsstätte. Bis zum 30.9.2021 liegt eine zu Reisekosten führende beruflich veranlasste Auswärtstätigkeit vor.

Beispiel O

Arbeitnehmer O ist von seinem Arbeitgeber unbefristet eingestellt worden, um dauerhaft in der Filiale Y zu arbeiten. In den ersten 36 Monaten seiner Beschäftigung soll O aber zunächst ausschließlich die Filiale X führen. In der Filiale Y soll er während dieser Zeit nicht, auch nicht in ganz geringem Umfang tätig werden.

Die Filiale X ist keine erste Tätigkeitsstätte, da O dort lediglich für 36 Monate und damit nicht dauerhaft tätig werden soll; auf den quantitativen Umfang der Tätigkeit kommt es nicht an. Die Filiale Y wird erst nach Ablauf von 36 Monaten erste Tätigkeitsstätte, wenn O dort dauerhaft tätig werden soll. Folglich übt O während der Tätigkeit in der Filiale X eine beruflich veranlasste Auswärtstätigkeit aus.

Abwandlung

A wird zum 1.8.2021 an die Zentrale seines Arbeitgebers dauerhaft versetzt. Er bewirbt sich anschließend auf eine Stelle bei einer Niederlassung seines Arbeitgebers und erhält im November 2021 die Mitteilung, dass er ab dem 1.8.2022 bis zum 31.7.2023 an diese Niederlassung abgeordnet wird.

Zu Beginn der Tätigkeit an der Zentrale am 1.8.2021 soll A dort unbefristet tätig werden und begründet damit dort seine erste Tätigkeitsstätte. Durch die Zusage zur künftigen Abordnung an die Niederlassung im November 2021 tritt keine Änderung dieser Prognose ein, da die Abordnung zur Niederlassung erst in der Zukunft wirksam wird. Erst wenn sich die tatsächlichen Verhältnisse ändern, ist diese Änderung (verbunden mit einer neuen Prognose) mit Wirkung für die Zukunft zu berücksichtigen. Die Zentrale bleibt bis zu diesem Zeitpunkt erste Tätigkeitsstätte. An der Niederlassung selbst wird keine erste Tätigkeitsstätte begründet, da die Abordnung nicht dauerhaft erfolgt.

Weichen die tatsächlichen Verhältnisse durch **unvorhersehbare Ereignisse,** wie z. B. Krankheit, politische Unruhen am Tätigkeitsort, Insolvenz des Kunden oder Ähnliches von der ursprünglichen Festlegung der dauerhaften Zuordnung ab, bleibt die zuvor getroffene, in die Zukunft gerichtete Prognoseentscheidung für die Vergangenheit bezüglich des Vorliegens der ersten Tätigkeitsstätte maßgebend (vgl. auch das nachfolgende Beispiel S).

Keine erste Tätigkeitsstätte liegt also vor, wenn der Arbeitnehmer an der betrieblichen Einrichtung des Arbeitgebers oder des Dritten nur **vorübergehend tätig** wird. Das gilt z. B. auch dann, wenn der Arbeitnehmer aufgrund eines **unabwendbaren Ereignisses** an seinem eigentlichen Arbeitsplatz (z. B. nach einem Brand oder bei einer Kernsanierung) vorübergehend an einem anderen Ort tätig werden muss.

Beispiel P

Die Arbeitnehmer der Firma A haben ihre erste Tätigkeitsstätte aufgrund einer dauerhaften Zuordnung im Betriebsgebäude in Düsseldorf. Da dieses Gebäude kernsaniert werden muss, werden sie für einen Zeitraum von zwei Jahren (= voraussichtlicher Abschluss der Baumaßnahme) in einem angemieteten Gebäude in Duisburg tätig.

Die Arbeitnehmer haben in Duisburg keine erste Tätigkeitsstätte, da sie dort nur vorübergehend und nicht dauerhaft tätig werden. Die Fahrtkosten können für den gesamten Zeitraum von zwei Jahren (bei Benutzung eines Pkw mit 0,30 € je gefahrenen Kilometer) und die Verpflegungspauschalen bei einer Abwesenheit von der Wohnung von mehr als acht Stunden für einen Zeitraum von drei Monaten mit 14 € arbeitstäglich vom Arbeitgeber steuerfrei ersetzt bzw. vom Arbeitnehmer als Werbungskosten abgezogen werden.

Eine dauerhafte Zuordnung ist aber auch gegeben, wenn das Dienstverhältnis auf einen anderen Arbeitgeber ausgelagert wird und der Arbeitnehmer unbefristet, für die gesamte Dauer des neuen Beschäftigungsverhältnisses oder länger als 48 Monate weiterhin an seiner früheren Tätigkeitsstätte des bisherigen Arbeitgebers tätig werden soll (sog. **Outsourcing**). Die anders lautende Rechtsprechung des Bundesfinanzhofs (BFH-Urteil vom 9.2.2012, BStBl. II S. 827) ist seit 1.1.2014 überholt. Entsprechendes gilt für den Fall, dass ein **Leiharbeitnehmer** ausnahmsweise dauerhaft (unbefristet für die gesamte Dauer des Leiharbeitsverhältnisses oder länger als 48 Monate) in einer ortsfesten betrieblichen Einrichtung des Entleihers tätig werden soll (vgl. zur alten Rechtslage BFH-Urteil vom 17.6.2010, BStBl II S. 852, der das Vorliegen einer regelmäßigen Arbeitsstätte bei einem Leiharbeitnehmer generell verneint hatte); die Regelung im Arbeitnehmerüberlassungsgesetz, wonach der Verleiher denselben Leiharbeitnehmer nicht länger als 18 aufeinander folgende Monate demselben Entleiher überlassen und der Entleiher denselben Leiharbeitnehmer nicht länger als 18 aufeinander folgende Monate tätig werden lassen darf, entfaltet für das Steuerrecht keine unmittelbare Wirkung und ist daher unbeachtlich. Auch die Entscheidung des Bundesfinanzhofs, wonach die betriebliche Einrichtung eines Kunden des Arbeitgebers in der Regel keine regelmäßige Arbeitsstätte sein konnte (BFH-Urteil vom 13.6.2012, BStBl. 2013 II S. 169), ist seit 1.1.2014 überholt, sofern der Arbeitnehmer „dauerhaft“ beim Kunden des Arbeitgebers tätig werden soll.

Beispiel Q

Arbeitnehmer Q ist von der Zeitarbeitsfirma Z als technischer Zeichner ausschließlich für die Überlassung an die Projektentwicklungsfirma P eingestellt worden. Das Arbeitsverhältnis von Q endet vertragsgemäß nach Abschluss des aktuellen Projekts bei P.

Q hat ab dem ersten Tag der Tätigkeit bei der Projektentwicklungsfirma P dort seine erste Tätigkeitsstätte, da er seine Tätigkeit bei P für die gesamte Dauer seines Dienstverhältnisses bei Z und damit dort dauerhaft ausüben soll.

Beispiel R

Arbeitnehmer R ist von der Zeitarbeitsfirma Z unbefristet als technischer Zeichner eingestellt worden und wird bis auf Weiteres an die Projektentwicklungsfirma P überlassen und dieser zugeordnet.

R hat ab dem ersten Tag der Tätigkeit bei der Projektentwicklungsfirma P seine erste Tätigkeitsstätte, da er P zugeordnet ist und seine Tätigkeit bei P ohne Befristung und damit dauerhaft ausüben soll.

Beispiel S

Leiharbeitnehmer S wird ab 1.1.2021 bis auf Weiteres (= unbefristet) beim Entleiher Y eingesetzt. Aufgrund der Insolvenz des Entleihers endet die Tätigkeit des S dort bereits am 28.2.2021. Ab dem 1.3.2021 wird er zunächst für ein Jahr befristet beim Entleiher Z tätig.

Da S unbefristet und damit dauerhaft beim Entleiher Y eingesetzt wird, hat er dort vom 1.1.2021 bis zum 28.2.2021 seine erste Tätigkeitsstätte; die unvorhersehbare Insolvenz des Y ändert daran nichts. Vom 1.3.2021 an liegt aufgrund der befristeten Tätigkeit beim Entleiher Z eine beruflich veranlasste Auswärtstätigkeit vor.

Bei einem **befristeten Arbeitsverhältnis** ist eine unbefristete Zuordnung zu einer ersten Tätigkeitsstätte denklogisch ausgeschlossen. Die Zuordnung erfolgt aber für die gesamte Dauer des Arbeitsverhältnisses und somit dauerhaft, wenn sie vorausschauend betrachtet für die gesamte Dauer des Arbeitsverhältnisses Bestand haben soll (BFH-Urteil vom 10.4.2019, BStBl. II S. 539). Dies kann insbesondere angenommen werden, wenn die Zuordnung im Rahmen des Arbeitsverhältnisses unbefristet oder ausdrücklich für dessen gesamte Dauer erfolgt. Wird ein befristetes Beschäftigungsverhältnis vor Ablauf der Befristung schriftlich durch bloßes Hinausschieben des Beendigungszeitpunkts bei ansonsten unverändertem Vertragsinhalt **verlängert,** liegt ein einheitliches Beschäftigungsverhältnis vor. Für die Frage, ob eine Zuordnung für die Dauer des Beschäftigungsverhältnisses erfolgt, ist daher ab dem Zeitpunkt der Verlängerung auf das einheitliche Beschäftigungsverhältnis und nicht lediglich auf den Zeitraum der Verlängerung abzustellen. War der Arbeitnehmer im Rahmen eines befristeten Arbeitsverhältnisses bereits einer ersten Tätigkeitsstätte zugeordnet und wird er im weiteren Verlauf einer anderen Tätigkeitsstätte zugeordnet, erfolgt diese **zweite Zuordnung** nicht mehr für die Dauer des Arbeitsverhältnisses. Denn in Bezug auf die zweite Zuordnung steht fest, dass sie nicht für die gesamte Dauer des Arbeitsverhältnisses gilt, sondern lediglich für die Dauer des verbleibenden Arbeitsverhältnisses. Eine dauerhafte Zuordnung für die Dauer des Arbeitsverhältnisses kann in solchen Fällen nur dann vorliegen, wenn für jede neue Zuordnung zugleich ein neues Arbeitsverhältnis vereinbart wird. Vgl. auch das Stichwort „Einsatzwechseltätigkeit".

Beispiel T

Arbeitnehmer T wurde im Rahmen eines befristeten Arbeitsverhältnisses einer ersten Tätigkeitsstätte zugeordnet. Das befristete Arbeitsverhältnis wird vor Ablauf der Befristung verlängert und T wird einer anderen Tätigkeitsstätte zugeordnet.

Die zweite Zuordnung zur (neuen, anderen) Tätigkeitsstätte erfolgt nicht mehr für die gesamte Dauer des Arbeitsverhältnisses. Es liegt daher für die Tätigkeit an der (neuen, anderen) Tätigkeitsstätte eine beruflich veranlasste Auswärtstätigkeit vor.

Bei einer **grenzüberschreitender Arbeitnehmerentsendung** zwischen verbundenen Unternehmen liegt beim aufnehmenden Unternehmen eine erste Tätigkeitsstätte dann vor, wenn der Arbeitnehmer im Rahmen eines **eigenständigen Arbeitsvertrags** mit dem **aufnehmenden Unternehmen** einer ortsfesten betrieblichen Einrichtung dieses Unternehmens unbefristet zugeordnet ist, die Zuordnung die Dauer des gesamten – befristeten oder unbefristeten – Dienstverhältnisses umfasst oder die Zuordnung über einen Zeitraum von 48 Monaten hinausreicht (§ 9 Abs. 4 Satz 3 EStG).[1)]

Beispiel U

Arbeitnehmer U ist von der ausländischen Muttergesellschaft für zwei Jahre an die inländische Tochtergesellschaft entsandt worden. U hat mit der Tochtergesellschaft einen eigenständigen Arbeitsvertrag über zwei Jahre abgeschlossen, in dem er der inländischen Hauptniederlassung der Tochtergesellschaft zugeordnet wurde.

U hat in der Hauptniederlassung der Tochtergesellschaft seine erste Tätigkeitsstätte, da er dieser betrieblichen Einrichtung für die gesamte Dauer seines befristeten Arbeitsverhältnisses zugeordnet ist.

Wird ein Arbeitnehmer bei grenzüberschreitender Arbeitnehmerentsendung zwischen verbundenen Unternehmen **ohne Abschluss eines eigenständigen Arbeitsvertrags** mit dem aufnehmenden Unternehmen in einer ortsfesten betrieblichen Einrichtung dieses Unternehmens tätig, liegt beim aufnehmenden Unternehmen eine erste Tätigkeitsstätte nur dann vor, wenn der Arbeitnehmer **vom entsendenden Unternehmen** einer ortsfesten Einrichtung des aufnehmenden Unternehmens unbefristet zugeordnet ist, die Zuordnung die Dauer des gesamten – befristeten oder unbefristeten – Dienstverhältnisses umfasst oder die Zuordnung über einen Zeitraum von 48 Monaten hinausreicht (§ 9 Abs. 4 Satz 3 EStG).

Beispiel V

Arbeitnehmer U ist von der ausländischen Muttergesellschaft im Rahmen eines unbefristeten Arbeitsvertrags für zwei Jahre an die inländische Tochtergesellschaft entsandt und für diesen Zeitraum der inländischen Hauptniederlassung der Tochtergesellschaft zugeordnet worden. U hat mit der Tochtergesellschaft keinen eigenständigen Arbeitsvertrag abgeschlossen.

U hat bei der Tochtergesellschaft keine erste Tätigkeitsstätte, da er der inländischen Hauptniederlassung der Tochtergesellschaft nicht dauerhaft zugeordnet worden ist. Er übt für die Dauer seiner zweijährigen Tätigkeit bei der Tochtergesellschaft eine beruflich veranlasste Auswärtstätigkeit aus.

Abwandlung

Wie Beispiel V. Der Arbeitnehmer U wird bis auf Weiteres an die inländische Tochtergesellschaft entsandt.

Durch die unbefristete („bis auf Weiteres") Entsendung ist U der inländischen Tochtergesellschaft dauerhaft zugeordnet und hat damit dort seine erste Tätigkeitsstätte.

Fehlt es bei grenzüberschreitender Arbeitnehmerentsendung zwischen verbundenen Unternehmen an einer dauerhaften Zuordnung des Arbeitnehmers zu einer betrieblichen Einrichtung des aufnehmenden Unternehmens durch dienst- oder arbeitsrechtliche Festlegung oder ist die getroffene Festlegung nicht eindeutig, gelten zur Bestimmung der ersten Tätigkeitsstätte die quantitativen, zeitlichen Kriterien (vgl. hierzu den nachfolgenden Buchstaben c).

c) Zeitliche Kriterien zur Bestimmung der ersten Tätigkeitsstätte[2)]

Die Erläuterungen und Beispiele unter dem vorstehenden Buchstaben b) sehen nur die Möglichkeit einer Zuordnungsentscheidung des Arbeitgebers zu einer bestimmten Tätigkeitsstätte vor. Der Arbeitgeber kann arbeits- oder dienstrechtlich daher nicht mit steuerlicher Wirkung festlegen, dass der Arbeitnehmer **keine** erste Tätigkeitsstätte hat **(Negativfestlegung).** Er kann allerdings (ggf. auch ausdrücklich) darauf verzichten, eine erste Tätigkeitsstätte arbeits- und dienstrechtlich festzulegen, oder ausdrücklich erklären, dass organisatorische Zuordnungen steuerlich keine erste Tätigkeitsstätte begründen sollen. In diesen Fällen erfolgt die Prüfung, ob eine erste Tätigkeitsstätte gegeben ist, anhand der quantitativen, also **zeitlichen Kriterien.** Der Arbeitgeber kann zudem festlegen, dass sich die Bestimmung der ersten Tätigkeitsstätte nach den zeitlichen Kriterien richtet. Im Ergebnis ist eine Zuordnungsentscheidung des Arbeitgebers mittels arbeits- und dienstrechtlicher Festlegung somit lediglich erforderlich, wenn er die erste Tätigkeitsstätte abweichend von den nachfolgenden zeitlichen Kriterien festlegen will.[3)]

Zu beachten ist, dass der Arbeitnehmer von der Entscheidung des Arbeitgebers wegen der Folgen für den Werbungskostenabzug Kenntnis haben muss. Ein interner Vermerk des Arbeitgebers, dass beim Arbeitnehmer oder einzelnen Arbeitnehmergruppen lediglich eine organisatorische Zuordnung ohne steuerliche Folgen vorliegt, genügt daher nicht.

Beispiel A

Im Arbeitsvertrag des Arbeitnehmers, der als Kundendienstmonteur angestellt und bei ständig wechselnden Kunden beschäftigt ist, ist als „Dienstsitz" der Hauptsitz des Arbeitgebers benannt. Dort werden die Personalakten der Arbeitnehmer geführt und einmal im Jahr Betriebsversammlungen abgehalten. Der Arbeitnehmer sucht den Firmensitz durchschnittlich alle vierzehn Tage auf.

Der Arbeitgeber erklärt schriftlich auch gegenüber dem Arbeitnehmer bzw. in der Reiserichtlinie des Unternehmens für alle Arbeitnehmer, dass es sich bei dieser Formulierung im Arbeitsvertrag um keine Zuordnung zu einer ersten Tätigkeitsstätte handeln soll. Diese Erklärung wird in den Lohnunterlagen aufbewahrt. In diesem Fall ist die Prüfung, ob und wo ggf. eine erste Tätigkeitsstätte vorliegt, nach zeitlichen Kriterien vorzunehmen (§ 9 Abs. 4 Satz 4 EStG).

Beispiel B

In Einstellungsbögen bzw. in Arbeitsverträgen ist aufgrund des Nachweisgesetzes und tariflicher Regelungen ein Einstellungs-, Anstellungs- oder Arbeitsort des Arbeitnehmers bestimmt.

Hierbei handelt es sich nicht um eine Zuordnung i. S. d. § 9 Abs. 4 EStG, wenn der Arbeitgeber schriftlich auch gegenüber dem Arbeitnehmer bzw. in der Reiserichtlinie des Unternehmens erklärt, dass durch diese Zuordnung keine erste Tätigkeitsstätte begründet werden soll. Die Prüfung, ob und wo ggf. eine erste Tätigkeitsstätte vorliegt, ist nach zeitlichen Kriterien vorzunehmen (§ 9 Abs. 4 Satz 4 EStG).

Fehlt es an einer **dauerhaften Zuordnung** des Arbeitnehmers zu einer betrieblichen Einrichtung durch dienst- oder arbeitsrechtliche Festlegung nach dem vorstehenden Buchstaben b (z. B. weil der Arbeitgeber ausdrücklich auf eine Zuordnung verzichtet hat oder ausdrücklich erklärt, dass organisatorische Zuordnungen keine steuerliche Wirkung entfalten sollen; vgl. vorstehende Beispiele A und B) **oder** ist die getroffene Festlegung **nicht eindeutig,** ist von einer ersten Tätigkeitsstätte an der betrieblichen Einrichtung auszugehen, an der der Arbeitnehmer

- **typischerweise arbeitstäglich** oder
- **je Arbeitswoche zwei volle Arbeitstage** oder
- **mindestens ein Drittel** seiner vereinbarten regelmäßigen **Arbeitszeit**

dauerhaft (= unbefristet, für die gesamte Dauer des Dienstverhältnisses oder über 48 Monate hinaus) tätig werden soll (§ 9 Abs. 4 Satz 4 EStG).

Beispiel C

Der Vertriebsmitarbeiter für die Region Augsburg soll einmal wöchentlich an den Firmensitz nach München fahren. Dort soll er die anfallenden Bürotätigkeiten erledigen und an Dienstbesprechungen teilnehmen. Eine dauerhafte Zuordnung zu einer betrieblichen Einrichtung hat der Arbeitgeber nicht vorgenommen.

Der Vertriebsmitarbeiter hat keine erste Tätigkeitsstätte, da der Arbeitgeber keine dauerhafte Zuordnung zu einer betrieblichen Einrichtung vorgenommen hat und die zeitlichen Kriterien für eine erste Tätigkeitsstätte am Firmensitz in München bei einer Tätigkeit von einem Tag in der Woche nicht erfüllt sind.

Beispiel D

Arbeitnehmer D ist von seinem Arbeitgeber unbefristet eingestellt worden, um dauerhaft in der Filiale in München zu arbeiten. In den ersten 36 Monaten seiner Tätigkeit arbeitet er allerdings an drei Tagen wöchentlich in der Filiale in Rosenheim und lediglich zwei Tage wöchentlich in der Filiale in München. Der Arbeitgeber hat D für die ersten 36 Monate der Filiale in Rosenheim zugeordnet.

D hat in der Filiale in Rosenheim keine erste Tätigkeitsstätte, da er dieser Filiale lediglich für 36 Monate und damit nicht dauerhaft zugeordnet ist. Erste Tätigkeitsstätte ist – auch ohne ausdrückliche Zuordnung durch den Arbeitgeber – die Filiale in München, da D dort dauerhaft an zwei vollen Tagen in der Woche tätig werden soll (§ 9 Abs. 4 Satz 4 EStG).

Abwandlung

Arbeitnehmer D soll in den ersten 36 Monaten seiner Tätigkeit an vier Tagen wöchentlich in der Filiale in Rosenheim und einen vollen Tag wöchentlich in der Filiale in München tätig werden.

In diesen 36 Monaten seiner Tätigkeit hat D in der Filiale in Rosenheim keine erste Tätigkeitsstätte, da er dort nicht dauerhaft tätig werden soll. Erste Tätigkeitsstätte ist

---

1) Die BFH-Rechtsprechung, wonach ein Arbeitnehmer, der wiederholt von seinem Arbeitgeber ins Ausland entsandt worden ist, dort keine regelmäßige Arbeitsstätte begründet (BFH-Urteil vom 10.4.2014, BStBl. II S. 804), ist im Hinblick auf die gesetzliche Regelung des § 9 Abs. 4 EStG ab dem Jahr 2014 überholt und nicht mehr anzuwenden.
Der BFH hat allerdings in den Revisionsverfahren VI R 21/18, VI R 22/18 und VI R 23/18 darüber zu entscheiden, unter welchen Voraussetzungen in Entsendefällen von einer dauerhaften Zuordnung auszugehen ist.

2) Die zeitlichen Kriterien gelten entsprechend zur Bestimmung der Betriebsstätte bei Selbstständigen für die Abzugsbeschränkung der Fahrtkosten für die Wege zwischen Wohnung und Betriebsstätte (§ 4 Abs. 5 Satz 1 Nr. 6 EStG; BMF-Schreiben vom 23.12.2014, BStBl. 2015 I S. 26).

3) Randnummer 13 des BMF-Schreibens vom 25.11.2020. Das BMF-Schreiben ist als Anlage 1 zu H 9.4 LStR im **Steuerhandbuch für das Lohnbüro 2021** abgedruckt, das im selben Verlag erschienen ist.

auch nicht die Filiale in München, da D dort die zeitlichen Kriterien für eine erste Tätigkeitsstätte bei einer Tätigkeit von einem Tag in der Woche nicht erfüllt.

Die vorstehenden quantitativen, zeitlichen Kriterien sind nur dann erfüllt, wenn der Arbeitnehmer an der betrieblichen Einrichtung seine **eigentliche berufliche Tätigkeit ausübt.** Allein ein regelmäßiges Aufsuchen der betrieblichen Einrichtung, z. B. zur Berichtsfertigung, zur Vorbereitung der Zustellroute, zur Wartung und Pflege des Fahrzeugs, zur Abholung oder Abgabe von Kundendienstfahrzeugen oder Lkws einschließlich deren Be- und Entladung, zur Abholung von Material oder zur Abgabe von Auftragsbestätigungen, Stundenzetteln, Krankmeldungen und Urlaubsanträgen führt nicht zu einer Qualifizierung der betrieblichen Einrichtung als erste Tätigkeitsstätte.[1)]

Beispiel E

Ein Kundendienstmonteur, der von seinem Arbeitgeber keiner betrieblichen Einrichtung dauerhaft zugeordnet ist, sucht den Betrieb seines Arbeitgebers regelmäßig auf, um den Firmenwagen samt Material zu übernehmen, die Auftragsbestätigungen in Empfang zu nehmen und die Stundenzettel vom Vortag abzugeben.

Der Kundendienstmonteur hat keine erste Tätigkeitsstätte. Der Betrieb seines Arbeitgebers wird auch durch das regelmäßige Aufsuchen nicht zur ersten Tätigkeitsstätte, da er seine eigentliche berufliche Tätigkeit an diesem Ort nicht ausübt. Der Arbeitnehmer übt vielmehr insgesamt eine beruflich veranlasste Auswärtstätigkeit aus.

Beispiel F

Kundendienstmonteur F, der keiner betrieblichen Einrichtung seines Arbeitgebers dauerhaft zugeordnet ist, wartet und repariert die Geräte regelmäßig unmittelbar beim Kunden. Einige Geräte lassen sich allerdings nur in der Werkstatt im Betrieb seines Arbeitgebers instand setzen. Er ist daher auch zehn Stunden wöchentlich (wöchentliche Arbeitszeit = 38,5 Stunden) im Betrieb seines Arbeitgebers tätig.

F hat keine erste Tätigkeitsstätte, da er nicht mindestens ein Drittel seiner vereinbarten regelmäßigen Arbeitszeit im Betrieb seines Arbeitgebers tätig wird.

Beispiel G

Außendienstmitarbeiter G, der keiner betrieblichen Einrichtung seines Arbeitgebers dauerhaft zugeordnet ist, ist jede Woche freitags im Betrieb seines Arbeitgebers tätig, um dort die angefallenen Büroarbeiten zu erledigen.

G hat keine erste Tätigkeitsstätte, da er lediglich einen und nicht zwei volle Arbeitstage in der Woche im Betrieb seines Arbeitgebers tätig wird.

Beispiel H

Die Fahrer im öffentlichen Personennahverkehr sollen ihr Fahrzeug immer an wechselnden Stellen im Stadtgebiet übernehmen und in der Regel mindestens einmal wöchentlich die Kassen abrechnen. Die Kassenabrechnung sollen sie in der Geschäftsstelle oder in einem Betriebshof durchführen. Dort werden auch die Personalakten geführt oder sind Krank- und Urlaubsmeldungen abzugeben.

Das bloße Abrechnen der Kassen, die Führung der Personalakten sowie die Verpflichtung zur Abgabe der Krank- und Urlaubsmeldungen führen nicht zu einer ersten Tätigkeitsstätte am Betriebshof oder in der Geschäftsstelle. Eine erste Tätigkeitsstätte liegt nur vor, wenn der Arbeitgeber die Arbeitnehmer dem Betriebshof oder der Geschäftsstelle arbeitsrechtlich als erste Tätigkeitsstätte dauerhaft zuordnet.

Beispiel I

Der Lkw-Fahrer I soll typischerweise arbeitstäglich den Betriebssitz des Arbeitgebers aufsuchen, um dort das Fahrzeug abzuholen sowie dessen Wartung und Pflege durchzuführen.

Allein das Abholen sowie die Wartung und Pflege des Fahrzeugs, als Hilfs- und Nebentätigkeiten, führen nicht zu einer ersten Tätigkeitsstätte am Betriebssitz des Arbeitgebers. Eine erste Tätigkeitsstätte liegt nur vor, wenn der Arbeitgeber den Arbeitnehmer dem Betriebssitz arbeitsrechtlich als erste Tätigkeitsstätte zuordnet. Zur Berücksichtigung der Fahrtkosten von der Wohnung zum Betriebssitz des Arbeitgebers vgl. nachfolgende Nr. 7 Buchstabe a.

Auch die vorstehenden zeitlichen Kriterien sind anhand einer in die Zukunft gerichteten Prognose zu beurteilen. Weichen die tatsächlichen Verhältnisse durch unvorhersehbare Ereignisse (wie z. B. Krankheit) hiervon ab, bleibt es bei der zuvor getroffenen **Prognoseentscheidung** bezüglich der ersten Tätigkeitsstätte. Diese Prognoseentscheidung ist zu **Beginn des Dienstverhältnisses** zu treffen. Die auf Grundlage dieser Prognose getroffene Beurteilung bleibt so lange bestehen, bis sich die Verhältnisse maßgeblich ändern. Davon ist z. B. auszugehen, wenn sich das Berufsbild des Arbeitnehmers (Außendienstmitarbeiter wechselt in den Innendienst) oder die zeitlichen Kriterien dauerhaft ändern (Arbeitnehmer soll z. B. statt zwei nun drei Filialen betreuen) oder der Arbeitgeber erstmalig eine arbeits-/dienstrechtliche Zuordnungsentscheidung trifft.

Beispiel K

Der Kundendienstmonteur K soll an der betrieblichen Einrichtung seines Arbeitgebers in Stuttgart lediglich in unregelmäßigen Abständen seine Aufträge abholen und abrechnen, Urlaubsanträge abgeben und gelegentlich an Besprechungen teilnehmen. K ist der betrieblichen Einrichtung in Stuttgart nicht arbeitsrechtlich zugeordnet. Seine eigentliche berufliche Tätigkeit soll K ausschließlich bei verschiedenen Kunden ausüben. Aufgrund ungeplanter betrieblicher Abläufe ergibt es sich, dass K über einen Zeitraum von 12 Monaten nun die betriebliche Einrichtung in Stuttgart arbeitstäglich aufsuchen soll, um dort seine Berichte zu verfassen (= Teil seiner eigentlichen beruflichen Tätigkeit).

Auch wenn K für einen Zeitraum von 12 Monaten arbeitstäglich einen Teil seiner beruflichen Tätigkeit in der betrieblichen Einrichtung in Stuttgart ausüben soll, führt dies mangels Dauerhaftigkeit noch nicht zu einer ersten Tätigkeitsstätte. Die ursprüngliche Prognose sah dies nicht vor und nach der neuen Prognose sollen diese Arbeiten am Betriebssitz in Stuttgart nur vorübergehend ausgeübt werden.

Beispiel L

Ein neu eingestellter Arbeitnehmer L soll für die Firma im Innen- und Außendienst tätig werden. Der Innendienstanteil, der nicht täglich anfallen wird, liegt bei ca. 25 %.

L hat im Betrieb seines Arbeitgebers keine erste Tätigkeitsstätte, da nach der zu Beginn des Dienstverhältnisses zu treffenden Prognoseentscheidung die zeitlichen Kriterien nicht erfüllt sind. Ändern sich dauerhaft die zeitlichen Verhältnisse Innen-/Außendienst, ist eine neue Prognoseentscheidung zu treffen.

Beispiel M

Arbeitnehmer M, der keiner betrieblichen Einrichtung des Arbeitgebers dauerhaft zugeordnet ist, soll seine berufliche Tätigkeit dauerhaft an zwei Tagen im Innendienst und an drei Tagen im Außendienst ausüben. Aufgrund einer längeren Erkrankung mit anschließender Kur ist er im Kalenderjahr 2021 im Durchschnitt nicht an zwei Tagen wöchentlich im Innendienst tätig gewesen.

M hat auch im Kalenderjahr 2021 in der betrieblichen Einrichtung des Arbeitgebers seine erste Tätigkeitsstätte, da er aufgrund der Prognoseentscheidung dauerhaft an zwei Tagen in der Woche im Innendienst tätig werden soll. Diese Prognoseentscheidung bleibt auch dann maßgebend, wenn die tatsächlichen Verhältnisse wegen unvorhersehbarer Ereignisse – wie hier z. B. Krankheit – davon abweichen.

Bei der **Prüfung der zeitlichen Kriterien** kommt es **allein auf den Umfang** der an der Tätigkeitsstätte zu leistenden arbeitsvertraglichen **Arbeitszeit** (mindestens $^1/_3$ der vereinbarten regelmäßigen Arbeitszeit oder zwei volle Arbeitstage wöchentlich oder arbeitstäglich tätig werden) **an.** Dies bedeutet:

- Soll der Arbeitnehmer dauerhaft an einer Tätigkeitsstätte zwei volle Arbeitstage oder mindestens $^1/_3$ der vereinbarten regelmäßigen Arbeitszeit tätig werden, dann ist dies die erste Tätigkeitsstätte.
- Entsprechendes gilt, wenn der Arbeitnehmer an einer Tätigkeitsstätte dauerhaft arbeitstäglich und mindestens $^1/_3$ der vereinbarten regelmäßigen Arbeitszeit tätig werden soll.
- Soll der Arbeitnehmer an einer Tätigkeitsstätte dauerhaft arbeitstäglich, aber weniger als $^1/_3$ der vereinbarten regelmäßigen Arbeitszeit tätig werden, dann führt dies nur zu einer ersten Tätigkeitsstätte, wenn der Arbeitnehmer dort typischerweise arbeitstäglich seine eigentliche berufliche Tätigkeit und nicht nur Vorbereitungs-, Hilfs- oder Nebentätigkeiten (z. B. Kundendienstfahrzeug, Lkw einschließlich Be- und Entladung, Material, Auftragsbestätigungen, Stundenzettel, Krankmeldungen, Urlaubsanträge oder Ähnliches abholen oder abgeben) durchführen soll.
- Erfüllen danach mehrere Tätigkeitsstätten die zeitlichen Voraussetzungen für eine erste Tätigkeitsstätte, kann der Arbeitgeber bestimmen, welche dieser Tätigkeitsstätten die erste Tätigkeitsstätte ist (vgl. den nachfolgenden Buchstaben f).
- Fehlt eine solche Bestimmung des Arbeitgebers, wird zugunsten des Arbeitnehmers die Tätigkeitsstätte zugrunde gelegt, die der Wohnung des Arbeitnehmers am nächsten liegt (vgl. den nachfolgenden Buchstaben f).

d) Weiträumiges Tätigkeitsgebiet keine erste Tätigkeitsstätte

Während es sich bis zum 31.12.2013 auch bei einem weiträumigen Arbeitsgebiet um eine regelmäßige Arbeitsstätte handeln konnte, liegt seit 1.1.2014 bei einem weiträumigen Tätigkeitsgebiet keine erste Tätigkeitsstätte vor. Folglich ist bei Arbeitnehmern, die in einem weiträumigen Tätigkeitsgebiet tätig werden, eine **beruflich veranlasste Auswärtstätigkeit** gegeben.

Ein weiträumiges Tätigkeitsgebiet liegt in Abgrenzung zu der ersten Tätigkeitsstätte vor, wenn die **vertraglich vereinbarte Arbeitsleistung auf einer festgelegten Fläche** und nicht innerhalb einer ortsfesten betrieblichen Einrichtung des Arbeitgebers, eines verbundenen Unternehmens (§ 15 AktG) oder bei einem vom Arbeitgeber bestimmten Dritten ausgeübt werden soll. In einem weiträumigen Tätigkeitsgebiet werden in der Regel z. B. **Zusteller und Forstarbeiter** tätig.

Hingegen sind z. B. Bezirksleiter und Vertriebsmitarbeiter, die verschiedene Niederlassungen betreuen oder mobile Pflegekräfte, die verschiedene Personen in deren Wohnungen in einem festgelegten Gebiet betreuen, sowie Schornsteinfeger nicht in einem weiträumigen Tätigkeitsgebiet tätig.

Befinden sich auf einem Betriebs- oder Werksgelände mehrere ortsfeste betriebliche Einrichtungen, handelt es sich nicht um ein weiträumiges Tätigkeitsgebiet, sondern um eine erste Tätigkeitsstätte. Der Bundesfinanzhof hat bestätigt, dass als (großräumige) **erste Tätigkeitsstätte** auch ein **großflächiges und entsprechend infrastrukturell erschlossenes Gebiet** (z. B. Werksanlage, Betriebsgelände, Zechengelände, Bahnhof oder Flughafen) des Arbeitgebers, eines verbundenen Unter-

1) Randnummer 27 des BMF-Schreibens vom 25.11.2020. Das BMF-Schreiben ist als Anlage 1 zu H 9.4 LStR im **Steuerhandbuch für das Lohnbüro 2021** abgedruckt, das im selben Verlag erschienen ist.

nehmens (§ 15 AktG) oder eines vom Arbeitgeber bestimmten Dritten in Betracht kommt (BFH-Urteile vom 11.4.2019, BStBl. II S. 546 und BStBl. II S. 551; vgl. auch den nachfolgenden Buchstaben f, Beispiel I).

Zur Berücksichtigung der Reisekosten bei einer Tätigkeit in einem weiträumigen Tätigkeitsgebiet, insbesondere der Fahrtkosten und der Verpflegungsmehraufwendungen, vgl. das Stichwort „Weiträumiges Tätigkeitsgebiet".

e) Häusliches Arbeitszimmer keine erste Tätigkeitsstätte

Das häusliche, also von der Wohnung nicht getrennte Arbeitszimmer des Arbeitnehmers ist keine betriebliche Einrichtung des Arbeitgebers oder eines Dritten und kann daher auch keine erste Tätigkeitsstätte sein. Dies gilt auch, wenn der Arbeitgeber vom Arbeitnehmer einen oder mehrere Arbeitsräume anmietet, die der Wohnung des Arbeitnehmers zuzurechnen sind. Auch in diesem Fall handelt es sich bei einem häuslichen Arbeitszimmer um einen Teil der Wohnung des Arbeitnehmers. Zur Abgrenzung, welche Räume der Wohnung des Arbeitnehmers zuzurechnen sind, ist auf das Gesamtbild der Verhältnisse im Einzelfall abzustellen (z. B. unmittelbare Nähe zu den privaten Wohnräumen).

Beispiel A

Der Arbeitnehmer übt seine Tätigkeit nur bei verschiedenen Kunden und in seinem Home-Office aus.

Der Arbeitnehmer hat keine erste Tätigkeitsstätte.

Beispiel B

Der Arbeitnehmer soll seine berufliche Tätigkeit an drei Tagen wöchentlich in seinem Home-Office ausüben und an zwei vollen Tagen wöchentlich in der betrieblichen Einrichtung seines Arbeitgebers in Augsburg tätig werden.

Das Home-Office ist keine betriebliche Einrichtung und daher keine erste Tätigkeitsstätte. Erste Tätigkeitsstätte ist hier die betriebliche Einrichtung des Arbeitgebers in Augsburg, da der Arbeitnehmer dort an zwei vollen Tagen wöchentlich beruflich tätig werden soll (§ 9 Abs. 4 Satz 4 EStG).

Beispiel C

Der Arbeitnehmer soll seine berufliche Tätigkeit im Home-Office ausüben und zusätzlich jeden Arbeitstag für eine Stunde in der betrieblichen Einrichtung seines Arbeitgebers in Augsburg tätig werden (= Ausübung der eigentlichen beruflichen Tätigkeit).

Das Home-Office ist keine betriebliche Einrichtung und daher keine erste Tätigkeitsstätte. Erste Tätigkeitsstätte ist hier die betriebliche Einrichtung des Arbeitgebers in Augsburg, da der Arbeitnehmer dort typischerweise arbeitstäglich tätig werden soll. In diesem Fall ist es unerheblich, dass er dort weniger als 1/3 der gesamten regelmäßigen Arbeitszeit tätig wird (vgl. den dritten Spiegelstrich im letzten Absatz unter dem vorstehenden Buchstaben c).

Beispiel D

Der Arbeitnehmer soll seine berufliche Tätigkeit im Home-Office ausüben und zusätzlich jeden Tag in einer anderen betrieblichen Einrichtung seines Arbeitgebers tätig werden. Die Arbeitszeit in den verschiedenen Tätigkeitsstätten beträgt jeweils weniger als 1/3 der gesamten Arbeitszeit des Arbeitnehmers.

Das Home-Office ist keine betriebliche Einrichtung und daher keine erste Tätigkeitsstätte. Auch an den anderen Tätigkeitsstätten des Arbeitgebers hat der Arbeitnehmer keine erste Tätigkeitsstätte, da er diese Tätigkeitsstätten nicht arbeitstäglich aufsucht und dort jeweils weniger als 1/3 seiner gesamten Arbeitszeit tätig wird. Der Arbeitnehmer übt folglich insgesamt eine beruflich veranlasste Auswärtstätigkeit aus.

Beispiel E

Der im IT-Bereich tätige Arbeitnehmer ist von seinem Arbeitgeber dem Home-Office des Arbeitnehmers zugeordnet worden. Er wird bis auf Weiteres und arbeitstäglich ausschließlich beim Kunden B tätig. Für sämtliche Fahrten steht dem Arbeitnehmer ein Firmenwagen mit einem Bruttolistenpreis von 50 000 € zur Verfügung. Die Entfernung von seiner Wohnung zum Kunden B beträgt 80 km.

Da das Home-Office keine betriebliche Einrichtung des Arbeitgebers ist, geht die vom Arbeitgeber getroffene Zuordnungsentscheidung ins Leere. Die erste Tätigkeitsstätte ist nach zeitlichen Kriterien zu bestimmen und befindet sich beim Kunden B, da der Arbeitnehmer dort dauerhaft und arbeitstäglich tätig werden soll (vgl. vorstehenden Buchstaben c). Der monatliche geldwerte Vorteil aus der Firmenwagengestellung beträgt:

Privatfahrten 1 % von 50 000 €	500 €
Fahrten Wohnung/erste Tätigkeitsstätte 0,03 % von 50 000 € × 80 km	1 200 €
Summe des geldwerten Vorteils aus der Firmenwagengestellung	1 700 €

f) „Erste Tätigkeitsstätte" bei mehreren Tätigkeitsstätten

Der Arbeitnehmer kann je Dienstverhältnis **höchstens eine erste Tätigkeitsstätte** haben (§ 9 Abs. 4 Satz 5 EStG). Hingegen kann ein Arbeitnehmer mit mehreren Dienstverhältnissen auch mehrere erste Tätigkeitsstätten haben (je Dienstverhältnis jedoch wiederum höchstens eine).

Soll der Arbeitnehmer an **mehreren Tätigkeitsstätten** tätig werden und ist er **einer** bestimmten Tätigkeitsstätte arbeits- oder dienstrechtlich **dauerhaft zugeordnet,** ist es unerheblich, in welchem Umfang er seine berufliche Tätigkeit an dieser oder an den anderen Tätigkeitsstätten ausüben soll. Auch auf die Regelmäßigkeit des Aufsuchens dieser Tätigkeitsstätten kommt es dann nicht mehr an. Die vom Arbeitgeber getroffene Zuordnungsentscheidung zugunsten dieser Tätigkeitsstätte hat in diesem Fall für die steuerliche Bestimmung der „ersten Tätigkeitsstätte" Vorrang. Zur dauerhaften Zuordnung vgl. den vorstehenden Buchstaben b.

Beispiel A

Arbeitnehmer A übt seine Tätigkeit auf Dauer an vier Tagen am Sitz der Geschäftsleitung in Frankfurt und an einem Tag in der Woche an der Betriebsstätte in München aus. Der Arbeitgeber hat ihn der Betriebsstätte in München zugeordnet.

A hat in München seine erste Tätigkeitsstätte. Unerheblich ist, dass er überwiegend in Frankfurt tätig ist und die Tätigkeit an der Betriebsstätte in München die zeitlichen Kriterien für eine erste Tätigkeitsstätte nicht erfüllt. Bei der Tätigkeit in Frankfurt handelt es sich um eine beruflich veranlasste Auswärtstätigkeit.

Beispiel B

Arbeitnehmer B ist unbefristet beschäftigt. Für einen Zeitraum von 36 Monaten soll er überwiegend in der Filiale in Magdeburg arbeiten. In der Filiale Berlin soll er nur an Teambesprechungen, Mitarbeiterschulungen und sonstigen Firmenveranstaltungen teilnehmen. Diese finden voraussichtlich einmal im Monat statt. Der Arbeitgeber hat B der Filiale in Berlin dauerhaft zugeordnet.

Erste Tätigkeitsstätte ist die Filiale in Berlin, da B dort arbeitsrechtlich dauerhaft zugeordnet ist und zumindest in geringem Umfang beruflich tätig wird.

Abwandlung

Ordnet der Arbeitgeber in dem vorstehenden Beispiel B den Arbeitnehmer nicht der Filiale in Berlin zu, liegt keine erste Tätigkeitsstätte vor. In der Filiale in Magdeburg soll B nur 36 Monate und damit nicht dauerhaft tätig werden und in der Filiale in Berlin sind die zeitlichen Kriterien für die Begründung einer ersten Tätigkeitsstätte nicht erfüllt.

Fehlt es an einer Zuordnung durch den Arbeitgeber oder ist diese nicht eindeutig und erfüllen **mehrere Tätigkeitsstätten** in einem Dienstverhältnis die zeitlichen Kriterien für die Annahme einer ersten Tätigkeitsstätte, kann der **Arbeitgeber** die erste Tätigkeitsstätte **bestimmen** (§ 9 Abs. 4 Satz 6 EStG). Dabei muss es sich nicht um die Tätigkeitsstätte handeln, an der der Arbeitnehmer den zeitlich überwiegenden oder qualitativ bedeutsameren Teil seiner beruflichen Tätigkeit ausüben soll.

Beispiel C

Ein in Heidelberg wohnender Filialleiter ist an drei Tagen in der Woche in einer Filiale seines Arbeitgebers in Heidelberg und an zwei Tagen in der Woche in einer Filiale seines Arbeitgebers in Stuttgart tätig. Der Arbeitgeber bestimmt die Filiale in Stuttgart zur ersten Tätigkeitsstätte.

Beide Tätigkeitsstätten erfüllen mit drei bzw. zwei Tagen die zeitlichen Kriterien für eine erste Tätigkeitsstätte. Durch die Bestimmung seines Arbeitgebers hat der Filialleiter in der betrieblichen Einrichtung in Stuttgart seine erste Tätigkeitsstätte. Unerheblich ist, dass er dort lediglich zwei Tage und damit nicht zeitlich überwiegend beruflich tätig ist.

Macht der Arbeitgeber von seinem im Gesetz vorgesehenen **Bestimmungsrecht keinen Gebrauch** oder ist seine Bestimmung nicht eindeutig, ist die der Wohnung des Arbeitnehmers örtlich **am nächsten liegende Tätigkeitsstätte** die erste Tätigkeitsstätte (§ 9 Abs. 4 Satz 7 EStG). Die Fahrten zu weiter entfernten Tätigkeitsstätten sind in diesem Fall beruflich veranlasste Auswärtstätigkeiten.[1)]

Beispiel D

Wie Beispiel C. Der Arbeitgeber verzichtet auf die Bestimmung der ersten Tätigkeitsstätte.

Erste Tätigkeitsstätte des Filialleiters ist die seiner Wohnung am nächsten liegende betriebliche Einrichtung seines Arbeitgebers in Heidelberg. Die Tätigkeit in Stuttgart ist eine beruflich veranlasste Auswärtstätigkeit, für die ein steuerfreier Reisekostenersatz bzw. ein Werbungskostenabzug nach Reisekostengrundsätzen in Betracht kommt.

Beispiel E

Ein Filialleiter soll typischerweise arbeitstäglich in drei Filialen (X, Y und Z) seines Arbeitgebers in München tätig werden. Er fährt morgens mit seinem eigenen Pkw regelmäßig zur Filiale X, dann zur Filiale Y, von dort zur Filiale Z und von dieser zur Wohnung. Die Filiale Y liegt der Wohnung am nächsten. Der Arbeitgeber ordnet den Filialleiter arbeitsrechtlich keiner Filiale zu.

Alle drei Filialen erfüllen aufgrund des arbeitstäglichen Tätigwerdens die zeitlichen Kriterien für eine erste Tätigkeitsstätte. Erste Tätigkeitsstätte ist die Filiale Y, da diese der Wohnung des Filialleiters am nächsten liegt. Die Tätigkeit in X und Z sind beruflich veranlasste Auswärtstätigkeiten. Da der Filialleiter von seiner Wohnung zu einer auswärtigen Tätigkeitsstätte, von dort zur ersten Tätigkeitsstätte, von dort wieder zu einer anderen auswärtigen Tätigkeitsstätte und von dort nach Hause fährt, liegen keine Fahrten zwischen Wohnung und erster Tätigkeitsstätte vor, sondern Fahrten, für die ein steuerfreier Arbeitgeberersatz bzw. Werbungskostenabzug nach Reisekostengrundsätzen in Betracht kommt.

Abwandlung

Wie Beispiel E. Allerdings nutzt der Filialleiter für die arbeitstäglichen Fahrten einen ihm vom Arbeitgeber überlassenen Firmenwagen. Er führt kein Fahrtenbuch, sondern ermittelt den geldwerten Vorteil nach der pauschalen Nutzungswertmethode.

Grundsätzlich ist ein geldwerter Vorteil für die Nutzungsmöglichkeit des Firmenwagens für Fahrten zwischen Wohnung und erster Tätigkeitsstätte in Höhe von 0,03 % des Listenpreises je Entfernungskilometer anzusetzen. Weist der Filialleiter durch Einzelaufzeichnungen die Zahl der tatsächlichen Fahrten zwischen Wohnung und erster Tätig-

1) Treffen bei einem Selbstständigen die zeitlichen Kriterien auf mehrere Betriebsstätten zu, ist für die Abzugsbeschränkung der Fahrtkosten für die Wege zwischen Wohnung und Betriebsstätte die der Wohnung näher gelegene Betriebsstätte „erste Betriebsstätte" (§ 4 Abs. 5 Satz 1 Nr. 6 EStG; BMF-Schreiben vom 23.12.2014, BStBl. 2015 I S. 26).

keitsstätte nach, ist stattdessen für jede Fahrt ein geldwerter Vorteil von 0,002 % des Listenpreises je Entfernungskilometer anzusetzen (vgl. „Firmenwagen zur privaten Nutzung" unter Nr. 3 Buchstabe c). Im vorliegenden Fall hat der Filialleiter keine unmittelbaren Fahrten zwischen Wohnung und erster Tätigkeitsstätte, daher ist – bei Nachweis der tatsächlichen Fahrten – insoweit kein geldwerter Vorteil anzusetzen.

Beispiel F

Die Pflegedienstkraft F hat täglich vier Personen zu betreuen. Alle vier Pflegepersonen sollen von F nach Absprache mit dem Arbeitgeber bis auf Weiteres arbeitstäglich regelmäßig betreut werden. Der Arbeitgeber hat keine dieser Pflegestellen als erste Tätigkeitsstätte bestimmt.

Erste Tätigkeitsstätte der F ist die ihrer Wohnung am nächsten liegende Pflegestelle. Die Finanzverwaltung geht von einem „Tätigwerden in einer betrieblichen Einrichtung" aus, obwohl es sich regelmäßig um die Privatwohnung der Pflegeperson handeln wird.

Beispiel G

Die vier Pflegepersonen sollen von F nach Absprache mit dem Arbeitgeber zunächst für die Dauer von zwei Jahren arbeitstäglich regelmäßig betreut werden.

F hat keine erste Tätigkeitsstätte, da sie an keiner der Pflegestellen dauerhaft tätig werden soll.

Beispiel H

Die Pflegeverträge wurden unbefristet abgeschlossen. Nach den Einsatzplänen, die auch so durchgeführt wurden, wechseln die Pflegedienstkräfte alle zwei Jahre die zu betreuenden Personen.

Die Pflegedienstkräfte haben keine erste Tätigkeitsstätte, da sie an ihren Pflegestellen nicht dauerhaft tätig werden. Die Dauer der abgeschlossenen Pflegeverträge ist hierfür ohne Bedeutung. Maßgebend sind allein die Festlegungen und Weisungen des Arbeitgebers im Rahmen des Arbeitsverhältnisses.

Befinden sich auf einem **Betriebs- oder Werksgelände** mehrere ortsfeste betriebliche Einrichtungen, handelt es sich nicht um mehrere, sondern um eine erste Tätigkeitsstätte. Der Bundesfinanzhof hat bestätigt, dass als (großräumige) **erste Tätigkeitsstätte** auch ein **großflächiges und entsprechend infrastrukturell erschlossenes Gebiet** (z. B. Werksanlage, Betriebsgelände, Zechengelände, Bahnhof oder Flughafen) des Arbeitgebers, eines verbundenen Unternehmens (§ 15 AktG) oder eines vom Arbeitgeber bestimmten Dritten in Betracht kommt (BFH-Urteile vom 11.4.2019, BStBl. II S. 546 und BStBl. II S. 551; vgl. auch die Erläuterungen beim Stichwort „Fliegendes Personal").

Beispiel I

Arbeitnehmer I ist beim Flughafen München angestellt und diesem auch arbeitsrechtlich dauerhaft zugeordnet. Er fährt die Passagiere in den Bussen vom Terminal zum Flugzeug bzw. zurück.

Der Flughafen München ist erste Tätigkeitsstätte von I, da es sich um ein Betriebsgelände mit mehreren ortsfesten betrieblichen Einrichtungen handelt und er dem Flughafen dauerhaft zugeordnet ist. Unerheblich ist, dass I dort seine Tätigkeit als Busfahrer auf einem Fahrzeug ausübt. Es handelt sich nicht um eine Auswärtstätigkeit in Form einer Fahrtätigkeit.

Zur Ermittlung des geldwerten Vorteils bei einer Firmenwagengestellung an Arbeitnehmer mit mehreren Tätigkeitsstätten vgl. auch die Erläuterungen und Beispiele beim Stichwort „Firmenwagen zur privaten Nutzung" unter Nr. 11.

g) Erste Tätigkeitsstätte bei vollzeitigen Bildungsmaßnahmen

Erste Tätigkeitsstätte ist auch eine **Bildungseinrichtung,** die **außerhalb** eines **Arbeitsverhältnisses** zum Zwecke eines **Vollzeitstudiums** oder einer **vollzeitigen Bildungsmaßnahme** aufgesucht wird (§ 9 Abs. 4 Satz 8 EStG). Von einer solch vollzeitigen Bildungsmaßnahme ist auszugehen, wenn die berufliche Fort- oder Ausbildung darauf ausgerichtet ist, dass sich der Teilnehmer ihr zeitlich vollumfänglich widmen muss und die Lerninhalte vermittelnden Veranstaltungen jederzeit besucht werden können (BFH-Urteil vom 14.5.2020 VI R 24/18). Auf die Dauer der vollzeitigen Bildungsmaßnahme (im Streitfall 3,5 Monate) kommt es hingegen nicht an.

Ein Studium oder eine Bildungsmaßnahme findet insbesondere dann außerhalb eines Arbeitsverhältnisses statt, wenn es/sie

- nicht Gegenstand des Arbeitsverhältnisses ist, auch wenn es/sie seitens des Arbeitgebers durch Hingabe von Mitteln, wie z. B. eines Stipendiums gefördert wird oder
- ohne arbeitsvertragliche Verpflichtung absolviert wird und die Beschäftigung lediglich das Studium oder die Bildungsmaßnahme ermöglicht.

Ein Vollzeitstudium oder eine vollzeitige Bildungsmaßnahme liegt insbesondere vor, wenn man im Rahmen dieses Studiums/dieser Bildungsmaßnahme für einen Beruf ausgebildet wird und **daneben** entweder

- **keiner Erwerbstätigkeit** oder
- während der gesamten Dauer des Studiums oder der Bildungsmaßnahme nur einer Erwerbstätigkeit mit durchschnittlich **bis zu 20 Stunden** regelmäßiger wöchentlicher Arbeitszeit oder
- einer Erwerbstätigkeit in Form eines **geringfügigen Beschäftigungsverhältnisses**(§§ 8 und 8a SGB IV) nachgeht.

Beispiel A

Die Auszubildende A besucht – außer in den Schulferien – über die gesamte Lehrzeit von drei Jahren dienstags und donnerstags die Berufsschule.

Die Bildungseinrichtung „Berufsschule" ist schon deshalb keine erste Tätigkeitsstätte, weil sie im Rahmen eines (Ausbildungs-)Arbeitsverhältnisses aufgesucht wird; Entsprechendes würde auch dann gelten, wenn die Berufsschule über einen längeren Zeitraum für einen Blockunterricht aufgesucht würde. Vielmehr handelt sich in diesen Fällen um eine beruflich veranlasste Auswärtstätigkeit. Die erste Tätigkeitsstätte der Auszubildenden befindet sich in der Regel in der betrieblichen Einrichtung des Arbeitgebers (vgl. im Einzelnen das Stichwort „Berufsschule").

Beispiel B

Studentin B, Wohnsitz bei ihren Eltern in Düsseldorf, studiert Betriebswirtschaft an der Universität in Heidelberg (Masterstudium als Vollzeitstudium).

Die Universität ist erste Tätigkeitsstätte, da B neben ihrem Vollzeitstudium keiner Erwerbstätigkeit nachgeht. Die Fahrtkosten von der Wohnung zur Universität können nur in Höhe der Entfernungspauschale berücksichtigt werden. Die Berücksichtigung der Unterkunftskosten in Heidelberg richtet sich nach den Regelungen der doppelten Haushaltsführung. In den meisten Fällen sind die Voraussetzungen für eine doppelte Haushaltsführung nicht erfüllt, da am Lebensmittelpunkt (hier Düsseldorf) kein eigener Hausstand vorliegt.

Beispiel C

Arbeitnehmer C mit „ruhendem" Dienstverhältnis nimmt an einem „Meisterkurs" teil.

Die Fortbildungsstätte ist erste Tätigkeitsstätte, da C neben der Bildungsmaßnahme keiner Erwerbstätigkeit nachgeht. Die Fahrtkosten von der Wohnung zur Fortbildungsstätte können nur in Höhe der Entfernungspauschale berücksichtigt werden.

Sieht die Studienordnung einer Universität allerdings vor, dass Studierende einen Teil ihres Studiums an einer anderen Hochschule absolvieren können oder müssen, wird an der anderen Hochschule keine (weitere) erste Tätigkeitsstätte begründet (BFH-Urteil vom 14.5.2020 VI R 3/18). Dies gilt unabhängig davon, ob die andere Hochschule im Inland oder bei einem Auslandssemester im Ausland belegen ist.

Die vorstehenden Ausführungen und Beispiele gelten grundsätzlich **entsprechend für den Sonderausgabenabzug** der Aufwendungen für die eigene Berufsausbildung bis zu 6000 € außerhalb eines Ausbildungsdienstverhältnisses (§ 10 Abs. 1 Nr. 7 EStG; vgl. Anhang 7, Abschnitt C Nr. 6).

h) Zusammenfassendes Schaubild zur Bestimmung der ersten Tätigkeitsstätte

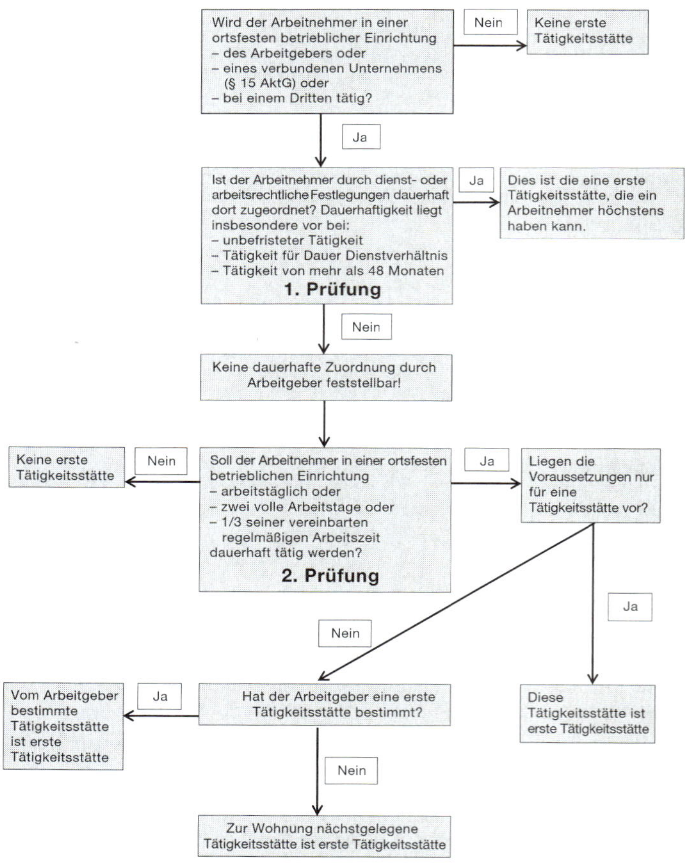

Zum Vorliegen einer ersten Tätigkeitsstätte im öffentlichen Dienst vgl. auch „Beamte“, „Bundeswehr“ unter Nr. 2 und „Trennungsentschädigungen“ unter Nr. 1.

4. Anwendungsbereich der Dreimonatsfrist

Die **Fahrten** zu einer auswärtigen Tätigkeitsstätte im Rahmen einer beruflich veranlassten Auswärtstätigkeit werden grundsätzlich **zeitlich unbegrenzt –** also auch über drei Monate hinaus – als **Reisekosten** behandelt; zu Besonderheiten bei Fahrten zu einem „Sammelpunkt“ und einem weiträumigen Tätigkeitsgebiet vgl. nachfolgende Nr. 7 Buchstabe a. Die **Verpflegungspauschalen** können hingegen bei einer Tätigkeit an derselben Tätigkeitsstätte regelmäßig nur für die ersten **drei Monate** steuerfrei ersetzt oder als Werbungskosten geltend gemacht werden. Die Dreimonatsfrist für eine Berücksichtigung der Verpflegungspauschalen gilt aber nicht bei einer Fahrtätigkeit und bei einer Tätigkeit in einem weiträumigen Tätigkeitsgebiet (vgl. hierzu – auch bezüglich der Besonderheiten bei der für den Verpflegungsmehraufwand weiter geltenden Dreimonatsfrist – die Erläuterungen unter der nachstehenden Nr. 9 sowie die Stichwörter „Fahrtätigkeit“ und „Weiträumiges Tätigkeitsgebiet“). Zu einer Begrenzung der **Unterkunftskosten** kann es bei einer Mitnahme von Angehörigen oder nach Ablauf von 48 Monaten kommen (vgl. nachfolgende Nr. 8 Buchstaben b und c).

5. Umwandlung von Barlohn in steuerfreie Reisekostenvergütungen

Der Bundesfinanzhof hat mit BFH-Urteil vom 27.4.2001 (BStBl. II S. 601) entschieden, dass Vergütungen zur Erstattung von Reisekosten auch dann nach § 3 Nr. 16 EStG steuerfrei sein können, wenn sie der Arbeitgeber aus umgewandeltem Arbeitslohn zahlt. Voraussetzung ist, dass Arbeitgeber und Arbeitnehmer die Gehaltsumwandlung **vor der Entstehung des Vergütungsanspruchs vereinbaren.** Die Gehaltsumwandlung mit gemindertem Bruttoarbeitslohn muss aber stets zur Anwendung kommen, also auch dann, wenn der Arbeitnehmer in einem Kalendermonat (z. B. wegen Urlaub) die Auswärtstätigkeit nicht oder nicht im beabsichtigten Umfang ausübt. Andernfalls wäre von einer „schädlichen“ Rückfallklausel auszugehen.

Beispiel

Der Arbeitslohn des Arbeitnehmers A wird aufgrund einer Vereinbarung im April 2021 ab 1. Mai 2021 von 4000 € auf 3700 € herabgesetzt und dafür die Zahlung steuerfreier Reisekosten ab Mai 2021 vereinbart. Nach Ablauf des jeweiligen Monats ermittelt der Arbeitgeber für den Arbeitnehmer einen steuerfreien Reisekostenersatz von 400 € (Mai), 500 € (Juni) und 0 € (Juli, wegen Urlaub).

Der steuerpflichtige Arbeitslohn beträgt – auch für den Monat Juli 2021 – 3700 €. Die Reisekostenerstattungen für Mai (= 400 €) bzw. Juni (= 500 €) sind steuerfrei.

Begründet hat der Bundesfinanzhof seine Auffassung damit, dass der Wortlaut des § 3 Nr. 16 EStG die Gehaltsumwandlung nicht ausschließt. Denn eine Vergütung zur Erstattung von Reisekosten erhält der Arbeitnehmer auch dann, wenn diese Vergütung vor der Gehaltsumwandlung Teil des Arbeitslohns war. Im Gegensatz zu anderen Steuerbefreiungs- oder Pauschalierungsvorschriften, in denen der Gesetzgeber vorschreibt, dass die Zahlung zusätzlich zum ohnehin geschuldeten Arbeitslohn geleistet sein muss, hat er in § 3 Nr. 16 EStG die Gehaltsumwandlung nicht ausdrücklich für schädlich erklärt. Voraussetzung für die Steuerbefreiung nach § 3 Nr. 16 EStG aufgrund einer Gehaltsumwandlung ist jedoch, dass die Herabsetzung des Lohnanspruchs und die Umwandlung in eine Vergütung i. S. d. § 3 Nr. 16 EStG **vor** der Entstehung des Vergütungsanspruchs zwischen Arbeitnehmer und Arbeitgeber vereinbart wird. Es genügt also nicht, dass der Arbeitgeber lediglich aus dem Arbeitslohn Teile herausrechnet und als steuerfrei behandelt. Außerdem müssen Arbeitgeber und Arbeitnehmer im Zweifel im Einzelnen darlegen und nachweisen, was sie vereinbart haben.

Die Finanzverwaltung hat sich in den Hinweisen zu R 3.16 LStR diesem Urteil angeschlossen.[1] Zum Sozialversicherungsrecht vgl. das Stichwort „Gehaltsumwandlung“ unter Nr. 2 Buchstabe b.

6. Inlandsreisekosten

Bei den Aufwendungen, die einem Arbeitnehmer aus Anlass von Auswärtstätigkeiten entstehen können, wird unterschieden zwischen

- Fahrtkosten,
- Kosten der Unterkunft,
- **Mehr**aufwendungen für Verpflegung (gegenüber den Kosten der Verpflegung im eigenen Haushalt),
- Nebenkosten.

Werden diese Aufwendungen dem Arbeitnehmer vom Arbeitgeber in Form von Reisekostenvergütungen ersetzt, bleiben diese bei Inlandsreisen im Rahmen der nachstehend aufgezeigten Grenzen steuerfrei. Der **Arbeitnehmer** ist **verpflichtet,** seinem Arbeitgeber **Unterlagen** über seine Auswärtstätigkeiten **vorzulegen;** aus den Unterlagen müssen neben der beruflichen Veranlassung die Dauer der Reise, der Reiseweg und – soweit die Reisekosten nicht zulässigerweise pauschal ersetzt werden – auch die tatsächlich entstandenen Reisekosten ersichtlich und belegt sein (z. B. durch ein Fahrtenbuch, durch Tankquittungen, Hotelrechnungen, sonstige Belege). Diese sog. **Reisekostenabrechnungen muss der Arbeitgeber zu den Lohnkonten der Arbeitnehmer nehmen.** Die Art und Weise, in der die Unterlagen als Beleg zum Lohnkonto zu nehmen sind, ist nicht im Einzelnen vorgeschrieben. Entscheidend ist jedoch, dass das Lohnkonto zumindest eindeutige Hinweise enthält, die im Fall einer Lohnsteuer-Außenprüfung einen leichten Zugriff auf die Belege ermöglichen. Es ist deshalb zulässig, die Reisekostenabrechnungen und die dazugehörenden Belege gesondert aufzubewahren, wenn – durch entsprechende Angaben im Lohnkonto – die Verbindung zwischen Lohnkonto und Reisekostenabrechnung des einzelnen Arbeitnehmers hergestellt werden kann.

7. Fahrtkosten bei Inlandsreisen

a) Allgemeines

Die steuerliche Berücksichtigung der **Fahrtkosten** im Zusammenhang mit einer beruflich veranlassten **Auswärtstätigkeit** ist im Rahmen der gesetzlichen Reisekostenreform zum 1.1.2014 **grundsätzlich unverändert** geblieben. Allerdings hat der Gesetzgeber festgelegt, dass es ungeachtet des Vorliegens einer beruflich veranlassten Auswärtstätigkeit, dennoch in den folgenden Fällen zum Ansatz der **Entfernungspauschale** kommt:

- **Dauerhafte** Fahrten zu einem vom Arbeitgeber bestimmten **Sammelpunkt** und
- **Dauerhafte** Fahrten zu einem **weiträumigen Tätigkeitsgebiet** (vgl. zu den Einzelheiten dieses Stichwort).

Der Ansatz der Entfernungspauschale in diesen beiden Fällen hat auch zur Folge, dass ein etwaiger **Arbeitgeberersatz** der Pkw-Fahrtkosten nicht steuerfrei, sondern **steuerpflichtig** ist, aber ebenfalls mit 15 % pauschal besteuert werden kann. Außerdem führt eine Firmenwagengestellung für solche Fahrten zum Ansatz eines geldwerten Vorteils (vgl. das Stichwort „Firmenwagen zur privaten Nutzung“ unter Nr. 3 Buchstabe i und Nr. 13 Buchstabe c).

Für die Fahrten eines Arbeitnehmers ohne erste Tätigkeitsstätte zu einem vom Arbeitgeber bestimmten **Sammelpunkt** im Rahmen einer beruflich veranlassten Auswärtstätigkeit gilt im Einzelnen Folgendes: Bestimmt der **Arbeitgeber** durch arbeits-/dienstrechtliche Festlegung, dass ein Arbeitnehmer ohne erste Tätigkeitsstätte sich **dauerhaft**[2] **typischerweise arbeitstäglich an einem festgelegten Ort** einfinden soll, um von dort seine unterschiedlichen eigentlichen **Einsatzorte aufzusuchen** oder dort die **Arbeit aufzunehmen** (z. B. Treffpunkt für einen betrieblichen Sammeltransport, Betriebshof, Busdepot, Fährhafen, Liegeplatz des Schiffes), werden die Fahrten des Arbeitnehmers von der Wohnung zu diesem vom Arbeitgeber festgelegten Ort „wie“ Fahrten zu einer ersten Tätigkeitsstätte behandelt; für diese Fahrten darf also nur die **Entfernungspauschale** angesetzt werden (§ 9 Abs. 1 Satz 3 Nr. 4a Satz 3 EStG).

Unabhängig von der lediglich begrenzten Abziehbarkeit der Fahrtkosten beginnt die zweifellos vorliegende beruflich veranlasste Auswärtstätigkeit bereits mit dem Verlassen der Wohnung und endet mit der Rückkehr zur Wohnung. Dies ist von Bedeutung für die Berechnung der Abwesenheitsdauer zur Gewährung der Verpflegungspauschalen und ggf. für die Berücksichtigung von Übernachtungskosten. Diese Aufwendungen können vom Arbeitgeber auch weiterhin nach Reisekostengrundsätzen steuerfrei erstattet werden.

Beispiel A

Lkw-Fahrer A hat keine erste Tätigkeitsstätte. Er sucht jedoch auf Dauer typischerweise arbeitstäglich den Betrieb seines Arbeitgebers auf, um dort den beladenen Lkw für seine Tour zu übernehmen.

Obwohl es sich beim Betrieb des Arbeitgebers nicht um die erste Tätigkeitsstätte des A handelt, werden die mit dem eigenen Pkw von der Wohnung zum Betrieb des Arbeitgebers durchgeführten Fahrten (= Sammelpunkt) lediglich in Höhe der Entfernungspauschale berücksichtigt.

1) Die amtlichen Hinweise zu den Lohnsteuer-Richtlinien sind im **Steuerhandbuch für das Lohnbüro 2021** abgedruckt, das im selben Verlag erschienen ist.

2) Dauerhaft bedeutet auch hier unbefristet, für die gesamte Dauer des Dienstverhältnisses oder über einen Zeitraum von 48 Monaten hinaus.

Beispiel B

Busfahrer B hat keine erste Tätigkeitsstätte. Er sucht jedoch auf Dauer typischerweise arbeitstäglich den Betriebshof seines Arbeitgebers auf, um dort seinen Bus zu übernehmen.

Obwohl es sich beim Betriebshof des Arbeitgebers nicht um die erste Tätigkeitsstätte des B handelt, werden die mit dem eigenen Pkw von der Wohnung zum Betriebshof des Arbeitgebers durchgeführten Fahrten (= Sammelpunkt) lediglich in Höhe der Entfernungspauschale berücksichtigt.

Beispiel C

Kundendienstmonteur C sucht auf Dauer typischerweise arbeitstäglich den Betrieb seines Arbeitgebers auf, um dort die Auftragsbestätigungen für den laufenden Tag abzuholen bzw. für den Vortag abzugeben.

C hat im Betrieb des Arbeitgebers keine erste Tätigkeitsstätte. Da er ihn jedoch auf Dauer arbeitstäglich aufsucht, werden die mit dem eigenen Pkw von der Wohnung zum Betrieb des Arbeitgebers durchgeführten Fahrten (= Sammelpunkt) dennoch lediglich in Höhe der Entfernungspauschale berücksichtigt.

Beispiel D

Binnenschiffer D hat auf dem Schiff keine erste Tätigkeitsstätte, da es sich nicht um eine ortsfeste betriebliche Einrichtung des Arbeitgebers handelt. Er tritt seinen Dienst (Ein- und Ausschiffung) allerdings dauerhaft typischerweise arbeitstäglich vom gleichen Fähranleger an.

Die mit dem eigenen Pkw durchgeführten Fahrten von der eigenen Wohnung des D zum Fähranleger werden lediglich in Höhe der Entfernungspauschale berücksichtigt.

Beispiel E

Der angestellte Lotse E hat keine „erste Tätigkeitsstätte", da er seine Tätigkeit auf verschiedenen Schiffen ausüben soll. Er fährt allerdings dauerhaft typischerweise arbeitstäglich von seiner Wohnung zu einer vom Arbeitgeber festgelegten Lotsenstation, um von dort aus zum Einsatz auf dem jeweiligen Schiff gebracht zu werden.

Die mit dem eigenen Pkw durchgeführten Fahrten von seiner Wohnung zur Lotsenstation werden lediglich in Höhe der Entfernungspauschale berücksichtigt.

Beispiel F

Reinigungskraft F fährt dauerhaft typischerweise arbeitstäglich mit ihrem eigenen Pkw von ihrer Wohnung zum Flughafen München, um dort ihre Tätigkeit als Reinigungskraft aufzunehmen.

F übt keine beruflich veranlasste Auswärtstätigkeit aus. Sie hat am Flughafen München – auch bei fehlender Zuordnung des Arbeitgebers – wegen Erfüllung der zeitlichen Kriterien ihre erste Tätigkeitsstätte. Für die Fahrten von ihrer Wohnung zum Flughafen kann lediglich die Entfernungspauschale angesetzt werden. Vgl. hierzu auch die Ausführungen beim Stichwort „Fliegendes Personal".

Beispiel G

Der Arbeitgeber hat für den Arbeitnehmer A festgelegt, dass er dauerhaft und typischerweise arbeitstäglich die Niederlassung B aufzusuchen hat, um dort seine eigentliche berufliche Fahrtätigkeit nach Übernahme des Betriebsfahrzeugs aufzunehmen. Außerdem hat A einmal monatlich den Firmensitz C des Arbeitgebers aufzusuchen. Eine erste Tätigkeitsstätte liegt bei A weder durch Zuordnung noch durch Erfüllung der zeitlichen Kriterien vor.

Bei den typischerweise arbeitstäglichen und dauerhaften Fahrten mit dem eigenen Pkw von der Wohnung des A zur Niederlassung B handelt es sich um Fahrten zu einem sog. Arbeitgeber-Sammelpunkt, für die A nur Werbungskosten in Höhe der Entfernungspauschale geltend machen kann.

Ordnet der Arbeitgeber den Arbeitnehmer A durch arbeitsrechtliche Festlegung dem Firmensitz C zu, was ohne Weiteres möglich ist (vgl. vorstehende Nr. 3 Buchstabe b), kann A für die arbeitstäglichen Fahrten von der Wohnung zur Niederlassung B Werbungskosten nach Reisekostengrundsätzen (= 0,30 € je gefahrenen Kilometer) geltend machen.

Werden die Fahrten von der Wohnung zum Arbeitgeber-Sammelpunkt aber **nicht „arbeitstäglich"** durchgeführt, weil der Arbeitnehmer nicht an jedem Arbeitstag, sondern z. B. nur an einem Tag in der Woche den vom Arbeitgeber festgelegten Ort zur Arbeitsaufnahme aufsuchen soll, bleiben die Fahrtkosten nach allgemeinen **Reisekostengrundsätzen** abziehbar. „Typischerweise arbeitstäglich" erfordert nämlich ein – bis auf Urlaubs-, Krankheits- oder z. B. Fortbildungstage – arbeitstägliches Aufsuchen desselben Ortes.

Beispiel H

Lkw-Fahrer H ist im Fernverkehr tätig und von Montag bis Freitag unterwegs. Er ist keiner betrieblichen Einrichtung dauerhaft zugeordnet. Entsprechend der arbeitsrechtlichen Festlegung des Arbeitgebers soll H jeden Montag den Betriebshof des Arbeitgebers aufsuchen, um dort den Lkw zu übernehmen. Nach der Beendigung der mehrtägigen Auswärtstätigkeit am Freitag hat er den Lkw u. a. zu Wartungszwecken sowie zum Be- und Entladen dort wieder abzustellen.

Die Fahrtkosten des Lkw-Fahrers H zum Betrieb des Arbeitgebers können nach Reisekostengrundsätzen (z. B. 0,30 € je gefahrenen Kilometer) als Werbungskosten abgezogen bzw. vom Arbeitgeber steuerfrei erstattet werden. Dies gilt auch dann, wenn ein Lkw-Fahrer sowohl Lang- als auch Kurzstrecken fährt und daher den Betrieb des Arbeitgebers nur zeitweise jeden Tag aufsucht.

Ein Sammelpunkt im vorstehenden Sinne kann auch bei **Fahrgemeinschaften** vorliegen, die vom **Arbeitgeber organisiert** werden. Hiervon ist bereits dann auszugehen, wenn der Arbeitgeber die Abläufe bestimmt.

Beispiel I

Der Arbeitgeber hat bestimmt, dass der Arbeitnehmer sich dauerhaft typischerweise arbeitstäglich am Wohnsitz des Kollegen einfinden soll, um von dort mit diesem gemeinsam die unterschiedlichen eigentlichen Einsatzorte aufzusuchen.

Es handelt sich beim Wohnsitz des Kollegen um einen Arbeitgeber-Sammelpunkt mit der Folge, dass der Arbeitnehmer bei Benutzung seines Pkw für die Fahrten von seiner Wohnung zum Wohnsitz des Kollegen nur die Entfernungspauschale als Werbungskosten ansetzen kann bzw. bei Zurverfügungstellung eines Firmenwagens für diese Fahrten ein geldwerter Vorteil nach der 0,03 %-Bruttolistenpreisregelung bzw. der Fahrtenbuchmethode zu ermitteln ist. Bei den Fahrten vom Wohnsitz des Kollegen zu den unterschiedlichen Einsatzorten handelt es sich um Reisekosten.

Abwandlung

Der Arbeitgeber hat bestimmt, dass die Kollegen mit dem Firmenwagen die unterschiedlichen Einsatzorte aufzusuchen haben. Den genauen Treffpunkt (z. B. Wohnort des Kollegen) bestimmt der Arbeitgeber aber nicht.

Es handelt sich beim „Treffpunkt" nicht um einen Arbeitgeber-Sammelpunkt mit der Folge, dass es sich bei den Fahrten von der Wohnung zu diesem Treffpunkt um Reisekosten handelt. Bei der Firmenwagengestellung für diese Fahrten liegt eine steuerfreie Sachleistung vor.

Treffen sich hingegen mehrere Arbeitnehmer typischerweise arbeitstäglich an einem bestimmten Ort, um von dort aus gemeinsam zu ihren Tätigkeitsstätten zu fahren **(privat organisierte Fahrgemeinschaft),** liegt kein Sammelpunkt im Sinne der vorstehenden Fahrtkostenbegrenzung vor. Es fehlt insoweit bereits an einer arbeits-/dienstrechtlichen Festlegung des Arbeitgebers.

Beispiel K

Drei Bauarbeiter treffen sich jeden Morgen auf einem Parkplatz in der Nähe der Autobahn, um von dort aus gemeinsam die jeweilige Baustelle aufzusuchen.

Die Fahrten von der jeweiligen Wohnung zum Parkplatz bzw. weiter zur Baustelle können in Höhe der tatsächlichen Aufwendungen (0,30 €) je gefahrenen Kilometer steuerlich geltend gemacht werden. Ein steuerfreier Reisekostenersatz des Arbeitgebers ist auch für diese Fahrtkosten zulässig.

b) Fahrtkosten bei Benutzung von (öffentlichen) Verkehrsmitteln

Die tatsächlichen Fahrtkosten, die dem Arbeitnehmer für die Benutzung öffentlicher Verkehrsmittel bei beruflich veranlassten Auswärtstätigkeiten entstehen (z. B. für Bahnfahrkarte, Flugschein), können vom Arbeitgeber in der nachgewiesenen oder glaubhaft gemachten Höhe steuerfrei ersetzt werden. Fahrpreisentschädigungen (im Flug- oder Bahnverkehr) mindern u. E. die Aufwendungen (vgl. das Stichwort „Fahrpreisentschädigung").

Bei der Benutzung öffentlicher Verkehrsmittel können die Fahrtkosten fast immer nachgewiesen werden. Ist dies ausnahmsweise nicht möglich, ist wenigstens zu belegen, dass die Auswärtstätigkeit überhaupt stattgefunden hat; die Höhe der Fahrtkosten ist durch die Angabe des Reisewegs glaubhaft zu machen. Der Arbeitgeber wird allerdings im eigenen Interesse stets die Vorlage der Originalbelege verlangen, da er ansonsten den für die Benutzung öffentlicher Verkehrsmittel auch weiterhin möglichen Vorsteuerabzug nicht geltend machen kann (vgl. die Erläuterungen unter der nachfolgenden Nr. 24 Buchstabe b).

Beispiel

Arbeitnehmer A wird 2021 von der Hauptniederlassung seines Arbeitgebers in München zu einer Betriebsstätte in Stuttgart für fünf Monate befristet abgeordnet. Die dem Arbeitnehmer in dieser Zeit entstehenden Aufwendungen für öffentliche Verkehrsmittel in Höhe von 1000 € werden vom Arbeitgeber erstattet.

Es handelt sich für den gesamten Zeitraum von fünf Monate um eine beruflich veranlasste Auswärtstätigkeit. Bei der Fahrtkostenerstattung des Arbeitgebers handelt es sich daher für den gesamten Zeitraum von fünf Monaten um steuerfreien Reisekostenersatz nach § 3 Nr. 16 EStG.

Bei Benutzung eines **Privatflugzeugs** ist laut Bundesfinanzhof der **angemessene Teil** der Reisekosten unter Rückgriff auf durchschnittliche Reisekosten einschließlich Nebenkosten (z. B. Linienflug- oder Bahnkosten, Kosten für Anreise zum Flughafen oder Bahnhof, Taxikosten oder Parkgebühren) ggf. im Schätzungswege zu ermitteln (BFH-Urteil vom 19.1.2017, BStBl. II S. 526). Zur Begründung führt der BFH aus, dass Aufwendungen, die die Lebensführung berühren, steuerlich nicht berücksichtigt werden können, soweit sie nach allgemeiner Verkehrsauffassung als unangemessen anzusehen sind.

c) BahnCard

Stellt der Arbeitgeber dem Arbeitnehmer eine BahnCard zur Verfügung, ist dieser Sachbezug **steuer- und beitragsfrei,** wenn der Arbeitnehmer die BahnCard **ausschließlich** zur Verbilligung der beruflichen Fahrten wegen **Auswärtstätigkeit** verwenden kann.[1)]

1) Bundeseinheitliche Regelung, z. B. für Bayern Erlass vom 22.2.1993 (Az.: 32 – S 2334 – 101/41 – 9731). Der Erlass ist als Anlage 1 zu H 9.5 LStR im **Steuerhandbuch für das Lohnbüro 2021** abgedruckt, das im selben Verlag erschienen ist.

Wird die BahnCard vom Arbeitgeber angeschafft und vom Arbeitnehmer sowohl beruflich als **auch privat** genutzt, liegt wegen des ganz überwiegend eigenbetrieblichen Interesses des Arbeitgebers **kein** steuerpflichtiger **geldwerter Vorteil** vor, wenn nach der Prognose zum Zeitpunkt der Hingabe der BahnCard die **ersparten Kosten** für Einzelfahrscheine, die im Rahmen der beruflich veranlassten Auswärtstätigkeit ohne Nutzung der BahnCard während der Gültigkeitsdauer anfallen würden, die **Kosten der BahnCard erreichen oder übersteigen** (prognostizierte Vollamortisation).[1] Tritt diese Prognose aus unvorhersehbaren Gründen nicht ein (z. B. wegen längerer Erkrankung des Arbeitnehmers), ist keine Nachversteuerung eines geldwerten Vorteils vorzunehmen, weil bei Hingabe der BahnCard ein ganz überwiegendes betriebliches Interesse des Arbeitgebers bestand, das durch die unvorhersehbaren Gründe nicht berührt wird. Dies gilt unabhängig davon, ob es sich um eine BahnCard 25, 50 oder gar 100 handelt.[2]

Beispiel A

Der Arbeitgeber stellt dem Außendienstmitarbeiter A Anfang 2021 eine BahnCard 100 (Jahreskarte 2. Klasse, Wert 4000 €) zur Verfügung, die von A auch für private Bahnreisen genutzt wird. Nach der zu Jahresbeginn erstellten Prognose des Arbeitgebers würden Einzelfahrscheine für die beruflich veranlassten Auswärtstätigkeiten des A im Jahre 2021 insgesamt ca. 4500 € kosten.

Die Zurverfügungstellung der BahnCard 100 führt bei A nicht zu einem steuerpflichtigen geldwerten Vorteil, da nach der Prognose zum Zeitpunkt der Hingabe der BahnCard die ersparten Kosten für Einzelfahrscheine die Kosten der BahnCard übersteigen.

Beispiel B

Der Arbeitgeber stellt dem Außendienstmitarbeiter A Anfang 2021 eine BahnCard 50 (Jahreskarte 2. Klasse, Wert 250 €) zur Verfügung, die von A auch für private Bahnreisen genutzt wird. Nach der zu Jahresbeginn erstellten Prognose des Arbeitgebers würden Einzelfahrscheine für die beruflich veranlassten Auswärtstätigkeiten des A im Jahre 2021 insgesamt ca. 600 € kosten.

Die Zurverfügungstellung der BahnCard 50 führt bei A nicht zu einem steuerpflichtigen geldwerten Vorteil, da nach der Prognose zum Zeitpunkt der Hingabe der BahnCard die ersparten Kosten für Einzelfahrscheine (= 600 €) die Kosten der BahnCard 50 zuzüglich der zum halben Preis zu erwerbenden Fahrscheine (250 € zuzüglich 300 € = 550 €) übersteigen.

Erreichen hingegen die während der Gültigkeitsdauer durch die Nutzung der BahnCard für beruflich veranlasste Auswärtstätigkeiten **ersparten Kosten** nach der Prognose zum Zeitpunkt der Hingabe voraussichtlich **nicht vollständig die Kosten der BahnCard** (prognostizierte Teilamortisation), ist der Wert der BahnCard in voller Höhe als **geldwerter Vorteil** anzusetzen.

Allerdings können in diesem Fall die während der Gültigkeitsdauer der BahnCard durch die Nutzung für beruflich veranlasste Auswärtstätigkeiten **ersparten Fahrtkosten** monatsweise oder am Ende des Gültigkeitszeitraums **als Korrektur** den **steuerpflichtigen Arbeitslohn mindern** (= Verrechnung des feststehenden steuerfreien Reisekostenerstattungsanspruchs mit der zunächst steuerpflichtigen Reisekostenvorauszahlung). Der Korrekturbetrag kann aus Vereinfachungsgründen in Höhe der ersparten Reisekosten für Einzelfahrscheine ermittelt werden, die während der Gültigkeitsdauer der BahnCard angefallen wären.

Beispiel C

Wie Beispiel A. Nach der zu Jahresbeginn erstellten Prognose des Arbeitgebers würden Einzelfahrscheine für die beruflich veranlassten Auswärtstätigkeiten des A im Jahre 2021 insgesamt ca. 2000 € kosten.

Die Zurverfügungstellung der BahnCard 100 führt bei A zu einem steuerpflichtigen geldwerten Vorteil von 4000 €, da nach der Prognose zum Zeitpunkt der Hingabe der BahnCard die ersparten Kosten für Einzelfahrscheine die Kosten der BahnCard nicht erreichen. Bei der Lohnabrechnung für Dezember 2021 oder im Rahmen des betrieblichen Lohnsteuer-Jahresausgleichs für 2021 mindern die tatsächlich ersparten Fahrtkosten (z. B. 1950 €) als Korrektur den steuerpflichtigen Arbeitslohn im Wege der Verrechnung.

Eine vollständige Steuerfreiheit tritt auch dann ein, wenn die Vollamortisation – neben den Fahrten, die zu einem steuerfreien Arbeitgeberersatz im reisekostenrechtlichen Sinne führen – durch eine **Einbeziehung der Fahrten von der Wohnung zur Arbeit** erreicht wird. Dabei ist allerdings nicht – wie bei den „Reisekostenfahrten" – auf die ersparten Kosten für Einzelfahrscheine, sondern auf den regulären Verkaufspreis für den entsprechenden Gültigkeitszeitraum der Fahrberechtigung abzustellen. Die Steuerfreiheit für Fahrten, die zu einem steuerfreien Arbeitgeberersatz im reisekostenrechtlichen Sinne führen (§ 3 Nrn. 13, 16 EStG), ist vorrangig vor der Steuerfreiheit für Fahrtkostenzuschüsse für den Weg von der Wohnung zur Arbeit (§ 3 Nr. 15 EStG) anzuwenden.

Beispiel D

Der Arbeitgeber überlässt seinem Arbeitnehmer M eine BahnCard 100, die er zum Preis von 4000 € erworben hat. Nach der Prognose des Arbeitgebers zum Zeitpunkt der Überlassung betragen die ersparten Kosten der Einzelfahrscheine für Fahrten, die zu einem steuerfreien Arbeitgeberersatz im reisekostenrechtlichen Sinne führen, im Gültigkeitszeitraum 2500 €. Der reguläre Preis der Jahresfahrkarte für die Strecke von der Wohnung zur Arbeit hätte 1600 € betragen. Tatsächlich ergeben sich im Laufe der Gültigkeitsdauer für Fahrten, die zu einem steuerfreien Arbeitgeberersatz im reisekostenrechtlichen Sinne führen (§ 3 Nrn. 13, 16 EStG), aus unvorhersehbaren Gründen nur ersparte Kosten für Einzelfahrscheine in Höhe von 2000 €.

Nach der Prognose des Arbeitgebers zum Zeitpunkt der Hingabe der Fahrberechtigung übersteigen die ersparten Kosten für die Einzelfahrscheine, die ohne Nutzung der BahnCard 100 während deren Gültigkeitsdauer für steuerlich begünstigte Fahrten im reisekostenrechtlichen Sinne (§ 3 Nrn. 13, 16 EStG) anfallen würden (= 2500 €), zusammen mit dem regulären Verkaufspreis einer Fahrberechtigung für die Strecke von der Wohnung zur Arbeit (= 1600 €) die Kosten der BahnCard 100. Die BahnCard 100 wäre daher in Höhe von 2500 € steuerfreier Reisekostenersatz (§ 3 Nrn. 13, 16 EStG) und die verbleibenden 1500 € (4000 € abzüglich 2500 €) steuerfreie Arbeitgeberleistung für den Weg von der Wohnung zur Arbeit (§ 3 Nr. 15 EStG). Auf den Umfang der tatsächlichen Nutzung sowie die private Nutzungsmöglichkeit kommt es nicht an. Dass die prognostizierte Vollamortisation tatsächlich nicht eingetreten ist (2000 € zuzüglich 1600 € = 3600 €), ist unerheblich und führt weder zu einer Nachversteuerung noch zu einer Änderung der steuerfreien Arbeitgeberleistung für den Weg von der Wohnung zur Arbeit; es bleibt daher bei auf die Entfernungspauschale anzurechnenden steuerfreien Arbeitgeberleistungen von 1500 €.

Ein steuerfreier Reisekostenersatz des Arbeitgebers kommt auch in Betracht, wenn ein **Arbeitnehmer** z. B. eine Monatskarte für den öffentlichen Nahverkehr selbst privat **anschafft** und diese auch für beruflich veranlasste Fahrten im Rahmen einer Auswärtstätigkeit nutzt. Zur Ermittlung der Höhe des steuerfreien Reisekostenersatzes können aus Vereinfachungsgründen – anstelle einer quotalen Aufteilung im Verhältnis berufliche Nutzung zur Gesamtnutzung – die während des Gültigkeitszeitraums ersparten Kosten für die Einzelfahrscheine zugrunde gelegt werden. Der Arbeitgeber kann somit die dem Arbeitnehmer entstandenen Aufwendungen in voller Höhe steuerfrei erstatten, wenn die Kosten der während des Gültigkeitszeitraums ersparten Einzelfahrkarten für die beruflichen Fahrten den Preis der Monatskarte erreichen oder übersteigen.

Beispiel E

Arbeitnehmer A hat im Mai 2021 eine Monatsfahrkarte für den öffentlichen Personennahverkehr angeschafft (Kosten 100 €). Diese Monatskarte benutzt er auch für beruflich veranlasste Auswärtstätigkeiten. Im Mai 2021 hat er dadurch seinem Arbeitgeber die Kosten für Einzelfahrscheine im Wert von 80 € erspart.

Der Arbeitgeber kann A einen Betrag von 80 € steuerfrei als Reisekostenersatz erstatten. Auch die verbleibenden 20 € für Privatfahrten können – allerdings mit Anrechnung auf die Entfernungspauschale – steuerfrei ersetzt werden (§ 3 Nr. 15 Satz 1 EStG).

Beispiel F

Wie Beispiel E. Die ersparten Kosten für Einzelfahrscheine betragen 120 €.

Der Arbeitgeber kann A die Aufwendungen für die Monatskarte (= 100 €) steuerfrei als Reisekosten erstatten.

Vgl. außerdem die Erläuterungen beim Stichwort „BahnCard". Dort sind auch weitere Beispiele zu Amortisationsprüfungen abgedruckt, wenn sowohl ein steuerfreier Reisekostenersatz als auch steuerfreie Arbeitgeberleistungen für Fahrten von der Wohnung zur ersten Tätigkeitsstätte in Betracht kommen.

d) Zurverfügungstellung eines Firmenwagens

Stellt der Arbeitgeber dem Arbeitnehmer (ausschließlich oder auch) für die Fahrten anlässlich von beruflich veranlassten Auswärtstätigkeiten einen Firmenwagen zur Verfügung, handelt es sich auch bei der Gestellung des Firmenwagens für diese Fahrten um **steuerfreien Reisekostenersatz;** zu den Sonderfällen „Sammelpunkt" und „Weiträumiges Tätigkeitsgebiet" vgl. vorstehenden Buchstaben a. In diesem Fall darf der Arbeitgeber jedoch neben der Firmenwagengestellung nicht zusätzlich einen pauschalen Kilometersatz (z. B. 0,30 € je gefahrenen Kilometer) steuerfrei erstatten (R 9.5 Abs. 2 Satz 3 LStR). Auch die teilweise steuerfreie Zahlung eines pauschalen Kilometersatzes (z. B. 0,15 € je gefahrenen Kilometer) ist nicht zulässig. Erstattet der Arbeitgeber dem Arbeitnehmer in Zusammenhang mit der Nutzung des Firmenwagens vom Arbeitnehmer getragene Kosten (z. B. Benzinkosten) handelt es sich um steuerfreien Auslagenersatz (vgl. dieses Stichwort). Werden bei einer **ausschließlichen** Gestellung des Firmenwagens für beruflich veranlasste Auswärtstätigkeiten die vom Arbeitnehmer getragenen Kosten vom Arbeitgeber nicht erstattet, kann der Arbeitnehmer den auf die beruflich veranlassten Auswärtstätigkeiten entfallenden Anteil als Werbungskosten geltend machen. Vgl. zur Anrechnung auf den geldwerten Vorteil bei einer auch privaten Nutzung das Stichwort „Firmenwagen zur privaten Nutzung" unter Nr. 9.

---

1) Bundeseinheitliche Regelung, z. B. für Bayern Erlass vom 22.2.1993 (Az.: 32 – S 2334 – 101/41 – 9731). Der Erlass ist als Anlage 1 zu H 9.5 LStR im **Steuerhandbuch für das Lohnbüro 2021** abgedruckt, das im selben Verlag erschienen ist.

2) Erlass Saarland vom 13.10.2004 (Az.: B/2-4 – 114/04 – S 2334). Der Erlass ist als Anlage 2 zu H 9.5 LStR im **Steuerhandbuch für das Lohnbüro 2021** abgedruckt, das im selben Verlag erschienen ist.

Beispiel A

Ein Arbeitnehmer wird befristet für zwölf Monate an ein verbundenes Unternehmen abgeordnet. Für Privatfahrten und die Fahrten zum verbundenen Unternehmen steht ihm ein Firmenwagen mit einem Bruttolistenpreis von 30 000 € zur Verfügung.

Es ist für die gesamten zwölf Monate von einer beruflich veranlassten Auswärtstätigkeit auszugehen. Bei der Zurverfügungstellung des Firmenwagens für die Fahrten zum verbundenen Unternehmen im Rahmen der beruflich veranlassten Auswärtstätigkeit handelt es sich um steuerfreien Reisekostenersatz des Arbeitgebers (§ 3 Nr. 16 EStG). Der steuer- und sozialversicherungspflichtige geldwerte Vorteil für die Zurverfügungstellung des Firmenwagens für die Privatfahrten beträgt 300 € monatlich (1 % von 30 000 €).[1]

Beispiel B

Ein Bauleiter (keine erste Tätigkeitsstätte an einer betrieblichen Einrichtung des Arbeitgebers) wird ausschließlich an ständig wechselnden Tätigkeitsstätten eingesetzt. Sein Arbeitgeber hat ihm einen Firmenwagen mit einem Bruttolistenpreis von 25 000 € zur Verfügung gestellt.

Bei der Zurverfügungstellung des Firmenwagens für die Fahrten zu den ständig wechselnden Tätigkeitsstätten handelt es sich um steuerfreien Reisekostenersatz des Arbeitgebers (§ 3 Nr. 16 EStG). Der steuer- und sozialversicherungspflichtige geldwerte Vorteil für die Zurverfügungstellung des Firmenwagens für die Privatfahrten beträgt 250 € monatlich (1 % von 25 000 €). Ein zusätzlicher geldwerter Vorteil für Fahrten zwischen Wohnung und erster Tätigkeitsstätte fällt mangels Vorhandensein einer ersten Tätigkeitsstätte nicht an.[2]

Beispiel C

Arbeitnehmer A wird für ein Jahr von der ausländischen Konzernmutter an ein deutsches Konzerntochterunternehmen abgeordnet. Ein Arbeitsvertrag zwischen der deutschen Konzerntochter und A wird nicht abgeschlossen. Die deutsche Konzerntochter stellt A einen Firmenwagen zur uneingeschränkten Nutzung zur Verfügung. Die Entfernung von der Wohnung des A in Deutschland zur deutschen Konzerntochter beträgt 30 km.

Aufgrund der befristeten Abordnung für ein Jahr handelt es sich bei der Tätigkeit des A in Deutschland um eine beruflich veranlasste Auswärtstätigkeit mit der Folge, dass er bei der deutschen Konzerntochter keine erste Tätigkeitsstätte hat. Für die Fahrten von seiner Wohnung zur deutschen Konzerntochter mit dem zur Verfügung gestellten Firmenwagen ist daher kein geldwerter Vorteil anzusetzen. Da A das Fahrzeug allerdings auch für Privatfahrten nutzen kann, ist hierfür ein geldwerter Vorteil nach der individuellen Methode (Fahrtenbuchmethode) oder nach der 1 %-Bruttolistenpreisregelung zu ermitteln. Das deutsche Konzernunternehmen ist übrigens in diesen Fällen der Arbeitnehmerentsendung als aufnehmendes Unternehmen zum Lohnsteuerabzug verpflichtet, wenn es den Arbeitslohn für die ihm geleistete Arbeit wirtschaftlich trägt oder nach dem Fremdvergleichsgrundsatz hätte tragen müssen (§ 38 Abs. 1 Satz 2 EStG).

Beispiel D

Wie Beispiel C. A schließt mit dem deutschen Konzernunternehmen für die Dauer der Entsendung einen eigenständigen Arbeitsvertrag ab und wird der betrieblichen Einrichtung für die gesamte Dauer des befristeten Dienstverhältnisses zugeordnet.

In diesem Fall hat A beim deutschen Konzernunternehmen eine erste Tätigkeitsstätte mit der Folge, dass aufgrund der Firmenwagengestellung auch für die Fahrten Wohnung/erste Tätigkeitsstätte ein geldwerter Vorteil zu ermitteln ist.

Beispiel E

Ein Arbeitnehmer wird für seinen Arbeitgeber auf Dauer an wöchentlich drei Tagen am Firmensitz in Düsseldorf (= erste Tätigkeitsstätte) und an den restlichen zwei Tagen in Frankfurt tätig. Für sämtliche Fahrten steht ihm ein Firmenwagen zur Verfügung.

Bei den Fahrten von der Wohnung des Arbeitnehmers nach Frankfurt handelt es sich um Auswärtstätigkeiten; mangels Vorhandensein einer ersten Tätigkeitsstätte liegt keine doppelte Haushaltsführung vor. Neben der Versteuerung der Privatfahrten ist aufgrund der Firmenwagengestellung ein geldwerter Vorteil für die Fahrten von seiner Wohnung zur ersten Tätigkeitsstätte in Düsseldorf anzusetzen.

e) Kilometersätze beim Benutzen eigener Fahrzeuge

Wenn ein Arbeitnehmer zur Ausführung seiner Auswärtstätigkeit ein **eigenes Fahrzeug** (Kraftwagen, Motorrad oder Motorroller, Moped, Mofa) benutzt, kann der Arbeitgeber die Fahrtkosten des Arbeitnehmers in Form von **individuellen oder pauschalen Kilometergeldern** steuerfrei ersetzen. Wird dem Arbeitnehmer für die Auswärtstätigkeit vom Arbeitgeber ein Fahrzeug zur Verfügung gestellt (z. B. ein Firmenwagen; vgl. die Erläuterungen unter dem vorstehenden Buchstaben d), können die individuellen oder pauschalen Kilometergelder nicht zusätzlich steuerfrei erstattet werden (R 9.5 Abs. 2 Satz 3 LStR). Die steuerfreie Zahlung von Kilometergeldern setzt voraus, dass das Vorliegen einer Auswärtstätigkeit und die Zahl der beruflich gefahrenen Kilometer nachgewiesen (z. B. durch ein Fahrtenbuch) oder zumindest glaubhaft gemacht werden.

Die individuellen oder pauschalen Kilometersätze können – vorbehaltlich der unter dem vorstehenden Buchstaben a beschriebenen Sonderfälle „Arbeitgeber-Sammelpunkt" und „Weiträumiges Tätigkeitsgebiet" – für folgende Fahrten steuerfrei ersetzt werden:[3]

- Fahrten zwischen der Wohnung des Arbeitnehmers und dem Ort der Auswärtstätigkeit (= auswärtige Tätigkeitsstätte);
- Fahrten zwischen erster Tätigkeitsstätte und der auswärtigen Tätigkeitsstätte;
- Fahrten zwischen mehreren auswärtigen Tätigkeitsstätten;
- Fahrten zwischen der Wohnung des Arbeitnehmers und der Unterkunft am Ort der Auswärtstätigkeit, wenn der Arbeitnehmer auswärts übernachtet;
- Fahrten zwischen erster Tätigkeitsstätte und der Unterkunft am Ort der Auswärtstätigkeit, wenn der Arbeitnehmer auswärts übernachtet;
- Fahrten zwischen der auswärtigen Unterkunft und der auswärtigen Tätigkeitsstätte (vgl. die Erläuterungen unter dem nachfolgenden Buchstaben k);
- Wochenendheimfahrten und Zwischenheimfahrten bei längerfristigen Auswärtstätigkeiten (vgl. die Erläuterungen unter dem nachfolgenden Buchstaben i).

Vgl. außerdem auch das Stichwort „Weiträumiges Tätigkeitsgebiet".

Da die auswärtige Tätigkeitsstätte bei einer beruflich veranlassten Auswärtstätigkeit grundsätzlich nicht durch Zeitablauf (z. B. nach Ablauf von drei, sechs oder neun Monaten) zur ersten Tätigkeitsstätte wird, können die **Fahrtkosten** nach individuellen oder pauschalen Kilometersätzen für den gesamten Zeitraum der beruflich veranlassten Auswärtstätigkeit – also **zeitlich unbegrenzt –** steuerfrei erstattet werden. Es liegen keine Fahrten zwischen Wohnung und erster Tätigkeitsstätte vor.

Beispiel

Ein Arbeitnehmer wird befristet für zwei Jahre vom Sitz der Geschäftsleitung an eine Niederlassung seines Arbeitgebers abgeordnet. Die Fahrstrecke von seiner Wohnung zur Niederlassung und zurück beträgt monatlich 1000 km.

Der Arbeitgeber kann für den gesamten Zeitraum von zwei Jahren die Fahrtkosten für 1000 km nach individuellen oder pauschalen Kilometersätzen steuerfrei erstatten.

f) Pauschale Kilometersätze[4]

Ohne Einzelnachweise kann der Arbeitgeber nach Maßgabe des Bundesreisekostengesetzes folgende **pauschale Kilometersätze** bei Auswärtstätigkeiten steuerfrei ersetzen:

für Kraftwagen (z. B. Pkw, Elektrofahrzeug)	0,30 €
andere motorbetriebene Fahrzeuge[5]	0,20 €

Die pauschalen Kilometersätze gelten auch dann, wenn der Arbeitnehmer steuerfreie Vorteile oder pauschal besteuerte Leistungen (Ladestrom, Ladevorrichtung) für ein Elektrofahrzeug oder Hybridelektrofahrzeug erhalten hat.

Für die Benutzung eines Fahrrads ist im Bundesreisekostengesetz kein pauschaler Kilometersatz vorgesehen (vgl. hierzu das Stichwort „Fahrradgeld"). Auch die frühere Mitnahmeentschädigung bei Teilnahme weiterer Arbeitnehmer an der Auswärtstätigkeit (bei Benutzung eines Kraftwagens 0,02 € je Kilometer und eines Motorrads/Motorrollers 0,01 € je Kilometer) ist seit dem 1.1.2014 bei Arbeitnehmern in der Privatwirtschaft nicht mehr zu berücksichtigen. Zur Besonderheit im öffentlichen Dienst vgl. „Reisekostenvergütungen aus öffentlichen Kassen" unter Nr. 2 Buchstabe b.

Für die Beförderung von Gepäck kann keine zusätzliche steuerfreie Mitnahmeentschädigung gezahlt werden. Denn auch diese Aufwendungen sind durch die pauschalen Kilometersätze abgegolten.

Mitnahmeentschädigungen für den Transport von eigenen Werkzeugen, von eigenem Gerät und Material sind als Werkzeuggeld steuerfrei (vgl. das Stichwort „Werkzeuggeld" unter Nr. 1).

Ob die Anwendung der pauschalen Kilometersätze zu einer unzutreffenden Besteuerung führt (z. B. bei einer sehr **hohen Jahresfahrleistung**), braucht der Arbeitgeber nicht zu prüfen. Entsprechendes gilt seit dem 1.1.2014 auch für den Werbungskostenabzug, da der Ansatz der pau-

1) Zur Halbierung bzw. Viertelung des Bruttolistenpreises für die Ermittlung des geldwerten Vorteils für die Privatfahrten bei Zurverfügungstellung eines Elektrofahrzeugs vgl. das Stichwort „Elektrofahrzeuge".

2) Erlass Saarland vom 13.10.2004 (Az.: B/2-4 – 114/04 – S 2334). Der Erlass ist als Anlage 2 zu H 9.5 LStR im **Steuerhandbuch für das Lohnbüro 2021** abgedruckt, das im selben Verlag erschienen ist.

3) U. E. ist ein steuerfreier Arbeitgeberersatz nach Reisekostengrundsätzen auch möglich, wenn der Arbeitnehmer innerhalb eines weitläufigen Betriebs- oder Werksgeländes (= erste Tätigkeitsstätte) Fahrten mit seinem eigenen Pkw durchführen muss.

4) Reisekostenvergütungen aus öffentlichen Kassen (vgl. dieses Stichwort) sind auch insoweit steuerfrei, als der Fahrtkostenersatz ggf. unter Berücksichtigung einer Mitnahmeentschädigung den Kilometersatz von 0,30 € je gefahrenen Kilometer übersteigt. Der Bundesfinanzhof hält dennoch die nachfolgenden pauschalen Kilometersätze für Arbeitnehmer der Privatwirtschaft wegen der Möglichkeit, einen höheren individuellen Kilometersatz nachzuweisen (vgl. nachfolgenden Buchstaben g), für verfassungsrechtlich unbedenklich (BFH-Beschluss vom 15.3.2011, BFH/NV 2011 S. 983). Die Verfassungsbeschwerde wurde nicht zur Entscheidung angenommen (BVerfG-Beschluss vom 20.8.2013 2 BvR 1008/11).

5) Bei einem Elektro-Bike kommt der Kilometersatz von 0,30 € je gefahrenen Kilometer nicht in Betracht, da es sich bei einem Elektro-Bike nicht um einen „Kraftwagen" handelt. Der für andere motorbetriebene Fahrzeuge geltende Kilometersatz von 0,20 € je gefahrenen Kilometer kann nur dann steuer- und sozialversicherungsfrei erstattet werden, wenn das Elektro-Bike verkehrsrechtlich als Kraftfahrzeug einzuordnen ist (z. B. weil der Motor auch Geschwindigkeiten über 25 km pro Stunde unterstützt). Ist dies nicht der Fall, scheidet auch der Kilometersatz von 0,20 € je gefahrenen Kilometer aus, weil das Elektro-Bike dann nur motorunterstützt ist und nicht motorbetrieben wird. Vgl. auch das Stichwort „Elektro-Bike" unter Nr. 6.

schalen Kilometersätze gesetzlich vorgesehen ist. Dies gilt selbst bei einer hohen Jahresfahrleistung.

Durch den **pauschalen Kilometersatz von 0,30 €** je gefahrenen Kilometer ist auch der auf die beruflich veranlassten Auswärtstätigkeiten entfallende Anteil einer etwaigen **Leasingsonderzahlung abgegolten.** Allerdings sind nicht die Verhältnisse im Jahr der Zahlung der Leasingsonderzahlung, sondern im Leasing-Vertragszeitraum maßgebend (BFH-Urteil vom 15.4.2010, BStBl. II S. 805).

Beispiel

Arbeitnehmer A leistet Anfang Januar 2021 eine Leasingsonderzahlung in Höhe von 3000 € für einen dreijährigen Leasingvertrag. Das Fahrzeug wird seit 2.1.2021 in Höhe von jährlich 20 % auch für beruflich veranlasste Auswärtstätigkeiten genutzt.

Macht A in den Jahren 2021 bis 2023 für die Fahrten anlässlich beruflich veranlasster Auswärtstätigkeiten den pauschalen Kilometersatz von 0,30 € geltend, ist der auf die Auswärtstätigkeiten entfallende Teil der Leasingsonderzahlung hiermit abgegolten.

Macht A hingegen nur im Jahr 2021 den pauschalen Kilometersatz und in den Jahren 2022 und 2023 den individuellen Kilometersatz (vgl. nachfolgenden Buchstaben g) geltend, kann er im Jahr 2021 von der Leasingsonderzahlung einen Anteil von 400 € ($^2/_3$ von 3000 € × 20 %) als Werbungskosten abziehen bzw. für das Jahr 2021 vom Arbeitgeber steuerfrei erstattet bekommen.

Zu den neben den pauschalen Kilometersätzen zu berücksichtigenden Kfz-Kosten vgl. nachfolgenden Buchstaben h.

g) Individueller Kilometersatz[1)]

Ein individueller Kilometersatz ist durch Einzelberechnung aus den tatsächlichen Kosten zu ermitteln. Will der Arbeitgeber dem Arbeitnehmer einen individuellen Kilometersatz steuerfrei ersetzen, muss der Arbeitnehmer die tatsächlichen Gesamtkosten seines Fahrzeugs im Einzelnen nachweisen. Der Arbeitgeber hat diese Unterlagen als Belege zum Lohnkonto zu nehmen.

Es wird also festgestellt, welcher Durchschnittssatz sich bei Einbeziehung aller festen und laufenden Kosten (Garage, Versicherung, Kraftfahrzeugsteuer, Abschreibung, Treibstoff, Öl, Reparaturen, alles inklusive Umsatzsteuer) für das benutzte Fahrzeug je Kilometer ergibt. Bei der Ermittlung des Kilometersatzes durch Einzelberechnung sind auch die Zinsen für einen Kredit zu berücksichtigen, der für die Anschaffung des Fahrzeugs aufgenommen wurde. Zu den Gesamtkosten gehören auch die Beiträge zu einer Vollkaskoversicherung und zu einer Kfz-Rechtsschutzversicherung. Nicht zu den Gesamtkosten gehören hingegen z. B. Unfallkosten sowie Park- und Straßenbenutzungsgebühren (vgl. hierzu die Ausführungen unter dem nachfolgenden Buchstaben h). Bei einem Elektro- und Hybridelektrofahrzeug rechnen die steuerfreien Vorteile für das Aufladen des Fahrzeugs und die Gestellung der Ladevorrichtung sowie die pauschal als Arbeitslohn besteuerten Beträge für die Übereignung der Ladevorrichtung und die entsprechenden Barzuschüsse nicht zu den Gesamtkosten (vgl. hierzu „Elektrofahrzeuge" unter Nr. 2).

Zur Ermittlung des individuellen Kilometersatzes muss der Arbeitnehmer die Gesamtkosten für das von ihm benutzte Fahrzeug für einen Zeitraum von **12 Monaten** nachweisen (der Zeitraum von 12 Monaten ist zusammenhängend zu verstehen, muss also nicht mit dem Kalenderjahr identisch sein). Der aus diesen Gesamtkosten ermittelte individuelle Kilometersatz bleibt so lange maßgebend, bis sich die Verhältnisse **wesentlich** ändern (z. B. bis zum Ablauf des Abschreibungszeitraums). Dies ergibt sich aus R 9.5 Abs. 1 Satz 4 LStR. Dagegen wird es steuerlich nicht anerkannt, wenn der Arbeitnehmer anstelle eines individuell ermittelten Kilometersatzes die Kfz-Kosten z. B. anhand der in den ADAC-Tabellen aufgeführten Kilometersätze nachweisen will.

Beispiel A

Die Anschaffungskosten für einen am 2. Januar 2021 neu erworbenen Pkw betrugen einschließlich Sonderausstattung und Umsatzsteuer (aber abzüglich gewährter Preisnachlässe) insgesamt 30 000 €. Es ergibt sich anhand der für 12 Monate vorgelegten Belege folgende Berechnung des individuellen Kilometersatzes zum 31. Dezember 2021:

– Absetzung für Abnutzung $^1/_6$	5 000,– €
– Garagenmiete 12 × 50 €	600,– €
– Kraftfahrzeugsteuer	250,– €
– Haftpflichtversicherung	400,– €
– Vollkaskoversicherung	750,– €
– Rechtsschutzversicherung	150,– €
– Benzinkosten	2 000,– €
– Reparaturen, Wartung, Pflege	550,– €
– Zinsen (für ein zur Finanzierung des Pkws aufgenommenes Darlehen über 15 000 € wurden nachweislich 2 % Zinsen jährlich bezahlt)	300,– €
– Pkw-Kosten für 12 Monate insgesamt	10 000,– €

Nach dem vorgelegten Fahrtenbuch wurden in der Zeit vom 2. 1. bis 31. 12. 2021 insgesamt 20 000 Kilometer gefahren. Auf einen Kilometer entfällt demnach ein tatsächlicher Aufwand von 0,50 €. Diesen Kilometersatz kann der Arbeitgeber dem Arbeitnehmer bei der Durchführung von Auswärtstätigkeiten steuer- und beitragsfrei ersetzen.

Dieses Beispiel zeigt, dass es bei dem ohne Einzelnachweis maßgebenden Kilometersatz von 0,30 € für den Arbeitnehmer durchaus günstiger sein kann, die mit einem gewissen Zeitaufwand verbundenen Aufzeichnungen zu führen und Belege zu sammeln, zumal Aufzeichnungen auch dann zu führen sind, wenn der Arbeitgeber nur die pauschalen Kilometersätze steuerfrei ersetzt.

Da der Arbeitgeber im Beispielsfall im Voraus nicht erkennen kann, wie hoch der individuelle Kilometersatz aufgrund des Einzelnachweises sein wird, kann er dem Arbeitnehmer vorläufig 0,30 € je Reisekilometer steuerfrei ersetzen und die Differenz von (0,50 € – 0,30 € =) 0,20 € je Kilometer am 31. 12. 2021 steuerfrei nachzahlen. Alternativ kann der Arbeitnehmer die Differenz zwischen dem steuerfrei ersetzten pauschalen Kilometersatz und dem individuellen Kilometersatz als Werbungskosten bei seiner Einkommensteuer-Veranlagung geltend machen. Ab 1. 1. 2022 gilt im Beispielsfall der individuelle Kilometersatz von 0,50 € so lange weiter, bis sich die zugrunde liegenden Verhältnisse **wesentlich** ändern (z. B. nach Ablauf des 6-jährigen Abschreibungszeitraums oder bei einem Wechsel des Pkws).

Eine besondere Bedeutung bei der Ermittlung eines individuellen Kilometersatzes kommt der Höhe der Absetzung für Abnutzung zu. Zu den Anschaffungskosten des Fahrzeugs, die nur über die jährliche Absetzung für Abnutzung berücksichtigt werden können, gehören auch Sonderausstattungen des Fahrzeugs (z. B. Navigationsgerät, Diebstahlsicherungssystem, ABS, elektronisches Fahrtenbuch usw.), nicht dagegen die Kosten eines Autotelefons (vgl. das Stichwort „Telefonkosten"). Für die Berechnung der Absetzung für Abnutzung (AfA) sind die amtlichen AfA-Tabellen zu beachten, nach denen die Nutzungsdauer von Personenkraftwagen und Kombiwagen auf **sechs** Jahre festgelegt wurde (BMF-Schreiben vom 15.12.2000, BStBl. I S. 1532). Die AfA ist pro rata temporis, das heißt für jeden angefangenen Monat der Nutzung mit einem Zwölftel anzusetzen. Stellt sich bei einer Weiterveräußerung des Fahrzeugs heraus, dass der Pkw noch mehr wert ist, als der sich aufgrund der Abschreibung ergebende Restwert, hat dies auf die Ermittlung des individuellen Kilometersatzes keinen Einfluss. Die Abschreibung wird also nicht nachträglich aufgrund des höheren Veräußerungserlöses korrigiert (vgl. auch R 9.12 Satz 3 LStR). Bei einer hohen Fahrleistung kann auch eine kürzere Nutzungsdauer anerkannt werden, z. B. bei einer jährlichen Fahrleistung von mehr als 40 000 km. Bei Kraftfahrzeugen, die im Zeitpunkt der Anschaffung nicht neu gewesen sind, ist die entsprechende Restnutzungsdauer unter Berücksichtigung des Alters, der Beschaffenheit und des voraussichtlichen Einsatzes des Kraftfahrzeugs zu schätzen.

Da für eine Schätzung der Restnutzungsdauer das Verhältnis des tatsächlichen Kaufpreises zum Neuwert des Fahrzeugs einen gewichtigen Anhalt bietet, wird es nicht zu beanstanden sein, wenn die Restnutzungsdauer so geschätzt wird, dass der Jahresbetrag der Absetzung für Abnutzung **$^1/_6$ des Neuwerts** möglichst nahe kommt, diesen Betrag aber nicht übersteigt. Die Restnutzungsdauer ist hierzu nach folgender Formel zu ermitteln:

$$\text{Restnutzungsdauer} = \frac{\text{Kaufpreis}}{\text{Neuwert}} \times 6 \text{ (aufgerundet auf volle Jahre)}$$

Beispiel B

Beim Erwerb eines Gebrauchtwagens (Neuwert 40 000 €) zum Preis von 20 000 € kann eine Restnutzungsdauer von ($^{20}/_{40}$ × 6 = 3) drei Jahren angenommen werden, sodass der Jahresbetrag der Abschreibung 3333 € beträgt.

Die Ermittlung eines individuellen Kilometersatzes anhand der Gesamtkosten ist auch bei Leasing-Fahrzeugen möglich. Dabei treten die Leasingraten an die Stelle der Abschreibung. Eine Leasingsonderzahlung gehört zu den Gesamtkosten (Hinweise zu R 9.5 LStR, Stichwort „Einzelnachweis")[2)]. Zu beachten ist allerdings, dass die Leasingsonderzahlung auf einen mehrjährigen Zeitraum entfällt und durch den Ansatz des pauschalen Kilometersatzes abgegolten ist. Auf die Erläuterungen und das Beispiel unter dem vorstehenden Buchstaben f) wird hingewiesen.

h) Unfallkosten, Diebstahl des Pkws, außergewöhnliche Kosten, Parkgebühren, Beiträge zu einer Kaskoversicherung oder Unfallversicherung, zinsloses Arbeitgeberdarlehen

Ersetzt der Arbeitgeber einem Arbeitnehmer Aufwendungen zur Beseitigung von **Unfallschäden,** die dem Arbeitnehmer bei einer Auswärtstätigkeit mit dem eigenen Kraftfahrzeug entstanden sind, können diese

1) Nach dem Wegfall des pauschalen Kilometersatzes für die Benutzung eines Fahrrads ist u. E. eine Schätzung des individuellen Kilometersatzes zulässig, da unstreitig beruflicher Aufwand entsteht. Dabei ist eine Schätzung von 0,05 € je gefahrenen Kilometer u. E. nicht überhöht. Dies entspricht dem früheren pauschalen Kilometersatz für Fahrräder.

2) Die amtlichen Hinweise zu den Lohnsteuer-Richtlinien sind im **Steuerhandbuch für das Lohnbüro 2021** abgedruckt, das im selben Verlag erschienen ist.

Ersatzleistungen **zusätzlich** zu den oben genannten (individuellen oder pauschalen) Kilometersätzen steuerfrei gezahlt werden, es sei denn, für den Eintritt des Unfalls sind ausnahmsweise private Gründe maßgebend (z. B. der Arbeitnehmer verursacht den Unfall unter Alkohol- oder Drogeneinfluss; vgl. hierzu auch die Erläuterungen beim Stichwort „Unfallkosten" unter Nr. 1). Zu den hiernach steuerfrei ersetzbaren Unfallkosten gehören auch Schadensersatzleistungen, die der Arbeitnehmer unter Verzicht auf die Inanspruchnahme seiner gesetzlichen Haftpflichtversicherung selbst getragen hat (z. B. Reparaturkosten am gegnerischen Fahrzeug). Ebenso gehört hierzu eine Wertminderung, wenn der Arbeitnehmer sein unfallbeschädigtes Fahrzeug nicht reparieren lässt und die Nutzungsdauer für das Fahrzeug noch nicht abgelaufen ist (BFH-Urteil vom 21.8.2012, BStBl. 2013 II S. 171). Wird nach einem Unfall ein Leihwagen für beruflich veranlasste Auswärtstätigkeiten genutzt, kann für die hierauf entfallenden Kilometer wiederum der pauschale oder individuelle Kilometersatz vom Arbeitgeber steuerfrei ersetzt bzw. als Werbungskosten abgezogen werden.

Wird das Fahrzeug des Arbeitnehmers während einer Auswärtstätigkeit **gestohlen,** z. B. bei der während einer mehrtägigen Auswärtstätigkeit notwendigen Übernachtung, sind Ersatzleistungen des Arbeitgebers zusätzlich zu dem individuellen oder pauschalen Kilometersatz steuerfrei, da das Parken des für die Auswärtstätigkeit verwendeten Fahrzeugs während der Nacht – wie die Übernachtung selbst – der beruflichen Sphäre zuzurechnen ist (BFH-Urteil vom 25.5.1992, BStBl. 1993 II S. 44). Steuerfrei ersetzt werden kann jedoch nicht der Zeitwert, sondern nur der „Restbuchwert", das heißt der Wert, der sich im Zeitpunkt des Unfalls bei einer gleichmäßigen Verteilung der Anschaffungskosten auf die voraussichtliche Nutzungsdauer des Fahrzeugs ergibt. Ist das Fahrzeug zum Zeitpunkt des Diebstahls bereits vollständig abgeschrieben, kommt ein steuerfreier Ersatz oder Werbungskostenabzug nicht in Betracht.

Neben dem pauschalen Kilometersatz kann der Arbeitgeber auch **außergewöhnliche Kosten** steuerfrei erstatten. Hierzu gehören nur die nicht voraussehbaren Aufwendungen für Reparaturen, die nicht auf Verschleiß beruhen (BFH-Urteil vom 17.10.1973, BStBl. 1974 II S. 186). U. E. zählen z. B. auch Reparaturkosten infolge einer Falschbetankung des Fahrzeugs anlässlich einer beruflichen Auswärtstätigkeit dazu. Das BFH-Urteil vom 20.3.2014 (BStBl. II S. 849) steht dem nicht entgegen, da es zur Abgeltungswirkung der – hier nicht maßgebenden – Entfernungspauschale ergangen ist (vgl. das Stichwort „Entfernungspauschale" unter Nr. 9 Buchstabe a).

Erstattet der Arbeitgeber dem Arbeitnehmer neben dem für die Benutzung des privaten Pkws zu Auswärtstätigkeiten geltenden pauschalen Kilometersatz von 0,30 € ganz oder teilweise die Prämien für eine **private Vollkaskoversicherung,** handelt es sich um steuerpflichtigen Arbeitslohn (die Prämien für die Kaskoversicherung sind mit dem steuerfreien Kilometersatz von 0,30 € abgegolten).

Übernimmt der Arbeitgeber neben der Erstattung der pauschalen Kilometersätze die Prämien für eine **Dienstreise-Kaskoversicherung** des Arbeitnehmers (d. h. der Versicherungsschutz der Fahrzeugvollversicherung für den privaten Pkw des Arbeitnehmers deckt nur diejenigen Unfallkosten ab, die auf Dienstfahrten entstanden sind), sind die vom Arbeitgeber zusätzlich zum pauschalen Kilometersatz gezahlten Prämien steuerpflichtig, da sie in den pauschalen Kilometersätzen bereits enthalten sind. Da bei einer Erstattung des individuellen Kilometersatzes durch den Arbeitgeber die Prämien für die Dienstreise-Kaskoversicherung in vollem Umfang auf den beruflichen Bereich entfallen, wären sie in diesem Fall steuerfrei. Hat der Arbeitgeber für den privaten Pkw des Arbeitnehmers eine Dienstreise-Kaskoversicherung abgeschlossen, führt die Prämienzahlung des Arbeitgebers wegen des ganz überwiegenden eigenbetrieblichen Interesses hingegen nicht zu Arbeitslohn (BFH-Urteil vom 27.6.1991, BStBl. 1992 II S. 365). Vgl. auch die Erläuterungen beim Stichwort „Kaskoversicherung für Unfallschäden bei Auswärtstätigkeit".

Parkgebühren, die anlässlich von Auswärtstätigkeiten anfallen, sind weder durch die pauschalen noch durch die individuellen Kilometersätze abgegolten; sie können als Reisenebenkosten deshalb **zusätzlich** steuerfrei ersetzt werden. Entsprechendes gilt für **Straßenbenutzungsgebühren.** Vgl. auch nachfolgende Nr. 13.

Gibt der Arbeitgeber dem Arbeitnehmer ein zinsloses oder zinsverbilligtes Darlehen zum Kauf eines PKws, mit dem der Arbeitnehmer auch Auswärtstätigkeiten ausführt, ist die **Zinsersparnis ggf. ein geldwerter Vorteil** (vgl. hierzu die ausführlichen Erläuterungen beim Stichwort „Zinsersparnisse und Zinszuschüsse").

i) Wochenendheimfahrten und Zwischenheimfahrten bei längerfristigen Auswärtstätigkeiten

Werden bei längerfristigen Auswärtstätigkeiten von ledigen oder verheirateten/verpartnerten Arbeitnehmern **Wochenendheimfahrten** durchgeführt, können bei Benutzung eines eigenen Kraftfahrzeugs entweder die individuellen oder die pauschalen Kilometersätze steuerfrei ersetzt werden; bei der Benutzung eines Pkws also pauschal 0,30 € für den tatsächlich gefahrenen Kilometer, also unter Berücksichtigung der Hin- und Rückfahrt (2 × 0,30 € =) 0,60 € für jeden Kilometer der einfachen Entfernung. Für Wochenendheimfahrten bei Auswärtstätigkeiten gilt somit nicht die für Familienheimfahrten bei doppelter Haushaltsführung anzusetzende niedrigere Entfernungspauschale. Dies ergibt sich aus H 9.5 LStR (Stichwort „Allgemeines" unter Nr. 1)[1]. Außerdem gilt für Heimfahrten im Rahmen längerfristiger Auswärtstätigkeiten die Regelung nicht, dass nur eine Heimfahrt wöchentlich steuerfrei ersetzt werden kann. Bei längerfristigen Auswärtstätigkeiten kann der Arbeitgeber deshalb dem (verheirateten oder unverheirateten) Arbeitnehmer mehr als eine Heimfahrt wöchentlich steuerfrei ersetzen (pauschal mit 0,60 € je Kilometer der einfachen Entfernung), wenn der Arbeitnehmer tatsächlich mehrmals wöchentlich nach Hause fährt. Bei längerfristigen Auswärtstätigkeiten können also auch die Aufwendungen für **Zwischenheimfahrten** unter der Woche **steuerfrei** ersetzt werden.

Die vorstehenden Grundsätze gelten für den **gesamten Zeitraum** der beruflich veranlassten **Auswärtstätigkeit;** also auch nach Ablauf von z. B. drei, sechs oder neun Monaten oder gar zwei Jahren.

Beispiel

Arbeitnehmer A wird ab April 2021 befristet für fünf Monate von seinem Arbeitgeber zu einer Tochtergesellschaft abgeordnet. Die Entfernung von der Wohnung des Arbeitnehmers zum Firmensitz der Tochtergesellschaft beträgt 250 km. A fährt jeden Freitag und jeden Mittwoch nach Hause und Montags morgens bzw. Donnerstags morgens wieder zurück zur Tochtergesellschaft (in den fünf Monaten ergeben sich insgesamt jeweils 40 Hin- und Rückfahrten).

Der Arbeitgeber kann in folgender Höhe die Fahrtkosten steuerfrei ersetzen:

40 Fahrten à 250 Entfernungskilometer × 0,60 € = 6000 €

k) Fahrten von der Unterkunft zur auswärtigen Tätigkeitsstätte

Die individuellen oder pauschalen Kilometersätze (für den Pkw pauschal 0,30 € für jeden gefahrenen Kilometer) gelten auch für Fahrten des Arbeitnehmers **am Ort der Auswärtstätigkeit** (z. B. Fahrten zwischen Hotel und jeweiliger Tätigkeitsstätte), und zwar auch dann, wenn der Arbeitnehmer im Einzugsgebiet des Reiseortes seine Unterkunft genommen hat (z. B. der Arbeitnehmer ist auf Auswärtstätigkeit in München und wohnt in Starnberg); es genügt, dass der Arbeitnehmer die Tätigkeitsstätte in zumutbarer Weise täglich aufsuchen kann. Dies gilt für den **gesamten Zeitraum** der beruflich veranlassten **Auswärtstätigkeit** (vgl. auch die Erläuterungen unter dem vorstehenden Buchstaben i).

l) Pauschvergütungen

Pauschvergütungen, die wegen der Benutzung eines eigenen Fahrzeugs ohne Rücksicht auf Zahl und Fahrstrecken der tatsächlich ausgeführten Fahrten für einen bestimmten Zeitraum (z. B. 150 € für einen Monat) gewährt werden, sind stets steuerpflichtiger Arbeitslohn. Der Arbeitnehmer muss in diesen Fällen seine Aufwendungen als Werbungskosten geltend machen und hierbei die gefahrenen Kilometer nachweisen oder glaubhaft machen.

m) Werbungskostenabzug beim Arbeitnehmer

Werden vom Arbeitgeber niedrigere Beträge steuerfrei ersetzt, als dies nach den vorstehenden Ausführungen unter b) – k) möglich wäre, kann der Arbeitnehmer ohne weiteres den Differenzbetrag als Werbungskosten geltend machen.

Beispiel

Der Arbeitgeber ersetzt dem Arbeitnehmer für jeden Kilometer, den der Arbeitnehmer mit seinem privaten Pkw dienstlich zurückgelegt hat, lediglich 0,20 €. Der Arbeitnehmer kann den Unterschiedsbetrag von (0,30 € – 0,20 €) = 0,10 € für jeden dienstlich gefahrenen Kilometer beim Finanzamt als Werbungskosten geltend machen. Weist der Arbeitnehmer nach, dass die durch die Benutzung des Kraftwagens entstehenden tatsächlichen Kosten 0,45 € betragen, kann er (0,45 € – 0,20 € =) 0,25 € für jeden dienstlich gefahrenen Kilometer als Werbungskosten geltend machen.

---

1) Die amtlichen Hinweise zu den Lohnsteuer-Richtlinien sind im **Steuerhandbuch für das Lohnbüro 2021** abgedruckt, das im selben Verlag erschienen ist.

8. Kosten der Unterkunft bei Inlandsreisen

a) Allgemeines

Steuerlich berücksichtigungsfähig (steuerfreier Arbeitgeberersatz, Werbungskostenabzug) sind auch die Übernachtungs-/Unterkunftskosten des Arbeitnehmers bei einer beruflich veranlassten Auswärtstätigkeit (vgl. vorstehende Nr. 2). Hierbei muss es sich um notwendige Mehraufwendungen für beruflich veranlasste Übernachtungen an einer Tätigkeitsstätte handeln, die nicht erste Tätigkeitsstätte ist (§ 9 Abs. 1 Satz 3 Nr. 5a Satz 1 EStG); bei einer Übernachtung an der ersten Tätigkeitsstätte liegt ggf. eine beruflich veranlasste doppelte Haushaltsführung vor (vgl. hierzu das Stichwort „Doppelte Haushaltsführung").

Unterkunfts- bzw. Übernachtungskosten sind die tatsächlichen **Aufwendungen** für die persönliche Inanspruchnahme einer Unterkunft zur **Übernachtung.** Hierzu zählen zum Beispiel Kosten für die Nutzung eines Hotelzimmers, Mietaufwendungen für die Nutzung eines (ggf. möblierten) Zimmers oder einer Wohnung sowie **Nebenleistungen** (z. B. Kultur- und Tourismusförderabgabe, Kurtaxe/Fremdenverkehrsabgabe, bei Auslandsübernachtungen die besondere Kreditkartengebühr bei Zahlungen in Fremdwährungen). Nicht berücksichtigungsfähig sind Entgelte für private Leistungen wie z. B. Massagen, Mini-Bar, Sauna, Pay-TV.

Die Kosten für **Mahlzeiten** gehören zu den Aufwendungen des Arbeitnehmers für die Verpflegung, die nur über die Verpflegungspauschalen (vgl. § 9 Abs. 4a EStG) berücksichtigt werden können (vgl. hierzu nachfolgende Nrn. 9 und 10). Wird durch Zahlungsbelege nur ein **Gesamtpreis** für Unterkunft und Verpflegung nachgewiesen und lässt sich der Preis für die Verpflegung nicht feststellen (z. B. bei einer Tagungspauschale), ist dieser Gesamtpreis zur Ermittlung der Übernachtungskosten zu **kürzen.** Als Kürzungsbeträge sind dabei

- für Frühstück 20 %,
- für Mittag- und Abendessen jeweils 40 %

der für den Unterkunftsort maßgebenden Verpflegungspauschale bei einer Auswärtstätigkeit mit einer Abwesenheitsdauer von 24 Stunden anzusetzen. Das entspricht für Auswärtstätigkeiten im Inland seit 1.1.2020 einer Kürzung um 5,60 für ein Frühstück (= 20 % von 28 €) und jeweils 11,20 für ein Mittag- und Abendessen (= jeweils 40 % von 28 €).[1)]

Beispiel A

Der Arbeitnehmer übernachtet während einer zweitägigen Auswärtstätigkeit im Hotel. Die Rechnung des Hotels ist auf den **Namen des Arbeitgebers** ausgestellt. Das Hotel rechnet eine Übernachtung mit Frühstück wie folgt ab: „Pauschalarrangement 70 €."

Der Arbeitgeber hat bei der Reisekostenabrechnung folgende Möglichkeiten:

Möglichkeit A:

Zur Ermittlung der steuerfrei ersetzbaren Übernachtungskosten kann der Gesamtpreis um 5,60 € (20 % von 28 € für die auf das Frühstück entfallenden anteiligen Kosten) gekürzt werden. Der verbleibende Betrag von 64,40 € kann vom Arbeitgeber dann als Übernachtungskosten steuerfrei erstattet werden. Für den An- und Abreisetag stehen dem Arbeitnehmer Verpflegungspauschalen von 28 € (jeweils 14 € für den An- und Abreisetag) zu. Die Verpflegungspauschale für den Abreisetag ist nicht zu kürzen (um 5,60 € für das Frühstück), wenn der Arbeitgeber dem Arbeitnehmer lediglich die 64,40 € als Übernachtungskosten erstattet. Insgesamt kann der Arbeitgeber somit 92,40 € steuerfrei erstatten (64,40 € Unterkunft plus 28 € Verpflegungspauschalen).

Möglichkeit B:

Erstattet der Arbeitgeber dem Arbeitnehmer hingegen den Gesamtpreis von 70 € (also einschließlich Frühstück), wären die Verpflegungspauschalen zu kürzen auf einen Betrag von 22,40 € (2 × 14 € abzüglich 5,60 € für ein Frühstück). Insgesamt könnte der Arbeitgeber somit 92,40 € steuerfrei erstatten (70 € Unterkunft und Frühstück plus 22,40 € Verpflegungspauschalen).

Fazit: Die Berechnungen führen zum gleichen Ergebnis, egal von welchem Betrag der pauschale Einbehalt bzw. die pauschale Kürzung für das Frühstück erfolgt. Zur Kürzung der Verpflegungspauschalen bei einer Mahlzeitengestellung des Arbeitgebers wird auf die nachfolgende Nr. 10 verwiesen.

Abwandlung

Die Rechnung des Hotels ist auf den **Namen des Arbeitnehmers** ausgestellt.

Auch in diesem Fall kann der Arbeitgeber insgesamt höchstens 92,40 € steuerfrei erstatten (64,40 € Unterkunft plus 28 € Verpflegungspauschalen = 2 × 14 €).

Beispiel B

Der Arbeitnehmer übernachtet während einer zweitägigen Auswärtstätigkeit im Hotel. Die Rechnung des Hotels ist auf den **Namen des Arbeitgebers** ausgestellt. Das Hotel rechnet eine Übernachtung mit Frühstück wie folgt ab: „Übernachtung 60 € zuzüglich Frühstück 10 €."

Die ausgewiesenen Übernachtungskosten von 60 € können vom Arbeitgeber steuerfrei erstattet werden. Für den An- und Abreisetag stünden dem Arbeitnehmer zusätzlich auch noch Verpflegungspauschalen in Höhe von insgesamt 28 € (jeweils 14 € für den An- und Abreisetag) zu. Die Verpflegungspauschale für den Abreisetag ist nicht zu kürzen, wenn der Arbeitgeber dem Arbeitnehmer lediglich die 60 € Übernachtungskosten erstattet (gesamte Erstattung = 88 €).

Erstattet der Arbeitgeber hingegen auch den Betrag von 10 € für das Frühstück, ist die Verpflegungspauschale für den Abreisetag um 5,60 € wegen des vom Arbeitgeber zur Verfügung gestellten Frühstücks zu kürzen (vgl. nachfolgende Nr. 10). Der Arbeitgeber kann dann zusätzlich einen Betrag von 22,40 € für Verpflegung steuerfrei erstatten (gesamte Erstattung = 92,40 €; der Mehrbetrag von 4,40 € beruht auf der Differenz zwischen dem Preis für das Frühstück = 10 € und der Kürzung der Verpflegungspauschale von 5,60 €).

Abwandlung

Die Rechnung des Hotels ist auf den **Namen des Arbeitnehmers** ausgestellt.

In diesem Fall kann der Arbeitgeber höchstens 88 € steuerfrei erstatten (60 € Unterkunft plus 28 € Verpflegungspauschalen = 2 × 14 €). Werden vom Arbeitgeber keine steuerfreien Erstattungen gezahlt, ist der Betrag von 88 € beim Arbeitnehmer als Werbungskosten abziehbar.

b) Notwendige Mehraufwendungen und Mitnahme von Angehörigen

Maßgebend ist nur die **berufliche Veranlassung** der Unterkunftskosten. Die **Angemessenheit** der Aufwendungen ist hingegen **nicht zu prüfen.** Die Größe der Unterkunft ist daher ebenso unerheblich wie die vom Arbeitgeber und/oder Arbeitnehmer gewählte Hotelkategorie.

Die steuerliche Berücksichtigung der Unterkunftskosten im Rahmen einer beruflich veranlassten Auswärtstätigkeit erfordert aber, dass noch eine andere Wohnung des Arbeitnehmers besteht, für die ihm Aufwendungen entstehen und

- wo er seinen Lebensmittelpunkt hat, ohne dass dort jedoch ein eigener Hausstand vorliegen muss, oder
- wo er seinen Lebensmittelpunkt wieder aufnehmen will.

Anders als bei einer doppelten Haushaltsführung ist somit nicht Voraussetzung, dass der Arbeitnehmer eine Wohnung aus eigenem Recht oder als Mieter bzw. aus abgeleitetem Recht als Ehegatte, Lebenspartner oder Lebensgefährte bzw. Mitbewohner hat und eine finanzielle Beteiligung an den Kosten der Lebensführung leistet. Im Rahmen einer beruflich veranlassten Auswärtstätigkeit genügt es für die Berücksichtigung der Unterkunftskosten, wenn der Arbeitnehmer z. B. im Haushalt der Eltern ein Zimmer bewohnt.

Die Unterkunft am auswärtigen Tätigkeitsort darf aber nicht die **einzige Wohnung/Unterkunft** des Arbeitnehmers sein, da in diesem Fall **kein beruflich veranlasster Mehraufwand** vorliegt und folglich eine steuerliche Berücksichtigung der Kosten aus diesem Grund ausscheidet. Die Aufwendungen für die erste (einzige) Wohnung des Steuerzahlers sind durch den Grundfreibetrag abgegolten (vgl. zum Grundfreibetrag das Stichwort „Tarifaufbau").

Beispiel A

Der Arbeitnehmer wohnt anlässlich einer beruflich veranlassten Auswärtstätigkeit unter **Aufgabe seiner bisherigen Wohnung** mit Ehefrau und zwei Kindern in einer 100 qm großen Wohnung für 950 € Miete monatlich.

Da es sich um die einzige Wohnung der Familie handelt, können die Aufwendungen – auch nicht teilweise – vom Arbeitgeber nicht steuerfrei ersetzt bzw. vom Arbeitnehmer nicht als Werbungskosten abgezogen werden.

Soweit die Unterkunft am auswärtigen Tätigkeitsort nicht die einzige ist und höhere Übernachtungskosten anfallen, weil der Arbeitnehmer eine Unterkunft gemeinsam mit Personen nutzt, die in keinem Dienstverhältnis zum selben Arbeitgeber stehen, sind nur diejenigen Aufwendungen anzusetzen, die bei alleiniger Nutzung durch den Arbeitnehmer angefallen wären. Nicht abziehbar sind somit **Mehrkosten**, die aufgrund der Mitnutzung der Übernachtungsmöglichkeit durch eine **Begleitperson** entstehen, insbesondere wenn die Begleitung privat und nicht beruflich veranlasst ist. Bei Mitnutzung eines Mehrbettzimmers (z. B. Doppelzimmer) können die Aufwendungen angesetzt werden, die bei Inanspruchnahme eines Einzelzimmers im selben Haus entstanden wären.

Beispiel B

Arbeitnehmer B führt eine einwöchige beruflich veranlasste Auswärtstätigkeit (Montag bis Freitag) bis einschließlich des darauffolgenden Sonntags in Begleitung seines nicht berufstätigen Ehegatten durch. Die Übernachtungskosten für das Doppelzimmer betragen 100 € zuzüglich 30 € (2 Personen à 15 €) Frühstück. Die Kosten für das Einzelzimmer würden 90 € zuzüglich 15 € Frühstück betragen.

4 Übernachtungen (Montag bis Donnerstag) sind in Höhe der Kosten für das Einzelzimmer (90 €) beruflich veranlasst, sodass 360 € vom Arbeitgeber steuerfrei ersetzt bzw. als Werbungskosten abgezogen werden können. Hinzu kommen für B die Verpflegungspauschalen von Montag bis Freitag (vgl. nachfolgende Nr. 9). Die Übernachtungen am Freitag und am Samstag sowie der auf den Ehegatten entfallenden Mehrpreis einschließlich dessen Frühstückskosten sind privat veranlasst.

---

1) Eine Kürzung um 5,60 € kann unterbleiben, wenn die Hotelrechnung wie folgt lautet: „Übernachtung ohne Frühstück … €". Aufgrund der ab 1.7.2021 wiederum unterschiedlichen Umsatzsteuersätze für Beherbergung (7 %) und übrige Leistungen (19 %) muss u.E. Entsprechendes gelten, wenn in der Hotelrechnung zu Recht nur die Beherbergungsleistung mit einem Steuersatz von 7 % ausgewiesen wurde. Der Bundesfinanzhof hat die grundsätzlich unterschiedlichen Umsatzsteuersätze für Übernachtung und Frühstück auch für den Fall bestätigt, dass ein Hotel „Übernachtung mit Frühstück" zu einem Pauschalpreis anbietet (BFH-Urteil vom 24.4.2013, BStBl. 2014 II S. 86).

Beispiel C

Auf einer beruflich veranlassten Auswärtstätigkeit teilt sich der Arbeitnehmer das Doppelzimmer mit einem Kollegen, der ihn aus betrieblichen Gründen begleitet. Die Kosten für das Doppelzimmer – ohne Frühstück – betragen 150 €.

Für jeden Arbeitnehmer können (150 € : 2 =) 75 € vom Arbeitgeber steuerfrei erstattet oder als Werbungskosten abgezogen werden.

Behält der Arbeitnehmer mit seiner Familie seine bisherige, jederzeit zur Verfügung stehende Wohnung bei und unterhält am neuen **Beschäftigungsort** eine **weitere Wohnung,** gilt Folgendes: Bei Nutzung einer Wohnung am auswärtigen Tätigkeitsort kann im Inland aus Vereinfachungsgründen bei Aufwendungen **bis** zu einem Betrag von **1000 € monatlich** von einer ausschließlichen beruflichen Veranlassung ausgegangen werden.

Beispiel D

Der Arbeitnehmer wohnt anlässlich einer beruflich veranlassten Auswärtstätigkeit unter **Beibehaltung seiner bisherigen Wohnung** mit Ehefrau und zwei Kindern in einer 100 qm großen Wohnung für 950 € Miete monatlich.

Die Aufwendungen für die Wohnung am auswärtigen Tätigkeitsort können vom Arbeitgeber in vollem Umfang steuerfrei ersetzt bzw. vom Arbeitnehmer als Werbungskosten abgezogen werden.

Betragen die Aufwendungen im Inland **mehr als 1000 € monatlich,** können nur die Aufwendungen berücksichtigt werden, die durch die beruflich veranlasste, alleinige Nutzung des Arbeitnehmers verursacht werden. Hierzu kann die ortsübliche Miete für eine nach Lage und Ausstattung durchschnittliche Wohnung am Ort der auswärtigen Tätigkeitsstätte mit einer Wohnfläche bis zu 60 qm als Vergleichsmaßstab herangezogen werden.

Beispiel E

Wie Beispiel D. Die Aufwendungen betragen 1500 € monatlich. Die ortsübliche Miete für eine durchschnittliche Wohnung am auswärtigen Tätigkeitsort beträgt 10 € je qm.

Nach der vorstehenden Regelung kann ein Betrag von 600 € (60 qm × 10 €) zuzüglich anteilige Nebenkosten vom Arbeitgeber steuerfrei ersetzt bzw. vom Arbeitnehmer als Werbungskosten abgezogen werden.

Hinweis: Würde der Arbeitnehmer die Wohnung am auswärtigen Tätigkeitsort alleine, ohne seine Familie nutzen, könnte der Betrag von 1500 € in den ersten 48 Monaten vom Arbeitgeber in vollem Umfang steuerfrei ersetzt bzw. vom Arbeitnehmer als Werbungskosten geltend gemacht werden (vgl. nachfolgenden Buchstaben c).

Da es sich bei der vorstehend erwähnten 60-qm-Regelung um eine „Kann-Regelung" handelt, bleibt es dem Arbeitnehmer unbenommen, einen anderen beruflichen Anteil der Unterkunftskosten glaubhaft darzulegen. Dies kann auch durch eine modifizierte **Aufteilung nach Köpfen** geschehen. Dabei ist der Gesamtaufwand nach Köpfen aufzuteilen und im Anschluss zugunsten des Arbeitnehmers eine **Erhöhung** in Höhe von **20% des Gesamtaufwands** (= Sockelbetrag für Einpersonenhaushalt) vorzunehmen (BFH-Urteil vom 3.7.2018, BFH/NV 2018 S. 1145).

Beispiel F

Ein nach Deutschland entsandter Arbeitnehmer wohnt – unter Beibehaltung des Familienwohnsitzes im Ausland – mit seiner Ehefrau und einem Kind in einem 200 qm großen Haus am auswärtigen, inländischen Beschäftigungsort. Die Aufwendungen für das Haus betragen monatlich 2000 €.

Jährlicher Aufwand für das Haus am auswärtigen, inländischen Beschäftigungsort	24 000 €
Nicht berücksichtigungsfähiger Mehraufwand für Ehefrau und Kind $^2/_3$	16 000 €
Auf den Arbeitnehmer entfallender beruflicher Aufwand	8 000 €
zuzüglich Sockelbetrag für Einpersonenhaushalt 20% von 24 000 €	4 800 €
Beruflich veranlasste Unterkunftskosten	12 800 €

c) Begrenzung der Unterkunftskosten nach Ablauf von 48 Monaten

Bei einer längerfristigen beruflich veranlassten Auswärtstätigkeit an derselben Tätigkeitsstätte **im Inland** können die tatsächlich entstehenden Unterkunftskosten **nach Ablauf von 48 Monaten** – entsprechend der Berücksichtigung von Unterkunftskosten im Rahmen einer doppelten Haushaltsführung (vgl. dieses Stichwort unter Nr. 2 Buchstabe d) – **höchstens** noch bis zur Höhe von **1000 € im Monat** vom Arbeitgeber steuerfrei erstattet bzw. vom Arbeitnehmer als Werbungskosten abgezogen werden; dies gilt auch für Hotelübernachtungen. Bei beruflich veranlassten Auswärtstätigkeiten im **Ausland** gilt der Höchstbetrag von 1000 € im Monat nicht. Hier ist eine Prüfung der **Notwendigkeit** und **Angemessenheit** der Unterkunftskosten vorzunehmen (vgl. zu Auslandsübernachtungen nachfolgende Nr. 20).

Beispiel A

Arbeitnehmer A – erste Tätigkeitsstätte wegen dauerhafter Zuordnung am Betriebssitz seines Arbeitgebers – übt aufgrund einer befristeten Abordnung zu einem verbundenen Unternehmen für einen Zeitraum von drei Jahren eine beruflich veranlasste Auswärtstätigkeit aus. Die monatlich entstehenden Übernachtungskosten betragen 1500 €.

Die Aufwendungen in Höhe von 1500 € monatlich können für den kompletten Zeitraum von drei Jahren vom Arbeitgeber steuerfrei erstattet bzw. vom Arbeitnehmer als Werbungskosten abgezogen werden.

Für die Prüfung der 48-Monatsfrist wird auf den **tatsächlich verwirklichten Sachverhalt** abgestellt. Erst nach Ablauf von 48 Monaten greift die Begrenzung der Höhe nach auf den Betrag von 1000 € im Monat. Die unbegrenzte Berücksichtigung der entstandenen Aufwendungen in den ersten 48 Monaten bleibt davon unberührt.

Beispiel B

Wie Beispiel A. Nach Ablauf der drei Jahre wird die Abordnung um zwei Jahre verlängert.

Es liegt für den gesamten Zeitraum von fünf Jahren eine beruflich veranlasste Auswärtstätigkeit vor, da die einzelne Abordnung einen Zeitraum von bis zu 48 Monaten umfasst; selbst bei sog. Kettenabordnungen erfolgt für die Prüfung, wo die erste Tätigkeitsstätte des Arbeitnehmers ist, keine Zusammenrechnung. Die Übernachtungskosten können aber nur für vier Jahre in voller Höhe vom Arbeitgeber steuerfrei erstattet bzw. vom Arbeitnehmer als Werbungskosten abgezogen werden, da hier auf den tatsächlich verwirklichten Sachverhalt abzustellen ist. Im fünften Jahr ist daher eine Begrenzung auf den Höchstbetrag von 1000 € monatlich vorzunehmen.

Eine **Unterbrechung** der beruflichen Tätigkeit an derselben Tätigkeitsstätte von **mindestens sechs Monaten** führt zu einem **Neubeginn des 48-Monats-Zeitraums** (§ 9 Abs. 1 Satz 3 Nr. 5a Satz 5 EStG). Aus welchem Grund (z. B. Krankheit, Urlaub, Tätigkeit an einer anderen Tätigkeitsstätte) die Tätigkeit unterbrochen wird, ist unerheblich. Dabei erfolgt die Prüfung des Unterbrechungszeitraums und des Ablaufs der 48-Monatsfrist stets im Nachhinein mit Blick auf die zurückliegende Zeit.

Beispiel C

Wie Beispiel A. Nach Ablauf der drei Jahre wird der Arbeitnehmer zunächst für acht Monate an seiner ersten Tätigkeitsstätte tätig und anschließend erneut für zwei Jahre an das verbundene Unternehmen abgeordnet.

Die Aufwendungen in Höhe von 1500 € monatlich können für den kompletten Zeitraum von insgesamt fünf Jahren vom Arbeitgeber steuerfrei erstattet bzw. vom Arbeitnehmer als Werbungskosten abgezogen werden. Die Unterbrechung der Tätigkeit beim verbundenen Unternehmen nach drei Jahren für mindestens sechs Monate (hier sogar acht Monate) führt zu einem Neubeginn des 48-Monats-Zeitraums.

Von einer längerfristigen beruflichen Tätigkeit an derselben Tätigkeitsstätte ist zudem erst auszugehen, sobald der Arbeitnehmer an dieser Tätigkeitsstätte mindestens an drei Tagen in der Woche tätig wird. Die **48-Monatsfrist beginnt** daher **nicht,** solange die auswärtige **Tätigkeitsstätte** nur an **zwei Tagen in der Woche aufgesucht** wird.

Beispiel D

Arbeitnehmer D ist seit 1. April 2021 in der sich an seinem Wohnort befindenden ersten Tätigkeitsstätte an zwei Tagen in der Woche tätig. An den anderen drei Tagen betreut er aufgrund arbeitsrechtlicher Festlegungen eine 200 km entfernte Filiale in Bielefeld. Dort übernachtet er regelmäßig zweimal wöchentlich.

Da der Arbeitnehmer D längerfristig infolge seiner beruflichen Tätigkeit an drei Tagen in der Woche an derselben Tätigkeitsstätte, die nicht erste Tätigkeitsstätte ist, tätig wird und dort übernachtet, können die ihm tatsächlich entstehenden Übernachtungskosten nach Ablauf von 48 Monaten nur noch bis zur Höhe von 1000 € monatlich vom Arbeitgeber steuerfrei erstattet bzw. vom Arbeitnehmer als Werbungskosten geltend gemacht werden. Hingegen wäre die 48-Monatsfrist nicht anzuwenden, wenn D die Filiale in Bielefeld nur an zwei Tagen wöchentlich betreuen und folglich nur einmal wöchentlich dort übernachten würde.

Abwandlung

Wie Beispiel D. Allerdings wird der Arbeitnehmer D ab 15. Juli 2021 für vier Monate in einer anderen Filiale eingesetzt. Ab 16. November 2021 ist er dann drei Tage wöchentlich an seiner ersten Tätigkeitsstätte und zwei Tage in Bielefeld tätig.

Für die längerfristige Tätigkeit in Bielefeld beginnt die 48-Monatsfrist am 1. April 2021 und endet am 31. März 2025. Eine sechsmonatige Unterbrechung liegt noch nicht vor (lediglich vier Monate und dann immer wieder nur dreitägige Unterbrechung).

Maßgeblich für den Beginn der 48-Monatsfrist ist der jeweilige **Beginn der** beruflich veranlassten **Auswärtstätigkeit** an derselben Tätigkeitsstätte im Inland. Aus Vereinfachungsgründen wird es jedoch nicht beanstandet, wenn die Übernachtungskosten erst ab dem ersten vollen Kalendermonat, der auf den Monat der Beendigung der 48-Monatsfrist folgt, auf 1000 € monatlich begrenzt werden.

Beispiel E

Der Arbeitnehmer hat seine Tätigkeit am 15. Juli 2017 an der auswärtigen Tätigkeitsstätte aufgenommen und sollte dort bis zum 31. Oktober 2020 tätig sein. Im Oktober 2020 wird die Tätigkeit voraussichtlich bis zum 31. Dezember 2022 verlängert.

Die 48-Monatsfrist beginnt am 15. Juli 2017 und endet mit Ablauf des 14. Juli 2021. Nach Ablauf dieser Frist können die Übernachtungskosten nur noch bis zur Höhe von 1000 € monatlich berücksichtigt werden. Aus Vereinfachungsgründen wird es jedoch nicht beanstandet, wenn die Übernachtungskosten erst ab dem ersten vollen Kalendermonat, der auf den Monat der Beendigung der 48-Monatsfrist folgt, auf 1000 € monatlich begrenzt werden. Dies wäre der Monat August 2021.

Abwandlung

Der Arbeitnehmer wird vom 15. März 2021 bis 3. Oktober 2021 wegen eines personellen Engpasses ausschließlich am Stammsitz der Firma tätig. Ab 4. Oktober 2021 kehrt er zu der vorherigen auswärtigen Tätigkeitsstätte zurück.

Die längerfristige Auswärtstätigkeit wurde mindestens sechs Monate unterbrochen. Die Übernachtungskosten können daher ab 4. Oktober 2021 für die nächsten 48 Monate (bis 3. Oktober 2025) in voller Höhe vom Arbeitgeber steuerfrei erstattet bzw. vom Arbeitnehmer als Werbungskosten abgezogen werden.

d) Pauschbetrag

Erstattet der Arbeitgeber dem Arbeitnehmer nicht die im Einzelnen nachgewiesenen Unterbringungskosten, kann er für jede Übernachtung im Inland – **zeitlich unbegrenzt** – einen Pauschbetrag **von 20 €** steuerfrei zahlen.

Ein steuerfreies Übernachtungsgeld kann nicht gezahlt werden, wenn die Übernachtung in einer vom Arbeitgeber oder aufgrund des Dienstverhältnisses von einem Dritten unentgeltlich oder verbilligt zur Verfügung gestellten Unterkunft erfolgt.

Die Tatsache, dass eine Übernachtung stattgefunden hat, muss auch bei Inanspruchnahme des Pauschbetrags nachgewiesen oder zumindest glaubhaft gemacht werden. Der Pauschbetrag kann aber auch dann steuerfrei gezahlt werden, wenn tatsächlich geringere Übernachtungskosten anfallen (z. B., wenn der Arbeitnehmer privat bei Bekannten übernachtet; BFH-Urteil vom 12.9.2001, BStBl. II S. 775). Will der Arbeitgeber einen höheren Betrag als den Pauschbetrag von 20 € steuerfrei ersetzen, müssen stets die tatsächlichen Übernachtungskosten nachgewiesen werden.

Bei einer mehrtägigen Auswärtstätigkeit ist **ein Wechsel** zwischen Übernachtungspauschbetrag und tatsächlich nachgewiesenen Übernachtungskosten **auch innerhalb ein und derselben Auswärtstätigkeit möglich.**

Beispiel

Ein Arbeitnehmer führt von Montag bis Freitag eine Auswärtstätigkeit nach Berlin durch. Von Montag bis Donnerstag übernachtet er im Hotel (Preis für die Übernachtung mit Frühstück 90 €). Die Hotelrechnung lautet auf den Arbeitnehmer. Von Donnerstag auf Freitag übernachtet er bei Bekannten, die ihm diese Übernachtung bestätigen. Der Arbeitgeber kann folgende Übernachtungskosten steuerfrei ersetzen:

für jede Übernachtung im Hotel

Preis mit Frühstück	90,– €
für das Frühstück sind abzuziehen	5,60 €
verbleibende Kosten der Unterkunft	84,40 €
für drei Nächte (3 × 84,40 € =)	253,20 €
zuzüglich Übernachtungspauschbetrag für die vierte Übernachtung	20,– €
steuerfreie Übernachtungskosten insgesamt	273,20 €[1]

Der Pauschbetrag für Übernachtung in Höhe von 20 € gilt nur für den steuerfreien Ersatz durch den Arbeitgeber, nicht hingegen für den **Werbungskostenabzug** beim Arbeitnehmer. Der Arbeitnehmer kann deshalb den Betrag von 20 € nicht als Werbungskosten geltend machen, wenn ihm vom Arbeitgeber keine Übernachtungskosten steuerfrei ersetzt werden. Der Arbeitnehmer muss vielmehr die tatsächlich entstandenen Übernachtungskosten **im Einzelnen nachweisen** (Hotelbelege usw.), wenn er sie als Werbungskosten geltend machen will (vgl. R 9.7 Abs. 2 LStR; danach ist nur ein Werbungskostenabzug der **tatsächlichen** Übernachtungskosten möglich; so auch BFH-Urteil vom 8.7.2010, BStBl. 2011 II S. 288).

9. Verpflegungspauschalen bei Inlandsreisen[2]

a) Eintägige Auswärtstätigkeiten

Bereits seit 1.1.1996 können Verpflegungsmehraufwendungen **nur noch pauschal** berücksichtigt werden; ein Einzelnachweis der tatsächlichen Aufwendungen ist ausgeschlossen.

Für eintägige auswärtige Tätigkeiten **ohne Übernachtung** kann ab einer Abwesenheit von **mehr als acht Stunden** von der **Wohnung und** der **ersten Tätigkeitsstätte** seit 1.1.2020 eine Pauschale von **14 €** (bis 31.12.2019 = 12 €) berücksichtigt werden (§ 9 Abs. 4a Satz 3 Nr. 3 EStG).

Die **Verpflegungspauschalen** sind zu **kürzen,** wenn der Arbeitnehmer anlässlich oder während der Auswärtstätigkeit vom Arbeitgeber oder auf dessen Veranlassung von einem Dritten **Mahlzeiten** zur Verfügung gestellt bekommt. Vgl. hierzu die ausführlichen Erläuterungen und zahlreichen Beispiele unter der nachfolgenden Nr. 10.

Beispiel A

A ist im Januar 2021 aufgrund eines Kundenbesuchs neun Stunden von seiner Wohnung und seiner ersten Tätigkeitsstätte abwesend.

Die Verpflegungspauschale beträgt 14 €.

Beispiel B

Wie Beispiel A. A ist am Tag des Kundenbesuchs zwar neun Stunden von seiner Wohnung, aber nur 7 ½ Stunden von seiner ersten Tätigkeitsstätte abwesend.

A hat keinen Anspruch auf die Verpflegungspauschale, da er nicht mehr als acht Stunden von seiner ersten Tätigkeitsstätte abwesend ist.

Unternimmt der Arbeitnehmer **mehrere** Auswärtstätigkeiten an **einem** Kalendertag, sind die Abwesenheitszeiten an diesem Kalendertag zusammenzurechnen.

Beispiel C

Der Arbeitnehmer führt am 8.2.2021 zwei Kundenbesuche durch. Er ist von 9 Uhr bis 13.30 Uhr sowie von 15 Uhr bis 19.30 Uhr von seiner Wohnung und der ersten Tätigkeitsstätte abwesend.

Der Arbeitnehmer hat für den 8.2.2021 Anspruch auf eine Verpflegungspauschale in Höhe von 14 €, da er insgesamt neun Stunden von seiner Wohnung und seiner ersten Tätigkeitsstätte abwesend ist.

Beispiel D

Der Vertriebsleiter V verlässt um 8 Uhr seine Wohnung und besucht zuerst bis 12 Uhr einen Kunden. Von 12.30 Uhr bis 14.30 Uhr ist er in seinem Büro (erste Tätigkeitsstätte) tätig. Anschließend fährt er von dort zu einer Tagung und kehrt um 19 Uhr noch einmal für eine Stunde in sein Büro zurück.

Es zählen die Zeiten vom Verlassen der Wohnung bis zur Ankunft an der ersten Tätigkeitsstätte (Büro) mittags (= 4 ½ Stunden) sowie vom Verlassen der ersten Tätigkeitsstätte (Büro) bis zur Rückkehr dorthin (= wiederum 4 ½ Stunden). V war zweimal beruflich auswärts tätig und dabei insgesamt mehr als acht Stunden von seiner Wohnung und seiner ersten Tätigkeitsstätte abwesend. Er erfüllt daher die Voraussetzungen der Verpflegungspauschale für eine eintägige Auswärtstätigkeit (14 €).

b) Mitternachtsregelung

Eine kalendertagbezogene Berechnung der Abwesenheitszeiten hätte dann zu Härten geführt, wenn z. B. Berufskraftfahrer ohne Übernachtung die ganze Nacht durchfahren, trotzdem aber an keinem Tag die Mindestabwesenheitsdauer von mehr als acht Stunden erreichen. Für solche Fälle hat der Gesetzgeber daher folgende Sonderregelung getroffen, die eine Zusammenrechnung der Abwesenheitszeiten auch dann erlaubt, wenn sie zwei verschiedene Tage betreffen (§ 9 Abs. 4a Satz 3 Nr. 3 letzter Halbsatz EStG):

„...; beginnt die auswärtige berufliche Tätigkeit an einem Kalendertag und endet am nachfolgenden Kalendertag ohne Übernachtung, werden 14 € **für den Kalendertag** gewährt, an dem der Arbeitnehmer **den überwiegenden Teil** der insgesamt mehr als acht Stunden von seiner Wohnung und der ersten Tätigkeitsstätte abwesend ist."

Voraussetzung für die Anwendung dieser Regelung ist also eine Tätigkeit, die sich über Mitternacht hinaus in den nächsten Tag hinein erstreckt, ohne dass eine Übernachtung stattfindet. In der Praxis hat sich deshalb hierfür die Bezeichnung **„Mitternachtsregelung"** eingebürgert.

Die sog. Mitternachtsregelung stellt also eine Ausnahme von dem Grundsatz dar, dass für die Dauer der Abwesenheit von der Wohnung und der ersten Tätigkeitsstätte jeder Kalendertag für sich zu beurteilen ist. Die Ausnahmeregelung betrifft ausschließlich diejenigen Fälle, in denen der Arbeitnehmer nachts eine **Tätigkeit** ausübt, **ohne dass eine Übernachtung stattfindet.** Die Ausnahmeregelung soll zwar in erster Linie für Berufskraftfahrer gelten, die nachts fahren; nach dem Gesetzeswortlaut ist jedoch **jede** Tätigkeit angesprochen, die nachts ausgeübt wird.

Beispiel A

Ein Kurierfahrer ist aufgrund seiner beruflichen Tätigkeit von Montag, 17 Uhr, bis Dienstag, 2 Uhr, von seiner Wohnung abwesend. Eine „erste Tätigkeitsstätte" ist wegen seiner Fahrtätigkeit nicht vorhanden.

Die Verpflegungspauschale beträgt aufgrund der neunstündigen Abwesenheit – ohne Übernachtung – 14 €. Sie wird für den Montag (= Tag der überwiegenden Abwesenheit) gewährt.

Beispiel B

Ein Computerfachmann, der im Betrieb seine erste Tätigkeitsstätte hat, wird am 11. Januar 2021 um 18 Uhr zu einem Kunden geschickt, um einen Fehler zu beheben. Er arbeitet bis 12. Januar 2021 um 2 Uhr und fährt dann nach Hause. Dort trifft er um 3 Uhr ein. Ohne die Sonderregelung könnte diesem Arbeitnehmer weder am 11. noch am 12. Januar 2021 eine Verpflegungspauschale steuerfrei gezahlt werden. Da er jedoch nachts eine Tätigkeit ausgeübt hat, ohne dass eine Übernachtung stattfand, werden die Abwesen-

1) Die Verpflegungspauschalen sind in diesem Fall nicht zu kürzen, da das Frühstück nicht vom Arbeitgeber gestellt worden ist; die Hotelrechnung lautet auf den Arbeitnehmer.

2) Die genannten Beträge gelten auch dann, wenn Arbeitnehmer aus dem Ausland im Inland tätig werden.

heitszeiten zusammengerechnet (6 Stunden am 11. 1. 2021 und 3 Stunden am 12. 1. 2021 ergeben eine Abwesenheitsdauer von 9 Stunden) und dem Kalendertag der überwiegenden Abwesenheit zugerechnet. Dem Arbeitnehmer kann deshalb für den 11. 1. 2021 eine Verpflegungspauschale in Höhe von 14 € steuerfrei gezahlt werden.

Beispiel C

Der Kurierfahrer K ist typischerweise von 20 Uhr bis 5.30 Uhr des Folgetags beruflich unterwegs. In dieser Zeit legt er regelmäßig auch eine Lenkpause von 45 Minuten ein. Seine Wohnung verlässt K um 19.30 Uhr und kehrt um 6 Uhr dorthin zurück. Eine erste Tätigkeitsstätte liegt nicht vor.

K ist im Rahmen seiner beruflichen Auswärtstätigkeit (Fahrtätigkeit) über Nacht von seiner Wohnung abwesend. Bei der Lenkpause handelt es sich nicht um eine Übernachtung. Die Abwesenheitszeiten über Nacht können somit zusammengerechnet werden (= 10¹/₂ Stunden). Sie werden für den zweiten Kalendertag berücksichtigt, an dem K den überwiegenden Teil der Zeit abwesend ist. K erfüllt die Voraussetzungen der Verpflegungspauschale für eine eintägige Auswärtstätigkeit (14 €).

Beispiel D

Der Arbeitnehmer A arbeitet von 8.30 Uhr bis 17 Uhr in seinem Büro (erste Tätigkeitsstätte), anschließend fährt er zu einem Geschäftstermin. Der Termin erstreckt sich bis 0.30 Uhr des Folgetags. A kehrt um 1.30 Uhr in seine Wohnung zurück.

A war wegen seiner beruflicher Tätigkeit mehr als acht Stunden auswärts tätig (= 8 ½ Stunden von 17 Uhr bis 1.30). Dass sich die Abwesenheit über zwei Kalendertage ohne Übernachtung erstreckt, ist unschädlich. Die Abwesenheiten werden zusammengerechnet und dem ersten Kalendertag zugeordnet, weil an diesem Tag der überwiegende Teil der Abwesenheit stattgefunden hat. A erfüllt die Voraussetzungen der Verpflegungspauschale für eine eintägige Auswärtstätigkeit (14 €).

Beispiel E

Der Arbeitnehmer A unternimmt, ohne zu übernachten, eine Dienstreise, die am 5.5.2021 um 17 Uhr beginnt und am 6.5.2021 um 7.30 Uhr beendet wird. Am 6.5.2021 unternimmt A nachmittags eine weitere Dienstreise (von 14 Uhr bis 23.30 Uhr).

A hat hier die Möglichkeit, die Abwesenheitszeiten der ersten Dienstreise über Nacht zusammenzurechnen (= 14 Stunden und 30 Minuten). Bedingt durch die überwiegende Abwesenheit am 6.5.2021 ist die dafür zu berücksichtigende Verpflegungspauschale dann dem 6.5.2021 zuzurechnen.

Alternativ können auch alle ausschließlich am 6.5.2021 geleisteten Abwesenheitszeiten (7 Stunden 30 Minuten zuzüglich 9 Stunden 30 Minuten = 17 Stunden) zusammengerechnet werden. In diesem Fall bleiben die im Rahmen der ersten Dienstreise angefallenen Abwesenheitszeiten unberücksichtigt.

Unabhängig davon, für welche Berechnungsmethode A sich entscheidet, steht ihm lediglich eine Verpflegungspauschale von 14 € für den 6.5.2021 zu. Eine Verpflegungspauschale von 28 € kommt nur in Betracht, wenn entweder die gesamte Tätigkeit über Nacht oder die Tätigkeit an dem jeweiligen Kalendertag 24 Stunden erreicht. Diese Voraussetzung ist hier nicht erfüllt

Die Mitternachtsregelung erlangt über den Normalfall hinaus dann eine besondere Bedeutung, wenn eine Inlandsreise mit einer Auslandsreise zusammentrifft und die gesamte Abwesenheitsdauer dabei dem Kalendertag der überwiegenden Abwesenheit zugerechnet wird (vgl. nachfolgend unter den Nrn. 16 und 17). Vgl. zur Mitternachtsregelung zudem die Ausführungen beim Stichwort „Fahrtätigkeit" unter Nr. 4 Buchstabe c.

c) Mehrtägige Auswärtstätigkeiten

Für die Kalendertage, an denen der Arbeitnehmer außerhalb seiner Wohnung und ersten Tätigkeitsstätte beruflich tätig ist und aus diesem Grund 24 Stunden von seiner Wohnung[1)] abwesend ist, kann seit 1.1.2020 eine Pauschale von **28 €** (bis 31.12.2019 = 24 €) vom Arbeitgeber steuerfrei ersetzt bzw. als Werbungskosten geltend gemacht werden (sog. **Zwischentag;** § 9 Abs. 4a Satz 3 Nr. 1 EStG).

Für den **An- und Abreisetag** einer solchen mehrtägigen auswärtigen Tätigkeit **mit Übernachtung** außerhalb der Wohnung[1)] kann ohne Prüfung einer Mindestabwesenheitszeit **seit 1.1.2020** eine Pauschale von **jeweils 14 €** (bis 31.12.2019 = 12 €) vom Arbeitgeber steuerfrei ersetzt bzw. als Werbungskosten berücksichtigt werden (§ 9 Abs. 4a Satz 3 Nr. 2 EStG). Insoweit ist es unerheblich, ob der Arbeitnehmer die Reise von der Wohnung, der ersten oder einer anderen Tätigkeitsstätte aus antritt. Eine mehrtägige Auswärtstätigkeit mit Übernachtung liegt auch dann vor, wenn die berufliche Tätigkeit über Nacht ausgeübt wird, anschließend die „Übernachtung" am Tag stattfindet und danach wieder die Tätigkeit über Nacht ausgeübt wird. Das gilt auch dann, wenn keine Übernachtungskosten anfallen, weil z. B. im Fahrzeug (Bus oder Lkw) geschlafen wird.

Beispiel A

Ein Arbeitnehmer, mit Wohnsitz und erster Tätigkeitsstätte in Hamburg, wird für seinen Arbeitgeber für fünf Tage (montags Anreise, freitags Abreise) anlässlich einer Messe in Berlin beruflich tätig.

Aufgrund der 24stündigen Abwesenheit von seiner Wohnung erhält der Arbeitnehmer für die Tage Dienstag, Mittwoch und Donnerstag eine Verpflegungspauschale von jeweils 28 €, die vom Arbeitgeber steuerfrei ersetzt oder vom Arbeitnehmer als Werbungskosten geltend gemacht werden kann (§ 9 Abs. 4a Satz 3 Nr. 1 EStG).

Für den Anreisetag Montag und den Abreisetag Freitag erhält der Arbeitnehmer eine Verpflegungspauschale von jeweils 14 € (insgesamt für diese beiden Tage also 28 €), ohne dass es auf eine bestimmte Mindestabwesenheitsdauer von seiner Wohnung bzw. ersten Tätigkeitsstätte ankommt (§ 9 Abs. 4a Satz 3 Nr. 2 EStG).

Beispiel B

Arbeitnehmer B verlässt seine Wohnung für eine beruflich veranlasste Auswärtstätigkeit am Sonntag um 19 Uhr und kehrt am Dienstag um 1 Uhr zurück. Eine Übernachtung von Sonntag auf Montag hat stattgefunden.

B erhält Verpflegungspauschalen für den Sonntag (Anreisetag = 14 €), Montag (28 €) und Dienstag (Abreisetag wegen Übernachtung Sonntag/Montag = 14 €).

Beispiel C

Der Arbeitnehmer verlässt am Sonntag um 23.40 Uhr seine Wohnung, um mit dem Nachtzug zu einer beruflichen Auswärtstätigkeit zu reisen. Er erreicht den Zielort am Montag um 6 Uhr. Der Geschäftstermin beginnt um 8 Uhr und endet gegen 12 Uhr. Am Montagabend um 19 Uhr erreicht der Arbeitnehmer wieder seine Wohnung.

Da an eine Übernachtung keine erhöhten Anforderungen zu stellen sind (Übernachtung in einem Fahrzeug oder im Zug reichen aus), stehen dem Arbeitnehmer für Sonntag (= Anreisetag) und Montag (= Abreisetag) jeweils 14 € Verpflegungspauschale zu.

Beispiel D

Der Ingenieur I aus Berlin ist von Montagabend bis Dienstag in München auswärts tätig. An diese Tätigkeit schließt sich am Dienstag gleich die Weiterreise nach Hamburg zu einer neuen auswärtigen Tätigkeit an. I fliegt von München direkt nach Hamburg und kehrt am Mittwochmittag zu seiner Wohnung in Berlin zurück.

I kann folgende Verpflegungspauschalen beanspruchen: Für Montag als Anreisetag und für Mittwoch als Rückreisetag stehen im jeweils 14 € zu. Da I am Dienstag infolge der Abreise aus München und der direkten Anreise nach Hamburg 24 Stunden von seiner Wohnung und ersten Tätigkeitsstätte abwesend ist, kann er für diesen Tag eine Pauschale von 28 € beanspruchen.

Beispiel E

Wie Beispiel D. I sucht am Dienstag kurz seine Wohnung in Berlin auf, um Unterlagen und Kleidung einzupacken und fährt nach einer Stunde weiter nach Magdeburg.

In diesem Fall kann I auch für Dienstag als An- und gleichzeitig als Abreisetag nur 14 € Verpflegungspauschale beanspruchen. Eine Verpflegungspauschale von 28 € kann nur dann beansprucht werden, wenn I infolge seiner beruflichen Auswärtstätigkeit 24 Stunden von seiner Wohnung und ersten Tätigkeitsstätte abwesend ist. Dies ist auch am Dienstag nicht der Fall.

Beispiel F

Monteur M aus Düsseldorf ist von Montag bis Mittwoch in Stuttgart auswärts tätig. Eine erste Tätigkeitsstätte besteht nicht. M verlässt am Montag um 10.30 Uhr seine Wohnung in Düsseldorf. Stuttgart verlässt M am Mittwochabend und erreicht seine Wohnung in Düsseldorf am Donnerstag um 1.45 Uhr.

M steht für Montag (Anreisetag) eine Verpflegungspauschale von 14 € zu. Für Dienstag und Mittwoch kann M eine Pauschale von 28 € beanspruchen, da er an diesen Tagen 24 Stunden von seiner Wohnung abwesend ist. Für Donnerstag steht ihm eine Pauschale von 14 € zu (Abreisetag).

d) Dreimonatsfrist beim Verpflegungsmehraufwand

Bei einer längerfristigen beruflich veranlassten Auswärtstätigkeit an derselben Tätigkeitsstätte kann ein steuerfreier Arbeitgeberersatz bzw. Werbungskostenabzug der Verpflegungspauschalen **nur für die ersten drei Monate** ab Beginn der Tätigkeit erfolgen (§ 9 Abs. 4a Satz 6 EStG).

Beispiel A

Ein Arbeitnehmer wird für fünf Monate vom Sitz der Geschäftsleitung an eine Niederlassung seines Arbeitgebers abgeordnet.

Die Verpflegungspauschalen können nur für die ersten drei Monate der Tätigkeit an der Niederlassung vom Arbeitgeber steuerfrei erstattet bzw. vom Arbeitnehmer als Werbungskosten abgezogen werden.

Beispiel B

Ein Bauarbeiter mit Wohnsitz in Hamburg, der keine erste Tätigkeitsstätte im Betrieb des Arbeitgebers hat und typischerweise nur an ständig wechselnden Tätigkeitsstätten eingesetzt wird, ist für acht Monate (März bis Oktober) an einer Baustelle in Rostock tätig.

Der steuerfreie Arbeitgeberersatz bzw. der Werbungskostenabzug der Verpflegungspauschalen ist auf die ersten drei Monate (März, April, Mai) der Tätigkeit in Rostock beschränkt.

Bei beruflichen **Tätigkeiten** auf **mobilen,** nicht ortsfesten betrieblichen **Einrichtungen** wie z. B. Fahrzeugen, Flugzeugen, Schiffen findet die **Dreimonatsfrist keine Anwendung** (so auch BFH-Urteil vom 24.2.2011, BStBl. 2012 II S. 27). Entsprechendes gilt für eine Tätigkeit in einem weiträumigen Tätigkeitsgebiet. Vgl. auch die Stichworte „Fahrtätigkeit" unter Nr. 4 Buchstabe d und „Weiträumiges Tätigkeitsgebiet" unter Nr. 4.

Beispiel C

Der Arbeitnehmer ist als technischer Offizier auf einem Schiff der Hochseefischerei tätig und im Kalenderjahr 2021 an 184 Tagen von zu Hause abwesend.

Der Arbeitnehmer kann für 184 Tage die Verpflegungspauschalen geltend machen. Die Dreimonatsfrist ist bei einer Fahrtätigkeit nicht anzuwenden.

1) Als Wohnung im vorstehenden Sinn gilt (§ 9 Absatz 4a Satz 4, 2. Halbsatz EStG) der Hausstand, der den Mittelpunkt der Lebensinteressen des Arbeitnehmers bildet und nicht nur gelegentlich aufgesucht wird (z. B. bei Auszubildenden auch die elterliche Wohnung, wenn sich dort noch der Lebensmittelpunkt des Arbeitnehmers befindet) oder die Zweitwohnung am Ort einer steuerlich anzuerkennenden doppelten Haushaltsführung (insbesondere zu berücksichtigen, wenn der Arbeitnehmer mehrere Wohnungen hat). Übernachtet der Arbeitnehmer bei einer beruflich veranlassten Auswärtstätigkeit in seinem eigenen Ferienappartement, welches er nur gelegentlich aufsucht, handelt es sich um eine mehrtägige auswärtige Tätigkeit mit Übernachtung, auch wenn für die Übernachtung selbst keine Kosten entstehen.

Beispiel D

Ein Lkw-Fahrer kehrt von seiner Tour von Deutschland nach Südeuropa aufgrund von technischen Schwierigkeiten und Streiks erst nach 3 ½ Monaten zurück.

Der Arbeitgeber kann dem Arbeitnehmer für den gesamten Zeitraum steuerfreie Verpflegungspauschalen zahlen, da die Dreimonatsfrist bei einer Fahrtätigkeit nicht anzuwenden ist.

Um die Berechnung der Dreimonatsfrist zu vereinfachen, ist eine **rein zeitliche Bemessung der Unterbrechungsregelung** eingeführt worden. Danach führt eine Unterbrechung der beruflichen Tätigkeit an derselben Tätigkeitsstätte zu einem Neubeginn der Dreimonatsfrist, wenn sie **mindestens vier Wochen** dauert (§ 9 Abs. 4a Satz 7 EStG). Unerheblich ist, aus welchem Grund (z. B. Krankheit, Urlaub, Tätigkeit an einer anderen Tätigkeitsstätte) die Tätigkeit unterbrochen wird; es zählt nur die Unterbrechungsdauer.

Beispiel E

Arbeitnehmer E betreut in den Monaten April bis Juni ein Projekt seines Arbeitgebers beim Kunden C. Im Juli nimmt E seinen Jahresurlaub. Ab August ist er wiederum im Rahmen des Projekts bis einschließlich November beim Kunden C tätig.

Bei der Projektbetreuung beim Kunden C handelt es sich um eine beruflich veranlasste Auswärtstätigkeit des Arbeitnehmers E.

Im Jahr 2021 stehen E die Verpflegungspauschalen in den Monaten April bis Juni (= erster Ablauf der Dreimonatsfrist) und August bis Oktober (= zweiter Ablauf der Dreimonatsfrist) zu. Die mehr als vierwöchige Unterbrechung der Auswärtstätigkeit durch Urlaub im Juli 2021 führt zu einem Neubeginn der Dreimonatsfrist. Im November hat E nach Ablauf des zweiten Dreimonatszeitraums keinen Anspruch auf die Verpflegungspauschalen.

Beispiel F

Ein Arbeitnehmer mit Wohnsitz und erster Tätigkeitsstätte in München wird von seinem Arbeitgeber vom 1.2.2021 bis 31.5.2021 an die Niederlassung in Stuttgart abgeordnet. Ab 1.6.2021 ist er wieder an seiner ersten Tätigkeitsstätte in München tätig. Aufgrund eines personellen Engpasses wird er vom 17.7. bis 31.8.2021 erneut nach Stuttgart abgeordnet. Der steuerfreie Arbeitgeberersatz bzw. der Werbungskostenabzug der Verpflegungspauschalen ist zunächst einmal auf die ersten drei Monate (Februar, März, April) der Tätigkeit in Stuttgart beschränkt. Da die Tätigkeit in Stuttgart von Anfang Juni bis Mitte Juli durch eine Tätigkeit an der ersten Tätigkeitsstätte in München für mehr als vier Wochen unterbrochen worden ist, beginnt mit der Aufnahme der erneuten Tätigkeit in Stuttgart eine neue Dreimonatsfrist mit der Folge, dass die Verpflegungspauschalen ab 17.7.2021 bis zur Beendigung der Tätigkeit am 31.8.2021 in Stuttgart vom Arbeitgeber steuerfrei ersetzt bzw. vom Arbeitnehmer als Werbungskosten geltend gemacht werden können. Es liegt übrigens keine aus beruflichem Anlass begründete doppelte Haushaltsführung vor, da es sich sowohl beim Zeitraum Februar bis Mai als auch beim Zeitraum Mitte Juli bis Ende August um beruflich veranlasste Auswärtstätigkeiten handelt (R 9.11 Abs. 1 Satz 2 LStR).

Beispiel G

Ein Arbeitnehmer ist auf folgenden Baustellen tätig: Baustelle A 5 Wochen, Baustelle B 2 Wochen, Baustelle A 3 Wochen, Baustelle C 3 Wochen und Baustelle A 3 Wochen. Wann endet die Dreimonatsfrist (die hier 13 Wochen betragen soll) auf der Baustelle A?

Die Dreimonatsfrist beginnt mit dem erstmaligen Tätigwerden auf der Baustelle A und endet drei Monate (= hier 13 Wochen) später mit dem Ablauf der Tätigkeit auf der Baustelle C (5 Wochen plus 2 Wochen plus 3 Wochen plus 3 Wochen = 13 Wochen). Die Unterbrechungen der Tätigkeit auf der Baustelle A durch die Tätigkeiten auf den Baustellen B und C führen nicht zu einem Neubeginn der Dreimonatsfrist, da die Unterbrechungen – jeweils für sich betrachtet – nicht mindestens vier Wochen (sondern lediglich zwei bzw. drei Wochen) gedauert haben.

Beispiel H

Ein Außendienstmitarbeiter wohnt in Karlsruhe und hat seine erste Tätigkeitsstätte in der betrieblichen Einrichtung seines Arbeitgebers in Stuttgart (Zuordnung durch den Arbeitgeber und berufsbildbezogenes Tätigwerden in geringem Umfang). Arbeitstäglich sucht er gegen 8 Uhr die Filiale in Karlsruhe auf und bereitet sich dort für zwei Stunden auf den Außendienst vor. Von ca. 10 Uhr bis 16.30 Uhr sucht er verschiedene Kunden im Großraum Karlsruhe auf. Anschließend fährt er nochmals für eine Stunde in die Filiale in Karlsruhe, um Nacharbeiten zu erledigen.

Bei den arbeitstäglichen Vor- und Nachbereitungen der Außendiensttätigkeit in der Filiale in Karlsruhe handelt es sich um eine längerfristige berufliche Auswärtstätigkeit an derselben Tätigkeitsstätte. Für die berufliche Tätigkeit an dieser Tätigkeitsstätte können nur in den ersten drei Monaten Verpflegungspauschalen beansprucht werden (= 14 € bei mehr als acht Stunden Abwesenheit von der Wohnung).

Ab dem vierten Monat kommt es wegen der beruflich veranlassten Auswärtstätigkeit bei den Kunden auf die Dauer der Abwesenheit von der Wohnung ohne die Tätigkeitszeit in der Filiale in Karlsruhe an. Für die Berechnung der Abwesenheitszeit ist die Tätigkeitszeit in der Filiale in Karlsruhe abzuziehen. Somit kommt eine Verpflegungspauschale in Höhe von 14 € nur in Betracht, wenn der Außendienstmitarbeiter mehr als elf Stunden von zu Hause abwesend ist (mehr als elf Stunden abzüglich drei Stunden Tätigkeit in der Filiale in Karlsruhe = mehr als acht Stunden Abwesenheitszeit von zu Hause). Vgl. hierzu auch „Fliegendes Personal" unter Nr. 3.

Bei einem **Wechsel** der auswärtigen **Tätigkeitsstätte** kommt es unabhängig von der jeweiligen Entfernung und unabhängig von einem Wechsel der auswärtigen Unterkunft stets zu einem **Neubeginn** der Dreimonatsfrist.

Beispiel I

Ein Arbeitnehmer mit erster Tätigkeitsstätte in Düsseldorf wird in der Zeit vom 1.3. bis 31.5. an einer Zweigniederlassung des Arbeitgebers in Hannover und vom 1.6. bis 31.8. in Hamburg eingesetzt. Anschließend kehrt er an seine erste Tätigkeitsstätte nach Düsseldorf zurück.

Der steuerfreie Arbeitgeberersatz bzw. der Werbungskostenabzug der Verpflegungspauschalen kann hier für den gesamten Zeitraum (1.3. bis 31.8.) vorgenommen werden, da der Wechsel der auswärtigen Tätigkeitsstätte von Hannover nach Hamburg am 1.6. zu einem Neubeginn der Dreimonatsfrist führt.

Werden im Rahmen einer beruflichen Auswärtstätigkeit mehrere ortsfeste betriebliche Einrichtungen innerhalb eines Werks- oder Betriebsgeländes aufgesucht, handelt es sich um die Tätigkeit an einer (großräumigen) Tätigkeitsstätte und die Dreimonatsfrist ist zu beachten. Handelt es sich jedoch um einzelne ortsfeste betriebliche Einrichtungen **verschiedener Auftraggeber oder Kunden,** liegen mehrere Tätigkeitsstätten vor mit der Folge, dass ein Wechsel zu einem Neubeginn der Dreimonatsfrist führt. Dies gilt auch dann, wenn sich die Tätigkeitsstätten in unmittelbarer räumlicher Nähe zueinander befinden.

Beispiel K

Arbeitnehmer K wird vom 1. August 2021 für sechs Monate auf einem Werksgelände an unterschiedlichen Stellen beruflich tätig.

K kann die Verpflegungspauschalen für drei Monate in Anspruch nehmen, da es sich um eine großräumige Tätigkeitsstätte handelt.

Abwandlung

Arbeitnehmer K wird vom 1. August 2021 an im Rahmen einer beruflich veranlassten Auswärtstätigkeit für sechs Monate in einem großen Bürogebäude tätig. Die ersten drei Monate im ersten Stock des Gebäudes für den Kunden A und die zweiten drei Monate im dritten Stock des Gebäudes für den Kunden B.

Da die Tätigkeiten unterschiedlichen Auftraggebern zugerechnet werden können, führt der nach den ersten drei Monaten vorgenommene Wechsel vom Kunden A zum Kunden B zu einer neuen Dreimonatsfrist. Unmaßgeblich ist, dass beide Kunden ihren Sitz im selben Gebäude haben. K kann folglich für die gesamten sechs Monate Verpflegungspauschalen in Anspruch nehmen.

Von einer längerfristigen beruflichen Tätigkeit an derselben Tätigkeitsstätte ist erst dann auszugehen, sobald der Arbeitnehmer an dieser Tätigkeitsstätte mindestens an drei Tagen in der Woche tätig wird. Die **Dreimonatsfrist** beginnt daher **nicht,** solange die auswärtige Tätigkeitsstätte nur an **zwei Tagen in der Woche aufgesucht** wird.

Beispiel L

Der Bauarbeiter L soll ab März 2021 arbeitstäglich auf der Baustelle in Potsdam für fünf Monate tätig werden. Am 1. April 2021 nimmt er dort seine Tätigkeit auf. Ab 22. Mai 2021 wird er nicht nur in Potsdam, sondern für einen Tag wöchentlich auch auf der Baustelle in Berlin tätig, da dort ein Kollege ausgefallen ist.

Für die Tätigkeit auf der Baustelle in Potsdam beginnt die Dreimonatsfrist am 1. April 2021 und endet am 30. Juni 2021. Eine vierwöchige Unterbrechung liegt nicht vor (immer nur eintägige Unterbrechung). Für die Tätigkeit auf der Baustelle in Berlin greift die Dreimonatsfrist hingegen nicht, da L dort lediglich einen Tag wöchentlich tätig wird.

Beispiel M

Wie Beispiel L. Allerdings wird L ab 1. April 2021 zwei Tage wöchentlich in Potsdam und drei Tage wöchentlich in Berlin tätig. Ab 15. April 2021 muss er für zwei Wochen nach Hannover. Ab 1. Mai 2021 ist er dann bis auf Weiteres drei Tage wöchentlich in Potsdam und zwei Tage in Berlin tätig.

Für die Tätigkeit auf der Baustelle in Berlin beginnt die Dreimonatsfrist am 1. April 2021 und endet am 30. Juni 2021. Eine vierwöchige Unterbrechung liegt nicht vor (lediglich zwei Wochen und dann immer nur dreitägige Unterbrechung).

Für die Tätigkeit auf der Baustelle in Potsdam beginnt die Dreimonatsfrist hingegen erst am 1. Mai 2021, da L dort erst ab diesem Tag an drei Tagen wöchentlich tätig wird.

Für die zweiwöchige Tätigkeit in Hannover spielt die Dreimonatsfrist keine Rolle.

Beispiel N

Ein Arbeitnehmer wird von seinem Arbeitgeber für einen Zeitraum von sieben Monaten jeweils mittwochs zu einem verbundenen Unternehmen abgeordnet.

Es handelt sich um eine beruflich veranlasste Auswärtstätigkeit. Sowohl die Fahrtkosten als auch die Verpflegungspauschalen können für den gesamten Zeitraum von sieben Monaten nach Reisekostengrundsätzen steuerfrei ersetzt bzw. als Werbungskosten abgezogen werden. Da der Arbeitnehmer das verbundene Unternehmen nur einmal wöchentlich aufsucht, ist die Dreimonatsfrist für die Berücksichtigung der Verpflegungspauschalen nicht anzuwenden.

Beispiel O

Wie Beispiel N. Die Abordnung umfasst jeweils die Tage dienstags bis donnerstags (= 3 Tage wöchentlich).

Die Gewährung der Verpflegungspauschalen ist auf die ersten drei Monate begrenzt. Die Fahrtkosten können jedoch auch hier für den gesamten Zeitraum von sieben Monaten nach Reisekostengrundsätzen steuerfrei ersetzt bzw. als Werbungskosten abgezogen werden, da eine beruflich veranlasste Auswärtstätigkeit vorliegt.

Beispiel P

Der angestellte Architekt A hat seine erste Tätigkeitsstätte im Architekturbüro seines Arbeitgebers. Im Rahmen seiner Tätigkeit als Bauleiter besucht er höchstens zweimal wöchentlich die verschiedenen Baustellen, um vor Ort die Koordinierung mit Auftraggebern, Handwerkern und Baubehörden vorzunehmen.

Die Verpflegungspauschalen können zeitlich unbegrenzt nach Reisekostengrundsätzen steuerfrei ersetzt bzw. als Werbungskosten abgezogen werden. Da A die jeweilige Baustelle höchstens zweimal wöchentlich aufsucht, ist die Dreimonatsfrist für die Berücksichtigung der Verpflegungspauschalen nicht anzuwenden. Für die Gewährung einer Verpflegungspauschale muss allerdings die Abwesenheitszeit von der Wohnung und der ersten Tätigkeitsstätte mehr als acht Stunden betragen.

Die Dreimonatsfrist ist unbeachtlich, wenn die Tätigkeit des Arbeitnehmers dadurch geprägt ist, dass er **mehrmals am Tage den Tätigkeitsort wechselt,** wie dies z. B. bei einem Vertreter oder Kundendiensttechniker der Fall ist. Es fehlt an einem Tätigwerden an „derselben Tätigkeitsstätte".

Zur Anwendung der Dreimonatsfrist bei beruflich veranlassten Auswärtstätigkeiten vgl. auch das Stichwort „Windkraftanlagen".

10. Mahlzeitengestellung bei beruflich veranlassten Auswärtstätigkeiten

a) Bewertung „üblicher" Mahlzeiten

Eine vom Arbeitgeber während einer beruflich veranlassten Auswärtstätigkeit zur Verfügung gestellte „übliche" Mahlzeit wird **zwingend** mit dem amtlichen **Sachbezugswert** (2021 für Frühstück = 1,83 €, Mittag- und Abendessen jeweils 3,47 €) bewertet (§ 8 Abs. 2 Satz 8 EStG). Als **„üblich"** gilt eine Mahlzeit, deren Preis **60 € nicht übersteigt.** Hierbei sind auch die zur Mahlzeit eingenommenen Getränke einzubeziehen. Die vorstehenden Ausführungen gelten entsprechend für die im Rahmen einer beruflich veranlassten doppelten Haushaltsführung vom Arbeitgeber zur Verfügung gestellten „üblichen" Mahlzeiten.

Für die Prüfung der 60-€-Grenze kommt es auf den **Preis (einschließlich Umsatzsteuer)** der Mahlzeit an, den der Dritte dem Arbeitgeber in Rechnung stellt; also ohne Berücksichtigung eines Trinkgeldes. Zuzahlungen des Arbeitnehmers sind bei der Prüfung der 60-€-Grenze nicht zu berücksichtigen, sie mindern aber die Höhe des geldwerten Vorteils. Ist der Preis der Mahlzeit in der Rechnung eines Dritten nicht beziffert, weil die Mahlzeit im Rahmen eines Gesamtpreises z. B. mit einer Fortbildungsveranstaltung berechnet wird, ist nach dem Gesamtbild der Verhältnisse im Einzelfall zu beurteilen, ob es sich um eine „übliche" Beköstigung gehandelt hat oder ob ein höherer Wert der Mahlzeit als 60 € anzunehmen ist.

Die für eine unmittelbar vom Arbeitgeber abgegebene Mahlzeit maßgeblichen Grundsätze gelten auch, wenn eine Mahlzeit **auf Veranlassung des Arbeitgebers von einem Dritten** an den Arbeitnehmer abgegeben wird. Die Gestellung einer Mahlzeit ist vom Arbeitgeber veranlasst, wenn er Tag und Ort der Mahlzeitengestellung bestimmt. Das ist insbesondere dann der Fall, wenn

- der **Arbeitgeber** die **Verpflegungskosten** im Hinblick auf die beruflich veranlasste Auswärtstätigkeit des Arbeitnehmers dienst- oder arbeitsrechtlich **erstattet** und
- die **Rechnung auf** den **Arbeitgeber** ausgestellt ist oder es sich um eine umsatzsteuerliche Kleinbetragsrechnung bis 250 € handelt, die im Original beim Arbeitgeber vorliegt oder vorgelegen hat und zu Zwecken der elektronischen Archivierung eingescannt wurde. Eine Quittung über den zu zahlenden Betrag ist keine (Kleinbetrags-)Rechnung in diesem Sinne.

Aufgrund der arbeitsmäßigen Gegebenheiten ist von einer **Mahlzeitengestellung durch den Arbeitgeber** auch dann auszugehen, wenn das **Küchenpersonal** vom Arbeitgeber **gestellt** wird und die **Betriebskosten** (mit Ausnahme der Verbrauchskosten) sowie die **Personalkosten** für die Zubereitung und Ausgabe der Mahlzeiten vom Arbeitgeber **getragen** werden.

Beispiel

Der Arbeitgeber beschäftigt auf dem Binnenschiff auch Küchenpersonal, das sich um die Verpflegung der Mannschaft kümmert.

Bereits durch die Zurverfügungstellung des Küchenpersonals und die Übernahme der Personalkosten ist von einer Mahlzeitengestellung des Arbeitgebers auszugehen, die zu einer Kürzung der Verpflegungspauschale bei den Besatzungsmitgliedern führt.

Zu den vom Arbeitgeber zur Verfügung gestellten Mahlzeiten gehören auch die z. B. **im Flugzeug, im Zug oder auf einem Schiff** im Zusammenhang mit der Beförderung unentgeltlich angebotenen Mahlzeiten, sofern die Rechnung für das Beförderungsticket auf den Arbeitgeber ausgestellt ist und von diesem dienst- oder arbeitsrechtlich erstattet wird. Die Verpflegung muss dabei nicht offen auf der Rechnung ausgewiesen werden. Lediglich dann, wenn z. B. anhand des gewählten Beförderungstarifs feststeht, dass es sich um eine reine Beförderungsleistung handelt, bei der keine Mahlzeiten unentgeltlich angeboten werden, liegt keine Mahlzeitengestellung vor. Die z. B. auf innerdeutschen Flügen oder Kurzstrecken-Flügen gereichten **kleinen Tüten mit Chips, Salzgebäck, Schokowaffeln, Müsliriegel** oder vergleichbare andere Knabbereien erfüllen **nicht** das Kriterium einer **Mahlzeit.**[1] Ebenso sind unbelegte Backwaren mit einem Heißgetränk kein Frühstück (BFH-Urteil vom 3.7.2019, BFH/NV 2019 S. 1295). Vgl. auch die Erläuterungen unter dem nachfolgenden Buchstaben e zur Kürzung der Verpflegungspauschalen bei einer Mahlzeitengestellung.

Mahlzeiten mit einem Preis von **über 60 €** dürfen nicht mit dem amtlichen Sachbezugswert bewertet werden. Bei einer solchen Mahlzeit wird typisierend unterstellt, dass es sich um ein **„Belohnungsessen"** handelt. Belohnungsessen sind mit dem **tatsächlichen Preis** als Arbeitslohn (§ 8 Abs. 2 Satz 1 EStG) anzusetzen (vgl. nachfolgenden Buchstaben d).

b) Nichtbesteuerung „üblicher" Mahlzeiten bis 60 €

Die **Besteuerung** einer üblichen Mahlzeit als Arbeitslohn ist gesetzlich **ausgeschlossen,** wenn der Arbeitnehmer für die betreffende Auswärtstätigkeit dem Grunde nach eine **Verpflegungspauschale** als Werbungskosten geltend machen könnte (§ 8 Abs. 2 Satz 9 EStG). Zur Kürzung der Verpflegungspauschale bei einer Mahlzeitengestellung durch den Arbeitgeber vgl. nachfolgenden Buchstaben e.

Beispiel A

Der Arbeitgeber stellt dem Arbeitnehmer anlässlich einer eintägigen beruflich veranlassten Auswärtstätigkeit mit einer Abwesenheit von zehn Stunden von der Wohnung und der ersten Tätigkeitsstätte ein Mittagessen im Wert von 30 € zur Verfügung.

Der Arbeitgeber muss für die zur Verfügung gestellte Mahlzeit keinen geldwerten Vorteil versteuern, da der Arbeitnehmer für die eintägige beruflich veranlasste Auswärtstätigkeit eine Verpflegungspauschale als Werbungskosten geltend machen kann (§ 8 Abs. 2 Satz 9 EStG). Zur Kürzung der Verpflegungspauschale vgl. nachfolgenden Buchstaben e.

Eine **Besteuerung** der mit dem Sachbezugswert zu bewertenden Mahlzeit **unterbleibt** immer dann, wenn der Arbeitnehmer anlässlich einer beruflich veranlassten Auswärtstätigkeit eine Verpflegungspauschale beanspruchen kann, weil er **innerhalb** der **Dreimonatsfrist** nachweislich **mehr als acht Stunden** von seiner Wohnung und der ersten Tätigkeitsstätte abwesend ist **oder** eine **mehrtägige Auswärtstätigkeit mit Übernachtung** vorliegt. Nach Ablauf der Dreimonatsfrist ist die Gestellung einer Mahlzeit grundsätzlich als Arbeitslohn zu erfassen (vgl. hierzu den nachfolgenden Buchstaben c).

Beispiel B

Der Arbeitnehmer nimmt auf Veranlassung seines Arbeitgebers an einem zweitägigen Seminar mit Übernachtung teil. Die Hotelrechnung ist auf den Arbeitgeber ausgestellt. Der Arbeitgeber erstattet die vom Arbeitnehmer verauslagten Übernachtungskosten von 100 € inklusive 20 € für ein Frühstück im Rahmen der Reisekostenabrechnung des Arbeitnehmers. Die auf den Arbeitgeber ausgestellte Rechnung des Seminarveranstalters hat der Arbeitgeber unmittelbar bezahlt. Darin enthalten ist für beide Seminartage jeweils ein für derartige Veranstaltungen typisches Mittagessen, dessen Preis in der Rechnung nicht gesondert ausgewiesen ist.

Der Arbeitnehmer erhält sowohl das Frühstück als auch die beiden Mittagessen auf Veranlassung seines Arbeitgebers. Für den An- und den Abreisetag steht ihm grundsätzlich jeweils eine Verpflegungspauschale in Höhe von 14 € zu.

Obgleich der Preis der Mittagessen in der Rechnung des Seminarveranstalters nicht beziffert ist, kann aufgrund der Art und Durchführung der Seminarveranstaltung von einer üblichen Beköstigung ausgegangen werden, deren Preis je Mahlzeit 60 € nicht übersteigt. Die Mahlzeiten sind daher nicht als Arbeitslohn zu erfassen und die Verpflegungspauschalen des Arbeitnehmers sind im Hinblick auf die zur Verfügung gestellten Mahlzeiten zu kürzen (vgl. nachfolgenden Buchstaben e).

c) Besteuerung „üblicher" Mahlzeiten bis 60 €

Die Besteuerung einer üblichen Mahlzeit (Preis der Mahlzeit einschließlich Umsatzsteuer bis 60 €) in Höhe des amtlichen Sachbezugswertes setzt voraus, dass der Arbeitnehmer keine Verpflegungspauschale beanspruchen kann (§ 8 Abs. 2 Sätze 8 und 9 EStG). Dies liegt regelmäßig vor, wenn der Arbeitnehmer **nicht mehr als acht Stunden** außerhalb seiner Wohnung und seiner ersten Tätigkeitsstätte beruflich tätig ist oder die für die Berücksichtigung der Verpflegungspauschalen maßgebende **Dreimonatsfrist abgelaufen** ist.

Beispiel A

Der Arbeitnehmer wird für sechs Monate von seinem Arbeitgeber an einen Tochterbetrieb im Inland entsandt. Für die Zeit der Entsendung übernachtet der Arbeitnehmer während der Woche in einem Hotel in der Nähe des Tochterbetriebs. Das Hotel stellt dem Arbeitgeber pro Übernachtung 70 € zuzüglich 10 € für ein Frühstück in Rechnung, das zunächst vom Arbeitnehmer verauslagt und dann im Rahmen der Reisekostenabrechnung von seinem Arbeitgeber erstattet wird.

Es liegt eine beruflich veranlasste Auswärtstätigkeit vor. Der Arbeitnehmer erhält das Frühstück jeweils auf Veranlassung seines Arbeitgebers. Für die ersten drei Monate der Auswärtstätigkeit stehen dem Arbeitnehmer arbeitstäglich Verpflegungspauschalen zu. Da es sich bei den zur Verfügung gestellten Mahlzeiten um übliche Mahlzeiten handelt, sind diese nicht als Arbeitslohn zu erfassen. Zur Kürzung der Verpflegungspauschalen vgl. nachfolgenden Buchstaben e.

---

1) BMF-Schreiben vom 19.5.2015 (Az.: IV C 5 – S 2353/15/10002; DOK 2015/0364577). Das nicht im Bundessteuerblatt veröffentlichte BMF-Schreiben ist als Anlage 2 zu H 9.4 LStR im **Steuerhandbuch für das Lohnbüro 2021** abgedruckt, das im selben Verlag erschienen ist.

Ab dem vierten Monat der Auswärtstätigkeit stehen dem Arbeitnehmer keine Verpflegungspauschalen zu. Das arbeitstägliche Frühstück ist jeweils mit dem amtlichen Sachbezugswert in Höhe von 1,83 € als Arbeitslohn zu erfassen, der mit 25 % pauschal besteuert werden kann (§ 40 Abs. 2 Satz 1 Nr. 1a EStG).

Zahlt der **Arbeitnehmer** für die vom Arbeitgeber gestellte Mahlzeit ein **Entgelt**, **mindert** dieses Entgelt den steuerpflichtigen **geldwerten Vorteil.** Es wird von der Finanzverwaltung nicht beanstandet, wenn der Arbeitgeber ein vereinbartes Entgelt für die Mahlzeit im Rahmen der Lohnabrechnung unmittelbar aus dem Nettoentgelt des Arbeitnehmers entnimmt. Erreicht oder übersteigt das vom Arbeitnehmer gezahlte Entgelt den maßgebenden Sachbezugswert, verbleibt kein steuerpflichtiger geldwerter Vorteil. Ein übersteigender Betrag darf aber nicht als Werbungskosten abgezogen werden. Die vorstehenden Ausführungen gelten entsprechend, wenn der Arbeitnehmer bei einer Mahlzeitengestellung auf Veranlassung des Arbeitgebers ein zuvor vereinbartes Entgelt **unmittelbar an den Dritten** entrichtet. Es muss sich hierbei aber um ein Entgelt des Arbeitnehmers handeln. Wird nämlich das von einem Dritten in Rechnung gestellte Entgelt zunächst vom Arbeitnehmer verauslagt und diesem anschließend vom Arbeitgeber erstattet, handelt es sich nicht um ein Entgelt des Arbeitnehmers. Das gilt insbesondere bei auf den Arbeitgeber ausgestellten Rechnungsbeträgen (vgl. vorstehendes Beispiel A).

Beispiel B

Wie Beispiel A. Allerdings zahlt der Arbeitnehmer für das Frühstück jeweils 3 €.

Das vom Arbeitnehmer für das Frühstück gezahlte Entgelt ist ab dem vierten Monat auf den Sachbezugswert anzurechnen. Da das Entgelt höher ist als der Sachbezugswert, unterbleibt eine Besteuerung als Arbeitslohn. Der übersteigende Betrag kann vom Arbeitnehmer aber nicht als Werbungskosten abgezogen werden.

Die Vorteile aus der Teilnahme des Arbeitnehmers an einer **geschäftlich veranlassten Bewirtung** im Sinne des § 4 Abs. 5 Satz 1 Nr. 2 EStG gehören weiterhin nicht zum Arbeitslohn (R 8.1 Abs. 8 Nr. 1 Satz 2 LStR). Entsprechendes gilt für die im ganz überwiegenden eigenbetrieblichen Interesse des Arbeitgebers abgegebenen Mahlzeiten. Hierzu gehört insbesondere die Teilnahme an einem **Arbeitsessen** (R 19.6 Abs. 2 Satz 2 LStR. Vgl. diesbezüglich das Stichwort „Bewirtungskosten" unter den Nrn. 3 und 6.

d) Besteuerung „unüblicher" Mahlzeiten über 60 €

Eine vom Arbeitgeber oder auf dessen Veranlassung von einem Dritten abgegebene Mahlzeit mit einem **höheren Preis als 60 €** ist stets als **Arbeitslohn** zu erfassen. Das gilt auch dann, wenn der Preis der Mahlzeit zwar nicht offen in Rechnung gestellt, nach dem Gesamtbild der Umstände aber als „unüblich" anzusehen ist und ein Wert der Mahlzeit von mehr als 60 € unterstellt werden kann. Im Zweifel ist der Wert der Mahlzeit zu schätzen. Die Preisgrenze von 60 € gilt sowohl bei Mahlzeitengestellungen im Inland als auch im Ausland. Eine Staffelung wegen unterschiedlicher Preisverhältnisse vor Ort wird nicht vorgenommen. Eine unübliche Mahlzeit ist zudem **unabhängig davon** als Arbeitslohn zu erfassen, **ob** der Arbeitnehmer für die betreffende Auswärtstätigkeit eine **Verpflegungspauschale** als Werbungskosten geltend machen kann oder nicht. Die Mahlzeit kann auch nicht in Höhe der Verpflegungspauschale als Reisekostenvergütung in Form einer Sachleistung steuerfrei bleiben. Der geldwerte Vorteil aus der Gestellung einer unüblichen Mahlzeit mit einem Preis über 60 € kann zudem nicht mit 25 % pauschal besteuert werden, weil sie nicht mit dem Sachbezugswert, sondern mit dem tatsächlichen Wert zu bewerten ist.

Beispiel A

Der Arbeitnehmer nimmt im Auftrag seines Arbeitgebers an einer eintägigen Podiumsdiskussion mit anschließender Abendveranstaltung teil. Die auf den Arbeitgeber ausgestellte Rechnung des Veranstalters hat der Arbeitgeber unmittelbar bezahlt. Darin enthalten sind die Kosten für ein Galadinner, das mit 80 € separat ausgewiesen ist. Der Arbeitnehmer ist mehr als acht Stunden von seiner Wohnung und seiner ersten Tätigkeitsstätte abwesend.

Der Arbeitnehmer erhält das Galadinner vom Veranstalter der Podiumsdiskussion auf Veranlassung seines Arbeitgebers. Wegen der Kosten von mehr als 60 € ist von einem Belohnungsessen auszugehen („unübliche" Beköstigung) und 80 € sind als Arbeitslohn anzusetzen. Der Arbeitnehmer kann als Werbungskosten eine Verpflegungspauschale in Höhe von 14 € geltend machen, die nicht wegen der Mahlzeitengestellung zu kürzen ist.

Für die Prüfung der 60 €-Grenze sind Zuzahlungen des Arbeitnehmers nicht zu berücksichtigen, wohl aber für die Höhe des geldwerten Vorteils.

Beispiel B

Der Arbeitnehmer erhält anlässlich einer 10-stündigen eintägigen Auswärtstätigkeit von seinem Arbeitgeber ausschließlich ein Mittagessen mit einem Wert von 65 € zur Verfügung gestellt. Der Arbeitnehmer zahlt an den Arbeitgeber für die Zurverfügungstellung des Mittagessens einen Betrag von 25 €.

Das Mittagessen ist auch in diesem Fall als Arbeitslohn zu versteuern, da der Preis des Mittagessens 60 € übersteigt (= Belohnungsessen). Aufgrund der Zahlung des Arbeitnehmers beträgt der geldwerte Vorteil allerdings lediglich 40 € (65 € abzüglich 25 €). Für diesen geldwerten Vorteil kann die steuerfreie und sozialversicherungsfreie Freigrenze für Sachbezüge (= 44 € monatlich) in Anspruch genommen werden, wenn diese in dem Kalendermonat nicht schon anderweitig ausgeschöpft worden ist. Der Arbeitnehmer kann auch in diesem Fall im Rahmen seiner Einkommensteuer-Veranlagung eine ungekürzte Verpflegungspauschale von 14 € als Werbungskosten geltend machen.

Zur Möglichkeit der Pauschalbesteuerung „unüblicher" Mahlzeiten mit 30 % vgl. das Stichwort „Pauschalierung der Lohnsteuer für Belohnungsessen, Incentive-Reisen, VIP-Logen und ähnliche Sachbezüge".

e) Kürzung der Verpflegungspauschalen bei Mahlzeitengestellung

Der Arbeitnehmer kann für die ihm tatsächlich entstandenen Mehraufwendungen für Verpflegung aufgrund einer beruflich veranlassten Auswärtstätigkeit nach der Abwesenheitszeit von seiner Wohnung und seiner ersten Tätigkeitsstätte gestaffelte Verpflegungspauschalen als Werbungskosten ansetzen oder in entsprechender Höhe einen steuerfreien Arbeitgeberersatz erhalten. Das Merkmal „tatsächlich entstandene" Mehraufwendungen bringt dabei zum Ausdruck, dass die Verpflegungspauschalen insoweit nicht zum Ansatz kommen, als der Arbeitnehmer während seiner beruflichen Auswärtstätigkeit durch den Arbeitgeber „verpflegt" wird. Eine Prüfungspflicht hinsichtlich der Höhe der tatsächlich entstandenen Aufwendungen besteht nicht. Wird dem Arbeitnehmer von seinem Arbeitgeber oder auf dessen Veranlassung von einem Dritten eine Mahlzeit zur Verfügung gestellt, wird der Werbungskostenabzug vielmehr tageweise gekürzt, und zwar

- um **20 % für ein Frühstück** und
- um **jeweils 40 % für ein Mittag- und Abendessen**

der für die **24-stündige** Abwesenheit geltenden **Tagespauschale**. Das entspricht für Auswärtstätigkeiten im Inland einer Kürzung der jeweils zustehenden Verpflegungspauschale um 5,60 für ein Frühstück (= 20 % von 28 €) und jeweils 11,20 € für ein Mittag- und Abendessen (= jeweils 40 % von 28 €). Die pauschale Kürzung der Verpflegungspauschale ist tagesbezogen bis auf maximal 0 Euro vorzunehmen.

Auch ein vom Arbeitgeber zur Verfügung gestellter **Snack oder Imbiss** (z. B. belegte Brötchen, Kuchen, Obst), der während einer auswärtigen Tätigkeit gereicht wird, kann eine **Mahlzeit** sein, die zur Kürzung der Verpflegungspauschale führt. **Vorspeisen** und **Nachspeisen** zählen ebenfalls zu den Mahlzeiten. Unbelegte Backwaren mit einem Heißgetränk sind aber kein Frühstück (BFH Urteil vom 3.7.2019, BFH/NV S. 1295). Eine feste zeitliche Grenze für die Frage, ob ein Frühstück, Mittag- oder Abendessen zur Verfügung gestellt wird, gibt es nicht. Maßgebend für die Einordnung ist vielmehr, ob die zur Verfügung gestellte Verpflegung an die Stelle einer der genannten Mahlzeiten tritt, welche üblicherweise zu der entsprechenden Zeit eingenommen wird. So handelt es sich z. B. bei **Kuchen**, der anlässlich eines **Nachmittagskaffees** gereicht wird, nicht um ein Mittag- oder Abendessen mit der Folge, dass **keine Kürzung** der Verpflegungspauschalen vorzunehmen ist; Entsprechendes gilt für die bei Halbtages- oder Tagesveranstaltungen (z. B. bei Seminaren) anlässlich der Kaffeepause im Laufe des Vormittags gereichten Snacks. Die Finanzverwaltung hat zudem bestätigt, dass die z. B. auf innerdeutschen Flügen oder Kurzstrecken-Flügen gereichten **kleinen Tüten mit Chips, Salzgebäck, Schokowaffeln, Müsliriegel** oder vergleichbare andere Knabbereien **nicht** das Kriterium einer **Mahlzeit** erfüllen und somit zu keiner Kürzung der Verpflegungspauschalen führen.[1] Letztlich hat der jeweilige Arbeitgeber zu beurteilen, inwieweit die von ihm oder auf seine Veranlassung angebotenen Speisen unter Berücksichtigung ihres jeweiligen Umfangs, des entsprechenden Anlasses oder der Tageszeit tatsächlich an die Stelle einer der genannten Mahlzeiten treten.

Unbeachtlich ist im Hinblick auf die gesetzlich vorgeschriebene pauschale Kürzung der Verpflegungspauschalen, ob die vom Arbeitgeber **zur Verfügung gestellte Mahlzeit** vom Arbeitnehmer tatsächlich eingenommen wird oder die Aufwendungen für die vom Arbeitgeber gestellte Mahlzeit niedriger sind als der jeweilige pauschale Kürzungsbetrag. „Zur Verfügung stellen" bedeutet lediglich Bereitstellung der Mahlzeit durch den Arbeitgeber und nicht „Annehmen" durch den Arbeitnehmer. Unerheblich ist, aus welchen Gründen der Arbeitnehmer eine vom Arbeitgeber zur Verfügung gestellte Mahlzeit nicht einnimmt (BFH-Urteil vom 7.7.2020 VI R 16/18). Die Kürzung kann nur dann unterbleiben, wenn der Arbeitgeber keine Mahlzeit zur Verfügung stellt, z. B. weil er die ent-

1) BMF-Schreiben vom 19.5.2015 (Az.: IV C 5 – S 2353/15/10002; DOK 2015/0364577). Das nicht im Bundessteuerblatt veröffentlichte BMF-Schreiben ist als Anlage 2 zu H 9.4 LStR im **Steuerhandbuch für das Lohnbüro 2021** abgedruckt, das im selben Verlag erschienen ist.

sprechende Mahlzeit abbestellt oder der Arbeitnehmer die Mahlzeit selbst veranlasst und bezahlt.[1)]

Beispiel A

Der Arbeitnehmer A ist von 9 Uhr bis 18 Uhr auswärts bei verschiedenen Kunden beruflich tätig. In der Mittagspause kauft er sich eine Pizza und ein Wasser für 8 €.

Da A anlässlich einer eintägigen beruflichen Auswärtstätigkeit mehr als acht Stunden von seiner Wohnung abwesend ist, könnte er eine Verpflegungspauschale von 14 Euro beanspruchen. Würde A die Rechnung für die mittags verzehrte Pizza und das Wasser seinem Arbeitgeber vorlegen und von diesem erstattet bekommen, könnte A neben 8 € Erstattungsbetrag nur noch eine gekürzte Verpflegungspauschale von 2,80 € (14 € – 11,20 €) beanspruchen. Bezahlt A die Pizza und das Wasser selbst, beträgt die Verpflegungspauschale 14 €.

Beispiel B

Der Arbeitnehmer ist auf einer dreitägigen Auswärtstätigkeit. Der Arbeitgeber hat für den Arbeitnehmer in einem Hotel zwei Übernachtungen jeweils mit Frühstück sowie am Zwischentag ein Mittag- und ein Abendessen gebucht und bezahlt. Der Arbeitnehmer erhält vom Arbeitgeber keine weiteren Reisekostenerstattungen.

Für die Mahlzeiten ist kein geldwerter Vorteil zu versteuern. Der Arbeitnehmer kann für die Auswärtstätigkeit folgende Verpflegungspauschalen als Werbungskosten geltend machen:

Anreisetag:			14,00 Euro
Zwischentag:		28,00 Euro	
Kürzung:	Frühstück	– 5,60 Euro	
	Mittagessen	– 11,20 Euro	
	Abendessen	– 11,20 Euro	
verbleiben für den Zwischentag			0,00 Euro
Abreisetag:		14,00 Euro	
Kürzung:	Frühstück	– 5,60 Euro	
verbleiben für den Abreisetag			8,40 Euro
Insgesamt abziehbar			22,40 Euro[2)]

Beispiel C

Der Werbegrafiker W arbeitet von 10 Uhr bis 20 Uhr in seinem Büro (erste Tätigkeitsstätte). Anschließend fährt er noch zu einem Geschäftstermin in C. Der Termin erstreckt sich bis 3 Uhr des Folgetags. W kehrt um 4.30 Uhr in seine Wohnung zurück. Zu Beginn des Geschäftstermins nimmt W an einem Abendessen teil, das vom Arbeitgeber des W bestellt und bezahlt wird.

W ist im Rahmen seiner beruflichen Tätigkeit mehr als acht Stunden auswärts tätig. Dass sich diese Abwesenheit über zwei Kalendertage ohne Übernachtung erstreckt, ist unschädlich. Die Abwesenheitszeiten werden zusammengerechnet und dem zweiten Kalendertag zugeordnet, da an diesem Tag der überwiegende Teil der Abwesenheit stattgefunden hat (vgl. vorstehende Nr. 9 Buchstabe b). Die Verpflegungspauschale von 14 € für die berufliche Abwesenheit von mehr als acht Stunden über Nacht ist allerdings um 11,20 € (40 % von 28 € wegen Abendessen) zu kürzen; dass die Mahlzeit am ersten Tag vom Arbeitgeber gestellt wird und die Verpflegungspauschale dem Folgetag (Tag, an dem die Auswärtstätigkeit endet) zuzuordnen ist, ist dabei unbeachtlich. Dem Arbeitnehmer wird nämlich im Zusammenhang mit der beruflichen Auswärtstätigkeit, für die er die Verpflegungspauschale beanspruchen kann, eine Mahlzeit vom Arbeitgeber gestellt.

Die Kürzung der Verpflegungspauschalen ist auch dann vorzunehmen, wenn der Arbeitgeber die dem Arbeitnehmer zustehende Reisekostenvergütung nur gekürzt ausbezahlt. Nur ein für die Gestellung der Mahlzeit vereinbartes und vom **Arbeitnehmer** tatsächlich gezahltes **Entgelt mindert** den **Kürzungsbetrag.** Es ist hierbei nicht zu beanstanden, wenn der Arbeitgeber das für die Mahlzeit vereinbarte Entgelt im Rahmen eines abgekürzten Zahlungsweges unmittelbar vom **Nettolohn** des Arbeitnehmers abzieht **oder** das Entgelt im Wege der Verrechnung aus der dem Arbeitnehmer dienst- oder arbeitsrechtlich zustehenden **Reisekostenerstattung** entnimmt. Für die Anrechnung kommt es stets auf das tatsächlich vom Arbeitnehmer entrichtete Entgelt an. Unerheblich ist, ob das Entgelt dem tatsächlichen Wert der Mahlzeit entsprochen oder der Arbeitnehmer die Mahlzeit verbilligt erhalten hat.

Beispiel D

Wie Beispiel B. Zusätzlich zu den zur Verfügung gestellten Mahlzeiten möchte der Arbeitgeber noch eine steuerfreie Reisekostenerstattung zahlen. Für die vom Arbeitgeber veranlassten und bezahlten Mahlzeiten soll jeweils ein Betrag in Höhe des geltenden Sachbezugs (2021 = Frühstück 1,83 € und Mittag- und Abendessen jeweils 3,47 €) einbehalten werden.

Der Arbeitnehmer hat keinen geldwerten Vorteil für die Mahlzeiten zu versteuern. Der Arbeitgeber kann für die Auswärtstätigkeit höchstens noch folgende Beträge zusätzlich für die Verpflegung steuerfrei auszahlen:

Anreisetag:			14,00 Euro
Zwischentag:		28,00 Euro	
Kürzung:	Frühstück	– 5,60 Euro	
	Mittagessen	– 11,20 Euro	
	Abendessen	– 11,20 Euro	
verbleiben für den Zwischentag			0,00 Euro
Abreisetag:		14,00 Euro	
Kürzung:	Frühstück	– 5,60 Euro	
verbleiben für den Abreisetag			8,40 Euro
Insgesamt steuerfrei auszahlbar			22,40 Euro

Gekürzte Reisekostenerstattung:

Zahlt der Arbeitgeber angesichts der Mahlzeitengestellung nur eine (z. B. um die amtlichen Sachbezugswerte für zwei Frühstücke je 1,83 €, ein Mittagessen je 3,47 € und ein Abendessen je 3,47 €, zusammen also um 10,60 €) gekürzte steuerfreie Reisekostenerstattung von 11,80 € an seinen Arbeitnehmer, kann der Arbeitnehmer die Differenz von 10,60 € als Werbungskosten geltend machen. In diesem Fall hat der Arbeitnehmer einen arbeitsrechtlichen Anspruch (nur) auf eine gekürzte Reisekostenerstattung.

Anreisetag:			14,00 Euro
Zwischentag:		28,00 Euro	
Kürzung:	Frühstück	– 5,60 Euro	
	Mittagessen	– 11,20 Euro	
	Abendessen	– 11,20 Euro	
verbleiben für den Zwischentag			0,00 Euro
Abreisetag:		14,00 Euro	
Kürzung:	Frühstück	– 5,60 Euro	
verbleiben für den Abreisetag			8,40 Euro
Insgesamt			22,40 Euro
abzüglich steuerfreie Reisekostenerstattung			– 11,80 Euro
verbleiben als Werbungkosten			10,60 Euro

Behält der Arbeitgeber den Betrag in Höhe der Sachbezugswerte von den ungekürzten Verpflegungspauschalen ein (56,00 € – 10,60 € = 45,40 €), ändert dies nichts an der Berechnung der steuerfreien Pauschalen. Auch dann könnten nur bis zu 22,40 € steuerfrei erstattet werden, darüber hinausgehende Beträge (also 45,40 € – 22,40 € = 23,00 €) sind individuell oder pauschal (höchstens bis zu 56,00 €) zu besteuern.

Ungekürzte Reisekostenerstattung:

Zahlt der Arbeitgeber eine ungekürzte Reisekostenerstattung von 22,40 €, behält hiervon aber im Wege der Verrechnung ein Entgelt für die gestellten Mahlzeiten in Höhe der amtlichen Sachbezugswerte ein, ist die Kürzung der Verpflegungspauschalen um die verrechneten Entgelte zu mindern, im Gegenzug aber die ungekürzte steuerfreie Reisekostenerstattung von 22,40 € abzuziehen. Zwar erhält der Arbeitnehmer nur 11,80 € ausgezahlt, dies ist aber wirtschaftlich die Differenz aus 22,40 € Reisekostenerstattung – 10,60 € Entgelt für die gestellten Mahlzeiten. In diesem Fall hat der Arbeitnehmer einen arbeitsrechtlichen Anspruch auf eine ungekürzte Reisekostenerstattung, die der Arbeitgeber aber im Rahmen deren Erfüllung mit seinem Anspruch auf das für die Mahlzeiten vereinbarte Entgelt aufrechnet. Die arbeitgeberinterne Verrechnung ändert nicht den wirtschaftlichen Charakter oder die Anspruchsgrundlage der Reisekostenerstattung.

Anreisetag:			14,00 Euro
Zwischentag:		28,00 Euro	
Kürzung:	Frühstück	– 3,77 Euro (5,60 – 1,83 Euro)	
	Mittagessen	– 7,73 Euro (11,20 – 3,47 Euro)	
	Abendessen	– 7,73 Euro (11,20 – 3,47 Euro)	
verbleiben für den Zwischentag			8,77 Euro
Abreisetag:		14,00 Euro	
Kürzung:	Frühstück	– 3,77 Euro (5,60 – 1,83 Euro)	
verbleiben für den Abreisetag			10,23 Euro
Insgesamt Verpflegungspauschalen			33,00 Euro
abzüglich steuerfreie Reisekostenerstattung			– 22,40 Euro
verbleiben als Werbungkosten			10,60 Euro

Zahlt der Arbeitgeber eine ungekürzte Reisekostenerstattung von 56 € und zieht hiervon das für die Mahlzeiten vereinbarte Entgelt in Höhe der Sachbezugswerte im Wege der Verrechnung ab (56,00 € – 10,60 € = 45,40 €), ändert dies nichts an der Berechnung der dem Arbeitnehmer steuerlich zustehenden Verpflegungspauschalen. In diesem Fall können ebenfalls 33,00 € steuerfrei erstattet werden. Der darüber hinausgehende, dem Arbeitnehmer arbeitsrechtlich zustehende Erstattungsbetrag von 23,00 € (= 56,00 € – 33,00 €) ist pauschal (höchstens bis zu 56 €) oder individuell zu besteuern.

Beispiel E

Wie Beispiel B. Allerdings zahlt der Arbeitnehmer für das Frühstück 6 € und für das Mittag- und Abendessen jeweils 8 €.

Anreisetag:			14,00 Euro
Zwischentag:		28,00 Euro	
Kürzung:	Frühstück	– 0,00 Euro (5,60 – 6,00 Euro)	
	Mittagessen	– 3,20 Euro (11,20 – 8,00 Euro)	
	Abendessen	– 3,20 Euro (11,20 – 8,00 Euro)	
verbleiben für den Zwischentag			21,60 Euro
Abreisetag:		14,00 Euro	
Kürzung:	Frühstück	– 0,00 Euro (5,60 – 6,00 Euro)	

1) Bei der Hingabe von Essensmarken durch den Arbeitgeber im Rahmen einer beruflichen Auswärtstätigkeit des Arbeitnehmers handelt es sich innerhalb der Dreimonatsfrist nicht um eine vom Arbeitgeber gestellte Mahlzeit, sondern lediglich um eine Verbilligung der vom Arbeitnehmer selbst veranlassten und bezahlten Mahlzeit. Der Wert der Essensmarke ist daher lohnsteuerlich zu behandeln wie ein Verpflegungszuschuss. Nach Ablauf der Dreimonatsfrist kommt eine Bewertung mit dem Sachbezugswert in Betracht (vgl. das Stichwort „Mahlzeiten" unter Nr. 6 Buchstabe d).

2) Der Arbeitgeber könnte diesen Betrag auch als Reisekosten steuerfrei erstatten.

verbleiben für den Abreisetag		14,00 Euro
Insgesamt steuerfrei auszahlbar		49,60 Euro

Abwandlung

Wie Beispiel E. Allerdings zahlt der Arbeitnehmer nur für die volle Verpflegung am Zwischentag pauschal 19 €.

Anreisetag:			14,00 Euro
Zwischentag:		28,00 Euro	
Kürzung:		– 9,00 Euro (28,00 – 19,00 Euro)	
28,00 Euro ist der Wert der Tagesverpflegung			
verbleiben für den Zwischentag			19,00 Euro
Abreisetag:		14,00 Euro	
Kürzung:	Frühstück	– 5,60 Euro	
verbleiben für den Abreisetag			8,40 Euro
Insgesamt steuerfrei auszahlbar			41,40 Euro

Beispiel F

Der Arbeitnehmer ist während einer eintägigen Auswärtstätigkeit von 5 Uhr bis 22 Uhr abwesend. Der Arbeitgeber stellt am Reisetag zwei Mahlzeiten (Mittag- und Abendessen) zur Verfügung. Für eintägige Auswärtstätigkeiten erstattet der Arbeitgeber dem Arbeitnehmer einen Verpflegungsmehraufwand von 30,00 Euro.

Aufgrund der Kürzung der Verpflegungspauschale verbleibt kein steuerfreier Reisekostenersatz für Verpflegungsmehraufwendungen.

Verpflegungspauschale:		14,00 Euro
Kürzung:	Mittagessen	11,20 Euro
	Abendessen	11,20 Euro
verbleibende Verpflegungspauschale:		0,00 Euro

Die Erstattung des Verpflegungsmehraufwands durch den Arbeitgeber ist in Höhe von 30 Euro grundsätzlich steuerpflichtiger Arbeitslohn. Der Arbeitgeber kann einen Betrag von 14 € (100 Prozent der ungekürzten Verpflegungspauschale) pauschal mit 25 % besteuern. Der verbleibende Betrag von 16 € (30 € abzüglich 14 €) ist nach den persönlichen Besteuerungsmerkmalen des Arbeitnehmers individuell zu besteuern. Vgl. zur Pauschalierung der steuerpflichtigen Verpflegungsmehraufwendungen mit 25 % auch nachfolgende Nr. 12.

Zuzahlungen des Arbeitnehmers sind also jeweils vom Kürzungsbetrag derjenigen Mahlzeit abzuziehen, für die der Arbeitnehmer das Entgelt zahlt. **Übersteigt** das vom **Arbeitnehmer** für die Mahlzeit gezahlte **Entgelt** den **Kürzungsbetrag,** entfällt für diese Mahlzeit die Kürzung der Verpflegungspauschale. Eine Verrechnung etwaiger Überzahlungen des Arbeitnehmers mit Kürzungsbeträgen für andere Mahlzeiten ist aber nicht zulässig. Zu Pauschalzahlungen bei Tagesverpflegung vgl. die Anwandlung zum vorstehenden Beispiel E.

Beispiel G

Der Arbeitnehmer ist auf einer dreitägigen Auswärtstätigkeit. Der Arbeitgeber hat für den Arbeitnehmer in einem Hotel zwei Übernachtungen jeweils mit Frühstück sowie am Zwischentag ein Mittag- und ein Abendessen gebucht und bezahlt. Der Arbeitnehmer zahlt für das Mittag- und Abendessen jeweils 12 €.

Anreisetag:			14,00 Euro
Zwischentag:		28,00 Euro	
Kürzung:	Frühstück	– 5,60 Euro	
	Mittagessen	– 0,00 Euro (11,20 – 12,00 Euro)	
	Abendessen	– 0,00 Euro (11,20 – 12,00 Euro)	
verbleiben für den Zwischentag			22,40 Euro
Abreisetag:		14,00 Euro	
Kürzung:	Frühstück	– 5,60 Euro	
verbleiben für den Abreisetag			8,40 Euro
Verpflegungspauschalen insgesamt			44,80 Euro

Die **Kürzung** der Verpflegungspauschale ist **auch dann** vorzunehmen, wenn der Arbeitgeber den amtlichen Sachbezugswert der **Mahlzeit pauschal besteuert** hat.

Beispiel H

Der Arbeitnehmer nimmt an einer eintägigen Fortbildungsveranstaltung teil. Der Arbeitgeber hat für den Arbeitnehmer auf dieser Fortbildungsveranstaltung ein Mittagessen gebucht und bezahlt. Der Arbeitgeber besteuert das Mittagessen pauschal mit 25 %, da er keine Aufzeichnungen über die Abwesenheitszeit des Arbeitnehmers führt. Der Arbeitnehmer erhält vom Arbeitgeber keine weiteren Reisekostenerstattungen.

Der Arbeitnehmer kann anhand seiner Bahntickets gegenüber dem Finanzamt nachweisen, dass er für die Fortbildung insgesamt zehn Stunden von seiner Wohnung und seiner ersten Tätigkeitsstätte abwesend war. Er kann für die Fortbildung folgende Verpflegungspauschalen als Werbungskosten abziehen:

eintägige Auswärtstätigkeit mit zehn Stunden Abwesenheitszeit:	14,00 €
Kürzung: 1× Mittagessen	– 11,20 €
verbleiben als Werbungskosten:	2,80 €

Hat der Arbeitnehmer **steuerfreie Erstattungen für Verpflegung** vom Arbeitgeber erhalten, ist ein **Werbungskostenabzug** insoweit **ausgeschlossen.**

Beispiel I

Der Arbeitnehmer ist auf einer dreitägigen Auswärtstätigkeit. Der Arbeitgeber hat für den Arbeitnehmer in einem Hotel zwei Übernachtungen jeweils mit Frühstück sowie am Zwischentag ein Mittag- und ein Abendessen gebucht und bezahlt. Der Arbeitnehmer erhält von seinem Arbeitgeber zusätzlich zu den zur Verfügung gestellten Mahlzeiten noch eine steuerfreie Reisekostenerstattung für Verpflegungsmehraufwendungen in Höhe von 22,40 €.

Für die Mahlzeiten ist kein geldwerter Vorteil zu versteuern. Der Arbeitnehmer kann für die Auswärtstätigkeit allerdings auch keine Verpflegungspauschalen als Werbungskosten geltend machen:

Anreisetag:			14,00 Euro
Zwischentag:		28,00 Euro	
Kürzung:	Frühstück	– 5,60 Euro	
	Mittagessen	– 11,20 Euro	
	Abendessen	– 11,20 Euro	
verbleiben für den Zwischentag			0,00 Euro
Abreisetag:		14,00 Euro	
Kürzung:	Frühstück	– 5,60 Euro	
verbleiben für den Abreisetag			8,40 Euro
Verpflegungspauschalen insgesamt			22,40 Euro
steuerfreie Reisekostenerstattung des Arbeitgebers			22,40 Euro
verbleiben als Werbungskosten			0,00 Euro

Die **Kürzung** der Verpflegungspauschalen ist **immer dann** vorzunehmen, wenn dem Arbeitnehmer von seinem **Arbeitgeber** oder auf dessen Veranlassung von einem Dritten eine **Mahlzeit** zur Verfügung gestellt wird. Sie gilt daher auch für die Teilnahme des Arbeitnehmers an einer geschäftlich veranlassten Bewirtung (im Sinne des § 4 Abs. 5 Satz 1 Nr. 2 EStG[1)]) oder an einem außerhalb der ersten Tätigkeitsstätte gewährten Arbeitsessen (R 19.6 Abs. 2 LStR), sofern der Arbeitgeber oder auf dessen Veranlassung ein Dritter die Mahlzeit zur Verfügung stellt. Es kommt also für die Kürzung nicht darauf an, ob Vorteile aus der Gestellung von Mahlzeiten zum Arbeitslohn gehören oder nicht. Auch die im Rahmen einer herkömmlichen Betriebsveranstaltung abgegebenen Mahlzeiten sind in aller Regel durch den Arbeitgeber veranlasst (sofern die Betriebsveranstaltung mit einer beruflich veranlassten Auswärtstätigkeit verknüpft ist).

Beispiel K

Unternehmer U trifft sich am Samstagabend mit einigen Vertretern der Zulieferfirma Z in einem Restaurant zum Essen, um mit diesen eine geschäftliche Kooperation zu erörtern. An dem Essen nehmen auch der Vertriebsleiter und der Leiter der Konstruktionsabteilung des U teil. Jeder Teilnehmer erhält ein Menü zum Preis von 55 € einschließlich Getränke.

Die Mahlzeit am Samstagabend ist für die Arbeitnehmer des U die Teilnahme an einem Geschäftsessen, dessen Ansatz als Arbeitslohn von vornherein unterbleibt. Sofern bei den Arbeitnehmern des U die Voraussetzungen für eine Verpflegungspauschale erfüllt wären (z. B. weil sie mehr als acht Stunden von zu Hause und der ersten Tätigkeitsstätte abwesend waren oder weil sie nach dem Geschäftsessen auswärtig übernachtet haben), wäre diese um 11,20 Euro zu kürzen.

Für die Arbeitnehmer der Zulieferfirma Z handelt es sich um die Teilnahme an einer geschäftlichen Bewirtung, die auch für die Arbeitnehmer des Z kein Arbeitslohn darstellt. Sofern die Arbeitnehmer des Z die Voraussetzungen für eine Verpflegungspauschale erfüllen, ist bei diesen keine Kürzung wegen der gestellten Mahlzeit vorzunehmen. Z selbst hat seinen Arbeitnehmern keine Mahlzeit gestellt. Da U das Essen gestellt hat, um Geschäftsbeziehungen zu Z zu knüpfen, ist das Merkmal „ein Dritter auf Veranlassung des Arbeitgebers" nicht erfüllt.

Die **Kürzung** der Verpflegungspauschalen **unterbleibt** insoweit, als **Mahlzeiten** vom Arbeitgeber zur Verfügung gestellt werden, deren **Preis 60 € übersteigt** und die daher individuell zu versteuern sind.

Beispiel L

Der Arbeitnehmer erhält von seinem Arbeitgeber anlässlich einer 10stündigen beruflich veranlassten Auswärtstätigkeit von der Wohnung und der ersten Tätigkeitsstätte ein Mittagessen im Wert von 80 €.

Die Verpflegungspauschale beträgt 14 €. Das Mittagessen übersteigt den Preis von 60 € und ist mit 80 € individuell zu versteuern. Eine Kürzung der Verpflegungspauschale unterbleibt.

Nimmt der Arbeitnehmer an der geschäftlich veranlassten **Bewirtung** durch einen **Dritten** oder an einem Arbeitsessen eines Dritten teil, fehlt es in der Regel an einer Veranlassung durch den Arbeitgeber. In diesem Fall werden folglich die Verpflegungspauschalen **nicht gekürzt** (vgl. auch das vorstehende Beispiel K für die Arbeitnehmer der Zulieferfirma Z).

1) Bei einem Selbstständigen werden die Verpflegungspauschalen nicht gekürzt, wenn von dritter Seite Mahlzeiten zur Verfügung gestellt werden oder der Selbstständige anlässlich der Reise geschäftlich veranlasste Bewirtungsaufwendungen tätigt (Randnummer 12 des BMF-Schreibens vom 23.12.2014, BStBl. 2015 I S. 26).

Beispiel M

Der Arbeitnehmer wird anlässlich einer 12-stündigen beruflich veranlassten Auswärtstätigkeit von einem Kunden zum Mittagessen eingeladen.

Die Verpflegungspauschale beträgt 14 €. Sie ist wegen des Mittagessens nicht zu kürzen, da es sich nicht um eine Mahlzeitengestellung durch den Arbeitgeber oder auf dessen Veranlassung durch einen Dritten handelt. Die Teilnahme des Arbeitnehmers an der geschäftlich veranlassten Bewirtung des Kunden führt zudem nicht zu Arbeitslohn (R 8.1 Abs. 8 Nr. 1 Satz 2 LStR).

Beispiel N

Der Mitarbeiter einer deutschen Gesellschaft nimmt an einer Vertriebsveranstaltung am Betriebssitz der italienischen Tochtergesellschaft teil (separate Firmierung). Die italienische Gesellschaft trägt sämtliche Kosten der Vertriebsveranstaltung (so z. B. Hotel, Essen, etc.).

Die Verpflegungspauschalen des Arbeitnehmers der deutschen Gesellschaft sind nicht zu kürzen, weil ihm die Mahlzeiten nicht auf Veranlassung seines Arbeitgebers, sondern eines Dritten (der italienischen Tochtergesellschaft) zur Verfügung gestellt werden.

Abwandlung

Wie Beispiel N. Die italienische Tochtergesellschaft belastet der deutschen Gesellschaft die Kosten für den Arbeitnehmer weiter.

In diesem Fall ist davon auszugehen, dass die dem Arbeitnehmer gestellten Mahlzeiten auf Veranlassung des Arbeitgebers erfolgen, was zur gesetzlich vorgeschriebenen Kürzung der Verpflegungspauschalen führt.

Bei **gemischt veranlassten Reisen** sind die entstehenden Kosten grundsätzlich in einen beruflich veranlassten Anteil und einen den Kosten der Lebensführung zuzurechnenden Anteil aufzuteilen (BFH-Urteil vom 18.8.2005, BStBl. 2006 II S. 30). Dies gilt auch für die entstehenden Verpflegungsmehraufwendungen. Stellt der Arbeitgeber im Rahmen einer gemischt veranlassten Reise Mahlzeiten zur Verfügung, ist die gesetzlich vorgeschriebene Kürzung der Verpflegungspauschalen erst nach Ermittlung des beruflich veranlassten Teils der Verpflegungspauschalen vorzunehmen.

Beispiel O

Arbeitnehmer A nimmt an einer einwöchigen vom Arbeitgeber organisierten und finanzierten Reise im Inland teil; es handelt sich nicht um eine Betriebsveranstaltung. Das Programm sieht morgens eine Fortbildungsmaßnahme vor, der Nachmittag steht für touristische Zwecke zur Verfügung. Frühstück und Abendessen werden vom Arbeitgeber im Rahmen der Halbpension zur Verfügung gestellt.

Die Fahrtkosten und die Übernachtungskosten können zur Hälfte (= 50 %) vom Arbeitgeber steuerfrei ersetzt werden. Auch die Verpflegungskosten sind nur zu 50 % beruflich veranlasst.

Für den Anreisetag ergibt sich somit eine Verpflegungspauschale von 7 € (50 % von 14 €), die um 11,20 € (40 % von 28 € für das Abendessen) zu kürzen ist, sodass sich eine Verpflegungspauschale von 0 € ergibt.

Für die fünf Zwischentage ergibt sich eine Verpflegungspauschale von jeweils 14 € (50 % von 28 €), die jeweils um 16,80 € (20 % von 28 € = 5,60 € für das Frühstück und 40 % von 28 € = 11,20 € für das Abendessen) zu kürzen ist, sodass sich auch für die fünf Zwischentage eine Verpflegungspauschale von 0 € ergibt.

Für den Abreisetag ergibt sich eine Verpflegungspauschale von 7 € (50 % von 14 €), die um 5,60 € (20 % von 28 € für das Frühstück) zu kürzen ist, sodass sich noch eine Verpflegungspauschale von 1,40 € ergibt. Der Betrag von 1,40 € kann vom Arbeitgeber steuerfrei ersetzt oder vom Arbeitnehmer als Werbungskosten abgezogen werden.

Wie bereits erwähnt ist die vorstehend beschriebene **Kürzung** der Verpflegungspauschalen **auch dann** vorzunehmen, wenn der **Arbeitnehmer** die vom Arbeitgeber zur Verfügung gestellte **Mahlzeit** – aus welchen Gründen auch immer – tatsächlich **nicht eingenommen** hat (z. B. weil er das Frühstück verschlafen hat, das Essen nicht mag oder aus gesundheitlichen Gründen – z. B. bei einer Allergie – nicht zu sich nehmen kann). Es ist allerdings in diesen Fällen möglich, dass der Arbeitgeber dem Arbeitnehmer anstelle einer nicht eingenommenen, von ihm zur Verfügung gestellten Mahlzeit eine **weitere gleichartige Mahlzeit** im Rahmen der 60-Euro-Grenze zur Verfügung stellt; der Betrag von 60 € ist dann für die Summe der Mahlzeiten und nicht für die einzelne Mahlzeit maßgebend (vgl. das nachfolgende Beispiel S). Sofern der Arbeitnehmer für eine solche weitere vom Arbeitgeber zur Verfügung gestellte Mahlzeit eine Zuzahlung zu leisten hat, **mindert die Zahlung des Arbeitnehmers den Kürzungsbetrag.**

Beispiel P

Arbeitnehmer P verschläft auf dem vom Arbeitgeber gebuchten innerdeutschen Flug das Frühstück. Nach seiner Ankunft nimmt er ein Frühstück zum Preis von 16 € ein. Er reicht die Rechnung beim Arbeitgeber ein und erhält die Kosten erstattet. Damit wird auch das „zweite" Frühstück vom Arbeitgeber zur Verfügung gestellt.

Verpflegungspauschale Anreisetag	14,00 €
Kürzung für zwei zur Verfügung gestellte Frühstücke	5,60 €
Verbleibende Verpflegungspauschale	8,40 €

Beispiel Q

Wie Beispiel P. Der Arbeitgeber verlangt für das „zweite" Frühstück von P eine eigene Zahlung von 6 €. Der Arbeitgeber verrechnet diesen Betrag mit der Kostenerstattung und erstattet dem Arbeitnehmer noch einen Betrag von 10 €.

Verpflegungspauschale Anreisetag		14,00 €
Kürzung für zwei zur Verfügung gestellte Frühstücke	5,60 €	
Zahlung des Arbeitnehmers	6,00 €	
Verbleibender Kürzungsbetrag	0,00 €	0,00 €
Verpflegungspauschale		14,00 €

Beispiel R

Arbeitnehmer R nimmt an einer von seinem Arbeitgeber gebuchten eintägigen Fortbildungsveranstaltung teil und ist mehr als acht Stunden von zu Hause abwesend. In der Tagungsgebühr ist ein Mittagessen zum Preis von 30 € enthalten. R verzichtet auf die Einnahme dieses Essens und nimmt stattdessen in der Mittagspause in einem nahe gelegenen Restaurant ein Essen zum Preis von 25 € ein, die ihm von seinem Arbeitgeber gegen Vorlage der Rechnung erstattet werden.

Verpflegungspauschale	14,00 €
Kürzung für zwei zur Verfügung gestellte Mittagessen	11,20 €
Verpflegungspauschale	2,80 €

Beispiel S

Wie Beispiel R. Der Preis des im Restaurant eingenommenen Essens beträgt 35 €, die der Arbeitgeber in voller Höhe erstattet.

Verpflegungspauschale	14,00 €

Eine Kürzung der Verpflegungspauschale unterbleibt, da der Preis der beiden Mittagessen insgesamt 60 € übersteigt (30 € zuzüglich 35 € = 65 €). Die vom Arbeitgeber getragenen Aufwendungen für die beiden Mittagessen in Höhe von insgesamt 65 € sind steuerpflichtiger Arbeitslohn, der in Höhe von 14 € mit 25 % pauschal besteuert werden kann, da hinsichtlich der Erstattung von 35 € eine Reisekostenvergütung vorliegt (§ 40 Abs. 2 Satz 1 Nr. 4 EStG; vgl. hierzu auch nachfolgende Nr. 12). Der verbleibende Betrag von 51 € ist nach den individuellen Lohnsteuerabzugsmerkmalen des Arbeitnehmers zu besteuern und beitragspflichtig.

Ein Werbungskostenabzug oder eine Minderung des Kürzungsbetrags bei der Einkommensteuer-Veranlagung des Arbeitnehmers durch die Vorlage von Belegen für eine anstelle der vom Arbeitgeber zur Verfügung gestellten Mahlzeit eingenommene Verpflegung ist allerdings nicht möglich. In diesem Fall bleibt es bei der Kürzung der Verpflegungspauschalen nach den eingangs beschriebenen Grundsätzen.

Beispiel T

Wie Beispiel P. Der Arbeitgeber leistet für das „zweite" Frühstück keine Kostenerstattung. Damit wird das „zweite" Frühstück nicht vom Arbeitgeber zur Verfügung gestellt.

Verpflegungspauschale Anreisetag	14,00 €
Kürzung für das erste, nicht eingenommene Frühstück	5,60 €
Verbleibende Verpflegungspauschale	8,40 €

Der Arbeitnehmer kann weder den von ihm gezahlten Betrag für das „zweite" Frühstück als Werbungskosten abziehen (auch diese Mahlzeit ist mit der gekürzten Verpflegungspauschale abgegolten) noch mindert die Zahlung des Arbeitnehmers in Höhe von 16 € für das „zweite" Frühstück den Kürzungsbetrag für das „erste" Frühstück.

f) Aufzeichnung und Bescheinigung des Großbuchstabens „M"

Hat der Arbeitgeber oder auf dessen Veranlassung ein Dritter dem Arbeitnehmer während seiner beruflichen Tätigkeit außerhalb seiner Wohnung und seiner ersten Tätigkeitsstätte oder im Rahmen einer doppelten Haushaltsführung eine mit dem **amtlichen Sachbezugswert** zu **bewertende Mahlzeit** zur Verfügung gestellt, muss im Lohnkonto seit 2019 der **Großbuchstabe „M"** aufgezeichnet und in der elektronischen Lohnsteuerbescheinigung bescheinigt werden.[1] Zur Erläuterung der mit dem Großbuchstaben „M" bescheinigten Mahlzeitengestellungen sind neben den Reisekostenabrechnungen regelmäßig keine weiteren detaillierten Arbeitgeberbescheinigungen auszustellen.

Beispiel A

Arbeitnehmer A macht für seinen Arbeitgeber im Kalenderjahr 2021 zahlreiche, mehrtägige beruflich veranlasste Auswärtstätigkeiten. Der Arbeitgeber bucht für ihn jeweils Hotelübernachtungen mit Frühstück.

Im Lohnkonto und in der Lohnsteuerbescheinigung 2021 hat der Arbeitgeber **einmal** den Großbuchstaben „M" aufzuzeichnen bzw. zu bescheinigen.

Die Aufzeichnungs- und Bescheinigungspflicht gilt **unabhängig von der Anzahl** der Mahlzeitengestellungen an den Arbeitnehmer im Kalenderjahr. Es kommt auch nicht darauf an, ob eine Besteuerung der Mahlzeiten unterblieben ist (§ 8 Absatz 2 Satz 9 EStG) oder die Mahlzeit pauschal mit 25% (§ 40 Abs. 2 Satz 1 Nr. 1a EStG; vgl. nachfolgenden Buchstaben g) oder individuell besteuert wurde.

Beispiel B

Arbeitnehmer B macht für seinen Arbeitgeber am 7. und 8. Dezember 2021 seine einzige beruflich veranlasste Auswärtstätigkeit über zwei Tage. Der Arbeitgeber bucht für ihn eine Hotelübernachtung mit Frühstück.

1) Die von der Finanzverwaltung zuvor für die Aufzeichnung und Bescheinigung des Großbuchstabens „M" zugelassenen Erleichterungen sind zum 31.12.2018 ausgelaufen.

Im Lohnkonto und in der Lohnsteuerbescheinigung 2021 hat der Arbeitgeber den Großbuchstaben „M" aufzuzeichnen bzw. zu bescheinigen. Auf die Anzahl der Mahlzeitengestellungen (hier: eine!) kommt es nicht an.

Mahlzeiten, deren **Preis 60 € übersteigt,** und die daher nicht mit dem amtlichen Sachbezugswert, sondern mit dem tatsächlichen Wert zu bewerten sind, müssen **nicht aufgezeichnet und bescheinigt** werden. **Entsprechendes** gilt für Mahlzeiten, die **kein Arbeitslohn** sind (z. B. bei der Teilnahme von Arbeitnehmern an einer geschäftlich veranlassten Bewirtung; § 4 Abs. 5 Satz 1 Nr. 2 EStG; vgl. R 8.1 Abs. 8 Nr. 1 Satz 2 LStR). Dies lässt sich ableiten aus § 41b Abs. 1 Satz 2 Nr. 8 i. V. m. § 8 Abs. 2 Satz 8 EStG, wonach eine Bescheinigungspflicht des Großbuchstabens „M" nur für mit dem amtlichen Sachbezugswert zu bewertende Mahlzeiten besteht. Eine Bescheinigungspflicht besteht in den genannten Fällen auch dann nicht, wenn die Verpflegungspauschale wegen der Mahlzeitengestellung zu kürzen ist.

Beispiel C

Arbeitnehmer C erhält von seinem Arbeitgeber anlässlich einer 10stündigen beruflich veranlassten Auswärtstätigkeit von der Wohnung und der ersten Tätigkeitsstätte ein Mittagessen im Wert von 80 €. Weitere Mahlzeitengestellungen anlässlich beruflich veranlasster Auswärtstätigkeiten hat C im Kalenderjahr 2021 nicht erhalten.

Der Arbeitgeber hat den Großbuchstaben „M" im Lohnkonto des C weder aufzuzeichnen noch in dessen Lohnsteuerbescheinigung anzugeben, da der Preis der Mahlzeit 60 € übersteigt.

Beispiel D

Arbeitnehmer D nimmt anlässlich einer Auswärtstätigkeit auf Veranlassung seines Arbeitgebers an einer geschäftlich veranlassten Bewirtung mit mehreren Kunden teil.

Der Arbeitgeber hat den Großbuchstaben „M" im Lohnkonto des D weder aufzuzeichnen noch in dessen Lohnsteuerbescheinigung anzugeben, da die Gewährung von Mahlzeiten an den Arbeitnehmer bei einer geschäftlich veranlassten Bewirtung nicht zu Arbeitslohn führt (R 8.1 Abs. 8 Nr. 1 Satz 2 LStR). Gleichwohl führt die Mahlzeitengewährung bei D zu einer Kürzung der Verpflegungspauschale.

g) Pauschalbesteuerung „üblicher" Mahlzeiten bei Auswärtstätigkeiten

Bei Mahlzeiten besteht auch dann die Möglichkeit (= Wahlrecht des Arbeitgebers) der pauschalen Besteuerung mit 25 %, wenn

- diese dem Arbeitnehmer von seinem **Arbeitgeber** oder auf dessen Veranlassung von einem Dritten während einer beruflich veranlassten Auswärtstätigkeit unentgeltlich oder verbilligt **zur Verfügung gestellt** werden **und**
- eine **Besteuerung der Mahlzeit nicht unterbleibt.**

Beispiel A

Der Arbeitgeber stellt dem Arbeitnehmer anlässlich einer eintägigen beruflich veranlassten Auswärtstätigkeit mit einer Abwesenheit von 12 Stunden von der Wohnung und der ersten Tätigkeitsstätte ein Mittagessen im Wert von 15 € zur Verfügung.

Der Arbeitgeber muss für die zur Verfügung gestellte Mahlzeit keinen geldwerten Vorteil versteuern (§ 8 Abs. 2 Satz 9 EStG). Da kein Arbeitslohn vorliegt, stellt sich die Frage einer Pauschalbesteuerung der Mahlzeitengestellung mit 25 % von vornherein nicht. Zur Kürzung der Verpflegungspauschale vgl. vorstehenden Buchstaben e.

Die **Pauschalbesteuerung** kommt demnach in Betracht, wenn

- der Arbeitnehmer ohne Übernachtung **nicht mehr als acht Stunden** auswärts tätig ist,
- der Arbeitgeber die **Abwesenheitszeit** nicht überwacht bzw. **nicht kennt** oder
- die **Dreimonatsfrist** für den Ansatz der Verpflegungspauschalen **abgelaufen** ist.

Beispiel B

Der Arbeitnehmer nimmt an einer halbtägigen auswärtigen Seminarveranstaltung teil. Der Arbeitgeber hat für die teilnehmenden Arbeitnehmer neben dem Seminar auch ein Mittagessen gebucht und bezahlt. Aufzeichnungen über die Abwesenheitszeiten der Arbeitnehmer von der Wohnung und der ersten Tätigkeitsstätte hat der Arbeitgeber nicht geführt.

Der Arbeitgeber kann das den Arbeitnehmern zur Verfügung gestellte Mittagessen in Höhe des Sachbezugswerts (= 3,47 €) mit 25 % pauschal besteuern (§ 40 Abs. 2 Satz 1 Nr. 1a EStG).

Beispiel C

Der Arbeitnehmer wird für ein Jahr bei einem Kunden des Arbeitgebers tätig. Der Arbeitgeber stellt dem Arbeitnehmer in dieser Zeit aufgrund eines mit einer Gaststätte abgeschlossenen Rahmenvertrags ein Mittagessen mit einem Wert von 15 € bis 20 € zur Verfügung.

Es liegt eine beruflich veranlasste Auswärtstätigkeit vor. Der Arbeitnehmer erhält das Mittagessen jeweils auf Veranlassung seines Arbeitgebers. Für die ersten drei Monate der Auswärtstätigkeit stehen dem Arbeitnehmer arbeitstäglich Verpflegungspauschalen zu. Da es sich bei den zur Verfügung gestellten Mahlzeiten um übliche Mahlzeiten handelt, sind diese nicht als Arbeitslohn zu erfassen. Zur Kürzung der Verpflegungspauschale vgl. vorstehenden Buchstaben e.

Ab dem vierten Monat der Auswärtstätigkeit stehen dem Arbeitnehmer keine Verpflegungspauschalen zu. Das Mittagessen ist jeweils mit dem amtlichen Sachbezugswert (= 3,47 €) als Arbeitslohn zu erfassen, der mit 25 % pauschal besteuert werden kann (§ 40 Abs. 2 Satz 1 Nr. 1a EStG).

Die Pauschalbesteuerung setzt zudem voraus, dass es sich um übliche Mahlzeiten handelt, die mit dem amtlichen Sachbezugswert anzusetzen sind. Dies bedingt, dass der Preis für die Mahlzeit 60 € nicht übersteigt. **Nicht** mit 25 % **pauschal besteuerbar** sind daher sog. **Belohnungsessen** mit einem Preis von mehr als 60 €.

Beispiel D

Der Arbeitnehmer unternimmt eine zweitägige beruflich veranlasste Auswärtstätigkeit und erhält am zweiten Tag auf Veranlassung seines Arbeitgebers ein Mittagessen im Wert von 65 €.

Wegen der Kosten für das Mittagessen von mehr als 60 € ist von einem Belohnungsessen auszugehen und 65 € sind als Arbeitslohn individuell zu besteuern. Eine Pauschalierung des Mittagessens in Höhe des Sachbezugswertes mit 25 % kommt nicht in Betracht, da es sich um eine „unübliche Mahlzeit" (Preis über 60 €) handelt. Zur Möglichkeit der Pauschalbesteuerung mit 30 % vgl. das Stichwort „Pauschalierung der Lohnsteuer für Belohnungsessen, Incentive-Reisen, VIP-Logen und ähnliche Sachbezüge".

Die Pauschalierungsmöglichkeit gilt zudem nicht für **Mahlzeiten,** die im **ganz überwiegenden eigenbetrieblichen Interesse** des Arbeitgebers abgegeben werden und daher gar **nicht** zum **Arbeitslohn** gehören. Da in diesen Fällen kein steuerlich zu erfassender geldwerter Vorteil vorliegt, gibt es auch nichts zu besteuern. Dies gilt z. B. für die Teilnahme des Arbeitnehmers an einer geschäftlich veranlassten Bewirtung und für ein sog. Arbeitsessen (R 19.6 Abs. 2 Satz 2 LStR); vgl. hierzu das Stichwort „Bewirtungskosten" unter den Nrn. 3 und 6.

Beispiel E

Arbeitnehmer E wird anlässlich einer eintägigen, beruflich veranlassten Auswärtstätigkeit von einem Kunden zum Mittagessen eingeladen.

Die Teilnahme des Arbeitnehmers an der geschäftlich veranlassten Bewirtung des Kunden führt nicht zu Arbeitslohn (R 8.1 Abs. 8 Nr. 1 Satz 2 LStR). Die Frage einer etwaigen Pauschalbesteuerung der Mahlzeitengestellung stellt sich damit von vornherein nicht. Auch eine Kürzung der Verpflegungspauschale unterbleibt, da die Mahlzeit nicht auf Veranlassung des Arbeitgebers von einem Dritten zur Verfügung gestellt worden ist.

Steuerpflichtige **Mahlzeiten,** die dem Arbeitnehmer vom Arbeitgeber nicht im Rahmen einer beruflich veranlassten Auswärtstätigkeit, sondern im Rahmen einer beruflich veranlassten **doppelten Haushaltsführung** am Ort der ersten Tätigkeitsstätte zur Verfügung gestellt werden, können in Höhe des amtlichen Sachbezugswerts ebenfalls mit 25 % pauschal besteuert werden (Pauschalierungsvorschrift in diesen Fällen ist allerdings § 40 Abs. 2 Satz 1 Nr. 1 EStG und nicht § 40 Abs. 2 Satz 1 Nr. 1a EStG; vgl. auch das Stichwort „Doppelte Haushaltsführung" unter Nr. 2 Buchstabe c, Beispiel D).

h) Schaubild über die Behandlung der vom Arbeitgeber zur Verfügung gestellten Mahlzeiten ab 1.1.2021 bei Auswärtstätigkeit

Sachverhalt	Arbeitslohn	Pauschalbesteuerung mit 25 %	Kürzung Verpflegungspauschale	Großbuchstabe „M"
Geschäftlich veranlasste Bewirtung (R 8.1 Abs. 8 Nr. 1 LStR)	nein	entfällt	ja, wenn vom Arbeitgeber veranlasst	nein
Betriebsveranstaltung bis 110 € Kosten (§ 19 Abs. 1 Satz 1 Nr. 1a EStG)	nein	entfällt	ja, wenn Auswärtstätigkeit	nein
Arbeitsessen bis 60 € (R 8.1 Abs. 8 Nr. 1 i.V.m R 19.6 Abs. 2 LStR)	nein	entfällt	ja, wenn Auswärtstätigkeit	nein
Belohnungsessen (Arbeitsessen über 60 € oder sonstiges Essen über 60 €)	ja (Ansatz mit tatsächlichem Wert)	nein	nein	nein
Mahlzeit bis 60 € bei Auswärtstätigkeit und Verpflegungspauschale (§ 8 Abs. 2 Satz 9 EStG)	nein	entfällt	ja	ja
Mahlzeit bis 60 € bei Auswärtstätigkeit ohne Verpflegungspauschale (§ 8 Abs. 2 Satz 8 EStG)	ja (Ansatz mit dem Sachbezugswert)	ja	nein für steuerfreien Arbeitgeberersatz; ggf. ja für Werbungskostenabzug (z. B. bei Nachweis der Abwesenheitszeit)	ja

11. Einzelnachweis der Verpflegungsmehraufwendungen bei Inlandsreisen

Der Einzelnachweis von Verpflegungsmehraufwendungen ist mit Wirkung ab 1.1.1996 **weggefallen** und zwar sowohl beim steuerfreien Ersatz durch den Arbeitgeber als auch beim Werbungskostenabzug durch den Arbeitnehmer. Anzusetzen sind für einen Zeitraum von drei Monaten **ausschließlich** die unter Nr. 9 erläuterten **Verpflegungspauschalen,** die ggf. wegen Mahlzeitengestellungen zu kürzen sind. Diese Pauschbeträge haben Abgeltungscharakter. Allerdings besteht sowohl beim steuerfreien Arbeitgeberersatz als auch beim Werbungskostenabzug ein Rechtsanspruch auf den Ansatz der Pauschalen. Ob der Ansatz der Pauschalen zu einer unzutreffenden Besteuerung führt, ist ohne Bedeutung (BFH-Urteil vom 4.4.2006, BStBl. II S. 567).

Zu den Möglichkeiten der Mahlzeitengestellung durch den Arbeitgeber vgl. vorstehende Nr. 10.

12. Pauschalierung der Lohnsteuer mit 25 % bei steuerpflichtigen Verpflegungsmehraufwendungen

a) Allgemeines

Es kommt in der Praxis durchaus häufiger vor, dass ein Teil der Reisekostenvergütung versteuert werden muss, weil der Arbeitgeber aufgrund arbeitsvertraglicher oder tarifvertraglicher Vereinbarungen gezwungen ist, höhere Verpflegungspauschalen zu zahlen, als dies nach den für die Steuerfreiheit geltenden Bestimmungen möglich ist. So ergeben sich z. B. für den Bereich des öffentlichen Dienstes steuerpflichtige Beträge, da die reisekostenrechtlichen Bestimmungen einiger Länder in bestimmten Fällen höhere Ersatzleistungen für Verpflegungsmehraufwand vorsehen, als sie nach den steuerlichen Bestimmungen steuerfrei gezahlt werden können (vgl. das Stichwort „Reisekostenvergütungen aus öffentlichen Kassen" unter Nr. 2 Buchstabe a). Manche Arbeitgeber zahlen auch „freiwillig" höhere Beträge, um den „günstigen" Pauschsteuersatz von 25 % und die daraus resultierende Sozialversicherungsfreiheit für Zuwendungen an ihre Arbeitnehmer zu nutzen (vgl. hierzu nachfolgenden Buchstaben b).

Für die Besteuerung der steuerpflichtigen Teile von Reisekostenvergütungen gilt Folgendes:

Werden aus irgendeinem Grund (z. B. wegen einer arbeitsvertraglichen Regelung, einer Betriebsvereinbarung, eines Tarifvertrags oder aufgrund gesetzlicher Reisekostenvorschriften der Länder) höhere Ersatzleistungen für Verpflegungsmehraufwand gezahlt, als diejenigen Beträge, die nach den Ausführungen unter der vorstehenden Nr. 9 steuerfrei sind (28 € oder 14 €), ist der **übersteigende Betrag steuerpflichtig.** Es ist zulässig, die Vergütungen für Verpflegungsmehraufwendungen mit Fahrtkostenvergütungen und Übernachtungskostenvergütungen zusammenzurechnen, wenn dort die steuerfreien Beträge noch nicht voll ausgeschöpft sind. In diesem Fall ist die Summe der Vergütungen steuerfrei, soweit sie die Summe der steuerfreien Einzelvergütungen nicht übersteigt (sog. Saldierung; R 3.16 Satz 1 LStR).

Beispiel A

Ein Arbeitnehmer führt von Montag bis Mittwoch eine Auswärtstätigkeit mit zwei Übernachtungen aus. Die Auswärtstätigkeit beginnt am Montag um 17 Uhr und endet am Mittwoch um 13 Uhr. Er fährt dabei 400 km mit dem eigenen Pkw. Nach der betriebsinternen Regelung zur Erstattung von Reisekosten erhält der Arbeitnehmer für die Benutzung des Pkws ein Kilometergeld von 0,25 €. Für die Übernachtung erhält er die Hotelkosten laut Beleg. Die Verpflegungsmehraufwendungen werden mit höheren Beträgen als die steuerlich zulässigen Pauschalen ersetzt. Der Arbeitnehmer erhält im Kalenderjahr 2021 vom Arbeitgeber folgende Reisekostenerstattung:

– Kilometergeld (400 km × 0,25 €)	100,– €
– Hotelkosten (ohne Frühstück)	100,– €
– für Verpflegungsmehraufwand	
= Montag	24,– €
= Dienstag	40,– €
= Mittwoch	24,– €
insgesamt	288,– €
davon sind steuerfrei	
– Fahrtkosten (400 km × 0,30 €)	120,– €
– Hotelkosten (ohne Frühstück)	100,– €
– Verpflegungsmehraufwand	
= Montag (Anreisetag)	14,– €
= Dienstag (Abwesenheit 24 Std.)	28,– €
= Mittwoch (Abreisetag)	14,– €
insgesamt	276,– €
Spitzenbetrag (288 € – 276 €) =	12,– €

Der Spitzenbetrag von 12 € gehört zum steuerpflichtigen Arbeitslohn. Wegen einer Pauschalierung mit 25 % vgl. nachfolgend unter dem Buchstaben b. Pauschaliert der Arbeitgeber die Lohnsteuer für den Spitzenbetrag von 12 € mit 25 %, löst dies Beitragsfreiheit in der Sozialversicherung aus. Der Arbeitnehmer kann den pauschal besteuerten Betrag von 12 € nicht als Werbungskosten geltend machen.

In den Fällen, in denen keine steuerfreie Verpflegungspauschale gezahlt werden darf, wird es von der Finanzverwaltung nicht beanstandet, wenn der Arbeitgeber bei einer von ihm zur Verfügung gestellten Mahlzeit eine **Verrechnung** des anzusetzenden Sachbezugswertes mit steuerfrei zu erstattenden Fahrt-, Unterkunfts- oder Reisenebenkosten vornimmt.

Beispiel B

Der Arbeitnehmer A nimmt an einem halbtägigen auswärtigen Seminar mit Mittagessen teil und ist sechs Stunden von seiner Wohnung und der ersten Tätigkeitsstätte abwesend. Für die Fahrt zum Seminar nutzt A seinen privaten PKW und könnte für die entstandenen Fahrtkosten eine steuerfreie Erstattung in Höhe von 30 € von seinem Arbeitgeber beanspruchen.

Der Arbeitgeber kann die von ihm im Rahmen des Seminars gestellte Mahlzeit mit dem Sachbezugswert von 3,47 € individuell oder pauschal mit 25 Prozent versteuern oder von den zu erstattenden 30 € einen Betrag von 3,47 € abziehen. Sollte der Arbeitgeber von dem zu erstattenden Betrag von 30 € einen Betrag von 3,47 € abziehen, hat der Arbeitnehmer das Mittagessen steuerlich bezahlt und eine Versteuerung der Mahlzeiten entfällt.

Zu dieser Verrechnung von steuerpflichtigen Teilen der Reisekostenvergütungen mit nicht ausgeschöpften steuerfreien Beträgen ist festgelegt worden, dass **mehrere Auswärtstätigkeiten zusammengefasst** abgerechnet werden können, wenn die Auszahlung der betreffenden Reisekostenvergütungen in einem Betrag erfolgt (R 3.16 Satz 2 LStR). Durch das Zusammenfassen von Reisekostenabrechnungen und Auszahlung der Reisekostenvergütung in einem Betrag können somit die sich bei einer Auswärtstätigkeit ergebenden steuerpflichtigen Teile der Reisekostenvergütung mit nicht ausgeschöpften steuerfreien Beträgen einer anderen Auswärtstätigkeit verrechnet werden. Nicht zulässig wäre es, wenn man bei der Abrechnung einer Auswärtstätigkeit eine Art „Guthabenkonto" bilden und dieses Guthaben bei einer später abgerechneten Auswärtstätigkeit verrechnen würde.

Beispiel C

Im Rahmen einer längerfristigen beruflichen Auswärtstätigkeit wird ein Monteur für die Dauer von sechs Monaten (110 Arbeitstage) an derselben Tätigkeitsstätte tätig. Die arbeitstägliche Abwesenheit von seiner Wohnung und der ersten Tätigkeitsstätte beträgt jeweils mehr als acht Stunden. Während der sechs Monate seiner Tätigkeit steht dem Monteur nach Reiserichtlinie des Arbeitgebers ein Anspruch auf ein Tagegeld in Höhe von insgesamt 770 € zu (110 Arbeitstage × 7 € für jeden Arbeitstag).

Erfolgt eine monatliche Reisekostenabrechnung, können die Tagegelder der ersten drei Monate steuerfrei geleistet werden:

Steuerfreie Verpflegungspauschalen:	55 Arbeitstage × 14 €/Arbeitstag = 770 €
Gezahltes Tagegeld:	55 Arbeitstage × 7 €/Arbeitstag = 385 €

Der Arbeitnehmer könnte somit zusätzlich für die ersten drei Monate noch 385 € als Werbungskosten geltend machen.

Die Tagegelder der folgenden drei Monate sind steuerpflichtig und der Arbeitnehmer kann keine Werbungskosten mehr geltend machen.

Steuerfreie Verpflegungspauschalen:	= 0 €
Gezahltes Tagegeld:	55 Arbeitstage × 7 €/Arbeitstag = 385 €

Wird die längerfristige berufliche auswärtige Tätigkeit zusammengefasst abgerechnet, können die Tagegelder der gesamten sechs Monate steuerfrei gezahlt werden. Der Arbeitnehmer kann dann keinen Werbungskostenabzug mehr geltend machen.

Steuerfreie Verpflegungspauschalen:	55 Arbeitstage × 14 €/Arbeitstag = 770 €
Gezahltes Tagegeld:	110 Arbeitstage × 7 €/Arbeitstag = 770 €

Soweit trotz Verrechnung Steuerpflicht eintritt, gehören die steuerpflichtigen Teile der Reisekostenvergütungen zum Arbeitslohn und müssen zusammen mit diesem nach den individuellen Lohnsteuerabzugsmerkmalen des Arbeitnehmers versteuert werden, soweit nicht eine Pauschalierung mit 25 % in Betracht kommt (vgl. nachfolgend unter Buchstabe b). Sind die nicht pauschalierungsfähigen, steuerpflichtigen Teile der Reisekostenvergütungen monatlich nicht höher als **153 €**[1]**,** können sie in größeren Zeitabständen, längstens aber quartalsmäßig – also mit der nächsten Lohnzahlung nach Ablauf des jeweiligen Kalendervierteljahres – versteuert werden.[2]

1) Eine offizielle Umstellung des früher geltenden Betrags von 300 DM auf Euro ist bisher nicht erfolgt. Umrechnung deshalb mit dem Kurs von 1,95583 DM = 153,39 €, abgerundet 153 €.

2) Bundeseinheitliche Regelung, z. B. Verfügung der OFD Frankfurt am Main vom 29.5.2013 (Az.: S 2338 A – 43 – St 211). Die Verfügung ist als Anlage 1 zu H 9.6 LStR im **Steuerhandbuch für das Lohnbüro 2021** abgedruckt, das im selben Verlag erschienen ist.

Beispiel D

Der steuerpflichtige Teil der Reisekostenvergütung beträgt

– im Januar 2021	100,– €
– im Februar 2021	140,– €
– im März 2021	150,– €
insgesamt somit	390,– €

Der Betrag von 390 € ist spätestens mit der Lohnabrechnung für April 2021 zu versteuern. Beträgt der steuerpflichtige Teil der Reisekostenvergütung z. B. im Februar 200 €, ist dieser Betrag mit der Lohnabrechnung für Februar 2021 zu versteuern. Der Rest in Höhe von (100 € + 150 € =) 250 € kann dann mit der Lohnabrechnung für April versteuert werden.

b) Pauschalierung der Lohnsteuer mit 25 %

Früher war eine Pauschalierung der Lohnsteuer für die steuerpflichtigen Teile von Reisekostenvergütungen nur mit einem besonders ermittelten Pauschsteuersatz auf Antrag des Arbeitgebers möglich, wenn die für solche Pauschalierungen allgemein geltende 1000-Euro-Grenze im Kalenderjahr beachtet wurde. Dabei wurde unterstellt, dass die steuerpflichtigen Teile von Reisekostenvergütungen stets zu den pauschalierungsfähigen sonstigen Bezügen gehören. Diese nach wie vor geltende Pauschalierung der Lohnsteuer mit einem besonders ermittelten Pauschsteuersatz auf Antrag des Arbeitgebers ist ausführlich unter dem Stichwort „Pauschalierung der Lohnsteuer" unter Nr. 2 erläutert. Da diese Pauschalierungsmöglichkeit für den Arbeitgeber sehr arbeitsaufwendig und zudem auch sozialversicherungspflichtig ist, wird sie für steuerpflichtige Teile von Reisekostenvergütungen in der Praxis nur in Ausnahmefällen in Anspruch genommen.

Zur Erleichterung des Verfahrens wurde deshalb ab 1.1.1997 eine Pauschalierungsvorschrift eingeführt, wonach die steuerpflichtigen Teile von Vergütungen für **Verpflegungsmehraufwand** pauschal mit **25 %** besteuert werden können, soweit die steuerfreien Verpflegungspauschalen (28 € oder 14 €) nicht um mehr als 100 % überschritten werden (sog. **100 %-Grenze;** § 40 Abs. 2 Satz 1 Nr. 4 EStG). Pauschaliert der Arbeitgeber mit 25 %, löst dies Beitragsfreiheit in der Sozialversicherung aus (§ 1 Abs. 1 Satz 1 Nr. 3 SvEV[1]).

Beispiel A

Ein Arbeitnehmer führt 2021 eine eintägige Auswärtstätigkeit durch und ist dabei 12 Stunden vom Betrieb abwesend. Der Arbeitgeber zahlt für diese eintägige Auswärtstätigkeit nach der betriebsinternen Reisekostenregelung eine Vergütung für Verpflegungsmehraufwand in Höhe von 30 €. Da der Arbeitnehmer mehr als acht Stunden vom Betrieb abwesend ist, beträgt die steuerfreie Verpflegungspauschale lediglich 14 €. Vom Arbeitgeberersatz in Höhe von 30 € sind demnach 16 € steuerpflichtig. Von dem steuerpflichtigen Betrag in Höhe von 16 € können lediglich 14 € pauschal mit 25 % besteuert werden. Denn die Pauschalierung mit 25 % ist nur insoweit zulässig, als die Pauschale von 14 € um nicht mehr als 100 % überschritten wird. Der die 100 %-Grenze übersteigende Teil des steuerpflichtigen Verpflegungsmehraufwands in Höhe von 2 € muss entweder individuell durch Zurechnung zum laufenden Arbeitslohn oder pauschal mit einem besonders ermittelten Pauschsteuersatz unter Beachtung der 1000-Euro-Grenze versteuert werden (vgl. hierzu „Pauschalierung der Lohnsteuer" unter Nr. 2).

Wichtig ist, dass für das Pauschalierungsvolumen auf die **Höhe** der **Verpflegungspauschale – ohne Anwendung** der **Kürzungsregelung** für die **Mahlzeitengestellung** (vgl. hierzu vorstehende Nr. 10 Buchstabe e) – abgestellt wird.

Beispiel B

Arbeitnehmer B erhält anlässlich einer eintägigen Auswärtstätigkeit mit einer Abwesenheitszeit von mehr als acht Stunden von der Wohnung und der ersten Tätigkeitsstätte von seinem Arbeitgeber neben einem üblichen Mittagessen eine Verpflegungspauschale von 16 €. Hiervon sind steuerfrei:

Verpflegungspauschale	14,00 €
Kürzung Mittagessen	11,20 €
Steuerfreie Verpflegungspauschale	2,80 €

Der steuerpflichtige Teil der Verpflegungspauschale in Höhe von 13,20 € (16 € abzüglich 2,80 €) kann vom Arbeitgeber nicht nur in Höhe von 2,80 €, sondern in voller Höhe mit 25 % pauschal besteuert werden, da er 100 % der vollen Verpflegungspauschale ohne Kürzung um die Mahlzeitengestellung (= 14 €) nicht übersteigt.

Zur Ermittlung des steuerfreien Vergütungsbetrags dürfen die einzelnen Aufwendungsarten zusammengefasst werden (sog. **Gesamtrechnung**). Aus Vereinfachungsgründen bestehen auch keine Bedenken, den Betrag, der den steuerfreien Vergütungsbetrag übersteigt, einheitlich als Vergütung für Verpflegungsmehraufwendungen zu behandeln, die mit 25 % pauschal besteuert werden kann, soweit die 100 %-Grenze nicht überschritten wird (R 40.2 Abs. 4 Satz 4 LStR).

Beispiel C

Gleicher Sachverhalt wie Beispiel A. Der Arbeitnehmer erhält außer der Verpflegungspauschale von 30 € ein Kilometergeld für die Benutzung seines Pkws in Höhe von 0,25 €. Er hat während der Auswärtstätigkeit 100 Kilometer mit seinem Pkw zurückgelegt. Es ergibt sich folgende Vergleichsberechnung für das Kalenderjahr 2021:

– Kilometergeld des Arbeitgebers (100 km × 0,25 €)	=	25,– €
– Vergütung für Verpflegungsmehraufwand		30,– €
insgesamt		55,– €
davon sind steuerfrei		
– Fahrtkosten (100 km × 0,30 €)	=	30,– €
– Verpflegungspauschale		14,– €
insgesamt		44,– €
Der Spitzenbetrag beträgt (55 € – 44 €)	=	11,– €

Der Spitzenbetrag von 11 € kann in voller Höhe pauschal mit 25 % besteuert werden, da er die steuerfreie Verpflegungspauschale nicht um mehr als 100 % übersteigt. Für die Prüfung der Frage, inwieweit mit 25 % pauschal besteuert werden kann, ist der steuerpflichtige **Spitzenbetrag** mit der steuerfreien Erstattung für Verpflegungsmehraufwand (= 14 €) zu vergleichen.

Wird bei einer Abwesenheitsdauer von **bis zu** acht Stunden ein Arbeitgeberersatz für Verpflegungsmehraufwand gezahlt, kann dieser **nicht** mit 25 % pauschal besteuert werden.

Beispiel D

Der Arbeitnehmer führt eine eintägige Auswärtstätigkeit aus und ist dabei sieben Stunden vom Betrieb abwesend. Der Arbeitgeber zahlt nach der betriebsinternen Reisekostenregelung eine Vergütung für Verpflegungsmehraufwand in Höhe von 5 €. Dieser Betrag ist in voller Höhe steuerpflichtig. Eine Pauschalierung mit 25 % ist nicht möglich, da es keine vergleichbare steuerfreie Verpflegungspauschale gibt, die „um nicht mehr als 100 %" überschritten werden könnte. Oder mit anderen Worten: Da die steuerfreie Pauschale 0 € beträgt, führt jede Zahlung des Arbeitgebers zu einem Überschreiten der 100 %-Grenze mit der Folge, dass eine Pauschalierung der Lohnsteuer mit 25 % entfällt. Der Betrag von 5 € unterliegt deshalb dem Lohnsteuerabzug nach den allgemeinen Vorschriften. Eine Pauschalierung der Lohnsteuer nach § 40 Abs. 1 Satz 1 Nr. 1 EStG ist allerdings möglich (vgl. das Stichwort „Pauschalierung der Lohnsteuer" unter Nr. 2).

Soweit nach **Ablauf der Dreimonatsfrist** eine steuerfreie Erstattung von Verpflegungsmehraufwendungen nicht mehr möglich ist, kommt eine Pauschalbesteuerung ebenfalls nicht in Betracht.

Beispiel E

Arbeitnehmer E erhält während einer ununterbrochenen viermonatigen Auswärtstätigkeit von seinem Arbeitgeber Vergütungen für Verpflegungsmehraufwendungen in Höhe von 56 € für jeden vollen Kalendertag. Für An- und Abreisetage reduziert sich diese Vergütung auf 28 € pro Tag. Während dieser Auswärtstätigkeit wird dem Arbeitnehmer von seinem Arbeitgeber die Unterkunft unentgeltlich zur Verfügung gestellt.

In den ersten drei Monaten ist die Verpflegungspauschale für die vollen Kalendertage in Höhe von 28 € und für die An- und Abreisetage jeweils in Höhe von 14 € steuerfrei. Der Mehrbetrag von 28 € bzw. 14 € kann mit 25 % pauschal besteuert werden. Ab dem vierten Monat sind die vom Arbeitgeber gezahlten Verpflegungsvergütungen von täglich 56 € bzw. 28 € wegen des Ablaufs der Dreimonatsfrist in voller Höhe als Arbeitslohn individuell zu versteuern. Eine Pauschalierung der Lohnsteuer nach § 40 Abs. 1 Satz 1 Nr. 1 EStG ist allerdings möglich (vgl. das Stichwort „Pauschalierung der Lohnsteuer" unter Nr. 2).

Die Lohnsteuerpauschalierung mit 25 % ist also auf das Doppelte der jeweils maßgebenden steuerfreien Verpflegungspauschale – ohne Anwendung der Kürzungsregelung für die Mahlzeitengestellung – begrenzt (sog. **100 %-Grenze**). Diese Begrenzung soll folgende Übersicht verdeutlichen:

Abwesenheitsdauer	Steuerfreie Verpflegungspauschale[2]	Pauschalierungsfähig mit 25 % (sozialversicherungsfrei)[2]	Ersatz für Verpflegungsmehraufwand insgesamt
bis zu 8 Stunden	0,– €	0,– €	**0,– €**
mehr als 8 Stunden	14,– €	14,– €	**28,– €**
An- und Abreisetag bei mehrtätigen Auswärtstätigkeiten	14,– €	14,– €	**28,– €**
24 Stunden	28,– €	28,– €	**56,– €**

Durch die Inanspruchnahme der Lohnsteuerpauschalierung, mit der zugleich der Arbeitgeberanteil zur Sozialversicherung gespart wird, kann der Arbeitgeber den Ersatz von Verpflegungsmehraufwendungen insbesondere dann variabel gestalten, wenn die Reisekostenabrechnung und die Auszahlung der Reisekostenvergütung für einen längeren Zeitraum (z. B. einen Monat) zusammengefasst und dabei die steuerpflichtigen Teile einer Auswärtstätigkeit mit nicht ausgeschöpften steuerfreien Beträgen einer anderen Auswärtstätigkeit verrechnet werden.

---

1) Die Sozialversicherungsentgeltverordnung (SvEV) ist als Anhang 2 im **Steuerhandbuch für das Lohnbüro 2021** abgedruckt, das im selben Verlag erschienen ist.

2) Die steuerfreie Verpflegungspauschale ist bei einer Mahlzeitengestellung zu kürzen (vgl. vorstehende Nr. 10 Buchstabe e). Für das Pauschalierungsvolumen ist auch in diesem Fall auf die Höhe der Pauschale ohne Kürzung abzustellen.

Beispiel F

Ein Arbeitnehmer, der verschiedene Auswärtstätigkeiten mit unterschiedlicher Abwesenheitsdauer durchführt, erhält einheitlich für jeden Reisetag 18 € Ersatz für Verpflegungsmehraufwand. Nach Ablauf des Monats weist der Arbeitnehmer für 17 Reisetage folgende Abwesenheitszeiten nach:

	steuerfreie Pauschale	pauschalierungsfähig
– 2 Auswärtstätigkeiten mit bis zu 8 Stunden	0,– €	0,– €
– 14 Auswärtstätigkeiten mit mehr als 8 Stunden	196,– €	196,– €
– 1 Auswärtstätigkeit mit 24 Stunden	28,– €	28,– €
insgesamt	224,– €	224,– €
vom Arbeitgeber gezahlt (17 × 18 €) =	306,– €	
somit sind steuerpflichtig	82,– €	

Der Betrag von 82 € überschreitet die 100 %-Grenze (224 €) nicht. Er kann deshalb in voller Höhe mit 25 % pauschal besteuert werden

Lohnsteuer: 25 % von 82 €	=	20,50 €
Solidaritätszuschlag: 5,5 % von 20,50 €	=	1,12 €
Kirchensteuer (z. B. in Bayern) 7 % von 20,50 €	=	1,43 €

Das Beispiel zeigt, dass durch die Verrechnung der steuerfreien mit steuerpflichtigen Teilen einer Reisekostenvergütung und der Abrechnung mehrerer Auswärtstätigkeiten für einen längeren Zeitraum (z. B. einen Monat) die Pauschalierungsgrenze optimal ausgenutzt werden kann. Dies ist so gewollt und ergibt sich aus R 40.2 Abs. 4 LStR.

Die Pauschalbesteuerung mit einem Pauschsteuersatz von 25 % ist also auf einen Vergütungsbetrag bis zur Summe der wegen der Auswärtstätigkeit anzusetzenden Verpflegungspauschalen – ohne Anwendung der Kürzungsregelung für die Mahlzeitengestellung – begrenzt (sog. 100 %-Grenze). Für den darüber hinausgehenden Vergütungsbetrag kann eine Pauschalbesteuerung mit einem besonderen, individuell ermittelten Pauschsteuersatz auf Antrag des Arbeitgebers unter Beachtung der 1000-Euro-Grenze nach § 40 Abs. 1 Satz 1 Nr. 1 EStG durchgeführt werden (vgl. das Stichwort „Pauschalierung der Lohnsteuer" unter Nr. 2).

Die Pauschalierungsvorschrift ist zudem nur auf steuerpflichtigen Verpflegungsmehraufwand anzuwenden, der bei einer **Auswärtstätigkeit** entsteht, **nicht jedoch** bei einer **doppelten Haushaltsführung.** Werden vom Arbeitgeber Verpflegungsmehraufwendungen nach den für eine doppelte Haushaltsführung geltenden Grundsätzen gezahlt, kann die Lohnsteuer für einen ggf. steuerpflichtigen Teil nicht mit 25 % pauschal besteuert werden (R 40.2 Abs. 1 Nr. 4 zweiter Halbsatz LStR).

c) Sozialversicherungsrechtliche Behandlung von steuerpflichtigen Verpflegungsmehraufwendungen

Entgegen ihrer ursprünglichen Sichtweise haben die Spitzenverbände der Sozialversicherungsträger die in R 3.16 LStR festgelegte **Gesamtrechnung** ausdrücklich **auch für den Bereich der Sozialversicherung** zugelassen.

Werden steuerpflichtige Verpflegungsmehraufwendungen nach dem vorstehenden Buchstaben b mit 25 % pauschal besteuert, löst dies Beitragsfreiheit in der Sozialversicherung aus (§ 1 Abs. 1 Satz 1 Nr. 3 SvEV[1]).

13. Nebenkosten bei Auswärtstätigkeiten

Fallen bei einer Auswärtstätigkeit **aus beruflichen Gründen** Nebenkosten an, z. B. für Taxi- oder Mietwagenbenutzung, Beförderung und Aufbewahrung von Gepäck, Telekommunikationskosten (Telefon, Handy, FAX, Internet), Porto, Garage, Parkplatzgebühren, Straßenbenutzungsgebühren, Reparaturkosten am Pkw infolge eines Unfalls, können sie dem Arbeitnehmer in der nachgewiesenen oder glaubhaft gemachten Höhe steuerfrei ersetzt werden. Entsprechendes gilt für die Kosten für erforderliche Reisepapiere (z. B. Visum). Die für die Erstattung erforderlichen Nachweise muss der Arbeitgeber als Belege zum Lohnkonto aufbewahren.

Keine steuerfrei ersetzbaren Reisenebenkosten sind z. B. die Aufwendungen für private Telefongespräche, Tageszeitungen, Sauna, Massagen, Minibar oder Pay-TV.

Allerdings lässt der Bundesfinanzhof auch Aufwendungen für private Telefongespräche, die bei einer mindestens einwöchigen Auswärtstätigkeit entstehen, zum Werbungskostenabzug zu (BFH-Urteil vom 5.7.2012, BStBl. 2013 II S. 282). Die privaten Gründe der Kontaktaufnahme mit Angehörigen oder Freunden würden ab dieser Dauer durch die beruflich veranlasste Auswärtstätigkeit überlagert. Nach den allgemeinen Reisekostengrundsätzen gilt Entsprechendes für einen steuerfreien Arbeitgeberersatz.

Ordnungsgelder, Verwarnungsgelder und Bußgelder, die im Zusammenhang mit Auswärtstätigkeiten verhängt und vom Arbeitgeber übernommen werden, sind steuerpflichtiger Arbeitslohn (vgl. „Geldstrafen").

Steuerfreie Reisenebenkosten sind auch die Ausgaben des Arbeitgebers für eine **Reiseunfallversicherung** des Arbeitnehmers, die ausschließlich Berufsunfälle außerhalb einer ersten Tätigkeitsstätte abdeckt, und zwar auch dann, wenn es sich um eine Dauerversicherung wegen häufiger Auswärtstätigkeiten des Arbeitnehmers handelt (vgl. das Stichwort „Unfallversicherung" unter Nr. 2). Auch bei Arbeitgeberbeiträgen zu Unfallversicherungen ist ein steuerfreier Reisenebenkostenanteil enthalten (vgl. hierzu das Schema beim Stichwort „Unfallversicherung" unter Nr. 4).

Prämien für eine zusätzliche **Krankenversicherung** (z. B. Auslandskrankenversicherung) gehören dagegen zum Arbeitslohn, selbst wenn der zusätzliche Krankenversicherungsschutz allein durch eine berufliche Auslandstätigkeit veranlasst ist (BFH-Urteil vom 16.4.1999, BStBl. 2000 II S. 408). Ausnahmsweise kann es sich beim Abschluss einer Auslandskrankenversicherung um eine Leistung im **ganz überwiegenden eigenbetrieblichen Interesse des Arbeitgebers** handeln. Voraussetzung hierfür ist, dass

- es sich um einen Gruppenversicherungsvertrag anlässlich einer Vielzahl von Dienstreisen handelt,
- die Versicherung unter Fürsorgegesichtspunkten und zur Verwaltungsvereinfachung (keine betriebsinterne Leistungsabrechnung erforderlich) abgeschlossen wurde und
- die sich aus den Beiträgen ergebende Bereicherung der Arbeitnehmer sehr geringfügig ist (in einem positiv entschiedenen Einzelfall 0,23 € pro Auslandsdienstreisetag).

Die Übernahme von Kosten für erforderliche, nicht rein vorbeugende **Impfungen** bei Auslandseinsätzen durch den Arbeitgeber ist u. E. ebenfalls steuerfreier Reisekostenersatz. Entsprechendes gilt z. B. für eine Malariaprophylaxe durch Medikamente. Vgl. im Übrigen auch die Stichworte „Impfung" und „Krankheitskosten bei Auslandsaufenthalt".

Prämien für eine **Reisegepäckversicherung,** die der Arbeitgeber für seine Arbeitnehmer abgeschlossen hat, sind als Reisenebenkosten steuerfrei, wenn der Versicherungsschutz sich auf die beruflich bedingte Abwesenheit von einer ersten Tätigkeitsstätte beschränkt (vgl. hierzu das Stichwort „Reisegepäckversicherung").

Für den Verlust persönlicher Gegenstände auf einer Auswärtstätigkeit gilt nach dem BFH-Urteil vom 30.11.1993 (BStBl. 1994 II S. 256) Folgendes:

Erleidet ein Arbeitnehmer auf einer Auswärtstätigkeit einen Schaden an solchen Gegenständen, die er mitgenommen hat, weil er sie auf der Auswärtstätigkeit verwenden musste, ist der dafür vom Arbeitgeber geleistete Ersatz nur dann dem Grunde nach als steuerfreier Reisekostenersatz zu beurteilen, wenn der Schaden durch eine **reisespezifische Gefährdung (z. B. Diebstahls-, Transport- oder Unfallschaden)** entstanden und nicht nur gelegentlich der Reise eingetreten ist. Berücksichtigt wird der Verlust bis zur Höhe des Wertes, den der Gegenstand zum Zeitpunkt des Verlustes noch hatte.

Danach ist ein Ersatzanspruch nur unter sehr engen Voraussetzungen möglich und jedenfalls bei Gegenständen des persönlichen Bedarfs (wie z. B. beim Verlust einer Geldbörse oder Schmuck) ausgeschlossen (BFH-Urteil vom 26.1.1968, BStBl. II S. 342).

Wertverluste bei einem Diebstahl des für die Reise **notwendigen persönlichen Gepäcks** sind aber Reisenebenkosten (BFH-Urteil vom 30.6.1995, BStBl. II S. 744).

Wird das **Fahrzeug** des Arbeitnehmers während einer Auswärtstätigkeit **gestohlen** (z. B. bei der während einer mehrtägigen Auswärtstätigkeit notwendigen Übernachtung), sind Ersatzleistungen des Arbeitgebers steuerfrei, da das Parken des für die Auswärtstätigkeit verwendeten Fahrzeugs während der Nacht – wie die Übernachtung selbst – der beruflichen Sphäre zuzurechnen ist (BFH-Urteil vom 25.5.1992, BStBl. II 1993 S. 44). Vgl. auch vorstehende Nr. 7 Buchstabe h.

Anschaffungskosten für Bekleidung, Koffer oder andere Reiseausrüstungsgegenstände gehören nicht zu den Reisenebenkosten, weil sie nur mittelbar mit einer Auswärtstätigkeit zusammenhängen.

---

1) Die Sozialversicherungsentgeltverordnung (SvEV) ist als Anhang 2 im **Steuerhandbuch für das Lohnbüro 2021** abgedruckt, das im selben Verlag erschienen ist.

Auch **Essensgutscheine,** z. B. in Form von Raststätten- oder Autohof-Wertbons, sind keine Reisenebenkosten, da zur Abgeltung der tatsächlich entstandenen, beruflich veranlassten Verpflegungsmehraufwendungen Pauschalen angesetzt werden; dies gilt auch dann, wenn die Verpflegungspauschale wegen Nichterreichens der Mindestabwesenheitszeit 0 € betragen sollte (vgl. § 9 Abs. 4a EStG).

Beispiel

Ein Lkw-Fahrer ist mehr als acht Stunden wegen seiner beruflichen Tätigkeit von zu Hause abwesend. Er nimmt ein Mittagessen im Wert von 8,50 € an der Autobahnraststätte zu sich und bezahlt 6 € in bar und den Rest in Wertbons, die er im Zusammenhang mit der vom Arbeitgeber erstatteten Parkplatzgebühr erhalten hat.

Dem Lkw-Fahrer steht eine ungekürzte Verpflegungspauschale von 14 € zu. Er hat keine Mahlzeit von seinem Arbeitgeber erhalten. Dass die Mahlzeit teilweise mit Wertbons bezahlt wurde, ist ohne steuerliche Auswirkung.

Regelmäßig wiederkehrende Reisenebenkosten können übrigens für einen repräsentativen Zeitraum von drei Monaten im Einzelnen nachgewiesen werden und dann in der Folgezeit mit dem Durchschnittsbetrag steuerfrei erstattet oder als Werbungskosten angesetzt werden.

Zur Behandlung von **Kreditkartengebühren** als Reisenebenkosten wird auf das Stichwort „Firmenkreditkarte" hingewiesen.

Wegen der Erstattung von **Bewirtungskosten** im Zusammenhang mit Auswärtstätigkeiten vgl. „Bewirtungskosten" besonders unter Nr. 3.

Zu Reisenebenkosten bei Lkw-Fahrern vgl. das Stichwort „Fahrtätigkeit" unter Nr. 6.

14. Auslandsreisekosten

a) Fahrtkosten

Bei Auslandsreisen können die Fahrtkosten, Flugkosten und die Nebenkosten ebenso wie bei Inlandsreisen in der nachgewiesenen Höhe ersetzt werden. Wird ein eigenes Fahrzeug benutzt, gelten die gleichen Kilometersätze wie bei Inlandsreisen. Wird für die Auslandsreise ein Firmenwagen zur Verfügung gestellt, handelt es sich bei der Fahrzeuggestellung (= Sachleistung) ebenfalls um steuerfreien Reisekostenersatz.

b) Verpflegungsmehraufwand

Seit 1996 ist ein steuerfreier Ersatz der Verpflegungsmehraufwendungen bei Auslandsreisen nur noch in Form von **pauschalen Auslandstagegeldern** für einen Zeitraum von drei Monaten möglich (vgl. nachfolgend unter Nr. 15). Durch den Ansatz pauschaler Auslandstagegelder, die regelmäßig angepasst werden, kann es zu einer Versteuerung von Arbeitgeberleistungen kommen, wenn der Arbeitgeber bei Reisen ins Ausland mehr als die steuerfreien Sätze erstattet. Durch das Jahressteuergesetz 1997 ist deshalb eine Pauschalierungsvorschrift eingeführt worden, wonach die steuerpflichtigen Teile von Vergütungen für Verpflegungsmehraufwand **pauschal mit 25 % besteuert** werden können, soweit die steuerfreien Auslandstagegelder nicht um mehr als 100 % überschritten werden. Diese Pauschalierungsmöglichkeit ist für Inlandsreisen unter der vorstehenden Nr. 12 Buchstabe b erläutert. Diese Erläuterungen gelten sinngemäß auch für Auslandsreisekosten, wobei sich die 100 %-Grenze auf das maßgebende **Auslandstagegeld** – auch hier ohne Anwendung der Kürzungsregelung für eine Mahlzeitengestellung – bezieht (vgl. zur Höhe des Auslandstagegeldes die Länderübersicht in Anhang 5a). Vgl. auch das Beispiel D unter der nachfolgenden Nr. 18.

Aufgrund der regelmäßigen Anpassung der Auslandstagegelder sollte der Arbeitgeber zudem aus betriebswirtschaftlichen Gründen abwägen, ob er für Auswärtstätigkeiten seiner Arbeitnehmer in bestimmte Länder die Zahlung bestimmter Verpflegungssätze vorgibt oder sich an den steuerlichen Werten orientiert.

c) Übernachtungskosten

Die Übernachtungskosten können entweder in Form von Pauschbet
gen **(= Auslandsübernachtungsgelder) oder** durch **Einzelnach**
der entstandenen Kosten (ohne Frühstück) steuerfrei ersetzt werde
Mitnahme von Angehörigen sind im Falle des Einzelnachweis
durch die beruflich veranlasste alleinige Nutzung des Arbeitnehm
standenen Aufwendungen maßgebend (z. B. 60 qm × ortsübli
einer durchschnittlichen Wohnung; vgl. nachfolgende Nr. 20
schalen Auslandsübernachtungsgelder können direkt aus de
schen Länderübersicht in Anhang 5a auf Seite 1165 abge
Zu beachten ist, dass vom Arbeitnehmer **nur** die **tatsä**
nachtungskosten und nicht die pauschalen Ausland
gelder als **Werbungskosten** abgezogen werden kön

LStR; BFH-Urteil vom 8.7.2010, BStBl. 2011 II S. 288). Dies gilt auch für den Betriebsausgabenabzug bei Selbstständigen (R 4.12 Abs. 2 EStR).

15. Auslandstagegelder

Die Mehraufwendungen für Verpflegung werden nur in Form von pauschalen **Auslandstagegeldern** für einen Zeitraum von drei Monaten an derselben Tätigkeitsstätte anerkannt. Der Einzelnachweis von Verpflegungsmehraufwendungen ist seit 1996 ausgeschlossen.

Die für die einzelnen Länder maßgebenden Auslandstagegelder, die vom Bundesministerium der Finanzen im Einvernehmen mit den obersten Finanzbehörden der Länder auf der Grundlage der höchsten Auslandstagegelder nach dem Bundesreisekostengesetz bekannt gemacht worden sind, können direkt aus der alphabetischen Länderübersicht in Anhang 5a auf Seite 1165 abgelesen werden. Für die in der alphabetischen Länderübersicht nicht erfassten Länder ist der für Luxemburg geltende Pauschbetrag maßgebend; für die in der Bekanntmachung nicht erfassten Übersee- und Außengebiete eines Landes ist der für das Mutterland geltende Pauschbetrag maßgebend.

Auch für Tätigkeiten im Ausland gibt es **nur noch zwei Pauschalen** in Höhe von 120 % und 80 % der Auslandstagegelder nach dem Bundesreisekostengesetz unter den gleichen Voraussetzungen wie bei den inländischen Verpflegungspauschalen (§ 9 Abs. 4a Satz 5 EStG). Somit beträgt bei eintägigen Auslandsreisen die erforderliche Mindestabwesenheitszeit von der Wohnung und der ersten Tätigkeitsstätte mehr als acht Stunden. Beim An- und Abreisetag einer mehrtägigen beruflich veranlassten Auswärtstätigkeit kommt es – wie bei Inlandsreisen – nicht mehr auf eine Mindestabwesenheitszeit von der Wohnung und der ersten Tätigkeitsstätte an. Im Hinblick auf die bei auswärtigen beruflichen Tätigkeiten oftmals über Nacht oder mehrere Tage andauernden An- und Abreisen genügt es für die Qualifizierung als An- und/oder Abreisetag, wenn der Arbeitnehmer unmittelbar nach der Anreise oder vor der Abreise auswärtig übernachtet.

Der Pauschbetrag bestimmt sich nach dem Ort, den der Arbeitnehmer vor 24 Uhr Ortszeit zuletzt erreicht, wenn dieser Ort im Inland liegt, nach dem letzten Tätigkeitsort im Ausland. Damit ist für eintägige Auswärtstätigkeiten ins Ausland und für Rückreisetage aus dem Ausland in das Inland der Pauschbetrag des **letzten Tätigkeitsorts im Ausland** maßgebend. Werden an einem Kalendertag eine Auslandsreise **und** eine Inlandsreise durchgeführt, ist dann das Auslandstagegeld maßgebend, wenn die überwiegende Zeit im Inland verbracht wird. Es wird also hier nach dem Prinzip „Meistbegünstigung" verfahren.

Bei einer Abwesenheit bis zu acht Stunden wird bei eintägigen Auslandsreisen – ebenso wie bei Inlandsreisen – ein steuerfreier Pauschbetrag für Verpflegungsmehraufwendungen nicht gewährt. Auch in diesen Fällen ist ein Einzelnachweis von Verpflegungsmehraufwendungen ausgeschlossen.

Die Auslandstagegelder können direkt aus der alphabetischen Länderübersicht in Anhang 5a auf Seite 1165 abgelesen werden. Die Besonderheiten bei eintägigen und mehrtägigen Auslandsreisen sowie bei Flug- und Schiffsreisen sind unter den folgenden Nrn. 16 bis 19 anhand von Beispielen erläutert.

16. Eintägige Auslandsreisen

Bei eintägigen Auslandsreisen, das heißt bei Auslandsreisen, die am selben Kalendertag begonnen und beendet werden, richtet sich das Auslandstagegeld nach dem Land, in dem die Tätigkeit ausgeübt wird.

Auslandstagegelder werden bei einer Abwesenheitsdauer von mehr als acht Stunden gewährt. Maßgebend ist dabei – wie bei Inlandsreisen – die Dauer der Abwesenheit von der Wohnung **und** der ersten Tätigkeitsstätte an dem betreffenden Kalendertag.

Beispiel A

Ein Arbeitnehmer verlässt um 7 Uhr seine Wohnung und fährt zu seiner ersten Tätigkeitsstätte in München. Von dort aus tritt er um 9.30 Uhr eine Auswärtstätigkeit nach Salzburg an, die er um 17 Uhr in seiner Wohnung beendet. Diesem Arbeitnehmer kann **kein Verpflegungsmehraufwand** steuerfrei ersetzt werden, da der Arbeitnehmer nicht mehr als acht Stunden von seiner Wohnung und ersten Tätigkeitsstätte abwesend war. Würde er erst um 17.45 Uhr in seiner Wohnung zurückkehren, könnte ihm ein steuerfreier Pauschbetrag von 27 € (= mehr als acht Stunden Österreich) gezahlt werden.

Besucht der Arbeitnehmer bei eintägigen Auslandsreisen mehrere Länder, richtet sich das Auslandstagegeld nach dem **letzten Tätigkeitsort im Ausland.**

Beispiel B

Ein Arbeitnehmer mit erster Tätigkeitsstätte in Lindau besucht zuerst einen Kunden in Bregenz (Österreich), dann in Olten (Schweiz) und anschließend in Koblenz (Deutschland). Von Koblenz fährt er zurück nach Lindau. Er ist mehr als 12 Stunden von der Wohnung und der ersten Tätigkeitsstätte abwesend. Maßgebend für das Auslandstagegeld ist **der letzte Tätigkeitsort im Ausland.** Dies ist im Beispielsfall die Schweiz. Das Auslandstagegeld bei einer Abwesenheit von mehr als acht Stunden beträgt 43 €. Würde der Arbeitnehmer die Auslandsreise in umgekehrter Reihenfolge machen, läge der letzte Tätigkeitsort in Österreich. Das Auslandstagegeld würde dann lediglich 27 € betragen.

Beispiel C

Ein Berufskraftfahrer, ohne erste Tätigkeitsstätte im Betrieb seines Arbeitgebers, fährt nach Zürich und am selben Tag wieder zurück. Er fährt dabei durch Österreich. Da der Arbeitnehmer seine Tätigkeit auf dem Fahrzeug ausübt, ist der „letzte Tätigkeitsort im Ausland" der ausländische Grenzort an der deutsch-österreichischen Grenze. Denn dort hat der Arbeitnehmer zuletzt seine Tätigkeit ausgeübt. Dem Arbeitnehmer kann somit lediglich das Auslandstagegeld für Österreich steuerfrei gezahlt werden, obwohl der Bestimmungsort seiner Lieferung in der Schweiz lag.

Beginnt eine Auswärtstätigkeit an einem Kalendertag und endet am nachfolgenden Kalendertag ohne Übernachtung, wird der in Betracht kommende Pauschbetrag für den Kalendertag gewährt, an dem der Arbeitnehmer den überwiegenden Teil der insgesamt mehr als acht Stunden von seiner Wohnung und der ersten Tätigkeitsstätte abwesend ist (sog. **Mitternachtsregelung;** vgl. auch die Erläuterungen unter der vorstehenden Nr. 9 Buchstabe b).

Die sog. Mitternachtsregelung stellt also eine Ausnahme von dem Grundsatz dar, dass für die Dauer der Abwesenheit von der Wohnung und der ersten Tätigkeitsstätte jeder Kalendertag für sich zu beurteilen ist. Die Ausnahmeregelung betrifft ausschließlich diejenigen Fälle, in denen sich eine Auswärtstätigkeit über Mitternacht hinaus in den nächsten Tag hinein erstreckt, ohne dass eine Übernachtung stattfindet. Die Art der beruflichen Tätigkeit des Arbeitnehmers spielt keine Rolle.

Beispiel D

Ein Arbeitnehmer aus Lindau ... hrt am Dienstag um 15.30 Uhr zu einer Besprechung nach Zürich und kehrt am Mitt... um 2.30 Uhr in seine Wohnung zurück. Die gesamte Abwesenheitsdauer von 11 Stu... ist dem Tag der überwiegenden Abwesenheit zuzurechnen. Dies ist der Diensta... r Dienstag kann dem Arbeitnehmer deshalb ein Auslandstagegeld in Höhe von 43 ... zahlt werden, da der letzte Tätigkeitsort in der Schweiz lag. Dass der Arbeitnehm... er Österreich nach Hause gefahren ist, spielt keine Rolle.

Beendet der Arbeitnehmer eine ... landsreise durch Rückkehr in den Betrieb zu seiner ersten Tätigke... tte und tritt er von dort aus am selben Tag eine Inlandsreise an, ... diesen Tag ebenfalls das Auslandstagegeld des letzten Tätigkeit... im Ausland. Die Abwesenheitszeiten der Auslands- und Inlandsre... sind dabei **stets** zusammenzurechnen und zwar auch dann, wen... überwiegende Zeit im Inland verbracht wird (R 9.6 Abs. 3 Satz 3 L... „Meistbegünstigungsregelung").

Beispiel E

Ein Arbeitnehmer fährt von seiner Wohnung aus um ... die Schweiz und beendet die Auslandsreise um 14 Uhr im Betrieb an seiner e... igkeitsstätte. Um 15 Uhr beginnt er eine Inlandsreise, die um 19 Uhr in der W... ndet. Würde man beide Reisen getrennt behandeln, könnte dem Arbeitnehme... ein Inlands- noch ein Auslandstagegeld steuerfrei ersetzt werden. Die Abwe... eiten werden jedoch zusammengerechnet und der Auslandsreise zugeordnet ... gesamte Abwesenheitsdauer (11 Stunden) kann ein Auslandstagegeld für di... in Höhe von 43 € steuerfrei gezahlt werden.

Die Zusammenrechnung der Zeiten von Inlands- ... andsreise ist auch dann vorzunehmen, wenn die sog. **Mitter... gelung** anzuwenden ist.

Beispiel F

Ein Arbeitnehmer aus Lindau führt am Dienstag von 10 Uhr bis 15 U... Inlandsreise durch. Um 17 Uhr fährt er zu einem Kunden nach Zü... ündige Mittwoch um 1 Uhr in seine Wohnung zurück. Die Auslandsreise ist i... sog. Mitternachtsregelung mit ihrer gesamten Abwesenheitsdauer vo... t am dem Dienstag zuzurechnen. Außerdem sind die Abwesenheitszeiten der I... der Auslandsreise am Dienstag zusammenzurechnen. Für die gesamte Abwe... den (13 Stunden) erhält der Arbeitnehmer ein steuerfreies Auslandstagegeld fü... in Höhe von 43 €.

Fährt der Arbeitnehmer am Dienstag erst um 19 Uhr nach Zürich und ke... Mittwoch um 6 Uhr in seine Wohnung zurück, ist die Auslandsreise in Anwe... sog. Mitternachtsregelung mit ihrer gesamten Abwesenheitsdauer von 11 Stun... Mittwoch zuzurechnen. Die Inlandsreise am Dienstag ist isoliert zu betrachten (un... Stunden, kein Inlandstagegeld). Für Mittwoch kann dem Arbeitnehmer ein steue... Auslandstagegeld für die Schweiz in Höhe von ebenfalls 43 € gezahlt werden (Abw... heitsdauer 11 Stunden).

Beispiel G

Ein Arbeitnehmer aus Ulm fährt am Dienstag um 12 Uhr zu einem Kunden nach Linda... und von dort weiter zu einem Kunden nach Zürich. Der Arbeitnehmer kehrt am Mittwoch ... um 1 Uhr in seine Wohnung zurück. Durch die sog. Mitternachtsregelung ergibt sich eine Abwesenheitszeit von 13 Stunden, die dem Dienstag zuzurechnen ist mit der Folge, dass ein steuerfreies Auslandstagegeld für die Schweiz in Höhe von ebenfalls 43 € gezahlt werden kann.

17. Mehrtägige Auslandsreisen

Bei mehrtägigen Auslandsreisen werden die Auslandstagegelder für die An- und Rückreisetage unabhängig von der Abwesenheitsdauer von der Wohnung und der ersten Tätigkeitsstätte gekürzt. Die gekürzten Beträge sind in der Länderübersicht in Anhang 5a auf Seite 1165 ausgewiesen.

Ein volles Auslandstagegeld kann nur bei einer Abwesenheitsdauer von **24 Stunden** gezahlt werden. Das bedeutet, dass ein volles Auslandstagegeld nur dann in Betracht kommt, wenn sich die **Auslandsreise mindestens über drei Kalendertage** erstreckt.

Beispiel A

Ein Arbeitnehmer unternimmt 2021 von München aus eine dreitägige Auslandsreise nach Zürich. Er fährt am Dienstag um 11 Uhr in München ab, übernachtet zweimal in Zürich und kommt am Donnerstag um 18 Uhr wieder an seiner ersten Tätigkeitsstätte in der Firma in München an. Der Arbeitgeber kann diesem Arbeitnehmer folgende Pauschbeträge für Verpflegungsmehraufwand steuerfrei ersetzen:

- für Dienstag ein gekürztes Auslandstagegeld für die Schweiz (vgl. Anhang 5a auf Seite 1165) in Höhe von (Anreisetag) 43,– €
- für Mittwoch ein volles Auslandstagegeld für die Schweiz nach der in Anhang 5a auf Seite 1165 abgedruckten Länderübersicht in Höhe von 64,– €
- für Donnerstag ein gekürztes Auslandstagegeld für die Schweiz (vgl. Anhang 5a auf Seite 1165) in Höhe von (Abreisetag) 43,– €
- zwei Auslandsübernachtungsgelder für die Schweiz nach der in Anhang 5a auf Seite 1165 abgedruckten Länderübersicht in Höhe von jeweils 180 €, insgesamt also 360,– €
- oder die tatsächlich entstandenen und nachgewiesenen Übernachtungskosten abzüglich Frühstück. Bei einer Gewährung des Frühstücks durch einen Dritten (Hotel, Pension) auf Veranlassung des Arbeitgebers ist die Verpflegungspauschale für den Mittwoch und Donnerstag jeweils um 12,80 € (20 % des vollen Auslandstagegeldes Schweiz von 64 €) zu kürzen (vgl. vorstehende Nr. 10 Buchstabe e).

Hinweis: Das Auslandsübernachtungsgeld kann zwar vom Arbeitgeber steuerfrei ersetzt, vom Arbeitnehmer aber nicht mehr als Werbungskosten abgezogen werden. Vgl. die Erläuterungen unter der nachfolgenden Nr. 20.

Werden bei einer mehrtägigen Auslandsreise mehrere Länder besucht und stellt sich deshalb die Frage, welches Auslandstagegeld in Betracht kommt, richtet sich dieses nach dem Land, das der Arbeitnehmer vor **24 Uhr** Ortszeit **zuletzt erreicht.** Gelten in einem Land verschiedene Auslandstagegelder, ist für die Frage, welches Auslandstagegeld in Betracht kommt, der vor 24 Uhr zuletzt erreichte **Ort** maßgebend.

Für den **Rückreisetag** aus dem Ausland in das Inland ist das Auslandstagegeld für das Land maßgebend, in dem sich **der letzte Tätigkeitsort im Ausland** befindet.

Beispiel B

Eine Auswärtstätigkeit nach Norwegen wird am Dienstag, den 20.4.2021, um 11 Uhr in Hannover angetreten. Der Arbeitnehmer übernachtet in Schweden, fährt am Mittwoch nach Norwegen weiter, erledigt dort seine dienstliche Tätigkeit und tritt abends die Rückreise an. Um 22 Uhr erreicht er Dänemark und übernachtet dort. Am Donnerstag erledigt er in Dänemark einen geschäftlichen Auftrag und trifft um 13 Uhr wieder an seinem Arbeitsplatz in Hannover ein. Der Arbeitgeber kann diesem Arbeitnehmer folgende Pauschbeträge steuerfrei ersetzen:

- für Dienstag ein gekürztes Auslandstagegeld für Schweden (vor 24 Uhr zuletzt erreichtes Land) in Höhe von (Anreisetag) 33,– €
- Ein Auslandsübernachtungsgeld für Schweden nach der in Anhang 5a auf Seite 1165 abgedruckten Länderübersicht in Höhe von 168,– €
- für Mittwoch ein volles Auslandstagegeld für Dänemark (vor 24 Uhr zuletzt erreichtes Land) nach der in Anhang 5a auf Seite 1165 abgedruckten Länderübersicht in Höhe von 58,– €
- Ein Auslandsübernachtungsgeld für Dänemark nach der in Anhang 5a auf Seite 1165 abgedruckten Länderübersicht in Höhe von 143,– €
- für Donnerstag ein gekürztes Auslandstagegeld für Dänemark nach der in Anhang 5a auf Seite 1165 abgedruckten Länderübersicht in Höhe von (Abreisetag) 39,– €

... d in Dänemark kein geschäftlicher Auftrag erledigt (befindet sich der Arbeitnehmer ... dort nur auf der Rückreise), ist für Donnerstag ein gekürztes Auslandstagegeld nach ... r **Norwegen** geltenden Satz in Höhe von 53 € steuerfrei, da für den Rückreisetag ... **te Tätigkeitsort im Ausland** maßgebend ist. Dieser liegt in Norwegen, da die ... e und die Übernachtung in Dänemark nicht zur „Tätigkeit" des Arbeitnehmers ... Die Auslandsübernachtungsgelder können zwar weiterhin vom Arbeitgeber ... rsetzt, vom Arbeitnehmer aber nicht mehr als Werbungskosten abgezogen ... die Erläuterungen unter der nachfolgenden Nr. 20.

Beispiel C

Arbeitnehmer A reist am Montag um 20 Uhr zu einer beruflichen Auswärtstätigkeit von seiner Wohnung in Berlin nach Brüssel. Er erreicht Belgien am Dienstag um 2 Uhr. Dienstag ist er den ganzen Tag in Brüssel tätig. Am Mittwoch reist er zu einem weiteren Geschäftstermin um 8 Uhr nach Amsterdam. Er erreicht Amsterdam um 14 Uhr. Dort ist er bis Donnerstag um 13 Uhr tätig und reist anschließend zurück nach Berlin. Er erreicht seine Wohnung am Donnerstag um 22.30 Uhr.

Für Montag ist die inländische Verpflegungspauschale für den Anreisetag maßgebend, da A sich um 24 Uhr noch im Inland befindet. Für Dienstag ist die Verpflegungspauschale für Belgien anzuwenden. Für Mittwoch ist die Verpflegungspauschale für die Niederlande zugrunde zu legen, da sich der Ort, den A vor 24 Uhr Ortszeit zuletzt erreicht hat, in den Niederlanden befindet (§ 9 Absatz 4a Satz 5 EStG). Für Donnerstag ist die Verpflegungspauschale der Niederlande für den Abreisetag maßgeblich, da A noch bis 13 Uhr in Amsterdam beruflich tätig war.

Die gesetzliche Regelung für den Rückreisetag (§ 9 Abs. 4a Satz 5 EStG) hat zur Folge, dass für den Rückreisetag **stets** das **Auslandstagegeld** maßgebend ist; die Inlandspauschalen gelten für den Rückreisetag nicht. Deshalb ist das Auslandstagegeld des letzten Tätigkeitsorts im Ausland auch dann anzusetzen, wenn die Auslandsreise als Inlandsreise fortgesetzt wird.

Beispiel D

Der Arbeitnehmer im Beispiel B fährt von Dänemark kommend zu einem Kunden in Bremen und anschließend zu seiner ersten Tätigkeitsstätte in den Betrieb. Für den Rückreisetag wird ausschließlich das Auslandstagegeld für Dänemark gewährt.

Beendet der Arbeitnehmer seine **Auslandsreise** durch Rückkehr in die Wohnung oder zur ersten Tätigkeitsstätte und tritt er am **selben Tag** eine (völlig neue) **Inlandsreise** an, gilt für diesen Tag (Rückreisetag) gleichwohl das Auslandstagegeld des letzten Tätigkeitsorts im Ausland. Das gilt auch dann, wenn die überwiegende Zeit im Inland verbracht wird (R 9.6 Abs. 3 Satz 3 LStR als „Meistbegünstigungsregelung").

Beispiel E

Ein Arbeitnehmer beendet eine mehrtägige Auslandsreise in die Schweiz um 10 Uhr in seiner Wohnung. Um 15 Uhr beginnt er eine Inlandsreise, die um 19 Uhr in der Wohnung endet. Für den Rückreisetag der mehrtägigen Auslandsreise (= Abreisetag) kann ein Auslandstagegeld für die Schweiz in Höhe von 43 € steuerfrei gezahlt werden.

Bei einer längerfristigen Auswärtstätigkeit an derselben Tätigkeitsstätte werden die Verpflegungspauschalen grundsätzlich nur für einen Zeitraum von **drei Monaten** gewährt; vgl. die Erläuterungen unter der vorstehenden Nr. 9 Buchstabe d.

Beispiel F

Ein Arbeitgeber aus München hat seinen Arbeitnehmer für einen Zeitraum von vier Monaten nach Zürich abgeordnet.

Die Verpflegungspauschalen nach der Länderübersicht Schweiz können nur für die ersten drei Monate bei Abwesenheit von der Wohnung und der ersten Tätigkeitsstätte in München gewährt werden. Bei Wochenendheimfahrten kommt für die An- und Abreisetage – unabhängig von der Abwesenheitsdauer – nur das gekürzte Auslandstagegeld zum Ansatz.

Die vorstehenden Grundsätze gelten entsprechend, wenn ein Arbeitnehmer vom Ausland aus eine **Auswärtstätigkeit nach Deutschland** durchführt.

Beispiel G

Arbeitnehmer A reist für ein berufliches Projekt am Sonntag um 21 Uhr von Paris nach Mannheim. Am Sonntag um 24 Uhr befindet sich A noch in Frankreich. A ist in Mannheim von Montag bis Freitag beruflich tätig und verlässt Mannheim am Freitag um 11 Uhr. Er erreicht Paris am Freitag um 21 Uhr.

Für Sonntag (Anreisetag) ist die Verpflegungspauschale für Frankreich maßgebend. Für Montag bis Freitag ist jeweils die maßgebliche inländische Verpflegungspauschale anzuwenden.

Schließt sich an den Tag der Rückreise von einer mehrtägigen Auswärtstätigkeit zur Wohnung oder ersten Tätigkeitsstätte eine weitere (ein- oder mehrtägige) Auswärtstätigkeit an, ist für diesen Tag nur die **höhere Verpflegungspauschale** zu berücksichtigen. Bei der Gestellung von **Mahlzeiten** ist die Kürzung der Verpflegungspauschale tagesbezogen von der für den jeweiligen Reisetag maßgebenden Verpflegungspauschal für eine 24-stündige Abwesenheit vorzunehmen. Dies gilt unabhänc davon, in welchem Land die jeweilige Mahlzeit zur Verfügung ges wurde.

Beispiel H

Ingenieur H kehrt am Dienstag von einer mehrtägigen Auswärtstätigkeit in S seiner Wohnung zurück. Nachdem er sein Gepäck gewechselt hat, reis weiteren mehrtägigen Auswärtstätigkeit nach Kopenhagen, wo er um 23 U- Übernachtungen mit Frühstück werden vom Arbeitgeber gestellt. ist

Für Dienstag ist nur die höhere Verpflegungspauschale von 39 € (= Ko burg lediglich 34 €) anzusetzen. Aufgrund der Gestellung des Frühstü die Verpflegungspauschale um 11,60 € (= 20 % der vollen Verpflegungspauschale von 58 € für Kopenhagen) auf 27,40 € zu kürzen.

Die Kürzung der Verpflegungspauschalen unterbleibt insoweit, als **Mahlzeiten** vom Arbeitgeber oder auf seine Veranlassung von einem Dritten zur Verfügung gestellt werden, deren **Preis 60 €** übersteigt und die daher beim Arbeitnehmer nach den individuellen Lohnsteuerabzugsmerkmalen zu versteuern sind (vgl. vorstehende Nr. 10 Buchstabe d). Zu beachten ist, dass die Preisgrenze von 60 € sowohl bei Mahlzeitengestellungen im Inland als auch im Ausland gilt. Eine Staffelung aufgrund der unterschiedlichen Preisverhältnisse vor Ort wird hier nicht vorgenommen.

Beispiel I

Arbeitnehmer A fährt im August 2021 aus beruflichen Gründen für fünf Tage nach Norwegen. Der Arbeitgeber trägt die Kosten für vier Übernachtungen mit Halbpension (Frühstückspreis 35 €, Abendessenpreis 90 €).

Der Arbeitnehmer hat am Anreisetag und am Abreisetag Anspruch auf eine Verpflegungspauschale von 53 €, die am Abreisetag wegen der Frühstücksgestellung um 16 € (= 20% von 80 €) zu kürzen ist. An den verbleibenden drei Tagen beträgt die Verpflegungspauschale 80 € und ist wegen der Frühstücksgestellung um jeweils 16 € zu kürzen. Eine Kürzung der Verpflegungspauschale wegen der Abendessen ist nicht vorzunehmen, da der Preis der dem Arbeitnehmer auf Veranlassung des Arbeitgebers von einem Dritten zur Verfügung gestellten Mahlzeit 60 € übersteigt. Die Mahlzeiten sind vielmehr vom Arbeitnehmer nach seinen individuellen Lohnsteuerabzugsmerkmalen mit dem tatsächlichen Preis (jeweils 90 €) zu versteuern.

Hinweis: Bei einer Mahlzeitengestellung im Rahmen einer vom Arbeitgeber bezahlten Geschäftsfreundebewirtung müsste der Arbeitnehmer die Mahlzeiten im Hinblick auf den lediglich 70%igen Betriebsausgabenabzug der Bewirtungskosten beim Arbeitgeber nicht versteuern. Die für den jeweiligen Tag in Betracht kommende Verpflegungspauschale wäre allerdings wegen der Mahlzeitengestellung des Arbeitgebers dennoch um 32 € (40% von 80 €) zu kürzen.

18. Flugreisen

Auch bei Flugreisen gilt die Regelung, dass der ...uschbetrag für das Land maßgebend ist, das der Arbeitnehmer vor ... **Uhr** Ortszeit **zuletzt erreicht.**

Bei Flugreisen gilt ein Land in dem Zeitpun... als erreicht, in dem das Flugzeug dort landet; Zwischenlandungen ...iben unberücksichtigt, es sei denn, dass durch sie Übernachtun... notwendig werden (R 9.6 Abs. 3 Satz 4 Nr. 1 Satz 1 LStR). Erstre... sich eine Flugreise über mehr als zwei Kalendertage, werden für di... ...ge, die zwischen dem Tag des Abflugs und dem Tag der Landung ...en, Auslandstagegelder in Höhe des für **Österreich** geltenden B... ...s anerkannt (R 9.6 Abs. 3 Satz 4 Nr. 1 Satz 2 LStR). Ein Überr... ...ungsgeld kann für die Dauer der Flugreise nicht angesetzt werd... ...9.7 Abs. 3 Satz 7 LStR).

Beispiel A

Ein Arbeitnehmer unternimmt i... 2021 eine mehrwöchige Auswärtstätigkeit nach Japan. Er fliegt am Sonntag u... in Frankfurt ab (Verlassen seiner Wohnung 15 Uhr) und erreicht Tokio nach eine... ...henlandung (ohne Übernachtung) am Dienstag um 9 Uhr. Der Arbeitgeber kan... ...n Arbeitnehmer für die Anreisetage folgende Pauschbeträge steuerfrei ersetze...

- für Sonntag eine Inla... ...chale für Verpflegungsmehraufwand in Höhe von (Anreisetag) — 14,– €
- für Montag ein... ...slandstagegeld für Österreich nach der in Anhang 5a au... ...65 abgedruckten Länderübersicht in Höhe von — 40,– €
- für Diensta... ...s Auslandstagegeld für Japan (Tokio) nach der in Anhan... ...ite 1165 abgedruckten Länderübersicht in Höhe von — 66,– €

Zu de... ...rbeitgeber zur Verfügung gestellten **Mahlzeiten,** die zu einer... ...g der Verpflegungspauschalen führen (vgl. vorstehende Nr. ...stabe e), gehören auch die **im Flugzeug** im Zusammenhang m... ...örderung unentgeltlich angebotenen Mahlzeiten, sofern die ... für das Beförderungsticket auf den Arbeitgeber ausgestellt ist ...diesem dienst- oder arbeitsrechtlich erstattet wird. Die Verpfle... ...uss dabei nicht offen auf der Rechnung ausgewiesen werden. ...ch dann, wenn z. B. anhand des gewählten Beförderungstarifs ...eht, dass es sich um eine reine Beförderungsleistung handelt, bei ...keine Mahlzeiten unentgeltlich angeboten werden, liegt keine Mahl...engestellung vor. Erhält also z. B. der Arbeitnehmer im vorstehenden ...eispiel A an Bord des Flugzeugs auf Veranlassung des Arbeitgebers ...on der Fluggesellschaft am Montag ein Frühstück, Mittag- und Abendessen, ergibt sich wegen der **Kürzung** um 20 % der Verpflegungspauschale für das Frühstück und um jeweils 40 % der **Verpflegungspauschale** für das Mittag und Abendessen eine Verpflegungspauschale von 0 €.

Für den **Tag der Rückkehr** ist das Auslandstagegeld des letzten Tätigkeitsorts im Ausland maßgebend.

Beispiel B

Ein Arbeitnehmer fliegt von einer mehrtägigen Auswärtstätigkeit in New York nach München zurück. Er fliegt am Dienstagabend in New York ab und trifft am Mittwoch um 14.30 Uhr an seiner ersten Tätigkeitsstätte in München ein. Für Mittwoch kann ein gekürztes Auslandstagegeld für New York nach der in Anhang 5a auf Seite 1165 abgedruckten Länderübersicht in Höhe von 39 € gezahlt werden (= Abreisetag. Auf die Abwesenheitsdauer von der ersten Tätigkeitsstätte kommt es nicht an). Bei einer Mahlzeitengestellung an Bord des Flugzeugs ist die Verpflegungspauschale bei Anwendung des Prozentsatzes von 20 (für Frühstück) und 40 (jeweils für Mittag- und Abendessen) auf das volle Auslandstagegeld für New York von 58 € zu kürzen.

Die sog. **Mitternachtsregelung,** wonach Auswärtstätigkeiten ohne Übernachtung mit der gesamten Abwesenheitsdauer dem Kalendertag der überwiegenden Abwesenheit zuzurechnen sind, gilt auch im Zusammenhang mit Flugreisen.

Beispiel C

Ein Arbeitnehmer aus München beginnt am Dienstag eine Auswärtstätigkeit nach Paris um 16 Uhr vom Betrieb aus und fliegt um 18 Uhr ab. Er fliegt am Mittwoch um 6 Uhr zurück (ohne dass eine Übernachtung in Paris stattfindet) und trifft um kurz vor 9 Uhr in seiner Wohnung in München ein. Die gesamte Abwesenheitsdauer von fast 17 Stunden entfällt überwiegend auf Mittwoch, sodass für diesen Tag ein Auslandstagegeld für Paris in Höhe von 39 € – ggf. gekürzt bei einer Gestellung des Frühstücks auf Veranlassung des Arbeitgebers durch die Fluggesellschaft im Flugzeug (= 20 % von 58 € = 11,60 €) – steuerfrei gezahlt werden kann.

Trifft der Arbeitnehmer nach einer Übernachtung in Paris um 15 Uhr in seiner Wohnung ein, ist die sog. Mitternachtsregelung nicht anwendbar mit der Folge, dass die Abwesenheitsdauer am Dienstag und am Mittwoch getrennt zu beurteilen ist.

Der Dienstag ist der Anreisetag, der Mittwoch der Abreisetag einer mehrtägigen Auslandsreise. Für beide Tage steht dem Arbeitnehmer jeweils eine Auslandspauschale von 39 € (Summe: 78 €) zu, die bei einer Mahlzeitengestellung durch den Arbeitgeber – auch an Bord des Flugzeugs – zu kürzen ist.

Beispiel D

Wie Beispiel C, m… Übernachtung. Der Arbeitgeber zahlt dem Arbeitnehmer eine Verpflegungspauschale … 78 € und hat ihm am Anreisetag ein Abendessen und am Abreisetag ein Frühstü… und ein Mittagessen zur Verfügung gestellt.

Die Verpflegungspausch… ist in Höhe von 20 € steuerfrei (78 € abzüglich 11,60 € für das Frühstück und jeweils – al… zweimal – 23,20 € für Mittag- und Abendessen).

Der übersteigende Betrag … 58 € kann mit 25 % pauschal besteuert werden, da er 78 € – ohne Kürzung für die M…eitengestellung – nicht übersteigt.

19. Schiffsreisen

Bei Schiffsreisen ist zusätzlich … Fahrpreis das für **Luxemburg** geltende Auslandstagegeld steuerfrei; … die Tage der Einschiffung und Ausschiffung ist der für den Hafen… geltende Pauschbetrag maßgebend (R 9.6 Abs. 3 Nr. 2 LStR).

Zu den vom Arbeitgeber zur Verfü… gestellten **Mahlzeiten,** die zu einer **Kürzung** der **Verpflegungspa…schalen** führen (vgl. vorstehende Nr. 10 Buchstabe e), gehören auch … an **Bord eines Schiffes** im Zusammenhang mit der Beförderung … für das B… geltlich angebotenen Mahlzeiten, sofern die Rechnung für das Be…rungsticket auf den Arbeitgeber ausgestellt ist und von diesem die… der arbeitsrechtlich erstattet wird. Die Verpflegung muss dabei … offen auf der Rechnung ausgewiesen werden. Lediglich dann, wen… anhand des gewählten Beförderungstarifs feststeht, dass es sich u… reine Beförderungsleistung handelt, bei der keine Mahlzeiten un…lich angeboten werden, liegt keine Mahlzeitengestellung vor.

Ein Übernachtungsgeld kann nicht zusätzlich … Passagekosten steuerfrei ersetzt werden (R 9.7 Abs. 3 Satz 7 … ist allerdings die Übernachtung in einer anderen Unterkunft begonnen … beendet worden, kann in diesem Fall das Übernachtungsgeld … bei Benutzung einer Schiffskabine steuerfrei gezahlt werden (R 9.7 … Satz 8 LStR).

Beispiel

Ein Arbeitnehmer benutzt 2021 für eine Auswärtstätigkeit von Hamb… ein Schiff. Passagekosten einschließlich Übernachtung, aber ohne V… New York 1000 €. Einschiffung Hamburg, Montag um 11 Uhr. Ausschiffung New York, D… Uhr.

Dem Arbeitnehmer können steuerfrei ersetzt werden:

Passagekosten lt. Beleg	€
Verpflegungspauschale für den Tag der Einschiffung (Inlandstagegeld für den Anreisetag)	
Volles Auslandstagegeld für den Tag der Ausschiffung nach der Länderübersicht in Anhang 5a auf Seite 1165 für New York	
für die Tage auf See (Dienstag und Mittwoch) können zusätzlich Verpflegungsm… wendungen in folgender Höhe steuerfrei ersetzt werden:	
Zwei Auslandstagegelder für Luxemburg nach der in Anhang 5a auf Seite 1165 abgedruckten Länderübersicht in Höhe von jeweils	

Abwandlung

Wie vorstehendes Beispiel. In den Passagekosten ist auch die Verpflegung (Frühstück, Mittag- und Abendessen) enthalten.

Für den Tag der Einschiffung ist die Verpflegungspauschale von 14 € um 80 % (jeweils 40 % für Mittag- und Abendessen) von 28 € (= 22,40 €) zu kürzen, sodass sich eine Pauschale von 0 € ergibt.

Für den Tag der Ausschiffung ist die Verpflegungspauschale von 58 € um 60 % (20 % für Frühstück und 40 % für Mittagessen) von 58 € (= 34,80 €) zu kürzen, sodass sich eine Verpflegungspauschale von 23,20 € ergibt.

Für die beiden Seetage ist die Verpflegungspauschale im Hinblick auf die Vollverpflegung um 100 % zu kürzen, sodass eine Verpflegungspauschale von 0 € verbleibt.

Zur Gewährung von Verpflegungspauschalen für Seeleute der Handelsmarine und der Bundesmarine vgl. die Erläuterungen beim Stichwort „Seeleute" unter Nr. 3.

20. Auslandsübernachtungsgelder

Die Kosten für eine Übernachtung bei Auslandsreisen werden für den steuerfreien Arbeitgeberersatz **zeitlich unbegrenzt** in Höhe von **Auslandsübernachtungsgeldern** anerkannt, sofern die Übernachtung nicht in einer vom Arbeitgeber oder aufgrund des Dienstverhältnisses von einem Dritten unentgeltlich oder verbilligt gestellten Unterkunft erfolgt.

Die für die einzelnen Länder maßgebenden Auslandsübernachtungsgelder können direkt aus der alphabetischen Länderübersicht in Anhang 5a auf Seite 1165 abgelesen werden.

Zu beachten ist, dass vom Arbeitnehmer **nur** die **tatsächlichen Übernachtungskosten** und nicht die pauschalen Übernachtungsgelder als **Werbungskosten** abgezogen werden können (R 9.7 Abs. 2 LStR; BFH-Urteil vom 8.7.2010, BStBl. 2011 II S. 288). Dies gilt auch für den Betriebsausgabenabzug bei Selbstständigen (R 4.12 Abs. 2 EStR).

Beispiel A

Ein Arbeitnehmer ist für seinen Arbeitgeber in 2021 vier Wochen (= 28 Übernachtungen) in Finnland tätig. Die Übernachtungskosten werden nicht einzeln nachgewiesen.

Möglicher steuerfreier Arbeitgeberersatz	
28 Übernachtungen à 136 €	3 808 €
Möglicher Werbungskostenabzug bei fehlendem Arbeitgeberersatz	0 €

Da die Arbeitgebererstattung zu Recht steuerfrei vorgenommen wurde, erfolgt auch in der Einkommensteuer-Veranlagung des Arbeitnehmers keine Nachversteuerung.

Ein Ansatz des Auslandsübernachtungsgeldes kommt aber bei Auslandsreisen nicht in Betracht, wenn die Übernachtung tatsächlich im Inland stattfindet.

Beispiel B

Ein Arbeitnehmer mit einer beruflich veranlassten Auswärtstätigkeit in den Niederlanden übernachtet aus Kostengründen stets im grenznahen Bereich im Inland. Die tatsächlichen Kosten für die Übernachtung werden vom Arbeitnehmer nicht nachgewiesen.

In diesem Fall kann der Arbeitgeber die Auslandspauschale Niederlande für Verpflegung und die Inlandspauschale von 20 € für die Übernachtung steuerfrei erstatten.

Anstelle der Auslandsübernachtungsgelder kann der Arbeitgeber auch die **im Einzelnen nachgewiesenen** Übernachtungskosten steuerfrei ersetzen. Erst nach Ablauf von 48 Monaten ist die Zahlung auf die notwendigen Unterkunftskosten begrenzt. Der für das Inland dann anzuwendende Höchstbetrag von 1000 € monatlich ist aber bei Auswärtstätigkeiten im Ausland nicht anzuwenden (vgl. hierzu vorstehende Nr. 8).

Bei einer **Mitnahme** der **Familie** des Arbeitnehmers oder von Angehörigen können nur die Aufwendungen berücksichtigt werden, die durch die beruflich veranlasste, alleinige Nutzung des Arbeitnehmers verursacht werden. Hierzu kann (= Wahlrecht) die ortsübliche Miete für eine nach Lage und Ausstattung durchschnittliche Wohnung am Ort der auswärtigen Tätigkeitsstätte mit einer Wohnfläche bis zu 60 qm als Vergleichsmaßstab herangezogen werden; dies gilt auch in den ersten 48 Monaten einer Auswärtstätigkeit (vgl. auch vorstehende Nr. 8 Buchstabe b). Da es sich bei der vorstehend erwähnten 60 qm-Regelung um eine „Kann-Regelung" handelt, bleibt es dem Arbeitnehmer unbenommen, einen anderen beruflichen Anteil der Unterkunftskosten glaubhaft darzulegen. Dies kann auch durch eine modifizierte **Aufteilung nach Köpfen** geschehen. Dabei ist der Gesamtaufwand nach Köpfen aufzuteilen und im Anschluss zugunsten des Arbeitnehmers eine **Erhöhung** in Höhe von **20% des Gesamtaufwands** (= Sockelbetrag für Einpersonenhaushalt) vorzunehmen (BFH-Urteil vom 3.7.2018, BFH/NV 2018 S. 1145). Vgl. hierzu auch das Beispiel F unter der vorstehenden Nr. 8 Buchstabe b.

47, …ird in der auf den Arbeitnehmer ausgestellten Hotelrechnung ein Ge…tpreis für Übernachtung und Frühstück ausgewiesen, sind die Kos… des **Frühstücks mit 20 %** desjenigen Auslandstagegeldes vom …ungspreis abzuziehen, das nach der in Anhang 5a auf Seite 1165 …ckten Länderübersicht für das betreffende Land bei einer Abwe…dauer von 24 Stunden maßgebend ist.

Beispiel C

Die auf den Arbeitnehmer ausgestellte Hotelrechnung für eine Übernachtung in der Schweiz lautet:

Übernachtung mit Frühstück	179,– €
Zur Ermittlung der Übernachtungskosten sind 20 % des Auslandstagegeldes für die Schweiz bei einer Abwesenheitsdauer von 24 Stunden abzuziehen. Die Kürzung beträgt also 20 % von 64 € (vgl. die alphabetische Länderübersicht im Anhang 5a auf Seite 1165)	12,80 €
steuerfrei ersetzbare Kosten der Unterkunft	166,20 €

Wird das Frühstück vom Arbeitgeber zur Verfügung gestellt (Rechnung ist auf den Arbeitgeber ausgestellt und Erstattung der Kosten), ist die Verpflegungspauschale um 20 % des Auslandstagegeldes bei einer Abwesenheit von 24 Stunden zu kürzen (vgl. die Erläuterungen unter der vorstehenden Nr. 10 Buchstabe e). Die dort aufgeführten Grundsätze gelten auch bei Auslandsreisen.

Hinweis für die Praxis:

Bei Auslandsübernachtungen ist in den vom Hotel berechneten Übernachtungskosten normalerweise das Frühstück nicht enthalten. Eine Bestätigung hierüber kann der Arbeitnehmer vom Hotel aber meist nicht erlangen. Die Finanzverwaltung sieht deshalb einen handschriftlichen Vermerk des Arbeitnehmers auf der Hotelrechnung, dass in den Übernachtungskosten kein Frühstück enthalten ist, für ausreichend an. Die im obigen Beispiel erläuterte Kürzung um 20 % kann dann unterbleiben. Diese Vereinfachungsregelung gilt aber nur für Auslandsübernachtungen und nicht bei Inlandsübernachtungen.

Bei einer mehrtägigen Auswärtstätigkeit ist **ein Wechsel** zwischen Übernachtungspauschbetrag und tatsächlich nachgewiesenen Übernachtungskosten auch **innerhalb ein und derselben Auswärtstätigkeit möglich.**

Werden vom Arbeitgeber nicht die im Einzelnen nachgewiesenen höheren Übernachtungskosten, sondern nur die Auslandsübernachtungsgelder steuerfrei ersetzt, kann der Arbeitnehmer ohne weiteres die Differenz bei seiner Einkommensteuer-Veranlagung als Werbungskosten geltend machen, wenn er seine Übernachtungskosten im Einzelnen nachweist.

Ist im Gesamtpreis für Übernachtung und Verpflegung ausnahmsweise auch ein Mittag- und/oder Abendessen enthalten (z. B. bei **Tagungspauschalen),** ist der Gesamtpreis zur Ermittlung der Übernachtungskosten – ggf. neben der vorstehend beschriebenen Kürzung für das Frühstück – um jeweils 40 % für das Mittag- und/oder Abendessen der für den Unterkunftsort maßgebenden Verpflegungspauschale mit einer Abwesenheitsdauer von 24 Stunden zu kürzen.

Beispiel D

Bei einer eintägigen Tagung in Zürich (Anreise 18.1.2021, Abreise 19.1.2021 nachmittags) ist in der Hoteltagungspauschale von 180 € das Frühstück und das Mittagessen am 19.1. enthalten.

Hoteltagungspauschale (die Rechnung lautet auf den Arbeitnehmer)	180,00 €
Zur Ermittlung der Übernachtungskosten sind abzuziehen	
Für das Frühstück 20 % von 64 € =	12,80 €
Für das Mittagessen 40 % von 64 € =	25,60 €
Steuerfrei ersetzbare Kosten der Unterkunft	141,60 €

Davon zu unterscheiden ist der Fall, dass die **Mahlzeiten** vom Arbeitgeber oder auf dessen Veranlassung von einem Dritten **abgegeben** werden. In diesem Fall sind die Verpflegungspauschalen für ein Frühstück um 20 % und für ein Mittag- und Abendessen um jeweils 40 % des Auslandstagegeldes bei einer Abwesenheit von 24 Stunden zu kürzen (vgl. die Erläuterungen unter der vorstehenden Nr. 10 Buchstabe e). Die dort aufgeführten Grundsätze gelten auch bei Auslandsreisen.

21. Vorsteuerabzug bei einer unternehmerisch bedingten Auswärtstätigkeit des Arbeitnehmers

Mit Wirkung vom 1. April 1999 war der Vorsteuerabzug für Reisekosten fast vollständig abgeschafft worden. Von der Abschaffung waren insbesondere die Verpflegungs- und Übernachtungskosten betroffen.

Mit Urteil vom 23.11.2000 (BStBl. 2001 II S. 266) hat der Bundesfinanzhof entschieden, dass die Einschränkung des Vorsteuerabzugs für unternehmerisch veranlasste Übernachtungskosten gegen EU-Recht verstößt. Der Bundesfinanzhof räumt dem EU-Recht insoweit Vorrang vor dem deutschen Umsatzsteuerrecht ein. Die Finanzverwaltung hat auf dieses Urteil reagiert und im BMF-Schreiben vom 28.3.2001 (BStBl. I S. 251) den vom Gesetzgeber zum 1.4.1999 eingeschränkten Vorsteuerabzug aus Reisekosten zumindest teilweise wieder zugelassen. Dabei ist von besonderer Bedeutung, dass die im BMF-Schreiben vom 28.3.2001 (BStBl. I S. 251) festgelegte Neuregelung **in allen Fällen einer unternehmerisch bedingten Auswärtstätigkeit des Arbeitnehmers** unter den weiteren Voraussetzungen des § 15 UStG (insbesondere dem Vorliegen einer Rechnung mit gesondertem Umsatzsteuerausweis auf den Namen des Unternehmens) in Anspruch genommen werden kann. Die Regelung gilt also

- bei **Auswärtstätigkeiten** und
- **doppelter Haushaltsführung.**

Somit kann ein Vorsteuerabzug aus Hotelrechnungen usw. auch dann gewährt werden, wenn der Arbeitgeber (= Unternehmer) seine Bau- oder Montagearbeiter oder seine Berufskraftfahrer, Fernfahrer oder Auslieferungsfahrer **in einem Hotel oder einer Pension unterbringt.** Selbst in den Fällen, in denen die auswärtige Tätigkeit der Arbeitnehmer lohnsteuerrechtlich als **doppelte Haushaltsführung** zu beurteilen ist (vgl. das Stichwort „Doppelte Haushaltsführung"), kann der Vorsteuerabzug aus den entsprechenden Hotelrechnungen usw. in Anspruch genommen werden. Durch das Steueränderungsgesetz 2003 ist das BMF-Schreiben vom 28.3.2001 auf eine gesetzliche Grundlage gestellt worden, denn § 15 Abs. 1a Nr. 2 UStG in der früheren Fassung wurde gestrichen. Durch diese Streichung wird der Vorsteuerabzug auch insoweit wieder zugelassen, als es sich um Fahrtkosten für Fahrzeuge des Personals handelt und soweit der Unternehmer Leistungsempfänger ist (vgl. die Erläuterungen unter der nachfolgenden Nr. 24).

Im Einzelnen gilt Folgendes:

22. Vorsteuerabzug aus Übernachtungskosten

Nach dem BFH-Urteil vom 23.11.2000 (BStBl. 2001 II S. 266) kann der Arbeitgeber (= Unternehmer) Vorsteuerbeträge aus Hotelrechnungen abziehen, wenn die in Rechnung gestellte Umsatzsteuer auf Übernachtungen anlässlich einer unternehmerisch bedingten Auswärtstätigkeit des Arbeitnehmers (einschließlich doppelter Haushaltsführung) entfällt. Allerdings hat der Bundesfinanzhof in diesem Urteil nochmals seine ständige Rechtsprechung bekräftigt, wonach **nur der Leistungsempfänger** zum Vorsteuerabzug berechtigt ist. Das bedeutet, dass der **Arbeitgeber** (= Unternehmer) aufgrund der Bestellung Empfänger der Übernachtungsleistung des Hotels sein muss, damit ihm der Vorsteuerabzug zusteht. Lautet die Rechnung des Hotels auf den Arbeitnehmer, liegen diese Voraussetzungen nicht vor. Lautet die Hotelrechnung auf den Arbeitgeber (= Unternehmer) ist der Vorsteuerabzug daraus möglich, auch wenn die Hotelrechnung zunächst vom Arbeitnehmer – mit seiner Kreditkarte oder in bar – bezahlt wird. Aus **Kleinbetragsrechnungen** bis 250 € kann der Vorsteuerabzug auch dann gewährt werden, wenn darin der Arbeitgeber nicht bezeichnet ist.

Erstattet der Arbeitgeber dem Arbeitnehmer die Übernachtungskosten nicht aufgrund von Hotelrechnungen, die auf den Namen des Arbeitgebers lauten, sondern ohne Einzelnachweis in Höhe der **Übernachtungspauschalen,** kann hieraus **ein Vorsteuerabzug nicht in Anspruch genommen werden.** Denn die für den pauschalen Vorsteuerabzug aus Übernachtungsgeldern bis zum 31. März 1999 maßgeblichen Rechtsgrundlagen, nämlich die §§ 36 bis 38 UStDV, sind ab 1. April 1999 ersatzlos gestrichen worden. Die Abschaffung des pauschalen Vorsteuerabzugs aus Reisekosten war auch EU-rechtlich nicht bedenklich, weil ein pauschaler Vorsteuerabzug aus Reisekosten nach der 6. EG-Umsatzsteuer-Richtlinie (jetzt Mehrwertsteuer-System-Richtlinie) nicht vorgesehen ist.

23. Vorsteuerabzug aus Verpflegungskosten

Im BMF-Schreiben vom 28.3.2001 (BStBl. I S. 251) ist unter Nr. 2 Buchstabe b festgelegt worden, dass der Arbeitgeber (= Unternehmer) den Vorsteuerabzug aus Verpflegungskosten seiner Arbeitnehmer dann in Anspruch nehmen kann, wenn die Verpflegungsleistungen anlässlich einer **unternehmerisch bedingten Auswärtstätigkeit des Arbeitnehmers** (einschließlich doppelter Haushaltsführung) entstehen **und** die Verpflegungsleistungen vom **Arbeitgeber** empfangen und **in voller Höhe** getragen werden.

Außerdem müssen die Verpflegungsaufwendungen durch **Rechnungen** mit gesondertem Umsatzsteuerausweis **auf den Namen des Arbeitgebers** (= Unternehmer) oder bei Beträgen bis 250 € durch **Kleinbetragsrechnungen** im Sinne des § 33 UStDV belegt sein. Das bedeutet, dass der Arbeitgeber (= Unternehmer) – und nicht der Arbeitnehmer – Leistungsempfänger der Verpflegungsleistungen sein muss.

Außer der Rechnung auf den Namen des Arbeitgebers (= Unternehmer) ist es bei Verpflegungsmehraufwendungen für den Vorsteuerabzug zusätzlich erforderlich, dass der Arbeitgeber (Unternehmer) die Aufwendungen für die Verpflegung des Arbeitnehmers **in voller Höhe** trägt.

Wenn der Arbeitgeber (= Unternehmer) die Aufwendungen für die Verpflegung der Arbeitnehmer **nicht** in voller Höhe trägt, geht die Finanzverwaltung davon aus, dass die Verpflegung vom Arbeitnehmer – nicht jedoch vom Unternehmen – empfangen worden sind und lässt in diesen Fällen den **Vorsteuerabzug nicht zu.** Deshalb reicht es für die Inanspruchnahme des Vorsteuerabzugs nicht aus, dass eine Rechnung auf den Namen des Arbeitgebers (= Unternehmer) über die Verpflegungskosten vorliegt. Darüber hinaus müssen die in Rechnung gestellten Beträge in voller Höhe vom Arbeitgeber bezahlt worden sein.

Beispiel

Anlässlich einer Auswärtstätigkeit erhält der Arbeitnehmer im September 2021 vom Hotel folgende, auf den Arbeitgeber ausgestellte Rechnung:

Übernachtung	100,00 €
7 % Umsatzsteuer	7,00 €
Frühstück	20,00 €
19 % Umsatzsteuer	3,80 €
Summe	130,80 €

Die Rechnung des Hotels wird vom Arbeitnehmer mit seiner EC-Karte beglichen. Im Rahmen der Reisekostenabrechnung erhält der Arbeitnehmer von seinem Arbeitgeber u. a. den oben angegebenen Betrag von 130,80 € erstattet.

Der Arbeitgeber kann aus der o. a. Rechnung einen Vorsteuerbetrag in Höhe von 10,80 € geltend machen. Hinsichtlich des Frühstücks liegt eine Mahlzeitengestellung auf Veranlassung des Arbeitgebers anlässlich einer Auswärtstätigkeit vor, die zu einer Kürzung der dem Arbeitnehmer zustehenden Verpflegungspauschale um 5,60 € (20% von 28 €) führt (vgl. die Erläuterungen unter der vorstehenden Nr. 10 Buchstabe e). Umsatzsteuerlich ist keine unentgeltliche Wertabgabe des Arbeitgebers an den Arbeitnehmer zu versteuern (Abschnitt 1.8 Abs. 13 UStAE[1]).

Hinweis: Zahlt der Arbeitnehmer für die Mahlzeitengestellung anlässlich einer Auswärtstätigkeit ein den Kürzungsbetrag der Verpflegungspauschale (= 5,60 € für Frühstück, jeweils 11,20 € für Mittag- und Abendessen) minderndes Entgelt (vgl. § 9 Abs. 4a Satz 10 EStG), handelt es sich u. E. nicht um ein Entgelt im umsatzsteuerlichen Sinne. Aus der Sicht des leistenden Unternehmers (z. B. Hotelier) ist die Zahlung des Arbeitnehmers ein Entgelt von dritter Seite; er erhält sein Entgelt also teilweise vom Arbeitgeber und teilweise vom Arbeitnehmer. Der Zahlungsfluss (Arbeitnehmer an Arbeitgeber) spielt für diese Beurteilung keine Rolle (vgl. auch das Stichwort „Umsatzsteuerpflicht bei Sachbezügen" unter Nr. 2 Buchstabe f).

Wenn der **Arbeitnehmer** Speisen und Getränke im Rahmen einer Auswärtstätigkeit **im eigenen Namen bestellt und bezahlt,** und diese auf seinen Namen ausgestellte Rechnungen nach dem Ende der Auswärtstätigkeit seinem Arbeitgeber zur Erstattung einreicht, ist ein Vorsteuerabzug – weil der Arbeitnehmer die Leistungen unmittelbar empfangen hat und deshalb keine Umsätze für das Unternehmen des Arbeitgebers vorliegen – **nicht zulässig.**

Wenn der Arbeitgeber dem Arbeitnehmer seine Mehraufwendungen für Verpflegung anlässlich von Auswärtstätigkeiten nicht aufgrund von Rechnungen erstattet, die auf den Namen des Arbeitgebers lauten, sondern in Höhe der **Verpflegungspauschalen** von 14 € oder 28 € steuerfrei ersetzt, ist **kein Vorsteuerabzug möglich.** Denn seit 1. April 1999 ist für einen Vorsteuerabzug beim pauschalen Ersatz von Verpflegungsmehraufwendungen – wegen der Streichung der §§ 36 bis 38 UStDV – keine Rechtsgrundlage mehr vorhanden.

24. Vorsteuerabzug aus Fahrtkosten

a) Vorsteuerausschluss für Fahrtkosten bei arbeitnehmereigenen Fahrzeugen

Im BMF-Schreiben vom 28.3.2001 (BStBl. I S. 251) ist unter Nr. 3 festgelegt worden, dass Vorsteuerbeträge, die auf Fahrtkosten für arbeitnehmereigene Fahrzeuge entfallen, vom Vorsteuerabzug ausgeschlossen sind, und zwar ohne Rücksicht darauf, ob für derartige Aufwendungen Rechnungen vorliegen, die auf den Namen des Arbeitgebers (= Unternehmer) lauten. Durch das Steueränderungsgesetz 2003 ist § 15 Abs. 1a Nr. 2 UStG in der früheren Fassung gestrichen worden. Das bedeutet, dass auch der Vorsteuerabzug, soweit es sich um Fahrtkosten für Fahrzeuge des Personals handelt und soweit der Unternehmer Leistungsempfänger ist, unter den übrigen Voraussetzungen des § 15 UStG wieder zugelassen wird. Es ist also insbesondere erforderlich, dass der **Arbeitgeber** (= Unternehmer) und nicht der Arbeitnehmer Leistungsempfänger ist. Hierfür ist erforderlich, dass der Arbeitgeber Besteller der Leistung ist und die Rechnungen auf den Namen des Arbeitgebers lauten.

Ersetzt der Arbeitgeber dem Arbeitnehmer die Aufwendungen für das Fahrzeug mit den für Auswärtstätigkeiten geltenden Kilometersätzen (bei Benutzung eines Pkws 0,30 € je gefahrenen Kilometer), kann aus diesen Zuwendungen kein Vorsteuerabzug geltend gemacht werden, weil durch die Streichung der §§ 36 bis 38 UStDV ab 1. April 1999 die Rechtsgrundlage für einen derartigen Vorsteuerabzug entfallen ist.

b) Vorsteuerabzug bei der Benutzung öffentlicher Verkehrsmittel

Aus **Rechnungen mit gesondertem Umsatzsteuerausweis** z. B. für die unternehmerisch veranlasste Benutzung eines Taxis oder Mietwagens kann der Vorsteuerabzug im Grundsatz in Anspruch genommen werden. Allerdings gelten hierfür – nach der Streichung der §§ 36 bis 38 UStDV seit 1. April 1999 – die allgemeinen Regelungen für den Vorsteuerabzug nach § 15 UStG. Hierzu gehört insbesondere, dass der **Arbeitgeber** (= Unternehmer) und nicht der die Auswärtstätigkeit antretende Arbeitnehmer als **Leistungsempfänger** des Beförderungsunternehmers anzusehen sein muss. Hierfür ist erforderlich, dass der Arbeitgeber als Unternehmer die Beförderungsleistung im eigenen Namen bestellt und die **Rechnung** des Beförderungsunternehmers **auf den Namen des Arbeitgebers lautet.** Bestellt hingegen der Arbeitnehmer, der eine Auswärtstätigkeit unternommen hat, die in Anspruch genommene Leistung im eigenen Namen und ist die Rechnung dementsprechend auf den Arbeitnehmer ausgestellt, ist der Vorsteuerabzug nicht zulässig.

Beim Vorsteuerabzug aus **sog. Fahrausweisen** (z. B. Fahrkarten) für unternehmerisch veranlasste Fahrten (§§ 34 und 35 UStDV), braucht die Frage nach dem Leistungsempfänger aus Vereinfachungsgründen nicht geprüft zu werden, sodass der Vorsteuerabzug aus Fahrausweisen stets zulässig ist.[2] Bei Fahrausweisen im Nahverkehr (innerhalb einer politischen Gemeinde oder im Umkreis von 50 km) und bei Bahnfahrten beträgt der Umsatzsteuersatz 7 %, sodass der Vorsteuerbetrag mit $^{7}/_{107}$ aus dem Bruttobetrag herauszurechnen ist. Darüber hinaus beträgt der Umsatzsteuersatz 19 %. In diesem Fall ist die abziehbare Vorsteuer mit $^{19}/_{119}$ aus dem Bruttobetrag herauszurechnen. Von der Finanzverwaltung wird es übrigens für Zwecke des Vorsteuerabzugs nicht beanstandet, wenn der Fahrausweis im **Online-Verfahren** abgerufen wird und durch das Verfahren sichergestellt ist, dass eine Belastung auf einem Konto erfolgt. Bei **Flugtickets** kommt ein Vorsteuerabzug unter Anwendung des ermäßigten Steuersatzes von 7 % nicht in Betracht. Ein Vorsteuerabzug auf der Grundlage des allgemeinen Steuersatzes von 19 % ist nur zulässig, wenn dieser Steuersatz auf dem Fahrausweis bzw. der Rechnung ausdrücklich angegeben ist.

25. Kein Vorsteuerabzug bei Auslandsreisen

Bei Auswärtstätigkeiten ins Ausland können nur die auf das Inland entfallenden Anteile an den Reisekosten zu abziehbaren Vorsteuern führen. Zu den formalen Voraussetzungen vgl. vorstehende Nr. 24.

1) Der vollständige Wortlaut des Abschnitts 1.8 UStAE ist als Anhang 14 im **Steuerhandbuch für das Lohnbüro 2021** abgedruckt, das im selben Verlag erschienen ist.

2) Bei Fahrausweisen für Fahrten zwischen **Wohnung** und **erster Tätigkeitsstätte** sind die in Anspruch genommenen Beförderungsleistungen nicht als Umsätze für das Unternehmen anzusehen. Ein **Vorsteuerabzug** ist daher **nicht möglich.**

Länderübersicht über die Auslandsreisekosten 2021

Land	Pauschbeträge[1] für Verpflegungsmehraufwendungen: 24 Stunden Abwesenheit Euro	Pauschbeträge[1] für Verpflegungsmehraufwendungen: An- und Abreisetag sowie Abwesenheit von mehr als 8 Stunden Euro	Pauschbetrag[1] für Übernachtungskosten Euro
Afghanistan	30	20	95
Ägypten	41	28	125
Äthiopien	39	26	130
Äquatorialguinea	36	24	166
Albanien	27	18	112
Algerien	51	34	173
Andorra	41	28	91
Angola	52	35	299
Argentinien	35	24	113
Armenien	24	16	59
Aserbaidschan	30	20	72
Australien	51	34	158
– Canberra	51	34	158
– Sydney	68	45	184
Bahrain	45	30	180
Bangladesch	50	33	165
Barbados	52	35	165
Belgien	42	28	135
Benin	52	35	115
Bolivien	30	20	93
Bosnien und Herzegowina	23	16	75
Botsuana	46	31	176
Brasilien	51	34	84
– Brasilia	57	38	127
– Rio de Janeiro	57	38	145
– Sao Paulo	53	36	132
Brunei	52	35	106
Bulgarien	22	15	115
Burkina Faso	38	25	174
Burundi	36	24	138
Chile	44	29	154
China	48	32	112
– Chengdu	41	28	131
– Hongkong	74	49	145
– Kanton	36	24	150
– Peking	30	20	185
– Shanghai	58	39	217
Costa Rica	47	32	93
Côte d'Ivoire (Elfenbeinküste)	59	40	166
Dänemark	58	39	143
Dominikanische Republik	45	30	147
Dschibuti	65	44	305
Ecuador	44	29	97
El Salvador	44	29	119
Eritrea	50	33	91
Estland	29	20	85
Fidschi	34	23	69
Finnland	50	33	136
Frankreich	44	29	115
– Lyon	53	36	115
– Marseille	46	31	101
– Paris sowie die Departements 92, 93, 94[2]	58	39	152
– Straßburg	51	34	96
Gabun	52	35	183
Gambia	40	27	161
Georgien	35	24	88
Ghana	46	31	148
Griechenland	36	24	135
– Athen	46	31	132
Guatemala	34	23	90
Guinea	46	31	118
Guinea-Bissau	24	16	86
Haiti	58	39	130
Honduras	48	32	101
Indien	32	21	85
– Bangalore	42	28	155
– Chennai	32	21	85
– Kalkutta	35	24	145
– Mumbai	50	33	146
– Neu Dehli	38	25	185
Indonesien	36	24	134
Iran	33	22	196
Irland	58	39	129
Island	47	32	108
Israel	66	44	190
Italien	40	27	135
– Mailand	45	30	158
– Rom	40	27	135
Jamaika	57	38	138
Japan	52	35	190
– Tokio	66	44	233
Jemen	24	16	95
Jordanien	46	31	126
Kambodscha	38	25	94
Kamerun	50	33	180
Kanada	47	32	134
– Ottawa	47	32	142
– Toronto	51	34	161
– Vancouver	50	33	140
Kap Verde	30	20	105
Kasachstan	45	30	111
Katar	56	37	149
Kenia	51	34	219
Kirgisistan	27	18	74
Kolumbien	46	31	115
Kongo, Republik	62	41	215
Kongo, Demokratische Republik	70	47	190
Korea, Demokratische Volksrepublik (Nordkorea)	28	19	92
Korea, Republik	48	32	108
Kosovo	23	16	57
Kroatien	35	24	107
Kuba	46	31	228
Kuwait	56	37	241
Laos	33	22	96
Lesotho	24	16	103
Lettland	35	24	76
Libanon	59	40	123
Libyen	63	42	135
Liechtenstein	56	37	190
Litauen	26	17	109
Luxemburg	47	32	130
Madagaskar	34	23	87
Malawi	47	32	123
Malaysia	34	23	88
Malediven	52	35	170
Mali	38	25	120
Malta	46	31	114
Marokko	42	28	129
Marshall Inseln	63	42	102
Mauretanien	39	26	105
Mauritius	54	36	220
Mazedonien	29	20	95
Mexiko	48	32	177
Moldau, Republik	24	16	88
Monaco	42	28	180
Mongolei	27	18	92
Montenegro	29	20	94
Mosambik	38	25	146
Myanmar	35	24	155
Namibia	30	20	112
Nepal	36	24	126
Neuseeland	56	37	153
Nicaragua	36	24	81
Niederlande	47	32	122
Niger	42	28	131
Nigeria	46	31	182
Norwegen	80	53	182
Österreich	40	27	108
Oman	60	40	200
Pakistan	34	23	122
– Islamabad	23	16	238
Palau	51	34	179
Panama	39	26	111
Papua-Neuguinea	60	40	234

1) Seit 1.1.2021 geltende Werte (BMF-Schreiben vom 3.12.2020, IV C 5 – S 2353/19/10010 : 002).
Der Arbeitnehmer kann bei Auswärtstätigkeiten im Ausland **nur noch** die **tatsächlichen Übernachtungskosten** und nicht mehr den Pauschbetrag für Übernachtungskosten als **Werbungskosten** abziehen. Der **Pauschbetrag** für Übernachtungskosten kann jedoch weiterhin vom **Arbeitgeber steuerfrei ersetzt** werden.

2) 92: Hauts-de-Seine; 93: Seine-Saint-Denis; 94: Val de Marne

Anhang 5a Länderübersicht über die Auslandsreisekosten 2021

Land	Pauschbeträge[1] für Verpflegungsmehraufwendungen: 24 Stunden Abwesenheit (Euro)	Pauschbeträge[1] für Verpflegungsmehraufwendungen: An- und Abreisetag sowie Abwesenheit von mehr als 8 Stunden (Euro)	Pauschbetrag[1] für Übernachtungskosten (Euro)
Paraguay	38	25	108
Peru	34	23	143
Philippinen[2]	33	22	116
Polen	29	20	60
– Breslau	33	22	117
– Danzig	30	20	84
– Krakau	27	18	86
– Warschau	29	20	109
Portugal	36	24	102
Ruanda	46	31	141
Rumänien	27	18	89
– Bukarest	32	21	92
Russische Föderation	24	16	58
– Jekatarinenburg	28	19	84
– Moskau	30	20	110
– St. Petersburg	26	17	114
Sambia	36	24	130
Samoa	29	20	85
San Marino	34	23	75
Sao Tomé – Principe	47	32	80
Saudi-Arabien	48	32	80
– Djidda	38	25	234
– Riad	48	32	179
Schweden	50	33	168
Schweiz	64	43	180
– Genf	66	44	186
Senegal	42	28	190
Serbien	20	13	74
Sierra Leone	48	32	161
Simbabwe	45	30	140
Singapur	54	36	197
Slowakische Republik	24	16	85
Slowenien	33	22	95
Spanien	34	23	115
– Barcelona	34	23	118
– Kanarische Inseln	40	27	115
– Madrid	40	27	118
– Mallorca	35	24	121
Sri Lanka	42	28	100
Sudan	33	22	195
Südafrika	22	15	94
– Kapstadt	27	18	112
– Johannisburg	29	20	124
Südsudan	34	23	150
Syrien	38	25	140
Tadschikistan	27	18	118
Taiwan	46	31	143
Tansania	47	32	201
Thailand	38	25	110
Togo	39	26	118
Tonga	39	26	94
Trinidad und Tobago[3]	45	30	177
Tschad	64	43	163
Tschechische Republik	35	24	94
Türkei	17	12	95
– Istanbul	26	17	120
– Izmir	29	20	55
Tunesien	40	27	115
Turkmenistan	33	22	108
Uganda	41	28	143
Ukraine	26	17	98
Ungarn	22	15	63
Uruguay	48	32	90
Usbekistan	34	23	104
Vatikanstaat	52	35	160
Venezuela	45	30	127
Vereinigte Arabische Emirate	65	44	156
Vereinigte Staaten von Amerika (USA)	51	34	138
– Atlanta	62	41	175
– Boston	58	39	265
– Chicago	54	36	209
– Houston	63	42	138
– Los Angeles	56	37	274
– Miami	64	43	151
– New York City	58	39	282
– San Francisco	51	34	314
– Washington, D.C.	62	41	276
Vereinigtes Königreich von Großbritannien und Nordirland	45	30	115
– London	62	41	224
Vietnam	41	28	86
Weißrussland	20	13	98
Zentralafrikanische Republik	46	31	74
Zypern	45	30	116

Für Länder, die in der Übersicht nicht aufgeführt sind, gelten die für **Luxemburg** ausgewiesenen Beträge. Für die nicht erwähnten Übersee- und Außengebiete eines Staates ist der für das Mutterland geltende Pauschbetrag maßgebend.

1) Seit 1.1.2021 geltende Werte (BMF-Schreiben vom 3.12.2020, IV C 5 – S 2353/19/10010 : 002).
Der Arbeitnehmer kann bei Auswärtstätigkeiten im Ausland **nur noch** die **tatsächlichen Übernachtungskosten** und nicht mehr den Pauschbetrag für Übernachtungskosten als **Werbungskosten** abziehen. Der **Pauschbetrag** für Übernachtungskosten kann jedoch weiterhin vom **Arbeitgeber steuerfrei ersetzt** werden.

2) Die Beträge für die Philippinen gelten auch für Mikronesien.

3) Die Beträge für Trinidad und Tobago gelten auch für Antigua und Barbuda, Dominica, Grenada, Guyana, St. Kitts und Nevis, St. Lucia, St. Vincent und Grenadinen sowie Suriname.

Auslandsauslösungen 2021

Für eine doppelte Haushaltsführung im Ausland gelten folgende Auslandsauslösungen (vgl. Erläuterungen auf Seite 293):

Land	Pauschbeträge[1)] für Verpflegungsmehraufwendungen für die ersten **drei Monate** einer doppelten Haushaltsführung im Ausland		Pauschbetrag[1)] für Übernachtungskosten	
	24 Stunden Abwesenheit Euro	An- und Abreisetag Euro	für die ersten **drei Monate** Euro	für die folgenden Monate (40 %) Euro
Afghanistan	30	20	95	38,–
Ägypten	41	28	125	50,–
Äthiopien	39	26	130	52,–
Äquatorialguinea	36	24	166	66,40
Albanien	27	18	112	44,80
Algerien	51	34	173	69,20
Andorra	41	28	91	36,40
Angola	52	35	299	119,60
Argentinien	35	24	113	45,20
Armenien	24	16	59	23,60
Aserbaidschan	30	20	72	28,80
Australien	51	34	158	63,20
– Canberra	51	34	158	63,20
– Sydney	68	45	184	73,60
Bahrain	45	30	180	72,–
Bangladesch	50	33	165	66,–
Barbados	52	35	165	66,–
Belgien	42	28	135	54,–
Benin	52	35	115	46,–
Bolivien	30	20	93	37,20
Bosnien und Herzegowina	23	16	75	30,–
Botsuana	46	31	176	70,40
Brasilien	51	34	84	33,60
– Brasilia	57	38	127	50,80
– Rio de Janeiro	57	38	145	58,–
– Sao Paulo	53	36	132	52,80
Brunei	52	35	106	42,40
Bulgarien	22	15	115	46,–
Burkina Faso	38	25	174	69,60
Burundi	36	24	138	55,20
Chile	44	29	154	61,60
China	48	32	112	44,80
– Chengdu	41	28	131	52,40
– Hongkong	74	49	145	58,–
– Kanton	36	24	150	60,–
– Peking	30	20	185	74,–
– Shanghai	58	39	217	86,80
Costa Rica	47	32	93	37,20
Côte d'Ivoire (Elfenbeinküste)	59	40	166	66,40
Dänemark	58	39	143	57,20
Dominikanische Republik	45	30	147	58,80
Dschibuti	65	44	305	122,–
Ecuador	44	29	97	38,80
El Salvador	44	29	119	47,60
Eritrea	50	33	91	36,40
Estland	29	20	85	34,–
Fidschi	34	23	69	27,60
Finnland	50	33	136	54,40
Frankreich	44	29	115	46,–
– Lyon	53	36	115	46,–
– Marseille	46	31	101	40,40
– Paris sowie die Departements 92, 93, 94[2)]	58	39	152	60,80
– Straßburg	51	34	96	38,40
Gabun	52	35	183	73,20
Gambia	40	27	161	64,40
Georgien	35	24	88	35,20
Ghana	46	31	148	59,20
Griechenland	36	24	135	54,–
– Athen	46	31	132	52,80
Guatemala	34	23	90	36,–
Guinea	46	31	118	47,20
Guinea-Bissau	24	16	86	34,40
Haiti	58	39	130	52,–
Honduras	48	32	101	40,40
Indien	32	21	85	34,–
– Bangalore	42	28	155	62,–
– Chennai	32	21	85	34,–
– Kalkutta	35	24	145	58,–
– Mumbai	50	33	146	58,40
– Neu Dehli	38	25	185	74,–
Indonesien	36	24	134	53,60
Iran	33	22	196	78,40
Irland	58	39	129	51,60
Island	47	32	108	43,20
Israel	66	44	190	76,–
Italien	40	27	135	54,–
– Mailand	45	30	158	63,20
– Rom	40	27	135	54,–
Jamaika	57	38	138	55,20
Japan	52	35	190	76,–
– Tokio	66	44	233	93,20
Jemen	24	16	95	38,–
Jordanien	46	31	126	50,40
Kambodscha	38	25	94	37,60
Kamerun	50	33	180	72,–
Kanada	47	32	134	53,60
– Ottawa	47	32	142	56,80
– Toronto	51	34	161	64,40
– Vancouver	50	33	140	56,–
Kap Verde	30	20	105	42,–
Kasachstan	45	30	111	44,40
Katar	56	37	149	59,60
Kenia	51	34	219	87,60
Kirgisistan	27	18	74	29,60
Kolumbien	46	31	115	46,–
Kongo, Republik	62	41	215	86,–
Kongo, Demokratische Republik	70	47	190	76,–
Korea, Demokratische Volksrepublik (Nordkorea)	28	19	92	36,80
Korea, Republik	48	32	108	43,20
Kosovo	23	16	57	22,80
Kroatien	35	24	107	42,80
Kuba	46	31	228	91,20
Kuwait	56	37	241	96,40
Laos	33	22	96	38,40
Lesotho	24	16	103	41,20
Lettland	35	24	76	30,40
Libanon	59	40	123	49,20
Libyen	63	42	135	54,–
Liechtenstein	56	37	190	76,–
Litauen	26	17	109	43,60
Luxemburg	47	32	130	52,–
Madagaskar	34	23	87	34,80
Malawi	47	32	123	49,20
Malaysia	34	23	88	35,20
Malediven	52	35	170	68,–
Mali	38	25	120	48,–
Malta	46	31	114	45,60
Marokko	42	28	129	51,60
Marshall Inseln	63	42	102	40,80
Mauretanien	39	26	105	42,–
Mauritius	54	36	220	88,–
Mazedonien	29	20	95	38,–
Mexiko	48	32	177	70,80
Moldau, Republik	24	16	88	35,20
Monaco	42	28	180	72,–
Mongolei	27	18	92	36,80
Montenegro	29	20	94	37,60
Mosambik	38	25	146	58,40
Myanmar	35	24	155	62,–
Namibia	30	20	112	44,80
Nepal	36	24	126	50,40
Neuseeland	56	37	153	61,20
Nicaragua	36	24	81	32,40

1) Seit 1.1.2021 geltende Werte (BMF-Schreiben vom 3.12.2020, IV C 5 – S 2353/19/10010 : 002).
Der Arbeitnehmer kann bei doppelten Haushaltsführungen im Ausland **nur noch** die **tatsächlichen Übernachtungskosten** und nicht mehr den Pauschbetrag für Übernachtungskosten als **Werbungskosten** abziehen. Der **Pauschbetrag** für Übernachtungskosten kann jedoch weiterhin vom **Arbeitgeber steuerfrei ersetzt** werden.

2) 92: Hauts-de-Seine; 93: Seine-Saint-Denis; 94: Val de Marne

Anhang 5b Auslandsauslösungen 2021

Land	Pauschbeträge[1] für Verpflegungsmehraufwendungen für die ersten **drei Monate** einer doppelten Haushaltsführung im Ausland		Pauschbetrag[1] für Übernachtungskosten	
	24 Stunden Abwesenheit Euro	An- und Abreisetag Euro	für die ersten **drei Monate** Euro	für die folgenden Monate (40 %) Euro
Niederlande	47	32	122	48,80
Niger	42	28	131	52,40
Nigeria	46	31	182	72,80
Norwegen	80	53	182	72,80
Österreich	40	27	108	43,20
Oman	60	40	200	80,–
Pakistan	34	23	122	48,80
– Islamabad	23	16	238	95,20
Palau	51	34	179	71,60
Panama	39	26	111	44,40
Papua-Neuguinea	60	40	234	93,60
Paraguay	38	25	108	43,20
Peru	34	23	143	57,20
Philippinen[2]	33	22	116	46,40
Polen	29	20	60	24,–
– Breslau	33	22	117	46,80
– Danzig	30	20	84	33,60
– Krakau	27	18	86	34,40
– Warschau	29	20	109	43,60
Portugal	36	24	102	40,80
Ruanda	46	31	141	56,40
Rumänien	27	18	89	35,60
– Bukarest	32	21	92	36,80
Russische Föderation	24	16	58	23,20
– Jekatarinenburg	28	19	84	33,60
– Moskau	30	20	110	44,–
– St. Petersburg	26	17	114	45,60
Sambia	36	24	130	52,–
Samoa	29	20	85	34,–
San Marino	34	23	75	30,–
Sao Tomé – Principe	47	32	80	32,–
Saudi-Arabien	48	32	80	32,–
– Djidda	38	25	234	93,60
– Riad	48	32	179	71,60
Schweden	50	33	168	67,20
Schweiz	64	43	180	72,–
– Genf	66	44	186	74,40
Senegal	42	28	190	76,–
Serbien	20	13	74	29,60
Sierra Leone	48	32	161	64,40
Simbabwe	45	30	140	56,–
Singapur	54	36	197	78,80
Slowakische Republik	24	16	85	34,–
Slowenien	33	22	95	38,–
Spanien	34	23	115	46,–
– Barcelona	34	23	118	47,20
– Kanarische Inseln	40	27	115	46,–
– Madrid	40	27	118	47,20

Land	Pauschbeträge[1] für Verpflegungsmehraufwendungen für die ersten **drei Monate** einer doppelten Haushaltsführung im Ausland		Pauschbetrag[1] für Übernachtungskosten	
	24 Stunden Abwesenheit Euro	An- und Abreisetag Euro	für die ersten **drei Monate** Euro	für die folgenden Monate (40 %) Euro
– Mallorca	35	24	121	48,40
Sri Lanka	42	28	100	40,–
Sudan	33	22	195	78,–
Südafrika	22	15	94	37,60
– Kapstadt	27	18	112	44,80
– Johannisburg	29	20	124	49,60
Südsudan	34	23	150	60,–
Syrien	38	25	140	56,–
Tadschikistan	27	18	118	47,20
Taiwan	46	31	143	57,20
Tansania	47	32	201	80,40
Thailand	38	25	110	44,–
Togo	39	26	118	47,20
Tonga	39	26	94	37,60
Trinidad und Tobago[3]	45	30	177	70,80
Tschad	64	43	163	65,20
Tschechische Republik	35	24	94	37,60
Türkei	17	12	95	38,–
– Istanbul	26	17	120	48,–
– Izmir	29	20	55	22,–
Tunesien	40	27	115	46,–
Turkmenistan	33	22	108	43,20
Uganda	41	28	143	57,20
Ukraine	26	17	98	39,20
Ungarn	22	15	63	25,20
Uruguay	48	32	90	36,–
Usbekistan	34	23	104	41,60
Vatikanstaat	52	35	160	64,–
Venezuela	45	30	127	50,80
Vereinigte Arabische Emirate	65	44	156	62,40
Vereinigte Staaten von Amerika (USA)	51	34	138	55,20
– Atlanta	62	41	175	70,–
– Boston	58	39	265	106,–
– Chicago	54	36	209	83,60
– Houston	63	42	138	55,20
– Los Angeles	56	37	274	109,60
– Miami	64	43	151	60,40
– New York City	58	39	282	112,80
– San Francisco	51	34	314	125,60
– Washington, D.C.	62	41	276	110,40
Vereinigtes Königreich von Großbritannien und Nordirland	45	30	115	46,–
– London	62	41	224	89,60
Vietnam	41	28	86	34,40
Weißrussland	20	13	98	39,20
Zentralafrikanische Republik	46	31	74	29,60
Zypern	45	30	116	46,40

Für Länder, die in der Übersicht nicht aufgeführt sind, gelten die für **Luxemburg** ausgewiesenen Beträge. Für die nicht erwähnten Übersee- und Außengebiete eines Staates ist der für das Mutterland geltende Pauschbetrag maßgebend.

1) Seit 1.1.2021 geltende Werte (BMF-Schreiben vom 3.12.2020, IV C 5 – S 2353/19/10010 : 002).
Der Arbeitnehmer kann bei doppelten Haushaltsführungen im Ausland **nur noch** die **tatsächlichen Übernachtungskosten** und nicht mehr den Pauschbetrag für Übernachtungskosten als **Werbungskosten** abziehen. Der **Pauschbetrag** für Übernachtungskosten kann jedoch weiterhin vom **Arbeitgeber steuerfrei ersetzt** werden.

2) Die Beträge für die Philippinen gelten auch für Mikronesien.

3) Die Beträge für Trinidad und Tobago gelten auch für Antigua und Barbuda, Dominica, Grenada, Guyana, St. Kitts und Nevis, St. Lucia, St. Vincent und Grenadinen sowie Suriname.

Betriebliche Altersversorgung

Änderungsintensives Stichwort – bleiben Sie auf dem Laufenden unter

www.lexikon-lohnbuero.de/newsletter **!**

Neues und Wichtiges auf einen Blick:

1. Förderbetrag zur betrieblichen Altersversorgung bei Geringverdienern

Seit 2018 ist ein Förderbetrag zur betrieblichen Altersversorgung für Geringverdiener mit erstem Dienstverhältnis beim Arbeitgeber (also nicht Steuerklasse VI) eingeführt worden.

Leistet der Arbeitgeber einen zusätzlichen Arbeitgeberbeitrag zur betrieblichen Altersversorgung von mindestens 240 € jährlich, erhält er bei der nächsten Lohnsteuer-Anmeldung einen Förderbetrag von 30 %, seit 2020 höchstens 288 €; bei Gehaltsumwandlungen ist wegen des Zusätzlichkeitserfordernisses die Förderung ausgeschlossen. Der **zusätzliche Arbeitgeberbeitrag** beträgt somit **zwischen 240 € und 960 €** und der **Förderbetrag** (jeweils **30 %** des Beitrags) liegt zwischen 72 € und 288 €.

Der zusätzliche Arbeitgeberbeitrag zur betrieblichen Altersversorgung für Geringverdiener ist bis zu 960 € **steuerfrei** und wird nicht auf das daneben bestehende steuerfreie Volumen von bis zu 8 % der Beitragsbemessungsgrenze in der gesetzlichen Rentenversicherung – West – angerechnet werden. **Beitragsfreiheit** des zusätzlichen Arbeitgeberbeitrags und etwaiger weiterer Beiträge besteht allerdings insgesamt nur bis zu einem Betrag von bis zu 4 % der Beitragsbemessungsgrenze in der gesetzlichen Rentenversicherung – West – (2021 = 3408 €).

Durch das Gesetz zur Einführung der Grundrente vom 12.8.2020 (BGBl. I S. 1879) ist neben der vorstehend beschriebenen Verdoppelung des Förderhöchstbetrags wegen der regelmäßigen Lohn- und Gehaltssteigerungen auch die **Geringverdienergrenze** für die Inanspruchnahme des Förderbetrags zur betrieblichen Altersversorgung (rückwirkend ab 2020) **angehoben** worden. Der **laufende Arbeitslohn** darf im Zeitpunkt der Beitragsleistung für die Inanspruchnahme der Begünstigung folgende Beträge nicht übersteigen:

– monatliche Lohnzahlung	2575,00 €
– wöchentliche Lohnzahlung	600,84 €
– tägliche Lohnzahlung	85,84 €
– jährliche Lohnzahlung	30 900,00 €.

Auf die ausführlichen Erläuterungen und zahlreichen Beispiele unter der nachfolgenden Nr. 17 wird hingewiesen.

2. Erhöhung des steuerfreien Höchstbetrags im Kapitaldeckungsverfahren

Der **steuerfreie Höchstbetrag** für die Beiträge des Arbeitgebers aus dem ersten Arbeitsverhältnis an einen kapitalgedeckten Pensionsfonds, eine kapitalgedeckte Pensionskasse oder für eine kapitalgedeckte Direktversicherung ist seit 2018 von bisher 4 % auf **8 %** der **Beitragsbemessungsgrenze** in der allgemeinen **Rentenversicherung** – West – angehoben worden; bei gleichzeitiger Abschaffung des früheren steuerfreien, zusätzlichen Höchstbetrags von 1800 €. Infolge der Erhöhung der Beitragsbemessungsgrenze in der allgemeinen Rentenversicherung – West – auf 85 200 € jährlich (7100 € monatlich) ergibt sich für **2021** bundesweit ein steuerfreier Höchstbetrag von **6816 €** (= 8 % von 85 200 €). Eine **Sozialversicherungsfreiheit** dieser Beiträge besteht aber – wie bisher – weiterhin nur bis 4 % der Beitragsbemessungsgrenze in der gesetzlichen Rentenversicherung – West – (für 2021 = **3408 €**).

3. Beibehaltung und Auswirkung der Pauschalbesteuerung nach „§ 40b alt"

Beiträge an Pensionskassen und Direktversicherungen, die pauschal besteuert werden **(„§ 40b alt")**, werden auf den vorstehend genannten **steuerfreien Höchstbetrag angerechnet** (2021 = 6816 € abzüglich pauschal besteuerten Betrag z. B. 1752 €). Für die Beibehaltung der Pauschalbesteuerung ist nur noch entscheidend, ob **vor dem 1.1.2018 ein Beitrag** des Arbeitgebers zum Aufbau einer kapitalgedeckten betrieblichen Altersversorgung an eine Pensionskasse oder zugunsten einer Direktversicherung **zu Recht pauschal besteuert** worden ist. Die Fortführung der Pauschalbesteuerung kann z. B. nach einem Arbeitgeberwechsel auch in einem anderen Durchführungsweg (bisher Pensionskasse, nunmehr Direktversicherung) erfolgen.

Vgl. insbesondere die Erläuterungen und Beispiele unter der nachfolgenden Nr. 5 Buchstaben a bis c sowie Nr. 15 besonders Buchstabe b.

4. Umlagefinanzierte Versorgungseinrichtungen: Erhöhung des steuerfreien Höchstbetrags

Laufende Zuwendungen des Arbeitgebers an eine umlagefinanzierte Pensionskasse (VBL, ZVK) sind seit 1.1.2020 bis zu **3 %** (zuvor 2 %) der Beitragsbemessungsgrenze in der allgemeinen Rentenversicherung – West – steuerfrei; zum 1.1.2025 erhöht sich der Prozentsatz auf 4 % der Beitragsbemessungsgrenze in der allgemeinen Rentenversicherung – West –. Der **steuerfreie Höchstbetrag** beträgt somit **2021** bundesweit **2556 €** (= 3 % von 85 200 €).

Vgl. im Einzelnen die Ausführungen unter der nachfolgenden Nr. 5 Buchstabe d.

5. Schließen von Versorgungslücken bei ruhenden Dienstverhältnissen

Die Nachzahlung von Beiträgen an einen Pensionsfonds, eine Pensionskasse und zugunsten einer Direktversicherung wird für **maximal zehn Kalenderjahre** steuerfrei gestellt, wenn das Dienstverhältnis im Nachzahlungszeitraum ruhte und in Deutschland kein steuerpflichtiger Arbeitslohn bezogen wurde. Dies betrifft zur Schließung von Versorgungslücken beispielsweise Zeiten einer Entsendung ins Ausland, Elternzeiten und Sabbatjahre. Als Bemessungsgrundlage für den steuerfreien Nachzahlungsbetrag werden **je Kalenderjahr 8 %** der Beitragsbemessungsgrenze in der gesetzlichen Rentenversicherung – West – (2021 = 8 % von 85 200 € = 6816 € je Kalenderjahr) zugrunde gelegt werden.

Vgl. hierzu im Einzelnen die nachfolgende Nr. 5 Buchstabe i.

6. Steuerfreie Vervielfältigungsregelung bei Beendigung des Dienstverhältnisses

Bei Auflösung des Arbeitsverhältnisses sind Beiträge an Pensionsfonds, Pensionskassen und Direktversicherung bis zu **4 %** der **Beitragsbemessungsgrenze** in der gesetzlichen Rentenversicherung – West – steuerfrei, **vervielfältigt** mit der Anzahl der **Kalenderjahre,** in denen das **Arbeitsverhältnis bestanden** hat. Dabei werden allerdings **maximal 10 Kalenderjahre** zugrunde gelegt. Somit ergibt sich für **2021** ein **maximal** steuerfreies Volumen von **34 080 €** (4 % von 85 200 € × 10 Kalenderjahre). **Pauschal besteuerte Beträge** aus Anlass der Beendigung des Dienstverhältnisses **werden** auf das steuerfreie Volumen **angerechnet.**

Vgl. hierzu die Erläuterungen und Beispiele unter der nachfolgenden Nr. 9.

7. Aufzeichnungspflichten des Arbeitgebers

Der Arbeitgeber hat im Hinblick auf eine Pauschalbesteuerung bei Durchführung einer kapitalgedeckten betrieblichen Altersversorgung über eine Pensionskasse oder Direktversicherung lediglich die **Tatsache aufzuzeichnen,** dass vor dem 1.1.**2018** mindestens ein Betrag nach „§ 40b alt" **pauschal besteuert** worden ist.

Vgl. die Ausführungen unter der nachfolgenden Nr. 10 Buchstabe b.

8. Höhe des Rechtsanspruchs auf Entgeltumwandlung

Durch die Erhöhung der Beitragsbemessungsgrenze in der allgemeinen Rentenversicherung – West – steigt der Rechtsanspruch des Arbeitnehmers auf betriebliche Altersversorgung durch Entgeltumwandlung für 2021 auf 4 % von 85 200 € = **3408 €.**

Seit 2019 ist der **Arbeitgeber ggf. verpflichtet,** bei einer Entgeltumwandlung den von ihm ersparten Arbeitgeberanteil an den Sozialversicherungsbeiträgen in pauschalierter Form (= **15 % des umgewandelten Entgelts)** zugunsten seines Beschäftigten an die durchzuführende **Versorgungseinrichtung weiterzuleiten.** Für den Arbeitgeberzuschuss gelten die gleichen steuerlichen Regelungen wie für die mittels Entgeltumwandlung finanzierten Beiträge des Arbeitgebers (z. B. **Steuerfreiheit** nach § 3 Nr. 63 EStG, **Riester-Förderung** über Zulagen und ggf. zusätzlichen Sonderausgabenabzug, Betriebsausgabenabzug beim Arbeitgeber).

Vgl. im Einzelnen – auch zur zeitlichen Übergangsregelung – die Erläuterungen unter der nachfolgenden Nr. 13 Buchstabe a.

9. Reine Beitragszusagen des Arbeitgebers

Das Betriebsrentengesetz ermöglicht den Sozialpartnern, auf der Grundlage von Tarifverträgen sog. reine Beitragszusagen einzuführen und damit die Arbeitgeber von Haftungsrisiken für Betriebsrenten zu entlasten.

Bei einer **Finanzierung** der Beitragszusage durch **Gehaltsumwandlung muss** der **Arbeitgeber** (verpflichtend**!**) **15 %** des **umgewandelten sozialversicherungsfreien Entgelts** zusätzlich als Arbeitgeberzuschuss an die **Versorgungseinrichtung weiterleiten.** Für diesen zusätzlichen Arbeitgeberzuschuss gelten die gleichen steuerlichen Regelungen wie für den durch die Gehaltsumwandlung finanzierten Beitrag (z. B. Steuerfreiheit nach § 3 Nr. 63 EStG, Riester-Förderung über Zulagen und ggf. zusätzlichen Sonderausgabenabzug, Betriebsausgabenabzug beim Arbeitgeber).

Darüber hinaus soll bei einer Arbeitgeberfinanzierung im Tarifvertrag zur Absicherung der reinen Beitragszusage ein **Sicherungsbeitrag des Arbeitgebers** vereinbart werden, der ebenfalls **steuer- und sozialversicherungsfrei** ist, soweit er **nicht unmittelbar** dem einzelnen **Arbeitnehmer** gutgeschrieben oder zugerechnet werden kann (§ 3 Nr. 63a EStG). Die späteren **Versorgungsleistungen** führen zu voll steuerpflichtigen **sonstigen Einkünften.**

Vgl. hierzu auch die nachfolgende Nr. 13 Buchstabe b.

10. Anwendungsschreiben der Finanzverwaltung

Die Finanzverwaltung hat ein sehr umfangreiches Anwendungsschreiben zur betrieblichen Altersversorgung herausgegeben (BMF-Schreiben vom 6.12.2017, BStBl. 2018 S. 147).[1] Die sich hieraus ergebende Verwaltungsauffassung ist in die nachfolgenden Ausführungen eingearbeitet worden.

Gliederung:

1. Allgemeines
2. Durchführungswege der betrieblichen Altersversorgung
3. Gehaltsumwandlung zugunsten betrieblicher Altersversorgung
4. Pensionsfonds als fünfter Durchführungsweg der betrieblichen Altersversorgung
5. Steuer- und Sozialversicherungsfreiheit von Beiträgen an einen Pensionsfonds, eine Pensionskasse oder für eine Direktversicherung nach § 3 Nr. 63 EStG (Ansparphase)
   a) Allgemeines
   b) Begünstigte Auszahlungsformen für die Steuerfreiheit
   c) 8 %-Grenze im Steuerrecht und 4 %-Grenze im Sozialversicherungsrecht
   d) Umlagefinanzierte Versorgungseinrichtungen
   e) Sonderzahlungen des Arbeitgebers
   f) Keine Steuerfreiheit bei Durchschnittsfinanzierung im Kapitaldeckungsverfahren
   g) Ausländische Pensionsfonds, ausländische Pensionskassen und – bei Direktversicherungen – ausländische Versicherungsunternehmen
   h) Verwaltungskosten des Arbeitgebers
   i) Schließen von Versorgungslücken bei ruhenden Arbeitsverhältnissen
6. Beibehaltung der Pauschalierungsmöglichkeit für Altzusagen
   a) Allgemeines
   b) Direktversicherungen
   c) Pensionskassen
7. Zusätzlicher steuerfreier Höchstbetrag von 1800 € bis 31.12.2017
8. Abwahl der Steuerfreiheit zugunsten der „Riester-Rente“
9. Vervielfältigungsregelung bei Ausscheiden aus dem Dienstverhältnis
10. Aufzeichnungs-, Mitteilungs- und Aufbewahrungspflichten des Arbeitgebers
    a) Allgemeines
    b) Aufzeichnungs- und Aufbewahrungspflichten des Arbeitgebers
    c) Mitteilungspflichten des Arbeitgebers bei betrieblicher Altersversorgung
    d) Mitteilungspflichten des Arbeitgebers bei Inanspruchnahme der „Riester-Förderung“ in Zusammenhang mit betrieblicher Altersversorgung
11. Auszahlungen von Pensionskassen, Pensionsfonds und Direktversicherungen (Leistungsphase)
    a) Auszahlung aufgrund von steuerfreien Beitragszahlungen
    b) Auszahlung aufgrund von steuerfreien und steuerpflichtigen Beitragszahlungen
    c) Zusammenfassendes Schaubild zur Auszahlungsphase
12. Übertragung von Versorgungszusagen auf Pensionsfonds
13. Rechtsanspruch auf Entgeltumwandlung und reine Beitragszusage
    a) Rechtsanspruch auf Entgeltumwandlung
    b) Reine Beitragszusagen
14. Abfindung von Versorgungsanwartschaften
    a) Bei „Riester-Förderung“
    b) Ohne „Riester-Förderung“
    c) Schädliche Verwendung
15. Mitnahme der betrieblichen Altersversorgung bei Arbeitgeberwechsel
    a) Allgemeines
    b) Schuldübernahme
    c) Zahlung eines Übertragungswerts
16. Versorgungsausgleich für Betriebsrenten
    a) Allgemeines
    b) Interne Teilung
    c) Externe Teilung
    d) Schuldrechtlicher Versorgungsausgleich
17. Förderbetrag zur betrieblichen Altersversorgung bei Geringverdienern
    a) Allgemeines
    b) Begriff des Geringverdieners
    c) Zusätzlicher Arbeitgeberbeitrag
    d) Übergangsregelung im Verhältnis zum Kalenderjahr 2016
    e) Steuer- und sozialversicherungsrechtliche Behandlung des zusätzlichen Arbeitgeberbeitrags
    f) Aufzeichnungs- und Mitteilungspflichten des Arbeitgebers
    g) Verfahrensrechtliche Vorschriften
    h) Förderbetrag oder Pauschalbesteuerung der Beiträge mit 20 %?
18. Steuerliche Behandlung der betrieblichen, kapitalgedeckten Altersversorgung 2021
19. Sozialversicherungsrechtliche Behandlung des Aufwands für betriebliche, kapitalgedeckte Altersversorgung 2021

1. Allgemeines

Die nachfolgend aufgeführten Grundsätze zur steuerlichen Anerkennung einer betrieblichen Altersversorgung gelten bei einer arbeitgeberfinanzierten, sowie einer durch Entgeltumwandlung oder durch andere Finanzierungsanteile des Arbeitnehmers aufgebauten betrieblichen Altersversorgung. **Betriebliche Altersversorgung** liegt vor, wenn dem Arbeitnehmer anlässlich seines Arbeitsverhältnisses vom Arbeitgeber Leistungen oder Beiträge zur **Absicherung** mindestens eines **biometrischen Risikos** (Alter, Tod, Invalidität) zugesagt werden und Ansprüche auf diese Leistungen erst mit dem **Eintritt** des **biologischen Ereignisses fällig** werden.

Ein sog. Übergangsgeld (auch Überbrückungshilfe oder Übergangsleistung genannt), das bereits vor dem 60./62. Lebensjahr gezahlt wird (vgl. zur Altersgrenze für Versorgungsleistungen den folgenden Absatz), ist für die Anerkennung einer betrieblichen Altersversorgung unschädlich, wenn eine Trennung der Leistungen „Übergangsgeld“ und betriebliche Altersversorgung möglich ist. Anhaltspunkt hierfür ist die Tatsache, dass sich die altersbedingte Versorgungsleistung nur durch das vorgezogene Ausscheiden, nicht aber durch die gezahlten Übergangsgelder verringert.

Biologisches Ereignis ist bei

- der **Altersversorgung** das altersbedingte Ausscheiden aus dem Erwerbsleben. Als Untergrenze für betriebliche Altersversorgungsleistungen gilt im Regelfall das **60. Lebensjahr; bei nach dem 31.12.2011 erteilten Versorgungszusagen das 62. Lebensjahr.** Abweichungen hiervon sind nur denkbar, wenn Versorgungsleistungen aufgrund **berufsspezifischer Ausnahmefälle** schon vor dem 60./62. Lebensjahr üblich sind (z. B. bei Piloten). Ob solche Ausnahmefälle aufgrund berufsspezifischer Besonderheiten vorliegen, ergibt sich aus einem Gesetz, einem Tarifvertrag oder einer Betriebsvereinbarung (= abschließende Aufzählung). Bei (einzelvertraglichen) Vereinbarungen, die eine Auszahlung vor dem 60./62. Lebensjahr vorsehen, handelt es sich folglich nicht um betriebliche Altersversorgung. **Unschäd-**

1) Das BMF-Schreiben ist als Anhang 13c im **Steuerhandbuch für das Lohnbüro 2021** abgedruckt, das im selben Verlag erschienen ist.

lich ist in der Regel, wenn der Arbeitnehmer im Zeitpunkt der Auszahlung der Versorgungsleistungen das 60./62. Lebensjahr erreicht, seine **berufliche Tätigkeit** aber noch **nicht beendet** hat;[1] entsprechend den zivilrechtlichen Regelungen zur Lebensalterberechnung dürfen die Versorgungsleistungen dem Arbeitnehmer somit frühestens ab seinem 59./61. Geburtstag ausgezahlt werden. Außerdem ist zu beachten, dass die Untergrenze für das altersbedingte Ausscheiden aus dem Erwerbsleben im Fall einer arbeitgeberfinanzierten betrieblichen Altersversorgung nur für solche Versorgungsordnungen gilt, die nach dem 16.9.2002 in Kraft getreten sind.

Bei Auszahlung der Altersversorgungsleistungen ohne Beendigung der beruflichen Tätigkeit ist bei einem **Gesellschafter-Geschäftsführer** zu beachten, dass ein ordentlicher und gewissenhafter Geschäftsleiter der GmbH in solch einem Fall verlangen würde, dass

- das Einkommen aus der fortbestehenden Tätigkeit als Geschäftsführer auf die Versorgungsleistung angerechnet wird oder
- den vereinbarten Eintritt der Versorgungsfälligkeit aufschieben, bis der Begünstigte seine Geschäftsführerfunktion beendet hat.

Geschieht dies nicht, liegt eine verdeckte Gewinnausschüttung vor, die dem Einkommen der GmbH hinzuzurechnen ist und beim Gesellschafter-Geschäftsführer zu Kapitaleinkünften führt. Daran ändert sich nichts, wenn der Gesellschafter-Geschäftsführer seine Arbeitszeit und sein Gehalt nach Eintritt des Versorgungsfalls reduziert (BFH-Urteil vom 23.10.2013, BStBl. 2015 II S. 413).[2]

- der **Hinterbliebenenversorgung** der **Tod** des Arbeitnehmers. Die Hinterbliebenenversorgung umfasst Leistungen an den (früheren) **Ehegatten** des verstorbenen Arbeitnehmers, die **Kinder** und an den **Lebensgefährten** des Arbeitnehmers. Bei den Kindern ist zu beachten, dass neben den leiblichen Kindern und Adoptivkindern auch in den Haushalt auf Dauer aufgenommene Pflegekinder, Stiefkinder und faktische Stiefkinder zu berücksichtigen sind. Das gilt auch dann, wenn ein Obhuts- und Pflegeverhältnis zu einem oder beiden leiblichen Elternteilen noch besteht. Spätestens zu Beginn der Auszahlungsphase der Hinterbliebenenleistung muss aber eine schriftliche Versicherung des Arbeitnehmers vorliegen, in der – neben der namentlichen Benennung des Kindes – bestätigt wird, dass es sich um ein Pflegekind, Stiefkind oder faktisches Stiefkind handelt. Die vorstehenden Ausführungen gelten entsprechend, wenn ein Enkelkind auf Dauer in den Haushalt der Großeltern aufgenommen und versorgt wird. Bei der Hinterbliebenenversorgung im Bereich der betrieblichen Altersversorgung ist zudem die **Altersgrenze** zur **steuerlichen Berücksichtigung** von **Kindern** zu beachten. Bei Versorgungszusagen, die vor dem 1.1.2007 erteilt wurden, gilt für das Vorliegen einer begünstigten Hinterbliebenenversorgung zugunsten von Kindern eine Altersgrenze von 27 Jahren, bei Versorgungszusagen, die nach dem 31.12.2006 erteilt werden, eine Altersgrenze von 25 Jahren. Dabei verlängert sich die Altersgrenze über das 25. bzw. 27. Lebensjahr hinaus um die Zeit des gesetzlichen Grundwehr- bzw. Zivildienstes (sog. Verlängerungstatbestand; vgl. hierzu die Erläuterungen in Anhang 9 unter der Nr. 8 Buchstabe i). In der Praxis muss dies in den Satzungen, allgemeinen Versicherungsbedingungen und sonstigen Versorgungsregelungen für Zusagen, die nach dem 31.12.2006 erteilt werden, beachtet werden. Bei Partnern einer **eingetragenen Lebenspartnerschaft** besteht die Besonderheit, dass sie einander gesetzlich zum Unterhalt verpflichtet sind (§ 5 Lebenspartnerschaftsgesetz). Insoweit liegt eine mit der zivilrechtlichen Ehe vergleichbare Partnerschaft vor. Weiterer Voraussetzungen zur Anerkennung als begünstigte Hinterbliebenenversorgung bedarf es daher nicht. Handelt es sich um eine **andere Form der** nicht ehelichen **Lebensgemeinschaft,** reicht es zur Anerkennung als begünstigte Hinterbliebenenversorgung regelmäßig aus, wenn dem Arbeitgeber spätestens zu Beginn der Auszahlungsphase der Hinterbliebenenleistung eine schriftliche Versicherung des Arbeitnehmers vorliegt, in der neben der namentlichen Benennung des Lebensgefährten bestätigt wird, dass eine gemeinsame Haushaltsführung besteht. Die vorstehende Einschränkung des Personenkreises bei der **Hinterbliebenenversorgung** gilt aber nicht für die Pauschalbesteuerung von Beiträgen an **Direktversicherungen** im Rahmen des § 40b EStG. Hier kann eine beliebige Person als Bezugsberechtigte für den Fall des Todes des Arbeitnehmers benannt werden. Dies kann sich insbesondere bei ledigen Arbeitnehmern ohne Partner und ohne Kinder als vorteilhaft erweisen.
Für den **Prüfungszeitpunkt** einer steuerlich **begünstigten Hinterbliebenenversorgung** gilt Folgendes: Die Versorgungsregelung (Satzung, allgemeine Versicherungsbedingungen oder Ähnliches) muss bei Erteilung oder Änderung der Versorgungszusage allgemein vorsehen, dass eine Hinterbliebenenleistung nur an den (früheren) Ehegatten, die Kinder oder Lebensgefährten im vorstehend beschriebenen Sinne möglich ist. Ob die Voraussetzungen zumindest eines begünstigten Hinterbliebenen im Einzelfall erfüllt sind, ist dann im Zeitpunkt der tatsächlichen Auszahlung der Hinterbliebenenleistung vom Arbeitgeber bzw. vom Versorgungsträger zu prüfen.

Beispiel A

Der Arbeitgeber führt seit 2002 die betriebliche Altersversorgung seiner Arbeitnehmer über eine Pensionskasse durch. In der Satzung der Pensionskasse sind Rentenzahlungen ab dem 60. Lebensjahr und Hinterbliebenenleistungen an den Ehegatten und die steuerlich zu berücksichtigenden Kinder bis zu einem Alter von 27 Jahren vorgesehen.

Es liegt betriebliche Altersversorgung vor, da bei der Altersversorgung die Altersgrenze und bei der Hinterbliebenenversorgung der begünstigte Personenkreis beachtet worden sind. Bei der Zusage der Altersversorgungsleistung gilt noch das 60. Lebensjahr, da die Versorgungszusage vor dem 1.1.2012 erteilt wurde und bei der Hinterbliebenenversorgung an Kinder gilt noch die Altersgrenze von 27 Jahren, da die Versorgungszusage vor dem 1.1.2007 erteilt wurde.

Beispiel B

Der Arbeitgeber hat für einen ledigen Arbeitnehmer 2004 eine Direktversicherung abgeschlossen, die auf Dauer pauschal besteuert werden soll. Im Fall des Todes des Arbeitnehmers sind die Eltern als begünstigte Hinterbliebene bestimmt worden.

Es liegt betriebliche Altersversorgung vor, sodass der Arbeitgeber den Direktversicherungsbeitrag bis zu 1752 € jährlich mit 20 % pauschal besteuern kann. Bei pauschal besteuerten Beiträgen zu Direktversicherungen ist der Personenkreis bei der Hinterbliebenenversorgung nicht eingeschränkt. Eine Pauschalbesteuerung der Beiträge zur Direktversicherung ist zulässig, da es sich um eine vor dem 1.1.2005 erteilte Versorgungszusage handelt.

- der **Invaliditätsversorgung** der **Invaliditätseintritt.** Dabei kommt es auf den Invaliditätsgrad nicht an. Eine Grundfähigkeitenversicherung dient der Absicherung des biometrischen Risikos Invalidität, denn der Verlust einer Grundfähigkeit führt zum Eintritt eines Invaliditätsgrades. Eine Versicherung, die das biometrische Risiko Invalidität absichert, erfüllt daher auch dann die Voraussetzungen für das Vorliegen einer betrieblichen Altersversorgung, wenn der Leistungsfall nicht zusätzlich daran geknüpft wird, dass der Arbeitnehmer tatsächlich durch den Eintritt des Invaliditätsgrades in seiner Berufsausübung beeinträchtigt ist. Es steht dem Arbeitgeber aber frei, in seiner Versorgungszusage und entsprechend in den versicherungsvertraglichen Vereinbarungen den Leistungsfall in diesem Sinne einzuschränken. Bei Eintritt einer Erwerbsminderung, Erwerbunfähigkeit oder Berufsunfähigkeit wird das biometrische Risiko der Invalidität grundsätzlich ebenfalls erfüllt. Demgegenüber stellt die Versicherung des Risikos einer längerfristigen Arbeitsunfähigkeit keine Absicherung des biometrischen Risikos Invalidität dar und eine solche Versicherung ist daher nicht dem Bereich der betrieblichen Altersversorgung zuzurechnen.

Die **Vereinbarung** über eine **betriebliche Altersversorgung** ist mit ihren einzelnen Komponenten aus steuerlicher Sicht grundsätzlich als **Einheit** anzusehen.

Werden **mehrere** der vorstehenden biometrischen **Risiken** (Alter, Tod, Invalidität) **abgesichert,** ist die gesamte Vereinbarung nicht mehr als betriebliche Altersversorgung anzuerkennen, wenn für eines dieser Risiken die jeweiligen Vorgaben nicht beachtet werden.

Beispiel C

A erhält von seinem Arbeitgeber eine Direktzusage ab dem 62. Lebensjahr einschließlich einer Hinterbliebenenversorgung zu Gunsten seiner Eltern. Bei der gesamten Vereinbarung handelt es sich nicht um betriebliche Altersversorgung, da bezüglich der Hinterbliebenenversorgung die Eltern nicht zum begünstigten Personenkreis gehören.

Eine getrennte Beurteilung der einzelnen abgesicherten Risiken kommt allenfalls in Betracht, wenn es sich nicht um eine einheitliche, sondern um **mehrere Teil-Versorgungszusagen** handelt. Anhaltspunkt hierfür ist die Absicherung der einzelnen biometrischen Risiken **in verschiedenen Durchführungswegen** (z. B. Alter über Direktversicherung und Tod über Pensionskasse).

Keine betriebliche Altersversorgung liegt vor, wenn über die vorstehenden Regelungen zur Hinterbliebenenversorgung hinaus zwischen Arbeitnehmer und Arbeitgeber ohne Eintritt eines weiteren biometrischen Risikos die **Vererblichkeit von Anwartschaften** vereinbart ist (an beliebige Dritte wie z. B. den Erben; vgl. aber auch die Ausführungen beim Stichwort „Arbeitnehmerfinanzierte Pensionszusage" unter Nr. 4 Buchstabe c). Dies gilt für alle Auszahlungsformen (z. B. lebenslange Rente, Auszahlungsplan mit Restkapitalverrentung, Einmalkapitalauszahlung und ratenweise Auszahlung), und zwar auch dann, wenn bei einer vereinbarten **Rentengarantiezeit** die Auszahlung an Personen, die nicht zum Kreis der Begünstigten bei der Hinterbliebenenversorgung gehören,

1) Die bilanzielle Behandlung beim Arbeitgeber bei den Durchführungswegen Direktzusage (Pensionszusage) und Unterstützungskasse bleibt hiervon unberührt und ist gesondert zu würdigen.

2) Zur bilanzsteuerlichen Berücksichtigung von Versorgungsleistungen, die ohne die Voraussetzung des Ausscheidens aus dem Dienstverhältnis gewährt werden, und von vererblichen Versorgungsanwartschaften vgl. BMF-Schreiben vom 18.9.2017, BStBl. I S. 1293.

vorgesehen ist. Lediglich die Möglichkeit ein einmaliges angemessenes **Sterbegeld** (zurzeit rund 7700 €) an eine beliebige Person zu zahlen, führt nicht zur Versagung der Anerkennung der betrieblichen Altersversorgung; das Sterbegeld ist allerdings als steuerpflichtiger Arbeitslohn oder als steuerpflichtige sonstige Einkünfte zu erfassen. Ein von der Pensionskasse ausgezahltes einmaliges Sterbegeld aufgrund von steuerfreien Beiträgen gehört daher auch dann zu den voll steuerpflichtigen sonstigen Einkünften, wenn es mangels lebender Bezugsberechtigter nach dem Betriebsrentengesetz ersatzweise an die Erben gezahlt wird (BFH-Urteil vom 5.11.2019, BFH/NV 2020 S. 673). Eine vereinbarte **Rentengarantiezeit** ist also ausnahmsweise **unschädlich,** wenn die Auszahlung der garantierten Leistungen nach dem Tod des Berechtigten ausschließlich an begünstigte Hinterbliebene im Sinne der betrieblichen Altersversorgung (vgl. oben unter Hinterbliebenenversorgung) vorgesehen ist. Ein Wahlrecht zur Einmal- oder Teilkapitalauszahlung ist in diesem Fall aber nicht zulässig. Voraussetzung für die steuerliche Anerkennung ist vielmehr, dass die garantierte Rente in unveränderter Höhe (einschließlich Dynamisierungen) an den versorgungsberechtigten Hinterbliebenen im Sinne der betrieblichen Altersversorgung gezahlt wird. Die Zahlungen werden also einerseits durch die garantierte Zeit und andererseits durch das Vorhandensein von entsprechenden „begünstigten" Hinterbliebenen begrenzt. Die Zusammenfassung von bis zu zwölf Monatsleistungen zu einer Auszahlung sowie die gesonderte Auszahlung der in der Auszahlungsphase anfallenden Zinsen und Erträge ist aber möglich (vgl. hierzu auch die nachstehende Nr. 5 unter dem Buchstaben b). Bei der Witwe/dem Witwer oder der Lebensgefährtin/dem Lebensgefährten des Arbeitnehmers wird es nicht beanstandet, wenn anstelle der Zahlung der garantierten Rentenleistung in unveränderter Höhe das im Zeitpunkt des Todes des Berechtigten noch vorhandene „Restkapital" lebenslang verrentet wird. Ist das **biometrische Risiko** (z. B. Alter) beim verstorbenen Arbeitnehmer aber bereits **eingetreten** und kommt es auf die Zahlungsweise der Altersversorgungsleistungen wie bei den Durchführungswegen Direktzusage und Unterstützungskasse nicht an, kann eine Auszahlung etwaiger Raten auch an den (nicht im vorstehenden Sinne „begünstigten") Erben erfolgen (vgl. hierzu das Stichwort „Arbeitnehmerfinanzierte Pensionszusage" besonders unter Nr. 4 Buchstaben b und c).

Beispiel D

Der Arbeitnehmer erhält ab dem 65. Lebensjahr den Kapitalwert seiner Pensionszusage in Höhe von 50 000 € in fünf Raten ausgezahlt. Nach der zweiten Rate verstirbt er. Erbe ist sein Neffe.

Da das biometrische Risiko „Alter" beim Arbeitnehmer bereits eingetreten war, können die restlichen drei Raten an den Neffen ausgezahlt werden, obwohl es sich steuerlich um einen nicht begünstigten Hinterbliebenen handelt. Bei der Zahlung an den Neffen handelt es sich um nachträglichen Arbeitslohn (§ 19 Abs. 1 Satz 1 Nr. 2 EStG; § 1 Abs. 1 Satz 2 LStDV[1]), aber nicht um begünstigte Versorgungsbezüge (R 19.8 Abs. 3 Satz 2 LStR; vgl. das Stichwort „Arbeitnehmerfinanzierte Pensionszusage" unter Nr. 4 Buchstabe b).

Der Bundesfinanzhof hat allerdings das Vorliegen einer schädlichen Vererblichkeit verneint, wenn die Vereinbarung im Hinblick auf das biometrische Risiko Tod folgenden Wortlaut hat: „Leistungen im Todesfall erhält auf Antrag der Ehegatte oder ein anderer genannter Begünstigter, wenn das Anstellungsverhältnis zum Unternehmen durch Tod endet". Als begünstigte Person war im Streitfall die Ehefrau des Arbeitnehmers benannt. Auch wenn vom Wortlaut keine Vererblichkeit vorlag, hatte der Arbeitnehmer dennoch die Möglichkeit, jederzeit einen (nicht als Hinterbliebenen begünstigten) Dritten zu benennen. Die Person des Begünstigten war also jederzeit auswechselbar. Der Bundesfinanzhof hat diesem Umstand aber im Streitfall keine entscheidungserhebliche Bedeutung beigemessen (BFH-Urteil vom 29.7.2010, BFH/NV 2010 S. 2296).

Auch Vereinbarungen, nach denen Arbeitslohn gutgeschrieben und **ohne Abdeckung** eines **biometrischen Risikos** zu einem späteren Zeitpunkt (z. B. bei Ausscheiden aus dem Arbeitsverhältnis) ggf. mit Wertsteigerung ausgezahlt werden soll, sind nicht dem Bereich der betrieblichen Altersversorgung zuzuordnen (vgl. das Stichwort „Vorsorgekonto"). Entsprechendes gilt, wenn von vornherein eine **Abfindung** der **Versorgungsanwartschaft** zu einem bestimmten Zeitpunkt oder bei Vorliegen bestimmter Voraussetzungen vereinbart ist und dadurch nicht mehr von der Absicherung eines biometrischen Risikos ausgegangen werden kann. Allein die Möglichkeit einer **Beitragserstattung** einschließlich der gutgeschriebenen Erträge bzw. einer entsprechenden Abfindung für den Fall des **Ausscheidens** aus dem Arbeitsverhältnis vor Erreichen der gesetzlichen Unverfallbarkeit und/oder für den Fall des **Todes** vor Ablauf einer arbeitsrechtlich vereinbarten Wartezeit sowie der **Abfindung** einer Witwen**rente**/Witwerrente für den Fall der **Wiederheirat** führen noch nicht zur Versagung der Anerkennung der betrieblichen Altersversorgung. Derartige Vereinbarungen sind also unschädlich. Ebenfalls unschädlich ist die Abfindung vertraglich unverfallbarer Anwartschaften; dies gilt sowohl bei Beendigung als auch während des bestehenden Arbeitsverhältnisses. Die Abfindung führt allerdings – je nach Behandlung der Beiträge – regelmäßig zu steuerpflichtigem Arbeitslohn oder zu steuerpflichtigen sonstigen Einkünften (vgl. auch die Erläuterungen unter der nachfolgenden Nr. 11).

Beispiel E

Arbeitgeber A sagt dem 27-jährigen Arbeitnehmer B im Februar 2021 zu, anstelle einer Gehaltserhöhung ab März 2021 die nächsten 15 Jahre monatlich 250 € in einen Investmentfonds einzuzahlen. Anschließend soll das Kapital an B ausgezahlt werden. B hat vorher keinerlei Ansprüche gegenüber dem Investmentfonds.

Es handelt sich nicht um betriebliche Altersversorgung, da kein biometrisches Risiko des B abgesichert wird. Es liegt aber dennoch kein steuerpflichtiger Arbeitslohn vor, da B ausschließlich einen Anspruch gegen den Arbeitgeber A auf Auszahlung eines zudem der Höhe nach unbestimmten Geldbetrags und nicht gegenüber dem Fonds erwirbt. Anders wäre es, wenn B eigene Ansprüche gegen den Investmentfonds hätte, die er abtreten oder beleihen könnte.

Beispiel F

Wie Beispiel E. Allerdings vereinbaren A und B ab März 2021 eine „Gehaltsumwandlung" in Höhe von 250 € monatlich zugunsten der Beitragseinzahlung in den Investmentfonds.

Mangels Absicherung eines biometrischen Risikos handelt es sich nicht um eine Gehaltsumwandlung zu Gunsten einer betrieblichen Altersversorgung. Es handelt sich um eine steuerpflichtige Lohnverwendungsabrede mit freiwilliger Verfügungsbeschränkung des B, der schließlich die Auszahlung des ungeminderten Arbeitslohns hätte verlangen können. Das bei Investmentanteilen bestehende Risiko von Kursverlusten oder Kursgewinnen betrifft den lohnsteuerlich unbeachtlichen Bereich der privaten Vermögensebene des B.

Außerdem handelt es sich **nicht** (mehr) um **betriebliche Altersversorgung,** wenn z. B. mit Bezug des **Vorruhestandsgeldes** die Arbeitnehmereigenschaft im Sinne des Betriebsrentengesetzes[2] endet; allerdings kann die Pauschalbesteuerung nach § 40b EStG in der Zeit des Vorruhestands weiter angewendet werden, wenn es sich um die Fortführung einer betrieblichen Altersversorgung aus der aktiven Beschäftigungszeit handelt (BFH-Urteil vom 7.7.1972, BStBl. II S. 890; vgl. das Stichwort „Vorruhestand" unter Nr. 5). Ebenso liegt keine betriebliche Altersversorgung vor, wenn der **Arbeitgeber** oder eine Versorgungseinrichtung einem nicht bei ihm beschäftigten **Ehegatten des Arbeitnehmers** eigene **Versorgungsleistungen** zur Absicherung seiner biometrischen Risiken (Alter, Tod, Invalidität) **verspricht.** Es liegt keine Versorgungszusage aus Anlass eines Arbeitsverhältnisses zwischen dem Arbeitgeber und dem Ehegatten vor.

Bei **Versorgungszusagen,** die **vor** dem 1. 1. **2005** erteilt wurden, wird es von der Finanzverwaltung nicht beanstandet, wenn in den Versorgungsordnungen – abweichend von den vorstehenden Grundsätzen – die Möglichkeit einer **Elternrente oder** der **Beitragserstattung** einschließlich der gutgeschriebenen Erträge im Fall des **Versterbens vor Erreichen der Altersgrenze** an den überlebenden (früheren) Ehegatten, die steuerlich zu berücksichtigenden Kinder oder den Lebensgefährten des Arbeitnehmers (= begünstigter Hinterbliebenenkreis) vorgesehen ist.

2. Durchführungswege der betrieblichen Altersversorgung

Als Durchführungswege der betrieblichen Altersversorgung kommen die Direktzusage, die Unterstützungskasse, die Direktversicherung (dies kann auch eine selbstständige Berufsunfähigkeitsversicherung sein), die Pensionskasse und der Pensionsfonds in Betracht. Für die Frage des Zuflusses von Arbeitslohn kommt es übrigens nicht darauf an, ob es sich um eine arbeitgeberfinanzierte, eine durch Entgeltumwandlung oder durch andere Finanzierungsanteile des Arbeitnehmers aufgebaute betriebliche Altersversorgung handelt (vgl. auch die Erläuterungen unter der nachfolgenden Nr. 3).

Bei den Durchführungswegen **Direktversicherung, Pensionskasse** oder **Pensionsfonds** liegt Zufluss von **Arbeitslohn** im Zeitpunkt der **Beitragszahlung** des Arbeitgebers an die entsprechende Versorgungseinrichtung vor; maßgebend ist der Zeitpunkt zu dem der Arbeitgeber seiner Bank einen Überweisungsauftrag erteilt, sofern das Bankkonto eine ausreichende Deckung aufweist (BFH-Urteil vom 7.7.2005, BStBl. II S. 726). Erfolgt die Beitragszahlung in diesen Fällen durch den Arbeitgeber vor Versicherungsbeginn, liegt ein Zufluss von Arbeitslohn erst im Zeitpunkt des Versicherungsbeginns vor. Zur **Steuerfreiheit** der **Beiträge** vgl. die Erläuterungen unter der nachfolgenden Nr. 5. Bei den Durchführungswegen **Direktzusage** oder **Unterstützungskasse** liegt **Zufluss** von **Arbeitslohn** hingegen erst im Zeitpunkt der **Zahlung** der **Altersversorgungsleistungen** an den Arbeitnehmer vor. Wegen der steuerlichen und sozialversicherungsrechtlichen Behandlung im Einzelnen vgl. auch die tabellarischen Übersichten unter den nachfolgenden Nrn. 18 und 19.

1) Die Lohnsteuer-Durchführungsverordnung (LStDV) ist als Anhang 1 im **Steuerhandbuch für das Lohnbüro 2021** abgedruckt, das im selben Verlag erschienen ist.

2) Das Betriebsrentengesetz (BetrAVG) ist als Anhang 13 im **Steuerhandbuch für das Lohnbüro 2021** abgedruckt, das im selben Verlag erschienen ist.

Vgl. im Übrigen auch die Stichworte „Arbeitnehmerfinanzierte Pensionszusage", „Direktversicherung", „Pensionsfonds", „Pensionskasse", „Pensionszusage", „Rückdeckung", „Unterstützungskasse" und „Zukunftsicherung".

3. Gehaltsumwandlung zugunsten betrieblicher Altersversorgung

Eine durch Gehaltsumwandlung (auch Entgeltumwandlung genannt) finanzierte betriebliche Altersversorgung liegt nach dem Betriebsrentengesetz vor, wenn Arbeitgeber und Arbeitnehmer vereinbaren, **künftige Arbeitslohnansprüche** des Arbeitnehmers zugunsten einer wertgleichen Anwartschaft auf Versorgungsleistungen **herabzusetzen** (§ 1 Abs. 2 Nr. 3 BetrAVG[1]). Dabei ist es steuerlich zulässig, die erforderliche Wertgleichheit außerhalb versicherungsmathematischer Grundsätze zu berechnen und festzustellen. Zwingende Voraussetzung zur steuerlichen Anerkennung der Gehaltsumwandlung zugunsten betrieblicher Altersversorgung ist allerdings, dass die Versorgungsleistungen zur Absicherung mindestens eines biometrischen Risikos (Alter, Tod, Invalidität) zugesagt und erst bei Eintritt des biologischen Ereignisses fällig werden (vgl. hierzu die Erläuterungen unter der vorstehenden Nr. 1). Von der Gehaltsumwandlung zu unterscheiden sind die **eigenen Beiträge des Arbeitnehmers,** zu deren Leistung er aufgrund der vertraglichen Vereinbarung mit der Versorgungseinrichtung originär selbst verpflichtet ist. Diese eigenen Beiträge des Arbeitnehmers zur betrieblichen Altersversorgung werden aus dem bereits zugeflossenen und versteuerten Arbeitsentgelt geleistet (vgl. hierzu auch die Erläuterungen unter der nachfolgenden Nr. 5 Buchstabe a besonders zur Abgrenzung der „eigenen Beiträge" gegenüber den „anderen Finanzierungsanteilen" des Arbeitnehmers aber auch zur Abgrenzung gegenüber den Beiträgen des Arbeitgebers).

Steuerlich wird eine Gehaltsumwandlung von Arbeitslohn (laufender Arbeitslohn, Einmal- und Sonderzahlungen) zugunsten betrieblicher Altersversorgung aus Vereinfachungsgründen auch dann anerkannt, wenn durch die Gehaltsänderungsvereinbarung **bereits erdiente,** aber **noch nicht fällig gewordene** Anteile des Arbeitslohns umgewandelt werden. Dies gilt auch dann, wenn eine Einmal- oder Sonderzahlung einen Zeitraum von mehr als einem Jahr betrifft.

Beispiel A

Gehaltsumwandlung einer Tantieme, die für die Tätigkeit und auf der Grundlage des Gewinns des Wirtschaftsjahres 2020 gewährt und im Mai 2021 fällig wird. Die Gehaltsumwandlung zugunsten betrieblicher Altersversorgung wird im März 2021 zwischen Arbeitgeber und Arbeitnehmer vereinbart.

Die Gehaltsumwandlung ist steuerlich anzuerkennen, da sie vor Fälligkeit der Tantieme vereinbart worden ist. Unmaßgeblich ist, dass der Arbeitnehmer die Tantieme 2020 im Zeitpunkt der Vereinbarung der Gehaltsumwandlung (März 2021) in vollem Umfang „erdient" hatte.

Beispiel B

Wie Beispiel A. Die Gehaltsumwandlung wird erst im Juni 2021 – also nach Fälligkeit der Tantieme – vereinbart.

Die Gehaltsumwandlung ist steuerlich nicht anzuerkennen, da bereits fällig gewordener Arbeitslohn umgewandelt wird. Es handelt sich daher – unabhängig vom Verwendungszweck – um eine steuerpflichtige Lohnverwendungsabrede. Dies gilt auch dann, wenn die Gehaltsumwandlung zugunsten einer Direktzusage erfolgen sollte.

Beispiel C

Gehaltsumwandlung von Boni, die für die Tätigkeit und auf der Grundlage der Gewinne der Wirtschaftsjahre 2020 und 2021 gewährt und im Februar 2022 fällig werden. Die Gehaltsumwandlung zugunsten betrieblicher Altersversorgung wird im Januar 2022 zwischen Arbeitgeber und Arbeitnehmer vereinbart.

Die Gehaltsumwandlung ist steuerlich anzuerkennen, da sie vor Fälligkeit der Boni vereinbart worden ist. Unmaßgeblich ist, dass die Zahlung der Boni einen Zeitraum von mehr als einem Jahr betrifft.

Bei einer Gehaltsumwandlung von laufendem Arbeitslohn zugunsten einer betrieblichen Altersversorgung ist es **unschädlich,** wenn der bisherige ungekürzte Arbeitslohn weiterhin Bemessungsgrundlage für künftige Lohnerhöhungen oder andere Arbeitgeberleistungen (z. B. Weihnachtsgeld, Tantieme, Boni, Jubiläumszuwendungen; = sog. „Schattengehalt") bleibt oder die Gehaltsminderung zeitlich begrenzt wird. Entsprechendes gilt, wenn Arbeitnehmer oder Arbeitgeber die Vereinbarung für künftigen Arbeitslohn einseitig ändern können.

Beispiel D

A hat ein laufendes Jahresgehalt von 100 000 €. Er vereinbart mit seinem Arbeitgeber vor Fälligkeit, dass hiervon ein Betrag von 5000 € zugunsten von betrieblicher Altersversorgung verwendet wird. Für die A zustehende Tantieme, die prozentual vom Jahresgehalt berechnet wird, soll allerdings weiterhin von einem Jahresgehalt von 100 000 € ausgegangen werden. Zudem ist die Gehaltsumwandlung zunächst einmal auf einen Zeitraum von drei Jahren befristet.

Trotz der Vereinbarung eines sog. Schattengehalts und einer zeitlichen Begrenzung der Gehaltsminderung ist die Gehaltsumwandlung zugunsten einer betrieblichen Altersversorgung steuerlich anzuerkennen.

Steuerlich spricht man von einer **schädlichen Überversorgung,** wenn die insgesamt zugesagten Leistungen aus sämtlichen Durchführungswegen der betrieblichen Altersversorgung (Direktzusage, Unterstützungskasse, Pensionskasse, Pensionsfonds, Direktversicherung) zusammen mit der Rentenanwartschaft aus der gesetzlichen Rentenversicherung 75 % der Aktivbezüge übersteigen. Dies kann zu einer **Kürzung** des **Betriebsausgabenabzugs** bzw. zu einer teilweisen **gewinnerhöhenden Auflösung** der in der Bilanz gebildeten **Pensionsrückstellung** führen.

Soweit die Versorgungsleistungen auf Gehaltsumwandlungen beruhen, bleiben die umgewandelten Entgelte und die diesen entsprechenden Versorgungsleistungen bei der Berechnung der 75 %-Grenze außen vor. Fazit: **Entgeltumwandlungen** zugunsten betrieblicher Altersversorgung können **nicht** zu einer steuerschädlichen **Überversorgung** führen (BMF-Schreiben vom 3.11.2004, BStBl. I S. 1045). Zur Gehaltsumwandlung von Arbeitslohn zugunsten einer Direktversicherung bei Ehegatten-Arbeitsverhältnissen vgl. auch die Erläuterungen beim Stichwort „Zukunftsicherung" unter Nr. 18.[2]

Zur Gehaltsumwandlung von Arbeitslohn zugunsten einer Gutschrift auf einem Zeitwertkonto vgl. die Ausführungen beim Stichwort „Arbeitszeitkonten" unter Nr. 3 Buchstabe b.

4. Pensionsfonds als fünfter Durchführungsweg der betrieblichen Altersversorgung

Seit dem 1.1.2002 ist neben den bereits zuvor bestehenden Durchführungswegen der betrieblichen Altersversorgung (Direktversicherungen, Pensionskassen, Direktzusagen, Unterstützungskassen) der **Pensionsfonds** als fünfter Durchführungsweg eingeführt worden (§ 1b Abs. 3 BetrAVG; §§ 236 ff. VAG)[1]. Im Vergleich zu den bereits früher bestehenden Durchführungswegen **ähnelt** der Pensionsfonds am ehesten der **Pensionskasse.** Ein Pensionsfonds ist eine rechtlich selbstständige Versorgungseinrichtung, die dem Arbeitnehmer oder seinen Hinterbliebenen Rechtsansprüche auf künftige Leistungen einräumt. Er zahlt nach Eintritt des Leistungsfalls an den Arbeitnehmer lebenslange Altersrenten mit der Möglichkeit der Abdeckung des Invaliditäts- oder Hinterbliebenenrisikos oder eine einmalige Kapitalauszahlung. Beitragszahler bei Pensionsfonds können Arbeitgeber und Arbeitnehmer sein.

Im Unterschied zu Pensionskassen und Direktversicherungen werden Pensionsfonds häufig eine **risikobehaftetere Kapitalanlagepolitik** betreiben (z. B. über einen höheren Anteil an Aktien), was zu höheren Erträgen aber auch zu (Kapital-)Verlusten führen kann. Anders als Pensionskassen sind Pensionsfonds selbst auch nicht körperschaftsteuer- und gewerbesteuerbefreit, was sie insoweit mit Lebensversicherungsunternehmen (Direktversicherungen) verbindet. Aufsichtsrechtlich unterliegen die Pensionsfonds – wie Pensionskassen und Direktversicherungen – der Versicherungsaufsicht durch die Bundesanstalt für Finanzdienstleistungsaufsicht (BAFin).

Für **Arbeitnehmer** ist mit der Einrichtung des Pensionsfonds der – allerdings auch bei Pensionskassen und Direktversicherungen bestehende – Vorteil verbunden, dass sie einen **Rechtsanspruch gegenüber dem Pensionsfonds** als externen Träger der betrieblichen Altersversorgung erhalten und ihre Ansprüche bei einem Wechsel des Arbeitgebers unter weiteren Voraussetzungen mitnehmen können. Ein Rechtsanspruch besteht also nicht nur gegen den Arbeitgeber.

Den **Arbeitgebern** bietet ein Pensionsfonds (aber auch eine Direktversicherung und eine Pensionskasse) den Vorteil, die betriebliche Altersversorgung durch **Beitragszusage** mit einer Mindestgarantie der eingezahlten Beiträge (§ 1 Abs. 2 Nr. 2 BetrAVG[1]) besser kalkulieren zu können und nicht mehr allein mit höheren Risiken verbundene langfristige Verpflichtungen aus beitragsorientierten **Leistungszusagen** (§ 1 Abs. 2 Nr. 1 BetrAVG[1]) eingehen zu müssen. Dies gilt erst recht für die **reine Beitragszusage** (§ 1 Abs. 2 Nr. 2a BetrAVG[1]). Aufgrund der risikobehafteteren Kapitalanlagepolitik des Pensionsfonds hat der Arbeitgeber Beiträge an den Pensions-Sicherungs-Verein zu leisten. Die **Beiträge** des Arbeitgebers an den **Pensionsfonds** sind Betriebsausgaben, soweit sie auf einer festgelegten Verpflichtung beruhen oder der Abdeckung von Fehlbeträgen bei dem Fonds dienen und betrieblich veranlasst sind (§ 4e Abs. 1 und 2 EStG). Auch die Beiträge des Arbeitgebers an den

1) Das Betriebsrentengesetz (BetrAVG) ist als Anhang 13 im **Steuerhandbuch für das Lohnbüro 2021** abgedruckt, das im selben Verlag erschienen ist.

2) Die dortigen Ausführungen gelten entsprechend bei Arbeitsverhältnissen zwischen eingetragenen Lebenspartnern (§ 2 Abs. 8 EStG).

Pensions-Sicherungs-Verein sind als **Betriebsausgaben** abziehbar. Beitragszahlungen des Arbeitgebers an einen Pensionsfonds während der Rentenbezugszeit des Arbeitnehmers (Fälle des § 236 Abs. 2 VAG[1]) gehören übrigens nicht zum Arbeitslohn.

Vgl. im Übrigen auch die Erläuterungen beim Stichwort „Pensionsfonds".

5. Steuer- und Sozialversicherungsfreiheit von Beiträgen an einen Pensionsfonds, eine Pensionskasse oder für eine Direktversicherung nach § 3 Nr. 63 EStG (Ansparphase)

a) Allgemeines

Seit dem 1.1.2005 sind Beiträge des Arbeitgebers aus dem ersten Arbeitsverhältnis an einen **kapitalgedeckten** Pensionsfonds, eine kapitalgedeckte Pensionskasse oder für eine kapitalgedeckte Direktversicherung **in bestimmtem Umfang steuer-** und **sozialversicherungsfrei.** Für **vor 2005** abgeschlossene **Direktversicherungsverträge** besteht ggf. ein **Wahlrecht** zwischen der Steuerfreiheit und der 20 %igen Pauschalbesteuerung der Direktversicherungsbeiträge.

Durch das sog. „Betriebsrentenstärkungsgesetz" vom 17.8.2017 (BGBl. I S. 3214, BStBl. I S. 1278) ist der **steuerfreie Höchstbetrag** für die Beiträge von bisher 4 % auf **8 %** der **Beitragsbemessungsgrenze** in der allgemeinen **Rentenversicherung** – West – angehoben worden; bei gleichzeitiger Abschaffung des früheren steuerfreien, zusätzlichen Höchstbetrags von 1800 €. Infolge der Erhöhung der Beitragsbemessungsgrenze in der allgemeinen Rentenversicherung – West – auf 85 200 € jährlich (7100 € monatlich) ergibt sich für **2021** bundesweit ein steuerfreier Höchstbetrag von **6816 €** (= 8 % von 85 200 €). Eine **Sozialversicherungsfreiheit** dieser Beiträge besteht aber – wie bisher – weiterhin nur bis 4 % der Beitragsbemessungsgrenze in der gesetzlichen Rentenversicherung – West – (§ 1 Abs. 1 Satz 1 Nr. 9 SvEV[2]; für 2021 = **3408 €**). Beiträge an Pensionskassen und Direktversicherungen, die pauschal besteuert werden **(„§ 40b alt"),** werden auf das **steuerfreie Volumen angerechnet** werden.

Beispiel A

Arbeitgeber A zahlt im Jahr 2021 für den Arbeitnehmer B Beiträge in Höhe von 6000 € an eine kapitalgedeckte Pensionskasse.

Der Beitrag ist in voller Höhe steuerfrei (§ 3 Nr. 63 Satz 1 EStG), aber lediglich in Höhe von 3408 € beitragsfrei (= 4 % von 85 200 €) und in Höhe von 2592 € beitragspflichtig.

Beispiel B

Wie Beispiel A. Der Arbeitgeber zahlt für den Arbeitnehmer B außerdem Beiträge an eine Direktversicherung in Höhe von 1752 €, die nach „§ 40b alt" mit 20 % pauschal besteuert werden.

Der steuerfreie Höchstbetrag von 6816 € (= 8% von 85 200 €) vermindert sich um den pauschal besteuerten Direktversicherungsbeitrag von 1752 €, sodass sich ein steuerfreies Volumen von 5064 € ergibt (6816 € abzüglich 1752 €).

Der Beitrag des Arbeitgebers an die Pensionskasse in Höhe von 6000 € ist daher lediglich in Höhe von 5064 € steuerfrei und in Höhe des Differenzbetrags von 936 € steuerpflichtig.

Es kommt für die Höhe des steuer- und sozialversicherungsfreien Höchstbetrags nicht darauf an, ob der Arbeitnehmer seinen Wohnsitz in den alten oder in den neuen Bundesländern hat. Auch der Ort, an dem der Arbeitnehmer tätig wird, ist unmaßgeblich.

Beiträge des Arbeitgebers – für die der steuerfreie Höchstbetrag in Anspruch genommen werden kann – liegen vor, wenn sie von ihm zusätzlich zum ohnehin geschuldeten Arbeitslohn erbracht werden **(rein arbeitgeberfinanzierte Beiträge)** oder im Innenverhältnis vom Arbeitnehmer aufgrund einer Entgeltumwandlung/**Gehaltsumwandlung** finanziert werden. Bei einer Finanzierung der Beiträge durch eine Entgeltumwandlung ist die Beachtung des jährlichen Mindestbetrags nach § 1a BetrAVG[3] (= 1/160 der Bezugsgröße [West] nach § 18 Abs. 1 SGB IV; 2021 = 246,75 €) für die Inanspruchnahme der Steuerfreiheit nicht erforderlich.

Der Bundesfinanzhof hat entschieden, dass für die Frage, ob ein Beitrag des Arbeitgebers vorliegt, die versicherungsvertragliche Außenverpflichtung maßgeblich ist. Hingegen kommt es nicht darauf an, wer durch die Finanzierung der Versicherungsbeiträge wirtschaftlich belastet ist. Abweichend von der früheren Verwaltungsauffassung sind daher auch alle **anderen Finanzierungsanteile des Arbeitnehmers steuerfrei,** die in dem **Gesamtversicherungsbeitrag des Arbeitgebers enthalten** sind. Zu den „Beiträgen des Arbeitgebers" gehören also alle Beiträge, die vom Arbeitgeber als Versicherungsnehmer selbst geschuldet und an die Versorgungseinrichtung geleistet werden (BFH-Urteil vom 9.12.2010, BStBl. 2011 II S. 978). Dabei geht die Finanzverwaltung auch dann von „Beiträgen des Arbeitgebers" aus, wenn der Arbeitgeber nicht Versicherungsnehmer, sondern gegenüber der Versorgungseinrichtung lediglich Beitragsschuldner ist. **Eigene Beiträge des Arbeitnehmers,** für die die **Steuerbefreiung nicht** in Anspruch genommen werden kann, sind nur dann anzunehmen, wenn aufgrund einer eigenen vertraglichen Vereinbarung mit der Versorgungseinrichtung eine originäre **Beitragspflicht des Arbeitnehmers** (als Beitragsschuldner) besteht. Das gilt auch dann, wenn sie vom Arbeitgeber an die Versorgungseinrichtung abgeführt werden. Für diese aus seinem versteuerten Nettoeinkommen erbrachten Beiträge kann der Arbeitnehmer aber ggf. die Förderung der „Riester-Rente" (Zulage, Sonderausgabenabzug) beanspruchen (vgl. hierzu die Erläuterungen in Anhang 6a unter Nr. 3). Die vorstehenden Ausführungen gelten nicht bei umlagefinanzierten Versorgungseinrichtungen (vgl. nachfolgenden Buchstaben d).

Die **Steuerbefreiung** gilt nicht nur für Beiträge zu Gunsten von rentenversicherungspflichtigen Arbeitnehmern, sondern grundsätzlich bei allen Arbeitnehmern im steuerlichen Sinne. Sie kann also auch bei Beiträgen zu Gunsten von **geringfügig Beschäftigten,** des **beherrschenden Gesellschafter-Geschäftsführers** einer GmbH oder eines im Betrieb mitarbeitenden Ehegatten – sofern das **Ehegatten-Arbeitsverhältnis** auch in diesem Punkt steuerlich anzuerkennen ist – in Anspruch genommen werden. Entsprechendes gilt für die in einem berufsständischen **Versorgungswerk** Versicherten. Die Steuerbefreiung kommt allerdings nicht für arbeitnehmerähnliche Selbstständige (§ 2 Nr. 9 SGB VI) und in einer Personengesellschaft mitarbeitende Gesellschafter (§ 15 Abs. 1 Satz 1 Nr. 2 EStG) in Betracht, weil es sich steuerlich nicht um Arbeitnehmer handelt und folglich kein erstes Dienstverhältnis vorliegen kann. Bei Gesellschafter-Geschäftsführern sind zudem die allgemeinen Grundsätze zur Abgrenzung zwischen verdeckter Gewinnausschüttung und Arbeitslohn zu beachten.

Zum Vorrang der Steuerbefreiungsvorschrift für Beiträge zur betrieblichen Altersversorgung nach § 3 Nr. 63 EStG oder § 3 Nr. 56 EStG gegenüber der Steuerbefreiungsvorschrift für Beiträge aufgrund gesetzlicher Verpflichtung (§ 3 Nr. 62 EStG) vgl. die Erläuterungen beim Stichwort „Zukunftsicherung" unter Nr. 5 Buchstabe d.

b) Begünstigte Auszahlungsformen für die Steuerfreiheit

Bis einschließlich 2004 war die Zahlungsweise der späteren Versorgungsleistungen (lebenslange Rentenzahlung, befristete Zahlung, Kapitalauszahlung) für die Steuerfreiheit der Beiträge an eine Pensionskasse oder einen Pensionsfonds ohne Bedeutung.

Seit 2005 ist die **Steuerfreiheit** von Beiträgen des Arbeitgebers zugunsten von betrieblicher Altersversorgung in allen drei Durchführungswegen (Pensionsfonds, Pensionskasse, Direktversicherung) **auf** solche **Versorgungszusagen beschränkt** worden, die eine Auszahlung der zugesagten Alters-, Invaliditäts- oder Hinterbliebenenversorgungsleistungen in Form einer lebenslangen Rente oder eines Auszahlungsplans mit anschließender lebenslanger Teilkapitalverrentung (§ 82 Abs. 2 Satz 2 EStG) vorsehen **(= lebenslange Altersversorgung).** Die **Steuerfreiheit** der Beiträge an einen Pensionsfonds, eine Pensionskasse oder an eine Direktversicherung besteht also von vornherein **nicht,** wenn die späteren Versorgungsleistungen als **einmalige Kapitalleistungen** erbracht werden sollen. Im Hinblick auf die entfallende Versorgungsbedürftigkeit (z. B. Vollendung des 27. Lebensjahres der Kinder – bei Versorgungszusagen nach dem 31.12.2006 Vollendung des 25. Lebensjahres der Kinder –, Wiederheirat der Witwe/des Witwers, Ende der Erwerbsminderung wegen Verbesserung der Gesundheitssituation oder Erreichen der Altersgrenze) ist die zeitliche Befristung einer Rente oder eines Auszahlungsplans steuerlich unschädlich; daher sind auch selbstständige Berufsunfähigkeits-Direktversicherungen begünstigt (Bundestagsdrucksache 15/5635 S. 5 und 6).

Von einer für die **Steuerbefreiung** erforderlichen lebenslangen Versorgung ist aber auch dann noch auszugehen, wenn bis zu **30 % des** zu Beginn der Auszahlungsphase zur Verfügung stehenden **Kapitals** außerhalb der monatlichen Leistungen an den Arbeitnehmer **ausgezahlt** werden; die diesbezügliche Entscheidung darf erst zu Beginn der Auszahlungsphase getroffen werden und führt zur Steuerpflicht des entnommenen Teilbetrags als sonstige Einkünfte. Auch allein die Möglichkeit, anstelle lebenslanger Versorgungsleistungen eine Kapitalauszahlung (= 100 % des zu Beginn der Auszahlungsphase zur Verfügung stehenden Kapitals) zu wählen, steht der Steuerfreiheit der Beitragszahlungen

1) Das Versicherungsaufsichtsgesetz (VAG) ist auszugsweise als Anhang 13b im **Steuerhandbuch für das Lohnbüro 2021** abgedruckt, das im selben Verlag erschienen ist.

2) Die Sozialversicherungsentgeltverordnung (SvEV) ist als Anhang 2 im **Steuerhandbuch für das Lohnbüro 2021** abgedruckt, das im selben Verlag erschienen ist.

3) Das Betriebsrentengesetz (BetrAVG) ist als Anhang 13 im **Steuerhandbuch für das Lohnbüro 2021** abgedruckt, das im selben Verlag erschienen ist.

nicht entgegen **(= Wahlrecht zwischen Rentenzahlung und Kapitalauszahlung ist für die Steuerfreiheit der Beitragszahlungen unschädlich[1])**. Die Möglichkeit anstelle einer lebenslangen Altersversorgung eine Einmalkapitalauszahlung zu wählen, ist nicht nur bei Altersversorgungsleistungen zulässig, sondern auch bei Invaliditäts- oder Hinterbliebenenversorgungsleistungen. Entscheidet sich der Arbeitnehmer zugunsten einer Einmalkapitalauszahlung, sind von diesem Zeitpunkt an die Voraussetzungen für die Steuerfreiheit der Beiträge nicht mehr erfüllt und die Beitragsleistungen zu besteuern. Nur wenn die **Ausübung des Wahlrechts** innerhalb des **letzten Jahres vor dem** altersbedingten **Ausscheiden** aus dem Arbeitsverhältnis erfolgt, können die Beiträge aus Vereinfachungsgründen weiterhin steuerfrei belassen werden (vgl. das nachfolgende Beispiel D). Für die Berechnung der Jahresfrist ist auf das im Zeitpunkt der Ausübung des Wahlrechts vertraglich vorgesehene Ausscheiden aus dem Erwerbsleben (= Beginn der Altersversorgungsleistung) abzustellen. Bei Hinterbliebenenversorgungsleistungen kann das Wahlrecht zwischen der Rentenzahlung und der Kapitalauszahlung im zeitlichen Zusammenhang mit dem Tod des ursprünglich Berechtigten ausgeübt werden. Im Übrigen müssen die Versorgungsleistungen – vorbehaltlich der vorstehenden Angaben – während der gesamten Auszahlungsphase gleich bleiben oder steigen, wobei eine Auszahlung von bis zu zwölf Monatsbeträgen in einer Summe zulässig ist. Auch eine gesonderte Auszahlung der in der Auszahlungsphase anfallenden Zinsen und Erträge ist möglich. Bei Berufsunfähigkeitsversicherungen als Direktversicherungen ist eine laufende Verrechnung von Überschussanteilen mit Beiträgen ebenso zulässig wie die Auszahlung der verzinslich angesammelten Überschüsse am Ende der Laufzeit oder nach Eintritt des Versicherungsfalls als einmalige Kapitalsumme.

Die vorstehenden Grundsätze gelten auch für Versorgungszusagen, die vor dem 1.1.2005 erteilt worden sind. Unschädlich ist allerdings in diesen Altfällen, wenn lediglich für die zugesagte Altersversorgung, nicht aber für die Hinterbliebenen- oder Invaliditätsversorgung die Auszahlung in Form einer Rente oder eines Auszahlungsplans vorgesehen ist.

Zur steuerlichen Behandlung der Auszahlungen vgl. die Erläuterungen unter der nachfolgenden Nr. 11.

Tabellarische Übersicht zur Behandlung der Beiträge zur betrieblichen Altersversorgung in Abhängigkeit von den Auszahlungsformen bei Versorgungsleistungen aus einem Pensionsfonds, einer Pensionskasse und einer Direktversicherung

Auszahlungsform der Versorgungsleistung	Steuerfreiheit der Beiträge
(reine) Kapitalauszahlung	Nein
(reine) Rentenzahlung	Ja
Rentenzahlung mit Kapitalwahlrecht	Ja
Kapitalauszahlung mit Möglichkeit der Verrentung	Nein

Beispiel A

Arbeitgeber A schließt am 1. 2. 2021 für Arbeitnehmer B eine Direktversicherung ab und zahlt 2000 € Beiträge. Nach den vertraglichen Bedingungen hat B bei Vertragsablauf ein Wahlrecht zwischen einer lebenslangen Rente und einer Kapitalauszahlung.

Die in 2021 geleisteten Beiträge sind steuer- und sozialversicherungsfrei. Das Wahlrecht zwischen lebenslanger Rente und Kapitalauszahlung steht der Steuerfreiheit nicht entgegen.

Beispiel B

Wie Beispiel A. Nach den vertraglichen Bedingungen erhält B bei Vertragsablauf eine Kapitalauszahlung.

Die in 2021 geleisteten Beiträge sind nach den individuellen Lohnsteuerabzugsmerkmalen des B zu versteuern und sozialversicherungspflichtig, da die Voraussetzungen für eine Steuerfreiheit der Beiträge mangels lebenslanger Versorgung nicht gegeben sind. Die Pauschalbesteuerung der Direktversicherungsbeiträge mit 20 % kann nicht in Anspruch genommen werden, wenn vor 2018 kein Beitrag zu Recht pauschal besteuert worden ist.

Beispiel C

Arbeitgeber A zahlt für seinen Arbeitnehmer B seit 2002 1500 € jährlich steuer- und sozialversicherungsfrei in eine Pensionskasse ein. Nach den getroffenen Vereinbarungen erhält B als Altersversorgung eine einmalige Kapitalauszahlung.

Seit 2005 sind die Beiträge nicht mehr steuerfrei, da keine Auszahlung der Versorgungsleistungen in Form einer lebenslangen Rente bzw. eines Auszahlungsplans mit anschließender Restverrentung vorgesehen ist.

Beispiel D

Arbeitgeber A hat für seinen Arbeitnehmer B in 2005 eine Direktversicherung abgeschlossen und zahlt 1500 € Beiträge. Nach den vertraglichen Bedingungen hat B ein Wahlrecht zwischen einer lebenslangen Rente und einer Kapitalauszahlung. Er wird voraussichtlich im Jahre 2025 altersbedingt aus dem Unternehmen ausscheiden. Im Januar 2021 entscheidet er sich gegenüber dem Versicherungsunternehmen für eine Kapitalauszahlung bei Vertragsablauf im Jahre 2025.

Die ab 2021 geleisteten Beiträge sind nicht mehr steuer- und sozialversicherungsfrei, da keine lebenslange Altersversorgung des B gewährleistet ist. Lediglich eine Ausübung des Kapitalwahlrechts im letzten Jahr vor dem altersbedingten Ausscheiden ist für die Steuerfreiheit der gesamten Beiträge unschädlich.

c) 8 %-Grenze im Steuerrecht und 4 %-Grenze im Sozialversicherungsrecht

Durch die Begrenzung der Steuerfreiheit auf 8 % bzw. der Sozialversicherungsfreiheit auf 4 % der Beitragsbemessungsgrenze in der allgemeinen Rentenversicherung – West – (für 2021 steuerlich 8 % von 85 200 € = 6816 € und sozialversicherungsrechtlich 4 % von 85 200 € = 3408 €) und nicht auf das individuelle Gehalt des Arbeitnehmers, braucht der Arbeitgeber für die Prüfung der Steuer- und Sozialversicherungsfreiheit der Beitragszahlungen keine zusätzlichen Ermittlungen durchzuführen, da er nach sozialversicherungsrechtlichen Vorschriften die Beitragsbemessungsgrenze bei jeder Lohnzahlung ohnehin zu prüfen und ggf. zu berücksichtigen hat.

Beispiel A

Ein Arbeitgeber zahlt in 2021 zu Gunsten seiner Arbeitnehmer einen Beitrag in Höhe von 3408 € je Arbeitnehmer in einen Pensionsfonds, der lebenslange Altersversorgungsleistungen zugesagt hat.

Der Beitrag des Arbeitgebers ist steuer- und sozialversicherungsfrei.

Beispiel B

Wie Beispiel A. Der Arbeitgeber zahlt einen Beitrag in Höhe von 6816 € jährlich je Arbeitnehmer in den Pensionsfonds.

Der Beitrag ist in voller Höhe steuerfrei (8 % von 85 200 € = 6816 €), aber lediglich in Höhe von 3408 € beitragsfrei (4 % von 85 200 € = 3408 €). Der verbleibende Betrag von ebenfalls 3408 € (6816 € abzüglich 3408 €) ist sozialversicherungspflichtig.

Beispiel C

Arbeitgeber A zahlt im Jahr 2021 für den Arbeitnehmer B Beiträge in Höhe von 6000 € an eine kapitalgedeckte Pensionskasse. Außerdem zahlt A für B Beiträge an eine Direktversicherung in Höhe von 1752 €, die nach „§ 40b alt" mit 20 % pauschal besteuert werden.

Der steuerfreie Höchstbetrag von 6816 € (= 8 % von 85 200 €) vermindert sich um den pauschal besteuerten Direktversicherungsbeitrag von 1752 €, sodass sich ein steuerfreies Volumen von 5064 € ergibt (6816 € abzüglich 1752 €).

Der Beitrag des Arbeitgebers an die Pensionskasse in Höhe von 6000 € ist daher lediglich in Höhe von 5064 € steuerfrei und in Höhe des Differenzbetrags von 936 € steuerpflichtig; für diesen steuerpflichtigen Betrag kann ggf. die „Riester-Förderung" (Zulage, Sonderausgabenabzug) in Anspruch genommen werden. Beitragsfrei in der Sozialversicherung ist die Zahlung an die Pensionskasse lediglich in Höhe von 3408 € (= 4 % von 85 200 €).

Im Fall der Durchschnittsberechnung nach § 40b Abs. 2 Satz 2 EStG alte Fassung sind beim Arbeitnehmer die auf ihn entfallenden Leistungen anzurechnen und grundsätzlich nicht der Durchschnittsbetrag.

Beispiel D

Wie Beispiel C. Es handelt sich um eine Gruppendirektversicherung. Der auf B entfallende, im Rahmen der Durchschnittsberechnung zulässigerweise pauschal besteuerte Beitrag beträgt 2000 €.

Der steuerfreie Höchstbetrag von 6816 € (= 8 % von 85 200 €) vermindert sich um die auf B entfallende Leistung in Höhe von 2000 €, sodass sich ein steuerfreies Volumen von 4816 € ergibt (6816 € abzüglich 2000 €).

Der Beitrag des Arbeitgebers an die Pensionskasse in Höhe von 6000 € ist daher lediglich in Höhe von 4816 € steuerfrei und in Höhe des Differenzbetrags von 1184 € steuerpflichtig; für diesen steuerpflichtigen Betrag kann ggf. die „Riester-Förderung" (Zulage, Sonderausgabenabzug) in Anspruch genommen werden. Beitragsfrei in der Sozialversicherung ist die Zahlung an die Pensionskasse lediglich in Höhe von 3408 € (= 4 % von 85 200 €).

Hat der Arbeitgeber keine individuelle Zuordnung der auf den einzelnen Arbeitnehmer entfallenden Leistungen vorgenommen, bestehen keine Bedenken, wenn der Arbeitgeber aus Vereinfachungsgründen einheitlich für alle Arbeitnehmer den pauschal besteuerten Durchschnittsbetrag ansetzt.

Beispiel E

Der Arbeitgeber zahlt an seine Pensionskasse 3 % der Bruttogesamtlohnsumme als Beitrag für alle Arbeitnehmer. Der mit 20 % pauschal besteuerte auf jeden Arbeitnehmer entfallende Durchschnittsbetrag beträgt 1500 €.

Das steuerfreie Volumen von 6816 € (= 8 % von 85 200 €) wird bei allen Arbeitnehmern um 1500 € gemindert.

Bei dem **steuerfreien Höchstbetrag** von 8 % der Beitragsbemessungsgrenze in der allgemeinen Rentenversicherung – West – (2021 = 6816 €)

---

1) Die Finanzverwaltung hält hieran ungeachtet der Ausführungen in der Begründung des BFH-Urteils vom 20.9.2016 (BStBl. 2017 II S. 347) fest.

handelt es sich um einen **Jahresbetrag.** Eine **zeitanteilige Kürzung** des Höchstbetrags ist daher **nicht** vorzunehmen, wenn das Arbeitsverhältnis nicht während des ganzen Jahres bestanden hat oder nicht für das ganze Jahr Beiträge gezahlt werden.

Beispiel F

Arbeitgeber A stellt den zuvor arbeitslosen Arbeitnehmer B am 1. 9. 2021 ein. Im Dezember 2021 zahlt er für diesen Arbeitnehmer einen Beitrag in Höhe von 3408 € in einen Pensionsfonds, der Versorgungsleistungen in Form monatlicher Rentenzahlungen vorsieht.

Der Beitrag des Arbeitgebers ist in vollem Umfang steuer- und sozialversicherungsfrei. Eine zeitanteilige Kürzung des steuerfreien Höchstbetrags von 6816 € (hier um 8 Monate wegen der vorherigen Arbeitslosigkeit des B auf nur noch 2272 €) ist nicht vorzunehmen.

Allerdings vervielfacht sich der steuerfreie Jahresbetrag von 6816 € auch nicht, wenn der Arbeitgeber für den Arbeitnehmer für die Vorjahre **Beiträge nachzuentrichten** hat. Zur Schließung von Versorgungslücken bei zuvor ruhenden Arbeitsverhältnissen vgl. nachfolgenden Buchstaben i.

Beispiel G

Im Mai 2021 stellt der Arbeitgeber fest, dass der Arbeitnehmer bereits seit 2017 in der betrieblichen Altersversorgung zu versichern gewesen wäre. Er zahlt deshalb für die Jahre 2017 bis 2021 einen Betrag von 10 000 € (5 Jahre à 2000 €) an die Pensionskasse.

Die Beiträge sind in Höhe von 6816 € steuerfrei und in der verbleibenden Höhe von 3184 € nach den individuellen Lohnsteuerabzugsmerkmalen des Arbeitnehmers steuerpflichtig. Der steuerpflichtige Betrag von 3184 € kann aber nach der sog. Fünftelregelung ermäßigt besteuert werden, da es sich um Arbeitslohn für mehrere Jahre (vgl. dieses Stichwort) handelt.

Der **steuerfreie Höchstbetrag** gilt nicht je Kalenderjahr, sondern je Arbeitgeber. Bei einem **Arbeitgeberwechsel** im Laufe des Kalenderjahres 2021 kann der steuerfreie Höchstbetrag – bei entsprechenden Beitragsleistungen beider Arbeitgeber – **erneut** in Anspruch genommen werden. Dies dürfte in erster Linie bei Arbeitgeberwechseln zwischen verbundenen Unternehmen von Bedeutung sein; eine erneute Inanspruchnahme des steuerfreien Höchstbetrags scheidet aber in den Fällen der Gesamtrechtsnachfolge und des Betriebsübergangs nach § 613a BGB aus. Diese vorteilhafte Regelung gilt übrigens auch bei der Sozialversicherung, das heißt die mögliche Mehrfachgewährung der Steuerfreiheit bei einem Arbeitgeberwechsel ist für die Frage der Beitragsfreiheit auch **sozialversicherungsrechtlich übernommen** worden (Tz. 7.8 – S 32 – des Rundschreibens der Spitzenverbände der Sozialversicherung vom 21.12.2004). Selbstverständlich ist dabei zu beachten, dass bezogen auf die Beitragsbemessungsgrenze in der allgemeinen Rentenversicherung – West – im Steuerrecht 8 % und im Sozialversicherungsrecht 4 % gelten.

Beispiel H

Arbeitnehmer A wechselt am 31. 7. 2021 innerhalb des Konzerns von der Tochterfirma B zur Tochterfirma C. Tochterfirma B entrichtet 2500 €, Tochterfirma C 1500 € an einen Pensionsfonds, der Versorgungsleistungen in Form monatlicher Rentenzahlungen vorsieht.

Die Beiträge der Tochterfirmen B und C sind steuerfrei, da sie jeweils 8 % der Beitragsbemessungsgrenze in der allgemeinen Rentenversicherung (= 6816 €) nicht übersteigen. Beitragsfreiheit in der Sozialversicherung besteht ebenfalls, da die Möglichkeit einer Mehrfachgewährung bei einem Arbeitgeberwechsel auch sozialversicherungsrechtlich übernommen wurde. Sozialversicherungsrechtlich ist je Arbeitgeber eine Grenze von 4 % der Beitragsbemessungsgrenze in der allgemeinen Rentenversicherung – West – (2021 = 3408 €) maßgebend.

Die Steuerfreiheit von Beiträgen des Arbeitgebers an einen Pensionsfonds, eine Pensionskasse oder für eine Direktversicherung setzt ein **bestehendes erstes Dienstverhältnis** voraus. Hat ein Arbeitnehmer nebeneinander mehrere Dienstverhältnisse, kommt die Steuerfreistellung nur für Beitragszahlungen des Arbeitgebers aus dem ersten Dienstverhältnis in Betracht. Unter einem ersten Dienstverhältnis sind alle Beschäftigungen zu verstehen, für die die Lohnsteuer nicht nach der Steuerklasse VI zu erheben ist. Maßgebend sind die abgerufenen elektronischen Lohnsteuerabzugsmerkmale (ELStAM; vgl. dieses Stichwort). Ein erstes Dienstverhältnis kann auch vorliegen, wenn es sich um ein weiterbestehendes Arbeitsverhältnis ohne Anspruch auf Arbeitslohn handelt (z. B. während der Eltern-/Pflegezeit, des Bezugs von Krankengeld). Ebenso, wenn eine geringfügige oder kurzfristige Beschäftigung ausgeübt wird, der Arbeitslohn hierfür pauschal mit 2 %, 5 %, 20 % oder 25 % besteuert wird und der Arbeitnehmer dem Arbeitgeber bestätigt, dass es sich um ein erstes Dienstverhältnis handelt (vgl. hierzu das Stichwort „Pauschalierung der Lohnsteuer bei Aushilfskräften und Teilzeitbeschäftigten" im Hauptteil des Lexikons). Die Erklärung des Arbeitnehmers hat der Arbeitgeber zu dokumentieren.

Beispiel I

A arbeitet an den Wochenenden und nachts im Sicherheitsdienst eines großen Konzernunternehmens. Der Lohnsteuerabzug wird nach der Steuerklasse VI vorgenommen. Der Arbeitgeber zahlt für A 1200 € jährlich in den betrieblichen Pensionsfonds ein.

Eine Steuer- und Sozialversicherungsfreiheit kommt für die Pensionsfondsbeiträge nicht in Betracht, da es sich nicht um das erste Dienstverhältnis des A handelt. Die Pensionsfondsbeiträge sind nach der Steuerklasse VI zu versteuern und sozialversicherungspflichtig.

Beispiel K

Wie Beispiel I. Der Lohnsteuerabzug wurde zunächst nach der Steuerklasse I vorgenommen. Ab Mai 2021 übt A jedoch seine Hauptbeschäftigung (= Steuerklasse I) bei einem anderen Arbeitgeber aus und der Lohnsteuerabzug für seine Tätigkeit im Sicherheitsdienst wird ab Mai 2021 nach der Steuerklasse VI vorgenommen.

Ab Mai 2021 kommt eine Steuer- und Sozialversicherungsfreiheit der Pensionsfondsbeiträge nicht mehr in Betracht, da es sich ab diesem Zeitpunkt nicht mehr um das erste Dienstverhältnis des A handelt. Entsprechendes gilt, wenn der Arbeitslohn für die Tätigkeit im Sicherheitsdienst ab Mai 2021 pauschal besteuert werden sollte.

Bei monatlicher Zahlung der Beiträge bestehen keine Bedenken, wenn der **steuerfreie Höchstbetrag** von **6816 € jährlich** in gleichmäßige **monatliche Teilbeträge** (= 568 €) aufgeteilt wird (sog. Verteilermodell).

Beispiel L

Ein Arbeitgeber zahlt zu Gunsten seines nicht sozialversicherungspflichtigen Gesellschafter-Geschäftsführers ab Januar 2021 einen monatlichen Beitrag in Höhe von 600 € je Arbeitnehmer in einen Pensionsfonds, der Versorgungsleistungen in Form monatlicher Rentenzahlungen vorsieht.

Der Beitrag des Arbeitgebers je Arbeitnehmer ist in Höhe von 568 € monatlich steuerfrei und in Höhe von 32 € monatlich steuerpflichtig.[1)]

Stellt der Arbeitgeber vor Ablauf des Kalenderjahres fest (z. B. bei Beendigung des Dienstverhältnisses), dass die **Steuerfreiheit** der Beiträge durch die monatlichen Teilbeträge **nicht** in vollem Umfang **ausgeschöpft** worden ist bzw. werden kann, muss eine ggf. vorgenommene **Besteuerung** der Beiträge **rückgängig** gemacht werden. Spätester Zeitpunkt hierfür ist die Übermittlung/Erteilung der Lohnsteuerbescheinigung. Es ist auch zulässig, den monatlichen Teilbetrag für die Zukunft so zu ändern, dass der steuerfreie Höchstbetrag ausgeschöpft wird.

Beispiel M

Wie Beispiel L. Ein Arbeitnehmer scheidet zum 31. 7. 2021 aus der Firma aus.

Der Arbeitgeber hat für diesen Arbeitnehmer in 2021 insgesamt (7 Monate à 600 €) 4200 € in einen Pensionsfonds eingezahlt. Der Beitrag des Arbeitgebers ist in voller Höhe steuerfrei. Die bisher vorgenommene Besteuerung der Beiträge an den Pensionsfonds von 224 € (7 Monate à 32 €) ist spätestens bis zur Übermittlung/Erteilung der Lohnsteuerbescheinigung 2021 für diesen Arbeitnehmer rückgängig zu machen.

Bei einer **Beitragszahlung** durch den Arbeitgeber **vor Versicherungsbeginn,** liegt ein **Zufluss** von Arbeitslohn erst in dem Zeitpunkt vor, in dem der Arbeitnehmer den unmittelbaren Rechtsanspruch gegen die Versorgungseinrichtung erwirbt. Dieser Zeitpunkt ist der **Versicherungsbeginn.** Zum Zuflusszeitpunkt von Arbeitslohn in den übrigen Fällen vgl. die Ausführungen unter der vorstehenden Nr. 2.

Beispiel N

Der Arbeitgeber sagt seinem Arbeitnehmer ab dem 1. 1. 2021 (Versicherungsbeginn) eine betriebliche Altersversorgung über eine Pensionskasse zu. Er zahlt den Beitrag für 2021 bereits am 18. 12. 2020.

Ein Zufluss von Arbeitslohn liegt erst zum 1. 1. 2021 vor. Der Arbeitgeber hat die Beitragszahlung – in erster Linie zur Prüfung der Einhaltung des steuerfreien Höchstbetrags – dem Jahr 2021 zuzuordnen.

Für die Steuer- und Sozialversicherungsfreiheit kommt es nicht darauf an, wer mit den Beitragszahlungen wirtschaftlich belastet ist. Von der Steuer- und Sozialversicherungsfreiheit umfasst werden daher neben den **rein arbeitgeberfinanzierten Beitragszahlungen** (= Zahlungen des Arbeitgebers zusätzlich zum ohnehin geschuldeten Arbeitslohn) auch diejenigen Zahlungen des Arbeitgebers, für die der Arbeitnehmer auf Entgeltansprüche „verzichtet" hat **(sog. Entgeltumwandlung).** Auch für die sog. **anderen Finanzierungsanteile** des **Arbeitnehmers** kann die Steuerbefreiung in Anspruch genommen werden, wenn sie in dem vom Arbeitgeber geschuldeten Gesamtversicherungsbeitrag enthalten sind (vgl. auch vorstehenden Buchstaben a).

Beispiel O

Ein Arbeitgeber zahlt zu Gunsten seiner Arbeitnehmer einen Beitrag in Höhe von 1000 € jährlich je Arbeitnehmer für eine Direktversicherung. Die Arbeitnehmer haben bei Vertragsablauf ein Wahlrecht zwischen einer lebenslangen Rente und einer Kapitalauszahlung. Der Beitrag wird finanziert, indem die Arbeitnehmer insoweit auf Entgeltansprüche (sog. Entgeltumwandlung) verzichten.

---

1) Alternativ kann der Arbeitgeber das sog. Aufzehrmodell in Anspruch nehmen. In diesem Fall ist der Beitrag an den Pensionsfonds in den Monaten Januar bis November in voller Höhe (11 Monate à 600 € = 6600 €) und im Dezember in Höhe von 216 € steuerfrei sowie in Höhe von 384 € steuerpflichtig.

Der Beitrag ist steuer- und sozialversicherungsfrei, da es sich trotz der Entgeltumwandlung um Beiträge des Arbeitgebers i. S. d. § 3 Nr. 63 EStG handelt.

Der steuerfreie Höchstbetrag von 8 % der Beitragsbemessungsgrenze in der allgemeinen Rentenversicherung (2021 = 6816 € ggf. abzüglich der nach „§ 40b alt" tatsächlich pauschal besteuerten Beiträge) wird zunächst auf die rein arbeitgeberfinanzierten Beiträge angewendet. Nur wenn er hierdurch nicht ausgeschöpft worden ist, sind hierfür die auf einer Entgeltumwandlung des Arbeitnehmers beruhenden Beiträge sowie die anderen, im vom Arbeitgeber geschuldeten Gesamtversicherungsbeitrag enthaltenen Finanzierungsanteile des Arbeitnehmers zu berücksichtigen.

Beispiel P

Arbeitgeber A zahlt im Jahr 2021 für den Arbeitnehmer B Beiträge in Höhe von 6000 € an eine kapitalgedeckte Pensionskasse; davon 3600 € arbeitgeberfinanziert und 2400 € finanziert durch eine Gehaltsumwandlung des Arbeitnehmers. Außerdem zahlt A für B Beiträge an eine Direktversicherung in Höhe von 1752 €, die nach „§ 40b alt" mit 20 % pauschal besteuert werden.

Steuerfreier Höchstbetrag 8 % von 85 200 €	6816 €
abzüglich tatsächlich pauschal besteuerte Beiträge	1752 €
verbleibendes steuerfreies Volumen	5064 €
abzüglich rein arbeitgeberfinanzierte Beiträge	3600 €
verbleiben als steuerfreies Volumen für die Gehaltsumwandlung	1464 €

Der darüber hinausgehende, über die Gehaltsumwandlung finanzierte Betrag in Höhe von 936 € ist steuerpflichtig; für diesen steuerpflichtigen Betrag kann ggf. die „Riester-Förderung" (Zulage, Sonderausgabenabzug) in Anspruch genommen werden.

Steuerfreie Beiträge an einen Pensionsfonds, eine Pensionskasse oder für eine Direktversicherung gehören zum **Grundlohn** für die Berechnung der **Zuschläge** für **Sonntags-, Feiertags-** oder **Nachtarbeit** (vgl. dieses Stichwort im Hauptteil des Lexikons), soweit es sich um laufenden Arbeitslohn handelt (R 3b Abs. 2 Satz 2 Nr. 1c Satz 3 LStR).

Entsprechendes gilt für die steuerfreien Zuwendungen nach § 3 Nr. 56 EStG an umlagefinanzierte Versorgungseinrichtungen (vgl. nachfolgenden Buchstaben d).

Beispiel Q

Arbeitgeber A zahlt seinen Schichtarbeitern steuerfreie Zuschläge für Nachtarbeit in Höhe von 25 % des Grundlohns. Außerdem zahlt er für sie steuerfreie Beiträge an eine Pensionskasse in Höhe von 200 € monatlich (= 2400 € jährlich).

Die steuerfreien Beiträge an die Pensionskasse werden bei der Ermittlung des für die Höhe des steuerfreien Zuschlags wegen Nachtarbeit maßgebenden Grundlohns mit berücksichtigt, da es sich aufgrund der monatlichen Zahlungsweise um laufenden Arbeitslohn handelt.

Beispiel R

Der Arbeitgeber zahlt für jeden Schichtarbeiter im Dezember 2021 einen steuerfreien Beitrag an die Pensionskasse in Höhe von 2400 €.

Die steuerfreien Beiträge an die Pensionskasse werden bei der Ermittlung des für die Höhe der steuerfreien Zuschläge maßgebenden Grundlohns wegen Nachtarbeit **nicht** berücksichtigt, da es sich um sonstige Bezüge handelt (vgl. § 3b Abs. 2 Satz 1 EStG, wonach nur der laufende Arbeitslohn zum Grundlohn gehört).

d) Umlagefinanzierte Versorgungseinrichtungen

Arbeitslohn:

Der Bundesfinanzhof hat bestätigt, dass **Zuwendungen** des Arbeitgebers an **umlagefinanzierte Versorgungseinrichtungen,** die dem Arbeitnehmer einen unmittelbaren und unentziehbaren Rechtsanspruch auf eine Zusatzversorgung verschaffen, im Zeitpunkt ihrer Zahlung zu **Arbeitslohn** führen (BFH-Urteil vom 7.5.2009, BStBl. 2010 II S. 194; siehe auch § 19 Abs. 1 Satz 1 Nr. 3 Satz 1 EStG sowohl für umlagefinanzierte als auch kapitalgedeckte Versorgungseinrichtungen); die eingelegte Verfassungsbeschwerde ist nicht zur Entscheidung angenommen worden (Beschluss des BVerfG vom 27.7.2010, 2 BvR 3056/09). Der Arbeitgeber hatte gegen eine Versteuerung der Beitragszahlungen eingewandt, dass die Werthaltigkeit der Versorgungsanwartschaft zum Zeitpunkt der Umlagezahlungen unbestimmt sei, die Zahlungen keinen Einfluss auf die Höhe der Leistungszusage hätten und sie allein dazu dienten, die Auszahlungen an die gegenwärtigen Versorgungsempfänger zu finanzieren. Nach Auffassung des Bundesfinanzhofs kommt es jedoch für den Arbeitslohncharakter von Zukunftsicherungsleistungen grundsätzlich nicht darauf an, ob der Versicherungsfall bei dem begünstigten Arbeitnehmer überhaupt eintritt und welche Leistungen dieser letztlich erhält. Für die Annahme von Arbeitslohn genüge es, dass eine zunächst als Anwartschaftsrecht ausgestaltete Rechtsposition des Arbeitnehmers jedenfalls bei einem **planmäßigen Versicherungsverlauf** zu einem **Anspruch** auf **Versorgung** führe. Unerheblich sei, dass die Auszahlung der Versorgungsleistungen regelmäßig von der Einhaltung von Wartezeiten und einem bestimmten Lebensalter abhängig ist.

Steuerfreiheit und Pauschalbesteuerung:

Eine Steuerfreiheit der Aufwendungen an einen Pensionsfonds, eine Pensionskasse oder für eine Direktversicherung kam bis einschließlich 2007 nur in Betracht, wenn die Beiträge zum Aufbau einer betrieblichen Altersversorgung im Kapitaldeckungsverfahren erhoben wurden. Für Umlagen, die vom Arbeitgeber an eine Versorgungseinrichtung entrichtet wurden, war eine Steuerfreiheit bis einschließlich Dezember 2007 nicht möglich. Hiervon betroffen waren in erster Linie die Beiträge zu Gunsten der Arbeiter und Angestellten im öffentlichen Dienst zu einer Pflichtversicherung bei der Versorgungsanstalt des Bundes und der Länder **(VBL)** oder einer kommunalen Zusatzversorgungskasse **(ZVK).** Die unter Aufsicht der Bundesanstalt für Finanzdienstleistungsaufsicht (BAFin) stehenden Pensionskassen arbeiten hingegen nahezu ausschließlich im Kapitaldeckungsverfahren (u. a. auch die Zusatzversorgungskasse im Baugewerbe).

Werden sowohl Umlagen als auch Beiträge im Kapitaldeckungsverfahren erhoben, sind die im Kapitaldeckungsverfahren erhobenen Beiträge bis zum Höchstbetrag von 6816 € (= 8 % von 85 200 €) steuerfrei, wenn eine getrennte Verwaltung und Abrechnung beider Vermögensmassen erfolgt (sog. Trennungsprinzip).

Seit dem Jahr 2008 werden **laufende Zuwendungen** des Arbeitgebers an eine umlagefinanzierte Pensionskasse in **begrenztem Umfang steuerfrei** gestellt (§ 3 Nr. 56 EStG). Der Arbeitnehmereigenanteil an einer Umlage und die sog. eigenen Beiträge des Arbeitnehmers sind hingegen nicht steuerfrei. Die Steuerfreiheit setzt die Zahlung der Beiträge im Rahmen eines **ersten Dienstverhältnisses** und die Auszahlung der zugesagten **Versorgung** (Alters-, Invaliditäts-, Hinterbliebenenversorgung) in Form einer **Rente** oder eines **Auszahlungsplans** mit anschließender lebenslanger Teilkapitalverrentung voraus (vgl. die Erläuterungen beim vorstehenden Buchstaben b). Die Steuerfreiheit der laufenden Zuwendungen war von 2008 bis 2013 auf 1 % und von 2014 bis 2019 auf 2 % der **Beitragsbemessungsgrenze** in der allgemeinen **Rentenversicherung** – West – begrenzt. Der Prozentsatz ist zum 1.1.2020 auf **3 %** der Beitragsbemessungsgrenze gestiegen; somit ergibt sich für **2021** ein **steuerfreier Höchstbetrag** von **2556 €** (3 % von 85 200 €). Er erhöht sich ab 2025 auf 4 % der Beitragsbemessungsgrenze in der allgemeinen Rentenversicherung – West –. Bei einem Arbeitgeberwechsel kann der steuerfreie Höchstbetrag nach § 3 Nr. 56 EStG mehrfach in Anspruch genommen werden; dies gilt aber nicht bei mehreren Dienstverhältnissen im Kalenderjahr zu ein und demselben Arbeitgeber. Steuerfreie Beiträge des Arbeitgebers an eine kapitalgedeckte Versorgungseinrichtung (§ 3 Nr. 63 EStG) werden innerhalb desselben Dienstverhältnisses auf das steuerfreie Volumen **angerechnet.** Soweit die laufenden Zuwendungen nicht nach § 3 Nr. 56 EStG steuerfrei bleiben können, ist eine Besteuerung des steuerpflichtigen Teils nach den individuellen Lohnsteuerabzugsmerkmalen des Arbeitnehmers oder bis zu einem Betrag von 1752 € eine Pauschalbesteuerung mit 20 % möglich (§ 40b Abs. 1 und 2 EStG).

Beispiel

Arbeitgeber A zahlt in 2021 an eine Zusatzversorgungskasse einen Beitrag je Arbeitnehmer in Höhe von 1200 € (12 × 100 €) zugunsten einer getrennt verwalteten und abgerechneten kapitalgedeckten betrieblichen Altersversorgung und 3000 € (12 × 250 €) zugunsten einer umlagefinanzierten betrieblichen Altersversorgung.

Der Beitrag im Kapitaldeckungsverfahren in Höhe von 1200 € ist steuerfrei gemäß § 3 Nr. 63 EStG, denn der entsprechende Höchstbetrag wird bei weitem nicht überschritten. Von der Umlage sind 1356 € steuerfrei (3 % der Beitragsbemessungsgrenze in der allgemeinen Rentenversicherung = 2556 € abzüglich 1200 € steuerfreie Beiträge nach § 3 Nr. 63 EStG). Die verbleibende Umlage in Höhe von 1644 € (3000 € abzüglich 1356 €) ist nach den individuellen Lohnsteuerabzugsmerkmalen des Arbeitnehmers oder mit 20 % pauschal zu besteuern (§ 40b Abs. 1 und 2 EStG). Der bei der Pauschalbesteuerung mit 20 % zu beachtende Höchstbetrag von 1752 € ist nicht überschritten.

Nachgelagerte Besteuerung:

Die späteren **Versorgungsleistungen** sind voll **steuerpflichtig,** soweit sie auf Ansprüchen beruhen, die **durch steuerfreie** Ausgaben nach § 3 Nr. 56 EStG **erworben** wurden (§ 22 Nr. 5 Satz 1 EStG). Die Versorgungsleistungen, die auf pauschal oder individuell besteuerten Beiträgen basieren, sind mit dem niedrigeren Ertragsanteil (§ 22 Nr. 5 Satz 2 i. V. m. Nr. 1 Satz 3 Buchstabe a Doppelbuchstabe bb EStG) zu besteuern.

Vgl. im Übrigen auch die Erläuterungen beim Stichwort „Zukunftsicherung" unter Nr. 23.

e) Sonderzahlungen des Arbeitgebers

Feststellung der Steuerpflicht:

Der Bundesfinanzhof hat mit Urteilen vom 14.9.2005 sowie vom 15.2.2006 (BStBl. 2006 II S. 500, 528 und 532) entschieden, dass Sonderzahlungen eines Arbeitgebers an Zusatzversorgungskassen die anlässlich

- der Systemumstellung auf das Kapitaldeckungsverfahren,
- der Überführung einer Mitarbeiterversorgung an eine andere Zusatzversorgungskasse oder
- anlässlich des Ausscheidens aus der Versorgungsanstalt des Bundes und der Länder geleistet werden,

nicht zu Arbeitslohn bei den aktiven Arbeitnehmern führen.

Aufgrund dieser BFH-Rechtsprechung wurde in § 19 Abs. 1 Satz 1 EStG eine neue Nr. 3 (und hier besonders der Satz 2) eingeführt, wonach zum **steuerpflichtigen Arbeitslohn** auch **Sonderzahlungen** gehören, die der Arbeitgeber neben den laufenden Beiträgen und Zuwendungen an eine kapitalgedeckte oder umlagefinanzierte Versorgungseinrichtung in Form eines Pensionsfonds, einer Pensionskasse oder einer Direktversicherung leistet. Keine Sonderzahlungen des Arbeitgebers sind Zahlungen, die der Arbeitgeber wirtschaftlich nicht trägt, sondern die z. B. durch Gehaltsumwandlung oder als Eigenanteil des Arbeitnehmers erbracht werden.[1)]

Ausgenommen von der Steuerpflicht sind Zahlungen des Arbeitgebers (keine Gehaltsumwandlungen des Arbeitnehmers)

- zur erstmaligen Bereitstellung der **Kapitalausstattung** zur Erfüllung der Solvabilitätsvorschriften nach den §§ 89, 213 auch i. V. m. den §§ 234g und 238 VAG,
- zur Wiederherstellung einer angemessenen Kapitalausstattung nach unvorhersehbaren **Verlusten** (z. B. hohe Abschreibungen infolge eines Einbruchs am Kapitalmarkt) oder zur Finanzierung der Verstärkung der Rechnungsgrundlagen aufgrund der unvorhersehbaren und nicht nur vorübergehenden Änderung der Verhältnisse (z. B. anhaltende Niedrigzinsphase, gestiegene Lebenserwartung, Anstieg der Invaliditätsfälle), wobei die Sonderzahlungen nicht zu einer Absenkung des laufenden Beitrags führen oder durch die Absenkung des laufenden Beitrags Sonderzahlungen ausgelöst werden dürfen; steuerpflichtig sind zudem Sonderzahlungen des Arbeitgebers z. B. zum Ausgleich von Verlusten aus Einzelgeschäften oder die auf Kalkulationsfehler beruhen. Unerheblich ist, ob es sich bei der Sonderzahlung des Arbeitgebers um eine einmalige Kapitalzahlung oder um eine regelmäßige Zahlung des Arbeitgebers (z. B. einen satzungsmäßig vorgesehenen Sonderzuschlag) neben den laufenden Beiträgen und Zuwendungen handelt,[2)]
- in der Rentenbezugszeit nach § 236 Abs. 2 VAG oder
- in Form von **Sanierungsgelder.** Sanierungsgelder, die der Arbeitgeber zur Deckung eines finanziellen Fehlbetrags an umlagefinanzierte Versorgungseinrichtungen zahlt, sind auch sozialversicherungsfrei (§ 1 Abs. 1 Satz 1 Nr. 12 SvEV).[3)]

Steuerpflichtige Sonderzahlungen des Arbeitgebers sind insbesondere Zahlungen an eine Pensionskasse anlässlich

a) seines Ausscheidens aus einer nicht im Wege der Kapitaldeckung finanzierten betrieblichen Altersversorgung (z. B. Gegenwertzahlung beim Ausscheiden aus der Versorgungsanstalt des Bundes und der Länder[3)]),
b) des Wechsels von einer nicht im Wege der Kapitaldeckung zu einer anderen nicht im Wege der Kapitaldeckung finanzierten betrieblichen Altersversorgung (z. B. Wechsel von einer umlagefinanzierten Zusatzversorgungskasse zu einer anderen umlagefinanzierten Zusatzversorgungskasse); Entsprechendes gilt bei der Zusammenlegung zweier nicht kapitalgedeckter Versorgungssysteme.

In den Fällen des vorstehenden Buchstabens b) ist bei laufenden und wiederkehrenden Zahlungen entsprechend dem periodischen Bedarf nur von Sonderzahlungen auszugehen, soweit die Bemessung der Zahlungsverpflichtungen des Arbeitgebers in das Versorgungssystem nach dem Wechsel die Bemessung der Zahlungsverpflichtung zum Zeitpunkt des Wechsels übersteigt. Dies ist im Hinblick auf die 15 %ige Pauschalbesteuerung der Sonderzahlungen von Bedeutung (vgl. § 40b Abs. 4 EStG).

Beispiel A

Die ZVK A wird auf die ZVK B überführt. Der Umlagesatz der ZVK A betrug bis zur Überführung 6 % vom zusatzversorgungspflichtigen Entgelt. Die ZVK B erhebt nur 4 % vom zusatzversorgungspflichtigen Entgelt. Der Arbeitgeber zahlt nach der Überführung auf die ZVK B für seine Arbeitnehmer zusätzlich zu den 4 % Umlage einen einmalig festgelegten Betrag, durch den die Differenz bei der Umlagehöhe (6 % zu 4 % vom zusatzversorgungspflichtigen Entgelt) ausgeglichen wird.

Bei dem Differenzbetrag, den der Arbeitgeber nach der Überführung auf die ZVK B zusätzlich leisten muss, handelt es sich um eine steuerpflichtige Sonderzahlung, die mit 15 % pauschal zu besteuern ist (§ 40b Abs. 4 EStG). Eine Pauschalbesteuerung ist möglich, weil es sich um eine Einmalzahlung handelt. Eine teilweise Steuerfreiheit nach § 3 Nr. 56 EStG kommt für die Sonderzahlung bereits deshalb nicht in Betracht, weil es sich nicht um eine laufende Zuwendung handelt.

Zu den **nicht steuerpflichtigen Sanierungsgeldern** gehören die Sonderzahlungen des Arbeitgebers, die er anlässlich der Umstellung der Finanzierung des Versorgungssystems von der Umlagefinanzierung auf die Kapitaldeckung für die bis zur Umstellung bereits entstandenen Versorgungsverpflichtungen oder -anwartschaften noch zu leisten hat. Entsprechendes gilt für die Zahlungen, die der Arbeitgeber im Fall der Umstellung auf der Leistungsseite für diese vor Umstellung bereits entstandenen Versorgungsverpflichtungen und -anwartschaften in das Versorgungssystem leistet. Davon ist z. B. auszugehen, wenn

- eine deutliche Trennung zwischen bereits entstandenen und neu entstehenden Versorgungsverpflichtungen sowie -anwartschaften sichtbar wird,
- der finanzielle Fehlbedarf zum Zeitpunkt der Umstellung hinsichtlich der bereits entstandenen Versorgungsverpflichtungen sowie -anwartschaften ermittelt wird und
- dieser Betrag ausschließlich vom Arbeitgeber als Zuschuss geleistet wird.

Bei laufenden und wiederkehrenden Zahlungen entsprechend dem periodischen Bedarf ist zudem von einem nicht steuerpflichtigen Sanierungsgeld nur auszugehen, soweit die Bemessung der Zahlungsverpflichtungen des Arbeitgebers in das Versorgungssystem nach der Systemumstellung die Bemessung der Zahlungsverpflichtung zum Zeitpunkt der Systemumstellung übersteigt (§ 19 Abs. 1 Satz 1 Nr. 3 Satz 4 letzter Halbsatz EStG). Ein nicht steuerpflichtiges Sanierungsgeld kann also bei laufenden Zahlungen entsprechend dem periodischen Bedarf nur vorliegen, soweit der **bisherige Umlagesatz überstiegen** wird. Von laufenden und wiederkehrenden Zahlungen entsprechend dem periodischen Bedarf ist aber nicht auszugehen, wenn sich die Zahlungen nicht am aktuellen Bedarf des geschlossenen Umlagesystems orientieren, sondern das zu erbringende Sanierungsgeld als Gesamtfehlbetrag feststeht und lediglich ratierlich getilgt wird (= kein steuerpflichtiger Arbeitslohn).

Beispiel B

Die ZVK A stellt ihre betriebliche Altersversorgung auf der Finanzierungs- und Leistungsseite um. Bis zur Systemumstellung betrug die Umlage 6,2 %. Nach der Systemumstellung beträgt die Zahlung insgesamt 7,7 % vom zusatzversorgungspflichtigen Entgelt. Davon werden 4 % zugunsten der nun im Kapitaldeckungsverfahren finanzierten Neuanwartschaften und 3,7 % für die weiterhin im Umlageverfahren finanzierten Anwartschaften einschließlich eines Sanierungsgeldes geleistet.

Ermittlung des nicht steuerpflichtigen Sanierungsgeldes

Zahlungen nach der Systemumstellung insgesamt	7,7 %
Zahlungen vor der Systemumstellung	6,2 %
Nicht zu besteuerndes Sanierungsgeld	1,5 %

Ermittlung der weiterhin zu besteuernden Umlagezahlung

Zahlungen nach der Systemumstellung für das Umlageverfahren	3,7 %
Nicht zu besteuerndes Sanierungsgeld	1,5 %
Steuerpflichtige Umlagezahlungen	2,2 %

Aufgrund der im Beispielsfall höheren steuerfreien Einzahlungen in das Kapitaldeckungsverfahren (§ 3 Nr. 63 EStG) scheidet eine teilweise Steuerfreiheit der Umlagezahlung nach § 3 Nr. 56 EStG aus.

Im Zusammenhang mit dem vorstehenden Beispiel B ist noch zu beachten, dass sich ein nicht zu besteuerndes Sanierungsgeld weder ganz noch teilweise aufgrund von Beitragserhöhungen im Kapitaldeckungsverfahren ergeben kann. Darüber hinaus besteht auch für eine Reduzierung der steuerpflichtigen Umlagezahlungen kein Spielraum, solange ein Finanzbedarf in Form von Sanierungsgeldern vorhanden ist. Vor einer Reduzierung der Umlagen haben sich zunächst die Sanierungsgelder zu verringern.

Der Arbeitgeber hat die Lohnsteuer mit einem **Pauschsteuersatz** in Höhe von **15 %** der steuerpflichtigen **Sonderzahlungen** zu erheben (§ 40b Abs. 4 EStG = **Pauschalierungspflicht).** Eine Pauschalierung der

1) Bei besonderen Zahlungen an umlagefinanzierte Versorgungseinrichtungen (wie z. B. Zuschläge wegen Insolvenzrisikos des Arbeitgebers) kommt es u. E. darauf an, ob sie Bestandteil der laufenden Umlage sind (= teilweise steuerfrei, Pauschsteuersatz 20 %) oder gesondert (daneben) erhoben werden (Pauschsteuersatz 15 %).

2) In welcher Höhe letztlich bezogen auf die jeweilige Versorgungseinrichtung nicht steuerpflichtige Sonderzahlungen vorliegen, ist versicherungsmathematisch und versicherungsaufsichtsrechtlich durch einen Aktuar zu beurteilen.

3) Der Bundesfinanzhof hat gegen die Privilegierung der Sanierungsgelder (nicht steuerpflichtig) gegenüber der Gegenwertzahlung (steuerpflichtig) keine verfassungsrechtlichen Bedenken (BFH-Beschlüsse vom 14.11.2013, BFH/NV 2014 S. 418 und S. 426). Die Sozialversicherungsentgeltverordnung (SvEV) ist als Anhang 2 im **Steuerhandbuch für das Lohnbüro 2021** abgedruckt, das im selben Verlag erschienen ist.

Lohnsteuer mit dem besonderen Pauschsteuersatz des § 40 Abs. 1 Satz 1 Nr. 1 EStG (vgl. das Stichwort „Pauschalierung der Lohnsteuer" unter Nr. 2) ist nicht möglich (§ 40b Abs. 5 Satz 2 EStG). Die Pauschalierung der steuerpflichtigen Sonderzahlungen mit 15 % ist auch dann zulässig, wenn an die Versorgungseinrichtung keine weiteren laufenden Beiträge oder Zuwendungen geleistet werden.

Die vorstehend beschriebene **Pauschalierungspflicht des Arbeitgebers** verstößt nach Auffassung des Bundesfinanzhofs gegen den allgemeinen Gleichheitssatz, weil damit der Arbeitgeber im Gegensatz zu allen anderen Einkommensteuerpflichtigen verpflichtet wird, die Einkommensteuer für eine andere Person zu tragen. Zwar sieht das Einkommensteuergesetz auch für andere Fälle eine pauschale Lohnsteuer vor, etwa wenn der Arbeitgeber seinen Arbeitnehmern verbilligt Mahlzeiten gewährt. In all diesen Fällen hat der Arbeitgeber jedoch die Wahl, ob er die hierauf geschuldete Lohnsteuer vom Arbeitslohn des Arbeitnehmers abzieht und an das Finanzamt abführt oder ob er die meist günstigere pauschale Lohnsteuer selbst zahlt oder ggf. im Innenverhältnis auf den Arbeitnehmer abwälzt. Der Bundesfinanzhof hat daher die Frage der Pauschalierungspflicht des Arbeitgebers bei Sonderzahlungen an umlagefinanzierte Versorgungseinrichtungen dem **Bundesverfassungsgericht zur Entscheidung vorgelegt** (BFH-Beschlüsse vom 14.11.2013, BFH/NV 2014 S. 418 und S. 426).

Surrogatleistungen:

In der Vergangenheit stellte sich häufiger die Frage, welche steuerlichen Folgen beim Arbeitnehmer das **Ausscheiden** seines **Arbeitgebers** aus einer **umlagefinanzierten Versorgungseinrichtung** hat. Im ersten Streitfall war ein Arbeitnehmer nach dem Ausscheiden des Arbeitgebers aus der VBL dort beitragsfrei weiter versichert und erhielt statt einer Versorgungsrente eine **niedrigere Versicherungsrente. Daneben** bildete der Arbeitgeber aufgrund einer Direktzusage ein Versorgungsguthaben zur Sicherung der zugesagten Gesamtversorgung, das er an den in Ruhestand getretenen Arbeitnehmer als Einmalbetrag auszahlte (sog. **Surrogatleistung**). Der Bundesfinanzhof behandelte – neben den zuvor versteuerten Umlagezahlungen – auch die Einmalzahlung aufgrund der Direktzusage als **Arbeitslohn,** der allerdings nach der sog. Fünftelregelung ermäßigt zu besteuern war (BFH-Urteil vom 7.5.2009, BStBl. 2010 II S. 130). Bei einem außerplanmäßigen Wechsel des Durchführungswegs der Altersversorgung komme eine Verrechnung von bereits als Arbeitslohn versteuerten Umlagezahlungen mit vom Arbeitnehmer später erlangten (neuen) Vorteilen nicht in Betracht. Da dem Kläger zum Zeitpunkt des Ausscheidens des Arbeitgebers aus der VBL noch kein gesicherter Anspruch auf die höhere Versorgungsrente zustand, konnte die Einmalzahlung aufgrund der Direktzusage nicht lediglich als finanzielle Kompensation für eine bereits erlangte, infolge des Ausscheidens des Arbeitgebers aus der VBL verloren gegangene Rechtsposition angesehen werden. Der Bundesfinanzhof betont, dass – über den Streitfall hinaus – auch **Nachzahlungen** zur Sicherung eines arbeits- oder tarifvertraglich zugesicherten Versorgungsniveaus nicht mit früheren Zukunftsicherungsleistungen zu saldieren sind, die abweichend vom planmäßigen Versicherungsverlauf ganz oder teilweise nicht zu der angestrebten Versorgung geführt haben; auch solche Sonderzahlungen führen daher zu Arbeitslohn. Dies gilt entsprechend, wenn die Versorgungseinrichtung die zugesagten Versorgungsleistungen kürzt (z. B. wegen der Niedrigzinsphase vom Kapitalmarkt und/oder gestiegener Lebenserwartung) und der Arbeitgeber nach den Regelungen im Betriebsrentengesetz für die Erfüllung der von ihm zugesagten Leistungen einzustehen hat.

In zwei weiteren Verfahren hatte der Bundesfinanzhof darüber zu entscheiden, ob nach dem Ausscheiden des Arbeitgebers aus der VBL eine Rückzahlung von Arbeitslohn vorliegt, wenn der Arbeitnehmer wegen **Nichterfüllung der Wartezeit** einen Versorgungsanspruch gegenüber der VBL nicht mehr erdienen kann oder der zukünftig beitragsfrei versicherte Arbeitnehmer von einem Anspruch auf höhere Versorgungsrente auf einen **niedrigeren Anspruch** auf **Versicherungsrente** zurückfällt. Obwohl sich in beiden Fällen die Beiträge zur Finanzierung des Versicherungsschutzes des Arbeitnehmers nach Abweichungen vom planmäßigen Versicherungsverlauf nachträglich ganz oder teilweise nicht mehr als werthaltig erweisen, führt dies **nicht** zu **negativen Einnahmen oder** zu **Erwerbsaufwendungen** (Werbungskosten) des versicherten Arbeitnehmers (BFH-Urteile vom 7.5.2009, BStBl. 2010 II S. 133 und S. 135).

Entscheidend war für den Bundesfinanzhof u. a., dass im Fall der Nichterfüllung der Wartezeit keine Gelder an den Arbeitgeber zurückgeflossen sind, und zwar weder von der VBL noch vom Arbeitnehmer selbst. Der angebliche „Wertverlust" vollzog sich innerhalb des Versicherungsverhältnisses und nicht – wie es für die Annahme einer Arbeitslohnrückzahlung erforderlich wäre – innerhalb des Arbeitsverhältnisses. Fällt der zukünftig beitragsfrei versicherte Arbeitnehmer infolge des Ausscheidens des Arbeitgebers aus der VBL von einem Anspruch auf höhere Versorgungsrente auf einen niedrigeren Anspruch auf Versicherungsrente zurück, fehlt es bereits an der Vermögensminderung. Ohne weitere, zukünftige Umlagezahlungen bestand nämlich ohnehin kein Anspruch auf die höhere Versorgungsrente.

Zu den weiteren Folgerungen dieser Rechtsprechung vgl. auch die Erläuterungen beim Stichwort „Zukunftsicherung" unter Nr. 17.

f) Keine Steuerfreiheit bei Durchschnittsfinanzierung im Kapitaldeckungsverfahren

Die Steuerfreiheit nach § 3 Nr. 63 EStG kann nur in Anspruch genommen werden, wenn der vom Arbeitgeber zur Finanzierung der zugesagten Versorgungsleistung an einen kapitalgedeckten Pensionsfonds, eine kapitalgedeckte Pensionskasse oder für eine kapitalgedeckte Direktversicherung gezahlte **Beitrag** nach bestimmten **individuellen Kriterien** dem einzelnen Arbeitnehmer **zugeordnet** wird. Die Verteilung eines vom Arbeitgeber gezahlten Gesamtbeitrags nach der Anzahl der begünstigten Arbeitnehmer **(Pro-Kopf-Aufteilung) genügt nicht.** Allerdings setzt die Steuerfreiheit nicht voraus, dass sich die Höhe der zugesagten Versorgungsleistung an der Höhe der eingezahlten Beiträge orientiert, da der Arbeitgeber nach dem Betriebsrentengesetz nicht nur eine reine Beitragszusage, eine Beitragszusage mit Mindestleistung oder eine beitragsorientierte Leistungszusage, sondern auch eine Leistungszusage erteilen kann (vgl. § 1 BetrAVG).[1)]

Beispiel

Der Beitrag zu einer Pensionskasse beträgt laut Satzung monatlich 1,65 % der Bruttolohnsumme. Für 50 Arbeitnehmer ergibt sich im Abrechnungsmonat eine Bruttolohnsumme von 150 000 €. Der Beitrag an die Pensionskasse beträgt monatlich 2475 €. Bei einer Pro-Kopf Aufteilung ergibt sich je Arbeitnehmer ein Beitrag von monatlich 49,50 € (= 594 € jährlich).

Eine Steuerfreiheit des Beitrags an die Pensionskasse kommt nicht in Betracht, da eine Pro-Kopf-Aufteilung und keine individuelle Zuordnung des Beitrags zum einzelnen Arbeitnehmer vorgenommen worden ist.

Bei der **Zusatzversorgungskasse im Baugewerbe** („Soka-Bau") werden die Beiträge anhand eines festgelegten Prozentsatzes vom individuellen Bruttolohn des einzelnen Arbeitnehmers oder in Form eines festen Euro-Betrags erhoben. Es handelt sich daher **nicht** um eine **Durchschnittsfinanzierung** mit der Folge, dass die Voraussetzungen für die Steuerfreiheit vorliegen.

g) Ausländische Pensionsfonds, ausländische Pensionskassen und – bei Direktversicherungen – ausländische Versicherungsunternehmen

Bei Beiträgen an **ausländische** betriebliche **Altersversorgungssysteme** ist entscheidend, ob dieses System mit einem Durchführungsweg der betrieblichen Altersversorgung nach dem **deutschen Betriebsrentengesetz[1)] vergleichbar** ist bzw. einem der Durchführungswege als vergleichbar zugeordnet werden kann. Die Beiträge sind in dem gesetzlich vorgesehenen Umfang des § 3 Nr. 63 EStG steuerfrei, wenn

- das ausländische betriebliche Altersversorgungssystem vergleichbar einem Pensionsfonds, einer Pensionskasse oder einer Direktversicherung ist,
- auch die weiteren wesentlichen **Kriterien** für die **Anerkennung** einer betrieblichen **Altersversorgung in Deutschland erfüllt** werden (u. a. Absicherung mindestens eines biometrischen Risikos, Beachtung der Altersgrenze für Versorgungsleistungen, enger Hinterbliebenenbegriff, keine Vererblichkeit, begünstigte Auszahlungsform; vgl. die vorstehende Nr. 1 sowie den vorstehenden Buchstaben b) und
- die ausländische Versorgungseinrichtung in vergleichbarer Weise den für inländische Versorgungseinrichtungen maßgeblichen **Aufbewahrungs-, Mitteilungs- und Bescheinigungspflichten** zur Sicherstellung der Besteuerung der Versorgungsleistungen im Wesentlichen **nachkommt** (vgl. nachfolgende Nr. 10).

Die vorstehenden Ausführungen gelten auch dann, wenn bei **grenzüberschreitenden** Arbeitnehmerentsendungen in Konzernen von inländischen Arbeitgebern Beiträge zur betrieblichen Altersversorgung an ausländische Versorgungseinrichtungen geleistet werden.

Beispiel A

Der niederländische Arbeitnehmer eines Tochterunternehmens wird in Deutschland für das deutsche Mutterunternehmen tätig. Das ausländische Unternehmen ist zivilrechtlicher Arbeitgeber, das inländische Unternehmen wirtschaftlicher Arbeitgeber mit der Folge, dass Deutschland unabhängig vom Zeitraum der Entsendung das Besteuerungsrecht hat (vgl. das Stichwort „Doppelbesteuerungsabkommen" unter den Nrn. 3 und 7).

1) Das Betriebsrentengesetz (BetrAVG) ist als Anhang 13 im **Steuerhandbuch für das Lohnbüro 2021** abgedruckt, das im selben Verlag erschienen ist.

Für den Zeitraum der Entsendung werden weiterhin Beiträge an eine ausschließlich in den Niederlanden tätige Pensionskasse gezahlt, die ebenfalls von der ausländischen Tochter an die deutsche Mutter weiter belastet werden.

Die Beiträge an die niederländische Pensionskasse sind bis zum Höchstbetrag (2021 = 6816 €) steuerfrei, wenn die niederländische Pensionskasse die maßgeblichen Kriterien für die Anerkennung einer betrieblichen Altersversorgung in Deutschland erfüllt (u. a. Absicherung mindestens eines biometrischen Risikos, Beachtung der Altersgrenze für Versorgungsleistungen, enger Hinterbliebenenbegriff, keine Vererblichkeit, begünstigte Auszahlungsform) und in vergleichbarer Weise den für inländische Versorgungseinrichtungen maßgeblichen Aufbewahrungs-, Mitteilungs- und Bescheinigungspflichten zur Sicherstellung der Besteuerung der Versorgungsleistungen im Wesentlichen nachkommt. Sollten z. B. in der Satzung der niederländischen Pensionskasse Altersversorgungsleistungen bereits ab dem 58. Lebensjahr vorgesehen sein, kommt eine Steuerfreistellung der Beiträge wegen der Unterschreitung der Altersgrenze für Versorgungsleistungen (60./62. Lebensjahr; vgl. vorstehende Nr. 1) nicht in Betracht. Aus Art. 24 Abs. 6 DBA-Niederlande ergibt sich keine Einschränkung dieser Regelungen.

Die Steuerbefreiung nach § 3 Nr. 63 EStG kann auch für bestimmte **amerikanische Pensionspläne** in Anspruch genommen werden (z. B. sog. 401 [k]-Pensionsplan; vgl. im Einzelnen Nr. 16 des Protokolls zum DBA USA).[1] Zur Fundstelle des DBA mit den USA vgl. das Stichwort „Doppelbesteuerungsabkommen“ unter Nr. 1 Buchstabe b. Darüber hinaus ist stets zu prüfen, ob sich aus einer völkerrechtlichen Vereinbarung die unmittelbare Anwendbarkeit der Steuerbefreiungsvorschrift des § 3 Nr. 63 EStG ergibt.

Beispiel B

Der in Deutschland für ein inländisches Tochterunternehmen eines amerikanischen Unternehmens arbeitende A erhält im Jahr 2021 einen Bruttoarbeitslohn in Höhe von 120 000 €. Darin enthalten sind Beiträge zu einem sog. 401 [k]-Pensionsplan in Höhe von 10 000 €.

Die Beiträge an den 401 [k]-Pensionsplan sind in Höhe von 6816 € steuerfrei. Der steuerpflichtige Bruttoarbeitslohn beträgt 113 184 € (120 000 € – 6816 €).

In Entsendungsfällen ist die Steuerbefreiung nach § 3 Nr. 63 EStG vorrangig vor eine Steuerfreistellung der Beiträge als Arbeitslohn nach einem DBA anzuwenden. Zur steuerlichen Behandlung der Beiträge und Leistungen bei Vorsorgeeinrichtungen nach der zweiten Säule der **schweizerischen Altersvorsorge** (= berufliche Vorsorge) vgl. das Stichwort „Grenzgänger“ unter Nr. 5.

h) Verwaltungskosten des Arbeitgebers

Immer mehr Arbeitgeber entscheiden sich dazu, die in ihrem Unternehmen angebotene betriebliche Altersversorgung von einer sog. **Clearing-Stelle verwalten** zu lassen. Vertragliche Beziehungen bestehen in solch einem Fall ausschließlich zwischen dem Arbeitgeber und der Clearing-Stelle. Die **Verwaltungskosten** belaufen sich auf bis zu 2,50 € pro Vertrag und Monat und werden nicht selten wirtschaftlich vom **Arbeitnehmer getragen.**

Die Finanzverwaltung hat diesbezüglich entschieden, dass die Zahlung von Verwaltungskosten durch den Arbeitgeber an eine sog. Clearing-Stelle **lohnsteuerlich irrelevant** ist. Trägt der Arbeitgeber die Verwaltungskosten liegt beim Arbeitnehmer kein Zufluss von Arbeitslohn vor. Werden die Aufwendungen dem Arbeitgeber vom Arbeitnehmer erstattet, handelt es sich nicht um eine Entgeltumwandlung oder um einen anderen Finanzierungsanteil des Arbeitnehmers zugunsten von betrieblicher Altersversorgung, sondern um eine Einkommensverwendung (= Zahlung des Arbeitnehmers aus seinem versteuerten „Netto“). Beim Arbeitnehmer liegen keine Aufwendungen zur Sicherung oder Erzielung von Einkünften vor. Folglich können die Arbeitnehmer die Beträge weder bei ihren Einkünften aus nichtselbstständiger Arbeit noch bei ihren sonstigen Einkünften als Werbungskosten geltend machen.[2]

i) Schließen von Versorgungslücken bei ruhenden Arbeitsverhältnissen

Die Nachzahlung von Beiträgen an einen Pensionsfonds, eine Pensionskasse und zugunsten einer Direktversicherung wird seit 2018 für **maximal 10 Kalenderjahre** steuerfrei gestellt, wenn das Arbeitsverhältnis im Nachzahlungszeitraum ruhte und in Deutschland kein steuerpflichtiger Arbeitslohn bezogen wurde (§ 3 Nr. 63 Satz 4 EStG). Hierdurch sollen bei „gebrochenen Erwerbsbiographien“ Versorgungslücken geschlossen werden, wie beispielsweise

- Zeiten einer Entsendung ins Ausland,
- Elternzeiten und
- Sabbatjahre.

Berücksichtigt werden nur Kalenderjahre, in denen vom Arbeitgeber im Inland vom 1.1. bis 31.12. kein steuerpflichtiger Arbeitslohn bezogen wurde; Arbeitslöhne aus anderen Arbeitsverhältnissen (Steuerklasse VI oder pauschal besteuerter Arbeitslohn) spielen keine Rolle. Zur Berechnung des steuerfreien Volumens werden auch Kalenderjahre vor 2018 einbezogen. Im Zeitraum des Ruhens und im Zeitpunkt der Nachzahlung muss allerdings ein erstes Dienstverhältnis vorliegen. Dies ist dem Arbeitgeber für den jeweiligen Arbeitnehmer durch den Abruf der elektronischen Lohnsteuerabzugsmerkmale (ELStAM) bekannt.

Zugrunde gelegt für die Berechnung des steuerfreien Betrags werden ebenfalls **8 %** der Beitragsbemessungsgrenze in der gesetzlichen Rentenversicherung – West – je Kalenderjahr, wobei auch hier **maximal 10 Kalenderjahre** berücksichtigt werden, um die Steuerausfälle zu begrenzen; maßgeblich ist die Beitragsbemessungsgrenze des Jahres der Zahlung. Damit ergibt sich für 2021 ein steuerfreier Nachzahlungsbetrag von höchstens 68 160 € (8 % von 85 200 € × 10 Kalenderjahre).

Beispiel A

Der Arbeitnehmer wird bei ruhendem Arbeitsverhältnis von 2021 bis einschließlich 2025 (= fünf Jahre) ins Ausland entsendet. Seine betriebliche Altersversorgung über eine Pensionskasse ruht in dieser Zeit ebenfalls. Anfang 2026 zahlt der Arbeitgeber einen Beitrag von 15 000 € (5 Jahre à 3000 € jährlich) nach.

Der Anfang 2026 für die Jahre 2021 bis 2025 nachgezahlte Beitrag an die Pensionskasse ist in voller Höhe steuerfrei (Berechnungsgrundlage 5 Jahre × 8 % = 40 % von der Beitragsbemessungsgrenze 2026 = größer als 15 000 €).

Wird der Nachzahlungsbetrag in Teilbeträgen entrichtet, ist auf die Beitragsbemessungsgrenze des Kalenderjahres der ersten Teilzahlung abzustellen.

Beispiel B

Der Arbeitnehmer wurde bei ruhendem Arbeitsverhältnis von 2016 bis einschließlich 2020 (= fünf Jahre) ins Ausland entsendet. Seine betriebliche Altersversorgung über eine Pensionskasse ruhte in dieser Zeit ebenfalls. Der Arbeitgeber leistet den Nachzahlungsbetrag in drei Teilbeträgen in den Jahren 2021 bis 2023.

Für die Berechnung des steuerfreien Volumens ist auf die Beitragsbemessungsgrenze 2021 abzustellen. Die Teilzahlungen in den drei Jahren sind bis zu einem Betrag von 34 080 € steuerfrei (Berechnungsgrundlage 5 Jahre × 8 % = 40 % von der Beitragsbemessungsgrenze 2021 = 85 200 €).

Die Nachholung ist zudem nur für Kalenderjahre möglich, in denen kein steuerfreier Beitrag (= 0 €) zur betrieblichen Altersversorgung gezahlt worden ist.

Beispiel C

Wie Beispiel B. Im Jahre 2016 hat der Arbeitgeber für den Arbeitnehmer noch einen steuerfreien Beitrag an die Pensionskasse in Höhe von 1000 € geleistet.

Der Nachholungszeitraum beträgt abweichend vom Beispiel B lediglich vier Jahre, da das Jahr 2016 aufgrund der Zahlung eines steuerfreien Beitrags nicht mitzuzählen ist.

Die Nachholung muss im Zusammenhang mit dem Ruhen des Dienstverhältnisses stehen. Von einem solchen Zusammenhang kann ausgegangen werden, wenn die Beiträge spätestens bis zum Ende des Kalenderjahres, das auf das Ende der Ruhensphase folgt, nachgezahlt werden. In dem Kalenderjahr, das auf das Ende der Ruhensphase folgt, können beide Steuerbefreiungsvorschriften nebeneinander in Anspruch genommen werden (§ 3 Nr. 63 Sätze 1 und 4 EStG).

Fraglich ist allerdings der praktische Anwendungsbereich der Vorschrift. Insbesondere in den Fällen der Auslandsentsendung wird man als „betroffener“ Arbeitnehmer darauf bestehen, dass seitens der Firma die bestehende betriebliche Altersversorgung „weiter bedient“ wird und es somit gar nicht erst zu einer Versorgungslücke kommt. Hinzu kommt, dass die Sozialversicherungsentgeltverordnung bisher keine Sonderregelung in Form der Beitragsfreiheit für die Fallgestaltung „Schließen von Versorgungslücken bei ruhenden Arbeitsverhältnissen“ enthält. Es bleibt abzuwarten, ob sich hieran zukünftig noch etwas ändern wird.

1) Weitere für die Steuerbefreiung begünstigte amerikanische Pensionspläne sind: anerkannte Pläne („qualified plans“) nach § 401(a) Internal Revenue Code, individuelle Altersvorsorgepläne einschließlich individueller Altersvorsorgepläne, die Teil eines vereinfachten betrieblichen Altersvorsorgeplans („simplified employee pension plan“) nach § 408(k) Internal Revenue Code sind, individuelle Rentensparpläne („individual retirement accounts“), individueller Rentenversicherungen („individual retirement annuities“) und Pläne („accounts“) nach § 408(p) Internal Revenue Code, steuerrechtlich anerkannte Rentenpläne („qualified annuity plans“) nach § 403(a) Internal Revenue Code, Pläne nach § 403(b) Internal Revenue Code und staatliche Pläne („governmental plans“) nach § 475(b) Internal Revenue Code, nicht jedoch Roth-IRAs nach § 408A) Internal Revenue Code.

2) BMF-Schreiben vom 24.6.2008 (Az.: IV C 5 – S 2333/07/0016). Das nicht im Bundessteuerblatt veröffentlichte BMF-Schreiben ist als Anlage zu H 3.63 LStR im **Steuerhandbuch für das Lohnbüro 2021** abgedruckt, das im selben Verlag erschienen ist.

6. Beibehaltung der Pauschalierungsmöglichkeit für Altzusagen

a) Allgemeines

Für die Beibehaltung der Pauschalbesteuerung nach § 40b EStG alte Fassung ist nur noch entscheidend, ob **vor dem 1.1.2018 ein Beitrag** des Arbeitgebers zum Aufbau einer kapitalgedeckten betrieblichen Altersversorgung an eine Pensionskasse oder zugunsten einer Direktversicherung **zu Recht pauschal besteuert** worden ist. Beiträge an Pensionskassen und Direktversicherungen, die pauschal besteuert werden **(„§ 40b alt")**, werden zudem auf das **steuerfreie Volumen angerechnet** werden.

Da die vorstehenden Ausführungen insbesondere „Altzusagen" (= Versorgungszusagen, die vor dem 1.1.2005 erteilt wurden) betreffen, ist Folgendes zu beachten: Für die Frage, zu welchem **Zeitpunkt** eine **Versorgungszusage** erstmalig erteilt wurde, ist grundsätzlich die zu einem Rechtsanspruch führende arbeitsrechtliche bzw. betriebsrentenrechtliche Verpflichtungserklärung des Arbeitgebers maßgebend (z. B. Einzelvertrag, Betriebsvereinbarung oder Tarifvertrag). Entscheidend ist daher nicht, wann Mittel an die Versorgungseinrichtung fließen. Bei kollektiven, rein arbeitgeberfinanzierten Versorgungsregelungen ist die Zusage daher regelmäßig mit Abschluss der Versorgungsregelung bzw. mit dem Beginn des Dienstverhältnisses des Arbeitnehmers erteilt. Ist die erste Dotierung durch den Arbeitgeber erst nach Ablauf einer von vornherein arbeitsrechtlich festgelegten Wartezeit vorgesehen, wird der („frühere") Zusagezeitpunkt dadurch nicht verändert.

Im Fall einer ganz oder teilweise durch Entgeltumwandlung finanzierten Zusage gilt diese regelmäßig mit Abschluss der erstmaligen Gehaltsänderungsvereinbarung als erteilt. Liegen zwischen der Gehaltsänderungsvereinbarung und der erstmaligen Herabsetzung des Arbeitslohns aber mehr als zwölf Monate, gilt die Versorgungszusage erst im Zeitpunkt der erstmaligen Herabsetzung als erteilt.

Bei Beiträgen für eine Direktversicherung an eine Pensionskasse aufgrund einer Versorgungszusage, die vor dem 1.1.2005 erteilt wurde, ist es für die Beibehaltung der Pauschalierung unerheblich, in welcher **Auszahlungsform** die spätere **Versorgungsleistung** erbracht wird.

Tabellarische Übersicht zur Beibehaltung der Pauschalierung bei Versorgungszusagen, die vor dem 1.1.2005 erteilt worden sind

Auszahlungsform der Versorgungsleistung	Pauschalierung der Beiträge bis zu 1752 € mit 20 %
(reine) Kapitalauszahlung	Ja
(reine) Rentenzahlung	Ja
Rentenzahlung mit Kapitalwahlrecht	Ja
Kapitalauszahlung mit Möglichkeit der Verrentung	Ja

b) Direktversicherungen

Für eine Pauschalbesteuerung der Beiträge zu einer Direktversicherung mit 20 % bis zu 1752 € ist nur noch entscheidend, ob **vor** den **1.1.2018** mindestens **ein Beitrag** zum Aufbau einer kapitalgedeckten Altersversorgung **zu Recht pauschal besteuert** wurde.

Die Steuerfreiheit der Beiträge für eine Direktversicherung war früher nicht anzuwenden, wenn der Arbeitnehmer gegenüber dem Arbeitgeber auf diese Steuerfreiheit verzichtet hatte; lediglich bei Direktversicherungen, die als Versorgungsleistung eine Kapitalauszahlung vorsahen, war ein Verzicht des Arbeitnehmers auf die Steuerfreiheit der Beiträge nicht erforderlich. In der Regel führte dies zu einer Pauschalbesteuerung der Beiträge mit 20 %, die im Hinblick auf die spätere steuerliche Behandlung der Versorgungsleistungen nicht ungünstiger sein muss. Bei einem Arbeitgeberwechsel lebte das Wahlrecht zwischen Steuerfreiheit und Pauschalbesteuerung neu auf.

Da für die steuerliche Behandlung der Beiträge zur betrieblichen Altersversorgung tarifliche Regelungen oder andere arbeitsrechtliche Vereinbarungen bestehen, konnte die Verzichtserklärung des Arbeitnehmers auf die Steuerfreiheit entfallen. Maßgebend für die Fortführung der Pauschalbesteuerung ist daher allein die Tatsache, dass vor dem 1.1.2018 ein Beitrag zu Recht pauschal mit 20 % besteuert worden ist. In diesem Fall liegen für den jeweiligen Arbeitnehmer die persönlichen Voraussetzungen für die weitere Inanspruchnahme der Pauschalbesteuerung sein ganzes Leben lang vor. Infolgedessen können Direktversicherungsbeiträge auch nach Inanspruchnahme der Steuerfreiheit „auf Wunsch" des Arbeitnehmers wieder mit 20 % pauschal besteuert werden.

Beispiel A

Ende des Jahres 2000 wurde eine Direktversicherung abgeschlossen, die bezüglich der Versorgungsleistung ein Wahlrecht zwischen Renten- und Kapitalauszahlung vorsieht. Die Beiträge zu dieser Direktversicherung sind in den Jahren 2001 bis 2004 zu Recht mit 20% pauschal besteuert worden. Seit dem Jahr 2005 sind die Beiträge als steuerfrei behandelt worden, weil die gesetzlichen Voraussetzungen für diese Steuerfreiheit erfüllt sind und der Arbeitnehmer gegenüber dem Arbeitgeber keine Verzichtserklärung zu Gunsten der Anwendung der Pauschalbesteuerung abgegeben hatte.

Frage: Können die Beiträge zu dieser Direktversicherung ab 2021 wieder pauschal besteuert werden, wenn der Arbeitnehmer dies „wünscht"?

Diese Möglichkeit besteht, da vor dem 1.1.2018 mindestens ein Beitrag zu der Direktversicherung pauschal besteuert wurde (nämlich in den Jahren 2001 bis 2004; § 52 Abs. 40 Satz 1 EStG).

Vertragsänderungen (z. B. Beitragserhöhungen), Neuabschlüsse, Änderungen der Versorgungszusage oder Arbeitgeberwechsel sind für die weitere Anwendung der Pauschalbesteuerung unbeachtlich. Im Fall eines Arbeitgeberwechsels genügt es, wenn der Arbeitnehmer gegenüber dem neuen Arbeitgeber nachweist, dass vor dem 1.1.2018 mindestens ein Beitrag an eine Pensionskasse oder eine Direktversicherung nach § 40b EStG a. F. pauschal besteuert wurde. Dieser Nachweis kann durch eine Gehaltsabrechnung oder eine Bescheinigung eines Vorarbeitgebers oder des Versorgungsträgers erbracht werden.

Beispiel B

Dem Arbeitnehmer A wurde vom Arbeitgeber B im Jahre 2000 eine Versorgungszusage über eine Pensionskasse und im Jahr 2010 in Form einer Direktversicherung erteilt. Die Beiträge für die Pensionskasse wurden – soweit sie über den steuerfreien Betrag hinausgingen – bis zur Beendigung des Dienstverhältnisses nach § 40b EStG a. F. mit 20 % pauschal besteuert. Die Beiträge an die Direktversicherung wurden aus individuell versteuertem Arbeitslohn geleistet. Nach einer Zeit der Arbeitslosigkeit vom 1.7.2019 bis 31.3.2021 nimmt A zum 1.4.2021 ein neues Beschäftigungsverhältnis beim Arbeitgeber C auf. C erteilt A eine neue Versorgungszusage über einen Pensionsfonds und übernimmt die Direktversicherung. A weist dem C durch Vorlage einer Gehaltsabrechnung nach, dass die Beiträge für die Pensionskasse nach § 40b EStG a. F. pauschal besteuert worden sind.

Arbeitgeber C kann die Beiträge für die Direktversicherung bis zur Höhe von 1752 € nach § 40b EStG a. F. mit 20 % pauschal besteuern, da vor 2018 Beiträge zur Pensionskasse zu Recht pauschal besteuert worden sind. Der Zeitpunkt der Erteilung der Versorgungszusage für die Direktversicherung (= 2010!) ist ohne Bedeutung.

Beispiel C

Dem Arbeitnehmer A wurde vom Arbeitgeber B im Jahr 2008 eine Versorgungszusage in Form einer Direktversicherung erteilt. Die Beiträge für die Direktversicherung waren bis zum 30. Juni 2020 steuerfrei. Nach einer Zeit der Arbeitslosigkeit (1. Juli 2020 bis 31. März 2021) nimmt A zum 1. April 2021 ein neues Beschäftigungsverhältnis beim Arbeitgeber C auf. C übernimmt die Direktversicherung und führt sie fort.

Arbeitgeber C kann die Beiträge für die Direktversicherung nicht mit 20 % pauschal besteuern, da vor dem 1.1.2018 kein Beitrag pauschal besteuert worden ist.

Übersteigen die **Beiträge** des Arbeitgebers den **Pauschalierungshöchstbetrag** von 1752 €, sind diese bei Vorliegen sämtlicher Voraussetzungen im gesetzlich vorgesehenen Umfang steuerfrei.

Beispiel D

Der Arbeitgeber hat für seinen Arbeitnehmer im Jahr 2000 eine Direktversicherung abgeschlossen, die zu Recht pauschal besteuert worden ist. Bezüglich der Versorgungsleistung besteht ein Wahlrecht zwischen Rente und Kapitalauszahlung. Zum 1.7.2021 erhöht sich der Beitrag von 1500 € auf 2000 €.

Der Beitrag kann in Höhe von 1752 € pauschal besteuert werden (Vertragsänderung durch Beitragserhöhung steht dem nicht entgegen) und ist in Höhe von 248 € steuerfrei (2000 € abzüglich 1752 €).

Würde der Vertrag kein Wahlrecht zwischen einer Rente und einer Kapitalauszahlung, sondern lediglich eine Kapitalauszahlung vorsehen, käme eine teilweise Steuerfreiheit der Beiträge mangels lebenslanger Altersversorgung nicht in Betracht.

c) Pensionskassen

Auch bei Beiträgen an eine Pensionskasse ist für eine **Pauschalbesteuerung** mit 20 % bis zu 1752 € entscheidend, ob **vor** dem 1.1.**2018** mindestens **ein Beitrag** zum Aufbau einer kapitalgedeckten betrieblichen Altersversorgung zu Recht **pauschal besteuert** wurde. Vertragsänderungen, Neuabschlüsse, Änderungen der Versorgungszusage oder Arbeitgeberwechsel sind auch hier unbeachtlich.

Beispiel A

Arbeitgeber A zahlt für den Arbeitnehmer B seit vielen Jahren steuerfreie Beiträge an einen Pensionsfonds und pauschal besteuerte Beiträge an eine Pensionskasse.

A kann die Pauschalbesteuerung der Beiträge an die Pensionskasse auch im Jahr 2021 fortführen. Die pauschal besteuerten Beiträge an die Pensionskasse werden auf den steuerfreien Höchstbetrag (2021 = 6816 €) für die Beiträge an den Pensionsfonds angerechnet.

Beispiel B

Arbeitgeber A zahlt für den Arbeitnehmer B seit vielen Jahren steuerfreie Beiträge an einen Pensionsfonds. 2021 treten erstmals Beiträge an eine Pensionskasse hinzu.

A kann ab 2021 keine Pauschalbesteuerung der Beiträge an die Pensionskasse vornehmen, da vor dem 1.1.2018 kein Beitrag pauschal besteuert worden ist. Die Beiträge an den Pensionsfonds und die Pensionskasse sind insgesamt bis zu 8 % der Beitragsbemessungsgrenze in der allgemeinen Rentenversicherung – West – steuerfrei (2021 = 6816 €).

7. Zusätzlicher steuerfreier Höchstbetrag von 1800 € bis 31.12.2017

Infolge der **Erhöhung** des **steuerfreien Höchstbetrags** für die Beiträge des Arbeitgebers aus dem ersten Arbeitsverhältnis an einen kapitalgedeckten Pensionsfonds, eine kapitalgedeckte Pensionskasse oder für eine kapitalgedeckte Direktversicherung ab dem Jahr 2018 von 4 % auf **8 %** der **Beitragsbemessungsgrenze** in der allgemeinen **Rentenversicherung** – West – ist der frühere steuerfreie, zusätzliche Höchstbetrag von **1800 € ab 2018 abgeschafft** worden. Dies gilt unabhängig davon, zu welchem Zeitpunkt die Versorgungszusage erteilt worden ist.

Beispiel

Arbeitgeber A stellt den Arbeitnehmer B im September 2017 neu ein und zahlt für ihn im Oktober 2017 für eine neu und erstmalig abgeschlossene Direktversicherung einen Beitrag von 4000 €.

Es handelt sich um eine Neuzusage (= Versorgungszusage, die nach dem 31.12.2004 erteilt wurde). Der Beitrag ist 2017 steuerfrei, da er 4848 € (4 % von 76 200 € = 3048 € zuzüglich 1800 €) nicht übersteigt; sozialversicherungsrechtlich besteht im Jahr 2017 Beitragsfreiheit aber lediglich bis 3048 €.

Zahlt der Arbeitgeber auch in den Jahren nach 2017 für die Direktversicherung einen Beitrag von 4000 €, ist dieser Beitrag steuerfrei, da er 8 % der Beitragsbemessungsgrenze in der gesetzlichen Rentenversicherung nicht übersteigt. Beitragsfreiheit in der Sozialversicherung besteht allerdings lediglich bis zu 4 % der Beitragsbemessungsgrenze in der gesetzlichen Rentenversicherung (2021 = 3408 €).

Zur Inanspruchnahme des steuerfreien, zusätzlichen Höchstbetrags von 1800 € bis zum 31.12.2017 und zur Abgrenzung Altzusage/Neuzusage vgl. im Lexikon für das Lohnbüro, Ausgabe 2017, die Ausführungen und Beispiele in Anhang 6 auf S. 1062 ff.

8. Abwahl der Steuerfreiheit zugunsten der „Riester-Rente"

Sofern der Arbeitnehmer einen Anspruch auf **Entgeltumwandlung** hat, kann er verlangen, dass die Voraussetzungen für eine steuerliche Förderung über Zulage und ggf. Sonderausgabenabzug (= „Riester-Rente") erfüllt sind, wenn die betriebliche Altersversorgung über einen Pensionsfonds, eine Pensionskasse oder eine Direktversicherung durchgeführt wird (§ 1a Abs. 3 BetrAVG[1]); vgl. zum Rechtsanspruch auf Entgeltumwandlung im Einzelnen die Erläuterungen unter der nachfolgenden Nr. 13 Buchstabe a); Entsprechendes gilt für andere Finanzierungsanteile des Arbeitnehmers an der betrieblichen Altersversorgung. Die Voraussetzungen für eine steuerliche Förderung über Zulage und Sonderausgabenabzug sind aber nur dann erfüllt, wenn die entsprechenden Beiträge (im Inland oder im Ausland) nach den individuellen Lohnsteuerabzugsmerkmalen des jeweiligen Arbeitnehmers versteuert worden sind und die kapitalgedeckte Versorgungseinrichtung eine lebenslange Altersversorgung des Arbeitnehmers gewährleistet (§ 82 Abs. 2 Satz 1 Buchstabe a EStG); zu den begünstigten Auszahlungsformen – die dort aufgestellten Grundsätze gelten auch im Bereich der „Riester-Rente" – vgl. die vorstehende Nr. 5 Buchstabe b. Aufgrund dieses Zusammenhangs besteht die Möglichkeit, dass der Arbeitnehmer die **Steuerfreiheit** von Beiträgen an einen Pensionsfonds, eine Pensionskasse oder für eine Direktversicherung ganz oder teilweise **„abwählt"** und die individuelle Versteuerung nach seinen Lohnsteuerabzugsmerkmalen verlangt (§ 3 Nr. 63 Satz 2 EStG). Der Arbeitnehmer kann seinen Verzicht auf die Steuerfreiheit betragsmäßig oder prozentual begrenzen. Auf die Steuerfreiheit können zudem grundsätzlich nur Arbeitnehmer verzichten, die in der gesetzlichen **Rentenversicherung pflichtversichert** sind. Alle anderen Arbeitnehmer können von dieser Möglichkeit nur Gebrauch machen, wenn der **Arbeitgeber zustimmt.**

Beispiel A

Der Arbeitgeber A zahlt im Jahre 2021 für seinen Arbeitnehmer B Beiträge in einen Pensionsfonds in Höhe von 1000 €. B, der verheiratet ist und vier, vor 2008 geborene, Kinder hat, hat in diesem Umfang auf Entgeltansprüche verzichtet.

Da die Höhe seines zu versteuernden Einkommens nur zu einer geringen Einkommensteuer führt, wählt B die Steuerfreiheit (und auch Sozialversicherungsfreiheit) der Beiträge an den Pensionsfonds ab und nimmt die steuerliche Förderung über Zulage (Grundzulage 175 € zuzüglich Kinderzulage 4 × 185 € = 740 € insgesamt = 915 €) in Anspruch.

Soweit der Arbeitnehmer einen **Rechtsanspruch** auf **Entgeltumwandlung** (Gehaltsumwandlung) hat (§ 1a BetrAVG[1]) oder der Arbeitnehmer andere Finanzierungsanteile zur betrieblichen Altersversorgung erbringt, **müssen** die Beiträge an einen Pensionsfonds, eine Pensionskasse oder für eine Direktversicherung auf Verlangen des Arbeitnehmers individuell nach seinen Lohnsteuerabzugsmerkmalen versteuert und damit auch verbeitragt werden.

Beispiel B

Arbeitnehmer A ist in der gesetzlichen Rentenversicherung pflichtversichert. Er verzichtet für die Beitragszahlungen seines Arbeitgebers in einen Pensionsfonds in Höhe von 1200 € auf Entgeltansprüche und verlangt eine individuelle Besteuerung dieser Beiträge nach seinen Lohnsteuerabzugsmerkmalen.

Die Beiträge an den Pensionsfonds müssen individuell nach den Lohnsteuerabzugsmerkmalen des A versteuert und auch verbeitragt werden.

Hat der Arbeitnehmer **keinen Rechtsanspruch** auf **Entgeltumwandlung,** ist in den anderen Fällen der Gehaltsumwandlung (z. B. Entgeltumwandlungsvereinbarungen vor dem Jahr 2002, keine Pflichtversicherung des Arbeitnehmers in der gesetzlichen Rentenversicherung) ein Verzicht auf die Steuerfreiheit nur bei **einvernehmlicher Vereinbarung** zwischen Arbeitgeber und Arbeitnehmer möglich.

Beispiel C

Arbeitnehmer B ist in einer berufsständischen Versorgungseinrichtung pflichtversichert und von der gesetzlichen Rentenversicherung befreit worden. Er verzichtet für die Beiträge des Arbeitgebers an eine Direktversicherung in Höhe von 1500 € auf Entgeltansprüche und verlangt eine Versteuerung dieser Beiträge nach seinen individuellen Lohnsteuerabzugsmerkmalen.

Ein Verzicht auf die Steuerfreiheit ist nur bei einvernehmlicher Vereinbarung zwischen Arbeitgeber und Arbeitnehmer möglich.

Bei **rein arbeitgeberfinanzierten Beiträgen** kann auf die **Steuerfreiheit nicht verzichtet** werden.

Beispiel D

Arbeitgeber A zahlt für jeden seiner 50 Arbeitnehmer zusätzlich zum ohnehin geschuldeten Arbeitslohn 2400 € steuer- und sozialversicherungsfrei in einen Pensionsfonds ein. Fünf Arbeitnehmer verlangen eine individuelle Besteuerung der Beiträge nach ihren jeweiligen Lohnsteuerabzugsmerkmalen, um die staatliche Förderung über Zulage und ggf. Sonderausgabenabzug in Anspruch nehmen zu können. Arbeitgeber A wäre hierzu bereit.

Da es sich um rein arbeitgeberfinanzierte Beiträge handelt, kann auf die Steuerfreiheit nicht verzichtet werden.

Der **Verzicht** auf die **Steuerfreiheit** kann zudem nur bis zu dem Zeitpunkt erfolgen, bis zu dem eine Gehaltsumwandlung steuerlich anerkannt wird. Maßgebend ist folglich die **Fälligkeit** des umzuwandelnden Arbeitslohns. Vgl. hierzu auch die Erläuterungen zu der vorstehenden Nr. 3. Eine **nachträgliche Änderung** der steuerlichen Behandlung der durch Entgeltumwandlung finanzierten Beiträge ist übrigens **nicht zulässig.**

Beispiel E

Arbeitgeber A hat am 15. 11. für seinen Arbeitnehmer B 2400 € steuer- und sozialversicherungsfrei in eine Pensionskasse eingezahlt. Die Beiträge sind durch Entgeltumwandlung einer Einmalzahlung (fällig 10. 11.) finanziert worden. Anfang Dezember verlangt B eine individuelle Versteuerung der Beiträge nach seinen Lohnsteuerabzugsmerkmalen, um die steuerliche Förderung über Zulagen und Sonderausgabenabzug in Anspruch zu nehmen.

Eine nachträgliche Änderung der steuerlichen Behandlung der durch Entgeltumwandlung finanzierten Beiträge ist nicht zulässig.

Der Arbeitgeber hat den Betrag, für den der Arbeitnehmer auf die Steuerfreiheit des Arbeitslohns verzichtet, und den Zeitpunkt der Ausübung dieses Wahlrechts im **Lohnkonto aufzuzeichnen.**

9. Vervielfältigungsregelung bei Ausscheiden aus dem Dienstverhältnis

Beiträge für eine betriebliche Altersversorgung, die aus Anlass der Beendigung des Dienstverhältnisses geleistet werden, können unter Anwendung einer sog. **Vervielfältigungsregelung steuerfrei** belassen (§ 3 Nr. 63 Satz 3 EStG) **oder** mit 20 % **pauschal besteuert** werden (§ 40b Abs. 2 Sätze 3 und 4 EStG i.d.F. für 2004). Dabei sind die **pauschal besteuerten Beträge auf** das **steuerfreie Volumen anzurechnen.**

Die Finanzverwaltung geht von einem Zusammenhang mit der Beendigung des Dienstverhältnisses insbesondere dann aus (= Vermutung), wenn der Beitrag innerhalb von drei Monaten vor dem Beendigungs-/Auflösungszeitpunkt geleistet wird. Nach Beendigung des Dienstverhältnisses kann die steuerfreie oder pauschal besteuerte Vervielfältigungsregelung angewendet werden, wenn die Beitragsleistung oder Entgelt-

1) Das Betriebsrentengesetz (BetrAVG) ist als Anhang 13 im **Steuerhandbuch für das Lohnbüro 2021** abgedruckt, das im selben Verlag erschienen ist.

umwandlung spätestens bis zum Zeitpunkt der Beendigung des Dienstverhältnisses vereinbart worden ist.

Ein Dienstverhältnis kann auch dann beendet sein, wenn der Arbeitnehmer und sein bisheriger Arbeitgeber im Anschluss an das bisherige Dienstverhältnis ein neues Dienstverhältnis vereinbaren. Von einer Fortsetzung und nicht von einer Beendigung des bisherigen Dienstverhältnisses ist aber auszugehen, wenn das „neue" Dienstverhältnis in Bezug auf den Arbeitsbereich, die Entlohnung und die sozialen Besitzstände im Wesentlichen dem bisherigen Dienstverhältnis entspricht (BFH-Urteil vom 30.10.2008, BStBl. 2009 II S. 162). Die Vervielfältigungsregelung kann dann nicht in Anspruch genommen werden.

Tabellarische Übersicht zur steuerfreien und pauschalierungsfähigen Vervielfältigungsregelung

	Steuerfreie Vervielfältigung	**Steuerpflichtige** Vervielfältigung
Volumen	4 % der Beitragsbemessungsgrenze in der allgemeinen Rentenversicherung – West – pro Jahr der Betriebszugehörigkeit[1], höchstens zehn Kalenderjahre	1752 € für jedes Jahr der Betriebszugehörigkeit[1] abzüglich der letzten 7 Jahre mit pauschal besteuerten Beiträgen
Auszahlungsform der Versorgungsleistung	Lebenslange Altersversorgung	ohne Bedeutung (bei Kapitalversicherungen und Rentenversicherungen mit Kapitalwahlrecht Mindestvertragsdauer von fünf Jahren; R 40b.1 Abs. 2 Sätze 5 und 6 LStR)
Zeitpunkt der Versorgungszusage	ohne Bedeutung	vor 2018 ist mindestens ein Beitrag zu Recht mit 20 % pauschal besteuert worden

Da bei Pensionsfonds eine Pauschalierung der Beiträge nicht möglich ist, scheidet hier auch die lohnsteuerpflichtige Vervielfältigungsregelung von vornherein aus.

Für die **steuerfreie Vervielfältigungsregelung** gilt Folgendes: Werden aus Anlass der Beendigung des Dienstverhältnisses Beiträge an einen Pensionsfonds, eine Pensionskasse oder für eine Direktversicherung zur Erlangung lebenslanger Versorgungsleistungen geleistet (zu den begünstigten Auszahlungsformen bei Beiträgen für die betriebliche Altersversorgung vgl. die Erläuterungen unter der vorstehenden Nr. 5 Buchstabe b), vervielfältigt sich der Betrag von 4 % der Beitragsbemessungsgrenze in der gesetzlichen Rentenversicherung – West – mit der Anzahl der Kalenderjahre, in denen das Arbeitsverhältnis bestanden hat. Dabei werden allerdings maximal zehn Kalenderjahre zugrunde gelegt (§ 3 Nr. 63 Satz 3 EStG). Die Beschränkung auf höchstens zehn Kalenderjahre dient der Begrenzung der Steuerausfälle. Für **2021** ergibt sich ein **maximal steuerfreies Volumen** von **34 080 €** (4 % von 85 200 € × 10 Kalenderjahre). Auf eine **Gegenrechnung** des **steuerfreien Volumens** für die letzten sieben Jahre – wie es bis 2017 vorgesehen war – wird seit 2018 verzichtet. Somit kann die steuerfreie Vervielfältigungsregelung und die Steuerfreiheit der laufenden Beiträge (§ 3 Nr. 63 Satz 1 EStG) nebeneinander in Anspruch genommen werden. Die Vervielfältigungsregelung steht jedem Arbeitnehmer aus demselben Dienstverhältnis insgesamt nur einmal zu.

Beispiel A

Arbeitnehmer B scheidet im Jahre 2021 nach 15 Jahren aus der Firma des Arbeitgebers A aus. Er erhält eine Abfindung von 50 000 €, die er in größtmöglichem Umfang zum Ausbau seiner betrieblichen Altersversorgung nutzen will. Seine betriebliche Altersversorgung besteht seit 10 Jahren und Arbeitgeber A hat hierfür jährlich steuerfreie Beiträge in Höhe von 2000 € eingezahlt.

Die Abfindung kann in Höhe von 34 080 € (4 % von 85 200 € = 3408 € × 10 Kalenderjahre) zum steuerfreien Ausbau der betrieblichen Altersversorgung verwendet werden. Der übersteigende Betrag von 15 920 € ist steuerpflichtiger Arbeitslohn, der ggf. unter Anwendung der Fünftelregelung ermäßigt besteuert werden kann. Als Abfindung ist der Betrag von 50 000 € sozialversicherungsfrei.

Leistet der Arbeitgeber die Beiträge nicht als Einmalbetrag, sondern in Teilbeiträgen, sind diese **Teilbeiträge** so lange steuerfrei, bis der für den Arbeitnehmer maßgebende steuerfreie Höchstbetrag ausgeschöpft ist.

Pauschal besteuerte Zuwendungen aus Anlass der Beendigung des Dienstverhältnisses (§ 40b Abs. 1 und Abs. 2 Sätze 3 und 4 EStG in der am 31.12.2004 geltenden Fassung) werden allerdings auf das steuerfreie Volumen **angerechnet.**

Beispiel B

Anlässlich der Auflösung des Arbeitsverhältnisses wird ein Beitrag an eine Pensionskasse in Höhe von 26 280 € zu Recht mit 20 % pauschal besteuert. Das verbleibende steuerfreie Volumen berechnet sich wie folgt:

Steuerfreier Höchstbetrag (4 % von 85 200 € × 10 Kalenderjahre)	34 080 €
abzüglich pauschal besteuerter Betrag	26 280 €
Verbleibendes steuerfreies Volumen	7 800 €

Eine Anwendung der steuerfreien Vervielfältigungsregelung ist übrigens nicht möglich, soweit sich der Arbeitnehmer bei Beiträgen für eine Direktversicherung gegen eine Steuerfreiheit der Beiträge zugunsten der Weiteranwendung der Pauschalbesteuerung ausgesprochen hat.

Sozialversicherungsrechtlich gilt Folgendes:

Für den steuerfrei vervielfältigten Betrag bei Beendigung des Dienstverhältnisses ist sozialversicherungsrechtlich zu beachten, dass sich die Beitragsfreiheit nur auf Beiträge zu Pensionsfonds, Pensionskassen und Direktversicherungen nach § 3 Nr. 63 Sätze 1 und 2 EStG bezieht. Die Möglichkeit des steuerfreien Aufbaus einer kapitalgedeckten betrieblichen Altersversorgung bei Ausscheiden aus dem Dienstverhältnis (§ 3 Nr. 63 Satz 3 EStG) wirkt sich beitragsrechtlich somit nicht aus, das heißt, dass diese steuerfreien Beiträge im Grundsatz beitragspflichtig sind. Der nach den vorstehenden Regelungen ermittelte **vervielfältigte steuerfreie Betrag** ist jedoch **sozialversicherungsfrei, wenn** er **sozialversicherungsrechtlich** als **Abfindung** für den Verlust des Arbeitsplatzes anzusehen ist (vgl. hierzu das Stichwort „Abfindung wegen Entlassung aus dem Dienstverhältnis" unter Nr. 13). Diese Voraussetzung dürfte in der Regel erfüllt sein.

10. Aufzeichnungs-, Mitteilungs- und Aufbewahrungspflichten des Arbeitgebers

a) Allgemeines

Nach der steuerlichen Behandlung der Beiträge zur betrieblichen Altersversorgung in der Ansparphase richtet sich die Besteuerung der Versorgungsleistungen in der späteren Leistungsphase (vgl. die ausführlichen Erläuterungen und Beispiele unter der nachfolgenden Nr. 11). Die **betriebliche Versorgungseinrichtung** hat dem **Arbeitnehmer** die **steuerliche Behandlung** der Versorgungsleistungen nach amtlich vorgeschriebenen Muster **mitzuteilen** (§ 22 Nr. 5 Satz 7 EStG). Die sich aus dem Muster ergebenden Angaben können in die Anlage R zur Einkommensteuererklärung übernommen werden. Außerdem kann ggf. auch für Beiträge an eine Pensionskasse, einen Pensionsfonds oder eine Direktversicherung die Förderung über Zulagen und Sonderausgaben („Riester-Rente") in Anspruch genommen werden. In diesem Fall hat auch die betriebliche Versorgungseinrichtung Aufzeichnungs-, Übermittlungs- und Bescheinigungspflichten zu erfüllen (§§ 89 Abs. 2, 92 EStG).

Die **Aufzeichnungs-, Mitteilungs-** und **Aufbewahrungspflichten** des **Arbeitgebers** sind im Hinblick auf die zutreffende steuerliche Behandlung der Beiträge und der späteren Versorgungsleistungen bei Durchführung der betrieblichen Altersversorgung über einen Pensionsfonds, eine Pensionskasse oder eine Direktversicherung wie folgt geregelt worden:

b) Aufzeichnungs- und Aufbewahrungspflichten des Arbeitgebers

Der Arbeitgeber hat die **steuerfreien Beiträge** zur Direktversicherung, zu den Pensionskassen und Pensionsfonds im Lohnkonto gesondert aufzuzeichnen. Er muss im Hinblick auf die zutreffende Besteuerung der späteren Versorgungsleistungen diese Aufzeichnungen getrennt für **jeden Arbeitnehmer** vornehmen.

Durch den Wegfall der früher notwendigen Verzichtserklärung des Arbeitnehmers für die Steuerfreiheit der Beiträge, hat der Arbeitgeber bei Durchführung einer kapitalgedeckten betrieblichen Altersversorgung über eine Pensionskasse oder Direktversicherung lediglich die Tatsache aufzuzeichnen, dass vor dem 1.1.2018 mindestens ein Betrag nach „§ 40b alt" (also in einer vor dem 1.1.2005 geltenden Fassung) pauschal besteuert worden ist (§ 5 Abs. 1 LStDV[2]).

Beispiel A

Arbeitgeber A führt die betriebliche Altersversorgung für seinen Arbeitnehmer B seit vielen Jahren über eine Direktversicherung durch, die als Versorgungsleistung eine Kapitalauszahlung vorsieht. Der Beitrag ist in Höhe von 1752 € stets pauschal besteuert worden.

A hat im Lohnkonto des B die Tatsache aufzuzeichnen, dass vor dem 1.1.2018 mindestens ein Beitrag zur Direktversicherung pauschal besteuert worden ist.

Beispiel B

Wie Beispiel A. Als Versorgungsleistung ist ein Wahlrecht zwischen Rente und Kapitalauszahlung vorgesehen. B hatte seinerzeit auf die mögliche Steuerfreiheit der Beiträge verzichtet.

---

1) Angefangene Jahre sind zu Gunsten des Arbeitnehmers aufzurunden.

2) Die Lohnsteuer-Durchführungsverordnung (LStDV) ist als Anhang 1 im **Steuerhandbuch für das Lohnbüro 2021** abgedruckt, das im selben Verlag erschienen ist.

Auch hier hat A im Lohnkonto des B lediglich die Tatsache aufzuzeichnen, dass vor dem 1.1.2018 mindestens ein Beitrag zur Direktversicherung pauschal besteuert worden ist. Bezüglich der Verzichtserklärung des B auf die Steuerfreiheit bestehen keine Aufzeichnungspflichten.

Für die Aufzeichnungen des Arbeitgebers im Lohnkonto des Arbeitnehmers gilt die allgemeine Aufbewahrungsfrist von sechs Jahren (§ 41 Abs. 1 Satz 9 EStG).

c) Mitteilungspflichten des Arbeitgebers bei betrieblicher Altersversorgung

Damit die betriebliche Versorgungseinrichtung ihren gesetzlichen Verpflichtungen nachkommen kann, hat der Arbeitgeber bestimmte Mitteilungspflichten. Der Arbeitgeber hat der betrieblichen **Versorgungseinrichtung** (Pensionsfonds, Pensionskasse, Direktversicherung) spätestens **zwei Monate nach Ablauf des Kalenderjahres** bzw. nach Beendigung des Arbeitsverhältnisses im Laufe des Kalenderjahres die für den einzelnen Arbeitnehmer geleisteten Beiträge mitzuteilen, die

1. steuerfrei belassen wurden (§ 3 Nr. 63 EStG; Entsprechendes gilt für die nach § 3 Nr. 56 EStG, § 3 Nr. 66 EStG und § 100 Abs. 6 Satz 1 EStG steuerfrei belassenen Beiträge und Zuwendungen),
2. pauschal besteuert wurden (§ 40b EStG i.d.F. am 31.12.2004) oder
3. individuell besteuert wurden (vgl. § 5 Abs. 2 LStDV[1]).

Die Mitteilungspflicht kann auch durch einen beauftragten Dritten (z. B. **Steuerberater**) erfüllt werden. Eine besondere Form für die Erfüllung der Mitteilungspflicht ist übrigens nicht vorgeschrieben.

Beispiel A

Arbeitgeber A zahlt im Jahre 2020 und 2021 je Arbeitnehmer 1800 € steuer- und sozialversicherungsfrei in einen Pensionsfonds ein. Der Arbeitgeber hat dem Pensionsfonds bis zum 28. 2. 2021 bzw. 28. 2. 2022 den steuerfreien Betrag von 1800 € gesondert je Arbeitnehmer mitzuteilen.

Die vorstehend beschriebene **Mitteilung** kann **unterbleiben,** wenn die **Versorgungseinrichtung** die **steuerliche Behandlung** der für den einzelnen Arbeitnehmer im Kalenderjahr geleisteten Beiträge bereits **kennt** oder aus den bei ihr vorhandenen Daten feststellen kann und dies ihrerseits dem **Arbeitgeber mitgeteilt** hat (§ 5 Abs. 3 Satz 1 LStDV[1]).

Beispiel B

Arbeitgeber A zahlt je Arbeitnehmer jährlich einen Betrag von 4 % der Beitragsbemessungsgrenze in der allgemeinen Rentenversicherung steuer- und sozialversicherungsfrei in einen Pensionsfonds ein. Nach der Satzung des Pensionsfonds sind für den einzelnen Arbeitnehmer nur steuerfreie Beitragszahlungen im Sinne des § 3 Nr. 63 EStG zulässig. Dies hat der Pensionsfonds dem Arbeitgeber auch mitgeteilt.

Eine Mitteilung des Arbeitgebers kann unterbleiben, da der Pensionsfonds die steuerliche Behandlung der Beiträge kennt.

Unterbleibt eine **Mitteilung** des **Arbeitgebers,** ohne dass ihm eine entsprechende Mitteilung der Versorgungseinrichtung vorliegt, dass sie die steuerliche Behandlung der Beiträge kennt, geht diese bis zum Höchstbetrag von **steuerfreien Beiträgen** aus mit der Folge, dass die späteren **Versorgungsleistungen** insoweit voll **steuerpflichtig** sind (§ 5 Abs. 3 Satz 2 LStDV[1]).

Beispiel C

Arbeitgeber B zahlt je Arbeitnehmer aufgrund einer Versorgungszusage, die vor dem 1.1.2005 erteilt wurde, einen Beitrag in Höhe von 1752 € in eine Direktversicherung ein. Der Beitrag wird auch 2021 weiterhin mit 20 % pauschal besteuert. Dies ist dem Versicherungsunternehmen nicht bekannt.

Unterbleibt von B eine Mitteilung über die Pauschalbesteuerung der Beiträge an das Versicherungsunternehmen, geht dieses von steuerfreien Beiträgen aus mit der Folge, dass die spätere Versorgungsleistung insoweit voll steuerpflichtig ist. Somit wird deutlich, dass der Mitteilungspflicht des Arbeitgebers gegenüber der Versorgungseinrichtung bei pauschal besteuerten Beiträgen eine herausragende Bedeutung zukommt.

d) Mitteilungspflichten des Arbeitgebers bei Inanspruchnahme der „Riester-Förderung“ in Zusammenhang mit betrieblicher Altersversorgung

Die steuerliche Förderung über Zulage und ggf. zusätzlichen Sonderausgabenabzug (sog. „Riester-Rente“) kann unter weiteren Voraussetzungen auch für Beiträge aus individuell versteuerten Arbeitslohn zur betrieblichen Altersversorgung in Anspruch genommen werden (§ 82 Abs. 2 EStG; vgl. auch die vorstehende Nr. 8).

Der **Arbeitgeber** oder sein Auftragnehmer (z. B. Steuerberater) hat daher der für die betriebliche Altersversorgung zuständigen Versorgungseinrichtung (Pensionsfonds, Pensionskasse, Direktversicherung) **spätestens zwei Monate nach Ablauf des Kalenderjahres** oder nach Beendigung des Arbeitsverhältnisses im Laufe des Kalenderjahres **mitzuteilen,** in welcher Höhe die für den einzelnen Arbeitnehmer geleisteten Beiträge **individuell besteuert** wurden (§ 6 Abs. 1 AltvDV[2]). Dies ist erforderlich, damit die Versorgungseinrichtung ihrerseits ihren Pflichten nachkommen und die Finanzverwaltung prüfen kann, ob die Voraussetzungen für die Zulagengewährung und den Sonderausgabenabzug („Riester-Rente“) vorliegen.

Die **Mitteilung** kann **unterbleiben,** wenn die **Versorgungseinrichtung** dem Arbeitgeber **mitgeteilt** hat, dass

- sie die Höhe der **individuell besteuerten Beiträge** bereits **kennt** oder aus den bei ihr vorhandenen Daten feststellen kann oder
- eine **„Riester-Förderung“ nicht möglich** ist (§ 6 Abs. 2 AltvDV[2]).

Beispiel

Arbeitgeber A zahlt für seinen Arbeitnehmer C einen Beitrag in Höhe von 1752 € in eine Direktversicherung ein. Der Beitrag ist nach den individuellen Lohnsteuerabzugsmerkmalen des C versteuert worden. Mit Vollendung des 60. Lebensjahres erhält C eine Kapitalauszahlung.

Es besteht keine Mitteilungspflicht des Arbeitgebers gegenüber dem Versicherungsunternehmen, da eine Förderung der Beiträge über Zulagen und ggf. zusätzlichem Sonderausgabenabzug wegen der fehlenden lebenslangen Altersversorgung nicht möglich ist (vgl. § 82 Abs. 2 EStG).

11. Auszahlungen von Pensionskassen, Pensionsfonds und Direktversicherungen (Leistungsphase)

a) Auszahlung aufgrund von steuerfreien Beitragszahlungen

Durch die Steuerfreistellung der Beiträge des Arbeitgebers an einen Pensionsfonds, eine Pensionskasse oder für eine Direktversicherung kommt es zu einem Übergang von der vorgelagerten zur **nachgelagerten Besteuerung.** Die späteren Versorgungsleistungen werden im Zeitpunkt der Auszahlung **in vollem Umfang als sonstige Einkünfte besteuert, soweit** sie auf **steuerfreien Beitragsleistungen** des Arbeitgebers beruhen (§ 22 Nr. 5 Satz 1 EStG).[3] Dies gilt auch dann, wenn der Empfänger seinen Wohnsitz oder gewöhnlichen Aufenthalt im Ausland hat und daher nur beschränkt steuerpflichtig ist (§ 49 Abs. 1 Nr. 10 EStG); es ist allerdings nach dem jeweils in Betracht kommenden Doppelbesteuerungsabkommen zu prüfen, ob Deutschland für diese Einkünfte das Besteuerungsrecht hat. Sofern die Beiträge an eine Berufsunfähigkeitsversicherung steuerfrei waren (§ 3 Nr. 63 EStG), führt auch die Auszahlung der verzinslich angesammelten Überschüsse am Ende der Laufzeit der Versicherung oder nach Eintritt des Versicherungsfalls als einmalige Kapitalleistung zu steuerpflichtigen sonstigen Einkünften. Die vorstehenden und nachfolgenden Grundsätze gelten nicht nur für **Altersversorgungsleistungen** sondern auch für **Leistungen** aus einer ergänzenden Absicherung von **Hinterbliebenen** oder der **Invalidität.** Sie sind auch anzuwenden auf Leistungen umlagefinanzierter Pensionskassen, die auf steuerfreien Zuwendungen (§ 3 Nr. 56 EStG) beruhen. Im Übrigen gelten sie auch, wenn ein Direktversicherungsvertrag ganz oder teilweise privat fortgeführt worden ist (vgl. wegen der in diesem Fall erforderlichen Aufteilung der Versorgungsleistungen auch den nachfolgenden Buchstaben b).

Die Besteuerung als sonstige Einkünfte hat für den Arbeitnehmer zur Folge, dass die Einkünfte nicht um den Arbeitnehmer-Pauschbetrag und die Freibeträge für Versorgungsbezüge gemindert werden können. Der Arbeitnehmer erhält im Rahmen seiner Veranlagung zur Einkommensteuer lediglich einen Werbungskosten-Pauschbetrag von 102 €. Allerdings braucht der Pensionsfonds, die Pensionskasse oder – bei Direktversicherungen – das Versicherungsunternehmen bei der Auszahlung der Versorgungsleistungen **keinen Lohnsteuerabzug** vorzunehmen. Daher ist die Versorgungseinrichtung auch nicht verpflichtet, die elektronischen Lohnsteuerabzugsmerkmale (ELStAM; vgl. dieses Stichwort) des jeweiligen Arbeitnehmers abzurufen. Sie muss allerdings der Finanzverwaltung eine sog. Rentenbezugsmitteilung übersenden.

Beispiel A

Arbeitgeber A zahlt für seinen Arbeitnehmer B einen Beitrag in Höhe von 3000 € jährlich steuer- und sozialversicherungsfrei in einen Pensionsfonds ein. Der Pensionsfonds zahlt als Versorgungsleistung eine Rente.

Die späteren Versorgungsleistungen aus dem Pensionsfonds werden im Zeitpunkt der Auszahlung in voller Höhe als sonstige Einkünfte besteuert, da sie auf steuerfreien Beitragsleistungen beruhen.

1) Die Lohnsteuer-Durchführungsverordnung (LStDV) ist als Anhang 1 im **Steuerhandbuch für das Lohnbüro 2021** abgedruckt, das im selben Verlag erschienen ist.

2) Die Altersvorsorge-Durchführungsverordnung (AltvDV) ist als Anhang 13d im **Steuerhandbuch für das Lohnbüro 2021** abgedruckt, das im selben Verlag erschienen ist.

3) Eine Besteuerung in vollem Umfang ist auch vorzunehmen, wenn für die Beiträge zur betrieblichen Altersversorgung die „Riester-Förderung“ (Zulage, Sonderausgabenabzug) in Anspruch genommen worden ist. Vgl. hierzu im Einzelnen Anhang 6a.

Beispiel B

Arbeitgeber A zahlt für seinen Arbeitnehmer C einen Beitrag in Höhe von 2400 € jährlich steuer- und sozialversicherungsfrei in eine 2021 abgeschlossene Direktversicherung ein. C hat ein Wahlrecht zwischen einer Rente und einer Kapitalauszahlung. Das Wahlrecht übt er im Zeitpunkt des altersbedingten Ausscheidens zugunsten der Kapitalauszahlung aus.

Die Kapitalauszahlung aus der Direktversicherung wird im Zeitpunkt der Auszahlung in voller Höhe als sonstige Einkünfte besteuert, da sie auf steuerfreien Beitragsleistungen beruht (§ 22 Nr. 5 Satz 1 EStG). Die Anwendung einer ermäßigten Besteuerung (hier: Fünftelregelung nach § 34 Abs. 1 EStG) kommt nicht in Betracht.

Der **Bundesfinanzhof** hat die ermäßigte Besteuerung einer Kapitalabfindung wie im vorstehenden Beispiel B nach der **Fünftelregelung abgelehnt.** Er bestätigt zwar das Vorliegen einer Vergütung für eine mehrjährige Tätigkeit, da sich die früheren Beitragszahlungen über mindestens zwei Kalenderjahre erstreckten und einen Zeitraum von mehr als zwölf Monaten umfassten. Vergütungen für eine mehrjährige Tätigkeit erfüllen jedoch **nur dann** das für die Anwendung der Fünftelregelung zusätzlich erforderliche Merkmal der „Außerordentlichkeit", wenn die Zusammenballung der Einkünfte **nicht dem vertragsgemäßen oder typischen Ablauf der jeweiligen Zahlung entspricht** (BFH-Urteil vom 20.9.2016, BStBl. 2017 II S. 347). Im Streitfall war die Kapitalabfindung jedoch vertragsgemäß, weil sie ihre Rechtsgrundlage in den Allgemeinen Versicherungsbedingungen hatte. Dem stand nicht entgegen, dass eine Kapitalauszahlung nach dem Wortlaut der Vertragsklausel nur bei einem Zusammenwirkung des Versicherungsnehmers (= Arbeitgeber) mit der versicherten Person (= Arbeitnehmer) erlangt werden konnte und der entsprechende Antrag spätestens drei Jahre vor dem Rentenbeginn vorliegen musste.

b) Auszahlung aufgrund von steuerfreien und steuerpflichtigen Beitragszahlungen

Beruhen die späteren Versorgungsleistungen sowohl auf **steuerfreien** als auch auf **steuerpflichtigen** Beitragsleistungen (ohne steuerliche Förderung über Zulagen und Sonderausgabenabzug), müssen die **Versorgungsleistungen aufgeteilt** werden (§ 22 Nr. 5 Satz 2 EStG). Eine solche Aufteilung ist z. B. erforderlich, wenn in der Ansparphase auch pauschal besteuerte Beiträge an eine Direktversicherung oder Pensionskasse erbracht worden sind. Die Versorgungsleistungen sind voll steuerpflichtig, soweit sie auf steuerfreien Beitragsleistungen beruhen (§ 22 Nr. 5 Satz 1 EStG). Das gilt unabhängig davon, ob sie als Rente oder Kapitalauszahlung ausgezahlt werden (vgl. auch das Beispiel B unter dem vorstehenden Buchstaben a). Die **Aufteilung** der Versorgungsleistungen ist durch die auszahlende **betriebliche Versorgungseinrichtung** (Pensionsfonds, Pensionskasse, Lebensversicherungsunternehmen) vorzunehmen, sodass Arbeitgeber und Arbeitnehmer hiervon nicht unmittelbar betroffen sind. Sonderzahlungen des Arbeitgebers (§ 19 Abs. 1 Satz 1 Nr. 3 Satz 2 EStG; vgl. vorstehende Nr. 5 Buchstabe e) sind dabei – unabhängig davon, ob sie steuerpflichtig sind oder nicht – nicht zu berücksichtigen.[1] Zu den Mitteilungspflichten des Arbeitgebers gegenüber der betrieblichen Versorgungseinrichtung vgl. die vorstehende Nr. 10 unter dem Buchstaben c.

Beispiel A

Die seit 2005 bis 2020 für einen Arbeitnehmer in einen Pensionsfonds eingezahlten Arbeitgeberbeiträge betrugen durchgängig 6 % der Beitragsbemessungsgrenze in der gesetzlichen Rentenversicherung. Sie waren – unter Beachtung der 4%-Grenze – zu zwei Dritteln steuerfrei und zu einem Drittel steuerpflichtig. Die monatlichen Versorgungsleistungen ab Januar 2021 sollen 600 € betragen.

Die Versorgungsleistungen sind in Höhe von 400 € (2/3) voll zu versteuern (§ 22 Nr. 5 Satz 1 EStG).

Bei **Versorgungsleistungen,** die auf **nicht geförderten Beiträgen beruhen** (keine steuerfreien Beiträge, keine Beiträge die über Zulagen und Sonderausgaben gefördert worden sind), ist zu **unterscheiden,** ob es sich um Leistungen aufgrund von Versorgungszusagen handelt, die vor dem 1.1.2005 erteilt wurden oder um Leistungen aufgrund von Versorgungszusagen, die nach dem 31.12.2004 erteilt wurden.

Versorgungsleistungen, die auf **nicht geförderten Beiträgen** (keine steuerfreien Beiträge, keine Beiträge die über Zulagen und Sonderausgaben gefördert worden sind) aufgrund von Versorgungszusagen beruhen, die vor dem 1.1.2005 erteilt wurden, sind als sonstige Einkünfte mit dem **Ertragsanteil** steuerpflichtig, wenn es sich um lebenslange **Rentenzahlungen** oder um eine Berufsunfähigkeits-, Erwerbsminderungs- oder Hinterbliebenenrente handelt (§ 22 Nr. 5 Satz 2 Buchstabe a i. V. m. Nr. 1 Satz 3 Buchstabe a Doppelbuchstabe bb EStG). Die in den **Kapitalauszahlungen** enthaltenen Erträge (= Zinsen) sind in Altfällen grundsätzlich **steuerfrei,** wenn sie frühestens **nach Ablauf von zwölf Jahren** seit dem Vertragsabschluss ausgezahlt werden (§ 22 Nr. 5 Satz 2 Buchstabe b i. V. m. § 20 Abs. 1 Nr. 6 EStG in der bei Vertragsabschluss geltenden Fassung). Beruhen die Versorgungsleistungen auf geförderten und nicht geförderten Beiträgen, ist eine **Aufteilung** der Versorgungsleistungen vorzunehmen.

Fortsetzung der Lösung des Beispiels A:

Das verbleibende Drittel der monatlichen Versorgungsleistungen (1/3 von 600 € = 200 €) ist als lebenslange Rente mit dem Ertragsanteil bei den sonstigen Einkünften steuerpflichtig (§ 22 Nr. 5 Satz 2 Buchstabe a i. V. m. Nr. 1 Satz 3 Buchstabe a Doppelbuchstabe bb EStG).

Beispiel B

Ein Arbeitgeber hat für einen Arbeitnehmer bereits vor dem 1.1.2002 (ab 2002 sind Beiträge zu Pensionskassen in bestimmtem Umfang erstmals steuerfrei) 6 Jahre lang in identischer Höhe Beiträge in eine Pensionskasse eingezahlt und als steuerpflichtigen Arbeitslohn behandelt. In den Jahren 2002 bis 2020 (19 Jahre) waren die Beiträge steuer- und sozialversicherungsfrei. Ab 2021 werden von der Pensionskasse Versorgungsleistungen an den Arbeitnehmer ausgezahlt.

Die Versorgungsleistungen sind von der Pensionskasse nach dem Verhältnis der versicherungsmathematisch ermittelten Barwerte in voll steuerpflichtige und mit dem Ertragsanteil zu besteuernde sonstige Einkünfte aufzuteilen (vereinfachte Aufteilung losgelöst vom Verhältnis der versicherungsmathematisch ermittelten Barwerte: 76 % – 19 von 25 Jahren – voll steuerpflichtig; 24 % – 6 von 25 Jahren – steuerpflichtig mit dem Ertragsanteil). Die Versorgungsleistungen aufgrund der bis einschließlich 2001 steuerlich nicht geförderten Beiträge sind lediglich mit dem Ertragsanteil steuerpflichtig, da es sich um eine Versorgungszusage handelt, die vor dem 1.1.2005 erteilt wurde (§ 22 Nr. 5 Satz 2 Buchstabe a i. V. m. Nr. 1 Satz 3 Buchstabe a Doppelbuchstabe bb EStG). Ebenso ist zu verfahren, wenn bei einer umlagefinanzierten Pensionskasse bis einschließlich 2007 ausschließlich pauschal besteuerte und ab 2008 (teilweise) steuerfreie Zuwendungen vorliegen.

Beispiel C

Arbeitgeber A hat für Arbeitnehmer B 1991 eine Direktversicherung abgeschlossen, die ein Wahlrecht zwischen einer Rente und einer Kapitalauszahlung vorsieht. Die Beiträge zur Direktversicherung sind von 1991 bis 2004 (14 Jahre) pauschal besteuert und von 2005 bis 2020 (16 Jahre) steuerfrei eingezahlt worden. Anfang 2021 erhält B eine Kapitalauszahlung von 37 500 €. Die Kapitalauszahlung und die darin enthaltenen Erträge sind 14/30 = 17 500 € steuerfrei, da es sich um eine Versorgungsleistung aus nicht geförderten Beiträgen aufgrund einer Versorgungszusage handelt, die vor dem 1.1.2005 erteilt wurde und die nach Ablauf von zwölf Jahren seit Vertragsabschluss ausgezahlt wird (§ 22 Nr. 5 Satz 2 Buchstabe b i. V. m. § 20 Abs. 1 Nr. 6 EStG in der bei Vertragsabschluss geltenden Fassung). In Höhe 16/30 = 20 000 € gehört die Kapitalauszahlung zu den voll steuerpflichtigen sonstigen Einkünften, da sie insoweit auf steuerfreien Beiträgen beruht (§ 22 Nr. 5 Satz 1 EStG). Eine Tarifermäßigung (sog. Fünftelregelung) kann hierfür aber nicht gewährt werden (vgl. BFH-Urteil vom 20.9.2016, BStBl. 2017 II S. 347 sowie den vorstehenden Buchstaben a am Ende).

Versorgungsleistungen, die auf **nicht geförderten Beiträgen** (keine steuerfreien Beiträge, keine Beiträge die über Zulagen und Sonderausgaben gefördert worden sind) aufgrund von Versorgungszusagen, die **nach dem 31.12.2004** erteilt wurden, beruhen, sind mit dem (hohen) **Besteuerungsanteil** (§ 22 Nr. 5 Satz 2 Buchstabe a i. V. m. Nr. 1 Satz 3 Buchstabe a Doppelbuchstabe aa EStG) steuerpflichtig, wenn die Voraussetzungen für die sog. **Basisversorgung** erfüllt sind (§ 10 Abs. 1 Nr. 2 Buchstabe b EStG; keine Rente vor 60/62, Ansprüche nicht vererblich, nicht übertragbar, nicht beleihbar, nicht veräußerbar und nicht kapitalisierbar sowie Zertifizierung als Basisrentenvertrag vgl. die Erläuterungen in Anhang 8a Nr. 3). Liegen die Voraussetzungen für die **Basisversorgung nicht vor** (z. B. bei einem bestehenden Kapitalwahlrecht) und wird die spätere Versorgungsleistung in Form einer lebenslangen **Rente** erbracht, ist sie lediglich mit dem **Ertragsanteil** steuerpflichtig.

Beispiel D

Arbeitgeber A erteilt dem Arbeitnehmer B in 2021 eine Versorgungszusage über eine Pensionskasse, die ab 2035 Versorgungsleistungen in Form von Rentenzahlungen vorsieht. Die Voraussetzungen für die vorstehend beschriebene Basisversorgung (einschließlich Zertifizierung) sind erfüllt. Die Beiträge an die Pensionskasse betragen 8000 € jährlich.

Die Beiträge an die Pensionskasse sind 2021 in Höhe von 8 % der Beitragsbemessungsgrenze in der allgemeinen Rentenversicherung (8 % von 85 200 € = 6816 €) steuerfrei und in Höhe von 1184 € (8000 € abzüglich 6816 €) steuerpflichtig. Der Betrag von 1184 € ist nach den individuellen Lohnsteuerabzugsmerkmalen des B zu versteuern.

Die späteren Versorgungsleistungen gehören in voller Höhe zu den sonstigen Einkünften (§ 22 Nr. 5 Satz 1 EStG), soweit sie auf steuerfreien Beiträgen beruhen. Soweit die späteren Versorgungsleistungen in diesem Beispiel auf dem steuerpflichtigen Beitrag des Jahres 2021 von 1184 € beruhen, sind sie mit dem Besteuerungsanteil (2035 = 95 %) bei den sonstigen Einkünften zu erfassen, da es sich um nicht geförderte Beiträge aufgrund einer nach dem 31.12.2004 erteilten Versorgungszusage handelt, die die Voraussetzungen für die Basisversorgung erfüllen (§ 22 Nr. 5 Satz 2 Buchstabe a i. V. m. Nr. 1 Satz 3 Buchstabe a Doppelbuchstabe aa EStG). Die Pensionskasse muss eine Aufteilung der Versorgungsleistungen vornehmen (§ 22 Nr. 5 Satz 7 EStG).

Versorgungsleistungen in Form von **Kapitalauszahlungen,** die auf **nicht geförderten Beiträgen** (keine steuerfreien Beiträge, keine Beiträge die über Zulagen und Sonderausgaben gefördert worden sind) auf-

1) Randnummer 158 des BMF-Schreibens vom 6.12.2017 (BStBl. 2018 I S. 147, 167). Das BMF-Schreiben ist als Anhang 13c im **Steuerhandbuch für das Lohnbüro 2021** abgedruckt, das im selben Verlag erschienen ist.

grund von Versorgungszusagen, die nach dem 31.12.2004 erteilt wurden, beruhen, gehören in Höhe des **Unterschiedsbetrags** zwischen der **Versicherungsleistung** und der Summe der auf sie entrichteten **Beiträge** zu den steuerpflichtigen sonstigen Einkünften. Erfolgt die Auszahlung nach der Vollendung des 60. Lebensjahres des Arbeitnehmers und einer Vertragslaufzeit von mindestens zwölf Jahren im Zeitpunkt der Auszahlung, ist nur die **Hälfte des Unterschiedsbetrags** zwischen Versicherungsleistung und der Summe der auf sie entrichteten Beiträge steuerpflichtig (§ 22 Nr. 5 Satz 2 Buchstabe b i. V. m. § 20 Abs. 1 Nr. 6 EStG). Bei Vertragsabschlüssen nach dem 31.12.2011 tritt an die Stelle des 60. Lebensjahres die Vollendung des 62. Lebensjahres. Wegen der Zuordnung zu den sonstigen Einkünften – statt zu den Einkünften aus Kapitalvermögen – ist weder ein Sparer-Pauschbetrag abzuziehen noch die 25 %ige Abgeltungsteuer anzuwenden. Bei Auszahlung ist zudem seitens des Versicherungsunternehmens kein Kapitalertragsteuerabzug vorzunehmen.

Beispiel E

Arbeitgeber A schließt im März 2021 für B (50 Jahre alt) eine Direktversicherung ab, die als Versorgungsleistung bei Ablauf des Vertrags im Jahre 2038 eine einmalige Kapitalauszahlung von 40 000 € vorsieht. Die Summe der eingezahlten Beiträge beträgt bis 2038 36 000 €.

Die Beiträge für die Direktversicherung sind nicht steuerfrei, da keine lebenslange Versorgung des B gewährleistet ist. Eine Pauschalbesteuerung mit 20 % ist nicht möglich, da vor 2018 kein Beitrag pauschal besteuert worden ist. Die Beiträge sind somit ab 2021 nach den individuellen Lohnsteuerabzugsmerkmalen des B zu versteuern und sozialversicherungspflichtig.

Die Versorgungsleistung in Form der Kapitalauszahlung gehört in Höhe des Unterschiedsbetrags zwischen Versicherungsleistung (40 000 €) und der Summe der auf sie entrichteten Beiträge (36 000 €) zu den sonstigen Einkünften. Da die Auszahlung nach der Vollendung des 62. Lebensjahres des B (Vertragsabschluss 2021!) und einer Vertragslaufzeit von mindestens zwölf Jahren erfolgt, ist nur die Hälfte des Unterschiedsbetrags steuerpflichtig. Die Einnahmen bei den sonstigen Einkünften betragen somit im Jahre 2038 2000 € (1/2 von 4000 €).

Eine Steuerpflicht der Erträge bei Kapitalauszahlungen nach den vorstehenden Grundsätzen tritt auch dann ein, wenn es sich zwar (lohnsteuerlich) um eine **pauschalierungsfähigen** Vertrag handelt, der (Direkt-)Versicherungsvertrag aber erst nach dem 31.12.2004 abgeschlossen worden ist. Für die Ermittlung der **Erträge** (= sonstige Einkünfte) wird nämlich dann von einem **steuerpflichtigen** Vertrag ausgegangen (§ 22 Nr. 5 Satz 2 Buchstabe b i. V. m. § 20 Abs. 1 Nr. 6 EStG).

Beispiel F

Arbeitgeber A hat den Arbeitnehmer B (45 Jahre alt) im November 2004 neu eingestellt. Er hat B zu diesem Zeitpunkt verbindlich zugesagt, für ihn nach einem Jahr Wartezeit (= November 2005) eine Direktversicherung abzuschließen. Ab November 2005 leistet A eine jährliche Beitragszahlung von 1500 €. Bei Fälligkeit der Versicherung im November 2021 erhält B – wie von vornherein vereinbart – als Versicherungsleistung eine einmalige Kapitalauszahlung in Höhe von 30 000 €.

Die ab November 2005 geleisteten Beiträge in Höhe von 1500 € können mit 20 % pauschal besteuert werden, da es sich um eine Versorgungszusage handelt, die vor dem 1.1.2005 erteilt worden ist. Der durch die einjährige Wartezeit erst im November 2005 erfolgte Vertragsabschluss steht dem nicht entgegen.

Da der Direktversicherungsvertrag aber erst nach dem 31.12.2004 abgeschlossen worden ist (Vertragsabschluss ist grundsätzlich das Datum der Ausstellung des Versicherungsscheins), gehört der Unterschiedsbetrag zwischen der Versicherungsleistung (30 000 €) und der Summe der hierfür entrichteten Beiträge (= 22 500 €) zu den sonstigen Einkünften. Da die Kapitalauszahlung im Jahre 2021 erst nach Vollendung des 60. Lebensjahres des Arbeitnehmers (Vertragsabschluss vor 2012!) und nach Ablauf von zwölf Jahren ausgezahlt wird, ist nur die Hälfte des Unterschiedsbetrags (1/2 von 7500 € = 3750 €) als Einnahme bei den sonstigen Einkünften anzusetzen.

Vorsicht ist geboten bei **Vertragsänderungen** von **Direktversicherungen,** deren Beiträge auf eine Versorgungszusage zurückgehen, die vor dem 1.1.2005 erteilt wurde. Bei der nachträglich vereinbarten Änderung eines oder mehrerer wesentlicher Bestandteile eines Versicherungsvertrags (z. B. Verlängerung der Laufzeit oder Verlängerung der Beitragszahlungsdauer, höhere Beitragszahlungen oder höhere Versicherungssumme) wird für die Ermittlung der Einkünfte vom Fortbestand des „alten Vertrags" und nur hinsichtlich der Änderung (also insoweit) von einem „neuen Vertrag" ausgegangen. Erfolgt die **nachträgliche Vertragsänderung nach** dem **31.12.2004,** gehören die Erträge aus dem **(anteiligen) „neuen Vertrag"** zu den steuerpflichtigen sonstigen Einkünften (Unterschiedsbetrag zwischen der anteiligen Versicherungsleistung und den anteiligen Beitragszahlungen). Die Anwendung des „Halbeinkünfteverfahrens" setzt für den (anteiligen) „Neuvertrag" eine Vertragslaufzeit von zwölf Jahren voraus (BFH-Urteil vom 6.7.2005, BStBl. II S. 726). Unmaßgeblich für die vorstehend erläuterte Versteuerung der Erträge ist, dass es sich für die Versteuerung der Beiträge aus lohnsteuerlicher Sicht insgesamt (also in vollem Umfang) um eine Versorgungszusage handelt, die ggf. hinsichtlich der Beitragszahlungen vollumfänglich mit 20 % pauschal besteuert werden kann. Die mit der Vertragsänderung verbundene Änderung der wesentlichen Vertragsbestandteile steht dem nicht entgegen.

Beispiel G

Die Anfang 2002 abgeschlossene Direktversicherung hat eine Laufzeit von 20 Jahren bei einem Beitrag von 50 € monatlich. Am 1. 12. 2021 wird die Laufzeit dieses Vertrages nachträglich um drei Jahre auf insgesamt 23 Jahre verlängert. Die Höhe der Beitragsleistung bleibt unverändert.

Die Verlängerung des wesentlichen Vertragsbestandteils „Laufzeit" um drei Jahre führt insoweit zu einem neuen Vertrag, der nach dem 31.12.2004 abgeschlossen worden ist. Der hierauf entfallende Unterschiedsbetrag zwischen (anteiliger) Versicherungsleistung und (anteiligen) Beiträgen gehört zu den steuerpflichtigen Einnahmen bei den sonstigen Einkünften (§ 22 Nr. 5 Satz 2 Buchstabe b i. V. m. § 20 Abs. 1 Nr. 6 EStG). Der Ansatz lediglich der Hälfte des Unterschiedsbetrags kommt nicht in Betracht, da die Laufzeit des anteiligen Neuvertrags lediglich drei Jahre und damit weniger als zwölf Jahre beträgt. Die auf den Altvertrag aus 2002 (Laufzeit 20 Jahre) entfallenden Zinsen sind steuerfrei, da sie erst nach Ablauf von zwölf Jahren ausgezahlt worden sind.

Die Beiträge für die Direktversicherung können übrigens auch in dem Zeitraum der dreijährigen Vertragsverlängerung pauschal besteuert werden, da vor dem 1.1.2018 ein Beitrag zu Recht pauschal besteuert worden ist und Vertragsänderungen (wie z. B. eine Verlängerung der Beitragszahlungsdauer) unbeachtlich sind. Unerheblich ist, dass Verlängerung der Beitragszahlungsdauer zu einer Erhöhung der Leistung führt.

Wird aber z. B. bei einem Direktversicherungsvertrag, dessen Beiträge noch mit 20% pauschal besteuert werden, die Untergrenze für betriebliche Altersversorgungsleistungen bis auf das 62. Lebensjahr erhöht und dadurch die Laufzeit des Vertrags verlängert, führt dies im Hinblick auf die Versteuerung der Leistung allein zu **keiner nachträglichen Vertragsänderung,** wenn die Verlängerung einen Zeitraum von höchstens zwei Jahren umfasst. Dabei ist auch eine entsprechende Verlängerung der Beitragszahlungsdauer zulässig. Hieraus ergibt sich die erfreuliche Konsequenz, dass auch die auf die Verlängerung entfallenden Erträge nicht steuerpflichtig sind, wenn die Kapitalauszahlung aus dem Direktversicherungsvertrag frühestens nach Ablauf von zwölf Jahren seit dem Vertragsabschluss ausgezahlt wird. Eine Verlängerung der Laufzeit bzw. der Beitragszahlungsdauer infolge der Anhebung der Altersgrenze kann aber nur einmalig vorgenommen werden.[1)]

Eine ermäßigte Besteuerung der Versorgungsleistungen nach der sog. **Fünftelregelung** ist übrigens vorzunehmen, wenn die betriebliche Versorgungseinrichtung **Nachzahlungen** für mehrere Jahre leistet (R 34.4 Abs. 1 EStR). Dies gilt allerdings nicht, soweit die Nachzahlung für das laufende Kalenderjahr geleistet wird.

Beispiel H

Eine Pensionskasse leistet im Jahr 2021 aufgrund einer fehlerhaften Berechnung der Versorgungsleistungen Nachzahlungen für die Kalenderjahre 2016 bis 2020. Die Versorgungsleistungen sollen ausschließlich auf steuerfreien Beitragsleistungen des Arbeitgebers beruhen.

Auch der Nachzahlungsbetrag führt im Kalenderjahr 2021 in voller Höhe zu sonstigen Einkünften (§ 22 Nr. 5 Satz 1 EStG). Allerdings ist für den Nachzahlungsbetrag die Tarifermäßigung in Form der Fünftelregelung anzuwenden, da es sich um Nachzahlungen für mehrere Jahre handelt. Das BFH-Urteil vom 20.9.2016 (BStBl. 2017 II S. 347) steht dem nicht entgegen, da dieses Urteil eine Kapitalauszahlung und keinen Nachzahlungsbetrag betraf.

Bei Zahlungen aus **ausländischen Altersvorsorgeplänen** ist u. E. aus deutscher steuerlicher Sicht die Einkunftsart zu bestimmen (Arbeitslohn oder sonstige Einkünfte) und anhand des maßgebenden Doppelbesteuerungsabkommens zu entscheiden, ob Deutschland für diese Einkünfte das Besteuerungsrecht hat oder die Einkünfte lediglich im Rahmen des Progressionsvorbehalts anzusetzen sind. Vgl. auch die Erläuterungen unter der vorstehenden Nr. 5 Buchstabe g.

1) BMF-Schreiben vom 6.3.2012 (BStBl. I S. 238). Das BMF-Schreiben ist als Anlage 8 zu H 40b.1 LStR im **Steuerhandbuch für das Lohnbüro 2021** abgedruckt, das im selben Verlag erschienen ist.

c) Zusammenfassendes Schaubild zur Auszahlungsphase

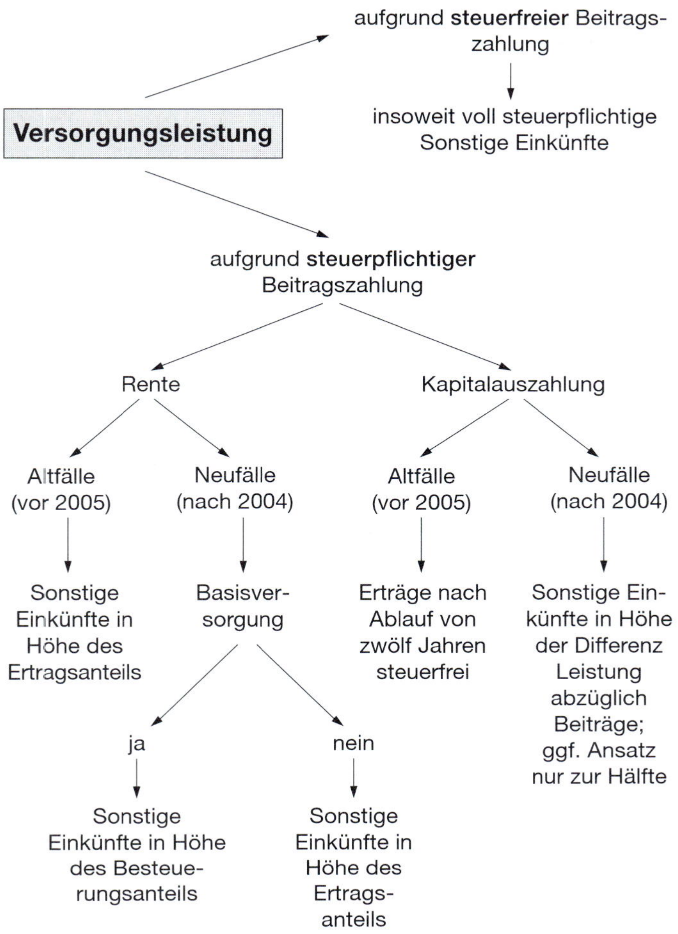

12. Übertragung von Versorgungszusagen auf Pensionsfonds[1)]

Durch die Übertragung von Versorgungszusagen auf Pensionsfonds besteht die Möglichkeit der Ausbuchung von Rückstellungen aus den Bilanzen. Dies verbessert die Chancen auf dem Kapitalmarkt bei der Fremdmittelbeschaffung und ist auch bei einer beabsichtigten Veräußerung des Unternehmens oder von GmbH-Anteilen vorteilhaft.

Die **Übertragung** von **bestehenden Versorgungsverpflichtungen** oder **Versorgungsanwartschaften** aus **Direktzusagen** des Arbeitgebers oder von **Unterstützungskassen** auf Pensionsfonds würde zumindest teilweise zu steuerpflichtigem Arbeitslohn führen, weil der Arbeitnehmer im Zeitpunkt der Übertragung einen unentziehbaren Rechtsanspruch gegenüber dem Pensionsfonds auf die spätere Versorgungsleistung erwirbt und die für die Übertragung zu zahlenden Beiträge regelmäßig deutlich mehr als 8 % der Beitragsbemessungsgrenze in der allgemeinen Rentenversicherung (2021 = 8 % von 85 200 € = 6816 €) betragen werden.

Die Übertragung der Versorgungszusagen auf Pensionsfonds führt jedoch **nicht zu steuer- und sozialversicherungspflichtigem Arbeitslohn,** wenn die beim Arbeitgeber durch die Übertragung entstehenden zusätzlichen Betriebsausgaben auf die der Übertragung folgenden zehn Wirtschaftsjahre gleichmäßig verteilt werden (§ 3 Nr. 66 EStG i. V. m. § 4d Abs. 3 und § 4e Abs. 3 EStG und § 1 Abs. 1 Satz 1 Nr. 10 SvEV[2)]). Dies gilt auch für die Übertragung von Versorgungszusagen eines **Gesellschafter-Geschäftsführers,** in einem berufsständischen Versorgungswerk Versicherte und von Arbeitnehmern, die bereits Versorgungsleistungen erhalten **(„Bestandsrentner")**. Bei steuerlich Selbstständigen scheidet eine steuerfreie Übertragung etwaiger Versorgungszusagen auf einen Pensionsfonds aber auch dann aus, wenn diese unter die Regelungen des Betriebsrentengesetzes fallen sollten. Der Antrag des Arbeitgebers auf **Verteilung der zusätzlichen Betriebsausgaben auf zehn Jahre** ist unwiderruflich; der jeweilige Rechtsnachfolger ist an den Antrag gebunden.

Die zusätzlichen Betriebsausgaben fallen dadurch an, dass der Arbeitgeber bei Direktzusagen in seiner Bilanz eine Pensionsrückstellung bildet, wobei ein (Abzinsungs-)Zinssatz von 6 % zugrunde gelegt wird. Bei Pensionsfonds ist hingegen aus versicherungsaufsichtsrechtlichen Gründen ein deutlich niedrigerer Zinssatz anzusetzen. Der Arbeitgeber muss somit bei der Übertragung der Versorgungsverpflichtung auf den Pensionsfonds regelmäßig einen Betrag zahlen, der deutlich höher als die bilanzielle Rückstellung ist. Dies führt im Ergebnis zu einem bilanziellen Verlust in Höhe der Differenz zwischen dem für die Übertragung zu zahlenden Betrag und der aufzulösenden Pensionsrückstellung. Die Steuerfreiheit kann aber auch dann in Anspruch genommen werden, wenn beim Arbeitgeber im Zusammenhang mit der Übertragung der Versorgungsverpflichtung an den Pensionsfonds ausnahmsweise keine zusätzlichen Betriebsausgaben anfallen sollten.

Beispiel A

Arbeitgeber A überträgt bestehende Versorgungsverpflichtungen aus den seinen Arbeitnehmer erteilten Direktzusagen auf einen Pensionsfonds, der für die Übernahme 250 000 € verlangt. In der Bilanz des Arbeitgebers ist eine Pensionsrückstellung von 110 000 € gebildet worden. A stellt beim Finanzamt den unwiderruflichen Antrag, im Jahr der Übertragung der Versorgungsverpflichtung Betriebsausgaben nur in Höhe der aufgelösten Rückstellung geltend zu machen (= 110 000 €) und den durch die Übertragung entstehenden Mehraufwand von 140 000 € (250 000 € abzüglich 110 000 €) gleichmäßig auf die nächsten zehn Wirtschaftsjahre zu verteilen.

Im Jahr der Übertragung der Versorgungsverpflichtung steht der Gewinnerhöhung durch Auflösung der Pensionsrückstellung ein gleich hoher Aufwand durch die Zahlungen an den Pensionsfonds gegenüber. In den nächsten zehn Wirtschaftsjahren ergibt sich ein zusätzlicher Betriebsausgabenabzug von jährlich 14 000 € (140 000 € : 10 Jahre). Für die Arbeitnehmer ist die Übertragung steuer- und sozialversicherungsfrei.

Die zuvor beschriebenen Grundsätze (Steuerfreiheit der Beiträge, Verteilung zusätzlicher Betriebsausgaben auf zehn Jahre) gelten entsprechend, wenn es anlässlich der Übertragung von Versorgungsverpflichtungen oder Versorgungsanwartschaften einer Unterstützungskasse auf einen Pensionsfonds zu Zuwendungen des Arbeitgebers an die Unterstützungskasse kommt (§ 4d Abs. 3 EStG).

Stellt der Arbeitgeber **keinen Antrag** auf **Verteilung der zusätzlichen Betriebsausgaben** auf zehn Jahre, wären die Beiträge im Jahr der Übertragung in vollem Umfang als Betriebsausgaben abziehbar und die **Lohnsteuerfreiheit** wäre **nicht gegeben.**

Zu beachten ist, dass die Zahlungen an einen Pensionsfonds zur **Übernahme bestehender Versorgungsverpflichtungen** gegenüber bereits Versorgungsberechtigten (also laufende Rentenzahlungen) und unverfallbaren Versorgungsanwartschaften ausgeschiedener Versorgungsberechtigter **insgesamt** nach § 3 Nr. 66 EStG **steuerfrei** sind, wenn der Arbeitgeber den Antrag auf Verteilung der zusätzlichen Betriebsausgaben auf zehn Jahre stellt. Hingegen kommt die Steuerfreiheit nach § 3 Nr. 66 EStG bei einer entgeltlichen Übertragung von Versorgungsanwartschaften aktiver Beschäftigter nur für Zahlungen in Betracht, die für die bis zum Zeitpunkt der Übertragung bereits erdienten Versorgungsanwartschaften geleistet werden (sog. „Past-Service"). Zahlungen an einen Pensionsfonds für **zukünftig** noch zu **erdienende Anwartschaften** (sog. „Future-Service") sind lediglich in dem **begrenzten Rahmen** des § 3 Nr. 63 EStG (also im Jahr 2021 maximal bis zu 6816 € = 8 % der Beitragsbemessungsgrenze in der allgemeinen Rentenversicherung – West –) **steuerfrei.**[3)] Die bis zum Zeitpunkt der Übertragung erdienten Versorgungsanwartschaften sind nach den Regelungen des Betriebsrentengesetzes (hier: § 2 BetrAVG[4)]) zu ermitteln. Dabei ist auf den Übertragungszeitpunkt abzustellen. **Künftige Rentenanpassungen** für die zum Zeitpunkt der Übertragung bereits erdienten Versorgungsanwartschaften sind keine bestehende Verpflichtung, soweit sie noch nicht fest zugesagt sind. Aus Vereinfachungsgründen lässt es die Finanzverwaltung jedoch zu, für Verpflichtungen, die einer Anpassungsprüfungspflicht nach dem Betriebsrentengesetz unterliegen, eine jährliche pauschale Erhöhung von bis zu 1 % zu berücksichtigen (BMF-Schreiben vom 10.7.2015, BStBl. I S. 544).

---

1) Die nachfolgend beschriebene Regelung ist bei einer Übertragung von Versorgungsverpflichtungen oder Versorgungsanwartschaften auf eine Pensionskasse nicht anwendbar, weil hierfür eine gesetzliche Grundlage für eine Freistellung weder im Steuernoch im Sozialversicherungsrecht vorhanden ist.

2) Die Sozialversicherungsentgeltverordnung (SvEV) ist als Anhang 2 im **Steuerhandbuch für das Lohnbüro 2021** abgedruckt, das im selben Verlag erschienen ist.

3) BMF-Schreiben vom 26.10.2006 (BStBl. I S. 709). Das BMF-Schreiben ist als Anlage zu H 3.66 LStR im **Steuerhandbuch für das Lohnbüro 2021** abgedruckt, das im selben Verlag erschienen ist.

4) Das Betriebsrentengesetz (BetrAVG) ist als Anhang 13 im **Steuerhandbuch für das Lohnbüro 2021** abgedruckt, das im selben Verlag erschienen ist.

Der Antrag auf Verteilung der zusätzlichen Betriebsausgaben auf zehn Jahre kann nur einheitlich gestellt werden. Wurden daher die erstmaligen Aufwendungen im vollen Umfang gewinnmindernd geltend gemacht, ist auch eine Verteilung eventueller **Nachschusszahlungen** nicht möglich.

Beispiel B

Arbeitgeber A passiviert in der steuerlichen Gewinnermittlung zum 31. 12. 2020 aufgrund einer Direktzusage zulässigerweise eine Pensionsrückstellung nach § 6a EStG in Höhe von 100 000 €. In 2021 wird die Versorgungsanwartschaft von einem Pensionsfonds übernommen. A zahlt hierfür 150 000 € und stellt einen Antrag nach § 4e Abs. 3 EStG auf Verteilung der Betriebsausgaben. Im Jahr 2024 leistet A aufgrund einer Deckungslücke einen weiteren unter § 3 Nr. 66 EStG fallenden Einmalbetrag von 30 000 €.

In 2021 ist die Rückstellung nach § 6a EStG Gewinn erhöhend aufzulösen. Da A einen Antrag auf Verteilung der dem Grunde nach sofort abzugsfähigen Betriebsausgaben gestellt hat, mindern in 2021 im Ergebnis nur 100 000 € (= Höhe der aufzulösenden Pensionsrückstellung, § 4e Abs. 3 Satz 3 EStG) den Gewinn. Der verbleibende Betrag von 50 000 € (150 000 € – 100 000 €) ist dem Gewinn 2021 außerbilanziell wieder hinzuzurechnen. In den Jahren 2022 bis 2031 ist der Gewinn um jeweils $^1/_{10}$ × 50 000 € = 5000 € außerbilanziell zu vermindern.

Auch die in 2024 geleistete Nachschusszahlung von 30 000 € ist aufgrund des für alle Leistungen im Zusammenhang mit der Übertragung bindenden Antrages nach § 4e Abs. 3 EStG zu verteilen. Demnach erhöht der Betrag von 30 000 € außerbilanziell den Gewinn in 2024. In den Jahren 2025 bis 2034 mindert sich der Gewinn außerbilanziell jährlich um je $^1/_{10}$ × 30 000 € = 3000 €. Hätte A die ursprüngliche Zahlung von 150 000 € vollumfänglich in 2021 als Betriebsausgabe geltend gemacht, hätte auch die in 2024 geleistete Nachschusszahlung nicht verteilt werden können.

Erfolgt im Rahmen eines Gesamtplans zunächst eine Übertragung der erdienten Anwartschaften auf einen Pensionsfonds (begünstigt nach § 3 Nr. 66 EStG) und werden anschließend **regelmäßig wiederkehrend** (z. B. jährlich) die dann neu erdienten Anwartschaften auf den Pensionsfonds übertragen, sind die weiteren Übertragungen nicht in voller Höhe, sondern nur in dem **begrenzten Umfang** des § 3 Nr. 63 EStG (2021 bis zu 6816 € je Arbeitnehmer) steuerfrei.

Beispiel C

Ein Arbeitgeber überträgt zum 31.12.2020 die bis dahin entstandenen Versorgungsanwartschaften aus Direktzusagen auf einen Pensionsfonds und stellt den Antrag auf Verteilung der zusätzlichen Betriebsausgaben auf zehn Jahre.

Die Übertragung der Versorgungsanwartschaften auf den Pensionsfonds ist in vollem Umfang steuer- und sozialversicherungsfrei (§ 3 Nr. 66 i. V. m. § 4e Abs. 3 EStG und § 1 Abs. 1 Satz 1 Nr. 10 SvEV[1]). Die Direktzusagen zugunsten seiner Arbeitnehmer hält er auch zukünftig bei. Zum 31.12.2021 will er die entstandenen Versorgungsanwartschaften des Jahres 2021 auf den Pensionsfonds steuerfrei übertragen.

Eine steuerfreie Übertragung ist lediglich im begrenzten Umfang des § 3 Nr. 63 EStG bis zu 6816 € je Arbeitnehmer möglich.

Sind Versorgungsverpflichtungen oder Versorgungsanwartschaften steuer- und sozialversicherungsfrei auf einen Pensionsfonds übertragen worden (§ 3 Nr. 66 EStG), sind die **Versorgungsleistungen des Pensionsfonds** im Zeitpunkt der Auszahlung **in vollem Umfang als sonstige Einkünfte steuerpflichtig** (§ 22 Nr. 5 Satz 1 EStG). Die Arbeitnehmer verlieren durch die Übertragung von Versorgungszusagen auf Pensionsfonds ihren Anspruch auf den Arbeitnehmer-Pauschbetrag und die Freibeträge für Versorgungsbezüge. Der Werbungskosten-Pauschbetrag für die sonstigen Einkünfte beträgt 102 €. Der Pensionsfonds hat bei Auszahlung der Versorgungsleistungen **keinen Lohnsteuerabzug** vorzunehmen. Er ist daher auch nicht verpflichtet, für die jeweiligen Arbeitnehmer die elektronischen Lohnsteuerabzugsmerkmale (ELStAM; vgl. dieses Stichwort) abzurufen. Allerdings muss der Pensionsfonds der Finanzverwaltung eine sog. Rentenbezugsmitteilung übersenden.

Beispiel D

Arbeitgeber A hat erdiente Versorgungsanwartschaften seiner Arbeitnehmer auf einen Pensionsfonds übertragen und beantragt, die sich hierdurch ergebenden zusätzlichen Betriebsausgaben auf die nächsten zehn Wirtschaftsjahre gleichmäßig zu verteilen. Der Pensionsfonds zahlt den Arbeitnehmern später Versorgungsleistungen von 500 € monatlich.

Die Zahlungen des Arbeitgebers an den Pensionsfonds anlässlich der Übertragung der Versorgungsanwartschaften sind steuer- und sozialversicherungsfrei. Die späteren Versorgungsleistungen des Pensionsfonds von 500 € monatlich führen allerdings in voller Höhe zu sonstigen Einkünften, von denen lediglich ein Werbungskosten-Pauschbetrag von 102 € abzuziehen ist.

Auch bei Arbeitnehmern, die bereits Versorgungsbezüge erhalten (sog. **„Bestandsrentner"**), können die Versorgungsverpflichtungen des Arbeitgebers – wie bereits erwähnt – unter den zuvor beschriebenen Voraussetzungen steuerfrei auf einen Pensionsfonds übertragen werden. Die Auszahlungen des Pensionsfonds führen auch in diesem Fall zu voll steuerpflichtigen sonstigen Einkünften (§ 22 Nr. 5 Satz 1 EStG). Wurde mit der **Auszahlung** der auf einer Direktzusage beruhenden oder von einer Unterstützungskasse zu erbringenden laufenden **Versorgungsleistungen** durch einen Arbeitgeber oder eine Unterstützungskasse **vor der Übertragung** der Versorgungsverpflichtung auf den Pensionsfonds **begonnen** gilt Folgendes (§ 22 Nr. 5 Satz 11 EStG):

Obwohl es sich bei den Leistungen des Pensionsfonds um sonstige Einkünfte (§ 22 Nr. 5 Satz 1 EStG) handelt, sind der **Arbeitnehmer-Pauschbetrag** bzw. der Werbungskosten-Pauschbetrag bei Versorgungsempfängern (nicht der Werbungskosten-Pauschbetrag für sonstige Einkünfte) und die **Freibeträge für Versorgungsbezüge** zu berücksichtigen.

Beispiel E

Arbeitgeber A hat bestehende Versorgungsverpflichtungen aufgrund von Direktzusagen – auch von „Bestandsrentnern" – steuer- und sozialversicherungsfrei auf einen Pensionsfonds übertragen. Der Pensionsfonds zahlt dem Arbeitnehmer B, der bei Beginn der Zahlung der Versorgungsleistungen im Jahr 2004 65 Jahre alt war, Versorgungsleistungen von 400 € monatlich.

Ermittlung der sonstigen Einkünfte des B in 2021:

Einnahmen	4 800 €
Versorgungsfreibetrag 40 % von 4800 € höchstens 3000 € (Jahr des Versorgungsbeginns 2004)	1 920 €
Zuschlag zum Versorgungsfreibetrag	900 €
Werbungskosten-Pauschbetrag	102 €
Sonstige Einkünfte nach § 22 Nr. 5 EStG	1 878 €

Handelte es sich beim erstmaligen Bezug von Versorgungsleistungen **nicht** um **Versorgungsbezüge,** z. B. weil keine der Altersgrenzen erreicht war, ist lediglich der **Arbeitnehmer-Pauschbetrag** von **1000 €** (§ 9a Satz 1 Nr. 1 Buchstabe a EStG) abzuziehen. Wird die **Altersgrenze** zu einem späteren Zeitpunkt **erreicht,** ist ab diesem Zeitpunkt der Werbungskosten-Pauschbetrag von 102 € (§ 9a Satz 1 Nr. 1 Buchstabe b EStG) und der **für dieses Jahr maßgebende Versorgungsfreibetrag** und der Zuschlag zum Versorgungsfreibetrag abzuziehen (§ 19 Abs. 2 EStG).

Beispiel F

Wie Beispiel E. Arbeitnehmer B war bei Beginn der Zahlung der Versorgungsleistungen durch den Pensionsfonds im Jahr 2016 erst 58 Jahre alt. Da er nicht schwerbehindert ist, liegen bei ihm im Januar 2021 erstmals die altersmäßigen Voraussetzungen für Versorgungsbezüge (Vollendung des 63. Lebensjahres) vor.

Ermittlung der sonstigen Einkünfte des B in 2020:

Einnahmen	4 800 €
Arbeitnehmer-Pauschbetrag	1 000 €
Versorgungsfreibetrag	0 €
Zuschlag zum Versorgungsfreibetrag	0 €
Sonstige Einkünfte nach § 22 Nr. 5 EStG	3 800 €

Ermittlung der sonstigen Einkünfte des B in 2021:

Einnahmen	4 800 €
Versorgungs-Freibetrag 15,2 % von 4800 € höchstens 1140 €	730 €
Zuschlag zum Versorgungsfreibetrag	342 €
Arbeitnehmer-Pauschbetrag	102 €
Sonstige Einkünfte	3 626 €

Die vorstehenden Grundsätze sind auch dann anzuwenden, wenn der Zeitpunkt des erstmaligen Leistungsbezugs und der Zeitpunkt der Übertragung der Versorgungsverpflichtung auf den Pensionsfonds im selben Monat liegen.

Folgt ein Hinterbliebenenbezug einem vorstehend beschriebenen Versorgungsbezug, bestimmen sich der Prozentsatz, der Höchstbetrag des Versorgungsfreibetrags und der Zuschlag zum Versorgungsfreibetrag für den Hinterbliebenenbezug nach dem Jahr des Beginns des Versorgungsbezugs (§ 19 Abs. 2 Satz 7 EStG).

13. Rechtsanspruch auf Entgeltumwandlung und reine Beitragszusage

a) Rechtsanspruch auf Entgeltumwandlung

Bis zum 31.12.2001 bestand kein individuellrechtlicher Anspruch auf Entgeltumwandlung zu Gunsten betrieblicher Altersversorgung. Der Arbeitgeber konnte grundsätzlich frei darüber entscheiden, ob und in welcher Form er in seinem Betrieb für alle Arbeitnehmer oder nur für bestimmte Arbeitnehmer (z. B. leitende Angestellte) betriebliche Altersversorgung einführen wollte. Lediglich tarifgebundene Arbeitgeber waren verpflichtet, betriebliche Altersversorgung anzubieten, wenn der für sie maßgebende Tarifvertrag eine solche Verpflichtung vorsah.

Seit dem 1.1.2002 kann der Arbeitnehmer von seinem Arbeitgeber einseitig verlangen, dass von seinen **künftigen** Entgeltansprüchen bis zu 4 % der Beitragsbemessungsgrenze in der allgemeinen Rentenversiche-

1) Die Sozialversicherungsentgeltverordnung (SvEV) ist als Anhang 2 im **Steuerhandbuch für das Lohnbüro 2021** abgedruckt, das im selben Verlag erschienen ist.

rung – West – durch Entgeltumwandlung für seine betriebliche Altersversorgung eingesetzt werden (§ 1a BetrAVG; = **Rechtsanspruch auf Entgeltumwandlung**).[1] Der Höchstbetrag gilt gleichermaßen in den alten und in den neuen Bundesländern. Der Rechtsanspruch des Arbeitnehmers auf Entgeltumwandlung beträgt:

	2018	2019	2020	**2021**
Höhe des Rechtsanspruchs auf Entgeltumwandlung	3 120 €	3 216 €	3 312 €	**3 408 €**

Das Bundesarbeitsgericht hat entschieden, dass der **Arbeitgeber nicht verpflichtet** ist, seine **Arbeitnehmer** von sich aus auf den **Rechtsanspruch** auf Entgeltumwandlung zugunsten betrieblicher Altersversorgung **hinzuweisen.** Eine solche Pflicht ergebe sich weder aus dem Betriebsrentengesetz noch aus der allgemeinen Fürsorgepflicht des Arbeitgebers gegenüber seinen Arbeitnehmern (BAG-Urteil vom 21.1.2014 3 AZR 807/11).

Durch die prozentuale Anbindung an die Beitragsbemessungsgrenze in der allgemeinen Rentenversicherung ist der Anspruch auf Entgeltumwandlung unabhängig vom individuellen Gehalt des Arbeitnehmers.

Beispiel A

A hat einen monatlichen Bruttoarbeitslohn von 600 € und einen Anspruch auf Weihnachtsgeld in Höhe eines Monatsgehalts.

Obwohl der Jahresarbeitslohn lediglich 7800 € (13 Monate à 600 €) beträgt, hat A 2021 einen Rechtsanspruch auf Entgeltumwandlung in Höhe von 3408 € jährlich.

Macht der Arbeitnehmer seinen Rechtsanspruch auf Entgeltumwandlung geltend, muss er **mindestens** einen Betrag in Höhe von **246,75 € jährlich** (= 1/160 der Bezugsgröße nach § 18 Abs. 1 SGB IV) für betriebliche Altersversorgung verwenden. Will der Arbeitnehmer zudem nicht nur einmal im Jahr einen bestimmten Betrag für die Entgeltumwandlung zur Verfügung stellen, sondern Teile seines regelmäßigen monatlichen Entgelts umwandeln, kann der Arbeitgeber während des laufenden Kalenderjahres die Verwendung gleich bleibender monatlicher Beträge verlangen, um den Verwaltungsaufwand in Grenzen zu halten. Die Beachtung des vorstehenden Mindestbetrags ist aber **nicht Voraussetzung** für die **Steuerfreiheit** der Beiträge an die betriebliche Versorgungseinrichtung (vgl. auch die Erläuterungen unter der vorstehenden Nr. 5 Buchstabe a).

Von einer Entgeltumwandlung im Zusammenhang mit betrieblicher Altersversorgung ist immer dann auszugehen, wenn vereinbarte Entgelte nicht als „Barlohn“ an den Arbeitnehmer ausgezahlt oder überwiesen, sondern für den Aufbau von wertgleichen Anwartschaften auf betriebliche Altersversorgung verwendet werden. Der Rechtsanspruch auf Entgeltumwandlung gilt aber nur für Arbeitnehmer, die aufgrund der Beschäftigung oder Tätigkeit bei dem Arbeitgeber **in der allgemeinen Rentenversicherung pflichtversichert** sind. Beschäftigte, die in der gesetzlichen Rentenversicherung nicht pflichtversichert sind, haben folglich auch keinen Anspruch auf Entgeltumwandlung (§ 17 Abs. 1 Satz 3 BetrAVG[1]).

Beispiel B

Geringfügig Beschäftigte sind in der gesetzlichen Rentenversicherung pflichtversichert und haben daher einen Rechtsanspruch auf Entgeltumwandlung bis zu 3408 € jährlich. Sie werden auf schriftlichen Befreiungsantrag gegenüber ihrem Arbeitgeber von der Einzugsstelle von der Versicherungspflicht befreit. In diesem Fall haben sie keinen Rechtsanspruch auf Entgeltumwandlung.

Der Rechtsanspruch auf Entgeltumwandlung ist ausgeschlossen, soweit bereits eine durch Entgeltumwandlung finanzierte betriebliche Altersversorgung besteht (§ 1a Abs. 2 BetrAVG[1]). Dies ist aber nicht bereits dann der Fall, wenn die betriebliche Altersversorgung durch den Arbeitgeber – also ohne Entgeltumwandlung seitens des Arbeitnehmers – finanziert worden ist. Von einer Entgeltumwandlung kann nämlich nur ausgegangen werden, wenn bereits vereinbartes Entgelt für künftige Arbeitsleistung zum Erwerb von wertgleichen Anwartschaften auf betriebliche Altersversorgung umgewandelt wird (§ 1 Abs. 2 Nr. 3 BetrAVG[1]).

Beispiel C

Der Arbeitgeber hat für A einen Direktversicherungsvertrag abgeschlossen und zahlt seit Jahren zusätzlich zum ohnehin geschuldeten Arbeitslohn die Direktversicherungsbeiträge in Höhe von 1200 €.

A hat 2021 einen Rechtsanspruch auf Entgeltumwandlung in Höhe 3408 €, da keine durch Entgeltumwandlung finanzierte betriebliche Altersversorgung besteht.

Beispiel D

Wie Beispiel C. Der Direktversicherungsbeitrag in Höhe von 1200 € wurde im Dezember 2020 vereinbarungsgemäß durch Entgeltumwandlung aus der Sonderzuwendung Weihnachtsgeld finanziert. Es ist vereinbart, für 2021 genauso zu verfahren.

Der Rechtsanspruch des Arbeitnehmers auf Entgeltumwandlung ist ausgeschlossen, soweit bereits eine durch Entgeltumwandlung finanzierte betriebliche Altersversorgung besteht.

Höchstbetrag für Rechtsanspruch auf Entgeltumwandlung 2021	3 408 €
abzüglich bereits vereinbarte Entgeltumwandlung	1 200 €
(Verbleibender) Rechtsanspruch auf Entgeltumwandlung 2021	2 208 €

Für Entgeltansprüche, die auf einem Tarifvertrag beruhen (also tarifvertraglich vereinbart sind), kann eine Entgeltumwandlung nur vorgenommen werden, soweit dies durch Tarifvertrag vorgesehen oder zugelassen ist (§ 20 Abs. 1 BetrAVG[1]). Der **Rechtsanspruch** des Arbeitnehmers auf **Entgeltumwandlung** steht also unter einem sog. **Tarifvorbehalt.** Durch „Tarifvertrag vorgesehen“ bedeutet, dass der Tarifvertrag selbst die Entgeltumwandlung zulassen muss. Durch „Tarifvertrag zugelassen“ heißt, dass der Tarifvertrag zumindest eine Öffnungsklausel enthalten muss, nach der durch Betriebsvereinbarungen oder Einzelverträge eine Entgeltumwandlung möglich ist. Das Entgelt beruht zudem nur dann auf tarifvertraglicher Grundlage, wenn sowohl der Arbeitgeber (z. B. als Mitglied des vertragsschließenden Arbeitgeberverbandes) als auch der Arbeitnehmer (als Gewerkschaftsmitglied) **tarifgebunden** sind. Dies hat die ungewöhnliche Folge, dass bei einem nach Tarifvertrag zahlenden Arbeitgeber, die nicht gewerkschaftlich organisierten Arbeitnehmer immer einen Anspruch auf Entgeltumwandlung geltend machen können, nicht aber zwingend auch die gewerkschaftlich organisierten Arbeitnehmer. Allerdings beruht das Entgelt bei einem allgemeinverbindlich erklärten Tarifvertrag stets auf tarifvertraglicher Grundlage, unabhängig davon, ob der Arbeitgeber Mitglied im Arbeitgeberverband ist oder der jeweilige Arbeitnehmer Gewerkschaftsmitglied ist. Im Übrigen ist zu beachten, dass freiwillige übertarifliche Zahlungen (Sonderzahlung, Gratifikationen) nicht auf Tarifvertrag beruhen und insoweit stets ein Rechtsanspruch auf Entgeltumwandlung besteht. Außerdem ist von Bedeutung, dass durch **Tarifvertrag** der **Entgeltumwandlungsanspruch** gänzlich **ausgeschlossen** oder der Höhe nach anders geregelt werden kann (§ 19 Abs. 1 BetrAVG[1]; sog. Tarifdispositivität). Eine abweichend getroffene Regelung gilt auch zwischen nicht tarifgebundenen Arbeitgebern und Arbeitnehmern, wenn diese die Anwendung der einschlägigen tariflichen Regelung vereinbart haben. Werden für bestimmte Berufsgruppen überhaupt keine Tarifverträge geschlossen (z. B. Arbeitnehmer bei Freiberuflern), steht selbstverständlich der Tarifvorbehalt dem Entgeltumwandlungsanspruch des Arbeitnehmers nicht entgegen.

Hat der Arbeitnehmer einen Rechtsanspruch auf Entgeltumwandlung, ist durch **Vereinbarung zwischen Arbeitgeber und Arbeitnehmer** festzulegen, in welcher **Form** die **betriebliche Altersversorgung** abgewickelt werden soll (§ 1a Abs. 1 Satz 2 BetrAVG[1]). Ist der Arbeitgeber zu einer Durchführung über einen Pensionsfonds oder eine Pensionskasse bereit, ist die betriebliche Altersversorgung dort durchzuführen. Andernfalls kann der Arbeitnehmer verlangen, dass der Arbeitgeber für ihn eine Direktversicherung abschließt (§ 1a Abs. 1 Satz 3 BetrAVG[1]). Die Wahl des konkreten Versicherungsunternehmens obliegt aber auch dann dem Arbeitgeber, da ihm nicht zugemutet werden kann, mit einer Vielzahl von Versicherungsunternehmen Geschäftsbeziehungen aufzunehmen.

Beispiel E

A hat einen Rechtsanspruch auf Entgeltumwandlung. B ist als Arbeitgeber zu einer Durchführung über einen Pensionsfonds bereit.

Die betriebliche Altersversorgung ist beim Pensionsfonds durchzuführen.

Beispiel F

A hat einen Rechtsanspruch auf Entgeltumwandlung. Arbeitgeber B ist nicht bereit, die betriebliche Altersversorgung über einen Pensionsfonds oder eine Pensionskasse durchzuführen.

A kann verlangen, dass B für ihn eine Direktversicherung abschließt.

Soweit der Arbeitnehmer einen **Rechtsanspruch auf Entgeltumwandlung** für betriebliche Altersversorgung hat und diese über einen Pensionsfonds, eine Pensionskasse oder eine Direktversicherung durchgeführt wird, kann er verlangen, dass die Voraussetzungen für eine staatliche Förderung über Zulagen und ggf. zusätzlichen Sonderausgabenabzug (= „Riester-Rente“) erfüllt werden (§ 1a Abs. 3 BetrAVG[1]). Dies setzt voraus, dass die Zahlung der Beiträge in einen Pensionsfonds, eine Pensionskasse oder eine Direktversicherung aus nach den jeweiligen Lohnsteuerabzugsmerkmalen **individuell versteuertem** und damit auch verbeitragtem **Arbeitslohn** des Arbeitnehmers stammen und die in Betracht kommende Versorgungseinrichtung dem Arbeitnehmer eine lebenslange Altersversorgung gewährleistet (§ 82 Abs. 2 Satz 1 Buchstabe a EStG). Vgl. hierzu auch die Erläuterungen unter der vorstehen-

1) Das Betriebsrentengesetz (BetrAVG) ist als Anhang 13 im **Steuerhandbuch für das Lohnbüro 2021** abgedruckt, das im selben Verlag erschienen ist.

den Nr. 8 und zu den begünstigten Auszahlungsformen für eine lebenslange Altersversorgung die Erläuterungen unter der vorstehenden Nr. 5 Buchstabe b.

Beispiel G

A hat einen Rechtsanspruch auf Entgeltumwandlung und mit dem Arbeitgeber den Abschluss einer Direktversicherung vereinbart. Eine lebenslange Altersversorgung ist gewährleistet.

Da er für die Beiträge an die Direktversicherung die steuerliche Förderung über Zulagen und zusätzlichen Sonderausgabenabzug („Riester-Rente") in Anspruch nehmen will, kann er anstelle der Steuerfreiheit der Beiträge die individuelle Versteuerung und damit auch Verbeitragung nach seinen Lohnsteuerabzugsmerkmalen verlangen.

Falls der **Arbeitnehmer bei fortbestehendem Arbeitsverhältnis kein Entgelt** erhält, hat der das **Recht,** die Direktversicherung bzw. Versorgung über eine Pensionskasse oder einen Pensionsfonds mit **eigenen Beiträgen fortzusetzen.** Der Arbeitgeber steht auch für die Leistungen aus diesen Beiträgen ein (§ 1a Abs. 4 BetrAVG[1)]). Für diese Eigenbeiträge kann der Arbeitnehmer die staatliche Förderung über Zulagen und ggf. zusätzlichen Sonderausgabenabzug in Anspruch nehmen (= **„Riester-Rente";** § 82 Abs. 2 Satz 1 Buchstabe b EStG).

Anwartschaften auf betriebliche Altersversorgung, die mittels Entgeltumwandlung finanziert werden, sind sofort gesetzlich **unverfallbar** (§ 1b Abs. 5 BetrAVG[1)]). Dies bedeutet, dass bei einem Ausscheiden des Arbeitnehmers aus dem Arbeitsverhältnis vor Eintritt des Versorgungsfalles die bis zum Ausscheiden erworbene (Teil-)Anwartschaft in jedem Fall erhalten bleibt. Der Vorteil ist, dass gesetzlich unverfallbare Anwartschaften gegenüber den vertraglich unverfallbaren Anwartschaften sofort insolvenzgeschützt und damit über den Pensions-Sicherungs-Verein in bestimmtem Umfang abgesichert sind. Außerdem muss dem Arbeitnehmer in den Fällen der Entgeltumwandlung für den Fall des **Ausscheidens** das Recht zur **Fortsetzung** der Versicherung oder Versorgung mit eigenen Beiträgen eingeräumt werden (§ 1b Abs. 5 Satz 1 Nr. 2 BetrAVG[1)]). Auch für diese Beiträge kann der Arbeitnehmer die staatliche Förderung über Zulagen und ggf. zusätzlichen Sonderausgabenabzug in Anspruch nehmen (= **„Riester-Rente";** § 82 Abs. 2 Satz 1 Buchstabe b EStG).

Der **Arbeitgeber** ist seit 2019 **ggf. verpflichtet,** bei einer Entgeltumwandlung den von ihm ersparten Arbeitgeberanteil an den Sozialversicherungsbeiträgen in pauschalierter Form (= **15 % des umgewandelten Entgelts)** zugunsten seines Beschäftigten an die durchzuführende **Versorgungseinrichtung weiterzuleiten** (§ 1a Abs. 1a BetrAVG[1)]). Unterschreiten die eingesparten Sozialversicherungsbeiträge 15 % des umgewandelten Arbeitsentgelts (z. B. bei Arbeitsentgelten nah an der Beitragsbemessungsgrenze oder bei Arbeitnehmern, die nicht in allen Zweigen der Sozialversicherung versicherungspflichtig sind), ist die Pflicht zur Zahlung des Arbeitgeberzuschusses auf den Betrag der eingesparten Sozialversicherungsbeiträge begrenzt. Sofern der Arbeitgeber durch die Entgeltumwandlung keine Sozialversicherungsbeiträge erspart, etwa wenn Entgelt oberhalb der Beitragsbemessungsgrenze umgewandelt wird, ist insoweit auch kein Arbeitgeberzuschuss fällig. Wird Entgelt im Bereich zwischen der Beitragsbemessungsgrenze in der gesetzlichen Krankenversicherung und der Beitragsbemessungsgrenze in der gesetzlichen Rentenversicherung umgewandelt, kann der Arbeitgeber „spitz" abrechnen. Die Verpflichtung des Arbeitgebers zu einem Zuschuss besteht nicht, wenn die Entgeltumwandlung im Rahmen von Direktzusagen oder Zusagen über Unterstützungskassen erfolgt. Außerdem kann in Tarifverträgen von der Regelung abgewichen werden (§ 19 Abs. 1 BetrAVG i. V. m. § 1a BetrAVG[1)]). Für den Arbeitgeberzuschuss gelten die gleichen steuerlichen und sozialversicherungsrechtlichen Regelungen wie für die mittels Entgeltumwandlung finanzierten Beiträge des Arbeitgebers (z. B. **Steuerfreiheit** nach § 3 Nr. 63 EStG, **Riester-Förderung** über Zulagen und ggf. zusätzlichen Sonderausgabenabzug, Betriebsausgabenabzug beim Arbeitgeber).

Zeitliche Anwendung: Die Neuregelung für den vorstehenden Arbeitgeberzuschuss gilt **seit** dem **1.1.2019** zunächst nur für ab diesem Zeitpunkt neu **abgeschlossene** Entgeltumwandlungsvereinbarungen. Für zu diesem Zeitpunkt bereits **bestehende** Entgeltumwandlungsvereinbarungen ist der Arbeitgeberzuschuss erst **ab 2022** verpflichtend (§ 26a BetrAVG[1)]).

Außerdem ist im Betriebsrentengesetz den Tarifvertragsparteien die rechtssichere Einführung von betrieblichen Systemen automatischer Entgeltumwandlung ermöglicht worden (**Optionssysteme** bzw. „Opting-Out-Systeme"; § 20 Abs. 2 BetrAVG[1)]). Optionssysteme führen zu einer automatischen Einbeziehung aller Beschäftigten oder einer Beschäftigtengruppe eines Unternehmens oder eines Betriebs in ein arbeitnehmerfinanziertes Betriebsrentensystem, wobei der einzelne Beschäftigte der Entgeltumwandlung – aus welchen Gründen auch immer – widersprechen kann.

b) Reine Beitragszusagen

Das Betriebsrentengesetz ermöglicht den Sozialpartnern, auf der Grundlage von Tarifverträgen sog. reine Beitragszusagen einzuführen und damit die **Arbeitgeber** von Haftungsrisiken für Betriebsrenten zu entlasten, weil sich die Zusage des Arbeitgebers auf die Zahlung der Beiträge beschränkt und er damit **Kostensicherheit** hat. In diesem Fall werden auch keine Mindest- bzw. Garantieleistungen der durchführenden Versorgungseinrichtungen (Pensionsfonds, Pensionskasse, Direktversicherung) vorgesehen (§ 1 Abs. 2 Nr. 2a BetrAVG und § 22 BetrAVG[1)]). Lediglich die vom Arbeitgeber zu zahlenden Beiträge bilden zusammen mit etwaigen Kapitalerträgen im Versorgungsfall die Grundlage für die von der Versorgungseinrichtung zu zahlende laufende Betriebsrente; Kapitalzahlungen – mit Ausnahme der Abfindung von Kleinbetragsrenten – sind nicht möglich. Auch eine Insolvenzsicherung über den Pensions-Sicherungs-Verein findet nicht statt. Nichttarifgebundene Arbeitgeber und Beschäftigte können vereinbaren, dass die einschlägigen Tarifverträge zu Betriebsrentenmodellen mit reinen Beitragszusagen auch für sie gelten sollen (§ 24 BetrAVG[1)]).

Bei einer Finanzierung der Beitragszusage durch Gehaltsumwandlung **muss** der **Arbeitgeber** (verpflichtend!) **15 %** des **umgewandelten sozialversicherungsfreien Entgelts** zusätzlich als **Arbeitgeberzuschuss** an die **Versorgungseinrichtung weiterleiten** (§ 23 Abs. 2 BetrAVG[1)]); die in diesem Fall dem Arbeitgeber ersparten Sozialversicherungsbeiträge sollen also dem Arbeitnehmer zugutekommen. Unterschreiten die eingesparten Sozialversicherungsbeiträge 15 % des umgewandelten Arbeitsentgelts (z. B. bei Arbeitsentgelten nah an der Beitragsbemessungsgrenze oder bei Arbeitnehmern, die nicht in allen Zweigen der Sozialversicherung versicherungspflichtig sind), ist die Pflicht zur Zahlung des Arbeitgeberzuschusses auf den Betrag der eingesparten Sozialversicherungsbeiträge begrenzt. Sofern der Arbeitgeber durch die Entgeltumwandlung keine Sozialversicherungsbeiträge erspart, etwa wenn Entgelt oberhalb der Beitragsbemessungsgrenze umgewandelt wird, ist insoweit auch kein Arbeitgeberzuschuss fällig. Wird Entgelt im Bereich zwischen der Beitragsbemessungsgrenze in der gesetzlichen Krankenversicherung und der Beitragsbemessungsgrenze in der gesetzlichen Rentenversicherung umgewandelt, kann der Arbeitgeber „spitz" abrechnen. Für diesen zusätzlichen Arbeitgeberzuschuss gelten die gleichen steuerlichen und sozialversicherungsrechtlichen Regelungen wie für den durch die Gehaltsumwandlung finanzierten Beitrag (z. B. Steuerfreiheit nach § 3 Nr. 63 EStG, Riester-Förderung über Zulagen und ggf. zusätzlichen Sonderausgabenabzug, Betriebsausgabenabzug beim Arbeitgeber).

Darüber hinaus soll bei einer Arbeitgeberfinanzierung im Tarifvertrag zur Absicherung der reinen Beitragszusage ein **Sicherungsbeitrag des Arbeitgebers** vereinbart werden, der ebenfalls steuer- und sozialversicherungsfrei ist, soweit er nicht unmittelbar dem einzelnen Arbeitnehmer gutgeschrieben oder zugerechnet werden kann (§ 23 Abs. 1 BetrAVG[1)] und § 3 Nr. 63a EStG). Durch die Formulierung „soll" wird deutlich, dass es sich hierbei lediglich um eine Möglichkeit und nicht um eine Verpflichtung handelt, z. B. um bei der Versorgungseinrichtung einen höheren Kapitaldeckungsgrad zu erreichen oder ihr eine konservativere Kapitalanlage zu ermöglichen. Auch die späteren Versorgungsleistungen, die auf steuerfreien Beiträgen des Arbeitgebers nach § 3 Nr. 63a EStG beruhen, führen zu voll steuerpflichtigen sonstigen Einkünften (§ 22 Nr. 5 Satz 1 EStG).

Für Zusatzbeiträge, die unmittelbar dem einzelnen Arbeitnehmer direkt gutgeschrieben oder zugerechnet werden, gelten die gleichen steuerlichen und sozialversicherungsrechtlichen Regelungen wie für die übrigen Beiträge des Arbeitgebers (z. B. Steuerfreiheit nach § 3 Nr. 63 EStG, Riester-Förderung über Zulagen und ggf. zusätzlichen Sonderausgabenabzug).

Beim Arbeitgeber stellen die Zusatzbeiträge Betriebsausgaben dar, unabhängig davon, ob die dem Arbeitnehmer unmittelbar gutgeschrieben bzw. zugerechnet werden oder nicht.

14. Abfindung von Versorgungsanwartschaften

a) Bei „Riester-Förderung"

Die Leistungen aus der betrieblichen Altersversorgung werden grundsätzlich mit dem Eintritt des abgesicherten biometrischen Risikos (Alter, Tod oder Invalidität) fällig. Bei der Altersversorgung ist dies das alters-

1) Das Betriebsrentengesetz (BetrAVG) ist als Anhang 13 im **Steuerhandbuch für das Lohnbüro 2021** abgedruckt, das im selben Verlag erschienen ist.

bedingte Ausscheiden aus dem Erwerbsleben (Lebensaltersuntergrenze im Regelfall das 60. bzw. 62. Lebensjahr), bei der Hinterbliebenenversorgung der Tod und bei der Invaliditätsversorgung der Invaliditätseintritt des Arbeitnehmers. Vgl. hierzu auch die Erläuterungen unter der vorstehenden Nr. 1.

Bei Abfindung einer gesetzlich bzw. vertraglich unverfallbaren oder noch verfallbaren Versorgungsanwartschaft, die zuvor über **Zulagen** und ggf. einen zusätzlichen **Sonderausgabenabzug** staatlich **gefördert** worden ist („Riester-Rente"), kann es zu einer sog. **schädlichen Verwendung** (vgl. im Einzelnen Anhang 6a Nr. 7) kommen. Dies hat u. a. die Rückzahlung der steuerlichen Förderung (Zulage und zusätzliche Steuervorteile durch Sonderausgabenabzug) zur Folge. Außerdem erfolgt eine Versteuerung der Erträge.

Für gesetzlich unverfallbare Versorgungsanwartschaften besteht grundsätzlich ein Abfindungsverbot (§ 3 BetrAVG[1]). Hierzu gehören auch alle Versorgungszusagen, die durch Entgeltumwandlung mit sofortiger gesetzlicher Unverfallbarkeit erworben wurden (vgl. vorstehende Nr. 13 Buchstabe a). Eine gesetzlich unverfallbare Versorgungsanwartschaft kann aber ohne Zustimmung des Arbeitnehmers u. a. dann abgefunden werden, wenn ihr Wert bestimmte Grenzen nicht überschreitet. Die Abfindung ist in diesem Fall **keine schädliche Verwendung,** soweit das über Zulagen und ggf. zusätzlichen Sonderausgabenabzug geförderte Altersvorsorgevermögen zugunsten eines auf den Namen des Zulageberechtigten lautenden zertifizierten privaten Altersvorsorgevertrags geleistet wird (§ 93 Abs. 2 Satz 3 EStG). Die Verwaltung wendet diesen Grundsatz erfreulicherweise auch in anderen, arbeitsrechtlich zulässigen Abfindungsfällen als denen des § 3 BetrAVG an.[2]

Beispiel

A erhält eine Abfindung für eine gesetzlich unverfallbare Versorgungsanwartschaft, die über Zulagen und den zusätzlichen Sonderausgabenabzug („Riester-Rente") staatlich gefördert worden ist.

Um eine schädliche Verwendung zu vermeiden, muss er den Abfindungsbetrag zugunsten eines auf seinen Namen lautenden zertifizierten privaten Altersvorsorgevertrags verwenden. Die späteren Auszahlungen aus einem solchen privaten Altersvorsorgevertrag sind in vollem Umfang als sonstige Einkünfte steuerpflichtig (§ 22 Nr. 5 Satz 1 EStG).

b) Ohne „Riester-Förderung"

Wird eine **Anwartschaft** der betrieblichen Altersversorgung **abgefunden,** deren Beiträge ganz oder teilweise **steuerfrei** waren oder die **ausschließlich** auf **nicht** durch Zulagen und ggf. zusätzlichem Sonderausgabenabzug **geförderten** Beiträgen beruht, gilt Folgendes: Der **Abfindungsbetrag** ist **nicht steuerpflichtig,** wenn er zugunsten eines auf den Namen des Arbeitnehmers lautenden zertifizierten privaten Altersvorsorgevertrags geleistet wird (§ 3 Nr. 55c Satz 2 Buchstabe b EStG). Anderenfalls erfolgt eine Besteuerung des Abfindungsbetrags nach den unter der vorstehenden Nr. 11 dargestellten Grundsätzen.

Beispiel

Eine Anwartschaft auf betriebliche Altersversorgung, die ausschließlich durch steuerfreie Beiträge aufgebaut worden ist, wird in arbeitsrechtlich zulässiger Weise abgefunden. Der Abfindungsbetrag wird auf einen zertifizierten Altersvorsorgevertrag („Riester-Rente") des Arbeitnehmers eingezahlt.

Die Einzahlung des Abfindungsbetrags der (steuerfrei aufgebauten) betrieblichen Altersversorgung auf den privaten Altersvorsorgevertrag ist steuerfrei (§ 3 Nr. 55c Satz 2 Buchstabe b EStG). Die späteren Auszahlungen aus dem privaten Altersvorsorgevertrag sind in vollem Umfang als sonstige Einkünfte steuerpflichtig (§ 22 Nr. 5 Satz 1 EStG).

c) Schädliche Verwendung

Sofern es bei der Abfindung von Versorgungsanwartschaften, die über Zulagen und ggf. zusätzlichen Sonderausgabenabzug staatlich gefördert worden ist, zu einer schädlichen Verwendung kommt, sind die hierauf entfallenden Zulagen und ggf. zusätzliche **Steuervorteile** durch den Sonderausgabenabzug **zurückzuzahlen.** Der Rückzahlungsbetrag wird von der entsprechenden Versorgungseinrichtung vom Abfindungsbetrag einbehalten und an die ZfA abgeführt. Außerdem sind die ausgezahlten Leistungen abzüglich der Eigenbeiträge des Arbeitnehmers und Zulagen in **voller Höhe als sonstige Einkünfte zu versteuern.** Eine Tarifermäßigung kommt nicht in Betracht. Wegen weiterer Einzelheiten vgl. die Erläuterungen in Anhang 6a Nr. 7.

Hat der Arbeitnehmer für arbeitgeberfinanzierte Beiträge an eine Direktversicherung, eine Pensionskasse oder einen Pensionsfonds die staatliche Förderung durch Zulage und Sonderausgabenabzug erhalten („Riester-Rente") und **verliert** er vor Eintritt der Unverfallbarkeit sein **Bezugsrecht** durch einen entschädigungslosen Widerruf des Arbeitgebers, handelt es sich ebenfalls um eine **schädliche Verwendung.** Maßgeblicher Zeitpunkt hierfür ist die Wirksamkeit der den Verlust des Bezugsrechts begründeten Willenserklärungen (z. B. Kündigung oder Widerruf). Auch in diesem Fall sind die Zulagen und ggf. zusätzliche **Steuervorteile** durch Sonderausgabenabzug **zurückzuzahlen.** Eine nachträgliche Besteuerung der Erträge aus der Ansparphase kommt allerdings nicht in Betracht, da diese Beträge nicht dem Arbeitnehmer zufließen, sondern beim Arbeitgeber verbleiben; bei ihm liegen Betriebseinnahmen vor. Zur Frage der Arbeitslohnrückzahlung vgl. auch die Erläuterungen beim Stichwort „Zukunftsicherung" unter der Nr. 17 Buchstaben a und b.

15. Mitnahme der betrieblichen Altersversorgung bei Arbeitgeberwechsel

a) Allgemeines

Arbeitsrechtlich sind im Betriebsrentengesetz (BetrAVG)[1] die Mitnahmemöglichkeiten erworbener Betriebsrentenanwartschaften bei einem Arbeitgeberwechsel (sog. Portabilität) geregelt worden. Nach Beendigung des Arbeitsverhältnisses kann im **Einvernehmen** des ehemaligen mit dem neuen Arbeitgeber sowie dem Arbeitnehmer

- die **Zusage** vom **neuen Arbeitgeber übernommen** werden (§ 4 Abs. 2 Nr. 1 BetrAVG[1]). Auch aus der Sicht des neuen Arbeitgebers handelt es sich ggf. nach wie vor um eine Versorgungszusage, die vom ehemaligen Arbeitgeber vor dem 1.1.2005 erteilt wurde, oder
- der Wert der vom Arbeitnehmer erworbenen unverfallbaren Anwartschaft auf betriebliche Altersversorgung **(= Übertragungswert)** auf den **neuen Arbeitgeber übertragen** werden, wenn dieser eine wertgleiche Zusage erteilt (§ 4 Abs. 2 Nr. 2 BetrAVG[1]). Für die neue Anwartschaft gelten die Regelungen für die Entgeltumwandlung, das bedeutet, sie ist sofort unverfallbar und damit insolvenzgeschützt. Mit der vollständigen Übertragung erlischt die Zusage des ehemaligen Arbeitgebers (§ 4 Abs. 6 BetrAVG[1]).

Darüber hinaus hat der Arbeitnehmer bei einem Arbeitgeberwechsel in bestimmten Fällen ein **Recht auf Mitnahme** seiner erworbenen Betriebsrentenanwartschaften (§ 4 Abs. 3 BetrAVG[1]). Er kann innerhalb eines Jahres nach Beendigung des Arbeitsverhältnisses von seinem ehemaligen Arbeitgeber verlangen, dass der Übertragungswert auf den neuen Arbeitgeber oder eine Versorgungseinrichtung des neuen Arbeitgebers übertragen wird, wenn

- die betriebliche Altersversorgung über einen externen Versorgungsträger **(Pensionsfonds, Pensionskasse** oder **Direktversicherung) durchgeführt** worden ist und
- der **Übertragungswert** die **Beitragsbemessungsgrenze** in der allgemeinen Rentenversicherung (2021 = 85 200 €) **nicht übersteigt.** Überschreitet der Übertragungswert die Beitragsbemessungsgrenze, besteht kein Recht auf anteilige Mitnahme.

Der **neue Arbeitgeber** ist **verpflichtet,** eine dem Übertragungswert wertgleiche Zusage zu erteilen und die betriebliche Altersversorgung wiederum über einen externen Versorgungsträger **(Pensionsfonds, Pensionskasse** oder **Direktversicherung) durchzuführen.** Für die neue Anwartschaft gelten die Regelungen für die Entgeltumwandlung, das bedeutet, sie ist sofort unverfallbar und damit insolvenzgeschützt. Mit der vollständigen Übertragung erlischt die Zusage des ehemaligen Arbeitgebers (§ 4 Abs. 6 BetrAVG[1]). Das Recht des Arbeitnehmers auf Mitnahme erworbener Betriebsrentenanwartschaften besteht hingegen nicht, wenn die betriebliche Altersversorgung beim bisherigen Arbeitgeber über eine Direktzusage oder eine Unterstützungskasse durchgeführt wurde.

Der Arbeitnehmer hat in den vorstehend beschriebenen Fällen der sog. Portabilität einen **Auskunftsanspruch** (§ 4a BetrAVG[1]). Der bisherige Arbeitgeber bzw. der Versorgungsträger hat dem Arbeitnehmer bei einem berechtigten Interesse auf dessen Verlangen u. a. schriftlich mitzuteilen,

1. in welcher Höhe aus der bisher erworbenen unverfallbaren Anwartschaft bei Erreichen der in der Versorgungsregelung vorgesehenen Altersgrenze ein Anspruch auf Altersversorgung voraussichtlich besteht und
2. wie hoch bei einer Übertragung der Anwartschaft der Übertragungswert wäre.

Der neue Arbeitgeber bzw. der Versorgungsträger hat dem Arbeitnehmer auf dessen Verlangen schriftlich mitzuteilen, in welcher Höhe aus dem Übertragungswert ein Anspruch auf Altersversorgung und ob eine Invali-

---

1) Das Betriebsrentengesetz (BetrAVG) ist als Anhang 13 im **Steuerhandbuch für das Lohnbüro 2021** abgedruckt, das im selben Verlag erschienen ist.

2) Randnummer 169 des BMF-Schreibens vom 6.12.2017 (BStBl. 2018 I S. 147, 169). Das BMF-Schreiben ist als Anhang 13c im **Steuerhandbuch für das Lohnbüro 2021** abgedruckt, das im selben Verlag erschienen ist.

ditäts- oder Hinterbliebenenversorgung bestehen würde. Dieser Auskunftsanspruch soll dem Arbeitnehmer eine Entscheidungshilfe sein, ob er von seinem Recht auf Mitnahme der Betriebsrentenanwartschaften Gebrauch macht oder nicht.

b) Schuldübernahme

Wird die betriebliche Altersversorgung sowohl beim alten als auch beim neuen Arbeitgeber über einen Pensionsfonds, eine Pensionskasse oder eine Direktversicherung abgewickelt, liegt bei der **Übernahme der Versorgungszusage** (Fall des **§ 4 Abs. 2 Nr. 1 BetrAVG**[1)]) lediglich ein Schuldnerwechsel und damit **kein lohnsteuerlich relevanter Vorgang** vor. Wird ein Direktversicherungsvertrag unmittelbar vom neuen Arbeitgeber fortgeführt, kann auch der neue Arbeitgeber die Beiträge für die Direktversicherung bis zu 1752 € mit 20 % pauschal besteuern, wenn der Arbeitnehmer gegenüber dem neuen Arbeitgeber nachweist, dass vor dem 1.1.2018 mindestens ein Beitrag nach „§ 40b alt" pauschal besteuert wurde. Dieser Nachweis kann durch eine Gehaltsabrechnung oder eine Bescheinigung eines Vorarbeitgebers oder des Versorgungsträgers erbracht werden.

Beispiel A

Arbeitgeber A hat seinem Arbeitnehmer B im Jahr 2000 eine Versorgungszusage erteilt und eine Direktversicherung abgeschlossen, die pauschal besteuert wurde. Am 1.1.2021 scheidet B aus dem Unternehmen des A aus und wechselt zum Arbeitgeber C. Im Einvernehmen mit A und B wird die Versorgungszusage von C übernommen und die Police der Direktversicherung umgeschrieben.

Es liegt eine Übernahme der Versorgungszusage mit Schuldnerwechsel vor (§ 4 Abs. 2 Nr. 1 BetrAVG). Der Vorgang ist lohnsteuerlich nicht relevant. Eine Pauschalbesteuerung der Beiträge des C ab 2021 für die Direktversicherung bis zu 1752 € mit 20 % ist möglich, da die Beiträge bereits vor dem 1.1.2018 pauschal besteuert wurden.

Beispiel B

Dem Arbeitnehmer A wurde vom Arbeitgeber B im Jahre 2000 eine Versorgungszusage über eine Pensionskasse und im Jahr 2010 in Form einer Direktversicherung erteilt. Die Beiträge für die Pensionskasse wurden – soweit sie über den steuerfreien Betrag hinausgingen – bis zur Beendigung des Dienstverhältnisses am 30.6.2019 nach § 40b EStG a. F. mit 20 % pauschal besteuert. Die Beiträge an die Direktversicherung wurden aus individuell versteuertem Arbeitslohn geleistet. Nach einer Zeit der Arbeitslosigkeit vom 1.7.2019 bis 31.3.2021 nimmt A zum 1.4.2021 ein neues Beschäftigungsverhältnis beim Arbeitgeber C auf. C erteilt A eine neue Versorgungszusage über einen Pensionsfonds und übernimmt die Direktversicherung. A weist dem C durch Vorlage einer Gehaltsabrechnung nach, dass die Beiträge für die Pensionskasse in der Vergangenheit nach § 40b EStG a. F. pauschal besteuert worden sind.

Arbeitgeber C kann die Beiträge für die Direktversicherung bis zur Höhe von 1752 € nach § 40b EStG a. F. mit 20 % pauschal besteuern. Der Zeitpunkt der Erteilung der Versorgungszusage für die Direktversicherung (= 2010!) ist ohne Bedeutung.

Übersteigen die **Beiträge** des Arbeitgebers den **Pauschalierungshöchstbetrag** von 1752 €, sind diese bei Vorliegen sämtlicher Voraussetzungen im gesetzlich vorgesehenen Umfang steuerfrei.

Abwandlung

Wie Beispiel A. Zum 1.7.2021 erhöht sich der Beitrag von 1500 € auf 2000 €. Bezüglich der Versorgungsleistung besteht ein Wahlrecht zwischen einer Rente und einer Kapitalauszahlung.

Der Beitrag kann in Höhe von 1752 € pauschal besteuert werden (Vertragsänderung durch Beitragserhöhung steht dem nicht entgegen) und ist in Höhe von 248 € steuerfrei (2000 € abzüglich 1752 €).

Kein lohnsteuerlich relevanter Vorgang ist auch die Übernahme der Versorgungszusage (Fall des § 4 Abs. 2 Nr. 1 BetrAVG[1)]), wenn die betriebliche Altersversorgung sowohl beim alten als auch beim neuen Arbeitgeber über eine **Direktzusage** oder **Unterstützungskasse** durchgeführt wird. Zur Ablösung einer solchen Zusage vgl. das Stichwort „Pensionszusage" unter Nr. 3.

Beispiel C

Die D-GmbH hat ihrem Arbeitnehmer E im Jahre 2011 eine Direktzusage erteilt. Am 1. 10. 2021 wechselt E zur konzernverbundenen F-GmbH, die die Versorgungszusage im Einvernehmen aller Beteiligten übernimmt. Die D-GmbH leistet hierfür keine Zahlungen an die F-GmbH.

Es liegt eine Übernahme der Versorgungszusage mit Schuldnerwechsel vor (§ 4 Abs. 2 Nr. 1 BetrAVG[1)]). Der Vorgang ist lohnsteuerlich nicht relevant.

Die Verwaltung nimmt auch dann keinen lohnsteuerlich relevanten Vorgang an, wenn es bei einer Direktzusage – zumeist bei verbundenen Unternehmen – bei fortbestehendem Dienstverhältnis zu einem entgeltlichen **Schuldbeitritt** eines Dritten mit im Innenverhältnis vereinbarter Erfüllungsübernahme gegenüber den aktiven Arbeitnehmern und/oder zur **Ausgliederung** von Pensionsverpflichtungen gegenüber ehemaligen Arbeitnehmern kommt. Es handelt sich weiterhin um eine Direktzusage des Arbeitgebers mit der Folge, dass erst bei Auszahlung der Versorgungsleistungen durch den Arbeitgeber oder Dritten Arbeitslohn vorliegt. Entsprechendes gilt, wenn es sich nach dem Umwandlungsgesetz nicht um eine Ausgliederung, sondern um eine Abspaltung handelt.[2)] Zur Vornahme des Lohnsteuerabzugs durch einen Dritten bei Zahlung der Versorgungsleistungen vgl. dieses Stichwort.

Hat der bisherige Arbeitgeber für seinen Arbeitnehmer eine Direktversicherung bei einem Versicherungsunternehmen (z. B. A-Gesellschaft) abgeschlossen und wechselt der Arbeitnehmer zu einem Arbeitgeber, der regelmäßig mit anderen Versicherungsunternehmen (z. B. B-Gesellschaft) Direktversicherungen abschließt, haben sich zahlreiche Versicherungsunternehmen nach dem **„Abkommen zur Übertragung zwischen den Durchführungswegen Direktversicherungen, Pensionskassen oder Pensionsfonds bei Arbeitgeberwechsel"** verpflichtet, dem neuen Arbeitgeber die Fortsetzung der bisherigen Versicherung zu ermöglichen. Dies setzt voraus, dass die Übertragung mit Zustimmung aller Beteiligten (neuer Arbeitgeber, alter Arbeitgeber und Arbeitnehmer) bei einem der beteiligten Versicherer **innerhalb von 15 Monaten nach dem Ausscheiden** des Arbeitnehmers aus dem bisherigen Arbeitsverhältnis beantragt wird und das bisherige Versicherungsunternehmen den Barwert ohne Abzüge an das neue Versicherungsunternehmen überweist. Die vorstehenden Ausführungen gelten auch bei sog. Kollektiv(Rahmen-)verträgen. Der neue Arbeitgeber kann (= Wahlrecht) die Beiträge für eine solche Direktversicherung weiter bis zu 1752 € mit 20 % pauschal besteuern, wenn vor dem 1.1.2018 nachweislich mindestens ein Beitrag pauschal besteuert worden ist. Darüber hinausgehend handelt es sich – wie in den Fällen des vorstehenden Beispiels A – nicht um einen lohnsteuerlich relevanten Vorgang. Aus diesem Grund sind auch die bis zur Übertragung angefallenen Zinsen nicht zu versteuern. Unter Berücksichtigung der späteren Versteuerung der Leistungen ist es regelmäßig vorteilhafter, von der Pauschalbesteuerungsmöglichkeit für die Beiträge weiterhin Gebrauch zu machen.

Beispiel D

Arbeitgeber D hat für den Arbeitnehmer E im Jahre 2002 eine Direktversicherung abgeschlossen und pauschal besteuert. E wechselt zum 1. 4. 2021 vom Arbeitgeber D zum Arbeitgeber F. Da D und F ihre Direktversicherungen bei unterschiedlichen Versicherungsgesellschaften abschließen, wird der Barwert aufgrund des Abkommens zur Übertragung zwischen den Durchführungswegen Direktversicherungen, Pensionskassen oder Pensionsfonds bei Arbeitgeberwechsel innerhalb von 15 Monaten nach dem Ausscheiden des E aus dem Arbeitsverhältnis vom bisherigen Versicherungsunternehmen K an das neue Versicherungsunternehmen L überwiesen.

Eine Pauschalbesteuerung der von F ab 1. 4. 2021 gezahlten Beiträge für die Direktversicherung bis zu 1752 € mit 20 % ist möglich, da vor dem 1.1.2018 nachweislich mindestens ein Beitrag pauschal besteuert worden ist.

In der Praxis kommt es vor, dass Anwartschaften aus einer betrieblichen Altersversorgung auch **ohne Arbeitgeberwechsel** von einem externen auf einen anderen externen Versorgungsträger (= Pensionsfonds, Pensionskasse, Lebensversicherungsunternehmen) übertragen werden. Eine solche Übertragung der betrieblichen Altersversorgung zwischen externen Versorgungsträgern wird seit dem 1.1.2018 auch bei fortbestehendem Arbeitsverhältnis (also ohne Arbeitgeberwechsel) **steuerfrei** gestellt, sofern im Zusammenhang mit der Übertragung keine unmittelbaren Zahlungen an den Arbeitnehmer erfolgen (§ 3 Nr. 55c Satz 2 Buchstabe a EStG). Erst die späteren Auszahlungen an den Arbeitnehmer werden als sonstige Einkünfte erfasst (§ 22 Nr. 5 EStG). Im Übrigen führt die Übertragung zu keiner Novation i. S. d. § 20 Abs. 1 Nr. 6 EStG, wenn sich im Zusammenhang mit der Übertragung die vertraglichen Hauptpflichten (insbesondere Versicherungssumme, Laufzeit, Beitragszahlungsdauer, abgesicherte biometrische Risiken) nicht ändern.

Beispiel E

Aufgrund einer Neuausrichtung der betrieblichen Altersversorgung werden die Anwartschaften der Arbeitnehmer aus den abgeschlossenen Direktversicherungen auf eine Pensionskasse übertragen. Unmittelbare Zahlungen an die Arbeitnehmer erfolgen nicht. Sowohl die Beitragszahlungen in der Vergangenheit an das Versicherungsunternehmen als auch zukünftig an die Pensionskasse erfolgen steuerfrei.

Die Übertragung der betrieblichen Altersversorgung vom Versicherungsunternehmen an die Pensionskassen ist auch bei fortbestehendem Arbeitsverhältnis steuerfrei (§ 3 Nr. 55c Satz 2 Buchstabe a EStG). Die späteren Auszahlungen an die Arbeitnehmer sind voll steuerpflichtige sonstige Einkünfte (§ 22 Nr. 5 Satz 1 EStG).

Unmittelbare Zahlungen an den Arbeitnehmer führen allerdings zu einem **Zufluss** von steuerlichen Einkünften. Die Steuerbefreiungsvorschrift des § 3 Nr. 55c Satz 2 Buchstabe a EStG ist in diesem Fall nicht anzuwenden.

1) Das Betriebsrentengesetz (BetrAVG) ist als Anhang 13 im **Steuerhandbuch für das Lohnbüro 2021** abgedruckt, das im selben Verlag erschienen ist.

2) Randnummer 64 des BMF-Schreibens vom 6.12.2017 (BStBl. 2018 I S. 147, 157). Das BMF-Schreiben ist als Anhang 13c im **Steuerhandbuch für das Lohnbüro 2021** abgedruckt, das im selben Verlag erschienen ist.

Beispiel F

Arbeitgeber A hat für seinen Arbeitnehmer B am 1.4.2010 einen Direktversicherungsvertrag beim Versicherungsunternehmen C abgeschlossen und die Beiträge seitdem steuerfrei eingezahlt. Zum 31.5.2021 wird der Direktversicherungsvertrag gekündigt, die Leistung von dem Versicherungsunternehmen an den Arbeitnehmer B ausbezahlt und zum 1.6.2021 von Arbeitgeber A für Arbeitnehmer B ein neuer Direktversicherungsvertrag beim Versicherungsunternehmen D abgeschlossen.

Da die betriebliche Altersversorgung **mit Wirkung für die Zukunft beendet** wird, handelt es sich bei der Zahlung des Versicherungsunternehmens an den Arbeitnehmer B um voll steuerpflichtige Einkünfte nach § 22 Nr. 5 Satz 1 EStG. Es kommt nicht darauf an, ob nach der Kündigung die betriebliche Altersversorgung – wie im Beispielsfall – anderweitig fortgesetzt wird oder nicht.

Hinweis: Im Fall einer kompletten **Rückabwicklung** des Vertragsverhältnisses **mit Wirkung für die Vergangenheit** würde es sich bei der Zahlung der Versorgungseinrichtung an den Arbeitnehmer um eine steuerpflichtige Arbeitslohnzahlung handeln, die – als Arbeitslohnzahlung für mehrere Jahre – regelmäßig nach der Fünftelregelung ermäßigt zu besteuern ist. Dieser Fall wird aber in der Praxis nur selten vorkommen.

Wurde vor dem 1.1.2018 ein Beitrag pauschal besteuert, ist eine Fortführung dieser Pauschalierung auch dann möglich, wenn eine Direktversicherung infolge der Beendigung des Arbeitsverhältnisses auf den Arbeitnehmer übertragen (= versicherungsvertragliche Lösung), dann von diesem zwischenzeitlich **privat** (z. B. während der Zeit einer Arbeitslosigkeit) und **später** von einem **neuen Arbeitgeber** wieder als Direktversicherung **fortgeführt** wird. Der Zeitraum der privaten Fortführung des Versicherungsvertrags ist ohne Bedeutung. Es ist auch unerheblich, ob während der Zeit der privaten Fortführung Beiträge geleistet oder der Vertrag beitragsfrei gestellt wurde (siehe auch das vorstehende Beispiel B).

Beispiel G

Arbeitgeber N hat für den Arbeitnehmer O im Jahre 2000 eine Direktversicherung abgeschlossen und pauschal besteuert. O ist seit dem 1. 6. 2019 arbeitslos. Anlässlich des Verlusts seines Arbeitsplatzes ist die Versicherungspolice von N auf O umgeschrieben worden. Zum 1. 1. 2021 erhält O eine Stelle bei P, der bereit ist, die „alte“ Direktversicherung zu übernehmen. Die Versicherungspolice wird daher zum 1. 1. 2021 von O auf P umgeschrieben.

Eine Pauschalbesteuerung der von P ab 1. 1. 2021 gezahlten Beiträge für die Direktversicherung bis zu 1752 € mit 20 % ist möglich, da vor dem 1.1.2018 mindestens ein Beitrag pauschal besteuert worden ist.

Beispiel H

Dem Arbeitnehmer A wurde vom Arbeitgeber B im Jahre 2010 eine Versorgungszusage in Form einer Direktversicherung erteilt. Die Beiträge zur Direktversicherung waren bis zum 30.6.2020 steuerfrei nach § 3 Nr. 63 EStG. Nach einer Zeit der Arbeitslosigkeit (1.7.2020 bis 31.3.2021) nimmt A zum 1.4.2021 ein neues Beschäftigungsverhältnis beim Arbeitgeber C auf. C übernimmt die Direktversicherung und führt sie fort.

Arbeitgeber C kann die Beiträge für die Direktversicherung nicht pauschal besteuern, da vor dem 1.1.2018 kein Beitrag pauschal besteuert worden ist.

Zu den Folgerungen der Kündigung einer Direktversicherung vgl. das Stichwort „Zukunftsicherung“ unter Nr. 17 Buchstabe b.

c) Zahlung eines Übertragungswerts

Der bei einem Arbeitgeberwechsel nach den Regelungen des Betriebsrentenrechts ggf. vom bisherigen Arbeitgeber des Arbeitnehmers oder dessen externer Versorgungseinrichtung an den neuen Arbeitgeber oder dessen externer Versorgungseinrichtung zu leistende **Übertragungswert** (vgl. § 4 Abs. 5 BetrAVG[1]) ist **steuerfrei,** wenn die betriebliche Altersversorgung sowohl beim **alten** als auch beim **neuen Arbeitgeber** über einen **externen Versorgungsträger** (Pensionsfonds, Pensionskasse, Direktversicherung) durchgeführt wird (§ 3 Nr. 55 Satz 1 EStG). Die Steuerfreiheit gilt sowohl für Versorgungszusagen, die gesetzlich unverfallbar sind, als auch für Versorgungszusagen, die aufgrund vertraglicher Vereinbarungen ohne Fristerfordernis unverfallbar sind. Es ist für die Steuerfreiheit nicht Voraussetzung, dass beide Arbeitgeber den gleichen Durchführungsweg gewählt haben. Die auf dem Übertragungswert beruhenden später gezahlten **Versorgungsleistungen** gehören **zu den Einkünften,** zu denen die Leistungen gehören würden, wenn die **Übertragung nicht stattgefunden** hätte (§ 3 Nr. 55 Satz 3 EStG).

Beispiel A

Arbeitgeber A hat für seinen Arbeitnehmer C die betriebliche Altersversorgung in der Vergangenheit mit steuerfreien Beiträgen über eine Pensionskasse durchgeführt. Anlässlich der Beendigung des Arbeitsverhältnisses überträgt die Pensionskasse den Übertragungswert von 15 000 € im Einvernehmen mit A, dem Arbeitnehmer C und dem neuen Arbeitgeber B auf einen Pensionsfonds, über den B die betriebliche Altersversorgung seiner Arbeitnehmer durchführt (§ 4 Abs. 3 BetrAVG[1]).

Die Übertragung des Betrags von 15 000 € ist steuerfrei (§ 3 Nr. 55 Satz 1 EStG). Die späteren Versorgungsleistungen des Pensionsfonds sind in vollem Umfang als sonstige Einkünfte zu versteuern (§ 22 Nr. 5 Satz 1 EStG), soweit sie auf steuerfreien Beiträgen beruhen. Dies gilt auch, soweit die Versorgungsleistungen auf steuerfreien Beiträgen des A an die Pensionskasse zurückzuführen sind (§ 3 Nr. 55 Satz 3 EStG).

Die **Steuerfreiheit** ist auch dann gegeben, wenn der **Übertragungswert** vom **ehemaligen Arbeitgeber** oder von einer Unterstützungskasse **an** den **neuen Arbeitgeber** oder eine andere Unterstützungskasse geleistet wird (§ 3 Nr. 55 Satz 2 EStG).

Beispiel B

Arbeitgeber F hat für seinen Arbeitnehmer G die betriebliche Altersversorgung in der Vergangenheit über die Unterstützungskasse A durchgeführt. Anlässlich der Beendigung des Arbeitsverhältnisses überträgt die Unterstützungskasse A den Übertragungswert von 20 000 € im Einvernehmen mit F, dem Arbeitnehmer G und dem neuen Arbeitgeber H auf die Unterstützungskasse B, über die H die betriebliche Altersversorgung seiner Arbeitnehmer durchführt (§ 4 Abs. 2 Nr. 2 BetrAVG[1]).

Die Übertragung des Betrags von 20 000 € ist steuerfrei (§ 3 Nr. 55 Satz 2 EStG). Sämtliche späteren Versorgungsleistungen der Unterstützungskasse B sind als Arbeitslohn zu versteuern (§ 3 Nr. 55 Satz 3 EStG).

Die in den vorstehenden Beispielen erwähnte **Steuerbefreiungsvorschrift** des § 3 Nr. 55 EStG gilt auch für Arbeitnehmer, die nicht in der gesetzlichen Rentenversicherung pflichtversichert sind (z. B. **beherrschende Gesellschafter-Geschäftsführer** oder von der Versicherungspflicht befreite geringfügig Beschäftigte[2]).

Die Anwendung dieser Steuerbefreiungsvorschrift setzt aufgrund des Verweises auf die Vorschriften des Betriebsrentengesetzes die **Beendigung** des **bisherigen Dienstverhältnisses** und ein anderes Dienstverhältnis voraus. Die Übernahme der Versorgungszusage durch einen Arbeitgeber, bei dem der Arbeitnehmer bereits beschäftigt ist, ist betriebsrentenrechtlich unschädlich und steht daher der Anwendung der Steuerbefreiungsvorschrift nicht entgegen. Es muss sich also bei dem „anderen Dienstverhältnis“ nicht zwingend um ein „neues Dienstverhältnis“ handeln.

Beispiel C

Der Gesellschafter-Geschäftsführer der A-GmbH (Bruttoarbeitslohn jährlich 120 000 €), der im Rahmen dieses Dienstverhältnisses eine Direktzusage erhalten hat, war im Unternehmensverbund bisher auch für die B-GmbH im Rahmen einer geringfügigen Beschäftigung tätig. Aufgrund von Umstrukturierungsmaßnahmen übt er zukünftig die Geschäftsführertätigkeit nur noch für die B-GmbH aus (Bruttoarbeitslohn jährlich 150 000 €) und das Dienstverhältnis zur A-GmbH wird beendet. Der Übertragungswert für die Direktzusage wird von der A-GmbH an die B-GmbH geleistet.

Der von der A-GmbH an die B-GmbH geleistete Übertragungswert ist nach § 3 Nr. 55 Satz 2 EStG steuerfrei. Entscheidend hierfür ist die Beendigung des bisherigen Dienstverhältnisses zur A-GmbH und das Vorhandensein eines anderen Dienstverhältnisses.

Die Steuerfreiheit für einen Übertragungswert kann aber nicht in Anspruch genommen werden, wenn der **bisherige Arbeitgeber** als betriebliche Altersversorgung eine **Direktzusage** erteilt oder diese über eine **Unterstützungskasse** durchgeführt hat und sie beim **neuen Arbeitgeber** über einen **externen Versorgungsträger** (Pensionsfonds, Pensionskasse oder Direktversicherung) durchgeführt wird. Die Zahlungen des bisherigen Arbeitgebers bzw. der Unterstützungskasse an den externen Versorgungsträger des neuen Arbeitgebers sind grundsätzlich steuerpflichtiger Arbeitslohn. Es ist allerdings zu prüfen, inwieweit die steuerfreie oder pauschal steuerpflichtige Vervielfältigungsregelung wegen Ausscheiden aus dem Dienstverhältnis in Anspruch genommen werden kann (vgl. hierzu die Erläuterungen unter der vorstehenden Nr. 9). Zur Übertragung von Versorgungszusagen auf einen Pensionsfonds vgl. die Ausführungen unter der vorstehenden Nr. 12.

Eine Steuerfreiheit des Übertragungswerts kommt ebenfalls nicht in Betracht, wenn die betriebliche Altersversorgung beim **alten Arbeitgeber** über einen **externen Versorgungsträger** (Pensionsfonds, Pensionskasse oder Direktversicherung) durchgeführt wurde und der **neue Arbeitgeber** eine **Direktzusage** erteilt oder die betriebliche Altersversorgung über eine **Unterstützungskasse** durchführt. Beim Arbeitnehmer liegen in solch einem Fall regelmäßig sonstige Einkünfte vor (§ 22 Nr. 5 EStG) oder es kann sich um eine schädliche Verwendung i. S. d. § 93 EStG handeln (siehe auch nachfolgend). Da der Arbeitnehmer allerdings in diesen Fällen einen eigenen Rechtsanspruch gegen einen fremden Dritten (den externen Versorgungsträger des bisherigen Arbeitgebers) ohne adäquaten Ersatz aufgibt, dürfte diese Fallkonstellation in der **Praxis** äußerst **selten** sein.

Außerdem kommt die vorstehend beschriebene Steuerfreiheit des § 3 Nr. 55 EStG nicht bei einem **Betriebsübergang** nach § 613a BGB in Betracht, da in solch einem Fall die Regelungen des § 4 BetrAVG[1] wegen der fehlenden Beendigung des Arbeitsverhältnisses nicht anzuwenden sind.

---

1) Das Betriebsrentengesetz (BetrAVG) ist als Anhang 13 im **Steuerhandbuch für das Lohnbüro 2021** abgedruckt, das im selben Verlag erschienen ist.

2) Randnummer 58 des BMF-Schreibens vom 6.12.2017 (BStBl. 2018 I S. 147, 156 f.). Das BMF-Schreiben ist als Anhang 13c im **Steuerhandbuch für das Lohnbüro 2021** abgedruckt, das im selben Verlag erschienen ist.

Sind die Beiträge für den Aufbau der betrieblichen Altersversorgung beim alten Arbeitgeber nach den individuellen Lohnsteuerabzugsmerkmalen des Arbeitnehmers versteuert und über Zulagen und ggf. zusätzlichen Sonderausgabenabzug **(„Riester-Rente") gefördert** worden, ist die **Übertragung** des Werts vom alten auf den neuen Arbeitgeber dann **keine schädliche Verwendung,** wenn auch nach der Übertragung eine **lebenslange Altersversorgung** des Arbeitnehmers **gewährleistet** ist (§ 93 Abs. 2 Satz 2 EStG i. V. m. § 4 Abs. 2 und 3 BetrAVG[1]). Zur schädlichen Verwendung von Altersvorsorgevermögen vgl. die Erläuterungen in Anhang 6a unter Nr. 7.

Beispiel D

Arbeitgeber A hat für seinen Arbeitnehmer B seit 2002 Beiträge in eine Pensionskasse eingezahlt. B hat auf die Steuer- und Sozialversicherungsfreiheit der Beiträge verzichtet, um die staatliche Förderung über Zulagen und ggf. zusätzlichen Sonderausgabenabzug („Riester-Rente") in Anspruch nehmen zu können. Zum 1. 10. 2021 wird das bisherige Arbeitsverhältnis beendet und B wechselt zum Arbeitgeber C, der die betriebliche Altersversorgung über einen Pensionsfonds durchführt, der genauso wie bisher die Pensionskasse lebenslange Altersversorgungsleistungen gewährleistet. Im Einvernehmen zwischen A, B und C wird der ermittelte Übertragungswert von 25 000 € von der Pensionskasse auf den Pensionsfonds übertragen.

Obwohl B für die Beiträge an die Pensionskasse die staatliche Förderung über Zulagen und ggf. zusätzlichem Sonderausgabenabzug in Anspruch genommen hat, handelt es sich nicht um eine schädliche Verwendung (§ 93 Abs. 2 Satz 2 EStG).

Der Bundesfinanzhof hat entschieden, dass die Übertragung von Vorsorgekapital eines Grenzgängers zwischen **schweizerischen Versorgungseinrichtungen** anlässlich der Beendigung des Arbeitsverhältnisses nicht zu einem steuerlichen Zufluss führt; auch nicht im Rahmen einer anderen Einkunftsart wie z. B. sonstige Einkünfte (BFH-Urteil vom 13.11.2002, BStBl. 2013 II S. 405). Ausschlaggebend hierfür war, dass der Kläger keine wirtschaftliche Verfügungsmacht über das Vorsorgekapital erlangt hatte, da nach schweizerischem Recht eine gesetzliche Verpflichtung zur Übertragung des Vorsorgekapitals zwischen den beteiligten Versorgungseinrichtungen bestand und der Kläger die Ansprüche aus dem Vorsorgekapital weder verpfänden noch abtreten durfte. Es bestand zudem nach schweizerischem Recht weder ein Anspruch auf Barauszahlung noch auf Verwendung des Vorsorgekapitals zum Erwerb von Wohneigentum. Diese Verfügungsbeschränkungen konnten vom Kläger auch nicht überwunden werden, sodass ihm eine Verfügung rechtlich unmöglich war. Wegen der nach schweizerischem Recht bestehenden Besonderheiten lässt sich die Rechtsprechung aber nicht auf inländische Sachverhalte übertragen.

16. Versorgungsausgleich für Betriebsrenten

a) Allgemeines

Durch das Gesetz zur Strukturreform des Versorgungsausgleichs vom 3.4.2009 (BGBl. I S. 709) wurde zum 1.9.2009 für den Fall der **Ehescheidung** das materielle Recht und das Verfahrensrecht des Versorgungsausgleichs grundlegend neu geregelt; am Grundsatz der **Teilung** der in der Ehe erworbenen **Versorgungen** hat sich jedoch nichts geändert. Es sollen alle Anrechte aus der betrieblichen Altersversorgung – unabhängig vom Durchführungsweg – zwischen den Ehegatten geteilt werden und zwar sowohl diejenigen beim Arbeitgeber als auch die Anrechte bei externen Versorgungsträgern. Lediglich in bestimmten Fällen wird zivilrechtlich von einem Versorgungsausgleich abgesehen (z. B. kurze Ehezeit, geringfügiger Wertunterschied = Verzicht auf sog. Bagatellausgleich). Die Regelungen gelten entsprechend, wenn eine eingetragene Lebenspartnerschaft aufgehoben wird.

Das Gesetz enthält auch steuerliche, das Versorgungsrecht flankierende Regelungen. Diese steuerlichen Regelungen stellen **grundsätzlich** sicher, dass sich durch einen Versorgungsausgleich für die betroffenen Personen **keine belastenden steuerlichen Konsequenzen** ergeben.

b) Interne Teilung[2]

Der Grundsatz ist die „interne Teilung". Interne Teilung bedeutet Teilung jedes Anrechts innerhalb des Versorgungssystems. Der jeweils **ausgleichsberechtigte Ehegatte** erhält einen **eigenen Anspruch auf** eine **Versorgung** bei dem Versorgungsträger des jeweils ausgleichspflichtigen Ehegatten. Die ausgleichsberechtigten Personen erhalten für intern geteilte Anrechte die versorgungsrechtliche Stellung eines ausgeschiedenen Arbeitnehmers. Zudem nimmt die ausgleichsberechtigte Person an den Chancen und Risiken des Versorgungssystems der ausgleichspflichtigen Person teil. Die **Übertragung von Anrechten** im Rahmen der internen Teilung ist **steuerfrei** (§ 3 Nr. 55a EStG); dies gilt sowohl für die ausgleichspflichtige als auch für die ausgleichsberechtigte Person. Die **Leistungen** aus diesen Anrechten gehören bei der ausgleichsberechtigten Person zu den **Einkünften,** zu denen die Leistungen bei der ausgleichspflichtigen Person gehören würden, **wenn** die interne **Teilung nicht stattgefunden** hätte. Die ausgleichspflichtige Person versteuert später die ihr zufließenden reduzierten und die ausgleichsberechtigte Person die ihr zufließenden Leistungen.

Beispiel A

Anlässlich der Ehescheidung wird der Kapitalwert der Betriebsrente des Ehemannes aus einer Direktzusage zur Hälfte auf ihn und seine Ehefrau aufgeteilt.

Der Übergang des hälftigen Kapitalwerts der Betriebsrente auf die Ehefrau ist steuerfrei (§ 3 Nr. 55a Satz 1 EStG). Auch bei der Ehefrau führen die späteren Zahlungen aus der Direktzusage zu steuerpflichtigem Arbeitslohn (§ 3 Nr. 55a Satz 2 EStG), für den ggf. die Freibeträge für Versorgungsbezüge (vgl. die Erläuterungen beim Stichwort „Versorgungsbezüge, Versorgungsfreibetrag") in Anspruch genommen werden können.

Beispiel B

Anlässlich der Ehescheidung wird der steuerfrei aufgebaute Kapitalwert einer Versorgungsanwartschaft des Ehemannes aus einer Pensionskasse zur Hälfte auf ihn und seine Ehefrau aufgeteilt.

Der Übergang des hälftigen Kapitalwerts der Versorgungsanwartschaft auf die Ehefrau ist steuerfrei (§ 3 Nr. 55a Satz 1 EStG). Bei der Ehefrau führen die späteren Zahlungen aus der Pensionskasse zu steuerpflichtigem sonstigen Einkünften (§ 22 Nr. 5 Satz 1 EStG); die Freibeträge für Versorgungsbezüge können hierfür nicht in Anspruch genommen werden.

Zur internen Teilung von Versorgungsbezügen vgl. auch die Erläuterungen beim Stichwort „Versorgungsbezüge, Versorgungsfreibetrag" unter Nr. 8 Buchstabe c.

Wird das Anrecht aus einem **Direktversicherungsvertrag intern geteilt** und somit ein eigenes Anrecht zugunsten der ausgleichsberechtigten Person begründet, gilt der „Vertrag" der ausgleichsberechtigten Person insoweit zu dem gleichen Zeitpunkt als abgeschlossen wie derjenige der ausgleichspflichtigen Person (§ 22 Nr. 5 Satz 12 EStG). Durch diese Fiktion soll eine Gleichbehandlung der Besteuerung der Erträge aus dem Versicherungsvertrag bei beiden Ehegatten gewährleistet werden. Ohne diese Fiktion könnte die ausgleichsberechtigte Person die Steuerbefreiung für Kapitalauszahlungen bei einer Mindestlaufzeit von 12 Jahren bei Versorgungszusagen, die vor dem 1.1.2005 erteilt worden sind, nicht in Anspruch nehmen.

Beispiel C

Anlässlich der Scheidung der Eheleute A und B im Oktober 2021 wird das Anrecht aus dem Direktversicherungsvertrag des A auf A und B aufgeteilt. A hat den Direktversicherungsvertrag im November 2000 abgeschlossen. Im Frühjahr 2021 erhält B aus dem Direktversicherungsvertrag eine Kapitalauszahlung.

Die Kapitalauszahlung an B ist steuerfrei, da der Vertrag vor 2005 abgeschlossen wurde und die Mindestlaufzeit von 12 Jahren überschritten ist (§ 22 Nr. 5 Satz 12 EStG). Hinweis: Auch die Kapitalauszahlung an A im Jahr 2021 ist steuerfrei.

c) Externe Teilung[2]

Eine externe Teilung – also die Begründung eines Anrechts bei einem anderen Versorgungsträger – findet statt, wenn der **ausgleichsberechtigte Ehegatte** und der **Versorgungsträger** des ausgleichspflichtigen Ehegatten dies **vereinbaren.** Diese Vereinbarung ist unabhängig von der Höhe des Ausgleichswerts möglich. Außerdem ist bei kleineren Ausgleichswerten eine externe Teilung auch dann zulässig, wenn der Versorgungsträger des ausgleichspflichtigen Ehegatten eine externe Teilung wünscht.

In den Fällen der externen Teilung ist der geleistete **Ausgleichswert** grundsätzlich **steuerfrei** (§ 3 Nr. 55b Satz 1 EStG). Eine Steuerfreiheit des Ausgleichswerts kommt aber **nicht** in Betracht, soweit die auf dem begründeten Anrecht beruhenden Leistungen bei der ausgleichsberechtigten Person zu Einkünften aus **Kapitalvermögen** (§ 20 Abs. 1 Nr. 6 EStG) oder zu mit den **Ertragsanteil** steuerpflichtigen sonstigen Einkünften führen würden (§ 22 Nr. 1 Satz 3 Buchstabe a Doppelbuchstabe bb EStG; vgl. § 3 Nr. 55b Satz 2 EStG).

Beispiel

Anlässlich der Ehescheidung zahlt der Arbeitgeber des Ehemannes im Einverständnis mit der Ehefrau für den hälftigen Kapitalwert der Betriebsrente eine Abfindung

- an die Unterstützungskasse des Arbeitgebers der Ehefrau um dort den Kapitalwert der Betriebsrente aufzustocken;
- in einen Riester-Vertrag der Ehefrau ein;
- in einen privaten Rentenversicherungsvertrag mit Kapitalwahlrecht der Ehefrau ein.

Im Fall a) ist die Zahlung des Arbeitgebers des Ehemannes an die Unterstützungskasse des Arbeitgebers der Ehefrau steuerfrei (§ 3 Nr. 55b Satz 1 EStG). Die späteren Zahlungen der Unterstützungskasse führen – auch soweit die Versorgungsleistungen auf die Einmalzahlung des Arbeitgebers des Ehemannes zurückzuführen sind – zu steuerpflichtigem Arbeitslohn, für den ggf. die Freibeträge für Versorgungsbezüge (vgl. die Erläuterun-

1) Das Betriebsrentengesetz (BetrAVG) ist als Anhang 13 im **Steuerhandbuch für das Lohnbüro 2021** abgedruckt, das im selben Verlag erschienen ist.

2) Die nachfolgenden Regelungen gelten entsprechend für eingetragene Lebenspartner bei Aufhebung einer Lebenspartnerschaft (§ 2 Abs. 8 EStG).

gen beim Stichwort „Versorgungsbezüge, Versorgungsfreibetrag") in Anspruch genommen werden können.

Im Fall b) ist die Zahlung des Arbeitgebers des Ehemannes in den „Riester-Vertrag" der Ehefrau steuerfrei (§ 3 Nr. 55b Satz 1 EStG). Die späteren Leistungen aus dem „Riester-Vertrag" führen – auch soweit sie auf die Einmalzahlung des Arbeitgebers des Ehemannes zurückzuführen sind – zu sonstigen Einkünften (§ 22 Nr. 5 Sätze 1 und 2 EStG). Soweit die späteren Leistungen auf die steuerfreie Einzahlung anlässlich der Ehescheidung zurückzuführen sind, sind sie in voller Höhe bei der Ehefrau steuerpflichtig.

Im Fall c) ist die Zahlung des Arbeitgebers des Ehemannes in den privaten Rentenversicherungsvertrag der Ehefrau mit Kapitalwahlrecht steuerpflichtig, da die späteren Leistungen aus dem Rentenversicherungsvertrag zu lediglich mit dem Ertragsanteil steuerpflichtigen sonstigen Einkünften führen (§ 3 Nr. 55b Satz 2 EStG). Dabei handelt es sich bei der Zahlung des Arbeitgebers in den privaten Rentenversicherungsvertrag der Ehefrau um steuerpflichtigen Arbeitslohn des Ehemannes, der als Arbeitslohn für mehrere Jahre nach der Fünftelregelung ermäßigt besteuert werden kann. Aus diesem Grund muss der Ehemann der gewählten Zielversorgung zustimmen (vgl. §§ 14 Abs. 4 i. V. m. 15 Abs. 3 Versorgungsausgleichsgesetz). Daher werden diese Fallgestaltungen in der Praxis nur selten anzutreffen sein.

Das Versorgungskapital muss übrigens vom ausgleichsberechtigten Ehegatten für die Altersversorgung verwendet werden. Eine Auszahlung an den ausgleichsberechtigten Ehegatten – mit der Möglichkeit der „freien Verwendung" – kommt nicht in Betracht.

Die Regelungen zum externen Versorgungsausgleich sind verfassungsgemäß, wenn der Ausgleichswert so bemessen ist, dass bei der ausgleichsberechtigten Person keine unangemessene Verringerung ihrer Versorgungsleistungen zu erwarten ist (BVerfG-Urteil vom 26.5.2020 1 BvL 5/18).

d) Schuldrechtlicher Versorgungsausgleich[1)]

Anrechte, die am Ende der Ehezeit noch nicht ausgleichsreif sind (z. B. weil ein **Anrecht** im Sinne des Betriebsrentengesetzes **noch verfallbar** ist), sind von der internen und externen Teilung ausgeschlossen. Insoweit kommt nur ein schuldrechtlicher Versorgungsausgleich in Betracht. Entsprechendes gilt, wenn die **Ehegatten** Ausgleichsansprüche nach der Scheidung ausdrücklich dem **schuldrechtlichen Versorgungsausgleich vorbehalten** haben (z. B. in einem Ehevertrag).

Die Leistungen aufgrund eines schuldrechtlichen Versorgungsausgleichs kann der **Ausgleichsverpflichtete** grundsätzlich als **Sonderausgaben** abziehen (§ 10 Abs. 1a Nr. 4 EStG). Beim **Ausgleichsberechtigten** gehören die Leistungen aufgrund eines schuldrechtlichen Versorgungsausgleichs grundsätzlich zu den **sonstigen Einkünften** (§ 22 Nr. 1a EStG).

Wird durch die schuldrechtliche Ausgleichsrente ein **Versorgungsbezug** (vgl. die Erläuterungen beim Stichwort „Versorgungsbezüge, Versorgungsfreibetrag") **ausgeglichen,** kann der Ausgleichsverpflichtete den an den Ausgleichsberechtigten geleisteten Teil der Versorgungsbezüge, der nach Abzug des Versorgungsfreibetrags und des Zuschlags zum Versorgungsfreibetrag der Besteuerung unterliegt, als Sonderausgaben geltend machen (BFH-Urteil vom 9.12.2014, BFH/NV 2015 S. 824). Der Ausgleichsberechtigte hat die erhaltenen Leistungen in entsprechendem Umfang als sonstige Einkünfte zu versteuern.

Beispiel A

Der Ausgleichsverpflichtete A bezieht im Jahr 2021 (= Versorgungsbeginn im Januar 2021) einen Versorgungsbezug in Höhe von 20 000 € jährlich. Die Ausgleichsberechtigte B erhält daher eine Ausgleichsrente in Höhe von 10 000 € jährlich. Nach Abzug der Freibeträge für Versorgungsbezüge in Höhe von 1482 € (1140 € + 342 €), wird bei A – vor Abzug des Werbungskosten-Pauschbetrags von 102 € – ein Betrag in Höhe von 18 518 € als Einkünfte aus nichtselbstständiger Arbeit der Besteuerung zugrunde gelegt. A kann einen Betrag in Höhe von 9259 € (= 50 % von 18 518 €) als Sonderausgaben geltend machen. B hat im Rahmen ihrer Einkommensteuer-Veranlagung einen Betrag in Höhe von 9157 € (= 9259 € abzüglich 102 € Werbungskosten-Pauschbetrag) als sonstige Einkünfte zu versteuern.

Liegt der schuldrechtlichen Ausgleichsrente eine **Leistung** aus einer **Direktversicherung, Pensionskasse** oder einem **Pensionsfonds** zugrunde, kann beim Ausgleichsverpflichteten der Teil der schuldrechtlichen Ausgleichsrente als Sonderausgaben berücksichtigt werden, der bei ihm der Besteuerung unterliegt. Der Ausgleichsberechtigte hat die Leistung in entsprechendem Umfang als sonstige Einkünfte zu versteuern.

Beispiel B

Der Ausgleichsverpflichtete A bezieht im Jahre 2021 eine Rente in Höhe von 500 € monatlich aus einem Pensionsfonds, die ausschließlich auf steuerfreien Beitragszahlungen beruht.

Bei A wird ein Betrag in Höhe von 5898 € (12 × 500 € = 6000 € abzüglich 102 € Werbungskosten-Pauschbetrag) als sonstige Einkünfte angesetzt. A kann zudem einen Betrag von 3000 € (½ von 6000 €) als Sonderausgaben geltend machen. B hat im Rahmen ihrer Einkommensteuer-Veranlagung einen Betrag in Höhe von 2898 € (½ von 6000 € = 3000 € abzüglich 102 € Werbungskosten-Pauschbetrag) als sonstige Einkünfte zu versteuern.

Bei einer schuldrechtlichen Ausgleichsrente aus der Basisversorgung (z. B. **gesetzliche Rentenversicherung**), ist der Teil der Ausgleichsrente als Sonderausgaben abzugsfähig, der dem steuerpflichtigen Teil der Leibrente entspricht.

Beispiel C

A bezieht im Jahr 2021 eine Rente aus der gesetzlichen Rentenversicherung (Rentenbeginn 2014, Rentenbetrag 12 000 €, darin enthalten 1000 € Rentenanpassungen). A ist verpflichtet, jährlich 50 % seiner Rente an seine geschiedene Ehefrau B zu zahlen.

Bei A führt die gesetzliche Rente in Höhe von 8480 € zu Einnahmen aus sonstigen Einkünften (11 000 € × 68 % für Rentenbeginn 2014 = 7480 € zuzüglich 1000 € Rentenanpassungsbetrag). A kann daher von den geleisteten 6000 € lediglich 4240 € (= 50 % der steuerpflichtigen Einnahmen) als Sonderausgaben abziehen.

B muss 4138 € als sonstige Einkünfte versteuern (4240 € abzüglich 102 € Werbungskosten-Pauschbetrag).

17. Förderbetrag zur betrieblichen Altersversorgung bei Geringverdienern

a) Allgemeines

Seit 2018 ist ein Förderbetrag zur kapitalgedeckten betrieblichen Altersversorgung für **Geringverdiener mit ersten Arbeitsverhältnis** beim Arbeitgeber (also bei Arbeitnehmern mit Steuerklasse I bis V oder Bestimmung des ersten Arbeitsverhältnisses durch den Arbeitnehmer bei pauschal besteuerten Arbeitslohn; im Umkehrschluss also nicht bei Arbeitnehmern mit Steuerklasse VI) eingeführt worden (§ 100 Abs. 1 EStG). Ein erstes Arbeitsverhältnis kann auch ein weiterbestehendes Arbeitsverhältnis ohne Anspruch auf Arbeitslohn sein (z. B. während der Elternzeit, der Pflegezeit oder des Bezugs von Krankengeld).

Beispiel A

Arbeitnehmer A ist geringfügig beschäftigt („450 €-Job"). Er bestätigt seinem Arbeitgeber B, dass es sich um das erste Arbeitsverhältnis handelt und er bei keinem anderen Arbeitgeber mit Steuerklasse I bis V beschäftigt ist.

Der Förderbetrag zur betrieblichen Altersversorgung kann in Anspruch genommen werden, da es sich bei A um einen Geringverdiener im ersten Arbeitsverhältnis handelt.

Durch den Bezug auf das erste Arbeitsverhältnis wird sichergestellt, dass der Förderbetrag zur betrieblichen Altersversorgung für einen Arbeitnehmer mit mehreren nebeneinander bestehenden Arbeitsverhältnissen nicht mehrmals in Anspruch genommen werden kann. Es ist allerdings zulässig, den Förderbetrag bei einem **Arbeitgeberwechsel** im Laufe des Kalenderjahres **mehrfach** in Anspruch zu nehmen. Auf die mögliche Begrenzung auf „einmal im Kalenderjahr" hat der Gesetzgeber im Hinblick auf die vergleichbare Regelung zur Steuerfreiheit der Beiträge zur betrieblichen Altersversorgung nach § 3 Nr. 63 EStG und aus Vereinfachungsgründen verzichtet.

Beispiel B

Arbeitnehmer B (jeweils Geringverdiener) ist beim Arbeitgeber C mit Steuerklasse I und beim Arbeitgeber D mit Steuerklasse VI beschäftigt.

Der Förderbetrag zur betrieblichen Altersversorgung kann bei Vorliegen der übrigen Voraussetzungen nur beim Arbeitgeber C (= erstes Arbeitsverhältnis) in Anspruch genommen werden.

Beispiel C

Arbeitnehmer B (jeweils Geringverdiener) ist vom 1.1. bis 31.7.2021 beim Arbeitgeber C und ab 1.8.2021 beim Arbeitgeber D jeweils mit Steuerklasse I beschäftigt.

Der Förderbetrag zur betrieblichen Altersversorgung kann bei Vorliegen der übrigen Voraussetzungen sowohl beim Arbeitgeber C als auch beim Arbeitgeber D in Anspruch genommen werden, da es sich jeweils um das erste Arbeitsverhältnis handelt.

b) Begriff des Geringverdieners

Staatlich **gefördert** werden soll der **Geringverdiener,** verfahrensrechtlich **abgewickelt** wird die Förderung allerdings über die **Lohnsteuer-Anmeldung des Arbeitgebers.** Die Lohnsteuer-Anmeldung 2021 enthält daher die Eintragungszeile 22/Kennzahl 45 – „abzüglich Förderbetrag zur betrieblichen Altersversorgung nach § 100 EStG (BAV-Förderbetrag)" – sowie die Eintragungszeile 17/Kennzahl 90 – „zu Zeile 22: Zahl der Arbeitnehmer mit BAV-Förderbetrag".

Zu dem begünstigten Personenkreis gehören **alle Arbeitnehmer im steuerlichen Sinne,** unabhängig davon, ob sie in der gesetzlichen Rentenversicherung pflichtversichert sind oder nicht; also werden z. B. auch beherrschende Gesellschafter-Geschäftsführer, geringfügig Beschäftigte, in einem berufsständischen Versorgungswerk Versicherte einbezogen. Profitieren sollen Arbeitnehmer, die keine ausreichenden eigenen Mittel zur Verfügung haben bzw. für die sich eine auf Gehaltsumwandlung basierende betriebliche Altersversorgung aufgrund der niedrigen

1) Die nachfolgenden Regelungen gelten entsprechend für eingetragene Lebenspartner bei Aufhebung einer Lebenspartnerschaft (§ 2 Abs. 8 EStG).

oder nicht vorhandenen Lohnsteuerentlastung steuerlich nicht rechnet. **Geringverdiener** in diesem Sinne sind seit dem Kalenderjahr 2020 Arbeitnehmer, deren **laufender Arbeitslohn** im Zeitpunkt der Beitragsleistung **nicht mehr als**

- **2575 € bei monatlicher Lohnzahlung,**
- 600,84 € bei wöchentlicher Lohnzahlung,
- 85,84 € bei täglicher Lohnzahlung und
- 30 900 € bei jährlicher Lohnzahlung

beträgt (§ 100 Abs. 3 Nr. 3 Buchstaben a bis d EStG). Die durch das Gesetz zur Einführung der Grundrente vom 12.8.2020 (BGBl. I S. 1879) mit Wirkung ab 2020 vorgenommene Anhebung der Arbeitslohngrenzen dient der Erweiterung des begünstigten Personenkreises und damit letztlich auch der Erhöhung des Verbreitungsgrads der betrieblichen Altersversorgung.

Maßgebend für den Geringverdienerbegriff ist der **laufende Arbeitslohn** des Arbeitnehmers im jeweiligen **Lohnabrechnungszeitraum,** der Bemessungsgrundlage für die Lohnsteuerberechnung ist. Bei einem monatlichen, wöchentlichen oder täglichen Lohnzahlungszeitraum ist der Arbeitslohn **nicht** auf einen voraussichtlichen Jahresarbeitslohn **hochzurechnen.**

Beispiel A

Arbeitgeber D hat zwei Arbeitnehmer E und F. Im Monat der Beitragsleistung (Januar 2021) beträgt der laufende Arbeitslohn des Arbeitnehmers E 2500 € und der laufende Arbeitslohn des Arbeitnehmers F 2600 €.

Geringverdiener sind Arbeitnehmer, deren laufender Arbeitslohn im Zeitpunkt der Beitragsleistung 2575 € nicht übersteigt. E erfüllt somit den Geringverdienerbegriff, F hingegen nicht.

Sonstige Bezüge (z. B. Weihnachtsgeld), **steuerfreie Lohnteile** (z. B. steuerfreie Zuschläge für Sonntags-, Feiertags- und Nachtarbeit), unter die 44-Euro-Freigrenze fallende Sachbezüge (§ 8 Abs. 2 Satz 11 EStG) oder nach §§ 37a, 37b, 40, 40b EStG **pauschal besteuerter Arbeitslohn** bleiben für die Prüfung der Geringverdienergrenze **unberücksichtigt.**

Beispiel B

Arbeitnehmer E hat einen laufenden Arbeitslohn von 2400 € und Anspruch auf Weihnachtsgeld in entsprechender Höhe. Der Jahresarbeitslohn beträgt somit 31 200 € (2400 € × 13 Monate). Umgerechnet auf 12 Monate ergibt sich ein Monatslohn in Höhe von 2600 €.

E ist Geringverdiener, da der laufende Arbeitslohn (hier: 2400 €) den Betrag von 2575 € nicht übersteigt. Das Weihnachtsgeld (= sonstiger Bezug) wird für die Prüfung der Geringverdienergrenze nicht berücksichtigt.

Beispiel C

Arbeitnehmerin F ist als Kellnerin mit einem laufenden Arbeitslohn von 2500 € beschäftigt. Hinzu kommen im Jahresdurchschnitt monatlich steuerfreie Zuschläge für Sonntags-, Feiertags- und Nachtarbeit in Höhe von 200 €. Außerdem erhält sie im Durchschnitt 100 € monatlich an Trinkgeld.

F ist Geringverdienerin, da der laufende Arbeitslohn (hier: 2500 €) den Betrag von 2575 € nicht übersteigt. Die nach § 3b EStG steuerfreien Zuschläge für Sonntags-, Feiertags- und Nachtarbeit werden bei der Prüfung dieser Geringverdienergrenze nicht berücksichtigt. Das gilt auch dann, wenn sie laufend gezahlt werden. Ebenfalls nicht berücksichtigt wird das steuerfreie Trinkgeld (§ 3 Nr. 51 EStG).

Beispiel D

Die beiden Arbeitnehmer in der Firma des Arbeitgebers G haben einen laufenden Arbeitslohn in Höhe von 2550 €. Außerdem erhalten sie als Sachbezug monatlich eine Prepaid-Card zum Online-Einkauf im Internet beim Aussteller in Höhe von 40 €. Die Barauszahlung eines (Rest-)Guthabens ist ausgeschlossen.

Die beiden Arbeitnehmer des Arbeitgebers G sind Geringverdiener, da der laufende Arbeitslohn (hier: 2550 €) den Betrag von 2575 € nicht übersteigt. Der monatliche Sachbezug von 40 € fällt unter die 44-Euro-Freigrenze für Sachbezüge und bleibt daher bei der Prüfung der Geringverdienergrenze unberücksichtigt.

Beispiel E

Ein Arbeitnehmer ist seit 1.1.2021 beim Arbeitgeber H beschäftigt (Monatsarbeitslohn 4000 €). Ab 16.4.2020 ist er im Ausland tätig und bezieht seitdem nach DBA steuerfreien Arbeitslohn. Im April beträgt der steuerpflichtige und der steuerfreie Arbeitslohn jeweils 2000 €.

Maßgebender Lohnzahlungszeitraum im April ist der Kalendermonat; lohnsteuerlich entsteht kein Teillohnzahlungszeitraum. Der maßgebliche steuerpflichtige Arbeitslohn beträgt 2000 €, die Einkommensgrenze für Geringverdiener ist nicht überschritten.

Bei **Teilzeitbeschäftigten** und **geringfügig Beschäftigten,** bei denen die Lohnsteuer pauschal erhoben wird, gibt es keinen laufenden Arbeitslohn im vorstehenden Sinne. Hier wird deshalb auf den pauschal besteuerten Arbeitslohn oder das pauschal besteuerte Arbeitsentgelt für den entsprechenden Lohnzahlungszeitraum abgestellt. Als sonstiger Bezug einzuordnende Arbeitsentgelt- oder Arbeitslohnbestandteile (z. B. Weihnachtsgeld) bleiben auch hier unberücksichtigt. Die Einhaltung der Geringverdienergrenze bei diesem Personenkreis dürfte damit **in aller Regel gegeben** sein.

c) Zusätzlicher Arbeitgeberbeitrag

Der zum Lohnsteuerabzug verpflichtete Arbeitgeber (= inländischer Arbeitgeber, ausländischer Verleiher, wirtschaftlicher Arbeitgeber i. S. d. § 38 Abs. 1 Satz 2 EStG) leistet für den Geringverdiener **zusätzlich zum ohnehin geschuldeten Arbeitslohn** einen Beitrag zur kapitalgedeckten betrieblichen Altersversorgung (Pensionskasse, Pensionsfonds, Direktversicherung) von mindestens 240 € jährlich (der Arbeitgeber tritt also in Vorkasse) und erhält bei der nächsten Lohnsteuer-Anmeldung vom Finanzamt einen Förderbetrag (= staatlicher Zuschuss) von 30 %, höchstens 288 € zurück (§ 100 Abs. 2 Satz 1 und Abs. 3 Nr. 1 EStG).

Beispiel A

Der Arbeitgeber A leistet für seinen Arbeitnehmer B (= Geringverdiener) im März 2021 erstmals einen zusätzlichen Arbeitgeberbeitrag an eine kapitalgedeckte Pensionskasse über 300 €.

Über die Lohnsteuer-Anmeldung März 2021 erhält Arbeitgeber A im April 2021 vom Finanzamt einen Förderbetrag von 90 € (30 % von 300 €). Der Förderbetrag mindert den Gesamtbetrag der von A an das Finanzamt abzuführenden Lohnsteuer.

Fällt keine Lohnsteuer an oder ist sie niedriger als der Förderbetrag, erstattet das Betriebsstättenfinanzamt den „Rotbetrag“ an den Arbeitgeber (§ 100 Abs. 1 Satz 2 EStG).

Beispiel B

Wie Beispiel A. Sein einziger Arbeitnehmer B hat einen Bruttoarbeitslohn von 2000 €. Bei der für ihn maßgebenden Steuerklasse III ergibt sich eine Lohnsteuer von 0 €.

Arbeitgeber A bekommt den Förderbetrag von 90 € (30 % von 300 €) vom Finanzamt erstattet.

Der zusätzliche Arbeitgeberbeitrag beträgt jährlich zwischen 240 € (Mindestbetrag) und 960 € (Höchstbetrag) und der Förderbetrag (jeweils 30 % des Beitrags) beträgt folglich zwischen 72 € und 288 €.[1] Wirtschaftlich wird also die betriebliche Altersversorgung für Geringverdiener zu 70 % vom Arbeitgeber und zu 30 % vom Staat getragen. Die zusätzlichen Beiträge des Arbeitgebers können tarifvertraglich, durch eine Betriebsvereinbarung oder auch einzelvertraglich festgelegt worden sein. Bei Gehaltsumwandlungen ist also wegen des Zusätzlichkeitserfordernisses die Förderung ausgeschlossen; dies ist ein wesentlicher Unterschied gegenüber der Steuerfreiheit der Beiträge zur betrieblichen Altersversorgung nach § 3 Nr. 63 EStG. Ebenso kommt die Förderung in den Fällen der umlagefinanzierten betrieblichen Altersversorgung nicht in Betracht, da nur Arbeitgeberbeiträge zur kapitalgedeckten betrieblichen Altersversorgung (Pensionskasse, Pensionsfonds und Direktversicherungen) gefördert werden. Wird die betriebliche Altersversorgung über eine Unterstützungskasse oder durch eine Direkt-/Pensionszusage durchgeführt, stellt sich die Frage der Inanspruchnahme des Förderbetrags von vornherein nicht, da bei diesen Durchführungswegen in der Ansparphase kein Arbeitslohn vorliegt.

Beispiel C

Arbeitgeber C beabsichtigt für seinen Arbeitnehmer D (= Geringverdiener) einen Beitrag zu einem kapitalgedeckten Pensionsfonds in Höhe von 400 € zu zahlen. Der Beitrag soll über eine Gehaltsumwandlung finanziert werden.

Der Förderbetrag in Höhe von 30% (= 120 €) kann nicht in Anspruch genommen werden, da es sich bei einer Gehaltsumwandlung nicht um einen förderfähigen zusätzlichen Arbeitgeberbeitrag handelt.

Macht ein Arbeitnehmer (z. B. aufgrund eines entsprechenden Tarifvertrags) von der Möglichkeit Gebrauch, zusätzliche **vermögenswirksame Leistungen** des Arbeitgebers für den Aufbau einer betrieblichen Altersversorgung über die Durchführungswege Pensionsfonds, Pensionskasse oder Direktversicherung im Rahmen einer Entgeltumwandlung zu verwenden, sind diese Beiträge bei Vorliegen der weiteren Voraussetzungen bis zu 8 % der Beitragsbemessungsgrenze in der gesetzlichen Rentenversicherung – West – steuerfrei. Dies gilt auch für die in diesem Zusammenhang gewährten Erhöhungsbeträge des Arbeitgebers (z. B. erhöhter Beitrag zur betrieblichen Altersversorgung in Höhe von 26 € statt vermögenswirksamer Leistungen in Höhe von 6,65 €) sowie für Erhöhungsbeträge des Arbeitgebers, die von einer zusätzlichen Entgeltumwandlung abhängen (z. B. erhöhter Beitrag zur betrieblichen Altersversorgung in Höhe von 50 €, wenn der Arbeitnehmer 13 € seines Arbeitslohns umwandelt). Die vorstehend genannten Beiträge zur betrieblichen Altersversorgung (hierfür verwendete vermögenswirksame Leistungen und Erhöhungsbeträge des Arbeitgebers) erfüllen jedoch nicht die Voraussetzungen für den **Förderbetrag** zur betrieblichen Al-

1) Der Höchstbetrag und damit zugleich der höchstmögliche Förderbetrag sind durch das Gesetz vom 12.8.2020 (BGBl. I S. 1879) von bisher 480 € auf 960 € (= Höchstbetrag) bzw. von bisher 144 € auf 288 € (= höchstmöglicher Förderbetrag) mit Wirkung ab 1.1.2020 verdoppelt worden. Der Mindestbetrag von 240 € ist unverändert geblieben.

tersversorgung bei Geringverdienern, weil sie nicht „zusätzlich zum ohnehin geschuldeten Arbeitslohn" geleistet werden.[1)]

Weitere Voraussetzung für die Inanspruchnahme des Förderbetrags ist, dass der **Arbeitslohn** des Arbeitnehmers (= Geringverdiener) im Lohnzahlungszeitraum, für den der Förderbetrag geltend gemacht wird, **in Deutschland dem Lohnsteuerabzug unterliegt** (§ 100 Abs. 3 Nr. 1 EStG). Hiervon ist auch dann auszugehen, wenn während der Eltern- oder Pflegezeit oder des Bezugs von Krankengeld der zu besteuernde Arbeitslohn 0 € beträgt. Die Förderung ist aber ausgeschlossen bei einer betrieblichen Altersversorgung zugunsten von Arbeitnehmern, die ausschließlich steuerfreien Arbeitslohn aufgrund eines Doppelbesteuerungsabkommens beziehen. Auf die Art der Steuerpflicht des Arbeitnehmers (unbeschränkt einkommensteuerpflichtig nach § 1 Abs. 1, 3 EStG oder beschränkt einkommensteuerpflichtig nach § 1 Abs. 4 EStG) kommt es hingegen nicht an. Die Förderung kann auch bei einer betrieblichen Altersversorgung zugunsten von Arbeitnehmern in Anspruch genommen werden, bei denen der Lohnsteuerabzug im Inland aufgrund eines Doppelbesteuerungsabkommens begrenzt ist (wie z. B. bei Grenzgängern aus der Schweiz auf 4,5 % des Bruttobetrags der Vergütungen, sofern es sich um Geringverdiener handelt).

Beispiel D

Arbeitgeber D beschäftigt den in den Niederlanden ansässigen Arbeitnehmer E (= Geringverdiener) in seiner niederländischen Betriebsstätte und zahlt für ihn 400 € Beiträge jährlich zu einer kapitalgedeckten betrieblichen Altersversorgung.

Der Förderbetrag in Höhe von 30 % kann bereits deshalb nicht in Anspruch genommen werden, weil der Arbeitslohn des E in den Niederlanden steuerpflichtig ist und daher in Deutschland nicht dem Lohnsteuerabzug unterliegt.

Es spielt für den Förderbetrag keine Rolle, ob der zusätzliche Arbeitgeberbeitrag monatlich, unregelmäßig oder gar nur einmal im Kalenderjahr gezahlt wird. Für die Inanspruchnahme des Förderbetrags sind stets die **Verhältnisse im Zeitpunkt der Beitragsleistung** maßgeblich (§ 100 Abs. 4 Satz 1 EStG). Dies gilt auch bei schwankenden oder steigenden Arbeitslöhnen. Hierdurch kann der Arbeitgeber den Förderbetrag betriebliche Altersversorgung in einfacher Weise und vor allen Dingen rechtssicher gegenüber der Finanzverwaltung geltend machen.

Beispiel E

Bei einem Arbeitnehmer beträgt im Januar 2021 der laufende Arbeitslohn 2500 €. Der Arbeitgeber zahlt einen zusätzlichen, monatlichen Arbeitgeberbeitrag in Höhe von 40 € und nimmt mit der Lohnsteuer-Anmeldung für Januar 2021 den BAV-Förderbetrag in Anspruch. Ab Mai 2021 steigt der laufende Arbeitslohn um 3,5 % auf 2587,50 €. Der Arbeitgeber zahlt weiterhin monatlich den zusätzlichen Arbeitgeberbeitrag in Höhe von 40 €.

Ab Mai 2021 kann der BAV-Förderbetrag nicht mehr in Anspruch genommen werden. Dass ab Mai 2021 die Geringverdienergrenze von 2575 € monatlich überschritten wird, hat aber keinen Einfluss auf den bereits in den Monaten Januar bis April 2021 in Anspruch genommenen BAV-Förderbetrag. Die Förderung wird also für diese Monate nicht zurückgefordert.

Wird der zusätzliche Arbeitgeberbeitrag zur kapitalgedeckten betrieblichen Altersversorgung als **Einmalbetrag** im Kalenderjahr geleistet, muss nur einmal (im Lohnzahlungszeitraum der Beitragsentrichtung) die Geringverdienergrenze von 2575 € und die Erreichung des Arbeitgeber-Mindestbetrags von 240 € jährlich überprüft werden. In der Praxis sollte daher bereits aus Vereinfachungsgründen die jährliche Beitragszahlung anstelle der monatlichen Beitragszahlung bevorzugt werden.

Abwandlung zu Beispiel E

Arbeitgeber A zahlt für seinen Arbeitnehmer B einen zusätzlichen Arbeitgeberbeitrag von 960 € und möchte hierfür den BAV-Förderbetrag von 30 % (= 288 €) in Anspruch nehmen. Der laufende Arbeitslohn des Arbeitnehmers B beträgt im Januar 2500 € und ab Februar 2700 €.

Der Arbeitgeber hat nur dann Anspruch auf den vollen BAV-Förderbetrag von 30 % (= 288 €), wenn er im Januar den zusätzlichen Arbeitgeberbeitrag von 960 € als Jahresbetrag leistet.

Spätere Änderungen der Verhältnisse sind **unbeachtlich** (§ 100 Abs. 4 Satz 1 EStG). Dies gilt auch dann, wenn sich unerwartet herausstellt, dass der jährliche Mindestbetrag von 240 € nicht erreicht wird.

Beispiel F

Der Arbeitgeber zahlt für einen unbefristet beschäftigten Arbeitnehmer (= Geringverdiener) am 5. eines jeden Monats einen zusätzlichen Arbeitgeberbeitrag zur kapitalgedeckten betrieblichen Altersversorgung i. H. v. 20 € monatlich in eine Direktversicherung. In den Lohnsteuer-Anmeldungen nimmt er hierfür den BAV-Förderbetrag in Anspruch. Zum 31.8.2021 scheidet der Arbeitnehmer nach einer entsprechenden Mitteilung von Mitte August unerwartet aus dem Unternehmen aus. Daher kann der vom Arbeitgeber zu zahlende jährliche Mindestbetrag von 240 € nicht mehr erreicht werden.

Der Arbeitgeber erhält in den Monaten Januar bis August einen Förderbetrag i. H. v. 6 € (30 % von 20 €). Der Förderbetrag wird aufgrund des Ausscheidens des A nicht rückgängig gemacht.

Beispiel G

Der Arbeitgeber zahlt für einen unbefristet beschäftigten Arbeitnehmer (= Geringverdiener) monatlich am 10. einen zusätzlichen Arbeitgeberbeitrag zur kapitalgedeckten betrieblichen Altersversorgung i. H. v. 30 € in eine Direktversicherung. Der Arbeitnehmer informiert seinen Arbeitgeber am 20. Januar über seine fristgemäße Kündigung zum 30. April.

Das Ausscheiden des Arbeitnehmers hat keinen Einfluss auf den bereits im Januar in Anspruch genommenen BAV-Förderbetrag (keine rückwirkende Korrektur). Ab Februar kann der BAV-Förderbetrag nicht mehr in Anspruch genommen werden, da der vom Arbeitgeber zu zahlende Mindestbetrag von 240 € (bei unveränderter Beitragszahlung) nicht mehr erreicht werden kann.

Der **Förderbetrag** ist aber **zurückzufordern,** wenn z. B. aufgrund einer rechtlich fehlerhaften Lohnabrechnung oder im Rahmen einer Lohnsteuer-Außenprüfung nachträglich festgestellt wird, dass der für die Prüfung des Geringverdienerbegriffs **maßgebliche laufende Arbeitslohn unzutreffend** ermittelt wurde. Bei schwankenden Arbeitslöhnen (insbesondere aufgrund von Mehrarbeitsvergütungen) bestehen daher keine Bedenken, wenn der rechtmäßig zustehende Förderbetrag in einer Summe in der letzten Lohnsteuer-Anmeldung des Kalenderjahres geltend gemacht wird, um die Rückforderung zu vermeiden.

Beispiel H

Der Arbeitgeber ging von einem laufenden Arbeitslohn des Arbeitnehmers von 2550 € aus und machte den Förderbetrag geltend. Im Rahmen einer Lohnsteuer-Außenprüfung wird festgestellt, dass der laufende Arbeitslohn aufgrund zu Unrecht als steuerfrei angesehener Sachbezüge 2650 € beträgt.

Der Förderbetrag ist zurückzufordern.

Beispiel I

Die Busfahrer eines Verkehrsunternehmens haben aufgrund von Mehrarbeitsvergütungen, die zum laufenden Arbeitslohn gehören, aber immer erst im Folgemonat abgerechnet werden, einen schwankenden laufenden Arbeitslohn, der im Laufe des Kalenderjahres in einigen Monaten über der Geringverdienergrenze liegt.

Es bestehen zur Vermeidung von Rückforderungen keine Bedenken, den rechtmäßig zustehenden Förderbetrag erst in der Lohnsteuer-Anmeldung für den Monat Dezember geltend zu machen.

Verfällt zu einem späteren Zeitpunkt die **Anwartschaft** des Arbeitnehmers auf Leistungen aus einer geförderten betrieblichen Altersversorgung und ergibt sich hieraus für den Arbeitgeber gegenüber der Versorgungseinrichtung ein Rückzahlungsanspruch, sind die entsprechenden Förderbeträge zur betrieblichen Altersversorgung über die Lohnsteuer-Anmeldung zurückzuzahlen (§ 100 Abs. 4 Satz 2 EStG; **Sonderfall zur Rückforderung des BAV-Förderbetrags).** Durch diese Regelung soll sichergestellt werden, dass die staatliche Förderung nur dann gewährt wird, soweit der Arbeitnehmer aufgrund der zusätzlichen Arbeitgeberbeiträge auch in den Genuss der Leistungen aus der betrieblichen Altersversorgung kommt.

Beispiel K

Arbeitgeber A zahlt für den Arbeitnehmer B (= Geringverdiener) zusätzliche Arbeitgeberbeiträge zur betrieblichen Altersversorgung und nimmt den Förderbetrag in Anspruch. Der Arbeitnehmer scheidet vor Ablauf der dreijährigen Unverfallbarkeitsfrist aus dem Unternehmen aus und der Arbeitgeber erhält eine entsprechende Rückzahlung der Versorgungseinrichtung.

In der Lohnsteuer-Anmeldung für den Lohnzahlungszeitraum, in dem die Rückzahlung dem Arbeitgeber zufließt, ist der Förderbetrag der an das Finanzamt abzuführenden Lohnsteuer hinzuzurechnen (§ 100 Abs. 4 Satz 4 EStG).

Eine Rückzahlungsverpflichtung des Arbeitgebers für den Förderbetrag besteht nicht, wenn es trotz Verfalls der Anwartschaft nicht zu Rückflüssen von der Versorgungseinrichtung an den Arbeitgeber kommt. Dies kann z. B. bei einer verfallbaren Invaliditäts- und Hinterbliebenenversorgung im Zusammenhang mit reinen Beitragszusagen der Fall sein, bei der alle Beiträge im Kollektiv verbleiben (§ 100 Abs. 4 Satz 3 EStG).

Bei einem mehrfach im Kalenderjahr geleisteten zusätzlichen Arbeitgeberbeitrag ist zu beachten, dass der **Höchstbetrag** der Förderung von 288 € jährlich selbstverständlich **nicht überschritten** werden darf.

Beispiel L

Der Arbeitgeber zahlt vierteljährlich jeweils am 15.1., 15.4., 15.7. und 15.10. einen zusätzlichen Arbeitgeberbeitrag i. H. v. 300 €.

Am 15.1., 15.4. und 15.7. beträgt der Förderbetrag jeweils 90 € (= jeweils 30 % von 300 €). Am 15.10. beträgt der Förderbetrag nur noch 18 €, denn der Höchstbetrag von 288 € war zu diesem Zeitpunkt bereits in Höhe von 270 € ausgeschöpft.

Durch den gesetzlich festgelegten **Mindestbetrag** von 240 € jährlich (vgl. § 100 Abs. 3 Nr. 2 EStG) soll das Entstehen von **Mini-Anwartschaften verhindert** werden. Der Betrag orientiert sich an der bisher schon geltenden Regelung des Betriebsrentengesetzes zum Anspruch

1) BMF-Schreiben vom 8.8.2019 (BStBl. I S. 834). Das BMF-Schreiben ist als Anlage zu H 100 LStR im **Steuerhandbuch für das Lohnbüro 2021** abgedruckt, das im selben Verlag erschienen ist.

auf Entgeltumwandlung (vgl. § 1a Abs. 1 Satz 4 BetrAVG[1]; Mindestbetrag 2021 = 1/160 von 39 480 € = 246,75 €). Auf eine Dynamisierung des Mindestbetrags hat der Gesetzgeber bewusst verzichtet.

Auch beim Förderbetrag zur betrieblichen Altersversorgung darf eine **Auszahlung** der Versorgungsleistungen nur in Form einer **Rente oder** eines **Auszahlungsplans** (vgl. vorstehende Nr. 5 Buchstabe b) vorgesehen sein (§ 100 Abs. 3 Nr. 4 EStG). Dies entspricht den bereits geltenden Regelungen für die Steuerfreiheit der Beiträge zur betrieblichen Altersversorgung (§ 3 Nrn. 56 und 63 EStG) sowie für die Riester-geförderte betriebliche Altersversorgung (§ 82 Abs. 2 Satz 2 EStG). Allein die Möglichkeit, anstelle lebenslanger Altersversorgungsleistungen eine Kapitalauszahlung zu wählen, steht der Inanspruchnahme des Förderbetrags zur betrieblichen Altersversorgung nicht entgegen. Wird das Wahlrecht allerdings zugunsten einer Kapitalauszahlung ausgeübt, unterliegt diese der vollen Besteuerung als sonstige Einkünfte (§ 22 Nr. 5 Satz 1 EStG). Eine ermäßigte Besteuerung der Kapitalauszahlung nach der Fünftelregelung (§ 34 EStG) kommt wegen des Wahlrechts nicht in Betracht (BFH-Urteil vom 20.9.2016, BStBl. 2017 II S. 347).

Die Inanspruchnahme des BAV-Förderbetrags setzt u. a. voraus, dass die Abschluss- und Vertriebskosten des abgeschlossenen Vertrages über die betriebliche Altersversorgung als fester Anteil der laufenden Beiträge einbehalten werden (§ 100 Abs. 3 Nr. 5 EStG). Die Finanzierung der **Abschluss- und Vertriebskosten** zulasten der ersten Beiträge (sog. Zillmerung) ist förderschädlich. Bei am 1.1.2018 bereits bestehenden Verträgen kann die steuerliche Förderung ausnahmsweise in Anspruch genommen werden, sobald für die Restlaufzeit des Vertrages sichergestellt ist, dass

- die verbliebenen Abschluss- und Vertriebskosten und
- die ggf. neu anfallenden Abschluss- und Vertriebskosten

jeweils als fester Anteil der ausstehenden laufenden Beiträge einbehalten werden. Die Inanspruchnahme des BAV-Förderbetrags setzt ebenfalls voraus, dass der **Mindestbetrag** von 240 € jährlich zugunsten eines **nicht gezillmerten Tarifs** erbracht wird.

Beispiel M

Der Arbeitnehmer (Bruttoarbeitslohn 2000 € monatlich und damit Geringverdiener) hat seit 2016 eine Versorgungszusage im Durchführungsweg der Direktversicherung (gezillmerter Tarif, für den BAV-Förderbetrag schädlich). Der Beitrag ist arbeitgeberfinanziert und beträgt 240 € jährlich.

Seit 2021 zahlt der Arbeitgeber weitere 120 € jährlich in einen nicht gezillmerten Tarif an einen Pensionsfonds.

Für die Prüfung der Frage, ob der erforderliche Mindestbetrag von 240 € für den BAV-Förderbetrag erreicht wird, sind nur die Beiträge in einen nicht gezillmerten Tarif zu berücksichtigen. Diese Beiträge liegen mit 120 € jährlich unterhalb des erforderlichen Mindestbetrags mit der Folge, dass der BAV-Förderbetrag insgesamt nicht in Anspruch genommen werden kann.

Leistungen des Arbeitgebers, die er als Ausgleich für die ersparten Sozialversicherungsbeiträge infolge einer Gehaltsumwandlung erbringt (§§ 1a Abs. 1a, 23 Abs. 2 BetrAVG[1]) sowie der den einzelnen Arbeitnehmern gutgeschriebene oder zugerechnete Sicherungsbeitrag bei einer reinen Beitragszusage (§ 23 Abs. 1 BetrAVG[1]) sind hinsichtlich des BAV-Förderbetrags nicht begünstigt.

d) Übergangsregelung im Verhältnis zum Kalenderjahr 2016

Vgl. hierzu die Erläuterungen und Beispiele im Lexikon für das Lohnbüro, Ausgabe 2020, S. 1172.

e) Steuer- und sozialversicherungsrechtliche Behandlung des zusätzlichen Arbeitgeberbeitrags

Der zusätzliche Arbeitgeberbeitrag zur betrieblichen Altersversorgung für Geringverdiener ist bis zum förderfähigen Höchstbetrag (= 960 € jährlich) **steuerfrei** und wird nicht auf das daneben bestehende steuerfreie Volumen nach § 3 Nr. 63 EStG angerechnet (§ 100 Abs. 6 Satz 1 EStG). Die späteren **Versorgungsleistungen** aufgrund von Beiträgen, für die der Förderbetrag in Anspruch genommen wurde, gehören zu den **voll steuerpflichtigen** sonstigen Einkünften nach § 22 Nr. 5 Satz 1 EStG.

Beispiel A

Der Arbeitgeber zahlt für einen Arbeitnehmer (= Geringverdiener) über mehrere Jahre einen förderfähigen zusätzlichen Arbeitgeberbeitrag von 360 € jährlich steuerfrei in eine Direktversicherung ein.

Die spätere Auszahlung der Versicherungsleistung an den Arbeitnehmer führt in voller Höhe zu sonstigen Einkünften nach § 22 Nr. 5 Satz 1 EStG.

Ein über den förderfähigen Höchstbetrag hinaus gezahlter zusätzlicher Arbeitgeberbeitrag ist nach § 3 Nr. 63 EStG ebenfalls steuerfrei, wenn das entsprechende Volumen des § 3 Nr. 63 EStG noch nicht durch andere Beiträge ausgeschöpft wurde. Da die Steuerfreistellung des **§ 3 Nr. 63 EStG** zudem unberührt bleibt, wird dieses Volumen durch den steuerfreien förderfähigen Höchstbetrag von bis zu 960 € **nicht verbraucht** (§ 100 Abs. 6 Satz 2 EStG). Hierdurch werden zugleich aufwendige Wechselwirkungen z. B. bei monatlicher Beitragszahlung vermieden. Die Förderung für den zusätzlichen Arbeitgeberbeitrag zur betrieblichen Altersversorgung wird zudem neben der steuerlichen Förderung der privaten Altersvorsorge („Riester-Rente") gewährt. Ebenso wird die Riester-Zulage nicht auf den Förderbetrag angerechnet.

Sozialversicherungsrechtlich ist allerdings zu beachten, dass der Freibetrag von **4 %** der Beitragsbemessungsgrenze in der gesetzlichen Rentenversicherung – West – (2021 = 3408 €) **nur einmal** in Anspruch genommen werden kann. Folglich kann für Geringverdiener neben der Inanspruchnahme des steuer- und beitragsfreien Arbeitgeberbeitrags von bis zu 960 € nur in Höhe der Differenz bis 4 % der Beitragsbemessungsgrenze in der gesetzlichen Rentenversicherung – West – ein höherer Arbeitgeberbeitrag oder eine Entgeltumwandlung beitragsfrei erfolgen.

Beispiel B

Der Arbeitnehmer wird in 2021 als Geringverdiener gegen ein monatliches Arbeitsentgelt von 2450 € beschäftigt. Der steuer- und sozialversicherungsfreie zusätzliche Arbeitgeberbeitrag zur betrieblichen Altersversorgung beträgt monatlich 80 €. Daneben erfolgt eine monatliche Entgeltumwandlung zugunsten einer steuerfreien Direktversicherung in Höhe von 250 €.

Laufendes Arbeitsentgelt nach Entgeltumwandlung (2450 €–250 €)	2200 €
Monatlicher Freibetrag in 2021: 284 € abzüglich 80 € = 204 €	
Beitragspflichtiger Betrag der Entgeltumwandlung (250 €–204 €)	46 €
Sozialversicherungspflichtiges Arbeitsentgelt	2246 €
Steuerpflichtiger Arbeitslohn	2200 €

Bei dem 30 %igen Förderbetrag für den Arbeitgeber handelt es sich nicht um einen geldwerten Vorteil für den Arbeitnehmer, der der Beitragspflicht unterliegen könnte.

f) Aufzeichnungs- und Mitteilungspflichten des Arbeitgebers

Die **Voraussetzungen** für die Inanspruchnahme des **BAV-Förderbetrags** sind vom Arbeitgeber im **Lohnkonto** des jeweiligen Arbeitnehmers **aufzuzeichnen,** insbesondere um die Nachprüfung im Rahmen einer Lohnsteuer-Nachschau oder Lohnsteuer-Außenprüfung zu ermöglichen (§ 4 Abs. 2 Nr. 7 LStDV[2]). Aufzuzeichnen sind, dass (vgl. § 100 Abs. 3 EStG):

- der Arbeitslohn des Arbeitnehmers im Lohnzahlungszeitraum, für den der Förderbetrag geltend gemacht wird, im Inland dem Lohnsteuerabzug unterliegt,
- der Arbeitgeber für den Arbeitnehmer einen zusätzlichen Arbeitgeberbeitrag an eine kapitalgedeckte Versorgungseinrichtung in Höhe von mindestens 240 € im Kalenderjahr zahlt,
- im Zeitpunkt der Beitragsleistung der laufende Arbeitslohn die Geringverdienergrenze nicht überschritten hat,
- eine Auszahlung der Versorgungsleistung in Form einer Rente oder eines Auszahlungsplans vorgesehen ist und
- die Vertriebskosten nur als fester Anteil der laufenden Beiträge einbehalten werden.

Außerdem hat der **Arbeitgeber** der **Versorgungseinrichtung** im Hinblick auf die nachgelagerte Besteuerung auch die **steuerfreien Beiträge** (nach § 100 Abs. 6 Satz 1 EStG) **mitzuteilen** (§ 5 Abs. 2 Nr. 1 LStDV[2]). Die Versorgungseinrichtung hat wegen der nachgelagerten Besteuerung ihrerseits der Finanzverwaltung eine Rentenbezugsmitteilung (§ 22a EStG) zu übermitteln.

g) Verfahrensrechtliche Vorschriften

Für den BAV-Förderbetrag gelten z. B. die Vorschriften für die lohnsteuerliche **Anrufungsauskunft** (§ 42e EStG), die **Lohnsteuer-Außenprüfung** (§ 42f EStG) und zur **Lohnsteuer-Nachschau** (§ 42g EStG) entsprechend (§ 100 Abs. 5 Nr. 1 EStG).

Wird bei einer Lohnsteuer-Außenprüfung festgestellt, dass bei einem Arbeitgeber die Voraussetzungen für den BAV-Förderbetrag nicht vorgelegen haben, werden grundsätzlich die entsprechenden Lohnsteuer-Anmeldungen geändert. Verfahrensrechtlich ist eine solche Änderung regelmäßig unproblematisch, da Lohnsteuer-Anmeldungen als Steueranmeldungen einer Steuerfestsetzung unter dem Vorbehalt der Nachprüfung gleichstehen (§ 168 i. V. m. § 164 AO).

1) Das Betriebsrentengesetz (BetrAVG) ist als Anhang 13 im **Steuerhandbuch für das Lohnbüro 2021** abgedruckt, das im selben Verlag erschienen ist.

2) Die Lohnsteuer-Durchführungsverordnung (LStDV) ist als Anhang 1 im **Steuerhandbuch für das Lohnbüro 2021** abgedruckt, das im selben Verlag erschienen ist.

Beispiel

Arbeitgeber A hat für den Arbeitnehmer B in den Monaten Januar bis Juni 2021 den BAV-Förderbetrag in Anspruch genommen. Anlässlich einer Lohnsteuer-Außenprüfung im Juli 2021 wird festgestellt, dass die laufenden Sachbezüge zu niedrig bewertet worden sind. Der laufende Arbeitslohn des B erhöht sich infolgedessen von 2550 € auf 2610 € monatlich.

Da die Geringverdienergrenze von monatlich 2575 € überschritten ist, sind die BAV-Förderbeträge durch eine Änderung der Lohnsteuer-Anmeldungen Januar bis Juni 2021 zurückzufordern.

Auch die Vorschriften aus der Abgabenordnung für Steuervergütungen sowie die Straf- und Bußgeldvorschriften sind entsprechend anzuwenden (§ 100 Abs. 5 Nrn. 2 und 3 EStG).

h) Förderbetrag oder Pauschalbesteuerung der Beiträge mit 20 %?

Das Verhältnis zwischen der Inanspruchnahme des Förderbetrags zur betrieblichen Altersversorgung und der Fortführung der Pauschalbesteuerung für die Beiträge mit 20 % soll durch das nachfolgende Beispiel erläutert werden.

Beispiel

Seit dem Jahr 2000 besteht für einen Geringverdiener (Monatslohn 2575 €) eine arbeitgeberfinanzierte betriebliche Altersversorgung in Form einer Direktversicherung. Der Beitrag von 1300 € ist stets mit 20 % pauschal besteuert worden. Im Jahr 2021 erhöht sich der Beitrag um 300 € auf 1600 €; es handelt sich insgesamt um einen nicht gezillmerten Tarif. Wie ist steuerlich im Hinblick auf den Förderbetrag zur betrieblichen Altersversorgung bzw. die Fortführung der Pauschalbesteuerung der Beiträge mit 20 % zu verfahren?

Wegen der Geltendmachung in der Lohnsteuer-Anmeldung ist die Inanspruchnahme des Förderbetrags zur betrieblichen Altersversorgung antragsabhängig. Ohne einen solchen Antrag wird kein Förderbetrag gewährt. Da der Gesetzgeber die Formulierung gewählt hat, dass der Arbeitgeber den Förderbetrag in Anspruch nehmen „darf", handelt es sich letztlich um ein Wahlrecht. Somit bestehen folgende Möglichkeiten:

Zum einen kann die Pauschalbesteuerung von 20 % für den nunmehr auf 1600 € erhöhten Beitrag fortgeführt werden; der Höchstbetrag von 1752 € für die Anwendung der Pauschalbesteuerung ist nicht überschritten.

Zum anderen kann für den zusätzlichen Arbeitgeberbeitrag der Förderbetrag und damit zugleich die neue Steuerbefreiung für diesen Beitrag in Anspruch genommen werden. In diesem Fall ist der Beitrag zur Direktversicherung von 1600 € in Höhe von 960 € steuerfrei und kann in Höhe des verbleibenden Betrags von 640 € pauschal besteuert werden. Der Förderbetrag beträgt 288 € (= 30 % von 960 €).

18. Steuerliche Behandlung der betrieblichen, kapitalgedeckten Altersversorgung 2021

Durchführungsweg	Beitragsphase (Ansparphase)	Leistungsphase (Auszahlungsphase)
Pensionskasse	Beiträge des Arbeitgebers sind bis zu 8 % der Beitragsbemessungsgrenze in der Rentenversicherung (2021: 6816 €) steuerfrei (§ 3 Nr. 63 EStG)[1)]	Zahlungen der Pensionskasse sind beim Arbeitnehmer als sonstige Einkünfte voll steuerpflichtig (§ 22 Nr. 5 Satz 1 EStG)
	Beiträge des Arbeitgebers können mit 20 % pauschal besteuert werden, wenn vor dem 1.1.2018 mindestens ein Beitrag zu Recht pauschal besteuert worden ist (§ 52 Abs. 40 i. V. m. § 40b Abs. 1 a. F. EStG). Der pauschal versteuerte Beitrag mindert den steuerfreien Höchstbetrag.	Laufende Zahlungen der Pensionskasse sind beim Arbeitnehmer als sonstige Einkünfte mit dem Ertragsanteil steuerpflichtig (§ 22 Nr. 5 Satz 2 i. V. m. Nr. 1 Satz 3 Buchstabe a Doppelbuchstabe bb EStG). Kapitalauszahlungen sind grundsätzlich nicht steuerpflichtig; die Mindestlaufzeit von 12 Jahren für die Steuerfreiheit der (außer-)rechnungsmäßigen Zinsen ist jedoch zu beachten.
	Beiträge des Arbeitgebers werden individuell nach den Lohnsteuerabzugsmerkmalen besteuert und der Arbeitnehmer nimmt hierfür die Förderung für die „Riester-Rente" in Anspruch (Altersvorsorgezulage, Sonderausgabenabzug)	Zahlungen der Pensionskasse sind beim Arbeitnehmer als sonstige Einkünfte voll steuerpflichtig (§ 22 Nr. 5 Satz 1 EStG)
Pensionsfonds	Beiträge des Arbeitgebers sind bis zu 8 % der Beitragsbemessungsgrenze in der Rentenversicherung (2021: 6816 €) steuerfrei (§ 3 Nr. 63 EStG[1)])	Zahlungen des Pensionsfonds sind beim Arbeitnehmer als sonstige Einkünfte voll steuerpflichtig (§ 22 Nr. 5 Satz 1 EStG)
	Keine Pauschalierung der Beiträge möglich (§ 40b EStG)	–
	Beiträge des Arbeitgebers werden individuell nach den Lohnsteuerabzugsmerkmalen besteuert und der Arbeitnehmer nimmt hierfür die Förderung für die „Riester-Rente" in Anspruch (Altersvorsorgezulage, Sonderausgabenabzug)	Zahlungen des Pensionsfonds sind beim Arbeitnehmer als sonstige Einkünfte voll steuerpflichtig (§ 22 Nr. 5 Satz 1 EStG)
	Leistungen des Arbeitgebers oder einer Unterstützungskasse an einen Pensionsfonds zur Übernahme bestehender Versorgungsverpflichtungen oder -anwartschaften sind steuerfrei, wenn die hierdurch entstehenden zusätzlichen Betriebsausgaben gleichmäßig auf die zehn folgenden Wirtschaftsjahre verteilt werden (§ 3 Nr. 66 EStG)	Zahlungen des Pensionsfonds sind beim Arbeitnehmer als sonstige Einkünfte voll steuerpflichtig (§ 22 Nr. 5 Satz 1 EStG)
Direktversicherung	Beiträge des Arbeitgebers sind bis zu 8 % der Beitragsbemessungsgrenze in der Rentenversicherung (2021: 6816 €) steuerfrei (§ 3 Nr. 63 EStG)[1)]	Zahlungen der Direktversicherung sind beim Arbeitnehmer als sonstige Einkünfte voll steuerpflichtig (§ 22 Nr. 5 Satz 1 EStG).
	Beiträge des Arbeitgebers können mit 20 % pauschal besteuert werden, wenn vor dem 1.1.2018 mindestens ein Beitrag zu Recht pauschal besteuert worden ist (§ 52 Abs. 40 i. V. m. § 40b Abs. 1 a. F. EStG). Der pauschal besteuerte Beitrag mindert den steuerfreien Höchstbetrag. Zum Wahlrecht zur Beibehaltung der Pauschalversteuerung vgl. auch die Ausführungen unter Nr. 6.	Laufende Zahlungen der Direktversicherung sind beim Arbeitnehmer als sonstige Einkünfte mit dem Ertragsanteil steuerpflichtig (§ 22 Nr. 5 Satz 2 i. V. m. Nr. 1 Satz 3 Buchstabe a Doppelbuchstabe bb EStG). Kapitalzahlungen sind grundsätzlich nicht steuerpflichtig; die Mindestlaufzeit von 12 Jahren für die Steuerfreiheit der (außer-)rechnungsmäßigen Zinsen ist jedoch zu beachten.
	Beiträge des Arbeitgebers werden individuell nach den Lohnsteuerabzugsmerkmalen besteuert und der Arbeitnehmer nimmt hierfür die Förderung für die „Riester-Rente" in Anspruch (Altersvorsorgezulage, Sonderausgabenabzug)	Zahlungen der Direktversicherung sind beim Arbeitnehmer als sonstige Einkünfte voll steuerpflichtig (§ 22 Nr. 5 Satz 1 EStG)

1) Das steuerfreie Volumen von bis zu 6816 € gilt für die Summe der Beiträge an Pensionskassen, Pensionsfonds und für Direktversicherungen. Hinzu kommt ggf. der zusätzliche Arbeitgeberbeitrag zur betrieblichen Altersversorgung bei Geringverdienern bis zu 960 € (vgl. vorstehende Nr. 17). Daneben können steuerlich die in der Beitragsphase nicht zu einem Zufluss führenden Durchführungswege Direktzusage und/oder Unterstützungskasse genutzt werden.

Durchführungsweg	Beitragsphase (Ansparphase)	Leistungsphase (Auszahlungsphase)
Direktzusage	Kein Zufluss beim Arbeitnehmer in Höhe der Beiträge des Arbeitgebers; dies gilt auch bei einer Entgeltumwandlung des Arbeitnehmers	Zahlungen sind beim Arbeitnehmer als Einkünfte aus nichtselbstständiger Arbeit – ggf. Inanspruchnahme der Versorgungsfreibeträge – voll steuerpflichtig (§ 19 Abs. 1 Satz 1 Nr. 2 EStG)
Unterstützungskasse	Kein Zufluss beim Arbeitnehmer in Höhe der Beiträge des Arbeitgebers; dies gilt auch bei einer Entgeltumwandlung des Arbeitnehmers	Zahlungen sind beim Arbeitnehmer als Einkünfte aus nichtselbstständiger Arbeit – ggf. Inanspruchnahme der Versorgungsfreibeträge – voll steuerpflichtig (§ 19 Abs. 1 Satz 1 Nr. 2 EStG)

19. Sozialversicherungsrechtliche Behandlung des Aufwands für betriebliche, kapitalgedeckte Altersversorgung 2021

Durchführungsweg	Sozialversicherungsrechtliche Behandlung
Pensionskasse	Steuerfreie Zuwendungen sind unabhängig davon, ob sie durch eine Entgeltumwandlung finanziert wurden oder nicht, bis zu 4 % der Beitragsbemessungsgrenze in der Rentenversicherung (2021: 3408 €) beitragsfrei (§ 1 Abs. 1 Satz 1 Nr. 9 SvEV).[1)] Pauschal besteuerte Beiträge an Pensionskassen sind bis zur steuerlichen Pauschalierungsgrenze beitragsfrei; bei einer Finanzierung der Beiträge über eine Entgeltumwandlung, darf sich die Entgeltumwandlung aber nicht auf das regelmäßige Entgelt beziehen (§ 1 Abs. 1 Satz 1 Nr. 4 SvEV i. V. m. § 40b EStG).
Pensionsfonds	Steuerfreie Zuwendungen sind unabhängig davon, ob sie durch eine Entgeltumwandlung finanziert wurden oder nicht, bis zu 4 % der Beitragsbemessungsgrenze in der Rentenversicherung (2021: 3408 €) beitragsfrei (§ 1 Abs. 1 Satz 1 Nr. 9 SvEV).[1)] Steuerfreie Leistungen eines Arbeitgebers oder einer Unterstützungskasse an einen Pensionsfonds zur Übernahme bestehender Versorgungsverpflichtungen oder -anwartschaften sind in vollem Umfang beitragsfrei (§ 3 Nr. 66 EStG i. V. m. § 1 Abs. 1 Satz 1 Nr. 10 SvEV).
Direktversicherung	Steuerfreie Zuwendungen sind unabhängig davon, ob sie durch Entgeltumwandlung finanziert wurden oder nicht, bis zu 4 % der Beitragsbemessungsgrenze in der Rentenversicherung (2021: 3408 €) beitragsfrei (§ 1 Abs. 1 Satz 1 Nr. 9 SvEV).[1)] Pauschal besteuerte Beiträge an Direktversicherungen sind bis zur steuerlichen Pauschalierungsgrenze beitragsfrei; bei einer Finanzierung der Beiträge über eine Entgeltumwandlung, darf sich die Entgeltumwandlung aber nicht auf das regelmäßige Entgelt beziehen (§ 1 Abs. 1 Satz 1 Nr. 4 SvEV i. V. m. § 40b EStG).
Direktzusage	Aufwand des Arbeitgebers, der nicht aus einer Entgeltumwandlung stammt, ist in vollem Umfang beitragsfrei. Aufwand, der aus einer Entgeltumwandlung stammt, ist bis zu 4 % der Beitragsbemessungsgrenze in der Rentenversicherung (2021: 3408 €) beitragsfrei (§ 14 Abs. 1 Satz 2 SGB IV).[1)]
Unterstützungskasse	Aufwand des Arbeitgebers, der nicht aus einer Entgeltumwandlung stammt, ist in vollem Umfang beitragsfrei. Aufwand, der aus einer Entgeltumwandlung stammt, ist bis zu 4 % der Beitragsbemessungsgrenze in der Rentenversicherung (2021: 3408 €) beitragsfrei (§ 14 Abs. 1 Satz 2 SGB IV).[1)]

1) Der Betrag von 3408 € gilt für die Summe der steuerfreien Beiträge an Pensionskassen, Pensionsfonds und für Direktversicherungen einschließlich des ggf. zusätzlichen Arbeitgeberbeitrags zur betrieblichen Altersversorgung bei Geringverdienern (vgl. vorstehende Nr. 17). Daneben kann die Beitragsfreiheit des Aufwands für die Durchführungswege Direktzusage und Unterstützungskasse im angegebenen Umfang sowie für die pauschal besteuerten Beiträge an Direktversicherungen/Pensionskassen in Anspruch genommen werden.

„Riester-Rente"

Neues und Wichtiges auf einen Blick:

1. Höhe der Riester-Zulage

Die **Grundzulage** für einen Riester-Vertrag beträgt 2021 wie im Jahr 2020 **175 € jährlich.** Die **Kinderzulage** beträgt unverändert **185 € jährlich** je Kind bzw. bei **ab 1.1.2008 geborenen** Kindern **300 € jährlich** je Kind. Auch der zusätzlich zur Grundzulage **einmalig** gewährte **Berufseinsteiger-Bonus** für Zulageberechtigte, die zu Beginn des Beitragsjahres das 25. Lebensjahr noch nicht vollendet haben, beträgt unverändert **200 €.**

Der **Mindesteigenbeitrag** – um die vollen Zulagen einschließlich Berufseinsteiger-Bonus zu erhalten – beträgt wie bisher 4 % der Vorjahreseinnahmen bzw. der Besoldung, maximal 2100 €, abzüglich der Zulagen. Wird der Mindesteigenbeitrag nicht in der erforderlichen Höhe erbracht, werden die vorstehend erwähnten Zulagen gekürzt.

Auf die Erläuterungen und Beispiele unter der nachfolgenden Nr. 4 wird hingewiesen.

2. Höchstbetrag beim Sonderausgabenabzug

Der Höchstbetrag für den ggf. zusätzlichen Sonderausgabenabzug bei Riester-Verträgen beträgt auch im Kalenderjahr 2021 für jeden unmittelbar Zulageberechtigten (bei Ehegatten **pro Ehegatte**) unverändert **2100 €.**

Sofern bei Ehegatten **ein Ehegatte unmittelbar** und der andere **Ehegatte mittelbar** zulageberechtigt ist, beläuft sich der Sonderausgabenabzug für den unmittelbar zulageberechtigten Ehegatten auf **2160 €.**

Vgl. im Einzelnen die Ausführungen und Beispiele unter der nachfolgenden Nr. 5.

Gliederung:

1. Einleitung

a) Allgemeines

Im Jahre 2002 begann die staatliche Förderung für den Aufbau eines kapitalgedeckten (privaten) Altersvorsorgevermögens. Damit wurde neben der gesetzlichen Sozialversicherungsrente und der betrieblichen Altersversorgung (vgl. Anhang 6) eine dritte Säule der Altersvorsorge eingeführt. Ziel ist es, die Alterssicherung auf eine breitere finanzielle Grundlage zu stellen, die es ermöglicht, die Sicherung des im Erwerbsleben erreichten Lebensstandards trotz der Absenkung des Rentenniveaus bei der gesetzlichen Sozialversicherungsrente bzw. der Beamtenversorgung im Alter zu gewährleisten. Niemand ist allerdings verpflichtet, einen privaten Altersvorsorgevertrag abzuschließen. **Dies geschieht immer noch auf rein freiwilliger Basis.** Die Zahl der abgeschlossenen „Riester-Verträge" stagniert bei rund 16,5 Millionen Verträgen. Gut 1/5 der Verträge ist zudem „ruhend" gestellt, d. h., es werden von den Sparern keine weiteren Beiträge eingezahlt.

Erwähnenswert ist, dass der Staat bei **„Hartz IV-Empfängern"** nicht auf das geförderte Vermögen eines „Riester-Vertrags" zugreift (§ 12 Abs. 2 Nr. 2 SGB II). Durch die Schaffung eines Freibetrags in der **Grundsicherung** im Alter und bei Erwerbsminderung werden Riester-Renten seit 2018 nicht mehr voll angerechnet. Es wird ein Freibetrag in Höhe von monatlich 100 € gewährt. Ist die Riester-Rente höher als 100 € monatlich, ist der übersteigende Betrag zu 30 % anrechnungsfrei. Hierdurch können bis zu 223 € anrechnungsfrei gestellt werden. Beträgt also die Riester-Rente z. B. 160 € monatlich, werden nur 42 € bei der Berechnung der Grundsicherungsleistungen als Einkommen berücksichtigt und 118 € sind anrechnungsfrei (100 € zuzüglich 30 % von 60 € = 18 €; § 82 Abs. 4 SGB XII). Im Falle einer **Privatinsolvenz** ist das Altersvorsorgevermögen unpfändbar, soweit die vom Schuldner erbrachten Beiträge tatsächlich gefördert worden sind (BGH-Urteil vom 16.11.2017 IX ZR 21/17, BFH/NV 2018 S. 511).

b) Beitragsphase

Das Gesamtkonzept der staatlichen Förderung (sog. „Riester-Rente") sieht im Wesentlichen folgende Maßnahmen vor: Für Aufwendungen für einen begünstigten privaten Altersvorsorgevertrag (sog. Altersvorsorgebeiträge) wird seit dem Jahre 2002 eine **Grundzulage** gezahlt. Außerdem wird seit 2008 in bestimmten Fällen zusätzlich einmalig ein sog. Berufseinsteiger-Bonus gewährt. Für jedes Kind, für das Kindergeld ausgezahlt wird, bekommt der Berechtigte zudem eine **Kinderzulage.**

Bei der Einkommensteuer-Veranlagung prüft das Finanzamt von Amts wegen, ob der Abzug der Altersvorsorgebeiträge als **Sonderausgaben** unter Beachtung eines **Höchstbetrags** zu einer höheren steuerlichen Entlastung führt als die Zulagen. Dieser Sonderausgabenabzug für private Altersvorsorgeverträge wird neben dem Sonderausgabenabzug für Vorsorgeaufwendungen (insbesondere Renten-, Kranken- und Pflegeversicherungsbeiträge) gewährt; zur Entwicklung der Höhe der Grund- und Kinderzulage sowie des Sonderausgaben-Höchstbetrags im Einzelnen vgl. die nachfolgenden Nrn. 4 und 5. Führt die Vergleichsrechnung **(„Günstigerprüfung")** zwischen Sonderausgabenabzug und Zulage zu einer höheren Steuerentlastung, wird der Anspruch auf Zulage der tariflichen Einkommensteuer hinzugerechnet und der über die Zulagen hinausgehende Steuervorteil mit der Steuererstattung ausgezahlt oder mit einer Steuernachzahlung verrechnet (§ 2 Abs. 6 Satz 2 und § 10a Abs. 2 EStG). Führt die „Günstigerprüfung" zwischen Sonderausgabenabzug und Zulage nicht zu einer höheren Steuerentlastung, bleibt es bei der Zulage und ein zusätzlicher Sonderausgabenabzug scheidet aus. Das System mit der Vergleichsrechnung zwischen Sonderausgabenabzug und Zulage entspricht damit der seit 1996 beim Familienleistungsausgleich durchzuführenden Vergleichsrechnung zwischen Kindergeld und Freibeträgen für Kinder (vgl. Anhang 9).

c) Leistungsphase

Die staatliche Förderung der privaten Altersvorsorgebeiträge über Zulagen und ggf. Sonderausgabenabzug in der Ansparphase hat allerdings auch zur Folge, dass die **späteren** regelmäßigen **Rentenzahlungen** in der Leistungsphase – anders als die Renten aus der gesetzlichen Sozialversicherung – nicht nur mit dem Besteuerungsanteil der Besteuerung unterliegen, sondern als sonstige Einkünfte **in voller Höhe steuerpflichtig** sind. Der Gesetzgeber geht nämlich davon aus, dass die Beiträge für die private Altersvorsorge über Zulagen oder Sonderausgabenabzug in der Ansparphase steuerfrei gestellt worden sind, was automatisch die volle **nachgelagerte Besteuerung** in der Leistungsphase zur Folge hat.

Im Rahmen der betrieblichen Altersversorung besteht die Möglichkeit, dass man seine Beiträge – anstelle einer Steuer- und Beitragsfreistellung – auch durch „Riester" fördern lassen kann. Dies setzt allerdings voraus, dass die Beiträge aus dem versteuerten und verbeitragten Einkommen gezahlt werden. Diese Riester-Renten waren bis einschließlich 2017 in der Auszahlungspause als Renten aus der betrieblichen Altersversorgung beitragspfllichtig in der **gesetzlichen Krankenversicherung.** Es kam also zur sog. **„Doppelverbeitragung"** sowohl der **„Riester-Beiträge"** als auch der **„Riester-Leistungen".** Diese Doppelverbeitragung wurde ab 2018 **abgeschafft.** Leistungen aus dem sog. „betrieblichen Riester" unterliegen in der Auszahlungsphase nicht mehr der Beitragspflicht in der gesetzlichen Krankenversicherung (§ 229 SGB V).

2. Begünstigter Personenkreis

Zum **begünstigten Personenkreis** für die Riester-Zulage gehören – unabhängig davon, ob sie unbeschränkt oder beschränkt steuerpflichtig sind – alle in der **inländischen** gesetzlichen **Rentenversicherung Pflichtversicherten,** also z. B. auch Arbeitnehmer in den Fällen der Entsendung nach § 4 SGB IV (vgl. die Erläuterungen beim Stichwort „Ausstrahlung") oder auch Grenzgänger. Allerdings haben beschränkt steuerpflichtige Arbeitnehmer der sog. Gruppe drei keinen Anspruch auf den zusätzlichen Sonderausgabenabzug von bis zu 2100 € (§ 50 Abs. 1 Satz 3 EStG; vgl. die Erläuterungen unter der nachfolgenden Nr. 5 sowie beim Stichwort „Beschränkt steuerpflichtige Arbeitnehmer" unter der Nr. 20). Eine Zugehörigkeit zum begünstigten Personenkreis besteht aber nicht, wenn man lediglich in früheren Jahren in der gesetzlichen Rentenversicherung pflichtversichert war (BFH-Urteil vom 29.7.2015, BStBl. 2016 II S. 18).

Die staatliche Förderung über Zulagen und Sonderausgabenabzug („Riester-Rente") kann **jede einzelne Person** in Anspruch nehmen, die von der Absenkung des Rentenniveaus der gesetzlichen Sozialversicherungsrente betroffen ist; es kommt nicht zu einer automatischen Verdoppelung der staatlichen Förderung bei Ehegatten oder eingetragenen Lebenspartnern, wie es sonst im Steuerrecht allgemein üblich ist. Zum begünstigten Personenkreis gehören – wie bereits erwähnt – grundsätzlich alle in der inländischen gesetzlichen Rentenversicherung Pflichtversicherten (§ 10a Abs. 1 Satz 1 i. V. m. § 79 Satz 1 EStG). Eine Sonderregelung gilt jedoch für den **nicht pflichtversicherten Ehegatten** eines Pflichtversicherten, der einen eigenen Anspruch auf Zulagen, aber nicht auf den Sonderausgabenabzug hat, weil er durch Minderung der ihm zustehenden Hinterbliebenenversorgung auch von der Absenkung des Rentenniveaus betroffen ist (§ 79 Satz 2 EStG; sog. **abgeleiteter Zulageanspruch).** Auch der nicht pflichtversicherte **eingetragene Lebenspartner** hat einen abgeleiteten Zulageanspruch. Aufgrund der Absenkung des Versorgungsniveaus im öffentlichen Dienst gehören schließlich auch **Beamte, Richter, Soldaten** usw. zum begünstigten Personenkreis (§ 10a Abs. 1 Satz 1 2. Halbsatz Nrn. 1–5 EStG).

Es reicht für die volle steuerliche Förderung eines Kalenderjahres über Zulagen und Sonderausgabenabzug übrigens aus, wenn der Berechtigte einen Teil des Kalenderjahres zum begünstigten Personenkreis gehört.

Beispiel A

A ist bis Ende März 2021 als Arbeitnehmer pflichtversichert in der gesetzlichen Rentenversicherung und macht sich zum 1. 4. 2021 mit einer eigenen Firma selbstständig.

Für 2021 steht ihm die volle staatliche Förderung über Zulagen und ggf. Sonderausgabenabzug zu. Sofern er seine selbstständige Tätigkeit beibehält, hat er allerdings ab 2022 keinen Anspruch mehr auf staatliche Förderung.

Zu den in der inländischen gesetzlichen Rentenversicherung Pflichtversicherten und damit **zum begünstigten Personenkreis gehören** insbesondere:

- **Arbeitnehmer,** Auszubildende (einschließlich Teilnehmer an dualen Studiengängen), Behinderte in anerkannten Werkstätten, Studenten mit Ausnahme der vorgeschriebenen Zwischenpraktika (§ 1 SGB VI);
- Helfer im freiwilligen sozialen oder ökologischen Jahr oder im **Bundesfreiwilligendienst;**
- **bestimmte selbstständig Tätige** (§ 2 SGB VI). Hierzu gehören selbstständige Lehrer, Erzieher und Pflegepersonen, die im Zusammenhang mit ihrer selbstständigen Tätigkeit regelmäßig keine versicherungspflichtigen Arbeitnehmer beschäftigen, Hebammen und Entbindungspfleger, Seelotsen, Künstler und Publizisten, die der Künstlersozialversicherung unterliegen, Hausgewerbetreibende, bestimmte Küstenschiffer und Küstenfischer, in der Handwerksrolle eingetragene, nicht befreite Handwerker/Gewerbetreibende und arbeitnehmerähnliche Selbstständige;
- Kindererziehende in den ersten drei Lebensjahren des Kindes (§ 3 Satz 1 Nr. 1 SGB VI). Eine Zugehörigkeit zum begünstigten Personenkreis besteht nicht mehr, wenn der Kindesmutter nach Ablauf der dreijährigen Elternzeit Sonderurlaub wegen Kinderbetreuung gewährt wird (BFH-Urteil vom 8.8.2018, BFH/NV 2019 S. 199);
- nicht erwerbsmäßige Pflegepersonen (§ 3 Satz 1 Nr. 1a SGB VI);
- **Lohnersatzleistungsbezieher** (§ 3 Satz 1 Nr. 3 SGB VI und § 4 Abs. 3 SGB VI); **Arbeitsuchende Personen** stehen unter bestimmten Voraussetzungen einem Pflichtversicherten gleich (§ 10a Abs. 1 Satz 3 EStG);
- Bezieher von Vorruhestandsgeld (§ 3 Satz 1 Nr. 4 SGB VI);
- **geringfügig Beschäftigte,** die sich von der Rentenversicherungspflicht nicht haben befreien lassen oder in den sog. Altfällen (Rechtslage 31.12.2012) auf die Versicherungsfreiheit verzichtet haben und den pauschalen **Arbeitgeberbeitrag** zur gesetzlichen Rentenversicherung auf den vollen Beitragsatz **aufstocken;**
- Versicherungspflichtige nach dem Gesetz über die Alterssicherung der Landwirte (§ 10a Abs. 1 Satz 3 EStG);
- bis zur Vollendung des 67. Lebensjahres Bezieher einer **Rente** oder Versorgung wegen voller Erwerbsminderung oder **Erwerbs- oder Dienstunfähigkeit,** wenn sie zuvor in der inländischen gesetzlichen Rentenversicherung pflichtversichert waren oder inländische Besoldung erhalten haben (§ 10a Abs. 1 Satz 4 EStG). Der Bezug einer Rente wegen teilweiser Erwerbsminderung oder einer Rente wegen Berufsunfähigkeit begründet allerdings keine Zugehörigkeit zum begünstigten Personenkreis.

Aufgrund der Absenkung des Versorgungsniveaus im öffentlichen Dienst gehören zum **begünstigten Personenkreis** (§ 10a Abs. 1 Satz 1 Halbsatz 2 EStG) u. a. auch:

- Empfänger von inländischer Besoldung nach dem Bundesbesoldungsgesetz oder einem entsprechenden Landesbesoldungsgesetz (§ 10a Abs. 1 Satz 1 Halbsatz 2 Nr. 1 EStG); dies sind u. a. **Beamte, Richter, Berufssoldaten** und Soldaten auf Zeit,
- Empfänger von Amtsbezügen aus einem inländischen Amtsverhältnis, deren Versorgung die entsprechende Anwendung des Beamtenversorgungsgesetzes vorsieht (§ 10a Abs. 1 Satz 1 Halbsatz 2 Nr. 2 EStG); dies sind z. B. die **Mitglieder** der **Regierung** des Bundes oder eines Landes sowie die **Parlamentarischen Staatssekretäre** auf Bundes- und Landesebene, nicht aber Abgeordnete,
- Versicherungsfrei und von der Versicherungspflicht befreite Beschäftigte, deren Versorgung die entsprechende Anwendung des Beamtenversorgungsgesetzes vorsieht (§ 10a Abs. 1 Satz 1 Halbsatz 2 Nr. 3 EStG); dies sind z. B. rentenversicherungsfreie **Kirchenbeamte** und **Geistliche** in einem öffentlich-rechtlichen Dienstverhältnis sowie Lehrer und Erzieher, die an nicht öffentlichen Schulen oder Anstalten beschäftigt sind,
- **Beamte, Richter, Berufssoldaten** und **Soldaten** auf Zeit, die ohne Besoldung für die Zeit einer Beschäftigung **beurlaubt** sind und die Gewährleistung einer Versorgungsanwartschaft sich auch auf diese Beschäftigung erstreckt (§ 10a Abs. 1 Satz 1 Halbsatz 2 Nr. 4 EStG) und
- Personen, die **beurlaubt** sind und deshalb **keine Besoldung,** Amtsbezüge oder Entgelt erhalten, sofern sie eine Anrechnung von **Kindererziehungszeiten** in Anspruch nehmen könnten, wenn die Versicherungsfreiheit in der inländischen gesetzlichen Rentenversicherung nicht bestehen würde. Der formale Grund für die Beurlaubung ist insoweit ohne Bedeutung (§ 10a Abs. 1 Satz 1 Halbsatz 2 Nr. 5 EStG).

Für den vorstehenden Personenkreis des **öffentlichen Dienstes** setzt die steuerliche Förderung außerdem die schriftliche Einwilligung **(Einverständniserklärung)** zur Weitergabe der für einen maschinellen Datenabgleich notwendigen Daten (z. B. für die Ermittlung des Mindesteigenbeitrags) von der zuständigen lohnzahlenden Stelle (§ 81a EStG) an die Zentrale Zulagestelle für Altersvorsorgevermögen (ZfA) voraus. Die Einwilligung ist **spätestens bis** zum **Ablauf** des **Beitragsjahres** zu erteilen (§ 10a Abs. 1 Satz 1 letzter Halbsatz EStG). Eine nicht fristgerecht abgegebene Einwilligung kann gegenüber der zuständigen Stelle bis zum rechtskräftigen Abschluss den Festsetzungsverfahrens nachgeholt werden. Die Einverständniserklärung gilt grundsätzlich auf Dauer. Sie kann vor Beginn des Jahres, für das sie erstmals nicht mehr gelten soll, gegenüber der zuständigen lohnzahlenden Stelle widerrufen werden (§ 10a Abs. 1 Satz 2 EStG). Hat ein Angehöriger des vorstehend beschriebenen Personenkreises **keine Sozialversicherungsnummer, muss** außerdem über die zuständige lohnzahlende Stelle eine **Zulagenummer** bei der ZfA **beantragt werden** (§ 10a Abs. 1a EStG).

Außerdem gehören zum begünstigten Personenkreis unbeschränkt steuerpflichtige Arbeitnehmer, die einer **ausländischen gesetzlichen Rentenversicherungspflicht** unterliegen, soweit die Mitgliedschaft der deutschen gesetzlichen Rentenversicherungspflicht vergleichbar ist und **vor dem 1.1.2010 begründet** wurde (§ 10a Abs. 6 EStG). Das gilt auch für den Fall der Arbeitslosigkeit, wenn die Pflichtversicherung in der ausländischen Rentenversicherung fortbesteht. Zudem müssen Beiträge zugunsten eines vor dem 1.1.2010 abgeschlossenen Vertrags geleistet werden. Die Regelung gilt für u. a. sog. **„Grenzgänger"** (vgl. auch dieses Stichwort im Hauptteil des Lexikons), die die Arbeitnehmertätigkeit im Gebiet eines Staates (hier im Ausland) ausüben und im Gebiet eines anderen Staates (hier in Deutschland) wohnen, in das sie regelmäßig täglich, mindestens einmal wöchentlich zurückkehren. Die Voraussetzungen sind – über den „Grenzgängerbegriff" im Hauptteil des Lexikons hinaus – im Verhältnis zu sämtlichen Anrainerstaaten der Bundesrepublik Deutschland erfüllt.

Nicht zum begünstigten Personenkreis gehören u. a.:

- **geringfügig Beschäftigte,** die sich von der Versicherungspflicht haben befreien lassen (§ 6 Abs. 1b SGB VI) oder in den sog. Altfällen (Rechtslage 31.12.2012) nicht auf die Versicherungsfreiheit verzichtet haben;
- nicht pflichtversicherte **Selbstständige;**
- Angestellte und Selbstständige, die in einer **berufsständischen Versorgungseinrichtung** (z. B. Ärzte, Rechtsanwälte, Steuerberater) **pflichtversichert** sind, sofern sie von der Versicherungspflicht in der inländischen gesetzlichen Rentenversicherung befreit sind (§ 6 Abs. 1 Nr. 1 SGB VI; vgl. BFH-Urteil vom 29.7.2015, BStBl. 2016 II S. 18 zur Nichtzugehörigkeit zum begünstigten Personenkreis für Mitglieder berufsständischer Versorgungswerke);
- **freiwillig** in der inländischen gesetzlichen Rentenversicherung **Versicherte** (§ 7 SGB VI);
- Bezieher einer Vollrente wegen Alters nach Erreichen der Regelaltersgrenze, die nicht durch schriftliche Erklärung gegenüber ihrem Arbeitgeber auf diese Versicherungsfreiheit verzichtet haben (§ 5 Abs. 4 Nr. 1 und Satz 2 SGB VI);
- **Vorstandsmitglieder** von Aktiengesellschaften;
- **Mitglieder** des Deutschen **Bundestags,** der **Landtage** sowie des Europäischen Parlaments.

Die staatliche Förderung der privaten Altersvorsorge über **Zulagen und Sonderausgabenabzug** („Riester-Rente") **wird jedem Steuerpflichtigen einzeln** gewährt, der die persönlichen Voraussetzungen (vgl. die vorstehenden Absätze) erfüllt. Sind beide Ehegatten z. B. in der inländischen gesetzlichen Rentenversicherung pflichtversichert, haben **beide Ehegatten** einen Anspruch auf die staatliche Förderung über Zulagen und Sonderausgabenabzug. Gehört hingegen nur **ein Ehegatte** zum begünstigten Personenkreis, ist der andere Ehegatte mittelbar zulageberechtigt, wenn auch er einen auf seinen Namen lautenden begünstigten eigenen Altersvorsorgevertrag abgeschlossen hat und hierauf mindestens 60 € im Jahr einzahlt (§ 79 Satz 2 EStG); das gilt auch dann, wenn die Ehegatten ihren Wohnsitz oder gewöhnlichen Aufenthalt in einem anderen EU-/EWR-Mitgliedstaat (vgl. dieses Stichwort) haben. Das Bestehen einer betrieblichen Altersversorgung beim mittelbar zulageberechtigten Ehegatten reicht aber – anders als beim unmittelbar zulageberechtigten Ehegatten – für eine Förderberechtigung nicht aus (BFH-Urteil vom 21.7.2009, BStBl. II S 981). Allerdings muss auch der unmittelbar zulageberechtigte Ehegatte einen auf seinen Namen lautenden begünstigten eigenen Altersvorsorgevertrag abgeschlossen haben oder über eine förderbare Versorgung bei einem Pensionsfonds, einer Pensionskasse oder über eine Direktversicherung verfügen (§ 82 Abs. 2 EStG). Erfüllt z. B. ein Beamter die Einwilligung in die Datenübermittlung nicht rechtzeitig und ist er daher nicht unmittelbar zulageberechtigt, ist er bei Erfüllung der übrigen Voraussetzungen gleichwohl mittelbar zulageberechtigt (BFH-Urteil vom 25.3.2015, BStBl. II S. 709). Grund für den **sog. abgeleiteten Zulageanspruch** ist, dass der eigentlich nicht begünstigte Ehegatte aufgrund der Minderung der ihm zustehenden Hinterbliebenenversorgung von der Absenkung des Rentenniveaus betroffen ist.

Beispiel B

Unternehmer A beschäftigt seine Ehefrau im Rahmen einer geringfügigen Beschäftigung und entrichtet 15 % pauschalen Arbeitgeberbeitrag zur Rentenversicherung. Die Ehefrau hat sich von der Rentenversicherungspflicht befreien lassen.

Beide Ehegatten gehören nicht zum begünstigten Personenkreis und haben daher beide keinen Anspruch auf die staatliche Förderung über Zulagen oder Sonderausgabenabzug für die private Altersvorsorge.

Beispiel C

Wie Beispiel B. Die Ehefrau hat auf die Rentenversicherungspflicht nicht verzichtet.

Die Ehefrau gehört zum begünstigten Personenkreis und hat Anspruch auf die staatliche Förderung über Zulagen und Sonderausgabenabzug für einen eigenen privaten Altersvorsorgevertrag. Unternehmer A hat einen eigenen abgeleiteten Zulageanspruch, wenn auch er einen auf seinen Namen lautenden Altersvorsorgevertrag abschließt und hierauf mindestens 60 € einzahlt. Ein Anspruch auf einen eigenen Sonderausgaben-Höchstbetrag für die private Altersvorsorge besteht für A aber nicht.

Der **abgeleitete Zulageanspruch** für den mittelbar begünstigten Ehegatten **entfällt,** wenn die Voraussetzungen für eine Zusammenveranlagung nicht mehr erfüllt sind (z. B. dauerndes Getrenntleben der Ehegatten) oder der bisher unmittelbar begünstigte Ehegatte nicht mehr zum begünstigten Personenkreis gehört (z. B. Beendigung der Berufsausübung, Wechsel zur Selbstständigkeit).

Beispiel D

Wie Beispiel C. Die Eheleute leben ab November 2021 dauernd getrennt.

Der abgeleitete Zulageanspruch des A besteht nur für das Jahr 2021, weil die Eheleute ab dem Jahre 2022 die Voraussetzungen für eine Zusammenveranlagung nicht mehr erfüllen.

Die vorstehenden Ausführungen zum **abgeleiteten Zulageanspruch** gelten entsprechend bei **eingetragenen Lebenspartnerschaften** (§ 2 Abs. 8 EStG).

3. Begünstigte Altersvorsorgeprodukte

Die staatliche Förderung über Zulagen und Sonderausgabenabzug („Riester-Rente") setzt ein begünstigtes Altersvorsorgeprodukt voraus. Jeder Anbieter (u. a. Kreditinstitut, Versicherung, Investmentgesellschaft, Bausparkasse) muss durch das Bundeszentralamt für Steuern prüfen lassen, ob sein Produkt die maßgebenden Kriterien für eine steuerliche Förderung erfüllt. Sofern die Kriterien erfüllt sind, erteilt das Bundeszentralamt für Steuern ein **Zertifikat,** dass das Produkt steuerlich förderungsfähig ist. Die Beurteilung wird also weder vom Finanzamt, noch vom Anbieter oder gar Anleger vorgenommen. Das vom Bundeszentralamt für Steuern ausgestellte Zertifikat ist **Grundlagenbescheid für die steuerliche Förderung** und daher für die Finanzverwaltung bindend (§ 82 Abs. 1 Satz 2 EStG). Im Rahmen der Zertifizierung wird aber vom Bundeszentralamt für Steuern nicht geprüft, ob das Produkt auch wirtschaftlich sinnvoll ist.

Neben den **Rentenversicherungen** und dem **Fondssparen** sind folgende Anlageprodukte im Rahmen der Riester-Förderung **zertifizierungsfähig:**

- **Darlehensverträge** (reiner Darlehensvertrag, Kombination Sparvertrag mit Darlehensoption, Vorfinanzierungsdarlehen) für die Bildung selbstgenutzten Wohneigentums,
- **Bausparverträge** und
- der Erwerb weiterer, über die Pflichtanteile hinausgehende **Geschäftsanteile** an einer in das Genossenschaftsregister eingetragenen **Genossenschaft** für eine vom Förderberechtigten selbstgenutzten Genossenschaftswohnung.

Zu den begünstigten Altersvorsorgebeiträgen gehören auch **individuell** nach den Lohnsteuerabzugsmerkmalen des Arbeitnehmers **versteuerte Zahlungen** in einen **Pensionsfonds,** eine **Pensionskasse** oder eine **Direktversicherung** zum Aufbau einer kapitalgedeckten betrieblichen Altersversorgung, sofern eine **lebenslange Versorgung gewährleistet** ist (§ 82 Abs. 2 EStG; zu den begünstigten Auszahlungsformen bei der betrieblichen Altersversorgung vgl. die Erläuterungen in Anhang 6 Nr. 5 Buchstabe b). Für die Förderung der betrieblichen Altersversorgung über die „Riester-Rente" hat der Gesetzgeber allerdings auf eine Zertifizierung verzichtet. Begünstige Altersvorsorgebeiträge können auch vorliegen, wenn ein Arbeitnehmer bei fortbestehendem Arbeitsverhältnis kein Entgelt erhält und die Versorgung bzw. Versicherung mit eigenen Beiträgen fortsetzt. Entsprechendes gilt, wenn ein ausgeschiedener Arbeitnehmer die Versorgung bzw. Versicherung mit eigenen Beiträgen fortsetzt (§ 82 Abs. 2 Satz 1 Buchstabe b EStG i. V. m. § 1a Abs. 4 BetrAVG, § 1b Abs. 5 Satz 1 Nr. 2 BetrAVG und § 22 Abs. 3 Nr. 1 Buchstabe a BetrAVG[1]).

Die Kriterien für das Erhalten eines Zertifikats sind[2]:

- **Beginn der Auszahlungsphase** ab Vollendung des 60. Lebensjahres oder dem früheren Bezug einer Altersrente aus der gesetzlichen Rentenversicherung; bei nach dem 31.12.2011 abgeschlossenen Verträgen ist für den Beginn der Auszahlungsphase die Vollendung des 62. Lebensjahres maßgebend.
  Der Anleger hat allerdings die Möglichkeit, sich zusätzlich gegen den Eintritt der verminderten Erwerbsfähigkeit/Dienstunfähigkeit abzusichern. Auch die zusätzliche Absicherung von Hinterbliebenen (Ehegatte, eingetragene Lebenspartner und steuerlich zu berücksichtigende Kinder) kann vereinbart werden. Seit 2006 abgeschlossene Versicherungsverträge müssen zudem einheitliche Tarife für Männer und Frauen vorsehen (sog. „Unisex-Tarife"). Dies bedeutet, dass die sich aus dem Beitrag ergebende Leistung unabhängig vom Geschlecht zu berechnen ist. Für bereits vor 2006 abgeschlossene Verträge kann es bei der früheren Regelung mit unterschiedlichen Tarifen für Männer und Frauen bleiben.
- **Nominalwerterhaltung**
  Der Anbieter muss sich verpflichten, die in der Ansparphase eingezahlten Beiträge (Eigenbeiträge des Anlegers und Zulagen) zu Beginn der Auszahlungsphase zur Verfügung zu stellen. Die auf die eingezahlten Beiträge bezogene Nominalwertzusage kann um bis zu 20 % vermindert werden, wenn Beitragsanteile für die Absicherung einer

1) Das Betriebsrentengesetz (BetrAVG) ist als Anhang 13 im **Steuerhandbuch für das Lohnbüro 2021** abgedruckt, das im selben Verlag erschienen ist.

2) Das Altersvorsorgeverträge-Zertifizierungsgesetz, in dem diese Kriterien festgelegt sind, ist als Anhang 13a im **Steuerhandbuch für das Lohnbüro 2021** abgedruckt, das im selben Verlag erschienen ist.

verminderten Erwerbsfähigkeit/Dienstunfähigkeit oder zur Hinterbliebenenabsicherung eingesetzt worden sind.

- **Begünstigte Auszahlungsformen**
  Die Auszahlungen aus einem Altersvorsorgevertrag müssen an den Vertragspartner in Form einer **lebenslangen monatlichen Rente** oder durch Ratenzahlungen eines **Auszahlungsplans** mit anschließender **lebenslanger Teilkapitalverrentung** ab spätestens dem 85. Lebensjahr erfolgen. Die Leistungen müssen während der gesamten Auszahlungsphase gleich bleiben oder steigen. Anbieter und Vertragspartner können vereinbaren, dass bis zu zwölf Monatsleistungen in einer Auszahlung zusammengefasst werden oder eine Kleinbetragsrente (= monatliche Rentenhöhe bis 32,90 €; § 93 Abs. 3 EStG) abgefunden wird. Außerhalb der monatlichen Zahlungen kann eine **Teilkapitalauszahlung bis zu 30 %** des zu **Beginn** der **Auszahlungsphase** zur **Verfügung stehenden Kapitals** an den Vertragspartner ausgezahlt werden. Darüber hinausgehende Einmalauszahlungen sind schädlich und führen rückwirkend zum Verlust der steuerlichen Förderung über Zulagen und Sonderausgabenabzug (vgl. zu den Folgerungen einer schädlichen Verwendung von Altersvorsorgevermögen auch die Erläuterungen unter der nachfolgenden Nr. 7). Allerdings ist die gesonderte Auszahlung der in der Auszahlungsphase anfallenden Zinsen und Erträge zulässig.
  Alternativ zu den vorstehenden Ausführungen kann der Altersvorsorgevertrag eine lebenslange Verminderung des monatlichen Nutzungsentgelts für eine vom Vertragspartner selbst genutzte **Genossenschaftswohnung** vorsehen. Entsprechendes gilt für eine zeitlich befristete Verminderung mit anschließender Teilkapitalverrentung ab spätestens dem 85. Lebensjahr.
- **Kostenverteilung**
  Verteilung der Abschluss- und Vertriebskosten gleichmäßig über mindestens die ersten fünf Vertragsjahre, soweit sie nicht als Prozentsatz von den Altersvorsorgebeiträgen abgezogen werden (wie z. B. bei Investmentfondsanteilen).
- **Ruhens-, Wechsel- und Auszahlungsmöglichkeiten in der Ansparphase**
  Während der Ansparphase hat der Anleger jederzeit das Recht, den Altersvorsorgevertrag ruhen zu lassen. Das Ruhenlassen sollte einer Kündigung des Vertrags vorgezogen werden, da die durch die Kündigung erfolgte Auszahlung des Kapitals zu einer schädlichen Verwendung (vgl. nachfolgende Nr. 7) führt.
  Der Anleger kann den Vertrag in der Ansparphase mit einer Frist von drei Monaten zum Quartalsende oder zum Beginn der Auszahlungsphase kündigen und das gebildete Kapital unschädlich auf einen anderen auf seinen Namen lautenden Altersvorsorgevertrag desselben oder eines anderen Anbieters übertragen.[1] Hierdurch wird der Wettbewerbsdruck zwischen den Anbietern erhöht, weil das Abwerben eines Anlegers einfach ist.
  Der Anleger kann während der Ansparphase mit einer Frist von drei Monaten zum Quartalsende förderunschädlich die Auszahlung des gebildeten Kapitals verlangen, um es für die selbstgenutzte Wohnung zu verwenden (Anschaffung, Herstellung, Entschuldung, Umbau; vgl. nachstehende Nr. 8).

Anbieter von steuerlich geförderten Altersvorsorgeverträgen können inländische und ausländische Unternehmen sein, die einer besonderen staatlichen Aufsicht unterliegen. Der Vertrag ist in deutscher Sprache abzuschließen.

Über die vorstehenden Ausführungen hinaus hat der **Anbieter** weitere **Informationspflichten,** um die Transparenz und damit letztlich auch die Akzeptanz der Produkte in der Bevölkerung zu erhöhen (vgl. §§ 7 bis 7b AltZertG[2]).

4. Altersvorsorgezulage (Grundzulage und Kinderzulage)

a) Allgemeines

Die steuerliche Förderung der privaten Altersvorsorge („Riester-Rente") besteht aus den beiden Komponenten (progressionsunabhängige) Altersvorsorgezulage und Sonderausgabenabzug. Zu **den steuerlich begünstigten Altersvorsorgebeiträgen** gehören zum einen Spar-**Beiträge,** die der Anleger bis zum Beginn der Auszahlungsphase auf einen zertifizierten Altersvorsorgevertrag **einzahlt** (§ 82 Abs. 1 Satz 1 Nr. 1 EStG). Dabei sind auch Beiträge begünstigt, die im Wege des abgekürzten Zahlungswegs durch Dritte zugunsten eines auf den Namen des Zulageberechtigten lautenden Altersvorsorgevertrags eingezahlt werden. Es handelt sich nämlich auch bei den Zahlungen eines Dritten um Beiträge des Zulagenberechtigten, da mit der Zahlung eine Verpflichtung des Zulageberechtigten beglichen wird. Folglich ist ihm die Zahlung des Dritten als eigene zuzurechnen (ggf. handelt es sich jedoch bei der Zahlung des Dritten zugunsten des Zulageberechtigten um eine steuerlich relevante Schenkung). Die dem Vertrag **gutgeschriebenen Zulagen** sind **keine begünstigten** Altersvorsorge**beiträge;** etwas anderes gilt beim Sonderausgabenabzug (vgl. die Erläuterungen unter der folgenden Nr. 5). Ebenfalls keine begünstigten Altersvorsorgebeiträge sind die dem Vertrag gutgeschriebenen Zinsen und Erträge (BFH-Urteil vom 8.7.2015, BStBl. 2016 II S. 525).

Beiträge zugunsten von Verträgen, bei denen **mehrere Personen Vertragspartner** sind, sind **nicht begünstigt.** Dies gilt auch für Verträge, die von Ehegatten oder eingetragenen Lebenspartnern gemeinsam abgeschlossen werden.

Zu den steuerlich **begünstigten Altersvorsorgebeiträgen** gehören auch **Darlehenstilgungen (nicht Darlehenszinsen!)** zugunsten eines zertifizierten Altersvorsorgevertrags (§ 82 Abs. 1 Satz 1 Nr. 2 EStG). Dies setzt allerdings voraus, dass das Darlehen nach dem 31.12.2007 für begünstigte wohnungswirtschaftliche Zwecke verwendet worden ist und der Zulageberechtigte – wie immer – zum begünstigten Personenkreis (vgl. vorstehende Nr. 2) gehört. Sind die Tilgungsleistungen begünstigt, wird die Altersvorsorgezulage von der Zulagestelle an den Anbieter überwiesen, der die **Zulage** dem **Darlehensvertrag gutzuschreiben** hat; die Zulage selbst ist auch hier kein Altersvorsorgebeitrag. Da sich hierdurch die Darlehensschuld des Zulageberechtigten reduziert, hat die Zulage die Wirkung einer **Sondertilgung.**

Beispiel A

Arbeitnehmer A erbringt im Jahre 2021 Tilgungsleistungen von über 2000 € zugunsten eines zertifizierten Darlehensvertrags. Das Darlehen hat er im Jahre 2020 zur Anschaffung einer Wohnung verwendet.

A hat Anspruch auf die Zulage und den zusätzlichen Sonderausgabenabzug (vgl. nachfolgende Nr. 5).

Außerdem gehört zu den steuerlich begünstigten Altersvorsorgebeiträgen der nach den **individuellen** Lohnsteuerabzugsmerkmalen des Arbeitnehmers **versteuerte** Arbeitslohn betreffend **Beitragszahlungen** an einen **kapitalgedeckten Pensionsfonds,** eine kapitalgedeckte **Pensionskasse** oder eine kapitalgedeckte **Direktversicherung,** sofern die entsprechende Einrichtung **lebenslange Altersversorgungsleistungen** in Form einer Rente oder eines Auszahlungsplans gewährleistet (§ 82 Abs. 2 Satz 1 Buchstabe a und Satz 2 EStG).[3] Allein die Möglichkeit, anstelle lebenslanger Altersversorgungsleistungen eine Kapitalauszahlung zu wählen, steht der Förderung über Zulagen und ggf. zusätzlichem Sonderausgabenabzug übrigens nicht entgegen (vgl. hierzu auch die nachfolgenden Beispiele E und F). Zu den begünstigten Auszahlungsformen für die Steuerfreiheit der Beiträge zur betrieblichen Altersversorgung – die gleichen Grundsätze gelten für die Inanspruchnahme der staatlichen Förderung durch Zulagen und Sonderausgabenabzug – vgl. die Erläuterungen in Anhang 6 unter Nr. 5 Buchstabe b. Wird das Wahlrecht zwischen Rente und Einmalkapitalauszahlung zugunsten einer Kapitalauszahlung ausgeübt, handelt es sich allerdings um eine schädliche Verwendung (vgl. hierzu auch die Erläuterungen unter der nachfolgenden Nr. 7). Begünstigte Zahlungen sind im Übrigen in dem Kalenderjahr als Altersvorsorgebeiträge zu berücksichtigen, in dem sie als Arbeitslohn versteuert worden sind.

Beispiel B

Arbeitgeber A zahlt für seinen Arbeitnehmer B im Jahr 2021 einen Betrag von 3408 € (= 4 % der Beitragsbemessungsgrenze in der allgemeinen Rentenversicherung) in einen Pensionsfonds.

Die Zahlung ist steuer- und sozialversicherungsfrei (§ 3 Nr. 63 EStG). Ein Anspruch auf Altersvorsorgezulage und zusätzlichem Sonderausgabenabzug besteht nicht, weil der Arbeitslohn für diese Zahlung nicht nach den individuellen Lohnsteuerabzugsmerkmalen des B versteuert worden ist.

Beispiel C

Wie Beispiel B. Der Betrag für die Einzahlung in den Pensionsfonds stammt aus einer Entgeltumwandlung und B hat zulässiger Weise auf die Steuer- und Sozialversicherungsfreiheit verzichtet. Der Betrag von 3408 € ist daher nach den individuellen Lohnsteuerabzugsmerkmalen des B versteuert worden.

B hat für die Zahlung in den Pensionsfonds Anspruch auf Zulage und zusätzlichem Sonderausgabenabzug.

1) Die Übertragung des Altersvorsorgevermögens ist nach § 3 Nr. 55c Satz 1 EStG steuerfrei.

2) Das Altersvorsorgeverträge-Zertifizierungsgesetz (AltZertG) ist als Anhang 13a im **Steuerhandbuch für das Lohnbüro 2021** abgedruckt, das im selben Verlag erschienen ist.

3) Von einer individuellen Besteuerung ist auch dann auszugehen, wenn der Arbeitslohn aufgrund eines Doppelbesteuerungsabkommens nicht in Deutschland, sondern in einem anderen Land der inländischen individuellen Besteuerung vergleichbar versteuert worden ist. Dies gilt allerdings nicht für den Teil der Beiträge, der in Deutschland nach § 3 Nr. 63 EStG steuerfrei ist, da diese Steuerbefreiungsvorschrift vorrangig (vor der Steuerbefreiung nach DBA) anzuwenden ist.

Beispiel D

Arbeitgeber A zahlt für Arbeitnehmer B im Jahre 2021 einen Betrag von 1752 € in eine Direktversicherung ein. Der Beitrag wird mit 20 % pauschal besteuert.

Ein Anspruch auf Zulage und zusätzlichem Sonderausgabenabzug besteht nicht, weil der Arbeitslohn für diese Zahlung nicht nach den individuellen Lohnsteuerabzugsmerkmalen des B versteuert worden ist.

Beispiel E

Wie Beispiel D. Der Direktversicherungsbeitrag ist nach den individuellen Lohnsteuerabzugsmerkmalen des B versteuert worden. B erhält im Alter von 60 Jahren von der Direktversicherung eine einmalige Kapitalzahlung.

B hat keinen Anspruch auf Zulage und zusätzlichem Sonderausgabenabzug, weil die Direktversicherung keine lebenslange Altersversorgung in Form einer Rente oder eines Auszahlungsplans gewährleistet.

Beispiel F

Wie Beispiel D. Der Direktversicherungsbeitrag ist nach den individuellen Lohnsteuerabzugsmerkmalen des B versteuert worden. B erhält ab einem Alter von 60 Jahren von der Direktversicherung lebenslange Altersversorgungsleistungen. Es besteht allerdings die Möglichkeit, anstatt einer Rente eine Kapitalauszahlung zu wählen.

B hat Anspruch auf Zulage und ggf. zusätzlichem Sonderausgabenabzug, weil der Direktversicherungsbeitrag nach den individuellen Lohnsteuerabzugsmerkmalen worden ist und die Direktversicherung eine lebenslange Altersversorgung gewährleistet. Sollte das bestehende Wahlrecht allerdings zugunsten der Kapitalauszahlung ausgeübt werden, handelt es sich um eine schädliche Verwendung. Vgl. hierzu im Einzelnen auch die Erläuterungen unter der nachfolgenden Nr. 7.

Für **Umlagezahlungen,** die an eine betriebliche Versorgungseinrichtung gezahlt werden, kann die **Förderung** über Zulagen und Sonderausgabenabzug **nicht** in Anspruch genommen werden, da es sich nicht um den Aufbau einer kapitalgedeckten betrieblichen Altersversorgung handelt. Vgl. hierzu auch die Erläuterungen in Anhang 6 unter Nr. 5 Buchstabe d. Werden sowohl Umlagen als auch Beiträge im Kapitaldeckungsverfahren erhoben, gehören die im Kapitaldeckungsverfahren erhobenen Beiträge zu den begünstigten Aufwendungen, wenn eine getrennte Verwaltung und Abrechnung beider Vermögensmassen erfolgt (sog. Trennungsprinzip).

Steuerlich gefördert durch Zulagen und Sonderausgabenabzug werden auch Beiträge ehemaliger Arbeitnehmer, die diese bei einer zunächst ganz oder teilweise durch Entgeltumwandlung finanzierten und geförderten (Steuerfreiheit oder Zulage/Sonderausgabenabzug) betrieblichen Altersversorgung nach der Beendigung des Arbeitsverhältnisses selbst erbringen (§ 1b Abs. 5 Satz 1 Nr. 2 und § 22 Abs. 3 Nr. 1 Buchstabe a BetrAVG[1]) i. V. m. § 82 Abs. 2 Satz 1 Buchstabe b EStG). Dabei muss es sich nicht um Zahlungen aus individuell versteuertem Arbeitslohn handeln (z. B. Finanzierung aus steuerfreiem Arbeitslosengeld). Entsprechendes gilt, wenn der Arbeitnehmer trotz eines weiterbestehenden Arbeitsverhältnisses keinen Anspruch auf Arbeitslohn mehr hat und anstelle der Beiträge aus einer Entgeltumwandlung die Beiträge selbst erbringt (z. B. während des Mutterschutzes, der Elternzeit oder des Bezugs von Krankengeld; § 1a Abs. 4 BetrAVG[1]) i. V. m. § 82 Abs. 2 Satz 1 Buchstabe b EStG).

Für Aufwendungen, die **vermögenswirksame Leistungen** darstellen oder die prämienbegünstigte Aufwendungen nach dem **Wohnungsbau-Prämiengesetz** sind oder für die der **„normale" Sonderausgabenabzug** für Vorsorgeaufwendungen (vgl. Anhang 8a) geltend gemacht wird, besteht **kein Anspruch** auf Zulage oder zusätzlichem Sonderausgabenabzug (§ 82 Abs. 4 Nrn. 1 bis 3 EStG). Hierdurch wird eine Doppelförderung ausgeschlossen. Außerdem kommt eine steuerliche Förderung über Zulagen und ggf. Sonderausgabenabzug nicht mehr in Betracht, wenn Beiträge zugunsten eines Vertrages geleistet werden, aus dem bereits Versorgungsleistungen fließen. Begünstigte Altersvorsorgebeiträge liegen also nur bis zum Beginn der Auszahlungsphase vor (vgl. § 82 Abs. 1 Satz 1 EStG).

b) Antragstellung

Um die Zulage zu erhalten, hat der Zulageberechtigte grundsätzlich den **Zulageantrag** nach amtlich vorgeschriebenem Vordruck bis zum **Ablauf** des **zweiten Kalenderjahres,** das auf das **Beitragsjahr folgt,** bei dem Anbieter seines Vertrags einzureichen (§ 89 Abs. 1 Satz 1 EStG). Der Zulageberechtigte kann den Anbieter seines Vertrags bis auf Widerruf aber auch schriftlich bevollmächtigen, die Zulage für jedes Beitragsjahr zu beantragen (sog. **Dauerzulageantrag;** § 89 Abs. 1a EStG). Die Bevollmächtigung kann bereits bei Vertragsabschluss oder im Laufe des Jahres erteilt werden. Dieser Dauerzulageantrag hat wesentlich zu einer Verfahrenserleichterung beigetragen. Der Zulageberechtigte ist verpflichtet, dem Anbieter unverzüglich eine Änderung der Verhältnisse mitzuteilen, die zu einer Minderung oder zum Wegfall des Zulageanspruchs führen (§ 89 Abs. 1 Satz 5 i. V. m. Abs. 1a Satz 2 EStG). Änderungen der persönlichen Verhältnisse zu seinen Gunsten (z. B. Geburt eines Kindes) sollte er aus eigenem Interesse mitteilen. Der Anbieter ist verpflichtet, die Vertragsdaten, die Identifikationsnummer sowie die Sozialversicherungsnummer/Zulagenummer des Zulageberechtigten und die des Ehegatten/eingetragenen Lebenspartners, die vom Zulageberechtigten mitgeteilten Angaben zur Ermittlung des Mindesteigenbeitrags, die für die Gewährung der Kinderzulage erforderlichen Daten (einschließlich Identifikationsnummer der Kinder), die Höhe der geleisteten Altersvorsorgebeiträge und die erteilte Vollmacht für den Dauerzulageantrag zu erfassen und an die Zentrale Zulagestelle für Altersvorsorgevermögen (ZfA) zu übermitteln. Die ZfA prüft, ob und in welcher Höhe ein Zulageanspruch tatsächlich besteht und veranlasst anschließend die Auszahlung der Zulagen an den Anbieter. Dieser hat die **Zulage** unverzüglich dem begünstigten **Altersvorsorgevertrag gutzuschreiben.** Die Zulage wird also **nicht an den Anleger ausgezahlt.** Ein gesonderter Zulagenbescheid erfolgt nur auf besonderen Antrag des Zulageberechtigten. Um zu verhindern, dass die staatliche Förderung zu Unrecht in Anspruch genommen wird, findet ein umfangreicher Datenabgleich zwischen der ZfA und den Rentenversicherungsträgern, der Bundesagentur für Arbeit, den Familienkassen, den Meldebehörden und den Finanzämtern statt. Stellt sich dabei heraus, dass Zulagen zu Unrecht ausgezahlt worden sind, werden diese von der ZfA beim Anbieter zurückgefordert. Der Anbieter wiederum belastet das Vertragsguthaben des Zulageberechtigten.

c) Grund- und Kinderzulage

Die Altersvorsorgezulage setzt sich aus einer Grundzulage (§ 84 EStG) und einer Kinderzulage (§ 85 EStG) zusammen. Die **Grundzulage** steht **jedem Anleger,** der zum begünstigten Personenkreis gehört, **einzeln** zu. Bei Ehegatten wird die Grundzulage jedem Ehegatten gesondert gewährt, wenn beide Ehegatten eigenständige begünstigte Altersversorgungsansprüche erwerben. Ebenso wird bei eingetragenen Lebenspartnerschaften verfahren. Zum sog. abgeleiteten Zulageanspruch vgl. die Erläuterungen unter der vorstehenden Nr. 2 am Ende.

	2004/2005	2006/2007	2008 bis 2017	**2018 bis 2021**
Höhe der Grundzulage	76 €	114 €	154 €	**175 €**

Seit 2008 erhalten alle Zulageberechtigten, die zu Beginn des Beitragsjahres das **25. Lebensjahr** noch **nicht vollendet** haben, zusätzlich zur Grundlage einen **einmaligen Berufseinsteiger-Bonus** von bis zu **200 €.** Für 2021 sind das alle nach dem 1.1.1996 geborenen Zulageberechtigten, sofern sie den Bonus nicht bereits für 2008 bis 2020 erhalten haben. Ein besonderer Antrag ist nicht erforderlich, da der Bonus automatisch bei der Beantragung der Altersvorsorgezulage gewährt wird.

Neben der Grundzulage wird dem Zulageberechtigten für jedes Kind eine **Kinderzulage** gewährt, für das ihm gegenüber für mindestens einen Monat des Beitragsjahres (ggf. rückwirkend) **Kindergeld oder vergleichbare Leistungen** (vgl. § 65 Abs. 1 Satz 1 EStG) festgesetzt worden sind; dies kann auch ein Stiefelternteil/Großelternteil sein. Auf die Auszahlung des Kindergeldes oder der vergleichbaren Leistungen kommt es nicht an.

	2002/2003	2004/2005	2006/2007	**2008 bis 2021**
Höhe der Kinderzulage je Kind	46 €	92 €	138 €	**185 €**

Für alle **ab dem 1.1.2008 geborene Kinder** erhöht sich die **Kinderzulage** auf **300 € jährlich** (§ 85 Abs. 1 Satz 2 EStG). Hierdurch soll die Attraktivität der steuerlich geförderten Altersvorsorge insbesondere bei Gering- und Durchschnittsverdienern mit Kindern gesteigert werden.

Wird das Kindergeld für den gesamten Veranlagungszeitraum zurückgefordert, entfällt der Anspruch auf Kinderzulage (§ 85 Abs. 1 Satz 3 EStG).

Ein Anspruch auf Kinderzulage besteht übrigens nicht, wenn der Anspruchsberechtigte keinen Kindergeldantrag stellt. Dies gilt selbst dann, wenn im Rahmen der Einkommensteuer-Veranlagung Freibeträge für Kinder abgezogen werden und damit die Voraussetzungen für den Kindergeldanspruch eigentlich vorliegen.

Bei **Eltern, die zusammen zur Einkommensteuer veranlagt** werden können, wird die **Kinderzulage der Mutter zugeordnet, auf Antrag** beider Eltern dem **Vater.** Dabei kommt es nicht darauf an, welchem Elternteil gegenüber das Kindergeld festgesetzt wurde. Die Übertragung

1) Das Betriebsrentengesetz (BetrAVG) ist als Anhang 13 im **Steuerhandbuch für das Lohnbüro 2021** abgedruckt, das im selben Verlag erschienen ist.

muss auch dann beantragt werden, wenn die Mutter gar keinen Anspruch auf Altersvorsorgezulage hat, z. B. weil sie keinen „Riester-Vertrag“ abgeschlossen hat. Der Antrag gilt auf Dauer und kann für ein abgelaufenes Beitragsjahr nicht zurückgenommen werden (§ 85 Abs. 2 EStG). Dies ist vor allem im Hinblick auf den Dauerzulagenantrag eine Verfahrensvereinfachung. Der Antrag kann zudem für jedes **einzelne Kind** gestellt werden. Allerdings muss das Wahlrecht bei der Beantragung der Zulagen und beim Sonderausgabenabzug (vgl. Nr. 5) einheitlich ausgeübt werden.

Beispiel A

Die zusammen zur Einkommensteuer zu veranlagenden A und B sind Eltern einer dreijährigen Tochter. A ist rentenversicherungspflichtiger Arbeitnehmer mit einem begünstigten Altersvorsorgevertrag. B ist Hausfrau und hat keinen Altersvorsorgevertrag abgeschlossen.

Auf Antrag von A und B erhält A die Kinderzulage, die andernfalls – mangels eigenen Altersvorsorgevertrag von B – verloren gehen würde.

Erfüllen die Eltern des Kindes **nicht** die Voraussetzungen für eine **Zusammenveranlagung** zur Einkommensteuer, erhält derjenige Elternteil die **Kinderzulage,** dem gegenüber das **Kindergeld** für das Kind festgesetzt wurde. Eine **Übertragung** der Kinderzulage ist in diesen Fällen **nicht möglich.** Das gilt auch dann, wenn derjenige Elternteil, dem gegenüber das Kindergeld festgesetzt wurde, z. B. mangels Abschluss eines „Riester-Vertrags“ keine Grundzulage erhält.

Beispiel B

Die nicht verheirateten A (Arbeitnehmer) und B (Unternehmerin) sind Eltern einer dreijährigen Tochter; das Kindergeld wird gegenüber B festgesetzt. A hat einen „Riester-Vertrag“ abgeschlossen.

A erhält keine Kinderzulage, da das Kindergeld gegenüber B festgesetzt wurde und eine Übertragung der Kinderzulage bei nicht verheirateten Eltern nicht möglich ist. Das gilt auch dann, wenn – wie hier B – der Elternteil, gegenüber dem das Kindergeld festgesetzt wurde, nicht zum zulageberechtigten Personenkreis gehört. In solch einem Fall ist es daher ratsam, dass A und B den A zum Kindergeldberechtigten bestimmen (§ 64 Abs. 2 Satz 2 EStG).

Für den Fall, dass innerhalb eines Jahres **nacheinander gegenüber mehreren Zulageberechtigten** für dasselbe Kind **Kindergeld** festgesetzt wurde, die nicht zusammen zur Einkommensteuer veranlagt werden können, steht die Kinderzulage demjenigen zu, dem gegenüber für den ersten Anspruchszeitraum im Kalenderjahr Kindergeld festgesetzt worden ist (§ 85 Abs. 1 Satz 4 EStG).

Sind nicht beide Ehegatten Eltern des Kindes, scheidet übrigens eine Übertragung der Kinderzulage aus.

Bei in eingetragener Lebenspartnerschaft lebenden Eltern erhält die Kinderzulage der Lebenspartner, dem gegenüber das Kindergeld festgesetzt wurde. Auf Antrag beider Eltern der andere Lebenspartner (§ 85 Abs. 2 Satz 2 EStG).

d) Mindesteigenbeitrag

Da der Gesetzgeber die private Altersvorsorge lediglich fördern und keine staatlich finanzierte Grundrente einrichten wollte, muss der Anleger einen Mindesteigenbeitrag leisten, um die volle Zulage zu erhalten. Tut er dies nicht, wird die Zulage im entsprechenden Umfang gekürzt (§ 86 Abs. 1 EStG). Das gilt auch für den Berufseinsteiger-Bonus; eine Nachholung im Falle der Kürzung in späteren Beitragsjahren besteht nicht. Der Mindesteigenbeitrag beträgt im Jahr 2021 wie im Jahr 2020 **4 % der beitragspflichtigen Einnahmen** des vorangegangenen Kalenderjahres, **maximal 2100 €,** abzüglich der **Altersvorsorgezulage** (Grundzulage – einschließlich Berufseinsteiger-Bonus – plus Kinderzulage). Um bei einer hohen Anzahl von zu berücksichtigenden Kindern oder sehr geringen beitragspflichtigen Einnahmen zu vermeiden, dass die vollständige Sparleistung durch die staatliche Altersvorsorgezulage erbracht wird, hat der Gesetzgeber außerdem den **Sockelbetrag** eingeführt, den der Zulageberechtigte **in jedem Fall erbringen muss.** Der Sockelbetrag beträgt einheitlich **jährlich 60 €.**

Beispiel A

Zulageberechtigter im Jahre 2021 ohne zu berücksichtigende Kinder

Bruttogehalt (Vorjahr)		40 000 €
Mindesteigenbeitrag 4 % von 40 000 € (= 1600 €) maximal 2100 €	1 600 €	
abzüglich Grundzulage	175 €	
verbleiben	1 425 €	1 425 €
Sockelbetrag		60 €

Der Mindesteigenbeitrag übersteigt den Sockelbetrag. Der Zulageberechtigte muss 1425 € als Eigenbeitrag auf seinen Altersvorsorgevertrag einzahlen, um die volle Zulage zu erhalten. Leistet der Zulageberechtigte beispielsweise nur einen Eigenbeitrag von 900 € wird die Zulage wie folgt gekürzt: Zulage 175 € × Eigenbeitrag 900 € : Mindesteigenbeitrag 1425 € = 110,53 €.

Beispiel B

Zulageberechtigter im Jahre 2021 mit zwei zu berücksichtigenden Kindern (2006 und 2008 geboren)

Bruttogehalt (Vorjahr)		40 000 €
Mindesteigenbeitrag 4 % von 40 000 € (= 1600 €) maximal 2100 €	1 600 €	
abzüglich Grundzulage und zwei Kinderzulagen (175 € + 185 € + 300 €)	660 €	
verbleiben	940 €	940 €
Sockelbetrag		60 €

Der Mindesteigenbeitrag übersteigt den Sockelbetrag. Der Zulageberechtigte muss 940 € als Eigenbeitrag auf seinen Altersvorsorgevertrag einzahlen, um die volle Zulage zu erhalten. Leistet der Zulageberechtigte beispielsweise nur einen Eigenbeitrag von 600 € wird die Zulage wie folgt gekürzt: Zulage 660 € × Eigenbeitrag 600 € : Mindesteigenbeitrag 940 € = 421,28 €.

Beispiel C

Zulageberechtigter im Jahre 2021 mit zwei zu berücksichtigenden Kindern (beide Kinder vor 2008 geboren)

Bruttogehalt (Vorjahr)		10 000 €
Mindesteigenbeitrag 4 % von 10 000 € (= 400 €) maximal 2100 €	400 €	
abzüglich Grundzulage und zwei Kinderzulagen (175 € zuzüglich 2 × 185 €)	545 €	
verbleiben (nicht negativ)	0 €	0 €
Sockelbetrag		60 €

Da der Mindesteigenbeitrag geringer ist als der Sockelbetrag, muss der Zulageberechtigte den Sockelbetrag von 60 € auf seinen Altersvorsorgevertrag einzahlen, um die volle Zulage zu erhalten.

Für die Berechnung des Mindesteigenbeitrags wird auf die **beitragspflichtigen Einnahmen** in der allgemeinen Rentenversicherung in dem dem Sparjahr **vorangegangenen Kalenderjahr** abgestellt, wobei alle in dem betreffenden Jahr erzielten Einnahmen – z. B. bei Ausübung mehrerer beitragspflichtiger Tätigkeiten – bis zur Beitragsbemessungsgrenze zusammengerechnet werden. Die Zulageberechtigten erfahren die Höhe der beitragspflichtigen Einnahmen des Vorjahres in der Regel zu Beginn des laufenden Sparjahres, da der Arbeitgeber seinen Beschäftigten die beitragspflichtigen Einnahmen bis zum 30.4. des Folgejahres mittels einer maschinell erstellten Bescheinigung (= Durchschrift der „Meldung zur Sozialversicherung nach der DEÜV“) mitzuteilen hat. Die versicherungspflichtigen Selbstständigen erhalten bis Ende Februar des Folgejahres eine entsprechende Bescheinigung von ihrem Rentenversicherungsträger. Die beitragspflichtigen Einnahmen des Vorjahres bleiben übrigens für die Berechnung des Mindesteigenbeitrags **selbst dann** maßgebend, wenn sich die **Verhältnisse** im Sparjahr (z. B. durch Arbeitslosigkeit des Anlegers) **wesentlich geändert** haben. Bei Altersteilzeit ist das aufgrund der abgesenkten Arbeitszeit erzielte Arbeitsentgelt – ohne Aufstockungsbetrag – maßgebend. Bei **Beamten, Richtern, Soldaten** usw. kommt es für die Berechnung des Mindesteigenbeitrags auf die **Höhe der zugeflossenen Besoldung** bzw. **Amtsbezüge** des Vorjahres an. Bei versicherungsfrei Beschäftigten und von der Versicherungspflicht befreiten Beschäftigten, deren Versorgungsrecht die entsprechende Anwendung des Beamtenversorgungsgesetzes vorsieht, sowie bei beurlaubten und insichbeurlaubten Beamten, Richtern und Soldaten ist für die Ermittlung des Mindesteigenbeitrags die Summe der in dem dem Sparjahr vorangegangenen Kalenderjahr erzielten Einnahmen maßgebend, die beitragspflichtig wären, wenn die Versicherungsfreiheit in der gesetzlichen Rentenversicherung nicht bestehen würde (§ 86 Abs. 1 Satz 2 Nr. 3 i. V. m. § 10a Abs. 1 Satz 1 Nrn. 3 und 4 EStG). In den Fällen der vollen Erwerbsminderung oder Erwerbsunfähigkeit/Dienstunfähigkeit ist die bezogene Rente bzw. der Versorgungsbezug maßgebend (§ 86 Abs. 1 Satz 2 Nr. 4 EStG).

Bei bestimmten, in der gesetzlichen Rentenversicherung pflichtversicherten Personengruppen, werden für die Beitragsbemessung aus sozialpolitischen Gründen **beitragspflichtige Einnahmen** zugrunde gelegt, die **vom tatsächlichen erzielten Entgelt abweichen.** Dieses im Bereich der Rentenversicherung vorteilhafte Verfahren hätte bei der Berechnung des Mindesteigenbeitrags den Nachteil, dass ein hoher, eigener Sparanteil aufgebracht werden müsste, obwohl die Betroffenen nicht über entsprechende finanzielle Mittel verfügen. Aus diesem Grund wird für die Berechnung des Mindesteigenbeitrags in diesen Fällen auf das **tatsächlich erzielte Entgelt** oder die tatsächlich gezahlte **Lohnersatzleistung des Vorjahres** abgestellt (§ 86 Abs. 2 Satz 2 EStG). Diese **Sonderregelung** gilt u. a. für **behinderte Menschen,** die in anerkannten Werkstätten tätig sind und Bezieher von Lohnersatzleistungen. Für Versicherungspflichtige nach dem Gesetz über die Alterssicherung der **Landwirte** sind für die Berechnung des Mindesteigenbeitrags die steuerlichen Einkünfte aus Land- und Forstwirtschaft des zweiten dem Beitragsjahr vorangegangen Kalenderjahres maßgebend (§ 86 Abs. 3 EStG). Ist der Land- und Forstwirt auch noch als Arbeitnehmer tätig und in der gesetzlichen Rentenversicherung pflichtversichert, sind die beitragspflichtigen Einnahmen des Vorjahres und die positiven Einkünfte aus Land- und Forstwirtschaft des zweiten dem Beitragsjahr vorangegangenen Veranlagungszeitraums zusammenzurechnen. Eine Saldierung mit negativen Einkünften aus Land- und Forstwirtschaft erfolgt nicht. **Elterngeld** wird übrigens bei der Berechnung des Mindesteigenbeitrags **nicht angesetzt.** Auch dem Vertrag gutgeschriebene Zinsen und Erträge bleiben bei der Berechnung des Mindesteigenbeitrags unberücksichtigt.

Für die Berechnung des Mindesteigenbeitrags bei Ehegatten ist zunächst entscheidend, ob beide Ehegatten unmittelbar anspruchsberechtigt sind oder ob nur einer dieser Ehegatten diese Voraussetzung erfüllt und der andere lediglich einen abgeleiteten Zulageanspruch hat. Sind **beide Ehegatten unmittelbar anspruchsberechtigt,** ist die Mindesteigenbeitragsberechnung für beide Ehegatten getrennt durchzuführen. Die Kinderzulage wird bei der Mutter berücksichtigt, es sei denn, beide Elternteile haben die Übertragung auf den Vater beantragt. Ist hingegen nur ein Ehegatte anspruchsberechtigt, hat der Ehegatte mit dem lediglich **abgeleiteten Zulageanspruch** bereits dann Anspruch auf die ungekürzte Zulage, wenn der unmittelbar anspruchsberechtigte Ehegatte seinen Mindesteigenbeitrag unter Berücksichtigung der den Ehegatten insgesamt zustehenden Zulagen erbracht hat (§ 86 Abs. 2 Satz 1 EStG). Allerdings hat der Ehegatte mit dem abgeleiteten Zulageanspruch mindestens **60 € pro Jahr auf seinen Altersvorsorgevertrag** einzuzahlen. Anderenfalls entfällt die mittelbare Zulageberechtigung unabhängig davon, in welcher Höhe der unmittelbar anspruchsberechtigte Ehegatte Beiträge zahlt. Die vorstehenden Ausführungen zu Ehegatten gelten entsprechend bei eingetragenen Lebenspartnern.

Beispiel D

A ist in der gesetzlichen Rentenversicherung pflichtversichert und hat im Jahre 2021 einen Betrag von 1800 € auf seinen Altersvorsorgevertrag überwiesen. Er ist mit B (Hausfrau) verheiratet, die, um den abgeleiteten Zulageanspruch zu erhalten, einen eigenen Altersvorsorgevertrag abgeschlossen und hierauf 60 € eingezahlt hat. Die Eheleute haben ein 15-jähriges Kind, das für die Zulagengewährung B zugerechnet werden soll.

Zulagenermittlung für A

Bruttogehalt (Vorjahr)		50 000 €
Mindesteigenbeitrag 4 % von 50 000 € (= 2000 €) maximal 2100 €	2 000 €	
abzüglich zwei Grundzulagen und eine Kinderzulage (2 × 175 € zuzüglich 185 €)	535 €	
verbleiben	1 465 €	1 465 €
Sockelbetrag		60 €

Der Mindesteigenbeitrag übersteigt den Sockelbetrag. A muss 1465 € als Eigenbeitrag auf seinen Altersvorsorgevertrag einzahlen, um die volle Zulage zu erhalten. Dem ist er nachgekommen, da er insgesamt 1800 € auf den Vertrag eingezahlt hat. A erhält somit die ihm zustehende Grundzulage von 175 €.

Zulagenermittlung für B:

B hat einen abgeleiteten Zulageanspruch, da sie in der gesetzlichen Rentenversicherung nicht pflichtversichert ist und auf ihren eigenen Altersvorsorgevertrag 60 € eingezahlt hat. Sie erhält die ihr maximal zustehende Zulage von 360 € (Grundzulage 175 € und Kinderzulage 185 €), da A den erforderlichen Mindesteigenbeitrag erbracht hat.

Beispiel E

Wie Beispiel D. A hat auf seinen Altersvorsorgevertrag lediglich 1200 € überwiesen.

Da A nicht den erforderlichen Mindesteigenbeitrag von 1465 € geleistet hat, werden die A und B zustehenden Zulagen gekürzt.

Zulagenermittlung für A:

Grundzulage 175 € × Eigenbeitrag 1200 € : Mindesteigenbeitrag 1465 € = 143,34 € Grundzulage.

Zulagenermittlung für B:

Grund- und Kinderzulage 360 € × Eigenbeitrag des A 1200 € : Mindesteigenbeitrag des A 1465 € = 294,88 € Zulagen. Die von B gezahlten Beiträge von 60 € führen dem Grunde nach zu einem Anspruch auf Zulage. Sie haben aber keine Auswirkung auf die Höhe der Zulage.

Wird nach Ablauf des Beitragsjahres festgestellt, dass die **Voraussetzungen** für die Gewährung der **Kinderzulage nicht vorgelegen** haben, ändert sich die Berechnung des Mindesteigenbeitrags für dieses Beitragsjahr nicht (§ 86 Abs. 4 EStG). Hierdurch wird vermieden, dass es nachträglich zu einer Grundzulagenkürzung kommt, wenn sich der Anleger bei der Beitragsleistung genau an den Mindestbeiträgen unter Berücksichtigung der Kinderzulage orientiert hat. Die Kinderzulage selbst erhält der Zulageberechtigte für dieses Beitragsjahr aber nicht (§ 85 Abs. 1 Satz 3 EStG).

e) Mehrere Verträge

Altersvorsorgebeiträge können vom Zulageberechtigten auch auf mehrere Verträge erbracht werden. Die **Altersvorsorgezulage** kann allerdings im Beitragsjahr nur auf **zwei Verträge** verteilt werden (§ 87 Abs. 1 EStG). Um eine Kürzung der Zulage zu vermeiden, muss der Mindesteigenbeitrag zu Gunsten dieser Verträge geleistet worden sein. Die Zulage wird entsprechend dem Verhältnis der geleisteten Beiträge auf die beiden Verträge verteilt. Der Zulageberechtigte bestimmt bei Abschluss mehrerer Verträge im Zulageantrag, auf welche Verträge die Zulage überwiesen werden soll. Das Wahlrecht kann für jedes Beitragsjahr neu ausgeübt werden. Wird die Zulage für mehr als zwei Verträge beantragt oder erfolgt keine Bestimmung seitens des Zulageberechtigten, wird die Zulage für die beiden Verträge mit den höchsten Altersvorsorgebeiträgen im Beitragsjahr gewährt. Der Zulageberechtigte hat aber auch bei Abschluss mehrerer Verträge die Möglichkeit, die Förderung durch Zulage nur für einen Vertrag in Anspruch zu nehmen.

Beispiel

Ein Zulageberechtigter zahlt im Jahre 2021 insgesamt 1500 € Beiträge mit 600 €, 600 € und 300 € auf drei verschiedene Altersvorsorgeverträge ein. Sein Mindesteigenbeitrag beträgt 1048 €.

Die Grundzulage kann nur mit jeweils 87,50 € den beiden Verträgen gutgeschrieben werden, auf die jeweils 600 € Beiträge eingezahlt worden sind, weil nur diese beiden Verträge zusammen den Mindesteigenbeitrag von 1048 € erreichen. Soll die Grundzulage auf einen Vertrag mit 600 € und den mit 300 € gutgeschrieben werden, hat dies eine Kürzung der Zulage zur Folge, da nicht der gesamte erforderliche Mindesteigenbeitrag zugunsten dieser Verträge geleistet wurde.

Bei einem **abgeleiteten Zulageanspruch** kann die Altersvorsorgezulage nicht auf mehrere Verträge verteilt werden. Es ist nur der Vertrag begünstigt, für den zuerst die Zulage beantragt wird (§ 87 Abs. 2 EStG).

5. Sonderausgabenabzug

Für die **Altersvorsorgebeiträge** (einschließlich begünstigte Darlehenstilgungen) **und** die für diesen Veranlagungszeitraum **zustehende Zulage** (Grund- und Kinderzulage; ohne Berufseinsteiger-Bonus) kommt ein **Sonderausgabenabzug** in Betracht (§ 10a Abs. 1 EStG). Dabei kommt es nicht darauf an, wann die Zulage dem Vertrag gutgeschrieben wird. Abweichend vom sonst im Steuerrecht geltenden Zu- und Abflussprinzip ist der für das Beitragsjahr (= Kalenderjahr) entstandene Anspruch auf Zulage maßgebend.

Ein Sonderausgabenabzug, der durch Abgabe der Anlage AV in der Einkommensteuererklärung geltend gemacht wird, wird bis zu einem bestimmten Höchstbetrag nur gewährt, wenn dieser günstiger als die Zulage ist (§ 10a Abs. 2 EStG). Ist hingegen die Zulage höher als der sich durch den Sonderausgabenabzug ergebende Steuervorteil, verbleibt es bei der Zulage und der Sonderausgabenabzug scheidet aus. Diese **Günstigerprüfung** wird **vom Finanzamt automatisch** bei der Einkommensteuer-Veranlagung durchgeführt. Führt der Sonderausgabenabzug zu einer höheren Steuerermäßigung als die Zulage, wird der **Anspruch auf Zulage** der tariflichen **Einkommensteuer hinzugerechnet;** dies gilt aber nicht für den einmaligen Berufseinsteiger-Bonus von bis zu 200 €. Durch den Sonderausgabenabzug erfolgt also keine doppelte, sondern eine zusätzliche Förderung der Altersvorsorgebeiträge über die Zulage hinaus. Diese Vorgehensweise entspricht im Ergebnis der seit 1996 durchzuführenden Vergleichsrechnung zwischen Kindergeld und den Freibeträgen für Kinder (vgl. Anhang 9). Da man bei der Günstigerprüfung für die Berechnung des zusätzlichen Steuervorteils alleine auf den Zulageanspruch des Berechtigten und nicht auf die tatsächlich geleistete Zulage abstellt, wird vermieden, dass das Finanzamt die Durchführung der Einkommensteuer-Veranlagung bis zur Zulagenberechnung durch die ZfA zurückstellen muss. Dies bedeutet aber zugleich, dass die **Zulage stets** zu **beantragen** ist, um keine steuerliche Förderung zu verschenken. Zum „Dauerzulageantrag" vgl. die Erläuterungen unter der vorstehenden Nr. 4 Buchstabe b.

Der Sonderausgabenabzug für Altersvorsorgebeiträge wird grundsätzlich bei jedem Steuerpflichtigen, der **unmittelbar** zum **begünstigten Personenkreis** gehört (vgl. vorstehende Nr. 2), bis zu einem bestimmten Höchstbetrag berücksichtigt. Allerdings haben beschränkt steuerpflichtige Arbeitnehmer der sog. Gruppe drei – trotz Zugehörigkeit zum unmittelbar begünstigten Personenkreis – keinen Anspruch auf den zusätzlichen Sonderausgaben-Höchstbetrag (§ 50 Abs. 1 Satz 3 EStG; vgl. auch die Erläuterungen beim Stichwort „Beschränkt steuerpflichtige Arbeitnehmer" unter Nr. 20). Der **Höchstbetrag** für den **Sonderausgabenabzug** beträgt:

Anhang 6a Riester-Rente

	2002/2003	2004/2005	2006/2007	**2008 bis 2021**
Sonderausgaben-Höchstbetrag für Altersvorsorge-beiträge	525 €	1 050 €	1 575 €	**2 100 €**

Der Sonderausgabenabzug für Altersvorsorgebeiträge bis zu dem vorstehenden Höchstbetrag wird **neben dem Sonderausgabenabzug für Vorsorgeaufwendungen** (u. a. Renten-, Kranken- und Pflegeversicherungsbeiträge; vgl. auch Anhang 8a) gewährt. Auf die tatsächliche Höhe der vom Steuerpflichtigen erzielten beitragspflichtigen Einnahmen kommt es beim Sonderausgabenabzug nicht an. Für den Sonderausgabenabzug muss auch **kein Mindesteigenbeitrag** erbracht werden, sodass eine Kürzung des Sonderausgaben-Höchstbetrags auch bei geringen Beiträgen nicht vorgenommen wird.

Beispiel A

Der ledige A, unter 25 Jahre, ist in der gesetzlichen Rentenversicherung pflichtversichert und hat im Jahre 2021 erstmals 1900 € auf seinen Altersvorsorgevertrag überwiesen.

Bruttogehalt (Vorjahr)		50 000 €
Mindesteigenbeitrag 4 % von 50 000 € (= 2000 €) maximal 2100 €	2 000 €	
abzüglich Grundzulage (175 €) und Berufseinsteiger-Bonus (200 €)	375 €	
verbleiben	1 625 €	1 625 €
Sockelbetrag		60 €

Der Mindesteigenbeitrag übersteigt den Sockelbetrag, sodass A mindestens 1625 € auf seinen Altersvorsorgevertrag einzahlen muss, um die volle Zulage von 375 € zu erhalten. Dieser Verpflichtung ist er mit der Zahlung von 1900 € nachgekommen.

Für den Sonderausgabenabzug werden berücksichtigt:

Altersvorsorgebeiträge	1900 €
Grundzulage (ohne Berufseinsteiger-Bonus)	175 €
Summe (höchstens 2100 €)	2 075 €
Steuerermäßigung hierauf angenommen 35 % (= Grenzsteuersatz)	727 €
abzüglich Zulage, die der Einkommensteuer hinzugerechnet wird (ohne Berufseinsteiger-Bonus)	175 €
Zusätzlicher Steuervorteil nach Günstigerprüfung durch Sonderausgabenabzug	552 €
Steuerliche Förderung insgesamt (Sonderausgabenabzug 552 € + Zulage 175 € + einmaligen Berufseinsteiger-Bonus von 200 €)	927 €

Beispiel B

Die ledige A ist in der gesetzlichen Rentenversicherung pflichtversichert und hat im Jahre 2021 720 € Tilgungsleistungen auf ihren zertifizierten Darlehensvertrag (= Altersvorsorgevertrag) überwiesen. Sie hat zwei minderjährige Kinder (2004 und 2006 geboren).

Bruttogehalt (Vorjahr)		30 000 €
Mindesteigenbeitrag 4 % von 30 000 € (= 1200 €) maximal 2100 €	1 200 €	
abzüglich Grundzulage (175 €) und zwei Kinderzulagen (2 × 185 € = 370 €)	545 €	
verbleiben	655 €	655 €
Sockelbetrag		60 €

Der Mindesteigenbeitrag übersteigt den Sockelbetrag, sodass A mindestens 655 € auf ihren Altersvorsorgevertrag einzahlen muss, um die volle Grundzulage von 545 € zu erhalten. Dieser Verpflichtung ist sie mit der Zahlung von 720 € nachgekommen.

Für den Sonderausgabenabzug werden berücksichtigt:

Altersvorsorgebeiträge	720 €	
Grundzulage und Kinderzulagen	545 €	
Summe (höchstens 2100 €)	1 265 €	
Steuerermäßigung hierauf angenommen 30 % (= Grenzsteuersatz)		380 €
Grundzulage und Kinderzulagen		545 €

Da der Anspruch auf Zulage höher ist als der sich durch den Sonderausgabenabzug ergebende Steuervorteil, ist die steuerliche Förderung mit der Zulage abgegolten und durch den Sonderausgabenabzug ergibt sich keine zusätzliche Steuerermäßigung. Die gesamte steuerliche Förderung der Altersvorsorge in Form der Tilgungsleistungen auf den zertifizierten Darlehensvertrag beträgt 545 €.

Ehegatten werden bei einer **Zusammenveranlagung** zur Einkommensteuer ab der Summe der Einkünfte grundsätzlich als ein Steuerpflichtiger behandelt. Dies gilt auch für den Bereich der Sonderausgaben. Für den Sonderausgabenabzug für private Altersvorsorgebeiträge gelten allerdings Besonderheiten: Gehören **beide Ehegatten** zum unmittelbar **begünstigten Personenkreis** (vgl. vorstehende Nr. 2), steht **jedem Ehegatten** in 2021 für seine Altersvorsorgebeiträge ein Sonderausgabenabzug bis zum **Höchstbetrag 2100 €** zu. Ein nicht ausgeschöpfter Höchstbetrag des einen Ehegatten kann nicht, auch nicht teilweise auf den anderen Ehegatten übertragen werden. Daher muss jeder Ehegatte einen eigenen auf seinen Namen lautenden Altersvorsorgevertrag abschließen und genügend Beiträge einzahlen, um den höchstmöglichen Sonderausgabenabzug in Anspruch nehmen zu können (§ 10a Abs. 3 Satz 1 EStG). Für die **Günstigerprüfung** werden die **Ehegatten** allerdings wieder **als Einheit** betrachtet. Das bedeutet, dass sich der aus den Sonderausgabenabzugsbeträgen beider Ehegatten ergebende Steuervorteil mit dem beiden Ehegatten zustehenden Anspruch auf Zulage verglichen wird. Das gilt auch dann, wenn ein Ehegatte – trotz der bestehenden Möglichkeit – auf die Inanspruchnahme des Sonderausgabenabzugs für seine Altersvorsorgebeiträge verzichtet. Auch in diesem Fall werden also für die Günstigerprüfung bei einer Zusammenveranlagung die beiden Ehegatten zustehenden Ansprüche auf Zulage angesetzt (§ 10a Abs. 3 Satz 5 EStG). Die vorstehenden Ausführungen gelten entsprechend bei eingetragenen Lebenspartnerschaften.

Beispiel C

Die Ehegatten A und B, beide in der gesetzlichen Rentenversicherung pflichtversichert und Eltern zweier minderjähriger Kinder (vor 2006 geboren), haben eigenständige Altersvorsorgeverträge abgeschlossen. Altersvorsorgebeiträge wurden geleistet in Höhe von (2 × 1200 € =) 2400 €, die Grundzulage beträgt (2 × 175 € =) 350 € und die Kinderzulage (2 × 185 € =) 370 €.

Für den Sonderausgabenabzug werden berücksichtigt:

Altersvorsorgebeiträge	2 400 €
Grundzulagen	350 €
Kinderzulagen	370 €
Summe (der Höchstbetrag von 2100 € ist bei keinem Ehegatten überschritten)	3 120 €
Steuerermäßigung hierauf angenommen 30 % (= Grenzsteuersatz)	936 €
abzüglich Zulagen, die der Einkommensteuer hinzugerechnet werden	720 €
Zusätzlicher Steuervorteil nach Günstigerprüfung durch Sonderausgabenabzug	216 €
Steuerliche Förderung insgesamt (Sonderausgabenabzug 216 € + Zulage 720 €)	936 €

Gehört hingegen nur ein Ehegatte zum unmittelbar begünstigten Personenkreis (vgl. vorstehende Nr. 2) und hat der andere Ehegatte aufgrund seines **abgeleiteten Zulageanspruchs** einen eigenen begünstigten Altersvorsorgevertrag abgeschlossen und hierauf mindestens 60 € jährlich eingezahlt, steht dem nicht unmittelbar begünstigten Ehegatten **kein eigener Sonderausgabenabzug** zu. Bei dem unmittelbar begünstigten Ehegatten sind allerdings die von beiden Ehegatten geleisteten Altersvorsorgebeiträge und die Zulagen berücksichtigungsfähig. Der **Sonderausgaben-Höchstbetrag** erhöht sich in diesem Fall von 2100 € auf **2160 €** (§ 10a Abs. 3 Satz 3 EStG). Der Sonderausgaben-Höchstbetrag verdoppelt sich also in diesem Fall nicht! Bei der Günstigerprüfung ist in diesen Fällen der sich aus dem Sonderausgabenabzug ergebende Steuervorteil mit dem beiden Ehegatten zustehenden Anspruch auf Zulage zu vergleichen. Dies gilt sowohl bei einer Zusammenveranlagung als auch bei einer Einzelveranlagung der Ehegatten. Auch diese vorstehenden Ausführungen gelten entsprechend bei eingetragenen Lebenspartnerschaften.

Beispiel D

Die Ehegatten A und B sind Eltern zweier minderjähriger Kinder (vor 2008 geboren). A ist in der gesetzlichen Rentenversicherung pflichtversichert, B hat als Hausfrau einen abgeleiteten Zulageanspruch und beide haben eigenständige Altersvorsorgeverträge abgeschlossen. Altersvorsorgebeiträge wurden auf die beiden Verträge geleistet in Höhe von (2 × 1200 € =) 2400 €, die Grundzulage beträgt (2 × 175 € =) 350 € und die Kinderzulage (2 × 185 € =) 370 €.

Für den Sonderausgabenabzug werden berücksichtigt:

Altersvorsorgebeiträge	2 400 €	
Grundzulagen	350 €	
Kinderzulagen	370 €	
Summe	3 120 €	
Sonderausgaben-Höchstbetrag	2 160 €	
(B hat lediglich einen abgeleiteten Zulageanspruch und erhält keinen eigenen Sonderausgaben-Höchstbetrag; der Sonderausgaben-Höchstbetrag von A erhöht sich von 2100 € auf 2160 €)		
Steuerermäßigung auf 2160 € angenommen 30 % (= Grenzsteuersatz)		648 €
Grundzulagen und Kinderzulagen		720 €

Da der Anspruch auf Zulage höher ist als der sich durch den Sonderausgabenabzug ergebende Steuervorteil, ist die steuerliche Förderung mit der Zulage abgegolten und durch den Sonderausgabenabzug ergibt sich keine zusätzliche Steuerermäßigung. Die gesamte steuerliche Förderung der Altersvorsorge beträgt 720 €.

Ist der Sonderausgabenabzug günstiger als die Zulage, stellt das Finanzamt den über die Zulage hinausgehenden Steuervorteil gesondert fest und teilt ihn der ZfA unter Angabe der Vertrags- und Identifikationsnummer sowie der Zulage- oder Versicherungsnummer mit (§ 10a Abs. 4 EStG). Bei Ehegatten erfolgt die Zurechnung des auf jeden Ehegatten entfallenden Teils der Steuerermäßigung im Verhältnis der als Sonderausgaben berücksichtigten Altersvorsorgebeiträge; dies gilt auch dann, wenn ein Ehegatte lediglich einen abgeleiteten Zulagenanspruch hat und Altersvorsorgebeiträge für diesen Vertrag als Sonderausgaben berücksichtigt worden sind (vgl. das vorstehende Beispiel D). Entsprechend der vorstehend beschriebenen Aufteilung bei Ehegatten wird auch bei eingetragenen Lebenspartnerschaften verfahren. Die Höhe des sich durch den Sonderausgabenabzug ergebenden zusätzlichen Steuervorteils ist nämlich im Falle einer **schädlichen Verwendung** von Bedeutung, die beim jeweiligen Ehegatten/Lebenspartner gesondert zu prüfen ist (vgl. hierzu im Einzelnen nachstehende Nr. 7).

Hat der Zulageberechtigte mehrere begünstigte Altersvorsorgebeiträge abgeschlossen, wird der sich aus dem Sonderausgabenabzug ergebende zusätzliche Steuervorteil auf alle begünstigten Verträge im Verhältnis der als Sonderausgaben berücksichtigten Altersvorsorgebeiträge verteilt. Eine Begrenzung auf zwei Verträge, wie bei der Zulage (vgl. vorstehende Nr. 4 Buchstabe e), ist für den Sonderausgabenabzug nicht vorgesehen.

6. Nachgelagerte Besteuerung (Leistungsphase)

Durch die staatliche Förderung der privaten Altersvorsorgebeiträge durch Zulagen und ggf. zusätzlichen Sonderausgabenabzug („Riester-Rente") geht der Gesetzgeber davon aus, dass diese zusätzliche Eigenvorsorge in der **Ansparphase steuerfrei** gestellt worden ist. Korrespondierend hierzu werden die aus einem begünstigten Altersvorsorgevertrag und aufgrund von steuerlich gefördertem Kapital **später zufließenden Leistungen in vollem Umfang** (nicht nur in Höhe des Besteuerungs-/oder Ertragsanteils!) **als sonstige Einkünfte besteuert** (§ 22 Nr. 5 Satz 1 EStG). Durch die Zuordnung zu den sonstigen Einkünften unterliegen diese dem persönlichen Einkommensteuersatz und nicht der 25 %igen Abgeltungsteuer für Kapitaleinkünfte. Mit der Steuerfreistellung der Beiträge in der Ansparphase und der vollen Besteuerung der Auszahlungen in der Leistungsphase erfolgt der Übergang zur **nachgelagerten Besteuerung.** Da das zu versteuernde Einkommen im Alter häufig niedriger ist als im aktiven Erwerbsleben, ist diese Umstellung für die meisten Steuerpflichtigen vorteilhaft. Zur nachgelagerten Besteuerung in den Fällen der betrieblichen Altersversorgung vgl. auch die Erläuterungen in Anhang 6 unter Nr. 11. Die nachgelagerte Besteuerung kommt auch dann zur Anwendung, wenn die Einzahlung in einen Riester-Vertrag anlässlich des Versorgungsausgleichs für Betriebsrenten bei Ehescheidung steuerfrei erfolgt ist (vgl. hierzu die Ausführungen in Anhang 6 unter Nr. 16, Buchstabe c, besonders Buchstabe b des Beispiels).

Der Übergang zur nachgelagerten Besteuerung hat zur Folge, dass in der **Ansparphase** die bei einem begünstigten Altersvorsorgevertrag anfallenden **Erträge** und **Wertsteigerungen** steuerlich **nicht erfasst** werden. Dies gilt z. B. auch für Erträge bei thesaurierenden begünstigten Investmentfonds. Der gesetzlich geregelte Vorrang der nachgelagerten Besteuerung verdrängt z. B. die Erfassung der jährlich anfallenden Erträge als Einnahmen aus Kapitalvermögen. Die volle nachgelagerte Besteuerung gilt für alle Leistungen aus einem begünstigten Altersvorsorgevertrag, sofern die Auszahlungen auf Kapital beruhen, das steuerlich über Zulagen und ggf. zusätzlichen Sonderausgabenabzug gefördert wurde. Wie sich die später ausgezahlten Leistungen konkret zusammensetzen, ist unerheblich. Es kommt nicht darauf an, in welchem Umfang in den Leistungen Erträge und Wertsteigerungen enthalten sind. Auch Bonuszahlungen (wie z. B. Zins-Boni) aus einem geförderten Riester-Vertrag unterliegen der nachgelagerten Besteuerung.

Beispiel A

A hat 30 Jahre lang einschließlich der Zulagen immer den jeweiligen steuerlichen Höchstbetrag in einen begünstigten privaten Rentenversicherungsvertrag eingezahlt und den Sonderausgabenabzug geltend gemacht. Er erhält ab Vollendung des 65. Lebensjahres eine monatliche Rente in Höhe von 500 €, die ausschließlich auf geförderten Beiträgen beruht.

Die Rentenzahlung ist bei der Einkommensteuer-Veranlagung in voller Höhe von (12 Monate à 500 €) 6000 € abzüglich des Werbungskosten-Pauschbetrags von 102 € (= 5898 €) als sonstige Einkünfte steuerpflichtig. Die Einkünfte unterliegen dem persönlichen Einkommensteuersatz und nicht der 25 %igen Abgeltungsteuer für Kapitaleinkünfte.

Sind in der Ansparphase **sowohl geförderte als auch nicht geförderte Beiträge** geleistet worden, sind die späteren **Leistungen** in der Auszahlungsphase **aufzuteilen.** Ein Aufteilungsfall liegt insbesondere vor, wenn in einem Kalenderjahr höhere Beiträge geleistet werden, als über den Sonderausgabenabzug begünstigt sind oder der Steuerpflichtige nicht während der gesamten Vertragslaufzeit zum begünstigten Personenkreis gehört (z. B., weil er zeitweise nichtselbstständig und zeitweise selbstständig tätig war). Soweit die Leistungen auf **geförderten Beiträgen** beruhen, sind sie in **voller Höhe** als sonstige Einkünfte steuerpflichtig (§ 22 Nr. 5 Satz 1 EStG). Lebenslange **Rentenzahlungen** aus Renten-/Lebensversicherungen, Direktversicherungen, Pensionsfonds und Pensionskassen, die auf **nicht geförderten Beiträgen** beruhen, sind regelmäßig lediglich mit dem **Ertragsanteil** steuerpflichtig (§ 22 Nr. 5 Satz 2 Buchstabe a i. V. m. Nr. 1 Satz 3 Buchstabe a Doppelbuchstabe bb EStG). Die vorstehenden Ausführungen gelten entsprechend für eine Berufsunfähigkeits-, Erwerbsminderungs- und/ oder Hinterbliebenenrente, wobei in diesen Fällen bei zeitlich begrenzten Renten der sog. „kleine" Ertragsanteil (§ 55 EStDV) anzuwenden ist. **Kapitalauszahlungen,** die auf **nicht geförderten Beiträgen** beruhen, werden **wie** die **Erträge** aus **Kapitallebensversicherungen** besteuert. Erfolgt z. B. bei einem vor dem 1.1.2005 abgeschlossenen Versicherungsvertrag die Kapitalauszahlung nach Ablauf von zwölf Jahren, unterliegt die Kapitalauszahlung nicht der Besteuerung. Bei einer Kapitalauszahlung aus einem nach dem 31.12.2004 abgeschlossenen Versicherungsvertrag ist grundsätzlich der Unterschiedsbetrag zwischen der Versicherungsleistung und den eingezahlten Beiträgen (ggf. nur zur Hälfte) steuerpflichtig. Die Versteuerung erfolgt allerdings stets als sonstige Einkünfte (§ 22 Nr. 5 Satz 2 Buchstabe b EStG) mit dem persönlichen Einkommensteuersatz und nicht mit der 25 %igen Abgeltungsteuer. Bei allen anderen Altersvorsorgeverträgen (z. B. **Bank- und Investmentsparplänen**) werden die **Erträge auch insoweit** in **vollem Umfang** als sonstige Einkünfte mit dem persönlichen Einkommensteuersatz besteuert, soweit sie auf **nicht gefördertem Kapital** beruhen. Dabei kann allerdings das sog. Halbeinkünfteverfahren anzuwenden sein (§ 22 Nr. 5 Satz 2 Buchstabe c EStG). Der Abzug des Sparer-Pauschbetrags für Einkünfte aus Kapitalvermögen kommt aber nicht in Betracht, da sonstige Einkünfte vorliegen. Aus diesem Grund greift auch die seit 2009 geltende Abgeltungsteuer nicht.

Beispiel B

A zahlt in 2021 insgesamt 6300 € einschließlich der Grundzulage auf einen begünstigten Altersvorsorgevertrag (Rentenversicherung; aber keine „Basisrente") ein.

Über Grundzulage und ggf. zusätzlichen Sonderausgabenabzug sind die Beiträge in 2021 in Höhe von 2100 € (= Sonderausgaben-Höchstbetrag 2021 für Altersvorsorgebeiträge; entspricht 1/3 der gesamten Beiträge des A) steuerlich gefördert worden. Die auf diesen Beitragsanteil zuzüglich der hierauf entfallenden Erträge später zufließenden Leistungen sind in vollem Umfang steuerpflichtig. Die auf den restlichen Beitragsanteil (4200 €) zuzüglich der hierauf entfallenden Erträge später zufließenden Leistungen sind lediglich mit dem Ertragsanteil steuerpflichtig. Die spätere Aufteilung ist vom Anbieter nach versicherungsmathematischen Grundsätzen vorzunehmen.

Voll steuerpflichtige sonstige Einkünfte (§ 22 Nr. 5 Satz 1 EStG) liegen übrigens auch dann vor, wenn dem Steuerpflichtigen – z. B. vom Vermittler – **Abschluss- und Vertriebskosten** eines „Riester-Vertrags" **erstattet** werden (§ 22 Nr. 5 Satz 8 EStG).

Ist der monatliche Rentenanspruch aus einem Riester-Vertrag gering (sog. **Kleinbetragsrente bis 32,90 € monatlich**), hat der Anbieter das Recht, diesen Rentenanspruch durch eine **Einmalzahlung** zu Beginn der Auszahlungsphase abzufinden. Diese Einmalzahlung ist im Jahr der Auszahlung als sonstige Einkünfte **voll steuerpflichtig,** soweit sie auf geförderten Beiträgen beruht. Seit 2018 wird die Einmalzahlung jedoch durch Anwendung der sog. **Fünftelregelung** (Berechnung der Steuer für 1/5 der Einmalzahlung und Multiplikation mit fünf) ermäßigt besteuert (§ 22 Nr. 5 Satz 13 EStG).

Der **Anbieter hat dem Steuerpflichtigen** beim erstmaligen Bezug von Leistungen sowie bei Änderung der im Kalenderjahr auszuzahlenden Leistungen nach amtlich vorgeschriebenem Muster die **steuerliche Behandlung der Leistungen mitzuteilen** (§ 22 Nr. 5 Satz 7 EStG). Die sich aus dieser Leistungsmitteilung ergebenden Angaben können auf die Rückseite der Anlage R zur Einkommensteuererklärung übernommen werden.

Bei den Leistungen aus einem Riester-Vertrag handelt es sich übrigens nicht um Versorgungsbezüge im Sinne des § 229 SGB V. Dies gilt auch für Riester-Renten aus der betrieblichen Altersversorgung. Die mögliche Doppelverbeitragung der Beiträge und Leistungen ist in diesem Bereich abgeschafft worden (vgl. zur Kranken- und Pflegeversicherungspflicht von Versorgungsbezügen Teil B Nr. 12).

7. Schädliche Verwendung von Altersvorsorgevermögen

a) Allgemeines

Das durch einen begünstigten Altersvorsorgevertrag mit staatlicher Förderung (Zulagen und ggf. zusätzlicher Sonderausgabenabzug) angesparte Kapital soll dem Steuerpflichtigen im Alter als zusätzliche Versorgung neben der gesetzlichen Sozialversicherungsrente oder der Beamtenversorgung zur Verfügung stehen. Wird das staatlich geförderte Altersvorsorgevermögen **nicht als begünstigte Auszahlungsform** (vgl. vorstehende Nr. 3 sowie Anhang 6 Nr. 5 Buchstabe b) **oder** als **begünstigte Entnahme** (vgl. nachfolgende Nr. 8) ausgezahlt, liegt grundsätzlich eine sog. schädliche Verwendung vor (§ 93 Abs. 1 EStG). Der typische Fall der schädlichen Verwendung ist eine vollständige oder teilweise Auszahlung des Kapitals des Altersvorsorgevermögens. Eine Teilkapitalauszahlung von bis zu 30 % des zu Beginn der Auszahlungsphase zur Verfügung stehenden Kapitals ist jedoch zulässig und somit keine schädliche Verwendung; die Auszahlung führt allerdings zu steuerpflichtigen sonstigen Einkünften, die allerdings nicht unter Anwendung der Fünftelregelung ermäßigt besteuert werden. Eine Verteilung der Teilkapitalauszahlung über mehrere Auszahlungszeitpunkte ist zudem nicht möglich. Entsprechendes gilt für eine Teilkapitalauszahlung aus einem mit Zulagen und ggf. zusätzlichen Sonderausgabenabzug geförderten Produkt der betrieblichen Altersversorgung. Eine schädliche Verwendung kann während der Ansparphase, aber auch nach Beginn der Auszahlungsphase und sogar im Fall des Todes des Zulageberechtigten vorliegen (§ 93 Abs. 1 Satz 2 EStG). Die Auszahlung von **nicht** über Zulagen und Sonderausgaben **gefördertem Vermögen** ist aber selbstverständlich **keine schädliche Verwendung.**

Beispiel A

A erhält vereinbarungsgemäß zu Beginn der Auszahlungsphase seines privaten Rentenversicherungsvertrages eine Auszahlung in Höhe von 30 % des angesparten Kapitals und anschließend laufende Rentenzahlungen vom Restbetrag.

Es handelt sich um eine zulässige Teilkapitalauszahlung und nicht um eine schädliche Verwendung (vgl. § 1 Abs. 1 Satz 1 Nr. 4 Buchstabe a AltZertG[1]). Der ausgezahlte Betrag ist allerdings als sonstige Einkünfte voll steuerpflichtig (§ 22 Nr. 5 Satz 1 EStG; vgl. vorstehende Nr. 6). Eine Tarifermäßigung nach § 34 EStG kommt hierfür nicht in Betracht.

Eine (Einmal-)**Abfindung** einer **Kleinbetragsrente** zu Beginn der Auszahlungsphase ist **keine schädliche Verwendung** (§ 93 Abs. 3 Satz 1 EStG). Eine Kleinbetragsrente liegt vor, wenn bei gleichmäßiger Verteilung des zu Beginn der Auszahlungsphase zur Verfügung stehenden geförderten Kapitals – einschließlich einer eventuellen Teilkapitalauszahlung – der Wert von 1 % der monatlichen Bezugsgröße (West) nach § 18 SGB IV (2021 = 32,90 €) nicht überschritten wird. Für diese Berechnung ist das geförderte Altersvorsorgevermögen von sämtlichen Verträgen bei einem Anbieter zusammenzufassen. Zur Inanspruchnahme der Tarifermäßigung nach § 34 EStG in diesen Fällen vgl. vorstehende Nr. 6 am Ende.

Bei einer schädlichen Verwendung sind die auf das schädlich ausgezahlte Kapital entfallenden **Zulagen** und der ggf. auf einen zusätzlichen **Sonderausgabenabzug** entfallende **Steuervorteil zurückzuzahlen.** Die staatliche Förderung über Zulagen und ggf. zusätzlichen Sonderausgabenabzug wird damit im Ergebnis wieder rückgängig gemacht. Außerdem sind die im ausgezahlten Kapital enthaltenen **Erträge** und **Wertsteigerungen** im Jahr der Fehlverwendung in **voller Höhe als sonstige Einkünfte** zu erfassen (§ 22 Nr. 5 Satz 3 i. V. m. Satz 2 Buchstabe c EStG; ggf. ist aber das „Halbeinkünfteverfahren" anzuwenden – 60./62. Lebensjahr vollendet; Laufzeit 12 Jahre). Eine Tarifermäßigung („Fünftelungsregelung") ist für diese Fälle nicht vorgesehen, sodass es aufgrund der zusammengeballten Realisierung der Erträge und Wertsteigerungen zu einer erheblichen Steuerbelastung im Jahr der Fehlverwendung kommen kann. Bei einer frühzeitigen Kündigung des Vertrags (= kurze Laufzeit) kann sich aber auch ein Verlust ergeben. Ein solcher Verlust kann mit Einkünften aus anderen Einkunftsarten (z. B. Lohneinkünfte nach § 19 EStG) verrechnet werden.

Beispiel B

A hat im Jahre 2011 (50 Jahre alt) einen Altersvorsorgevertrag abgeschlossen, regelmäßig Beiträge eingezahlt und die steuerliche Förderung in Anspruch genommen. Im Jahre 2021 entscheidet er sich den Vertrag zu kündigen. Das zu diesem Zeitpunkt vorhandene Altersvorsorgevermögen beträgt 30 000 €, die auf den Vertrag überwiesenen Zulagen 1500 € und die Eigenbeiträge 15 000 €.

Außerdem hat A aufgrund des zusätzlichen Sonderausgabenabzugs für die Altersvorsorgebeiträge einen jährlich gesondert festgestellten zusätzlichen Steuervorteil in Höhe von insgesamt 3000 € erhalten.

Die Vertragskündigung ist eine schädliche Verwendung mit der Folge, dass die gesamte steuerliche Förderung zurückzuzahlen ist.

Zulagen	1 500 €
zusätzlicher Steuervorteil Sonderausgabenabzug	3 000 €
Rückzahlungsbetrag insgesamt	4 500 €

Außerdem sind die in dem ausgezahlten Kapital enthaltenen Wertsteigerungen und Erträge in voller Höhe als sonstige Einkünfte zu versteuern (§ 22 Nr. 5 Satz 3 i. V. m. Satz 2 Buchstabe c EStG). Eine Tarifermäßigung („Fünftelungsregelung") ist nicht vorgesehen.

Auszahlungsbetrag	30 000 €
abzüglich Zulagen	1 500 €
abzüglich Eigenbeiträge	15 000 €
Sonstige Einkünfte	13 500 €

Beispiel C

Wie Beispiel B. Der Altersvorsorgevertrag wurde 2011 abgeschlossen und die Kündigung des Altersvorsorgevertrages erfolgt aber erst acht Jahre nach Beginn der Auszahlungsphase. Zu Beginn der Auszahlungsphase betrug das Kapital 30 000 €, bei Vertragskündigung 21 000 €. Der Anteil des ausgezahlten Kapitals am Gesamtkapital beträgt somit 70 % (21 000 € zu 30 000 €).

Die Vertragskündigung während der Auszahlungsphase ist eine schädliche Verwendung mit der Folge, dass die steuerliche Förderung anteilig zurückzuzahlen ist.

Zulagen	1 500 €
zusätzlicher Steuervorteil Sonderausgabenabzug	3 000 €
Gesamte steuerliche Förderung	4 500 €
Rückzahlungsbetrag 70 %	3 150 €

Außerdem sind die in dem ausgezahlten Kapital enthaltenen Wertsteigerungen und Erträge anteilig in voller Höhe als sonstige Einkünfte zu versteuern (§ 22 Nr. 5 Satz 3 i. V. m. Satz 2 Buchstabe c EStG). Eine Tarifermäßigung („Fünftelungsregelung") ist nicht vorgesehen.

Auszahlungsbetrag	30 000 €
abzüglich Zulagen	1 500 €
abzüglich Eigenbeiträge	15 000 €
Zwischensumme	13 500 €
Sonstige Einkünfte 70 %	9 450 €
davon die Hälfte steuerpflichtige Einkünfte	4 725 €

Anders als im Beispiel B ist hier das Halbeinkünfteverfahren anwendbar, da A im Jahr 2029 (= Jahr der schädlichen Verwendung) das 60. Lebensjahr vollendet hat und die Vertragslaufzeit mehr als 12 Jahre seit Vertragsabschluss im Jahr 2011 beträgt.

b) Tod des Zulageberechtigten

Eine **schädliche Verwendung** liegt außerdem vor, wenn der Zulageberechtigte verstirbt und das (noch) vorhandene Altersvorsorgekapital an seine Erben ausgezahlt wird (§ 93 Abs. 1 Satz 2 EStG). Beim Tod des Zulageberechtigten wird nur dann **nicht** von einer schädlichen Verwendung ausgegangen, wenn das angesparte Altersvorsorgevermögen auf einen **auf** den Namen des **Ehegatten** des Verstorbenen lautenden Altersvorsorgevertrag **übertragen** wird (z. B. durch Abtretung des Auszahlungsanspruchs) und bei den Ehegatten im Zeitpunkt des Todes des Zulageberechtigten die Voraussetzungen für die Ehegattenbesteuerung bei der Einkommensteuer (Wahlrecht zwischen Zusammenveranlagung und Einzelveranlagung) vorgelegen haben (§ 93 Abs. 1 Satz 4 Buchstabe c und § 3 Nr. 55c Satz 2 Buchstabe c EStG). Unerheblich ist, ob der Vertrag des überlebenden Ehegatten bereits bestand oder im Zuge der Kapitalübertragung neu abgeschlossen wird oder ob der überlebende Ehegatte selbst zum begünstigten Personenkreis gehört oder nicht. Der überlebende Ehegatte hat somit die Möglichkeit, die vom Verstorbenen in Anspruch genommene steuerliche Förderung für die eigene Altersvorsorge zu nutzen. Diese Übertragungsmöglichkeit gilt aber nur für den überlebenden Ehegatten, nicht für andere Erben. Bei einer **Erbengemeinschaft** (überlebender Ehegatte und Kinder) ist es allerdings unschädlich, wenn das gesamte geförderte Altersvorsorgevermögen zugunsten eines auf den Namen des überlebenden Ehegatten lautenden zertifizierten Altersvorsorgevertrags übertragen wird und die Kinder (übrige Erben) für den über die Erbquote des überlebenden Ehegatten hinausgehenden Kapitalanteil anderweitig einen Ausgleich erhalten. Die Verwendung des geförderten geerbten Vermögens zur Begleichung der ggf. durch den Erbfall entstandenen Erbschaftsteuer ist aber auch aus der Sicht des überlebenden Ehegatten eine schädliche Verwendung. Die vorstehenden Ausführungen sind beim Tod eines eingetragenen Lebenspartners entsprechend anzuwenden (§ 2 Abs. 8 EStG).

Beispiel

A und B erfüllen die Voraussetzungen für eine Zusammenveranlagung zur Einkommensteuer. Das staatlich geförderte Altersvorsorgevermögen beträgt beim Tod des Zulageberechtigten A 35 000 €; darin enthalten sind 2000 € auf den Vertrag überwiesene Zulagen.

Eine schädliche Verwendung liegt nicht vor, wenn das von A bis zu seinem Tode angesparte Altersvorsorgevermögen auf einen auf B lautenden Altersvorsorgevertrag übertragen wird. Es kommt weder zur Rückforderung der gewährten staatlichen Förderungen (Zulagen und ggf. zusätzlicher Steuervorteil über Sonderausgabenabzug) noch zur Nachversteuerung der bisherigen Erträge und Wertsteigerungen. Die später B zufließenden Rentenzahlungen unterliegen allerdings in voller Höhe der Besteuerung als sonstige Einkünfte (§ 22 Nr. 5 Satz 1 EStG).

1) Das Altersvorsorgeverträge-Zertifizierungsgesetz (AltZertG) ist als Anhang 13a im **Steuerhandbuch für das Lohnbüro 2021** abgedruckt, das im selben Verlag erschienen ist.

Eine **schädliche Verwendung** liegt auch **nicht** vor, soweit das angesparte Altersvorsorgevermögen in Form einer **Hinterbliebenenrente** an den Ehegatten und die steuerlich zu berücksichtigenden Kinder ausgezahlt wird (§ 93 Abs. 1 Satz 4 Buchstabe a EStG). Bei den Empfängern liegen auch in diesem Fall voll steuerpflichtige sonstige Einkünfte vor.

Bei einer schädlichen Verwendung besteht **keine Rückzahlungsverpflichtung** für den Teil der Zulagen und der ggf. anteiligen Steuervorteile für den Sonderausgabenabzug, der den Beitragsanteilen zuzuordnen ist, die für die zusätzliche **Absicherung** der verminderten **Erwerbsfähigkeit** und eine zusätzliche **Hinterbliebenenabsicherung** ohne Kapitalbildung **verwendet** worden sind (§ 93 Abs. 1 Satz 4 Buchstabe b EStG).

c) Sonderfälle

Eine **schädliche Verwendung** liegt auch **nicht** vor, wenn ein begünstigter Altersvorsorgevertrag fristgerecht gekündigt wird, um das vorhandene **Kapital** auf einen **anderen** auf den Namen des Anlegers lautenden begünstigten **Altersvorsorgevertrag** desselben oder eines anderen Anbieters **übertragen** zu lassen (§ 93 Abs. 2 Satz 1 EStG). Der Übergang des Altersvorsorgevermögens ist steuerfrei (§ 3 Nr. 55c Satz 1 EStG). Die spätere Auszahlung aus dem neuen Vertrag führt zu sonstigen Einkünften (§ 22 Nr. 5 Satz 1 EStG).

Eine **Rückzahlungsverpflichtung** der Zulagen und der ggf. zusätzlichen Steuervorteile über den Sonderausgabenabzug **entfällt** ebenfalls, soweit bei einer **Ehescheidung** im Rahmen des Versorgungsausgleichs aufgrund einer internen Teilung eine **Übertragung** oder Abtretung des geförderten Vermögens auf einen Altersvorsorgevertrag des ausgleichsberechtigten Ehegatten erfolgt oder bei einer externen Teilung eine unmittelbare Einzahlung (= direkte Überweisung durch bisherigen Anbieter) auf einen solchen Vertrag vorgenommen wird (§ 93 Abs. 1a EStG). Mit der Übertragung wird auch die auf den übertragenden Anteil des Altersvorsorgevermögens entfallende, der ausgleichspflichtigen Person gewährte steuerliche **Förderung** der ausgleichsberechtigten Person zugeordnet und **geht** damit auf diese **über.** Im Fall einer späteren schädlichen Verwendung tritt die Rückzahlungsverpflichtung bei demjenigen ein, dem das ihm zugeordnete geförderte Vermögen steuerschädlich ausgezahlt wird. Zum Versorgungsausgleich bei Betriebsrenten vgl. auch die Erläuterungen in Anhang 6 unter Nr. 16.

Wurden die Beiträge zur **betrieblichen Altersversorgung** individuell nach den Lohnsteuerabzugsmerkmalen des Arbeitnehmers versteuert, um die steuerliche Förderung über die **„Riester-Rente"** (Zulagen und ggf. zusätzlichem Sonderausgabenabzug) in Anspruch zu nehmen, liegt eine schädliche Verwendung insbesondere vor, wenn der Arbeitnehmer im Versorgungsfall ein bestehendes **Wahlrecht** auf **Einmalkapitalauszahlung** ausübt.

Beispiel

Arbeitgeber A hat für Arbeitnehmer B eine Direktversicherung abgeschlossen. B hat im Versorgungsfall das Wahlrecht, anstelle einer lebenslangen Rente eine Einmalkapitalauszahlung zu wählen.

Der Beitrag ist individuell nach den Lohnsteuerabzugsmerkmalen des B versteuert worden, damit er die Altersvorsorgezulage und den zusätzlichen Sonderausgabenabzug in Anspruch nehmen kann (§ 82 Abs. 2 Satz 1 Buchstabe a EStG).

Sollte B im Versorgungsfall das bestehende Wahlrecht zugunsten einer Kapitalauszahlung ausüben, handelt es sich um eine schädliche Verwendung mit der Folge, dass die Zulagen und die zusätzlichen Steuervorteile über den Sonderausgabenabzug zurückzuzahlen sind.

Eine **schädliche Verwendung** liegt aber **nicht** vor, wenn über Zulagen und ggf. zusätzlichem Sonderausgabenabzug gefördertes Altersvorsorgevermögen im Zusammenhang mit einem Arbeitgeberwechsel auf einen Pensionsfonds, eine Pensionskasse oder eine Direktversicherung zum Aufbau einer kapitalgedeckten lebenslangen Altersversorgung übertragen wird und auch nach der Übertragung eine lebenslange Altersversorgung des Arbeitnehmers vorgesehen ist (§ 93 Abs. 2 Satz 2 EStG i. V. m. § 4 Abs. 2 und 3 BetrAVG[1]). Auch die Übertragung der betrieblichen Altersversorgung zwischen externen Versorgungsträgern bei fortbesetehendem Arbeitsverhältnis ist im Fall einer Riester-Förderung keine schädliche Verwendung, sofern keine unmittelbaren Zahlungen an den Arbeitnehmer erfolgen (§ 3 Nr. 55c Satz 2 Buchstabe a EStG). Vgl. im Übrigen zur **Mitnahme** der **betrieblichen Altersversorgung** bei **Arbeitgeberwechsel** auch die Ausführungen in Anhang 6 unter Nr. 15. Zur Abfindung von Versorgungsanwartschaften – auch bei vorheriger „Riester-Förderung" – vgl. Anhang 6 unter Nr. 14.

d) Wegzug

Der Europäische Gerichtshof hat entschieden, dass die früheren Regelungen zur schädlichen Verwendung des Altersvorsorgevermögens bei **Wegfall** der **unbeschränkten Steuerpflicht** gegen die Freizügigkeit der Arbeitnehmer innerhalb der Gemeinschaft verstoßen haben (EuGH-Urteil vom 10.9.2009 Rs C-269/07). Ausschlaggebend für diese Entscheidung war, dass es sich bei der Altersvorsorgezulage um eine soziale Leistung handelt, die dem Ausgleich der vom deutschen Gesetzgeber vorgenommenen Leistungsminderungen in den betreffenden Alterssicherungssystemen dienen soll.

Mit dem Gesetz zur Umsetzung steuerlicher EU-Vorgaben sowie zur Änderung steuerlicher Vorschriften vom 8.4.2010 (BGBl. I S. 386, BStBl. I S. 334) hat der Gesetzgeber die erforderliche Neuregelung vorgenommen. Nunmehr erfolgt eine Rückforderung nur noch in den Fällen, in denen

- sich der **Wohnsitz** oder gewöhnliche Aufenthalt des Zulageberechtigten **außerhalb** der **EU-/EWR-Mitgliedstaaten** befindet oder er trotz eines Wohnsitzes oder gewöhnlichen Aufenthalts in einem dieser Staaten nach einem Doppelbesteuerungsabkommen dieses Staates als in einem Nicht-EU/EWR-Staat ansässig gilt **und**
- entweder **keine Zulageberechtigung** des Zulageberechtigten besteht **oder** die **Auszahlungsphase** des Altersvorsorgevertrags **begonnen** hat (§ 95 Abs. 1 EStG).

Bei einer **Entsendung** (§ 4 SGB IV; vgl. die Erläuterungen beim Stichwort „Ausstrahlung" unter Nr. 9) bleibt daher wegen der weiteren Zugehörigkeit zur inländischen gesetzlichen Rentenversicherung die **Zulageberechtigung** auch dann bestehen, wenn die unbeschränkte Steuerpflicht wegfällt.

Da es in den vorstehenden Fällen der „schädlichen Verwendung" nicht automatisch zur Auszahlung des angesparten Altersvorsorgevermögens kommt, kann der **Rückzahlungsbetrag** auf Antrag des Anlegers bis zum Beginn der Auszahlung **gestundet** werden. Die Stundung wird bis zur vollständigen Tilgung verlängert, wenn mindestens 15 % der dann zufließenden Rentenzahlungen zur Tilgung des Rückforderungsbetrags verwendet werden. Allerdings werden hierfür Stundungszinsen erhoben. Wird der Anleger zu einem späteren Zeitpunkt erneut in einem EU-/EWR-Staat ansässig oder zulageberechtigt, ist der gestundete Rückzahlungsbetrag einschließlich Stundungszinsen zu erlassen. Bei einer Kapitalauszahlung aus dem Altersvorsorgevertrag endet allerdings die Stundung und der gesamte Rückzahlungsbetrag wird fällig. Bei Auszahlung des Altersvorsorgevermögens gehört zudem die Leistung abzüglich der Zulagen und der Eigenbeiträge zu den sonstigen Einkünften (§ 22 Nr. 5 Satz 3 i. V. m. Satz 2 Buchstabe c EStG). Ggf. ist anhand des in Betracht kommenden Doppelbesteuerungsabkommens zu prüfen, ob Deutschland für diese Einkünfte das Besteuerungsrecht hat.

e) Verfahren

Der Anbieter hat der ZfA vor der Auszahlung des Altersvorsorgevermögens in allen Fällen einer schädlichen Verwendung die schädliche Verwendung **anzuzeigen** (§ 94 Abs. 1 EStG). Die ZfA ermittelt den Rückforderungsbetrag (bestehend aus Zulagen und ggf. zusätzlichem Steuervorteil wegen Sonderausgabenabzug, der vom Finanzamt jährlich gesondert festgestellt und der ZfA gemeldet wird) und teilt diesen dem **Anbieter** mit. Der Anbieter darf nur das um den Rückforderungsbetrag verminderte Kapital an den Anleger auszahlen und hat den Rückzahlungsbetrag an die ZfA abzuführen. Eine förmliche Festsetzung des Rückzahlungsbetrags erfolgt nur auf besonderen Antrag des Zulageberechtigten oder sofern die Rückzahlung über den Anbieter ganz oder teilweise nicht möglich bzw. nicht erfolgt ist.

8. Einbeziehung von selbstgenutztem Wohneigentum (Wohn-Riester)

a) Entnahmephase

Durch das Altersversorgungs-Verbesserungsgesetz vom 24.6.2013 (BGBl. I S. 1667, BStBl. I S. 790) ist es beim sog. „Wohn-Riester" zur Ausweitung der Entnahmemöglichkeiten gekommen. Das in einem „Riester-Vertrag" gebildete und steuerlich geförderte Kapital kann in vollem Umfang oder teilweise (verbleibendes Restkapital mindestens 3000 €) für folgende Zwecke verwendet werden:

- bis zum Beginn der Auszahlungsphase unmittelbar für die **Anschaffung** oder **Herstellung** einer Wohnung oder zur **Tilgung** eines zu diesem Zweck aufgenommenen Darlehens, wenn das dafür **entnommene Kapital mindestens 3000 €** beträgt. Eine Entschuldung ist somit jederzeit möglich. Eine Entnahme zur Tilgung eines Darlehens, das der Finanzierung der Kosten für die Erweiterung einer bereits

1) Das Betriebsrentengesetz (BetrAVG) ist als Anhang 13 im **Steuerhandbuch für das Lohnbüro 2021** abgedruckt, das im selben Verlag erschienen ist.

bestehenden Wohnung dient, ist nicht möglich (BFH-Urteil vom 20.3.2019, BFH/NV 2019 S. 808). Ebenso ist eine Entnahme und Einzahlung auf einen nicht zertifizierten Bausparvertrag nicht möglich, selbst wenn durch die frühere Zuteilung der Bausparsumme ein Darlehen zur Immobilienfinanzierung zinssparend früher abgelöst werden soll (BFH-Urteil vom 12.2.2020, BStBl. II S. 496). Zur schädlichen Verwendung vgl. Nr. 7.

- bis zum Beginn der Auszahlungsphase unmittelbar für den **Erwerb** von Pflicht-**Geschäftsanteilen** an einer eingetragenen **Genossenschaft** für die Selbstnutzung einer Wohnung oder zur Tilgung eines zu diesem Zweck aufgenommenen Darlehens, wenn das dafür entnommene Kapital mindestens 3000 € beträgt oder
- bis zum Beginn der Auszahlungsphase unmittelbar für die Finanzierung von **Umbaumaßnahmen zur Reduzierung von Barrieren** in oder an einer Wohnung; die engen Voraussetzungen sind im Gesetz vorgegeben (§ 92a Abs. 1 Satz 1 Nr. 3 EStG). Der Zulageberechtigte muss zudem versichern, dass er keine anderweitige Förderung durch Zuschüsse oder anderweitige Steuerermäßigungen (z. B. für Handwerkerleistungen oder als außergewöhnliche Belastungen) in Anspruch nehmen wird.

Das vorstehende **Objekt** muss den **Lebensmittelpunkt** bilden oder vom Zulageberechtigten zu eigenen Wohnzwecken als Hauptwohnsitz genutzt werden. Dabei sind auch Objekte begünstigt, die nicht im Inland, sondern im **EU-/EWR-Ausland** belegen sind (§ 92a Abs. 1 Satz 5 EStG).

Die Anschaffung oder Herstellung eines **Zweitwohnsitzes** oder eines **Ferien- oder Gartenhauses** ist **nicht begünstigt.**

Der Zulageberechtigte muss die Entnahme bei der ZfA beantragen und dabei die notwendigen Nachweise erbringen. Die ZfA teilt dem Zulageberechtigten und dem Anbieter mit, welche Beträge förderunschädlich entnommen werden dürfen (§ 92b Abs. 1 EStG).

b) Einstellung und Versteuerung des Wohnförderkontos

Eine Rückzahlung des entnommenen Betrags noch in der Ansparphase ist nicht vorgesehen. Stattdessen wird eine **nachgelagerte Besteuerung** in der Auszahlungsphase oder bei schädlicher Verwendung der Wohnimmobilie durchgeführt. Um diese sicherzustellen werden

- der **entnommene Betrag** (sog. Altersvorsorge-Eigenheimbetrag),
- die **Tilgungsleistungen** für Darlehens- und Bausparverträge und
- die hierfür gewährten **Zulagen**

von der ZfA gesondert in einem **Wohnförderkonto** erfasst (§ 92a Abs. 2 Satz 1 EStG). Der sich am Ende eines Beitragsjahres aus dem Wohnförderkonto ergebende Gesamtbetrag wird **jährlich** als Verzinsung pauschal um **2 % erhöht;** dies geschieht letztmals für das Beitragsjahr des Beginns der Auszahlungsphase.

Das **Wohnförderkonto vermindert** sich um

- die in der **Auszahlungsphase** zu **versteuernden Beträge** (sog. Verminderungsbetrag) und
- Zahlungen des Zulageberechtigten auf einen auf seinen Namen lautenden zertifizierten Altersvorsorgevertrag zur Minderung der in das Wohnförderkonto eingestellten Beträge (allerdings unterliegen auch die späteren Auszahlungen aufgrund dieser Beträge in den Altersvorsorgevertrag wiederum einer nachgelagerten Besteuerung).

Der sich auf dem **Wohnförderkonto** ergebende Betrag wird in einer (fiktiven) „Auszahlungsphase" **nachgelagert besteuert.** Der Beginn der „Auszahlungsphase" wird zwischen dem Anbieter und dem Zulageberechtigten vereinbart und muss **zwischen** der Vollendung des **60. und 68. Lebensjahr** des Zulageberechtigten liegen. Ohne Vereinbarung gilt die Vollendung des 67. Lebensjahres als Beginn der Auszahlungsphase. Zur Feststellung des jährlich zu versteuernden Betrags wird der sich aus dem Wohnförderkonto ergebende Betrag durch die Anzahl der Jahre bis zum vollendeten **85. Lebensjahr dividiert;** je nach Beginn der „Auszahlungsphase" ergeben sich also **17 bis 25 Jahre.** Der jährlich zu versteuernde Betrag mindert zugleich das Wohnförderkonto (= Verminderungsbetrag; § 22 Nr. 5 Satz 4 i. V. m. § 92a Abs. 2 Satz 5 EStG). **Alternativ** kann der Zulageberechtigte jederzeit und nicht nur zu Beginn der Auszahlungsphase von der ZfA die **Auflösung** des Wohnförderkontos verlangen. In diesem Fall werden im Auflösungsjahr 70 % des sich aus dem **Wohnförderkonto** ergebenden Betrags **versteuert** (§ 22 Nr. 5 Satz 5 i. V. m. § 92a Abs. 2 Satz 6 EStG). Eine darüber hinausgehende, zusätzliche Tarifermäßigung – z. B. in Form der Fünftelregelung – ist nicht vorgesehen.

Beispiel

A entnimmt mit 40 Jahren 42 000 € zur Finanzierung seiner selbstgenutzten Wohnung aus einem zertifizierten Riester-Sparvertrag. Anschließend erbringt er über 20 Jahre geförderte Tilgungsleistungen i. H. v. 2100 € jährlich (einschließlich Altersvorsorgezulage) auf einen zertifizierten Darlehensvertrag. Mit dem Vertragsanbieter vereinbart er, dass die fiktive Auszahlungsphase mit Vollendung des 68. Lebensjahres beginnen soll.

Stand des Wohnförderkontos bei Vollendung des 68. Lebensjahres:

Altersvorsorge-Eigenheimbetrag	42 000 €
Tilgungsleistungen	42 000 €
fiktive Verzinsung	30 454 €
Summe	114 454 €
jährlich steuerpflichtiger Betrag: 114 454 € : 17	6 732 €

Bei einem individuellen Steuersatz von 20 % bedeutet dies eine jährliche steuerliche Belastung von 1346 € – über 17 Jahre folglich in der Summe 22 882 €.

Alternativ kann das Wohnförderkonto in der Auszahlungsphase jederzeit auch „auf einen Schlag" versteuert werden. In diesem Fall muss A zwar nur 70 % des Betrags auf dem Wohnförderkonto versteuern. Zu bedenken ist allerdings: Man bekommt das Geld aus dem Wohnförderkonto nicht ausbezahlt! Es handelt sich um fiktive Beträge und somit auch um fiktive Einnahmen, die der Besteuerung unterliegen. Man muss also die fälligen Steuern aus anderem Einkommen decken.

c) Schädliche Verwendung

Bei einer steuerlich „schädlichen Verwendung" der Wohnimmobilie (z. B. keine Selbstnutzung mehr, Verkauf der Immobilie, Verlegung des Lebensmittelpunktes) gilt Folgendes:

Bei einer schädlichen Verwendung der Wohnimmobilie in der **Ansparphase** ist das **Wohnförderkonto** aufzulösen und in einem Betrag zu **versteuern.** Im Todesfall bei der letzten Einkommensteuer-Veranlagung des Steuerpflichtigen (§ 22 Nr. 5 Satz 4 2. Alternative i. V. m. § 92a Abs. 3 Sätze 5 und 6 EStG).

Wurde bei einer schädlichen Verwendung in der **„Auszahlungsphase"** das Wohnförderkonto bisher sukzessive über 17 bis 25 Jahre versteuert, ist der **Restbetrag** im Jahr des Beginns der schädlichen Verwendung zu **versteuern.** Im Todesfall bei der letzten Einkommensteuer-Veranlagung des Steuerpflichtigen (§ 22 Nr. 5 Satz 4 2. Alternative i. V. m. § 92a Abs. 3 Sätze 5 und 6 EStG). Hat der Steuerpflichtige **70 %** des sich aus dem **Wohnförderkontos** ergebenden Betrags **versteuert,** sind bei **schädlicher Verwendung**

- innerhalb der **ersten zehn Jahre** nach dem Beginn der Auszahlungsphase die **restlichen 30 %** mit dem **Eineinhalbfachen** und
- bei schädlicher Verwendung zwischen dem **elften und dem 20. Jahr** nach dem Beginn der Auszahlungsphase die restlichen 30 % mit dem **Einfachen** zu erfassen (§ 22 Nr. 5 Satz 6 EStG).

Es gibt also eine **zwanzigjährige Haltefrist.** Bei Tod des Steuerpflichtigen erfolgt aber keine Nachversteuerung des 30 %igen Restbetrags; § 22 Nr. 5 Satz 6 EStG stellt nämlich auf eine schädliche Verwendung zu Lebzeiten des Zulageberechtigten ab.

Keine steuerlich **schädliche Verwendung** liegt vor (§ 92a Abs. 3 Satz 9 ff.), wenn

- der Zulageberechtigte innerhalb eines Zeitraums von zwei Jahren vor und fünf Jahren nach Ablauf des Veranlagungszeitraums, in dem er die Wohnung letztmals zu eigenen Wohnzwecken nutzt, einen Betrag in Höhe des im Wohnförderkonto noch stehenden Betrags für eine weitere selbstgenutzte Wohnung verwendet **(Objektwechsel);**
- der Zulageberechtigte einen **Betrag** in Höhe des im **Wohnförderkonto** noch stehenden Betrags innerhalb eines Jahres nach Ablauf des Veranlagungszeitraums, in dem er die Wohnung letztmals zu eigenen Wohnzwecken nutzt, auf einen auf seinen Namen lautenden zertifizierten **Altersvorsorgevertrag** (= „Riester-Vertrag") **einzahlt;**
- bei **Tod** des Zulageberechtigten der **überlebende Ehegatte** Eigentümer der **Wohnung** wird, diese zu eigenen Wohnzwecken **nutzt** und die Eheleute im Zeitpunkt des Todes nicht dauernd getrennt gelebt haben und ihren Wohnsitz oder gewöhnlichen Aufenthalt im Inland oder einem EU-/EWR-Mitgliedstaat hatten. Der überlebende Ehegatte führt in diesen Fällen das Wohnförderkonto des verstorbenen Ehegatten fort;[1)]
- die **Ehewohnung** bei **Getrenntleben** oder bei **Scheidung** aufgrund einer richterlichen Entscheidung dem anderen **Ehegatten zugewiesen** wird;[1)]
- der Zulageberechtigte die Wohnung **krankheits- oder pflegebedingt** nicht mehr bewohnt, sofern er Eigentümer bleibt und sie ihm zur Selbstnutzung zur Verfügung steht. Eine Nutzung der Wohnung durch den Ehegatten ist unschädlich;[1)]
- der Zulageberechtigte innerhalb von fünf Jahren nach Ablauf des Veranlagungszeitraums, in dem er die Wohnung letztmals zu eigenen

1) Entsprechendes gilt bei eingetragenen Lebenspartnern (§ 2 Abs. 8 EStG).

Wohnzwecken genutzt hat, die **Selbstnutzung** der Wohnung **wieder aufnimmt.** Auf die Gründe für die ursprüngliche Aufgabe der Selbstnutzung kommt es nicht an.

In den vorstehenden Fällen findet also **keine Versteuerung** des **Wohnförderkontos** statt.

Beispiel

A hat aus seinem Riester-Vertrag Beträge zur Anschaffung einer Eigentumswohnung entnommen. Das Wohnförderkonto weist einen Betrag von 40 000 € aus. A entschließt sich 2021 zur Veräußerung der Eigentumswohnung.

A kann eine schädlich Verwendung (hier: Versteuerung des Wohnförderkontos) u. a. dadurch vermeiden, indem er im Laufe des Kalenderjahres 2022 einen Betrag in Höhe von 40 000 € auf einen zertifizierten Riester-Vertrag einzahlt.

Auf besonderen Antrag ist keine schädliche Verwendung anzunehmen, wenn der Steuerpflichtige die selbstgenutzte Wohnung aufgrund eines **beruflich bedingten Umzugs** für die Dauer der beruflich bedingten Abwesenheit nicht selbst nutzt. Voraussetzung ist, dass der Steuerpflichtige beabsichtigt, die Selbstnutzung wieder aufzunehmen und diese Aufnahme der Selbstnutzung spätestens mit der Vollendung seines 67. Lebensjahres erfolgt (§ 92a Abs. 4 EStG). Geschieht dies nicht, liegt eine schädliche Verwendung vor. Wird während der beruflich bedingten Abwesenheit die Wohnung einer anderen Person entgeltlich oder unentgeltlich zur Nutzung überlassen, ist die Vereinbarung von vornherein entsprechend zu befristen.

Lohnsteuer-Ermäßigungsverfahren 2021

Neues und Wichtiges auf einen Blick:

1. Nachweis der Lohnsteuerabzugsmerkmale im Kalenderjahr 2021

a) Teilnahme am ELStAM-Verfahren

Die bereits vor dem 1.1.2021 vom Arbeitgeber für die bei ihm beschäftigten Arbeitnehmer abgerufenen **elektronischen Lohnsteuerabzugsmerkmale (ELStAM)** sind auch im Kalenderjahr 2021 **weiter anzuwenden,** bis die Finanzverwaltung dem Arbeitgeber für diese Arbeitnehmer geänderte ELStAM zum Abruf bereitstellt. Der Arbeitgeber darf diese Arbeitnehmer nicht erneut zur ELStAM-Datenbank anmelden.

Lediglich zum 1.1.2021 oder im Laufe des Kalenderjahres 2021 **neu eingestellte Arbeitnehmer** hat der Arbeitgeber einmalig bei der ELStAM-Datenbank **anzumelden.** Mit der Anmeldebestätigung werden dem Arbeitgeber die ELStAM der neu eingestellten Arbeitnehmer zur Verfügung gestellt.

Im Inland nicht meldepflichtige Arbeitnehmer konnten bisher nicht am ELStAM-Verfahren teilnehmen. Ab dem 1.1.2020 wird für die „Standardfälle" (= Steuerklasse I ohne Freibetrag) der Gruppe der **beschränkt Steuerpflichtigen** nach § 1 Abs. 4 EStG der Arbeitgeberabruf freigeschaltet. In den übrigen Fällen werden vom Betriebsstättenfinanzamt weiterhin Lohnsteuerabzugsbescheinigungen (= Papierbescheinigungen) ausgestellt. Vgl. hierzu auch das Stichwort „Beschränkt steuerpflichtige Arbeitnehmer".

Auf die ausführlichen Erläuterungen beim Stichwort „Elektronische Lohnsteuerabzugsmerkmale (ELStAM)" wird hingewiesen. Zur Ausstellung von Papierbescheinigungen vgl. das Stichwort „Lohnsteuerabzugsbescheinigung".

b) ELStAM-Ausdruck für das Kalenderjahr 2021

Ein Ausdruck der ELStAM wird dem Arbeitnehmer vom Finanzamt für das Kalenderjahr 2021 nur auf ausdrücklichen Antrag ausgehändigt. Hierzu ist im „Antrag auf Lohnsteuer-Ermäßigung 2021" ein entsprechendes Ankreuzfeld vorhanden. Ist das Feld nicht angekreuzt, wird dem Arbeitnehmer für das Kalenderjahr 2021 auch kein ELStAM-Ausdruck ausgehändigt.

Der dem Arbeitnehmer auf dessen Wunsch im Lohnsteuer-Ermäßigungsverfahren für das Kalenderjahr 2021 vom Finanzamt zur Verfügung gestellte **ELStAM-Ausdruck** ist ausschließlich für die Unterlagen des Arbeitnehmers und nicht zur Vorlage beim Arbeitgeber bestimmt. Er darf daher vom Arbeitgeber auf **keinen** Fall als **Nachweis** der individuellen Lohnsteuerabzugsmerkmale verwendet werden. Dem Arbeitgeber werden die ELStAM zum nächsten Monatswechsel elektronisch zum Abruf bereitgestellt.

2. Freibeträge im Kalenderjahr 2021

a) Neubeantragung des Freibetrags und Geltungsdauer der Freibeträge

Die Freibeträge für das **Kalenderjahr 2021 müssen grundsätzlich neu beantragt** werden, damit sie dem Arbeitgeber elektronisch zum Abruf bereitgestellt werden können.

Durch das sog. Behinderten-Pauschbetragsgesetz erfolgt **ab 2021** eine **Verdopplung** der bisherigen **Pauschbeträge** für **behinderte Menschen**. Zudem wird auf zusätzliche Anspruchsvoraussetzungen (u. a. dauernde Einbuße der körperlichen Beweglichkeit, Bezug einer Rente) zur Gewährung eines Behinderten-Pauschbetrags bei einem Grad der Behinderung kleiner 50 verzichtet. Vgl. auch die Ausführungen unter dem nachfolgenden Abschnitt D unter Nr. 8.

Arbeitnehmer können den Antrag auf Bildung eines **Freibetrags** im Lohnsteuer-Ermäßigungsverfahren für einen **Zeitraum von zwei Jahren** bei ihrem Wohnsitzfinanzamt stellen; die mehrjährige Berücksichtigung des Pauschbetrags für behinderte Menschen und Hinterbliebene bleibt hiervon unberührt. Der Arbeitnehmer kann eine Änderung des Freibetrags innerhalb des zweijährigen Gültigkeitszeitraums beantragen, wenn sich die Verhältnisse zu seinen Gunsten ändern. Er ist verpflichtet, eine Änderung zu seinen Ungunsten umgehend seinem Wohnsitzfinanzamt anzuzeigen.

Die Berücksichtigung antragsabhängiger Freibeträge im **Lohnsteuerabzugsverfahren 2021** setzt grundsätzlich voraus, dass der Arbeitnehmer für das Kalenderjahr 2021 einen entsprechenden **Lohnsteuer-Ermäßigungsantrag stellt.** Eine Ausnahme gilt für Behinderten- und Hinterbliebenen-Pauschbeträge, die bereits in der ELStAM-Datenbank gespeichert und über den 31.12.2020 hinaus gültig sind.

Der **Vordruck „Antrag auf Lohnsteuer-Ermäßigung" 2021** besteht aus einem **Hauptvordruck** sowie **Anlage-Vordrucken**:

- Antrag auf Lohnsteuer-Ermäßigung 2021 (Hauptvordruck) einschließlich Ausfüllanleitung
- Anlage Werbungskosten zum Lohnsteuer-Ermäßigungsantrag
- Anlage Kinder zum Lohnsteuer-Ermäßigungsantrag
- Anlage Sonderausgaben/außergewöhnliche Belastungen zum Lohnsteuer-Ermäßigungsantrag
- Anlage Haushaltsnahe Aufwendungen/Energetische Maßnahmen zum Lohnsteuer-Ermäßigungsantrag.

Der Arbeitnehmer muss neben dem Hauptvordruck nur die Anlagen ausfüllen, die er für seinen Antrag benötigt. Ein **„Vereinfachter Antrag** auf Lohnsteuer-Ermäßigung" ist Bestandteil des Hauptvordrucks.

b) Frist für das Lohnsteuer-Ermäßigungsverfahren 2021

Die **Frist** für das Lohnsteuer-Ermäßigungsverfahren 2021 hat bereits am **1. Oktober 2020 begonnen** (§ 39a Abs. 2 Satz 2 EStG). Ein Antrag auf Lohnsteuer-Ermäßigung muss **spätestens** bis zum **30. November 2021** gestellt werden (§ 39a Abs. 2 Satz 3 EStG). Im Dezember 2021 eintretende oder beantragte Änderungen können nicht mehr im Lohnsteuer-Ermäßigungsverfahren für das Kalenderjahr 2021 berücksichtigt werden. Hierfür kann eine Steuerermäßigung nur noch bei einer Veranlagung zur Einkommensteuer für das Kalenderjahr 2021 erreicht werden.

Eine **vereinfachte Antragstellung** ist wie bisher möglich, wenn höchstens derselbe Steuerfreibetrag oder die gleiche Zahl der Kinderfreibeträge wie 2020 beantragt wird und die Verhältnisse sich gegenüber 2020 nicht wesentlich geändert haben. Auch bei der vereinfachten Antragstellung kann der Freibetrag für einen Zeitraum von zwei Jahren gebildet werden. Für die vereinfachte Antragstellung ist der Hauptvordruck zu verwenden.

3. Berücksichtigung von Kindern

a) Höhe des monatlichen Kindergeldes

Durch das Zweite Familienentlastungsgesetz wird das **Kindergeld** zum 1.1.2021 je Kind um monatlich 15 € erhöht. Somit ergeben sich folgende Beträge:

monatliches **Kindergeld**	bis 31.12.2020	**ab 1.1.2021**
erste und zweite Kinder	204 €	**219 €**
dritte Kinder	210 €	**225 €**
vierte Kinder und jedes weitere Kind	235 €	**250 €**

b) Höhe der kindbedingten Freibeträge

Durch das Zweite Familienförderungsgesetz wird auch der **Kinderfreibetrag** zum 1.1.2021 wie folgt **angehoben**:

Höhe des **Kinderfreibetrags**	2019	2020	**2021**
halber Kinderfreibetrag	2490 €	2586 €	**2730 €**
ganzer Kinderfreibetrag	4980 €	5172 €	**5460 €**

Der **Freibetrag für Betreuungs- und Erziehungs- oder Ausbildungsbedarf** wird ebenfalls **erhöht**. Er beträgt für **2021 1464 €** (halber Freibetrag; bisher 1320 €) bzw. **2928 €** (ganzer Freibetrag; bisher 2640 €). Damit ergibt sich für 2021 eine Summe der kindbedingten Freibeträge von 4194 €/8388 € gegenüber bisher 3906 €/7812 €.

c) Mehrjährige Berücksichtigung von Kindern im Lohnsteuerabzugsverfahren

Auch die mehrjährige Berücksichtigung von Kindern im Lohnsteuerabzugsverfahren ist möglich. Dies gilt u. a. auch für **volljährige Kinder in Berufsausbildung.** Ein erneuter Antrag für das Kalenderjahr 2021 ist nicht erforderlich, wenn bereits in den Vorjahren die mehrjährige Berücksichtigung des Kindes zumindest bis zum Kalenderjahr 2021 beantragt worden ist.

In Anhang 9 sind alle mit der Berücksichtigung von Kindern zusammenhängenden Fragen ausführlich anhand von Beispielen erläutert.

4. Entlastungsbetrag für Alleinerziehende (Steuerklasse II)

Der Entlastungsbetrag für Alleinerziehende ist von bisher 1908 € jährlich um 2100 € auf **4008 €** jährlich **angehoben** worden. Während der Betrag von **1908 €** wie bisher automatisch über die **Steuerklasse II** berücksichtigt wird, wird der **Erhöhungsbetrag von 2100 €** als Freibetrag beim Lohnsteuerabzug angesetzt. Der als Freibetrag zu berücksichtigende **zusätzliche Erhöhungsbetrag** für das zweite und jedes weitere Kind beträgt 2021 **weiterhin 240 €** jährlich.

Vgl. auch die Ausführungen unter dem nachfolgenden Abschnitt G und in Anhang 9 unter Nr. 15.

5. Erhöhung der Entfernungspauschale ab 2021

Die Entfernungspauschale wird **ab 2021 bis 2026** – unabhängig vom benutzten Verkehrsmittel – **ab dem 21. Kilometer** auf **0,35 €** und ab 2024 auf 0,38 € **angehoben**.

Vgl. auch die Erläuterungen unter den Stichwörtern „Entfernungspauschale" und „Mobilitätsprämie".

6. Reisekosten

a) Verpflegungspauschalen bei Auswärtstätigkeiten im Inland

Durch das sog. Jahressteuergesetz 2019 sind die Verpflegungspauschalen bei beruflich veranlassten Auswärtstätigkeiten seit 1.1.2020 von bisher **24 € auf 28 €** bei 24 Stunden Abwesenheit und von **12 € auf 14 €** bei acht Stunden Abwesenheit von der Wohnung und der ersten Tätigkeitsstätte sowie für den An- und Abreisetag bei mehrtägigen Auswärtstätigkeiten erhöht worden. Der Abzug der Verpflegungspauschalen bleibt allerdings auf die ersten drei Monate einer längerfristigen beruflichen Tätigkeit an derselben Tätigkeitsstätte beschränkt. Die vorstehenden Ausführungen gelten entsprechend für die Berücksichtigung von Verpflegungspauschalen im Rahmen einer beruflich veranlassten **doppelten Haushaltsführung.**

b) Pauschale für Berufskraftfahrer

Bei Arbeitnehmern, die ihre berufliche Tätigkeit vorwiegend auf Kraftfahrzeugen ausüben (z. B. Berufskraftfahrer), entstehen während einer mehrtägigen beruflichen Tätigkeit im Zusammenhang mit der **Übernachtung im Kraftfahrzeug** des Arbeitgebers Mehraufwendungen. Hierbei handelt es sich um Aufwendungen, die bei anderen Arbeitnehmern bei einer beruflich veranlassten Auswärtstätigkeit in den Übernachtungskosten enthalten sind. Dies sind z. B.:

- Gebühren für die Benutzung der sanitären Einrichtungen (Toiletten sowie Dusch- oder Waschgelegenheiten) auf Raststätten und Autohöfen,
- Park- oder Abstellgebühren auf Raststätten und Autohöfen,
- Aufwendungen für die Reinigung der eigenen Schlafkabine.

Berufskraftfahrer haben seit 1.1.2020 die Möglichkeit, anstelle der tatsächlichen Mehraufwendungen einen **Pauschbetrag** in Höhe von **8 € täglich** geltend zu machen. Der Pauschbetrag in Höhe von 8 € pro Kalendertag kann **zusätzlich zu den Verpflegungspauschalen** beansprucht werden.

Vgl. auch die ausführlichen Erläuterungen beim Stichwort „Fahrtätigkeit" und zu Reisekosten in Anhang 4.

7. Verluste aus Einkünften

Grundsätzlich können Verluste aus sämtlichen Einkunftsarten als Freibetrag beim Lohnsteuerabzug berücksichtigt werden. Die durch das Gesetz zur steuerlichen Förderung des **Mietwohnungsneubaus** vom 4.8.2019 (BGBl. I S. 1122) eingeführte **Sonderabschreibung** nach § 7b EStG fließt in die Ermittlung der Einkünfte ein. Sich dadurch ergebende Verluste können auch im Lohnsteuer-Ermäßigungsverfahren geltend gemacht werden.

Vgl. auch die Erläuterungen im nachfolgenden Abschnitt H.

8. Sonderausgaben

Nach den einkommensteuerlichen gesetzlichen Regelungen sind Aufwendungen für die **erstmalige Berufsausbildung** oder ein **Erststudium** grundsätzlich keine Werbungskosten oder Betriebsausgaben, sondern können lediglich **bis** zu einem Betrag von **6000 €** jährlich als **Sonderausgaben** abgezogen werden. Somit wirken sich die Aufwendungen nur dann steuermindernd aus, wenn z. B. der Student über steuerpflichtige Einkünfte verfügt.

Das Bundesverfassungsgericht hält die steuerlichen Regelungen für **verfassungsgemäß** (Beschlüsse des Bundesverfassungsgerichts vom 10.11.2019, 2 BvL 22/14, 2 BvL 27/14, 2 BvL 26/14, 2 BvL 25/14, 2 BvL 24/14 und 2 BvL 23/14; BFH/NV 2020 S. 334). Der Gesetzgeber durfte solche Aufwendungen als **privat (mit-)veranlasst qualifizieren** und den Sonderausgaben zuordnen. Die Erstausbildung oder das Erststudium unmittelbar nach dem Schulabschluss vermittele nicht nur Berufswissen, sondern präge die Person in einem umfassenden Sinne, indem die Möglichkeit eröffnet werde, sich seinen Begabungen und Fähigkeiten entsprechend zu entwickeln und allgemeine Kompetenzen zu erwerben, die nicht zwangsläufig für einen künftigen konkreten Beruf notwendig seien. Es bestehe daher eine besondere Nähe zur Persönlichkeitsentwicklung. Auch die Begrenzung des Sonderausgabenabzugs für Erstausbildungskosten auf einen Höchstbetrag (derzeit 6000 € jährlich) sei verfassungsrechtlich nicht zu beanstanden. Die vorstehenden Erwägungen mit den sich daraus ergebenden steuerlichen Folgerungen gelten im Übrigen auch für den besonderen Fall der Ausbildung zum Piloten außerhalb eines Dienstverhältnisses.

Vgl. auch die Erläuterungen im nachfolgenden Abschnitt C unter Nr. 6.

9. Außergewöhnliche Belastungen

a) Kfz-Kosten eines schwer behinderten Menschen

Ab dem Kalenderjahr **2021** werden die bisherigen Regelungen zur Anerkennung von Fahrtkosten von Menschen mit Behinderung durch eine gesetzliche Pauschalierungsregelung ersetzt. Die Neuregelung für behinderungsbedingte Fahrten von Menschen mit Behinderung haben eine **Abgeltungswirkung**. Eine darüber hinausgehende Berücksichtigung von individuellen, behinderungsbedingt entstandenen Fahrt- bzw. Kraftfahrzeugkosten ist nicht möglich. Die **Pauschale** beträgt:

- **900 €** bei geh- und stehbehinderten Steuerpflichtigen mit einem Grad der Behinderung von mindestens 80 oder einem Grad der Behinderung von mindestens 70 und dem Merkzeichen „G".
- **4500 €** bei Menschen mit außergewöhnlicher Gehbehinderung (Merkzeichen „aG"), Blinde (Merkzeichen „Bl") und hilflose Menschen (Merkzeichen „H" bzw. Pflegegrad 4 oder 5), da neben den durch die Behinderung unvermeidbaren Fahrten auch Freizeit-, Erholungs- und Besuchsfahrten zu berücksichtigen sind.

Die Berücksichtigung erfolgt im Rahmen der allgemeinen außergewöhnlichen Belastung unter **Abzug der zumutbaren Belastung**.

Vgl. auch die Erläuterungen im nachfolgenden Abschnitt D unter Nr. 2 zum Stichwort „Kraftfahrzeugkosten".

b) Pflege-Pauschbetrag

Wegen der außergewöhnlichen Belastungen, die einem Steuerzahler durch die Pflege einer Person entstehen, kann er einen Pflege-Pauschbetrag erhalten, wenn er für die Pflege keine Einnahmen erhält und die Pflege in seiner Wohnung oder in der Wohnung des Pflegebedürftigen persönlich durchführt (bisher 924 € jährlich). Durch das sog. Behinderten-Pauschbetragsgesetz wird **ab 2021** in Abhängigkeit vom Pflegegrad folgende **Erhöhung der Pflege-Pauschbeträge** vorgenommen:

– bei Pflegegrad 2	600 € jährlich,
– bei Pflegegrad 3	1100 € jährlich und
– bei Pflegegrad 4 oder 5 oder Hilflosigkeit	1800 € jährlich.

Vgl. auch die Erläuterungen im nachfolgenden Abschnitt D unter Nr. 10.

c) Unterhalt bedürftiger Angehöriger

In Anlehnung an den Grundfreibetrag wurde der **Höchstbetrag** zum Abzug von Unterhaltsleistungen an bedürftige Angehörige ab dem Kalenderjahr 2021 auf 9744 € **erhöht.**

Der für die Berücksichtigung von Unterhaltsaufwendungen geltende Höchstbetrag von **9744 €** jährlich und der anrechnungsfreie Betrag für die eigenen Einkünfte der Bezüge der unterhaltenen Person von **624 €** werden nicht in allen Fällen in voller Höhe gewährt. Diese Beträge gelten grundsätzlich auch bei Unterhaltszahlungen an **Personen im Ausland.** Lebt die unterhaltene Person jedoch in einem sog. Niedriglohnland, werden die genannten Beträge um ein Viertel, die Hälfte oder um drei Viertel **nach der sog. Ländergruppeneinteilung gekürzt.** Die für diese Kürzung geltende Länderübersicht für 2021 ist in **Anhang 10** abgedruckt.

Zum Abzug der Unterhaltsaufwendungen als außergewöhnliche Belastungen vgl. den nachfolgenden Abschnitt D Nrn. 3 und 4.

10. Steuerermäßigung für haushaltsnahe Beschäftigungsverhältnisse, haushaltsnahe Dienstleistungen und Handwerkerleistungen

Energetische Sanierungsmaßnahmen an selbstgenutztem Wohneigentum werden ab dem Kalenderjahr 2020 bis 2029 durch einen prozentualen Abzug der Aufwendungen von der Steuerschuld gefördert, wenn das begünstigte Objekt bei der Durchführung der energetischen Maßnahme älter als zehn Jahre und innerhalb der Europäischen Union oder dem Europäischen Wirtschaftsraum belegen ist (§ 35c EStG). Je selbstgenutztem Objekt beträgt die Steuerermäßigung **20 % der Aufwendungen, maximal insgesamt 40 000 €**; steuerlich gefördert werden folglich Aufwendungen bis 200 000 €. Die steuerliche Förderung von maximal 40 000 € kann für mehrere Einzelmaßnahmen an einem begünstigten Objekt in Anspruch genommen werden.

Der Abzug von der Steuerschuld erfolgt **innerhalb von drei Jahren** und zwar im Jahr des Abschlusses der Maßnahme und im darauffolgenden Kalenderjahr in Höhe von jeweils 7 % der Aufwendungen (höchstens jeweils 14 000 €) und im übernächsten Kalenderjahr in Höhe von 6 % der Aufwendungen (höchstens 12 000 €). Dabei werden auch **50 % der Aufwendungen für einen Energieberater,** der mit der planerischen Begleitung oder Beaufsichtigung der energetischen Maßnahme beauftragt worden ist, berücksichtigt.

Im **Lohnsteuer-Ermäßigungsverfahren** wird vom Finanzamt für die Steuerermäßigung – verteilt über drei Jahre – ein Freibetrag für das ELStAM-Verfahren in Höhe des vierfachen Betrags der höchstens abziehbaren Aufwendungen gebildet.

Vgl. auch die Erläuterungen im nachfolgenden Abschnitt E unter Nr. 3.

Gliederung:

A. Berücksichtigung von Freibeträgen beim Lohnsteuerabzug (sog. Lohnsteuer-Ermäßigungsverfahren)

1. Allgemeines

Folgende Aufwendungen können als Freibetrag beim Lohnsteuerabzug berücksichtigt werden:

- **Werbungskosten,** vgl. Abschnitt B auf Seite 1220
- **Sonderausgaben** (ohne Vorsorgeaufwendungen), vgl. Abschnitt C auf Seite 1230
- **Außergewöhnliche Belastungen,** vgl. Abschnitt D auf Seite 1234
- Freibeträge für Beschäftigungsverhältnisse in privaten Haushalten, für die Inanspruchnahme haushaltsnaher Dienstleistungen und für Handwerkerleistungen vgl. Abschnitt E auf Seite 1251
- Kinderfreibeträge und Freibeträge für Betreuungs- und Erziehungs- oder Ausbildungsbedarf für Kinder, für die **kein** Anspruch auf Kindergeld oder vergleichbare Leistungen besteht (sog. Auslandskinder, vgl. Abschnitt F auf Seite 1251)
- Entlastungsbetrag für Alleinerziehende bei verwitweten Arbeitnehmern im Todesjahr des Ehegatten und im Folgejahr vgl. Abschnitt G auf Seite 1252[1)]
- Verluste aus anderen Einkunftsarten, vgl. Abschnitt H auf Seite 1252.

Es gibt aber nicht nur Freibeträge, sondern auch **Hinzurechnungsbeträge** (vgl. „Hinzurechnungsbetrag beim Lohnsteuerabzug" im Hauptteil des Lexikons), die beim Lohnsteuerabzug durch den Arbeitgeber berücksichtigt werden. Die Berücksichtigung eines Freibetrags oder Hinzurechnungsbetrags führt jedoch in der Regel dazu, dass der Arbeitnehmer für das betreffende Kalenderjahr **eine Steuererklärung abgeben muss** und zur Einkommensteuer veranlagt wird (vgl. das Stichwort „Veranlagung von Arbeitnehmern" im Hauptteil des Lexikons).

Anträge auf Berücksichtigung eines Freibetrags oder Hinzurechnungsbetrags für das Kalenderjahr 2021 können bis zum **30. November 2021** bei dem für den Wohnsitz des Arbeitnehmers zuständigen Finanzamt gestellt werden.

1) Die Regelung gilt entsprechend beim Tod des eingetragenen Lebenspartners (§ 2 Abs. 8 EStG).

Die Berücksichtigung antragsabhängiger Freibeträge im **Lohnsteuerabzugsverfahren 2021** setzt grundsätzlich voraus, dass der Arbeitnehmer für das Kalenderjahr 2021 einen entsprechenden **Lohnsteuer-Ermäßigungsantrag stellt.** Eine Ausnahme gilt für Behinderten- und Hinterbliebenen-Pauschbeträge, die bereits in der ELStAM-Datenbank gespeichert und über den 31.12.2020 hinaus gültig sind.

Der **Vordruck „Antrag auf Lohnsteuer-Ermäßigung 2021"** besteht aus einem **Hauptvordruck** sowie **Anlage-Vordrucken**:

- Antrag auf Lohnsteuer-Ermäßigung 2021 (Hauptvordruck) einschließlich Ausfüllungsanleitung
- Anlage Werbungskosten zum Lohnsteuer-Ermäßigungsantrag
- Anlage Kinder zum Lohnsteuer-Ermäßigungsantrag
- Anlage Sonderausgaben/außergewöhnliche Belastungen zum Lohnsteuer-Ermäßigungsantrag
- Anlage Haushaltsnahe Aufwendungen/Energetische Maßnahmen zum Lohnsteuer-Ermäßigungsantrag.

Der Arbeitnehmer muss neben dem Hauptvordruck nur die Anlagen ausfüllen, die er für seinen Antrag benötigt. Ein **„Vereinfachter Antrag** auf Lohnsteuer-Ermäßigung" ist Bestandteil des Hauptvordrucks. Ein Antrag auf **Lohnsteuer-Ermäßigung im vereinfachten Verfahren** kann z. B. erfolgen, wenn für 2021 der gleiche Freibetrag wie für 2020 beantragt werden soll und der Arbeitnehmer versichert, dass sich die Verhältnisse nicht wesentlich geändert haben (§ 39a Abs. 2 Satz 5 EStG).

Die Vordrucke können von der Internet-Seite des Bundesministeriums der Finanzen heruntergeladen werden (www.bundesfinanzministerium.de unter der Rubrik Service/Formulare/Formular-Management-System/Formularcenter/Steuerformulare/Lohnsteuer).

Die Freibeträge und alle weiteren Änderungen der Besteuerungsmerkmale werden als **elektronische Lohnsteuerabzugsmerkmale (sog. ELStAM)** in einer Datenbank gespeichert und den Arbeitgebern automatisch bereitgestellt. Auf die ausführlichen Erläuterungen beim Stichwort „Elektronische Lohnsteuerabzugsmerkmale (ELStAM)" wird Bezug genommen.

2. Antragsgrenze in Höhe von 600 € für die Berücksichtigung von Freibeträgen

Ein Freibetrag wird – mit Ausnahme der unter dem folgenden Buchstaben **f** genannten Fälle – nur dann beim Lohnsteuerabzug berücksichtigt, wenn die sog. **600-Euro-Grenze** überschritten ist. Übersteigen Werbungskosten, Sonderausgaben und außergewöhnliche Belastungen die Antragsgrenze von 600 € nicht, ist der Antrag auf Berücksichtigung eines Freibetrags unzulässig. Die Aufwendungen können dann erst nach Ablauf des Kalenderjahres bei einer Veranlagung zur Einkommensteuer geltend gemacht werden.

Für die Feststellung, ob die Antragsgrenze überschritten wird, gilt Folgendes:

a) **Werbungskosten** zählen nur mit, soweit sie den Arbeitnehmer-Pauschbetrag von 1000 € (bei Versorgungsbezügen 102 €) übersteigen.

b) **Sonderausgaben** (z. B. Kirchensteuer) werden mit den tatsächlich anfallenden Beträgen angesetzt. Bei den Unterhaltsleistungen für den geschiedenen oder dauernd getrennt lebenden Ehegatten (sog. Realsplitting)[1], den Kinderbetreuungskosten, den Berufsausbildungskosten und dem Schulgeld sind höchstens die berücksichtigungsfähigen Aufwendungen anzusetzen. Vorsorgeaufwendungen (z. B. die Arbeitnehmeranteile zur Sozialversicherung) gehören zwar begrifflich ebenfalls zu den Sonderausgaben, sie werden jedoch beim Lohnsteuerabzug durch den Ansatz einer **Vorsorgepauschale** berücksichtigt (vgl. die Erläuterungen in Anhang 8). Wie erläutert, kann für **Vorsorgeaufwendungen** – obwohl sie zu den Sonderausgaben gehören – **kein Freibetrag** als Lohnsteuerabzugsmerkmal gebildet werden, **da** diese Vorsorgeaufwendungen beim Lohnsteuerabzug bereits durch den Ansatz der **Vorsorgepauschale** berücksichtigt werden. Zu den vorstehend erwähnten Vorsorgeaufwendungen gehören **auch „Rürup-Rentenverträge"**. Der **Bundesfinanzhof** hat es daher abgelehnt, bei einem verheirateten Rürup-Sparer für die Einzahlung in einen Rürup-Vertrag einen Freibetrag zu bilden (BFH-Urteil vom 10.11.2016, BStBl. 2017 II S. 715). Er hält dies für **verfassungsrechtlich unbedenklich,** da der Gesetzgeber mit der Berücksichtigung von Vorsorgeaufwendungen über die Vorsorgepauschale eine generalisierende, typisierende und pauschalierende Regelung getroffen hat und das **Absehen von einer Sonderregelung** für Rürup-Verträge nur eine **verhältnismäßig kleine Zahl von Personen betrifft,** bei denen dies – im Hinblick auf das Einkommensteuer-Veranlagungsverfahren – **nicht zu gravierenden Nachteilen führt.** Zudem hat der Bundesfinanzhof berücksichtigt, dass der Steuerzahler es bei einem Rürup-Vertrag in der Hand hat, sich den Zeitpunkt seiner freiwilligen Zahlung unter Abwägung der Vor- und Nachteile im Hinblick auf die spätere Rentenzahlung einerseits und einen gegenwärtigen Zins- und Liquiditätsgewinn andererseits auszusuchen.

c) Die Aufwendungen für **außergewöhnliche Belastungen allgemeiner Art** sind für die Berechnung der Antragsgrenze mit den tatsächlich anfallenden Beträgen – vor Ansatz der zumutbaren Belastung – anzusetzen.

d) Beim **Unterhalt** von bedürftigen Personen, beim **Ausbildungsfreibetrag** und beim **Pflege-Pauschbetrag** sind für die Berechnung der Antragsgrenze die zu gewährenden Freibeträge anzusetzen.

e) Für die Berechnung der Antragsgrenze ist der Entlastungsbetrag für Alleinerziehende im Todesjahr des Ehegatten/Lebenspartners und im Folgejahr mit dem zu gewährenden Freibetrag anzusetzen.

f) Folgende Freibeträge werden ohne Rücksicht auf die 600-Euro-Grenze berücksichtigt:

- Der **Erhöhungsbetrag** beim **Entlastungsbetrag für Alleinerziehende** i. H. v. **2100 €** in den Kalenderjahren 2020 und **2021** sowie der **Erhöhungsbetrag** von 240 € jährlich für das zweite und jedes weitere Kind bei **Alleinerziehenden**
- **Freibetrag für behinderte Menschen**
- **Freibetrag für Hinterbliebene**
- Freibeträge für Beschäftigungsverhältnisse in privaten Haushalten, für die Inanspruchnahme haushaltsnaher Dienstleistungen und für Handwerkerleistungen sowie die Freibeträge für energetische Sanierungsmaßnahmen an selbstgenutztem Wohneigentum (vgl. nachfolgenden Abschnitt E)
- Verluste aus anderen Einkunftsarten
- Kinderfreibeträge und Freibeträge für Betreuungs- und Erziehungs- oder Ausbildungsbedarf für Kinder, für die der Arbeitnehmer **keinen Anspruch auf Kindergeld** oder vergleichbare Leistungen hat (sog. Auslandskinder, vgl. Abschnitt F und Anhang 9 Nr. 12).

Ist die Summe der unter den Buchstaben **a** bis **e** genannten Aufwendungen und Beträge höher als 600 €, wird ein Freibetrag (nach gesonderter Berechnung) als Lohnsteuerabzugsmerkmal gebildet. Ist die Summe 600 € oder niedriger, kann eine Steuerermäßigung erst bei einer Veranlagung zur Einkommensteuer beantragt werden. Die Berechnung der Antragsgrenze soll an den beiden folgenden Beispielen verdeutlicht werden:

Beispiel A

Ein Arbeitnehmer (Steuerklasse I) fährt 2021 mit seinem Pkw zu seiner ersten Tätigkeitsstätte. Er möchte die Entfernungspauschale in Höhe von (0,30 € × 20 km × 200 Arbeitstage =) 1200 € als Freibetrag beim Lohnsteuerabzug berücksichtigen lassen. Es ergibt sich folgende Berechnung:

Entfernungspauschale		1 200,– €
abzüglich Arbeitnehmer-Pauschbetrag		1 000,– €
verbleibende Werbungskosten		200,– €

Die Antragsgrenze von 600 € ist nicht überschritten. Ein Freibetrag kann nicht berücksichtigt werden. Macht der Arbeitnehmer glaubhaft, dass er 2021 voraussichtlich 401 € Kirchensteuer zu zahlen hat, ergibt sich Folgendes:

Werbungskosten, soweit sie den Arbeitnehmer-Pauschbetrag von 1000 € übersteigen		200,– €
tatsächlich anfallende Sonderausgaben (Kirchensteuer)		401,– €
		601,– €

Die Antragsgrenze von 600 € ist überschritten. Es wird folgender Freibetrag gebildet:

Werbungskosten, soweit sie den Arbeitnehmer-Pauschbetrag von 1000 € übersteigen		200,– €
Sonderausgaben abzüglich Sonderausgaben-Pauschbetrag (401 € abzüglich 36 €)		365,– €
Freibetrag 2021 jährlich		565,– €
monatlich 1/12	=	47,08 €
aufgerundet auf volle Euro		48,– €

Beispiel B

Ein Arbeitnehmer (Steuerklasse I) mit einem voraussichtlichen Jahresarbeitslohn von 30 000 € fährt täglich mit den öffentlichen Verkehrsmitteln zu seiner ersten Tätigkeitsstätte. Er möchte die Entfernungspauschale in Höhe von (0,30 € × 20 km × 200 Arbeitstage =) 1200 € als Freibetrag beim Lohnsteuerabzug berücksichtigen lassen. An Kirchensteuer zahlt der Arbeitnehmer 120 € jährlich. Außerdem hat er für zahnärztliche Behandlung 400 € zu leisten, für die er von keiner Seite Ersatz bekommt.

1) Entsprechendes gilt für Unterhaltsleistungen an den eingetragenen Lebenspartner nach einer Auflösung der Lebenspartnerschaft oder im Fall des dauernden Getrenntlebens (§ 2 Abs. 8 EStG).

Die Berechnung der 600-Euro-Grenze ergibt Folgendes:

Entfernungspauschale	1 200,– €
abzüglich Arbeitnehmer-Pauschbetrag	1 000,– €
verbleibende Werbungskosten	200,– €
tatsächlich anfallende Sonderausgaben (Kirchensteuer)	120,– €
Außergewöhnliche Belastung allgemeiner Art (ohne Berücksichtigung der zumutbaren Belastung)	400,– €
Insgesamt	720,– €

Der Arbeitnehmer kann bei seinem zuständigen Wohnsitzfinanzamt die Bildung eines Freibetrags beantragen, da die 600-Euro-Grenze überschritten ist. Der Freibetrag errechnet sich wie folgt:

Entfernungspauschale	1 200,– €	
abzüglich Arbeitnehmer-Pauschbetrag	1 000,– €	
Freibetrag für Werbungskosten		200,– €
Sonderausgaben (Kirchensteuer)	120,– €	
abzüglich Sonderausgaben-Pauschbetrag	36,– €	
Freibetrag für Sonderausgaben		84,– €
Außergewöhnliche Belastung	400,– €	
abzüglich zumutbare Belastung[1]	1 728,– €	
Freibetrag für außergewöhnliche Belastung		0,– €
Freibetrag 2021 jährlich		284,– €
monatlich $^{1}/_{12}$, aufgerundet auf volle Euro	=	24,– €

3. Verfahren zur Berücksichtigung von Freibeträgen beim Lohnsteuerabzug

Die Berücksichtigung von Freibeträgen beim Lohnsteuerabzug setzt voraus, dass der Arbeitnehmer einen entsprechenden Antrag stellt. Die Antragsvordrucke sind bei den Finanzämtern kostenlos erhältlich. Sie stehen auch auf der Internetseite des Bundesministeriums der Finanzen[2] zum Download bereit. Zuständig für die Bildung eines Freibetrags ist das **Wohnsitzfinanzamt.** Der Arbeitnehmer kann den Antrag per Post einsenden oder persönlich beim Wohnsitzfinanzamt abgeben.

Wenn die Voraussetzungen für die Bildung eines steuerfreien Betrages erfüllt sind, stellt das Finanzamt den Gesamtjahresbetrag fest und verteilt ihn gleichmäßig auf die der Antragstellung folgenden Monate (z. B. bei Antragstellung im Juni des Kalenderjahres mit jeweils $^{1}/_{6}$ auf die Monate Juli bis Dezember). Der Tagesbetrag beträgt jeweils $^{1}/_{30}$ und der Wochenbetrag $^{7}/_{30}$ des Monatsbetrages. Der Tagesbetrag wird auf 5 Cent, der Wochenbetrag auf 10 Cent und der Monatsbetrag auf volle Euro aufgerundet. Wird der Antrag des Arbeitnehmers auf Eintragung eines Freibetrags abgelehnt oder wird dem Antrag nicht voll entsprochen, hat das Finanzamt einen schriftlichen Bescheid unter Angabe der Ablehnungsgründe zu erteilen.

Soll ein im Lohnsteuer-Ermäßigungsverfahren gebildeter Freibetrag (z. B. wegen erhöhter Werbungskosten) **auf mehrere Dienstverhältnisse** des Arbeitnehmers **aufgeteilt** werden, ist ein formloser Antrag des Arbeitnehmers bei seinem Wohnsitzfinanzamt erforderlich. Das Finanzamt ordnet die Freibeträge den einzelnen Dienstverhältnissen für den Abruf der ELStAM zu. Der Arbeitnehmer hat dem Arbeitgeber weder Angaben zur Anwendung des Freibetrags noch dessen Höhe mitzuteilen.

4. Verrechnung von Freibeträgen und Hinzurechnungsbeträgen

Beim Lohnsteuerabzug werden nicht nur Freibeträge, sondern auch Hinzurechnungsbeträge berücksichtigt. Dieses Verfahren ist ausführlich anhand von Beispielen beim Stichwort „Hinzurechnungsbetrag beim Lohnsteuerabzug" erläutert. Trifft ein Hinzurechnungsbetrag mit einem bereits gebildeten oder noch zu bildenden Freibetrag zusammen, wird nur der verbleibende Differenzbetrag entweder als Freibetrag oder Hinzurechnungsbetrag berücksichtigt.

Im ELStAM-Verfahren kann der **Arbeitnehmer** entscheiden, **ob** und ggf. in **welcher Höhe** der **Arbeitgeber** des zweiten Dienstverhältnisses einen in diesen Fällen beantragten und vom Finanzamt ermittelten **Freibetrag abrufen** soll. Allein für eine solche Verteilung auf die einzelnen Dienstverhältnisse ist ein Antrag beim Finanzamt nicht erforderlich.

Der Arbeitgeber hat den vom Arbeitnehmer genannten Betrag im Rahmen der üblichen Anmeldung des Arbeitnehmers zum ELStAM-Verfahren bzw. bei der Anfrage von elektronischen Lohnsteuerabzugsmerkmalen an die Finanzverwaltung zu übermitteln. Nach Prüfung des übermittelten Betrags stellt die **Finanzverwaltung** dem Arbeitgeber den tatsächlich zu berücksichtigenden **Freibetrag** als ELStAM **zum Abruf bereit.** Nur dieser Freibetrag ist für den Arbeitgeber **maßgebend** und für den Lohnsteuerabzug anzuwenden sowie in der üblichen Lohn- und Gehaltsabrechnung des Arbeitnehmers als ELStAM in Form eines Freibetrags auszuweisen.

5. Erhöhung oder Minderung des Freibetrags bzw. Hinzurechnungsbetrags

Wird beim Lohnsteuerabzug durch den Arbeitgeber bereits ein Freibetrag berücksichtigt und beantragt der Arbeitnehmer für zusätzliche Aufwendungen oder aus sonstigen Gründen einen weiteren Freibetrag, wird als Jahresfreibetrag die Summe des bisherigen und des zusätzlichen Betrags festgesetzt. Als Monatsbetrag wird der Teilbetrag für die restlichen Monate aus dieser Summe nach Abzug der in den vergangenen Monaten bereits steuerlich berücksichtigten Beträge ermittelt. **Für die Erhöhung des bereits eingetragenen Freibetrags gilt die 600-Euro-Grenze nicht.** Eine rückwirkende Erhöhung des Freibetrags für den Monat der Antragstellung und die davorliegenden Monate ist nicht möglich (vgl. nachfolgend unter Nr. 6).

Die Berechnung des neuen Monatsfreibetrags soll am **Beispiel A** für die **Erhöhung** des bereits eingetragenen Freibetrags und am **Beispiel B** für die **Minderung** des bereits eingetragenen Freibetrags verdeutlicht werden:

Beispiel A

Ein monatlich entlohnter Arbeitnehmer, der bereits einen Freibetrag von 2400 € jährlich (monatlich 200 €) hat, macht am 11. März 2021 weitere berücksichtigungsfähige Aufwendungen von 963 € für das Kalenderjahr 2021 geltend. Es ergibt sich ein neuer Jahresfreibetrag von (2400 € + 963 € =) 3363 €. Für die Berechnung des neuen Monatsfreibetrags ist der Jahresfreibetrag um die bei der Lohnsteuerberechnung bisher bereits berücksichtigten Monatsfreibeträge von (3 × 200 € =) 600 € zu kürzen. Der verbleibende Betrag von (3363 € ./. 600 € =) 2763 € ist auf die Monate April bis Dezember 2021 zu verteilen, sodass ab 1. April 2021 ein Monatsfreibetrag von 307 € berücksichtigt wird. Für die abgelaufenen Lohnzahlungszeiträume Januar bis März 2021 bleibt der Monatsfreibetrag von 200 € unverändert.

Beispiel B

Ein monatlich entlohnter Arbeitnehmer, der bereits einen Freibetrag von 4800 € jährlich (monatlich 400 €) hat, teilt dem Finanzamt am 11. März 2021 mit, dass sich die berücksichtigungsfähigen Aufwendungen um 975 € für das Kalenderjahr 2021 vermindern. Es ergibt sich ein neuer Jahresfreibetrag von (4800 € ./. 975 € =) 3825 €. Für die Berechnung des neuen Monatsfreibetrags ist der Jahresfreibetrag um die bei der Lohnsteuerberechnung bisher bereits berücksichtigten Monatsfreibeträge von (3 × 400 € =) 1200 € zu kürzen. Der verbleibende Betrag von (3825 € ./. 1200 € =) 2625 € ist auf die Monate April bis Dezember 2021 zu verteilen, sodass ab 1. April 2021 ein Monatsfreibetrag von 292 € berücksichtigt wird. Für die abgelaufenen Lohnzahlungszeiträume Januar bis März 2021 bleibt der Monatsfreibetrag von 400 € unverändert.

Diese Grundsätze gelten entsprechend auch für Hinzurechnungsbeträge.

6. Keine rückwirkende Berücksichtigung von Freibeträgen oder Hinzurechnungsbeträgen

In § 39 Abs. 1 Satz 4 EStG ist klargestellt, dass die Festsetzung eines Freibetrags verfahrensrechtlich eine gesonderte Feststellung von Besteuerungsgrundlagen darstellt, die **jederzeit auch rückwirkend geändert** werden kann. Eine vorläufige Festsetzung des Freibetrags oder die Bildung „auf Widerruf" ist hierzu nicht erforderlich. Diese Verfahrensvorschrift ermöglicht es dem **Finanzamt** einen falschen Freibetrag rückwirkend aufzuheben oder zu ändern und die zu wenig gezahlte Lohnsteuer vom **Arbeitnehmer** nachzufordern. Diese Verfahrensvorschrift führt jedoch nicht dazu, dass der Freibetrag für den Monat der Antragstellung und die davorliegenden Monate rückwirkend festgesetzt wird, wenn der Arbeitnehmer für bereits entstandene Aufwendungen im Laufe des Kalenderjahres die erstmalige Festsetzung eines Freibetrags oder die Erhöhung eines bereits festgesetzten Freibetrags beantragt. Beantragt ein Arbeitnehmer im Laufe des Kalenderjahres die erstmalige Festsetzung eines Freibetrags oder die Erhöhung eines bereits eingetragenen Freibetrags, darf das Finanzamt den Freibetrag **erst ab Beginn** des auf die Antragstellung **folgenden Monats** festsetzen. Eine **rückwirkende Festsetzung** eines Freibetrags oder eine rückwirkende Änderung eines bereits festgesetzten Freibetrags ist **nicht zulässig** (§ 39a Abs. 2 Satz 6 EStG). Diese Regelung soll verhindern, dass der Arbeitgeber in diesen Fällen die bereits durchgeführten Lohnabrechnungen wieder aufrollen muss. Lediglich ein im Januar 2021 beantragter Freibetrag wird bereits mit Wirkung vom 1. Januar an vom Finanzamt als Lohnsteuerabzugsmerkmal gebildet (§ 39a Abs. 2 Satz 7 EStG).[3]

---

1) Zur Berechnung der zumutbaren Belastung vgl. die Erläuterungen und das Beispiel im nachfolgenden Abschnitt D unter Nr. 1.

2) www.bundesfinanzministerium.de unter der Rubrik Formulare/Formular-Management-System/Formularcenter/Steuerformulare/Lohnsteuer.

3) Die Finanzverwaltung lässt es zu, dass Freibeträge mit einer späteren zeitlichen Wirkung beantragt werden können (z. B. im Oktober mit Wirkung ab 1. Dezember); der maximale Zeitraum soll drei Monate betragen. Hierdurch sollen Schwierigkeiten im ELStAM-Verfahren bei vorschüssiger Lohnzahlung vermieden werden.

Beispiel A

Ein Arbeitnehmer, dem bereits seit 1. Januar 2021 Werbungskosten für Fahrten zwischen Wohnung und erster Tätigkeitsstätte in Höhe einer Entfernungspauschale von 250 € monatlich entstehen, beantragt erst im November die Bildung eines Freibetrags. Das Finanzamt kann deshalb den Freibetrag erst mit Wirkung vom 1. Dezember 2021 festsetzen. Eine rückwirkende Festsetzung des Freibetrags mit Wirkung vom 1. Januar 2021 ist nicht zulässig. Der ab 1. Dezember 2021 festzusetzende Freibetrag errechnet sich wie folgt:

Entfernungspauschale (12 × 250 € =)	3 000,– €
abzüglich Arbeitnehmer-Pauschbetrag	1 000,– €
Jahresfreibetrag	2 000,– €
Monatsfreibetrag ab Dezember 2021	2 000,– €

Wenn sich der Monatsfreibetrag von 2000 € beim Lohnsteuerabzug für den Monat Dezember 2021 nicht voll auswirkt, kann ein Ausgleich der zu viel gezahlten Lohnsteuer nur im Rahmen einer Veranlagung zur Einkommensteuer nach Ablauf des Kalenderjahres erreicht werden, da der Arbeitgeber wegen der Berücksichtigung des Freibetrags im Dezember 2021 keinen Lohnsteuerjahresausgleich durchführen darf (§ 42b Abs. 1 Satz 3 Nr. 3a EStG; siehe auch das Stichwort „Lohnsteuer-Jahresausgleich durch den Arbeitgeber" im Hauptteil des Lexikons).

Das Verbot der rückwirkenden Festsetzung gilt auch für Hinzurechnungsbeträge. Außerdem gilt das Verbot der rückwirkenden Festsetzung auch für einen Wechsel der Steuerklasse (§ 39 Abs. 6 Satz 5 EStG).

Ist aber im ELStAM-Verfahren aufgrund eines Einspruchs des Arbeitnehmers eine erstmalige Festsetzung oder Korrektur des Freibetrags für zurückliegende Lohnzahlungszeiträume erforderlich, stellt das Finanzamt auf Antrag des Arbeitnehmers eine **befristete Bescheinigung** für den Lohnsteuerabzug aus. In der befristeten Bescheinigung werden die anzuwendenden Lohnsteuerabzugsmerkmale für im Kalenderjahr zurückliegende Monate ausgewiesen (befristet bis zum Monatsende vor Bereitstellung der zutreffenden ELStAM). Weil diese Lohnsteuerabzugsmerkmale nur **für die Vergangenheit** anzuwenden sind, wird der **Arbeitgeberabruf** für die ELStAM **nicht gesperrt** (vgl. das Stichwort „Lohnsteuerabzugsbescheinigung" unter Nr. 6). Aufgrund der vorgelegten befristeten Bescheinigung ist eine Korrektur des Lohnsteuerabzugs durch den Arbeitgeber für die zurückliegenden Monate möglich (vgl. das Stichwort „Änderung des Lohnsteuerabzugs").

Beispiel B

Aufgrund eines Einspruchsverfahrens bildet das Finanzamt Mitte April 2021 erstmals einen Freibetrag im Lohnsteuer-Ermäßigungsverfahren in Höhe von 300 € monatlich rückwirkend ab Januar 2021 (= Monat der Antragstellung; § 39a Abs. 2 Satz 7 EStG). Ab Mai 2021 ist der Freibetrag in dieser Höhe in der elektronisch gebildeten ELStAM enthalten.

Für die Monate Januar bis April 2021 erteilt das Finanzamt dem Arbeitnehmer eine befristete Bescheinigung für den Lohnsteuerabzug zur Vorlage beim Arbeitgeber, in der auch ein Freibetrag in Höhe von 300 € monatlich ausgewiesen ist (Gültigkeitsangabe: Januar bis April 2021). Der Arbeitgeberabruf für die ELStAM wird nicht gesperrt, da die Bescheinigung nur für die Vergangenheit gültig ist. Der Arbeitgeber ist berechtigt aufgrund dieser Bescheinigung den Lohnsteuerabzug für die Monate Januar bis April zu ändern und einen Freibetrag in Höhe von 300 € monatlich zu berücksichtigen.

7. Freibeträge bei Ehegatten[1)]

Beantragen Ehegatten, die beide unbeschränkt steuerpflichtig sind und nicht dauernd getrennt leben, die Festsetzung eines Freibetrags für Aufwendungen, die unter die 600-Euro-Grenze fallen, ist für die Frage, ob diese Grenze überschritten ist, von der **Summe** der für beide Ehegatten in Betracht kommenden Aufwendungen und abziehbaren Beträge auszugehen. Die 600-Euro-Grenze gilt folglich für die gesamten zusammengerechneten Aufwendungen und abziehbaren Beträge der Ehegatten **nur einmal.** Sie verdoppelt sich auch dann nicht, wenn beide Ehegatten Arbeitslohn beziehen und ein Freibetrag bei beiden Ehegatten berücksichtigt werden soll.

Ehegatten können die Festsetzung eines Freibetrags gemeinsam beantragen und für die Sonderausgaben und außergewöhnlichen Belastungen beliebig entscheiden, wer den Freibetrag erhalten soll oder wie der Freibetrag auf die Ehegatten aufgeteilt wird. Soweit es sich jedoch um **Werbungskosten** handelt, kann jeder Ehegatte die ihm entstehenden Werbungskosten nur bei sich selbst berücksichtigen lassen. Die Berücksichtigung von Werbungskosten beim anderen Ehegatten ist ausgeschlossen.

Beispiel

Die Eheleute A und B beantragen im Lohnsteuer-Ermäßigungsverfahren die Bildung von Freibeträgen als Lohnsteuerabzugsmerkmal. Die Werbungskosten aus nichtselbstständiger Arbeit betragen 1300 € (Ehemann) und 1600 € (Ehefrau).

Der Antrag ist zulässig, da die Werbungskosten der Eheleute – jeweils nach Abzug des Arbeitnehmer-Pauschbetrags – die 600-Euro-Grenze überschreiten (300 € Ehemann zuzüglich 600 € Ehefrau = 900 €); der Betrag von 600 € verdoppelt sich nicht. Beim Ehemann wird ein Freibetrag in Höhe von 300 € jährlich (1300 € abzüglich 1000 € Arbeitnehmer-Pauschbetrag) und bei der Ehefrau von 600 € jährlich (1600 € abzüglich 1000 € Arbeitnehmer-Pauschbetrag) gebildet. Eine andere Verteilung des wegen Werbungskosten gebildeten Freibetrags auf die Eheleute ist nicht möglich.

Ausgeschlossen ist auch die Übertragung von korrespondierenden Freibeträgen und **Hinzurechnungsbeträgen** von einem Ehegatten auf den anderen. Oder anders ausgedrückt: Es ist nicht möglich, dass beim **Ehemann** ein Hinzurechnungsbetrag berücksichtigt wird, damit die **Ehefrau** einen Freibetrag erhält.

Die **Sonderausgaben** von Ehegatten sind stets **einheitlich** festzustellen (Vorsorgeaufwendungen bleiben dabei außer Ansatz, da für Vorsorgeaufwendungen kein Freibetrag berücksichtigt wird; vgl. auch Erläuterungen unter der vorstehenden Nr. 2). Es kommt nicht darauf an, welcher Ehegatte die Sonderausgaben (z. B. Kirchensteuer oder Spenden) tatsächlich bezahlt hat. Die Berücksichtigung eines steuerfreien Betrags wegen erhöhter Sonderausgaben kommt nur in Betracht, soweit die Sonderausgaben den für Ehegatten geltenden gemeinsamen Sonderausgaben-Pauschbetrag von 72 € übersteigen.

Für die steuerliche Berücksichtigung von **außergewöhnlichen Belastungen** sowie der **Pauschbeträge für Behinderte und Hinterbliebene** genügt es, wenn die Voraussetzungen dafür entweder beim Arbeitnehmer selbst oder seinem Ehegatten vorliegen. Auch in diesen Fällen kommt es nicht darauf an, welcher Ehegatte die Aufwendungen gehabt hat.

Haben Ehegatten ein behindertes Kind, kann der dem Kind zustehende Behinderten-Pauschbetrag nach § 33b Abs. 5 EStG auf einen oder beide Elternteile übertragen werden (vgl. die Erläuterungen im nachfolgenden Abschnitt D Nr. 8 Buchstabe d).

8. Faktorverfahren für Arbeitnehmer-Ehegatten[1)]

Sind beide Ehegatten berufstätig, können sie folgende Steuerklassenkombinationen wählen:

- für **beide** Ehegatten die Steuerklasse IV **oder**
- für einen Ehegatten die Steuerklasse III und für den anderen Ehegatten die Steuerklasse V.

Die zutreffende Wahl der Steuerklassen für Ehegatten ist beim Stichwort „Steuerklassen" im Hauptteil des Lexikons ausführlich erläutert. Außerdem ist in **Anhang 11 zum Lexikon** eine Tabelle zur Steuerklassenwahl abgedruckt, die die Wahl bei unterschiedlich hohen Arbeitslöhnen der Ehegatten erleichtern soll.

Daneben können Ehegatten, die beide berufstätig sind, anstelle der Steuerklassenkombination III/V die Eintragung der Steuerklassenkombination IV/IV **plus Faktor** beantragen. Durch dieses sog. Faktorverfahren soll erreicht werden, dass die steuermindernde Wirkung des Splittingverfahrens bereits beim Lohnsteuerabzug anteilmäßig bei beiden Ehegatten berücksichtigt wird und nicht nur allein bei demjenigen Ehegatten, der bei der Steuerklassenkombination III/V die Steuerklasse III erhalten hat (= im Regelfall der Ehemann). Neben einer gerechten Aufteilung der Splittingvergünstigung auf Ehemann und Ehefrau sollen auch Nachzahlungen im Veranlagungsverfahren vermieden werden, die sich bei der Steuerklassenkombination III/V häufig ergeben können.

Der **Antrag** auf Berücksichtigung der Steuerklasse IV in Verbindung mit einem **Faktor** ist mit dem **Vordruck „Antrag auf Steuerklassenwechsel bei Ehegatten" zu stellen.** Sofern bei der **Berechnung** des Faktors ein **Freibetrag berücksichtigt** werden soll, ist zusätzlich der entsprechende Abschnitt/die Anlage des **Antrags auf Lohnsteuer-Ermäßigung** auszufüllen.

Ein etwaiger **Freibetrag** (z. B. wegen Werbungskosten, Sonderausgaben oder außergewöhnlicher Belastungen) **kann nicht zusätzlich zum Faktor festgesetzt werden,** da er bereits bei der Berechnung der voraussichtlichen Einkommensteuer im Splittingverfahren berücksichtigt wird. Er hat sich damit bereits auf die Höhe des Faktors ausgewirkt und würde daher im Fall der (zusätzlichen) Festsetzung doppelt berücksichtigt werden.

Beispiel A

Arbeitnehmer-Ehegatten haben beide die Steuerklasse IV. Sie beantragen beim Finanzamt die Steuerklassenkombination IV/IV plus Faktor und im Rahmen des Lohnsteuer-Ermäßigungsverfahrens 2021 außerdem die Berücksichtigung von Werbungskosten des Ehemannes in Höhe von 1720 €.

Die den Arbeitnehmer-Pauschbetrag übersteigenden Werbungskosten des Ehemannes von 720 € (1720 € abzüglich 1000 €) werden vom Finanzamt nicht zusätzlich zum Faktor als Freibetrag eingetragen, sondern bei der Ermittlung des Faktors berücksichtigt. Sie sind also im Faktor bereits enthalten.

1) Die nachfolgenden Ausführungen gelten entsprechend bei eingetragenen Lebenspartnerschaften (§ 2 Abs. 8 EStG).

Wird unterjährig ein Faktor beantragt, ist dieser Faktor ab dem 1. des Folgemonats zu bilden. Bei einem zuvor gebildeten Freibetrag (z. B. wegen Werbungskosten in Höhe der Entfernungspauschale wegen Fahrten zwischen Wohnung und erster Tätigkeitsstätte) darf dieser für die Vormonate nicht herabgesetzt werden, da auch das Faktorverfahren erst ab dem der Antragstellung folgenden Monat anzuwenden ist.

Beispiel B

Für den Arbeitnehmer B wurde ein Jahresfreibetrag in Höhe von 4800 € (= 400 € monatlich) ab dem 1.1.2021 gebildet. Am 10.3.2021 beantragt B gemeinsam mit seiner Ehefrau die Bildung der Steuerklasse IV mit Faktor.

Bei den Eheleuten ist ab dem 1.4.2021 die Steuerklasse IV mit Faktor zu bilden. Der bisher noch nicht verbrauchte Freibetrag in Höhe von 3600 € (4800 € abzüglich 1200 € für die Monate Januar bis März) fließt in die Berechnung des Faktors mit ein. Für die Monate Januar bis März 2021 bleibt der Freibetrag in Höhe von jeweils 400 € monatlich in unveränderter Höhe bestehen.

Durch das sog. Bürokratieentlastungsgesetz vom 28.7.2015 (BGBl. I S. 1400) ist für den im Faktorverfahren gebildeten Faktor die zweijährige Gültigkeit eingeführt worden (§ 39f Abs. 1 Satz 9 EStG). Nach dem Steuerumgehungsbekämpfungsgesetz vom 23.6.2017 (BGBl. I S. 1682) wird die **zweijährige Gültigkeit** des für Ehegatten mit Steuerklasse IV zusätzlich im Faktorverfahren gebildeten Faktors **ab 2019** erstmals angewendet.

Den Ehegatten wird die Steuerklassenkombination IV/IV allerdings auch dann gewährt, wenn nur ein Ehegatte Arbeitslohn bezieht und kein Antrag auf Gewährung der Steuerklassenkombination III/V gestellt wurde. Durch das sog. Jahressteuergesetz wurde klargestellt, dass in diesen Fällen das sog. **Faktorverfahren nicht zur Anwendung kommt**, da eine Verteilung der Steuerlast bei nur einem Arbeitnehmer-Ehegatten anhand eines Faktors nicht erforderlich ist.

Das Faktorverfahren und die Berechnung des Faktors sind beim Stichwort „Faktorverfahren" im Hauptteil des Lexikons ausführlich erläutert.

9. Zweijährige Gültigkeit der Freibeträge

Arbeitnehmer können den Antrag auf Bildung eines **Freibetrags** im Lohnsteuer-Ermäßigungsverfahren für einen **Zeitraum von zwei Jahren** bei ihrem Wohnsitzfinanzamt stellen[1]; die mehrjährige Berücksichtigung des Pauschbetrags für behinderte Menschen und Hinterbliebene bleibt hiervon unberührt. Die entsprechende Antragstellung ist über den Vordruck „Antrag auf Lohnsteuer-Ermäßigung 2021" vorzunehmen.

Beispiel A

Ein monatlich entlohnter Arbeitnehmer beantragt im Februar 2021 die Berücksichtigung eines Freibetrags für die Dauer von zwei Jahren. Es wird vom Finanzamt ein Freibetrag von 3000 € ermittelt, der für die Kalenderjahre 2021 und 2022 wie folgt zu verteilen ist:

Für 2021 ergibt sich für die Monate März bis Dezember ein Monatsbetrag von 300 € (3000 € verteilt auf zehn Monate) und für 2022 ergibt sich für die Monate Januar bis Dezember ein Monatsfreibetrag von 250 € (3000 € verteilt auf zwölf Monate).

Der Arbeitnehmer kann eine Änderung des Freibetrags innerhalb des zweijährigen Gültigkeitszeitraums beantragen, wenn sich die Verhältnisse zu seinen Gunsten ändern. Er ist verpflichtet, eine Änderung zu seinen Ungunsten umgehend seinem Wohnsitzfinanzamt anzuzeigen (§ 39a Abs. 1 Sätze 4 und 5 EStG).

Beispiel B

Fortsetzung des Beispiels A: Im Dezember 2021 teilt der Arbeitnehmer dem Finanzamt pflichtgemäß mit, dass sich für das Kalenderjahr 2022 der Freibetrag auf 2400 € verringert. Das Finanzamt ändert daraufhin den Jahresfreibetrag für 2022 auf 2400 € und verteilt diesen Freibetrag auf die Monate Januar bis Dezember 2022, sodass sich nunmehr ein herabgesetzter Monatsbetrag von 200 € ergibt (2400 € verteilt auf zwölf Monate).

Besonderheiten können sich beim Zusammenspiel der Gültigkeit von Freibeträgen/Hinzurechnungsbeträgen und der **zweijährigen Gültigkeit des Faktorverfahrens** ergeben. Der Freibetrag und der Hinzurechnungsbetrag werden im Rahmen des Lohnsteuer-Ermäßigungsverfahrens grundsätzlich für ein Kalenderjahr beantragt. Alternativ kann ein Freibetrag längstens für einen Zeitraum von zwei Kalenderjahren ab Beginn des Kalenderjahres, für das der Freibetrag erstmals gilt oder geändert wird, gebildet werden. Innerhalb dieses Zweijahreszeitraums kann der Arbeitnehmer einen höheren Freibetrag beantragen, wenn sich die Verhältnisse zu seinen Gunsten ändern. Treten Änderungen zu seinen Ungunsten ein (also ein geringerer Freibetrag), hat er dieses dem Finanzamt anzuzeigen (§ 39a Abs. 1 Satz 4 und 5 EStG). Da **die Zweijahreszeiträume** des Lohnsteuerermäßigungsverfahrens und des Faktorverfahrens **parallel laufen sollen,** ergeben sich **folgende Fallkonstellationen:**

Erklären die Ehegatten/Lebenspartner bei der Beantragung des Faktorverfahrens einen **geringeren Freibetrag** für das zweite Jahr des Zweijahreszeitraums bei der Faktorermittlung, wird dies als Anzeige gewertet, die einen neu ausgelösten Zweijahreszeitraum für das Faktorverfahren ab dem Folgejahr (§ 39f Abs. 1 Satz 9 EStG) unter Einbeziehung der geminderten Freibeträge zur Folge hat.

Beispiel C

Die Ehegatten beantragen im Januar 2021 das Faktorverfahren unter Einbeziehung eines Freibetrags i. H. v. 6000 €. Im Oktober 2021 stellen die Ehegatten den Antrag, ab 2022 den bei der Faktorermittlung ursprünglich einbezogenen Freibetrag i. H. v. 6000 € auf 0 € herabzusetzen.

Der unter Berücksichtigung des Freibetrags ermittelte Faktor wird bei Beantragung im Januar 2021 für die Kalenderjahre 2021 und 2022 gebildet. Da die Ehegatten im Oktober 2021 ihrer Anzeigepflicht nachkommen, wird der Faktor ohne Berücksichtigung des Freibetrags für einen neuen Zweijahreszeitraum (2022 und 2023) gebildet (§ 39f Abs. 1 Satz 9 EStG).

Beispiel D

Die Ehegatten beantragen im Januar 2021 das Faktorverfahren unter Einbeziehung eines Freibetrags i. H. v. 6000 €. Sie erklären zusätzlich, dass sich der bei der Faktorermittlung einzubeziehende Freibetrag für 2022 auf 0 € mindert.

Auch in diesem Fall ist im Januar 2021 zunächst der unter Berücksichtigung des Freibetrags i. H. v. 6000 € ermittelte Faktor für die Kalenderjahre 2021 und 2022 zu bilden. Mit der Beantragung des Faktors haben die Ehegatten jedoch gleichzeitig eine Anzeige mit der Folge abgegeben, dass das Finanzamt ab 2022 einen neuen Faktor ohne Einbeziehung des Freibetrags für die Kalenderjahre 2022 und 2023 bildet (neuer Zweijahreszeitraum).

Wird seitens der Ehegatten/Lebenspartner ein Freibetrag für zwei Kalenderjahre beantragt und später ein **Antrag zugunsten des Faktorverfahrens** für das zweite Gültigkeitsjahr des Freibetrags gestellt, ist dieser Freibetrag in die Bildung des Faktors für den gesamten Zweijahreszeitraum einzubeziehen (insgesamt drei Jahre), falls kein (weiterer) Änderungs- bzw. Anpassungsantrag gestellt wird.

Beispiel E

Die Ehegatten beantragen im Januar 2021 einen Freibetrag i. H. v. 6000 € für zwei Kalenderjahre (2021 und 2022). Im Januar 2022 beantragen sie das Faktorverfahren.

Der Freibetrag i. H. v. 6000 € wird für die Kalenderjahre 2021 und 2022 als Lohnsteuerabzugsmerkmal gebildet. Durch die Beantragung des Faktorverfahrens im Januar 2022 beginnt der Zweijahreszeitraum für das Faktorverfahren (2022 und 2023) unter Berücksichtigung des Freibetrags i. H. v. 6000 € für beide Kalenderjahre. Der bisherige Freibetrag wird ab Bildung des Faktors im Kalenderjahr 2022 nicht mehr als Lohnsteuerabzugsmerkmal gebildet (§ 39f Abs. 1 Satz 6 EStG).

Abwandlung 1 zu Beispiel E

Die Ehegatten zeigen im Oktober 2022 an, dass ab 2023 lediglich noch ein Betrag i. H. v. 4000 € als Freibetrag zu berücksichtigen ist.

Ab 2023 beginnt ein neuer Zweijahreszeitraum (2023 und 2024) für das Faktorverfahren. Dabei wird der Freibetrag von 4000 € im Rahmen der Faktorbildung berücksichtigt.

Abwandlung 2 zu Beispiel E

Bei der Beantragung des Faktorverfahrens im Januar 2022 beantragen die Ehegatten zugleich eine Herabsetzung des Freibetrags ab 2023 auf 4000 €.

Auch in diesem Fall ist im Januar 2022 der Faktor unter Berücksichtigung des Freibetrags i. H. v. 6000 € für die Kalenderjahre 2022 und 2023 zu bilden. Da der zu berücksichtigende Freibetrag aber von vornherein lediglich für das Kalenderjahr 2022 i. H. v. 6000 € beantragt wurde, gilt der Antrag auf Berücksichtigung eines geminderten Freibetrags i. H. v. von 4000 € ab dem Kalenderjahr 2023 mit der Folge, dass das Finanzamt ab 2023 einen neuen Faktor unter Berücksichtigung eines geminderten Freibetrags i. H. v. 4000 € für die Kalenderjahre 2023 und 2024 bildet (neuer Zweijahreszeitraum; § 39f Abs. 1 Satz 9 EStG).

B. Werbungskosten

1. Allgemeines

Werbungskosten des Arbeitnehmers sind die Aufwendungen zur Erwerbung, Sicherung und Erhaltung des Arbeitslohns. Die Aufwendungen müssen bezogen auf die Arbeitnehmertätigkeit dazu dienen, die Erwerbsgrundlage zu erhalten bzw. zu schaffen. Werbungskosten sind daher alle Aufwendungen, die **durch den Beruf veranlasst** sind. Nachträgliche Werbungskosten liegen vor, wenn der Arbeitnehmer nach Beendigung des Arbeitsverhältnisses Aufwendungen im Zusammenhang mit demselben tätigt. Allerdings muss in dem Zeitpunkt, in dem der Grund für diese Aufwendungen gelegt wurde, der berufliche Zusammenhang bestehen. Keine Werbungskosten sind die Aufwendungen für die Lebensführung, die die wirtschaftliche oder gesellschaftliche Stellung des Arbeitnehmers mit sich bringt, auch wenn die Aufwendungen zur Förderung der Tätigkeit des Arbeitnehmers geeignet sind. Ob die beruflich veranlassten Aufwendungen notwendig oder sinnvoll sind, hat das

1) BMF-Schreiben vom 21.5.2015 (BStBl. I S. 488). Das BMF-Schreiben ist als Anlage zu H 39a.1 LStR im **Steuerhandbuch für das Lohnbüro 2021** abgedruckt, das im selben Verlag erschienen ist.

Finanzamt grundsätzlich nicht zu prüfen. Es bleibt dem Arbeitnehmer überlassen, in welcher Höhe er Aufwendungen für seinen Beruf tätigt.

Gemischte Aufwendungen (also berufliche und private Aufwendungen) können nach Zeit-, Mengen-, Flächenanteilen oder nach Köpfen in Werbungskosten und nicht abziehbare Kosten der privaten Lebensführung aufgeteilt werden, wenn eine Trennung nach objektiven Kriterien möglich ist[1]. Vgl. auch unter nachfolgender Nr. 2 „Gemischte Feier".

Für Werbungskosten wird jedem Arbeitnehmer ein sog. **Arbeitnehmer-Pauschbetrag** in Höhe von **1000 € jährlich** gewährt (§ 9a Satz 1 Nr. 1 Buchstabe a) EStG), der bei den Steuerklassen I bis V in das Zahlenwerk des Lohnsteuertarifs eingearbeitet ist. In der Steuerklasse VI ist kein Arbeitnehmer-Pauschbetrag enthalten, da unterstellt wird, dass der Arbeitnehmer-Pauschbetrag bereits beim ersten Dienstverhältnis ausgeschöpft wird.

2. ABC der Werbungskosten (Checkliste)

Das Gesetz (§ 9 EStG) führt nur Beispiele für Werbungskosten an. Eine erschöpfende Aufzählung der außerordentlich vielfältigen Aufwendungen, die als Werbungskosten in Betracht kommen können, ist nicht möglich. Im Folgenden werden die häufigsten Arten von Werbungskosten in alphabetischer Reihenfolge stichwortartig erläutert:

Abendkurs

Wenn der Abendkurs nahezu ausschließlich mit der beruflichen Tätigkeit zusammenhängt, sind die Aufwendungen Fortbildungskosten und damit als Werbungskosten abzugsfähig (vgl. nachfolgend unter „Fortbildungskosten"). Dient der Abendkurs der Vorbereitung auf einen Berufswechsel, sind die Aufwendungen ebenfalls als Werbungskosten abzugsfähig. Aufwendungen für die **erstmalige** Berufsausbildung außerhalb eines Arbeitsverhältnisses und für ein **Erststudium** (als Erstausbildung) sind dagegen nur als Sonderausgaben abzugsfähig (vgl. nachfolgend in Abschnitt C Nr. 6 auf Seite 1231).

ADAC-Beitrag

Keine Werbungskosten; die Aufwendungen sind mit der für Fahrten zwischen Wohnung und erster Tätigkeitsstätte geltenden Entfernungspauschale abgegolten. Vgl. das Stichwort „Entfernungspauschale" im Hauptteil des Lexikons.

Aktenschrank

Als Werbungskosten abzugsfähig, selbst wenn der – eindeutig beruflichen Zwecken dienende – Schrank im Wohnzimmer steht (BFH-Urteil vom 18.2.1977, BStBl. II S. 464). Zur ggf. erforderlichen Abschreibung auf mehrere Jahre vgl. nachfolgend „Arbeitsmittel".

Aktentasche

Die Aufwendungen für eine nahezu ausschließlich beruflich genutzte Aktentasche sind Werbungskosten (FG Berlin, Urteil vom 2.6.1978, EFG 1979 S. 225).

Allgemeinbildende Schulen

Aufwendungen für den Besuch allgemeinbildender Schulen sind regelmäßig keine Werbungskosten, sondern Sonderausgaben (BFH-Urteil vom 22.6.2006, BStBl. II S. 717).

Anzeigen

Anzeigen und sonstige Aufwendungen bei der Stellungssuche sind Werbungskosten, auch wenn die Suche vergeblich war. Vgl. nachfolgend „Bewerbungskosten".

Arbeitnehmerkammerbeiträge

sind Werbungskosten.

Arbeitsgemeinschaft

Fahrtkosten usw. sind als Werbungskosten abzugsfähig, wenn die „private" Arbeitsgemeinschaft eindeutig berufliche Themen zum Gegenstand hat, z. B. die Vorbereitung auf eine Meisterprüfung, und dies nachgewiesen oder zumindest glaubhaft gemacht werden kann.

Arbeitsgerichtlicher Vergleich

Es spricht regelmäßig eine Vermutung dafür, dass Aufwendungen für aus dem Arbeitsverhältnis folgende zivil- und arbeitsgerichtliche Streitigkeiten einen den Werbungskostenabzug rechtfertigenden hinreichend konkreten Veranlassungszusammenhang zu den Lohneinkünften aufweisen. Dies gilt grundsätzlich auch, wenn sich Arbeitgeber und Arbeitnehmer über solche streitigen Ansprüche im Rahmen eines arbeitsgerichtlichen Vergleichs einigen (BFH-Urteil vom 9.2.2012, BStBl. II S. 829).

Arbeitskleidung

Aufwendungen für typische Arbeitskleidung (vgl. dieses Stichwort) und deren Reinigung sind Werbungskosten. Ohne Belege erkennt das Finanzamt zusammen mit Fachbüchern und Fachzeitschriften (vgl. dieses Stichwort) im Regelfall etwa 100 € jährlich an.

Bei einer Reinigung typischer Berufskleidung in der privaten Waschmaschine gilt Folgendes: Zu den Werbungskosten gehören neben den unmittelbaren Kosten des Waschvorgangs (Wasser- und Energiekosten, Wasch- und Spülmittel) auch die Aufwendungen in Form der Abnutzung sowie Instandhaltung und Wartung der für die Reinigung eingesetzten Waschmaschine. Die Aufwendungen können ggf. geschätzt werden (BFH-Urteile vom 29.6.1993, BStBl. II S. 837 und 838). Das Gleiche gilt für die Kosten des Trocknens in einem privaten Wäschetrockner und des Bügelns.

Die sog. „Business-Kleidung" gehört zur bürgerlichen Kleidung und damit zu den nicht abziehbaren Kosten der privaten Lebensführung (BFH-Beschluss vom 13.11.2013, BFH/NV 2014 S. 335).

Arbeitsmittel

Die Aufwendungen für Arbeitsmittel sind als Werbungskosten abzugsfähig, wenn die Gegenstände **nahezu ausschließlich** (private Nutzung maximal 10 %) beruflich genutzt werden. Zu den Arbeitsmitteln gehört die typische Berufskleidung, Fachbücher, Fachzeitschriften, Werkzeuge, Computer, Notebook. Aber auch Einrichtungsgegenstände eines häuslichen Arbeitszimmers gehören zu den Arbeitsmitteln, wenn sie nahezu ausschließlich beruflich genutzt werden. Dies gilt auch dann, wenn die übrigen Aufwendungen für das Arbeitszimmer (anteilige Miete, Strom, Heizung usw.) nicht zum Werbungskostenabzug zugelassen werden. Unter die Abzugsmöglichkeit für Arbeitsmittel fallen insbesondere Aufwendungen für einen Schreibtisch, für Bücherschränke, Bürostühle, Schreibtischlampen usw. Der Begriff „Arbeitsmittel" ist also wesentlich weiter gefasst als der Begriff „Werkzeug" im Sinne des steuerfreien Arbeitgeberersatzes beim Werkzeuggeld (vgl. dieses Stichwort im Hauptteil des Lexikons).

Sind die Anschaffungskosten eines Arbeitsmittels höher als **800 €** (**ohne** Umsatzsteuer) und wird es erfahrungsgemäß länger als ein Jahr genutzt, müssen die Anschaffungskosten auf die voraussichtliche Nutzungsdauer verteilt werden (sog. geringwertige Wirtschaftsgüter). Dabei kann nur der **zeitanteilige,** ab dem Monat der Anschaffung durch die sog. Zwölftel-Methode ermittelte Abschreibungsbetrag (Abschreibung pro rata temporis) als Werbungskosten abgezogen werden. Da es sich um eine „Nettogrenze" handelt, ergibt sich für den sofortigen Werbungskostenabzug bei den Einkünften aus nichtselbstständiger Arbeit für das Wirtschaftsgut (z. B. Computer) im Jahr der Anschaffung (nicht im Jahr der Bezahlung!) eine Betragsgrenze von 952 € (in 2021: 800 € zuzüglich 19 % Umsatzsteuer = 152 €). Eine außergewöhnliche technische Abnutzung (z. B. bei einem Computer) ist als Werbungskosten zu berücksichtigen, und zwar auch dann, wenn wirtschaftlich kein Wertverzehr eintritt. Wird ein als Arbeitsmittel genutztes (und abgeschriebenes) Wirtschaftsgut veräußert, bleibt der Veräußerungserlös außer Betracht. Wird ein bisher privat genutztes Wirtschaftsgut als Arbeitsmittel eingesetzt, ist von der voraussichtlichen Gesamtnutzungsdauer auszugehen. Die „privat verbrauchte" Abschreibung gilt als abgesetzt.

Arbeitszimmer

Der Werbungskostenabzug für ein häusliches Arbeitszimmer ist beim Stichwort „Arbeitszimmer" im Hauptteil des Lexikons ausführlich erläutert. Dort ist auch erläutert, wie eine Vermietung des Arbeitszimmers an den Arbeitgeber steuerlich zu beurteilen ist.

Ausbildungskosten

Aufwendungen für die **erstmalige** Berufsausbildung außerhalb eines Arbeitsverhältnisses und für ein **Erststudium** (als Erstausbildung) sind keine Werbungskosten, sondern bis höchstens 6000 € jährlich als Sonderausgaben abzugsfähig (vgl. nachfolgend in Abschnitt C Nr. 6 auf Seite 1231).

---

1) BMF-Schreiben vom 6.7.2010 (BStBl. I S. 614). Das BMF-Schreiben ist als Anlage 4 zu H 9.1 LStR im **Steuerhandbuch für das Lohnbüro 2021** abgedruckt, das im selben Verlag erschienen ist.

Ausgleichszahlungen

zur **Übertragung einer erworbenen Pensionsanwartschaft auf den neuen Arbeitgeber.** Mit Urteil vom 19.10.2016 (BStBl. 2017 II S. 999) hat der Bundesfinanzhof entschieden, dass Ausgleichszahlungen, die ein Arbeitnehmer, dem eine **Altersversorgung nach beamtenrechtlichen Grundsätzen zugesagt** worden ist, leistet, um bei einem Arbeitgeberwechsel die Anrechnung von Dienstzeiten durch den neuen Arbeitgeber zu erreichen, als **vorweggenommene Werbungskosten** abziehbar sind. Leistet der Steuerpflichtige danach eine Zahlung, um die bei der Berechnung der Versorgungsbezüge nach beamtenrechtlichen Grundsätzen zu berücksichtigenden ruhegehaltsfähigen Dienstzeiten zu erhöhen, erwirbt er damit keinen Kapitalanteil und deshalb auch kein ihm steuerrechtlich zuzuordnendes Wirtschaftsgut (Rentenanwartschaftsrecht), das (teilweise) zu sonstigen Einkünften aus Leibrenten führt.

Auswärtstätigkeit

Vgl. nachfolgend unter „Reisekosten bei Auswärtstätigkeiten".

Autotelefon

Vgl. nachfolgend unter „Telefonkosten".

BahnCard

Vgl. das Stichwort „BahnCard" im Hauptteil des Lexikons.

Bauarbeiter

Vgl. das Stichwort „Einsatzwechseltätigkeit" im Hauptteil des Lexikons.

Berufsausbildung

Vgl. „Ausbildungskosten" und nachfolgend in Abschnitt C Nr. 6 auf Seite 1231.

Berufskleidung

Vgl. „Arbeitskleidung".

Berufskraftfahrer

Vgl. das Stichwort „Fahrtätigkeit" im Hauptteil des Lexikons.

Berufskrankheiten

Krankheitskosten zählen in aller Regel zu den außergewöhnlichen Belastungen (vgl. nachfolgend in Abschnitt D Nr. 1); nur **in Ausnahmefällen** können sie im Zusammenhang mit **typischen Berufskrankheiten** als Werbungskosten abgezogen werden, z. B. bei einer berufsbedingten Bleivergiftung oder bei Folgekosten aus einem Arbeitsunfall. Der Bundesfinanzhof lässt einen Werbungskostenabzug auch dann zu, wenn ein **Zusammenhang** zwischen der **Erkrankung** und dem **Beruf eindeutig** feststeht (BFH-Urteil vom 11.7.2013, BStBl. II S. 815). Dies ist in Zweifelsfällen durch die Einholung eines Sachverständigengutachtens darzulegen. Bei psychischen Erkrankungen (z. B. Burn-out) dürfte ein eindeutiger Zusammenhang zwischen Erkrankung und Beruf aufgrund möglicher Stressfaktoren auch im privaten Bereich kaum feststellbar sein. Auf die Erläuterungen beim Stichwort „Berufskrankheiten" im Hauptteil des Lexikons wird hingewiesen.

Vgl. auch nachfolgend „Burnout-Erkrankung".

Berufsunfähigkeitsversicherung

Aufwendungen für eine Berufsunfähigkeitsversicherung sind nicht als Werbungskosten abziehbar. Selbst eine Aufteilung in einen beruflich und privat veranlassten Anteil kommt nicht in Betracht, da es um das einheitlich dem privaten Bereich zuzuordnende Risiko der Sicherung des Lebensunterhalts geht (BFH-Beschluss vom 15.10.2013, BFH/NV 2014 S. 327).

Berufsverband

Beiträge hierzu sind Werbungskosten.

Berufszulassung

Vgl. nachfolgend unter „Gemischte Feier".

Bestechungsgelder

Vgl. nachfolgend unter „Schmiergelder".

Besuchsfahrten des Ehepartners/Lebenspartners

Wird bei einer beruflich veranlassten doppelten Haushaltsführung der Arbeitnehmer am Wochenende von seinem Ehegatten oder eingetragenen Lebenspartner besucht, treten deren Fahrtkosten an die Stelle der Kosten für eine Familienheimfahrt des Arbeitnehmers. Auch die Kosten für diese sog. umgekehrten Familienheimfahrten können vom Arbeitnehmer als Werbungskosten abgezogen werden, wenn dieser aus beruflichen Gründen an der Familienheimfahrt gehindert ist. Als Werbungskosten abziehbar sind die Entfernungspauschale oder die höheren Aufwendungen für öffentliche Verkehrsmittel. Ein Werbungskostenabzug kommt aber nicht in Betracht, wenn die sog. umgekehrten Familienheimfahrten letztlich privat veranlasste Besuchsreisen des Partners sind.

Der **Bundesfinanzhof** hat allerdings einen Werbungskostenabzug der Aufwendungen für **Besuchsfahrten** eines Ehepartners zur auswärtigen Tätigkeitsstätte des anderen Ehepartners im Rahmen einer **beruflich veranlassten Auswärtstätigkeit abgelehnt** (BFH-Urteil vom 22.10.2015, BStBl. 2016 II S. 179). Die berufliche Veranlassung für solche Fahrten sei selbst dann nicht gegeben, wenn der Arbeitnehmer eine Fahrt vom auswärtigen Beschäftigungsort zum Familienwohnsitz nicht durchführen kann, weil seine Anwesenheit am Beschäftigungsort aufgrund einer Weisung bzw. Empfehlung des Arbeitgebers oder aus anderen beruflichen Gründen erforderlich ist. Die berufliche Veranlassung der an sich privaten Besuchsfahrt des Ehegatten kann daraus nicht hergeleitet werden.

Der Bundesfinanzhof musste nicht darüber entscheiden, ob an der Rechtsprechung weiter festzuhalten ist, wonach bei sog. **umgekehrten Familienheimfahrten** im Rahmen einer beruflich veranlassten **doppelten Haushaltsführung** ein Werbungskostenabzug möglich ist, wenn der Arbeitnehmer aus beruflichen Gründen an der Familienheimfahrt gehindert ist. Die Finanzverwaltung wendet diese Rechtsprechung für den Bereich der doppelten Haushaltsführung **weiterhin** an.

Beteiligungsaufwendungen

Aufwendungen eines Arbeitnehmers zum Erwerb einer Beteiligung an seinem (ggf. künftigen) Arbeitgeber sind regelmäßig **nicht** als (vorab entstandene) **Werbungskosten** bei den Einkünften aus nichtselbstständiger Arbeit zu berücksichtigen. Dies gilt laut Bundesfinanzhof auch dann, wenn die entsprechende Zahlung des Arbeitnehmers Voraussetzung für den Abschluss eines Anstellungsvertrages ist (BFH-Urteil vom 17.5.2017, BStBl. II S. 1073). Es spreche eine Vermutung dafür, dass der Arbeitnehmer mit dem Erwerb einer Beteiligung an einer Kapitalgesellschaft nicht nur die Sicherung seines Arbeitsplatzes beabsichtige, sondern auch die mit der Stellung als Gesellschafter verbundenen Rechte anstrebe. Dies gelte auch dann, wenn der Erwerb der Beteiligung (arbeitsvertragliche) Voraussetzung für die Erlangung der angestrebten Position sei oder der Arbeitnehmer sich beteilige, um durch die Zuführung von Kapital den Fortbestand der Gesellschaft und damit zugleich seinen eigenen Arbeitsplatz zu erhalten.

Die unterschiedliche steuerliche Behandlung von Vermögensverlusten in Form eines Darlehens oder einer Bürgschaftsinanspruchnahme einerseits und einer Beteiligung an einer Kapitalgesellschaft andererseits ist deshalb gerechtfertigt, weil der Arbeitnehmer bei der Darlehens- oder Bürgschaftsgewährung ausschließlich das einseitige Risiko eines wirtschaftlichen Verlustes des Darlehens oder der Inanspruchnahme aus der Bürgschaft auf sich nimmt. Demgegenüber besteht bei der Beteiligung an einer Kapitalgesellschaft nicht nur die Gefahr eines Wertverlustes, sondern das übernommene Risiko enthält umgekehrt auch die Chance einer Wertsteigerung.

Betriebsausflug

Aufwendungen des Arbeitnehmers für die Teilnahme an einem Betriebsausflug sind regelmäßig keine Werbungskosten. Reisekosten (= Werbungskosten oder steuerfreier Arbeitgeberersatz) liegen aber ausnahmsweise vor, wenn die Betriebsveranstaltung außerhalb der ersten Tätigkeitsstätte des Arbeitnehmers stattfindet, die Anreise der Teilnahme an der Veranstaltung dient und die Organisation der Anreise dem Arbeitnehmer obliegt (vgl. das Stichwort „Betriebsveranstaltungen" im Hauptteil des Lexikons).

Betriebssport

Aufwendungen hierfür sind keine Werbungskosten, sondern nicht abzugsfähige Kosten der privaten Lebensführung.

Bewerbungskosten

Als Bewerbungskosten können geltend gemacht werden: z. B. Inseratkosten, Telefonkosten, Porto, Kosten für Bewerbungsfotos, Fotokopien von Zeugnissen sowie Reisekosten anlässlich eines Vorstellungsgesprächs. Es kommt nicht darauf an, ob die Bewerbung Erfolg hatte.

Bewirtung

Aufwendungen für Bewirtung, die der Arbeitnehmer im Auftrag des Arbeitgebers leistet, werden regelmäßig vom Arbeitgeber als Auslagenersatz steuerfrei ersetzt. Ersetzt der Arbeitgeber die Aufwendungen für die Bewirtung nicht, spricht dies für eine private Veranlassung der Bewirtung. Ein Werbungskostenabzug ist deshalb nur dann möglich, wenn die berufliche Veranlassung nachgewiesen werden kann.

Für die Beantwortung der Frage, ob Bewirtungsaufwendungen **beruflich** (= Werbungskostenabzug) oder privat (nicht abziehbare Kosten der Lebensführung) **veranlasst** sind, ist in erster Linie auf den **Anlass der Feier** abzustellen. Der Anlass einer Feier ist ein erhebliches, aber nicht das alleinentscheidende Kriterium für die berufliche oder private Veranlassung von Bewirtungsaufwendungen. Trotz eines herausgehobenen persönlichen Ereignisses kann sich aus den anderen Umständen des Einzelfalles ergeben, dass die Aufwendungen für die Feier beruflich veranlasst sind. Umgekehrt begründet ein Ereignis in der beruflichen Sphäre allein nicht die Annahme, die Aufwendungen für eine Feier seien (nahezu) ausschließlich beruflich veranlasst. Denn auch berufliche Ereignisse werden häufig im Rahmen eines privaten Festes unter Beteiligung befreundeter Arbeitskollegen begangen. Daher ist für die Frage der steuerlichen Berücksichtigung der Aufwendungen **auch** von **Bedeutung,** wer als **Gastgeber** auftritt, wer die **Gästeliste** bestimmt, ob es sich bei den Gästen um **Kollegen oder** Geschäftsfreunde, um Angehörige des öffentlichen Lebens, der Presse, um Verbandsvertreter oder um **private Bekannte** oder Angehörige des Arbeitnehmers handelt. Zu berücksichtigen ist außerdem, an welchem Ort die Veranstaltung stattfindet, ob sich die finanziellen Aufwendungen im Rahmen vergleichbarer betrieblicher Veranstaltungen bewegen und ob das Fest den Charakter einer privaten Feier aufweist oder ob das nicht der Fall ist. Eine luxuriöse Umgebung (z. B. Anmietung einer Yacht oder eines Schlosssaals zur Durchführung der Feier) ist ein gewichtiges oder weiteres Indiz für eine private Veranlassung.

In diesem Zusammenhang hat der Bundesfinanzhof entschieden, dass es sich bei einem **Dienstjubiläum** um ein **berufsbezogenes Ereignis** handelt. Aufwendungen für eine betriebsinterne Feier anlässlich eines Dienstjubiläums sind ausschließlich beruflich veranlasst und daher als Werbungskosten zu berücksichtigen, wenn der Arbeitnehmer die **Gäste nach abstrakten berufsbezogenen Kriterien** einlädt (z. B. alle Arbeitnehmer einer Abteilung; BFH-Urteil vom 20.1.2016, BStBl. II S. 744).

Nach der vorstehenden Rechtsprechung des Bundesfinanzhofs zur Anerkennung von Bewirtungskosten als Werbungskosten bei einem Dienstjubiläum kann sich **trotz** eines **herausgehobenen persönlichen Ereignisses** aus den **anderen Umständen** des Einzelfalles ergeben, dass die Aufwendungen für eine Feier **beruflich veranlasst** sind. Eine ganz oder teilweise berufliche Veranlassung ist insbesondere möglich, wenn die Feier nicht der repräsentativen Erfüllung gesellschaftlicher Konventionen, sondern dem **kollegialen Miteinander** und daher der **Pflege des Betriebsklimas** dient, mit der Einladung den Kolleginnen und Kollegen Dank und Anerkennung gezollt oder gefestigten betrieblichen Gepflogenheiten Rechnung getragen wird. Ausgehend von den vorstehenden Erwägungen hat der Bundesfinanzhof die Aufwendungen für eine **runde Geburtstagfeier** des angestellten Geschäftsführers im Betrieb des Arbeitgebers zum Werbungskostenabzug zugelassen (BFH-Urteil vom 10.11.2016, BStBl. 2017 II S. 409). Die **berufliche Veranlassung** wurde damit begründet, dass

- neben dem Aufsichtsratsvorsitzenden ausschließlich **sämtliche Mitarbeiter eingeladen** waren und
- der **Arbeitgeber in die Organisation** der Veranstaltung **eingebunden** und damit zumindest mittelbar an den Kosten beteiligt war.

Der **Berufsbezug der Geburtstagsfeier** ergab sich zudem aus den **maßvollen Kosten** (ca. 35 € pro Person bei 70 Gästen), aus dem **Veranstaltungsort** (mit Bierzeltgarnituren hergerichtete und einfach geschmückte Werkstatthalle des Arbeitgebers) und der **Veranstaltungszeit** (freitags von 12 bis 17 Uhr und damit zumindest teilweise während der Arbeitszeit) sowie der **Billigung der Feier durch** den **Arbeitgeber.** Trotz der gehobenen beruflichen Position des Klägers als Geschäftsführer hatte die Feier keinen repräsentativen, sondern einen rustikalen betriebsinternen Charakter; zum Teil nahmen die Mitarbeiter in Arbeitskleidung daran teil. Vertreter des öffentlichen Lebens, der Kommune oder Medien, Geschäftspartner oder andere nicht betriebszugehörige Personen, die der Geburtstagsfeier das Gepräge einer gesellschaftlichen und damit privaten Veranstaltung gegeben hätten, waren nicht geladen. Im privaten Rahmen hatte der Kläger seinen Geburtstag zudem ebenfalls und mit deutlich höheren Kosten gefeiert.

Sind Bewirtungskosten dem Grunde nach als Werbungskosten abzugsfähig, ist der Werbungskostenabzug auf 70 % der Bewirtungsaufwendungen beschränkt. Der Bundesfinanzhof hat allerdings einen **vollen Abzug** der beruflich veranlassten **Bewirtungskosten** für den Fall zugelassen, dass ein **leitender Arbeitnehmer** mit variablen Bezügen seine **Arbeitskollegen** (z. B. ihm unterstellte Mitarbeiter) **bewirtet.** Für eine berufliche Veranlassung hat es der Bundesfinanzhof als ausreichend angesehen, dass der bewirtende Arbeitnehmer den wirtschaftlichen Erfolg der von ihm geleiteten Abteilung sichern und dadurch jedenfalls mittelbar seine variablen Bezüge steigern oder zumindest erhalten wollte (BFH-Urteil vom 19.6.2008, BStBl. 2009 II S. 11).

Außerdem hat der Bundesfinanzhof klargestellt, dass die Abzugsbeschränkung auf 70 % der Bewirtungskosten dann nicht gilt, wenn nicht der Arbeitnehmer selbst sondern der **Arbeitgeber als Bewirtender auftritt** und der **Arbeitnehmer** die **Kosten** ganz oder teilweise **übernimmt** (BFH-Urteil vom 19.6.2008, BStBl. 2009 II S. 870).

Auf die ausführlichen Erläuterungen beim Stichwort „Bewirtungskosten" – besonders unter Nr. 11 – im Hauptteil des Lexikons wird hingewiesen.

Vgl. auch nachfolgend „Gemischte Feier".

Brille

Aufwendungen für eine Brille sind keine Werbungskosten (Ausnahme: spezielle Schutzbrille z. B. für Schweiß-Arbeiten). Vom Werbungskostenabzug ausgeschlossen sind auch Aufwendungen für eine **sog. Bildschirm-Arbeitsbrille,** die der Korrektur einer Sehschwäche dient, selbst wenn sie nur am Arbeitsplatz getragen wird. Ausnahme: Die Sehbeschwerden können auf die Tätigkeit am Bildschirm zurückgeführt werden oder sind Folge einer typischen Berufskrankheit (BFH-Urteil vom 20.7.2005, BFH/NV 2005 S. 2185). Nicht abzugsfähig sind auch **Kontaktlinsen,** selbst wenn sie ein Sportlehrer ausschließlich für die Berufstätigkeit verwendet und sie unstreitig eine Schutzfunktion erfüllen.

Erstattet der **Arbeitgeber** die Aufwendungen für eine Bildschirm-Arbeitsbrille, ist diese Erstattung steuerfrei, wenn sich aufgrund einer Augenuntersuchung herausstellt, dass nur durch eine solche Brille eine ausreichende Sehfähigkeit in den Entfernungsbereichen des Bildschirmarbeitsplatzes gewährleistet werden kann (vgl. das Stichwort „Bildschirmarbeit" im Hauptteil des Lexikons).

Bücher

Vgl. nachfolgend unter Fachbücher.

Bürgerliche Kleidung

Aufwendungen für bürgerliche Kleidung sind auch bei außergewöhnlich hohen Aufwendungen nicht als Werbungskosten abziehbar (BFH-Urteil vom 6.7.1989, BStBl. 1990 II S. 49). Zur bürgerlichen Kleidung gehört auch sog. „Business-Kleidung" (BFH-Beschluss vom 13.11.2013, BFH/NV 2014 S. 335).

Bürgschaft

Die Inanspruchnahme des Arbeitnehmers aus einer Bürgschaft für den Arbeitgeber ist als Werbungskosten abziehbar, wenn die Bürgschaft Voraussetzung für den Abschluss des Arbeitsvertrags war oder die Bürgschaft zur Sicherung des Arbeitsplatzes notwendig wurde.

Tilgungskosten aus einer Bürgschaftsverpflichtung durch den Arbeitnehmer einer Gesellschaft können auch dann zu Werbungskosten bei den Einkünften aus nichtselbstständiger Arbeit führen, wenn eine Gesellschafterstellung zwar vereinbart, aber nicht zustande gekommen ist (BFH-Urteile vom 16.11.2011, BStBl. 2012 II S. 343 und vom 8.7.2015, BStBl. 2016 II S. 60).

Ist der **Arbeitnehmer zugleich** als **Gesellschafter** an seiner „Arbeitgeber-Kapitalgesellschaft" beteiligt, kann eine wirtschaftliche Verbindung zu den Einkünften aus Kapitalvermögen vorliegen und somit die Bürgschaftsinanspruchnahme zu nachträglichen Anschaffungskosten der GmbH-Beteiligung führen; dies gilt umso mehr, je höher die Beteiligung des Arbeitnehmers (= Gesellschafter-Geschäftsführer) ist. Umgekehrt bedeutet dies zugleich, dass bei einem an der Gesellschaft in nur sehr geringem Umfang beteiligten Arbeitnehmer, der eine Bürgschaft für seinen Arbeitgeber übernimmt, dies als Indiz dafür gilt, dass diese Bürgschaftsübernahme durch das Arbeitsverhältnis veranlasst ist. Ausgehend hiervon hat der Bundesfinanzhof die Aufwendungen eines mittelbar an der „Arbeitgeber-Kapitalgesellschaft" beteiligten Arbeitnehmers aus der Bürgschaftsinanspruchnahme zum Werbungskostenabzug zugelassen (BFH-Urteil vom 3.9.2015, BStBl. 2016 II S. 305). Die Darlehen für die „Arbeitgeber-Kapitalgesellschaft" waren nur mit einer Landesbürgschaft zu erhalten und das Land hatte sich nur zu einer Bürgschaft bereit erklärt, wenn auch der Arbeitnehmer (= Geschäftsführer) eine solche Bürgschaft übernahm. Damit hingen dessen erhebliche Gehalts- und Tantiemezahlungen als Geschäftsführer von der Bürgschaftsübernahme ab.

Die Inanspruchnahme des Arbeitnehmers aus einer Bürgschaft für den Arbeitgeber ist wie eingangs erläutert als Werbungskosten bei den Einkünften aus nichtselbstständiger Arbeit abziehbar, wenn die Bürgschaft Voraussetzung für den Abschluss des Arbeitsvertrages war oder die Bürgschaft zur Sicherung des Arbeitsplatzes notwendig wurde. Maßgebend sind letztlich stets die Gesamtumstände des Einzelfalles, wobei der **Bundesfinanzhof an folgenden allgemeinen Prüfungsgrundsätzen festhält** (BFH-Urteil vom 16.2.2017, BFH/NV 2017 S. 734).

Ist der Arbeitnehmer **zugleich als Gesellschafter** an seiner in **Form einer Kapitalgesellschaft** betriebenen Arbeitgeberin beteiligt, spricht umso mehr für eine wirtschaftliche Verbindung zu den Einkünften aus Kapitalvermögen und damit für nachträgliche Anschaffungskosten der GmbH-Beteiligung, **je höher die Beteiligung** des Gesellschafter-Geschäftsführers ist. Denn ein fremder, nicht mit dem Arbeitgeber durch eine Kapitalbeteiligung verbundener Arbeitnehmer wird nur in Ausnahmefällen bereit sein, zu Gunsten seines offenbar gefährdeten Arbeitsplatzes das Risiko einer Bürgschaft zu übernehmen. **Umgekehrt** bedeutet dies zugleich, dass bei einem an der Gesellschaft in nur **sehr geringem Umfang beteiligten Arbeitnehmer**, der eine Bürgschaft für seinen Arbeitgeber übernimmt, dies als **Indiz** dafür gilt, dass diese Bürgschaftsübernahme **durch das Arbeitsverhältnis veranlasst** ist. Dies gilt erst recht, wenn der Arbeitnehmer an der Gesellschaft überhaupt nicht beteiligt ist und durch die Bürgschaftsübernahme – anders als etwa bei einem dem Arbeitgeber gewährten verzinslichen Darlehen – keine weiteren Einkünfte erzielt und dementsprechend ausschließlich seine Lohneinkünfte zu sichern und zu erhalten versucht. Ausgehend von den vorstehenden Ausführungen hat der Bundesfinanzhof im Streitfall die Aufwendungen eines Gesellschafter-Geschäftsführers für eine der Gesellschaft gewährte Bürgschaft nicht zum Werbungskostenabzug bei den Einkünften aus nichtselbstständiger Arbeit zugelassen.

„Burnout-Erkrankungen"

Der Bundesfinanzhof hat einen Werbungskostenabzug abgelehnt, weil in dem ärztlichen Attest weder die Beschwerden nach Art eines klinischen Befunds näher beschrieben (z. B. Intensität, Häufigkeit) noch nachvollziehbar erläutert war, dass ein eindeutiger Zusammenhang zwischen den Beschwerden und der Berufstätigkeit des Arbeitnehmers bestand (BFH-Beschluss vom 9.11.2015, BFH/NV 2016 S. 194).

Computer

Vgl. das Stichwort „Computer" im Hauptteil des Lexikons.

Darlehen

Der Verlust einer Darlehensforderung gegen den Arbeitgeber ist als Werbungskosten zu berücksichtigen, wenn der Arbeitnehmer das Risiko, die Forderung zu verlieren, aus beruflichen Gründen (zur Arbeitsplatzsicherung) bewusst auf sich genommen hat (BFH-Urteil vom 7.5.1993, BStBl. II S. 663).

Auch wenn ein Darlehen aus im Gesellschaftsverhältnis liegenden Gründen gewährt wurde, kann der spätere Verzicht darauf durch das zugleich bestehende Arbeitsverhältnis veranlasst sein und dann insoweit zu Werbungskosten bei den Lohneinkünften führen, als die Darlehensforderung noch werthaltig ist (BFH-Urteil vom 25.11.2010, BStBl. 2012 II S. 24).

Auch der Verlust von Genussrechtskapital (= Darlehensforderung), das durch die Umwandlung von (versteuerten) Überstundenguthaben entstanden ist, kann als Werbungskosten bei den Einkünften aus nichtselbstständiger Arbeit abgezogen werden. Der erforderliche Zusammenhang mit dem Arbeitsverhältnis bestand darin, dass der Arbeitnehmer ohne die Umwandlung des Überstundenguthabens in Genussrechtskapital keine Entlohnung für die unbezahlt geleisteten Überstunden erhalten hätte, ohne seinen Arbeitsplatz erheblich zu gefährden (BFH-Urteil vom 10.4.2014, BStBl. II S. 850).

Im Übrigen wird die berufliche Veranlassung eines Darlehens nicht zwingend dadurch ausgeschlossen, dass der Darlehnsvertrag mit dem alleinigen Gesellschafter-Geschäftsführer des Arbeitgebers (= GmbH) statt mit der insolvenzbedrohten GmbH selbst geschlossen und der Darlehensbetrag an diesen geflossen ist. Maßgeblich sind der berufliche Veranlassungszusammenhang und der damit verbundene konkrete Verwendungszweck des Darlehens (BFH-Urteil vom 7.2.2008, BStBl. 2010 II S. 48).

Deutschkurs

Aufwendungen eines in Deutschland lebenden Ausländers für das Erlernen der deutschen Sprache gehören regelmäßig auch dann zu den nicht abziehbaren Kosten der Lebensführung, wenn ausreichende Deutschkenntnisse für einen angestrebten Ausbildungsplatz förderlich sind (BFH-Urteil vom 15.3.2007, BStBl. II S. 814). Zur steuerlichen Behandlung von **Erstattungen des Arbeitgebers** für Deutschkurse seiner Mitarbeiter wird auf die ausführlichen Erläuterungen beim Stichwort „Deutschkurse" im Hauptteil des Lexikons hingewiesen.

Diebstahlsverluste

Diebstahlsverluste können als Werbungskosten berücksichtigt werden, wenn sie beruflich veranlasst sind und der Arbeitnehmer alle erforderlichen Sicherheitsvorkehrungen getroffen hatte (BFH-Urteile vom 30.6.1995, BStBl. II S. 744, zum Diebstahl eines Mantels aus dem Auto während einer Auswärtstätigkeit und vom 18.4.2007, BStBl. II S. 762, zum Diebstahl des Pkws während einer beruflichen Fahrt mit „privatem Abstecher" – Abzug abgelehnt!). Der Verlust von Geld oder Schmuck auf einer Auswärtstätigkeit kann nicht als Werbungskosten berücksichtigt werden (BFH-Urteile vom 26.1.1968, BStBl. II S. 342 zu Schmuck und vom 4.7.1986, BStBl. II S. 771 zu Geld).

Wird dem Arbeitnehmer jedoch Geld gestohlen, das er im Auftrag der Firma vereinnahmt hat (z. B. einer Bedienung wird die Geldtasche mit den Tageseinnahmen gestohlen), ist der dem Arbeitgeber zu leistende Ersatz als Werbungskosten abzugsfähig.

Vgl. auch Anhang 4 „Reisekosten bei Auswärtstätigkeiten" unter Nr. 13.

Diktiergerät

Aufwendungen für ein Diktiergerät sind Werbungskosten.

Doktortitel

Es ist regelmäßig davon auszugehen, dass dem Promotionsstudium und der Promotion durch die Hochschule selber der Abschluss eines Studiums vorangeht. Aufwendungen für ein Promotionsstudium und die Promotion stellen Betriebsausgaben oder Werbungskosten dar, sofern ein berufsbezogener Veranlassungszusammenhang zu bejahen ist (BFH-Urteil vom 4.11.2003, BStBl. 2004 II S. 891). Das gilt auch, wenn das Promotionsstudium bzw. die Promotion im Einzelfall ohne vorhergehenden berufsqualifizierenden Studienabschluss durchgeführt wird.

Doppelte Haushaltsführung

Auf die ausführlichen Erläuterungen beim Stichwort „Doppelte Haushaltsführung" im Hauptteil des Lexikons wird hingewiesen.

Einbürgerung

Aufwendungen für die Einbürgerung sind nicht als Werbungskosten abziehbar (BFH-Urteil vom 18.5.1984, BStBl. II S. 588).

Einsatzwechseltätigkeit

Vgl. das Stichwort „Einsatzwechseltätigkeit" im Hauptteil des Lexikons.

Entfernungspauschale

Der Werbungskostenabzug des Arbeitnehmers für Fahrten zwischen Wohnung und erster Tätigkeitsstätte ist beim Stichwort „Entfernungspauschale" im Hauptteil des Lexikons ausführlich anhand von Beispielen erläutert.

Ernährung

Aufwendungen für die Ernährung am Ort der ersten Tätigkeitsstätte sind auch dann nicht als Werbungskosten abziehbar, wenn ein Arbeitnehmer berufsbedingt arbeitstäglich überdurchschnittlich oder ungewöhnlich lange von seiner Wohnung abwesend ist (BFH-Urteil vom 21.1.1994, BStBl. II S. 418).

Fachbücher, Fachzeitschriften

Aufwendungen hierfür sind Werbungskosten. Die entstandenen Kosten müssen durch Belege nachgewiesen werden, wobei die Bezeichnung „Fachbuch" nach Auffassung der Finanzverwaltung nicht ausreichend ist. Die Rechnung muss vielmehr den genauen Titel des Buches enthalten. Ohne Belege erkennt das Finanzamt zusammen mit der Arbeitskleidung (vgl. dieses Stichwort) im Regelfall etwa 100 € jährlich an.

Fachkongress

Aufwendungen eines Arbeitnehmers für die Teilnahme an einem Fachkongress (z. B. Ärztekongress im Ausland) sind als Werbungskosten abziehbar, wenn ein konkreter Zusammenhang mit der Berufstätigkeit besteht (BFH-Urteil vom 11.1.2007, BStBl. II S. 457). Hiervon ist regelmäßig auszugehen, wenn die Teilnahme beruflich veranlasst (das Programm also auf die beruflichen Gegebenheiten zugeschnitten ist), der Teilnehmerkreis der Veranstaltung homogen (= gleiche berufliche Ausrichtung der Teilnehmer) und der Kongress lehrgangsmäßig straff organisiert war. Ein Indiz dafür, ob die Reise im weitaus überwiegenden beruflichen oder betrieblichen Interesse übernommen wird, kann die Veranlassung durch den Arbeitgeber (z. B. Beurlaubung, Dienstbefreiung usw.) sein. Liegen diese Voraussetzungen vor, kann der Arbeitnehmer die Kosten der Reise nach den für Auswärtstätigkeiten maßgebenden Grundsätzen als Werbungskosten geltend machen (vgl. nachfolgend unter „Reisekosten bei Auswärtstätigkeiten").

Fahrtätigkeit

Vgl. das Stichwort „Fahrtätigkeit" im Hauptteil des Lexikons.

Fahrten zwischen Wohnung und erster Tätigkeitsstätte

Der Werbungskostenabzug des Arbeitnehmers für Fahrten zwischen Wohnung und erster Tätigkeitsstätte ist beim Stichwort „Entfernungspauschale" im Hauptteil des Lexikons ausführlich anhand von Beispielen erläutert.

Fehlgelder

Muss der Arbeitnehmer für Kassenfehlbestände aufkommen, kann er diese Aufwendungen als Werbungskosten abziehen (vgl. auch vorstehend unter „Diebstahl").

Fernsprechgebühren

Vgl. nachfolgend unter „Telefonkosten".

Firmenwagen gegen Nutzungsentgelt

Zahlt der Arbeitnehmer an den Arbeitgeber für die Nutzung eines ihm überlassenen Firmenwagens zu privaten Fahrten und zu Fahrten zwischen Wohnung und erster Tätigkeitsstätte ein Nutzungsentgelt, **mindert** dies den **geldwerten Vorteil**. Entsprechendes gilt, wenn der Arbeitnehmer für die private Nutzung einzelne, individuelle Kosten des Firmenwagens trägt (z. B. Treibstoff- und/oder Garagenkosten). Übersteigt das Nutzungsentgelt oder die Kostenübernahme des Arbeitnehmers den geldwerten Vorteil für die Fahrzeuggestellung, führt der übersteigende Betrag **weder** zu einem **negativen Arbeitslohn noch zu Werbungskosten**. Dies gilt unabhängig davon, ob der private Nutzungsvorteil nach der 1 %-Regelung oder nach der Fahrtenbuchmethode ermittelt wird.

Fortbildungskosten

Steuerlich ist zwischen Ausbildungskosten und Fortbildungskosten zu unterscheiden. Ausbildungskosten sind Kosten der privaten Lebensführung, die nur eingeschränkt als Sonderausgaben abzugsfähig sind, wohingegen **Fortbildungskosten in voller Höhe als Werbungskosten** abgezogen werden können. Zur steuerlichen Behandlung der **Erstattung** von Fortbildungskosten **durch den Arbeitgeber** wird auf die ausführlichen Erläuterungen beim Stichwort „Fortbildungskosten" unter Nr. 3 hingewiesen.

Aufwendungen für eine **erstmalige Berufsausbildung** außerhalb eines Arbeitsverhältnisses oder ein Studium als Erstausbildung **(Erststudium)** sind grundsätzlich keine Werbungskosten oder Betriebsausgaben, sondern bis zu einem Betrag von 6000 € jährlich als Sonderausgaben abziehbar (vgl. nachfolgend in Abschnitt C Nr. 6 auf Seite 1231). Das Bundesverfassungsgericht hält die steuerlichen Regelungen für **verfassungsgemäß** (Beschlüsse des Bundesverfassungsgerichts vom 10.11.2019, 2 BvL 22/14, 2 BvL 27/14, 2 BvL 26/14, 2 BvL 25/14, 2 BvL 24/14 und 2 BvL 23/14; BFH/NV 2020 S. 334). Der Gesetzgeber durfte solche Aufwendungen als **privat (mit-)veranlasst qualifizieren** und den Sonderausgaben zuordnen. Die Erstausbildung oder das Erststudium unmittelbar nach dem Schulabschluss vermittele nicht nur Berufswissen, sondern präge die Person in einem umfassenden Sinne, indem die Möglichkeit eröffnet werde, sich seinen Begabungen und Fähigkeiten entsprechend zu entwickeln und allgemeine Kompetenzen zu erwerben, die nicht zwangsläufig für einen künftigen konkreten Beruf notwendig seien. Es bestehe daher eine besondere Nähe zur Persönlichkeitsentwicklung. Auch die Begrenzung des Sonderausgabenabzugs für Erstausbildungskosten auf einen Höchstbetrag (derzeit 6000 € jährlich) sei verfassungsrechtlich nicht zu beanstanden. Die vorstehenden Erwägungen mit den sich daraus ergebenden steuerlichen Folgerungen gelten im Übrigen auch für den besonderen Fall der Ausbildung zum Piloten außerhalb eines Dienstverhältnisses.

Ein Abzug als Werbungskosten oder Betriebsausgaben ist nur möglich, wenn

- zuvor eine **Erstausbildung** (Berufsausbildung oder Studium) **abgeschlossen** worden ist oder
- die Berufsausbildung oder das Studium im Rahmen eines **Dienstverhältnisses** stattfindet.

Eine Berufsausbildung als **Erstausbildung** liegt nur vor, wenn eine auf der Grundlage von Rechts- oder Verwaltungsvorschriften geordnete Ausbildung mit einer vorgesehenen Dauer von **mindestens 12 Monaten** (bei vollzeitiger Ausbildung) und mit einer Abschlussprüfung durchgeführt wird. Sofern eine Abschlussprüfung nach dem Ausbildungsplan nicht vorgesehen ist, gilt die Ausbildung mit der tatsächlichen Beendigung als abgeschlossen (§ 9 Abs. 6 EStG). Durch die Mindestdauer von 12 Monaten können Aufwendungen für ein Erststudium im Anschluss an eine kurzzeitige Ausbildung (z. B. als Skilehrer oder Taxifahrer) nicht als Betriebsausgaben oder Werbungskosten geltend gemacht werden.

Beispiel A

A hat sich nach dem Abitur in 24 Tagen zum staatlich geprüften Skilehrer ausbilden lassen. Ab dem Frühjahr 2021 studiert er Jura.

Bei dem Jurastudium handelt es sich um ein Erststudium und zugleich um eine Erstausbildung. Die Skilehrerausbildung ist keine Erstausbildung, da sie die steuerlich vorgesehene Mindestdauer von 12 Monaten nicht erreicht. A kann seine Studienkosten daher nur bis zur Höhe von 6000 € als Sonderausgaben geltend machen mit der Folge, dass sie für einen Verlustvortrag (§ 10d EStG) nicht zur Verfügung stehen.

Beispiel B

Wie Beispiel A. A hat vor dem Jura-Studium eine Ausbildung zum Diplom-Finanzwirt gemacht. Nach Abschluss des Studiums strebt er eine Rückkehr in die Finanzverwaltung an.

Die Aufwendungen für das Jurastudium können als vorweggenommene Werbungskosten berücksichtigt werden, da A vor Studienbeginn eine Erstausbildung abgeschlossen hat.

Aufwendungen für den Besuch allgemeinbildender Schulen einschließlich Ersatz- und Ergänzungsschulen rechnen zur erstmaligen Berufsausbildung und können daher ebenfalls nur als Sonderausgaben angesetzt werden. Dies gilt auch für den Besuch eines Berufskollegs zum Erwerb der Fachhochschulreife sowie für das Nachholen des Abiturs nach Abschluss einer Berufsausbildung.

Ein **Studium** ist dann als **erstmalig** anzusehen, wenn ihm kein anderes durch einen berufsqualifizierenden Abschluss beendetes Studium vorangegangen ist. Ausgehend von vorgenannten Beschlüssen des Bundesverfassungsgerichts hat der Bundesfinanzhof entschieden (BFH-Urteil vom 12.2.2020, BFH/NV 2020 S. 967), dass Aufwendungen für ein **Bachelor-Studium** (= Erststudium), das eine Erstausbildung vermittelt, **nicht** als **Werbungskosten** abgezogen werden können, wenn das Studium nicht im Rahmen eines Dienstverhältnisses stattfindet. Erst die Aufwendungen für ein **Master-Studium** können als (vorweggenommene) **Werbungskosten** berücksichtigt werden. Die steuermindernde Auswirkung ist hier folglich auch durch einen Verlustabzug möglich.

Weiterhin können unabhängig von einem Arbeitsverhältnis die Aufwendungen für die Fortbildung in einem bereits erlernten Beruf, für Umschulungsmaßnahmen und für ein **weiteres Studium** (Zweitstudium) als Werbungskosten abgezogen werden, wenn sie in einem konkreten, objektiv feststellbaren Zusammenhang mit späteren Einnahmen aus der angestrebten beruflichen Tätigkeit stehen. In diesem Fall können auch Kosten für den Erwerb eines Doktortitels (Promotion) als Werbungskosten abgezogen werden, wenn die berufliche Veranlassung nachgewiesen wird[1].

Beispiel C

B studiert Betriebswirtschaftslehre und befindet sich nach dem Bachelor-Abschluss im Master-Studiengang. Sie hat für die Zeit nach ihrem Studium bereits konkrete Jobangebote von Firmen, die im Bereich der Unternehmensberatung tätig sind.

Der Abschluss des Bachelor-Studiengangs ist der Abschluss eines Erststudiums. Die Aufwendungen für den Master-Studiengang können daher als vorweggenommene Werbungskosten berücksichtigt werden, da das Zweitstudium in einem konkreten Zusammenhang mit einer späteren beruflichen Tätigkeit steht.

Erste Tätigkeitsstätte ist seit 2014 auch eine **Bildungseinrichtung,** die außerhalb eines Arbeitsverhältnisses zum Zwecke eines Vollzeitstudiums oder einer vollzeitigen Bildungsmaßnahme aufgesucht wird (§ 9 Abs. 4 Satz 8 EStG). Die **Dauer** einer vollzeitigen Bildungsmaßnahme ist für die Einordnung einer Bildungseinrichtung als erste Tätigkeitsstätte **un-**

1) Randnummer 26 des BMF-Schreibens vom 22.9.2010 (BStBl. I S. 721). Das BMF-Schreiben ist als Anlage 1 zu H 9.2 LStR im **Steuerhandbuch für das Lohnbüro 2021 abgedruckt**, das im selben Verlag erschienen ist.

erheblich (BFH-Urteil vom 14.4.2020 VI R 24/18). Eine vollzeitige Bildungsmaßnahme liegt – in Abgrenzung zu einer nur in Teilzeit durchgeführten Maßnahme – vor, wenn die berufliche Fortbildung oder Ausbildung typischerweise darauf ausgerichtet ist, dass sich der Steuerpflichtige ihr zeitlich vollumfänglich widmen muss und die Lerninhalte vermittelnden Veranstaltungen jederzeit besuchen kann.

Ist die Bildungseinrichtung erste Tätigkeitsstätte, können die **Fahrtkosten** zwischen Wohnung und erster Tätigkeitsstätte nur in Höhe der **Entfernungspauschale** und die **Unterkunftskosten** am Ort der Bildungseinrichtung dem Grunde und der Höhe nach nur bei Vorliegen einer **doppelten Haushaltsführung** als Werbungskosten abgezogen werden. Wegen der Einzelheiten vgl. die Stichwörter „Doppelte Haushaltsführung" und „Entfernungspauschale" im Hauptteil des Lexikons.

Außerdem gehören zu den Fortbildungskosten u. a. Lehrgangs- und Studiengebühren sowie Aufwendungen für Fachbücher und anderes Lernmaterial.

Die Entnahme eines Zeitguthabens aus einem Arbeitszeitkonto für berufliche Fortbildung führt nicht zu Werbungskosten, da der Einsatz von Zeit nicht zu steuerlich relevanten Aufwand führt.

Führerschein

Die Aufwendungen hierfür sind keine Werbungskosten. Eine Ausnahme besteht nur dann, wenn der Erwerb des Führerscheins unmittelbare Voraussetzung für die Ausübung des Berufs ist (z. B. Führerschein der Klasse C für Lkw-Fahrer); vgl. die Erläuterungen beim Stichwort „Führerschein" im Hauptteil des Lexikons.

Geldstrafen

Geldbußen und Geldstrafen sind keine abziehbaren Werbungskosten (auch nicht bei beruflichen Fahrten).

Geldauflagen können als Werbungskosten abgezogen werden, wenn sie der Wiedergutmachung des durch die Tat verursachten Schadens dienen (vgl. BFH-Urteile vom 22.7.2008, BStBl. 2009 II S. 151 und vom 15.1.2009, BStBl. 2010 II S. 11).

Gemischte Feier

Richtet der Arbeitnehmer aus beruflichem Anlass (Bestellung zum Steuerberater) und privaten Anlass (30. Geburtstag) eine „gemischte Feier" aus, kann der als Werbungskosten abziehbare Betrag anhand der Herkunft der Gäste aus dem beruflichen Umfeld ermittelt werden (= **Aufteilung der Aufwendungen nach Köpfen**). Die Einladung der Gäste aus dem beruflichen Umfeld muss aber nahezu ausschließlich beruflich veranlasst sein. Hiervon geht der Bundesfinanzhof aus, wenn nicht nur ausgesuchte Gäste aus dem beruflichen Umfeld eingeladen werden, sondern die Einladungen nach abstrakten berufsbezogenen Kriterien ausgesprochen werden (z. B. alle Angehörigen einer bestimmten Abteilung oder Niederlassung, alle Außendienstmitarbeiter oder alle Auszubildenden; BFH-Urteil vom 8.7.2015, BStBl. II S. 1013). Dabei spielt es keine Rolle, wenn der Arbeitnehmer zu einzelnen dieser nach abstrakten berufsbezogenen Gründen eingeladenen Kollegen auch einen freundschaftlichen Kontakt pflegen sollte. Werden hingegen nur einzelne Arbeitskollegen eingeladen, kann daraus auf eine nicht nur unerhebliche private Mitveranlassung der Aufwendungen für diesen Gästekreis geschlossen werden mit der Folge, dass ein Abzug der Aufwendungen vollständig ausscheidet.

Geschenke

Vgl. nachfolgend unter „Werbegeschenke".

Getränke

Aufwendungen für Getränke sind keine Werbungskosten, und zwar auch dann nicht, wenn durch Hitze oder Staub im Betrieb ein erhöhtes Trinkbedürfnis besteht (BFH-Urteil vom 17.7.1959, BStBl. III S. 412). Der Arbeitgeber kann die Getränke jedoch steuerfrei zur Verfügung stellen (vgl. das Stichwort „Getränke" im Hauptteil des Lexikons). Wegen der Berücksichtigung von Aufwendungen für Getränke im Rahmen von steuerlich berücksichtigungsfähigem Verpflegungsmehraufwand vgl. nachfolgend unter „Verpflegungsmehraufwendungen".

Gewerkschaftsbeiträge

Beiträge zu Gewerkschaften sind Werbungskosten.

Häusliches Arbeitszimmer

Vgl. das Stichwort „Arbeitszimmer" im Hauptteil des Lexikons.

Heimarbeiter

Heimarbeitern im Sinne des Heimarbeitsgesetzes entstehen durch die Heimarbeit **Mehraufwendungen,** z. B. Miete und Kosten für Heizung und Beleuchtung von Arbeitsräumen sowie für Arbeitsgerät und Zutaten. Diese Mehraufwendungen stellen Werbungskosten dar. Vom Arbeitgeber steuerfrei gezahlte Heimarbeiterzuschläge (vgl. dieses Stichwort im Hauptteil des Lexikons) sind auf die Werbungskosten anzurechnen.

Home-Office

Vgl. das Stichwort „Home-Office" im Hauptteil des Lexikons.

Für die Kalenderjahre 2020 und 2021 kann anstelle der Aufwendungen für ein häusliches Arbeitszimmer eine Home-Office-Pauschale von 5 € täglich für höchstens 120 Tage (= 600 € Höchstbetrag) als Werbungskosten berücksichtigt werden.

Kaskoversicherung

Die Beiträge zu einer Kaskoversicherung sind keine Werbungskosten; diese Aufwendungen sind bei Auswärtstätigkeiten mit dem Kilometersatz von 0,30 € und bei Fahrten zwischen Wohnung und erster Tätigkeitsstätte mit der Entfernungspauschale abgegolten. Die Beiträge zu einer Kaskoversicherung sind auch nicht als Sonderausgaben abzugsfähig. Zur steuerlichen Behandlung der **Übernahme von Kaskoversicherungsbeiträgen durch den Arbeitgeber** für den privaten Pkw des Arbeitnehmers, wenn dieser für Fahrten im Rahmen von Auswärtstätigkeiten genutzt wird, wird auf das Stichwort „Kaskoversicherung für Unfallschäden bei Auswärtstätigkeiten" im Hauptteil des Lexikons hingewiesen.

Kaution

Der Verlust einer Kaution, die Voraussetzung für den Abschluss des Arbeitsvertrags war, ist als Werbungskosten abzugsfähig.

Kfz-Steuer

Die Kfz-Steuer ist bei Auswärtstätigkeiten mit dem Kilometersatz von 0,30 € und bei Fahrten zwischen Wohnung und erster Tätigkeitsstätte mit der Entfernungspauschale abgegolten.

Kfz-Versicherung

Keine Werbungskosten, sondern Sonderausgaben (vgl. Anhang 8a).

Kinderbetreuungskosten

Kinderbetreuungskosten können nur als Sonderausgaben berücksichtigt werden (nachfolgend erläutert in Abschnitt C Nr. 5).

Auf die ausführlichen Erläuterungen beim Stichwort „Kinderbetreuungskosten" im Hauptteil des Lexikons wird Bezug genommen.

Klassenfahrt

Aufwendungen eines Berufsschülers für eine im Rahmen des Ausbildungsdienstverhältnisses als verbindliche Schulveranstaltung durchgeführte Klassenfahrt sind Werbungskosten (BFH-Urteil vom 7.2.1992, BStBl. II S. 531).

Kleidung

Vgl. vorstehend unter „Arbeitskleidung" und „Bürgerliche Kleidung".

Koffer

Vgl. vorstehend unter „Aktentasche".

Kommunikationskurse

Der Bundesfinanzhof lässt die Aufwendungen für die Teilnahme an Kursen zum „Neuro-Linguistischen-Programmieren" (NLP-Kurse) und an Supervisionskursen als Werbungskosten zu, wenn die Teilnahme beruflich veranlasst ist. Hierfür spricht, dass die Kurse von einem berufsmäßigen Veranstalter durchgeführt werden, ein homogener Teilnehmerkreis vorliegt und der Erwerb der Kenntnisse und Fähigkeiten auf eine anschließende Verwendung in der beruflichen Tätigkeit angelegt ist. Private Anwendungsmöglichkeiten der vermittelten Lerninhalte sind unbeachtlich, wenn sie sich als bloße Folge zwangsläufig und untrennbar aus den im beruflichen Interesse gewonnenen Kenntnissen und Fähigkeiten ergeben (BFH-Urteil vom 28.8.2008, BStBl. 2009 II S. 106 und 108). Ein homogener Teilnehmerkreis liegt im Übrigen auch dann vor, wenn die Teilnehmer zwar unterschiedlichen Berufsgruppen angehören, aber aufgrund ihrer beruflichen Tätigkeit (z. B. Führungsposition) gleichgerichtete Interessen haben.

Kontoführungsgebühren

Kontoführungsgebühren sind Werbungskosten, soweit sie auf die Gutschrift von Arbeitslohn und auf beruflich veranlasste Überweisungen entfallen. Ohne Einzelnachweis erkennt das Finanzamt pauschal **16 € jährlich** als Werbungskosten an.

Kosmetika

Aufwendungen für Körperpflege und Kosmetika sind auch bei außergewöhnlich hohen Aufwendungen nicht als Werbungskosten abziehbar (BFH-Urteil vom 6.7.1989, BStBl. 1990 II S. 49).

Kunstgegenstände

sind auch bei einer Verwendung im Büro oder häuslichen Arbeitszimmer nicht als Werbungskosten abziehbar (BFH-Urteil vom 12.3.1993, BStBl. II S. 506).

Künstler

Vgl. nachfolgend unter „Werbungskosten-Pauschsätze".

Lohnsteuerhilfevereine

Vgl. nachstehend unter „Steuerberatungskosten".

Mankogelder

Vgl. vorstehend unter „Fehlgelder".

Meisterprüfung

Die Aufwendungen hierfür sind im Regelfall Fortbildungskosten und damit als Werbungskosten abzugsfähig.

Mitgliedsbeiträge

Mitgliedsbeiträge zu Vereinen sind keine Werbungskosten. Ausnahmen: Mitgliedsbeiträge zu Industrie- und Marketingclubs.

Mobiltelefon

Vgl. nachstehend unter „Telefonkosten".

Montagearbeiter

Vgl. vorstehend unter „Einsatzwechseltätigkeit".

NLP-Kurse

Vgl. vorstehend unter „Kommunikationskurse".

Parkgebühren

Parkgebühren, die in Zusammenhang mit Fahrten zwischen Wohnung und erster Tätigkeitsstätte stehen, sind nicht als Werbungskosten abzugsfähig, da sie mit der Entfernungspauschale abgegolten sind. Bei beruflich veranlassten Auswärtstätigkeiten sind Parkgebühren dagegen als Werbungskosten abzugsfähig.

Prozesskosten

Kosten für einen Prozess sind nur dann Werbungskosten, wenn der Prozess ausschließlich mit der beruflichen Tätigkeit zusammenhängt (z. B. Aufwendungen eines Arbeitnehmers für einen **Arbeitsgerichtsprozess**).

Ist in einem **Strafprozess** der strafrechtliche Schuldvorwurf durch die berufliche Tätigkeit veranlasst, können die Prozesskosten Werbungskosten sein (BFH-Urteil vom 19.2.1982, BStBl. II S. 467). Dabei kommt es nicht darauf an, ob der Arbeitnehmer vorsätzlich oder nur fahrlässig gehandelt hat. Unerheblich ist auch, ob der Vorwurf zu Recht erhoben wurde. Betrifft der Tatvorwurf allerdings Verstöße, durch die der Arbeitgeber bewusst (= vorsätzlich) geschädigt wurde (z. B. Untreue, Unterschlagung, Betrug, Diebstahl), ist ein Werbungskostenabzug ausgeschlossen (BFH-Urteil vom 30.6.2004, BFH/NV 2004 S. 1639). Entsprechendes gilt, wenn der Arbeitnehmer sich oder einen Dritten durch die schädigende Handlung bereichert hat. Der Werbungskostenabzug ist aber nicht ausgeschlossen, wenn das Strafverfahren nach § 153a StPO eingestellt wird. Die Verfahrenseinstellung rechtfertigt nämlich nicht die Schlussfolgerung, dass der Arbeitnehmer die ihm zur Last gelegte Tat begangen hat (BFH-Beschluss vom 17.8.2011, BFH/NV 2011 S. 2040).

Aufwendungen eines Beamten in einem Dienststrafverfahren sind Werbungskosten.

Vgl. vorstehend auch „Arbeitsgerichtlicher Vergleich".

Rechtsschutzversicherung

Beiträge zu einer Kfz-Rechtsschutzversicherung sind keine Werbungskosten; sie sind bei Auswärtstätigkeiten mit dem Kilometersatz von 0,30 € und bei Fahrten zwischen Wohnung und erster Tätigkeitsstätte mit der Entfernungspauschale abgegolten. Auch ein Abzug als Sonderausgaben ist nicht möglich.

Reinigung der Arbeitskleidung

Vgl. „Arbeitskleidung"

Reisekosten bei Auswärtstätigkeiten

Arbeitnehmer, die Auswärtstätigkeiten ausführen, können die hierdurch entstehenden Aufwendungen als Werbungskosten geltend machen, soweit ihnen der Arbeitgeber hierfür keinen steuerfreien Ersatz gewährt. Zum Begriff der Auswärtstätigkeit, zu der auch die Einsatzwechseltätigkeit und die Fahrtätigkeit gehört, und zur Höhe der Pauschsätze wird auf die Ausführungen in Anhang 4 „Reisekosten bei Auswärtstätigkeiten" hingewiesen. Der Arbeitnehmer kann grundsätzlich in der Höhe Werbungskosten für Auswärtstätigkeiten geltend machen, in der ihm sein Arbeitgeber steuerfreien Ersatz gewähren könnte. Hat der Arbeitgeber nur teilweise steuerfreien Ersatz geleistet, kann der Arbeitnehmer die Differenzbeträge als Werbungskosten geltend machen. Lediglich bei den Übernachtungskosten gibt es eine **Ausnahme:** Der Arbeitgeber kann Übernachtungskosten mit Pauschbeträgen steuerfrei ersetzen (20 € je Übernachtung im Inland ohne Frühstück). Macht der Arbeitnehmer **Übernachtungskosten** bei Auswärtstätigkeiten als Werbungskosten geltend, muss er stets die entstandenen Aufwendungen **im Einzelnen nachweisen.** Dies gilt auch bei Auswärtstätigkeiten im Ausland.

Vgl. nachstehend auch „Verpflegungsmehraufwendungen".

Repräsentationskosten

Vgl. vorstehend unter „Bewirtung".

Rückzahlung von Arbeitslohn

Hierbei handelt es sich nicht um Werbungskosten, sondern um negative Einnahmen. Das bedeutet, dass keine Kürzung um den Arbeitnehmer-Pauschbetrag erfolgt (vgl. das Stichwort „Rückzahlung von Arbeitslohn" im Hauptteil des Lexikons).

Schadensersatz

Ist die Schadensersatzpflicht durch das Arbeitsverhältnis veranlasst, sind die Leistungen als Werbungskosten abzugsfähig (z. B. Kunstfehler eines Arztes, Zerstörung einer Maschine, Ersatz der Reparaturkosten beim Firmenwagen).

Keine Werbungskosten liegen vor, wenn die Verfehlungen privat veranlasst sind (z. B. Untreue, Unterschlagung, Betrug, Diebstahl).

Auch **Schadensersatzleistungen** aufgrund von **strafbaren Handlungen**, die im **Zusammenhang** mit der **beruflichen Tätigkeit** stehen, können als Werbungskosten berücksichtigt werden. Die berufliche Veranlassung wird aber nach Auffassung des Bundesfinanzhofs aufgehoben (BFH-Urteil vom 20.10.2016, BStBl. 2018 II S. 441), wenn

- die Handlungen mit der beruflichen Tätigkeit des Arbeitnehmers nur insoweit im Zusammenhang stehen, als diese eine Gelegenheit zu einer Straftat verschafft (z. B. versuchter Versicherungsbetrug),
- der Arbeitnehmer seinen Arbeitgeber bewusst schädigen wollte oder
- er sich oder einen Dritten durch die schädigende Handlung bereichert hat.

Im Streitfall lehnte der Bundesfinanzhof einen Werbungskostenabzug für die Schadensersatzleistung des Klägers an den Insolvenzverwalter in Höhe von rund 1,2 Mio. € ab, weil er als Vorstand die Vermögensverhältnisse der AG unzutreffend dargestellt hatte, um die Dividendenzahlung für die von ihm gehaltenen Aktien zu bekommen. Der hierfür strafrechtlich zur Verantwortung gezogene Kläger hatte sich damit persönlich bereichert, da sich ungeachtet des Dividendenabschlags die unrichtige Darstellung der Vermögensverhältnisse der AG zu Gunsten des Klägers auch auf den Kurswert der Aktien ausgewirkt hatte.

Schmiergelder

Der Abzug von sog. Schmiergeldern ist beim Leistenden ausgeschlossen, wenn die Zuwendung eine rechtswidrige Handlung darstellt, die den Tatbestand eines Strafgesetzes oder eines Gesetzes verwirklicht, das die Ahndung mit einer Geldbuße zulässt. Ein Verschulden des Zuwendenden, die Stellung eines Strafantrags oder eine tatsächliche Ahndung ist für das Abzugsverbot nicht erforderlich. Hierunter fällt z. B. die Bestechung im geschäftlichen Verkehr nach §§ 299 bis 302 des Strafgesetzbuches. Damit sind seit 1.1.1999 Schmiergelder generell nicht mehr als Betriebsausgabe oder Werbungskosten abzugsfähig (§ 9 Abs. 5 i. V. m. § 4 Abs. 5 Satz 1 Nr. 10 EStG).

Die Herausgabe von Schmiergeldern an den geschädigten Arbeitgeber führt im Zeitpunkt der Zahlung beim Arbeitnehmer zu Werbungskosten bei den sonstigen Einkünften nach § 22 Nr. 3 EStG (BFH-Urteil vom 16.6.2015, BStBl. II S. 1019).

Schreibmaschine

Aufwendungen für eine Schreibmaschine sind Werbungskosten, wenn sie nahezu ausschließlich beruflichen Zwecken dient. Eine gelegentliche private Nutzung (höchstens 10 %) ist unschädlich.

Schreibtisch

Aufwendungen für einen beruflich genutzten Schreibtisch sind Werbungskosten, und zwar auch dann, wenn der Schreibtisch in einem häuslichen Arbeitszimmer steht und der Arbeitnehmer die Aufwendungen für das Arbeitszimmer nicht als Werbungskosten abziehen kann, weil es nicht den Mittelpunkt seiner gesamten betrieblichen und beruflichen Betätigung darstellt und dem Arbeitnehmer für seine berufliche Tätigkeit ein anderer Arbeitsplatz zur Verfügung steht. Gleiches gilt für die Aufwendungen für einen Papierkorb, eine Schreibtischlampe, einen Aktenschrank, einen Computer (vgl. vorstehend unter „Arbeitsmittel“ und „Arbeitszimmer“).

Schuldzinsen

Schuldzinsen sind Werbungskosten, soweit sie mit Arbeitslohn in wirtschaftlichem Zusammenhang stehen. Entscheidend ist die Verwendung des Darlehensbetrags. Zinsen für ein Darlehen, mit dem Arbeitsmittel beschafft wurden (z. B. ein ausschließlich beruflich genutzter Schreibtisch), sind deshalb als Werbungskosten abziehbar. Gleiches gilt bei Zinsen für ein Darlehen, mit dem eine Berufsfortbildung finanziert wurde. Schuldzinsen für die Anschaffung eines Pkws sind nicht abzugsfähig, da sie bei Auswärtstätigkeiten mit dem Kilometersatz von 0,30 € und bei Fahrten zwischen Wohnung und erster Tätigkeitsstätte mit der Entfernungspauschale abgegolten sind.

Schuldzinsen für ein Darlehen zur Finanzierung einer Beteiligung am Arbeitgeberunternehmen, um die arbeitsvertragliche Voraussetzung für eine höher dotierte Position zu erfüllen, sind keine Werbungskosten (BFH-Urteil vom 5.4.2006, BStBl. II S. 654).

Schutzmasken

Schafft der Arbeitnehmer die Schutzmasken an, handelt es sich wegen der privaten Mitbenutzung (z.B. bei der Nutzung öffentlicher Verkehrsmittel, beim Einkaufen) um typischerweise **gemischt veranlasste Aufwendungen**, die mangels geeigneter Aufteilungsmaßstäbe nicht als Werbungskosten bei den Einkünften aus nichtselbstständiger Arbeit abgezogen werden können. Auch ein Abzug als Sonderausgaben oder außergewöhnliche Belastungen scheidet aus.

Sky-Bundesliga-Abo

Der Bundesfinanzhof hat entschieden, dass die Aufwendungen **eines hauptamtlichen Fußball(torwart)trainers** für ein Sky-Bundesliga-Abo Werbungskosten bei den Einkünften aus nichtselbstständiger Arbeit sein können, wenn tatsächlich eine berufliche Verwendung gegeben ist (BFH-Urteil vom 16.1.2019, BStBl. II S. 376). Diese Tatsachenfeststellung hat das Finanzgericht z. B. durch die Vernehmung von Trainerkollegen und Spielern zu treffen. Aus diesem Grund wurde der Streitfall vom Bundesfinanzhof an das Finanzgericht zurückverwiesen. Bei einem **Abonnement-Paket** („Fußball-Bundesliga“, „Sport“ und „Sky-Welt“) ist eine **Aufteilung** vorzunehmen, und ein etwaiger Abzug kommt nur für den Teil „Fußball-Bundesliga“ in Betracht. Bei den Aufwendungen für eine Zweitkarte ist eine private Verwendung und daher anteilig das Vorliegen von steuerlich nicht abziehbaren Kosten der privaten Lebensführung naheliegend.

Sprachkurs

Aufwendungen hierfür können Fortbildungskosten und damit Werbungskosten sein, wenn ein unmittelbarer und konkreter beruflicher Zusammenhang nachgewiesen oder glaubhaft gemacht werden kann (z. B. durch eine entsprechende Bescheinigung des Arbeitgebers). Ein Werbungskostenabzug ist auch dann gegeben, wenn nur Grundkenntnisse oder allgemeine Kenntnisse einer Fremdsprache vermittelt werden, diese aber für die berufliche Tätigkeit ausreichen.

Nicht als Werbungskosten abzugsfähig sind grundsätzlich Aufwendungen eines ausländischen Arbeitnehmers für einen Sprachkurs, selbst wenn ausreichende Deutschkenntnisse für einen angestrebten Ausbildungsplatz förderlich sind (BFH-Urteil vom 15.3.2007, BStBl. II S. 814). Mangels Zwangsläufigkeit sind die Aufwendungen für Deutschkurse auch nicht als außergewöhnliche Belastung abziehbar. Zur Abziehbarkeit von Aufwendungen für sog. Integrationskurse als außergewöhnliche Belastung vgl. das Stichwort „Integrationskurs“ im nachfolgenden Teil D unter Nr. 2. Zur Übernahme von Aufwendungen für Sprachkurse der Arbeitnehmer durch den Arbeitgeber vgl. die Stichworte „Deutschkurse“ und „Fortbildungskosten“ unter Nr. 2 Buchstabe c im Hauptteil des Lexikons.

Statusfeststellungsverfahren

Aufwendungen (z. B. Honorarzahlungen an eine Beratungsgesellschaft) für ein Statusfeststellungsverfahren sind Werbungskosten (BFH-Urteil vom 6.5.2010, BStBl. II S. 851). Zum Statusfeststellungsverfahren vgl. die Erläuterungen beim Stichwort „Scheinselbstständigkeit“ im Hauptteil des Lexikons.

Steuerberatungskosten

Steuerberatungskosten gehören bei Arbeitnehmern nur insoweit zu den Werbungskosten, soweit sie die Ermittlung der Einkünfte aus nichtselbstständiger Arbeit betreffen (= Ausfüllen der Anlage N). Ein Sonderausgabenabzug kommt darüber hinaus auch nicht in Betracht.

Nach dem BMF-Schreiben vom 21.12.2007 (BStBl. 2008 I S. 256)[1] gilt aus Vereinfachungsgründen Folgendes:

Bei Beiträgen an Lohnsteuerhilfevereine, Aufwendungen für steuerliche Fachliteratur und Software wird es nicht beanstandet, wenn diese Aufwendungen i. H. v. 50 % den Werbungskosten zugeordnet werden. Dessen ungeachtet ist aus Vereinfachungsgründen der Zuordnung des Steuerpflichtigen bei Aufwendungen für gemischte Steuerberatungskosten bis zu einem Betrag von 100 € im Kalenderjahr zu folgen.

Beispiel

Der Steuerpflichtige zahlt einen Beitrag an einen Lohnsteuerhilfeverein in Höhe von 120 €. Davon ordnet er 100 € den Werbungskosten zu; diese Zuordnung ist nicht zu beanstanden.

Steuerprozesskosten

die einem Arbeitnehmer wegen eines Rechtsstreits über das Vorliegen von Arbeitslohn oder Werbungskosten entstanden sind, sind als Werbungskosten abziehbar. Sie teilen – ebenso wie Steuerberatungskosten – die Qualifikation der Rechtsfrage bzw. des Aufwands, der Gegenstand des Prozesses ist (BFH-Urteil vom 13.4.2010, BFH/NV 2010 S. 2038).

Strafen

Vgl. vorstehend unter „Geldstrafen“.

Strafverteidigungskosten

Vgl. vorstehend unter „Prozesskosten“.

Studienkosten

Kosten für ein **Erststudium,** das zugleich Erstausbildung ist, gehören zu den Ausbildungskosten. Sie sind damit keine Werbungskosten, sondern bis zu 6000 € im Jahr als Sonderausgaben abzugsfähig (vgl. nachfolgend in Abschnitt C Nr. 6 auf Seite 1231). Ein Abzug als Werbungskosten ist nur möglich, wenn zuvor eine Erstausbildung (Berufsausbildung oder Studium) abgeschlossen worden ist oder das Studium im Rahmen eines Dienstverhältnisses stattfindet. Aufwendungen für ein **Zweitstudium** können Fortbildungskosten sein und als Werbungskosten abgezogen werden (vgl. vorstehend unter „Fortbildungskosten“).

1) Das BMF-Schreiben ist als Anlage 3 zu H 9.1 LStR im **Steuerhandbuch für das Lohnbüro 2021** abgedruckt, das im selben Verlag erschienen ist.

Studienreisen

Vgl. vorstehend unter „Fachkongress".

Supervisionskurse

Vgl. vorstehend unter „Kommunikationskurse".

Tageszeitung

Aufwendungen für Tageszeitungen sind in keinem Fall als Werbungskosten abzugsfähig (auch dann nicht, wenn nur der Wirtschaftsteil gelesen wird). Gleiches gilt für Zeitschriften mit allgemein bildendem Inhalt. Aufwendungen für Fachzeitschriften sind dagegen Werbungskosten.

Taschenrechner

Aufwendungen für einen beruflich genutzten Taschenrechner sind Werbungskosten.

Taxikosten

Aufwendungen für die Benutzung eines Taxis sind bei Fahrten zwischen Wohnung und erster Tätigkeitsstätte nur in Höhe der Entfernungspauschale,[1] bei Auswärtstätigkeiten dagegen in voller Höhe als Werbungskosten abzugsfähig.

Telefonkosten

Der Arbeitnehmer kann Ausgaben für die berufliche Nutzung seines privaten Telefons als Werbungskosten geltend machen, soweit sie der Arbeitgeber nicht steuerfrei ersetzt. Beim Stichwort „Telefonkosten" im Hauptteil des Lexikons sind auch die für den Werbungskostenabzug durch den Arbeitnehmer geltenden Grundsätze erläutert.

Umzugskosten

Aufwendungen für beruflich veranlasste Umzüge sind als Werbungskosten abzugsfähig und zwar in gleicher Höhe, in der der Arbeitgeber steuerfreien Ersatz leisten könnte. Die Erläuterungen beim Stichwort „Umzugskosten" im Hauptteil des Lexikons gelten deshalb für den Werbungskostenabzug entsprechend.

Unfallkosten

Unfallkosten sind Werbungskosten, wenn sich der Unfall bei einer Auswärtstätigkeit ereignet. Ereignet sich der Unfall auf einer Fahrt zwischen Wohnung und erster Tätigkeitsstätte sind die Unfallkosten neben der Entfernungspauschale berücksichtigungsfähig (vgl. das Stichwort „Entfernungspauschale" unter Nr. 9 Buchstabe c im Hauptteil des Lexikons).

Veräußerungsverluste

Ein Veräußerungsverlust aus einer Kapitalbeteiligung am Arbeitgeber-Unternehmen führt nicht allein deshalb zu Werbungskosten des Arbeitnehmers oder zu negativen Einnahmen aus nichtselbstständiger Arbeit, weil die Beteiligung wegen der Beendigung des Arbeitsverhältnisses veräußert wird (BFH-Urteil vom 17.9.2009, BStBl. 2010 II S. 198). Im Streitfall erfüllte der Kläger eine gesellschaftsrechtliche Verpflichtung, die eine preisgebundene Rückveräußerung von mit versteuertem Arbeitslohn erworbenen Aktien vorsah. Einen für den Werbungskostenabzug erforderlichen Veranlassungszusammenhang mit oder durch das Arbeitsverhältnis war im Streitfall nicht ersichtlich.

Der Verlust einer Beteiligung an einer GmbH kann selbst dann nicht als Werbungskosten berücksichtigt werden, wenn die Beteiligung am Stammkapital der GmbH Voraussetzung für die Beschäftigung als Arbeitnehmer der GmbH war (BFH-Urteil vom 12.5.1995, BStBl. II S. 644).

Verpflegungsmehraufwendungen

Aufwendungen für Verpflegung gehören grundsätzlich zu den nicht abzugsfähigen Kosten der privaten Lebensführung (vgl. vorstehend unter „Ernährung"). Eine Ausnahme besteht nur dann, wenn eine

- Auswärtstätigkeit,
- Einsatzwechseltätigkeit,
- Fahrtätigkeit oder
- doppelte Haushaltsführung

vorliegt. In diesen Fällen sind wegen des entstehenden Mehraufwands Verpflegungspauschalen zum Werbungskostenabzug zugelassen worden und zwar in folgender Höhe:

Bei **eintägigen Auswärtstätigkeiten** beträgt die Verpflegungspauschale für jeden Kalendertag bei einer Abwesenheit von der Wohnung und der ersten Tätigkeitsstätte von **mehr als acht Stunden ab 1.1.2020 14 €.**

Bei **mehrtägigen Auswärtstätigkeiten** betragen die Verpflegungspauschalen für jeden Kalendertag **ab 1.1.2020**

- bei einer Abwesenheitszeit von der Wohnung und der ersten Tätigkeitsstätte von **24 Stunden 28 €** und
- für den **An- und Abreisetag** bei mehrtägigen Auswärtstätigkeiten mit Übernachtung ohne Erfordernis einer Mindestabwesenheitszeit **14 €.**

Für die Gewährung der Verpflegungspauschalen ist die **Dreimonatsfrist** zu beachten; allerdings kommt es bei einer vierwöchigen Unterbrechung – unabhängig vom Grund der Unterbrechung – zu einem Neubeginn der Dreimonatsfrist. Auch bei einem Wechsel des Auftraggebers oder Kunden kommt es selbst bei einem räumlichen Zusammenhang zu einem Neubeginn der Dreimonatsfrist. Die Dreimonatsfrist gilt zudem nicht bei einer Fahrtätigkeit.

Übliche **Mahlzeiten** (Preis bis 60 €) anlässlich einer beruflich veranlassten Auswärtstätigkeit sind nicht zu besteuern, wenn der Arbeitnehmer für die betreffende Auswärtstätigkeit dem Grunde nach eine Verpflegungspauschale geltend machen könnte. Die für den Tag der Auswärtstätigkeit in Betracht kommende Verpflegungspauschale ist allerdings wegen der Mahlzeitengestellung des Arbeitgebers wie folgt zu **kürzen:**

- um 20 % für ein Frühstück und
- um jeweils 40 % für ein Mittag- und Abendessen

der für die 24-stündige Abwesenheit geltenden Tagespauschale. Die Anhebung der Verpflegungspauschalen ab 2020 führt daher in den Fällen der **Mahlzeitengestellung** durch den Arbeitgeber auch zu einem **höheren Kürzungsbetrag** (bei Gestellung eines Frühstücks 20 % von 28 € = 5,60 €, bei Gestellung eines Mittag- oder Abendessens 40 % von 28 € = 11,20 €). Bei Auslandsreisen ist für die Berechnung der Kürzung auf die Auslandspauschale für das jeweilige Land bei 24 Stunden Abwesenheit abzustellen.

Versteuerter Arbeitslohn

Führen Bar- oder Sachleistungen des Arbeitgebers, durch die der Arbeitnehmer eigene Aufwendungen erspart, zu steuerpflichtigem Arbeitslohn, liegen **in gleicher Höhe Werbungskosten** vor, wenn entsprechende Zahlungen des Arbeitnehmers zu Werbungskosten geführt hätten. In einem beim Bundesfinanzhof anhängigen Verfahren stellte die Bundeswehr einem Soldaten in der Kaserne unentgeltlich eine Gemeinschaftsunterkunft zur Verfügung. Der sich hierfür ergebende amtliche Sachbezugswert wurde als Arbeitslohn versteuert. Der Soldat nutzte diese Unterkunft jedoch aufgrund des „Ausgangs bis zum Wecken" nicht zur Übernachtung, sondern nur für dienstliche Zwecke – insbesondere für die Aufbewahrung seiner Dienstkleidung und Ausrüstung sowie zum Wechseln der Uniform. Da hierfür geleistete Zahlungen des Soldaten zu einem Werbungskostenabzug geführt hätten, ließ der Bundesfinanzhof den versteuerten Sachbezugswert zum Werbungskostenabzug zu (BFH-Urteil vom 28.4.2020, Az.: VI R 5/18).

Vertragsstrafen

Vertragsstrafen können Werbungskosten sein, wenn sie beruflich veranlasst sind (z. B. Vertragsstrafen aus der Verletzung eines Konkurrenzverbots). Zu Vertragsstrafen im Zusammenhang mit dem Ausscheiden aus einem Ausbildungsverhältnis vgl. BFH-Urteil vom 22.6.2006 (BStBl. 2007 II S. 4), das eine Vertragsstrafe betrifft, die wegen Aufnahme einer selbstständigen Tätigkeit vor Ablauf einer 10-jährigen Verpflichtungszeit als Arbeitnehmer gezahlt werden musste.

Videorekorder

Bei nahezu ausschließlicher beruflicher Nutzung (mindestens 90 %) sind die Aufwendungen Werbungskosten (Verteilung auf die Nutzungsdauer von 7 Jahren). Bei Gegenständen der Unterhaltungselektronik gilt im Allgemeinen der Erfahrungssatz, dass sie auch privat verwendet werden können. Damit ist ein Abzug als Werbungskosten nach dem sog. Aufteilungs- und Abzugsverbot des § 12 Nr. 1 Satz 2 EStG im Regelfall ausgeschlossen, es sei denn, der berufliche Anteil kann anhand eines objektiven Aufteilungsmaßstabs zumindest glaubhaft gemacht werden.

Die vorstehenden Grundsätze gelten entsprechend für neuere Geräte der Unterhaltungselektronik.

1) Für Fahrten zwischen Wohnung und erster Tätigkeitsstätte kommt ein Abzug der tatsächlichen Taxikosten nur in Betracht, wenn die für das Kalenderjahr 2021 insgesamt zu gewährende Entfernungspauschale überschritten wird (§ 9 Abs. 2 Satz 2 EStG).

Vollkaskoversicherung

Vgl. vorstehend unter „Kaskoversicherung".

Wachhund

Die Aufwendungen für einen Wachhund (Kosten für Futter und Pflege) sind Werbungskosten, wenn der Wachhund ein Arbeitsmittel ist (z. B. bei einem Hundeführer im Bewachungsgewerbe). Auf die Ausführungen beim Stichwort „Hundegeld" im Hauptteil des Lexikons wird Bezug genommen.

Werbegeschenke

Gibt ein Arbeitnehmer auf eigene Kosten den Kunden des Arbeitgebers Werbegeschenke, ist ein Werbungskostenabzug möglich, wenn die berufliche Veranlassung nachgewiesen werden kann (z. B. von Arbeitnehmern mit erfolgsabhängiger Entlohnung). Die Abzugsfähigkeit ist pro Kunde auf Geschenke im Wert von höchstens 35 € im Kalenderjahr begrenzt (Freigrenze).

Geschenke eines Arbeitnehmers anlässlich persönlicher Feiern sind nicht als Werbungskosten abziehbar (BFH-Urteil vom 1.7.1994, BStBl. 1995 II S. 273).

Werbungskosten-Pauschsätze

Für bestimmte Berufsgruppen (Artisten, Künstler, Journalisten) gab es früher besondere Werbungskosten-Pauschbeträge.

Diese Werbungskosten-Pauschbeträge sind seit 1.1.2000 weggefallen.

Werkzeuge

Vgl. vorstehend unter „Arbeitsmittel".

Zeitungen, Zeitschriften

Vgl. vorstehend unter „Fachbücher, Fachzeitschriften".

Zinsen

Vgl. vorstehend unter „Schuldzinsen".

C. Sonderausgaben

1. Allgemeines

Sonderausgaben werden eingeteilt in **Vorsorgeaufwendungen** und **übrige** Sonderausgaben. Nur die „übrigen Sonderausgaben" werden als **Freibetrag** beim Lohnsteuerabzug berücksichtigt. Vorsorgeaufwendungen werden nicht in Form eines Freibetrags beim Lohnsteuerabzug berücksichtigt; sie sind vielmehr in Form der **Vorsorgepauschale** in den Lohnsteuertarif eingearbeitet (vgl. die ausführlichen Erläuterungen zur Vorsorgepauschale in Anhang 8). Zu den vorstehend erwähnten Vorsorgeaufwendungen gehören auch „Rürup-Rentenverträge". Der **Bundesfinanzhof** hat es daher abgelehnt, bei einem verheirateten Rürup-Sparer für die Einzahlung in einen Rürup-Vertrag einen Freibetrag zu bilden (BFH-Urteil vom 10.11.2016, BStBl. 2017 II S. 715). Er hält dies für **verfassungsrechtlich unbedenklich,** da der Gesetzgeber mit der Berücksichtigung von Vorsorgeaufwendungen über die Vorsorgepauschale eine generalisierende, typisierende und pauschalierende Regelung getroffen hat und das **Absehen von einer Sonderregelung** für Rürup-Verträge nur eine **verhältnismäßig kleine Zahl von Personen betrifft,** bei denen dies – im Hinblick auf das Einkommensteuer-Veranlagungsverfahren – **nicht zu gravierenden Nachteilen führt.**

Die **„übrigen"** Sonderausgaben, das heißt diejenigen Sonderausgaben, die nicht zu den Vorsorgeaufwendungen gehören, können dagegen als Freibetrag beim Lohnsteuerabzug berücksichtigt werden, soweit sie den Sonderausgaben-Pauschbetrag übersteigen. **Übrige** Sonderausgaben, für die ein Freibetrag gebildet wird, sind

- **Unterhaltsleistungen** an den geschiedenen oder dauernd getrennt lebenden Ehegatten oder eingetragenen Lebenspartner (vgl. nachfolgend unter Nr. 2);
- bestimmte **Renten** und **dauernde Lasten** (Nr. 3);
- **Kirchensteuer** (Nr. 4);
- **Kinderbetreuungskosten** (Nr. 5);
- Aufwendungen für die eigene **Berufsausbildung** (Nr. 6);
- **Schulgeld für eine Privatschule** (Nr. 7);
- **Spenden** und Beiträge für wissenschaftliche, kulturelle, mildtätige, kirchliche und sonstige gemeinnützige Zwecke (Nr. 8);
- **Spenden** und Beiträge an politische Parteien (Nr. 9).

Die übrigen Sonderausgaben werden als Freibetrag beim Lohnsteuerabzug berücksichtigt, soweit sie den Sonderausgaben-Pauschbetrag von 36 € für Ledige bzw. 72 € für zusammen veranlagte Ehegatten übersteigen. Voraussetzung hierfür ist, dass die für die Eintragung eines Freibetrags allgemein geltende 600-Euro-Grenze überschritten ist (vgl. vorstehenden Abschnitt A Nr. 2).

2. Unterhaltsleistungen an den geschiedenen oder dauernd getrennt lebenden Ehegatten[1)]

Unterhaltsleistungen an den geschiedenen oder dauernd getrennt lebenden Ehegatten sind bis zum Höchstbetrag von **13 805 € jährlich als Sonderausgaben** abziehbar (§ 10 Abs. 1a Nr. 1 EStG), wenn der Geber dies mit Zustimmung des Empfängers beantragt (sog. **Realsplitting**). Zudem setzt die Berücksichtigung entsprechender Aufwendungen voraus, dass in der Steuererklärung des Unterhaltsleistenden die **Identifikationsnummer** (§ 139b AO) der **unterhaltenen Person angegeben** wird. Die unterhaltene Person wird ihrerseits verpflichtet, ihre Identifikationsnummer der den Unterhalt leistenden Person für diese Zwecke mitzuteilen. Kommt die unterhaltene Person dieser Verpflichtung nicht nach, ist der Unterhaltsleistende berechtigt, die Identifikationsnummer der unterhaltenen Person bei der für den Unterhaltsleistenden zuständigen Finanzbehörde zu erfragen. Die Verpflichtung zur Angabe der Identifikationsnummer findet aber nur bei Unterhaltsempfängern Anwendung, die der unbeschränkten oder beschränkten Steuerpflicht unterliegen.

Die als Sonderausgaben abgezogenen Unterhaltsleistungen sind beim Empfänger (dies ist in der Regel die geschiedene Ehefrau) als sonstige Einkünfte **steuerpflichtig.** Für den Antrag und die Zustimmung gibt es einen amtlichen Vordruck **(Anlage U).** Der Vordruck ist vom Arbeitnehmer, der den Unterhalt leistet, und vom Unterhaltsempfänger zu unterschreiben. **Der Antrag** ist nur für das Kalenderjahr bindend, für das der Sonderausgabenabzug beantragt wird, und muss für jedes Kalenderjahr neu gestellt werden. **Die Zustimmung** des Empfängers auf der Anlage U ist hingegen bis auf Widerruf wirksam und kann nur vor Beginn des Kalenderjahres, für das sie erstmals nicht mehr gelten soll, gegenüber dem Finanzamt widerrufen werden. Wird der Sonderausgabenabzug nicht beantragt oder fehlt hierzu die Zustimmung des Empfängers der Unterhaltsleistungen, können diese als **außergewöhnliche Belastungen** (vgl. nachfolgend in Abschnitt D Nr. 3 auf Seite 1242) geltend gemacht werden. Die Unterhaltsleistungen können nur insgesamt entweder als Sonderausgaben oder als außergewöhnliche Belastung berücksichtigt werden.

Der mit Zustimmung des Unterhaltsempfängers als Sonderausgabe abzugsfähige Höchstbetrag von 13 805 € für Unterhaltsleistungen an den geschiedenen oder dauernd getrennt lebenden Ehegatten erhöht sich um die vom Geber-Ehegatten tatsächlich geleisteten **Beiträge für die Kranken- und Pflegepflichtversicherung** des Empfängers (§ 10 Abs. 1a Nr. 1 Satz 2 EStG), soweit sie für die Erlangung eines sozialhilfegleichen Versorgungsniveaus erforderlich sind (Basiskrankenversicherung). Unmaßgeblich ist, ob der Steuerpflichtige die Beiträge als Versicherungsnehmer leistet oder für eine vom geschiedenen/dauernd getrennt lebenden Ehegatten abgeschlossene Versicherung trägt.

Der Sonderausgabenabzug von Unterhaltsleistungen an den geschiedenen oder dauernd getrennt lebenden Ehegatten ist davon abhängig, dass der Empfänger **im Inland lebt,** das heißt unbeschränkt einkommensteuerpflichtig ist. In bestimmten Fällen kann jedoch der Sonderausgabenabzug nicht nur dann in Anspruch genommen werden, wenn der den Unterhalt leistende Steuerpflichtige im Inland lebt, das heißt nach § 1 Abs. 1 EStG unbeschränkt steuerpflichtig ist, sondern auch dann, wenn er als Staatsangehöriger eines EU-/EWR-Mitgliedstaates **auf Antrag** nach § 1 Abs. 3 EStG wie ein unbeschränkt Steuerpflichtiger behandelt wird. In beiden Fällen kann zudem **der Empfänger** der Unterhaltsleistungen (in der Regel also die geschiedene Ehefrau) **in einem EU/EWR-Mitgliedstaat** (vgl. dieses Stichwort) oder in der **Schweiz** ansässig sein, sofern die Besteuerung der empfangenen Unterhaltszahlungen durch eine Bescheinigung der zuständigen ausländischen Steuerbehörde nachgewiesen wird (vgl. die Erläuterungen beim Stichwort „Beschränkt steuerpflichtige Arbeitnehmer" unter Nr. 6 Buchstabe b auf Seite 211).

3. Renten und dauernde Lasten

Versorgungsleistungen aufgrund von **Vermögensübergaben im Rahmen der vorweggenommenen Erbfolge** können als Sonderausgaben berücksichtigt werden, wenn sie im Zusammenhang mit der Übertragung eines Mitunternehmeranteils, eines Betriebs oder Teilbetriebs oder

1) Die nachfolgenden Ausführungen gelten entsprechend bei Unterhaltsleistungen an den Lebenspartner nach Auflösung der Lebenspartnerschaft oder bei einem dauernden Getrenntleben (§ 2 Abs. 8 EStG).

eines mindestens 50 %igen GmbH-Anteils stehen. Voraussetzung ist, dass die erteilte Identifikationsnummer des Empfängers in der Steuererklärung des Leistenden angegeben wird.

Keine Sonderausgaben sind Renten und dauernde Lasten, die freiwillig oder aufgrund einer freiwillig begründeten Verpflichtung geleistet werden. Dasselbe gilt für Zuwendungen an Personen, die gegenüber dem Arbeitnehmer oder seinem Ehegatten gesetzlich unterhaltsberechtigt sind oder an deren Ehegatten (§ 12 Nr. 2 EStG). Unterhaltszahlungen an Eltern oder Kinder können hiernach nicht als Sonderausgaben geltend gemacht werden. Zum Abzug von Unterhaltsleistungen an gesetzliche unterhaltsberechtigte Personen als **außergewöhnliche Belastung** wird auf die Erläuterungen im nachfolgenden Abschnitt D Nr. 3 verwiesen. Zum Abzug von Unterhaltsleistungen an den geschiedenen oder dauernd getrennt lebenden Ehegatten vgl. die Erläuterungen unter der vorstehenden Nr. 2 (sog. **Realsplitting**).[1)]

Auch **Ausgleichszahlungen zur Vermeidung eines Versorgungsausgleichs** nach der Ehescheidung bzw. der Auflösung einer eingetragenen Lebenspartnerschaft können als **Sonderausgaben** berücksichtigt werden (§ 10 Abs. 1a Nr. 3 EStG), wenn der Berechtigte unbeschränkt einkommensteuerpflichtig ist. Die Abzugsmöglichkeit bezieht sich auf Zahlungen nach § 6 Abs. 1 Satz 2 Nr. 2 und § 23 Versorgungsausgleichsgesetz sowie § 1408 Abs. 2 und § 1587 BGB. Nach dieser Regelung hat die ausgleichspflichtige Person die Möglichkeit, zur Vermeidung der Durchführung eines Versorgungsausgleichs, Ausgleichsleistungen an den Versorgungsberechtigten zu zahlen. Ein Sonderausgabenabzug kommt unabhängig davon, ob die Ausgleichsleistung eine beamtenrechtliche, eine öffentlich-rechtliche, eine private oder eine betriebliche Altersversorgung betrifft, in Betracht. Im Gegenzug muss der **Empfänger** der Ausgleichsleistung diese als **sonstige Einkünfte** i. S. d. § 22 Nr. 1a EStG **versteuern (Korrespondenzprinzip).** Aus diesem Grund muss der Empfänger der Ausgleichsleistung der Geltendmachung der Leistung als Sonderausgaben durch den Verpflichteten zustimmen. Die **Zustimmung** muss – wie in den Fällen des Realsplittings (vgl. vorstehende Nr. 2) – durch Unterzeichnung der **Anlage U** erfolgen. Auch hier setzt die Berücksichtigung als Sonderausgaben voraus, dass die erteilte Identifikationsnummer des Empfängers in der Steuererklärung des Leistenden angegeben wird.

In den **schuldrechtlichen Versorgungsausgleich** fallen Anrechte, die am Ende der Ehe noch nicht ausgleichsreif sind. Dazu gehört z. B. ein noch verfallbares Anrecht i. S. d. Betriebsrentengesetzes. Entsprechendes gilt, wenn Ehegatten Ausgleichsansprüche nach der Scheidung (z. B. in einem Ehevertrag) ausdrücklich dem schuldrechtlichen Versorgungsausgleich vorbehalten haben. **Ausgleichszahlungen** im Rahmen des schuldrechtlichen Versorgungsausgleichs können nach § 10 Abs. 1a Nr. 4 EStG als **Sonderausgaben** abgezogen werden. Beim **Ausgleichsberechtigten** gehören die Leistungen aufgrund eines schuldrechtlichen Versorgungsausgleichs zu den **sonstigen Einkünften** (§ 22 Nr. 1a EStG). Auch hier setzt die Berücksichtigung als Sonderausgaben voraus, dass die erteilte Identifikationsnummer des Empfängers in der Steuererklärung des Leistenden angegeben wird.

4. Kirchensteuer

Als Sonderausgaben abzugsfähig ist die im Kalenderjahr 2021 tatsächlich gezahlte Kirchensteuer. Dies gilt auch für die vom Erben für den Erblasser gezahlte Kirchensteuer (BFH-Urteil vom 21.7.2016, BStBl. 2017 II S. 256). Kirchensteuer, die im Kalenderjahr 2021 erstattet wird ist gegenzurechnen, auch wenn sich die Erstattung auf frühere Kalenderjahre bezieht.

Entsteht dabei ein **Kirchensteuer-Erstattungsüberhang,** führt dies zu einem **Hinzurechnungsbetrag.** Bislang war ungeklärt, ob ein solcher Hinzurechnungsbetrag – vergleichbar einer Einkunftsart – den Gesamtbetrag der Einkünfte erhöht und folglich dann durch einen Verlustvortrag, der vom Gesamtbetrag der Einkünfte abzuziehen ist, ausgeglichen werden kann. Der Bundesfinanzhof (Urteil vom 12.3.2019, BStBl. I S. 658) begründet die Ablehnung einer solchen Verlustverrechnung damit, dass der Kirchensteuer-Erstattungsüberhang wie die ursprünglich gezahlte Kirchensteuer als „negative" Sonderausgabe zu berücksichtigen ist. Durch die Hinzurechnung kann es daher dazu kommen, dass **Einkommensteuer gezahlt werden muss, obwohl der Gesamtbetrag der Einkünfte nach Verlustausgleich 0 € beträgt.** Es kommt dann zu einer Besteuerung allein des Vorteils aus der Erstattung von früheren Abzugsbeträgen. Dies gilt auch dann, wenn sich die erstatteten Kirchensteuerbeträge im Zahlungsjahr nicht steuermindernd ausgewirkt haben.

5. Kinderbetreuungskosten als Sonderausgaben

Seit 1.1.2012 können Kinderbetreuungskosten nur noch als **Sonderausgaben** und nicht mehr – wie zuvor – auch wie Werbungskosten bzw. Betriebsausgaben abgezogen werden (§ 10 Abs. 1 Nr. 5 EStG). Als Sonderausgaben abzugsfähig sind der Höhe nach **zwei Drittel der Aufwendungen** – bis zum **Höchstbetrag von 4000 € je Kind** – für Dienstleistungen zur Betreuung eines zum Haushalt des Arbeitnehmers gehörenden, steuerlich zu berücksichtigenden Kindes, welches das **14. Lebensjahr noch nicht vollendet** hat **oder** wegen einer vor Vollendung des 25. Lebensjahres eingetretenen körperlichen, geistigen oder seelischen **Behinderung** außerstande ist, sich selbst finanziell zu unterhalten. Die frühere Unterscheidung nach erwerbsbedingten und nicht erwerbsbedingten Kinderbetreuungskosten ist weggefallen. Auf die persönlichen Anspruchsvoraussetzungen bei den Eltern kommt es daher nicht mehr an.

Eine zeitanteilige Kürzung des Höchstbetrags wird nicht vorgenommen, wenn Kinderbetreuungskosten nicht während des gesamten Kalenderjahres geleistet worden sind.

Beispiel

Bei Eheleuten fallen ab März 2021 Kinderbetreuungskosten von 600 € monatlich für die Betreuung der 10-jährigen Tochter an.

Die Aufwendungen in Höhe von 6000 € (10 Monate à 600 €) werden in Höhe von zwei Dritteln = 4000 € als Sonderausgaben abgezogen. Der Höchstbetrag von 4000 € wird nicht für zwei Monate zeitanteilig gekürzt, obwohl in den Monaten Januar und Februar 2021 keine Kinderbetreuungskosten angefallen sind.

Ebenso wie der Abzug von Werbungskosten bei den Einkünften aus nichtselbstständiger Arbeit setzt auch der Sonderausgabenabzug eine wirtschaftliche Belastung des Arbeitnehmers voraus. Die Kinderbetreuungskosten des Arbeitnehmers sind daher vor Anwendung der Drittelregelung um **steuerfreie Arbeitgeberzuschüsse zur Betreuung** des Kindes zu **kürzen.**

Beispiel

Die zusammen zur Einkommensteuer veranlagten Eltern wenden für ihr nicht schulpflichtiges Kind Betreuungskosten in Höhe von 12 000 € jährlich auf. Der Ehemann hat hierfür von seinem Arbeitgeber steuerfreie Leistungen in Höhe von 4200 € erhalten.

Bei den Eltern sind im Rahmen der Veranlagung zur Einkommensteuer Sonderausgaben in Höhe von 4000 € abzuziehen (12 000 € abzüglich 4200 € = 7800 € × 2/3 = 5200 €, höchstens 4000 €).

Abwandlung

Die von den Eltern aufgewandten Kinderbetreuungskosten betragen 8400 €.

Die abziehbaren Sonderausgaben im Rahmen der Veranlagung zur Einkommensteuer betragen 2800 € (8400 € abzüglich 4200 € = 4200 € × 2/3 = 2800 €). Der Höchstbetrag für den Sonderausgabenabzug von 4000 € ist nicht überschritten.

Werden dem Steuerpflichtigen gezahlte und steuerlich bereits berücksichtigte **Kinderbetreuungskosten in einem späteren Kalenderjahr erstattet**, ist der Erstattungsbetrag aus Vereinfachungsgründen **im Erstattungsjahr** mit den hier entstandenen Aufwendungen **zu verrechnen**. Die abziehbaren Kinderbetreuungskosten werden folglich im Erstattungsjahr entsprechend gemindert. Ist im **Erstattungsjahr kein Ausgleich möglich**, ist der Sonderausgabenabzug des Jahres der Verausgabung der Kinderbetreuungskosten um die nachträgliche Erstattung zu vermindern. Ein etwaig bereits bestandskräftiger Einkommensteuerbescheid wäre insoweit nach § 175 Abs. 1 Satz 1 Nr. 2 AO zu ändern.

Eine **unbare Zahlung** auf das **Konto des Leistungserbringers** ist neben der erhaltenen Rechnung eine zwingende Voraussetzung für den Abzug von Kinderbetreuungskosten. Dies gilt auch, wenn die Zahlungen im Rahmen eines geringfügigen Beschäftigungsverhältnisses (Minijob) geleistet werden.

Bei den Stichwörtern „Kinderbetreuungskosten" und „Kindergartenzuschüsse" im Hauptteil des Lexikons sind alle mit der Steuerfreiheit sowie dem Sonderausgabenabzug zusammenhängenden Fragen anhand von Beispielen erläutert.

6. Ausbildungskosten als Sonderausgaben

Aufwendungen für die **erstmalige Berufsausbildung** oder ein **Erststudium** sind grundsätzlich keine Werbungskosten oder Betriebsausgaben, sondern können lediglich bis zu einem Betrag von **6000 €** jährlich als **Sonderausgaben** abgezogen werden (§ 10 Abs. 1 Nr. 7 EStG). Somit wirken sich die Aufwendungen bis zum genannten Höchstbetrag nur dann steuermindernd aus, wenn die betreffende Person (z. B. ein Student) über steuerpflichtige Einkünfte verfügt. Bei Ehegatten gilt der Betrag von 6000 € für jeden Ehegatten gesondert.

Das Bundesverfassungsgericht hält die steuerlichen Regelungen für **verfassungsgemäß** (Beschlüsse des Bundesverfassungsgerichts vom

1) Die vorstehenden Ausführungen zum Ehegatten gelten entsprechend für eingetragene Lebenspartner (§ 2 Abs. 8 EStG).

10.11.2019, 2 BvL 22/14, 2 BvL 27/14, 2 BvL 26/14, 2 BvL 25/14, 2 BvL 24/14 und 2 BvL 23/14; BFH/NV 2020 S. 334). Der Gesetzgeber durfte solche Aufwendungen als **privat (mit-)veranlasst qualifizieren** und den Sonderausgaben zuordnen. Die Erstausbildung oder das Erststudium unmittelbar nach dem Schulabschluss vermittele nicht nur Berufswissen, sondern präge die Person in einem umfassenden Sinne, indem die Möglichkeit eröffnet werde, sich seinen Begabungen und Fähigkeiten entsprechend zu entwickeln und allgemeine Kompetenzen zu erwerben, die nicht zwangsläufig für einen künftigen konkreten Beruf notwendig seien. Es bestehe daher eine besondere Nähe zur Persönlichkeitsentwicklung. Auch die Begrenzung des Sonderausgabenabzugs für Erstausbildungskosten auf einen Höchstbetrag (derzeit 6000 € jährlich) sei verfassungsrechtlich nicht zu beanstanden. Die vorstehenden Erwägungen mit den sich daraus ergebenden steuerlichen Folgerungen gelten im Übrigen auch für den besonderen Fall der Ausbildung zum Piloten außerhalb eines Dienstverhältnisses.

Beispiel A

A studiert Maschinenbau (Erststudium und zugleich Erstausbildung), um Maschinenbauingenieur zu werden. Die Aufwendungen betragen insgesamt 7000 €. A kann die Aufwendungen bis zu 6000 € jährlich als Sonderausgaben abziehen. Sie wirken sich allerdings bei ihm nur dann steuermindernd aus, wenn er über steuerpflichtige Einkünfte verfügt. Arbeitet A z. B. in den Semesterferien, kann der Betrag von 6000 € als Freibetrag beim Lohnsteuerabzug berücksichtigt werden.

Ausgehend von den vorstehenden Beschlüssen des Bundesverfassungsgerichts hat der Bundesfinanzhof entschieden (BFH-Urteil vom 12.2.2020, BFH/NV 2020 S. 967), dass Aufwendungen für ein Bachelor-Studium (= Erststudium), das eine Erstausbildung vermittelt, nicht als Werbungskosten abgezogen werden können, wenn das Studium nicht im Rahmen eines Dienstverhältnisses stattfindet.

Ein Abzug als Werbungskosten oder Betriebsausgaben ist nur möglich, wenn

- zuvor eine **Erstausbildung** (Berufsausbildung oder Studium) **abgeschlossen** worden ist oder
- die Berufsausbildung oder das Studium im Rahmen eines **Dienstverhältnisses** stattfindet.

Eine Berufsausbildung als **Erstausbildung** liegt nur vor, wenn eine auf der Grundlage von Rechts- oder Verwaltungsvorschriften geordnete Ausbildung mit einer vorgesehenen Dauer von **mindestens 12 Monaten** (bei vollzeitiger Ausbildung) und mit einer Abschlussprüfung durchgeführt wird. Sofern eine Abschlussprüfung nach dem Ausbildungsplan nicht vorgesehen ist, gilt die Ausbildung mit der tatsächlichen Beendigung als abgeschlossen (§ 9 Abs. 6 EStG). Durch die Mindestdauer von 12 Monaten können Aufwendungen für ein Erststudium im Anschluss an eine kurzzeitige Ausbildung (z. B. als Skilehrer oder Taxifahrer) nicht als Betriebsausgaben oder Werbungskosten geltend gemacht werden.

Beispiel B

A hat sich nach dem Abitur in 24 Tagen zum staatlich geprüften Skilehrer ausbilden lassen. Ab dem Frühjahr 2021 studiert er Jura.

Bei dem Jurastudium handelt es sich um ein Erststudium und zugleich um eine Erstausbildung. Die Skilehrerausbildung ist keine Erstausbildung, da sie die steuerlich vorgesehene Mindestdauer von 12 Monaten nicht erreicht. A kann seine Studienkosten daher nur bis zur Höhe von 6000 € als Sonderausgaben geltend machen mit der Folge, dass sie für einen Verlustvortrag (§ 10d EStG) nicht zur Verfügung stehen.

Beispiel C

Wie Beispiel B. A hat vor dem Jura-Studium eine Ausbildung zum Diplom-Finanzwirt gemacht. Nach Abschluss des Studiums strebt er eine Rückkehr in die Finanzverwaltung an.

Die Aufwendungen für das Jurastudium können als vorweggenommene Werbungskosten berücksichtigt werden, da A vor Studienbeginn eine Erstausbildung abgeschlossen hat.

Weiterhin können unabhängig von einem Arbeitsverhältnis die Aufwendungen für die Fortbildung in einem bereits erlernten Beruf, für Umschulungsmaßnahmen und für ein **weiteres Studium** (Zweitstudium) als Werbungskosten abgezogen werden, wenn sie in einem konkreten, objektiv feststellbaren Zusammenhang mit späteren Einnahmen aus der angestrebten beruflichen Tätigkeit stehen. In diesem Fall können auch die Kosten für den Erwerb eines Doktortitels (Promotion) als Werbungskosten abgezogen werden, wenn die berufliche Veranlassung nachgewiesen wird[1].

Beispiel D

B studiert Betriebswirtschaftslehre und befindet sich nach dem Bachelor-Abschluss im Master-Studiengang. Sie hat für die Zeit nach ihrem Studium bereits konkrete Jobangebote von Firmen, die im Bereich der Unternehmensberatung tätig sind.

Der Abschluss des Bachelor-Studiengangs ist der Abschluss eines Erststudiums. Die Aufwendungen für den Master-Studiengang können daher als vorweggenommene Werbungskosten berücksichtigt werden, da das Zweitstudium in einem konkreten Zusammenhang mit einer späteren beruflichen Tätigkeit steht.

Beispiel E

Ein Arbeitnehmer absolviert ein Zweitstudium, um die in seinem ausgeübten Beruf bestehenden Aufstiegsmöglichkeiten besser wahrnehmen zu können. Die Aufwendungen stehen in einem konkreten Zusammenhang mit späteren steuerpflichtigen Einnahmen aus der angestrebten beruflichen Tätigkeit; sie sind deshalb nicht als Sonderausgaben, sondern in voller Höhe als Werbungskosten abziehbar (vgl. die Erläuterungen im vorstehenden Abschnitt B Nr. 2 Stichwort „Fortbildungskosten“).

Erste Tätigkeitsstätte ist auch eine **Bildungseinrichtung,** die außerhalb eines Arbeitsverhältnisses zum Zwecke eines Vollzeitstudiums oder einer vollzeitigen Bildungsmaßnahme aufgesucht wird (§ 9 Abs. 4 Satz 8 EStG). Hierdurch ist die Rechtsprechung des Bundesfinanzhofs überholt, wonach es sich bei vollzeitig besuchten Bildungseinrichtungen nicht um regelmäßige Arbeitsstätten handelt (vgl. BFH-Urteile vom 9.2.2012, BStBl. 2013 II S. 234 und S. 236).

Ein Studium oder eine Bildungsmaßnahme findet **insbesondere dann außerhalb eines Dienstverhältnisses** statt, wenn sie

- nicht Gegenstand des Arbeitsverhältnisses ist, auch wenn sie seitens des Arbeitgebers durch Hingabe von Mitteln wie z. B. eines Stipendiums gefördert wird oder
- sie ohne arbeitsvertragliche Verpflichtung absolviert wird und die Beschäftigung lediglich das Studium oder die Bildungsmaßnahme ermöglicht.

Ein **Vollzeitstudium oder eine vollzeitige Bildungsmaßnahme** liegt insbesondere vor, **wenn** man im Rahmen dieses Studiums bzw. dieser Bildungsmaßnahme für einen Beruf ausgebildet wird und **daneben** entweder

- **keiner Erwerbstätigkeit** nachgeht oder
- während der Dauer des gesamten Studiums oder der Bildungsmaßnahme eine Erwerbstätigkeit mit durchschnittlich **bis zu 20 Stunden** regelmäßiger wöchentlicher Arbeitszeit oder
- eine Erwerbstätigkeit in Form eines **geringfügigen Beschäftigungsverhältnisses** (§§ 8 und 8a SGB IV) ausübt.

Die **Dauer** einer vollzeitigen Bildungsmaßnahme ist für die Einordnung einer Bildungseinrichtung als erste Tätigkeitsstätte **unerheblich** (BFH-Urteil vom 14.4.2020 VI R 24/18). Eine vollzeitige Bildungsmaßnahme liegt – in Abgrenzung zu einer nur in Teilzeit durchgeführten Maßnahme – vor, wenn die berufliche Fortbildung oder Ausbildung typischerweise darauf ausgerichtet ist, dass sich der Steuerpflichtige ihr zeitlich vollumfänglich widmen muss und die Lerninhalte vermittelnden Veranstaltungen jederzeit besuchen kann.

Sieht die Studienordnung einer Universität allerdings vor, dass Studierende einen Teil ihres Studiums an einer anderen Hochschule absolvieren können oder müssen, wird an der anderen Hochschule keine (weitere) erste Tätigkeitsstätte begründet (BFH-Urteil vom 14.5.2020 VI R 3/18). Dies gilt unabhängig davon, ob die andere Hochschule im Inland oder bei einem Auslandssemester im Ausland belegen ist.

Ist die Bildungseinrichtung erste Tätigkeitsstätte, können die **Fahrtkosten** zwischen Wohnung und erster Tätigkeitsstätte nur in Höhe der **Entfernungspauschale** als Werbungskosten abgezogen werden (vgl. das Stichwort „Entfernungspauschale“ im Hauptteil des Lexikons). Die **Unterkunftskosten** am Ort der Bildungseinrichtung richten sich in der Höhe nach den Grundsätzen einer **doppelten Haushaltsführung** (= monatlichen Höchstbetrag von 1000 €); es ist aber nicht erforderlich, dass dem Grunde nach die Voraussetzungen einer doppelten Haushaltsführung vorliegen.

Außerdem gehören zu den Ausbildungskosten u. a. Lehrgangs- und Studiengebühren sowie Aufwendungen für Fachbücher und anderes Lernmaterial. Zweckgebundene steuerfreie Bezüge zur unmittelbaren Förderung der Ausbildung sind von den Aufwendungen abzuziehen.

7. Schulgeld für eine Privatschule

Besucht ein Kind, für das der Steuerpflichtige Anspruch auf Kindergeld oder auf einen Kinderfreibetrag hat, im Inland oder in einem EU-/EWR-Staat (vgl. das Stichwort EU-/EWR-Mitgliedstaaten) eine Privatschule, die zu einem allgemeinbildenden oder berufsbildenden Schulabschluss führt oder darauf vorbereitet, sind **30 % des Schulgeldes** bis zu einem Höchstbetrag von **5000 €** als Sonderausgaben abziehbar (§ 10 Abs. 1 Nr. 9 EStG). Das gilt auch dann, wenn das Kind Vertragspartner der

1) Randnummer 26 des BMF-Schreibens vom 22.9.2010 (BStBl. I S. 721). Das BMF-Schreiben ist als Anlage 1 zu H 9.2 LStR im **Steuerhandbuch für das Lohnbüro 2021** abgedruckt, das im selben Verlag erschienen ist.

Schule ist. Der Höchstbetrag von 5000 € wird für jedes Kind, bei dem die Voraussetzungen vorliegen, je Elternpaar nur einmal gewährt.

Seit dem Veranlagungszeitraum 2008 ist die Klassifizierung der Schule (z. B. als Ersatz- oder Ergänzungsschule) für die Berücksichtigung von Schulgeldzahlungen nicht mehr von Bedeutung. Vielmehr kommt es – auch für Schulgeldzahlungen an inländische Schulen – allein auf den erreichten oder beabsichtigten Abschluss an. Führt eine im **EU-/EWR-Raum** (vgl. das Stichwort EU-/EWR-Mitgliedstaaten belegene Privatschule oder eine Deutsche Schule im Ausland zu einem anerkannten allgemeinbildenden oder berufsbildenden Schul-, Jahrgangs- oder Berufsabschluss oder bereitet sie hierauf vor, kommt ein Sonderausgabenabzug der Schulgeldzahlungen in Betracht. Daher sind neben den allgemeinbildenden und berufsbildenden Ersatzschulen sowie den allgemeinbildenden Ergänzungsschulen auch inländische Ergänzungsschulen, die auf einen Beruf vorbereiten, grundsätzlich einbezogen (z. B. Ergänzungsschulen im Gesundheitswesen). Die Prüfung und Feststellung der genannten schulrechtlichen Kriterien obliegt dem zuständigen inländischen Landesministerium (z. B. dem Schul- oder Kultusministerium), der Kultusministerkonferenz der Länder oder der zuständigen inländischen Zeugnisanerkennungsstelle. Die Finanzverwaltung ist an deren Entscheidung gebunden. Nach Auffassung des Bundesfinanzhofs ist die Prüfung und Feststellung der schulrechtlichen Kriterien Aufgabe der Finanzverwaltung (BFH-Urteil vom 20.6.2017, BStBl. 2018 II S. 58).

Zu den Einrichtungen, die auf einen Schul-, Jahrgangs- oder Berufsabschluss ordnungsgemäß vorbereiten, gehören nur solche, die nach einem staatlich vorgegebenen, genehmigten oder beaufsichtigten Lehrplan ausbilden. Daher sind Besuche von Nachhilfeeinrichtungen, Musikschulen, Sportvereinen, Ferienkursen (z. B. Feriensprachkursen) und Ähnlichem nicht einbezogen. Hochschulen einschließlich der Fachhochschulen und der ihnen im EU/EWR-Ausland gleichstehenden Einrichtungen sind keine Schulen im Sinne des § 10 Abs. 1 Nr. 9 EStG, sodass Gebühren für den Besuch dieser Einrichtungen von einer Berücksichtigung ausgeschlossen sind (z. B. Studiengebühren). Mit Urteil vom 10.10.2017 (BFH/NV 2018 S. 414) hat der Bundesfinanzhof bestätigt, dass an eine private (Fach-)Hochschule geleistete **Studiengebühren nicht** als Sonderausgaben nach § 10 Abs. 1 Nr. 9 EStG **abziehbar** sind. Der Besuch einer im EU-/EWR-Raum belegenen Bildungsstätte ist hingegen begünstigt, wenn dieser Besuch mit dem **Internationalen Abitur** („International Baccalaureale") abschließen soll. Private **„Business Schools"** sind Wirtschafts-(Hoch-)Schulen, die trotz fehlender staatlicher Anerkennung als Hochschule einen Bachelor-Abschluss anbieten. Die insgesamt dreijährige Ausbildung teilt sich in eine zweijährige Berufsausbildung (i. d. R. als Ersatz- bzw. Ergänzungsschule anerkannt) und in ein „Top-Up-Jahr" (oftmals im Ausland) zum Erreichen des zusätzlichen Bachelor-Abschlusses auf. In diesen Fällen sind die **ersten beiden Schuljahre** hinsichtlich des Sonderausgabenabzugs **begünstigt**. Beim **dritten Jahr** handelt es sich um ein Hochschulstudium, das **nicht** anzuerkennen ist.

Als Sonderausgaben **abzugsfähig** sind grundsätzlich alle Schulgeldzahlungen, die dazu bestimmt sind, die **Kosten des laufenden Schulbetriebs** zu decken. Dazu zählen u. a. auch: Anmeldegebühren; freiwillige Zahlungen und Mitgliedsbeiträge an Schulfördervereine, soweit diese satzungsgemäß dazu verwendet werden, die Kosten des laufenden Schulbetriebs zu decken. **Nicht begünstigt** sind Aufwendungen für Beherbergung, Betreuung und Verpflegung des Kindes; kostenpflichtige Zusatzkurse; Besuch von Nachhilfeeinrichtungen, Musikschulen, Ferienkursen o. Ä.; Lernmaterialien, Schulbücher und Schulkleidung; Schülerfahrtkosten (auch nicht, wenn z. B. durch die Schule eine eigene Schülerbeförderung organisiert wurde, und dafür unabhängig von der tatsächlichen Benutzung eine allgemeine Umlage erhoben wird). Zudem weist die Finanzverwaltung darauf hin, dass sog. **Erziehungsbeiträge für ein außerschulisches Ganztags- oder Internatsangebot nicht** zu den begünstigten Aufwendungen gehören, da diese Erziehungsbeiträge nicht auf Leistungen für den laufenden Schulbetrieb entfallen, sondern auf das außerschulische Ganztags- und Betreuungsangebot.

Ob die Voraussetzungen für den Sonderausgabenabzug des Schulgeldes vorliegen, ergibt sich im Normalfall aus einer Bescheinigung der Schule, die auch die Höhe des im Kalenderjahr gezahlten Schulgeldes enthält. Entgeltanteile für die **Beherbergung, Betreuung** und **Verpflegung** des Kindes sind von der Vergünstigung ausgeschlossen. Ebenfalls nicht abziehbar sind z. B. Kosten für **Lehrmittel** und **Schulkleidung.** Für den Sonderausgabenabzug kommt nur der Aufwand des Arbeitnehmers in Betracht, der nach Abzug von Leistungen Dritter (z. B. eine Schulgelderstattung von dritter Seite) als Belastung für den Arbeitnehmer verbleibt.

Der Bundesfinanzhof hat die Verwaltungsauffassung bestätigt, dass Schulgeldzahlungen an schweizerische Privatschulen nicht als Sonderausgaben abgezogen werden können (BFH-Urteil vom 9.5.2012, BStBl. II S. 585). Entsprechendes gilt für Schulgeldzahlungen für den Besuch einer Schule in den USA (BFH-Beschluss vom 13.6.2013, BFH/NV 2013 S. 1416); das gilt selbst dann, wenn deren Abschluss einem inländischen Schulabschluss an einer öffentlichen Schule (im Urteilsfall der Allgemeinen Hochschulreife) gleichwertig ist.

Der Arbeitnehmer kann sich das als Sonderausgaben abzugsfähige Schulgeld als Freibetrag festsetzen lassen, wenn die für die Festsetzung eines Freibetrags allgemein geltende 600-Euro-Grenze überschritten ist (vgl. vorstehenden Abschnitt A Nr. 2).

Beispiel

Ein Arbeitnehmer hat einen über 18 Jahre alten Sohn, für den er Kindergeld erhält. Der Sohn bereitet sich in einem inländischen Internat auf das Abitur vor. Die Internatskosten betragen monatlich 1300 €, davon entfallen auf Unterkunft, Verpflegung und Betreuung außerhalb des Unterrichts 800 €. Der Arbeitnehmer erhält für den Sohn Kindergeld und einen Ausbildungsfreibetrag wegen auswärtiger Unterbringung in Höhe von 924 €. Außerdem kann er 30 % der Internatskosten (soweit sie nicht auf Unterkunft, Verpflegung und Betreuung entfallen) als Sonderausgaben abziehen. Dies sind 30 % von 500 € = 150 € × 12 = 1800 €.

Der Arbeitnehmer kann sich den Ausbildungsfreibetrag in Höhe von 924 € und den Betrag von 1800 € als Freibetrag festsetzen lassen.

Vgl. im nachfolgenden Abschnitt D unter Nr. 2 auch „Privatschulbesuch".

8. Spenden und Beiträge (Zuwendungen) für gemeinnützige Zwecke

Spenden und Beiträge (Zuwendungen) zur Förderung mildtätiger, kirchlicher, religiöser, wissenschaftlicher, kultureller und gemeinnütziger Zwecke sind Sonderausgaben; sie werden aber nur mit höchstens jährlich 20 % des Gesamtbetrags der Einkünfte berücksichtigt. Für Mitgliedsbeiträge an Sportvereine, Kulturvereine zur Freizeitgestaltung und Vereine zur Heimatpflege und Heimatkunde ist ein Sonderausgabenabzug ausgeschlossen (§ 10b Abs. 1 Satz 8 EStG).

Spenden, die den abzugsfähigen Höchstbetrag von 20 % des Gesamtbetrags der Einkünfte übersteigen, können **zeitlich unbegrenzt** in den folgenden Kalenderjahren berücksichtigt werden (sog. Spendenvortrag).

Spenden müssen durch eine sog. Zuwendungsbestätigung **nach amtlichem Muster** nachgewiesen werden (§ 50 EStDV).

Für Spenden (Zuwendungen) bis zu einem Betrag von **300 €** wird es jedoch aus Vereinfachungsgründen zugelassen, dass anstelle einer von der Körperschaft ausgestellten Zuwendungsbestätigung der Bareinzahlungsbeleg oder die Buchungsbestätigung (z. B. Kontoauszug) eines Kreditinstitut vorgelegt werden kann. Dieses Verfahren ist anwendbar, wenn

a) der Empfänger der Zuwendung eine inländische juristische Person des öffentlichen Rechts (z. B. eine Gemeinde) oder eine inländische öffentliche Dienststelle ist **oder**

b) der Empfänger eine nach § 5 Abs. 1 Nr. 9 des Körperschaftsteuergesetzes steuerbegünstigte Körperschaft ist (z. B. ein gemeinnütziger Verein oder eine Stiftung) ist, die steuerlich wirksame Zuwendungsbestätigungen ausstellen darf. Weitere Voraussetzung ist, dass der steuerbegünstigte Zweck, für den die Zuwendung verwendet wird und die Angaben über die Freistellung des Empfängers von der Körperschaftsteuer (= „Anerkennung" als gemeinnützige Körperschaft) auf einem **vom Empfänger hergestellten** Beleg aufgedruckt sind. Zusätzlich muss auf dem Beleg angegeben werden, ob es sich um eine Spende oder einen Mitgliedsbeitrag handelt.

Seit dem Kalenderjahr 2017 wurde die Belegvorlagepflicht in eine **Belegvorhaltepflicht** (§ 50 Abs. 8 EStDV) umgewandelt. Danach muss der Arbeitnehmer die **Spendenbescheinigung** lediglich vorhalten und diese dem Finanzamt **nur auf Anforderung vorlegen**. Sofern das Finanzamt die Vorlage der Spendenbescheinigung nicht verlangt hat, ist diese bis zum Ablauf eines Jahres nach Bekanntgabe des Steuerbescheides aufzubewahren **(Aufbewahrungspflicht).**

Spenden (Zuwendungen) sind nicht nur Leistungen in Geld, sondern auch **Sachspenden.** Ausdrücklich ausgenommen vom Spendenabzug sind jedoch **Nutzungen** und **Leistungen** (z. B. unentgeltliche Arbeitsleistung). Die Sachspenden sind mit dem gemeinen Wert als Spenden berücksichtigungsfähig (bei diesen Sachspenden muss aus der Zuwendungsbestätigung der Wert und die genaue Bezeichnung der gespendeten Sache ersichtlich sein).

Keine Sachspende sondern eine Geldspende liegt vor, wenn wirksam auf einen Anspruch in Geld verzichtet wird.

Beispiel

Ein Vereinskassierer hat einen arbeitsvertraglichen Anspruch auf einen Monatslohn von 300 €. Er verzichtet auf diesen Lohn zugunsten des Vereins. Der Verzicht auf den Geldanspruch in Höhe von 3600 € jährlich ist bei Vorliegen der übrigen Voraussetzungen als Spende abzugsfähig. Außerdem ist zu beachten, dass dem Vereinskassierer der Lohn steuerlich zugeflossen ist.

Ein Ehegatte kann eine Spende auch dann einkommensteuerlich abziehen, wenn ihm der Geldbetrag zunächst von dem anderen Ehegatten geschenkt wird. Voraussetzung ist hierfür, dass die Ehegatten zusammenveranlagt werden und dass aufgrund einer Auflage im Schenkungsvertrag die Verpflichtung besteht, den Geldbetrag an einen gemeinnützigen Verein weiterzuleiten (BFH-Urteil vom 15.1.2019, BStBl. II S. 318).

Spenden in den Vermögensstock einer **Stiftung** können im Jahr der Zuwendung und in den folgenden neun Jahren bis zu einem Gesamtbetrag von **1 Million Euro** (Ehegatten/eingetragene Lebenspartner 2 Millionen Euro) zusätzlich zum „normalen" Spendenabzug (= 20 % des Gesamtbetrags der Einkünfte) als Sonderausgaben abgezogen werden.

Mit Urteil vom 22.3.2018 (BStBl. II S. 651) hat der Bundesfinanzhof bezogen auf die steuerliche Berücksichtigung von Zuwendungen an eine **in der EU belegene Kirche** entschieden, dass das Ansehen Deutschlands gefördert werde, wenn im Kernbereich der religiösen Tätigkeit einer ausländischen Kirche ein gemeinnütziges Engagement erkennbar wird, das Deutschland mittelbar zuzurechnen ist. Folglich darf eine **Spende**, die ein inländischer Steuerpflichtiger unmittelbar einer im EU-/EWR-Ausland (vgl. das Stichwort EU-/EWR-Mitgliedstaaten) belegenen Einrichtung zuwendet, die die Voraussetzungen der §§ 51 ff. AO erfüllt oder bei der es sich um eine Körperschaft des öffentlichen Rechts handelt, nicht anders behandelt werden als eine Spende an eine inländische gemeinnützige Körperschaft, die ihre Mittel einer im Ausland ansässigen Einrichtung zur Erfüllung eines bestimmten gemeinnützigen Zwecks überlässt. Die Beurteilung, ob der ausländische Spendenempfänger als juristische Person des öffentlichen Rechts anzusehen ist, bestimmt sich nach dem einschlägigen ausländischen Recht, da für die Einordnung eines ausländischen Rechtsgebildes das jeweilige Staats- und Verwaltungsrecht maßgebend ist.

9. Spenden und Beiträge an politische Parteien und unabhängige Wählervereinigungen[1)]

Für Zuwendungen (Mitgliedsbeiträge und Spenden) an **politische Parteien** ermäßigt sich die Einkommensteuer um 50 % der Ausgaben, höchstens um 825 €, im Fall der Zusammenveranlagung von Ehegatten höchstens um 1650 € (§ 34g EStG). Soweit die Ausgaben 1650 € bzw. bei zusammen veranlagten Ehegatten 3300 € übersteigen, werden sie bis zu 1650 € (im Fall der Zusammenveranlagung von Ehegatten bis zu 3300 €) als **Sonderausgaben** berücksichtigt (§ 10b Abs. 2 EStG). Ein Abzug von **Spenden** an politische Parteien kommt **nicht** in Betracht, wenn das Bundesverfassungsgericht den **Ausschluss von der staatlichen Finanzierung** festgestellt hat (§ 10b Abs. 2 EStG und § 34g EStG).

Für Zuwendungen (Beiträge und Spenden) an **unabhängige Wählervereinigungen** ermäßigt sich die Einkommensteuer um 50 % der Ausgaben, höchstens um 825 €, im Fall der Zusammenveranlagung von Ehegatten höchstens um 1650 € (§ 34g EStG). Begünstigt sind nur Beiträge und Spenden an unabhängige Wählervereinigungen, die die Rechtsform eines eingetragenen oder eines nicht rechtsfähigen Vereins haben und deren Zweck ausschließlich darauf gerichtet ist, durch Teilnahme mit eigenen Wahlvorschlägen an Wahlen auf Bundes-, Landes- oder Kommunalebene mitzuwirken. Einen zusätzlichen Sonderausgabenabzug wie für Zuwendungen an politische Parteien gibt es für unabhängige Wählervereinigungen nicht.

Mit Urteil vom 20.3.2017 (BStBl. II S. 1122) hat der Bundesfinanzhof entschieden, dass Spenden an **kommunale Wählervereinigungen nicht** nach § 10b Abs. 2 EStG **begünstigt** sind. Zwar sind Spenden an politische Parteien i. S. d. § 2 PartG bis zur Höhe von insgesamt 1650 € und im Fall der Zusammenveranlagung bis zur Höhe von 3300 € im Kalenderjahr abziehbar. Nehmen Wählervereinigungen aber nicht an den Bundestags- oder Landtagswahlen teil, sind sie keine Parteien i. S. d. PartG. Ein Spendenabzug nach § 10b ist damit ausgeschlossen. Die Spende kann dann nur im Rahmen des § 34g EStG berücksichtigt werden.

Will sich der Arbeitnehmer Beiträge und Spenden an politische Parteien oder unabhängige Wählervereinigungen **als Freibetrag** festsetzen lassen, gilt Folgendes:

Bei der Festsetzung eines Freibetrags für den Lohnsteuerabzug sind für die Berechnung der Antragsgrenze von 600 € und für die Berechnung des Freibetrags die Mitgliedsbeiträge und Spenden **an politische Parteien** als Sonderausgaben auch insoweit zu berücksichtigen, als eine 50 %ige Steuerermäßigung nach § 34g EStG in Betracht kommt. Mitgliedsbeiträge und Spenden an politische Parteien können also bis zu **3300 € bei Alleinstehenden** bzw. **6600 € bei Verheirateten** als Freibetrag festgesetzt werden.

Mitgliedsbeiträge und Spenden an **unabhängige Wählervereinigungen** können dagegen weder bei der Antragsgrenze von 600 € berücksichtigt noch als Freibetrag festgesetzt werden (R 39a.1 Abs. 4 Satz 3 LStR). Eine Berücksichtigung der Mitgliedsbeiträge und Spenden an unabhängige Wählervereinigungen ist deshalb nur im Veranlagungsverfahren nach Ablauf des Kalenderjahres möglich.

D. Außergewöhnliche Belastungen

1. Außergewöhnliche Belastungen allgemeiner Art

Außergewöhnliche Belastungen eines Arbeitnehmers führen auf Antrag zu einer Ermäßigung der Lohnsteuer (entweder in Form eines Freibetrags beim Lohnsteuerabzug durch den Arbeitgeber oder durch den Abzug bei einer Veranlagung zur Einkommensteuer). Eine außergewöhnliche Belastung liegt vor, soweit einem Arbeitnehmer **zwangsläufig außergewöhnliche** Aufwendungen entstehen, das heißt, größere Aufwendungen als der überwiegenden Mehrzahl der Arbeitnehmer mit gleichen Einkommens-, Vermögens- und Familienverhältnissen. Die außergewöhnliche Belastung entsteht dem Arbeitnehmer zwangsläufig, wenn er sich ihr aus rechtlichen, tatsächlichen oder sittlichen Gründen nicht entziehen kann (z. B. Krankheitskosten) und soweit die Aufwendungen den Umständen nach notwendig sind und einen angemessenen Betrag nicht übersteigen.

Dem Abzug von außergewöhnlichen Belastungen sind jedoch durch das Einkommensteuergesetz Grenzen gesetzt worden. Für bestimmte außergewöhnliche Belastungen hat der Gesetzgeber den Abzug durch Höchst- oder Pauschbeträge begrenzt. Diese außergewöhnlichen Belastungen **besonderer** Art sind nachfolgend im Einzelnen dargestellt (Nrn. 3 bis 11). Für die übrigen außergewöhnlichen Belastungen (dies sind die sog. außergewöhnlichen Belastungen **allgemeiner** Art) ist zwar der Abzug nicht durch Höchstbeträge eingeschränkt, der Gesetzgeber hat aber jedem Steuerzahler eine sog. „zumutbare Belastung" zu, das heißt, ein bestimmter – nach dem Einkommen gestaffelter – Betrag scheidet bei der steuerlichen Berücksichtigung aus. Außergewöhnliche Belastungen allgemeiner Art wirken sich folglich nur insoweit steuerlich aus, als sie diese sog. zumutbare Belastung übersteigen. Die Höhe der zumutbaren Belastung beträgt:

Bei einem Gesamtbetrag der Einkünfte von	bis zu 15 340 €	über 15 340 € bis 51 130 €	über 51 130 €
bei Arbeitnehmern mit der Steuerklasse I ohne Kinderfreibeträge	5 %	6 %	7 %
bei Arbeitnehmern mit den Steuerklassen III und IV ohne Kinderfreibeträge	4 %	5 %	6 %
ohne Rücksicht auf die Steuerklasse bei Arbeitnehmern mit 1 oder 2 Kindern	2 %	3 %	4 %
bei Arbeitnehmern mit 3 oder mehr Kindern	1 %	1 %	2 %
	des Gesamtbetrags der Einkünfte		

Außergewöhnliche Belastungen (z. B. Krankheitskosten) können folglich im Rahmen der Ermittlung des zu versteuernden Einkommens nur dann abgezogen werden, wenn der Steuerzahler mit überdurchschnittlich hohen Aufwendungen belastet ist. Der Bundesfinanzhof hat bestätigt (BFH-Urteil vom 2.9.2015, BStBl. 2016 II S. 151), dass die **Kürzung** der als außergewöhnliche Belastungen abziehbaren **Krankheitskosten** (in den Streitfällen u. a. Aufwendungen für Zahnreinigung, Laboratoriumsmedizin, Zweibettzimmerzuschläge sowie für Arztbesuche und Zuzahlungen für Medikamente – „Praxis- und Rezeptgebühren") um die **zumutbare Eigenbelastung verfassungsgemäß** ist. Die gegen dieses Urteil eingelegte Verfassungsbeschwerde (2 BvR 180/16) hat das BVerfG mit Beschluss vom 23.11.2016 nicht zur Entscheidung angenommen. Mit Urteil vom 25.4.2017 (BStBl. II S. 949) hat der Bundesfinanzhof

1) Die nachfolgend für Ehegatten angegebenen Beträge gelten auch für eingetragene Lebenspartnerschaften (§ 2 Abs. 8 EStG).

erneut bestätigt, dass nach § 33 Abs. 1 EStG abziehbare Krankheitskosten um die zumutbare Belastung nach § 33 Abs. 3 EStG zu mindern sind. Die dagegen eingelegte Verfassungsbeschwerde (2 BvR 221/17) hat das BVerfG mit Beschluss vom 18.9.2018 nicht zur Entscheidung angenommen. Mit Urteil vom 19.1.2017 (BStBl. II S. 684) hat der Bundesfinanzhof zudem klargestellt, dass in der Anknüpfung an den Gesamtbetrag der Einkünfte für die Berechnung der zumutbaren Belastung keine verfassungsrechtliche Ungleichbehandlung von Arbeitnehmern und Beamten zu sehen ist. Die gegen diese Entscheidung eingelegte Verfassungsbeschwerde (2 BvR 1205/17) hat das BVerfG mit Beschluss vom 17.9.2018 ebenfalls nicht zur Entscheidung angenommen.

Früher richtete sich die Höhe der zumutbaren Eigenbelastung einheitlich nach dem höheren Prozentsatz (vgl. vorstehende Übersicht), sobald der Gesamtbetrag der Einkünfte die im Gesetz genannte maßgebende Grenze überschreitet. Danach war der höhere Prozentsatz auf den Gesamtbetrag aller Einkünfte anzuwenden. Davon abweichend hat der Bundesfinanzhof entschieden (BFH-Urteil vom 19.1.2017, BStBl. II S. 684), dass nur noch **der Teil** des Gesamtbetrags der Einkünfte, der den im Gesetz genannten **Stufengrenzbetrag übersteigt,** mit dem jeweils **höheren Prozentsatz** zu berücksichtigen ist. Danach wird z. B. der Prozentsatz für Stufe 3 nur für den 51 130 € übersteigenden Teil angesetzt.

Berechnungsbeispiel zum Vergleich:

Zusammenveranlagung von Ehegatten mit 2 Kindern, Gesamtbetrag der Einkünfte 51 835 €

Zumutbare Belastung bei bisheriger Berechnung mit festen Prozentsätzen:

51 835 € × 4 % = **2 073,40 €**

Zumutbare Belastung bei stufenweiser Berechnung:

2 % des Teils des GdE bis 15 340 €:	15 340 € × 2 % =	306,80 €
3 % des Teils des GdE zwischen 15 340 € und 51 130 € (51 130 € – 15340 € =):	35 790 € × 3 % =	1 073,70 €
4 % des Teils des GdE über 51 130 € (51 835 € – 51 130 € =):	705 € × 4 % =	28,20 €
		1 408,70 €

Das Berechnungsbeispiel macht deutlich, dass die **stufenweise Berechnung** zu einer geringeren zumutbaren Eigenbelastung und damit zu einem **höheren Abzug von außergewöhnlichen Belastungen** allgemeiner Art (z. B. Krankheitskosten) nach § 33 EStG **führt.**

Ausschlaggebend waren für den Bundesfinanzhof der **Wortlaut der Vorschrift,** der für die Frage der Anwendung eines bestimmten Prozentsatzes gerade nicht auf den „gesamten Gesamtbetrag der Einkünfte" abstellt, sowie die **Vermeidung von Härten,** die bei der bisherigen Berechnung entstehen konnten, wenn die nächsthöhere Stufe nur geringfügig überschritten wurde. Die Finanzverwaltung wendet die klarstellende Rechtsprechung des Bundesfinanzhofs an.

Als Kinder des Arbeitnehmers zählen diejenigen Kinder, für die er einen (halben oder vollen) Kinderfreibetrag erhält (vgl. Anhang 9 Nr. 6 auf Seite 1281). Bei Arbeitnehmern mit der Steuerklasse V richtet sich der Vomhundertsatz für die Berechnung der zumutbaren Belastung nach der Steuerklasse und der Zahl der Kinderfreibeträge, die für den Arbeitnehmer-Ehegatten gelten. Bei Arbeitnehmern mit der Steuerklasse VI richtet sich der Vomhundertsatz nach der Steuerklasse und der Zahl der Kinderfreibeträge, die für das erste Dienstverhältnis gelten. Ist im Kalenderjahr eine unterschiedliche Zahl von Kinderfreibeträgen zu berücksichtigen, ist von der höheren Zahl der Kinderfreibeträge auszugehen. Bei unterschiedlichen Steuerklassen im Kalenderjahr ist von der für den Arbeitnehmer günstigsten Steuerklasse auszugehen.

Aus der Zahl der Kinderfreibeträge errechnet sich nur die Höhe des insgesamt zu berücksichtigenden Kinderfreibetrages. Die tatsächliche Zahl der Kinder, für die dem Arbeitnehmer ein Kinderfreibetrag gewährt wird, und damit die für die Ermittlung des Vomhundertsatzes der zumutbaren Belastung maßgebende Kinderzahl muss deshalb besonders ermittelt werden.

Beispiel A

Ein Arbeitnehmer hat folgende Lohnsteuerabzugsmerkmale: Steuerklasse III und 1,5 Kinderfreibeträge. Aus den Angaben des Arbeitnehmers in seinem Antrag auf Lohnsteuer-Ermäßigung ergibt sich, dass der Arbeitnehmer für ein eheliches Kind aus der bestehenden Ehe einen vollen Kinderfreibetrag und für ein nichteheliches Kind einen halben Kinderfreibetrag erhält. Die zumutbare Belastung ist deshalb für 2 Kinder zu berechnen.

Beispiel B

Ergibt sich aus den Angaben des Arbeitnehmers in Beispiel A, dass er für 3 nichteheliche Kinder drei halbe Kinderfreibeträge erhält, ist die zumutbare Belastung für 3 Kinder zu berechnen.

Als Gesamtbetrag der Einkünfte ist der steuerpflichtige Bruttoarbeitslohn aus allen Dienstverhältnissen (Bar- und Sachbezüge) anzusetzen, den der Arbeitnehmer und sein Ehegatte voraussichtlich im Kalenderjahr 2021 beziehen werden. Der sich danach ergebende Betrag ist zu kürzen um die voraussichtlichen Werbungskosten, mindestens um den Arbeitnehmer-Pauschbetrag von 1000 €, den Versorgungsfreibetrag, den Zuschlag zum Versorgungsfreibetrag und den Altersentlastungsbetrag. Steuerfreie Einnahmen sowie alle Bezüge, für die die Lohnsteuer mit einem Pauschsteuersatz erhoben wird, und etwaige weitere Einkünfte (z. B. aus Vermietung und Verpachtung) des Arbeitnehmers und seines Ehegatten bleiben außer Betracht (R 39a.1 Abs. 5 Sätze 1 und 2 LStR).

2. ABC der außergewöhnlichen Belastungen (Checkliste)

Adoption

Aufwendungen für eine Adoption sind keine außergewöhnlichen Belastungen (BFH-Urteile vom 13.3.1987, BStBl. II S. 495, vom 20.3.1987, BStBl. II S. 596 und vom 10.3.2015, BStBl. II S. 695). Dies gilt selbst dann, wenn die Eltern unter einer primären Sterilität leiden (BFH-Urteil vom 10.3.2015, BStBl. II S. 695). Die gegen diese Entscheidung eingelegte Verfassungsbeschwerde wurde vom Bundesverfassungsgericht nicht zur Entscheidung angenommen (Beschluss vom 13.6.2016, 2 BvR 1208/15).

Altersheim

vgl. „Pflegekosten"

Angehörige

Unterhaltsleistungen für Angehörige sind bis zu bestimmten Höchstbeträgen als außergewöhnliche Belastung abzugsfähig (vgl. die Erläuterungen unter den nachfolgenden Nrn. 3 und 4).

Asbest

vgl. „Gebäudesanierung".

Asyl

Die Anerkennung als Asylberechtigter lässt nicht ohne Weiteres auf ein unabwendbares Ereignis für den Verlust von Hausrat und Kleidung schließen (BFH-Urteil vom 26.4.1991, BStBl. II S. 755). Vgl. nachfolgend „Wiederbeschaffungskosten für Hausrat und Kleidung".

Augen-Laser-Operation

Die nicht von dritter Seite erstatteten Kosten gehören zu den außergewöhnlichen Belastungen. Die Vorlage eines amtsärztlichen Attestes ist nicht erforderlich.

Ausbildung

vgl. „Berufsausbildung"

Aussiedlung

Bei Übersiedlung bzw. Aussiedlung können die Aufwendungen für die Wiederbeschaffung von Hausrat und Kleidung nicht als außergewöhnliche Belastung anerkannt werden, es sei denn, es wird im Einzelfall ein unabwendbares Ereignis glaubhaft gemacht.

Aussteuer

Aufwendungen für die Aussteuer sind keine außergewöhnlichen Belastungen.

Auswanderung

Aufwendungen für die Auswanderung sind keine außergewöhnlichen Belastungen.

Auswärtige Unterbringung

Aufwendungen für die auswärtige Unterbringung eines Kindes zur Berufsausbildung sind unter bestimmten Voraussetzungen als außergewöhnliche Belastung abzugsfähig (vgl. die Erläuterungen unter der nachfolgenden Nr. 5).

Aufwendungen für die auswärtige Unterbringung eines Kindes sind außergewöhnliche Belastungen, wenn ein an Asthma erkranktes Kind in einem Schulinternat untergebracht ist, der Aufenthalt aus klimatischen Gründen zur Heilung oder Linderung der Krankheit nachweislich (amtsärztliches Gutachten) unabdingbar notwendig ist und der Schulbesuch nur anlässlich dieser Heilbehandlung gleichsam nebenbei und nachrangig erfolgt (BFH-Urteil vom 26.6.1992, BStBl. 1993 II S. 212).

Vgl. auch „Legasthenie".

Ayurveda-Behandlung

Aufwendungen für eine Ayurveda-Behandlung können nur dann als außergewöhnliche Belastung berücksichtigt werden, wenn die medizinische Notwendigkeit dieser Behandlung durch ein vor ihrem Beginn erstelltes amtsärztliches Attest nachgewiesen ist (BFH-Urteil vom 1.2.2001, BStBl. II S. 543).

Badekuren

vgl. „Kurkosten"

Baumängel

Mit Beschluss vom 28.3.2018 (BFH/NV 2018 S. 716) weist der Bundesfinanzhof darauf hin, dass durch seine Rechtsprechung geklärt ist, dass **Aufwendungen zur Beseitigung** von durch Baumängel verursachten Schäden grundsätzlich **nicht** zum Abzug als **außergewöhnliche Belastung** führen. Dies gilt insbesondere auch dann, wenn eine selbstgenutzte Wohnung betroffen ist und Gewährleistungsansprüche gegenüber Dritten mittlerweile verjährt sind. Selbst wenn die Aufwendungen zur Beseitigung von konkreten Gesundheitsgefährdungen, die von einem Gegenstand des existenznotwendigen Bedarfs ausgehen, grundsätzlich als außergewöhnliche Belastung abziehbar sind, dürfen solche Aufwendungen nicht der Beseitigung von Baumängeln dienen.

Vgl. auch „Gebäudesanierung".

Beerdigungskosten

Aufwendungen für die **Beerdigung eines nahen Angehörigen** können als außergewöhnliche Belastung (§ 33 EStG) berücksichtigt werden, soweit sie nicht aus dem Nachlass bestritten werden können und auch nicht durch Ersatzleistungen gedeckt sind (BFH-Urteile vom 24.7.1987, BStBl. II S. 715, vom 4.4.1989, BStBl. II S. 779 und vom 21.2.2018, BStBl. II S. 469). Außergewöhnliche Belastungen liegen nur vor, wenn sich der Steuerpflichtige den Aufwendungen aus rechtlichen, tatsächlichen oder sittlichen Gründen nicht entziehen kann (§ 33 Abs. 2 Satz 1 EStG). Trägt der Steuerpflichtige die Beerdigungskosten eines nahen Angehörigen, kann aus Vereinfachungsgründen davon ausgegangen werden, dass in der Regel eine **Zwangsläufigkeit aus sittlichen Gründen** vorliegt.

Begünstigt sind Bestattungskosten, soweit die **Aufwendungen notwendig** sind (§ 33 Abs. 2 Satz 1 EStG). Hierbei sind allerdings nur die Kosten der eigentlichen Bestattung, die mit der **Beerdigung unmittelbar verbunden** sind, als notwendig anzusehen. Die nur mittelbar durch die Beerdigung veranlassten Aufwendungen und Folgekosten der Beerdigung sind dagegen nicht als außergewöhnliche Belastung abziehbar (BFH-Urteil vom 17.9.1987, BStBl. 1988 II S. 130). Zu den **nicht begünstigten mittelbaren Kosten** im Zusammenhang mit einer Beerdigung zählen **z. B.:**

- Aufwendungen für die Bewirtung von Trauergästen,
- Aufwendungen für die Trauerkleidung,
- Reisekosten für die Teilnahme an einer Bestattung,
- Kosten der Grabpflege/-bepflanzung,
- Aufwendungen für eine aufwendige Grabstätte,
- Anschaffungskosten für ein aufwendiges Grabmal.

Mit Urteil vom 22.10.2019 (BFH/NV 2020 S. 190) hat der Bundesfinanzhof bestätigt, dass Aufwendungen für die **Sanierung einer Grabstätte** keine außergewöhnliche Belastung darstellen. Dies gilt auch dann, wenn es sich um eine über 100 Jahre alte Familiengrabstätte handelt und Standsicherheitsmängel auf Anordnung der Friedhofsverwaltung beseitigt werden. Die Wiederherstellung der Standsicherheit des Grabmals berührte keinen existenziell wichtigen Bereich. Der Sanierung der Grabstätte lag eine maßgeblich vom Willen und der religiösen Überzeugung der Steuerpflichtigen, der Erwartungshaltung ihrer Familie und der Familientradition beeinflusste Situation zugrunde, die eine erforderliche Zwangslage nicht begründen kann.

Zu den **abzugsfähigen unmittelbaren Beerdigungskosten zählen insbesondere** die Aufwendungen für die Trauerfeier, Trauerredner, Bestatterleistungen, Überführung, Sarg, Blumenschmuck, öffentliche Gebühren, erstmaliges Herrichten des Grabes einschließlich eines angemessenen Grabmals etc.

Sind die Bestattungskosten dem Grunde nach zwangsläufig, kommt ein Abzug als außergewöhnliche Belastung nur so weit in Betracht, als sie einen **angemessenen Betrag** nicht übersteigen (§ 33 Abs. 2 Satz 1 EStG). Von einer Angemessenheit kann allgemein ausgegangen werden, wenn die unmittelbaren Beerdigungskosten, soweit sie den Wert des Nachlasses übersteigen, **nicht mehr als 7500 € betragen** (Urteil des Finanzgerichts Köln vom 29.9.2010, Az.: 12 K 784/09). Dieser Betrag ist um Versicherungs- und sonstige Drittleistungen zu kürzen. Wird diese Grenze überschritten, ist die Angemessenheit nach den Besonderheiten des Einzelfalls zu prüfen. Hierbei richtet sich die Angemessenheit nach der Lebensstellung des Verstorbenen und nicht nach der des Steuerpflichtigen. Übersteigen die Beerdigungskosten den Betrag von 7500 €, weil eine Überführung ins Ausland stattfindet, sind die übersteigenden Kosten in der Regel nicht angemessen. Etwas anderes gilt, wenn die Überführung in das Ausland nach den Besonderheiten des Einzelfalles unbedingt erforderlich ist, weil etwa im Inland keine brauchtums- oder konfessionsspezifische Bestattung möglich ist.

Voraussetzung für den Abzug von Beerdigungskosten als außergewöhnliche Belastung ist, dass die **angemessenen Aufwendungen nicht aus dem Nachlass bestritten werden können** oder durch sonstige einem Steuerpflichtigen im Zusammenhang mit dem Tod des Angehörigen zugeflossenen Geldleistungen gedeckt sind (BFH-Urteile vom 19.10.1990, BStBl. 1991 II S. 140 und vom 21.2.2018, BStBl. II S. 469). Hierzu zählen insbesondere Leistungen aus Verträgen zugunsten Dritter, die der Steuerpflichtige erhält (z. B. aus Sterbegeld- oder Lebensversicherungen). Bei der Ermittlung des Werts des Nachlasses sind Hausrat und Kleidung außer Ansatz zu lassen. Bei Leistungen aus einer **Sterbegeldversicherung** ist zu beachten, dass die Versicherungsleistung nicht nur dazu dient, die unmittelbaren – und damit als außergewöhnliche Belastung abzugsfähigen – Bestattungskosten zu begleichen, sondern sämtliche Kosten, die bei der Beerdigung anfallen. Damit sind die unmittelbaren Beerdigungskosten nur insoweit um die Leistungen aus einer Sterbegeldversicherung zu kürzen, als diese anteilig auf die eigentlichen Bestattungskosten entfallen (BFH-Urteile vom 19.10.1990, BStBl. 1991 II S. 140).

Beispiel

Dem Steuerpflichtigen entstehen für die Beerdigung eines nahen Angehörigen Aufwendungen von 5000 €. Diese bestehen zu 4000 € aus unmittelbaren und zu 1000 € aus mittelbaren Beerdigungskosten. Der Angehörige hinterlässt keinen Nachlass. Der Steuerpflichtige erhält aus einer Sterbegeldversicherung, die der nahe Angehörige auf ihn abgeschlossen hat, eine Versicherungsleistung von 3500 €.

Als außergewöhnliche Belastung sind dem Grunde nach nur die unmittelbaren Beerdigungskosten von 4000 € abzugsfähig. Diese sind um die Leistung der Sterbegeldversicherung zu kürzen. Die Versicherungsleistung von 3500 € entfällt im vorliegenden Fall – entsprechend dem Anteil der unmittelbaren Beerdigungskosten an den gesamten Beerdigungskosten – zu $^{4}/_{5}$ auf die unmittelbaren Beerdigungskosten. Daher sind die unmittelbaren Beerdigungskosten von 4000 € um 2800 € ($^{4}/_{5}$ von 3500 €) zu kürzen. Es ergibt sich eine außergewöhnliche Belastung von 1200 €.

Hat der Verstorbene dem Steuerpflichtigen vor seinem Tod Vermögenswerte (z. B. ein Grundstück) zugewendet, die im Zeitpunkt des Todesfalls noch werthaltig und nicht aufgezehrt sind, kommt ein Abzug der Beerdigungskosten nur in der Höhe in Betracht, wie die Aufwendungen den Wert des hingegebenen Vermögens übersteigen. Denn in diesem Fall hat der Steuerpflichtige durch die Annahme der Vermögensübertragung dazu beigetragen, dass die Bestattungskosten nicht aus dem Nachlass gedeckt werden können (BFH-Urteil vom 12.11.1996, BStBl. 1997 II S. 387). Dies gilt unabhängig von der Form der Vermögensübertragung (Schenkung, vorweggenommene Erbfolge etc.).

Begleitperson

Mehraufwendungen, die einem behinderten Arbeitnehmer, der auf ständige Begleitung angewiesen ist, anlässlich einer Urlaubsreise durch Kosten für Fahrten, Unterbringung und Verpflegung der Begleitperson entstehen, können in angemessener Höhe neben dem Pauschbetrag für behinderte Menschen berücksichtigt werden. Die Notwendigkeit einer Begleitperson kann sich aus einem amtsärztlichen Gutachten oder aus den Feststellungen in dem Ausweis nach dem SGB IX, z. B. dem Vermerk „Die Notwendigkeit ständiger Begleitung ist nachgewiesen", ergeben (BFH-Urteil vom 4.7.2002, BStBl. II S. 765).

Ein Abzug von außergewöhnlichen Belastungen kommt nicht in Betracht, wenn die Begleitperson der Ehegatte ist, der aus eigenem Interesse an der Reise teilgenommen hat und für den kein durch die Behinderung des anderen Ehegatten veranlasster Mehraufwand angefallen ist (BFH-Urteil vom 7.5.2013, BStBl. II S. 808).

Behinderte Menschen

vgl. „Kraftfahrzeugkosten" und die Erläuterungen unter der nachfolgenden Nr. 8.

Behindertengerechte Ausstattung

Um- oder Neubaukosten eines Hauses oder einer Wohnung gehören **im Kalenderjahr der Bezahlung** der Aufwendungen zu den außergewöhnlichen Belastungen, soweit die Baumaßnahme durch die Behinderung oder Pflegebedürftigkeit veranlasst ist (z. B. barrierefreie Dusche, Treppenlift). Eine Verteilung der Aufwendungen auf mehrere Kalenderjahre ist nicht zulässig. Mit Urteil vom 12.7.2017 (BStBl. II S. 979) hat der Bundesfinanzhof diese Auffassung der Finanzverwaltung bestätigt und weist darauf hin, dass begünstigte behinderungsbedingte Umbau- oder Neubaukosten eines Hauses oder einer Wohnung i. S. d. § 33 Abs. 1 EStG grundsätzlich in dem Veranlagungszeitraum zu berücksichtigen sind, in dem der Steuerpflichtige sie geleistet hat. Eine **Verteilung der Aufwendungen auf mehrere Jahre,** um eine größtmögliche Steuerminderung zu erzielen, ist folglich **nicht zulässig.** Eine abweichende Steuerfestsetzung aus Billigkeitsgründen ist atypischen Ausnahmefällen vorbehalten. Sie kommt nicht bereits dann in Betracht, wenn sich Aufwendungen im Veranlagungszeitraum der Verausgabung nicht in vollem Umfang steuermindernd ausgewirkt haben. Die gegen dieses Urteil eingelegte Verfassungsbeschwerde (1 BvR 33/18) hat das Bundesverfassungsgericht mit Beschluss vom 12.6.2018 nicht zur Entscheidung angenommen. Außergewöhnliche Belastungen sind auch Aufwendungen für die Anschaffung von Spezial-Rauchmeldern und Hausnotrufsystemen; die laufenden Kosten für den Betrieb dieser Geräte sind jedoch u. E. durch den Behinderten-Pauschbetrag (vgl. nachfolgende Nr. 8) abgegolten.

Die vorstehenden Aufwendungen stehen aufgrund der persönlichen Situation so stark unter dem Gebot der Zwangsläufigkeit, dass die Erlangung eines Gegenwerts in den Hintergrund tritt.

Die Vorlage eines **Bescheids** eines gesetzlichen Trägers der **Sozialversicherung** (z. B. der Pflegeversicherung) oder der Sozialhilfe über die **Bewilligung** eines pflege- oder behinderungsbedingten **Zuschusses** (z. B. zur Verbesserung des individuellen Wohnfeldes nach § 40 Abs. 4 SGB XI) reicht für den Nachweis der Zwangsläufigkeit der Aufwendungen aus. Ebenso genügt ein **Gutachten** des Medizinischen Dienstes der Krankenversicherung, des Sozialmedizinischen Dienstes oder der Medicproof Gesellschaft für Medizinische Gutachten mbH. Die Vorlage eines amtsärztlichen Attestes – z. B. bei Anschaffung eines Treppenlifts – ist nicht erforderlich (BFH-Urteil vom 6.2.2014, BStBl. II S. 458).

Die Mehrkosten für die Anschaffung eines größeren Grundstücks zum Bau eines behindertengerechten Bungalows sind aber nicht als außergewöhnliche Belastung abziehbar (BFH-Urteil vom 17.7.2014, BStBl. II S. 931).

Ebenso können Kosten für den behindertengerechten **Umbau einer Motoryacht** nicht als außergewöhnliche Belastungen berücksichtigt werden, da sie als sog. Konsumaufwendungen keine zwangsläufigen Mehraufwendungen für den existenznotwendigen Grundbedarf darstellen (BFH-Urteil vom 2.6.2015, BStBl. II S. 775).

Berufsausbildung

Aufwendungen für die eigene Berufsausbildung außerhalb eines Arbeitsverhältnisses sind bis zu bestimmten Höchstbeträgen als Sonderausgaben abzugsfähig (vgl. die Erläuterungen in Abschnitt C Nr. 6). Aufwendungen für die Berufsausbildung eines Kindes sind nur bei einer auswärtigen Unterbringung des Kindes als außergewöhnliche Belastung abzugsfähig (vgl. nachfolgend unter Nr. 5).

Besuchsfahrten

Besuchsfahrten der Eltern zu einem kranken Kind sind als außergewöhnliche Belastung abzugsfähig, wenn durch eine Bescheinigung des behandelnden Arztes nachgewiesen wird, dass der Besuch der Eltern für die Genesung des Kindes therapeutisch notwendig ist.

Aufwendungen eines Elternteils zur Kontaktpflege mit dem Kind sind nicht außergewöhnlich (BFH-Urteil vom 28.3.1996, BStBl. 1997 II S. 54).

Brille

Wurde die Notwendigkeit der Sehhilfe in der Vergangenheit durch einen Augenarzt festgestellt, genügt in den Folgejahren die Sehschärfenbestimmung durch einen Augenoptiker. Der Eigenanteil kann dann als außergewöhnliche Belastung abgezogen werden.

Bürgschaftskosten

Aufwendungen aus der Inanspruchnahme einer Bürgschaft sind keine außergewöhnlichen Belastungen.

Darlehen

Wenn Ausgaben, die als außergewöhnliche Belastung abzugsfähig sind, über ein Darlehen finanziert werden, tritt die Belastung im Zeitpunkt der Verausgabung ein (BFH-Urteil vom 10.6.1988, BStBl. II S. 814). Die Zinsen für ein derartiges Darlehen zählen ebenfalls zu den außergewöhnlichen Belastungen; sie sind im Jahr der Verausgabung abziehbar.

Deutschkurs

Aufwendungen für den Besuch von Sprachkursen, in denen Deutsch gelehrt wird, sind weder Werbungskosten noch Sonderausgaben (vgl. BFH-Urteil vom 15.3.2007, BStBl. II S. 814). Diese Aufwendungen sind regelmäßig nach § 12 Nr. 1 Satz 2 EStG nicht abziehbare Kosten der Lebensführung, denn bei in Deutschland lebenden Ausländern spielen für den Erwerb der Deutschkenntnisse auch private Gesichtspunkte eine nicht untergeordnete Rolle. Mangels Zwangsläufigkeit sind die Aufwendungen für Deutschkurse auch nicht als außergewöhnliche Belastung abziehbar (vgl. jedoch nachfolgend unter „Integrationskurse für Ausländer"). Zur steuerlichen Behandlung von **Erstattungen des Arbeitgebers** für Deutschkurse seiner Mitarbeiter wird auf die ausführlichen Erläuterungen beim Stichwort „Deutschkurse" im Hauptteil des Lexikons hingewiesen.

Diätverpflegung

Aufwendungen für eine Diätverpflegung sind auch dann keine außergewöhnlichen Belastungen, wenn die Diätverpflegung ärztlich verordnet worden ist und an die Stelle einer sonst erforderlichen medikamentösen Behandlung tritt (BFH-Urteil vom 21.6.2007, BStBl. II S. 880).

Das Abzugsverbot für Diätverpflegung (vgl. § 33 Abs. 2 Satz 3 EStG) gilt aber nicht für ärztlich verordnete Arzneimittel (BFH-Urteil vom 14.4.2015, BStBl. II S. 703). Die Aufwendungen für ärztlich verordnete Arzneimittel sind selbst dann als außergewöhnliche Belastungen abziehbar, wenn sie im Rahmen einer Diät eingenommen werden.

Diebstahl

Der Diebstahl von einzelnen Gegenständen oder von Bargeld führt nicht zu einer außergewöhnlichen Belastung (vgl. jedoch nachfolgend unter „Wiederbeschaffungskosten für Hausrat und Kleidung").

Ehescheidungskosten

Gerichts- und Anwaltskosten für eine Ehescheidung (inklusive Scheidungsfolgekosten wie z. B. für die Regelung des nachehelichen Unterhalts und des Versorgungsausgleichs) sind seit 2013 nicht mehr als außergewöhnliche Belastung abziehbar (vgl. „Prozesskosten"). Auch der Vermögensausgleich führt nicht zu einer außergewöhnlichen Belastung. Zum Abzug von Unterhaltsleistungen als Sonderausgaben vgl. Abschnitt C Nr. 2.

Prozesskosten sind kraft Gesetzes grundsätzlich **nicht** mehr als außergewöhnliche Belastungen nach § 33 EStG **abziehbar. Ausnahmsweise** kommt ein Abzug in Betracht, wenn der Steuerzahler ohne den Rechtsstreit Gefahr liefe, seine **Existenzgrundlage** zu **verlieren** und seine lebensnotwendigen Bedürfnisse in dem üblichen Rahmen nicht mehr befriedigen zu können (§ 33 Abs. 2 Satz 4 EStG). Der Bundesfinanzhof hat die Auffassung der Finanzverwaltung bestätigt, dass das **Abzugsverbot auch** die Aufwendungen für ein **Scheidungsverfahren** betrifft (BFH-Urteil vom 18.5.2017, BStBl. II S. 988). Der Steuerzahler wende die Kosten für ein Scheidungsverfahren regelmäßig nicht zur Sicherung seiner Existenzgrundlage und seiner lebensnotwendigen Bedürfnisse auf. Hiervon könne nur ausgegangen werden, wenn seine wirtschaftliche Existenzgrundlage bedroht sei. Eine derartige existenzielle Bedrohung liege bei Scheidungskosten nicht vor, **selbst wenn** das **Festhalten** an der Ehe für den Steuerzahler eine **starke Beeinträchtigung** seines Lebens darstelle.

Erpressungsgelder

sind keine außergewöhnlichen Belastungen, wenn der Grund selbst und ohne Zwang geschaffen worden ist (BFH-Urteil vom 18.3.2004, BStBl. II S. 867).

Fahrtkosten

vgl. „Besuchsfahrten" und „Kraftfahrzeugkosten"

Fettabsaugung

vgl. „Schönheitsoperationen"

Formaldehydemission

vgl. „Wiederbeschaffungskosten für Hausrat und Kleidung"

Gebäudesanierung

Zu den außergewöhnlichen Belastungen gehören auch die Aufwendungen für die Sanierung eines Gebäudes, wenn

- durch die Baumaßnahmen **konkrete Gesundheitsgefährdungen** abgewehrt,
- Brand, Hochwasser oder ähnliche **unausweichliche Schäden** beseitigt oder
- vom Gebäude ausgehende **unzumutbare Beeinträchtigungen** behoben werden.

Dies hat der Bundesfinanzhof in drei Urteilen vom 29.3.2012 zu den Aufwendungen für die Asbestsanierung eines Daches (BStBl. 2012 II S. 570), zur Sanierung eines mit echtem Hausschwamm befallenen Gebäudes (BStBl. 2012 II S. 572) und zu den Aufwendungen zur Beseitigung einer Geruchsbelästigung (BStBl. 2012 II S. 574) entschieden.

Der Grund für die Sanierung darf **weder** beim Erwerb des Grundstücks **erkennbar** gewesen **noch** vom Grundstückseigentümer **verschuldet** worden sein. Auch muss der Steuerpflichtige realisierbare **Ersatzansprüche** gegen Dritte **verfolgen,** bevor er seine Aufwendungen steuerlich geltend machen kann, und er muss sich den aus der Erneuerung ergebenden Vorteil anrechnen lassen **(„Neu für Alt").**

Kosten für übliche Instandsetzungs- und Modernisierungsmaßnahmen oder für die Beseitigung von Baumängeln sind aber nicht als außergewöhnliche Belastungen abziehbar.

Vgl. auch „Wiederbeschaffungskosten für Hausrat und Kleidung" und „Baumängel".

Geburtskosten

Aufwendungen für die ärztliche Versorgung bei einer Geburt gehören zur außergewöhnlichen Belastung wie Krankheitskosten. Keine außergewöhnliche Belastung ist die Erstlingsausstattung.

Geldstrafen und Geldbußen

Geldstrafen und Geldbußen sind keine außergewöhnliche Belastung.

Grabpflegekosten

Aufwendungen für die Grabpflege sind keine außergewöhnlichen Belastungen, und zwar auch dann nicht, wenn es sich um eine Erneuerung des Grabmals oder um Umbettungskosten handelt.

Vgl. auch „Beerdigungskosten".

Hausgehilfin/Haushaltshilfe

vgl. die Erläuterungen im nachfolgenden Abschnitt E

Haushaltsersparnis

Aufwendungen für die **krankheits- oder pflegebedingte Unterbringung in einem Alten- oder Pflegeheim** sind um eine **Haushaltsersparnis**, die der Höhe nach den ersparten Verpflegungs- und Unterbringungskosten entspricht, **zu kürzen**, es sei denn, der Pflegebedürftige behält seinen normalen Haushalt bei. Die Haushaltsersparnis des Steuerpflichtigen ist entsprechend dem in § 33a Abs. 1 EStG vorgesehenen Höchstbetrag (**2021: 9744 €**) für den Unterhalt unterhaltsbedürftiger Personen anzusetzen (R 33.3 Abs. 2 Satz 2 EStR; BFH-Urteile vom 15.4.2010, BStBl. II S. 794 und vom 4.10.2017, BStBl. 2018 II S. 179).

Die abzuziehende **Haushaltsersparnis beträgt** demnach **zum 1.1.2021**:

Jahr	jährlich	monatlich	täglich
2021	9744 €	812 €	27 €

Sind beide Ehegatten krankheits- oder pflegebedingt in einem Alten- und Pflegeheim untergebracht, ist **für jeden der Ehegatten** eine Haushaltsersparnis anzusetzen (BFH-Urteil vom 4.10.2017, BStBl. 2018 II S. 179). Kosten der Unterbringung in einem **Krankenhaus** können regelmäßig **ohne Kürzung** um eine Haushaltsersparnis als außergewöhnliche Belastung anerkannt werden (BFH vom 22.6.1979, BStBl. II S. 646).

Für den Teil der Aufwendungen, der durch den Ansatz der zumutbaren Belastung nicht als außergewöhnliche Belastung berücksichtigt wird, kann der Steuerpflichtige unter Berücksichtigung der übrigen Tatbestandsvoraussetzungen die Steuerermäßigung für haushaltsnahe Dienstleistungen in Anspruch nehmen (vgl. die Erläuterungen unter dem nachfolgenden Buchstaben E).

Haushaltsnahe Beschäftigungsverhältnisse

vgl. die Erläuterungen im nachfolgenden Abschnitt E

Haushaltsnahe Dienstleistungen

vgl. die Erläuterungen im nachfolgenden Abschnitt E

Haushaltsgeräte

Aufwendungen für die Anschaffung von Haushaltsgeräten, z. B. einer Waschmaschine, sind selbst dann keine außergewöhnlichen Belastungen, wenn die Anschaffung des Geräts wegen Krankheit notwendig ist.

Hausrat

vgl. „Wiederbeschaffungskosten für Hausrat und Kleidung"

Heileurythmie

Die Aufwendungen für diese Bewegungstherapie sind außergewöhnliche Belastungen, wenn die Behandlung von einem Arzt oder Heilpraktiker verordnet worden ist (BFH-Urteil vom 26.2.2014, BStBl. II S. 824).

Heilkuren

vgl. „Kurkosten"

Heimunterbringung

vgl. „Pflegekosten"

Hinterbliebene

vgl. die Erläuterungen unter der nachfolgenden Nr. 9

Hochwasser

vgl. „Wiederbeschaffungskosten für Hausrat und Kleidung"

Hochzeit

Aufwendungen für die Hochzeit sind keine außergewöhnlichen Belastungen.

Insolvenzverfahren

Kosten für ein Insolvenzverfahren sind keine außergewöhnlichen Belastungen.

Integrationskurs für Ausländer

Die Aufwendungen für die **verpflichtende** Teilnahme an einem Integrationskurs entstehen aus rechtlichen Gründen zwangsläufig und sind deshalb als außergewöhnliche Belastung abziehbar. Da die Teilnehmer von der verpflichtenden Stelle eine Bestätigung über ihre Teilnahmeberechtigung erhalten, in der auch die Verpflichtung vermerkt ist, kann der zu erbringende Nachweis mit dieser Bestätigung geführt werden.

Bei einer **freiwilligen** Teilnahme an einem Integrationskurs ist das Tatbestandsmerkmal der Zwangsläufigkeit dagegen – ähnlich wie bei einer Teilnahme an einem Deutschkurs (vgl. dieses Stichwort) – nicht erfüllt, dementsprechend sind die Aufwendungen nicht als außergewöhnliche Belastung abziehbar.

Internat

vgl. die Erläuterungen unter der nachfolgenden Nr. 5

Kinderbetreuungskosten

vgl. das Stichwort „Kinderbetreuungskosten" im Hauptteil des Lexikons

Kleidung

vgl. „Wiederbeschaffungskosten für Hausrat und Kleidung"

Körpergröße

Durch ungewöhnliche Körpergröße verursachte Kosten sind keine außergewöhnlichen Belastungen.

Kontaktpflege

Aufwendungen, die zur **Ausübung** des **Besuchsrechts** des **nicht sorgeberechtigten Elternteils** nach § 1634 BGB gemacht werden, sind keine außergewöhnliche Belastung (BFH-Urteil vom 28.3.1996, BStBl. 1997 II S. 54). Entsprechende Kosten sind durch die Regelungen des Familienleistungsausgleichs abgegolten.

Besuchsfahrten zwischen nahen Angehörigen sind ebenfalls regelmäßig keine außergewöhnlichen Belastungen. Etwas anderes kann ausnahmsweise für Besuchsfahrten gelten, die ausschließlich zum Zwecke der Heilung oder Linderung einer Krankheit oder eines Leidens unternommen werden oder den Zweck verfolgen, die Krankheit oder das Leiden erträglicher zu machen oder die der krankheitsbedingten Betreuung eines pflegebedürftigen nahen Angehörigen dienen.

Kraftfahrzeugkosten

Ab dem Kalenderjahr **2021** werden die bisherigen Regelungen zur Anerkennung von Fahrtkosten von Menschen mit Behinderung durch eine gesetzliche Pauschalierungsregelung ersetzt. Die Neuregelung für behinderungsbedingte Fahrten von Menschen mit Behinderung haben eine **Abgeltungswirkung.** Eine darüber hinausgehende Berücksichtigung von individuellen, behinderungsbedingt entstandenen Fahrt- bzw. Kraftfahrzeugkosten ist nicht möglich. Die **Pauschale** beträgt:

- **900 €** bei geh- und stehbehinderten Steuerpflichtigen mit einem Grad der Behinderung von mindestens 80 oder einem Grad der Behinderung von mindestens 70 und dem Merkzeichen „G".
- **4500 €** bei Menschen mit außergewöhnlicher Gehbehinderung (Merkzeichen „aG"), Blinde (Merkzeichen „Bl") und hilflose Menschen (Merkzeichen „H" bzw. Pflegegrad 4 oder 5), da neben den durch die Behinderung unvermeidbaren Fahrten auch Freizeit-, Erholungs- und Besuchsfahrten zu berücksichtigen sind.

Die Berücksichtigung erfolgt im Rahmen der allgemeinen außergewöhnlichen Belastung unter **Abzug der zumutbaren Belastung.** Die neue Pauschale kann auch gewährt werden, wenn ein Behinderten-Pauschbetrag vom Kind auf einen Elternteil übertragen worden ist.

Die Aufwendungen für die **behindertengerechte Umrüstung** eines Pkw können im Kalenderjahr der Bezahlung neben den angemessenen Aufwendungen für Fahrtkosten als außergewöhnliche Belastungen berücksichtigt werden. Eine Verteilung auf mehrere Kalenderjahre ist nicht zulässig.

Vgl. auch das Stichwort „Motorschaden".

Krankenhauskosten

Nicht von dritter Seite erstattete Krankenhauskosten sind ohne Kürzung um eine Haushaltsersparnis als außergewöhnliche Belastung abzugsfähig.

Krankentransport

Aufwendungen für Krankentransporte des Steuerpflichtigen sind als unmittelbare **Krankheitskosten** abziehbar. Sie sind außergewöhnlich und regelmäßig auch zwangsläufig. Entsprechendes gilt für die wegen einer Erkrankung im Urlaub entstehenden Mehrkosten bei Rückführung mit dem Flugzeug, der Bahn oder einem Krankenwagen.

Krankheitskosten

Krankheitskosten sind eine außergewöhnliche Belastung, soweit sie nicht von dritter Seite, z. B. einer Krankenkasse ersetzt worden sind oder noch ersetzt werden. Aufwendungen für Medikamente, Stärkungsmittel und ähnliche Präparate werden nur anerkannt, wenn sie durch einen Arzt oder Heilpraktiker verordnet wurden (§ 64 Abs. 1 Satz 1 Nr. 1 EStDV). Bei einer andauernden Erkrankung mit anhaltendem Verbrauch bestimmter Mittel reicht die einmalige Vorlage einer ärztlichen Verordnung aus. Wurde die Notwendigkeit einer Sehhilfe in der Vergangenheit durch einen Augenarzt festgestellt, genügt in den Folgejahren die Sehschärfenbestimmung durch einen Augenoptiker. Als Nachweis der angefallenen Krankheitsaufwendungen kann auch die Vorlage der Erstattungsmitteilung der privaten Krankenversicherung oder der Beihilfebescheid einer Behörde ausreichen.

Mit Urteil vom 24.10.2018 (BFH/NV 2019 S. 109) hat der Bundesfinanzhof entschieden, dass der Steuerpflichtige den Nachweis der Zwangsläufigkeit von Aufwendungen im Krankheitsfall auch dann durch ein amtsärztliches Gutachten oder eine ärztliche Bescheinigung des Medizinischen Dienstes der Krankenversicherung zu erbringen hat, wenn eine Erkrankung mit **begrenzter Lebenserwartung** vorliegt.

Der Abzug als außergewöhnliche Belastungen ist nicht deshalb ausgeschlossen, weil der Steuerpflichtige seiner Krankenversicherungspflicht nicht nachgekommen ist.

Mit Urteil vom 21.2.2018 (BStBl. II S. 469) hat der Bundesfinanzhof bestätigt, dass nach dem eindeutigen Wortlaut des § 33 Abs. 1 und 3 EStG **auch bei Krankheitskosten** eine **zumutbare Eigenbelastung** anzusetzen und dieser Ansatz verfassungsgemäß ist. Hinsichtlich der Berücksichtigung der zumutbaren Eigenbelastung wird auf die ausführlichen Erläuterungen in diesem Abschnitt D unter Nr. 1 hingewiesen.

Künstliche Befruchtung

Aufwendungen für eine künstliche Befruchtung sind grundsätzlich als außergewöhnliche Belastung abziehbar. Dies gilt bei einer Empfängnisunfähigkeit der Frau sowohl für eine künstliche Befruchtung mit dem Samen ihres Mannes (homologe künstliche Befruchtung, BFH-Urteil vom 18.6.1997, BStBl. II S. 805; auch bei nicht verheirateten Paaren, BFH-Urteil vom 10.5.2007, BStBl. II S. 871) als auch bei Ehepaaren mit dem Samen eines Dritten (heterologe künstliche Befruchtung; BFH-Urteil vom 16.12.2010, BStBl. 2011 II S. 414). Im Zusammenhang mit der Berücksichtigung von Aufwendungen für eine künstliche Befruchtung nach der ICSI-Methode hat der Bundesfinanzhof entschieden (BFH-Urteil vom 17.5.2017, BStBl. 2018 II S. 344), dass Aufwendungen für eine künstliche Befruchtung nicht als außergewöhnliche Belastungen nach § 33 EStG abgezogen werden können, wenn die Behandlung nach inländischen Maßstäben nicht mit dem Embryonenschutzgesetz (ESchG) oder anderen Gesetzen vereinbar ist. Ein Verstoß gegen § 1 Abs. 1 Nr. 5 ESchG liegt nicht vor, wenn zwar mehr als drei Eizellen befruchtet werden, aber lediglich ein oder zwei entwicklungsfähige Embryonen zum Zwecke der Übertragung entstehen sollen und der Behandlung eine vorherige sorgfältige individuelle Prognose zugrunde liegt (sog. deutscher Mittelweg). Bei einer **im Ausland** durchgeführten Befruchtung von bis zu fünf Eizellen und Einsetzung von nicht mehr als zwei Embryonen kann in der Regel davon ausgegangen werden, dass dies **dem deutschen Mittelweg entspricht** und deshalb auf die Vorlage eines Sachverständigengutachtens verzichtet werden kann. In Fortführung der o.g. Rechtsprechung hat der Bundesfinanzhof entschieden, dass die Aufwendungen einer empfängnisunfähigen Frau für eine heterologe künstliche Befruchtung auch dann zu einer außergewöhnlichen Belastung führen, wenn die Frau in einer **gleichgeschlechtlichen Partnerschaft** lebt (BFH-Urteil vom 5.10.2017, BStBl. 2018 II S. 350). Maßnahmen zur Sterilitätsbehandlung führen allerdings nur dann zu einer außergewöhnlichen Belastung, wenn sie in **Übereinstimmung** mit den **Richtlinien** der **ärztlichen Berufsordnungen** vorgenommen werden. Dies bejahte der Bundesfinanzhof im Streitfall, da die Richtlinien der ärztlichen Berufsordnungen mehrerer Bundesländer der bei der Klägerin vorgenommenen Kinderwunschbehandlung nicht entgegenstanden. Im Übrigen könne eine Zwangslage zur Umgehung einer vorhandenen Sterilität auch bei gleichgeschlechtlichen Paaren nicht verneint werden.

Aufwendungen für eine künstliche Befruchtung nach vorangegangener freiwilliger Sterilisation sind aber keine außergewöhnlichen Belastungen (BFH-Urteil vom 3.3.2005, BStBl. II S. 566).

Kurkosten

Kurkosten gehören zur außergewöhnlichen Belastung, wenn die Notwendigkeit der Kur durch Vorlage eines amtsärztlichen Gutachtens oder einer ärztlichen Bescheinigung eines Medizinischen Dienstes der Krankenversicherung nachgewiesen wird. Diese Bescheinigung muss **vor** Kurbeginn ausgestellt worden sein. Wurde die Notwendigkeit einer Kur offensichtlich im Rahmen der Bewilligung von Zuschüssen oder Beihilfen anerkannt, genügt bei Pflichtversicherten die Bescheinigung der Versicherungsanstalt und bei öffentlich Bediensteten der Beihilfebescheid. Kosten für Kuren im Ausland sind in der Regel nur bis zur Höhe der Aufwendungen anzuerkennen, die in einem dem Heilzweck entsprechenden inländischen Kurort entstehen würden. Verpflegungsmehraufwendungen anlässlich einer Kur können nur in tatsächlicher Höhe nach Abzug einer Haushaltsersparnis von 20 % der Aufwendungen berücksichtigt werden (R 33.4 Abs. 3 EStR).

Trinkgelder, die in Zusammenhang mit einer Kur gegeben werden, sind keine außergewöhnliche Belastung.

Legasthenie

Aufwendungen für die Behandlung der Legasthenie können dann als außergewöhnliche Belastung wie Krankheitskosten abzugsfähig sein, wenn die Lese- und Rechtschreibschwäche krankheitsbedingt ist und die Aufwendungen zum Zwecke der Heilung oder Linderung getätigt werden. Bei einer auswärtigen Unterbringung muss das vor der Behandlung ausgestellte amtsärztliche Attest auch die Feststellung enthalten, dass die auswärtige Unterbringung für eine medizinische Behandlung erforderlich ist (BFH-Urteil vom 26.6.1992, BStBl. 1993 II S. 278).

Lösegeld

vgl. „Erpressungsgelder“

Marderbefall

Aufwendungen, mit denen dem möglichen Eintritt von Schäden vorgebeugt werden soll – wie etwa Kosten für Maßnahmen, mit denen das Eindringen von Mardern in Wohngebäude und ihre Einnistung verhindert werden soll – sind keine außergewöhnlichen Belastungen. Die Kosten für die Beseitigung von Mardertoiletten in einem Wohngebäude sind **keine außergewöhnliche Belastung,** wenn es über Jahre von Mardern aufgesucht wurde und infolgedessen konkrete Gesundheitsgefahren oder unzumutbare Gerüche auftreten. Soweit der Steuerpflichtige nicht nachweisen kann, dass dies nicht erkennbar war oder es keine wirksamen Gegenmaßnahmen gab, ist davon auszugehen, dass es sich bei den später anfallenden Kosten um Folgen seiner freien Willensentschließung handelt.

Medizinische Fachliteratur

Aufwendungen eines Steuerpflichtigen für medizinische Fachliteratur sind auch dann nicht als außergewöhnliche Belastungen zu berücksichtigen, wenn die Literatur dazu dient, die Entscheidung für eine bestimmte Therapie oder für die Behandlung durch einen bestimmten Arzt zu treffen (BFH-Urteil vom 24.10.1995, BStBl. 1996 II S. 88).

Medizinische Hilfsmittel

Aufwendungen für medizinische Hilfsmittel, die als Gebrauchsgegenstände des täglichen Lebens anzusehen sind, können nur dann als außergewöhnliche Belastungen berücksichtigt werden, wenn vor dem Erwerb ein amtsärztliches Gutachten oder eine Bescheinigung eines Medizinischen Dienstes der Krankenversicherung ausgestellt worden ist (§ 64 Abs. 1 Nr. 2 Buchstabe e EStDV). Vgl. auch vorstehend „Behindertengerechte Ausstattung“.

Mittagsheimfahrt

Aufwendungen für Mittagsheimfahrten stellen keine außergewöhnliche Belastung dar, auch wenn die Fahrten wegen des Gesundheitszustands oder einer Behinderung des Steuerpflichtigen angebracht oder erforderlich sind (BFH-Urteil vom 4.7.1975, BStBl. II S. 738).

Motorschaden

Reparaturaufwendungen als Folge eines verschleißbedingten Pkw-Motorschadens eines außergewöhnlich gehbehinderten Steuerpflichtigen sind keine außergewöhnlichen Belastungen. Sie sind bereits mit dem zusätzlichen Pauschbetrag für private Pkw-Aufwendungen (vgl. „Kraftfahrzeugkosten“) abgegolten.

Motoryacht

Behinderungsbedingte Umbaukosten einer Motoryacht sind keine außergewöhnlichen Belastungen (BFH-Urteil vom 2.6.2015, BStBl. II S. 775). Es handelt sich nicht um zwangsläufige Mehraufwendungen für den existenznotwendigen Grundbedarf.

Pflegekosten

Pflegekosten, die dem Arbeitnehmer für die Beschäftigung einer ambulanten Pflegekraft oder für die Pflege in einem Pflegeheim, in der Pflegestation eines Altenheims oder in einem Altenpflegeheim entstehen, sind eine außergewöhnliche Belastung. Sie können wie Kosten einer Unterbringung in einem Krankenhaus berücksichtigt werden, sofern die Kosten nicht bereits durch die Inanspruchnahme des Behinderten-Pauschbetrags (vgl. nachfolgend unter Nr. 8) abgegolten sind. Ist der Arbeitnehmer in einem Pflegeheim untergebracht oder trägt er die Kosten eines Pflegeheims für eine von ihm unterhaltene Person (z. B. für seinen Vater oder seine Mutter), sind verschiedene Besonderheiten zu beachten. Diese sind ausführlich anhand von Beispielen unter der nachfolgenden Nr. 11 dargestellt. Pflegt der Steuerpflichtige selbst eine Person, erhält er unter bestimmten Voraussetzungen einen Pflege-Pauschbetrag (vgl. nachfolgend unter Nr. 10).

Privatschulbesuch

Aufwendungen für den Privatschulbesuch eines Kindes sind grundsätzlich auch dann nicht außergewöhnlich, wenn das Kind infolge Krankheit lernbehindert ist; die Aufwendungen werden durch den Kinderfreibetrag, den Freibetrag für Betreuungs- und Erziehungs- oder Ausbildungsbedarf und das Kindergeld abgegolten. Ein Abzug als außergewöhnliche Belastung ist nur dann möglich, wenn es sich bei den Aufwendungen um unmittelbare Krankheitskosten handelt (BFH-Urteil vom 17.4.1997, BStBl. II S. 752).

Bezogen auf die Berücksichtigung von behinderungsbedingten Aufwendungen für die **Unterbringung von Jugendlichen** in einer **Einrichtung der Jugendhilfe** ist zu beachten, dass für den Begriff der Behinderung i. S. d. des § 64 Abs. 1 Nr. 2 Satz 1 Buchst. c EStDV auf § 2 Abs. 1 SGB IX abzustellen ist (BFH-Urteil vom 18.6.2015, BStBl. 2016 II S. 40). Danach sind Menschen behindert, wenn ihre körperliche Funktion, geistige Fähigkeit oder seelische Gesundheit mit hoher Wahrscheinlichkeit länger als sechs Monate von dem für das Lebensalter typischen Zustand abweichen und daher ihre Teilhabe am Leben in der Gesellschaft beeinträchtigt ist. Ob eine seelische Behinderung in diesem Sinne von Kindern und Jugendlichen bei aggressiven Neigungen und selbstschädigenden Handlungen vorliegt, ist aufgrund der Umstände des Einzelfalls festzustellen.

Auch der Besuch einer Schule für Hochbegabte kann medizinisch indiziert sein und zu außergewöhnlichen Belastungen führen. Eine vorherige amtsärztliche Begutachtung zum Nachweis der medizinischen Notwendigkeit der Maßnahme ist nicht zwingend erforderlich (BFH-Urteil vom 12.5.2011, BStBl. 2013 II S. 783).

Hingegen sind Aufwendungen für **Lerntherapie** und **Erziehungsberatung eines hochbegabten Kindes** nicht als außergewöhnliche Belastung abziehbar, wenn das Kind im Zeitpunkt der betreffenden Therapiemaßnahme nicht erkrankt ist. Eine Hochbegabung als solche stellt keine Erkrankung dar (BFH-Urteil vom 19.11.2015, BFH/NV 2016 S. 393).

Außergewöhnliche Belastungen liegen jedoch nicht vor, wenn ein Kind ausländischer Eltern, die sich vorübergehend in Deutschland aufhalten, eine fremdsprachliche Schule besucht (BFH-Urteil vom 23.11.2000, BStBl. 2001 II S. 132).

Psychotherapeutische Behandlung

Die Anerkennung von außergewöhnlichen Belastungen und der medizinisch erforderlichen auswärtigen Unterbringung eines an einer Behinderung leidenden Kindes setzen bei psychotherapeutischen Behandlungen voraus, dass vor Beginn der Maßnahme ein amtsärztliches Gutachten eingeholt oder eine ärztliche Bescheinigung eines Medizinischen Dienstes der Krankenversicherung ausgestellt wird (BFH-Urteil vom 15.1.2015, BStBl. II S. 586). Diese Nachweise können nicht durch andere Unterlagen ersetzt werden.

Prozesskosten

Zum Werbungskostenabzug vgl. vorstehenden Abschnitt B unter Nr. 2.

Prozesskosten sind seit 2013 grundsätzlich **nicht** als **außergewöhnliche Belastungen** zu berücksichtigen. Ein Abzug kommt ausnahmsweise in Betracht, wenn der Steuerpflichtige ohne den Rechtsstreit Gefahr liefe, seine materielle Existenzgrundlage zu verlieren und seine lebensnotwendigen Bedürfnisse in dem üblichen Rahmen nicht mehr befriedigen zu können (§ 33 Abs. 2 Satz 4 EStG). Dies ist u. E. z. B. der Fall, wenn bei einem Prozess im Ausland im Fall der Verurteilung die Todesstrafe droht. Auch Kosten für die zivilprozessuale Auseinandersetzung mit der Versicherungsgesellschaft des Schädigers für die irreversiblen geistigen und körperlichen Folgen des Geschädigten sind als außergewöhnliche Belastungen zu berücksichtigen (BFH-Urteil vom 26.5.2020, IX R 15/19). Prozesskosten in Zusammenhang mit einem Umgangsrechtsstreit sind hingegen nicht abziehbar (BFH-Urteil vom 13.8.2020 VI R 15/18).

Kosten für einen Ehescheidungsprozess sind daher nicht mehr als außergewöhnliche Belastung abzugsfähig, vgl. „Ehescheidungskosten“.

Der Bundesfinanzhof hat das gesetzliche Abzugsverbot für Zivilprozesskosten als außergewöhnliche Belastungen bestätigt (BFH-Urteil vom 18.6.2015, BStBl. II S. 800).

Vgl. auch „Vaterschaftsfeststellungsprozess“ und „Zivilprozess“.

Schadenersatzleistungen

Schadenersatzleistungen eines Arbeitnehmers können Werbungskosten sein, wenn die Pflicht zum Schadenersatz durch das Arbeitsverhältnis veranlasst ist, z. B. Schadenersatz bei Beschädigung des Firmenwagens.

Zum Werbungskostenabzug vgl. auch vorstehenden Abschnitt B unter Nr. 2 zum Stichwort „Schadensersatz“.

Im Übrigen können Schadenersatzleistungen zwangsläufig und damit als außergewöhnliche Belastung abzugsfähig sein, wenn sich der Arbeitnehmer bei der Schädigung nicht vorsätzlich oder grob fahrlässig gehandelt hat (BFH-Urteil vom 3.6.1982, BStBl. II S. 749).

Schalldämmfenster

Aufwendungen eines Mieters für den Einbau eines Schalldämmfensters in seine gemietete Wohnung zur Abschirmung des Straßenlärms an einer verkehrsreichen Kreuzung sind nach Auffassung des Bundesfinanzhofs (BFH-Urteil vom 23.1.1976, BStBl. II S. 194) **keine außergewöhnlichen Belastungen.**

Schallschutzmaßnahmen

Aufwendungen für Schallschutzmaßnahmen wegen Lärmbelästigung erkennt die Finanzverwaltung nicht als außergewöhnliche Belastung an (Verfügung der Oberfinanzdirektion Frankfurt vom 31.10.2001, Az. S 2284 A – 12 – St II 25).

Scheidungskosten

vgl. „Ehescheidungskosten"

Schlichtungsverfahren

Aufwendungen für ein Schlichtungsverfahren wegen **Bergschäden** können als außergewöhnliche Belastung berücksichtigt werden, wenn der Arbeitnehmer ohne die Verfolgung der geltend gemachten Ansprüche wegen Bergschadens Gefahr laufen würde, seine Existenzgrundlage zu verlieren oder seine lebensnotwendigen Bedürfnisse in dem üblichen Rahmen nicht mehr befriedigen zu können (BFH-Urteil vom 20.1.2016, BFH/NV 2016 S. 1436). Davon ist insbesondere auszugehen, wenn aufgrund eines Bergschadens die Gefahr besteht, das selbstgenutzte Wohnhaus nicht mehr weiter zu Wohnzwecken nutzen zu können.

Schönheitsoperationen

Für die Berücksichtigung als außergewöhnliche Belastung ist der **Nachweis der Zwangsläufigkeit** von plastischen Operationen und anderen Behandlungen im Bereich der Schönheitspflege (z. B. Fettabsaugung) wie folgt zu führen:

- Der Steuerpflichtige hat die Zweckbestimmung seiner Behandlung, die nicht eindeutig medizinisch indiziert ist, anhand geeigneter Unterlagen nachzuweisen. Ein Attest des behandelnden Arztes genügt grundsätzlich nicht. Vielmehr muss sich die **medizinische Notwendigkeit aus verschiedenen Befundberichten** ergeben. Dabei sind die gesamten Umstände des Einzelfalles zu würdigen (Art der Maßnahme, Krankheitsbild usw.).
- Der Nachweis einer medizinischen Indikation gilt in jedem Fall als erbracht, wenn sich die Krankenversicherung oder der Beihilfeträger an den Kosten beteiligt hat.

Ein vor Beginn der Behandlung ausgestelltes amtsärztliches Gutachten oder eine ärztliche Bescheinigung des Medizinischen Dienstes der Krankenversicherung zur medizinischen Notwendigkeit der Behandlung erleichtert den Nachweis der Zwangsläufigkeit, ist aber nicht zwingend erforderlich.

Schuldentilgung

vgl. vorstehend „Darlehen"

Schutzmasken

Aufwendungen hierfür sind keine außergewöhnlichen Belastungen.

Sport

Aufwendungen für die Ausübung eines Sports sind keine außergewöhnlichen Belastungen, es sei denn, er wird nach genauer Einzelverordnung und unter ärztlicher Verantwortung oder einer entsprechend zugelassenen Person zur Heilung oder Linderung einer Krankheit oder eines Gebrechens ausgeübt.

Strafverteidigungskosten

vgl. vorstehend „Prozesskosten"

Studienplatz

Prozesskosten der Eltern zur Erlangung eines Studienplatzes für ihr Kind in einem Numerus-clausus-Fach sind nicht nach § 33 EStG abziehbar, sie stellen vielmehr Berufsausbildungskosten im Sinne des § 33a Abs. 2 EStG dar, für die bei einer auswärtigen Unterbringung des Kindes zur Berufsausbildung ggf. ein Ausbildungsfreibetrag gewährt wird (vgl. nachfolgend unter Nr. 5).

Treppenlift

vgl. „Behindertengerechte Ausstattung"

Trinkgelder

Trinkgelder, die im Zusammenhang mit einer ärztlich angeordneten Behandlung (z. B. Kur) gegeben werden, sind keine außergewöhnliche Belastung (BFH-Urteil vom 30.10.2003, BStBl. 2004 II S. 270).

Überschwemmung

vgl. „Wiederbeschaffungskosten für Hausrat und Kleidung"

Umzugskosten

Umzugskosten sind keine außergewöhnlichen Belastungen; sie können jedoch Werbungskosten sein, wenn der Umzug beruflich veranlasst ist (vgl. die Erläuterungen beim Stichwort „Umzugskosten" im Hauptteil des Lexikons).

Unterhalt von Angehörigen

vgl. die Erläuterungen unter den nachfolgenden Nrn. 3 und 4

Vaterschaftsfeststellungsprozess

Die Aufwendungen für einen Vaterschaftsfeststellungsprozess sind nicht mehr als außergewöhnliche Belastungen abziehbar (§ 33 Abs. 2 Satz 4 EStG).

Wiederbeschaffungskosten für Hausrat und Kleidung

Wiederbeschaffungskosten für Hausrat und Kleidung, die durch ein unabwendbares Ereignis wie z. B. Brand, Unwetter, Hochwasser, Kriegseinwirkung, Diebstahl, Vertreibung oder politische Verfolgung verloren wurden, können im Rahmen des Notwendigen und Angemessenen unter folgenden Voraussetzungen als außergewöhnliche Belastung berücksichtigt werden:

- Sie müssen einen existentiell notwendigen Gegenstand betreffen – dies sind Wohnung, Hausrat und Kleidung, nicht aber z. B. ein Pkw, eine Garage oder Außenanlagen.
- Der Verlust oder die Beschädigung muss durch ein unabwendbares Ereignis wie Brand, Unwetter, Hochwasser, Kriegseinwirkung, Diebstahl, Vertreibung, politische Verfolgung verursacht sein.
- Dem Steuerpflichtigen müssen tatsächlich finanzielle Aufwendungen entstanden sein; ein bloßer Schadenseintritt reicht zur Annahme von Aufwendungen nicht aus.
- Die Aufwendungen müssen ihrer Höhe nach notwendig und angemessen sein und werden nur berücksichtigt, soweit sie den Wert des Gegenstandes im Vergleich zu vorher nicht übersteigen.
- Nur der endgültig verlorene Aufwand kann berücksichtigt werden, d. h. die Aufwendungen sind um einen nach Schadenseintritt noch vorhandenen Restwert zu kürzen.
- Der Steuerpflichtige muss glaubhaft darlegen, dass er den Schaden nicht verschuldet hat und dass realisierbare Ersatzansprüche gegen Dritte nicht bestehen.
- Ein Abzug scheidet aus, sofern der Steuerpflichtige zumutbare Schutzmaßnahmen unterlassen oder eine allgemein zugängliche und übliche Versicherungsmöglichkeit (z. B. Hausratversicherung) nicht wahrgenommen hat.
- Das schädigende Ereignis darf nicht länger als drei Jahre zurückliegen, bei Baumaßnahmen muss mit der Wiederherstellung oder Schadensbeseitigung innerhalb von drei Jahren nach dem schädigenden Ereignis begonnen worden sein.

Die vorstehenden Ausführungen gelten entsprechend, wenn von dem existenziell notwendigen Gegenstand (z. B. Hausrat) nachweislich eine konkrete Gesundheitsgefährdung ausgeht, die beseitigt werden muss und die nicht auf ein Verschulden des Bewohners oder auf einen Baumangel zurückzuführen ist.

Aufwendungen für die Wiederbeschaffung von Kleidungsstücken, die dem Steuerpflichtigen auf einer Urlaubsreise entwendet wurden, können regelmäßig nicht als außergewöhnliche Belastung berücksichtigt werden, weil üblicherweise ein notwendiger Mindestbestand an Kleidung noch vorhanden ist (BFH-Urteil vom 3.9.1976, BStBl. II S. 712).

Vgl. vorstehend auch „Behindertengerechte Ausstattung" und „Gebäudesanierung".

Wissenschaftlich nicht anerkannte Behandlungsmethoden

Hierzu gehören z. B. Frisch- und Trockenzellenbehandlungen, Sauerstoff-, Chelat- und Eigenbluttherapien. Für einen Abzug als außergewöhnliche Belastungen muss vor Beginn der Maßnahme ein amtsärztliches Gutachten oder eine ärztliche Bescheinigung eines Medizinischen Dienstes der Krankenversicherung ausgestellt worden sein (§ 64 Abs. 1 Satz 1 Nr. 2 Buchstabe f EStDV).

Eine Behandlungsmethode ist wissenschaftlich nicht anerkannt, wenn Qualität und Wirksamkeit nicht dem allgemein anerkannten Stand medizinischer Erkenntnisse entsprechen (BFH-Urteil vom 26.6.2014, BStBl. 2015 II S. 9). Maßgeblicher Zeitpunkt für die Beantwortung der Frage, ob die Behandlung wissenschaftlich anerkannt ist oder nicht, ist der Zeitpunkt der Behandlung (BFH-Urteil vom 18.6.2015, BStBl. II S. 803). Die Phytotherapie, die Homöotherapie und die Anthroposophie mit dem Heilmittel Heileurythmie sind wissenschaftlich anerkannt.

Zinsen

Schuldzinsen gehören zur außergewöhnlichen Belastung, wenn die Schuldaufnahme zwangsläufig war (vgl. vorstehend unter „Darlehen"). Sie sind im Jahr der Zahlung abzuziehen.

Zivilprozess

Kosten für einen Zivilprozess sind aufgrund des gesetzlichen Abzugsverbots in aller Regel nicht als außergewöhnliche Belastungen abziehbar (§ 33 Abs. 2 Satz 4 EStG und BFH-Urteil vom 18.6.2015, BStBl. II S. 800).

3. Unterhalt bedürftiger Angehöriger im Inland

a) Allgemeines

Entstehen einem Arbeitnehmer Aufwendungen für den Unterhalt von Personen, die gegenüber dem Arbeitnehmer oder seinem Ehegatten **gesetzlich unterhaltsberechtigt** sind, können diese Aufwendungen bis zum Höchstbetrag von **9744 €** jährlich als außergewöhnliche Belastung abgezogen werden (§ 33a Abs. 1 EStG). Der Höchstbetrag von 9744 € jährlich erhöht sich um die **Beiträge zur Basis-Kranken- und Pflegepflichtversicherung,** die der Arbeitnehmer für die gesetzlich unterhaltsberechtigte Person aufgewendet hat. Werden Unterhaltszahlungen an einen oder mehrere Unterhaltsempfänger, die in einem gemeinsamen Haushalt mit anderen – ggf. auch nicht unterhaltsberechtigten – Personen leben, geltend gemacht und sind in dem Gesamtbetrag auch Beiträge für eine Basiskranken- und gesetzliche Pflegeversicherung enthalten, sind die Basiskranken- und gesetzlichen Pflegeversicherungsbeiträge vorab den jeweiligen Unterhaltsempfängern zuzuweisen, für die sie bestimmt sind. Der verbleibende Restbetrag der Unterhaltszahlungen ist gleichmäßig auf alle in der Haushaltsgemeinschaft lebenden Personen (also auch unter Einbeziehung der nicht unterhaltsberechtigten Personen) aufzuteilen.

Diese Regelung gilt nicht nur für Unterhaltszahlungen an gesetzlich unterhaltsberechtigte Personen sondern auch für den Unterhalt an Personen, die einer gesetzlichen unterhaltsberechtigten Person **gleichgestellt** sind (vgl. nachfolgend unter Buchstabe d).

Voraussetzung ist, dass weder der Arbeitnehmer noch eine andere Person Anspruch auf Kindergeld oder einen Kinderfreibetrag für die unterhaltene Person hat und die unterhaltene Person kein oder nur ein geringes Vermögen besitzt (vgl. nachfolgend unter Buchstabe c). Die eigenen Einkünfte und Bezüge der unterhaltenen Person dürfen bestimmte Grenzen nicht überschreiten (vgl. nachfolgend unter Buchstabe b). Außerdem muss der Unterhaltsleistende in seiner Einkommensteuererklärung die **Identifikationsnummer** der unterhaltenen Person angeben. Allerdings ist diese Verpflichtung lediglich auf Fälle beschränkt worden, in denen der **Unterhaltsempfänger** der **unbeschränkten oder beschränkten Steuerpflicht** unterliegt. Im Übrigen ist die unterstützte Person für diese Zwecke verpflichtet, dem Unterhaltsleistenden seine Identifikationsnummer mitzuteilen. Kommt dieser seiner Verpflichtung nicht nach, ist der Unterhaltsleistende berechtigt, die Identifikationsnummer des Unterstützten bei der für ihn zuständigen Finanzbehörde zu erfragen.

Die Unterhaltsaufwendungen sind nachzuweisen oder zumindest glaubhaft zu machen. Gehört die unterhaltsberechtigte Person zum Haushalt des Arbeitnehmers, kann regelmäßig davon ausgegangen werden, dass ihm dafür Unterhaltsaufwendungen in Höhe des maßgeblichen Höchstbetrags entstehen (R 33a.1 Abs. 1 Satz 5 EStR).

Mit Urteil vom 25.4.2018 (BStBl. II S. 643) hat der Bundesfinanzhof entschieden, dass Unterhaltsleistungen nur insoweit bei den außergewöhnlichen Belastungen zum Abzug zugelassen werden können, als die Aufwendungen dazu bestimmt und geeignet sind, dem **laufenden Lebensbedarf** des Unterhaltsempfängers **im Veranlagungszeitraum der Unterhaltszahlung zu dienen.** Liegen die Voraussetzungen nur für einige Monate des Jahres der Unterhaltszahlung vor, muss der Unterhaltshöchstbetrag entsprechend aufgeteilt werden. Eine **Rückbeziehung** der Zahlung auf einen vor dem Monat der Zahlung liegenden Zeitraum ist grundsätzlich **ausgeschlossen.** Im Urteilsfall wirkte sich daher eine im Veranlagungszeitraum einmalige, im Monat Dezember geleistete Unterhaltszahlung nur mit $^1/_{12}$ des Jahresbetrags aus.

Gesetzlich unterhaltsberechtigt sind nur Verwandte in gerader Linie (Kinder, Enkel, Urenkel, Eltern, Großeltern, Urgroßeltern §§ 1601, 1603, 1606, 1608 BGB), nicht dagegen Verwandte in der Seitenlinie (z. B. Geschwister, Onkel, Tanten); ebenfalls unterhaltsberechtigt ist der eingetragene Lebenspartner. Nach den EStR müssen die zivilrechtlichen Voraussetzungen eines Unterhaltsanspruchs vorliegen und die Unterhaltskonkurrenzen müssen beachtet werden. Für den Abzug ist dabei die tatsächliche Bedürftigkeit des Unterhaltsempfängers erforderlich (sog. konkrete Betrachtungsweise). Eine Prüfung, ob im Einzelfall tatsächlich ein Unterhaltsanspruch besteht, ist aber aus Gründen der Verwaltungsvereinfachung nicht erforderlich, wenn die unterstützte Person unbeschränkt steuerpflichtig sowie dem Grunde nach potenziell unterhaltsberechtigt ist, tatsächlich Unterhalt erhält und alle übrigen gesetzlichen Voraussetzungen erfüllt sind. Insoweit wird die Bedürftigkeit der unterstützten Person typisierend unterstellt (R 33a.1 Abs. 1 EStR). Für Geschwister, Onkel, Tante, Neffen, Nichten usw. ist die Gewährung eines Unterhaltsfreibetrags nicht möglich. Eine gesetzliche Unterhaltspflicht kann sich auch aus den Folgen einer Trennung oder Scheidung von Ehegatten oder eingetragenen Lebenspartnern ergeben (zum Abzug der Unterhaltsleistungen als Sonderausgaben vgl. die Erläuterungen in Abschnitt C Nr. 2 auf Seite 1230). Gesetzlich unterhaltsverpflichtet ist auch der Vater eines nichtehelichen Kindes gegenüber dessen Mutter. Auch der Vater eines nichtehelichen Kindes kann einen entsprechenden Unterhaltsanspruch gegen die Mutter haben, wenn er das Kind betreut.

Der Freibetrag für den Unterhalt bedürftiger Angehöriger kommt z. B. in Betracht, wenn mittellose Eltern unterhalten werden (vgl. Beispiel A unter dem nachfolgenden Buchstaben b) oder bei Unterhaltszahlungen an den geschiedenen Ehegatten (wenn für diese Zahlungen nicht der Sonderausgabenabzug beantragt wird; vgl. vorstehend in Abschnitt C Nr. 2 auf Seite 1230). Der Unterhaltsfreibetrag kommt auch für Kinder in Betracht, für die weder Kinderfreibetrag noch Kindergeld oder vergleichbare Leistungen in Betracht kommen (vgl. Beispiel B unter dem nachfolgenden Buchstaben b). Zum Unterhalt von Eltern, die im **Pflegeheim** untergebracht sind, vgl. die Beispiele B und C unter der nachfolgenden Nr. 11 Buchstabe b.

b) Eigene Einkünfte und Bezüge der unterhaltenen Person

Der Höchstbetrag von 9744 € vermindert sich um die eigenen Einkünfte und Bezüge der unterhaltenen Person, soweit diese Einkünfte und Bezüge den Betrag von jährlich **624 €** übersteigen. Angerechnet werden jedoch nur die eigenen Einkünfte und Bezüge der unterhaltenen Person, die im **Unterstützungszeitraum** anfallen. Der Höchstbetrag von 9744 € sowie der anrechnungsfreie Betrag von 624 € ermäßigen sich für jeden vollen Kalendermonat, in dem die Voraussetzungen nicht vorliegen, um je ein Zwölftel. Oder umgekehrt ausgedrückt: Liegen die Voraussetzungen an mindestens einem Tag im Monat vor, ist dieser (ganze) Monat in die Berechnung des Unterhaltshöchstbetrags mit einzubeziehen. Ausbildungshilfen aus öffentlichen Mitteln werden in voller Höhe angerechnet (vgl. die Erläuterungen und Beispiele zur zeitanteiligen Kürzung des Unterhaltshöchstbetrags unter dem nachfolgenden Buchstaben f).

Zu den anrechenbaren Einkünften gehören auch solche aus nichtselbstständiger Arbeit. Außerdem Einkünfte aus Vermietung und Verpachtung und sonstige Einkünfte (z. B. Renten). Soweit die unterhaltene Person Arbeitslohn bezogen hat, wird vom Arbeitslohn der Arbeitnehmer-Pauschbetrag von 1000 € abgezogen; hat die unterhaltene Person über diesen Betrag hinausgehende Werbungskosten, werden diese abgezogen. Die Arbeitnehmeranteile zur Sozialversicherung vermindern die anrechenbaren Bezüge hingegen nicht (BFH-Urteil vom 18.6.2015, BStBl. II S. 928). Steuerfreier oder pauschal besteuerter Arbeitslohn für einen sog. 450-Euro-Job gehört zu den anzurechnenden Bezügen. Zu den anrechenbaren Bezügen gehören außerdem alle Einnahmen, die zur Bestreitung des Lebensunterhalts bestimmt oder geeignet sind (z. B. Kapitalerträge, die der Abgeltungsteuer unterliegen, sowie Elterngeld; vgl. BFH-Urteil vom 20.10.2016, BStBl. 2017 II S. 194). Zur Ermittlung der anrechenbaren Bezüge werden von den Einnahmen die damit zusammenhängenden Aufwendungen, mindestens aber ein Pauschbetrag von 180 € jährlich, abgezogen.

Beispiel A

Ein Arbeitnehmer unterhält im Kalenderjahr 2021 seinen Vater. Dieser bezieht eine Altersrente aus der gesetzlichen Rentenversicherung von jährlich 3000 €, deren steuerlich zu erfassender Anteil 50 % beträgt. Außerdem bezieht er im Kalenderjahr 2021 ein steuerfreies Wohngeld von 700 €.

Ungekürzter Höchstbetrag			9 744,– €
Einkünfte des Vaters			
Leibrente	3 000,– €		
steuerpflichtiger Anteil 50 %	1 500,– €		
Werbungskosten-Pauschbetrag	– 102,– €		
anzurechnende Einkünfte		1 398,– €	
Bezüge des Vaters			
Steuerlich nicht erfasster Teil der Rente (3000 € – 1500 € =)	1 500,– €		
Steuerfreies Wohngeld	700,– €		
insgesamt	2 200,– €		
abzüglich Unkosten-Pauschbetrag	– 180,– €		
anzurechnende Bezüge		2 020,– €	
Summe der Einkünfte und Bezüge des Vaters		3 418,– €	
anrechnungsfreier Betrag		– 624,– €	
anzurechnende Einkünfte und Bezüge			2 794,– €
Der als Freibetrag im Lohnsteuerabzugsverfahren zu berücksichtigende Unterhaltsfreibetrag beträgt somit			6 950,– €

Beispiel B

Ein Arbeitnehmer wohnt in Starnberg und hat einen Sohn (geb. am 20.10.1994), der in München studiert. Der Sohn hat im Kalenderjahr 2021 keine eigenen Einkünfte oder Bezüge.

Der Arbeitnehmer erhält einen Unterhaltsfreibetrag in Höhe von	9 744,– €

Ein Ausbildungsfreibetrag wegen auswärtiger Unterbringung in Höhe von 924 € jährlich (vgl. nachfolgend unter Nr. 5) kann nicht gewährt werden, da der Arbeitnehmer weder Anspruch auf den Kinderfreibetrag noch auf das Kindergeld hat.

Unterstützt der Arbeitnehmer **mehrere Personen,** die einen gemeinsamen Haushalt führen (z. B. Mutter und Großmutter), ist der steuerfrei bleibende Betrag für jede unterhaltene Person getrennt zu ermitteln, wenn es sich bei den unterhaltenen Personen nicht um Ehegatten handelt. Werden vom Arbeitnehmer in einem gemeinsamen Haushalt lebende Ehegatten (z. B. die Eltern oder die Großeltern) unterstützt, sind zunächst die Einkünfte und Bezüge jedes Ehegatten gesondert zu ermitteln und sodann zusammenzurechnen. Von den zusammengerechneten Einkünften und Bezügen werden 1248 € (für jeden Ehegatten 624 €) gekürzt, und zwar auch dann, wenn nur ein Ehegatte eigene Bezüge hat. Bei der Besteuerung des Arbeitnehmers wird der Betrag als außergewöhnliche Belastung angesetzt, um den seine Aufwendungen, höchstens jedoch (2 × 9744 € =) 19 488 €, die anzurechnenden Einkünfte der unterhaltenen Ehegatten übersteigen.

Mit Urteil vom 28.4.2020 (Az.: VI R 43/17) hat der Bundesfinanzhof entschieden, dass **keine Kürzung des Unterhaltshöchstbetrags** bei Unterhaltsleistungen (z.B. der Eltern) an ein mit dem Lebensgefährten zusammenlebendes (studierendes) Kind erfolgt. Unterhaltsbeiträge von Personen, die die Voraussetzungen für einen Abzug (gesetzliche Unterhaltsverpflichtung oder gleichgestellte Person) nicht erfüllen, führen **nicht** zu einer **anteiligen Kürzung des Unterhaltshöchstbetrags**. Auf der anderen Seite sind diese Leistungen jedoch als „andere Einkünfte und Bezüge" der unterhaltenen Person zu berücksichtigen. Bei einem in einem gemeinsamen Haushalt zusammenlebenden Paar, das weder verheiratet noch verpartnert ist und bei dem jeder über eigene auskömmliche Mittel zur Deckung des eigenen Lebensbedarfs verfügt, ist regelmäßig davon auszugehen, dass sich die Lebensgefährten einander keine Leistungen zum Lebensunterhalt gewähren, sondern jeder für den eigenen Lebensunterhalt aufkommt. Im Übrigen sind gelegentliche freigebige Zuwendungen nicht unterhaltsverpflichteter Dritter **keine Bezüge**.

Werden die Unterhaltsaufwendungen **von mehreren** Steuerpflichtigen getragen, wird bei jedem nur der Teil des insgesamt höchstens als außergewöhnliche Belastung zu berücksichtigenden Betrags anerkannt, der dem Anteil seiner Leistungen entspricht.

c) Eigenes Vermögen der unterhaltenen Person

Hat die unterhaltene Person eigenes Vermögen, kann ein Unterhaltsfreibetrag nur dann gewährt werden, wenn dieses Vermögen geringfügig ist. Geringfügig ist ein Vermögen nach R 33 a.1 Abs. 2 EStR bis zu einem gemeinen Wert (Verkehrswert) von 15 500 €. Dabei bleiben außer Betracht:

- Hausrat;
- Vermögensgegenstände, die für den Besitzer einen besonderen persönlichen Wert (Erinnerungswert) besitzen oder deren Veräußerung offensichtlich eine Verschleuderung von Besitz bedeuten würde;
- ein angemessenes Hausgrundstück, insbesondere ein Familienheim, wenn der Unterhaltsempfänger das Hausgrundstück allein oder zusammen mit Angehörigen, denen es nach seinem Tode weiter als Wohnung dienen soll, ganz oder teilweise bewohnt. Was ein „angemessenes" Hausgrundstück ist, ist in § 90 Abs. 2 Nr. 8 SGB XII geregelt.

Nach R 33a.1 Abs. 2 EStR muss die unterhaltene Person zunächst ihr eigenes nicht **geringfügiges Vermögen** zur Bestreitung des eigenen Unterhalts einsetzen und verwerten. Als geringfügig kann dabei in der Regel ein Vermögen bis zu einem gemeinen Wert (Verkehrswert) von **15 500 €** angesehen werden. Bei der Ermittlung des eigenen Vermögens bleiben unter anderem Gegenstände, deren Veräußerung offensichtlich eine Verschleuderung bedeuten würden, **außer Betracht** (sog. **Schonvermögen**). Allerdings bezieht sich diese Regelung lediglich auf den Schutz von Vermögensgegenständen. Evtl. geringere Ertragsaussichten, die aus einer vorzeitigen Veräußerung (z. B. vorzeitige Kündigung von Prämiensparverträgen) resultieren, fallen nicht unter das sog. Schonvermögen. Es handelt sich begrifflich um Schonvermögen und nicht um Schonerträge. Der BFH vertritt in seiner Rechtsprechung (z. B. Urteil vom 14.8.1997, BStBl. 1998 II S. 241) sogar die Auffassung, dass Vermögen auch dann schädlich sein kann, wenn es gar keine Erträge abwirft. Die Richter weisen in der vorgenannten Entscheidung zudem darauf hin, dass beim „Vermögen" von einem bestimmten Wert auszugehen sei, wobei die durch seinen Einsatz von der erzielten Person erzielten oder erzielbaren Erträge nicht von Bedeutung seien.

d) Gleichgestellte Personen

Einen Unterhaltsfreibetrag kann man nicht nur für Personen erhalten, denen man gegenüber zum Unterhalt gesetzlich verpflichtet ist, sondern auch für sog. „gleichgestellte Personen" (§ 33a Abs. 1 Satz 3 EStG). Den gesetzlich unterhaltsberechtigten Personen stehen Personen gleich, bei denen der Staat seine Leistungen (z. B. Sozialhilfe, Arbeitslosengeld II) im Hinblick auf Unterhaltsleistungen des Arbeitnehmers gekürzt hat, etwa bei eheähnlichen Gemeinschaften, lebenspartnerschaftsähnlichen Gemeinschaften oder einer Haushaltsgemeinschaft mit Verwandten/Verschwägerten. Auf die Höhe des Kürzungsbetrags kommt es nicht an.

Ist ein Antrag auf Leistungen des Staates nicht gestellt worden, wird darauf abgestellt, ob im Hinblick auf Unterhaltsleistungen des Arbeitnehmers die Leistungen des Staates (z. B. Sozialhilfe, Arbeitslosengeld II) ganz oder teilweise nicht gewährt würden, wenn ein Antrag gestellt worden wäre. Nach bundeseinheitlicher Verwaltungsanweisung gilt in diesen Fällen Folgendes:

Kann ein Kürzungs- oder Ablehnungsbescheid nicht vorgelegt werden, ist Voraussetzung für eine steuermindernde Berücksichtigung der Unterhaltsleistungen eine schriftliche Versicherung der unterstützten Person, in der sie darlegt,

- dass sie für den jeweiligen Veranlagungszeitraum keine zum Unterhalt bestimmten Mittel aus inländischen öffentlichen Kassen erhalten und auch keinen entsprechenden Antrag gestellt hat,
- dass im jeweiligen Veranlagungszeitraum eine sozialrechtliche Bedarfsgemeinschaft mit dem Steuerpflichtigen bestanden hat (z. B. eine nicht eheliche Lebensgemeinschaft) und
- über welche anderen zum Unterhalt bestimmten Einkünfte und Bezüge sowie über welches Vermögen sie verfügt.

Als „gleichgestellte Personen" gelten auch Personen, die eine Aufenthalts- oder Niederlassungserlaubnis nach § 23 Aufenthaltsgesetz (AufenthG) haben (BMF-Schreiben vom 27.5.2015, BStBl. I S. 474). Unterhaltsleistungen an diese Personen können daher – unabhängig von einer gesetzlichen Verpflichtung – als außergewöhnliche Belastungen (unter Beachtung des Höchstbetrags) berücksichtigt werden. Wird der Steuerpflichtige zwar aufgrund einer abgegebenen Verpflichtungserklärung seitens einer Behörde, die ihrerseits Leistungen erbracht hat, in Anspruch genommen, liegt jedoch keine Aufenthalts- oder Niederlassungserlaubnis nach § 23 AufenthG, sondern nach anderen Vorschriften dieses Gesetzes vor, gelten hinsichtlich einer Berücksichtigung die allgemeinen Grundsätze.

Im Übrigen hat der Bundesfinanzhof entschieden (BFH-Urteil vom 9.3.2017, BStBl. II S. 890), dass bei der Berechnung des Unterhaltshöchstbetrags nach § 33a Abs. 1 EStG **keine fiktiven Einkünfte** der nach § 33a Abs. 1 Satz 3 EStG gesetzlich unterhaltsberechtigten gleichgestellten Person anzusetzen sind.

e) Opfergrenze

Soweit **keine Haushaltsgemeinschaft** mit der unterhaltenen Person besteht, sind Aufwendungen für den Unterhalt im Allgemeinen höchstens insoweit als außergewöhnliche Belastung anzuerkennen, als sie einen bestimmten Prozentsatz des **verfügbaren Nettoeinkommens** nicht übersteigen (sog. Opfergrenze). Dieser Prozentsatz beträgt 1 % je volle 500 € des verfügbaren Nettoeinkommens, höchstens 50 %, und ist um je 5 % für den (ggf. auch geschiedenen) Ehegatten und für jedes Kind, für das der Steuerpflichtige Freibeträge für Kinder, Kindergeld oder eine andere Leistung für Kinder erhält, zu kürzen, höchstens um 25 %. Hat der Steuerpflichtige nur einen **Teil des Jahres Anspruch auf Freibeträge für Kinder** nach § 32 Abs. 6 EStG, Kindergeld oder eine andere Leistung für Kinder (§ 65 EStG), ist dies bei der Berechnung der Opfergrenze durch eine **monatsbezogene Kürzung** der anzusetzenden **kinderbezogenen 5 %-Pauschale zu berücksichtigen** (BFH-Urteil vom 14.12.2016, BStBl. 2017 II S. 454).

Bei Selbstständigen und Gewerbetreibenden, deren Einkünfte naturgemäß stärkeren Schwankungen unterliegen, ist bei der **Ermittlung des Nettoeinkommens** regelmäßig ein Dreijahresdurchschnitt zu bilden (BFH-Urteil vom 28.4.2016, BStBl. II S. 742). Dabei sind Steuerzahlungen von dem hiernach zugrunde zu legenden unterhaltsrelevanten Einkommen grundsätzlich in dem Jahr abzuziehen, in dem sie gezahlt wurden. Führen **Steuerzahlungen für mehrere Jahre** jedoch zu nicht unerheblichen Verzerrungen des unterhaltsrechtlich maßgeblichen Einkommens im Streitjahr, sind die im maßgeblichen **Dreijahreszeitraum** geleisteten durchschnittlichen Steuerzahlungen zu ermitteln und vom **„Durchschnittseinkommen"** des Streitjahres abzuziehen.

Die **Opfergrenze gilt nicht** bei Aufwendungen **für den Unterhalt des** (ggf. auch geschiedenen) **Ehegatten.** Außerdem ist bei einer bestehenden **Haushaltsgemeinschaft** mit der unterhaltenen Person (sog. sozialrechtliche Bedarfsgemeinschaft) die Opfergrenze nicht anzuwenden (BFH-Urteil vom 29.5.2008, BStBl. 2009 II S. 363). Bei der Ermittlung der maximal abziehbaren Unterhaltsaufwendungen ist jedoch das insgesamt verfügbare **Nettoeinkommen nach Köpfen auf die zur Haushaltsgemeinschaft gehörenden Mitglieder zu verteilen** (BFH-Urteil vom 17.12.2009, BStBl. 2010 II S. 343). Soweit bei einer nicht ehelichen Lebensgemeinschaft zu der Haushaltsgemeinschaft auch Kinder des Lebensgefährten bzw. der Lebensgefährtin gehören, die zum Steuerpflichtigen in keinem Kindschaftsverhältnis stehen und denen gegenüber der Steuerpflichtige nicht unterhaltsverpflichtet ist, ist aus Vereinfachungsgründen typisierend zu unterstellen, dass deren Unterhaltsbedarf in vollem Umfang durch das Kindergeld und die Unterhaltszahlungen des anderen Elternteils abgedeckt wird und sie damit nicht der sozialrechtlichen Bedarfsgemeinschaft angehören. Dies hat zur Folge, dass diese Kinder bei der Verteilung des verfügbaren Nettoeinkommens nicht berücksichtigt werden. Das gilt auch für das für diese Kinder gezahlte Kindergeld. Es ist daher bei der Ermittlung des verfügbaren Nettoeinkommens nicht zu berücksichtigen.

Beispiel

A und B leben zusammen mit dem leiblichen Kind von B in eheähnlicher Gemeinschaft und bilden eine Haushaltsgemeinschaft. A ist nicht der leibliche Vater des Kindes.

Im Kalenderjahr 2021 erzielt A Einnahmen aus nichtselbstständiger Arbeit in Höhe von 31 000 €. Hierauf entfallen Steuern in Höhe von 5000 € und Sozialversicherungsbeiträge in Höhe von 6200 €. Des Weiteren erhält A im April 2021 eine Einkommensteuer-Erstattung für den Veranlagungszeitraum 2019 in Höhe von 1000 €. B erhält Kindergeld und hat darüber hinaus keine eigenen Einkünfte und Bezüge.

Es ergibt sich folgende Berechnung des Unterhaltshöchstbetrags:

ungekürzter Höchstbetrag		9 744,– €
Berechnung des Nettoeinkommens von A:		
Arbeitslohn	31 000,– €	
abzüglich Arbeitnehmer-Pauschbetrag	1 000,– €	
verbleiben	30 000,– €	
zuzüglich Einkommensteuer-Erstattung	1 000,– €	
Summe	31 000,– €	
abzüglich Lohnsteuer und Sozialversicherung (5 000 € + 6 200 € =)	11 200,– €	
verbleiben	19 800,– €	
Aufteilung nach Köpfen (19 800 € : 2 =)		9 900,– €

Da der maximal als Unterhaltsleistung zur Verfügung stehende Betrag von 9900 € den Unterhaltshöchstbetrag von 9744 € übersteigt, kann höchstens der Betrag von 9744 € als außergewöhnliche Belastung geltend gemacht werden. Bei der Verteilung des verfügbaren Nettoeinkommens nach Köpfen ist das Kind von B nicht zu berücksichtigen.

f) Zeitanteilige Kürzung des Unterhaltshöchstbetrags

Der Unterhaltshöchstbetrag und der anrechnungsfreie Betrag für die eigenen Einkünfte und Bezüge der unterhaltenen Person ermäßigen sich für jeden **vollen** Kalendermonat, in dem die Voraussetzungen **nicht** vorgelegen haben, um je **ein Zwölftel.**

Eigene Einkünfte und Bezüge der unterhaltenen Personen sind nur anzurechnen, **soweit sie auf den Unterhaltszeitraum entfallen.**

Einkünfte und Bezüge, die in einem Jahresbetrag zufließen, sind auf Zeiten innerhalb und außerhalb des Unterstützungszeitraums aufzuteilen, wenn die unterstützungsbedürftige Person nur während eines Teils des Kalenderjahres unterstützt wird. Dabei gelten folgende Grundsätze:

- Einkünfte aus nichtselbstständiger Arbeit (= Arbeitslohn), sonstige Einkünfte im Sinne des § 22 EStG (z. B. die steuerpflichtigen Teile von Renten) sowie „Bezüge" sind nach dem **Verhältnis der** in den jeweiligen Zeiträumen zugeflossenen **Einnahmen** aufzuteilen; dabei sind der Arbeitnehmer-Pauschbetrag von 1000 €, der Werbungskosten-Pauschbetrag bei Versorgungsbezügen und bei steuerpflichtigen Teilen von Renten sowie bei Bezügen die sog. Kostenpauschale in Höhe von 180 € jeweils zeitanteilig (also **für jeden Monat mit einem Zwölftel**) zu berücksichtigen;
- **andere Einkünfte** sind auf **jeden Monat** des Kalenderjahres **mit einem Zwölftel** aufzuteilen.

Der Steuerpflichtige kann jedoch nachweisen, dass eine andere Aufteilung wirtschaftlich gerechtfertigt ist, wie es z. B. der Fall ist, wenn bei Einkünften aus selbstständiger Arbeit die Tätigkeit erst im Laufe des Jahres aufgenommen wird oder wenn bei Einkünften aus nichtselbstständiger Arbeit im Unterhaltszeitraum höhere Werbungskosten angefallen sind als bei verhältnismäßiger Aufteilung darauf entfallen würden (R 33 a.3 Abs. 2 EStR).

Beispiel

Der Arbeitnehmer unterhält seine allein stehende, im Inland lebende Mutter vom 15. April bis 31. Dezember 2021 (Unterhaltszeitraum) mit insgesamt 2000 €. Die Mutter bezieht eine monatliche Rente von 200 €, die ab 1. Juli 2021 auf 250 € erhöht wird. Die Einnahmen aus der Rente betragen somit insgesamt 2700 € im Kalenderjahr. Davon entfallen 2100 € auf den Unterhaltszeitraum (steuerpflichtiger Teil der Rente 50 %). Außerdem erzielt die Mutter Einkünfte aus Vermietung und Verpachtung in Höhe von 3700 €.

Höchstbetrag für das Kalenderjahr			9 744,– €
anteiliger Höchstbetrag für April bis Dezember ($^{9}/_{12}$ von 9744 €)		=	7 308,– €
Eigene **Einkünfte** der Mutter im Unterhaltszeitraum			
Einkünfte aus Leibrenten			
steuerpflichtiger Teil 50 % von 2700 € =	1 350,– €		
Werbungskosten-Pauschbetrag	– 102,– €		
	1 248,– €		
auf den Unterhaltszeitraum entfallen			
$^{2100}/_{2700}$ von 1350 €	1 050,– €		
abzüglich $^{9}/_{12}$ von 102 €	76,50 €	973,50 €	
Einkünfte aus Vermietung und Verpachtung	3 700,– €		
auf den Unterhaltszeitraum entfallen $^{9}/_{12}$		2 775,– €	
Summe der **Einkünfte** im Unterhaltszeitraum		3 748,50 €	
Eigene **Bezüge** der Mutter im Unterhaltszeitraum steuerlich nicht erfasster Teil der Rente (2700 € – 1350 €) =	1 350,– €		
Unkosten-Pauschbetrag	– 180,– €		
	1 170,– €		
auf den Unterhaltszeitraum entfallen			
$^{2100}/_{2700}$ von 1350 € =	1 050,– €		
abzüglich $^{9}/_{12}$ von 180 €	135,– €	915,– €	
Summe der eigenen Einkünfte und Bezüge im Unterhaltszeitraum		4 663,50 €	
abzüglich anteiliger anrechnungsfreier Betrag ($^{9}/_{12}$ von 624 € =)		– 468,– €	
anzurechnende **Einkünfte und Bezüge**		4 195,50 €	– 4 195,50 €
abzuziehender Unterhaltshöchstbetrag			3 112,50 €
Der als Freibetrag beim Lohnsteuerabzug zu berücksichtigende Unterhaltshöchstbetrag beträgt somit (aufgerundet auf volle Euro)			3 113,– €

4. Unterhalt bedürftiger Angehöriger im Ausland[1)]

Ausländische Arbeitnehmer können einen Freibetrag wegen Unterstützung bedürftiger Personen nur für folgende Angehörige erhalten:

- Kinder, für die weder Kindergeld noch ein Kinderfreibetrag gewährt wird und
- andere gesetzlich unterhaltsberechtigte Angehörige als Kinder (z. B. die im Ausland lebende Ehefrau, Eltern, Großeltern usw.).

1) Die nachfolgenden Ausführungen zu Ehegatten gelten entsprechend bei eingetragenen Lebenspartnerschaften (§ 2 Abs. 8 EStG).

Ob jemand zu den **gesetzlich unterhaltsberechtigten** Angehörigen gehört, beurteilt sich nach inländischem Recht. Es genügt, wenn die gesetzliche Unterhaltsberechtigung gegenüber dem im Ausland lebenden Ehegatten des Arbeitnehmers besteht (vgl. den Wortlaut des § 33a Abs. 1 Satz 1 EStG). Es ist nicht erforderlich, dass auch der Ehegatte unbeschränkt steuerpflichtig ist, das heißt im Inland wohnt (vgl. die Unterstützung der Ehefrau und der Schwiegereltern im Ausland im nachfolgenden Beispiel). Nach den EStR müssen aber die zivilrechtlichen Voraussetzungen eines Unterhaltsanspruchs vorliegen und die Unterhaltskonkurrenzen müssen beachtet werden. Für den Abzug ist dabei die tatsächliche Bedürftigkeit des Unterhaltsempfängers erforderlich (sog. konkrete Betrachtungsweise; R 33a.1 Abs. 1 Sätze 1 bis 3 EStR).

Bei der Berücksichtigung von Unterhaltsleistungen für Angehörige im Ausland ist zwischen unbeschränkt und beschränkt steuerpflichtigen Arbeitnehmern zu unterscheiden, da nur der **unbeschränkt steuerpflichtige** ausländische Arbeitnehmer alle Unterhaltsfreibeträge ohne jede Einschränkung erhält. Unbeschränkt steuerpflichtig ist ein ausländischer Arbeitnehmer dann, wenn er im Inland einen Wohnsitz oder gewöhnlichen Aufenthalt hat. Ist der ausländische Arbeitnehmer **beschränkt** steuerpflichtig, erhält er Unterhaltsfreibeträge für die Unterstützung seiner im Heimatland lebenden Angehörigen nur dann, wenn er **auf Antrag** wie ein unbeschränkt Steuerpflichtiger behandelt wird (vgl. die Erläuterungen beim Stichwort „Beschränkt steuerpflichtige Arbeitnehmer“ besonders unter den Nrn. 6 und 7 im Hauptteil des Lexikons).

Für die **im Ausland lebende Ehefrau** kommt der Abzug eines Unterhaltsfreibetrags nur dann in Betracht, wenn der im Inland tätige verheiratete Arbeitnehmer in die Steuerklasse I einzuordnen ist. Wird der im Inland tätige Arbeitnehmer in die Steuerklasse III eingeordnet, weil seine Ehefrau in einem EU/EWR-Mitgliedstaat (vgl. dieses Stichwort) lebt, ist ein Abzug des Unterhaltsfreibetrags nicht möglich. Denn die Gewährung des Splittingvorteils (= Steuerklasse III) und der Ansatz des Unterhaltsfreibetrags schließen sich gegenseitig aus (vgl. die Erläuterungen beim Stichwort „Gastarbeiter“ im Hauptteil des Lexikons).

Der für die Berücksichtigung von Unterhaltsaufwendungen geltende Höchstbetrag von **9744 €** jährlich und der anrechnungsfreie Betrag für die eigenen Einkünfte und Bezüge der unterhaltenen Person von **624 €** jährlich wird nicht in allen Fällen in voller Höhe gewährt. Lebt die unterhaltene Person in einem sog. Niedriglohnland, werden die Beträge von **9744 €** und 624 € um ein Viertel, die Hälfte oder um drei Viertel gekürzt. Die für diese Kürzung geltende **Länderübersicht** ist für das Jahr 2021 als **Anhang 10** abgedruckt.

Voraussetzung für den Abzug eines Unterhaltsfreibetrags ist, dass der Arbeitnehmer die **Unterhaltsbedürftigkeit** der im Ausland unterhaltenen Person nachweist. Hierzu sind folgende Angaben des Steuerpflichtigen und der unterhaltenen Person erforderlich:

- das Verwandtschaftsverhältnis der unterhaltenen Person zum Steuerpflichtigen oder seinem Ehegatten,
- Name, Geburtsdatum und -ort, berufliche Tätigkeit, Anschrift, Familienstand der unterhaltenen Person sowie eine Aussage, ob zu ihrem Haushalt noch weitere Personen gehören; diese Angaben sind durch eine Bestätigung der Heimatbehörde (Gemeinde-/Meldebehörde) der unterhaltenen Person nachzuweisen,
- Angaben über Art und Umfang der eigenen Einnahmen (einschließlich Unterhaltsleistungen von dritter Seite) und des eigenen Vermögens der unterhaltenen Person im Kalenderjahr der Unterhaltsleistung sowie eine Aussage darüber, ob die unterhaltene Person nicht, gelegentlich oder regelmäßig beruflich tätig war und ob Unterstützungsleistungen aus öffentlichen Mitteln erbracht worden sind. Bei erstmaliger Antragstellung sind außerdem detaillierte Angaben darüber zu machen, wie der Unterhalt bisher bestritten worden ist, welche jährlichen Einnahmen vor der Unterstützung bezogen worden sind, ob eigenes Vermögen vorhanden war und welcher Wert davon auf Hausbesitz entfällt. Die Einnahmen sind durch Vorlage geeigneter Unterlagen (z. B. Steuerbescheide, Rentenbescheide, Verdienstbescheinigungen, Bescheide der ausländischen Arbeits- oder Sozialverwaltung) zu belegen,
- Angaben darüber, ob noch andere Personen zum Unterhalt beigetragen haben, welche Unterhaltsbeiträge sie geleistet haben und ab wann und aus welchen Gründen die unterhaltene Person nicht selbst für ihren Lebensunterhalt aufkommen konnte.

Alle diese Angaben sind in einer zweisprachigen **Unterhaltserklärung** enthalten, die von der Finanzverwaltung in den gängigen Sprachen aufgelegt worden ist und die auf den Internetseiten des Bundesministeriums der Finanzen zum Download bereitsteht (www.formulare-bfinv.de; Formulare A–Z; Unterhaltserklärungen zweisprachig; zum Erfordernis der Vorlage dieser Erklärung vgl. auch BFH-Urteil vom 7.5.2015, BFH/NV 2015 S. 1248). Die Richtigkeit der darin zu den persönlichen und wirtschaftlichen Verhältnissen geforderten detaillierten Angaben ist durch Unterschrift der unterhaltenen Person zu bestätigen und durch Vorlage geeigneter Unterlagen (z. B. Familienstandsbescheinigung, Steuerbescheide, Rentenbescheide, Verdienstbescheinigungen, Bescheide der Arbeits- oder Sozialverwaltung) zu belegen. Für jede unterhaltene Person ist eine eigene Unterhaltserklärung einzureichen. Für Personen im erwerbsfähigen Alter greift die sog. Erwerbsobliegenheit, das bedeutet, dass mangels Zwangsläufigkeit grundsätzlich keine Unterhaltsaufwendungen als außergewöhnliche Belastungen zu berücksichtigen sind (vgl. Randziffer 8 und 9 des BMF-Schreibens vom 7.6.2010, BStBl. I S. 588). Das jederzeitige Bereitstehen für einen eventuellen Pflegeeinsatz bei einem behinderten Angehörigen lässt die Erwerbsobliegenheit nicht entfallen (BFH-Urteil vom 15.4.2015, BStBl. 2016 II S. 148). Die Erwerbsobliegenheit gilt aber nicht für Unterhaltszahlungen an den im Ausland lebenden Ehegatten bei einer bestehenden Ehegemeinschaft (BFH-Urteil vom 5.5.2010, BStBl. 2011 II S. 115).

Des Weiteren sind die **Unterhaltszahlungen** im Einzelnen nachzuweisen, und zwar durch Post- oder Bankbelege, die **die unterhaltene Person als Empfänger** ausweisen. Nach § 90 Abs. 2 AO und der Rechtsprechung des Bundesfinanzhofs besteht bei Auslandssachverhalten eine erhöhte Mitwirkungspflicht des Arbeitnehmers. Da der Steuerpflichtige für Steuerermäßigungen die objektive Beweislast (Feststellungslast) trägt, geht es zu seinen Lasten, wenn das Vorliegen der gesetzlichen Voraussetzungen nicht im gebotenen Umfang nachgewiesen oder zumindest glaubhaft gemacht wird. Aus § 90 Abs. 2 AO ist ferner abzuleiten, dass den Steuerpflichtigen bei der Gestaltung der tatsächlichen Verhältnisse eine Pflicht zur **Beweisvorsorge** trifft. Deshalb sind insbesondere Eigenerklärungen oder eidesstattliche Versicherungen allein keine ausreichenden Mittel zur Glaubhaftmachung. In diesem Zusammenhang stellt der Bundesfinanzhof klar (BFH-Urteil vom 9.3.2017, BFH/NV 2017 S. 1042), dass der **Nachweis einer Bargeldübergabe** neben einer belastbaren Empfängerbestätigung einen zeitnahen und lückenlosen Nachweis der „Zahlungskette“ verlangt, also Nachweise über die Abhebungen oder konkrete Verfügbarkeit dieser Beträge zum Zeitpunkt der Übergabe durch den Steuerpflichtigen; allein das Vorliegen entsprechender Einkommens- und Vermögensverhältnisse genügt hierfür nicht. Der Unterhaltsverpflichtete ist zwar nicht gehalten, die Barzuwendung persönlich zu übergeben, jedoch hat er in einem solchen Fall den Überbringer des Geldes zu benennen. Wie der Nachweis oder die Glaubhaftmachung im Einzelnen durchzuführen ist, wenn keine auf die unterhaltene Person laufenden Überweisungsbelege vorgelegt werden können, ist im BMF-Schreiben vom 7.6.2010 (BStBl. I S. 588) geregelt.

Mit Urteil vom 25.4.2018 (BStBl. II S. 643) hat der Bundesfinanzhof entschieden, dass Unterhaltsleistungen nur insoweit nach § 33a Abs. 1 EStG bei den außergewöhnlichen Belastungen zum Abzug zugelassen werden können, als die Aufwendungen dazu bestimmt und geeignet sind, dem **laufenden Lebensbedarf** des Unterhaltsempfängers **im Veranlagungszeitraum der Unterhaltszahlung zu dienen.** Liegen die Voraussetzungen nur für einige Monate des Jahres der Unterhaltszahlung vor, muss der Unterhaltshöchstbetrag entsprechend aufgeteilt werden. Eine **Rückbeziehung** der Zahlung auf einen vor dem Monat der Zahlung liegenden Zeitraum ist grundsätzlich **ausgeschlossen.** Im Urteilsfall wirkte sich daher eine im Veranlagungszeitraum einmalige, im Monat Dezember geleistete Unterhaltszahlung nur mit $^{1}/_{12}$ des Jahresbetrags aus.

Bei Unterhaltszahlungen an bedürftige Personen setzt der Abzug der Zahlungen als außergewöhnliche Belastungen voraus, dass der Unterhaltsleistende in seiner Einkommensteuererklärung auch die **Identifikationsnummer** der unterhaltenen Person angibt, wenn die unterhaltene Person unbeschränkt oder beschränkt (= Erzielen inländischer Einkünfte) steuerpflichtig ist. Dies wird nur in ganz wenigen Ausnahmefällen der Fall sein, da die unterhaltene Person mangels Erzielen von Einkünften in Deutschland in der Regel gar nicht steuerpflichtig sein wird.

Werden mehrere Personen gemeinsam unterhalten, so gilt für die **Verteilung der einheitlichen Unterhaltszahlungen** Folgendes:

Werden Unterhaltszahlungen für mehrere Personen, die in einem gemeinsamen Haushalt leben, geltend gemacht, sind die insgesamt nachgewiesenen und glaubhaft gemachten Unterhaltszahlungen **nach Köpfen aufzuteilen,** und zwar auch, soweit unterhaltene Personen nicht unterhaltsberechtigt sind (vgl. BFH-Urteil vom 12.11.1993, BStBl. 1994 II S. 731 und vom 19.6.2002, BStBl. II S. 753). Werden neben Personen, für deren Unterhalt ein Unterhaltsfreibetrag gewährt werden kann, auch eigene Kinder unterhalten, für die Anspruch auf Kinderfreibetrag, Kindergeld oder eine andere Leistung für Kinder besteht, sind diese Kinder bei der Aufteilung nach Köpfen ebenfalls zu berücksichtigen.

Außerdem ist beim Unterhalt von Personen, die im Ausland leben, die sog. **Opfergrenze** zu prüfen. Denn die Unterhaltsaufwendungen des Arbeitnehmers müssen in einem vernünftigen Verhältnis zu seinen Einkünften stehen. Außerdem müssen ihm nach Abzug der Unterhaltsaufwendungen genügend Mittel zur Bestreitung des Lebensbedarfs für sich und ggf. für seinen Ehegatten und seine Kinder verbleiben (BFH-Urteil vom 27.9.1991, BStBl. 1992 II S. 35). In Anlehnung an diese Grundsätze sind Unterhaltsaufwendungen höchstens insoweit als außergewöhnliche Belastung anzuerkennen, als sie einen bestimmten Vomhundertsatz des Nettoeinkommens nicht übersteigen (sog. Opfergrenze). Dieser Satz beträgt 1 % je volle 500 € des Nettoeinkommens, höchstens 50 %. Der Vomhundertsatz ist um je 5 % für den Ehegatten und für jedes Kind, für das der Arbeitnehmer einen Kinderfreibetrag, Kindergeld oder eine andere Leistung für Kinder erhält, zu kürzen, höchstens um 25 %. Hat der Steuerpflichtige nur einen **Teil des Jahres Anspruch auf Freibeträge für Kinder** nach § 32 Abs. 6 EStG, Kindergeld oder eine andere Leistung für Kinder (§ 65 EStG), ist dies bei der Berechnung der Opfergrenze durch eine **monatsbezogene Kürzung** der anzusetzenden **kinderbezogenen 5 %-Pauschale zu berücksichtigen** (BFH-Urteil vom 14.12.2016, BStBl. 2017 II S. 454). Die Opfergrenze ist bei Unterhaltsaufwendungen für den im Ausland lebenden Ehegatten **nicht** anzuwenden.

Bei der Ermittlung des **Nettoeinkommens** sind alle steuerpflichtigen und steuerfreien Einnahmen (z. B. Kindergeld) sowie etwaige Steuererstattungen anzusetzen. Davon abzuziehen sind die gesetzlichen Lohnabzüge (Lohn- und Kirchensteuern, Solidaritätszuschlag, Sozialabgaben) sowie die Werbungskosten (einschließlich etwaiger steuerlich anzuerkennender Mehraufwendungen für doppelte Haushaltsführung). Macht der Arbeitnehmer keine erhöhten Werbungskosten geltend, ist der Arbeitnehmer-Pauschbetrag abzuziehen. Bei Selbstständigen und Gewerbetreibenden, deren Einkünfte naturgemäß stärkeren Schwankungen unterliegen, ist bei der **Ermittlung des Nettoeinkommens** regelmäßig ein Dreijahresdurchschnitt zu bilden (BFH-Urteil vom 28.4.2016, BStBl. II S. 742). Dabei sind Steuerzahlungen von dem hiernach zugrunde zu legenden unterhaltsrelevanten Einkommen grundsätzlich in dem Jahr abzuziehen, in dem sie gezahlt wurden. Führen **Steuerzahlungen für mehrere Jahre** jedoch zu nicht unerheblichen Verzerrungen des unterhaltsrechtlich maßgeblichen Einkommens im Streitjahr, sind die im maßgeblichen **Dreijahreszeitraum** geleisteten durchschnittlichen Steuerzahlungen zu ermitteln und vom **„Durchschnittseinkommen"** des Streitjahres abzuziehen. Die Aufteilung der Unterhaltsleistungen nach Köpfen und die Anwendung der Opfergrenze soll durch das nachfolgende Beispiel verdeutlicht werden:

Beispiel

Ein unbeschränkt steuerpflichtiger ausländischer Arbeitnehmer unterstützt im Kalenderjahr 2021 seine im Heimatland in einem gemeinsamen Haushalt lebenden Angehörigen, und zwar seine Ehefrau, sein minderjähriges Kind (Kindergeld wird gewährt) und seine Schwiegereltern. Das Heimatland gehört zur Ländergruppe 1. Der Arbeitnehmer hat im Kalenderjahr 2021 Aufwendungen für den Unterhalt in Höhe von 8400 € nachgewiesen. Die Unterhaltsbedürftigkeit der unterhaltenen Personen ist nachgewiesen. Alle Personen erzielen kein eigenes Einkommen.

Der Bruttolohn des Arbeitnehmers beträgt 2300 € monatlich. Dem Arbeitnehmer sind Aufwendungen für doppelte Haushaltsführung in Höhe von 4250 € entstanden, die in dieser Höhe als Werbungskosten abgezogen werden können. Der Unterhaltshöchstbetrag für die vom Arbeitnehmer unterhaltenen Personen errechnet sich wie folgt:

Da mehrere Personen unterhalten werden, sind zuerst die geleisteten Zahlungen auf die unterhaltenen Personen nach Köpfen aufzuteilen. In diese Aufteilung ist auch das Kind des Arbeitnehmers einzubeziehen:

Aufteilung der Unterhaltszahlungen 8400,– € : 4 = 2100,– €

Berechnung des Unterhaltshöchstbetrags für die Ehefrau, das Kind und die Schwiegereltern:

- Für das **Kind** kommt ein Abzug der Unterhaltsaufwendungen nicht in Betracht, da Kindergeld gewährt wird.
- Für die Unterhaltsleistungen für die **Ehefrau** gilt die Opfergrenze nicht; die Unterhaltsleistungen sind deshalb mit dem vollen Betrag von 2100 € zu berücksichtigen.
- Bei den Unterhaltsleistungen für die **Schwiegereltern** (4200 €) kann eine Begrenzung durch die Opfergrenze in Betracht kommen.

Ermittlung der Opfergrenze

Bruttoarbeitslohn zuzüglich Steuererstattungen und Kindergeld z. B.		30 000,– €
abzüglich:		
Lohn- und Kirchensteuer z. B.		– 4 195,– €
Arbeitnehmerbeiträge zur Sozialversicherung z. B.		– 5 855,– €
Werbungskosten wegen doppelter Haushaltsführung		– 4 250,– €
Nettoeinkommen für die Ermittlung der Opfergrenze	=	15 700,– €
Die Opfergrenze errechnet sich mit 1 % je volle 500 € des Nettoeinkommens	=	31 %
abzüglich:		
jeweils 5 % für die Ehefrau und das Kind	=	10 %
verbleiben		21 %
Die Opfergrenze beträgt somit 21 % von 15 700 €	=	3 297,– €
Hiernach ergeben sich folgende abziehbaren Unterhaltsleistungen		
– für die Ehefrau (**ohne** Opfergrenze)		2 100,– €
– für die Schwiegereltern sind die anzusetzenden Unterhaltsleistungen (2 × 2100 € =) 4200 € bis zur Opfergrenze abzugsfähig. Da die anzusetzenden Unterhaltsleistungen in Höhe von 4200 € die Opfergrenze übersteigen, ist nur diese abzuziehen		3 297,– €
Der als Freibetrag beim Lohnsteuerabzug zu berücksichtigende Unterhaltshöchstbetrag beträgt somit insgesamt		5 397,– €

5. Ausbildungsfreibeträge

a) Allgemeines

Seit 1.1.2002 sind die früher geltenden Ausbildungsfreibeträge abgeschafft worden, weil für Kinder ein Freibetrag eingeführt wurde, der auch den normalen Ausbildungsbedarf abdeckt. Der seit 1.1.2002 geltende Freibetrag für Betreuungs- und Erziehungs- oder Ausbildungsbedarf ist in Anhang 9 Nr. 7 erläutert.

Bei **volljährigen** Kindern, die sich in Berufsausbildung befinden und **auswärtig untergebracht** sind, wird allerdings zur Abgeltung des hierdurch entstehenden Sonderbedarfs auch weiterhin ein Ausbildungsfreibetrag in Höhe von **924 €** jährlich gewährt (§ 33a Abs. 2 Satz 1 EStG).

Voraussetzung ist, dass der Arbeitnehmer für das Kind **Kindergeld oder einen Kinderfreibetrag** erhält (vgl. Anhang 9). Der Ausbildungsfreibetrag wird folglich **zeitanteilig** nur für diejenigen Monate gewährt, für die der Steuerpflichtige Kindergeld oder einen Kinderfreibetrag erhält und das Kind zur Berufsausbildung auswärtig untergebracht ist. Der Ausbildungsfreibetrag kann deshalb auch von Stiefeltern oder Großeltern in Anspruch genommen werden, wenn diese das Kindergeld oder kindbedingte Freibeträge erhalten.

Für die Gewährung des Ausbildungsfreibetrages wegen auswärtiger Unterbringung kommt es auf die tatsächliche Höhe der dem Arbeitnehmer entstehenden Aufwendungen für die auswärtige Unterbringung zur Berufsausbildung nicht an; es genügt, dass dem Arbeitnehmer überhaupt solche Aufwendungen entstanden sind. Ein Ausbildungsfreibetrag kommt nur für Zeiten in Betracht, in denen das Kind tatsächlich auswärtig untergebracht ist und sich in Berufsausbildung befindet. Mitzurechnen sind Zeiten, in denen die Berufsausbildung vorübergehend nicht möglich ist, z. B. wegen Erkrankung des Kindes, solange das Ausbildungsverhältnis dadurch nicht unterbrochen wird. Ein freiwilliges Soziales Jahr ist aber keine Berufsausbildung mit der Folge, dass ein Ausbildungsfreibetrag nicht zu gewähren ist (BFH-Beschluss vom 25.11.2014, BFH/NV 2015 S. 332).

b) Auswärtige Unterbringung

Eine auswärtige Unterbringung liegt nur vor, wenn ein Kind sowohl räumlich als auch hauswirtschaftlich aus dem Haushalt der Eltern ausgegliedert ist, sodass es nicht mehr am häuslichen Leben der Eltern teilnimmt. Die räumliche Selbstständigkeit des Kindes muss auf eine gewisse Dauer (z. B. ein Studiensemester) angelegt sein. Auf die Gründe für die auswärtige Unterbringung kommt es nicht an. Eine auswärtige Unterbringung liegt deshalb auch vor, wenn ein verheiratetes Kind mit seinem Ehegatten eine eigene Wohnung bezogen hat. Kommt ein Ausbildungsfreibetrag für ein Elternpaar mit getrennten Haushalten in Betracht (vgl. die Erläuterungen unter dem folgenden Buchstaben e), ist eine auswärtige Unterbringung nur anzuerkennen, wenn das Kind aus den Haushalten beider Elternteile ausgegliedert ist.

c) Anrechnung eigener Einkünfte und Bezüge

Der Ausbildungsfreibetrag wegen auswärtiger Unterbringung wurde bis 31.12.2011 nach § 33a Abs. 2 Satz 2 EStG alter Fassung um die eigenen Einkünfte und Bezüge des Kindes gekürzt, die zur Bestreitung des Unterhalts oder seiner Berufsausbildung bestimmt oder geeignet waren, soweit diese 1848 € im Kalenderjahr überstiegen. Diese Kürzung ist seit **1.1.2012 weggefallen.**

d) Zeitanteilige Kürzung des Ausbildungsfreibetrags

Liegen die **Voraussetzungen** für die Gewährung eines Ausbildungsfreibetrages wegen auswärtiger Unterbringung **nicht während des ganzen Kalenderjahres vor,** wird der jeweils in Betracht kommende Ausbildungsfreibetrag für jeden vollen Kalendermonat, in dem die Voraussetzungen nicht vorgelegen haben, **um ein Zwölftel gekürzt.** Vollendet das Kind im Lauf des Kalenderjahres sein 18. Lebensjahr, wird der Freibetrag zeitanteilig berücksichtigt; dabei wird der Freibetrag von dem Monat an gewährt, in dem das Kind das 18. Lebensjahr vollendet hat.

Beispiel

Die 20-jährige Tochter von A und B ist mit Beginn des Wintersemesters (= Ende September 2021) auswärtig untergebracht.

Der Ausbildungsfreibetrag beträgt 308 € (4/12 von 924 €).

e) Aufteilung des Ausbildungsfreibetrags

Eine **Aufteilung eines Ausbildungsfreibetrags** kommt in Betracht, wenn mehrere Arbeitnehmer sämtliche Voraussetzungen für seine Inanspruchnahme erfüllen (z. B. geschiedene Eltern erhalten für das Kind jeweils einen halben Kinderfreibetrag; das Kind ist von beiden Elternteilen aus gesehen auswärts untergebracht). So erhalten dauernd getrennt lebende oder geschiedene Ehegatten oder Eltern eines nichtehelichen Kindes jeweils nur die Hälfte des Ausbildungsfreibetrags. Auf **gemeinsamen Antrag** der Eltern ist auch eine andere Aufteilung möglich. Wird jedoch ein Kinderfreibetrag auf den anderen Elternteil übertragen (vgl. die Erläuterungen in Anhang 9 Nr. 10 auf Seite 1294), kann dieser auch den Ausbildungsfreibetrag in vollem Umfang in Anspruch nehmen.

6. Ausbildungsfreibeträge für Kinder, die im Ausland wohnen

Der Ausbildungsfreibetrag wird unabhängig davon gewährt, wo das Kind wohnt. Liegen die übrigen Voraussetzungen für die Gewährung des Ausbildungsfreibetrags vor, erhält der Arbeitnehmer deshalb auch einen Ausbildungsfreibetrag für Kinder, die sich während des ganzen Kalenderjahres im Ausland aufhalten (z. B. in einem ausländischen Internat). Allerdings ist bei der Gewährung von Ausbildungsfreibeträgen für sog. Auslandskinder zwischen unbeschränkt und beschränkt steuerpflichtigen Arbeitnehmern zu unterscheiden, da nur der **unbeschränkt steuerpflichtige** ausländische Arbeitnehmer alle Ausbildungsfreibeträge ohne jede Einschränkung erhält. Unbeschränkt steuerpflichtig ist ein ausländischer Arbeitnehmer dann, wenn er im Inland einen Wohnsitz oder gewöhnlichen Aufenthalt hat. Ist der ausländische Arbeitnehmer **beschränkt** steuerpflichtig, erhält er einen Ausbildungsfreibetrag nur dann, wenn er **auf Antrag** wie ein unbeschränkt Steuerpflichtiger behandelt wird (vgl. die Erläuterungen beim Stichwort „Beschränkt steuerpflichtiger Arbeitnehmer" besonders unter den Nrn. 6 und 7 im Hauptteil des Lexikons).

Leben die Kinder eines ausländischen Arbeitnehmers beim anderen Elternteil im Ausland, sind sie nicht **zur Berufsausbildung** auswärts untergebracht. Für Auslandskinder kann deshalb in diesem Fall kein Ausbildungsfreibetrag gewährt werden. Liegt aber aus der Sicht beider Elternteile eine auswärtige Unterbringung vor, gilt Folgendes:

Der Ausbildungsfreibetrag in Höhe von 924 € wird ebenso wie die Höchstbeträge für Unterhaltsleistungen je nach Wohnsitzstaat des Kindes um ein Viertel, die Hälfte oder um drei Viertel nach der Ländergruppeneinteilung gekürzt. Vgl. die Ländergruppeneinteilung 2021 in Anhang 10.

7. Freibetrag für eine Haushaltshilfe bzw. bei einer Heim- oder Pflegeunterbringung

§ 33a Abs. 3 EStG alte Fassung, in dem früher der Freibetrag für eine Haushaltshilfe und der Freibetrag für eine Heim- oder Pflegeunterbringung geregelt waren, ist mit Wirkung vom **1.1.2009 weggefallen.** Durch die Streichung werden haushaltsnahe Dienstleistungen ab 1.1.2009 nur noch nach § 35a EStG gefördert, allerdings mit deutlich angehobenen Höchstbeträgen. Die Förderung nach § 35a EStG ist im nachfolgenden Teil E und im Hauptteil des Lexikons beim Stichwort „Hausgehilfin" unter Nr. 9 auf Seite 569 ausführlich erläutert.

8. Pauschbeträge für behinderte Menschen

a) Höhe der Pauschbeträge

Behinderte Menschen erhalten Pauschbeträge nach § 33b EStG, ohne dass Aufwendungen nachgewiesen werden müssen. Die Pauschbeträge sind Jahresbeträge, d. h. sie werden nicht gekürzt, wenn die Voraussetzungen nur einen Teil des Kalenderjahres vorgelegen haben.

Durch das sog. Behinderten-Pauschbetragsgesetz erfolgt **ab 2021** eine **Verdopplung** der bisherigen **Pauschbeträge** für behinderte Menschen. Zudem wird ab 2021 bereits ein Grad der Behinderung ab 20 festgestellt, der in 10er-Schritten bis zu einem Grad der Behinderung von 100 fortgeschrieben wird. Bis einschließlich 2020 wurde der Pauschbetrag bei einem Grad der Behinderung kleiner von 50 nur gewährt, wenn die Behinderung zu einer dauernden Einbuße der körperlichen Beweglichkeit geführt hat, die Behinderung auf einer typischen Berufskrankheit beruht oder dem Steuerpflichtigen wegen seiner Behinderung eine gesetzliche Rente oder Bezug zusteht. Auf diese zusätzlichen Anspruchsvoraussetzungen zur Gewährung eines Behinderten-Pauschbetrags bei einem Grad der Behinderung kleiner 50 wird ab 2021 verzichtet. Damit würde einem behinderten Menschen mit einem Grad der Behinderung von z. B. 30 ohne weitere Voraussetzungen ein Pauschbetrag von 620 € zustehen. Im Einzelnen betragen die Pauschbeträge für behinderte Menschen (§ 33b Abs. 3 EStG) **ab 2021** bei einem Grad der Behinderung

von 20	**384 €**	von 70	**1 780 €**
von 30	**620 €**	von 80	**2 120 €**
von 40	**860 €**	von 90	**2 460 €**
von 50	**1 140 €**	von 100	**2 840 €**
von 60	**1 440 €**		

Für behinderte Menschen, die hilflos sind, und für Blinde erhöht sich der Pauschbetrag auf 7400 € jährlich (Merkzeichen „Bl" oder „H".) Eine bestehende Hilflosigkeit kann darüber hinaus auch durch Vorlage einer Einstufung als Schwerstpflegebedürftiger (Pflegegrad 4 oder 5) nachgewiesen werden. Die Feststellung eines Grades der Behinderung ist für den Anspruch auf den erhöhten Behinderten-Pauschbetrag nicht erforderlich. Die Feststellung eines Grades der Behinderung hat in diesen Fällen nur formellen Charakter.

Die Regelungen zu den Behinderten-Pauschbeträgen dienen der Vereinfachung im steuerlichen Massenverfahren und konzentrieren sich auf den Aufwand für die sog. „Verrichtungen des täglichen Lebens", deren alleinige behinderungsbedingte Veranlassung nur schwer nachzuweisen ist (z. B. Körperpflege). Alle **übrigen behinderungsbedingten Aufwendungen,** die nicht unter den Pauschbetrag fallen (wie z. B. Umbau- oder Fahrtkosten), können daneben als außergewöhnliche Belastungen allgemeiner Art berücksichtigt werden. Diese Aufwendungen wirken sich steuerlich aber nur aus, soweit sie die zumutbare Belastung übersteigen.

Bei Beginn, Änderung oder Wegfall der Behinderung im Laufe eines Kalenderjahres ist stets der Pauschbetrag nach dem höchsten Grad zu gewähren, der im Kalenderjahr festgestellt war. Es ist stets der volle Pauschbetrag zu gewähren. Eine Zwölftelung ist nicht vorzunehmen.

Beispiel A

Ein behinderter Arbeitnehmer hat bisher einen Grad der Behinderung von 40. Ab 1. 7. 2021 wird ein Grad der Behinderung von 50 festgestellt. Der Arbeitnehmer erhält für das Kalenderjahr 2021 einen Behinderten-Pauschbetrag in Höhe von 1140 €. Wann der Bescheid des Versorgungsamtes ergeht, spielt keine Rolle. Maßgebend ist der Zeitpunkt der Antragstellung beim Versorgungsamt. Bereits bestandskräftige Steuerbescheide werden rückwirkend geändert.

Beispiel B

Für einen behinderten Arbeitnehmer wird der Grad der Behinderung mit Wirkung vom 1. 12. 2021 auf 30 festgestellt. Der Arbeitnehmer erhält für das Kalenderjahr 2021 einen Behinderten-Pauschbetrag in Höhe von 620 €. Eine Zwölftelung ist nicht vorzunehmen.

b) Abgeltungswirkung der Pauschbeträge

Nach § 33b Abs. 1 EStG hat der Steuerpflichtige ein **Wahlrecht:**

Er kann entweder seine Aufwendungen im Einzelnen nachweisen und unter Abzug der zumutbaren Belastung als außergewöhnliche Belastung allgemeiner Art geltend machen oder ohne Einzelnachweis den Behinderten-Pauschbetrag in Anspruch zu nehmen.

Durch den Behinderten-Pauschbetrag werden die Aufwendungen für die Hilfe bei den gewöhnlichen und regelmäßig wiederkehrenden Verrichtungen des täglichen Lebens (laufende und typische, unmittelbar mit der Behinderung zusammenhängende Kosten), **Pflege- und Heimkosten** sowie Aufwendungen für einen erhöhten Wäschebedarf erfasst. Daneben können mit der Behinderung zusammenhängende, sich aber infolge ihrer Einmaligkeit einer Typisierung entziehende Kosten sowie zusätzliche Krankheitskosten als außergewöhnliche Aufwendungen allgemeiner Art nach § 33 EStG geltend gemacht werden. Hierzu zählen z. B. Aufwendungen für Heilbehandlungen, Kuren, Arzneimittel und bestimmte Kfz-Kosten, z. B. Aufwendungen für einen behindertengerechten Umbau des Pkws. Vgl. hierzu auch die vorstehende Nr. 2.

Der Pflege-Pauschbetrag (vgl. die Erläuterungen unter der nachfolgenden Nr. 10) kann neben dem Behinderten-Pauschbetrag in Anspruch genommen werden.

Wie bereits erläutert hat der Steuerpflichtige nach § 33b Abs. 1 EStG die Möglichkeit, auf die Inanspruchnahme des Behinderten-Pauschbetrags zu verzichten und statt dessen alle Aufwendungen im Rahmen des § 33 EStG als außergewöhnliche Belastung allgemeiner Art unter Anrechnung der zumutbaren Belastung geltend zu machen. Ein solcher Verzicht bezieht sich jedoch stets auf die gesamten, vom Pauschbetrag für behinderte Menschen erfassten Aufwendungen; ein **Teilverzicht** – beispielsweise **nur für Pflegekosten,** die nach § 33 EStG geltend gemacht werden sollen, aber nicht für den erhöhten Wäschebedarf, für den der Pauschbetrag in Anspruch genommen werden soll – **ist nicht möglich.**

c) Nachweis der Behinderteneigenschaft

Die steuerfreien Pauschbeträge nach § 33b EStG werden folgenden behinderten Menschen gewährt:

a) Behinderten, deren Grad der Behinderung auf **mindestens 50** festgestellt ist;

b) Behinderten, deren Grad der Behinderung auf **weniger als 50,** aber mindestens 25 festgestellt ist,
   - wenn dem Behinderten wegen seiner Behinderung nach gesetzlichen Vorschriften Renten oder andere laufende Bezüge zustehen (Versorgungsrenten, Unfallrenten; nicht dagegen Renten aus der gesetzlichen Rentenversicherung). Es ist dabei gleichgültig, ob der Arbeitnehmer solche Leistungen tatsächlich erhält oder ob das Recht auf die Bezüge ruht oder ob der Anspruch durch eine Kapitalzahlung abgefunden worden ist, **oder**
   - wenn die Behinderung zu einer dauernden Einbuße der körperlichen Beweglichkeit geführt hat oder auf einer typischen Berufskrankheit beruht.

Hinsichtlich des Grades, des Beginns und der Beendigung der Erwerbsminderung sind die Finanzbehörden an die Feststellungen der Versorgungsbehörden gebunden. Bei Behinderten mit einem Grad der Behinderung von **mindestens 50** sind die Voraussetzungen grundsätzlich durch den Schwerbehinderten-Ausweis nachzuweisen, bei einem Grad der Behinderung von **weniger als 50** durch Vorlage der entsprechenden Bescheinigung oder des entsprechenden Bescheids.

Da ab 2021 auf die zusätzlichen Anspruchsvoraussetzungen (u.a. dauernde Einbuße der körperlichen Beweglichkeit, Bezug einer Rente) zur Gewährung eines Behinderten-Pauschbetrags bei einem Grad der Behinderung kleiner 50 verzichtet wird, vereinfacht sich der Nachweis erheblich. Den Nachweis einer Behinderung hat der Steuerpflichtige durch Vorlage eines Ausweises nach dem SGB IX oder eines Bescheides der nach § 152 Abs. 1 SGB IX zuständigen Behörde zu erbringen.

Die gesundheitlichen Merkmale **„blind“** und **„hilflos“** hat der Steuerpflichtige durch einen Ausweis, der mit den Merkzeichen „Bl“ oder „H“ gekennzeichnet ist, oder durch einen Bescheid der für die Durchführung des Schwerbehindertenrechts zuständigen Behörde, der die entsprechenden Feststellungen enthält, nachzuweisen. Dem Merkzeichen „H“ steht die Einstufung als Schwerstpflegebedürftiger in die Pflegegrade 4 oder 5 gleich; dies ist durch Vorlage des entsprechenden Bescheides nachzuweisen.

d) Pauschbeträge für behinderte Kinder

Ein behindertes Kind kann einen ihm zustehenden Pauschbetrag für Behinderte selbst in Anspruch nehmen, wenn es eigene Einkünfte hat, bei deren Besteuerung sich der Abzug des Pauschbetrags auswirkt. Der Pauschbetrag, der einem behinderten Kind zusteht, kann jedoch auf Antrag **auf die Eltern übertragen werden,** wenn das Kind den Pauschbetrag nicht in Anspruch nimmt, weil sich der Pauschbetrag beim Kind nicht auswirkt oder weil das Kind den Pauschbetrag nicht in Anspruch nehmen will, um die Eltern in den Genuss des Steuervorteils zu bringen. Voraussetzung für die Übertragung ist ab 2021 die Angabe der erteilten Identifikationsnummer des Kindes in der Einkommensteuererklärung des Steuerpflichtigen. Der Behinderten-Pauschbetrag für ein Kind kann nur auf denjenigen Steuerpflichtigen übertragen werden, **der entweder das Kindergeld oder den Kinderfreibetrag erhält.** Eine Übertragung auf Großeltern ist deshalb möglich, wenn die Großeltern das Kindergeld oder einen Kinderfreibetrag erhalten. Entsprechendes gilt für einen Stiefelternteil.

Erhalten geschiedene oder dauernd getrennt lebende Eltern, die beide unbeschränkt einkommensteuerpflichtig sind, für ein Kind jeweils einen halben Kinderfreibetrag, wird auch der auf die Eltern übertragene Behinderten-Pauschbetrag des Kindes je zur Hälfte auf beide Elternteile verteilt, es sei denn, der Kinderfreibetrag wurde auf den anderen Elternteil übertragen. Auf **gemeinsamen Antrag** der Eltern ist eine andere Aufteilung möglich.

Unabhängig von der Übertragung des Behinderten-Pauschbetrags können die Eltern ihre eigenen zwangsläufigen Aufwendungen für ein behindertes Kind als außergewöhnliche Belastungen allgemeiner Art (§ 33 EStG) abziehen (R 33b Abs. 2 EStR). Vgl. dazu vorstehende Nr. 2.

Die Übertragung des Behinderten-Pauschbetrages **eines nicht unbeschränkt steuerpflichtigen Kindes** ist nur zulässig, wenn der **unbeschränkt** steuerpflichtige Arbeitnehmer Staatsangehöriger eines EU/EWR-Mitgliedstaates (vgl. dieses Stichwort) ist, die nicht der deutschen Einkommensteuer unterliegenden Einkünfte des Kindes nicht mehr als 9744 € im Kalenderjahr betragen und das Kind seinen Wohnsitz oder gewöhnlichen Aufenthalt in einem EU/EWR-Mitgliedstaat (vgl. dieses Stichwort) hat (zur Übertragung des Behinderten-Pauschbetrags eines Kindes auf einen **beschränkt** steuerpflichtigen Arbeitnehmer vgl. die Erläuterungen beim Stichwort „Beschränkt steuerpflichtige Arbeitnehmer“ unter Nr. 6 Buchstabe e und unter Nr. 7 Buchstabe d im Hauptteil des Lexikons).

9. Hinterbliebenen-Pauschbetrag

Personen, denen laufende Hinterbliebenenbezüge bewilligt worden sind, erhalten einen **Hinterbliebenen-Pauschbetrag** in Höhe von **370 €.** Die Hinterbliebenenbezüge müssen geleistet werden

- nach dem Bundesversorgungsgesetz oder
- nach den Vorschriften über die gesetzliche Unfallversicherung oder
- nach den beamtenrechtlichen Vorschriften an Hinterbliebene eines an den Folgen eines Dienstunfalls verstorbenen Beamten oder
- nach den Vorschriften des Bundesentschädigungsgesetzes über die Entschädigung für Schaden an Leben, Körper oder Gesundheit oder
- nach einem Gesetz, das das Bundesversorgungsgesetz für entsprechend anwendbar erklärt.

Der Rentenbescheid eines Trägers der gesetzlichen Rentenversicherung genügt nicht als Nachweis.

Der Pauschbetrag für Hinterbliebene wird auch gewährt, wenn das Recht auf die Bezüge ruht oder der Anspruch auf die Bezüge durch Zahlung eines Kapitals abgefunden worden ist.

Steht der Hinterbliebenen-Pauschbetrag einem **Kind** zu, das den Pauschbetrag nicht in Anspruch nehmen will, kann der Pauschbetrag auf Antrag auf die Eltern übertragen werden, wenn es sich um ein unbeschränkt einkommensteuerpflichtiges Kind handelt (d. h. das Kind muss im Inland leben) und die Eltern für das Kind entweder Kindergeld oder einen Kinderfreibetrag erhalten. Voraussetzung für die Übertragung ist ab 2021 die Angabe der erteilten Identifikationsnummer des Kindes in der Einkommensteuererklärung des Steuerpflichtigen.

10. Pflege-Pauschbetrag

Bis einschließlich 2020 wurde ein Pflege-Pauschbetrag in Höhe von 924 € jährlich gewährt, wenn jemand eine ständig hilflose Person persönlich pflegt. Voraussetzung ist, dass die hilflose Person im Inland oder in einem EU/EWR-Mitgliedstaat (vgl. dieses Stichwort) gepflegt wird und zwar entweder in der Wohnung des Pflegebedürftigen selbst oder aber in der Wohnung des Pflegers.

Durch das sog. Behinderten-Pauschbetragsgesetz wird **ab 2021** in Abhängigkeit vom **Pflegegrad** folgende **Erhöhung der Pflege-Pauschbeträge** vorgenommen (§ 33b Abs. 6 EStG):

– bei Pflegegrad 2	600 € jährlich,
– bei Pflegegrad 3	1100 € jährlich und
– bei Pflegegrad 4 oder 5 oder Hilflosigkeit	1800 € jährlich.

Ein Pflege-Pauschbetrag i. H. v. 1800 € wird auch gewährt, wenn eine Person hilflos ist, das heißt, wenn sie für eine Reihe von häufig und regelmäßig wiederkehrenden Verrichtungen zur Sicherung ihrer persönlichen Existenz im Ablauf eines jeden Tages fremder Hilfe dauernd bedarf. Bei erstmaliger Feststellung, Änderung oder Wegfall des Pflegegrads im Laufe des Kalenderjahres ist der Pflege-Pauschbetrag nach dem höchsten Grad zu gewähren, der im Kalenderjahr festgestellt war. Sind diese Voraussetzungen erfüllt, kann im Übrigen der Pauschbetrag i. H. v. 600 € bzw. 1100 € **nicht zusätzlich** in Anspruch genommen werden. Zudem setzt die Gewährung des Pflege-Pauschbetrags ab 2021 die Angabe der erteilten Identifikationsnummer der gepflegten Person in der Einkommensteuererklärung des Steuerpflichtigen voraus. Wird ein Pflegebedürftiger **von mehreren** Steuerpflichtigen im Veranlagungszeitraum **gepflegt,** wird der Pflege-Pauschbetrag nach der Zahl der pflegenden Personen geteilt.

Nach § 33b Abs. 6 EStG wird einem Steuerpflichtigen der Pflege-Pauschbetrag nur dann gewährt, „wenn er dafür keine Einnahmen erhält“. Die Pflege muss folglich **unentgeltlich** erfolgen. Da die gepflegte Person im Normalfall Pflegegeld erhält, hängt die Gewährung des Pflege-Pauschbetrags davon ab, ob das Pflegegeld an die pflegende Person weitergeleitet wird. Wird das Pflegegeld während des gesamten Kalenderjahres an die pflegende Person weitergeleitet, führt dies zum Verlust des Pflege-Pauschbetrags. Bei der Pflege eines behinderten Kindes gibt es allerdings eine Ausnahme. Denn nach § 33b Abs. 6 Satz 2 EStG zählt das von den Eltern eines behinderten Kindes für dieses Kind empfangene Pflegegeld – unabhängig von der Verwendung – nicht zu den Einnahmen für die Pflegetätigkeit. Beiträge zur Renten-, Kranken- und Pflegeversicherung der pflegenden Person, die die Pflegekasse übernimmt, sind keine Einnahmen und führen daher nicht zum Verlust des Pflege-Pauschbetrags (R 33b Abs. 7 EStR).

Unentgeltliche Pflege wird auch dann erbracht, wenn der Steuerpflichtige **neben** einer von der gepflegten Person angestellten Pflegekraft unentgeltlich pflegt.

Mit Urteil vom 4.9.2019 (BStBl. 2020 II, 97) hat der Bundesfinanzhof zum einen klargestellt, dass die dem amtlich bestellten **Betreuer** gewährte **Aufwandsentschädigung** keine **Einnahme für die Pflege** der betreuten Person darstellt. Zum anderen weist er in dieser Entscheidung aber darauf hin, dass dem amtlich bestellten Betreuer der Pflege-Pauschbetrag nur aufgrund des Betreuungsverhältnisses ohne eine darüber hinausgehende enge persönliche Beziehung zum Betreuten nicht zu gewähren ist, da dem Betreuer aus dem Betreuungsverhältnis die Pflege des Betreuten nicht zwangsläufig erwächst. Aus der Stellung als Betreuer ergibt sich keine rechtliche Verpflichtung zur Erbringung von pflegerischen Maßnahmen (hier entschieden im Fall eines amtlich bestellten Betreuers, der neben der Betreuungsleistung auch pflegerische Maßnahmen – u. a. Durchführen von Bewegungsübungen, Kleiden nach Ausgängen, Arzt-Fahrten – an der in einem Pflegeheim untergebrachten zu betreuenden Person erbracht hat).

Für die Gewährung des Pflege-Pauschbetrags ist es erforderlich, dass die Pflege der hilflosen Person **zwangsläufig** erfolgt. Bei Angehörigen ist die erforderliche Zwangsläufigkeit stets zu bejahen (in Fällen der Nachbarschaftshilfe durch Nichtangehörige nur in Ausnahmefällen). Das Gesetz verlangt keine bestimmte Pflegedauer. Auch eine kurzfristige unentgeltliche Pflegetätigkeit berechtigt zur Geltendmachung des gesamten Pauschbetrages (eine Zwölftelung findet also nicht statt). Der Nachweis von Aufwendungen für die Pflege der hilflosen Person ist ebenfalls nicht erforderlich. Wenn aber anstelle des Pflege-Pauschbetrags von der pflegenden Person die entstehenden Aufwendungen nach § 33 EStG als außergewöhnliche Belastung allgemeiner Art geltend gemacht werden (was ohne weiteres möglich ist), müssen diese Aufwendungen auch im Einzelnen nachgewiesen werden. Pflegt der Steuerpflichtige einen hilflosen Angehörigen nicht selbst, trägt er aber die Kosten für eine Unterbringung im Pflegeheim, kann er diese Aufwendungen als außergewöhnliche Belastung allgemeiner Art nach § 33 EStG geltend machen (vgl. die Erläuterungen unter der nachfolgenden Nr. 11).

Der Pflege-Pauschbetrag wird auch einem **Ehegatten** gewährt, der den anderen (hilflosen) Ehegatten im gemeinsamen Haushalt pflegt. Entsprechendes gilt bei eingetragenen Lebenspartnerschaften.

Der Pflege-Pauschbetrag wird auch dann gewährt, wenn ein Kind gepflegt wird, für das der Behinderten-Pauschbetrag auf den Steuerpflichtigen übertragen wurde (vgl. Nr. 8).

Beispiel A

Ein Arbeitnehmer hat ein behindertes (hilfloses) Kind, das er in seiner Wohnung pflegt. Er kann im Kalenderjahr 2021 sowohl die Übertragung des Behinderten-Pauschbetrags für Hilflose in Höhe von 7400 € als auch den Pflege-Pauschbetrag von 1800 €, insgesamt also 9200 €, in Anspruch nehmen.

Der Pflege-Pauschbetrag ist ein Jahresbetrag, d. h. er wird auch dann in voller Höhe gewährt, wenn die Voraussetzungen nicht während des ganzen Kalenderjahres vorliegen.

Beispiel B

Die gepflegte Person (Pflegegrad 3) stirbt am 6. Januar 2021. Gleichwohl wird für 2021 ein Pflege-Pauschbetrag von 1100 € gewährt.

Bei einer Pflege durch mehrere Personen (nebeneinander oder nacheinander) ist der Pauschbetrag nach der Zahl der Pflegepersonen aufzuteilen. Dadurch ist sichergestellt, dass bei einer Pflege durch mehrere Personen kurz hintereinander, der Pflege-Pauschbetrag im Kalenderjahr gleichwohl nur einmal in Anspruch genommen werden kann. Eine Mehrfachgewährung soll ab 2021 auch dadurch ausgeschlossen werden, dass die Gewährung des Pflege-Pauschbetrags die Angabe der erteilten Identifikationsnummer der gepflegten Person in der Einkommensteuererklärung des Steuerpflichtigen voraussetzt. Pflegepersonen, die für die Pflege Einnahmen erhalten, sind in die Aufteilung nicht mit einzubeziehen. Pflegt eine Person mehrere Pflegebedürftige, steht ihr der Pauschbetrag mehrfach zu.

11. Unterbringung in einem Pflegeheim

Bei der steuerlichen Berücksichtigung von Kosten für die Unterbringung in einem Pflegeheim ist zu unterscheiden zwischen den Kosten für die eigene Unterbringung des Steuerpflichtigen (oder seines Ehegatten/Lebenspartners) im Pflegeheim und den Fällen, in denen der Steuerpflichtige die Kosten der Pflegeheimunterbringung für eine von ihm unterhaltene Person trägt.

a) Der Steuerpflichtige bzw. sein Ehegatte/Lebenspartner ist im Pflegeheim untergebracht

Kosten, die dem Steuerpflichtigen für seine Unterbringung bzw. die Unterbringung seines Ehegatten/Lebenspartners in einem Pflegeheim, in der Pflegestation eines Altenheims oder in einem Altenpflegeheim entstehen, können entweder durch Inanspruchnahme der hierfür vorgesehenen **Pauschbeträge oder durch Berücksichtigung der tatsächlich anfallenden Ausgaben** als außergewöhnliche Belastung allgemeiner Art abgezogen werden. Die tatsächlichen Aufwendungen dürfen aber nicht außerhalb des Üblichen liegen, was z. B. im Einzelfall aufgrund der Größe des Apartments der Fall sein kann (BFH-Urteil vom 14.11.2013, BStBl. 2014 II S. 456). Hierbei ist zu beachten, dass für die Inanspruchnahme des Behinderten-Pauschbetrags und der Berücksichtigung der tatsächlichen Kosten nach § 33 EStG ein **Wahlrecht** besteht (vgl. die Erläuterungen unter der vorstehenden Nr. 8 Buchstabe b). Die Inanspruchnahme des Pauschbetrags für Behinderte schließt demnach die Berücksichtigung pflegebedingter Aufwendungen als außergewöhnliche Belastung allgemeiner Art aus. Werden die tatsächlich entstandenen Pflegekosten als außergewöhnliche Belastung allgemeiner Art berücksichtigt, sind sie um die zumutbare Belastung zu kürzen. Macht der Steuerpflichtige geltend, **trotz seiner vollstationären Unterbringung** in einem Pflegeheim seien **zusätzliche pflegerische Leistungen** notwendig, die von dem Pflegeheim nicht erbracht würden und für die deshalb noch **ambulante Pflegekräfte beschäftigt** werden müssten, obliegt ihm diesbezüglich die entsprechende Darlegungs- und Feststellungslast (BFH-Urteil vom 30.3.2017, BFH/NV 2017 S. 1028). Außerdem sind folgende Besonderheiten zu beachten:

Wird bei einer Heimunterbringung wegen Pflegebedürftigkeit der private Haushalt aufgelöst, können nur die über die üblichen Kosten der Unterhaltung eines Haushalts hinausgehenden Aufwendungen als außergewöhnliche Belastung berücksichtigt werden. Die sich durch die Auflösung des privaten Haushalts ergebende Einsparung ist mit dem Unterhaltshöchstbetrag nach § 33a Abs. 1 Satz 1 EStG anzusetzen (sog. **Haushaltsersparnis**); dies sind 9744 € jährlich oder 812 € monatlich bzw. 27 € täglich. Mit Urteil vom 4.10.2017 (BStBl. 2018 II S. 179) hat der Bundesfinanzhof die Auffassung der Finanzverwaltung bestätigt, dass Aufwendungen für die krankheitsbedingte Unterbringung in einem Alten- und Pflegeheim als außergewöhnliche Belastung nur in Betracht kommen, soweit dem Steuerpflichtigen zusätzliche Aufwendungen entstehen. Dementsprechend sind Aufwendungen für die krankheitsbedingte Unterbringung im Grundsatz um eine Haushaltsersparnis zu kürzen, es sei denn, der Pflegebedürftige behält seinen normalen Haushalt bei. Sind **beide Ehegatten** krankheitsbedingt in einem Alten- und Pflegeheim **untergebracht,** ist für **jeden der Ehegatten eine Haushaltsersparnis anzusetzen.**

Beispiel

Ein allein stehender pflegebedürftiger Steuerpflichtiger ist 2021 in einem Pflegeheim untergebracht. Die Kosten betragen hierfür im Jahr	19 252,– €
abzüglich Ersparnis wegen Auflösung des privaten Haushalts:	9 744,– €
verbleibender Betrag	9 508,– €
abzüglich zumutbare Belastung z. B.	3 000,– €[1]
abzugsfähig als außergewöhnliche Belastung	6 508,– €

Will der Steuerpflichtige die tatsächlich entstandenen Aufwendungen wegen Pflegebedürftigkeit als außergewöhnliche Belastung allgemeiner Art geltend machen, stellt sich die Frage, in welcher Form die Pflegebedürftigkeit nachgewiesen werden muss. Hat der Steuerpflichtige einen Schwerbehindertenausweis mit dem Eintrag „H" oder „Bl", ergeben sich keine Probleme. Anstelle dieses Nachweises genügt es jedoch, wenn der Steuerpflichtige in **einen der Pflegegrade** eingeordnet worden ist. Im Gegensatz zur Inanspruchnahme des erhöhten Behinderten-Pausch-

1) Die Steuerermäßigung nach § 35a EStG für sog. haushaltsnahe Dienstleistungen kann auch für Pflege- und Betreuungsleistungen sowie für Aufwendungen wegen Unterbringung in einem Pflegeheim in Anspruch genommen werden, soweit darin Kosten für Dienstleistungen enthalten sind, die mit denen einer Hilfe im Haushalt vergleichbar sind. Dabei ist zu beachten, dass eine Steuerermäßigung nach § 35a EStG nicht in Betracht kommt, soweit die Aufwendungen als außergewöhnliche Belastung berücksichtigt werden. Für den Teil der Aufwendungen, der wegen der zumutbaren Eigenbelastung nicht als außergewöhnliche Belastung berücksichtigt wird, kann jedoch die Steuerermäßigung nach § 35a EStG als haushaltsnahe Dienstleistung in Anspruch genommen werden (vgl. die Erläuterungen beim Stichwort „Hausgehilfin" unter Nr. 9 Buchstabe h im Hauptteil des Lexikons).

betrags von 7400 €, der nur bei einer Einordnung in die Pflegegrade 4 oder 5 gewährt wird, genügt es also für die Berücksichtigung von Pflegeaufwendungen als außergewöhnliche Belastung allgemeiner Art, wenn der Steuerpflichtige in einen der Pflegegrade eingestuft worden ist (R 33.3 Abs. 1 Satz 1 EStR). Aber auch wenn ein Pflegegrad nicht festgestellt wurde, können bei einer Heimunterbringung gesondert in Rechnung gestellte Pflegekosten als außergewöhnliche Belastung berücksichtigt werden, wenn das Heim diese Kosten mit dem Sozialhilfeträger für Pflege vereinbart hat (BFH-Urteil vom 10.5.2007, BStBl. II S. 764).

b) Der Steuerpflichtige übernimmt die Kosten für die Unterbringung eines Angehörigen im Pflegeheim

Ein Abzug der Pflegekosten als außergewöhnliche Belastung allgemeiner Art ist auch für Aufwendungen möglich, die wegen der Pflegebedürftigkeit eines nahen Angehörigen (z. B. der Eltern, Kinder) zwangsläufig entstehen.

Ein Abzug der Pflegeaufwendungen als außergewöhnliche Belastung allgemeiner Art kommt aber nur dann in Betracht, wenn die eigenen Einkünfte und Bezüge der im Pflegeheim untergebrachten Person zur Deckung des Unterhalts und der Pflegeleistungen nicht ausreichen.

Beispiel A

Ein verheirateter Arbeitnehmer unterhält 2021 seine pflegebedürftige Mutter, die in einem Pflegeheim untergebracht ist. Die Kosten für das Pflegeheim betragen monatlich 1500 €. Die Mutter hat keine eigenen Einkünfte, sodass der Arbeitnehmer monatlich 1500 € (jährlich 18 000 €) für seine Mutter bezahlen muss. Der Arbeitnehmer kann seine jährliche Zahlung in Höhe von 18 000 € wie folgt geltend machen: Einen Unterhaltsfreibetrag in Höhe von 9744 €. Den Restbetrag (18 000 € – 9744 €) in Höhe von 8256 € als außergewöhnliche Belastung allgemeiner Art.

Restbetrag (18 000 € – 9744 €)	=	8 256,– €
abzüglich zumutbarer Eigenbelastung z. B.		3 000,– €
steuerlich abzugsfähig		5 256,– €
zuzüglich Unterhaltsfreibetrag		9 744,– €
Beim Lohnsteuerabzug zu berücksichtigender Freibetrag		15 000,– €

Hat die unterhaltene und im Pflegeheim untergebrachte Person keine eigenen Einkünfte, ist die Beurteilung folglich relativ einfach. Im Normalfall werden jedoch eigene Einkünfte und Bezüge der im Pflegeheim untergebrachten Person vorhanden sein. In diesen Fällen gilt Folgendes:

Entstehen einem Steuerpflichtigen **zwangsläufig** Aufwendungen für die krankheits- oder behinderungsbedingte Unterbringung einer anderen Person in einem Pflegeheim, gehören zu den Aufwendungen, die als außergewöhnliche Belastung allgemeiner Art unter Anrechnung der zumutbaren Belastung zu berücksichtigen sind, **die gesamten vom Heim in Rechnung gestellten Unterbringungskosten einschließlich der Kosten für die ärztliche Betreuung und Pflege,** gemindert um die Haushaltsersparnis. Die Haushaltsersparnis beträgt **9744 € jährlich** (812 € monatlich bzw. 27 € täglich).

Die Übernahme der Kosten einer Heimunterbringung für eine andere Person ist nur dann **zwangsläufig,** wenn die untergebrachte Person kein oder nur ein geringes Vermögen besitzt und wenn die eigenen Einkünfte und Bezüge der im Pflegeheim untergebrachten Person zur Deckung des Unterhalts und der Pflegeleistungen nicht ausreichen. Bei der Beurteilung, ob sie nicht ausreichen, ist ein angemessener Betrag für **zusätzlichen persönlichen Bedarf** zu berücksichtigen. Als angemessen kann der für den zusätzlichen persönlichen Bedarf erklärte Betrag anerkannt werden, wenn er **1550 €** jährlich nicht übersteigt.

Eine krankheits- oder behinderungsbedingte Unterbringung liegt nur dann vor, wenn ein Pflegegrad festgestellt worden ist. Der Nachweis ist durch eine Bescheinigung der sozialen Pflegekasse oder des privaten Versicherungsunternehmens, das die private Pflegepflichtversicherung durchführt, oder durch die Vorlage eines Schwerbehindertenausweises mit dem Eintrag „H" oder „Bl" zu erbringen. Dies gilt auch dann, wenn die andere Person bereits seit einem früheren Zeitpunkt aus anderen Gründen (z. B. wegen Alters) im Heim untergebracht ist. Aber auch wenn kein Pflegegrad festgestellt wurde, können bei einer Heimunterbringung gesondert in Rechnung gestellte Pflegekosten als außergewöhnliche Belastung berücksichtigt werden, wenn das Heim diese Kosten mit dem Sozialhilfeträger für Pflege vereinbart hat (BFH-Urteil vom 10.5.2007, BStBl. II S. 764).

Die Aufwendungen in Höhe der **Haushaltsersparnis (9744 € jährlich)** können zusammen mit den vom Steuerpflichtigen ggf. zusätzlich getragenen Kosten für die normale Lebensführung (z. B. Kleidung, Versicherung) als Unterhaltsaufwendungen bis zum Unterhaltshöchstbetrag in Höhe von 9744 € jährlich (vgl. vorstehend unter Nr. 3) berücksichtigt werden. Folgende zwei Fallgestaltungen sind zu unterscheiden:

Beispiel B

Der pflegebedürftige (Pflegegrad 3) vermögenslose Vater hat seinen eigenen Haushalt aufgelöst und ist während des gesamten Kalenderjahrs 2021 in einem Pflegeheim untergebracht.

Für die Heimunterbringung werden insgesamt 33 000 € in Rechnung gestellt. Die Pflegeversicherung übernimmt davon 15 000 €. Der Vater zahlt aus seinen anrechenbaren Einkünften und Bezügen in Höhe von 4500 € auf die Heimkosten 3300 € dazu und behält 1200 € für zusätzlichen persönlichen Bedarf zurück. Die restlichen Heimkosten von (33 000 € – 15 000 € – 3300 € =) 14 700 € trägt der Sohn.

Die Abzugsbeträge für den Sohn berechnen sich wie folgt:

– **Unterhaltshöchstbetrag (§ 33a Abs. 1 EStG)**		
Anteil für den typischen Unterhalt in Höhe der **Haushaltsersparnis**		9 744,– €
anrechenbare Einkünfte und Bezüge des Vaters	4 500,– €	
anrechnungsfreier Betrag	– 624,– €	
anzurechnende Einkünfte und Bezüge des Vaters	3 876,– €	– 3 876,– €
abzuziehender Unterhaltshöchstbetrag		5 868,– €
– **nach § 33 EStG**		
Heimkosten		33 000,– €
davon ab: Pflegeversicherungsleistungen		– 15 000,– €
verbleiben		18 000 – €
Anteil des Vaters aufgrund seiner eigenen Einkünfte und Bezüge, mindestens aber die Haushaltsersparnis:		
eigene Einkünfte und Bezüge des Vaters	4 500,– €	
gemindert um einen angemessenen Betrag für den zusätzlichen persönlichen Bedarf (pauschal)	– 1 550,– €	
verbleibender Betrag	2 950,– €	
da der Betrag von 2950 € niedriger ist als die **Haushaltsersparnis**, ist diese abzuziehen		– 9 744,– €
Höchstbetrag der beim Sohn zu berücksichtigenden Heimkosten somit		8 256,– €
Der Höchstbetrag der beim Sohn zu berücksichtigenden Heimkosten ist zu vergleichen mit den Aufwendungen des Sohnes für die Heimunterbringung des Vaters, abzüglich des Unterhaltshöchstbetrags:		
vom Sohn getragene Heimkosten		14 700,– €
Unterhaltshöchstbetrag lt. obiger Berechnung		5 868,– €
verbleibende Heimkosten		8 832,– €
Da die verbleibenden Heimkosten in Höhe von 8832 € höher sind, als der Höchstbetrag der beim Sohn zu berücksichtigenden Heimkosten in Höhe von 8256 €, kann der Höchstbetrag von 8256 € nach Kürzung der zumutbaren Belastung als Freibetrag beim Lohnsteuerabzug berücksichtigt werden. Beträgt die zumutbare Belastung z. B. 3000 €, so ergibt sich folgender Freibetrag:		
Höchstbetrag der zu berücksichtigenden Heimkosten		8 256,– €
abzüglich: zumutbare Belastung		3 000,– €
verbleiben		5 256,– €
zuzüglich: Unterhaltshöchstbetrag		5 868,– €
beim Lohnsteuerabzug zu berücksichtigender Freibetrag insgesamt		11 124,– €

Beispiel C

Sachverhalt wie im Beispiel B, jedoch hat der Vater anrechenbare Einkünfte und Bezüge von 18 000 €. Er zahlt daraus auf die Gesamtkosten 15 000 € und behält 3000 € für zusätzlichen persönlichen Bedarf zurück. Die restlichen Heimkosten von (33 000 € – 15 000 € – 15 000 € =) 3000 € trägt der Sohn.

Da die anrechenbaren Einkünfte und Bezüge des Vaters höher sind als die Summe aus Höchstbetrag und anrechnungsfreiem Betrag von (9744 € + 624 € =) 10 368 €, scheidet der Abzug eines Unterhaltsfreibetrags aus. Daher kommt für den Sohn nur ein Abzug nach § 33 EStG in Betracht. Dieser berechnet sich wie folgt:

Heimkosten		33 000,– €
davon ab: Pflegeversicherungsleistungen		– 15 000,– €
verbleiben		18 000,– €
Einkünfte und Bezüge des Vaters	18 000,– €	
abzüglich:		
angemessener Betrag für zusätzlichen persönlichen Bedarf	– 1 550,– €	
verbleibender Betrag (mindestens Haushaltsersparnis)	16 450,– €	– 16 450,– €
Höchstbetrag der beim Sohn zu berücksichtigenden Heimkosten		1 550,– €

Der verbleibende Betrag von 1550 € kommt in vollem Umfang für den Abzug im Rahmen des § 33 EStG in Betracht, da er niedriger ist als die insgesamt vom Sohn getragenen Aufwendungen in Höhe von 3000 €.

Der Betrag von 1550 € kann nach Minderung um die zumutbare Belastung als Freibetrag beim Lohnsteuerabzug berücksichtigt werden.

Hat der pflegebedürftige Dritte im Hinblick auf sein Alter oder seine Pflegebedürftigkeit dem Steuerpflichtigen Vermögenswerte zugewendet, z. B. ein Hausgrundstück, kommt ein Abzug der Pflegeaufwendungen nur in der Höhe in Betracht, in der die Aufwendungen den Wert des hingegebenen Vermögens übersteigen (R 33.3 Abs. 5 EStR).

E. Steuerermäßigung für haushaltsnahe Beschäftigungsverhältnisse, haushaltsnahe Dienstleistungen und Handwerkerleistungen

1. Höhe der Steuerermäßigung

Die Einkommensteuerermäßigung für haushaltsnahe Beschäftigungsverhältnisse, haushaltsnahe Dienstleistungen und Handwerkerleistungen ist in § 35a EStG geregelt. Die Besonderheit der Regelung liegt darin, dass nicht ein Freibetrag bei der Ermittlung des zu versteuernden Einkommens abgezogen wird, sondern ein Betrag errechnet wird, der direkt **von der Einkommensteuerschuld abgesetzt** werden kann. Gleichwohl kann für die betreffenden Aufwendungen ein Freibetrag beim Lohnsteuerabzug berücksichtigt werden (vgl. nachfolgend unter Nr. 2).

Für Aufwendungen, die in einem Haushalt im Inland oder in einem EU-/EWR-Staat (vgl. das Stichwort „EU-/EWR-Mitgliedstaaten") anfallen können folgende Beträge von der Einkommensteuerschuld abgezogen werden:

Für geringfügige haushaltsnahe Beschäftigungsverhältnisse, sog. Minijobs	20 % der Aufwendungen, höchstens **510 €**
Für sozialversicherungspflichtige Beschäftigungsverhältnisse im Haushalt und für sonstige haushaltsnahe Dienstleistungen (einschließlich Pflege und Betreuung)	20 % der Aufwendungen für die Arbeitsleistung (ohne Materialkosten), höchstens **4000 €**
für die Inanspruchnahme von **Handwerkerleistungen** für Renovierungs-, Erhaltungs- und Modernisierungsmaßnahmen	20 % der Aufwendungen für die Arbeitsleistung (ohne Materialkosten), höchstens **1200 €**[1]

Sowohl bei Aufwendungen im Rahmen einer haushaltsnahen Dienstleistung als auch bei Handwerker- oder Pflege- und Betreuungsleistungen ist die Steuerermäßigung davon abhängig, dass für die Aufwendungen eine Rechnung ausgestellt wurde und die Zahlung auf ein Konto des Erbringers der Leistung erfolgt ist. **Für Barzahlungen und Barschecks wird keine Steuerermäßigung gewährt.**

Mit dem sog. **Baukindergeld** (= 10 Jahre lang 1200 € je Kind von der KfW-Bank) wird allerdings ausschließlich der erstmalige Erwerb von Wohneigentum oder die **Neuanschaffung** von Wohnraum gefördert. Handwerkerleistungen sind nicht Gegenstand der Förderung, sodass Baukindergeld auch die Inanspruchnahme der **Steuerermäßigung** für **Handwerkerleistungen nicht ausschließt.**

Der Bundesfinanzhof (Urteil vom 3.4.2019, BStBl. II S. 445) hat übrigens in einem Streitfall aber die Steuerermäßigung wegen Unterbringung in einem **Pflegeheim** abgelehnt, weil es sich nicht um Kosten handelte, die dem Steuerzahler selbst wegen seiner eigenen Unterbringung in einem Heim oder zu seiner eigenen Pflege entstanden waren. Für Aufwendungen, die die Unterbringung oder Pflege **anderer Personen** betreffen (hier die Mutter des Steuerzahlers), **scheidet** die Steuerermäßigung von vornherein **aus.**

Alle Einzelheiten für die Inanspruchnahme der Steuerermäßigung sind anhand von Beispielen beim Stichwort „Hausgehilfin" unter Nr. 9 auf Seite 569 ausführlich erläutert.

2. Freibetrag beim Lohnsteuerabzug

Obwohl die Steuerermäßigung für haushaltsnahe Beschäftigungsverhältnisse, haushaltsnahe Dienstleistungen und Handwerkerleistungen als Abzugsbetrag von der Einkommensteuerschuld vorgesehen ist, besteht auch die Möglichkeit, sich die Steuerermäßigung sofort im Laufe des Kalenderjahres als Freibetrag beim Lohnsteuerabzug berücksichtigen zu lassen. Für die Berücksichtigung als Freibetrag wird die Steuerermäßigung **durch Vervierfachung in einen Freibetrag umgerechnet.** Die höchstmöglichen Freibeträge betragen somit

- 510 € x 4 = 2040 € (für haushaltsnahe Minijobs);
- 4000 € x 4 = 16 000 € (für haushaltsnahe Dienstleistungen einschließlich Pflege und Betreuung);
- 1200 € x 4 = 4800 € (für Handwerkerleistungen).

Die normalerweise für die Berücksichtigung von Freibeträgen beim Lohnsteuerabzug geltende 600-Euro-Grenze (vgl. die Erläuterungen im vorstehenden Abschnitt A Nr. 2) ist in den Fällen der haushaltsnahen Beschäftigungsverhältnisse, haushaltsnahe Dienstleistungen sowie der Handwerkerleistungen **nicht** anzuwenden.

3. Energetische Gebäudesanierung

Energetische Sanierungsmaßnahmen an selbstgenutztem Wohneigentum werden ab dem Kalenderjahr 2020 bis 2029 durch einen prozentualen Abzug der Aufwendungen von der Steuerschuld gefördert, wenn das begünstigte Objekt bei der Durchführung der energetischen Maßnahme älter als zehn Jahre und innerhalb der Europäischen Union oder dem Europäischen Wirtschaftsraum belegen ist (§ 35c EStG). Je selbstgenutztem Objekt beträgt die Steuerermäßigung **20% der Aufwendungen, maximal insgesamt 40 000 €;** steuerlich gefördert werden folglich Aufwendungen bis 200 000 €. Die steuerliche Förderung von maximal 40 000 € kann für mehrere Einzelmaßnahmen an einem begünstigten Objekt in Anspruch genommen werden. Energetische Maßnahmen in diesem Sinne sind:

- Wärmedämmung von Wänden, Dachflächen oder Geschossdecken,
- Erneuerung der Fenster, Außentüren oder Heizungsanlage,
- Erneuerung oder Einbau einer Lüftungsanlage,
- Einbau von digitalen Systemen zur energetischen Betriebs- oder Verbrauchsoptimierung und
- Optimierung bestehender Heizungsanlagen, sofern diese älter als zwei Jahre sind.

Der Abzug von der Steuerschuld erfolgt **innerhalb von drei Jahren** und zwar im Jahr des Abschlusses der Maßnahme und im darauffolgenden Kalenderjahr in Höhe von jeweils 7 % der Aufwendungen (höchstens jeweils 14 000 €) und im übernächsten Kalenderjahr in Höhe von 6 % der Aufwendungen (höchstens 12 000 €). Dabei werden auch **50 % der Aufwendungen für einen Energieberater,** der mit der planerischen Begleitung oder Beaufsichtigung der energetischen Maßnahme beauftragt worden ist, berücksichtigt.

Begünstigt sind solche Maßnahmen an selbstgenutzten Wohngebäuden/Eigentumswohnungen, die im Zeitpunkt der Durchführung der förderfähigen Maßnahme **älter als zehn Jahre** sind. Maßgebend für diese Altersbestimmung ist der Herstellungsbeginn des Gebäudes. Die Maßnahmen müssen von einem **Fachunternehmen** durchgeführt werden, die eine **Bescheinigung nach amtlich vorgeschriebenem Muster** erteilen; alternativ kann diese Bescheinigung vom Energieberater ausgestellt werden. Es bleibt dem Steuerzahler unbenommen, mehrere Maßnahmen an dem Gebäude gleichzeitig oder zeitlich hintereinander durchzuführen.

Beispiel

A lässt an seinem 15 Jahre alten Einfamilienhaus im Jahr 2021 begünstigte Wärmedämmungsmaßnahmen durchführen. Die Kosten hierfür betragen 25000 €.

A kann in den Jahren 2021 und 2022 eine Steuerermäßigung von 1750 € (= 7 % von 25000 €) und in 2023 von 1500 € (6 % von 25000 €) geltend machen. Der Höchstbetrag für die Steuerermäßigung von 40000 € ist nicht überschritten.

Die Inanspruchnahme der Steuerermäßigung setzt zudem das Vorliegen einer **Rechnung** und die **Zahlung auf das Konto des Leistenden** voraus. Nimmt der Steuerzahler die steuerliche Förderung für Modernisierungsaufwendungen in Sanierungsgebieten, für Baudenkmale oder für Handwerkerleistungen in Anspruch, kann die Steuerermäßigung nicht geltend gemacht werden. Entsprechendes gilt, wenn er zinsverbilligte Darlehen oder steuerfreie Zuschüsse nach anderen Förderprogrammen (z. B. KfW-Förderung) für die Einzelmaßnahme am Wohngebäude erhält **(= Ausschluss von Mehrfachförderungen)**.

Im **Lohnsteuer-Ermäßigungsverfahren** wird vom Finanzamt für die Steuerermäßigung – verteilt über drei Jahre – ein **Freibetrag** für das ELStAM-Verfahren in Höhe des vierfachen Betrags der höchstens abziehbaren Aufwendungen gebildet.

F. Freibetrag für Auslandskinder

Arbeitnehmer, die für ihre im Ausland lebenden Kinder weder Kindergeld noch eine dem Kindergeld vergleichbare Leistung im Ausland erhalten, was insbesondere bei Arbeitnehmern aus Ländern, die **nicht** zu den EU/EWR-Staaten (vgl. das Stichwort „EU-/EWR-Mitgliedstaaten" gehören, der Fall sein kann, wird der Kinderfreibetrag und der Freibetrag für Betreuungs- und Erziehungs- oder Ausbildungsbedarf als **Freibetrag** beim Lohnsteuerabzug berücksichtigt. Dabei ist zu beachten, dass sowohl der Kinderfreibetrag als auch der Freibetrag für Betreuungs- und Erziehungs- oder Ausbildungsbedarf bei Kindern, die in bestimmten

1) Die Steuerermäßigung gilt nicht für öffentlich geförderte Maßnahmen, für die zinsverbilligte Darlehen oder steuerfreie Zuschüsse in Anspruch genommen werden.

Niedriglohnländern wohnen um ein Viertel, die Hälfte oder um drei Viertel gekürzt wird. Auf die ausführlichen Erläuterungen zu den sog. Auslandskindern in **Anhang 9** unter Nr. 12 auf Seite 1297 wird hingewiesen.

G. Entlastungsbetrag für Alleinerziehende

1. Erhöhungsbetrag für das zweite und jedes weitere Kind

Der Entlastungsbetrag für Alleinerziehende ist von bisher 1908 € jährlich um 2100 € auf **4008 €** jährlich **angehoben** worden. Während der Betrag von 1908 € wie bisher automatisch über die Steuerklasse II berücksichtigt wird, wird der **Erhöhungsbetrag von 2100 €** als Freibetrag (§ 39a EStG) beim Lohnsteuerabzug angesetzt. Die Finanzverwaltung hat den Erhöhungsbetrag in der Regel ohne gesonderten Antrag der alleinerziehenden Arbeitnehmer berücksichtigt. Nur in sog. Neufällen (erstmalige Beantragung der Steuerklasse II) wäre ein entsprechender Antrag im Rahmen des Lohnsteuer-Ermäßigungsverfahrens beim Wohnsitzfinanzamt zu beantragen.

Der bisherige **zusätzliche Erhöhungsbetrag** für das **zweite und jedes weitere Kind** beträgt 2021 **weiterhin 240 €** jährlich. Da auch der zusätzliche Erhöhungsbetrag nicht automatisch über die Steuerklasse II berücksichtigt werden kann, wird hierfür wie bisher bei Vorliegen der übrigen Voraussetzungen vom Finanzamt auf Antrag im Lohnsteuer-Ermäßigungsverfahren ein Freibetrag gebildet.

Die **Antragsgrenze** i. H. v. 600 € zur Berücksichtigung der Eintragung von anderen Freibeträgen gilt u. a. nicht für die (zusätzlichen) Erhöhungsbeträge beim Entlastungsbetrag für Alleinerziehende für die Kalenderjahre 2020 und 2021 von jeweils 2100 € und für weitere im Haushalt des Alleinerziehenden lebende Kinder von 240 €. Wer sich den zusätzlichen Freibetrag als alleinerziehende Person eintragen lässt, ist nach Ablauf des Kalenderjahres nicht zur Abgabe einer Einkommensteuererklärung verpflichtet. Vgl. auch die Ausführungen in Anhang 9 unter Nr. 15.

Beispiel

Die ledige und allein wohnende A hat drei zu ihrem Haushalt gehörende minderjährige Kinder und beantragt im Januar 2021 den Entlastungsbetrag für ihre drei Kinder.

Für den Entlastungsbetrag für das erste Kind in Höhe von 1908 € wird die Steuerklasse II gebildet. Neben dem Erhöhungsbetrag von 2100 € für das erste Kind ist für die beiden weiteren Kinder jeweils ein Erhöhungsbetrag von 240 € als Freibetrag zu berücksichtigen. Es ergibt sich somit ein Jahresfreibetrag von 2580 € (2 × 240 € + 2100 €), der auf die Monate Januar bis Dezember zu verteilen ist, sodass ein Monatsbetrag von 215 € (2580 € verteilt auf zwölf Monate) zu berücksichtigen ist. Die Mindestgrenze von 600 € für einen Lohnsteuer-Ermäßigungsantrag (§ 39a Abs. 2 Satz 4 EStG) gilt in diesen Fällen nicht.

2. Entlastungsbetrag für verwitwete Arbeitnehmer

Der Entlastungsbetrag für Alleinerziehende nach § 24b EStG kann bereits ab dem Monat des Todes des Ehegatten auch Verwitweten mit Kindern gewährt werden. Da diese für das Todesjahr und das Folgejahr noch die Steuerklasse III erhalten und im Zahlenwerk der Steuerklasse III der Entlastungsbetrag nicht eingearbeitet ist, wird neben den Erhöhungsbeträgen von 240 € (= 20 € monatlich) für das zweite und jedes weitere Kind auch der Entlastungsbetrag von 4008 € (= 334 € monatlich) als Freibetrag beim Lohnsteuerabzug berücksichtigt (§ 39a Abs. 1 Satz 1 Nr. 8 EStG). Für diese Berücksichtigung gilt nach § 39a Abs. 2 Satz 4 EStG die Antragsgrenze von 600 € (vgl. die Erläuterungen im vorstehenden Abschnitt A Nr. 2).

Die vorstehenden Ausführungen gelten entsprechend bei eingetragenen Lebenspartnerschaften (§ 2 Abs. 8 EStG).

H. Freibetrag wegen der Eintragung von Verlusten oder Verlustvorträgen

Nach § 39a Abs. 1 Satz 1 Nr. 5 EStG können grundsätzlich **alle Verluste** aus sämtlichen Einkunftsarten als Freibetrag beim Lohnsteuerabzug berücksichtigt werden, also auch Verlustvorträge.

In die Ermittlung eines Freibetrags wegen negativer Einkünfte sind sämtliche Einkünfte aus Land- und Forstwirtschaft, Gewerbebetrieb, selbstständiger Arbeit, Vermietung und Verpachtung, die sonstigen Einkünfte sowie negative Einkünfte aus Kapitalvermögen einzubeziehen, die der Arbeitnehmer und sein Ehegatte voraussichtlich erzielen werden; die negativen Einkünfte aus Kapitalvermögen werden aber nur berücksichtigt, wenn sie nicht unter das besondere Verlustausgleichsverbot dieser Einkunftsart fallen. Das bedeutet, dass sich der Betrag der negativen Einkünfte des Arbeitnehmers z. B. um die positiven Einkünfte des Ehegatten vermindert. Außer Betracht bleiben stets die Einkünfte aus nichtselbstständiger Arbeit und positive Einkünfte aus Kapitalvermögen. Die positiven Einkünfte aus Kapitalvermögen bleiben außer Betracht, weil sie in aller Regel der Abgeltungsteuer unterliegen.

Ein Verlust aus Vermietung und Verpachtung eines Gebäudes kann erstmals für das Kalenderjahr berücksichtigt werden, das auf das Kalenderjahr der Fertigstellung oder der Anschaffung des Gebäudes folgt (§ 39a Abs. 1 Satz 1 Nr. 5 in Verbindung mit § 37 Abs. 3 Sätze 8 und 9 EStG). Das Objekt ist angeschafft, wenn der Kaufvertrag abgeschlossen worden ist und Besitz, Nutzungen, Lasten und Gefahr auf den Erwerber übergegangen sind. Das Objekt ist fertiggestellt, wenn es nach Abschluss der wesentlichen Bauarbeiten bewohnbar ist; die Bauabnahme ist nicht erforderlich. Wird ein Objekt vor der Fertigstellung angeschafft, ist der Zeitpunkt der Fertigstellung maßgebend.

Grundsätzlich können alle Verluste aus sämtlichen Einkunftsarten als Freibetrag beim Lohnsteuerabzug berücksichtigt werden. Die durch das Gesetz zur steuerlichen Förderung des Mietwohnungsneubaus vom 4.8.2019 (BGBl. I S. 1122) eingeführte Sonderabschreibung nach § 7b EStG fließt in die Ermittlung der Einkünfte ein. Sich dadurch ergebende Verluste können auch im Lohnsteuer-Ermäßigungsverfahren geltend gemacht werden.

Für die Berücksichtigung von Verlusten aus anderen Einkunftsarten beim Lohnsteuerabzug ist der Vordruck „Antrag auf Lohnsteuer-Ermäßigung 2021" zu verwenden, der beim Finanzamt kostenlos erhältlich ist.

Berechnung der Vorsorgepauschale 2021, Tabellen zur Vorsorgepauschale 2021

Neues und Wichtiges auf einen Blick:

1. Zusammensetzung der Vorsorgepauschale

Ab 1.1.2021 erhöht sich der aufgrund einer Übergangsregelung anzusetzende Prozentsatz für die Berücksichtigung der Beiträge zur gesetzlichen **Rentenversicherung** von bisher 80 % auf **84 %.** Dadurch **erhöht** sich der Teilbetrag der Vorsorgepauschale für die Rentenversicherung ab 1.1.2021 (vgl. die nachfolgend unter Nr. 10 abgedruckte Tabelle für die Vorsorgepauschale 2021).

Die in den Lohnsteuertarif eingearbeitete Vorsorgepauschale wird für Mitglieder der **gesetzlichen** Krankenkassen (GKV) einerseits und **privat** krankenversicherten Arbeitnehmern (PKV) andererseits unterschiedlich ermittelt. Da für privat krankenversicherte Arbeitnehmer keine festen Beitragssätze gelten, müssen sie dem Arbeitgeber **eine Bescheinigung der privaten Krankenkasse** über die Höhe der Beiträge vorlegen (vgl. die Erläuterungen unter der nachfolgenden Nr. 7).

Die in alle Steuerklassen des Lohnsteuertarifs eingearbeitete Vorsorgepauschale ist ausgehend vom steuerpflichtigen Bruttolohn in den einzelnen Steuerklassen unterschiedlich hoch (vgl. das Stichwort „Tarifaufbau"). Bei der üblichen Berechnung der Lohnsteuer im **maschinellen Verfahren** muss die maßgebende Vorsorgepauschale nach dem Programmablaufplan des Bundesfinanzministeriums (sog. PAP) im Einzelfall ermittelt werden, das heißt jeder einzelne Teilbetrag der Vorsorgepauschale **ist gesondert zu berechnen** (vgl. die Berechnungsbeispiele unter der nachfolgenden Nr. 9). Denn seit 1.1.2010 setzt sich die beim Lohnsteuerabzug zu berücksichtigende Vorsorgepauschale aus **einzelnen Teilbeträgen** zusammen und zwar

- einem Teilbetrag für die **Rentenversicherung,**
- einem Teilbetrag für die **Krankenversicherung** und
- einem Teilbetrag für die **Pflegeversicherung.**

Die einzelnen Teilbeträge sind getrennt zu berechnen; die auf volle Euro aufgerundete Summe der Teilbeträge ergibt die anzusetzende Vorsorgepauschale.

Ein Teilbetrag für die **Arbeitslosenversicherung** ist bei der Berechnung der Vorsorgepauschale derzeit **nicht** vorgesehen.

2. Ausblick auf das Kalenderjahr 2024

Ab dem Kalenderjahr 2024 – Pilotphase im Kalenderjahr 2023 – wird ein **elektronischer Datenaustausch** zwischen den Unternehmen der privaten Krankenversicherung, der Finanzverwaltung und den Arbeitgebern für die Bemessung des steuerfreien Arbeitgeberzuschusses zur **privaten Kranken- und Pflegeversicherung** und zur Vorsorgepauschale für diese Beiträge eingeführt. In diesem Zusammenhang wird die heutige **Mindestvorsorgepauschale ab dem Kalenderjahr 2024 abgeschafft.**

Gliederung:

1. Allgemeines

Vorsorgeaufwendungen gehören begrifflich zu den steuerlich abzugsfähigen Sonderausgaben. Die Sonderausgaben werden eingeteilt in Vorsorgeaufwendungen einerseits und „übrige" Sonderausgaben andererseits. Für den Arbeitnehmer ist es dabei wichtig zu wissen, dass nur für die „übrigen" Sonderausgaben ein Freibetrag gebildet werden kann, für die Vorsorgeaufwendungen dagegen nicht (vgl. hierzu die Erläuterungen zum Lohnsteuer-Ermäßigungsverfahren in **Anhang 7**). Hiernach ergibt sich folgende Übersicht:

Sonderausgaben
bei Arbeitnehmern

Vorsorgeaufwendungen

Übrige Sonderausgaben
Nur für die „übrigen Sonderausgaben" ist die Bildung eines Freibetrags möglich, vgl. **Anhang 7**

Altervorsorgeaufwendungen sog. Basisrentenversicherung
- Beiträge zur gesetzlichen Rentenversicherung
- Beiträge zu berufsständischen Versorgungseinrichtungen
- Beiträge zu bestimmten Leibrentenversicherungen (sog. Rürup-Vertrag)
- Landwirtschaftliche Altersvorsorgebeiträge

Sonstige Vorsorgeaufwendungen
z. B.
- Beiträge zur (Basis-)Kranken- und Pflegeversicherung
- Beiträge zur Arbeitslosenversicherung
- Beiträge zu Unfall- und Haftpflichtversicherungen
- bestimmte Lebensversicherungen

Vorsorgeaufwendungen (Altersvorsorgeaufwendungen und sonstige Vorsorgeaufwendungen) werden bei allen Arbeitnehmern im Sinne des Lohnsteuerrechts in Form einer **Vorsorgepauschale** berücksichtigt, die bereits in das Zahlenwerk des Lohnsteuertarifs eingearbeitet ist und den Arbeitnehmeranteil am Gesamtsozialversicherungsbeitrag in pauschaler Form steuerfrei stellt. Welche Versicherungen im Einzelnen unter den Begriff der Vorsorgeaufwendungen fallen, ist in **Anhang 8a** erläutert. Hat der Arbeitnehmer höhere Vorsorgeaufwendungen als die Vorsorgepauschale, ist eine Berücksichtigung der **tatsächlichen Vor-**

sorgeaufwendungen als Sonderausgaben erst **nach Ablauf des Kalenderjahres** im Rahmen einer Veranlagung zur Einkommensteuer möglich. **Während des Kalenderjahres** werden die Vorsorgeaufwendungen von Arbeitnehmern ohne Rücksicht auf die tatsächliche Höhe **stets** mit der in die Lohnsteuertabellen eingearbeiteten **Vorsorgepauschale** abgegolten.

In Ausnahmefällen können die tatsächlichen **Vorsorgeaufwendungen niedriger** sein **als** die im Lohnsteuerabzugsverfahren berücksichtigte **Vorsorgepauschale** (z. B. bei Polizeibeamten und Soldaten mit steuerfreier Gesundheitsvorsorge oder Beamtenanwärter). In diesen Fällen sind die Arbeitnehmer gesetzlich zur Abgabe einer Einkommensteuererklärung verpflichtet (vgl. „Veranlagung von Arbeitnehmern" unter Nr. 2). Dabei kann es zu einer Steuernachzahlung und zur Festsetzung von Einkommensteuer-Vorauszahlungen kommen.

Bis 31.12.2009 war die Vorsorgepauschale eine echte „Pauschale", das heißt die Beiträge zur Renten-, Kranken-, Pflege- und Arbeitslosenversicherung wurden nur aufgrund einer groben Schätzung in pauschaler Form berücksichtigt. Dadurch wurde früher im Lohnsteuerabzugsverfahren vielfach eine zu hohe Lohnsteuer einbehalten. Der Arbeitnehmer musste nach Ablauf des Kalenderjahres eine Veranlagung zur Einkommensteuer beantragen um sich die ggf. zu viel gezahlte Lohnsteuer erstatten zu lassen.

Hierzu hat das **Bundesverfassungsgericht** (Beschluss vom 13.2.2008 2 BvL 1/06) entschieden, dass diese steuerlichen Regelungen verfassungswidrig waren, da die Beiträge zur **Kranken- und Pflegeversicherung** nicht in einem Umfang berücksichtigt wurden, der erforderlich ist, um dem Steuerzahler und seiner Familie (einschließlich der Kinder) eine sozialhilfegleiche Kranken- und Pflegeversicherung zu gewährleisten. Entsprechend dieser Vorgabe des Bundesverfassungsgerichts sind zum 1.1.2010 sowohl die Vorschriften zur Ermittlung der Vorsorgepauschale beim Lohnsteuerabzug durch den Arbeitgeber als auch der Sonderausgabenabzug von Vorsorgeaufwendungen im Veranlagungsverfahren grundlegend geändert worden. Maßgebend sind nunmehr die tatsächlich anfallenden Beiträge für die (Basis-)Kranken- und Pflegeversicherung des Arbeitnehmers.

Dies ist für den Arbeitnehmer zwar günstiger, macht aber auch die Ermittlung der zutreffenden Vorsorgepauschale wesentlich komplizierter, weil der Arbeitgeber die sozialversicherungsrechtliche Situation jedes einzelnen Arbeitnehmers prüfen muss, um die beim Lohnsteuerabzug anzuwendende Vorsorgepauchale richtig berechnen zu können. Denn entsprechend der unterschiedlichen sozialversicherungsrechtlichen Beurteilung ist dann auch die Vorsorgepauschale unterschiedlich hoch (z. B. bei Schülern, Studenten, Praktikanten, weiterbeschäftigten Altersrentnern, Beamten, Beamtenpensionären, Werkspensionären, Gesellschafter-Geschäftsführern usw.). Bei privat krankenversicherten Arbeitnehmern kann sich der Arbeitgeber die Beiträge zur Kranken- und Pflegeversicherung vom Arbeitnehmer durch eine Bescheinigung seiner privaten Krankenkasse nachweisen lassen (vgl. die Erläuterungen unter der nachfolgenden Nr. 7).

2. Bemessungsgrundlage für die Berechnung der Vorsorgepauschale

a) Allgemeines

Bemessungsgrundlage für die Berechnung der Vorsorgepauschale ist der **steuerpflichtige Arbeitslohn** des Arbeitnehmers. Eine Vorsorgepauschale wird also nur dann gewährt, wenn steuerpflichtiger Arbeitslohn bezogen wurde; Arbeitslohn für mehrere Jahre ist in voller Höhe und nicht nur zu einem Fünftel einzubeziehen. Steuerfreier Arbeitslohn gehört nicht zur Bemessungsgrundlage für die Vorsorgepauschale, und zwar auch dann nicht, wenn für den Arbeitslohn Sozialversicherungsbeiträge entrichtet wurden, wie dies z. B. bei einer Steuerfreistellung nach einem Doppelbesteuerungsabkommen oder dem Auslandstätigkeitserlass der Fall sein kann.

Eine Ausnahme von dem Grundsatz, dass sich die Vorsorgepauschale nach dem steuerpflichtigem Arbeitslohn bemisst, gilt seit 1.1.2010 für Entschädigungen im Sinne des § 24 Nr. 1 EStG. Dies sind insbesondere Abfindungen wegen Entlassung aus dem Dienstverhältnis. Die **Entlassungsabfindungen** wurden durch ausdrückliche gesetzliche Regelung aus der Bemessungsgrundlage für die Vorsorgepauschale herausgenommen, weil für sie keine Sozialversicherungsbeiträge anfallen (§ 39b Abs. 2 Satz 5 Nr. 3 erster Halbsatz nach dem Buchstaben d). Dabei kommt es nach dem Wortlaut der gesetzlichen Formulierung nicht darauf an, ob die Abfindung in Anwendung der Fünftelregelung ermäßigt besteuert wird oder nicht (dies spielt auch für die Sozialversicherungsfreiheit keine Rolle). In den Lohnsteuer-Richtlinien wird allerdings hierzu klargestellt, dass Abfindungen, die die Voraussetzungen für eine ermäßigte Besteuerung nach der Fünftelregelung **nicht** erfüllen, aus Vereinfachungsgründen in die Bemessungsgrundlage für die Vorsorgepauschale einbezogen werden können.[1)]

Der Begriff „Arbeitslohn" ist im **lohnsteuerlichen** Sinne zu verstehen (nicht im sozialversicherungsrechtlichen). Eine Vorsorgepauschale erhalten deshalb nicht nur Arbeitnehmer, die in einem aktiven Dienstverhältnis stehen, sondern auch die Empfänger von Versorgungsbezügen (Beamtenpensionäre, Werkspensionäre).

b) Berechnungsschema zur Ermittlung der Bemessungsgrundlage

Die Bemessungsgrundlage, das heißt der steuerpflichtige Arbeitslohn für die maschinelle Berechnung der Vorsorgepauschale oder zum Ablesen der Vorsorgepauschale aus den unter den folgenden Nrn. 10 und 11 abgedruckten Tabellen ermittelt sich wie folgt:

Ermittlung der Bemessungsgrundlage	
steuerpflichtiger Arbeitslohn	
abzüglich Entschädigungen i. S. des § 24 Nr. 1 EStG (z. B. Entlassungsabfindungen), die in Anwendung der Fünftelregelung ermäßigt besteuert werden.[1)]	
Bemessungsgrundlage	

Der bei der Berechnung der Sozialversicherungsbeiträge zu beachtende **Übergangsbereich)** (= Arbeitsentgelt bis 1300 € nach § 20 Abs. 2 SGB IV) ist für die Ermittlung der Bemessungsgrundlage zur Berechnung der Vorsorgepauschale **nicht** maßgebend.

Die Bemessungsgrundlage ist auf die sozialversicherungsrechtlichen **Beitragsbemessungsgrenzen** begrenzt:

Dies sind im Kalenderjahr 2021 in der Kranken- und Pflegeversicherung jährlich **58 050 €** (monatlich 4837,50 €), in allen Bundesländern. In der gesetzlichen Rentenversicherung beträgt die Beitragsbemessungsgrenze

- jährlich **85 200 €** (monatlich 7100 €) in den alten Bundesländern und
- jährlich **80 400 €** (monatlich 6700 €) in den neuen Bundesländern.

Die Beitragsbemessungsgrenze von 85 200 € oder 80 400 € gilt auch bei einer Versicherung in der knappschaftlichen Rentenversicherung. Die besondere Beitragsbemessungsgrenze für die knappschaftliche Rentenversicherung ist für die Berechnung der Vorsorgepauschale **nicht** maßgebend. Weiterhin sind die sozialversicherungsrechtlichen Sonderbestimmungen bei einer Mehrfachbeschäftigung (vgl. dieses Stichwort) für die Berechnung der Vorsorgepauschale **nicht** zu berücksichtigen.

3. Berechnung der Vorsorgepauschale im Einzelnen

Seit 1.1.2010 setzt sich die beim Lohnsteuerabzug zu berücksichtigende Vorsorgepauschale aus **einzelnen Teilbeträgen** zusammen (§ 39b Abs. 2 Satz 5 Nr. 3 EStG) und zwar

- einem Teilbetrag für die **Rentenversicherung,**
- einem Teilbetrag für die **Krankenversicherung** und
- einem Teilbetrag für die **Pflegeversicherung.**

Ein Teilbetrag für die **Arbeitslosenversicherung** ist bei der Berechnung der Vorsorgepauschale derzeit **nicht** vorgesehen. Der Arbeitnehmer muss deshalb seine Beiträge zur Arbeitslosenversicherung bei seiner Veranlagung zur Einkommensteuer nach Ablauf des Kalenderjahres im Einzelnen als Sonderausgaben geltend machen. Sie wirken sich allerdings nur noch in wenigen Fällen steuermindernd aus.

Ob die Voraussetzungen für den Ansatz der einzelnen Teilbeträge vorliegen, ist für **jeden Versicherungszweig gesondert zu prüfen.** Die Summe aller Teilbeträge ergibt die anzusetzende Vorsorgepauschale.

Beispiel

Bei einem kinderlosen, sozialversicherungspflichten Arbeitnehmer mit einem Jahresarbeitslohn von 30 000 € (Steuerklasse I) ergeben sich ab 1.1.2021 folgende Teilbeträge für die Berechnung der Vorsorgepauchale:

---

1) R 39b.6 Abs. 5 LStR lautet:
Regulär zu besteuernde Entschädigungen
(5) Liegen bei einer Entschädigung im Sinne des § 24 Nr. 1 EStG die Voraussetzungen für die Steuerermäßigung nach § 34 EStG nicht vor, ist die Entschädigung als regulär zu besteuernder sonstiger Bezug zu behandeln. Es ist aus Vereinfachungsgründen nicht zu beanstanden, wenn dieser sonstige Bezug bei der Anwendung des § 39b Abs. 2 Satz 5 Nr. 3 Buchstabe a bis c EStG berücksichtigt wird.

– Teilbetrag für die Rentenversicherung (9,3 % von 30 000 € = 2 790 €; davon 84 % lt. Übergangsregelung, vgl. nachfolgend unter Nr. 4)	2 343,60 €
– Teilbetrag für die Krankenversicherung (7,65 % von 30 000 €; maßgebend ist der ermäßigte Beitragssatz, vgl. nachfolgend unter Nr. 5)	2 295,– €
– Teilbetrag für die Pflegeversicherung (1,775 % von 30 000 € für einen kinderlosen Arbeitnehmer, vgl. nachfolgend unter Nr. 6)	532,50 €
Vorsorgepauschale insgesamt	5 171,10 €
aufgerundet auf volle Euro	**5 172,– €**

Unter der nachfolgenden Nr. 10 ist eine Tabelle abgedruckt, aus der die Vorsorgepauschale 2021 für den maßgebenden Bruttoarbeitslohn direkt abgelesen werden kann.

4. Teilbetrag für die Rentenversicherung

a) Berechnung des Teilbetrags für die Rentenversicherung

Als Teilbetrag der Vorsorgepauschale für die Rentenversicherung wird in den Steuerklassen I bis VI auf der Grundlage des lohnsteuerpflichtigen Arbeitslohns – losgelöst von der Berechnung der tatsächlich abzuführenden Rentenversicherungsbeiträge – typisierend ein **fingierter Arbeitnehmeranteil für die Rentenversicherung** eines pflichtversicherten Arbeitnehmers berechnet. Dies ist deshalb notwendig, weil die durch das Alterseinkünftegesetz seit 2005 geltende Übergangsregelung Anwendung findet, nach der bis zum Kalenderjahr 2025 stufenweise auf die volle Abziehbarkeit der Beiträge zur Rentenversicherung übergeleitet wird (§ 39b Abs. 4 EStG).

Hiernach wird zuerst der Arbeitnehmeranteil am Rentenversicherungsbetrag errechnet und zwar durch Anwendung des halben Beitragssatzes (seit 1.1.2018 50 % von 18,6 % = 9,3 %) auf den lohnsteuerpflichtigen Bruttoarbeitslohn. Dieser Betrag wird jedoch aufgrund der Übergangsregelung in § 39b Abs. 4 EStG nur mit folgenden Prozentsätzen angesetzt:

- im Kalenderjahr 2016 mit 64 %
- im Kalenderjahr 2017 mit 68 %
- im Kalenderjahr 2018 mit 72 %
- im Kalenderjahr 2019 mit 76 %
- im Kalenderjahr 2020 mit 80 %
- **im Kalenderjahr 2021 mit 84 %**

Dieser Prozentsatz erhöht sich jährlich um 4 %, sodass im Jahr 2025 der volle 50 %ige Arbeitnehmeranteil erreicht ist.

Beispiel

Der Arbeitslohn eines ledigen rentenversicherungspflichtigen Arbeitnehmers (Steuerklasse I) beträgt 30 000 € im Kalenderjahr. Der Teilbetrag der Vorsorgepauschale für das Kalenderjahr 2021 errechnet sich wie folgt:

9,3 % von 30 000 €	2 790,– €
davon 84 %	2 343,60 €
vereinfacht kann man auch rechnen:	
84 % von 9,3 % = **7,812 %**	
7,812 % von 30 000 € =	2 343,60 €

Nach oben ist der Teilbetrag für die Rentenversicherung durch die Beitragsbemessungsgrenze begrenzt. Für 2021 beträgt der höchstmögliche Teilbetrag für die Rentenversicherung somit

- in den alten Bundesländern 7,812 % von 85 200 € = **6655,82 €;**
- in den neuen Bundesländern 7,812 % von 80 400 € = **6280,84 €.**

Eine Aufrundung auf volle Euro erfolgt erst, wenn die Summe der drei Teilbeträge der Vorsorgepauschale ermittelt ist (vgl. die Berechnungsbeispiele unter der nachfolgenden Nr. 9).

Ob für die Berechnung der Vorsorgepauschale (Teilbetrag Rentenversicherung) die allgemeine Beitragsbemessungsgrenze West oder die Beitragsbemessungsgrenze Ost anzuwenden ist, bestimmt sich nach dem Ort der lohnsteuerlichen Betriebsstätte (vgl. dieses Stichwort).

b) Wer bekommt den Teilbetrag für die Rentenversicherung?

Der Teilbetrag für die Rentenversicherung (§ 39b Abs. 2 Satz 5 Nr. 3 Buchstabe a EStG) wird nur bei Arbeitnehmern angesetzt, die

- in der **gesetzlichen Rentenversicherung pflichtversichert** sind

oder

- wegen der Versicherung in einer berufsständischen Versorgungseinrichtung von der gesetzlichen Rentenversicherung befreit sind (§ 6 Abs. 1 Nr. 1 SGB VI).

Es werden somit im Rahmen der Vorsorgepauschale nur dann Rentenversicherungsbeiträge berücksichtigt, wenn davon auszugehen ist, dass diese auch tatsächlich vom Arbeitnehmer gezahlt werden. Das Steuerrecht folgt insoweit der sozialversicherungsrechtlichen Beurteilung, sodass der Arbeitgeber hinsichtlich der maßgeblichen Vorsorgepauschale keinen zusätzlichen Ermittlungsaufwand anstellen muss, sondern auf die ihm insoweit bekannten Tatsachen bei der Abführung der Rentenversicherungsbeiträge bezogen auf das jeweilige Dienstverhältnis zurückgreifen kann. Das bedeutet aber auch, dass der Teilbetrag der Vorsorgepauschale für die Rentenversicherung nur dann angesetzt werden darf, wenn der Arbeitnehmer auch tatsächlich einen Beitragsanteil zahlt. Der Teilbetrag der Vorsorgepauschale für die Rentenversicherung ist demnach z. B. **nicht** zu berücksichtigen

- für **Beamte,** Richter, Berufssoldaten und Soldaten auf Zeit (vgl. die Beispiele F, G und H unter der nachfolgenden Nr. 9);
- für **beherrschende Gesellschafter-Geschäftsführer** einer GmbH (vgl. die Beispiele V, W und X unter der nachfolgenden Nr. 9);
- für **Vorstandsmitglieder** von Aktiengesellschaften (§ 1 Satz 3 SGB VI);
- für **weiterbeschäftigte Altersvollrentner,** die die Regelaltersgrenze erreicht haben, oder vergleichbaren Pensionsempfängern, selbst wenn gemäß § 172 Absatz 1 SGB VI ein **Arbeitgeber**anteil zur gesetzlichen Rentenversicherung zu entrichten ist (vgl. das Beispiel R unter der nachfolgenden Nr. 9); bei einem Verzicht auf die Rentenversicherungsfreiheit sind aber Arbeitnehmeranteile zu entrichten und der Teilbetrag ist zu berücksichtigen;
- für **Auszubildende,** deren Ausbildungsvergütung 325 € im Monat nicht übersteigt, weil in diesem Fall der Arbeitgeber auch den Arbeitnehmeranteil am Rentenversicherungsbeitrag trägt (vgl. das Beispiel K unter der nachfolgenden Nr. 9);
- für Arbeitnehmer, die wegen **kurzfristiger** (bis zu 70 Tagen oder drei Monaten im Kalenderjahr) Beschäftigung keinen Beitragsanteil zur gesetzlichen Rentenversicherung entrichten (vgl. „Geringfügige Beschäftigung" unter Nr. 16);
- für **geringfügig entlohnte** Arbeitnehmer in **Altfällen** (vor dem 1.1.2013 aufgenommene sog. 400-Euro-Jobs), bei denen die Lohnsteuer nicht pauschal, sondern nach den individuellen Lohnsteuerabzugsmerkmalen des Arbeitnehmers[1] erhoben wird und für die nur der pauschale Arbeitgeberbeitrag zur gesetzlichen Rentenversicherung entrichtet wird. Hat der Arbeitnehmer durch Aufstockung des pauschalen Arbeitgeberbeitrags zur gesetzlichen Rentenversicherung optiert, ist der Teilbetrag für die Rentenversicherung anzusetzen (vgl. das Beispiel P unter der nachfolgenden Nr. 9).
- für geringfügig entlohnte Arbeitnehmer in **Neufällen** (= Neueinstellung des Arbeitnehmers ab 1.1.2013 oder Erhöhung des bisherigen Arbeitslohns auf mehr als 400 € aber weniger als 450,01 €), bei denen die Lohnsteuer nicht pauschal, sondern nach den individuellen Lohnsteuerabzugsmerkmalen des Arbeitnehmers[1] erhoben wird und die ausdrücklich auf die seit 1.1.2013 an sich bestehende Versicherungspflicht in der gesetzlichen Rentenversicherung verzichtet haben. Hat der Arbeitnehmer nicht auf die seit 1.1.2013 bestehende Versicherungspflicht in der gesetzlichen Rentenversicherung verzichtet, ist der Teilbetrag für die Rentenversicherung anzusetzen (vgl. das Beispiel Q unter der nachfolgenden Nr. 9).
- für andere Arbeitnehmer, wenn sie zum Beispiel als **Schüler** oder **Praktikant** oder aus anderen Gründen entsprechend den sozialversicherungsrechtlichen Bestimmungen nicht in der gesetzlichen Rentenversicherung pflichtversichert sind und deshalb auch keinen Beitrag zur gesetzlichen Rentenversicherungs zu leisten haben (vgl. die Beispiele N und O unter der nachfolgenden Nr. 9);
- für **Beamtenpensionäre** und Pensionäre mit vergleichbarem Status (vgl. die Beispiele I und J unter der nachfolgenden Nr. 9);
- für **weiterbeschäftigte** Beamtenpensionäre und Pensionäre mit vergleichbarem Status (vgl. das Beispiel T unter der nachfolgenden Nr. 9);
- für Empfänger einer **Betriebsrente** sog. Werkspension (vgl. das Beispiel U unter der nachfolgenden Nr. 9).

Es ist also stets im Einzelfall zu prüfen, ob der Arbeitnehmer in der gesetzlichen Rentenversicherung pflichtversichert ist oder nicht.

Beispiel A

Es wird ein **Werkstudent** längerfristig beschäftigt, der mehr verdient als 450 € monatlich. Der Student ist pflichtversichert in der gesetzlichen Rentenversicherung; er bekommt

1) Auf die ausführlichen Erläuterungen beim Stichwort „Elektronische Lohnsteuerabzugsmerkmale (ELStAM)" wird Bezug genommen.

deshalb eine Vorsorgepauschale mit dem Teilbetrag für die Rentenversicherung (vgl. die Beispiele L und M unter der nachfolgenden Nr. 9).

Beispiel B

Es wird ein **Schüler** in den Ferien kurzfristig beschäftigt, der mehr verdient als 450 € monatlich. Der Schüler ist nicht pflichtversichert in der gesetzlichen Rentenversicherung; er bekommt deshalb nur eine Vorsorgepauschale ohne Teilbetrag für die Rentenversicherung (vgl. das Beispiel O unter der nachfolgenden Nr. 9).

Beispiel C

Ein Schüler oder Student hat einen Minijob. Nach seinen individuellen Lohnsteuermerkmalen ist die Steuerklasse I anzuwenden[1], wodurch die pauschale 2 %ige Lohnsteuer entfällt. Auf die Rentenversicherungspflicht wurde ausdrücklich verzichtet. Beim Lohnsteuerabzug nach der Steuerklasse I wird nur eine Vorsorgepauschale ohne Teilbetrag für die Rentenversicherung angesetzt (vgl. das Beispiel P unter der nachfolgenden Nr. 9).

Beispiel D

Bei einem **Auszubildenden** (Ausbildungsvergütung 300 € monatlich) trägt der **Arbeitgeber** den Gesamtsozialversicherungsbeitrag. Obwohl der Auszubildende pflichtversichert in der gesetzlichen Rentenversicherung ist (§ 1 Satz 1 Nr. 1 SGB VI), bekommt er keinen Teilbetrag für die Rentenversicherung (vgl. das Beispiel K unter der nachfolgenden Nr. 9).

c) Teilbetrag für die Rentenversicherung bei Beitragszahlungen an ausländische Sozialversicherungsträger

In Fällen, in denen die Verpflichtung besteht, Beiträge zur Alterssicherung an ausländische Sozialversicherungsträger abzuführen, hat der Arbeitgeber bei der Berechnung der Vorsorgepauschale einen Teilbetrag für die Rentenversicherung nur zu berücksichtigen, **wenn der abzuführende Beitrag – zumindest teilweise – einen Arbeitnehmeranteil enthält** und dem Grunde nach zu einem Sonderausgabenabzug führen kann. Es ist nicht erforderlich, dass die Bundesrepublik Deutschland über das Gemeinschaftsrecht der Europäischen Union mit dem anderen Staat auf dem Gebiet der Sozialversicherung verbunden ist oder ein Sozialversicherungsabkommen mit dem anderen Staat besteht.

Bei **Sozialversicherungspflicht in Deutschland und parallel in einem anderen Staat** (insbesondere Fälle der sog. sozialversicherungsrechtlichen Ausstrahlung bei Beschäftigung im vertragslosen Ausland) sind bei der Ermittlung der Vorsorgepauschale die Teilbeträge Rentenversicherung, gesetzliche Krankenversicherung und soziale Pflegeversicherung anzusetzen. Die **daneben** an ausländische Sozialversicherungsträger geleisteten Beiträge bleiben hingegen im Lohnsteuerabzugsverfahren unberücksichtigt. Sie können erst bei einer Veranlagung zur Einkommensteuer geltend gemacht werden.

5. Teilbetrag für die gesetzliche Basiskrankenversicherung

a) Berechnung des Teilbetrags für die gesetzliche Basiskrankenversicherung

Der Teilbetrag für die gesetzliche Krankenversicherung (§ 39b Abs. 2 Satz 5 Nr. 3 Buchstabe b EStG) wird in den Steuerklassen I bis VI bei Arbeitnehmern angesetzt, die in der **gesetzlichen** Krankenversicherung (GKV) versichert sind; dies gilt sowohl für pflichtversicherte als auch für freiwillig in der GKV versicherte Arbeitnehmer (z. B. höher verdienende Arbeitnehmer). Der typisierte Arbeitnehmeranteil ist auch anzusetzen bei in der gesetzlichen Krankenversicherung versicherten Arbeitnehmern, die die anfallenden Krankenversicherungsbeiträge **in voller Höhe allein tragen müssen** (z. B. freiwillig in der GKV versicherte Beamte und Empfänger von Versorgungsbezügen).

Auch für diesen Teilbetrag der Vorsorgepauschale wird auf Grundlage des steuerpflichtigen Arbeitslohns – losgelöst von der Berechnung der tatsächlich abzuführenden Krankenversicherungsbeiträge – typisierend der Arbeitnehmeranteil für die Krankenversicherung eines pflichtversicherten Arbeitnehmers berechnet.

Bei der Berechnung des Teilbetrags der Vorsorgepauschale für die Krankenversicherung ist der **ermäßigte** Beitragssatz (§ 243 SGB V) maßgebend, das heißt der Beitragssatz ohne Anspruch auf Krankengeld (ermäßigter Beitragssatz). Hinzu kommt der kassenindividuelle Zusatzbeitragssatz (§ 242 SGB V). Beide Beitragssätze werden entsprechend dem Arbeitnehmeranteil zur Hälfte angesetzt. Dies gilt seit 1.1.2019 auch für den Zusatzbeitragssatz.

Durch den Ansatz des ermäßigten Beitragssatzes wird bereits bei der Vorsorgepauschale dem Umstand Rechnung getragen, dass Beitragsteile, die auf das Krankengeld entfallen, nicht als Sonderausgaben abziehbar sind (§ 10 Abs. 1 Nr. 3 Buchstabe a Satz 4 EStG).

Nach oben ist der Teilbetrag für die Krankenversicherung durch die **Beitragsbemessungsgrenze** begrenzt.

Nach unten wird der Teilbetrag für die Krankenversicherung durch die **Mindestvorsorgepauschale** abgedeckt (vgl. die Erläuterungen unter der nachfolgenden Nr. 8).

b) Wer bekommt den Teilbetrag für die gesetzliche Basiskrankenversicherung?

Bei der Beurteilung, welcher Arbeitnehmer den Teilbetrag für die gesetzliche Krankenversicherung erhält, folgt das Steuerrecht der sozialversicherungsrechtlichen Beurteilung, sodass der Arbeitgeber hinsichtlich der maßgeblichen Vorsorgepauschale keinen zusätzlichen Ermittlungsaufwand anstellen muss, sondern auf die ihm insoweit bekannten Tatsachen bei der Abführung der Krankenversicherungsbeiträge – bezogen auf das jeweilige Dienstverhältnis – zurückgreifen kann. Das bedeutet aber auch, dass der Teilbetrag der Vorsorgepauschale für die Krankenversicherungsbeiträge nur dann angesetzt werden darf, wenn der Arbeitnehmer auch tatsächlich einen Beitragsanteil zur gesetzlichen Krankenversicherung zahlt. Zahlt der Arbeitnehmer keinen eigenen Beitragsanteil, kommt die Mindestvorsorgepauschale zum Ansatz (vgl. die Erläuterungen unter der nachfolgenden Nr. 8). Ein Teilbetrag der Vorsorgepauschale für die Krankenversicherung ist demnach z. B. **nicht** zu berücksichtigen

- bei **Schülern, Studenten, Praktikanten** (vgl. die Beispiele L, M, N, O unter der nachfolgenden Nr. 9);
- bei **Auszubildenden,** deren Ausbildungsvergütung 325 € im Monat nicht übersteigt, weil in diesem Fall der Arbeitgeber auch den Arbeitnehmeranteil am Krankenversicherungsbeitrag trägt (vgl. das Beispiel K unter der nachfolgenden Nr. 9);
- bei geringfügig beschäftigten Arbeitnehmern (geringfügig entlohnte Beschäftigung sowie kurzfristige Beschäftigung), bei denen die Lohnsteuer nicht pauschal, sondern nach den individuellen Lohnsteuerabzugsmerkmalen des Arbeitnehmers[1] (z. B. nach Steuerklasse I) erhoben wird, ist kein Teilbetrag für die gesetzliche Krankenversicherung anzusetzen; anzusetzen ist vielmehr die Mindestvorsorgepauschale (vgl. das Beispiel P unter der nachfolgenden Nr. 9);
- bei **weiterbeschäftigten Beamtenpensionären** und Pensionären mit vergleichbarem Status (vgl. das Beispiel T unter der nachfolgenden Nr. 9);
- bei **nebenher tätigen Beamten** (vgl. das Beispiel S unter der nachfolgenden Nr. 9).

c) Keine Berücksichtigung von Beiträgen zu einer privaten Basiskrankenversicherung für gesetzlich versicherte Arbeitnehmer

Da Ehegatten regelmäßig zusammen zur Einkommensteuer veranlagt werden, kommt es nicht darauf an, ob die Krankenversicherungsbeiträge z. B. der Ehemann oder die Ehefrau geleistet hat. Daher können auch im Lohnsteuerabzugsverfahren in bestimmten Fällen Versicherungsbeiträge des Ehegatten berücksichtigt werden. Allerdings können **gesetzlich versicherte Arbeitnehmer im Lohnsteuerabzugsverfahren keine Beiträge für eine private Basiskrankenversicherung geltend machen.** Dies gilt auch für die Beiträge des selbst privat versicherten Ehegatten des Arbeitnehmers. Grund hierfür ist, dass jeder Arbeitnehmer für die Berechnung des Teilbetrags der Vorsorgepauschale „Krankenversicherung" entweder dem Personenkreis „gesetzlich krankenversicherter Arbeitnehmer" oder dem Personenkreis „nicht gesetzlich krankenversicherter Arbeitnehmer" zugeordnet wird. Ein dauerhafter Nachteil entsteht den Eheleuten hierdurch aber nicht, da die Beiträge für die private Basiskrankenversicherung des Ehegatten bei der Einkommensteuer-Veranlagung als Sonderausgaben abgezogen werden können (vgl. hierzu Anhang 8a).

Die vorstehenden Ausführungen gelten entsprechend bei eingetragenen Lebenspartnern.

d) Teilbetrag für die gesetzliche Basiskrankenversicherung bei Beiträgen an ausländische Krankenversicherungen

Die Systeme der ausländischen Krankenversicherung sind in der Mehrzahl der Fälle mit denen in Deutschland nicht vergleichbar. Eine Zuordnung zur gesetzlichen Krankenversicherung oder zu einer privaten Krankenversicherung ist dem Arbeitgeber in vielen Fällen nicht möglich. Der Teilbetrag für die gesetzliche Basiskrankenversicherung ist deshalb bei der Ermittlung der Vorsorgepauschale nur dann zu berücksichtigen, wenn der Arbeitnehmer **Beiträge zur deutschen gesetzlichen Krankenversicherung** oder – bei einer privaten Versicherung – an ein Versicherungsunternehmen **in Deutschland** leistet. Andernfalls ist die Min-

1) Auf die ausführlichen Erläuterungen beim Stichwort „Elektronische Lohnsteuerabzugsmerkmale (ELStAM)" wird Bezug genommen.

destvorsorgepauschale anzusetzen (vgl. die Erläuterungen unter der nachfolgenden Nr. 8). Übersteigende Versicherungsbeiträge können erst bei einer Veranlagung zur Einkommensteuer geltend gemacht werden (vgl. hierzu Anhang 8a).

Bei **Sozialversicherungspflicht in Deutschland und parallel in einem anderen Staat** (insbesondere Fälle der sog. sozialversicherungsrechtlichen Ausstrahlung bei Beschäftigung im vertragslosen Ausland) sind die Teilbeträge für die Rentenversicherung sowie die gesetzliche Kranken- und soziale Pflegeversicherung zu berücksichtigen. Im Lohnsteuerabzugsverfahren unberücksichtigt bleibt, wenn **daneben** Beiträge an ausländische Sozialversicherungsträger zu leisten sind. Entsprechende Beiträge können bei einer Veranlagung zur Einkommensteuer geltend gemacht werden (vgl. hierzu Anhang 8a).

6. Teilbetrag für die soziale Pflegeversicherung

a) Berechnung des Teilbetrags für die soziale Pflegeversicherung

Der Teilbetrag für die soziale Pflegeversicherung (§ 39b Abs. 2 Satz 5 Nr. 3 Buchstabe c EStG) wird in den Steuerklassen I bis VI bei Arbeitnehmern angesetzt, die in der sozialen Pflegeversicherung versichert sind. Versicherungspflichtig in der sozialen Pflegeversicherung sind nach § 20 Abs. 1 SGB XI die versicherungspflichtigen Mitglieder der gesetzlichen Krankenversicherung.

Auch für diesen Teilbetrag der Vorsorgepauschale wird auf Grundlage des steuerlichen Arbeitslohns – außerhalb der Berechnung der tatsächlich abzuführenden Pflegeversicherungsbeiträge – typisierend ein fingierter Arbeitnehmeranteil für die soziale Pflegeversicherung eines pflichtversicherten Arbeitnehmers berechnet.

Länderspezifische Besonderheiten bei den Beitragssätzen sind dabei zu berücksichtigen (z. B. höherer Arbeitnehmeranteil in Sachsen; 2,025 % statt 1,525 %).

Es ist auch der Beitragszuschlag für Arbeitnehmer ohne Kinder in Höhe von 0,25 % zu berücksichtigen (§ 55 Abs. 3 SGB XI). Ob es Kinder gibt, die hier zu berücksichtigen sind, ist dem Arbeitgeber aufgrund seiner Pflichten im Zusammenhang mit der Abführung der Sozialversicherungsbeiträge bekannt (vgl. das Stichwort „Beitragszuschlag zur sozialen Pflegeversicherung für Kinderlose").

Nach oben ist der Teilbetrag für die Pflegeversicherung durch die **Beitragsbemessungsgrenze** begrenzt.

Nach unten wird der Teilbetrag für die Pflegeversicherung durch die **Mindestvorsorgepauschale** abgedeckt (vgl. die Erläuterungen unter der nachfolgenden Nr. 8).

b) Teilbetrag für die soziale Pflegeversicherung bei Beiträgen an ausländische Pflegeversicherungen

Da die Systeme der ausländischen Pflegeversicherung in den meisten Fällen mit denen in Deutschland nicht vergleichbar sind, ist es dem Arbeitgeber oftmals nicht möglich, eine Zuordnung zur sozialen Pflegeversicherung oder zur privaten Pflegeversicherung vorzunehmen. Der Teilbetrag für die soziale Pflegeversicherung ist deshalb bei der Ermittlung der Vorsorgepauschale nur dann anzusetzen, wenn der Arbeitnehmer **Beiträge zur deutschen sozialen Pflegeversicherung** oder – bei einer privaten Versicherung – Beiträge an ein Versicherungsunternehmen **in Deutschland** leistet. Anderenfalls ist die Mindestvorsorgepauschale anzusetzen (vgl. die Erläuterungen unter der nachfolgenden Nr. 8). Übersteigende Versicherungsbeiträge können erst bei einer Veranlagung zur Einkommensteuer geltend gemacht werden (vgl. hierzu Anhang 8a).

Bei **Sozialversicherungspflicht in Deutschland und parallel in einem anderen Staat** (insbesondere Fälle der sog. sozialversicherungsrechtlichen Ausstrahlung bei Beschäftigung im vertragslosen Ausland) sind die Teilbeträge für die Rentenversicherung sowie die gesetzliche Kranken- und soziale Pflegeversicherung zu berücksichtigen. Im Lohnsteuerabzugsverfahren unberücksichtigt bleibt, wenn **daneben** Beiträge an ausländische Sozialversicherungsträger zu leisten sind. Entsprechende Beiträge können bei einer Veranlagung zur Einkommensteuer geltend gemacht werden (vgl. hierzu Anhang 8a).

7. Teilbetrag für die private Basiskranken- und Pflegeversicherung

a) Allgemeines

Der Teilbetrag der Vorsorgepauschale für die gesetzliche Krankenversicherung nach § 39b Abs. 2 Satz 5 Nr. 3 Buchstabe b EStG gilt nur für Arbeitnehmer, die in der **gesetzlichen Krankenversicherung** (GKV) versichert sind, und zwar sowohl für **pflichtversicherte** als auch für **freiwillig** in der GKV versicherte Arbeitnehmer. Für Arbeitnehmer, die **privat** kranken- und pflegeversichert sind, kann wegen der unterschiedlichen Höhe der Beiträge keine prozentuale Ermittlung der Vorsorgepauschale erfolgen. Der Gesetzgeber hat deshalb für den Lohnsteuerabzug in § 39b Abs. 2 Satz 5 Nr. 3 Buchstabe d EStG festgelegt, dass in den Steuerklassen I bis V **(nicht jedoch in Steuerklasse VI)** als Teilbetrag der Vorsorgepauschale für die private Kranken- und Pflegeversicherung die tatsächlich vom Arbeitnehmer aufgewendeten Beiträge anzusetzen sind, **die der Arbeitnehmer dem Arbeitgeber mitteilen muss.** Von einer „Pauschale" kann in diesem Fall nicht mehr gesprochen werden.

Teilt der Arbeitnehmer dem Arbeitgeber seine tatsächlich angefallenen Beiträge nicht mit (aus welchen Gründen auch immer), muss der Arbeitgeber die **Mindestvorsorgepauschale** für die Beiträge zur Kranken- und Pflegeversicherung ansetzen und zwar auch in der Steuerklasse VI. Die Mindestvorsorgepauschale beträgt **12 % des Arbeitslohns** höchstens

- **1900 €** in den Steuerklassen I, II, IV, V und VI oder
- **3000 €** in der Steuerklasse III

(vgl. die Erläuterungen unter der nachfolgenden Nr. 8).

Die mitgeteilten Beträge sind nur dann maßgebend, wenn sie höher sind als die Mindestvorsorgepauschale. Die Vorlage einer Bescheinigung macht also nur dann Sinn, wenn die bescheinigten Beiträge höher sind als die Mindestvorsorgepauschale. Unter der nachfolgenden Nr. 11 ist eine Tabelle zu der für 2021 geltenden Mindestvorsorgepauschale abgedruckt. Anhand dieser Tabelle kann der Arbeitgeber beurteilen, ob sich die Vorlage einer Bescheinigung für den betreffenden Arbeitnehmer tatsächlich lohnt.

Im Einzelnen gilt für die tatsächliche Berücksichtigung der Beiträge privat kranken- und pflegeversicherter Arbeitnehmer beim Lohnsteuerabzug durch den Arbeitgeber Folgendes:

Ein Teilbetrag für die **private** Basiskranken- und Pflegeversicherung (§ 39b Abs. 2 Satz 5 Nr. 3 Buchstabe d EStG) wird bei Arbeitnehmern angesetzt, die **nicht** in der gesetzlichen Krankenversicherung und sozialen Pflegeversicherung versichert sind (z. B. privat versicherte Beamte, beherrschende Gesellschafter-Geschäftsführer und höher verdienende privat versicherte Arbeitnehmer).

Der Arbeitnehmer muss seine Beiträge (und ggf. die Beiträge seines **mitversicherten Ehegatten/Lebenspartners** und seiner **mitversicherten Kinder**) zu einer privaten Basiskranken- und Pflegeversicherung durch eine Bescheinigung seiner Krankenkasse nachweisen. Beiträge zu einer privaten Basiskranken- und Pflegeversicherung des **selbst versicherten Ehegatten/Lebenspartners** oder der **selbst versicherten Kinder** werden grundsätzlich nicht berücksichtigt. Die Berücksichtigung dieser Beiträge erfolgt erst bei einer Veranlagung zur Einkommensteuer, es sei denn, der selbst versicherte Ehegatte/Lebenspartner erzielt keine Einkünfte; der Arbeitgeber hat diesbezüglich aber keine Prüfungspflicht. Versicherungsbeiträge selbst versicherter Kinder sind aber auch in diesem Fall nicht zu berücksichtigen. Beitragsbescheinigungen ausländischer Versicherungsunternehmen darf der Arbeitgeber nicht berücksichtigen.

Das Versicherungsunternehmen darf nur den Teil der Beiträge bescheinigen, die der sog. Basisversicherung dienen. Beiträge und Beitragsteile, die zur Finanzierung von **Krankengeld** und Zusatzleistungen oder Komfortleistungen aufgewendet werden (z. B. **Chefarztbehandlung,** Einbettzimmer im Krankenhaus), sind **nicht** berücksichtigungsfähig und dürfen deshalb von der Krankenkasse nicht bescheinigt werden (vgl. die Erläuterungen zu den als Sonderausgaben abzugsfähigen Vorsorgeaufwendungen in Anhang 8a unter Nr. 5 Buchstabe c).

Leistet der Arbeitgeber nach § 3 Nr. 62 EStG steuerfreie Zuschüsse zu einer privaten Kranken- und Pflegeversicherung, können im Rahmen der Vorsorgepauschale – ebenso wie beim Sonderausgabenabzug im Rahmen der Einkommensteuer-Veranlagung – nur die um die steuerfreien Zuschussleistungen des Arbeitgebers verminderten Beitragsleistungen berücksichtigt werden. Aus Vereinfachungsgründen wird dieser Kürzungsbetrag im Rahmen der Vorsorgepauschale in der Höhe angesetzt, der dem Arbeitgeberanteil bei einem pflichtversicherten Arbeitnehmer entspricht, wobei auch hier für die Krankenversicherung auf den ermäßigten Beitragssatz abzustellen ist. Der ermäßigte Beitragssatz beträgt 14,0 %. Der Arbeitgeberanteil beträgt davon die Hälfte = 7,0 %. Hinzu kommt die Hälfte des durchschnittlichen Zusatzbeitragssatzes (1/2 von 1,3 % = 0,65 %). Dies ergibt in der Summe 7,65 % (= 7 % + 0,65 %). Dieser Kürzungsbetrag ist also niedriger, als der vom Arbeitgeber tatsächlich gezahlte steuerfreie Arbeitgeberzuschuss zur privaten Krankenversicherung des Arbeitnehmers. Hinzu kommt der steuerfreie Arbeitgeberanteil zur Pflegeversicherung (2021 = 1,525 %).[1]

Auf das Beispiel E unter nachfolgenden Nr. 9 und die Erläuterungen bei den Stichworten „Arbeitgeberzuschuss zur Krankenversicherung" und „Arbeitgeberzuschuss zur Pflegeversicherung " wird Bezug genommen.

Will der Privatversicherte seinem Arbeitgeber z. B. wegen seines Gesundheitszustandes oder dem seines Ehegatten/Lebenspartners die Beiträge zur privaten Kranken-und Pflegeversicherung nicht mitteilen, ist die Mindestvorsorgepauschale anzusetzen (vgl. die Erläuterungen unter der nachfolgenden Nr. 8).

b) Welche Beiträge hat der Arbeitgeber beim Lohnsteuerabzug zu berücksichtigen?

Da die Beiträge eines Arbeitnehmers für die private Basiskranken- und Pflegeversicherung im Rahmen des ELStAM-Verfahrens noch nicht elektronisch bereitgestellt werden, kann der Arbeitgeber folgende Beitragsbescheinigungen des Versicherungsunternehmens im Rahmen des Lohnsteuerabzugs berücksichtigen[2]:

- eine bis zum 31. März des Kalenderjahres vorgelegte Beitragsbescheinigung über die voraussichtlichen privaten Basiskranken- und Pflege-Pflichtversicherungsbeiträge des Vorjahres,
- eine Beitragsbescheinigung über die voraussichtlichen privaten Basiskranken- und Pflege-Pflichtversicherungsbeiträge des laufenden Kalenderjahres oder
- eine Beitragsbescheinigung über die vom Versicherungsunternehmen an die Finanzverwaltung übermittelten Daten für das Vorjahr.

Eine dem Arbeitgeber vorliegende Beitragsbescheinigung ist auch im Rahmen des Lohnsteuerabzugs des Folgejahres (weiter) zu berücksichtigen, wenn keine neue Beitragsbescheinigung vorgelegt wird.

c) Vorlage einer Bescheinigung mit rückwirkenden Eintragungen

Legt der Arbeitnehmer eine Bescheinigung mit rückwirkenden Eintragungen vor, gilt Folgendes:

Der Arbeitgeber kann die Beitragsbescheinigung oder eine geänderte Beitragsbescheinigung entsprechend ihrer zeitlichen Gültigkeit beim Lohnsteuerabzug – auch rückwirkend – berücksichtigen. Der Arbeitgeber ist allerdings **nicht verpflichtet,** bereits abgerechnete Lohnzahlungszeiträume zu ändern (vgl. die Erläuterungen beim Stichwort „Änderung des Lohnsteuerabzugs"). Sind die als Sonderausgaben abziehbaren privaten Kranken- und Pflegeversicherungsbeiträge höher als die im Lohnsteuerabzugsverfahren berücksichtigten Beiträge, kann der Arbeitnehmer die tatsächlich gezahlten Beiträge bei der Veranlagung zur Einkommensteuer geltend machen (vgl. hierzu Anhang 8a). Sind die Beiträge niedriger, ist eine Pflichtveranlagung durchzuführen, wenn die entsprechenden Arbeitslohngrenzen überschritten sind (§ 46 Absatz 2 Nummer 3 EStG).

d) Was ist bei den Eintragungen in die Lohnsteuerbescheinigung 2021 zu beachten, wenn der Arbeitnehmer eine Bescheinigung über seine privaten Basiskranken- und Pflegeversicherungsbeiträge vorlegt?

In Zeile 28 der Lohnsteuerbescheinigung ist der tatsächlich im Lohnsteuerabzugsverfahren berücksichtigte **Teilbetrag der Vorsorgepauschale** für die Beiträge zur privaten Basis-Krankenversicherung und privaten Pflege-Pflichtversicherung zu bescheinigen. Wurde beim Lohnsteuerabzug – ggf. auch nur in einzelnen Lohnabrechnungszeiträumen – die Mindestvorsorgepauschale berücksichtigt, ist auch diese zu bescheinigen (vgl. die Erläuterungen und Beispiele beim Stichwort „Lohnsteuerbescheinigung" unter Nr. 25).

Werden Beiträge zu einer privaten Kranken- und Pflegeversicherung nachgewiesen, wird aber kein Arbeitslohn bezahlt, darf der Arbeitgeber keine Lohnsteuerbescheinigung ausstellen.

8. Mindestvorsorgepauschale für die Beiträge zur Kranken- und Pflegeversicherung

Seit 1.1.2010 beträgt die Mindestvorsorgepauschale **12 % des Arbeitslohns,** höchstens jedoch

- **1900 €** in den Steuerklassen I, II, IV, V und VI
- **3000 €** in der Steuerklasse III

Die Mindestvorsorgepauschale in Höhe von 12 % des Arbeitslohns wird also auch in den **Steuerklassen V und VI** gewährt.

Beispiel

Bei einer kinderlosen, sozialversicherungspflichtigen Arbeitnehmerin mit einem Jahresarbeitslohn von 18 000 € (Steuerklasse V) ergeben sich folgende Teilbeträge für die Berechnung der Vorsorgepauschale:

– Teilbetrag für die Rentenversicherung (9,3 % von 18 000 € = 1 674 €; davon 84 % lt. Übergangsregelung vgl. vorstehend unter Nr. 4)	1 406,16 €
– Mindestvorsorgepauschale für die Beiträge zur Kranken- und Pflegeversicherung (12 % von 18 000 € = 2 160 €), höchstens jedoch	1 900,– €
Vorsorgepauschale insgesamt (aufgerundet)	**3 307,– €**

Die Mindestvorsorgepauschale ist immer dann anzusetzen, wenn sie höher ist als

- die Summe der Teilbeträge für die gesetzliche Basiskranken- und Pflegeversicherung **oder**
- die vom Arbeitnehmer mit Bescheinigung nachgewiesenen Beiträge für seine private Basiskranken- und Pflegeversicherung.

Die Mindestvorsorgepauschale für Beiträge zur Kranken- und Pflegeversicherung ist auch dann anzusetzen, wenn feststeht, dass der betreffende Arbeitnehmer **keinen Arbeitnehmeranteil** zur gesetzlichen Kranken- und Pflegeversicherung zu entrichten hat, z. B. ein in den Ferien arbeitender Schüler oder Werkstudent (vgl. die Beispiele L, M, N, O, P und Q unter der nachfolgenden Nr. 9).

Die Höchstbeträge der Mindestvorsorgepauschale für die Kranken- und Pflegeversicherungsbeiträge in Höhe von 12 % des Arbeitslohns werden erreicht

- bei einem Arbeitslohn von **15 833,34 €** in den Steuerklassen I, II, IV, V und VI (12 % von 15 833,34 € = 1900 €) und
- bei einem Arbeitslohn von **25 000 €** in der Steuerklasse III (12 % von 25 000 € = 3000 €).

Die Mindestvorsorgepauschale für Beiträge zur gesetzlichen Kranken- und Pflegeversicherung ist in den Lohnsteuertarif der **Besonderen Lohnsteuertabelle** eingearbeitet (vgl. das Stichwort „Tarifaufbau"). Die Besondere Lohnsteuertabelle 2021 berücksichtigt somit keinen Teilbetrag für die gesetzliche Rentenversicherung sondern lediglich die Teilbeträge für die Kranken- und Pflegeversicherung in Form der Mindestvorsorgepauschale. Die **Besondere Lohnsteuertabelle** gilt daher z. B.

- für Beamte, Richter, Berufssoldaten, Soldaten auf Zeit (vgl. die Beispiele F und G unter der nachfolgenden Nr. 9);
- für nach § 5 Abs. 1 Nr. 2 und 3 SGB VI versicherungsfreie Arbeitnehmer (z. B. Beschäftigte bei Trägern der Sozialversicherung, Geistliche der als öffentlich-rechtliche Körperschaften anerkannten Religionsgemeinschaften), die wie Beamte im Krankheitsfall abgesichert sind;
- für Vorstandsmitglieder von Aktiengesellschaften und beherrschende Gesellschafter-Geschäftsführer einer GmbH, die nicht der gesetzlichen Rentenversicherungspflicht unterliegen und in der privaten Kranken- und Pflegeversicherung versichert sind (vgl. das Beispiel W unter der nachfolgenden Nr. 9);
- für Arbeitnehmer, die von ihrem Arbeitgeber nur Versorgungsbezüge im Sinne des § 19 Abs. 2 Satz 2 Nr. 1 EStG erhalten (z. B. Beamtenpensionäre, Bezieher von Witwen- oder Waisengeld aufgrund beamtenrechtlicher oder entsprechender gesetzlicher Vorschriften). Auf das Beispiel I unter der nachfolgenden Nr. 9 wird Bezug genommen.

Weisen privat versicherte Arbeitnehmer, für die die Besondere Lohnsteuertabelle anzuwenden ist, dem Arbeitgeber die vom Versicherungsunternehmen bescheinigten Basiskranken- und Pflegepflichtversicherungsbeiträge nach, sind diese nachgewiesenen Beiträge zu berücksichtigen, wenn sie **höher sind als die Mindestvorsorgepauschale** (vgl. die Beispiele E, H und J).

Die vom Arbeitnehmer mitgeteilten Beträge sind also nur dann maßgebend, wenn sie höher sind als die Mindestvorsorgepauschale. Die

1) Die gesetzliche Formulierung in § 39b Abs. 2 Satz 5 Nr. 3 Buchstabe d EStG zu dieser Regelung lautet:
„Für die Krankenversicherung und für die private Pflege-Pflichtversicherung bei Arbeitnehmern, die nicht unter Buchstabe b und c fallen, in den Steuerklassen I bis V in Höhe der dem Arbeitgeber mitgeteilten Beiträge im Sinne des § 10 Absatz 1 Nummer 3, etwaig vervielfältigt unter sinngemäßer Anwendung von Satz 2 auf einen Jahresbetrag, vermindert um den Betrag, der bezogen auf den Arbeitslohn unter Berücksichtigung der Beitragsbemessungsgrenze, den **ermäßigten** Beitragssatz und den **durchschnittlichen** Zusatzbeitragssatz in der gesetzlichen Krankenversicherung sowie den bundeseinheitlichen Beitragssatz in der sozialen Pflegeversicherung dem Arbeitgeberanteil für einen pflichtversicherten Arbeitnehmer entspricht, **wenn der Arbeitgeber gesetzlich verpflichtet ist, Zuschüsse zu den Kranken- und Pflegeversicherungsbeiträgen des Arbeitnehmers zu leisten.**"

2) Tz. 6.1 des BMF-Schreibens vom 26.11.2013 (BStBl. I S. 1532). Das BMF-Schreiben ist als Anlage zu H 39b.7 LStR im **Steuerhandbuch für das Lohnbüro 2021** abgedruckt, das im selben Verlag erschienen ist.

Vorlage einer Bescheinigung macht somit nur dann Sinn, wenn die bescheinigten Beiträge höher sind als die Mindestvorsorgepauschale. Unter der nachfolgenden Nr. 11 ist eine Tabelle zu der ab 2021 geltenden Mindestvorsorgepauschale abgedruckt. **Anhand dieser Tabelle kann der Arbeitgeber beurteilen, ob sich die Vorlage einer Bescheinigung für den betreffenden Arbeitnehmer tatsächlich lohnt.**

Ab dem Kalenderjahr 2024 – Pilotphase im Kalenderjahr 2023 – wird ein **elektronischer Datenaustausch** zwischen den Unternehmen der privaten Krankenversicherung, der Finanzverwaltung und den Arbeitgebern für die Bemessung des steuerfreien Arbeitgeberzuschusses zur **privaten Kranken- und Pflegeversicherung** und zur Vorsorgepauschale für diese Beiträge eingeführt. In diesem Zusammenhang wird die heutige **Mindestvorsorgepauschale ab dem Kalenderjahr 2024 abgeschafft.**

9. Beispiele zur Berechnung der verschiedenen Vorsorgepauschalen ab 1.1.2021 – Der Zusatzbeitrag zur GKV wurde mit 1,3 % (Arbeitnehmer- und Arbeitgeberanteil je 0,65 %) angenommen

Beispiel A

Der Arbeitgeber beschäftigt 2021 einen Arbeitnehmer, der in allen Zweigen der Sozialversicherung versicherungspflichtig ist.

Der kinderlose Arbeitnehmer hat die Steuerklasse I und verdient 2000 € monatlich (24 000 € jährlich). Seine Vorsorgepauschale errechnet sich wie folgt:

– Teilbetrag für die Rentenversicherung 7,812 %[1] von 24 000 €	1 874,88 €
– Teilbetrag für die Krankenversicherung 7,65 % von 24 000 €	1 836,– €
– Teilbetrag für die Pflegeversicherung 1,775 % von 24 000 €	426,– €
insgesamt	4 136,88 €
aufgerundet	**4 137,– €**

Unter der nachfolgenden Nr. 10 ist eine Tabelle abgedruckt, aus der die Vorsorgepauschale für den maßgebenden Bruttoarbeitslohn direkt abgelesen werden kann.

Beispiel B

Ein Arbeitgeber beschäftigt 2021 einen Arbeitnehmer, der in allen Zweigen der Sozialversicherung versicherungspflichtig ist.

Der Arbeitnehmer hat ein Kind und die Steuerklasse III. Er verdient 2000 € monatlich (24 000 € jährlich). Seine Vorsorgepauschale errechnet sich wie folgt:

– Teilbetrag für die Rentenversicherung 7,812 %[1] von 24 000 €		1 874,88 €
– Teilbetrag für die Krankenversicherung 7,65 % von 24 000 €	1 836,– €	
– Teilbetrag für die Pflegeversicherung 1,525 % von 24 000 €	366,– €	
Kranken- und Pflegeversicherung insgesamt	2 202,– €	
Mindestvorsorgepauschale für die Kranken- und Pflegeversicherung (12 % des Arbeitslohns höchstens 3 000 €) 12 % von 24 000 € =	2 880,– €	
anzusetzen sind		2 880,– €
Vorsorgepauschale 2021 insgesamt		4 754,88 €
aufgerundet		**4 755,– €**

Unter der nachfolgenden Nr. 10 ist eine Tabelle abgedruckt, aus der die Vorsorgepauschale für den maßgebenden Bruttoarbeitslohn direkt abgelesen werden kann.

Beispiel C

Ein Arbeitgeber beschäftigt 2021 einen kinderlosen Arbeitnehmer (Steuerklasse I), der monatlich 5000 € verdient (jährlich 60 000 €). Seine Vorsorgepauschale errechnet sich wie folgt:

– Teilbetrag für die Rentenversicherung 7,812 %[1] von 60 000 €	4 687,20 €
– Teilbetrag für die Krankenversicherung 7,65 % von 58 050 € (= Beitragsbemessungsgrenze)	4 440,82 €
– Teilbetrag für die Pflegeversicherung 1,775 % von 58 050 € (= Beitragsbemessungsgrenze)	1 030,38 €
insgesamt	10 158,40 €
aufgerundet	**10 159,– €**

Unter der nachfolgenden Nr. 10 ist eine Tabelle abgedruckt, aus der die Vorsorgepauschale für den maßgebenden Bruttoarbeitslohn direkt abgelesen werden kann.

Beispiel D

Ein Arbeitgeber in München beschäftigt 2021 einen kinderlosen Arbeitnehmer (Steuerklasse I), der monatlich 7500 € verdient (jährlich 90 000 €) und freiwillig in der gesetzlichen Krankenversicherung versichert ist. Seine Vorsorgepauschale errechnet sich wie folgt:

– Teilbetrag für die Rentenversicherung 7,812 %[1] von 85 200 € (= Beitragsbemessungsgrenze West)	6 655,82 €
– Teilbetrag für die Krankenversicherung 7,65 % von 58 050 € (= Beitragsbemessungsgrenze)	4 440,82 €
– Teilbetrag für die Pflegeversicherung 1,775 % von 58 050 € (= Beitragsbemessungsgrenze)	1030,38 €
insgesamt	12 127,02 €
aufgerundet	**12 128,– €**

Unter der nachfolgenden Nr. 10 ist eine Tabelle abgedruckt, aus der die Vorsorgepauschale für den maßgebenden Bruttoarbeitslohn direkt abgelesen werden kann.

Beispiel E

Ein Arbeitgeber in München beschäftigt einen kinderlosen Arbeitnehmer (Steuerklasse I), der monatlich 5500 € verdient (jährlich 66 000 €). Der Arbeitnehmer ist privat kranken- und pflegeversichert. Er legt seinem Arbeitgeber eine Bescheinigung seiner Krankenkasse vor, wonach sein Krankenversicherungsbeitrag im Kalenderjahr 2021 monatlich 600 € beträgt. Davon entfallen 50 € auf sog. Komfortleistungen (u. a. Chefarztbehandlung, Einbettzimmer), die nicht als Sonderausgaben abzugsfähig sind (vgl. die Erläuterungen im nachfolgenden Anhang 8a).

Für die Pflegeversicherung wird ein Monatsbeitrag von 150 € bescheinigt.

Der Arbeitnehmer erhält von seinem Arbeitgeber einen steuerfreien Arbeitgeberzuschuss zu seinen Beiträgen zur Kranken- und Pflegeversicherung. Seine Vorsorgepauschale errechnet sich wie folgt:

a) Teilbetrag für die Rentenversicherung 7,812 %[1] von 66 000 € =		5 155,92 €
b) Teilbetrag für die private Kranken- und Pflegeversicherung		
Beitrag zur privaten Krankenversicherung (12 × 600 €)		7 200,– €
abzüglich Finanzierung von Komfortleistungen (12 × 50 €)		600,– €
verbleiben		6 600,– €
Beitrag zur privaten Pflegeversicherung (12 × 150 €)		1 800,– €
insgesamt		8 400,– €
abzüglich **fiktiver** steuerfreier Arbeitgeberanteil		
– Krankenversicherung 7,65 % von 58 050 € =	4 440,82 €	
– Pflegeversicherung 1,525 % von 58 050 € =	885,26 €	5 326,08 €
verbleiben		3 073,92 €
Vorsorgepauschale 2021 insgesamt:		
– Teilbetrag für die Rentenversicherung		5 155,92 €
– Teilbetrag für die private Kranken- und Pflegeversicherung		3 073,92 €
insgesamt		8 229,84 €
aufgerundet		**8 230,– €**

Beispiel F

Ein **Beamter** (= in keinem Zweig der Sozialversicherung versicherungspflichtig) hat die Steuerklasse I und verdient im Kalenderjahr 2021 2000 € monatlich (24 000 € jährlich). Seine Vorsorgepauschale errechnet sich wie folgt:

– Teilbetrag für die Rentenversicherung		0,– €
– Teilbetrag für die Krankenversicherung ohne Nachweis der Beiträge	0,– €	
– Teilbetrag für die Pflegeversicherung, ohne Nachweis der Beiträge	0,– €	
Kranken- und Pflegeversicherung insgesamt	0,– €	
Mindestvorsorgepauschale für die Kranken- und Pflegeversicherung (12 % des Arbeitslohns höchstens 1 900 €) 12 % von 24 000 € =	2 880,– €	
anzusetzen sind		1 900,– €
Vorsorgepauschale 2021 insgesamt		**1 900,– €**

Unter der nachfolgenden Nr. 11 ist eine Tabelle abgedruckt, aus der die Vorsorgepauschale für den maßgebenden Bruttoarbeitslohn direkt abgelesen werden kann.

Beispiel G

Ein **Beamter** (= in keinem Zweig der Sozialversicherung versicherungspflichtig) hat die Steuerklasse III und verdient 2000 € monatlich (24 000 € jährlich). Seine Vorsorgepauschale errechnet sich wie folgt:

– Teilbetrag für die Rentenversicherung		0,– €
– Teilbetrag für die Krankenversicherung ohne Nachweis der Beiträge	0,– €	
– Teilbetrag für die Pflegeversicherung, ohne Nachweis der Beiträge	0,– €	
Kranken- und Pflegeversicherung insgesamt	0,– €	
Mindestvorsorgepauschale für die Kranken- und Pflegeversicherung (12 % des Arbeitslohns höchstens 3 000 €) 12 % von 24 000 € =	2 880,– €	

1) 84 % von 9,3 % RV-Beitrag = 7,812 %.

anzusetzen sind		2 880,– €
Vorsorgepauschale 2021 insgesamt		**2 880,– €**

Unter der nachfolgenden Nr. 11 ist eine Tabelle abgedruckt, aus der die Vorsorgepauschale für den maßgebenden Bruttoarbeitslohn direkt abgelesen werden kann.

Beispiel H

Ein **Beamter** hat die Steuerklasse I und verdient im Kalenderjahr 2021 2000 € monatlich (24 000 € jährlich).

Der Beamte ist privat kranken- und pflegeversichert. Er legt seiner Besoldungsstelle eine Bescheinigung seiner Krankenkasse vor, wonach sein Krankenversicherungsbeitrag im Kalenderjahr 2021 monatlich 250 € beträgt. Davon entfallen 20 € auf sog. Komfortleistungen (u. a. Chefarztbehandlung, Einbettzimmer), die nicht als Sonderausgaben abzugsfähig sind (vgl. die Erläuterungen im nachfolgenden Anhang 8a).

Für die Pflegeversicherung wird ein Monatsbeitrag von 25 € bescheinigt.

Seine Vorsorgepauschale errechnet sich wie folgt:

– Teilbetrag für die Rentenversicherung		0,– €
– Teilbetrag für die private Krankenversicherung (3 000 € – 240 € =)		2 760,– €
– Teilbetrag für die private Pflegeversicherung (12 × 25 €)		300,– €
Vorsorgepauschale 2021 insgesamt		**3 060,– €**

Beispiel I

Ein **pensionierter Beamter** (der in keinem Zweig der Sozialversicherung versicherungspflichtig ist) hat die Steuerklasse I und erhält eine Pension von 1500 € monatlich (18 000 € jährlich). Seine Vorsorgepauschale errechnet sich wie folgt:

– Teilbetrag für die Rentenversicherung		0,– €
– Teilbetrag für die Krankenversicherung ohne Nachweis der Beiträge	0,– €	
– Teilbetrag für die Pflegeversicherung, ohne Nachweis der Beiträge	0,– €	
Kranken- und Pflegeversicherung insgesamt	0,– €	
Mindestvorsorgepauschale für die Kranken- und Pflegeversicherung (12 % der Pension höchstens 1 900 €) 12 % von 18 000 € =	2 160,– €	
anzusetzen sind		1 900,– €
Vorsorgepauschale 2021 insgesamt		**1 900,– €**

Unter der nachfolgenden Nr. 11 ist eine Tabelle abgedruckt, aus der die Vorsorgepauschale für den maßgebenden Bruttoarbeitslohn direkt abgelesen werden kann.

Beispiel J

Ein **pensionierter Beamter** hat die Steuerklasse I und bezieht im Kalenderjahr 2021 1500 € monatlich (18 000 € jährlich).

Der pensionierte Beamte ist privat kranken- und pflegeversichert. Er legt seiner Besoldungsstelle eine Bescheinigung seiner Krankenkasse vor, wonach sein Krankenversicherungsbeitrag im Kalenderjahr 2021 monatlich 170 € beträgt. Davon entfallen 20 € auf sog. Komfortleistungen (u. a. Chefarztbehandlung, Einbettzimmer), die nicht als Sonderausgaben abzugsfähig sind (vgl. die Erläuterungen im nachfolgenden Anhang 8a).

Für die Pflegeversicherung wird ein Monatsbeitrag von 15 € bescheinigt.

Seine Vorsorgepauschale errechnet sich wie folgt:

– Teilbetrag für die Rentenversicherung		0,– €
– Teilbetrag für die private Krankenversicherung (2 040 € – 240 € =)		1 800,– €
– Teilbetrag für die private Pflegeversicherung		180,– €
Vorsorgepauschale 2021 insgesamt		**1 980,– €**

Beispiel K

Der Arbeitgeber beschäftigt 2021 einen **Auszubildenden** für den er den Gesamtsozialversicherungsbeitrag trägt.

Der Auszubildende ist in allen Zweigen der Sozialversicherung versicherungspflichtig.

Der Auszubildende ist 18 Jahre alt, hat die Steuerklasse I und verdient 300 € monatlich (3600 € jährlich). Seine Vorsorgepauschale errechnet sich wie folgt:

– Teilbetrag für die Rentenversicherung		0,– €
– Teilbetrag für die Krankenversicherung	0,– €	
– Teilbetrag für die Pflegeversicherung	0,– €	
Kranken- und Pflegeversicherung insgesamt	0,– €	
Mindestvorsorgepauschale für die Kranken- und Pflegeversicherung (12 % des Arbeitslohns höchstens 1 900 €) 12 % von 3 600 € =	432,– €	
anzusetzen sind		432,– €
Vorsorgepauschale 2021 insgesamt		**432,– €**

Abwandlung des Beispiels:

Die Ausbildungsvergütung beträgt 500 € monatlich (6000 € jährlich). Die Sozialversicherungsbeiträge verteilen sich auf den Arbeitgeber und den Auszubildenden nach den allgemeinen Regelungen. Seine Vorsorgepauschale errechnet sich wie folgt:

– Teilbetrag für die Rentenversicherung 7,812 %[1] von 6 000 €		468,72 €
– Teilbetrag für die Krankenversicherung 7,65 % von 6 000 €	459,– €	
– Teilbetrag für die Pflegeversicherung 1,525 % von 6 000 €	91,50 €	
Kranken- und Pflegeversicherung insgesamt	550,50 €	
Mindestvorsorgepauschale für die Kranken- und Pflegeversicherung (12 % des Arbeitslohns höchstens 1 900 €) 12 % von 6 000 € =	720,– €	
anzusetzen sind		720,– €
Vorsorgepauschale 2021 insgesamt		1 188,72 €
aufgerundet		**1 189,– €**

Unter der nachfolgenden Nr. 10 ist eine Tabelle abgedruckt, aus der die Vorsorgepauschale für den maßgebenden Bruttoarbeitslohn direkt abgelesen werden kann.

Beispiel L

Ein **Student** fährt im Kalenderjahr 2021 das ganze Jahr über neben seinem Studium Taxi. Die wöchentliche Arbeitszeit beträgt 20 Stunden. Das monatliche Arbeitsentgelt beträgt 1000 € (12 000 € jährlich). Der Student hat die Steuerklasse I. Der Student ist rentenversicherungspflichtig. In der Kranken-, Pflege- und Arbeitslosenversicherung ist er versicherungsfrei, weil die wöchentliche Arbeitszeit die 20-Stunden-Grenze nicht überschreitet. Seine Vorsorgepauschale errechnet sich wie folgt:

– Teilbetrag für die Rentenversicherung 7,812 %[1] von 12 000 €		937,44 €
– Teilbetrag für die Krankenversicherung	0,– €	
– Teilbetrag für die Pflegeversicherung	0,– €	
Kranken- und Pflegeversicherung insgesamt	0,– €	
Mindestvorsorgepauschale für die Kranken- und Pflegeversicherung (12 % des Arbeitslohns höchstens 1 900 €) 12 % von 12 000 € =	1 440,– €	
anzusetzen sind		1 440,– €
Vorsorgepauschale 2021 insgesamt		2 377,44 €
aufgerundet		**2 378,– €**

Beispiel M

Ein **Student** ist im Kalenderjahr 2021 in den Semesterferien drei Monate für einen Monatslohn von 2000 € tätig. Der Student ist rentenversicherungsfrei (= kurzfristige Beschäftigung) und hat die Steuerklasse I. In der Kranken-, Pflege- und Arbeitslosenversicherung ist er ebenfalls versicherungsfrei. Seine Vorsorgepauschale errechnet sich aus einem hochgerechneten Jahresarbeitslohn von (2000 € × 12 =) 24 000 € wie folgt:

– Teilbetrag für die Rentenversicherung		0,– €
– Teilbetrag für die Krankenversicherung	0,– €	
– Teilbetrag für die Pflegeversicherung	0,– €	
Kranken- und Pflegeversicherung insgesamt	0,– €	
Mindestvorsorgepauschale für die Kranken- und Pflegeversicherung (12 % des Arbeitslohns höchstens 1 900 €) 12 % von 24 000 € =	2 880,– €	
anzusetzen sind		1 900,– €
Vorsorgepauschale 2021 insgesamt		1 900,– €
für drei Monate $^{3}/_{12}$		475,– €

Beispiel N

Der Arbeitgeber beschäftigt 2021 einen **Praktikanten,** der während des Studiums ein vorgeschriebenes Zwischenpraktikum ableistet. Der Praktikant ist in allen Zweigen der Sozialversicherung versicherungsfrei (§ 5 Abs. 3 SGB VI).

Der Praktikant hat die Steuerklasse I und verdient 500 € monatlich (6000 € jährlich). Seine Vorsorgepauschale errechnet sich wie folgt:

– Teilbetrag für die Rentenversicherung		0,– €
– Teilbetrag für die Krankenversicherung	0,– €	
– Teilbetrag für die Pflegeversicherung	0,– €	
Kranken- und Pflegeversicherung insgesamt	0,– €	
Mindestvorsorgepauschale für die Kranken- und Pflegeversicherung (12 % des Arbeitslohns höchstens 1 900 €) 12 % von 6 000 € =	720,– €	
anzusetzen sind		720,– €
Vorsorgepauschale 2021 insgesamt		720,– €
monatlich $^{1}/_{12}$ =		60,– €

Unter der nachfolgenden Nr. 11 ist eine Tabelle abgedruckt, aus der die Vorsorgepauschale für den maßgebenden Bruttoarbeitslohn direkt abgelesen werden kann.

Bei Praktikanten muss der Arbeitgeber die Sozialversicherungspflicht in den einzelnen Zweigen der Sozialversicherung gesondert prüfen je nachdem, ob der Praktikant ein vorgeschriebenes oder nicht vorgeschriebenes Vorpraktikum, Zwischenpraktikum oder Nachpraktikum ausübt (vgl. das Stichwort „Praktikanten" und die Übersicht zur sozialversicherungsrechtlichen Beurteilung von Praktikanten in **Anhang 17**). Dem Arbeitgeber ist die sozialversicherungsrechtliche Situation des Praktikanten somit bekannt. Dement-

1) 84 % von 9,3 % RV-Beitrag = 7,812 %.

sprechend erfolgt auch die Ermittlung der einzelnen Teilbeträge für die Vorsorgepauschale.

Beispiel O

Der Arbeitgeber beschäftigt 2021 einen **Schüler** in den Ferien. Der Schüler ist in keinem Zweig der Sozialversicherung pflichtversichert (= kurzfristige Beschäftigung).

Der Schüler hat die Steuerklasse I und verdient 1000 € monatlich (hochgerechnet auf ein Jahr = 12 000 €). Seine Vorsorgepauschale errechnet sich wie folgt:

– Teilbetrag für die Rentenversicherung		0,– €
– Teilbetrag für die Krankenversicherung	0,– €	
– Teilbetrag für die Pflegeversicherung	0,– €	
Kranken- und Pflegeversicherung insgesamt	0,– €	
Mindestvorsorgepauschale für die Kranken- und Pflegeversicherung (12 % des Arbeitslohns höchstens 1 900 €) 12 % von 12 000 € =	1 440,– €	
anzusetzen sind		1 440,– €
Vorsorgepauschale 2021 insgesamt		1 440,– €
monatlich 1/12 =		120,– €

Unter der nachfolgenden Nr. 11 ist eine Tabelle abgedruckt, aus der die Vorsorgepauschale für den maßgebenden Bruttoarbeitslohn direkt abgelesen werden kann.

Beispiel P

Ein Arbeitnehmer übt seit fünfzehn Jahren einen sog. Minijob aus. Sein Arbeitgeber entrichtet den besonderen Arbeitgeberanteil zur Rentenversicherung in Höhe von 15 %. Der Arbeitnehmer hat nicht zur Rentenversicherungspflicht optiert und entrichtet demzufolge auch keinen eigenen Beitrag zur Rentenversicherung. Die Lohnsteuer wird nicht mit 2 % pauschaliert, sondern erfolgt nach den individuellen Lohnsteuerabzugsmerkmalen des Arbeitnehmers (z. B. nach Steuerklasse I)[1]. Bei einem Monatslohn von 400 € errechnet sich folgende Vorsorgepauschale:

– Teilbetrag für die Rentenversicherung		0,– €
– Teilbetrag für die Krankenversicherung	0,– €	
– Teilbetrag für die Pflegeversicherung	0,– €	
Kranken- und Pflegeversicherung insgesamt	0,– €	
Mindestvorsorgepauschale für die Kranken- und Pflegeversicherung (12 % des Arbeitslohns höchstens 1 900 €) 12 % von 4 800 € =	576,– €	
anzusetzen sind		576,– €
Vorsorgepauschale 2021 insgesamt		**576,– €**

Unter der nachfolgenden Nr. 11 ist eine Tabelle abgedruckt, aus der die Vorsorgepauschale für den maßgebenden Bruttoarbeitslohn direkt abgelesen werden kann.

Beispiel Q

Ein Arbeitnehmer übt seit 1.1.2014 einen Minijob aus. Sein Monatlohn beträgt 450 €, für den der Arbeitgeber den besonderen Arbeitgeberanteil zur Rentenversicherung in Höhe von 15 % entrichten muss. Der Arbeitnehmer hat sich nicht von der Rentenversicherungspflicht befreien lassen und entrichtet einen Arbeitnehmeranteil von (18,6 % – 15 % =) 3,6 % von 450 € = 16,20 € (vgl. die Erläuterungen beim Stichwort „Geringfügige Beschäftigung" unter Nr. 7). Die Lohnsteuer wird nicht mit 2 % pauschaliert, sondern erfolgt nach den individuellen Lohnsteuerabzugsmerkmalen des Arbeitnehmers (z. B. nach Steuerklasse I)[1]. Es errechnet sich folgende Vorsorgepauschale:

– Teilbetrag für die Rentenversicherung (7,812 %[2] von 5400 € =)		421,85 €
– Teilbetrag für die Krankenversicherung	0,– €	
– Teilbetrag für die Pflegeversicherung	0,– €	
Kranken- und Pflegeversicherung insgesamt	0,– €	
Mindestvorsorgepauschale für die Kranken- und Pflegeversicherung (12 % des Arbeitslohns höchstens 1 900 €) 12 % von 5 400 € =	648,– €	
anzusetzen sind		648,– €
Vorsorgepauschale 2021 insgesamt		1 069,85 €
aufgerundet		**1 070,– €**

Unter der nachfolgenden Nr. 10 ist eine Tabelle abgedruckt, aus der die Vorsorgepauschale für den maßgebenden Bruttoarbeitslohn direkt abgelesen werden kann.

Beispiel R

Der Arbeitgeber beschäftigt 2021 einen kinderlosen Arbeitnehmer, der nach Erreichen der Regelaltersgrenze eine **Altersrente (Vollrente)** bezieht. Deshalb ist dieser Rentner auch rentenversicherungsfrei; ein Arbeit**nehmer**anteil zur Rentenversicherung fällt nicht an. Der Arbeitgeber muss jedoch für diesen Rentner einen Arbeit**geber**anteil zur gesetzlichen Rentenversicherung entrichten. In der Kranken- und Pflegeversicherung ist der Renter pflichtversichert (vgl. die Lohnabrechnung für einen weiterbeschäftigten Rentner beim Stichwort „Rentner" unter Nr. 5 auf Seite 834).

Der Rentner verdient 1000 € monatlich (12 000 € jährlich). Seine Vorsorgepauschale errechnet sich wie folgt:

– Teilbetrag für die Rentenversicherung		0,– €
– Teilbetrag für die Krankenversicherung 7,65 % von 12 000 €	918,– €	
– Teilbetrag für die Pflegeversicherung 1,775 % von 12 000 €	213,– €	
Kranken- und Pflegeversicherung insgesamt	1 131,– €	
Mindestvorsorgepauschale für die Kranken- und Pflegeversicherung (12 % des Arbeitslohns höchstens 1 900 €) 12 % von 12 000 € =	1 440,– €	
anzusetzen sind		1 440,– €
Vorsorgepauschale 2021 insgesamt		**1 440,– €**

Unter der nachfolgenden Nr. 11 ist eine Tabelle abgedruckt, aus der die Vorsorgepauschale für den maßgebenden Bruttoarbeitslohn direkt abgelesen werden kann.

Beispiel S

Ein **(aktiver) Beamter** übt 2021 eine **Nebentätigkeit als Hausmeister** aus. Zur Berechnung der Vorsorgepauschale bei den Beamtenbezügen vgl. das Beispiel F.

Die Nebentätigkeit des Beamten als Hausmeister ist rentenversicherungspflichtig. In der Kranken- und Pflegeversicherung ist die Nebentätigkeit des Beamten versicherungsfrei (vgl. das Stichwort „Beamte"). Der Beamte hat für seine Nebentätigkeit als Hausmeister die Steuerklasse VI[1]. Er verdient monatlich 1000 € (12 000 € jährlich). Seine Vorsorgepauschale für seine Nebentätigkeit errechnet sich wie folgt:

– Teilbetrag für die Rentenversicherung 7,812 %[2] von 12 000 €		937,44 €
– Teilbetrag für die Krankenversicherung	0,– €	
– Teilbetrag für die Pflegeversicherung	0,– €	
Kranken- und Pflegeversicherung insgesamt	0,– €	
Mindestvorsorgepauschale für die Kranken- und Pflegeversicherung (12 % des Arbeitslohns höchstens 1 900 €) 12 % von 12 000 € =	1 440,– €	
anzusetzen sind		1 440,– €
Vorsorgepauschale 2021 insgesamt		2 377,44 €
aufgerundet		**2 378,– €**

Unter der nachfolgenden Nr. 10 ist eine Tabelle abgedruckt, aus der die Vorsorgepauschale für den maßgebenden Bruttoarbeitslohn direkt abgelesen werden kann.

Beispiel T

Ein **pensionierter Beamter** übt 2021 eine **Nebentätigkeit als Hausmeister** aus.

Die Nebentätigkeit des pensionierten Beamten als Hausmeister ist rentenversicherungsfrei, ein Arbeit**nehmer**anteil fällt deshalb nicht an. Der Arbeitgeber muss jedoch für den Beamtenpensionär einen Arbeit**geber**anteil zur gesetzlichen Rentenversicherung entrichten. In der Kranken- und Pflegeversicherung ist die Nebentätigkeit des pensionierten Beamten versicherungsfrei (vgl. das Stichwort „Pensionäre"). Die Nebentätigkeit des pensionierten Beamten als Hausmeister wird nach Steuerklasse VI besteuert. Er verdient monatlich 1000 € (12 000 € jährlich). Seine Vorsorgepauschale errechnet sich wie folgt:

– Teilbetrag für die Rentenversicherung		0,– €
– Teilbetrag für die Krankenversicherung	0,– €	
– Teilbetrag für die Pflegeversicherung	0,– €	
Kranken- und Pflegeversicherung insgesamt	0,– €	
Mindestvorsorgepauschale für die Kranken- und Pflegeversicherung (12 % des Arbeitslohns höchstens 1 900 €) 12 % von 12 000 € =	1 440,– €	
anzusetzen sind		1 440,– €
Vorsorgepauschale 2021 insgesamt		**1 440,–€**

Unter der nachfolgenden Nr. 11 ist eine Tabelle abgedruckt, aus der die Vorsorgepauschale für den maßgebenden Bruttoarbeitslohn direkt abgelesen werden kann.

Beispiel U

Ein Arbeitgeber zahlt **Betriebsrenten** an seine Werkspensionäre. Ein kinderloser Werkspensionär, der in der gesetzlichen Krankenversicherung versichert ist, und für den der Arbeitgeber Beiträge zur Kranken- und Pflegeversicherung abführt, bezieht eine Betriebsrente in Höhe von 500 € monatlich (6000 € jährlich). Die Betriebsrente wird nach Steuerklasse VI besteuert. Seine Vorsorgepauschale errechnet sich wie folgt:

– Teilbetrag für die Rentenversicherung		0,– €
– Teilbetrag für die Krankenversicherung 7,65 % von 6 000 €	459,– €	
– Teilbetrag für die Pflegeversicherung 1,775 % von 6 000 €	106,50 €	
Kranken- und Pflegeversicherung insgesamt	565,50 €	
Mindestvorsorgepauschale für die Kranken- und Pflegeversicherung (12 % des Arbeitslohns höchstens 1 900 €) 12 % von 6 000 € =	720,– €	
anzusetzen sind		720,– €
Vorsorgepauschale 2021 insgesamt		**720,–€**

Unter der nachfolgenden Nr. 11 ist eine Tabelle abgedruckt, aus der die Vorsorgepauschale für den maßgebenden Bruttoarbeitslohn direkt abgelesen werden kann.

Beispiel V

Der **Geschäftsführer einer GmbH** in München hat nur einen geringen Anteil am Stammkapital der Gesellschaft und ist deshalb nicht nur lohnsteuerlich, sondern auch sozial-

1) Auf die ausführlichen Erläuterungen beim Stichwort „Elektronische Lohnsteuerabzugsmerkmale (ELStAM)" wird Bezug genommen.

2) 84 % von 9,3 % RV-Beitrag = 7,812 %.

versicherungsrechtlich Arbeitnehmer (vgl. das Stichwort „Gesellschafter-Geschäftsführer"). Der Geschäftsführer der GmbH verdient 2021 monatlich 5500 € (66 000 € jährlich). Er ist freiwillig in der gesetzlichen Krankenversicherung versichert. Er ist kinderlos und hat die Steuerklasse I.

Seine Vorsorgepauschale errechnet sich wie folgt:

– Teilbetrag für die Rentenversicherung 7,812 %[1] von 66 000 €	5 155,92 €
– Teilbetrag für die Krankenversicherung 7,65 % von 58 050 € (= Beitragsbemessungsgrenze)	4 440,82 €
– Teilbetrag für die Pflegeversicherung 1,775 % von 58 050 € (= Beitragsbemessungsgrenze)	1 030,38 €
insgesamt	10 627,12 €
aufgerundet	**10 628,– €**

Unter der nachfolgenden Nr. 10 ist eine Tabelle abgedruckt, aus der die Vorsorgepauschale für den maßgebenden Bruttoarbeitslohn direkt abgelesen werden kann.

Beispiel W

Der **beherrschende Gesellschafter-Geschäftsführer** einer GmbH hat die Steuerklasse I und verdient 6000 € monatlich (72 000 € jährlich). Er ist kein abhängig Beschäftigter im Sinne der Sozialversicherung, das heißt er ist nicht sozialversicherungspflichtig. Seine Vorsorgepauschale errechnet sich wie folgt:

– Teilbetrag für die Rentenversicherung		0,– €
– Teilbetrag für die Krankenversicherung ohne Nachweis der Beiträge	0,– €	
– Teilbetrag für die Pflegeversicherung ohne Nachweis der Beiträge	0,– €	
Kranken- und Pflegeversicherung insgesamt	0,– €	
Mindestvorsorgepauschale für die Kranken- und Pflegeversicherung (12 % des Arbeitslohns höchstens 1 900 €) 12 % von 72 000 € =	8 640,– €	
anzusetzen sind höchstens		1 900,– €
Vorsorgepauschale 2021 insgesamt		**1 900,– €**

Unter der nachfolgenden Nr. 11 ist eine Tabelle abgedruckt, aus der die Vorsorgepauschale für den maßgebenden Bruttoarbeitslohn direkt abgelesen werden kann.

Beispiel X

Der **beherrschende Gesellschafter-Geschäftsführer** einer GmbH hat die Steuerklasse I und verdient 6000 € monatlich (72 000 € jährlich). Er ist kein abhängig Beschäftigter im Sinne der Sozialversicherung, das heißt er ist nicht sozialversicherungspflichtig. Er ist freiwillig bei der AOK kranken- und pflegeversichert. Er ist kinderlos und hat die Steuerklasse I. Seine Vorsorgepauschale errechnet sich wie folgt:

– Teilbetrag für die Rentenversicherung	0,– €
– Teilbetrag für die Krankenversicherung 7,65 % von 58 050 € (= Beitragsbemessungsgrenze)	4 440,82 €
– Teilbetrag für die Pflegeversicherung 1,775 % von 58 050 € (= Beitragsbemessungsgrenze)	1 030,38 €
Vorsorgepauschale 2021 insgesamt	5 471,20 €
aufgerundet	**5 472,– €**

10. Tabelle zur ungekürzten Vorsorgepauschale 2021

a) Steuerklasse I, II, IV, V und VI für einen kinderlosen Arbeitnehmer, der rentenversicherungspflichtig und in der gesetzlichen Krankenversicherung (GKV) versichert ist. Der Zusatzbeitrag zur GKV wurde mit 1,3 % (Arbeitnehmer- und Arbeitgeberanteil je 0,65 %) angenommen.

Jahresarbeitslohn	Vorsorgepauschale 2021	Jahresarbeitslohn	Vorsorgepauschale 2021
bei 100 €	20 €	bei 2 500 €	496 €
bei 200 €	40€	bei 2 600 €	516 €
bei 300 €	60 €	bei 2 700 €	535 €
bei 400 €	80 €	bei 2 800 €	555 €
bei 500 €	100 €	bei 2 900 €	575 €
bei 600 €	119 €	bei 3 000 €	595 €
bei 700 €	139 €	bei 3 100 €	615 €
bei 800 €	159 €	bei 3 200 €	634 €
bei 900 €	179 €	bei 3 300 €	654 €
bei 1 000 €	199 €	bei 3 400 €	674 €
bei 1 100 €	218 €	bei 3 500 €	694 €
bei 1 200 €	238 €	bei 3 600 €	714 €
bei 1 300 €	258 €	bei 3 700 €	734 €
bei 1 400 €	278 €	bei 3 800 €	753 €
bei 1 500 €	298 €	bei 3 900 €	773 €
bei 1 600 €	317 €	bei 4 000 €	793 €
bei 1 700 €	337 €	bei 4 100 €	813 €
bei 1 800 €	357 €	bei 4 200 €	833 €
bei 1 900 €	377 €	bei 4 300 €	852 €
bei 2 000 €	397 €	bei 4 400 €	872 €
bei 2 100 €	417 €	bei 4 500 €	892 €
bei 2 200 €	436 €	bei 4 600 €	912 €
bei 2 300 €	456 €	bei 4 700 €	932 €
bei 2 400 €	476 €	bei 4 800 €	951 €

Jahresarbeitslohn	Vorsorgepauschale 2021	Jahresarbeitslohn	Vorsorgepauschale 2021
bei 4 900 €	971 €	bei 14 600 €	2 893 €
bei 5 000 €	991 €	bei 14 700 €	2 913 €
bei 5 100 €	1 011 €	bei 14 800 €	2 933 €
bei 5 200 €	1 031 €	bei 14 900 €	2 952 €
bei 5 300 €	1 051 €	bei 15 000 €	2 972 €
bei 5 400 €	1 070 €	bei 15 100 €	2 992 €
bei 5 500 €	1 090 €	bei 15 200 €	3 012 €
bei 5 600 €	1 110 €	bei 15 300 €	3 032 €
bei 5 700 €	1 130 €	bei 15 400 €	3 052 €
bei 5 800 €	1 150 €	bei 15 500 €	3 071 €
bei 5 900 €	1 169 €	bei 15 600 €	3 091 €
bei 6 000 €	1 189 €	bei 15 700 €	3 111 €
bei 6 100 €	1 209 €	bei 15 800 €	3 131 €
bei 6 200 €	1 229 €	bei 15 900 €	3 143 €
bei 6 300 €	1 249 €	bei 16 000 €	3 150 €
bei 6 400 €	1 268 €	bei 16 100 €	3 158 €
bei 6 500 €	1 288 €	bei 16 200 €	3 166 €
bei 6 600 €	1 308 €	bei 16 300 €	3 174 €
bei 6 700 €	1 328 €	bei 16 400 €	3 182 €
bei 6 800 €	1 348 €	bei 16 500 €	3 189 €
bei 6 900 €	1 368 €	bei 16 600 €	3 197 €
bei 7 000 €	1 387 €	bei 16 700 €	3 205 €
bei 7 100 €	1 407 €	bei 16 800 €	3 213 €
bei 7 200 €	1 427 €	bei 16 900 €	3 221 €
bei 7 300 €	1 447 €	bei 17 000 €	3 229 €
bei 7 400 €	1 467 €	bei 17 100 €	3 236 €
bei 7 500 €	1 486 €	bei 17 200 €	3 244 €
bei 7 600 €	1 506 €	bei 17 300 €	3 252 €
bei 7 700 €	1 526 €	bei 17 400 €	3 260 €
bei 7 800 €	1 546 €	bei 17 500 €	3 268 €
bei 7 900 €	1 566 €	bei 17 600 €	3 275 €
bei 8 000 €	1 585 €	bei 17 700 €	3 283 €
bei 8 100 €	1 605 €	bei 17 800 €	3 291 €
bei 8 200 €	1 625 €	bei 17 900 €	3 299 €
bei 8 300 €	1 645 €	bei 18 000 €	3 307 €
bei 8 400 €	1 665 €	bei 18 100 €	3 314 €
bei 8 500 €	1 685 €	bei 18 200 €	3 322 €
bei 8 600 €	1 704 €	bei 18 300 €	3 330 €
bei 8 700 €	1 724 €	bei 18 400 €	3 338 €
bei 8 800 €	1 744 €	bei 18 500 €	3 346 €
bei 8 900 €	1 764 €	bei 18 600 €	3 354 €
bei 9 000 €	1 784 €	bei 18 700 €	3 361 €
bei 9 100 €	1 803 €	bei 18 800 €	3 369 €
bei 9 200 €	1 823 €	bei 18 900 €	3 377 €
bei 9 300 €	1 843 €	bei 19 000 €	3 385 €
bei 9 400 €	1 863 €	bei 19 100 €	3 393 €
bei 9 500 €	1 883 €	bei 19 200 €	3 400 €
bei 9 600 €	1 902 €	bei 19 300 €	3 408 €
bei 9 700 €	1 922 €	bei 19 400 €	3 416 €
bei 9 800 €	1 942 €	bei 19 500 €	3 424 €
bei 9 900 €	1 962 €	bei 19 600 €	3 432 €
bei 10 000 €	1 982 €	bei 19 700 €	3 439 €
bei 10 100 €	2 002 €	bei 19 800 €	3 447 €
bei 10 200 €	2 021 €	bei 19 900 €	3 455 €
bei 10 300 €	2 041 €	bei 20 000 €	3 463 €
bei 10 400 €	2 061 €	bei 20 100 €	3 471 €
bei 10 500 €	2 081 €	bei 20 200 €	3 482 €
bei 10 600 €	2 101 €	bei 20 300 €	3 500 €
bei 10 700 €	2 120 €	bei 20 400 €	3 517 €
bei 10 800 €	2 140 €	bei 20 500 €	3 534 €
bei 10 900 €	2 160 €	bei 20 600 €	3 551 €
bei 11 000 €	2 180 €	bei 20 700 €	3 569 €
bei 11 100 €	2 200 €	bei 20 800 €	3 586 €
bei 11 200 €	2 219 €	bei 20 900 €	3 603 €
bei 11 300 €	2 239 €	bei 21 000 €	3 620 €
bei 11 400 €	2 259 €	bei 21 100 €	3 637 €
bei 11 500 €	2 279 €	bei 21 200 €	3 655 €
bei 11 600 €	2 299 €	bei 21 300 €	3 672 €
bei 11 700 €	2 318 €	bei 21 400 €	3 689 €
bei 11 800 €	2 338 €	bei 21 500 €	3 706 €
bei 11 900 €	2 358 €	bei 21 600 €	3 724 €
bei 12 000 €	2 378 €	bei 21 700 €	3 741 €
bei 12 100 €	2 398 €	bei 21 800 €	3 758 €
bei 12 200 €	2 418 €	bei 21 900 €	3 775 €
bei 12 300 €	2 437 €	bei 22 000 €	3 793 €
bei 12 400 €	2 457 €	bei 22 100 €	3 810 €
bei 12 500 €	2 477 €	bei 22 200 €	3 827 €
bei 12 600 €	2 497 €	bei 22 300 €	3 844 €
bei 12 700 €	2 517 €	bei 22 400 €	3 862 €
bei 12 800 €	2 536 €	bei 22 500 €	3 879 €
bei 12 900 €	2 556 €	bei 22 600 €	3 896 €
bei 13 000 €	2 576 €	bei 22 700 €	3 913 €
bei 13 100 €	2 596 €	bei 22 800 €	3 931 €
bei 13 200 €	2 616 €	bei 22 900 €	3 948 €
bei 13 300 €	2 635 €	bei 23 000 €	3 965 €
bei 13 400 €	2 655 €	bei 23 100 €	3 982 €
bei 13 500 €	2 675 €	bei 23 200 €	3 999 €
bei 13 600 €	2 695 €	bei 23 300 €	4 017 €
bei 13 700 €	2 715 €	bei 23 400 €	4 034 €
bei 13 800 €	2 735 €	bei 23 500 €	4 051 €
bei 13 900 €	2 754 €	bei 23 600 €	4 068 €
bei 14 000 €	2 774 €	bei 23 700 €	4 086 €
bei 14 100 €	2 794 €	bei 23 800 €	4 103 €
bei 14 200 €	2 814 €	bei 23 900 €	4 120 €
bei 14 300 €	2 834 €	bei 24 000 €	4 137 €
bei 14 400 €	2 853 €	bei 24 100 €	4 155 €
bei 14 500 €	2 873 €	bei 24 200 €	4 172 €

1) 84 % von 9,3 % RV-Beitrag = 7,812 %.

Jahresarbeitslohn	Vorsorgepauschale 2021	Jahresarbeitslohn	Vorsorgepauschale 2021	Jahresarbeitslohn	Vorsorgepauschale 2021	Jahresarbeitslohn	Vorsorgepauschale 2021
bei 24 300 €	4 189 €	bei 34 300 €	5 913 €	bei 44 300 €	7 636 €	bei 54 300 €	9 360 €
bei 24 400 €	4 206 €	bei 34 400 €	5 930 €	bei 44 400 €	7 654 €	bei 54 400 €	9 377 €
bei 24 500 €	4 224 €	bei 34 500 €	5 947 €	bei 44 500 €	7 671 €	bei 54 500 €	9 395 €
bei 24 600 €	4 241 €	bei 34 600 €	5 964 €	bei 44 600 €	7 688 €	bei 54 600 €	9 412 €
bei 24 700 €	4 258 €	bei 34 700 €	5 982 €	bei 44 700 €	7 705 €	bei 54 700 €	9 429 €
bei 24 800 €	4 275 €	bei 34 800 €	5 999 €	bei 44 800 €	7 723 €	bei 54 800 €	9 446 €
bei 24 900 €	4 292 €	bei 34 900 €	6 016 €	bei 44 900 €	7 740 €	bei 54 900 €	9 464 €
bei 25 000 €	4 310 €	bei 35 000 €	6 033 €	bei 45 000 €	7 757 €	bei 55 000 €	9 481 €
bei 25 100 €	4 327 €	bei 35 100 €	6 051 €	bei 45 100 €	7 774 €	bei 55 100 €	9 498 €
bei 25 200 €	4 344 €	bei 35 200 €	6 068 €	bei 45 200 €	7 792 €	bei 55 200 €	9 515 €
bei 25 300 €	4 361 €	bei 35 300 €	6 085 €	bei 45 300 €	7 809 €	bei 55 300 €	9 533 €
bei 25 400 €	4 379 €	bei 35 400 €	6 102 €	bei 45 400 €	7 826 €	bei 55 400 €	9 550 €
bei 25 500 €	4 396 €	bei 35 500 €	6 120 €	bei 45 500 €	7 843 €	bei 55 500 €	9 567 €
bei 25 600 €	4 413 €	bei 35 600 €	6 137 €	bei 45 600 €	7 861 €	bei 55 600 €	9 584 €
bei 25 700 €	4 430 €	bei 35 700 €	6 154 €	bei 45 700 €	7 878 €	bei 55 700 €	9 601 €
bei 25 800 €	4 448 €	bei 35 800 €	6 171 €	bei 45 800 €	7 895 €	bei 55 800 €	9 619 €
bei 25 900 €	4 465 €	bei 35 900 €	6 189 €	bei 45 900 €	7 912 €	bei 55 900 €	9 636 €
bei 26 000 €	4 482 €	bei 36 000 €	6 206 €	bei 46 000 €	7 930 €	bei 56 000 €	9 653 €
bei 26 100 €	4 499 €	bei 36 100 €	6 223 €	bei 46 100 €	7 947 €	bei 56 100 €	9 670 €
bei 26 200 €	4 517 €	bei 36 200 €	6 240 €	bei 46 200 €	7 964 €	bei 56 200 €	9 688 €
bei 26 300 €	4 534 €	bei 36 300 €	6 258 €	bei 46 300 €	7 981 €	bei 56 300 €	9 705 €
bei 26 400 €	4 551 €	bei 36 400 €	6 275 €	bei 46 400 €	7 998 €	bei 56 400 €	9 722 €
bei 26 500 €	4 568 €	bei 36 500 €	6 292 €	bei 46 500 €	8 016 €	bei 56 500 €	9 739 €
bei 26 600 €	4 586 €	bei 36 600 €	6 309 €	bei 46 600 €	8 033 €	bei 56 600 €	9 757 €
bei 26 700 €	4 603 €	bei 36 700 €	6 326 €	bei 46 700 €	8 050 €	bei 56 700 €	9 774 €
bei 26 800 €	4 620 €	bei 36 800 €	6 344 €	bei 46 800 €	8 067 €	bei 56 800 €	9 791 €
bei 26 900 €	4 637 €	bei 36 900 €	6 361 €	bei 46 900 €	8 085 €	bei 56 900 €	9 808 €
bei 27 000 €	4 654 €	bei 37 000 €	6 378 €	bei 47 000 €	8 102 €	bei 57 000 €	9 826 €
bei 27 100 €	4 672 €	bei 37 100 €	6 395 €	bei 47 100 €	8 119 €	bei 57 100 €	9 843 €
bei 27 200 €	4 689 €	bei 37 200 €	6 413 €	bei 47 200 €	8 136 €	bei 57 200 €	9 860 €
bei 27 300 €	4 706 €	bei 37 300 €	6 430 €	bei 47 300 €	8 154 €	bei 57 300 €	9 877 €
bei 27 400 €	4 723 €	bei 37 400 €	6 447 €	bei 47 400 €	8 171 €	bei 57 400 €	9 895 €
bei 27 500 €	4 741 €	bei 37 500 €	6 464 €	bei 47 500 €	8 188 €	bei 57 500 €	9 912 €
bei 27 600 €	4 758 €	bei 37 600 €	6 482 €	bei 47 600 €	8 205 €	bei 57 600 €	9 929 €
bei 27 700 €	4 775 €	bei 37 700 €	6 499 €	bei 47 700 €	8 223 €	bei 57 700 €	9 946 €
bei 27 800 €	4 792 €	bei 37 800 €	6 516 €	bei 47 800 €	8 240 €	bei 57 800 €	9 963 €
bei 27 900 €	4 810 €	bei 37 900 €	6 533 €	bei 47 900 €	8 257 €	bei 57 900 €	9 981 €
bei 28 000 €	4 827 €	bei 38 000 €	6 551 €	bei 48 000 €	8 274 €	bei 58 000 €	9 998 €
bei 28 100 €	4 844 €	bei 38 100 €	6 568 €	bei 48 100 €	8 291 €	bei 58 100 €	10 010 €
bei 28 200 €	4 861 €	bei 38 200 €	6 585 €	bei 48 200 €	8 309 €	bei 58 200 €	10 018 €
bei 28 300 €	4 879 €	bei 38 300 €	6 602 €	bei 48 300 €	8 326 €	bei 58 300 €	10 026 €
bei 28 400 €	4 896 €	bei 38 400 €	6 619 €	bei 48 400 €	8 343 €	bei 58 400 €	10 034 €
bei 28 500 €	4 913 €	bei 38 500 €	6 637 €	bei 48 500 €	8 360 €	bei 58 500 €	10 042 €
bei 28 600 €	4 930 €	bei 38 600 €	6 654 €	bei 48 600 €	8 378 €	bei 58 600 €	10 050 €
bei 28 700 €	4 948 €	bei 38 700 €	6 671 €	bei 48 700 €	8 395 €	bei 58 700 €	10 057 €
bei 28 800 €	4 965 €	bei 38 800 €	6 688 €	bei 48 800 €	8 412 €	bei 58 800 €	10 065 €
bei 28 900 €	4 982 €	bei 38 900 €	6 706 €	bei 48 900 €	8 429 €	bei 58 900 €	10 073 €
bei 29 000 €	4 999 €	bei 39 000 €	6 723 €	bei 49 000 €	8 447 €	bei 59 000 €	10 081 €
bei 29 100 €	5 016 €	bei 39 100 €	6 740 €	bei 49 100 €	8 464 €	bei 59 100 €	10 089 €
bei 29 200 €	5 034 €	bei 39 200 €	6 757 €	bei 49 200 €	8 481 €	bei 59 200 €	10 096 €
bei 29 300 €	5 051 €	bei 39 300 €	6 775 €	bei 49 300 €	8 498 €	bei 59 300 €	10 104 €
bei 29 400 €	5 068 €	bei 39 400 €	6 792 €	bei 49 400 €	8 516 €	bei 59 400 €	10 112 €
bei 29 500 €	5 085 €	bei 39 500 €	6 809 €	bei 49 500 €	8 533 €	bei 59 500 €	10 120 €
bei 29 600 €	5 103 €	bei 39 600 €	6 826 €	bei 49 600 €	8 550 €	bei 59 600 €	10 128 €
bei 29 700 €	5 120 €	bei 39 700 €	6 844 €	bei 49 700 €	8 567 €	bei 59 700 €	10 135 €
bei 29 800 €	5 137 €	bei 39 800 €	6 861 €	bei 49 800 €	8 585 €	bei 59 800 €	10 143 €
bei 29 900 €	5 154 €	bei 39 900 €	6 878 €	bei 49 900 €	8 602 €	bei 59 900 €	10 151 €
bei 30 000 €	5 172 €	bei 40 000 €	6 895 €	bei 50 000 €	8 619 €	bei 60 000 €	10 159 €
bei 30 100 €	5 189 €	bei 40 100 €	6 913 €	bei 50 100 €	8 636 €	bei 60 100 €	10 167 €
bei 30 200 €	5 206 €	bei 40 200 €	6 930 €	bei 50 200 €	8 653 €	bei 60 200 €	10 175 €
bei 30 300 €	5 223 €	bei 40 300 €	6 947 €	bei 50 300 €	8 671 €	bei 60 300 €	10 182 €
bei 30 400 €	5 241 €	bei 40 400 €	6 964 €	bei 50 400 €	8 688 €	bei 60 400 €	10 190 €
bei 30 500 €	5 258 €	bei 40 500 €	6 981 €	bei 50 500 €	8 705 €	bei 60 500 €	10 198 €
bei 30 600 €	5 275 €	bei 40 600 €	6 999 €	bei 50 600 €	8 722 €	bei 60 600 €	10 206 €
bei 30 700 €	5 292 €	bei 40 700 €	7 016 €	bei 50 700 €	8 740 €	bei 60 700 €	10 214 €
bei 30 800 €	5 309 €	bei 40 800 €	7 033 €	bei 50 800 €	8 757 €	bei 60 800 €	10 221 €
bei 30 900 €	5 327 €	bei 40 900 €	7 050 €	bei 50 900 €	8 774 €	bei 60 900 €	10 229 €
bei 31 000 €	5 344 €	bei 41 000 €	7 068 €	bei 51 000 €	8 791 €	bei 61 000 €	10 237 €
bei 31 100 €	5 361 €	bei 41 100 €	7 085 €	bei 51 100 €	8 809 €	bei 61 100 €	10 245 €
bei 31 200 €	5 378 €	bei 41 200 €	7 102 €	bei 51 200 €	8 826 €	bei 61 200 €	10 253 €
bei 31 300 €	5 396 €	bei 41 300 €	7 119 €	bei 51 300 €	8 843 €	bei 61 300 €	10 260 €
bei 31 400 €	5 413 €	bei 41 400 €	7 137 €	bei 51 400 €	8 860 €	bei 61 400 €	10 268 €
bei 31 500 €	5 430 €	bei 41 500 €	7 154 €	bei 51 500 €	8 878 €	bei 61 500 €	10 276 €
bei 31 600 €	5 447 €	bei 41 600 €	7 171 €	bei 51 600 €	8 895 €	bei 61 600 €	10 284 €
bei 31 700 €	5 465 €	bei 41 700 €	7 188 €	bei 51 700 €	8 912 €	bei 61 700 €	10 292 €
bei 31 800 €	5 482 €	bei 41 800 €	7 206 €	bei 51 800 €	8 929 €	bei 61 800 €	10 300 €
bei 31 900 €	5 499 €	bei 41 900 €	7 223 €	bei 51 900 €	8 946 €	bei 61 900 €	10 307 €
bei 32 000 €	5 516 €	bei 42 000 €	7 240 €	bei 52 000 €	8 964 €	bei 62 000 €	10 315 €
bei 32 100 €	5 534 €	bei 42 100 €	7 257 €	bei 52 100 €	8 981 €	bei 62 100 €	10 323 €
bei 32 200 €	5 551 €	bei 42 200 €	7 275 €	bei 52 200 €	8 998 €	bei 62 200 €	10 331 €
bei 32 300 €	5 568 €	bei 42 300 €	7 292 €	bei 52 300 €	9 015 €	bei 62 300 €	10 339 €
bei 32 400 €	5 585 €	bei 42 400 €	7 309 €	bei 52 400 €	9 033 €	bei 62 400 €	10 346 €
bei 32 500 €	5 603 €	bei 42 500 €	7 326 €	bei 52 500 €	9 050 €	bei 62 500 €	10 354 €
bei 32 600 €	5 620 €	bei 42 600 €	7 343 €	bei 52 600 €	9 067 €	bei 62 600 €	10 362 €
bei 32 700 €	5 637 €	bei 42 700 €	7 361 €	bei 52 700 €	9 084 €	bei 62 700 €	10 370 €
bei 32 800 €	5 654 €	bei 42 800 €	7 378 €	bei 52 800 €	9 102 €	bei 62 800 €	10 378 €
bei 32 900 €	5 671 €	bei 42 900 €	7 395 €	bei 52 900 €	9 119 €	bei 62 900 €	10 385 €
bei 33 000 €	5 689 €	bei 43 000 €	7 412 €	bei 53 000 €	9 136 €	bei 63 000 €	10 393 €
bei 33 100 €	5 706 €	bei 43 100 €	7 430 €	bei 53 100 €	9 153 €	bei 63 100 €	10 401 €
bei 33 200 €	5 723 €	bei 43 200 €	7 447 €	bei 53 200 €	9 171 €	bei 63 200 €	10 409 €
bei 33 300 €	5 740 €	bei 43 300 €	7 464 €	bei 53 300 €	9 188 €	bei 63 300 €	10 417 €
bei 33 400 €	5 758 €	bei 43 400 €	7 481 €	bei 53 400 €	9 205 €	bei 63 400 €	10 425 €
bei 33 500 €	5 775 €	bei 43 500 €	7 499 €	bei 53 500 €	9 222 €	bei 63 500 €	10 432 €
bei 33 600 €	5 792 €	bei 43 600 €	7 516 €	bei 53 600 €	9 240 €	bei 63 600 €	10 440 €
bei 33 700 €	5 809 €	bei 43 700 €	7 533 €	bei 53 700 €	9 257 €	bei 63 700 €	10 448 €
bei 33 800 €	5 827 €	bei 43 800 €	7 550 €	bei 53 800 €	9 274 €	bei 63 800 €	10 456 €
bei 33 900 €	5 844 €	bei 43 900 €	7 568 €	bei 53 900 €	9 291 €	bei 63 900 €	10 464 €
bei 34 000 €	5 861 €	bei 44 000 €	7 585 €	bei 54 000 €	9 308 €	bei 64 000 €	10 471 €
bei 34 100 €	5 878 €	bei 44 100 €	7 602 €	bei 54 100 €	9 326 €	bei 64 100 €	10 479 €
bei 34 200 €	5 896 €	bei 44 200 €	7 619 €	bei 54 200 €	9 343 €	bei 64 200 €	10 487 €

Anhang 8 Vorsorgepauschale 2021

Jahresarbeitslohn	Vorsorgepauschale 2021	Jahresarbeitslohn	Vorsorgepauschale 2021
bei 64 300 €	10 495 €	bei 74 300 €	11 276 €
bei 64 400 €	10 503 €	bei 74 400 €	11 284 €
bei 64 500 €	10 510 €	bei 74 500 €	11 292 €
bei 64 600 €	10 518 €	bei 74 600 €	11 299 €
bei 64 700 €	10 526 €	bei 74 700 €	11 307 €
bei 64 800 €	10 534 €	bei 74 800 €	11 315 €
bei 64 900 €	10 542 €	bei 74 900 €	11 323 €
bei 65 000 €	10 550 €	bei 75 000 €	11 331 €
bei 65 100 €	10 557 €	bei 75 100 €	11 339 €
bei 65 200 €	10 565 €	bei 75 200 €	11 346 €
bei 65 300 €	10 573 €	bei 75 300 €	11 354 €
bei 65 400 €	10 581 €	bei 75 400 €	11 362 €
bei 65 500 €	10 589 €	bei 75 500 €	11 370 €
bei 65 600 €	10 596 €	bei 75 600 €	11 378 €
bei 65 700 €	10 604 €	bei 75 700 €	11 385 €
bei 65 800 €	10 612 €	bei 75 800 €	11 393 €
bei 65 900 €	10 620 €	bei 75 900 €	11 401 €
bei 66 000 €	10 628 €	bei 76 000 €	11 409 €
bei 66 100 €	10 635 €	bei 76 100 €	11 417 €
bei 66 200 €	10 643 €	bei 76 200 €	11 424 €
bei 66 300 €	10 651 €	bei 76 300 €	11 432 €
bei 66 400 €	10 659 €	bei 76 400 €	11 440 €
bei 66 500 €	10 667 €	bei 76 500 €	11 448 €
bei 66 600 €	10 674 €	bei 76 600 €	11 456 €
bei 66 700 €	10 682 €	bei 76 700 €	11 464 €
bei 66 800 €	10 690 €	bei 76 800 €	11 471 €
bei 66 900 €	10 698 €	bei 76 900 €	11 479 €
bei 67 000 €	10 706 €	bei 77 000 €	11 487 €
bei 67 100 €	10 714 €	bei 77 100 €	11 495 €
bei 67 200 €	10 721 €	bei 77 200 €	11 503 €
bei 67 300 €	10 729 €	bei 77 300 €	11 510 €
bei 67 400 €	10 737 €	bei 77 400 €	11 518 €
bei 67 500 €	10 745 €	bei 77 500 €	11 526 €
bei 67 600 €	10 753 €	bei 77 600 €	11 534 €
bei 67 700 €	10 760 €	bei 77 700 €	11 542 €
bei 67 800 €	10 768 €	bei 77 800 €	11 549 €
bei 67 900 €	10 776 €	bei 77 900 €	11 557 €
bei 68 000 €	10 784 €	bei 78 000 €	11 565 €
bei 68 100 €	10 792 €	bei 78 100 €	11 573 €
bei 68 200 €	10 799 €	bei 78 200 €	11 581 €
bei 68 300 €	10 807 €	bei 78 300 €	11 588 €
bei 68 400 €	10 815 €	bei 78 400 €	11 596 €
bei 68 500 €	10 823 €	bei 78 500 €	11 604 €
bei 68 600 €	10 831 €	bei 78 600 €	11 612 €
bei 68 700 €	10 839 €	bei 78 700 €	11 620 €
bei 68 800 €	10 846 €	bei 78 800 €	11 628 €
bei 68 900 €	10 854 €	bei 78 900 €	11 635 €
bei 69 000 €	10 862 €	bei 79 000 €	11 643 €
bei 69 100 €	10 870 €	bei 79 100 €	11 651 €
bei 69 200 €	10 878 €	bei 79 200 €	11 659 €
bei 69 300 €	10 885 €	bei 79 300 €	11 667 €
bei 69 400 €	10 893 €	bei 79 400 €	11 674 €
bei 69 500 €	10 901 €	bei 79 500 €	11 682 €
bei 69 600 €	10 909 €	bei 79 600 €	11 690 €
bei 69 700 €	10 917 €	bei 79 700 €	11 698 €
bei 69 800 €	10 924 €	bei 79 800 €	11 706 €
bei 69 900 €	10 932 €	bei 79 900 €	11 713 €
bei 70 000 €	10 940 €	bei 80 000 €	11 721 €
bei 70 100 €	10 948 €	bei 80 100 €	11 729 €
bei 70 200 €	10 956 €	bei 80 200 €	11 737 €
bei 70 300 €	10 964 €	bei 80 300 €	11 745 €
bei 70 400 €	10 971 €	bei 80 400 €	11 753 €
bei 70 500 €	10 979 €	bei 80 500 €	11 760 €
bei 70 600 €	10 987 €	bei 80 600 €	11 768 €
bei 70 700 €	10 995 €	bei 80 700 €	11 776 €
bei 70 800 €	11 003 €	bei 80 800 €	11 784 €
bei 70 900 €	11 010 €	bei 80 900 €	11 792 €
bei 71 000 €	11 018 €	bei 81 000 €	11 799 €
bei 71 100 €	11 026 €	bei 81 100 €	11 807 €
bei 71 200 €	11 034 €	bei 81 200 €	11 815 €
bei 71 300 €	11 042 €	bei 81 300 €	11 823 €
bei 71 400 €	11 049 €	bei 81 400 €	11 831 €
bei 71 500 €	11 057 €	bei 81 500 €	11 838 €
bei 71 600 €	11 065 €	bei 81 600 €	11 846 €
bei 71 700 €	11 073 €	bei 81 700 €	11 854 €
bei 71 800 €	11 081 €	bei 81 800 €	11 862 €
bei 71 900 €	11 089 €	bei 81 900 €	11 870 €
bei 72 000 €	11 096 €	bei 82 000 €	11 878 €
bei 72 100 €	11 104 €	bei 82 100 €	11 885 €
bei 72 200 €	11 112 €	bei 82 200 €	11 893 €
bei 72 300 €	11 120 €	bei 82 300 €	11 901 €
bei 72 400 €	11 128 €	bei 82 400 €	11 909 €
bei 72 500 €	11 135 €	bei 82 500 €	11 917 €
bei 72 600 €	11 143 €	bei 82 600 €	11 924 €
bei 72 700 €	11 151 €	bei 82 700 €	11 932 €
bei 72 800 €	11 159 €	bei 82 800 €	11 940 €
bei 72 900 €	11 167 €	bei 82 900 €	11 948 €
bei 73 000 €	11 174 €	bei 83 000 €	11 956 €
bei 73 100 €	11 182 €	bei 83 100 €	11 963 €
bei 73 200 €	11 190 €	bei 83 200 €	11 971 €
bei 73 300 €	11 198 €	bei 83 300 €	11 979 €
bei 73 400 €	11 206 €	bei 83 400 €	11 987 €
bei 73 500 €	11 214 €	bei 83 500 €	11 995 €
bei 73 600 €	11 221 €	bei 83 600 €	12 003 €
bei 73 700 €	11 229 €	bei 83 700 €	12 010 €
bei 73 800 €	11 237 €	bei 83 800 €	12 018 €
bei 73 900 €	11 245 €	bei 83 900 €	12 026 €
bei 74 000 €	11 253 €	bei 84 000 €	12 034 €
bei 74 100 €	11 260 €	bei 84 100 €	12 042 €
bei 74 200 €	11 268 €	bei 84 200 €	12 049 €

Jahresarbeitslohn	Vorsorgepauschale 2021	Jahresarbeitslohn	Vorsorgepauschale 2021
bei 84 300 €	12 057 €	bei 84 800 €	12 096 €
bei 84 400 €	12 065 €	bei 84 900 €	12 104 €
bei 84 500 €	12 073 €	bei 85 000 €	12 112 €
bei 84 600 €	12 081 €	bei 85 100 €	12 120 €
bei 84 700 €	12 088 €	**ab 85 200 €**	**12 128 €**

b) Steuerklasse III
für einen Arbeitnehmer mit Kind, der rentenversicherungspflichtig und in der gesetzlichen Krankenversicherung (GKV) versichert ist. Der Zusatzbeitrag zur GKV wurde mit 1,3 % (Arbeitnehmer- und Arbeitgeberanteil je 0,65 %) angenommen.

Jahresarbeitslohn	Vorsorgepauschale 2021	Jahresarbeitslohn	Vorsorgepauschale 2021
bei 100 €	20 €	bei 8 300 €	1 645 €
bei 200 €	40 €	bei 8 400 €	1 665 €
bei 300 €	60 €	bei 8 500 €	1 685 €
bei 400 €	80 €	bei 8 600 €	1 704 €
bei 500 €	100 €	bei 8 700 €	1 724 €
bei 600 €	119 €	bei 8 800 €	1 744 €
bei 700 €	139 €	bei 8 900 €	1 764 €
bei 800 €	159 €	bei 9 000 €	1 784 €
bei 900 €	179 €	bei 9 100 €	1 803 €
bei 1 000 €	199 €	bei 9 200 €	1 823 €
bei 1 100 €	218 €	bei 9 300 €	1 843 €
bei 1 200 €	238 €	bei 9 400 €	1 863 €
bei 1 300 €	258 €	bei 9 500 €	1 883 €
bei 1 400 €	278 €	bei 9 600 €	1 902 €
bei 1 500 €	298 €	bei 9 700 €	1 922 €
bei 1 600 €	317 €	bei 9 800 €	1 942 €
bei 1 700 €	337 €	bei 9 900 €	1 962 €
bei 1 800 €	357 €	bei 10 000 €	1 982 €
bei 1 900 €	377 €	bei 10 100 €	2 002 €
bei 2 000 €	397 €	bei 10 200 €	2 021 €
bei 2 100 €	417 €	bei 10 300 €	2 041 €
bei 2 200 €	436 €	bei 10 400 €	2 061 €
bei 2 300 €	456 €	bei 10 500 €	2 081 €
bei 2 400 €	476 €	bei 10 600 €	2 101 €
bei 2 500 €	496 €	bei 10 700 €	2 120 €
bei 2 600 €	516 €	bei 10 800 €	2 140 €
bei 2 700 €	535 €	bei 10 900 €	2 160 €
bei 2 800 €	555 €	bei 11 000 €	2 180 €
bei 2 900 €	575 €	bei 11 100 €	2 200 €
bei 3 000 €	595 €	bei 11 200 €	2 219 €
bei 3 100 €	615 €	bei 11 300 €	2 239 €
bei 3 200 €	634 €	bei 11 400 €	2 259 €
bei 3 300 €	654 €	bei 11 500 €	2 279 €
bei 3 400 €	674 €	bei 11 600 €	2 299 €
bei 3 500 €	694 €	bei 11 700 €	2 318 €
bei 3 600 €	714 €	bei 11 800 €	2 338 €
bei 3 700 €	734 €	bei 11 900 €	2 358 €
bei 3 800 €	753 €	bei 12 000 €	2 378 €
bei 3 900 €	773 €	bei 12 100 €	2 398 €
bei 4 000 €	793 €	bei 12 200 €	2 418 €
bei 4 100 €	813 €	bei 12 300 €	2 437 €
bei 4 200 €	833 €	bei 12 400 €	2 457 €
bei 4 300 €	852 €	bei 12 500 €	2 477 €
bei 4 400 €	872 €	bei 12 600 €	2 497 €
bei 4 500 €	892 €	bei 12 700 €	2 517 €
bei 4 600 €	912 €	bei 12 800 €	2 536 €
bei 4 700 €	932 €	bei 12 900 €	2 556 €
bei 4 800 €	951 €	bei 13 000 €	2 576 €
bei 4 900 €	971 €	bei 13 100 €	2 596 €
bei 5 000 €	991 €	bei 13 200 €	2 616 €
bei 5 100 €	1 011 €	bei 13 300 €	2 635 €
bei 5 200 €	1 031 €	bei 13 400 €	2 655 €
bei 5 300 €	1 051 €	bei 13 500 €	2 675 €
bei 5 400 €	1 070 €	bei 13 600 €	2 695 €
bei 5 500 €	1 090 €	bei 13 700 €	2 715 €
bei 5 600 €	1 110 €	bei 13 800 €	2 735 €
bei 5 700 €	1 130 €	bei 13 900 €	2 754 €
bei 5 800 €	1 150 €	bei 14 000 €	2 774 €
bei 5 900 €	1 169 €	bei 14 100 €	2 794 €
bei 6 000 €	1 189 €	bei 14 200 €	2 814 €
bei 6 100 €	1 209 €	bei 14 300 €	2 834 €
bei 6 200 €	1 229 €	bei 14 400 €	2 853 €
bei 6 300 €	1 249 €	bei 14 500 €	2 873 €
bei 6 400 €	1 268 €	bei 14 600 €	2 893 €
bei 6 500 €	1 288 €	bei 14 700 €	2 913 €
bei 6 600 €	1 308 €	bei 14 800 €	2 933 €
bei 6 700 €	1 328 €	bei 14 900 €	2 952 €
bei 6 800 €	1 348 €	bei 15 000 €	2 972 €
bei 6 900 €	1 368 €	bei 15 100 €	2 992 €
bei 7 000 €	1 387 €	bei 15 200 €	3 012 €
bei 7 100 €	1 407 €	bei 15 300 €	3 032 €
bei 7 200 €	1 427 €	bei 15 400 €	3 052 €
bei 7 300 €	1 447 €	bei 15 500 €	3 071 €
bei 7 400 €	1 467 €	bei 15 600 €	3 091 €
bei 7 500 €	1 486 €	bei 15 700 €	3 111 €
bei 7 600 €	1 506 €	bei 15 800 €	3 131 €
bei 7 700 €	1 526 €	bei 15 900 €	3 151 €
bei 7 800 €	1 546 €	bei 16 000 €	3 170 €
bei 7 900 €	1 566 €	bei 16 100 €	3 190 €
bei 8 000 €	1 585 €	bei 16 200 €	3 210 €
bei 8 100 €	1 605 €	bei 16 300 €	3 230 €
bei 8 200 €	1 625 €	bei 16 400 €	3 250 €

Jahresarbeitslohn	Vorsorgepauschale 2021	Jahresarbeitslohn	Vorsorgepauschale 2021	Jahresarbeitslohn	Vorsorgepauschale 2021	Jahresarbeitslohn	Vorsorgepauschale 2021
bei 16 500 €	3 269 €	bei 26 500 €	5 071 €	bei 36 500 €	6 201 €	bei 46 500 €	7 899 €
bei 16 600 €	3 289 €	bei 26 600 €	5 078 €	bei 36 600 €	6 218 €	bei 46 600 €	7 916 €
bei 16 700 €	3 309 €	bei 26 700 €	5 086 €	bei 36 700 €	6 235 €	bei 46 700 €	7 933 €
bei 16 800 €	3 329 €	bei 26 800 €	5 094 €	bei 36 800 €	6 252 €	bei 46 800 €	7 950 €
bei 16 900 €	3 349 €	bei 26 900 €	5 102 €	bei 36 900 €	6 269 €	bei 46 900 €	7 967 €
bei 17 000 €	3 369 €	bei 27 000 €	5 110 €	bei 37 000 €	6 286 €	bei 47 000 €	7 984 €
bei 17 100 €	3 388 €	bei 27 100 €	5 118 €	bei 37 100 €	6 303 €	bei 47 100 €	8 001 €
bei 17 200 €	3 408 €	bei 27 200 €	5 125 €	bei 37 200 €	6 320 €	bei 47 200 €	8 018 €
bei 17 300 €	3 428 €	bei 27 300 €	5 133 €	bei 37 300 €	6 337 €	bei 47 300 €	8 035 €
bei 17 400 €	3 448 €	bei 27 400 €	5 141 €	bei 37 400 €	6 354 €	bei 47 400 €	8 052 €
bei 17 500 €	3 468 €	bei 27 500 €	5 149 €	bei 37 500 €	6 371 €	bei 47 500 €	8 069 €
bei 17 600 €	3 487 €	bei 27 600 €	5 157 €	bei 37 600 €	6 388 €	bei 47 600 €	8 086 €
bei 17 700 €	3 507 €	bei 27 700 €	5 164 €	bei 37 700 €	6 405 €	bei 47 700 €	8 103 €
bei 17 800 €	3 527 €	bei 27 800 €	5 172 €	bei 37 800 €	6 422 €	bei 47 800 €	8 120 €
bei 17 900 €	3 547 €	bei 27 900 €	5 180 €	bei 37 900 €	6 439 €	bei 47 900 €	8 137 €
bei 18 000 €	3 567 €	bei 28 000 €	5 188 €	bei 38 000 €	6 456 €	bei 48 000 €	8 154 €
bei 18 100 €	3 586 €	bei 28 100 €	5 196 €	bei 38 100 €	6 473 €	bei 48 100 €	8 171 €
bei 18 200 €	3 606 €	bei 28 200 €	5 203 €	bei 38 200 €	6 490 €	bei 48 200 €	8 188 €
bei 18 300 €	3 626 €	bei 28 300 €	5 211 €	bei 38 300 €	6 507 €	bei 48 300 €	8 205 €
bei 18 400 €	3 646 €	bei 28 400 €	5 219 €	bei 38 400 €	6 523 €	bei 48 400 €	8 222 €
bei 18 500 €	3 666 €	bei 28 500 €	5 227 €	bei 38 500 €	6 540 €	bei 48 500 €	8 239 €
bei 18 600 €	3 686 €	bei 28 600 €	5 235 €	bei 38 600 €	6 557 €	bei 48 600 €	8 256 €
bei 18 700 €	3 705 €	bei 28 700 €	5 243 €	bei 38 700 €	6 574 €	bei 48 700 €	8 273 €
bei 18 800 €	3 725 €	bei 28 800 €	5 250 €	bei 38 800 €	6 591 €	bei 48 800 €	8 290 €
bei 18 900 €	3 745 €	bei 28 900 €	5 258 €	bei 38 900 €	6 608 €	bei 48 900 €	8 307 €
bei 19 000 €	3 765 €	bei 29 000 €	5 266 €	bei 39 000 €	6 625 €	bei 49 000 €	8 324 €
bei 19 100 €	3 785 €	bei 29 100 €	5 274 €	bei 39 100 €	6 642 €	bei 49 100 €	8 341 €
bei 19 200 €	3 804 €	bei 29 200 €	5 282 €	bei 39 200 €	6 659 €	bei 49 200 €	8 358 €
bei 19 300 €	3 824 €	bei 29 300 €	5 289 €	bei 39 300 €	6 676 €	bei 49 300 €	8 375 €
bei 19 400 €	3 844 €	bei 29 400 €	5 297 €	bei 39 400 €	6 693 €	bei 49 400 €	8 392 €
bei 19 500 €	3 864 €	bei 29 500 €	5 305 €	bei 39 500 €	6 710 €	bei 49 500 €	8 409 €
bei 19 600 €	3 884 €	bei 29 600 €	5 313 €	bei 39 600 €	6 727 €	bei 49 600 €	8 426 €
bei 19 700 €	3 903 €	bei 29 700 €	5 321 €	bei 39 700 €	6 744 €	bei 49 700 €	8 443 €
bei 19 800 €	3 923 €	bei 29 800 €	5 328 €	bei 39 800 €	6 761 €	bei 49 800 €	8 460 €
bei 19 900 €	3 943 €	bei 29 900 €	5 336 €	bei 39 900 €	6 778 €	bei 49 900 €	8 477 €
bei 20 000 €	3 963 €	bei 30 000 €	5 344 €	bei 40 000 €	6 795 €	bei 50 000 €	8 494 €
bei 20 100 €	3 983 €	bei 30 100 €	5 352 €	bei 40 100 €	6 812 €	bei 50 100 €	8 511 €
bei 20 200 €	4 003 €	bei 30 200 €	5 360 €	bei 40 200 €	6 829 €	bei 50 200 €	8 528 €
bei 20 300 €	4 022 €	bei 30 300 €	5 368 €	bei 40 300 €	6 846 €	bei 50 300 €	8 545 €
bei 20 400 €	4 042 €	bei 30 400 €	5 375 €	bei 40 400 €	6 863 €	bei 50 400 €	8 562 €
bei 20 500 €	4 062 €	bei 30 500 €	5 383 €	bei 40 500 €	6 880 €	bei 50 500 €	8 579 €
bei 20 600 €	4 082 €	bei 30 600 €	5 391 €	bei 40 600 €	6 897 €	bei 50 600 €	8 596 €
bei 20 700 €	4 102 €	bei 30 700 €	5 399 €	bei 40 700 €	6 914 €	bei 50 700 €	8 613 €
bei 20 800 €	4 121 €	bei 30 800 €	5 407 €	bei 40 800 €	6 931 €	bei 50 800 €	8 630 €
bei 20 900 €	4 141 €	bei 30 900 €	5 414 €	bei 40 900 €	6 948 €	bei 50 900 €	8 647 €
bei 21 000 €	4 161 €	bei 31 000 €	5 422 €	bei 41 000 €	6 965 €	bei 51 000 €	8 664 €
bei 21 100 €	4 181 €	bei 31 100 €	5 430 €	bei 41 100 €	6 982 €	bei 51 100 €	8 681 €
bei 21 200 €	4 201 €	bei 31 200 €	5 438 €	bei 41 200 €	6 999 €	bei 51 200 €	8 698 €
bei 21 300 €	4 220 €	bei 31 300 €	5 446 €	bei 41 300 €	7 016 €	bei 51 300 €	8 715 €
bei 21 400 €	4 240 €	bei 31 400 €	5 453 €	bei 41 400 €	7 033 €	bei 51 400 €	8 732 €
bei 21 500 €	4 260 €	bei 31 500 €	5 461 €	bei 41 500 €	7 050 €	bei 51 500 €	8 749 €
bei 21 600 €	4 280 €	bei 31 600 €	5 469 €	bei 41 600 €	7 067 €	bei 51 600 €	8 766 €
bei 21 700 €	4 300 €	bei 31 700 €	5 477 €	bei 41 700 €	7 084 €	bei 51 700 €	8 783 €
bei 21 800 €	4 320 €	bei 31 800 €	5 485 €	bei 41 800 €	7 101 €	bei 51 800 €	8 800 €
bei 21 900 €	4 339 €	bei 31 900 €	5 493 €	bei 41 900 €	7 118 €	bei 51 900 €	8 817 €
bei 22 000 €	4 359 €	bei 32 000 €	5 500 €	bei 42 000 €	7 135 €	bei 52 000 €	8 834 €
bei 22 100 €	4 379 €	bei 32 100 €	5 508 €	bei 42 100 €	7 152 €	bei 52 100 €	8 851 €
bei 22 200 €	4 399 €	bei 32 200 €	5 516 €	bei 42 200 €	7 169 €	bei 52 200 €	8 868 €
bei 22 300 €	4 419 €	bei 32 300 €	5 524 €	bei 42 300 €	7 186 €	bei 52 300 €	8 885 €
bei 22 400 €	4 438 €	bei 32 400 €	5 532 €	bei 42 400 €	7 203 €	bei 52 400 €	8 902 €
bei 22 500 €	4 458 €	bei 32 500 €	5 539 €	bei 42 500 €	7 220 €	bei 52 500 €	8 919 €
bei 22 600 €	4 478 €	bei 32 600 €	5 547 €	bei 42 600 €	7 237 €	bei 52 600 €	8 936 €
bei 22 700 €	4 498 €	bei 32 700 €	5 555 €	bei 42 700 €	7 254 €	bei 52 700 €	8 953 €
bei 22 800 €	4 518 €	bei 32 800 €	5 572 €	bei 42 800 €	7 271 €	bei 52 800 €	8 970 €
bei 22 900 €	4 537 €	bei 32 900 €	5 589 €	bei 42 900 €	7 288 €	bei 52 900 €	8 987 €
bei 23 000 €	4 557 €	bei 33 000 €	5 606 €	bei 43 000 €	7 305 €	bei 53 000 €	9 004 €
bei 23 100 €	4 577 €	bei 33 100 €	5 623 €	bei 43 100 €	7 322 €	bei 53 100 €	9 021 €
bei 23 200 €	4 597 €	bei 33 200 €	5 640 €	bei 43 200 €	7 339 €	bei 53 200 €	9 038 €
bei 23 300 €	4 617 €	bei 33 300 €	5 657 €	bei 43 300 €	7 356 €	bei 53 300 €	9 055 €
bei 23 400 €	4 636 €	bei 33 400 €	5 674 €	bei 43 400 €	7 373 €	bei 53 400 €	9 072 €
bei 23 500 €	4 656 €	bei 33 500 €	5 691 €	bei 43 500 €	7 390 €	bei 53 500 €	9 089 €
bei 23 600 €	4 676 €	bei 33 600 €	5 708 €	bei 43 600 €	7 407 €	bei 53 600 €	9 106 €
bei 23 700 €	4 696 €	bei 33 700 €	5 725 €	bei 43 700 €	7 424 €	bei 53 700 €	9 123 €
bei 23 800 €	4 716 €	bei 33 800 €	5 742 €	bei 43 800 €	7 441 €	bei 53 800 €	9 139 €
bei 23 900 €	4 736 €	bei 33 900 €	5 759 €	bei 43 900 €	7 458 €	bei 53 900 €	9 156 €
bei 24 000 €	4 755 €	bei 34 000 €	5 776 €	bei 44 000 €	7 475 €	bei 54 000 €	9 173 €
bei 24 100 €	4 775 €	bei 34 100 €	5 793 €	bei 44 100 €	7 492 €	bei 54 100 €	9 190 €
bei 24 200 €	4 795 €	bei 34 200 €	5 810 €	bei 44 200 €	7 509 €	bei 54 200 €	9 207 €
bei 24 300 €	4 815 €	bei 34 300 €	5 827 €	bei 44 300 €	7 526 €	bei 54 300 €	9 224 €
bei 24 400 €	4 835 €	bei 34 400 €	5 844 €	bei 44 400 €	7 543 €	bei 54 400 €	9 241 €
bei 24 500 €	4 854 €	bei 34 500 €	5 861 €	bei 44 500 €	7 560 €	bei 54 500 €	9 258 €
bei 24 600 €	4 874 €	bei 34 600 €	5 878 €	bei 44 600 €	7 577 €	bei 54 600 €	9 275 €
bei 24 700 €	4 894 €	bei 34 700 €	5 895 €	bei 44 700 €	7 594 €	bei 54 700 €	9 292 €
bei 24 800 €	4 914 €	bei 34 800 €	5 912 €	bei 44 800 €	7 611 €	bei 54 800 €	9 309 €
bei 24 900 €	4 934 €	bei 34 900 €	5 929 €	bei 44 900 €	7 628 €	bei 54 900 €	9 326 €
bei 25 000 €	4 953 €	bei 35 000 €	5 946 €	bei 45 000 €	7 645 €	bei 55 000 €	9 343 €
bei 25 100 €	4 961 €	bei 35 100 €	5 963 €	bei 45 100 €	7 662 €	bei 55 100 €	9 360 €
bei 25 200 €	4 969 €	bei 35 200 €	5 980 €	bei 45 200 €	7 679 €	bei 55 200 €	9 377 €
bei 25 300 €	4 977 €	bei 35 300 €	5 997 €	bei 45 300 €	7 696 €	bei 55 300 €	9 394 €
bei 25 400 €	4 985 €	bei 35 400 €	6 014 €	bei 45 400 €	7 713 €	bei 55 400 €	9 411 €
bei 25 500 €	4 993 €	bei 35 500 €	6 031 €	bei 45 500 €	7 730 €	bei 55 500 €	9 428 €
bei 25 600 €	5 000 €	bei 35 600 €	6 048 €	bei 45 600 €	7 747 €	bei 55 600 €	9 445 €
bei 25 700 €	5 008 €	bei 35 700 €	6 065 €	bei 45 700 €	7 764 €	bei 55 700 €	9 462 €
bei 25 800 €	5 016 €	bei 35 800 €	6 082 €	bei 45 800 €	7 781 €	bei 55 800 €	9 479 €
bei 25 900 €	5 024 €	bei 35 900 €	6 099 €	bei 45 900 €	7 798 €	bei 55 900 €	9 496 €
bei 26 000 €	5 032 €	bei 36 000 €	6 116 €	bei 46 000 €	7 815 €	bei 56 000 €	9 513 €
bei 26 100 €	5 039 €	bei 36 100 €	6 133 €	bei 46 100 €	7 831 €	bei 56 100 €	9 530 €
bei 26 200 €	5 047 €	bei 36 200 €	6 150 €	bei 46 200 €	7 848 €	bei 56 200 €	9 547 €
bei 26 300 €	5 055 €	bei 36 300 €	6 167 €	bei 46 300 €	7 865 €	bei 56 300 €	9 564 €
bei 26 400 €	5 063 €	bei 36 400 €	6 184 €	bei 46 400 €	7 882 €	bei 56 400 €	9 581 €

Jahresarbeitslohn	Vorsorgepauschale 2021
bei 56 500 €	9 598 €
bei 56 600 €	9 615 €
bei 56 700 €	9 632 €
bei 56 800 €	9 649 €
bei 56 900 €	9 666 €
bei 57 000 €	9 683 €
bei 57 100 €	9 700 €
bei 57 200 €	9 717 €
bei 57 300 €	9 734 €
bei 57 400 €	9 751 €
bei 57 500 €	9 768 €
bei 57 600 €	9 785 €
bei 57 700 €	9 802 €
bei 57 800 €	9 819 €
bei 57 900 €	9 836 €
bei 58 000 €	9 853 €
bei 58 100 €	9 865 €
bei 58 200 €	9 873 €
bei 58 300 €	9 881 €
bei 58 400 €	9 889 €
bei 58 500 €	9 897 €
bei 58 600 €	9 904 €
bei 58 700 €	9 912 €
bei 58 800 €	9 920 €
bei 58 900 €	9 928 €
bei 59 000 €	9 936 €
bei 59 100 €	9 943 €
bei 59 200 €	9 951 €
bei 59 300 €	9 959 €
bei 59 400 €	9 967 €
bei 59 500 €	9 975 €
bei 59 600 €	9 983 €
bei 59 700 €	9 990 €
bei 59 800 €	9 998 €
bei 59 900 €	10 006 €
bei 60 000 €	10 014 €
bei 60 100 €	10 022 €
bei 60 200 €	10 029 €
bei 60 300 €	10 037 €
bei 60 400 €	10 045 €
bei 60 500 €	10 053 €
bei 60 600 €	10 061 €
bei 60 700 €	10 068 €
bei 60 800 €	10 076 €
bei 60 900 €	10 084 €
bei 61 000 €	10 092 €
bei 61 100 €	10 100 €
bei 61 200 €	10 108 €
bei 61 300 €	10 115 €
bei 61 400 €	10 123 €
bei 61 500 €	10 131 €
bei 61 600 €	10 139 €
bei 61 700 €	10 147 €
bei 61 800 €	10 154 €
bei 61 900 €	10 162 €
bei 62 000 €	10 170 €
bei 62 100 €	10 178 €
bei 62 200 €	10 186 €
bei 62 300 €	10 193 €
bei 62 400 €	10 201 €
bei 62 500 €	10 209 €
bei 62 600 €	10 217 €
bei 62 700 €	10 225 €
bei 62 800 €	10 233 €
bei 62 900 €	10 240 €
bei 63 000 €	10 248 €
bei 63 100 €	10 256 €
bei 63 200 €	10 264 €
bei 63 300 €	10 272 €
bei 63 400 €	10 279 €
bei 63 500 €	10 287 €
bei 63 600 €	10 295 €
bei 63 700 €	10 303 €
bei 63 800 €	10 311 €
bei 63 900 €	10 318 €
bei 64 000 €	10 326 €
bei 64 100 €	10 334 €
bei 64 200 €	10 342 €
bei 64 300 €	10 350 €
bei 64 400 €	10 357 €
bei 64 500 €	10 365 €
bei 64 600 €	10 373 €
bei 64 700 €	10 381 €
bei 64 800 €	10 389 €
bei 64 900 €	10 397 €
bei 65 000 €	10 404 €
bei 65 100 €	10 412 €
bei 65 200 €	10 420 €
bei 65 300 €	10 428 €
bei 65 400 €	10 436 €
bei 65 500 €	10 443 €
bei 65 600 €	10 451 €
bei 65 700 €	10 459 €
bei 65 800 €	10 467 €
bei 65 900 €	10 475 €
bei 66 000 €	10 482 €
bei 66 100 €	10 490 €
bei 66 200 €	10 498 €
bei 66 300 €	10 506 €
bei 66 400 €	10 514 €
bei 66 500 €	10 522 €
bei 66 600 €	10 529 €
bei 66 700 €	10 537 €
bei 66 800 €	10 545 €
bei 66 900 €	10 553 €
bei 67 000 €	10 561 €
bei 67 100 €	10 568 €
bei 67 200 €	10 576 €
bei 67 300 €	10 584 €
bei 67 400 €	10 592 €
bei 67 500 €	10 600 €
bei 67 600 €	10 607 €
bei 67 700 €	10 615 €
bei 67 800 €	10 623 €
bei 67 900 €	10 631 €
bei 68 000 €	10 639 €
bei 68 100 €	10 647 €
bei 68 200 €	10 654 €
bei 68 300 €	10 662 €
bei 68 400 €	10 670 €
bei 68 500 €	10 678 €
bei 68 600 €	10 686 €
bei 68 700 €	10 693 €
bei 68 800 €	10 701 €
bei 68 900 €	10 709 €
bei 69 000 €	10 717 €
bei 69 100 €	10 725 €
bei 69 200 €	10 732 €
bei 69 300 €	10 740 €
bei 69 400 €	10 748 €
bei 69 500 €	10 756 €
bei 69 600 €	10 764 €
bei 69 700 €	10 772 €
bei 69 800 €	10 779 €
bei 69 900 €	10 787 €
bei 70 000 €	10 795 €
bei 70 100 €	10 803 €
bei 70 200 €	10 811 €
bei 70 300 €	10 818 €
bei 70 400 €	10 826 €
bei 70 500 €	10 834 €
bei 70 600 €	10 842 €
bei 70 700 €	10 850 €
bei 70 800 €	10 857 €
bei 70 900 €	10 865 €
bei 71 000 €	10 873 €
bei 71 100 €	10 881 €
bei 71 200 €	10 889 €
bei 71 300 €	10 897 €
bei 71 400 €	10 904 €
bei 71 500 €	10 912 €
bei 71 600 €	10 920 €
bei 71 700 €	10 928 €
bei 71 800 €	10 936 €
bei 71 900 €	10 943 €
bei 72 000 €	10 951 €
bei 72 100 €	10 959 €
bei 72 200 €	10 967 €
bei 72 300 €	10 975 €
bei 72 400 €	10 982 €
bei 72 500 €	10 990 €
bei 72 600 €	10 998 €
bei 72 700 €	11 006 €
bei 72 800 €	11 014 €
bei 72 900 €	11 022 €
bei 73 000 €	11 029 €
bei 73 100 €	11 037 €
bei 73 200 €	11 045 €
bei 73 300 €	11 053 €
bei 73 400 €	11 061 €
bei 73 500 €	11 068 €
bei 73 600 €	11 076 €
bei 73 700 €	11 084 €
bei 73 800 €	11 092 €
bei 73 900 €	11 100 €
bei 74 000 €	11 107 €
bei 74 100 €	11 115 €
bei 74 200 €	11 123 €
bei 74 300 €	11 131 €
bei 74 400 €	11 139 €
bei 74 500 €	11 147 €
bei 74 600 €	11 154 €
bei 74 700 €	11 162 €
bei 74 800 €	11 170 €
bei 74 900 €	11 178 €
bei 75 000 €	11 186 €
bei 75 100 €	11 193 €
bei 75 200 €	11 201 €
bei 75 300 €	11 209 €
bei 75 400 €	11 217 €
bei 75 500 €	11 225 €
bei 75 600 €	11 232 €
bei 75 700 €	11 240 €
bei 75 800 €	11 248 €
bei 75 900 €	11 256 €
bei 76 000 €	11 264 €
bei 76 100 €	11 272 €
bei 76 200 €	11 279 €
bei 76 300 €	11 287 €
bei 76 400 €	11 295 €
bei 76 500 €	11 303 €
bei 76 600 €	11 311 €
bei 76 700 €	11 318 €
bei 76 800 €	11 326 €
bei 76 900 €	11 334 €
bei 77 000 €	11 342 €
bei 77 100 €	11 350 €
bei 77 200 €	11 357 €
bei 77 300 €	11 365 €
bei 77 400 €	11 373 €
bei 77 500 €	11 381 €
bei 77 600 €	11 389 €
bei 77 700 €	11 396 €
bei 77 800 €	11 404 €
bei 77 900 €	11 412 €
bei 78 000 €	11 420 €
bei 78 100 €	11 428 €
bei 78 200 €	11 436 €
bei 78 300 €	11 443 €
bei 78 400 €	11 451 €
bei 78 500 €	11 459 €
bei 78 600 €	11 467 €
bei 78 700 €	11 475 €
bei 78 800 €	11 482 €
bei 78 900 €	11 490 €
bei 79 000 €	11 498 €
bei 79 100 €	11 506 €
bei 79 200 €	11 514 €
bei 79 300 €	11 521 €
bei 79 400 €	11 529 €
bei 79 500 €	11 537 €
bei 79 600 €	11 545 €
bei 79 700 €	11 553 €
bei 79 800 €	11 561 €
bei 79 900 €	11 568 €
bei 80 000 €	11 576 €
bei 80 100 €	11 584 €
bei 80 200 €	11 592 €
bei 80 300 €	11 600 €
bei 80 400 €	11 607 €
bei 80 500 €	11 615 €
bei 80 600 €	11 623 €
bei 80 700 €	11 631 €
bei 80 800 €	11 639 €
bei 80 900 €	11 646 €
bei 81 000 €	11 654 €
bei 81 100 €	11 662 €
bei 81 200 €	11 670 €
bei 81 300 €	11 678 €
bei 81 400 €	11 686 €
bei 81 500 €	11 693 €
bei 81 600 €	11 701 €
bei 81 700 €	11 709 €
bei 81 800 €	11 717 €
bei 81 900 €	11 725 €
bei 82 000 €	11 732 €
bei 82 100 €	11 740 €
bei 82 200 €	11 748 €
bei 82 300 €	11 756 €
bei 82 400 €	11 764 €
bei 82 500 €	11 771 €
bei 82 600 €	11 779 €
bei 82 700 €	11 787 €
bei 82 800 €	11 795 €
bei 82 900 €	11 803 €
bei 83 000 €	11 811 €
bei 83 100 €	11 818 €
bei 83 200 €	11 826 €
bei 83 300 €	11 834 €
bei 83 400 €	11 842 €
bei 83 500 €	11 850 €
bei 83 600 €	11 857 €
bei 83 700 €	11 865 €
bei 83 800 €	11 873 €
bei 83 900 €	11 881 €
bei 84 000 €	11 889 €
bei 84 100 €	11 896 €
bei 84 200 €	11 904 €
bei 84 300 €	11 912 €
bei 84 400 €	11 920 €
bei 84 500 €	11 928 €
bei 84 600 €	11 936 €
bei 84 700 €	11 943 €
bei 84 800 €	11 951 €
bei 84 900 €	11 959 €
bei 85 000 €	11 967 €
bei 85 100 €	11 975 €
ab 85 200 €	**11 982 €**

11. Tabelle zur Mindestvorsorgepauschale 2021 für die Beiträge zur Kranken- und Pflegeversicherung

a) Steuerklasse I, II, IV, V und VI

Jahresarbeitslohn	Vorsorgepauschale 2021
bei 100 €	12 €
bei 200 €	24 €
bei 300 €	36 €
bei 400 €	48 €
bei 500 €	60 €
bei 600 €	72 €
bei 700 €	84 €
bei 800 €	96 €
bei 900 €	108 €
bei 1 000 €	120 €
bei 1 100 €	132 €
bei 1 200 €	144 €
bei 1 300 €	156 €
bei 1 400 €	168 €
bei 1 500 €	180 €
bei 1 600 €	192 €
bei 1 700 €	204 €
bei 1 800 €	216 €
bei 1 900 €	228 €
bei 2 000 €	240 €
bei 2 100 €	252 €
bei 2 200 €	264 €
bei 2 300 €	276 €
bei 2 400 €	288 €
bei 2 500 €	300 €
bei 2 600 €	312 €
bei 2 700 €	324 €
bei 2 800 €	336 €
bei 2 900 €	348 €
bei 3 000 €	360 €
bei 3 100 €	372 €
bei 3 200 €	384 €
bei 3 300 €	396 €
bei 3 400 €	408 €
bei 3 500 €	420 €
bei 3 600 €	432 €
bei 3 700 €	444 €
bei 3 800 €	456 €
bei 3 900 €	468 €
bei 4 000 €	480 €
bei 4 100 €	492 €
bei 4 200 €	504 €
bei 4 300 €	516 €
bei 4 400 €	528 €
bei 4 500 €	540 €
bei 4 600 €	552 €
bei 4 700 €	564 €
bei 4 800 €	576 €
bei 4 900 €	588 €
bei 5 000 €	600 €
bei 5 100 €	612 €
bei 5 200 €	624 €
bei 5 300 €	636 €
bei 5 400 €	648 €
bei 5 500 €	660 €
bei 5 600 €	672 €
bei 5 700 €	684 €
bei 5 800 €	696 €
bei 5 900 €	708 €
bei 6 000 €	720 €
bei 6 100 €	732 €
bei 6 200 €	744 €
bei 6 300 €	756 €
bei 6 400 €	768 €
bei 6 500 €	780 €
bei 6 600 €	792 €
bei 6 700 €	804 €
bei 6 800 €	816 €
bei 6 900 €	828 €
bei 7 000 €	840 €
bei 7 100 €	852 €
bei 7 200 €	864 €
bei 7 300 €	876 €
bei 7 400 €	888 €
bei 7 500 €	900 €
bei 7 600 €	912 €
bei 7 700 €	924 €
bei 7 800 €	936 €
bei 7 900 €	948 €
bei 8 000 €	960 €
bei 8 100 €	972 €
bei 8 200 €	984 €
bei 8 300 €	996 €
bei 8 400 €	1 008 €
bei 8 500 €	1 020 €
bei 8 600 €	1 032 €
bei 8 700 €	1 044 €
bei 8 800 €	1 056 €
bei 8 900 €	1 068 €
bei 9 000 €	1 080 €
bei 9 100 €	1 092 €
bei 9 200 €	1 104 €

Jahresarbeitslohn	Vorsorgepauschale 2021	Jahresarbeitslohn	Vorsorgepauschale 2021
bei 9 300 €	1 116 €	bei 12 700 €	1 524 €
bei 9 400 €	1 128 €	bei 12 800 €	1 536 €
bei 9 500 €	1 140 €	bei 12 900 €	1 548 €
bei 9 600 €	1 152 €	bei 13 000 €	1 560 €
bei 9 700 €	1 164 €	bei 13 100 €	1 572 €
bei 9 800 €	1 176 €	bei 13 200 €	1 584 €
bei 9 900 €	1 188 €	bei 13 300 €	1 596 €
bei 10 000 €	1 200 €	bei 13 400 €	1 608 €
bei 10 100 €	1 212 €	bei 13 500 €	1 620 €
bei 10 200 €	1 224 €	bei 13 600 €	1 632 €
bei 10 300 €	1 236 €	bei 13 700 €	1 644 €
bei 10 400 €	1 248 €	bei 13 800 €	1 656 €
bei 10 500 €	1 260 €	bei 13 900 €	1 668 €
bei 10 600 €	1 272 €	bei 14 000 €	1 680 €
bei 10 700 €	1 284 €	bei 14 100 €	1 692 €
bei 10 800 €	1 296 €	bei 14 200 €	1 704 €
bei 10 900 €	1 308 €	bei 14 300 €	1 716 €
bei 11 000 €	1 320 €	bei 14 400 €	1 728 €
bei 11 100 €	1 332 €	bei 14 500 €	1 740 €
bei 11 200 €	1 344 €	bei 14 600 €	1 752 €
bei 11 300 €	1 356 €	bei 14 700 €	1 764 €
bei 11 400 €	1 368 €	bei 14 800 €	1 776 €
bei 11 500 €	1 380 €	bei 14 900 €	1 788 €
bei 11 600 €	1 392 €	bei 15 000 €	1 800 €
bei 11 700 €	1 404 €	bei 15 100 €	1 812 €
bei 11 800 €	1 416 €	bei 15 200 €	1 824 €
bei 11 900 €	1 428 €	bei 15 300 €	1 836 €
bei 12 000 €	1 440 €	bei 15 400 €	1 848 €
bei 12 100 €	1 452 €	bei 15 500 €	1 860 €
bei 12 200 €	1 464 €	bei 15 600 €	1 872 €
bei 12 300 €	1 476 €	bei 15 700 €	1 884 €
bei 12 400 €	1 488 €	bei 15 800 €	1 896 €
bei 12 500 €	1 500 €	**bei 15 900 € und höher**	**1 900 €**
bei 12 600 €	1 512 €		

b) Steuerklasse III

Jahresarbeitslohn	Vorsorgepauschale 2021	Jahresarbeitslohn	Vorsorgepauschale 2021
bei 100 €	12 €	bei 4 600 €	552 €
bei 200 €	24 €	bei 4 700 €	564 €
bei 300 €	36 €	bei 4 800 €	576 €
bei 400 €	48 €	bei 4 900 €	588 €
bei 500 €	60 €	bei 5 000 €	600 €
bei 600 €	72 €	bei 5 100 €	612 €
bei 700 €	84 €	bei 5 200 €	624 €
bei 800 €	96 €	bei 5 300 €	636 €
bei 900 €	108 €	bei 5 400 €	648 €
bei 1 000 €	120 €	bei 5 500 €	660 €
bei 1 100 €	132 €	bei 5 600 €	672 €
bei 1 200 €	144 €	bei 5 700 €	684 €
bei 1 300 €	156 €	bei 5 800 €	696 €
bei 1 400 €	168 €	bei 5 900 €	708 €
bei 1 500 €	180 €	bei 6 000 €	720 €
bei 1 600 €	192 €	bei 6 100 €	732 €
bei 1 700 €	204 €	bei 6 200 €	744 €
bei 1 800 €	216 €	bei 6 300 €	756 €
bei 1 900 €	228 €	bei 6 400 €	768 €
bei 2 000 €	240 €	bei 6 500 €	780 €
bei 2 100 €	252 €	bei 6 600 €	792 €
bei 2 200 €	264 €	bei 6 700 €	804 €
bei 2 300 €	276 €	bei 6 800 €	816 €
bei 2 400 €	288 €	bei 6 900 €	828 €
bei 2 500 €	300 €	bei 7 000 €	840 €
bei 2 600 €	312 €	bei 7 100 €	852 €
bei 2 700 €	324 €	bei 7 200 €	864 €
bei 2 800 €	336 €	bei 7 300 €	876 €
bei 2 900 €	348 €	bei 7 400 €	888 €
bei 3 000 €	360 €	bei 7 500 €	900 €
bei 3 100 €	372 €	bei 7 600 €	912 €
bei 3 200 €	384 €	bei 7 700 €	924 €
bei 3 300 €	396 €	bei 7 800 €	936 €
bei 3 400 €	408 €	bei 7 900 €	948 €
bei 3 500 €	420 €	bei 8 000 €	960 €
bei 3 600 €	432 €	bei 8 100 €	972 €
bei 3 700 €	444 €	bei 8 200 €	984 €
bei 3 800 €	456 €	bei 8 300 €	996 €
bei 3 900 €	468 €	bei 8 400 €	1 008 €
bei 4 000 €	480 €	bei 8 500 €	1 020 €
bei 4 100 €	492 €	bei 8 600 €	1 032 €
bei 4 200 €	504 €	bei 8 700 €	1 044 €
bei 4 300 €	516 €	bei 8 800 €	1 056 €
bei 4 400 €	528 €	bei 8 900 €	1 068 €
bei 4 500 €	540 €	bei 9 000 €	1 080 €

Jahresarbeitslohn	Vorsorgepauschale 2021	Jahresarbeitslohn	Vorsorgepauschale 2021
bei 9 100 €	1 092 €	bei 17 200 €	2 064 €
bei 9 200 €	1 104 €	bei 17 300 €	2 076 €
bei 9 300 €	1 116 €	bei 17 400 €	2 088 €
bei 9 400 €	1 128 €	bei 17 500 €	2 100 €
bei 9 500 €	1 140 €	bei 17 600 €	2 112 €
bei 9 600 €	1 152 €	bei 17 700 €	2 124 €
bei 9 700 €	1 164 €	bei 17 800 €	2 136 €
bei 9 800 €	1 176 €	bei 17 900 €	2 148 €
bei 9 900 €	1 188 €	bei 18 000 €	2 160 €
bei 10 000 €	1 200 €	bei 18 100 €	2 172 €
bei 10 100 €	1 212 €	bei 18 200 €	2 184 €
bei 10 200 €	1 224 €	bei 18 300 €	2 196 €
bei 10 300 €	1 236 €	bei 18 400 €	2 208 €
bei 10 400 €	1 248 €	bei 18 500 €	2 220 €
bei 10 500 €	1 260 €	bei 18 600 €	2 232 €
bei 10 600 €	1 272 €	bei 18 700 €	2 244 €
bei 10 700 €	1 284 €	bei 18 800 €	2 256 €
bei 10 800 €	1 296 €	bei 18 900 €	2 268 €
bei 10 900 €	1 308 €	bei 19 000 €	2 280 €
bei 11 000 €	1 320 €	bei 19 100 €	2 292 €
bei 11 100 €	1 332 €	bei 19 200 €	2 304 €
bei 11 200 €	1 344 €	bei 19 300 €	2 316 €
bei 11 300 €	1 356 €	bei 19 400 €	2 328 €
bei 11 400 €	1 368 €	bei 19 500 €	2 340 €
bei 11 500 €	1 380 €	bei 19 600 €	2 352 €
bei 11 600 €	1 392 €	bei 19 700 €	2 364 €
bei 11 700 €	1 404 €	bei 19 800 €	2 376 €
bei 11 800 €	1 416 €	bei 19 900 €	2 388 €
bei 11 900 €	1 428 €	bei 20 000 €	2 400 €
bei 12 000 €	1 440 €	bei 20 100 €	2 412 €
bei 12 100 €	1 452 €	bei 20 200 €	2 424 €
bei 12 200 €	1 464 €	bei 20 300 €	2 436 €
bei 12 300 €	1 476 €	bei 20 400 €	2 448 €
bei 12 400 €	1 488 €	bei 20 500 €	2 460 €
bei 12 500 €	1 500 €	bei 20 600 €	2 472 €
bei 12 600 €	1 512 €	bei 20 700 €	2 484 €
bei 12 700 €	1 524 €	bei 20 800 €	2 496 €
bei 12 800 €	1 536 €	bei 20 900 €	2 508 €
bei 12 900 €	1 548 €	bei 21 000 €	2 520 €
bei 13 000 €	1 560 €	bei 21 100 €	2 532 €
bei 13 100 €	1 572 €	bei 21 200 €	2 544 €
bei 13 200 €	1 584 €	bei 21 300 €	2 556 €
bei 13 300 €	1 596 €	bei 21 400 €	2 568 €
bei 13 400 €	1 608 €	bei 21 500 €	2 580 €
bei 13 500 €	1 620 €	bei 21 600 €	2 592 €
bei 13 600 €	1 632 €	bei 21 700 €	2 604 €
bei 13 700 €	1 644 €	bei 21 800 €	2 616 €
bei 13 800 €	1 656 €	bei 21 900 €	2 628 €
bei 13 900 €	1 668 €	bei 22 000 €	2 640 €
bei 14 000 €	1 680 €	bei 22 100 €	2 652 €
bei 14 100 €	1 692 €	bei 22 200 €	2 664 €
bei 14 200 €	1 704 €	bei 22 300 €	2 676 €
bei 14 300 €	1 716 €	bei 22 400 €	2 688 €
bei 14 400 €	1 728 €	bei 22 500 €	2 700 €
bei 14 500 €	1 740 €	bei 22 600 €	2 712 €
bei 14 600 €	1 752 €	bei 22 700 €	2 724 €
bei 14 700 €	1 764 €	bei 22 800 €	2 736 €
bei 14 800 €	1 776 €	bei 22 900 €	2 748 €
bei 14 900 €	1 788 €	bei 23 000 €	2 760 €
bei 15 000 €	1 800 €	bei 23 100 €	2 772 €
bei 15 100 €	1 812 €	bei 23 200 €	2 784 €
bei 15 200 €	1 824 €	bei 23 300 €	2 796 €
bei 15 300 €	1 836 €	bei 23 400 €	2 808 €
bei 15 400 €	1 848 €	bei 23 500 €	2 820 €
bei 15 500 €	1 860 €	bei 23 600 €	2 832 €
bei 15 600 €	1 872 €	bei 23 700 €	2 844 €
bei 15 700 €	1 884 €	bei 23 800 €	2 856 €
bei 15 800 €	1 896 €	bei 23 900 €	2 868 €
bei 15 900 €	1 908 €	bei 24 000 €	2 880 €
bei 16 000 €	1 920 €	bei 24 100 €	2 892 €
bei 16 100 €	1 932 €	bei 24 200 €	2 904 €
bei 16 200 €	1 944 €	bei 24 300 €	2 916 €
bei 16 300 €	1 956 €	bei 24 400 €	2 928 €
bei 16 400 €	1 968 €	bei 24 500 €	2 940 €
bei 16 500 €	1 980 €	bei 24 600 €	2 952 €
bei 16 600 €	1 992 €	bei 24 700 €	2 964 €
bei 16 700 €	2 004 €	bei 24 800 €	2 976 €
bei 16 800 €	2 016 €	bei 24 900 €	2 988 €
bei 16 900 €	2 028 €	**bei 25 000 € und höher**	**3 000 €**
bei 17 000 €	2 040 €		
bei 17 100 €	2 052 €		

Anhang 8a

Abzug der tatsächlichen Vorsorgeaufwendungen im Veranlagungsverfahren

Neues und Wichtiges auf einen Blick:

1. Erhöhung des Höchstbetrags und des abziehbaren Prozentsatzes für die Altersbasisversorgung

Der **Höchstbetrag** für die als Sonderausgaben zu berücksichtigende **Basisversorgung** (Altersvorsorgeaufwendungen) steigt ab **2021** von bisher 25 046 € (ledige Arbeitnehmer) bzw. 50 092 € (zusammen veranlagte Ehegatten und eingetragene Lebenspartner) auf nunmehr **25 787 € (ledige Arbeitnehmer) bzw. 51 574 € (zusammen veranlagte Ehegatten und eingetragene Lebenspartner).** Der Betrag von 25 787 € entspricht dem Höchstbeitrag zur knappschaftlichen Rentenversicherung (104 400 € × 24,7 %).

Der als Sonderausgaben abzugsfähige Teil erhöht sich im Jahr **2021** um 2 % auf nunmehr **92 %.** Der Prozentsatz wird für die Ermittlung der abziehbaren Sonderausgaben auf die Beiträge zur Altersbasisversorgung unter Beachtung des vorstehenden Höchstbetrags angewendet. Der 100 %ige Sonderausgabenabzug bis zum vorstehenden Höchstbetrag wird im Jahr 2025 erreicht werden.

Zur Berechnung des Sonderausgabenabzugs für die Altersbasisversorgung vgl. die Ausführungen unter der nachfolgenden Nr. 4.

2. Sonderausgabenabzug für die übrigen Vorsorgeaufwendungen

Der **Sonderausgabenabzug-Höchstbetrag** für die übrigen Vorsorgeaufwendungen (ohne Altersvorsorgeaufwendungen) beträgt auch im Kalenderjahr 2021 **unverändert 1900 € bzw. 2800 €.** Es werden jedoch **mindestens** die Aufwendungen für eine sog. **Basiskranken- und Pflegeversicherung** als Sonderausgaben berücksichtigt.

Vgl. im Einzelnen auch die Übersicht unter der nachfolgenden Nr. 2 sowie die Erläuterungen und Beispiele unter der nachfolgenden Nr. 5.

3. Ansatz der Vorsorgepauschale

Im Gegensatz zum Lohnsteuerabzugsverfahren wird bei einer **Veranlagung** zur Einkommensteuer **keine Vorsorgepauschale** berücksichtigt. Folglich können bei einer Veranlagung zur Einkommensteuer nach Ablauf des Kalenderjahres nur die tatsächlich entstandenen Vorsorgeaufwendungen als Sonderausgaben abgezogen werden. Vgl. auch die Erläuterungen unter der nachfolgenden Nr. 1.

Zum Ansatz und zur Berechnung der Vorsorgepauschale im Lohnsteuerabzugsverfahren vgl. die ausführlichen Erläuterungen und Beispiele in Anhang 8.

Gliederung:

1. Allgemeines

Vorsorgeaufwendungen werden beim laufenden Lohnsteuerabzug während des Kalenderjahres ausschließlich durch die in den Lohnsteuertarif eingearbeitete Vorsorgepauschale berücksichtigt (zum Ansatz und zur Berechnung der Vorsorgepauschale vgl. die ausführlichen Erläuterungen und Beispiele in Anhang 8). Bei der Veranlagung zur Einkommensteuer wird hingegen keine Vorsorgepauschale angesetzt. Sind die tatsächlich anfallenden Vorsorgeaufwendungen **höher** als die Vorsorgepauschale, kann sie der Arbeitnehmer erst bei der Veranlagung zur Einkommensteuer geltend machen. Ein Freibetrag beim Lohnsteuerabzug durch den Arbeitgeber kommt für Vorsorgeaufwendungen nicht in Betracht. Der Bundesfinanzhof hat die Verfassungsmäßigkeit dieser Regelung bestätigt (BFH-Urteil vom 9.12.2009, BStBl. 2010 II S. 348). Gerade für Arbeitnehmer, die nur eine gekürzte Vorsorgepauschale erhalten (weil sie nicht rentenversicherungspflichtig sind), empfiehlt es sich daher, nach Ablauf des Kalenderjahres zu prüfen, ob die im Rahmen der Höchstbeträge als Sonderausgaben abzugsfähigen tatsächlichen Vorsorgeaufwendungen höher sind als die beim laufenden Lohnsteuerabzug während des Kalenderjahres berücksichtigte Vorsorgepauschale. Ist dies der Fall und ist der Arbeitnehmer nicht ohnehin zur Abgabe einer Einkommensteuererklärung verpflichtet (z. B. wegen anderer Einkünfte), muss eine Veranlagung zur Einkommensteuer beantragt werden, um ggf. eine Steuererstattung zu erreichen.

In Ausnahmefällen können die tatsächlichen Vorsorgeaufwendungen **niedriger** sein als die im Lohnsteuerabzugsverfahren berücksichtigte Vorsorgepauschale (z. B. bei Polizeibeamten und Soldaten mit steuerfreier Gesundheitsvorsorge, Beamtenanwärter). In diesen Fällen sind die Arbeitnehmer gesetzlich zur Abgabe einer Einkommensteuererklärung verpflichtet und es kann zu einer Steuernachzahlung sowie zur Festsetzung von Einkommensteuer-Vorauszahlungen kommen (vgl. „Veranlagung von Arbeitnehmern" unter Nr. 2).

2. Sonderausgabenabzug für Vorsorgeaufwendungen

Da die Beiträge zu einer Kranken- und Pflegeversicherung nach früher geltendem Recht nur in eingeschränktem Umfang als Sonderausgaben steuerlich abziehbar waren, hat das Bundesverfassungsgericht im Februar 2008 entschieden (u. a. Beschluss vom 13.2.2008 2 BvL 1/06, BFH/NV 2008 S. 228), dass der steuerliche Sonderausgabenabzug von Beiträgen zur Kranken- und Pflegeversicherung in einem Umfang zu gewähren ist, der eine sozialhilfegleiche Kranken- und Pflegeversicherung sicherstellt. Das Bundesverfassungsgericht hatte den Gesetzgeber verpflichtet, spätestens zum 1.1.2010 eine gesetzliche Neuregelung zu treffen.

Durch das Bürgerentlastungsgesetz vom 16.7.2009 (BGBl. I S. 1959) wurde mit Wirkung vom 1.1.2010 das Urteil des Bundesverfassungsgerichts umgesetzt und für den Sonderausgabenabzug von Beiträgen zu einer Kranken- und Pflegeversicherung eine Regelung getroffen, wonach die Beiträge zur Krankenversicherung in vollem Umfang abgezogen werden können, soweit sie eine Grundversorgung im Krankheitsfall abdecken (sog. Basiskranken- und Pflegeversicherung). Beiträge zu darüber hinausgehenden Kranken- und Pflegeversicherungen werden als „sonstige Vorsorgeaufwendungen" behandelt.

Hiernach ergibt sich zum Sonderausgabenabzug von Vorsorgeaufwendungen[1] bei Arbeitnehmern seit 1.1.2010 folgende Übersicht

Sonderausgabenabzug seit 1.1.2010

Vorsorgeaufwendungen

Sonderausgaben, die weder zu den Altersvorsorgeaufwendungen noch zu den sonstigen Vorsorgeaufwendungen gehören
Nur für diese Sonderausgaben (z. B. Kirchensteuer, Spenden) ist die Berücksichtigung eines Freibetrags beim Lohnsteuerabzug durch den Arbeitgeber möglich (vgl. Anhang 7 Abschnitt C)

Altervorsorgeaufwendungen
z. B.
- Beiträge zur gesetzlichen Rentenversicherung
- Beiträge zu berufsständischen Versorgungswerken
- Beiträge zu bestimmten Leibrentenversicherungen (sog. Rürup-Rentenversicherungsvertrag)

Höchstbetrag 2021: **92 %** von
- 25 787 € bei Ledigen
- 51 574 € bei Verheirateten

Sonstige Vorsorgeaufwendungen
z. B.
- Beiträge zur Kranken-, Pflege- und Arbeitslosenversicherung
- Beiträge zu Unfall- und Haftpflichtversicherungen
- bestimmte Lebensversicherungen

bis zum Höchstbetrag von
- **1900 €** bei Arbeitnehmern, Beamten, Beamtenpensionären, Rentnern
- **2800 €** bei Selbstständigen

mindestens aber die Beiträge zur **Basiskranken- und Pflegeversicherung** in tatsächlich entstandener Höhe und zwar auch dann, wenn die Beträge von 1900 € bzw. 2800 € überschritten sind

Gesamtbetrag
der abzugsfähigen Vorsorgeaufwendungen

Die sog. Günstigerprüfung sah für die Jahre 2011 bis 2019 einen Vergleich der Ergebnisse des nach den vorstehenden Grundsätzen ermittelten Gesamtbetrags der Vorsorgeaufwendungen und dem früheren Recht vor mit der Folge, dass der höhere Betrag bei der Veranlagung zur Einkommensteuer als Sonderausgaben angesetzt wurde. Seit dem Kalenderjahr 2020 wird bei der Veranlagung zur Einkommensteuer für den Sonderausgabenabzug keine Günstigerprüfung mehr durchgeführt.

Ein Sonderausgabenabzug für Vorsorgeaufwendungen kommt bei einem sozialversicherungspflichtigen Arbeitnehmer grundsätzlich nicht in Betracht, soweit die Beiträge in unmittelbarem wirtschaftlichen Zusammenhang mit **steuerfreien Einnahmen** stehen. Bei Bezug von steuerfreiem Arbeitslohn (z.B. nach einem Doppelbesteuerungsabkommen) und steuerpflichtigem Arbeitslohn ist der abzugsfähige Anteil grundsätzlich nach dem Verhältnis des steuerpflichtigen Arbeitslohns zum gesamten Arbeitslohn zu ermitteln. Freiwillig gesetzlich krankenversicherte und privat krankenversicherte Arbeitnehmer können allerdings ihre Kranken- und Pflegeversicherungsbeiträge stets als Sonderausgaben geltend machen.

Aufgrund der Rechtsprechung des EuGH (Urteil vom 22.6.2017 C-20/16, BStBl. 2017 II S. 1271) sind **Sozialversicherungsbeiträge** bei **steuerfreien Auslandseinkünften** aber als **Sonderausgaben** zu berücksichtigen, **wenn**
- sie in unmittelbarem wirtschaftlichen Zusammenhang mit in einem EU-/EWR-Mitgliedstaat erzielten Einnahmen aus nichtselbstständiger Arbeit stehen,
- diese Einnahmen nach einem DBA in Deutschland steuerfrei sind und
- der ausländische Beschäftigungsstaat keinerlei Abzug der mit den steuerfreien Einnahmen in unmittelbarem Zusammenhang stehenden Beiträge im Besteuerungsverfahren zulässt.

Diese Grundsätze der Rechtsprechung des EuGH wurden in das EStG übernommen (vgl. § 10 Abs. 2 Satz 1 Nr. 1 letzter Satzteil EStG). Sie gelten entsprechend bei Ausübung einer nichtselbstständigen Tätigkeit in der Schweiz (BFH-Urteil vom 5.11.2019, BFH/NV 2020 S. 634). Da der Arbeitgeber allerdings keine Kenntnis darüber hat, ob der ausländische Beschäftigungsstaat einen Abzug der Beiträge zulässt, sind Sozialversicherungsbeiträge, die mit steuerfreiem Arbeitslohn in unmittelbarem wirtschaftlichem Zusammenhang stehen, nicht in der Lohnsteuerbescheinigung auszuweisen. Vgl. hierzu auch die Erläuterungen beim Stichwort „Lohnsteuerbescheinigung" unter Nr. 24.

3. Begriff der Vorsorgeaufwendungen

Vorsorgeaufwendungen werden eingeteilt in **Altersvorsorgeaufwendungen** einerseits und **sonstige Vorsorgeaufwendungen** andererseits (vgl. die unter der vorstehenden Nr. 2 abgedruckte Übersicht).

a) Altersvorsorgeaufwendungen

Zu den steuerlich besonders geförderten **Altersvorsorgeaufwendungen** (sog. Alters**basis**versorgung) gehören:
- Gesetzliche **Rentenversicherungsbeiträge** (Arbeitnehmer- und Arbeitgeberanteil).
- Beiträge zu **berufsständischen Versorgungseinrichtungen,** die den gesetzlichen Rentenversicherungen vergleichbare Leistungen erbringen. Eine Übersicht über die berufsständischen Versorgungseinrichtungen, die vergleichbare Leistungen erbringen, enthält das BMF-Schreiben vom 19.6.2020 (BStBl. I S. 617[2]).
- Zertifizierte Leibrentenversicherungsbeiträge, das heißt **kapitalgedeckte Altersvorsorgeprodukte,** die die Zahlung einer monatlichen, auf das Leben des Steuerbürgers bezogenen Leibrente nicht vor Vollendung des 62. Lebensjahres[3] vorsehen und deren Ansprüche nicht vererblich, nicht übertragbar, nicht beleihbar, nicht veräußerbar und nicht kapitalisierbar sind **(sog. Rürup-Rentenversicherungsvertrag);** eine **ergänzende Absicherung** des Eintritts der Berufsunfähigkeit, der verminderten Erwerbsfähigkeit oder von Hinterbliebenen ist zulässig.
- Beiträge zur **ausschließlichen Absicherung** des Risikos der **Berufsunfähigkeit** oder der **verminderten Erwerbsfähigkeit.** Voraussetzung für den Sonderausgabenabzug ist, dass bei Eintritt des Versicherungsfalles vor der Vollendung des 67. Lebensjahres eine lebenslange Rente gezahlt wird. Außerdem kann die Höhe der zugesagten Rente vom Alter des Steuerpflichtigen bei Eintritt des Versicherungsfalles abhängig gemacht werden, wenn er bereits das 55. Lebensjahr vollendet hat. Zudem kann der Vertrag die Beendigung der Rentenzahlung wegen eines medizinisch begründeten Wegfalls der Berufsunfähigkeit oder verminderten Erwerbsfähigkeit vorsehen. Auch bei einem solchen Vertrag setzt der Sonderausgabenabzug voraus, dass bestimmte weitere Voraussetzungen erfüllt sind (z. B. keine Kapitalisierbarkeit oder Vererblichkeit der Ansprüche) und er nach den Vorschriften des Altersvorsorgeverträge-Zertifizierungsgesetzes zertifiziert worden ist.[4]
- Landwirtschaftliche Alterskassenbeiträge.

b) Sonstige Vorsorgeaufwendungen

Die sonstigen Vorsorgeaufwendungen werden unterteilt in Beiträge zur **sog. Basiskranken- und Pflegeversicherung** einerseits und „weitere" sonstige Vorsorgeaufwendungen andererseits. Zu den **„weiteren" sonstigen Vorsorgeaufwendungen** gehören insbesondere:
- Beiträge zur **Arbeitslosenversicherung;**[5]

1) Werden von ausländischen Sozialversicherungsträgern Globalbeiträge erhoben, ist eine Aufteilung vorzunehmen. Die für die Aufteilung maßgebenden staatenbezogenen Prozentsätze sind für den Veranlagungszeitraum 2021 durch BMF-Schreiben vom 13.11.2020 bekannt gemacht worden. Das BMF-Schreiben ist als Anlage 2 zu H 41b LStR im **Steuerhandbuch für das Lohnbüro 2021** abgedruckt, das im selben Verlag erschienen ist.

2) Das BMF-Schreiben ist als Anhang 13e im **Steuerhandbuch für das Lohnbüro 2021** abgedruckt, das im selben Verlag erschienen ist.

3) Bei **Vertragsabschlüssen vor dem 1.1.2012** darf der Vertrag die Zahlung einer Leibrente nicht vor Vollendung des **60. Lebensjahres** vorsehen.

4) Das Altersvorsorge-Zertifizierungsgesetz ist als Anhang 13a im **Steuerhandbuch für das Lohnbüro 2021** abgedruckt, das im selben Verlag erschienen ist.

5) Nach Auffassung des Bundesfinanzhofs besteht kein verfassungsrechtlicher Anspruch, die Beiträge zur Arbeitslosenversicherung bei der Ermittlung des zu versteuernden Einkommens in voller Höhe oder zumindest im Wege eines negativen Progressionsvorbehalts zu berücksichtigen (BFH-Urteil vom 16.11.2011, BStBl. 2012 II S. 325). Das BVerfG hat die Verfassungsbeschwerde nicht zur Entscheidung angenommen (Beschluss vom 27.9.2017, 2 BvR 598/12).

- Beiträge zu **Kranken- und Pflegeversicherungen,** die **über** die **Basisabsicherung hinausgehen;**[1)]
- **Unfall- und Haftpflichtversicherungsbeiträge;**
- Beiträge zu **Risikoversicherungen,** die nur für den Todesfall eine Leistung vorsehen;
- Beiträge zu Kapitallebens- und Rentenversicherungen, die **nach altem Recht** als Sonderausgaben begünstigt waren (Laufzeitbeginn vor dem 1.1.2005 und mindestens ein geleisteter Versicherungsbeitrag bis 31.12.2004). Hierbei ist zu beachten, dass Rentenversicherungen mit Kapitalwahlrecht und Kapitallebensversicherungen nach altem Recht seit dem Kalenderjahr 2004 nur noch mit 88 % der Beiträge berücksichtigt werden (§ 10 Abs. 1 Nr. 2 Buchstabe b Satz 2 EStG alte Fassung).

Ausgeschlossen vom Sonderausgabenabzug sind Hausratversicherungen, Kfz-Kaskoversicherungen, Rechtsschutzversicherungen, fondsgebundene Lebensversicherungen, Versicherungen auf den Erlebens- oder Todesfall, bei denen der Steuerpflichtige Ansprüche aus einem von einer anderen Person abgeschlossenen Vertrag entgeltlich erworben hat – es sei denn, es werden aus anderen Rechtsverhältnissen entstandene Abfindungs- und Ausgleichsansprüche arbeitsrechtlicher, erbrechtlicher oder familienrechtlicher Art durch Übertragung von Ansprüchen aus Lebensversicherungsverträgen erfüllt – und Versicherungen, deren Ansprüche der Steuerpflichtige zur schädlichen Tilgung oder Sicherung von Darlehen im Sinne des § 10 Abs. 2 Satz 2 EStG alter Fassung eingesetzt hat.

c) Berechnung der abzugsfähigen Vorsorgeaufwendungen

Die Berechnung der abzugsfähigen Vorsorgeaufwendungen setzt sich aus folgenden Rechenvorgängen zusammen:

- Berechnung der abzugsfähigen Beiträge zur **Altersbasisversorgung** (vgl. die Erläuterungen unter der nachfolgenden Nr. 4),
- Berechnung der als sonstige Vorsorgeaufwendungen abzugsfähigen **Beiträge zur sog. Basiskranken- und Pflegeversicherung** (vgl. die Erläuterungen unter der nachfolgenden Nr. 5),
- Berechnung der „weiteren" sonstigen Vorsorgeaufwendungen, die **zusätzlich** zu den Basiskranken- und Pflegeversicherungsbeiträgen abgezogen werden können (vgl. nachfolgend unter Nr. 6).

Geändert hat sich seit 1.1.2010 insbesondere die Berechnung der abzugsfähigen Beiträge zur sog. Basiskranken- und Pflegeversicherung. Beim Abzug der „weiteren" sonstigen Vorsorgeaufwendungen wurden lediglich die Höchstbeträge erhöht. Mindestens sind jedoch die Basiskranken- und Pflegeversicherungsbeiträge zu berücksichtigen und zwar auch dann, wenn sie über die Höchstbeträge für sonstige Vorsorgeaufwendungen hinausgehen (vgl. die Berechnungsbeispiele unter der nachfolgenden Nr. 6). Im Einzelnen gilt Folgendes:

4. Berechnung der abzugsfähigen Beiträge zur Altersbasisversorgung

a) Berechnung in vier Schritten

Die Berechnung der als Sonderausgaben abzugsfähigen Beiträge zur **Altersbasisversorgung** ist in vier Schritten durchzuführen:

1. Schritt: Ermittlung der **Beiträge zur Altersbasisversorgung** (bei Arbeitnehmern inklusive Arbeitgeberanteil zur gesetzlichen Rentenversicherung)

2. Schritt: Ermittlung des **Höchstbetrags** für die Altersbasisversorgung (**25 787 €** für Ledige, **51 574 €** für Verheiratete/Verpartnerte). Bei **bestimmten Arbeitnehmern** wird der Höchstbetrag um einen fiktiven Arbeitgeber- und Arbeitnehmeranteil zur gesetzlichen Rentenversicherung **gekürzt** (§ 10 Abs. 3 Satz 3 Nr. 1 EStG). Betroffen hiervon sind insbesondere Beamte, Richter, Soldaten, Gesellschafter-Geschäftsführer einer GmbH und Vorstandsmitglieder von Aktiengesellschaften. Der fiktive Kürzungsbetrag ist unter dem nachfolgenden Buchstaben b erläutert.

3. Schritt: Mit dem niedrigeren Betrag von Schritt 1 oder Schritt 2 wird weiter gerechnet, das heißt, vom niedrigeren Betrag kann aufgrund einer Übergangsregelung nur ein bestimmter Prozentsatz angesetzt werden, und zwar

- im Kalenderjahr 2016 82 %
- im Kalenderjahr 2017 84 %
- im Kalenderjahr 2018 86 %
- im Kalenderjahr 2019 88 %
- im Kalenderjahr 2020 90 %
- im Kalenderjahr **2021 92 %.**

Dieser Prozentsatz erhöht sich jährlich um 2 %, bis im Jahr 2025 100 % erreicht sind.

4. Schritt: Von dem sich nach Schritt 3 ergebenden Betrag ist bei rentenversicherungspflichtigen **Arbeitnehmern** der steuerfreie **Arbeitgeberanteil zur gesetzlichen Rentenversicherung** abzuziehen. Das Ergebnis sind die als Sonderausgaben abziehbaren Beiträge zur Altersbasisversorgung.

Beispiel

Arbeitnehmer-Ehegatten haben im Kalenderjahr 2021 folgende Beiträge zur gesetzlichen Rentenversicherung gezahlt (Arbeitnehmer- und Arbeitgeberanteil):

Ehemann: 18,6 % aus einem Bruttolohn von 64 516,13 €		12 000,– €
Ehefrau: 18,6 % aus einem Bruttolohn von 53 763,44 €		10 000,– €
Beiträge der Ehegatten zur Altersbasisversorgung insgesamt		22 000,– €
Höchstbetrag für Ehegatten		51 574,– €
anzusetzen ist der niedrigere Betrag		22 000,– €
davon 92 %		20 240,– €
abzüglich steuerfreier Arbeitgeberanteil zur Rentenversicherung:		
Ehemann: 9,3 % von 64 516,13 €	6 000,– €	
Ehefrau: 9,3 % von 53 763,44 €	5 000,– €	11 000,– €
als Sonderausgaben abziehbare Beiträge zur Altersversorgung verbleiben		**9 240,– €**

Das **Bundesverfassungsgericht** hat entschieden, dass die gesetzgeberische Qualifikation der Aufwendungen für die Altersbasisversorgung als Sonderausgaben und die vorgesehene höhenmäßige Beschränkung des Sonderausgabenabzugs **verfassungsrechtlich nicht zu beanstanden** sind; dies gilt auch für die gesetzlich vorgesehene Übergangsphase von 2005 bis 2025 (BVerfG-Beschluss vom 14.6.2016, BStBl. II S. 801). Bereits der Bundesfinanzhof habe zu Recht darauf hingewiesen, dass die an die gesetzliche Rentenversicherung und den berufsständischen Versorgungseinrichtungen zu leistenden Beiträge nach ihrer Rechtsnatur nicht in vollem Umfang Werbungskosten des Beitragszahlers darstellen. Sie weisen nämlich nach ihrer Bestimmung zur Erzielung zukünftiger Einkünfte anders als üblicherweise vorweggenommene Werbungskosten zugleich vermögensbildende oder versicherungsspezifische Komponenten auf. Mit der einheitlichen Zuweisung von Altersvorsorgeaufwendungen zu den Sonderausgaben hat der Gesetzgeber jedenfalls seinen weiten Gestaltungsspielraum nicht überschritten.

b) Kürzung des Höchstbetrags von 25 787 € bzw. 51 574 € um einen fiktiven Arbeitgeber- und Arbeitnehmeranteil

Der Höchstbetrag von 25 787 € (bzw. 51 574 € bei zusammen veranlagten Ehegatten/eingetragenen Lebenspartnern) ist nach § 10 Abs. 3 Satz 3 Nr. 1 EStG bei bestimmten Arbeitnehmern um den Betrag zu kürzen, der dem Gesamtbeitrag (Arbeitgeber- und Arbeitnehmeranteil) zur gesetzlichen Rentenversicherung entspricht. Diese **fiktive Kürzung** gilt für Arbeitnehmer, die während des ganzen oder eines Teils des Kalenderjahres

- in der gesetzlichen Rentenversicherung versicherungsfrei oder auf Antrag des Arbeitgebers von der Versicherungspflicht befreit waren und denen für den Fall ihres Ausscheidens aus der Beschäftigung aufgrund des Beschäftigungsverhältnisses eine lebenslängliche Versorgung oder an deren Stelle eine Abfindung zusteht oder die in der gesetzlichen Rentenversicherung nachzuversichern sind **oder**
- nicht der gesetzlichen Rentenversicherungspflicht unterliegen, eine Berufstätigkeit ausgeübt und im Zusammenhang damit aufgrund vertraglicher Vereinbarungen Anwartschaftsrechte auf eine Altersversorgung erworben haben.

Für die Berechnung des Kürzungsbetrages ist auf den zu Beginn des jeweiligen Kalenderjahres geltenden **Beitragssatz in der gesetzlichen Rentenversicherung** abzustellen (2021 = **18,6 %**). Aus Vereinfachungsgründen ist zugunsten des Arbeitnehmers einheitlich die Beitragsbemessungsgrenze-**Ost** maßgebend (BMF-Schreiben vom 24.5.2017, BStBl. I S. 820, Rdnr. 63). Die Beitragsbemessungsgrenze-Ost in der gesetzlichen Rentenversicherung beträgt im Kalenderjahr 2021 80 400 €. Bemessungsgrundlage für den fiktiven Kürzungsbetrag ist der steuerpflichtige Arbeitslohn und nicht das sozialversicherungspflichtige Arbeitsentgelt. Der maximale Kürzungsbetrag beträgt 2021 also 14 954 € (= 18,6 % von 80 400 €). Der nach der Kürzung verbleibende Höchstbetrag beläuft sich somit auf 10 833 € bzw. 36 620 € (25 787 €/51 574 € abzüglich 14 954 €).

1) Bei förderfähigen privaten Pflege-Zusatzversicherungen ist der Aufwand, der steuerlich ggf. berücksichtigt wird, um die staatliche Zulage in Höhe von monatlich 5 € (sog. „Pflege-Bahr") zu mindern.

Zum Personenkreis, bei dem der Höchstbetrag von 25 787 € (bzw. 51 574 € bei Ehegatten/eingetragenen Lebenspartnerschaften) um einen fiktiven Beitrag zur gesetzlichen Rentenversicherung zu kürzen ist, gehören insbesondere:

- **Beamte,** Richter, Berufssoldaten, Soldaten auf Zeit;
- Arbeitnehmer, die nach § 5 Abs. 1 Satz 1 Nr. 2 und 3 SGB VI oder § 230 SGB VI versicherungsfrei sind (z. B. Beschäftigte bei Trägern der Sozialversicherung, Geistliche der als öffentlich-rechtliche Körperschaften anerkannten Religionsgemeinschaften);
- Arbeitnehmer, die auf Antrag des Arbeitgebers von der gesetzlichen Rentenversicherungspflicht befreit worden sind, z. B. eine Lehrkraft an nicht öffentlichen Schulen, bei der eine Altersversorgung nach beamtenrechtlichen oder entsprechenden kirchenrechtlichen Grundsätzen gewährleistet ist;
- beherrschende **Gesellschafter-Geschäftsführer** einer GmbH oder **Vorstandsmitglieder** von Aktiengesellschaften, denen im Zusammenhang mit dem im Kalenderjahr bestehenden Arbeitsverhältnis eine betriebliche Altersversorgung zugesagt worden ist. Die Art des Durchführungswegs, die Höhe der Versorgungszusage und die Art der Finanzierung (arbeitgeberfinanziert oder Gehaltsumwandlung) sind unbeachtlich (vgl. BFH-Urteil vom 15.7.2014, BStBl. 2015 II S. 213; vgl. auch das Stichwort „Gesellschafter-Geschäftsführer“ unter Nr. 6 Buchstabe f).

5. Berechnung der als sonstige Vorsorgeaufwendungen abzugsfähigen Beiträge zur sog. Basiskranken- und Pflegeversicherung

a) Allgemeines

Entsprechend der Vorgabe des Bundesverfassungsgerichts werden seit 2010 diejenigen Krankenversicherungsbeiträge in vollem Umfang zum Sonderausgabenabzug zugelassen, die dazu dienen, nach Art, Umfang und Höhe eine Absicherung zu erhalten, die sich an dem sozialhilfegleichen Versorgungsniveau entsprechend dem Zwölften Buch Sozialgesetzbuch orientiert. Bei den Krankenversicherungsbeiträgen muss also ermittelt werden, welcher Teil der vom Arbeitnehmer geleisteten Beiträge der Finanzierung von Versicherungsleistungen dient, die den Leistungen der gesetzlichen Krankenversicherung entsprechen **(sog. Basiskrankenversicherung)** und welcher Teil der Finanzierung darüber hinausgehender Leistungen – **z. B. Krankengeld, Chefarztbehandlung, Einbettzimmer** – dient (sog. **Komfortversicherung**). Für eine zutreffende Ermittlung der als Sonderausgaben anzusetzenden Vorsorgeaufwendungen sind beide Werte von Bedeutung. Denn die nicht in voller Höhe abzugsfähigen Krankenversicherungsbeiträge gehören wiederum zu den „weiteren“ sonstigen Vorsorgeaufwendungen (vgl. nachfolgend unter Nr. 6).

Berücksichtigungsfähig sind die Beiträge zu einer Krankenversicherung, die der Steuerpflichtige **als Versicherungsnehmer** für sich und für jede unterhaltsberechtigte Person leistet. Hierzu gehören auch Beiträge für seinen Ehegatten, die steuerlich zu berücksichtigenden Kinder und den eingetragenen Lebenspartner, sofern nicht ohnehin für diese Personen eine beitragsfreie Mitversicherung in der gesetzlichen Krankenversicherung besteht. Ebenfalls berücksichtigt werden die vom Steuerpflichtigen im Rahmen seiner Unterhaltsverpflichtung durch Bar- oder Sachunterhaltsleistungen getragenen eigenen Beiträge eines Kindes, für das noch ein Anspruch auf kindbedingte Steuervergünstigungen (vgl. Anhang 9) besteht. Die Beiträge können aber insgesamt nur einmal steuerlich berücksichtigt werden. Auf die Einkünfte und Bezüge des Kindes kommt es für die Berücksichtigung der Beiträge übrigens nicht an.

Beitragsrückerstattungen mindern in dem Kalenderjahr in dem sie zufließen, die als Sonderausgaben abziehbaren Beiträge, weil insoweit eine wirtschaftliche Belastung des Steuerzahlers nicht gegeben ist. Dies gilt bei gesetzlich und privat Krankenversicherten. Auch ein steuerfreier Beitragszuschuss des Arbeitgebers mindert die als Sonderausgaben abziehbaren Beträge. Im Gegensatz zu den Beiträgen selbst wird der steuerfreie Arbeitgeberzuschuss nicht in einen abziehbaren und nicht abziehbaren Teil aufgeteilt, sondern in voller Höhe angerechnet (§ 10 Abs. 2 Satz 1 Nr. 1 letzter Halbsatz EStG; bestätigt durch BFH-Urteil vom 2.9.2014, BStBl. 2015 II S. 257).

Bonuszahlungen, die der Versicherte von der gesetzlichen Krankenkasse für die von ihm selbst getragenen Kosten für Gesundheitsmaßnahmen erhält, mindern die als Sonderausgaben abziehbaren Beiträge nicht (BFH-Urteil vom 1.6.2016, BStBl. II S. 989). Dies gilt ebenso für solche Boni, die nicht den konkreten Nachweis vorherigen Aufwands des Versicherten für eine bestimmte Gesundheitsmaßnahme erfordern, sondern nur pauschal gewährt werden. Voraussetzung ist allerdings, dass die jeweils geförderte Maßnahme beim Versicherten Kosten auslöst und die hierfür gezahlte und realitätsgerecht ausgestaltete Pauschale geeignet ist, den Aufwand des Versicherten ganz oder teilweise auszugleichen (BFH-Urteil vom 6.5.2020, BFH/NV 2020 S. 1144). Werden hingegen Vorsorgemaßnahmen in Anspruch genommen, die vom Basiskrankenversicherungsschutz umfasst sind (z. B. Schutzimpfungen, Zahnvorsorge), fehlt es beim Versicherten an einem eigenen Aufwand, der durch einen Bonus kompensiert werden könnte. In solch einem Fall liegt eine den Sonderausgabenabzug mindernde Beitragserstattung der Krankenkasse vor. Dies gilt entsprechend für Boni, die für den Nachweis eines aufwandsunabhängigen Verhaltens oder Unterlassens (z. B. gesundes Körpergewicht, Nichtraucherstatus) gezahlt werden.

b) Beiträge zur gesetzlichen Krankenversicherung

Ausgehend von den vorstehenden Erläuterungen unter dem Buchstaben a) können Versicherte in der gesetzlichen Krankenversicherung (GKV) ihre Beiträge seit 1.1.2010 in voller Höhe als Sonderausgaben absetzen, da sie – mit Ausnahme des Beitragsanteils der auf das Krankengeld entfällt – zu den Beiträgen für eine Basiskrankenversicherung gehören. Dies gilt auch für die von der gesetzlichen Krankenkasse erhobenen kassenindividuellen Zusatzbeiträge. Eigenleistungen für Vorsorgeuntersuchungen sind aber „kein Beitrag zur Krankenversicherung“.

Nicht zur Basisabsicherung gehören Beiträge für Wahl- und Zusatztarife, auch wenn diese im Rahmen der GKV angeboten werden, da die Leistungen insoweit über die Pflichtleistungen der GKV hinausgehen (z. B. Chefarztbehandlung, Einbettzimmer).

Nicht zur Basiskrankenversicherung – jedoch zu den „übrigen“ als sonstige Vorsorgeaufwendungen abziehbaren Aufwendungen – gehört auch der Beitragsanteil, der zur Finanzierung des **Krankengelds** dient. Den Ausschluss des Krankengeldanteils aus den verfassungsrechtlich zwingend zu berücksichtigenden Beiträgen hat das Bundesverfassungsgericht damit begründet, dass das Krankengeld dem Ausgleich des krankheitsbedingten Verdienstausfalls und damit der Vermögenssicherung, nicht aber der existenznotwendigen Absicherung von gesundheitsbedingten Risiken dient. Erwirbt der Versicherte mit dem von ihm geleisteten Beitrag an die gesetzliche Krankenversicherung dem Grunde nach auch einen Krankengeldanspruch, dann ist der geleistete Beitrag **pauschal um 4 % zu kürzen** (§ 10 Abs. 1 Nr. 3 Buchstabe a Satz 4 EStG). Der pauschale Kürzungssatz von 4 % orientiert sich an den durchschnittlichen Ausgaben der gesetzlichen Krankenversicherung für das Krankengeld. Die Kürzung unterbleibt, wenn dem Grunde nach kein Anspruch auf eine Krankengeldzahlung besteht (z. B. bei gesetzlich versicherten Rentenbeziehern).

Ist ein Steuerpflichtiger sowohl **Pflichtmitglied** in einer gesetzlichen Krankenkasse als **auch freiwillig privat** krankenversichert, kann er lediglich die Beiträge abziehen, die er an die gesetzliche Krankenkasse zahlt (BFH-Urteil vom 29.11.2017, BStBl. 2018 II S 230). Beiträge zur doppelten oder gar mehrfachen Absicherung des Versorgungsniveaus sind schlicht nicht erforderlich, da die Basisversorgung durch die gesetzliche Krankenversicherung gewährleistet ist.

c) Beiträge zu einer privaten Basiskrankenversicherung

Bei einer privaten Krankenversicherung gehören diejenigen Beitragsanteile zur **Basisabsicherung,** mit denen Versicherungsleistungen finanziert werden, die in Art, Umfang und Höhe den Leistungen nach dem Dritten Kapitel des SGB V – also den Pflichtleistungen der gesetzlichen Krankenversicherung – vergleichbar sind und auf die ein Anspruch besteht. Die aufgrund eines tariflichen Selbstbehalts oder wegen einer Beitragsrückerstattung selbst getragenen Krankheitskosten sind keine Beiträge zur Krankenversicherung (vgl. BFH-Beschluss vom 8.10.2013, BFH/NV 2014 S. 154 zum Selbstbehalt und BFH-Urteil vom 29.11.2017, BStBl. 2018 II S. 384, um in den Genuss einer Beitragserstattung zu kommen). **Nicht zur Basisabsicherung** gehören – wie bei der gesetzlichen Krankenversicherung – Beitragsanteile, die der Finanzierung von **Komfortleistungen** (z. B. Chefarzt, Einbettzimmer), des Krankengelds, des Krankenhaustagegelds oder des Krankentagegelds dienen.

Sind in einem Versicherungstarif sowohl Leistungen versichert, die der Basisabsicherung dienen, als auch Leistungen, die den Komfortleistungen zuzurechnen sind, ist die Aufteilung des entsprechenden Beitrags erforderlich. Wie diese Aufteilung in typisierender Weise zu erfolgen hat, ist durch die Krankenversicherungsbeitragsanteil-Ermittlungsverordnung (KVBEVO) festgelegt worden. Diese Verordnung vom 11.8.2009 (BGBl. I S. 2730) dient der Ermittlung des nicht abziehbaren Teils der Krankenversicherungsbeiträge. Die Ermittlung erfolgt durch einheitliche prozentuale Abschläge auf die zugunsten des jeweiligen Tarifs gezahlte Prämie, sofern der nicht abziehbare Beitragsanteil nicht bereits ohnehin als gesonderter Tarif ausgewiesen wird. Die Verordnung sieht folgende Zuordnung zu den abziehbaren bzw. nicht abziehbaren Beitragsanteilen vor:

	Basisleistungen (abziehbar)	Wahlleistungen I (nicht abziehbar)	Wahlleistungen II (nicht abziehbar)	Summe
Ambulante Leistungen	54,60 Punkte	1,69 Punkte (Heilpraktiker)		56,29 Punkte
Stationäre Leistungen	15,11 Punkte	9,24 Punkte (Chefarzt)	3,64 Punkte (Einbettzimmer)	27,99 Punkte
Zahnärztliche Leistungen	9,88 Punkte	5,58 Punkte (Zahnersatz oder implantologische Leistungen)	0,26 Punkte (Kieferorthopädische Leistungen)	15,72 Punkte
Summe	79,59 Punkte	16,51 Punkte	3,90 Punkte	100,00 Punkte

Der so ermittelte Betrag ist auch dann anzusetzen, wenn er geringer sein sollte als ein vergleichbarer Betrag zur gesetzlichen Krankenversicherung oder der von den Krankenkassen anzubietende Basistarif (BFH-Urteil vom 29.11.2017, BFH/NV 2018 S. 424).

Für Krankentagegeld, das zusammen mit anderen Leistungen im Basistarif versichert ist, ist von dem für den Basistarif geleisteten Beitrag ein Abschlag in Höhe von 4 % vorzunehmen.

Der nicht abziehbare Beitragsanteil wird ermittelt, in dem die Punktsumme der Wahlleistungen durch die Punktsumme aller versicherten Leistungen dividiert und dann mit dem tatsächlichen Beitrag multipliziert wird.

Beispiel A

Ein privat Krankenversicherter zahlt für den versicherten Tarif einen Beitrag von 900 €. Der Tarif umfasst die Leistungen ambulante Basisleistungen (54,60 Punkte), stationäre Basisleistungen (15,11 Punkte), Einbettzimmer (3,64 Punkte) und zahnärztliche Behandlung (9,88 Punkte).

Die Punktsumme der nicht abziehbaren Leistungen (hier: Einbettzimmer) beträgt 3,64 Punkte. Die Punktsumme aller im Tarif abgesicherter Leistungen beträgt 83,23 Punkte. Das Verhältnis der Punktsumme der nicht abziehbaren Leistung zur Summe alle abgesicherter Leistungen beträgt (364 : 83,23 =) 4,37 %. Von dem Beitrag von 900 € sind also 39,33 € (= 4,37 % von 900 €) nicht abziehbar. Der als Sonderausgaben abziehbare Beitragsanteil beträgt (900 € – 39,33 € =) 860,67 €.

Beispiel B

Wie Beispiel A. Für das Einbettzimmer ist in einem gesonderten Tarif ein Beitragsanteil von 50 € ausgewiesen.

Von dem Betrag von 900 € sind 50 € nicht abziehbar. Der als Sonderausgaben abziehbare Beitragsanteil beträgt 850 €.

Beitragsrückerstattungen mindern im Erstattungsjahr die abziehbaren Sonderausgaben, soweit sie auf die Basisabsicherung entfallen.

d) Beiträge zu einer Pflegeversicherung

Neben den Krankenversicherungsbeiträgen werden seit 1.1.2010 die Beiträge zu gesetzlichen Pflegeversicherungen (soziale Pflegeversicherung und private Pflege-Pflichtversicherung) in voller Höhe zum Sonderausgabenabzug zugelassen (§ 10 Abs. 1 Nr. 3 Buchstabe b EStG). Nicht abziehbar sind hingegen die Beiträge zu freiwilligen Pflegeversicherungen; sie gehören zu den „weiteren" sonstigen Vorsorgeaufwendungen (vgl. nachfolgend unter Nr. 6).

e) Begrenzung des Sonderausgabenabzugs auf das Dreifache eines Jahresbetrags

Beiträge des Arbeitnehmers zur sog. Basiskranken- und Pflegeversicherung sind nach der Rechtsprechung des Bundesverfassungsgerichts grundsätzlich in vollem Umfang als Sonderausgaben abzugsfähig. Nach § 10 Abs. 1 Nr. 3 Satz 5 EStG gilt dies bei Beiträgen, die für **künftige Veranlagungszeiträume** geleistet werden nur dann, wenn sie das **Dreifache eines Jahresbetrags** nicht übersteigen (bis 2019 das $2^1/_2$-Fache). Die das dreifache übersteigenden Beträge sind in dem Veranlagungszeitraum zu berücksichtigen, für den sie geleistet werden. Durch diese Regelung wird das für den Sonderausgabenabzug geltende Abflussprinzip ausdrücklich durchbrochen, um etwaige, vom Gesetzgeber nicht gewünschte Gestaltungen zu vermeiden. Die Regelung bezieht sich nur auf Fallgestaltungen, in denen Beiträge für **künftige** Veranlagungszeiträume gezahlt werden. Nicht betroffen sind hingegen Zahlungen für zurückliegende Zeiträume (für diese gilt weiterhin das Abflussprinzip). Seit 2020 gilt die Begrenzung auf das Dreifache auch für Beiträge zum Erwerb eines Basiskranken- und gesetzlichen Pflegeversicherungsschutzes, die der unbefristeten Beitragsminderung des Steuerpflichtigen nach Vollendung des 62. Lebensjahres dienen.

6. „Weitere" sonstige Vorsorgeaufwendungen, die zusätzlich zu den Kranken- und Pflegeversicherungsbeiträgen abgezogen werden können

a) Allgemeines

Seit dem 1.1.2010 können Beiträge zur Kranken- und Pflegeversicherung zusammen mit anderen Vorsorgeaufwendungen nur bis zu einer Höhe von 1900 € oder 2800 € als Sonderausgaben abgezogen werden. Der Betrag von 1900 € gilt dabei für Arbeitnehmer, Beamte, Beamtenpensionäre und Rentner, also für Personen, die einen steuerfreien Zuschuss zur Krankenversicherung erhalten oder beihilfeberechtigt sind. Der Höchstbetrag von 2800 € kommt bei Steuerpflichtigen zur Anwendung, die ihre Krankenversicherung alleine finanzieren müssen (z. B. Selbstständige). Bei Ehegatten ist gesondert zu prüfen, welcher Höchstbetrag für den einzelnen Ehegatten anzuwenden ist. Bis zu einem Betrag von 1900 € oder 2800 € kann der Steuerzahler also neben den begünstigten Prämien zur sog. Basiskranken- und Pflegeversicherung auch Beiträge zur Arbeitslosen-, Unfall-, Haftpflicht-, Risikolebens- und vor 2005 abgeschlossenen Kapitallebensversicherungen sowie diejenigen Beitragsanteile zur Kranken- und Pflegeversicherung abziehen, die nicht bereits über die Basisabsicherung besonders begünstigt werden (§ 10 Abs. 4 i. V. m. Abs. 1 Nr. 3 und 3a EStG). Die beschränkte Abziehbarkeit der weiteren sonstigen Vorsorgeaufwendungen ist verfassungsgemäß (BFH-Urteil vom 9.9.2015, BStBl. II S. 1043). Hiernach ergibt sich für die Berücksichtigung sonstiger Vorsorgeaufwendungen folgende Übersicht:

Arbeitnehmer, Beamte, Beamtenpensionäre, Rentner	**Selbstständige**
Höchstbetrag **1900 €**	Höchstbetrag **2800 €**

Beiträge zur Basiskranken- und Pflegeversicherung sind **vorrangig und in voller Höhe** zu berücksichtigen, also auch über 1900 € bzw. 2800 € hinaus

b) Berechnung im Einzelnen und Beispiele

Der Höchstbetrag von 1900 € gilt z. B. für

- sozialversicherungspflichtige Arbeitnehmer, für die der Arbeitgeber nach § 3 Nr. 62 EStG steuerfreie Beiträge zur Krankenversicherung leistet (z. B. einen steuerfreien Arbeitgeberanteil oder einen steuerfreien Beitragszuschuss zur Krankenversicherung),
- in der gesetzlichen Krankenversicherung ohne eigene Beiträge familienversicherte Angehörige (Ehegatten, Kinder),
- Rentner, die aus der gesetzlichen Rentenversicherung nach § 3 Nr. 14 EStG steuerfreie Zuschüsse zu den Krankenversicherungsbeiträgen erhalten,
- Rentner, bei denen der Träger der gesetzlichen Rentenversicherung Beiträge an eine gesetzliche Krankenversicherung zahlt,
- Besoldungsempfänger und gleichgestellte Personen, die von ihrem Arbeitgeber nach § 3 Nr. 11 EStG steuerfreie Beihilfen zu Krankheitskosten erhalten,
- im Kalenderjahr beihilferechtlich berücksichtigungsfähige Ehegatten oder eingetragene Lebenspartner (BFH-Urteil vom 23.1.2013, BStBl. II S. 608),
- Beamte, die in der gesetzlichen Krankenversicherung freiwillig versichert sind und deshalb keine Beihilfe zu ihren Krankheitskosten – trotz eines grundsätzlichen Anspruchs – erhalten,
- Versorgungsempfänger im öffentlichen Dienst mit Beihilfeanspruch oder gleichgestellte Personen,
- Personen, für die steuerfreie Leistungen der Künstlersozialkasse nach § 3 Nr. 57 EStG erbracht werden.

Ein vom Arbeitgeber im Rahmen einer geringfügigen Beschäftigung erbrachter pauschaler Beitrag zur gesetzlichen Krankenversicherung führt allein nicht zum Ansatz des verminderten Höchstbetrages von 1900 €.

Der Höchstbetrag von 2800 € gilt für alle Steuerpflichtigen, für die nicht das gekürzte Abzugsvolumen zum Ansatz kommt. Hierbei handelt es sich z. B. um **Selbstständige.**

Den zusammenveranlagten Ehegatten oder eingetragenen Lebenspartnern steht ein gemeinsames Abzugsvolumen zu. Dieses bestimmt sich aus der Summe der jedem Ehegatten/Lebenspartner zustehenden Höchstbeträge. Das bedeutet, dass

- für jeden Ehegatten/Lebenspartner zunächst nach dessen persönlichen Verhältnissen der ihm zustehende Höchstbetrag zu bestimmen ist und dann
- bis zur Summe dieser Höchstbeträge die von den Ehegatten/Lebenspartnern gemeinsam geleisteten Aufwendungen als Sonderausgaben zu berücksichtigen sind.

Der sich hiernach ergebende Abzugsbetrag ist mit den abzugsfähigen Beiträgen für eine Basiskranken- und Pflegeversicherung zu vergleichen (vgl. die Erläuterungen unter der vorstehenden Nr. 5). Sind die zu berücksichtigenden Basiskranken- und Pflegeversicherungsbeiträge höher, werden nur diese als Sonderausgaben angesetzt. Weitere sonstige Vorsorgeaufwendungen können in diesem Fall nicht mehr abgezogen werden.

Beispiel A

Ein lediger, kinderloser, sozialversicherungspflichtiger Arbeitnehmer hat 2021 einen Bruttoarbeitslohn von 20 000 €. Er hat dem Grunde nach einen Anspruch auf Krankengeld. Außerdem wendet er 700 € jährlich für Arbeitslosen-, Unfall- und Haftpflichtversicherung auf.

Sonderausgabenabzug für die gesetzliche Rentenversicherung:	
9,3 % von 20 000 € AN-Anteil zur Rentenversicherung	1 860 €
9,3 % von 20 000 € AG-Anteil zur Rentenversicherung	1 860 €
Summe	3 720 €
davon 92 %	3 423 €
abzüglich Arbeitgeberanteil zur ges. Rentenversicherung	1 860 €
Sonderausgabenabzug für die Beiträge zur ges. Rentenversicherung	**1 563 €**
Sonderausgabenabzug Kranken-/Pflegeversicherung:	
7,95 %[1] von 20 000 € AN-Anteil zur Krankenversicherung	1 590 €
1,775 % von 20 000 € AN-Anteil zur Pflegeversicherung	355 €
Übrige sonstige Vorsorgeaufwendungen (Beiträge zur Arbeitslosenversicherung sowie zur Unfall- und Haftpflichtversicherung)	700 €
Summe	2 645 €
Höchstbetrag	1 900 €

Der Höchstbetrag von 1900 € ist mit dem Betrag zu vergleichen, der über den Abzug der sog. Basiskranken- und Pflegeversicherungsbeiträge auf jeden Fall abzugsfähig ist:

Mindestbetrag (Basiskrankenversicherung 96 % von 1 590 € = 1 527 € sowie Pflege-Pflichtversicherung = 355 €) insgesamt	1 882 €
anzusetzen ist der höhere Betrag, dies sind	1 900 €

Der Sonderausgabenabzug 2021 beträgt 1563 € Altersbasisversorgung zuzüglich 1900 € für die übrigen Vorsorgeaufwendungen, insgesamt also **3463 €.**

Beispiel B

Ein verheirateter, kinderloser, sozialversicherungspflichtiger Arbeitnehmer hat 2021 einen Bruttoarbeitslohn von 41 000 €. Er hat dem Grunde nach einen Anspruch auf Krankengeld. Seine Beiträge zur gesetzlichen und einer privaten Arbeitslosenversicherung betragen 600 €. Außerdem wendet er 400 € jährlich für Unfall- und Haftpflichtversicherung auf.

Sonderausgabenabzug für die gesetzliche Rentenversicherung:	
9,3 % von 41 000 € AN-Anteil zur Rentenversicherung	3 813 €
9,3 % von 41 000 € AG-Anteil zur Rentenversicherung	3 813 €
Summe	7 626 €
davon 92 %	7 016 €
abzüglich Arbeitgeberanteil zur ges. Rentenversicherung	3 813 €
Sonderausgabenabzug für die Beiträge zur ges. Rentenversicherung	**3 203 €**
Sonderausgabenabzug Kranken-/Pflegeversicherung:	
7,95 %[1] von 41 000 € AN-Anteil zur Krankenversicherung	3 260 €
1,775 % von 41 000 € AN-Anteil zur Pflegeversicherung	728 €
Übrige sonstige Vorsorgeaufwendungen (Beiträge zur Arbeitslosenversicherung sowie zur Unfall- und Haftpflichtversicherung)	1 000 €
Summe	4 988 €
Höchstbetrag für Ehegatten (2 × 1 900 € =)	3 800 €
Mindestbetrag (Basiskrankenversicherung 96 % von 3 260 € = 3 130 € sowie Pflege-Pflichtversicherung = 728 €) insgesamt	3 858 €
Anzusetzen sind	3 858 €

Der gesamte Sonderausgabenabzug 2021 beträgt 3203 € Altersbasisversorgung zuzüglich Kranken- und Pflegeversicherung in Höhe von 3858 €, insgesamt also **7061 €.**

Beispiel C

Ein kinderloser, sozialversicherungspflichtiger Arbeitnehmer (ledig) hat einen Bruttoarbeitslohn von 36 193,49 €. Er hat dem Grunde nach einen Anspruch auf Krankengeld. Außerdem wendet er 1800 € jährlich für für einen „Rürup-Rentenvertrag" und 940 € jährlich für seine Arbeitslosenversicherung sowie für Unfall- und Haftpflichtversicherungen auf.

Gesetzliche Rentenversicherungsbeiträge 18,6 % von 36 193,49 €	6 732 €
Beiträge zu einem Rürup-Versicherungsvertrag	1 800 €
Summe	8 532 €
Höchstbetrag	25 787 €
92 % des niedrigeren Betrags von 8532 €	7 850 €
abzüglich AG-Anteil zur Rentenversicherung 9,3 % von 36 193,49 €	3 366 €
Abzugsfähig	**4 484 €**
7,95 %[1] von 36 193,49 € AN-Anteil zur Krankenversicherung	2 878 €
1,775 % von 36 193,49 € AN-Anteil zur Pflegeversicherung	643 €
Übrige sonstige Vorsorgeaufwendungen (Arbeitslosenversicherung/ Unfall-/Haftpflichtversicherung)	940 €
Summe	4 461 €
Höchstbetrag	1 900 €

Der Höchstbetrag von 1900 € ist mit dem Betrag zu vergleichen, der über den Abzug der sog. Basiskranken- und Pflegeversicherungsbeiträge auf jeden Fall abzugsfähig ist.

Mindestbetrag: (Basiskrankenversicherung 96 % von 2878 € = 2763 € sowie Pflege-Pflichtversicherung = 643 €) insgesamt	3 406 €
Anzusetzen sind	**3 406 €**

Der gesamte Sonderausgabenabzug nach der Rechtslage 2021 beträgt (Altersbasisversorgung 4484 € zuzüglich Kranken- und Pflegeversicherung 3406 €, insgesamt also **7890 €.**

7. Günstigerprüfung

Die sog. Günstigerprüfung sah einen Vergleich der Ergebnisse des nach den vorstehenden Nrn. 4 bis 6 ermittelten Gesamtbetrags der Vorsorgeaufwendungen und dem früheren Recht vor mit der Folge, dass der höhere Betrag bei der Veranlagung zur Einkommensteuer als Sonderausgaben angesetzt wurde. Seit dem Jahre 2011 bis zum Jahre 2019 wurde allerdings der sog. Vorwegabzug im Rahmen dieser Günstigerprüfung nach altem Recht schrittweise bis auf 0 € abgeschmolzen. **Seit dem Kalenderjahr 2020 wird daher bei der Veranlagung zur Einkommensteuer für den Sonderausgabenabzug keine Günstigerprüfung mehr durchgeführt.** Zur Durchführung der Günstigerprüfung bis einschließlich des Kalenderjahres 2019 vgl. im Lexikon für das Lohnbüro, Ausgabe 2019, die Ausführungen und das Beispiel auf Seite 1226 f.

8. Besonderer Sonderausgabenabzug und Altersvorsorgezulage für Riester-Rentenversicherungen

Unabhängig von den vorstehend erläuterten Höchstbeträgen für Vorsorgeaufwendungen gibt es einen **besonderen zusätzlichen Sonderausgabenabzug** für Beiträge zu **sog. Riester-Rentenversicherungsverträgen.** Der Unterschied zwischen einem Rürup-Rentenversicherungsvertrag und einem Riester-Rentenversicherungsvertrag ist bei den Stichworten „Riester-Rente" und „Rürup-Rente" erläutert.

Die private Altersvorsorge in Form von Beiträgen zu einem Riester-Rentenversicherungsvertrag wird bereits seit 1.1.2002 entweder durch eine **Grundzulage zuzüglich Kinderzulage** oder durch den Abzug der Beiträge zu dem Riester-Rentenversicherungsvertrag als Sonderausgaben steuerlich gefördert. Bei der Einkommensteuer-Veranlagung prüft das Finanzamt von Amts wegen, ob der Abzug der Beiträge zu dem Riester-Rentenversicherungsvertrag als Sonderausgaben zu einer höheren steuerlichen Entlastung führt, als die Zulage (sog. **Günstigerprüfung für Riester-Rentenversicherungsverträge**). Für diese (zusätzliche) Günstigerprüfung gelten **gesonderte Höchstbeträge**, die **zusätzlich** zu den vorstehend erläuterten allgemeinen Höchstbeträgen für Vorsorgeaufwendungen gewährt werden. Der vorstehend erläuterte Sonderausgabenabzug für Vorsorgeaufwendungen nach § 10 EStG und der besondere Sonderausgabenabzug nach § 10a EStG für Beiträge zu einem Riester-Rentenversicherungsvertrag sind voneinander unabhängig und **völlig unterschiedlich geregelt.** Die Höhe der steuerlichen Förderung eines Riester-Rentenversicherungsvertrags hat also keinen Einfluss auf den vorstehend erläuterten Sonderausgabenabzug für Vorsorgeaufwendungen (vgl. die ausführlichen Erläuterungen zur „Riester-Rente" in **Anhang 6a** auf Seite 1201).

1) Arbeitnehmeranteil zur gesetzlichen Krankenversicherung 7,3 % zuzüglich angenommen 0,65 % Zusatzbeitrag.

Familienleistungsausgleich, Kindergeld, Freibeträge, Entlastungsbetrag

Neues und Wichtiges auf einen Blick:

1. Höhe des monatlichen Kindergeldes

Durch das Zweite Familienentlastungsgesetz ist das **Kindergeld** zum 1.1.2021 je Kind um monatlich 15 € erhöht worden. Somit ergeben sich folgende Beträge:

monatliches **Kindergeld**	bis 31.12.2020	**ab 1.1.2021**
erste und zweite Kinder	204 €	**219 €**
dritte Kinder	210 €	**225 €**
vierte Kinder und jedes weitere Kind	235 €	**250 €**

Vgl. die Erläuterungen unter den nachfolgenden Nrn. 1 und 5 Buchstabe a.

2. Höhe der kindbedingten Freibeträge

Durch das Zweite Familienförderungsgesetz ist auch der **Kinderfreibetrag** zum 1.1.2021 wie folgt **angehoben** worden:

Höhe des **Kinderfreibetrags**	2019	2020	**2021**
halber Kinderfreibetrag	2490 €	2586 €	**2730 €**
ganzer Kinderfreibetrag	4980 €	5172 €	**5460 €**

Der **Freibetrag für Betreuungs- und Erziehungs- oder Ausbildungsbedarf** wurde ebenfalls **erhöht.** Er beträgt für **2021 1464 €** (halber Freibetrag; bisher 1320 €) bzw. **2928 €** (ganzer Freibetrag; bisher 2640 €). Damit ergibt sich für **2021** eine **Summe der kindbedingten Freibeträge** von 4194 €/8388 € gegenüber bisher 3906 €/7812 €.

Vgl. zu den Freibeträgen für Kinder die Erläuterungen unter den nachfolgenden Nrn. 6 und 7.

3. Reform der Familienkassen

Durch die Neustrukturierung der Zuständigkeit der Familienkassen des öffentlichen Dienstes im Bereich des Bundes **können** die Familienkassen der Körperschaften, Anstalten oder Stiftungen des öffentlichen Rechts seit dem 1.1.2017 gegenüber dem Bundeszentralamt für Steuern auf ihre **Zuständigkeit** verzichten. Die Zuständigkeit für die Festsetzung und Auszahlung von Kindergeld **geht** in diesen Fällen auf die **Familienkassen der Bundesagentur für Arbeit über. Abweichend** davon können die Familienkassen des Bundes ihre Aufgaben auf die Bundesfamilienkasse beim **Bundesverwaltungsamt** übertragen. Die **Zuständigkeit der Familienkassen des Bundes,** mit Ausnahme der Bundesfamilienkasse beim Bundesverwaltungsamt und der Nachrichtendienste, **endet spätestens mit Ablauf des 31.12.2021.**

Vgl. die Erläuterungen unter der nachfolgenden Nr. 3.

4. Mehraktige Berufsausbildung

Nimmt ein volljähriges Kind nach Erlangung eines ersten Abschlusses in einem öffentlich-rechtlich geordneten Ausbildungsgang eine Berufstätigkeit auf, ist zwischen einer mehraktigen einheitlichen Erstausbildung mit daneben ausgeübter Erwerbstätigkeit und einer berufsbegleitend durchgeführten Weiterbildung (Zweitausbildung) abzugrenzen. Mit Urteil vom 23.10.2019 (BFH/NV 2019 S. 539) hat der Bundesfinanzhof entschieden, dass zwei zeitlich und inhaltlich zusammenhängende Ausbildungsabschnitte auch dann zu einer einheitlichen Erstausbildung zusammengefasst werden, wenn das Kind sich **nach dem Ende des ersten Ausbildungsabschnitts umorientiert** und seine Ausbildung anders als ursprünglich geplant fortsetzt. Im Urteilsfall nahm das Kind ein Betriebswirtschaftsstudium statt eines Studiums an einem Bankkolleg nach einer Bankausbildung auf.

Vgl. die Erläuterungen unter der nachfolgenden Nr. 8 Buchstabe h.

5. Volljährige behinderte Kinder

Volljährige behinderte Kinder erfüllen die Voraussetzungen für die kindbedingten Steuervergünstigungen, wenn sie wegen körperlicher, geistiger oder seelischer Behinderung außerstande sind, sich selbst zu unterhalten. Der Anspruch auf Kindergeld und die kindbedingten Freibeträge besteht aber nur, wenn die **Behinderung vor Vollendung des 25. Lebensjahres eingetreten** ist. Mit Urteil vom 27.11.2019 (Az.: III R 44/17) hat der Bundesfinanzhof klargestellt, dass eine **drohende Behinderung** nicht die Voraussetzungen für die Berücksichtigung eines volljährigen behinderten Kindes erfüllt. Liegt bei einem Kind ein Gendefekt vor, der vor Vollendung des 25. Lebensjahres zu keiner mit hoher Wahrscheinlichkeit länger als sechs Monate andauernden Funktionsstörung und/oder zu keiner darauf beruhenden Teilhabebeeinträchtigung geführt hat, scheidet eine auf die Behinderung des Kindes gestützte Berücksichtigung aus.

Vgl. die Erläuterungen unter der nachfolgenden Nr. 8 Buchstabe k.

6. Berücksichtigung des Anspruchs auf Kindergeld bei der Vergleichsberechnung

Bei der Prüfung der Steuerfreistellung des Existenzminimums eines Kindes bleibt der **Anspruch auf Kindergeld** für die Kalendermonate **unberücksichtigt,** in welchen durch Bescheid der Familienkasse ein Anspruch auf Kindergeld zwar festgesetzt, jedoch wegen verspäteter Antragstellung **nicht ausgezahlt** wurde. Dies gilt für Kindergeldanträge, die nach dem 18.7.2019 bei der Familienkasse eingegangen sind.

Vgl. die Erläuterungen unter der nachfolgenden Nr. 4.

7. Entlastungsbetrag für Alleinerziehende (Steuerklasse II)

Der Entlastungsbetrag für Alleinerziehende wurde von 1908 € jährlich um 2100 € auf **4008 €** jährlich (334 € monatlich) **angehoben.** Während der Betrag von 1908 € wie bisher automatisch über die Steuerklasse II berücksichtigt wird, wird der **Erhöhungsbetrag von 2100 €** als **Freibetrag** beim Lohnsteuerabzug angesetzt.

Der bisherige zusätzliche Erhöhungsbetrag für das zweite und jedes weitere Kind beträgt 2021 weiterhin 240 € jährlich (20 monatlich). Da auch der zusätzliche Erhöhungsbetrag nicht automatisch über die Steuerklasse II berücksichtigt werden kann, wird hierfür vom Finanzamt auf Antrag im Lohnsteuer-Ermäßigungsverfahren ein Freibetrag gebildet.

Vgl. die Erläuterungen unter der nachfolgenden Nr. 15 sowie in Anhang 7 Abschnitt G.

Gliederung:

9. Eigene Einkünfte und Bezüge bei über 18 Jahre alten Kindern
10. Halbteilungsgrundsatz, Übertragung des Kinderfreibetrags und des Freibetrags für Betreuungs- und Erziehungs- oder Ausbildungsbedarf
    a) Halbteilungsgrundsatz
    b) Übertragung des Kinderfreibetrags wegen Nichterfüllung der Unterhaltsverpflichtung
    c) Übertragung des Kinderfreibetrags auf Antrag
    d) Übertragung des Freibetrags für Betreuungs- und Erziehungs- oder Ausbildungsbedarf auf Antrag
11. Ansatz der Freibeträge für Kinder anstelle des Kindergeldes im Veranlagungsverfahren bei Anwendung des Halbteilungsgrundsatzes und in anderen Sonderfällen
    a) Allgemeines
    b) Vergleichsrechnung bei Anwendung des Halbteilungsgrundsatzes
    c) Anrechnung des Kindergeldes „im Umfang der abgezogenen Kinderfreibeträge"
    d) Wechselfälle
    e) Anrechnung „vergleichbarer Leistungen"
12. Kindergeld und Freibeträge für Kinder bei Auslandskindern
    a) Anspruchsberechtigte beim Kindergeld (§ 62 EStG)
    b) Auslandskinder, die zum Bezug von Kindergeld berechtigen
    c) Berücksichtigung des Kinderfreibetrags bei Auslandskindern
    d) Berücksichtigung des Freibetrags für Betreuungs- und Erziehungs- oder Ausbildungsbedarf bei Auslandskindern
    e) Zusammenfassung der Anspruchsvoraussetzungen
    f) Einkünfte und Bezüge bei über 18 Jahre alten Auslandskindern
    g) Anrechnung des Kindergeldes bei Berücksichtigung von Kinderfreibeträgen und Freibeträgen für Betreuungs- und Erziehungs- oder Ausbildungsbedarf für Auslandskinder
13. Zahl der Kinderfreibeträge im Lohnsteuerabzugsverfahren
14. Auswirkung der Freibeträge für Kinder auf die Kirchensteuer und den Solidaritätszuschlag
    a) Lohnsteuerabzug durch den Arbeitgeber
    b) Veranlagung zur Einkommensteuer
15. Entlastungsbetrag für Alleinerziehende

1. Allgemeines

Bis zum 31.12.1995 erhielt ein Arbeitnehmer mit Kindern sowohl das Kindergeld von der Kindergeldkasse als auch einen steuerlichen Kinderfreibetrag vom Finanzamt. Beim Lohnsteuerabzug durch den Arbeitgeber während des Kalenderjahres wurde der Kinderfreibetrag dem Arbeitnehmer dadurch gewährt, dass eine ermäßigte Lohnsteuer aus der Spalte „Kinderfreibetrag" der Lohnsteuertabellen abgelesen wurde. Bis zum 31.12.1995 erhielt ein Arbeitnehmer mit Kindern also zwei Vergünstigungen, nämlich sowohl das Kindergeld als auch den Kinderfreibetrag. Dieses duale System ist mit Wirkung ab dem 1.1.1996 abgeschafft worden. Die früher mögliche kumulative Inanspruchnahme von Kindergeld und Kinderfreibetrag wurde durch eine Regelung abgelöst, wonach Kindergeld und Kinderfreibetrag bis zum 31.12.1999 nur alternativ in Anspruch genommen werden konnten. Ab dem 1.1.2000 konnte das **Kindergeld oder** die **Summe** aus Kinder- und Betreuungsfreibetrag alternativ in Anspruch genommen werden. Seit dem 1.1.2002 ist an die Stelle des Betreuungsfreibetrags der **Freibetrag** für Betreuungs- und Erziehungs- oder Ausbildungsbedarf getreten. Dabei gilt weiterhin die Besonderheit, dass während des Kalenderjahres die Vergünstigung für ein Kind ausschließlich in Form des Kindergeldes gewährt wird. Erst nach Ablauf des Kalenderjahres kommt als Alternative die Summe der Freibeträge für Kinder in Betracht, und zwar bei einer Veranlagung des Arbeitnehmers zur Einkommensteuer. Das Finanzamt prüft im Rahmen dieser Veranlagung automatisch, ob die Inanspruchnahme der Summe der Freibeträge für Kinder „günstiger" ist, als das während des Kalenderjahres gezahlte Kindergeld (vgl. die Erläuterungen unter der nachfolgenden Nr. 4). Diese Systemumstellung bedeutet für den **Lohnsteuerabzug** durch den Arbeitgeber, dass bei der Ermittlung der Lohnsteuer **keine Kinderfreibeträge** mehr zu berücksichtigen sind. Die Lohnsteuerbeträge sind also seit 1.1.1996 für einen bestimmten Arbeitslohn bei der maßgebenden Steuerklasse eigentlich gleich hoch, und zwar ohne Rücksicht darauf, ob als Lohnsteuerabzugsmerkmal ein Kinderfreibetrags-Zähler zu berücksichtigen ist oder nicht; eine geringfügige Auswirkung ergibt sich seit 2010 über die Versorgungspauschale[1]. Eine **Auswirkung** der Kinderfreibeträge im Lohnsteuer-Abzugsverfahren ergibt sich nur auf die Höhe des **Solidaritätszuschlags** und der **Kirchensteuer.** Folgende Zahlen sollen dies für einen Bruttoarbeitslohn von monatlich 3476,78 € (= 6800 DM bis 31.12.2001) verdeutlichen:

Steuerklasse und Zahl der Kinderfreibeträge	Lohnsteuer lt. Tabelle 1995	2004	2021
III/0,0	1 147,66 DM	408,66 €	239,33 €
III/0,5	1 101,16 DM	408,66 €	241,50 €[1]
III/1,0	1 155,– DM	408,66 €	241,50 €[1]
III/1,5	1 009,50 DM	408,66 €	241,50 €[1]
III/2,0	964,50 DM	408,66 €	241,50 €[1]

Obwohl seit 1.1.1996 die lohnsteuerliche Förderung der Kinder über das Kindergeld abgewickelt wird, werden die Kinderfreibetrags-Zähler wie früher als Lohnsteuerabzugsmerkmal berücksichtigt. Denn die **Kinderfreibeträge** werden zwar **nicht** mehr bei der Berechnung der **Lohnsteuer** angesetzt; sie wirken sich **jedoch** beim **Solidaritätszuschlag**[2] und bei der **Kirchensteuer** aus. Diese Auswirkung ist bei den Stichworten „Kirchensteuer" und „Solidaritätszuschlag" im Hauptteil des Lexikons ausführlich anhand von Beispielen dargestellt. Der **Freibetrag für Betreuungs- und Erziehungs- oder Ausbildungsbedarf** wird – ebenso wie die Kinderfreibeträge – bei der Berechnung der Lohnsteuer nicht berücksichtigt. Er ist allerdings im Kinderfreibetrags-Zähler enthalten, sodass er sich ebenfalls bei der Berechnung des Solidaritätszuschlags und der Kirchensteuer auswirkt.

An die Stelle des bis zum 31.12.1995 geltenden dualen Systems von Kindergeld und Kinderfreibetrag ist also mit Wirkung ab dem 1.1.1996 die monatliche Zahlung eines (erhöhten) Kindergeldes getreten.

Das Kindergeld beträgt monatlich	2018 bis 30.6.2019	ab 1.7.2019 bis 31.12.2020	ab 1.1.2021
– für das erste und zweite Kind jeweils	194 €	204 €	219 €
– für das dritte Kind	200 €	210 €	225 €
– für jedes weitere Kind jeweils	225 €	235 €	250 €

Für die Festsetzung und **Auszahlung** des **Kindergeldes** ist im Regelfall die **Familienkasse** zuständig (zur Festsetzung und Auszahlung des Kindergeldes im öffentlichen Dienst vgl. nachfolgende Nr. 3).

2. Auszahlung des Kindergeldes durch den Arbeitgeber

Arbeitgeber außerhalb des öffentlichen Dienstes waren grundsätzlich von Januar 1996 bis Dezember 1998 für die Auszahlung des Kindergeldes zuständig. Für die Festsetzung und Auszahlung des Kindergeldes für Zeiträume ab Januar 1999 ist im Regelfall die Familienkasse zuständig.

Im öffentlichen Dienst wurde das Kindergeld schon vor 1996 und auch weiterhin ab Januar 1999 vom öffentlich-rechtlichen Arbeitgeber ausgezahlt (vgl. nachfolgende Nr. 3).

3. Auszahlung und Festsetzung des Kindergeldes im öffentlichen Dienst

Bei Angehörigen des öffentlichen Dienstes wird das Kindergeld wie vor 1996 von den Körperschaften, Anstalten und Stiftungen des öffentlichen Rechts **festgesetzt und ausgezahlt.**[3] Die juristischen Personen sind insoweit Familienkasse mit der Folge, dass das Kindergeld grundsätzlich bei der für **die Festsetzung der Bezüge** oder des Arbeitsentgelts **zuständigen Stelle schriftlich zu beantragen ist** (§ 67 Satz 1 EStG). Das Bundeszentralamt für Steuern erteilt den Familienkassen ein Merkmal zu ihrer Identifizierung (Familienkassenschlüssel; vgl. § 72 Abs. 1 Satz 2 EStG). Lediglich Kindergeldansprüche aufgrund über- oder zwischenstaatlicher Rechtsvorschriften werden durch die Familienkassen der

1) Seit 1.1.2010 ist die Lohnsteuer bei der Berücksichtigung von Kindern geringfügig höher als bei Arbeitnehmern ohne Kinder. Die Ursache hierfür ist nicht ein unterschiedlicher Lohnsteuertarif, sondern die Vorsorgepauschale, die bei Arbeitnehmern ohne Kinder durch den bei der Pflegeversicherung anfallenden Beitragszuschlag für Kinderlose höher ist als bei Arbeitnehmern mit Kindern. Diese höheren Beiträge zur Pflegeversicherung wirken sich über die Vorsorgepauschale bei der Berechnung der Lohnsteuer steuermindernd aus. Auf die ausführlichen Erläuterungen zur Berechnung der Vorsorgepauschale in Anhang 8 wird Bezug genommen.

2) Durch das sog. Gesetz zur Rückführung des Solidaritätszuschlags 1995 ist der **Abbau** des **Solidaritätszuschlags ab 2021** auf den Weg gebracht worden. Durch eine Anhebung der Freigrenzen und die sog. Milderungsregelung dürften ca. 90 % der Steuerzahler vollständig und ca. weitere 6,5 % der Steuerzahler teilweise entlastet werden.

3) Durch das Gesetz zur Beendigung der Sonderzuständigkeit der Familienkassen des öffentlichen Dienstes im Bereich des Bundes vom 8.12.2016 (BGBl. I S. 2835) wurde eine grundlegende strukturelle **Reform** der **Zuständigkeiten der Familienkassen des öffentlichen Dienstes** eingeleitet. Im Rahmen dieser Reform wird die Kindergeldbearbeitung der Familienkassen des öffentlichen Dienstes im Bereich des Bundes auf die Bundesagentur für Arbeit oder alternativ auf das Bundesverwaltungsamt übergehen. Für den Bereich von Ländern und Kommunen erhalten die öffentlichen Arbeitgeber die Möglichkeit, ebenfalls Zuständigkeit und Fallbearbeitung an die Bundesagentur für Arbeit abzugeben (vgl. Ausführungen zum Ende dieser laufenden Nr. 3).

Bundesagentur für Arbeit festgesetzt und ausgezahlt (§ 72 Abs. 8 EStG). Angehöriger des öffentlichen Dienstes in diesem Sinne ist, wer

a) in einem öffentlich-rechtlichen Dienst-, Amts- oder Ausbildungsverhältnis steht. Hierzu gehören alle Beamten mit Ausnahme der Ehrenbeamten, soweit sie im aktiven Dienst des Bundes, eines Landes, einer Gemeinde oder einer sonstigen Körperschaft, Anstalt oder Stiftung des öffentlichen Rechts mit Dienstherrneigenschaft stehen, sowie Richter, Berufssoldaten und Soldaten auf Zeit. Ebenfalls hierunter fallen Mitglieder von Bundesregierung und Landesregierungen sowie Parlamentarische Staatssekretäre.

b) Versorgungsbezüge nach beamten- oder soldatenrechtlichen Vorschriften oder Grundsätzen erhält. Hierzu gehören u. a. die Ruhestandsbeamten.

c) Arbeitnehmer – einschließlich der Auszubildenden – des Bundes, eines Landes, einer Gemeinde, eines Gemeindeverbandes oder einer sonstigen Körperschaft, einer Anstalt oder einer Stiftung des öffentlichen Rechts. Diese Regelung erfasst grundsätzlich alle Angestellten und Arbeiter, die bei einem der genannten Arbeitgeber beschäftigt sind, ohne dass es auf die Art oder den Umfang der Tätigkeit ankommt.

Die Körperschaft, Anstalt oder Stiftung des öffentlichen Rechts ist jedoch nicht für die Auszahlung des Kindergeldes zuständig, wenn der Anspruchsberechtigte voraussichtlich nicht länger als sechs Monate zu dem vorgenannten Personenkreis gehört (§ 72 Abs. 4 EStG).

Außerdem kommt die Auszahlung des Kindergeldes nach den Vorschriften des öffentlichen Dienstes **nicht** für Personen in Betracht, die ihre Bezüge oder ihr Arbeitsentgelt

- von einem Dienstherrn oder Arbeitgeber im Bereich der **Religionsgesellschaften** des öffentlichen Rechts oder
- von einem Spitzenverband der **Freien Wohlfahrtspflege,** einem diesem unmittelbar oder mittelbar angeschlossenen Mitgliedsverband oder einer einem solchen Verband angeschlossenen Einrichtung oder Anstalt erhalten (§ 72 Abs. 3 EStG).

Dieser Personenkreis erhält das Kindergeld ausschließlich von der zuständigen Familienkasse der Bundesagentur für Arbeit.

Im Gegensatz zu den Religionsgesellschaften und den Spitzenverbänden der Freien Wohlfahrtspflege obliegt der **Deutschen Post AG,** der **Deutschen Postbank AG** und der **Deutschen Telekom AG** die Festsetzung und Auszahlung des Kindergeldes für ihre jeweiligen Beamten und Versorgungsempfänger (§ 72 Abs. 2 EStG). Der Gesetzgeber hat hiermit klargestellt, dass sich an der früheren Zuständigkeit für die Durchführung des Kindergeldrechts trotz der Privatisierung (und seitdem fehlender Dienstherreneigenschaft) nichts geändert hat.

Obliegt mehreren Rechtsträgern die Zahlung von Bezügen oder Arbeitsentgelt gegenüber dem Berechtigten, bestimmt sich die Zuständigkeit für die Auszahlung des Kindergeldes nach § 72 Abs. 5 EStG. Bei einem Eintritt oder Ausscheiden eines Anspruchsberechtigten in den bzw. aus dem öffentlichen Dienst im Laufe eines Monats, wird das Kindergeld für diesen Monat von der Stelle gezahlt, die bis zum Eintritt oder Ausscheiden des Anspruchsberechtigten zuständig war. Das gilt jedoch nicht, soweit die Zahlung von Kindergeld für ein Kind in Betracht kommt, das erst nach dem Eintritt oder Ausscheiden des Anspruchsberechtigten bei ihm zu berücksichtigen ist (§ 72 Abs. 6 EStG).

In den Abrechnungen der Bezüge und des Arbeitsentgelts der Angehörigen des öffentlichen Dienstes ist das Kindergeld gesondert auszuweisen, wenn es zusammen mit den Bezügen oder Arbeitsentgelt ausgezahlt wird[1]. Der Rechtsträger bzw. die öffentliche Kasse (vgl. § 38 Abs. 3 Satz 2 EStG) hat die Summe des insgesamt an die Berechtigten ausgezahlten **Kindergeldes** in der Lohnsteuer-Anmeldung gesondert einzutragen und mit der abzuführenden **Lohnsteuer** zu **verrechnen.** Die elektronische Lohnsteuer-Anmeldung enthält die Kennzahl 43, in die das gezahlte Kindergeld eingetragen werden muss. Der Arbeitgeber ist **ab 2019** verpflichtet, in der elektronischen Lohnsteuer-Anmeldung einen **Familienkassenschlüssel** (Kennzahl 91) **anzugeben,** wenn in der Anmeldung ausgezahltes Kindergeld von der Lohnsteuer abgesetzt wird. Die Eintragungen zum **Familienkassenschlüssel** und zum abzusetzenden **Kindergeld** sind ausschließlich in der **elektronischen Lohnsteuer-Anmeldung** vorgesehen. Die Möglichkeiten zum Eintrag in den amtlich vorgeschriebenen (Papier-)Vordruck sind entfallen. Übersteigt das insgesamt ausgezahlte Kindergeld den Betrag, der insgesamt an Lohnsteuer abzuführen ist, wird der übersteigende Betrag vom Betriebsstättenfinanzamt auf Antrag erstattet. Der Antrag wird durch die Abgabe der Lohnsteuer-Anmeldung gestellt. In der **Lohnsteuerbescheinigung** 2021 ist das an den Angehörigen des öffentlichen Dienstes zusammen mit den Bezügen oder Arbeitsentgelt ausgezahlte Kindergeld unter der Nr. 33 zu bescheinigen bzw. zu übermitteln[1].

Mit dem Gesetz zur Beendigung der Sonderzuständigkeit der Familienkassen des öffentlichen Dienstes im Bereich des Bundes vom 8.12.2016 (BGBl. I S. 2835) wurde die **Zuständigkeit** im Bereich des Kindergeldes nach dem Einkommensteuergesetz für **Familienkassen des öffentlichen Dienstes neu geregelt.** Danach **können ab dem 1.1.2017** die Familienkassen der Körperschaften, Anstalten oder Stiftungen des öffentlichen Rechts gegenüber dem Bundeszentralamt für Steuern auf ihre Zuständigkeit verzichten. Die **Zuständigkeit** für die Festsetzung und Auszahlung von Kindergeld **geht** in diesen Fällen auf die **Familienkassen der Bundesagentur für Arbeit über.** Nach dem Zuständigkeitsverzicht erfolgt eine deutlich voneinander abgegrenzte Bearbeitung durch unterschiedliche Behörden bzw. Stellen. Deshalb kommt der künftigen behördenübergreifenden **Kommunikation** zwischen den **Familienkassen** der Bundesagentur für Arbeit und den Stellen des öffentlichen Dienstes, die die Bezüge für ihre Beamten, Versorgungsempfänger und Beschäftigten anweisen **(Bezügestellen),** eine noch größere praktische Bedeutung zu. Den Bezügestellen muss für die zutreffende Festsetzung der Bezüge von Beamten und Versorgungsempfängern, bei denen Kinder zu berücksichtigen sind, die Information darüber vorliegen, ob Kindergeld nach dem EStG zusteht oder nicht zusteht, da Bezügebestandteile wie z. B. der Familienzuschlag nach den §§ 39 und 40 des Bundesbesoldungsgesetzes und auch andere Leistungen direkt an den Kindergeldbezug anknüpfen. § 68 Abs. 4 EStG erlaubt den Familienkassen, gegenüber den Bezügestellen den für die jeweilige Kindergeldzahlung maßgebenden Sachverhalt durch **automatisierte Abrufverfahren** offenzulegen. Durch dieses Abrufverfahren wird gewährleistet, dass z. B. die für den **Familienzuschlag** erforderliche Information über das Kindergeld zeitnah den Bezügestellen zur Verfügung steht. Überzahlungen dieses **Bezügebestandteils** werden dadurch vermieden, und auf Anfragen in Papierform kann weitestgehend verzichtet werden. Im Regelfall werden Bezügeempfänger Änderungen, die sich auf den Kindergeldbezug und den Bezügebestandteil auswirken, nur der Familienkasse mitteilen müssen. Mit der Kindergelddaten-Abrufverordnung (KiGAbV) vom 24.4.2018 (BGBl. I S. 527) wurden die Voraussetzungen, unter denen ein Datenabruf durch Bezügestellen erfolgen darf, festgelegt.

Abweichend davon können die Familienkassen des Bundes ihre Aufgaben **auf** die Bundesfamilienkasse beim **Bundesverwaltungsamt** übertragen. **Familienkassen des Bundes** sind die Familienkassen der Bundesbehörden, der bundesunmittelbaren Körperschaften, Anstalten und Stiftungen des öffentlichen Rechts sowie der in § 72 Abs. 2 EStG genannten Postnachfolgeunternehmen. Die **übrigen Familienkassen** (Familienkassen der Länder und Kommunen) können ihre Aufgaben auch – wie bisher – auf eine Landesfamilienkasse übertragen, nicht aber auf die Bundesfamilienkasse beim Bundesverwaltungsamt. Die **Zuständigkeit der Familienkassen des Bundes,** mit Ausnahme der Bundesfamilienkasse beim Bundesverwaltungsamt und der Nachrichtendienste, **endet spätestens mit Ablauf des 31.12.2021.** Das Bundeszentralamt für Steuern **veröffentlicht** eine **Liste** der Familienkassen der Körperschaften, Anstalten und Stiftungen, die wirksam auf ihre Zuständigkeit verzichtet haben, im Bundessteuerblatt (§ 72 Abs. 1 Satz 5 EStG). Zudem sind nach dem Finanzverwaltungsgesetz die Namen und Anschriften der festsetzenden Familienkassen jährlich zu veröffentlichen. Weitere Einzelheiten zum Zuständigkeitswechsel zur Bundesagentur für Arbeit (durch Verzicht) und zur Aufgabenübertragung auf das Bundesverwaltungsamt enthält das Schreiben des Bundeszentralamts für Steuern vom 14.12.2016 (BStBl. I S. 1429).

4. Grundsätze des Familienleistungsausgleichs

Viele Arbeitgeber wollen sich über den Familienleistungsausgleich informieren, weil sie häufig Fragen der Arbeitnehmer zum Anspruch auf Kindergeld, zu den Freibeträgen für Kinder und zu den Auswirkungen auf die Veranlagung zur Einkommensteuer beantworten müssen. Hierfür sind die folgenden Erläuterungen gedacht, die die Vorschriften des seit 1.1.1996 geltenden Familienleistungsausgleichs unter Berücksichtigung der in der Zwischenzeit eingetretenen Rechtsänderungen im Einzelnen darstellen.

Zentrale Vorschrift für die Ausgestaltung des Familienleistungsausgleichs ist die Regelung in § 31 EStG. Danach wird die steuerliche Freistellung eines Einkommensbetrags in Höhe des Existenzminimums eines Kindes einschließlich des Bedarfs für Betreuung und Erziehung oder Ausbildung durch das **Kindergeld oder** die Summe der **Freibeträge für Kinder** (Kinderfreibetrag und Freibetrag für Betreuungs- und Erziehungs- oder Ausbildungsbedarf) bewirkt. Soweit das Kindergeld für

1) Teilweise erfolgt die Zahlung des Kindergeldes auch losgelöst von der Zahlung der Bezüge durch die Bundesfamilienkasse oder eine Landesfamilienkasse. Das ausgezahlte Kindergeld wird in diesen Fällen nicht mehr auf der Bezügemitteilung bescheinigt. Es ist dann auch nicht in der Lohnsteuer-Anmeldung und Lohnsteuerbescheinigung anzugeben.

die steuerliche Freistellung des Existenzminimums eines Kindes nicht erforderlich ist, dient es der Förderung der Familie.

Ein Wahlrecht des Steuerpflichtigen zwischen der Inanspruchnahme des Kindergeldes und der Freibeträge für Kinder besteht im Übrigen nicht. **Während des Kalenderjahres** wird ausschließlich das **Kindergeld** monatlich **als Steuervergütung** gezahlt (§ 31 Satz 3 EStG). Ist der Abzug der **Freibeträge** für Kinder **günstiger als** das **Kindergeld,** weil die hierdurch eintretende Steuerentlastung höher ist als das Kindergeld, **erhöht sich** die unter Berücksichtigung der Freibeträge für Kinder ermittelte **Einkommensteuer um** den **Anspruch auf Kindergeld** (§ 31 Satz 4 EStG). Bei der Prüfung der Steuerfreistellung und der Hinzurechnung bleibt der Anspruch auf **Kindergeld** allerdings für Monate **unberücksichtigt,** in denen durch Bescheid der Familienkasse ein Anspruch auf Kindergeld festgesetzt, aber wegen verspäteter Antragstellung **nicht ausgezahlt** wurde. Genau genommen handelt es sich jedoch nicht um eine „Günstigerprüfung", sondern um eine Vergleichsrechnung, ob aus verfassungsrechtlichen Gründen der Abzug der Freibeträge für Kinder geboten ist.

Die **Vergleichsrechnung** zwischen dem Kindergeld und den Freibeträgen für das Kind ist für den gesamten Anspruchszeitraum des Kalenderjahres und nicht gesondert für einzelne Kalendermonate durchzuführen (§ 31 Satz 1 EStG). Bei der Vergleichsrechnung ist also auf den für den jeweiligen Veranlagungszeitraum (= Kalenderjahr) bestehenden **Anspruch** auf **Kindergeld** abzustellen (§ 31 Satz 4 EStG). Auf den Zahlungszeitpunkt kommt es nicht an. Unerheblich ist daher auch, ob das Kindergeld überhaupt beantragt worden ist (BFH-Urteil vom 13.9.2012, BStBl. 2013 II S. 228). Der Anspruch auf Kindergeld ist bei der Vergleichsrechnung selbst dann zu berücksichtigen, wenn er aus verfahrensrechtlichen Gründen nicht festgesetzt worden ist (R 31 Abs. 2 Satz 3 EStR) oder ein Kindergeldantrag trotz des materiellrechtlichen Bestehens des Anspruchs bestandskräftig abgelehnt worden ist (BFH-Urteil vom 15.3.2012, BStBl. 2013 II S. 226). Bei der Prüfung der Steuerfreistellung des Existenzminimums eines Kindes bleibt der **Anspruch auf Kindergeld** für die Kalendermonate **unberücksichtigt,** in welchen durch Bescheid der Familienkasse ein Anspruch auf Kindergeld zwar festgesetzt, jedoch wegen verspäteter Antragstellung **nicht ausgezahlt** wurde. Dies gilt für Kindergeldanträge, die nach dem 18.7.2019 bei der Familienkasse eingegangen sind.

Beispiel A

Das Kind wurde am 3.1.2021 geboren. Der Antrag auf Kindergeld wurde am 2.12.2021 gestellt.

Grundsätzlich besteht ab Januar 2021 Anspruch auf Kindergeld. Das Kindergeld wird jedoch erst für die Monate ab Juni 2021 ausgezahlt. Für die Günstigerprüfung sind daher lediglich sieben Monate (Juni bis Dezember 2021) zu berücksichtigen.

Besteht ausnahmsweise **kein Anspruch** auf Kindergeld, z. B. weil der Aufenthalt eines ausländischen Staatsangehörigen in Deutschland nur „geduldet" wird, ist bei der Vergleichsrechnung den Freibeträgen für Kinder **kein Kindergeld gegenüberzustellen;** zum Kindergeld und zu den Freibeträgen für Auslandskinder vgl. nachstehende Nr. 12.

Bei vielen Steuerpflichtigen mit Kindern wird das Kindergeld ausreichen, um eine verfassungsgemäße Besteuerung sicherzustellen.

Der folgende Vergleich zeigt, ab welchem **Grenzsteuersatz** im Kalenderjahr 2021 die Steuerersparnis durch die Freibeträge für das Kind höher ist als das Kindergeld (angegeben sind jeweils die Jahresbeträge):

	Summe aus Kinderfreibetrag (5 460 €) und Freibetrag für Betreuungs-, Erziehungs- oder Ausbildungsbedarf (2 928 €)	Kindergeld	Grenzsteuersatz, ab dem die Summe der Freibeträge für das Kind günstiger ist
erstes Kind	8 388 €	2 628 €	31,3 %
zweites Kind	8 388 €	2 628 €	31,3 %
drittes Kind	8 388 €	2 700 €	32,2 %
jedes weitere Kind	8 388 €	3 000 €	35,8 %

Die Wechselwirkung zwischen Kindergeld und der Summe aus Kinderfreibetrag und Freibetrag für Betreuungs- und Erziehungs- oder Ausbildungsbedarf soll anhand der nachfolgenden Beispiele verdeutlicht werden.

Beispiel B

A und B werden zusammen zur Einkommensteuer veranlagt und sind Eltern eines sechsjähriges Sohnes, für den sie im Jahre 2021 2628 € Kindergeld erhalten. Das zu versteuernde Einkommen ohne Abzug von Freibeträgen für Kinder beträgt 75 000 €.

zu versteuerndes Einkommen	75 000 €	
Einkommensteuer hierauf		14 968 €
abzüglich Kinderfreibetrag	5 460 €	
abzüglich Freibetrag für Betreuungs-, Erziehungs- oder Ausbildungsbedarf	2 928 €	
zu versteuerndes Einkommen (neu)	66 612 €	
Einkommensteuer hierauf		12 234 €
Differenz		2 734 €

Bei der Einkommensteuer-Veranlagung wird ein Kinderfreibetrag und ein Freibetrag für Betreuungs- und Erziehungs- oder Ausbildungsbedarf abgezogen und das Kindergeld in Höhe von 2628 € der tariflichen Einkommensteuer hinzugerechnet. Für A und B ergibt sich somit gegenüber dem bereits erhaltenen Kindergeld ein zusätzlicher Entlastungsbetrag von 106 € (2734 € abzüglich 2628 €).

Beispiel C

Wie Beispiel B. Das zu versteuernde Einkommen ohne Abzug von Freibeträgen für Kinder beträgt allerdings 65 000 €.

zu versteuerndes Einkommen	65 000 €	
Einkommensteuer hierauf		11 724 €
abzüglich Kinderfreibetrag	5 460 €	
abzüglich Freibetrag für Betreuungs-, Erziehungs- oder Ausbildungsbedarf	2 928 €	
zu versteuerndes Einkommen (neu)	56 612 €	
Einkommensteuer hierauf		9 166 €
Differenz		2 558 €

Die steuerliche Freistellung eines Einkommensbetrags in Höhe des Existenzminimums eines Kindes einschließlich des Bedarfs für Betreuung und Erziehung oder Ausbildung wird in vollem Umfang durch das Kindergeld (= 2628 €) erreicht. Bei der Ermittlung des zu versteuernden Einkommens ist daher weder ein Kinderfreibetrag noch ein Freibetrag für Betreuungs- und Erziehungs- oder Ausbildungsbedarf abzuziehen.

Die Prüfung, ob es beim Kindergeld bleibt oder Freibeträge für Kinder abzuziehen sind, ist für **jedes einzelne Kind** durchzuführen (sog. Einzelbetrachtungsweise). Das älteste Kind ist dabei stets das erste Kind. Bei Durchführung der Vergleichsrechnung für ein jüngeres Kind sind die Freibeträge für ältere Kinder bei der Ermittlung des zu versteuernden Einkommens nur abzuziehen, wenn bei den älteren Kindern der Anspruch auf Kindergeld nicht ausgereicht hat. Diese Einzelbetrachtungsweise ist selbst dann durchzuführen, wenn eine Zusammenfassung der Freibeträge für mehrere Kinder wegen der Besteuerung von Einkünften nach der Fünftelregelung (vgl. dieses Stichwort) für den Steuerpflichtigen günstiger wäre (BFH-Urteil vom 28.4.2010, BStBl. 2011 II S. 259). Dem Steuerpflichtigen steht insoweit auch kein Wahlrecht zu.

Beispiel D

A und B werden zusammen zur Einkommensteuer veranlagt und sind Eltern eines 17-jährigen Sohnes und einer 13-jährigen Tochter, für die sie im Jahre 2021 jeweils 2628 € Kindergeld erhalten. Das zu versteuernde Einkommen ohne Abzug von Freibeträgen für Kinder beträgt 70 000 €.

Vergleichsrechnung für den Sohn als erstes Kind:

zu versteuerndes Einkommen	70 000 €	
Einkommensteuer hierauf		13 320 €
abzüglich Kinderfreibetrag	5 460 €	
abzüglich Freibetrag für Betreuungs-, Erziehungs- oder Ausbildungsbedarf	2 928 €	
zu versteuerndes Einkommen (neu)	61 612 €	
Einkommensteuer hierauf		10 674 €
Differenz		2 646 €

Bei der Einkommensteuer-Veranlagung wird für den Sohn ein Kinderfreibetrag und ein Freibetrag für Betreuungs- und Erziehungs- oder Ausbildungsbedarf abgezogen und das Kindergeld in Höhe von 2628 € der tariflichen Einkommensteuer hinzugerechnet. Für A und B ergibt sich somit gegenüber dem bereits erhaltenen Kindergeld ein zusätzlicher Entlastungsbetrag von 18 € (2646 € abzüglich 2628 €).

Vergleichsrechnung für die Tochter als zweites Kind:

zu versteuerndes Einkommen nach Abzug der Freibeträge für Kinder für den Sohn	61 612 €	
Einkommensteuer hierauf		10 674 €
abzüglich Kinderfreibetrag	5 460 €	
abzüglich Freibetrag für Betreuungs-, Erziehungs- oder Ausbildungsbedarf	2 928 €	
zu versteuerndes Einkommen (neu)	53 224 €	
Einkommensteuer hierauf		8 174 €
Differenz		2 500 €

Die steuerliche Freistellung eines Einkommensbetrags in Höhe des Existenzminimums eines Kindes einschließlich des Bedarfs für Betreuung und Erziehung oder Ausbildung wird in vollem Umfang durch das Kindergeld (= 2628 €) erreicht. Bei der Ermittlung des zu versteuernden Einkommens sind für die Tochter keine Freibeträge für Kinder abzuziehen.

Die vorstehenden Erläuterungen behandeln **lediglich die Grundzüge** des Familienleistungsausgleichs. Weitere Einzelheiten ergeben sich aus den folgenden Abschnitten:

- Höhe des Kindergeldes und Anspruchsberechtigte (Nr. 5)
- Höhe des Kinderfreibetrags, Monatsprinzip (Nr. 6)
- Höhe des Freibetrags für Betreuungs- und Erziehungs- oder Ausbildungsbedarf, Monatsprinzip (Nr. 7)
- Kinderbegriff für Kindergeld und Freibeträge für Kinder (Nr. 8)
- Berücksichtigung über 18 Jahre alter Kinder bei einer zweiten oder weiteren Berufsausbildung (Nr. 8 Buchstabe h)
- Halbteilungsgrundsatz, Übertragung des Kinderfreibetrags und des Freibetrags für Betreuungs- und Erziehungs- oder Ausbildungsbedarf (Nr. 10)
- Ansatz der Freibeträge für Kinder anstelle des Kindergeldes im Veranlagungsverfahren bei Anwendung des Halbteilungsgrundsatzes und in anderen Sonderfällen (Nr. 11)
- Kindergeld und Freibeträge für Kinder bei Auslandskindern (Nr. 12).

5. Höhe des Kindergeldes[1] und Anspruchsberechtigte

a) Allgemeines

Im Zuge der Neuregelung des Familienleistungsausgleichs wurde das Kindergeld mit Wirkung ab 1996 deutlich angehoben und ist seitdem mehrfach erhöht worden. Das Kindergeld wird unabhängig von der Höhe des Einkommens des Kindergeldberechtigten gezahlt[2]. Zur Zahlung eines Kinderzuschlags an Berechtigte mit niedrigem Einkommen vgl. die Ausführungen unter dem nachfolgenden Buchstaben f. Der Anspruch auf das Kindergeld ist im Einkommensteuergesetz geregelt. Das Bundeskindergeldgesetz gilt zwar weiter, es betrifft jedoch nur noch diejenigen Fälle, die nicht unter das Einkommensteuergesetz fallen. Im Einzelnen ist Folgendes zu beachten:

Das Kindergeld wird monatlich gezahlt.[3] Es beträgt

	2018 bis 30.6.2019	ab 1.7.2019 bis 31.12.2020	ab 1.1.2021
– für das erste und zweite Kind jeweils	194 €	204 €	219 €
– für das dritte Kind	200 €	210 €	225 €
– für jedes weitere Kind	225 €	235 €	250 €

Seit dem 1.1.2016 hat der anspruchsberechtigte **Elternteil** im Kindergeldantrag die an ihn vergebene **Identifikationsnummer** anzugeben. Anderenfalls entfällt die Anspruchsberechtigung (§ 62 Abs. 1 Satz 2 EStG). Außerdem ist seit 1.1.2016 die **Identifikationsnummer des Kindes** anzugeben (§ 63 Abs. 1 Satz 3 EStG). Ist an ein **Kind keine Identifikationsnummer** vergeben, weil es in Deutschland nicht steuerpflichtig ist, ist es **in anderer geeigneter Weise zu identifizieren.** Die Identifizierung in anderer geeigneter Weise kommt bei Kindern mit Wohnsitz in einem EU- bzw. EWR-Staat und der Schweiz sowie Kindern mit Wohnsitz in Staaten, mit denen zwischenstaatliche Vereinbarungen und Abkommen über Soziale Sicherheit bestehen, in Betracht. Wurde in dem **ausländischen Wohnsitzstaat** eine geeignete **persönliche Identifikationsnummer für das Kind vergeben,** ist diese als Nachweis der Identität des Kindes heranzuziehen. Wurde eine solche persönliche Identifikationsnummer im ausländischen Wohnsitzstaat nicht vergeben, ist die Identität des im Ausland wohnenden Kindes durch **andere amtliche Dokumente** nachzuweisen, z. B. **ausländische Geburtsurkunde, amtlicher Ausweis.**[4]

Um **Schlechterstellungen** zu **vermeiden,** die dadurch entstehen, dass die erstmalige Vergabe oder die erneute Mitteilung der Identifikationsnummer unverhältnismäßig lange dauert, dürfen Familienkassen unter bestimmten Voraussetzungen **Kindergeld bei fehlender Identifikationsnummer unter dem Vorbehalt der Nachprüfung** gemäß § 164 AO festsetzen.

Für die Zahlung von Kindergeld werden nach § 63 EStG folgende Kinder berücksichtigt:

- Kinder im Sinne des § 32 Abs. 1 EStG (das sind **leibliche Kinder, Adoptivkinder** und **Pflegekinder**);
- vom Berechtigten in seinen Haushalt aufgenommene Kinder seines Ehegatten **(Stiefkinder)**[5];
- vom Berechtigten in seinen Haushalt aufgenommene Enkel **(Enkelkinder).**

Der **Kindbegriff** für die Auszahlung des **Kindergeldes** stimmt mit dem Kindbegriff für die Gewährung von **Freibeträgen** für Kinder **nicht überein.** Für die Gewährung von Freibeträgen für Kinder werden lediglich leibliche Kinder, Adoptivkinder und Pflegekinder berücksichtigt. Stiefkinder und Enkelkinder dagegen nicht. Um diesen Unterschied auszugleichen, wurden allerdings die Übertragungsmöglichkeiten von Freibeträgen für Kinder auch auf die Stief- und Enkelkinder ausgedehnt (vgl. die Erläuterungen unter der nachfolgenden Nr. 10 Buchstabe c und d). Bei der Altersgrenze der Kinder und der Berücksichtigungstatbestände gelten dagegen die Grundsätze des § 32 Abs. 3 bis 5 EStG für die Gewährung von Freibeträgen für Kinder ohne Einschränkung auch für das Kindergeld (vgl. die nachfolgenden Erläuterungen unter der Nr. 8). Da die Höhe des Kindergeldes ab dem dritten Kind ansteigt, muss beim Kindergeld zwischen **Zahlkindern** und **Zählkindern** unterschieden werden. Zahlkinder sind Kinder, für die tatsächlich Kindergeld gezahlt wird, wohingegen Zählkinder lediglich zur Erhöhung des Anspruchs für jüngere Zahlkinder beitragen. Welches Kind bei einem Elternteil als erstes oder weiteres **Zahlkind** zu berücksichtigen ist, bestimmt sich danach, an welcher Stelle das bei diesem Elternteil zu berücksichtigende Kind in der **Reihenfolge der Geburten** steht. Das älteste Kind ist also stets das erste Kind. In der Reihenfolge der Kinder werden auch diejenigen mitgezählt, für die der Berechtigte nur deshalb keinen Anspruch auf Kindergeld hat, weil für sie der Anspruch vorrangig einem anderen Elternteil zusteht **(sog. Zählkinder).** Kinder, für die überhaupt kein Kindergeldanspruch mehr besteht (bei keinem Elternteil), zählen aber selbstverständlich nicht mit.

Beispiel

Aus der bestehenden Ehe eines verheirateten, kindergeldberechtigten Arbeitnehmers sind zwei Kinder hervorgegangen, die drei und fünf Jahre alt sind. Aus seiner ersten Ehe hat der Ehemann drei ältere Kinder, für die seine geschiedene Ehefrau das Kindergeld erhält. Diese drei Kinder aus erster Ehe sind acht, zehn und zwölf Jahre alt. Für die Ermittlung des Kindergeldes, das der Arbeitnehmer für seine beiden Kinder aus der bestehenden Ehe erhält, sind die drei Kinder aus der ersten Ehe als **Zählkinder** zu berücksichtigen. Das bedeutet, dass die Kinder des Arbeitnehmers aus der bestehenden Ehe in der Reihenfolge der Geburten **aller** seiner Kinder an vierter und fünfter Stelle stehen. Der Arbeitnehmer erhält somit für die beiden Kinder aus der bestehenden Ehe ein Kindergeld von insgesamt 500 € (250 € + 250 €) monatlich. Vgl. auch das nachfolgende Beispiel C unter dem nachfolgenden Buchstaben b, um den „richtigen" Elternteil zum Kindergeldberechtigten zu bestimmen.

Leben hingegen die **Eltern eines gemeinsamen Kindes** in **nichtehelicher Lebensgemeinschaft** zusammen und sind in deren Haushalt auch zwei ältere, aus einer anderen Beziehung stammende Kinder eines Elternteils aufgenommen **(„Patchwork-Familie"),** erhält der andere Elternteil für das gemeinsame Kind nicht den erhöhten Kindergeldbetrag für ein drittes Kind (BFH-Urteil vom 25.4.2018, BStBl. II S. 721). Dabei begegnet es keinen verfassungsrechtlichen Bedenken, dass einem in einer nichtehelichen Lebensgemeinschaft lebenden Elternteil im Hinblick auf die in seinem Haushalt lebenden, bei ihm kindergeldrechtlich nicht zu berücksichtigenden Kinder des anderen Elternteils der **Zählkindervorteil versagt** wird, während einem Stiefelternteil dieser Zählkindervorteil für die Kinder seines Ehegatten gewährt wird.

Das Kindergeld wird auf schriftlichen Antrag vom Beginn des Monats an gezahlt, in dem die Anspruchsvoraussetzungen erfüllt sind, bis zum Ende des Monats, in dem die Anspruchsvoraussetzungen wegfallen. Es genügt, wenn die Anspruchsvoraussetzungen an **einem Tag** in dem jeweiligen Monat **erfüllt** sind. Rückwirkend wird das Kindergeld ab Beginn der Anspruchsvoraussetzungen gewährt, sofern die (sechsmonatige) „Auszahlungsverjährung" noch nicht eingetreten ist. Vgl. hierzu auch die Erläuterungen unter der vorstehenden Nr. 4. Ein Kindergeldantrag, der keine ausdrückliche zeitliche Einschränkung enthält, ist daher dahingehend auszulegen, dass eine Kindergeldfestsetzung auch für die Vergangenheit beantragt wird (BFH-Beschluss vom 29.3.2012, BFH/NV 2012 S. 1147). Kindergeldnachzahlungen sind aber nicht zu verzinsen (BFH-Urteil vom 20.4.2006, BStBl. 2007 II S. 240 zu § 233a AO).

1) Durch das sog. Zweite Corona-Steuerhilfegesetz wurde Familien in 2020 einmalig ein Kinderbonus von 300 € für jedes kindergeldberechtigte Kind gezahlt; die Auszahlung erfolgte im September 2020 mit 200 € und im Oktober 2020 mit 100 €. Der Kinderbonus ist wie das Kindergeld mit in die Vergleichsrechnung (Günstigerprüfung) einzubeziehen, wird allerdings nicht auf die Grundsicherung angerechnet.

2) Die volle Anrechnung des Kindergeldes auf „Hartz IV-Leistungen" ist verfassungsgemäß (BVerfG-Beschluss vom 11.3.2010 1 BvR 3163/09).

3) Kindergeld wird nicht bzw. nicht in voller Höhe gezahlt, wenn für das Kind eine sog. vergleichbare Leistung gezahlt wird oder bei entsprechender Antragstellung zu zahlen wäre. Zu den „vergleichbaren Leistungen" und dem sog. Teilkindergeld vgl. Nr. 11 Buchstabe e.

4) Schreiben des Bundeszentralamts für Steuern vom 22.12.2015, BStBl. 2016 I S. 12. Mit Schreiben vom 9.8.2016 (BStBl. I S. 801) hat das Bundeszentralamt für Steuern in einer Übersicht im Ausland vergebene Identifikationsnummern aufgelistet, welche als Nachweis der Identität eines Kindes mit Wohnsitz im entsprechenden Staat heranzuziehen sind. Diese Übersicht ersetzt die Anlage zur vorgenannten Weisung vom 22.12.2015.

5) Entsprechendes gilt bei eingetragenen Lebenspartnerschaften (§ 2 Abs. 8 EStG; BFH-Urteil vom 8.8.2013, BStBl. 2014 II S. 36).

b) Bestimmung des Berechtigten

Im Gegensatz zu den Freibeträgen für Kinder, bei denen der sog. Halbteilungsgrundsatz zu beachten ist (vgl. nachfolgend unter Nr. 10 Buchstabe a), wird das **Kindergeld** für jedes Kind **nur an einen Berechtigten** gezahlt (§ 64 Abs. 1 EStG). Bei mehreren Berechtigten erhält das Kindergeld derjenige, der das Kind in seinen **Haushalt aufgenommen** hat (§ 64 Abs. 2 Satz 1 EStG). Diese Regelungen verstoßen nicht gegen das Grundgesetz (BFH-Urteil vom 14.12.2004, BStBl. 2008 II S. 762) und können durch privatrechtliche Abmachungen nicht außer Kraft gesetzt werden (BFH-Urteil vom 14.5.2002, BFH/NV 2002 S. 1425). Ein Kind gehört dann zum Haushalt eines Elternteils, wenn es dort wohnt, versorgt und betreut wird, sodass es sich in der Obhut dieses Elternteils befindet. Neben dem örtlichen Zusammenleben müssen die materiellen (Versorgung, Unterhaltsgewährung) und immateriellen (Fürsorge, Betreuung) Voraussetzungen erfüllt sein. Formale Gesichtspunkte (z. B. Sorgerechtsregelung oder Eintragung in das Melderegister) sind allenfalls unterstützend heranzuziehen. Ein Obhutsverhältnis im beschriebenen Sinne besteht nicht, wenn sich das Kind nur für einen von vornherein begrenzten Zeitraum bei einem Elternteil befindet (z. B. zu Besuchszwecken oder für die Dauer der Ferien). Bei einem **Wechsel** des Kindes von einem Elternteil zum anderen kann das Kind aber auch dann in den neuen Haushalt aufgenommen sein, wenn der Wechsel zwar noch nicht endgültig ist, das Kind aber für einen längeren Zeitraum (im Streitfall 3 Monate) von dem aufnehmenden Elternteil betreut und unterhalten wird (BFH-Urteil vom 20.6.2001, BStBl. II S. 713). Das gilt auch dann, wenn ein Kind getrennt lebender Eltern aus eigenem Entschluss für einen Zeitraum von mehr als drei Monaten zum nicht sorgeberechtigten Elternteil umzieht (BFH-Urteil vom 25.6.2009, BStBl. II S. 968).

Beispiel A

Das gemeinsame Kind eines geschiedenen Elternpaars lebt im Haushalt der Mutter. Das Kindergeld wird an die Mutter gezahlt, weil sie die Tochter in ihren Haushalt aufgenommen hat (§ 64 Abs. 2 Satz 1 EStG). Der Vater erhält die Hälfte des Kindergeldes im Rahmen des zivilrechtlichen Ausgleichs. Der zivilrechtliche Ausgleichsanspruch und seine Auswirkung bei der Berücksichtigung des halben Kinderfreibetrags im Veranlagungsverfahren sind unter der nachfolgenden Nr. 11 Buchstabe b erläutert.

Ein Kind, das sich in den **Haushalten beider Elternteile** (kein gemeinsamer Haushalt der Elternteile!) in einer den Besuchscharakter überschreitenden Weise aufhält, ist für die Zahlung des Kindesgeldes demjenigen Elternteil zuzuordnen, in dessen Haushalt es sich überwiegend aufhält und seinen **Lebensmittelpunkt** hat (BFH-Urteil vom 14.12.2004, BStBl. 2008 II S. 762). Dies beruht auf der typisierenden Annahme, dass derjenige Elternteil die größeren Unterhaltslasten für das Kind trägt, der es überwiegend in seinem Haushalt betreut und versorgt. Hält sich das Kind in annähernd **gleichem zeitlichen Umfang** in dem jeweiligen Haushalt der beiden Elternteile auf, ist das Kindergeld demjenigen Elternteil zu zahlen, den die Eltern **untereinander bestimmt haben.** Dabei bleibt eine vor der Trennung der Eltern getroffene Bestimmung des Kindergeldberechtigten so lange wirksam, bis sie von einem Berechtigten mit Wirkung für die Zukunft widerrufen wird (BFH-Urteil vom 23.3.2005, BStBl. 2008 II S. 752); der Bundesfinanzhof spricht sich in seinem Urteil in diesem gesetzlich nicht geregelten Fall für eine analoge Anwendung des § 64 Abs. 2 Sätze 2 bis 4 EStG aus (vgl. hierzu die nachfolgenden Absätze).

Ist das Kind in den **gemeinsamen Haushalt** von Eltern, einem Elternteil und dessen Ehegatten, Pflegeeltern oder Großeltern aufgenommen worden, bestimmen diese untereinander den Berechtigten (§ 64 Abs. 2 Satz 2 EStG).[1] Die Berechtigtenbestimmung bleibt so lange wirksam, bis sie mit Wirkung für die Zukunft widerrufen oder einvernehmlich geändert wird. **Haben** die **Eltern** eines Kindes einen Elternteil als **Kindergeldberechtigten bestimmt**, so **erlöschen** die **Rechtswirkungen der Bestimmung**, wenn sich die **Eltern trennen** und das Kind ausschließlich im Haushalt eines der beiden Elternteile lebt. Die ursprüngliche Berechtigtenbestimmung lebt nicht wieder auf, wenn die Eltern und das Kind wegen eines Versöhnungsversuchs wieder in einem gemeinsamen Haushalt leben (BFH-Urteil vom 18.5.2017, BStBl. II S. 1199). Kommt in Ausnahmefällen eine Einigung nicht zustande, bestimmt das Familiengericht auf Antrag den Berechtigten. Den Antrag kann stellen, wer ein berechtigtes Interesse an der Zahlung des Kindergeldes hat (§ 64 Abs. 2 Sätze 3 und 4 EStG).

Beispiel B

Eheleute haben einen fünfjährigen Sohn, der in ihrem gemeinsamen Haushalt lebt. Die Eheleute bestimmen untereinander, wer von ihnen das Kindergeld erhält (§ 64 Abs. 2 Satz 2 EStG).

Die Möglichkeit, dass die Berechtigten untereinander bestimmen, an wen das Kindergeld ausgezahlt wird, ist **von besonderer Bedeutung,** wenn bei einem Berechtigten sog. **Zählkinder** zu berücksichtigen sind.

Beispiel C

Aus der bestehenden Ehe eines verheirateten Arbeitnehmers sind zwei Kinder hervorgegangen (drei und fünf Jahre alt), die im gemeinsamen Haushalt der Eheleute leben. Aus seiner ersten Ehe hat der Ehemann drei Kinder (acht, zehn und zwölf Jahre alt), für die seine geschiedene erste Ehefrau das Kindergeld erhält. Bestimmen die nunmehr verheirateten Eheleute, dass der Ehemann das Kindergeld erhält, sind bei ihm zwei Zahlkinder und drei Zählkinder zu berücksichtigen. Die Zählkinder sind die älteren Kinder und stehen damit an erster, zweiter und dritter Stelle. Das bedeutet, dass die beiden Kinder aus der bestehenden Ehe an vierter und fünfter Stelle stehen, sodass der Ehemann für diese Kinder ein Kindergeld in Höhe von insgesamt 500 € (250 € + 250 €) monatlich erhält.

Bestimmen die nunmehr verheirateten Eheleute dagegen, dass die Ehefrau das Kindergeld für die gemeinsamen Kinder aus der bestehenden Ehe erhalten soll, sind bei der Ehefrau zwei Zahlkinder, aber keine Zählkinder vorhanden. Das Kindergeld, das die Ehefrau erhält, beträgt deshalb insgesamt lediglich 438 € (219 € + 219 €) monatlich.

Lebt das Kind in einem **gemeinsamen Haushalt von Eltern und Großeltern,** wird das Kindergeld vorrangig einem Elternteil gezahlt. Es wird nur dann an einen Großelternteil gezahlt, wenn der Elternteil auf seinen Vorrang schriftlich gegenüber der Familienkasse verzichtet hat (§ 64 Abs. 2 Satz 5 EStG).

Beispiel D

Eine ledige Mutter lebt mit ihrer zweijährigen Tochter und den Großeltern in einem gemeinsamen Haushalt. Das Kindergeld wird vorrangig an die Mutter gezahlt. Es wird nur dann an einen Großelternteil gezahlt, wenn die Mutter gegenüber der Familienkasse schriftlich auf ihren Vorrang verzichtet hat.

Durch einen Verzicht des leiblichen Elternteils zugunsten eines Großelternteils kann sich ein höherer Kindergeldbetrag bei dem Großelternteil ergeben, wenn diesem etwa noch für den Elternteil selbst oder für weitere eigene Kinder Kindergeld zusteht.

Beispiel E

Eine geschiedene Mutter mit drei Kindern (7, 5 und 3 Jahre alt) kehrt in den Haushalt ihres Vaters, des Großvaters der Kinder, zurück. In diesem Haushalt lebt auch noch ihr 17-jähriger Bruder. Für den Bruder kann nur ihr Vater Kindergeld erhalten. Dagegen können die Kinder der Mutter auch bei ihrem Vater, dem Großvater, als Enkelkinder berücksichtigt werden.

Verzichtet nun die Mutter zugunsten ihres Vaters (Großvater der Kinder) nicht auf ihren Vorrang, steht ihr für ihre drei Kinder Kindergeld in Höhe von 663 € (2 × 219 € = 438 € + 225 €) zu, dem Großvater für den Bruder 219 €. Zusammen würde die gesamte Familie demnach 882 € Kindergeld im Monat erhalten.

Verzichtet die Mutter hingegen auf ihren Vorrang, indem sie den Großvater zum Berechtigten für ihre drei Kinder bestimmt, erhält dieser für den Bruder 219 € und für die drei Enkelkinder 694 € (219 € + 225 € + 250 €). Durch den Vorrangverzicht der Mutter erhöht sich also das monatliche Kindergeld für die Gesamtfamilie um 31 € auf insgesamt 913 €.

Ist das Kind **nicht** in den **Haushalt** eines Berechtigten **aufgenommen** worden, erhält das Kindergeld derjenige, der dem Kind laufend **Barunterhalt** (Unterhaltsrente) **zahlt** (§ 64 Abs. 3 Satz 1 EStG). Mit Urteil vom 11.10.2018 (BStBl. 2019 II S. 323) weist der Bundesfinanzhof darauf hin, dass zur Unterhaltsrente **nur regelmäßige monatliche Zahlungen** gehören. Regelmäßige Zahlungen, die in größeren Zeitabständen geleistet werden, sowie **einzelne Zahlungen und Sachleistungen** (z. B. die Überlassung einer Wohnung zu Unterhaltszwecken) sind dabei **nicht** zu berücksichtigen. Von der Orientierung des Begriffs „Unterhaltsrente" in § 1612 Abs. 3 Satz 1 BGB ist nicht abzuweichen, auch wenn dadurch der insgesamt geringer belastete Elternteil das Kindergeld erhalten kann. Die Richter weisen zudem darauf hin, dass die **Prüfung,** welcher Elternteil dem Kind die höchste Unterhaltsrente zahlt, **monatlich** vorzunehmen ist. Zahlen mehrere Berechtigte dem Kind Unterhalt, erhält das Kindergeld derjenige, der dem Kind den höheren Unterhalt zahlt (§ 64 Abs. 3 Satz 2 EStG). Die dabei zu berücksichtigenden Unterhaltszahlungen müssen grundsätzlich für und in dem Zeitraum geleistet werden, für den das Kindergeld begehrt wird. Unterhalt, der um Jahre verspätet gezahlt wird, bleibt außer Betracht (BFH-Urteil vom 5.11.2015, BStBl. 2016 II S. 403). Im Übrigen kommt es bei der Nichtberücksichtigung von nachträglich erbrachten Unterhaltsleistungen grundsätzlich nicht auf die Gründe für die Nichterfüllung der Unterhaltspflicht an (BFH-Urteil vom 28.4.2016, BFH/NV 2016 S. 1272). Bei gleich hohem Unterhalt oder wenn keiner der Berechtigten dem Kind Unterhalt zahlt, bestimmen die Berechtigten untereinander (ggf. auf Antrag das Familiengericht), wer das Kindergeld erhält (§ 64 Abs. 3 Satz 3 EStG). Einmalige oder gelegentliche höhere finanzielle Zuwendungen bleiben übrigens ebenso wie eventuelle Sach- oder Betreuungsleistungen unberücksichtigt. Hat derjenige Elternteil, der das Kindergeld bisher erhalten hat, den Betrag an das in einem selbstständigen Haushalt lebende Kind weitergeleitet, bleibt das Kindergeld für die Feststellung, welcher Elternteil eine höhere Unterhaltsrente zahlt, außer Betracht (BFH-Urteil vom 2.6.2005, BStBl. 2006 II S. 184).

---

1) Diese Wahlmöglichkeit besteht auch bei einem gemeinsamen Haushalt von eingetragenen Lebenspartnern (§ 2 Abs. 8 EStG; BFH-Urteil vom 8.8.2013, BStBl. 2014 II S. 36).

c) Abzweigung des Kindergeldes

Das Kindergeld kann unmittelbar an das Kind ausgezahlt werden, wenn der Anspruchsberechtigte seiner Unterhaltsverpflichtung gegenüber dem Kind nicht nachkommt (§ 74 Abs. 1 Satz 1 EStG) oder nicht zumindest in Höhe des Kindergeldes unterhaltsverpflichtet ist (§ 74 Abs. 1 Satz 3 EStG). In solch einem Fall kann das **Kindergeld** auch ganz oder teilweise an einen **Sozialleistungsträger** gezahlt werden, der dem Kind Unterhalt gewährt (§ 74 Abs. 1 Satz 4 i. V. m. Abs. 2 EStG). Sozial- und Jugendämter können demzufolge unter weiteren Voraussetzungen die Auszahlung des Kindergeldes verlangen, wenn sie dem Berechtigten oder einem Kind ohne Anrechnung von Kindergeld Leistungen gewährt haben. Entstehen dem Anspruchsberechtigten tatsächliche (nicht nur fiktive) Aufwendungen mindestens in Höhe des Kindergeldes, kommt eine Auszahlung an den Sozialleistungsträger (z. B. wegen Unterbringung eines behinderten Kindes in einer Pflegeeinrichtung) nicht in Betracht (BFH-Urteil vom 9.2.2009, BStBl. II S. 928). Dabei ist auch die Aufnahme des Kindes in den Haushalt des Berechtigten zu berücksichtigen (z. B. anteilige Mietkosten für das Kinderzimmer; BFH-Urteil vom 18.4.2013, BStBl. II S. 697).

d) Antrag und Festsetzung des Kindergeldes

Das **Kindergeld** ist zunächst einmal vom Berechtigten (oder seinem Bevollmächtigten – z. B. Steuerberater) bei der örtlich zuständigen **Familienkasse schriftlich** zu **beantragen.**[1] Bei einer rückwirkenden Antragstellung sollten eindeutige Angaben zu den Zeiträumen gemacht werden, für die Kindergeld beantragt wird. Seit 1.1.2016 hat der Anspruchsberechtigte zudem die an ihn und an die Kinder, für die Kindergeld beantragt wird, vergebene **Identifikationsnummer** anzugeben (vgl. Ausführungen unter der Nr. 5 Buchstabe a).

Die Familienkassen sind Behörden der Bundesagentur für Arbeit, die für die Durchführung des Familienleistungsausgleichs dem Bundeszentralamt für Steuern zur Verfügung gestellt werden (§ 5 Abs. 1 Nr. 11 Finanzverwaltungsgesetz). Im Ergebnis handelt es sich aber bei der „Familienkasse“ um die frühere „Kindergeldkasse“ bei den Arbeitsämtern. Da die Familienkassen hinsichtlich der Durchführung des Familienleistungsausgleichs Bundesfinanzbehörden sind, obliegt die Fachaufsicht dem Bundeszentralamt für Steuern. Die örtliche Zuständigkeit der Familienkasse ergibt sich damit aus der Abgabenordnung, das heißt, zuständig ist diejenige Familienkasse, in deren Bereich der Anspruchsberechtigte seinen Wohnsitz oder gewöhnlichen Aufenthalt hat. Bei der Familienkasse sind entsprechende Vordrucke für den Antrag auf Kindergeld erhältlich. Die Vordrucke stehen auch im Internet unter www.arbeitsagentur.de oder www.bzst.de zur Verfügung. Das Kindergeld wird grundsätzlich in allen Fällen von der Familienkasse ausgezahlt. Zur Auszahlung und Festsetzung des Kindergeldes im öffentlichen Dienst vgl. vorstehend unter Nr. 3.

Das Kindergeld wird von den Familienkassen durch Bescheid festgesetzt und ausgezahlt (§ 70 Abs. 1 Satz 1 EStG). Da es sich beim Kindergeld um eine Steuervergütung handelt, sind nach § 155 Abs. 5 AO die für die Steuerfestsetzung geltenden Vorschriften sinngemäß anzuwenden. Das bedeutet, dass das Kindergeld schriftlich festzusetzen ist (§ 157 Abs. 1 Satz 1 AO).

Das Kindergeld wird nur bis einschließlich des Monats der **Vollendung des 18. Lebensjahres** des Kindes festgesetzt. Für volljährige Kinder zahlt die Familienkasse nur dann weiter Kindergeld, wenn die Voraussetzungen für eine weitere Berücksichtigung des Kindes vom Anspruchsberechtigten nachgewiesen werden (z. B. Vorlage des Ausbildungsvertrags, der Schul- oder Studienbescheinigung).

Der **Anspruchsberechtigte** ist generell **verpflichtet, Änderungen** in den Verhältnissen, die für die Gewährung des Kindergeldes erheblich sind, unverzüglich der zuständigen Familienkasse **mitzuteilen** (§ 68 Abs. 1 Satz 1 EStG); z. B. einen Haushaltswechsel des Kindes von einem zum anderen Elternteil. Auch ein Kind, das das 18. Lebensjahr vollendet hat, ist auf Verlangen der Familienkasse verpflichtet, an der Aufklärung des für die Kindergeldzahlung maßgeblichen Sachverhalts mitzuwirken. Ein Auskunftsverweigerungsrecht nach § 101 AO steht ihm dabei nicht zu. Es besteht aber keine Verpflichtung des Kindes, leistungserhebliche Änderungen in seinen Verhältnissen von sich aus mitzuteilen.

Beispiel

Ein Arbeitnehmer erhält für seinen 23-jährigen, studierenden Sohn das Kindergeld. Im Mai 2021 bricht der Sohn das Studium ab und jobbt seitdem nur noch.

Da mit Ablauf des Monats Mai der Anspruch auf Kindergeld entfällt (keine Berufsausbildung mehr), ist der Arbeitnehmer verpflichtet, den Abbruch des Studiums der Familienkasse anzuzeigen.

Um das Fortbestehen der Anspruchsvoraussetzungen für die Gewährung des Kindergeldes überprüfen zu können, übermitteln die Meldebehörden in regelmäßigen Abständen den Familienkassen die in § 34 Abs. 1 und 2 des Bundesmeldegesetzes genannten Daten aller Einwohner, zu deren Person im Melderegister Daten von minderjährigen Kindern gespeichert sind, und dieser Kinder, soweit die Daten ihrer Art nach für die Prüfung der Rechtmäßigkeit des Bezugs von Kindergeld geeignet sind. Durch diese Regelung soll insbesondere eine **doppelte Zahlung** von Kindergeld in verschiedenen Bundesländern für dasselbe Kind **ausgeschlossen** werden. Zur **Aufhebung der Kindergeldfestsetzung in Doppelzahlungsfällen** vgl. nachstehend unter Nr. 5 Buchstabe e.

Auf Antrag des Anspruchsberechtigten erteilt die zuständige Familienkasse eine **Bescheinigung über die Höhe des Kindergeldes,** das – unabhängig vom Zuflusszeitpunkt – für das betreffende Kalenderjahr ausgezahlt wurde (§ 68 Abs. 3 EStG). Die Bescheinigung ist ggf. für die Vergleichsrechnung (Günstigerprüfung) zwischen Kindergeld und Freibeträgen für Kinder im Rahmen der Einkommensteuer-Veranlagung (vgl. vorstehende Nr. 4) von Bedeutung. Folgerichtig wird daher die Bescheinigung – über den Gesetzeswortlaut hinaus – über den Anspruch auf Kindergeld ausgestellt. In die Bescheinigung sind auch Ansprüche auf Kindergeld aufzunehmen, die aus verfahrensrechtlichen Gründen nicht mehr festgesetzt werden können. Außerdem kann ein Bedarf für eine Kindergeldbescheinigung im außersteuerlichen Bereich bestehen, z. B. in Unterhaltsangelegenheiten. Daher kann jeder Anspruchsberechtigte die Erteilung einer solchen Bescheinigung verlangen, auch wenn das Kindergeld wegen des Vorrangs an einen anderen Berechtigten gezahlt worden ist (BFH-Urteil vom 27.2.2014, BStBl. II S. 783).

Wird von der Familienkasse bescheinigt, dass ein Anspruch auf Kindergeld besteht, **übernimmt** das **Finanzamt grundsätzlich** die **Entscheidung** der **Familienkasse** über die Berücksichtigung des Kindes. Hat das Finanzamt aber – z. B. aufgrund des Vortrags des Steuerzahlers beim Finanzamt oder einer anderen rechtlichen Würdigung des Sachverhalts – **Zweifel** am Bestehen eines Anspruchs auf Kindergeld, hat es seine Auffassung der Familienkasse mitzuteilen. Kann im Einzelfall (das gewünschte) Einvernehmen zwischen Finanzamt und Familienkasse nicht erzielt werden, haben beide ihrer jeweils vorgesetzten Behörde zu berichten. Bis zur Klärung der Streitfrage werden die Steuerfestsetzungen unter dem Vorbehalt der Nachprüfung durchgeführt (R 31 Abs. 4 EStR). Fazit: Die **Entscheidungen** der **Familienkasse** über die (Nicht-)Berücksichtigung des Kindes sind für die Finanzämter zurzeit **nicht bindend! Finanzamt** und **Familienkasse** sollen sich aber in Zweifelsfällen **abstimmen,** um zu einer einheitlichen Entscheidung zu kommen.

e) Änderung der Kindergeldfestsetzung

Soweit in den für das Kindergeld maßgebenden Verhältnissen **Änderungen** eintreten, ist die Kindergeldfestsetzung mit Wirkung vom Zeitpunkt der Änderung der Verhältnisse aufzuheben oder zu ändern (§ 70 Abs. 2 Satz 1 EStG). Die Aufhebung oder Änderung kann sich zu Gunsten oder zu Lasten des Anspruchsberechtigten auswirken und auch rückwirkend vorgenommen werden. Die Regelung betrifft den Fall, dass eine ursprünglich rechtmäßige Festsetzung von Kindergeld durch Änderung der für den Kindergeldanspruch **maßgeblichen Verhältnisse** des Anspruchsberechtigten oder des Kindes nachträglich unrichtig wird (BFH-Urteil vom 3.3.2011, BStBl. II S. 722). Auf ein Verschulden des Anspruchsberechtigten – insbesondere, ob er seine Mitwirkungspflichten verletzt hat – kommt es nicht an. Eine die Aufhebung der Kindergeldfestsetzung rechtfertigende Änderung der Verhältnisse liegt daher auch dann vor, wenn das Kind die den Anspruch auf Kindergeld ausschließende Altersgrenze überschreitet (BFH-Urteil vom 17.12.2014, BStBl. 2016 II S. 100). Selbst eine etwaige Pflichtverletzung der Familienkasse steht dem nicht entgegen. Eine Aufhebung oder Änderung der Kindergeldfestsetzung wegen geänderter Rechtsauffassung durch Rechtsprechung oder Verwaltungsanweisung ist nach § 70 Abs. 2 EStG aber nicht möglich.

Beispiel A

A und B bewohnen gemeinsam eine Wohnung und sind Eltern einer vierjährigen Tochter, für die B das Kindergeld erhält. Am 30.4.2021 zieht B aus der gemeinsamen Wohnung aus.

Die Kindergeldfestsetzung gegenüber B ist mit Wirkung ab Mai 2021 aufzuheben (§ 70 Abs. 2 EStG). Anspruchsberechtigte für das Kindergeld ist ab Mai 2021 A (§ 64 Abs. 2 Satz 1 EStG). Die vorstehenden Kindergeldfestsetzungen ab Mai 2021 sind auch dann vorzunehmen, wenn B das Kindergeld zunächst weiter bezogen und an A weitergeleitet hat. Es handelt sich um eigenständige, gesetzlich nicht miteinander verbundene Steuerschuldverhältnisse.

---

1) Nach einer Änderung des § 67 Satz 1 EStG durch das sog. Gesetz zur Digitalisierung von Familienleistungen ist auch eine **elektronische Antragstellung** nach amtlich vorgeschriebenem Datensatz über die amtlich vorgeschriebene Schnittstelle zulässig, soweit der dafür einzurichtende Zugang eröffnet wurde.

Beispiel B

Die Familienkasse zahlt dem anspruchsberechtigten Elternteil Kindergeld für die volljährige Tochter, die das Gymnasium besucht. Im März 2021 bricht die Tochter den Besuch des Gymnasiums ab und übt seitdem nur gelegentlich eine Aushilfsbeschäftigung aus.

Die Kindergeldfestsetzung für die Tochter ist ab April 2021 aufzuheben.

Materielle **Fehler** bei der letzten Festsetzung (= fehlerhafte Kindergeldfestsetzung) können durch Aufhebung oder Änderung der Festsetzung beseitigt werden. Die Aufhebung oder Änderung wird mit Wirkung ab dem auf die Bekanntgabe folgenden Monat vorgenommen (§ 70 Abs. 3 EStG). Diese Änderungsnorm betrifft Fälle, in denen der zutreffende Sachverhalt der Familienkasse bekannt ist, sie die ihr bekannten Tatsachen jedoch rechtlich unzutreffend würdigt, oder ihrer Entscheidung irrtümlich einen unrichtigen Sachverhalt zugrunde legt (BFH-Urteil vom 3.3.2011, BStBl. II S. 722).

Im Ergebnis ist eine betragsmäßige, materiell fehlerhafte Kindergeldfestsetzung (z. B. aufgrund fehlerhafter Rechtsanwendung oder unzutreffender Sachverhaltserkenntnis) nach § 70 Abs. 3 Satz 1 EStG durch Aufhebung oder Änderung der letzten Festsetzung **von Amts wegen zu korrigieren.** Eine solche Aufhebung oder Änderung der letzten Festsetzung steht **nicht im Ermessen** der Familienkasse. Sie ist bei Vorliegen der tatbestandsmäßigen Voraussetzungen vielmehr **zwingend vorzunehmen** (gebundene Entscheidung; BFH-Urteil vom 21.2.2018, BStBl. II S. 481).

Beispiel C

Die Familienkasse wertet einen Auslandsaufenthalt des volljährigen Kindes irrtümlich als Berufsausbildung.

Die Kindergeldfestsetzung kann mit Wirkung ab dem auf die Bekanntgabe folgenden Monat aufgehoben werden.

Bei Angehörigen des öffentlichen Dienstes kann das Kindergeld durch den öffentlich-rechtlichen Arbeitgeber und nicht von der Familienkasse festgesetzt und ausgezahlt (vgl. vorstehende Nr. 3).[1] Durch diese unterschiedliche Zuständigkeit kommt es in der Praxis hin und wieder vor, dass für ein und dasselbe Kind sowohl der öffentlich-rechtliche Arbeitgeber als auch die Familienkasse Kindergeld auszahlen. In solch einem Fall der doppelten Auszahlung ist die Familienkasse – unter Umständen für einen Zeitraum von bis zu zehn Jahren – jedenfalls dann zur Aufhebung der Kindergeldfestsetzung und zur Rückforderung des von ihr gezahlten Kindergeldes berechtigt, wenn der Bezugsberechtigte den Wechsel zu einem öffentlich-rechtlichen Arbeitgeber der Familienkasse nicht angezeigt hat. Dies hat der Bundesfinanzhof bestätigt (BFH-Urteil vom 11.12.2013, BStBl. 2014 II S. 840). In seiner Entscheidung vom 6.4.2017 (BStBl. 2017 II S. 997) hat der Bundesfinanzhof sich erneut zur **Aufhebung der Kindergeldfestsetzung in Doppelzahlungsfällen** geäußert. Hat danach ein Kindergeldberechtigter Kindergeld von einer Familienkasse der Bundesagentur für Arbeit bezogen und nimmt aufgrund seines Arbeitsverhältnisses im öffentlichen Dienst die Familienkasse des Dienstherrn die Zahlung von Kindergeld auf, kann die nun sachlich unzuständige Familienkasse die Kindergeldfestsetzung nach § 70 Abs. 2 EStG aufheben. Lässt z. B. ein Kindergeldberechtigter die Familienkasse über seine Verbeamtung pflichtwidrig in Unkenntnis, erlangt er mit dem zweifachen Bezug von Kindergeld einen **ungerechtfertigten Steuervorteil**, der zur Annahme einer **leichtfertigen Steuerverkürzung** führen kann. Dass kein Strafverfahren oder Bußgeldverfahren eingeleitet wurde, ist unerheblich, denn die Finanzbehörden und Finanzgerichte entscheiden über die leichtfertige Verkürzung von Steuerbeträgen in eigener Zuständigkeit. Die fünfjährige Festsetzungsfrist aufgrund leichtfertiger Steuerverkürzung endet nicht, bevor die Verfolgung der Steuerordnungswidrigkeit verjährt; die Verfolgungsverjährung beginnt jedoch erst mit der letztmals zu Unrecht erlangten Kindergeldzahlung (vgl. auch BFH-Urteil vom 26.6.2014, BStBl. 2015 II S. 886). Zur Auszahlung und Festsetzung des Kindergeldes im öffentlichen Dienst vgl. vorstehend unter Nr. 3.

Die Bestandskraft eines nicht angefochtenen Bescheids, durch den die Gewährung von Kindergeld abgelehnt, **Kindergeld auf 0 € festgesetzt** oder durch den eine Kindergeldfestsetzung aufgehoben wird, erstreckt sich in zeitlicher Hinsicht grundsätzlich auf die Vergangenheit bis zum Ende des Monats seiner Bekanntgabe (BFH-Urteile vom 2.11.2011, BFH/NV 2012 S. 265 und vom 21.10.2015, BFH/NV 2016 S. 178). Der Familienkasse bleibt es allerdings unbenommen, in einem Ablehnungs- oder Aufhebungsbescheid eine hiervon abweichende zeitliche Regelung zu treffen. Die Bindungswirkung eines Ablehnungsbescheids verlängert sich zudem bis zum Ende des Monats der Bekanntgabe der Einspruchsentscheidung, wenn (auch) der Einspruch keine zeitliche Beschränkung enthält und von der Familienkasse als unbegründet zurückgewiesen wird (BFH-Urteil vom 4.8.2011, BStBl. 2013 II S. 380). Dieser zeitliche Regelungsumfang wird durch eine Klageerhebung nicht verändert (BFH-Urteil vom 22.11.2011, BStBl. 2012 II S. 681).

f) Kinderzuschlag

Der Kinderzuschlag nach § 6a Bundeskindergeldgesetz ist eine Ergänzungsleistung zum Kindergeld für **gering verdienende Eltern.** Er ist – auch für Angehörige des öffentlichen Dienstes – ausschließlich bei der **Familienkasse** der Bundesagentur für Arbeit zu **beantragen.** Anspruchsberechtigt sind Eltern, die mit ihren **unter 25 Jahre alten und unverheirateten Kindern** in einem gemeinsamen Haushalt leben und über Einkommen und Vermögen verfügen, das es ihnen ermöglicht, zwar ihr eigenes Existenzminimum, nicht aber das ihrer unter 25 Jahre alten, unverheirateten Kinder zu decken. Eltern mit Anspruch auf **Arbeitslosengeld II, Sozialgeld** oder **Sozialhilfe** wird **kein Kinderzuschlag** gezahlt.

Der **Kinderzuschlag** bemisst sich nach dem Einkommen und Vermögen der Eltern und der Kinder. Er beträgt **höchstens 185 € pro Monat für jedes** unter 25 Jahre alte, unverheiratete **Kind** und wird zusammen mit dem Kindergeld monatlich gezahlt. Alle Veränderungen in der Familie, insbesondere beim Einkommen und Vermögen, müssen der Familienkasse unverzüglich angezeigt werden. Für verheiratete Kinder oder Kinder, die das 25. Lebensjahr vollendet haben, besteht selbst dann kein Anspruch auf Kinderzuschlag, wenn für sie noch ein Anspruch auf Kindergeld besteht[2].

Der **Kinderzuschlag** ist als Sozialleistung **steuerfrei** und unterliegt **nicht** dem **Progressionsvorbehalt** (vgl. dieses Stichwort).

6. Höhe des Kinderfreibetrags, Monatsprinzip

Die steuerliche **Freistellung** eines Einkommensbetrags in Höhe des **Existenzminimums** eines Kindes einschließlich des Bedarfs für Betreuung und Erziehung oder Ausbildung wird durch das **Kindergeld oder** die **Summe aus Kinderfreibetrag** und den **Freibetrag** für **Betreuungs- und Erziehungs- oder Ausbildungsbedarf** bewirkt. Der Steuerpflichtige hat jedoch kein Wahlrecht zwischen der Inanspruchnahme. Während des Kalenderjahres wird ausschließlich das Kindergeld als monatliche Steuervergütung gezahlt und nach Ablauf des Kalenderjahres müssen von Amts wegen die Freibeträge für Kinder bei der Veranlagung des Steuerpflichtigen zur Einkommensteuer berücksichtigt werden, wenn dies zur steuerlichen Freistellung des Existenzminimums einschließlich des Bedarfs für Betreuung und Erziehung oder Ausbildung des Kindes geboten ist. Die Höhe des **Kinderfreibetrags** (= sächliches Existenzminimum des Kindes) hat sich wie folgt entwickelt:

	2019		**2020**		**2021**	
	monatl.	jährl.	monatl.	jährl.	monatl.	jährl.
halber Kinderfreibetrag	208 €	2 490 €	216 €	2 586 €	228 €	2 730 €
ganzer Kinderfreibetrag	415 €	4 980 €	431 €	5 172 €	455 €	5 460 €

Eine grundlegende Neuregelung des seit 1996 geltenden Familienleistungsausgleichs war die Einführung des **Monatsprinzips** bei der Berücksichtigung des Kinderfreibetrags. Das bedeutet, dass ein Anspruch auf einen Kinderfreibetrag – ebenso wie beim Kindergeld – nur für diejenigen Kalendermonate besteht, in denen die Voraussetzungen für die Berücksichtigung eines Kindes an **wenigstens einem Tag vorgelegen** haben. Das bis einschließlich 1995 geltende Jahresprinzip wurde also auf ein Monatsprinzip umgestellt.

Beispiel

Das Kind eines verheirateten Arbeitnehmers wird im Dezember 2021 geboren (erstes Kind). Der Arbeitnehmer erhält im Kalenderjahr 2021 für einen Monat ein Kindergeld in Höhe von 219 €. Bei der im Rahmen der Einkommensteuer-Veranlagung für 2021 durchzuführenden Vergleichsrechnung wird das Kindergeld von 219 € dem monatlichen Kinderfreibetrag von 455 € und dem anteiligen (auch nur für einen Monat zu gewährenden) Freibetrag für Betreuungs- und Erziehungs- und Ausbildungsbedarf von 244 € gegenübergestellt, und zwar auch dann, wenn das Kindergeld erst im Januar 2022 ausgezahlt wird. Wie diese Vergleichsrechnung durchgeführt wird, ist unter der vorstehenden Nr. 4 erläutert.

Ebenso wie der für das Kindergeld und den Kinderfreibetrag geltende Kinderbegriff nicht einheitlich für beide Rechtsgebiete geregelt worden ist (vgl. nachfolgend unter Nr. 8), ist beim **Kinderfreibetrag** der bereits früher geltende **Halbteilungsgrundsatz** weiterhin zu beachten, obwohl das Kindergeld stets nur einem Kindergeldberechtigten ausgezahlt wird (vgl. hierzu vorstehende Nr. 5). Beim Kinderfreibetrag wird deshalb nach

1) Durch das Gesetz zur Beendigung der Sonderzuständigkeit der Familienkassen des öffentlichen Dienstes im Bereich des Bundes vom 8.12.2016 (BGBl. I S. 2835) wurde eine grundlegende strukturelle **Reform** der **Zuständigkeiten der Familienkassen des öffentlichen Dienstes** eingeleitet. Im Rahmen dieser Reform wird die Kindergeldbearbeitung der Familienkassen des öffentlichen Dienstes im Bereich des Bundes auf die Bundesagentur für Arbeit oder alternativ auf das Bundesverwaltungsamt übergehen. Für den Bereich von Ländern und Kommunen erhalten die öffentlichen Arbeitgeber die Möglichkeit, ebenfalls Zuständigkeit und Fallbearbeitung an die Bundesagentur für Arbeit abzugeben.

2) Weitere Einzelheiten können dem Internetauftritt der Bundesagentur für Arbeit (www.arbeitsagentur.de) entnommen werden.

wie vor zwischen halben und ganzen Kinderfreibeträgen unterschieden. Die Anwendung dieses sog. Halbteilungsgrundsatzes und die hieraus resultierenden Übertragungsmöglichkeiten bei den Kinderfreibeträgen sind nachfolgend unter der Nr. 10 gesondert erläutert.

Ein Kinderfreibetrag wird – im Gegensatz zum Kindergeld – ohne Rücksicht darauf gewährt, ob das Kind im **Inland oder im Ausland** lebt. Die Tatsache, dass ein Kind im Ausland lebt, ist für die Gewährung des Kinderfreibetrags nur insofern von Bedeutung, als nach § 32 Abs. 6 Satz 4 EStG bei **sog. Auslandskindern** ein Kinderfreibetrag nur insoweit abgezogen wird, als er nach den Verhältnissen des Wohnsitzstaates notwendig und angemessen ist. Es kann daher zum Ansatz eines **ermäßigten Kinderfreibetrags** kommen. Einzelheiten zur Gewährung von Kindergeld sowie zur Berücksichtigung von kindbedingten Freibeträgen bei sog. Auslandskindern sind gesondert unter der nachfolgenden Nr. 12 erläutert.

Beim **Lohnsteuerabzug** durch den Arbeitgeber ist hinsichtlich der Kinderfreibeträge Folgendes zu beachten:

Obwohl die steuerliche Förderung der Kinder während des Kalenderjahres ausschließlich durch die Zahlung des Kindergeldes erfolgt, werden die Kinderfreibetrags-Zähler nach wie vor als Lohnsteuerabzugsmerkmal bereitgestellt. Denn die Kinderfreibeträge werden zwar nicht mehr bei der Berechnung der Lohnsteuer berücksichtigt; sie wirken sich jedoch beim **Solidaritätszuschlag** und bei der **Kirchensteuer** aus. Diese Auswirkung ist bei den Stichworten „Kirchensteuer" und „Solidaritätszuschlag" anhand von Beispielen dargestellt. Wichtig ist in diesem Zusammenhang, dass die Berücksichtigung der Kinderfreibeträge bei der **Bemessungsgrundlage** für den **Solidaritätszuschlag** und die **Kirchensteuer** im Lohnsteuer-Abzugsverfahren stets (entsprechend dem gebildeten Kinderfreibetrags-Zähler) mit dem halben oder ganzen **Jahresbetrag** des **Kinderfreibetrags** erfolgt (§ 51a Abs. 2a EStG). Das für den Kinderfreibetrag geltende Monatsprinzip ist folglich bei der Ermittlung der Bemessungsgrundlage für den Solidaritätszuschlag und die Kirchensteuer im Lohnsteuer-Abzugsverfahren wieder durchbrochen worden, weil es sich für die Durchführung des Steuerabzugs beim Arbeitgeber als zu kompliziert erwiesen hat. In dem Kinderfreibetrags-Zähler ist auch der Freibetrag für den Betreuungs- und Erziehungs- oder Ausbildungsbedarf enthalten.

Eine weitere Besonderheit gilt beim Steuerabzug durch den Arbeitgeber für die ggf. ermäßigten **Kinderfreibeträge** bei sog. **Auslandskindern.** Für die ggf. ermäßigten Kinderfreibeträge wird vom Finanzamt auf Antrag des Arbeitnehmers als Lohnsteuerabzugsmerkmal **ein Freibetrag** gebildet, wenn für diese Kinder kein Anspruch auf Kindergeld oder eine vergleichbare Leistung besteht (§ 39a Abs. 1 Satz 1 Nr. 6 EStG). Ggf. ist dann der Kinderfreibetrags-Zähler zu vermindern. Wird kein Freibetrag für diese Kinder gebildet, erfolgt eine Berücksichtigung sowohl bei der Einkommensteuer als auch bei der Ermittlung der Bemessungsgrundlage für den Solidaritätszuschlag und die Kirchensteuer erst nach Ablauf des Kalenderjahres bei einer Veranlagung zur Einkommensteuer.

Im Übrigen ist die Zahl der **Kinderfreibeträge** bei der Ermittlung des **Pauschsteuersatzes** für die pauschale Lohnsteuer (vgl. das Stichwort „Pauschalierung der Lohnsteuer" unter den Nrn. 2 und 3) **nicht** zu **berücksichtigen** (BFH-Urteil vom 26.7.2007, BStBl. II S. 844).

7. Höhe des Freibetrags für Betreuungs- und Erziehungs- oder Ausbildungsbedarf, Monatsprinzip

Nach der Rechtsprechung des Bundesverfassungsgerichts umfasst das Existenzminimum eines Kindes nicht nur den über den Kinderfreibetrag abgedeckten sächlichen Bedarf, sondern auch einen Betreuungs- und Erziehungsbedarf. Ausgehend hiervon ist seit 2002 neben dem Kinderfreibetrag (vgl. hierzu die Erläuterungen unter der vorstehenden Nr. 6) ein **einheitlicher Freibetrag für Betreuungs- und Erziehungs- oder Ausbildungsbedarf** eines Kindes eingeführt worden. Der Einbeziehung auch des Ausbildungsbedarfs liegt die Überlegung zu Grunde, dass die Bereiche Betreuung, Erziehung und Ausbildung im Laufe der steuerlichen Berücksichtigung eines Kindes jeweils einen unterschiedlichen Raum einnehmen. Am Anfang überwiegt typischerweise der Betreuungsbedarf, der mit zunehmenden Alter des Kindes immer mehr durch den Erziehungsbedarf und später durch den Ausbildungsbedarf verdrängt wird. Folge der Einbeziehung des Ausbildungsbedarfs in den Freibetrag war die Streichung der Ausbildungsfreibeträge. Nur noch bei volljährigen Kindern, die sich in Berufsausbildung befinden und auswärtig untergebracht sind, kann zur Abgeltung des hierdurch entstehenden Sonderbedarfs zusätzlich zum Kindergeld und den Freibeträgen für Kinder ein weiterer Freibetrag abgezogen werden (vgl. Anhang 7 Abschnitt D Nr. 5 auf Seite 1246). Der Freibetrag für Betreuungs- und Erziehungs- oder Ausbildungsbedarf ist an die Stelle des früheren Betreuungsfreibetrags getreten. Da an der früheren Altersgrenze für den Betreuungsfreibetrag von 16 Jahren nicht festgehalten worden ist, besteht für **alle Kinder,** für die die Eltern einen **Kinderfreibetrag** erhalten, auch **Anspruch** auf den **Freibetrag** für **Betreuungs- und Erziehungs- oder Ausbildungsbedarf.** Er beträgt **für 2010 bis 2021** je Kind:

	2010 bis 2020		**2021**	
	monatlich	jährlich	monatlich	jährlich
ganzer Freibetrag für Betreuung und Erziehung oder Ausbildung	220 €	2 640 €	244 €	2 928 €
halber Freibetrag für Betreuung und Erziehung oder Ausbildung	110 €	1 320 €	122 €	1 464 €

Der Freibetrag für Betreuungs- und Erziehungs- oder Ausbildungsbedarf kommt – wie auch schon der Kinderfreibetrag – nur zur Anwendung, wenn die steuerliche Freistellung des Existenzminimums einschließlich des Bedarfs für Betreuung und Erziehung oder Ausbildung des Kindes nicht bereits durch das Kindergeld erreicht worden ist (vgl. zu dieser **Vergleichsrechnung** die Erläuterungen unter der vorstehenden Nr. 4). Er wird also bei der Ermittlung der Einkommensteuer **nicht zusätzlich zum Kindergeld** gewährt. Ebenso wie der Kinderfreibetrag wirkt sich der Freibetrag für Betreuungs- und Erziehungs- oder Ausbildungsbedarf allerdings mindernd auf die **Bemessungsgrundlage** für den **Solidaritätszuschlag** und die **Kirchensteuer** aus.

Genauso wie beim Kindergeld und beim Kinderfreibetrag besteht ein Anspruch auf den Freibetrag für Betreuungs- und Erziehungs- oder Ausbildungsbedarf des Kindes für die Kalendermonate, in denen die Voraussetzungen für die Gewährung wenigstens an einem Tag vorgelegen haben **(Monatsprinzip).** Auch der beim Kinderfreibetrag geltende **Halbteilungsgrundsatz** ist für den Freibetrag für Betreuungs- und Erziehungs- oder Ausbildungsbedarf übernommen worden (zur Übertragung des Freibetrags für Betreuungs- und Erziehungs- oder Ausbildungsbedarf vgl. die Erläuterungen unter der nachfolgenden Nr. 10 Buchstabe d).

Der Freibetrag für Betreuungs- und Erziehungs- oder Ausbildungsbedarf wird – wie der Kinderfreibetrag – **ohne Rücksicht** darauf gewährt, ob das Kind im **Inland** oder im **Ausland** lebt. Die Tatsache, dass ein Kind im Ausland lebt, ist für die Gewährung dieses Freibetrags nur insofern von Bedeutung, als nach § 32 Abs. 6 Satz 4 EStG der Freibetrag nur insoweit abgezogen werden kann, als er nach den Verhältnissen des Wohnsitzstaates notwendig und angemessen ist. Es kann daher – genauso wie beim Kinderfreibetrag – zum Ansatz eines **ermäßigten Freibetrags** für Betreuungs- und Erziehungs- oder Ausbildungsbedarf kommen (vgl. hierzu auch die Erläuterungen unter der nachfolgenden Nr. 12 Buchstabe d).

Beim **Lohnsteuerabzug** durch den Arbeitgeber ist hinsichtlich des Freibetrags für Betreuungs- und Erziehungs- oder Ausbildungsbedarf Folgendes zu beachten:

Genauso wie der Kinderfreibetrag wirkt sich dieser Freibetrag **nicht** auf die **Höhe** der **Lohnsteuer** aus. Allerdings ist er in dem **Kinderfreibetrags-Zähler mit enthalten,** sodass bereits im Rahmen des Lohnsteuerabzugs sowohl der Kinderfreibetrag als auch der Freibetrag für Betreuungs- und Erziehungs- oder Ausbildungsbedarf zu einer **Minderung** des **Solidaritätszuschlags** und der **Kirchensteuer** führen. Ebenso wie der Kinderfreibetrag wird der Freibetrag für Betreuungs- und Erziehungs- oder Ausbildungsbedarf bei der Bemessungsgrundlage für den Solidaritätszuschlag und die Kirchensteuer im Lohnsteuer-Abzugsverfahren stets (entsprechend dem gebildeten Kinderfreibetrags-Zähler) mit dem ganzen oder halben **Jahresbetrag** des Freibetrags für Betreuungs- und Erziehungs- oder Ausbildungsbedarf berücksichtigt. Das grundsätzlich für diesen Freibetrag geltende Monatsprinzip ist also bei der Ermittlung der Bemessungsgrundlage für den Solidaritätszuschlag und die Kirchensteuer im Lohnsteuer-Abzugsverfahren wieder durchbrochen worden, weil es sich für die Durchführung des Steuerabzugs beim Arbeitgeber als zu kompliziert erwiesen hat (§ 51a Abs. 2a EStG).

Eine weitere Besonderheit beim Lohnsteuerabzug durch den Arbeitgeber gilt für die ggf. ermäßigten Freibeträge für Betreuungs- und Erziehungs- oder Ausbildungsbedarf bei sog. **Auslandskindern.** Hierfür wird vom Finanzamt auf Antrag des Arbeitnehmers als Lohnsteuerabzugsmerkmal ein **Freibetrag** gebildet, wenn für diese Kinder **kein Anspruch** auf **Kindergeld** oder eine vergleichbare Leistung besteht (§ 39a Abs. 1 Satz 1 Nr. 6 EStG). Ggf. ist dann der Kinderfreibetrags-Zähler zu vermindern. Wird hierfür kein Freibetrag gebildet, erfolgt eine Berücksichtigung sowohl bei der Einkommensteuer als auch bei der Ermittlung der Bemessungsgrundlage für den Solidaritätszuschlag und die Kirchensteuer erst nach Ablauf des Kalenderjahres bei einer Veranlagung zur Einkommensteuer.

Zur zusätzlichen Berücksichtigung von Kinderbetreuungskosten als Sonderausgaben vgl. die Erläuterungen beim Stichwort „Kinderbetreuungskosten“ im Hauptteil des Lexikons.

8. Kinderbegriff für Kindergeld und Freibeträge für Kinder

a) Allgemeines

Seit 1996 gilt ein anderer **Kinderbegriff,** da die Vorschriften für die Berücksichtigung des Kinderfreibetrags den Kindergeldregelungen angepasst wurden. Umgekehrt wurden die Kindergeldvorschriften den steuerlichen Bestimmungen über die Gewährung des Kinderfreibetrags angeglichen. Denn seit 1996 richtet sich die Gewährung des Kindergeldes im Normalfall nach den Vorschriften des Einkommensteuergesetzes (§§ 62 bis 78 EStG). Nachfolgend wird der in § 32 EStG geregelte Kinderbegriff erläutert, der sowohl für die Berücksichtigung des Kinderfreibetrags und des Freibetrags für den Betreuungs- und Erziehungs- oder Ausbildungsbedarf als auch für die Gewährung des Kindergeldes anzuwenden ist. Den Zusammenhang soll folgende Übersicht verdeutlichen:

Kinder für die Berücksichtigung des **Kinderfreibetrags/ Freibetrags für Betreuungs- und Erziehungs- oder Ausbildungsbedarf** sind

Kinder für die Zahlung von **Kindergeld** sind

Kinder im Sinne des § 32 Abs. 1 EStG nämlich

- **leibliche Kinder**
- **Adoptivkinder**[1]
- **Pflegekinder**

haushaltszugehörige **Stiefkinder**[2] und **Enkelkinder**

Für leibliche Kinder, Adoptivkinder und Pflegekinder gilt folglich der in § 32 Abs. 1 EStG geregelte Kinderbegriff sowohl für den Kinderfreibetrag und den Freibetrag für Betreuungs- und Erziehungs- oder Ausbildungsbedarf als auch für das Kindergeld, wohingegen Stiefkinder und Enkelkinder – im Gegensatz zum Kindergeld – bei der Gewährung dieser beiden kindbedingten Freibeträge nicht berücksichtigt werden. Um die **Unterschiede** zwischen **Steuerrecht** und **Kindergeldrecht** bei den Stief- und Enkelkindern **abzumildern,** wurden für diese Kinder aber die **Übertragungsmöglichkeiten** für den Kinderfreibetrag und den Freibetrag für Betreuungs- und Erziehungs- oder Ausbildungsbedarf **erweitert** (vgl. die Erläuterungen unter der nachfolgenden Nr. 10). Die neben dem Kinderbegriff bedeutsamen altersmäßigen Grenzen für die Berücksichtigung von Kindern gelten einheitlich sowohl für die Berücksichtigung des Kinderfreibetrags und für den Freibetrag für Betreuungs- und Erziehungs- oder Ausbildungsbedarf als auch für die Auszahlung von Kindergeld. Auf die Höhe der eigenen Einkünfte und Bezüge bei über 18 Jahre alten Kindern kommt es seit 2012 sowohl für die Gewährung des Kindergeldes als auch für die Gewährung der kindbedingten Freibeträge nicht mehr an (vgl. nachfolgende Nr. 9).

Im Einzelnen ist bei Anwendung des einheitlichen Kinderbegriffs in § 32 Abs. 1 EStG Folgendes zu beachten.

b) Kindschaftsverhältnis

Ein Kindschaftsverhältnis besteht nach § 32 Abs. 1 EStG mit Kindern, die mit dem Arbeitnehmer **im ersten Grad verwandt** sind und mit **Pflegekindern.** Im ersten Grad mit dem Arbeitnehmer verwandte Kinder sind

- **leibliche Kinder,** und zwar unabhängig davon, ob es sich um eheliche, für ehelich erklärte oder nichteheliche Kinder handelt (das Verwandschaftsverhältnis zum Arbeitnehmer darf allerdings nicht durch Adoption erloschen sein) und
- **angenommene (adoptierte) Kinder.**[1] Die Annahme wird vom Familiengericht ausgesprochen und erst durch Zustellung des Beschlusses rechtswirksam. Besteht bei einem adoptierten Kind das Kindschaftsverhältnis zu den leiblichen Eltern weiter (das kann bei volljährigen Kindern der Fall sein), wird es nur als adoptiertes Kind berücksichtigt (§ 32 Abs. 2 Satz 1 EStG).

c) Pflegekinder

Pflegekinder sind **Kinder,** mit denen der Arbeitnehmer durch ein **familienähnliches, auf** längere **Dauer** berechnetes Band – wie mit eigenen Kindern – **verbunden** ist und die er in seinen **Haushalt** nicht nur für eine begrenzte Zeit **aufgenommen** hat (z. B. zur Erziehung in Vollzeitpflege oder im Rahmen der Eingliederungshilfe). Hat der Arbeitnehmer das Kind mit dem Ziel der Adoption in Pflege genommen, handelt es sich regelmäßig um ein Pflegekind. Das gilt bei Aufnahme eines Volljährigen in den Haushalt mit dem Ziel der Adoption aber nur dann, wenn besondere Umstände (z. B. Hilflosigkeit oder Behinderung) vorliegen (BFH-Urteil vom 5.10.2004, BFH/NV 2005 S. 524). Ein Pflegekindschaftsverhältnis erfordert nämlich ein Aufsichts-, Betreuungs- und Erziehungsverhältnis (= Autoritätsverhältnis) wie zwischen Eltern und ihren leiblichen Kindern (BFH-Urteil vom 9.2.2012, BStBl. II S. 739). Ein Pflegekindschaftsverhältnis nach § 32 Abs. 1 Nr. 2 EStG setzt voraus, dass der Arbeitnehmer das Pflegekind in seinen Haushalt aufgenommen hat. Fehlt es an einer solchen **Haushaltsaufnahme,** z. B. weil das Kind in einer eigenen Wohnung lebt, liegt in der Ablehnung des Pflegekindschaftsverhältnisses durch die Familienkasse keine unzulässige Ungleichbehandlung vor (BFH-Urteil vom 12.10.2016, BFH/NV 2017 S. 298).

Ein **Nachweis** der **Pflegeeltern** über die Höhe der bei ihnen tatsächlich angefallenen **Unterhaltsaufwendungen** ist **nicht erforderlich.** Auch finanzielle Leistungen des Jugendamtes stehen einer Berücksichtigung als Pflegekind nicht entgegen.

Ein Pflegekindschaftsverhältnis setzt außerdem voraus, dass das **Obhuts-** und **Pflegeverhältnis** zu den **leiblichen Eltern** nicht mehr besteht, das heißt, dass die familiären Bindungen zu den leiblichen Eltern **auf Dauer aufgegeben** sind; gelegentliche Besuchskontakte allein stehen dem nicht entgegen. Lebt die Pflegeperson nicht nur mit dem Kind, sondern auch mit dem Elternteil in häuslicher Gemeinschaft, kann ein Pflegekindschaftsverhältnis auch dann nicht anerkannt werden, wenn der Elternteil durch eine Ausbildung die Obhut und Pflege des Kindes nur eingeschränkt wahrnehmen kann (BFH-Urteil vom 9.3.1989, BStBl. II S. 680). Auch durch vorübergehende Abwesenheiten des Elternteils wird ein im Kleinkindalter begründetes Obhuts- und Pflegeverhältnis nicht unterbrochen (BFH-Urteil vom 12.6.1991, BStBl. 1992 II S. 20). Bei **nicht schulpflichtigen Kindern** ist in der Regel davon auszugehen, dass das Obhuts- und Pflegeverhältnis zu den leiblichen Eltern nicht mehr besteht, wenn die Eltern mindestens **ein Jahr** lang **keine** ausreichenden **Kontakte** zu dem Kind hatten (BFH-Urteil vom 20.1.1995, BStBl. II S. 582). Haben **schulpflichtige Kinder** nach Aufnahme durch Pflegeeltern über **zwei Jahre keine** ausreichenden **Kontakte** zu ihren leiblichen Eltern mehr, reicht das in der Regel aus, einen Abbruch der Obhuts- und Pflegeverhältnisse zwischen den Kindern und ihren leiblichen Eltern anzunehmen (BFH-Urteil vom 7.9.1995, BStBl. 1996 II S. 63). Das Pflegekindschaftsverhältnis besteht dann nicht erst nach Ablauf dieses Zeitraums, sondern **ab Aufnahme des Kindes in den Haushalt** der Pflegeperson und Bestehen des familienähnlichen, auf längere Dauer berechneten Bandes. Diese Grundsätze gelten auch für Prognoseentscheidungen. Die **Prognoseentscheidung** basiert auf der Bewertung, ob zum Zeitpunkt der Entscheidung das Obhuts- und Pflegeverhältnis zu den abstammungsrechtlich zugeordneten Eltern besteht. Kein ausreichendes Obhuts- und Pflegeverhältnis liegt z. B. vor, wenn

- ein Pflegekind von seinen Eltern nur gelegentlich im Haushalt der Pflegeperson besucht wird bzw. wenn es seine Eltern ebenfalls nur gelegentlich besucht,
- Besuche allein dem Zweck dienen, die vom Gericht oder Jugendamt festgelegten Besuchszeiten einzuhalten oder
- die Kontakte mit den Eltern nicht geeignet sind, einen Beitrag für die Pflege und Obhut des Kindes zu leisten und Obhut und Pflege also im Wesentlichen durch die Pflegeperson erbracht werden.

Zudem kann bei minderjährigen unbegleiteten **Flüchtlingen** unterstellt werden, dass das Obhuts- und Pflegeverhältnis zu den leiblichen Eltern nicht mehr besteht (Schreiben des Bundeszentralamtes für Steuern vom 25.10.2016, BStBl. I S. 1186).

Ein **Altersunterschied** wie zwischen Eltern und Kindern braucht nicht unbedingt zu bestehen mit der Folge, dass ein Pflegekindschaftsverhältnis auch zu jüngeren Geschwistern (z. B. Waisen) begründet werden kann. Ein Pflegekindschaftsverhältnis kommt aber regelmäßig nicht in Betracht, wenn der zu betreuende Geschwisterteil erst im Erwachsenenalter pflegebedürftig wird.

---

1) Hat ein Lebenspartner das leibliche Kind seines Lebenspartners adoptiert (= Stiefkindadoption), besteht zu beiden eingetragenen Lebenspartnern ein Kindschaftsverhältnis (BMF-Schreiben vom 17.1.2014, BStBl. I S. 109).

2) Stiefkinder in diesem Sinne sind auch die haushaltszugehörigen Kinder des eingetragenen Lebenspartners (§ 2 Abs. 8 EStG; BFH-Urteil vom 8.8.2013, BStBl. 2014 II S. 36).

Wird nach Eintritt der **Volljährigkeit** eine Person mit schwerer geistiger oder seelischer Behinderung in den Haushalt aufgenommen, kann von einem steuerlich anzuerkennenden Pflegekindschaftsverhältnis nur dann ausgegangen werden, wenn die Behinderung so schwer ist, dass der geistige Zustand des Behinderten dem typischen Entwicklungsstand einer minderjährigen Person entspricht. Aus weiteren Umständen wie der Einbindung in die familiäre Lebensgestaltung, dem Bestehen erzieherischer Einwirkungsmöglichkeiten und einer über längere Zeit bestehenden und auf längere Zeit angelegten ideellen Beziehung muss zudem auf eine Bindung wie zwischen Eltern und ihren leiblichen Kindern geschlossen werden können. Die geistig behinderte Person muss also wie zur Familie gehörend angesehen und behandelt werden. Dies setzt auch ein Aufsichts-, Betreuungs- und Erziehungsverhältnis (im Ergebnis = **Autoritätsverhältnis)** wie zwischen Eltern und ihren leiblichen Kindern voraus (BFH-Urteil vom 9.2.2012, BStBl. II S. 739). Bei Bestehen einer körperlichen Behinderung, einer Sinnesbehinderung (z. B. Blindheit, Gehörlosigkeit) oder einer Sprachbehinderung wird die Entstehung eines familienähnlichen Bandes zu einem Volljährigen in der Regel bereits am Fehlen eines Erziehungsverhältnisses scheitern.

Pflegekinder dürfen übrigens **nicht zu Erwerbszwecken** in den Haushalt aufgenommen worden sein. **Keine Pflegekinder** sind daher sog. **Kostkinder.** Hat die Pflegeperson **mehr als sechs Kinder** in ihrem Haushalt aufgenommen, spricht eine Vermutung dafür, dass es sich um Kostkinder handelt. Auch in einem erwerbsmäßig betriebenen Heim (sog. Kinderhaus) untergebrachte Kinder sind keine Pflegekinder (BFH-Urteil vom 23.9.1998, BStBl. 1999 II S. 133). Ein Pflegekindschaftsverhältnis scheidet auch dann aus, wenn ein Trägerverein einer Pflegeperson Zahlungen für die Erziehung und Unterbringung (Erstattung von Personal- und Sachkosten) eines fremden Kindes zahlt (BFH-Urteil vom 2.4.2009, BStBl. 2010 II S. 345). Auch ein solches Kind ist zu Erwerbszwecken in den Haushalt der Pflegeperson aufgenommen worden. **Erwerbszwecke** i. S. d. § 32 Abs. 1 Nr. 2 EStG sind regelmäßig zu bejahen, wenn ein Kind in ein Heim oder in eine sonstige **betreute Wohnform** (§ 34 SGB VIII) aufgenommen wird. Im Rahmen der **Vollzeitpflege** (§ 33 SGB VIII) gilt dies regelmäßig nur, wenn ein erheblich über den Pflegesätzen liegendes Pflegegeld gezahlt wird (BFH-Urteil vom 19.10.2017, BFH/NV 2018 S. 546). Der sozialrechtlichen Einordnung der Unterbringung kommt steuerrechtlich insoweit grundsätzlich Tatbestandswirkung zu.

Vgl. auch das Stichwort „Erziehungsbeihilfen".

d) Keine Doppelberücksichtigung bei Pflege- und Adoptivkindern

Besteht bei einem angenommenen Kind das Kindschaftsverhältnis zu den leiblichen Eltern weiter (das kann bei volljährigen Kindern der Fall sein), ist das Kind **vorrangig** als **angenommenes Kind** zu berücksichtigen. Ist ein im ersten Grad mit dem Steuerpflichtigen verwandtes Kind zugleich ein Pflegekind, wird das Kind **vorrangig** als **Pflegekind** berücksichtigt. Durch diese Regelung in § 32 Abs. 2 EStG werden Doppelberücksichtigungen von Kindern vermieden. Bei „angenommenen Kindern" war das erforderlich, weil bei einer sog. Erwachsenen-Adoption das Kindschaftsverhältnis zu den leiblichen Eltern bestehen bleibt und im Gegensatz zur Adoption eines minderjährigen Kindes nicht erlischt. Den leiblichen Eltern steht deshalb auch dann kein Kinderfreibetrag oder Freibetrag für Betreuungs- und Erziehungs- oder Ausbildungsbedarf zu, wenn sie ihrer Unterhaltsverpflichtung weiter nachkommen. Sie haben jedoch die Möglichkeit, gegenüber den Pflegeeltern einen zivilrechtlichen Ausgleichsanspruch geltend zu machen.

Beispiel

Ein Ehepaar hat ein leibliches Kind. Ab 29. 5. 2021 ist dieses Kind ein Pflegekind des Arbeitnehmers A. Die leiblichen Eltern des Kindes kommen ihrer Unterhaltsverpflichtung gegenüber ihrem Kind auch nach dem 29. 5. 2021 in vollem Umfang nach.

Ab Mai 2021 – also auch für den Monat, in dem das Pflegekindschaftsverhältnis begründet wird – ist das Kind aufgrund der eindeutigen Gesetzesformulierung in § 32 Abs. 2 Satz 2 EStG vorrangig als Pflegekind zu berücksichtigen.

e) Kinder unter 18 Jahren

Kinder unter 18 Jahren werden ohne jede weitere Voraussetzung sowohl bei der Zahlung des **Kindergeldes** als auch bei der Gewährung des **Kinderfreibetrags** und des **Freibetrags** für **Betreuungs- und Erziehungs- oder Ausbildungsbedarf** berücksichtigt, und zwar ab dem Monat, in dem sie lebend geboren werden und bis zu dem Monat, in dem sie das 18. Lebensjahr vollenden (R 32.3 EStR). Für die Frage, ob ein Kind lebend geboren wurde, ist im Zweifel das Personenstandsregister des Standesamtes maßgebend. Das Kindergeldrecht wurde in diesem Punkt dem Steuerrecht angeglichen, sodass Kinder zwischen 16 und 18 Jahren (entgegen der früher geltenden Rechtslage) ohne weiteres bei der Zahlung von Kindergeld zu berücksichtigen sind. Eine Berücksichtigung für Kalendermonate außerhalb des Zeitraums der unbeschränkten Steuerpflicht der Eltern ist – auch in den Fällen des § 2 Abs. 7 Satz 3 EStG – allerdings nicht möglich (vgl. § 50 Abs. 1 Satz 3 EStG)[1].

Vermisste Kinder werden stets bis zu Vollendung des 18. Lebensjahres berücksichtigt (R 32.3 Satz 5 EStR).

Hinsichtlich des Kinderfreibetrags-Zählers ist zu beachten, dass – abweichend vom Monatsprinzip – der Kinderfreibetrags-Zähler (für die Bemessung des **Solidaritätszuschlags** und der **Kirchensteuer**) stets für das gesamte Kalenderjahr zu berücksichtigen ist. Dabei umfasst der **Kinderfreibetrags-Zähler** neben dem **Kinderfreibetrag** auch den **Freibetrag** für **Betreuungs- und Erziehungs- oder Ausbildungsbedarf.** Das für die Berücksichtigung der Freibeträge für Kinder und die Zahlung des Kindergeldes geltende Monatsprinzip ist also bei der Ermittlung der Bemessungsgrundlage für den Solidaritätszuschlag und die Kirchensteuer im Lohnsteuerabzugsverfahren wieder durchbrochen und auf eine jahresbezogene Betrachtungsweise umgestellt worden (§ 51a Abs. 2a EStG).

f) Kinder über 18 Jahre

Bei Kindern über 18 Jahre gelten folgende Besonderheiten:

- **Arbeitslose Kinder** werden bis zum 21. Lebensjahr berücksichtigt (vgl. nachfolgend unter Buchstabe g).
- Bis zum 25. Lebensjahr werden Kinder berücksichtigt, die
  - sich in **Berufsausbildung** befinden,
  - sich in einer **Übergangszeit** von höchstens **vier Monaten z. B. zwischen zwei Ausbildungsabschnitten** befinden,
  - eine Berufsausbildung **mangels Ausbildungsplatz** nicht beginnen oder fortsetzen können,
  - einen freiwilligen **sozialen Dienst** leisten,
  - einen freiwilligen **ökologischen Dienst** leisten,
  - einen **bestimmten Freiwilligendienst** leisten.

  Auf die Erläuterungen unter dem nachfolgenden Buchstaben h wird hingewiesen.
- **Behinderte Kinder** werden unter bestimmten Voraussetzungen ohne altersmäßige Begrenzung berücksichtigt (vgl. nachfolgend unter Buchstabe k).
- Kinder, die außerhalb einer Berufsausbildung **Wehrdienst** bis zu drei Jahren oder einen **Ersatzdienst** leisten oder eine von diesen Diensten befreiende Tätigkeit als **Entwicklungshelfer** ausüben, werden nicht berücksichtigt. Stattdessen kann in bestimmten Fällen der Berücksichtigungszeitraum um die Dauer des inländischen gesetzlichen Grundwehr- oder Zivildienstes über das 21. oder 25. Lebensjahr hinaus verlängert werden, wenn die übrigen Voraussetzungen für die Kinderberücksichtigung (z. B. Berufsausbildung) vorliegen (vgl. die Erläuterungen unter dem nachfolgenden Buchstaben i).[2] Für die Zeit des Wehr- oder Ersatzdienstes und für die hiervon befreiende Tätigkeit kommt die Gewährung eines **Unterhaltsfreibetrags** in Betracht (vgl. hierzu die Erläuterungen in Anhang 7 Abschnitt D Nr. 3).

Auf die Höhe der **eigenen Einkünfte** und **Bezüge** bei über 18 Jahre alten Kindern kommt es seit 2012 sowohl für die Gewährung des Kindergeldes als auch für die Gewährung der kindbedingten Freibeträge **nicht mehr an** (vgl. nachfolgende Nr. 9).

g) Arbeitslose Kinder zwischen 18 und 21 Jahren

Ein Kind zwischen 18 und 21 Jahren wird – analog dem früher geltenden Kindergeldrecht – auch dann berücksichtigt, wenn es **nicht** in einem **Beschäftigungsverhältnis** steht und bei einer Agentur für Arbeit im Inland als **arbeitsuchend** gemeldet ist. Eine geringfügige Beschäftigung (vgl. hierzu das Stichwort im Hauptteil des Lexikons) steht der Berücksichtigung nicht entgegen. Entsprechendes gilt für kurzfristige Beschäftigungen (vgl. hierzu das Stichwort „Geringfügige Beschäftigung" unter Nr. 16). Eine selbstständige Tätigkeit schließt eine Beschäftigungslosigkeit aber aus, wenn sie nicht nur gelegentlich mindestens 15 Stunden wöchentlich umfasst. Das gilt auch dann, wenn die aus der Tätigkeit erzielten Einkünfte die Geringfügigkeitsgrenze von 450 € monatlich nicht übersteigen (BFH-Urteil vom 18.12.2014, BStBl. 2015 II S. 653). Ein Kind, das in einem anderen Mitgliedstaat der Europäischen Union bzw. des Europäischen Wirtschaftsraums (vgl. das Stichwort EU-/EWR-Mit-

1) Das gilt auch dann, wenn während eines Kalenderjahres sowohl unbeschränkte als auch beschränkte Einkommensteuerpflicht besteht und die während der beschränkten Einkommensteuerpflicht erzielten inländischen Einkünfte in eine Veranlagung zur unbeschränkten Einkommensteuerpflicht einbezogen werden (vgl. § 2 Abs. 7 Satz 3 EStG).

2) Die Verlängerung des Berücksichtigungszeitraums um die Dauer des inländischen gesetzlichen Grundwehr- oder Zivildienstes nach § 32 Abs. 5 EStG ist aber nur noch anzuwenden, wenn das Kind den Dienst oder die Tätigkeit vor dem 1.7.2011 angetreten hat (§ 52 Abs. 32 Satz 2 EStG).

gliedstaaten) oder in der Schweiz bei der staatlichen Arbeitsvermittlung arbeitsuchend gemeldet ist, kann ebenfalls berücksichtigt werden. Der **Nachweis,** dass ein Kind als Arbeitsuchender gemeldet ist, erfolgt in der Regel über eine **Bescheinigung** der zuständigen **Agentur für Arbeit.** Weitere Prüfungen sind von der Familienkasse nicht vorzunehmen. Auch der Nachweis der Arbeitslosigkeit oder des Bezugs von Arbeitslosengeld dient als Nachweis der Meldung als Arbeitsuchender. Entscheidend für den Kindergeldanspruch ist, dass sich das Kind im konkreten Fall tatsächlich (ggf. fernmündlich) bei der Arbeitsvermittlung als Arbeitsuchender gemeldet hat (BFH-Urteil vom 25.9.2008, BStBl. 2010 II S. 47). Die **Meldung als Arbeitsuchender** ist **nicht** allein deshalb **entbehrlich**, weil das volljährige, nicht in einem Beschäftigungsverhältnis stehende **Kind arbeitsunfähig erkrankt** ist. Dies gilt jedenfalls dann, wenn das Kind tatsächlich nicht daran gehindert ist, sich bei der Agentur für Arbeit als Arbeitsuchender zu melden (BFH-Urteil vom 7.7.2016, BStBl. 2017 II S. 124). Eine abweichende Beurteilung folgt auch nicht daraus, dass das Kind im Streitzeitraum Verletztengeld bezog, da das Verletztengeld nicht dem Arbeitslosengeld gleichzustellen ist.

Hat die Agentur für Arbeit ein **arbeitsuchendes Kind** aus der **Vermittlung abgemeldet,** fehlt es aber an einer wirksamen Bekanntgabe der Einstellungsverfügung, hängt der Fortbestand der steuerlichen Berücksichtigung als Kind davon ab, ob das arbeitsuchende Kind eine Pflichtverletzung begangen hat, die die Agentur zur Einstellung der Vermittlung berechtigte. Wurde die Vermittlung mangels Pflichtverletzung des Kindes zu Unrecht eingestellt, besteht die Arbeitsuchendmeldung für steuerliche Zwecke unbefristet (höchstens bis zum 21. Lebensjahr zuzüglich ggf. Verlängerungstatbestand) fort (BFH-Urteil vom 10.4.2014, BStBl. 2015 II S. 29). Die Ausbildungsvermittlung ist nämlich durchzuführen, bis die Ausbildungssuche in Ausbildung, schulische Bildung oder Arbeit mündet oder sich die Vermittlung anderweitig erledigt oder solange der Ausbildungssuchende dies verlangt. Die Agentur für Arbeit kann die Vermittlung nur einstellen, wenn der Ausbildungssuchende ihm obliegende gesetzliche, auferlegte oder vereinbarte Pflichten nicht erfüllt, ohne dafür einen wichtigen Grund zu haben (BFH-Urteil vom 18.6.2015, BStBl. II S. 940).

Eine Berücksichtigung ist auch dann möglich, wenn das Kind wegen Erkrankung oder eines Beschäftigungsverbots nach dem Mutterschutzgesetz nicht arbeitsuchend gemeldet ist. Allein die Stellung eines Antrags auf Arbeitslosengeld II sowie ein Bezug dieser Leistung während der Dauer eines Beschäftigungsverbots nach dem Mutterschutzgesetz oder während der ersten drei Jahre nach der Geburt des eigenen Kindes ist aber keine Arbeitsuchendmeldung im vorstehenden Sinne (BFH-Urteil vom 22.9.2011, BFH/NV 2012 S. 204); von einer Arbeitsuchendmeldung ist aber auszugehen, wenn ein Kind nach Ende der Berufsausbildung arbeitslos wird und diesen Umstand im Rahmen des Bezugs von Leistungen nach dem SGB II der dafür zuständigen Stelle mitteilt (BFH-Urteil vom 26.7.2012, BStBl. 2013 II S. 443). Kein Anspruch auf kindbedingte Steuervergünstigungen besteht zudem, wenn das Kind wegen der Inanspruchnahme der **Elternzeit** nicht arbeitsuchend gemeldet ist.

Hat das Kind den gesetzlichen Grundwehr- oder Zivildienst, freiwilligen Wehrdienst bis zu drei Jahren oder einen befreienden Dienst (z. B. Entwicklungshelfertätigkeit) geleistet, verlängert sich der Berücksichtigungszeitraum über das 21. Lebensjahr hinaus um die Dauer des inländischen gesetzlichen Grundwehr- oder Zivildienstes (§ 32 Abs. 5 EStG). Die einzelnen Verlängerungstatbestände sind unter dem nachfolgenden Buchstaben i erläutert.[1]

h) Kinder zwischen 18 und 25 Jahren

Die **Altersgrenze** für die Gewährung des Kindergeldes und der Freibeträge für Kinder ist für **volljährige Kinder** ab dem Geburtsjahrgang 1983 auf die Vollendung des 25. Lebensjahres abgesenkt worden.

Die Absenkung der Altersgrenze auf die Vollendung des 25. Lebensjahres einschließlich der Übergangsregelung für die Geburtsjahrgänge 1981 und 1982 ist verfassungsgemäß (BFH-Urteile vom 17.6.2010, BStBl. 2011 II S. 176 und vom 11.4.2013, BStBl. 2014 II S. 1010). Die gegen die Urteile eingelegten Verfassungsbeschwerden hat das Bundesverfassungsgericht mit Beschlüssen vom 22.10.2012 2 BvR 2875/10 und vom 29.7.2015 2 BvR 1397/14 nicht zur Entscheidung angenommen.

Die **Altersgrenze von 25 Jahren verlängert sich** bei Vorliegen der übrigen Voraussetzungen um die Zeit des gesetzlichen **Grundwehr-** oder **Zivildienstes** (vgl. hierzu im Einzelnen die Erläuterungen unter dem nachfolgenden Buchstabe i).[1] Ist ein Kind über die Vollendung des 25. Lebensjahres hinaus z. B. noch in Berufsausbildung und liegt kein Verlängerungstatbestand vor, kommt bei den Eltern die Gewährung eines Unterhaltsfreibetrags in Betracht (vgl. hierzu die Erläuterungen in Anhang 7 Abschnitt D Nr. 3 auf Seite 1242).

Ein Kind über 18 Jahre wird bis zum 25. Lebensjahr berücksichtigt, wenn

– es sich in Schul- oder **Berufsausbildung** befindet (Nachweis z. B. durch Schul-/Studienbescheinigung oder Ausbildungsvertrag);
– es sich in einer **Übergangszeit** z. B. zwischen **zwei Ausbildungsabschnitten** von **höchstens vier Monaten** befindet;
– es eine **Berufsausbildung mangels Ausbildungsplatzes nicht beginnen oder fortsetzen** kann;
– es einen **freiwilligen sozialen Dienst**, einen **freiwilligen ökologischen Dienst** oder einen bestimmten **Freiwilligendienst** leistet.

Vorliegen einer Berufsausbildung:

Als Berufsausbildung ist die Ausbildung für einen künftigen Beruf zu verstehen. In Berufsausbildung befindet sich, wer sein Berufsziel noch nicht erreicht hat, sich aber ernsthaft und nachhaltig darauf vorbereitet. Dieser Vorbereitung dienen alle Maßnahmen, bei denen Kenntnisse, Fähigkeiten und Erfahrungen erworben werden, die als Grundlage für die Ausübung des angestrebten Berufs geeignet sind. Die Ausbildungsmaßnahme braucht weder in einer Ausbildungs- oder Studienordnung geregelt noch zur Erreichung eines bestimmten Berufsziels unerlässlich zu sein. Sie muss auch Zeit und Arbeitskraft des Kindes nicht überwiegend in Anspruch nehmen (BFH-Urteil vom 2.4.2009, BStBl. 2010 II S. 298).[2] Die Zeit und Arbeitskraft des Kindes muss aber durch die Ausbildung dermaßen in Anspruch genommen werden, dass ein greifbarer Bezug zu dem angestrebten Berufsziel hergestellt wird und Bedenken gegen die Ernsthaftigkeit ausgeschlossen werden können. Als Berufsausbildung ist insbesondere die Ausbildung für einen künftigen Beruf anzusehen, z. B. die Ausbildung für einen handwerklichen, kaufmännischen, technischen oder wissenschaftlichen Beruf sowie die Ausbildung in der Hauswirtschaft aufgrund eines Berufsausbildungsvertrags oder an einer Lehranstalt, z. B. Haushaltsschule, Berufsfachschule. Zur Berufsausbildung gehört z. B. der Besuch von **Allgemeinwissen vermittelnden Schulen,** von **Fachschulen** und **Hochschulen** sowie eines **Colleges** oder einer **Universität** im **Ausland** (vgl. u. a. BFH-Urteil vom 26.8.2010, BFH/NV 2011 S. 26). Die Teilnahme am Schulunterricht zur Erfüllung der Schulpflicht, gilt auch dann als Berufsausbildung, wenn sie weniger als zehn Wochenstunden umfasst (BFH-Urteil vom 28.4.2010, BStBl. II S. 1060). Zur Berufsausbildung gehört – zumindest ab dem Monat der Anmeldung zur Prüfung – auch die ernsthafte Vorbereitung auf ein Abitur für Nichtschüler durch Selbststudium oder Teilnahme an Fernlehrgängen; auch der Ausgang der Prüfung ist bei der Beurteilung der Ernsthaftigkeit zu berücksichtigen (BFH-Urteil vom 18.3.2009, BStBl. 2010 II S. 296). Entsprechendes gilt für ein berufsspezifisches **Praktikum** (z. B. Anwaltspraktikum eines Jura-Studenten oder juristischen Vorbereitungsdienst = **Referendarzeit** – BFH-Urteil vom 13.7.2004, BFH/NV 2005 S. 36 –), einem **Volontariat** – das der Erlangung der angestrebten beruflichen Qualifikation dient –, einer **Traineetätigkeit** (BFH-Urteil vom 28.4.2010, BFH/NV 2011 S. 26) und der Vorbereitung einer **Promotion,** wenn sie im Anschluss an das Studium ernsthaft und nachhaltig durchgeführt wird (BFH-Urteil vom 9.6.1999, BStBl. II S. 708).

Zu den Berufsausbildungsmaßnahmen während des **Wehrdienstes** gehört die Ausbildung eines Soldaten für seine spätere Verwendung im Mannschaftsdienstgrad. Diese umfasst die **Grundausbildung und** die sich anschließende **Dienstpostenausbildung.** Folglich kann ein Kind, das einen **freiwilligen Wehrdienst** nach § 58b des Soldatengesetzes leistet, während der dreimonatigen **Grundausbildung** und der sich anschließenden **Dienstpostenausbildung** (ein Monat) ohne weiteren Nachweis **als „Kind in Berufsausbildung" berücksichtigt werden;** lediglich der Dienstantritt ist glaubhaft zu machen. Für eine über vier Monate hinausgehende steuerliche Berücksichtigung ist die Dauer der sich an die Grundausbildung (= drei Monate) anschließende Dienstpostenausbildung (mindestens ein Monat, häufig mehrere Monate) nachzuweisen. Die Ausbildung eines Soldaten zum **Unteroffizier** oder **Offizier** ist als Berufsausbildung zu berücksichtigen. Dies gilt sowohl für das Studium an einer Bundeswehrhochschule als auch für das Studium an zivilen Hochschulen. Unerheblich ist, ob der Soldat im Dienstverhältnis eines Soldaten auf Zeit oder eines Berufssoldaten steht. Die Ausbildung eines Soldaten zum **Reserveoffizier** oder Reserveoffiziersanwärter ist als Berufsausbildung zu berücksichtigen, sofern sie während des Wehrdienstes stattfindet (vgl. auch BFH-Urteil vom 8.5.2014, BStBl. II S. 717).

1) Die Verlängerung des Berücksichtigungszeitraums um die Dauer des inländischen gesetzlichen Grundwehr- oder Zivildienstes nach § 32 Abs. 5 EStG ist aber nur noch anzuwenden, wenn das Kind den Dienst oder die Tätigkeit vor dem 1.7.2011 angetreten hat (§ 52 Abs. 32 S. 2 EStG).

2) Die Regelung des § 9 Abs. 6 Satz 2 EStG, die für eine Erstausbildung eine geordnete Ausbildung mit einer Mindestdauer von 12 Monaten bei vollzeitiger Ausbildung und einer Abschlussprüfung bzw. die tatsächliche planmäßige Beendigung vorsieht, gilt für den Abzug von Ausbildungs-/Studienkosten als Werbungskosten oder Betriebsausgaben. Sie entfaltet keine Wirkung für die Gewährung von kindbedingten Steuervergünstigungen.

Eine Reserveoffiziersausbildung im Rahmen von Wehrübungen ist hingegen keine Berufsausbildung. Diese Regelung geht auf die Rechtsprechung des Bundesfinanzhofs zurück, wonach ein Kind zu berücksichtigen ist, wenn es während des freiwilligen Wehrdienstes für einen militärischen (z. B. Offiziers- oder Unteroffizierslaufbahn) oder zivilen Beruf (z. B. Telekommunikationselektroniker) ausgebildet wird (BFH-Urteil vom 3.7.2014, BStBl. 2015 II S. 282). Soldaten auf Zeit werden aber nur dann für einen Beruf ausgebildet, wenn der Ausbildungscharakter (Erlangung beruflicher Qualifikation) und nicht der Erwerbscharakter (Erbringung bezahlter Arbeitsleistungen) im Vordergrund steht (BFH-Urteil vom 16.9.2015, BStBl. 2016 II S. 281). Die erstmalige Berufsausbildung ist daher auch dann mit Bestehen der Feldwebelprüfung abgeschlossen, wenn der Zeitsoldat das Dienstverhältnis eines Berufssoldaten anstrebt (BFH-Urteil vom 23.6.2015, BStBl. 2016 II S. 55). Ein Kind, das **innerhalb eines bestehenden Arbeits- oder Dienstverhältnisses** an von seinem Arbeitgeber oder Dienstherrn angebotenen, **verwendungsbezogenen Lehrgängen teilnimmt** (im Urteilsfall Ausbildung für einen Beruf bei verwendungsbezogenen Lehrgängen eines **Unteroffiziers**), wird nur dann gemäß § 32 Abs. 4 Satz 1 Nr. 2 Buchstabe a EStG für einen Beruf ausgebildet, wenn die Erlangung beruflicher Qualifikationen, d. h. der **Ausbildungscharakter**, und nicht die Erbringung bezahlter Arbeitsleistungen, d. h. der Erwerbscharakter, im **Vordergrund des Arbeits- oder Dienstverhältnisses steht** (BFH-Urteil vom 22.2.2017, BStBl. II S. 913). Dabei sind sowohl die durchgeführten Lehrgänge als auch die übrigen Teile des Arbeits- oder Dienstverhältnisses auf ihren Ausbildungscharakter hin zu würdigen. Ergibt die Gesamtwürdigung, dass der Erwerbscharakter des Arbeits- oder Dienstverhältnisses überwiegt, können die einzelnen Lehrgänge auch unter Berücksichtigung des Monatsprinzips des § 66 Abs. 2 EStG nicht isoliert betrachtet als Ausbildung qualifiziert werden. Im Urteilsfall stand die Verrichtung des Dienstes in der Kaserne und mithin der Erwerbscharakter im Vordergrund der Tätigkeit, sodass keine Berufsausbildung gemäß § 32 Abs. 4 Satz 1 Nr. 2 Buchstabe a EStG vorlag.

Sprachaufenthalte im Ausland im Rahmen eines **Au-pair-Verhältnisses** sind grundsätzlich nur dann als Berufsausbildung anzusehen, wenn sie von einem durchschnittlich mindestens zehn Wochenstunden umfassenden theoretisch-systematischen Sprachunterricht begleitet werden; der Zeitaufwand für Hausarbeiten ist nicht einzubeziehen (BFH-Urteil vom 9.6.1999, BStBl. II S. 701). Dabei ist grundsätzlich eine Durchschnittsbetrachtung für die Dauer des gesamten Aufenthalts anzustellen, sodass bei insgesamt hinreichend umfangreichem Unterricht die Berücksichtigung in einem Ferienmonat nicht unterbrochen wird. Bei weniger als durchschnittlich zehn Wochenstunden können ausnahmsweise einzelne Monate als Berufsausbildung zu werten sein, wenn sie durch intensiven, die Grenze von zehn Wochenstunden deutlich überschreitenden Unterricht geprägt werden (z. B. Blockunterricht oder Lehrgänge). Darüber hinaus können Auslandsaufenthalte im Einzelfall als Berufsausbildung anerkannt werden, wenn der Fremdsprachenunterricht zwar weniger als zehn Wochenstunden umfasst, aber einen über die übliche Vorbereitung oder Nachbereitung hinausgehenden zusätzlichen Zeitaufwand erfordert (z. B. Einzelunterricht, fachlich orientierter Sprachunterricht – u. a. Englisch für Juristen –, Vorträge des Kindes in der Fremdsprache). Auslandsaufenthalte, die von einer Ausbildungsordnung oder Prüfungsordnung zwingend vorausgesetzt werden oder der Vorbereitung auf einen für die Zulassung zum Studium oder zu einer anderen Ausbildung erforderlichen Fremdsprachentest dienen (z. B. TOEFL oder IELTS), können unabhängig vom Umfang des Fremdsprachenunterrichts als Berufsausbildung zu qualifizieren sein; das Ablegen einer Sprachprüfung zur Integration von Einwanderern genügt aber nicht (BFH-Urteil vom 15.3.2012, BStBl. II S. 743). **Sprachaufenthalte im Ausland** können unter Umständen als Berufsausbildung anerkannt werden, wenn der Erwerb der **Fremdsprachenkenntnisse** auch der **Vorbereitung auf einen für die Zulassung zum Studium erforderlichen Fremdsprachentest dient** und dieser nicht dem ausbildungswilligen Kind allein überlassen bleibt. Ausreichend kann insoweit auch ein allgemeinbildender fortlaufender theoretisch-systematischer Unterricht in englischer Sprache sein (BFH-Urteil vom 22.2.2017, BFH/NV 2017 S. 1304). Mit Urteil vom 13.12.2018 (BStBl. 2019 II S. 256) stellt der Bundesfinanzhof klar, dass das gesetzliche Tatbestandsmerkmal „für einen Beruf ausgebildet wird" erfordert, dass der Erwerb der Kenntnisse regelmäßig einen **konkreten Bezug zu dem angestrebten Beruf** aufweisen muss. In Fällen, in denen der Ausbildungscharakter der Maßnahmen zweifelhaft ist, kommt diesem konkreten Bezug entscheidende Bedeutung zu. Der Besuch einer nicht allgemeinbildenden Schule, der nicht der Vorbereitung auf einen konkret angestrebten Beruf, sondern vorrangig der Erlangung sozialer Erfahrungen und der Stärkung des Verantwortungsbewusstseins für das Gemeinwohl sowie der Persönlichkeitsbildung und Charakterbildung i. S. d. Leitbilds der Schule (im Urteilsfall wurde eine **Missionsschule** besucht) dient, stellt keine Berufsausbildung dar.

Die Tätigkeit als Fremdsprachenassistentin, die darin besteht, in Frankreich an einer Schule Deutschunterricht zu erteilen, ist bei einem Kind, das ein Studium der Politikwissenschaft aufnehmen will, nicht Teil der Berufsausbildung (BFH-Urteil vom 15.7.2003, BStBl. II S. 843).

Der Besuch von **Abend- oder Tageskursen** von nur **kurzer Dauer** täglich kann ebenfalls nicht als Berufsausbildung angesehen werden. Zur Berufsausbildung zählen auch Unterbrechungszeiten wegen Erkrankung oder Mutterschaft, nicht aber Unterbrechungszeiten wegen Kindesbetreuung (BFH-Urteil vom 15.7.2003, BStBl. II S. 848) oder Inhaftierung (BFH-Urteil vom 23.1.2013, BStBl. II S. 913). Die Berücksichtigung eines Kindes für die Dauer einer Untersuchungshaft setzt eine nur vorübergehende Unterbrechung der Ausbildung voraus. Eine lediglich vorübergehende Unterbrechung der Berufsausbildung in diesem Sinne liegt nicht vor, wenn das Kind zwar zu einem Zeitpunkt, in dem es Ausbildungsmaßnahmen durchführt, in Untersuchungshaft genommen wird, jedoch weder während der Untersuchungshaft noch im Anschluss an deren Ende eine Ausbildung beginnt oder fortsetzt (BFH-Urteil vom 18.1.2018, BStBl. II S. 402). Ein Kind befindet sich nicht in Berufsausbildung, wenn es sich zwar an einer Universität immatrikuliert, aber tatsächlich das **Studium** noch **nicht aufgenommen** hat und vorerst weiter einer Vollzeiterwerbstätigkeit nachgeht (BFH-Urteile vom 23.11.2001, BStBl. 2002 II S. 484 und vom 15.9.2005, BStBl. 2006 II S. 305) oder wenn es noch an einer Universität immatrikuliert ist, aber das **Studium** tatsächlich bereits **aufgegeben** hat und stattdessen einer Vollzeiterwerbstätigkeit nachgeht (BFH-Urteil vom 17.11.2004, BFH/NV 2005 S. 693). Zu einer ernsthaften und nachhaltigen **Hochschulausbildung** gehört auch die **Teilnahme** an der für die Erlangung der angestrebten beruflichen Qualifikation **erforderlichen Prüfung** (BFH-Urteil 27.11.2019 III R 65/18). Beim Fehlen der ernsthaften und nachhaltigen Ausbildungsbemühungen reicht für die Annahme von Ausbildungsmaßnahmen eine formelle Immatrikulation allein nicht aus. Eine Berufsausbildung liegt nicht vor, wenn ein Kind vom Studium **beurlaubt** wurde und ihm während der Zeit der Beurlaubung der **Besuch von Lehrveranstaltungen** und der **Erwerb von Leistungsnachweisen untersagt** ist (BFH-Urteil vom 13.7.2004, BFH/NV 2004 S. 1584); dies gilt auch bei einer Beurlaubung vom Studium wegen einer AStA-Tätigkeit (BFH-Beschluss vom 4.2.2014, BFH/NV 2014 S. 690). Hingegen ist von einer Berufsausbildung auszugehen, wenn während der Beurlaubung ein vorgeschriebenes Praktikum abgeleistet, als wissenschaftliche Hilfskraft gearbeitet und im Einklang mit dem Hochschulrecht an für den Studiengang notwendigen Prüfungen teilgenommen wird (BFH-Urteil vom 5.10.2004, BFH/NV 2005 S. 525).

Freiwilligendienste sind in der Regel keine Berufsausbildung, weil sie nicht der Vorbereitung auf einen konkret ausgeübten Beruf, sondern der Erlangung sozialer Erfahrungen und der Stärkung des Verantwortungsbewusstseins für das Gemeinwohl dienen (BFH-Urteil vom 9.2.2012, BFH/NV 2012 S. 940); zur Berücksichtigung des Kindes für die Dauer des Freiwilligendienstes vgl. die Ausführungen am Ende dieses Buchstabens h.

Abschluss der Berufsausbildung:

Die Berufsausbildung ist abgeschlossen, wenn das Kind einen Ausbildungsstand erreicht hat, der zur Berufsausübung befähigt. In Handwerksberufen wird die Berufsausbildung mit bestandener **Gesellenprüfung,** in anderen Lehrberufen mit bestandener Gehilfenprüfung abgeschlossen. Eine **Abschlussprüfung** gilt in dem Zeitpunkt als **bestanden,** in dem das festgestellte Gesamtergebnis dem Prüfling offiziell schriftlich mitgeteilt wird. Sie ist ausnahmsweise bereits vor Bekanntgabe des Prüfungsergebnisses beendet, wenn das Kind nach objektiven Maßstäben sein Ausbildungsziel erreicht hat. Davon ist insbesondere auszugehen, wenn das Kind nach Erbringung aller Prüfungsleistungen bereits eine Vollzeiterwerbstätigkeit im angestrebten Beruf aufnimmt (BFH-Urteil vom 24.5.2000, BStBl. II S. 473). Allerdings hat der Bundesfinanzhof erfreulicherweise entschieden, dass eine Berufsausbildung **nicht bereits mit der Bekanntgabe des Ergebnisses** der Abschlussprüfung **endet,** sondern erst mit Ablauf der Ausbildungszeit, wenn diese durch **Rechtsvorschrift** festgelegt ist (BFH-Urteil vom 14.9.2017, BStBl. 2018 II S. 131). Im Urteilsfall absolvierte das Kind eine Ausbildung zur staatlich anerkannten Heilerziehungspflegerin, die nach der einschlägigen landesrechtlichen Verordnung drei Jahre dauerte. Der Ausbildungsvertrag hatte dementsprechend eine Laufzeit von September 01 bis August 04. Das Kind bestand die Abschlussprüfung im Juli 04. In diesem Monat wurden ihm die Prüfungsnoten mitgeteilt. Folglich bestand im Streitfall ein Kindergeldanspruch auch noch für den Monat August 04. Damit hat der Bundesfinanzhof seine bisherige Rechtsprechung konkretisiert. In **akademischen Berufen** wird die Berufsausbildung regelmäßig mit der Ablegung des ersten Staatsexamens oder einer entsprechenden Abschlussprüfung abgeschlossen, es sei denn, dass sich ein Praktikum oder andere Qualifizierungsmaßnahmen (BFH-Urteil vom 24.2.2010,

BFH/NV 2010 S. 1431) anschließen. Die **Hochschulausbildung** endet regelmäßig mit **Bekanntgabe des Prüfungsergebnisses** bzw. ausnahmsweise bereits vor der Bekanntgabe, wenn das Kind nach objektiven Maßstäben sein Ausbildungsziel erreicht hat (z. B. wenn das Kind nach Erbringung aller Prüfungsleistungen bereits eine Vollzeiterwerbstätigkeit im angestrebten Beruf aufnimmt). Ein Kind wird auch **darüber hinaus** für einen **Beruf ausgebildet,** wenn sich ein **ergänzendes Studium** oder ein nach der maßgebenden Ausbildungs- oder Prüfungsordnung vorgeschriebenes Dienstverhältnis oder **Praktikum** anschließt. Besteht ein Kind die Abschlussprüfung nicht, ist es weiter in Berufsausbildung, wenn sich das Ausbildungsverhältnis bis zur nächstmöglichen **Wiederholungsprüfung** verlängert. Entsprechendes gilt, wenn sich das Kind ernsthaft und nachhaltig auf eine Wiederholungsprüfung vorbereitet, selbst wenn das Ausbildungsverhältnis mit dem Lehrbetrieb nach der nicht bestandenen Abschlussprüfung endet und das Kind keine Berufsschule besucht (BFH-Urteil vom 2.4.2009, BStBl. 2010 II S. 298). Das gilt auch dann, wenn das Kind in dieser Zeit krank war, sofern es sich dennoch nachweislich in geeigneter Weise auf die Prüfung vorbereiten konnte. Auf das Bestehen der Wiederholungsprüfung kommt es nicht an (BFH-Urteil vom 24.9.2009, BFH/NV 2010 S. 617).

Weitere Berufsausbildung:

Nach **Abschluss einer erstmaligen Berufsausbildung** – der Besuch allgemein bildender Schulen wird dabei nicht berücksichtigt – oder eines **Erststudiums** besteht allerdings die widerlegbare Vermutung, dass das Kind in der Lage ist, sich selbst finanziell zu unterhalten.

Die Vermutung, dass sich das Kind nach Abschluss einer erstmaligen Berufsausbildung oder eines Erststudiums selbst finanziell unterhalten kann, gilt durch den Nachweis als widerlegt, dass das Kind sich in einer **weiteren Berufsausbildung** befindet und **keiner** (hier schädlichen) **Erwerbstätigkeit** nachgeht, die Zeit und Arbeitskraft des Kindes überwiegend in Anspruch nimmt. Neben der nichtselbstständigen Arbeitnehmertätigkeit zählen auch land- und forstwirtschaftliche, gewerbliche und selbstständige Tätigkeiten dazu, nicht jedoch ein Au-pair-Verhältnis und die Verwaltung des eigenen Vermögens. Eine Erwerbstätigkeit des Kindes ist **unschädlich,** wenn

- die regelmäßige wöchentliche Arbeitszeit nicht mehr als 20 Stunden beträgt (eine Ausweitung der Beschäftigung auf mehr als 20 Stunden ist bis zu 2 Monaten grundsätzlich möglich; vgl. Beispiel D),
- ein geringfügiges Beschäftigungsverhältnis vorliegt (vgl. dieses Stichwort im Hauptteil des Lexikons); wird eine geringfügige Beschäftigung neben einer Erwerbstätigkeit ausgeübt, darf dadurch insgesamt die 20-Stunden-Grenze nicht überschritten werden oder
- ein Ausbildungsdienstverhältnis gegeben ist (hierzu zählt auch ein Referendariat zur Vorbereitung auf das zweite Staatsexamen; die Ausbildungsmaßnahme – ggf. auch ein Praktikum oder Volontariat – muss Gegenstand des Dienstverhältnisses sein).

Beispiel A

Die 22-jährige B nimmt nach ihrer abgeschlossenen Berufsausbildung zur Einzelhandelskauffrau ein Fernstudium auf. Ihren erlernten Beruf übt sie während des Fernstudiums in vollem Umfang aus.

Die Eltern haben keinen Anspruch auf die kindbedingten Steuervergünstigungen, da B nach Abschluss ihrer erstmaligen Berufsausbildung einer Erwerbstätigkeit nachgeht.

Beispiel B

Wie Beispiel A. B übt ihren erlernten Beruf während des Fernstudiums zu 40 % (= 16 Stunden wöchentlich) aus.

Die Eltern haben für B Anspruch auf die kindbedingten Steuervergünstigungen, da eine Erwerbstätigkeit von nicht mehr als 20 Stunden wöchentlich unschädlich ist.

Beispiel C

Wie Beispiel B. B ist 26 Jahre alt.

Die Eltern haben für B keinen Anspruch auf die kindbedingten Steuervergünstigungen, da B das 25. Lebensjahr vollendet hat.

Beispiel D

Ein Kind schließt nach dem Abitur eine Lehre ab und studiert seit Oktober 2020. Gemäß vertraglicher Vereinbarung ist das Kind ab dem 1. April 2021 mit einer wöchentlichen Arbeitszeit von 20 Stunden als Bürokraft beschäftigt. In den Semesterferien arbeitet das Kind – aufgrund einer zusätzlichen vertraglichen Vereinbarung – vom 1. August bis zur Kündigung am 30. September 2021 in Vollzeit mit 40 Stunden wöchentlich. Ab dem 1. November 2021 ist das Kind gemäß vertraglicher Vereinbarung mit einer wöchentlichen Arbeitszeit von 15 Stunden als Verkaufsaushilfe tätig. Somit ergeben sich folgende Arbeitszeiten pro voller Woche:

vom 1. April bis 31. Juli 2021 (17 Wochen): 20 Stunden pro Woche

vom 1. August bis 30. September 2021 (8 Wochen): 40 Stunden pro Woche (= Ausweitung der Beschäftigung)

vom 1. November bis 31. Dezember 2021 (8 Wochen): 15 Stunden pro Woche

Die durchschnittliche wöchentliche Arbeitszeit beträgt 15 Stunden; Berechnung:

$$\frac{(17\text{ Wochen} \times 20\text{ Std.}) + (8\text{ Wochen} \times 40\text{ Std.}) + (8\text{ Wochen} \times 15\text{ Std.})}{52\text{ Wochen}} = 15\text{ Std.}$$

Das Kind ist aufgrund des Studiums das gesamte Jahr 2021 zu berücksichtigen. Das Studium wird jedoch nach Abschluss einer erstmaligen Berufsausbildung durchgeführt, sodass das Kind nur berücksichtigt werden kann, wenn die ausgeübte Erwerbstätigkeit unschädlich ist. Da die Ausweitung der Beschäftigung des Kindes lediglich vorübergehend ist und gleichzeitig während des Studiums (= Berufsausbildung) die durchschnittliche wöchentliche Arbeitszeit von 20 Stunden nicht übersteigt, ist die Erwerbstätigkeit unschädlich. Das Kind ist während des gesamten Kalenderjahres 2021 zu berücksichtigen.

Abwandlung

Würde das Kind während der Semesterferien vom 1. Juli bis 30. September 2021 (= mehr als zwei Monate) vollzeiterwerbstätig sein, wäre die Ausweitung der Erwerbstätigkeit nicht nur vorübergehend und damit diese Erwerbstätigkeit als schädlich einzustufen. Dies gilt unabhängig davon, dass auch hier die durchschnittliche wöchentliche Arbeitszeit von 20 Stunden nicht überschritten würde. Das Kind könnte demnach für die Monate Juli, August und September 2021 nicht berücksichtigt werden.

Führt eine nur vorübergehende Ausweitung der Beschäftigung (bis zu zwei Monaten) dazu, dass die durchschnittliche wöchentliche Arbeitszeit insgesamt mehr als 20 Stunden beträgt, ist nur der Zeitraum der Ausweitung schädlich, nicht der gesamte Zeitraum der Erwerbstätigkeit. Es besteht also nur für den Zeitraum der Ausweitung kein Anspruch auf Kindergeld.

Beispiel E

Das Kind ist ab dem 1.1.2021 neben dem Studium (= zweite Berufsausbildung) mit einer wöchentlichen Arbeitszeit von 20 Stunden erwerbstätig. In den Semesterferien arbeitet das Kind in beiden Monaten August und September 2021 in Vollzeit 40 Stunden wöchentlich. Danach beträgt die wöchentliche Arbeitszeit wieder 20 Stunden wöchentlich.

Die durchschnittliche wöchentliche Arbeitszeit beträgt im Kalenderjahr 2021 mehr als 20 Stunden. Für den Zeitraum der Ausweitung der Erwerbstätigkeit in Monaten August und September 2021 besteht daher für die Eltern kein Anspruch auf Kindergeld.

Auch bei einer „zweiten Berufsausbildung" genügt es, wenn die Voraussetzungen (hier: keine schädliche Erwerbstätigkeit) mindestens an einem Tag in dem jeweiligen Kalendermonat vorgelegen haben.

Beispiel F

Sohn A hat nach dem Abitur zunächst eine Berufsausbildung abgeschlossen und studiert das ganze Jahr 2021 über. Ab dem 20. Juli 2021 nimmt er unbefristet eine Teilzeitbeschäftigung mit 30 Stunden Wochenarbeitszeit auf.

Da das Studium nach Abschluss einer erstmaligen Berufsausbildung durchgeführt wird, kann A nur berücksichtigt werden, wenn er keiner schädlichen Erwerbstätigkeit nachgeht. Dies ist hier nur in den Monaten Januar bis Juli 2021 (Aufnahme der Erwerbstätigkeit am 20. Juli) der Fall. Für die Monate August bis Dezember haben die Eltern des A keinen Anspruch auf Kindergeld sowie die kindbedingten Freibeträge.

Im Zusammenhang mit den vorstehenden Ausführungen ist allerdings Folgendes zu beachten: Setzt ein Kind im Rahmen eines **dualen Studiums** nach erfolgreichem Abschluss seines studienintegrierten Ausbildungsgangs sein parallel zur Ausbildung betriebenes Bachelorstudium fort, kann auch das Bachelorstudium Teil einer **einheitlichen Erstausbildung** sein (BFH-Urteil vom 3.7.2014, BStBl. 2015 II S. 152). Entscheidend ist, dass die Ausbildungsabschnitte in einem engen sachlichen Zusammenhang zueinander stehen (dieselbe Berufssparte, derselbe Fachbereich) und in einem engen zeitlichen Zusammenhang durchgeführt werden. Entsprechendes gilt für andere **mehrstufige Ausbildungsmaßnahmen** (BFH-Urteil vom 15.4.2015, BStBl. 2016 II S. 163). In diesem positiv entschiedenen Streitfall strebte das Kind den Berufsabschluss „Elektrotechniker/Elektroingenieur" an. Hierfür befand es sich zunächst in einer Ausbildung zum Elektroniker. Im Monat des Berufsabschlusses bewarb es sich um einen Platz an der Technikerschule. Dies war Voraussetzung, um anschließend ein Studium an einer Fachhochschule aufnehmen und den erwünschten Berufsabschluss erreichen zu können. Auch ein **Masterstudium** ist Teil einer einheitlichen Erstausbildung, wenn es zeitlich und inhaltlich zur Erreichung des Berufsziels auf den Bachelorstudiengang abgestimmt ist (BFH-Urteil vom 3.9.2015, BStBl. 2016 II S. 166). Ein Kind wird auch dann für einen Beruf ausgebildet, wenn es neben seiner Erwerbstätigkeit ein Studium ernsthaft und nachhaltig betreibt **(berufsbegleitendes Studium).** Das Tatbestandsmerkmal einer Berufsausbildung enthält **kein einschränkendes Erfordernis eines zeitlichen Mindestumfangs** von Ausbildungsmaßnahmen. Die Grundsätze, die der Bundesfinanzhof für die Anerkennung eines Sprachschulunterrichts im Rahmen eines Au-pair-Aufenthalts als Berufsausbildung aufgestellt hat, finden im Hinblick auf eine im Inland absolvierte Schul- oder Universitätsausbildung keine Anwendung (BFH-Urteil vom 8.9.2016, BStBl. 2017 II S. 278). Daneben ist wie zuvor und in den nachfolgenden Ausführungen erläutert zu beachten, dass **mehraktige Ausbildungsmaßnahmen** Teil einer einheitlichen Erstausbildung sind, wenn sie zeitlich und inhaltlich so aufeinander abgestimmt sind, dass die Ausbildung nach Erreichen des ersten Abschlusses fortgesetzt werden soll und das angestrebte Berufsziel erst über den weiterführenden Abschluss erreicht werden kann.

Die Finanzverwaltung weist bezogen auf die Problematik der **„weiteren Berufsausbildung“** klarstellend auf Folgendes hin (BMF-Schreiben vom 8.2.2016, BStBl. I S. 226):

Die Berufsausbildung ist als **erstmalige Berufsausbildung** anzusehen, wenn ihr keine andere abgeschlossene Berufsausbildung (einschließlich gleichgestellter ausländischer Berufsausbildungsabschlüsse) bzw. kein berufsqualifizierendes Hochschulstudium vorangegangen ist. Folglich handelt es sich auch bei einer später **nachgeholten Berufsausbildung** um eine Erstausbildung (BFH-Urteil vom 6.3.1992, BStBl. II S. 661). Ein Studium ist anzunehmen bei einem Studium (auch Fernstudium) an einer Hochschule im Sinne des Hochschulgesetzes oder gleichgestellter Einrichtungen. Von einem **Erststudium** ist bei einer Erstausbildung auszugehen, sodass diesem **kein anderes** durch einen **berufsqualifizierenden Abschluss beendetes Studium** bzw. keine andere nichtakademische Berufsausbildung **vorangegangen** sein darf. Als Abschluss einer berufsqualifizierenden Hochschulausbildung wird in der Regel ein Hochschulgrad (insbesondere der Bachelor-, der Master-, der Diplom-, der Magister- und der Bakkalaureusgrad) verliehen. Die von den Hochschulen angebotenen Studiengänge führen in der Regel zu einem berufsqualifizierenden Abschluss. Entsprechendes gilt für gleichgestellte ausländische Studien- und Prüfungsleistungen.

Eine **erstmalige Berufsausbildung** oder ein **Erststudium** sind grundsätzlich **abgeschlossen,** wenn sie das Kind zur Aufnahme eines Berufs befähigen. Wenn das Kind später eine weitere Ausbildung aufnimmt, handelt es sich um eine Zweitausbildung, sodass die Erwerbstätigkeit zu prüfen ist (z. B. Meisterausbildung nach mehrjähriger Berufstätigkeit auf Grund abgelegter Gesellenprüfung oder Masterstudium nach mehrjähriger Berufstätigkeit). Ein Anspruch auf die kindbedingten Steuervergünstigungen haben die Eltern in diesem Fall nur dann, wenn das Kind das 25. Lebensjahr noch nicht vollendet hat und während der Zweitausbildung keiner Erwerbstätigkeit nachgeht.

Ist allerdings aufgrund objektiver Beweisanzeichen erkennbar, dass das Kind sein angestrebtes Berufsziel noch nicht erreicht hat, kann auch eine weiterführende Ausbildung noch als Teil der Erstausbildung zu qualifizieren sein (BFH-Urteil vom 3.7.2014, BStBl. 2015 II S. 152, sog. **mehraktige Ausbildung**). Abzustellen ist dabei darauf, ob die weiterführende Ausbildung in einem **engen sachlichen** Zusammenhang mit der nichtakademischen Ausbildung oder dem Erststudium steht und im engen **zeitlichen Zusammenhang** durchgeführt wird (BFH-Urteil vom 15.4.2015, BStBl. 2016 II S. 163).

Ein enger sachlicher Zusammenhang liegt vor, wenn die nachfolgende Ausbildung z. B. dieselbe Berufssparte oder denselben fachlichen Bereich betrifft. Mit Urteil vom 23.10.2019 (BFH/NV 2019 S. 539) hat der Bundesfinanzhof entschieden, dass zwei zeitlich und inhaltlich zusammenhängende Ausbildungsabschnitte auch dann zu einer einheitlichen Erstausbildung zusammengefasst werden, wenn das Kind sich **nach dem Ende des ersten Ausbildungsabschnitts umorientiert** und seine Ausbildung anders als ursprünglich geplant fortsetzt. Im Urteilsfall nahm das Kind ein Betriebswirtschaftsstudium statt eines Studiums an einem Bankkolleg nach einer Bankausbildung auf. Ein **enger zeitlicher Zusammenhang** liegt vor, wenn das Kind die weitere Ausbildung zum nächstmöglichen Zeitpunkt aufnimmt oder sich bei mangelndem Ausbildungsplatz zeitnah zum nächstmöglichen Zeitpunkt für die weiterführende Ausbildung bewirbt. Unschädlich sind Verzögerungen, die z. B. aus einem zunächst fehlenden oder einem aus schul-, studien- oder betriebsorganisatorischen Gründen erst zu einem späteren Zeitpunkt verfügbaren Ausbildungsplatz resultieren. Wird z. B. ein Masterstudiengang besucht, der zeitlich und inhaltlich auf den vorangegangenen Bachelorstudiengang abgestimmt ist, ist dieser Teil der Erstausbildung (BFH-Urteil vom 3.9.2015, BStBl. 2016 II S. 166), sodass eine Erwerbstätigkeit auch während des Masterstudiengangs nicht zu prüfen ist. Ebenso ist ein in einem engen zeitlichen Zusammenhang aufgenommenes Referendariat zur Vorbereitung auf das zweite Staatsexamen Teil der erstmaligen Berufsausbildung. Erst wenn die für das von Kind und Eltern bestimmte Berufsziel geeigneten Grundlagen erreicht sind, stellt eine weitere Ausbildung eine Weiterbildung oder eine Zweitausbildung dar. Setzt ein Kind hingegen nach Beendigung der Ausbildung zur Steuerfachangestellten seine Berufsausbildung mit den weiterführenden Berufszielen „Staatlich geprüfter Betriebswirt“ und „Steuerfachwirt“ nicht **zum nächstmöglichen Zeitpunkt fort,** handelt es sich bei der nachfolgenden Fachschulausbildung bedingt durch die **„zeitliche Zäsur“** um eine **Zweitausbildung** (BFH-Urteil vom 11.4.2018, BStBl. II S. 548). In diesem Fall schließt eine mehr als 20 Wochenstunden umfassende Erwerbstätigkeit während der Zeit des Wartens auf den Antritt der Fachschulausbildung und während deren Durchführung die Berücksichtigung des Kindes im Rahmen des Familienleistungsausgleichs aus. Auch eine Fortbildung zur „Führungskraft Handel“ ist **nicht mehr Teil einer einheitlichen Erstausbildung,** wenn zwischen dem angeblichen vorherigen Ausbildungsabschnitt und der Fortbildung ein **Zeitraum von zwei Jahren** liegt (BFH-Urteil vom 29.8.2017, BFH/NV 2018 S. 22).

Setzt das angestrebte Berufsziel hingegen keinen weiterführenden Abschluss voraus, handelt es sich bei weiteren Ausbildungsmaßnahmen nach Abschluss der erstmaligen Berufsausbildung um eine Weiterbildung oder eine Zweitausbildung. Eine Berücksichtigung des Kindes ist dann nur möglich, wenn das Kind keiner Erwerbstätigkeit nachgeht oder es sich bei den Ausbildungsmaßnahmen um ein Ausbildungsdienstverhältnis handelt (§ 32 Abs. 4 Satz 2 EStG).

Bei volljährigen Kindern, die bereits einen ersten Abschluss in einem öffentlich-rechtlich geordneten Ausbildungsgang erlangt haben, setzt der Anspruch auf die kindbedingten Steuervergünstigungen wie zuvor erläutert voraus, dass der weitere Ausbildungsgang noch Teil einer **einheitlichen Erstausbildung** ist und die Ausbildung die hauptsächliche Tätigkeit des Kindes darstellt. In mehreren Urteilen hat der Bundesfinanzhof (basierend auf das Urteil vom 11.12.2018, BStBl. 2019 II S. 765) zu dieser Problematik entschieden, dass ein Anspruch auf die kindbedingten Steuervergünstigungen hingegen nicht besteht, wenn von einer **berufsbegleitenden Weiterbildung** auszugehen ist, da bereits die Berufstätigkeit im Vordergrund steht und der weitere Ausbildungsgang nur neben dieser durchgeführt wird.

Nach Auffassung der Richter können **mehrere Ausbildungsabschnitte** zu einer **einheitlichen Erstausbildung** zusammenzufassen sein, wenn sie in einem engen sachlichen Zusammenhang (z. B. dieselbe Berufssparte) zueinanderstehen und in einem engen zeitlichen Zusammenhang durchgeführt werden. Eine solche einheitliche Erstausbildung muss jedoch von einer **berufsbegleitend durchgeführten Weiterbildung abgegrenzt** werden. Für diese Abgrenzung kommt es darauf an, ob nach Erlangung des ersten Abschlusses weiterhin die **Ausbildung die hauptsächliche Tätigkeit** des Kindes darstellt oder ob bereits die aufgenommene Berufstätigkeit im Vordergrund steht. Als Anzeichen für eine bloß berufsbegleitend durchgeführte Weiterbildung kann sprechen, dass das **Arbeitsverhältnis zeitlich unbefristet oder auf mehr als 26 Wochen befristet** abgeschlossen wird und auf eine vollzeitige oder nahezu vollzeitige Beschäftigung gerichtet ist. Ebenso deutet der Umstand, dass das Arbeitsverhältnis den erlangten ersten Abschluss erfordert, auf eine – für die kindbedingten Steuervergünstigungen schädliche – **Weiterbildung im bereits aufgenommenen Beruf** hin. Zudem spielt auch eine Rolle, ob sich die Durchführung des Ausbildungsgangs an den Erfordernissen der Berufstätigkeit orientiert (z. B. Abend- oder Wochenendunterricht). Im vorgenannten Urteilsfall absolvierte das Kind ein BWL-Studium an einer Dualen Hochschule mit dem Abschluss Bachelor of Arts mit anschließender Vollzeittätigkeit im Ausbildungsbetrieb und Teilzeit-Masterstudium im Studiengang Wirtschaftspsychologie, wobei zu den Voraussetzungen für das Studium u. a. eineinhalb Jahre Berufserfahrung und eine aktuelle Berufstätigkeit gehören. Der Bundesfinanzhof hat die Entscheidung des Finanzgerichts aufgehoben und die Sache an die Vorinstanz zurückverwiesen. Der Bundesfinanzhof konnte aufgrund der Feststellungen des Finanzgerichts nicht beurteilen, ob die im Masterstudium durchgeführten Ausbildungsmaßnahmen noch als Teil der Erstausbildung zu qualifizieren sind.

Aufbauend auf das o.g. Urteil vom 11.12.2018 hat der Bundesfinanzhof zu dieser Problematik insbesondere folgende **weitere Entscheidungen** getroffen:

- Abgeschlossene Ausbildung zur **Bankkauffrau** mit anschließender Vollzeittätigkeit (nicht in einer Bank) und Teilzeit-Studium an einer Fachschule für Wirtschaft (Ziel: Staatlich geprüfte Betriebswirtin), wobei zu den Voraussetzungen für das Studium ein Berufsabschluss und ein Jahr Berufserfahrung gehören (BFH-Urteil vom 11.12.2018, BFH/NV 2019 S. 696).
- Vollzeittätigkeit im erlernten Beruf nach abgeschlossener Ausbildung zum **Bankkaufmann** und anschließender Ausbildung zum Bankfachwirt, wobei eine Voraussetzung für die Zulassung zur Prüfung zum Bankfachwirt mindestens zwei Jahre Berufspraxis sind (BFH-Urteil vom 11.12.2018, BFH/NV 2019 S. 699).
- Abgeschlossene Ausbildung zur **Steuerfachangestellten** mit anschließender Vollzeittätigkeit im erlernten Beruf und Teilzeit-Studium an einer Fachschule für Wirtschaft (Ziel: Staatlich geprüfte Betriebswirtin), wobei eine Voraussetzung für die Teilnahme an der Abschlussprüfung eine praktische Berufstätigkeit im Ausbildungsberuf von mindestens einem Jahr ist (BFH-Urteil vom 11.12.2018, BFH/NV 2019 S. 694).
- Abgeschlossene **Berufsausbildung zum Elektroniker (Gesellenprüfung)** mit anschließender Vollzeittätigkeit im Ausbildungsbetrieb und Teilnahme an einem zweijährigen Abendlehrgang (Ziel: Industriemeis-

ter Elektrotechnik IHK), wobei zu den Voraussetzungen für die Zulassung zur Prüfung berufspraktische Erfahrungen von einem Jahr gehören (BFH-Urteil vom 11.12.2018, BFH/NV 2019 S. 691).

- Abgeschlossene Ausbildung zur **Verwaltungsfachangestellten** und anschließender Verwaltungslehrgang II (BFH-Urteil vom 17.1.2019, BFH/NV 2019 S. 818).
- Abgeschlossene Ausbildung zum **Steuerfachangestellten** und anschließendes Teilzeit-Studium Steuerrecht (BFH-Urteil vom 17.1.2019, BFH/NV 2019 S. 815).
- Abgeschlossene Ausbildung zur **Bankkauffrau** und anschließende Ausbildung zur Bankfachwirtin (BFH-Urteil vom 17.1.2019, BFH/NV 2019 S. 826).
- Abgeschlossene Ausbildung zum **Bankkaufmann** und anschließende Ausbildung zum Bachelor of Arts (BFH-Urteil vom 20.2.2019, BFH/NV 2019 S. 822).
- Abgeschlossene Ausbildung zum **Groß- und Außenhandelskaufmann** und anschließende Ausbildung zum Bachelor of Laws (BFH-Urteil vom 20.2.2019, BFH/NV 2019 S. 829).
- Abgeschlossene Ausbildung zum **Bankkaufmann** und anschließendes Bachelor-Studium im Fachbereich „Business Administration" (BFH-Urteil vom 20.2.2019, BFH/NV 2019 S. 916).
- Abgeschlossene Ausbildung zum **Bankkaufmann** und anschließende Ausbildung zum Bankbetriebswirt (Bachelor of Arts in Business Administration; BFH-Urteil vom 21.3.2019, BFH/NV 2019 S. 918).
- Abgeschlossene Ausbildung zur **Verwaltungsfachangestellten** mit anschließendem berufsbegleitenden Angestelltenlehrgang II zur Verwaltungsfachwirtin bei gleichzeitigem Vollzeitarbeitsverhältnis bei einer Stadtverwaltung (BFH-Urteil vom 20.2.2019, BStBl. II S. 769). In dieser Entscheidung weisen die Richter zudem darauf hin, dass eine einheitliche Erstausbildung nicht allein deshalb abgelehnt werden kann, weil die **Absichtserklärung zur Fortführung der Erstausbildung** nicht spätestens im Folgemonat nach Abschluss des vorangegangenen Ausbildungsabschnitts bei der Familienkasse vorgelegt wurde. Damit folgt der Bundesfinanzhof ausdrücklich nicht der bisherigen Verwaltungsauffassung.

In einem ähnlich gelagerten Fall hat der Bundesfinanzhof auch der Auffassung der Finanzverwaltung widersprochen (BFH-Urteil vom 21.3.2019, BStBl. II S. 772), dass eine einheitliche Erstausbildung nur dann in Betracht kommt, wenn sämtliche **Ausbildungsmaßnahmen öffentlich-rechtlich geordnet** sind.

Im Übrigen stellt der Besuch einer **Fachschule** ebenso wie ein nach dem Besuch einer Fachschule aufgenommenes Studium grundsätzlich keine Erstausbildung bzw. kein Erststudium dar, es sei denn, dass der Fachschulbesuch Teil einer mehraktigen Ausbildung ist. Bei einem **Wechsel** bzw. einer **Unterbrechung eines Studiums** ohne vorherigen Abschluss stellt der vorangegangene Studiengang kein abgeschlossenes Erststudium dar. Bei mehreren **parallel betriebenen Studiengängen** stellt der nach dem berufsqualifizierenden Abschluss eines der Studiengänge weiter fortgesetzte andere Studiengang ab dann kein Erststudium mehr dar, es sei denn, dass die Studiengänge in einem engen sachlichen Zusammenhang stehen. **Zusatz-, Ergänzungs- und Aufbaustudiengänge** setzen den Abschluss eines Studiums voraus und stellen grundsätzlich kein Erststudium dar, es sei denn, dass diese auf den ersten Studienabschluss des Kindes aufbauen und in einem engen zeitlichen Zusammenhang aufgenommen werden. Dem **Promotionsstudium** und der Promotion durch die Hochschule geht regelmäßig ein abgeschlossenes Studium voraus mit der Folge, dass die erstmalige Berufsausbildung zuvor abgeschlossen ist. Wird allerdings die Promotion in einem engen zeitlichen Zusammenhang mit dem Erststudium durchgeführt, ist auch sie noch Teil der Erstausbildung.

Allerdings hat auch eine mehraktige Erstausbildung ihre Grenzen. Nimmt ein Kind **nach Abschluss einer kaufmännischen Ausbildung ein Studium** auf, das eine **Berufstätigkeit voraussetzt,** ist das Studium laut Bundesfinanzhof **nicht Bestandteil** einer einheitlichen **Erstausbildung** (BFH-Urteil vom 4.2.2016, BStBl. II S. 615). In diesen Fällen ist von einem die berufliche Erfahrung berücksichtigenden Weiterbildungsstudiengang und daher von einer Zweitausbildung auszugehen; die Berufstätigkeit diente nicht lediglich der zeitlichen Überbrückung bis zum Beginn der nächsten Ausbildung.

Übergangszeit zwischen zwei Ausbildungsabschnitten:

Ein Kind über 18 Jahre wird steuerlich auch berücksichtigt, wenn es sich in der Übergangszeit von höchstens **vier Monaten** befindet, die zwischen zwei Ausbildungsabschnitten oder zwischen einem Ausbildungsabschnitt und der Ableistung eines (freiwilligen) Dienstes im Sinne des § 32 Abs. 4 Satz 1 Buchstaben b oder d EStG liegt. Es kommt übrigens nicht darauf an, ob das Kind nach Beendigung des Dienstes weiter ausgebildet wird oder nicht (BFH-Urteil vom 25.1.2007, BStBl. 2008 II S. 664). Für ein Kind, das sich in einer Übergangszeit von **mehr als vier Monaten** zwischen einem Ausbildungsabschnitt und der Ableistung eines entsprechenden Dienstes befindet, besteht während dieser Zeit **kein Anspruch** auf die **kindbedingten Steuervergünstigungen;** das gilt auch für die ersten vier Monate der Übergangszeit. Dies hat der Bundesfinanzhof in mehreren Urteilen unabhängig davon bestätigt, ob eine Überschreitung des Vier-Monats-Zeitraums von vornherein absehbar ist oder nicht. Die Richter verneinen ausdrücklich das Vorliegen einer Regelungslücke sowie einen Verstoß gegen den allgemeinen Gleichheitssatz. Vielmehr sehen sie in dem Viermonatszeitraum eine zulässige Typisierung des Gesetzgebers (BFH-Urteile vom 22.12.2011, BStBl. 2012 II S. 678 und S. 681 sowie vom 9.2.2012, BStBl. II S. 686).

Die Übergangszeit von vier Monaten beginnt auch dann mit Abschluss des unmittelbar vorangegangenen Ausbildungsabschnitts oder Dienstes, wenn das Kind zu diesem Zeitpunkt das 18. Lebensjahr noch nicht vollendet hat (BFH-Urteil vom 16.4.2015, BStBl. 2016 II S. 25).

Entsprechend den vorstehenden Ausführungen beim Punkt „Weitere Berufsausbildung" wird ein volljähriges Kind in der viermonatigen Übergangszeit nach Abschluss einer erstmaligen Berufsausbildung oder eines Erststudiums nur berücksichtigt, wenn es **nicht überwiegend erwerbstätig** ist.

Die Viermonatsfrist gilt für jede einzelne Übergangszeit zwischen zwei Ausbildungsabschnitten. Es reicht übrigens aus, wenn der nächste Ausbildungsabschnitt bzw. der gleichgestellte Dienst in dem Monat nach Ablauf des vierten vollen Kalendermonats, in dem sich das Kind nicht in Ausbildung befunden hat, beginnt (BFH-Urteil vom 15.7.2003, BStBl. II S. 847).

Beispiel G

Der erste Ausbildungsabschnitt endet im Monat Juli 2021. Der zweite Ausbildungsabschnitt muss spätestens im Dezember 2021 beginnen.

Fehlender Ausbildungsplatz:

Ein volljähriges Kind wird bis zur Vollendung des 25. Lebensjahres auch in den Zeiten berücksichtigt, in denen es im Inland oder im Ausland **eine Berufsausbildung mangels Ausbildungsplatz nicht beginnen oder fortsetzen kann.** Ausbildungsplätze sind neben betrieblichen und überbetrieblichen insbesondere solche an Fach- und Hochschulen sowie Stellen, an denen eine in der Ausbildungs- und Prüfungsordnung vorgeschriebene Tätigkeit abzuleisten ist.

Die Familienkasse bzw. das Finanzamt kann verlangen, dass die **ernsthaften Bemühungen um einen Ausbildungsplatz** durch geeignete Unterlagen nachgewiesen oder zumindest glaubhaft gemacht werden. Nimmt das Kind ernsthafte Bemühungen erst nach Ablauf des Folgemonats nach Wegfall eines anderen Berücksichtigungstatbestandes (z. B. Schulausbildung) auf, ist es ab dem Monat der ersten Bewerbung oder Registrierung zu berücksichtigen. Als Nachweis für das ernsthafte Bemühen um einen Ausbildungsplatz kommen in Betracht:

- Unterlagen über eine **Bewerbung** um einen **Studienplatz** (BFH-Urteil vom 26.11.2009, BFH/NV 2010 S. 853) oder
- unmittelbare **Bewerbungsschreiben** (auch E-Mails) an Ausbildungsstellen sowie deren Zwischennachricht oder Ablehnung oder
- Bewerbung für einen (freiwilligen) Wehrdienst oder
- Nachweis eines sicheren **Ausbildungsplatzes** für das **folgende Kalenderjahr** (BFH-Urteil vom 7.8.1992, BStBl. 1993 II S. 103). Ebenso, wenn dem Kind ein **Ausbildungsplatz zugesagt** wurde, es diesen aber aus schul-, studien- oder betriebsorganisatorischen Gründen erst zu einem späteren Zeitpunkt antreten kann (BFH-Urteil vom 15.7.2003, BStBl. II S. 845).

Der Ausbildungsplatzmangel ist hinreichend belegt, wenn das Kind bei der **Berufsberatung** der Agentur für Arbeit oder bei einem anderen zuständigen Leistungsträger (Jobcenter) als Bewerber für einen Ausbildungsplatz oder für eine Bildungsmaßnahme geführt wird. Alternativ kommt eine Glaubhaftmachung durch Bewerbungen, Suchanzeigen oder ähnliche Aktivitäten in Betracht.

Kein Mangel eines Ausbildungsplatzes liegt aber vor, wenn das **Kind** die **objektiven Anforderungen** an den angestrebten Ausbildungsplatz **nicht erfüllt** (z. B. Zulassungsvoraussetzungen) oder wenn es im Falle eines Bereitstehens eines Ausbildungsplatzes aus anderen Gründen am Antritt gehindert wäre, z. B. wenn es im Ausland arbeitsvertraglich gebunden ist (BFH-Urteil vom 15.7.2003, BStBl. II S. 845). Ebenso liegt kein Mangel an der Verfügbarkeit eines Ausbildungsplatzes vor, wenn die Aufnahme eines Ausbildungsdienstverhältnisses bereits an der Erfüllung ausländerrechtlicher Vorgaben scheitert (BFH-Urteil vom 7.4.2011, BStBl. 2012 II S. 10).

Die **Berücksichtigung** eines Kindes ohne Ausbildungsplatz ist auch **ausgeschlossen,** wenn es sich wegen **Kindesbetreuung** nicht um einen Ausbildungsplatz bemüht (BFH-Urteil vom 24.9.2009, BFH/NV 2010 S. 619); das gilt auch während der Elternzeit. Eine Berücksichtigung ist hingegen möglich, wenn das Kind infolge Erkrankung oder wegen eines Beschäftigungsverbots nach dem Mutterschutzgesetz („Mutterschutzfrist") daran gehindert ist, seine Berufsausbildung zu beginnen oder fortzusetzen. Das gilt auch dann, wenn es die Bemühungen nach dem Ende der Mutterschutzfrist nicht fortsetzt (BFH-Urteil vom 13.6.2013, BStBl. 2014 II S. 834).

Entsprechend den vorstehenden Ausführungen beim Punkt „Weitere Berufsausbildung" wird ein volljähriges Kind, das eine Berufsausbildung mangels Ausbildungsplatz nicht beginnen oder fortsetzen kann, nach Abschluss einer erstmaligen Berufsausbildung oder eines Erststudiums nur berücksichtigt, wenn es **nicht überwiegend erwerbstätig** ist.

Freiwilligendienste:

Der Nachweis über die Leistung des **freiwilligen sozialen oder ökologischen Jahres** ist durch die geschlossene **schriftliche Vereinbarung** oder eine **Bescheinigung des Trägers** zu erbringen. Der freiwillige soziale oder ökologische Dienst kann unter bestimmten Voraussetzungen auch im Ausland (auch außerhalb Europas) abgeleistet werden, wenn der Träger seinen Hauptsitz in Deutschland hat.

Zu den **begünstigten Freiwilligendiensten** gehören ein freiwilliges soziales Jahr oder ein freiwilliges ökologisches Jahr im Sinne des Jugendfreiwilligendienstegesetzes oder eine Freiwilligenaktivität im Rahmen des Europäischen Solidaritätskorps im Sinne der Verordnung (EU) Nr. 2018/1475 des Europäischen Parlaments und des Rates vom 2. Oktober 2018 zur Festlegung des rechtlichen Rahmens des Europäischen Solidaritätskorps sowie zur Änderung der Verordnung (EU) Nr. 1288/2013 und der Verordnung (EU) Nr. 1293/2013 sowie des Beschlusses Nr. 1313/2013/EU (ABl. L 250 vom 4.10.2018, S. 1) oder ein anderer Dienst im Ausland i. S. v. § 5 des Bundesfreiwilligendienstgesetzes oder ein entwicklungspolitischer Freiwilligendienst „weltwärts" im Sinne der Förderleitlinie des Bundesministeriums für wirtschaftliche Zusammenarbeit und Entwicklung vom 1. Januar 2016 oder ein Freiwilligendienst aller Generationen im Sinne von § 2 Absatz 1a des Siebten Buches Sozialgesetzbuch oder einen Internationalen Jugendfreiwilligendienst im Sinne der Richtlinie des Bundesministeriums für Familie, Senioren, Frauen und Jugend vom 25. Mai 2018 (GMBl S. 545) oder ein Bundesfreiwilligendienst i. S. d. Bundesfreiwilligendienstgesetzes.

Ein Kind, das einen **zweijährigen Freiwilligendienst aller Generationen** (Missionarsdienst) in den USA leistet, ist nur unter den Voraussetzungen des § 63 Abs. 1 Satz 6 EStG zu berücksichtigen. Danach können Kinder bei einem vorübergehenden Aufenthalt außerhalb Deutschlands, eines EU- oder EWR-Staats, der mehr als ein Jahr beträgt, nur nach § 32 Abs. 4 Satz 1 Nr. 2 Buchstabe d EStG berücksichtigt werden, wenn das betreffende Kind seinen Inlandswohnsitz (§ 8 AO) beibehält. Die Grundsätze, nach denen sich bestimmt, ob jemand einen Wohnsitz in diesem Sinne im Inland hat, sind durch die Rechtsprechung (z. B. BFH-Urteil vom 25.9.2014, BStBl. 2015 II S. 655) im Wesentlichen geklärt. Während eines mehrjährigen Auslandsaufenthalts behält ein Kind seinen Wohnsitz in der Wohnung der Eltern im Inland im Regelfall nur dann bei, wenn es diese Wohnung zumindest überwiegend in den ausbildungsfreien Zeiten nutzt. Nur kurze, üblicherweise durch die Eltern-Kind-Beziehung begründete Besuche reichen dabei regelmäßig nicht aus. Dies ist bei lediglich kurzzeitigen Aufenthalten – zwei bis drei Wochen pro Jahr – der Fall.

Der Nachweis eines begünstigten **Freiwilligendienstes** ist z. B. zu erbringen durch eine Bescheinigung der deutschen Nationalagentur oder der Entsendeorganisation bzw. durch ein Zertifikat der Europäischen Kommission nach Abschluss der Tätigkeit. Die Berücksichtigung des Kindes während dieser Zeit – ggf. auch über 12 Monate hinaus – ist zusätzlich zu einem freiwilligen sozialen oder ökologischen Dienst möglich. Leistet das Kind einen Freiwilligendienst/Friedensdienst, der im Einkommensteuergesetz nicht aufgeführt ist (vgl. § 32 Abs. 4 Satz 1 Nr. 2 Buchstabe d EStG), haben die Eltern für den fraglichen Zeitraum keinen Anspruch auf Kindergeld bzw. Freibeträge für Kinder (BFH-Urteil vom 18.3.2009, BStBl. II S. 1010).

Entsprechend den vorstehenden Ausführungen beim Punkt „Weitere Berufsausbildung" wird auch ein volljähriges Kind, das einen begünstigten Dienst leistet (§ 32 Abs. 4 Satz 1 Buchstabe d EStG), nach Abschluss einer erstmaligen Berufsausbildung oder eines Erststudiums nur berücksichtigt, wenn es **nicht überwiegend erwerbstätig** ist. In der Praxis wird dieser Gesichtspunkt bei den begünstigten Diensten von untergeordneter Bedeutung sein.

i) Grundwehrdienst oder Zivildienst als Verlängerungstatbestand

Eine der wichtigsten mit der Reform des Familienleistungsausgleichs eingetretenen Änderungen war, dass Kinder in der Zeit nicht mehr berücksichtigt wurden, in der sie den gesetzlichen Grundwehr- oder Zivildienst oder davon befreienden Dienst leisteten und die Berufsausbildung durch die Aufnahme dieses Dienstes unterbrochen worden ist. Typischer Anwendungsfall der früher geltenden Regelung war die Ableistung des gesetzlichen Grundwehr- oder Zivildienstes unmittelbar nach dem Abitur. Stattdessen gilt nunmehr bei Kindern, die nicht in einem Beschäftigungsverhältnis stehen und bei einer Agentur für Arbeit als Arbeitsuchender gemeldet sind, bei Kindern, die sich in Berufsausbildung, sowie bei Kindern, die sich in einer Übergangszeit zwischen zwei Ausbildungsabschnitten bzw. einem Ausbildungsabschnitt und der Ableistung eines bestimmten Dienstes von höchstens vier Monaten befinden – analog dem früheren Kindergeldrecht – **über das 21. bzw. 25. Lebensjahr** hinaus **ein Verlängerungstatbestand.** Die Verlängerung des Berücksichtigungszeitraums um die Dauer des inländischen gesetzlichen Grundwehr- oder Zivildienstes ist aber **nur noch** anzuwenden, wenn das Kind den **Dienst oder die Tätigkeit vor dem 1.7.2011 angetreten hat** (§ 52 Abs. 32 Satz 2 EStG). Der Verlängerungstatbestand ist hingegen aufgrund des Gesetzeswortlauts (vgl. § 32 Abs. 5 Satz 1 EStG) nicht anzuwenden, wenn das Kind eine Berufsausbildung mangels Ausbildungsplatz nicht beginnen oder fortsetzen kann (§ 32 Abs. 4 Satz 1 Nr. 2 Buchstabe c EStG) oder einen bestimmten freiwilligen Dienst leistet (§ 32 Abs. 4 Satz 1 Nr. 2 Buchstabe d EStG). Die Regelung, dass für Kinder, die ihren gesetzlichen Grundwehrdienst leisteten, kein Anspruch auf Kindergeld bzw. Freibeträge für Kinder bestand, ist verfassungsgemäß (BFH-Urteil vom 4.7.2001, BStBl. II S. 676).

Ein Kind wird in den oben genannten Fällen über das 21. bzw. 25. Lebensjahr hinaus berücksichtigt, wenn es

- den **gesetzlichen Grundwehrdienst** oder **Zivildienst** geleistet hat oder
- sich an Stelle des gesetzlichen Dienstes **freiwillig** für eine Dauer von nicht mehr als drei Jahren zum **Wehrdienst** verpflichtet hat oder
- eine vom gesetzlichen Grundwehrdienst oder Zivildienst befreiende Tätigkeit als **Entwicklungshelfer** im Sinne des § 1 Abs. 1 des Entwicklungshelfer-Gesetzes ausgeübt hat,

und zwar für einen der Dauer der Dienste oder der Tätigkeit entsprechenden Zeitraum, höchstens jedoch für die Dauer des inländischen gesetzlichen Grundwehrdienstes oder bei anerkannten Kriegsdienstverweigerern für die Dauer des inländischen gesetzlichen Zivildienstes.

Bei den vorstehenden Verlängerungstatbeständen handelt es sich um eine abschließende Regelung. Folglich greift der Verlängerungstatbestand z. B. nicht, wenn das Kind anstelle des Zivildienstes ein freiwilliges soziales Jahr geleistet hat (BFH-Beschluss vom 31.3.2014, BFH/NV 2014 S. 1035). Der Verlängerungstatbestand kommt auch nicht bei sich in Ausbildung befindenden Kindern nach Vollendung des 25. Lebensjahres in Betracht, wenn sie sich für einen **mehrjährigen Dienst im Katastrophenschutz** (im Urteilsfall „Freiwillige Feuerwehr") verpflichtet haben und deshalb vom Wehrdienst freigestellt wurden (BFH-Urteil vom 19.10.2017, BStBl. 2018 II S. 399). Diese Entscheidung des Bundesfinanzhofs hat auch Auswirkungen auf andere geleistete Dienste im Katastrophenschutz, die eine Freistellung vom Wehrdienst zur Folge hatten (z. B. Sanitätsdienste beim Deutschen Roten Kreuz, der Johanniter-Unfall-Hilfe oder dem Malteser Hilfsdienst, Technische Dienste beim Technischen Hilfswerk).

Die **Dauer des Verlängerungstatbestandes**[1] im Einzelfall über das 21. bzw. 25. Lebensjahr hinaus kann der folgenden Tabelle entnommen werden:

Antritt des Dienstes	Dauer des Wehrdienstes	Dauer des Zivildienstes
1.1.1990 bis 31.12.1995	12 Monate	15 Monate
1.1.1996 bis 30.6.2000	10 Monate	13 Monate
1.7.2000 bis 31.12.2001	10 Monate	11 Monate
1.1.2002 bis 30.9.2004	9 Monate	10 Monate

1) Die Verlängerung des Berücksichtigungszeitraums um die Dauer des inländischen gesetzlichen Grundwehr- oder Zivildienstes nach § 32 Abs. 5 EStG ist aber nur noch anzuwenden, wenn das Kind den Dienst oder die Tätigkeit vor dem 1.7.2011 angetreten hat (§ 52 Abs. 32 Satz 2 EStG).

Antritt des Dienstes	Dauer des Wehrdienstes	Dauer des Zivildienstes
1.10.2004 bis 30.6.2010	9 Monate	9 Monate
1.7.2010 bis 30.6.2011[1]	6 Monate	6 Monate
1.7.2011 (Aussetzen der Wehrpflicht)	–	–

Der Verlängerungszeitraum entspricht der Dienstzeit (BFH-Urteil vom 27.8.2008, BFH/NV 2009 S. 132); sie ergibt sich aus der vorzulegenden Dienstzeitbescheinigung. Als Verlängerungstatbestand können aber nur Monate berücksichtigt werden, die nach Vollendung des 18. Lebensjahres abgeleistet wurden. Der Verlängerungszeitraum ist nicht zu kürzen, wenn der Dienst nicht am Monatsersten angetreten und deshalb im Monat des Dienstantritts noch Kindergeld bezogen wird (BFH-Urteile vom 27.8.2008, BFH/NV 2009 S. 132 und vom 20.5.2010, BStBl. II S. 827). Im Gegenteil: Der Verlängerungszeitraum ist auch dann für den gesamten Zeitraum anzusetzen, wenn man während der Dienstzeit für einen Beruf ausgebildet wurde und daher ein Anspruch auf Kindergeld bestand (BFH-Urteil vom 5.9.2013, BStBl. 2014 II S. 39 zum Studium während des Zivildienstes). Ist ein Teil des Verlängerungstatbestandes bereits nach dem 21. Lebensjahr berücksichtigt worden, kann nach Vollendung des 25. Lebensjahres nur noch der „Restzeitraum" angesetzt werden.

Wurde der gesetzliche Grundwehrdienst oder Zivildienst in einem Mitgliedstaat der Europäischen Union oder des Europäischen Wirtschaftsraums (vgl. das Stichwort EU-/EWR-Mitgliedstaaten) geleistet, ist die Dauer dieses Dienstes für den Verlängerungszeitraum maßgebend (§ 32 Abs. 5 Satz 2 EStG).

k) Behinderte Kinder

Allgemeines

Für volljährige Kinder mit Behinderung, die erstmals im Kalenderjahr 2007 oder in einem darauf folgenden Kalenderjahr wegen einer eingetretenen körperlichen, geistigen oder seelischen **Behinderung** außerstande sind, sich selbst finanziell zu unterhalten, besteht nur dann ein Anspruch auf Kindergeld und die kindbedingte Freibeträge, wenn die Behinderung **vor Vollendung des 25. Lebensjahres** eingetreten ist (§ 32 Abs. 4 Satz 1 Nr. 3 EStG). Mit Urteil vom 27.11.2019 (III R 44/17) hat der Bundesfinanzhof klargestellt, dass eine **drohende Behinderung** nicht die Voraussetzungen für die Berücksichtigung eines volljährigen behinderten Kindes erfüllt. Liegt bei einem Kind ein Gendefekt vor, der vor Vollendung des 25. Lebensjahres zu keiner mit hoher Wahrscheinlichkeit länger als sechs Monate andauernden Funktionsstörung und/oder zu keiner darauf beruhenden Teilhabebeeinträchtigung geführt hat, scheidet eine auf die Behinderung des Kindes gestützte Berücksichtigung aus. Volljährige Kinder mit Behinderung, die bereits vor 2007 aufgrund einer vor Vollendung des 27. Lebensjahres eingetretenen Behinderung außerstande waren, sich selbst finanziell zu unterhalten, werden auch in den Jahren 2007 ff. weiterhin beim Kindergeld und den kindbedingten Freibeträgen berücksichtigt (§ 52 Abs. 32 Satz 1 EStG). Die durch die Behinderung bedingte Unfähigkeit sich selbst finanziell zu unterhalten, muss aber nicht zur Vollendung des 25. bzw. 27. Lebensjahres eingetreten sein (BFH-Urteil vom 9.6.2011, BStBl. 2012 II S. 141). Sind die vorstehenden Voraussetzungen erfüllt, werden die Kinder mit Behinderung **ohne altersmäßige Begrenzung** berücksichtigt.

Beispiel

A ist mit 26 Jahren aufgrund eines Autounfalls im Jahre 2006 körperlich behindert und außerstande, sich selbst finanziell zu unterhalten. Die Eltern von A haben auch 2007 und in den Folgejahren Anspruch auf Kindergeld und die kindbedingten Freibeträge, da die Behinderung bei A vor 2007 und vor Vollendung des 27. Lebensjahres eingetreten ist.

Abwandlung

Der Autounfall ereignet sich 2007.

Die Eltern von A haben keinen Anspruch auf Kindergeld und die kindbedingten Freibeträge, da die Behinderung bei A erstmals 2007 nach Vollendung des 25. Lebensjahres eingetreten ist.

Für eine Berücksichtigung kommen insbesondere Kinder in Betracht, deren **Schwerbehinderung** (Grad der Behinderung mindestens 50) festgestellt ist oder die einem schwerbehinderten Menschen gleichgestellt sind. Der Nachweis der Schwerbehinderung ist grundsätzlich durch einen Schwerbehindertenausweis, durch einen gleichstehenden Bescheid der für die Durchführung des Bundesversorgungsgesetzes zuständigen Behörde oder durch einen Bescheid über die Einstufung als Schwerstpflegebedürftiger in die Pflegegrade 4 und 5[2] zu führen. Bei **seelischer Erkrankung** kann der Nachweis auch durch aussagekräftige Gutachten geführt werden. Bei Kindern mit Behinderung, die wegen ihrer Behinderung bereits länger als ein Jahr in einer Kranken-, Behinderten- oder Pflegeeinrichtung untergebracht sind, genügt eine Bestätigung des für die Einrichtung zuständigen Arztes, dass das Kind behindert und wegen seiner Behinderung außerstande ist, sich selbst finanziell zu unterhalten. Eine **Behinderung** i. S. d. § 32 Abs. 4 Satz 1 Nr. 3 EStG **liegt vor,** wenn die körperliche Funktion, geistige Fähigkeit oder seelische Gesundheit mit hoher Wahrscheinlichkeit länger als sechs Monate von dem für das Lebensalter typischen Zustand abweichen und daher die Teilhabe am Leben in der Gesellschaft beeinträchtigt ist (§ 2 Abs. 1 Satz 1 SGB IX). Die Bescheinigung ist spätestens nach fünf Jahren zu erneuern. Im Übrigen können auch **Suchtkrankheiten** (z. B. Drogenabhängigkeit, Alkoholismus) Behinderungen sein (BFH-Urteil vom 16.4.2002, BStBl. II S. 738); nicht aber akute Erkrankungen von zeitlich beschränkter Dauer. Auch aus den Gutachten bzw. Bescheinigungen müssen der Umfang und der Beginn der Behinderung (bei Kindern, die das 25. Lebensjahr vollendet haben) sowie die Auswirkungen auf die Erwerbstätigkeit des Kindes hervorgehen.

Für ein Kind mit Behinderung können die kindbedingten Steuervergünstigungen **nicht** in Anspruch genommen werden, wenn die **Behinderung nach Vollendung** der **maßgebenden Altersgrenze** eingetreten ist (vgl. die Abwandlung des obigen Beispiels). Das gilt auch dann, wenn das Kind z. B. durch einen zwischen dem 27. und 28. Lebensjahr erlittenen Unfall behindert wird und in früheren Jahren Grundwehr- oder Zivildienst geleistet hat, da der unter dem vorstehenden Buchstaben i) beschriebene **Verlängerungstatbestand nicht anzuwenden** ist (BFH-Urteil vom 2.6.2005, BStBl. II S. 756).

Ursächlichkeit der Behinderung

Die Behinderung des Kindes muss ursächlich **(„wegen")** für die mangelnde Fähigkeit zum Selbstunterhalt sein. Hiervon ist auszugehen, wenn bei einem Kind der **Grad der Behinderung 50 oder mehr** beträgt und besondere Umstände hinzutreten, aufgrund derer eine Erwerbstätigkeit unter den üblichen Bedingungen des Arbeitsmarktes ausgeschlossen erscheint. Als besondere Umstände gelten beispielsweise die Unterbringung in einer **Werkstatt für behinderte Menschen,** die vollstationäre Unterbringung in einer Behinderteneinrichtung, der Bezug von Grundsicherungsleistungen nach dem SGB XII oder die Fortdauer einer Schul- oder Berufsausbildung eines Kindes aufgrund seiner Behinderung über das 25. Lebensjahr hinaus. Die Ursächlichkeit der Behinderung ist auch gegeben, wenn im Ausweis über die Eigenschaft als schwerbehinderter Mensch das Merkmal „H" (hilflos) eingetragen ist. Dem Merkzeichen „H" steht die Einstufung als Schwerstpflegebedürftiger in die Pflegegrade 4 und 5[2] nach dem SGB XI oder diesem entsprechenden Bestimmungen gleich. Entsprechendes gilt bei einer Festsetzung einer vollen Erwerbsminderungsrente gegenüber dem Kind. Gleiches gilt bei Feststellung einer dauerhaften vollen Erwerbsminderung nach § 45 SGB XII.

Beträgt der **Grad der Behinderung weniger als 50** und treten keine besonderen Umstände hinzu, ist die Behinderung grundsätzlich nicht ursächlich für die mangelnde Fähigkeit zum Selbstunterhalt.

Die Behinderung muss nicht die einzige Ursache dafür sein, dass das Kind außerstande ist, sich selbst zu unterhalten. Eine Mitursächlichkeit ist ausreichend, wenn ihr erhebliche Bedeutung zukommt (BFH-Urteil vom 19.11.2008, BStBl. 2010 II S. 1057). Die Prüfung der Mitursächlichkeit kommt in den Fällen zum Tragen, in denen das Kind grundsätzlich in der Lage ist, eine Erwerbstätigkeit auf dem allgemeinen Arbeitsmarkt auszuüben (d. h. eine mindestens 15 Stunden wöchentliche Beschäftigung), die Behinderung einer Vermittlung einer Arbeitsstelle jedoch entgegensteht. Eine allgemein ungünstige Situation auf dem Arbeitsmarkt oder andere Umstände (z. B. mangelnde Mitwirkung bei der Arbeitsvermittlung, Ablehnung von Stellenangeboten), die zur Arbeitslosigkeit des Kindes und damit zur Unfähigkeit zum Selbstunterhalt führen, begründen hingegen noch keine Berücksichtigung des Kindes. In solch einem Fall ist zu ermitteln, ob die möglichen Einkünfte aus einer Erwerbstätigkeit den gesamten Lebensbedarf (existenzieller Grundbedarf und behinderungsbedingter Mehrbedarf) decken würden oder nicht (BFH-Urteil vom 22.10.2009, BStBl. 2011 II S. 38). Die Behinderung eines Kindes ist übrigens nicht (mit-)ursächlich, wenn sich das Kind in Haft befindet, selbst wenn die Straftat durch die Behinderung gefördert wurde (BFH-Urteil vom 30.4.2014, BStBl. II S. 1014). Auch für ein Kind mit Behinderung, das wegen einer strafrechtlichen Verurteilung in einem psychi-

1) Auf Antrag konnten Wehr- und Zivildienstleistende Dienst in der ursprünglichen Dauer von neun Monaten leisten. Diese drei zusätzlichen Monate werden beim Verlängerungszeitraum einbezogen. Entsprechendes gilt für einen etwaigen freiwilligen zusätzlichen Zivildienst von drei bis sechs Monaten nach § 41a Zivildienstgesetz.

2) Zur Anwendung des § 65 Abs. 2 Satz 2 EStDV ab dem Veranlagungszeitraum 2017 gilt Folgendes (BMF-Schreiben vom 19.8.2016, BStBl. I S. 804):
Dem Merkzeichen „H" steht die Einstufung in die Pflegegrade 4 und 5 gleich.

atrischen Krankenhaus untergebracht ist, besteht kein Anspruch auf Kindergeld (BFH-Beschluss vom 25.2.2009, BFH/NV 2009 S. 929).

Ein Kind kann auch dann wegen der Behinderung außerstande sein, sich selbst finanziell zu unterhalten, wenn es einer Erwerbstätigkeit nachgeht. Es kann nämlich sein, dass das Kind von vornherein infolge seiner Behinderung in der Berufswahl dermaßen eingeschränkt ist, dass ihm nur eine **behinderungsspezifische Ausbildung** mit späteren ungünstigen Beschäftigungsmöglichkeiten offensteht. Wenn man wegen seiner Behinderung überhaupt nur im **Niedriglohnsektor** eine bezahlte Arbeit findet, dann ist die Behinderung die eigentliche Ursache für die Unfähigkeit, sich selbst finanziell zu unterhalten (BFH-Urteil vom 15.3.2012, BStBl. II S. 892). Entsprechendes gilt, wenn das Kind **wegen seiner Behinderung** in seiner Leistungsfähigkeit derart eingeschränkt ist, dass es von vornherein nur einer **Teilzeitbeschäftigung** auf dem allgemeinen Arbeitsmarkt nachgehen kann; zur Bedeutung des verfügbaren Nettoeinkommens in diesen Fällen vgl. die nachfolgenden Absätze. Eine erhebliche Mitursächlichkeit der Behinderung am außerstande sein, sich selbst finanziell zu unterhalten, ist aber zu verneinen, wenn nicht die Behinderung, sondern die schlechte Arbeitsmarktsituation ursächlich dafür ist, dass das Geld – auch bei einem nicht behinderten Menschen mit Vollzeittätigkeit – nicht zum Leben reicht, das heißt, der Grundbedarf nicht abgedeckt werden kann.

Außerstande sein, sich selbst zu unterhalten

Bei einem volljährigen Kind mit Behinderung, dessen verfügbares Nettoeinkommen im Kalenderjahr 2021 nicht mehr als 9744 € beträgt, ist grundsätzlich davon auszugehen, dass es außerstande ist, sich selbst finanziell zu unterhalten. Hierbei sollen Leistungen, die dem Kind wegen des behinderungsbedingten Bedarfs zweckgebunden zufließen (z. B. Pflegegeld, Blindengeld) außer Betracht bleiben.

Im Übrigen ist ein volljähriges Kind mit Behinderung bei einem Nettoeinkommen von mehr als 9744 € **außerstande, sich** selbst **finanziell zu unterhalten,** wenn es mit seinen eigenen Mitteln **nicht** seinen **gesamten notwendigen Lebensbedarf,** bestehend aus dem Grundbedarf (= allgemeiner Lebensbedarf) und den individuellen behinderungsbedingten Mehrbedarf, **decken kann** (vgl. auch BMF-Schreiben vom 8.2.2016, BStBl. I S. 226, Randnummer 30 und 31). Zum verfügbaren Nettoeinkommen gehören sowohl alle steuerpflichtigen Einkünfte (= steuerpflichtige Einnahmen abzüglich Werbungskosten bzw. Betriebsausgaben) als auch steuerfreie Einnahmen (z. B. steuerfreier Teil einer Rentenzahlung, Leistungen nach dem SGB III und Steuererstattungen); eine Schmerzensgeldrente ist hingegen grundsätzlich nicht zu berücksichtigen (BFH-Urteil vom 13.4.2016, BStBl. II S. 648). Hierzu gehört auch das Elterngeld, das ein Kind mit Behinderung wegen der Betreuung und Erziehung seines eigenen Kindes erhält (BFH-Urteil vom 5.2.2015, BStBl. II S. 1017). Auch die Leistungen Dritter (z. B. Leistungen der Pflegeversicherung in Form von Pflegegeld, Eingliederungshilfe bei voll- und teilstationärer Unterbringung, Fahrtkostenzuschüsse von dritter Seite) sind auf der „Einnahmeseite" anzusetzen. Für die Frage, ob ein volljähriges Kind mit Behinderung unfähig ist, sich selbst zu unterhalten, sind die dem Kind zur Verfügung stehenden Mittel auch dann nicht um das (fiktive) Kindergeld zu kürzen, wenn das Kindergeld im Falle seiner Festsetzung an das Kind weitergeleitet werden würde und ohne die Weiterleitung die Voraussetzungen einer Abzweigung des Kindesgelds an das Kind vorlägen (BFH-Urteil vom 27.11.2019 III R 28/17). Die Nachrangigkeit der Sozialhilfe gegenüber anderen Sozialleistungen bewirkt für sich noch nicht, dass die Sozialhilfe insoweit bei den kindeseigenen Bezügen nicht berücksichtigt werden darf. Nur soweit der Sozialleistungsträger die Eltern in Regress nimmt, kommt eine Minderung der Bezüge in Betracht. Abzuziehen sind die tatsächlich gezahlten Steuern sowie unvermeidbare Vorsorgeaufwendungen (= Arbeitnehmeranteil zur Sozialversicherung, Beiträge zu einer Basiskranken- und Pflegepflichtversicherung). Das Vermögen der Kinder ist nicht anzusetzen. Der **Grundbedarf** wird im Kalenderjahr 2021 mit 9744 € angesetzt. Zum **behinderungsbedingten Mehrbedarf,** den nicht behinderte Kinder nicht haben, gehören alle mit der Behinderung unmittelbar und typischerweise zusammenhängenden außergewöhnlichen Belastungen wie z. B. erhöhter Wäschebedarf, Hilfeleistungen, Erholung, typische Erschwernisaufwendungen (BFH-Urteil vom 17.11.2004, BFH/NV 2005 S. 691). **Ohne Einzelnachweis** wird der behinderungsbedingte Mehrbedarf in Höhe des in Betracht kommenden **Behinderten-Pauschbetrags** zu Grunde gelegt. Hinzu kommen alle übrigen durch die Behinderung bedingten Aufwendungen (z. B. Operationskosten, Kuren, Arzt- und Arzneikosten). Der Bundesfinanzhof berücksichtigt auch die **Fahrtkosten** in angemessenem Umfang **zusätzlich** zum (also neben dem) **Behinderten-Pauschbetrag** (BFH-Urteil vom 17.11.2004, BFH/NV 2005 S. 691); darüber hinaus soll ein Einzelnachweis von Aufwendungen, die mit dem Behinderten-Pauschbetrag abgegolten sind, aber nicht zulässig sein. Außerdem werden beim Einzelnachweis des behinderungsbedingten Mehraufwands die persönlichen **Betreuungsleistungen der Eltern** mit 9 € pro Stunde angesetzt, soweit sie über die durch das Pflegegeld abgedeckte Grundpflege sowie hauswirtschaftliche Verrichtungen hinausgehen und nach amtsärztlicher Bescheinigung unbedingt erforderlich sind. Mehraufwendungen, die bei einem behinderten Kind anlässlich einer **Urlaubsreise** für eine **Begleitperson** entstehen (Fahrtkosten, Unterbringung und Verpflegung), werden in Höhe von 767 € als behinderungsbedingter Mehrbedarf berücksichtigt, wenn die Notwendigkeit ständiger Begleitung nachgewiesen ist.

Anstelle des Pauschbetrages für behinderte Menschen kann das Pflegegeld als behinderungsbedingter Mehrbedarf angesetzt werden, wenn das Kind Pflegegeld aus der Pflegeversicherung erhält (BFH-Urteil vom 24.8.2004, BStBl. 2010 II S. 1052). Dies gilt gleichermaßen für das Blindengeld (BFH-Urteil vom 31.8.2006, BStBl. 2010 II S. 1054). Dies gilt sowohl bei Kindern, die in eigener Wohnung (ohne Kostenbeteiligung Dritter) oder im Haushalt der Eltern leben, als auch in Fällen teil- oder vollstationärer Unterbringung.

Das volljährige Kind mit Behinderung muss nicht unbedingt in der Lage sein, seinen gesamten **notwendigen Lebensunterhalt** durch eigene Erwerbstätigkeit zu bestreiten. Es kommt letztlich darauf an, ob ihm in **ausreichender Höhe** hierfür ein verfügbares **Nettoeinkommen** zur Verfügung steht. Ist ein Kind mit Behinderung bei einer GmbH beschäftigt, bei der sein Vater Gesellschafter-Geschäftsführer ist, ist der Arbeitslohn des Kindes dahin gehend zu überprüfen, ob ein fremder Dritter in der Situation des Kindes bei vergleichbarer Tätigkeit einen entsprechenden Arbeitslohn erhalten hätte. Soweit der Arbeitslohn aufgrund dieses Fremdvergleichs eine verdeckte Gewinnausschüttung (vGA) ist, rechnet er nicht zu den Einkünften und Bezügen des Kindes mit Behinderung, die ihm zur Bestreitung seines Lebensbedarfs zur Verfügung stehen (BFH-Urteil vom 14.12.2004, BFH/NV 2005 S. 1090); die vGA ist nämlich steuerlich dem Vater als Gesellschafter-Geschäftsführer zuzurechnen. Das **Vermögen** der Kinder mit Behinderung wird bei der Prüfung der Frage, ob sie sich selbst finanziell unterhalten können, **nicht berücksichtigt** (BFH-Urteil vom 19.8.2002, BStBl. 2003 II S. 88 und 91). **Sozialleistungen** gehören nicht zu den eigenen Bezügen des Kindes mit Behinderung, wenn der Sozialleistungsträger für seine Leistungen bei den Eltern Regress nimmt (BFH-Urteil vom 26.11.2003, BStBl. 2004 II S. 588).

Teilstationäre Unterbringung

Eine teilstationäre Unterbringung liegt vor, wenn ein Kind tagsüber in einer Werkstatt für Menschen mit Behinderung betreut wird, ansonsten aber im Haushalt der Eltern lebt. Ohne Einzelnachweis bemisst sich der behinderungsbedingte Mehrbedarf bei Kindern, die teilstationäre Einrichtungen besuchen und entsprechende Leistungen im Rahmen der Eingliederungshilfe erhalten (z. B. für die Betreuung in einer Werkstatt für Menschen mit Behinderung), nach dem Pauschbetrag für Menschen mit Behinderung. **Zusätzlich** kann ein weiterer behinderungsbedingter Mehrbedarf angesetzt werden. Dieser umfasst neben den vorstehend aufgeführten Mehraufwendungen insbesondere die Kosten im Rahmen der Eingliederungshilfe (Kosten für die Beschäftigung in der Werkstatt für Menschen mit Behinderung, Fahrten zur Werkstatt) abzüglich des nach der Sozialversicherungsentgeltverordnung zu ermittelnden Wertes der Verpflegung, da diese schon durch den Grundbedarf abgedeckt ist. Im Gegensatz zur Finanzverwaltung will der Bundesfinanzhof auch bei einer teilstationären Unterbringung den Behinderten-Pauschbetrag nicht zusätzlich zur Eingliederungshilfe als behinderungsbedingten Mehrbedarf ansetzen (BFH-Urteile vom 9.2.2012, BStBl. 2014 II S. 391 und vom 12.12.2012, BStBl. 2015 II S. 651).

Beispiel A

Zum Haushalt des A gehört sein 42-jähriger von Geburt an schwerbehinderter Sohn (Grad der Behinderung 100, gesundheitliche Merkzeichen „G" und „H"). Dieser arbeitet tagsüber in einer Werkstatt für Behinderte (WfB). Hierfür erhält er ein monatliches Arbeitsentgelt von 75 €. Die Kosten für die Beschäftigung in der WfB von monatlich 1200 € (einschließlich freies Mittagessen) und die Fahrtkosten für den arbeitstäglichen Transport zur WfB von monatlich 100 € trägt der Sozialhilfeträger im Rahmen der Eingliederungshilfe. Der Sohn bezieht daneben seit Jahren eine Rente aus der gesetzlichen Rentenversicherung von monatlich 750 € (Besteuerungsanteil 50 %), wovon nach Abzug eines Eigenanteils zur gesetzlichen Kranken- und Pflegeversicherung der Rentner in Höhe von 55 € noch 695 € ausgezahlt werden. A macht einen Aufwand für Fahrten von 3000 km im Jahr 2021 glaubhaft, für die kein Kostenersatz geleistet wird.

Ermittlung des gesamten notwendigen Lebensbedarfs für 2021:

Grundbedarf		9 744 €
Behinderungsbedingter Mehrbedarf:		
Kosten der Beschäftigung in der WfB 1200 € × 12 =	14 400 €	
abzüglich Mittagessen (Sachbezugswert)	– 1 248 €	
verbleiben	13 152 €	13 152 €
Fahrbedarf WfB – Elternhaus 100 € × 12 Monate		1 200 €
Behinderten-Pauschbetrag		7 400 €
Privater Fahrbedarf 3000 km × 0,30 €		900 €
Gesamter notwendiger Lebensbedarf		32 396 €

Finanzielle Mittel des Sohnes:

Keine Einkünfte aus nichtselbstständiger Arbeit, da das Arbeitsentgelt (75 € × 12 Monate = 900 €) den Arbeitnehmer-Pauschbetrag (= 1000 €) nicht übersteigt. Negative Einkünfte können sich aber durch den Abzug des Arbeitnehmer-Pauschbetrags nicht ergeben.

Besteuerungsanteil der Rente: (750 € × 12 Monate = 9000 € × 50 %)	4 500 €	
abzüglich Werbungskosten-Pauschbetrag	102 €	
verbleiben	4 398 €	4 398 €
Bezüge:		
Rente	4 500 €	
(oberhalb Besteuerungsanteil)		
Eingliederungshilfe	14 400 €	
Fahrkostenübernahme durch Sozialträger	1 200 €	
Zwischensumme	20 100 €	
Kostenpauschale	180 €	
verbleiben	19 920 €	19 920 €
Summe der eigenen Mittel		24 318 €

Der 42-jährige Sohn verfügt nicht über die für die Bestreitung seines notwendigen Lebensunterhalts erforderlichen Mittel und kann deshalb steuerlich als Kind berücksichtigt werden. A hat daher Anspruch auf Kindergeld und die Freibeträge für Kinder.

Vollstationäre Unterbringung

Ein Kind ist vollstationär untergebracht, wenn es nicht im Haushalt der Eltern lebt, sondern anderweitig auf Kosten eines Dritten (im Regelfall der Sozialhilfeträger) untergebracht ist. Dabei kommt es nicht darauf an, ob das Kind in einem Heim untergebracht ist, es kann auch in einer eigenen Wohnung oder einer sonstigen Wohneinrichtung (z. B. betreutes Wohnen) leben. Eine vollstationäre Unterbringung liegt auch dann vor, wenn sich das Kind zwar **zeitweise** (z. B. am Wochenende oder in den Ferien) **im Haushalt der Eltern** aufhält, der Platz im Heim oder im Rahmen des betreuten Wohnens aber durchweg auch während dieser Zeit zur Verfügung steht.

In den Fällen der vollstationären Unterbringung eines Kindes mit Behinderung erfolgt die Ermittlung des behinderungsbedingten Mehrbedarfs regelmäßig durch Einzelnachweis der Aufwendungen, indem die im Wege der Eingliederungshilfe übernommenen Kosten für die Unterbringung abzüglich des nach der Sozialversicherungsentgeltverordnung zu ermittelnden Wertes der Verpflegung angesetzt werden (BFH-Urteil vom 15.10.1999, BStBl. 2000 II Seite 79). Sofern kein Einzelnachweis erfolgt, bemisst sich der behinderungsbedingte Mehrbedarf auch bei Kindern, die vollstationär untergebracht sind, nach dem Pauschbetrag für behinderte Menschen. Daneben kann ein weiterer behinderungsbedingter Mehrbedarf angesetzt werden, soweit dieser nicht schon durch den Pauschbetrag erfasst ist. Eine Berücksichtigung der **Eingliederungshilfe neben** dem **Pauschbetrag für behinderte Menschen ist nicht möglich,** da der Ansatz der Kosten für die Unterbringung bei vollstationärer Unterbringung einem Einzelnachweis entspricht.

Beispiel B

Die 25-jährige Tochter (Grad der Behinderung 100, gesundheitliches Merkzeichen „H") des B ist vollstationär in einer Einrichtung für Menschen mit Behinderung untergebracht. An Wochenenden und während ihres Urlaubs hält sie sich im Haushalt des B auf. Die Kosten der Unterbringung in der Einrichtung (Eingliederungshilfe) von jährlich 30 000 € tragen der Sozialhilfeträger im Rahmen der Eingliederungshilfe in Höhe von 27 000 € und die Pflegeversicherung in Höhe von 3000 €. Der Sozialhilfeträger zahlt der Tochter ferner ein monatliches Taschengeld von 100 € und eine monatliche Bekleidungspauschale von 50 € und wendet für die Fahrten zwischen Elternhaus und Einrichtung jährlich 600 € auf. Für die Zeit des Aufenthalts im elterlichen Haushalt erhält die Tochter ein monatliches Pflegegeld von 316 €. In diesen Zeiträumen erbringen die Eltern durchschnittlich monatlich 10 Stunden persönliche Betreuungsleistungen, die vom Pflegegeld nicht abgedeckt und nach amtsärztlicher Bescheinigung unbedingt erforderlich sind. Sie leisten einen monatlichen Kostenbeitrag an den Sozialhilfeträger von 26 €.

Ermittlung des gesamten notwendigen Lebensbedarfs für 2021:

Grundbedarf		9 744 €
Behinderungsbedingter Mehrbedarf:		
Kosten des Platzes in der Einrichtung	30 000 €	
abzüglich Verpflegung (Sachbezugswert)	– 3 156 €	
	26 844 €	26 844 €
Fahrbedarf (Einrichtung – Elternhaus)		600 €
Vom Pflegegeld abgedeckter Pflegebedarf (316 € × 12)		3 792 €
Betreuungsleistungen der Eltern (10 Stunden × 12 × 9 €)		1 080 €
Gesamter notwendiger Lebensbedarf		42 060 €

Finanzielle Mittel der Tochter:

Eingliederungshilfe (Kostenbeitrag in Höhe von 12 × 26 ist abgezogen)	26 688 €
Leistung nach dem SGB XI Abgeltung der Pflege in vollstationären Einrichtungen der Behindertenhilfe	3 000 €
Taschengeld (100 × 12)	1 200 €
Bekleidungspauschale (50 × 12)	600 €
Fahrtkostenübernahme durch Sozialhilfeträger	600 €
Pflegegeld (316 € × 12):	3 792 €
Zwischensumme	35 880 €
abzüglich Kostenpauschale	180 €
Summe der eigenen Mittel	35 700 €

Ein pauschaler behinderungsbedingter Mehraufwand in Höhe des Pauschbetrags für Menschen mit Behinderung kann nicht zusätzlich angesetzt werden, weil der Ansatz der Kosten bei vollstationärer Unterbringung einem Einzelnachweis entspricht.

Die Tochter ist außerstande, sich selbst zu unterhalten und kann deshalb steuerlich als Kind berücksichtigt werden. B hat daher Anspruch auf Kindergeld und die Freibeträge für Kinder.

Monatsprinzip:

Da das Kindergeld monatlich gezahlt wird, stellt der **Bundesfinanzhof** für die Frage, ob das volljährige Kind mit Behinderung außerstande ist, sich selbst finanziell zu unterhalten, auf die **finanziellen Verhältnisse im jeweiligen Kalendermonat** ab (BFH-Urteil vom 24.8.2004, BStBl. 2007 II S. 248). Dies wird in vielen Fällen nicht zu einem anderen Ergebnis führen, allerdings kann Kindern mit Behinderung auch für solche Berücksichtigungsmonate Kindergeld gewährt werden, in denen sie keine oder nur geringe Einkünfte und Bezüge haben, selbst wenn ihre insgesamt im Kalenderjahr erhaltenen Einkünfte und Bezüge über dem Bedarf liegen (BFH-Urteil vom 23.2.2012, BFH/NV 2012 S. 1584). Monatlich wiederkehrende Einkünfte und Bezüge, die innerhalb von zehn Tagen vor Beginn oder nach Beendigung des Kalendermonats zufließen, für den sie bestimmt sind, sind in dem bestimmungsmäßigen Monat zu erfassen (BFH-Urteil vom 11.4.2013, BStBl. II S. 1037). Außerdem sind aufgrund einer Erwerbstätigkeit jährlich anfallende Einnahmen (z. B. Urlaubs- oder Weihnachtsgeld) auf den Zuflussmonat und die folgenden elf Monate aufzuteilen. Nachzahlungen eines Sozialträgers sind in dem auf den Zufluss folgenden Monat in vollem Umfang zu berücksichtigen (BFH-Urteil vom 20.3.2013, BFH/NV 2013 S. 1088). Die Finanzverwaltung folgt der Rechtsprechung des Bundesfinanzhofs, wenn ein nicht monatlich anfallender Sonderbedarf gegeben ist oder z. B. Urlaubs-/Weihnachtsgeld zugeflossen sind. Dieses Monatsprinzip hat aber keine Auswirkung auf die Vergleichsrechnung Kindergeld/Freibeträge für Kinder (vgl. vorstehende Nr. 4).

l) Verheiratete Kinder

Nach der früheren, langjährigen Rechtsprechung des Bundesfinanzhofs entfiel der Kindergeldanspruch der Eltern für ihr volljähriges Kind grundsätzlich mit dessen Eheschließung. Dies beruhte auf der Annahme, dass der Anspruch auf Kindergeld bzw. die kindbedingten steuerlichen Freibeträge eine typische Unterhaltssituation voraussetze, die infolge der Heirat wegen der zivilrechtlich vorrangigen Unterhaltsverpflichtung des Ehegatten regelmäßig entfalle. Der Kindergeldanspruch blieb nur erhalten, wenn – wie z. B. bei einer Studentenehe – die Einkünfte des Ehepartners für den vollständigen Unterhalt des Kindes nicht ausreichten und das Kind selbst auch nicht über ausreichende eigene Mittel verfügte (sog. Mangelfall).

Diese frühere Rechtsprechung hat der Bundesfinanzhof ausdrücklich aufgegeben. Seit 1.1.2012 hängt der Kindergeldanspruch nämlich nicht mehr davon ab, dass die Einkünfte und Bezüge des Kindes den sog. Grenzbetrag in Höhe des Grundfreibetrags nicht überschreiten. Damit sei der sog. Mangelfallrechtsprechung seitdem die Grundlage entzogen. Das bedeutet: Wenn die übrigen **Voraussetzungen** für die **Berücksichtigung des Kindes erfüllt** sind (z. B. volljähriges Kind unter 25 Jahren in erstmaliger Berufsausbildung), können **Eltern** das **Kindergeld auch** dann beanspruchen, **wenn** das **Kind** mit einem gut verdienenden Partner verheiratet ist (BFH-Urteil vom 17.10.2013, BStBl. 2014 II S. 257).

Die vorstehenden Grundsätze gelten entsprechend für Kindergeldansprüche von Eltern, für in einer eingetragenen Lebenspartnerschaft lebende Kinder (auch im Fall des Getrenntlebens oder nach Auflösung), für von ihrem Ehegatten dauernd getrennt lebende sowie geschiedene Kinder und bei Kindern, die zivilrechtlich einen Unterhaltsanspruch gegen den Vater bzw. die Mutter ihres Kindes haben (vgl. hierzu BFH-Urteil vom 3.7.2014, BStBl. 2015 II S. 151).

9. Eigene Einkünfte und Bezüge bei über 18 Jahre alten Kindern

Seit 1.1.2012 kommt es bei dem Grunde nach zu berücksichtigenden volljährigen Kindern (vgl. vorstehende Nr. 8 Buchstabe h) auf die Höhe der eigenen Einkünfte und Bezüge sowohl für die Gewährung des Kindergeldes als auch für die Gewährung der kindbedingten Freibeträge nicht mehr an **(= Wegfall der Einkünfte- und Bezügegrenze bei volljährigen Kindern);** dies gilt auch bei verheirateten Kindern (vgl. vorstehende Nr. 8 Buchstabe l). So ist z. B. eine Erwerbstätigkeit – unabhängig von der Höhe der erzielten Einkünfte – bis zum Abschluss der ersten Berufsausbildung oder eines Erststudiums unbeachtlich. Der Verzicht auf die Einkommensüberprüfung bei volljährigen Kindern führt bei Eltern, steuerlichen Beratern, Familienkassen und Finanzämtern zu einer deutlich spürbaren Entlastung, da komplizierte und umfangreiche Angaben sowie Berechnungen zu den Einkommensverhältnissen der Kinder entfallen. Auch deshalb ist der Wegfall der Einkünfte- und Bezügegrenze ein wesentlicher Beitrag zur Vereinfachung des Steuerrechts.

Beispiel

Der 23-jährige A studiert Jura (= Erststudium). Die eigenen Einkünfte und Bezüge des A aus einer neben dem Studium ausgeübten Tätigkeit als Softwareentwickler betragen 12 000 € jährlich.

Die Eltern haben 2021 Anspruch auf die kindbedingten Steuervergünstigungen (Kindergeld, Freibeträge), da sich A in Berufsausbildung befindet. Die neben dem Studium ausgeübte Tätigkeit als Softwareentwickler steht einer Berücksichtigung nicht entgegen, da das Studium die erstmalige Berufsausbildung ist. Auf die Höhe der eigenen Einkünfte und Bezüge des A kommt es nicht an.

Der Wegfall der Einkünfte- und Bezügegrenze macht es aber in einem Teilbereich erforderlich, die Berücksichtigung von Kindern neu zu regeln. Nach **Abschluss einer erstmaligen Berufsausbildung** – der Besuch allgemein bildender Schulen wird dabei nicht berücksichtigt – oder eines Erststudiums (= Erstausbildung) werden volljährige Kinder,

- die erneut in eine Berufsausbildung eintreten,
- sich in einer Übergangszeit zwischen zwei Ausbildungsabschnitten von höchstens vier Monaten Dauer befinden,
- eine Berufsausbildung mangels Ausbildungsplatz nicht beginnen oder fortsetzen können oder
- einen bestimmten freiwilligen Dienst leisten,

nur berücksichtigt, wenn sie keiner (vom zeitlichen Umfang schädlichen) Erwerbstätigkeit nachgehen. Auf die Ausführungen und Erläuterungen unter der vorstehenden Nr. 8 Buchstabe h wird hingewiesen.

Ungeachtet dessen setzt die Gewährung des Kindergeldes und der kindbedingten Freibeträge bei **Kindern mit Behinderung** nach wie vor voraus, dass das Kind **wegen** der Behinderung **außerstande** ist, sich selbst **finanziell zu unterhalten.** Vgl. die Ausführungen und die Beispiele unter der vorstehenden Nr. 8 Buchstabe k.

10. Halbteilungsgrundsatz, Übertragung des Kinderfreibetrags und des Freibetrags für Betreuungs- und Erziehungs- oder Ausbildungsbedarf

a) Halbteilungsgrundsatz[1]

Im Gegensatz zum **Kindergeld,** das immer nur **einer Person** gezahlt wird, gilt bei den **Kinderfreibeträgen** der sog. **Halbteilungsgrundsatz.** Das Bundesverfassungsgericht geht von dem Grundsatz aus, dass jedem Elternteil, der an der Zeugung des Kindes beteiligt war, die Hälfte des Kinderfreibetrags zusteht, wobei es ohne Bedeutung ist, ob die Eltern verheiratet sind oder nicht und bei welchem Elternteil das Kind lebt. Diese Betrachtungsweise wird als Halbteilungsgrundsatz bezeichnet. Er gilt auch für den Freibetrag für Betreuungs- und Erziehungs- oder Ausbildungsbedarf (vgl. hierzu auch die Erläuterungen unter der vorstehenden Nr. 7). Obwohl der Kinderbegriff für Kindergeld und Kinderfreibetrag weitgehend vereinheitlicht wurde, gilt der **Halbteilungsgrundsatz** unverändert weiter und muss deshalb bei der **Bildung des Kinderfreibetrags-Zählers** beachtet werden (die Kinderfreibeträge wirken sich allerdings nur noch beim Solidaritätszuschlag und bei der Kirchensteuer, nicht jedoch bei der Lohnsteuer aus). Der Freibetrag für Betreuungs- und Erziehungs- oder Ausbildungsbedarf ist in dem Kinderfreibetrags-Zähler enthalten. Er wirkt sich daher bereits im Laufe des Jahres mindernd auf den Solidaritätszuschlag und die Kirchensteuer aus. Im Einzelnen gilt für die Anwendung des Halbteilungsgrundsatzes Folgendes:

Leben die leiblichen Eltern des Kindes in ehelicher Gemeinschaft zusammen **(sog. intakte Ehe),** ergeben sich **keine Probleme.** Die Eltern erhalten jeweils einen halben, zusammen also den vollen Kinderfreibetrag (Kinderfreibetrags-Zähler 1,0) bzw. jeweils einen halben, zusammen also den vollen Freibetrag für Betreuungs- und Erziehungs- oder Ausbildungsbedarf. Probleme ergeben sich bei der Verwirklichung des sog. Halbteilungsgrundsatzes aber dann, wenn die Elternteile

- dauernd getrennt leben,
- nicht mehr miteinander verheiratet sind,
- zu keinem Zeitpunkt miteinander verheiratet waren.

Diesen Elternteilen steht nach dem **Halbteilungsgrundsatz** jeweils nur der halbe Kinderfreibetrag und der halbe Freibetrag für Betreuungs- und Erziehungs- oder Ausbildungsbedarf zu.

Der halbe Kinderfreibetrag und der halbe Freibetrag für Betreuungs- und Erziehungs- oder Ausbildungsbedarf gilt bei allen nicht (mehr) verheirateten oder bei dauernd getrennt lebenden Eltern **unabhängig davon, bei welchem Elternteil das Kind lebt.** Die reine Halbierung ist jedoch in vielen Fällen nicht bis zur letzten Konsequenz durchführbar, z. B. wenn

- ein Elternteil verstorben ist;
- ein Elternteil im Ausland lebt oder sein Aufenthalt überhaupt nicht ermittelt werden kann;
- der Vater eines Kindes amtlich nicht feststellbar ist[2];
- ein Elternteil allein das Kind angenommen hat oder das Kind nur zu ihm in einem Pflegekindschaftsverhältnis steht.

Für all diese Fälle musste eine **Übertragung** des halben Kinderfreibetrags und des halben Freibetrags für Betreuungs- und Erziehungs- oder Ausbildungsbedarf auf den anderen Elternteil gesetzlich vorgesehen werden. Da jedoch im laufenden Kalenderjahr das Kindergeld monatlich als Steuervergütung gezahlt und die beiden Freibeträge für das Kind nur dann bei der Veranlagung zur Einkommensteuer abgezogen werden, wenn die verfassungsrechtlich gebotene steuerliche Freistellung eines Einkommensbetrags in Höhe des Existenzminimums eines Kindes einschließlich des Bedarfs für Betreuung und Erziehung oder Ausbildung durch das Kindergeld nicht erreicht wird, hat die Möglichkeit der Übertragung gegenüber der Rechtslage bis 1995 erheblich **an Bedeutung verloren.** Bei der Kirchensteuer und beim Solidaritätszuschlag wirken sich die Kinderfreibeträge und die Freibeträge für Betreuungs- und Erziehungs- oder Ausbildungsbedarf jedoch weiterhin aus, da die Bemessungsgrundlage für die Zuschlagsteuern diejenige Einkommensteuer (Lohnsteuer) ist, die unter Berücksichtigung der Freibeträge für Kinder festzusetzen wäre. Die Übertragung von Freibeträgen für Kinder ist somit nach wie vor bei allen Arbeitnehmern mit Kindern von Bedeutung, wenn auch nur mit einer erheblich **geringeren finanziellen Auswirkung** als vor dem 1.1.1996.

Zuständig für die **Übertragung**[3] des halben Kinderfreibetrags – die automatisch auch die Übertragung des halben Freibetrags für Betreuungs- und Erziehungs- oder Ausbildungsbedarf zur Folge hat (= Bildung des Zählers 1,0 statt 0,5) – sind ausschließlich die **Finanzämter.** Die Möglichkeit der Beantragung der Übertragung[3] ist in dem amtlichen Vordruck „Antrag auf Lohnsteuer-Ermäßigung 2021" nebst „Anlage Kinder zum Lohnsteuer-Ermäßigungsantrag" enthalten.

b) Übertragung[3] des Kinderfreibetrags wegen Nichterfüllung der Unterhaltsverpflichtung

Die gesetzlich vorgesehene Übertragung eines halben Kinderfreibetrags ist in der Regel unproblematisch, wenn der andere Elternteil verstorben ist, im Ausland lebt, sein Aufenthalt bzw. seine Identität überhaupt nicht ermittelt werden kann[2] oder das Kindschaftsverhältnis nur zu einem Elternteil besteht. Diese Sachverhalte können dem Finanzamt unschwer nachgewiesen werden. Schwieriger ist es, wenn ein Elternteil die Übertragung des halben Kinderfreibetrags beantragt, weil der andere Elternteil seiner Unterhaltsverpflichtung nicht nachkommt. Denn **ohne** dass es einer ausdrücklichen **Zustimmung** des anderen Elternteils bedarf, kann ein Elternteil die Übertragung des dem anderen Elternteil zustehenden halben Kinderfreibetrags-Zählers beim Finanzamt beantragen, wenn er selbst, nicht jedoch der andere Elternteil seiner **Unterhaltsverpflichtung** gegenüber dem Kind für das Kalenderjahr **im Wesentlichen nachkommt.** Der Gesetzgeber hält also bei der Erfüllung der Unterhaltsverpflichtung am Jahresprinzip („für das Kalenderjahr") fest, obwohl er bei der Gewährung des Kinderfreibetrags das Monatsprinzip eingeführt hat. Die Übertragung des halben Kinderfreibetrags wegen Nichterfüllung der Unterhaltsverpflichtung hat automatisch auch die **Übertragung** des **halben Freibetrags für Betreuung und Erziehung oder Ausbildung zur Folge** sowie den Verlust der anderen kindbedingten Steuervergünstigungen (z. B. bei der Berechnung der zumutbaren Eigenbelastung im Bereich der außergewöhnlichen Belastungen). Im Einzelnen gilt für die Erfüllung der Unterhaltsverpflichtung Folgendes:

Der **Elternteil,** bei dem das minderjährige **Kind lebt,** kommt bereits durch den sog. **Betreuungsunterhalt** (= Pflege und Erziehung des Kindes) stets seiner Unterhaltsverpflichtung im Wesentlichen nach; für ihn ergeben sich keine Besonderheiten. Der **Elternteil,** in dessen Obhut sich das **Kind nicht befindet,** ist im Regelfall zur Zahlung von **Barunterhalt** gesetzlich verpflichtet (das Zivilrecht unterscheidet zwischen Betreuungsunterhalt und Barunterhalt).

1) Zur Berücksichtigung der Freibeträge für Kinder bei eingetragenen Lebenspartnerschaften vgl. das BMF-Schreiben vom 17.1.2014, BStBl. I S. 109.

2) Dies ist auch dann der Fall, wenn unter Nutzung fortpflanzungsmedizinischer Verfahren der biologische Vater anonym bleibt.

3) Zur Übertragung der Freibeträge für Kinder vgl. auch BMF-Schreiben vom 28.6.2013 (BStBl. I S. 845).

Soweit die Höhe des Barunterhalts nicht durch gerichtliche Entscheidung, Verpflichtungserklärung, Vergleich oder anderweitig durch Vertrag festgelegt ist, können dafür im Zweifel die von den Oberlandesgerichten als Leitlinien aufgestellten Unterhaltstabellen, z. B. „Düsseldorfer Tabelle", einen Anhaltspunkt geben. Ein Elternteil kommt seiner Barunterhaltsverpflichtung gegenüber dem Kind **im Wesentlichen** nach, wenn er sie mindestens zu **75 %** erfüllt. Das gilt auch dann, wenn seine Zahlung im Verhältnis zum Unterhaltsbedarf des Kindes geringfügig ist (BFH-Urteil vom 25.7.1997, BStBl. 1998 II S. 433; im Streitfall betrug die Barunterhaltsverpflichtung lediglich ca. 45 € monatlich). Bei der Beurteilung der Frage, ob ein Elternteil seiner Unterhaltsverpflichtung gegenüber dem Kind nachgekommen ist, ist nicht auf den Zeitpunkt abzustellen, in dem der Unterhalt gezahlt worden ist, sondern auf den Zeitraum, für den der Unterhalt bestimmt ist (BFH-Urteil vom 11.12.1992, BStBl. 1993 II S. 397). Hat aus Gründen, die in der Person des Kindes liegen, oder wegen des Todes des Elternteils die Unterhaltsverpflichtung nicht während des ganzen Kalenderjahres bestanden, ist für die Frage, inwieweit sie erfüllt worden ist, nur auf den Verpflichtungszeitraum abzustellen. Ist ein Elternteil nur für einen Teil des Kalenderjahres zur Unterhaltszahlung verpflichtet, ist für die Prüfung des „wesentlichen Nachkommens" nur der Zeitraum zu Grunde zu legen, für den der Elternteil zur Unterhaltsleistung verpflichtet war. Im Übrigen kommt es nicht darauf an, ob die unbeschränkte Steuerpflicht des Kindes oder der Eltern während des ganzen Kalenderjahres bestanden hat (vgl. hierzu das nachfolgende Beispiel B).

Beispiel A

Das Kind beendet im Juni seine Berufsausbildung und steht ab September in einem Arbeitsverhältnis. Ab September kann es sich selbst unterhalten. Der zum Barunterhalt verpflichtete Elternteil ist seiner Verpflichtung nur für die Zeit bis einschließlich Juni nachgekommen. Er hat seine für acht Monate bestehende Unterhaltsverpflichtung für sechs Monate, also zu 75 % erfüllt und daher Anspruch auf den halben Kinderfreibetrag und den halben Freibetrag für Betreuungs- und Erziehungs- oder Ausbildungsbedarf (vgl. hierzu auch die Erläuterungen unter der nachfolgenden Nr. 10 Buchstabe d).

Beispiel B

Der Vater eines nichtehelichen Kindes, der bisher seiner Unterhaltsverpflichtung voll nachgekommen ist, verzieht im August 2021 ins Ausland und leistet von da an keinen Unterhalt mehr. Er hat seine Unterhaltsverpflichtung, bezogen auf das Kalenderjahr 2021 nur zu $^7/_{12}$ und damit nicht mindestens zu 75 % erfüllt; die Mutter, bei der das Kind lebt, kann deshalb die Übertragung des halben Kinderfreibetrags-Zählers auf sich beim Finanzamt beantragen.

Stellt ein Elternteil den anderen Elternteil von der **Unterhaltsverpflichtung** gegenüber einem gemeinsamen Kind **gegen** ein **Entgelt frei,** das den geschätzten Unterhaltsansprüchen des Kindes entspricht, behält der freigestellte Elternteil den Anspruch auf den halben Kinderfreibetrag und den halben Freibetrag für den Betreuungs- und Erziehungs- oder Ausbildungsbedarf (BFH-Urteil vom 25.1.1996, BStBl. 1997 II S. 21). Im Übrigen hat der Bundesfinanzhof klargestellt (Urteil vom 15.6.2016, BStBl. II S. 893), dass allein der Umstand, dass ein **sorgeberechtigter Elternteil**, der sein minderjähriges Kind in seinen Haushalt aufgenommen hat, für sich und sein Kind **Leistungen nach dem SGB II bezieht, nicht die Übertragung** des diesem für sein Kind zustehenden Kinderfreibetrags und des Freibetrags für den Betreuungs- und Erziehungs- oder Ausbildungsbedarf auf den anderen Elternteil **rechtfertigt,** der den Barunterhalt für das gemeinsame Kind leistet.

Seit 2012 ist es für einen Elternteil auch möglich, den halben Kinderfreibetrag und den halben Freibetrag für den Betreuungs- und Erziehungs- oder Ausbildungsbedarf auf sich übertragen zu lassen, wenn der andere Elternteil mangels Leistungsfähigkeit (= Fehlen ausreichender eigener Mittel) **nicht unterhaltspflichtig** ist. Hierdurch soll erreicht werden, dass der Elternteil, der gezwungenermaßen allein für den Unterhalt des Kindes aufkommt, auch allein steuerlich entlastet wird. Freiwillige Leistungen des nicht leistungsfähigen Elternteils verhindern die Übertragung nicht. Eine Übertragung scheidet aber für die Zeiträume aus, in denen dem beantragenden Elternteil Unterhaltsleistungen nach dem Unterhaltsvorschussgesetz gezahlt werden. In diesen Zeiträumen kommt der beantragende Elternteil nämlich nicht allein für den Unterhalt des Kindes auf.

Im Übrigen ist zu beachten, dass die **Übertragung** des halben Kinderfreibetrags und des halben Freibetrags für Betreuung und Erziehung oder Ausbildung für den einzelnen Elternteil zu positiven bzw. negativen **Folgeänderungen** bei den **anderen kindbedingten Steuerentlastungen** (z. B. Entlastungsbetrag für Alleinerziehende, Prozentsatz der zumutbaren Eigenbelastung) führen kann.

c) Übertragung des Kinderfreibetrags auf Antrag

Bis einschließlich 1995 wurde die Übertragung des halben Kinderfreibetrags-Zählers ohne jede Voraussetzung ganz generell dann zugelassen, wenn ein Elternteil der Übertragung des halben Kinderfreibetrags-Zählers auf den anderen Elternteil zustimmte; die Zustimmung konnte nicht widerrufen werden.

Diese Übertragung des halben Kinderfreibetrags auf Antrag mit Zustimmung des anderen Elternteils ist mit Wirkung ab 1996 weggefallen. Durch die Abschaffung sollen mögliche Gestaltungen vermieden werden, die sich bei einem Auseinanderfallen von Kindergeldberechtigten und Kinderfreibetrag unter Umständen ergeben könnten. Der Wegfall der Übertragungsmöglichkeit ist verfassungsrechtlich nicht zu beanstanden (BFH-Urteil vom 26.2.2002, BFH/NV 2002 S. 1137).

Eingeführt wurden hingegen folgende Übertragungsmöglichkeiten:

Der Kinderfreibetrag kann auf Antrag auf einen **Stiefelternteil**[1] oder **Großelternteil** übertragen werden, wenn dieser das Kind in seinen Haushalt aufgenommen hat. Diese Übertragungsmöglichkeit wurde eingeführt, weil Groß- und Stiefeltern nach dem im Kindergeldrecht geltenden Vorrangprinzip, das in § 63 Abs. 1 EStG übernommen wurde, grundsätzlich kindergeldberechtigt sind, wenn sie ein Enkel- oder Stiefkind in ihren Haushalt aufgenommen haben. Außerdem ist seit 2012 eine Übertragung auf einen **Großelternteil** möglich, wenn dieser – z. B. mangels Leistungsfähigkeit eines Elternteils oder beider Elternteile – eine **konkrete Unterhaltsverpflichtung gegenüber** seinen **Enkelkindern** hat, der er nachweislich nachgekommen ist (Nachweis z. B. durch Vorlage von Zahlungsbelegen); dies gilt unabhängig von einer Aufnahme des Kindes in den Haushalt des Großelternteils. Die zuletzt genannte Übertragungsmöglichkeit trifft auf Stiefelternteile nicht zu, da sie gegenüber ihrem Stiefkind nicht gesetzlich unterhaltsverpflichtet sind.

Außerdem kann der Kinderfreibetrag stets mit Zustimmung des berechtigten Elternteils auf einen Stiefelternteil oder Großelternteil übertragen werden. Die Zustimmung des berechtigten Elternteils kann nur für künftige Kalenderjahre widerrufen werden.

Die **Übertragung** des **Kinderfreibetrags** und des **Freibetrags für Betreuungs- und Erziehungs- oder Ausbildungsbedarf** auf einen Stiefelternteil oder Großelternteil kann aber **nur einheitlich** vorgenommen werden (vgl. auch die Erläuterungen unter dem nachfolgenden Buchstaben d).

Beispiel

Eine ledige Studentin hat ein Kind. Der leibliche Vater kommt seiner Unterhaltsverpflichtung für das Jahr 2021 nicht nach. Bedingt durch das Studium lebt die Studentin noch zu Hause bei ihren Eltern. Da diese das Kind versorgen, hat die Studentin gegenüber der Familienkasse auf ihren Vorrang für das Kindergeld schriftlich verzichtet, sodass das Kindergeld in Höhe von 219 € monatlich an die Großmutter gezahlt wird (§§ 63 Abs. 1 Satz 1 Nr. 3 und 64 Abs. 2 Satz 5 EStG). Der hälftige Kinderfreibetrag des leiblichen Vaters ist auf Antrag auf die Studentin zu übertragen, weil sie (durch Pflege und Erziehung) ihrer Unterhaltsverpflichtung, nicht jedoch der leibliche Vater seiner Unterhaltsverpflichtung gegenüber dem Kind im Kalenderjahr 2021 im Wesentlichen nachkommt. Anschließend kann der volle Kinderfreibetrag auf die Großmutter übertragen werden, weil diese das Kind in ihren Haushalt aufgenommen hat. Der halbe Kinderfreibetrag des Vaters könnte auch unmittelbar auf die Großmutter übertragen werden. Die Übertragung ist erforderlich, weil das Kind kein Pflegekind der Großmutter im Sinne des § 32 Abs. 1 Nr. 2 EStG ist. Denn das Obhuts- und Pflegeverhältnis zu der leiblichen Mutter besteht weiterhin. Die vorstehend beschriebenen Übertragungen haben automatisch auch die Übertragung des Freibetrags für Betreuungs- und Erziehungs- oder Ausbildungsbedarf zur Folge (vgl. die Erläuterungen unter dem nachfolgenden Buchstaben d).

d) Übertragung des Freibetrags für Betreuungs- und Erziehungs- oder Ausbildungsbedarf auf Antrag

Nach dem zu beachtenden **Halbteilungsgrundsatz** steht jedem Elternteil auch der Freibetrag für Betreuungs- und Erziehungs- oder Ausbildungsbedarf jeweils zur Hälfte zu. Ebenso wie beim Kinderfreibetrag ist die Übertragung des halben Freibetrags für Betreuungs- und Erziehungs- oder Ausbildungsbedarf in der Regel unproblematisch, wenn der andere Elternteil verstorben ist, im Ausland lebt, sein Aufenthalt bzw. seine Identität überhaupt nicht ermittelt werden kann[2] oder das Kindschaftsverhältnis nur zu einem Elternteil besteht. Außerdem hat die Übertragung des halben Kinderfreibetrags wegen **Nichterfüllung der Unterhaltsverpflichtung** oder fehlender Unterhaltsverpflichtung automatisch auch die Übertragung des halben Freibetrags für Betreuungs- und Erziehungs- oder Ausbildungsbedarf zur Folge.

Darüber hinaus kann der einem Elternteil zustehende Freibetrag für Betreuungs- und Erziehungs- oder Ausbildungsbedarf bei der Veranlagung zur Einkommensteuer **auf Antrag** auf den anderen Elternteil übertragen werden, wenn das **minderjährige** Kind nur bei diesem **Elternteil gemeldet** ist (§ 32 Abs. 6 Satz 8 EStG). Die Übertragung hängt nicht davon ab, dass der andere Elternteil seine Unterhaltspflicht verletzt oder der Übertragung zugestimmt hat (BFH-Urteil vom 18.5.2006, BStBl. 2008

1) Stiefelternteil des Kindes ist auch der zum Haushalt gehörende eingetragene Lebenspartner eines Elternteils.

2) Dies ist auch dann der Fall, wenn unter Nutzung fortpflanzungsmedizinischer Verfahren der biologische Vater anonym bleibt.

II S. 352). Diese Regelung ist verfassungsgemäß (BFH-Urteil vom 27.10.2011, BStBl. 2013 II S. 194). Der **Elternteil**, bei dem das **Kind nicht gemeldet** ist, kann der **Übertragung** des Freibetrags für den Betreuungs-, Erziehungs- und Ausbildungsbedarf auf den anderen Elternteil **widersprechen,** wenn er Kinderbetreuungskosten (z. B. Kindergartenbeiträge) trägt oder das Kind in einem nicht unwesentlichen Umfang betreut (BMF-Schreiben vom 28.6.2013, BStBl. I S. 845, Rz. 7). Von Letzterem ist auszugehen, wenn eine gerichtliche oder außergerichtliche Vereinbarung über einen regelmäßigen Umgang an Wochenenden und in den Ferien vorgelegt wird (BMF-Schreiben vom 28.6.2013, BStBl. I S. 845, Rz. 9). Ein lediglich anlassbezogener Kontakt zum Geburtstag oder zu Weihnachten genügt aber nicht. Entscheidend ist, dass auch der andere Elternteil eine regelmäßige Betreuung in nicht unwesentlichem Umfang mit einer gewissen Nachhaltigkeit wahrnimmt. Hiermit berücksichtigt der Gesetzgeber die gesellschaftliche Entwicklung, dass in Trennungsfällen in zunehmendem Maße beide Elternteile den Betreuungs- und Erziehungsbedarf ihres Kindes sicherstellen. Ausgehend von den vorstehenden Ausführungen **lehnt** der **Bundesfinanzhof** eine **Übertragung** des Freibetrags für den Betreuungs- und Erziehungs- oder Ausbildungsbedarf **ab,** wenn der andere Elternteil, bei dem das Kind nicht gemeldet ist, das Kind nach einem – üblicherweise für einen längeren Zeitraum im Voraus festgelegten – weitgehend gleichmäßigen Betreuungsrhythmus tatsächlich in der vereinbarten Abfolge mit einem zeitlichen **Betreuungsanteil** von **jährlich durchschnittlich 10 %** betreut (BFH-Urteil vom 8.11.2017, BStBl. 2018 II S. 266). Der Bundesfinanzhof folgt nicht der teilweise vertretenen Auffassung, dass erst ab einem Betreuungsanteil von 25 % oder einer Betreuung an durchschnittlich zwei von sieben Tagen in der Woche von einer Betreuung in einem nicht unwesentlichen Umfang auszugehen ist.

Beispiel

A und B, geschieden, sind Eltern einer 12-jährigen Tochter, die ausschließlich bei A gemeldet ist. B kommt seiner Unterhaltsverpflichtung für das Kind in vollem Umfang nach. B betreut die Tochter jedoch nur unwesentlich.

Während es bezüglich des Kinderfreibetrags wegen fehlender Übertragungsmöglichkeit beim Halbteilungsgrundsatz bleibt, kann der B zustehende halbe Freibetrag für Betreuungs- und Erziehungs- oder Ausbildungsbedarf bei der Veranlagung zur Einkommensteuer auf Antrag der A auf sie übertragen werden, da die minderjährige Tochter nicht bei B gemeldet ist.

Die Voraussetzungen für die Übertragung des Freibetrags für den Betreuungs- und Erziehungs- oder Ausbildungsbedarf sind **monatsweise** zu prüfen (R 32.13 Abs. 4 Satz 4 EStR).

Der Freibetrag für Betreuungs- und Erziehungs- oder Ausbildungsbedarf kann auf Antrag unter den Voraussetzungen des vorstehenden Buchstabens c auch auf einen **Stiefelternteil** oder **Großelternteil** übertragen werden.

Zu beachten ist allerdings, dass der Kinderfreibetrag und der Freibetrag für Betreuungs- und Erziehungs- oder Ausbildungsbedarf nur einheitlich auf einen Stiefelternteil oder Großelternteil übertragen werden können (vgl. die Erläuterungen unter dem vorstehenden Buchstaben c).

11. Ansatz der Freibeträge für Kinder anstelle des Kindergeldes im Veranlagungsverfahren bei Anwendung des Halbteilungsgrundsatzes und in anderen Sonderfällen

a) Allgemeines

Wie bereits unter der vorstehenden Nr. 4 ausgeführt, ist das früher geltende duale System einer kumulativen Gewährung von Kindergeld und Kinderfreibetrag mit Wirkung ab 1996 abgeschafft worden. Die steuerliche **Freistellung** eines Einkommensbetrags in Höhe des **Existenzminimums** eines Kindes einschließlich des Bedarfs für Betreuung und Erziehung oder Ausbildung wird nunmehr durch das **Kindergeld** einerseits **oder** durch die **Summe** aus **Kinderfreibetrag** und **Freibetrag** für **Betreuungs- und Erziehungs- oder Ausbildungsbedarf** andererseits bewirkt. Dabei wird während des Kalenderjahres die Vergünstigung für ein Kind ausschließlich in Form des Kindergeldes gewährt. Erst nach Ablauf des Kalenderjahres kommt als Alternative die Summe aus Kinderfreibetrag und Freibetrag für Betreuungs- und Erziehungs- oder Ausbildungsbedarf in Betracht, und zwar bei einer Veranlagung des Arbeitnehmers zur Einkommensteuer. Das Finanzamt prüft im Rahmen dieser Veranlagung, ob der Abzug der Freibeträge für Kinder und die Erhöhung der Einkommensteuer um das Kindergeld aus verfassungsrechtlichen Gründen geboten ist. Diese sog. **Vergleichsrechnung** zwischen Freibeträge für Kinder und Kindergeld ist für den Normalfall unter der vorstehenden Nr. 4 erläutert. Die Vergleichsrechnung kann jedoch insbesondere dann Schwierigkeiten bereiten, wenn beim Kinderfreibetrag und beim Freibetrag für Betreuungs- und Erziehungs- oder Ausbildungsbedarf der Halbteilungsgrundsatz anzuwenden ist, wohingegen das Kindergeld infolge des dort geltenden Vorrangprinzips nur einer Person ausgezahlt wurde. Außerdem können bei der Vergleichsrechnung wegen der unterschiedlichen Höhe des Kindergeldes für die ersten beiden Kinder, dem dritten Kind und ab dem vierten Kind dann Probleme auftreten, wenn z. B. das 4. Kind im Laufe des Kalenderjahres zum 3. Kind wird (sog. Wechselfälle; vgl. hierzu den nachfolgenden Buchstaben d).

b) Vergleichsrechnung bei Anwendung des Halbteilungsgrundsatzes

Wird bei einer Veranlagung des Steuerpflichtigen ein halber Kinderfreibetrag und ein halber Freibetrag für Betreuungs- und Erziehungs- oder Ausbildungsbedarf berücksichtigt, ist bei der Hinzurechnung des Kindergeldes zur Einkommensteuer zu beachten, dass die Verrechnung auch insoweit erfolgt, als das Kindergeld dem Steuerpflichtigen im Wege eines **zivilrechtlichen Ausgleichs** zusteht. Wird bei der Einkommensteuer-Veranlagung des barunterhaltspflichtigen Elternteils der (halbe) Kinderfreibetrag und ein halber Freibetrag für Betreuungs- und Erziehungs- oder Ausbildungsbedarf abgezogen, ist die **Hälfte des Kindergeldes** durch **Hinzurechnung** zur tariflichen Einkommensteuer zu verrechnen. Daraus folgt zugleich, dass auch beim betreuenden Elternteil nur die ihm wirtschaftlich verbleibende Hälfte des Kindergeldes durch Hinzurechnung zur tariflichen Einkommensteuer zu verrechnen ist, wenn bei seiner Einkommensteuer-Veranlagung der halbe Kinderfreibetrag und ein halber Freibetrag für Betreuungs- und Erziehungs- oder Ausbildungsbedarf abgezogen wird (vgl. auch die Erläuterungen unter dem nachfolgenden Buchstaben c).

Beispiel

Die geschiedenen Eheleute sind Eltern eines 12-jährigen Kindes. Die Mutter erhält im Jahre 2021 das volle Kindergeld in Höhe von 219 € monatlich. Der Vater kommt seiner zivilrechtlichen Unterhaltsverpflichtung nach. Wird bei der Einkommensteuer-Veranlagung 2021 des Vaters der – hälftige – Kinderfreibetrag und Freibetrag für Betreuungs- und Erziehungs- oder Ausbildungsbedarf abgezogen, ist das die Unterhaltsverpflichtung mindernde Kindergeld in Höhe von 1314 € jährlich (219 € × 12 Monate = 2628 €; davon 50 % = 1314 €) seiner tariflichen Einkommensteuer hinzuzurechnen. Demzufolge wird bei der Mutter nur die verbleibende Hälfte des Kindergeldes in Höhe von ebenfalls 1314 € hinzugerechnet, falls im Rahmen ihrer Einkommensteuer-Veranlagung 2021 ebenfalls ein halber Kinderfreibetrag und Freibetrag für Betreuungs- und Erziehungs- oder Ausbildungsbedarf abzuziehen ist.

Verzichtet der zum Barunterhalt verpflichtete Elternteil durch gerichtlichen oder außergerichtlichen Vergleich auf die Anrechnung des Kindergeldes auf den Kindesunterhalt, ist sein **zivilrechtlicher Ausgleichsanspruch** in Höhe des halben Kindergeldes gleichwohl in die **Vergleichsrechnung** zwischen Kindergeld und Freibeträge für Kinder **einzubeziehen** (BFH-Urteil vom 16.3.2004, BStBl. 2005 II S. 332).

Sieht das **Zivilrecht** eines **ausländischen Staates** nicht vor, dass das Kindergeld die Unterhaltszahlung des barunterhaltspflichtigen Elternteils mindert, ist der für das Kind bestehende **Kindergeldanspruch** dennoch im Umfang der abgezogenen Kinderfreibeträge bei der Vergleichsrechnung zwischen Kindergeld und Freibeträge für Kinder zu **berücksichtigen** (BFH-Urteil vom 13.8.2002, BStBl. II S. 867 und vom 28.6.2012, BStBl. 2013 II S. 855). Vgl. hierzu auch die Erläuterungen unter der nachfolgenden Nr. 12 Buchstabe g.

Der Bundesfinanzhof hatte dem Bundesverfassungsgericht die Frage zur Entscheidung vorgelegt, ob bei einem barunterhaltspflichtigen Elternteil, dessen Einkommen um die Freibeträge für Kinder gemindert wurde, die tarifliche Einkommensteuer auch dann um die Hälfte des Kindergeldes zu erhöhen ist, wenn ihm das Kindergeld wirtschaftlich nicht in dieser Höhe zugute gekommen ist, weil die Anrechnung auf die Verpflichtung wegen zu geringem Regelunterhalt (sog. **Mangelfall**) unterblieben ist (BFH-Urteil vom 30.11.2004, BStBl. 2008 II S. 795). Das Bundesverfassungsgericht hält die Hinzurechnung des Kindergeldes zur Einkommensteuer auch im Falle der Nichtanrechnung auf den Unterhalt für mit dem Grundgesetz vereinbar (BVerfG-Beschluss vom 13.10.2009, BFH/NV 2010 S. 148).

c) Anrechnung des Kindergeldes „im Umfang der abgezogenen Kinderfreibeträge"

Ist der **Abzug** des Kinderfreibetrags und des **Freibetrags** für Betreuungs- und Erziehungs- oder Ausbildungsbedarf bei der Ermittlung des zu versteuernden Einkommens aus verfassungsrechtlichen Gründen geboten, **erhöht sich** die tarifliche **Einkommensteuer** um den **Anspruch** auf **Kindergeld** für das gesamte Kalenderjahr (§ 31 Satz 4 EStG). Vgl. hierzu auch die Erläuterungen unter der vorstehenden Nr. 4.

Die Hinzurechnung des Kindergeldes zur Einkommensteuer ist bei nicht zusammen zur Einkommensteuer veranlagten **„im Umfang des Kinderfreibetrags"** vorzunehmen. Sie richtet sich folglich nur danach, ob das Einkommen um einen vollen oder halben Kinderfreibetrag vermindert wurde. In welchem Umfang der Freibetrag für den Betreuungs- und Erziehungs- oder Ausbildungsbedarf bei den Eltern abgezogen worden ist, spielt für den Umfang der Hinzurechnung des Kindergeldes zur Einkommensteuer keine Rolle.

Beispiel A

A und B, nicht miteinander verheiratet, sind Eltern der achtjährigen C. C lebt bei A, die ihrer Unterhaltsverpflichtung gegenüber C durch Pflege und Erziehung nachkommt und das Kindergeld erhält. B zahlt den festgelegten Barunterhalt.

Wird bei den Einkommensteuer-Veranlagungen von A und B im Rahmen der Ermittlung des zu versteuernden Einkommens jeweils ein halber Kinderfreibetrag abgezogen, ist bei beiden Elternteilen die Hälfte des Kindergeldes der tariflichen Einkommensteuer hinzuzurechnen. Dies gilt auch dann, wenn der Freibetrag für den Betreuungs- und Erziehungs- oder Ausbildungsbedarf nicht nur zur Hälfte, sondern in voller Höhe bei der Einkommensteuer-Veranlagung von A abgezogen worden ist (vgl. zur Übertragung dieses Freibetrags vorstehende Nr. 10 Buchstabe d).

Kommt der zum Barunterhalt verpflichtete Elternteil seiner **Unterhaltsverpflichtung** gegenüber dem Kind **nicht** im Wesentlichen **nach** oder besteht mangels Leistungsfähigkeit keine Unterhaltsverpflichtung (vgl. vorstehende Nr. 10 Buchstabe b) und wird deshalb der halbe Kinderfreibetrag dieses Elternteils auf den Elternteil übertragen, der das Kind betreut, ist bei der Vergleichsrechnung dem **vollen Kinderfreibetrag** das **gesamte** an den betreuenden Elternteil ausgezahlte **Kindergeld gegenüberzustellen** (BFH-Urteil vom 16.3.2004, BStBl. 2005 II S. 594).

Beispiel B

Wie vorstehendes Beispiel A. B kommt seiner Barunterhaltsverpflichtung zu weniger als 75 % nach (vgl. vorstehende Nr. 10 unter Buchstabe b) und der halbe Kinderfreibetrag des B wird auf Antrag der A auf sie übertragen.

Bei der Einkommensteuer-Veranlagung der A sind im Rahmen der Vergleichsrechnung Freibeträge für Kinder/Kindergeld der volle Kinderfreibetrag und der volle Freibetrag für Betreuungs- und Erziehungs- oder Ausbildungsbedarf sowie das gesamte an A ausgezahlte Kindergeld gegenüberzustellen.

Die Finanzverwaltung rechnet im Übrigen den Anspruch auf Kindergeld sogar dann der tariflichen Einkommensteuer hinzu, wenn das Kindergeld aus verfahrensrechtlichen Gründen nicht mehr festgesetzt werden kann (R 31 Abs. 2 Satz 3 EStR) oder ein Kindergeldantrag trotz des materiellrechtlichen Bestehens des Anspruchs bestandskräftig abgelehnt worden ist (BFH-Urteil vom 15.3.2012, BStBl. 2013 II S. 226).

d) Wechselfälle

Die Prüfung, ob die gebotene steuerliche Freistellung des Existenzminimums eines Kindes einschließlich des Bedarfs für Betreuung und Erziehung oder Ausbildung in vollem Umfang durch das Kindergeld erreicht wird oder nicht, ist bei Steuerpflichtigen mit mehreren Kindern **für jedes Kind einzeln** vorzunehmen (sog. Einzelbetrachtungsweise; so auch BFH-Urteil vom 28.4.2010, BStBl. 2011 II S. 259). Für jedes einzelne Kind wird also eine eigene Vergleichsrechnung durchgeführt (vgl. auch das Beispiel D unter der vorstehenden Nr. 4). Die Vergleichsrechnung wird aber nicht einzeln für jeden Monat vorgenommen. Der Vergleich ist vielmehr für diejenigen Monate zusammen vorzunehmen, für die das Kind steuerlich zu berücksichtigen ist. Dies gilt auch dann, wenn im Laufe eines Kalenderjahres das 3. Kind zum 2. Kind oder das 4. Kind zum 3. Kind wird, weil die Voraussetzungen für die Berücksichtigung des ersten, zweiten oder dritten Kindes im Laufe des Kalenderjahres weggefallen sind.

Beispiel

Der älteste Sohn (24 Jahre alt) der Eheleute A und B beendet im Mai 2021 seine Berufsausbildung. Das Kindergeld für die 16-jährige Tochter (= drittes Kind) beträgt daher ab Juni 2021 nur noch 219 € statt zuvor 225 € monatlich.

Im Rahmen der Vergleichsrechnung bei der Einkommensteuer-Veranlagung 2021 zwischen Freibeträge für Kinder und Kindergeld ist das Kindergeld für die Tochter mit 2658 € anzusetzen (5 Monate à 225 € zuzüglich 7 Monate à 219 €).

e) Anrechnung „vergleichbarer Leistungen"

Bei einer Veranlagung zur Einkommensteuer gegenzurechnen ist nicht nur das Kindergeld, sondern auch die vergleichbaren Leistungen im Sinne des § 65 EStG, die den Kindergeldanspruch ausschließen. Dies sind die

- **Kinderzulagen** aus der gesetzlichen Unfallversicherung,
- **Kinderzuschüsse** aus den gesetzlichen Rentenversicherungen,
- **Leistungen** für Kinder, die im **Ausland** gewährt werden und dem Kindergeld, der Kinderzulage aus der gesetzlichen Unfallversicherung oder dem Kinderzuschuss aus der gesetzlichen Rentenversicherung vergleichbar sind (vgl. hierzu auch die tabellarische Übersicht im BStBl. 2017 I S. 151 ff.),[1)]
- **Leistungen** für Kinder, die von einer **zwischen-** oder **überstaatlichen Einrichtung** gewährt werden und dem Kindergeld vergleichbar sind.

Ist der Kinderzuschuss aus der gesetzlichen Rentenversicherung bzw. die Kinderzulage aus der gesetzlichen Unfallversicherung niedriger als das Kindergeld, wird der Unterschiedsbetrag als **Teilkindergeld** gezahlt, wenn er mindestens 5 € beträgt (§ 65 Abs. 2 EStG). Auch bei (niedrigeren) Familienleistungen eines Mitgliedstaats der Europäischen Union, des Europäischen Wirtschaftsraums oder der Schweiz besteht ggf. Anspruch auf einen Unterschiedsbetrag als Teilkindergeld (vgl. hierzu die Erläuterungen am Ende des Buchstabens b unter der nachfolgenden Nr. 12; siehe außerdem das Stichwort „Grenzgänger" unter Nr. 11).

Wird nach **ausländischem Recht** Kindergeld in geringerer Höhe gezahlt, ist bei der Vergleichsrechnung nur dieses **niedrigere Kindergeld** der Summe aus Kinderfreibetrag und Freibetrag für Betreuungs- und Erziehungs- oder Ausbildungsbedarf gegenzurechnen. Wird für Kinder im Ausland **kein Kindergeld** oder eine vergleichbare Leistung gezahlt, erhält der Arbeitnehmer bei der Veranlagung zur Einkommensteuer den in Betracht kommenden Kinderfreibetrag und Freibetrag für Betreuungs- und Erziehungs- oder Ausbildungsbedarf ohne Gegenrechnung; die Verrechnung des Kindergeldes im Umfang der abgezogenen Kinderfreibeträge ist aber auch dann vorzunehmen, wenn das Zivilrecht des ausländischen Staates eine Minderung der Unterhaltszahlung um Kindergeld nicht vorsieht (BFH-Urteile vom 13.8.2002, BStBl. II S. 867 und vom 28.6.2012, BStBl. 2013 II S. 655). Wird nach ausländischem Recht ein **höheres Kindergeld** als nach inländischem Recht gezahlt, beschränkt sich die Verrechnung durch Hinzurechnung zur tariflichen Einkommensteuer auf die Höhe des inländischen Kindergeldes (§ 31 Satz 6 EStG).

Auch Familienleistungen nach dem polnischen Gesetz über staatliche Beihilfen zur Kindererziehung vom 17.2.2016 (sog. 500+) sind nach Auffassung des Bundesfinanzhofs auf das in Deutschland gezahlte Kindergeld anzurechnen (BFH-Urteil vom 25.7.2018 BFH/NV 2020 S. 137). Es handelt sich auch nach europarechtlichen Grundsätzen um Familienleistungen gleicher Art. Verfahrensrechtlich ist dabei zu beachten, dass die Mitteilung einer ausländischen Behörde über die Gewährung einer Familienleistung Bindungswirkung für die Familienkasse hat. Erfolgt diese erst nach der Kindergeldfestsetzung, stellt diese eine nachträgliche Änderung der Verhältnisse dar.

Zur Zahlung von Kindergeld und zur Berücksichtigung eines Kinderfreibetrags sowie eines Freibetrags für Betreuungs- und Erziehungs- oder Ausbildungsbedarf bei Kindern, die im Ausland leben (sog. **Auslandskinder**), wird auf die Erläuterungen unter der nachfolgenden Nr. 12 verwiesen.

12. Kindergeld und Freibeträge für Kinder bei Auslandskindern

a) Anspruchsberechtigte beim Kindergeld (§ 62 EStG)

Anspruch auf Kindergeld hat, wer **im Inland** einen **Wohnsitz** oder seinen **gewöhnlichen Aufenthalt** hat; dies ist von der zuständigen Familienkasse – unabhängig von einer Entscheidung des Finanzamts – selbstständig zu prüfen. Auf die Staatsangehörigkeit kommt es insoweit nicht an. Ist der Arbeitnehmer also **unbeschränkt steuerpflichtig** (vgl. das Stichwort „Unbeschränkte Steuerpflicht"), gehört er grundsätzlich zu dem Personenkreis, der Anspruch auf Kindergeld hat. Außerdem gehört zum anspruchsberechtigten Personenkreis, wer **ohne Wohnsitz oder gewöhnlichen Aufenthalt im Inland**

- nach § 1 Abs. 2 EStG unbeschränkt einkommensteuerpflichtig ist (sog. erweiterte unbeschränkte Steuerpflicht, vgl. dieses Stichwort im Hauptteil des Lexikons) **oder**
- nach § 1 Abs. 3 EStG auf Antrag vom zuständigen Finanzamt als unbeschränkt einkommensteuerpflichtig behandelt wird (BFH-Urteil vom 24.5.2012, BStBl. II S. 897; vgl. das Stichwort „Beschränkt steuerpflichtige Arbeitnehmer" im Hauptteil des Lexikons). Der Anspruch auf Kindergeld besteht zudem nur für die Monate, in denen der Arbeitnehmer inländische Einkünfte erzielt (BFH-Urteile vom 24.10.2012, BStBl. 2013 II S. 491 und vom 18.7.2013, BStBl. 2014 II S. 843).

Ob ein Arbeitnehmer zu diesem Personenkreis gehört, ergibt sich aus der Lohnsteuerabzugsbescheinigung des Betriebsstättenfinanzamts, die der Arbeitnehmer seinem Arbeitgeber vorlegen muss oder aus dem Einkommensteuerbescheid des Finanzamts. Als **Nachweis** für eine **Behandlung als unbeschränkt steuerpflichtig nach § 1 Abs. 3 EStG** sind nur Beweismittel geeignet, aus denen sich ergibt, dass für den betreffenden Anspruchszeitraum bereits eine entsprechende steuerliche Behandlung nach § 1 Abs. 3 EStG durch das zuständige Finanzamt vorgenommen wurde (BFH-Urteil vom 22.2.2018, BStBl. II S. 717). Bescheinigungen des Finanzamts, die schon vor Beginn des maßgeblichen

1) Die für Kinder gewährte vergleichbare Leistung im Ausland kann in Deutschland weder ganz noch teilweise zu steuerpflichtigen Einkünften nach § 2 Abs. 1 Satz 1 Nrn. 1 bis 7 EStG führen.

Veranlagungszeitraums für einen unbegrenzten Zeitraum in der Zukunft ausgestellt werden, sind keine tauglichen Beweismittel. Die hiermit zusammenhängenden Fragen sind ausführlich beim Stichwort „Beschränkt steuerpflichtige Arbeitnehmer" im Hauptteil des Lexikons erläutert. Ab 1.1.2016 hat der Anspruchsberechtigte zudem stets in allen Fällen die an ihn vergebene **Identifikationsnummer** anzugeben. Anderenfalls entfällt die Anspruchsberechtigung.

Bei **Grenzgängern,** das heißt bei Arbeitnehmern aus Frankreich, Österreich und der Schweiz, die grundsätzlich in einer bestimmten Grenzzone dieser Nachbarstaaten wohnen (im Ausland) und in der entsprechenden Grenzzone des anderen Nachbarstaates arbeiten (in Deutschland), steht das Besteuerungsrecht dem Wohnsitzstaat zu. Dieser Personenkreis wird deshalb nicht nach § 1 Abs. 3 EStG als unbeschränkt einkommensteuerpflichtig behandelt (vgl. das Stichwort „Grenzgänger" im Hauptteil des Lexikons). „Ausländische" Grenzgänger haben damit **keinen Anspruch auf Kindergeld** nach § 62 EStG. Zum Kindergeldanspruch von Eltern, die mit ihren Kindern in Deutschland wohnen und (teilweise) in der Schweiz arbeiten, vgl. das Stichwort „Grenzgänger" unter Nr. 11.

Ein nicht freizügigkeitsberechtigter **Ausländer** hat grundsätzlich nur Anspruch auf Kindergeld nach § 62 EStG, wenn er im Besitz einer **Niederlassungserlaubnis** oder einer bestimmten **Aufenthaltserlaubnis** (z. B. die zur Ausübung einer Erwerbstätigkeit berechtigt bzw. diese ausdrücklich erlaubt – BFH-Urteil vom 26.8.2010, BStBl. 2011 II S. 589 –, vgl. im Einzelnen § 62 Abs. 2 EStG[1]) ist; dies ist verfassungsgemäß (BFH-Urteil vom 28.4.2010, BStBl. II S. 980). Die **Feststellung der fehlenden Freizügigkeit** obliegt – auch hinsichtlich der Kindergeldfestsetzung – allein den **Ausländerbehörden** und den Verwaltungsgerichten, **nicht** jedoch den **Familienkassen** (BFH-Urteil vom 15.3.2017, BStBl. II S. 963). Ein von der Ausländerbehörde rückwirkend erteilter Aufenthaltstitel entfaltet kindergeldrechtlich keine Rückwirkung, da für den Anspruch auf Kindergeld der „Besitz" eines solchen Aufenthaltstitels erforderlich ist. Das heißt, dass der Kindergeldberechtigte den Titel im maßgeblichen Anspruchszeitraum tatsächlich in Händen halten muss (BFH-Urteil vom 5.2.2015, BStBl. II S. 840). Die Änderung eines von der Ausländerbehörde erteilten Aufenthaltstitels ist steuerlich kein Grundlagenbescheid, der eine rückwirkende Korrektur des Kindergeldes ermöglicht (BFH-Beschluss vom 10.6.2015, BFH/NV 2015 S. 1233). Das **Erfordernis** einer Niederlassungserlaubnis oder Aufenthaltserlaubnis gilt jedoch **nicht** für Staatsangehörige eines EU-/EWR-Mitgliedstaates (vgl. dieses Stichwort) sowie für Staatsangehörige der Schweiz. Das Gleiche gilt für Staatsangehörige Bosniens und Herzegowinas, des Kosovos, Marokkos, Serbiens, von Montenegro, Tunesiens und der Türkei auf Grundlage der jeweiligen zwischenstaatlichen Abkommen, wenn sie in Deutschland in einem sozialversicherungspflichtigen Beschäftigungsverhältnis (einschließlich Zeiten des Bezugs von Kurzarbeitergeld) stehen, Arbeitslosengeld I oder Krankengeld beziehen. Bezieht der im Inland wohnende Elternteil hingegen **nur Arbeitslosengeld II,** nicht aber Arbeitslosengeld I, besteht im Inland kein Kindergeldanspruch, wenn der andere Elternteil im EU-Ausland erwerbstätig ist und dort Kindergeld erhält (BFH-Urteil vom 26.7.2017, BStBl. II S. 1237). Personen, die lediglich eine geringfügige Beschäftigung ausüben, gelten nicht als Arbeitnehmer im Sinne der Abkommen. Bei **Gewerbetreibenden,** die ohne Wohnsitz und gewöhnlichen Aufenthalt im Inland nur monatsweise tätig sind und antragsgemäß als unbeschränkt einkommensteuerpflichtig behandelt werden, besteht der **Anspruch** auf Kindergeld **für die Monate,** in denen sie ihre **inländische Tätigkeit** ausüben (BFH-Urteil vom 14.3.2018, BStBl. II S. 482). Der Bundesfinanzhof hat klargestellt, dass es bei Einkünften aus gewerblicher Tätigkeit für die gebotene monatsweise Betrachtung **nicht** auf den **Zufluss von Einnahmen ankommt.** Unanfechtbar anerkannte Flüchtlinge und Asylberechtigte können ebenfalls Kindergeld erhalten.

Für Kindergeldfestsetzungen, die **nach dem 31.7.2019 beginnende Zeiträume** betreffen, ist gesetzlich geregelt worden, unter welchen Voraussetzungen für EU-/EWR-Ausländer mit Wohnsitz oder gewöhnlichen Aufenthalt in Deutschland ein Kindergeldanspruch besteht (§ 62 Abs. 1a EStG).

Für die **ersten drei Monate** nach Begründung des Wohnsitzes bzw. des gewöhnlichen Aufenthalts in Deutschland ist ein Kindergeldanspruch für die genannten zugezogenen Personen grundsätzlich ausgeschlossen. Der Kindergeldanspruch bleibt aber bestehen, wenn die Person nachweist, dass sie **inländische Einkünfte** aus Land- und Forstwirtschaft, Gewerbebetrieb, selbstständiger Arbeit oder nichtselbstständiger Arbeit erzielt.

Für die Zeiträume **ab dem vierten Monat** nach Begründung des Wohnsitzes oder des gewöhnlichen Aufenthalts in Deutschland ist der Kindergeldanspruch von einem hierfür ausreichenden **Aufenthaltsrecht** abhängig. Das unionsrechtlich garantierte Freizügigkeitsrecht wird damit nicht eingeschränkt. Nicht jeder Grund für die Inanspruchnahme des Freizügigkeitsrechts reicht jedoch für die Inanspruchnahme von Kindergeld aus. Eine freizügigkeitsberechtigte Person hat danach einen Kindergeldanspruch, **wenn sie**

- Arbeitnehmer ist oder sich zur Berufsausbildung in Deutschland aufhält,
- selbstständig Erwerbstätiger ist,
- arbeitsuchend ist und vorher eine andere der genannten Voraussetzungen erfüllt hat,
- nicht erwerbstätig ist und über ausreichenden Krankenversicherungsschutz und ausreichende Existenzmittel verfügt,
- nach fünf Jahren rechtmäßigen Aufenthalts ein Daueraufenthaltsrecht erworben hat oder
- Familienangehöriger im Sinne des Freizügigkeitsgesetzes/EU ist (gilt für Familienangehörige von nicht erwerbstätigen Personen nur, sofern auch sie über ausreichenden Krankenversicherungsschutz und ausreichende Existenzmittel verfügen).

Ein weiterer, kleinerer Kreis von Anspruchsberechtigten ergibt sich aus § 1 des **Bundeskindergeldgesetzes** (BKGG). Es handelt sich hierbei u. a. um Personen, die nicht nach § 62 EStG anspruchsberechtigt sind, jedoch

- in einem Versicherungspflichtverhältnis zur Bundesagentur für Arbeit nach dem SGB III (= Arbeitslosenversicherung) stehen oder versicherungsfrei nach § 28 Abs. 1 Nr. 1 SGB III sind;
- als Entwicklungshelfer Unterhaltsleistungen im Sinne des § 4 Abs. 1 Nr. 1 des Entwicklungshelfer-Gesetzes erhalten oder als Missionar tätig sind;
- eine nach § 123a des Beamtenrechtsrahmengesetzes, § 29 Bundesbeamtengesetz oder § 20 Beamtenstatusgesetz bei einer Einrichtung außerhalb Deutschlands zugewiesene Tätigkeit ausüben;
- als nicht deutscher Ehegatte oder eingetragener Lebenspartner eines Mitglieds der Truppe oder des zivilen Gefolges eines Mitgliedstaats der NATO die Staatsangehörigkeit eines EU/EWR-Mitgliedstaats besitzen und in Deutschland ihren Wohnsitz oder gewöhnlichen Aufenthalt haben.

Nach dem BKGG kommt in bestimmten Fällen auch die Zahlung von Kindergeld an das Kind selbst (z. B. bei Vollwaisen) in Betracht. Zu beachten ist allerdings, dass der Anspruch auf Kindergeld nach dem EStG dem Anspruch auf Kindergeld nach dem BKGG vorgeht.

b) Auslandskinder, die zum Bezug von Kindergeld berechtigen

Zum Kinderbegriff bestehen bei Auslandskindern keine Besonderheiten. Insbesondere auf die Staatsangehörigkeit des Kindes kommt es nicht an. Es gelten deshalb die allgemeinen Grundsätze, die unter der vorstehenden Nr. 8 erläutert sind. Bezüglich des Wohnsitzes des Kindes ist jedoch Folgendes zu beachten:

Kinder, die weder einen Wohnsitz noch einen gewöhnlichen Aufenthalt in Deutschland haben, werden für die Zahlung von Kindergeld nur berücksichtigt (§ 63 Abs. 1 Satz 6 EStG), wenn sie

- einen **Wohnsitz** oder einen **gewöhnlichen Aufenthalt** in einem anderen Mitgliedstaat der **Europäischen Union** oder des **Europäischen Wirtschaftsraums** (vgl. EU-/EWR-Mitgliedstaaten) haben **oder**
- im Haushalt eines Berechtigten leben, der nach § 1 Abs. 2 EStG unbeschränkt einkommensteuerpflichtig ist (sog. erweiterte unbeschränkte Steuerpflicht, vgl. dieses Stichwort im Hauptteil des Lexikons).

Seit 2016 setzt die Anspruchsberechtigung auf Kindergeld auch die Angabe der **Identifikationsnummer** der Kinder voraus. Ist an ein **Kind keine Identifikationsnummer** vergeben worden, weil es in Deutschland nicht steuerpflichtig ist, ist es **in anderer geeigneter Weise zu identifizieren.** Die Identifizierung in anderer geeigneter Weise kommt bei Kindern mit Wohnsitz in einem EU- bzw. EWR-Staat und der Schweiz sowie Kindern mit Wohnsitz in Staaten, mit denen zwischenstaatliche Vereinbarungen und Abkommen über Soziale Sicherheit bestehen, in Betracht. Wurde in dem **ausländischen Wohnsitzstaat** eine geeignete **persönliche Identifikationsnummer für das Kind vergeben,** ist diese als Nachweis der Identität des Kindes heranzuziehen. Wurde eine solche persönliche Identifikationsnummer im ausländischen Wohnsitzstaat nicht vergeben, ist die Identität des im Ausland wohnenden Kindes durch **andere amtliche Dokumente** nachzuweisen, z. B. **ausländische Geburtsurkunde, amtlicher Ausweis.** Ist die gesetzlich vorgeschriebene Identifizierung des anspruchsberechtigten Elternteils und/oder des Kindes nicht möglich, wird eine bereits am 1.1.2016 bestehende Kindergeldfest-

1) Zum 1.1.2020 (neu: Beschäftigungsduldung nach dem Aufenthaltsgesetz) bzw. zum 1.3.2020 ergeben sich für nicht freizügigkeitsberechtigte Ausländer umfangreiche Änderungen (vgl. im Einzelnen § 62 Abs. 2 EStG in der ab diesen Zeitpunkten gültigen Fassung) sowie das Schreiben des Bundeszentralamtes für Steuern vom 13.8.2020, BStBl. I S. 661).

setzung nachträglich unrichtig, sodass die Kindergeldfestsetzung rückwirkend zum 1.1.2016 aufzuheben oder zu ändern ist.[1]

Schicken die Eltern ihr sechsjähriges Kind für einen **mehrjährigen Schulbesuch** zu den Großeltern **ins Ausland** (z. B. in die Türkei), verliert das Kind seinen Wohnsitz im Inland und die Eltern den Anspruch auf Kindergeld. Besuchsweise Aufenthalte des Kindes in der elterlichen Wohnung im Inland führen selbst dann nicht zur Beibehaltung des Wohnsitzes, wenn die Rückkehr des Kindes nach Deutschland nach Erreichen des Schulabschlusses beabsichtigt ist (BFH-Urteil vom 23.11.2000, BStBl. 2001 II S. 279); Aufenthalte eines Kindes in den Ferien kommen nicht einem Aufenthalt mit Wohncharakter gleich. Bei einem **mehrjährigen Studium im Ausland** behält ein Kind seinen inländischen Wohnsitz in der Wohnung der Eltern, wenn es diese Wohnung zumindest überwiegend (mehr als 50 %) in ausbildungsfreien Zeiten (mit-)nutzt (BFH-Urteile vom 25.9.2014, BStBl. 2015 II S. 655 und vom 23.6.2015, BStBl. 2016 II S. 102). Ausschlaggebend sind die tatsächlichen Verhältnisse ohne Rücksicht auf subjektive Momente oder Absichten. Maßgeblich sind nur die Dauer und Häufigkeit der Inlandsaufenthalte während des Zeitraums, in dem das Kind im Ausland einen Wohnsitz oder gewöhnlichen Aufenthalt hat. Die Zeiträume, in denen sich das Kind vor dem Beginn oder nach dem Ende des Studiums im Inland aufhält, sind außer Betracht zu lassen (BFH-Urteil vom 28.4.2010, BStBl. II S. 1013). Schließlich begründet ein im Ausland geborenes Kind nicht bereits ab **Geburt** einen inländischen Wohnsitz in der elterlichen Wohnung, wenn es erstmals mehr als ein Jahr nach seiner Geburt in die elterliche Wohnung gebracht wird. Auf die Gründe für den Auslandsaufenthalt kommt es nicht an (BFH-Urteil vom 7.4.2011, BFH/NV 2011 S. 1351).

Lebt ein ins Ausland versetzter Deutscher dort mit seiner Familie, ist nicht ohne Weiteres davon auszugehen, dass sein inländischer Wohnsitz in Deutschland zugleich der Wohnsitz der Kinder ist (BFH-Beschluss vom 15.5.2009, BFH/NV 2009 S. 1630).

Beispiel A

A wird ab Juli 2021 für vier Jahre in die USA abgeordnet und zieht ab diesem Zeitpunkt mit seiner Ehefrau B und den beiden gemeinsamen Kindern dorthin um. Der inländische Wohnsitz der Familie wird auch während des vierjährigen Auslandsaufenthalts beibehalten. Es wird jedoch während dieser Zeit nur zu kurzfristigen, besuchsweisen Aufenthalten in den Ferien kommen.

Unabhängig von ihren Eltern haben die Kinder während des vierjährigen Auslandsaufenthalts keinen Wohnsitz in Deutschland, sodass ab Juli 2021 für die beiden Kinder kein Kindergeldanspruch besteht.

Beispiel B

Ein österreichischer Arbeitnehmer wird auf Antrag nach § 1 Abs. 3 EStG als unbeschränkt einkommensteuerpflichtig behandelt, weil seine Einkünfte zu mindestens 90 % der deutschen Einkommensteuer unterliegen. Der Arbeitnehmer, der ganzjährig inländische Einkünfte erzielt, wohnt mit seiner Ehefrau und den beiden leiblichen, minderjährigen Kindern in Innsbruck.

Der österreichische Arbeitnehmer ist Anspruchsberechtigter, da er nach § 1 Abs. 3 EStG als unbeschränkt einkommensteuerpflichtig behandelt wird (vgl. die Erläuterungen unter dem vorstehenden Buchstaben a). Die beiden Kinder berechtigen zum Bezug des Kindergeldes, weil es sich um leibliche Kinder und damit um Kinder im Sinne des § 32 Abs. 1 EStG handelt, die ihren Wohnsitz in einem anderen Mitgliedstaat der Europäischen Union haben.

Beispiel C

Ein ukrainischer Arbeitnehmer wird auf Antrag nach § 1 Abs. 3 EStG als unbeschränkt einkommensteuerpflichtig behandelt, weil seine Einkünfte zu mindestens 90 % der deutschen Einkommensteuer unterliegen. Der Arbeitnehmer, der ganzjährig inländische Einkünfte erzielt, wohnt mit seiner Ehefrau und den beiden leiblichen, minderjährigen Kindern (neun und sieben Jahre alt) in Kiew. Der ukrainische Arbeitnehmer ist im Grundsatz Anspruchsberechtigter, weil er nach § 1 Abs. 3 EStG als unbeschränkt einkommensteuerpflichtig behandelt wird (vgl. die Erläuterungen unter dem vorstehenden Buchstaben a). Die beiden Kinder können jedoch für die Zahlung von Kindergeld nicht berücksichtigt werden, weil sie ihren Wohnsitz oder gewöhnlichen Aufenthalt weder im Inland noch in einem anderen Mitgliedstaat der Europäischen Union oder des Europäischen Wirtschaftsraums haben. Für diese Kinder wird in Deutschland kein Kindergeld gezahlt. Einen Kinderfreibetrag und einen Freibetrag für Betreuungs- und Erziehungs- oder Ausbildungsbedarf erhalten unbeschränkt steuerpflichtige Arbeitnehmer allerdings ohne Rücksicht darauf, ob das Kind im In- oder Ausland lebt. Der ukrainische Arbeitnehmer erhält deshalb für seine beiden Kinder jeweils einen Kinderfreibetrag und einen Freibetrag für Betreuungs- und Erziehungs- oder Ausbildungsbedarf, die allerdings um 75 % gekürzt werden (vgl. die Erläuterungen unter dem nachfolgenden Buchstaben c). Für die um jeweils 75 % gekürzten Kinderfreibeträge und Freibeträge für Betreuungs- und Erziehungs- oder Ausbildungsbedarf kann als Lohnsteuerabzugsmerkmal ein Freibetrag gebildet werden – der sich somit auch mindernd auf die Höhe der monatlichen Lohnsteuer auswirkt –, da für die beiden minderjährigen Kinder kein Anspruch auf Kindergeld besteht (§ 39a Abs. 1 Satz 1 Nr. 6 EStG; vgl. hierzu die Erläuterungen unter den vorstehenden Nrn. 6 und 7).

Lebt eine im EU-Ausland wohnende geschiedene Ehefrau mit ihrem Kind in einem gemeinsamen Haushalt, ist sie und nicht der in Deutschland lebende Vater (deutscher Staatsangehöriger) kindergeldberechtigt (BFH-Urteil vom 4.2.2016, BStBl. II S. 612). Entscheidend ist hierfür die unionsrechtliche Vereinheitlichung der nationalen Regelungen zur sozialen Sicherheit (EU-Verordnungen Nr. 883/2004 und 987/2009). Danach ist bei Ansprüchen auf Familienleistungen in grenzüberschreitenden Sachverhalten die **gesamte Familie so zu behandeln**, als **würde sie in dem Mitgliedstaat wohnen,** dessen Familienleistungen beansprucht werden **(Wohnsitzfiktion).** Da das deutsche Kindergeldrecht nicht danach unterscheidet, ob die Eltern eines Kindes verheiratet sind oder nicht, ist auch die geschiedene Ehefrau Familienangehörige. Somit **gilt sie als mit dem Kind in Deutschland lebend.** Damit steht ihr der Anspruch auf Kindergeld zu, da nach deutschem Recht das Kindergeld bei getrennt lebenden Eltern vorrangig an den Elternteil ausgezahlt wird, der das Kind in seinen Haushalt aufgenommen hat. Inhaltsgleich hat der BFH in einem zweiten Urteil vom 10.3.2016 (BStBl. II S. 616) entschieden. Hier lebten die beiden Töchter des in Deutschland wohnenden Klägers bei ihrer in Griechenland lebenden Großmutter. Nach deutschem Recht kann ein Anspruch auf Kindergeld auch einem Großelternteil zustehen, der sein Enkelkind in seinen Haushalt aufgenommen hat. Somit war auch hier zu fingieren, dass die Großmutter mit ihren beiden Enkelinnen in Deutschland lebte und damit kindergeldberechtigt ist. Ebenso BFH-Urteil vom 15.6.2016 (BStBl. II S. 889) zum vorrangigen Kindergeldanspruch des in einem EU-Mitgliedstaat wohnenden Pflegeelternteils bei Haushaltsaufnahme des Kindes. Entsprechend hat der Bundesfinanzhof im Urteil vom 4.8.2016 (BStBl. 2017 II S. 126) entschieden, dass der Kindergeldanspruch eines in Deutschland wohnhaften Elternteils für sein in Ungarn im Haushalt des anderen Elternteils lebendes Kind nach § 64 Abs. 2 Satz 1 EStG i. V. m. Art. 67 der VO (EG) Nr. 883/2004, Art. 60 Abs. 1 Satz 2 der VO (EG) Nr. 987/2009 durch den **vorrangigen Kindergeldanspruch des anderen Elternteils verdrängt werden kann.** Zudem weisen die Richter in dieser Entscheidung darauf hin, dass sich bei **Bestehen eines gemeinsamen Haushalts** der beiden Elternteile in Deutschland oder in dem anderen Mitgliedstaat der EU, in den das gemeinsame Kind aufgenommen ist, die vorrangige Anspruchsberechtigung nach § 64 Abs. 2 Sätze 2 bis 4 EStG richtet (vgl. vorstehend unter Nr. 5 Buchstabe b).

Haben die Kinder eines Anspruchsberechtigten im Sinne des § 62 EStG ihren Wohnsitz zwar nicht im Inland, aber **in einem anderen EU bzw. EWR-Mitgliedstaat** (vgl. dieses Stichwort), wird Kindergeld in gleicher Höhe wie bei Inlandskindern gezahlt, nämlich

	2018 bis 30.6.2019	ab 1.7.2019 bis 31.12.2020	ab 1.1.2021
– für das erste und zweite Kind	194 €	204 €	219 €
– für das dritte Kind	200 €	210 €	225 €
– für das vierte und jedes weitere Kind	225 €	235 €	250 €

Leben Kinder eines Anspruchsberechtigten **nicht in einem EU/EWR-Mitgliedstaat,** kommt im Grundsatz auch keine Zahlung von Kindergeld in Betracht. Die Bundesregierung kann jedoch durch Rechtsverordnung bestimmen, dass einem ausländischen Berechtigten, der im Inland erwerbstätig ist oder sonst seine hauptsächlichen Einkünfte erzielt, Kindergeld für seine im Ausland – außerhalb der Europäischen Union und des Europäischen Wirtschaftsraums – lebenden Kinder gezahlt wird, soweit dies mit Rücksicht auf die Lebenshaltungskosten für die Kinder in deren Wohnsitzstaat und auf die dort gewährten, dem Kindergeld vergleichbaren Leistungen geboten ist (§ 63 Abs. 2 EStG). Rechtsverordnungen bestehen derzeit mit der Schweiz, Bosnien und Herzegowina, dem Kosovo, Marokko, Montenegro, Serbien, Türkei und Tunesien. Die Abkommen mit Kroatien, Mazedonien und Slowenien umfassen nicht mehr das Kindergeld. Für Kinder mit Wohnsitz in der Schweiz gelten die inländischen Beträge (219 € für das erste und zweite Kind, 225 € für das dritte Kind und 250 € für das vierte und jedes weitere Kind). Für Kinder mit Wohnsitz in Bosnien und Herzegowina, dem Kosovo, Marokko, Montenegro, Serbien, der Türkei und Tunesien wird im Inland ein geringeres Kindergeld gezahlt.

Kindergeld für Auslandskinder wird grundsätzlich nicht gezahlt, wenn im **Ausland dem Kindergeld** oder den in § 65 Abs. 1 Nr. 1 EStG genannten Zulagen und Zuschüssen **vergleichbare Leistungen** gewährt werden (vgl. auch die Erläuterungen unter der vorstehenden Nr. 11 Buchstabe e und zum nachfolgenden Buchstaben g)[2]. Hinsichtlich der Zahlung von Teilkindergeldzahlungen (sog. Differenzkindergeld) gilt im Einzelnen Folgendes:

1) Schreiben des Bundeszentralamtes für Steuern vom 22.12.2015, BStBl. 2016 I S. 12. Mit Schreiben vom 9.8.2016 (BStBl. I S. 801) hat das Bundeszentralamt für Steuern in einer Übersicht im Ausland vergebene Identifikationsnummern aufgelistet, welche als Nachweis der Identität eines Kindes mit Wohnsitz im entsprechenden Staat heranzuziehen sind. Diese Übersicht ersetzt die Anlage zur vorgenannten Weisung vom 22.12.2015.

2) Die für Kinder gewährte vergleichbare Leistung kann in Deutschland weder ganz noch teilweise zu steuerpflichtigen Einkünften nach § 2 Abs. 1 Satz 1 Nrn. 1 bis 7 EStG führen.

- Unterliegt der Anspruchsberechtigte **deutschen Rechtsvorschriften** und stehen für ein Kind Familienzulagen eines anderen EU-/EWR-Staates (vgl. Stichwort EU-/EWR-Mitgliedstaaten) oder der Schweiz zu, kann nach EG- bzw. EWG-Verordnungen ein Anspruch auf eine Teilkindergeldzahlung bestehen. Wird der Anspruchsberechtigte vom Anwendungsbereich der Verordnungen nicht erfasst, ist ein Anspruch auf Kindergeld nach deutschem Recht ausgeschlossen (BFH-Urteil vom 13.11.2014, BStBl. 2018 II S. 394).
- Sind auf den Anspruchsberechtigten die **ausländischen Rechtsvorschriften** eines anderen EU-/EWR-Staates (vgl. Stichwort EU-/EWR-Mitgliedstaaten) oder der Schweiz anzuwenden und stehen dort wegen nationaler Vorschriften **keine Familienleistungen** zu (z. B. wegen Überschreitung einer Alters- oder Einkommensgrenze), besteht Anspruch auf **deutsches Kindergeld** in voller Höhe, wenn die nationalen Vorschriften (§§ 32, 62 bis 78 EStG) erfüllt sind (EuGH-Urteil vom 20.5.2008 – Rs. C-352/06). Stehen dagegen in diesen Fällen Familienleistungen in einem **niedrigeren Umfang** aus anderen EU-/EWR-Staaten (vgl. Stichwort EU-/EWR-Mitgliedstaaten) oder der Schweiz zu, kommt die Zahlung eines **Unterschiedsbetrags** zwischen dem deutschen Kindergeld und den ausländischen Familienleistungen in Betracht (EuGH-Urteile vom 12.6.2012 – Rs. C-611/10 und C-612/10 und C-612/10).
- Die **Berechnung** des **Differenzkindergeldes** ist im Übrigen **kindbezogen** durchzuführen. Daher ist eine Kürzung des Differenzkindergeldes bei einzelnen Kindern durch **Verrechnung** eines übersteigenden Betrages bei anderen Kindern mangels gesetzlicher Vorschriften **ausgeschlossen** (BFH-Urteil vom 4.2.2016, BStBl. 2017 II S. 121).

c) Berücksichtigung des Kinderfreibetrags bei Auslandskindern

Bezüglich des Kinderbegriffs bestehen bei Auslandskindern keine Besonderheiten. Es gelten deshalb die allgemeinen Grundsätze, die unter der vorstehenden Nr. 8 erläutert sind. Hinsichtlich des Wohnsitzes der Kinder ist jedoch – abweichend von den für das Kindergeld unter dem vorstehenden Buchstaben b dargestellten Regelungen – zu beachten, dass ausländische Arbeitnehmer, die unbeschränkt steuerpflichtig sind oder auf Antrag nach § 1 Abs. 3 EStG wie unbeschränkt Steuerpflichtige behandelt werden, einen Kinderfreibetrag **ohne Rücksicht darauf erhalten, ob das Kind im In- oder Ausland wohnt.** Für Kinder, die in bestimmten Ländern wohnen, wird der Kinderfreibetrag allerdings gekürzt (§ 32 Abs. 6 Satz 4 EStG). Die **Kürzung** erfolgt um **25 %, 50 % oder 75 %.** Auf die in **Anhang 10** abgedruckte **Ländergruppeneinteilung** wird Bezug genommen. Der Kinderfreibetrag ist ggf. auch dann zu kürzen, wenn das Kind seinen Wohnsitz in einem anderen EU-Staat (z. B. Griechenland, Polen, Portugal, Slowakei, Slowenien, Tschechische Republik) hat.

Auswirkung der Kürzungsregelung (Monatsbeträge):

Ansatz des vollen bzw. halben Kinderfreibetrags:	Kürzung um 25 %	Kürzung um 50 %	Kürzung um 75 %
2021	**2021**	**2021**	**2021**
455 €	**342 €**	**228 €**	**114 €**
228 €	**171 €**	**114 €**	**57 €**
Länder z. B.:	Länder z. B.:	Länder z. B.:	Länder z. B.:
Australien	Barbados	Albanien	Ägypten
Bahamas	Chile	Argentinien	Afghanistan
Belgien	Curaçao	Bosnien und Herzegowina	Algerien
Dänemark	Estland	Brasilien	Angola
Färöer	Griechenland	Bulgarien	Armenien
Finnland	Kroatien	China	Aserbaidschan
Frankreich	Lettland	Ecuador	Georgien
Gibraltar	Litauen	Fidschi	Kirgisistan
Grönland	Malta	Irak	Kosovo
Hongkong	Polen	Kasachstan	Marokko
Irland	Portugal	Mexiko	Moldau, Republik
Island	Saudi-Arabien	Montenegro	Tunesien
Israel	Slowakei	Nordmazedonien	Ukraine
Italien	Slowenien	Rumänien	Usbekistan
Japan	Tschechien	Russische Föderation	
Kaimaninseln	Ungarn	Serbien	
Kanada	Uruguay	Südafrika	
Kanalinseln	Zypern	Thailand	
Korea, Republik		Türkei	
Liechtenstein		Turkmenistan	
Luxemburg		Weißrussland	
Monaco			
Neuseeland			
Niederlande			
Norwegen			
Österreich			
Palästinensische Gebiete			
San Marino			
Schweden			
Schweiz			
Singapur			
Spanien			
Taiwan			
Vatikanstadt			
Vereinigte Staaten			
Vereinigtes Königreich			

Für die **Auslandskinderfreibeträge** wird als Lohnsteuerabzugsmerkmal ein **Freibetrag** gebildet, wenn der Arbeitnehmer keinen Anspruch auf Kindergeld hat, was häufig besonders bei Anwendung der o. a. Kürzungsregelung der Fall sein wird (§ 39a Abs. 1 Satz 1 Nr. 6 EStG). Hierdurch vermindert sich die bereits im Laufe des Jahres zu zahlende Lohnsteuer.

Beschränkt steuerpflichtige Arbeitnehmer (vgl. dieses Stichwort) haben keinen Anspruch auf Kinderfreibeträge (§ 50 Abs. 1 Satz 4 EStG).

d) Berücksichtigung des Freibetrags für Betreuungs- und Erziehungs- oder Ausbildungsbedarf bei Auslandskindern

Ausländische Arbeitnehmer, die unbeschränkt steuerpflichtig sind oder auf Antrag nach § 1 Abs. 3 EStG wie unbeschränkt Steuerpflichtige behandelt werden, erhalten den Freibetrag für Betreuungs- und Erziehungs- oder Ausbildungsbedarf ohne Rücksicht darauf, ob das **Kind im In- oder Ausland wohnt** (zum Freibetrag für Betreuungs- und Erziehungs- oder Ausbildungsbedarf im Einzelnen vgl. die Erläuterungen unter der vorstehenden Nr. 7). Für Kinder, die in bestimmten Ländern wohnen, wird der Freibetrag für Betreuungs- und Erziehungs- oder Ausbildungsbedarf allerdings gekürzt (§ 32 Abs. 6 Satz 4 EStG). Vgl. hierzu auch die Erläuterungen unter dem vorstehenden Buchstaben c. Auf die in **Anhang 10** abgedruckte **Ländergruppeneinteilung** wird Bezug genommen. Der Freibetrag für Betreuungs- und Erziehungs- oder Ausbildungsbedarf ist ggf. auch dann zu kürzen, wenn das Kind seinen Wohnsitz in einem anderen EU-Staat (z. B. Griechenland, Polen, Portugal, Slowakei, Slowenien, Tschechische Republik) hat.

Auswirkung der Kürzungsregelung (Monatsbeträge):

Ansatz des vollen bzw. halben Freibetrags für Betreuungs-, Erziehungs- oder Ausbildungsbedarf	Kürzung um 25 %	Kürzung um 50 %	Kürzung um 75 %
2021	**2021**	**2021**	**2021**
244 €	**183 €**	**122**	**61 €**
122 €	**92 €**	**61 €**	**31 €**

Zur beispielhaften Aufzählung einiger Länder für die jeweilige Kürzungsregelung vgl. auch die Erläuterungen unter dem vorstehenden Buchstaben c.

Für den Freibetrag für Betreuungs- und Erziehungs- oder Ausbildungsbedarf für Auslandskinder wird als Lohnsteuerabzugsmerkmal ein **Freibetrag** gebildet, wenn der Arbeitnehmer keinen Anspruch auf Kindergeld hat (§ 39a Abs. 1 Satz 1 Nr. 6 EStG). Hierdurch vermindert sich die bereits im Laufe des Jahres zu zahlende Lohnsteuer.

Beschränkt steuerpflichtige Arbeitnehmer (vgl. dieses Stichwort) haben keinen Anspruch auf den Freibetrag für Betreuungs- und Erziehungs- oder Ausbildungsbedarf (§ 50 Abs. 1 Satz 3 EStG).

e) Zusammenfassung der Anspruchsvoraussetzungen

Fasst man die Anspruchsvoraussetzungen für die Steuervergünstigungen bei Auslandskindern zusammen, ergibt sich eine Einteilung in folgende drei Gruppen:

1. Gruppe = Ausländische Arbeitnehmer aus **EU/EWR-Mitgliedstaaten,** (vgl. dieses Stichwort) die ihren Wohnsitz oder gewöhnlichen Aufenthalt in Deutschland haben oder die nahezu ihre gesamten Einkünfte in Deutschland erzielen und deshalb auf Antrag nach § 1 Abs. 3 EStG wie unbeschränkt Steuerpflichtige behandelt werden:
Diese Arbeitnehmer erhalten – in den Fällen des § 1 Abs. 3 EStG nur für die Kalendermonate, in denen sie inländische Einkünfte erzielen – Kindergeld, wenn das Kind seinen Wohnsitz in einem EU/EWR-Staat (vgl. Stichwort EU-/EWR-Mitgliedstaaten) hat (§ 62 Abs. 1 i. V. m. § 63 Abs. 1 Satz 6 EStG). Nach Ablauf des Kalenderjahres wird bei einer Veranlagung zur Einkommensteuer geprüft, ob die Summe aus Kinderfreibetrag und Freibetrag für Betreuungs- und Erziehungs- oder Ausbildungsbedarf zu einem „günstigeren" Ergebnis führt als die Zahlung des Kindergeldes. Auch bei dieser Gruppe von Arbeitnehmern kann es zu einer Kürzung des Kinderfreibetrags und des Freibetrags für Betreuungs- und Erziehungs- oder Ausbildungsbedarf kommen (z. B. Griechenland, Polen, Portugal, Slowakei, Slowenien, Tschechische Republik, vgl. hierzu auch die Ländergruppeneinteilung in Anhang 10).

2. Gruppe = Ausländische Arbeitnehmer aus Ländern **außerhalb EU/EWR,** die ihren Wohnsitz oder gewöhnlichen Aufenthalt in Deutschland haben oder die nahezu ihre gesamten Einkünfte in Deutschland erzielen und deshalb auf Antrag nach § 1 Abs. 3 EStG wie unbeschränkt Steuerpflichtige behandelt werden:
Diese Arbeitnehmer erhalten bis auf wenige Ausnahmefälle[1] kein Kindergeld für ihre Kinder mit Wohnsitz im ausländischen Heimatstaat. Sie haben allerdings Anspruch auf einen Kinderfreibetrag und einen Freibetrag für Betreuungs- und Erziehungs- oder Ausbildungsbedarf. Hierfür wird als Lohnsteuerabzugsmerkmal ein **Freibetrag** gebildet, wenn kein Anspruch auf Kindergeld besteht. Hierdurch vermindert sich die im Laufe des Jahres zu zahlende Lohnsteuer. Der Kinderfreibetrag und der Freibetrag für Betreuungs- und Erziehungs- oder Ausbildungsbedarf wird regelmäßig gekürzt.

3. Gruppe = Übrige beschränkt steuerpflichtige Arbeitnehmer (das heißt Arbeitnehmer, die in Deutschland weder einen Wohnsitz noch einen gewöhnlichen Aufenthalt haben und die auch nicht nahezu ihre gesamten Einkünfte in Deutschland erzielen):
Diese Arbeitnehmer erhalten weder Kindergeld noch einen Kinderfreibetrag oder einen Freibetrag für Betreuungs- und Erziehungs- oder Ausbildungsbedarf (§ 50 Abs. 1 Satz 3 EStG). Auf die Erläuterungen beim Stichwort „Beschränkt steuerpflichtige Arbeitnehmer" im Hauptteil des Lexikons wird hingewiesen.

Beispiel A

Ein italienischer Arbeitnehmer, der zwar keinen Wohnsitz oder gewöhnlichen Aufenthalt in Deutschland hat, aber ganzjährig nahezu seine gesamten Einkünfte in Deutschland erzielt, wird auf Antrag nach § 1 Abs. 3 EStG wie ein unbeschränkt Steuerpflichtiger behandelt (= Gruppe 1). Er hat drei Kinder im Alter von drei, sieben und zehn Jahren, die bei der Mutter in Italien leben. Der Italiener erhält – vorbehaltlich der Zahlung eines ausländischen Kindergeldes – Kindergeld für drei Kinder. In die Lohnsteuerabzugsbescheinigung, die er für den Lohnsteuerabzug des Arbeitgebers erhält, wird vom Betriebsstättenfinanzamt Folgendes eingetragen:

Steuerklasse III, Zahl der Kinderfreibeträge 3,0. In der bescheinigten Zahl der Kinderfreibeträge 3,0 sind die Freibeträge für Betreuungs- und Erziehungs- oder Ausbildungsbedarf der Kinder mit enthalten.

Die Eintragung der Steuerklasse III und der Zahl der Kinderfreibeträge führt dazu, dass der Italiener nach Ablauf des Kalenderjahres zur Einkommensteuer veranlagt wird und deshalb eine Einkommensteuererklärung abgeben muss. Bei dieser Veranlagung prüft das Finanzamt, ob die Berücksichtigung der Kinderfreibeträge (3 × 5460 €; jeweils 12 Monate à 455 €) und der Freibeträge für Betreuungs- und Erziehungs- oder Ausbildungsbedarf (3 × 2928 €; jeweils 12 Monate à 244 €) zu einer höheren steuerlichen Entlastung führt, als die Zahlung des Kindergeldes. Diese Vergleichsrechnung zwischen Kindergeld und den Freibeträgen für das Kind wird für jedes Kind einzeln vorgenommen (vgl. die Erläuterungen und Beispiele unter der vorstehenden Nr. 4).

Beispiel B

Ein ukrainischer Arbeitnehmer, der die Voraussetzungen des § 1 Abs. 3 EStG erfüllt (= Gruppe 2), hat vier Kinder unter 18 Jahren, die bei der Mutter in der Ukraine leben. Der Ukrainer erhält für seine vier Kinder kein Kindergeld, hat aber Anspruch auf vier gekürzte Kinderfreibeträge in Höhe von jeweils 1368 € (12 Monate à 114 €) sowie auf vier gekürzte Freibeträge für Betreuungs- und Erziehungs- oder Ausbildungsbedarf in Höhe von jeweils 732 € (12 Monate à 61 €). Die gekürzten Freibeträge werden auf der Lohnsteuerabzugsbescheinigung als Freibetrag eingetragen (Eintrag auf der Bescheinigung: Steuerklasse I; Zahl der Kinderfreibeträge 0, monatlicher Freibetrag: 1368 € × 4 = 5472 € zuzüglich 732 € × 4 = 2928 €, Summe 8400 €; davon $^1/_{12}$ = 700 €).

Nach Ablauf des Kalenderjahres wird der ukrainische Arbeitnehmer zur Einkommensteuer veranlagt. Bei dieser Veranlagung werden die gekürzten Kinderfreibeträge für vier Kinder und die gekürzten Freibeträge für Betreuungs- und Erziehungs- oder Ausbildungsbedarf (insgesamt 8400 €) vom Einkommen abgezogen.

f) Einkünfte und Bezüge bei über 18 Jahre alten Auslandskindern

Auch bei dem Grunde nach zu berücksichtigenden volljährigen Auslandskindern (vgl. vorstehende Nr. 8 Buchstabe h) kommt es seit 1.1.2012 auf die Höhe der eigenen Einkünfte und Bezüge sowohl für die Gewährung des Kindergeldes als auch für die Gewährung der kindbedingten Freibeträge nicht mehr an (= **Wegfall der Einkünfte- und Bezügegrenze bei volljährigen Kindern;** vgl. auch die Erläuterungen unter der vorstehenden Nr. 9).

g) Anrechnung des Kindergeldes bei Berücksichtigung von Kinderfreibeträgen und Freibeträgen für Betreuungs- und Erziehungs- oder Ausbildungsbedarf für Auslandskinder

Wird für ein Auslandskind ein Kinderfreibetrag und ein Freibetrag für Betreuungs- und Erziehungs- oder Ausbildungsbedarf bei einer Veranlagung zur Einkommensteuer berücksichtigt, ist der Anspruch auf Kindergeld der tariflichen Einkommensteuer hinzuzurechnen. Hinzugerechnet wird jedoch nicht nur das in Deutschland gezahlte Kindergeld, sondern auch ein **sog. Auslandskindergeld.** Hierunter sind alle Leistungen für Kinder zu verstehen, die im Ausland gewährt werden und dem inländischen Kindergeld oder einer in § 65 Abs. 1 Nr. 1 EStG genannten vergleichbaren Leistung (= Kinderzulagen aus der gesetzlichen Unfallversicherung oder Kinderzuschüsse aus den gesetzlichen Rentenversicherungen) entsprechen. Außerdem werden alle Leistungen für Kinder gegengerechnet, die von einer zwischen- oder überstaatlichen Einrichtung gewährt werden und dem deutschen Kindergeld vergleichbar sind. Zu den Leistungen für Kinder, die im Ausland gewährt werden und dem Kindergeld vergleichbar sind, siehe die **tabellarische Übersicht** in BStBl. 2017 I S. 151 ff.[2] Die in Ergänzung zur Invalidenrente in der **Schweiz gezahlte Kinderrente** ist eine einem Kinderzuschuss vergleichbare Leistung, sodass der Anspruch auf Kindergeld ausgeschlossen ist (BFH-Urteil vom 21.2.2018, BFH/NV 2018 S. 726).

Auch **Familienleistungen** nach dem **polnischen Gesetz** über staatliche Beihilfen zur Kindererziehung vom 17.2.2016 (sog. **500+**) sind nach Auffassung des Bundesfinanzhofs auf das in Deutschland gezahlte Kindergeld **anzurechnen** (BFH-Urteil vom 25.7.2018, BFH/NV 2020 S. 137). Es handelt sich auch nach europarechtlichen Grundsätzen um Familienleistungen gleicher Art. Verfahrensrechtlich ist dabei zu beachten, dass die Mitteilung einer ausländischen Behörde über die Gewährung einer Familienleistung Bindungswirkung für die Familienkasse hat. Erfolgt diese erst nach der Kindergeldfestsetzung, stellt diese eine nachträgliche Änderung der Verhältnisse dar.

Wird nach ausländischem Recht ein höheres Kindergeld als nach inländischem Recht gezahlt, beschränkt sich die Verrechnung durch Hinzurechnung zur tariflichen Einkommensteuer auf die Höhe des inländischen Kindergeldes (§ 31 Satz 6 EStG).

Für die Hinzurechnung der im Ausland gewährten vergleichbaren Leistung zur tariflichen Einkommensteuer kommt es **nicht darauf an,** ob nach **ausländischem Recht ein zivilrechtlicher Ausgleichsanspruch** besteht oder nicht (BFH-Urteil vom 13.8.2002, BStBl. II S. 867 und vom

1) Eine Ausnahmeregelung aufgrund einer Rechtsverordnung nach § 63 Abs. 2 EStG besteht nur für Kinder, die in der Schweiz, Bosnien und Herzegowina, im Kosovo, Marokko, Montenegro, Serbien, Türkei oder Tunesien wohnen (vgl. die Erläuterungen unter dem vorstehenden Buchstaben b).

2) Die für Kinder gewährte vergleichbare Leistung im Ausland kann in Deutschland weder ganz noch teilweise zu steuerpflichtigen Einkünften nach § 2 Abs. 1 Satz 1 Nrn. 1 bis 7 EStG führen.

28.6.2012, BStBl. 2013 II S. 855). Auf die Erläuterungen unter der Nr. 11 Buchstabe b, c und e wird hingewiesen.

Beispiel

Die nicht verheirateten A und B sind Eltern eines dreijährigen Sohnes. Die Mutter lebt mit dem Sohn in Innsbruck, der Vater alleine in Rosenheim. Die Mutter erhält die österreichische Familienbeihilfe; ein zivilrechtlicher Ausgleich ist nach österreichischem Recht nicht vorgesehen.

Der Vater hat Anspruch auf den vollen Kinderfreibetrag von 455 € monatlich (= 5460 € jährlich) und auf den vollen Freibetrag für Betreuungs- und Erziehungs- oder Ausbildungsbedarf von 244 € monatlich (2928 € jährlich), da der andere Elternteil im Ausland lebt (§ 32 Abs. 6 Satz 3 Nr. 1 EStG). Bei der für den Vater im Rahmen der Einkommensteuer-Veranlagung durchzuführenden Vergleichsrechnung ist der Summe aus Kinderfreibetrag und Freibetrag für Betreuungs- und Erziehungs- oder Ausbildungsbedarf die volle österreichische Familienbeihilfe gegenüberzustellen (BFH-Urteil vom 13.8.2002, BStBl. II S. 867 und vom 28.6.2012, BStBl. 2013 II S. 855).

Wird für Kinder im Ausland **weder** nach inländischem noch nach ausländischem oder überstaatlichem Recht **Kindergeld** oder eine **vergleichbare Leistung** gezahlt, erhält der Arbeitnehmer bei der Veranlagung zur Einkommensteuer den vollen oder halben Kinderfreibetrag sowie den vollen oder halben Freibetrag für Betreuungs- und Erziehungs- oder Ausbildungsbedarf **ohne Gegenrechnung.** Regelmäßig wird in diesen Fällen die Kürzungsregelung nach der Ländergruppeneinteilung zur Anwendung kommen (vgl. die vorstehenden Buchstaben c und d).

Um eine **zutreffende Günstigerprüfung** zu gewährleisten, ist bei der **Veranlagung** von Arbeitnehmern mit **Kindern im EU/EWR-Ausland** stets der volle Anspruch auf Kindergeld zu berücksichtigen, auch wenn dieser selbst kein Kindergeld erhalten hat.

Das nachfolgende Beispiel soll im Rahmen einer **Gesamtdarstellung** die Problematik des Anspruchs auf Kindergeld, die Berücksichtigung der Freibeträge für Kinder und die Vergleichsrechnung **in grenzüberschreitenden Fällen** (EU, EWR, Schweiz; vgl. das Stichwort EU-/EWR-Mitgliedstaaten) zusammenfassen.

Ausgangsbeispiel

Die Eheleute leben getrennt und haben ein Kind. Der Vater wohnt und arbeitet in Deutschland. Die Mutter wohnt zusammen mit dem Kind (12 Jahre) in Polen. Der Vater beantragt in Deutschland Kindergeld bei der örtlich zuständigen Familienkasse.

Anspruch auf Kindergeld

Nach § 62 Abs. 1 EStG hat unter anderem Anspruch auf Kindergeld nach deutschem Recht, wer in Deutschland einen Wohnsitz oder den gewöhnlichen Aufenthalt hat, also unbeschränkt einkommensteuerpflichtig ist.

Fortsetzung des Beispiels

Damit hat der Vater in Deutschland Anspruch auf deutsches Kindergeld. Dabei ist nicht von Bedeutung, dass das Kind nicht in Deutschland lebt.

In grenzüberschreitenden Kindergeldfällen sind jedoch vor den nationalen Vorschriften die Bestimmungen des europäischen Rechts zu beachten. Hier sind die Verordnungen (EG) Nummer 883/2004 und 987/2009 zur Koordinierung der Systeme der sozialen Sicherheit heranzuziehen. Danach wird anhand einer **Wohnsitzfiktion** für den in dem anderen EU-Mitgliedstaat lebenden Elternteil mit Kind angenommen, dass dieser mit dem Kind in Deutschland wohnt. Somit kann auch der in dem anderen EU-Mitgliedstaat lebende Elternteil durch die Wohnsitzfiktion in Deutschland zusätzlich Anspruchsberechtigter von Kindergeld gem. §§ 62, 63, 32 EStG sein.

Fortsetzung des Beispiels

Danach ergibt sich im Beispiel eine Anspruchsberechtigung der Mutter aus § 62 Abs. 1 Nr. 1 EStG. Damit erfüllt neben dem Vater auch die Mutter die Voraussetzungen für den Anspruch auf deutsches Kindergeld.

Die Verordnung (EG) Nummer 883/2004 regelt indes nicht, an wen die Familienleistungen auszuzahlen sind, wenn mehrere Personen anspruchsberechtigt sind. Dies bestimmt sich ausschließlich nach dem nationalen Recht. Dabei sind die Rechtsvorschriften so anzuwenden, als ob beide Elternteile in Deutschland leben. Nach § 64 Abs. 1 EStG wird für jedes Kind nur einem Anspruchsberechtigten Kindergeld ausgezahlt. Bei mehreren Berechtigten wird das Kindergeld demjenigen gezahlt, der das Kind in seinen Haushalt aufgenommen hat (§ 64 Abs. 2 Satz 1 EStG). Ist das Kind in den Haushalt beider Elternteile aufgenommen, können Eltern, die nicht dauernd getrennt leben, untereinander durch eine Bestimmung festlegen, wer von ihnen das Kindergeld erhalten soll.

Fortsetzung des Beispiels

Die Eheleute leben getrennt. Da das Kind in dem Haushalt der Mutter lebt, ist das Kindergeld von der deutschen Familienkasse an die in Polen lebende Mutter auszuzahlen.

Es kommt nicht darauf an, ob der im anderen Mitgliedstaat lebende Elternteil einen Antrag auf Kindergeld in Deutschland gestellt hat. Es reicht aus, dass der in Deutschland lebende Elternteil einen Antrag auf Kindergeld gestellt hat, welcher durch die Familienkasse zugunsten des anderen Elternteils berücksichtigt wird.

Berücksichtigung der Freibeträge für Kinder

Bei der Veranlagung zur Einkommensteuer wird für jedes zu berücksichtigende Kind des Steuerpflichtigen ein Freibetrag für das sächliche Existenzminimum des Kindes (Kinderfreibetrag) sowie ein Freibetrag für den Betreuungs- und Erziehungs- oder Ausbildungsbedarf des Kindes vom Einkommen abgezogen. Bei Ehegatten, die zusammen zur Einkommensteuer veranlagt werden, verdoppeln sich die Beträge, wenn das Kind zu beiden Ehegatten in einem Kindschaftsverhältnis steht. Die doppelten Freibeträge stehen dem Steuerpflichtigen u. a. aber auch dann zu, wenn der andere Elternteil nicht unbeschränkt einkommensteuerpflichtig ist. Bei nicht unbeschränkt einkommensteuerpflichtigen Kindern können die Freibeträge für Kinder aber nur insoweit abgezogen werden, wie sie nach den Verhältnissen seines Wohnsitzstaates notwendig und angemessen sind (Ländergruppeneinteilung).

Fortsetzung des Beispiels

Der Vater hat gem. § 32 Abs. 1 Nr. 1 und Abs. 3 EStG ein steuerlich zu berücksichtigendes Kind. Damit steht ihm ein Kinderfreibetrag und ein Freibetrag für den Betreuungs- und Erziehungs- oder Ausbildungsbedarf gem. § 32 Abs. 6 Satz 1 EStG zu. Diese Freibeträge werden nach § 32 Abs. 6 Satz 3 Nr. 1 EStG verdoppelt, da die Mutter nicht unbeschränkt einkommensteuerpflichtig ist. Jedoch sind anhand der Ländergruppeneinteilung die Freibeträge für Polen nur mit 75 % zu berücksichtigen (§ 32 Abs. 6 Satz 4 EStG).

Vergleichsberechnung (Günstigerprüfung)

Bei der Einkommensteuerveranlagung wird im Rahmen der Günstigerprüfung festgestellt, ob das Existenzminimum des Kindes bereits durch den Anspruch auf Kindergeld vollständig steuerfrei gestellt worden ist (§ 31 EStG). Bei nicht zur Einkommensteuer zusammenveranlagten Eltern richtet sich der im Rahmen der Günstigerprüfung anzusetzende Kindergeldanspruch – unabhängig davon, ob und an welchen Elternteil das Kindergeld ausgezahlt worden ist – nach dem Umfang des zustehenden Kinderfreibetrags (§ 31 Satz 4 EStG).

Fortsetzung des Beispiels

Dem Vater stehen in der Einkommensteuerveranlagung die gesamten Freibeträge für Kinder zu. Damit ist im Rahmen der durchzuführenden Günstigerprüfung der gesamte Kindergeldanspruch beim Vater zu berücksichtigen. Dabei ist nicht von Bedeutung, dass das Kindergeld an den anderen Elternteil ausgezahlt wird. Der Vater hat aber ggf. einen zivilrechtlichen Ausgleich gegenüber der Mutter (z. B. durch Kürzung der Unterhaltszahlungen).

Insbesondere findet in diesen Fällen § 31 Satz 5 EStG keine Anwendung, da die Auszahlung des Kindergeldes nicht unter Hinweis auf § 70 Abs. 1 Satz 2 EStG von der Familienkasse abgelehnt wurde (vgl. die Erläuterungen unter der vorstehenden Nr. 4). Daher ist im Rahmen der Einkommensteuerveranlagung zwingend der Anspruch auf Kindergeld des in Deutschland lebenden Elternteils anzusetzen.

13. Zahl der Kinderfreibeträge im Lohnsteuerabzugsverfahren

Die Zahl der Kinderfreibeträge wird nach wie vor als Lohnsteuerabzugsmerkmal gebildet, auch wenn sich die kindbedingten Freibeträge nur noch mindernd auf den Solidaritätszuschlag und die Kirchensteuer auswirkt (vgl. diese Stichwörter im Hauptteil des Lexikons).

Die Kinderfreibetrags-Zähler werden **unabhängig von der Haushaltszugehörigkeit** der Kinder gebildet. Für jedes zu berücksichtigende Kind gilt grundsätzlich der Zähler 0,5; der **Zähler 1,0** wird gebildet[1)]

a) bei Verheirateten in Steuerklasse III oder IV, wenn das Kind zu beiden Ehegatten in einem Kindschaftsverhältnis steht (= gemeinsames Kind der Ehegatten);
b) wenn der andere Elternteil des Kindes vor Beginn des Kalenderjahres 2021 verstorben ist;
c) wenn der Arbeitnehmer oder sein nicht dauernd getrennt lebender Ehegatte das Kind allein adoptiert hat;
d) wenn ein Pflegekindschaftsverhältnis nur zum Arbeitnehmer besteht.

Außerdem wird der Zähler 1,0 für ein Kind z. B. berücksichtigt, wenn der Kinderfreibetrag des anderen Elternteils auf den Arbeitnehmer zu übertragen ist, weil dieser seiner Unterhaltsverpflichtung gegenüber dem Kind nicht im Wesentlichen nachkommt bzw. mangels Leistungsfähig-

1) Die nachfolgenden Ausführungen zu Ehegatten gelten entsprechend bei eingetragenen Lebenspartnerschaften (§ 2 Abs. 8 EStG).

keit nicht unterhaltspflichtig ist und der Arbeitnehmer keinen Unterhaltsvorschuss erhalten hat (vgl. die vorstehende Nr. 10 unter dem Buchstaben b) oder der Wohnsitz des anderen Elternteils im Ausland ist bzw. sein Aufenthalt nicht zu ermitteln oder der Vater des Kindes amtlich nicht feststellbar ist[1)] (vgl. die vorstehende Nr. 10 unter dem Buchstaben a). Die Übertragung kann auch bei der Veranlagung zur Einkommensteuer beantragt werden.

Die Zahl der Kinderfreibeträge für **minderjährige Kinder** wird als Lohnsteuerabzugsmerkmal anhand der Meldedaten grundsätzlich **automatisch** gebildet (z. B. bei der Geburt eines Kindes). Für die Bildung des Kinderfreibetrags-Zählers bei **volljährigen Kindern** und in den im vorstehenden Absatz beschriebenen **Sonderfällen,** die nicht automatisiert umgesetzt werden können, ist das **Wohnsitzfinanzamt** des Arbeitnehmers zuständig.

Minderjährige Kinder, die **nicht in der Wohnung des Arbeitnehmers gemeldet** sind, werden beim Kinderfreibetrags-Zähler nur berücksichtigt, wenn beim Wohnsitzfinanzamt ein Antrag auf Lohnsteuer-Ermäßigung unter Vorlage der **Geburtsurkunde oder Identifikationsnummer** des Kindes gestellt wird. Die in diesen Fällen früher vorgelegte steuerliche Lebensbescheinigung ist entfallen.

Zudem ist eine **mehrjährige Berücksichtigung** von Kindern im Lohnsteuerabzugsverfahren möglich. Dies gilt auch für

- Pflegekinder bis zur Vollendung des 18. Lebensjahres,
- für Kinder unter 18 Jahren, wenn der Wohnsitz oder gewöhnliche Aufenthalt des anderen Elternteils nicht ermittelbar oder der Vater des Kindes amtlich nicht feststellbar ist[1)] und
- für Kinder **nach Vollendung des 18. Lebensjahres,** wenn sie sich in einem **Ausbildungsdienstverhältnis** befinden (Vorlage des Ausbildungsvertrags) oder **studieren** (hier kann die Regelstudienzeit zugrunde gelegt werden). Die Höhe der eigenen Einkünfte und Bezüge ist bei volljährigen Kindern ohne Bedeutung (vgl. die Erläuterungen unter der vorstehenden Nr. 9).

Der Arbeitnehmer ist **verpflichtet,** die Zahl der **Kinderfreibeträge** umgehend durch das Finanzamt **ändern** zu lassen, wenn die Eintragung von den tatsächlichen Verhältnissen am **1.1.2021 zu** seinen **Gunsten abweicht.**

Beispiel

Die 23-jährige Tochter der Eheleute A und B beendet überraschend bereits Anfang Dezember 2021 ihre Berufsausbildung. Als Lohnsteuerabzugsmerkmal des A ist die Steuerklasse III, Zahl der Kinderfreibeträge 1,0 gebildet werden.

A ist verpflichtet, die Lohnsteuerabzugsmerkmale vom Finanzamt mit Wirkung vom 1.1.2022 in Steuerklasse III, Zahl der Kinderfreibeträge 0,0 ändern zu lassen.

Der Arbeitnehmer kann außersteuerliche Gründe haben, dass ein **geringerer Kinderfreibetrags-Zähler** als Lohnsteuerabzugsmerkmal gebildet wird, als ihm zustünde. Diesbezüglich kann ein Antrag beim Wohnsitzfinanzamt gestellt werden (§ 38b Abs. 3 EStG). Die zutreffende Kinderberücksichtigung erreicht der Arbeitnehmer in solchen Fällen durch eine Veranlagung zur Einkommensteuer.

In dem **Kinderfreibetrags-Zähler** ist auch der **Freibetrag für Betreuungs- und Erziehungs- oder Ausbildungsbedarf** enthalten. Er wird nicht gesondert bescheinigt.

14. Auswirkung der Freibeträge für Kinder auf die Kirchensteuer und den Solidaritätszuschlag

a) Lohnsteuerabzug durch den Arbeitgeber

Beim Lohnsteuerabzug durch den Arbeitgeber ist hinsichtlich der Kinderfreibeträge Folgendes zu beachten:

Obwohl die steuerliche Förderung der Kinder während des Kalenderjahres ausschließlich durch die Zahlung des Kindergeldes erfolgt, werden die Kinderfreibetrags-Zähler als Lohnsteuerabzugsmerkmal gebildet. Denn die Kinderfreibeträge werden zwar nicht mehr bei der Berechnung der **Lohnsteuer** berücksichtigt; sie wirken sich jedoch beim **Solidaritätszuschlag** und bei der **Kirchensteuer** aus. Diese Auswirkung ist bei den Stichworten „Kirchensteuer" und „Solidaritätszuschlag" anhand von Beispielen dargestellt. Wichtig ist in diesem Zusammenhang, dass die Berücksichtigung der Kinderfreibeträge bei der Bemessungsgrundlage für den Solidaritätszuschlag und die Kirchensteuer stets (entsprechend dem als Lohnsteuerabzugsmerkmal gebildeten Kinderfreibetrags-Zähler) mit dem halben oder ganzen **Jahresbetrag** des Kinderfreibetrags erfolgt. Das für den Kinderfreibetrag geltende Monatsprinzip ist also bei der Ermittlung der Bemessungsgrundlage für den Solidaritätszuschlag und die Kirchensteuer im Rahmen des Lohnsteuerabzugs wieder durchbrochen worden, weil es sich für die Durchführung des Steuerabzugs beim Arbeitgeber als zu kompliziert erwiesen hat (§ 51a Abs. 2a EStG). Dies gilt auch nach Einführung der elektronischen Lohnsteuerabzugsmerkmale.

Der **Freibetrag für Betreuungs- und Erziehungs- oder Ausbildungsbedarf** eines Kindes ist in dem **Kinderfreibetrags-Zähler mit enthalten.** Er wird nicht gesondert ausgewiesen. Die vorstehend beschriebenen Grundsätze für den Kinderfreibetrag gelten daher für diesen Freibetrag entsprechend.

b) Veranlagung zur Einkommensteuer

Die beim Lohnsteuerabzug geltende **jahresbezogene Betrachtungsweise** beim Kinderfreibetrag und beim Freibetrag für Betreuungs- und Erziehungs- oder Ausbildungsbedarf wird auch für das Veranlagungsverfahren übernommen. Diese für die Arbeitnehmer vorteilhafte Vorgehensweise wurde aus Gründen der Verwaltungsvereinfachung gewählt, da ansonsten bei der Berücksichtigung von monatlichen Kinderfreibeträgen und monatlichen Freibeträgen für Betreuungs- und Erziehungs- oder Ausbildungsbedarf für Arbeitnehmer eine Pflichtveranlagung eingeführt werden müsste, die zu Nachzahlungen beim Solidaritätszuschlag und der Kirchensteuer führen würde. Bei der Berechnung der Bemessungsgrundlage für den Solidaritätszuschlag und die Kirchensteuer wird deshalb der **Jahresbetrag** des Kinderfreibetrags und des Freibetrags für Betreuungs- und Erziehungs- oder Ausbildungsbedarf **auch dann** angesetzt, wenn die **Voraussetzungen** für die Berücksichtigung des Kindes im Laufe des Kalenderjahres **entfallen** (z. B. Beendigung der Berufsausbildung) oder **eingetreten** (z. B. Geburt eines Kindes) sind.

15. Entlastungsbetrag für Alleinerziehende[2)]

Seit dem Jahre 2004 erhalten alleinstehende (alleinerziehende) Arbeitnehmer statt des früheren Haushaltsfreibetrags einen Entlastungsbetrag. Dieser Entlastungsbetrag wurde bisher – wie früher der Haushaltsfreibetrag – einmal (auch bei mehreren Kindern) zusätzlich zum Kindergeld bzw. den Freibeträgen für Kinder gewährt. Durch das Gesetz zur Anhebung des Grundfreibetrags, des Kinderfreibetrags, des Kindergeldes und des Kinderzuschlags vom 16.7.2015 (BGBl. I S. 1202, BStBl. I S. 566) ist der Entlastungsbetrag für Alleinerziehende mit **einem** haushaltszugehörigen **Kind** ab 2015 von 1308 € auf **1908 € jährlich (159 € monatlich)** erhöht worden. Für das zweite und **jedes weitere** haushaltszugehörige **Kind** wird ab 2015 ein **zusätzlicher Erhöhungsbetrag von 240 € jährlich (20 € monatlich)** gewährt. Durch das sog. Zweite Corona-Steuerhilfegesetz ist der Entlastungsbetrag für Alleinerziehende für die Jahre 2020 und **2021** von bisher 1908 € jährlich um 2100 € auf **4008 €** jährlich (334 € monatlich) **angehoben** worden. Während der Betrag von 1908 € wie bisher automatisch über die Steuerklasse II berücksichtigt wird, wird der **Erhöhungsbetrag von 2100 €** als Freibetrag beim Lohnsteuerabzug angesetzt. Die Finanzverwaltung hat den Erhöhungsbetrag in der Regel ohne gesonderten Antrag der alleinerziehenden Arbeitnehmer berücksichtigt. Nur in sog. Neufällen (erstmalige Beantragung der Steuerklasse II) musste ein entsprechender Antrag im Rahmen des Lohnsteuer-Ermäßigungsverfahrens beim Wohnsitzfinanzamt eingereicht werden. Durch das sog. Jahressteuergesetz 2020 ist der Entlastungsbetrag dauerhaft auf 4008 € jährlich (= 334 € monatlich) erhöht worden und wird ab dem Kalenderjahr 2022 automatisch über die Steuerklasse II berücksichtigt. Der bisherige zusätzliche Erhöhungsbetrag für das zweite und jedes weitere Kind beträgt 2021 weiterhin 240 € jährlich (20 monatlich). Da auch der zusätzliche Erhöhungsbetrag nicht automatisch über die Steuerklasse II berücksichtigt werden kann, wird hierfür bei Vorliegen der übrigen Voraussetzungen vom Finanzamt auf Antrag im Lohnsteuer-Ermäßigungsverfahren ein Freibetrag gebildet. Der Entlastungsbetrag wird wie bisher in die **Vergleichsrechnung** zwischen Kindergeld und Freibeträgen für Kinder **nicht einbezogen,** sondern bei der Ermittlung des Gesamtbetrags der Einkünfte von der Summe der Einkünfte abgezogen. Dies wirkt sich z. B. günstig auf die Höhe der zumutbaren (Eigen-)Belastung bei den außergewöhnlichen Belastungen aus (vgl. zur steuerlichen Berücksichtigung von außergewöhnlichen Belastungen auch die Erläuterungen in Anhang 7 Abschnitt D Nrn. 1 und 2). Der Entlastungsbetrag kann im Übrigen nicht auf einen anderen Elternteil übertragen werden.

Nach Auffassung des Bundesfinanzhofs (BFH-Urteil vom 17.9.2015, BFH/NV 2016 S. 545) steht die Gewährung des Entlastungsbetrags für Alleinerziehende nicht im Zusammenhang mit der Erfüllung von Unterhaltspflichten, sondern soll eine Kompensation dafür schaffen, dass Alleinerziehende keine Synergieeffekte aus der gemeinsamen Haushalts-

---

1) Dies ist auch dann der Fall, wenn unter Nutzung fortpflanzungsmedizinischer Verfahren der biologische Vater anonym bleibt.

2) Vgl. auch BMF-Schreiben vom 23.10.2017 (BStBl. I S. 1432). Das BMF-Schreiben ist als Anlage zu H 24b LStR im **Steuerhandbuch für das Lohnbüro 2021** abgedruckt, das im selben Verlag erschienen ist.

führung mit einer anderen erwachsenen Person erzielen können. Daraus, dass der **andere Elternteil** seiner **Barunterhaltsverpflichtung nicht nachkommt**, kann daher **kein Anspruch auf einen höheren Entlastungsbetrag** für Alleinerziehende abgeleitet werden.

Ziel des Entlastungsbetrags ist es, bei Alleinerziehenden die höheren Kosten für die eigene Lebens- bzw. Haushaltsführung abzugelten, die ausschließlich mit ihren Kindern und keiner anderen volljährigen Person, die tatsächlich oder finanziell zum Haushalt beiträgt, zusammenleben. Von diesem Grundsatz wird aber in bestimmten Fällen abgewichen.

Beschränkt steuerpflichtige Arbeitnehmer, die einem Inländer nicht völlig oder annähernd gleichgestellt sind (= beschränkt steuerpflichtige Arbeitnehmer der 3. Gruppe; vgl. auch dieses Stichwort), erhalten keinen Entlastungsbetrag für Alleinerziehende (§ 50 Abs. 1 Satz 4 EStG).

Der Entlastungsbetrag steht nur **alleinstehenden Arbeitnehmern** (= „echte" Alleinerziehende) zu, zu deren **Haushalt** mindestens ein **Kind** (leibliches Kind, Adoptivkind, Pflegekind, Stiefkind oder Enkelkind) gehört, für das ihnen **Kindergeld** bzw. kindbedingte **Freibeträge zustehen** (zum „Kindbegriff" vgl. auch die Erläuterung unter der vorstehenden Nr. 8). Der Entlastungsbetrag steht einem Alleinerziehenden auch für ein volljähriges Kind zu, wenn er für dieses Kind noch Anspruch auf Kindergeld bzw. kindbedingte Freibeträge hat. Weitere Voraussetzung ist jeweils die Identifizierung des Kindes durch die an das Kind vergebene **Identifikationsnummer**; bei Kindern mit Wohnsitz im Ausland ist die Identifizierung in anderer geeigneter Weise vorzunehmen (z. B. Ausweisdokumente, ausländische Urkunden oder die Angabe eines ausländischen Personenkennzeichens).

Als **alleinstehend** gelten nur Arbeitnehmer, die

- **nicht** die Voraussetzungen für die Anwendung des sog. **Splitting-Verfahrens** erfüllen (verheiratet, beide Ehegatten unbeschränkt steuerpflichtig und nicht dauernd getrennt leben). Bei einer Einzelveranlagung der Ehegatten zur Einkommensteuer kommt eine (zeitanteilige) Berücksichtigung des Entlastungsbetrags auch nicht in Betracht.[1)]
Obwohl die Berücksichtigung des Entlastungsbetrags für Alleinerziehende voraussetzt, dass der Steuerpflichtige **nicht die Voraussetzungen** für die Anwendung des **Splitting-Verfahrens** erfüllt, hat der Bundesfinanzhof zur **Rechtslage vor 2013** klargestellt (BFH-Urteil vom 5.11.2015, BFH/NV 2016 S. 548), dass der Entlastungsbetrag für Alleinerziehende nach § 24b EStG bei Steuerpflichtigen, welche die **besondere Veranlagung für den Veranlagungszeitraum der Eheschließung** (§ 26c EStG) gewählt haben, **anteilig** für die **Monate des Alleinstehens** (für die Zeit vor Heirat/Zusammenleben) gewährt werden kann. Ab 2013 wurde die **besondere Veranlagung** für den Veranlagungszeitraum der Eheschließung allerdings **abgeschafft.** Die getrennte Veranlagung wurde durch die Einzelveranlagung von Ehegatten ersetzt. Dieses Urteil ist **nicht** entsprechend **auf die jetzige Rechtslage anzuwenden**, sodass eine **anteilige Berücksichtigung des Entlastungsbetrags für Alleinerziehende sowohl im Jahr der Eheschließung als auch im Trennungsjahr ausgeschlossen** ist.

Beispiel A

Die Eheleute A und B, nicht dauernd getrennt lebend, sind Eltern einer minderjährigen Tochter, die in ihrem Haushalt lebt.

Weder A noch B können einen Entlastungsbetrag erhalten, da sie die Voraussetzungen für die Anwendung des Splitting-Verfahrens erfüllen und es sich somit nicht um alleinstehende Arbeitnehmer handelt.

Beispiel B

Wie Beispiel A. A und B ziehen im September 2021 zusammen und heiraten am 1.12.2021.

Weder A noch B können für 2021 einen Entlastungsbetrag erhalten, da sie die Voraussetzungen für die Anwendung des Splitting-Verfahrens erfüllen und es sich somit nicht um allein stehende Arbeitnehmer handelt. Auch eine zeitanteilige Gewährung des Entlastungsbetrags kommt nicht in Betracht.

Im Übrigen ist die Besteuerung **Alleinerziehender** nach dem **Grundtarif** (= Einzelveranlagung mit Entlastungsbetrag) anstelle einer Besteuerung nach dem Splittingtarif (= Zusammenveranlagung von Ehegatten) nach Auffassung des Bundesfinanzhofs **verfassungsgemäß** (BFH-Urteil vom 29.9.2016, BStBl. 2017 II S. 259). In Übereinstimmung mit dem Familienrecht geht man bei der Zusammenveranlagung von Ehegatten davon aus, dass zusammenlebende Eheleute eine Gemeinschaft des Erwerbs und Verbrauchs bilden, in der ein Partner an den Einkünften und Lasten des anderen wirtschaftlich jeweils zur Hälfte teilhat. Die Zusammenveranlagung von Ehegatten wird daher als „steuerpolitische Konsequenz" und „logische steuerrechtliche Folgerung" des Regelgüterstandes der Zugewinngemeinschaft bezeichnet. Die gegen diese Entscheidung des Bundesfinanzhofs eingelegte Verfassungsbeschwerde wurde beim BVerfG unter dem Aktenzeichen 2 BvR 221/17 geführt. Mit Beschluss vom 18.9.2018 hat das BVerfG diese Verfassungsbeschwerde nicht zur Entscheidung angenommen.

- **verwitwet sind.**

Beispiel C

Die seit Jahren als Arbeitnehmerin beschäftigte B, seit 2020 verwitwet, ist Mutter eines minderjährigen Kindes, mit dem sie allein in ihrem Haushalt lebt.

B hat 2021 Anspruch auf den Entlastungsbetrag, da sie alleinstehend ist und zu ihrem Haushalt ein Kind gehört, für das Anspruch auf Kindergeld bzw. kindbedingte Freibeträge besteht. Da sie für 2021 noch Anspruch auf das sog. „Witwen-Splitting" (= Steuerklasse III) hat, kann für den Entlastungsbetrag ein Freibetrag gebildet werden (§ 39a Abs. 1 Satz 1 Nr. 8 EStG), da er sich anderenfalls wegen der günstigeren Steuerklasse III erst bei der Einkommensteuer-Veranlagung auswirken würde.

- in beiden vorgenannten Fällen **keine Haushaltsgemeinschaft** mit einer **anderen volljährigen Person** bilden (vgl. hierzu die Erläuterungen weiter unten).

Als **„alleinstehend"** gelten somit nur Arbeitnehmer, die

- während des gesamten Kalenderjahres nicht verheiratet oder verpartnert (also **ledig** oder **geschieden**) sind,
- verheiratet oder verpartnert sind, aber bereits seit einem vorangegangenen Kalenderjahr **dauernd getrennt leben,**
- **verwitwet** sind oder
- deren **Ehegatte** oder eingetragener Lebenspartner im **Ausland** lebt und nicht unbeschränkt einkommensteuerpflichtig ist.

Nach Meinung des Bundesfinanzhofs bestehen gegen die **Nichtbegünstigung zusammenlebender** (und im Streitfall auch zusammen zur Einkommensteuer zu veranlagender) **Eltern keine** verfassungsrechtlichen **Bedenken** (BFH-Urteil vom 19.10.2006, BStBl. 2007 II S. 637). Der Bundesfinanzhof hat aber – im Urteilsfall nicht vorliegende – **Zweifel,** ob die Regelung insoweit der Verfassung entspricht, als Personen, welche die Voraussetzungen für die Anwendung des Splitting-Verfahrens erfüllen, stets vom Entlastungsbetrag ausgeschlossen sind. Denn auch solche Personen können sich in einer Situation befinden, in der das Kind wegen besonderer Umstände nur von einem Ehegatten betreut und erzogen werden kann. Dies kann z. B. zutreffen, wenn eine Haushaltsgemeinschaft mit dem Ehegatten in einem Teil des Jahres fehlt – z. B. bei dauernder Trennung der Eheleute zu Beginn des Jahres oder bei Heirat und Begründung einer Haushaltsgemeinschaft des betreuenden Elternteils mit einem Dritten gegen Ende des Jahres (vgl. auch das vorstehende Beispiel B) –, die miteinander verheirateten Eltern zwar nicht dauernd getrennt leben, tatsächlich aber alleine stehen – z. B. wegen Unterbringung eines Ehegatten in einem Krankenhaus oder einer Haftanstalt, wegen doppelter Haushaltsführung aus beruflichem Anlass oder in den Fällen der Pflegebedürftigkeit, Erkrankung oder schweren Behinderung eines Ehegatten. Die Finanzverwaltung hat das Urteil des Bundesfinanzhofs im Bundessteuerblatt veröffentlicht, ohne auf die vorstehend angeführten Zweifel an der Regelung weiter einzugehen. Das Bundesverfassungsgericht hat die eingelegte **Verfassungsbeschwerde** gegen das Urteil des Bundesfinanzhofs wegen Nichtgewährung des Entlastungsbetrags bei Ehegatten mangels hinreichender Aussicht auf Erfolg **nicht** zur Entscheidung **angenommen** (BVerfG-Beschluss vom 22.5.2009, BStBl. II S. 884). Zur Begründung führt das Gericht aus, dass nicht nur verheiratete, sondern alle Erziehungsgemeinschaften mit zwei Erwachsenen in einem gemeinsamen Haushalt von der Steuerermäßigung ausgeschlossen seien. Die Gewährung des Entlastungsbetrags bei echten Alleinerziehenden sei hingegen verfassungsrechtlich – entweder wegen der tatsächlichen Mehrbelastung oder als soziale Förderungsmaßnahme – gerechtfertigt. Die Beschwerde beim Europäischen Gerichtshof für Menschenrechte wurde für unzulässig erklärt (Beschluss vom 7.2.2013, Beschwerde-Nr. 43576/09).

Ein Entlastungsbetrag kann nur gewährt werden, wenn zum Haushalt des Alleinstehenden mindestens ein Kind gehört, für das Anspruch auf Kindergeld bzw. kindbedingte Freibeträge besteht. Ein **Kind gehört zum Haushalt** des Arbeitnehmers, wenn es dauerhaft in dessen Wohnung **lebt** oder mit seiner Einwilligung **vorübergehend** (z. B. zu Ausbildungszwecken) **auswärtig** untergebracht ist. Erforderlich ist eine Verantwortung für das materielle (Versorgung, Unterhaltsgewährung) und immaterielle Wohl (Fürsorge, Betreuung) des Kindes. Eine Heimunterbringung steht einer Haushaltszugehörigkeit nicht entgegen, wenn die Wohnverhältnisse die speziellen Bedürfnisse des Kindes berücksichtigen und es sich im Haushalt des Arbeitnehmers regelmäßig aufhält (BFH-Urteil vom 14.11.2001, BStBl. 2002 II S. 244). Ist das Kind mit Haupt- oder Nebenwohnsitz in der Wohnung des Arbeitnehmers **gemeldet,** wird **unterstellt,** dass es zu seinem **Haushalt gehört.** Ein Nachweis der tatsäch-

1) Die Ausführungen gelten entsprechend für eingetragene Lebenspartnerschaften (§ 2 Abs. 8 EStG).

lichen Haushaltszugehörigkeit ist nicht zu führen. Nach Auffassung des Bundesfinanzhofs wird durch die im Gesetz vorgesehene Anknüpfung an die Meldung des Kindes (vgl. § 24b Abs. 1 Satz 2 EStG) unwiderlegbar vermutet, dass ein in der Wohnung des Alleinerziehenden gemeldetes Kind zu dessen Haushalt gehört (BFH-Urteil vom 5.2.2015, BStBl. II S. 926). Bei Vorliegen der weiteren Voraussetzungen kann deshalb der Entlastungsbetrag auch dann beansprucht werden, wenn das Kind tatsächlich in einer eigenen Wohnung lebt. Ist das Kind hingegen nicht in der Wohnung des Arbeitnehmers gemeldet, muss das Vorliegen der Haushaltszugehörigkeit gegenüber dem Finanzamt nachgewiesen werden.

Beispiel D

Die ledige A lebt allein mit ihrem 20-jährigen Sohn, der sich in Berufsausbildung befindet, in einem gemeinsamen Haushalt.

A hat Anspruch auf den Entlastungsbetrag und damit auf die Steuerklasse II, da zu ihrem Haushalt ein (volljähriges) Kind gehört, für das noch Anspruch auf Kindergeld bzw. kindbedingte Freibeträge besteht.

Beispiel E

Die 22-jährige Tochter der ledigen und alleine wohnenden A studiert in Köln, wo sie auch mit Hauptwohnsitz gemeldet ist. In der Wohnung der Mutter in Hamburg, wo sie sich regelmäßig in den Ferien und an den Wochenenden aufhält, steht ihr ein Zimmer zur Verfügung. Sie ist dort auch mit Nebenwohnsitz gemeldet.

A hat für ihre volljährige Tochter Anspruch auf Kindergeld bzw. die kindbedingten Freibeträge, da sie sich in Berufsausbildung befindet. Da die Tochter in der Wohnung von A mit Nebenwohnsitz gemeldet ist, kann die Haushaltszugehörigkeit ohne Weiteres unterstellt werden (vgl. BFH-Urteil vom 5.2.2015, BStBl. II S. 926 zum Vorliegen einer unwiderlegbaren gesetzlichen Vermutung). A hat daher auch Anspruch auf den Entlastungsbetrag/Steuerklasse II. Dabei ist nicht von Bedeutung, dass sich der Hauptwohnsitz der Tochter von A an einem anderen Ort befindet.

Abwandlung

Die ledige und allein wohnende A hat drei zu ihrem Haushalt gehörende minderjährige Kinder und beantragt im Januar 2021 den Entlastungsbetrag für ihre drei Kinder.

Für den Entlastungsbetrag für das erste Kind in Höhe von 1908 € wird die Steuerklasse II gebildet. Zudem kann in 2021 ein Erhöhungsbetrag von 2100 € als Freibetrag gewährt werden. Für die beiden weiteren Kinder ist jeweils ein Erhöhungsbetrag von 240 € als Freibetrag zu berücksichtigen. Es ergibt sich somit ein Jahresfreibetrag von 2580 € (2 × 240 € + 2100 €), der im Rahmen des Lohnsteuer-Ermäßigungsverfahrens auf die Monate Januar bis Dezember zu verteilen ist, sodass ein Monatsbetrag von 215 € (2580 € verteilt auf zwölf Monate) zu berücksichtigen ist. Die Mindestgrenze von 600 € für einen Lohnsteuer-Ermäßigungsantrag (§ 39a Abs. 2 Satz 4 EStG) gilt in diesen Fällen nicht.

Beispiel F

Die unverheiratete Studentin A hat eine minderjährige Tochter B. A lebt an ihrem Studienort in München und ist dort mit Hauptwohnsitz gemeldet. Um die Versorgung des Kindes während des Studiums sicherzustellen, lebt B in der Wohnung ihrer verwitweten und alleinstehenden Großmutter C in Nürnberg, wo sie versorgt, verpflegt sowie betreut wird und auch mit Hauptwohnsitz gemeldet ist. C erhält auch das Kindergeld für B (§ 64 Abs. 2 Satz 1 i. V. m. § 63 Abs. 1 Satz 1 Nr. 3 EStG).

„Großmutter" C hat auch Anspruch auf den Entlastungsbetrag, da zu ihrem Haushalt ein Kind gehört, für das ihr Kindergeld zusteht.

Ist das **Kind** zeitgleich bei **mehreren Steuerpflichtigen gemeldet,** steht der Entlastungsbetrag regelmäßig demjenigen zu, der das **Kindergeld erhält,** sofern diese Person zugleich „alleinstehend" ist (§ 24b Abs. 1 Satz 3 EStG). Entsprechendes soll gelten, wenn das Kind – ohne dort gemeldet zu sein – zum Haushalt eines Arbeitnehmers gehört und bei weiteren Steuerpflichtigen gemeldet ist.

Beispiel G

Die 20-jährige, sich in Berufsausbildung befindende A ist mit Hauptwohnsitz bei der alleinstehenden Mutter und mit Nebenwohnsitz beim alleinstehenden Vater gemeldet. Das Kindergeld wird an die Mutter gezahlt.

Die Mutter hat Anspruch auf den Entlastungsbetrag, da zu ihrem Haushalt ein Kind gehört, für das Anspruch auf Kindergeld bzw. kindbedingte Freibeträge besteht und ihr bei der hier vorliegenden doppelten melderechtlichen Haushaltszugehörigkeit des Kindes das Kindergeld ausgezahlt wird.

Ist ein Kind **annähernd gleichwertig** in die **beiden Haushalte** seiner alleinstehenden Eltern aufgenommen („Wechselmodell"), können die **Eltern** – unabhängig davon, an welchen Berechtigten das Kindergeld ausgezahlt wird – **untereinander bestimmen,** wem der Entlastungsbetrag zustehen soll, es sei denn, einer der Berechtigten hat bei seiner Einkommensteuer-Veranlagung oder über die Steuerklasse II im Lohnsteuerabzugsverfahren den Entlastungsbetrag bereits in Anspruch genommen. Treffen die Eltern keine Bestimmung über die Zuordnung des Entlastungsbetrags, steht er demjenigen zu, an den das Kindergeld ausgezahlt wird (BFH vom 28.4.2010, BStBl. 2011 II S. 30). Hierdurch ergibt sich für die Eltern ein **Wahlrecht,** den Entlastungsbetrag – unabhängig vom Kindergeld – bei demjenigen Elternteil abzuziehen, für den sich die größere Steuerersparnis ergibt.

Beispiel H

Die geschiedenen, alleinstehenden Elternteile A und B haben gemeinsam einen 10-jährigen Sohn, der mit Hauptwohnsitz bei der Mutter und mit Nebenwohnsitz beim Vater gemeldet ist. Die Eltern üben ihr gemeinsames Sorgerecht so aus, dass das Kind abwechselnd eine Woche bei der Mutter und eine Woche im Haushalt des Vaters lebt („Wechselmodell"). Das Kindergeld wird an die Mutter gezahlt.

Unabhängig davon, dass das Kindergeld an die Mutter gezahlt worden ist, können die alleinstehenden Elternteile A und B untereinander bestimmen, wer von ihnen den Entlastungsbetrag für Alleinerziehende in Anspruch nimmt. Sie sollten den Elternteil bestimmen, für den sich aufgrund der Höhe seiner Einkünfte und der übrigen Besteuerungsgrundlagen die größere Steuerersparnis ergibt. Wird kein Elternteil bestimmt (z. B. weil sich A und B nicht einigen können), steht der Entlastungsbetrag für Alleinerziehende der Mutter zu, weil an sie das Kindergeld gezahlt wird.

Abwandlung zu Beispiel H

Die geschiedenen, alleinstehenden Eheleute A und B haben einen gemeinsamen 10-jährigen Sohn und eine 8-jährige Tochter, die beide mit Hauptwohnsitz bei der Mutter und mit Nebenwohnsitz beim Vater gemeldet sind. Die Eltern üben ihr gemeinsames Sorgerecht so aus, dass die Kinder abwechselnd eine Woche bei der Mutter und eine Woche im Haushalt des Vaters leben („Wechselmodell"). Das Kindergeld wird für beide Kinder an die Mutter gezahlt.

Die alleinstehenden Elternteile können untereinander bestimmen, dass ein Elternteil für den Sohn und der andere Elternteil für die Tochter den Entlastungsbetrag für Alleinerziehende in Anspruch nimmt. Wird kein Elternteil bestimmt (z. B. weil sich A und B nicht einigen können), steht der Mutter der Entlastungsbetrag für Alleinerziehende in Höhe von 1908 € (= Steuerklasse II), in 2021 der Erhöhungsbetrag von 2100 € und der Erhöhungsbetrag für das zweite Kind von 240 € zu, weil an sie das Kindergeld für beide Kinder gezahlt wird.

Ist das Kind aber in den Wohnungen **beider Elternteile gemeldet** und ist **nur ein Elternteil alleinstehend,** ist diesem Elternteil der Entlastungsbetrag zu gewähren. Dies gilt auch dann, wenn dieser Elternteil das Kindergeld nicht erhält.

Weitere Abwandlung zu Beispiel H

Die geschiedenen Eltern A und B haben eine gemeinsame 10-jährige Tochter T. Mutter A hat erneut geheiratet und lebt mit ihrem neuen Ehegatten und T in einem gemeinsamen Haushalt. T ist sowohl in der Wohnung der Mutter A als auch in der Wohnung von Vater B gemeldet. T hält sich alle zwei Wochen an den Wochenenden und darüber hinaus in den Ferien bei B auf (Wochenend- und Ferienaufenthalt). A erhält das Kindergeld für T.

B ist alleinstehend i. S. d. § 24b Abs. 3 EStG. Zudem gehört T zu seinem Haushalt. B kann der Entlastungsbetrag für Alleinerziehende gewährt werden, da A diesen nicht in Anspruch nehmen kann. Bei ihr sind die Voraussetzungen für die Anwendung des Splitting-Verfahrens erfüllt.

Ist das Kind – ohne dass ein Anspruch auf Kindergeld besteht – bei mehreren Steuerpflichtigen mit Haupt- oder Nebenwohnsitz gemeldet, steht der Entlastungsbetrag auch dem Arbeitnehmer zu, der die Voraussetzungen auf Auszahlung des Kindergeldes erfüllen würde. Hierbei handelt es sich um Fälle, in denen kein Anspruch auf Kindergeld, sondern nur auf die kindbedingten Freibeträge besteht. Dies kommt in Betracht, wenn der Arbeitnehmer mit seinem Kind außerhalb der EU-/EWR-Mitgliedstaaten (vgl. dieses Stichwort) wohnt, aber auf Antrag als unbeschränkt einkommensteuerpflichtig behandelt wird (vgl. hierzu das Stichwort „Beschränkt steuerpflichtige Arbeitnehmer" im Hauptteil des Lexikons).

Arbeitnehmer sind nur dann **„alleinstehend"** und haben Anspruch auf den Entlastungsbetrag für Alleinerziehende, wenn sie **keine Haushaltsgemeinschaft** mit einer **anderen volljährigen Person** gebildet haben (§ 24b Abs. 3 Satz 1 EStG). Unschädlich ist demzufolge, die Aufnahme einer anderen minderjährigen Person in den Haushalt.

Beispiel I

Die ledige A ist Mutter einer 15-jährigen Tochter, mit der sie alleine in einem gemeinsamen Haushalt lebt. Nach dem Tode ihrer Schwester nimmt sie ihren siebenjährigen Neffen in den Haushalt auf, da der Vater des Jungen aus beruflichen Gründen häufig unterwegs ist. Das Obhuts- und Pflegeverhältnis zum Vater besteht allerdings noch mit der Folge, dass der Neffe kein steuerliches Pflegekind von A ist.

A hat Anspruch auf den Entlastungsbetrag von 1908 € jährlich (= Steuerklasse II) und in 2021 auf den Erhöhungsbetrag von 2100 €, da zu ihrem Haushalt ihre 15-jährige Tochter gehört, für die sie Anspruch auf Kindergeld bzw. kindbedingte Freibeträge hat. Obwohl eine Haushaltsgemeinschaft zu einer anderen Person – ihrem siebenjährigen Neffen – besteht, gilt A als alleinstehend, da die andere Person nicht volljährig ist.

Unschädlich für den Entlastungsbetrag ist auch die **Aufnahme** einer anderen **volljährigen Person** in den Haushalt des Arbeitnehmers, wenn es sich hierbei um ein leibliches Kind bzw. Adoptiv-, Pflege-, Stief- oder Enkelkind handelt, für das dem Arbeitnehmer **Kindergeld** bzw. **kindbedingte Freibeträge** zustehen; für ein solches Kind besteht ja schließlich selbst ein Anspruch auf den Entlastungsbetrag von 1908 € und in 2021 auf den Erhöhungsbetrag von 2100 € bzw. den Erhöhungsbetrag von 240 € für ein weiteres Kind.

Über die vorstehenden Ausführungen hinaus ist von einer für den Entlastungsbetrag **„schädlichen" Haushaltsgemeinschaft** auszugehen, wenn der **Arbeitnehmer** und die **andere Person** in der gemeinsamen Wohnung **gemeinsam wirtschaften.** Die Haushaltsgemeinschaft setzt nicht zwingend die Meldung der anderen Person in der Wohnung des Arbeitnehmers voraus. Es ist auch nicht erforderlich, dass nur eine gemeinsame Kasse besteht und die zur Befriedigung jeglichen Lebensbedarfs dienenden Güter nur gemeinsam und aufgrund gemeinsamer Planung angeschafft werden. Es genügt eine mehr oder weniger enge Gemeinschaft mit nahem Beieinanderwohnen, bei der jedes Mitglied der Gemeinschaft **tatsächlich oder finanziell** seinen **Beitrag** zur Haushalts- bzw. Lebensführung **leistet** und an ihr **teilnimmt.** Der gemeinsame Verbrauch von Lebens- oder Reinigungsmittel bzw. die gemeinsame Nutzung des Kühlschranks reicht bereits aus. Auch bei einer Kostenaufteilung liegt wegen finanzieller Beteiligung eine Haushaltsgemeinschaft vor, z. B. wenn der Arbeitnehmer die laufenden Kosten des Haushalts ohne Miete trägt und die andere volljährige Person dafür die volle Miete bezahlt. Es ist für eine Haushaltsgemeinschaft auch nicht erforderlich, dass der Arbeitnehmer und die andere volljährige Person in besonderer Weise materiell (Unterhaltsgewährung) und immateriell (Fürsorge und Betreuung) verbunden sind. Im Ergebnis wird bei jeder Art von Wohngemeinschaften mit gemeinsamer Wirtschaftsführung vermutet, dass bei Meldung einer anderen Person in der Wohnung des Arbeitnehmers auch eine Haushaltsgemeinschaft vorliegt. Nachträgliche Ab- bzw. Ummeldungen sind steuerlich nicht zu berücksichtigen. Auch der Bundesfinanzhof geht vom Bestehen einer „schädlichen" Haushaltsgemeinschaft aus, wenn die andere volljährige Person zu den Kosten des gemeinsamen Haushalts beiträgt oder den Alleinerziehenden durch tatsächliche Hilfe und Zusammenarbeit entlastet (BFH-Urteil vom 28.6.2012, BStBl. II S. 815). An einer Haushaltsgemeinschaft mit einer in derselben Wohnung lebenden volljährigen Person fehlt es grundsätzlich nur dann, wenn diese einen vollständig getrennten Haushalt führt oder wenn – z. B. beim Zusammenleben mit einkommenslosen pflegebedürftigen Angehörigen – jedwede Unterstützungsleistungen durch den Dritten ausgeschlossen erscheinen. Für die Gewährung des Entlastungsbetrags **„schädliche" Haushaltsgemeinschaften** liegen grundsätzlich insbesondere vor bei:

- **eheähnlichen Gemeinschaften,**
- **Wohngemeinschaften unter gemeinsamer Wirtschaftsführung** mit einer anderen volljährigen Person (z. B. mit Verwandten wie z. B. Großeltern oder Geschwister des Arbeitnehmers oder mit volljährigen, z. B. noch studierenden Kindern, für die kein Anspruch auf Kindergeld bzw. kindbedingte Freibeträge besteht) oder
- nicht dauernd getrennt lebenden Ehegatten, bei denen keine Ehegattenbesteuerung in Betracht kommt (z. B. bei deutschen Ehegatten von Angehörigen der NATO-Streitkräfte).

Eingetragenen Lebenspartnern steht der Entlastungsbetrag nicht zu, wenn sie die Voraussetzungen für eine Zusammenveranlagung erfüllen (verpartnert, unbeschränkt steuerpflichtig, nicht dauernd getrennt lebend), weil sie dann bereits nicht alleinstehend sind.

Beispiel K

A und B, nicht verheiratet, sind Eltern eines siebenjährigen Sohnes. A, B und der Sohn leben gemeinsam in einer Wohnung.

Weder A noch B haben Anspruch auf einen Entlastungsbetrag, da es sich aufgrund des Zusammenlebens nicht um Alleinerziehende handelt.

Beispiel L

Die alleinerziehende nicht verheiratete A lebt mit ihrem dreijährigen Sohn in einer gemeinsamen Wohnung. In dieser Wohnung lebt auch der arbeitslose Bruder von A. Dieser beteiligt sich zwar nicht an den Mietkosten, trägt jedoch vereinbarungsgemäß einen Teil der laufenden Haushaltskosten.

Zwischen A und B besteht eine Haushaltsgemeinschaft, da B sich tatsächlich und finanziell an der Haushalts- und Lebensführung beteiligt. Ohne Bedeutung ist, dass A die Mietkosten und B die Haushaltskosten trägt. Wegen des Vorliegens einer Haushaltsgemeinschaft mit einer anderen volljährigen Person kann A der Entlastungsbetrag nicht gewährt werden.

Beispiel M

Der seit Jahren verwitwete A lebt mit seinen 9 und 21 Jahre alten Töchtern zusammen in einer gemeinsamen Wohnung. Die 21-jährige Tochter bekommt Ende Dezember 2021 ein Kind, das ebenfalls in den Haushalt des A aufgenommen wird. Die 21-jährige Tochter betreut ausschließlich ihr neugeborenes Kind.

Da für die 21-jährige Tochter ab Januar 2022 kein steuerlicher Berücksichtigungstatbestand als Kind vorliegt, hat A für sie keinen Anspruch auf Kindergeld bzw. kindbedingte Freibeträge. Da die 21-jährige Tochter volljährig ist, liegt zudem eine schädliche Haushaltsgemeinschaft mit einer anderen Person vor mit der Folge, dass A nicht mehr als alleinstehend gilt und damit auch keinen Entlastungsbetrag für Alleinerziehende (wegen seiner neunjährigen Tochter) erhält. Auch die 21-jährige Tochter hat keinen Anspruch auf den Entlastungsbetrag für ihr Kind, weil sie im väterlichen Haushalt lebt und damit eine „schädliche" Haushaltsgemeinschaft mit einer anderen volljährigen Person (ihrem Vater) besteht.

Allerdings sind auch der Zweck und die Dauer der Anwesenheit der anderen volljährigen Person in der Wohnung des Arbeitnehmers zu berücksichtigen. So liegt **keine Haushaltsgemeinschaft** bei einer nur **kurzfristigen Anwesenheit** (z. B. zu Besuchszwecken, aus Krankheitsgründen) vor. Entsprechendes gilt bei einer **nicht nur vorübergehenden Abwesenheit** (z. B. Strafvollzug, Auszug aus einer gemeinsamen Wohnung, bei Meldung als vermisst). Auch bei Vorliegen einer eigenen Wirtschaftsführung der anderen Person (z. B. bei einem **Untermietvertrag** oder Begründung eines **Au-pair-Verhältnisses)** liegt regelmäßig keine Haushaltsgemeinschaft vor, da hier der Wille, nicht in einer Haushaltsgemeinschaft leben zu wollen, eindeutig nach außen erkennbar ist.

Hingegen ist bei einer **vorübergehenden Abwesenheit** von der Wohnung (z. B. Krankenhausaufenthalt, Auslandsreise, beruflicher Auslandsaufenthalt, doppelte Haushaltsführung aus beruflichen Gründen bei regelmäßiger Rückkehr in die gemeinsame Wohnung) weiterhin von einer für den Entlastungsbetrag schädlichen **Haushaltsgemeinschaft** auszugehen.

Beispiel N

A und B, nicht verheiratet, haben eine gemeinsame 13-jährige Tochter. A, B und die Tochter leben zusammen in einem Haushalt. B ist vom 1.2.2021 bis 31.10.2021 für seinen deutschen Arbeitgeber im Ausland tätig.

Es handelt sich um eine vorübergehende Abwesenheit von der gemeinsamen Wohnung, sodass weiterhin von einer Haushaltsgemeinschaft auszugehen ist. Auch für die Dauer des Auslandsaufenthalts des B hat A keinen Anspruch auf den Entlastungsbetrag für Alleinerziehende.

Eine für den Entlastungsbetrag „schädliche" Haushaltsgemeinschaft liegt nur dann vor, wenn sich die andere Person tatsächlich oder finanziell an der Haushaltsführung beteiligt. Eine **„schädliche" Haushaltsgemeinschaft** liegt demzufolge **nicht** vor, wenn sich die **andere Person tatsächlich und finanziell nicht** an der Haushaltsführung **beteiligt.** Die Fähigkeit sich tatsächlich an der Haushaltsführung zu beteiligen, fehlt bei Personen, bei denen mindestens ein Schweregrad der **Pflegebedürftigkeit** (Pflegegrade 1 bis 5) besteht oder die **blind** sind. Die Fähigkeit sich finanziell an der Haushaltsführung zu beteiligen, fehlt bei Personen, die **kein** oder nur **geringes Vermögen** (Verkehrswert bis 15 500 €) besitzen und deren **Einkünfte** und **Bezüge** den Betrag von **9744 €** jährlich nicht übersteigen. Zum Begriff des geringen Vermögens vgl. im Einzelnen Anhang 7 Abschnitt D Nr. 3 Buchstabe c auf Seite 1243.

Beispiel O

Die alleinstehende A wohnt mit ihrem fünfjährigen Sohn in einer gemeinsamen Wohnung. Ihre pflegebedürftige Mutter B (Pflegegrad 4) wird mit in den Haushalt aufgenommen, um ihre Versorgung zu gewährleisten. Die eigenen Einkünfte und Bezüge von B (Besteuerungs- und Kapitalanteil der Altersrente) betragen 2400 € jährlich. Daneben wird B ein Pflegegeld von 545 € monatlich gezahlt. Außerdem verfügt B über ein Sparbuchguthaben von 10 000 €.

B ist aufgrund der Pflegebedürftigkeit tatsächlich nicht in der Lage, sich an der Haushaltsführung zu beteiligen. Eine finanzielle Beteiligung der B an der Haushaltsführung ist ebenfalls nicht möglich, da die eigenen Einkünfte und Bezüge der B den Betrag von 9744 € (2400 € + 6540 € – 102 € – 180 € = 8658 €) nicht übersteigen und das Vermögen der B die Verkehrswertgrenze von 15 500 € nicht übersteigt. A hat daher Anspruch auf den Entlastungsbetrag. Würden die eigenen Einkünfte und Bezüge der B z. B. 10 000 € jährlich betragen, würde dies zu einer Versagung des Entlastungsbetrags bei A führen, wenn B – wovon nach der Lebenserfahrung auszugehen ist – sich an der Haushaltsführung finanziell beteiligt.

Eine für den Entlastungsbetrag schädliche Haushaltsgemeinschaft wird angenommen, wenn eine andere volljährige Person in der Wohnung des Arbeitnehmers gemeldet ist. Nachträgliche Ab- bzw. Ummeldungen werden nicht berücksichtigt. Der Arbeitnehmer kann diese **Vermutung der Haushaltsgemeinschaft widerlegen,** wenn er durch entsprechende Erklärungen (z. B. schriftliche Versicherungen) oder anderweitige Unterlagen glaubhaft darlegt, dass eine Haushaltsgemeinschaft mit einer anderen volljährigen Person nicht vorliegt. In Zweifelsfällen hat der Arbeitnehmer die Beweislast. Wegen des verfassungsrechtlichen Verbots der Schlechterstellung von Ehegatten **scheidet** eine **Widerlegbarkeit** der Haushaltsgemeinschaft **aus** bei nichtehelichen, aber **eheähnlichen Lebensgemeinschaften.** Ob eine eheähnliche Lebensgemeinschaft vorliegt, ist nach den **sozialhilferechtlichen Kriterien** bzw. Indizien zu entscheiden. Anhaltspunkte für eine eheähnliche Lebensgemeinschaft sind die Dauer des Zusammenlebens (länger als ein Jahr), Versorgung gemeinsamer Kinder im selben Haushalt, Versorgung anderer Angehöriger im selben Haushalt, der Mietvertrag ist von beiden Partnern unterschrieben und auf Dauer angelegt, gemeinsame Kontoführung, andere Verfügungsbefugnisse über Einkommen und Vermögen des Partners oder andere gemeinsame Verträge (z. B. über Unterhaltspflichten). Vom Vorliegen einer eheähnlichen Lebensgemeinschaft ist auch auszugehen, wenn einer den Abzug von Unterhaltsleistungen an den Lebensgefährten als außergewöhnliche Belastungen beantragt.

Beispiel P

A und B, nicht verheiratet, sind Eltern einer fünfjährigen Tochter und leben seit der Geburt des Kindes zusammen.

A und B leben unstreitig in einer eheähnlichen Gemeinschaft (Zusammenleben länger als ein Jahr, Versorgung gemeinsamer Kinder im selben Haushalt) und sind aufgrund dieser unwiderlegbaren Haushaltsgemeinschaft nicht alleinstehend mit der Folge, dass weder A noch B Anspruch auf den Entlastungsbetrag und damit auf die Steuerklasse II hat.

Beispiel Q

A ist Mutter einer minderjährigen Tochter. Ihre Schwester B hat sich aufgrund eines beruflichen Auslandsaufenthalts vorübergehend in der Wohnung der A mit Nebenwohnsitz angemeldet.

Aufgrund der Anmeldung mit Nebenwohnsitz wird vermutet, dass zwischen A und B eine Haushaltsgemeinschaft besteht mit der Folge, dass A die Voraussetzungen für den Entlastungsbetrag/Steuerklasse II nicht mehr erfüllt. Diese Vermutung ist widerlegbar, z. B. durch eine gemeinsame schriftliche Erklärung von A und B, dass B sich tatsächlich und finanziell nicht an der Haushaltsführung beteiligt.

Für jeden vollen Kalendermonat, in dem die Voraussetzungen für die Inanspruchnahme des **Entlastungsbetrags** nicht vorgelegen haben, ermäßigt sich der Betrag von 1908 € und der Erhöhungsbetrag von 2100 € um ein Zwölftel (334 €; § 24b Abs. 4 EStG). Auch der jeweilige Erhöhungsbetrag für weitere Kinder ermäßigt sich für jeden vollen Kalendermonat, in dem die Voraussetzungen für die Inanspruchnahme nicht vorgelegen haben, um ein Zwölftel ($^1/_{12}$ von 240 € = 20 €).

Beispiel R

Die Tochter der alleinstehenden Mutter A wird am 22. 3. 2021 geboren. Der in einer anderen Stadt lebende leibliche Vater des Kindes kommt seiner Unterhaltsverpflichtung nach. A hat im Jahre 2021 für 10 Monate Anspruch auf den Entlastungsbetrag. Als Lohnsteuerabzugsmerkmal wird für die Monate Januar und Februar die Steuerklasse I, kein Kinderfreibetrags-Zähler und ab März 2021 die Steuerklasse II, Kinderfreibetrags-Zähler 0,5 zuzüglich eines monatlichen Freibetrags von 175 € gebildet.

Beispiel S

A und B, nicht verheiratet, leben mit ihrem 3-jährigen Sohn in einer gemeinsamen Wohnung. Am 15. 6. 2021 trennen sie sich auf Dauer und B zieht aus der gemeinsamen Wohnung aus. Bei A liegen bis einschließlich Mai die Voraussetzungen für den Entlastungsbetrag nicht vor, da sie mit einer anderen Person (B) in einer Hausgemeinschaft lebt. Ab Juni hat sie hingegen aufgrund des Auszugs des B Anspruch auf den Entlastungsbetrag. Dies gilt auch schon für den Auszugsmonat. Dieser beträgt für 2021 2338 € (7 Monate à 334 €). Das Finanzamt kann auf Antrag ab Juni 2021 als Lohnsteuerabzugsmerkmal der A die Steuerklasse II zuzüglich eines monatlichen Freibetrags von 175 € bilden. Der Kinderfreibetrags-Zähler beträgt für A 0,5, da B seiner Unterhaltsverpflichtung nachkommt. Als Lohnsteuerabzugsmerkmal des B wird die Steuerklasse I und ebenfalls der Kinderfreibetrags-Zähler 0,5 gebildet. Eine Übertragung des Entlastungsbetrags (Steuerklasse II) ab Juni 2021 von A auf B ist nicht möglich.

Abwandlung

Wie Beispiel S. A und B haben einen gemeinsamen 3-jährigen Sohn und eine 1-jährige Tochter.

Ab Juni 2021 wird bei A die Steuerklasse II und ein Entlastungsbetrag von 175 € monatlich) und der Kinderfreibetrags-Zähler 1,0 (2 × 0,5) gebildet, da B seiner Unterhaltsverpflichtung nachkommt. Außerdem kann A bei sich bei einer Antragstellung im Juni 2021 ab Juli 2021 (= Monat, der auf die Antragstellung folgt) für den Erhöhungsbetrag für das zweite Kind einen monatlichen Freibetrag von 20 € als Lohnsteuerabzugsmerkmal bilden lassen.

Beispiel T

A und B, nicht verheiratet und in zwei getrennten Wohnungen alleine lebend, sind Eltern einer minderjährigen Tochter. Die Tochter ist bei A vom 1. 1. bis 15. 7. und bei B vom 16. 7. bis 31. 12. 2021 mit Hauptwohnsitz gemeldet. A bekommt bis einschließlich Juli, B ab August das Kindergeld ausgezahlt.

A erfüllt für die Monate Januar bis Juli und B für die Monate Juli bis Dezember die Voraussetzungen für den Entlastungsbetrag für Alleinerziehende, da zu ihrem Haushalt ein Kind gehört, für das ihnen Kindergeld bzw. kindbedingte Freibeträge zustehen; im Monat Juli erfüllen aufgrund des Wohnungswechsels während des Monats eigentlich beide Elternteile die Voraussetzungen für den Entlastungsbetrag. Für A und B werden dennoch folgende Lohnsteuerabzugsmerkmale gebildet:

A:	
Januar bis Juli	Steuerklasse II, Kinderfreibetrags-Zähler 0,5, Freibetrag 175 € monatlich
August bis Dezember	Steuerklasse I, Kinderfreibetrags-Zähler 0,5
B:	
Januar bis Juli	Steuerklasse I, Kinderfreibetrags-Zähler 0,5
August bis Dezember	Steuerklasse II, Kinderfreibetrags-Zähler 0,5, Freibetrag 175 € monatlich

Hinweis: Auch wenn A und B für den Monat Juli beide die Voraussetzungen für den Abzug des Entlastungsbetrags für Alleinerziehende erfüllen, kann er nur von einem Berechtigten in Anspruch genommen werden. Treffen A und B keine andere Regelung, erhält A für den Monat Juli den Entlastungsbetrag, weil an sie für diesen Monat das Kindergeld ausgezahlt wurde (BFH-Urteil vom 28.4.2010, BStBl. 2011 II S. 30).

Beispiel U

Die Eheleute A und B haben gemeinsam einen noch schulpflichtigen Sohn. Am 13.6.2021 verstirbt B. Im Zeitpunkt des Todes lagen bei A und B die Voraussetzungen für die Ehegattenbesteuerung vor.

Bereits ab dem Todesmonat Juni gilt A als alleinstehend und hat Anspruch auf den Entlastungsbetrag für Alleinerziehende. Für 2021 ergibt sich ein Entlastungsbetrag von 2338 € (7 Monate à 334 €) und für 2022 von 4008 €. Da sie 2021 und 2022 noch die Voraussetzungen für die Bildung der Steuerklasse III erfüllt, kann für den Entlastungsbetrag als Lohnsteuerabzugsmerkmal ein Freibetrag in Höhe von 2338 € bzw. 4008 € gebildet werden (§ 39a Abs. 1 Satz 1 Nr. 8 EStG).

Arbeitnehmer sind verpflichtet, die gebildete **Steuerklasse II** umgehend **ändern** zu lassen, wenn sie von den tatsächlichen **Verhältnissen** zu **Beginn** des **Kalenderjahres 2021 zugunsten** des Arbeitnehmers **abweicht.**

Beispiel V

A ist alleinstehende Mutter einer vierjährigen Tochter. Der in einer anderen Stadt lebende leibliche Vater der Tochter kommt seiner Unterhaltsverpflichtung nach. Als Lohnsteuerabzugsmerkmal wurde die Steuerklasse II, Kinderfreibetrags-Zähler 0,5 gebildet. Im Dezember 2021 zieht B auf Dauer bei A ein und beteiligt sich tatsächlich und finanziell an der Haushaltsführung.

Aufgrund der zwischen A und B ab Dezember 2021 bestehenden Haushaltsgemeinschaft ist A nicht mehr alleinstehend und hat ab Januar 2022 keinen Anspruch mehr auf den Entlastungsbetrag. Sie ist verpflichtet das Lohnsteuerabzugsmerkmal Steuerklasse II in I beim Finanzamt mit Wirkung ab 1.1.2022 ändern zu lassen. Der Kinderfreibetrags-Zähler von 0,5 bleibt unverändert.

Auch bei einem **Wegfall** der **Voraussetzungen** für den **Entlastungsbetrag** im Laufe des Jahres 2021 (z. B. Beendigung der Berufsausbildung des Kindes) ist der **Arbeitnehmer verpflichtet,** die **Steuerklasse** beim Finanzamt **ändern** zu lassen.

Beispiel W

A lebt mit ihrer 20-jährigen Tochter allein in einer Haushaltsgemeinschaft. Als Lohnsteuerabzugsmerkmal ist die Steuerklasse II gebildet worden. Am 30.9.2021 beendet die Tochter ihre Berufsausbildung. Ab Oktober erhält A auch kein Kindergeld mehr.

A ist verpflichtet, die Steuerklasse II ab Oktober 2021 beim Finanzamt in I sowie den Freibetrag für den Erhöhungsbetrag von 175 € monatlich auf 0 € monatlich ändern zu lassen.

Der **Arbeitgeber** ist berechtigt, in bestimmten Fällen sogar verpflichtet, einen **Lohnsteuer-Jahresausgleich** durchzuführen. Liegt beim einzelnen Arbeitnehmer ein Ausschlusstatbestand vor (z. B. Freibetrag für den Erhöhungsbetrag von 20 € monatlich für jedes weitere Kind als Lohnsteuerabzugsmerkmal), darf er keinen Lohnsteuer-Jahresausgleich durchführen (vgl. hierzu im Einzelnen das Stichwort „Lohnsteuer-Jahresausgleich durch den Arbeitgeber" im Hauptteil des Lexikons).

Der Lohnsteuer-Jahresausgleich durch den Arbeitgeber ist anhand der für den letzten Lohnzahlungszeitraum gebildeten Steuerklasse durchzuführen. Dies führt bei einem Steuerklassenwechsel im Laufe des Kalenderjahres zu einer unzutreffenden Lohnsteuer, da die zuletzt gebildete Steuerklasse für das gesamte Jahr zugrunde gelegt wird. Daher darf der Arbeitgeber für Arbeitnehmer mit **Steuerklasse II,** bei denen die Voraussetzungen **nicht** für das **gesamte Jahr** vorgelegen haben, **keinen Lohnsteuer-Jahresausgleich** durchführen (§ 42b Abs. 1 Satz 3 Nr. 3 EStG). Hierdurch wird in Fällen, in denen zwar am Ende des Kalenderjahres die Steuerklasse II eingetragen ist, diese jedoch nicht das ganze Jahr anzuwenden war, ein zu niedriger Lohnsteuereinbehalt vermieden. Im umgekehrten Fall (erst Steuerklasse II dann im Laufe des Jahres Steuerklasse I) kommt es nicht zu einer zuungunsten des Arbeitnehmers zu hohen Lohnsteuererhebung.

Ländergruppeneinteilung für die Berücksichtigung ausländischer Verhältnisse 2021

Verschiedene Freibeträge und Höchstbeträge werden um ein Viertel, die Hälfte oder um drei Viertel gekürzt, wenn die Person, auf die sich die Steuervergünstigung bezieht, in einem Land lebt, das ein niedrigeres Lohn- oder Einkommensniveau hat, als die Bundesrepublik Deutschland[1]. Die Kürzung kommt in folgenden Fällen in Betracht:

- **Kinderfreibeträge und Freibeträge für Betreuungs-, Erziehungs- oder Ausbildungsbedarf** für Kinder, die im Ausland leben (vgl. Anhang 9 Nr. 12)
- **Unterhaltsfreibeträge** für Personen, die im Ausland leben (vgl. Anhang 7 Abschnitt D Nr. 4)
- **Ausbildungsfreibeträge** für Kinder, die im Ausland leben (vgl. Anhang 7 Abschnitt D Nr. 6)
- Sonderausgabenabzug für **Kinderbetreuungskosten** bei Kindern, die im Ausland leben (vgl. Anhang 7 Abschnitt C Nr. 5)
- **Beschränkt steuerpflichtige Arbeitnehmer,** die auf Antrag wie unbeschränkt Steuerpflichtige behandelt werden wollen (9744-Euro-Grenze, vgl. das Stichwort „Beschränkt steuerpflichtige Arbeitnehmer" im Hauptteil des Lexikons).

Für die Kürzung der genannten Freibeträge und Höchstbeträge gilt folgende Ländergruppeneinteilung (BMF-Schreiben vom 11.11.2020).

<table>
<tr><th>keine Kürzung</th><th>Kürzung um 25 %</th><th>Kürzung um 50 %</th><th colspan="2">Kürzung um 75 %</th></tr>
<tr><td colspan="5">Wohnsitzstaat des Kindes, der unterhaltenen Person oder des Arbeitnehmers</td></tr>
<tr><th>Ländergruppe 1</th><th>Ländergruppe 2[2]</th><th>Ländergruppe 3[2]</th><th colspan="2">Ländergruppe 4</th></tr>
<tr>
<td>Amerikanische Jungferninseln
Andorra
Australien
Bahamas
Belgien
Bermuda
Britische Jungferninseln
Brunei Darussalam
Dänemark
Färöer
Finnland
Frankreich
Gibraltar
Grönland
Guam
Hongkong
Insel Man
Irland
Island
Israel
Italien
Japan
Kaimaninseln
Kanada
Kanalinseln
Katar
Korea, Republik
Kuwait
Liechtenstein
Luxemburg
Macau
Monaco
Neukaledonien
Neuseeland
Niederlande
Norwegen
Österreich
Palästinensische Gebiete
San Marino
Schweden
Schweiz
Singapur
Spanien
Taiwan
Vatikanstadt
Vereinigte Arabische Emirate
Vereinigte Staaten
Vereinigtes Königreich</td>
<td>Antigua und Barbuda
Aruba
Bahrain
Barbados
Chile
Cookinseln
Curaçao
Estland
Französisch-Polynesien
Griechenland
Kroatien
Lettland
Litauen
Malta
Nördliche Marianen
Oman
Palau
Panama
Polen
Portugal
Puerto Rico
Saudi-Arabien
Seychellen
Slowakei
Slowenien
St. Kitts und Nevis
St. Martin (französischer Teil)
St. Martin (niederländischer Teil)
Trinidad und Tobago
Tschechien
Turks- und Caicosinseln
Ungarn
Uruguay
Zypern</td>
<td>Albanien
Amerikanisch-Samoa
Äquatorialguinea
Argentinien
Bosnien und Herzegowina
Botsuana
Brasilien
Bulgarien
China
Costa Rica
Dominica
Dominikanische Republik
Ecuador
Fidschi
Gabun
Grenada
Guyana
Irak
Iran, Islamische Republik
Jamaika
Kasachstan
Kolumbien
Kuba
Libanon
Libyen
Malaysia
Malediven
Marshallinseln
Mauritius
Mexiko
Montenegro
Namibia
Nauru
Niue
Nordmazedonien
Paraguay
Peru
Rumänien
Russische Föderation
Serbien
St. Lucia
St. Vincent und die Grenadinen
Südafrika
Suriname
Thailand
Türkei
Turkmenistan
Tuvalu
Venezuela, Bolivarische Republik
Weißrussland/Belarus</td>
<td>Afghanistan
Ägypten
Algerien
Angola
Armenien
Aserbaidschan
Äthiopien
Bangladesch
Belize
Benin
Bhutan
Bolivien, Plurinationaler Staat
Burkina Faso
Burundi
Cabo Verde
Côte d'Ivoire/Elfenbeinküste
Dschibuti
El Salvador
Eritrea
Eswatini
Gambia
Georgien
Ghana
Guatemala
Guinea
Guinea-Bissau
Haiti
Honduras
Indien
Indonesien
Jemen
Jordanien
Kambodscha
Kamerun
Kenia
Kirgisistan
Kiribati
Komoren
Kongo
Kongo, Demokratische Republik
Korea, Demokratische Volksrepublik
Kosovo
Laos, Demokratische Volksrepublik
Lesotho
Liberia
Madagaskar
Malawi</td>
<td>Mali
Marokko
Mauretanien
Mikronesien, Föderierte Staaten von
Moldau, Republik
Mongolei
Mosambik
Myanmar
Nepal
Nicaragua
Niger
Nigeria
Pakistan
Papua-Neuguinea
Philippinen
Ruanda
Salomonen
Sambia
Samoa
São Tomé und Principe
Senegal
Sierra Leone
Simbabwe
Somalia
Sri Lanka
Sudan
Südsudan
Syrien, Arabische Republik
Tadschikistan
Tansania, Vereinigte Republik
Timor-Leste
Togo
Tonga
Tschad
Tunesien
Uganda
Ukraine
Usbekistan
Vanuatu
Vietnam
Zentralafrikanische Republik</td>
</tr>
</table>

1) Nach dem BFH-Urteil vom 25.11.2010 (BStBl. 2011 II S. 283) ist die Anknüpfung an das Pro-Kopf-Einkommen des jeweiligen Staates nicht zu beanstanden, weil dadurch die Lebensverhältnisse eines Staates realitätsgerecht abgebildet werden.

2) Zur Ländergruppe 2 (= Kürzung der Beträge um 25 %) gehören auch Saba und St. Eustatius. Zur Ländergruppe 3 (= Kürzung um 50 %) zählen auch Bonaire, Guadeloupe, Französisch-Guayana, Martinique, Réunion und St. Barthélemy.

Tabelle zur Steuerklassenwahl 2021

für Ehegatten, die beide sozialversicherungspflichtig sind[1)]

Die Wahl der richtigen Steuerklassenkombination soll die folgende Tabelle erleichtern. Diese Tabelle gilt nur dann, wenn **beide** Ehegatten sozialversicherungspflichtig sind, das heißt **beide** Ehegatten sind sowohl **rentenversicherungspflichtig** als auch pflichtversichert oder freiwillig versichert in der **gesetzlichen Krankenversicherung (GKV).**

Die Tabelle geht vom Monatslohn des **höher verdienenden** Ehegatten aus **(= Spalte 1).** Daneben wird jeweils der monatliche Arbeitslohn des **geringer verdienenden** Ehegatten **(= Spalte 2)** angegeben, der bei einer **Steuerklassenkombination III (für den Höherverdienenden) und V (für den Geringerverdienenden) nicht überschritten werden darf,** wenn der geringste Lohnsteuerabzug erreicht werden soll.

Übersteigt der monatliche Arbeitslohn des geringer verdienenden Ehegatten den nach Spalte 2 der Tabelle in Betracht kommenden Betrag, **führt die Steuerklassenkombination IV/IV für die Ehegatten zu einem geringeren Lohnsteuerabzug** als die Steuerklassenkombination III/V.

Es besteht zudem die Möglichkeit, die Steuerklassenkombination IV/IV **mit Faktor** zu wählen (vgl. die Erläuterungen beim Stichwort „Faktorverfahren" im Hauptteil des Lexikons).

In diesem Zusammenhang ist darauf hinzuweisen, dass die Steuerklassenkombination während des Jahres noch nichts über die endgültige Steuerschuld nach Ablauf des Jahres aussagt. Bei der Steuerklassenkombination III/V ergeben sich meistens Steuernachzahlungen nach Ablauf des Kalenderjahres. Ehegatten, die die Steuerklassenkombination III/V gewählt haben, werden deshalb **stets zur Einkommensteuer veranlagt.** Durch die Wahl der Steuerklassenkombination IV/IV können sich **keine** Steuernachzahlungen ergeben, es sei denn, andere Gründe führen zu einer Nachzahlung nach Ablauf des Kalenderjahres (z. B. andere Einkünfte, Anwendung des Progressionsvorbehalts).

Monatlicher Bruttolohn[2)] des höher verdienenden Arbeitnehmers in Euro	Monatlicher Bruttolohn[2)] des geringer verdienenden Ehegatten in Euro
Spalte 1	Spalte 2
1 250	248
1 300	308
1 350	379
1 400	457
1 450	539
1 500	627
1 550	718
1 600	815
1 650	913
1 700	1 014
1 750	1 109
1 800	1 329
1 850	1 377
1 900	1 428
1 950	1 482
2 000	1 539
2 050	1 602
2 100	1 667
2 150	1 716
2 200	1 745
2 250	1 773
2 300	1 801
2 350	1 827
2 400	1 853
2 450	1 877
2 500	1 902
2 550	1 923
2 600	1 945
2 650	1 965
2 700	1 984
2 750	2 005
2 800	2 029
2 850	2 053
2 900	2 076
2 950	2 110
3 000	2 147
3 050	2 187
3 100	2 221
3 150	2 257
3 200	2 293
3 250	2 327
3 300	2 361
3 350	2 396
3 400	2 433
3 450	2 469
3 500	2 505
3 550	2 540
3 600	2 575
3 650	2 611
3 700	2 645
3 750	2 681
3 800	2 717
3 850	2 752
3 900	2 787
3 950	2 823
4 000	2 860
4 050	2 894
4 100	2 929
4 150	2 965
4 200	2 999
4 250	3 035
4 300	3 072
4 350	3 109
4 400	3 148
4 450	3 187
4 500	3 227
4 550	3 269
4 600	3 311
4 650	3 357
4 700	3 400
4 750	3 446
4 800	3 494
4 850	3 544
4 900	3 600
4 950	3 659
5 000	3 721
5 050	3 785
5 100	3 850
5 150	3 921
5 200	3 991
5 250	4 066
5 300	4 148
5 350	4 230
5 400	4 325
5 450	4 418
5 500	4 522
5 550	4 639
5 600	4 760
5 650	4 900
5 700	5 050
5 750	5 250
5 800	5 582

1) Die Tabelle und die Ausführungen gelten auch für eingetragene Lebenspartner.
2) Nach Abzug des Steuerfreibetrags und des Altersentlastungsbetrags.

Tabelle zur Steuerklassenwahl 2021

Beispiel A

Bei einem Arbeitnehmer-Ehepaar, beide rentenversicherungspflichtig und in der gesetzlichen Krankenversicherung pflichtversichert, erhält der höher verdienende Ehegatte einen Monatslohn von 3500 € (Spalte 1). Wenn in diesem Falle der Monatslohn des geringer verdienenden Ehegatten nicht mehr als 2505 € (Spalte 2 der Tabelle) beträgt, führt die Steuerkombination III/V zur geringsten Lohnsteuer.

Wenn der Monatslohn des geringer verdienenden Ehegatten höher ist als 2505 €, führt die Steuerklassenkombination IV/IV insgesamt zur geringsten Lohnsteuer.

Beispiel B

1. Ein Arbeitnehmer-Ehepaar (1 Kind), beide in allen Zweigen sozialversichert, bezieht Monatslöhne (nach Abzug etwaiger Freibeträge) von 3000 € und 1700 €. Da der Monatslohn des geringer verdienenden Ehegatten den nach dem Monatslohn des höher verdienenden Ehegatten in der Spalte 2 der Tabelle ausgewiesenen Betrag von 2147 € nicht übersteigt, führt in diesem Falle die Steuerklassenkombination III/V zur geringsten Lohnsteuer.

   Vergleich der Lohnsteuerabzugsbeträge:

a)	Lohnsteuer für 3000 € nach Steuerklasse III	145,50 €
	für 1700 € nach Steuerklasse V	293,16 €
	insgesamt also	**438,66 €**
b)	Lohnsteuer für 3000 € nach Steuerklasse IV	395,33 €
	für 1700 € nach Steuerklasse IV	101,75 €
	insgesamt also	**497,08 €**

2. Würde der Monatslohn des geringer verdienenden Ehegatten 2500 € betragen, so würde die Steuerklassenkombination IV/IV insgesamt zur geringsten Lohnsteuer führen.

   Vergleich der Lohnsteuerabzugsbeträge:

a)	Lohnsteuer für 3000 € nach Steuerklasse III	145,50 €
	für 2500 € nach Steuerklasse V	552,33 €
	insgesamt also	**697,83 €**
b)	Lohnsteuer für 3000 € nach Steuerklasse IV	395,33 €
	für 2500 € nach Steuerklasse IV	275,75 €
	insgesamt also	**671,08 €**

Nettolohnberechnung für sonstige Bezüge nach der Jahreslohnsteuertabelle 2021

Für die Nettolohnberechnung bei sonstigen Bezügen nach der Jahreslohnsteuertabelle gilt Folgendes:

Übernimmt der Arbeitgeber nicht nur die Lohnsteuer, sondern auch den Solidaritätszuschlag, die Kirchensteuer und die Sozialversicherungsbeiträge, müssen auch der Solidaritätszuschlag, die Kirchensteuer und die Sozialversicherungsbeiträge in die Hochrechnung nach der Jahreslohnsteuertabelle mit einbezogen werden, das heißt, dass die Abzüge auf den sonstigen Bezug so lange hochzurechnen sind, bis sich nach Abzug der Steuer- und Sozialversicherungsbeiträge der auszuzahlende Nettobetrag ergibt. Dabei sind die anteiligen Jahresbeitragsbemessungsgrenzen zu beachten. Dieses Verfahren wird anhand des folgenden Beispiels erläutert. Im Übrigen wird auf die Erläuterungen bei den Stichworten „Sonstige Bezüge" und „Nettolöhne" Bezug genommen. Eine Nettolohnberechnung mit Anwendung der sog. **Fünftelregelung** ist als **Anhang 14** abgedruckt.

Beispiel

Ein kinderloser Arbeitnehmer mit der Steuerklasse III/0 Kinderfreibeträge, Kirchensteuermerkmal rk, bezieht einen Monatslohn von 4475 €. Im April 2021 erhält er einen sonstigen Bezug (einmalige Zuwendung) in Höhe von 850 €, der netto gezahlt wird, das heißt, sämtliche Lohnabzüge (Lohnsteuer, Solidaritätszuschlag, Kirchensteuer und Sozialversicherungsbeiträge) werden vom Arbeitgeber übernommen. Der Beitragsanteil des Arbeitnehmers zur Krankenversicherung beträgt 7,3 % zuzüglich 0,65 % Zusatzbeitrag, insgesamt somit 7,95 %. Der Beitragsanteil des Arbeitnehmers zur Rentenversicherung beträgt 9,3 %. Der Arbeitnehmerbeitrag zur Pflegeversicherung beträgt für kinderlose Arbeitnehmer 1,775 %.

Es ergibt sich folgende Berechnung des Bruttobetrags:

Voraussichtlicher Jahresarbeitslohn:

4475 € × 12	=	53 700,00 €

1. Berechnung

voraussichtlicher Jahresarbeitslohn	53 700,00 €
Lohnsteuer nach Steuerklasse III der Jahreslohnsteuertabelle 2021	
a) vom voraussichtlichen Jahresarbeitslohn (53 700 €)	5 434,00 €
b) vom voraussichtlichen Jahresarbeitslohn zuzügl. des sonstigen Bezugs (53 700 € + 850 € =) 54 550 €	5 624,00 €
Lohnsteuer für den sonstigen Bezug (b–a)	190,00 €
Bemessungsgrundlage für SolZ unter der Freigrenze von 33 912 € LSt	0,00 €
Kirchensteuer (KiSt) 8 % von 190 €	15,20 €
Krankenversicherung (KV) 7,95 % von 850 €	67,58 €
Pflegeversicherung (PV) 1,775 % von 850 €	15,09 €
Rentenversicherung (RV) 9,3 % von 850 €	79,05 €
Arbeitslosenversicherung (ALV) 1,2 % von 850 €	10,20 €
Lohnabzüge insgesamt	377,12 €
sonstiger Bezug netto	850,00 €
erhöhter sonstiger Bezug	1 227,12 €

2. Berechnung

voraussichtlicher Jahresarbeitslohn	53 700,00 €
Lohnsteuer nach Steuerklasse III der Jahreslohnsteuertabelle 2021	
a) vom voraussichtlichen Jahresarbeitslohn (53 700 €)	5 434,00 €
b) vom voraussichtlichen Jahresarbeitslohn zuzügl. des sonstigen Bezugs (53 700 € + 1227,12 € =) 54 927,12 €	5 708,00 €
Lohnsteuer für den sonstigen Bezug (b–a)	274,00 €
Bemessungsgrundlage für SolZ unter der Freigrenze von 33 912 € LSt	0,00 €
KiSt 8 % von 274 €	21,92 €
KV 7,95 % von 1227,12 €	97,56 €
PV 1,775 % von 1227,12 €	21,781 €
RV 9,3 % von 1227,12 €	114,12 €
ALV 1,2 % von 1227,12 €	14,73 €
Lohnabzüge insgesamt	544,11 €
sonstiger Bezug netto	850,00 €
erhöhter sonstiger Bezug	1 394,11 €

3. Berechnung

voraussichtlicher Jahresarbeitslohn	53 700,00 €
Lohnsteuer nach Steuerklasse III der Jahreslohnsteuertabelle 2021	
a) vom voraussichtlichen Jahresarbeitslohn (53 700,00 €)	5 434,00 €
b) vom voraussichtlichen Jahresarbeitslohn zuzügl. des sonstigen Bezugs (53 700 € + 1394,11 € =) 55 094,11 €	5 746,00 €
Lohnsteuer für den sonstigen Bezug (b–a)	312,00 €
Bemessungsgrundlage für SolZ unter der Freigrenze von 33 912 € LSt	0,00 €
KiSt 8 % von 312 €	24,96 €
KV 7,95 % von 1394,11 €	110,83 €
PV 1,775 % von 1394,11 €	24,75 €
RV 9,3 % von 1394,11 €	129,65 €
ALV 1,2 % von 1394,11 €	16,73 €
Lohnabzüge insgesamt	618,92 €
sonstiger Bezug netto	850,00 €
erhöhter sonstiger Bezug	1 468,92 €

4. Berechnung

voraussichtlicher Jahresarbeitslohn	53 700,00 €
Lohnsteuer nach Steuerklasse III der Jahreslohnsteuertabelle 2021	
a) vom voraussichtlichen Jahresarbeitslohn (53 700 €)	5 434,00 €
b) vom voraussichtlichen Jahresarbeitslohn zuzügl. des sonstigen Bezugs (53 700 € + 1468,92 € =) 55 168,92 €	5 762,00 €
Lohnsteuer für den sonstigen Bezug (b–a)	328,00 €
Bemessungsgrundlage für SolZ unter der Freigrenze von 33 912 € LSt	0,00 €
KiSt 8 % von 328 €	26,24 €
KV 7,95 % von 1450 €[1]	115,28 €
PV 1,775 % von 1450 €[1]	25,74 €
RV 9,3 % von 1468,92 €	136,61 €
ALV 1,2 % von 1468,92 €	17,63 €
Lohnabzüge insgesamt	649,50 €
sonstiger Bezug netto	850,00 €
erhöhter sonstiger Bezug	1 499,50 €

5. Berechnung

voraussichtlicher Jahresarbeitslohn	53 700,00 €
Lohnsteuer nach Steuerklasse III der Jahreslohnsteuertabelle 2021	
a) vom voraussichtlichen Jahresarbeitslohn (53 700 €)	5 434,00 €
b) vom voraussichtlichen Jahresarbeitslohn zuzügl. des sonstigen Bezugs (53 700 € + 1499,50 € =) 55 199,50 €	5 770,00 €
Lohnsteuer für den sonstigen Bezug (b–a)	336,00 €
Bemessungsgrundlage für SolZ unter der Freigrenze von 33 912 € LSt	0,00 €
KiSt 8 % von 336 €	26,88 €
KV 7,95 % von 1450 €[1]	115,28 €
PV 1,775 % von 1450 €[1]	25,74 €
RV 9,3 % von 1499,50 €	139,45 €
ALV 1,2 % von 1499,50 €	17,99 €
Lohnabzüge insgesamt	661,34 €
sonstiger Bezug netto	850,00 €
erhöhter sonstiger Bezug	1 511,34 €

6. Berechnung

voraussichtlicher Jahresarbeitslohn	53 700,00 €
Lohnsteuer nach Steuerklasse III der Jahreslohnsteuertabelle 2021	
a) vom voraussichtlichen Jahresarbeitslohn (53 700 €)	5 434,00 €
b) vom voraussichtlichen Jahresarbeitslohn zuzügl. des sonstigen Bezugs (53 700 € + 1511,34 € =) 55 211,34 €	5 772,00 €
Lohnsteuer für den sonstigen Bezug (b–a)	338,00 €
Bemessungsgrundlage für SolZ unter der Freigrenze von 33 912 € LSt	0,00 €
KiSt 8 % von 338 €	27,04 €
KV 7,95 % von 1450 €[1]	115,28 €
PV 1,775 % von 1450 €[1]	25,74 €
RV 9,3 % von 1511,34 €	140,55 €
ALV 1,2 % von 1511,34 €	18,14 €
Lohnabzüge insgesamt	664,75 €
sonstiger Bezug netto	850,00 €
erhöhter sonstiger Bezug	1 514,75 €

7. Berechnung

voraussichtlicher Jahresarbeitslohn	53 700,00 €
Lohnsteuer nach Steuerklasse III der Jahreslohnsteuertabelle 2021	
a) vom voraussichtlichen Jahresarbeitslohn (53 700 €)	5 434,00 €
b) vom voraussichtlichen Jahresarbeitslohn zuzügl. des sonstigen Bezugs (53700 € + 1514,75 € =) 55214,75 €	5 774,00 €
Lohnsteuer für den sonstigen Bezug (b–a)	340,00 €
Bemessungsgrundlage für SolZ unter der Freigrenze von 33 912 € LSt	0,00 €
KiSt 8 % von 340 €	27,20 €
KV 7,95 % von 1450 €[1]	115,28 €
PV 1,775 % von 1450 €[1]	25,74 €
RV 9,3 % von 1514,75 €	140,87 €
ALV 1,2 % von 1514,75 €	18,18 €
Lohnabzüge insgesamt	667,27 €
sonstiger Bezug netto	850,00 €

1) Durch den erhöhten sonstigen Bezug wird in der Kranken- und Pflegeversicherung die **anteilige** Jahresbeitragsbemessungsgrenze überschritten. Die einmalige Zuwendung ist somit nur in Höhe des noch nicht mit Beiträgen belegten Anteils beitragspflichtig. Dieser Anteil errechnet sich wie folgt:

Anteilige Jahresbeitragsbemessungsgrenze für die Kranken- und Pflegeversicherung für die Monate Januar bis April 2021 (4837,50 € × 4 =)	19 350 €
beitragspflichtiges Entgelt für Januar bis April 2021 (4475 € × 4 =)	17 900 €
noch nicht mit Beiträgen belegt	1 450 €

erhöhter sonstiger Bezug	1 517,27 €

8. Berechnung

voraussichtlicher Jahresarbeitslohn	53 700,00 €
Lohnsteuer nach Steuerklasse III der Jahreslohnsteuertabelle 2021	
a) vom voraussichtlichen Jahresarbeitslohn (53 700 €)	5 434,00 €
b) vom voraussichtlichen Jahresarbeitslohn zuzüglich des erhöhten sonstigen Bezugs (53 700 € + 1517,27 € =) 55 217,27 €	5 774,00 €
Lohnsteuer für den sonstigen Bezug (b–a)	340,00 €
Bemessungsgrundlage für SolZ unter der Freigrenze von 33 912 € LSt	0,00 €
KiSt 8 % von 340 €	27,20 €
KV 7,95 % von 1450 €[1]	115,28 €
PV 1,775 % von 1450 €[1]	25,74 €
RV 9,3 % von 1517,27 €	141,11 €
ALV 1,2 % von 1517,27 €	18,21 €
Lohnabzüge insgesamt	667,54 €
sonstiger Bezug netto	850,00 €
erhöhter sonstiger Bezug	1 517,54 €

9. Berechnung

voraussichtlicher Jahresarbeitslohn	53 700,00 €
Lohnsteuer nach Steuerklasse III der Jahreslohnsteuertabelle 2021	
a) vom voraussichtlichen Jahresarbeitslohn (53 700 €)	5 434,00 €
b) vom voraussichtlichen Jahresarbeitslohn zuzügl. des sonstigen Bezugs (53700 € + 1517,54 € =) 55217,54 €	5 774,00 €
Lohnsteuer für den sonstigen Bezug (b–a)	340,00 €
Bemessungsgrundlage für SolZ unter der Freigrenze von 33 912 € LSt	0,00 €
KiSt 8 % von 340 €	27,20 €
KV 7,95 % von 1450 €[1]	115,28 €
PV 1,775 % von 1450 €[1]	25,74 €
RV 9,3 % von 1517,54 €	141,13 €
ALV 1,2 % von 1517,54 €	18,21 €
Lohnabzüge insgesamt	667,56 €
sonstiger Bezug netto	850,00 €
erhöhter sonstiger Bezug	1 517,56 €
KV, PV – Beitragsbemessungsgrenze für sonstigen Bezug	1 450,00 €
RV, AV – Beitragsbemessungsgrenze für sonstigen Bezug	1 517,56 €

10. Berechnung

voraussichtlicher Jahresarbeitslohn	53 700,00 €
Lohnsteuer nach Steuerklasse III der Jahreslohnsteuertabelle 2021	
a) vom voraussichtlichen Jahresarbeitslohn (53 700 €)	5 434,00 €
b) vom voraussichtlichen Jahresarbeitslohn zuzügl. des sonstigen Bezugs (53700 € + 1517,56 € =) 55217,56 €	5 774,00 €
Lohnsteuer für den sonstigen Bezug (b–a)	340,00 €
Bemessungsgrundlage für SolZ unter der Freigrenze von 33 912 € LSt	0,00 €
KiSt 8 % von 340 €	27,20 €
KV 7,95 % von 1450 €[1]	115,28 €
PV 1,775 % von 1450 €[1]	25,74 €
RV 9,3 % von 1517,56 €	141,13 €
ALV 1,2 % von 1517,56 €	18,21 €
Lohnabzüge insgesamt	667,56 €
sonstiger Bezug netto	850,00 €
erhöhter sonstiger Bezug	1 517,56 €

Der nach der 10. Berechnung ermittelte sonstige Bezug ist ebenso hoch wie der nach der 9. Berechnung ermittelte sonstige Bezug. Durch eine weitere Hochrechnung ergeben sich keine höheren Lohnabzüge mehr.

Auf den Nettobezug von 850 € entfallen somit:

Lohnsteuer	340,00 €
Solidaritätszuschlag	0,00 €
Kirchensteuer	27,20 €
Krankenversicherung	115,28 €
Pflegeversicherung	25,74 €
Rentenversicherung	141,13 €
Arbeitslosenversicherung	18,21 €
Lohnabzüge insgesamt:	667,56 €
Der Bruttobetrag des sonstigen Bezugs beträgt:	
Nettobetrag	850,00 €
durch Hochrechnung ermittelte Lohnabzüge	667,56 €
Bruttobetrag des sonstigen Bezugs	1 517,56 €

1) Durch den erhöhten sonstigen Bezug wird in der Kranken- und Pflegeversicherung die **anteilige** Jahresbeitragsbemessungsgrenze überschritten. Die einmalige Zuwendung ist somit nur in Höhe des noch nicht mit Beiträgen belegten Anteils beitragspflichtig. Dieser Anteil errechnet sich wie folgt:

Anteilige Jahresbeitragsbemessungsgrenze für die Kranken- und Pflegeversicherung für die Monate Januar bis April 2021 (4837,50 € × 4 =)	19 350 €
beitragspflichtiges Entgelt für Januar bis April 2021 (4475 € × 4 =)	17 900 €
noch nicht mit Beiträgen belegt	1 450 €

Teilnettolohnberechnung nach der Monatstabelle 2021 für Teile des laufenden Arbeitslohns

Beispiel

Ein Arbeitnehmer mit der Steuerklasse III/0 Kinderfreibeträge, Kirchensteuermerkmal rk, bezieht einen Monatslohn von 3300 €. Außerdem erhält der Arbeitnehmer monatlich einen Sachbezug im Wert von 200 €, der netto gezahlt wird. Der Bruttobetrag für den Sachbezug ergibt sich dadurch, dass die Abzüge solange hochgerechnet werden, bis sich nach Abzug der Steuer- und Sozialversicherungsbeiträge der auszuzahlende Nettobetrag von 200 € ergibt. Es ergibt sich folgende Berechnung:

monatlicher Bruttolohn	3 300,– €
zuzüglich Nettozahlung	200,– €
Ausgangsbetrag	3 500,– €

In der Übersicht verwendete Abkürzungen:

LSt = Lohnsteuer nach Steuerklasse III/0 der Monatslohnsteuertabelle
SolZ = Solidaritätszuschlag nach Steuerklasse III/0 der Monatslohnsteuertabelle, unter Beachtung der Nullzone
KiSt = Kirchensteuer 8 % nach Steuerklasse III/0 der Monatslohnsteuertabelle
KV = Krankenversicherung (Beitragsanteil des Arbeitnehmers 7,3 % + Zusatzbeitrag 0,65 % = 7,95 %)
PV = Pflegeversicherung (Beitragsanteil des Arbeitnehmers 1,775 %)
RV = Rentenversicherung (9,3 %)
ALV = Arbeitslosenversicherung (1,2 %)

Lohnabzüge **Abzugsatz**	**StKl.: III** Kinder: 0,0	**LSt**	**SolZ** 5,50 %	**KiSt** 8,00 %	**KV** 7,95 %	**PV** 1,775 %	**RV** 9,3 %	**ALV** 1,2 %	**Summe der Differenzbeträge**
monatlicher Bruttoarbeitslohn	3 300,00 €	203,50 €	- €	16,28 €	262,35 €	58,58 €	306,90 €	39,60 €	
+ Nettolohn	200,00 €								
Ausgangsbetrag (Summe A)	3 500,00 €	244,16 €	- €	19,53 €	278,25 €	62,13 €	325,50 €	42,00 €	
Differenzbeträge A		40,66 €	0,00 €	3,25 €	15,90 €	3,55 €	18,60 €	2,40 €	84,36 €
Summe A	3 500,00 €	244,16 €	- €	19,53 €	278,25 €	62,13 €	325,50 €	42,00 €	
+ Summe der Differenzbeträge A	84,36 €								
Summe B	3 584,36 €	261,66 €	- €	20,93 €	284,96 €	63,62 €	333,35 €	43,01 €	
Differenzbeträge B		17,50 €	0,00 €	1,40 €	6,71 €	1,49 €	7,85 €	1,01 €	35,96 €
Summe B	3 584,36 €	261,66 €	- €	20,93 €	284,96 €	63,62 €	333,35 €	43,01 €	
+ Summe der Differenzbeträge B	35,96 €								
Summe C	3 620,32€	269,00 €	- €	21,52 €	287,82 €	64,26 €	336,69 €	43,44 €	
Differenzbeträge C		7,34 €	0,00 €	0,59 €	2,86 €	0,64 €	3,34 €	0,43 €	15,20 €
Summe C	3 620,32 €	269,00 €	- €	21,52 €	287,82 €	64,26 €	336,69 €	43,44 €	
+ Summe der Differenzbeträge C	15,20 €								
Summe D	3 635,52 €	272,16 €	- €	21,77 €	289,02 €	64,53 €	338,10 €	43,63 €	
Differenzbeträge D		3,16 €	0,00 €	0,25 €	1,20 €	0,27 €	1,41 €	0,19 €	6,48 €
Summe D	3 635,52 €	272,16 €	- €	21,77 €	289,02 €	64,53 €	338,10 €	43,63 €	
+ Summe der Differenzbeträge D	6,48 €								
Summe E	3 642,00 €	273,66 €	- €	21,89 €	289,54 €	64,65 €	338,71 €	43,70 €	
Differenzbeträge E		1,50 €	0,00 €	0,12 €	0,52 €	0,12 €	0,61 €	0,07 €	2,94 €
Summe E	3 642,00 €	273,66 €	- €	21,89 €	289,54 €	64,65 €	338,71 €	43,70 €	
+ Summe der Differenzbeträge E	2,94 €								
Summe F	3 644,94 €	274,16 €	- €	21,93 €	289,77 €	64,70 €	338,98 €	43,74 €	
Differenzbeträge F		0,50 €	0,00 €	0,04 €	0,23 €	0,05 €	0,27 €	0,04 €	1,13 €
Summe F	3 644,94 €	274,16 €	- €	21,93 €	289,77 €	64,70 €	338,98 €	43,74 €	
+ Summe der Differenzbeträge F	1,13 €								
Summe G	3 646,07 €	274,50 €	- €	21,96 €	289,86 €	64,72 €	339,08 €	43,75 €	
Differenzbeträge G		0,34 €	0,00 €	0,03 €	0,09 €	0,02 €	0,10 €	0,01 €	0,59 €
Summe G	3 646,07 €	274,50 €	- €	21,96 €	289,86 €	64,72 €	339,08 €	43,75 €	
+ Summe der Differenzbeträge G	0,59 €								
Summe H	3 646,66 €	274,50 €	- €	21,96 €	289,91 €	64,73 €	339,14 €	43,76 €	
Differenzbeträge H		0,00 €	0,00 €	0,00 €	0,05 €	0,01 €	0,06 €	0,01 €	0,13 €
Summe H	3 646,66 €	274,50 €	- €	21,96 €	289,91 €	64,73 €	339,14 €	43,76 €	
+ Summe der Differenzbeträge H	0,13 €								
Summe I	3 646,79 €	274,50 €	- €	21,96 €	289,92 €	64,73 €	339,15 €	43,76 €	
Differenzbeträge I		0,00 €	0,00 €	0,00 €	0,01 €	- €	0,01 €	- €	0,02 €
Summe I	3 646,79 €	274,50 €	- €	21,96 €	289,92 €	64,73 €	339,15 €	43,76 €	
+ Summe der Differenzbeträge I	0,02 €								
Summe K	3 646,81 €	274,50 €	- €	21,96 €	289,92 €	64,73 €	339,15 €	43,76 €	
Differenzbeträge K		0,00 €	0,00 €	0,00 €	- €	- €	- €	- €	0,00 €
Summe K	3646,81 €	274,50 €	- €	21,96	289,92 €	64,73 €	339,15 €	43,76 €	
+ Summe der Differenzbeträge K	0,00 €								
Summe L	3 646,81 €	274,50 €	- €	21,96 €	289,92 €	64,73 €	339,15 €	43,76 €	
Differenzbeträge L		0,00 €	0,00 €	0,00 €	- €	- €	- €	- €	0,00 €
Summe L	3 646,81 €	274,50 €	- €	21,96 €	289,92 €	64,73 €	339,15 €	43,76 €	
+ Summe der Differenzbeträge L	0,00 €								
Summe M	3 646,81 €	274,50 €	- €	21,96 €	289,92 €	64,73 €	339,15 €	43,76 €	
Differenzbeträge M		0,00 €	0,00 €	0,00 €	- €	- €	- €	- €	0,00 €
Summe M	3 646,81 €	274,50 €	- €	21,96 €	289,92 €	64,73 €	339,15 €	43,76 €	
+ Summe der Differenzbeträge M	0,00 €								
Summe N	3 646,81 €	274,50 €	- €	21,96 €	289,92 €	64,73 €	339,15 €	43,76 €	

Anhang 13 Teilnettolohnberechnung nach der Monatstabelle 2021

Lohnabzüge	**StKl.: III**	**LSt**	**SolZ**	**KiSt**	**KV**	**PV**	**RV**	**ALV**	**Summe der Differenzbeträge**
Abzugsatz	Kinder: 0,0		5,50 %	8,00 %	7,95 %	1,775 %	9,3 %	1,2 %	
Differenzbeträge N		0,00 €	0,00 €	0,00 €	- €	- €	- €	- €	0,00 €
Summe N	3 646,81 €	274,50 €	- €	21,96 €	289,92 €	64,73 €	339,15 €	43,76 €	
+ Summe der Differenzbeträge N	0,00 €								
Summe O	3 646,81 €	274,50 €	- €	21,96 €	289,92 €	64,73 €	339,15 €	43,76 €	
Differenzbeträge O		0,00 €	0,00 €	0,00 €	- €	- €	- €	- €	0,00 €
Summe O	3 646,81 €	274,50 €	- €	21,96 €	289,92 €	64,73 €	339,15 €	43,76 €	
+ Summe der Differenzbeträge O	0,00 €								
Summe P	3 646,81 €	274,50 €	- €	21,96 €	289,92 €	64,73 €	339,15 €	43,76 €	

	LSt	**SolZ**	**KiSt**	**KV**	**PV**	**RV**	**ALV**	
		5,50 %	8,00 %	7,95 %	1,775 %	9,30 %	1,20 %	
Auf den Nettolohn in Höhe von 200 € entfallen somit folgende Abzugsbeträge:								
Abzugsbeträge insgesamt lt. Hochrechnung	274,50 €	- €	21,96 €	289,92 €	64,73 €	339,15 €	43,76 €	
Abzugsbeträge für den Bruttoarbeitslohn von 3300 €	203,50 €	- €	16,28 €	262,35 €	58,58 €	306,90 €	39,60 €	
Differenz	71,00 €	- €	5,68 €	27,57 €	6,15 €	32,25 €	4,16 €	146,81 €

Der Bruttobetrag für die Nettozahlung in Höhe von 200 € errechnet sich wie folgt:

Nettozahlung		200,00 €
Lohnsteuer	71,00 €	
Solidaritätszuschlag	0,00 €	
Kirchensteuer	5,68 €	
Krankenversicherung	27,57 €	
Pflegeversicherung	6,15 €	
Rentenversicherung	32,25 €	
Arbeitslosenversicherung	4,16 €	146,81 €
Bruttobetrag		346,81 €

Für März 2021 ergibt sich folgende Lohnabrechnung:

monatlicher Bruttolohn		3 300,00 €
Bruttobetrag des Nettobezugs von 200 €		346,81 €
		3 646,81 €
abzüglich:		
Lohnsteuer	274,50 €	
Solidaritätszuschlag	0,00 €	
Kirchensteuer	21,96 €	
Krankenversicherung	289,92 €	
Pflegeversicherung	64,73 €	
Rentenversicherung	339,15 €	
Arbeitslosenversicherung	43,76 €	1 034,02 €
Nettolohn		2 612,79 €

Nettolohnberechnung für sonstige Bezüge unter Anwendung der Fünftelregelung nach der Jahreslohnsteuertabelle 2021

Die Nettolohnberechnung bei sonstigen Bezügen ist für den Normalfall in **Anhang 12** dargestellt. Werden sonstige Bezüge für eine **mehrjährige Tätigkeit** gezahlt (z. B. eine steuerpflichtige Jubiläumszuwendung), muss der Arbeitgeber die sog. **Fünftelregelung** anwenden. Auf die Erläuterungen beim Stichwort „Sonstige Bezüge" unter Nr. 6 auf Seite 882 wird hingewiesen.

Beispiel

Ein Arbeitnehmer mit der Steuerklasse III/1 Kinderfreibetrag, Kirchensteuermerkmal rk, bezieht einen Monatslohn von 4325 €. Im Mai 2021 erhält er eine Jubiläumszuwendung in Höhe von 1500 €, die netto gezahlt wird, das heißt, sämtliche Lohnabzüge (Lohnsteuer, Solidaritätszuschlag, Kirchensteuer und Sozialversicherungsbeiträge) werden vom Arbeitgeber übernommen. Der Arbeitnehmeranteil am Rentenversicherungsbeitrag beträgt 9,3 %. Der Arbeitnehmerbeitrag zur Pflegeversicherung beträgt 1,525 %. Der Beitragsanteil des Arbeitnehmers zur Krankenversicherung beträgt 7,3 % zuzüglich 0,65 % Zusatzbeitrag, insgesamt somit 7,95 %. Die Jubiläumszuwendung ist unter Anwendung der Fünftelregelung zu versteuern.

Es ergibt sich folgende Berechnung des Bruttobetrags:

Voraussichtlicher Jahresarbeitslohn:

4325 € × 12 = 51 900,00 €

1. Berechnung

voraussichtlicher Jahresarbeitslohn	51 900,00 €
Lohnsteuer nach Steuerklasse III der Jahreslohnsteuertabelle 2021 **a)** vom voraussichtlichen Jahresarbeitslohn (51 900 €)	5 070,00 €
b) vom voraussichtlichen Jahreslohn zuzüglich 1/5 des sonstigen Bezugs (51 900 € + 300 € =) 52 200 €	5 138,00 €
Lohnsteuer für ein Fünftel des sonstigen Bezugs (b–a)	68,00 €
fünffache Lohnsteuer für ganzen sonstigen Bezug (68 € × 5)	340,00 €
Bemessungsgrundlage für SolZ unter der Freigrenze von 33912 € LSt	0,00 €
Kirchensteuer (KiSt) 8 % von 340 €	27,20 €
Krankenversicherung (KV) 7,95 % von 1500 €	119,25 €
Pflegeversicherung (PV) 1,525 % von 1500 €	22,88 €
Rentenversicherung (RV) 9,3 % von 1500 €	139,50 €
Arbeitslosenversicherung (ALV) 1,2 % von 1500 €	18,00 €
Lohnabzüge insgesamt	666,83 €
sonstiger Bezug netto	1 500,00 €
um Lohnabzüge erhöhter sonstiger Bezug (für die Sozialversicherung)	2 166,83 €
ein Fünftel des erhöhten sonstigen Bezugs (für die Lohnsteuer)	433,37 €

2. Berechnung

voraussichtlicher Jahresarbeitslohn	51 900,00 €
Lohnsteuer nach Steuerklasse III der Jahreslohnsteuertabelle 2021 **a)** vom voraussichtlichen Jahresarbeitslohn von 51 900 €	5 070,00 €
b) vom voraussichtlichen Jahreslohn zuzüglich 1/5 des sonstigen Bezugs (51 900 € + 433,36 € =) 52 333,36 €	5 166,00 €
Lohnsteuer für ein Fünftel des sonstigen Bezugs (b–a)	96,00 €
fünffache Lohnsteuer für ganzen sonstigen Bezug (96 € × 5)	480,00 €
Bemessungsgrundlage für SolZ unter der Freigrenze von 33912 € LSt	0,00 €
KiSt 8 % von 480 € LSt	38,40 €
KV 7,95 % von 2166,83 €	172,26 €
PV 1,525 % von 2166,83 €	33,04 €
RV 9,3 % von 2166,83 €	201,52 €
ALV 1,2 % von 2166,83 €	26,00 €
Lohnabzüge insgesamt	951,22 €
sonstiger Bezug netto	1 500,00 €
erhöhter sonstiger Bezug (für die Sozialversicherung)	2 451,22 €
ein Fünftel des erhöhten sonstigen Bezugs (für die Lohnsteuer)	490,24 €

3. Berechnung

voraussichtlicher Jahresarbeitslohn	51 900,00 €
Lohnsteuer nach Steuerklasse III der Jahreslohnsteuertabelle 2021 **a)** vom voraussichtlichen Jahresarbeitslohn von 51 900 €	5 070,00 €
b) vom voraussichtlichen Jahreslohn zuzüglich 1/5 des sonstigen Bezugs (51 900 € + 490,24 € =) 52 390,24 €	5 180,00 €
Lohnsteuer für ein Fünftel des sonstigen Bezugs (b–a)	110,00 €
fünffache Lohnsteuer für ganzen sonstigen Bezug (110 € × 5)	550,00 €
Bemessungsgrundlage für SolZ unter der Freigrenze von 33912 € LSt	0,00 €
KiSt 8 % von 550 €	44,00 €
KV 7,95 % von 2451,22 €	194,87 €
PV 1,525 % von 2451,22 €	37,38 €
RV 9,3 % von 2451,22 €	227,96 €
ALV 1,2 % von 2451,22 €	29,41 €
Lohnabzüge insgesamt	1 083,62 €
sonstiger Bezug netto	1 500,00 €
erhöhter sonstiger Bezug (für die Sozialversicherung)	2 583,62 €
ein Fünftel des erhöhten sonstigen Bezugs (für die Lohnsteuer)	516,72 €

4. Berechnung

voraussichtlicher Jahresarbeitslohn	51 900,00 €
Lohnsteuer nach Steuerklasse III der Jahreslohnsteuertabelle 2021 **a)** vom voraussichtlichen Jahresarbeitslohn von 51 900 €	5 070,00 €
b) vom voraussichtlichen Jahreslohn zuzüglich 1/5 des sonstigen Bezugs (51 900 € + 516,72 € =) 52 416,72 €	5 184,00 €
Lohnsteuer für ein Fünftel des sonstigen Bezugs (b–a)	114,00 €
fünffache Lohnsteuer für ganzen sonstigen Bezug (114 € × 5)	570,00 €
Bemessungsgrundlage für SolZ unter der Freigrenze von 33912 € LSt	0,00 €
KiSt 8 % von 580 €	45,60 €
KV 7,95 % von 2562,50 €[1]	203,72 €
PV 1,525 % von 2562,50 €[1]	39,08 €
RV 9,3 % von 2583,62 €	240,28 €
ALV 1,2 % von 2583,62 €	31,00 €
Lohnabzüge insgesamt	1 129,68 €
sonstiger Bezug netto	1 500,00 €
erhöhter sonstiger Bezug (für die Sozialversicherung)	2 629,68 €
ein Fünftel des erhöhten sonstigen Bezugs (für die Lohnsteuer)	525,94 €

5. Berechnung

voraussichtlicher Jahresarbeitslohn	51 900,00 €
Lohnsteuer nach Steuerklasse III der Jahreslohnsteuertabelle 2021 **a)** vom voraussichtlichen Jahresarbeitslohn von 51 900 €	5 070,00 €
b) vom voraussichtlichen Jahreslohn zuzüglich 1/5 des sonstigen Bezugs (51 900 € + 525,94 € =) 52 425,94 €	5 188,00 €
Lohnsteuer für ein Fünftel des sonstigen Bezugs (b–a)	118,00 €
fünffache Lohnsteuer für ganzen sonstigen Bezug (118 × 5)	590,00 €
Bemessungsgrundlage für SolZ unter der Freigrenze von 33912 € LSt	0,00 €
KiSt 8 % von 590 €	47,20 €
KV 7,95 % von 2562,50 €[1]	203,72 €
PV 1,525 % von 2562,50 €[1]	39,08 €
RV 9,3 % von 2629,68 €	244,56 €
ALV 1,2 % von 2629,68 €	31,56 €
Lohnabzüge insgesamt	1 156,12 €
sonstiger Bezug netto	1 500,00 €
erhöhter sonstiger Bezug (für die Sozialversicherung)	2 656,12 €
ein Fünftel des erhöhten sonstigen Bezugs (für die Lohnsteuer)	531,22 €

6. Berechnung

voraussichtlicher Jahresarbeitslohn	51 900,00 €
Lohnsteuer nach Steuerklasse III der Jahreslohnsteuertabelle 2021 **a)** vom voraussichtlichen Jahresarbeitslohn von 51 900 €	5 070,00 €
b) vom voraussichtlichen Jahreslohn zuzüglich 1/5 des sonstigen Bezugs (51 900 € + 531,22 € =) 52 431,22 €	5 188,00 €
Lohnsteuer für ein Fünftel des sonstigen Bezugs (b–a)	118,00 €
fünffache Lohnsteuer für ganzen sonstigen Bezug (118 € × 5)	590,00 €
Bemessungsgrundlage für SolZ unter der Freigrenze von 33912 € LSt	0,00 €
KiSt 8 % von 590 €	47,20 €
KV 7,95 % von 2562,50 €[1]	203,72 €
PV 1,525 % von 2562,50 €[1]	39,08 €
RV 9,3 % von 2656,12 €	247,02 €
ALV 1,2 % von 2656,12 €	31,87 €
Lohnabzüge insgesamt	1 158,89 €
sonstiger Bezug netto	1 500,00 €
erhöhter sonstiger Bezug (für die Sozialversicherung)	2 658,89 €
ein Fünftel des erhöhten sonstigen Bezugs (für die Lohnsteuer)	531,78 €

1) Durch den erhöhten sonstigen Bezug wird in der Kranken- und Pflegeversicherung die **anteilige** Jahresbeitragsbemessungsgrenze überschritten. Die einmalige Zuwendung ist somit nur in Höhe des noch nicht mit Beiträgen belegten Anteils beitragspflichtig. Dieser Anteil errechnet sich wie folgt:

Anteilige Jahresbeitragsbemessungsgrenze für die Kranken- und Pflegeversicherung für die Monate Januar bis Mai 2021 (4837,50 € × 5 =)	24 187,50 €
beitragspflichtiges Entgelt für Januar bis Mai 2021 (4325 € × 5 =)	21 625,– €
noch nicht mit Beiträgen belegt	2 562,50 €

7. Berechnung

voraussichtlicher Jahresarbeitslohn	51 900,00 €
Lohnsteuer nach Steuerklasse III der Jahreslohnsteuertabelle 2021	
a) vom voraussichtlichen Jahresarbeitslohn von 51 900 €	5 070,00 €
b) vom voraussichtlichen Jahreslohn zuzüglich 1/5 des sonstigen Bezugs (51 900 € + 531,78 € =) 52 431,78 €	5 188,00 €
Lohnsteuer für ein Fünftel des sonstigen Bezugs (b–a)	118,00 €
fünffache Lohnsteuer für ganzen sonstigen Bezug (118 € × 5)	590,00 €
Bemessungsgrundlage für SolZ unter der Freigrenze von 33912 € LSt	0,00 €
KiSt 8 % von 590 €	47,20 €
KV 7,95 % von 2562,50 €[1]	203,72 €
PV 1,525 % von 2562,50 €[1]	39,08 €
RV 9,3 % von 2658,89 €	247,28 €
ALV 1,2 % von 2658,89 €	31,91 €
Lohnabzüge insgesamt	1 159,19 €
sonstiger Bezug netto	1 500,00 €
erhöhter sonstiger Bezug (für die Sozialversicherung)	2 659,19 €
ein Fünftel des erhöhten sonstigen Bezugs (für die Lohnsteuer)	531,84 €

8. Berechnung

voraussichtlicher Jahresarbeitslohn	51 900,00 €
Lohnsteuer nach Steuerklasse III der Jahreslohnsteuertabelle 2021	
a) vom voraussichtlichen Jahresarbeitslohn von 51 900 €	5 070,00 €
b) vom voraussichtlichen Jahreslohn zuzüglich 1/5 des sonstigen Bezugs (51 900 € + 531,84 € =) 52 431,84 €	5 188,00 €
Lohnsteuer für ein Fünftel des sonstigen Bezugs (b–a)	118,00 €
fünffache Lohnsteuer für ganzen sonstigen Bezug (118 € × 5)	590,00 €
Bemessungsgrundlage für SolZ unter der Freigrenze von 33912 € LSt	0,00 €
KiSt 8 % von 590 €	47,20 €
KV 7,95 % von 2562,50 €[1]	203,72 €
PV 1,525 % von 2562,50 €[1]	39,08 €
RV 9,3 % von 2659,19 €	247,30 €
ALV 1,2 % von 2659,19 €	31,91 €
Lohnabzüge insgesamt	1 159,21 €
sonstiger Bezug netto	1 500,00 €
erhöhter sonstiger Bezug (für die Sozialversicherung)	2 659,21 €
ein Fünftel des erhöhten sonstigen Bezugs (für die Lohnsteuer)	531,84 €

9. Berechnung

voraussichtlicher Jahresarbeitslohn	51 900,00 €
Lohnsteuer nach Steuerklasse III der Jahreslohnsteuertabelle 2021	
a) vom voraussichtlichen Jahresarbeitslohn von 51 900 €	5 070,00 €
b) vom voraussichtlichen Jahreslohn zuzüglich 1/5 des erhöhten sonstigen Bezugs (51 900 € + 531,84 € =) 52 431,84 €	5 188,00 €
Lohnsteuer für ein Fünftel des sonstigen Bezugs (b–a)	118,00 €
fünffache Lohnsteuer für ganzen sonstigen Bezug (118 € × 5)	590,00 €
Bemessungsgrundlage für SolZ unter der Freigrenze von 33912 € LSt	0,00 €
KiSt 8 % von 590 €	47,20 €
KV 7,95 % von 2562,50 €[1]	203,72 €
PV 1,525 % von 2562,50 €[1]	39,08 €
RV 9,3 % von 2659,21 €	247,31 €
ALV 1,2 % von 2659,21 €	31,91 €
Lohnabzüge insgesamt	1 159,22 €
sonstiger Bezug netto	1 500,00 €
erhöhter sonstiger Bezug (für die Sozialversicherung)	2 659,22 €
ein Fünftel des erhöhten sonstigen Bezugs (für die Lohnsteuer)	531,84 €

10. Berechnung

voraussichtlicher Jahresarbeitslohn	51 900,00 €
Lohnsteuer nach Steuerklasse III der Jahreslohnsteuertabelle 2021	
a) vom voraussichtlichen Jahresarbeitslohn von 51 900 €	5 070,00 €
b) vom voraussichtlichen Jahreslohn zuzüglich 1/5 des sonstigen Bezugs (51 900 € + 531,84 € =) 52 431,84 €	5 188,00 €
Lohnsteuer für ein Fünftel des sonstigen Bezugs (b–a)	118,00 €
fünffache Lohnsteuer für ganzen sonstigen Bezug (118 € × 5)	590,00 €
Bemessungsgrundlage für SolZ unter der Freigrenze von 33912 € LSt	0,00 €
KiSt 8 % von 590 €	47,20 €
KV 7,95 % von 2562,50 €[1]	203,72 €
PV 1,525 % von 2562,50 €[1]	39,08 €
RV 9,3 % von 2659,22 €	247,31 €
ALV 1,2 % von 2659,22 €	31,91 €
Lohnabzüge insgesamt	1 159,22 €
sonstiger Bezug netto	1 500,00 €
erhöhter sonstiger Bezug (für die Sozialversicherung)	2 659,22 €
ein Fünftel des erhöhten sonstigen Bezugs (für die Lohnsteuer)	531,84 €

Der nach der 10. Berechnung ermittelte sonstige Bezug ist ebenso hoch wie der nach der 9. Berechnung ermittelte sonstige Bezug. Durch eine weitere Hochrechnung ergeben sich keine höheren Lohnabzüge mehr.

Auf den Nettobezug von 1500 € entfallen somit:

Lohnsteuer	590,00 €
Solidaritätszuschlag	0,00 €
Kirchensteuer	47,20 €
Krankenversicherung	203,72 €
Pflegeversicherung	39,08 €
Rentenversicherung	247,31 €
Arbeitslosenversicherung	31,91 €
Lohnabzüge insgesamt:	1 159,22 €

Der Bruttobetrag des sonstigen Bezugs beträgt:

Nettobetrag	1 500,00 €
durch Hochrechnung ermittelte Lohnabzüge	1 159,22 €
Bruttobetrag des sonstigen Bezugs	2 659,22 €

Der Bruttobetrag des sonstigen Bezugs beläuft sich unter Berücksichtigung der hochgerechneten Steuerabzüge und der Sozialversicherungsbeiträge auf 2659,22 €. Dieser Betrag ist im Lohnkonto festzuhalten und in der Lohnsteuerbescheinigung in Zeile 10 „Ermäßigt besteuerter Arbeitslohn für mehrere Kalenderjahre" einzutragen. Dieser Betrag ist auch als beitragspflichtiges Entgelt festzuhalten und zu melden.

1) Durch den erhöhten sonstigen Bezug wird in der Kranken- und Pflegeversicherung die **anteilige** Jahresbeitragsbemessungsgrenze überschritten. Die einmalige Zuwendung ist somit nur in Höhe des noch nicht mit Beiträgen belegten Anteils beitragspflichtig. Dieser Anteil errechnet sich wie folgt:

Anteilige Jahresbeitragsbemessungsgrenze für die Kranken- und Pflegeversicherung für die Monate Januar bis Mai 2021 (4837,50 € × 5 =)	24 187,50 €
beitragspflichtiges Entgelt für Januar bis Mai 2021 (4325 € × 5 =)	21 625,– €
noch nicht mit Beiträgen belegt	2 562,50 €

Meldepflichten des Arbeitgebers

Meldungen und Beitragsnachweise sind ausschließlich durch maschinelle Datenübertragung von den Arbeitgebern, Steuerberatern oder Abrechnungsstellen an die Datenannahmestellen der Krankenkassen zu übermitteln. Die Verwendung von Disketten und Magnetbändern, von Hand ausgefüllter Formulare oder Ausdrucken auf Papier ist nicht zugelassen.

Gliederung:

1. Allgemeines zum Meldeverfahren

Grundlage für das Meldeverfahren zwischen den Arbeitgebern und den Einzugsstellen sind neben § 28a SGB IV und der Datenerfassungs- und -übermittlungsverordnung (DEÜV) die „Gemeinsamen Grundsätze für die Datenerfassung und Datenübermittlung zur Sozialversicherung nach § 28b Abs. 1 Satz 1 Nr. 1–3 SGB IV".

Neben den persönlichen Daten des Versicherten, die aus amtlichen Unterlagen zu entnehmen und stets anzugeben sind, ist insbesondere die Angabe der Versicherungsnummer und der Betriebsnummer des Beschäftigungsbetriebes (BBNR) wichtig, weil diese für die maschinelle Zuordnung der Meldedaten benötigt werden. Die Versicherungsnummer wird von der Datenstelle der Träger der Rentenversicherung (DSRV) vergeben und ist dem Sozialversicherungsausweis zu entnehmen, der bei der Vergabe einer Versicherungsnummer von Amts wegen ausgestellt wird. Zuständig für eine Ersatzausstellung des Sozialversicherungsausweises ist grundsätzlich die Einzugsstelle. In Einzelfällen kann eine Ersatzausstellung auch von den Rentenversicherungsträgern von Amts wegen vorgenommen werden. Der Sozialversicherungsausweis wird dem Versicherten von den Rentenversicherungsträgern übersandt.

Die Vergabe einer Betriebsnummer für den Beschäftigungsbetrieb erfolgt grundsätzlich durch die Bundesagentur für Arbeit (BA). Die Antragstellung wird notwendig, sobald ein Arbeitgeber in seinem Beschäftigungsbetrieb erstmals Arbeitnehmer beschäftigt. Der Antrag ist elektronisch zu stellen. Zu diesem Zweck ist das elektronische Antragsformular auf der Internetseite der BA (www.arbeitsagentur.de) zu nutzen.

Für Privathaushalte, für die das Haushaltsscheckverfahren gilt, für knappschaftliche Beschäftigungsbetriebe und für Seefahrtsbetriebe einschließlich Seefischerei vergibt die Deutsche Rentenversicherung Knappschaft-Bahn-See im Auftrag der Bundesagentur für Arbeit (BA) die Betriebsnummern.

Zur Beantragung sind folgende betriebliche Angaben erforderlich:
- Name des Beschäftigungsbetriebes mit Rechtsform,
- Anschrift des Beschäftigungsbetriebes,
- die wirtschaftliche Betätigung sowie

- Ansprechpartnerdaten für Sozialversicherungsträger beim Arbeitgeber oder beauftragten Dritten.

Die Anschrift des Beschäftigungsbetriebes muss eine deutsche Anschrift sein und ist immer anzugeben. Eine Postanschrift ist zusätzlich anzugeben, wenn die Post den SV-Träger unter der Anschrift des Beschäftigungsbetriebes nicht zugestellt werden soll oder kann, wie z. B. bei einer ausländischen Anschrift. Der Arbeitgeber erhält von der BA eine Bestätigung mit den bei ihr gespeicherten Betriebsdaten. Diese sollen nach Prüfung auf Richtigkeit in die Stammdaten des Entgeltabrechnungsprogrammes übernommen werden.

2. Meldungen zur Sozialversicherung

a) Übermittlung der Meldungen zur Sozialversicherung

Bereits mit der Einführung der DEÜV – in Kraft seit dem 1.1.1999 – wurde der elektronischen Übermittlung der Meldungen zur Sozialversicherung Vorrang gegenüber der Papierform eingeräumt. Seit 1.1.2006 ist sie verpflichtend. Meldungen sind daher nur noch durch gesicherte und verschlüsselte Datenübertragung aus systemgeprüften Entgeltabrechnungsprogrammen oder systemgeprüften Ausfüllhilfen abzugeben (§ 28a Absatz 1 SGB IV). Meldungen der Arbeitgeber auf Vordrucken sind nicht mehr zugelassen. Die elektronische Übermittlung geänderter Betriebsdaten ist seit 1.1.2017 verpflichtend.

b) Meldeverfahren für kurzfristig Beschäftigte

Für kurzfristig Beschäftigte sind grundsätzlich die gleichen Meldungen zu erstatten sind wie für versicherungspflichtig Beschäftigte; die Meldungen sind ausschließlich bei der Minijob-Zentrale einzureichen. Unter Personengruppenschlüssel ist stets die Schlüsselzahl 110 einzutragen. Sämtliche Beitragsgruppen sind mit 0 zu verschlüsseln. Im Datenbaustein Meldesachverhalt (DBME) sind als „Beitragspflichtiges Arbeitsentgelt" sechs Nullen anzugeben. In der UV-Jahresmeldung im Datenbaustein Unfallversicherung (DBUV) der Jahresmeldung zur Unfallversicherung mit Abgabegrund "92" (UV-Jahresmeldung) ist als „Beitragspflichtiges Arbeitsentgelt zur Unfallversicherung" das Arbeitsentgelt anzugeben, das beitragspflichtig in der Unfallversicherung ist.

Sofern ein Rahmenarbeitsvertrag abgeschlossen wurde, kann der Arbeitgeber den Beschäftigten zum Beginn des Beschäftigungsverhältnisses an- und zum Ende des Beschäftigungsverhältnisses abmelden. Dabei sind die zeitlichen Voraussetzungen des § 8 Absatz 1 Nummer 2 SGB IV zu beachten.

Darüber hinaus kann die kurzfristige Beschäftigung – auch innerhalb eines Rahmenarbeitsvertrages – nach ihrem tatsächlichen Verlauf (tageweise) gemeldet werden.

c) Haushaltsscheckverfahren

Das Haushaltsscheckverfahren ist für geringfügige Beschäftigungsverhältnisse in Privathaushalten anzuwenden. Es ist obligatorisch, das heißt, der Arbeitgeber kann nicht alternativ das allgemeine Beitrags- und Meldeverfahren nutzen. Das Haushaltsscheckverfahren wird – wie das Beitrags- und Meldeverfahren für geringfügig Beschäftigte insgesamt – ausschließlich von der Deutschen Rentenversicherung Knappschaft-Bahn-See durchgeführt. Einzelheiten ergeben sich aus der Gemeinsamen Verlautbarung der Spitzenorganisationen der Sozialversicherung zum Haushaltsscheckverfahren (siehe unter dem Stichwort „Hausgehilfin" im Hauptteil des Lexikons) sowie den jeweils geltenden Geringfügigkeits-Richtlinien der Spitzenorganisationen der Sozialversicherung (siehe unter dem Stichwort „Geringfügige Beschäftigung" im Hauptteil des Lexikons).

d) Gesonderte Meldung nach § 194 Absatz 1 SGB VI (Vorausbescheinigung)

Nach § 194 Absatz 1 Sechstes Buch Sozialgesetzbuch (SGB VI) sind die Arbeitgeber vom 1.1.2008 an verpflichtet, auf Verlangen des Rentenantragstellers eine „Gesonderte Meldung" über die beitragspflichtigen Einnahmen frühestens drei Monate vor Rentenbeginn zu erstatten. Dadurch werden die Arbeitgeber zum einen von der bisherigen Pflicht entbunden, im laufenden Rentenantragsverfahren noch nicht gezahlte beitragspflichtige Einnahmen dem Rentenversicherungsträger im Voraus zu bescheinigen; zum anderen bleibt ungeachtet dieser Entlastung die zeitnahe Feststellung der beantragten Altersrente gewährleistet. Aus den Angaben in der „Gesonderten Meldung" errechnet der Rentenversicherungsträger bei Anträgen auf Altersrente die voraussichtlichen beitragspflichtigen Einnahmen für den verbleibenden Beschäftigungszeitraum bis zum Rentenbeginn für bis zu drei Monaten nach den in den letzten zwölf Kalendermonaten gemeldeten beitragspflichtigen Einnahmen.

Entsprechend den Regelungen im Rentenantragsverfahren findet die „Gesonderte Meldung" auch Anwendung bei einem Auskunftsersuchen des Familiengerichts im Versorgungsausgleichsverfahren (§ 194 Absatz 1 Satz 2 SGB VI).

Die „Gesonderte Meldung" (Abgabegrund 57) ist vom Arbeitgeber gemäß § 12 Absatz 5 DEÜV mit der nächsten Entgeltabrechnung zu erstatten. Ist zu diesem Zeitpunkt eine Jahresmeldung noch nicht erfolgt, ist diese zum gleichen Zeitpunkt zu erstatten. Zu beachten ist, dass ein nach § 194 Absatz 1 SGB VI gemeldeter Zeitraum gemäß § 5 Absatz 3 Satz 2 DEÜV nicht nochmals gemeldet werden darf.

e) GKV-Monatsmeldung

Die Einzugsstelle prüft bei einer versicherungspflichtigen Mehrfachbeschäftigung auf Grundlage der eingegangenen Entgeltmeldungen, ob die in dem sich überschneidenden Meldezeitraum erzielten Arbeitsentgelte insgesamt die Beitragsbemessungsgrenze in der gesetzlichen Krankenversicherung (BBG-KV) überschreiten. Soweit die Einzugsstelle bei dieser Prüfung nicht ausschließen kann, dass die gemeldeten Arbeitsentgelte in der Kumulierung die BBGKV überschreiten, fordert sie die beteiligten Arbeitgeber auf, für den zu beurteilenden Zeitraum GKV-Monatsmeldungen abzugeben; ausgenommen hiervon sind angesichts der mangelnden Praxisrelevanz und der insoweit gebotenen Verfahrensvereinfachung Sachverhalte der Mehrfachbeschäftigung von Arbeitnehmern, die Mitglied der landwirtschaftlichen Krankenkasse sind sowie von geringfügig entlohnten Beschäftigungen (§ 8 Absatz 1 Nummer 1 SGB IV), die neben einer versicherungspflichtigen Beschäftigung ausgeübt werden. Dies gilt selbst dann, wenn in der geringfügig entlohnten Beschäftigung Versicherungspflicht in der Rentenversicherung besteht.

Arbeitgeber haben mit der ersten folgenden Entgeltabrechnung nach Aufforderung der Einzugsstelle, spätestens innerhalb von sechs Wochen, für den von der Einzugsstelle angeforderten Zeitraum GKV-Monatsmeldungen zu erstatten (§ 28a Absatz 1 Satz 1 Nummer 10 SGB IV, § 11b DEÜV). Eine zusätzliche Weitergabe der GKV-Monatsmeldung an die Annahmestelle der berufsständischen Versorgungseinrichtungen ist nicht vorgesehen (§ 28a Absatz 10 Satz 1 SGB IV).

Die Einzugsstelle stellt auf Grundlage der übermittelten GKV-Monatsmeldungen innerhalb von zwei Monaten fest, ob und inwieweit die laufenden und einmalig erzielten Arbeitsentgelte die Beitragsbemessungsgrenzen in den einzelnen Sozialversicherungszweigen überschreiten und teilt den beteiligten Arbeitgebern für jeden Kalendermonat der versicherungspflichtigen Mehrfachbeschäftigung das Prüfergebnis mit. Die 2-Monats-Frist beginnt erst zu laufen, sofern alle für den zu beurteilenden Zeitraum notwendigen GKV-Monatsmeldungen vorliegen.

Soweit aufgrund der versicherungspflichtigen Mehrfachbeschäftigung die Beitragsbemessungsgrenzen überschritten wurden, hat der Arbeitgeber auf Grundlage der übermittelten Prüfergebnisse eine anteilmäßige Aufteilung der Arbeitsentgelte nach § 22 Absatz 2 SGB IV durchzuführen. Hierzu wird auf die „Gemeinsamen Grundsätze zur Beitragsberechnung nach § 22 Absatz 2 SGB IV bei Arbeitnehmern mit mehreren versicherungspflichtigen Beschäftigungen" in der jeweils aktuellen Fassung verwiesen.

aa) GKV-Monatsmeldung – Inhalt der Meldung

Die GKV-Monatsmeldung ist mit dem Datensatz Meldung (DSME) und dem Datenbaustein Krankenversicherung (DBKV) zu melden. Für die Feststellung der Einzugsstelle, ob und inwieweit in den einzelnen Sozialversicherungszweigen bei einer sozialversicherungspflichtigen Mehrfachbeschäftigung die Beitragsbemessungsgrenze (BBG) überschritten wurde, sind in der GKV-Monatsmeldung

- das jeweils monatliche laufende Arbeitsentgelt, von dem Beiträge zur Renten-, Arbeitslosen-, Kranken- und Pflegeversicherung berechnet wurden bzw. von dem der Beitragszuschuss zur Krankenversicherung nach § 257 SGB V berechnet wurde,
- die SV-Tage,
- die in dem Abrechnungsmonat einmalig gezahlten Arbeitsentgelte bis zur Höhe der anteiligen Jahres-BBG der Rentenversicherung,
- der Beitragsgruppenschlüssel und das Rechtskreiskennzeichen anzugeben.

Soweit Kurzarbeitergeld nach § 95 SGB III gewährt wird, ist in der GKV-Monatsmeldung als kranken-/pflegeversicherungspflichtiges bzw. rentenversicherungspflichtiges laufendes Arbeitsentgelt 80 vom Hundert des Unterschiedsbetrages zwischen dem Soll-Entgelt und dem Ist-Entgelt anzugeben (§ 232a Absatz 2 SGB V, § 57 Absatz 1 Satz 1 SGB XI bzw. § 163 Absatz 6 SGB VI); ggf. gleichzeitig erzieltes tatsächliches Arbeitsentgelt ist ebenfalls zu berücksichtigen.

Bei Arbeitnehmern, die nach dem Altersteilzeitgesetz Aufstockungsbeträge erhalten, ist in der GKV-Monatsmeldung als rentenversicherungspflichtiges laufendes Arbeitsentgelt zusätzlich zum laufenden monatlichen Arbeitsentgelt die zusätzliche beitragspflichtige Einnahme nach § 163 Absatz 5 Satz 1 SGB VI anzugeben.

Soweit Arbeitgeber außerhalb des beschriebenen Verfahrens bereits eine Korrektur des beitragspflichtigen Arbeitsentgelts für einen Entgeltabrechnungszeitraum vorgenommen haben, ist in der GKV-Monatsmeldung für diesen Entgeltabrechnungszeitraum das tatsächliche erzielte Arbeitsentgelt, maximal jedoch bis zur jeweiligen Beitragsbemessungsgrenze, anzugeben.

Die vorgenannten Ausführungen zur Berücksichtigung von Kurzarbeitergeld sowie der zusätzlichen beitragspflichtigen Einnahme nach § 163 Absatz 5 Satz 1 SGB VI bleiben unberührt.

In den GKV-Monatsmeldungen sind als Meldezeitraum grundsätzlich der Erste und der Letzte des Monats einzutragen. Beginnt oder endet eine Mehrfachbeschäftigung innerhalb eines Kalendermonats ist dagegen immer auf den tatsächlichen Beginn bzw. das tatsächliche Ende der Beschäftigung abzustellen.

bb) GKV-Monatsmeldung für Meldezeiträume bis zum 31.12.2014

Durch den Wegfall der Regelungen zur Abgabe der GKV-Monatsmeldung für Zeiten bis zum 31.12.2014 müssen seit dem 1.1.2015 keine GKV-Monatsmeldungen oder Stornierungen mehr erstellt werden, die Zeiträume bis zum 31.12.2014 betreffen.

f) Übergangsbereich nach § 20 Abs. 2 SGB IV

Für Arbeitnehmer, die eine versicherungspflichtige Beschäftigung mit einem Arbeitsentgelt innerhalb des Übergangsbereiches ausüben, gelten besondere Regelungen für die Ermittlung der Beitragsbemessungsgrundlage sowie für die Beitragstragung zur Kranken-, Pflege-, Renten- und Arbeitslosenversicherung. Zudem sind die Meldungen von Beschäftigungen im Übergangsbereich besonders zu kennzeichnen.

Ein Beschäftigungsverhältnis im Übergangsbereich liegt nach § 20 Absatz 2 SGB IV vor, wenn das aus der Beschäftigung erzielte Arbeitsentgelt zwischen 450,01 Euro und 1300,00 Euro im Monat liegt und die Grenze von 1300,00 Euro im Monat regelmäßig nicht überschreitet. Einzelheiten zum Meldeverfahren siehe unter der Nr. 16.

g) UV-Jahresmeldung

Die Prüfungen nach § 166 Absatz 1 Siebtes Buch Sozialgesetzbuch (SGB VII) werden seit 1.1.2010 für Zeiträume ab 1.1.2009 für die Unfallversicherung von den Trägern der Rentenversicherung im Rahmen ihrer Prüfungen nach § 28p Absatz 1 SGB IV durchgeführt. Prüfgegenstände sind dabei die Zuordnung der Entgelte zu den trägerspezifischen Gefahrtarifstellen sowie die zutreffende Beurteilung des Arbeitsentgelts als beitragspflichtig zur Unfallversicherung. Hierfür wurde das DEÜV-Meldeverfahren erweitert.

Für den Arbeitgeber bedeutet dies, dass seit 1.1.2009 für Meldezeiträume ab 1.1.2008 unfallversicherungsspezifische Angaben zu melden sind.

Der Arbeitgeber hat für jeden in einem Kalenderjahr Beschäftigten, der in der Unfallversicherung versichert ist, bis zum 16. Februar des Folgejahres eine UV-Jahresmeldung mit dem Abgabegrund „92“ zu erstatten. Abweichend hiervon ist eine UV-Jahresmeldung in Fällen der Insolvenz, Einstellung des Unternehmens oder der Beendigung aller Beschäftigungsverhältnisse bereits mit der nächsten Entgeltabrechnung, spätestens innerhalb von sechs Wochen, abzugeben. Das Kalenderjahr der Unfallversicherungspflicht ist dabei – unabhängig vom tatsächlichen Beschäftigungszeitraum – stets als Meldezeitraum vom 1.1. bis 31.12. eines Kalenderjahres abzubilden.

Die UV-Jahresmeldung ist mit dem Datensatz Meldung (DSME), dem Datenbaustein Meldesachverhalt (DBME) und dem Datenbaustein Unfallversicherung (DBUV) zu melden. Hierbei sind insbesondere

- das Kalenderjahr der Versicherungspflicht zur Unfallversicherung (Meldezeitraum),
- die Mitgliedsnummer des Unternehmers,
- die Betriebsnummer des zuständigen Unfallversicherungsträgers,
- das in der Unfallversicherung beitragspflichtige Arbeitsentgelt und
- seine Zuordnung zur jeweilig anzuwendenden Gefahrtarifstelle

anzugeben.

In den Fällen, in denen keine Prüfung durch die Träger der Rentenversicherung stattfindet, weil sich der Beitrag zur Unfallversicherung nicht nach dem Arbeitsentgelt der Beschäftigten richtet (§§ 155, 156, 185 Absatz 2 oder § 185 Absatz 4 SGB VII), ist als Grund für die Besonderheiten bei der Abgabe der UV-Daten (UV-GRUND) der Wert A09 anzugeben. Dies betrifft zum Beispiel Fälle der Beitragsberechnung nach Versichertenzahlen, nach Einwohnerzahlen oder Fälle der Direktumlage von Beiträgen. Bei der landwirtschaftlichen Berufsgenossenschaft (§ 182 Absatz 2 SGB VII) ist im Feld UV-GRUND der Wert A08 zu melden. Bei Entgeltmeldungen der Träger der Gesetzlichen Unfallversicherung für ihre eigenen Beschäftigten ist das Feld UV-GRUND mit dem Wert A07 zu füllen. In allen drei Fallgestaltungen ist das Arbeitsentgelt auf Grundstellung (Null) zu belassen.

h) Meldungen für ausschließlich in der gesetzlichen Unfallversicherung versicherungspflichtige Personen

Nach § 28a Absatz 12 SGB IV haben Arbeitgeber auch für „ausschließlich nach § 2 Absatz 1 Nummer 1 des Siebten Buches versicherte Beschäftigte mit beitragspflichtigem Entgelt“, also für ausschließlich in der gesetzlichen Unfallversicherung versicherungspflichtige Personen, Entgeltmeldungen – zusätzlich zur UV-Jahresmeldung – zu erstatten. Hierzu gehören zum Beispiel:

- Beurlaubte Beamte, die in der gesetzlichen Sozialversicherung versicherungsfrei sind. In der gesetzlichen Unfallversicherung sind diese Personen als Arbeitnehmer versichert. Unfallversicherungspflichtiges Entgelt ist das erzielte Bruttoentgelt bis zum Höchstjahresarbeitsentgelt in der Unfallversicherung (zum Beispiel ein beurlaubter verbeamteter Lehrer, der in einer Privatschule tätig ist).
- Studenten in einem vorgeschriebenen Zwischenpraktikum mit der Beitragsgruppe „0000“ zur Sozialversicherung. Für die unfallversicherungsrechtliche Beurteilung von Praktika ist es unerheblich, ob diese in der Studien- oder Prüfungsordnung zwingend vorgeschrieben sind oder freiwillig geleistet werden. Es besteht Versicherungsschutz über das Praktikumsunternehmen.
- Privat Krankenversicherte in einer geringfügig entlohnten Beschäftigung, in der auf die Rentenversicherungsfreiheit verzichtet wurde und zu der eine Befreiung von der Rentenversicherungspflicht zugunsten einer Mitgliedschaft in einer berufsständischen Versorgungseinrichtung vorliegt (zum Beispiel eine Apothekerin, die als geringfügig entlohnte Beschäftigte auf die Rentenversicherungsfreiheit zugunsten der Mitgliedschaft in einer berufsständischen Versorgungseinrichtung verzichtet und privat krankenversichert ist).
- Werkstudenten in einer Beschäftigung, zu der eine Befreiung von der Rentenversicherungspflicht zugunsten einer Mitgliedschaft in einer berufsständischen Versorgungseinrichtung vorliegt (zum Beispiel ein Tierarzt im Zweitstudium ist Mitglied einer berufsständischen Versorgungseinrichtung und übt als Werkstudent eine Tätigkeit als Tierarzt aus).
- Privat krankenversicherte Beschäftigte, die im Sinne des § 6 SGB IV aufgrund zwischenstaatlicher Abkommen nur in der Unfallversicherung der Versicherungspflicht nach deutschen Rechtsvorschriften unterworfen sind.

Voraussetzung für eine ordnungsgemäße Durchführung des Meldeverfahrens ist die Anmeldung dieser sozialversicherungsfreien Arbeitnehmer mit Personengruppenschlüssel „190“ und der Beitragsgruppe „0000“ zur Sozialversicherung. Als zuständige Einzugsstelle gilt die Einzugsstelle, bei der zuletzt eine Versicherung bestanden hat. Bestand keine Versicherung, wählt der zur Meldung verpflichtete Arbeitgeber die Einzugsstelle aus. Für die Anmeldung sind die bestehenden Anmeldegründe zu verwenden.

i) Sofortmeldung

Zur Verbesserung der Bekämpfung der Schwarzarbeit und illegalen Beschäftigung wurde zum 1.1.2009 mit Artikel 1 des Zweiten Gesetzes zur Änderung des Vierten Buches Sozialgesetzbuch und anderer Gesetze für Arbeitgeber bestimmter Wirtschaftsbereiche die Pflicht zur Abgabe einer Sofortmeldung eingeführt (§ 28a Absatz 4 SGB IV). Eine Sofortmeldung ist abzugeben, sofern die Kriterien eines sozialversicherungsrechtlichen Beschäftigungsverhältnisses erfüllt sind; eine Entgeltzahlung ist für die Beurteilung der Frage zur Abgabepflicht einer Sofortmeldung unbedeutend. Die Sofortmeldung ist vom Arbeitgeber oder durch einen von ihm beauftragten Steuerberater oder ein Service-Rechenzentrum spätestens bei Beschäftigungsaufnahme mittels Datenübertragung direkt an die DSRV zu übermitteln (§ 7 DEÜV).

Soweit das Beschäftigungsverhältnis ununterbrochen beim selben Arbeitgeber fortbesteht, lösen Änderungen im Versicherungsverhältnis z. B. durch einen Krankenkassen- oder Beitragsgruppenwechsel keine neue Pflicht zur Sofortmeldung aus, auch wenn eine Ab- und Anmeldung zu erstellen ist. Wird hingegen das Beschäftigungsverhältnis beendet und neu aufgenommen, ist spätestens bei Aufnahme der neuen Beschäftigung eine Sofortmeldung abzugeben, sofern die neue Beschäftigung in einem Wirtschaftsbereich gem. § 28a Abs. 4 SGB IV ausgeübt wird. Dies gilt auch bei einem Wechsel der Beschäftigung innerhalb eines Konzerns.

Bei der Beurteilung von Arbeitgebern, die im Rahmen ihres Erwerbszweckes nur teilweise in den Wirtschaftsbranchen des § 28a Abs. 4 SGB IV tätig sind, ist für die Abgabe der Sofortmeldung der Unternehmenszweck sowie die wirtschaftliche Tätigkeit des überwiegenden Teils der Beschäftigten maßgeblich. Stehen beide Kriterien in einem Widerspruch zueinander, dann ist der Zweck des Betriebs entscheidend.

aa) Ausnahmen von der Sofortmeldepflicht

Arbeitgeber, die als Verleiher Dritten (Entleihern) Arbeitnehmer (Leiharbeitnehmer) im Rahmen ihrer wirtschaftlichen Tätigkeit zur Arbeitsleistung überlassen, müssen keine Sofortmeldung abgeben, da die entliehenen Arbeitnehmer in allen Wirtschaftsbereichen tätig sein können und insofern diese Arbeitgeber nicht eindeutig einem Wirtschaftsbereich nach § 28a Abs. 4 SGB IV zugeordnet werden können.

Jugendherbergen verfolgen ausschließlich gemeinnützige Zwecke und sind nicht dem Gaststätten- und Beherbergungsgewerbe zuzuordnen; insoweit besteht für Jugendherbergen keine Pflicht zur Abgabe von Sofortmeldungen.

Sofern in Einzelhandelsunternehmen nur im geringen Umfang mit Fleisch oder Fleischwaren gehandelt wird oder diese Produkte nicht den Schwerpunkt des Sortiments, des Umsatzes oder des Personaleinsatzes darstellen (z. B. vom Personal befüllte Selbstbedienungsfleischtheken bei Lebensmitteldiscountern), besteht für diese Arbeitgeber grundsätzlich keine Sofortmeldepflicht. Gleiches gilt, sofern in Einzelhandelsunternehmen einzelne Mitarbeiter ausschließlich oder überwiegend mit dem Fleischverkauf beschäftigt sind, wobei der Fleischverkauf und auch der Personaleinsatz der Mitarbeiter vom Umsatz und Umfang her nicht überwiegen (Fleischtheken in Supermärkten). Bei selbstständigen **Fleischverarbeitungsunternehmen** oder sofern Fleischtheken in Tochterunternehmen ausgegliedert sind (Fleischwerk eines Lebensmittelkonzerns, Organisation des Fleischverkaufs in Supermärkten durch ausgegliederte, rechtlich eigenständige Abteilungen), besteht hingegen die Pflicht zur Abgabe der Sofortmeldung.

bb) Inhalt der Sofortmeldung und Datenübermittlung

Die Sofortmeldung muss den Familien- und Vornamen, die Versicherungsnummer, die Betriebsnummer des Arbeitgebers und den Tag der Beschäftigungsaufnahme enthalten. Ist die Versicherungsnummer des Arbeitnehmers zum Zeitpunkt der Abgabe der Sofortmeldung nicht bekannt, sind zusätzlich die für die Vergabe einer Versicherungsnummer erforderlichen Daten im DBGB, DBAN und gegebenenfalls die Europäische Versicherungsnummer im DBEU mit der Sofortmeldung zu übermitteln. Die ermittelte oder neu vergebene Versicherungsnummer wird dem Arbeitgeber direkt von der DSRV mitgeteilt. Für die Datenübermittlung zwischen den Arbeitgebern und der DSRV sind DSKO und DSME mit den zugehörigen Datenbausteinen zu verwenden.

j) Meldungen zur Betriebsdatenpflege

Die Arbeitgeber sind nach § 18i Abs. 4 SGB IV verpflichtet, Änderungen von Betriebsdaten der BA unverzüglich elektronisch zu melden. Im Rahmen von Insolvenzverfahren geht die Meldepflicht auf den Insolvenzverwalter über. Der Arbeitgeber ist verpflichtet, die Änderung der betrieblichen Angaben unverzüglich, also mit der folgenden Entgeltabrechnung, spätestens nach sechs Wochen, zu übermitteln. Die Angaben müssen richtig und vollständig sein. Der Arbeitgeber übermittelt die geänderten betrieblichen Angaben mit dem Datensatz Betriebsdatenpflege (DSBD). Der DSBD wird entweder von einem systemgeprüften Entgeltabrechnungsprogramm erzeugt oder von einer maschinellen Ausfüllhilfe. Betriebliche Angaben sind die Daten, die der Arbeitgeber bei Antragstellung der Betriebsnummer angegeben hat. Änderungen hierzu können auf unterschiedlichen Ereignissen beruhen (z. B. Umfirmierung mit oder ohne Rechtsformwechsel, Fusion mit Beibehaltung aller Betriebsnummern, Umzug des Beschäftigungsbetriebs sowohl innerhalb einer Gemeinde als auch in eine andere Gemeinde, Änderung oder Wegfall der abweichenden Postanschrift oder eine Änderung der Ansprechpartnerdaten für SV-Träger). Der DSBD mit einer bestimmten Betriebsnummer des Beschäftigungsbetriebs ist anzugeben mit dem Namen des Beschäftigungsbetriebs mit Rechtsform, der Anschrift des Beschäftigungsbetriebs und mindestens einer Telefonnummer eines Ansprechpartners für SV-Träger. Soll die Post dem Arbeitgeber abweichend von der Anschrift seines Beschäftigungsbetriebs zugestellt werden, ist zusätzlich der Datenbaustein abweichende Postanschrift zu füllen. Die Postanschrift kann im Ausland liegen. Der DSBD wird maschinell an die BA übermittelt. Eine zusätzliche Änderungsmitteilung zum Beispiel per E-Mail oder Telefon an die BA erübrigt sich damit. Einzelheiten zum Verfahren enthalten die „Gemeinsamen Grundsätze für die Datenerfassung und Datenübermittlung" nach § 286 Abs. 1 Nr. 1–3 SGB V in der jeweils aktuellen Fassung (vgl. www.aok.business.de/fachthemen/rundschreiben/jahr-2018/)

k) Anmeldungen für Ehegatten, Lebenspartner oder Abkömmlinge sowie geschäftsführende Gesellschafter einer GmbH

Nach § 28a Absatz 3 Satz 2 Nummer 1 Buchstabe d und e SGB IV hat der Arbeitgeber bei der Anmeldung anzugeben, ob zum Arbeitnehmer eine Beziehung als Ehegatte, Lebenspartner oder Abkömmling besteht, oder ob es sich um eine Tätigkeit als geschäftsführender Gesellschafter einer GmbH handelt.

Bei der Anmeldung mit dem Abgabegrund 10 oder der gleichzeitigen An- und Abmeldung mit dem Abgabegrund 40 ist daher folgendes Statuskennzeichen (KENNZ-STATUS) anzugeben:
1 = Ehegatte, Lebenspartner oder Abkömmling des Arbeitgebers
2 = Geschäftsführender Gesellschafter einer GmbH.

Die Angabe des Statuskennzeichens ist auch bei der Anmeldung eines geringfügig Beschäftigten vorzunehmen.

l) Kennzeichen Mehrfachbeschäftigung

Der Hinzutritt einer weiteren Beschäftigung stellt keinen meldepflichtigen Tatbestand dar, daher kann grundsätzlich nur der Arbeitgeber zur Angabe des Kennzeichens verpflichtet werden, der mit seiner Beschäftigung zur Hauptbeschäftigung hinzutritt. Dadurch ist auch gewährleistet, dass in der laufenden Hauptbeschäftigung nicht rückwirkend Stornierungen erforderlich werden. **Das Kennzeichen fällt zum 1.1.2021 weg.**

m) Kennzeichen Saisonarbeitnehmer

Nach § 188 Abs. 4 SGB V i.d.F. ab 1.1.2018 haben Arbeitgeber in der Anmeldung anzugeben, ob der Arbeitnehmer zum Personenkreis der Saisonarbeitnehmer gehört. Saisonarbeitnehmer sind Personen, die vorübergehend für eine auf bis zu acht Monate befristete abhängige Beschäftigung nach Deutschland gekommen sind, um einen jahreszeitlich bedingten, jährlich wiederkehrenden, erhöhten Arbeitskräftebedarf des Arbeitgebers abzudecken. Die Angabe „Saisonarbeitnehmer" ist nur bei gesetzlich krankenversicherten Beschäftigten und für Meldezeiträume ab dem 1.1.2018 erforderlich. Sie ist nicht erforderlich bei geringfügig Beschäftigten sowie bei Beschäftigten, die ausschließlich in der gesetzlichen Unfallversicherung versichert sind (Personengruppen 109, 110, 190). Die Angabe ist nur erforderlich bei Anmeldungen wegen des Beginns einer Beschäftigung oder der gleichzeitigen An- und Abmeldung (Abgabegründe 10 und 40). Bei der Feststellung zur Zugehörigkeit zum Personenkreis der Saisonarbeitnehmer müssen Arbeitgeber nicht prüfen, ob der Arbeitnehmer allein für die Beschäftigung nach Deutschland gekommen ist und unmittelbar nach dieser Beschäftigung wieder in sein Heimatland zurückkehrt oder nach der Beschäftigung in Deutschland verbleibt.

n) Versicherungsnummernabfragen durch den Arbeitgeber

Nach § 28a Absatz 3a SGB IV können Arbeitgeber und Zahlstellen nach § 202 Absatz 2 SGB V die Versicherungsnummer für Arbeitnehmer oder Versorgungsempfänger abfragen. Für die Datenübertragung zwischen dem Arbeitgeber bzw. der Zahlstelle und der DSRV ist der Datensatz Abfrage der Versicherungsnummer bei der Datenstelle der Rentenversicherung (DSVV) mit den Datenbausteinen Name (DBNA), Geburtsangaben (DBGB) und Anschrift (DBAN) zu verwenden.

Die DSRV übermittelt dem Arbeitgeber unverzüglich durch Datenübertragung die Versicherungsnummer. Soweit keine Versicherungsnummer ermittelt werden konnte, kann wie bisher eine Anmeldung ohne Versicherungsnummer erfolgen. Eine Versicherungsnummernabfrage kann nicht storniert werden.

o) Meldung im Zusammenhang mit dem Kassenwahlrecht ab dem 1.1.2021

Die Krankenkassen melden den Arbeitgebern ab dem 1.1.2021 nach Eingang einer Anmeldung bei Aufnahme der Beschäftigung, bei einem Krankenkassenwechsel und bei einer gleichzeitigen An- und Abmeldung das Bestehen der Mitgliedschaft. Die Meldung ersetzt die bisherige Mitgliedschaftsbescheinigung.

Die Rückmeldung erfolgt unabhängig vom Krankenversicherungsstatus. Die Übersicht der möglichen Konstellationen ist detailliert im Rundschreiben zum Meldeverfahren enthalten.

Neben der Information zur Feststellung der Mitgliedschaft wird der Zeitpunkt des Beginns der Mitgliedschaft aufgrund der Aufnahme der Beschäftigung oder des Krankenkassenwechsels angegeben. Die Angabe entspricht grundsätzlich dem Beginn-Datum der Anmeldung. Bei einem Krankenkassenwechsel ist es möglich, dass in der Rückmeldung ein in der Zukunft liegendes Datum von der Krankenkasse angegeben wird, sofern z. B. aufgrund der noch nicht abgelaufenen Bindefrist die Mitgliedschaft bei der neu gewählten Krankenkasse zu einem späteren Zeitpunkt beginnt. In diesen Fällen sind die Ab- und Anmeldung zu stornieren und zu dem in der Rückmeldung der Krankenkasse angegebenen Datum erneut abzugeben. Eine Änderung der Meldung durch die Krankenkasse nach § 98 Abs. 2 SGB IV ist in diesen Fällen ausgeschlossen. Sofern in der Rückmeldung angegeben wird, dass keine Mitgliedschaft bei der Krankenkasse besteht, erfolgt keine Angabe eines Zeitpunktes. Sofern der Arbeitgeber die Information erhält, dass eine Mitgliedschaft nicht besteht, muss der Arbeitgeber die Anmeldung stornieren, die korrekte Krankenkasse ermitteln und die Anmeldung erneut abgeben. In den Einzelfällen einer Familienversicherung gilt dies nur, sofern der Arbeitgeber feststellt, dass die Anmeldung gegenüber einer unzuständigen Krankenkasse abgegeben wurde. Die elektronische Bestätigung der Krankenkasse ist der Nachweis über die bestehende Mitgliedschaft. Weitere papiergebundene Mitgliedsbescheinigungen erfolgen nicht. Bestehende papiergebundene Mitgliedschaftsbestätigungen verlieren zum 1.1.2021 nicht ihre Gültigkeit und sind weiterhin aufzubewahren. Es erfolgen insoweit bei bestehenden Beschäftigungsverhältnissen keine zusätzlichen elektronischen Bestandsmeldungen zum Start des neuen Verfahrens im Januar 2021. Das elektronische Verfahren gilt nicht für geringfügig beschäftigte Arbeitnehmer.

p) Anforderung fehlender Jahresmeldung

Krankenkassen können ab dem 1.1.2021 fehlende Jahresmeldungen beim Arbeitgeber elektronisch anfordern.

Arbeitgeber haben für jeden am 31. Dezember eines Jahres versicherungspflichtig Beschäftigten mit der ersten folgenden Entgeltabrechnung, spätestens bis zum 15. Februar des folgenden Jahres, eine Jahresmeldung zu erstatten (§ 10 DEÜV). Sofern die Jahresmeldung nicht bis zum vorgenannten Zeitpunkt vorliegt, können Krankenkassen ab dem 1.1.2021 Jahresmeldungen für abgelaufene Kalenderjahre, beginnend mit dem Kalenderjahr 2020, in elektronischer Form bei den Arbeitgebern anfordern. Nach Eingang der Anforderung haben Arbeitgeber die fehlende Jahresmeldung spätestens mit der nächsten Entgeltabrechnung abzugeben. Die elektronische Anforderung erfolgt für jede Jahresmeldung einmalig. Sofern Arbeitgeber auf die elektronische Anforderung nicht reagieren, erfolgt die weitere Korrespondenz außerhalb des elektronischen Arbeitgeber-Meldeverfahrens. Fehlende Jahresmeldungen für geringfügig Beschäftigte werden weiterhin ausschließlich in Papierform angefordert. Dieses Verfahren gilt nicht für fehlende UV-Jahresmeldungen.

3. Verfahren beim Arbeitgeber

a) Allgemeines

Meldungen dürfen nur durch gesicherte und verschlüsselte Datenübertragung aus systemgeprüften Entgeltabrechnungsprogrammen beziehungsweise Ausfüllhilfen abgegeben werden. Einzelheiten sind den Gemeinsamen Grundsätzen für die Untersuchung von Entgeltabrechnungsprogrammen und Ausfüllhilfen (Systemuntersuchung) und die Datenweiterleitung innerhalb der Sozialversicherung nach § 22 DEÜV zu entnehmen.

Voraussetzung für die Erstattung von Meldungen aus systemgeprüften Entgeltabrechnungsprogrammen ist insbesondere, dass die Daten über die Beschäftigungszeiten und die Höhe der beitragspflichtigen Bruttoarbeitsentgelte aus maschinell geführten Entgeltunterlagen hervorgehen, erstellt und ausgelöst werden und das Abrechnungsverfahren ordnungsgemäß durchgeführt wird. Die den Meldungen zugrunde liegenden Tatbestände müssen maschinell erkannt werden.

Die Beschäftigten erhalten von ihren Arbeitgebern bis zum 30.4. eines jeden Jahres für alle im Vorjahr erstatteten Meldungen eine maschinell erstellte Bescheinigung nach § 25 DEÜV.

b) Datenübermittlung

Für die Datenübermittlung zwischen Arbeitgebern und Einzugsstellen sind die Datensätze Kommunikation (DSKO) und Meldung (DSME) mit den zugehörenden Datenbausteinen zu verwenden.

Soweit dem Arbeitgeber bei Anmeldung die Versicherungsnummer des Beschäftigten nicht bekannt ist, sind die für die Vergabe der Versicherungsnummer erforderlichen Daten wie Datenbausteine Name (DBNA), Geburtsangaben (DBGB), Anschrift (DBAN) und gegebenenfalls Datenbaustein Europäische Versicherungsnummer (DBEU) zu melden; Gleiches gilt im Übrigen bei Abgabe der Sofortmeldung.

Der Arbeitgeber hat den DSBD für die Übermittlung geänderter Angaben zum Beschäftigungsbetrieb sowie der vollständigen Beendigung der Betriebstätigkeit zu verwenden.

Für die Datenübermittlung sind die Gemeinsamen Grundsätze für die Kommunikationsdaten nach § 28b Absatz 1 Satz 1 Nr. 4 SGB IV sowie die Gemeinsamen Grundsätze Technik nach § 95 SGB IV in der jeweils geltenden Fassung zu beachten.

c) Annahmestellen für die Meldedaten

Die Meldedaten für versicherungspflichtig Beschäftigte sind an die Datenannahmestelle der zuständigen Krankenkasse zu übermitteln.

Die UV-Jahresmeldungen sind an die Datenannahmestelle der Einzugsstelle zu melden, die zum Zeitpunkt der Abgabe der Meldungen für den Arbeitnehmer zuständig ist. Ist zum Zeitpunkt der Abgabe der UV-Jahresmeldungen keine zuständige Einzugsstelle zu ermitteln, sind die UV-Jahresmeldungen an die Datenannahmestelle der zuletzt bekannten Einzugsstelle zu übermitteln.

Mitteilungen zu Betriebsänderungen mit dem DSBD sind an eine frei wählbare Datenannahmestelle der Einzugsstellen zu übermitteln.

Die Sofortmeldungen sind von den Arbeitgebern unmittelbar an die DSRV zu übermitteln.

Die Meldungen für geringfügig entlohnte Beschäftigte sind bei der Deutschen Rentenversicherung Knappschaft-Bahn-See als Minijob-Zentrale einzureichen. Sofern in anderen Fällen als bei einem Verzicht auf die Rentenversicherungsfreiheit für ein und dieselbe (für sich allein gesehen geringfügige) Beschäftigung in einem Versicherungszweig Versicherungsfreiheit vorliegt und damit Pauschalbeiträge zu zahlen sind, während in (einem) anderen Versicherungszweig(en) Versicherungspflicht besteht und individuelle Beiträge anfallen, sind Meldungen sowohl gegenüber der Minijob-Zentrale (mit den Beitragsgruppen „6000" oder „0500") als auch gegenüber der für die Durchführung der Pflichtversicherung zuständigen Krankenkasse (mit den Beitragsgruppen für die individuellen Beiträge) zu erstatten. In beiden Meldungen ist der gleiche Personengruppenschlüssel zu verwenden, wobei sich die Verschlüsselung am Recht der Rentenversicherung orientiert.

d) Ordnungsmäßigkeit und Richtigkeit der Entgeltabrechnung

Für die Beurteilung einer ordnungsmäßigen Abwicklung der Entgeltabrechnung ist die Beitragsverfahrensverordnung (BVV) maßgebend.

Für die Berechnung der Beiträge gilt der Erste Abschnitt der BVV.

e) Versicherungsnummer

Um die richtige Zuordnung der Daten in den Datenbestand der Einzugsstelle und das Versicherungskonto des Rentenversicherungsträgers zu gewährleisten, ist bei der Übernahme der im Sozialversicherungsausweis des Beschäftigten angegebenen Versicherungsnummer in die Entgeltunterlagen ein Abgleich des Geburtsdatums vorzunehmen.

Ist für den Beschäftigten noch keine Versicherungsnummer vergeben, sind die Angaben zur Vergabe einer Versicherungsnummer zu übermitteln:

- Geburtsname
  Der Geburtsname muss enthalten sein, wenn ein vom Familiennamen abweichender Geburtsname vorhanden ist. Inhalt und Aufbau siehe DBGB.
- Geburtsdatum
  Das Geburtsdatum ist in der Reihenfolge Jahrhundert, Jahr, Monat, Tag mit jeweils zwei Stellen anzugeben.
- Geburtsort
  Ist der Geburtsort nicht bekannt, so muss dieser ermittelt werden. Die ungeprüfte Übernahme des Wohnortes in das Feld Geburtsort ist unzulässig.
- Geschlecht
  Das Datenfeld Geschlecht ist für männlich mit „M" und für weiblich mit „W" zu füllen.
- Europäische Versicherungsnummer
  Die Versicherungsnummer des Mitgliedstaates der europäischen Union oder eines Staates, für den das Abkommen über den europäischen Wirtschaftsraum gilt, dem der Versicherte angehört beziehungsweise das Geburtsland eines Staatsangehörigen der Europäischen Union beziehungsweise des Europäischen Wirtschaftsraumes sind mit dem DBEU nur bei erstmaliger Aufnahme einer Beschäftigung von nichtdeutschen Angehörigen des Europäischen Wirtschaftsraumes zu übermitteln.

f) Stornierung von Meldungen, Korrektur fehlerhaft übermittelter Daten

Anmeldungen, Abmeldungen, Jahresmeldungen einschließlich der UV-Jahresmeldung, Unterbrechungsmeldungen, Sofortmeldungen und sonstige Entgeltmeldungen sind zu stornieren, wenn sie nicht zu erstatten waren oder bei einer unzuständigen Einzugsstelle erstattet wurden. Enthielt die Meldung unzutreffende Angaben, ist sie zu stornieren und neu zu erstatten. Dies gilt auch für die Meldedaten der Unfallversicherung. Ausgenommen hiervon sind Änderungen in den gemeldeten Arbeitsstunden; in diesen Fällen bedarf es keiner Korrektur.

Bei Stornierung einer bereits erstatteten Meldung ist der DSME grundsätzlich mit den ursprünglich gemeldeten Daten zu übermitteln. Ausnahmen hiervon bilden Stornierungen von Meldungen, die vor dem 1.1.2016 abgegeben wurden. Stornierungsmeldungen müssen in diesen Fällen die ursprünglich übermittelten Daten in der Version „03“ des DSME wiedergeben. Derartige Stornierungsmeldungen sind insoweit vor Abgabe zu konvertieren.

Mit der Stornierungsmeldung gilt die gesamte ursprüngliche Meldung als storniert, also auch die Werte aus dem DBUV als Teil der ursprünglichen Meldung. Im Falle der Korrektur einer vor dem 1.1.2016 erstatteten Entgeltmeldung mit DBUV ergibt sich daraus grundsätzlich die Notwendigkeit der Abgabe einer neuen Entgeltmeldung ohne DBUV sowie einer UV-Jahresmeldung mit Meldegrund „92“ für das gesamte Kalenderjahr, sofern nicht bereits eine UV-Jahresmeldung für das betroffene Kalenderjahr z. B. durch die Korrektur eines anderen Teilzeitraums erstattet wurde und keine weitere Änderung in den Daten der insoweit bereits abgegebenen UV-Jahresmeldungen erforderlich ist.

Soweit ausschließlich die Unfallversicherungsdaten in einer Entgeltmeldung vor dem 1.1.2016 unzutreffend waren, sind die korrekten Daten mit einer UV-Jahresmeldung zu übermitteln. Eine Stornierung der bereits abgegebenen Entgeltmeldung ist in diesem Fall nicht erforderlich. Wurde hingegen bereits eine UV-Jahresmeldung für den Zeitraum vor dem 1.1.2016 z. B. durch eine vorherige Meldekorrektur abgegeben, ist diese zu stornieren und neu zu melden, sofern sich inhaltliche Änderungen ergeben.

Stornierungen bereits abgemeldeter Versicherungszeiten sind beispielsweise in folgender Reihenfolge durchzuführen:
1. Stornierung der Abmeldung,
2. Stornierung der Jahres-, Unterbrechungs- und sonstigen Entgeltmeldungen,
3. Stornierung der Anmeldung.

Bei Stornierung einer Anmeldung müssen die Betriebsnummer des Arbeitgebers, der Beschäftigungsbeginn, die Angaben zur Tätigkeit, der Personengruppenschlüssel, die Beitragsgruppen und der Grund der Abgabe mit den Angaben der ursprünglich erstatteten Meldung übereinstimmen.

Damit bei Stornierung einer Abmeldung, Jahresmeldung oder Unterbrechungsmeldung der Beginn und das Ende des Entgeltzeitraumes einer Beschäftigungszeit zugeordnet werden können, müssen das Entgelt, die Beitragsgruppen, der Personengruppenschlüssel und der Grund der Abgabe mit den ursprünglich gemeldeten Daten übereinstimmen.

Dabei sind im DSME auch die Daten zur Steuerung im Feld Datum der Erstellung zu aktualisieren.

Dem DSME folgt der Datenbaustein Meldesachverhalt (DBME) mit dem Kennzeichen „Stornierung einer bereits abgegebenen Meldung“.

Damit bei Stornierung einer GKV-Monatsmeldung der Beginn und das Ende des Entgeltzeitraumes einer Beschäftigungszeit zugeordnet werden können, müssen das laufende und einmalig gezahlte Arbeitsentgelt, der Personengruppenschlüssel, die SV-Tage, der Grund der Abgabe (Feld KV-GRUND), das regelmäßige Jahresentgelt, die Beitragsgruppe und das Kennzeichen Rechtskreis mit den ursprünglich gemeldeten Daten übereinstimmen. Dabei sind im DSME auch die Daten zur Steuerung im Feld Datum der Erstellung zu aktualisieren.

Dem DSME folgt der DBKV mit dem Kennzeichen „Stornierung einer bereits abgegebenen Meldung“.

Fehlerhafte Meldungen hinsichtlich des Namens, der Anschrift, des Aktenzeichens/der Personalnummer des Beschäftigten, der Staatsangehörigkeit, der europäischen Versicherungsnummer und zu den Betriebsdaten können nicht storniert werden, sondern müssen in richtiger Form neu gemeldet werden.

Im Verfahren DSBD gibt es keine Stornierung: fehlerhafte Angaben in einer abgegebenen Änderungsmeldung müssen durch die Übermittlung eines neuen DSBD korrigiert werden.

g) Umgang mit den von der Datenannahmestelle abgewiesenen Datensätzen

Werden Mängel festgestellt, die eine ordnungsmäßige Übernahme der Daten beeinträchtigen, kann die Übernahme der Daten durch die Datenannahmestelle ganz oder teilweise abgelehnt werden. Eine erneute Übermittlung der zurückgewiesenen und korrigierten Daten ist unverzüglich vorzunehmen.

h) Unterrichtung der Beschäftigten (§ 25 Absatz 1 Satz 1 DEÜV)

Über die Meldungen ist dem Beschäftigten eine maschinell erstellte Bescheinigung zu erteilen, deren Bedeutung für den Empfänger erkennbar sein muss. Getrennt gemeldete Zeiten und Entgelte dürfen in der Bescheinigung nicht zusammengefasst werden. Die Bescheinigung kann auf den üblichen Entgeltabrechnungen erteilt werden. Sie ist mindestens einmal jährlich bis zum 30.4. eines jeden Jahres grundsätzlich für alle im Vorjahr gemeldeten Daten auszustellen. Im Falle der Auflösung des Arbeitsverhältnisses ist die Bescheinigung unverzüglich nach Abgabe der letzten Meldung für den Beschäftigten auszustellen. Diese Bescheinigung ist nicht für die UV-Jahresmeldung zu erstellen. Gleichermaßen entfällt die Bescheinigung nach § 25 DEÜV für erstattete GKV-Monatsmeldungen, da der Inhalt der GKV-Monatsmeldung grundsätzlich in einer zu meldenden und zu bescheinigenden Entgeltmeldung (Jahres-, Unterbrechungs- oder Abmeldung) enthalten ist.

i) Datensicherung

Änderungen in den für die Beitragsabrechnung und das Meldeverfahren verwendeten Entgeltabrechnungsprogrammen sind zu dokumentieren. Die Dokumentation ist sechs Jahre aufzubewahren. Die für die Datenübermittlung bestimmten Programme sind nach jeder Änderung vor der ersten Benutzung zu prüfen; hierbei ist ein Protokoll zu erstellen, das ebenfalls sechs Jahre aufzubewahren ist.

4. Maschinelle Ausfüllhilfen

Arbeitgeber, die kein systemgeprüftes Entgeltabrechnungsprogramm einsetzen, müssen die Meldungen zur Sozialversicherung mittels systemgeprüfter maschineller Ausfüllhilfen an die Datenannahmestellen übermitteln. Arbeitgeber, die systemgeprüfte Entgeltabrechnungsprogramme einsetzen, können für einzelne Meldungen auch systemgeprüfte Ausfüllhilfen nutzen. Eine maschinelle Zuführung von Meldedaten aus den Beständen der Arbeitgeber in die Ausfüllhilfe ist nicht zulässig.

Die Felder der Ausfüllhilfen (z. B. sv-net) sind in der jeweiligen aktuellen Fassung des Handbuches beschrieben.

5. Meldeanlässe

Sowohl für Meldungen durch systemgeprüfte Entgeltabrechnungsprogramme als auch für Meldungen mit Ausfüllhilfen gelten die gleichen Meldeanlässe. Diese werden in § 28a SGB IV beschrieben und durch die DEÜV definiert. Im Einzelnen sind folgende Meldungen erforderlich:

a) Anmeldungen

- Beginn der Versicherungs- und/oder Beitragspflicht wegen Aufnahme einer Beschäftigung (sowohl bei vorliegender VSNR, aber auch wenn die VSNR nicht vergeben ist oder dem Arbeitgeber nicht vorliegt)
- Beginn einer geringfügigen Beschäftigung nach § 8 Abs. 1 Nr. 2 SGB IV (kurzfristige Beschäftigung; sowohl bei vorliegender VSNR, aber auch wenn die VSNR nicht vergeben ist oder dem Arbeitgeber nicht vorliegt)
- Beginn einer tageweisen Freistellung oder Senkung der regelmäßigen Arbeitszeit unter Verwendung von Wertguthaben aus dem anderen Rechtskreis im Rahmen flexibler Arbeitszeitregelungen
- Aufnahme der Beschäftigung nach Ende einer vollständigen Freistellung von der Arbeitsleistung durch Inanspruchnahme einer Freistellung nach § 3 Pflegezeitgesetz (PflegeZG)
- Wechsel der Krankenkasse bei fortbestehendem Beschäftigungsverhältnis (Anmeldung bei neuer Krankenkasse)
- Wechsel der Beitragsgruppe bei fortbestehendem Beschäftigungsverhältnis
- Beginn einer Beschäftigung nach dem Altersteilzeitgesetz (beim gleichen Arbeitgeber ohne Krankenkassenwechsel und/oder ohne Beitragsgruppenwechsel)
- Beginn einer Beschäftigung nach Beendigung einer Berufsausbildung (beim gleichen Arbeitgeber und/oder ggf. ohne Beitragsgruppenwechsel)

- Beginn einer geringfügigen Beschäftigung nach Beendigung einer Berufsausbildung (ohne Arbeitgeberwechsel)
- Beginn einer Berufsausbildung nach Beendigung einer Beschäftigung (beim gleichen Arbeitgeber und/oder ggf. ohne Beitragsgruppenwechsel)
- Beginn einer Berufsausbildung nach Beendigung einer geringfügigen Beschäftigung (ohne Arbeitgeberwechsel)
- Beginn einer versicherungspflichtigen Beschäftigung nach Beendigung einer geringfügigen Beschäftigung (ohne Arbeitgeberwechsel)
- Beginn einer geringfügigen Beschäftigung nach Beendigung einer versicherungspflichtigen Beschäftigung (ohne Arbeitgeberwechsel)
- Wechsel in der Art der geringfügigen Beschäftigung (§ 8 Abs. 1 Nr. 1 SGB IV nach § 8 Abs. 1 Nr. 2 SGB IV oder umgekehrt)
- Beginn der Versicherungs- und/oder Beitragspflicht nach Ende einer Unterbrechung der Beschäftigung ohne Fortzahlung des Arbeitsentgelts von länger als einem Monat
- Aufnahme einer Beschäftigung nach Wechsel von einer Betriebsstätte im Beitrittsgebiet zu einer Betriebsstätte im übrigen Bundesgebiet bzw. umgekehrt (ohne Arbeitgeber-/Krankenkassenwechsel)
- Wechsel des Rechtskreises beim Abbau des Wertguthabens in der Freistellungsphase im Rahmen flexibler Arbeitszeitregelungen
- Verzicht eines geringfügig entlohnten Beschäftigten nach § 8 Abs. 1 Nr. 1 SGB IV auf die Rentenversicherungsfreiheit nach § 230 Abs. 8 Satz 2 SGB VI
- Wechsel des Entgeltabrechnungssystems
- Wiederanmeldung einer sozialversicherungsrechtlichen Beschäftigung beim selben Arbeitgeber nach einer Aussteuerung (= Ende des Krankengeldbezuges nach Erreichen der Höchstbezugsdauer des Krankengeldes nach § 48 Abs. 1 SGB V) wegen Arbeitsfähigkeit des Arbeitnehmers
- Wechsel der berufsständischen Versorgungseinrichtung bei fortbestehendem Beschäftigungsverhältnis

b) Abmeldungen

- Ende der versicherungs- und/oder beitragspflichtigen Beschäftigung, auch wenn das Arbeitsverhältnis fortbesteht
- Ende des sozialversicherungspflichtigen Beschäftigungsverhältnisses infolge vollständiger Freistellung von der Arbeitsleistung durch Inanspruchnahme einer Freistellung nach § 3 PflegeZG, auch wenn das Arbeitsverhältnis fortbesteht
- Ende einer geringfügigen Beschäftigung nach § 8 Abs. 1 Nr. 2 SGB IV (kurzfristige Beschäftigung)
- Ende einer tageweisen Freistellung oder Senkung der regelmäßigen Arbeitszeit unter Verwendung von Wertguthaben aus dem anderen Rechtskreis im Rahmen flexibler Arbeitszeitregelungen
- Ende der Beschäftigung wegen Tod
- Wechsel der Krankenkasse bei fortbestehendem Beschäftigungsverhältnis
- Wechsel der Beitragsgruppe bei fortbestehendem Beschäftigungsverhältnis
- Ende einer Beschäftigung wegen Beginn einer Beschäftigung nach dem Altersteilzeitgesetz (beim gleichen Arbeitgeber ohne Krankenkassenwechsel und/oder ohne Beitragsgruppenwechsel)
- Ende der Beschäftigung bei einer sich anschließenden Berufsausbildung (beim gleichen Arbeitgeber ohne Krankenkassenwechsel und/ oder ggf. ohne Beitragsgruppenwechsel)
- Ende der geringfügigen Beschäftigung bei einer sich anschließenden Berufsausbildung (ohne Arbeitgeberwechsel)
- Ende der Berufsausbildung bei einer sich anschließenden Beschäftigung (beim gleichen Arbeitgeber ohne Krankenkassenwechsel und/ oder ohne Beitragsgruppenwechsel)
- Ende der Berufsausbildung bei einer sich anschließenden geringfügigen Beschäftigung (ohne Arbeitgeberwechsel)
- Ende einer geringfügigen Beschäftigung bei einer sich anschließenden versicherungspflichtigen Beschäftigung (ohne Arbeitgeberwechsel)
- Ende einer versicherungspflichtigen Beschäftigung bei einer sich anschließenden geringfügigen Beschäftigung (ohne Arbeitgeber-/Krankenkassenwechsel)
- Wechsel in der Art der geringfügigen Beschäftigung (§ 8 Abs. 1 Nr. 1 SGB IV nach § 8 Abs. 1 Nr. 2 SGB IV oder umgekehrt)
- Beendigung einer Beschäftigung bei Wechsel von einer Betriebsstätte im Beitrittsgebiet zu einer Betriebsstätte im übrigen Bundesgebiet oder umgekehrt (ohne Arbeitgeber-/Krankenkassenwechsel)
- Wechsel des Rechtskreises beim Abbau des Wertguthabens in der Freistellungsphase im Rahmen flexibler Arbeitszeitregelungen
- Verzicht eines geringfügig entlohnten Beschäftigten nach § 8 Abs. 1 Nr. 1 SGB IV auf die Rentenversicherungsfreiheit nach § 5 Abs. 2 Satz 2 SGB VI
- Wechsel des Entgeltabrechnungssystems
- Ende einer sozialversicherungsrechtlichen Beschäftigung beim selben Arbeitgeber auf Grund einer Aussteuerung (= Ende des Krankengeldbezuges wegen Erreichens der Höchstbezugsdauer des Krankengeldes nach § 48 Abs. 1 SGB V) – Arbeitsverhältnis beim Arbeitgeber wurde noch nicht beendet; in diesem Fall endet das Versicherungsverhältnis nach Ablauf eines Monats nach dem Ende des Krankengeldbezuges (vgl. § 7 Abs. 3 SGB IV)
- Ende einer sozialversicherungsrechtlichen Beschäftigung beim selben Arbeitgeber auf Grund einer Zubilligung einer Rente wegen verminderter Erwerbstätigkeit – Arbeitsverhältnis beim Arbeitgeber wurde während der Monatsfrist nach § 7 Abs. 3 SGB IV nach dem Eingang des Bescheides über die Rentenbewilligung beendet; in diesem Fall endet das Versicherungsverhältnis mit dem Tag der Beendigung des Beschäftigungsverhältnisses.
- Ende einer sozialversicherungsrechtlichen Beschäftigung beim selben Arbeitgeber auf Grund einer Aussteuerung (= Ende des Krankengeldbezuges wegen Erreichens der Höchstbezugsdauer des Krankengeldes nach § 48 Abs. 1 SGB V) – Beschäftigungsverhältnis wird sozialversicherungsrechtlich durch den Bezug von Arbeitslosengeld nach § 145 Abs. 1 SGB III nach dem Ende des Krankengeldbezuges beendet.
- Wechsel der berufsständischen Versorgungseinrichtung bei fortbestehendem Beschäftigungsverhältnis
- Unterbrechung der Beschäftigung ohne Fortzahlung des Arbeitsentgelts von länger als einem Monat; z. B. wegen unbezahltem Urlaub, Bezug von Krankengeld
- Unterbrechung der Beschäftigung ohne Fortzahlung des Arbeitsentgelts wegen Arbeitskampf von länger als einem Monat
- Unterbrechung einer geringfügig entlohnten Beschäftigung oder einer kurzfristigen Beschäftigung auf der Basis eines Rahmenarbeitsvertrages ohne Fortzahlung des Arbeitsentgelts von länger als einem Monat wegen Arbeitsunfähigkeit
- Ende des Arbeitsverhältnisses während einer gemeldeten Unterbrechung

c) Jahresmeldungen und Entgeltmeldungen

- Beschäftigungszeit und Arbeitsentgelt im vorangegangenen Kalenderjahr

d) Sondermeldungen

- Einmalig gezahltes Arbeitsentgelt als Sondermeldung (z. B. in beitragsfreien Zeiten)
- Das in der Unfallversicherung beitragspflichtige Arbeitsentgelt im vorangegangenen Kalenderjahr und seine Zuordnung zur jeweilig anzuwendenden Gefahrtarifstelle
- Meldung von nicht vereinbarungsgemäß verwendetem Wertguthaben (Störfall) im Rahmen flexibler Arbeitszeitregelungen
- Meldung zusätzlicher Beiträge aus dem Regelarbeitsentgelt (bei Beginn der Altersteilzeit bis 30.6.2004: aus dem Unterschiedsbetrag) nach § 163 Abs. 5 SGB VI zur Rentenversicherung während des Bezuges einer Entgeltersatzleistung im Rahmen von Altersteilzeitarbeit
- Gesonderte Meldung über die beitragspflichtigen Einnahmen vor Rentenbeginn nach § 194 Abs. 1 SGB VI – auf Verlangen des Rentenantragsstellers ist eine „Gesonderte Meldung“ über die beitragspflichtigen Einnahmen frühestens drei Monate vor Rentenbeginn zu erstatten
- GKV-Monatsmeldung nach § 28a Absatz 1 Satz 1 Nummer 10 in Verbindung mit Absatz 4a SGB IV für Meldezeiträume ab 1.1.2015

e) Unterbrechungsmeldungen

- Unterbrechung der Beschäftigung ohne Fortzahlung des Arbeitsentgelts von länger als einem Monat; z. B. wegen unbezahltem Urlaub
- Unterbrechung der Beschäftigung ohne Fortzahlung des Arbeitsentgelts wegen Arbeitskampf von länger als einem Monat
- Unterbrechung einer geringfügig entlohnten Beschäftigung oder einer kurzfristigen Beschäftigung auf der Basis eines Rahmenarbeitsvertrages ohne Fortzahlung des Arbeitsentgelts von länger als einem Monat wegen Arbeitsunfähigkeit

- Unterbrechung der Beschäftigung ohne Fortzahlung des Arbeitsentgelts für mindestens einen Kalendermonat aufgrund eines Tatbestandes nach § 7 Abs. 3 Satz 3 SGB IV (außer Elternzeit oder gesetzl. Dienstpflicht)
- Unterbrechung der Beschäftigung wegen Elternzeit
- Unterbrechung der Beschäftigung wegen gesetzlicher Dienstpflicht oder freiwilligem Wehrdienst von länger als einem Kalendermonat

f) Meldungen in Insolvenzfällen

- Weiterbeschäftigung nach Eröffnung des Insolvenzverfahrens oder Abweisung mangels Masse (Anmeldung)
- Unterbrechung der Beschäftigung eines freigestellten Arbeitnehmers wg. Entgeltersatzleistung von länger als einem Kalendermonat (Unterbrechungsmeldung)
- Weiterbeschäftigung nach Eröffnung des Insolvenzverfahrens oder Abweisung mangels Masse (Abmeldung)
- Freistellung von der Beschäftigung bei Eröffnung des Insolvenzverfahrens oder Abweisung mangels Masse (Abmeldung)
- Rechtmäßige Beendigung der Beschäftigung während des Insolvenzverfahrens bei freigestellten Arbeitnehmern (Abmeldung)
- Entgeltmeldung eines freigestellten Arbeitnehmers während des Insolvenzverfahrens (Jahresmeldung)

g) Änderungsmeldungen

- Änderung des Namens eines Beschäftigten (Namensänderung)
- Änderung der Anschrift eines Beschäftigten (Anschriftenänderung)
- Änderung des Aktenzeichens/der Personalnummer eines Beschäftigten (Änderungsmeldung)
- Änderung der Staatsangehörigkeit (Änderungsmeldung)

h) Sofortmeldungen

Bei Aufnahme einer Beschäftigung in den nachfolgenden Wirtschaftszweigen sind Sofortmeldungen zu erstatten:
- Baugewerbe,
- Gaststätten- und Beherbergungsgewerbe
- Personenbeförderungsgewerbe
- Speditions-, Transport- und damit verbundene Logistikgewerbe
- Schaustellergewerbe
- Unternehmen der Forstwirtschaft
- Gebäudereinigungsgewerbe
- Unternehmen, die sich am Auf- und am Abbau von Messen und Ausstellungen beteiligen
- Fleischwirtschaft
- Prostitutionsgewerbe
- Wach- und Sicherheitsgewerbe

6. Meldungen an berufsständische Versorgungseinrichtungen

Nach § 28a Absatz 10 SGB IV hat der Arbeitgeber für Beschäftigte, die nach § 6 Absatz 1 Nummer 1 SGB VI von der Versicherungspflicht in der gesetzlichen Rentenversicherung befreit und Mitglied einer berufsständischen Versorgungseinrichtung sind, die Datensätze Meldung (DSME) mit den zugehörenden Datenbausteinen und Betriebsdatenpflege (DSBD) der Anlage 4 der Gemeinsamen Grundsätze für die Datenerfassung und Datenübermittlung nach § 28b Absatz 1 Satz 1 Nr. 1–3 SGB IV in der jeweils aktuellen Fassung zu verwenden (nicht jedoch die Datenbausteine Europäische Versicherungsnummer, Unfallversicherung, Krankenversicherung, Knappschaft/See und Sofortmeldung) und zusätzlich an die Datenannahmestelle der berufsständischen Versorgungseinrichtungen zu erstatten.

Für die monatlichen Meldungen zur Beitragserhebung nach § 28a Absatz 11 SGB IV gegenüber der Datenannahmestelle der berufsständischen Versorgungseinrichtungen sind der Datensatz DSBE und die Datenbausteine gemäß Anlage 5 der Gemeinsamen Grundsätze für die Datenerfassung und Datenübermittlung nach § 28b Absatz 1 Satz 1 Nr. 1–3 SGB IV in der jeweils aktuellen Fassung zu verwenden.

Die Beitragsgruppe zur Rentenversicherung ist mit 0 zu verschlüsseln. Bei einem Wechsel der berufsständischen Versorgungseinrichtung innerhalb eines bestehenden Beschäftigungsverhältnisses ist zum Tage vor dem Zuständigkeitswechsel eine Abmeldung wegen Änderungen im Beschäftigungsverhältnis und mit dem Tage, an dem der Wechsel wirksam wird, eine Anmeldung wegen Änderungen im Beschäftigungsverhältnis zu erstatten. Die Meldungen zur Beitragserhebung nach § 28a Absatz 11 SGB IV sind ausschließlich gegenüber der Datenannahmestelle der berufsständischen Versorgungseinrichtung zu erstatten.

7. Übersicht über die Meldetatbestände und Meldefristen

Meldetatbestand	Meldefrist
Beginn einer versicherungspflichtigen bzw. geringfügigen (geringfügig entlohnten oder kurzfristigen) Beschäftigung **(Anmeldung)**	Mit der ersten Lohn- und Gehaltsabrechnung, spätestens innerhalb von sechs Wochen nach Beginn der Beschäftigung
Ende einer versicherungspflichtigen bzw. geringfügigen (geringfügig entlohnten oder kurzfristigen) Beschäftigung **(Abmeldung)**	Mit der nächsten folgenden Lohn- und Gehaltsabrechnung, spätestens innerhalb von sechs Wochen nach Beschäftigungsende
Jahresmeldung für versicherungspflichtig bzw. geringfügig entlohnte Beschäftigte	Mit der ersten folgenden Lohn- und Gehaltsabrechnung, spätestens bis 15. Februar des Folgejahrs
Unterbrechung der versicherungspflichtigen bzw. geringfügig entlohnten Beschäftigung von mindestens einem Kalendermonat durch Bezug einer Entgeltersatzleistung oder durch Elternzeit **(Unterbrechungsmeldung)**	Innerhalb von zwei Wochen nach Ablauf des ersten vollen Kalendermonats der Unterbrechung
Beitragsgruppenwechsel	für Beginn bzw. Ende der Beschäftigung geltende Meldefristen
Personengruppenschlüsselwechsel	für Beginn bzw. Ende der Beschäftigung geltende Meldefristen
Wechsel des Rechtskreises (alte/neue Bundesländer)	für Beginn bzw. Ende der Beschäftigung geltende Meldefristen
Beginn und Ende der **Berufsausbildung**	für Beginn bzw. Ende der Beschäftigung geltende Meldefristen
Beginn und Ende einer **Altersteilzeitarbeit**	für Beginn bzw. Ende der Beschäftigung geltende Meldefristen
Stornierungen bereits abgegebener Meldungen	unverzüglich
Änderung des Familiennamens	Mit der ersten folgenden Lohn- und Gehaltsabrechnung, spätestens innerhalb von sechs Wochen nach der Änderung
Änderung der Staatsangehörigkeit	Mit der ersten folgenden Lohn- und Gehaltsabrechnung, spätestens innerhalb von sechs Wochen nach der Änderung
Sondermeldung für einmalig gezahltes Arbeitsentgelt	Mit der ersten folgenden Lohn- und Gehaltsabrechnung, spätestens innerhalb von sechs Wochen nach der Zahlung
Sofortmeldung	Mit dem Tag der Beschäftigungsaufnahme, sofern nicht bereits die Anmeldung erfolgt
Änderung der Anschrift	Mit der ersten folgenden Lohn- und Gehaltsabrechnung, spätestens innerhalb von sechs Wochen nach der Änderung
Abmeldung freigestellter Arbeitnehmer mit dem Tag vor Eröffnung des Insolvenzverfahrens oder Nichteröffnung mangels Masse	Mit der nächsten folgenden Lohn- und Gehaltsabrechnung, spätestens innerhalb von sechs Wochen nach dem Insolvenzereignis

Meldetatbestand	Meldefrist
Entgeltmeldung (Vorausbescheinigung) bei einem Rentenantrag auf Verlangen des Rentenantragstellers	Mit der nächsten Lohn- und Gehaltsabrechnung.
Besondere Meldung bei Mehrfachbeschäftigung **(GKV-Monatsmeldung ab 1.1.2015)**	Auf Anforderung der zuständigen Krankenkasse. Mit der ersten Entgeltabrechnung, die auf die Anforderung folgt.
UV-Jahresmeldung	bis spätestens 16. Februar des Folgejahres

8. Schlüsselzahlen für die Beitragsgruppen in den Meldungen

Die Beitragsgruppen sind so zu verschlüsseln, dass für jeden Beschäftigten in der Reihenfolge Kranken-, Renten-, Arbeitslosen- und Pflegeversicherung die jeweils zutreffende Ziffer anzugeben ist. Aus diesem Grund ist das Feld für die Beitragsgruppe vierstellig. Für die Umlage für das Insolvenzgeld ist im **Meldeverfahren** keine eigene Beitragsgruppe eingerichtet worden, da hierfür keine Meldungen erforderlich sind. Im **Beitragsnachweisverfahren** gibt es hierzu allerdings die Beitragsgruppe „0050".

Krankenversicherung (KV)	Rentenversicherung (RV)
0 kein Beitrag	0 kein Beitrag
1 allgemeiner Beitrag	1 voller Beitrag zur Rentenversicherung
2 erhöhter Beitrag[1]	
3 ermäßigter Beitrag	3 halber Beitrag zur Rentenversicherung
4 Beitrag zur landwirtschaftlichen KV	
5 Arbeitgeberbeitrag zur landwirtschaftlichen KV	5 Pauschalbeitrag zur Rentenversicherung für geringfügig Beschäftigte
6 Pauschalbeitrag für geringfügig Beschäftigte	
Beiträge zur freiwilligen Krankenversicherung 9 Firmenzahler	

Arbeitslosenversicherung (ALV)	Pflegeversicherung (PV)[2]
0 kein Beitrag	0 kein Beitrag
1 voller Beitrag	1 voller Beitrag
2 halber Beitrag	2 halber Beitrag

9. Häufige Staatsangehörigkeitsschlüssel

Staat/Gebiet	Staatsangehörigkeit	Schlüssel
Ägypten	ägyptisch	287
Äthiopien	äthiopisch	225
Belgien	belgisch	124
China	chinesisch	479
Dänemark	dänisch	126
Deutschland	deutsch	000
Estland	estnisch	127
Finnland	finnisch	128
Frankreich, inkl. Korsika	französisch	129
Ghana	ghanaisch	238
Griechenland	griechisch	134
Großbritannien und Nordirland	britisch	168
Indien, inkl. Sikkim und Goa	indisch	436
Iran, Islamische Republik	iranisch	439
Irland	irisch	135
Island	isländisch	136
Italien	italienisch	137
Japan	japanisch	442
Jugoslawien	jugoslawisch	138
Kosovo	kosovarisch	150
Lettland	lettisch	139
Libanon	libanesisch	451
Liechtenstein	liechtensteinisch	141
Litauen	litauisch	142
Luxemburg	luxemburgisch	143
Malta	maltesisch	145
Marokko	marokkanisch	252
Montenegro	montenegrinisch	140
Niederlande	niederländisch	148
Norwegen	norwegisch	149
Österreich	österreichisch	151
Pakistan	pakistanisch	461
Polen	polnisch	152
Portugal	portugiesisch	153
Rumänien	rumänisch	154
Schweden	schwedisch	157
Schweiz	schweizerisch	158
Serbien	serbisch	170
Slowakei	slowakisch	155
Slowenien	slowenisch	131
Spanien	spanisch	161
Thailand	thailändisch	476
Tschechische Republik	tschechisch	164
Tunesien	tunesisch	285
Türkei	türkisch	163
Ungarn	ungarisch	165
Vereinigte Staaten	amerikanisch	368
Vietnam	vietnamesisch	432
Zypern	zyprisch	181

Eine Übersicht aller zulässigen Staatsangehörigkeitsschlüssel enthält die Anlage 8 zum Gemeinsamen Rundschreiben „Gemeinsames Meldeverfahren zur Kranken-, Pflege-, Renten- und Arbeitslosenversicherung" der Spitzenorganisationen der Sozialversicherung (siehe www.aok.de/fk/sozialversicherung/rundschreiben/jahrgang-2019/).

1) Zulässig nur für Meldezeiträume bis 31.12.2008.

2) Bei freiwillig in der gesetzlichen Krankenversicherung versicherten Personen ist die Pflegeversicherung – unabhängig davon, ob für die Krankenversicherung der Schlüssel „0" oder „9" verwendet wird – stets mit „1" oder „2" zu verschlüsseln, wenn Versicherungspflicht in der **sozialen** Pflegeversicherung besteht. Der Schlüssel „0" für die Pflegeversicherung kommt nur für solche Personen in Betracht, die in der **privaten** Pflegeversicherung versichert sind; Entsprechendes gilt für Personen, die weder in der sozialen noch in der privaten Pflegeversicherung versichert sind.

10. Schlüsselzahlen für die Abgabegründe in den Meldungen

Der Grund für die Abgabe der Meldung ist durch einen zweistelligen Schlüssel anzugeben. Treffen für einen meldepflichtigen Sachverhalt innerhalb der Meldegruppe Anmeldung (Schlüsselzahlen „10" bis „13") bzw. der Meldegruppe Abmeldung (Schlüsselzahlen „30" bis „36") mehrere Abgabegründe zu, ist stets der Abgabegrund mit der niedrigeren Schlüsselzahl anzugeben. Für geringfügig Beschäftigte gelten die gleichen Abgabegründe wie für versicherungspflichtige Arbeitnehmer. Wechselt der Arbeitnehmer von einem geringfügigen zu einem versicherungspflichtigen Beschäftigungsverhältnis oder umgekehrt, sind Meldungen mit den Abgabegründen „32" und „12" zu erstellen.

a) Anmeldungen

10 Anmeldung wegen Beginn einer Beschäftigung
11 Anmeldung wegen Krankenkassenwechsel
12 Anmeldung wegen Beitragsgruppenwechsel
13 Anmeldung wegen sonstiger Gründe/Änderungen im Beschäftigungsverhältnis, z. B.
- Anmeldung nach unbezahltem Urlaub oder Streik von mehr als einem Monat nach § 7 Abs. 3 Satz 1 SGB IV
- Anmeldung wegen Rechtskreiswechsel ohne Krankenkassenwechsel
- Anmeldung wegen Wechsel des Entgeltabrechnungssystems (optional)
- Anmeldung wegen Änderung des Personengruppenschlüssels ohne Beitragsgruppenwechsel
- Anmeldung wegen Währungsumstellung während des Kalenderjahres

20 Sofortmeldung bei Aufnahme einer Beschäftigung nach § 28a Abs. 4 SGB IV.

b) Abmeldungen

30 Abmeldung wegen Ende einer Beschäftigung
31 Abmeldung wegen Krankenkassenwechsel
32 Abmeldung wegen Beitragsgruppenwechsel
33 Abmeldung wegen sonstiger Gründe/Änderungen im Beschäftigungsverhältnis
34 Abmeldung wegen Ende einer sozialversicherungspflichtigen Beschäftigung nach einer Unterbrechung von länger als einem Monat
35 Abmeldung wegen Arbeitskampf von länger als einem Monat
36 Abmeldung wegen
- Wechsel des Entgeltabrechnungssystems (optional)
- Währungsumstellung während des Kalenderjahres

40 Gleichzeitige An- und Abmeldung wegen Ende der Beschäftigung
49 Abmeldung wegen Tod

c) Jahresmeldung/Unterbrechungsmeldungen/sonstige Entgeltmeldungen

50 Jahresmeldung
51 Unterbrechungsmeldung wegen Bezug von bzw. Anspruch auf Entgeltersatzleistungen
52 Unterbrechungsmeldung wegen Elternzeit
53 Unterbrechungsmeldung wegen gesetzlicher Dienstpflicht oder freiwilligem Wehrdienst
54 Meldung von einmalig gezahltem Arbeitsentgelt (Sondermeldung)
55 Meldung von nicht vereinbarungsgemäß verwendetem Wertguthaben (Störfall)
56 Meldung des Unterschiedsbetrags bei Entgeltersatzleistungen während Altersteilzeitarbeit
57 Gesonderte Meldung nach § 194 Abs. 1 SGB VI (Vorausbescheinigung)
58 GKV-Monatsmeldung
92 UV-Jahresmeldung

d) Änderungsmeldungen

60 Änderung des Namens
61 Änderung der Anschrift
62 Änderung des Aktenzeichens/der Personalnummer des Beschäftigten (optional)
63 Änderung der Staatsangehörigkeit

e) Meldungen in Insolvenzfällen

70 Jahresmeldung für freigestellte Arbeitnehmer
71 Meldung des Vortages der Insolvenz/der Freistellung
72 Entgeltmeldung zum rechtlichen Ende der Beschäftigung

11. Schlüsselzahlen für Personengruppen in den Meldungen

Für das Meldeverfahren ist ein Personengruppenschlüssel eingeführt worden, welcher Besonderheiten kennzeichnet. Grundsätzlich, wenn das Beschäftigungsverhältnis keine besonderen Merkmale ausweist, ist der Schlüssel „101" bzw. „140" zu verwenden. Hat das Beschäftigungsverhältnis Besonderheiten, gelten die Schlüssel „102" ff. bzw. „141" ff. Sofern gleichzeitig mehrere besondere Merkmale auftreten und demzufolge mehrere Schlüssel möglich sind, ist derjenige mit der niedrigsten Schlüsselzahl zu verwenden. Die Schlüssel „109" und „110" haben jedoch immer Vorrang.

Soweit Meldungen für ausschließlich in der gesetzlichen Unfallversicherung versicherungspflichtige Personen zu erstellen sind, ist stets die Personengruppe 190 zu verwenden.

In den Fällen, in denen durch Zusammenrechnung einer zweiten geringfügig entlohnten Beschäftigung mit einer Hauptbeschäftigung oder einer weiteren geringfügigen Beschäftigung Versicherungspflicht in der Rentenversicherung eintritt, ist der Individualbetrag zur Rentenversicherung abzuführen und damit der Personengruppenschlüssel „101" zu verwenden.

Durch die Änderung bei der versicherungsrechtlichen Beurteilung von beschäftigten Rentenbeziehern ist künftig eine differenzierte **Darstellung von Beschäftigungszeiten rentenversicherungsfreier und rentenversicherungspflichtiger Altersvollrentner im Meldeverfahren** notwendig. Hierfür wird die Beschreibung der bestehenden Personengruppe (PGR) 119 für „Versicherungsfreie Altersvollrentner" angepasst sowie die PGR 120 „Versicherungspflichtige Altersvollrentner" neu eingeführt. Da die rentenversicherungsrechtlichen Änderungen zum 1.1.2017 in Kraft getreten ist, die systemseitige Umsetzung der neuen PGR 120 jedoch erst zum 1.7.2017 möglich war, galten folgende Übergangsregeln:

Aufnahme der Beschäftigung vor dem 1.1.2017

Sofern eine vor dem 1.1.2017 aufgenommene Beschäftigung eines Altersvollrentners mit PGR 119 über den 31.12.2016 hinaus fortgeführt wird, greift die Bestandsschutzregelung nach § 230 Abs. 9 Satz 1 SGB VI-E (Fortgeltung der Rentenversicherungsfreiheit); es sind bezogen auf die PGR keine melderechtlichen Veränderungen vorzunehmen.

Verzichtet der Beschäftigte auf die Versicherungsfreiheit nach der Bestandsschutzregelung, tritt Rentenversicherungspflicht ein und es ist mit dem Folgetag der Verzichtserklärung eine Abmeldung (PGR 119) – hilfsweise für die PGR 120 – und eine Anmeldung mit PGR 101 vorzunehmen. In diesen Fällen ist die PGR 101 bis zum 30.6.2017 auch für nachfolgende Entgeltmeldungen (z. B. Abmeldung) zu verwenden; dies gilt nicht für die Jahresmeldung 2016. Erreicht dieser Beschäftigte in der Zeit bis zum 30.6.2017 die Regelaltersgrenze, findet aufgrund der fortwährenden Wirkung der Verzichtserklärung die PGR 101 – hilfsweise für die PGR 120 – weiterhin Anwendung.

Sofern eine vor dem 1.1.2017 aufgenommene Beschäftigung eines Altersvollrentners mit PGR 119 über den 31.12.2016 hinaus fortgeführt wird, der Beschäftigte die Regelaltersgrenze bereits vor dem 1.1.2017 erreicht hat und auf die Rentenversicherungsfreiheit nach § 5 Abs. 4 Satz 2 SGB VI-E verzichtet, ist mit dem Folgetag der Verzichtserklärung eine Abmeldung (PGR 119) und – hilfsweise für die PGR 120 – eine Anmeldung mit PGR 101 vorzunehmen.

Aufnahme der Beschäftigung in der Zeit vom 1.1.2017 bis 30.6.2017

Bezieht der Beschäftigte eine Vollrente wegen Alters vor Erreichen der Regelaltersgrenze, ist in der Anmeldung und den ggf. folgenden Entgeltmeldungen bis zum 30.6.2017 die PGR 101 – hilfsweise für die PGR 120 – zu verwenden. Erreicht dieser Beschäftigte in der Zeit bis zum 30.6.2017 in dieser Beschäftigung die Regelaltersgrenze, ist eine Abmeldung (PGR 101) und eine Anmeldung (PGR 119) vorzunehmen. Verzichtet der Beschäftigte auf die eintretende Rentenversicherungsfreiheit nach § 5 Abs. 4 Satz 2 SGB VI-E, findet die PGR 101 – hilfsweise für die PGR 120 – bei Entgeltmeldungen bis zum 30.6.2017 weiterhin Anwendung. Sofern der Altersvollrentner bereits zu Beginn der Beschäftigung die Regelaltersgrenze erreicht hat, ist in der Anmeldung und in den folgenden Entgeltmeldungen wie bislang die PGR 119 anzugeben. Verzichtet der Beschäftigte auf die Rentenversicherungsfreiheit nach § 5 Abs. 4 Satz 2 SGB VI-E, ist in der Anmeldung und in den folgenden Entgeltmeldungen – hilfsweise für die PGR 120 – die PGR 101 anzugeben. Wird die Verzichtserklärung erst nach Beschäftigungsbeginn abgegeben, sind zum Folgetag der Verzichtserklärung eine Abmeldung (PGR 119) und eine Anmeldung (PGR 101) vorzunehmen.

Nach dem 30.6.2017 sind alle Meldungen mit der hilfsweise verwendeten PGR 101 zu stornieren und mit der PGR 120 abzugeben. Bei allen vorgenannten Ab- und Anmeldungen finden grundsätzlich die Abgabegründe 32 und 12 Anwendung. Die Übergangsregelungen gelten für das Meldeverfahren für Seeleute (PGR 150) mit der Maßgabe, dass hilfsweise die PGR 140 zu verwenden ist.

Meldungen der Arbeitgeber		
Schlüsselzahl	**Personenkreis**	**Beschreibung des Personenkreises**
101	Sozialversicherungspflichtig Beschäftigte ohne besondere Merkmale	Beschäftigte, die kranken-, pflege-, renten- oder arbeitslosenversicherungspflichtig sind, sowie Beschäftigte, für die Beitragsanteile zur Renten- oder Arbeitslosenversicherung zu zahlen sind, sofern sie nicht den nachfolgenden Personengruppen zugeordnet werden können.
102	Auszubildende ohne besondere Merkmale	Auszubildende sind Personen, die auf Grund eines Ausbildungsvertrages nach dem Berufsbildungsgesetz eine betriebliche Berufsausbildung in einem anerkannten Ausbildungsberuf durchlaufen. Berufsausbildung ist die Ausbildung im Rahmen rechtsverbindlicher Ausbildungsrichtlinien für einen staatlich anerkannten Ausbildungsberuf. Darüber hinaus ist Berufsausbildung auch die Ausbildung für einen Beruf, für den es zwar noch keine rechtsverbindlichen Ausbildungsrichtlinien gibt, die vorgesehene Ausbildung jedoch üblich und allgemein anerkannt ist. Sind für die Ausbildung Ausbildungsverträge abgeschlossen und von der zuständigen Stelle oder der Handwerkskammer in das Verzeichnis der Ausbildungsverhältnisse eingetragen worden, ist von einer Berufsausbildung auszugehen. Ist ein schriftlicher Ausbildungsvertrag nicht abgeschlossen, kommt es auf die tatsächliche Gestaltung des Ausbildungsverhältnisses und die Umstände des Einzelfalles an. Unbeachtlich für die Annahme einer Berufsausbildung ist, ob die Ausbildung abgeschlossen beziehungsweise ein formeller Abschluss überhaupt vorgesehen ist. Rentenversicherungspflichtige Praktikanten sind mit dem Personengruppenschlüssel 105 zu melden. Auszubildende, deren Arbeitsentgelt die Geringverdienergrenze nach § 20 Abs. 3 Satz 1 Nr. 1 SGB IV nicht übersteigt, sind mit dem Personengruppenschlüssel 121 zu melden. Auszubildende in einer außerbetrieblichen Einrichtung sind mit dem Personengruppenschlüssel 122 zu melden. Bei Meldungen für behinderte Menschen, die in einer anerkannten Werkstatt für behinderte Menschen im Eingangsverfahren oder im Berufsbildungsbereich tätig sind, ist der Personengruppenschlüssel 107 zu verwenden.
103	Beschäftigte in Altersteilzeit	Beschäftigter in Altersteilzeit ist, wer das 55. Lebensjahr vollendet hat, nach dem 14.2.1996 auf Grund einer Vereinbarung mit seinem Arbeitgeber, die sich zumindest auf die Zeit bis zu einem Altersrentenanspruch erstrecken muss, seine Arbeitszeit auf die Hälfte der bisherigen wöchentlichen Arbeitszeit vermindert hat und versicherungspflichtig im Sinne des SGB III ist (Altersteilzeitarbeit) und innerhalb der letzten fünf Jahre vor Beginn der Altersteilzeitarbeit mindestens 1080 Kalendertage in einer die Beitragspflicht begründenden Beschäftigung im Sinne des § 25 SGB III gestanden hat bzw. Anspruch auf Arbeitslosengeld, Arbeitslosenhilfe, Arbeitslosengeld II hatte bzw. Versicherungspflicht nach § 26 Abs. 2 SGB III vorlag. Außerdem muss der Arbeitgeber das Arbeitsentgelt für die Altersteilzeitarbeit um mindestens 20 % dieses Arbeitsentgelts, jedoch mindestens auf 70 % des um die bei dem Arbeitnehmer gewöhnlich anfallenden gesetzlichen Abzüge verminderten bisherigen Arbeitsentgelts aufstocken und für den Arbeitnehmer zusätzlich Beiträge zur gesetzlichen Rentenversicherung mindestens in Höhe des Beitrags zahlen, der auf den Unterschiedsbetrag zwischen 90 % des Vollzeitarbeitsentgelts und dem Arbeitsentgelt aus der Altersteilzeitarbeit entfällt (§§ 2 und 3 Altersteilzeitgesetz). Bei Beginn der Altersteilzeitarbeit seit dem 1.7.2004 muss der Arbeitgeber das Arbeitsentgelt für die Altersteilzeitarbeit um mindestens 20 v. H. des Regelarbeitsentgelts aufstocken und für den Arbeitnehmer zusätzliche Beiträge zur gesetzlichen Rentenversicherung mindestens in Höhe des Betrags zahlen, der sich aus 80 % des Regelarbeitsentgelts, begrenzt auf 90 % der Beitragsbemessungsgrenze, ergibt.
104	Hausgewerbetreibende	Hausgewerbetreibender ist, wer in eigener Arbeitsstätte im Auftrag und für Rechnung von Gewerbetreibenden, gemeinnützigen Unternehmen oder öffentlich-rechtlichen Körperschaften arbeitet, auch wenn er Roh- oder Hilfsstoffe selbst beschafft oder vorübergehend für eigene Rechnung tätig ist (§ 12 Abs. 1 SGB IV).
105	Praktikanten	Praktikanten sind Personen, die eine in Studien- oder Prüfungsordnungen vorgeschriebene berufspraktische Tätigkeit im Rahmen eines rentenversicherungspflichtigen Vor- oder Nachpraktikums verrichten. Praktikanten, deren Arbeitsentgelt die Geringverdienergrenze nach § 20 Abs. 3 Satz 1 Nr. 1 SGB IV nicht übersteigt, sind mit dem Personengruppenschlüssel 121 zu melden. Praktikanten, die ein vorgeschriebenes Zwischenpraktikum absolvieren, sind ausschließlich in der Unfallversicherung versicherungspflichtig und daher mit dem Personengruppenschlüssel 190 zu melden

Meldungen der Arbeitgeber		
Schlüsselzahl	**Personenkreis**	**Beschreibung des Personenkreises**
106	Werkstudenten	Werkstudenten sind Personen, die in der vorlesungsfreien Zeit und/oder der Vorlesungszeit eine Beschäftigung ausüben und darin in der Kranken-, Pflege- und Arbeitslosenversicherung versicherungsfrei, jedoch in der Rentenversicherung versicherungspflichtig sind.
107	Behinderte Menschen in anerkannten Werkstätten oder gleichartigen Einrichtungen	Körperlich, geistig oder seelisch behinderte Menschen, die in nach dem SGB IX anerkannten Werkstätten für behinderte Menschen oder in nach dem Blindenwarenvertriebsgesetz anerkannten Blindenwerkstätten oder für diese Einrichtungen in Heimarbeit tätig sind (§ 1 Satz 1 Nr. 2 Buchst. a SGB VI, § 5 Abs. 1 Nr. 7 SGB V, § 20 Abs. 1 Satz 2 Nr. 7 i. V. m. Satz 1 SGB XI) und körperlich, geistig oder seelisch behinderte Menschen, die in Anstalten, Heimen oder gleichartigen Einrichtungen tätig sind (§ 1 Satz 1 Nr. 2 Buchst. b SGB VI, § 5 Abs. 1 Nr. 8 SGB V, § 20 Abs. 1 Satz 2 Nr. 8 i. V. m. Satz 1 SGB XI). Der Personengruppenschlüssel 107 ist auch bei Meldungen für behinderte Menschen zu verwenden, die in einer anerkannten Werkstatt für behinderte Menschen im Eingangsverfahren oder im Berufsbildungsbereich tätig sind.
108	Bezieher von Vorruhestandsgeld	Vorruhestandsgeldbezieher unterliegen dann der Kranken-, Pflege- und Rentenversicherungspflicht, wenn nach dem übereinstimmenden Willen der Vertragspartner mit der Vorruhestandsvereinbarung das Ausscheiden des Arbeitnehmers aus dem Erwerbsleben erfolgt, d. h. die Parteien darüber einig sind, dass das bisherige Arbeitsverhältnis beendet und kein neues Arbeitsverhältnis (bei einem anderen Arbeitgeber) aufgenommen wird. Im Übrigen wird für die Versicherungspflicht vorausgesetzt, dass das Vorruhestandsgeld bis zum frühestmöglichen Beginn der Altersrente oder ähnlicher Bezüge öffentlich-rechtlicher Art oder, wenn keine dieser Leistungen beansprucht werden kann, bis zum Ablauf des Kalendermonats gewährt wird, in dem der ausgeschiedene Arbeitnehmer das 65. Lebensjahr vollendet (§ 5 Abs. 3 SGB V, § 3 Satz 1 Nr. 4 SGB VI).

Meldungen der Arbeitgeber		
Schlüsselzahl	**Personenkreis**	**Beschreibung des Personenkreises**
109	Geringfügig entlohnte Beschäftigte nach § 8 Abs. 1 Nr. 1 SGB IV	Eine geringfügig entlohnte Beschäftigung liegt vor, wenn das Arbeitsentgelt regelmäßig im Monat einen Betrag von 450 EUR (bis 31.12.2012 400 EUR) nicht übersteigt (§ 8 Abs. 1 Nr. 1 SGB IV). Wird die Arbeitsentgeltgrenze durch die Zusammenrechnung mehrerer geringfügig entlohnter Beschäftigungen beziehungsweise mehr als einer geringfügig entlohnten Beschäftigung mit einer nicht geringfügigen Beschäftigung überschritten, liegt keine geringfügige Beschäftigung mehr vor, so dass grundsätzlich der Personengruppenschlüssel 101 zu verwenden ist. Beschäftigungen, die vor dem 1.1.2013 mit einem Arbeitsentgelt von 400,01 bis 450,00 EUR aufgenommen wurden, bleiben bis zum 31.12.2014 grundsätzlich versicherungspflichtig und sind mit Personengruppenschlüssel 101 zu melden. Ab dem 1.1.2015 entfällt dies Übergangsregelung. Bei geringfügigen Beschäftigungen, die vor dem 1.1.2013 aufgenommen wurden, ist auch bei Verzicht auf die Rentenversicherungsfreiheit der Personengruppenschlüssel 109 zu verwenden. Für Auszubildende und Personen, die ein freiwilliges soziales, ein freiwilliges ökologisches Jahr oder einen Bundesfreiwilligendienst leisten, gelten die besonderen Vorschriften für geringfügig Beschäftigte nicht. Darüber hinausgehende Besonderheiten, die im rahmen des Meldeverfahrens zu berücksichtigen sind, können den Richtlinien für die versicherungsrechtliche Beurteilung von geringfügigen Beschäftigungen (Geringfügigkeits-Richtlinien) in der jeweils gültigen Fassung entnommen werden.
110	Kurzfristig Beschäftigte nach § 8 Abs. 1 Nr. 2 SGB IV	Eine kurzfristige Beschäftigung liegt vor, wenn die Beschäftigung innerhalb eines Kalenderjahres auf längstens drei Monate oder 70 Arbeitstage nach ihrer Eigenart begrenzt zu sein pflegt oder im Voraus vertraglich begrenzt ist, es sei denn, dass die Beschäftigung berufsmäßig ausgeübt wird und ihr Entgelt 450 EUR im Monat übersteigt (§ 8 Abs. 1 Nr. 2 SGB IV). Eine kurzfristige Beschäftigung liegt auch dann vor, wenn gleichzeitig die Kriterien einer geringfügig entlohnten Beschäftigung erfüllt sind.

Meldungen der Arbeitgeber		
Schlüsselzahl	Personenkreis	Beschreibung des Personenkreises
111	Personen in Einrichtungen der Jugendhilfe, Berufsbildungswerken oder ähnlichen Einrichtungen für behinderte Menschen	1. Personen, die in Einrichtungen der Jugendhilfe für eine Erwerbstätigkeit befähigt werden sollen (§ 1 Satz 1 Nr. 3 SGB VI, § 26 Abs. 1 Nr. 1 SGB III, § 5 Abs. 1 Nr. 5 SGB V, § 20 Abs. 1 Satz 2 Nr. 5 i. V. m. Satz 1 SGB XI) und 2. Personen, die in Berufsbildungswerken oder ähnlichen Einrichtungen für behinderte Menschen (§ 35 SGB IX) für eine Erwerbstätigkeit befähigt werden sollen (§ 1 Satz 1 Nr. 3 SGB VI, § 26 Abs. 1 Nr. 1 SGB III). Für Personen nach Nr. 2 besteht Kranken- und Pflegeversicherungspflicht nur, wenn die Befähigung im Rahmen einer Leistung zur Teilhabe am Arbeitsleben durch einen Rehabilitationsträger i. S. des § 6 Abs. 1 SGB IX erfolgt. In diesen Fällen ist der Personengruppenschlüssel „204“ zu verwenden. Bedient sich der Rehaträger für die Durchführung der Leistung zur Teilhabe am Arbeitsleben einer Einrichtung (Berufsbildungswerk oder ähnliche Einrichtung für behinderte Menschen), erfolgt die Meldung durch den Träger der Einrichtung mit Personengruppenschlüssel „111“.
112	Mitarbeitende Familienangehörige in der Landwirtschaft	Mitarbeitende Familienangehörige in der Landwirtschaft sind Verwandte bis zum dritten Grad und Verschwägerte bis zum zweiten Grad sowie Pflegekinder eines landwirtschaftlichen Unternehmers oder seines Ehegatten. Der in einem abhängigen Beschäftigungsverhältnis stehende Ehegatte eines landwirtschaftlichen Unternehmers gilt als mitarbeitender Familienangehöriger (ohne Auszubildende).
113	Nebenerwerbslandwirte	Nebenerwerbslandwirte sind Personen, die ein landwirtschaftliches Unternehmen bewirtschaften und daneben in einer abhängigen Dauerbeschäftigung (nicht saisonal) außerhalb der Landwirtschaft stehen.
114	Nebenerwerbslandwirte – saisonal beschäftigt	Es handelt sich um landwirtschaftliche Unternehmer, die entsprechend ihrem Erscheinungsbild bei der LKK versichert sind und daneben eine befristete Beschäftigung ausüben, deren Dauer voraussichtlich 26 Wochen nicht überschreitet.
116	Ausgleichsgeldempfänger nach dem FELEG	Es handelt sich um ehemalige landwirtschaftliche Arbeitnehmer und rentenversicherungspflichtige mitarbeitende Familienangehörige in der Landwirtschaft.
117	Nicht berufsmäßig unständig Beschäftigte	Es handelt sich um Personen, die einer unständigen Beschäftigung **nicht berufsmäßig** nachgehen, in der sie versicherungspflichtig sind. Unständig ist die Beschäftigung, die auf weniger als eine Woche entweder nach der Natur der Sache befristet zu sein pflegt oder im Voraus durch den Arbeitsvertrag befristet ist.
118	Berufsmäßig unständig Beschäftigte	Es handelt sich um Personen, die einer unständigen Beschäftigung **berufsmäßig** nachgehen, in der sie versicherungspflichtig sind. Unständig ist die Beschäftigung, die auf weniger als eine Woche entweder nach der Natur der Sache befristet zu sein pflegt oder im Voraus durch den Arbeitsvertrag befristet ist.

Meldungen der Arbeitgeber		
Schlüsselzahl	Personenkreis	Beschreibung des Personenkreises
119	Versicherungsfreie Altersvollrentner und Versorgungsbezieher wegen Alters	Es handelt sich um Personen, die nach Erreichen der Regelaltersgrenze eine Vollrente wegen Alters aus der gesetzlichen Rentenversicherung oder eine entsprechende Versorgung von einer berufsständischen Versorgungseinrichtung oder eine Versorgung nach beamtenrechtlichen Vorschriften oder Grundsätzen wegen Erreichens einer Altersgrenze beziehen (§ 5 Abs. 4 Nr. 1 und 2 SGB VI) oder vor Erreichen der Regelaltersgrenze eine Vollrente wegen Alters aus der gesetzlichen Rentenversicherung beziehen und aufgrund des Bestandsschutzes in einer vor dem 1.1.2017 aufgenommenen Beschäftigung über den 31.12.2016 hinaus rentenversicherungsfrei bleiben (§ 230 Abs. 9 Satz 1 SGB VI).
120	Versicherungspflichtige Altersvollrentner	Es handelt sich um Personen, die vor Erreichen der Regelaltersgrenze eine Vollrente wegen Alters aus der gesetzlichen Rentenversicherung oder nach Erreichen der Regelaltersgrenze eine Vollrente wegen Alters aus der gesetzlichen Rentenversicherung beziehen oder nach beamtenrechtlichen Vorschriften oder entsprechenden kirchlichen Regelungen oder nach den Regelungen einer berufsständischen Versorgungseinrichtung eine Versorgung wegen Erreichens einer Altersgrenze beziehen und auf die Rentenversicherungsfreiheit nach § 5 Abs. 4 Satz 2 SGB VI verzichten oder vor Erreichen der Regelaltersgrenze eine Vollrente wegen Alters aus der gesetzlichen Rentenversicherung beziehen und in einer vor dem 1.1.2017 aufgenommenen Beschäftigung auf die weiterbestehende Versicherungsfreiheit nach § 230 Abs. 9 Satz 2 SGB VI (Bestandsschutzregel) verzichten.
121	Auszubildende, deren Arbeitsentgelt die Geringverdienergrenze nach § 20 Abs. 3 Satz 1 Nr. 1 SGB IV nicht übersteigt	Es handelt sich um die zu ihrer Berufsausbildung beschäftigten Personen, für die ihr Arbeitgeber wegen der niedrigen Höhe des Arbeitsentgelts (auf den Monat bezogen bis zu 325 EUR) verpflichtet ist, den Gesamtsozialversicherungsbeitrag allein zu tragen (§ 20 Abs. 3 Satz 1 Nr. 1 SGB IV). Der Personengruppenschlüssel ist selbst dann anzuwenden, wenn die Geringverdienergrenze infolge einmalig gezahlten Arbeitsentgelts überschritten wird. Auszubildende ohne Arbeitsentgelt sind mit dem Personengruppenschlüssel 102 zu melden.
122	Auszubildende in einer außerbetrieblichen Einrichtung	Eine außerbetriebliche Berufsausbildung liegt vor, wenn die Ausbildung von verselbstständigten, nicht einem Betrieb angegliederten Bildungseinrichtungen durchgeführt wird. Auszubildende, die im Rahmen eines Ausbildungsvertrages nach dem Berufsbildungsgesetz in einer außerbetrieblichen Einrichtung ausgebildet werden, stehen nach § 5 Abs. 4a SGB V, § 1 Satz 1 Nr. 3a SGB VI und § 25 Abs. 1 Satz 2 SGB III den Beschäftigten zur Berufsausbildung gleich.

Meldungen der Arbeitgeber		
Schlüsselzahl	Personenkreis	Beschreibung des Personenkreises
123	Personen, die ein freiwilliges soziales oder ökologisches Jahr leisten	Es handelt sich um die Personen, die ein freiwilliges soziales oder ökologisches Jahr im Sinne des Gesetzes zur Förderung von Jugendfreiwilligendiensten (JFDG) leisten und für die ihr Arbeitgeber verpflichtet ist, den Gesamtsozialversicherungsbeitrag allein zu tragen (§ 20 Abs. 3 Satz 1 Nr. 2 SGB IV). Personen, die einen Bundesfreiwilligendienst leisten, sind sozialversicherungsrechtlich dem Personenkreis der Teilnehmer an einem freiwilligen sozialen oder freiwilligen ökologischen Jahr gleichgestellt (§ 13 Abs. 2 Satz 1 Bundesfreiwilligendienstgesetz).
124	Heimarbeiter ohne Anspruch auf Entgeltfortzahlung im Krankheitsfall	Es handelt sich um Erwerbstätige mit selbst gewählter Arbeitsstätte ohne unmittelbare Weisungsgebundenheit und ohne Eingliederung in den Betrieb, die im Auftrag und für Rechnung von Gewerbetreibenden, gemeinnützigen Unternehmen oder öffentlich-rechtlichen Körperschaften arbeiten; aufgrund ihrer wirtschaftlichen Abhängigkeit zum Auftraggeber gelten sie als abhängig Beschäftigte (§ 12 Abs. 2 SGB IV). Die Meldungen sind entweder vom Arbeitgeber oder, sofern der Heimarbeiter seinen Gesamtsozialversicherungsbeitrag zahlt, vom Heimarbeiter zu erstellen (§ 28m Abs. 2 und 3 SGB IV). Soweit Heimarbeiter aufgrund tarifvertraglicher Regelungen einen Anspruch auf Entgeltfortzahlung im Krankheitsfall haben (§ 10 Abs. 4 Entgeltfortzahlungsgesetz), ist der PGR 124 nicht anzuwenden. Heimarbeiter, die in der Kranken-, Pflege-, Renten-, und Arbeitslosenversicherung aufgrund einer geringfügigen Beschäftigung nach § 8 Abs. 1 Nr. 1 SGB IV versicherungsfrei sind, werden mit dem PGR 109 gemeldet.
127	Behinderte Menschen, die im Anschluss an eine Beschäftigung in einer anerkannten Werkstatt in einem Integrationsprojekt beschäftigt sind	Es handelt sich um körperlich, geistig oder seelisch behinderte Menschen, die im Anschluss an eine Beschäftigung in einer nach dem Neunten Buch Sozialgesetzbuch anerkannten Werkstatt für behinderte Menschen (§ 1 Satz 1 Nr. 2 Buchstabe a SGB VI, § 5 Abs. 1 Nr. 7 SGB V, § 20 Abs. 1 Satz 2 Nr. 7 iVm. Satz 1 SGB XI) in einem Integrationsprojekt tätig sind. Integrationsprojekte können sein (§ 132 Abs. 1 SGB IX): – Integrationsunternehmen (rechtlich und wirtschaftlich selbstständige Unternehmen), – Integrationsbetriebe (unternehmensinterne oder von öffentlichen Arbeitgebern geführte Betriebe), – Integrationsabteilungen (Abteilungen zur Beschäftigung schwerbehinderter Menschen auf dem allgemeinen Arbeitsmarkt).
190	Beschäftigte, die ausschließlich in der gesetzlichen Unfallversicherung versichert sind	Es handelt sich um versicherte Beschäftigte nach § 2 Abs. 1 Nr. 1 SGB VII mit beitragspflichtigem Entgelt.

Meldungen für die See-Krankenkasse		
Schlüsselzahl	Personenkreis	Beschreibung des Personenkreises
140	Seeleute	Seeleute sind Kapitäne und Besatzungsmitglieder von Seeschiffen sowie sonstige Arbeitnehmer, die an Bord von Seeschiffen während der Reise im Rahmen des Schiffsbetriebs beschäftigt sind, mit Ausnahme der Lotsen (§ 13 Abs. 1 und 2 SGB IV).
141	Auszubildende in der Seefahrt	Vgl. Beschreibung zu Personengruppenschlüssel 102 und 140.
142	Seeleute in Altersteilzeit	Vgl. Beschreibung zu Personengruppenschlüssel 103 und 140.
143	Seelotsen	Seelotsen sind rentenversicherungspflichtige Selbstständige, für die Meldungen nach § 28a SGB IV zu erstatten sind (§ 191 SGB VI).
144	Auszubildende in der Seefahrt, deren Arbeitsentgelt die Geringverdienergrenze nach § 20 Abs. 3 Satz 1 Nr. 1 SGB IV nicht übersteigt	Es handelt sich um die zu ihrer Berufsausbildung beschäftigten Personen, für die ihr Arbeitgeber wegen der niedrigen Höhe des Arbeitsentgelts (auf den Monat bezogen bis zu 325 EUR) verpflichtet ist, den Gesamtsozialversicherungsbeitrag allein zu tragen (§ 20 Abs. 3 Satz 1 Nr. 1 SGB IV). Der Personengruppenschlüssel ist selbst dann anzuwenden, wenn die Geringverdienergrenze infolge einmalig gezahlten Arbeitsentgelts überschritten wird.
149	In der Seefahrt beschäftigte **versicherungsfreie** Altersvollrentner und Versorgungsbezieher wegen Alters	Vgl. Beschreibung zu Personengruppenschlüssel 119 und 140.
150	In der Seefahrt beschäftigte **versicherungspflichtige** Altersvollrentner und Versorgungsbezieher wegen Alters	Vgl. Beschreibung zu Personengruppenschlüssel 120 und 140.

12. Schlüsselzahlen für die Angaben zur Tätigkeit

1. Allgemeines

Für Meldezeiträume seit 1.12.2011 sind die Verschlüsselungen unter der Nr. 2 (9-stellig) verbindlich. Für Meldezeiträume bis 30.11.2011 gelten noch die nachfolgend beschriebenen Schlüssel (5-stellig).

a) zur 1.–3. Stelle (Tätigkeit des Arbeitnehmers im Betrieb)

Diese fünfstellige Schlüsselzahl setzt sich wie folgt zusammen:
- 1. bis 3. Stelle kennzeichnet die Tätigkeit des Arbeitnehmers im Betrieb
- 4. Stelle kennzeichnet die Stellung des Arbeitnehmers im Beruf
- 5. Stelle kennzeichnet die Ausbildung des Arbeitnehmers

Das von der Bundesagentur für Arbeit herausgegebene Verzeichnis der Schlüsselzahlen ist bei der für den Betrieb zuständigen Arbeitsagentur erhältlich.

b) zur 4. Stelle (Stellung des Arbeitnehmers im Beruf)

vollzeitbeschäftigter Arbeitnehmer

0	Auszubildender (Lehrling, Anlernling, Praktikant, Volontär)
1	Arbeiter, der nicht als Facharbeiter tätig ist
2	Arbeiter, der als Facharbeiter tätig ist

3	Meister, Polier (gleichgültig, ob als Arbeiter oder Angestellter)
4	Angestellter (aber nicht Meister im Angestelltenverhältnis)
5	derzeit unbesetzt
6	derzeit unbesetzt
7	Heimarbeiter/Hausgewerbetreibende

teilzeitbeschäftigter Arbeitnehmer, mit einer arbeitsvertraglich vereinbarten Wochenarbeitszeit

8	von weniger als 18 Stunden
9	von 18 Stunden und mehr, jedoch nicht vollzeitbeschäftigt

c) zur 5. Stelle (Ausbildung des Arbeitnehmers)

Volks-/Hauptschule, mittlere Reife oder gleichwertiger Abschluss

1	ohne abgeschlossene Berufsausbildung
2	mit abgeschlossener Berufsausbildung (abgeschlossene Lehr- oder Anlernausübung, Abschluss einer Berufsfach-/Fachschule)

Abitur (Hochschulreife, allgemein oder fachgebunden)

3	ohne abgeschlossene Berufsausbildung
4	mit abgeschlossener Berufsausbildung (abgeschlossene Lehr- oder Anlernausübung, Abschluss einer Berufsfach-/Fachschule)
5	Abschluss einer höheren Fachschule oder Fachhochschule
6	Hochschul-/Universitätsabschluss (einschließlich des Abschlusses an Akademien mit Hochschulcharakter)
7	Ausbildung unbekannt, Angabe nicht möglich

2. Schlüsselzahlen für Meldezeiträume ab 1.12.2011

Die Angaben zur Tätigkeit sind nach dem Tätigkeitsschlüssel im „Schlüsselverzeichnis für die Angaben zur Tätigkeit" der Bundesagentur für Arbeit verbindlich für alle Meldezeiträume ab 1.12.2011 zu verwenden (bei Anmeldungen liegt der ZEITRAUM-BEGINN und bei Entgeltmeldungen das ZEITRAUM-ENDE nach dem 30.11.2011).

a) Stellen 1 bis 5 Ausgeübte Tätigkeit (Feld AT)

Die gültigen Schlüssel für die Angaben zur Tätigkeit ergeben sich aus dem Schlüsselverzeichnis Ausgabe 2010 der Bundesagentur für Arbeit. Die jeweils gültige Version ist abrufbar unter www.arbeitsagentur.de > Unternehmen > Sozialversicherung Schlüsselverzeichnis. Maßgebend ist allein die derzeit ausgeübte Tätigkeit, also weder der erlernte Beruf (wenn er von der jetzigen Tätigkeit abweicht) noch ein früher ausgeübter Beruf. Jedem Beruf bzw. Berufsbezeichnung ist ein fünfstelliger Schlüssel zugewiesen.

b) Stelle 6 Höchster allgemeinbildender Schulabschluss (Feld AS)

gültige Schlüssel „1" bis „4" und „9"

1 = Ohne Schulabschluss

2 = Haupt-/Volksschulabschluss

3 = Mittlere Reife oder gleichwertiger Abschluss

4 = Abitur/Fachabitur

9 = Abschluss unbekannt

Die Schlüsselzahl „9" ist möglichst zu vermeiden und sollte nur gewählt werden, wenn überhaupt keine Informationen zum Schulabschluss vorliegen. Bei Unsicherheit zwischen Alternativen ist auf jeden Fall eine der Alternativen zu wählen. Der Wert „9" ist daher bei der Gestaltung der Abfrage gesondert/abgesetzt anzubieten.

c) Stelle 7 Höchster beruflicher Ausbildungsabschluss (Feld BA)

gültige Schlüssel „1" bis „6" und „9"

1 = Ohne beruflichen Ausbildungsabschluss

2 = Abschluss einer anerkannten Berufsausbildung

3 = Meister-/Techniker- oder gleichwertiger Fachschulabschluss

4 = Bachelor

5 = Diplom/Magister/Master/Staatsexamen

6 = Promotion

9 = Abschluss unbekannt

Hinsichtlich des Schlüssels „9" gilt das zur Stelle 6 Gesagte.

d) Stelle 8 Arbeitnehmerüberlassung (Feld AÜ)

gültige Schlüssel „1" und „2"

1 = nein

2 = ja

Betriebe, die keine Überlassung von Arbeitnehmern vornehmen, können jeden Beschäftigten mit „1 = nein" verschlüsseln.

Betriebe mit einer Erlaubnis zur gewerbsmäßigen Arbeitnehmerüberlassung (§ 1 AÜG) verschlüsseln ihre Beschäftigten wie folgt:

Mitarbeiter (z. B. in der Verwaltung), die nicht an andere Unternehmen verliehen werden: 1 = nein;

überlassenes Personal: 2 = ja.

e) Stelle 9 Vertragsform (Feld VF)

gültige Schlüssel „1" bis „4"

1 = Vollzeit, unbefristet

2 = Teilzeit, unbefristet

3 = Vollzeit, befristet

4 = Teilzeit, befristet

Hier wird angegeben, ob die/der Beschäftigte vollzeitbeschäftigt oder teilzeitbeschäftigt ist bzw. bei Anzeige der Einstellung werden soll. Als teilzeitbeschäftigt gilt jeder Arbeitnehmer, der nicht Vollzeit tätig ist. Eine unbefristete Beschäftigung liegt vor, wenn der Arbeitsvertrag auf unbestimmte Zeit abgeschlossen wurde. Auch bei Vereinbarung eines Endes der Beschäftigung im Rahmen einer Altersteilzeit gilt die Beschäftigung als unbefristet.

13. Besondere Schlüsselzahlen in der See-Sozialversicherung

In der See-Sozialversicherung gelten besondere Inhalte der Meldungen im besonderen Meldeverfahren für Betriebe der Seefahrt. Dies sind spezielle Schlüsselzahlen für Berufsgruppen, Versicherungsarten, Fahrzeuggruppen und Patente.

Die Schlüsselzahlen sind in der Anlage 7 der Gemeinsamen Grundsätze für die Datenerfassung und Datenübermittlung nach § 28b Absatz 1 Satz 1 Nr. 1–3 SGB IV in der jeweils aktuellen Fassung wiedergegeben (siehe www.aok.de/fk/sozialversicherung/rundschreiben/jahrgang-2019/).

14. Besondere Schlüsselzahlen in der Knappschaftlichen Sozialversicherung

Im knappschaftlichen Meldeverfahren sind besondere Angaben, insbesondere zum Tätigkeitsschlüssel erforderlich. Es sind maximal 12 Angaben zu Tätigkeitswechseln möglich. Bei der Anmeldung ist nur ein Tätigkeitsschlüssel (mit Ab-Datum, aber ohne Besonderheitenschlüssel) zu melden. Bei jeder Entgeltmeldung ist ausgehend vom Beschäftigungsbeginn bzw. dem Beginn des zu meldenden Zeitraums („Zeitraumbeginn") die Art der verrichteten Tätigkeit mitzuteilen. Beim Wechsel einer Tätigkeit (neue Schlüsselnummer und/oder neuer Besonderheitenschlüssel) ist jeweils das nächste Feld beginnend mit einem neuen „Ab-Monat" zu benutzen. Anzugeben ist die aus dem von der knappschaftlichen Rentenversicherung gelieferte Schlüsselkatalog ersichtliche Schlüsselnummer. Arbeitgeber, die nach besonderen Bergbautarifverträgen vergüten, verwenden die Schlüsselnummern der Lohn-/Gehalts- bzw. Entgeltordnung.

Die hierfür gültigen Schlüsselzahlen sind in der Anlage 8 der Gemeinsamen Grundsätze für die Datenerfassung und Datenübermittlung nach § 28b Absatz 1 Satz 1 Nr. 1–3 SGB IV in der jeweils geltenden Fassung wiedergegeben (siehe www.aok.de/fk/sozialversicherung/rundschreiben/jahrgang-2019/).

15. Meldungen für geringfügig Beschäftigte

Für geringfügig Beschäftigte gilt das Meldeverfahren nach der Datenerfassungs- und -übermittlungsverordnung (DEÜV). Dies bedeutet, dass nicht nur An- und Abmeldungen, sondern grundsätzlich auch alle anderen Meldungen zu erstatten sind. Meldungen und Beitragsnachweise müssen durch Datenübertragung aus zugelassenen systemgeprüften Programmen oder mittels maschinell erstellter Ausfüllhilfen übermittelt werden. Geringfügig Beschäftigte in Privathaushalten können auch per Beleg in einem vereinfachten Verfahren, dem sogenannten Haushaltsscheck-Verfahren, gemeldet werden.

Arbeitgeber, die im privaten Bereich nichtgewerbliche Zwecke oder mildtätige, kirchliche, religiöse, wissenschaftliche bzw. gemeinnützige Zwecke im Sinne des § 10b EStG verfolgen, und einen Arbeitnehmer geringfügig beschäftigen, können auf Antrag bei der Minijob-Zentrale Meldungen auf Vordrucken erstatten, wenn sie glaubhaft machen, dass ihnen eine Meldung auf maschinell verwertbaren Datenträgern oder durch Datenübertragung nicht möglich ist (§ 28a Abs. 6a SGB IV).

In einigen Fällen kann es vorkommen, dass der Arbeitgeber für ein und dieselbe Beschäftigung Meldungen mit unterschiedlichen Beitragsgruppenschlüsseln an die Minijob-Zentrale einerseits und an die zuständige Krankenkasse andererseits zu erstatten hat.

Seit dem 1. Januar 2016 müssen Arbeitgeber für jeden in der Unfallversicherung versicherten Beschäftigten eine besondere Jahresmeldung zur Unfallversicherung erstatten. Zudem sind Arbeitgeber bestimmter Wirtschaftszweige verpflichtet, zusätzlich zu den üblichen DEÜV-Meldungen eine Sofortmeldung zu übermitteln.

a) Geringfügig entlohnte Beschäftigungen

Bei den geringfügig entlohnten Beschäftigungen (Personengruppenschlüssel „109") ist die Beitragsgruppe zur Krankenversicherung mit „6" und die Beitragsgruppe zur Rentenversicherung bei Versicherungsfreiheit nach § 230 Abs. 8 Satz 1 SGB VI oder Befreiung von der Versicherungspflicht nach § 6 Abs. 1b SGB VI mit „5" bzw. bei Versicherungspflicht mit „1" zu verschlüsseln. Die Beitragsgruppen zur Arbeitslosen- und Pflegeversicherung sind mit „0" anzugeben.

Eine vom Arbeitnehmer im laufenden Beschäftigungsverhältnis beantragte Befreiung von der Rentenversicherungspflicht nach § 6 Abs. 1b SGB VI, die nicht bereits ab Beschäftigungsbeginn wirkt, wird melderechtlich über einen Wechsel der Beitragsgruppe in der Rentenversicherung von „1" (Rentenversicherungspflicht) in „5" (Befreiung von der Rentenversicherungspflicht) angezeigt. In diesen Fällen hat eine Abmeldung mit Abgabegrund „32" zum Ende des Zeitraums der Rentenversicherungspflicht sowie eine Anmeldung mit Abgabegrund „12" ab Beginn des Zeitraums der Befreiung von der Rentenversicherungspflicht (erster Tag des Kalendermonats) zu erfolgen. Der Tag des Eingangs des Befreiungsantrags beim Arbeitgeber wird in der Meldung nicht angegeben; er bestimmt in Verbindung mit dem Eingang der Meldung des Arbeitgebers bei der Minijob-Zentrale lediglich den Zeitpunkt, zu dem die Befreiung wirksam wird.

Ein vom Arbeitnehmer erklärter Verzicht auf die Rentenversicherungsfreiheit in der laufenden geringfügig entlohnten Beschäftigung wird melderechtlich ebenfalls über einen Wechsel der Beitragsgruppe angezeigt. In diesen Fällen wechselt die Beitragsgruppe in der Rentenversicherung von „5" (Rentenversicherungsfreiheit) in „1" (Rentenversicherungspflicht). Hier erfolgt die Abmeldung mit Abgabegrund „32" zum Ende des Zeitraums der Rentenversicherungsfreiheit sowie die Anmeldung mit Abgabegrund „12" ab Beginn des Zeitraums der Rentenversicherungspflicht.

Meldet der Arbeitgeber den Eingang des Antrags auf Befreiung von der Rentenversicherungspflicht nach § 6 Abs. 1b SGB VI der Minijob-Zentrale nicht spätestens innerhalb von sechs Wochen nach Eingang des schriftlichen Befreiungsantrages des Arbeitnehmers, wirkt die Befreiung von der Rentenversicherungspflicht erst nach Ablauf des Kalendermonats, der dem Kalendermonat des Eingangs der die Befreiung anzeigenden Meldung bei der Minijob-Zentrale folgt. Auch in diesen Fällen sind die Daten zur Befreiung von der Versicherungspflicht in der Rentenversicherung ausschließlich mit der Meldung zur Sozialversicherung zu übermitteln (Abmeldung mit Abgabegrund „32", Anmeldung mit Abgabegrund „12"). Sollte dem Arbeitgeber die Übermittlung der Meldung(en) für den in der Zukunft liegenden Entgeltabrechnungszeitraum nicht möglich sein, weil das Arbeitsentgelt noch nicht bekannt ist oder die verwendete Entgeltabrechnungssoftware Meldungen in der Zukunft nicht vorsieht, muss er der Minijob-Zentrale den Eingang des Befreiungsantrags zunächst in schriftlicher Form anzeigen. Hierfür bietet die Minijob-Zentrale im Download-Bereich unter www.minijob-zentrale.de die sogenannte „Vorabmeldung zur verfristeten Anzeige des Eingangs eines Befreiungsantrags von der Versicherungspflicht in der Rentenversicherung" an. Eine Kopie der Meldung ist zu den Entgeltunterlagen zu nehmen. Die erforderlichen DEÜV-Meldungen sind im Nachgang zu übermitteln.

Sofern Arbeitnehmer in einer bisher nach § 230 Abs. 8 Satz 1 SGB VI rentenversicherungsfreien Beschäftigung aufgrund der Erhöhung des regelmäßigen Arbeitsentgelts auf mehr als 400 Euro aber nicht mehr als 450 Euro, im Monat in der weiterhin geringfügig entlohnten Beschäftigung dem Grunde nach rentenversicherungspflichtig werden, aber mit Wirkung ab dem Monat der Erhöhung des Arbeitsentgelts von ihrem Recht auf Befreiung von der Rentenversicherungspflicht Gebrauch machen, ist der Eingang des Befreiungsantrags mit einer Abmeldung mit Abgabegrund „33" zum Ende des Zeitraums der Rentenversicherungsfreiheit nach § 230 Abs. 8 Satz 1 SGB VI sowie eine Anmeldung mit dem Abgabegrund „13" ab dem Beginn des Zeitraums der Befreiung von der Rentenversicherungspflicht nach § 6 Abs. 1b SGB VI (erster des Kalendermonats) zu melden. Die Beitragsgruppe „5" in der Rentenversicherung bleibt unverändert.

Die vorherigen Ausführungen gelten in einer bisher nach § 230 Abs. 8 Satz 1 SGB VI rentenversicherungsfreien Beschäftigung analog, wenn das regelmäßige (Gesamt-)Arbeitsentgelt durch Hinzutritt einer weiteren geringfügig entlohnten Beschäftigung auf mehr als 400 Euro, aber nicht mehr als 450 Euro erhöht wird. Dies setzt voraus, dass der Arbeitnehmer nicht bereits in der hinzugetretenen Beschäftigung einen Befreiungsantrag gestellt hat, der der Minijob-Zentrale gemeldet wurde und sich somit auch auf die Bestandsbeschäftigung auswirkt. Die Minijob-Zentrale informiert in diesem Fall den bisherigen Arbeitgeber über die Wirkung der Befreiung auf die bei ihm bestehende geringfügig entlohnte Beschäftigung.

Sofern für eine geringfügig entlohnte Beschäftigung weder Pauschalbeiträge zur Krankenversicherung (wegen einer privaten Krankenversicherung) noch Beiträge zur Rentenversicherung (z. B. wegen Beitragszahlung an eine berufsständische Versorgungseinrichtung) anfallen, sind Meldungen zur Sozialversicherung mit dem Personengruppenschlüssel „190" und dem Beitragsgruppenschlüssel „0000" zu erstatten, sofern es sich um Beschäftigte handelt, die ausschließlich in der gesetzlichen Unfallversicherung versichert sind. Anderenfalls fallen keine Meldungen an.

Als beitragspflichtiges Arbeitsentgelt ist in den Meldungen das Arbeitsentgelt einzutragen, von dem Rentenversicherungsbeiträge gezahlt worden sind, wobei bei einer rentenversicherungspflichtigen Beschäftigung die Mindestbeitragsbemessungsgrundlage von monatlich 175 Euro zu beachten ist.

Der Wechsel von einer geringfügig entlohnten Beschäftigung zu einer nicht geringfügig entlohnten Beschäftigung oder umgekehrt bei demselben Arbeitgeber ist mit den Abgabegründen „31" und „11" (Wechsel der Einzugsstelle) zu melden. Dies gilt z. B. auch in den Fällen, in denen während der Elternzeit eine geringfügig entlohnte Beschäftigung beim bisherigen Arbeitgeber ausgeübt wird.

Bei Unterbrechungen der Entgeltzahlung von länger als einem Monat (z. B. unbezahlter Urlaub oder im Falle der Arbeitsunfähigkeit nach einem Monat nach Ablauf der Entgeltfortzahlung) ist eine Abmeldung zum Ablauf des (Zeit-)Monats mit Abgabegrund „34" (§ 7 Abs. 3 Satz 1 SGB IV findet auch auf geringfügig Beschäftigte Anwendung) zu erstatten. Der Meldegrund „34" gilt auch für Beschäftigungen, in denen der Arbeitgeber steuerfreie Aufwandsentschädigungen bei durchgehendem Arbeitsverhältnis en bloc ausschöpft und die Beschäftigung deshalb immer wieder an- und abgemeldet werden muss; eine Abmeldung hat in diesen Fällen regelmäßig zum 31.01. des Folgejahres zu erfolgen, weil Arbeitsentgelt im Sinne der Sozialversicherung bis zum 31.12. gezahlt wird. Bei einer Freistellung von der Arbeitsleistung gegen Entgeltzahlung von mehr als drei Monaten im Rahmen einer sonstigen flexiblen Arbeitszeitregelung (§ 7 Abs. 1a Satz 2 SGB IV) ist die Abmeldung mit Abmeldegrund „30" vorzunehmen. Bei Bezug von Verletztengeld, Übergangsgeld oder Versorgungskrankengeld erfolgt eine Unterbrechungsmeldung zum Ende des Zeitraums der Arbeitsentgeltzahlung mit Abgabegrund „51".

b) Geringfügig entlohnte Beschäftigungen neben versicherungspflichtiger Beschäftigung

Wird die geringfügig entlohnte Beschäftigung neben einer versicherungspflichtigen Beschäftigung ausgeübt, ist für die erste geringfügig entlohnte Beschäftigung grundsätzlich der Personengruppenschlüssel „109" zu verwenden. Für die zweite und jede weitere für sich gesehen geringfügig entlohnte Beschäftigung neben einer versicherungspflichtigen Beschäftigung ist der Personengruppenschlüssel „101" oder – falls ein Beschäftigungsverhältnis Besonderheiten aufweist – ein anderer Personengruppenschlüssel maßgebend.

c) Kurzfristige Beschäftigungen

Auch für kurzfristig Beschäftigte (Personengruppenschlüssel „110") sind grundsätzlich die gleichen Meldungen zu erstatten wie für versicherungspflichtig Beschäftigte. Eine Jahresmeldung hat nicht zu erfolgen

(§ 28a Abs. 9 Satz 2 SGB IV). Allerdings ist seit 1.1.2016 für jeden in der Unfallversicherung versicherten Beschäftigten eine besondere Jahresmeldung in der Unfallversicherung abzugeben. Kurzfristige Beschäftigungen können entweder durch eine gesonderte An- und Abmeldung mit den Abgabegründen „10" und „30" oder mit einer gleichzeitigen An- und Abmeldung mit dem Abgabegrund „40" erfolgen. Hierbei ist zu beachten, dass sämtliche Beitragsgruppen bei kurzfristig Beschäftigten mit „0" zu verschlüsseln sind, das beitragspflichtige Bruttoarbeitsentgelt ist mit 0 Euro anzugeben.

Bei Rahmenvereinbarungen bestehen keine Bedenken, wenn eine Anmeldung Abgabegrund „10" zum Beginn der Rahmenvereinbarung und eine Abmeldung mit Abgabegrund „30" zum Ende der Rahmenvereinbarung erfolgt.

d) Angaben zur Unfallversicherung

Das Recht der Unfallversicherung sieht keine Versicherungsfreiheit geringfügig Beschäftigter vor. Die Arbeitsentgelte der Beschäftigten zählen demnach zum beitragspflichtigen Arbeitsentgelt in der Unfallversicherung. Während die Daten zur Unfallversicherung bis zum 31.12.2015 noch in den originären Entgeltmeldungen nach der DEÜV enthalten waren, sind die unfallversicherungsrelevanten Daten seit dem 1.1.2016 nach § 28a Abs. 2a SGB IV in einer gesonderten UV-Jahresmeldung mit dem Meldegrund „92" bis zum 16. Februar des Folgejahres für das Vorjahr zu melden. Nähere Informationen siehe unter der Nr. 2g und h.

e) Sofortmeldung

Nach § 28a Abs. 4 SGB IV besteht für Wirtschaftsbereiche, in denen ein erhöhtes Risiko für Schwarzarbeit und illegale Beschäftigung gegeben ist, die Verpflichtung zur Abgabe einer Sofortmeldung. Diese ist spätestens zum Zeitpunkt der Aufnahme einer Beschäftigung zu erstatten. Dies gilt auch für geringfügige Beschäftigungen.

Die Pflicht zur Abgabe von Sofortmeldungen umfasst alle Arbeitgeber, die folgenden Wirtschaftsbereichen oder Wirtschaftszweigen zuzuordnen sind:
- Baugewerbe
- Gaststätten- und Beherbergungsgewerbe
- Personenbeförderungsgewerbe
- Speditions-, Transport- und damit verbundenen Logistikgewerbe
- Schaustellergewerbe
- Unternehmen der Forstwirtschaft
- Gebäudereinigungsgewerbe
- Unternehmen, die sich am Auf- und Abbau von Messen und Ausstellungen beteiligen
- Fleischwirtschaft
- Prostutitionsgewerbe
- Wach- und Sicherheitsgewerbe

Zeitarbeitsuntemehmen sind nicht zur Abgabe einer Sofortmeldung verpflichtet, weil derartige Unternehmen als Arbeitgeber nicht nur in einer Wirtschaftsbranche tätig sind, die von der Verpflichtung zur Abgabe einer Sofortmeldung erfasst ist. Die Sofortmeldung wurde in das bestehende DEÜV-Meldeverfahren integriert. Hierfür wurde der Meldegrund 20 eingeführt, welcher aus den Entgeltabrechnungsprogrammen sowie mit maschinellen Ausfüllhilfen erzeugt werden kann. Anders als die Anmeldung zur Sozialversicherung, die weiterhin mit Meldegrund 10 gegenüber der Einzugsstelle zu erfolgen hat, wird die **Sofortmeldung direkt der Datenstelle der Träger der Rentenversicherung** (DSRV) übermittelt.

Eine Sofortmeldung ist immer dann zu erstellen, wenn eine Anmeldung mit Abgabegrund 10 bei einer Einzugsstelle erforderlich wird.

f) Geringfügig Beschäftigte in Privathaushalten

Für geringfügige Beschäftigungen in Privathaushalten ist eine unbürokratische Abwicklung durch das Haushaltsscheck-Verfahren vorgesehen. Die Anwendung des Haushaltsscheck-Verfahrens ist daran gebunden, dass das Arbeitsentgelt regelmäßig im Monat 450 Euro nicht übersteigt und die Tätigkeit durch einen Privathaushalt begründet ist. Nach § 28a Absatz 7 Satz 1 SGB IV hat der Arbeitgeber (Privathaushalt) der Einzugsstelle (Deutsche Rentenversicherung Knappschaft-Bahn-See/ Minijob-Zentrale) für einen in seinem Haushalt beschäftigten Arbeitnehmer eine vereinfachte Meldung, den Haushaltsscheck, zu erstatten. Der Haushaltsscheck enthält gegenüber der Meldung nach § 28a Absatz 3 SGB IV reduzierte Angaben. Der Arbeitgeber kann den Haushaltsscheck sowohl handschriftlich als auch elektronisch an die Minijob-Zentrale senden. Die Minijob-Zentrale prüft nach Eingang des Haushaltsschecks die Einhaltung der Arbeitsentgeltgrenzen bei geringfügiger Beschäftigung und vergibt, sofern noch nicht vorhanden, die Betriebsnummer. Auf der Grundlage des gemeldeten Arbeitsentgelts berechnet die Minijob-Zentrale die zu zahlenden Abgaben (Gesamtsozialversicherungsbeiträge, Beiträge zur Unfallversicherung, Umlagen zum Ausgleich der Arbeitgeberaufwendungen bei Krankheit und Mutterschaft sowie gegebenenfalls zu zahlende Pauschsteuer). Diese werden im Haushaltsscheck-Verfahren per SEPA-Basislastschriftmandat vom Konto des Arbeitgebers halbjährlich durch die Minijob-Zentrale eingezogen. Bei jeder dauerhaften Änderung des Arbeitsentgelts oder bei schwankender Höhe des Arbeitsentgelts muss der Arbeitgeber die Minijob-Zentrale erneut informieren. Hierfür stehen zusätzlich der Halbjahresscheck oder der Änderungsscheck zur Verfügung. Die Teilnahme am Haushaltsscheck-Verfahren ist für geringfügige Beschäftigungen mit haushaltsnahen Dienstleistungen im Privathaushalt obligatorisch. Der Arbeitgeber kann somit nicht alternativ das übliche Melde- und Beitragsverfahren nutzen. Details zum Haushaltsscheckverfahren siehe unter dem Stichwort „Hausgehilfin" im Hauptteil des Lexikons.

16. Meldungen für Beschäftigungen im Übergangsbereich nach § 20 Abs. 2 SGB IV

In § 28a Abs. 1 SGB IV sind alle Meldetatbestände abschließend aufgeführt; ein Meldetatbestand für den Eintritt in eine oder den Austritt aus einer Beschäftigung des Übergangsbereichs wurde nicht aufgenommen. Bei einem Eintritt oder Austritt sind demnach keine Ab- und Anmeldungen durch den Arbeitgeber abzugeben. Der Arbeitgeber hat nach § 28a Abs. 3 Satz 2 Nr. 2 Buchstabe c SGB IV neben der reduzierten beitragspflichtigen Einnahme zusätzlich das (höhere) Arbeitsentgelt zu melden, das ohne Anwendung der Regelungen des Übergangsbereichs/der Gleitzone zu berücksichtigen wäre.

a) Kennzeichen

Darüber hinaus ist die Meldung gemäß § 5 Abs. 10 DEÜV gesondert zu kennzeichnen, sofern ein Arbeitsentgelt (z. B. Jahresmeldung, Abmeldung, Unterbrechungsmeldung) gemeldet wird. Zugelassen sind hierbei die folgenden Kennzeichen:

0 = Kein Arbeitsentgelt innerhalb der Grenzen des § 20 Abs. 2 SGB IV/ Verzicht

1 = Arbeitsentgelt innerhalb der Grenzen des § 20 Abs. 2 SGB IV; tatsächliche Arbeitsentgelte in allen Entgeltabrechnungszeiträumen von 450,01 Euro bis 1300,00 Euro

2 = Arbeitsentgelt sowohl innerhalb als auch außerhalb der Grenzen des § 20 Abs. 2 SGB IV; die Meldung umfasst sowohl Entgeltabrechnungszeiträume mit Arbeitsentgelten von 450,01 Euro bis 1300,00 Euro als auch solche mit Arbeitsentgelten unter 450,01 Euro und über 1300,00 Euro

Die Änderung der Kennzeichen 0 bis 2 erfolgt zum 1.7.2019 und gilt insoweit auch für Entgeltmeldungen mit Meldezeiträumen bis zum 30.6.2019, die ab dem 1.7.2019 abgegeben werden. Insoweit ist als Kennzeichen übergangsweise weiterhin der „Verzicht" (auf die Reduzierung des Arbeitnehmerbeitrags in der Rentenversicherung) vorhanden.

In die Meldungen mit den Kennzeichen „1" und „2" ist ab 1.7.2019 zusätzlich zur Angabe der reduzierten beitragspflichtige Einnahme das Arbeitsentgelt, das ohne Anwendung der Regelungen des Übergangsbereichs zu berücksichtigen wäre, zu erfassen.

Bei unterschiedlichen Anwendungen der Regelungen in einzelnen Zweigen der Sozialversicherung richtet sich die Kennzeichnung der Meldungen nach der versicherungs- und beitragsrechtlichen Beurteilung in der gesetzlichen Rentenversicherung. Dies gilt auch in den Fällen, in denen die Regelungen des Übergangsbereichs in der gesetzlichen Rentenversicherung nur deshalb keine Anwendung finden, weil bspw. aufgrund des Bezugs einer Vollrente wegen Alters Rentenversicherungsfreiheit besteht und lediglich der Arbeitgeberbeitragsanteil nach § 172 Abs. 1 SGB VI zu zahlen ist. Auch in diesen Fällen ist die Meldung zu kennzeichnen und die reduzierte beitragspflichtige Einnahme sowie das tatsächliche Arbeitsentgelt vorzugeben.

b) Meldungen für Zeiten von 1.7. bis 31.12.2019

Die Erweiterung des Meldeverfahrens um die zusätzliche Angabe des tatsächlichen Arbeitsentgeltes erfolgt zum 1.7.2019.

Durch diese Maßnahme ist es nicht erforderlich, dass Arbeitgeber Meldungen innerhalb des Meldezeitraums von 1.7.2019 bis 31.12.2019 rückwirkend stornieren und diese – ergänzt um das tatsächliche Arbeitsentgelt – erneut abgeben.

17. Meldungen bei Altersteilzeit

a) Allgemeines

Der Arbeitgeber hat bei Beginn der Altersteilzeitarbeit und bei Ende der Altersteilzeitarbeit eine Meldung zu erstatten. Es ist eine Abmeldung und eine Anmeldung zu erstatten, wenn sich der Personengruppenschlüssel ändert. Da für Arbeitnehmer in Altersteilzeitarbeit ein besonderer Personengruppenschlüssel („103") gilt, sind bei einem Übergang in die Altersteilzeitarbeit das Ende der bisherigen Beschäftigung und der Beginn der Altersteilzeitarbeit zu melden. Dabei wird das Ende der bisherigen Beschäftigung durch eine Abmeldung mit Abgabegrund „33" gemeldet; in diese Meldung ist das bis zum Tage vor Beginn der Altersteilzeitarbeit erzielte Arbeitsentgelt aufzunehmen. Der Beginn der Altersteilzeitarbeit wird durch eine Anmeldung mit Abgabegrund „13" gemeldet. Dabei sind die Angaben zur Tätigkeit in den ersten drei Stellen mit der Schlüsselzahl für die ausgeübte Tätigkeit und in der vierten Stelle mit der Stellung im Beruf („8" oder „9") sowie in der fünften Stelle mit der Ausbildung.

Alle Folgemeldungen für Zeiten nach Beginn der Altersteilzeitarbeit (Unterbrechungsmeldungen, Jahresmeldungen) sind mit dem Personengruppenschlüssel „103" zu versehen. Als beitragspflichtiges Bruttoarbeitsentgelt ist nicht nur das Arbeitsentgelt für die Altersteilzeitarbeit einzugeben, sondern der Gesamtbetrag, von dem Beiträge zur Rentenversicherung gezahlt worden sind; das Arbeitsentgelt für Altersteilzeitarbeit ist also um die zusätzliche beitragspflichtige Einnahme nach § 3 Abs. 1 Nr. 1 Bst. b AtG i. V. m. § 163 Abs. 5 SGB VI zu erhöhen. Außerdem das Ende der Altersteilzeitarbeit zu melden. Das Ende der Altersteilzeitarbeit dürfte aber in aller Regel mit dem Ende des Beschäftigungsverhältnisses zusammenfallen, sodass eine Abmeldung mit Abgabegrund „30" zu erstatten ist. Für die Meldungen im Rahmen der Altersteilzeitarbeit gelten die Vorschriften des DEÜV. Meldungen können auch hier nur noch im maschinellen Verfahren übermittelt werden. Die Meldungen über Beginn und Ende der Altersteilzeitarbeit sind grundsätzlich taggenau zu erstatten. Für den Fall, dass die Altersteilzeitarbeit ausnahmsweise nicht am Ersten eines Monats, sondern im Laufe eines Monats beginnen sollte, ist vorgesehen, dass an Stelle der taggenauen Meldung als Beginn der Altersteilzeitarbeit der Erste des Monats, in dem die Altersteilzeitarbeit begonnen hat, und als Ende der Altersteilzeitarbeit der Letzte des Monats, in dem die Altersteilzeitarbeit endet, gemeldet werden kann.

b) Meldeverfahren in Störfällen

Werden Beiträge anlässlich des Eintritts eines Störfalls entrichtet, ist das beitragspflichtige Arbeitsentgelt mit einer besonderen Meldung zu bescheinigen. Für die besondere Meldung gilt der Grund der Abgabe 55. Es sind jeweils der Personengruppenschlüssel und der Beitragsgruppenschlüssel anzugeben, die beim Versicherten zum Zeitpunkt des Störfalls zutreffen. Sind Beiträge zu einem Versicherungszweig zu entrichten, zu dem zum Zeitpunkt des Störfalls keine Versicherungspflicht besteht, ist der für den Versicherten zuletzt maßgebende Beitragsgruppenschlüssel anzugeben. Die Meldung hat das zur Rentenversicherung beitragspflichtige Arbeitsentgelt zu enthalten. Sind im Störfall keine Beiträge zur Rentenversicherung zu entrichten, weil der Arbeitnehmer z. B. im gesamten maßgebenden Zeitraum wegen der Zugehörigkeit zu einer berufsständischen Versorgungseinrichtung versicherungsfrei war, ist als Arbeitsentgelt „000000" EUR zu melden. Für die verschiedenen Arten des Störfalls gilt im Einzelnen Folgendes:

- **Erwerbsminderung**
  Endet das Beschäftigungsverhältnis im Zusammenhang mit der Zuerkennung einer Rente wegen verminderter Erwerbsfähigkeit gilt Folgendes:
  Wertguthaben, die bis zum Tag vor dem Eintritt der Erwerbsminderung erzielt wurden, sind mit einer Sondermeldung (Abgabegrund: 55) unverzüglich zu melden. Als Meldezeitraum sind der Monat und das Jahr des Eintritts der Erwerbsminderung anzugeben. Das Wertguthaben, das seit Eintritt der Erwerbsminderung erzielt wurde, ist zusammen mit dem Arbeitsentgelt der erforderlichen Abmeldung wegen Ende der Beschäftigung zu melden. Hierdurch kann es vorkommen, dass die anteilige Beitragsbemessungsgrenze des Meldezeitraumes überschritten wird. Es wird deshalb empfohlen, auch diesen Teil des Wertguthabens mit einer Sondermeldung zu melden. Als Meldezeitraum ist der Monat und das Jahr der nicht zweckentsprechenden Verwendung des Wertguthabens anzugeben. Ist seit dem Eintritt der Erwerbsminderung kein Wertguthaben erzielt worden, ist für diesen Zeitraum keine besondere Meldung abzugeben. Damit zum Ende des Beschäftigungsverhältnisses nach einer zuvor anerkannten Zeitrente wegen verminderter Erwerbsfähigkeit die Meldedaten für die Zeit bis zum Tag vor dem Eintritt der Erwerbsminderung präsent sind, wird empfohlen, diese Daten bei Zugang des Bescheides über die Zeitrente gesondert festzuhalten.
- **Meldungen bei Insolvenz in der Arbeitsphase**
  Im Falle der Insolvenz des Arbeitgebers ist, soweit ein Störfall eintritt, nur das Arbeitsentgelt zu melden, von dem tatsächlich Beiträge zur Rentenversicherung gezahlt wurden. Fällt das Insolvenzereignis in die Arbeitsphase eines Blockmodells bzw. in eine kontinuierliche Arbeitsteilzeitarbeit, tritt ein Störfall ein, wenn das Beschäftigungsverhältnis gekündigt wird. Wurde der Arbeitnehmer infolge der Insolvenz bereits freigestellt und erfolgt die Kündigung des Beschäftigungsverhältnisses, ist zum Tag vor dem Insolvenzereignis eine Abmeldung mit Grund der Abgabe „71" vorzunehmen. Gleichzeitig ist eine weitere Meldung mit Grund der Abgabe „72" zum Tag des rechtlichen Endes der Beschäftigung zu erstatten. Aus einem insolvenzgesicherten Wertguthaben ist außerdem eine Störfallmeldung zu fertigen.
- **Meldungen bei Insolvenz in der Freistellungsphase**
  Fällt das Insolvenzereignis in die Freistellungsphase eines Altersteilzeitarbeitsverhältnisses und wird das Beschäftigungsverhältnis nicht gekündigt, liegt bis zum vertraglichen Ende der Altersteilzeitarbeit grundsätzlich eine Beschäftigung gegen Arbeitsentgelt vor (vgl. Urteil des BAG vom 5.12.2002 – AZR 571/01 –; Der Betrieb 2003, Seite 1334).
- **Insolvenzgesicherte Wertguthaben**
  Wurden neben den Rentenversicherungsbeiträgen aus dem Arbeitsentgelt auch die zusätzlichen Rentenversicherungsbeiträge und die Aufstockungsbeiträge insolvenzgesichert, sodass weiterhin Altersteilzeit vorliegt, ist zum Tage vor dem Insolvenzereignis eine Abmeldung mit Grund der Abgabe „30" zu erstatten. Zum Tage des Insolvenzereignisses ist eine Anmeldung mit Grund der Abgabe „10" und der Personengruppe 103 vorzunehmen. Die Beschäftigung gegen Arbeitsentgelt und damit die Versicherungspflicht zur Rentenversicherung endet, wenn das Wertguthaben aufgebraucht ist. Es ist dann eine Abmeldung mit Grund der Abgabe „30" zu erstatten. Werden lediglich die Beiträge aus dem Arbeitsentgelt gesichert und gezahlt, nicht dagegen die zusätzlichen Rentenversicherungsbeiträge und die Aufstockungsbeiträge, liegt Altersteilzeitarbeit nicht mehr vor. Die Anmeldung zum Tage des Insolvenzereignisses erfolgt in diesen Fällen mit Grund der Abgabe „10" und der Personengruppe 101 bzw. einer anderen Personengruppe ungleich 103. Wird das Beschäftigungsverhältnis außerordentlich gekündigt, tritt ein Störfall ein. In diesem Fall ist das Arbeitsentgelt gesondert zu melden, von dem tatsächlich Beiträge zur Rentenversicherung gezahlt wurden. Als Meldezeitraum sind der Kalendermonat und das Jahr der Beitragszahlung anzugeben. Wurde aus Vereinfachungsgründen der Beitragssatz des Abrechnungszeitraums angewandt, in dem das Wertguthaben ausgezahlt wurde, ist als Meldezeitraum der Monat und das Kalenderjahr des Abrechnungszeitraums zu melden. Erfolgen mehrere Zahlungen, weil der Anspruch nur schrittweise erfüllt wurde, sind mehrere Meldungen mit den entsprechenden Meldezeiträumen zu erstatten. Unabhängig von der Störfallmeldung ist eine Abmeldung zum Ende der Beschäftigung mit Grund der Abgabe „30" vorzunehmen.
- **Nicht insolvenzgesicherte Wertguthaben**
  Wurden Beiträge zur Sozialversicherung nicht insolvenzgesichert, ist zum Tage vor dem Insolvenzereignis eine Abmeldung mit Grund der Abgabe „30" zu erstatten. Soweit im Rahmen des Insolvenzverfahrens noch Beitragsansprüche realisiert werden, ist das Arbeitsentgelt gesondert zu melden.
- **Sonstige Störfälle**
  In allen anderen Störfällen ist nur das Arbeitsentgelt gesondert zu melden, von dem tatsächlich Beiträge zur Rentenversicherung entrichtet wurden. Als Meldezeitraum sind der Kalendermonat und das Jahr der nicht zweckentsprechenden Verwendung des Wertguthabens anzugeben.

18. Bestandsprüfungen

Bestandsprüfungen sind nach § 98 Abs. 2 SGB IV von den Einzugsstellen und allen anderen Empfängern von Daten der Arbeitgeber durchzuführen.

Der GKV-Spitzenverband, die Deutsche Rentenversicherung Bund, die Deutsche Rentenversicherung Knappschaft-Bahn-See, die Bundesagentur für Arbeit sowie die Deutsche Gesetzliche Unfallversicherung bestimmen in den Gemeinsamen Grundsätzen für Bestandsprüfungen zwischen den Meldungen der Arbeitgeber und dem Datenbestand des jeweiligen Sozialversicherungsträgers bzw. der berufsständischen Versorgungseinrichtung den Inhalt und den Aufbau der Bestandsprüfungen sowie das Verfahren zur Weiterleitung der geänderten Meldung an die Empfänger der Meldung und den Meldepflichtigen. Die im Rahmen der Bestandsprüfungen vorgenommenen inhaltlichen Änderungen durch die Einzugsstellen stellen eine Ergänzung zur allgemeinen Meldepflicht des Arbeitgebers dar. Sie ersetzen nicht die Sorgfaltspflichten des Arbeitgebers, Meldungen rechtzeitig, vollständig und richtig zu erstellen. Die von den Meldepflichtigen übermittelten Meldungen sind bei Eingang vom jeweiligen Empfänger inhaltlich im Abgleich mit seinen Bestandsdaten zu prüfen. Stellt der Empfänger dabei einen Fehler fest, hat er die festgestellten Abweichungen mit dem Meldepflichtigen aufzuklären. Dabei sind Meldungen zu stornieren, wenn sie nicht zu erstatten waren oder bei einer unzuständigen Einzugsstelle erstattet wurden. Enthielt die Meldung unzutreffende Angaben, ist sie grundsätzlich zu stornieren und neu zu erstatten. Wird im Einvernehmen mit dem Meldepflichtigen die Meldung durch den Empfänger geändert, hat der Empfänger diese Veränderung dem Meldepflichtigen unverzüglich zu melden. In diesen Fällen ist die fehlerhafte Meldung durch den Meldepflichtigen grundsätzlich nicht zu stornieren oder neu zu melden. Die Herstellung des Einvernehmens zwischen dem Meldepflichtigen und dem Empfänger ist dabei nicht an bestimmte Formen gebunden. Die Einzugsstellen haben das Einvernehmen in ihren Beständen revisionsfähig zu dokumentieren. Ist eine Meldung für mehrere Empfänger bestimmt, sind bei allen Empfängern Bestandsprüfungen durchzuführen. Dabei ist durch die Sozialversicherungsträger sicherzustellen, dass die Meldepflichtigen keine redundanten Rückmeldungen oder Rückmeldungen mit unterschiedlichen Inhalten erhalten.

Rückmeldungen nach § 98 Absatz 2 SGB IV werden seit dem 1.1.2018 ausschließlich von den Einzugsstellen für Meldungen nach § 28a Absatz 1 und 2 SGB IV (insbes. An-, Ab- und Jahresmeldungen) vorgenommen. In den weiteren in § 98 Absatz 2 Satz 5 SGB IV genannten Verfahren (Beitragsnachweise, Entgeltbescheinigungen für Entgeltersatzleistungen, Meldeverfahren Versorgungsbezüge, AAG-Verfahren) wird vorerst kein Rückmeldeverfahren nach § 98 Absatz 2 SGB IV durchgeführt. In diesen Verfahren sind die Rückmeldungen über vorgenommene Änderungen anderweitig sichergestellt bzw. es werden keine Änderungen in Meldedaten vorgenommen. Wurde eine Meldung durch einen Empfänger der Meldung im Einvernehmen mit dem Meldepflichtigen geändert, ist die ursprüngliche Meldung mit einem separaten Datenbaustein, der die Abweichungen ausweist und verfahrensspezifisch ausgestaltet wird, an den Meldepflichtigen zurückzusenden. Dabei wird in jedem Verfahren einzeln festgelegt, welche fachlichen Werte in den Rückmeldungen nach § 98 Absatz 2 SGB IV enthalten sein dürfen. Diese Festlegungen sind in den Grundsätzen respektive Gemeinsamen Grundsätzen der jeweiligen Fachverfahren zu dokumentieren. Für das Meldeverfahren für Meldungen nach § 28a Absatz 1 und 2 SGB IV ist der Datenbaustein Bestandsabweichung Meldungen – DBBM vorgesehen.

Für die Übermittlung der Daten an die Meldepflichtigen sind die Gemeinsamen Grundsätze Kommunikation gemäß § 28b Absatz 1 Nr. 4 SGB IV sowie die Gemeinsamen Grundsätze Technik gemäß § 95 SGB IV in der jeweils geltenden Fassung zu beachten.

Änderungen, die von den Trägern der Sozialversicherung vorgenommen wurden, kann der Arbeitgeber in seinen Bestand übernehmen. Sofern eine Meldung nach § 28a SGB IV geändert wurde, hat der Arbeitgeber die gemeldete Person entsprechend § 28a Absatz 5 SGB IV zu unterrichten. Eine Stornierung der ursprünglich abgegebenen Meldung bzw. eine Neumeldung ist im Fall einer Rückmeldung über eine vom jeweiligen Sozialversicherungsträger im Einvernehmen mit dem Arbeitgeber vorgenommene Änderung grundsätzlich nicht vorzunehmen. Ist im Nachhinein eine Änderung der Meldung erforderlich, ist die Meldung durch den Arbeitgeber dagegen zu stornieren. In diesen Fällen hat der Empfänger auch die Mitteilung über die geänderte Meldung zu stornieren. Sofern eine Einzugsstelle oder die Rentenversicherung eine Meldung nach § 28a Absatz 1 oder 2 SGB IV im Einvernehmen mit dem Arbeitgeber ändert, hat der Arbeitgeber die insoweit identische Meldung nach § 28a Absatz 10 SGB IV zu stornieren und eine korrigierte Meldung an die Annahmestelle der berufsständischen Versorgungseinrichtungen zu erstatten.

19. Datenaustausch Entgeltersatzleistungen

a) Allgemeines

§ 107 SGB IV schreibt vor, dass die Arbeitgeber den Leistungsträgern die zur Gewährung von Krankengeld, Verletztengeld, Übergangsgeld, oder Mutterschaftsgeld notwendigen Angaben über das Beschäftigungsverhältnis (insbesondere die Entgelthöhe) durch eine Bescheinigung nachzuweisen haben.

Die Arbeitgeber senden den Sozialversicherungsträgern die Mitteilungen durch gesicherte und verschlüsselte Datenübertragung aus systemgeprüften Programmen oder mittels systemgeprüfter maschineller Ausfüllhilfen. Die Teilnahme am Datenaustausch Entgeltersatzleistungen ist für die Arbeitgeber und Sozialversicherungsträger verpflichtend. Dies gilt nicht für Einzelfälle, in denen ein elektronisches Meldeverfahren nicht wirtschaftlich durchzuführen ist. Die Voraussetzungen der Systemuntersuchung ergeben sich aus den „Gemeinsamen Grundsätzen der Spitzenorganisationen der Sozialversicherungsträger zur Untersuchung von Entgeltabrechnungsprogrammen und Ausfüllhilfen (Systemuntersuchung) und die Datenweiterleitung innerhalb der Sozialversicherung nach § 22 DEÜV“ in der jeweils geltenden Fassung.

Der Meldesatz ist vom Arbeitgeber auszulösen, sobald für diesen ersichtlich ist, dass der Entgeltfortzahlungsanspruch endet, weil der Anspruchszeitraum durch die aktuelle Arbeitsunfähigkeit überschritten wird, eine Freistellung aufgrund der Erkrankung eines Kindes erfolgt und der Freistellungszeitraum abgerechnet wurde oder die Mutterschutzfrist nach § 3 Abs. 1 MuSchG beginnt.

In den Fällen, in denen der Datensatz an die Träger der Unfallversicherung zu übermitteln ist, weil diese nicht durch den Generalauftrag an die Krankenkassen abgedeckt sind, erhalten die Arbeitgeber vom jeweiligen Träger der Unfallversicherung ein Hinweisschreiben spätestens bis zum 6. Arbeitstag vor dem 42. Tag der Arbeitsunfähigkeit, das alle Angaben zum jeweiligen Unfall enthält.

In allen anderen Fällen erfolgt die Auslösung des Datensatzes durch den Arbeitgeber unverzüglich nach Anforderung durch den Sozialversicherungsträger oder den Arbeitnehmer.

Die Gewährung von Krankengeld bei Spende von Organen oder Geweben nach § 44a SGB V und von Pflegeunterstützungsgeld nach § 44a SGB XI ist vom maschinellen Datenaustausch ausgeschlossen.

b) Identifizierungsmerkmal

Die Arbeitgeber erstatten die Mitteilungen unter Angabe ihrer Betriebsnummer und der Versicherungsnummer. Die Versicherungsnummer ist aus dem Sozialversicherungsausweis des Arbeitnehmers zu entnehmen und in die Mitteilungen zu übertragen. Ist die Versicherungsnummer dem Arbeitgeber nicht bekannt, ist die Versicherungsnummer mit dem Abrechnungsprogramm bei der Datenstelle der Rentenversicherung abzufragen. Im Übrigen verwendet jeder Versicherungsträger zur Verarbeitung der Mitteilungen sein eigenes Ordnungskriterium. Die Versicherungsnummer wird insbesondere nicht genutzt, um Dateien danach zu ordnen oder für den Zugriff zu erschließen. Für die Identifizierung der meldenden Stelle ist die „ABSENDERNUMMER“, für die der empfangenden Stelle die „EMPFAENGERNUMMER“ vorgesehen. Die „ABSENDERNUMMER“ ist im Bestand des Sozialversicherungsträgers pro Versicherten zu übernehmen und für die Rückmeldungen zu verwenden. Ändert sich die „ABSENDERNUMMER“ der meldenden Stelle bzw. das Abrechnungssystem während des laufenden Bezuges einer Entgeltersatzleistung des Arbeitnehmers, ist dies entsprechend zu melden. Durch die Verwendung der „ABSENDERNUMMER“ ist es dem aktuell zuständigen Sozialversicherungsträger möglich, auch mehrfach auf eine Mitteilung des Arbeitgebers zu reagieren. Eine Reaktion des Sozialversicherungsträgers (ggf. auch mehrfach) setzt voraus, dass bereits im Vorfeld eine Mitteilung des Arbeitgebers unter Verwendung einer Absendernummer erfolgt ist.

c) Schlüsselzahlen

Die Schlüsselzahlen sind in den Mitteilungen zweistellig numerisch zu verschlüsseln. Für jede Mitteilung oder Rückmeldung ist entsprechend der Mitteilung der zutreffende Schlüssel zu verwenden. Die zutreffenden Schlüsselzahlen sind für die Abgabegründe, für die Gründe der Beendigung des Beschäftigungsverhältnisses, für das Ende der Entgeltersatzleistung und für die Fehlzeiten vor Beginn der Schutzfrist der Anlage 2 der Gemeinsame Grundsätzen für die Erstattung der Mitteilungen im Rahmen des Datenaustausches Entgeltersatzleistungen (§ 107 SGB IV) zu entnehmen (siehe https://www.gkv-datenaustausch.de/arbeitgeber/entgeltersatzleistungen/entgeltersatzleistungen.jsp).

d) Datensatz

Für die Datenübermittlung zwischen Arbeitgebern und den Sozialversicherungsträgern ist der fachliche Datensatz DSLW – Leistungswesen mit den zugehörigen Datenbausteinen zu verwenden. Diese sind der Anlage 1 der Gemeinsamen Grundsätze für die Erstattung der Mitteilungen im Rahmen des Datenaustausches Entgeltersatzleistungen (§ 107 SGB IV) zu entnehmen (siehe https://www.gkv-datenaustausch.de/arbeitgeber/entgeltersatzleistungen/entgeltersatzleistungen.jsp).

e) Stornierung von Mitteilungen

Die Mitteilungen vom Arbeitgeber sind zu stornieren, wenn sie nicht abzugeben waren, bei einem unzuständigen Sozialversicherungsträger erstattet wurden oder unzutreffende Angaben enthielten. Mitteilungen sind nur im Rahmen der Verjährungsfristen gemäß § 45 SGB I zu stornieren. Rückmeldungen gemäß § 98 Absatz 2 SGB IV sind im elektronischen Übermittlungsverfahren von Bescheinigungen für Entgeltersatzleistungen nach § 107 SGB IV nicht vorgesehen. Die Arbeitgeber werden durch die Sozialversicherungsträger über Abweichungen durch die

Rückmeldung der vereinbarten Werte in Kenntnis gesetzt. Aufgrund der Rückmeldung eines Sozialversicherungsträgers nach § 107 Abs. 2 SGB IV ist grundsätzlich keine Stornierung und Neumeldung durch den Arbeitgeber abzugeben. Bei Stornierung einer bereits übermittelten Mitteilung ist der Datensatz Leistungswesen (DSLW) mit den ursprünglich übermittelten Daten und dem Kennzeichen „Stornierung einer bereits abgegebenen Mitteilung“ zu übermitteln. Im Datensatz Leistungswesen (DSLW) sind die Daten im Feld „DATUM ERSTELLUNG“ und ggf. in den Feldern „ABSENDERNUMMER“ bzw. „EMPFAENGERNUMMER“ zu aktualisieren.

f) Einzelfälle, in denen ein elektronisches Meldeverfahren nicht wirtschaftlich durchzuführen ist

Zu den Einzelfallgruppen gehören:

- Meldungen an die Krankenkassen zum Abgabegrund „01-03“ und „41“ bei privat Krankenversicherten oder bei Arbeitnehmern mit den Personengruppen „109“, „110“ und „190“
- Bescheinigung über geleistete Einmalzahlungen eines vorherigen Arbeitgebers
- Aufforderungen der Sozialversicherungsträger zur Abgabe einer Entgeltbescheinigung
- Veränderungen der Höhe der Entgeltersatzleistung (z. B. Dynamisierung)
- Meldungen zum Wegfall einer beitragspflichtigen Einnahme
- Meldungen zu Arbeitszeitmodellen im Sinne des Gesetzes zur sozialrechtlichen Absicherung flexibler Arbeitszeitregelungen (Wertguthaben nach § 7 Abs. 1a SGB IV)
- Meldungen zur Änderung der Arbeitsentgelthöhe während der Mutterschutzfristen

g) Maschinelle Ausfüllhilfen

Arbeitgeber, die kein systemgeprüftes Entgeltabrechnungsprogramm einsetzen, müssen die Meldungen zur Sozialversicherung mittels systemgeprüfter maschineller Ausfüllhilfen an die Datenannahmestellen übermitteln. Arbeitgeber, die systemgeprüfte Entgeltabrechnungsprogramme einsetzen, können für einzelne Mitteilungen auch systemgeprüfte Ausfüllhilfen nutzen. Eine maschinelle Zuführung von Mitteilungsdaten aus den Beständen der Arbeitgeber in die Ausfüllhilfe ist nicht zulässig.

20. Meldungen im Zusammenhang mit dem Sozialausgleich beim Zusatzbeitrag

Durch den Wegfall der Regelungen zum Sozialausgleich beim Zusatzbeitrag sind ab 1.1.2015 keine gesonderten Meldungen mehr erforderlich. Zu beachten sind aber die GKV-Monatsmeldungen bei Mehrfachbeschäftigten (vgl. hierzu Nr. 2 Buchst. e).

21. Lohnnachweisverfahren Unfallversicherung

Die bei den Unfallversicherungsträgern versicherten Unternehmen sind gesetzlich verpflichtet, einmal jährlich die von ihren Beschäftigten erzielten Arbeitsentgelte und geleisteten Arbeitsstunden des abgelaufenen Kalenderjahres an den zuständigen Unfallversicherungsträger in Form eines Lohnnachweises zu melden. Die gemeldeten Arbeitsentgelte sind Berechnungsgrundlage für den vom Arbeitgeber zu entrichtenden Beitrag an seinen Unfallversicherungsträger. Bislang erfolgte die Abgabe des Lohnnachweises in der Regel in Papierform. Ab dem 1.1.2019 hat die Meldung elektronisch zu erfolgen. Um den korrekten und reibungslosen Ablauf des UV-Meldeverfahrens zu sichern, gilt für eine Übergangsphase von zwei Jahren ein Parallelverfahren. Das bedeutet, dass die Lohnnachweise für die Jahre 2016 und 2017 einmal auf dem bisherigen Weg (u. a. in Papierform) und auf dem neuen digitalen Weg abgegeben werden müssen. Die Frist für die Abgabe des digitalen Lohnnachweises endet grundsätzlich am 16. Februar des Folgejahres. Die Übermittlung hat aus einem systemgeprüften Entgeltabrechnungsprogramm oder einer systemgeprüften Ausfüllhilfe zu erfolgen. Die Unternehmer haben zur Berechnung der Umlage innerhalb von sechs Wochen nach Ablauf eines Kalenderjahres die Arbeitsentgelte der Versicherten und die geleisteten Arbeitsstunden in der vom Unfallversicherungsträger geforderten Aufteilung zu melden (Lohnnachweis).

Auf der Grundlage der Lohnnachweise zur Unfallversicherung werden die Beiträge zur Unfallversicherung berechnet. Daher werden die angewandten Gefahrtarifstellen sowie die Summen der auf die einzelnen Gefahrtarifstellen entfallenden Unfallversicherungsentgelte, Arbeitsstunden und Arbeitnehmer gemeldet. Anzugeben ist auch, ob es sich um ein Unternehmen handelt, dessen Beiträge sich nicht nach Entgelten bemessen (z. B. Kopfpauschale).

Der Lohnnachweis ist bis zum 16. Februar des Folgejahres durch elektronische Datenübertragung an den zuständigen Unfallversicherungsträger zu übermitteln. Die Übermittlung hat aus einem systemgeprüften Entgeltabrechnungsprogramm oder einer systemgeprüften Ausfüllhilfe zu erfolgen. Davon abweichend ist der Lohnnachweis unterjährig mit der nächsten Entgeltabrechnung, spätestens innerhalb von sechs Wochen, abzugeben, wenn alle Beschäftigungsverhältnisse beendet sind. Das gilt, wenn absehbar ist, dass im selben Jahr keine neuen Beschäftigungsverhältnisse begründet werden. Die Meldefrist gilt auch bei einer Insolvenz des Arbeitgebers. Hier ist der Zeitpunkt der Eröffnung des Insolvenzverfahrens oder die Abweisung des Antrags auf Eröffnung eines Insolvenzverfahrens bedeutsam: Die Abgabefrist für den elektronischen Lohnnachweis beginnt mit dem Tag, der auf den Erlass des Beschlusses des Insolvenzgerichts folgt.

Für die Übermittlung der Daten sind die Gemeinsamen Grundsätze zur Datenübermittlung an die Unfallversicherung nach § 103 SGB IV in der jeweils geltenden Fassung, die Gemeinsamen Grundsätze für die Kommunikationsdaten nach § 28b Absatz 1 Nummer 4 SGB IV sowie die Gemeinsamen Grundsätze Technik nach § 95 SGB IV in der jeweils geltenden Fassung zu beachten. Die Unternehmer übermitteln die elektronischen Lohnnachweise an die Annahmestelle der Unfallversicherungsträger. Dabei wird der Kommunikationsserver der gesetzlichen Krankenversicherung genutzt. Hat ein Unternehmen mehrere meldende/abrechnende Stellen, ist für jede Stelle ein Teillohnnachweis zu erstellen. Dies ist beispielsweise der Fall, wenn das Unternehmen die Lohnabrechnung teilweise selbst durchführt und zusätzlich ein Steuerbüro mit der Lohnabrechnung beauftragt hat.

Mit dem elektronischen Lohnnachweis übermittelt der Unternehmer Berechnungsgrundlagen für die von ihm geschuldeten Beiträge an den zuständigen Unfallversicherungsträger. Er ist mit der Mitgliedsnummer und dem Identifikationskennzeichen zu erstatten. Für die Datenübermittlung zwischen den Unternehmen und der Annahmestelle der Unfallversicherungsträger ist der fachliche Datensatz Lohnnachweis (DSLN) mit den dazugehörigen Datenbausteinen zu verwenden. Der DSLN enthält die Daten für die Beitragsgrundlage, zur Steuerung und Identifikation sowie den Datenbaustein Ansprechpartner (DBAP). Kommt es durch Fehler zu Rückmeldungen, wird an den DSLN der Datenbaustein Fehler (DBFE), im Falle von Bestandsfehlern der Datenbaustein Bestandsfehler (DBBF) angehängt.

Die DGUV errichtet eine Stammdatendatei, in der der zuständige Unfallversicherungsträger, die Mitgliedsnummer des Unternehmers, die anzuwendenden Gefahrtarifstellen, die dazugehörigen Betriebsnummern der die Abrechnung durchführenden Stellen und der durch diese Stellen abgerechneten Beschäftigungsbetriebe und gegebenenfalls weitere erforderliche Identifikationsmerkmale gespeichert sind. Die Unfallversicherungsträger melden alle notwendigen Daten zur Errichtung einer Stammdatendatei an die DGUV. Die Unternehmer haben zur Durchführung der Meldungen nach § 28a Absatz 2a und § 99 einen automatisierten Abgleich mit den Daten der Stammdatendatei durchzuführen. Der Abruf der Stammdaten muss immer durch die jeweilige meldende/abrechnende Stelle angestoßen werden. Diese Stelle wird nach der erstmaligen Anmeldung im Stammdatendienst pro Meldejahr in der Stammdatendatei registriert. Die Registrierung führt dazu, dass der zuständige Unfallversicherungsträger für diese Mitgliedsnummer von dieser meldenden/abrechnenden Stelle für das betreffende Meldejahr einen Lohnnachweis erwartet. Da sich der Lohnnachweis immer auf ein bestimmtes Meldejahr bezieht, muss für jedes Meldejahr ein separater Abgleich der Stammdaten durchgeführt werden.

Der elektronische Lohnnachweis wird stufenweise eingeführt. Die maschinelle Abgabe des Lohnnachweises ist seit 1.1.2017 vorgeschrieben. Der Stammdatenabgleich findet bereits 2016 statt. Dadurch wird sichergestellt, dass nur Meldungen mit korrekten Mitgliedsnummern und Gefahrtarifstellen übermittelt werden können. Verpflichtend ist der elektronische Lohnnachweis für alle Betriebe ab 1.1.2019, also für das Meldejahr 2018. Für die Meldejahre 2016 und 2017 war das neue Verfahren parallel zum bisherigen Verfahren durchzuführen. Daher war geregelt, dass der Lohnnachweis in seiner bisherigen Form für Zeiträume bis 31. Dezember 2017 parallel abzugeben war. Die zum 1.1.2016 eingeführte UV-Jahresmeldung ist unverändert abzugeben. Diese ist Grundlage für die Betriebsprüfungen durch die Rentenversicherung. Nicht einbezogen in das Meldeverfahren sind die landwirtschaftlichen Berufsgenossenschaften und die Feuerwehrunfallkassen.

Lohnpfändungstabelle

Bekanntmachung zu § 850c der Zivilprozessordnung[1)]

Lohnpfändungstabelle ab 1.7.2019

Auszahlung für Monate

	Pfändbarer Betrag bei Unterhaltspflicht[2)] für . . . Personen					
Nettolohn monatlich	0	1	2	3	4	5 und mehr
	in Euro					
bis 1 179,99	–	–	–	–	–	–
1 180,00 bis 1 189,99	0,99	–	–	–	–	–
1 190,00 bis 1 199,99	7,99	–	–	–	–	–
1 200,00 bis 1 209,99	14,99	–	–	–	–	–
1 210,00 bis 1 219,99	21,99	–	–	–	–	–
1 220,00 bis 1 229,99	28,99	–	–	–	–	–
1 230,00 bis 1 239,99	35,99	–	–	–	–	–
1 240,00 bis 1 249,99	42,99	–	–	–	–	–
1 250,00 bis 1 259,99	49,99	–	–	–	–	–
1 260,00 bis 1 269,99	56,99	–	–	–	–	–
1 270,00 bis 1 279,99	63,99	–	–	–	–	–
1 280,00 bis 1 289,99	70,99	–	–	–	–	–
1 290,00 bis 1 299,99	77,99	–	–	–	–	–
1 300,00 bis 1 309,99	84,99	–	–	–	–	–
1 310,00 bis 1 319,99	91,99	–	–	–	–	–
1 320,00 bis 1 329,99	98,99	–	–	–	–	–
1 330,00 bis 1 339,99	105,99	–	–	–	–	–
1 340,00 bis 1 349,99	112,99	–	–	–	–	–
1 350,00 bis 1 359,99	119,99	–	–	–	–	–
1 360,00 bis 1 369,99	126,99	–	–	–	–	–
1 370,00 bis 1 379,99	133,99	–	–	–	–	–
1 380,00 bis 1 389,99	140,99	–	–	–	–	–
1 390,00 bis 1 399,99	147,99	–	–	–	–	–
1 400,00 bis 1 409,99	154,99	–	–	–	–	–
1 410,00 bis 1 419,99	161,99	–	–	–	–	–
1 420,00 bis 1 429,99	168,99	–	–	–	–	–
1 430,00 bis 1 439,99	175,99	–	–	–	–	–
1 440,00 bis 1 449,99	182,99	–	–	–	–	–
1 450,00 bis 1 459,99	189,99	–	–	–	–	–
1 460,00 bis 1 469,99	196,99	–	–	–	–	–
1 470,00 bis 1 479,99	203,99	–	–	–	–	–
1 480,00 bis 1 489,99	210,99	–	–	–	–	–
1 490,00 bis 1 499,99	217,99	–	–	–	–	–
1 500,00 bis 1 509,99	224,99	–	–	–	–	–
1 510,00 bis 1 519,99	231,99	–	–	–	–	–
1 520,00 bis 1 529,99	238,99	–	–	–	–	–
1 530,00 bis 1 539,99	245,99	–	–	–	–	–
1 540,00 bis 1 549,99	252,99	–	–	–	–	–
1 550,00 bis 1 559,99	259,99	–	–	–	–	–
1 560,00 bis 1 569,99	266,99	–	–	–	–	–
1 570,00 bis 1 579,99	273,99	–	–	–	–	–
1 580,00 bis 1 589,99	280,99	–	–	–	–	–
1 590,00 bis 1 599,99	287,99	–	–	–	–	–
1 600,00 bis 1 609,99	294,99	–	–	–	–	–

1) Nach der Pfändungsfreigrenzen-Bekanntmachung vom 4.4.2019 (BGBl. I S. 443) gilt vom 1. Juli 2019 bis 30. Juni 2021 die nachstehend abgedruckte Pfändungs-Tabelle.

2) Zu berücksichtigen sind Unterhaltsleistungen des Schuldners gegenüber seinem Ehegatten, einem früheren Ehegatten, dem (früheren) Lebenspartner, einem Verwandten (Kinder, Enkelkinder, Eltern, Großeltern) oder der Mutter bzw. dem Vater eines nichtehelichen Kindes nach §§ 1615l, 1615n des Bürgerlichen Gesetzbuches.

Lohnpfändungstabelle

	Pfändbarer Betrag bei Unterhaltspflicht[1] für . . . Personen					
Nettolohn monatlich	0	1	2	3	4	5 und mehr
	in Euro					
1 610,00 bis 1 619,99	301,99	–	–	–	–	–
1 620,00 bis 1 629,99	308,99	–	–	–	–	–
1 630,00 bis 1 639,99	315,99	3,92	–	–	–	–
1 640,00 bis 1 649,99	322,99	8,92	–	–	–	–
1 650,00 bis 1 659,99	329,99	13,92	–	–	–	–
1 660,00 bis 1 669,99	336,99	18,92	–	–	–	–
1 670,00 bis 1 679,99	343,99	23,92	–	–	–	–
1 680,00 bis 1 689,99	350,99	28,92	–	–	–	–
1 690,00 bis 1 699,99	357,99	33,92	–	–	–	–
1 700,00 bis 1 709,99	364,99	38,92	–	–	–	–
1 710,00 bis 1 719,99	371,99	43,92	–	–	–	–
1 720,00 bis 1 729,99	378,99	48,92	–	–	–	–
1 730,00 bis 1 739,99	385,99	53,92	–	–	–	–
1 740,00 bis 1 749,99	392,99	58,92	–	–	–	–
1 750,00 bis 1 759,99	399,99	63,92	–	–	–	–
1 760,00 bis 1 769,99	406,99	68,92	–	–	–	–
1 770,00 bis 1 779,99	413,99	73,92	–	–	–	–
1 780,00 bis 1 789,99	420,99	78,92	–	–	–	–
1 790,00 bis 1 799,99	427,99	83,92	–	–	–	–
1 800,00 bis 1 809,99	434,99	88,92	–	–	–	–
1 810,00 bis 1 819,99	441,99	93,92	–	–	–	–
1 820,00 bis 1 829,99	448,99	98,92	–	–	–	–
1 830,00 bis 1 839,99	455,99	103,92	–	–	–	–
1 840,00 bis 1 849,99	462,99	108,92	–	–	–	–
1 850,00 bis 1 859,99	469,99	113,92	–	–	–	–
1 860,00 bis 1 869,99	476,99	118,92	–	–	–	–
1 870,00 bis 1 879,99	483,99	123,92	0,29	–	–	–
1 880,00 bis 1 889,99	490,99	128,92	4,29	–	–	–
1 890,00 bis 1 899,99	497,99	133,92	8,29	–	–	–
1 900,00 bis 1 909,99	504,99	138,92	12,29	–	–	–
1 910,00 bis 1 919,99	511,99	143,92	16,29	–	–	–
1 920,00 bis 1 929,99	518,99	148,92	20,29	–	–	–
1 930,00 bis 1 939,99	525,99	153,92	24,29	–	–	–
1 940,00 bis 1 949,99	532,99	158,92	28,29	–	–	–
1 950,00 bis 1 959,99	539,99	163,92	32,29	–	–	–
1 960,00 bis 1 969,99	546,99	168,92	36,29	–	–	–
1 970,00 bis 1 979,99	553,99	173,92	40,29	–	–	–
1 980,00 bis 1 989,99	560,99	178,92	44,29	–	–	–
1 990,00 bis 1 999,99	567,99	183,92	48,29	–	–	–
2 000,00 bis 2 009,99	574,99	188,92	52,29	–	–	–
2 010,00 bis 2 019,99	581,99	193,92	56,29	–	–	–
2 020,00 bis 2 029,99	588,99	198,92	60,29	–	–	–
2 030,00 bis 2 039,99	595,99	203,92	64,29	–	–	–
2 040,00 bis 2 049,99	602,99	208,92	68,29	–	–	–
2 050,00 bis 2 059,99	609,99	213,92	72,29	–	–	–
2 060,00 bis 2 069,99	616,99	218,92	76,29	–	–	–
2 070,00 bis 2 079,99	623,99	223,92	80,29	–	–	–
2 080,00 bis 2 089,99	630,99	228,92	84,29	–	–	–
2 090,00 bis 2 099,99	637,99	233,92	88,29	–	–	–
2 100,00 bis 2 109,99	644,99	238,92	92,29	–	–	–
2 110,00 bis 2 119,99	651,99	243,92	96,29	–	–	–
2 120,00 bis 2 129,99	658,99	248,92	100,29	1,08	–	–

1) Zu berücksichtigen sind Unterhaltsleistungen des Schuldners gegenüber seinem Ehegatten, einem früheren Ehegatten, dem (früheren) Lebenspartner, einem Verwandten (Kinder, Enkelkinder, Eltern, Großeltern) oder der Mutter bzw. dem Vater eines nichtehelichen Kindes nach §§ 1615l, 1615n des Bürgerlichen Gesetzbuches.

Nettolohn monatlich	Pfändbarer Betrag bei Unterhaltspflicht[1] für . . . Personen					
	0	1	2	3	4	5 und mehr
in Euro						
2 130,00 bis 2 139,99	665,99	253,92	104,29	4,08	–	–
2 140,00 bis 2 149,99	672,99	258,92	108,29	7,08	–	–
2 150,00 bis 2 159,99	679,99	263,92	112,29	10,08	–	–
2 160,00 bis 2 169,99	686,99	268,92	116,29	13,08	–	–
2 170,00 bis 2 179,99	693,99	273,92	120,29	16,08	–	–
2 180,00 bis 2 189,99	700,99	278,92	124,29	19,08	–	–
2 190,00 bis 2 199,99	707,99	283,92	128,29	22,08	–	–
2 200,00 bis 2 209,99	714,99	288,92	132,29	25,08	–	–
2 210,00 bis 2 219,99	721,99	293,92	136,29	28,08	–	–
2 220,00 bis 2 229,99	728,99	298,92	140,29	31,08	–	–
2 230,00 bis 2 239,99	735,99	303,92	144,29	34,08	–	–
2 240,00 bis 2 249,99	742,99	308,92	148,29	37,08	–	–
2 250,00 bis 2 259,99	749,99	313,92	152,29	40,08	–	–
2 260,00 bis 2 269,99	756,99	318,92	156,29	43,08	–	–
2 270,00 bis 2 279,99	763,99	323,92	160,29	46,08	–	–
2 280,00 bis 2 289,99	770,99	328,92	164,29	49,08	–	–
2 290,00 bis 2 299,99	777,99	333,92	168,29	52,08	–	–
2 300,00 bis 2 309,99	784,99	338,92	172,29	55,08	–	–
2 310,00 bis 2 319,99	791,99	343,92	176,29	58,08	–	–
2 320,00 bis 2 329,99	798,99	348,92	180,29	61,08	–	–
2 330,00 bis 2 339,99	805,99	353,92	184,29	64,08	–	–
2 340,00 bis 2 349,99	812,99	358,92	188,29	67,08	–	–
2 350,00 bis 2 359,99	819,99	363,92	192,29	70,08	–	–
2 360,00 bis 2 369,99	826,99	368,92	196,29	73,08	–	–
2 370,00 bis 2 379,99	833,99	373,92	200,29	76,08	1,30	–
2 380,00 bis 2 389,99	840,99	378,92	204,29	79,08	3,30	–
2 390,00 bis 2 399,99	847,99	383,92	208,29	82,08	5,30	–
2 400,00 bis 2 409,99	854,99	388,92	212,29	85,08	7,30	–
2 410,00 bis 2 419,99	861,99	393,92	216,29	88,08	9,30	–
2 420,00 bis 2 429,99	868,99	398,92	220,29	91,08	11,30	–
2 430,00 bis 2 439,99	875,99	403,92	224,29	94,08	13,30	–
2 440,00 bis 2 449,99	882,99	408,92	228,29	97,08	15,30	–
2 450,00 bis 2 459,99	889,99	413,92	232,29	100,08	17,30	–
2 460,00 bis 2 469,99	896,99	418,92	236,29	103,08	19,30	–
2 470,00 bis 2 479,99	903,99	423,92	240,29	106,08	21,30	–
2 480,00 bis 2 489,99	910,99	428,92	244,29	109,08	23,30	–
2 490,00 bis 2 499,99	917,99	433,92	248,29	112,08	25,30	–
2 500,00 bis 2 509,99	924,99	438,92	252,29	115,08	27,30	–
2 510,00 bis 2 519,99	931,99	443,92	256,29	118,08	29,30	–
2 520,00 bis 2 529,99	938,99	448,92	260,29	121,08	31,30	–
2 530,00 bis 2 539,99	945,99	453,92	264,29	124,08	33,30	–
2 540,00 bis 2 549,99	952,99	458,92	268,29	127,08	35,30	–
2 550,00 bis 2 559,99	959,99	463,92	272,29	130,08	37,30	–
2 560,00 bis 2 569,99	966,99	468,92	276,29	133,08	39,30	–
2 570,00 bis 2 579,99	973,99	473,92	280,29	136,08	41,30	–
2 580,00 bis 2 589,99	980,99	478,92	284,29	139,08	43,30	–
2 590,00 bis 2 599,99	987,99	483,92	288,29	142,08	45,30	–
2 600,00 bis 2 609,99	994,99	488,92	292,29	145,08	47,30	–
2 610,00 bis 2 619,99	1 001,99	493,92	296,29	148,08	49,30	–
2 620,00 bis 2 629,99	1 008,99	498,92	300,29	151,08	51,30	0,94
2 630,00 bis 2 639,99	1 015,99	503,92	304,29	154,08	53,30	1,94
2 640,00 bis 2 649,99	1 022,99	508,92	308,29	157,08	55,30	2,94

1) Zu berücksichtigen sind Unterhaltsleistungen des Schuldners gegenüber seinem Ehegatten, einem früheren Ehegatten, dem (früheren) Lebenspartner, einem Verwandten (Kinder, Enkelkinder, Eltern, Großeltern) oder der Mutter bzw. dem Vater eines nichtehelichen Kindes nach §§ 1615l, 1615n des Bürgerlichen Gesetzbuches.

	Pfändbarer Betrag bei Unterhaltspflicht[1] für . . . Personen					
Nettolohn monatlich	0	1	2	3	4	5 und mehr
	in Euro					
2 650,00 bis 2 659,99	1 029,99	513,92	312,29	160,08	57,30	3,94
2 660,00 bis 2 669,99	1 036,99	518,92	316,29	163,08	59,30	4,94
2 670,00 bis 2 679,99	1 043,99	523,92	320,29	166,08	61,30	5,94
2 680,00 bis 2 689,99	1 050,99	528,92	324,29	169,08	63,30	6,94
2 690,00 bis 2 699,99	1 057,99	533,92	328,29	172,08	65,30	7,94
2 700,00 bis 2 709,99	1 064,99	538,92	332,29	175,08	67,30	8,94
2 710,00 bis 2 719,99	1 071,99	543,92	336,29	178,08	69,30	9,94
2 720,00 bis 2 729,99	1 078,99	548,92	340,29	181,08	71,30	10,94
2 730,00 bis 2 739,99	1 085,99	553,92	344,29	184,08	73,30	11,94
2 740,00 bis 2 749,99	1 092,99	558,92	348,29	187,08	75,30	12,94
2 750,00 bis 2 759,99	1 099,99	563,92	352,29	190,08	77,30	13,94
2 760,00 bis 2 769,99	1 106,99	568,92	356,29	193,08	79,30	14,94
2 770,00 bis 2 779,99	1 113,99	573,92	360,29	196,08	81,30	15,94
2 780,00 bis 2 789,99	1 120,99	578,92	364,29	199,08	83,30	16,94
2 790,00 bis 2 799,99	1 127,99	583,92	368,29	202,08	85,30	17,94
2 800,00 bis 2 809,99	1 134,99	588,92	372,29	205,08	87,30	18,94
2 810,00 bis 2 819,99	1 141,99	593,92	376,29	208,08	89,30	19,94
2 820,00 bis 2 829,99	1 148,99	598,92	380,29	211,08	91,30	20,94
2 830,00 bis 2 839,99	1 155,99	603,92	384,29	214,08	93,30	21,94
2 840,00 bis 2 849,99	1 162,99	608,92	388,29	217,08	95,30	22,94
2 850,00 bis 2 859,99	1 169,99	613,92	392,29	220,08	97,30	23,94
2 860,00 bis 2 869,99	1 176,99	618,92	396,29	223,08	99,30	24,94
2 870,00 bis 2 879,99	1 183,99	623,92	400,29	226,08	101,30	25,94
2 880,00 bis 2 889,99	1 190,99	628,92	404,29	229,08	103,30	26,94
2 890,00 bis 2 899,99	1 197,99	633,92	408,29	232,08	105,30	27,94
2 900,00 bis 2 909,99	1 204,99	638,92	412,29	235,08	107,30	28,94
2 910,00 bis 2 919,99	1 211,99	643,92	416,29	238,08	109,30	29,94
2 920,00 bis 2 929,99	1 218,99	648,92	420,29	241,08	111,30	30,94
2 930,00 bis 2 939,99	1 225,99	653,92	424,29	244,08	113,30	31,94
2 940,00 bis 2 949,99	1 232,99	658,92	428,29	247,08	115,30	32,94
2 950,00 bis 2 959,99	1 239,99	663,92	432,29	250,08	117,30	33,94
2 960,00 bis 2 969,99	1 246,99	668,92	436,29	253,08	119,30	34,94
2 970,00 bis 2 979,99	1 253,99	673,92	440,29	256,08	121,30	35,94
2 980,00 bis 2 989,99	1 260,99	678,92	444,29	259,08	123,30	36,94
2 990,00 bis 2 999,99	1 267,99	683,92	448,29	262,08	125,30	37,94
3 000,00 bis 3 009,99	1 274,99	688,92	452,29	265,08	127,30	38,94
3 010,00 bis 3 019,99	1 281,99	693,92	456,29	268,08	129,30	39,94
3 020,00 bis 3 029,99	1 288,99	698,92	460,29	271,08	131,30	40,94
3 030,00 bis 3 039,99	1 295,99	703,92	464,29	274,08	133,30	41,94
3 040,00 bis 3 049,99	1 302,99	708,92	468,29	277,08	135,30	42,94
3 050,00 bis 3 059,99	1 309,99	713,92	472,29	280,08	137,30	43,94
3 060,00 bis 3 069,99	1 316,99	718,92	476,29	283,08	139,30	44,94
3 070,00 bis 3 079,99	1 323,99	723,92	480,29	286,08	141,30	45,94
3 080,00 bis 3 089,99	1 330,99	728,92	484,29	289,08	143,30	46,94
3 090,00 bis 3 099,99	1 337,99	733,92	488,29	292,08	145,30	47,94
3 100,00 bis 3 109,99	1 344,99	738,92	492,29	295,08	147,30	48,94
3 110,00 bis 3 119,99	1 351,99	743,92	496,29	298,08	149,30	49,94
3 120,00 bis 3 129,99	1 358,99	748,92	500,29	301,08	151,30	50,94
3 130,00 bis 3 139,99	1 365,99	753,92	504,29	304,08	153,30	51,94
3 140,00 bis 3 149,99	1 372,99	758,92	508,29	307,08	155,30	52,94
3 150,00 bis 3 159,99	1 379,99	763,92	512,29	310,08	157,30	53,94
3 160,00 bis 3 169,99	1 386,99	768,92	516,29	313,08	159,30	54,94

1) Zu berücksichtigen sind Unterhaltsleistungen des Schuldners gegenüber seinem Ehegatten, einem früheren Ehegatten, dem (früheren) Lebenspartner, einem Verwandten (Kinder, Enkelkinder, Eltern, Großeltern) oder der Mutter bzw. dem Vater eines nichtehelichen Kindes nach §§ 1615l, 1615n des Bürgerlichen Gesetzbuches.

Nettolohn monatlich	Pfändbarer Betrag bei Unterhaltspflicht[1] für . . . Personen					
	0	1	2	3	4	5 und mehr
in Euro						
3 170,00 bis 3 179,99	1 393,99	773,92	520,29	316,08	161,30	55,94
3 180,00 bis 3 189,99	1 400,99	778,92	524,29	319,08	163,30	56,94
3 190,00 bis 3 199,99	1 407,99	783,92	528,29	322,08	165,30	57,94
3 200,00 bis 3 209,99	1 414,99	788,92	532,29	325,08	167,30	58,94
3 210,00 bis 3 219,99	1 421,99	793,92	536,29	328,08	169,30	59,94
3 220,00 bis 3 229,99	1 428,99	798,92	540,29	331,08	171,30	60,94
3 230,00 bis 3 239,99	1 435,99	803,92	544,29	334,08	173,30	61,94
3 240,00 bis 3 249,99	1 442,99	808,92	548,29	337,08	175,30	62,94
3 250,00 bis 3 259,99	1 449,99	813,92	552,29	340,08	177,30	63,94
3 260,00 bis 3 269,99	1 456,99	818,92	556,29	343,08	179,30	64,94
3 270,00 bis 3 279,99	1 463,99	823,92	560,29	346,08	181,30	65,94
3 280,00 bis 3 289,99	1 470,99	828,92	564,29	349,08	183,30	66,94
3 290,00 bis 3 299,99	1 477,99	833,92	568,29	352,08	185,30	67,94
3 300,00 bis 3 309,99	1 484,99	838,92	572,29	355,08	187,30	68,94
3 310,00 bis 3 319,99	1 491,99	843,92	576,29	358,08	189,30	69,94
3 320,00 bis 3 329,99	1 498,99	848,92	580,29	361,08	191,30	70,94
3 330,00 bis 3 339,99	1 505,99	853,92	584,29	364,08	193,30	71,94
3 340,00 bis 3 349,99	1 512,99	858,92	588,29	367,08	195,30	72,94
3 350,00 bis 3 359,99	1 519,99	863,92	592,29	370,08	197,30	73,94
3 360,00 bis 3 369,99	1 526,99	868,92	596,29	373,08	199,30	74,94
3 370,00 bis 3 379,99	1 533,99	873,92	600,29	376,08	201,30	75,94
3 380,00 bis 3 389,99	1 540,99	878,92	604,29	379,08	203,30	76,94
3 390,00 bis 3 399,99	1 547,99	883,92	608,29	382,08	205,30	77,94
3 400,00 bis 3 409,99	1 554,99	888,92	612,29	385,08	207,30	78,94
3 410,00 bis 3 419,99	1 561,99	893,92	616,29	388,08	209,30	79,94
3 420,00 bis 3 429,99	1 568,99	898,92	620,29	391,08	211,30	80,94
3 430,00 bis 3 439,99	1 575,99	903,92	624,29	394,08	213,30	81,94
3 440,00 bis 3 449,99	1 582,99	908,92	628,29	397,08	215,30	82,94
3 450,00 bis 3 459,99	1 589,99	913,92	632,29	400,08	217,30	83,94
3 460,00 bis 3 469,99	1 596,99	918,92	636,29	403,08	219,30	84,94
3 470,00 bis 3 479,99	1 603,99	923,92	640,29	406,08	221,30	85,94
3 480,00 bis 3 489,99	1 610,99	928,92	644,29	409,08	223,30	86,94
3 490,00 bis 3 499,99	1 617,99	933,92	648,29	412,08	225,30	87,94
3 500,00 bis 3 509,99	1 624,99	938,92	652,29	415,08	227,30	88,94
3 510,00 bis 3 519,99	1 631,99	943,92	656,29	418,08	229,30	89,94
3 520,00 bis 3 529,99	1 638,99	948,92	660,29	421,08	231,30	90,94
3 530,00 bis 3 539,99	1 645,99	953,92	664,29	424,08	233,30	91,94
3 540,00 bis 3 549,99	1 652,99	958,92	668,29	427,08	235,30	92,94
3 550,00 bis 3 559,99	1 659,99	963,92	672,29	430,08	237,30	93,94
3 560,00 bis 3 569,99	1 666,99	968,92	676,29	433,08	239,30	94,94
3 570,00 bis 3 579,99	1 673,99	973,92	680,29	436,08	241,30	95,94
3 580,00 bis 3 589,99	1 680,99	978,92	684,29	439,08	243,30	96,94
3 590,00 bis 3 599,99	1 687,99	983,92	688,29	442,08	245,30	97,94
3 600,00 bis 3 609,99	1 694,99	988,92	692,29	445,08	247,30	98,94
3 610,00 bis 3 613,08	1 701,99	993,92	696,29	448,08	249,30	99,94
Der Mehrbetrag über 3 613,08 EURO ist voll pfändbar						

Hinweis:

Die **wöchentliche** Lohnpfändungstabelle wurde nicht abgedruckt, weil eine wöchentliche Auszahlung des Arbeitslohns nur noch selten vorkommt.

Die **tägliche** Lohnpfändungstabelle wurde nicht abgedruckt, weil eine tägliche Auszahlung des Arbeitslohns nur sehr selten vorkommt und bei einem Eintritt bzw. Austritt während des Monats die monatliche Lohnpfändungstabelle anzuwenden ist, wenn für den Arbeitnehmer eine monatliche Auszahlung des Arbeitslohns vereinbart wurde.

---

1) Zu berücksichtigen sind Unterhaltsleistungen des Schuldners gegenüber seinem Ehegatten, einem früheren Ehegatten, dem (früheren) Lebenspartner, einem Verwandten (Kinder, Enkelkinder, Eltern, Großeltern) oder der Mutter bzw. dem Vater eines nichtehelichen Kindes nach §§ 1615l, 1615n des Bürgerlichen Gesetzbuches.

Übersicht zur sozialversicherungsrechtlichen Beurteilung von Praktikanten

A Vorgeschriebene Praktika von Studenten und Fachschülern

Lfd. Nr.	Personenkreis	Krankenversicherung	Pflegeversicherung	Rentenversicherung	Arbeitslosenversicherung
1	Vorgeschriebenes **Vorpraktikum ohne Arbeitsentgelt,** Arbeitszeit unbedeutend, nicht eingeschrieben	Versicherung als Praktikant § 5 Abs. 1 Nr. 10 SGB V bzw. Familienversicherung (vorrangig)	Versicherung als Praktikant § 20 Abs. 1 Satz 2 Nr. 10 SGB XI bzw. Familienversicherung (vorrangig)	Versicherung als zur Berufsausbildung Beschäftigter § 1 Satz 1 Nr. 1 SGB VI	Versicherung als zur Berufsausbildung Beschäftigter § 25 Abs. 1 SGB III
2	Vorgeschriebenes **Vorpraktikum mit Arbeitsentgelt,** Arbeitszeit unbedeutend, nicht eingeschrieben	Versicherung als zur Berufsausbildung Beschäftigter § 5 Abs. 1 Nr. 1 SGB V	Versicherung als zur Berufsausbildung Beschäftigter § 20 Abs. 1 Satz 2 Nr. 1 SGB XI	Versicherung als zur Berufsausbildung Beschäftigter § 1 Satz 1 Nr. 1 SGB VI	Versicherung als zur Berufsausbildung Beschäftigter § 25 Abs. 1 SGB III
3	Vorgeschriebenes **Zwischenpraktikum mit oder ohne Arbeitsentgelt,** Arbeitszeit unbedeutend, eingeschrieben	Versicherung als Student § 5 Abs. 1 Nr. 9 SGB V bzw. Familienversicherung (vorrangig, Differenzierung nach Entgelthöhe erforderlich)	Versicherung als Student § 20 Abs. 1 Satz 2 Nr. 9 SGB XI bzw. Familienversicherung (vorrangig, Differenzierung nach Entgelthöhe erforderlich)	Versicherungsfrei § 5 Abs. 3 SGB VI	Versicherungsfrei § 27 Abs. 4 Nr. 2 SGB III
4	Vorgeschriebenes **Nachpraktikum, ohne Arbeitsentgelt,** Arbeitszeit unbedeutend, nicht eingeschrieben	Versicherung als Praktikant § 5 Abs. 1 Nr. 10 SGB V bzw. Familienversicherung (vorrangig)	Versicherung als Praktikant § 20 Abs. 1 Satz 2 Nr. 10 SGB XI bzw. Familienversicherung (vorrangig)	Versicherung als zur Berufsausbildung Beschäftigter § 1 Satz 1 Nr. 1 SGB VI	Versicherung als zur Berufsausbildung Beschäftigter § 25 Abs. 1 SGB III
5	Vorgeschriebenes **Nachpraktikum, mit Arbeitsentgelt,** Arbeitszeit unbedeutend, nicht eingeschrieben	Versicherung als zur Berufsausbildung Beschäftigter § 5 Abs. 1 Nr. 1 SGB V	Versicherung als zur Berufsausbildung Beschäftigter § 20 Abs. 1 Satz 2 Nr. 1 SGB XI	Versicherung als zur Berufsausbildung Beschäftigter § 1 Satz 1 Nr. 1 SGB VI	Versicherung als zur Berufsausbildung Beschäftigter § 25 Abs. 1 SGB III

B Nicht vorgeschriebene Praktika von Studenten und Fachschülern

Lfd. Nr.	Personenkreis	Krankenversicherung	Pflegeversicherung	Rentenversicherung	Arbeitslosenversicherung
1	Nicht vorgeschriebenes **Vorpraktikum, Arbeitsentgelt bis 450 € monatlich,** nicht eingeschrieben	Geringfügige Beschäftigung § 8 Abs. 1 Nr. 1 SGB IV	Geringfügige Beschäftigung § 8 Abs. 1 Nr. 1 SGB IV	Versicherung als Arbeitnehmer § 1 Satz 1 Nr. 1 SGB VI (Beitragsaufteilung wie bei geringfügiger Beschäftigung; ggf. Befreiung möglich)	Geringfügige Beschäftigung § 8 Abs. 1 Nr. 1 SGB IV
2	Nicht vorgeschriebenes **Vorpraktikum, Geringfügigkeitsgrenze überschritten,** nicht eingeschrieben	Versicherung als Arbeitnehmer § 5 Abs. 1 Nr. 1 SGB V	Versicherung als Arbeitnehmer § 20 Abs. 1 Satz 2 Nr. 1 SGB XI	Versicherung als Arbeitnehmer § 1 Satz 1 Nr. 1 SGB VI	Versicherung als Arbeitnehmer § 25 Abs. 1 SGB III
3	Nicht vorgeschriebenes **Zwischenpraktikum,** Zeit und Arbeitskraft **überwiegend durch Studium in Anspruch genommen,** Arbeitsentgelt bis 450 €, eingeschrieben	Versicherung als Student § 5 Abs. 1 Nr. 9 SGB V bzw. Familienversicherung (vorrangig, Differenzierung nach Entgelthöhe erforderlich)	Versicherung als Student § 20 Abs. 1 Satz 2 Nr. 9 SGB XI bzw. Familienversicherung (vorrangig, Differenzierung nach Entgelthöhe erforderlich)	Versicherung als Arbeitnehmer § 1 Satz 1 Nr. 1 SGB VI (ggf. Befreiung möglich)	Versicherungsfrei § 27 Abs. 4 Satz 1 Nr. 2 SGB III

Lfd. Nr.	Personenkreis	Krankenversicherung	Pflegeversicherung	Rentenversicherung	Arbeitslosenversicherung
4	Nicht vorgeschriebenes **Zwischenpraktikum,** Zeit und Arbeitskraft **nicht überwiegend durch Studium in Anspruch genommen,** Arbeitsentgelt über 450 €, eingeschrieben	Versicherung als Arbeitnehmer § 5 Abs. 1 Nr. 1 SGB V	Versicherung als Arbeitnehmer § 20 Abs. 1 Satz 2 Nr. 1 SGB XI	Versicherung als Arbeitnehmer § 1 Satz 1 Nr. 1 SGB VI	Versicherung als Arbeitnehmer § 25 Abs. 1 SGB III
5	Nicht vorgeschriebenes **Nachpraktikum, Arbeitsentgelt bis 450 € monatlich,** nicht eingeschrieben	Geringfügige Beschäftigung § 8 Abs. 1 Nr. 1 SGB IV	Geringfügige Beschäftigung § 8 Abs. 1 Nr. 1 SGB IV	Versicherung als Arbeitnehmer § 1 Satz 1 Nr. 1 SGB VI (Beitragsaufteilung wie bei geringfügiger Beschäftigung; ggf. Befreiung möglich)	Geringfügige Beschäftigung § 8 Abs. 1 Nr. 1 SGB IV
6	Nicht vorgeschriebenes **Nachpraktikum, Geringfügigkeitsgrenze überschritten,** nicht eingeschrieben	Versicherung als Arbeitnehmer § 5 Abs. 1 Nr. 1 SGB V	Versicherung als Arbeitnehmer § 20 Abs. 1 Satz 2 Nr. 1 SGB XI	Versicherung als Arbeitnehmer § 1 Satz 1 Nr. 1 SGB VI	Versicherung als Arbeitnehmer § 25 Abs. 1 SGB III

Personalfragebogen für Geringfügige Beschäftigung

Angaben zur Person			
Familienname, Vorname	Geburtsdatum	Familienstand	Anzahl Kinder
Anschrift (Straße, Hausnummer, Postleitzahl, Ort)		Staatsangehörigkeit	
Rentenvers.-Nummer	Geburtsort	Geburtsname	

Angaben zur Beschäftigung		
Art der Beschäftigung (kurze Bezeichnung)		
Beginn der Beschäftigung	Ende der Beschäftigung	Ist die Beschäftigung von vornherein befristet □ ja □ nein
wöchentliche Arbeitszeit (durchschnittlich) Stunden: _____ Arbeitstage: _____	vereinbartes Bruttoarbeitsentgelt EUR □ wchtl. □ mtl.	

Angaben zu Beschäftigungen im laufenden Kalenderjahr				
□ Im Kalenderjahr _______ wurden keine weiteren Beschäftigungen ausgeübt □ Im Kalenderjahr _______ werden/wurden nachstehende Beschäftigungen ausgeübt:				
Zeitraum von	Zeitraum bis	wöchentliche Arbeitszeit	monatl. Arbeitsentgelt €	Arbeitgeber
Zeitraum von	Zeitraum bis	wöchentliche Arbeitszeit	monatl. Arbeitsentgelt €	Arbeitgeber
Zeitraum von	Zeitraum bis	wöchentliche Arbeitszeit	monatl. Arbeitsentgelt €	Arbeitgeber

Angaben über geplante Beschäftigungen in absehbarer Zeit				
Ich wurde von meinem Arbeitgeber darüber informiert, dass ich meinen Arbeitgebern alle weiteren Beschäftigungen (geringfügig entlohnte, kurzfristige und sonstige) anzuzeigen habe, die ich während meiner derzeitigen Beschäftigung aufnehme. □ derzeit ist keine weitere Beschäftigung geplant □ derzeit ist/sind nachstehende Beschäftigung(en) geplant:				
Zeitraum von	Zeitraum bis	wöchentliche Arbeitszeit	monatl. Arbeitsentgelt €	Arbeitgeber
Zeitraum von	Zeitraum bis	wöchentliche Arbeitszeit	monatl. Arbeitsentgelt €	Arbeitgeber

Angaben zur Krankenversicherung	
Es besteht folgende Krankenversicherung □ gesetzliche Krankenversicherung □ private Krankenversicherung □ Sonstiges □ keine Krankenversicherung	Name und Sitz/Geschäftsstelle der Krankenkasse/des Versicherungsunternehmens

Angaben zu sonstigen Tätigkeiten

Neben meiner Beschäftigung bin ich/beziehe ich

□ Arbeitnehmer/in □ in unbezahltem Urlaub □ im Ausland

□ Schüler/in

und besuche die_______________ Klasse; meine Schulzeit endet voraussichtlich am ____________________

Bei Besuch der letzten Klasse: Ist ein anschließendes Studium beabsichtigt? □ ja, ab _____________ □ nein

Angaben zu sonstigen Tätigkeiten

	Wird eine Berufsausbildung oder Beschäftigung begonnen?	□ ja, ab ________	□ nein
	Wird ein Freiwilligendienst geleistet?	□ ja, ab ________	□ nein
□	Student/in		
	Mein Studium endet voraussichtlich am ________ (Immatrikulationsbescheinigung oder Bestätigung über Vorlesungszeiten beifügen)		
	Wird die Beschäftigung nur in den Semesterferien ausgeübt?	□ ja	□ nein
	Handelt es sich um ein in einer Prüfungs-/Studienordnung vorgeschriebenes Zwischenpraktikum? (wenn ja, Auszug aus Prüfungs- oder Studienordnung beifügen)	□ ja	□ nein
□	Beamter/Pensionär		
□	Hausfrau/Hausmann		
□	Rentner/in, Art der Rente: ________		
□	Geldleistungen einer Agentur für Arbeit oder dort als arbeitsuchend gemeldet		
□	derzeit in Elternzeit		
□	selbstständig tätig		
□	Sonstiges: ________		

Antrag auf Befreiung von der Rentenversicherungspflicht

Ich wurde von meinem Arbeitgeber darüber informiert, dass ich mich bei Versicherungspflicht aufgrund einer geringfügigen Beschäftigung von der Versicherungspflicht in der Rentenversicherung befreien lassen kann. Mit ist bekannt, dass ich damit auf den Erwerb von Pflichtbeitragszeiten in der Rentenversicherung verzichte. Mir ist bekannt, dass der Antrag für alle von mir zeitgleich ausgeübten geringfügig entlohnten Beschäftigungen gilt und für deren Dauer bindend ist und eine Rücknahme nicht möglich ist. Über den von mir dann zu leistenden Beitragsanteil wurde ich informiert. Ich werde alle Arbeitgeber, bei denen ich eine weitere geringfügige Beschäftigung ausübe, über diesen Antrag informieren.

Ich beantrage hiermit die Befreiung von der Rentenversicherungspflicht

□ ja □ nein

Bankverbindung des Arbeitnehmers

IBAN: ________ BIC ________

Abweichender Kontoinhaber (Vorname, Name) ________

Unterschrift des Arbeitnehmers

________ ________

Ort, Datum Unterschrift

Nachweise

Es liegen vor:

□ Schulbesuchsbescheinigung
□ Immatrikulationsbescheinigung
□ Sozialversicherungsausweis
□ Auszug aus der Prüfungs-/Studienordnung
□ Arbeitsvertrag
□ Nachweis der Elterneigenschaft (z. B. Geburtsurkunde)
□ Bescheinigung über anzuwendende Rechtsvorschriften A1
□ ________

Beiträge zu umlagefinanzierten Versorgungskassen 2021

Konstellationen	Beispiele	a) Ermittlung eines von vornherein steuer- und beitragspflichtigen Anteils	b) Ermittlung des beitragspflichtigen Anteils der Umlage nach § 1 Abs. 1 Satz 4 i. V. m. Abs. 1 Satz 3 und Abs. 1 Satz 1 Nr. 4a SvEV	c) Ermittlung des beitragspflichtigen Hinzurechnungsbetrags nach § 1 Abs. 1 Satz 3 SvEV	d) Beitragspflichtiges Arbeitsentgelt insgesamt
Arbeitgeberumlage ist **höher** als die Summe aus steuerfreiem Anteil nach § 3 Nr. 56 EStG und höchstmöglichen pauschalbesteuerbarem Wert (2021: 213 € und 92,03 €[1] = 305,03 €) 2021 relevant ab einem umlagepflichtigen Arbeitsentgelt von 4729,15 €. [1]Von dem vom Arbeitgeber zu tragenden Teil der Umlage werden 92,03 € pauschal versteuert (§ 37 Abs. 2 Tarifvertrag Altersversorgung – ATV für die Beschäftigten des Tarifgebiets West bei Zugehörigkeit zur VBL). Ansonsten liegt der Grenzbetrag bei 89,48 € (§ 16 Abs. 2 ATV). Soweit Arbeitgeber des öffentlichen Dienstes (z. B. Sparkassen) den vollen Pauschalierungsbetrag des § 40b EStG in Höhe von 146 bzw. 179 € monatlich ausschöpfen, ist dieser Betrag anstelle von 92,03 € oder 89,48 € anzusetzen.	Umlagepflichtiges Arbeitsentgelt = 4700 €. Zusatzversorgungspflichtiges Entgelt 4900 €, Umlage (8,26 %) 404,74 €, davon vom Arbeitgeber zu tragen (6,45 % von 4900 €) = 316,05 €, davon Arbeitnehmerbeitrag (1,81 % von 4900 €) = 88,69 €.	Gesamtbetrag der Arbeitgeberumlage: 316,05 € ./. steuerfreier Anteil nach § 3 Nr. 56 EStG 213 € ./. pauschalbesteuerter Anteil 92,03 € = individuell steuerpflichtiger und beitragspflichtiger Anteil: = 11,02 €	Steuerfreier Anteil nach § 3 Nr. 56 EStG 213 € + pauschalbesteuerter Anteil 92,03 € = 305,03 € ./. Grenzbetrag nach § 1 Abs. 1 Satz 3 SvEV 100 € = beitragspflichtige Einnahme nach § 1 Abs. 1 Satz 4 EStG = 205,03 €	Für die Bildung des Hinzurechnungsbetrages ist der Grenzbetrag von 100 € in ein fiktives zusatzversorgungspflichtiges Arbeitsentgelt umzurechnen. (100 € : 6,45 × 100 =) 1550,39 € × 2,5 % = 38,76 € ./. 13,30 = 25,46 €	laufendes Arbeitsentgelt: 4900 € + individuell steuer- und beitragspflichtiger Anteil: 11,02 € + Grenzbetrag nach § 1 Abs. 1 Satz 4 SvEV übersteigender Anteil: 205,03 € + Hinzurechnungsbetrag nach § 1 Abs. 1 Satz 3 SvEV: 25,46 € = 5141,51 €
Arbeitgeberumlage ist **nicht höher** als die Summe aus steuerfreiem Anteil nach § 3 Nr. 56 EStG und höchstmöglichen pauschalbesteuerbarem Wert (2021: 213 € + **max.** 92,03 € = 305,03 €) 2021 relevant ab einem umlagepflichtigen Arbeitsentgelt von 3302,33 € bis 4729,15 €.	Umlagepflichtiges Arbeitsentgelt = 3500 €. Zusatzversorgungspflichtiges Entgelt 3500 €, Umlage (8,26 %) 289,10 €, davon vom Arbeitgeber zu tragen (6,45 % von 3500 €) = 225,75 €, davon Arbeitnehmerbeitrag (1,81 % von 3500 €) = 63,35 €	entfällt	Steuerfreier Anteil nach § 3 Nr. 56 EStG 213 € + pauschalbesteuerter Anteil 12,75 € ./. Grenzbetrag nach § 1 Abs. 1 Satz 3 SvEV 100 € = 125,75 €	Für die Bildung des Hinzurechnungsbetrages ist der Grenzbetrag von 100 € in ein fiktives zusatzversorgungspflichtiges Arbeitsentgelt umzurechnen. (100 € : 6,45 × 100 =) 1550,39 € × 2,5 % = 38,76 € ./. 13,30 € = 25,46 €	laufendes Arbeitsentgelt: 3500 € + individuell steuer- und beitragspflichtiger Anteil: 0,00 € + Grenzbetrag nach § 1 Abs. 1 Satz 4 SvEV übersteigender Anteil: 125,75 € + Hinzurechnungsbetrag nach § 1 Abs. 1 Satz 3 SvEV: 25,46 € = 3651,21 €
Arbeitgeberumlage ist **nicht höher als der steuerfreie Anteil** nach § 3 Nr. 56 EStG 2021 bis zu einem umlagepflichtigen Arbeitsentgelt von 3302,33 € maßgebend.	Umlagepflichtiges Arbeitsentgelt = 2500 €. Zusatzversorgungspflichtiges Entgelt 2500 €, Umlage (8,26 %) 206,05 €, davon vom Arbeitgeber zu tragen (6,45 % von 2500 €) = 161,25 €, davon Arbeitnehmerbeitrag (1,81 % von 2500 €) = 45,25 €.	entfällt	entfällt	Es kann direkt aus dem zusatzversorgungspflichtigen Arbeitsentgelt der Hinzurechnungsbetrag nach § 1 Abs. 1 Satz 3 SvEV gebildet werden. (161,25 € : 6,45 × 100 =) 2500 € × 2,5 % = 62,50 € ./. 13,30 € = 49,20 €	laufendes Arbeitsentgelt 2500 € Zusätzliche beitragspflichtige Einnahme aus a) bis c): individuell steuer- und beitragspflichtiger Anteil: 0,00 € + Grenzbetrag nach § 1 Abs. 1 Satz 4 SvEV übersteigender Anteil: 0,00 € + Hinzurechnungsbetrag nach § 1 Abs. 1 Satz 3 SvEV = 49,20 € = 2549,20 €

Übersicht zu den Anwendungszeiträumen bei der Firmenwagenbesteuerung für Elektrofahrzeuge[1)] und bei (Elektro-)Fahrrädern

Zeitpunkt der erstmaligen Überlassung	Geldwerter Vorteil ab	Voraussetzungen	Höhe der Bemessungsgrundlage	Betrifft
1.1.2019 bis 31.12.2021	2019	CO_2-Emission höchstens 50 g/km **oder** Mindestreichweite von 40 km	1/2	(Elektro-)Fahrräder (nur 2019); Elektrofahrzeuge
1.1.2019 bis 31.12.2030	2020	Null-Emissionen/km **und** Höhe der Bemessungsgrundlage nicht mehr als 60 000 Euro	1/4	(Elektro-)Fahrräder (ab 2020); Elektrofahrzeuge
1.1.2022 bis 31.12.2024	2022	CO_2-Emission höchstens 50 g/km **oder** Mindestreichweite von 60 km	1/2	Elektrofahrzeuge
1.1.2025 bis 31.12.2030	2025	CO_2-Emission höchstens 50 g/km **oder** Mindestreichweite von 80 km	1/2	Elektrofahrzeuge

1) Elektrofahrzeuge (einschließlich Wasserstoff-/Brennstoffzellenfahrzeuge) und extern aufladbare Hybridelektrofahrzeuge.

Stichwortverzeichnis

(die Zahlen bedeuten die Seiten)